Inhaltsverzeichnis

Vorwort 5
Bearbeiterverzeichnis 11
Abkürzungsverzeichnis 13
Literaturverzeichnis 27

Zivilprozessordnung
Buch 8 Zwangsvollstreckung

Abschnitt 1 Allgemeine Vorschriften (§§ 704–802) 33
Abschnitt 2 Zwangsvollstreckung wegen Geldforderungen
 (§§ 802a–882h) 447
  Titel 1 Allgemeine Vorschriften (§§ 802a–802l) 447
  Titel 2 Zwangsvollstreckung in das bewegliche Vermögen
 (§§ 803–863) 552
    Untertitel 1 Allgemeine Vorschriften (§§ 803–807) 554
    Untertitel 2 Zwangsvollstreckung in körperliche Sachen
 (§§ 808–827) 580
    Untertitel 3 Zwangsvollstreckung in Forderungen und
 andere Vermögensrechte (§§ 828–863) 658
  Titel 3 Zwangsvollstreckung in das unbewegliche Vermögen
 (§§ 864–871) 962
  Titel 4 Verteilungsverfahren (§§ 872–882) 993
  Titel 5 Zwangsvollstreckung gegen juristische Personen des öffentlichen Rechts (§ 882a) 1020
  Titel 6 Schuldnerverzeichnis (§§ 882b–882h) 1025
Abschnitt 3 Zwangsvollstreckung zur Erwirkung der Herausgabe von Sachen und zur Erwirkung von Handlungen oder Unterlassungen (§§ 883–898) 1078
Abschnitt 4 (aufgehoben) [§§ 899–915h] 1161
Abschnitt 5 Arrest und einstweilige Verfügung (§§ 916–945b) 1162

Gesetz über die Zwangsversteigerung und
die Zwangsverwaltung (ZVG)

Erster Abschnitt Zwangsversteigerung und Zwangsverwaltung von Grundstücken im Wege der Zwangsvollstreckung (§§ 1–161) 1325
  Erster Titel Allgemeine Vorschriften (§§ 1–14) 1325
  Zweiter Titel Zwangsversteigerung (§§ 15–145a) 1356
    I. Anordnung der Versteigerung (§§ 15–27) 1357
    II. Aufhebung und einstweilige Einstellung des Verfahrens (§§ 28–34) 1385

	III. Bestimmung des Versteigerungstermins (§§ 35–43)	1433
	IV. Geringstes Gebot Versteigerungsbedingungen (§§ 44–65)	1449
	V. Versteigerung (§§ 66–78)	1507
	VI. Entscheidung über den Zuschlag (§§ 79–94)	1552
	VII. Beschwerde (§§ 95–104)	1593
	VIII. Verteilung des Erlöses (§§ 105–145)	1634
	IX. Grundpfandrechte in ausländischer Währung (§ 145a)	1698
Dritter Titel	Zwangsverwaltung (§§ 146–161)	1700
	Anhang: Zwangsverwalterverordnung (ZwVwV) (Abdruck)	1758
Zweiter Abschnitt	Zwangsversteigerung von Schiffen, Schiffsbauwerken und Luftfahrzeugen im Wege der Zwangsvollstreckung (§§ 162–171n)	1764
Erster Titel	Zwangsversteigerung von Schiffen und Schiffsbauwerken (§§ 162–171)	1764
Zweiter Titel	Zwangsversteigerung von Luftfahrzeugen (§§ 171a–171n)	1770
Dritter Abschnitt	Zwangsversteigerung und Zwangsverwaltung in besonderen Fällen (§§ 172–186)	1773

Gesetz über das Verfahren in Familiensachen und in den Angelegenheiten der freiwilligen Gerichtsbarkeit (**FamFG**) (Auszug) 1797

Gesetz über die Anfechtung von Rechtshandlungen eines Schuldners außerhalb des Insolvenzverfahrens (Anfechtungsgesetz – **AnfG**) 1857

Schwerpunktbeiträge

1. Zwangsvollstreckung und Betreuung 1941
2. Zwangsvollstreckung in IT-Güter 1950
3. Zwangsvollstreckung in Ansprüche auf Sozialleistungen 1962
4. Zwangsvollstreckung in Gesellschaftsanteile 1977
5. Zwangsvollstreckung in Immaterialgüterrechte 1991
6. Zwangsvollstreckung im Mietverhältnis 2004
7. Zwangsvollstreckung und Gewaltschutzgesetz 2015
8. Auswirkungen des Insolvenzverfahrens auf die Einzelzwangsvollstreckung 2026
9. Haftung wegen unberechtigter Zwangsvollstreckung 2042
10. Anerkennung und Vollstreckung ausländischer Entscheidungen 2054

VERORDNUNG (EG) Nr. 44/2001 DES RATES vom
22. Dezember 2000 über die gerichtliche Zuständigkeit und die
Anerkennung und Vollstreckung von Entscheidungen in Zivil- und
Handelssachen 2059

Gesetz zur Ausführung zwischenstaatlicher Verträge und zur
Durchführung von Abkommen der Europäischen Union auf dem Gebiet
der Anerkennung und Vollstreckung in Zivil- und Handelssachen
(Anerkennungs- und Vollstreckungsausführungsgesetz – AVAG) 2171

VERORDNUNG (EU) Nr. 1215/2012 DES EUROPÄISCHEN
PARLAMENTS UND DES RATES vom 12. Dezember 2012 über die
gerichtliche Zuständigkeit und die Anerkennung und Vollstreckung von
Entscheidungen in Zivil- und Handelssachen (Neufassung) 2209

Anhang zur Brüssel Ia-VO: §§ 1110–1117 ZPO 2256

VERORDNUNG (EG) Nr. 805/2004 DES EUROPÄISCHEN
PARLAMENTS UND DES RATES vom 21. April 2004 zur Einführung
eines europäischen Vollstreckungstitels für unbestrittene Forderungen 2263

Anhang zur EuVTVO: §§ 1079–1086 ZPO 2344

VERORDNUNG (EG) Nr. 1896/2006 DES EUROPÄISCHEN
PARLAMENTS UND DES RATES vom 12. Dezember 2006 zur
Einführung eines Europäischen Mahnverfahrens 2357

Anhang zur EuMahnVO: §§ 1087–1096 ZPO 2420

VERORDNUNG (EG) Nr. 861/2007 DES EUROPÄISCHEN
PARLAMENTS UND DES RATES vom 11. Juli 2007 zur Einführung
eines europäischen Verfahrens für geringfügige Forderungen 2433

Anhang zur EuBagatellVO: §§ 1097–1109 ZPO 2490

VERORDNUNG (EG) Nr. 2201/2003 DES RATES vom
27. November 2003 über die Zuständigkeit und die Anerkennung und
Vollstreckung von Entscheidungen in Ehesachen und in Verfahren
betreffend die elterliche Verantwortung und zur Aufhebung der
Verordnung (EG) Nr. 1347/2000 2501

Gesetz zur Aus- und Durchführung bestimmter Rechtsinstrumente auf
dem Gebiet des internationalen Familienrechts (Internationales
Familienrechtsverfahrensgesetz – IntFamRVG) (Abdruck) 2553

VERORDNUNG (EG) Nr. 4/2009 DES RATES vom
18. Dezember 2008 über die Zuständigkeit, das anwendbare Recht, die
Anerkennung und Vollstreckung von Entscheidungen und die
Zusammenarbeit in Unterhaltssachen 2571

Gesetz zur Geltendmachung von Unterhaltsansprüchen im Verkehr mit
ausländischen Staaten (Auslandsunterhaltsgesetz – AUG) 2673

Inhaltsverzeichnis

Rechtspflegergesetz (RPflG) (Auszug) 2725

Gesetz über Kosten der Gerichtsvollzieher
(Gerichtsvollzieherkostengesetz – GvKostG) 2755

Geschäftsanweisung für Gerichtsvollzieher (GVGA) (Abdruck) 2875

Gerichtsvollzieherordnung (GVO) (Abdruck) 2991

Stichwortverzeichnis 3027

Bearbeiterverzeichnis

Ralf Bendtsen, Vorsitzender Richter am Landgericht Lüneburg
(§§ 765 a, 828–849, 872–882 a, 883–890, 892–898 ZPO; Schwerpunktbeitrag „6. Zwangsvollstreckung im Mietverhältnis")

Ass.-Prof. Mag. Dr. Thomas Garber, Karl-Franzens-Universität Graz
(Art. 1, 16–22 EuUntVO)

Dr. Michael Giers, Direktor des Amtsgerichts Neustadt am Rübenberge
(§§ 704–721, 724–752 ZPO; FamFG)

Prof. Dr. Urs Peter Gruber, Johannes Gutenberg Universität Mainz
(Schwerpunktbeitrag „8. Auswirkungen des Insolvenzverfahrens auf die Einzelzwangsvollstreckung")

Prof. Dr. Lutz Haertlein, Universität Leipzig
(§§ 916–945 b ZPO; AnfG; Schwerpunktbeitrag „9. Haftung wegen unberechtigter Zwangsvollstreckung")

Günter Handke, Richter am OLG Naumburg, Lehrbeauftragter an der Universität Halle-Wittenberg (§§ 771–787, 789–793 ZPO)

Karl-Ludwig Kessel, Diplom-Rechtspfleger, Landgericht Bonn, Lehrkraft am Ausbildungszentrum der Justiz NRW
(§§ 788, 891 ZPO; GvKostG; Einleitung zur GVGA/GVO)

Prof. Dr. Johann Kindl, Westfälische Wilhelms-Universität Münster
(§§ 803–806 a, 808–827 ZPO)

Prof. Dr. Raphael Koch, LL.M., EMBA, Juristische Fakultät der Universität Augsburg
(§§ 857–863 ZPO; Schwerpunktbeitrag „4. Zwangsvollstreckung in Gesellschaftsanteile")

Prof. Dr. Wolfhard Kohte, Martin-Luther-Universität Halle-Wittenberg
(Schwerpunktbeitrag „3. Zwangsvollstreckung in Ansprüche auf Sozialleistungen")

Dr. Daniel Krone, LL.M., Rechtsanwalt, München
(Schwerpunktbeitrag „2. Zwangsvollstreckung in IT-Güter")

Prof. Dr. Gerald Mäsch, Westfälische Wilhelms-Universität Münster, Richter am OLG Hamm a.D.
(Brüssel I-VO, Brüssel Ia-VO, Brüssel IIa-VO)

Prof. Dr. Caroline Meller-Hannich, Martin-Luther-Universität Halle-Wittenberg
(§§ 850–856 ZPO; §§ 1110–1117 ZPO; AVAG; AUG; Schwerpunktbeitrag „10. Anerkennung und Vollstreckung ausländischer Entscheidungen")

Anna Michelsen, Richterin am Landgericht Aachen (§§ 95–104 ZVG)

Dr. Kim J. Müller, Richterin, Bonn (§§ 794–802 ZPO)

Dr. Felix Netzer, LL.M., Rechtsanwalt, Frankfurt am Main
(§§ 722, 723 ZPO; §§ 1087–1096, 1097–1109 ZPO; EuMahnVO; EuBagatell-VO)

Univ.-Prof. Dr. Matthias Neumayr, Hofrat des Obersten Gerichtshofs, Universität Salzburg (Art. 23–43, 48 EuUntVO)

Mark Noethen, LL.M., Richter am OLG Köln
(§§ 864–871 ZPO; §§ 28–34 ZVG)

Dr. Julia Bettina Onderka, Richterin am OLG Köln
(Schwerpunktbeitrag „5. Zwangsvollstreckung in Immaterialgüterrechte")

Robert Plastrotmann, Direktor des Amtsgerichts Schleiden
(Schwerpunktbeiträge „1. Zwangsvollstreckung und Betreuung" und „7. Zwangsvollstreckung und Gewaltschutzgesetz")

Daniel Radke, Stellvertretender Direktor des Amtsgerichts Euskirchen (RPflG)

Uwe Schneiders, Vorsitzender Richter am Landgericht Bonn, Lehrbeauftragter an der Universität Bonn (§§ 767–770 ZPO)

Rainer Sievers, Rechtspfleger, Amtsgericht Dortmund
(§§ 753–765 ZPO; §§ 1–27, 105–179 ZVG)

Werner Sternal, Vorsitzender Richter am OLG Köln
(§§ 766, 802 a–802 l, 807, 882 b–882 h ZPO)

Bernd Stumpe, Diplom-Rechtspfleger a.D., Kamen
(§§ 35–94, 180–186 ZVG)

Prof. Dr. Michael Stürner, M.Jur. (Oxford), Universität Konstanz, Richter am OLG Karlsruhe (§§ 1079–1086 ZPO; EuVTVO)

Joachim Volpert, Diplom-Rechtspfleger, Düsseldorf
(Kostenrechtliche Erläuterungen der §§ 704–945 b ZPO)

Zitiervorschlag

Hk-ZV/*Bearbeiter*, § 704 ZPO Rn 1 bzw

Hk-ZV/*Bearbeiter*, FamFG Rn 1 bzw

Hk-ZV/*Bearbeiter*, Schwerpunktbeitrag „(Kurz-)Titel" Rn 1

Abkürzungsverzeichnis

5. VermBG	Fünftes Gesetz zur Förderung der Vermögensbildung der Arbeitnehmer (Fünftes Vermögensbildungsgesetz)
aA	anderer Ansicht
AbfallR	Zeitschrift für das Abfallrecht
abgedr.	abgedruckt
ABl.	Amtsblatt
abl.	ablehnend
ABl. EG	Amtsblatt der Europäischen Gemeinschaften
ABl. EU	Amtsblatt der Europäischen Union
Abs.	Absatz
Abschn.	Abschnitt
Abt.	Abteilung
abw.	abweichend
AcP	Archiv für die civilistische Praxis
ADSp	Allgemeine Deutsche Spediteurbedingungen
aE	am Ende
AEUV	Vertrag über die Arbeitsweise der Europäischen Union
aF	alte Fassung
AfP	Archiv für Presserecht (Zeitschrift)
AG	Amtsgericht; Aktiengesellschaft
ähnl.	ähnlich
AktG	Aktiengesetz
AktO	Anweisung für die Verwaltung des Schriftguts bei den Geschäftsstellen der Gerichte der ordentlichen Gerichtsbarkeit und der Staatsanwaltschaften (Aktenordnung)
allgM	allgemeine Meinung
Alt.	Alternative
aM	anderer Meinung
amtl.	amtlich
AnfG	Gesetz über die Anfechtung von Rechtshandlungen eines Schuldners außerhalb des Insolvenzverfahrens (Anfechtungsgesetz)
Anh.	Anhang
Anl.	Anlage
Anm.	Anmerkung
AnwBl	Anwaltsblatt (Zeitschrift)
AnwK	AnwaltKommentar
AO	Abgabenordnung
ArbGG	Arbeitsgerichtsgesetz
arg.	argumentum
Art.	Artikel
Aufl.	Auflage
AUG	Gesetz zur Geltendmachung von Unterhaltsansprüchen im Verkehr mit ausländischen Staaten (Auslandsunterhaltsgesetz)
ausf.	ausführlich
AusfGHBewÜ	Gesetz zur Ausführung des Haager Übereinkommens vom 15. November 1965 über die Zustellung gerichtlicher und außergerichtlicher Schriftstücke im Ausland in Zivil- oder Handelssachen und des Haager Übereinkommens vom 18. März 1970 über die Beweisaufnahme im Ausland in Zivil- oder Handelssachen
AV	Allgemeine Verfügung

AVAG	Gesetz zur Ausführung zwischenstaatlicher Verträge und zur Durchführung von Abkommen der Europäischen Union auf dem Gebiet der Anerkennung und Vollstreckung in Zivil- und Handelssachen (Anerkennungs- und Vollstreckungsausführungsgesetz)
AWG	Außenwirtschaftsgesetz
Az.	Aktenzeichen
B/J/S	Bork/Jacoby/Schwab, FamFG, Kommentar
BauR	Baurecht (Zeitschrift)
BayObLG	Bayerisches Oberstes Landesgericht
BBankG	Gesetz über die Deutsche Bundesbank
Bd.	Band
BDSG	Bundesdatenschutzgesetz
BeamtVG	Gesetz über die Versorgung der Beamten und Richter des Bundes (Beamtenversorgungsgesetz)
Begr.	Begründung
Bek.	Bekanntmachung
ber.	berichtigt
BerHG	Gesetz über Rechtsberatung und Vertretung für Bürger mit geringem Einkommen (Beratungshilfegesetz)
Beschl.	Beschluss
bestr	bestritten
betr.	betreffend
BeurkG	Beurkundungsgesetz
BewG	Bewertungsgesetz
BFH	Bundesfinanzhof
BFH/NV	Sammlung amtlich nicht veröffentlichter Entscheidungen des BFH
BFHE	Sammlung der Entscheidungen (bis 1963: und Gutachten) des BFH
BGB	Bürgerliches Gesetzbuch
BGBl. I–III	Bundesgesetzblatt, Teil I–III (zitiert nach Jahr, sofern es nicht mit dem Jahr des Gesetzeserlasses übereinstimmt, Teil und Seite)
BGebG	Gesetz über Gebühren und Auslagen des Bundes (Bundesgebührengesetz)
BGer	Schweizerisches Bundesgericht
BGHReport	BGHReport – Schnelldienst zur Zivilrechtsprechung des BGH
BGHZ	Entscheidungssammlung des Bundesgerichtshofs in Zivilsachen
BinSchG	Gesetz betreffend die privatrechtlichen Verhältnisse der Binnenschiffahrt (Binnenschiffahrtsgesetz)
BinSchVollstrSchG	Gesetz über Vollstreckungsschutz für die Binnenschiffahrt
BJagdG	Bundesjagdgesetz
BKR	Zeitschrift für Bank- und Kapitalmarktrecht
Bl.	Blatt
BMJV	Bundesministerium der Justiz und für Verbraucherschutz
BNotO	Bundesnotarordnung
BPatGE	Entscheidungen des Bundespatentgerichts
BR	Deutscher Bundesrat
BRAO	Bundesrechtsanwaltsordnung
BR-Drucks.	Bundesrats-Drucksache

BReg	Bundesregierung
BRRG	Rahmengesetz zur Vereinheitlichung des Beamtenrechts (Beamtenrechtsrahmengesetz)
Brüssel I-VO	Verordnung (EG) Nr. 44/2001 des Rates vom 22. Dezember 2000 über die gerichtliche Zuständigkeit und die Anerkennung und Vollstreckung von Entscheidungen in Zivil- und Handelssachen [ersetzt mit Wirkung zum 10.1.2015 durch die Brüssel Ia-VO]
Brüssel Ia-VO	Verordnung (EU) Nr. 1215/2012 des Europäischen Parlaments und des Rates vom 12. Dezember 2012 über die gerichtliche Zuständigkeit und die Anerkennung und Vollstreckung von Entscheidungen in Zivil- und Handelssachen (Neufassung) [Geltung ab 10.1.2015]
Brüssel II-VO	Verordnung (EG) Nr. 1347/2000 des Rates vom 29. Mai 2000 über die Zuständigkeit und die Anerkennung und Vollstreckung von Entscheidungen betreffend die elterliche Verantwortung für die gemeinsamen Kinder der Ehegatten [ersetzt durch die Brüssel IIa-VO]
Brüssel IIa-VO	Verordnung (EG) Nr. 2201/2003 des Rates vom 27. November 2003 über die Zuständigkeit und die Anerkennung und Vollstreckung von Entscheidungen in Ehesachen und in Verfahren betreffend die elterliche Verantwortung und zur Aufhebung der Verordnung (EG) Nr. 1347/2000 [auch „EuEheVO" oder „EheEuGVO" genannt]
BSG	Bundessozialgericht
BT	Besonderer Teil; Deutscher Bundestag
BtÄndG	Betreuungsrechtsänderungsgesetz
BT-Drucks.	Bundestags-Drucksache
Buchst.	Buchstabe
BVerfG	Bundesverfassungsgericht
BVerfGE	Entscheidungen des Bundesverfassungsgerichts
BVerwG	Bundesverwaltungsgericht
BVerwGE	Entscheidungen des Bundesverwaltungsgerichts
BVG	Gesetz über die Versorgung der Opfer des Krieges (Bundesversorgungsgesetz)
BWNotZ	Zeitschrift für das Notariat in Baden-Württemberg
bzgl	bezüglich
bzw	beziehungsweise
ca.	circa
CR	Computer und Recht (Zeitschrift)
DAVorm	Der Amtsvormund (Zeitschrift)
DB-GvKostG	Durchführungsbestimmungen zum Gerichtsvollzieherkostengesetz
DDR	Deutsche Demokratische Republik
DepotG	Gesetz über die Verwahrung und Anschaffung von Wertpapieren (Depotgesetz)
ders.	derselbe
DesignG	Gesetz über den rechtlichen Schutz von Design (Designgesetz)
DGVZ	Deutsche Gerichtsvollzieher Zeitung
dh	das heißt
DONot	Dienstordnung für Notarinnen und Notare
DPA	Deutsches Patentamt

DRiG	Deutsches Richtergesetz
DStR	Deutsches Steuerrecht (Zeitschrift)
DüngMSaatG	Gesetz zur Sicherung der Düngemittel- und Saatgutversorgung
DVBl.	Deutsches Verwaltungsblatt (Zeitschrift)
DWW	Deutsche Wohnungswirtschaft (Zeitschrift)
DZWiR	Deutsche Zeitschrift für Wirtschafts- und Insolvenzrecht
E	Entwurf; Entscheidung (in der amtlichen Sammlung)
EEG	Gesetz für den Ausbau erneuerbarer Energien (Erneuerbare-Energien-Gesetz)
EF-Z	Zeitschrift für Ehe und Familienrecht
EG	Europäische Gemeinschaft(en); auch: Vertrag zur Gründung der Europäischen Gemeinschaft [ersetzt die Abkürzung „EGV" für die ab dem 1.5.1999 geltenden Vorschriften dieses Vertrages]
EGBGB	Einführungsgesetz zum Bürgerlichen Gesetzbuch
EGGVG	Einführungsgesetz zum Gerichtsverfassungsgesetz
EGInsO	Einführungsgesetz zur Insolvenzordnung
EGRC	Charta der Grundrechte (Charter of Fundamental Rights)
EGStGB	Einführungsgesetz zum Strafgesetzbuch
EGV	Umbenennung des EWGV (*siehe dort*) seit dem Vertrag über die Europäische Union vom 7. Februar 1992 [für die ab dem 1.5.1999 geltenden Vorschriften wird die Abkürzung „EG" verwendet]
EGZPO	Einführungsgesetz zur Zivilprozeßordnung
EG-ZustellVO	Verordnung (EG) Nr. 1348/2000 des Rates vom 29. Mai 2000 über die Zustellung gerichtlicher und außergerichtlicher Schriftstücke in Zivil- und Handelssachen in den Mitgliedstaaten
EGZVG	Einführungsgesetz zu dem Gesetz über die Zwangsversteigerung und die Zwangsverwaltung
EheEuGVO	Verordnung (EG) Nr. 2201/2003 des Rates vom 27. November 2003 über die Zuständigkeit und die Anerkennung und Vollstreckung von Entscheidungen in Ehesachen und in Verfahren betreffend die elterliche Verantwortung und zur Aufhebung der Verordnung (EG) Nr. 1347/2000 [Kurzbezeichnung auch „Brüssel IIa-VO"]
EheGVVO	*siehe* EuEheVO bzw Brüssel IIa-VO
einschl.	einschließlich
einschr.	einschränkend
EMRK	Konvention zum Schutz der Menschenrechte und Grundfreiheiten
EnEV	Energieeinsparverordnung
ErbbauRG	Gesetz über das Erbbaurecht (Erbbaurechtsgesetz)
ErbR	Zeitschrift für die gesamte erbrechtliche Praxis
EStG	Einkommensteuergesetz
etc.	et cetera
EU	Europäische Union
EuBagatellVO	Verordnung (EG) Nr. 861/2007 des Europäischen Parlaments und des Rates vom 11. Juli 2007 zur Einführung eines europäischen Verfahrens für geringfügige Forderungen [auch „EuGFVO"]

EuBewVO/ EuBVO	Verordnung (EG) Nr. 1206/2001 des Rates vom 28. Mai 2001 über die Zusammenarbeit zwischen den Gerichten der Mitgliedstaaten auf dem Gebiet der Beweisaufnahme in Zivil- oder Handelssachen
EuEheVO	Verordnung (EG) Nr. 2201/2003 des Rates vom 27. November 2003 über die Zuständigkeit und die Anerkennung und Vollstreckung von Entscheidungen in Ehesachen und in Verfahren betreffend die elterliche Verantwortung und zur Aufhebung der Verordnung (EG) Nr. 1347/2000 [Kurzbezeichnung auch „Brüssel IIa-VO"]
EuErbVO	Verordnung (EU) Nr. 650/2012 des Europäischen Parlaments und des Rates vom 4. Juli 2012 über die Zuständigkeit, das anzuwendende Recht, die Anerkennung und Vollstreckung von Entscheidungen und die Annahme und Vollstreckung öffentlicher Urkunden in Erbsachen sowie zur Einführung eines Europäischen Nachlasszeugnisses
EuG	Europäisches Gericht erster Instanz
EuGFVO	Verordnung (EG) Nr. 861/2007 des Europäischen Parlaments und des Rates vom 11. Juli 2007 zur Einführung eines europäischen Verfahrens für geringfügige Forderungen [auch „EuBagatellVO"]
EuGH	Europäischer Gerichtshof
EuGVÜ	Übereinkommen über die gerichtliche Zuständigkeit und die Vollstreckung gerichtlicher Entscheidungen in Zivil- und Handelssachen vom 27. September 1968
EuGVO/EuGVVO	siehe Brüssel I-VO/Brüssel Ia-VO
EuGVVO-DG	Gesetz zur Durchführung der Verordnung (EU) Nr. 1215/2012 sowie zur Änderung sonstiger Vorschriften
EuInsVO	Verordnung (EG) Nr. 1346/2000 des Rates vom 29. Mai 2000 über Insolvenzverfahren
EuKoPfVODG	Gesetz zur Durchführung der Verordnung (EU) Nr. 655/2014 sowie zur Änderung sonstiger zivilprozessualer Vorschriften
EuLF	The European Legal Forum (Zeitschrift)
EuMahnVO	Verordnung (EG) Nr. 1896/2006 des Europäischen Parlaments und des Rates vom 12. Dezember 2006 zur Einführung eines Europäischen Mahnverfahrens
EuR	Europarecht (Zeitschrift)
EuRAG	Gesetz über die Tätigkeit europäischer Rechtsanwälte in Deutschland
EuUntVO	Verordnung (EG) Nr. 4/2009 des Rates vom 18. Dezember 2008 über die Zuständigkeit, das anwendbare Recht, die Anerkennung und Vollstreckung von Entscheidungen und die Zusammenarbeit in Unterhaltssachen
EuVT	Europäischer Vollstreckungstitel
EuVTVO	Verordnung (EG) Nr. 805/2004 des Europäischen Parlaments und des Rates vom 21. April 2004 zur Einführung eines europäischen Vollstreckungstitels für unbestrittene Forderungen
EuZustVO/ EuZVO	Verordnung (EG) Nr. 1348/2000 des Rates vom 29. Mai 2000 über die Zustellung gerichtlicher und außergerichtlicher Schriftstücke in Zivil- oder Handelssachen in den Mitgliedstaaten
EuZW	Europäische Zeitschrift für Wirtschaftsrecht

evtl	eventuell
EWGV	Vertrag vom 25. März 1957 zur Gründung der Europäischen Wirtschaftsgemeinschaft (später: EGV; *siehe dort*)
EWiR	Entscheidungen zum Wirtschaftsrecht (Zeitschrift)
EWIV	Europäische wirtschaftliche Interessenvereinigung
EWIV-AG	Gesetz zur Ausführung der EWG-Verordnung über die Europäische wirtschaftliche Interessenvereinigung (EWIV-Ausführungsgesetz)
EWR	Europäischer Wirtschaftsraum
EWS	Europäisches Wirtschafts- und Steuerrecht (Zeitschrift)
f; ff	folgend; fortfolgend
FamFG	Gesetz über das Verfahren in Familiensachen und in den Angelegenheiten der freiwilligen Gerichtsbarkeit
FamGKG	Gesetz über Gerichtskosten in Familiensachen
FamRBint	Der Familien-Rechts-Berater international (Zeitschrift)
FamRZ	Zeitschrift für das gesamte Familienrecht
FamVerfR	Familienverfahrensrecht
FamZ	Zeitschrift für Familienrecht
FG	Finanzgericht
fG	freiwillige Gerichtsbarkeit
FGB	Familiengesetzbuch der ehemaligen DDR
FGG	Gesetz über die Angelegenheiten der freiwilligen Gerichtsbarkeit
FGG-RG	Gesetz zur Reform des Verfahrens in Familiensachen und in den Angelegenheiten der freiwilligen Gerichtsbarkeit
FGO	Finanzgerichtsordnung
FGPrax	Praxis der Freiwilligen Gerichtsbarkeit (Zeitschrift)
FK	Frankfurter Kommentar
FlaggRG	Flaggenrechtsgesetz
FlurbG	Flurbereinigungsgesetz
Fn	Fußnote
FoVo	Forderung & Vollstreckung (Zeitschrift)
FPR	Familie Partnerschaft Recht (Zeitschrift)
FS	Festschrift
FuR	Familie und Recht (Zeitschrift)
GBO	Grundbuchordnung
GbR	Gesellschaft bürgerlichen Rechts
GBV, GBVerfg, GBVfg	Verordnung zur Durchführung der Grundbuchordnung (Grundbuchverfügung)
GE	Das Grundeigentum (Zeitschrift)
GebOSt	Gebührenordnung für Maßnahmen im Straßenverkehr
GebrMG	Gebrauchsmustergesetz
gem.	gemäß
GenG	Gesetz betreffend die Erwerbs- und Wirtschaftsgenossenschaften (Genossenschaftsgesetz)
GesO	Gesamtvollstreckungsordnung
GewSchG	Gesetz zum zivilrechtlichen Schutz vor Gewalttaten und Nachstellungen (Gewaltschutzgesetz)
GG	Grundgesetz für die Bundesrepublik Deutschland
ggf	gegebenenfalls
GKG	Gerichtskostengesetz
GmbH	Gesellschaft mit beschränkter Haftung

GmbHG	Gesetz betreffend die Gesellschaften mit beschränkter Haftung
GNeuMoP	Gesetz zur Neustrukturierung und Modernisierung des Pfändungsschutzes
GNotKG	Gerichts- und Notarkostengesetz
GPR	Zeitschrift für Gemeinschaftsprivatrecht
grds.	grundsätzlich
GrdstVG	Gesetz über Maßnahmen zur Verbesserung der Agrarstruktur und zur Sicherung land- und forstwirtschaftlicher Betriebe (Grundstückverkehrsgesetz)
GrStG	Grundsteuergesetz
GRUR	Gewerblicher Rechtsschutz und Urheberrecht (Zeitschrift)
GRUR-RR	Gewerblicher Rechtsschutz und Urheberrecht Rechtsprechungs-Report
GS	Gedenkschrift
GuT	Gewerbemiete und Teileigentum (Zeitschrift)
GVFV	Verordnung über das Formular für den Vollstreckungsauftrag an den Gerichtsvollzieher (Gerichtsvollzieherformular-Verordnung)
GVG	Gerichtsverfassungsgesetz
GVGA	Geschäftsanweisung für Gerichtsvollzieher
GvKostG	Gesetz über Kosten der Gerichtsvollzieher (Gerichtsvollzieherkostengesetz)
GVO	Gerichtsvollzieherordnung
HaagBeweisÜbk.	Haager Übereinkommen vom 18. März 1970 über die Beweisaufnahme im Ausland in Zivil- oder Handelssachen
HaagÜbkAG	Gesetz zur Ausführung des Haager Übereinkommens vom 15. November 1965 über die Zustellung gerichtlicher und außergerichtlicher Schriftstücke im Ausland in Zivil- oder Handelssachen und des Haager Übereinkommens vom 18. März 1970 über die Beweisaufnahme im Ausland in Zivil- oder Handelssachen
HaftpflG	Haftpflichtgesetz
HAG	Heimarbeitsgesetz
HGB	Handelsgesetzbuch
HintG	Hinterlegungsgesetz
HintO	Hinterlegungsordnung
HK	Heidelberger Kommentar
Hk	Handkommentar
hL	herrschende Lehre
hM	herrschende Meinung
HRR	Höchstrichterliche Rechtsprechung (Zeitschrift)
Hrsg.; hrsg.	Herausgeber; herausgegeben
Hs	Halbsatz
HUP	Protokoll über das auf Unterhaltspflichten anzuwendende Recht vom 23. November 2007 (Haager Unterhaltsprotokoll 2007 – HUP 2007)
HUÜ	Haager Übereinkommen über das auf Unterhaltspflichten anzuwendende Recht vom 2. Oktober 1973
HUVÜ	Haager Übereinkommen über die Anerkennung und Vollstreckung von Unterhaltsentscheidungen
HZPÜ	Haager Übereinkommen über den Zivilprozeß vom 1. März 1954

HZÜ	Haager Übereinkommen über die Zustellung gerichtlicher und außergerichtlicher Entscheidungen im Ausland in Zivil- und Handelssachen vom 15. November 1965 (Haager Zustellungsübereinkommen)
idF	in der Fassung
idR	in der Regel
iE	im Ergebnis
iFamZ	Interdisziplinäre Zeitschrift für Familienrecht. Beratung – Unterbringung – Rechtsfürsorge
iHv	in Höhe von
insb.	insbesondere
InsO	Insolvenzordnung
InstGE	Entscheidungen der Instanzgerichte zum Recht des geistigen Eigentums
InsVV	Insolvenzrechtliche Vergütungsverordnung
IntErbRVG	Internationales Erbrechtsverfahrensgesetz
IntFamRVG	Gesetz zur Aus- und Durchführung bestimmter Rechtsinstrumente auf dem Gebiet des internationalen Familienrechts (Internationales Familienrechtsverfahrensgesetz)
InVo	Insolvenz und Vollstreckung (Zeitschrift)
IPR	Internationales Privatrecht
iSd	im Sinne des/der
IStR	Internationales Steuerrecht (Zeitschrift)
iSv	im Sinne von
ITRB	Der IT-Rechts-Berater (Zeitschrift)
iVm	in Verbindung mit
JAmt	Das Jugendamt (Zeitschrift)
JbItalR	Jahrbuch für Italienisches Recht
JBeitrO	Justizbeitreibungsordnung
jew.	Jeweils
JKomG	Gesetz über die Verwendung elektronischer Kommunikationsformen in der Justiz (Justizkommunikationsgesetz)
JM	Justizministerium
JMBl.	Justizministerialblatt
JR	Juristische Rundschau (Zeitschrift)
JurBüro	Das Juristische Büro (Zeitschrift)
JurPC	Internet-Zeitschrift für Rechtsinformatik
JuS	Juristische Schulung (Zeitschrift)
JVEG	Gesetz über die Vergütung von Sachverständigen, Dolmetscherinnen, Dolmetschern, Übersetzerinnen und Übersetzern sowie die Entschädigung von ehrenamtlichen Richterinnen, ehrenamtlichen Richtern, Zeuginnen, Zeugen und Dritten (Justizvergütungs- und -entschädigungsgesetz)
JVKostO	Gesetz über Kosten im Bereich der Justizverwaltung (Justizverwaltungskostenordnung)
JW	Juristische Wochenschrift (Zeitschrift)
JZ	Juristenzeitung
KAG	Kommunalabgabengesetz
KG	Kammergericht (Berlin); Kommanditgesellschaft
KGaA	Kommanditgesellschaft auf Aktien
KGR	Kammergericht-Report Berlin
KKZ	Kommunal-Kassen-Zeitschrift

KO	Konkursordnung
KostG	Kostengesetze
KostO	Gesetz über die Kosten in Angelegenheiten der freiwilligen Gerichtsbarkeit (Kostenordnung)
KostRMoG	Gesetz zur Modernisierung des Kostenrechts (Kostenrechtsmodernisierungsgesetz)
KostVfg.	Kostenverfügung
krit.	kritisch
KStZ	Kommunale Steuer-Zeitschrift
KSÜ	Haager Kinderschutz-Übereinkommen
KTS	Zeitschrift für Konkurs-, Treuhand- und Schiedsgerichtswesen
KV	Kostenverzeichnis
KWG	Gesetz über das Kreditwesen
LAG	Landesarbeitsgericht
LG	Landgericht
Lit.	Literatur
lit.	Litera (Buchstabe)
LMK	Kommentierte BGH-Rechtsprechung Lindenmaier/Möhring
LPartG	Lebenspartnerschaftsgesetz
LPG	Landespressegesetz
LS	Leitsatz
LSG	Landessozialgericht
LuftFzgG	Gesetz über Rechte an Luftfahrzeugen
LuftVG	Luftverkehrsgesetz
LuftVZO	Luftverkehrs-Zulassungs-Ordnung
LugÜ 1988	Übereinkommen über die gerichtliche Zuständigkeit und die Vollstreckung gerichtlicher Entscheidungen in Zivil- und Handelssachen, geschlossen in Lugano am 16. September 1988 (Lugano-Übereinkommen 1988)
LugÜ 2007	Übereinkommen über die gerichtliche Zuständigkeit und die Anerkennung und Vollstreckung von Entscheidungen in Zivil- und Handelssachen, geschlossen in Lugano am 30. Oktober 2007 (Lugano-Übereinkommen 2007)
LwVfG	Gesetz über das gerichtliche Verfahren in Landwirtschaftssachen
LZ	Leipziger Zeitschrift
MarkenG	Gesetz über den Schutz von Marken und sonstigen Kennzeichen (Markengesetz)
maW	mit anderen Worten
MDP	Mitteilungen der deutschen Patentanwälte
MDR	Monatsschrift für Deutsches Recht
MietRÄndG	Mietrechtsänderungsgesetz
Mio.	Million(en)
MittBayNot	Mitteilungen des Bayerischen Notarvereins, der Notarkassen und der Landesnotarkasse Bayern
MittRhNotK	Mitteilungen der Rheinischen Notarkammer
MiZi	Anordnung über Mitteilungen in Zivilsachen
MMR	Multimedia und Recht (Zeitschrift)
MoMiG	Gesetz zur Modernisierung des GmbH-Rechts und zur Bekämpfung von Missbräuchen

Mot. I–V	Motive zu dem Entwurf eines Bürgerlichen Gesetzbuches für das Deutsche Reich (Bd. I Allgemeiner Teil; Bd. II Recht der Schuldverhältnisse; Bd. III Sachenrecht; Bd. IV Familienrecht; Bd. V Erbrecht)
MSA	Haager Minderjährigenschutzabkommen
MüKo	Münchener Kommentar
mwN	mit weiteren Nachweisen
NachwG	Gesetz über den Nachweis der für ein Arbeitsverhältnis geltenden wesentlichen Bedingungen (Nachweisgesetz)
NdsRpfl	Niedersächsische Rechtspflege (Zeitschrift)
nF	neue Fassung
NJ	Neue Justiz (Zeitschrift)
NJOZ	Neue Juristische Online-Zeitschrift
NJW	Neue Juristische Wochenschrift
NJWE-WettbR	NJW-Entscheidungsdienst-Wettbewerbsrecht
NJW-RR	Neue Juristische Wochenschrift Rechtsprechungs-Report
NK-GK	NomosKommentar Gesamtes Kostenrecht, hrsg. von *Schneider/Volpert/Fölsch*
NotBZ	Zeitschrift für notarielle Beratungs- und Beurkundungspraxis
Nr.	Nummer
NRW	Nordrhein-Westfalen
NStZ-RR	Neue Zeitschrift für Strafrecht Rechtsprechungs-Report
NZFam	Neue Zeitschrift für Familienrecht
NZI	Neue Zeitschrift für das Recht der Insolvenz und Sanierung
NZS	Neue Zeitschrift für Sozialrecht
OGH	Oberster Gerichtshof (Österreich)
oHG	offene Handelsgesellschaft
ÖJZ	Österreichische Juristen-Zeitung
OLG	Oberlandesgericht
OLGR	Schnelldienst zur Zivilrechtsprechung der Oberlandesgerichte (OLG-Report)
OVG	Oberverwaltungsgericht
OWiG	Gesetz über Ordnungswidrigkeiten
PartG	Gesetz über die politischen Parteien (Parteiengesetz)
PartGG	Gesetz über Partnerschaftsgesellschaften Angehöriger Freier Berufe (Partnerschaftsgesellschaftsgesetz)
PatG	Patentgesetz
PG	Prütting/Gehrlein, ZPO Kommentar
PKH	Prozesskostenhilfe
ProdHaftG	Gesetz über die Haftung für fehlerhafte Produkte (Produkthaftungsgesetz)
Prot.	Protokolle
PWW	Prütting/Wegen/Weinreich, BGB Kommentar
RabelsZ	Rabels Zeitschrift für ausländisches und internationales Privatrecht
RBEG	Gesetz zur Ermittlung der Regelbedarfe nach § 28 des Zwölften Buches Sozialgesetzbuch (Regelbedarfs-Ermittlungsgesetz)
RDG	Gesetz über außergerichtliche Rechtsdienstleistungen (Rechtsdienstleistungsgesetz)

RDGEG	Einführungsgesetz zum Rechtsdienstleistungsgesetz
RdL	Recht der Landwirtschaft (Zeitschrift)
RechtsBehEG	Gesetz zur Einführung einer Rechtsbehelfsbelehrung im Zivilprozess und zur Änderung anderer Vorschriften
RefE	Referentenentwurf
RegE	Regierungsentwurf
RG	Reichsgericht
RGBl.	Reichsgesetzblatt
RGZ	Entscheidungen des Reichsgerichts in Zivilsachen
RIW	Recht der internationalen Wirtschaft (Zeitschrift)
RL	Richtlinie
Rn	Randnummer
RNotZ	Rheinische Notar-Zeitschrift
Rpfleger	Der Deutsche Rechtspfleger (Zeitschrift)
RPflG	Rechtspflegergesetz
RPflStud	Rechtspfleger-Studienhefte
Rspr	Rechtsprechung
RVG	Gesetz über die Vergütung der Rechtsanwältinnen und Rechtsanwälte (Rechtsanwaltsvergütungsgesetz)
S.	Satz; Seite
s.	siehe
s.a.	siehe auch
ScheckG	Scheckgesetz
SchfG	Gesetz über das Schornsteinfegerwesen (Schornsteinfegergesetz)
SchiffRG	Gesetz über Rechte an eingetragenen Schiffen und Schiffsbauwerken (Schiffsrechtegesetz)
SchlHA	Schleswig-Holsteinische Anzeigen
SchRegO	Schiffsregisterordnung
SchRG	Gesetz über Rechte an eingetragenen Schiffen und Schiffsbauwerken (Schiffsrechtegesetz)
SchuFV	Verordnung über die Führung des Schuldnerverzeichnisses (Schuldnerverzeichnisführungsverordnung)
SchuVAbdrV	Verordnung über den Bezug von Abdrucken aus dem Schuldnerverzeichnis (Schuldnerverzeichnisabdruckverordnung)
SchuVVO	Verordnung über das Schuldnerverzeichnis (Schuldnerverzeichnisverordnung)
SeuffArch	Seufferts Archiv für Entscheidungen der obersten Gerichte in den deutschen Staaten
SG	Sozialgericht
SGb	Die Sozialgerichtsbarkeit (Zeitschrift)
SGB II	Sozialgesetzbuch (SGB) Zweites Buch (II) – Grundsicherung für Arbeitsuchende
SGB III	Sozialgesetzbuch (SGB) Drittes Buch (III) – Arbeitsförderung
SGG	Sozialgerichtsgesetz
sog.	sogenannt
SRF-Zinssatz	Zinssatz der Spitzenrefinanzierungsfazilität der Europäischen Zentralbank
StGB	Strafgesetzbuch
StPO	Strafprozeßordnung
str	strittig

StrRehaG	Gesetz über die Rehabilitierung und Entschädigung von Opfern rechtsstaatswidriger Strafverfolgungsmaßnahmen im Beitrittsgebiet (Strafrechtliches Rehabilitierungsgesetz)
stRspr	ständige Rechtsprechung
StVG	Straßenverkehrsgesetz
StVollzG	Strafvollzugsgesetz
SVertO	Gesetz über das Verfahren bei der Errichtung und Verteilung eines Fonds zur Beschränkung der Haftung in der See- und Binnenschiffahrt (Schiffahrtsrechtliche Verteilungsordnung)
TierSchG	Tierschutzgesetz
TV-L	Tarifvertrag für den öffentlichen Dienst der Länder
TVöD	Tarifvertrag für den öffentlichen Dienst
u.a.	unter anderem
u.Ä.	und Ähnliche(s)
UhVorschG	Gesetz zur Sicherung des Unterhalts von Kindern alleinstehender Mütter und Väter durch Unterhaltsvorschüsse oder -ausfalleistungen (Unterhaltsvorschussgesetz)
UKlaG	Gesetz über Unterlassungsklagen bei Verbraucherrechts- und anderen Verstößen (Unterlassungsklagengesetz)
umstr	umstritten
unstr	unstreitig
UnthVO	Verordnung (EG) Nr. 4/2009 des Rates vom 18. Dezember 2008 über die Zuständigkeit, das anwendbare Recht, die Anerkennung und Vollstreckung von Entscheidungen und die Zusammenarbeit in Unterhaltssachen
UNÜÜ	New Yorker UN-Übereinkommen über die Geltendmachung von Unterhaltsansprüchen im Ausland vom 20. Juni 1956
UrhG	Gesetz über Urheberrecht und verwandte Schutzrechte (Urheberrechtsgesetz)
UrhWG	Gesetz über die Wahrnehmung von Urheberrechten und verwandten Schutzrechten (Urheberrechtswahrnehmungsgesetz)
Urt.	Urteil
UStG	Umsatzsteuergesetz
usw	und so weiter
uU	unter Umständen
UVG	Gesetz zur Sicherung des Unterhalts von Kindern alleinstehender Mütter und Väter durch Unterhaltsvorschüsse oder -ausfalleistungen (Unterhaltsvorschussgesetz)
UWG	Gesetz gegen den unlauteren Wettbewerb
UZwG	Gesetz über den unmittelbaren Zwang bei Ausübung öffentlicher Gewalt durch Vollzugsbeamte des Bundes
v.	vom; von
VAG	Gesetz über die Beaufsichtigung der Versicherungsunternehmen (Versicherungsaufsichtsgesetz)
VAHRG	Gesetz zur Regelung von Härten im Versorgungsausgleich
VerbrKrG	Verbraucherkreditgesetz
VerlG	Gesetz über das Verlagsrecht
VermVV	Verordnung über das Vermögensverzeichnis (Vermögensverzeichnisverordnung)

VersAusglG	Gesetz über den Versorgungsausgleich (Versorgungsausgleichsgesetz)
VersR	Versicherungsrecht (Zeitschrift)
vgl	vergleiche
vH	vom Hundert
VKH	Verfahrenskostenhilfe
VO	Verordnung
Vor/vor/Vorbem.	Vorbemerkung
VRG	Gesetz zur Reform der Verwaltungsstruktur, zur Justizreform und zur Erweiterung des kommunalen Handlungsspielraums (Verwaltungsstruktur-Reformgesetz)
VV	Vergütungsverzeichnis
VVG	Versicherungsvertragsgesetz
VwGO	Verwaltungsgerichtsordnung
VwKostG	Verwaltungskostengesetz
VwVG	Verwaltungs-Vollstreckungsgesetz
VwZG	Verwaltungszustellungsgesetz
WEG	Gesetz über das Wohnungseigentum und das Dauerwohnrecht (Wohnungseigentumsgesetz)
WG	Wechselgesetz
WRP	Wettbewerb in Recht und Praxis
WuB	Entscheidungssammlung zum Wirtschafts- und Bankrecht
ZAbkNTrS	Zusatzabkommen zum NATO-Truppenstatut
ZahlVGJG	Gesetz über den Zahlungsverkehr mit Gerichten und Justizbehörden
Zak	Zivilrecht aktuell
zB	zum Beispiel
ZErb	Zeitschrift für die Steuer- und Erbrechtspraxis
ZEuP	Zeitschrift für Europäisches Privatrecht
ZEV	Zeitschrift für Erbrecht und Vermögensnachfolge
ZfIR	Zeitschrift für Immobilienrecht
ZfRV	Zeitschrift für Rechtsvergleichung
ZGB	Zivilgesetzbuch
ZGS	Zeitschrift für Vertragsgestaltung, Schuld- und Haftungsrecht
Ziff.	Ziffer
ZInsO	Zeitschrift für das gesamte Insolvenzrecht
ZIP	Zeitschrift für Wirtschaftsrecht
zit.	zitiert
ZMR	Zeitschrift für Miet- und Raumrecht
ZNotP	Zeitschrift für die Notarpraxis
ZPO	Zivilprozessordnung
ZRP	Zeitschrift für Rechtspolitik
ZS	Zivilsenat
zT	zum Teil
ZUM-RD	Zeitschrift für Urheber- und Medienrecht – Rechtsprechungsdienst
zust.	zustimmend
ZustVO	Verordnung (EG) Nr. 1348/2000 des Rates vom 29. Mai 2000 über die Zustellung gerichtlicher und außergerichtlicher Schriftstücke in Zivil- oder Handelssachen in den Mitgliedstaaten

Abkürzungsverzeichnis

ZustVV	Verordnung zur Einführung von Vordrucken für die Zustellung im gerichtlichen Verfahren (Zustellungsvordruckverordnung)
zutr.	zutreffend
ZVFV	Verordnung über Formulare für die Zwangsvollstreckung (Zwangsvollstreckungsformular-Verordnung)
ZVG	Gesetz über die Zwangsversteigerung und die Zwangsverwaltung
ZVI	Zeitschrift für Verbraucher- und Privat-Insolvenzrecht
ZWE	Zeitschrift für Wohnungseigentumsrecht
ZwVwV	Zwangsverwalterverordnung
ZZP	Zeitschrift für Zivilprozeß
ZZPInt	Zeitschrift für Zivilprozess International

Literaturverzeichnis

Arnold/Meyer-Stolte/Herrmann/Rellermeyer/Hintzen, Kommentar zum Rechtspflegergesetz, 7. Aufl. 2009 (zit. Arnold/Meyer-Stolte/*Bearbeiter*)
Bahrenfuss (Hrsg.), FamFG, Kommentar, 2. Aufl. 2013 (zit. Bahrenfuss/*Bearbeiter*)
Bamberger/Roth, Kommentar zum Bürgerlichen Gesetzbuch, 3 Bände, 3. Aufl. 2012
Bärmann/Pick, WEG, Kommentar, 19. Aufl. 2010
Bassenge/Roth, FamFG/RPflG, Kommentar, 12. Aufl. 2009 (zit. Bassenge/Roth/ *Bearbeiter*)
Baumbach/Hopt, HGB, Kommentar, 36. Aufl. 2014 (zit. Baumbach/Hopt/*Bearbeiter*)
Baumbach/Hueck, GmbHG, Kommentar, 20. Aufl. 2013
Baumbach/Lauterbach/Albers/Hartmann, ZPO, Kommentar, 73. Aufl. 2015 (zit. Baumbach/*Hartmann*)
Baur/Stürner, Sachenrecht, 18. Aufl. 2009
Baur/Stürner/Bruns, Zwangsvollstreckungsrecht, 13. Aufl. 2006
Beck'sches Formularbuch Zwangsvollstreckung, hrsg. von Hasselblatt/Sternal, 2. Aufl. 2012 (zit. Hasselblatt/Sternal/*Bearbeiter*)
Berger (Hrsg.), Einstweiliger Rechtsschutz im Zivilrecht, Handbuch, 2006
Bork/Jacoby/Schwab (Hrsg.), FamFG, Kommentar, 2. Aufl. 2013 (zit. B/J/S-*Bearbeiter*)
Böttcher, Gesetz über die Zwangsversteigerung und die Zwangsverwaltung, Kommentar, 5. Aufl. 2010
Brand, Formularbuch zum Europäischen und Internationalen Zivilprozessrecht – Zuständigkeit, Streitverfahren und Freiwillige Gerichtsbarkeit, Zustellung, Anerkennung und Vollstreckung, 2011
Braun (Hrsg.), Insolvenzordnung, Kommentar, 6. Aufl. 2014
Brödermann/Rosengarten, Internationales Privat- und Zivilverfahrensrecht (IPR/IZVR), 7. Aufl. 2015
Brox/Walker, Zwangsvollstreckungsrecht, 10. Aufl. 2014
Bülow/Schmidt, Hinterlegungsordnung und Nebengesetze, Kommentar, 4. Aufl. 2005
Bumiller/Harders, FamFG Freiwillige Gerichtsbarkeit, Kommentar, 11. Aufl. 2015
Burgstaller/Neumayr/Geroldinger/Schmaranzer, Internationales Zivilverfahrensrecht, Loseblatt, Stand: 17. Ergänzungslieferung 2014 (zit. Burgstaller/ Neumayr u.a./*Bearbeiter*, IZVR)
Cirullies, Vollstreckung in Familiensachen, 2009
Dallmayer/Eickmann, Rechtspflegergesetz, Kommentar, 1996
Dassler/Schiffhauer/Hintzen/Engels/Rellermeyer, ZVG einschl. EGZVG und ZwVwV, Kommentar, 14. Aufl. 2013 (zit. Dassler/Schiffhauer/*Bearbeiter*)
Demharter, Grundbuchordnung, Kommentar, 29. Aufl. 2014
Dörndorfer, Rechtspflegergesetz, Kommentar, 2. Aufl. 2014
Erman, Bürgerliches Gesetzbuch, Kommentar, 2 Bände, 14. Aufl. 2014 (zit. Erman/*Bearbeiter*)

Fasching/Konecny, Kommentar zu den Zivilprozessgesetzen – Band V/1 u. V/2, Internationales Zivilprozessrecht (EuGVVO, EuBVO, EuVTVO, §§ 39, 39 a JN, §§ 63 bis 73, 283, 291 a bis 291 c ZPO), 2. Aufl. 2011 (zit. Fasching/Konecny/*Bearbeiter*)

Fölsch, Das neue FamFG in Familiensachen, 2. Aufl. 2009

Frankfurter Kommentar zur Insolvenzordnung, hrsg. von Wimmer, 8. Aufl. 2015 (zit. FK-InsO/*Bearbeiter*)

Garber, Einstweiliger Rechtsschutz nach der EuGVVO. Die internationale Zuständigkeit für die Erlassung einstweiliger Maßnahmen und deren Anerkennung und Vollstreckung nach der EuGVVO, 2012

Gaul/Schilken/Becker-Eberhard, Zwangsvollstreckungsrecht, 12. Aufl. 2010

Gebauer/Wiedmann, Zivilrecht unter europäischem Einfluss. Die richtlinienkonforme Auslegung des BGB und anderer Gesetze. Kommentierung der wichtigsten EU-Verordnungen, 2. Aufl. 2010

Geimer/Schütze, Europäisches Zivilverfahrensrecht – Kommentar zur EuGVVO, EuEheVO, EuZustellungsVO, EuInsVO, EuVTVO, zum Lugano-Übereinkommen und zum nationalen Kompetenz- und Anerkennungsrecht, 3. Aufl. 2010

Geimer/Schütze, Internationaler Rechtsverkehr in Zivil- und Handelssachen, Loseblatt-Handbuch mit Texten, Kommentierungen und Länderberichten, 48. Ergänzungslieferung (Stand: 6/2012) (zit. Geimer/Schütze/*Bearbeiter*, IRV)

Gerhardt/von Heintschel-Heinegg/Klein (Hrsg.), Handbuch des Fachanwalts Familienrecht, 9. Aufl. 2013

Germelmann/Matthes/Prütting (Hrsg.), Arbeitsgerichtsgesetz, Kommentar, 8. Aufl. 2013

Gottwald/Mock, Zwangsvollstreckung, Kommentar zu den §§ 704–915 h ZPO mit Antrags- und Klagemustern für die Rechtspraxis, 6. Aufl. 2013

Haarmeyer/Hintzen, Handbuch der Zwangsverwaltung, 3. Aufl. 2012

Haarmeyer/Wutzke/Förster/Hintzen, Zwangsverwaltung. Zwangsversteigerungsgesetz (§§ 146–161) und Zwangsverwalterverordnung (ZwVwV), Kommentar, 5. Aufl. 2011

Habermeier, Die Zwangshypotheken der Zivilprozeßordnung, 1988

Haertlein, Exekutionsintervention und Haftung, 2008

Hannich, Die Pfändungsbeschränkung des § 852 ZPO: Zwangsvollstreckung in den Pflichtteilsanspruch, den Anspruch des Schenkers auf Herausgabe des Geschenks wegen Notbedarfs und den Anspruch eines Ehegatten auf Ausgleich des Zugewinns, 1998

Hasselblatt/Sternal (Hrsg.), Beck'sches Formularbuch Zwangsvollstreckung, 2. Aufl. 2012 (zit. Hasselblatt/Sternal/*Bearbeiter*)

Haußleiter, FamFG, Kommentar, 2011 (zit. Haußleiter/*Bearbeiter*)

Heidelberger Kommentar zur Insolvenzordnung, hrsg. von Kreft, 7. Aufl. 2014 (zit. HK-InsO/*Bearbeiter*)

Heinze, Einstweiliger Rechtsschutz im europäischen Immaterialgüterrecht, 2007

Hintzen/Wolf, Zwangsvollstreckung, Zwangsversteigerung und Zwangsverwaltung, Handbuch, 2006

Hk-BGB/*Bearbeiter*: Schulze/Dörner/Ebert/Hoeren/Kemper/Saenger/Schreiber/Schulte-Nölke/Staudinger, Bürgerliches Gesetzbuch, Handkommentar, 8. Aufl. 2014

Hk-FamGKG/*Bearbeiter*: hrsg. von Schneider/Volpert/Fölsch, FamGKG, Handkommentar, 2. Aufl. 2014

Hk-FamVerfR/*Bearbeiter*: hrsg. von Kemper/Schreiber, Familienverfahrensrecht, Handkommentar, 3. Aufl. 2015

Hk-RVG/*Bearbeiter*: hrsg. von Mayer/Kroiß, Rechtsanwaltsvergütungsgesetz, Handkommentar, 6. Aufl. 2013

Hk-ZPO/*Bearbeiter*: hrsg. von Saenger, Zivilprozessordnung, Handkommentar, 6. Aufl. 2015

Horndasch/Viefhues (Hrsg.), FamFG – Kommentar zum Familienverfahrensrecht. Betreuungs- und Unterbringungssachen, Nachlass- und Teilungssachen, Anwaltsgebühren und Gerichtskosten, 3. Aufl. 2014 (zit. Horndasch/Viefhues/*Bearbeiter*)

Huber, Anfechtungsgesetz, Kommentar, 10. Aufl. 2006

Jauernig/Berger, Zwangsvollstreckungs- und Insolvenzrecht, 23. Aufl. 2010

Johannsen/Henrich (Hrsg.), Familienrecht – Scheidung, Unterhalt, Verfahren, Kommentar, 6. Aufl. 2015 (zit. Johannsen/Henrich/*Bearbeiter*)

Keidel (Hrsg.), FamFG, Kommentar zum Gesetz über das Verfahren in Familiensachen und in den Angelegenheiten der freiwilligen Gerichtsbarkeit, 18. Aufl. 2014 (zit. Keidel/*Bearbeiter*)

Kemper/Schreiber, Familienverfahrensrecht, Handkommentar, 3. Aufl. 2015 (Hk-FamVerfR/*Bearbeiter*)

Kersten/Bühling (Hrsg.), Formularbuch und Praxis der Freiwilligen Gerichtsbarkeit, 24. Aufl. 2013 (zit. Kersten/Bühling/*Bearbeiter*)

Kölner Kommentar zum Aktiengesetz, hrsg. von Zöllner, Band 5/1, §§ 179–240, 2. Aufl. 1995 (zit. KölnKomm-AktG/*Bearbeiter*)

Kreft (Hrsg.), Insolvenzordnung, Kommentar, 7. Aufl. 2014

Kropholler/von Hein, Europäisches Zivilprozessrecht, Kommentar zu EuGVO, Lugano-Übereinkommen 2007, EuVTVO, EuMVVO und EuGFVO, 9. Aufl. 2011

Kübler/Prütting/Bork (Hrsg.), Kommentar zur Insolvenzordnung, Loseblatt

Lackmann, Zwangsvollstreckungsrecht, 10. Aufl. 2013

Lange/Schiemann, Schadensersatz, Handbuch des Schuldrechts in Einzeldarstellungen, 3. Aufl. 2003

Löhnig, Gesetz über die Zwangsversteigerung und die Zwangsverwaltung, Kommentar, 2010

Mayer/Kroiß, Rechtsanwaltsvergütungsgesetz, Handkommentar, 6. Aufl. 2013 (Hk-RVG/*Bearbeiter*)

Meyer, Kommentar zum Gerichtsvollzieherkostengesetz, 2005

Meysen/Balloff/Ernst u.a., Praxiskommentar Familienverfahrensrecht – Einführung, Erläuterungen, Arbeitshilfen, 2. Aufl. 2014 (zit. Meysen/Balloff u.a./*Bearbeiter*)

Münchener Kommentar zum Aktiengesetz, Band 1: §§ 1–75 AktG, 3. Aufl. 2008 (zit. MüKo-AktG/*Bearbeiter*)

Münchener Kommentar zum Bürgerlichen Gesetzbuch (zit. MüKo-BGB/*Bearbeiter*)
- Band 1: Allgemeiner Teil, §§ 1–240 BGB, ProstG, AGG, 6. Aufl. 2012
- Band 5: Schuldrecht, Besonderer Teil III (§§ 705–853 BGB), PartGG, ProdHaftG, 6. Aufl. 2013
- Band 11: Internationales Privatrecht II, Internationales Wirtschaftsrecht, Einführungsgesetz zum Bürgerlichen Gesetzbuche (Art. 25–248), 6. Aufl. 2015

Münchener Kommentar zur Insolvenzordnung, 4 Bände, 3. Aufl. 2013 ff (zit. MüKo-InsO/*Bearbeiter*)
Münchener Kommentar zur Zivilprozessordnung (zit. MüKo-ZPO/*Bearbeiter*)
– Band 2: §§ 355–1024 ZPO, 4. Aufl. 2012
– Band 3: §§ 1025–1109 ZPO, EGZPO, GVG, EGGVG, UKlaG, Internationales und Europäisches Zivilprozessrecht, 4. Aufl. 2013
Musielak, Zivilprozessordnung, Kommentar, 11. Aufl. 2014 (zit. Musielak/*Bearbeiter*)
Musielak/Borth, Familiengerichtliches Verfahren, 1. und 2. Buch FamFG, Kommentar, 4. Aufl. 2013
Musielak/Voit, Zivilprozessordnung, Kommentar, 12. Aufl. 2015 (zit. Musielak/Voit/*Bearbeiter*)
Nagel/Gottwald, Internationales Zivilprozessrecht, 7. Aufl. 2013
Nerlich/Niehus, Anfechtungsgesetz, Kommentar, 2000
Palandt, Bürgerliches Gesetzbuch, Kommentar, 74. Aufl. 2015
Prütting/Gehrlein, ZPO Kommentar, 6. Aufl. 2014 (zit. PG/*Bearbeiter*)
Prütting/Helms, FamFG Kommentar, 3. Aufl. 2013 (zit. Prütting/Helms/*Bearbeiter*)
Prütting/Wegen/Weinreich, BGB Kommentar, 9. Aufl. 2014 (zit. PWW/*Bearbeiter*)
Rauscher (Hrsg.), Europäisches Zivilprozess- und Kollisionsrecht (EuZPR/EuIPR), Band II: EG-VollstrTitelVO, EG-MahnVO, EG-BagatellVO, EU-KpfVO, EG-ZustellVO 2007, HProrogÜbk 2005, EG-BewVO, EG-InsVO, Kommentar, 4. Aufl. 2015
Rauscher (Hrsg.), Europäisches Zivilprozess- und Kollisionsrecht (EuZPR/EuIPR), Band IV: Brüssel IIa-VO, EG-UntVO, HUntVerfÜbk 2007, EU-EheGüterVO-E, EU-LP-GüterVO-E, EU-SchutzMVO, 4. Aufl. 2015
Rechberger/Simotta, Zivilprozessrecht (Österreichisches Recht) – Erkenntnisverfahren, 8. Aufl. 2010
RGRK, Das Bürgerliche Gesetzbuch mit besonderer Berücksichtigung der Rechtsprechung des Reichsgerichts und des Bundesgerichtshofs, Kommentar, hrsg. von Mitgliedern des Bundesgerichtshofs, 12. Aufl. 1974 ff (zit. RGRK/*Bearbeiter*)
Riedel, Internationale Zwangsvollstreckung, 2. Aufl. 2012
Saenger, Zivilprozessordnung, Handkommentar, 6. Aufl. 2015 (zit. Hk-ZPO/*Bearbeiter*)
Saenger/Ullrich/Siebert (Hrsg.), ZPO, Gesetzesformulare, Kommentiertes Prozessformularbuch, 2. Aufl. 2012
Schack, Internationales Zivilverfahrensrecht – mit internationalem Insolvenz- und Schiedsverfahrensrecht, 6. Aufl. 2014
Schilken, Gerichtsverfassungsrecht, 4. Aufl. 2007
Schilken, Zivilprozessrecht, 7. Aufl. 2014
Schlosser, EU-Zivilprozessrecht: EuGVVO, AVAG, VTVO, MahnVO, BagatellVO, HZÜ, EuZVO, HBÜ, EuBVO, Kommentar, 3. Aufl. 2009
Schmidt, Internationale Unterhaltsrealisierung. Rechtsgrundlagen und praktische Anwendung, 2011
Schneider/Volpert/Fölsch, NomosKommentar Gesamtes Kostenrecht, 2014 (zit. NK-GK/*Bearbeiter*)

Schneider/Volpert/Fölsch, FamFG, Handkommentar, 2. Aufl. 2014 (zit. Hk-FamGKG/*Bearbeiter*)
Schneider/Wolf (Hrsg.), AnwaltKommentar RVG, 7. Aufl. 2014 (zit. AnwK-RVG/*Bearbeiter*)
Schöner/Stöber, Grundbuchrecht, 15. Aufl. 2012
Schröder-Kay, Das Kostenwesen der Gerichtsvollzieher, Kommentar, 13. Aufl. 2014
Schulte-Bunert/Weinreich, FamFG Kommentar, 4. Aufl. 2014 (zit. Schulte-Bunert/Weinreich/*Bearbeiter*)
Schulze/Dörner/Ebert/Hoeren/Kemper/Saenger/Schreiber/Schulte-Nölke/Staudinger, Bürgerliches Gesetzbuch, Handkommentar, 8. Aufl. 2014 (zit. Hk-BGB/*Bearbeiter*)
Schuschke/Walker (Hrsg.), Vollstreckung und Vorläufiger Rechtsschutz, Kommentar, 5. Aufl. 2011
Schütze, Das internationale Zivilprozessrecht in der ZPO, Kommentar, 2. Aufl. 2011
Seibel/Grothe/Harbeck/Kessel/Schultes/Volpert/Wilhelm, Zwangsvollstreckungsrecht aktuell – Sachaufklärung, Kontopfändung, Weitere Neuregelungen, Aktuelle Rechtsprechung, 2. Aufl. 2012
Staudinger, Julius von, Kommentar zum Bürgerlichen Gesetzbuch – EGBGB/IPR
– IntVerfREhe (Internationales Verfahrensrecht in Ehesachen), 2005
– Internationales Gesellschaftsrecht, Neubearb. 1998
Stein/Jonas, Kommentar zur Zivilprozessordnung (zit. Stein/Jonas/*Bearbeiter*)
– Band 7: §§ 704–827 ZPO, 22. Aufl. 2002
– Band 8: §§ 828–915 h ZPO, 22. Aufl. 2004
– Band 9: §§ 916–1066 ZPO, EGZPO, 22. Aufl. 2002
Steiner, Zwangsversteigerung und Zwangsverwaltung, Kommentar, 2 Bände, 9. Aufl. 1984–1986 (zit. Steiner/*Bearbeiter*)
Stöber, Forderungspfändung. Zwangsvollstreckung in Forderungen und andere Vermögensrechte, 16. Aufl. 2013
Stöber, Zwangsversteigerungsgesetz, Kommentar, 20. Aufl. 2012
Stöber, Zwangsvollstreckung in das unbewegliche Vermögen – ZVG-Handbuch (HRP Handbuch der Rechtspraxis), 9. Aufl. 2010
Sudergat, Kontopfändung und P-Konto. Voraussetzungen, Rechtsfolgen, Drittschuldnerberatung, 3. Aufl. 2013
Thomas/Putzo, ZPO Zivilprozessordnung, FamFG (Verfahren in Familiensachen), GVG, Einführungsgesetze, EU-Zivilverfahrensrecht, Kommentar, 35. Aufl. 2014 (zit. Thomas/Putzo/*Bearbeiter*)
Uhlenbruck, Insolvenzordnung, Kommentar, 14. Aufl. 2015 (zit. Uhlenbruck/*Bearbeiter*)
Vorwerk (Hrsg.), Das Prozessformularbuch, 9. Aufl. 2010
Walker, Der einstweilige Rechtsschutz im Zivilprozess und im arbeitsgerichtlichen Verfahren, 1993
Wieczorek/Schütze, Zivilprozessordnung und Nebengesetze, Großkommentar, 4. Aufl. 2012 ff (zit. Wieczorek/Schütze/*Bearbeiter*)
Winterstein, Gerichtsvollzieher-Kostenrecht, Kommentar, Loseblatt, fortgeführt von *Zuhn/Richter*

Wolf/Grothe/Netzer/Schneider/Schultes/Sievers/Sternal, Zwangsvollstreckungsrecht aktuell – Kontopfändung, FamFG, Weitere Neuregelungen, Aktuelle Rechtsprechung, 2010

Wolfsteiner, Die vollstreckbare Urkunde, 3. Aufl. 2011

Wössner, Die Pfändung des Gesellschaftsanteils bei den Personengesellschaften, 2000

Zimmermann, Zivilprozessordnung, FamFG (Allgemeiner Teil sowie Verfahren in Familiensachen), GVG, EGGVG, EGZPO, EU-Zivilverfahrensrecht inkl. Praxishinweise von Dr. Egon Schneider, 9. Aufl. 2011

Zöller, ZPO, Kommentar, 30. Aufl. 2014 (zit. Zöller/*Bearbeiter*)

Zivilprozessordnung

In der Fassung der Bekanntmachung vom 5. Dezember 2005 (BGBl. I S. 3202, ber. 2006 I S. 431, 2007 I S. 1781) (BGBl. III 310-4) zuletzt geändert durch Art. 1 des Gesetzes zur Durchführung der Verordnung (EU) Nr. 1215/2012 sowie zur Änderung sonstiger Vorschriften vom 8. Juli 2014 (BGBl. I S. 890)

– Auszug–

Buch 8
Zwangsvollstreckung

Abschnitt 1
Allgemeine Vorschriften

§ 704 Vollstreckbare Endurteile

Die Zwangsvollstreckung findet statt aus Endurteilen, die rechtskräftig oder für vorläufig vollstreckbar erklärt sind.

§ 36 Abs. 1 Nr. 1 GVGA

I. Allgemeines 1	1. Leistungsurteil 18
1. Anwendungsbereich 1	2. Bestimmtheit des Urteils.... 21
2. Voraussetzungen der Vollstreckung.................... 3	a) Hinreichende Bestimmtheit und Auslegung...... 21
II. Endurteil........................ 6	b) Beispiele.................. 23
III. Rechtskräftig oder vorläufig vollstreckbar.................... 7	aa) Zahlungstitel........ 23
1. Rechtskräftig 7	bb) Herausgabetitel..... 26
2. Vorläufig vollstreckbar...... 8	cc) Titel auf Vornahme von Handlungen.... 28
a) Allgemeines............. 8	dd) Unterlassungstitel... 31
b) Arbeitsgerichtliche Verfahren.................... 13	V. Weitere praktische Hinweise.... 33
c) Familiensachen.......... 14	VI. Kosten...................... 37
d) Verfahren der freiwilligen Gerichtsbarkeit...... 17	1. Gerichtskosten.............. 37
	2. Rechtsanwaltsgebühren..... 38
IV. Vollstreckungsfähigkeit.......... 18	3. Gerichtsvollzieherkosten.... 42

I. Allgemeines

1. Anwendungsbereich. § 704 geht vom rechtskräftigen oder vorläufig vollstreckbaren Urteil als der Grundform des Vollstreckungstitels aus. Die Vorschrift bildet die Verbindung zwischen dem Erkenntnisverfahren, welches durch das Urteil abgeschlossen wird, und dem Zwangsvollstreckungsverfahren, das auf dem Urteil beruht.[1] Soweit **andere Titel** nach dem Buch 8 der ZPO zu vollstrecken sind, wird jeweils auf dessen Vorschriften verwiesen: Innerhalb der ZPO findet sich eine Verweisung in § 794, wo zugleich die Grundlagen für zwei wichtige Vollstreckungstitel, den **Vergleich** (§ 794 Abs. 1 Nr. 1) und die **vollstreckbare Ur-**

1

---

[1] Hk-ZPO/*Kindl*, § 704 Rn 1.

kunde (§ 794 Abs. 1 Nr. 5) gelegt werden.[2] Außerhalb der ZPO findet sich eine Vielzahl weiterer Verweisungen, zB in

- §§ 62 Abs. 2, 85 Abs. 1 ArbGG für Urteile und Beschlüsse der Arbeitsgerichte;
- § 464 b S. 3 StPO für Kostenfestsetzungsbeschlüsse in Strafsachen;
- § 89 S. 1 GNotKG für Kostenrechnungen der Notare;
- § 11 Abs. 2 S. 3 RVG für Vergütungsfestsetzungsbeschlüsse;
- § 66 Abs. 4 SGB X für Verwaltungsakte nach dem SGB X; hier besteht allerdings eine Wahlmöglichkeit, da nach § 66 Abs. 1 SGB X auch die Vollstreckung nach dem Verwaltungsvollstreckungsgesetz eröffnet ist.

2 Ferner wird für viele **Familiensachen** und Verfahren der **freiwilligen Gerichtsbarkeit** die Vollstreckung nach der ZPO eröffnet. Das **FamFG** verweist in § 120 Abs. 1 für die Vollstreckung in Familienstreitsachen und in § 95 wegen einer Vielzahl weiterer zu vollstreckender Entscheidungen auf die ZPO (s. Rn 15 f und FamFG Rn 47 ff, 190 ff).

In der Vollstreckungspraxis steht das Urteil dagegen keineswegs an erster Stelle der zu vollstreckenden Titel. Dieser Rang kommt eher dem **Vollstreckungsbescheid** (§ 699) zu.

Ausländische Urteile fallen nicht unter § 704, da für diese ein besonderes Anerkennungsverfahren vorgesehen ist.[3]

3 **2. Voraussetzungen der Vollstreckung.** Die Vollstreckung aus einem vollstreckbaren **Titel** darf nur stattfinden, wenn eine **Klausel** (§ 724; zu Ausnahmen s. § 724 Rn 3) erteilt wurde und die **Zustellung** (§ 750 Abs. 1) des Titels erfolgt ist. Titel, Klausel und Zustellung werden als **allgemeine Vollstreckungsvoraussetzungen** bezeichnet.

4 Darüber hinaus müssen die **besonderen Vollstreckungsvoraussetzungen** vorliegen. Diese sind in § 751 Abs. 1 (Ablauf eines bestimmten Kalendertages) und § 751 Abs. 2 (Nachweis der Sicherheit) geregelt sowie in §§ 756 und 765 (Zug um Zug zu erbringende Leistung des Gläubigers). Diese besonderen Vollstreckungsvoraussetzungen werden nicht im Klauselverfahren, sondern vom Vollstreckungsorgan geprüft.[4]

5 Außerdem hat das Vollstreckungsorgan die **allgemeinen Verfahrensvoraussetzungen** zu prüfen. Dieses sind der Antrag, die deutsche Gerichtsbarkeit, die Zulässigkeit des Rechtswegs, die Zuständigkeit und insb. die **Partei- und Prozessfähigkeit** der Parteien. Auch der Schuldner muss entgegen der hM[5] ausnahmslos prozessfähig sein. Ein erster rangwahrender Zugriff gegen den prozessunfähigen Schuldner widerspricht der Pflicht zum Schutz des Prozessunfähigen.[6] Die Prüfung der Prozessfähigkeit erübrigt sich, wenn diese bereits im Erkenntnisverfahren geprüft wurde und eine Änderung der Sachlage nicht eingetreten ist.[7]

II. Endurteil

6 Das Endurteil (§ 300 Abs. 1) ist eine die Instanz abschließende Entscheidung. Die Vollstreckung kommt jedoch nicht nur aus Endurteilen in Betracht. Dem End-

---

2 MüKo-ZPO/*Wolfsteiner*, § 794 Rn 2.
3 Hk-ZPO/*Kindl*, § 704 Rn 2.
4 Musielak/*Lackmann*, § 751 Rn 1.
5 Hk-ZPO/*Kindl*, vor §§ 704–945 Rn 17; Thomas/Putzo/*Seiler*, vor § 704 Rn 43; weitergehend Baumbach/*Hartmann*, Grundz § 704 Rn 40.
6 Musielak/*Lackmann*, vor § 704 Rn 22.
7 Musielak/*Lackmann*, vor § 704 Rn 22.

urteil, das auch als Anerkenntnisurteil (§ 307) oder – selten und ohne vollstreckungsfähigen Inhalt – als Verzichtsurteil (§ 306) ergehen kann, stehen gleich das **Teilurteil** (§ 301 Abs. 1), das **Vorbehaltsurteil** nach § 302 Abs. 3, dh das Urteil unter Vorbehalt der Entscheidung über eine zur Aufrechnung gestellte Gegenforderung, und das Vorbehaltsurteil im Urkunden-, Wechsel- und Scheckprozess (§§ 599 Abs. 3, 602, 605 a). Aus einem **Zwischenurteil** (§ 303) und einem **Grundurteil** (§ 304) kann mangels vollstreckungsfähigen Inhalts nicht vollstreckt werden. Endurteil in diesem Sinn ist auch das **Versäumnisurteil** (§ 331).[8]

III. Rechtskräftig oder vorläufig vollstreckbar

1. Rechtskräftig. Rechtskraft bedeutet hier **formelle Rechtskraft** iSv § 705 (s. § 705 Rn 1 ff).[9] Das Urteil darf mit Rechtsmitteln nicht mehr angreifbar sein. In der Vollstreckung muss die Rechtskraft mit einem **Rechtskraftzeugnis** (§ 706) nachgewiesen werden (s. § 706 Rn 3). Trotz formeller Rechtskraft kann ein Urteil nur vorläufig vollstreckbar sein, wenn das Gericht zunächst ein positives Zwischenurteil über die Zulässigkeit der Klage (§ 280) oder den Grund (§ 304) oder ein Vorbehaltsurteil (s. Rn 6) erlässt und anschließend, bevor das Zwischenurteil oder Vorbehaltsurteil rechtskräftig geworden ist, der Klage (teilweise) stattgibt. Wird das Zwischenurteil angefochten, während das folgende (Schluss-)Urteil rechtskräftig wird, ist die Rechtskraft dieses zweiten Urteils durch die Abänderung des Zwischenurteils auflösend bedingt.[10] Es handelt sich dabei nicht um eine vorläufige Vollstreckbarkeit in dem nachfolgend dargestellten Sinn (s. Rn 8 ff), sondern um eine vorläufige Vollstreckbarkeit eigener Art. Dieser Fall ist jedoch in der Praxis sehr unwahrscheinlich, weil die Gerichte idR die Rechtskraft des Zwischenurteils vor einer weiteren Entscheidung abwarten und der Beklagte nicht nur das Zwischenurteil anfechten wird.

2. Vorläufig vollstreckbar. a) Allgemeines. Urteile sind grds. für vorläufig vollstreckbar zu erklären. Das Gericht hat über die vorläufige Vollstreckbarkeit gem. §§ 708 ff **von Amts wegen** zu entscheiden. Eine Vollstreckbarerklärung erübrigt sich nur, wenn das Urteil sofort mit der Verkündung rechtskräftig wird (s. § 705 Rn 3). Hat das Gericht nicht über die vorläufige Vollstreckbarkeit entschieden, kann diese Entscheidung gem. § 716 nur nach den Vorschriften über die **Urteilsergänzung** (§ 321) nachgeholt werden. Zu Arrest und einstweiliger Verfügung s. Rn 11, zur Rechtslage in Familiensachen s. Rn 11, 14 ff.

Berufungs- und Revisionsgericht können den Ausspruch über die vorläufige Vollstreckbarkeit gem. §§ 537 Abs. 1, 558 ändern, wenn das Urteil nur teilweise angefochten wird. Danach ist ein nicht oder nicht unbedingt für vorläufig vollstreckbar erklärtes Urteil für vorläufig vollstreckbar zu erklären, soweit es durch Berufungs- oder Revisionsanträge nicht angefochten wurde.

Unerheblich für die Entscheidung nach §§ 537 Abs. 1, 558 ist, ob die angefochtene Entscheidung hinsichtlich der vorläufigen Vollstreckbarkeit zutreffend ist oder zu Unrecht erfolgte.[11]

Für vorläufig vollstreckbar zu erklären sind auch Urteile nach §§ 767, 771 (zur Vollstreckbarkeit s. Rn 20). **Arrest** und **einstweilige Verfügung** sind unabhängig davon, ob sie gem. §§ 925, 936 als Beschluss oder Urteil ergangen sind, ohne besonderen Ausspruch sofort vollstreckbar.[12] Dasselbe gilt für die einstweilige An-

---

8 MüKo-ZPO/*Götz*, § 704 Rn 3.
9 Hk-ZPO/*Kindl*, § 704 Rn 3.
10 MüKo-ZPO/*Götz*, § 704 Rn 14 mwN; Hk-ZPO/*Kindl*, § 704 Rn 3; Musielak/*Lackmann*, § 704 Rn 2.
11 MüKo-ZPO/*Rimmelspacher*, § 537 Rn 6.
12 Hk-ZPO/*Kindl*, § 704 Rn 4.

ordnung nach §§ 49 ff FamFG.[13] Der **Vollstreckungsbescheid** ist ebenfalls sofort vollstreckbar.

12 Der **Urteilstenor** zur vorläufigen Vollstreckbarkeit ist für das **Vollstreckungsorgan bindend.** Wenn das Gericht zB bei einem dem § 708 unterfallenden Sachverhalt das Urteil gegen Sicherheitsleistung für vorläufig vollstreckbar erklärt hat, darf das Vollstreckungsorgan trotz offenkundig unrichtiger Entscheidung ohne Nachweis der Sicherheitsleistung gem. § 751 Abs. 2 nicht vollstrecken.[14] Falsche Entscheidungen über die vorläufige Vollstreckbarkeit können nach § 718 in der Berufungsinstanz noch vor dem Urteil über die Hauptsache geändert werden.

13 **b) Arbeitsgerichtliche Verfahren.** Im arbeitsgerichtlichen Verfahren sind nicht rechtskräftige Urteile gem. § 62 Abs. 1 S. 1 ArbGG vorläufig vollstreckbar. Auf Antrag des Beklagten kann das Arbeitsgericht gem. § 62 Abs. 1 S. 2 ArbGG die vorläufige Vollstreckbarkeit ausschließen, wenn der Beklagte glaubhaft macht, dass die Vollstreckung ihm einen nicht zu ersetzenden Nachteil bringen würde. Für das Beschlussverfahren bestimmt § 85 Abs. 1 ArbGG, dass Beschlüsse, die einem Beteiligten eine Verpflichtung auferlegen, ab Rechtskraft vollstreckbar und Beschlüsse in vermögensrechtlichen Streitigkeiten vorläufig vollstreckbar sind.

14 **c) Familiensachen.** In Familiensachen ist zwischen Ehesachen und Familienstreitsachen einerseits sowie den anderen Familiensachen und den Verfahren der freiwilligen Gerichtsbarkeit andererseits zu unterscheiden.

15 Endentscheidungen in Ehesachen und in Familienstreitsachen werden gem. § 38 FamFG durch Beschluss entschieden, welcher nach § 116 Abs. 2 FamFG bzw § 116 Abs. 3 S. 1 FamFG grds. mit Rechtskraft wirksam wird. In **Familienstreitsachen** kann das Gericht jedoch gem. § 116 Abs. 3 S. 2 FamFG die sofortige Wirksamkeit anordnen. Soweit die Endentscheidung eine Verpflichtung zur Leistung von Unterhalt enthält, soll gem. § 116 Abs. 3 S. 3 FamFG die sofortige Wirksamkeit angeordnet werden. Folge der sofortigen Wirksamkeit ist die sofortige Vollstreckbarkeit nach § 120 Abs. 2 S. 1 FamFG.[15] Die §§ 708–713 ZPO sind nicht anwendbar.[16] Das Gericht hat gem. § 120 Abs. 2 S. 2, 3 FamFG die Vollstreckung einzustellen oder zu beschränken, wenn der Verpflichtete glaubhaft macht, dass die Vollstreckung ihm einen nicht zu ersetzenden Nachteil bringen würde.

16 In den **anderen Familiensachen** richtet sich die Vollstreckung nach Buch 1 Abschnitt 8 („Vollstreckung") des FamFG. Nach § 86 Abs. 2 FamFG sind Beschlüsse mit Wirksamwerden vollstreckbar. Eine vorläufige Vollstreckbarkeit ist nicht vorgesehen. Ob die Wirksamkeit mit Bekanntgabe oder mit Rechtskraft eintritt, ist den jeweiligen Verfahrensvorschriften zu entnehmen. Soweit für die Vollstreckung in § 95 Abs. 1 FamFG auf die ZPO verwiesen wird (s. FamFG Rn 190 ff), hat das Gericht gem. § 95 Abs. 3 FamFG (wie nach § 120 Abs. 2 FamFG) die Vollstreckung aus einem Titel wegen einer Geldforderung vor Eintritt der Rechtskraft auszuschließen, wenn der Verpflichtete glaubhaft macht, dass die Vollstreckung ihm einen nicht zu ersetzenden Nachteil bringen würde. Wegen weiterer Einzelheiten wird auf die Kommentierung des FamFG in diesem Kommentar verwiesen.

17 **d) Verfahren der freiwilligen Gerichtsbarkeit.** In Verfahren der freiwilligen Gerichtsbarkeit ist nach dem FamFG wie in Familiensachen keine vorläufige Vollstreckbarkeit vorgesehen (s. Rn 16). Eine Sonderregelung besteht insoweit nur für Beschlüsse in Landwirtschaftssachen (im für Landpachtsachen geltenden Ur-

---

13 OLG Hamm FPR 2011, 232; Keidel/*Giers*, § 53 FamFG Rn 2.
14 *Giers*, DGVZ 2008, 8.
15 Keidel/*Weber*, § 116 Rn 17.
16 *Giers*, FPR 2010, 74, 75.

teilsverfahren sind nach § 48 LwVG ohnehin für vorläufig vollstreckbar zu erklärende und nach der ZPO zu vollstreckende Urteile zu erlassen). Denn § 30 Abs. 2 LwVG sieht weiterhin vor, dass das Gericht den Beschluss gegen oder ohne Sicherheitsleistung für vorläufig vollstreckbar erklären oder dem Schuldner auf Antrag nachlassen kann, die Vollstreckung durch Sicherheitsleistung abzuwenden, wenn der Beschluss einen vollstreckbaren Inhalt hat.

IV. Vollstreckungsfähigkeit

1. Leistungsurteil. § 704 besagt nicht ausdrücklich, dass das Urteil einen **vollstreckungsfähigen Inhalt** haben muss. Dennoch wird dieses Erfordernis aus § 704 hergeleitet.[17] Vollstreckungsfähig sind Leistungsurteile. Durch das **Leistungsurteil** wird der Beklagte verurteilt, eine bestimmte Leistung zu erbringen. Zu den Leistungen zählen insb. die Zahlung von Geld, die Herausgabe beweglicher und unbeweglicher Sachen, die Vornahme von vertretbaren und unvertretbaren Handlungen sowie Unterlassungen und die Abgabe von Willenserklärungen. Die Art der Vollstreckung richtet sich nach dem Inhalt der geschuldeten Leistung. Wird eine auf Leistung gerichtete Klage ganz oder zum Teil abgewiesen, so stellt der klagabweisende Teil des Urteils kein Leistungsurteil dar.[18] Das gilt auch wegen der Kosten, da das Urteil nur die **Kostengrundentscheidung** enthält. Vollstreckungstitel ist der Kostenfestsetzungsbeschluss (§§ 104 Abs. 1, 794 Abs. 1 Nr. 2).

18

Nicht vollstreckungsfähig sind **Zwischen- und Grundurteile** (s. Rn 7) sowie **Gestaltungsurteile**. Im **Scheidungsverbund** wird nach § 38 FamFG durch Beschluss entschieden, so dass sich das frühere Problem der Vollstreckbarkeit von Leistungstiteln im Scheidungsverbund[19] nicht mehr stellt.

19

Vollstreckbar sind die **prozessualen Gestaltungsurteile** nach §§ 767, 771, obwohl die mit ihnen herbeigeführte Rechtsänderung – die Unzulässigkeit der Zwangsvollstreckung – ohne weiteren Rechtsakt herbeigeführt wird. Denn in der praktischen Durchsetzung ist die Vorlage einer vollstreckbaren Entscheidung notwendig, um die Einstellung der Zwangsvollstreckung und die Aufhebung bereits getroffener Vollstreckungsmaßregeln nach §§ 775 Nr. 1, 776 zu bewirken.[20] Deshalb sind diese Urteile gem. §§ 708 ff für vorläufig vollstreckbar zu erklären (s. Rn 11). Vor Rechtskraft eines prozessualen Gestaltungsurteils nach §§ 767, 771 wird die Vollstreckung nur eingestellt, wenn die nach dem Urteil erforderliche Sicherheitsleistung erbracht und in der Form des § 751 Abs. 2 nachgewiesen ist und das Urteil ohne Sicherheitsleistung vorläufig vollstreckbar ist (§ 64 Abs. 3 Nr. 1 GVGA).

20

2. Bestimmtheit des Urteils. a) Hinreichende Bestimmtheit und Auslegung. Probleme der Vollstreckbarkeit ergeben sich weniger aus der Art des Urteils als aus dessen Bestimmtheit. Grundsätzlich muss das Vollstreckungsorgan durch das Urteil in die Lage versetzt werden, die geschuldete Leistung zu vollstrecken, ohne auf die Akten des Erkenntnisverfahrens oder auf andere Urkunden, die nicht Bestandteil des Titels sind, zurückgreifen zu müssen.[21] Bei einer **Zug-um-Zug-Verurteilung** gilt das Bestimmtheitserfordernis ebenfalls für die vom Gläubiger zu erbringende Gegenleistung.[22] Von der Prüfung ist jedoch insoweit abzusehen, wenn bereits urkundlich nachgewiesen ist, dass sich der Schuldner in Annahmeverzug befindet (§ 756 Abs. 1), zB durch eine entsprechende Feststellung im Urteil.

21

---

17 Zöller/*Stöber*, § 704 Rn 2; MüKo-ZPO/*Götz*, § 704 Rn 5; Musielak/*Lackmann*, § 704 Rn 5.
18 MüKo-ZPO/*Götz*, § 704 Rn 6.
19 S. dazu 1. Aufl. 2010, § 704 Rn 19.
20 MüKo-ZPO/*Götz*, § 704 Rn 7; Hk-ZPO/*Kindl*, § 704 Rn 5.
21 OLG Köln NJW-RR 2003, 375; vgl auch BGH NJW 1993, 1801, 1802.
22 BGH DGVZ 2011, 31; OLG Hamm MDR 2010, 1086; MüKo-ZPO/*Götz*, § 704 Rn 8.

22 Bei Unklarheiten darf das Vollstreckungsorgan die Vollstreckung nicht sogleich ablehnen, sondern muss den Titel zunächst auslegen. Für die **Auslegung** kommt es vor allem auf den Tenor an, Tatbestand und Entscheidungsgründe können ergänzend herangezogen werden.[23] Bei Urteilen ohne Entscheidungsgründe kann auch auf die Klageschrift zurückgegriffen werden.[24] Jedoch dürfen andere, außerhalb des Titels liegende Umstände nicht herangezogen werden.[25] Führt die Auslegung nicht weiter, so muss das Vollstreckungsorgan die Vollstreckung ablehnen. Hält der Gläubiger den Titel im Unterschied zum Vollstreckungsorgan für vollstreckungsfähig, kann er gegen dessen Weigerung, die Vollstreckung durchzuführen, Erinnerung (§ 766) einlegen. Ist er dagegen derselben Auffassung, so kann er entweder eine neue Leistungsklage, nun mit einem vollstreckungsfähigen Antrag,[26] oder eine Klage auf Feststellung des Urteilsinhalts erheben.[27] Der Schuldner, welcher das Urteil für nicht vollstreckungsfähig hält, kann Klauselerinnerung (§ 732) einlegen, weil im Klauselverfahren auch die Vollstreckungsfähigkeit zu prüfen ist (s. § 724 Rn 10). Er kann sich darüber hinaus mit der Erinnerung (§ 766) gegen die Vollstreckung wenden. Letztlich steht ihm die prozessuale **Gestaltungsklage analog** § 767 zur Verfügung, um die fehlende Vollstreckungsfähigkeit geltend zu machen.[28]

23 **b) Beispiele. aa) Zahlungstitel.** Zahlungstitel sind unproblematisch, wenn in ihnen die Höhe des zu zahlenden Betrages festgelegt wird. Der in einem Urteil enthaltene Zinsausspruch „8 % Zinsen über dem Basiszinssatz" ist regelmäßig dahin gehend auszulegen, dass Zinsen iHv 8 Prozentpunkten über dem Basiszinssatz tituliert sind.[29] Die gesonderte Angabe eines Höchstzinssatzes ist für die Eintragung einer Grundschuld nicht gem. § 1192 BGB erforderlich, wenn Zinsen iHv 5 % über dem Basiszinssatz geschuldet werden.[30] Vollstreckbar ist ferner ein Titel auf Zahlung von Bruttolohn.[31] Der Gläubiger darf die Zahlung des **Bruttolohns** vollstrecken und muss selbst Steuern und Sozialversicherungsbeiträge abführen. Waren diese bereits vom Schuldner abgeführt worden, kann dieser nach §§ 767, 774 Nr. 4 und 5 vorgehen.[32] Wenn ein Gläubiger aus einem titulierten Anspruch lediglich eine Teilhauptforderung geltend macht, so muss diese nach Hauptsache, Zinsen, Prozess- und Vollstreckungskosten hinreichend bestimmt sein.[33]

23a Probleme können jedoch entstehen, wenn sich die Höhe der Zahlung, einer Anrechnung auf die Zahlung oder die Abänderung laufender Leistungen nicht aus dem Titel selbst, sondern durch Verweisung auf andere Quellen ergibt. Solche Titel sind vollstreckbar, wenn sich der geschuldete Geldbetrag jedenfalls aus für die Vollstreckungsorgane **allgemein zugänglichen Quellen** bestimmen lässt. Diese Voraussetzung wurde bejaht für Wertsicherungsklauseln, die auf einen vom Statistischen Bundesamt herausgegebenen Preisindex für die Lebenshaltungskosten Bezug nehmen,[34] ferner für die Verpflichtung zur anteiligen Zahlung durch Mit-

---

23 BGH NJW 1972, 2268, 2269; Musielak/*Lackmann*, § 704 Rn 6.
24 BGH NJW 1983, 2032; BAG NZA 2007, 647; Hk-ZPO/*Kindl*, § 704 Rn 7; Musielak/*Lackmann*, § 704 Rn 6; aA Zöller/*Stöber*, § 704 Rn 5.
25 OLG Koblenz NJW-RR 2002, 1509, 1510; OLG Düsseldorf FGPrax 2013, 58; MüKo-ZPO/*Götz*, § 704 Rn 8.
26 BGH MDR 1989, 339; MüKo-ZPO/*Götz*, § 704 Rn 8.
27 BGH NJW 1997, 2320, 2321; BGH NJW 2008, 153; Hk-ZPO/*Kindl*, § 704 Rn 7.
28 BGHZ 165, 223 = NJW 2006, 695.
29 BGH NJW-RR 2013, 511.
30 BGH NJW 2006, 1341.
31 BAG NJW 1985, 646; Musielak/*Lackmann*, § 704 Rn 7.
32 Musielak/*Lackmann*, § 704 Rn 7; Zöller/*Stöber*, § 704 Rn 6.
33 LG Bremen JurBüro 2011, 607.
34 BGH NJW-RR 2005, 366.

eigentümer, wenn für die Höhe des Anteils auf das Grundbuch verwiesen wird,[35] sowie für die Verpflichtung zur Zahlung des gesetzlichen Verzugszinses iSv § 288 Abs. 1 S. 2 BGB.[36]

In **Unterhaltsverfahren** sah die überwiegende Auffassung einen auf § 1612 a BGB in der bis zum 31.12.2006 geltenden Fassung beruhenden Unterhaltstitel als hinreichend bestimmt an, wenn eine am Gesetzestext orientierte, „dynamisierte" Formulierung des Vollstreckungstitels gewählt wurde. Es reichte aus, dass der zu vollstreckende Unterhaltsanspruch durch Angabe eines Prozentsatzes des jeweiligen Regelbetrages unter Abzug des gesetzlichen Kindergeldanteils angegeben wurde.[37] Gleiches gilt für den **Mindestunterhalt** nach § 1612 a BGB nF iVm § 36 Nr. 4 EGZPO.[38] Abzulehnen ist die Auffassung, wonach bei einer Verpflichtung zur Zahlung **rückständigen Unterhalts** die Gesamtforderung im Tenor nicht beziffert sein muss, sondern es ausreicht, wenn aufgrund des Tenors die Höhe des Unterhaltsrückstands durch eine zumutbare Rechenoperation ermittelt werden kann.[39] Der rückständige Unterhalt muss stets beziffert werden.[40]

Im Übrigen ist die Rspr zur **Bezugnahme auf außerhalb des Titels liegende Quellen** schwer überschaubar. Für nicht vollstreckbar hielt der **BGH** eine notarielle Urkunde, mit welcher sich der Schuldner zur Zahlung einer Rente in Höhe der Hälfte der (jeweiligen) Höchstpension eines bayerischen Notars verpflichtete.[41] Auch eine 1972 aufgenommene notarielle Urkunde, mit der sich der Schuldner zur Zahlung von Unterhalt in Höhe der Bruttobezüge eines Beamten einer bestimmten Besoldungsgruppe verpflichtete, genügt jedenfalls dann nicht mehr den Bestimmtheitsanforderungen, wenn die zum Zeitpunkt der Klauselerteilung geltende Besoldungsordnung keinen Ortszuschlag mehr enthält.[42] Wird dagegen in einem Vergleich vereinbart, dass der Schuldner betragsmäßig bestimmte monatliche Summe zahlen soll, die sich in dem Verhältnis ändert, wie sich die Bezüge eines Professors einer bestimmten Vergütungsgruppe an einer bestimmten Universität verändern, so soll es sich dabei nach einer weiteren Entscheidung des BGH nicht um eine unzulässige Verweisung, sondern um eine materiell-rechtliche Einwendung handeln, die nichts an der Bestimmtheit des Titels ändert.[43] Im Unterschied dazu wurde ein **Unterhaltstitel mit unbezifferter Anrechnungsklausel** („unter Anrechnung bereits gezahlter Beträge") für nicht vollstreckbar erachtet.[44] Auch diese Anrechnungsklausel hätte durchaus als materiell-rechtlicher, im Verfahren nach § 767 geltend zu machender Einwand angesehen werden können.[45]

Ein Titel, in dem die Höhe einer Zahlungsverpflichtung sich aus einem noch einzuholenden Gutachten ergeben soll, ist inhaltlich unbestimmt und damit nicht zur Vollstreckung geeignet.[46] Ausreichend ist dagegen die Verurteilung zur Zahlung von „Zinsen ab Rechtskraft", weil dieser Zeitpunkt durch ein Rechtskraftzeugnis, § 706 Abs. 1, nachgewiesen werden kann.[47] Ein Urteil, wonach der Be-

---

35 BGH NJW 1995, 1162.
36 MüKo-ZPO/*Götz*, § 704 Rn 9.
37 OLG Jena FamRZ 2005, 916 mwN auch zur Gegenauffassung; OLG Düsseldorf FamRZ 2002, 1046; Hk-ZPO/*Kindl*, § 704 Rn 8.
38 Hk-ZPO/*Kindl*, § 704 Rn 8.
39 So LG Saarbrücken FamRZ 2010, 1592.
40 Ebenso für Zahlungstitel im Übrigen AG Leonberg DGVZ 2011, 173.
41 BGHZ 22, 54; zust. MüKo-ZPO/*Götz*, § 704 Rn 9.
42 BGH NJW-RR 2010, 1365 – dazu *Giers*, FamRB 2010, 269.
43 BGH NJW-RR 2006, 148 – dazu *Giers*, FamRB 2006, 144.
44 BGHZ 165, 223 = NJW 2006, 695.
45 So OLG Naumburg FamRZ 2011, 664.
46 OLG Hamm MDR 2010, 1086.
47 OLG München Rpfleger 2010, 578.

klagte verurteilt wird, Zug um Zug gegen Rückgabe eines bestimmten Fahrzeugs eine bestimmte Summe abzüglich eines Betrags zu zahlen, der nach der Kilometerleistung gemäß Tachostand dieses Fahrzeugs zu errechnen ist, ist nicht vollstreckbar.[48]

26 **bb) Herausgabetitel.** Während sich bei Zahlungstiteln Probleme vermeiden lassen, indem der Klageantrag hinreichend bestimmt abgefasst oder der Vergleichs- bzw Urkundentext entsprechend aufgenommen wird (vgl Rn 33), ist dies bei Herausgabetiteln nicht ohne weiteres möglich. Der herauszugebende Gegenstand muss jedenfalls **individualisierbar** sein.[49] Die möglichst genaue Bezeichnung, die einen Vollstreckungsversuch wenigstens ermöglicht, reicht aus.[50] Vor Ort muss dann aber die Individualisierung erfolgen können. **Zweifel** gehen zu Lasten des Gläubigers. Gegebenenfalls muss er noch eine Feststellungsklage mit dem Antrag erheben, festzustellen, dass es sich bei dem in der Vollstreckung vorgefundenen Gegenstand um den herauszugebenden handelt.

27 Besondere Probleme ergeben sich häufig in **Haushaltssachen** (§ 200 Abs. 2 FamFG), bei der Herausgabe von **Software**[51] und von **Belegen**.[52] Bei **Grundstücken** ist die Bezeichnung einfach, wenn es sich um ein Grundstück im grundbuchrechtlichen Sinn handelt, also ein unter einer besonderen Nummer im Verzeichnis der Grundstücke eines Grundbuchblattes eingetragenes Flurstück.[53] Andernfalls muss auf Skizzen oder Vermessungsunterlagen Bezug genommen werden, die als Anlage zum Titel zu nehmen sind.[54]

28 **cc) Titel auf Vornahme von Handlungen.** Grundsätzlich muss sich aus einem Titel, der eine Handlungsverpflichtung begründet, der Inhalt der Handlung, die ggf erzwungen werden soll, eindeutig ergeben.[55] Allerdings lässt sich wie bei den Herausgabetiteln (s. Rn 26 f) die geschuldete Leistung oft nicht in allen Einzelheiten umschreiben. So reicht es für die **Mangelbeseitigung** aus, den zu beseitigenden Mangel festzulegen. Die dafür erforderlichen Maßnahmen können offen gelassen werden und brauchen erst im Antrag nach § 887 genauer bezeichnet zu werden.[56]

29 Soll die geschuldete Mangelbeseitigung dagegen erst durch ein **Schiedsgutachten** konkretisiert werden, liegt auch nach dessen Erstattung kein vollstreckungsfähiger Titel vor. Gegebenenfalls muss die vereinbarte Leistung auf der Grundlage des Schiedsgutachtens neu eingeklagt werden.[57]

30 Nicht vollstreckbar ist ferner die Verurteilung zu einer nach § 888 zu vollstreckenden Auskunft nebst Vorlage von **Belegen,** die nicht vorhanden sind und auch vom Schuldner nicht erstellt werden müssen. Das gilt zB, wenn der nicht bilanzierungspflichtige Schuldner im Unterhaltsverfahren verurteilt wurde, Auskunft über sein Einkommen zu erteilen und durch Vorlage von Bilanzen zu belegen.[58]

31 **dd) Unterlassungstitel.** Die Ausführungen für Titel auf Vornahme von Handlungen (s. Rn 28 ff) gelten spiegelbildlich für die Unterlassungstitel.

---

48 OLG Koblenz NJW 2009, 3519.
49 BGHZ 109, 260, 262 = NJW 1990, 510.
50 MüKo-ZPO/*Götz*, § 704 Rn 11; krit. Musielak/*Lackmann*, § 704 Rn 9.
51 KG NJW-RR 1994, 959.
52 BGHZ 109, 260, 262 = NJW 1990, 510.
53 *Demharter*, § 2 GBO Rn 15–18.
54 MüKo-ZPO/*Götz*, § 704 Rn 10.
55 OLG Köln 29.8.2008 – 2 W 66/08, juris.
56 OLG Stuttgart NJW-RR 1999, 792.
57 OLG Stuttgart NJW-RR 1999, 791.
58 BGH FamRZ 1993, 45; BGH NJW-RR 2007, 1300.

Schwierigkeiten ergeben sich in **Ehrenschutzverfahren** durch die ständig fortschreitende technische Entwicklung, zB beim Einstellen kompromittierender Fotos ins Internet. Das Gebot, der Inhalt der Verpflichtung müsse sich allein aus dem Titel ergeben, lässt sich oft nur schwer verwirklichen, da der Findigkeit der Schuldner kaum Grenzen gesetzt sind. 32

V. Weitere praktische Hinweise

Für Gläubiger: Der Gläubiger muss bereits im Erkenntnisverfahren bzw bei Schaffung des Titels auf anderem Wege, zB durch notarielle Urkunde, darauf achten, dass der Titel einen vollstreckbaren Inhalt hat. Mängel lassen sich im Vollstreckungsverfahren durch Auslegung des Titels nur bedingt korrigieren. 33

Fehlt es an der Vollstreckbarkeit, bleibt nur eine neue Leistungs- oder eine Feststellungsklage (s. Rn 22). Abänderungs- und Anrechnungsmodalitäten, deren Voraussetzungen sich nicht aus dem Titel selbst oder amtlichen Quellen ergeben, sollten nicht aufgenommen werden. 34

Für Schuldner: Hält der Schuldner den Titel für nicht vollstreckbar, sollte er Klauselerinnerung nach § 732 einlegen und beantragen, die Vollstreckung durch einstweilige Anordnung einzustellen. Daneben lässt die Rspr die Klage analog § 767 zu (s. Rn 22). 35

Für Vollstreckungsorgane: Die Vollstreckungsfähigkeit eines Urteils oder eines anderen Titels, der einer Klausel bedarf, ist an und für sich im Klauselverfahren zu prüfen. Trotzdem müssen auch Vollstreckungsorgane diese Prüfung vornehmen, wenn eine ordnungsgemäße Prüfung im Klauselverfahren nicht stattgefunden hat oder der Titel keiner Klausel bedarf (s. § 724 Rn 3). Fehlt es am vollstreckungsfähigen Inhalt und ist dieser auch durch Auslegung nicht zu ermitteln, ist die Vornahme der Vollstreckung abzulehnen. 36

VI. Kosten

1. Gerichtskosten. Im Rahmen der Zwangsvollstreckung fallen für bestimmte Verfahren Gebühren nach dem **GKG** an, die in Teil 2 Hauptabschnitt 1 des Kostenverzeichnisses zum GKG im Einzelnen aufgeführt sind. Dies gilt nach der Vorbemerkung 1.6 S. 2 zum Hauptabschnitt 6 („Vollstreckung") des Kostenverzeichnisses zum FamGKG auch für die Vollstreckung in Verfahren nach dem FamFG, soweit das Vollstreckungs- oder Arrestgericht zuständig ist. In Verfahren nach Buch 1 Abschnitt 8 des FamFG, soweit das Familiengericht zuständig ist, richten sich die Gebühren nach Hauptabschnitt 6 des Kostenverzeichnisses zum FamGKG (Vorbem. 1.6 S. 1 KV FamGKG).[59] Ansonsten richten sich die Gebühren für die Vollstreckung nach Buch 1 Abschnitt 8 des FamFG nach Nr. 18000 ff KV GNotKG, Vorbem. 1.8 S. 1 KV GNotKG. Für Handlungen durch das Vollstreckungsgericht werden auch hier Gebühren nach dem GKG erhoben, Vorbem. 1.8 S. 2 KV GNotKG. Für die Eintragung einer Zwangshypothek (§ 867) fällt eine Gebühr nach Nr. 14121 KV GNotKG an. 37

2. Rechtsanwaltsgebühren. Für den Rechtsanwalt ist die Zwangsvollstreckung eine **besondere Angelegenheit** (§ 18 RVG). Allerdings sind bestimmte Tätigkeiten für den Rechtsanwalt, der bereits im Erkenntnisverfahren beauftragt war, noch keine besondere Angelegenheit, wie etwa der Antrag auf erstmalige Erteilung der Vollstreckungsklausel (§ 19 Abs. 1 S. 2 Nr. 13 RVG) oder die Zustellung eines Vollstreckungstitels, der Vollstreckungsklausel und der sonstigen in § 750 genannten Urkunden (§ 19 Abs. 1 S. 2 Nr. 16 RVG). Im Rahmen der einzelnen Vollstreckungsmaßnahmen können dem Rechtsanwalt die 0,3-Verfahrensgebühr 38

---

59 Hk-FamGKG/*Volpert*, Nr. 1600–1603 KV Rn 1.

(Nr. 3309 VV RVG) und ggf eine 0,3-Terminsgebühr (Nr. 3310 VV RVG) entstehen.[60] Anfallen kann im Rahmen der Zwangsvollstreckung auch eine Einigungsgebühr (Nr. 1000 VV RVG)[61] oder eine Hebegebühr (Nr. 1009 VV RVG).

39 Dieselbe gebührenrechtliche **Angelegenheit** in der Zwangsvollstreckung umfasst jede Vollstreckungsmaßnahme zusammen mit den durch diese vorbereiteten weiteren Vollstreckungshandlungen bis zur Befriedigung des Gläubigers. Dabei handelt es sich letztlich um eine Pauschgebühr, die sowohl der Rechtsanwalt erhält, der den Auftrag hat, die Zwangsvollstreckung zu betreiben, als auch der Rechtsanwalt, der nur mit einer Einzeltätigkeit betraut wird.[62]

40 Bestimmte Verfahren, zB das Verfahren zur Abnahme der Vermögensauskunft (§§ 802 f und 802 g), stellen immer eine besondere Angelegenheit dar (§ 18 Abs. 1 Nr. 16 RVG). Die Frage der Angelegenheit ist im Rahmen der notwendigen Kosten nach § 788 von besonderer Bedeutung. Die Gebühren in der Zwangsvollstreckung sind Wertgebühren. Der Gegenstandswert in der Zwangsvollstreckung ist in § 25 RVG für einzelne Verfahren im Einzelnen bestimmt.

41 Keine besondere Angelegenheit ist die Aufhebung einer Vollstreckungsmaßnahme; diese Tätigkeit wird von der Gebühr für die Vollstreckungsmaßnahme erfasst (§§ 19 Abs. 2 Nr. 6, 18 Abs. 1 Nr. 1 RVG).

42 **3. Gerichtsvollzieherkosten.** Wird der Gerichtsvollzieher im Rahmen der Zwangsvollstreckung tätig, richten sich dessen Kosten (Gebühren und Auslagen) nach dem „Gesetz über Kosten der Gerichtsvollzieher" (**GvKostG**). Welche Kosten im Einzelnen anfallen, richtet sich nach den Amtshandlungen, mit denen der Gerichtsvollzieher beauftragt wird. S. im Einzelnen die Erl. zum GvKostG.

§ 705 Formelle Rechtskraft

¹Die Rechtskraft der Urteile tritt vor Ablauf der für die Einlegung des zulässigen Rechtsmittels oder des zulässigen Einspruchs bestimmten Frist nicht ein. ²Der Eintritt der Rechtskraft wird durch rechtzeitige Einlegung des Rechtsmittels oder des Einspruchs gehemmt.

I. Allgemeines

1 Die Rechtskraft wird unterteilt in materielle und formelle Rechtskraft. **Materielle Rechtskraft** bedeutet inhaltliche Bindungswirkung einer Entscheidung für die Parteien (§ 325) wie für das Gericht (§ 322). Voraussetzung der materiellen ist die **formelle Rechtskraft**.[1] § 705 regelt deren Voraussetzungen nur unvollkommen. S. 1 besagt, dass die Rechtskraft vor Ablauf der Rechtsmittelfrist nicht eintritt, ohne aber ihre Voraussetzungen positiv zu umschreiben.[2] S. 2 beschäftigt sich mit der Hemmung.

2 § 705 gilt der systematischen Stellung nach für **Urteile**. Die Vorschrift ist jedoch auf alle Entscheidungen anwendbar, die mit einem **ordentlichen Rechtsmittel** iSv Art. 19 Abs. 2 EGZPO, also einem befristeten Rechtsmittel oder Rechtsbehelf, angefochten werden können.[3] Erfasst von § 705 werden Endurteile (§ 300), ebenso wie Teilurteile (§ 301). Zwischenurteile über die Zulässigkeit der Klage

---

60 Hk-ZPO/*Kindl*, § 704 Rn 9.
61 BGH DGVZ 2007, 36; BGH NJW 2006, 1598.
62 AnwK-RVG/*Wolf/Volpert*, VV Vorb. 3.3.3, VV 3309–3310 Rn 98.
1 Hk-ZPO/*Saenger*, § 322 Rn 1.
2 MüKo-ZPO/*Götz*, § 705 Rn 1.
3 Hk-ZPO/*Kindl*, § 705 Rn 2; Thomas/Putzo/*Seiler*, § 705 Rn 1.

(§ 280)⁴ und über den Grund (§ 304) sind der Rechtskraft fähig, nicht dagegen Zwischenurteile nach § 303.⁵ Zum Einfluss der Anfechtung von Zwischenurteilen auf die Rechtskraft nachfolgender Schlussurteile s. § 704 Rn 7. Rechtskräftig können auch Vorbehaltsurteile gem. §§ 302, 599, 602, 605 a werden, obwohl die Möglichkeit der Aufhebung im Nachverfahren besteht.⁶ Erste Versäumnisurteile und die diesen nach § 700 Abs. 1 gleichgestellten Vollstreckungsbescheide werden mit Ablauf der zweiwöchigen Einspruchsfrist (§ 339 Abs. 1) rechtskräftig.⁷ Dasselbe gilt für der sofortigen Beschwerde nach § 569 unterliegende Beschlüsse.⁸

II. Eintritt der Rechtskraft

1. Mit der Verkündung. Mit der Verkündung werden Entscheidungen rechtskräftig, gegen die ein Rechtsmittel nicht statthaft ist. Die **Statthaftigkeit** ist zu unterscheiden von der **Zulässigkeit**. Ist ein Rechtsmittel grds. statthaft, im Einzelfall aber unzulässig, tritt Rechtskraft nicht mit der Verkündung ein.⁹ Das gilt auch für offensichtlich unanfechtbare Entscheidungen, da andernfalls § 713 überflüssig wäre,¹⁰ zB für ein Urteil des Amtsgerichts bei nicht erreichter Berufungssumme und nicht erfolgter Zulassung, gegen welches die Berufung statthaft (§ 511 Abs. 1), aber nicht zulässig (§ 511 Abs. 2) ist. Urteile, die die Voraussetzungen des § 511 Abs. 2 nicht erfüllen, werden demnach nicht mit Verkündung rechtskräftig. Nicht statthaft sind Rechtsmittel gegen Urteile des BGH mit Ausnahme der ersten Versäumnisurteile, gegen Urteile des OLG über einen Arrest oder eine einstweilige Verfügung und die vorzeitige Besitzeinweisung im Enteignungs- oder Umlegungsverfahren (§ 542 Abs. 2), selbst wenn die Revision irrtümlich zugelassen wurde,¹¹ reine Kostenurteile des OLG (§ 99 Abs. 2) und Beschlüsse nach § 522 Abs. 2.¹²

2. Mit Ablauf der Rechtsmittelfrist (S. 1). Wenn ein Rechtsmittel statthaft ist (s. Rn 3), wird die Entscheidung mit Fristablauf rechtskräftig, sofern die Rechtskraft nicht durch **Einlegung eines Rechtsbehelfs** gehemmt wird (s. Rn 9 ff). Rechtsmittel bzw Rechtsbehelfe sind

- (binnen eines Monats einzulegen): die Berufung (§§ 511, 517), auch gegen ein zweites Versäumnisurteil (§ 345), die Revision (§§ 542, 548), einschließlich der Sprungrevision (§ 566), die Rechtsbeschwerde (§§ 574, 575) und die Beschwerde nach §§ 58, 63 Abs. 1 FamFG sowie die Rechtsbeschwerde (§§ 70, 71 FamFG);

- (binnen zwei Wochen einzulegen): die sofortige Beschwerde (§§ 567, 569), der Einspruch (§§ 338, 339), die befristete Erinnerung (§ 573) und die Beschwerde gegen einstweilige Anordnungen in Familiensachen (§ 63 Abs. 2 Nr. 1 FamFG).

Die **außerordentlichen Rechtsbehelfe** – der Antrag auf Wiedereinsetzung in den vorigen Stand (§ 233), die Gehörsrüge (§ 321 a) sowie die Nichtigkeits- und Restitutionsklage (§ 578) – stehen dem Eintritt der Rechtskraft nicht entgegen. Wird von diesen Rechtsbehelfen erfolgreich Gebrauch gemacht, so wird die be-

---

4 BGH NJW-RR 2006, 913.
5 Hk-ZPO/*Kindl*, § 705 Rn 3; MüKo-ZPO/*Götz*, § 705 Rn 2; Baumbach/*Hartmann*, § 705 Rn 3.
6 BGHZ 69, 270 = NJW 1978, 43; Hk-ZPO/*Kindl*, § 705 Rn 3.
7 Musielak/*Lackmann*, § 705 Rn 2; Thomas/Putzo/*Seiler*, § 705 Rn 1 a.
8 Musielak/*Lackmann*, § 705 Rn 2; Thomas/Putzo/*Seiler*, § 705 Rn 1 a.
9 Hk-ZPO/*Kindl*, § 705 Rn 5 und 8.
10 MüKo-ZPO/*Götz*, § 705 Rn 7.
11 BGH NJW 2003, 1531; Hk-ZPO/*Koch*, § 542 Rn 8.
12 BGH NJW-RR 2008, 664.

reits eingetretene Rechtskraft rückwirkend beseitigt.[13] Bis dahin kann ein Antrag auf Einstellung der Zwangsvollstreckung nach § 707 gestellt werden.

6 Der **Antrag auf Bewilligung von Prozesskostenhilfe** bzw Verfahrenskostenhilfe für ein einzulegendes Rechtsmittel hindert ebenfalls nicht den Eintritt der Rechtskraft.[14] Für den Eintritt der Rechtskraft kommt es auf den Ablauf der Frist an, die für jede Partei gesondert regelmäßig mit der Amtszustellung gem. §§ 166 Abs. 2, 317 Abs. 1, 329 Abs. 3 beginnt.[15]

7 **3. Mit Rechtsmittelverzicht.** Das Urteil wird formell rechtskräftig, wenn beide Parteien auf Rechtsmittel verzichten. Der **einseitige Verzicht** einer Partei auf Rechtsmittel reicht nicht aus, um die Rechtskraft herbeizuführen. Denn die einseitig verzichtende Partei darf sich dennoch einem Rechtsmittel der anderen Partei anschließen (§§ 524 Abs. 2 S. 1, 554 Abs. 2 S. 1).[16] Das gilt selbst dann, wenn die allein beschwerte Partei auf Rechtsmittel verzichtet, weil das Rechtsmittel der anderen, nicht beschwerten Partei nicht unstatthaft, sondern nur unzulässig wäre (zur Unterscheidung s. Rn 3).[17] Ausnahmsweise reicht ein einseitiger Verzicht aus, wenn nach einem Versäumnisurteil die säumige Partei auf den Einspruch verzichtet[18] oder wenn in der Revision ein Anschluss nach Ablauf der Frist gem. § 554 Abs. 2 S. 2 nicht mehr möglich ist.[19]

8 Der Rechtsmittelverzicht kann sowohl gegenüber dem Gericht als auch gegenüber dem Prozessgegner erklärt werden. Die Erklärung gegenüber dem Prozessgegner führt jedoch nicht zum Eintritt der Rechtskraft, sondern zur Unzulässigkeit des Rechtsmittels.[20] Der Verzicht kann bereits vor Erlass der Entscheidung ausgesprochen werden.[21]

III. Hemmung, Teilrechtskraft (S. 2)

9 Der Eintritt der Rechtskraft wird durch die innerhalb der Frist erfolgte **Einlegung eines statthaften Rechtsmittels** bzw Rechtsbehelfs gehemmt. Entscheidend ist die Statthaftigkeit des Rechtsmittels, nicht die Zulässigkeit im Einzelfall (s. Rn 3). Auch **offensichtlich unzulässige Rechtsmittel**, wie die ohne Vorliegen der Voraussetzungen des § 511 Abs. 2 eingelegte Berufung (s. Rn 3) oder die Sprungrevision gegen ein nicht ohne Zulassung der Berufung unterliegendes Urteil (§ 566 Abs. 1), hemmen die Rechtskraft.[22] Damit wird die Rechtskraft eines auf Zahlung von 500 € lautenden Urteils des AG, welches die Berufung nicht zugelassen hat, durch die vom Beklagten eingelegte, offensichtlich unzulässige Berufung gehemmt. Dagegen hemmt die Berufung gegen ein Urteil des OLG in einem Arrestverfahren, die nach § 542 Abs. 2 nicht statthaft ist, die Rechtskraft nicht.

10 Die Hemmung erfasst grds. das **gesamte Urteil**, dh auch den den Rechtsmittelführer begünstigenden Teil. Denn die andere Partei kann nach §§ 524 Abs. 2 S. 1, 554 Abs. 2 S. 1 Anschlussberufung bzw -revision einlegen. **Teilrechtskraft** tritt hinsichtlich des (vom Rechtsmittelgegner) nicht angefochtenen Teils des Urteils – sofern nicht auf ein Anschlussrechtsmittel verzichtet wird – erst ein, wenn die

---

13 MüKo-ZPO/*Götz*, § 705 Rn 4; Hk-ZPO/*Kindl*, § 705 Rn 3.
14 OLG Stuttgart Justiz 1988, 159; Baumbach/*Hartmann*, § 705 Rn 9; Zöller/*Stöber*, § 705 Rn 1.
15 Baumbach/*Hartmann*, § 705 Rn 3; Musielak/*Lackmann*, § 705 Rn 2.
16 MüKo-ZPO/*Götz*, § 705 Rn 14.
17 MüKo-ZPO/*Götz*, § 705 Rn 14; Thomas/Putzo/*Seiler*, § 705 Rn 7.
18 Hk-ZPO/*Kindl*, § 705 Rn 7.
19 MüKo-ZPO/*Götz*, § 705 Rn 14.
20 Zöller/*Heßler*, § 515 Rn 9.
21 Zöller/*Heßler*, § 515 Rn 1.
22 GemS-OGB BGHZ 88, 353 = NJW 1984, 1027; OLG Hamburg DAVorm 1989, 870; Stein/Jonas/*Münzberg*, § 705 Rn 5, 7 und 12; Hk-ZPO/*Kindl*, § 705 Rn 8.

Frist für das **Anschlussrechtsmittel** verstrichen ist.[23] Für die Anschlussberufung entspricht diese Frist der dem Berufungsbeklagten gesetzten Frist zur Berufungserwiderung (§ 524 Abs. 2 S. 2). Diese Frist gilt allerdings nicht für die Verurteilung zu künftig wiederkehrenden Leistungen iSv § 323. In diesem Fall kann eine Teilrechtskraft bei Anfechtung allein durch die insoweit nicht beschwerte Partei auch nach Ablauf der Frist zur Berufungserwiderung nicht eintreten. Unerheblich ist, in welchem Umfang die **Anschlussberufung** erklärt wurde, weil sie auch nach Fristablauf noch erweitert werden kann.[24] In der Revisionsinstanz beträgt die Frist für die **Anschlussrevision** ausnahmslos einen Monat nach Zustellung der Revisionsbegründung (§ 554 Abs. 2 S. 2).

Bei einer Teilanfechtung des Urteils durch den Rechtsmittelführer wird die Rechtskraft auch hinsichtlich des weiteren, den Rechtsmittelführer beschwerenden Teils des Urteils bis zum Schluss der mündlichen Verhandlung gehemmt. Denn der Rechtsmittelführer hat die Möglichkeit, bis dahin die Rechtsmittelanträge auf den vollen Umfang der Beschwer zu erweitern.[25] Soweit das Urteil nicht angefochten wurde, kann jedoch für den anderen Teil beantragt, das Urteil gem. §§ 537, 558 für unbedingt vorläufig vollstreckbar zu erklären. **Muster:**[26] 11

▶ Es wird beantragt, das Urteil des ... (Gericht) vom ..., Az ..., hinsichtlich der Verurteilung des Beklagten zu ... nach § 537 Abs. 1 ZPO für vorläufig vollstreckbar ohne Sicherheitsleistung zu erklären, weil es insoweit nach dem Berufungsantrag des Beklagten nicht angefochten wurde. ◀

Teilrechtskraft tritt jedoch bereits nach Teilanfechtung ein, wenn der Rechtsmittelführer auf die **Einlegung eines weitergehenden Rechtsmittels verzichtet**. Wird das Rechtsmittel unbeschränkt eingelegt, so kann allein aus dem Umstand, dass die Begründung einen beschränkten Antrag enthält, nicht auf einen teilweisen Rechtsmittelverzicht geschlossen werden.[27] Wird die Berufungseinlegung dagegen ausdrücklich auf einen von mehreren Anträgen beschränkt, ist darin idR ein wirksamer Rechtsmittelverzicht in Bezug auf die anderen Anträge zu erblicken.[28] 12

Die Hemmung **endet** mit der Rechtskraft der Entscheidung, die das Rechtsmittel als unzulässig verwirft oder als unbegründet zurückweist.[29] Sollte dieser Zeitpunkt eintreten, bevor die Rechtsmittelfrist abgelaufen ist – was praktisch nur im Fall der Verwerfung nach zunächst unwirksamer Zustellung in Betracht kommt –, tritt die Rechtskraft nicht vor Fristablauf ein und kann durch ein weiteres Rechtsmittel gehemmt werden. Dasselbe gilt bei der Rücknahme des Rechtsmittels vor Fristablauf. Nach Fristablauf endet die Hemmung mit Wirksamwerden der Rücknahme durch Eingang des Schriftsatzes beim Gericht (§§ 516 Abs. 2, 565). 13

IV. Wirkung der Rechtskraft

Mit Eintritt der Rechtskraft wird die Entscheidung **unangreifbar**. Eine Abänderung bleibt jedoch möglich, wenn mit Erfolg ein außerordentlicher Rechtsbehelf eingelegt wird (s. Rn 5). Für die Zwangsvollstreckung ist von besonderer Bedeutung, dass einschränkende Anordnungen über die vorläufige Vollstreckbarkeit entfallen. Der Gläubiger, der Sicherheit geleistet hat, kann nach § 715 beantra- 14

---

23 OLG Oldenburg NJW-RR 2005, 368.
24 BGH NJW 2005, 3067.
25 BGH NJW 1989, 170.
26 Nach Hk-ZPO/*Wöstmann*, § 537 Rn 4.
27 BGH NJW 2001, 146.
28 BGH NJW 1990, 1118.
29 GmS-OGB BGHZ 88, 353 = NJW 1984, 1027; Hk-ZPO/*Kindl*, § 705 Rn 10.

gen, dass das Gericht deren **Rückgabe** bzw das Erlöschen einer geleisteten Bürgschaft anordnet. Stattdessen kann er auch einen Antrag nach § 109 stellen.[30] Wenn der Schuldner zur Abwendung der Vollstreckung nach §§ 711, 712 Sicherheit geleistet hat, kann der obsiegende Gläubiger nach den Hinterlegungsgesetzen bzw -ordnungen der Länder (zB § 16 Abs. 2 Nr. 2 NdsHintG) deren **Auszahlung** an sich verlangen, sofern sie den im Urteil zuerkannten Betrag nicht übersteigt. War die Sicherheit durch Bürgschaft erbracht, kann der Gläubiger den Bürgen in Anspruch nehmen.[31] Es liegt dann kein Wegfall der Sicherheit iSv § 109 vor.

§ 706 Rechtskraft- und Notfristzeugnis

(1) Zeugnisse über die Rechtskraft der Urteile sind auf Grund der Prozessakten von der Geschäftsstelle des Gerichts des ersten Rechtszuges und, solange der Rechtsstreit in einem höheren Rechtszug anhängig ist, von der Geschäftsstelle des Gerichts dieses Rechtszuges zu erteilen.

(2) ¹Soweit die Erteilung des Zeugnisses davon abhängt, dass gegen das Urteil ein Rechtsmittel nicht eingelegt ist, holt die Geschäftsstelle des Gerichts des ersten Rechtszuges bei der Geschäftsstelle des für das Rechtsmittel zuständigen Gerichts eine Mitteilung in Textform ein, dass bis zum Ablauf der Notfrist eine Rechtsmittelschrift nicht eingereicht sei. ²Einer Mitteilung durch die Geschäftsstelle des Revisionsgerichts, dass ein Antrag auf Zulassung der Revision nach § 566 nicht eingereicht sei, bedarf es nicht.

I. Allgemeines	1
II. Rechtskraftzeugnis (Abs. 1)	5
1. Antrag	5
2. Zuständigkeit	6
3. Prüfung des Eintritts der Rechtskraft	8
4. Rechtsmittelrücknahme, Rechtsmittelverzicht	9
5. Bescheinigung; Teilrechtskraft; Kostenfestsetzungsbeschluss	11
III. Notfristzeugnis (Abs. 2)	15
IV. Rechtsbehelfe	20
V. Kosten	21

I. Allgemeines

1 Abs. 1 betrifft das Rechtskraftzeugnis und Abs. 2 das Notfristzeugnis oder -attest, welches oft Voraussetzung für die Erteilung des Rechtskraftzeugnisses ist. Das Rechtskraftzeugnis bescheinigt den Eintritt der **formellen Rechtskraft** des Urteils (§ 705) und anderer, der formellen Rechtskraft fähiger Titel (s. § 705 Rn 2). Die **materielle Rechtskraft** ist dagegen nicht Gegenstand des Rechtskraftzeugnisses.[1]

2 Das **Rechtskraftzeugnis** ist eine **öffentliche Urkunde** iSv § 418 mit der entsprechenden Beweiskraft. Der Gegenbeweis ist also zulässig und von demjenigen zu führen, der sich auf die unrichtige Zeugniserteilung beruft.[2]

3 Das Rechtskraftzeugnis ist **nicht Voraussetzung der Vollstreckung** und ersetzt insb. nicht die Vollstreckungsklausel (§ 724).[3] Der Gläubiger benötigt es jedoch im Rahmen der Vollstreckung aus einem vorläufig vollstreckbaren Urteil. Ist das

---

30 Zöller/*Herget*, § 715 Rn 1.
31 BGHZ 69, 270 = NJW 1978, 43; MüKo-ZPO/*Götz*, § 705 Rn 17; Zöller/*Herget*, § 715 Rn 2.
1 BGHZ 31, 388 = NJW 1960, 671; MüKo-ZPO/*Götz*, § 706 Rn 1.
2 Baumbach/*Hartmann*, § 706 Rn 1.
3 Hk-ZPO/*Kindl*, § 706 Rn 1.

Urteil gegen Sicherheitsleistung vorläufig vollstreckbar, muss er das Rechtskraftzeugnis vorlegen, um ohne den Nachweis der Sicherheitsleistung (§ 751 Abs. 2) vollstrecken zu können. Hat er bereits vor Rechtskraft vollstreckt und Sicherheit geleistet, wird das Rechtskraftzeugnis benötigt, um die **Rückgabe der Sicherheit** gem. § 715 zu erreichen. Dasselbe gilt für die Sicherheitsleistung des Schuldners bei einem nach §§ 708, 711 vorläufig vollstreckbaren Urteil. Wenn der Gläubiger aus einem derartigen Urteil vollstreckt hat, ohne Sicherheit zu leisten, muss er das Rechtskraftzeugnis nach den Hinterlegungsgesetzen bzw -ordnungen der Länder, zB § 16 Abs. 2 Nr. 2 NdsHintG, vorlegen, um den nach § 720 hinterlegten Vollstreckungserlös zu erhalten. Hat dagegen der Schuldner zur Abwendung der Vollstreckung nach §§ 711, 712 oder der Sicherungsvollstreckung nach § 720 a Abs. 3 Sicherheit geleistet, kann der Gläubiger durch Vorlage des mit einem Rechtskraftzeugnis versehenen Titels nach den Hinterlegungsgesetzen bzw -ordnungen der Länder, zB § 16 Abs. 2 Nr. 2 NdsHintG, die **Herausgabe der Sicherheit** verlangen, soweit sie die Hauptforderung nicht übersteigt. Wurde Sicherheit in Form einer Bürgschaft geleistet, muss der Bürge nur nach Vorlage des rechtskräftigen Titels zahlen (s. § 705 Rn 14). Dieselben Grundsätze gelten für den aufgrund eines solchen Urteils erlassenen **Kostenfestsetzungsbeschluss**.

Abs. 2 wurde durch Art. 1 Nr. 1 a des Gesetzes zur Reform der Sachaufklärung in der Zwangsvollstreckung vom 29.7.2009[4] mit Wirkung ab 1.8.2009 geändert. Das **Notfristzeugnis** nach Abs. 2 ist – im Unterschied zum Notfristzeugnis nach Abs. 2 aF – **keine öffentliche Urkunde** iSv § 418,[5] sondern eine **innerdienstliche Mitteilung in Textform**. Es könnte daher auch als **Notfristattest** bezeichnet werden. Das Notfristzeugnis dient der für die Erteilung des Rechtskraftzeugnisses zuständigen Geschäftsstelle nur als Grundlage der Entscheidung über die Erteilung eines Rechtskraftzeugnisses.[6]

II. Rechtskraftzeugnis (Abs. 1)

1. Antrag. Erforderlich ist ein formloser, gem. § 78 Abs. 3 nicht dem Anwaltszwang unterliegender Antrag. **Antragsberechtigt** sind die Verfahrensbeteiligten einschließlich der Streithelfer, nicht jedoch unbeteiligte Dritte, auch wenn sie die Entscheidung vorlegen können.[7] Mit dem Antrag muss die Ausfertigung der Entscheidung vorgelegt werden. Einer **Begründung** des Antrags, insb. der Darlegung eines Rechtsschutzbedürfnisses, bedarf es nicht.[8] Abs. 1 S. 2 sah in der bis zum 31.8.2009 gültigen Fassung vor, dass es in Ehe- und Kindschaftssachen keines Antrags bedarf, weil das Gericht ein Rechtskraftzeugnis von Amts wegen erteilt. Die Vorschrift wurde mit Inkrafttreten des FamFG durch den inhaltsgleichen § 46 S. 3 FamFG ersetzt. Das FamFG sieht nur ein Rechtskraftzeugnis, nicht aber ein Notfristzeugnis vor.

2. Zuständigkeit. Das Rechtskraftzeugnis wird vom Urkundsbeamten der Geschäftsstelle iSv § 153 GVG erteilt. Grundsätzlich ist der **Urkundsbeamte** des Gerichts zuständig, welches in erster Instanz entschieden hat, auch wenn dieses Gericht seine **Zuständigkeit** zu Unrecht angenommen hat,[9] zB das Landgericht in einer Landwirtschaftssache.

---

4 BGBl. I S. 2258.
5 BT-Drucks. 16/13432, S. 50; Hk-ZPO/*Kindl*, § 706 Rn 6; Musielak/*Lackmann*, § 706 Rn 9 f.
6 BGH FamRZ 2010, 284.
7 Hk-ZPO/*Kindl*, § 706 Rn 2; MüKo-ZPO/*Götz*, § 706 Rn 2; Musielak/*Lackmann*, § 706 Rn 2; aA Baumbach/*Hartmann*, § 706 Rn 7.
8 Hk-ZPO/*Kindl*, § 706 Rn 2; Thomas/Putzo/*Seiler*, § 706 Rn 5.
9 MüKo-ZPO/*Götz*, § 706 Rn 3.

7   Bei Anhängigkeit des Verfahrens in der höheren Instanz ist der Urkundsbeamte dieses Rechtszuges zuständig. Die Anhängigkeit beginnt mit dem Eingang der Rechtsmittelschrift unabhängig vom Umfang der Anfechtung. Ein Prozesskostenhilfeantrag reicht nicht aus.[10] Der Urkundsbeamte des Rechtsmittelgerichts bleibt zuständig, bis die Akten im ordnungsgemäßen Geschäftsgang an das erstinstanzliche Gericht zurückgegeben werden.[11]

8   **3. Prüfung des Eintritts der Rechtskraft.** Der Urkundsbeamte prüft anhand der **Prozessakten** den **Eintritt der Rechtskraft**. Die Prüfung bereitet bei Urteilen, die mit der Verkündung rechtskräftig werden (s. § 705 Rn 3), keine Schwierigkeiten. Bei anfechtbaren Entscheidungen ist zu prüfen, ob innerhalb der vom Urkundsbeamten anhand der Zustellungsurkunden zu berechnenden Frist ein **Rechtsmittel** bzw Einspruch eingegangen ist. Dies lässt sich beim Einspruch durch den Urkundsbeamten des Gerichts, welches das Versäumnisurteil erlassen hat, und beim Rechtsmittel durch den Urkundsbeamten des Rechtsmittelgerichts ebenfalls anhand der Prozessakten feststellen. Im Übrigen muss der Urkundsbeamte ein **Notfristattest einholen**. Der Urkundsbeamte kann dem Antragsteller nach Änderung von Abs. 2 (s. Rn 4) nicht mehr die Vorlage eines Notfristzeugnisses aufgeben.

9   **4. Rechtsmittelrücknahme, Rechtsmittelverzicht.** Da die Erteilung eines unrichtigen Rechtskraftzeugnisses eine Amtspflichtverletzung darstellen kann,[12] sollte immer das Notfristattest eingeholt werden, sofern sich der Eintritt der Rechtskraft nicht anhand der Akte feststellen lässt. Bedenklich erscheint es dagegen, das Rechtskraftzeugnis ohne weitere Prüfung einige Tage[13] oder geraume Zeit nach dem Ablauf der Notfrist[14] zu erteilen, wenn die Akten nicht vom Rechtsmittelgericht angefordert wurden. Entbehrlich ist nach Abs. 2 S. 2 ein Notfristattest zum Nachweis, dass ein Antrag auf Zulassung der **Sprungrevision** nach § 566 nicht gestellt wurde. Denn in diesem Fall sind nach § 566 Abs. 3 S. 3 von der Geschäftsstelle des BGH die Akten des erstinstanzlichen Gerichts sofort anzufordern.[15]

10 Der Urkundsbeamte muss die **Wirksamkeit** eines **Rechtsmittelverzichts** und der **Rücknahme eines Rechtsmittels** in eigener Zuständigkeit prüfen. Wird ein Rechtsmittel eingelegt, so beschränkt sich seine Prüfung auf die Statthaftigkeit. Die Zulässigkeit ist nicht zu prüfen. Auch bei Zweifeln an der Zulässigkeit eines Rechtsmittels ist die Erteilung eines Rechtskraftzeugnisses zu verweigern.[16] Die Zurückweisung des Antrags kann durch Beschluss oder Verfügung erfolgen.

11 **5. Bescheinigung; Teilrechtskraft; Kostenfestsetzungsbeschluss.** Das Rechtskraftzeugnis wird üblicherweise auf dem **Kopf der vom Antragsteller eingereichten Ausfertigung** angebracht und vom Urkundsbeamten der Geschäftsstelle mit diesem Zusatz unterschrieben. **Muster:**

12 ▶ Vorstehendes Urteil ist rechtskräftig.
    ... (Ort, Datum, Unterschrift)
    Urkundsbeamter/in der Geschäftsstelle ◀

---

10 BGH LM Nr. 2 zu § 706 ZPO; Hk-ZPO/*Kindl*, § 706 Rn 3; Zöller/*Stöber*, § 706 Rn 4.
11 BGH LM Nr. 2 zu § 706 ZPO; Hk-ZPO/*Kindl*, § 706 Rn 3; MüKo-ZPO/*Götz*, § 706 Rn 3.
12 BGHZ 31, 388 = NJW 1960, 671.
13 Baumbach/*Hartmann*, § 706 Rn 10.
14 Hk-ZPO/*Kindl*, § 706 Rn 4.
15 Vgl BGH FamRZ 2010, 284, 285.
16 Hk-ZPO/*Kindl*, § 706 Rn 4.

Bei **Teilrechtskraft** (s. § 705 Rn 10) ist auf Antrag ein Teilrechtskraftzeugnis zu erteilen.[17] 13

Die Rechtskraft des Urteils ist auch auf dem **Kostenfestsetzungsbeschluss** zu bescheinigen,[18] weil dieser hinsichtlich der vorläufigen Vollstreckbarkeit dem zugrunde liegenden Urteil folgt. Wird der Kostenfestsetzungsbeschluss erst nach Rechtskraft des Urteils erlassen, genügt ein Hinweis im Text des Beschlusses. 14

III. Notfristzeugnis (Abs. 2)

Mit dem Notfristzeugnis nach **Abs. 2 aF** (s. Rn 4) wurde nachgewiesen, dass innerhalb der Rechtsmittelfrist **kein Rechtsmittel eingegangen** ist. Dieses Formerfordernis entsprach der früheren Vorstellung des Gesetzgebers, dass die Parteien das Notfristzeugnis selbst beantragen und vorlegen müssen. Da in der gerichtlichen Praxis schon bisher nach einem Antrag auf Erteilung eines Rechtskraftzeugnisses das Ausgangsgericht ein hierfür ggf. notwendiges Notfristattest beim Rechtsmittelgericht einholte, bestand kein Grund mehr dafür, im Verhältnis zwischen zwei Geschäftsstellen ein Zeugnis mit der Beweiskraft des § 418 zu verlangen. Eine Mitteilung in Textform (§ 126 b BGB), die auch durch eine E-Mail oder ein Computerfax erfolgen kann, bietet ein hinreichendes Maß an Sicherheit.[19] 15

Das Notfristzeugnis wird von der Geschäftsstelle des Ausgangsgerichts von Amts wegen eingeholt. Zum Fall der Sprungrevision s. Rn 9. Der Urkundsbeamte des Rechtsmittelgerichts prüft daraufhin, ob bis zum Ablauf der Notfrist ein Rechtsmittel eingegangen ist. Sofern dies nicht der Fall ist, wird bescheinigt, dass bis zum Ablauf der Rechtsmittelfrist **kein Rechtsmittel eingegangen** ist. Ein bestimmter Wortlaut ist hierfür nicht vorgesehen; die Bescheinigung erfolgt **formularmäßig**. Der Tag des Ablaufs der Notfrist ist zu benennen.[20] 16

Wurde ein Rechtsmittel eingelegt, kann kein Notfristattest erteilt werden, auch wenn es anschließend zurückgenommen wurde. Für die Erteilung des Rechtskraftzeugnisses muss der hierfür zuständige Urkundsbeamte dann die Wirksamkeit der Rücknahme prüfen. 17

Bei **Teilanfechtung** kann ein Notfristattest ebenfalls nicht, auch nicht teilweise oder beschränkt auf einzelne Streitgenossen, ausgestellt werden.[21] 18

Der Urkundsbeamte darf die Ausstellung des Notfristattestes nicht im Hinblick darauf verweigern, dass der **Beginn der Rechtsmittelfrist unklar** ist. In diesem Fall ist das Zeugnis dahin zu erteilen, dass „bis heute" ein Rechtsmittel nicht eingelegt wurde.[22] 19

IV. Rechtsbehelfe

Rechtsbehelfe sind nur hinsichtlich des **Rechtskraftzeugnisses** gegeben. Gegen die Entscheidung des Urkundsbeamten ist – unabhängig davon, ob sie als Beschluss oder Verfügung erfolgte – die befristete Erinnerung nach § 573 Abs. 1 zulässig.[23] Die sofortige Beschwerde nach § 567 oder § 793 ist nicht statthaft.[24] Wenn das Gericht die ablehnende Entscheidung des Urkundsbeamten bestätigt oder das er- 20

---

17 BGH NJW 1989, 170; Musielak/*Lackmann*, § 706 Rn 3.
18 MüKo-ZPO/*Götz*, § 706 Rn 5.
19 BT-Drucks. 16/13432, S. 50.
20 Zöller/*Stöber*, § 706 Rn 13.
21 MüKo-ZPO/*Götz*, § 706 Rn 8.
22 Thomas/Putzo/*Seiler*, § 706 Rn 9; s. auch BGH NJW-RR 2003, 1005 (zum Notfristzeugnis nach Abs. 2 aF).
23 BGH FamRZ 2010, 284.
24 Thomas/Putzo/*Seiler*, § 706 Rn 13.

teilte Zeugnis aufhebt, ist dagegen die sofortige Beschwerde gegeben (§ 573 Abs. 2). Dasselbe gilt, wenn das Gericht die Erteilung des Zeugnisses bestätigt.[25] Bei Zulassung ist die Rechtsbeschwerde eröffnet (§ 574 Abs. 1 Nr. 2). Das Notfristzeugnis (Notfristattest) ist ein nicht anfechtbarer innergerichtlicher Vorgang (vgl Rn 4).[26]

V. Kosten

21 **Gerichtliche Gebühren** entstehen nicht. Für den **Rechtsanwalt**, der auch im Erkenntnisverfahren tätig war, gehört die Beschaffung des Rechtskraftzeugnisses zu den Tätigkeiten, die mit dem Verfahren zusammenhängen und damit keine besondere Gebühr auslösen (Nr. 3100 ff VV RVG, § 19 Abs. 1 S. 2 Nr. 9 RVG). Für den Rechtsanwalt, der isoliert im Rahmen der Einleitung der Zwangsvollstreckung mit der Beschaffung beauftragt war, ist streitig, ob es sich um eine Einzeltätigkeit handelt (Nr. 3403 VV RVG)[27] oder eine Tätigkeit im Rahmen der Zwangsvollstreckung (Nr. 3309 VV RVG) vorliegt.[28] Die zuletzt genannte Auffassung verdient den Vorzug, da die Bestimmung des § 706 der Zwangsvollstreckung zugeordnet ist und damit § 18 Abs. 1 Nr. 1 RVG, Nr. 3309 VV RVG einschlägig ist, da sowohl der Rechtsanwalt, der den Auftrag hat, die Zwangsvollstreckung zu betreiben, als auch der Rechtsanwalt, der nur mit einer Einzeltätigkeit betraut wird, diese Gebühr erhalten soll.[29] Fraglich ist allerdings, ob die Gebühr erstattungsfähig ist (§ 788), wenn mit der Beschaffung ein anderer als der erstinstanzliche Rechtsanwalt beauftragt wird.[30]

§ 707 Einstweilige Einstellung der Zwangsvollstreckung

(1) ¹Wird die Wiedereinsetzung in den vorigen Stand oder eine Wiederaufnahme des Verfahrens beantragt oder die Rüge nach § 321 a erhoben oder wird der Rechtsstreit nach der Verkündung eines Vorbehaltsurteils fortgesetzt, so kann das Gericht auf Antrag anordnen, dass die Zwangsvollstreckung gegen oder ohne Sicherheitsleistung einstweilen eingestellt werde oder nur gegen Sicherheitsleistung stattfinde und dass die Vollstreckungsmaßregeln gegen Sicherheitsleistung aufzuheben seien. ²Die Einstellung der Zwangsvollstreckung ohne Sicherheitsleistung ist nur zulässig, wenn glaubhaft gemacht wird, dass der Schuldner zur Sicherheitsleistung nicht in der Lage ist und die Vollstreckung einen nicht zu ersetzenden Nachteil bringen würde.

(2) ¹Die Entscheidung ergeht durch Beschluss. ²Eine Anfechtung des Beschlusses findet nicht statt.

§ 64 GVGA

I. Normzweck, Anwendungsbereich	1	III. Entscheidung des Gerichts	16
II. Voraussetzungen (Abs. 1)	10	1. Antrag	16
1. Rechtsbehelf	10	2. Zuständigkeit	18
2. Rechtsschutzbedürfnis	12	3. Verfahren	19
		4. Einstellung	22

---

25 Thomas/Putzo/*Seiler*, § 706 Rn 13 f; aA MüKo-ZPO/*Götz*, § 706 Rn 10.
26 BGH FamRZ 2010, 284.
27 AnwK-RVG/*Wolf/Mock/Volpert/N. Schneider/Fölsch/Thiel*, § 19 Rn 91.
28 Zöller/*Stöber*, § 706 Rn 17; Hk-ZPO/*Kindl*, § 706 Rn 9.
29 AnwK-RVG/*Wolf/Volpert*, VV Vorb. 3.3.3, VV 3309–3310 Rn 10 ff, 13, 16, 27; AnwK-RVG/*Wolf/Volpert/Mock/Thiel/N. Schneider*, § 18 Rn 27.
30 OLG Köln JurBüro 1995, 474; Zöller/*Stöber*, § 788 Rn 13 „Rechtskraftzeugnis".

    a) Allgemeine Kriterien 22
    b) Einzelfälle 24
 5. Sicherheitsleistung, Aufhebung von Vollstreckungsmaßregeln 28
    a) Einstellung gegen Sicherheitsleistung des Schuldners 28
    b) Einstellung ohne Sicherheitsleistung (Abs. 1 S. 2) 29
    c) Vollstreckung gegen Sicherheitsleistung des Gläubigers 31
    d) Aufhebung der Vollstreckungsmaßregeln 32
 IV. Wirkung 33
 V. Rechtsbehelfe (Abs. 2 S. 2) 35
 VI. Weitere praktische Hinweise 36
 VII. Kosten 38

I. Normzweck, Anwendungsbereich

§ 707 bezweckt den Schutz des Schuldners vor einem Schaden durch die Vollstreckung aus einem Titel, dessen Bestand zweifelhaft ist,[1] weil der Schuldner einen Rechtsbehelf eingelegt hat. Schützenswert ist andererseits der Gläubiger, der auf den Bestand des Titels vertraut. Dem Schutz des Schuldners dient die Befugnis des Gerichts, die Vollstreckung einzustellen. Zum Schutz des Gläubigers soll die Einstellung idR gegen Sicherheitsleistung erfolgen. Andernfalls würde der Gläubiger in der Zeit zwischen der Einstellung und der Entscheidung über den vom Schuldner eingelegten Rechtsbehelf das Insolvenzrisiko des Schuldners tragen. Im Einzelfall ist eine sorgfältige Abwägung der beiderseitigen Interessen erforderlich.

Der **unmittelbare Anwendungsbereich** der Vorschrift beschränkt sich auf

- die Wiedereinsetzung in den vorigen Stand (§ 233);
- die Wiederaufnahme des Verfahrens (§ 578);
- die Rüge nach § 321 a;
- die Fortsetzung des Verfahrens nach einem Vorbehaltsurteil (§§ 302, 599).

Wiedereinsetzung und Wiederaufnahme setzen ein rechtskräftiges Urteil voraus. Die Anhörungsrüge betrifft nur nicht anfechtbare Urteile. Beim **Vorbehaltsurteil** ist § 707 auch anzuwenden, wenn das Urteil noch **nicht rechtskräftig** ist. Die Einstellung kommt dann aber nur im Ausnahmefall in Betracht (s. Rn 18).

Durch **Verweisungen** wird der Anwendungsbereich der Vorschrift erheblich erweitert. § 707 gilt auch für

- die Berufung (§ 719 Abs. 1);
- den Einspruch gegen ein Versäumnisurteil oder einen Vollstreckungsbescheid (§§ 719 Abs. 1, 700 Abs. 1);
- den Widerspruch gegen Arrest und einstweilige Verfügung (§ 924 Abs. 3);
- die Rechtsbeschwerde gegen Entscheidungen des OLG in Schiedsverfahren (§ 1065 Abs. 2).

Sondervorschriften gelten für die Revision (§ 719 Abs. 2), die Klauselerinnerung (§ 732 Abs. 2) und die Erinnerung (§ 766 Abs. 1 S. 2), die Vollstreckungsabwehrklage (§ 769), die Drittwiderspruchsklage (§ 771 Abs. 3), die Klage auf vorzugsweise Befriedigung (§ 805 Abs. 4 S. 2). Außerhalb des Buches 8 gelten Sondervorschriften für die sofortige Beschwerde (§ 570 Abs. 3), die Rechtsbeschwerde (§ 575 Abs. 5) und die Erinnerung (§ 573 Abs. 1 S. 3).

Für das **arbeitsgerichtliche Verfahren** findet sich eine Verweisung in § 62 Abs. 1 S. 3 ArbGG. Die Einstellung setzt dort voraus, dass die Vollstreckung dem Schuldner einen nicht zu ersetzenden Nachteil bringen würde (zu den Besonder-

---

1 Musielak/*Lackmann*, § 707 Rn 1.

heiten der vorläufigen Vollstreckbarkeit im arbeitsgerichtlichen Verfahren s. § 704 Rn 13).

6 Nach allgM wird § 707 aufgrund einer Analogie zu § 924 Abs. 3 angewandt bei Anträgen auf **Aufhebung von Arrest** oder **einstweiliger Verfügung** (§§ 927, 926 Abs. 2, 936),[2] nicht aber, wenn sich der Schuldner nur im anschließenden Hauptsacheverfahren verteidigt.[3] Dasselbe gilt, wenn der Arrest bzw die einstweilige Verfügung durch Urteil aufgehoben wurde und dagegen Berufung eingelegt wird. Die entsprechende Anwendung würde in diesem Fall zu einem gesetzlich nicht vorgesehenen zeitweisen Wiederaufleben des Arrestes bzw der einstweiligen Verfügung führen.[4]

7 Ferner ist § 707 **analog anwendbar** beim Streit um die Wirksamkeit eines **Prozessvergleichs**[5] oder für die Einstellung der Vollstreckung aus einem **Zwischenvergleich** nach Abweisung der Klage.[6]

8 Die analoge Anwendung auf negative Feststellungsklagen gegen einstweilige Anordnungen in Familiensachen kommt nicht in Betracht, da § 55 FamFG eine spezielle Vorschrift zur Aussetzung der Vollstreckung aus einstweiligen Anordnungen enthält. Das **FamFG** regelt die Einstellung der Vollstreckung im Übrigen in §§ 93, 95 Abs. 3, 120 Abs. 2 FamFG.

9 Für die Klage aus § 826 BGB gilt § 707 nicht.[7] Die Einstellung im Fall der Abänderungsklage richtet sich nach § 769 Abs. 4.

II. Voraussetzungen (Abs. 1)

10 **1. Rechtsbehelf.** Die Einstellung setzt voraus, dass einer der in § 707 genannten Rechtsbehelfe bzw ein Rechtsbehelf, für welchen die Vorschrift kraft Verweisung (s. Rn 3) oder analog (s. Rn 6 ff) anzuwenden ist, **eingelegt** wurde. Ein Antrag auf Bewilligung von Prozesskostenhilfe reicht nicht aus.[8] Bis zur Entscheidung über den **Prozesskostenhilfeantrag** darf auch keine befristete Einstellung erfolgen.[9] Bei der Wiederaufnahmeklage kommt wegen der Vorschusspflicht (§ 12 Abs. 1 S. 1 GKG) die Einstellung erst nach Zahlung des Vorschusses oder bei Gebührenfreiheit in Betracht.[10]

11 Die Zulässigkeit des Rechtsbehelfs ist zwar nicht Zulässigkeitsvoraussetzung der Einstellung.[11] Ein unzulässiger Rechtsbehelf kann jedoch eine Einstellung idR nicht rechtfertigen.[12] Ist die Zulässigkeit des Rechtsbehelfs zweifelhaft, kann bis zur abschließenden Prüfung eine vorläufige Einstellung angezeigt sein.[13] Erforderlich ist dagegen, dass der Rechtsbehelf statthaft ist. So kann zB ein Einspruch gegen ein zweites Versäumnisurteil schon mangels Statthaftigkeit des Einspruchs nicht zur Einstellung der Zwangsvollstreckung führen. Ein entsprechender An-

---

2 Hk-ZPO/*Kindl*, § 707 Rn 1; MüKo-ZPO/*Götz*, § 707 Rn 4; Musielak/*Lackmann*, § 707 Rn 2.
3 Hk-ZPO/*Kindl*, § 707 Rn 1; MüKo-ZPO/*Götz*, § 707 Rn 5.
4 OLG Köln MDR 2003, 352; OLG Bremen MDR 1998, 677; OLG Frankfurt InVo 1997, 106; OLG Schleswig InVo 1997, 24.
5 Hk-ZPO/*Kindl*, § 707 Rn 1; MüKo-ZPO/*Götz*, § 707 Rn 4; Musielak/*Lackmann*, § 707 Rn 2; Zöller/*Herget*, § 707 Rn 3.
6 MüKo-ZPO/*Götz*, § 707 Rn 4.
7 Hk-ZPO/*Kindl*, § 707 Rn 1.
8 Hk-ZPO/*Kindl*, § 707 Rn 2.
9 OLG Frankfurt MDR 1999, 828; aA OLG Brandenburg MDR 2005, 1192.
10 Musielak/*Lackmann*, § 707 Rn 4.
11 Hk-ZPO/*Kindl*, § 707 Rn 2; MüKo-ZPO/*Götz*, § 707 Rn 8; aA Baumbach/*Hartmann*, § 707 Rn 5; Thomas/Putzo/*Seiler*, § 707 Rn 8.
12 BGHZ 8, 47, 49; Hk-ZPO/*Kindl*, § 707 Rn 2.
13 MüKo-ZPO/*Götz*, § 707 Rn 8; Baumbach/*Hartmann*, § 707 Rn 5.

trag wäre unzulässig und ist vom Gericht abschlägig zu bescheiden, ohne dass es einer vorherigen Anhörung des Gläubigers bedarf.

2. Rechtsschutzbedürfnis. Der **Beginn der Zwangsvollstreckung** ist nicht erforderlich.[14] Str ist, ob das Vorliegen eines Titels ausreicht[15] oder ob eine **vollstreckbare Ausfertigung** erteilt sein muss.[16] Da die Erteilung einer vollstreckbaren Ausfertigung jederzeit ohne Wissen des Schuldners möglich ist[17] und die Vorpfändung (§ 845) die vollstreckbare Ausfertigung nicht voraussetzt (§ 845 Abs. 1 S. 3; s. § 845 Rn 6), darf auch die Einstellung davon nicht abhängen. 12

Das Verhältnis von § 707 zu den Anordnungen über die **vorläufige Vollstreckbarkeit** im Tenor des nicht rechtskräftigen Urteils ist nicht eindeutig. Die Rechtskraft des Urteils ist nicht Voraussetzung der Anwendbarkeit von § 707. Wenn nach § 712 Abs. 1 S. 2 das Urteil nicht für vorläufig vollstreckbar erklärt wurde, fehlt für einen Antrag nach § 707 das Rechtsschutzinteresse. Hat das Gericht dem Schuldner nach § 712 Abs. 1 S. 1 gestattet, die Vollstreckung durch Sicherheitsleistung ohne Rücksicht auf eine Sicherheit des Gläubigers abzuwenden, kann ein Antrag nach § 707 nur mit dem Ziel der Einstellung ohne Sicherheitsleistung gestellt werden.[18] Auch wenn das Urteil nach § 710 ohne Sicherheitsleistung für vorläufig vollstreckbar erklärt wurde, entfällt allein deshalb nicht das Rechtsschutzinteresse des Schuldners. Zwar folgt aus der Entscheidung nach § 710 ein überwiegendes Gläubigerinteresse (s. § 710 Rn 4 ff). Dieses ist jedoch erst bei der Begründetheitsprüfung zu berücksichtigen (s. Rn 22 f). 13

In den Regelfällen der §§ 708, 711 oder 709 fehlt zwar nicht das Rechtsschutzinteresse. Es ist aber im Rahmen der Begründetheit zu prüfen, ob die den Vorschriften über die vorläufige Vollstreckbarkeit zugrunde liegende Abwägung der Interessen von Gläubiger und Schuldner einer Entscheidung nach § 707 entgegensteht.[19] 14

Nach **Beendigung der Vollstreckung** fehlt das Rechtsschutzinteresse.[20] Hat der Schuldner dagegen zur **Abwendung der Zwangsvollstreckung** geleistet, lässt sich das Rechtsschutzbedürfnis nicht verneinen. Er kann die einstweilige Einstellung mit dem Ziel beantragen, die Leistung zurückzufordern.[21] Welchen Einfluss die Einstellung ggf. materiell-rechtlich auf einen Rückforderungsanspruch hat, ist im Verfahren nach § 707 nicht zu prüfen. 15

III. Entscheidung des Gerichts

1. Antrag. Das Gericht stellt die Zwangsvollstreckung **nicht von Amts wegen**, sondern nur auf Antrag ein. Besteht Anwaltszwang (§ 78), so ist davon auch der Antrag umfasst. Im Verfahren vor dem Amtsgericht ist die Erklärung zu Protokoll der Geschäftsstelle zulässig (§ 496). Für das Gericht gilt § 308, es ist also an den Antrag gebunden und darf nicht darüber hinausgehen, jedoch eine hinter dem Antrag zurückbleibende Anordnung erlassen. Deshalb muss der Antrag auf eine **bestimmte Anordnung** gerichtet sein.[22] 16

---

14 MüKo-ZPO/*Götz*, § 707 Rn 9; Thomas/Putzo/*Seiler*, § 707 Rn 7.
15 Hk-ZPO/*Kindl*, § 707 Rn 3; MüKo-ZPO/*Götz*, § 707 Rn 9; Musielak/*Lackmann*, § 707 Rn 5.
16 Thomas/Putzo/*Seiler*, § 707 Rn 7.
17 Musielak/*Lackmann*, § 707 Rn 5.
18 MüKo-ZPO/*Götz*, § 707 Rn 9.
19 OLG Köln NJW-RR 1987, 189 für den Fall des § 709.
20 Hk-ZPO/*Kindl*, § 707 Rn 3; Musielak/*Lackmann*, § 707 Rn 5.
21 OLG München MDR 1985, 1034; MüKo-ZPO/*Götz*, § 707 Rn 9; aA Hk-ZPO/*Kindl*, § 707 Rn 3; Musielak/*Lackmann*, § 707 Rn 5.
22 MüKo-ZPO/*Götz*, § 707 Rn 6; Thomas/Putzo/*Seiler*, § 707 Rn 6.

17 Erforderlich ist ferner eine **Begründung** des Antrags. Es reicht nicht aus, auf die Begründung des Rechtsbehelfs zu verweisen, weil dessen Erfolgsaussicht nur ein Kriterium bei der vom Gericht vorzunehmenden Abwägung ist. Zu formularmäßigen Anträgen s. Rn 36. Der Antrag kann mit Begründung noch einmal gestellt werden,[23] die Begründung kann nachgeholt werden.

18 2. **Zuständigkeit.** Über den Einstellungsantrag entscheidet das **Gericht der Hauptsache.**[24] Welches Gericht Hauptsachegericht ist, hängt von der Art des eingelegten Rechtsbehelfs ab. Beim Einspruch gegen ein Versäumnisurteil ist dies das Gericht, welches das Versäumnisurteil erlassen hat, bei der Berufung das Berufungsgericht. Die Zuständigkeit des **Rechtsmittelgerichts** beginnt mit der Einlegung des Rechtsmittels.[25] Die Zuständigkeit des Einzelrichters bestimmt sich nach §§ 348, 348 a, 526, 527, diejenige des Vorsitzenden der Kammer für Handelssachen nach § 349 Abs. 2 Nr. 10. Wenn das **Vorbehaltsurteil** angefochten und das Nachverfahren zugleich betrieben wird – eine eher unwahrscheinliche prozessuale Situation –, bestehen die Zuständigkeiten von Rechtsmittelgericht und Gericht des Nachverfahrens nebeneinander. Der Prüfungsmaßstab beider Gerichte kann unterschiedlich sein.[26]

19 3. **Verfahren.** Das Gericht entscheidet auf Antrag (s. Rn 16) nach **Gewährung rechtlichen Gehörs** (Art. 103 Abs. 1 GG).[27] Da die Erfolgsaussicht des Rechtsbehelfs wesentliches Kriterium für die Entscheidung über den Einstellungsantrag ist, kann vor Eingang der Rechtsbehelfsbegründung eine Entscheidung nicht ergehen (s. Rn 23). Der Einstellungsantrag ist dem Gläubiger mit dem Rechtsbehelf zur Stellungnahme zuzustellen. Die Stellungnahmefrist kann wegen der Eilbedürftigkeit ggf kürzer ausfallen als die Frist zur Stellungnahme zu dem Rechtsbehelf, zB kürzer als die Frist nach § 521 Abs. 2. Liegt die Begründung des Rechtsbehelfs noch nicht vor, sollte diese abgewartet werden, bevor eine Frist zur Stellungnahme zum Einstellungsantrag gesetzt wird. Unverzichtbar ist die **Begründung des Antrags**, ohne die eine Einstellung nicht erfolgen darf (s. Rn 17). Bei **besonderer Eilbedürftigkeit** kann schon vor Gewährung rechtlichen Gehörs eine befristete Einstellung angeordnet werden. Dann ist nach Stellungnahme des Gläubigers über die endgültige Einstellung zu entscheiden, ohne dass es eines erneuten Antrags des Schuldners bedarf. Will das Gericht den Antrag ohnehin zurückweisen, ist die Anhörung des Gläubigers nicht notwendig.[28] Die Einstellung kann auf **bestimmte Vollstreckungsmaßnahmen beschränkt** werden, zB auf die Abgabe der Vermögensauskunft.[29]

20 Eine mündliche Verhandlung über den Einstellungsantrag kann angeordnet werden (§ 128 Abs. 4), ist aber in der Praxis vollkommen unüblich.[30] Die Entscheidung ergeht nach **Abs. 2 S. 1** durch **Beschluss**. Das Gesetz enthält keine Aussage darüber, ob dieser Beschluss begründet werden muss. Nach allgM ist eine **Begründung** erforderlich, wenn der Antrag ganz bzw teilweise zurückgewiesen wird oder die Einstellung ohne Sicherheitsleistung erfolgt.[31] Aber auch die Einstellung gegen Sicherheitsleistung darf nicht ohne wenigstens kurze Begründung erfol-

---

23 OLG Jena OLG-NL 1997, 65.
24 OLG Karlsruhe MDR 1988, 975; Hk-ZPO/*Kindl*, § 707 Rn 4.
25 OLG Hamm FamRZ 1985, 306; Musielak/*Lackmann*, § 707 Rn 4.
26 Einzelheiten bei MüKo-ZPO/*Götz*, § 707 Rn 7.
27 Zöller/*Herget*, § 707 Rn 18.
28 MüKo-ZPO/*Götz*, § 707 Rn 10 Fn 23.
29 BGH JurBüro 2004, 457 zur eidesstattlichen Versicherung alten Rechts.
30 Zöller/*Herget*, § 707 Rn 18.
31 MüKo-ZPO/*Götz*, § 707 Rn 10; Zöller/*Herget*, § 707 Rn 19.

gen.[32] Dies ist geboten, um dem Gläubiger die Möglichkeit zu geben, einen begründeten Antrag auf Abänderung des Beschlusses (s. Rn 35) zu stellen.

Der Beschluss enthält **keine Kostenentscheidung**.[33] Er ist den Parteien bekannt zu geben. Das gilt auch, wenn das Gericht den Antrag ohne vorherige Anhörung des Gläubigers zurückgewiesen hat.[34] Denn dem Gläubiger wird der idR mit dem Rechtsbehelf verbundene Antrag zugestellt. Er muss deshalb wissen, ob und wie das Gericht darüber entschieden hat. Ausreichend ist nach § 329 Abs. 2 S. 1 eine **formlose Mitteilung**.[35] Wegen der ungeklärten Rechtsbehelfsmöglichkeiten empfiehlt sich jedoch eine **förmliche Zustellung** nach § 329 Abs. 3.[36] Das Gericht ist an den Beschluss nicht nach § 318 gebunden. Der Beschluss kann jederzeit aus tatsächlichen wie aus rechtlichen Gründen auf Antrag oder von Amts wegen **aufgehoben oder geändert** werden.[37] Vorher ist der dadurch beschwerten Partei wiederum rechtliches Gehör zu gewähren. Ausreichend ist die Übersendung eines entsprechenden Antrags.[38] 21

4. Einstellung. a) Allgemeine Kriterien. Das Gericht entscheidet über den Einstellungsantrag nach pflichtgemäßem **Ermessen**.[39] Bei der Ermessensentscheidung sind die **Interessen** des Gläubigers an einer raschen und erfolgreichen Vollstreckung sowie des Schuldners, vor einem Schaden durch die Vollstreckung geschützt zu werden, gegeneinander abzuwägen. Das Gericht darf daher nicht ohne weitere Prüfung nach Formular einstellen. Entscheidend ist vor allem die **Erfolgsaussicht** des Rechtsbehelfs.[40] Fehlt diese offensichtlich, zB bei einem unzulässigen Rechtsbehelf (s. Rn 11), kommt eine Einstellung nicht in Betracht. Wenn der Titel dagegen voraussichtlich keinen Bestand hat, ist eine Einstellung angebracht. 22

Um die Erfolgsaussicht prüfen zu können, muss das Gericht die Begründung des Rechtsbehelfs kennen. Vor der Begründung ist eine Entscheidung über den Antrag auf Einstellung nicht möglich, auch nicht vorübergehend bis zu deren Eingang.[41] Sodann sind die beiderseitigen Vermögensinteressen nach der sog. **Doppelhypothese** gegeneinander abzuwägen. Dabei werden die Folgen einer unterbliebenen Einstellung bei anschließendem Erfolg des Rechtsbehelfs abgewogen gegen die Folgen einer Einstellung bei ausbleibendem Erfolg des Rechtsbehelfs.[42] Allerdings hat das Interesse des Gläubigers grds. Vorrang. Regelmäßig mit der Vollstreckung verbundene Nachteile rechtfertigen die Einstellung nicht.[43] Bloße finanzielle Nachteile können die Einstellung nicht begründen.[44] Nicht genügend ist, dass bereits eine Vorpfändung nach § 845 erfolgt ist.[45] 23

b) Einzelfälle. Im **Urkundenprozess** kommt eine Einstellung der Vollstreckung aus dem Vorbehaltsurteil nur bei Vorliegen besonderer Umstände in Betracht. Das gilt für das Nachverfahren wie für die Berufung. Die Einstellung würde dem Sinn des Urkundenprozesses, dem Inhaber einer verbrieften Forderung schnell 24

---

32 OLG Köln NJW-RR 2001, 647; beschränkt auf Unterhaltsverfahren: OLG Karlsruhe InVo 1998, 296.
33 Musielak/*Lackmann*, § 707 Rn 8.
34 AA MüKo-ZPO/*Götz*, § 707 Rn 10.
35 MüKo-ZPO/*Götz*, § 707 Rn 10.
36 Hk-ZPO/*Kindl*, § 707 Rn 6.
37 MüKo-ZPO/*Götz*, § 707 Rn 22.
38 OLG Frankfurt OLGR 1998, 123.
39 Hk-ZPO/*Kindl*, § 707 Rn 5.
40 Hk-ZPO/*Kindl*, § 707 Rn 5; MüKo-ZPO/*Götz*, § 707 Rn 12.
41 Zöller/*Herget*, § 707 Rn 9; aA Hk-ZPO/*Kindl*, § 707 Rn 5.
42 KG KGR Berlin 2005, 201.
43 BGH NJW 2000, 3008 (zu § 719 Abs. 2).
44 OLG Hamm FamRZ 2000, 363.
45 OLG Rostock MDR 2006, 1433.

einen vollstreckbaren Titel zu verschaffen, und der gesetzgeberischen Wertung des § 708 Nr. 4, 5 zuwiderlaufen.[46]

25 Bei einer durch Urteil ausgesprochenen **einstweiligen Verfügung** ist die Einstellung nur ausnahmsweise und unter besonderen Umständen angezeigt, insb. wenn der Erfolg des Rechtsbehelfs schon feststeht.[47]

26 Bei zeitlich begrenzten **Unterlassungsgeboten** ist eine Einstellung regelmäßig nicht angebracht.[48] Dasselbe gilt für **wettbewerbsrechtliche Unterlassungsverfügungen**.[49] Bei der Verurteilung zum Abdruck einer **Gegendarstellung** ist eine Einstellung grds. nicht möglich.[50]

27 Im Übrigen muss unterschieden werden zwischen **rechtskräftigen** und **vorläufig vollstreckbaren Urteilen**. Je länger ein Titel bereits rechtskräftig ist, um so schützenswerter ist das Vertrauen des Gläubigers in dessen Bestand. Bei vorläufig vollstreckbaren Urteilen bietet eine vom Gericht angeordnete **Sicherheitsleistung** – gleichgültig, ob diese nach § 709 Voraussetzung der Vollstreckung ist oder nach §§ 708, 711 dem Schuldner eine Abwendungsmöglichkeit gibt –, von Ausnahmefällen abgesehen, ausreichenden Schutz gegen einen Vollstreckungsschaden. Nur wenn konkrete Umstände belegen, dass die Sicherheitsleistung des Gläubigers nicht genügt, um den Schuldner treffende Nachteile abzudecken, kann das Gericht die einstweilige Einstellung der Zwangsvollstreckung anordnen.[51] Hat das Gericht dem Gläubiger eine unbedingte Vollstreckung gem. § 710 gestattet, wird diese Entscheidung einer Einstellung nach § 707 entgegenstehen.

28 **5. Sicherheitsleistung, Aufhebung von Vollstreckungsmaßregeln. a) Einstellung gegen Sicherheitsleistung des Schuldners.** Die Einstellung erfolgt im Regelfall gegen Sicherheitsleistung des Schuldners. Die **Höhe** der Sicherheit muss vom Gericht festgesetzt werden. Sie umfasst den gesamten möglichen Vollstreckungsschaden des Gläubigers, dh die vollstreckbare Forderung einschließlich Zinsen und Kosten.[52] Die **Art** der Sicherheitsleistung ergibt sich aus § 108 (s. hierzu § 709 Rn 9 ff). Zur Rückgabe der Sicherheit s. § 715 Rn 7.

29 **b) Einstellung ohne Sicherheitsleistung (Abs. 1 S. 2).** Die Einstellung ohne Sicherheitsleistung darf nur erfolgen, wenn der Schuldner glaubhaft macht, dass er dazu nicht in der Lage ist und ihm die Vollstreckung einen **nicht zu ersetzenden Nachteil** bringen würde. Es gelten also mit Abweichungen die umgekehrten Voraussetzungen des § 710. Erforderlich ist über die Begründung hinaus eine **Glaubhaftmachung** nach § 294. Der Schuldner muss erklären, warum er keine Sicherheit erbringen kann. Zu diesem Zweck hat er seine Vermögensverhältnisse offen zu legen. Der nicht zu ersetzende Nachteil ist genau darzulegen. Allgemeine Behauptungen, zB der Vortrag, die Vollstreckung treibe den Schuldner in die Insolvenz, reichen nicht aus.[53]

30 Bisher wurde angenommen, dass dem Schuldner über die mit der Vollstreckung üblicherweise verbundenen finanziellen Nachteile **hinaus irreparable Folgeschäden** entstehen müssen.[54] Nach der neueren Rspr des BGH zu § 719 Abs. 2 genügt

---

46 OLG Saarbrücken MDR 1997, 1157; Hk-ZPO/*Kindl*, § 707 Rn 5; bedenklich daher die Entscheidung des OLG Dresden OLG-NL 2001, 261.
47 OLG Rostock OLGR 2008, 211; OLG Frankfurt ZInsO 2013, 2112.
48 BGH NJW 2000, 3008 (zu § 719 Abs. 2).
49 OLG Saarbrücken Magazindienst 2006, 944; OLG Zweibrücken GRUR 1997, 486.
50 OLG Brandenburg NJW-RR 2002, 190.
51 OLG Saarbrücken OLGR 2006, 413; OLG Hamm OLGR 2000, 314.
52 Musielak/*Lackmann*, § 707 Rn 9.
53 OLG Hamburg 11.11.2003 – 14 U 180/03, juris; OLG Rostock 24.8.2010 – 3 U 73/10, juris.
54 OLG Brandenburg MDR 2006, 233; OLG Koblenz FamRZ 2005, 468; OLG Hamm FamRZ 2000, 363; OLG Rostock 24.8.2010 – 3 U 73/10, juris.

es jedoch, wenn der Gläubiger bei Aufhebung des Titels wegen **Mittellosigkeit** voraussichtlich nicht in der Lage wäre, den beigetriebenen Geldbetrag zurückzuzahlen.[55] Das gilt auch für Abs. 1 S. 2.[56] Ist das Urteil zutreffend für vorläufig vollstreckbar ohne Sicherheitsleistung gem. § 710 oder ohne Abwendungsbefugnis gem. § 713 erklärt worden, steht diese Entscheidung einer Einstellung ohne Sicherheitsleistung idR entgegen. Betreibt der Gläubiger die Sicherungsvollstreckung nach § 720 a und kann diese schon zu irreparablen Folgeschäden führen, ist die Einstellung ohne Sicherheitsleistung möglich.[57]

c) Vollstreckung gegen Sicherheitsleistung des Gläubigers. Die Anordnung, dass die Vollstreckung nur gegen Sicherheitsleistung des Gläubigers fortgesetzt werden darf, wird nur im Ausnahmefall in Betracht kommen, zB wenn die im Urteil angeordnete Sicherheitsleistung zu gering ist.[58] Hängt die Vollstreckung ohnehin von einer ausreichenden Sicherheitsleistung des Gläubigers ab, besteht zur Anordnung einer zusätzlichen Sicherheitsleistung kein Anlass. Darf der Gläubiger nach dem Titel ohne Sicherheitsleistung vollstrecken, so kann diese Entscheidung nicht ohne zwingenden Grund korrigiert werden. Wenn der Schuldner die Sicherheit nicht aufbringen kann und die Voraussetzungen einer Einstellung ohne Sicherheitsleistung nicht vorliegen, darf die Vollstreckung allenfalls dann von einer Sicherheit des Gläubigers abhängig gemacht werden, wenn eine große Wahrscheinlichkeit der Aufhebung des Titels besteht.[59] In allen anderen Fällen würde Abs. 1 S. 2 unterlaufen. Liegen die Voraussetzungen des Abs. 1 S. 2 dagegen vor, ist ohne Sicherheitsleistung einzustellen, selbst wenn der Gläubiger nur die Sicherungsvollstreckung betreibt.[60] 31

d) Aufhebung der Vollstreckungsmaßregeln. Die Aufhebung von Vollstreckungsmaßregeln setzt immer eine **Sicherheitsleistung des Schuldners** voraus. Das gilt unabhängig davon, ob die Einstellung selbst gegen Sicherheitsleistung des Gläubigers oder Schuldners bzw ohne Sicherheitsleistung angeordnet wurde.[61] Vollstreckungsmaßregeln können nur aufgehoben werden, wenn die Vollstreckung noch nicht beendet ist. 32

IV. Wirkung

Die **Einstellung** beseitigt – vorübergehend – die Vollstreckbarkeit des Titels.[62] Eine begonnene Zwangsvollstreckung ist nach § 775 Nr. 2 ZPO einzustellen, bei Anordnung der Sicherheitsleistung iVm § 775 Nr. 3. Einzelheiten regelt § 64 GVGA. Für die **Aufhebung** von Vollstreckungsmaßregeln gilt § 776 letzter Halbsatz. Sie erfolgt nur bei ausdrücklicher gerichtlicher Anordnung. 33

Die Einstellung wirkt nur bis zur Endentscheidung der Instanz.[63] Diese Wirkung sollte deklaratorisch in den Beschluss aufgenommen werden. Damit bietet sich folgende **Musterformulierung** an: 34

▶ Die Zwangsvollstreckung aus dem Urteil des ... (Gericht) vom ..., Az ..., wird/darf bis zur Entscheidung ... (Instanz)

– (wird) gegen Sicherheitsleistung des Schuldners iHv ... € einstweilen eingestellt.

---

55 BGH NJW-RR 2007, 1138.
56 MüKo-ZPO/*Götz*, § 707 Rn 17.
57 OLG Brandenburg MDR 2006, 233.
58 MüKo-ZPO/*Götz*, § 707 Rn 18; Zöller/*Herget*, § 707 Rn 14.
59 MüKo-ZPO/*Götz*, § 707 Rn 18.
60 AA (Vollstreckung gegen Sicherheitsleistung): OLG Köln ZIP 1994, 1953.
61 MüKo-ZPO/*Götz*, § 707 Rn 19.
62 BGH BGHReport 2004, 987.
63 MüKo-ZPO/*Götz*, § 707 Rn 20.

- (wird) ohne Sicherheitsleistung einstweilen eingestellt.
- (darf) einstweilen nur gegen Sicherheitsleistung des Gläubigers iHv ... € fortgesetzt werden.
- (bei Bedarf): Bereits getroffene Vollstreckungsmaßregeln sind gegen Sicherheitsleistung des Schuldners iHv ... € aufzuheben.
- (bei Bedarf): Der weitergehende Antrag wird zurückgewiesen.

Gründe: ... ◂

V. Rechtsbehelfe (Abs. 2 S. 2)

35 Trotz der an und für sich eindeutigen, eine Anfechtung ausschließenden Regelung in Abs. 2 S. 2 entwickelte sich zur Anfechtbarkeit von Beschlüssen aus § 707 vor der Reform des Beschwerderechts eine kaum noch überschaubare Rspr. Generell wurde die Anfechtbarkeit bei **greifbarer Gesetzeswidrigkeit** bejaht.[64] Diese Rspr lässt sich nach der Änderung des Beschwerderechts durch das ZPO-RG nicht mehr aufrechterhalten.[65] Auch bei greifbarer Gesetzeswidrigkeit, zB fehlender Begründung, ist eine Beschwerde nach **hM nicht zulässig**.[66] Bei Verletzung rechtlichen Gehörs kommt eine Rüge nach § 321 a in Betracht. Ferner kann jederzeit die **Abänderung** des Beschlusses beantragt werden. Die unzulässige Beschwerde kann als Antrag auf Abänderung der Entscheidung ausgelegt werden.[67]

VI. Weitere praktische Hinweise

36 **Für Schuldner:** Der Antrag auf Einstellung der Zwangsvollstreckung muss immer **gesondert begründet** werden. Es reicht nicht aus, auf die Begründung des Rechtsbehelfs zu verweisen, weil dessen Erfolgsaussicht nicht alleiniges Entscheidungskriterium ist. Wird die Einstellung ohne Sicherheitsleistung beantragt, darf die **Glaubhaftmachung** nicht fehlen. **Formularmäßige Anträge** ohne Begründung sind mehr schädlich als nützlich, weil sie vom Gericht ohne weiteres zurückgewiesen werden können.

37 **Für Vollstreckungsorgane:** Die Modalitäten der Einstellung (mit/ohne Sicherheitsleistung) sind genau zu beachten. Die Aufhebung von Vollstreckungsmaßregeln erfolgt nur bei besonderer Anordnung des Gerichts und ist (falls das Gericht nicht Abs. 1 S. 1 unberücksichtigt gelassen hat) nur gegen Sicherheitsleistung des Schuldners möglich.

VII. Kosten

38 Die vorläufige Einstellung, Beschränkung oder Aufhebung der Zwangsvollstreckung zählt zum Rechtszug, wenn nicht eine abgesonderte mündliche Verhandlung stattfindet (§ 19 Abs. 1 S. 2 Nr. 11 RVG).[68] Eine gesonderte gerichtliche Entscheidung reicht nicht aus. Auch eine Verhandlung über eine Einstellung im Rah-

---

64 Zuletzt u.a. OLG Köln NJW-RR 2002, 428.
65 In anderem Zusammenhang grundlegend BGH NJW 2003, 3137; ferner BGH FamRZ 2006, 695.
66 OLG München MDR 2011, 1321; OLG Koblenz 4.7.2013 – 3 W 297/13, juris; OLG Saarbrücken NJW-RR 2006, 1579; Hk-ZPO/*Kindl*, § 707 Rn 12; MüKo-ZPO/*Götz*, § 707 Rn 25; Musielak/*Lackmann*, § 707 Rn 13; aA OLG Naumburg JurBüro 2004, 208; Zöller/*Herget*, § 707 Rn 22.
67 OLG München MDR 2011, 1321.
68 Hk-ZPO/*Kindl*, § 707 Rn 13; Musielak/*Lackmann*, § 707 Rn 15; AnwK-RVG/*Wolf/Mock/Volpert/N. Schneider/Fölsch/Thiel*, § 19 Rn 135 ff; AnwK-RVG/*N. Schneider*, VV 3328 Rn 10.

men eines Hauptsachetermins reicht nicht aus.[69] Bei abgesonderter mündlicher Verhandlung oder bei einem besonderen gerichtlichen Termin entsteht eine Verfahrensgebühr (Nr. 3328 VV RVG) sowie eine Terminsgebühr (Nr. 3332 VV RVG), wenn der Rechtsanwalt an der gesonderten mündlichen Verhandlung teilnimmt.[70] Daneben kann ggf eine Einigungsgebühr anfallen (Nr. 1003 VV RVG). Die Gebühren entstehen nur einmal, wenn der Antrag beim Prozess- und Vollstreckungsgericht gestellt wird (Anm. S. 2 zu Nr. 3328 VV RVG).

Gerichtskosten entstehen nicht. Im Beschwerdeverfahren fällt die Gebühr Nr. 2121 KV GKG an, soweit die Beschwerde verworfen oder zurückgewiesen wird. Im Rechtsbeschwerdeverfahren entsteht die Gebühr Nr. 2124 KV GKG, soweit die Rechtsbeschwerde verworfen oder zurückgewiesen wird.

§ 708 Vorläufige Vollstreckbarkeit ohne Sicherheitsleistung

Für vorläufig vollstreckbar ohne Sicherheitsleistung sind zu erklären:
1. Urteile, die auf Grund eines Anerkenntnisses oder eines Verzichts ergehen;
2. Versäumnisurteile und Urteile nach Lage der Akten gegen die säumige Partei gemäß § 331 a;
3. Urteile, durch die gemäß § 341 der Einspruch als unzulässig verworfen wird;
4. Urteile, die im Urkunden-, Wechsel- oder Scheckprozess erlassen werden;
5. Urteile, die ein Vorbehaltsurteil, das im Urkunden-, Wechsel- oder Scheckprozess erlassen wurde, für vorbehaltlos erklären;
6. Urteile, durch die Arreste oder einstweilige Verfügungen abgelehnt oder aufgehoben werden;
7. Urteile in Streitigkeiten zwischen dem Vermieter und dem Mieter oder Untermieter von Wohnräumen oder anderen Räumen oder zwischen dem Mieter und dem Untermieter solcher Räume wegen Überlassung, Benutzung oder Räumung, wegen Fortsetzung des Mietverhältnisses über Wohnraum auf Grund der §§ 574 bis 574 b des Bürgerlichen Gesetzbuchs sowie wegen Zurückhaltung der von dem Mieter oder dem Untermieter in die Mieträume eingebrachten Sachen;
8. Urteile, die die Verpflichtung aussprechen, Unterhalt, Renten wegen Entziehung einer Unterhaltsforderung oder Renten wegen einer Verletzung des Körpers oder der Gesundheit zu entrichten, soweit sich die Verpflichtung auf die Zeit nach der Klageerhebung und auf das ihr vorausgehende letzte Vierteljahr bezieht;
9. Urteile nach §§ 861, 862 des Bürgerlichen Gesetzbuchs auf Wiedereinräumung des Besitzes oder auf Beseitigung oder Unterlassung einer Besitzstörung;
10. Berufungsurteile in vermögensrechtlichen Streitigkeiten. Wird die Berufung durch Urteil oder Beschluss gemäß § 522 Absatz 2 zurückgewiesen, ist auszusprechen, dass das angefochtene Urteil ohne Sicherheitsleistung vorläufig vollstreckbar ist;
11. andere Urteile in vermögensrechtlichen Streitigkeiten, wenn der Gegenstand der Verurteilung in der Hauptsache 1.250 Euro nicht übersteigt oder wenn

---

69 AnwK-RVG/N. *Schneider*, VV 3328 Rn 5.
70 AnwK-RVG/N. *Schneider*, VV 3328 Rn 14.

nur die Entscheidung über die Kosten vollstreckbar ist und eine Vollstreckung im Wert von nicht mehr als 1.500 Euro ermöglicht.

I. Allgemeines	1
1. Überblick und Fallgruppen	1
2. Interessenabwägung	4
3. Voraussetzungen der vorläufigen Vollstreckbarkeit	5
4. Wirkungen	7
II. Vorläufige Vollstreckbarkeit ohne Abwendungsbefugnis (Nr. 1–3)	8
1. Allgemeines	8
2. Die einzelnen Fallgruppen	9
a) Anerkenntnis- und Verzichtsurteile (Nr. 1)	9
b) Versäumnisurteile und Urteile nach Lage der Akten (Nr. 2)	10
c) Verwerfung des Einspruchs nach § 341 als unzulässig (Nr. 3)	13
III. Vorläufige Vollstreckbarkeit mit Abwendungsbefugnis (Nr. 4–11)	14
1. Allgemeines	14
2. Die einzelnen Fallgruppen	15
a) Urteile im Urkunden-, Wechsel- oder Scheckprozess (Nr. 4, 5)	15
b) Urteile, durch die Arreste und einstweilige Verfügungen abgelehnt oder aufgehoben werden (Nr. 6)	17
c) Urteile in Streitigkeiten über Räume (Nr. 7)	18
d) Urteile über Unterhalts- und Rentenansprüche (Nr. 8)	19
e) Urteile über Besitzschutzansprüche (Nr. 9)	22
f) Berufungsurteile in vermögensrechtlichen Streitigkeiten (Nr. 10)	23
g) Urteile unterhalb bestimmter Wertgrenzen (Nr. 11)	24

I. Allgemeines

1. Überblick und Fallgruppen. Die Regelungen über die vorläufige Vollstreckbarkeit sind über mehrere, nicht zusammenhängende Paragrafen verstreut und unsystematisch aufgebaut. Die Vorschriften gelten nur für **Urteile** und nur für solche, die nicht mit der Verkündung rechtskräftig werden (s. § 705 Rn 3). Grundsätzlich sind Urteile eG. § 709 für vorläufig vollstreckbar **gegen Sicherheitsleistung** zu erklären. § 708 macht von diesem Grundsatz für verschiedene Fallgruppen (s. Rn 2) Ausnahmen, wobei die Urteile zT ohne jeden Vorbehalt für vorläufig vollstreckbar zu erklären sind (Nr. 1–3 und § 713) und zT eine **Abwendungsbefugnis** des Schuldners vorzusehen ist (Nr. 4–11 und § 711), die wiederum der Gläubiger durch eigene Sicherheit abwenden kann. Ausnahmevorschriften enthalten die §§ 710, 712 und 713. Im **arbeitsgerichtlichen Verfahren** gelten die §§ 708 ff nicht (s. § 704 Rn 13).

Zu unterscheiden ist daher – von den nur auf Antrag erfolgenden Entscheidungen gem. §§ 710, 712 und dem Sonderfall des § 713 abgesehen – zwischen folgenden **Fallgruppen:**

- Vorläufige Vollstreckbarkeit ohne Sicherheitsleistung und Abwendungsbefugnis (Nr. 1–3);

- vorläufige Vollstreckbarkeit ohne Sicherheitsleistung mit Abwendungsbefugnis des Schuldners (Nr. 4–11 und § 711);

- vorläufige Vollstreckbarkeit gegen Sicherheitsleistung (§ 709).

Die erste Fallgruppe bereitet in der Vollstreckung keine Probleme; es besteht kein Unterschied zur Vollstreckung aus rechtskräftigen Urteilen. Bei der Vollstreckung aus Urteilen der zweiten Fallgruppe kommt es darauf an, **wer Sicherheit geleistet** hat; § 720 ist zu beachten (zu Einzelheiten s. die dortigen Erl.). Die Vollstreckung aus Urteilen nach § 709 (dritte Fallgruppe) setzt die Leistung der Sicherheit und deren Nachweis gem. § 751 Abs. 2 voraus. Die Vollstreckung ohne Leistung der

Sicherheit – Sicherungsvollstreckung – regelt § 720 a. Wie die Sicherheitsleistung zu erbringen ist, folgt aus § 108.

2. Interessenabwägung. Die Vorschriften über die vorläufige Vollstreckbarkeit sind Ergebnis einer Abwägung zwischen den **Interessen** der Parteien in der Zeit zwischen Verkündung und Rechtskraft des Urteils.[1] Der Gläubiger ist daran interessiert, möglichst bald vollstrecken zu können. Dies ermöglicht ihm das Gesetz grds. gegen Sicherheitsleistung. Bei fehlender Schutzwürdigkeit des Schuldners, zB nach Erlass eines Versäumnisurteils, wird auf das Erfordernis der Sicherheitsleistung verzichtet. In den Fällen der Nr. 4–11 ermöglicht das Gesetz die Vollstreckung ohne Sicherheit, die allerdings nach § 720 nicht bereits zur Befriedigung des Gläubigers führen darf. Der Schuldner muss jedoch davor geschützt werden, durch die Vollstreckung aus einem vorläufig vollstreckbaren, später auf ein von ihm eingelegtes Rechtsmittel hin aufgehobenes Urteil einen Schaden zu erleiden. Daher gibt ihm § 717 für diesen Fall einen Schadensersatz- und Ausgleichsanspruch. Nach keiner Vollstreckung gem. § 709 kann er sodann auf die vom Gläubiger geleistete Sicherheit zugreifen. Dasselbe gilt, wenn der Gläubiger die Möglichkeit genutzt hat, nach § 711 Sicherheit zu leisten. Im Übrigen steht dem Schuldner eine Abwendungsbefugnis zu. Dies gilt sowohl für die Vollstreckung nach § 711 als auch für die Sicherungsvollstreckung gem. § 720 a Abs. 3. Macht er von der Abwendungsbefugnis Gebrauch, ohne dass der Gläubiger seinerseits Sicherheit leistet, ist die Vollstreckung gem. § 775 Nr. 3 einzustellen. Falls das Urteil anschließend **rechtskräftig** wird, kann der Gläubiger gem. § 13 Abs. 2 Nr. 2 HintO die Auszahlung der Sicherheit an sich verlangen, sofern sie den im Urteil zuerkannten Betrag nicht übersteigt. War die Sicherheit durch Bürgschaft erbracht, kann der Gläubiger den Bürgen in Anspruch nehmen (s. § 705 Rn 14). Die Sicherheitsleistung dient demnach der gleichmäßigen Verteilung des beiderseitigen **Insolvenzrisikos**.[2]

3. Voraussetzungen der vorläufigen Vollstreckbarkeit. Die vorläufige Vollstreckbarkeit wird vom Gericht im Urteil **von Amts wegen** angeordnet,[3] die Entscheidung kann nach §§ 716, 321 nachgeholt werden. Sie ist für das Vollstreckungsorgan bindend (s. § 704 Rn 12). Das Gericht bestimmt, ob und wie ein Urteil vorläufig vollstreckbar ist. Nur die Zulässigkeit der Sicherungsvollstreckung folgt allein aus dem Gesetz und bedarf keiner richterlichen Anordnung.

Arreste und einstweilige Verfügungen sind ohne besonderen Ausspruch sofort vollstreckbar (s. § 704 Rn 11), sofort rechtskräftig werdende Urteile sind ebenfalls sofort vollstreckbar. Falls das Urteil **mehrere Forderungen** betrifft, ist ggf über die vorläufige Vollstreckbarkeit unterschiedlich zu erkennen.[4] Bei einer Kombination mehrerer Tatbestände des § 708, zB einem **Vorbehaltsanerkenntnisurteil**, gilt die für den Gläubiger günstigere Regelung.[5]

4. Wirkungen. Durch die vorläufige Vollstreckbarkeit erhält der Gläubiger die Befugnis, noch vor Eintritt der Rechtskraft des Urteils in das Vermögen des Schuldners zu vollstrecken. Wird das Urteil nach der Vollstreckung **aufgehoben**, sind nicht abgeschlossene Vollstreckungsmaßregeln gem. §§ 775 Nr. 1, 776 S. 1 **aufzuheben**. Nach abgeschlossener Vollstreckung bleibt dem Schuldner nur der Anspruch gem. § 717 Abs. 2 oder 3. Die erfolgreiche Vollstreckung führt bis zur Rechtskraft des Urteils nicht zur Befriedigung des Gläubigers, denn die §§ 815 Abs. 3, 819 haben keine materiell-rechtliche Wirkung. **Erfüllung** tritt erst mit

---

1 *Krüger*, NJW 1990, 1208.
2 *König*, NJW 2003, 1372.
3 MüKo-ZPO/*Götz*, § 708 Rn 3.
4 Hk-ZPO/*Kindl*, § 708 Rn 1.
5 OLG Koblenz NJW-RR 1991, 512; Hk-ZPO/*Kindl*, § 708 Rn 1.

Rechtskraft des Urteils ein.[6] Dasselbe gilt für die unter dem Druck der Zwangsvollstreckung oder schon zuvor zur Abwendung der Vollstreckung erbrachte Leistung.[7] Nur wenn der Schuldner ausdrücklich die Forderung des Gläubigers schon vor Rechtskraft des Urteils erfüllen will, tritt sofort Erfüllung ein. Eine ohne Zweckbestimmung erbrachte Leistung gilt zunächst als Leistung zur Abwendung der Vollstreckung.[8]

II. Vorläufige Vollstreckbarkeit ohne Abwendungsbefugnis (Nr. 1–3)

8   **1. Allgemeines.** Nr. 1–3 behandeln Urteile, die zT nicht anfechtbar sind und im Übrigen mit hoher Wahrscheinlichkeit Bestand haben; dasselbe gilt für § 713. Da der Schuldner wenig schutzbedürftig ist, bedarf es keiner Sicherheitsleistung des Gläubigers und keiner Abwendungsbefugnis des Schuldners durch eigene Sicherheitsleistung. Der Gläubiger kann also ohne Einschränkungen vollstrecken, insb. auch verwerten.

9   **2. Die einzelnen Fallgruppen. a) Anerkenntnis- und Verzichtsurteile (Nr. 1).** Nr. 1 betrifft die **Anerkenntnisurteile** gem. § 307 und die sehr seltenen Verzichtsurteile gem. § 306, auch wenn sie als Teilurteil ergehen.[9] Beim **Verzichtsurteil** ist ohnehin nur der auf der Kostenentscheidung beruhende Kostenfestsetzungsbeschluss vorläufig vollstreckbar. Hier gilt jedoch nicht Nr. 11, sondern die für den Gläubiger günstigere Alternative aus Nr. 1.[10]

10 **b) Versäumnisurteile und Urteile nach Lage der Akten (Nr. 2).** Unter Nr. 2 fallen die **echten Versäumnisurteile**, unabhängig davon, in welcher Instanz und gegen welche Partei sie ergehen. Dazu zählen auch die zweiten Versäumnisurteile nach § 345. Beim unechten Versäumnisurteil gelten die allgemeinen Grundsätze.[11]

11 Nach Nr. 2 sind **Urteile nach Aktenlage** nur im Fall des § 331 a, also gegen den im Termin ausgebliebenen Beklagten, für vorläufig vollstreckbar zu erklären, nicht dagegen bei Säumnis beider Parteien gem. § 251 a. Wird ein Versäumnisurteil (teilweise) aufrechterhalten, sind § 709 S. 3 oder §§ 708 Nr. 11, 711 anzuwenden.[12]

12 Mit Zustellung der Klage ist der Beklagte auf die Möglichkeit eines Versäumnisurteils und auf Nr. 2 hinzuweisen (§§ 215 Abs. 1, 276 Abs. 2), damit das Versäumnisurteil als Europäischer Vollstreckungstitel bestätigt werden kann.

13 **c) Verwerfung des Einspruchs nach § 341 als unzulässig (Nr. 3).** Der unzulässige Einspruch gegen ein Versäumnisurteil ist gem. § 341 Abs. 2 durch Urteil zu verwerfen. Dieses Urteil wird nach Nr. 3 für vorläufig vollstreckbar erklärt. Nr. 11 tritt dahinter zurück.[13]

III. Vorläufige Vollstreckbarkeit mit Abwendungsbefugnis (Nr. 4–11)

14 **1. Allgemeines.** In den Fällen der Nr. 4–11 geht das Gesetz ebenfalls von einer auf materiell- oder verfahrensrechtlichen Gründen beruhenden **überwiegenden Schutzwürdigkeit des Gläubigers** aus, der ohne Leistung einer Sicherheit, jedoch nur mit der Einschränkung des § 720 ZPO, vollstrecken kann. Der für die Nr. 1–3 geltende Gesichtspunkt der hohen Bestandskraft ist ebenfalls für Nr. 10 bedeut-

---

6   MüKo-ZPO/*Gruber*, § 815 Rn 16; Musielak/*Becker*, § 815 Rn 4; aA Hk-ZPO/*Kemper*, § 815 Rn 6; Thomas/Putzo/*Seiler*, § 815 Rn 5, 10.
7   Musielak/*Becker*, § 815 Rn 5.
8   *Krüger*, NJW 1990, 1208.
9   MüKo-ZPO/*Götz*, § 708 Rn 8; Zöller/*Herget*, § 708 Rn 3.
10 MüKo-ZPO/*Götz*, § 708 Rn 8.
11 MüKo-ZPO/*Götz*, § 708 Rn 9.
12 Musielak/*Lackmann*, § 708 Rn 5.
13 MüKo-ZPO/*Götz*, § 708 Rn 10.

sam. Für Nr. 4–9 und 11 ergibt sich das überwiegende Gläubigerinteresse aus anderen Gründen. Allerdings ist auch den Interessen des Schuldners Rechnung zu tragen, die Vollstreckung ohne Sicherheitsleistung **abwenden** zu können und eine unbedingte Vollstreckung nur nach Sicherheitsleistung des Gläubigers zu dulden. Dem Schuldnerschutz trägt § 711 Rechnung.

2. Die einzelnen Fallgruppen. a) Urteile im Urkunden-, Wechsel- oder Scheckprozess (Nr. 4, 5). Der Urkunden-, Wechsel- oder Scheckprozess (§§ 592, 602, 605 a) gibt dem Gläubiger die Möglichkeit, im Erkenntnisverfahren schnell einen Titel zu erlangen und diesen Titel ebenso schnell vollstrecken zu können. Unter Nr. 4 fallen alle in diesen Verfahren ergehenden Urteile, also auch die **klagabweisenden Entscheidungen** einschließlich derjenigen nach § 597 Abs. 2 im Fall des nicht statthaften Urkundenprozesses.[14] Anerkenntnis- und Versäumnisurteile sind nach Nr. 2 zu behandeln.

15

Von den Urteilen im Nachverfahren betrifft **Nr. 5** nur diejenigen, die das **Vorbehaltsurteil bestätigen**. Für die Vollstreckung der Hauptsache ist die Vorschrift ohne Bedeutung, weil deren Grundlage das Vorbehaltsurteil bleibt. Der Anwendungsbereich von Nr. 5 beschränkt sich daher auf die weiteren Kosten.[15] Bei **Aufhebung des Vorbehaltsurteils** sind wegen der Kosten Nr. 11 oder § 709 anzuwenden.[16] Im Nachverfahren kommt aufgrund der gesetzlichen Wertung der Nr. 4 eine Einstellung gem. § 707 regelmäßig nicht in Betracht (s. § 707 Rn 24).

16

b) Urteile, durch die Arreste und einstweilige Verfügungen abgelehnt oder aufgehoben werden (Nr. 6). Der Erlass eines Arrestes oder einer einstweiligen Verfügung bedarf keines Ausspruchs über die vorläufige Vollstreckbarkeit (s. Rn 6). Dasselbe gilt, wenn der Arrest oder die einstweilige Verfügung nach einem Widerspruch bestätigt wird (§§ 925 Abs. 2, 936). Berufungsentscheidungen in Verfahren, die einen Arrest oder eine einstweilige Verfügung betreffen, werden gem. § 542 Abs. 2 sofort rechtskräftig und müssen nicht für vorläufig vollstreckbar erklärt werden. Nr. 6 betrifft daher nur Urteile, mit denen der Antrag auf Erlass eines Arrestes oder einer einstweiligen Verfügung zurückgewiesen wird, sei es, dass der Antrag von vornherein keinen Erfolg hat (§§ 922 Abs. 3, 936), sei es, dass ein zunächst erlassener Arrest oder eine einstweilige Verfügung auf Widerspruch (§§ 925 Abs. 2, 936) oder wegen veränderter Umstände (§§ 927, 936) aufgehoben wird. Nr. 6 ist ferner anwendbar, wenn ein Arrest zwar bestätigt, aber von einer Sicherheitsleistung abhängig gemacht wird (§ 925 Abs. 2).[17]

17

c) Urteile in Streitigkeiten über Räume (Nr. 7). Nr. 7 betrifft einen **Teil der Mietstreitigkeiten**. Für **Pachtverhältnisse** gilt die Vorschrift nicht.[18] Nr. 7 gilt auch für klagabweisende Urteile.[19] Der Anwendungsbereich ist nicht deckungsgleich mit der amtsgerichtlichen Zuständigkeit gem. § 23 Nr. 2 Buchst. a GVG. Nr. 7 ist insofern enger als § 23 Nr. 2 Buchst. a GVG, als diese Vorschrift alle Streitigkeiten über Ansprüche aus einem Mietverhältnis über Wohnraum erfasst, also auch den Anspruch auf Zahlung der Miete, während Nr. 7 nur die **enumerativ** genannten Streitgegenstände betrifft. Andererseits erfasst Nr. 7 Streitigkeiten über andere Räume und damit Verfahren über **gewerbliche Miethäume**, für welche das Amtsgericht nur streitwertabhängig (§ 23 Nr. 1 GVG) zuständig ist. Wird der Beklagte zur Räumung und Zahlung rückständiger Miete verurteilt, ist das Urteil hinsichtlich der Räumung nach §§ 708 Nr. 11, 711 ZPO vorläufig vollstreckbar zu erklä-

18

---

14 MüKo-ZPO/*Götz*, § 708 Rn 11.
15 Musielak/*Lackmann*, § 708 Rn 6.
16 Zöller/*Herget*, § 708 Rn 7.
17 MüKo-ZPO/*Götz*, § 708 Rn 13.
18 OLG Düsseldorf MDR 2008, 1029; Hk-ZPO/*Kindl*, § 708 Rn 9; Thomas/Putzo/*Seiler*, § 708 Rn 8.
19 Musielak/*Lackmann*, § 708 Rn 7.

§ 708 Abschnitt 1 | Allgemeine Vorschriften

ren. Für die Miete sind § 709 bzw §§ 708 Nr. 11, 711 einschlägig. Dasselbe gilt für ein Urteil auf Zahlung der **Mietsicherheit**, weil dieser Streitgegenstand in der Aufzählung von Nr. 7 fehlt.[20] Der Mieter von Wohnraum kann sich gegen die umgehende Vollstreckung eines Räumungsurteils nicht nur durch Sicherheitsleistung gem. § 711, sondern schon im Erkenntnisverfahren durch einen Antrag auf Gewährung einer Räumungsfrist nach § 721 wenden.

19 d) **Urteile über Unterhalts- und Rentenansprüche (Nr. 8). Rentenansprüche** werden von Nr. 8 erfasst, wenn sie die Entziehung einer Unterhaltsforderung betreffen (zB § 844 Abs. 2 BGB, §§ 10 Abs. 2, 13 StVG, §§ 5 Abs. 2, 8 HaftPflG, §§ 7 Abs. 2, 9 ProdHaftG, §§ 35 Abs. 2, 38 LuftVG) oder wegen einer Körper- bzw Gesundheitsverletzung zu zahlen sind (zB § 843 BGB, §§ 11, 13 StVG, §§ 6, 8 HaftPflG, §§ 8, 9 ProdHaftG, §§ 36, 38 LuftVG).

20 Für **Unterhaltsverfahren** nach dem FamFG gilt Nr. 8 nicht. Die Vollstreckbarkeit entsprechender Beschlüsse richtet sich nach § **116 Abs. 3 FamFG** (s. § 704 Rn 15).

21 Nr. 8 gilt bei Urteilen auf Zahlung von rückständigen und laufenden Leistungen hinsichtlich des **Rückstands** nur wegen des auf das letzte Vierteljahr vor Klageerhebung entfallenden Betrages, hinsichtlich der laufenden Leistungen uneingeschränkt. Klageerhebung wird von der Praxis idR nicht als Rechtshängigkeit iSv § 253 Abs. 1, sondern als Anhängigkeit, also Einreichung der Klageschrift oder des Prozesskostenhilfeantrags, verstanden. Nicht privilegierte Rückstände sind nach Nr. 11 oder § 709 für vorläufig vollstreckbar zu erklären. Das gilt auch für **andere wiederkehrende Leistungen** wie Lohn- oder Leibrentenansprüche,[21] obwohl der Gläubiger auf diese zur Existenzsicherung ebenso angewiesen sein kann wie auf Renten- und Unterhaltsansprüche. Die vorläufige Vollstreckbarkeit von Versäumnis- und Anerkenntnisurteilen richtet sich nach Nr. 2.

22 e) **Urteile über Besitzschutzansprüche (Nr. 9).** Die Vorschrift betrifft Verfahren wegen Besitzentziehung (§ 861 BGB) oder Besitzstörung (§ 862 BGB), und zwar nur die stattgebenden Urteile, für deren Vollstreckung immer besondere Eile geboten ist und die deshalb ohne Sicherheitsleistung vollstreckbar sein müssen.

23 f) **Berufungsurteile in vermögensrechtlichen Streitigkeiten (Nr. 10).** Unter Nr. 10 fallen alle Berufungsurteile des **OLG** wie des **LG** in **vermögensrechtlichen Streitigkeiten**. Nach Überprüfung in zwei Tatsacheninstanzen ist der Verzicht auf die Sicherheitsleistung gerechtfertigt.[22] Unerheblich ist, ob die Berufung Erfolg hatte. Nr. 10 betrifft auch **klagabweisende Urteile** sowie nach hM[23] **aufhebende und zurückverweisende Urteile**. Auch diese sind nach Nr. 10 für vorläufig vollstreckbar, ohne Sicherheitsleistung zu erklären, weil erst nach Vorlage des Urteils das Vollstreckungsorgan gem. §§ 775 Nr. 1, 776 S. 1 die Vollstreckung einstellen und getroffene Vollstreckungsmaßregeln aufheben darf.[24] Die Vorschrift gilt nicht für Berufungsurteile, die einen Arrest oder eine einstweilige Verfügung betreffen, § 542 Abs. 2 (s. Rn 17), und für Verwerfungsbeschlüsse (§ 522 Abs. 1 S. 3), für die § 794 Abs. 1 Nr. 3 einschlägig ist.[25] Nr. 10 S. 2, eingefügt durch Art. 1 Nr. 3 des Gesetzes vom 21.10.2011,[26] stellt klar, dass die Vorschrift auch für Beschlüsse nach § 522 Abs. 2 gilt.

---

20 AA Baumbach/*Hartmann*, § 708 Rn 9.
21 MüKo-ZPO/*Götz*, § 708 Rn 15.
22 MüKo-ZPO/*Götz*, § 708 Rn 17.
23 OLG München NZM 2002, 1032; Hk-ZPO/*Kindl*, § 708 Rn 12; Thomas/Putzo/*Seiler*, § 708 Rn 11; Zöller/*Herget*, § 708 Rn 12; aA Baumbach/*Hartmann*, § 708 Rn 12.
24 OLG München NZM 2002, 1032; Zöller/*Heßler*, § 538 Rn 59.
25 Hk-ZPO/*Kindl*, § 708 Rn 12; MüKo-ZPO/*Götz*, § 708 Rn 17.
26 BGBl. I 2082.

g) Urteile unterhalb bestimmter Wertgrenzen (Nr. 11).

In vermögensrechtlichen Streitigkeiten mit einem geringeren Wert ist die Vollstreckung gegen Sicherheitsleistung nicht geboten. Nr. 11 betrifft zwei Fallgruppen: 24

- Verurteilung **in der Hauptsache** bis (einschließlich) 1.250 €;
- Vollstreckbarkeit **wegen der Kosten** bis (einschließlich) 1.500 €.

Übersteigt der Gegenstand der Verurteilung nicht 1.250 €, wird zuerst zu prüfen sein, ob ggf § 713 anwendbar ist. Nur wenn das Urteil mit Rechtsmitteln angefochten werden kann, gilt Nr. 11. 25

Der Wert richtet sich allein nach der Hauptsache. **Nebenforderungen** bleiben nach § 4 außer Betracht.[27] Mehrere Ansprüche sind nach § 5 zusammenzurechnen. Das gilt jedoch nicht, wenn Streitgenossen in unterschiedlicher Höhe verurteilt wurden.[28] 26

Bezüglich der Kosten ist die Vorschrift insoweit irreführend, als die Kostengrundentscheidung eines Urteils selbst nicht vollstreckbar ist. Dennoch bedarf es eines Ausspruchs über die vorläufige Vollstreckbarkeit, weil der **Kostenfestsetzungsbeschluss** insoweit dem Urteil folgt.[29] 27

Wird die Klage teilweise abgewiesen, ist zu prüfen, ob der Wert der Verurteilung einerseits und die für den Beklagten vollstreckbaren Kosten andererseits unter Nr. 11 oder unter § 709 fallen. Nr. 11 ist bei Klageabweisung in einer nichtvermögensrechtlichen Streitigkeit entsprechend anzuwenden.[30] 28

§ 709 Vorläufige Vollstreckbarkeit gegen Sicherheitsleistung

¹Andere Urteile sind gegen eine der Höhe nach zu bestimmende Sicherheit für vorläufig vollstreckbar zu erklären. ²Soweit wegen einer Geldforderung zu vollstrecken ist, genügt es, wenn die Höhe der Sicherheitsleistung in einem bestimmten Verhältnis zur Höhe des jeweils zu vollstreckenden Betrages angegeben wird. ³Handelt es sich um ein Urteil, das ein Versäumnisurteil aufrechterhält, so ist auszusprechen, dass die Vollstreckung aus dem Versäumnisurteil nur gegen Leistung der Sicherheit fortgesetzt werden darf.

§ 48 GVGA

I. Allgemeines 1	c) Hinterlegung von Wertpapieren 12
II. Sicherheitsleistung (S. 1, 2) 2	d) Bürgschaft 13
1. Verfahren 2	4. Entbehrlichkeit 15
2. Höhe 4	III. Urteil, das ein Versäumnisurteil aufrechterhält (S. 3) 16
3. Art, § 108 9	IV. Kosten 17
a) Bestimmung durch das Gericht 9	
b) Hinterlegung von Geld .. 11	

I. Allgemeines

Siehe zunächst § 708 Rn 1 (auch zum arbeitsgerichtlichen Verfahren). Die Vorschrift gilt für alle Urteile, die nicht mit der Verkündung rechtskräftig (s. § 705 Rn 3) oder nach § 708 für vorläufig vollstreckbar ohne Sicherheitsleistung erklärt 1

---

27 Zöller/*Herget*, § 708 Rn 13.
28 Zöller/*Herget*, § 708 Rn 13.
29 OLG Naumburg Rpfleger 2002, 38.
30 Hk-ZPO/*Kindl*, § 708 Rn 13.

werden. Es handelt sich damit um die **Grundnorm der vorläufigen Vollstreckbarkeit**, die stets einschlägig ist, wenn keine Sonderregelung eingreift. Grundsätzlich muss der Gläubiger, der aus einem für vorläufig vollstreckbar erklärten, noch nicht rechtskräftigen Urteil vollstrecken will, die Sicherheit vor der Vollstreckung gem. § 751 Abs. 2 nachweisen. Ohne Sicherheit kann nur im eingeschränkten Rahmen des § 720 a vollstreckt werden. Die Sicherheit bietet dem Schuldner Schutz vor einem Schaden durch die Vollstreckung aus einem Urteil, das letztlich wieder aufgehoben wird.

II. Sicherheitsleistung (S. 1, 2)

2 **1. Verfahren.** Die **Höhe** der Sicherheit setzt das Gericht im Urteil von Amts wegen fest. Verhält sich das Urteil über verschiedene Forderungen oder wird die Klage teilweise abgewiesen, kann neben § 709 noch § 708 anwendbar sein (s. § 708 Rn 28). Grundsätzlich ist die Sicherheitsleistung zu **beziffern** (zu Ausnahmen s. Rn 7). Offenbare Unrichtigkeiten iSv § 319 können berichtigt werden. Fehlt der Ausspruch über die vorläufige Vollstreckbarkeit vollständig, kommt nur eine **Ergänzung** nach §§ 716, 321 in Betracht. Eine spätere Abänderung ist bzgl der Höhe nicht möglich. In der Berufungsinstanz ist nach § 718 auf Antrag vorab über die vorläufige Vollstreckbarkeit zu verhandeln und zu entscheiden. Für die Vollstreckung erfolgt der **Nachweis** der Sicherheit gem. § 751 Abs. 2 durch öffentliche oder öffentlich beglaubigte Urkunde.

3 Die **Kosten** der Sicherheitsleistung, insb. die bei hohen Forderungen erheblichen Avalzinsen, zählen zu den Kosten der Zwangsvollstreckung iSv § 788.[1] Die Avalzinsen sind jedoch nicht nach § 788 Abs. 2 als Kosten der Vollstreckung, sondern nach § 91 als Prozesskosten festzusetzen, wenn der Beklagte nach Stellung der Bürgschaft zahlt, ohne dass es zur Vollstreckung kommt.[2] Dasselbe gilt bei einer Zahlung zur Abwendung der Vollstreckung.[3]

4 **2. Höhe.** Für die Höhe der Sicherheitsleistung sind in **vermögensrechtlichen Streitigkeiten** neben dem Wert der Hauptforderung auch Nebenforderungen, v.a. bereits aufgelaufene Zinsen, die bis zur Vollstreckung angefallen sind, und die Kosten des Rechtsstreits, soweit sie bereits durch einen Kostenfestsetzungsbeschluss beziffert sind,[4] zu berücksichtigen. Die Sicherheit muss bei einem Titel auf Zahlung (sofern nicht von S. 2 Gebrauch gemacht wird, s. Rn 7) daher immer höher sein als der Wert der Hauptforderung. Bei **Herausgabetiteln** kommt es auf den Wert der Sache und die Kosten an.[5] Im Fall einer Verurteilung zur **Auskunft** ist der damit für den Schuldner verbundene Aufwand maßgeblich und nicht das Interesse des Gläubigers an der Auskunft.[6] Ist das Urteil nur wegen der Kosten vollstreckbar und sind diese höher als 1.500 € (sonst greift § 708 Nr. 11 ein), sind die Kosten und die darauf entfallenden Zinsen zu berücksichtigen. Dasselbe gilt für Titel auf Abgabe einer **Willenserklärung** (§ 894), weil hier eine vorläufige Vollstreckbarkeit in der Hauptsache nicht möglich ist. Bei einer Verurteilung zur Leistung **Zug um Zug** kommt es auf den Wert der Gegenleistung nicht an.[7]

5 Für vorläufig vollstreckbar zu erklären sind auch die **prozessualen Gestaltungsurteile** (§§ 767, 768, 771, 785, 805). Hier ist zu beachten, dass der vollstreckende Kläger des Ausgangsverfahrens nun Beklagter ist. Um einen ihm drohenden Voll-

---

1 OLG Düsseldorf JurBüro 2003, 47.
2 BGH MDR 2008, 826.
3 *Giers*, jurisPR-FamR 3/2008 Anm. 2.
4 BGH NJW 2015, 77.
5 Musielak/*Lackmann*, § 709 Rn 5.
6 BGHZ 128, 85 = NJW 1995, 664; Musielak/*Lackmann*, § 709 Rn 5.
7 Hk-ZPO/*Kindl*, § 709 Rn 2.

streckungsschaden abzusichern, kommt es für die Höhe der Sicherheitsleistung auf die Schäden an, die mit einer Beschränkung oder Einstellung der Vollstreckung verbunden sind.[8]

In **nichtvermögensrechtlichen Streitigkeiten** ist nicht der Streitwert, sondern der mögliche Vollstreckungsschaden (zuzüglich der Kosten) maßgeblich,[9] der höher oder niedriger als der Streitwert sein kann. Dennoch kann der Streitwert ein Anhaltspunkt für die Höhe der Sicherheit sein.[10]

Nur soweit wegen einer **Geldforderung** zu vollstrecken ist, kann nach S. 2 die Höhe der Sicherheitsleistung in einem bestimmten Verhältnis zur Höhe des jeweils zu vollstreckenden Betrages angegeben werden.[11] S. 2 ist dagegen nicht anwendbar, wenn zur Zahlung einer Geldforderung und zu einer weiteren Leistung verurteilt wurde. Sofern zB ein stattgebendes Urteil, mit dem zur Zahlung eines bestimmten Betrages und zur Erteilung von Auskunft verurteilt wurde, gegen Sicherheitsleistung iHv 110 % des zu vollstreckenden Betrages für vorläufig vollstreckbar erklärt wird, bezieht sich die Anordnung der vorläufigen Vollstreckung nicht auf den Auskunftsanspruch, der dann nicht vorläufig vollstreckbar ist.[12] Bei dem zu vollstreckenden Betrag iSv S. 2 handelt es sich nur um die Hauptforderung. Mit einem Zuschlag zu dieser Hauptforderung wird gewährleistet, dass auch die Nebenforderungen (s. Rn 4) mit abgedeckt werden.[13] In der Praxis ist ein Zuschlag von 10–20 % üblich.[14] Der Zuschlag von nur 10 %[15] erscheint allerdings zu gering, so dass es sinnvoller ist, einen Zuschlag von 20 % anzusetzen.[16] Der **Tenor** kann daher wie folgt gefasst werden:

▶ Das Urteil ist gegen Sicherheitsleistung iHv 120 % des jeweils zu vollstreckenden Betrages vorläufig vollstreckbar. ◀

Die Formulierung „des jeweils zu vollstreckenden Betrages" beruht darauf, dass die Vollstreckung eines **Teilbetrages** möglich ist, für welchen eine anteilige Sicherheit nachzuweisen ist (zur Teilvollstreckung einer Geldforderung bei bezifferter Sicherheitsleistung s. § 752). Die Kombination von S. 1 bei nicht auf Geldforderungen lautenden Titeln mit S. 2 hinsichtlich der Kosten mit der Folge, dass zB wegen eines Herausgabeanspruchs eine bestimmte Sicherheit und wegen der Kosten eine prozentuale Sicherheit festgesetzt wird, ist nicht zulässig. Mit dieser Tenorierung würde übersehen, dass der Kostenfestsetzungsbeschluss hinsichtlich seiner vorläufigen Vollstreckbarkeit immer dem zugrunde liegenden Urteil folgt.[17]

3. Art, § 108. a) Bestimmung durch das Gericht. Die Art der Sicherheitsleistung ist nicht in § 709, sondern in § 108 geregelt. Das Gericht kann nach freiem Ermessen **bestimmen**, in welcher Art die Sicherheit zu erbringen ist (§ 108 Abs. 1 S. 1). Da die allgemein übliche Bürgschaft als Sicherungsmittel gesetzlich zugelassen ist, sind derartige Bestimmungen, die entweder im Urteil oder in einem nachfolgenden Beschluss enthalten sein können,[18] eher selten. Der noch vielfach gestellte **Antrag**, die Sicherheitsleistung durch Bürgschaft zuzulassen, ist deshalb

---

8 Hk-ZPO/*Kindl*, § 709 Rn 2; Musielak/*Lackmann*, § 709 Rn 5.
9 Zöller/*Herget*, § 709 Rn 5.
10 MüKo-ZPO/*Götz*, § 709 Rn 8.
11 OLG Schleswig NJW-RR 2010, 1103.
12 OLG Koblenz 10.4.2008 – 6 U 111/08, juris.
13 MüKo-ZPO/*Götz*, § 709 Rn 5.
14 Hk-ZPO/*Kindl*, § 709 Rn 3.
15 Dafür Musielak/*Lackmann*, § 709 Rn 6.
16 OLG Celle NJW 2003, 73.
17 OLG Naumburg Rpfleger 2002, 38.
18 Zöller/*Herget*, § 108 Rn 3.

überflüssig, soweit es sich nicht um eine den Anforderungen des § 108 nicht entsprechende Bürgschaft handelt. Als anderweitige Sicherheit kann ferner die Hinterlegung ausländischen Geldes bestimmt werden.[19] Zulässig ist darüber hinaus eine **Parteivereinbarung** (vgl § 108 Abs. 1 S. 2: „die Parteien ein anderes nicht vereinbart haben"), zB die Zahlung auf das Anderkonto eines Prozessbevollmächtigten, die – wenn sie nachgewiesen oder unstreitig ist – von den Vollstreckungsorganen beachtet werden muss. Auch im Fall einer Parteivereinbarung muss der Nachweis der Sicherheit in der Form des § 751 Abs. 2 geführt werden.[20] Zur Rückgabe der Sicherheit s. § 715.

10 Trifft das Gericht keine Bestimmung, so kann nach § 108 Abs. 1 S. 2 die Sicherheit erbracht werden durch

- Hinterlegung von Geld,
- Hinterlegung von Wertpapieren,
- Bürgschaft eines Kreditinstituts.

11 b) **Hinterlegung von Geld.** Die Hinterlegung richtet sich, seitdem die (Bundes-)HintO zum 1.12.2010 aufgehoben wurde,[21] nach den **Hinterlegungsgesetzen bzw -ordnungen der Länder**. Als Nachweis hat der Gläubiger gem. § 751 Abs. 2 den sog. **Hinterlegungsschein**, das Zweitstück des Annahmeantrags mit Annahmeverfügung der Hinterlegungsstelle (zB § 8 f NdsHintG), vorzulegen.[22] Der hinterlegte Betrag sichert den Schuldner gegen einen evtl. Vollstreckungsschaden (s. Rn 1). Der Schuldner erwirbt an der hinterlegten Sicherheit ein **Pfandrecht** (§ 233 BGB), aus dem er sich wegen seines Schadensersatzanspruchs befriedigen kann.[23] Wird das Urteil, aus dem vorläufig vollstreckt wurde, ganz oder teilweise aufgehoben, so hat der Schuldner einen Anspruch aus Eingriffskondiktion (§ 812 Abs. 1 S. 1 Alt. 2 BGB) gegen den Gläubiger auf Zustimmung zur Auszahlung. Allerdings reicht es nach den Hinterlegungsgesetzen bzw -ordnungen der Länder, zB § 16 Abs. 2 Nr. 2 NdsHintG, zur Auszahlung durch die Hinterlegungsstelle bereits aus, das rechtskräftige Urteil der höheren Instanz vorzulegen.[24] Wird das Urteil bestätigt, muss der Gläubiger einen Antrag nach § 715 stellen, um die Sicherheit zurückzuerhalten.

12 c) **Hinterlegung von Wertpapieren.** Die Hinterlegung von Wertpapieren ist ein seltenes Mittel der Sicherheitsleistung und durch die Verweisung auf § 234 BGB in § 108 sehr eingeschränkt. Als Sicherheit sind gem. § 234 Abs. 1 BGB allein mündelsichere Wertpapiere iSv § 1807 BGB geeignet. Darüber hinaus kann Sicherheit nach § 234 Abs. 3 BGB nur in Höhe von drei Vierteln des Kurswertes geleistet werden.

13 d) **Bürgschaft.** Besondere Bedeutung hat in der Praxis die Sicherheitsleistung durch Bürgschaft. § 108 Abs. 1 S. 2 lässt nur die **schriftliche, unwiderrufliche, unbedingte und unbefristete** Bürgschaft eines im Inland zum Geschäftsbetrieb befugten Kreditinstituts zu. Eine diesen Anforderungen nicht genügende Bürgschaft ist als Sicherheit nicht schlechthin ausgeschlossen. Sie kann vom Gericht zugelassen oder von den Parteien als Sicherheit vereinbart werden (s. Rn 9).

---

19 Zöller/*Herget*, § 108 Rn 6.
20 *Giers*, DGVZ 2008, 8.
21 Art. 17 Abs. 2 Nr. 1 des Zweiten Gesetzes über die Bereinigung von Bundesrecht im Zuständigkeitsbereich des Bundesministeriums der Justiz vom 23.11.2007 (BGBl. I S. 2614).
22 Zöller/*Stöber*, § 751 Rn 4.
23 OLG Celle NJW-RR 2010, 1040; AG Mosbach Rpfleger 2011, 284; MüKo-ZPO/*Götz*, § 709 Rn 2.
24 Musielak/*Lackmann*, § 709 Rn 3.

Die Bürgschaft als vom Gläubiger einseitig gestellte Sicherheit lässt sich nur schwer mit den Regeln des BGB über einen **Vertragsschluss** und den der ZPO über den Nachweis der Sicherheitsleistung (s. § 751 Rn 11) vereinbaren. Der Bürgschaftsvertrag müsste durch die Bank und den Schuldner geschlossen werden. Der Schuldner wird häufig zu einem derartigen Vertragsschluss nicht bereit sein, da er dem Gläubiger damit die Vollstreckung eröffnet. Hier behilft man sich mit folgender, etwas bedenklicher Konstruktion: Der Zugang des Angebots der Bank gilt mit der Zustellung durch den Gerichtsvollzieher gem. § 132 Abs. 1 BGB iVm §§ 192 ff als erfolgt.[25] Der Schuldner kann die Annahme nicht ablehnen. Die Zulassung der Bürgschaft als Sicherheit begründet einen Zwangsvertrag.[26] Die Annahme des Angebots ist deshalb nach § 151 S. 1 BGB nicht erforderlich.[27] Ausreichend ist die Zustellung von Anwalt zu Anwalt nach § 195.[28] Die Frage, ob das Original der Bürgschaft zugestellt werden muss oder ob die Zustellung einer beglaubigten Abschrift genügt,[29] hat sich durch § 45 Abs. 3 S. 2 GVGA nF erledigt. Danach ist immer das Original der Bürgschaftsurkunde zu übergeben. Der Nachweis der Sicherheitsleistung gegenüber dem Schuldner ist mit Zustellung der Bürgschaftsurkunde durch den Gerichtsvollzieher erbracht. Ein Nachweis der Zustellung gegenüber dem Prozessbevollmächtigten des Schuldners ist nicht erforderlich.[30]

4. Entbehrlichkeit. Entbehrlich wird die Sicherheitsleistung mit formeller Rechtskraft (§ 705) des Urteils, die in der Vollstreckung mit einem Rechtskraftzeugnis nach § 706 nachzuweisen ist. Dasselbe gilt, wenn die vorläufig vollstreckbare Entscheidung des Berufungsgerichts vorgelegt wird, welche die Berufung des Schuldners zurückweist oder verwirft. Berufungs- und Revisionsgericht können ferner nach §§ 537, 558 ein nicht unbedingt vorläufig vollstreckbares Urteil für vorläufig vollstreckbar erklären, soweit es durch Berufungs- oder Revisionsanträge nicht angefochten ist. Betreibt der Gläubiger die Sicherungsvollstreckung nach § 720 a, muss er keine Sicherheitsleistung nachweisen. Zur Entbehrlichkeit der Sicherheitsleistung s. auch **§ 48 Abs. 2 GVGA**.

III. Urteil, das ein Versäumnisurteil aufrechterhält (S. 3)

Wenn gegen ein Versäumnisurteil Einspruch eingelegt wird, bleibt dieses zunächst nach § 708 Nr. 2 ohne Sicherheitsleistung vorläufig vollstreckbar. Der Beklagte wird jedoch idR nach §§ 719 Abs. 1, 707 die Einstellung der Zwangsvollstreckung beantragen, die – von der Ausnahme des nicht in gesetzlicher Weise ergangenen Versäumnisurteils abgesehen – nur gegen Sicherheitsleistung angeordnet werden kann. Aufgrund des Einspruchs wird durch Urteil über die Aufrechterhaltung des Versäumnisurteils entschieden. Bleibt dieses aufrechterhalten, so bedeutet S. 3 nicht, dass das entsprechende Urteil nur gegen Sicherheitsleistung für vorläufig vollstreckbar erklärt werden kann. Diese Tenorierung hat nur zu erfolgen, wenn sich die vorläufige Vollstreckbarkeit des aufrechterhaltenden Urteils selbst nach § 709 richtet.[31] Wenn dagegen zB die Voraussetzungen der §§ 708, 711 vorliegen, richtet sich die vorläufige Vollstreckbarkeit auch bei Aufrechterhaltung eines Versäumnisurteils danach. Nach hM[32] ist über die vorläufige Voll-

---

25 Musielak/*Foerste*, § 108 Rn 10.
26 Hk-ZPO/*Woestmann*, § 108 Rn 7.
27 Musielak/*Foerste*, § 108 Rn 12.
28 LG Saarbrücken 19.2.2004 – 5 T 80/04, juris; LG Augsburg DGVZ 1998, 122; Zöller/*Herget*, § 108 Rn 11.
29 Dazu Vorauflage (2. Aufl. 2013) § 751 Rn 11.
30 BGH NJW 2008, 3220.
31 AllgM, u.a. Hk-ZPO/*Kindl*, § 709 Rn 4; Zöller/*Herget*, § 709 Rn 8.
32 Hk-ZPO/*Kindl*, § 709 Rn 4; MüKo-ZPO/*Götz*, § 709 Rn 9; Zöller/*Herget*, § 709 Rn 8.

streckbarkeit des Versäumnisurteils und der weiteren Kosten des aufrechterhaltenden Urteils einheitlich zu entscheiden. Die aA,[33] wonach sich die Vollstreckbarkeit der weiteren Kosten nach den allgemeinen Regeln, insb. nach §§ 708 Nr. 11, 711, richtet, findet im Wortlaut des S. 3 keine Stütze.

IV. Kosten

17 Die Zustellung der Bürgschaftsurkunde und ggf des Nachweises über die Hinterlegung wird für den Prozessbevollmächtigten des Erkenntnisverfahrens von den Gebühren nach Nr. 3100 ff VV RVG abgegolten (§ 19 Abs. 1 S. 2 Nr. 16 RVG).[34] Für den im Erkenntnisverfahren nicht tätigen Rechtsanwalt gehört die Zustellung der Bürgschaftsurkunde zur Zwangsvollstreckung und löst als vorbereitende Maßnahme der Zwangsvollstreckung die Verfahrensgebühr Nr. 3309 VV RVG aus.[35] Wird der Rechtsanwalt auch hinsichtlich der Beschaffung einer Bankbürgschaft tätig, fällt nach einer Auffassung eine Geschäftsgebühr an (Nr. 2300 VV RVG).[36] Nach aA gehört die Beschaffung bei einer nachfolgenden Zwangsvollstreckung zur Vollstreckungsangelegenheit, ansonsten zur Hauptsache,[37] bzw als vorbereitende Maßnahme stets zur Zwangsvollstreckung.[38]

§ 710 Ausnahmen von der Sicherheitsleistung des Gläubigers

Kann der Gläubiger die Sicherheit nach § 709 nicht oder nur unter erheblichen Schwierigkeiten leisten, so ist das Urteil auf Antrag auch ohne Sicherheitsleistung für vorläufig vollstreckbar zu erklären, wenn die Aussetzung der Vollstreckung dem Gläubiger einen schwer zu ersetzenden oder schwer abzusehenden Nachteil bringen würde oder aus einem sonstigen Grund für den Gläubiger unbillig wäre, insbesondere weil er die Leistung für seine Lebenshaltung oder seine Erwerbstätigkeit dringend benötigt.

I. Allgemeines

1 § 710 stellt eine **Ausnahme von** § 709 dar und ferner kraft der **Verweisung in** § 711 S. 3 auch von § 711. Damit kann das Gericht sowohl von einer Sicherheitsleistung des Gläubigers (§ 709) als auch von einer Abwendungsbefugnis des Schuldners (§ 711) absehen. Grundsätzlich gewährleisten die Vorschriften über die vorläufige Vollstreckbarkeit einen angemessenen Ausgleich zwischen dem Interesse des Gläubigers an einer baldigen Vollstreckung und dem Schutz des Schuldners vor einem Vollstreckungsschaden (s. § 708 Rn 4). Unter den Voraussetzungen des § 710 wird das **Interesse des Gläubigers einseitig bevorzugt**. Der Schuldner darf die Vollstreckung weder durch eigene Sicherheitsleistung abwenden noch kann er sich bei späterer Abänderung des Titels zu seinen Gunsten an eine Sicherheit des Gläubigers halten. Er ist in diesem Fall auf seine Rechte aus § 717 beschränkt.

2 Eine Entscheidung nach § 710 erfolgt nicht von Amts wegen, sondern setzt einen **Antrag** des Gläubigers voraus, der gem. § 714 vor Schluss der mündlichen Ver-

---

33 Baumbach/*Hartmann*, § 343 Rn 7; Musielak/*Lackmann*, § 709 Rn 9.
34 OLG Frankfurt JurBüro 1990, 922; OLG Düsseldorf GRUR 1983, 688; OLG Stuttgart JurBüro 1985, 1344.
35 AnwK-RVG/*Wolf/Mock/Volpert/N. Schneider/Fölsch/Thiel*, § 19 Rn 159; aA OLG Frankfurt JurBüro 1990, 922.
36 Vgl OLG Koblenz JurBüro 1984, 562; Gerold/Schmidt/*Müller-Rabe*, VV 3309 Rn 345.
37 OLG Bamberg JurBüro 1985, 1502.
38 OLG München NJW-RR 2000, 517; OLG Dresden JurBüro 2005, 50.

handlung zu stellen und glaubhaft zu machen ist. Das Gericht entscheidet darüber im Tenor des Urteils und kann dem Antrag auch teilweise entsprechen.[1]

Die Vorschrift gilt uneingeschränkt in der ersten Instanz. Zur Nachholung in der zweiten Instanz s. § 714 Rn 4.   3

II. Voraussetzungen

Da § 710 eine Ausnahmevorschrift darstellt und nach Vollstreckung durch den Gläubiger und einem erfolgreichen Rechtsmittel des Schuldners diesem ein erheblicher Schaden droht, sind die Voraussetzungen des § 710 **streng zu prüfen**.   4

Dem Gläubiger muss es **nicht oder nur unter erheblichen Schwierigkeiten** möglich sein, die Sicherheit zu leisten. Der Gläubiger muss glaubhaft machen, dass er Geld bzw Wertpapiere nicht oder nur unter erheblichen Schwierigkeiten hinterlegen kann; Entsprechendes gilt für eine Bürgschaft, insb. für die anfallenden Avalzinsen. Das Gericht kann und sollte ihm ferner aufgeben, zu weiteren Sicherheiten vorzutragen, die ggf nach § 108 zugelassen werden können (s. § 709 Rn 9). „Erhebliche Schwierigkeiten" setzen voraus, dass der Gläubiger deutliche Einbußen in seiner Lebensführung oder Berufsausübung hinnehmen müsste, wenn er die Sicherheit aufzubringen hätte. Davon ist auszugehen, falls er auf das eigene Kraftfahrzeug verzichten müsste.[2] Der Verzicht auf den Urlaub oder eine fällige Renovierung der Wohnung reichen dagegen nicht aus.[3] Sofern der Gläubiger vollstreckt, in zweiter Instanz unterliegt und dem Schuldner anschließend keinen Ersatz nach § 717 leisten kann, hätte der Schuldner damit den Urlaub des Gläubigers bzw die Renovierung bezahlt. Das ist mit dem Ausnahmecharakter der Vorschrift (s. Rn 1) nicht vereinbar.   5

Zusätzlich ist glaubhaft zu machen, dass die Aussetzung der Vollstreckung dem Gläubiger einen **schwer zu ersetzenden oder schwer abzusehenden Nachteil** bringen würde oder aus einem sonstigen Grund für ihn **unbillig** wäre. Es muss also eine der beiden Voraussetzungen – Nachteil oder Unbilligkeit – vorliegen.[4] Ein **Nachteil** ist insb. gegeben, wenn das Abwarten bis zur Rechtskraft des Urteils die Vollstreckung erheblich erschwert. Steht die Eröffnung des Insolvenzverfahrens über das Vermögen des Schuldners unmittelbar bevor, ist ein Antrag nach § 710 jedoch nicht geeignet, Nachteile anzuwenden, weil eine Befriedigung des Schuldners unter dem Druck der drohenden Vollstreckung eine inkongruente Deckung iSv § 131 InsO darstellt.[5] Für die **Unbilligkeit** nennt das Gesetz zwei Beispiele: Der Gläubiger benötigt dringend für seine Lebenshaltung oder Erwerbstätigkeit. Der Anwendungsbereich des § 710 betraf vor Inkrafttreten des FamFG im Hinblick auf das **Benötigen für die Lebenshaltung** vor allem Unterhaltsverfahren.[6] Darüber wird jedoch gem. § 38 FamFG nun durch Beschluss entschieden, der nach § 116 Abs. 3 FamFG im Regelfall für sofort wirksam zu erklären ist. Hinsichtlich eines **Erwerbsbetriebs** kann § 710 zur Anwendung kommen, wenn ein Handwerker oder Kleinunternehmer auf das Entgelt für einen Großauftrag dringend angewiesen ist, um seine eigenen Verbindlichkeiten zu erfüllen und Lohn zu zahlen. Schließlich kann eine **Unbilligkeit aus sonstigem Grund** den Antrag nach § 710 rechtfertigen, zB eine vorsätzliche sittenwidrige Schädigung des Gläubigers durch den Schuldner.[7]   6

---

1 OLG Zweibrücken FamRZ 2003, 693.
2 MüKo-ZPO/*Götz*, § 710 Rn 4.
3 So aber Hk-ZPO/*Kindl*, § 710 Rn 2.
4 Ebenso MüKo-ZPO/*Götz*, § 710 Rn 5; dagegen sprechen Hk-ZPO/*Kindl*, § 710 Rn 2 und Zöller/*Herget*, § 710 Rn 2 von vier Anwendungsfällen.
5 BGH NJW 2007, 848.
6 S. dazu 1. Aufl. 2010, § 710 Rn 6.
7 MüKo-ZPO/*Götz*, § 710 Rn 8.

III. Weitere praktische Hinweise

7 Die Interessen des Schuldners werden bei der Entscheidung nicht von Amts wegen berücksichtigt. Der Schuldner kann jedoch seinerseits einen Antrag nach § 712 stellen. In diesem Fall sind die Interessen von Gläubiger und Schuldner gem. § 712 Abs. 2 S. 1 gegeneinander abzuwägen.[8]

§ 711 Abwendungsbefugnis

¹In den Fällen des § 708 Nr. 4 bis 11 hat das Gericht auszusprechen, dass der Schuldner die Vollstreckung durch Sicherheitsleistung oder Hinterlegung abwenden darf, wenn nicht der Gläubiger vor der Vollstreckung Sicherheit leistet. ²§ 709 Satz 2 gilt entsprechend, für den Schuldner jedoch mit der Maßgabe, dass Sicherheit in einem bestimmten Verhältnis zur Höhe des auf Grund des Urteils vollstreckbaren Betrages zu leisten ist. ³Für den Gläubiger gilt § 710 entsprechend.

§ 155 GVGA

I. Allgemeines	1	V. Zulässigkeit und Umfang der Vollstreckung	8
II. Entscheidung des Gerichts (S. 1)	2	VI. Weitere praktische Hinweise	13
III. Sicherheitsleistung (S. 1, 2)	4		
IV. Vollstreckung ohne Sicherheitsleistung (S. 3)	7		

I. Allgemeines

1 Die systematische Stellung des § 711 ist verwirrend. Es handelt sich um eine **Ausnahme** von § 708 (s. § 708 Rn 1), die an und für sich direkt auf diese Vorschrift folgen müsste. § 708 ermöglicht dem Gläubiger den Zugriff auf das Vermögen des Schuldners im Wege der Vollstreckung vor Rechtskraft des Urteils. Das ist ohne Einschränkung nur in den Fällen des § 708 Nr. 1–3 gerechtfertigt. Wegen der auch in den Fällen des § 708 Nr. 4–11 überwiegenden Gläubigerinteressen wird von diesem aber nicht verlangt, von vornherein eine Sicherheit nachzuweisen. Er kann vielmehr mit der Einschränkung des § 720 ohne Sicherheitsleistung vollstrecken. Dann besteht für den Schuldner jedoch die Möglichkeit, diese Vollstreckung durch eine eigene Sicherheit abzuwenden, die sog. **Abwendungsbefugnis**. Der Gläubiger darf wiederum die Vollstreckung, und zwar bis zur Befriedigung, fortsetzen, wenn er seinerseits Sicherheit leistet. Im Härtefall kann der Gläubiger einen Antrag nach § 710 stellen, der Schuldner nach § 712.

II. Entscheidung des Gerichts (S. 1)

2 Die Entscheidung des Gerichts erfolgt **von Amts wegen**. Wenn das Urteil nach § 708 Nr. 4–11 für vorläufig vollstreckbar erklärt wird, ist grds. über die Abwendungsbefugnis des Schuldners zu entscheiden. Das gilt nicht, wenn zugleich ein Fall des § 708 Nr. 1–3 vorliegt (s. § 708 Rn 6). Ferner ist § 711 unter den Voraussetzungen des § 713 nicht anzuwenden.[1] Hat die Klage teilweise Erfolg und liegen für beide Parteien die Voraussetzungen des § 711 vor, zB weil für den Kläger wegen der Hauptforderung und für den Beklagen wegen der Kosten § 708 Nr. 11

---

8 MüKo-ZPO/*Götz*, § 710 Rn 8; Hk-ZPO/*Kindl*, § 710 Rn 1.
1 Thomas/Putzo/*Seiler*, § 711 Rn 2.

anwendbar ist, hat die Anordnung auch für beide Parteien zu erfolgen.[2] Unterbleibt die Entscheidung, ist eine Ergänzung nach §§ 716, 321 möglich.

Das Gericht muss entweder eine **Sicherheit** (s. § 709 Rn 2 ff) oder die **Hinterlegung** anordnen. Damit ist nicht die Hinterlegung iSv § 108 gemeint, die zur Sicherheit zählt, sondern die Hinterlegung des geschuldeten Gegenstandes bei Herausgabe- und Lieferansprüchen,[3] nicht aber bei Zahlungsansprüchen. Da nach den **Hinterlegungsgesetzen bzw -ordnungen der Länder** (zB § 13 NdsHintG) neben Geld nur Wertpapiere, sonstige Urkunden und Kostbarkeiten, also insb. Gold- und Silbersachen, Schmuck, Edelsteine und Münzen,[4] hinterlegt werden können, ist der praktische Anwendungsbereich der Hinterlegungsanordnung gering. In der Regel wird eine Sicherheit festgesetzt.

III. Sicherheitsleistung (S. 1, 2)

Die **Sicherheitsleistung des Schuldners** soll den Schaden ausgleichen, der dem Gläubiger durch eine verspätete Vollstreckung entstehen kann.[5] Letztlich handelt es sich um einen Ausgleich des beiderseitigen Insolvenzrisikos (s. § 708 Rn 4). Obwohl die Sicherheitsleistung nach § 709 den umgekehrten Zweck hat, nämlich den Ausgleich des Schadens, den der Schuldner durch eine verfrühte Vollstreckung erleiden kann, wird die Höhe der Sicherheit nach denselben Grundsätzen festgesetzt.[6]

S. 2 verweist auf § 709 S. 2. Es ist zulässig – und allgemein üblich –, bei der Vollstreckung wegen einer **Geldforderung** die Sicherheitsleistung in das Verhältnis zur Höhe des vollstreckbaren Betrages zu setzen. Dabei muss unbedingt beachtet werden, dass diese Festsetzung für Gläubiger und Schuldner unterschiedlich auszufallen hat: Die Sicherheitsleistung eines Schuldners zur Abwendung einer Vollstreckung unterscheidet sich von einer vom Gläubiger nach § 709 S. 2 direkt oder in Verbindung mit § 711 S. 2 zu leistenden Sicherheit dadurch, dass dort Sicherheit im Verhältnis zur Höhe des „jeweils zu vollstreckenden Betrages", hier dagegen des **„vollstreckbaren Betrages"** zu leisten ist. Der Schuldner soll damit im Gegensatz zum Gläubiger keine Möglichkeit bekommen, Teilsicherheiten zur teilweisen Abwendung einer Vollstreckung zu leisten. Da der Gläubiger in den Fällen des § 708 Nr. 4–11 ohne Sicherheitsleistung vollstrecken darf, kann vom Schuldner verlangt werden, dass er in Höhe des gesamten vollstreckbaren Betrages Sicherheit leistet, wenn er die Zwangsvollstreckung nach § 711 abwenden will. Wenn der Gläubiger die Geldforderung aus einem Urteil nicht nur teilweise, sondern vollständig vollstrecken möchte, ist der iSv § 709 S. 2 „zu vollstreckende Betrag" mit dem aus dem Urteil „vollstreckbaren Betrag" identisch. Dieser umfasst Hauptforderungen und die Nebenforderungen wie bezifferte Kosten oder Zinsen oder die in einem Kostenfestsetzungsbeschluss festgesetzten Kosten des Rechtsstreits. In dieser Höhe soll im Fall der Abwendung der möglichen Vollstreckung nach § 711 S. 2 gesichert sein, dass der Betrag bei einer späteren Vollstreckung durch den Gläubiger realisiert werden kann.[7] Nach alledem wird folgende **Musterformulierung** empfohlen:

▶ Das Urteil ist vorläufig vollstreckbar. Der Beklagte darf die Vollstreckung durch Sicherheitsleistung iHv 120 % des aufgrund des Urteils vollstreckbaren Betrages abwen-

---

2 Musielak/*Lackmann*, § 711 Rn 2.
3 MüKo-ZPO/*Götz*, § 711 Rn 5.
4 *Bülow/Schmidt*, § 5 HintO Rn 12.
5 Musielak/*Lackmann*, § 711 Rn 2.
6 MüKo-ZPO/*Götz*, § 711 Rn 3; dagegen *König*, NJW 2003, 1372.
7 BGH NJW 2015, 77.

den, wenn nicht der Kläger vor der Vollstreckung Sicherheit iHv 120 % jeweils zu vollstreckenden Betrages leistet. ◂

6 Diese Formulierung eignet sich jedoch nicht, wenn **laufende Zahlungen** Gegenstand des Urteils sind. In diesem Fall muss auch dem Schuldner nachgelassen werden, die Vollstreckung durch Sicherheitsleistung iHv 120 % des jeweils zu vollstreckenden Betrages abzuwenden.

6a Im Übrigen soll die Sicherheit auch mögliche **Erfüllungs- und Verzögerungsschäden** abdecken. In einem Räumungsverfahren steht sie daher dem Gläubiger zum Ausgleich sowohl der in dem Zeitraum zwischen Erlass des Räumungsurteils und der tatsächlichen Herausgabe der Wohnung nicht gezahlten Nutzungsentschädigung als auch des durch Verletzung der Pflicht zur vollständigen und ordnungsgemäßen Herausgabe der Wohnung entstandenen Schadens zur Verfügung.[8] Darüber hinausgehende Schäden sind von der Sicherheit jedoch nicht abgedeckt. Insbesondere dient eine zur Abwendung der Zwangsvollstreckung aus einem Räumungsurteil geleistete Sicherheit dem Gläubiger nicht als Sicherheit für einen bereits vor dem Vollstreckungsaufschub entstandenen Nutzungsausfallschaden.[9] Für die Art der Sicherheit gilt § 108 (s. § 709 Rn 9 ff).

IV. Vollstreckung ohne Sicherheitsleistung (S. 3)

7 S. 3 verweist auf § 710. Unter den dort genannten Voraussetzungen kann der Gläubiger beantragen, ein Urteil, das unter § 711 fällt, für vorläufig vollstreckbar ohne Sicherheitsleistung zu erklären.

V. Zulässigkeit und Umfang der Vollstreckung

8 In der Vollstreckung sind vier verschiedene Konstellationen möglich:

9 **Fall 1: Keine Partei leistet Sicherheit.** Der Gläubiger kann vollstrecken. Es gelten allerdings die Einschränkungen der §§ 720, 839. Gepfändetes Geld und der Erlös gepfändeter Gegenstände sind zu hinterlegen. Gepfändete Forderungen werden nur zur Einziehung mit der Wirkung überwiesen, dass der Drittschuldner den Betrag zu hinterlegen hat. Die Vollstreckung darf also einen Schritt weitergehen als in der Sicherungsvollstreckung nach § 720 a: pfänden, verwerten, aber nicht auskehren.

10 **Fall 2: Nur der Gläubiger leistet Sicherheit.** Die Vollstreckung erfolgt wie nach § 709 bis zur Befriedigung des Gläubigers. Der Schuldner kann sich wegen eines ggf. eintretenden Vollstreckungsschadens an die Sicherheit halten.

11 **Fall 3: Nur der Schuldner leistet Sicherheit.** Der Gläubiger kann – ohne eigene Sicherheitsleistung (s. hierzu Rn 12, 4. Konstellation) – nicht vollstrecken. Er darf insb. nicht die Sicherungsvollstreckung nach § 720 a betreiben.[10] Eine bereits begonnene Vollstreckung ist einzustellen (§ 775 Nr. 3) bereits getroffene Vollstreckungsmaßregeln sind aufzuheben (§ 776 S. 1).

12 **Fall 4: Beide Parteien leisten Sicherheit.** Eine Sicherheitsleistung des Schuldners nach einer solchen des Gläubigers ist wirkungslos. Der Schuldner kann die Vollstreckung nur abwenden, wenn der Gläubiger keine Sicherheit leistet. Das gilt auch, wenn die Sicherheitsleistung des Gläubigers derjenigen des Schuldners folgt.[11] „Vor der Vollstreckung" iSv S. 1 bedeutet nicht vor dem Schuldner.[12] Der

---

8 KG NJW-RR 2010, 1020.
9 OLG Hamm ZMR 2010, 178.
10 LG Heidelberg MDR 1993, 272.
11 Zöller/*Herget*, § 711 Rn 1.
12 OLG Zweibrücken Rpfleger 1999, 454; AG Augsburg 28.6.2010 – 1 M 11033/10, juris.

Gläubiger kann wie im Fall 2 (s. Rn 10) vollstrecken. Der Schuldner hat die Möglichkeit, die zur Abwendung erbrachte Sicherheitsleistung nach § 109 zurückzuverlangen.[13]

VI. Weitere praktische Hinweise

Für die Parteien: Anträge im Erkenntnisverfahren zu § 711 werden häufig gestellt, sind aber idR überflüssig, weil das Gericht von Amts wegen entscheidet. Notwendig ist ein Antrag nur für Entscheidungen nach §§ 710, 711 S. 3 und 712. Im Übrigen kann allenfalls darauf hingewiesen werden, dass die Abwendungsbefugnis durch Hinterlegung möglich ist, wenn ein hinterlegbarer Gegenstand herausgegeben oder geliefert werden soll (s. Rn 10). Kosten einer als Sicherheit geleisteten Avalbürgschaft kann der Schuldner nur nach § 103 festsetzen lassen.[14] Für die Festsetzung durch den Gläubiger gelten die Ausführungen zu § 709 (s. § 709 Rn 3). 13

Der **Schuldner** ist nach ganz hM berechtigt, die Sicherheit dem Gerichtsvollzieher **in bar** zur Hinterlegung anzubieten.[15] Er trägt allerdings die Gefahr des zufälligen Untergangs der Sicherheitsleistung auf dem Weg zur Hinterlegungsstelle.[16] Wird die Sicherheit nach durchgeführter Vollstreckung erbracht, ohne dass der Gläubiger Sicherheit geleistet hat, ist das Vollstreckungsorgan unter Hinweis auf § 776 S. 1 zur Aufhebung getroffener Sicherungsmaßregeln aufzufordern. Die Vorpfändung (§ 845) kann nicht aufgehoben werden. Sie muss mit der Erinnerung (§ 766) angefochten werden, die allerdings nur innerhalb der Frist des § 845 Abs. 2 zulässig ist, weil dann entweder eine Pfändung erfolgt oder die Vorpfändung wirkungslos geworden ist.[17] 14

Für Vollstreckungsorgane: Die Vollstreckung nach § 711 darf nicht verwechselt werden mit der **Sicherungsvollstreckung**. Von dieser unterscheidet sie sich von den Voraussetzungen – die Sicherungsvollstreckung setzt ein nach § 709 vorläufig vollstreckbares Urteil voraus – wie von den Rechtsfolgen her. 15

§ 712 Schutzantrag des Schuldners

(1) ¹Würde die Vollstreckung dem Schuldner einen nicht zu ersetzenden Nachteil bringen, so hat ihm das Gericht auf Antrag zu gestatten, die Vollstreckung durch Sicherheitsleistung oder Hinterlegung ohne Rücksicht auf eine Sicherheitsleistung des Gläubigers abzuwenden; § 709 Satz 2 gilt in den Fällen des § 709 Satz 1 entsprechend. ²Ist der Schuldner dazu nicht in der Lage, so ist das Urteil nicht für vorläufig vollstreckbar zu erklären oder die Vollstreckung auf die in § 720 a Abs. 1, 2 bezeichneten Maßregeln zu beschränken.

(2) ¹Dem Antrag des Schuldners ist nicht zu entsprechen, wenn ein überwiegendes Interesse des Gläubigers entgegensteht. ²In den Fällen des § 708 kann das Gericht anordnen, dass das Urteil nur gegen Sicherheitsleistung vorläufig vollstreckbar ist.

§ 155 GVGA

---

13 OLG Köln MDR 1993, 270; Thomas/Putzo/*Seiler*, § 711 Rn 5.
14 BGH NJW-RR 2006, 1001.
15 OLG Köln NJW-RR 1987, 1210; Baumbach/*Hartmann*, § 754 Rn 10; Zöller/*Stöber*, § 754 Rn 4; MüKo-ZPO/*Heßler*, § 754 Rn 33; Thomas/Putzo/*Seiler*, § 754 Rn 3.
16 *Giers*, DGVZ 2008, 8.
17 Zöller/*Stöber*, § 845 Rn 8.

I. Allgemeines	1	b) Ohne Sicherheitsleistung des Schuldners (Abs. 1 S. 2)	9
II. Voraussetzungen	3	c) Gegen Sicherheitsleistung des Gläubigers (Abs. 2 S. 2)	12
1. Nicht zu ersetzender Nachteil des Schuldners (Abs. 1 S. 1)	3	IV. Zulässigkeit und Umfang der Vollstreckung	13
2. Kein überwiegendes Interesse des Gläubigers (Abs. 2)	4	V. Weitere praktische Hinweise	16
III. Entscheidung des Gerichts	6		
1. Verfahren	6		
2. Mögliche Schutzanordnungen	7		
a) Gegen Sicherheitsleistung des Schuldners (Abs. 1 S. 1)	7		

I. Allgemeines

1 Die §§ 708–711 geben dem Interesse des Gläubigers an der Vollstreckung aus einem nicht rechtskräftigen Urteil den Vorzug gegenüber dem **Schutz des Schuldners** vor einem Vollstreckungsschaden. Abs. 1 des § 712 eröffnet demgegenüber dem Schuldner eine Möglichkeit, die Vollstreckung auf unterschiedliche Weise bis zur Rechtskraft abzuwenden. Aus Abs. 2 ergibt sich aber wiederum der Vorrang der Gläubigerinteressen.[1]

2 Der **Anwendungsbereich** umfasst sowohl Urteile, die nach § 709 für vorläufig vollstreckbar zu erklären sind, als auch Urteile, für die die §§ 708, 711 gelten. Dagegen soll eine Anordnung nach § 712 nicht erfolgen, wenn ein Rechtsmittel gegen das Urteil unzweifelhaft nicht gegeben ist (§ 713).[2] In der Praxis wird vom Antragsrecht nach § 712 (zu) wenig Gebrauch gemacht.

II. Voraussetzungen

3 **1. Nicht zu ersetzender Nachteil des Schuldners (Abs. 1 S. 1).** Eine Schutzanordnung nach § 712 setzt voraus, dass die Vollstreckung dem Schuldner einen **nicht zu ersetzenden Nachteil** bringen würde. Kein unersetzlicher Nachteil in diesem Sinne ist zB die Verpflichtung zur Räumung von Büroräumen, die zur Berufsausübung genutzt werden, wenn dadurch die weitere Berufstätigkeit nicht erschwert oder gar unmöglich gemacht wird.[3] Im Übrigen wird, da das Gesetz hier dieselbe Formulierung wie in § 707 Abs. 1 verwendet, auf die dortige Kommentierung verwiesen (s. § 707 Rn 29 ff). Wie bei der Entscheidung über einen Einstellungsantrag gem. § 707 muss das Gericht eine **Ermessensentscheidung** vornehmen, bei welcher die gesetzliche, für den Gläubiger sprechende Wertung der §§ 708 ff zu berücksichtigen ist.[4]

4 **2. Kein überwiegendes Interesse des Gläubigers (Abs. 2).** Selbst wenn dem Schuldner ein nicht zu ersetzender Nachteil droht, kommt eine Schutzanordnung nach Abs. 1 nicht in Betracht, wenn ein überwiegendes Interesse des Gläubigers entgegensteht. Es ist nur eine Anordnung nach **Abs. 2 S. 2** zulässig (s. Rn 12). Das Gericht muss die **Abwägung der beiderseitigen Interessen** von Amts wegen vornehmen. Die für ein überwiegendes Gläubigerinteresse sprechenden Gründe sind vom Gläubiger vorzutragen und ebenfalls glaubhaft zu machen.[5] Um dem Gläubiger dazu Gelegenheit zu geben, ist ihm zwingend vor der Entscheidung über

---

[1] Musielak/*Lackmann*, § 712 Rn 1.
[2] Hk-ZPO/*Kindl*, § 712 Rn 1; MüKo-ZPO/*Götz*, § 712 Rn 1.
[3] BGH 31.7.2013 – XII ZR 114/13, juris.
[4] Thomas/Putzo/*Seiler*, § 712 Rn 5.
[5] Hk-ZPO/*Kindl*, § 712 Rn 2; Thomas/Putzo/*Seiler*, § 712 Rn 5.

den Antrag **rechtliches Gehör** (Art. 103 Abs. 1 GG) zu gewähren. Eine Überraschungsentscheidung, die einseitig auf den Vortrag des Schuldners abstellt, ist gesetzwidrig und kann ggf nach § 718 korrigiert werden. Liegen die Voraussetzungen des Abs. 1 vor, rechtfertigt ein allgemeines Vollstreckungsinteresse des Gläubigers die Zurückweisung des Schuldnerantrags nicht. Im Zweifel ist jedoch zugunsten des Gläubigers zu entscheiden.[6]

In drei Fällen ist regelmäßig von einem **überwiegenden Gläubigerinteresse** auszugehen: 5

- Der Gläubiger trägt Gründe vor, die einen Antrag nach § 710 rechtfertigen.[7] Stellt er selbst einen begründeten Antrag nach § 710, so hat dieser gegenüber dem Antrag des Schuldners nach § 712 Vorrang.[8]
- Es handelt sich um ein Berufungsurteil. In diesem Fall sprechen die §§ 708 Nr. 10, 711, 717 Abs. 3 für den Gläubiger.[9]
- Das Urteil wird nach § 708 Nr. 1–3 für vorläufig vollstreckbar erklärt (s. Rn 12).

III. Entscheidung des Gerichts

1. Verfahren. Notwendig ist ein **Antrag** des Schuldners. Zum Zeitpunkt und zur Glaubhaftmachung s. § 714. Der Antrag ist in der **mündlichen Verhandlung** zu stellen und unterliegt im Anwaltsprozess dem Anwaltszwang (§ 78). Zur Nachholung in der zweiten Instanz s. § 714 Rn 4. Eine **bestimmte Schutzanordnung** muss nicht beantragt werden. Doch muss der Antrag erkennen lassen, dass eine Schutzanordnung iSv § 712 erstrebt wird. Ein zu allgemein gefasster Antrag (zB der – überflüssige [s. § 711 Rn 2] – Antrag, dem Beklagten die Abwendung der Vollstreckung durch Sicherheitsleistung zu gestatten) reicht nicht aus.[10] Auch genügt es nicht, im Rahmen der Berufungshauptverhandlung auf einen zurückliegenden, erledigten erstinstanzlichen Antrag auf Einstellung der Zwangsvollstreckung oder einen bereits beschiedenen Antrag auf vorläufige Einstellung der Zwangsvollstreckung Bezug zu nehmen.[11] Wird eine auf eine bestimmte Maßnahme gerichteter Antrag gestellt, darf das Gericht die Vollstreckung zwar in geringerem Umfang einstellen, aber gem. § 308 nicht eine die Vollstreckung noch weiter beschränkende Maßnahme anordnen.[12] Das Gericht entscheidet über den Antrag mit dem **Urteil** im Rahmen des Ausspruchs zur vorläufigen Vollstreckbarkeit. Zur Ergänzung des Urteils s. § 716. 6

2. Mögliche Schutzanordnungen. a) Gegen Sicherheitsleistung des Schuldners (Abs. 1 S. 1). Abs. 1 S. 1 normiert den Grundsatz, dass bei Vorliegen der Voraussetzungen (s. Rn 3 ff) dem Beklagten nachzulassen ist, die Zwangsvollstreckung durch Sicherheitsleistung abzuwenden. 7

Der Tenor fällt je nachdem, ob für das Urteil die §§ 708, 711 oder § 709 gelten, unterschiedlich aus: 8

Im Fall des § 709 bleibt es bei der vorläufigen Vollstreckbarkeit gegen Sicherheitsleistung des Gläubigers. Hinzugesetzt wird nur die **Abwendungsbefugnis** des

---

6 Hk-ZPO/*Kindl*, § 712 Rn 2; Thomas/Putzo/*Seiler*, § 712 Rn 5; aA MüKo-ZPO/*Götz*, § 712 Rn 6; Baumbach/*Hartmann*, § 712 Rn 7.
7 Hk-ZPO/*Kindl*, § 712 Rn 2; Zöller/*Herget*, § 712 Rn 2.
8 AA (differenzierend): MüKo-ZPO/*Götz*, § 712 Rn 9.
9 Hk-ZPO/*Kindl*, § 712 Rn 2; Zöller/*Herget*, § 712 Rn 2.
10 OLG Frankfurt OLGR 2002, 180.
11 BGH JurBüro 2009, 379.
12 MüKo-ZPO/*Götz*, § 712 Rn 2.

Schuldners. Diese gilt, wie sich auch aus § 752 S. 2 ergibt,[13] wegen der Verweisung auf § 709 S. 2 gleichfalls für die Teilvollstreckung. Der **Tenor** lautet daher:

▶ Das Urteil ist gegen Sicherheitsleistung des Klägers iHv 120 % des jeweils zu vollstreckenden Betrages vorläufig vollstreckbar. Der Beklagte darf die Vollstreckung durch Sicherheitsleistung iHv 120 % des jeweils zu vollstreckenden Betrages ungeachtet einer Sicherheitsleistung des Klägers abwenden. ◀

Im Fall der §§ **708 Nr. 4–11, 711** (zu § 708 Nr. 1–3 s. Rn 12) entfällt die Befugnis des Gläubigers, der Sicherheitsleistung des Schuldners eine eigene Sicherheit entgegenzusetzen. Im Unterschied zu § 711 sind **auch dem Schuldner Teilsicherheiten erlaubt**, da § 712 nur auf § 709 S. 2 und nicht auf § 711 S. 2 verweist.[14] Damit lautet der **Tenor**:

▶ Der Beklagte darf die Vollstreckung durch Sicherheitsleistung iHv 120 % des jeweils zu vollstreckenden Betrages abwenden. ◀

9 b) **Ohne Sicherheitsleistung des Schuldners (Abs. 1 S. 2).** Eine weitergehende Einstellung kommt nur in Betracht, wenn der Beklagte zur Sicherheitsleistung nicht in der Lage ist. Davon ist nur bei nachgewiesener **Vermögenslosigkeit und Kreditunwürdigkeit** auszugehen.[15] Falls der Beklagte zur Zahlung von Geld verurteilt wurde, reicht es regelmäßig aus, die Vollstreckung wie folgt auf die nach der **Sicherungsvollstreckung** (§ 720 a) zulässigen Maßregeln zu beschränken:[16]

▶ Das Urteil ist vorläufig vollstreckbar. Die Vollstreckung wird auf die in § 720 a Abs. 1, 2 bezeichneten Maßregeln beschränkt. ◀

10 Nicht notwendig ist, auch wenn ein Fall des § 709 vorliegt, die Anordnung einer Sicherheitsleistung des Gläubigers.[17] Denn diese muss ohnehin nicht erbracht werden, wenn lediglich die Sicherungsvollstreckung betrieben wird.

11 Im Übrigen bleibt nur die Möglichkeit, das Urteil nicht für vorläufig vollstreckbar zu erklären. In diesem Fall braucht der Tenor sich mit der vorläufigen Vollstreckbarkeit nicht zu befassen.[18] Trotzdem ist eine **deklaratorische Feststellung**, dass das Urteil nicht vorläufig vollstreckbar ist,[19] sinnvoll, um Anträgen nach §§ 716, 321 vorzubeugen.

12 c) **Gegen Sicherheitsleistung des Gläubigers (Abs. 2 S. 2).** Bei überwiegendem Gläubigerinteresse besteht die Möglichkeit, § 708 unterfallende Urteile gegen Sicherheitsleistung des Gläubigers für vorläufig vollstreckbar zu erklären. Der Tenor entspricht dann einem Urteil nach § 709. Diese Anordnung ist nur möglich, wenn die Voraussetzungen des Abs. 1 S. 1 vorliegen.[20] Darüber hinaus muss eine **erneute Abwägung** vorgenommen werden, ob die überwiegenden Gläubigerinteressen auch einer Anordnung nach Abs. 2 S. 2 entgegenstehen.[21] Davon ist immer auszugehen, wenn ein Fall des **§ 708 Nr. 1–3** vorliegt. Dann scheidet entgegen der hM[22] eine Anordnung nach § 712, auch nach Abs. 2 S. 2 aus, weil bei Aner-

---

13 Hk-ZPO/*Kindl*, § 712 Rn 3; Musielak/*Lackmann*, § 752 Rn 3.
14 MüKo-ZPO/*Götz*, § 712 Rn 4.
15 Thomas/Putzo/*Seiler*, § 712 Rn 8.
16 Hk-ZPO/*Kindl*, § 712 Rn 4; MüKo-ZPO/*Götz*, § 712 Rn 5.
17 AA Thomas/Putzo/*Seiler*, § 712 Rn 9.
18 Hk-ZPO/*Kindl*, § 712 Rn 4.
19 Für überflüssig gehalten von Thomas/Putzo/*Seiler*, § 712 Rn 8.
20 MüKo-ZPO/*Götz*, § 712 Rn 8.
21 Hk-ZPO/*Kindl*, § 712 Rn 5; Stein/Jonas/*Münzberg*, § 712 Rn 11.
22 MüKo-ZPO/*Götz*, § 712 Rn 8; Baumbach/*Hartmann*, § 712 Rn 8.

kenntnis oder Säumnis des Schuldners die Abwägung in jedem Fall zugunsten des Gläubigers ausgehen muss.

IV. Zulässigkeit und Umfang der Vollstreckung

Wird dem Schuldner nach Abs. 1 S. 1 nachgelassen, die Vollstreckung durch Sicherheitsleistung abzuwenden, ergibt sich grds. kein Unterschied zur Vollstreckung im Fall des § 711 (s. § 711 Rn 8 ff). Die vom Gläubiger erbrachte Sicherheit geht jedoch derjenigen des Schuldners nicht vor. Anwendbar ist insb. § 720. 13

Bei einer Anordnung nach Abs. 1 S. 2 kann der Gläubiger nur die nach § 720 a zulässigen Vollstreckungsmaßnahmen ergreifen oder eben bis zur Rechtskraft gar nicht vollstrecken. 14

Eine Entscheidung nach Abs. 2 S. 2 hat dieselben Wirkungen wie ein Urteil nach § 709. 15

V. Weitere praktische Hinweise

Der im Berufungsrechtszug unterbliebene Antrag gem. § 712 steht in der Revision einer **Einstellung nach** § 719 Abs. 2 entgegen (s. § 719 Rn 13). Für die **Einstellung nach** § 719 Abs. 1 durch das Berufungsgericht gilt diese Einschränkung nach hM nicht (s. § 719 Rn 6). 16

§ 713 Unterbleiben von Schuldnerschutzanordnungen

Die in den §§ 711, 712 zugunsten des Schuldners zugelassenen Anordnungen sollen nicht ergehen, wenn die Voraussetzungen, unter denen ein Rechtsmittel gegen das Urteil stattfindet, unzweifelhaft nicht vorliegen.

I. Allgemeines

Die in den §§ 708–712 enthaltenen, sehr differenzierten Regelungen über die vorläufige Vollstreckbarkeit aus nicht rechtskräftigen Titeln berücksichtigen die unterschiedlichen Interessen des Gläubigers, möglichst rasch vollstrecken zu können, und des Schuldners, vor einem Schaden durch die Vollstreckung aus einem später aufgehobenen Urteil bewahrt zu werden. Ein schützenswertes Interesse des Schuldners ist nicht gegeben, wenn gegen das Urteil unzweifelhaft kein Rechtsmittel gegeben ist. Die **Notwendigkeit der Regelung** erklärt sich daraus, dass ein Urteil, gegen welches ein Rechtsmittel grds. statthaft, im Einzelfall aber unzulässig ist, nicht mit der Verkündung rechtskräftig wird (s. § 705 Rn 3) und deshalb für vorläufig vollstreckbar erklärt werden muss. Ist ein Rechtsmittel schon nicht statthaft, zB die Revision in Arrest- und einstweiligen Verfügungsverfahren (§ 542 Abs. 2), liegt kein Fall des § 713 vor, weil das Urteil sofort rechtskräftig wird.[1] 1

II. Voraussetzungen und Verfahren

Das Gericht muss **von Amts wegen** entscheiden, ob ein Rechtsmittel zulässig ist. In diesem Fall ist das Urteil ohne Einschränkung (Sicherheitsleistung nach § 709 oder Abwendungsbefugnis nach § 711) für vorläufig vollstreckbar zu erklären. Der **Tenor** lautet: 2

▶ Das Urteil ist vorläufig vollstreckbar. ◀

---

1 Hk-ZPO/*Kindl*, § 713 Rn 2.

3 Im **erstinstanzlichen Verfahren**, insb. also vor dem Amtsgericht, kommt es auf die erforderliche **Beschwer** an.[2] Sofern der Wert des Beschwerdegegenstandes 600 € nicht übersteigt (§ 511 Abs. 2 Nr. 1) und die Berufung nicht zugelassen wird, ist § 713 anwendbar.[3] Wenn sich der Wert der Beschwer wegen evtl Klagehäufung, Widerklage oder Aufrechnung schwer bestimmen lässt oder eine nichtvermögensrechtliche Streitigkeit vorliegt, ist von dem denkbar höchsten Wert auszugehen. Denn die endgültige Entscheidung über die Zulässigkeit der Berufung obliegt dem Berufungsgericht.[4] Lässt das Gericht selbst die Berufung (§ 511 Abs. 2 Nr. 2) oder die Revision (§ 543 Abs. 1 Nr. 1) im Urteil zu, ist § 713 nie einschlägig.[5]

4 Bei **Berufungsurteilen** kommt eine Anwendung von § 713 bis zum 31.12.2016 in Betracht. Bis dahin ist gem. § 26 Nr. 8 EGZPO[6] die Nichtzulassungsbeschwerde nur zulässig, wenn der Wert der Beschwer 20.000 € übersteigt.[7] Im Übrigen gelten die §§ 708 Nr. 10, 711.[8] Hat das Berufungsgericht stattdessen fehlerhaft gem. § 713 dem Beklagten keine **Abwendungsbefugnis** eingeräumt, kann dieser in der Revisionsinstanz die Einstellung der Zwangsvollstreckung gem. § 719 Abs. 2 beantragen, obwohl er im Berufungsrechtszug keinen Antrag nach § 712 gestellt hat (s. § 719 Rn 13).[9]

5 § 713 gilt auch für die **Anschlussberufung und -revision** (§§ 524, 554),[10] obwohl diese keine Rechtsmittel sind.[11] Solange sich eine Partei dem Rechtsmittel der anderen Partei anschließen kann, darf das Urteil nicht zu ihren Lasten gem. § 713 für vorläufig vollstreckbar erklärt werden. Damit ist die Vorschrift unanwendbar, sobald eine Partei ein Rechtsmittel einlegen kann.[12]

§ 714 Anträge zur vorläufigen Vollstreckbarkeit

(1) Anträge nach den §§ 710, 711 Satz 3, § 712 sind vor Schluss der mündlichen Verhandlung zu stellen, auf die das Urteil ergeht.

(2) Die tatsächlichen Voraussetzungen sind glaubhaft zu machen.

I. Allgemeines

1 Die Vorschrift betrifft die Stellung von Anträgen des Gläubigers nach §§ 710, 711 S. 3 und des Schuldners nach § 712. Sie regelt aber nicht das gesamte Verfahren, sondern nur Antragstellung (Abs. 1) und Glaubhaftmachung (Abs. 2); zum Verfahren im Übrigen s. § 710 Rn 6 und § 712 Rn 6. Das Gericht entscheidet über den Antrag im Tenor des Urteils, wenn diesem, im Fall des § 712 ggf

---

2 Hk-ZPO/*Kindl*, § 713 Rn 2; Zöller/*Herget*, § 713 Rn 2.
3 BGH NJW 2011, 926.
4 Musielak/*Lackmann*, § 713 Rn 2; Zöller/*Herget*, § 713 Rn 2.
5 BGH NJW 2011, 926.
6 IdF des Art. 3 des Gesetzes zur Erleichterung der Umsetzung der Grundbuchamtsreform in Baden-Württemberg sowie zur Änderung des Gesetzes betreffend die Einführung der Zivilprozessordnung und des Wohnungseigentumsgesetzes vom 5.12.2014 (BGBl. I S. 1962): Verlängerung der Übergangsfrist bis zum 31.12.2016.
7 LG Landau NJW 2002, 973; Hk-ZPO/*Kindl*, § 713 Rn 2; MüKo-ZPO/*Götz*, § 713 Rn 2; Musielak/*Lackmann*, § 713 Rn 2; aA LG Bad Kreuznach NJW 2003, 72.
8 BGH NJW-RR 2007, 1138; LG Hannover WuM 2003, 317.
9 BGH NJW-RR 2007, 1138.
10 MüKo-ZPO/*Götz*, § 713 Rn 2; Musielak/*Lackmann*, § 713 Rn 3.
11 Hk-ZPO/*Wöstmann*, § 524 Rn 1; Hk-ZPO/*Kayser*, § 554 Rn 2.
12 Zöller/*Herget*, § 713 Rn 3.

teilweise, entsprochen wird. Die Abweisung bedarf keines Ausspruchs im Tenor, sondern braucht nur in den Entscheidungsgründen erörtert zu werden.[1]

II. Antrag (Abs. 1)

Der Antrag ist ein **Sachantrag** iSv § 137 Abs. 1, der in der mündlichen Verhandlung zu stellen ist (§ 297 Abs. 1).[2] Falls über den Antrag nicht entschieden wird, kommt eine Ergänzung gem. §§ 716, 321 in Betracht.

Der Antrag muss nach dem klaren Wortlaut von Abs. 1 **bis zum Schluss der mündlichen Verhandlung** gestellt werden. Das bedeutet, dass in der jeweiligen Instanz mit dem Schluss der mündlichen Verhandlung das Antragsrecht endet.

Dennoch wird vielfach angenommen, dass ein Antrag, der in der ersten Instanz nicht gestellt wurde, in der zweiten Instanz **nachgeholt** werden kann.[3] Dem ist mit der zutr. Gegenauffassung[4] zu widersprechen. Neben dem Wortlaut spricht auch § 718 Abs. 1 **gegen die Zulassung eines verspäteten Antrags**. Darüber wäre gem. § 718 Abs. 1 durch das Berufungsgericht zu entscheiden. Diese Vorschrift dient zur Korrektur unrichtiger erstinstanzlicher Entscheidungen über die vorläufige Vollstreckbarkeit. Eine unrichtige Entscheidung liegt bei einem unterlassenen Antrag nicht vor.[5] Ausnahmsweise kann der Gläubiger einen Schutzantrag nach § 710 im Berufungsverfahren nachholen, wenn er nur der Verteidigung im Rahmen eines Antrags des Schuldners zur Vorabentscheidung gem. § 718 dient.[6] Ferner ist ein späterer Antrag des Schuldners auf Erhöhung der erstinstanzlich festgesetzten Sicherheitsleistung, über den nach § 718 Abs. 1 zu entscheiden ist, nach § 714 nicht ausgeschlossen.[7]

Im Übrigen spricht für die Zulassung eines verspäteten Antrags auch **kein praktisches Bedürfnis**.[8] Denn der Schuldner kann einen Antrag auf **Einstellung der Vollstreckung** gem. §§ 719, 707 stellen. Dem steht in der Berufungsinstanz ein in erster Instanz unterlassener Schutzantrag gem. § 712 nach hM nicht entgegen (s. § 719 Rn 6). Dem Gläubiger bleibt, falls sich nachträglich die Voraussetzungen des § 710 ergeben sollten, der Weg über die **Leistungsverfügung**,[9] die jedoch nicht erlassen werden darf, wenn die Voraussetzungen des § 710 schon in der ersten Instanz vorlagen.[10]

III. Glaubhaftmachung (Abs. 2)

Die Glaubhaftmachung (§ 294) obliegt **beiden Parteien**, soweit der Vortrag streitig ist.[11] Der Antragsteller hat die Voraussetzungen des Antrags, der Antragsgeg-

---

1 Musielak/*Lackmann*, § 714 Rn 1.
2 BGH FamRZ 2003, 598; BGH Grundeigentum 2009, 1041; Hk-ZPO/*Kindl*, § 714 Rn 1.
3 OLG Stuttgart MDR 1998, 858; OLG Koblenz JurBüro 1990, 396; OLG Hamm NJW-RR 1987, 252; Baumbach/*Hartmann*, § 714 Rn 3; Stein/Jonas/*Münzberg*, § 714 Rn 4 f.
4 OLG Frankfurt MDR 2009, 229; KG MDR 2000, 478; OLG Hamburg MDR 1994, 1246; OLG Karlsruhe NJW-RR 1989, 1470; OLG Naumburg 29.8.2013 – 9 U 58/13, juris; Hk-ZPO/*Kindl*, § 714 Rn 2; Musielak/*Lackmann*, § 714 Rn 2; Zöller/*Herget*, § 714 Rn 1.
5 MüKo-ZPO/*Götz*, § 714 Rn 2.
6 OLG Zweibrücken NJW-RR 2003, 75; Hk-ZPO/*Kindl*, § 714 Rn 2.
7 OLG Köln GRUR 2000, 253.
8 So aber Baumbach/*Hartmann*, § 714 Rn 3.
9 Hk-ZPO/*Kindl*, § 714 Rn 2; MüKo-ZPO/*Götz*, § 714 Rn 3.
10 OLG Frankfurt FamRZ 2007, 650 zur einstweiligen Anordnung auf Unterhaltszahlung.
11 MüKo-ZPO/*Götz*, § 714 Rn 4.

ner die Tatsachen, die dem Antrag entgegenstehen, glaubhaft machen.[12] Für den Zeitpunkt der Glaubhaftmachung gilt Abs. 1.

§ 715 Rückgabe der Sicherheit

(1) [1]Das Gericht, das eine Sicherheitsleistung des Gläubigers angeordnet oder zugelassen hat, ordnet auf Antrag die Rückgabe der Sicherheit an, wenn ein Zeugnis über die Rechtskraft des für vorläufig vollstreckbar erklärten Urteils vorgelegt wird. [2]Ist die Sicherheit durch eine Bürgschaft bewirkt worden, so ordnet das Gericht das Erlöschen der Bürgschaft an.

(2) § 109 Abs. 3 gilt entsprechend.

I. Allgemeines

1 Die **Sicherheit des Gläubigers** dient dem Schutz des Schuldners vor einem Schaden, der infolge der Vollstreckung aus einem nicht rechtskräftigen und später aufgehobenen Urteil entsteht. Ein solcher Schaden kann nicht mehr eintreten, wenn das Urteil rechtskräftig wird. § 715 ermöglicht daher die Rückgabe der Sicherheit (Abs. 1 S. 1) bzw das Erlöschen der Bürgschaft (Abs. 1 S. 2) auf einem im Vergleich mit der allgemeinen Vorschrift des § 109 (s. Rn 7) einfacheren Weg durch **Vorlage des Rechtskraftzeugnisses**.

II. Voraussetzungen

2 Die Vorschrift gilt für die Sicherheitsleistung des Gläubigers nach §§ 709, 711 oder 712 Abs. 2 S. 2. Das Urteil, welches die Sicherheitsleistung anordnete, muss **rechtskräftig** geworden sein. Dabei kann es sich auch um ein **Vorbehaltsurteil** (§§ 302, 599) handeln, obwohl die Möglichkeit der Aufhebung im Nachverfahren besteht. Denn die Sicherheitsleistung des Gläubigers soll nicht den Schaden abdecken, der durch die Vollstreckung aus einem rechtskräftigen, im Nachverfahren aufgehobenen Vorbehaltsurteils entstehen kann.[1] Wenn der Bestand der Endurteils dagegen durch denjenigen eines Zwischenurteils auflösend bedingt (s. § 704 Rn 7) ist, kann die Freigabe der Sicherheit erst nach Rechtskraft (auch) des Zwischenurteils erfolgen.[2]

3 § 715 gilt nicht bei **Einstellung der Zwangsvollstreckung** durch das Rechtsmittelgericht gem. §§ 719, 707,[3] bei Klagrücknahme oder Vergleich.[4]

III. Zuständigkeit, Entscheidung des Gerichts, Rechtsmittel

4 Das Gericht entscheidet nur auf **Antrag**, der gem. Abs. 2 iVm § 109 Abs. 3 S. 1 schriftlich oder zur Protokoll der Geschäftsstelle gestellt werden kann. Damit gelten die Vorschriften über den Anwaltszwang nicht (§ 78 Abs. 3). **Zuständig** ist der Rechtspfleger (§ 20 Abs. 1 Nr. 3 RPflG). Mit dem Antrag ist ein **Rechtskraftzeugnis** (§ 706 Abs. 1) vorzulegen. Im Fall der Gesamtschuldnerschaft ist die Rechtskraft gegenüber jedem Gesamtschuldner nachzuweisen.[5] Ein anderweitiger Nachweis der Rechtskraft ist grds. nicht zulässig. Als einzige Ausnahme kommt eine mit Verkündung rechtskräftig werdende (s. § 705 Rn 3) Entscheidung der

---

12 Zöller/*Herget*, § 714 Rn 2.
1 MüKo-ZPO/*Götz*, § 715 Rn 1.
2 Hk-ZPO/*Kindl*, § 715 Rn 1; MüKo-ZPO/*Götz*, § 715 Rn 1.
3 BGHZ 11, 303; Musielak/*Lackmann*, § 715 Rn 1.
4 MüKo-ZPO/*Götz*, § 715 Rn 2; Musielak/*Lackmann*, § 715 Rn 1.
5 Hk-ZPO/*Kindl*, § 715 Rn 3.

Rechtsmittelinstanz in Betracht, die das Urteil bestätigt.[6] Vor der Entscheidung ist der Gegner zu hören.[7] Das Gericht entscheidet – bei freigestellter und völlig unüblicher mündlicher Verhandlung (§ 128 Abs. 4) – durch **Beschluss** (Abs. 2 iVm § 109 Abs. 3 S. 2) folgenden Inhalts:

▶ Die Rückgabe folgender Sicherheit: ... (zB hinterlegter Geldbetrag, der genau nach Höhe und Az der Hinterlegungsstelle zu bezeichnen ist) an den Kläger wird angeordnet. ◀

In analoger Anwendung von § 109 Abs. 2 S. 2 wird der Beschluss erst mit der Rechtskraft wirksam.[8] Mit dem wirksamen Beschluss kann der Gläubiger die **Herausgabe einer hinterlegten Sicherheit** gemäß den Hinterlegungsgesetzen bzw -ordnungen der Länder (zB § 16 Abs. 2 Nr. 2 NdsHintG) verlangen.[9] Bei einer Bürgschaft wird deren Erlöschen angeordnet. 5

Wird der Antrag nach § 715 zurückgewiesen, ist die sofortige **Beschwerde** zulässig (§ 11 Abs. 1 RPflG, § 567 Abs. 1 Nr. 2). Gegen eine stattgebende Entscheidung des Rechtspflegers kann der Schuldner befristete **Erinnerung** einlegen (§ 11 Abs. 2 RPflG). 6

IV. Weitere praktische Hinweise

Neben dem Verfahren nach § 715 ist für den Gläubiger auch dasjenige nach § **109** zulässig.[10] Dieses Verfahren ist jedoch umständlicher, so dass der Weg des § 715 gewählt werden sollte, wenn ein Rechtskraftzeugnis erlangt werden kann. Der **Schuldner** muss hingegen immer nach § 109 vorgehen. Die Veranlassung für eine vom Schuldner nach § 711 **Abwendung der Vollstreckung** geleistete Sicherheit ist weggefallen, wenn der Kläger seinerseits Sicherheit geleistet hat.[11] Die Veranlassung einer Sicherheitsleistung des Schuldners entfällt ferner mit dem rechtskräftigen Abschluss des Verfahrens.[12] 7

V. Kosten

Gerichtliche Gebühren für die Anordnung nach § 715 entstehen nicht. Für den Rechtsanwalt, der bereits im Erkenntnisverfahren tätig war, gehört die Tätigkeit noch zum Rechtszug und ist mit den dort verdienten Gebühren abgegolten (Nr. 3100 ff VV RVG, § 19 Abs. 1 S. 2 Nr. 7 RVG). Für den nur insoweit tätigen Rechtsanwalt handelt es sich um eine Einzeltätigkeit mit einer 0,8-Verfahrensgebühr nach Nr. 3403 VV RVG, die ggf unter Beachtung von § 15 Abs. 6 RVG zu berechnen ist. 8

§ 716 Ergänzung des Urteils

Ist über die vorläufige Vollstreckbarkeit nicht entschieden, so sind wegen Ergänzung des Urteils die Vorschriften des § 321 anzuwenden.

---

6 MüKo-ZPO/*Götz*, § 715 Rn 3.
7 Hk-ZPO/*Kindl*, § 715 Rn 3.
8 OLG Karlsruhe Rpfleger 1996, 73.
9 *Bülow/Schmidt*, § 13 HintO Rn 33.
10 Hk-ZPO/*Kindl*, § 715 Rn 1; Thomas/Putzo/*Seiler*, § 715 Rn 1.
11 OLG Köln MDR 1993, 270.
12 OLG Stuttgart Rpfleger 2011, 40.

I. Allgemeines

1 § 321 (Ergänzung des Urteils) ist auf die Entscheidung zur vorläufigen Vollstreckbarkeit nicht direkt anwendbar, sondern betrifft nur **Haupt- und Nebenansprüche** sowie die **Kosten**. Es bedarf daher der Verweisung durch § 716, um auch wegen der vorläufigen Vollstreckbarkeit eine Urteilsergänzung zu ermöglichen.

II. Voraussetzungen

2 Die Vorschrift gilt **unmittelbar**, wenn das Gericht eine Entscheidung zur vorläufigen Vollstreckbarkeit vollständig **unterlassen** hat. Sie ist **analog** anwendbar auf eine **unvollständige Entscheidung**.[1] Dabei ist jedoch vorab zu prüfen, ob eine offenbare Unrichtigkeit vorliegt, die nach § 319 berichtigt werden kann. Davon ist nur auszugehen, wenn sich aus den Gründen des Urteils zweifelsfrei entnehmen lässt, dass der im Tenor enthaltene Ausspruch über die Vollstreckbarkeit nicht dem Willen des Richters entspricht.[2] Der Antrag nach § 716 kann zB gestellt werden, wenn im Fall des § 711 die Abwendungsbefugnis des Schuldners oder die Sicherheitsleistung des Gläubigers nicht berücksichtigt wurden und wenn Angaben zur Höhe der Sicherheitsleistung fehlen. Ferner ist eine Urteilsergänzung zulässig, wenn das Gericht einen **Antrag nach** §§ 710, 711 S. 3, 712 übersehen hat.[3] Auf vollständige, aber unrichtige Entscheidungen ist § 716 dagegen nicht anwendbar.

3 Hat das Gericht gem. § 713 entschieden, weil seiner Auffassung nach der Wert der Beschwer ein Rechtsmittel nicht zulässt, liegt kein Fall des § 716 vor. Vielmehr kann trotz in der Berufung unterbliebenen Vollstreckungsschutzantrags im Revisionsverfahren die Zwangsvollstreckung gem. § 719 Abs. 2 eingestellt werden, sofern das Berufungsgericht rechtsirrig die Voraussetzungen des § 713 angenommen hat (s. § 719 Rn 13).[4]

III. Entscheidung des Gerichts

4 Das Gericht entscheidet auf **Antrag** nach mündlicher Verhandlung durch Ergänzungsurteil (§ 321 Abs. 3). Der Antrag unterliegt dem Anwaltszwang (§ 78)[5] und muss innerhalb einer **Frist** von zwei Wochen nach Zustellung des Urteils gestellt werden. Wenn die Urteilsergänzung die vorherige Tatbestandsberichtigung voraussetzt, beginnt die Frist erst mit Zustellung des Berichtigungsbeschlusses.[6] Im Ergänzungsverfahren können Vollstreckungsschutzanträge nachgeholt werden.[7]

IV. Weitere praktische Hinweise

5 Hat der Beklagte in der Berufungsinstanz einen **Vollstreckungsschutzantrag** nach § 712 gestellt, der nicht beschieden wurde, kommt nach der Rspr des BGH eine Einstellung im Revisionsverfahren gem. § 719 Abs. 2 nicht in Betracht, wenn er es versäumt hat, eine Urteilsergänzung zu beantragen (zu Einzelheiten s. § 719 Rn 13).[8]

---

1 Hk-ZPO/*Kindl*, § 716 Rn 1; MüKo-ZPO/*Götz*, § 716 Rn 1.
2 KG MDR 2013, 1487.
3 BGH NJW-RR 2000, 746; OLG Celle OLGR 1994, 326; Hk-ZPO/*Kindl*, § 716 Rn 1; Musielak/*Lackmann*, § 716 Rn 1.
4 BGH NJW-RR 2007, 1138.
5 Hk-ZPO/*Saenger*, § 321 Rn 9.
6 BGH NJW 1982, 1821; MüKo-ZPO/*Götz*, § 716 Rn 2.
7 Hk-ZPO/*Kindl*, § 716 Rn 2.
8 BGH NJW-RR 2000, 746.

V. Kosten

Bei den **Gerichtskosten** ist ein Ergänzungsverfahren mit der Verfahrensgebühr (zB Nr. 1210 KV GKG) abgegolten. Eine Erhöhung der ursprünglichen Gebühren kommt nicht in Betracht. Wenn die vorläufige Vollstreckbarkeit in der ursprünglichen Entscheidung ausgesprochen worden wäre, hätte dies nicht zu einer Werterhöhung oder besonderen Gebühr geführt. 6

Auch der **Rechtsanwalt** erhält keine besondere Gebühr; seine Tätigkeit erfolgt noch im Rahmen des Rechtszuges und ist mit den dort verdienten Gebühren abgegolten (Nr. 3100 ff VV RVG, § 19 Abs. 1 S. 2 Nr. 6 RVG). Wird der Anwalt nur im Rahmen der Ergänzung tätig, wird die Einzeltätigkeit nach Nr. 3403 VV RVG vergütet. 7

§ 717 Wirkungen eines aufhebenden oder abändernden Urteils

(1) Die vorläufige Vollstreckbarkeit tritt mit der Verkündung eines Urteils, das die Entscheidung in der Hauptsache oder die Vollstreckbarkeitserklärung aufhebt oder abändert, insoweit außer Kraft, als die Aufhebung oder Abänderung ergeht.

(2) ¹Wird ein für vorläufig vollstreckbar erklärtes Urteil aufgehoben oder abgeändert, so ist der Kläger zum Ersatz des Schadens verpflichtet, der dem Beklagten durch die Vollstreckung des Urteils oder durch eine zur Abwendung der Vollstreckung gemachte Leistung entstanden ist. ²Der Beklagte kann den Anspruch auf Schadensersatz in dem anhängigen Rechtsstreit geltend machen; wird der Anspruch geltend gemacht, so ist er als zur Zeit der Zahlung oder Leistung rechtshängig geworden anzusehen.

(3) ¹Die Vorschriften des Absatzes 2 sind auf die im § 708 Nr. 10 bezeichneten Berufungsurteile, mit Ausnahme der Versäumnisurteile, nicht anzuwenden. ²Soweit ein solches Urteil aufgehoben oder abgeändert wird, ist der Kläger auf Antrag des Beklagten zur Erstattung des von diesem auf Grund des Urteils Gezahlten oder Geleisteten zu verurteilen. ³Die Erstattungspflicht des Klägers bestimmt sich nach den Vorschriften über die Herausgabe einer ungerechtfertigten Bereicherung. ⁴Wird der Antrag gestellt, so ist der Anspruch auf Erstattung als zur Zeit der Zahlung oder Leistung rechtshängig geworden anzusehen; die mit der Rechtshängigkeit nach den Vorschriften des bürgerlichen Rechts verbundenen Wirkungen treten mit der Zahlung oder Leistung auch dann ein, wenn der Antrag nicht gestellt wird.

I. Allgemeines 1	aa) Voraussetzungen 10
II. Ende der vorläufigen Vollstreckbarkeit (Abs. 1) 2	bb) Aktiv- und Passivlegitimation 11
III. Schadensersatzanspruch (Abs. 2) 5	cc) Umfang 12
1. Anwendungsbereich 5	d) Einwendungen des Gläubigers 13
2. Voraussetzungen 8	3. Geltendmachung (Abs. 2 S. 2) 14
a) Aufhebung oder Abänderung 8	4. Entstehung, Verjährung, Erlöschen, Insolvenz 15
b) Vollstreckung oder Leistung 9	IV. Bereicherungsanspruch (Abs. 3) 19
c) Schaden 10	

I. Allgemeines

Die Vorschrift schafft einen Ausgleich für die Bevorzugung der Gläubigerinteressen durch die Regelung der vorläufigen Vollstreckbarkeit in den §§ 704 ff. Da- 1 nach kann der Gläubiger im Wege der Vollstreckung auf das Vermögen des Schuldners zugreifen, obwohl noch nicht feststeht, ob das Urteil letztlich Bestand hat. Die **Rechtmäßigkeit des Vollstreckungsakts** ist jedenfalls nicht unmittelbar vom Bestand des zugrunde liegenden Titels abhängig. Dessen vorläufige Vollstreckbarkeit reicht zur Rechtfertigung des Eingriffs aus.[1] **Abs. 1** besagt, dass diese Rechtfertigung mit Verkündung eines Urteils, welches die Entscheidung in der Hauptsache aufhebt oder abändert, entfällt, soweit die Aufhebung oder Abänderung reicht. Folge ist jedoch nicht die nachträgliche Rechtswidrigkeit der Vollstreckung, sondern nach Abs. 2 und 3 ein Anspruch eigener Art, der eine **Risiko- oder Gefährdungshaftung** des Gläubigers begründet.[2] **Abs. 2** gewährt bei der Aufhebung oder Abänderung eines Urteils grds. einen **Schadensersatzanspruch**. Wird das Urteil eines Berufungsgerichts iSv § 708 Nr. 10 aufgehoben oder abgeändert, begründet **Abs. 3** nur eine Rückgewährpflicht nach den Grundsätzen des **Bereicherungsrechts**. Die damit verbundene Schlechterstellung des Schuldners wird durch das erhöhte Vertrauen in die Richtigkeit des zweitinstanzlichen Urteils gerechtfertigt[3] – eine Überlegung, die auch § 708 Nr. 10 zugrunde liegt.

II. Ende der vorläufigen Vollstreckbarkeit (Abs. 1)

2 Abs. 1 bestimmt für das Ende der vorläufigen Vollstreckbarkeit den frühest möglichen **Zeitpunkt**, die **Verkündung** (§ 310 Abs. 1, 2) bzw bei einer Entscheidung ohne mündliche Verhandlung die **Zustellung** (§ 310 Abs. 3) des aufhebenden bzw abändernden Urteils. Unerheblich ist, ob dieses Urteil selbst für vorläufig vollstreckbar erklärt wird;[4] zu den Wirkungen der vorläufigen Vollstreckbarkeit dieses Urteils s. aber Rn 4. Ferner kommt es auf den Grund der Aufhebung nicht an.[5]

3 Das Urteil iSv Abs. 1 muss im Rechtsmittel-, Einspruchs- oder Rügeverfahren nach § 321 a ergehen[6] und zu einer Abänderung bzgl der Hauptsache oder – gem. § 718 – der vorläufigen Vollstreckbarkeit führen.[7] Unanwendbar ist Abs. 1 daher für das **Vorbehaltsurteil**, welches im **Nachverfahren** aufgehoben wird (Schadensersatzansprüche sind ohnehin in §§ 302 Abs. 4, 600 Abs. 2 gesondert geregelt). Im Ergebnis ergibt sich allerdings idR kein Unterschied, da das Urteil im Nachverfahren ebenfalls für vorläufig vollstreckbar erklärt wird mit der Folge, dass die vorläufige Vollstreckbarkeit des Vorbehaltsurteils entfällt. Nur wenn diese Entscheidung fehlt und nicht gem. § 716 nachgeholt wird, dauert die vorläufige Vollstreckbarkeit des Vorbehaltsurteils bis zur Rechtskraft des Urteils im Nachverfahren an.[8] Entsprechendes gilt für ein Urteil, dessen Rechtskraft durch die Abänderung eines Zwischenurteils auflösend bedingt ist (zu Einzelheiten s. § 704 Rn 7).[9]

4 Der Gläubiger, welcher über den in Abs. 1 bezeichneten Zeitpunkt hinaus vollstreckt, begeht eine **unerlaubte Handlung** und macht sich nach §§ 823, 826 BGB schadensersatzpflichtig.[10] Vorher erfolgte **Vollstreckungsmaßregeln** werden nur unter den Voraussetzungen der §§ 775 Nr. 1, 776 S. 1 **aufgehoben**. Das aufhe-

---

1 BGHZ 85, 110 = NJW 1983, 232.
2 BGHZ 85, 110 = NJW 1983, 232; BGH NJW 2011, 2518; Hk-ZPO/*Kindl*, § 717 Rn 1; Musielak/*Lackmann*, § 717 Rn 1.
3 MüKo-ZPO/*Götz*, § 717 Rn 3.
4 Musielak/*Lackmann*, § 717 Rn 3.
5 Baumbach/*Hartmann*, § 717 Rn 3.
6 Musielak/*Lackmann*, § 717 Rn 2.
7 Hk-ZPO/*Kindl*, § 717 Rn 2.
8 Hk-ZPO/*Kindl*, § 717 Rn 2; MüKo-ZPO/*Götz*, § 717 Rn 5.
9 MüKo-ZPO/*Götz*, § 717 Rn 5.
10 Baumbach/*Hartmann*, § 717 Rn 3.

bende oder abändernde Urteil muss selbst für vorläufig vollstreckbar erklärt worden oder rechtskräftig sein.[11] Wenn das erstinstanzliche Urteil in der Berufung bestätigt wird, tritt keine Änderung bzgl dessen Vollstreckbarkeit ein, und zwar unabhängig vom Bestand des Berufungsurteils.[12] Die Wirkungen einer Entscheidung des BGH, die das Urteil des Berufungsgerichts aufhebt, welches seinerseits ein vorläufig vollstreckbares erstinstanzliches Urteil aufgehoben hatte, richten sich nach dem Inhalt des Revisionsurteils. Wird das erstinstanzliche Urteil wieder hergestellt, lebt auch dessen Entscheidung zur vorläufigen Vollstreckbarkeit wieder auf.[13] Das gilt jedoch nicht im Fall der Aufhebung und Zurückverweisung durch den BGH, weil dann der Bestand des erstinstanzlichen Urteils weiterhin ungewiss ist.[14]

III. Schadensersatzanspruch (Abs. 2)

1. Anwendungsbereich. Abs. 2 betrifft den Fall der Aufhebung oder Abänderung eines erstinstanzlichen Urteils und gilt auch, wenn das erstinstanzliche Urteil fehlerhaft ein **Leistungsverweigerungsrecht** nicht berücksichtigt hatte.[15] Vergleichbare Regelungen enthalten die §§ 302 Abs. 4, 600 Abs. 2, 945 und § 248 Abs. 5 FamFG. Analog angewendet wird Abs. 2 auf ein Urteil, dessen Rechtskraft durch die **Abänderung eines Zwischenurteils** auflösend bedingt ist (s. Rn 3 und § 704 Rn 4).[16] Bei **Aufhebung eines Vorbehaltsurteils** bedarf es dagegen keiner analogen Anwendung, da die §§ 302 Abs. 4, 600 Abs. 2 eine Sonderregelung enthalten.[17]

5

Abs. 2 gilt im Übrigen **kraft Verweisung**

6

- für Vollstreckungsbescheide (§ 700 Abs. 1);[18]
- bei Aufhebung der Vollstreckbarkeitserklärung eines Schiedsspruchs (§ 1065 Abs. 2).

Analoge Anwendung findet Abs. 2

- für Kostenfestsetzungs- und beschwerdefähige Beschlüsse (§ 794 Abs. 1 Nr. 2 und 3);[19]
- bei Aufhebung einer Vollstreckungsklausel gem. §§ 732, 768;[20]
- nach einer Urteilsberichtigung gem. § 319.[21]

Keine Anwendung findet die Vorschrift bei

7

- Wirkungslosigkeit eines Urteils nach Erledigungserklärung (§ 91 a);[22]
- Wirkungslosigkeit eines Urteils nach Klagerücknahme (§ 269 Abs. 3);[23]

---

11 Hk-ZPO/*Kindl*, § 717 Rn 2; MüKo-ZPO/*Götz*, § 717 Rn 6.
12 MüKo-ZPO/*Götz*, § 717 Rn 6.
13 MüKo-ZPO/*Götz*, § 717 Rn 6; Musielak/*Lackmann*, § 717 Rn 3; Baumbach/*Hartmann*, § 704 Rn 6.
14 KG NJW 1989, 3025; MüKo-ZPO/*Götz*, § 717 Rn 6; Thomas/Putzo/*Seiler*, § 717 Rn 1; aA OLG Frankfurt NJW 1990, 721.
15 BGH NJW-RR 2007, 1029.
16 MüKo-ZPO/*Götz*, § 717 Rn 11.
17 Thomas/Putzo/*Seiler*, § 717 Rn 3.
18 OLG Köln JurBüro 1991, 1263.
19 Zöller/*Herget*, § 717 Rn 4.
20 MüKo-ZPO/*Götz*, § 717 Rn 11; Musielak/*Lackmann*, § 717 Rn 6.
21 MüKo-ZPO/*Götz*, § 717 Rn 11; Zöller/*Herget*, § 717 Rn 4.
22 BGH NJW 1988, 1268; Thomas/Putzo/*Seiler*, § 717 Rn 2.
23 OLG Düsseldorf OLGR 1995, 177; Zöller/*Herget*, § 717 Rn 5; aA OLG Naumburg 15.3.1999 – 1 U 209/98, juris (für Vollstreckungsmaßnahmen aufgrund vorläufiger Entscheidung).

- Änderung eines Urteils aufgrund Prozessvergleichs (§ 794 Abs. 1 Nr. 1);[24]
- Aufhebung vollstreckbarer Urkunden oder Prozessvergleiche;[25]
- Vollstreckungsabwehr- und Drittwiderspruchsklagen (§§ 767, 771);[26]
- Vollstreckung aus einem formell rechtskräftigen Urteil, das wegen inhaltlicher Unbestimmtheit nicht der materiellen Rechtskraft fähig ist.[27]

8 **2. Voraussetzungen. a) Aufhebung oder Abänderung.** Der Schadensersatzanspruch setzt die Aufhebung oder Abänderung des Urteils aufgrund eines Rechtsbehelfs voraus. Bei **teilweiser** Aufhebung oder Abänderung geht der Schadensersatzanspruch nur soweit, wie die Aufhebung/Abänderung reicht.[28] Unerheblich ist der Grund der Aufhebung/Abänderung. Ausreichend sind prozessuale Gründe[29] ebenso wie die Aufhebung, nachdem eine Norm für verfassungswidrig erklärt wurde.[30] Geht es um die Vollstreckung der Kosten, genügt eine Aufhebung/Abänderung der Kostenentscheidung.[31] Eine Entscheidung zur Vollstreckbarkeitserklärung reicht im Unterschied zu Abs. 1 nicht aus.[32]

9 **b) Vollstreckung oder Leistung.** Erforderlich ist, dass der Gläubiger vollstreckt und/oder der Schuldner zur Abwendung der Vollstreckung geleistet hat. Während sich das Betreiben der Vollstreckung ohne weiteres feststellen lässt, bereitet die Feststellung der **Leistung zur Abwendung der Vollstreckung** uU Schwierigkeiten. Unproblematisch ist die Leistung unter dem Druck konkreter Vollstreckungsmaßnahmen. Es reicht jedoch aus, dass die Vollstreckung konkret droht,[33] der **Schuldner sich einem Vollstreckungsdruck beugt**.[34] Davon ist nicht auszugehen, wenn der Gläubiger noch nicht einmal die **Vollstreckungsklausel** beantragt hat.[35] Ist das Urteil gegen Sicherheitsleistung vorläufig vollstreckbar, kommt es auf die Art der zu vollstreckenden Leistung an. Bei **Geldforderungen** kann die Vollstreckung auch ohne Nachweis der Sicherheit erfolgen, weil der Gläubiger im Wege der Sicherungsvollstreckung vorgehen kann.[36] Wenn das **Prozessgericht** nach §§ 887 ff zuständig ist, muss dagegen die Sicherheit geleistet werden, weil das Gericht erst dann das Verfahren nach § 891 beginnt.[37] Dasselbe gilt für die **Herausgabevollstreckung**, da der Gerichtsvollzieher erst nach Leistung der Sicherheit mit der Vollstreckung beginnt.

10 **c) Schaden. aa) Voraussetzungen.** Für die Entstehung des Schadens gelten die allgemeinen Grundsätze. Die Vollstreckung muss **adäquat kausal** sein und der Schaden im **Schutzbereich der Norm** liegen.[38] Ein Schaden, der lediglich darauf beruht, dass die Vollstreckung bekannt geworden ist, wird daher von Abs. 2

---

24 OLG Rostock OLGR 2004, 130; Musielak/*Lackmann*, § 717 Rn 7; Zöller/*Herget*, § 717 Rn 5.
25 MüKo-ZPO/*Götz*, § 717 Rn 12; Thomas/Putzo/*Seiler*, § 717 Rn 2.
26 Hk-ZPO/*Kindl*, § 717 Rn 4; Musielak/*Lackmann*, § 717 Rn 7.
27 BGH NJW-RR 1999, 1223.
28 Musielak/*Lackmann*, § 717 Rn 8.
29 BGHZ 136, 199 = NJW 1997, 2601; Hk-ZPO/*Kindl*, § 717 Rn 6.
30 BGHZ 54, 76 (zu § 945); Hk-ZPO/*Kindl*, § 717 Rn 6.
31 MüKo-ZPO/*Götz*, § 717 Rn 14.
32 Hk-ZPO/*Kindl*, § 717 Rn 3.
33 MüKo-ZPO/*Götz*, § 717 Rn 15.
34 BGHZ 131, 233 = NJW 1996, 397; BGH NJW 2011, 2518; Hk-ZPO/*Kindl*, § 717 Rn 7.
35 MüKo-ZPO/*Götz*, § 717 Rn 15; Musielak/*Lackmann*, § 717 Rn 9.
36 MüKo-ZPO/*Götz*, § 717 Rn 15; Musielak/*Lackmann*, § 717 Rn 9.
37 BGHZ 131, 233; MüKo-ZPO/*Götz*, § 717 Rn 15.
38 BGHZ 85, 110 = NJW 1983, 232; MüKo-ZPO/*Götz*, § 717 Rn 16; Musielak/*Lackmann*, § 717 Rn 10.

nicht erfasst.[39] Strittig ist die Ersatzpflicht, wenn das Urteil aufgrund einer Einwendung aufgehoben wird, die erst nach der Vollstreckung entstanden ist. Nach zutr. hM fällt ein dadurch entstehender Schaden nicht in den Schutzbereich des Abs. 2.[40] Dieser Fall ist eher mit dem der erfolgreichen Vollstreckungsabwehrklage vergleichbar, für die Abs. 2 nicht gilt (s. Rn 7).[41]

bb) **Aktiv- und Passivlegitimation. Aktivlegitimiert** ist über den Wortlaut des Abs. 2 hinaus **jeder Vollstreckungsschuldner**. Damit kann auch der Kläger, dessen Klage zunächst abgewiesen wurde, nach Vollstreckung des Beklagten wegen der Kosten Schadensersatz verlangen.[42] Die freiwillige Leistung eines Dritten, gegen den sich die Vollstreckung nicht richten kann, berechtigt dagegen nicht zum Schadensersatz.[43] **Passivlegitimiert** ist der Vollstreckende, dh der Gläubiger oder sein Rechtsnachfolger.[44] 11

cc) **Umfang.** Für den **Umfang der Schadensersatzpflicht** gelten die §§ 249 ff BGB. Es ist der Zustand herzustellen, der sich ohne die Vollstreckung oder Leistung ergeben würde.[45] Die vollstreckte oder freiwillig erbrachte, nach dem aufgehobenen/abgeänderten Urteil geschuldete Leistung ist zurückzugeben bzw zu erstatten. Daneben umfasst die Ersatzpflicht den **weiteren Schaden**, insb. 12

- die Kosten, die im Zusammenhang mit der Vollstreckung entstanden sind, zB die Kosten einer Bürgschaft;[46] hier sollte der Berechtigte jedoch vorab prüfen, ob eine Festsetzung nach § 103 in Betracht kommt (vgl § 711 Rn 13); ferner die Finanzierungskosten einer zur Abwendung der Vollstreckung erbrachten Zahlung;[47]
- festgesetzte Verfahrenskosten;[48]
- entgangenen Gewinn und Zinsverlust;[49]
- Folgen einer durch die Vollstreckung entstandenen psychischen Erkrankung,[50] wobei an den entsprechenden Vortrag des Klägers allerdings hohe Anforderungen zu stellen sein dürften.

d) **Einwendungen des Gläubigers.** Gegenüber dem Schadensersatzanspruch nach Abs. 2 sind Einwendungen des Gläubigers wie Aufrechnung oder Mitverschulden nur zulässig, soweit sie nicht die vollstreckte Forderung oder freiwillig erbrachte Leistung selbst, sondern den **weiteren Schaden** (s. Rn 12) betreffen, da der Verpflichtete das Erhaltene umgehend zurückgeben soll.[51] Das gilt auch für den aus einer Prozessbürgschaft in Anspruch genommenen Bürgen.[52] Die Aufrechnung 13

---

39 BGHZ 85, 110 = NJW 1983, 232; MüKo-ZPO/*Götz*, § 717 Rn 16; Musielak/*Lackmann*, § 717 Rn 10.
40 OLG Karlsruhe Rpfleger 1996, 73; Hk-ZPO/*Kindl*, § 717 Rn 8; Musielak/*Lackmann*, § 717 Rn 10; aA MüKo-ZPO/*Götz*, § 717 Rn 17.
41 Hk-ZPO/*Kindl*, § 717 Rn 8.
42 Hk-ZPO/*Kindl*, § 717 Rn 5; MüKo-ZPO/*Götz*, § 717 Rn 13.
43 BGH NJW 1985, 128; Hk-ZPO/*Kindl*, § 717 Rn 5.
44 Musielak/*Lackmann*, § 717 Rn 11.
45 BGH NJW 1985, 128; Hk-ZPO/*Kindl*, § 717 Rn 8.
46 Musielak/*Lackmann*, § 717 Rn 12; Zöller/*Herget*, § 717 Rn 7.
47 BGH NJW-RR 2009, 407.
48 OLG Düsseldorf JurBüro 1998, 309.
49 OLG Köln JurBüro 1991, 1263; Musielak/*Lackmann*, § 717 Rn 12; Zöller/*Herget*, § 717 Rn 7.
50 RGZ 143, 118; Musielak/*Lackmann*, § 717 Rn 12; Zöller/*Stöber*, § 717 Rn 7.
51 BGHZ 139, 199 = NJW 1997, 2601; OLG Celle 11.2.2004 – 15 UF 175/03, juris; Hk-ZPO/*Kindl*, § 717 Rn 9.
52 BGHZ 139, 199 = NJW 1997, 2601.

mit der vollstreckten Klageforderung ist unzulässig, weil nur entweder diese oder der Anspruch nach Abs. 2 bestehen kann.[53]

14   3. **Geltendmachung (Abs. 2 S. 2).** Der Gläubiger des Antrags aus Abs. 2 kann den Schaden durch selbständige Klage, Widerklage oder Inzidentantrag geltend machen. Für die **selbständige Klage** gelten die allgemeinen Regeln. Auch wenn die Vollstreckung aus einem vorläufig vollstreckbaren Urteil keine unerlaubte Handlung darstellt (s. Rn 4), gilt der Gerichtsstand des § 32 am Ort der Vollstreckung,[54] da Abs. 2 einen speziellen Tatbestand der Gefährdungshaftung darstellt (s. Rn 1). Die Widerklage hat keine praktische Bedeutung, weil der **Inzidentantrag nach Abs. 2 S. 2** einfachere Voraussetzungen und für den Gläubiger günstigere materielle Folgen aufweist.[55] Denn Abs. 2 S. 2 verlegt den Zeitpunkt der Rechtshängigkeit auf denjenigen der Vollstreckung, so dass seitdem Zinsen nach § 291 BGB geschuldet sind und der Schuldner verschärft haftet (§ 292 BGB).[56] Der Antrag kann im laufenden Verfahren in jeder Instanz bis zum Schluss der mündlichen Verhandlung gestellt werden.[57] Trotz der Bezeichnung als Inzidentantrag handelt es sich um einen Sachantrag iSv § 297. Dem Antrag steht nicht entgegen, dass er unter der Bedingung der Aufhebung/Änderung des Urteils steht, die im laufenden Prozess noch nicht eintreten kann.[58] Im Wege des Inzidentantrags kann nach hM auch dann gegen den ursprünglichen Prozessgegner vorgegangen werden, wenn nicht er, sondern dessen **Rechtsnachfolger** vollstreckt hat (§§ 265, 325);[59] die Gegenmeinung[60] schafft kaum überschaubare prozessuale Drei-Personen-Verhältnisse.

15   4. **Entstehung, Verjährung, Erlöschen, Insolvenz.** Nach hM **entsteht** der **Anspruch** nach Abs. 2 mit der Aufhebung/Abänderung des Urteils,[61] nach aA bereits mit der Vollstreckung.[62] Im Ergebnis kommt es darauf nicht an.[63] Eine Entscheidung erhält der Berechtigte ohnehin frühestens mit dem aufhebenden/abändernden Urteil. Nicht notwendig ist jedenfalls die Rechtskraft dieses Urteils.[64]

16   Die **Verjährung**, für die die §§ 195, 199 Abs. 1 BGB gelten, beginnt erst ab Kenntnis des Berechtigten von diesem Urteil.[65]

17   Der Anspruch **erlischt** mit Rechtskraft einer Entscheidung, wonach der vollstreckte Anspruch besteht.[66] Das zur Abwendung der Vollstreckung Geleistete kann auch nach § 812 Abs. 1 S. 2 BGB zurückverlangt werden.[67]

18   Der Schadensersatzprozess gegen den Vollstreckenden ist, wenn über dessen Vermögen das Insolvenzverfahren eröffnet wird, **Schuldenmassestreit** iSv § 87 InsO.[68]

---

53   MüKo-ZPO/*Götz*, § 717 Rn 20; einschr. BGHZ 139, 199 = NJW 1997, 2601 für den Bürgen: nur zulässig gegenüber Anspruch auf Ersatz weiteren Schadens.
54   BGH NJW 2011, 2518; dazu *Schreiber*, ZZP 2011, 377; Hk-ZPO/*Kindl*, § 717 Rn 10.
55   MüKo-ZPO/*Götz*, § 717 Rn 22 f.
56   Hk-ZPO/*Kindl*, § 717 Rn 10.
57   MüKo-ZPO/*Götz*, § 717 Rn 23.
58   Musielak/*Lackmann*, § 717 Rn 14.
59   BGH NJW 1967, 1966; Musielak/*Lackmann*, § 717 Rn 14; Zöller/*Herget*, § 717 Rn 12.
60   MüKo-ZPO/*Götz*, § 717 Rn 25.
61   Hk-ZPO/*Kindl*, § 717 Rn 3; Musielak/*Lackmann*, § 717 Rn 4; Thomas/Putzo/*Seiler*, § 717 Rn 11.
62   OLG Zweibrücken OLGR 2008, 86.
63   Offen gelassen auch von BGH NJW-RR 2009, 407.
64   MüKo-ZPO/*Götz*, § 717 Rn 22.
65   BGHZ 169, 308 = MDR 2007, 549; Thomas/Putzo/*Seiler*, § 717 Rn 13.
66   BGHZ 139, 199 = NJW 1997, 2601; Thomas/Putzo/*Seiler*, § 717 Rn 12.
67   BGHZ 169, 308 = MDR 2007, 549; Hk-ZPO/*Kindl*, § 717 Rn 9.
68   BGH NJW-RR 2005, 989.

IV. Bereicherungsanspruch (Abs. 3)

Für Berufungsurteile iSv § 708 Nr. 10 sieht Abs. 3 im Fall der Aufhebung/Abänderung einen Anspruch auf Erstattung des aufgrund des Urteils Geleisteten vor. Die Aufhebung muss ein streitiges Urteil betreffen. Aufgrund der Verweisung in § 120 FamFG gilt die Vorschrift auch für Beschlüsse in Familienstreitsachen.[69] Für **Versäumnisurteile** ist Abs. 2 einschlägig.[70] Wegen der Rechtsfolge verweist Abs. 2 S. 3 auf das Bereicherungsrecht. Ein weitergehender Schaden ist, wenn nicht ausnahmsweise die Voraussetzungen des § 826 BGB wegen Erschleichens eines Titels vorliegen,[71] im Unterschied zu Abs. 2 nicht zu erstatten. Die Voraussetzungen des Abs. 3 unterscheiden sich insoweit von denjenigen des Abs. 2, als Abs. 3 nicht voraussetzt, dass vor der Zahlung oder Leistung die Zwangsvollstreckung angedroht worden war. Es genügt die Zahlung oder Leistung lediglich „auf Grund" eines Berufungsurteils.[72] Hinsichtlich der Geltendmachung besteht jedoch kein Unterschied zu Abs. 2 (s. daher Rn 14). Insbesondere kann auch der Anspruch nach Abs. 3 im Gerichtsstand der unerlaubten Handlung (§ 32) geltend gemacht werden.[73] Ein in der Revisions- oder Rechtsbeschwerdeinstanz gestellter Antrag ist regelmäßig zurückzuverweisen, weil er auf neuem oder ungeklärtem Sachverhalt beruht.[74] Die Vorverlegung der Rechtshängigkeit gem. **Abs. 3 S. 4** hat nicht nur Folgen für die **Zinsen**, sondern auch für die **verschärfte Haftung** nach § 818 Abs. 4.[75]

19

§ 718 Vorabentscheidung über vorläufige Vollstreckbarkeit

(1) In der Berufungsinstanz ist über die vorläufige Vollstreckbarkeit auf Antrag vorab zu verhandeln und zu entscheiden.

(2) Eine Anfechtung der in der Berufungsinstanz über die vorläufige Vollstreckbarkeit erlassenen Entscheidung findet nicht statt.

I. Allgemeines

Abs. 1 erlaubt die Abänderung erstinstanzlicher Entscheidungen über die vorläufige Vollstreckbarkeit in der **Berufungsinstanz**. Im Revisionsverfahren ist die Vorschrift nicht anwendbar.[1] Die Abänderung setzt grds. eine **fehlerhafte Entscheidung** erster Instanz zur vorläufigen Vollstreckbarkeit voraus.[2] Möglich ist eine Korrektur darüber hinaus, wenn die erstinstanzliche Entscheidung zwar der Rechtslage zum Schluss der mündlichen Verhandlung entsprach, aber die **weitere Entwicklung** eine Änderung erfordert.[3] Es kann nur der Tenor des angefochtenen Urteils zur vorläufigen Vollstreckbarkeit geändert werden. Bei Anfechtung eines Schlussurteils im Urkundenprozess lässt sich die Vollstreckbarkeitsentscheidung des Vorbehaltsurteils nicht korrigieren.[4] Die praktische Bedeutung der Vorschrift

1

---

69 BGH FamRZ 2013, 109.
70 Musielak/*Lackmann*, § 717 Rn 16.
71 MüKo-ZPO/*Götz*, § 717 Rn 28.
72 BGH NJW 2011, 2518.
73 BGH NJW 2011, 2518.
74 BGH NJW 1994, 2095; BGH FamRZ 2013, 109.
75 Hk-ZPO/*Kindl*, § 717 Rn 11.
1 BGH NJW-RR 2006, 1076; Hk-ZPO/*Kindl*, § 718 Rn 1.
2 OLG Frankfurt OLGR 1992, 83; MüKo-ZPO/*Götz*, § 718 1.
3 OLG Hamm OLGR 1995, 264; OLG Düsseldorf 2.2.2012 – 2 U 91/11, juris.
4 OLG Frankfurt OLGR 1994, 20.

ist gering. Der Berufungsführer bevorzugt idR einen Antrag nach §§ 719 Abs. 1, 707.[5] Zwischen beiden Verfahren besteht ein **Wahlrecht**.[6]

II. Voraussetzungen

2 Das erstinstanzliche Urteil muss in der **Hauptsache** angefochten worden sein; die Anfechtung allein der Entscheidung über die vorläufige Vollstreckbarkeit reicht nicht aus.[7] (Nach hM in Rspr und Lit. ist eine auf die vorläufige Vollstreckbarkeit beschränkte Berufung zulässig.)[8]

3 Die Entscheidung nach § 718 erfolgt nur auf Antrag. **Antragsberechtigt** sind sowohl der Berufungsführer als auch der Berufungsbeklagte, unabhängig von Beschwer oder Anschlussberufung.[9]

4 Der Antragsteller kann sich auf jeden Fehler der erstinstanzlichen Entscheidung berufen, insb.

- die **unterlassene Entscheidung** nach §§ 708, 709, 711;[10]
- die **unrichtige Anwendung** der §§ 708, 709, 711, 713;[11]
- die **fehlerhafte Festsetzung der Höhe** der Sicherheitsleistung;[12]
- die unterbliebene oder fehlerhafte Entscheidung über einen in erster Instanz (§ 714) gestellten Antrag nach §§ 710, 711 S. 3, 712.[13]

5 Darüber hinaus können Umstände, die sich erst nach der Entscheidung ergeben haben, einen Antrag nach § 718 rechtfertigen (s. Rn 1). Dagegen ist § 718 nicht einschlägig, wenn es allein um die **Art der Sicherheitsleistung** geht. Für die Entscheidung über einen derartigen Antrag ist nach § 108 das erstinstanzliche Gericht zuständig.[14] Das Gericht kann jedoch die Art der Sicherheitsleistung zusammen mit deren Höhe neu festlegen.[15] Ferner können nach zutr. Ansicht erstinstanzlich versäumte Anträge gem. §§ 710, 711 S. 3, 712 nicht in der Berufungsinstanz über § 718 nachgeholt werden (s. § 714 Rn 4). Unzulässig ist der Antrag nach **Beendigung der Vollstreckung**[16] oder nach Leistung des Schuldners zu deren Abwendung.[17]

III. Entscheidung des Gerichts

6 Das Gericht entscheidet aufgrund mündlicher Verhandlung durch **Teilurteil**, das keine Entscheidung zu den Kosten oder zur vorläufigen Vollstreckbarkeit enthält[18] und nach Abs. 2 nicht anfechtbar ist. Das Teilurteil nach § 718 ist durch die Entscheidung über die Berufung auflösend bedingt.[19] Unter den Vorausset-

---

5 MüKo-ZPO/*Götz*, § 718 Rn 1.
6 OLG München OLGR 1993, 274.
7 Hk-ZPO/*Kindl*, § 718 Rn 1; MüKo-ZPO/*Götz*, § 718 Rn 2.
8 OLG Nürnberg NJW 1989, 842; OLG Rostock NJW-RR 2009, 498; Baumbach/*Hartmann*, Einf. §§ 708–720 Rn 8; Thomas/Putzo/*Seiler*, vor §§ 708–720 Rn 16; aA OLG Frankfurt 19.4.2012 – 22 U 172/11, juris; OLG Koblenz OLGR 2007, 296; OLG Köln NJW-RR 2006, 66.
9 MüKo-ZPO/*Götz*, § 718 Rn 3.
10 Hk-ZPO/*Kindl*, § 718 Rn 2.
11 Musielak/*Lackmann*, § 718 Rn 1.
12 OLG Köln GRUR 2000, 253; Hk-ZPO/*Kindl*, § 718 Rn 2.
13 Musielak/*Lackmann*, § 718 Rn 1.
14 OLG Köln MDR 1997, 392; MüKo-ZPO/*Götz*, § 718 Rn 2.
15 Hk-ZPO/*Kindl*, § 718 Rn 2.
16 OLG München OLGR 1995, 71.
17 MüKo-ZPO/*Götz*, § 718 Rn 3.
18 Musielak/*Lackmann*, § 718 Rn 2.
19 MüKo-ZPO/*Götz*, § 718 Rn 1.

zungen der §§ 526, 527 Abs. 4 ist die **Zuständigkeit** des Einzelrichters gegeben.[20] Die Korrektur der erstinstanzlichen Entscheidung ist nur möglich, soweit gegen das Urteil Berufung eingelegt wurde.[21] Eine Prüfung der Hauptsache findet jedoch nicht statt. Es ist nur die Vollstreckbarkeitserklärung selbst auf ihre Richtigkeit nach §§ 708 ff zu überprüfen.[22]

IV. Kosten

Es entstehen keine Gerichtsgebühren. Für den Rechtsanwalt gehört die Tätigkeit noch zum Rechtszug (§ 19 Abs. 1 S. 2 Nr. 11 RVG). Nr. 3328 VV RVG findet keine Anwendung,[23] da keine **abgesonderte** Verhandlung vorliegt.[24] Vgl auch § 707 Rn 38.   7

§ 719 Einstweilige Einstellung bei Rechtsmittel und Einspruch

(1) ¹Wird gegen ein für vorläufig vollstreckbar erklärtes Urteil der Einspruch oder die Berufung eingelegt, so gelten die Vorschriften des § 707 entsprechend. ²Die Zwangsvollstreckung aus einem Versäumnisurteil darf nur gegen Sicherheitsleistung eingestellt werden, es sei denn, dass das Versäumnisurteil nicht in gesetzlicher Weise ergangen ist oder die säumige Partei glaubhaft macht, dass ihre Säumnis unverschuldet war.

(2) ¹Wird Revision gegen ein für vorläufig vollstreckbar erklärtes Urteil eingelegt, so ordnet das Revisionsgericht auf Antrag an, dass die Zwangsvollstreckung einstweilen eingestellt wird, wenn die Vollstreckung dem Schuldner einen nicht zu ersetzenden Nachteil bringen würde und nicht ein überwiegendes Interesse des Gläubigers entgegensteht. ²Die Parteien haben die tatsächlichen Voraussetzungen glaubhaft zu machen.

(3) Die Entscheidung ergeht durch Beschluss.

§ 64 GVGA

I. Allgemeines	1	IV. Revision (Abs. 2)	11
II. Berufung (Abs. 1 S. 1)	4	V. Weitere praktische Hinweise	15
III. Versäumnisurteil (Abs. 1 S. 1 und 2)	7	VI. Kosten	16

I. Allgemeines

§ 719 ist ein weiteres Beispiel für den unsystematischen Aufbau der Vorschriften über die vorläufige Vollstreckbarkeit (s. § 708 Rn 1). Wegen der Verweisung auf § 707 wäre es sinnvoll gewesen, die einstweilige Einstellung nach Einspruch, Berufung und Revision in unmittelbarem Zusammenhang mit dieser Norm zu regeln. Ferner behandelt Abs. 1 die **in der Praxis wichtigsten Fälle** der Einstellung,[1] während § 707 sich eher mit Randbereichen befasst. Letztlich ist für viele Fälle die Einstellung der Zwangsvollstreckung gar nicht geregelt, so dass entweder § 707 (s. § 707 Rn 6 f) oder § 769 (vgl § 769 Rn 2 ff) analog angewandt werden   1

---

20 Hk-ZPO/*Kindl*, § 718 Rn 2.
21 Hk-ZPO/*Kindl*, § 718 Rn 1.
22 KG NJW-RR 2009, 648; OLG München 9.9.2011 – 10 U 2492/11, juris.
23 OLG München AnwBl 1995, 197; Hk-ZPO/*Kindl*, § 718 Rn 4; Gerold/Schmidt/*Müller-Rabe*, Nr. 3328 VV RVG Rn 8.
24 OLG Naumburg JurBüro 2002, 531.
1 Hk-ZPO/*Kindl*, § 719 Rn 1; Musielak/*Lackmann*, § 719 Rn 1.

muss. Die Einstellung im Fall der Beschwerde gegen einen Beschluss in Familiensachen richtet sich nach §§ 64 Abs. 3, 93 Abs. 1 Nr. 3, 95 Abs. 3 S. 2, 120 Abs. 2 S. 3 FamFG.

2 **Abs. 1 S. 1** betrifft die einstweilige Einstellung nach **Einspruch oder Berufung**. Wegen der Zuständigkeit für die Entscheidung über den Einstellungsantrag s. § 707 Rn 18. Voraussetzungen und Inhalt der Entscheidung richten sich nach § 707 (s. § 707 Rn 10 ff); zu Abweichungen s. Rn 4 ff und 7 ff. Eine Sonderregelung für die Einstellung der Zwangsvollstreckung aus einem **Versäumnisurteil** (und Vollstreckungsbescheid, § 700) enthält **Abs. 1 S. 2**. Die Einstellung nach **Revision** hat in **Abs. 2** eine nicht auf § 707 verweisende Sonderregelung erfahren. Nachdem die Rechte des Schuldners in zwei Tatsacheninstanzen geprüft wurden, kommt eine Einstellung nur noch unter besonders strengen Voraussetzungen in Betracht.[2]

3 Die Entscheidung ergeht in allen Fällen des Abs. 1 und 2 durch Beschluss (**Abs. 3**). Zu dessen Wirkung s. § 707 Rn 33.

II. Berufung (Abs. 1 S. 1)

4 Die Einstellung der Zwangsvollstreckung setzt voraus, dass **Berufung eingelegt** wurde. Ein Antrag auf Bewilligung von **Prozesskostenhilfe** reicht nicht aus.[3] Bis zur Entscheidung über den Prozesskostenhilfeantrag darf die Zwangsvollstreckung nicht, auch nicht befristetet eingestellt werden.[4] Notwendig ist die **Statthaftigkeit** der Berufung. Theoretisch könnte auch bei unzulässiger Berufung die Zwangsvollstreckung eingestellt werden, praktisch sind derartige Anträge idR unbegründet (s. § 707 Rn 11). Unerheblich für die Zulässigkeit des Antrags ist – von Ausnahmefällen abgesehen (s. § 707 Rn 13) –, ob das angefochtene Urteil gegen oder ohne Sicherheitsleistung vorläufig vollstreckbar ist. Zur Einstellung bei angeordneter Sicherheitsleistung s. Rn 6.

5 Werden ein **Arrest** oder eine **einstweilige Verfügung** durch Urteil bestätigt oder erlassen, ist § 719 anwendbar, obwohl diese Urteile nicht für vorläufig vollstreckbar erklärt werden. Die Einstellung darf aber nur ausnahmsweise und unter besonderen Umständen angeordnet werden.[5] Zur Einstellung bei Arrest und einstweiliger Verfügung s. im Übrigen § 707 Rn 3, 6.

6 Da die Erfolgsaussicht der Berufung wesentliches Kriterium für die Entscheidung über den Einstellungsantrag ist (s. § 707 Rn 22), muss die **Berufungsbegründung** abgewartet werden.[6] Während bei der Revision die Einstellung der Zwangsvollstreckung ausgeschlossen ist, wenn der Schuldner in der ersten Instanz keinen **Antrag nach § 712** gestellt hat (s. Rn 13), gilt dies nach zutr. hM nicht für das Berufungsverfahren.[7] Nicht für die Zulässigkeit, aber für die Begründetheit kommt es darauf an, ob das erstinstanzliche Gericht die Vollstreckung von einer **Sicherheitsleistung** des Gläubigers abhängig gemacht hat. In diesem Fall kommt die Einstellung nur in Betracht, wenn von der Sicherheitsleistung nicht abgedeck-

---

2 BGH NJW 2010, 1081; Hk-ZPO/*Kindl*, § 719 Rn 1; MüKo-ZPO/*Götz*, § 719 Rn 2.
3 MüKo-ZPO/*Götz*, § 719 Rn 3; Musielak/*Lackmann*, § 719 Rn 2; Thomas/Putzo/*Seiler*, § 719 Rn 2.
4 OLG Frankfurt MDR 1999, 828; aA OLG Brandenburg MDR 2005, 1192.
5 OLG Rostock 8.11.2007 – 6 U 154/07, juris; OLG Karlsruhe JurBüro 2007, 272; OLG Frankfurt ZInsO 2013, 2162; Hk-ZPO/*Kindl*, § 719 Rn 3.
6 OLG Köln NJW-RR 1987, 189; Musielak/*Lackmann*, § 719 Rn 3; Zöller/*Herget*, § 719 Rn 3.
7 OLG Hamburg 21.12.2012 – 3 U 96/12, juris; KG MDR 2005, 117; OLG Jena MDR 2002, 289; Hk-ZPO/*Kindl*, § 719 Rn 3; aA OLG Frankfurt 23.8.2011 – 11 U 68/11, juris; OLG Koblenz FamRZ 2000, 1165; einschränkend OLG Köln JurBüro 1997, 553; Baumbach/*Hartmann*, § 719 Rn 4.

te schutzwürdige Einstellungsinteressen glaubhaft gemacht werden.[8] Der Grundentscheidung des Gesetzgebers, die Zwangsvollstreckung auch aus nicht rechtskräftigen Urteilen zuzulassen, würde zuwidergehandelt, wenn die vom erstinstanzlichen Gericht ausgesprochene vorläufige Vollstreckbarkeit regelmäßig nach Einlegung eines Rechtsmittels wieder beseitigt würde.[9] Zur Anordnung der Sicherheitsleistung eines die Sicherungsvollstreckung betreibenden Gläubigers s. § 707 Rn 31.

III. Versäumnisurteil (Abs. 1 S. 1 und 2)

Die Einstellung der Zwangsvollstreckung ist sowohl nach einem **Einspruch** gegen das erste Versäumnisurteil (§ 338) als auch nach der **Berufung** gem. § 514 Abs. 2 möglich. Der Vollstreckungsbescheid steht dem ersten Versäumnisurteil gleich (§ 700 Abs. 1). In der Praxis erfolgt die Einstellung (gegen Sicherheitsleistung) häufig formularmäßig. Dagegen bestehen Bedenken. Die Zwangsvollstreckung aus einem Versäumnisurteil darf nur eingestellt werden, wenn die Verteidigung des Schuldners **Aussicht auf Erfolg** verspricht.[10] Nicht schützenswert ist der Schuldner nach **Flucht in die Säumnis**, weil er selbst in Kauf nimmt, dass gegen ihn ein vorläufig vollstreckbarer Titel ergeht. Üblicherweise wird allerdings auch in diesen Fällen einem Einstellungsantrag entsprochen. 7

Grundsätzlich kommt beim Versäumnisurteil nur die Einstellung **gegen Sicherheitsleistung** des Schuldners in Betracht. **Abs. 1 S. 2** lässt die Einstellung **ohne Sicherheitsleistung** nur zu („es sei denn"), wenn das Versäumnisurteil nicht in gesetzlicher Weise ergangen ist oder der Schuldner glaubhaft macht, dass die Säumnis unverschuldet war. Das Versäumnisurteil ist **nicht in gesetzlicher Weise** ergangen, wenn 8

- der Schuldner auf eine unschlüssige Klage hin verurteilt wurde (§ 331 Abs. 2),
- die Voraussetzungen des § 335 vorliegen, insb. der Schuldner nicht ordnungsgemäß geladen wurde (§ 335 Nr. 2),
- bei Vorliegen der Voraussetzungen des § 337 nicht vertagt wurde.

Die **unverschuldete Säumnis** stellt, wenn sie bereits bei Erlass des Versäumnisurteils bekannt ist, einen Vertagungsgrund (§ 337) dar. Ergeht dennoch ein Versäumnisurteil, so ist dieses nicht in gesetzlicher Weise zustande gekommen. War dem Gericht die Säumnis bei Erlass des Versäumnisurteils nicht bekannt, ist sie zur Begründung des Einstellungsantrags glaubhaft zu machen (§ 294). Zur Beurteilung, ob eine Säumnis unverschuldet war, ist auf die zu § 337 entwickelten Regeln und damit letztlich auf die Rspr zum Wiedereinsetzungsgrund iSv § 233 abzustellen.[11] Ein **Verschulden** liegt nicht vor, wenn die Partei bzw ihr Prozessbevollmächtigter durch einen Verkehrsstau am Erscheinen verhindert war,[12] in der Ladung und auf dem Terminszettel unterschiedliche Uhrzeiten angegeben sind[13] oder der vom Prozessbevollmächtigte in demselben Gericht vorher wahrgenommene Termin länger als erwartet dauerte, so dass sich der Prozessbevollmächtigte um 16 Minuten verspätete.[14] 9

Streitig ist, ob die Einstellung ohne Sicherheitsleistung immer zu erfolgen hat, wenn das Versäumnisurteil nicht in gesetzlicher Weise ergangen ist bzw der 10

---

8 OLG Köln NJW-RR 1987, 189; Zöller/*Herget*, § 719 Rn 3.
9 OLG Saarbrücken OLGR 2006, 413.
10 Musielak/*Lackmann*, § 719 Rn 4.
11 BGH NJW 2004, 2309.
12 OLG Celle 9.12.2002 – 16 W 72/02, juris.
13 OLG Celle NJW-RR 2000, 1017.
14 OLG Frankfurt NJW-RR 1998, 1450.

Schuldner glaubhaft macht, dass die Säumnis unverschuldet war, oder ob **zusätzlich die Voraussetzungen des § 707 Abs. 1 S. 2** vorliegen müssen. Dann müsste der Schuldner außerdem glaubhaft machen, dass er zur Sicherheitsleistung nicht in der Lage ist und ihm die Vollstreckung einen nicht zu ersetzenden Nachteil bringen würde. Dafür spricht die Verweisung in Abs. 1 S. 1 auch auf § 707 Abs. 1 S. 2. Deshalb wird vielfach angenommen, dass die Einstellung ohne Sicherheitsleistung aus einem Versäumnisurteil nur unter den darin genannten Voraussetzungen zulässig ist.[15] Fraglich erscheint, ob aus einem obiter dictum des BGH in einer Entscheidung zu Abs. 2 (zu Einzelheiten s. Rn 13), wonach hinsichtlich des „Wie" der Einstellung für Abs. 2 wie für Abs. 1 die Verweisung in Abs. 1 auf die einschränkenden Voraussetzungen des § 707 gilt,[16] zu schließen ist, dass die Verweisung auch für Versäumnisurteile maßgeblich sein soll, da der BGH auf die Besonderheiten des nicht in gesetzlicher Weise bzw aufgrund unverschuldeter Säumnis ergangenen Versäumnisurteils nicht eingeht. Vorzuziehen ist die Gegenauffassung, wonach die Voraussetzungen des § 707 Abs. 1 S. 2 in diesem Fall nicht zu prüfen sind.[17] Zwar überwiegen idR die Interessen des Gläubigers an der Vollstreckung aus dem für vorläufig vollstreckbar erklärten Urteil. Wenn dieses nicht in gesetzlicher Weise zustande gekommen ist, erscheint dagegen der Schuldner schutzwürdiger. Dasselbe gilt bei unverschuldeter Säumnis, die, wenn sie schon vor Erlass des Versäumnisurteils bekannt gewesen wäre, ebenfalls dessen Gesetzwidrigkeit begründet hätte (§ 337).

IV. Revision (Abs. 2)

11 Im Fall der **Revision** kommt die einstweilige Einstellung nur unter den abschließenden Voraussetzungen des Abs. 2 in Betracht. Diese Vorschrift gilt im Verfahren über die **Nichtzulassungsbeschwerde** entsprechend (§ 544 Abs. 5 S. 2).[18] Hinsichtlich der formellen Voraussetzungen besteht kein Unterschied zur Berufung (s. Rn 4). Revisionsgericht ist der BGH, weshalb der Einstellungsantrag nur von einem dort zugelassenen Rechtsanwalt gestellt werden kann. Dasselbe gilt für das Nichtzulassungsbeschwerdeverfahren.[19] Die Einstellung setzt **Erfolgsaussicht** der Revision voraus[20] und darf nach **Abs. 2 S. 1** nur erfolgen, wenn die Vollstreckung dem Schuldner einen „nicht zu ersetzenden Nachteil bringen würde und ein überwiegendes Interesse des Gläubigers nicht entgegensteht". Hier besteht eine Parallele zu § 712.

12 Für die Einstellung nach Abs. 2 gelten strengere Anforderungen als für die Einstellung in der Berufungsinstanz nach Abs. 1.[21] Der BGH stellt daher an die Annahme eines Nachteils in diesem Sinne hohe Anforderungen. Es reicht nicht aus, dass der **Nachteil** (zB Suizidgefahr) bereits aus dem Titel selbst und nicht erst aus dessen Vollstreckung herrührt.[22] Normale, mit der Vollstreckung eines Zahlungsurteils verbundene Nachteile wie die Befriedigung des Gläubigers vor Abschluss des Rechtsstreits[23] oder die Abgabe der eidesstattlichen Versicherung sind regelmäßig hinzunehmen.[24] Ein Nachteil liegt dagegen vor, wenn bei Aufhebung oder

---

15 OLG Bremen 15.3.1993 – 3 W 16/93, juris; KG NJW 1984, 316; Hk-ZPO/*Kindl*, § 719 Rn 4, Stein/Jonas/*Münzberg*, § 719 Rn 4; diff. MüKo-ZPO/*Götz*, § 719 Rn 8 f.
16 BGH NJW 2010, 1081.
17 OLG Stuttgart NJW-RR 2003, 713; OLG Celle NJW-RR 2000, 1017; Musielak/*Lackmann*, § 719 Rn 6; Thomas/Putzo/*Seiler* § 719 Rn 5; Zöller/*Herget*, § 719 Rn 2.
18 BGH WuM 2011, 528.
19 BGH JurBüro 2010, 53; BGH MDR 2012, 1432.
20 BGH WuM 2012, 571; BGH WuM 2014, 681; Musielak/*Lackmann*, § 719 Rn 5.
21 BGH NJW 2010, 1081.
22 BGH NJW-RR 2002, 1090.
23 BGH BGHR ZPO § 719 Abs. 2 S. 1 Nachteil 6.
24 BGH BGHR ZPO § 719 Abs. 2 Einstellungsgründe 5.

Abänderung des Titels der Gläubiger voraussichtlich wegen Mittellosigkeit nicht in der Lage wäre, den beigetriebenen Geldbetrag zurückzuzahlen,[25] oder die Vollstreckung zur Entziehung der Zulassung als Rechtsanwalt führen und diese Folge nicht aus eigener Kraft des Schuldners abgewendet werden kann.[26] Die Voraussetzungen des Nachteils müssen jeweils **konkret dargelegt und glaubhaft gemacht** werden (**Abs. 2 S. 2**).

Nicht geregelt in Abs. 2 ist, ob und ggf unter welchen Voraussetzungen die Einstellung **gegen oder ohne Sicherheitsleistung** zu erfolgen hat. Insoweit gilt die Verweisung in Abs. 1 S. 1 auf die einschränkenden Voraussetzungen des § 707. Danach ist eine Einstellung der Zwangsvollstreckung ohne Sicherheitsleistung nur zulässig, wenn glaubhaft gemacht wird, dass der Schuldner zur Sicherheitsleistung nicht in der Lage ist.[27] Wenn das Berufungsgericht gem. §§ 708 Nr. 11, 711 angeordnet hat, dass der Beklagte die Vollstreckung durch Sicherheitsleistung abwenden kann, kommt eine Einstellung der Zwangsvollstreckung nach Abs. 2 im Regelfall nicht in Betracht, sofern der Beklagte Sicherheit geleistet hat und keine Anhaltspunkte dafür vorliegen, dass der Kläger seinerseits Sicherheit leisten und die Zwangsvollstreckung einleiten wird.[28]

13

Der BGH vertritt in stRspr die Auffassung, dass eine Einstellung der Zwangsvollstreckung durch das Revisionsgericht nicht in Betracht kommt, wenn der Schuldner versäumt hat, im Berufungsrechtszug einen **Vollstreckungsschutzantrag nach § 712** zu stellen.[29] Der Räumungsschutzantrag nach § 721 ersetzt diesen Antrag nicht.[30] Ausnahmen gelten, wenn es dem Schuldner im Berufungsverfahren aus besonderen Gründen nicht möglich oder nicht zumutbar war, einen Antrag nach § 712 zu stellen oder wenn sich nachträglich neue Gründe ergeben haben.[31] Dasselbe gilt, wenn das Berufungsgericht rechtsirrig die Voraussetzungen des § 713 (statt §§ 708 Nr. 10, 711) annimmt[32] oder der Gläubiger Veranlassung gab, von einem Antrag abzusehen.[33] Zu weitgehend erscheint es dagegen, dass eine Einstellung selbst dann nicht mehr in Betracht kommen soll, wenn der Schuldner in der Berufungsinstanz einen Vollstreckungsschutzantrag nach § 712 gestellt hat, der nicht beschieden wurde, und er es versäumt hat, eine Urteilsergänzung zu beantragen.[34] Damit trägt der Schuldner die Verantwortung für ein Versehen, das vorrangig nicht ihm, sondern dem Berufungsgericht zur Last fällt. Ferner ist es dem Schuldner nicht möglich, erstmals vor dem BGH einen Antrag nach § 765 a zu stellen.[35]

14

V. Weitere praktische Hinweise

Der Antrag auf **Einstellung der Zwangsvollstreckung aus einem Versäumnisurteil** sollte nie ohne Begründung und nicht vor der Begründung des Einspruchs gem. § 340 Abs. 3 gestellt werden. Formularmäßige und darüber hinaus nicht begründete Einträge können vom Gericht umgehend zurückgewiesen werden.

15

---

25 BGH NJW-RR 2007, 1138.
26 BGH BGHR ZPO § 719 Abs. 2 S. 1 Nachteil 6.
27 BGH NJW 2010, 1081; Hk-ZPO/*Kindl*, § 719 Rn 5; aA Musielak/*Lackmann*, § 719 Rn 6.
28 BGH NJW-RR 2012, 1088.
29 BGH NJW-RR 2014, 969; NJW 2012, 1292; FamRZ 2011, 884; NJW-RR 2011, 705; NJW-RR 2008, 1038.
30 BGH WuM 2004, 678; WuM 2008, 612.
31 BGH WuM 2010, 765; WuM 2008, 613.
32 BGH NJW-RR 2007, 1138.
33 BGH NJW-RR 2007, 11.
34 BGH NJW-RR 2000, 746.
35 BGH FamRZ 2008, 258 für das Rechtsbeschwerdeverfahren.

VI. Kosten

16 Vgl § 707 Rn 38 f.

§ 720 Hinterlegung bei Abwendung der Vollstreckung

Darf der Schuldner nach § 711 Satz 1, § 712 Abs. 1 Satz 1 die Vollstreckung durch Sicherheitsleistung oder Hinterlegung abwenden, so ist gepfändetes Geld oder der Erlös gepfändeter Gegenstände zu hinterlegen.

§ 155 GVGA

1 Die Vorschrift müsste an und für sich im Anschluss an §§ 711, 712 stehen. Sie regelt die **Folgen** einer **Abwendungsbefugnis des Schuldners**, die diesem nach § 711 S. 1 oder § 712 Abs. 1 S. 1 eingeräumt wurde. § 720 gilt nur für den Fall, dass im Fall des § 711 S. 1 **keine Partei Sicherheit geleistet** bzw im Fall des § 712 Abs. 1 S. 1 der Schuldner keine Sicherheit geleistet hat.[1] Die weiteren möglichen Fallkonstellationen (Sicherheitsleistung von Gläubiger, von Schuldner oder von beiden, s. § 711 Rn 10 ff) werden von § 720 nicht erfasst.[2]

2 Da die Vorschrift die Pfändung von Geld und den Erlös gepfändeter Gegenstände betrifft, ist sie nur auf die Vollstreckung von **Geldforderungen** im Wege der Mobiliarvollstreckung anwendbar. Vollstreckt der Gläubiger einer Geldforderung bei bestehender, aber nicht ausgeübter Abwendungsbefugnis des Schuldners aus einem vorläufig vollstreckbaren Urteil, ist eine Befriedigung nicht möglich. Gepfändetes Geld oder der Erlös gepfändeter Gegenstände ist zu **hinterlegen**, darf also nicht an den Gläubiger ausgekehrt werden. Die Erwähnung des Erlöses bedeutet, dass eine Versteigerung im Unterschied zur Sicherungsvollstreckung (§§ 720 a Abs. 2, 930 Abs. 2) zulässig ist. Nach Rechtskraft des Urteils oder nach zugelassener Sicherheitsleistung des Gläubigers darf die Auszahlung erfolgen. Für die Leistung zur Abwendung der Vollstreckung gilt die Norm nicht. Für die Forderungspfändung findet sich eine entsprechende Bestimmung in § 839.

§ 720 a Sicherungsvollstreckung

(1) [1]Aus einem nur gegen Sicherheit vorläufig vollstreckbaren Urteil, durch das der Schuldner zur Leistung von Geld verurteilt worden ist, darf der Gläubiger ohne Sicherheitsleistung die Zwangsvollstreckung insoweit betreiben, als

a) bewegliches Vermögen gepfändet wird,

b) im Wege der Zwangsvollstreckung in das unbewegliche Vermögen eine Sicherungshypothek oder Schiffshypothek eingetragen wird.

[2]Der Gläubiger kann sich aus dem belasteten Gegenstand nur nach Leistung der Sicherheit befriedigen.

(2) Für die Zwangsvollstreckung in das bewegliche Vermögen gilt § 930 Abs. 2, 3 entsprechend.

(3) Der Schuldner ist befugt, die Zwangsvollstreckung nach Absatz 1 durch Leistung einer Sicherheit in Höhe des Hauptanspruchs abzuwenden, wegen dessen

---

1 Musielak/*Lackmann*, § 720 Rn 1.
2 MüKo-ZPO/*Götz*, § 720 Rn 1.

der Gläubiger vollstrecken kann, wenn nicht der Gläubiger vorher die ihm obliegende Sicherheit geleistet hat.

§§ 46 Abs. 2, 48, 49, 155 GVGA

I. Allgemeines 1	3. Befriedigung des Gläubigers (Abs. 1 S. 2) 10
II. Voraussetzungen und Umfang der Sicherungsvollstreckung (Abs. 1, 2) 3	III. Abwendung der Sicherungsvollstreckung (Abs. 3) 11
1. Voraussetzungen 3	1. Abwendung 11
2. Umfang 7	2. Wirkung der Sicherheitsleistung 12
a) Bewegliches Vermögen (Abs. 1 S. 1 Buchst. a) 7	3. Rückgabe der Sicherheit 13
b) Unbewegliches Vermögen (Abs. 1 S. 1 Buchst. b) ... 9	IV. Weitere praktische Hinweise 14
	V. Kosten 17

I. Allgemeines

§ 720 a ist im Zusammenhang mit §§ 709, 710, 712, 751 Abs. 2 zu lesen. Aus einem Urteil, das **gegen Sicherheit** für vorläufig vollstreckbar erklärt wird, darf grds. nur vollstreckt werden, wenn die Sicherheitsleistung erbracht, durch eine öffentliche oder öffentlich beglaubigte Urkunde nachgewiesen und diese Urkunde zugestellt ist (vgl § 751 Abs. 2). Der Gläubiger kann zwar gem. § 710 beantragen, dass das Gericht ein Urteil für vorläufig vollstreckbar ohne Sicherheitsleistung erklärt. Dieser Antrag ist aber gem. § 714 bis zum Schluss der mündlichen Verhandlung zu stellen und setzt voraus, dass die Aussetzung der Vollstreckung dem Gläubiger einen schwer zu ersetzenden oder schwer abzuwehenden Nachteil bringen würde oder aus einem sonstigen Grund für den Gläubiger unbillig wäre, insb. weil er die Leistung für seine Lebenshaltung oder seine Erwerbstätigkeit dringend benötigt. Liegen die Voraussetzungen des § 710 nicht vor – oder wurde der Antrag nicht gestellt –, so ermöglicht § 720 a die **vorläufige Vollstreckung von Geldforderungen** ohne Sicherheitsleistung, die jedoch nicht zur Befriedigung des Gläubigers führen darf. 1

Die Vorschrift ist für Urteile, deren vorläufige Vollstreckbarkeit sich nach den §§ 708, 711 richtet, nicht – auch nicht analog – anwendbar.[1] Sie gilt jedoch, wenn das Gericht auf Antrag des Schuldners nach § 712 Abs. 2 S. 2 die vorläufige Vollstreckbarkeit eines Urteils, das an und für sich der Regelung des § 708 unterfällt, gegen Sicherheitsleistung angeordnet hat. Ferner ist § 720 a zu beachten, falls das Gericht – ebenfalls auf Antrag des Schuldners gem. § 712 Abs. 1 S. 2 – die Vollstreckung auf die in Abs. 1 und 2 bezeichneten Maßnahmen beschränkt hat. 2

II. Voraussetzungen und Umfang der Sicherungsvollstreckung (Abs. 1, 2)

1. Voraussetzungen. Die Sicherungsvollstreckung ist nur eröffnet aus einem gegen Sicherheit vorläufig vollstreckbaren Urteil, durch das der Schuldner zur Leistung einer Geldforderung verurteilt wurde, und einem auf dieser Grundlage ergangenen Kostenfestsetzungsbeschluss.[2] Die Sicherungsvollstreckung kann ferner aus Urteilen betrieben werden, durch die der Schuldner zur Duldung der Zwangsvollstreckung wegen einer Geldforderung verurteilt worden ist.[3] Sie gilt daher zB nicht für Urteile auf Herausgabe. Wurde nach §§ 255, 259, 260 zur 3

---

1 LG Heidelberg MDR 1993, 272; Musielak/*Lackmann*, § 720 a Rn 1.
2 MüKo-ZPO/*Götz*, § 720 a Rn 2; *Fölsch*, NJW 2009, 1129.
3 BGH NJW 2013, 3786.

§ 720 a | Abschnitt 1 | Allgemeine Vorschriften

Herausgabe und nach fruchtlosem Ablauf einer im Urteil gesetzten Frist zum Schadensersatz verurteilt, gilt § 720 a für die Vollstreckung des Schadensersatzanspruchs.

4 § 720 a ersetzt nur das Erfordernis der Sicherheitsleistung. Im Übrigen müssen die **Voraussetzungen der Zwangsvollstreckung** vorliegen,[4] insb. vollstreckbare Ausfertigung (§ 724 Abs. 1), Vollstreckbarkeit des Titels sowie genaue Parteibezeichnung und Zustellung (§ 750 Abs. 1). Zu beachten ist ferner die zweiwöchige Wartefrist ab Zustellung des Urteils aus § 750 Abs. 3. Die Klausel muss dagegen nur unter den Voraussetzungen des § 750 Abs. 2 zwei Wochen vor Beginn der Sicherungsvollstreckung zugestellt sein.[5] Die Wartefrist gilt also nur, wenn vor der Vollstreckung die qualifizierte Klausel zuzustellen ist.

5 Die **Befugnis** zur Sicherungsvollstreckung folgt allein aus dem Gesetz und ist nicht in die Urteilsformel aufzunehmen. Dasselbe gilt für die Abwendungsbefugnis des Schuldners nach Abs. 3 (s. Rn 11 ff).

6 Nicht gesetzlich geregelt ist, ob der Gläubiger die Sicherungsvollstreckung ausdrücklich beantragen muss. Grundsätzlich kann ein **Antrag**, aus einem gegen Sicherheit vorläufig vollstreckbaren Urteil zu vollstrecken, dem kein Nachweis der Sicherheitsleistung beigefügt ist, als Antrag auf Sicherungsvollstreckung mit den dadurch bedingten Einschränkungen angesehen werden. Sofern weder die Sicherungsvollstreckung ausdrücklich beantragt noch eine besondere Eilbedürftigkeit dargelegt wird, ist das Vollstreckungsorgan aber berechtigt, zunächst auf die fehlende Sicherheit hinzuweisen, da es sich bei dem unterlassenen Nachweis der Sicherheit auch um ein Versehen handeln könnte. Aus einem **Kostenfestsetzungsbeschluss** kann die Sicherungsvollstreckung betrieben werden, wenn das zugrunde liegende Urteil die Voraussetzungen des Abs. 1 S. 1 erfüllt. Der Ausspruch des Urteils zur vorläufigen Vollstreckbarkeit muss in den Kostenfestsetzungsbeschluss aufgenommen werden.[6]

7 **2. Umfang. a) Bewegliches Vermögen (Abs. 1 S. 1 Buchst. a).** Die Sicherungsvollstreckung erlaubt die **Pfändung** von beweglichen Sachen (§§ 808 ff) wie von Forderungen (§§ 829 ff). Da der Gläubiger nicht befriedigt werden soll, ist die **Überweisung** einer gepfändeten Forderung nicht möglich. Dasselbe gilt grds. für die Versteigerung gepfändeter Sachen. Nach Abs. 2 iVm § 930 Abs. 3 kann das Vollstreckungsgericht die **Versteigerung** ausnahmsweise anordnen, wenn die gepfändeten Sachen der Gefahr einer beträchtlichen Wertminderung ausgesetzt sind oder ihre Aufbewahrung unverhältnismäßig hohe Kosten verursachen würde. Der **Antrag** beim Vollstreckungsgericht ist vom Gläubiger zu stellen. Der Gerichtsvollzieher ist gem. § 49 GVGA gehalten, dem Gläubiger einen entsprechenden Hinweis zu erteilen, falls ein Antrag auf Versteigerung erforderlich ist, zB wenn eine Ladung Bananen gepfändet wurde. Der Versteigerungserlös sowie gepfändetes Geld sind nach Abs. 2 iVm § 930 Abs. 2 zu hinterlegen.

8 Zulässig ist ferner die **Vorpfändung** nach § 845. Da die Vorpfändung nicht die Erteilung einer vollstreckbaren Ausfertigung und die Zustellung des Titels voraussetzt, kann sie ohne Einhaltung der Wartefrist aus § 750 Abs. 3 ausgebracht werden.[7] Wenn die Vollstreckung fruchtlos verläuft, ist der Gläubiger auch im

---

4 Hk-ZPO/*Kindl*, § 720 a Rn 2; Musielak/*Lackmann*, § 720 a Rn 2.
5 BGH Rpfleger 2005, 547; Hk-ZPO/*Kindl*, § 750 Rn 12; Musielak/*Lackmann*, § 750 Rn 23; aA Baumbach/*Hartmann*, § 750 Rn 23.
6 OLG Karlsruhe Rpfleger 2000, 555.
7 Zöller/*Stöber*, § 845 Rn 2.

Rahmen der Sicherungsvollstreckung berechtigt, vom Schuldner die Abgabe der Vermögensauskunft nach § 802 c zu verlangen.[8]

b) Unbewegliches Vermögen (Abs. 1 S. 1 Buchst. b). Bei Vollstreckung in das unbewegliche Vermögen ist allein die Eintragung einer **Sicherungshypothek** (§§ 866 Abs. 1, 867) oder Schiffshypothek (§ 870 a Abs. 1) zulässig. Eine Höchstbetragshypothek kann nicht eingetragen werden, weil Abs. 1 S. 1 Buchst. b nicht auf § 932 verweist.[9] Unzulässig sind ferner Zwangsversteigerung und Zwangsverwaltung. Wenn die Sicherungshypothek im Rahmen eines von einem anderen Gläubiger betriebenen Zwangsversteigerungsverfahrens gem. § 91 Abs. 1 ZVG erlischt, dann muss ein auf sie entfallender Erlös hinterlegt werden.[10]

3. Befriedigung des Gläubigers (Abs. 1 S. 2). Nach Abs. 1 S. 2 kann sich der Gläubiger nur **nach Leistung der Sicherheit** aus dem belasteten Gegenstand befriedigen, dh die Versteigerung gepfändeter beweglicher Sachen und die Überweisung gepfändeter Forderungen beantragen. Der Nachweise einer vom Gläubiger erbrachten Sicherheit muss vor Fortsetzung der Vollstreckung noch zugestellt werden (§ 751 Abs. 2). Der Leistung der Sicherheit stehen die Rechtskraft des Titels oder der Beschlüsse des Berufungsgerichts bzw der BGH gleich, mit denen Urteile, soweit sie nicht angefochten werden, gem. §§ 537, 558 für vorläufig vollstreckbar ohne Sicherheitsleistung erklärt werden. Dasselbe gilt für Vorabentscheidungen des Berufungsgerichts über die vorläufige Vollstreckbarkeit gem. § 718. Liegen diese Voraussetzungen (Sicherheitsleistung, Rechtskraft, Entscheidungen gem. §§ 537, 558, 718) vor, so handelt es sich nicht mehr um eine Sicherungsvollstreckung.

III. Abwendung der Sicherungsvollstreckung (Abs. 3)

1. Abwendung. Der Schuldner kann gem. Abs. 3 die Sicherungsvollstreckung durch Leistung einer **Sicherheit in Höhe des Hauptanspruchs** abwenden. Diese Befugnis ergibt sich aus dem Gesetz und muss nicht im Tenor des Urteils ausgesprochen werden.[11] Die Höhe der Sicherheit entspricht dem Hauptanspruch aus dem Titel ohne Zinsen und Kosten. Die geleistete Sicherheit haftet auch für **Zinsen und Kosten**.[12] Denn die Sicherheit entspricht allein aus Vereinfachungsgründen der Höhe des Hauptanspruchs. Im Rahmen der Sicherungsvollstreckung soll eine komplizierte Berechnung der Höhe der Sicherheitsleistung unterbleiben. Daraus folgt nicht, dass im Unterschied zur Vollstreckung nach §§ 709 und 708 Nr. 11 nur der Hauptanspruch und nicht Zinsen und Kosten mit abgedeckt sein sollen. Bei Vollstreckung aus einem Kostenfestsetzungsbeschluss (s. Rn 6) bestimmt sich die Höhe der Sicherheit nach den darin festgesetzten Kosten.[13]

2. Wirkung der Sicherheitsleistung. Dem Gläubiger kann schon vor der Vollstreckung oder erst nach einer **Sicherheitsleistung des Schuldners** seinerseits Sicherheit leisten. Das Wort „vorher" im Gesetzestext bedeutet nicht, dass der Gläubiger dem Schuldner zuvorkommen muss, sondern dass vor der uneingeschränkten Vollstreckung die Sicherheitsleistung erforderlich ist. Es sind somit (bis zur Rechtskraft des Urteils oder bis zu den Entscheidungen gem. §§ 537, 558, 718; s. Rn 10) **mehrere Konstellationen** bei der Sicherungsvollstreckung denkbar:

---

8 BGH NJW-RR 2007, 416 (zur eidesstattlichen Versicherung alten Rechts); Hk-ZPO/*Kindl*, § 720 a Rn 3; Musielak/*Lackmann*, § 720 a Rn 4.
9 Zöller/*Stöber*, § 720 a Rn 6.
10 Zöller/*Stöber*, § 720 a Rn 6.
11 OLG Karlsruhe Rpfleger 2000, 555.
12 OLG Jena NJW-RR 2002, 1505; Baumbach/*Hartmann*, § 720 a Rn 5; Thomas/Putzo/*Seiler*, § 720 a Rn 10; Zöller/*Stöber*, § 720 a Rn 9; MüKo-ZPO/*Götz*, § 720 a Rn 6; aA Hk-ZPO/*Kindl*, § 720 a Rn 4; Musielak/*Lackmann*, § 720 a Rn 3.
13 OLG Karlsruhe Rpfleger 2000, 555; Musielak/*Lackmann*, § 720 a Rn 3.

- Weder Gläubiger noch Schuldner leisten Sicherheit. In diesem Fall ist die Vollstreckung mit den sich aus § 720 a ergebenden Einschränkungen durchzuführen.
- Der Schuldner leistet von vornherein Sicherheit, der Gläubiger dagegen nicht. Dann ist die Vollstreckung unzulässig bzw gem. § 775 Nr. 3 einzustellen, wenn der Schuldner die Sicherheit erst nach Vollstreckungsbeginn nachweist.
- Der Schuldner leistet nach Durchführung der Sicherungsvollstreckung Sicherheit, der Gläubiger dagegen nicht. Sobald die Sicherheit des Schuldners erbracht ist, muss die Vollstreckung eingestellt und die getroffenen Vollstreckungsmaßregeln müssen aufgehoben werden (§§ 775 Nr. 3, 776 S. 1).
- Der Schuldner leistet nach Durchführung der Sicherungsvollstreckung Sicherheit, anschließend tut dies der Gläubiger. Hier ist die Vollstreckung ohne die sich aus § 720 a ergebenden Einschränkungen fortzusetzen. Es handelt sich nicht mehr um eine Sicherungsvollstreckung. Das gilt auch, wenn der Gläubiger von vornherein Sicherheit leistet. In beiden Fällen kann der Schuldner die Vollstreckung nicht durch eigene Sicherheit abwenden. Er hätte bis zum Schluss der mündlichen Verhandlung (§ 714) einen Schutzantrag nach § 712 stellen müssen.

13 **3. Rückgabe der Sicherheit.** Die **Rückgabe der Sicherheit** richtet sich nach § 109. Diese Vorschrift bezieht sich auf die Bestellung einer prozessualen Sicherheit iSv § 108. Dazu gehört die gem. Abs. 3 erbrachte Sicherheit. Ist die Veranlassung einer Sicherheitsleistung weggefallen, so hat auf Antrag des Schuldners das Gericht, welches das Urteil oder den Kostenfestsetzungsbeschluss erlassen hat, eine Frist zu bestimmen, innerhalb derer der Gläubiger die Einwilligung in die Rückgabe der Sicherheit zu erklären oder die Erhebung der Klage wegen seiner Ansprüche nachzuweisen hat. Ist Sicherheit durch Bankbürgschaft erbracht, so muss der Antrag des Schuldners nicht auf die Rückgabe der Sicherheit, sondern auf das Erlöschen der Bürgschaft gerichtet werden.[14]

IV. Weitere praktische Hinweise

14 Für den **Gläubiger**: Obwohl ein ausdrücklicher **Antrag** auf Sicherungsvollstreckung nicht unbedingt erforderlich ist (vgl Rn 6), sollte diese immer als solche beantragt werden. Der Vollstreckungsantrag ist dafür mit dem (fett gedruckten) Zusatz „im Wege der Sicherungsvollstreckung" zu versehen. Ferner ist darauf zu achten, dass nur die Durchführung der im Rahmen der Sicherungsvollstreckung zulässigen Maßnahmen beantragt wird.

15 Der **Schuldner** ist nach ganz hM berechtigt, die Sicherheit dem Gerichtsvollzieher **in bar** zur Hinterlegung anzubieten (s. § 711 Rn 14). Er trägt allerdings die Gefahr des zufälligen Untergangs der Sicherheitsleistung auf dem Weg zur Hinterlegungsstelle. Wird die Sicherheit nach durchgeführter Sicherungsvollstreckung erbracht, ist das Vollstreckungsorgan unter Hinweis auf § 776 S. 1 zur Aufhebung getroffener Sicherungsmaßregeln aufzufordern. Zur Aufhebung der Vorpfändung (§ 845) s. § 711 Rn 14.

16 Für den **Gerichtsvollzieher**: Zur Vermeidung von Amtshaftungsansprüchen ist stets darauf zu achten, dass nur mit vom Gläubiger einzuholender Erlaubnis des Vollstreckungsgerichts versteigert werden darf und Erlöse erst nach Sicherheitsleistung des Gläubigers (bzw Rechtskraft oder nach Vorlage von Entscheidungen gem. §§ 537, 558, 718; s. Rn 10) ausgekehrt werden dürfen.

---

14 OLG Jena NJW-RR 2002, 1505, 1506.

V. Kosten

Für den **Rechtsanwalt** löst die Sicherungsvollstreckung als zulässige Vollstreckungsmaßnahme die Verfahrensgebühr Nr. 3309 VV RVG aus.[15] Die Sicherungsvollstreckung gehört nicht mehr zum Erkenntnisverfahren, ist also nicht mit den dort verdienten Gebühren abgegolten. Die Gebühr entsteht mit der ersten Tätigkeit, dh bereits mit der Androhung der Sicherungsvollstreckung.[16] Das Verwertungsverfahren nach Erbringung der Sicherheit und die Sicherungsvollstreckung stellen dieselbe Angelegenheit dar.[17] Der Gegenstandswert richtet sich nach § 25 RVG,[18] nicht nach § 23 RVG.[19]

17

§ 721 Räumungsfrist

(1) ¹Wird auf Räumung von Wohnraum erkannt, so kann das Gericht auf Antrag oder von Amts wegen dem Schuldner eine den Umständen nach angemessene Räumungsfrist gewähren. ²Der Antrag ist vor dem Schluss der mündlichen Verhandlung zu stellen, auf die das Urteil ergeht. ³Ist der Antrag bei der Entscheidung übergangen, so gilt § 321; bis zur Entscheidung kann das Gericht auf Antrag die Zwangsvollstreckung wegen des Räumungsanspruchs einstweilen einstellen.

(2) ¹Ist auf künftige Räumung erkannt und über eine Räumungsfrist noch nicht entschieden, so kann dem Schuldner eine den Umständen nach angemessene Räumungsfrist gewährt werden, wenn er spätestens zwei Wochen vor dem Tag, an dem nach dem Urteil zu räumen ist, einen Antrag stellt. ²§§ 233 bis 238 gelten sinngemäß.

(3) ¹Die Räumungsfrist kann auf Antrag verlängert oder verkürzt werden. ²Der Antrag auf Verlängerung ist spätestens zwei Wochen vor Ablauf der Räumungsfrist zu stellen. ³§§ 233 bis 238 gelten sinngemäß.

(4) ¹Über Anträge nach den Absätzen 2 oder 3 entscheidet das Gericht erster Instanz, solange die Sache in der Berufungsinstanz anhängig ist, das Berufungsgericht. ²Die Entscheidung ergeht durch Beschluss. ³Vor der Entscheidung ist der Gegner zu hören. ⁴Das Gericht ist befugt, die im § 732 Abs. 2 bezeichneten Anordnungen zu erlassen.

(5) ¹Die Räumungsfrist darf insgesamt nicht mehr als ein Jahr betragen. ²Die Jahresfrist rechnet vom Tage der Rechtskraft des Urteils oder, wenn nach einem Urteil auf künftige Räumung an einem späteren Tage zu räumen ist, von diesem Tage an.

(6) Die sofortige Beschwerde findet statt

1. gegen Urteile, durch die auf Räumung von Wohnraum erkannt ist, wenn sich das Rechtsmittel lediglich gegen die Versagung, Gewährung oder Bemessung einer Räumungsfrist richtet;
2. gegen Beschlüsse über Anträge nach den Absätzen 2 oder 3.

(7) ¹Die Absätze 1 bis 6 gelten nicht für Mietverhältnisse über Wohnraum im Sinne des § 549 Abs. 2 Nr. 3 sowie in den Fällen des § 575 des Bürgerlichen Gesetzbuchs. ²Endet ein Mietverhältnis im Sinne des § 575 des Bürgerlichen Gesetz-

---

15 AnwK-RVG/*Wolf/Volpert*, VV Vorb. 3.3.3, VV 3309–3310 Rn 26.
16 OLG Hamburg JurBüro 1983, 82.
17 LG München I DGVZ 2007, 43; OLG Düsseldorf JurBüro 1987, 239.
18 Ausf. AnwK-RVG/*Wolf/Volpert*, § 25 Rn 5.
19 So aber OVG Magdeburg RVGreport 2012, 473; Gerold/Schmidt/*Müller-Rabe*, Nr. 3309 VV RVG Rn 351.

buchs durch außerordentliche Kündigung, kann eine Räumungsfrist höchstens bis zum vertraglich bestimmten Zeitpunkt der Beendigung gewährt werden.

§ 130 GVGA

I. Allgemeines	1	a) Gerichtliche Ermessensentscheidung; Fristbeginn	11
II. Voraussetzungen	2		
1. Wohnraum (Abs. 1, 7)	2	b) Einzelfälle	13
2. Räumung (Abs. 1) oder künftige Räumung (Abs. 2)	4	IV. Wirkung	18
III. Entscheidung des Gerichts	6	V. Rechtsbehelfe (Abs. 6)	19
1. Antrag (Abs. 1–3)	6	VI. Weitere praktische Hinweise	22
2. Zuständigkeit (Abs. 1, 4)	9	VII. Kosten	24
3. Verfahren	10	1. Gerichtskosten	24
4. Räumungsfrist (Abs. 1–3)	11	2. Rechtsanwaltsgebühren	25

I. Allgemeines

1 Bei § 721 handelt es sich um eine Bestimmung zum **Schutz** des zur Räumung von Wohnraum verurteilten **Schuldners**. Da bei ausbleibenden Mietzahlungen eine Räumungsfrist nicht in Betracht kommt (s. Rn 14) und Schuldner, deren Mietverhältnis aus anderen Gründen gekündigt wurde, sich vor allem in Zeiten knappen Wohnraums gegen die Kündigung wenden, hatte § 721 angesichts der zwischenzeitlichen Entspannung auf dem Wohnungsmarkt zeitweise an Bedeutung verloren. Mittlerweile ist aber zumindest in den Ballungsgebieten günstiger Wohnraum erneut knapp geworden mit der Folge, dass § 721 wieder vermehrt zur Anwendung kommt. Dennoch sollte von dieser Vorschrift nicht zu großzügig und vor allem **nicht schematisch** Gebrauch gemacht werden.[1] Das gilt umso mehr, als sich der Schuldner im Zusammenhang mit der Räumung auf § 765 a berufen kann (s. § 765 a Rn 3, 13, 17, 66).

II. Voraussetzungen

2 **1. Wohnraum (Abs. 1, 7).** Die Vorschrift gilt nur für die Räumung von **Wohnraum** (vgl Abs. 1 S. 1). Darunter fällt jeder vom Schuldner und seinen Angehörigen **tatsächlich zum Wohnen** genutzte Raum,[2] also auch ein Gartenhaus oder Wohnwagen,[3] nicht dagegen eine als solche genutzte Garage.[4] Betrifft das Mietverhältnis sowohl gewerbliche Räume als auch Wohnräume (**Mischmietverhältnis**), kann der Räumungsschutz auf den Wohnraum beschränkt werden, wenn eine Trennung beider Teile möglich ist.[5] Ist diese Vorgehensweise nicht möglich, darf es nicht darauf ankommen, welche Nutzung überwiegt,[6] da § 721 jede Art von Wohnraum schützt. Vielmehr ist dann Räumungsschutz insgesamt zu gewähren.[7] Die Räumungsfrist kann auch gewährt werden, wenn die tatsächliche Wohnnutzung Gegenstand eines **gewerblichen** Mietverhältnisses ist.[8]

---

1 Hk-ZPO/*Kindl*, § 721 Rn 1.
2 Hk-ZPO/*Kindl*, § 721 Rn 2; MüKo-ZPO/*Götz*, § 721 Rn 8.
3 MüKo-ZPO/*Götz*, § 721 Rn 8; Zöller/*Stöber*, § 721 Rn 2.
4 LG Berlin Grundeigentum 1981, 815.
5 LG Mannheim NJW-RR 1993, 713; LG Hamburg NJW-RR 1993, 662; Musielak/*Lackmann*, § 721 Rn 3.
6 So Zöller/*Stöber*, § 721 Rn 2.
7 Hk-ZPO/*Kindl*, § 721 Rn 2; Musielak/*Lackmann*, § 721 Rn 3; Thomas/Putzo/*Seiler*, § 721 Rn 1.
8 KG Grundeigentum 2013, 618.

Keine Anwendung findet die Vorschrift gem. Abs. 7 für Mietverhältnisse über 3
Wohnraum, den eine juristische Person des öffentlichen Rechts oder ein anerkannter privater Träger der Wohlfahrtspflege angemietet hat, um ihn Personen mit dringendem Wohnungsbedarf zu überlassen (§ 549 Abs. 2 Nr. 3 BGB). Dasselbe gilt grds. für **Zeitmietverhältnisse** iSv § 575 BGB. Bei außerordentlicher Kündigung eines Zeitmietverhältnisses kann allerdings eine Räumungsfrist bis zum vertraglich vorgesehenen Ende des Mietverhältnisses gewährt werden.

2. Räumung (Abs. 1) oder künftige Räumung (Abs. 2). Der Schuldner muss 4
durch **Urteil** zur Räumung (Abs. 1) oder künftigen Räumung (Abs. 2) verurteilt worden sein. Auf den **Rechtsgrund** kommt es nicht an. In Betracht kommen Urteile in Mietstreitigkeiten, sogar nach einer Kündigung des Schuldners,[9] sowie Verpflichtungen zum Auszug aus anderem Grund, zB nach § 985 BGB.[10] Urteil iSv Abs. 1 kann auch ein Versäumnisurteil oder ein Urteil nach § 345 (zweites Versäumnisurteil) sein.[11] In der Praxis wird bei derartigen Urteilen jedoch idR kein Grund für eine Fristgewährung vorliegen. Entgegen der hM in der Lit.[12] ist § 721 mit der Rspr[13] auf den **Zuschlagsbeschluss** nach § 93 ZVG anzuwenden, sofern im Übrigen die Voraussetzungen für eine Räumungsfrist gegeben sind.

Keine Anwendung findet § 721 auf andere Räumungstitel, insb. 5

- den Räumungsvergleich; für diesen existiert jedoch eine entsprechende Vorschrift (s. § 794 a);
- die einstweilige Verfügung nach § 940 a;[14]
- den Insolvenzeröffnungsbeschluss (§ 148 Abs. 2 InsO);[15]
- einstweilige Anordnungen nach § 49 FamFG;[16]
- Entscheidungen nach § 209 FamFG; jedoch kann das zuständige Familiengericht hier durchaus eine Räumungsfrist gewähren.[17]

III. Entscheidung des Gerichts

1. Antrag (Abs. 1–3). Die Räumungsfrist nach **Abs. 1** kann auf **Antrag oder von** 6
Amts wegen gewährt werden (Abs. 1 S. 1). Der Antrag ist bis zur letzten mündlichen Verhandlung zu stellen (Abs. 1 S. 2). Wird der Antrag bei der Entscheidung übergangen, ist nach Abs. 1 S. 3 iVm § 321 eine Urteilsergänzung mit zwischenzeitlicher Einstellung der Vollstreckung zulässig. Wenn kein Antrag gestellt wurde und das Gericht keine Räumungsfrist bewilligt, ist davon auszugehen, dass die Möglichkeit einer Räumungsfrist von Amts wegen geprüft und konkludent abgelehnt wurde. Eine spätere Urteilsergänzung kommt in diesen Fällen daher nicht in Betracht.[18] Die Entscheidung von Amts wegen bedeutet nicht, dass das Gericht die maßgeblichen Tatsachen von Amts wegen ermitteln muss. Diese sind vom Beklagten vorzutragen.[19]

---

9 Zöller/*Stöber*, § 721 Rn 3.
10 LG Kiel 29.11.2012 – 13 O 181/11.
11 MüKo-ZPO/*Götz*, § 721 Rn 2.
12 Hk-ZPO/*Kindl*, § 721 Rn 2; Musielak/*Lackmann*, § 721 Rn 2; Thomas/Putzo/*Seiler*, § 721 Rn 2.
13 LG Aschaffenburg DGVZ 2002, 169; LG Kiel NJW 1992, 1174; ebenso Baumbach/*Hartmann*, § 721 Rn 30.
14 LG Hamburg NJW-RR 1993, 1233; Zöller/*Stöber*, § 721 Rn 3.
15 MüKo-ZPO/*Götz*, § 721 Rn 2; Zöller/*Stöber*, § 721 Rn 3.
16 Vgl dazu Keidel/*Giers*, § 49 FamFG Rn 16.
17 Zu Einzelheiten s. Johannsen/Henrich/*Götz*, § 209 FamFG Rn 5; Keidel/*Giers*, § 209 FamFG Rn 3.
18 LG Hamburg 6.5.2010 – 307 T 35/10, juris.
19 MüKo-ZPO/*Götz*, § 721 Rn 5.

7 Erforderlich ist ein **Antrag** für die **Entscheidungen nach Abs. 2** (bei künftiger Räumung) und **Abs. 3** (Fristverlängerung oder -verkürzung). Bis zur Entscheidung kann nach Abs. 4 S. 4 iVm § 732 Abs. 2 die Zwangsvollstreckung durch einstweilige Anordnung eingestellt werden.

8 Die Anträge müssen spätestens zwei Wochen vor dem Tag, an dem nach dem Urteil zu räumen ist bzw die Räumungsfrist abläuft, gestellt werden. Bei der Fristberechnung ist der in Abs. 2 und 3 genannte Tag mitzuzählen.[20] Beispielsweise kann bei einer Räumungsfrist bis zum 30.4. der Antrag bis zum Ablauf des 16.4. gestellt werden. Fällt dieser Tag auf einen Sonnabend, Sonntag oder Feiertag, ändert sich die Fristberechnung nicht.[21] Der Antrag auf Fristverkürzung kann nur vom Gläubiger gestellt werden.[22] Bei Fristversäumung ist Wiedereinsetzung möglich.

9 **2. Zuständigkeit (Abs. 1, 4).** Für die Räumungsfrist nach Abs. 1 ist das Gericht zuständig, bei dem das Verfahren **anhängig ist**,[23] uU also auch das Revisionsgericht.[24] Für Anträge nach Abs. 2 (bei künftiger Räumung) und Abs. 3 (auf Fristverlängerung) ist grds. das erstinstanzliche Gericht zuständig; bei Anhängigkeit in der Berufung ist das Berufungsgericht, bei Anhängigkeit in der Revision ist wiederum das erstinstanzliche Gericht zuständig.[25]

10 **3. Verfahren.** Die Entscheidung nach Abs. 1 ergeht durch Urteil; eine isolierte Bewilligung ist nicht zulässig[26] (zur Anfechtung einer fehlerhaften Bewilligung durch Beschluss s. Rn 20). Entspricht das Gericht einem Antrag des Beklagten oder gewährt es eine Frist von Amts wegen, ist die Entscheidung in den **Tenor** des Urteils aufzunehmen und innerhalb der Entscheidungsgründe zu begründen. Das gilt auch für ein Versäumnisurteil. Wird einem Antrag nicht entsprochen, genügen entsprechende Ausführungen in den **Entscheidungsgründen**.[27] Auch ohne Antrag ist das Gericht gehalten, bei einem streitigen Urteil die Nichtgewährung der Frist zu begründen. Entsprechende Anforderungen können dagegen an ein **Versäumnisurteil** nicht gestellt werden,[28] da das Gericht idR mangels Tatsachenvortrages keine Räumungsfrist gewährt. Eine Begründungspflicht (zB „Gründe für die Gewährung einer Räumungsfrist sind nicht vorgetragen") wäre Formalismus. Die Räumungsfrist ist in diesem Fall versagt, wenn das Urteil darüber schweigt.[29] In den Fällen der Abs. 2 und 3 entscheidet das Gericht nach Anhörung des Prozessgegners durch **Beschluss**. Mündliche Verhandlung ist nach § 128 Abs. 4 freigestellt und unüblich. Zum Antrag s. Rn 6 ff.

11 **4. Räumungsfrist (Abs. 1–3). a) Gerichtliche Ermessensentscheidung; Fristbeginn.** Das Gericht entscheidet über die Räumungsfrist nach **pflichtgemäßem Ermessen**. Dabei sind die gegenseitigen Interessen von Gläubiger und Schuldner gegeneinander abzuwägen.[30] Grundlage ist der von den Parteien unterbreitete

---

20 Hk-ZPO/*Kindl*, § 721 Rn 5; Thomas/Putzo/*Seiler*, § 721 Rn 5.
21 LG Berlin NJW-RR 1993, 144; MüKo-ZPO/*Götz*, § 721 Rn 5 Fn 17; Thomas/Putzo/*Seiler*, § 721 Rn 5; aA mit unterschiedlicher Begründung LG Hamburg NJW-RR 1990, 657; Hk-ZPO/*Kindl*, § 721 Rn 5; Stein/Jonas/*Münzberg*, § 721 Rn 27, 30.
22 Baumbach/*Hartmann*, § 721 Rn 8.
23 Hk-ZPO/*Kindl*, § 721 Rn 6; Thomas/Putzo/*Seiler*, § 721 Rn 3.
24 BGH NJW 1963, 1307; Grundeigentum 2010, 842; zu Einzelheiten s. MüKo-ZPO/*Götz*, § 721 Rn 4; aA Baumbach/*Hartmann*, § 721 Rn 10, wonach bei Anhängigkeit in der Revision wieder das erstinstanzliche Gericht zuständig ist.
25 BGH NJW 1990, 2823.
26 BGH WuM 2014, 354.
27 Hk-ZPO/*Kindl*, § 721 Rn 4.
28 AA MüKo-ZPO/*Götz*, § 721 Rn 6.
29 LG Köln NJW-RR 1987, 143.
30 MüKo-ZPO/*Götz*, § 721 Rn 9.

Sachvortrag; eine Amtsermittlungspflicht besteht nicht (s. Rn 6). Die Frist sollte mit einem **bestimmten Kalendertag** enden.[31] Der Tenor kann wie folgt lauten:

▶ Dem Beklagten wird eine Räumungsfrist bis zum ... gewährt. ◀

Eine nach Monaten bemessene Frist beginnt mit der Verkündung des Urteils[32] und nicht erst mit dessen Rechtskraft.[33] Die Frist beträgt allerdings höchstens ein Jahr ab Rechtskraft oder dem (späteren) Datum, das für die zukünftige Räumung festgelegt ist. Eine Frist von weniger als einem Monat ist nicht sinnvoll.[34]

b) **Einzelfälle.** Die Rspr zu § 721 ist sehr umfangreich. Da die gerichtliche Ermessensentscheidung stets vor dem Hintergrund der konkreten Situation auf dem Wohnungsmarkt und der allgemeinen gesellschaftlichen Anschauungen erfolgt, erscheint es bedenklich, Entscheidungen aus den 60er und 70er Jahren des letzten Jahrhunderts ohne kritische Überprüfung heranzuziehen. Folgende Gesichtspunkte sind auch nach heutigem Stand maßgeblich:

Gegen die Gewährung oder Verlängerung (und damit ggf für eine Verkürzung) der **Räumungsfrist** spricht es, wenn der Schuldner **keine Miete** bzw Nutzungsentschädigung zahlt („Umsonstwohnen"). In diesem Fall ist die Fortsetzung des Mietverhältnisses für den Gläubiger nicht zumutbar.[35] Wenn dagegen pünktlich gezahlt wird, kann ein großzügigerer Maßstab angebracht sein.[36] Nicht praktikabel ist es, eine Räumungsfrist unter der Bedingung künftig pünktlicher Zahlungen zu gewähren.[37] Ungeklärt bleibt bei dieser Lösung, wer den Eintritt bzw Nichteintritt der Bedingung in welchem Verfahren nachzuweisen hat. An und für sich handelt es sich um eine der Vorschrift des § 726 unterfallende Bedingung, so dass der Gläubiger die nicht erfolgte oder unpünktliche Zahlung urkundlich nachweisen müsste. § 726 gilt jedoch nicht für die gleichfalls vorliegende Befristung (s. § 726 Rn 4). Die Vollstreckung könnte stattdessen erfolgen wie bei einer Verfallklausel. Dann wäre der Schuldner wenig geschützt, weil er sich auf die pünktliche Zahlung nur gem. § 767 berufen könnte.

Ferner kommt eine Räumungsfrist bei **schwerwiegenden Verstößen gegen den Mietvertrag** (zB unerlaubte Tierhaltung in erheblichem Umfang, Belästigung von Mitbewohnern) nicht in Betracht.[38]

Bei der Ermessensentscheidung sind die **persönlichen Verhältnisse und Interessen** der Parteien zu berücksichtigen.[39] Beim Gläubiger kommt es uU darauf an, ob es ihm mehr um wirtschaftliche Interessen oder um die Eigennutzung der Wohnung geht.[40] Auf der Seite des Schuldners beeinflussen die persönlichen Verhältnisse idR die Aussichten auf Ersatzwohnraum und werden dort behandelt (s. Rn 17). Weitere Umstände können mit einem sofortigen Auszug verbundene Schwierigkeiten wie zB eine Gefährdung des Arbeitsplatzes oder ein Schulwechsel der Kinder zur Unzeit,[41] das Alter des Schuldners und die Dauer des Mietverhältnisses

---

31 Thomas/Putzo/*Seiler*, § 721 Rn 11.
32 Thomas/Putzo/*Seiler*, § 721 Rn 11.
33 LG Berlin Grundeigentum 1999, 1427.
34 Hk-ZPO/*Kindl*, § 721 Rn 4; Thomas/Putzo/*Seiler*, § 721 Rn 14.
35 OLG Stuttgart NJW-RR 2007, 15; LG Berlin Grundeigentum 2007, 1253; LG Kleve 26.5.2012 – 3 O 15/12, juris; Baumbach/*Hartmann*, § 721 Rn 22.
36 OLG Koblenz MDR 2013, 836.
37 Dafür: LG Mainz WuM 1997, 233; KG Grundeigentum 2013, 618; MüKo-ZPO/*Götz*, § 721 Rn 10; Musielak/*Lackmann*, § 721 Rn 5.
38 LG Münster WuM 1991, 563; AG Neustadt a. Rbge. WuM 1998, 666; LG Hamburg WuM 1988, 18; LG Berlin Grundeigentum 2014, 1140.
39 MüKo-ZPO/*Götz*, § Rn 11; Musielak/*Lackmann*, § 721 Rn 5.
40 MüKo-ZPO/*Götz*, § Rn 11.
41 LG Berlin 11.12.2014 – 67 S 278/14, juris; Musielak/*Lackmann*, § 721 Rn 5.

sein.⁴² In der **Rechtsmittelinstanz** sind ferner die Erfolgsaussichten des Rechtsmittels zu berücksichtigen.⁴³

17 Von entscheidender Bedeutung sind die Bemühungen des Schuldners um und seine Aussichten auf **Ersatzwohnraum**. Darum muss sich der Schuldner erst **ab Rechtskraft** der Entscheidung bemühen.⁴⁴ Die Bemühungen können daher nur für den Antrag auf Fristverlängerung und -verkürzung von Bedeutung sein.⁴⁵ Nach Abs. 1 sind jedoch bereits die Aussichten des Schuldners zu berücksichtigen. Maßgeblich sind objektive Umstände, vor allem die konkrete Lage auf dem Wohnungsmarkt,⁴⁶ sowie subjektive Umstände, zB die Notwendigkeit einer behindertengerechten Wohnung,⁴⁷ alters- und gesundheitsbedingte Probleme,⁴⁸ Einkommensverhältnisse des Schuldners und schlechtere Anmietungschancen von Ausländern.⁴⁹

17a Wenn der Räumungsschuldner die Wohnung nur noch zur **Unterbringung von Gegenständen** wie Möbeln benötigt, kann das Räumungsschutzprivileg nicht gewährt werden.⁵⁰

IV. Wirkung

18 Die **vollstreckungsrechtlichen Folgen** der Räumungsfrist richten sich nach § 751 Abs. 1. Die Zwangsvollstreckung darf nicht vor Ablauf der Räumungsfrist beginnen. Der Gerichtsvollzieher kann einen nach Fristablauf liegenden Räumungstermin allerdings schon vor Fristablauf festlegen und den Schuldner davon benachrichtigen (§§ 128 Abs. 2, 120 GVGA). **Materiell-rechtlich** hat die Räumungsfrist keine Auswirkungen auf den Bestand eines gekündigten Mietverhältnisses. Der Schuldner ist bis zum Auszug verpflichtet, gem. § 546 a Abs. 1 BGB eine Nutzungsentschädigung zu zahlen.⁵¹ Zur Zahlung eines weiteren Schadensersatzes ist er jedoch gem. § 571 Abs. 2 BGB nicht verpflichtet.

V. Rechtsbehelfe (Abs. 6)

19 Soweit nicht nur die Entscheidung über die Räumungsfrist, sondern das Urteil insgesamt angefochten werden soll, sind die allgemeinen Rechtsbehelfe gegeben.

20 Darüber hinaus lässt **Abs. 6 Nr. 1** die **sofortige Beschwerde** zu, wenn nur die Gewährung, Versagung oder Bemessung der Räumungsfrist angefochten werden soll. Dies gilt gem. § 567 Abs. 1 nur für erstinstanzliche Urteile.⁵² Eine Versagung in diesem Sinne liegt auch vor, wenn das Urteil zur Frage der Räumungsfrist schweigt.⁵³ Die sofortige Beschwerde ist zulässig gegen ein erstes, nicht aber gegen ein zweites **Versäumnisurteil**, § 514 Abs. 2.⁵⁴ Sofortige Beschwerde und Berufung können nicht gleichzeitig von derselben Partei eingelegt werden. Der Gläu-

---

42 LG Hamburg WuM 1988, 18.
43 LG Hamburg WuM 1987, 62.
44 LG Essen WuM 1992, 202; Baumbach/*Hartmann*, § 721 Rn 17; aA LG Wuppertal WuM 1996, 429; KG ZMR 2009, 200; Musielak/*Lackmann*, § 721 Rn 6: frühere Bemühungen, wenn der Schuldner von der Berechtigung der Kündigung ausgehen muss.
45 LG München I NZM 2005, 360.
46 LG München I NZM 2005, 360; LG Essen WuM 1992, 202; LG Hamburg WuM 1991, 38.
47 LG München I WuM 1989, 412; LG Oldenburg ZMR 2012, 955.
48 LG Hamburg WuM 1988, 18.
49 LG Mannheim WuM 1990, 307.
50 LG Berlin Grundeigentum 2014, 1140.
51 Hk-ZPO/*Kindl*, § 721 Rn 6; Musielak/*Lackmann*, § 721 Rn 11.
52 KG 19.1.2012 – 12 W 2/12, juris.
53 LG Köln NJW-RR 1987, 143; Hk-ZPO/*Kindl*, § 721 Rn 7.
54 Hk-ZPO/*Kindl*, § 721 Rn 7; MüKo-ZPO/*Götz*, § 721 Rn 14.

biger kann sich jedoch mit der sofortigen Beschwerde gegen die Einräumung einer Räumungsfrist wenden, obwohl der Schuldner Berufung eingelegt hat.[55] Wenn das erstinstanzliche Gericht eine Räumungsfrist durch Beschluss bewilligt, obwohl die Bewilligung im Urteil hätte erfolgen müssen, ist dieser Beschluss auf die sofortige Beschwerde ohne Sachprüfung aufzuheben.[56]

Abs. 6 Nr. 2 ermöglicht die sofortige Beschwerde gegen erstinstanzliche Beschlüsse nach den Abs. 2 und 3. Die Rechtsbeschwerde kann zugelassen werden, § 574 Abs. 1 Nr. 2. 21

VI. Weitere praktische Hinweise

Für Gläubiger: Da der Gerichtsvollzieher einen nach Fristablauf liegenden Räumungstermin schon vor Fristablauf anberaumen darf (s. Rn 18), sollte der Vollstreckungsauftrag rechtzeitig vor Fristablauf gestellt werden, wenn eine Fristverlängerung voraussichtlich nicht oder nicht mit Aussicht auf Erfolg beantragt werden kann. 22

Für Schuldner: Wenn der Schuldner die Wohnung nicht sofort räumen kann, ist ein Räumungsschutzantrag immer ausdrücklich zu stellen. Der Schuldner sollte sich nicht auf eine Entscheidung von Amts wegen verlassen.[57] Der Räumungsschutzantrag ersetzt in der Berufung nicht den Vollstreckungsschutzantrag nach § 712, ohne den im Revisions- bzw Rechtsbeschwerdeverfahren eine Einstellung nicht in Betracht kommt (s. § 719 Rn 14).[58] 23

VII. Kosten

1. Gerichtskosten. Gerichtliche Gebühren werden in der ersten Instanz nicht erhoben. Für eine verworfene oder zurückgewiesene Beschwerde ist eine Gebühr Nr. 2121 KV GKG, für eine verworfene oder zurückgewiesene Rechtsbeschwerde die Gebühr Nr. 2124 KV GKG zu erheben. 24

2. Rechtsanwaltsgebühren. Die Vergütung des **Rechtsanwalts** richtet sich danach, ob ein unselbständiges Räumungsfristverfahren (Abs. 1) bzw ein selbständiges Räumungsverfahren (Abs. 2 und 3, § 794 a) vorliegt. Handelt es sich um die Gewährung einer Räumungsfrist des Räumungsprozesses, liegt keine besondere Angelegenheit vor (§ 19 Abs. 1 S. 2 Nr. 11 RVG). Im Falle des möglichen selbständigen Räumungsfristverfahrens außerhalb des Hauptverfahrens fällt eine Verfahrensgebühr von 1,0 an (Nr. 3334 VV RVG), die sich bei vorzeitiger Beendigung des Auftrags auf 0,5 reduziert (Nr. 3337 VV RVG). Hinsicht einer möglichen Terminsgebühr verweist Vorbem. 3.3.6 VV RVG auf Nr. 3104 VV RVG (1,2-fache Gebühr). Anwendbar ist damit aber auch Vorbem. 3 Abs. 3 VV RVG, so dass die Terminsgebühr auch durch Mitwirkung an auf die Vermeidung oder Erledigung des Verfahrens gerichteten Besprechungen entstehen kann. Entstehen kann auch eine Einigungsgebühr Nr. 1000 VV RVG, jedoch nach Nr. 1003 VV RVG nur iHv 1,0, wenn der Einigungsgegenstand gerichtlich anhängig ist. Mehrere Räumungsfristverfahren stellen jeweils besondere Angelegenheiten dar.[59] 25

Streitig ist die Frage des **Gegenstandswertes**. Teils wird ein pauschalierter Wert von drei Monatsmieten zugrunde gelegt, während die überwiegende Ansicht auf den Wert der auf die Räumungsfrist entfallenden Nutzungsentschädigung und auf den jeweiligen Einzelfall abstellt.[60] 26

---

55 LG Berlin Grundeigentum 2000, 603; MüKo-ZPO/*Götz*, § 721 Rn 14.
56 OLG München NJW-RR 2010, 945.
57 Zur Anwaltshaftung bei unterlassenem Antrag s. OLG Hamm NJW-RR 1995, 526.
58 BGH WuM 2004, 678; WuM 2008, 612.
59 OLG Stuttgart NJW-RR 2007, 15; AnwK-RVG/N. *Schneider*, VV 3334 Rn 23.
60 Vgl hierzu AnwK-RVG/N. *Schneider*, VV 3334 Rn 19 ff.

27 Sonstiger Räumungsschutz (§ 765 a) fällt nicht unter Nr. 3334 VV RVG, da es sich um eine Tätigkeit im Rahmen der Vollstreckung handelt (Nr. 3309 VV RVG).[61]

28 Im Beschwerdeverfahren (Abs. 6) fällt die Gebühr Nr. 3500 VV RVG an, ggf auch eine Terminsgebühr (Nr. 3513 VV RVG).

§ 722 Vollstreckbarkeit ausländischer Urteile

(1) Aus dem Urteil eines ausländischen Gerichts findet die Zwangsvollstreckung nur statt, wenn ihre Zulässigkeit durch ein Vollstreckungsurteil ausgesprochen ist.

(2) Für die Klage auf Erlass des Urteils ist das Amtsgericht oder Landgericht, bei dem der Schuldner seinen allgemeinen Gerichtsstand hat, und sonst das Amtsgericht oder Landgericht zuständig, bei dem nach § 23 gegen den Schuldner Klage erhoben werden kann.

I. Regelungsgegenstand 1	III. Vollstreckbarerklärungsverfahren 9
II. Anwendungsbereich 3	1. Allgemeines 9
1. Allgemeines 3	2. Zulässigkeit 10
2. Zivil- und Handelssachen ... 4	3. Begründetheit 14
3. Kostenentscheidungen 5	4. Entscheidungsform und -inhalt 18
4. Erbrecht, Familienrecht, freiwillige Gerichtsbarkeit ... 6	5. Rechtsmittel gegen das Vollstreckungsurteil 19
5. Urteile aus der ehemaligen DDR 7	IV. Kosten 20
6. Entscheidungen des EuGH und des EuG 8	

I. Regelungsgegenstand

1 Die Vorschrift regelt die Vollstreckbarkeit ausländischer Urteile in Deutschland. Ausländische Urteile sind im Grundsatz nicht unmittelbar vollstreckbar, ohne von einem deutschen Gericht für vollstreckbar erklärt worden zu sein (Abs. 1). Im Gegensatz zur Anerkennung einer ausländischen Entscheidung, die gem. § 328 kraft Gesetzes erfolgt (s. § 723 Rn 6, 61), bedarf die Vollstreckbarkeit daher eines inländischen Vollstreckbarerklärungsverfahrens. Dieses sog. **Exequaturverfahren** ist ein ordentlicher Zivilprozess und kein Verfahren der Zwangsvollstreckung.[1] Das Vollstreckungsurteil ist als **prozessuales Gestaltungsurteil Grundlage der Zwangsvollstreckung**, nicht dagegen der ausländische Titel selbst.[2]

2 § 722 wird ergänzt durch § 723, der die Voraussetzungen für die Erteilung der Vollstreckbarerklärung regelt und dabei auf die Ausschlussgründe für die Anerkennung ausländischer Urteile nach § 328 verweist (s. § 723 Rn 5 ff).

II. Anwendungsbereich

3 **1. Allgemeines.** Der Anwendungsbereich und damit auch die praktische Bedeutung der §§ 722 f ist durch **vorrangige Regelungen in EU-Verordnungen** im Bereich der justiziellen Zusammenarbeit in Zivilsachen, in multilateralen und bilateralen **Staatsverträgen** sowie in den dazu ergangenen Ausführungsgesetzen er-

---

61 AnwK-RVG/N. *Schneider*, VV 3334 Rn 10.
1 BGHZ 118, 312, 316 = NJW 1992, 3096, 3097.
2 BGHZ 118, 312, 316 = NJW 1992, 3096, 3097.

heblich eingeschränkt (s. die Auflistung in § 723 Rn 62 ff).[3] Nach §§ 722 f richtet sich daher in erster Linie die Vollstreckung von Urteilen aus nichteuropäischen Staaten.

2. Zivil- und Handelssachen. In Zivil- und Handelssachen finden vorrangig die Brüssel Ia-VO[4] bzw für Entscheidungen aus Verfahren, die vor dem 10.1.2015 eingeleitet wurden, die **Brüssel I-VO**[5] (EU-Mitgliedstaaten einschl. Dänemark;[6] das EuGVÜ gilt nur noch für Altfälle, s. Art. 66 Brüssel I-VO), das **LugÜ** (Schweiz, Norwegen und Island)[7] und die zwischenstaatlichen Verträge mit Israel, Norwegen und Spanien Anwendung. Die Vollstreckung einer Entscheidung erfordert nach der Brüssel I-VO und dem LugÜ die Erteilung einer Vollstreckungsklausel gem. §§ 2 ff AVAG (vgl Vor §§ 1 ff AVAG Rn 2). Nach der neuen Brüssel Ia-VO bedarf es dagegen keines Vollstreckbarerklärungsverfahrens im Vollstreckungsstaat. Stattdessen muss der Vollstreckungsgläubiger im Ursprungsmitgliedstaat eine Bescheinigung über die unmittelbare Vollstreckbarkeit der Entscheidung einholen. Für die Vollstreckung einer Entscheidung nach der **EuVTVO**,[8] **EuMahnVO**[9] oder **EuBagatellVO**[10] bedarf es ebenfalls keiner Klauselerteilung im Vollstreckungsmitgliedstaat. Die Anerkennung und Vollstreckung von Entscheidungen findet dort ohne Exequaturverfahren und, im Gegensatz zur Brüssel Ia-VO, auch ohne ordre-public-Vorbehalt statt (vgl die Ausführungsbestimmungen der §§ 1079–1117).

3. Kostenentscheidungen. Ausländische Kostenentscheidungen sind außerhalb des Anwendungsbereichs der EU-Verordnungen vorrangig nach dem Haager Übereinkommen vom 1.3.1954 über den Zivilprozeß (**HZPÜ**)[11] und dem Ausführungsgesetz vom 18.12.1958[12] zu vollstrecken.

4. Erbrecht, Familienrecht, freiwillige Gerichtsbarkeit. Die Anerkennung und Vollstreckung von Entscheidungen und öffentlichen Urkunden in Erbsachen richtet sich vorrangig nach der **EuErbVO**[13] iVm §§ 3 ff IntErbRVG. Im Bereich des Familienrechts einschließlich des Unterhaltsrechts sowie der freiwilligen Gerichtsbarkeit werden die §§ 722 f von § **110 FamFG** verdrängt. Die Vollstreckbarerklärung ergeht dort – anders als bei den §§ 722 f – durch Beschluss (§ 110 Abs. 2 S. 1 FamFG). Auch im Familienrecht richtet sich die Vollstreckung ausländischer Entscheidung allerdings vorrangig nach EU-Verordnungen (**Brüssel IIa-VO**[14] iVm §§ **16 ff IntFamRVG**; **UnterhaltsVO**)[15] und Staatsverträgen (HUVÜ vom 15.4.1958[16] mit dem Ausführungsgesetz vom 18.7.1961[17] und HUVÜ vom 2.10.1973[18] iVm §§ 2 ff AVAG; Haager Kindesentführungsübereinkommen[19]

---

3 Hk-ZPO/*Kindl*, § 723 Rn 2; Musielak/*Lackmann*, § 722 Rn 2; MüKo-ZPO/*Gottwald*, § 722 Rn 7.
4 ABl. Nr. L 351 vom 20.12.2012, S. 1.
5 ABl. Nr. L 12 vom 16.1.2001, S. 1.
6 Zur Anwendbarkeit der Verordnungen auf Dänemark s. ABl. Nr. L 79 vom 21.3.2013, S. 4 (Brüssel Ia-VO) und ABl. Nr. L 299 vom 16.11.2005, S. 62 (Brüssel I-VO).
7 BGBl. 1994 II S. 2660.
8 ABl. Nr. L 143 vom 30.4.2004, S. 15.
9 ABl. Nr. L 399 vom 30.12.2006, S. 1.
10 ABl. Nr. L 199 vom 31.7.2007, S. 1.
11 BGBl. 1958 II S. 577.
12 BGBl. 1958 I S. 939.
13 ABl. Nr. L 201 vom 27.7.2012, S. 107.
14 ABl. Nr. L 338 vom 23.12.2003, S. 1.
15 ABl. Nr. L 7 vom 10.1.2009, S. 1.
16 BGBl. 1961 II S. 1005.
17 BGBl. 1962 I S. 1033.
18 BGBl. 1986 II S. 826.
19 BGBl. 1990 II S. 207.

und Europäisches Sorgerechtsübereinkommen;[20] Haager Kinderschutzübereinkommen (KSÜ)[21] und Haager Minderjährigenschutzabkommen (MSA),[22] jeweils iVm §§ 16 ff IntFamRVG). Die Vollstreckung eines der in den Art. 41 und 42 Brüssel IIa-VO aufgeführten Titeln findet ohne Erteilung einer Vollstreckungsklausel nach den §§ 16 ff IntFamRVG statt.

7 **5. Urteile aus der ehemaligen DDR.** Die Vollstreckung von Urteilen aus der ehemaligen DDR richtet sich nach Art. 18 Abs. 1 EinigungsV.[23] Die Überprüfung der Vereinbarkeit dieser Entscheidungen und ihrer Vollstreckung mit rechtsstaatlichen Grundsätzen erfolgt auf Erinnerung (§ 766) des Vollstreckungsschuldners[24] und orientiert sich an § 328 Nr. 1–4.[25] Für die Anerkennung gilt § 328 entsprechend.[26] Lautet das Urteil auf DDR-Mark, ist es gem. Art. 10 Abs. 5 des Vertrages über die Währungs-, Wirtschafts- und Sozialunion[27] im Verhältnis 2:1 auf DM umzustellen.[28] Ausländische Titel, die auf DDR-Mark ausgestellt sind, können in Deutschland nicht vollstreckt werden, da es an einer Umrechnungsgrundlage fehlt.[29]

8 **6. Entscheidungen des EuGH und des EuG.** Die Entscheidungen des EuGH und des EuG sind wie inländische Urteile vollstreckbar (Art. 280 und 299 AEUV),[30] wobei die Vollstreckungsklausel vom Bundesminister der Justiz zu erteilen ist.[31]

III. Vollstreckbarerklärungsverfahren

9 **1. Allgemeines.** Das Vollstreckbarerklärungsverfahren ist ein **streitiges Erkenntnisverfahren**[32] und es gelten grds. die allgemeinen Regeln eines ordentlichen Zivilprozesses.[33] Das Verfahren wird durch Klageantrag eingeleitet; es wird bei Eröffnung eines inländischen Insolvenzverfahrens unterbrochen, soweit der Streitgegenstand des Vollstreckbarerklärungsverfahrens die Insolvenzmasse betrifft.[34] Dies gilt grds. auch für die Eröffnung eines Insolvenzverfahrens im Ursprungsstaat oder in einem Drittstaat, wobei bei Insolvenzverfahren in anderen Mitgliedstaaten vorrangig die Regelungen der EuInsVO[35] Anwendung finden.[36]

10 **2. Zulässigkeit.** Für das Vollstreckbarerklärungsverfahren ist gem. §§ 722 Abs. 2, 802 das Amts- oder Landgericht **ausschließlich örtlich zuständig**, bei dem der Schuldner seinen allgemeinen Gerichtsstand (§§ 13–19) hat. Hat der Schuldner keinen inländischen allgemeinen Gerichtsstand, ist das Amts- oder Landgericht zuständig, in dessen Bezirk sich Vermögen des Schuldners befindet (§ 23), ohne dass dazu ein über die Belegenheit des Vermögens hinausgehender Inlandsbezug erforderlich wäre.[37] **Sachlich zuständig** ist bis zu einem Wert der mit der

---

20 BGBl. 1990 II S. 220.
21 BGBl. 2009 II S. 602 f.
22 BGBl. 1971 II S. 217.
23 BGBl. 1990 II S. 885.
24 BGH NJW 1962, 109, 110.
25 BGH NJW 1997, 2051.
26 BGH NJW 1997, 2051; Thomas/Putzo/*Hüßtege*, § 328 Rn 5; MüKo-ZPO/*Gottwald*, § 328 Rn 65.
27 BGBl. 1990 II S. 17.
28 Musielak/*Becker*, Vor § 802 a Rn 2.
29 OLG Hamm FamRZ 2004, 716.
30 ABl. Nr. C 115 vom 9.5.2008, S. 47.
31 BGBl. 1961 II S. 50.
32 BGH NJW 1992, 3097.
33 Zöller/*Geimer*, § 722 Rn 65 ff.
34 BGH NZI 2008, 681 m. Anm. *Meyer*; Hk-ZPO/*Kindl*, § 723 Rn 1.
35 ABl. Nr. L 160 vom 30.6.2000, S. 1.
36 Zöller/*Geimer*, § 722 Rn 4 a f.
37 BGH NJW 1997, 325, 326 m. Anm. *Schlosser*, JZ 1997, 364; *Munz*, RIW 1997, 238.

ausländischen Entscheidung zuerkannten und zu vollstreckenden Forderung (§§ 3 ff) von 5.000 € das Amtsgericht (§ 23 Nr. 1 GVG), darüber hinaus das Landgericht (§ 71 Abs. 1 GVG). Die §§ 23 Nr. 2 und 71 Abs. 2 GVG sind nicht anwendbar. Eine **funktionelle Zuständigkeit** der Kammer für Handelssachen besteht nicht.[38]

Der **Klageantrag** des Gläubigers muss dem Bestimmtheitsgrundsatz entsprechen[39] und ist darauf zu richten, 11

▶ das Urteil des ... (Gericht, Staat, Datum, Aktenzeichen), durch das der Beklagte verurteilt wurde, ... (Wiedergabe des Tenors), für den Bereich der Bundesrepublik Deutschland für vollstreckbar zu erklären.[40] ◀

Es genügt die Vorlage einer beglaubigten Kopie des ausländischen Urteils.[41]

Der **Streitgegenstand** der Vollstreckbarerklärungsklage wird durch den Antrag 12 bestimmt und besteht in dem Anspruch des Klägers auf Herstellung der Vollstreckbarkeit einer ausländischen Entscheidung im Inland durch rechtsgestaltendes Urteil.[42] Ein unzulässiger Antrag auf Erteilung der Vollstreckungsklausel zB nach dem EuGVÜ, LugÜ, HUVÜ oder nach der Brüssel I-VO iVm §§ 2 ff AVAG bzw der Brüssel IIa-VO iVm §§ 16 ff IntFamRVG (s. Rn 5) oder nach den multi- und bilateralen Staatsverträgen (s. Rn 3 und § 723 Rn 62 ff) kann nicht in eine förmliche Vollstreckungsklage nach §§ 722 f **umgedeutet** werden.[43]

Die Vollstreckungsklage kann zur Feststellung der Anerkennung mit einer entsprechenden **Zwischenfeststellungsklage verbunden** werden.[44] Neben der Vollstreckungsklage hat der Gläubiger nach der Rspr des BGH grds. die Möglichkeit, eine **selbständige Leistungsklage** auf den durch das ausländische Urteil festgestellten Anspruch zu erheben.[45] Ist die ausländische Entscheidung anerkennungsfähig, verlangt die Rechtskraftwirkung der ausländischen Entscheidung aber eine inhaltlich übereinstimmende Sachentscheidung (vgl auch § 723 Rn 59).[46] Bei Zweifeln über das Vorliegen der Vollstreckbarerklärungsvoraussetzungen bzw der Anerkennungsfähigkeit der Entscheidung empfiehlt sich daher die **stufenweise** Beantragung von Vollstreckbarerklärung und Leistung als Haupt- und Hilfsantrag.[47] 13

3. Begründetheit. Die Klage auf Vollstreckbarerklärung eines ausländischen Urteils ist begründet, wenn ein vollstreckungsfähiges Urteil Gegenstand der Klage ist,[48] die **Vollstreckbarerklärungsvoraussetzungen nach § 723** vorliegen und keine nach Erlass der ausländischen Entscheidung entstandenen Einwendungen ent- 14

---

38 Zöller/*Geimer*, § 722 Rn 47.
39 BGH NJW 1993, 1801.
40 Vgl MüKo-ZPO/*Gottwald*, § 722 Rn 30; Musielak/*Lackmann*, § 722 Rn 9.
41 OLG Hamm RIW 1997, 960.
42 BGH NZI 2008, 681, 682.
43 BGH NJW 1995, 264 zu Art. 31 EuGVÜ; Musielak/*Lackmann*, § 722 Rn 7; Thomas/Putzo/*Hüßtege*, § 723 Rn 4.
44 Hk-ZPO/*Kindl*, § 723 Rn 7; Zöller/*Geimer*, § 722 Rn 99.
45 BGH NJW 1987, 1146; BGH NJW 1979, 2477; BGH NJW 1964, 1226; OLG Karlsruhe NJW-RR 1999, 82, 83; Hk-ZPO/*Kindl*, § 723 Rn 7; MüKo-ZPO/*Gottwald*, § 722 Rn 46 f und § 328 Rn 165; Stein/Jonas/*Münzberg*, § 722 Rn 6; Stein/Jonas/*Roth*, § 328 Rn 14 f; Zöller/*Geimer*, § 328 Rn 35 und § 722 Rn 96 f. AA: Thomas/Putzo/*Hüßtege*, § 723 Rn 6; Wieczorek/Schütze/*Schütze*, § 328 Rn 65 und § 722 Rn 3; Musielak/*Stadler*, § 328 Rn 37 f.
46 BGH NJW 1987, 1146; BGH NJW 1964, 1626; MüKo-ZPO/*Gottwald*, § 722 Rn 47.
47 Zöller/*Geimer*, § 722 Rn 98.
48 Vgl AG Wiesbaden FamRZ 2006, 562; Thomas/Putzo/*Hüßtege*, § 723 Rn 12 (fehlendes Rechtsschutzbedürfnis).

sprechend § 767 Abs. 2 durchgreifen. Versäumt der Beklagte die Geltendmachung der Einwendungen im Vollstreckbarerklärungsverfahren, ist er in einem späteren Vollstreckungsabwehrverfahren gem. § 767 präkludiert (vgl § 723 Rn 3).

15 **Aktivlegitimiert** ist der Vollstreckungsgläubiger oder sein Rechtsnachfolger, **passivlegitimiert** ist der Vollstreckungsschuldner bzw dessen Rechtsnachfolger.[49] Die Veräußerung oder Abtretung nach Erhebung der Vollstreckungsklage hat auf die Aktivlegitimation im Prozess wegen § 265 Abs. 2 keinen Einfluss.[50] Eine nach Abschluss des Verfahrens im Ursprungsstaat und vor Klageerhebung eingetretene Rechtsnachfolge ist zu berücksichtigen.[51]

16 Vollstreckungsfähige **Urteile nach Abs. 1** sind alle vollstreckbaren Entscheidungen einschließlich Kostenfestsetzungsbeschlüsse,[52] ausländische Staatsakte, die Vollstreckungsbescheiden entsprechen,[53] sowie konkursrechtliche Titel.[54] Der Begriff ist weit auszulegen.[55] Allerdings gehören dazu **nicht Prozessvergleiche und vollstreckbare Urkunden,** denn § 795 verweist nicht auf § 722.[56] Deren Anerkennung und Vollstreckbarkeit ist ausschließlich nach den genannten Staatsverträgen und EU-Verordnungen (s. Rn 3 f) möglich. Gleiches gilt für Entscheidungen des einstweiligen Rechtsschutzes und ausländische Vollstreckbarerklärungen. Auf Schiedssprüche findet § 723 ebenfalls keine Anwendung (es gilt § 1061).

17 Die ausländische Entscheidung muss auch **im Ursprungsmitgliedstaat vollstreckungsfähig** sein.[57] Voraussetzung ist daher ein vollstreckungsfähiger und hinreichend bestimmter[58] oder zumindest mit Hilfe ausländischer Gesetze oder sonstiger allgemein zugänglichen Quellen bestimmbarer Inhalt (gesetzliche Zinsen,[59] Preis- oder Verbraucherindex).[60] Feststellungs- oder Gestaltungsurteile können mit Ausnahme der Kostenentscheidung nicht für vollstreckbar erklärt werden. Sie werden aber gem. § 328 anerkannt. Zu den Gestaltungsurteilen gehören auch ausländische Vollstreckungsurteile, die ihrerseits Entscheidungen aus Drittstaaten oder schiedsgerichtliche Entscheidungen[61] für vollstreckbar erklären (**Verbot der Doppelexequatur**).[62] Urteile, die nach der Rechtsordnung des Ursprungsstaates **nichtig oder unwirksam** sind, sind nicht gem. §§ 722 f für vollstreckbar zu erklären. Ist die Entscheidung hingegen lediglich anfechtbar, so schließt dies ihre Anerkennung und Vollstreckung so lange nicht aus, bis sie aufgehoben ist.[63]

18 **4. Entscheidungsform und -inhalt.** Die Entscheidung im Vollstreckbarerklärungsverfahren ergeht durch Urteil. Der Tenor entspricht bei Stattgabe der Entscheidung dem Klageantrag (s. Rn 11). Die Umrechnung von Fremdwährungen

---

49 Hk-ZPO/*Kindl*, § 723 Rn 11; Musielak/*Lackmann*, § 722 Rn 8; Zöller/*Geimer*, § 722 Rn 64.
50 BGHZ 118, 312, 315 f = NJW 1992, 3096, 3097; Musielak/*Lackmann*, § 722 Rn 8.
51 BGH NJW-RR 2011, 650, 652; Zöller/*Geimer*, § 722 Rn 1 d.
52 RGZ 109, 383, 387; Stein/Jonas/*Münzberg*, § 722 Rn 11.
53 OLGR Köln 2005, 83; Zöller/*Geimer*, § 722 Rn 10.
54 BGH NJW 1993, 2312, 2316.
55 Hk-ZPO/*Kindl*, § 723 Rn 8; MüKo-ZPO/*Gottwald*, § 722 Rn 21.
56 Musielak/*Lackmann*, § 722 Rn 3; MüKo-ZPO/*Gottwald*, § 722 Rn 21; aA Zöller/ *Geimer*, § 722 Rn 10.
57 BGH MDR 2004, 1074, 1075.
58 BGH NJW 1993, 1801.
59 BGH NJW 1990, 3084, 3085; OLG Köln NJOZ 2005, 1181, 1182.
60 BGH NJW 1986, 1440; Zöller/*Geimer*, § 722 Rn 60.
61 BGH NJW 2009, 2826, 2827 f; aA für US-amerikanische Urteile über die Vollstreckbarkeit von US-Schiedssprüchen noch BGH NJW 1984, 2765.
62 Hk-ZPO/*Kindl*, § 723 Rn 8; MüKo-ZPO/*Gottwald*, § 722 Rn 28 f.
63 BGHZ 118, 312, 318 = NJW 1992, 3096, 3098.

in Euro ist Sache des Vollstreckungsorgans.[64] Die Kostenentscheidung richtet sich nach §§ 91 ff, die vorläufige Vollstreckbarkeit des Vollstreckungsurteils nach §§ 708 ff.[65]

5. Rechtsmittel gegen das Vollstreckungsurteil. Das Vollstreckungsurteil ist mit den allgemeinen Rechtsmitteln der Berufung (§ 511) und Revision (§ 542) sowie mit dem Einspruch (§ 338) anfechtbar.[66] 19

IV. Kosten

Für das Verfahren der Vollstreckbarerklärung eines ausländischen Urteils fällt eine **Gerichtsgebühr** an (Nr. 1510 KV GKG), die sich ermäßigt, wenn das Verfahren durch Zurücknahme des Antrags vor dem Schluss der mündlichen Verhandlung oder, wenn eine mündliche Verhandlung nicht stattfindet, vor Ablauf des Tages, an dem die Entscheidung der Geschäftsstelle übermittelt wird, beendet wird (Nr. 1511 KV GKG). Die **Anwaltsgebühren** entsprechen denen des Erkenntnisverfahrens, so dass idR eine Verfahrensgebühr mit einem Satz von 1,3 (Nr. 3100 VV RVG) sowie eine Terminsgebühr mit einem Satz von 1,2 (Nr. 3104 VV RVG) anfällt. Im **Rechtsmittelverfahren** gilt Nr. 1520 KV GKG für die Gerichtsgebühr bzw. Nr. 3200 ff VV RVG für die Anwaltsgebühr. Erfolgt das Verfahren nach einem **internationalen Abkommen**, gelten ebenfalls Nr. 1510 KV GKG (bzw. Nr. 1514 KV GKG) und für den Rechtsanwalt Nr. 3100 ff VV RVG bzw. Nr. 3200 ff VV RVG (s. Vorbem. 3.1 Abs. 1 und Vorbem. 3.2.1 Nr. 2 Buchst. a) VV RVG), da keine besonderen Gebühren bestimmt sind. 20

§ 723 Vollstreckungsurteil

(1) Das Vollstreckungsurteil ist ohne Prüfung der Gesetzmäßigkeit der Entscheidung zu erlassen.

(2) ¹Das Vollstreckungsurteil ist erst zu erlassen, wenn das Urteil des ausländischen Gerichts nach dem für dieses Gericht geltenden Recht die Rechtskraft erlangt hat. ²Es ist nicht zu erlassen, wenn die Anerkennung des Urteils nach § 328 ausgeschlossen ist.

I. Regelungsgegenstand 1	f) Beurteilungszeitpunkt ... 18
II. Keine révision au fond (Abs. 1) .. 2	3. Anerkennungsfähiges Urteil 20
III. Formelle Rechtskraft der zu vollstreckenden Entscheidung (Abs. 2 S. 1) 4	4. Anerkennungshindernisse ... 23
	a) Allgemeines 23
IV. Kein Ausschluss der Anerkennung nach § 328 (Abs. 2 S. 2) ... 5	b) Internationale Unzuständigkeit des Ursprungsstaates,
1. Allgemeines 5	§ 328 Abs. 1 Nr. 1 24
2. Prüfung der Anerkennungshindernisse und -voraussetzungen 8	c) Ordnungsgemäße und rechtzeitige Zustellung, § 328 Abs. 1 Nr. 2 28
a) Allgemeines 8	aa) Allgemeines 28
b) Gesetzliche Vermutung .. 9	bb) Fehlende Einlassung . 29
c) Untersuchungsgrundsatz 10	cc) Verfahrenseinleitendes Schriftstück 30
d) Verbot der Nachprüfung 14	
e) Darlegungs- und Beweislast 16	dd) Ordnungsmäßigkeit der Zustellung 31

---

64 Zöller/*Geimer*, § 722 Rn 55.
65 Hk-ZPO/*Kindl*, § 723 Rn 15.
66 Hk-ZPO/*Kindl*, § 723 Rn 15.

ee) Rechtzeitigkeit der Zustellung........... 35
ff) Rechtsbehelf im Ursprungsstaat nicht erforderlich......... 36
d) Entgegenstehende Rechtskraft oder Rechtshängigkeit, § 328 Abs. 1 Nr. 3....... 37
  aa) Konkurrenz zwischen ausländischen Entscheidungen..... 38
  bb) Konkurrenz mit inländischem Urteil 39
  cc) Konkurrenz mit inländischem Verfahren............... 40
e) Ordre-public-Vorbehalt, § 328 Abs. 1 Nr. 4....... 41
  aa) Allgemeines......... 41
  bb) Wirkung des anerkennungsrechtlichen ordre public......... 42
  cc) Verstöße gegen den materiell-rechtlichen ordre public......... 46
  dd) Verstöße gegen den verfahrensrechtlichen ordre public... 48
  ee) Abweichung des Kollisionsrechts..... 53
f) Keine Gegenseitigkeit, § 328 Abs. 1 Nr. 5....... 54
5. Wirkungen der Anerkennung....................... 58
V. **Anhang: Staatsverträge/Europäisches Recht**...................... 62
1. EU-Verordnungen........... 62
2. Multilaterale Abkommen... 63
3. Bilaterale Abkommen....... 64

I. Regelungsgegenstand

1 Die Vorschrift regelt zusammen mit § 722 die Voraussetzungen der Vollstreckbarkeit ausländischer Urteile, nämlich den Erlass eines Vollstreckungsurteils. Sie verweist dabei in Abs. 2 S. 2 auf die Anerkennungshindernisse nach § 328 (vgl Rn 5 ff).

II. Keine révision au fond (Abs. 1)

2 Nach Abs. 1 darf die ausländische Entscheidung nicht auf ihre formelle und materielle Richtigkeit hin geprüft werden (**Verbot der révision au fond**).[1] Auch die Tatsachenfeststellungen im erststaatlichen Verfahren sind vom Verbot der Nachprüfung umfasst.[2] Der Schuldner kann im Prozess allerdings die in § 328 genannten Anerkennungsversagungsgründe (Abs. 2 S. 2) sowie alle Einwendungen geltend machen, die die Vollstreckungsfähigkeit des Titels im Ursprungsstaat betreffen (s. § 722 Rn 17).

3 **Materiell-rechtliche Einwendungen** gegen den der ausländischen Entscheidung zugrunde liegenden Anspruch sind aus prozessökonomischen Gründen unter **analoger Anwendung des § 767** zuzulassen, wenn sie vor dem ausländischen Gericht nicht mehr geltend gemacht werden konnten.[3] Unterlässt der Schuldner das Vorbringen der Einwände im Vollstreckbarerklärungsverfahren, ist er im Rahmen einer späteren Vollstreckungsgegenklage präkludiert.[4] Aus prozessökonomischen Gründen kann auch eine wesentliche Änderung der Verhältnisse iSd § 323 Abs. 1 bereits im Vollstreckbarerklärungsverfahren berücksichtigt werden.[5] Gleiches gilt auch für den Fall einer Leistungsklage auf den Erlass eines mit der ausländischen Entscheidung übereinstimmenden inländischen Urteils (s. § 722 Rn 13).[6]

---

1 BGHZ 118, 312, 320 = NJW 1992, 3096, 3100.
2 Wieczorek/Schütze/*Schütze*, § 328 Rn 66; Zöller/*Geimer*, § 723 Rn 1.
3 BGH NJW 1987, 1146, 1147; Musielak/*Lackmann*, § 722 Rn 8; MüKo-ZPO/*Gottwald*, § 722 Rn 52 f; Zöller/*Geimer*, § 722 Rn 79 ff.
4 Hk-ZPO/*Kindl*, § 723 Rn 14; MüKo-ZPO/*K. Schmidt*, § 767 Rn 78; Musielak/*Lackmann*, § 722 Rn 8; Zöller/*Geimer*, § 722 Rn 104.
5 BGH NJW 1987, 1146, 1147; Musielak/*Lackmann*, § 722 Rn 8.
6 Stein/Jonas/*Münzberg*, § 722 Rn 6; offen gelassen von BGH NJW 1987, 1146, 1147.

III. Formelle Rechtskraft der zu vollstreckenden Entscheidung (Abs. 2 S. 1)

Die Vollstreckbarkeit ist gem. Abs. 2 S. 1 durch Urteil auszusprechen, wenn die ausländische Entscheidung nach dem Recht des Ursprungsstaates endgültig **formelle Rechtskraft** oder eine der nach deutschem Recht formellen Rechtskraft vergleichbare Wirkung erlangt hat.[7] Vorläufige Vollstreckbarkeit der ausländischen Entscheidung genügt zwar für die Anerkennung der Entscheidung,[8] nicht aber für die Vollstreckbarerklärung (vgl aber Art. 38 ff Brüssel I-VO, Art. 31 ff EuGVÜ). Der Umstand, dass ein rechtskräftiges ausländisches Urteil nach dem Recht des Ursprungsstaates weiterhin anfechtbar ist (Wiederaufnahme, Verfassungsbeschwerde), schließt die Vollstreckbarerklärung nach § 722 so lange nicht aus, bis das Urteil im Erststaat aufgehoben ist.[9] Für die Ermittlung des ausländischen Rechts gilt § 293.[10]

IV. Kein Ausschluss der Anerkennung nach § 328 (Abs. 2 S. 2)

1. Allgemeines. Die Klage auf Vollstreckbarerklärung eines ausländischen Urteils ist nach Abs. 2 S. 2 nur begründet, wenn die Anerkennung des Urteils nach § 328 nicht ausgeschlossen ist.

§ 328 ZPO Anerkennung ausländischer Urteile

(1) Die Anerkennung des Urteils eines ausländischen Gerichts ist ausgeschlossen:
1. wenn die Gerichte des Staates, dem das ausländische Gericht angehört, nach den deutschen Gesetzen nicht zuständig sind;
2. wenn dem Beklagten, der sich auf das Verfahren nicht eingelassen hat und sich hierauf beruft, das verfahrenseinleitende Dokument nicht ordnungsmäßig oder nicht so rechtzeitig zugestellt worden ist, dass er sich verteidigen konnte;
3. wenn das Urteil mit einem hier erlassenen oder einem anzuerkennenden früheren ausländischen Urteil unvereinbar ist oder wenn das ihm zugrunde liegende Verfahren mit einem früher hier rechtshängig gewordenen Verfahren unvereinbar ist;
4. wenn die Anerkennung des Urteils zu einem Ergebnis führt, das mit wesentlichen Grundsätzen des deutschen Rechts offensichtlich unvereinbar ist, insbesondere wenn die Anerkennung mit den Grundrechten unvereinbar ist;
5. wenn die Gegenseitigkeit nicht verbürgt ist.

(2) Die Vorschrift der Nummer 5 steht der Anerkennung des Urteils nicht entgegen, wenn das Urteil einen nichtvermögensrechtlichen Anspruch betrifft und nach den deutschen Gesetzen ein Gerichtsstand im Inland nicht begründet war.

§ 328 regelt die **Anerkennung** ausländischer Sachentscheidungen **kraft Gesetz**. Eines besonderen Verfahrens oder einer besonderen Form bedarf es für die Anerkennung nicht. Allerdings erstrecken sich die Wirkungen nur auf das Inland, wenn die allgemeinen Anerkennungsvoraussetzungen gegeben sind, also ein anerkennungsfähiges Urteil vorliegt und keiner der genannten Versagungsgründe erfüllt ist.[11] Die Anerkennung kann auch nur für abtrennbare **Teile** der ausländischen Entscheidung erfolgen.[12]

Im **Anwendungsbereich** der die Anerkennung und Vollstreckung regelnden EU-Verordnungen und internationalen Staatsverträge sowie im Bereich des Familien-

---
7 Vgl BGHZ 141, 286 = NJW 1999, 3198.
8 Zöller/*Geimer*, § 328 Rn 69.
9 BGHZ 118, 312, 318 = NJW 1992, 3096, 3098.
10 Hk-ZPO/*Kindl*, § 723 Rn 13.
11 BayObLG NJW-RR 2000, 885.
12 BGHZ 118, 312, 345 f = NJW 1992, 3096.

rechts und der freiwilligen Gerichtsbarkeit findet § 328 keine Anwendung (vgl § 722 Rn 3 ff). Sieht § 328 aber ausnahmsweise vergleichsweise leichtere Anerkennungsvoraussetzungen vor, greift zugunsten des Gläubigers das **Günstigkeitsprinzip**.[13] Wegen des Vorrangs und Schutzzwecks europäischer Regelungen für die Anerkennung und Vollstreckung ausländischer Entscheidungen gilt dies aber nicht im Anwendungsbereich der EU-Verordnungen, sondern bleibt dem Verhältnis zu Staatsverträgen vorbehalten.[14]

8   2. Prüfung der Anerkennungshindernisse und -voraussetzungen. a) **Allgemeines.** Die Prüfung der Anerkennungshindernisse und -voraussetzungen erfolgt entweder im Rahmen einer Klage auf Feststellung der Anerkennung (§ 256) oder inzident als Vorfrage in einem inländischen Verfahren, wie der Vollstreckungsklage nach §§ 722 f.

9   b) **Gesetzliche Vermutung.** Es besteht keine gesetzliche Vermutung, weder für noch gegen die Anerkennung ausländischer Entscheidungen.[15]

10 c) **Untersuchungsgrundsatz.** Die Prüfung der Anerkennungsvoraussetzungen und -versagungsgründe findet grds. **von Amts wegen** statt.[16] Ein Anerkenntnis des Beklagten oder eine Vereinbarung über das Vorliegen der Voraussetzungen entfaltet daher keine Wirkung; die Anerkennung oder Vollstreckbarerklärung einer ausländischen Entscheidung unterliegt grds. nicht der Parteidisposition.[17] Dagegen ist ein Vergleich zwischen den Parteien über den dem ausländischen Urteil zugrunde liegenden Anspruch zulässig;[18] denn dieser ist nicht Streitgegenstand der Anerkennung oder einer Vollstreckungsklage (s. § 722 Rn 12).

11 Eine **Ausnahme** von der Amtsprüfung und dem Untersuchungsgrundsatz wird für den Versagungsgrund in **§ 328 Abs. 1 Nr. 2** angenommen, der nur auf **rechtzeitige Rüge** im Zweitverfahren zu berücksichtigen ist.[19] Der Beklagte kann daher auf den gewährten Schutz ordnungsgemäßer und rechtzeitiger Zustellung verzichten.[20]

12 Auch für das Anerkennungshindernis in **§ 328 Abs. 1 Nr. 1** wird teilweise eine Rüge verlangt.[21] Der Beklagte soll auf das Anerkennungshindernis der fehlenden internationalen Zuständigkeit verzichten können, wenn diese nur seinem Schutz dient, also die Gerichtsbarkeit des ausländischen Staates gegeben ist und keine ausschließliche internationale Zuständigkeit vorliegt.[22] Dagegen darf sich der Kläger bei verlorenem Prozess im Ausland nicht im Rahmen der Anerkennung auf die fehlende internationale Zuständigkeit berufen (widersprüchliches Verhalten).[23]

---

13 BGH NJW 1987, 3083, 3084; BayObLG NJW-RR 1990, 842, 843; Thomas/Putzo/*Hüßtege*, § 328 Rn 1; Zöller/*Geimer*, § 328 Rn 5 ff.
14 EuGH NJW 2002, 2087 (zu Art. 27 Nr. 3 EuGVÜ); Zöller/*Geimer*, § 328 Rn 11; Musielak/*Stadler*, § 328 Rn 3; Rauscher/*Leible*, EuZVR/EuIPR (2010), Art. 32 Brüssel I-VO Rn 3; MüKo-ZPO/*Gottwald*, § 328 Rn 18 f mwN.
15 Wieczorek/Schütze/*Schütze*, § 328 Rn 60; Zöller/*Geimer*, § 328 Rn 273.
16 Hk-ZPO/*Kindl*, § 723 Rn 9; Thomas/Putzo/*Hüßtege*, § 328 Rn 7; Stein/Jonas/*Roth*, § 328 Rn 85; MüKo-ZPO/*Gottwald*, § 328 Rn 10; diff. Zöller/*Geimer*, § 328 Rn 270 f.
17 Hk-ZPO/*Kindl*, § 723 Rn 9; Wieczorek/Schütze/*Schütze*, § 328 Rn 63.
18 Hk-ZPO/*Kindl*, § 723 Rn 9; MüKo-ZPO/*Gottwald*, § 722 Rn 37.
19 Ganz hM, MüKo-ZPO/*Gottwald*, § 328 Rn 10, 76 und 95 ff; Zöller/*Geimer*, § 328 Rn 188; Musielak/*Stadler*, § 328 Rn 14; *Schack*, IntZivilVerfR, Rn 844.
20 BGH NJW 1990, 3090, 3091; KG FamRZ 1988, 641, 644.
21 OLG Koblenz RIW 2004, 302, 303 = NJOZ 2004, 3369, 3371; Zöller/*Geimer*, § 328 Rn 142; aA BayObLG NJW 1976, 1037, 1038; *Schack*, IntZivilVerfR, Rn 839; Musielak/*Stadler*, § 328 Rn 1.
22 Wieczorek/Schütze/*Schütze*, § 328 Rn 67; MüKo-ZPO/*Gottwald*, § 328 Rn 79 und 93; Stein/Jonas/*Roth*, § 328 Rn 85.
23 Vgl MüKo-ZPO/*Gottwald*, § 328 Rn 93; Stein/Jonas/*Roth*, § 328 Rn 85.

Der Verstoß gegen den ordre public (§ **328 Abs. 1 Nr. 4**) ist nach hM **von Amts** **13** **wegen zu prüfen**.[24] Ein Verzicht auf das Anerkennungshindernis sollte zulässig sein, wenn die verletzte Norm allein dem Schutz der verzichtenden Partei dient und diese auf den Schutz der Rechtsnorm verzichten kann.[25] Dies gilt insbesondere bei einem Verstoß gegen den verfahrensrechtlichen ordre public.[26] Wird ein solcher Verstoß mit der hM als unbeachtlich angesehen, weil die Partei ihre prozessualen Möglichkeiten im Erkenntnisverfahren im Ursprungsstaat nicht ausgeschöpft hat (s. Rn 49), sollte auch ein Verzicht im Stadium der Anerkennung Beachtung finden. Für die Urteilskollision (§ **328 Abs. 1 Nr. 3**) wird ebenfalls teilweise die Rügepflicht befürwortet.[27]

d) Verbot der Nachprüfung. Das Verbot der révision au fond gilt auch im Rah- **14** men der Anerkennung ausländischer Entscheidungen nach § 328, obwohl es ausdrücklich nur in § 723 (s. Rn 2 f) geregelt ist.[28] Etwas anderes gilt nur für die Anerkennungsvoraussetzungen und -versagungsgründe. Hier ist grds. eine volle **Nachprüfung der Tatsachenfeststellung und Rechtsanwendung** im Anerkennungs- oder Vollstreckungsstaat geboten.[29] Das deutsche Gericht hat die für die Anerkennung entscheidungserheblichen Tatsachen daher selbständig zu ermitteln und ist im Gegensatz zu Art. 28 S. 2 EuGVÜ und Art. 35 Abs. 2 Brüssel I-VO nicht an die Feststellungen des Ursprungsgerichts gebunden.[30] Zur Begründung der Anerkennungsvoraussetzungen und -versagungsgründe ist daher **neues tatsächliches Vorbringen grds. zulässig**,[31] selbst bei Säumnis im Ausgangsverfahren.[32]

Im Rahmen der Entscheidung über den ordre-public-Verstoß (§ **328 Abs. 1 Nr. 4**) **15** ist das Gericht aber an die durch das Ursprungsgericht festgestellten Tatsachen **gebunden**,[33] soweit die Feststellung nicht auf einem Verstoß gegen den verfahrensrechtlichen ordre public (s. Rn 48) beruht[34] oder einen solchen begründet.[35] Hierzu ist ergänzender Tatsachenvortrag der Parteien zulässig. Nach dem BGH gilt dies jedenfalls insoweit, als aus der Art des Zustandekommens des anzuerkennenden Urteils (Prozessbetrug) ein Verstoß gegen den ordre public abgeleitet werden soll.[36]

---

24 BGHZ 34, 134, 143, 149 = NJW 1961, 874, 876 (allg. Interesse an der Aufrechterhaltung der Rechts- und Sittenordnung); BayObLG NJW 1967, 1037, 1038; MüKo-ZPO/ *Gottwald*, § 328 Rn 10 und 76; Musielak/*Stadler*, § 328 Rn 1; *Schack*, IntZivilVerfR, Rn 882; aA Zöller/*Geimer*, § 328 Rn 229.
25 Vgl auch die Begr. bei Zöller/*Geimer*, § 328 Rn 229.
26 Vgl Wieczorek/Schütze/*Schütze*, § 328 Rn 67.
27 Wieczorek/Schütze/*Schütze*, § 328 Rn 67.
28 MüKo-ZPO/*Gottwald*, § 328 Rn 116 f; Zöller/*Geimer*, § 328 Rn 208 f; Wieczorek/ Schütze/*Schütze*, § 328 Rn 66.
29 Wieczorek/Schütze/*Schütze*, § 328 Rn 66.
30 BGHZ 124, 237, 245 f = NJW 1994, 1413, 1414 f; BayObLG FamRZ 2000, 1170 für § 328 Abs. 1 Nr. 2; MüKo-ZPO/*Gottwald*, § 328 Rn 10 und 91 ff; *Schack*, IntZivilVerfR, Rn 883.
31 Zu § 328 Abs. 1 Nr. 1 s. BGHZ 124, 237, 245 f = NJW 1994, 1413, 1414 f; Zöller/ *Geimer*, § 328 Rn 145 ff; MüKo-ZPO/*Gottwald*, § 328 Rn 91; Stein/Jonas/*Roth*, § 328 Rn 80; zu § 328 Abs. 1 Nr. 2 s. BGHZ 120, 305, 309 = NJW 1993, 598, 600; EuGH IPRax 1985, 25 ff (zu Art. 27 Nr. 2 EuGVÜ).
32 BGHZ 124, 237, 245 f = NJW 1994, 1413, 1414 f; BGHZ 52, 30, 37.
33 BGHZ 138, 331, 339 = NJW 1998, 2358, 2359; BGHZ 118, 312, 320; BGH NJW 1980, 529, 531.
34 BGH NJW 1980, 529; MüKo-ZPO/*Gottwald*, § 328 Rn 119; diff. Zöller/*Geimer*, § 328 Rn 236 und 269 f.
35 *Schack*, IntZivilVerfR, Rn 865 a; Stein/Jonas/*Roth*, § 328 Rn 106.
36 BGHZ 141, 286, 306 = NJW 1999, 3198, 3203.

16 **e) Darlegungs- und Beweislast.** Die Verteilung der Darlegungs- und Beweislast folgt allgemeinen Regeln. So trägt die Darlegungs- und Beweislast für die Voraussetzungen der Anerkennung grds. die Partei, die um Feststellung der Anerkennung bzw Vollstreckbarerklärung ersucht.[37] Die Darlegungs- und Beweislast für die tatsächlichen Voraussetzungen eines ordre-public-Verstoßes (§ 328 Abs. 1 Nr. 4) trägt dagegen, wer die Anerkennung verhindern will.[38] Gleiches gilt für § 328 Abs. 1 Nr. 2 und 3.

17 Allein die schlüssige Behauptung der die internationale Zuständigkeit (§ 328 Abs. 1 Nr. 1) begründenden Tatsachen genügt selbst dann nicht, wenn es sich um **doppelrelevante Tatsachen** handelt, die die Klageforderung stützen.[39] Denn im Fall eines Ausschlusses der Nachprüfbarkeit doppelrelevanter Tatsachen wäre der Beklagte gezwungen, sich im Ursprungsland vor einem möglicherweise objektiv nicht zuständigen Gericht zu verteidigen. Das Verbot der révision au fond hat keinen Vorrang gegenüber dem Gebot, die internationale Zuständigkeit des ausländischen Gerichts selbstständig nach § 328 Abs. 1 Nr. 1 zu prüfen.[40]

18 **f) Beurteilungszeitpunkt.** Zur Beurteilung der Anerkennungsvoraussetzungen und -hindernisse ist grds. auf den **Zeitpunkt der Entscheidung** über die Anerkennung oder Vollstreckbarerklärung der ausländischen Entscheidung abzustellen, nicht auf deren Erlass.[41] Ein späterer Wegfall der Gegenseitigkeit (§ 328 Abs. 1 Nr. 5) ist unschädlich.[42]

19 Für die Beurteilung der Anerkennungszuständigkeit (§ 328 Abs. 1 Nr. 1) ist dagegen das zum **Zeitpunkt des Erlasses** der ausländischen Entscheidung geltende deutsche **Zuständigkeitsrecht** maßgebend.[43] Erleichtern neue gesetzliche Regelungen nach Erlass der ausländischen Entscheidung die Anerkennung, so kommt es auf das zum Zeitpunkt der Anerkennung geltende Recht an.[44] Maßgeblicher Zeitpunkt für das Vorliegen der **Zuständigkeitstatsachen** ist derjenige, der dem tatsächlichen Erkenntnisstand des ausländischen Urteils zugrunde liegt, also regelmäßig derjenige der letzten mündlichen Verhandlung.[45] Ein Wegfall der Voraussetzungen bis zum Zeitpunkt der Anerkennung in Deutschland ist unerheblich; § 261 Abs. 3 Nr. 2 gilt ebenfalls spiegelbildlich.[46] Umgekehrt muss es genügen, wenn der die internationale Zuständigkeit begründende Tatbestand erst zum Zeitpunkt der Entscheidung über die Anerkennung oder Vollstreckbarerklärung eintritt.

20 **3. Anerkennungsfähiges Urteil.** Anerkennungsfähig sind nicht nur „Urteile" im engeren Sinn, sondern jede zivilrechtliche **Sachentscheidung**[47] ohne Rücksicht auf

---

37 BGHZ 141, 286, 301 f = NJW 1999, 3198, 3202 (zu § 328 Abs. 1 Nr. 5); OLG Koblenz RIW 2004, 302, 303 (zu § 328 Nr. 1); Stein/Jonas/*Roth*, § 328 Rn 80.
38 BGH NJW 2006, 701, 702; BGH NJW 2002, 960, 962.
39 BGHZ 124, 237, 242 f = NJW 1994, 1413, 1414 f; Musielak/*Stadler*, § 328 Rn 12; MüKo-ZPO/*Gottwald*, § 328 Rn 91.
40 BGHZ 124, 237, 244 = NJW 1994, 1413, 1414.
41 BGH ZIP 2005, 478, 480; BGHZ 138, 331, 335 = NJW 1998, 2358; BGH NJW 1980, 529, 531 (jeweils für § 328 Abs. 1 Nr. 4); aA Zöller/*Geimer*, § 328 Rn 235; Wieczorek/Schütze/*Schütze*, § 328 Rn 69.
42 MüKo-ZPO/*Gottwald*, § 328 Rn 130; *Geimer*, NJW 1968, 2198, 2200; *Schütze*, NJW 1969, 293, 295.
43 BayObLG NJW-RR 1992, 514; KG NJW 1988, 649.
44 BayObLG NJW-RR 1992, 514; Musielak/*Stadler*, § 328 Rn 13; Hk-ZPO/*Dörner*, § 328 Rn 26; aA KG NJW 1988, 649.
45 BGHZ 141, 286, 290 = NJW 1999, 3198, 3199; Thomas/Putzo/*Hüßtege*, § 328 Rn 8 b; Hk-ZPO/*Dörner*, § 328 Rn 27.
46 BGHZ 141, 286, 291 = NJW 1999, 3198, 3199; Zöller/*Geimer*, § 328 Rn 140; Thomas/Putzo/*Hüßtege*, § 328 Rn 8 b; Hk-ZPO/*Dörner*, § 328 Rn 27.
47 Musielak/*Stadler*, § 328 Rn 5.

deren Form und Bezeichnung, sofern sie über eine Rechtsbehauptung im Rahmen eines Verfahrens[48] vor einem **staatlichen Gericht** erging.[49] Dazu gehören auch Entscheidungen von Sonder-, Straf- oder Verwaltungsgerichten zivilrechtlicher Natur[50] sowie Entscheidungen von Verwaltungsbehörden, die Rechtsprechungsfunktion erfüllen.[51] Zivilrechtliche Entscheidungen stellen auch Urteile über die Zahlung von Strafschadensersatz (*punitive damages*) nach US-amerikanischem Recht dar, wobei die Anerkennung regelmäßig am materiellen ordre public nach § 328 Abs. 1 Nr. 4 scheitert (vgl Rn 46).[52] Auf Urteile der Gerichte der ehemaligen DDR findet § 328 analoge Anwendung (vgl § 722 Rn 7).[53]

Nicht anerkennungsfähig sind **notarielle Urkunden und Prozessvergleiche**.[54] Gleiches gilt für Entscheidungen, die ausschließlich Verfahrensfragen betreffen, da sich diese nur nach dem nationalen Prozessrecht des erkennenden Gerichts bestimmen.[55] Die Feststellung eines ausländischen Gerichts über das Vorliegen einer Prozessvoraussetzung ist für deutsche Gerichte daher ohne Wirkung.[56] Gleiches gilt für Zwischenentscheidungen mit rein innerprozessualer Bedeutung.[57] Auch ausländische **Vollstreckbarerklärungen** sind nicht anerkennungsfähig.[58] Stattdessen muss zur Vollstreckung einer ausländischen Entscheidung das Verfahren nach §§ 722 f beschritten werden. 21

Im Gegensatz zur Vollstreckbarerklärung (Abs. 2 S. 1) kommt es dagegen für die Anerkennung einer Entscheidung **nicht** darauf an, dass die Entscheidung **formell rechtskräftig** ist.[59] 22

4. Anerkennungshindernisse. a) Allgemeines. Aus den Anerkennungshindernissen in § 328 Abs. 1 Nr. 1 und 4 ergibt sich, dass der dem ausländischen Urteil zugrunde liegende Streitgegenstand der **Gerichtsbarkeit** des Ursprungsstaates unterliegen muss.[60] **Nichtige oder unwirksame Urteile** ohne Rechtswirkungen im Ursprungsstaat entfalten in Deutschland **keine Wirkung**;[61] ist die Entscheidung lediglich anfechtbar, so schließt dies ihre Anerkennung so lange nicht aus, bis sie aufgehoben ist (s. § 722 Rn 17).[62] Die Rechtmäßigkeit der anzuerkennenden Entscheidung des ausländischen Gerichts wird nicht überprüft (s. Rn 14 f). 23

b) Internationale Unzuständigkeit des Ursprungsstaates, § 328 Abs. 1 Nr. 1. Eine ausländische Entscheidung wird nicht anerkannt, wenn kein Gericht des Ursprungsstaates unter **„spiegelbildlicher" Zugrundelegung deutscher Zuständigkeitsnormen** zum Erlass der Entscheidung international zuständig wäre.[63] Auf die Zuständigkeitsnormen des EuGVÜ oder der Brüssel I-VO darf nicht abge- 24

---

48 Vgl Zöller/*Geimer*, § 328 Rn 68; Thomas/Putzo/*Hüßtege*, § 328 Rn 2.
49 BGHZ 20, 323, 329; Zöller/*Geimer*, § 328 Rn 82.
50 Thomas/Putzo/*Hüßtege*, § 328 Rn 4; MüKo-ZPO/*Gottwald*, § 328 Rn 57.
51 *Schack*, IntZivilVerfR, Rn 813.
52 BGHZ 118, 312, 334 = NJW 1992, 3096, 3102.
53 BGH NJW 1997, 2051; Thomas/Putzo/*Hüßtege*, § 328 Rn 5; MüKo-ZPO/*Gottwald*, § 328 Rn 65.
54 *Schack*, IntZivilVerfR, Rn 816.
55 BGH NJW 1985, 552, 553.
56 BGH NJW 1985, 552, 553.
57 *Schack*, IntZivilVerfR, Rn 811.
58 BGH IPRax 1997, 335.
59 Zöller/*Geimer*, § 328 Rn 69; Stein/Jonas/*Roth*, § 328 Rn 73; Thomas/Putzo/*Hüßtege*, § 328 Rn 1; Hk-ZPO/*Dörner*, § 328 Rn 18; aA Musielak/*Stadler*, § 328 Rn 5; MüKo-ZPO/*Gottwald*, § 328 Rn 66; *Schack*, IntZivilVerfR, Rn 821.
60 BGHZ 155, 279 = NJW 2003, 3488; Musielak/*Stadler*, § 328 Rn 8.
61 BGHZ 118, 312, 318 = NJW 1992, 3096, 3098; Zöller/*Geimer*, § 328 Rn 95.
62 BGHZ 118, 312, 318 = NJW 1992, 3096, 3098.
63 BGHZ 141, 286, 290 = NJW 1999, 3198, 3199; BGHZ 120, 334, 337 = NJW 1993, 1073.

stellt werden.[64] Das „Spiegelbildprinzip" geht allerdings nicht so weit, dass es zusätzlich darauf ankäme, ob das ausländische Gericht auch nach dem Recht des Ursprungsmitgliedstaates zuständig ist oder seine Zuständigkeit auf den Umstand gestützt hat, der die Anerkennungszuständigkeit nach deutschem Recht begründet.[65]

25 Bei Urteilen aus **Staaten mit mehreren Jurisdiktionen** genügt die internationale (Anerkennungs-)Zuständigkeit des Gesamtstaates.[66] Die Gegenansicht, die auf den Anknüpfungspunkt im Teilstaat abstellt,[67] führt zu einer unangemessenen Einschränkung der Anerkennung von Entscheidungen föderaler Staaten.[68]

26 Die örtliche oder sachliche Unzuständigkeit des ausländischen Gerichts nach deutschem Recht steht der Anerkennung nicht entgegen.[69] Fehlt es an Sonderregelungen zur Bestimmung der internationalen Zuständigkeit, sind die Vorschriften zur örtlichen Zuständigkeit (§§ 12 ff) aber entsprechend anzuwenden.[70] Das örtlich zuständige Gericht ist dann auch international zuständig. Die Anerkennungszuständigkeit kann auch durch den Gerichtsstand des Vermögens nach § 23[71] oder nach §§ 38, 40 durch Gerichtsstandsvereinbarungen[72] begründet sein.

27 Die internationale Anerkennungszuständigkeit kann auch durch **rügeloses Verhandeln** (§ 39) vor einem ausländischen Gericht begründet werden.[73] Dies gilt jedoch nicht, wenn der fremde Staat nach seinem eigenen Recht unabhängig von der rügelosen Einlassung international zuständig ist. § 39 knüpft an § 38 Abs. 1 an, der ausdrücklich das Zuständigwerden „eines an sich unzuständigen Gerichts" vorsieht. Besteht bereits eine Zuständigkeit, kann von dem Beklagten eine Zuständigkeitsrüge nicht erwartet und rügeloses Verhandeln weder als Unterwerfung unter die Gerichtsbarkeit des Ursprungsstaates noch als Hinnahme der Voraussetzung für eine Anerkennung in Deutschland bewertet werden.[74] Auf eine Belehrung des Beklagten durch das Ursprungsgericht kommt es dagegen nicht an, da es sich bei § 504 um eine deutsche Sonderregelung handelt.[75]

28 c) **Ordnungsgemäße und rechtzeitige Zustellung, § 328 Abs. 1 Nr. 2. aa) Allgemeines.** Eine ausländische Entscheidung wird nicht anerkannt, wenn die Zustellung des verfahrenseinleitenden Schriftstücks nicht ordnungsgemäß und rechtzei-

---

64 *Schärtl*, IPRax 2006, 438.
65 MüKo-ZPO/*Gottwald*, § 328 Rn 80 f; *Schack*, IntZivilVerfR, Rn 836.
66 Zöller/*Geimer*, § 328 Rn 107; MüKo-ZPO/*Gottwald*, § 328 Rn 86; Musielak/*Stadler*, § 328 Rn 9; Hk-ZPO/*Dörner*, § 328 Rn 25; *Haas*, IPRax 2001, 195, 196; so auch für Entscheidungen US-amerikanischer Bundesgerichte aber offen gelassen für Urteile einzelstaatlicher Gerichte BGHZ 141, 286, 292 f = NJW 1999, 3198, 3199.
67 OLG Hamm RIW 1997, 1039, 1040; LG München I RIW 1988, 738; Thomas/Putzo/*Hüßtege*, § 328 Rn 8 a; Baumbach/*Hartmann*, § 328 Rn 16; Stein/Jonas/*Roth*, § 328 Rn 77; *Schack*, IntZivilVerfR, Rn 906; *Wazlawik*, IPRax 2002, 273 f.
68 BGHZ 141, 286, 293 = NJW 1999, 3198, 3199; Zöller/*Geimer*, § 328 Rn 107.
69 BGHZ 141, 286, 289 = NJW 1999, 3198, 3199; Thomas/Putzo/*Hüßtege*, § 328 Rn 8; Stein/Jonas/*Roth*, § 328 Rn 73.
70 BGHZ 120, 334, 337 = NJW 1993, 1073; MüKo-ZPO/*Gottwald*, § 328 Rn 85.
71 BGHZ 141, 286, 290 = NJW 1999, 3198, 3199.
72 BGHZ 120, 334, 337 ff = NJW 1993, 1073.
73 BGHZ 120, 334, 337 ff = NJW 1993, 1073; BGH WM 1996, 2037; Musielak/*Stadler*, § 328 Rn 11; Zöller/*Geimer*, § 328 Rn 111; Hk-ZPO/*Dörner*, § 328 Rn 23; MüKo-ZPO/*Gottwald*, § 328 Rn 89.
74 BGHZ 120, 334, 337 ff = NJW 1993, 1073; BGH WM 1996, 2037; Musielak/*Stadler*, § 328 Rn 11; Zöller/*Geimer*, § 328 Rn 111; Hk-ZPO/*Dörner*, § 328 Rn 23; MüKo-ZPO/*Gottwald*, § 328 Rn 8.
75 OLG Frankfurt NJW 1979, 1787; Musielak/*Stadler*, § 328 Rn 11; Zöller/*Geimer*, § 328 Rn 116.

tig erfolgte,[76] der Beklagte sich also deshalb nicht auf das Verfahren vor dem Ursprungsgericht eingelassen hat, weil bei der Verfahrenseinleitung sein **Anspruch auf rechtliches Gehör** (Art. 103 Abs. 1 GG) verletzt wurde. Eine spätere Kenntnisnahme oder die Möglichkeit zur Einlegung von Rechtsmitteln reicht nicht aus; die **Verteidigungsmöglichkeit** muss zum Zeitpunkt der Verfahrenseinleitung vorgelegen haben.[77] § 328 Abs. 1 Nr. 2 ist Ausdruck des verfahrensrechtlichen ordre public und daher lex specialis zu § 328 Abs. 1 Nr. 4, der für Verletzungen des rechtlichen Gehörs im Laufe des Verfahrens greift.[78] Die Vorschrift betrifft insb. **Versäumnisurteile**, aber auch Entscheidungen, die in einseitigen Verfahren ergangen sind.[79] Sie ist Art. 27 Nr. 2 EuGVÜ nachgebildet, während in Art. 34 Nr. 2 Brüssel I-VO bzw. Art. 45 Abs. 1 Buchst. b) Brüssel Ia-VO die Ordnungsmäßigkeit der Zustellung keine Anerkennungsvoraussetzung mehr ist.[80]

bb) Fehlende Einlassung. Eine Einlassung des Beklagten liegt in jeder **wirksamen Prozesshandlung**, durch die sein Wille zur Teilnahme am Verfahren zum Ausdruck kommt. Dazu zählt sowohl die Rüge der Zuständigkeit des Ursprungsgerichts als auch die Rüge anderer Prozessvoraussetzungen oder die Hauptsache betreffend.[81] Keine Einlassung stellt die Rüge fehlerhafter Zustellung dar.[82] Die Einlassung durch den gesetzlichen oder bevollmächtigten Vertreter genügt, jedoch nicht diejenige des ohne Mitwirkung des Beklagten bestellten Vertreters.[83]   29

cc) Verfahrenseinleitendes Schriftstück. Der Zustellungsfehler muss das verfahrenseinleitende Schriftstück betreffen. Welches Schriftstück diese Funktion erfüllt und welche Angaben es enthalten muss, bestimmt sich nach dem Recht des Ursprungsstaates. Es kommt allein darauf an, ob der Beklagte oder Antragsgegner durch Zustellung des Schriftstücks offiziell von dem gegen ihn eingeleiteten Verfahren **erstmalig Kenntnis erhalten soll**.[84] Werden **spätere Dokumente** nicht ordnungsgemäß zugestellt, schließen sie die Anerkennung nicht aus, selbst wenn sie eine Klageänderung oder -erweiterung enthalten.[85] Etwas anderes gilt nur bei Verletzung des Grundrechts auf rechtliches Gehör (Art. 103 Abs. 1 GG) und damit des verfahrensrechtlichen ordre public nach § 328 Abs. 1 Nr. 4.[86] Auf die Streitverkündung und Widerklage findet § 328 Abs. 1 Nr. 1 ebenfalls Anwendung.[87]   30

dd) Ordnungsmäßigkeit der Zustellung. Die Ordnungsmäßigkeit der Zustellung ist grds. nach dem Recht des Ursprungsstaates und der dort geltenden Staatsverträge zu beurteilen.[88] Dabei besteht keine Bindung an die tatsächlichen und   31

---

76 BGHZ 120, 305, 310 = NJW 1993, 598, 599.
77 BGHZ 120, 305, 313 f = NJW 1993, 598, 600; BGH NJW 2004, 3189 (zu Art. 27 Nr. 2 EuGVÜ); BayObLG FamRZ 2004, 274, 275.
78 BGHZ 141, 286, 296 = NJW 1999, 3198, 3200.
79 MüKo-ZPO/*Gottwald*, § 328 Rn 95.
80 Zöller/*Geimer*, § 328 Rn 155.
81 Vgl BayObLG FamRZ 2005, 923.
82 OLG Köln IPRax 1991, 114 f.
83 EuGH EuZW 1996, 372 (zu Art. 27 Nr. 2 EuGVÜ); OLG Hamm NJW-RR 1996, 773, 774; BayObLG IPRspr 1978, Nr. 176.
84 BayObLG FamRZ 2000, 1170; Zöller/*Geimer*, § 328 Rn 168.
85 BGH NJW 1990, 2201, 2202; BGH IPRax 1987, 236, 237; vgl auch EuGH EuZW 1990, 352, 353 f (zu Art. 27 Nr. 2 EuGVÜ); MüKo-ZPO/*Gottwald*, § 328 Rn 98 mwN zur aA.
86 BGH NJW 2006, 701, 702; BGH NJW-RR 2002, 1151.
87 Staudinger/*Spellenberg*, § 328 Rn 376 f; Hk-ZPO/*Dörner*, § 328 Rn 31; vgl auch OLG München IPRspr 1994, Nr. 170; aA Thomas/Putzo/*Hüßtege*, § 328 Rn 12 a und Zöller/*Geimer*, § 328 Rn 190 f, die § 328 Abs. 1 Nr. 4 anwenden.
88 BGH NJW 1997, 2051, 2052; BGHZ 120, 305, 307 f = NJW 1993, 598, 600; EuGH EuZW 1990, 352, 354 (zu Art. 27 Nr. 2 EuGVÜ).

rechtlichen Feststellungen des Ursprungsgerichts (s. Rn 14).[89] Dem Schutzzweck des § 328 Abs. 1 Nr. 2 genügt es, wenn der Beklagte aufgrund der Angaben im einleitenden Schriftstück entscheiden kann, ob er sich auf das Verfahren einlässt oder nicht. Es ist dagegen **kein bestimmter Antrag** erforderlich.[90] Jedoch muss das Schriftstück den Beklagten über die wesentlichen Elemente des Verfahrens informieren sowie die **wesentlichen Klagegründe** enthalten.[91] Setzt das Schriftstück den Beklagten in Kenntnis des Verfahrens, so muss dieser selbst die Voraussetzungen zur Wahrung seines rechtlichen Gehörs schaffen.

32 § 328 Abs. 1 Nr. 2 verlangt keine persönliche Zustellung an den Beklagten; grds. genügt eine **Ersatzzustellung** oder **öffentliche Zustellung** der Ordnungsmäßigkeit,[92] nicht dagegen die Zustellung an einen nicht vertretungsberechtigten Vertreter.[93] Zustellungen auf dem **Postweg** genügen dann nicht, wenn ein Staatsvertrag Anwendung findet, in dem Deutschland der direkten Postzustellung widersprochen hat (vgl § 6 S. 2 Ausführungsgesetz HZÜ).[94] Im Übrigen stehen auch dem deutschen Recht unbekannte Zustellungsformen der Anerkennung nicht entgegen, solange sie nicht internationale Staatsverträge[95] oder den Anspruch auf rechtliches Gehör (Art. 103 Abs. 1 GG) verletzen.

33 In welcher **Sprache** das Schriftstück abzufassen ist oder ob es zusammen mit einer Übersetzung zuzustellen ist, richtet sich ebenfalls nach dem Recht des Ursprungsmitgliedstaates und der anwendbaren Staatsverträge.[96] Fehlt es an einer erforderlichen Übersetzung, liegt keine ordnungsgemäße Zustellung vor.[97] Teilweise wird angenommen, der Beklagte könne sich trotzdem nicht auf den Mangel berufen, wenn er das Schriftstück versteht oder genügend Zeit hatte, eine Übersetzung zu beschaffen.[98] Voraussetzung ist allerdings, dass das anwendbare Recht eine Heilung durch tatsächliche Kenntnisnahme vorsieht (s. dazu Rn 34). Nach der Rspr spricht dagegen, dass dies auf eine Aushöhlung des Schutzes der die Sprachfassung regelnden Bestimmungen eines Übereinkommens (HZÜ) hinauslaufen könnte, den die Bundesrepublik Deutschland mit Abschluss des Übereinkommens beabsichtigt hat.[99]

34 Eine **Heilung** des Zustellungsfehlers richtet sich grds. ebenfalls nach dem Recht des Ursprungsstaates und der einschlägigen völkerrechtlichen Verträge.[100] Nach dem BGH scheidet die Heilung eines Zustellungsmangels im Anwendungsbereich des HZÜ aus, selbst wenn das ausländische Recht eine entsprechende Regelung bereithält, denn Art. 15 HZÜ sehe eine Heilung von Zustellungsmängeln nicht

---

89 BGHZ 120, 305, 309 = NJW 1993, 598, 600; EuGH IPRax 1985, 25 ff (zu Art. 27 Nr. 2 EuGVÜ); Zöller/*Geimer*, § 328 Rn 185.
90 BGH NJW 1999, 3198, 3200; MüKo-ZPO/*Gottwald*, § 328 Rn 98; *Schack*, IntZivilVerfR, Rn 852; vgl auch Zöller/*Geimer*, § 328 Rn 171.
91 EuGH NJW 1993, 2091, 2092 (zu Art. 27 Nr. 2 EuGVÜ).
92 BayObLG FamRZ 2004, 274 f; Zöller/*Geimer*, § 328 Rn 161 und 166; MüKo-ZPO/*Gottwald*, § 328 Rn 100 f.
93 MüKo-ZPO/*Gottwald*, § 328 Rn 99.
94 Vgl BGHZ 120, 305, 312 = NJW 1993, 598, 599; OLG Düsseldorf IPRax 1997, 194, 195 m. Anm. *Jayme*; MüKo-ZPO/*Gottwald*, § 328 Rn 99.
95 Wieczorek/Schütze/*Schütze*, § 328 Rn 32.
96 MüKo-ZPO/*Gottwald*, § 328 Rn 106 f.
97 BGHZ 141, 286, 302 f = NJW 1999, 3198, 3202; BGHZ 120, 305, 312 = NJW 1993, 598, 599; MüKo-ZPO/*Gottwald*, § 328 Rn 106.
98 Staudinger/*Spellenberg*, § 328 Rn 397 f; MüKo-ZPO/*Gottwald*, § 328 Rn 107; Zöller/*Geimer*, § 328 Rn 164; aA Musielak/*Stadler*, § 328 Rn 17.
99 Vgl BGH 141, 286, 304 = NJW 1999, 3198, 3202; BGHZ 120, 305, 312 f = NJW 1993, 598, 599 f mwN zur aA.
100 BGH NJW 1993, 598, 600 mwN zur aA; EuGH EuZW 1990, 352, 354 (zu Art. 27 Nr. 2 EuGVÜ).

vor.[101] Aus dem Rechtsgedanken des § 189 lässt sich aber ein allgemeiner deutscher Heilungsgrundsatz bei Kenntnisnahme des zuzustellenden Schriftstücks ableiten, der auch im Rahmen des § 328 berücksichtigt werden sollte.[102] Denn § 328 Abs. 1 Nr. 2 will nur den Anspruch des Beklagten auf rechtliches Gehör in dem Umfang garantieren, wie er sich im Stadium der Verfahrenseinleitung darstellt.[103] Die Vorschrift will nicht darüber hinausgehende Verstöße gegen ausländisches Zustellungsrecht sanktionieren.

ee) **Rechtzeitigkeit der Zustellung.** Die Anerkennung der Entscheidung verlangt außerdem die Rechtzeitigkeit der Zustellung, so dass sich der Beklagte angemessen verteidigen und die zur Vermeidung einer Säumnisentscheidung erforderlichen Schritte einleiten konnte.[104] Im Rahmen einer Gesamtbetrachtung der Umstände des Einzelfalles (Sprache, Entfernung, Verfahrensart)[105] sind die Maßstäbe der deutschen Einlassungs- und Ladungsfristen[106] anzulegen,[107] wobei der höhere Zeitbedarf wegen des grenzüberschreitenden Bezugs zu berücksichtigen ist. Auf die Einhaltung ausländischen Verfahrensrechts kommt es nicht an.[108] Grundsätzlich beginnt der Zeitraum für die Einlassung oder bis zur Verhandlung erst, wenn der Adressat von dem zugestellten Schriftstück Kenntnis nehmen konnte.[109] Problematisch sind deshalb **fiktive Zustellungsformen** (*remise au parquet*,[110] öffentliche Zustellungen), bei denen der Beklagte effektiv keine Möglichkeit der Kenntnisnahme erhält.[111] Auch diese können aber rechtzeitig sein. Nach dem BGH liegt in der fiktiven Zustellung kein generelles Anerkennungshindernis, sondern es kommt im Rahmen einer Abwägung der schützenswerten Interessen der Parteien darauf an, ob der Schuldner die fiktive Zustellung durch vorwerfbares Verhalten herbeigeführt hat und der Gläubiger im laufenden Verfahren den Aufenthaltsort des Schuldners erfahren hat oder unschwer in Erfahrung hätte bringen können.[112]

ff) **Rechtsbehelf im Ursprungsstaat nicht erforderlich.** Das Anerkennungshindernis des § 328 Abs. 1 Nr. 2 entfällt nach hM nicht, wenn der Beklagte Kenntnis von dem Verfahren erlangt hat und er trotzdem keinen Rechtsbehelf im Ursprungsstaat eingelegt hat.[113]

d) **Entgegenstehende Rechtskraft oder Rechtshängigkeit, § 328 Abs. 1 Nr. 3.** Die entgegenstehende Rechtskraft einer anderen Sachentscheidung oder Rechtshängigkeit eines inländischen Verfahrens steht der Anerkennung einer ausländischen Entscheidung entgegen. § 328 Abs. 1 Nr. 3 ist Art. 27 Nr. 3 und 5 EuGVÜ nach-

---

101 Vgl BGHZ 120, 305, 312 f = NJW 1993, 598, 600; BGH NJW 1991, 641, 642; krit. *Schack*, JZ 1993, 621, 622; *Schütze*, ZZP 106 (1993), 396, 397; *Rauscher*, JR 1993, 413, 414.
102 BayObLGZ 1974, 471, 477 f; BayObLGZ 1978, 132, 133; MüKo-ZPO/*Gottwald*, § 328 Rn 102; *Schack*, IntZivilVerfR, Rn 848 f; Zöller/*Geimer*, § 328 Rn 160 mwN.
103 In diese Richtung auch Staudinger/*Spellenberg*, § 328 Rn 389 und 401.
104 BGH NJW 2006, 701; BayObLG FamRZ 2005, 923; BayObLG FamRZ 2000, 1170, 1171.
105 BayObLG FamRZ 2004, 274, 275; BayObLG FamRZ 2002, 1423, 1424.
106 Für § 274 Abs. 3 S. 1 als Untergrenze BGH NJW 1986, 2197; OLG Köln NJW-RR 1995, 446, 447; OLG Hamm NJW-RR 1988, 446 f; OLG Düsseldorf RIW 2001, 143, 144 (jeweils zu Art. 27 Nr. 2 EuGVÜ).
107 MüKo-ZPO/*Gottwald*, § 328 Rn 103.
108 OLG Köln EuZW 1995, 381, 382; BayObLG FamRZ 2000, 1170, 1171.
109 BayObLG FamRZ 2002, 1423.
110 Zöller/*Geimer*, § 328 Rn 166.
111 Gegen die Anerkennung MüKo-ZPO/*Gottwald*, § 328 Rn 101.
112 BGH NJW 2008, 1531, 1535; BGH NJW 1992, 1239, 1241; Zöller/*Geimer*, § 328 Rn 184 a.
113 BGHZ 120, 305 = FamRZ 1993, 311; BayObLG FamRZ 2000, 1170, 1172; aA Zöller/*Geimer*, § 328 Rn 163 mwN.

gebildet. **Unvereinbarkeit** liegt jedenfalls bei **identischen Streitgegenständen** vor, wobei es nicht auf die formelle Identität der Anträge ankommt, sondern darauf, ob der Kernpunkt der Streitigkeiten übereinstimmt und sich die Urteilswirkungen gegenseitig ausschließen.[114] Die formelle Identität der Parteien ist nicht erforderlich; es kommt darauf an, dass die Urteilswirkungen dieselben Personen treffen.[115] Die Urteilswirkungen der unvereinbaren Entscheidungen bestimmen sich nach der jeweiligen lex fori.[116] Eine widersprüchliche Bewertung **präjudizieller Feststellungen** steht der Anerkennung nicht entgegen.[117] Gleiches gilt für nicht vorgreifliche Entscheidungen, wie die über den Antrag auf Prozesskostenhilfe.[118] Es lassen sich **drei Fallgruppen** bilden:

38 aa) **Konkurrenz zwischen ausländischen Entscheidungen.** Es gilt der **Prioritätsgrundsatz**.[119] Maßgeblich ist nicht der Zeitpunkt der Rechtshängigkeit, sondern der des Eintritts der Rechtskraft.[120] Im Rahmen der Prüfung der Anerkennung des zweiten Urteils sind die Anerkennungsvoraussetzungen des früheren Urteils inzident von Amts wegen festzustellen.[121]

39 bb) **Konkurrenz mit inländischem Urteil.** Der **Prioritätsgrundsatz** gilt **nicht**. Ein **inländisches Urteil** mit gleichem Streitgegenstand steht der Anerkennung des ausländischen Urteils immer entgegen, unabhängig davon, ob es früher oder später erlassen wurde und ob es bereits rechtskräftig ist.[122] Dies gilt auch dann, wenn im Verfahren zum Erlass der inländischen Entscheidung die anderweitige Rechtshängigkeit im Ausland oder die entgegenstehende Rechtskraft der ausländischen Entscheidung unberücksichtigt blieb. Diese Übernahme der Regelung aus Art. 27 Nr. 3 und 5 EuGVÜ wird zu Recht kritisiert.[123] Dem früheren ausländischen Urteil wird daher im Wege der **Restitutionsklage** gegen die inländische Entscheidung (§ 580 Nr. 7 Buchst. a) Geltung verschafft.[124]

Eine das inländische Urteil abändernde Entscheidung wird wegen der unterschiedlichen Streitgegenstände und der lex-posterior-Regel anerkannt, wenn die übrigen Anerkennungsvoraussetzungen vorliegen.[125]

40 cc) **Konkurrenz mit inländischem Verfahren.** Der Anerkennung einer ausländischen Entscheidung steht außerdem die (unbekannt gebliebene) frühere Rechtshängigkeit eines **inländischen Verfahrens** mit gleichem Streitgegenstand entgegen.[126] Der Zeitpunkt der Rechtshängigkeit beider Verfahren richtet sich nach der jeweiligen lex fori.[127] Klagerücknahme oder Prozessurteil im inländischen Verfahren lassen das Anerkennungshindernis entfallen.[128]

---

114 EuGH JZ 1995, 616; EuGH NJW 1989, 663; BGH RIW 1995, 413, 414; OLG Hamm FamRZ 2001, 1015; MüKo-ZPO/*Gottwald*, § 328 Rn 115.
115 Amtl. Begr. BT-Drucks. 10/504, S. 88; dazu Zöller/*Geimer*, § 328 Rn 202.
116 Zöller/*Geimer*, § 328 Rn 201.
117 *Schack*, IntZivilVerfR, Rn 858; Stein/Jonas/*Roth*, § 328 Rn 119; Hk-ZPO/*Dörner*, § 328 Rn 44; aA MüKo-ZPO/*Gottwald*, § 328 Rn 115.
118 BGHZ 88, 17 = NJW 1984, 568; MüKo-ZPO/*Gottwald*, § 328 Rn 115.
119 MüKo-ZPO/*Gottwald*, § 328 Rn 112.
120 MüKo-ZPO/*Gottwald*, § 328 Rn 112; Staudinger/*Spellenberg*, § 328 Rn 423.
121 Hk-ZPO/*Dörner*, § 328 Rn 42.
122 Thomas/Putzo/*Hüßtege*, § 328 Rn 13.
123 Vgl Zöller/*Geimer*, § 328 Rn 199; MüKo-ZPO/*Gottwald*, § 328 Rn 113.
124 Vgl MüKo-ZPO/*Gottwald*, § 328 Rn 113 mwN auch zur aA; Staudinger/*Spellenberg*, § 328 Rn 426; vgl auch OLG Köln NJW-RR 1999, 263.
125 OLG Köln IPRax 1988, 30; *Schack*, IPRax 1986, 218, 220.
126 MüKo-ZPO/*Gottwald*, § 328 Rn 114.
127 So zur anderweitigen Rechtshängigkeit im Ausland BGH NJW-RR 1992, 642, 643; BGH NJW 1987, 3083; krit. *Geimer*, NJW 1987, 3085; *Linke*, IPRax 1994, 17.
128 Zöller/*Geimer*, § 328 Rn 200.

e) **Ordre-public-Vorbehalt, § 328 Abs. 1 Nr. 4. aa) Allgemeines.** Die Richtigkeit der anzuerkennenden Entscheidung darf grds. nicht nachgeprüft werden (Verbot der révision au fond; s. Rn 14). Davon macht § 328 Abs. 1 Nr. 4 eine Ausnahme. Die Anerkennung einer ausländischen Entscheidung ist ausgeschlossen, wenn sie in materiell-rechtlicher oder verfahrensrechtlicher Hinsicht offensichtlich gegen den inländischen ordre public verstößt.

bb) Wirkung des anerkennungsrechtlichen ordre public. Eine Entscheidung ist gem. § 328 Abs. 1 Nr. 4 nur dann nicht anzuerkennen, wenn das Ergebnis der Anwendung ausländischen Rechts im konkreten Fall zu den **Grundgedanken und Gerechtigkeitsvorstellungen der deutschen Regelungen** in so starkem Widerspruch steht, dass es nach deutscher Vorstellung untragbar erscheint.[129] Die Wirkung des anerkennungsrechtlichen ordre public ist daher im Vergleich zum kollisionsrechtlichen ordre public (vgl Art. 6 EGBGB) deutlich zurückhaltender (*ordre public atténué*). Es genügt nicht, dass der inländische Richter – hätte er im Prozess entschieden – aufgrund zwingenden deutschen Rechts zu einem anderen Ergebnis gekommen wäre. § 328 Abs. 1 Nr. 4 greift daher nur in besonders **krassen Fällen**.[130]

Dazu zählen insbesondere Verstöße gegen die in den Art. 1–19 GG und den Länderverfassungen verbürgten **Grundrechte** sowie die EMRK.[131] Der Verstoß gegen eine Norm mit Verfassungsrang begründet für sich allein aber noch keine Verletzung des ordre public, solange kein Grundrecht des Verurteilten berührt wird.[132]

Auch ein Verstoß gegen die guten Sitten (§§ 138, 826 BGB) oder andere **zwingende Rechtsnormen** und wesentliche Grundsätze des deutschen Rechts kann genügen.[133] Dazu zählen auch das Prinzip der Verhältnismäßigkeit und der Kompensationsgedanke im Schadensersatzrecht. Urteile auf Zahlung von Strafschadensersatz (*punitive or exemplary damages*) verstoßen daher gegen den deutschen ordre public.[134]

Für die Prüfung kommt es auf den **Zeitpunkt der Anerkennung** (bzw der letzten mündlichen Verhandlung im Vollstreckbarerklärungsverfahren) und nicht des Erlasses der ausländischen Entscheidung an.[135] Es kommt dabei auf die Untragbarkeit des Ergebnisses der Anwendung ausländischen Rechts im **konkreten Einzelfall** an. Eine abstrakte Bewertung ausländischer Rechtsgrundsätze erfolgt nicht.[136] Einzelerwägungen der Entscheidungsbegründung sind nicht maßgeblich.[137]

cc) Verstöße gegen den materiell-rechtlichen ordre public. Verstöße gegen den materiell-rechtlichen ordre public werden in folgenden Fällen bejaht: krasse Fälle der strukturellen Unterlegenheit des Bürgen, der zum wehrlosen Objekt der Fremdbestimmung degradiert und auf Jahre auf das wirtschaftliche Existenzminimum der Pfändungsfreigrenzen beschränkt wäre;[138] Verurteilung zu Strafscha-

---

129 StRspr, BGH NJW 2002, 960; BGHZ 138, 331, 334 f = NJW 1998, 2358; BGH NJW 1993, 3269, 3270; BGHZ 118, 312, 330 = NJW 1992, 3096, 3098.
130 OLG Dresden FamRZ 2006, 563, 564; Zöller/*Geimer*, § 328 Rn 210.
131 EuGH NJW 2000, 1853 f (zu Art. 27 Nr. 1 EuGVÜ) m. Anm. *Geimer*, ZIP 2000, 863; *von Bar*, JZ 2000, 725; *Piekenbrock*, IPRax 2000, 364; *Matscher*, IPRax 2001, 428; BGH IPRax 1998, 205; OLG Zweibrücken IPRax 2006, 487.
132 BGH NJW 1993, 3269, 3271.
133 BGH NJW 1993, 3269 f; BGH NJW 1979, 1105; BayObLG FamRZ 1993, 1469 f.
134 BGHZ 118, 312, 338 ff = NJW 1992, 3096, 3104 f.
135 BGH NJW 1998, 2358; BGH NJW 1980, 529, 531.
136 Krit. *Dörner*, in: FS Sandrock, 2000, S. 205, 219 ff.
137 Hk-ZPO/*Dörner*, § 328 Rn 50; Musielak/*Stadler*, § 328 Rn 24.
138 BGH NJW 1999, 2372, 2373 m. Anm. *Schulze*, IPRax 1999, 342; *Roth*, JZ 1999, 1119.

densersatz (*punitive damages*),[139] nicht aber abstrakte Schadensberechnung;[140] Verstoß gegen §§ 20 f GWB[141] oder Art. 81 EG;[142] Urteil auf Ersatz von Personenschäden trotz Haftungsfreistellung nach §§ 636 f RVO;[143] Verstoß gegen den Grundsatz der Staatenimmunität;[144] Urteile zu Spiel- und Wettschulden.[145]

47 **Keine Verstöße** gegen den materiell-rechtlichen ordre public wurden in folgenden Fällen angenommen: unmittelbare Amtshaftung eines Beamten unter Nichtbeachtung des Art. 34 GG;[146] Einschränkung der freien Widerruflichkeit der Vollmacht;[147] bei feststehender Schadensersatzpflicht eine pauschale Schätzung ihrer Höhe;[148] Ersatz von Heilungskosten, ohne dass sich der Verletzte gegenwärtig einer Heilbehandlung unterziehen will;[149] Versagung eines Haftungsausschlusses des Reeders;[150] Nichtberücksichtigung von Termin- und Differenzeinwand bei (Börsen-)Termingeschäften;[151] Vereinbarung eines anwaltlichen Erfolgshonorars, außer es führt zu erhöhten *compensatory damages*.[152]

48 **dd) Verstöße gegen den verfahrensrechtlichen ordre public.** Bei Verfahrensverstößen ist die Anerkennung der ausländischen Entscheidung ausgeschlossen, wenn das ausländische Verfahren von den Grundsätzen des deutschen Verfahrensrechts derart abweicht, dass es nicht mehr als in geordneter, rechtsstaatlicher Weise ergangen angesehen werden kann.[153] Dieser **verfahrensrechtliche ordre public** dient in erster Linie der Wahrung des Anspruchs auf rechtliches Gehörs nach Art. 103 Abs. 1 GG.[154] Danach darf grds. keine Entscheidung getroffen werden, bevor der Betroffene Gelegenheit zur Äußerung hatte,[155] wobei eine mündliche Verhandlung nicht zwingend erforderlich ist.[156] Ferner muss ein Beteiligter in der Lage sein, auf den Verfahrensablauf aktiv Einfluss zu nehmen (Art. 1 Abs. 1 S. 1 GG).[157] Einen Unterfall des Verstoßes gegen den verfahrensrechtlichen ordre public stellt § 328 Abs. 1 Nr. 2 dar.

49 Nach hM stellt ein Verfahrensverstoß nur dann ein Anerkennungshindernis dar, wenn die betroffene Partei im Ursprungsverfahren die **Beseitigung des Verfahrensfehlers** mit allen ihr zur Verfügung stehenden Mitteln **ohne Erfolg** versucht hat.[158] Wer es zurechenbar versäumt, sich in gerichtlichen Verfahren Gehör zu

---

139 BGHZ 118, 312, 338 ff = NJW 1992, 3096, 3102 ff; krit. *Müller*, DB 2001, 83.
140 BGH NJW-RR 2000, 1372; BGH NJW 1992, 3096, 3101.
141 BGHZ 46, 365.
142 BGH NJW 1969, 978.
143 BGHZ 123, 268 = NJW 1993, 3269, 3270 ff, nicht aber bei Nichtbeachtung des Art. 34 GG.
144 BGHZ 155, 279 = NJW 2003, 3488.
145 OLG Hamm NJW-RR 1997, 1007, 1008.
146 BGHZ 123, 268 = NJW 1993, 3269, bejaht dagegen bei Urteil trotz Haftungsfreistellung nach §§ 636 f RVO.
147 RGZ 30, 122, 123 f.
148 BGH NJW 1992, 3096, 3101.
149 BGHZ 118, 312, 327 = NJW 1992, 3096, 3101.
150 OLG Hamm RIW 1995, 680.
151 BGH NJW-RR 2005, 1071; BGH NJW 1998, 2358 f; Zöller/*Geimer*, § 328 Rn 253.
152 BGHZ 118, 312, 332 f = NJW 1992, 3096, 3101 f.
153 BGH NJW 1992, 3096, 3098; BGH NJW 1979, 1105, 1106; BayObLG FamRZ 2002, 1638, 1639.
154 BGH NJW 1997, 2051, 2052.
155 BGH NJW 2010, 153, 155; BGHZ 118, 312, 321 = NJW 1992, 3096, 3098 mwN.
156 BGH NJW 1999, 3198.
157 BVerfGE 63, 332, 337 = NJW 1983, 1726; BGH NJW 2010, 153, 155; BGHZ 118, 312, 321 = NJW 1992, 3096, 3098; KG FamRZ 2004, 275, 277.
158 BGH NJW-RR 2002, 1151; BGH NJW 1997, 2051, 2052; BGH 1990, 2201, 2203; BayObLG FamRZ 2001, 1622, 1623; Zöller/*Geimer*, § 328 Rn 227; aA Musielak/*Stadler*, § 328 Rn 30; krit. auch *Schack*, IntZivilVerfR, Rn 866.

verschaffen, kann im Zweitstaat keinen Verstoß gegen Art. 103 Abs. 1 GG geltend machen.[159] Denn durch Untätigkeit kann sich der Beklagte seiner Obliegenheit nicht entziehen.[160] Die betroffene Partei muss daher alle ihr im erststaatlichen Verfahren zur Verfügung stehenden **Rechtsbehelfe ausgeschöpft haben**[161] und ihre Mitwirkungsobliegenheiten wahrnehmen, also für eine ordnungsgemäße Vertretung sorgen.[162] Dies gilt auch für den Fall des Prozessbetrugs.[163]

Eine Verletzung des rechtlichen Gehörs ist außerdem nur dann beachtlich, wenn zumindest die Möglichkeit besteht, dass die ausländische Entscheidung auf ihr beruht.[164] 50

Bejaht wurde ein Verstoß gegen den verfahrensrechtlichen ordre public in folgenden Fällen: Verletzung des Anspruchs auf rechtliches Gehör;[165] Nichtberücksichtigung entscheidungserheblicher Behauptungen (Einwand des Mehrverkehrs und Zeugensunfähigkeit bei Vaterschaftsfeststellung);[166] unterlassene Anhörung des Rechtsanwalts im Adhäsionsverfahren bei Nichterscheinen des Angeklagten („Krombach-Entscheidung");[167] Nichtbeachtung bekannter Rechtshängigkeit vor einem deutschen Gericht (jetzt geregelt in § 328 Abs. 1 Nr. 3);[168] arglistige Umgehung deutscher Gerichtsbarkeit zum Schaden des Beklagten;[169] Verstoß gegen Unabhängigkeit und Unparteilichkeit des Gerichts;[170] **Prozessbetrug** (gefälschte Urkunden, Falschaussagen);[171] strafbewerte Anordnungen eines ausländischen Gerichts, ein Verfahren vor einem deutschen Gericht nicht fortzusetzen („**anti-suit injunctions**");[172] **class actions**, die einer Gruppe von Personen die Geltendmachung von Ansprüchen anderer erlaubt, die sich bisher nicht zur Klage anschließen konnten oder unbekannt sind;[173] ordnungsgemäße Vertretung mangels Möglichkeit der Prozesskostenhilfe nicht gewährleistet.[174] 51

Kein Verstoß gegen den verfahrensrechtlichen ordre public wurde in folgenden Fällen angenommen: Nichteinhaltung des ausländischen Verfahrensrechts;[175] Abweichung im Beweisrecht,[176] solange sie nicht nach rechtsstaatlichen Grundsät- 52

---

159 BGH NJW 1997, 2051, 2052.
160 BGH NJW 2006, 701, 702.
161 BGH NJW 1990, 2201; BayObLG FamRZ 2002, 1637; OLG Koblenz RIW 2004, 302.
162 BGH NJW 2006, 701, 702.
163 BGH NJW 2004, 2386, 2388 m. Anm. *Hau*, IPRax 2006, 20.
164 Vgl Zöller/*Geimer*, § 328 Rn 230; aA Staudinger/*Spellenberg*, § 328 Rn 519; offen gelassen von KG FamRZ 2004, 275, 277.
165 KG FamRZ 2004, 275; KG NJW 1977, 1016 (zu kurze Notfrist).
166 AG Würzburg FamRZ 1994, 1596.
167 EuGH NJW 2000, 1853, 1854 f m. Anm. *Geimer*, ZIP 2000, 863; *von Bar*, JZ 2000, 725; *Piekenbrock*, IPRax 2000, 364; *Matscher*, IPRax 2001, 428; BGH NJW 2000, 3289 f m. Anm. *Gross*, JZ 2000, 1068.
168 BGH NJW 1983, 514 f; BayObLG FamRZ 1983, 501.
169 RGZ 157, 136, 138 f; OLG Hamm FamRZ 1996, 951, 953.
170 BGH NJW 1964, 2350, 2352.
171 BGH NJW 2004, 2386, 2388; BGHZ 141, 286, 304 = NJW 1999, 3198, 3202; Zöller/*Geimer*, § 328 Rn 260 mwN.
172 OLG Düsseldorf EuZW 1996, 351, 352.
173 *Mann*, NJW 1994, 1187 ff; nur für den Fall, dass das Urteil auf dem opt-out-Mechanismus beruht; *Hess*, JZ 2000, 373, 378 f; Musielak/*Stadler*, § 328 Rn 27 f mwN; vgl auch *Röhm/Schütze*, RIW 2007, 241.
174 Zöller/*Geimer*, § 328 Rn 220; Musielak/*Stadler*, § 328 Rn 28.
175 OLG Düsseldorf NJW-RR 1997, 572 (zu Art. 27 Nr. 1 EuGVÜ).
176 BGH NJW 1997, 2051, 2052 f; BGH NJW 1986, 2193 f (Vaterschaftsfeststellung allein durch Aussage der Mutter.

zen untragbar ist;[177] schwer nachvollziehbare oder falsche Beweiswürdigung;[178] Beweisermittlung durch *pre-trial discovery*;[179] Urteil eines mit Laien besetzten Gerichts[180] und Beschränkung der Öffentlichkeit;[181] Fehlen einer Ladung zum Verhandlungstermin;[182] Grundsätze des ausländischen Verfahrensrechts missachtet;[183] Ausschluss der Teilnahme am Rechtsstreit wegen *contempt of court* im Vereinigten Königreich;[184] fehlende Kostenerstattung nach der *American rule of costs*;[185] Zustellung einer auf *punitive damages* gerichteten Klage nach dem HZÜ (vgl aber Rn 44);[186] summarisches Verfahren nach Order 14 des englischen Rechts;[187] Erwirkung eines französischen *titre executoire* durch den *huissier de justice*;[188] vorläufige Zahlungsanordnung nach Art. 186 des italienischen *Codice di Procedura Civile*;[189] fehlender Anwaltszwang;[190] keine schriftlichen Urteilsgründe.[191]

53 **ee) Abweichung des Kollisionsrechts.** Die Anwendung abweichender Kollisionsnormen, die zur Anwendung eines anderen Rechts führen, stellt seit der Abschaffung des § 328 Abs. 1 Nr. 3 aF kein Anerkennungshindernis mehr dar.

54 **f) Keine Gegenseitigkeit, § 328 Abs. 1 Nr. 5.** Ein Anerkennungshindernis wegen fehlender **Gegenseitigkeit** liegt dann vor, wenn deutsche Entscheidungen im Ursprungsstaat der ausländischen Entscheidung nicht gleichermaßen anerkannt werden und vollstreckbar sind.[192] Die Verbürgung der Gegenseitigkeit sichert nicht die Belange der deutschen Partei des konkreten Rechtsstreits und kann auch zu einer Schlechterstellung führen. Sie dient allein der Durchsetzung deutscher Titel im Ausland, ist daher politisch motiviert und deshalb ein Fremdkörper im Anerkennungsrecht. Die Vorschrift wurde zu Recht heftig kritisiert.[193] Sie ist daher **weit auszulegen**.[194]

55 Die Gegenseitigkeit verlangt keine völlige Übereinstimmung des jeweiligen Anerkennungsrechts.[195] Die Anerkennung und Vollstreckung müssen nach **im Wesentlichen gleichwertigen Bedingungen** erfolgen, wobei Erschwerungen in einem Bereich durch Erleichterungen in einem anderen Bereich ausgeglichen werden können.[196] Bei der Beurteilung kommt es sowohl auf das Anerkennungsrecht als auch auf die **tatsächliche Anerkennungspraxis** an. Es bedarf einer Gesamtwürdi-

---

177 Zöller/*Geimer*, § 328 Rn 237 mwN.
178 OLGR Düsseldorf 2007, 161, 162; Zöller/*Geimer*, § 328 Rn 237.
179 BGHZ 118, 312, 323 = NJW 1992, 3096, 3099; Zöller/*Geimer*, § 328 Rn 238.
180 BGH NJW 1986, 3027, 3028 f.
181 OLG Saarbrücken NJW 1988, 3100 (zu Art. 27 Nr. 1 EuGVÜ).
182 BGH NJW 2006, 701; BGHZ 141, 286, 297 = NJW 1999, 3198, 3200.
183 OLG Düsseldorf NJW-RR 1997, 572 (zu Art. 27 Nr. 1 EuGVÜ).
184 BGH NJW 1968, 354 f; OLG Frankfurt IPRax 2002, 523 f.
185 BGHZ 118, 312, 325 f = NJW 1992, 3096, 3099 f.
186 BVerfG NJW 1995, 649.
187 BGH NJW 1970, 1004.
188 OLG Saarbrücken IPRax 2001, 238, 239 f.
189 OLG Düsseldorf NJW-RR 2001, 1575; OLG Stuttgart NJW-RR 1998, 280.
190 BayObLG NJW 1974, 418.
191 KG FamRZ 2002, 840; Zöller/*Geimer*, § 328 Rn 257; Musielak/*Stadler*, § 328 Rn 28.
192 Zur Verbürgung der Gegenseitigkeit zu einzelnen Staaten vgl die Übersichten bei Zöller/*Geimer*, § 328 Anh. III; Baumbach/*Hartmann*, Anh. nach § 328; MüKo-ZPO/*Gottwald*, § 328 Rn 135 ff.
193 Vgl die Stellungnahme des MPI RabelsZ 47 (1983), 595, 674 ff; *von Puttfarken*, RIW/AWD 1976, 149; *Schack*, IntZivilVerfR, Rn 873 f.
194 Vgl auch BGH NJW 1969, 2090, 2092 m. krit. Anm. *Geimer*; BGH NJW 1964, 2350, 2351.
195 BGH NJW 2001, 524; OLG Koblenz RIW 2004, 302.
196 Zöller/*Geimer*, § 328 Rn 265; *Schack*, IntZivilVerfR, Rn 875.

gung der Bedingungen für die Vollstreckung eines Urteils gleicher Art.[197] Es reicht aus, dass das ausländische Recht die deutsche internationale Zuständigkeit spiegelbildlich unter einem anderen Gesichtspunkt anerkennt, den das deutsche Recht wiederum nicht kennt.[198] Die Feststellung des ausländischen Rechts und der Rechtspraxis erfolgt nach § 293. Eine **partielle Gleichstellung** genügt;[199] auch die Gleichstellung der Gattung des anzuerkennenden Urteils oder einzelner Urteilswirkungen kann ausreichen, zB die Rechtskraft trotz fehlender Vollstreckbarkeit.[200] Bei Entscheidungen ausländischer föderaler Staaten kommt es auf die Verbürgung der Gegenseitigkeit in der Teilrechtsordnung an.[201]

Ausgeschlossen ist die Gegenseitigkeit bei einer vollständigen Nachprüfung (*révision au fond*) deutscher Urteile im Ausland.[202] Partiell nicht verbürgte Gegenseitigkeit besteht, wenn der Ursprungsstaat exorbitante Zuständigkeiten nur für sich selbst beansprucht.[203] 56

Ausnahmen vom Erfordernis der Gegenseitigkeit enthält **§ 328 Abs. 2** für nichtvermögensrechtliche Ansprüche. Darunter fallen alle Ansprüche, die weder auf Geld oder geldwerte Sachen oder Rechte gerichtet sind, noch auf einem vermögensrechtlichen Rechtsverhältnis beruhen:[204] Widerrufs- und Unterlassungsansprüche zum Schutz vor persönlichen oder sozialen Beeinträchtigungen;[205] Anspruch auf Gegendarstellung.[206] 57

5. Wirkungen der Anerkennung. Liegen keine Anerkennungshindernisse nach § 328 Abs. 1 Nr. 1–4 vor, erstrecken sich diejenigen **prozessualen Wirkungen** einer ausländischen gerichtlichen Entscheidung auf das Inland, die ihr nach dem Recht des Ursprungsstaates zukommen und auch dem deutschen Recht bekannt sind (**Kumulationstheorie**).[207] Eine uneingeschränkte Übertragung der Wirkungen auf das Inland findet daher im Gegensatz zum europäischen Anerkennungsrecht (Theorie der Wirkungserstreckung, vgl Art. 36 Brüssel Ia-VO) ebenso wenig statt wie die Gleichstellung der Wirkungen mit denjenigen inländischer Urteile, die möglicherweise weitergehen (Theorie der Wirkungsgleichstellung).[208] Ob sich auch die materiell-rechtlichen Wirkungen oder **Tatbestandswirkungen** einer ausländischen Entscheidung oder des vorhergehenden Verfahrens auf das Inland erstrecken, richtet sich nach derjenigen Sachnorm, die nach deutschem Kollisionsrecht für das Rechtsverhältnis maßgebend ist.[209] Die Unterscheidung zwischen prozessualer und materiell-rechtlicher Wirkung bestimmt sich nach deutschem Recht.[210] 58

---

197 BGHZ 141, 286, 299 = NJW 1999, 3198, 3201 m. Anm. *Roth*, ZIP 1999, 48; BGHZ 49, 50, 52.
198 BGHZ 141, 286, 300 = NJW 1999, 3198, 3201.
199 Vgl BGHZ 141, 286, 300 = NJW 1999, 3198, 3201; BGH NJW 1969, 2090, 2092; BGH NJW 1964, 2350, 2351.
200 *Schack*, IntZivilVerfR, Rn 875; *Milleker*, NJW 1971, 303, 306 ff; Hk-ZPO/*Dörner*, § 328 Rn 62; aA Zöller/*Geimer*, § 328 Rn 265; MüKo-ZPO/*Gottwald*, § 328 Rn 132.
201 BGHZ 141, 286, 300 = NJW 1999, 3198, 3201; OLG Hamm IPRax 1998, 474 ff m. Anm. *Haas/Stangl*, IPRax 1998, 452; Thomas/Putzo/*Hüßtege*, § 328 Rn 20.
202 BGHZ 50, 100, 101 f.
203 BGHZ 141, 286, 300 = NJW 1999, 3198, 3201; BGH NJW 1969, 2090 m. krit. Anm. *Geimer*.
204 Vgl BGHZ 89, 200, 201 = NJW 1984, 1104; Thomas/Putzo/*Reichold*, Einl. IV Rn 1 ff.
205 BGH NJW 1986, 3143 mwN.
206 BGH NJW 1963, 151.
207 Zöller/*Geimer*, § 328 Rn 20 ff; *Schack*, IntZivilVerfR, Rn 796; MüKo-ZPO/*Gottwald*, § 328 Rn 160 ff.
208 Vgl Zöller/*Geimer*, § 328 Rn 21; Hk-ZPO/*Dörner*, § 328 Rn 6.
209 Musielak/*Stadler*, § 328 Rn 39; Zöller/*Geimer*, § 328 Rn 29, 62 und 93.
210 Zöller/*Geimer*, § 328 Rn 30; MüKo-ZPO/*Gottwald*, § 328 Rn 160.

59 Für die **Rechtskraftwirkung** einer ausländischen Entscheidung bedeutet die Kumulationstheorie, dass sich die Bindungswirkung nach dem Recht des Ursprungsstaates richtet und sich die Rechtskraft auch auf präjudizielle Rechtsverhältnisse erstrecken kann, da auch das deutsche Recht eine entsprechende Bindungswirkung kennt.[211] Nach dem BGH steht die **materielle Rechtskraft** eines anzuerkennenden ausländischen Urteils der Zulässigkeit einer erneuten Klage über denselben Streitgegenstand im Inland zwar nicht entgegen, weil sich bei einer ausländischen Entscheidung deren Verbindlichkeit für das deutsche Rechtsgebiet nicht von selbst verstehe.[212] Ist das Rechtsschutzinteresse des Gläubigers zu bejahen, verlangt die Rechtskraft der ausländischen Entscheidung aber eine inhaltlich übereinstimmende Sachentscheidung (s. § 722 Rn 13).[213]

60 Die **Gestaltungswirkung** einer ausländischen Entscheidung erstreckt sich unabhängig davon auf das Inland, ob sie auch nach dem Recht als wirksam anerkannt wird, das nach deutschem Kollisionsrecht für das Rechtsverhältnis maßgebend ist.[214] Auch **prozessuale Drittwirkungen** wie die Interventions- oder Streitverkündungswirkung erstrecken sich auf das Inland. Dies gilt allerdings nur dann, wenn sie im Wesentlichen den Wirkungen der §§ 66 ff entsprechen.[215]

61 Die **Vollstreckungswirkung** erstreckt sich **nicht** auf das Inland. Es bedarf der Durchführung eines Exequaturverfahrens gem. §§ 722 f.[216]

V. Anhang: Staatsverträge/Europäisches Recht

62 **1. EU-Verordnungen.** Im Anwendungsbereich von EU-Verordnungen finden §§ 328 und 722 f keine Anwendung: **Brüssel Ia-VO**[217] bzw für Entscheidungen aus Verfahren, die vor dem 10.1.2015 eingeleitet wurden, die **Brüssel I-VO**[218] (EU-Mitgliedstaaten einschl. Dänemark;[219] das EuGVÜ gilt nur noch für Altfälle, s. Art. 66 Brüssel I-VO); **EuVTVO**;[220] **EuMahnVO**[221] und **EuBagatellVO**;[222] **EuErbVO**,[223] **Brüssel IIa-VO**[224] und **UnterhaltsVO**.[225] Die Ausführungsbestimmungen zur Brüssel Ia-VO, der EuVTVO, EuMahnVO und EuBagatellVO finden sich in den §§ 1079 ff.

---

211 Hk-ZPO/*Dörner*, § 328 Rn 7; Musielak/*Stadler*, § 328 Rn 35; MüKo-ZPO/*Gottwald*, § 328 Rn 164; aA *Schack*, IntZivilVerfR, Rn 795.
212 BGH NJW 1987, 1146; BGH NJW 1979, 2477; BGH NJW 1964, 1226; OLG Karlsruhe NJW-RR 1999, 82, 83; Hk-ZPO/*Kindl*, § 723 Rn 7; MüKo-ZPO/*Gottwald*, § 722 Rn 46 f und § 328 Rn 165; Stein/Jonas/*Münzberg*, § 722 Rn 6; Stein/Jonas/*Roth*, § 328 Rn 14 f; Zöller/*Geimer*, § 328 Rn 35 und § 722 Rn 96 f. AA: Thomas/Putzo/*Hüßtege*, § 723 Rn 6; Wieczorek/Schütze/*Schütze*, § 328 Rn 65 und § 722 Rn 3; Musielak/*Stadler*, § 328 Rn 37 f.
213 BGH NJW 1987, 1146; BGH NJW 1964, 1626; MüKo-ZPO/*Gottwald*, § 722 Rn 47.
214 Musielak/*Stadler*, § 328 Rn 39; Zöller/*Geimer*, § 328 Rn 52; MüKo-ZPO/*Gottwald*, § 328 Rn 173; *Schack*, IntZivilVerfR, Rn 779.
215 Musielak/*Stadler*, § 328 Rn 40; MüKo-ZPO/*Gottwald*, § 328 Rn 176 ff.
216 Vgl Musielak/*Stadler*, § 328 Rn 40; Zöller/*Geimer*, § 328 Rn 32.
217 ABl. Nr. L 351 vom 20.12.2012, S. 1.
218 ABl. Nr. L 12 vom 16.1.2001, S. 1.
219 Zur Anwendbarkeit der Verordnungen auf Dänemark s. ABl. Nr. L 79 vom 21.3.2013, S. 4 (Brüssel Ia-VO) und ABl. Nr. L 299 vom 16.11.2005, S. 62 (Brüssel I-VO).
220 ABl. Nr. L 143 vom 30.4.2004, S. 15.
221 ABl. Nr. L 399 vom 30.12.2006, S. 1.
222 ABl. Nr. L 199 vom 31.7.2007, S. 1.
223 ABl. Nr. L 201 vom 27.7.2012, S. 107.
224 ABl. Nr. L 338 vom 23.12.2003, S. 1.
225 ABl. Nr. L 7 vom 10.1.2009, S. 1.

2. Multilaterale Abkommen. Die folgenden multilateralen Abkommen gehen §§ 328 und 722 f vor: **Haager Übereinkommen** über den Zivilprozess[226] betreffend Kostenentscheidungen; Genfer Übereinkommen über den Beförderungsvertrag im internationalen Straßengüterverkehr (CMR);[227] Abkommen über den internationalen Eisenbahnverkehr (COTIF);[228] Übereinkommen über die Haftung gegenüber Dritten auf dem Gebiet der Kernenergie;[229] Revidierte Rheinschifffahrtsakte;[230] Internationales Übereinkommen über die zivilrechtliche Haftung für Bunkerölverschmutzungsschäden.[231]

3. Bilaterale Abkommen. Die folgenden bilateralen Abkommen gehen den §§ 328 und 722 f vor: **Israel**, deutsch-israelischer Vertrag;[232] **Tunesien**, Vertrag zwischen Deutschland und Tunesien;[233] **USA**, deutsch-amerikanischer Freundschafts-, Handels- und Schifffahrtsvertrag.[234]

Die folgenden bilateralen Abkommen gehen den §§ 328 und 722 f vor, werden aber ihrerseits im Anwendungsbereich der EuGVVO durch deren Vorschriften zur Anerkennung und Vollstreckung von Entscheidungen verdrängt (Art. 69 EuGVVO). **Belgien:** gegenseitige Anerkennung und Vollstreckung von gerichtlichen Entscheidungen, Schiedssprüchen und öffentlichen Urkunden in Zivil- und Handelssachen;[235] **Griechenland:** gegenseitige Anerkennung und Vollstreckung von gerichtlichen Entscheidungen, Vergleichen und öffentlichen Urkunden in Zivil- und Handelssachen;[236] **Großbritannien und Nordirland:** gegenseitige Anerkennung und Vollstreckung von gerichtlichen Entscheidungen in Zivil- und Handelssachen;[237] **Italien:** Anerkennung und Vollstreckung von gerichtlichen Entscheidungen in Zivil- und Handelssachen;[238] **Niederlande:** gegenseitige Anerkennung und Vollstreckung gerichtlicher Entscheidungen und anderer Schuldtitel in Zivil- und Handelssachen;[239] **Österreich:** gegenseitige Anerkennung und Vollstreckung von gerichtlichen Entscheidungen, Vergleichen und öffentlichen Urkunden in Zivil- und Handelssachen;[240] **Spanien:** über die Anerkennung und Vollstreckung von gerichtlichen Entscheidungen und Vergleichen sowie vollstreckbaren öffentlichen Urkunden in Zivil- und Handelssachen.[241]

Die folgenden bilateralen Verträge gegen zwar den §§ 328, 722 f vor, werden aber ihrerseits durch das **LugÜ** (Schweiz, Norwegen und Island)[242] verdrängt. **Norwegen:** über die gegenseitige Anerkennung und Vollstreckung gerichtlicher Entscheidungen;[243] **Schweiz:** über die gegenseitige Anerkennung und Vollstreckung von gerichtlichen Entscheidungen und Schiedssprüchen.[244]

---

226 BGBl. 1959 II S. 1388; BGBl. 1958 II S. 577; BGBl. 1958 I S. 939.
227 Vgl BGBl. 1961 II S. 1120.
228 BGBl. 1985 II S. 132.
229 BGBl. 1976 II S 308.
230 BGBl. 1969 II S. 597; BGBl. 1969 I S. 641.
231 BGBl. 2006 II S. 578.
232 BGBl. 1980 II S. 925, 1531.
233 BGBl. 1969 II S. 890; BGBl. 1970 II S. 125; BGBl. 1969 I S. 333.
234 BGBl. 1956 II S. 488, 763.
235 BGBl. 1959 II S. 766; BGBl. 1960 II S. 2408; BGBl. 1959 I S. 425.
236 BGBl. 1963 II S. 109, 1278; BGBl. 1963 I S. 129.
237 BGBl. 1961 II S. 302, 1025; BGBl. 1961 I S. 301.
238 RGBl. 1937 II S. 145; BGBl. 1952 II S. 986.
239 BGBl. 1965 II S. 27; BGBl. 1971 II S. 11.
240 BGBl. 1960 II S. 1246, 1523; BGBl. 1960 I S. 169.
241 BGBl. 1987 II S. 34; BGBl. 1988 II S. 207.
242 BGBl. 1994 II S. 2660.
243 BGBl. 1982 II S. 341, 901.
244 RGBl. 1930 II S. 1066, 1270.

§ 724 Vollstreckbare Ausfertigung

(1) Die Zwangsvollstreckung wird auf Grund einer mit der Vollstreckungsklausel versehenen Ausfertigung des Urteils (vollstreckbare Ausfertigung) durchgeführt.

(2) Die vollstreckbare Ausfertigung wird von dem Urkundsbeamten der Geschäftsstelle des Gerichts des ersten Rechtszuges und, wenn der Rechtsstreit bei einem höheren Gericht anhängig ist, von dem Urkundsbeamten der Geschäftsstelle dieses Gerichts erteilt.

§§ 42, 43 GVGA

I. Allgemeines	1	4. Umfang der Prüfung	8
II. Erforderlichkeit der Vollstreckungsklausel	2	5. Verfahren	12
		6. Rechtsbehelfe	13
III. Klauselverfahren	4	IV. Prüfungspflicht der Vollstreckungsorgane	16
1. Allgemeines	4		
2. Zuständigkeit (Abs. 2)	5	V. Kosten	18
3. Antrag	6		

I. Allgemeines

1 Die Vollstreckung erfolgt nicht aufgrund des Originaltitels, sondern aufgrund der **vollstreckbaren Ausfertigung,** der mit der Vollstreckungsklausel versehenen Ausfertigung des Urteils. Zum Begriff der Ausfertigung s. § 725 Rn 4. Die Vollstreckungsklausel ist die zweite der drei allgemeinen Vollstreckungsvoraussetzungen (s. § 704 Rn 3), deren Vorliegen von den Vollstreckungsorganen vor Beginn der Zwangsvollstreckung zu prüfen ist. Durch die vollstreckbare Ausfertigung werden Bestehen und Vollstreckungsreife des Titels bescheinigt.[1]

II. Erforderlichkeit der Vollstreckungsklausel

2 Grundsätzlich bedürfen alle Titel, die nach der ZPO vollstreckt werden, einer Klausel. Das gilt auch für den Beschluss, der die Vollstreckbarkeit eines Schiedsspruchs ausspricht (§ 1060 Abs. 1),[2] und den Leistungsbescheid gem. § 66 Abs. 4 S. 1 SGB X, wenn nach der ZPO vollstreckt wird.[3]

3 **Ausnahmen** bestehen für den Vollstreckungsbescheid (§ 796 Abs. 1) sowie Arrest und einstweilige Verfügung (§§ 929 Abs. 1, 936), die jeweils eine Klausel nur bei Vollstreckung für einen anderen Gläubiger oder gegen einen anderen Schuldner benötigen, und den nur noch selten vorkommenden unselbständigen Kostenfestsetzungsbeschluss (§ 795 a).

Ferner sind folgende **ausländische Titel** ohne Klausel vollstreckbar: als Europäischer Vollstreckungstitel bestätigte Titel (§ 1082), nach dem Verfahren für geringfügige Forderungen (Bagatellforderungen) ergangene Titel (§ 1107), Europäische Zahlungsbefehle (§ 1093) und Titel nach der Verordnung (EU) Nr. 1215/2012 über die gerichtliche Zuständigkeit und die Anerkennung und Vollstreckung von Entscheidungen in Zivil- und Handelssachen (§ 1112). Für ausländische Titel iÜ s. § 722 Rn 3 f.

Beschlüsse im Rahmen der Zwangsvollstreckung, dh Pfändungs- und Überweisungsbeschlüsse, Haftbefehle, aber auch Beschlüsse nach §§ 887 Abs. 1, 888 Abs. 1 und 890 Abs. 1, die ihrerseits erst aufgrund der vollstreckbaren Ausferti-

---

1 Thomas/Putzo/*Seiler*, § 724 Rn 3.
2 OLG Hamburg 26.5.2000 – 6 Sch 3/99, juris.
3 BGH WM 2008, 1074.

gung eines Titels erlassen werden, bedürfen keiner Klausel.[4] Die Verurteilung nach § 887 Abs. 2 ist dagegen für die Vollstreckung mit einer Klausel zu versehen.[5]

Beschlüsse in Familienstreitsachen bedürfen aufgrund der Verweisung in § 120 Abs. 1 FamFG ebenfalls einer Klausel. Für die Vollstreckung in Verfahren nach dem FamFG, die nicht zu den Familienstreitsachen gehören, gilt § 86 Abs. 3 FamFG. Danach bedürfen Vollstreckungstitel der Vollstreckungsklausel nur, wenn die Vollstreckung nicht durch das Gericht erfolgt, das den Titel erlassen hat. Deshalb ist bei einer Vollstreckung durch Beteiligte immer eine Klausel notwendig.[6] Eine abweichende Regelung trifft § 53 Abs. 1 FamFG für einstweilige Anordnungen. Die Klausel ist bei der Vollstreckung einer einstweiligen Anordnung durch Beteiligte nur erforderlich, wenn die Vollstreckung für oder gegen einen anderen als den in dem Beschluss bezeichneten Beteiligten erfolgen soll.[7]

III. Klauselverfahren

1. Allgemeines. Die Vorschriften über die Vollstreckungsklausel befinden sich zwar im Buch 8, dennoch stellt das Klauselverfahren ein **eigenständiges Verfahren** dar, welches auf das Erkenntnisverfahren folgt und der Zwangsvollstreckung vorausgeht.[8] Ziel dieses Verfahrens ist die **Entlastung der Vollstreckungsorgane**.[9] Die vor Erteilung der Klausel zu prüfenden Voraussetzungen können von den Vollstreckungsorganen als gegeben angenommen und müssen nicht mehr festgestellt werden. 4

2. Zuständigkeit (Abs. 2). Zuständig ist gem. Abs. 2 grds. der **Urkundsbeamte der Geschäftsstelle** des Prozessgerichts iSv § 153 GVG. Wenn das Verfahren bei einem übergeordneten Gericht anhängig ist, wird die Zuständigkeit des Urkundsbeamten dieses Gerichts begründet. Die sog. qualifizierten Vollstreckungsklauseln (s. § 726 Rn 1) werden vom **Rechtspfleger** erteilt (§ 20 Abs. 1 Nr. 12 RPflG). Wegen der Zuständigkeit für die Erteilung weiterer vollstreckbarer Ausfertigungen s. § 733 Rn 8. Unschädlich ist die Erteilung der einfachen Klausel gem. § 724 durch den Rechtspfleger. Erteilt der Urkundsbeamte dagegen trotz Rechtspflegerzuständigkeit eine Klausel, ist zu differenzieren: Wenn der Urkundsbeamte in den Fällen der qualifizierten Klausel fälschlich eine solche nach Abs. 2 erteilt, ist diese einfache Klausel nicht unwirksam.[10] Diese Folge tritt nur ein, wenn der Urkundsbeamte unter Missachtung der funktionellen Zuständigkeit eine qualifizierte Klausel ausstellt.[11] Für notarielle Urkunden ist gem. § 797 Abs. 2 der **Notar** zuständig. Für vom Jugendamt errichtete Urkunden ist das Jugendamt zuständig (§ 60 S. 3 Nr. 1 SGB VIII). 5

3. Antrag. Die Klausel wird nur auf Antrag erteilt. Der Antrag kann formlos gestellt werden und unterliegt nicht dem Anwaltszwang (§ 78 Abs. 3). **Antragsberechtigt** ist der Gläubiger, der den Titel erwirkt hat.[12] 6

Die Klausel wird erteilt gegen den im Titel bezeichneten Schuldner. Probleme ergeben sich bei Personenmehrheit auf Gläubiger- oder Schuldnerseite und im Fall 7

---

4 Hk-ZPO/*Kindl*, § 724 Rn 2; MüKo-ZPO/*Wolfsteiner*, § 724 Rn 11.
5 MüKo-ZPO/*Wolfsteiner*, § 724 Rn 11.
6 Keidel/*Giers*, § 86 FamFG Rn 17.
7 Zu Einzelheiten s. Keidel/*Giers*, § 53 FamFG Rn 5.
8 Hk-ZPO/*Kindl*, § 724 Rn 1; Zöller/*Stöber*, § 724 Rn 1.
9 Hk-ZPO/*Kindl*, § 724 Rn 1; Musielak/*Lackmann*, § 724 Rn 1.
10 BGH MDR 2012, 367; BGH NJW-RR 2013, 437; Thomas/Putzo/*Seiler*, § 724 Rn 5; aA OLG Celle 25.5.2011 – 4 W 66/11, juris; OLG Dresden MDR 2010, 1491; OLG Hamm Rpfleger 2011, 621; Zöller/*Stöber*, § 726 Rn 7.
11 Hk-ZPO/*Kindl*, § 726 Rn 5; Musielak/*Lackmann*, § 726 Rn 4.
12 BGH NJW 1984, 806.

der Prozessstandschaft. Sind **mehrere Gläubiger** vorhanden, ist zu differenzieren: Gesamthandsgläubiger erhalten nur eine vollstreckbare Ausfertigung.[13] Mitgläubiger einer unteilbaren Leistung (§ 432 BGB) sind berechtigt, jeder für sich eine vollstreckbare Ausfertigung zu verlangen.[14] Dasselbe gilt für Gesamtgläubiger (§ 428 BGB).[15] Gläubiger einer teilbaren Leistung erhalten eine Klausel für den ihnen jeweils gebührenden Anteil. Zur Erteilung einer weiteren vollstreckbaren Ausfertigung s. § 733 Rn 2 ff. Bei Verurteilung von **Gesamtschuldnern** ist dem Gläubiger nach zutr. Ansicht gegenüber jedem Schuldner eine vollstreckbare Ausfertigung zu erteilen.[16] Im Fall der gesetzlichen oder gewillkürten **Prozessstandschaft** ist die Klausel dem Prozessstandschafter zu erteilen.[17] Das gilt insb. für den früheren Rechtsinhaber, der das Verfahren gem. § 265 Abs. 2 weitergeführt hat,[18] und für den von einem Elternteil gegenüber dem anderen Elternteil gem. § 1629 Abs. 3 BGB erwirkten Unterhaltstitel.[19] Ergibt sich jedoch bereits aus dem Titel, dass die Prozessstandschaft beendet ist, zB bei Volljährigkeit des Kindes, für welches Unterhalt geltend gemacht wurde, darf die Klausel nicht mehr erteilt werden.[20]

8 **4. Umfang der Prüfung.** Das für die Klauselerteilung zuständige Organ prüft, ob ein **äußerlich wirksamer Titel** vorliegt, der noch **in Kraft** ist. Die Prüfung der Wirksamkeit beschränkt sich auf die Formalien: beim **Urteil** auf die Vorgaben des § 313 Abs. 1 Nr. 1–4, die Unterschrift/en (§ 315 Abs. 1) und die Verkündung bzw die einer solchen ersetzende Zustellung (§§ 311 Abs. 2, 310 Abs. 3).[21] Die inhaltliche Richtigkeit ist dagegen nicht zu untersuchen.[22] Ein **Prozessvergleich** muss neben dem vollen Rubrum und der Unterschrift den Vermerk „vorgelesen bzw vorgespielt und genehmigt" (v.u.g.-Vermerk) enthalten (§§ 160 Abs. 3 Nr. 1, 162 Abs. 1).[23] In Kraft ist der Titel noch, wenn er nicht zwischenzeitlich auf ein Rechtsmittel oder einen Einspruch hin aufgehoben wurde. Ferner ist der Titel nicht mehr in Kraft, wenn gem. § 717 Abs. 1 die Vollstreckbarkeitserklärung aufgehoben oder gem. § 767 die Zwangsvollstreckung für unzulässig erklärt wurde.

9 Im Klauselverfahren ist weiterhin die **Vollstreckungsreife** des Titels zu prüfen. Urteile sind vollstreckungsreif, wenn sie rechtskräftig oder vorläufig vollstreckbar sind (§ 704 Abs. 1). Steht die Vollstreckung unter einer Bedingung, kann die Klausel nur nach § 726 Abs. 1 erteilt werden. Endentscheidungen in **Familienstreitsachen**, die nicht für sofort wirksam erklärt wurden, fehlt vor Eintritt der Rechtskraft die Vollstreckungsreife (§§ 120 Abs. 2 S. 1, 116 Abs. 3 FamFG).

10 Darüber hinaus ist grds. zu prüfen, ob der Titel einen **vollstreckbaren Inhalt** hat.[24] Diese Prüfung erfolgt in der Praxis nur eingeschränkt. Zwar wird der Urkundsbeamte eine Klauselerteilung ablehnen, wenn es sich um ein Feststellungs- oder Gestaltungsurteil ohne darauf gesetzten Kostenfestsetzungsbeschluss gem.

---

13 LG Rostock NotBZ 2004, 78; Hk-ZPO/*Kindl*, § 724 Rn 6.
14 KG NJW-RR 2000, 1409.
15 Hk-ZPO/*Kindl*, § 724 Rn 6.
16 MüKo-ZPO/*Wolfsteiner*, § 724 Rn 24; Musielak/*Lackmann*, § 724 Rn 8; aA Hk-ZPO/*Kindl*, § 724 Rn 10; Thomas/Putzo/*Seiler*, § 724 Rn 11; Zöller/*Stöber*, § 724 Rn 12.
17 BGH NJW 1991, 839; Musielak/*Lackmann*, § 724 Rn 5.
18 BGH NJW 1984, 806; Hk-ZPO/*Kindl*, § 724 Rn 5.
19 BGH NJW 1991, 839; LG Mühlhausen 19.7.2010 – 2 T 157/10, juris; Hk-ZPO/*Kindl*, § 724 Rn 5; Musielak/*Lackmann*, § 724 Rn 5.
20 OLG Frankfurt FamRZ 1994, 453.
21 OLG Koblenz JurBüro 2010, 154; Hk-ZPO/*Kindl*, § 724 Rn 7; MüKo-ZPO/*Wolfsteiner*, § 724 Rn 33.
22 OLG Koblenz FamRZ 2010, 1366; Musielak/*Lackmann*, § 724 Rn 6.
23 Hk-ZPO/*Kindl*, § 724 Rn 7; Musielak/*Lackmann*, § 724 Rn 6.
24 OLG Hamm MDR 2010, 1086; Hk-ZPO/*Kindl*, § 724 Rn 8; Musielak/*Lackmann*, § 724 Rn 7.

§ 795 a handelt. Die Vollstreckungsfähigkeit eines Leistungsurteils (s. dazu § 704 Rn 18 ff) wird jedoch regelmäßig vorausgesetzt und nicht geprüft. Andernfalls müsste der Urkundsbeamte ggf feststellen, dass das Urteil fehlerhaft ist,[25] und damit die Entscheidung auf inhaltliche Fehler hin untersuchen, was ihm gerade verwehrt ist. Letztlich obliegt es damit dem Vollstreckungsorgan, das Fehlen eines vollstreckbaren Inhalts festzustellen und die Konsequenzen daraus zu ziehen.[26]

Der Urkundsbeamte prüft weiter, ob eine die Verkündung ersetzende Zustellung (§ 310 Abs. 3) erfolgt ist (s. Rn 8). Die **Zustellung** als weitere allgemeine Vollstreckungsvoraussetzung (§ 750 Abs. 1) und die **besonderen Vollstreckungsvoraussetzungen** (s. § 704 Rn 4, § 751 Rn 1) sind dagegen für die Klauselerteilung nicht von Bedeutung. Eine ausdrückliche Regelung findet sich in § 726 für die Sicherheitsleistung (§ 750 Abs. 2) und die Zug um Zug zu erbringenden Leistung des Gläubigers (§§ 756, 765). Dasselbe gilt für die Abhängigkeit der Vollstreckung vom Eintritt eines Kalendertages (§ 750 Abs. 1). Unerheblich ist ferner, ob **Vollstreckungshindernisse** iSv § 775 bestehen und ob **Wartefristen** (§§ 750 Abs. 3, 798) einzuhalten sind. 11

5. Verfahren. Aus § 730 folgt, dass dem Schuldner vor Erteilung der Klausel rechtliches Gehör nicht gewährt werden muss.[27] Hält der Urkundsbeamte den Antrag für gerechtfertigt, wird die Klausel erteilt.[28] Andernfalls ist der Antrag durch Beschluss zurückzuweisen. Der Beschluss muss begründet und im Hinblick auf den befristeten Rechtsbehelf (s. Rn 13) zugestellt werden. Eine Kostenentscheidung ist nicht erforderlich: Die Kosten gehören zu denjenigen iSv § 788.[29] Eine Rückforderung der Klausel durch den Urkundsbeamten nach Wegfall der Voraussetzungen für ihre Erteilung ist nicht möglich.[30] Wegen der Teilklausel s. § 725 (s. § 725 Rn 2). 12

6. Rechtsbehelfe. Ein einheitlicher Rechtsbehelf fehlt. Es kommt darauf an, welcher Beteiligte den Rechtsbehelf einlegt und welches Organ entschieden hat. 13

Dem **Gläubiger** steht gegen die ablehnende Entscheidung des **Urkundsbeamten** die befristete Erinnerung (§ 573 Abs. 1) zu, welcher der Urkundsbeamte abhelfen kann (§§ 573 Abs. 1, 572). Über die Erinnerung entscheidet der Richter. Gegen diese Entscheidung ist, wenn sie vom Amts- oder Landgericht getroffen wurde, die sofortige Beschwerde zulässig (§ 567); gegen die Entscheidung eines Oberlandesgerichts kommt nur die Rechtsbeschwerde unter den Voraussetzungen des § 574 in Betracht.[31] Hat der **Rechtspfleger** entschieden, kann der Gläubiger nach § 1 Abs. 1 RPflG, § 567 sofortige Beschwerde einlegen; § 793 ist nicht einschlägig. Wenn der **Notar** die Klauselerteilung verweigert, ist die Beschwerde nach § 54 BeurkG gegeben.[32] 14

Dem **Schuldner** steht gegen die Erteilung der Klausel durch den Urkundsbeamten oder Rechtspfleger die Klauselerinnerung (§ 732) zu. 15

---

25 MüKo-ZPO/*Wolfsteiner*, § 724 Rn 42.
26 OLG Hamm MDR 2010, 1086.
27 MüKo-ZPO/*Wolfsteiner*, § 724 Rn 31; Musielak/*Lackmann*, § 724 Rn 9.
28 Musielak/*Lackmann*, § 724 Rn 10.
29 Hk-ZPO/*Kindl*, § 724 Rn 10; Musielak/*Lackmann*, § 724 Rn 10.
30 MüKo-ZPO/*Wolfsteiner*, § 724 Rn 50.
31 MüKo-ZPO/*Wolfsteiner*, § 724 Rn 52.
32 LG Zwickau NotBZ 2000, 200.

IV. Prüfungspflicht der Vollstreckungsorgane

16 Die Vollstreckungsorgane, zu deren Entlastung das Klauselverfahren dient, sind nicht befugt, die Rechtmäßigkeit der Klausel zu überprüfen.[33] Die Prüfung beschränkt sich auf die **Notwendigkeit**, das **Vorhandensein**, die **Form** und den **Wortlaut** der Klausel (§ 42 Abs. 1 S. 1 GVGA). Nur wenn die Klausel danach offensichtlich unwirksam ist, zB bei Erteilung einer qualifizierten Klausel durch den Urkundsbeamten (s. Rn 5), darf die Vollstreckung abgelehnt werden.[34]

17 Inhaltlich sind die Vollstreckungsorgane an die erteilte Klausel **gebunden**.[35] Eine Ausnahme besteht für die **Vollstreckungsfähigkeit** des Titels. Im Zwangsvollstreckungsverfahren ist von Amts wegen zu prüfen, ob der Titel einen vollstreckungsfähigen Inhalt hat. Dieser wird nicht durch die Klausel ersetzt.[36] Das Vollstreckungsorgan muss sich die Klausel vor jeder Vollstreckungshandlung vorlegen lassen, um festzustellen, ob die Klausel nicht nur erteilt, sondern auch beim Gläubiger noch vorhanden ist.[37] Die **Vollstreckung ohne notwendige Klausel** ist fehlerhaft und auf eine Erinnerung (§ 766) aufzuheben. Der Mangel kann aber im Erinnerungs- und Beschwerdeverfahren durch nachträgliche Erteilung der Klausel geheilt werden.[38]

V. Kosten

18 **Gerichtskosten** werden für die Erteilung der vollstreckbaren Ausfertigung nicht erhoben.

19 Der Antrag auf Erteilung der vollstreckbaren Ausfertigung ist für den Rechtsanwalt keine besondere Angelegenheit (§ 19 Abs. 1 S. 2 Nr. 13 RVG), gehört für den Prozessbevollmächtigten somit zum Rechtszug (Hauptsache) und wird mit den dort verdienten Gebühren abgegolten. Im Übrigen gehört die Tätigkeit im Rahmen der Zwangsvollstreckung als vorbereitende Maßnahme (§ 18 Abs. 1 Nr. 1 RVG) zu der Tätigkeit, die mit der Gebühr für die Zwangsvollstreckung (Nr. 3309 VV RVG) abgegolten wird, wenn keine Klage erhoben wird. Die Verfahrensgebühr Nr. 3309 VV RVG wird aber für den im Erkenntnisverfahren noch nicht tätigen Rechtsanwalt mit der erstmaligen Beantragung der Vollstreckungsklausel ausgelöst. Eine gesonderte Verfahrensgebühr Nr. 3309 VV RVG verdient also nur der Rechtsanwalt, der weder in dem dem Vollstreckungstitel zugrunde liegenden Erkenntnisverfahren noch in der Zwangsvollstreckung hinsichtlich dieses Titels tätig war.[39] Eine besondere Angelegenheit ist jedoch das Verfahren auf Erteilung einer weiteren vollstreckbaren Ausfertigung (§ 18 Abs. 1 Nr. 5 RVG).[40]

§ 725 Vollstreckungsklausel

Die Vollstreckungsklausel:
> „Vorstehende Ausfertigung wird dem usw. (Bezeichnung der Partei) zum Zwecke der Zwangsvollstreckung erteilt"

---

33 MüKo-ZPO/*Wolfsteiner*, § 724 Rn 4; Zöller/*Stöber*, § 724 Rn 14.
34 Musielak/*Lackmann*, § 724 Rn 2.
35 Hk-ZPO/*Kindl*, § 724 Rn 1.
36 BGH NJW-RR 2006, 217; OLG Hamm MDR 2010, 1086; LG Wiesbaden DGVZ 2011, 33; Zöller/*Stöber*, § 724 Rn 14.
37 OLG Köln NJW-RR 2000, 1580; OLG Karlsruhe FamRZ 2008, 291.
38 OLG Zweibrücken InVo 2004, 115.
39 AnwK-RVG/*Wolf/Mock/Volpert/N. Schneider/Fölsch/Thiel*, § 19 Rn 141 ff.
40 Hk-ZPO/*Kindl*, § 724 Rn 12; Musielak/*Lackmann*, § 724 Rn 12.

ist der Ausfertigung des Urteils am Schluss beizufügen, von dem Urkundsbeamten der Geschäftsstelle zu unterschreiben und mit dem Gerichtssiegel zu versehen.

§ 42 GVGA

I. Allgemeines

§ 725 enthält die Formvorschriften für die Erteilung der Vollstreckungsklausel: Wortlaut, Beifügung am Schluss der Ausfertigung des Urteils, Unterschrift und Dienstsiegel. Möglich ist auch die Erteilung einer Teilklausel. 1

II. Wortlaut

Der vorgegebene Wortlaut legt die **Mindestanforderungen** fest, ist aber nicht verbindlich.[1] In der Praxis wird er schon deshalb durchweg verwandt, weil entsprechende Stempel oder Formulare benutzt werden. Weitergehende Ausführungen sind erforderlich für **qualifizierte Klauseln** (s. § 726 Rn 12) und für Teilklauseln. Eine **Teilklausel** kann sich der Gläubiger für einen Teil des Urteilsausspruchs erteilen lassen, zB wenn nur noch eine von mehreren Leistungen nach Erfüllung im Übrigen zu vollstrecken ist.[2] 2

Der Inhalt des Titels wird nicht wiederholt. Die Klausel darf nicht über den Inhalt des Urteils hinausgehen. Das gilt auch für Nebenforderungen und Kosten.[3] Einschränkungen der Vollstreckbarkeit nach §§ 708 ff, die sich bereits aus dem Urteil ergeben, brauchen nicht noch einmal in den Text der Klausel aufgenommen zu werden. Zu erwähnen ist dagegen die nachträgliche Anordnung einer Sicherheitsleistung.[4] Eine Berichtigung nach § 319 ist zulässig.[5] 3

III. Ausfertigung; Besonderheiten bei mehreren Urteilen

1. Ausfertigung. Durch die Klausel wird die Ausfertigung zur **vollstreckbaren Ausfertigung** (vgl § 724). Die **Ausfertigung vertritt die Urschrift im Rechtsverkehr** (§ 47 BeurkG). Sie ist eine beglaubigte Abschrift der Urschrift (§ 49 Abs. 1 und 2 BeurkG). Bei Urteilen genügt eine Ausfertigung ohne Tatbestand und Entscheidungsgründe (§ 317 Abs. 2 S. 2). 4

Die Klausel sollte, muss der Ausfertigung aber nicht unbedingt **am Schluss des Urteils** beigefügt werden. Eine Klausel am Rand oder auf einem besonderen Blatt genügt den Anforderungen des § 725.[6] 5

2. Mehrere Urteile. Probleme können sich ergeben, wenn in derselben Sache mehrere Urteile vorliegen. Grundsätzlich ist das Urteil auszufertigen, aus dem sich der vollstreckbare Anspruch ergibt,[7] zB das in vollem Umfang aufrechterhaltene Versäumnisurteil oder das Berufungsurteil, welches die klagabweisende Entscheidung erster Instanz aufhebt und den Beklagten erstmals zu einer Leistung verurteilt. Dasselbe gilt, wenn das Berufungsurteil den Tenor des erstinstanzlichen Urteils neu fasst oder **wesentlich ändert**. In diesem Fall ist eine Ausfertigung des Berufungsurteils zu erteilen. Wenn dieses Urteil nur im Zusammenhang mit dem abgeänderten Urteil verständlich ist, müssen beide Urteile zusammengefasst werden[8] oder es muss der Wortlaut des abgeänderten Urteils in der auf die Aus- 6

---

1 Hk-ZPO/*Kindl*, § 725 Rn 1; Baumbach/*Hartmann*, § 725 Rn 3.
2 Hk-ZPO/*Kindl*, § 724 Rn 10; Musielak/*Lackmann*, § 725 Rn 4.
3 Zöller/*Stöber*, § 725 Rn 1; Baumbach/*Hartmann*, § 725 Rn 3.
4 Musielak/*Lackmann*, § 725 Rn 4; Zöller/*Stöber*, § 725 Rn 1.
5 Musielak/*Lackmann*, § 725 Rn 4.
6 Musielak/*Lackmann*, § 725 Rn 2; Zöller/*Stöber*, § 725 Rn 2.
7 BGH WuM 2015, 41; Hk-ZPO/*Kindl*, § 725 Rn 3.
8 BGH NJW 1998, 613; Baumbach/*Hartmann*, § 725 Rn 6.

fertigung des Berufungsurteils gesetzten Klausel zB wie folgt wiedergegeben werden:[9]

▶ Das Urteil des Amtsgerichts ... vom ... hat folgenden Wortlaut: ... ◀

7 Sofern das Berufungsurteil nur eine **unwesentliche Abänderung** enthält, insb. zu den Nebenforderungen, ist eine vollstreckbare Ausfertigung des erstinstanzlichen Urteils zu erteilen und in der Klausel auf diese Einschränkung hinzuweisen.[10] Folgende Formulierung bietet sich an:

▶ ... zum Zwecke der Zwangsvollstreckung mit folgender Einschränkung nach Maßgabe des Urteils des Landgerichts ... vom ... erteilt: ... ◀

8 Soll durch das bestätigende Berufungsurteil lediglich nachgewiesen werden, dass die Sicherheitsleistung nicht mehr nachzuweisen ist, reicht eine einfache Ausfertigung des Berufungsurteils aus.[11]

IV. Unterschrift und Dienstsiegel

9 Die Klausel muss unterschrieben sein. Eine **nicht unterschriebene Klausel** ist lediglich ein **Entwurf**.[12] Eine Ausnahme vom Unterschriftserfordernis besteht gem. § 703 b Abs. 1 für das automatisierte Mahnverfahren. Bei maschineller Bearbeitung werden Ausfertigungen nur mit dem Gerichtssiegel versehen; einer Unterschrift bedarf es nicht. Das gilt auch für die qualifizierte Klausel (str).[13] Die Unterschrift soll einen Hinweis darauf enthalten, ob sie vom Urkundsbeamten der Geschäftsstelle oder vom Rechtspfleger stammt, damit die Einhaltung der funktionellen Zuständigkeit geprüft werden kann (s. § 724 Rn 5).[14] Nach hM ist auch das **Siegel** Voraussetzung der Wirksamkeit.[15] Für das Siegel reicht ein gewöhnlicher Schwarzstempel aus. Ein eingedrucktes Siegel ist dagegen grds. nicht ausreichend,[16] genügt jedoch im automatisierten Mahnverfahren.[17]

10 In der Praxis wird, wenn Unterschrift oder Siegel **fehlen**, das Vollstreckungsorgan die Klausel dem Gläubiger zurücksenden, um diese Erfordernisse nachzuholen. Aufgrund einer unwirksamen Klausel erfolgte fehlerhafte Vollstreckungsmaßnahmen werden **geheilt**, wenn nachträglich eine wirksame Klausel erteilt wird. Die Zustellung einer unwirksamen Klausel setzt keine Notfristen in Lauf.[18]

V. Kosten

11 Für den als Prozessbevollmächtigten tätigen **Rechtsanwalt** gehört die erstmalige Erteilung der Vollstreckungsklausel, wenn deswegen keine Klage erhoben wird, zum Rechtszug (§ 19 Abs. 1 S. 2 Nr. 13 RVG). War der Rechtsanwalt im Erkenntnisverfahren nicht tätig, ist er jedoch mit der Vollstreckung beauftragt, wird die Tätigkeit durch die Gebühr für die Zwangsvollstreckung mit abgegolten

---

9 Musielak/*Lackmann*, § 725 Rn 3.
10 BGH NJW 1998, 613; Zöller/*Stöber*, § 725 Rn 4.
11 BGH NJW 1998, 613.
12 BGH NJW-RR 1998, 141.
13 AG Unna JurBüro 2011, 494; aA AG Leutkirch DGVZ 2011, 93.
14 Hk-ZPO/*Kindl*, § 725 Rn 2; MüKo-ZPO/*Wolfsteiner*, § 725 Rn 2; Zöller/*Stöber*, § 725 Rn 3.
15 Hk-ZPO/*Kindl*, § 725 Rn 2; MüKo-ZPO/*Wolfsteiner*, § 725 Rn 2; Zöller/*Stöber*, § 725 Rn 3; aA Baumbach/*Hartmann*, § 725 Rn 4.
16 AG Pankow-Weißensee Rpfleger 2008, 586; LG Hildesheim 26.10.2004 – 1 T 109/04, juris.
17 AG Unna JurBüro 2011, 494.
18 BGH NJW-RR 1998, 141.

(Nr. 3309 VV RVG).[19] Wird eine Klage auf Erteilung der Vollstreckungsklausel erforderlich (§ 731), handelt es sich um eine besondere Angelegenheit (§ 19 Abs. 1 S. 2 Nr. 13 RVG) mit Gebühren nach Nr. 3100 ff VV RVG.[20] Besondere Angelegenheiten liegen nach § 18 Abs. 1 Nr. 4 RVG auch bei Einwendungen des Schuldners gegen die Erteilung der Klausel (§ 732) vor sowie nach § 18 Abs. 1 Nr. 5 RVG bei einem Antrag auf Erteilung einer weiteren vollstreckbaren Ausfertigung; sie lösen jeweils die gesonderte Verfahrensgebühr Nr. 3309 VV RVG aus. Vgl im Übrigen auch § 724 Rn 18 f.

§ 726 Vollstreckbare Ausfertigung bei bedingten Leistungen

(1) Von Urteilen, deren Vollstreckung nach ihrem Inhalt von dem durch den Gläubiger zu beweisenden Eintritt einer anderen Tatsache als einer dem Gläubiger obliegenden Sicherheitsleistung abhängt, darf eine vollstreckbare Ausfertigung nur erteilt werden, wenn der Beweis durch öffentliche oder öffentlich beglaubigte Urkunden geführt wird.

(2) Hängt die Vollstreckung von einer Zug um Zug zu bewirkenden Leistung des Gläubigers an den Schuldner ab, so ist der Beweis, dass der Schuldner befriedigt oder im Verzug der Annahme ist, nur dann erforderlich, wenn die dem Schuldner obliegende Leistung in der Abgabe einer Willenserklärung besteht.

§§ 42, 43 GVGA

I. Allgemeines 1	c) Sonderfall: Vollstreckbarerklärung des gerichtlichen Vergleichs, § 795 b 9
II. Klausel bei bedingter Leistung (Abs. 1) 3	
1. Begriff und Anwendungsbereich 3	3. Nachweis durch Urkunden .. 10
2. Fallgruppen 7	4. Verfahren 12
a) Abs. 1 ist anwendbar 7	5. Rechtsbehelfe 13
b) Abs. 1 ist nicht anwendbar 8	III. Klausel bei Verurteilung zur Leistung Zug um Zug (Abs. 2) .. 14
	IV. Weitere praktische Hinweise 17
	V. Kosten 19

I. Allgemeines

Die Vorschrift betrifft eine der **qualifizierten Klauseln**, deren Erteilung von über den Prüfungsumfang des § 724 hinausgehenden Voraussetzungen abhängt, und gilt für Urteile und gem. § 795 für andere Titel iSv § 794. Zu den qualifizierten Klauseln gehören neben denjenigen nach Abs. 1 die Klauseln gem. §§ 727–729, 738, 742, 744, 745 Abs. 2 und 749. 1

Die Klausel nach Abs. 1 wird häufig als „**titelergänzende Klausel**" bezeichnet.[1] Da dieser Begriff nicht einheitlich verwandt wird,[2] soll auf eine entsprechende Benennung sowie Untergliederung der qualifizierten Klauseln nach Sachgruppen hier verzichtet werden. Zur sog. Beischreibung oder klarstellenden Klausel s. § 727 Rn 40. 2

---

19 AnwK-RVG/*Wolf/Mock/Volpert/N. Schneider/Fölsch/Thiel*, § 19 Rn 141 ff.
20 AnwK-RVG/*Wolf/Mock/Volpert/N. Schneider/Fölsch/Thiel*, § 19 Rn 143.
1 Hk-ZPO/*Kindl*, § 726 Rn 1; Musielak/*Lackmann*, § 726 Rn 1.
2 Abweichend zB MüKo-ZPO/*Wolfsteiner*, § 726 Rn 26.

II. Klausel bei bedingter Leistung (Abs. 1)

3 **1. Begriff und Anwendungsbereich.** Die amtliche Überschrift des § 726 („Vollstreckbare Ausfertigung bei bedingten Leistungen") ist ungenau, da es keine bedingten Leistungen, sondern nur bedingte Leistungsansprüche oder -pflichten gibt.[3]

4 Abs. 1 ist anwendbar, wenn der titulierte Anspruch, der Titel selbst oder seine Vollstreckbarkeit abhängig sind von einer **Bedingung** oder dem Ablauf einer **nicht kalendermäßig bestimmten Frist**.[4] Ausdrücklich nicht in den Anwendungsbereich fallen die Abhängigkeit von einer Sicherheitsleistung (vgl Abs. 1) oder einer Zug um Zug zu erbringenden Gegenleistung des Gläubigers, sofern nicht die vom Schuldner zu erbringende Leistung in der Abgabe einer Willenserklärung besteht (vgl Abs. 2). Ferner ist § 726 nicht einschlägig, wenn die Vollstreckung von einer kalendermäßig bestimmten Frist abhängt; in diesem Fall gilt § 751 Abs. 1. Wie bei der einfachen Klausel sind somit auch nach Abs. 1 die **besonderen Vollstreckungsvoraussetzungen nicht zu prüfen** (s. § 724 Rn 11). Die Vollstreckungsbedingung muss im Wortlaut des Titels angelegt sein. Es ist nicht zulässig, darauf im Wege der Auslegung zu schließen.[5] Wenn eine notarielle Urkunde über eine Grundschuldbestellung und Zwangsvollstreckungsunterwerfung Erklärungen des Schuldners enthält, wonach die Grundschuld nur unter Bedingungen verwertet werden darf, deren Eintritt nicht durch öffentliche oder öffentlich beglaubigte Urkunden nachgewiesen werden kann, besteht keine Vermutung dafür, dass damit die Zwangsvollstreckung aus der Unterwerfungserklärung eingeschränkt sein soll.[6]

5 Der Unterschied zur einfachen Klausel iSv § 724 besteht darin, dass nicht nur die dort genannten (s. § 724 Rn 8 ff), sondern darüber hinaus weitere Voraussetzungen vorliegen müssen.

6 Der Eintritt der Bedingung oder der Ablauf der Frist muss vom **Gläubiger** zu beweisen sein. Abs. 1 findet daher nur Anwendung auf **aufschiebende**, nicht dagegen auf auflösende **Bedingungen** oder auf nicht kalendermäßig bestimmte **Ausschlussfristen**, mit deren Ablauf die Leistungspflicht endet. Urteile weisen die Voraussetzungen des Abs. 1 eher selten auf. Hauptanwendungsbereich sind Vergleiche und vollstreckbare Urkunden.

7 **2. Fallgruppen. a) Abs. 1 ist anwendbar.** Unter anderem in folgenden Fällen ist die Klausel nach Abs. 1 zu erteilen: Ein Pachtgegenstand ist eine Woche nach Rechtskraft des Urteils herauszugeben.[7] Unterhalt ist ab Rechtskraft der Ehescheidung zu zahlen.[8] Der Träger der Unterhaltsvorschusskasse macht zum Zeitpunkt der Titulierung zukünftige übergegangene Unterhaltsansprüche geltend.[9] Der Werklohn für ein Bauvorhaben soll nach dessen Fertigstellung gezahlt werden.[10] Der Mieter räumt die Wohnung bei einem Mietrückstand von mehr als einem Monat[11] oder bei Gestellung von Ersatzraum.[12] Die Leistung ist abhängig von der Genehmigung durch einen Vertreter, das Familien- bzw Betreuungsgericht oder eine Behörde.[13] Zinsen sind nur bei Verzug des Schuldners, der im Ti-

---

3 MüKo-ZPO/*Wolfsteiner*, § 726 Rn 6.
4 Hk-ZPO/*Kindl*, § 726 Rn 2; Zöller/*Stöber*, § 726 Rn 2 f.
5 BGH NJW 2011, 2803.
6 BGH NJW-RR 2011, 424.
7 BGH 9.7.1997 – XII ZR 244/96, juris.
8 OLG Frankfurt OLGR 2004, 119.
9 OLG Schleswig MDR 2010, 752.
10 LG Lübeck IBR 1999, 263.
11 AG Rastatt Rpfleger 1997, 75.
12 Hk-ZPO/*Kindl*, § 726 Rn 2.
13 Zöller/*Stöber*, § 726 Rn 2.

tel nicht festgestellt ist, zu zahlen.[14] Die Leistung hängt von der Kündigung oder Vorleistung des Gläubigers ab.[15] Auch der Widerrufsvergleich fällt an und für sich unter Abs. 1 (s. aber Rn 9).

b) Abs. 1 ist nicht anwendbar. Auflösende Bedingungen, zB die Zahlung von **Unterhalt bis zur Rechtskraft der Ehescheidung**,[16] fallen nicht unter Abs. 1. Dasselbe gilt für folgende Fallgruppen: Es handelt sich um eine **Wahlschuld** iSv § 262 BGB, sofern die Vollstreckung nicht von der Ausübung des Wahlrechts durch einen Dritten abhängt.[17] Dem Schuldner steht eine **Ersetzungsbefugnis** zu, dh das Recht, anstelle der an und für sich geschuldeten Leistung eine andere Leistung zu erbringen.[18] Die Verurteilung erfolgt nach § 510 b oder der Titel enthält außerhalb von dessen Anwendungsbereich die Verpflichtung zu einer Leistung sowie für den Fall der Nichterbringung innerhalb einer bestimmten Frist zu einer anderen Leistung.[19] Der Titel enthält eine **Verfallklausel**. In Vergleichen oder vollstreckbaren Urkunden wird häufig eine Ratenzahlung mit der Maßgabe vereinbart, dass bei Verzug mit einer Rate (oder mehr) die gesamte Restsumme fällig wird. In diesem Fall braucht der Gläubiger für die Erteilung der Klausel nicht den Verzug des Schuldners nachzuweisen.[20] Vielmehr muss der Schuldner den Einwand der pünktlichen Zahlung nach § 767 geltend machen. Die Verurteilung lautet auf **treuhänderische Hinterlegung** eines Geldbetrages.[21] Der Schuldner hat sich im Vergleich den **Abzug von Mängelbeseitigungskosten** vorbehalten.[22]

c) Sonderfall: Vollstreckbarerklärung des gerichtlichen Vergleichs, § 795 b. Gerichtliche Vergleiche werden häufig mit der Maßgabe geschlossen, dass einer oder beiden Parteien der Widerruf innerhalb einer bestimmten Frist vorbehalten wird (Widerrufsvergleich). Die Klausel für einen solchen Vergleich wäre grds. nach Abs. 1 zu erteilen, weil der Vergleich eine aufschiebend bedingte Regelung enthält.[23] § 795 b hat jedoch die gerichtliche Übung legalisiert, dass die Klauseln für derartige Vergleiche nicht vom Rechtspfleger nach Abs. 1, sondern vom Urkundsbeamten nach § 724 Abs. 2 erteilt werden, wenn der **Widerruf gegenüber dem Gericht zu erklären** und damit aus der Verfahrensakte ersichtlich ist.[24] Dasselbe gilt für Vergleiche über die Zahlung von **Unterhalt ab Rechtskraft der Ehescheidung**.[25] In allen anderen Fällen, insb. bei zulässiger Erklärung des Widerrufs (auch) gegenüber der anderen Partei[26] oder Verpflichtung zur Zahlung von Unterhalt ab Rechtskraft der Ehescheidung, die Gegenstand eines selbständigen Verfahrens ist, bleibt Abs. 1 anwendbar (s. § 795 b Rn 4).

3. Nachweis durch Urkunden. Der Gläubiger muss den Nachweis der für die Klauselerteilung vorausgesetzten Tatsachen durch **öffentliche** (§ 415) oder **öffentlich beglaubigte** Urkunden führen. Das gilt auch für erbrachte UVG-Leistungen, wenn der Titel unter einer entsprechenden Bedingung steht. Eine Bestätigung der auszahlenden Stelle reicht jedoch aus.[27] Auch die Vollmacht eines Vertreters, der

---

14 Hk-ZPO/*Kindl*, § 726 Rn 2.
15 Musielak/*Lackmann*, § 726 Rn 3.
16 Zöller/*Stöber*, § 726 Rn 10.
17 Musielak/*Lackmann*, § 726 Rn 3.
18 Palandt/*Heinrichs*, § 262 BGB Rn 8.
19 Hk-ZPO/*Kindl*, § 726 Rn 2.
20 OLG Brandenburg 8.6.2010 – 3 W 57/09, juris; OLG Frankfurt OLGR 1993, 42; Zöller/*Stöber*, § 726 Rn 14.
21 LG Arnsberg DGVZ 2002, 123.
22 AG Göppingen DGVZ 1993, 115.
23 BAG NJW 2004, 701; BGH NJW 2006, 776.
24 Hk-ZPO/*Kindl*, § 795 b Rn 2.
25 MüKo-ZPO/*Wolfsteiner*, § 795 b Rn 2.
26 LG Koblenz Rpfleger 2011, 389.
27 OLG Schleswig MDR 2010, 752.

eine Unterwerfungserklärung abgegeben hat, muss in öffentlich beglaubigter Form vorgelegt werden.[28] Hängt die Klauselerteilung von einer Willenserklärung, insb. einer Kündigung des Gläubigers ab, muss nicht diese selbst, sondern nur deren **Zugang** urkundlich nachgewiesen werden.[29] Ausreichend ist die Vorlage einer beglaubigten Abschrift der jeweiligen Urkunde, sofern nicht die Vorlage des Originals gem. § 435 verlangt wird.[30]

11 Der urkundliche Nachweis ist **entbehrlich**, wenn der Schuldner darauf verzichtet. Ein solcher **Verzicht** ist zulässig.[31] Ebenso können die Parteien vereinbaren, dass Urkunden, die nicht die Voraussetzungen des Abs. 1 erfüllen, zum Nachweis ausreichen.[32] Der Schuldner kann die Voraussetzungen des Abs. 1 ausdrücklich iSv § **288 zugestehen**. Dagegen reicht es nicht aus, dass der Schuldner den Vortrag des Gläubigers nicht bestreitet: § **138 Abs. 3** ist im Klauselerteilungsverfahren **nicht anwendbar**, weil es sich nicht um ein kontradiktorisches Verfahren handelt.[33]

12 **4. Verfahren.** Die Klausel nach Abs. 1 wird gem. § 20 Abs. 1 Nr. 12 RPflG vom **Rechtspfleger** erteilt, für vom **Notar** verwahrte Urkunden ist dieser zuständig (§ 797 Abs. 2). Zu den Folgen der Klauselerteilung durch den unzuständigen Urkundsbeamten s. § 724 Rn 5. **Rechtliches Gehör** kann gem. § 730 gewährt werden (s. § 730 Rn 2). Zu prüfen sind zunächst die allgemeinen Voraussetzungen für die Erteilung einer einfachen Klausel (s. § 724 Rn 8 ff). Darüber hinaus müssen die Voraussetzungen des Abs. 1 vorliegen und nachgewiesen werden bzw offenkundig oder zugestanden sein. Die vom Gläubiger zum Nachweis vorgelegten **Urkunden** sind **in der Klausel zu erwähnen**. Dabei ist auch festzustellen, ob die Originalurkunde oder eine beglaubigte Abschrift (s. Rn 10) der Klauselerteilung zugrunde liegt.[34] Davon hängt es ab, welche Urkunde der Gerichtsvollzieher zwecks Zustellung gem. § 750 Abs. 2 erhalten muss (s. § 750 Rn 22). Erfolgt die Klauselerteilung aufgrund Offenkundigkeit oder Geständnisses, ist dies ebenfalls anzugeben.[35] Zum Antrag und weiteren Verfahren s. § 724 Rn 6 ff, zur Form s. § 725 Rn 9.

13 **5. Rechtsbehelfe.** Die Rechtsbehelfe von Gläubiger und Schuldner entsprechen denjenigen bei Verweigerung oder Erteilung der einfachen Klausel (s. § 724 Rn 13). Wenn der **Gläubiger** den urkundlichen Nachweis nicht erbringen kann, muss er Klage nach § 731 erheben, um den Nachweis mithilfe anderer Beweismittel zu erbringen. Der **Schuldner**, der die Voraussetzungen des Abs. 1 bestreitet, kann Klage nach § 768 erheben.

III. Klausel bei Verurteilung zur Leistung Zug um Zug (Abs. 2)

14 Die Zug um Zug zu erbringende **Gegenleistung des Gläubigers** gehört an und für sich zu den besonderen Vollstreckungsvoraussetzungen, die im Klauselverfahren nicht zu prüfen sind (s. § 724 Rn 11). Grundsätzlich wird daher ungeachtet der Gegenleistung des Gläubigers die Klausel gem. § 724 Abs. 2 vom Urkundsbeamten erteilt.[36] Das gilt auch bei Verurteilung zur Leistung nach Empfang der Ge-

---

28 BGH NJW 2008, 2266.
29 Zöller/*Stöber*, § 726 Rn 6.
30 OLG Schleswig SchlHA 2010, 403; Musielak/*Lackmann*, § 726 Rn 5; Zöller/*Stöber*, § 726 Rn 6.
31 BGH NJW-RR 2006, 567.
32 OLG Köln InVo 2000, 102; aA Musielak/*Lackmann*, § 726 Rn 5.
33 BGH Rpfleger 2005, 610; JurBüro 2009, 163 (jeweils zu § 727); Musielak/*Lackmann*, § 726 Rn 5.
34 LG Saarbrücken DGVZ 2004, 93; Hk-ZPO/*Kindl*, § 726 Rn 6.
35 Musielak/*Lackmann*, § 726 Rn 6.
36 Hk-ZPO/*Kindl*, § 726 Rn 8.

genleistung gem. § 322 Abs. 2 BGB.[37] Abs. 2 trifft eine Ausnahmeregelung für den Fall, dass die dem Schuldner obliegende Leistung in der **Abgabe einer Willenserklärung** besteht.

Die Vorschrift ist nur anwendbar, wenn sich die Verpflichtung zur Abgabe einer Willenserklärung aus einem **Urteil** ergibt, nicht dagegen bei einem Prozessvergleich oder einem anderen Titel.[38] Zur Erteilung der Klausel für ein Urteil auf Abgabe einer Willenserklärung, dessen Vollstreckung von einer Zug um Zug vom Gläubiger zu erbringenden Gegenleistung abhängt, ist vom Gläubiger urkundlich iSv Abs. 1 nachzuweisen, dass der Schuldner befriedigt oder im Annahmeverzug ist.[39] Keine Gegenleistung in diesem Sinne ist die Aushändigung einer Quittung, eines Wechsels oder einer sonstigen Urkunde durch den Gläubiger.[40] Gemäß § 894 Abs. 1 S. 2 gilt die Willenserklärung als abgegeben, wenn die Klausel nach Abs. 2 erteilt wurde. Da deren Erteilung sich nach Abs. 1 richtet,[41] ist die Zuständigkeit des Rechtspflegers gem. § 20 Abs. 1 Nr. 12 RPflG gegeben.[42]

Im umgekehrten Fall – der Schuldner wurde zu einer Leistung Zug um Zug gegen eine vom Gläubiger abzugebende Willenserklärung verurteilt (zB zur Zahlung Zug um Zug gegen Auflassung eines Grundstücks) – ist Abs. 2 nicht anwendbar. Dann ist die einfache Klausel ohne Nachweis von Erfüllung oder Annahmeverzug zu erteilen.[43]

IV. Weitere praktische Hinweise

Bei Abschluss eines Vergleichs oder Schaffung einer vollstreckbaren Urkunde, für welche die Klausel nach Abs. 1 zu erteilen ist, sollte der **Gläubiger** immer berücksichtigen, ob sich der Nachweis ohne Schwierigkeiten durch öffentliche oder öffentlich beglaubigte Urkunden führen lässt. Andernfalls sollte möglichst vereinbart werden, dass der Nachweis auf andere Art und Weise geführt werden darf oder der Schuldner von vornherein auf den Nachweis verzichtet.

Der **Schuldner** muss bei Abschluss einer Vereinbarung mit Verfallklausel deren sofortige Vollstreckbarkeit bedenken.

V. Kosten

Gerichtskosten werden für die Erteilung der vollstreckbaren Ausfertigung gem. § 726 nicht erhoben.

Beim **Notar** entsteht eine 0,5-Verfahrensgebühr Nr. 23803 KV GNotKG, wenn der Eintritt einer Tatsache zu prüfen ist (Wert: § 118 GNotKG).

Für den **Rechtsanwalt** ist die Erteilung der Vollstreckungsklausel keine besondere Angelegenheit im Sinne der Erteilung einer weiteren vollstreckbaren Ausfertigung (§ 18 Abs. 1 Nr. 5 RVG). Denn es wird keine *zusätzliche* vollstreckbare Ausfertigung erteilt, sondern eine erste Klausel zu dem Titel ausgestellt. Dies ist der Erteilung einer weiteren vollstreckbaren Ausfertigung nicht gleichzusetzen.[44] Für den im Erkenntnisverfahren tätigen Rechtsanwalt ist die Tätigkeit daher mit den Gebühren des Erkenntnisverfahrens abgegolten. Für den dort nicht tätigen Rechtsanwalt entsteht eine Gebühr Nr. 3309 VV RVG, da der Antrag auf Erteilung der Vollstreckungsklausel als die Zwangsvollstreckung vorbereitende Maß-

---

37 Hk-ZPO/*Kindl*, § 726 Rn 8; Zöller/*Stöber*, § 726 Rn 8 a.
38 OLG Koblenz Rpfleger 1987, 445; Thomas/Putzo/*Seiler*, § 726 Rn 4.
39 Musielak/*Lackmann*, § 726 Rn 7.
40 Baumbach/*Hartmann*, § 726 Rn 10.
41 KG FGPrax 1999, 189; Baumbach/*Hartmann*, § 726 Rn 11.
42 KG FGPrax 1999, 189; OLG Hamm NJW-RR 1987, 957.
43 LG Hamburg Rpfleger 2004, 159.
44 OLG Hamm JurBüro 2001, 29; OLG Köln JurBüro 1995, 474.

nahme zum Zwangsvollstreckungsverfahren gehört.[45] Für die nachfolgende Vollstreckungsmaßnahme entsteht dann aber keine weitere Gebühr.

§ 727 Vollstreckbare Ausfertigung für und gegen Rechtsnachfolger

(1) Eine vollstreckbare Ausfertigung kann für den Rechtsnachfolger des in dem Urteil bezeichneten Gläubigers sowie gegen denjenigen Rechtsnachfolger des in dem Urteil bezeichneten Schuldners und denjenigen Besitzer der in Streit befangenen Sache, gegen die das Urteil nach § 325 wirksam ist, erteilt werden, sofern die Rechtsnachfolge oder das Besitzverhältnis bei dem Gericht offenkundig ist oder durch öffentliche oder öffentlich beglaubigte Urkunden nachgewiesen wird.

(2) Ist die Rechtsnachfolge oder das Besitzverhältnis bei dem Gericht offenkundig, so ist dies in der Vollstreckungsklausel zu erwähnen.

§ 43 GVGA

I. Allgemeines	1	3. Verfahren	35
II. Rechtsnachfolge	4	4. Rechtsbehelfe	39
1. Anwendungsbereich und Nachweis	4	III. Klarstellender Zusatz zur Klausel	40
2. Fallgruppen	6	IV. Kosten	43

I. Allgemeines

1 Die Vollstreckung eines Titels setzt gem. § 750 Abs. 1 voraus, dass Gläubiger und Schuldner im Titel selbst oder in der beigefügten Vollstreckungsklausel namentlich bezeichnet werden. Die einfache Klausel wird gem. §§ 724, 725 dem im Titel bezeichneten Gläubiger zur Vollstreckung gegen den darin bezeichneten Schuldner erteilt. Die Klausel kann die **Vollstreckungswirkungen des Urteils auf Dritte erstrecken,** wenn das Urteil gem. § 325 für oder gegen Dritte wirkt. Dabei kann es dahinstehen, ob diese Erweiterung des Kreises der aus dem Titel Berechtigten und Verpflichteten nur Folge der Rechtskrafterstreckung ist oder ob § 727 als eigenständige Grundnorm zu begreifen ist, die die subjektiven Grenzen der Vollstreckungswirkung bestimmt,[1] weil die unterschiedliche Klassifizierung keine praktischen Konsequenzen hat. Unstreitig ist, dass § 727 über den Anwendungsbereich des nur für Urteile geltenden § 325 hinaus gem. § 795 auf alle Titel der ZPO anzuwenden ist;[2] Urteile müssen nicht rechtskräftig sein, die vorläufige Vollstreckbarkeit reicht aus.[3]

2 § 727 stellt die **Grundnorm zur Erteilung der Klausel für und gegen Dritte** dar. Verwiesen wird darauf in § 728 für Nacherben und Testamentsvollstrecker, in § 729 für Vermögens- und Firmenübernehmer, in § 738 für Nießbraucher, in §§ 742, 744, 745 für die Gütergemeinschaft bzw fortgesetzte Eigentums- und Vermögensgemeinschaft und in § 749 für den Testamentsvollstrecker. Darüber hinaus wird § 727 **entsprechend angewandt** auf Parteien kraft Amtes (s. Rn 21) und auf Prozessstandschafter (s. Rn 22).

3 Wegen weiterer, die Vollstreckbarkeit nicht beeinträchtigender Änderungen wird in der Praxis ein klarstellender Zusatz zur Klausel zugelassen (s. Rn 40 ff).

---

45 OLG Karlsruhe JurBüro 1990, 349.
1 So MüKo-ZPO/*Wolfsteiner*, § 727 Rn 1 mwN zur aA.
2 Hk-ZPO/*Kindl*, § 727 Rn 2; MüKo-ZPO/*Wolfsteiner*, § 727 Rn 2.
3 BGH NJW-RR 2001, 1362.

II. Rechtsnachfolge

1. Anwendungsbereich und Nachweis. Rechtsnachfolge ist jeder Wechsel der im Titel als Gläubiger oder Schuldner des zu vollstreckenden Anspruchs genannten Person.[4] § 727 findet Anwendung auf die Einzel- wie die Gesamtrechtsnachfolge unabhängig vom Rechtsgrund. Aus der Verweisung auf § 325 folgt, dass die Rechtsnachfolge **nach Rechtshängigkeit** gem. §§ 261 Abs. 1, 2, 696 Abs. 3, 700 Abs. 2 eingetreten sein muss. Bei Titeln, denen keine Rechtshängigkeit des vollstreckbaren Anspruchs vorausgegangen ist, insb. Vergleichen und vollstreckbaren Urkunden, kommt es auf die **Errichtung** an.[5] Im Fall der **einstweiligen Anordnung** kommt es auf die Zustellung des Antrags an. Nur wenn diese nicht vor dem Erlass zugestellt wurde, ist auf den Zeitpunkt des Erlasses abzustellen.[6] Im Fall der Rechtsnachfolge **vor Rechtshängigkeit** bzw Errichtung ist eine Vollstreckung für und gegen den Rechtsnachfolger ausgeschlossen.   4

Voraussetzung für die Erteilung der Klausel ist der **Eintritt** der Rechtsnachfolge.[7] Sie ist grds. durch **öffentliche** oder **öffentlich beglaubigte Urkunden** nachzuweisen, sofern sie nicht offenkundig ist (Abs. 2). Die Veröffentlichung im Bundesanzeiger begründet nicht die Offenkundigkeit.[8] Sie kann zugestanden werden (§ 288). Bei Erteilung der Klausel für einen neuen Gläubiger reicht das Geständnis nicht aus; es muss zusätzlich der bisherige Gläubiger zustimmen.[9] Ein bloßes Nichtbestreiten (§ 138 Abs. 3) ist nicht genügend. Zu Einzelheiten und zu den Nachweisen s. § 726 Rn 10 f sowie die ergänzenden Erl. zu den folgenden Fallgruppen (s. Rn 6 ff).   5

2. Fallgruppen

- **Abtretung:** Die Abtretung des Anspruchs bewirkt die Einzelrechtsnachfolge auf Gläubigerseite. Der Nachweis ist durch Vorlage der Abtretungsurkunde zu führen. Das gilt auch im Fall der Rückabtretung.[10]   6

- **Erbschaft:** Der Erbe ist Gesamtrechtsnachfolger. Für die Umschreibung auf den Erben als **Gläubiger** ist die Annahme der Erbschaft nicht notwendig (§ 1942 BGB). Ohne Annahme wird jedoch ein urkundlicher Nachweis nicht möglich sein.[11] Bis zur Teilung des Nachlasses können die Miterben als Gesamthandsgemeinschaft die Klausel nur gemeinsam erhalten (§§ 2032, 2039 BGB; s. § 724 Rn 7). Gegen den Erben als **Schuldner** kann nach Annahme oder Ablauf der Ausschlagungsfrist umgeschrieben werden. Zur Vollstreckung in den ungeteilten Nachlass ist eine Umschreibung auf alle Miterben notwendig (s. § 747 Rn 3). Ein Unterhaltstitel kann gegen den nach § 1586 b BGB haftenden Erben umgeschrieben werden.[12] Einen Kostenfestsetzungsantrag kann der Erbe des obsiegenden Gläubigers nur stellen, wenn ihm eine Rechtsnachfolgeklausel erteilt wurde.[13] Der Nachweis erfolgt durch Erbschein oder durch öffentlich beglaubigtes Testament mit Niederschrift über die Eröffnung,[14] sofern die Erbschaft nicht aufgrund von bei dem für die   7

---

4 Zöller/*Stöber*, § 727 Rn 2.
5 BGH NJW 1993, 1396; Musielak/*Lackmann*, § 727 Rn 2.
6 KG FamRZ 2009, 1002.
7 Hk-ZPO/*Kindl*, § 727 Rn 3.
8 LG Konstanz Rpfleger 2012, 267; LG Bonn 9.11.2009 – GT 63/09, juris; aA OLG Hamm 29.10.2007 – 31 W 43/07.
9 BGH Rpfleger 2005, 611.
10 LG Mühlhausen DGVZ 2012, 13.
11 Zöller/*Stöber*, § 727 Rn 4.
12 BGHZ 160, 186 = NJW 2004, 2896.
13 BGH FamRZ 2010, 1160.
14 Musielak/*Lackmann*, § 727 Rn 7.

Klauselerteilung zuständigen Gericht geführten Nachlassvorgängen offenkundig ist.

8 ■ **Erwerb der streitbefangenen Sache:** Kraft ausdrücklicher Regelung (§ 325) ist die Klausel auch gegen den Besitzer der streitbefangenen Sache umzuschreiben. Über den Wortlaut hinaus ist nicht nur der Besitzerwerber, sondern auch der Erwerber der Sache selbst gemeint,[15] wobei die Sache jeder Gegenstand ist, auf den sich der Rechtsstreit bezogen hat. Der Erwerber eines Grundstücks, dessen Voreigentümer als Störer gem. § 1004 BGB zur Beseitigung von Beeinträchtigungen verurteilt wurde, rückt jedoch nicht automatisch in die Störereigenschaft ein.[16] Der gutgläubige Erwerb nach § 325 Abs. 2 wird im Verfahren nach § 727 nicht geprüft. Gegebenenfalls muss der Schuldner sich mit der Klage gem. § 768 auf seinen guten Glauben berufen.[17] Nicht nur auf Schuldner-, sondern auch auf Gläubigerseite führt der Erwerb der streitbefangenen Sache zur Anwendung von § 727,[18] so dass der Erwerber eines Grundstücks den titulierten Räumungsanspruch vollstrecken kann.[19] Zur Belastung der streitbefangenen Sache mit einem Nießbrauch s. § 737 Rn 2.

9 ■ **Firma:** Die Namensänderung einer Firma fällt nicht unter § 727. Zum klarstellenden Zusatz zur Klausel in diesem Fall s. Rn 41.

10 ■ **Gesellschaften:** Bei Änderungen des Gesellschaftstyps (zur Umwandlung s. Rn 27) ist § 727 nicht anwendbar. Keine Rechtsnachfolgeklausel wird daher erteilt, wenn die OHG zur KG wird, die Vor-GmbH zur GmbH oder zur OHG.[20] Der Gesellschafterwechsel bewirkt ebenfalls keine Rechtsnachfolge iSv § 727. Das gilt grds. auch für die GbR.[21] Für die Immobiliarvollstreckung ist der Titel jedoch im Hinblick auf § 47 Abs. 2 GBO mit einer Rechtsnachfolgeklausel zu versehen, die dem geänderten Bestand der Gesellschafter der GbR entspricht (s. § 736 Rn 2).[22] Im Fall der Auflösung bleibt die Gesellschaft zunächst in Liquidation bestehen, ohne dass ein Identitätswechsel stattfindet. Nach Beendigung der Liquidation ist eine Umschreibung auf die Gesellschafter nicht möglich (§ 13 Abs. 2 GmbHG, § 1 Abs. 1 AktG, § 2 GenG, § 129 Abs. 4 HGB). Dasselbe gilt, wenn die verklagte GmbH mangels Eintragung nie entstanden war.[23] Zur GbR s. § 736 Rn 2 ff.

11 ■ **Gesetzlicher Forderungsübergang (bürgerliches Recht):** Der Übergang der Forderung auf einen neuen Gläubiger gem. § 412 BGB erfolgt u.a. in den Fällen des § 268 Abs. 3 BGB (Ablösung), § 426 Abs. 2 S. 1 BGB (Befriedigung durch Gesamtschuldner, die Höhe des Ausgleichsanspruchs muss offenkundig sein oder nachgewiesen werden, str),[24] § 774 Abs. 1 BGB (erfüllender Bürge), § 1143 Abs. 1 BGB (zahlender Eigentümer), § 1225 Abs. S. 1 (zahlender Verpfänder), § 1249 BGB (Ablösung bei Verpfändung), § 1607 Abs. 2 BGB (Übergang des Unterhaltsanspruchs) und § 86 VVG. Auch für die Umschreibung auf den Rechtsschutzversicherer als neuen Gläubiger eines Kostenfestsetzungsbeschlusses bedarf es des urkundlichen Nachweises; Offenkundigkeit

---

15 MüKo-ZPO/*Wolfsteiner*, § 727 Rn 37.
16 OLG Frankfurt InVo 2004, 28.
17 Hk-ZPO/*Kindl*, § 727 Rn 11.
18 MüKo-ZPO/*Wolfsteiner*, § 727 Rn 6.
19 Zöller/*Stöber*, § 727 Rn 10.
20 Hk-ZPO/*Kindl*, § 727 Rn 9.
21 OLG Saarbrücken NJOZ 2008, 3089.
22 BGHZ 187, 344 = NJW 2011, 615.
23 OLG Frankfurt OLGR 2004, 236.
24 Hk-ZPO/*Kindl*, § 727 Rn 4; Zöller/*Stöber*, § 727 Rn 7; aA OLG Düsseldorf NJW-RR 2000, 1596; Baumbach/*Hartmann*, § 727 Rn 8.

kann nicht ohne weiteres angenommen werden.[25] Ausreichend ist eine notariell beglaubigte Bestätigung des Gläubigers, dass der Versicherer für ihn gezahlt hat.[26]

- **Gesetzlicher Forderungsübergang (Recht der sozialen Leistungen):** Im Recht der sozialen Leistungen finden sich vielfältige gesetzliche Forderungsübergänge. Voraussetzung der Umschreibung ist nicht nur der Nachweis des Forderungsübergangs, sondern auch der tatsächlichen Zahlung. Hierfür genügt eine Eigenurkunde der auszahlenden Stelle.[27] Teilweise ist eine Überleitungsanzeige Voraussetzung des Forderungsübergangs. In diesem Fall ist auch deren Zugang urkundlich nachzuweisen.[28] Zu nennen sind insb.[29] (aufgeführt sind jeweils die Art des übergehenden Anspruchs und der Rechtsnachfolger):

12

- § 33 SGB II: Anspruch des Empfängers von Leistungen zur Sicherung des Lebensunterhalts gegen einen anderen, der nicht Leistungsträger ist, auf den Leistungsträger. Rechtsnachfolger sind die gemeinsamen Einrichtungen iSv § 44 b SGB II.[30] Das Vorliegen einer Haushaltsgemeinschaft iSv § 33 Abs. 1 SGB II muss nachgewiesen werden,[31] nicht dagegen das Vorliegen des Ausschlussgrundes nach § 33 Abs. 3 S. 3 SGB II (str).[32]
- § 169 SGB III: Anspruch auf Arbeitsentgelt, der Anspruch auf Insolvenzgeld begründet, auf die Bundesagentur.
- § 332 SGB III: Anspruch des Erstattungspflichtigen auf Leistungen zur Deckung des Lebensunterhalts auf die Bundesagentur.
- § 115 SGB X: Anspruch gegen den Arbeitgeber auf Arbeitsentgelt auf den Leistungsträger.
- § 116 SGB X: Anspruch gegen einen Schadensersatzpflichtigen auf den Leistungsträger.
- §§ 93, 94 SGB XII: Ansprüche auf Unterhalt und andere Leistungen auf den Leistungsträger.
- § 37 BAföG: Anspruch auf Unterhalt auf das Land als Träger der Ausbildungsförderung.
- § 7 UVG: Ansprüche auf Unterhalt und andere Leistungen auf die Unterhaltsvorschusskasse. Str ist, ob der zugunsten der Unterhaltsvorschusskasse ergangene Titel nach Beendigung der Zahlungen nach dem UVG auf das Kind umgeschrieben werden kann.[33] Dafür sprechen schon prozessökonomische Gründe, weil auf diese Weise eine weitere Klage des Kindes vermieden wird. Im Fall der Rückübertragung ist eine Rechtsnachfolgeklausel zu erteilen.[34]

---

25 LG Detmold Rpfleger 2001, 310.
26 KG Rpfleger 1998, 480.
27 OLG Karlsruhe FamRZ 2004, 556; OLG Dresden DAVorm 1999, 713; MüKo-ZPO/*Wolfsteiner*, § 727 Rn 57.
28 Hk-ZPO/*Kindl*, § 727 Rn 4; Zöller/*Stöber*, § 727 Rn 22.
29 Zu weiteren Fällen s. Zöller/*Stöber*, § 727 Rn 8.
30 OLG Zweibrücken NJW 2007, 2779 (zu § 44 SGB II aF); OLG Hamm NZFam 2014, 1062.
31 OLG Hamm FamRZ 2011, 1318.
32 OLG Stuttgart FamRZ 2013, 655.
33 Dagegen: OLG Hamm FamFR 2011, 400; OLG Schleswig FamRZ 2008, 1092; OLG Köln FamRZ 2003, 107; OLG Koblenz FamRZ 2014, 872; dafür: OLG Karlsruhe FamRZ 2004, 303; OLG Koblenz FamRZ 2006, 1689.
34 OLG Schleswig FamRZ 2010, 1592.

13 ■ **Gesetzlicher Vertreter:** Da die Angabe des gesetzlichen Vertreters nicht Voraussetzung für die Vollstreckbarkeit des Titels ist (s. § 750 Rn 8), kommt bei einem Wechsel oder Wegfall die Umschreibung der Klausel nicht in Betracht. Zum klarstellenden Zusatz zur Klausel in diesem Fall s. Rn 41.

14 ■ **Gütergemeinschaft:** Siehe die Erl. zu §§ 740 ff.

15 ■ **Insolvenzverwalter:** Wenn ein Anspruch, der nach § 35 Abs. 1 InsO in die Insolvenzmasse fällt, erst durch eine wirksame Verfügung des Insolvenzschuldners über allein ihm zustehende Rechtspositionen geschaffen wird, kann die Verwaltungs- und Verfügungsbefugnis iSv § 80 Abs. 1 InsO bezüglich dieses Anspruchs auch erst unmittelbar nach dessen Entstehen auf den Treuhänder übergehen. Dieser Vorgang ist einer Rechtsnachfolge iSv Abs. 1 gleichzustellen.[35] Im Übrigen s. „Partei kraft Amtes" (Rn 21).

16 ■ **Kanzleiabwickler:** Der Kanzleiabwickler wird als Rechtsnachfolger des ehemaligen Rechtsanwalts angesehen (zur Anwendung von § 748 Abs. 2 s. § 748 Rn 5).[36]

17 ■ **Nachlasspfleger:** Der Nachlasspfleger ist nicht Partei kraft Amtes, sondern Vertreter der unbekannten Erben. Die Klausel wird daher für oder gegen diese, vertreten durch den Nachlasspfleger, erteilt.[37]

18 ■ **Nachlassverwalter:** Siehe „Partei kraft Amtes" (Rn 21).

19 ■ **Namensänderung:** Die Identität der Parteien bleibt gewahrt, so dass keine Umschreibung erfolgen muss.[38] Zum klarstellenden Zusatz zur Klausel in diesem Fall s. Rn 41.

20 ■ **Nießbrauch:** Rechtsnachfolger ist nicht nur derjenige, der in die volle Rechtsstellung seines Vorgängers eingetreten ist, sondern auch derjenige, der eine mindere Rechtsstellung erworben hat, zB ein Nießbrauchsberechtigter. Wenn dieser den Nießbrauch im Rang nach einer Grundschuld erlangt hat, kann dem Grundschuldgläubiger gegen ihn eine Vollstreckungsklausel erteilt werden.[39] Im Übrigen s. die Erl. zu §§ 737, 738.

21 ■ **Partei kraft Amtes:** Die durch staatliche Verfügung eingesetzten Parteien kraft Amtes werden wie Rechtsnachfolger behandelt, wenn in das von ihnen verwaltete Vermögen vollstreckt werden soll.

– Partei kraft Amtes ist der **Insolvenzverwalter.** Die Umschreibung einer Klausel gegen den Insolvenzverwalter kann nur für einen Gläubiger erfolgen, der ein Ab- oder Aussonderungsrecht besitzt oder Massegläubiger ist.[40] Eine erneute Umschreibung auf den Schuldner ist nicht erforderlich, wenn nach Eröffnung des Insolvenzverfahrens die Versteigerung eines zur Masse gehörenden Grundstücks angeordnet, der Titel gegen den Insolvenzverwalter umgeschrieben wurde und der Insolvenzverwalter das Grundstück aus der Masse freigegeben hat.[41] § 727 gilt auch für den **vorläufigen Insolvenzverwalter,** wenn dem Schuldner gem. § 22 InsO ein allgemeines Verfügungsverbot auferlegt wurde (str).[42] Der Insolvenzverwal-

---

35 LAG Berlin-Brandenburg NZI 2014, 463.
36 OLG Nürnberg NJW-RR 2006, 1434; OLG Karlsruhe Rpfleger 2005, 36.
37 Zöller/*Stöber,* § 727 Rn 18.
38 BGH NJW-RR 2011, 133; LG Hannover JurBüro 2005, 275.
39 BGH NJW 2014, 1740.
40 OLG München Rpfleger 2006, 76; Hk-ZPO/*Kindl,* § 727 Rn 6.
41 BGH InVo 2006, 109.
42 LG Cottbus Rpfleger 2000, 465; MüKo-ZPO/*Wolfsteiner,* § 727 Rn 19; aA Zöller/*Stöber,* § 727 Rn 18.

ter muss nicht nur seine Bestellung, sondern auch deren Fortbestand durch Vorlage der Bestallungsurkunde nachweisen.[43] Notwendig ist die Vorlage einer Ausfertigung der Bestallungsurkunde; eine beglaubigte Abschrift reicht nicht aus.[44] Wird das Insolvenzverfahren mangels Masse eingestellt, kann ein gegen den Insolvenzverwalter erwirkter Titel auf den Schuldner umgeschrieben werden.[45] Der **frühere Insolvenzverwalter**, der nach Beendigung des Insolvenzverfahrens aufgrund Abtretung oder als Treuhänder selbst vollstrecken will, muss den Titel auf sich umschreiben lassen.[46]

– Parteien kraft Amtes sind auch der **Zwangsverwalter** und der **Nachlassverwalter**.[47] Eine Umschreibung für oder gegen den Zwangsverwalter kann nur erfolgen, soweit sein Aufgabenkreis gem. § 152 Abs. 1 ZVG reicht.[48] Der Ersteher eines Grundstücks, das nach vorangegangener Zwangsverwaltung zwangsversteigert wird, ist nicht Rechtsnachfolger des früheren Zwangsverwalters.[49] Zum **Nachlasspfleger** s. Rn 17.

■ **Prozessstandschaft:** § 727 wird auf die gesetzliche und gewillkürte Prozessstandschaft entsprechend angewandt. Grundsätzlich erhält der Prozessstandschafter die einfache Klausel gem. § 724 (s. § 724 Rn 7). Die Klausel kann nach § 727 dem Rechtsinhaber erteilt werden, wenn keine Doppelvollstreckung droht, insb. der Prozessstandschafter nicht selbst die Erteilung einer Klausel beantragt.[50] Im Fall **gesetzlicher Prozessstandschaft** kann bei nachgewiesener Beendigung der Prozessstandschaft die Umschreibung auf den materiell Berechtigten erfolgen. Das gilt zB für Unterhaltstitel, die ein Elternteil gem. § 1629 Abs. 3 BGB erwirkt hat, nach Scheidung der Ehe der Eltern.[51] Zur Beendigung der Prozessstandschaft nach § 7 Abs. 4 UVG nach Einstellung der Zahlung s. Rn 12 aE. Wenn der Prozessstandschafter im eigenen Namen vollstrecken will, nachdem er die Forderung durch Abtretung erworben hat, benötigt er eine Klausel nach § 727.[52] Bei **gewillkürter Prozessstandschaft** kann die Umschreibung auf den Rechtsinhaber nach hM erfolgen, wenn der Prozessstandschafter die Vollstreckung ablehnt bzw verzögert oder sie aus einem sonstigen Grund nicht fortgeführt werden kann.[53] 22

■ **Schiedssprüche:** Schiedssprüche können unmittelbar für und gegen den Rechtsnachfolger für vollstreckbar erklärt werden.[54] 23

■ **Schuldbeitritt:** Gegen den beitretenden zusätzlichen Schuldner kann keine Klausel nach § 727 erteilt werden.[55] 24

■ **Sicherungsgrundschuld:** Nach einer Entscheidung des IX. Zivilsenats des BGH[56] kann der Zessionar einer Sicherungsgrundschuld aus einer Unterwerfungserklärung nur vorgehen, wenn er in den Sicherungsvertrag eintritt. Wer 24a

---

43 BGH Rpfleger 2005, 610.
44 LG Stuttgart Rpfleger 2008, 222.
45 LAG Düsseldorf Rpfleger 2006, 90.
46 BGH NJW 1992, 2159; Hk-ZPO/*Kindl*, § 727 Rn 6.
47 Hk-ZPO/*Kindl*, § 727 Rn 6; MüKo-ZPO/*Wolfsteiner*, § 727 Rn 20.
48 LG Gießen InVo 1999, 94.
49 BGH NJW-RR 2012, 1297; OLG Celle NZI 2010, 878.
50 BGH NJW 1984, 806; Hk-ZPO/*Kindl*, § 727 Rn 7; Zöller/*Stöber*, § 727 Rn 13.
51 OLG Hamm FamRZ 2000, 1590; OLG Koblenz MDR 2014, 596.
52 OLG Stuttgart InVo 2001, 256.
53 BGH NJW 1983, 1678; Hk-ZPO/*Kindl*, § 727 Rn 7; Zöller/*Stöber*, § 727 Rn 13 mwN zur aA.
54 BGH NJW-RR 2007, 1366.
55 Musielak/*Lackmann*, § 727 Rn 12.
56 BGHZ 185, 133 = NJW 2010, 2041; ebenso BGH (V. Zivilsenat) MDR 2012, 903.

den Verpflichtungen aus dem Sicherungsvertrag nicht beitritt, wird nicht Rechtsnachfolger hinsichtlich des titulierten Anspruchs iSd § 727. Die entsprechende Prüfung müsse im Klauselerteilungsverfahren erfolgen. Demgegenüber vertritt der der VII. Zivilsenat des BGH die Auffassung, dass die Möglichkeit zur Vollstreckung aus der Unterwerfungserklärung unter den Voraussetzungen des Abs. 1 kraft gesetzlicher Anordnung auf den Rechtsnachfolger hinsichtlich des titulierten Anspruchs übergeht.[57] Folglich muss der Notar dem Zessionar einer Sicherungsgrundschuld die Rechtsnachfolgeklausel erteilen, wenn die Rechtsnachfolge in die Ansprüche durch öffentliche oder öffentlich beglaubigte Urkunden nachgewiesen ist. Zu den Rechtsbehelfen s. § 732 Rn 2.

25 ■ **Schuldübernahme:** Die befreiende Schuldübernahme ist keine Rechtsnachfolge iSv § 727 (str).[58]

26 ■ **Testamentsvollstrecker:** Siehe die Erl. zu § 749.

27 ■ **Umwandlung:** Eine Gesamtrechtsnachfolge findet statt im Fall der Verschmelzung (§ 2 UmwG) und Vermögensübertragung (§ 174 UmwG). Die Spaltung (§ 123 UmwG) führt zur Einzelrechtsnachfolge. Kein Fall der Rechtsnachfolge ist dagegen der Formwechsel gem. § 190 UmwG.[59]

28 ■ **Vollstreckungsstandschaft:** Eine isolierte Vollstreckungsstandschaft, dh die Ermächtigung eines Dritten, den titulierten Anspruch im eigenen Namen zu vollstrecken, ist gesetzlich nicht vorgesehen. Daher kann keine Klausel für einen Vollstreckungsstandschafter erteilt werden.[60]

29 ■ **Vorläufiger Insolvenzverwalter:** Siehe „Partei kraft Amtes" (Rn 21).

30 ■ **Wechsel:** Indossant und Aussteller sind im Fall der Zahlung hinsichtlich möglicher Rückgriffsansprüche nicht Rechtsnachfolger.[61]

31 ■ **Weiterer Rechtsnachfolger:** Dem weiteren Rechtsnachfolger ist eine Klausel nach § 727 zu erteilen. Das gilt auch, wenn es sich um den früheren Gläubiger handelt, welcher die Forderung durch Rückabtretung erhalten hat.[62] Einer vorherigen Umschreibung auf den ersten Rechtsnachfolger bedarf es nicht.[63]

32 ■ **Wohnungseigentum:** Der Wohnungseigentumsverwalter ist gem. § 27 Abs. 2 und 3 WEG Vertreter der Wohnungseigentümergemeinschaft.[64] Daher ist keine Umschreibung erforderlich, wenn der Verwalter wechselt (s. Rn 13).

33 ■ **Zwangsverwaltung:** Siehe „Partei kraft Amtes" (Rn 21).

34 ■ **Zwangsvollstreckung:** Die Überweisung der Forderung im Rahmen der Zwangsvollstreckung, unabhängig davon, ob sie zur Einziehung oder an Zahlungs statt erfolgt, führt zur Rechtsnachfolge.[65]

---

57 BGH NJW 2011, 2803.
58 BGHZ 61, 140 = WM 1973, 1121; Musielak/*Lackmann*, § 727 Rn 6; Thomas/Putzo/*Seiler*, § 727 Rn 13; aA Hk-ZPO/*Kindl*, § 727 Rn 5; MüKo-ZPO/*Wolfsteiner*, § 727 Rn 36.
59 BGH DGVZ 2004, 73; AG Stuttgart DGVZ 2009, 206.
60 BGH NJW-RR 1992, 61; BGHZ 92, 347 = NJW 1985, 809; Musielak/*Lackmann*, § 727 Rn 11; differenzierend Hk-ZPO/*Kindl*, § 727 Rn 7.
61 Musielak/*Lackmann*, § 727 Rn 13.
62 OLG Bandenburg FamRZ 2007, 62.
63 OLG Koblenz FamRZ 2004, 557.
64 Zöller/*Stöber*, § 727 Rn 38.
65 Baumbach/*Hartmann*, § 727 Rn 20.

3. Verfahren. Zuständig ist gem. § 20 Abs. 1 Nr. 12 RPflG der **Rechtspfleger** bzw. der **Notar** für von ihm verwahrten Urkunden (§ 797 Abs. 2 S. 1). Das Verfahren entspricht dem gem. § 726 (s. § 726 Rn 12). Zu den Folgen der Klauselerteilung durch den unzuständigen Urkundsbeamten s. § 724 Rn 5. 35

Der urkundliche Nachweis bei einer Rechtsnachfolge auf der Gläubigerseite ist nur entbehrlich, wenn der Schuldner diese zugesteht und der bisherige Gläubiger der Klauselerteilung zustimmt.[66] Wegen des Nachweises durch Urkunden s. ergänzend Rn 36. Wie bei § 726 sind die vom Gläubiger zum Nachweis vorgelegten **Urkunden in der Klausel** zu erwähnen. Dabei ist auch festzustellen, ob die Originalurkunde oder eine beglaubigte Abschrift (s. § 726 Rn 10) der Klauselerteilung zugrunde liegt[67] oder die Klauselerteilung aufgrund Offenkundigkeit bzw. Geständnisses, ggf mit Zustimmung des bisherigen Gläubigers, erfolgte.[68] 36

Zum Antrag und zum weiteren Verfahren s. § 724 Rn 6 ff. Zur Erteilung einer weiteren vollstreckbaren Ausfertigung s. § 733 Rn 8 ff. 37

Die Klausel nach § 727 kann wie folgt gefasst werden: 38

▶ Vorstehende Ausfertigung wird [entweder] dem ... (Bezeichnung des neuen Gläubigers) als Rechtsnachfolger des Klägers zum Zwecke der Zwangsvollstreckung erteilt [oder] dem Kläger zum Zwecke der Zwangsvollstreckung gegen ... (Bezeichnung des neuen Schuldners) als Rechtsnachfolger des Beklagten erteilt. Die Rechtsnachfolge ist offenkundig durch .../vom Beklagten zugestanden durch .../nachgewiesen durch ... (Bezeichnung der Urkunde, zB Erbschein, ggf öffentlich beglaubigte Abschrift). ◀

4. Rechtsbehelfe. Die Rechtsmittel entsprechen denjenigen im Verfahren nach § 726 (s. § 726 Rn 13). Wenn mehrere Gläubiger um die Erteilung der Klausel streiten, gilt zunächst das **Prioritätsprinzip**. Die Klausel wird demjenigen erteilt, der den ersten Antrag stellt.[69] Nach Erteilung der Klausel kann der weitere (angebliche) Gläubiger weder Beschwerde (§ 11 Abs. 1 RPflG, § 567 ZPO) noch Erinnerung (§ 732) einlegen. Auch die Klage nach § 768 ist nicht für ihn, sondern nur für den Schuldner eröffnet (str).[70] Dasselbe gilt für die Klage nach § 731. In Betracht kommt eine Feststellungsklage[71] oder eine Klage mit dem Ziel, die erteilte Klausel zurückzugeben sowie der Erteilung an den anderen Gläubiger zuzustimmen. 39

III. Klarstellender Zusatz zur Klausel

Soweit in den oben dargestellten Fallgruppen (s. Rn 6 ff) eine Umschreibung der Klausel nicht möglich ist, weil kein Fall der Rechtsnachfolge vorliegt, die Bezeichnung der Parteien in der Vollstreckung aber nicht mehr mit derjenigen im Titel übereinstimmt, kann ein klarstellender Zusatz zur Klausel, auch „**Beischreibung**" genannt,[72] erfolgen.[73] Die Terminologie ist uneinheitlich. Zuständig dafür ist nicht der Rechtspfleger, sondern der **Urkundsbeamte**.[74] 40

---

66 LG Berlin ZInsO 2013, 198.
67 LG Saarbrücken DGVZ 2004, 93; Hk-ZPO/*Kindl*, § 726 Rn 6.
68 Musielak/*Lackmann*, § 726 Rn 6.
69 MüKo-ZPO/*Wolfsteiner*, § 727 Rn 63.
70 OLG Stuttgart Rpfleger 2000, 282; MüKo-ZPO/*Wolfsteiner*, § 727 Rn 62; aA Hk-ZPO/*Kindl*, § 727 Rn 13; Musielak/*Lackmann*, § 727 Rn 5.
71 MüKo-ZPO/*Wolfsteiner*, § 727 Rn 62.
72 MüKo-ZPO/*Wolfsteiner*, § 726 Rn 70.
73 BGH NJW-RR 2011, 1335; Musielak/*Lackmann*, § 727 Rn 1; Thomas/Putzo/*Seiler*, § 727 Rn 4.
74 Hk-ZPO/*Kindl*, § 727 Rn 9.

41 Ein klarstellender Zusatz ist zB zulässig im Fall der **Namensänderung, der Änderung der Firma** oder des **gesetzlichen Vertreters**. Folgende Formulierung kann gewählt werden (Beispiel für Namensänderung):

▶ Die Schuldnerin führt jetzt den Namen ... ◀

42 Notwendig ist der Zusatz nicht, weil der Nachweis der veränderten Umstände im Rahmen der Zwangsvollstreckung geführt werden kann (s. § 750 Rn 12).

IV. Kosten

43 **Gerichtskosten** werden für die Erteilung der vollstreckbaren Ausfertigung gem. § 727 nicht erhoben.

44 Beim **Notar** entsteht eine 0,5-Verfahrensgebühr Nr. 23803 KV GNotKG, wenn der Eintritt einer Rechtsnachfolge zu prüfen ist (Wert: § 118 GNotKG).

45 Wird der Antrag zur Umschreibung der Vollstreckungsklausel vom Prozessbevollmächtigten des bisherigen Gläubigers erteilt, so entstehen keine neuen Gebühren.[75] Eine besondere Angelegenheit ist die Tätigkeit jedoch dann, wenn der Auftrag durch den Rechtsanwalt des Rechtsnachfolgers erteilt wird.[76] Es entsteht eine Gebühr Nr. 3309 VV RVG, da der Antrag auf Umschreibung der Vollstreckungsklausel zum Zwangsvollstreckungsverfahren gehört.[77]

46 Die Umschreibung der Vollstreckungsklausel ist jedoch keine besondere Angelegenheit im Sinne der Erteilung einer weiteren vollstreckbaren Ausfertigung (§ 18 Abs. 1 Nr. 5 RVG). Denn es wird keine *zusätzliche* vollstreckbare Ausfertigung erteilt, sondern eine bereits vorliegende nur geändert bzw zu der ersten Klausel zu dem Titel sogleich auf den Rechtsnachfolger ausgestellt. Dies ist der Erteilung einer weiteren vollstreckbaren Ausfertigung nicht gleichzusetzen.[78]

§ 728 Vollstreckbare Ausfertigung bei Nacherbe oder Testamentsvollstrecker

(1) Ist gegenüber dem Vorerben ein nach § 326 dem Nacherben gegenüber wirksames Urteil ergangen, so sind auf die Erteilung einer vollstreckbaren Ausfertigung für und gegen den Nacherben die Vorschriften des § 727 entsprechend anzuwenden.

(2) ¹Das Gleiche gilt, wenn gegenüber einem Testamentsvollstrecker ein nach § 327 dem Erben gegenüber wirksames Urteil ergangen ist, für die Erteilung einer vollstreckbaren Ausfertigung für und gegen den Erben. ²Eine vollstreckbare Ausfertigung kann gegen den Erben erteilt werden, auch wenn die Verwaltung des Testamentsvollstreckers noch besteht.

§ 43 GVGA

I. Allgemeines

1 Der Nacherbe ist **nicht Rechtsnachfolger** des Vorerben, sondern des Erben. Auch im Verhältnis des Erben zum Testamentsvollstrecker besteht keine Rechtsnachfolge iSv § 727 (hier ließe sich allerdings an die direkte Anwendung von § 727

---

75 OLG Karlsruhe JurBüro 1990, 349.
76 Hk-ZPO/*Kindl*, § 727 Rn 14.
77 OLG Karlsruhe JurBüro 1990, 349.
78 OLG Hamm JurBüro 2001, 29; OLG Köln JurBüro 1995, 474.

denken, weil der Testamentsvollstrecker als Partei kraft Amtes handelt;[1] s. § 727 Rn 21 ff). Die §§ 326, 327 sehen unter bestimmten Voraussetzungen die Wirksamkeit eines gegenüber dem Voreben bzw Testamentsvollstrecker ergangenen Urteils gegenüber dem Nacherben bzw Erben vor. Um die Erteilung der Klausel in diesen Fällen zu ermöglichen, verweist § 728 auf § 727 in entsprechender Anwendung. Für das **Verfahren** und die **Rechtsbehelfe** gelten keine Abweichungen, so dass auf § 727 Rn 35 ff verwiesen wird.

II. Nacherbschaft (Abs. 1)

Im Klauselverfahren ist zu prüfen, ob das Urteil gem. § 326 für oder gegen den Nacherben wirkt. § 326 Abs. 1 sieht vor, dass ein Urteil über eine **Nachlassverbindlichkeit** in einem zwischen dem Vorerben und einem Dritten geführten Verfahren **für den Nacherben** wirkt, sofern es vor dem Eintritt der Nacherbfolge rechtskräftig wird. Damit beschränkt sich die Wirkung von Abs. 1 in Bezug auf Nachlassverbindlichkeiten auf vor Eintritt der Nacherbfolge rechtskräftig gewordene Urteile, die Klagen gegen den Vorerben abweisen.[2] Klagabweisende Urteile haben keinen vollstreckungsfähigen Inhalt. Das gilt auch für die Kostenentscheidung, da die Kostentragung nur dem Grunde nach geregelt wird (s. § 704 Rn 18). Damit § 728 insoweit überhaupt einen Anwendungsbereich hat, kann die Umschreibung des aufgrund des Urteils ergangenen Kostenfestsetzungsbeschlusses nach Abs. 1 zugelassen werden.[3] Sofern Gegenstand des zwischen dem Vorerben und einem Dritten geführten Verfahrens **ein der Nacherbfolge unterliegender Gegenstand** ist, wirkt ein vor Eintritt der Nacherbfolge rechtskräftig gewordenes Urteil nach § 326 Abs. 1 immer **für den Nacherben**. Hinsichtlich der **Wirkung gegen den Nacherben** kommt es nach § 326 Abs. 2 darauf an, ob der Vorerbe gem. §§ 2112 ff BGB befugt war, über den Gegenstand zu verfügen. Unerheblich ist dagegen, wann die Rechtskraft eingetreten ist. Wenn die Verfügungsbefugnis des Vorerben von der Entgeltlichkeit (§ 2113 Abs. 2 BGB) abhängt, ist der Nacherbe für die Unentgeltlichkeit beweispflichtig.[4] Im Klauselerteilungsverfahren muss der **Eintritt der Nacherbfolge** urkundlich belegt, offenkundig oder zugestanden sein. Der dem Vorerben erteilte Erbschein iVm dessen Sterbeurkunde ist nicht genügend.[5] Für das Verfügungsrecht des Vorerben besteht dagegen keine entsprechende Nachweispflicht.[6]

III. Testamentsvollstreckung (Abs. 2)

Gemäß § 327 Abs. 1 wirkt ein Urteil, das zwischen dem Testamentsvollstrecker und einem Dritten über ein der **Verwaltung des Testamentsvollstreckers unterliegendes Recht** ergeht, für und gegen den Erben. Die Vorschrift ist Folge der Prozessführungsbefugnis des Testamentsvollstreckers gem. § 2212 BGB. Abs. 2 lässt die Erteilung einer vollstreckbaren Ausfertigung für und gegen den Erben zu. Gemäß § 327 Abs. 2 wirkt ein Urteil, das zwischen dem Testamentsvollstrecker und einem Dritten über **einen gegen den Nachlass gerichteten Anspruch** ergeht, für und gegen den Erben, wenn der Testamentsvollstrecker zur Führung des Rechtsstreits berechtigt ist. Die Berechtigung des Testamentsvollstreckers hängt gem. § 2113 BGB davon ab, ob ihm die Verwaltung des gesamten Nachlasses oder nur einzelner Nachlassgegenstände zusteht. Nur bei Verwaltung des gesamten Nachlasses ist der Testamentsvollstrecker neben dem Erben prozessführungsbefugt. In

---

1 Zu § 327 s. Hk-ZPO/*Saenger*, § 327 Rn 1.
2 MüKo-ZPO/*Wolfsteiner*, § 728 Rn 2.
3 So wohl auch MüKo-ZPO/*Wolfsteiner*, § 728 Rn 2.
4 MüKo-ZPO/*Wolfsteiner*, § 728 Rn 5.
5 Hk-ZPO/*Kindl*, § 728 Rn 2.
6 Baumbach/*Hartmann*, § 728 Rn 3.

diesem Fall ist nach Abs. 2 ebenfalls die Umschreibung der Klausel für und gegen den Erben möglich. Die Anknüpfung an die Verfügungsbefugnis des Testamentsvollstreckers entspricht der Regelung in § 748. Die Klausel gegen den Erben kann jederzeit erteilt werden, die Klausel für den Erben gem. **Abs. 2 S. 2** erst nach Beendigung der Testamentsvollstreckung. In diesem Fall sind nicht nur die Voraussetzungen des § 327, sondern auch das Ende der Testamentsvollstreckung iSv § 727 zu belegen.[7]

§ 729 Vollstreckbare Ausfertigung gegen Vermögens- und Firmenübernehmer

(1) Hat jemand das Vermögen eines anderen durch Vertrag mit diesem nach der rechtskräftigen Feststellung einer Schuld des anderen übernommen, so sind auf die Erteilung einer vollstreckbaren Ausfertigung des Urteils gegen den Übernehmer die Vorschriften des § 727 entsprechend anzuwenden.

(2) Das Gleiche gilt für die Erteilung einer vollstreckbaren Ausfertigung gegen denjenigen, der ein unter Lebenden erworbenes Handelsgeschäft unter der bisherigen Firma fortführt, in Ansehung der Verbindlichkeiten, für die er nach § 25 Abs. 1 Satz 1, Abs. 2 des Handelsgesetzbuchs haftet, sofern sie vor dem Erwerb des Geschäfts gegen den früheren Inhaber rechtskräftig festgestellt worden sind.

§ 43 GVGA

I. Allgemeines

1 Der Schuldbeitritt ist kein Fall der Rechtsnachfolge iSv § 727, so dass danach eine Klausel gegen den Beitretenden nicht erteilt werden kann. Daher bedarf es der besonderen Regelung in Abs. 1, die die Erteilung der Klausel gegen den Beitretenden in bestimmten Fallkonstellationen ermöglicht. Abs. 2 ermöglicht die Erteilung der Klausel gegen den Firmenübernehmer bei Fortführung der Firma. Abs. 2 gilt entsprechend für weitere handelsrechtliche Schuldbeitritte (s. Rn 4). Für das **Verfahren** und die **Rechtsbehelfe** wird verwiesen auf § 727 Rn 35 ff. Die Klausel kann erstmals gegen den Übernehmer erteilt werden oder es kann eine bereits gegen den Schuldner erlassene Klausel ergänzt werden. Ferner ist die Erteilung einer weiteren vollstreckbaren Ausfertigung gem. § 733 zulässig. Dabei ist immer die gesamtschuldnerische Haftung zu erwähnen.[1]

II. Vermögensübernahme (Abs. 1)

2 Abs. 1 ist in seinem direkten Anwendungsbereich mit Aufhebung des § 419 BGB durch Art. 33 Nr. 16 EGInsO zum 1.1.1999 gegenstandslos geworden und betrifft gem. Art. 223 a EGBGB nur noch bis dahin erfolgte **Vermögensübernahmen**. Entsprechend wird Abs. 1 angewandt auf den Käufer beim **Erbschaftskauf** (§ 2382 BGB),[2] ferner im Fall des Erbteilskaufs gem. § 2033 Abs. 1 BGB[3] (s. § 747 Rn 3).

---

7 Musielak/*Lackmann*, § 728 Rn 3.
1 Musielak/*Lackmann*, § 729 Rn 3.
2 Hk-ZPO/*Kindl*, § 729 Rn 2.
3 S. dazu Erman/*Bayer*, § 2033 BGB Rn 4.

III. Firmenübernahme (Abs. 2)

1. Direkte Anwendung von Abs. 2: § 25 Abs. 1 S. 1, Abs. 2 HGB. Gemäß § 25 Abs. 1 S. 1 HBG haftet derjenige, der ein unter Lebenden erworbenes Handelsgeschäft **unter der bisherigen Firma** (mit oder ohne Nachfolgezusatz, zB „Nachf.") fortführt, für alle im Betrieb des Geschäfts begründeten Verbindlichkeiten des früheren Inhabers. Eine Ausnahme gilt gem. § 25 Abs. 2 HGB, wenn eine abweichende Vereinbarung getroffen und entweder in das Handelsregister eingetragen und bekannt gemacht oder dem Gläubiger vom Erwerber bzw Veräußerer mitgeteilt wurde. Entscheidende Bedeutung kommt auch unter dem Gesichtspunkt des Nachweises der **Handelsregistereintragung** zu. Diese ist für den Nachweis der Firmenfortführung ausreichend, aber auch erforderlich.[4] Aus Abs. 2 letzter Teilsatz folgt, dass die Schuld schon gegenüber dem früheren Inhaber **rechtskräftig festgestellt** sein muss. Tritt die Rechtskraft erst später ein, muss der Gläubiger gegen den Firmenübernehmer klagen.[5] Bei Vergleichen und vollstreckbaren Urkunden kommt es auf den Zeitpunkt der Errichtung an.[6] Eine eingetragene **Haftungsbeschränkung** gem. § 25 Abs. 2 HGB steht der Erteilung der Klausel nach hM entgegen.[7] Die Mitteilung der Haftungsbeschränkung kann nach § 768 geltend gemacht werden. Bei der Übernahme des Geschäfts eines Einzelkaufmanns ist ferner nachzuweisen, dass es sich um eine **Geschäftsverbindlichkeit** handelte. Dieser Nachweis gilt als geführt, wenn der frühere Inhaber unter seiner Firma verurteilt wurde.[8] Sofern der urkundliche Nachweis nicht möglich ist, muss der Gläubiger Klage gem. § 731 erheben.

2. Entsprechende Anwendung von Abs. 2. Abs. 2 wird auf weitere Tatbestände analog angewandt; Einzelheiten sind allerdings str. Der Übernahme eines Handelsgeschäfts unter Lebenden steht die Fortführung eines Handelsgeschäfts durch den Erben (**§ 27 Abs. 1 HGB**) gleich (str).[9] Die Klausel kann auch erteilt werden, wenn ein persönlich haftender Gesellschafter oder ein Kommanditist in das Geschäft eines Einzelkaufmanns eintritt und damit die neu gegründete Gesellschaft gem. **§ 28 Abs. 1 S. 1 HGB** für alle im Betriebe des Geschäfts entstandenen Verbindlichkeiten des früheren Geschäftsinhabers haftet, auch wenn die frühere Firma nicht fortgeführt wird. Die Erteilung der Klausel gegenüber dem Gesellschafter ist dagegen nicht zulässig (str).[10] Abs. 2 wird ebenfalls analog angewandt auf die Haftung des in eine bestehende Gesellschaft eintretenden nach **§ 130 HGB** (str).[11] In doppelter Analogie folgt daraus die Zulässigkeit der Klauselumschreibung gegen den in eine GbR eintretenden Gesellschafter,[12] da § 130 HGB in diesem Fall analog angewandt wird.[13]

---

4 MüKo-ZPO/*Wolfsteiner*, § 729 Rn 7.
5 Baumbach/*Hartmann*, § 729 Rn 3.
6 Zöller/*Stöber*, § 729 Rn 4.
7 Hk-ZPO/*Kindl*, § 729 Rn 3; MüKo-ZPO/*Wolfsteiner*, § 729 Rn 9; Musielak/*Lackmann*, § 729 Rn 3; Zöller/*Stöber*, § 729 Rn 9; aA Baumbach/*Hartmann*, § 729 Rn 3.
8 MüKo-ZPO/*Wolfsteiner*, § 729 Rn 8; aA Zöller/*Stöber*, § 729 Rn 9 (nur bei Offenkundigkeit oder Nachweis).
9 Hk-ZPO/*Kindl*, § 729 Rn 3; Musielak/*Lackmann*, § 729 Rn 1; Zöller/*Stöber*, § 729 Rn 13; aA OLG Köln NJW-RR 1994, 1118; Stein/Jonas/*Münzberg*, § 729 Rn 7 Fn 23.
10 MüKo-ZPO/*Wolfsteiner*, § 729 Rn 10; aA Hk-ZPO/*Kindl*, § 729 Rn 3; Stein/Jonas/*Münzberg*, § 729 Rn 8.
11 Hk-ZPO/*Kindl*, § 729 Rn 3; Musielak/*Lackmann*, § 729 Rn 1; aA *Depenbrock/Dötsch*, Rpfleger 2003, 644.
12 Hk-ZPO/*Kindl*, § 729 Rn 3; Musielak/*Lackmann*, § 729 Rn 1.
13 BGH NJW 2003, 1803.

§ 730 Anhörung des Schuldners

In den Fällen des § 726 Abs. 1 und der §§ 727 bis 729 kann der Schuldner vor der Erteilung der vollstreckbaren Ausfertigung gehört werden.

I. Allgemeines

1 Die Vorschrift regelt die Gewährung rechtlichen Gehörs **vor Erteilung** der Klausel. Nach Erteilung wird rechtliches Gehör durch die Möglichkeit gewährt, gem. § 732 Erinnerung einzulegen. Damit ist den verfassungsrechtlichen Anforderungen bereits genügt.[1] Unerheblich ist dabei, ob Art. 103 Abs. 1 GG im Klauselerteilungsverfahren Anwendung findet oder ob sich die Anhörungspflicht, da es sich um ein Verfahren vor dem Rechtspfleger handelt, nicht nach Art. 103 Abs. 1 GG, sondern nach dem rechtsstaatlichen Grundsatz des fairen Verfahrens richtet.[2] Jedenfalls ist es weder nach diesem Grundsatz noch gem. Art. 103 Abs. 1 GG geboten, den Schuldner vor Klauselerteilung über den Anwendungsbereich des § 730 hinaus zu hören. Die Vorschrift stellt daher keine Einschränkung des Anspruchs auf rechtliches Gehör dar.[3] Die **Anhörung des Gläubigers** richtet sich nicht nach § 730.

II. Anhörung des Schuldners

2 Die Anhörung des Schuldners ist vor Erteilung einer **einfachen Klausel** (§ 724) nicht nur nicht notwendig, sondern sogar unzulässig.[4] Vor Erteilung einer **qualifizierten Klausel** steht die Anhörung im **Ermessen** des Rechtspflegers bzw Notars. Das betrifft nicht nur die im Wortlaut genannten Klauseln nach § 726 Abs. 1 und §§ 727-729, sondern aufgrund von Verweisungen auch die Klauseln nach §§ 738, 742, 744 und 745 Abs. 2. Da § 730 über die verfassungsrechtlich gebotene Anhörung hinausgeht (s. Rn 1), ist idR von einer Ermessensreduzierung auf Null nicht auszugehen.[5] Ausnahmsweise ist die Anhörung jedoch im Fall des § 726 Abs. 2 geboten. Danach ist, wenn die Vollstreckung von einer Zug um Zug zu bewirkenden Leistung des Gläubigers an den Schuldner abhängt und die dem Schuldner obliegende Leistung in der Abgabe einer Willenserklärung besteht, für die Erteilung der Klausel der Beweis erforderlich, dass der Schuldner befriedigt oder im Verzug der Annahme ist (s. § 726 Rn 14 ff). Da nach § 894 S. 2 die Willenserklärung des Schuldners nicht mit der Rechtskraft des Urteils, sondern mit wirksamer Erteilung der vollstreckbaren Urteilsausfertigung als abgegeben gilt und somit die Vollstreckung mit der Klauselerteilung abgeschlossen ist, ist die Anhörung des Schuldners im Klauselerteilungsverfahren im Fall des § 726 Abs. 2 nicht nur fakultativ, sondern obligatorisch.[6]

3 Die Anhörung ist **nicht formularmäßig** vorzunehmen und insb. nicht angebracht, wenn der Gläubiger sämtliche erforderlichen Nachweise durch öffentliche oder öffentlich beglaubigte Urkunden führt. Diese Urkunden werden dem Schuldner ohnehin mit der Klausel gem. § 750 Abs. 2 zugestellt.[7] Einwendungen dagegen müssen nach § 732 geltend gemacht werden. Im umgekehrten Fall – kein lückenloser urkundlicher Nachweis – ist die Anhörung nach hM nicht schon deshalb geboten, weil der Schuldner auf diese Weise die Voraussetzungen der Klauseler-

---

1 MüKo-ZPO/*Wolfsteiner*, § 730 Rn 2.
2 BVerfG NJW 2000, 1709.
3 AA Hk-ZPO/*Kindl*, § 730 Rn 1.
4 Hk-ZPO/*Kindl*, § 730 Rn 2; MüKo-ZPO/*Wolfsteiner*, § 730 Rn 5.
5 MüKo-ZPO/*Wolfsteiner*, § 730 Rn 4.
6 OLG München Rpfleger 2014, 133.
7 Zöller/*Stöber*, § 730 Rn 1.

teilung zugestehen kann (zur Zulässigkeit des Geständnisses s. § 726 Rn 11).[8] Der Schuldner ist jedoch anzuhören, wenn der Antragsteller substantiiert darlegt, dass und warum ein Geständnis zu erwarten ist.[9]

Die Anhörung empfiehlt sich, wenn mit begründeten, im Klauselerteilungsverfahren zu berücksichtigenden Einwendungen des Schuldners zu rechnen ist und die Erteilung der Klausel nicht besonders dringlich ist.[10] Sie ist ferner angebracht, wenn die **Gefahr einer Doppelvollstreckung** besteht, zB bei der Umschreibung vom Prozessstandschafter auf den materiell Berechtigten.[11]   4

Eine bestimmte **Form** ist für die Anhörung nicht vorgesehen.[12] Sie erfolgt idR schriftlich, in Eilfällen auch telefonisch. Eine mündliche Verhandlung ist zwar zulässig, aber weder notwendig noch üblich. Die Anhörung muss nicht durch Beschluss angeordnet werden (str).[13] Die Entscheidung, den Schuldner anzuhören, ist **nicht anfechtbar**.[14]   5

III. Anhörung des Gläubigers

Der im Titel genannte Gläubiger sollte angehört werden, wenn ihm bereits eine **Ausfertigung** erteilt wurde, er diese nicht zurückgegeben und auch der Erteilung der Klausel nicht zugestimmt hat.[15] Ferner ist der Titelgläubiger anzuhören, wenn der Schuldner die Rechtsnachfolge des Antragstellers zugestanden hat, weil der Titelgläubiger dann der Klauselerteilung zustimmen muss (s. § 727 Rn 5). Regelmäßig ist die Anhörung des alten Gläubigers im Fall der Rechtsnachfolge dagegen nicht geboten.[16]   6

§ 731 Klage auf Erteilung der Vollstreckungsklausel

Kann der nach dem § 726 Abs. 1 und den §§ 727 bis 729 erforderliche Nachweis durch öffentliche oder öffentlich beglaubigte Urkunden nicht geführt werden, so hat der Gläubiger bei dem Prozessgericht des ersten Rechtszuges aus dem Urteil auf Erteilung der Vollstreckungsklausel Klage zu erheben.

I. Allgemeines	1	1. Begründetheit der Klage, Einwendungen des Beklagten, Präklusion	10
II. Verfahren	4		
1. Klageerhebung	4		
2. Rechtsschutzbedürfnis	7	2. Urteil	13
3. Zuständigkeit	9	3. Wirkungen des Urteils	14
III. Entscheidung des Gerichts	10	IV. Kosten	15

I. Allgemeines

Die qualifizierten Klauseln dürfen nicht erteilt werden, wenn die Voraussetzungen nicht vom Gläubiger durch öffentliche oder öffentlich beglaubigte Urkunden   1

---

8 Hk-ZPO/*Kindl*, § 730 Rn 2; MüKo-ZPO/*Wolfsteiner*, § 730 Rn 4 Fn 6; Zöller/*Stöber*, § 730 Rn 1; aA Musielak/*Lackmann*, § 730 Rn 2.
9 BGH Rpfleger 2005, 611; OLG Stuttgart Rpfleger 2005, 207; LG Regensburg WM 2010, 2309; aA MüKo-ZPO/*Wolfsteiner*, § 730 Rn 7 Fn 86.
10 Hk-ZPO/*Kindl*, § 730 Rn 2; Zöller/*Stöber*, § 730 Rn 1.
11 OLG Hamm FamRZ 2000, 1590.
12 Hk-ZPO/*Kindl*, § 730 Rn 2; Musielak/*Lackmann*, § 730 Rn 2.
13 AA MüKo-ZPO/*Wolfsteiner*, § 730 Rn 8; Baumbach/*Hartmann*, § 730 Rn 3.
14 MüKo-ZPO/*Wolfsteiner*, § 730 Rn 8.
15 Hk-ZPO/*Kindl*, § 730 Rn 2; Zöller/*Stöber*, § 730 Rn 1.
16 Baumbach/*Hartmann*, § 730 Rn 2; aA Musielak/*Lackmann*, § 730 Rn 2.

nachgewiesen bzw zugestanden werden oder (bei § 727 und den darauf verweisenden Vorschriften) offenkundig sind. In diesem Fall bietet § 731 dem Gläubiger die Möglichkeit, im Wege der Klage die Erteilung der Klausel zu erreichen.

2 Die Vorschrift gilt für Urteile und gem. § 795 für andere Titel nach der ZPO und ist auf die im Wortlaut genannten Klauseln nach § 726 Abs. 1 und §§ 727–729 sowie aufgrund von Verweisungen auf die Klauseln nach §§ 738, 742, 744 und 745 Abs. 2 **anwendbar**. Für Beschlüsse in Familienstreitsachen ist § 731 aufgrund der Verweisung in § 120 Abs. 1 FamFG anwendbar. Da eine Regelung des Klauselverfahrens für andere Titel nach dem FamFG fehlt, ist § 731 dafür ebenfalls heranzuziehen.[1]

3 Die Klage ist nach hM **Feststellungsklage**.[2] Im Fall des § 326 kann der Gläubiger nicht statt der Klage nach § 731 erneut auf Leistung klagen.[3] Die Möglichkeit einer Klage nach § 731 beseitigt dagegen nicht das **Rechtsschutzbedürfnis für eine neue Leistungsklage**, wenn die Parteien des Ausgangsverfahrens und des neuen Verfahrens nicht identisch sind, zB im Fall des § 727 (str).[4] Erhebt der Gläubiger Leistungsklage und wird diese abgewiesen, weil der Gläubiger über eine Urkunde verfügt, aufgrund derer ihm eine qualifizierte Klausel erteilt werden kann, so ist die Berufung, mit welcher er allein einen Antrag nach § 731 verfolgt, unzulässig.[5]

II. Verfahren

4 **1. Klageerhebung. Kläger** ist derjenige, der die Erteilung der Klausel erstrebt. Dies kann sowohl, zB im Fall des § 726, der im Titel genannte Gläubiger sein als auch, zB im Fall der Rechtsnachfolge auf Gläubigerseite, der neue Gläubiger. **Beklagter** ist der Schuldner, gegen welchen die Klausel erteilt werden soll, zB im Fall des § 726 der im Titel genannte Schuldner oder im Fall des § 729 Abs. 2 derjenige, der die Firma fortführt. Sofern der Titelschuldner Beklagter ist und er durch einen Prozessbevollmächtigten vertreten war, ist diesem gem. §§ 81, 172 Abs. 1 die Klage nach § 731 zuzustellen.[6] Auf den Prätendentenstreit mehrerer Gläubiger ist § 731 nicht anzuwenden (str, s. § 727 Rn 39).

5 Der **Antrag** muss berücksichtigen, dass es sich um eine Feststellungsklage handelt, und kann wie folgt lauten:[7]

▶ Dem Kläger ist zu dem ... (genaue Bezeichnung des Titels) die Vollstreckungsklausel zum Zwecke der Zwangsvollstreckung gegen den Beklagen zu erteilen. ◀

Oder:

▶ Es wird festgestellt, dass dem Kläger zu dem ... (genaue Bezeichnung des Titels) die Vollstreckungsklausel zum Zwecke der Zwangsvollstreckung gegen den Beklagen zu erteilen ist. ◀

6 Die Klage ist auch als Widerklage gegen eine Klage des Schuldners nach § 767 zulässig.[8] Sie hemmt die Verjährung gem. § 204 Abs. 1 Nr. 1 BGB. Da das Ver-

---

1 Keidel/*Giers*, § 86 FamFG Rn 18.
2 Hk-ZPO/*Kindl*, § 731 Rn 1; Musielak/*Lackmann*, § 731 Rn 2; Zöller/*Stöber*, § 731 Rn 4; Thomas/Putzo/*Seiler*, § 731 Rn 1; aA Stein/Jonas/*Münzberg*, § 731 Rn 7: Gestaltungsklage.
3 Hk-ZPO/*Kindl*, § 731 Rn 1.
4 BGH NJW 1987, 2863; LG Osnabrück Rpfleger 1991, 465.
5 BGH NJW-RR 2004, 143.
6 Zöller/*Stöber*, § 731 Rn 4.
7 Nach Hk-ZPO/*Kindl*, § 731 Rn 3.
8 Hk-ZPO/*Kindl*, § 731 Rn 3; MüKo-ZPO/*Wolfsteiner*, § 731 Rn 9.

fahren nach § 731 gerade für den Fall vorgesehen ist, dass ein urkundlicher Nachweis nicht möglich ist, kommt eine Klage im Urkundenprozess nicht in Betracht.[9]

2. Rechtsschutzbedürfnis. Die Klage setzt voraus, dass der Gläubiger die Erteilung einer der in Rn 2 genannten Klauseln erreichen will. Für die einfache Klausel und für die weitere vollstreckbare Ausfertigung (§ 733) gilt § 731 nicht.[10] Wenn die Klauselerteilung für ein Urteil begehrt wird, muss dieses **rechtskräftig** sein.[11]

Weiterhin ist Voraussetzung, dass der Kläger den Nachweis durch Urkunden nicht führen kann. Der Kläger darf nicht im Besitz der Urkunden sein und es darf ihm nicht möglich sein, diese mit geringfügigem Aufwand zu beschaffen, zB gem. § 9 Abs. 4 HGB, § 12 Abs. 2 GBO. Als nicht geringfügig gilt ein Antrag nach § 792 (str).[12] Bei Offenkundigkeit oder Zugeständnis der maßgeblichen Tatsachen ist die Klage unzulässig.[13] Ein weitergehendes Feststellungsinteresse gem. § 256 Abs. 1 muss nicht vorliegen.[14] Ein **erfolgloser Antrag im Klauselerteilungsverfahren** sowie eine Beschwerde gegen die ablehnende Entscheidung sind nicht erforderlich (str).[15] Denn der Rechtspfleger ist nicht gehalten, den Schuldner anzuhören, damit dieser ggf die nicht belegten Tatsachen zugestehen kann, wenn der Gläubiger den Nachweis durch Urkunden nicht zu führen vermag (s. § 730 Rn 3). Der Gläubiger braucht demnach nur darzulegen, dass die Voraussetzungen der Klauselerteilung vorliegen und von ihm nicht urkundlich belegt werden können.

3. Zuständigkeit. § 731 begründet die gem. § 802 **ausschließliche Zuständigkeit** des Prozessgerichts des ersten Rechtszuges. In **Familiensachen** bleibt es bei der Zuständigkeit des Familiengerichts, das auf Antrag durch Beschluss entscheidet (§§ 113 Abs. 5 Nr. 2, 38 FamFG). Auch die Zuständigkeit einer erstinstanzlich entscheidenden Kammer für Handelssachen bleibt erhalten.[16] Für vollstreckbare Urkunden finden sich besondere Regelungen in §§ 797 Abs. 5, 800 Abs. 3, 800 a Abs. 2, für Vollstreckungsbescheide in § 796 Abs. 3. Diese Vorschrift ist nicht entsprechend anwendbar in dem (eher unwahrscheinlichen) Fall, dass ein Amtsgericht Prozessgericht des ersten Rechtszuges war und für die Klage nach § 731 das Landgericht zuständig wäre (str).[17]

III. Entscheidung des Gerichts

1. Begründetheit der Klage, Einwendungen des Beklagten, Präklusion. Streitgegenstand der Klage ist die Erteilung der qualifizierten Klausel und nicht der titulierte Anspruch.[18] Die Klage ist begründet, wenn die allgemeinen Voraussetzungen der Klauselerteilung (s. § 724 Rn 8 ff) und die jeweiligen Voraussetzungen der vom Kläger begehrten qualifizierten Klausel vorliegen. Die Beweislast liegt

---

9 Zöller/*Stöber*, § 731 Rn 4.
10 Musielak/*Lackmann*, § 733 Rn 9.
11 Hk-ZPO/*Kindl*, § 731 Rn 5.
12 VGH Mannheim NJW 2003, 1203; Hk-ZPO/*Kindl*, § 731 Rn 5; aA Musielak/*Lackmann*, § 731 Rn 5.
13 Musielak/*Lackmann*, § 731 Rn 4.
14 MüKo-ZPO/*Wolfsteiner*, § 731 Rn 12; aA Baumbach/*Hartmann*, § 731 Rn 3.
15 Hk-ZPO/*Kindl*, § 731 Rn 5; Zöller/*Stöber*, § 731 Rn 2; aA Musielak/*Lackmann*, § 731 Rn 5 (Antrag); Baumbach/*Hartmann*, § 731 Rn 3; Thomas/Putzo/*Seiler*, § 731 Rn 6 (Antrag und Beschwerde).
16 Musielak/*Lackmann*, § 731 Rn 3.
17 Hk-ZPO/*Kindl*, § 731 Rn 4; MüKo-ZPO/*Wolfsteiner*, § 731 Rn 8; aA ohne Begründung Thomas/Putzo/*Seiler*, § 731 Rn 4.
18 Hk-ZPO/*Kindl*, § 731 Rn 3; Musielak/*Lackmann*, § 731 Rn 9.

beim Kläger, der sich aller **Beweismittel** bedienen kann. Urkunden brauchen nicht vorgelegt zu werden.[19]

11 Der **Beklagte** muss sämtliche **Einwendungen gegen die Zulässigkeit der Klausel** vortragen. Mit nicht vorgetragenen Einwendungen ist er in späteren Verfahren nach §§ 732, 768 präkludiert. Darüber hinaus kann der Beklagte **materiell-rechtliche Einwendungen** gegen den titulierten Anspruch vorbringen, die andernfalls mit der Klage nach § 767 geltend gemacht werden müssten. § 767 Abs. 2 gilt jedoch entsprechend. Mit nicht vorgebrachten Einwendungen ist der Beklagte für eine spätere Vollstreckungsabwehrklage ebenfalls präkludiert (§ 767 Abs. 3 analog).[20] Dasselbe gilt für den Einwand der beschränkten Erbenhaftung, der bei Begründetheit zur Verurteilung gem. § 780 führt und später nicht mehr vorgebracht werden kann.[21]

12 Andererseits ist auch der **Kläger** nach Abweisung der Klage in einem späteren, die Klauselerteilung betreffenden Verfahren mit Vortrag ausgeschlossen, den er im abgeschlossenen Verfahren nach § 731 hätte vorbringen können.[22]

13 **2. Urteil.** Für das Urteil gelten die allgemeinen Vorschriften. Der **Tenor** entspricht bei Erfolg der Klage dem Antrag (s. Rn 5), ggf mit Einschränkungen, zB der Beschränkung auf einen bestimmten Betrag oder dem Vorbehalt der beschränkten Erbenhaftung (s. Rn 11). Die Kostenentscheidung richtet sich nach §§ 91 ff, nicht nach § 788.[23] Das Urteil ist nach Maßgabe der §§ 708 ff für **vorläufig vollstreckbar** zu erklären.[24] Der **Streitwert** entspricht dem Wert des zu vollstreckenden Anspruchs.[25]

14 **3. Wirkungen des Urteils.** Das stattgebende **Urteil ersetzt nicht die Klausel**, sondern stellt nur fest, dass diese zu erteilen ist. Die Wirkungen entsprechen denjenigen einer erfolgreichen Erinnerung des Gläubigers nach § 766 Abs. 2 Alt. 1: Das zuständige Organ wird angewiesen, die beantragte Handlung vorzunehmen. Das gilt auch, wenn das Gericht fälschlich davon ausgeht, mit dem Urteil sei die Klausel bereits erteilt.[26] Die Erteilung einer Klausel für das Urteil nach § 731 ist nicht notwendig.[27] Das Urteil braucht nicht rechtskräftig zu sein; die **vorläufige Vollstreckbarkeit** reicht aus.[28] Im Fall der vorläufigen Vollstreckbarkeit gegen Sicherheitsleistung ist vor Klauselerteilung zu prüfen, ob die Sicherheit erbracht wurde. Diese Prüfung kann nicht dem späteren Vollstreckungsverfahren vorbehalten bleiben (str),[29] weil in diesem nur die Vollstreckbarkeit des Titels geprüft wird, für welchen die Klausel zu erteilen ist. Zuständig ist der **Rechtspfleger** (str).[30] Die aufgrund des Urteils zu erteilende Klausel bleibt eine qualifizierte Klausel iSv § 20 Abs. 1 Nr. 12 RPflG und wird nicht zur einfachen, vom Urkundsbeamten zu erteilenden Klausel. Im Wortlaut der Klausel ist auf das Urteil hinzuweisen. Auf diese Weise erhält das Vollstreckungsorgan Kenntnis davon,

---

19 Musielak/*Lackmann*, § 731 Rn 6.
20 Hk-ZPO/*Kindl*, § 731 Rn 7; Stein/Jonas/*Münzberg*, § 731 Rn 13 f; aA Musielak/*Lackmann*, § 731 Rn 9, wonach § 767 Abs. 2 analog gilt.
21 Baumbach/*Hartmann*, § 731 Rn 7.
22 Hk-ZPO/*Kindl*, § 731 Rn 8; Zöller/*Stöber*, § 731 Rn 6.
23 Thomas/Putzo/*Seiler*, § 731 Rn 8.
24 LG Stuttgart Rpfleger 2000, 537; Musielak/*Lackmann*, § 731 Rn 8.
25 Musielak/*Lackmann*, § 731 Rn 8; Thomas/Putzo/*Seiler*, § 731 Rn 8.
26 LG Stuttgart Rpfleger 2000, 537.
27 Zöller/*Stöber*, § 731 Rn 6.
28 LG Stuttgart Rpfleger 2000, 537; Musielak/*Lackmann*, § 731 Rn 8.
29 So aber LG Stuttgart Rpfleger 2000, 537.
30 LG Stuttgart Rpfleger 2000, 537; Hk-ZPO/*Kindl*, § 731 Rn 9; Musielak/*Lackmann*, § 731 Rn 8; aA Thomas/Putzo/*Seiler*, § 731 Rn 8; Zöller/*Stöber*, § 731 Rn 6 (Urkundsbeamter).

dass nicht gem. § 750 Abs. 2 der Klausel zugrunde liegende Urkunden zuzustellen sind.[31]

IV. Kosten

Gerichtsgebühren entstehen wie im Klageverfahren des ersten Rechtszuges (Nr. 1210 ff KV GKG). Die Klage auf Erteilung der Vollstreckungsklausel gehört für den **Rechtsanwalt** nicht zum vorhergehenden Rechtszug und ist deshalb nicht mit den dort verdienten Gebühren abgegolten (§ 19 Abs. 1 S. 2 Nr. 13 RVG). Es entstehen damit gesonderte Gebühren nach Nr. 3100 ff VV RVG. 15

§ 732 Erinnerung gegen Erteilung der Vollstreckungsklausel

(1) [1]Über Einwendungen des Schuldners, welche die Zulässigkeit der Vollstreckungsklausel betreffen, entscheidet das Gericht, von dessen Geschäftsstelle die Vollstreckungsklausel erteilt ist. [2]Die Entscheidung ergeht durch Beschluss.

(2) Das Gericht kann vor der Entscheidung eine einstweilige Anordnung erlassen; es kann insbesondere anordnen, dass die Zwangsvollstreckung gegen oder ohne Sicherheitsleistung einstweilen einzustellen oder nur gegen Sicherheitsleistung fortzusetzen sei.

I. Allgemeines.................... 1	2. Rechtsschutzbedürfnis, entgegenstehende Rechtskraft.. 6
II. Einwendungen (Abs. 1 S. 1)..... 2	3. Verfahren................... 7
1. Im Erinnerungsverfahren zulässige Einwendungen.... 2	4. Entscheidung durch Beschluss (Abs. 1 S. 2)....... 10
2. Abgrenzung zu anderen Rechtsbehelfen............. 3	5. Rechtsbehelfe............... 12
III. Entscheidung des Gerichts....... 5	IV. Einstweilige Anordnung (Abs. 2) 13
1. Antrag, Frist................ 5	V. Kosten......................... 16

I. Allgemeines

Vor Erteilung der einfachen Klausel erhält der Schuldner kein rechtliches Gehör, vor Erteilung der qualifizierten Klausel steht die Anhörung im Ermessen des Rechtspflegers bzw Notars. Rechtliches Gehör kann er sich in jedem Fall nachträglich durch die **Klauselerinnerung** verschaffen.[1] Den verfassungsrechtlichen Anforderungen ist damit genügt (s. § 730 Rn 1). Die Vollstreckungsklausel ist darüber hinaus ein spezieller Rechtsbehelf des Klauselverfahrens,[2] dessen Bedeutung wesentlich höher ist als diejenige der Klagen gem. §§ 731, 768. 1

II. Einwendungen (Abs. 1 S. 1)

1. Im Erinnerungsverfahren zulässige Einwendungen. Im Erinnerungsverfahren kann der Schuldner nur **Fehler formeller Art** rügen.[3] Folgende Fehler kommen in Betracht: 2

- **Berichtigungsbeschluss:** Gegen einen die Klausel berichtigenden Beschluss kann Erinnerung eingelegt werden.[4]

---

31 Hk-ZPO/*Kindl*, § 731 Rn 9.
1 Zu diesem Zweck von § 732 ausf. MüKo-ZPO/*Wolfsteiner*, § 732 Rn 2.
2 Musielak/*Lackmann*, § 732 Rn 1.
3 BGH NJW-RR 2006, 567.
4 AA LG Bonn 29.4.2004 – 6 S 268/03, juris.

- **Sicherungsgrundschuld:** Strittig ist, in welchem Verfahren die Prüfung, ob der Zessionar einer Sicherungsgrundschuld in den Sicherungsvertrag eingetreten und damit neuer Titelgläubiger geworden ist, zu erfolgen hat (s. § 727 Rn 24 a). Sofern die Prüfung im Klauselerteilungsverfahren erfolgen muss, kann eine entsprechende Rüge im Verfahren nach § 732 erhoben werden.[5] Wenn es sich um eine materiell-rechtliche Einwendung gegen die Zulässigkeit der Vollstreckung handelt, ist die Prüfung nur im Verfahren nach § 768 (analog) möglich.[6]
- **Unwirksamkeit des Titels:** Diese Einwendung wird bei Urteilen selten in Betracht kommen. Bei vollstreckbaren Urkunden kann zB gerügt werden, dass die Unterwerfungserklärung aus formellen Gründen unwirksam ist.[7] Wenn ein Vertreter die Unterwerfungserklärung abgegeben hat, müssen Erteilung und Umfang der Vollmacht in öffentlicher oder öffentlich beglaubigter Urkunde zu Protokoll des Notars erklärt werden. Dies ist allein im Klauselverfahren zu prüfen.[8] Die materiell-rechtliche Wirksamkeit der Unterwerfungserklärung, zB ein Verstoß gegen § 307 Abs. 1 BGB, wird dagegen nicht geprüft.[9]
- **Verletzung von Verfahrensvorschriften:** Die Erinnerung kann auf den fehlenden urkundlichen Nachweis bei Erteilung einer qualifizierten Klausel gestützt werden.[10] Zur Abgrenzung zu § 768 s. Rn 3. Bei Erteilung durch das unzuständige Organ (s. § 724 Rn 5) ist auch die funktionelle Unzuständigkeit im Erinnerungsverfahren zu beachten (str).[11]
- **Vollstreckungsfähigkeit des Titels:** Grundsätzlich ist im Klauselverfahren auch die Vollstreckungsfähigkeit des Titels zu prüfen (s. § 724 Rn 10). Ein entsprechender Mangel kann daher mit der Klauselerinnerung gerügt werden.[12] Zur Abgrenzung gegenüber der Klage entsprechend § 767 s. § 767 Rn 19.
- **Vollstreckungsreife des Titels:** Der Titel ist weder rechtskräftig noch für vorläufig vollstreckbar erklärt oder die Vollstreckbarkeitserklärung wurde aufgehoben (§ 717 Abs. 1).[13]
- **Vorbescheid:** Der – wohl unzulässige – Vorbescheid, mit dem der Notar die Erteilung der Klausel ankündigt, ist nicht anfechtbar.[14]

3 **2. Abgrenzung zu anderen Rechtsbehelfen.** Nach Erteilung einer qualifizierten Klausel kann der Schuldner sowohl **Klauselerinnerung** einlegen als auch **Klauselgegenklage** (§ 768) erheben. Die Abgrenzung richtet sich nach der **Art der Einwendung:** Wenn nur das Fehlen der der Klauselerteilung zugrunde liegenden Urkunden oder deren sich aus den Urkunden selbst ergebende Unwirksamkeit geltend gemacht wird, ist allein die Klauselerinnerung gegeben. Hingegen ist die Klauselgegenklage der zulässige Rechtsbehelf, wenn der Schuldner trotz urkundlichen Nachweises bestreitet, dass die Voraussetzungen der Klauselerteilung vorliegen. Werden beide Einwendungen zugleich erhoben, kann er zwischen beiden

---

5 So BGHZ 185, 133 = NJW 2010, 2041.
6 So BGH NJW 2011, 2803.
7 LG Essen NJW-RR 2002, 1077; OLG Braunschweig BauR 2000, 1228.
8 BGH NJW 2012, 3518.
9 BGH NJW 2009, 1887.
10 Zöller/*Stöber*, § 732 Rn 12.
11 BGH MDR 2012, 367; Thomas/Putzo/*Seiler*, § 732 Rn 7; Zöller/*Stöber*, § 732 Rn 11; aA Hk-ZPO/*Kindl*, § 732 Rn 2; Musielak/*Lackmann*, § 732 Rn 8.
12 LAG Köln LAGE § 62 ArbGG 1979 Nr. 31; AG Düsseldorf 6.6.2003 – 234 C 8409/03, juris; Zöller/*Stöber*, § 732 Rn 8.
13 Zöller/*Stöber*, § 732 Rn 7.
14 LG Freiburg 5.9.2006 – 4 T 122/06.

Rechtsbehelfen wählen,[15] wobei im Klageverfahren schon aus prozessökonomischen Gründen auch der ordnungsgemäße Nachweis der Tatsachen überprüft werden kann (str).[16]

Die **Vollstreckungsabwehrklage** (§ 767) betrifft materiell-rechtliche Einwendungen gegen den titulierten Anspruch, die ohnehin im Klauselverfahren und daher auch mit der Erinnerung nicht geltend gemacht werden können. Jedoch lässt die Rspr die Klage **analog § 767** zu, um formell-rechtliche Einwendungen gegen den Titel zu erheben. Insbesondere die fehlende Vollstreckungsfähigkeit eines Titels kann mit der Klage analog § 767 gerügt werden.[17] Ferner kann geltend gemacht werden, dass ein Urteil infolge eines Vergleichs wirkungslos geworden ist.[18] Der Schuldner hat ein Wahlrecht zwischen dieser Klage und der Klauselerinnerung. Mit der Klage analog § 767 kann eine Vollstreckungsabwehrklage verbunden werden.[19]

III. Entscheidung des Gerichts

1. **Antrag, Frist.** Die Erinnerung setzt einen **Antrag** voraus, der nicht dem Anwaltszwang unterliegt (§ 78 Abs. 3).[20] Der Antrag ist **nicht fristgebunden**, was angesichts der grundlegenden Umgestaltung des Beschwerderechts durch die ZPO-Reform und der Abschaffung der nicht fristgebundenen Beschwerde in der freiwilligen Gerichtsbarkeit durch das FamFG anachronistisch wirkt.

2. **Rechtsschutzbedürfnis, entgegenstehende Rechtskraft.** Die Erinnerung setzt voraus, dass die **Klausel erteilt** wurde.[21] Gegenüber übergegangenen Ansprüchen, für die eine Klausel nach § 727 erteilt werden kann, ist schon vor deren Erteilung eine negative Feststellungsklage zulässig.[22] Die Zwangsvollstreckung darf noch nicht vollständig beendet sein.[23] Das Rechtsschutzbedürfnis fehlt auch, wenn der Gläubiger die beanstandete Klausel zurückgegeben, um Aufhebung bereits erfolgter Vollstreckungsmaßnahmen gebeten und schriftlich auf eine weitere Vollstreckung verzichtet hat.[24] Sofern durch Urteil gem. § 731 rechtskräftig festgestellt wurde, dass die Klausel zu erteilen ist, oder eine Klage des Schuldners nach § 768 (s. Rn 3) bzw eine Klage analog § 767 (s. Rn 4) rechtskräftig abgewiesen wurde, kann Klauselerinnerung nicht mehr eingelegt werden.[25]

3. **Verfahren.** Der Urkundsbeamte oder Rechtspfleger, welcher die Klausel erteilt hat, kann der Klauselerinnerung **abhelfen**. In diesem Fall stehen dem Gläubiger wieder die gegen die Ablehnung der Klauselerteilung zulässigen Rechtsbehelfe zu.[26] Für die Entscheidung ist das Gericht **ausschließlich zuständig** (§ 802), dessen Urkundsbeamter oder Richter die Klausel erteilt hat. In Familiensachen entscheidet das Familiengericht.[27] Zur Zuständigkeit bei notariellen Urkunden und Vergleichen vor Gütestellen s. §§ 797 Abs. 3, 797 a Abs. 4 S. 3.

---

15 Hk-ZPO/*Kindl*, § 732 Rn 3; Zöller/*Stöber*, § 732 Rn 12.
16 Hk-ZPO/*Kindl*, § 732 Rn 3; aA Musielak/*Lackmann*, § 732 Rn 6.
17 BGH NJW 2006, 695.
18 BGH NJW-RR 2007, 1724.
19 BGH NJW-RR 2004, 1718.
20 Beispiel für eine Erinnerung bei Vorwerk/*Giers*, Prozessformularbuch, 9. Aufl., Kap. 60 Rn 2.
21 Hk-ZPO/*Kindl*, § 732 Rn 4; MüKo-ZPO/*Wolfsteiner*, § 732 Rn 7.
22 OLG Karlsruhe FamRZ 2008, 1457.
23 Hk-ZPO/*Kindl*, § 732 Rn 4; Musielak/*Lackmann*, § 732 Rn 7.
24 OLG Köln OLGR 2003, 92.
25 Hk-ZPO/*Kindl*, § 732 Rn 4; Musielak/*Lackmann*, § 732 Rn 7.
26 OLG Koblenz FamRZ 2003, 108; Zöller/*Stöber*, § 732 Rn 14.
27 OLG Naumburg FamRZ 2003, 695; Keidel/*Giers*, § 86 FamFG Rn 18.

8 Die Entscheidung erfolgt durch den **Richter**.[28] Das Klauselverfahren gehört nicht zu den Aufgaben des Vollstreckungsgerichts, so dass § 20 Abs. 1 Nr. 17 RPflG nicht einschlägig ist. Die Zuständigkeiten des Rechtspflegers sind insoweit abschließend in § 20 Abs. 1 Nr. 12 RPflG geregelt, wo § 732 nicht erwähnt wurde.[29]

9 Die mündliche Verhandlung ist freigestellt (§ 128 Abs. 4) und unüblich. Dem Gläubiger ist rechtliches Gehör zu gewähren.

10 4. Entscheidung durch Beschluss (Abs. 1 S. 2). Das Gericht entscheidet durch Beschluss. Für die Begründetheit der Erinnerung kommt es auf den **Zeitpunkt der Entscheidung**, nicht auf denjenigen der Klauselerteilung an (str).[30] Der Gläubiger vermag also zB den urkundlichen Nachweis erst im Klauselverfahren zu führen. Der Tenor einer stattgebenden Entscheidung kann wie folgt lauten:

▶ Die Zwangsvollstreckung aus der dem Gläubiger am ... erteilten Klausel zum ... (genaue Bezeichnung des Titels) ist unzulässig. ◀

11 Die Zwangsvollstreckung kann auch zT für unzulässig erklärt werden.[31] Die **Kostenentscheidung** richtet sich nach den §§ 91 ff; § 788 gilt nicht.[32] Im Fall der Zurückweisung trägt der Schuldner die Kosten gem. § 97 Abs. 1. Der Beschluss ist nicht für vorläufig vollstreckbar zu erklären.[33] Er wirkt gem. §§ 775 Nr. 1, 776 bei Vorlage durch den Schuldner unmittelbar und führt zur Einstellung der Zwangsvollstreckung sowie zur Aufhebung bereits getroffener Vollstreckungsmaßregeln.

12 5. Rechtsbehelfe. Je nach dem Ausgang des Erinnerungsverfahrens kann der Gläubiger oder Schuldner **sofortige Beschwerde** einlegen (§ 567 Abs. 1 Nr. 2). Die Zulässigkeit der Rechtsbeschwerde richtet sich nach § 574. Eine Abhilfeentscheidung steht bezüglich der Rechtsbehelfe der von vornherein ablehnenden Entscheidung gleich (s. Rn 7).

IV. Einstweilige Anordnung (Abs. 2)

13 Da die Erinnerung keine aufschiebende Wirkung hat, kann das Gericht gem. **Abs. 2 Hs 1** vor der Entscheidung eine einstweilige Anordnung erlassen. Sie ist auf die **zukünftige Vollstreckung** beschränkt. Die Aufhebung von Vollstreckungsmaßnahmen ist nicht zulässig. Ihre Wirkung entspricht im Übrigen der Einstellung nach § 707 (s. § 707 Rn 33).

14 Zuständig ist wie nach Abs. 1 der **Richter**. Erlässt dennoch der Rechtspfleger die einstweilige Anordnung, findet dagegen die sofortige Erinnerung gem. § 11 Abs. 2 RPflG statt.[34]

15 Die richterliche Entscheidung ist in entsprechender Anwendung von § 707 Abs. 2 S. 2 nicht anfechtbar.[35] Mit Wirksamwerden der Entscheidung nach Abs. 1 tritt die einstweilige Anordnung außer Kraft.[36]

---

28 OLG Frankfurt InVo 2002, 421; MüKo-ZPO/*Wolfsteiner*, § 732 Rn 10.
29 Bassenge/*Roth*, § 20 RPflG Rn 28.
30 OLG Köln InVo 2003, 240; KG NJW-RR 1987, 3; Hk-ZPO/*Kindl*, § 732 Rn 6; Musielak/*Lackmann*, § 732 Rn 8; Zöller/*Stöber*, § 732 Rn 15; Thomas/Putzo/*Seiler*, § 732 Rn 7; aA MüKo-ZPO/*Wolfsteiner*, § 732 Rn 4.
31 Zöller/*Stöber*, § 732 Rn 15.
32 OLG Hamburg JurBüro 1995, 547; Thomas/Putzo/*Seiler*, § 732 Rn 12.
33 Hk-ZPO/*Kindl*, § 732 Rn 6; Musielak/*Lackmann*, § 732 Rn 9.
34 OLG Köln Rpfleger 1996, 324; Hk-ZPO/*Kindl*, § 732 Rn 7.
35 OLG Köln Rpfleger 1996, 324; MüKo-ZPO/*Wolfsteiner*, § 732 Rn 19.
36 MüKo-ZPO/*Wolfsteiner*, § 732 Rn 20.

V. Kosten

Gerichtsgebühren fallen im Erinnerungsverfahren nicht an.[37] Im Beschwerdeverfahren bzw im Rechtsbeschwerdeverfahren entstehen die Gebühren nach Nr. 2121 bzw Nr. 2124 KV GKG, soweit die Beschwerde bzw Rechtsbeschwerde verworfen oder zurückgewiesen wird. **16**

Die Erinnerung gegen die Erteilung der Vollstreckungsklausel stellt sowohl für den **Rechtsanwalt** des Gläubigers als auch den Rechtsanwalt des Schuldners eine besondere Angelegenheit dar (§ 18 Abs. 1 Nr. 4 RVG). Dies gilt insb. auch gegenüber einem Verfahren auf erstmalige Erteilung der Vollstreckungsklausel.[38] Umstritten ist, ob die 0,5-Verfahrensgebühr Nr. 3500 VV RVG[39] oder die Gebühr Nr. 3309 VV RVG entsteht.[40] Für den Rechtsanwalt des Gläubigers fällt die Gebühr bereits mit der Prüfung der Erinnerung an. Die Verfahrensgebühr Nr. 3500 VV RVG bzw die Gebühr Nr. 3309 VV RVG entsteht für das Betreiben des Geschäfts einschließlich der Information (Vorbem. 3 Abs. 2 VV RVG).[41] Der Wert richtet sich nach § 25 Abs. 1 Nr. 1 RVG. Ein Beschwerdeverfahren lässt gesonderte Gebühren entstehen (§ 18 Abs. 1 Nr. 3 RVG), die sich aus Nr. 3500, 3513 VV RVG ergeben.[42] **17**

Eine Tätigkeit in Bezug auf eine einstweiligen Anordnung nach Abs. 2 erfolgt im Rahmen des Verfahrens nach Abs. 1. Eigene Gebühren nach Nr. 3328, 3331 VV RVG entstehen nicht, es sei denn, es findet eine abgesonderte mündliche Verhandlung statt (§ 19 Abs. 1 S. 2 Nr. 11 RVG; Anm. S. 1 zu Nr. 3328 VV RVG).[43] Wird gegen die Entscheidung des Rechtspflegers nach Abs. 2 Erinnerung (s. Rn 14) eingelegt, handelt es sich um eine besondere Angelegenheit (§ 18 Abs. 1 Nr. 3 RVG) mit eigenen Gebühren (Nr. 3500, 3513 VV RVG). Ein Beschwerdeverfahren gegen die Entscheidung des Richters lässt gesonderte Gebühren entstehen (§ 18 Abs. 1 Nr. 3 RVG), die sich ebenfalls aus Nr. 3500, 3513 VV RVG ergeben.[44] **18**

§ 733 Weitere vollstreckbare Ausfertigung

(1) Vor der Erteilung einer weiteren vollstreckbaren Ausfertigung kann der Schuldner gehört werden, sofern nicht die zuerst erteilte Ausfertigung zurückgegeben wird.

(2) Die Geschäftsstelle hat von der Erteilung der weiteren Ausfertigung den Gegner in Kenntnis zu setzen.

(3) Die weitere Ausfertigung ist als solche ausdrücklich zu bezeichnen.

§ 43 GVGA

---

37 OLG Naumburg JurBüro 2002, 531.
38 AnwK-RVG/*Wolf/Volpert/Mock/Thiel/N. Schneider*, § 18 Rn 73.
39 LG Freiburg AGS 2011, 174.
40 OLG Hamburg JurBüro 1995, 547; vgl hierzu ausf. AnwK-RVG/*Wolf/Volpert/Mock/Thiel/N. Schneider*, § 18 Rn 73.
41 KG AGS 2009, 354 = JurBüro 2009, 261; OLG Koblenz JurBüro 2000, 77.
42 AnwK-RVG/*Wolf/Volpert/Mock/Thiel/N. Schneider*, § 18 Rn 66 f.
43 AnwK-RVG/*Wolf/Volpert/Mock/Thiel/N. Schneider*, § 18 Rn 74; OLG Naumburg JurBüro 2002, 531.
44 AnwK-RVG/*Wolf/Volpert/Mock/Thiel/N. Schneider*, § 18 Rn 66 f, 74.

I. Allgemeines	1	III. Klauselverfahren	8
II. Weitere vollstreckbare Ausfertigung (Abs. 1)		1. Antrag, Zuständigkeit	8
	2	2. Weiteres Verfahren, Streitwert	9
1. Begriff	2		
2. Gläubiger- und Schuldnermehrheit	3	3. Rechtsbehelfe	10
		IV. Kosten	11
3. Voraussetzungen	5		

I. Allgemeines

1 Der Sinn des § 733 erschließt sich aus dem Wortlaut nur unvollkommen. Aus dem Zusammenhang mit §§ 732, 757 folgt, dass der Schuldner vor einer **doppelten Vollstreckung** aus demselben Titel geschützt werden soll.[1] Auf der anderen Seite dürfen aber die Vollstreckungsmöglichkeiten des Gläubigers nicht übermäßig eingeschränkt werden.[2]

II. Weitere vollstreckbare Ausfertigung (Abs. 1)

2 **1. Begriff.** Nicht jede zu einem Titel erteilte Mehrausfertigung ist eine weitere vollstreckbare Ausfertigung iSv Abs. 1, sondern nur eine Ausfertigung, die **zusätzlich zu einer wegen desselben Anspruchs bereits vorliegenden Ausfertigung** erteilt wird.[3] Dies hat zur Folge, dass von demselben Titel mehrere vollstreckbare Ausfertigungen im Umlauf sind.[4] Wenn die Urschrift eines Titels nicht mehr aufzufinden ist, so ist nicht eine weitere vollstreckbare Ausfertigung zu erteilen, sondern ein förmliches Verfahren zur Titelrekonstruktion durchzuführen.[5] Keine weitere vollstreckbare Ausfertigung liegt ferner vor, wenn die ursprünglich erteilte Ausfertigung zurückgegeben wurde. In diesem Fall wird die neue Ausfertigung gem. § 724 durch den Urkundsbeamten der Geschäftsstelle erteilt.[6] War zunächst nur eine Teilklausel wegen eines Teils des vollstreckbaren Anspruchs erteilt worden, erfüllt die Klausel für den Restbetrag oder einen weiteren Teil nicht die Voraussetzungen von Abs. 1.[7] Eine **Rechtsnachfolgeklausel** ist dagegen eine weitere vollstreckbare Ausfertigung, wenn die früher erteilte Klausel nicht zurückgegeben wird oder darauf die Rechtsnachfolge vermerkt wird.[8] Besondere Probleme ergeben sich bei Gläubiger- und Schuldnermehrheit (s. dazu Rn 3).

3 **2. Gläubiger- und Schuldnermehrheit.** Bei **Gläubigermehrheit** ist wie folgt zu unterscheiden: Während Gesamthandsgläubiger nur eine vollstreckbare Ausfertigung erhalten,[9] sind Mitgläubiger einer unteilbaren Leistung (§ 432 BGB)[10] und Gesamtgläubiger (§ 428 BGB)[11] berechtigt, jeder für sich eine vollstreckbare Ausfertigung zu verlangen. Dasselbe gilt für mehrere Gläubiger einer teilbaren Leistung wegen des ihnen jeweils zustehenden Teils (s. § 724 Rn 7).[12] Gesamthandsgläubigern kann daher eine zweite Ausfertigung nur als weitere vollstreckbare Ausfertigung erteilt werden. Dagegen findet Abs. 1 keine Anwendung, wenn nach Erteilung einer Klausel für einen Mitgläubiger einer unteilbaren Leistung,

---

1 OLG Saarbrücken Rpfleger 2007, 673; OLG Jena Rpfleger 2000, 76; Hk-ZPO/*Kindl*, § 733 Rn 1; Musielak/*Lackmann*, § 733 Rn 1.
2 MüKo-ZPO/*Wolfsteiner*, § 733 Rn 1.
3 Hk-ZPO/*Kindl*, § 733 Rn 2.
4 MüKo-ZPO/*Wolfsteiner*, § 733 Rn 2.
5 LG Leipzig Rpfleger 2013, 351.
6 Zöller/*Stöber*, § 733 Rn 3.
7 Zöller/*Stöber*, § 733 Rn 2.
8 Musielak/*Lackmann*, § 733 Rn 4.
9 LG Rostock NotBZ 2004, 78; Hk-ZPO/*Kindl*, § 724 Rn 6.
10 KG NJW-RR 2000, 1409.
11 Hk-ZPO/*Kindl*, § 724 Rn 6.
12 OLG Köln Rpfleger 1990, 82.

den Gläubiger einer teilbaren Leistung wegen seines Anteils oder einen Gesamtgläubiger ein anderer Gläubiger eine vollstreckbare Ausfertigung begehrt.[13]

Sind **mehrere Schuldner** anteilig oder wegen unterschiedlicher Ansprüche verurteilt worden, ist gegen jeden von ihnen eine vollstreckbare Ausfertigung zu erteilen. Auch bei gesamtschuldnerischer Haftung liegt kein Fall des Abs. 1 vor. Nach zutr. Ansicht ist dem Gläubiger gegenüber jedem Schuldner eine vollstreckbare Ausfertigung zu erteilen.[14] Andernfalls wäre er im Vergleich mit dem Gläubiger, der gegen jeden Gesamtschuldner einen selbständigen Titel erwirkt hat, benachteiligt.[15]

3. **Voraussetzungen.** Die weitere vollstreckbare Ausfertigung kann nur erteilt werden, wenn die allgemeinen **Voraussetzungen der Klauselerteilung** und bei qualifizierten Klauseln zusätzlich deren Voraussetzungen vorliegen. Weiterhin muss, auch wenn sich dies aus dem Wortlaut des § 733 nicht unmittelbar ergibt, ein **berechtigtes Interesse des Gläubigers** vorliegen, dem kein überwiegendes Interesse des Schuldners, insb. der Schutz vor der Doppelvollstreckung, entgegenstehen darf.[16] Bei **Verlust** der ersten erteilten Ausfertigung ist regelmäßig von einem berechtigten Interesse des Gläubigers auszugehen, wenn der Schuldner keine konkreten Umstände aufzeigt, wonach die weitere Vollstreckung zur Doppelvollstreckung benutzt wird.[17] Dabei kann vom Gläubiger nicht der praktisch kaum zu führende Nachweis verlangt werden, wie der Titel abhanden gekommen ist. Die anwaltlich versicherte Erklärung, dass die vollstreckbare Ausfertigung weder beim Gläubiger noch bei dessen Prozessbevollmächtigten aufzufinden ist, reicht aus. Weitere Angaben, wie und auf welche Weise der Verlust eingetreten ist, sind nicht erforderlich.[18] Dasselbe gilt, wenn der Gläubiger glaubhaft macht, nie eine vollstreckbare Ausfertigung erhalten zu haben und sein Prozessbevollmächtigter versichert, die in seinem Besitz gewesene Ausfertigung vernichtet zu haben. Allerdings reicht die Glaubhaftmachung nicht aus, wenn der Schuldner darlegt, die Vernichtung sei nach Erfüllung der Klageforderung erfolgt.[19] Der **Schuldner** kann nicht einwenden, die Forderung erfüllt zu haben.[20]

Nach **Aushändigung** an den Schuldner kommt grds. die Erteilung einer weiteren vollstreckbaren Ausfertigung nicht in Betracht. Insbesondere genügt hierfür nicht die Behauptung des Gläubigers, die Forderung sei nicht vollständig erfüllt.[21] Eine Ausnahme gilt nur für den Fall, dass die Aushändigung versehentlich erfolgte.[22] Der Aushändigung steht die bewusste Vernichtung durch den Gläubiger gleich.[23] Bei **Weigerung des früheren Prozessbevollmächtigten**, die vollstreckbare Ausfertigung zurückzugeben, zB wegen eines Zurückbehaltungsrechts, ist eine weitere

---

13 Musielak/*Lackmann*, § 733 Rn 3.
14 MüKo-ZPO/*Wolfsteiner*, § 724 Rn 24; Musielak/*Lackmann*, § 733 Rn 4; aA LG Leipzig JurBüro 2004, 559; Thomas/Putzo/*Seiler*, § 724 Rn 11; Zöller/*Stöber*, § 724 Rn 12.
15 Musielak/*Lackmann*, § 733 Rn 4.
16 OLG Saarbrücken Rpfleger 2007, 673; OLG Jena Rpfleger 2000, 76; OLG Koblenz NJW-RR 2013, 1019; Musielak/*Lackmann*, § 733 Rn 6.
17 OLG Saarbrücken Rpfleger 2007, 673.
18 OLG Düsseldorf FamRZ 1994, 1271; AG Hagen 29.9.2010 – 97-2538399-02-N, juris; aA OLG Celle OLGR 1995, 216.
19 LAG Hannover 23.5.2003 – 5 Ta 276/02, juris.
20 OLG Koblenz FamRZ 2010, 1366.
21 LAG Köln 24.5.2002 – 4 (13) Ta 122/02, juris; OLG Koblenz NJW-RR 2013, 1019; aA OLG Düsseldorf MDR 2013, 427.
22 OLG Rostock OLGR 2001, 485; LG Hagen Rpfleger 2013, 284; Thomas/Putzo/*Seiler*, § 733 Rn 5.
23 OLG Schleswig InVo 2000, 353.

Ausfertigung zu erteilen (str).[24] Ein berechtigtes Interesse des Gläubigers ist gegeben, wenn er die weitere vollstreckbare Ausfertigung benötigt, um gleichzeitig an **mehreren Orten** oder bei **funktionell unterschiedlichen Vollstreckungsorganen**, zB durch Sachpfändung des Gerichtsvollziehers und Forderungspfändung des Vollstreckungsgerichts, zu vollstrecken.[25]

7 Die Gefahr der Doppelvollstreckung droht vor allem bei **Rechtsnachfolge**, wenn sowohl der ursprüngliche als auch der neue Gläubiger im Besitz einer vollstreckbaren Ausfertigung sind. Daher sind an die Darlegung eines berechtigten Interesses nach hM strenge Anforderungen zu stellen.[26] Grundsätzlich muss der neue Gläubiger die ursprünglich erteilte vollstreckbare Ausfertigung zurückgeben oder darlegen, dass diese verloren gegangen ist bzw aus anderen Gründen nicht mehr zur Vollstreckung geeignet ist.[27] Wenn der Titelgläubiger die Herausgabe mit nachvollziehbarer Begründung verweigert, kommt die Erteilung einer weiteren vollstreckbaren Ausfertigung nicht in Betracht.[28] Dagegen ist sie bei unstreitiger Rechtsnachfolge angezeigt.[29] Erfolgt die Zwangsvollstreckung unter Vorlage der Erstausfertigung, nachdem diese für ungültig erklärt und eine Zweitausfertigung erteilt wurde, so sind die Zwangsvollstreckungsmaßnahmen auf eine Erinnerung des Schuldners hin aufzuheben.[30]

III. Klauselverfahren

8 **1. Antrag, Zuständigkeit.** Die weitere vollstreckbare Ausfertigung wird auf formlosen **Antrag** hin erteilt, der nicht dem Anwaltszwang unterliegt (§ 78 Abs. 5). **Funktionell zuständig** ist gem. § 20 Abs. 1 Nr. 12 RPflG grds. der Rechtspfleger. Für die Entscheidung über die Erteilung weiterer vollstreckbarer Ausfertigungen von notariellen Urkunden oder für vollstreckbar erklärten Anwaltsvergleichen durch einen Notar ist nach §§ 797 Abs. 3, 797 Abs. 6 das Amtsgericht zuständig, bei dem der Notar seinen Sitz hat. Auch hier ist gem. § 20 Abs. 1 Nr. 13 RPflG grds. die Rechtspflegerzuständigkeit gegeben. Leider hat die Öffnungsklausel in § 36 b Abs. 1 Nr. 3 und 4 RPflG im Interesse geringfügiger finanzieller Einsparungen zu einer Rechtszersplitterung geführt, so dass nun in einigen Bundesländern statt des Rechtspflegers der Urkundsbeamte der Geschäftsstelle zuständig ist.[31] Die Zuständigkeit für die Erteilung der weiteren vollstreckbaren Ausfertigung eines **Vollstreckungsbescheides** liegt nach Abschluss des streitigen Verfahrens bei dem Mahngericht und nicht bei dem Prozessgericht.[32]

9 **2. Weiteres Verfahren, Streitwert. Abs. 1** sieht die **Anhörung** des Schuldners vor. Diese steht dem Wortlaut nach zwar im Ermessen („kann"). Dennoch sollte davon nur bei besonderer Dringlichkeit abgesehen werden, um die Gefahr der Doppelvollstreckung zu vermeiden.[33] Die Voraussetzungen der Erteilung müssen

---

24 OLG Schleswig MDR 2010, 292; Hk-ZPO/*Kindl*, § 733 Rn 4; MüKo-ZPO/*Wolfsteiner*, § 733 Rn 13; Thomas/Putzo/*Seiler*, § 733 Rn 5; aA Zöller/*Stöber*, § 733 Rn 9; Musielak/*Lackmann*, § 733 Rn 6; differenzierend OLG Hamm FamRZ 1998, 640.
25 OLG Karlsruhe InVo 2000, 353; KG JAmt 2012, 173.
26 Thomas/Putzo/*Seiler*, § 733 Rn 6; Baumbach/*Hartmann*, § 733 Rn 5; Zöller/*Stöber*, § 733 Rn 10; aA Hk-ZPO/*Kindl*, § 733 Rn 4.
27 OLG Frankfurt NJW-RR 1988, 512.
28 OLG München FamRZ 2005, 1102.
29 OLG Jena Rpfleger 2000, 76.
30 AG Hannover DGVZ 2009, 79.
31 ZB aufgrund von § 1 Nr. 3 und 4 Nds. Verordnung zur Übertragung von Rechtspflegeraufgaben auf den Urkundsbeamten der Geschäftsstelle (NdsGVBl. 2005, 223); weitere Einzelheiten s. *Bassenge/Roth*, § 36 b RPflG Rn 2.
32 OLG Stuttgart InVo 2005, 31.
33 Musielak/*Lackmann*, § 733 Rn 8; Zöller/*Stöber*, § 733 Rn 11.

glaubhaft gemacht werden (§ 294).[34] Bei substantiierten Einwendungen des Schuldners ist der Vollbeweis zu führen.[35] Wenn dem Antrag entsprochen werden soll, bedarf es keines Beschlusses, auch wenn der Schuldner Einwendungen erhoben hat.[36] Die weitere vollstreckbare Ausfertigung wird erteilt und gem. **Abs. 3** als solche **bezeichnet**. Der Schuldner ist nach **Abs. 2** formlos zu **benachrichtigen**. Liegen die Voraussetzungen nicht vor, wird der Antrag durch **Beschluss zurückgewiesen**. Die anfallenden Gebühren sind Kosten der Zwangsvollstreckung iSv § 788.[37] Sie sind vom Schuldner zu tragen, sofern nicht der Gläubiger die Erforderlichkeit der Erteilung zu vertreten hat.[38] Der **Streitwert** entspricht dem Wert des vollstreckbaren Anspruchs.[39]

3. Rechtsbehelfe. Gegen die **Erteilung** der weiteren vollstreckbaren Ausfertigung kann der Schuldner Erinnerung (§ 732) einlegen.[40] Bei **Ablehnung** kommt es darauf an, welches Organ nach Landesrecht funktionell zuständig ist (s. Rn 8): Wenn der Urkundsbeamte entschieden hat, ist die befristete Erinnerung (§ 573 Abs. 1) zulässig, hat der **Rechtspfleger** entschieden, kann der Gläubiger nach § 1 Abs. 1 RPflG, § 567 sofortige Beschwerde einlegen; zu Einzelheiten s. § 724 Rn 13.

IV. Kosten

Für das Verfahren auf Erteilung einer weiteren vollstreckbaren Ausfertigung entsteht eine **gerichtliche Gebühr** (Nr. 2110 KV GKG) iHv 20,00 € (Festgebühr). Nach § 12 Abs. 6 S. 1 GKG besteht Vorauszahlungspflicht für die Gebühr sowie für die Zustellungsauslagen nach Nr. 9002 KV GKG. Die Gebühr wird nach Anm. S. 1 zu Nr. 2110 KV GKG für jede weitere vollstreckbare Ausfertigung gesondert erhoben. Das gilt auch bei gleichzeitig gestellten Anträgen. Eine einzige weitere vollstreckbare Ausfertigung für Gesamtschuldner löst die Gebühr nur einmal aus.[41] Sind wegen desselben Anspruchs in einem Mahnverfahren gegen mehrere Personen gesonderte Vollstreckungsbescheide erlassen worden und werden hiervon gleichzeitig mehrere weitere vollstreckbare Ausfertigungen beantragt, wird die Gebühr nur einmal erhoben (Anm. S. 2 zu Nr. 2110 KV GKG). Im Falle einer Beschwerde bzw Rechtsbeschwerde entstehen Gebühren nach Nr. 2121 bzw Nr. 2124 KV GKG, soweit die Beschwerde bzw Rechtsbeschwerde verworfen oder zurückgewiesen wird.[42]

Beim **Notar** fällt für das Verfahren über den Antrag auf Erteilung einer weiteren vollstreckbaren Ausfertigung (§ 797 Abs. 3, § 733) eine Festgebühr nach Nr. 23804 KV GNotKG iHv 20,00 € an, die für jede weitere vollstreckbare Ausfertigung gesondert erhoben wird.

Für den **Rechtsanwalt** stellt der Antrag auf Erteilung einer weiteren vollstreckbaren Ausfertigung eine besondere Angelegenheit dar, auch wenn er bereits im Erkenntnisverfahren oder im Zwangsvollstreckungsverfahren beauftragt war (§ 18 Abs. 1 Nr. 5 RVG).[43] Es entstehen die Gebühren nach Nr. 3309, 3310 VV RVG (Gegenstandswert: § 25 Abs. 1 Nr. 1 RVG). Beantragt der Rechtsanwalt gleichzeitig die Erteilung **mehrerer weiterer vollstreckbarer Ausfertigungen**, liegt diesel-

---

34 OLG München FamRZ 2013, 485.
35 LAG Hannover 23.5.2003 – 5 Ta 276/02, juris; Musielak/*Lackmann*, § 733 Rn 8.
36 AA Musielak/*Lackmann*, § 733 Rn 9.
37 OLG Düsseldorf OLGR 1999, 298.
38 OLG Karlsruhe FamRZ 2005, 49.
39 OLG Düsseldorf MDR 2013, 427; OLG Koblenz 3.7.2013 – 3 W 295/13, juris.
40 OLG Naumburg FamRZ 2003, 695; OLG Jena 12.6.2012 – 9 W 300/12.
41 NK-GK/*Volpert*, Nr. 2110 KV GKG Rn 2.
42 *Hartmann*, KostG, Nr. 2110 KV GKG Rn 11.
43 AnwK-RVG/N. *Schneider*/*Wolf*, § 18 Rn 45.

be Angelegenheit vor; er erhält die Gebühr Nr. 3309 VV RVG nur einmal. Wurde bereits einmal eine weitere vollstreckbare Ausfertigung erteilt und stellt sich danach die Notwendigkeit einer zusätzlichen weiteren vollstreckbaren Ausfertigung heraus, liegt darin eine erneute besondere Angelegenheit.[44]

14 Wird der Antrag auf Erteilung einer weiteren vollstreckbaren Ausfertigung zurückgewiesen, ist das Beschwerdeverfahren wiederum eine besondere Angelegenheit (§ 18 Abs. 1 Nr. 3 RVG) mit eigenen Gebühren (Nr. 3500, 3513 VV RVG).

15 Keine besondere Angelegenheit im Sinne der Erteilung einer weiteren vollstreckbaren Ausfertigung (§ 18 Abs. 1 Nr. 5 RVG) ist die Umschreibung einer Vollstreckungsklausel (§§ 727, 728, 729). Es wird keine *zusätzliche* vollstreckbare Ausfertigung erteilt, sondern eine bereits vorliegende nur geändert. Dies ist der Erteilung einer weiteren vollstreckbaren Ausfertigung nicht gleichzusetzen.[45]

§ 734 Vermerk über Ausfertigungserteilung auf der Urteilsurschrift

[1]Vor der Aushändigung einer vollstreckbaren Ausfertigung ist auf der Urschrift des Urteils zu vermerken, für welche Partei und zu welcher Zeit die Ausfertigung erteilt ist. [2]Werden die Prozessakten elektronisch geführt, so ist der Vermerk in einem gesonderten elektronischen Dokument festzuhalten. [3]Das Dokument ist mit dem Urteil untrennbar zu verbinden.

1 Die Vorschrift gilt nicht nur für Urteile, sondern für alle Titel nach der ZPO (vgl § 795) und dient dem **Schuldnerschutz**. Der Schuldner soll davor geschützt werden, durch unzulässige Erteilung mehrerer Ausfertigungen (zur zulässigen weiteren vollstreckbaren Ausfertigung s. § 733) über die titulierte Verpflichtung hinaus in Anspruch genommen werden. Deshalb wird auf der Urschrift des Titels über die Erteilung von Ausfertigungen Buch geführt. Der Schuldner, aber auch der Gläubiger kann jederzeit darüber Auskunft verlangen.[1]

2 Bei Urteilen ist immer das **Gericht erster Instanz** zuständig. Wird dort die vollstreckbare Ausfertigung des Urteils höherer Instanz erteilt, ist dies auf der gem. §§ 541 Abs. 2, 565 bei den erstinstanzlichen Akten befindlichen beglaubigten Abschrift, nicht aber auf der bei dem höheren Gericht verwahrten Urschrift zu vermerken.[2] Die **funktionelle Zuständigkeit** für die Anbringung des Vermerks entspricht derjenigen für die Erteilung der Klausel. Beides sollte in einem Arbeitsgang erfolgen. Der Vermerk ersetzt nicht die Vorlage der vollstreckbaren Ausfertigung in der Zwangsvollstreckung.[3] S. 2 und 3 wurden durch Art. 1 Nr. 41 JKomG[4] eingefügt und regeln die Anbringung des Vermerks bei elektronischer Aktenführung, die sich in der Praxis noch im Erprobungsstadium befindet.

---

44 Vgl aber BGH AnwBl 2004, 251 = NJW 2004, 1043.
45 OLG Hamm JurBüro 2001, 29.
1 MüKo-ZPO/*Wolfsteiner*, § 734 Rn 1.
2 AG Bergisch Gladbach Rpfleger 1989, 336.
3 OLG Köln NJW-RR 2000, 1580.
4 BGBl. I 2005 S. 837; in Kraft getreten am 1.4.2005.

§ 735 Zwangsvollstreckung gegen nicht rechtsfähigen Verein

Zur Zwangsvollstreckung in das Vermögen eines nicht rechtsfähigen Vereins genügt ein gegen den Verein ergangenes Urteil.

§ 54 GVGA

I. Allgemeines

Der nicht rechtsfähige Verein (§ 54 BGB) ist nach der Neufassung von § 50 Abs. 2[1] **aktiv und passiv parteifähig**. Das betrifft auch Untergliederungen, soweit sie eine eigene körperschaftliche Verfassung haben. § 50 Abs. 2 gilt ferner für Kreis- und Ortsverbände politischer Parteien und Untergliederungen von Gewerkschaften. Im Übrigen sind Parteien und ihre Gebietsverbände der höchsten Stufe nach § 3 PartG, Gewerkschaften unter Berücksichtigung von Art. 9 Abs. 3 GG aktiv und passiv parteifähig.[2]

§ 735 setzt die passive Parteifähigkeit des nicht rechtsfähigen Vereins gem. § 50 Abs. 2 für die Zwangsvollstreckung um und erleichtert die Vollstreckung in das Vereinsvermögen, weil der Gläubiger nicht einen Titel gegen alle, häufig schwer zu ermittelnde und wechselnde Mitglieder erwirken muss. Die Vorschrift gilt gem. § 795 für alle Titel nach der ZPO. § 735 wird auf **Gründungs- und Vorgesellschaften analog** angewendet.[3]

II. Vollstreckung in das Vereinsvermögen

Vollstreckungsschuldner ist der nicht rechtsfähige Verein, vertreten durch den Vorstand. Wenn sich die Vertretungsverhältnisse nicht aus dem Titel ergeben und in der Zwangsvollstreckung nicht ermitteln lassen, kann nicht vollstreckt werden.[4] § 735 gilt weiter nach der Auflösung des Vereins bis zur Beendigung der Liquidation.[5] Wenn der nicht rechtsfähige Verein rechtsfähig wird, braucht der Titel nicht umgeschrieben zu werden.[6] Der gegen den nicht rechtsfähigen Verein gerichtete Titel berechtigt den Gläubiger zur Vollstreckung in das **Vereinsvermögen**.

Nicht nur Geldforderungen, sondern auch gegen den Verein gerichtete Titel auf Herausgabe, Handlung oder Unterlassung gem. §§ 883 ff sind vollstreckbar.

Eingetragene Grundstücksrechte sind Vereinsvermögen, wobei allerdings die Grundbuchfähigkeit des nicht rechtsfähigen Vereins umstritten ist.[7]

Zum Vereinsvermögen zählen bewegliche Sachen, wenn sie sich im **Gewahrsam eines Vereinsorgans** befinden. Die einzelnen **Mitglieder** sind nicht Schuldner, sondern Dritte. Einer Pfändung von in ihrem Gewahrsam befindlichen, zum Vereinsvermögen gehörenden Gegenständen können sie, sofern sie nicht Vereinsorgane sind, gem. § 809 widersprechen und dagegen gem. § 766 Erinnerung einlegen.[8] Sie sind jedoch nicht befugt, wegen der Vollstreckung in das Vereinsvermögen aufgrund ihrer Mitberechtigung Drittwiderspruchsklage (§ 771) zu erheben.[9]

---

1 Gesetz vom 24.9.2009 (BGBl. I S. 3145).
2 Einzelheiten s. Hk-ZPO/*Bendtsen*, § 50 Rn 26 ff.
3 Musielak/*Lackmann*, § 735 Rn 1.
4 AG Stendal DGVZ 2006, 95.
5 Musielak/*Lackmann*, § 735 Rn 1.
6 MüKo-ZPO/*Heßler*, § 735 Rn 15.
7 Dagegen zB LG Hagen Rpfleger 2007, 26; KG ZIP 2015, 168.
8 Zöller/*Stöber*, § 735 Rn 1.
9 Hk-ZPO/*Kindl*, § 735 Rn 2.

III. Vollstreckung in das Mitgliedervermögen

7 Der gegen den Verein gerichtete Titel berechtigt nicht zur Vollstreckung in das Vermögen der Mitglieder.[10] Hat der Gläubiger einen **Titel gegen alle Mitglieder** erwirkt, vermag er gem. § 736 analog, § 54 Abs. 2 GVGA ebenfalls in das Vereinsvermögen und dabei auch in solches Vermögen zu vollstrecken, das sich im Gewahrsam eines nicht vertretungsberechtigten Mitglieds befindet. Darüber hinaus ist die Vollstreckung in das persönliche Vermögen der einzelnen Mitglieder möglich, sofern sich aus dem Titel keine Beschränkung auf das Vereinsvermögen ergibt.[11]

§ 736 Zwangsvollstreckung gegen BGB-Gesellschaft

Zur Zwangsvollstreckung in das Gesellschaftsvermögen einer nach § 705 des Bürgerlichen Gesetzbuchs eingegangenen Gesellschaft ist ein gegen alle Gesellschafter ergangenes Urteil erforderlich.

§ 55 GVGA

I. Allgemeines

1 Nach dem Urteil des BGH vom 29.1.2001 ist die **(Außen-)GbR rechtsfähig**, soweit sie durch Teilnahme am Rechtsverkehr eigene Rechte und Pflichten begründet. In diesem Rahmen ist sie aktiv und passiv parteifähig. In der Begründung dieser Entscheidung ist ausgeführt, § 736 stehe der Anerkennung der Parteifähigkeit nicht entgegen.[1] Der Rspr des BGH zufolge ist § 736 so zu verstehen, dass die Vollstreckung in das Vermögen einer GbR nicht nur aufgrund eines Titels gegen die Gesellschaft als Partei, sondern auch aufgrund eines gegen alle Gesellschafter gerichteten Titels erfolgen kann (zu Einzelheiten s. Rn 6).[2] Die Auswirkungen dieser mit dem Wortlaut kaum zu vereinbarenden Auslegung auf die Vollstreckung sind von geringerer Bedeutung.[3] Der Sinn des § 736 bleibt erhalten. Die **Vollstreckung von Privatgläubigern in das Gesellschaftsvermögen** soll **verhindert** werden.[4] Damit ergänzt die Vorschrift § 719 BGB, wonach die Verfügung eines Gesellschafters über Gesellschaftsvermögen ausgeschlossen ist, für den Bereich der Vollstreckung.[5] Sie gilt für Urteile und gem. § 795 für alle Titel nach der ZPO.[6] Anwendbar ist § 736 nur auf die (Außen-)GbR, nicht dagegen auf die Innengesellschaft und eine Gesellschaft, deren Gesellschaftern das Gesellschaftsvermögen nicht gesamthänderisch, sondern nach Bruchteilen zusteht.[7] Zu weiteren Gesellschaften s. Rn 10.

II. Vollstreckung in das Gesellschaftsvermögen

2 **1. Titel gegen die Gesellschaft.** In das Gesellschaftsvermögen einer GbR kann aufgrund eines **gegen die Gesellschaft als Partei** gerichteten Titels vollstreckt wer-

---

10 Musielak/*Lackmann*, § 735 Rn 2.
11 MüKo-ZPO/*Heßler*, § 735 Rn 17.
1 BGHZ 146, 341 = NJW 2001, 1056; s. auch BGH NJW 2008, 1378; BAG NJW 2005, 1004.
2 BGH NJW 2004, 3632.
3 MüKo-ZPO/*Heßler*, § 736 Rn 1.
4 BGHZ 146, 341 = NJW 2001, 1056; MüKo-ZPO/*Heßler*, § 736 Rn 1.
5 Musielak/*Lackmann*, § 736 Rn 1.
6 BGH NJW 2004, 3632.
7 MüKo-ZPO/*Heßler*, § 736 Rn 5 f.

den.[8] Im Ergebnis unerheblich ist, ob dieser Titel auch als Titel gegen alle Gesellschafter iSd Wortlauts von § 736 verstanden wird[9] oder es sich um verschiedene Formen von Titeln handelt.[10] Ein- und Austritte von Gesellschaftern sind unerheblich, da die Gesellschaft als solche erhalten bleibt.[11] Das gilt im Hinblick auf § 47 Abs. 2 GBO jedoch nicht für die Immobiliarvollstreckung. Danach sind, wenn im Grundbuch ein Recht für eine Gesellschaft bürgerlichen Rechts eingetragen werden soll, auch deren Gesellschafter einzutragen. Demzufolge dürfen eine Zwangshypothek nur eingetragen und die Zwangsversteigerung oder -verwaltung nur angeordnet werden, wenn in dem Titel die Gesellschafter aufgeführt sind und wenn diese mit den im Grundbuch eingetragenen übereinstimmen. Veränderungen im Gesellschafterbestand sind durch eine Rechtsnachfolgeklausel nachzuweisen (s. auch § 727 Rn 10).[12]

3 Erforderlich ist eine hinreichend **genaue Bezeichnung der Gesellschaft**. Wird eine unzutreffende Bezeichnung gewählt, richtet sich der Titel gegen eine nicht existierende Partei, so dass eine Vollstreckung nicht möglich ist.[13] Wenn als Titelschuldner nur einige Gesellschafter genannt sind oder Kurzbezeichnungen verwandt werden, liegt weder ein Titel gegen die Gesellschaft noch ein Titel gegen alle Gesellschafter vor.[14] Sofern bei einem Urteil die falschen Bezeichnungen aus der Klageschrift übernommen wurden, kommt eine Berichtigung nach § 319 nicht in Betracht, da keine vom Gericht zu verantwortende Unrichtigkeit vorliegt.[15]

4 Tritt die GbR fälschlich als KG, OHG oder Partnerschaft auf und wird als solche verurteilt, kann die Vollstreckung in das Gesellschaftsvermögen nach § 736 erfolgen.[16] Gegen die fälschlich als Personenhandelsgesellschaft im Handelsregister eingetragene GbR wird wie gegen die entsprechende Gesellschaft vollstreckt.[17]

5 Die **Zustellung** (§ 750 Abs. 1) muss an den Geschäftsführer oder, wenn ein solcher nicht bestellt ist, an einen der Gesellschafter erfolgen.[18]

6 **2. Titel gegen alle Gesellschafter.** Nach der Auslegung des § 736 durch den BGH ist die Vorschrift so zu verstehen, dass der Gläubiger nicht nur mit einem gegen die Gesellschaft als Partei gerichteten Titel in das Gesellschaftsvermögen vollstrecken kann, sondern auch mit einem **Titel gegen alle Gesellschafter aus ihrer persönlichen Mithaftung**.[19] Erforderlich ist, dass tatsächlich alle zur GbR gehörenden Gesellschafter im Passivrubrum genannt sind. Im Hinblick auf § 325 ist auf die Rechtshängigkeit abzustellen. **Änderungen im Gesellschafterbestand** nach Rechtshängigkeit[20] verhindern die Vollstreckung nicht. Das ersatzlose Ausscheiden eines Gesellschafters ist unerheblich, weil die Identität der Gesellschaft erhalten bleibt. Bei Eintritt eines Gesellschafters an Stelle eines anderen oder bei Aufnahme eines neuen Gesellschafters bedingt die nach materiellem Recht analog

---

8 BGH NJW 2004, 3632; MüKo-ZPO/*Heßler*, § 736 Rn 13; Hk-ZPO/*Kindl*, § 736 Rn 2; Musielak/*Lackmann*, § 736 Rn 4.
9 So Musielak/*Lackmann*, § 736 Rn 4.
10 So Hk-ZPO/*Kindl*, § 736 Rn 1.
11 Hk-ZPO/*Kindl*, § 736 Rn 2.
12 BGHZ 187, 344 = NJW 2011, 615.
13 Musielak/*Lackmann*, § 736 Rn 5.
14 MüKo-ZPO/*Heßler*, § 736 Rn 14; Musielak/*Lackmann*, § 736 Rn 5.
15 AA wohl MüKo-ZPO/*Heßler*, § 736 Rn 14.
16 MüKo-ZPO/*Heßler*, § 736 Rn 15.
17 Musielak/*Lackmann*, § 736 Rn 5.
18 BGH NJW 2006, 2191.
19 BGHZ 146, 341 = NJW 2001, 1056; BGH NJW 2011, 2048.
20 Dieser Zeitpunkt ist entscheidend, s. Musielak/*Lackmann*, § 736 Rn 4; Zöller/*Stöber*, § 736 Rn 5.

§ 130 HGB bestehende Haftung,[21] dass eine Umschreibung der Klausel zur Vollstreckung in das Gesellschaftsvermögen nach § 727 analog erfolgen kann.[22] Nicht notwendig ist, dass ein einheitlicher Titel gegen sämtliche Gesellschafter vorliegt. **Mehrere Titel** unterschiedlicher Art sind genügend.[23] Werden nicht alle Gesellschafter erfasst, kommt nur eine Vollstreckung in das Privatvermögen derjenigen Gesellschafter in Betracht, gegen welche Titel bestehen.[24] § 736 setzt voraus, dass es sich um eine **Gesellschaftsschuld** handelt. Sind alle Gesellschafter aufgrund einer Verbindlichkeit verurteilt worden, für die die Gesellschafter gesamtschuldnerisch haften, ohne dass eine Gesellschaftsschuld vorliegt, scheidet die Vollstreckung in das Gesellschaftsvermögen aus (str).[25] Die Verurteilung aller Gesellschafter wegen bestimmter, ihrem Anteil an der Gesellschaft entsprechender Teilbeträge reicht erst recht nicht aus.[26] Ist **ein Gesellschafter Gläubiger**, müssen als Schuldner nur die weiteren Gesellschafter genannt werden.[27] Die **Insolvenz** eines Gesellschafters steht der Vollstreckung in das Gesellschaftsvermögen – im Unterschied zur Insolvenz aller Gesellschafter oder der GbR gem. § 89 Abs. 1 InsO – nicht entgegen.[28] Aus § 736 ZPO folgt nicht, dass die **Rechtskraft** eines gegen alle Gesellschafter ergangenen Urteils zugleich für und gegen die Gesellschaft wirkt.[29]

7 **3. Vollstreckung in das Gesellschaftsvermögen.** Die Vollstreckung in das Gesellschaftsvermögen ist auch nach Auflösung der GbR bis zur endgültigen Auseinandersetzung zulässig, wenn noch Gesellschaftsvermögen vorhanden ist.[30] Sie kann auch aufgrund von Titeln auf **Herausgabe, Handlungen und Unterlassungen** (§§ 883 ff) erfolgen, sofern sich diese auf das Gesellschaftsvermögen beziehen und von allen Gesellschaftern gemeinsam zu erfüllen sind. Wegen der Abgabe einer **Willenserklärung** bedarf es der Verurteilung der Gesellschaft.[31] Die Pfändung von zum Gesellschaftsvermögen gehörenden beweglichen Sachen aus einem § 736 entsprechenden Titel ist zulässig, wenn sich diese im **Gewahrsam** eines Gesellschafters befinden.[32]

III. Vollstreckung gegen die Gesellschafter

8 In das **Privatvermögen der Gesellschafter** kann nur vollstreckt werden, wenn ein Titel gegen den betreffenden Gesellschafter vorliegt. Dazu zählen auch Titel gegen alle Gesellschafter iSv § 736, nicht jedoch Titel gegen die Gesellschaft.[33] Eine nach materiellem Recht wirksame Beschränkung der Haftung kann im Urteilstenor vermerkt werden.[34] Aufgrund eines gegen einen Gesellschafter gerichteten Titels kann sein **Anteil an der GbR** gepfändet werden (§ 859; zu Einzelheiten s. § 859 Rn 5 ff).

---

21 BGH NJW 2003, 1803.
22 MüKo-ZPO/*Heßler*, § 736 Rn 17; Musielak/*Lackmann*, § 736 Rn 4.
23 Hk-ZPO/*Kindl*, § 736 Rn 3.
24 Musielak/*Lackmann*, § 736 Rn 4.
25 BGH NJW 2007, 1813; BGH NJW 2008, 1378; OLG Hamburg Rpfleger 2011, 426; OLG Köln 28.11.2012 – 2 Wx 306/12, juris; Musielak/*Lackmann*, § 736 Rn 4; aA OLG Schleswig Rpfleger 2006, 261; Zöller/*Stöber*, § 736 Rn 3; diff. Hk-ZPO/*Kindl*, § 736 Rn 3; MüKo-ZPO/*Heßler*, § 736 Rn 20 ff.
26 BGH NJW 2007, 1813.
27 Musielak/*Lackmann*, § 736 Rn 4.
28 Zöller/*Stöber*, § 736 Rn 7.
29 BGH NJW 2011, 2048.
30 MüKo-ZPO/*Heßler*, § 736 Rn 4; Musielak/*Lackmann*, § 736 Rn 2.
31 BGH NJW 2008, 1378.
32 MüKo-ZPO/*Heßler*, § 736 Rn 29; Musielak/*Lackmann*, § 736 Rn 6.
33 LG Bonn DGVZ 2004, 75; Hk-ZPO/*Kindl*, § 736 Rn 4.
34 MüKo-ZPO/*Heßler*, § 736 Rn 33; Musielak/*Lackmann*, § 736 Rn 6.

IV. Rechtsbehelfe

Wenn in das Gesellschaftsvermögen aufgrund eines Titels vollstreckt wird, der sich weder gegen die GbR noch gegen alle Gesellschafter richtet, können diese Drittwiderspruchsklage gem. § 771 erheben. Ferner ist die Erinnerung nach § 766 zulässig, weil die Art und Weise der Zwangsvollstreckung betroffen ist (hM).[35] Dieselben Rechtsbehelfe stehen dem Gesellschafter zu, wenn aufgrund eines Titels gegen die Gesellschafter in sein Privatvermögen vollstreckt wird.

9

V. Vollstreckung gegen weitere Gesellschaften

§ 736 gilt nicht für Personenhandelsgesellschaften. Gegen eine **OHG** oder **KG** ist ein gegen die Gesellschaft ergangener Titel notwendig (§§ 124 Abs. 2, 161 Abs. 2 HGB). Es kann weder aus einem Titel gegen alle Gesellschafter in das Gesellschaftsvermögen noch aus einem Titel gegen die Gesellschaft in das Privatvermögen der Gesellschafter vollstreckt werden (§§ 129 Abs. 4, 161 Abs. 2 HGB). Bei der **Umwandlung** einer GbR in eine OHG oder KG bedarf es zur Vollstreckung in das Gesellschaftsvermögen keiner Rechtsnachfolgeklausel, weil die Identität der Gesellschaft gewahrt bleibt.[36] Möglich ist ein klarstellender Zusatz zur Klausel (s. § 727 Rn 40 f). Für die Vollstreckung in das Vermögen einer **Partnerschaft** ist ein gegen diese gerichteter Titel erforderlich (§ 7 Abs. 2 PartGG, § 124 Abs. 2 HGB). Dasselbe gilt für die einer OHG ähnliche **Europäische wirtschaftliche Interessenvereinigung**.[37]

10

VI. Weitere praktische Hinweise

Damit der Titel vollstreckungsfähig ist, muss bei einer **Klage gegen eine GbR** besonders auf die genaue Bezeichnung der Beklagten geachtet werden. Die GbR als solche sollte nur verklagt werden, wenn sie unter einem individuellen Namen im Rechtsverkehr auftritt. Dabei ist zu berücksichtigen, dass der Titel gegen die GbR ausschließlich zur Vollstreckung in das Gesellschaftsvermögen geeignet ist, nicht aber zur Vollstreckung in das Vermögen der Gesellschafter. Vor einer **Klage gegen die Gesellschafter** muss allerdings erwogen werden, ob diese oder die GbR nach materiellem Recht verpflichtet sind.[38] Ferner ist genau zu prüfen, ob alle Gesellschafter als Beklagte genannt sind.

11

§ 737 Zwangsvollstreckung bei Vermögens- oder Erbschaftsnießbrauch

(1) Bei dem Nießbrauch an einem Vermögen ist wegen der vor der Bestellung des Nießbrauchs entstandenen Verbindlichkeiten des Bestellers die Zwangsvollstreckung in die dem Nießbrauch unterliegenden Gegenstände ohne Rücksicht auf den Nießbrauch zulässig, wenn der Besteller zu der Leistung und der Nießbraucher zur Duldung der Zwangsvollstreckung verurteilt ist.

(2) Das Gleiche gilt bei dem Nießbrauch an einer Erbschaft für die Nachlassverbindlichkeiten.

§ 57 GVGA

---

35 Hk-ZPO/*Kindl*, § 736 Rn 3; Musielak/*Lackmann*, § 736 Rn 6; MüKo-ZPO/*Heßler*, § 736 Rn 37 mwN zur aA.
36 MüKo-ZPO/*Heßler*, § 736 Rn 43.
37 Zöller/*Stöber*, § 736 Rn 9.
38 Vgl BGH NJW 2008, 1378.

I. Allgemeines

1 Die praktische Bedeutung der Vorschrift ist aufgrund ihres beschränkten Anwendungsbereichs (s. Rn 2) gering. Sie behandelt nicht die Vollstreckung unter Berücksichtigung eines Nießbrauchs insgesamt (zur Klauselumschreibung gegen den Nießbraucher s. § 727 Rn 20), sondern nur bei der eher seltenen **Bestellung an einem Vermögen** gem. § 1085 BGB (**Abs. 1**) oder an einer **Erbschaft** gem. § 1089 BGB (**Abs. 2**). § 737 setzt die **Haftung des Nießbrauchers gem. §§ 1086, 1089 BGB** in das Vollstreckungsrecht um. Danach können die Gläubiger des Bestellers bzw bei einer Erbschaft die Nachlassgläubiger wegen vor der Bestellung entstandener Forderungen ohne Rücksicht auf den Nießbrauch Befriedigung aus den dem Nießbrauch unterliegenden Gegenständen verlangen. Um einerseits die Rechte des Nießbrauchers zu wahren[1] und andererseits die Vollstreckung nicht am Gewahrsam des Nießbrauchers (vgl § 809) und an dem Nießbrauch als ein die Vollstreckung hinderndes Recht iSv § 771 scheitern zu lassen,[2] ist nach § 737 ein Duldungstitel gegen den Nießbraucher erforderlich. Die Vorschrift gilt für Urteile und gem. § 795 für alle Titel nach der ZPO.

II. Vollstreckung in dem Nießbrauch unterliegende Gegenstände

2 **1. Voraussetzungen und Anwendungsbereich (Abs. 1).** In Übereinstimmung mit § 1086 BGB setzt Abs. 1 voraus, dass die Verbindlichkeit **vor Bestellung des Nießbrauchs** entstanden ist. Die Bestellung, dh der Erwerb des dinglichen Rechts, erfolgt gem. § 1085 BGB dadurch, dass der Nießbraucher den Nießbrauch an den einzelnen zum Vermögen gehörenden Gegenständen erlangt. Soll sich die Bestellung von vornherein auf das gesamte Vermögen beziehen, genügt für die Haftung nach § 1086 BGB bereits der erste Bestellungsakt, bei späterer Einigung kommt es auf deren Zeitpunkt an.[3] Hinsichtlich der Entstehung der Forderung wird auf die zu § 38 InsO entwickelten Grundsätze abgestellt.[4] Zum maßgeblichen Zeitpunkt muss der **Rechtsgrund des Anspruchs gelegt** sein. Fälligkeit oder Bedingungseintritt ist nicht erforderlich.[5] Es muss sich um eine Verbindlichkeit des Bestellers handeln, der nicht zugleich Eigentümer zu sein braucht. Ein Duldungstitel gegen den Nießbraucher ist nur erforderlich, wenn das Vollstreckungsobjekt bereits mit dem Nießbrauch belastet ist[6] und das Nießbrauchsrecht durch die Vollstreckung beeinträchtigt wird. Daher bedarf es für die **Zwangsversteigerung** keines Titels gegen den Nießbraucher.[7] Die **Zwangsverwaltung** kann dagegen nicht ohne Duldungstitel angeordnet werden.[8] Ferner ist ein Duldungstitel entbehrlich, wenn der Nießbrauch an einer streitbefangenen Sache iSv § 265 Abs. 1 bestellt wurde. Der Nießbrauch gilt als Veräußerung. Damit wirkt das Urteil gem. § 325 ohnehin gegen den Nießbraucher. Dem Gläubiger kann eine Klausel nach § 727 erteilt werden.[9] Bei Bestellung nach rechtskräftiger Feststellung der Schuld tritt gem. § 738 an die Stelle des Duldungstitels die Klauselumschreibung.

---

1 Zöller/*Stöber*, § 737 Rn 1.
2 MüKo-ZPO/*Heßler*, § 737 Rn 2.
3 MüKo-ZPO/*Heßler*, § 737 Rn 8.
4 Palandt/*Bassenge*, § 1086 BGB Rn 1.
5 Hk-ZPO/*Kindl*, § 737 Rn 2; Musielak/*Lackmann*, § 737 Rn 3.
6 MüKo-ZPO/*Heßler*, § 737 Rn 8.
7 Hk-ZPO/*Kindl*, § 737 Rn 2; MüKo-ZPO/*Heßler*, § 737 Rn 14.
8 BGH NJW 2003, 2164.
9 Hk-ZPO/*Kindl*, § 737 Rn 2.

Der Anwendungsbereich des § 737 beschränkt sich daher auf die Fälle, in denen 3
- in die dem Nießbrauch unterliegende Gegenstände vollstreckt werden soll und
- der Nießbrauch durch die Vollstreckung beeinträchtigt wird und
- der Nießbrauch nach Entstehung der Forderung
  - entweder vor Rechtshängigkeit bestellt wurde oder
  - zwischen Rechtshängigkeit und Rechtskraft bestellt wurde, sofern keine Klausel nach § 727 erteilt werden kann.

2. Vollstreckung. Wenn sich die Vollstreckung nach § 737 richtet, sind ein **Leistungstitel** gegen den Besteller **und** ein **Duldungstitel** gegen den Nießbraucher erforderlich. Dessen Herausgabebereitschaft oder ein Leistungstitel gegen ihn genügen nicht; Letzterer berechtigt nur zur Vollstreckung in dessen Vermögen und nicht in die dem Nießbrauch unterliegende Gegenstände.[10] Der Nießbraucher kann sich gem. § 794 Abs. 2 der sofortigen Zwangsvollstreckung unterwerfen. Der Gläubiger darf nur in die dem Nießbrauch unterliegenden Gegenstände vollstrecken. Dazu gehören nicht die **Früchte** (§ 99 BGB), die mit der Trennung Eigentum des Nießbrauchers werden (§ 954 BGB), und die **verbrauchbaren Sachen**, die gem. § 1067 BGB in dessen Eigentum übergehen. An die Stelle der verbrauchbaren Sachen tritt gem. § 1086 S. 2 BGB ein Wertersatzanspruch, den der Gläubiger aufgrund des Titels gegen den Besteller pfänden kann. Der Nießbraucher ist in diesem Fall Drittschuldner, so dass ein Duldungstitel nicht notwendig ist. 4

3. Besonderheiten bei Erbschaftsnießbrauch (Abs. 2). Für den Nießbrauch an einer Erbschaft gelten die o.g. Grundsätze. Hinsichtlich der Verbindlichkeiten, wegen derer in dem Nießbrauch unterliegende Gegenstände vollstreckt werden kann, besteht nach Abs. 2 eine Beschränkung auf **Nachlassverbindlichkeiten**. 5

4. Rechtsbehelfe. Wenn ein Gläubiger des Bestellers ohne Duldungstitel in dem Nießbrauch unterliegende Gegenstände vollstreckt, kann der Nießbraucher, sofern er Gewahrsamsinhaber ist, gem. § 809 der Vollstreckung widersprechen. Er ist immer befugt, Erinnerung nach § 766 einzulegen. Ferner kann er Drittwiderspruchsklage nach § 771 erheben. Diese ist jedoch unbegründet, wenn er gem. § 1086 S. 1 BGB zur Duldung der Zwangsvollstreckung verpflichtet ist.[11] Stimmen Besteller und Eigentümer nicht überein, ist der Eigentümer zum Widerspruch nach § 771 berechtigt.[12] 6

§ 738 Vollstreckbare Ausfertigung gegen Nießbraucher

(1) Ist die Bestellung des Nießbrauchs an einem Vermögen nach der rechtskräftigen Feststellung einer Schuld des Bestellers erfolgt, so sind auf die Erteilung einer in Ansehung der dem Nießbrauch unterliegenden Gegenstände vollstreckbaren Ausfertigung des Urteils gegen den Nießbraucher die Vorschriften der §§ 727, 730 bis 732 entsprechend anzuwenden.

(2) Das Gleiche gilt bei dem Nießbrauch an einer Erbschaft für die Erteilung einer vollstreckbaren Ausfertigung des gegen den Erblasser ergangenen Urteils.

§§ 43 Nr. 2, 57 GVGA

---

10 Zöller/*Stöber*, § 737 Rn 2.
11 Musielak/*Lackmann*, § 737 Rn 6.
12 MüKo-ZPO/*Heßler*, § 737 Rn 7.

I. Allgemeines

1 Die Vorschrift betrifft, wie § 737, den eher seltenen **Nießbrauch** an einem **Vermögen** gem. § 1085 BGB (**Abs. 1**) oder an einer **Erbschaft** gem. § 1089 BGB (**Abs. 2**) und setzt ebenfalls die Haftung des Nießbrauchers gem. §§ 1086, 1089 BGB in das Vollstreckungsrecht um. Während § 737 den nach Entstehung der Forderung, aber vor Rechtskraft des Urteils bestellten Nießbrauch betrifft, regelt § 738 die Vollstreckung in die dem Nießbrauch unterliegenden Gegenstände bei **nach rechtskräftiger** Feststellung der Schuld bestelltem Nießbrauch. In diesem Fall tritt an die Stelle des nach § 737 notwendigen Duldungstitels die **Klausel gegen den Nießbraucher**. Hinsichtlich des Nießbrauchs an einer Erbschaft nach Abs. 2 ist ein gegen den Erblasser ergangenes Urteil Voraussetzung der Klauselerteilung. Ein Rückgriff auf § 738 ist nicht notwendig, wenn der Nießbrauch an einer streitbefangenen Sache iSv § 265 Abs. 1 bestellt wurde, weil dann ohnehin eine Klausel nach § 727 erteilt werden kann (s. § 737 Rn 2).

2 Die Regelung des § 738 gilt für alle Titel nach der ZPO. Soweit diese nicht rechtskräftig werden, tritt die Entstehung an die Stelle der Rechtskraft.[1]

II. Verfahren

3 § 738 verweist auf § 727. Es ist daher über den Prüfungsumfang des § 724 hinaus durch **öffentliche oder öffentlich beglaubigte Urkunden nachzuweisen**, dass und wann der Nießbrauch bestellt wurde sowie dass und wann das Urteil rechtskräftig geworden ist. Falls der urkundliche Nachweis nicht geführt werden kann, muss der Gläubiger Klage gem. § 731 erheben. Nicht ausreichend ist der Nachweis des der Nießbrauchsbestellung zugrunde liegenden Kausalgeschäfts.[2] Der Nießbraucher kann sich gem. § 1086 BGB nicht auf guten Glauben berufen; § 325 Abs. 2 ist daher nicht anzuwenden.[3]

4 Für die Klauselerteilung ist gem. § 20 Abs. 1 Nr. 12 RPflG der Rechtspfleger **zuständig**. In der Klausel ist zu vermerken, dass die Zwangsvollstreckung nur in die dem Nießbrauch unterliegenden Gegenstände erfolgen darf. Ob der jeweilige Gegenstand der Vollstreckung dazugehört, ist vom Vollstreckungsorgan zu prüfen,[4] nicht vom Rechtspfleger. Dem Nießbraucher stehen gegenüber der Klauselerteilung die **Rechtsbehelfe** nach §§ 732, 768 zu.

§ 739 Gewahrsamsvermutung bei Zwangsvollstreckung gegen Ehegatten und Lebenspartner

(1) Wird zugunsten der Gläubiger eines Ehemannes oder der Gläubiger einer Ehefrau gemäß § 1362 des Bürgerlichen Gesetzbuchs vermutet, dass der Schuldner Eigentümer beweglicher Sachen ist, so gilt, unbeschadet der Rechte Dritter, für die Durchführung der Zwangsvollstreckung nur der Schuldner als Gewahrsamsinhaber und Besitzer.

(2) Absatz 1 gilt entsprechend für die Vermutung des § 8 Abs. 1 des Lebenspartnerschaftsgesetzes zugunsten der Gläubiger eines der Lebenspartner.

---

1 OLG Dresden Rpfleger 2006, 92; MüKo-ZPO/*Heßler*, § 738 Rn 2.
2 OLG Zweibrücken Rpfleger 2005, 612; MüKo-ZPO/*Heßler*, § 738 Rn 3.
3 Hk-ZPO/*Kindl*, § 738 Rn 3; Zöller/*Stöber*, § 738 Rn 2.
4 MüKo-ZPO/*Heßler*, § 738 Rn 3.

I. Allgemeines	1	3. Vollstreckung	8
II. Vollstreckung gegen Ehegatten (Abs. 1)	2	4. Rechtsbehelfe	11
1. Güterstand	2	III. Vollstreckung gegen Lebenspartner (Abs. 2)	14
2. Eigentums- und Gewahrsamsvermutung	3	IV. Nichteheliche Lebensgemeinschaft, Wohngemeinschaft, Geltung ausländischen Güterrechts	15
a) Anknüpfungspunkt	3		
b) Ausnahmen	6		

I. Allgemeines

Die Vorschrift soll Schwierigkeiten bei der Vollstreckung gegen verheiratete und 1
in eingetragener Lebensgemeinschaft lebende Schuldner vermeiden, die sich aus dem (Mit-)Gewahrsam von Ehegatten bzw Lebenspartnern bei der Mobiliar- und Herausgabevollstreckung ergeben könnten. Sie enthielt ursprünglich eine Regelung über den für die Vollstreckung in das von der Frau eingebrachte Gut notwendigen Titel und stand damit im Zusammenhang mit den §§ 735–745, die jeweils Bestimmungen darüber treffen, gegen wen sich der Titel bei Vollstreckung in besondere Vermögensmassen zu richten hat. Dieser Zusammenhang entfiel mit Inkrafttreten des Gleichberechtigungsgesetzes. Abs. 1 in der ab 1.1.1964 geltenden Fassung ist vor dem Hintergrund der damaligen Lebensverhältnisse zu verstehen. Das Zusammenleben in einem Haushalt beschränkte sich überwiegend auf Eheleute bzw Familien. Nichteheliche Lebensgemeinschaften waren selten; Wohngemeinschaften kamen erst später auf. Der durch den sprunghaften Anstieg nichtehelicher Lebensgemeinschaften und das Aufkommen von Wohngemeinschaften seit Anfang der 70er Jahre geprägten Rechtswirklichkeit entspricht § 739 nicht mehr. Da eine Anpassung durch Einführung von Abs. 2 zum 1.1.2002 durch das LPartG nur hinsichtlich der eingetragenen Lebenspartnerschaften erfolgte und die analoge Anwendung auf andere Formen des Zusammenlebens von der hM abgelehnt wird (s. Rn 15), führt die Vorschrift heute zu einer **Benachteiligung von Ehegatten** gegenüber anderen Lebensgemeinschaften, deren Vereinbarkeit mit Art. 6 Abs. 1 GG fraglich erscheint.[1] Ein Verfassungsverstoß müsste jedoch durch eine gesetzliche Neuregelung beseitigt werden.[2] Von dieser Möglichkeit hat der Gesetzgeber weder anlässlich der umfassenden Reform durch die 2. Zwangsvollstreckungsnovelle zum 1.1.1999 Gebrauch gemacht noch mit Gesetz zur Reform der Sachaufklärung in der Zwangsvollstreckung zum 1.1.2013.

II. Vollstreckung gegen Ehegatten (Abs. 1)

1. Güterstand. § 739 knüpft – wie § 1362 BGB – nicht an einen bestimmten Gü- 2
terstand an und gilt damit für die **Zugewinngemeinschaft** wie für die **Gütertrennung**. Grundsätzlich gelten die § 739, § 1362 BGB auch für die **Gütergemeinschaft**. Bei diesem Güterstand ist jedoch die Gesamtgutsvermutung des § 1416 BGB vorrangig. Nur wenn diese Vermutung widerlegt ist, dh bei der Vollstreckung in Gegenstände, deren Zugehörigkeit zum Sonder- oder Vorbehaltsgut nachgewiesen ist, gilt § 739.[3] Hinsichtlich des Gesamtguts sind dagegen die §§ 740 ff zu beachten. Wegen der Eigentums- und Vermögensgemeinschaft s. § 744 a.

2. Eigentums- und Gewahrsamsvermutung. a) Anknüpfungspunkt. Abs. 1 3
knüpft an die **Eigentumsvermutung des § 1362 BGB** an. Nach § 1362 Abs. 1 S. 1 BGB wird zugunsten der Gläubiger der jeweiligen Eheleute vermutet, dass die im

---

1 Ebenso Musielak/*Lackmann*, § 739 Rn 1.
2 BGHZ 170, 87 = NJW 2007, 992.
3 MüKo-BGB/*Weber-Monecke*, § 1362 Rn 14.

Besitz eines Ehegatten oder beider Ehegatten befindlichen beweglichen Sachen dem Schuldner gehören. Da sich die Vermutung auf **bewegliche Sachen** bezieht, findet Abs. 1 nur bei der Vollstreckung in diese gem. §§ 803 ff oder bei der Herausgabe beweglicher Sachen bzw bei Leistung vertretbarer Sachen gem. §§ 883 f Anwendung.[4] § 1362 BGB gilt auch für Bargeld,[5] Kraftfahrzeuge[6] und aufgrund der ausdrücklichen Regelung in § 1362 Abs. 1 S. 3 BGB für Inhaberpapiere und blankoindossierte Orderpapiere.

4 Voraussetzung ist eine **gültige Ehe zum Zeitpunkt der Vollstreckung**. Die nachträgliche Eheschließung ist wie die nachträgliche Scheidung ohne Bedeutung.[7] Weitere Voraussetzung ist ein gemeinsam geführter Hausstand.[8]

5 Die widerlegbare Eigentumsvermutung des § 1362 BGB wird für die Zwangsvollstreckung durch die grds. unwiderlegbare Gewahrsamsvermutung des § 739 ergänzt.[9] Die Gewahrsamsvermutung greift ein, wenn **mindestens ein Ehegatte Gewahrsam** hat.[10]

6 b) **Ausnahmen.** Nach § 1362 Abs. 1 S. 2 BGB gilt die Eigentumsvermutung nicht, wenn die Ehegatten **getrennt leben** und sich die Sachen im Besitz des Ehegatten befinden, der nicht Schuldner ist. Es kommt allein auf die tatsächliche, nicht nur vorübergehende Trennung an.[11] Eine auch längere Strafhaft des Schuldners führt nicht zum Getrenntleben.[12] Das Getrenntleben innerhalb der Ehewohnung iSv § 1567 Abs. 1 S. 2 BGB reicht nicht aus.[13] Ob die Eheleute getrennt leben, ist vom Gerichtsvollzieher vor Ort in eigener Verantwortung zu prüfen. Maßgeblich sind die tatsächlichen Verhältnisse. Die ordnungsbehördliche Meldung allein ist nicht ausschlaggebend. Es müssen objektive Indizien hinzukommen, die für das Getrenntleben sprechen.[14]

7 Für **Gegenstände des persönlichen Gebrauchs** wird gem. § 1362 Abs. 2 BGB vermutet, dass sie ausschließlich dem Ehegatten gehören, für dessen Gebrauch sie bestimmt sind. Wenn der Gegenstand der Vollstreckung zum persönlichen Gebrauch des Schuldners bestimmt ist, gilt er unabhängig vom (Mit-)Gewahrsam des anderen Ehegatten als alleiniger Gewahrsamsinhaber.[15] Ob ein Gegenstand zum persönlichen Gebrauch bestimmt ist, entscheidet sich aufgrund konkreter Betrachtungsweise. Maßgeblich ist die **Zweckbestimmung**.[16] Zum persönlichen Gebrauch bestimmt sind daher zB Kleidungsstücke und Arbeitsgeräte sowie Schmuck, soweit er nicht als Kapitalanlage erworben wurde, nicht dagegen Küchen- und Haushaltsgeräte.[17] Die Entscheidung trifft der Gerichtsvollzieher vor Ort aufgrund der tatsächlichen Umstände.[18] Allerdings werden diese Gegenstände häufig gem. § 811 Abs. 1 Nr. 1, 7 oder 11 ohnehin unpfändbar sein. § 1362 Abs. 2 BGB gilt analog für Gegenstände, die ein Ehegatte für ein von ihm allein

---

4 Musielak/*Lackmann*, § 739 Rn 2.
5 AG Offenbach DGVZ 1992, 59; MüKo-BGB/*Weber-Monecke*, § 1362 Rn 15.
6 AG Elmshorn DGVZ 1994, 12.
7 BGHZ 170, 87 = NJW 2007, 992; MüKo-BGB/*Weber-Monecke*, § 1362 Rn 11.
8 MüKo-BGB/*Weber-Monecke*, § 1362 Rn 12.
9 OLG Celle InVo 2000, 57; Zöller/*Stöber*, § 739 Rn 7.
10 MüKo-ZPO/*Heßler*, § 739 Rn 8.
11 Hk-ZPO/*Kindl*, § 739 Rn 5; MüKo-BGB/*Weber-Monecke*, § 1362 Rn 13.
12 OLG Düsseldorf Rpfleger 1995, 119; LG Berlin DGVZ 1991, 57.
13 MüKo-ZPO/*Heßler*, § 739 Rn 5; MüKo-BGB/*Weber-Monecke*, § 1362 Rn 13; Musielak/*Lackmann*, § 739 Rn 5; aA Zöller/*Stöber*, § 739 Rn 4; Hk-ZPO/*Kindl*, § 739 Rn 5; Baumbach/*Hartmann*, § 739 Rn 9.
14 AG Wedding DGVZ 1998, 127; AG Karlsruhe-Durlach DGVZ 1997, 77.
15 MüKo-ZPO/*Heßler*, § 739 Rn 6.
16 MüKo-BGB/*Weber-Monecke*, § 1362 Rn 28.
17 Zöller/*Stöber*, § 739 Rn 5.
18 AG Duisburg ZVI 2004, 622.

betriebenes **Erwerbsgeschäft** benötigt, wenn sie sich deutlich getrennt vom häuslichen Bereich in seinem Alleingewahrsam befinden.[19]

3. Vollstreckung. Der Gerichtsvollzieher prüft, ob der Schuldner verheiratet ist, mit seinem Ehegatten einen gemeinsamen Hausstand führt und mindestens ein Ehegatte Gewahrsam am Vollstreckungsgegenstand hat. Wenn ein Gegenstand des persönlichen Gebrauchs vorliegt, muss dieser zum Gebrauch des Schuldners bestimmt sein. Grundsätzlich ist in der Vollstreckung gegen Eheleute vom **gesetzlichen Güterstand** auszugehen.[20] Ein anderweitiger Nachweis kann nur urkundlich durch Vorlage eines Ehevertrages oder eines Auszugs aus dem Güterrechtsregister erfolgen.[21] Unerheblich ist allerdings der Nachweis der **Gütertrennung**, weil diese den tatsächlichen Besitz nicht widerlegen kann.[22] Nur bei Gütergemeinschaft oder Eigentums- oder Vermögensgemeinschaft sind besondere Regelungen zu beachten (s. §§ 740, 744 a). Der andere Ehegatte kann der Vollstreckung nicht unter Berufung auf seinen (Mit-)Gewahrsam widersprechen. Zu den Rechtsbehelfen s. Rn 11. 8

Wenn **gegen beide Ehegatten verschiedene Titel** vorliegen, ergeben sich zugunsten der Gläubiger der jeweiligen Ehegatten widersprechende Vermutungen. Die damit verbundenen Probleme können nicht im Rahmen der Vollstreckung, sondern nur im Verteilungsverfahren gelöst werden.[23] 9

Die Eigentumsvermutung kann im Vollstreckungsverfahren nicht widerlegt werden. Dennoch sollte der Gerichtsvollzieher in entsprechender Anwendung von § 71 Abs. 2 GVGA von einer Pfändung absehen, wenn der zu pfändende Gegenstand **offensichtlich im Eigentum** des anderen Ehegatten steht, sofern der Gläubiger nicht ausdrücklich die Vollstreckung verlangt. An den Nachweis des Eigentums sind strenge Anforderungen zu stellen.[24] Die Eintragung eines Ehegatten im Fahrzeugbrief reicht nicht aus.[25] 10

4. Rechtsbehelfe. Der **Ehegatte des Schuldners** kann nicht unter Berufung auf die Verletzung seines Mitgewahrsams Erinnerung gem. § 766 einlegen. Er ist jedoch erinnerungsbefugt, wenn die Voraussetzungen des § 739 nicht vorgelegen haben, zB weil die Ehe zum Zeitpunkt der Vollstreckung noch nicht geschlossen war (s. Rn 4). 11

Das Eigentum als die Vollstreckung hinderndes Recht kann der Ehegatte mit der **Drittwiderspruchsklage** gem. § 771 geltend machen. Dabei muss er die Vermutung des § 1362 BGB widerlegen, zB durch den Nachweis, dass sich die Sache schon vor der Ehe in seinem Besitz befunden hat (§ 1006 Abs. 2 BGB).[26] 12

Wenn der Gerichtsvollzieher sich bei Vorliegen der Voraussetzungen des § 739 durch den Widerspruch des Ehegatten von der Vollstreckung abhalten lässt, kann der **Gläubiger** Erinnerung nach § 766 Abs. 2 einlegen. 13

III. Vollstreckung gegen Lebenspartner (Abs. 2)

§ 8 Abs. 1 LPartG enthält für die eingetragene Lebenspartnerschaft eine § 1362 BGB entsprechende Eigentumsvermutung. Daran knüpft Abs. 2 an und begründet wie bei der Vollstreckung gegen Ehegatten eine Gewahrsamsvermutung. Für 14

---

19 Zöller/*Stöber*, § 739 Rn 6.
20 VG München 24.5.2011 – M 10 E 11.2155, juris.
21 VG München 24.5.2011 – M 10 E 11.2155, juris.
22 Musielak/*Lackmann*, § 739 Rn 6.
23 Hk-ZPO/*Kindl*, § 739 Rn 7; MüKo-ZPO/*Heßler*, § 739 Rn 17.
24 MüKo-ZPO/*Heßler*, § 739 Rn 11.
25 LG München II DGVZ 2000, 22.
26 BGH NJW 1992, 1162.

die Vollstreckung ergeben sich im Vergleich mit Ehegatten keine Unterschiede (s. daher Rn 3 ff, 8 ff, 11 ff).

IV. Nichteheliche Lebensgemeinschaft, Wohngemeinschaft, Geltung ausländischen Güterrechts

15 § 739 gilt seinem Wortlaut nach nur für Ehegatten und eingetragene Lebenspartnerschaften. Wenn der Schuldner in einer **nichtehelichen Lebensgemeinschaft** lebt, kommt dem Gläubiger die Vorschrift des § 739 bei der Vollstreckung nicht zugute. Es wird daher die Auffassung vertreten, dass die Vorschrift auf diesen Fall entsprechend anzuwenden ist.[27] Mit der hM ist eine analoge Anwendung jedoch abzulehnen.[28] Denn es fehlt bereits an der erforderlichen Regelungslücke. Der Gesetzgeber hat im Zusammenhang mit der 2. Zwangsvollstreckungsnovelle zum 1.1.1999 von einer Ausdehnung des Anwendungsbereichs, welcher von einer Arbeitsgruppe zur Überarbeitung des Zwangsvollstreckungsrechts vorgeschlagen worden war, ausdrücklich abgesehen.[29] Auf **Wohngemeinschaften**, denen die nichtehelichen Lebensgemeinschaften eigene persönliche Verbundenheit fehlt, ist § 739 erst recht nicht anzuwenden.[30]

16 Wenn die güterrechtlichen Wirkungen der Ehe dem **Recht eines anderen Staates** unterliegen, gilt gem. Art. 16 Abs. 2 EGBGB für im Inland befindliche bewegliche Sachen § 1362 BGB. Art. 17 b Abs. 2 EGBGB enthält für eingetragene Lebenspartnerschaften eine entsprechende Regelung.

§ 740 Zwangsvollstreckung in das Gesamtgut

(1) Leben die Ehegatten in Gütergemeinschaft und verwaltet einer von ihnen das Gesamtgut allein, so ist zur Zwangsvollstreckung in das Gesamtgut ein Urteil gegen diesen Ehegatten erforderlich und genügend.

(2) Verwalten die Ehegatten das Gesamtgut gemeinschaftlich, so ist die Zwangsvollstreckung in das Gesamtgut nur zulässig, wenn beide Ehegatten zur Leistung verurteilt sind.

I. Allgemeines

1 Die Vorschrift betrifft die Vollstreckung in das Gesamtgut bei **Gütergemeinschaft**. Die Gütergemeinschaft ist ein Wahlgüterstand, welcher nur selten und dabei noch regional unterschiedlich von Ehegatten vereinbart wird.[1] Den komplizierten Regelungen der §§ 740–744 kommt daher **wenig praktische Bedeutung** zu.

II. Gütergemeinschaft, Verwaltungsbefugnis

2 Nach § 1416 Abs. 1 S. 1 BGB werden mit Vereinbarung der Gütergemeinschaft die bisher getrennten Vermögen der Eheleute gemeinschaftliches Vermögen beider Eheleute (sog. **Gesamtgut**). Ausgenommen davon sind das Sondergut (§ 1417 BGB) und das Vorbehaltsgut (§ 1418 BGB). Hinsichtlich des Gesamtguts bilden die Ehegatten eine Gesamthandsgemeinschaft (§ 1419 BGB).

---

27 AG Eschweiler DGVZ 1992, 942; MüKo-ZPO/*Heßler*, § 739 Rn 19.
28 BGHZ 170, 87 = NJW 2007, 992; Hk-ZPO/*Kindl*, § 739 Rn 2; Musielak/*Lackmann*, § 739 Rn 4; Thomas/Putzo/*Seiler*, § 739 Rn 7; Baumbach/*Hartmann*, § 739 Rn 3.
29 BT-Drucks. 13/341, S. 12.
30 So auch MüKo-ZPO/*Heßler*, § 739 Rn 20.
1 MüKo-BGB/*Kanzleiter*, vor §§ 1415 ff Rn 21.

Anknüpfungspunkt für die Verfügungs- wie für die Prozessführungsbefugnis ist die Regelung der **Verwaltung des Gesamtguts**. Im Ehevertrag, durch den die Ehegatten die Gütergemeinschaft vereinbaren, sollte bestimmt werden, ob ein Ehegatte das Gesamtgut allein verwaltet oder ob die Verwaltung gemeinschaftlich erfolgt (§ 1421 S. 1 BGB). Fehlt eine Bestimmung hierüber, so verwalten die Eheleute das Gesamtgut gemeinschaftlich (§ 1421 S. 2 BGB). Nach Beendigung der Gütergemeinschaft sieht § 1472 Abs. 1 BGB bis zur Auseinandersetzung zwingend die gemeinschaftliche Verwaltung vor. Bei alleiniger Verwaltung können die Gläubiger des verwaltenden Ehegatten und, soweit sich aus den §§ 1438–1440 BGB nichts anderes ergibt, auch die Gläubiger des anderen Ehegatten Befriedigung aus dem Gesamtgut verlangen (§ 1437 Abs. 1 BGB). Verwalten beide Ehegatten das Gesamtgut gemeinschaftlich, haftet dieses gem. § 1459 Abs. 1 BGB den Gläubigern beider Ehegatten, soweit nicht nach den §§ 1460–1462 Ausnahmen eingreifen. 3

Die Vereinbarung der Gütergemeinschaft ist in das **Güterrechtsregister** (§ 374 Nr. 5 FamFG) einzutragen. Dort ist auch die Verwaltungsbefugnis zu vermerken, wenn die Ehegatten das Gesamtgut nicht gemeinschaftlich verwalten. Die gemeinschaftliche Verwaltung kann, sie muss aber nicht eingetragen werden.[2] Die Eintragung ist jedoch nicht konstitutiv und hat im Vollstreckungsverfahren, abgesehen vom Nachweis der Gütergemeinschaft und Verwaltungsbefugnis, keine Bedeutung. Zum eingetragenen Einspruch gegen die Führung eines Erwerbsgeschäfts s. § 741 Rn 2. 4

Auf das Gesamtgut bezogene **Rechtsstreitigkeiten** führt der allein verwaltende Ehegatte im eigenen Namen (§ 1422 BGB). Einen bei Eintritt der Gütergemeinschaft anhängigen Rechtsstreit kann der nicht verwaltende Ehegatte jedoch fortsetzen (§ 1433 BGB). Bei gemeinschaftlicher Verwaltung führen die Ehegatten auf das Gesamtgut bezogene Rechtsstreitigkeiten gemeinschaftlich (§ 1450 Abs. 1 BGB), wiederum mit Ausnahme bereits anhängiger Verfahren (§ 1455 Nr. 7 BGB). Die **Kosten** des Rechtsstreits sind immer Gesamtgutsverbindlichkeiten (§§ 1438 Abs. 2, 1460 Abs. 2 BGB). Unabhängig von der Form der Verwaltung kann ein Ehegatte mit Zustimmung des anderen selbständig ein **Erwerbsgeschäft** betreiben und die sich daraus ergebenden Rechtsstreitigkeiten allein führen (§§ 1431, 1456 BGB). 5

III. Vollstreckung in das Gesamtgut

1. Anwendungsbereich. Bei der Vollstreckung ist davon auszugehen, dass Ehegatten im gesetzlichen Güterstand leben, sofern ein anderer Güterstand nicht durch Ehevertrag oder Auszug aus dem Güterrechtsregister nachgewiesen ist.[3] § 740 ist anwendbar, wenn die Gütergemeinschaft bei Beginn der Vollstreckung vorliegt.[4] Die Vorschrift gilt für alle Titel nach der ZPO (§ 795) und für jede Art der Vollstreckung (hM).[5] Lässt sich die Verwaltungsbefugnis nicht klären, ist von gemeinschaftlicher Verwaltung auszugehen. Eine behauptete Alleinverwaltung muss belegt werden.[6] 6

Es besteht die **Vermutung**, dass der Gegenstand der Vollstreckung zum **Gesamtgut** gehört, selbst wenn es sich um einen zum persönlichen Gebrauch gehörenden Gegenstand iSv § 1362 Abs. 2 BGB handelt.[7] Wenn hingegen die Zugehörigkeit 7

---

2 MüKo-BGB/*Kanzleiter*, § 1421 Rn 4.
3 VG München 24.5.2011 – M 10 E 11.2155, juris; Hk-ZPO/*Kindl*, § 740 Rn 4.
4 Zöller/*Stöber*, § 740 Rn 6.
5 Hk-ZPO/*Kindl*, § 740 Rn 1; MüKo-ZPO/*Heßler*, § 740 Rn 6; Musielak/*Lackmann*, § 740 Rn 2; aA Zöller/*Stöber*, § 740 Rn 2: keine Geltung für Herausgabevollstreckung.
6 MüKo-ZPO/*Heßler*, § 740 Rn 15.
7 Hk-ZPO/*Kindl*, § 740 Rn 4.

zum Sondergut (§ 1417 BGB) oder Vorbehaltsgut (§ 1418 BGB) feststeht, richtet sich die Vollstreckung nicht nach § 740, sondern nach § 739. Eine Vollstreckung in das **Sondergut** wird allerdings kaum möglich sein, da dazu nur nicht durch Rechtsgeschäft übertragbare Gegenstände gehören (§ 1417 Abs. 2 BGB). Zum **Vorbehaltsgut** zählen gem. § 1418 Abs. 2 BGB diejenigen Gegenstände, die durch Ehevertrag dazu erklärt wurden (Nr. 1), die ein Ehegatte durch Erwerb von Todes wegen oder unentgeltliche Zuwendung mit der ausdrücklichen Bestimmung als Vorbehaltsgut erhalten hat (Nr. 2) oder die an die Stelle früheren Vorbehaltsgutes treten (Nr. 3). Zur Vollstreckung in das Sonder- und Vorbehaltsgut s. auch Rn 9, 11.

8 **2. Vollstreckung bei Alleinverwaltung (Abs. 1).** Für die Vollstreckung in das Gesamtgut ist nach Abs. 1 bei **Alleinverwaltung** ein **Titel gegen den verwaltenden Ehegatten** erforderlich. Dieser Titel muss ein **Leistungstitel** sein. Die Verurteilung zur Duldung der Vollstreckung in das Gesamtgut reicht nicht aus (str).[8] Neben dem Duldungstitel wäre ohnehin noch ein Leistungstitel erforderlich, aus dem sich der Inhalt der geschuldeten Leistung ergibt. Ein Titel gegen den nicht verwaltenden Ehegatten ist für die Vollstreckung weder erforderlich noch ausreichend.[9] Das gilt auch, wenn er in Ausübung seines Notverwaltungsrechts gem. § 1429 BGB gehandelt hat (zur Erteilung der Klausel gegen den anderen Ehegatten s. § 742 Rn 4) oder der verwaltende Ehegatte ohne seine Zustimmung gem. §§ 1423–1425 BGB nicht verfügungsbefugt war.[10] Der andere Ehegatte ist nicht Vollstreckungsschuldner (str).[11] Er kann der Vollstreckung weder aufgrund seines (Mit-)Gewahrsams widersprechen noch unter Berufung auf seinen Anteil am Gesamtgut Drittwiderspruchsklage nach § 771 erheben.

9 Der Titel gegen den verwaltenden Ehegatten berechtigt – sofern sich daraus keine Beschränkung auf das Gesamtgut ergibt – auch zur Vollstreckung gem. § 739 in dessen **Sonder- und Vorbehaltsgut** (vgl § 1437 Abs. 2 BGB). In das Sonder- und Vorbehaltsgut des nicht verwaltenden Ehegatten kann dagegen nur aufgrund eines Titels gegen diesen vollstreckt werden.[12] Bei einem **Wechsel der Verwaltungsbefugnis** kann die Vollstreckungsklausel gem. § 742 auf den nun verwaltenden Ehegatten umgeschrieben werden (s. § 742 Rn 4). Zur Umschreibung wegen der Kosten s. § 742 Rn 4.

10 **3. Vollstreckung bei gemeinschaftlicher Verwaltung (Abs. 2).** Bei gemeinschaftlicher Verwaltung ist nach Abs. 2 zur Vollstreckung in das Gesamtgut ein gegen beide Ehegatten gerichteter **Leistungstitel** erforderlich. Ein Leistungstitel gegen einen und ein Duldungstitel gegen den anderen Ehegatten genügen nicht (str).[13] Nicht notwendig ist ein einheitlicher Titel. Der Gläubiger kann gegen beide Ehegatten in getrennten Verfahren Titel erwirken, zB ein Urteil und einen Vollstreckungsbescheid.[14] Der Schuldgrund der Verpflichtungen der Ehegatten muss jedoch auch bei getrennter Titulierung derselbe sein.[15] Der Titel muss sich auch dann gegen beide Ehegatten richten, wenn ein Ehegatte im Rahmen der Notverwaltung (§ 1454 BGB) oder eines Alleinvertretungsrechts nach § 1455 Nr. 7–10

---

8 Musielak/*Lackmann*, § 740 Rn 3; Zöller/*Stöber*, § 740 Rn 7; aA Hk-ZPO/*Kindl*, § 740 Rn 5; Thomas/Putzo/*Seiler*, § 740 Rn 2.
9 Zöller/*Stöber*, § 740 Rn 7.
10 Hk-ZPO/*Kindl*, § 740 Rn 5.
11 Hk-ZPO/*Kindl*, § 740 Rn 5; MüKo-ZPO/*Heßler*, § 740 Rn 29; aA Zöller/*Stöber*, § 740 Rn 8.
12 MüKo-ZPO/*Heßler*, § 740 Rn 34 ff.
13 Musielak/*Lackmann*, § 740 Rn 4; Thomas/Putzo/*Seiler*, § 740 Rn 3; Zöller/*Stöber*, § 740 Rn 9; aA Hk-ZPO/*Kindl*, § 740 Rn 6; Stein/Jonas/*Münzberg*, § 740 Rn 6.
14 Zöller/*Stöber*, § 740 Rn 9.
15 OLG Zweibrücken FGPrax 2009, 107; OLG München FamRZ 2013, 1403.

BGB gehandelt hat.[16] Wegen der Haftung des Gesamtguts für die Kosten s. § 742 Rn 4.

Ein Ehegatte hat nicht die Möglichkeit, mit einem Titel gegen den anderen Ehegatten in das Gesamtgut zu vollstrecken (str).[17] Sofern sich aus dem Titel keine Beschränkung auf das Gesamtgut ergibt, kann mit dem Leistungstitel gegen beide Ehegatten in deren **Sonder- und Vorbehaltsgut** nach Maßgabe von § 739 vollstreckt werden (vgl § 1459 Abs. 2 BGB). 11

4. Rechtsbehelfe. Gegen eine Vollstreckung ohne den gem. Abs. 1 oder 2 erforderlichen Titel kann sich **jeder Ehegatte** mit der Erinnerung (§ 766) wenden.[18] Der Nicht verurteilte (mit-)verwaltungsberechtigte Ehegatte kann ferner Drittwiderspruchsklage (§ 771) erheben, die aber nicht begründet ist, wenn das Gesamtgut materiell-rechtlich haftet.[19] 12

IV. Entsprechende Anwendung von Abs. 2

Abs. 2 wird entsprechend angewandt auf die Gütergemeinschaft nach **niederländischem**[20] und die Errungenschaftsgemeinschaft nach **italienischem**[21] Recht, wobei jeweils ein Duldungstitel gegen den nicht persönlich mithaftenden Ehegatten als ausreichend erachtet wird. Auch für die Errungenschaftsgemeinschaft nach dem Recht der Föderation von **Bosnien** und **Herzegowina** gilt Abs. 2.[22] Dagegen ist die Gesamthandsgemeinschaft von Ehegatten nach **kroatischem** Recht der Gütergemeinschaft nicht gleichzustellen.[23] 13

Wegen der **Eigentums- und Vermögensgemeinschaft** s. § 744 a. 14

§ 741 Zwangsvollstreckung in das Gesamtgut bei Erwerbsgeschäft

Betreibt ein Ehegatte, der in Gütergemeinschaft lebt und das Gesamtgut nicht oder nicht allein verwaltet, selbständig ein Erwerbsgeschäft, so ist zur Zwangsvollstreckung in das Gesamtgut ein gegen ihn ergangenes Urteil genügend, es sei denn, dass zur Zeit des Eintritts der Rechtshängigkeit der Einspruch des anderen Ehegatten gegen den Betrieb des Erwerbsgeschäfts oder der Widerruf seiner Einwilligung zu dem Betrieb im Güterrechtsregister eingetragen war.

I. Allgemeines

§ 741 betrifft wie § 740 die Vollstreckung in das Gesamtgut bei Gütergemeinschaft (s. ausf. § 740 Rn 2 ff). Der Titel bzw die Klausel müssen sich gem. §§ 740, 742, 743, 744 grds. gegen den oder die verwaltenden Ehegatten richten. Eine Ausnahme gilt, wenn ein nicht oder nicht allein verwaltender Ehegatte mit Einwilligung des anderen Ehegatten selbständig ein Erwerbsgeschäft betreibt. Materiell-rechtlich ist der betreffende Ehegatte in diesem Fall gem. § 1431 (bei Alleinverwaltung des anderen Ehegatten) oder gem. § 1456 BGB (bei gemeinschaftlicher Verwaltung) zum Abschluss von Rechtsgeschäften und zur Führung 1

---

16 MüKo-ZPO/*Heßler*, § 740 Rn 32.
17 BGHZ 111, 248 = NJW 1990, 2252; Musielak/*Lackmann*, § 740 Rn 4; aA Hk-ZPO/*Kindl*, § 740 Rn 7; Zöller/*Stöber*, § 740 Rn 9.
18 MüKo-ZPO/*Heßler*, § 740 Rn 43; Zöller/*Stöber*, § 740 Rn 11.
19 Musielak/*Lackmann*, § 740 Rn 7.
20 BGH NJW-RR 1998, 1377.
21 OLG Düsseldorf NJW-RR 2010, 1662; OLG Zweibrücken NJW-RR 2007, 1316; AG Menden FamRZ 2006, 1471.
22 OLG München FamRZ 2013, 1486.
23 LG Ulm BWNotZ 1993, 124.

von Rechtsstreitigkeiten, die sich auf das Erwerbsgeschäft beziehen, befugt, ohne dass der andere Ehegatte zustimmen muss. Für Verbindlichkeiten aus dem Erwerbsgeschäft haftet das Gesamtgut (§§ 1440 S. 2, 1462 S. 2 BGB). Erforderlich ist die nicht widerrufene Einwilligung des anderen allein oder mitverwaltenden Ehegatten. Der Einwilligung steht es gleich, wenn der andere Ehegatte von der Führung des Erwerbsgeschäfts weiß und dagegen keinen Einspruch eingelegt hat (§§ 1431 Abs. 2, 1456 Abs. 2 BGB). Einspruch oder Widerruf der Einwilligung ist Dritten gegenüber nur bei Eintragung ins Güterrechtsregister wirksam (§§ 1431 Abs. 2, 3, 1456 Abs. 2, 3 BGB). Um die Vollstreckung in das Gesamtgut wegen titulierter Verbindlichkeiten zu erleichtern, die der Ehegatte eingegangen ist, welcher das Erwerbsgeschäft betreibt, sieht § 741 vor, dass ein Titel gegen diesen ausreicht.

II. Erwerbsgeschäft; Einspruch

2 Ein Erwerbsgeschäft betreibt, wer eine **auf selbständigen Erwerb gerichtete, regelmäßige, wirtschaftliche Tätigkeit** ausübt. Auf die Art der Tätigkeit kommt es nicht an. Es kann sich um eine gewerbliche, wissenschaftliche oder auch künstlerische Betätigung handeln.[1] Ein landwirtschaftlicher Betrieb zählt ebenfalls zu den Erwerbsgeschäften.[2] Ferner gilt die freiberufliche Tätigkeit, zB eines Rechtsanwalts oder Arztes, als Betreiben eines Erwerbsgeschäfts,[3] ebenso die Beteiligung als persönlich haftender Gesellschafter an einer OHG oder KG, nicht dagegen eine bloße Kapitalanlage.[4] Das Erwerbsgeschäft wird auch dann noch geführt, wenn es nach Betriebsaufgabe abgewickelt wird.[5] Die **selbständige Tätigkeit** setzt voraus, dass das Erwerbsgeschäft auf eigene Rechnung im eigenen Namen oder durch einen Vertreter geführt wird.[6] Das Geschäft kann gemeinsam mit einem anderen, auch gemeinsam mit dem anderen Ehegatten betrieben werden.[7] Unerheblich ist, ob das Erwerbsgeschäft zum Vorbehaltsgut (eine Zugehörigkeit zum Sondergut ist nicht denkbar, s. § 740 Rn 7) oder zum Gesamtgut gehört.[8]

3 Hinsichtlich der Einwilligung des anderen, allein oder mitverwaltenden Ehegatten setzt die Anwendbarkeit von § 741 nur voraus, dass zum Zeitpunkt der Rechtshängigkeit **kein Einspruch** gegen den Betrieb des Erwerbsgeschäfts und **kein Widerruf der Einwilligung** zu dem Betrieb in das Güterrechtsregister eingetragen war. Ob positiv eine Einwilligung vorliegt, ist nicht zu prüfen. Zum Rechtsbehelf s. Rn 9.

III. Vollstreckung

4 § 741 ist auf alle Schuldtitel nach der ZPO (§ 795) und auf sämtliche Vollstreckungsverfahren anwendbar.

5 Für die Vollstreckung gelten zunächst dieselben Voraussetzungen wie bei § 740: Der Schuldner und sein Ehegatte müssen bei Beginn der Vollstreckung in Gütergemeinschaft leben (s. § 740 Rn 6) und der Gegenstand der Vollstreckung muss zum Gesamtgut gehören (s. § 740 Rn 7). Statt der Verwaltungsbefugnis ist vom Vollstreckungsorgan eigenverantwortlich zu prüfen, ob der Schuldner **bei Vollstreckungsbeginn** ein **Erwerbsgeschäft** führt. Maßgeblich sind äußere Kennzei-

---

1 Zöller/*Stöber*, § 741 Rn 4.
2 BayObLG Rpfleger 1996, 63.
3 BGHZ 83, 76 = NJW 1982, 1810.
4 Musielak/*Lackmann*, § 741 Rn 3.
5 BayObLG Rpfleger 1996, 63.
6 Hk-ZPO/*Kindl*, § 741 Rn 2.
7 MüKo-ZPO/*Heßler*, § 741 Rn 10.
8 Hk-ZPO/*Kindl*, § 741 Rn 2.

chen wie Firmen- bzw Praxisschilder oder -räume ebenso wie ein Handelsregisterauszug.[9] Unter diesen Voraussetzungen ist die Vollstreckung aufgrund eines Leistungstitels gegen den das Erwerbsgeschäft betreibenden Ehegatten in das Gesamtgut zulässig.

Die Eintragung eines **Einspruchs** oder Widerrufs der Einwilligung zu dem Betrieb des Erwerbsgeschäfts in das **Güterrechtsregister** bei Rechtshängigkeit ist im Vollstreckungsverfahren zwar nicht zu prüfen, sondern grds. durch einen Rechtsbehelf geltend zu machen.[10] Weist der Ehegatte jedoch dem Vollstreckungsorgan nach, dass Einspruch oder Widerruf rechtzeitig im Güterrechtsregister eingetragen waren, ist die Vollstreckung einzustellen (str).[11] 6

Unerheblich ist, ob wegen einer **Geschäftsverbindlichkeit** vollstreckt wird. Die Vollstreckung ist wegen sämtlicher Verbindlichkeiten des das Erwerbsgeschäft betreibenden Ehegatten zulässig.[12] Der andere Ehegatte kann der Vollstreckung nicht aufgrund seines (Mit-)Gewahrsams widersprechen. 7

Der Gläubiger braucht die Vollstreckung nicht gem. § 741 durchzuführen. Auch bei selbständiger Führung eines Erwerbsgeschäfts kann er gem. § 740 in das Gesamtgut vollstrecken, dh aufgrund eines Titels gegen den oder die verwaltenden Ehegatten.[13] 8

IV. Rechtsbehelfe

Beide Ehegatten können mit der **Erinnerung** nach § 766 rügen, dass bei Vollstreckungsbeginn kein Erwerbsgeschäft (s. Rn 2) geführt wurde. Der (mit-)verwaltende Ehegatte kann ferner geltend machen, dass bei Rechtshängigkeit ein Einspruch oder Widerruf der Einwilligung zu dem Betrieb des Erwerbsgeschäfts in das Güterrechtsregister eingetragen war. Letztlich kann er sich mit der **Drittwiderspruchsklage** gem. § 774 darauf berufen, dass das Gesamtgut materiell-rechtlich nicht für die Verbindlichkeit des anderen Ehegatten haftet, zB wenn er in die Führung des Erwerbsgeschäfts nicht eingewilligt bzw davon keine Kenntnis hatte (zu Einzelheiten s. § 774 Rn 2). 9

§ 742 Vollstreckbare Ausfertigung bei Gütergemeinschaft während des Rechtsstreits

Ist die Gütergemeinschaft erst eingetreten, nachdem ein von einem Ehegatten oder gegen einen Ehegatten geführter Rechtsstreit rechtshängig geworden ist, und verwaltet dieser Ehegatte das Gesamtgut nicht oder nicht allein, so sind auf die Erteilung einer in Ansehung des Gesamtgutes vollstreckbaren Ausfertigung des Urteils für oder gegen den anderen Ehegatten die Vorschriften der §§ 727, 730 bis 732 entsprechend anzuwenden.

I. Allgemeines

Zur Vollstreckung in das Gesamtgut bei Gütergemeinschaft s. ausf. § 740 Rn 2 ff. Nach materiellem Recht folgt die Befugnis, Rechtsstreitigkeiten zu führen, der 1

---

9 MüKo-ZPO/*Heßler*, § 741 Rn 13.
10 Hk-ZPO/*Kindl*, § 741 Rn 4; MüKo-ZPO/*Heßler*, § 741 Rn 14; Musielak/*Lackmann*, § 741 Rn 6; aA Zöller/*Stöber*, § 741 Rn 7.
11 Hk-ZPO/*Kindl*, § 741 Rn 4; MüKo-ZPO/*Heßler*, § 741 Rn 14; Musielak/*Lackmann*, § 741 Rn 6.
12 Baumbach/*Hartmann*, § 741 Rn 4; Zöller/*Stöber*, § 741 Rn 7.
13 MüKo-ZPO/*Heßler*, § 741 Rn 5.

Verwaltungsbefugnis. Sie steht bei Verwaltung durch einen Ehegatten dem allein verwaltenden Ehegatten zu (§ 1422 BGB) und bei gemeinschaftlicher Verwaltung beiden Ehegatten (§ 1450 Abs. 1 BGB). Der nicht (allein) verwaltende Ehegatte kann jedoch einen **bei Eintritt der Gütergemeinschaft bereits anhängigen Rechtsstreit** ohne Zustimmung des anderen Ehegatten fortsetzen (§§ 1433, 1455 Nr. 7 BGB). Für die Vollstreckung bestimmt § 742, dass die Klausel für und gegen den anderen, allein oder mitverwaltenden Ehegatten entsprechend § 727 umgeschrieben werden kann. Der Eintritt der Gütergemeinschaft wird damit wie ein Fall der Rechtsnachfolge behandelt.

II. Gütergemeinschaft nach Rechtshängigkeit und Anwendungsbereich

2 Die Klauselumschreibung setzt voraus, dass **nach Rechtshängigkeit** (§§ 261 Abs. 1 und 2, 696 Abs. 3, 700 Abs. 2) die Gütergemeinschaft durch Ehevertrag vereinbart wurde. Soweit darüber hinaus eine Bedingung aufgenommen wurde, insb. die Eheschließung, muss diese eingetreten sein. Damit besteht eine leichte Inkongruenz zu § 1433 und § 1455 Nr. 7 BGB (s. Rn 1), die auf die Anhängigkeit abstellen. Tritt die Gütergemeinschaft nach Anhängigkeit, jedoch vor Rechtshängigkeit ein, kann der nicht (allein) verwaltungsbefugte Ehegatte den Rechtsstreit zwar weiterführen; eine Umschreibung nach § 742 kommt aber nicht in Betracht. Im Unterschied zu §§ 743, 744 ist dagegen unerheblich, ob das Verfahren bei Eintritt der Gütergemeinschaft noch anhängig ist. Die Klausel kann auch umgeschrieben werden, wenn bereits ein rechtskräftiger Titel vorliegt.[1]

3 Die Vorschrift gilt für alle Titel nach der ZPO (§ 795); bei Urkunden und Vergleichen kommt es auf die **Errichtung** an.[2]

4 § 742 gilt entsprechend, wenn die Verwaltungsbefugnis nach Rechtshängigkeit wechselt, der nicht (allein) verwaltende Ehegatte in Ausübung seines **Notverwaltungsrechts** gem. §§ 1429, 1454 BGB gehandelt hat und dieses nach Rechtshängigkeit endet oder die Einwilligung zum selbständigen Betrieb eines Erwerbsgeschäfts widerrufen wird.[3] Sie bietet dagegen keine Möglichkeit, bei gemeinschaftlicher Verwaltung einen **Kostentitel** gegen einen Ehegatten auf den nicht verklagten anderen Ehegatten umzuschreiben (str).[4] Soweit § 742 einschlägig ist, fehlt für eine erneute Klage gegen den Ehegatten, der den Rechtsstreit nicht geführt hat, das Rechtsschutzbedürfnis.[5]

III. Erteilung der Klausel/Verfahren

5 Für die Klauselerteilung ist der **Rechtspfleger** zuständig (§ 20 Abs. 1 Nr. 12 RPflG). Das Verfahren entspricht dem gem. § 727 (s. § 727 Rn 35 ff). Urkundlich nachzuweisen sind die Gütergemeinschaft und die Verwaltungsbefugnis, nicht dagegen die sich aus den Akten ergebende Rechtshängigkeit.[6]

6 Die **Klausel** für den **allein verwaltenden Ehegatten** wird diesem unbeschränkt erteilt. Bei **gemeinschaftlicher Verwaltung** erhalten die Ehegatten gemeinschaftlich eine unbeschränkte Klausel. Wenn für den prozessführenden Ehegatten bereits eine Klausel erteilt worden war, kann diese auf den allein verwaltenden Ehegatten umgeschrieben oder bei gemeinsamer Verwaltung ergänzt werden; wird diese

---

1 Zöller/*Stöber*, § 742 Rn 2.
2 MüKo-ZPO/*Heßler*, § 742 Rn 8.
3 MüKo-ZPO/*Heßler*, § 742 Rn 6; Musielak/*Lackmann*, § 742 Rn 1.
4 LAG Nürnberg AR-Blattei ES 1890 Nr. 64; OLG Stuttgart FamRZ 1987, 304; Zöller/*Stöber*, § 740 Rn 9; aA OLG Nürnberg JurBüro 1978, 762; Hk-ZPO/*Kindl*, § 740 Rn 5.
5 Hk-ZPO/*Kindl*, § 742 Rn 1.
6 Zöller/*Stöber*, § 742 Rn 4.

Klausel nicht zurückgegeben, ist unter den Voraussetzungen des § 733 die Erteilung einer weiteren vollstreckbaren Ausfertigung möglich.[7]

Die Klausel **gegen** den prozessführenden nicht (allein) verwaltenden Ehegatten berechtigt den Gläubiger nur zur Vollstreckung in dessen Vorbehalts- und Sondergut. Zur **Vollstreckung in das Gesamtgut** ist gegen den allein verwaltenden Ehegatten eine auf das Gesamtgut beschränkte Klausel zu erteilen. Bei gemeinschaftlicher Verwaltung erfolgt die Klauselerteilung gegenüber dem prozessführenden Ehegatten unbeschränkt und gegenüber dem anderen Ehegatten ebenfalls mit der Maßgabe, dass die Klausel nur zur Vollstreckung in das Gesamtgut gilt. Diese Klausel sollte, einer Formulierung von *Stöber*[8] folgend, lauten: 7

▶ Vorstehende Ausfertigung wird dem ... (Gläubiger) zum Zwecke der Zwangsvollstreckung gegen ... (prozessführender Ehegatte) und in Ansehung des Gesamtguts der Gütergemeinschaft auch gegen ... (allein oder mitverwaltender Ehegatte) erteilt. Nach ... (urkundlicher Beleg) haben die Ehegatten Gütergemeinschaft am ... und damit nach der am ... eingetretenen Rechtshängigkeit vereinbart. ◀

Die Klausel gem. § 742 ist als weitere vollstreckbare Ausfertigung gem. § 733 zu erteilen, wenn der Gläubiger bereits eine Klausel gegen den prozessführenden Ehegatten erhalten hat und für die Klausel gem. § 742 die Voraussetzungen des § 733 vorliegen.[9] Wegen der **Rechtsbehelfe** s. § 726 Rn 13. Der verwaltende Ehegatte kann gem. § 768 einwenden, dass sich der Rechtsstreit nicht auf das Gesamtgut bezieht.[10] Bei Vollstreckung in sein Sonder- oder Vorbehaltsgut kann er Drittwiderspruchsklage nach § 771 erheben, die bei persönlicher Haftung jedoch unbegründet ist.[11] 8

§ 743 Beendete Gütergemeinschaft

Nach der Beendigung der Gütergemeinschaft ist vor der Auseinandersetzung die Zwangsvollstreckung in das Gesamtgut nur zulässig, wenn beide Ehegatten zu der Leistung oder der eine Ehegatte zu der Leistung und der andere zur Duldung der Zwangsvollstreckung verurteilt sind.

I. Allgemeines

Zur Vollstreckung in das Gesamtgut bei Gütergemeinschaft s. ausf. § 740 Rn 2 ff. Die Gütergemeinschaft wird beendet durch Tod eines Ehegatten (sofern keine Fortsetzung mit den Abkömmlingen erfolgt, s. dazu § 745), durch Auflösung der Ehe, durch Vereinbarung eines anderen Güterstandes gem. § 1408 BGB oder durch Aufhebungsurteil gem. §§ 1449, 1470 BGB. Bis zum Abschluss der Auseinandersetzung besteht das Gesamtgut fort (vgl § 1471 Abs. 2 BGB) und wird von den Ehegatten unabhängig davon, welche Form der Verwaltung während bestehender Gütergemeinschaft vereinbart war, gem. § 1472 Abs. 1 BGB gemeinschaftlich verwaltet. 1

II. Vollstreckung nach Beendigung der Gütergemeinschaft

§ 743 gilt für alle Titel nach der ZPO (vgl § 795). Sofern diese der Rechtskraft fähig sind, muss die Gütergemeinschaft **vor Rechtskraft** beendet worden sein. Bei 2

---

7 MüKo-ZPO/*Heßler*, § 742 Rn 12 f; Zöller/*Stöber*, § 742 Rn 6.
8 Zöller/*Stöber*, § 742 Rn 8.
9 Zöller/*Stöber*, § 742 Rn 7.
10 MüKo-ZPO/*Heßler*, § 742 Rn 21.
11 Musielak/*Lackmann*, § 742 Rn 4.

Beendigung nach Rechtskraft gilt § 744. Eine schon vor Beendigung der Gütergemeinschaft begonnene Vollstreckung kann fortgesetzt werden.[1] Nach der Beendigung der Gütergemeinschaft kann auch der Anteil am Gesamtgut gepfändet werden (§ 860 Abs. 2).

3   Hinsichtlich der erforderlichen **Titel** knüpft § 743 wie § 740 an die **Verwaltungsbefugnis** an. Im Unterschied zu § 740 Abs. 2 ist jedoch nicht ein Leistungstitel gegen beide Ehegatten erforderlich, sondern es genügen ein Leistungstitel gegen einen Ehegatten und ein Duldungstitel gegen den anderen Ehegatten. Duldungstitel gegen beide Ehegatten sind nicht ausreichend.[2] Die Titel können aus getrennten Verfahren stammen;[3] der Duldungstitel kann auch gem. § 794 Abs. 2 geschaffen werden. Einen Leistungstitel kann der Gläubiger gegen den persönlich haftenden Ehegatten erwirken.[4] Unabhängig davon, gegen wen sich der Leistungs- bzw Duldungstitel richtet, sind beide Ehegatten **Vollstreckungsschuldner**.[5] Wenn ein Ehegatte verstorben ist und die Gütergemeinschaft nicht mit den Abkömmlingen fortgesetzt wird, muss sich der Leistungs- oder Duldungstitel gegen dessen Erben richten. Sofern der andere Ehegatte Alleinerbe ist, genügt ein Leistungstitel gegen diesen.

III. Vollstreckung nach Auseinandersetzung

4   § 743 gilt nicht mehr nach beendeter Auseinandersetzung, dh nach durchgeführter Teilung (§ 1477 BGB). Dann richtet sich die Vollstreckung nach den allgemeinen Vorschriften. Der Gläubiger benötigt zur Vollstreckung in das Vermögen der (ehemaligen) Ehegatten jeweils einen Leistungstitel. Diesen kann er gem. § 1480 BGB auch gegen denjenigen Ehegatten erwirken, der bis zur Beendigung nicht persönlich für die Gesamtgutsverbindlichkeiten haftete. Dieser kann sich allerdings nach § 786 Abs. 1 auf seine beschränke Haftung berufen.

IV. Rechtsbehelfe

5   Vollstreckt der Gläubiger ohne die gem. § 743 notwendigen Titel, können beide Ehegatten Erinnerung nach § 766 einlegen. Derjenige Ehegatte, gegen den kein Titel vorliegt, kann darüber hinaus Drittwiderspruchsklage nach § 771 erheben, die allerdings unbegründet ist, wenn das Gesamtgut haftet.[6] Der nur zur Duldung verurteilte Ehegatte kann ferner Drittwiderspruchsklage erheben, wenn in sein Sonder- oder Vorbehaltsgut oder in Gegenstände vollstreckt wird, die er nach Beendigung der Gütergemeinschaft erworben hat.[7]

§ 744 Vollstreckbare Ausfertigung bei beendeter Gütergemeinschaft

Ist die Beendigung der Gütergemeinschaft nach der Beendigung eines Rechtsstreits des Ehegatten eingetreten, der das Gesamtgut allein verwaltet, so sind auf die Erteilung einer in Ansehung des Gesamtgutes vollstreckbaren Ausfertigung des Urteils gegen den anderen Ehegatten die Vorschriften der §§ 727, 730 bis 732 entsprechend anzuwenden.

---

1   Hk-ZPO/*Kindl*, § 743 Rn 2; Zöller/*Stöber*, § 743 Rn 4.
2   MüKo-ZPO/*Heßler*, § 743 Rn 6.
3   Hk-ZPO/*Kindl*, § 743 Rn 2.
4   Hk-ZPO/*Kindl*, § 743 Rn 2; MüKo-ZPO/*Heßler*, § 743 Rn 6.
5   MüKo-ZPO/*Heßler*, § 743 Rn 8.
6   Musielak/*Lackmann*, § 743 Rn 5; Zöller/*Stöber*, § 743 Rn 5.
7   MüKo-ZPO/*Heßler*, § 743 Rn 13.

I. Allgemeines

Zur Vollstreckung in das Gesamtgut bei Gütergemeinschaft s. ausf. § 740 Rn 2 ff. Zur Beendigung der Gütergemeinschaft und deren Folgen für die Vollstreckung s. § 743. Während § 743 die Vollstreckung bei Beendigung der Gütergemeinschaft vor rechtskräftigem Abschluss eines Verfahrens betrifft, regelt § 744 die Vollstreckung **nach Rechtskraft**. 1

II. Vollstreckung nach Beendigung der Gütergemeinschaft

§ 744 greift nur ein, wenn ein Ehegatte das Gesamtgut **allein verwaltet** und der Gläubiger gegen diesen gem. § 740 Abs. 1 einen Titel erwirkt hatte. Die Gütergemeinschaft muss **nach Rechtskraft** beendet worden sein. Tritt die Beendigung vorher ein, ist gem. § 743 ein Duldungstitel gegen den nicht verwaltenden Ehegatten erforderlich. Die Klausel kann jedoch ausnahmsweise bei Beendigung vor Rechtskraft umgeschrieben werden, wenn der Rechtsstreit einen zum Gesamtgut gehörenden Gegenstand als im Streit befindliche Sache iSv §§ 727, 265, 325 betrifft.[1] 2

§ 744 gilt gem. § 795 für alle Titel nach der ZPO. Soweit diese der Rechtskraft nicht fähig sind, tritt an deren Stelle die endgültige **Errichtung**.[2] 3

III. Klauselerteilung

Die Klausel gegen den anderen Ehegatten wird gem. § 20 Abs. 1 Nr. 12 RPflG vom Rechtspfleger erteilt. Das Verfahren entspricht dem Verfahren gem. § 727 (s. § 727 Rn 35 ff). Urkundlich nachzuweisen sind die Gütergemeinschaft und deren Beendigung sowie die vorherige Alleinverwaltungsbefugnis;[3] die Rechtskraft ist urkundlich nur insoweit nachzuweisen, als sie sich nicht aus den Akten ergibt. 4

Die Klausel gegen den anderen Ehegatten darf nur zur **Vollstreckung in das Gesamtgut** erteilt werden. Bei gesonderter Erteilung gilt § 733.[4] Nach beendeter Auseinandersetzung ist die Erteilung der Klausel gegen den anderen, nun gem. § 1480 BGB haftenden Ehegatten nicht nach § 744 möglich (str).[5] Wie im Fall des § 743 ist ein Leistungstitel gegen diesen Ehegatten notwendig (s. § 743 Rn 4). Soll aus einem vom verwaltenden Ehegatten erwirkten obsiegenden Urteil zwischen Beendigung und Auseinandersetzung der Gütergemeinschaft vollstreckt werden, kann die Klausel **für den anderen Ehegatten** gem. § 727 erteilt werden. Nach der Beendigung vermag der Ehegatte, zu dessen Gunsten der Titel ergangen ist, allein zu vollstrecken, sofern ihm der entsprechende Anspruch gem. § 1476 BGB zugewiesen wurde. Andernfalls ist die Umschreibung auf den anderen Ehegatten gem. § 727 möglich.[6] 5

Wegen der **Rechtsbehelfe** s. § 726 Rn 13. 6

---

1 Hk-ZPO/*Kindl*, § 744 Rn 1; Zöller/*Stöber*, § 744 Rn 8.
2 MüKo-ZPO/*Heßler*, § 744 Rn 3.
3 Zöller/*Stöber*, § 744 Rn 6.
4 Zöller/*Stöber*, § 744 Rn 6.
5 Hk-ZPO/*Kindl*, § 744 Rn 3; MüKo-ZPO/*Heßler*, § 744 Rn 13; Zöller/*Stöber*, § 744 Rn 6; aA Musielak/*Lackmann*, § 744 Rn 3; Stein/Jonas/*Münzberg*, § 744 Rn 3.
6 MüKo-ZPO/*Heßler*, § 744 Rn 11, 14.

§ 744 a Zwangsvollstreckung bei Eigentums- und Vermögensgemeinschaft

Leben die Ehegatten gemäß Artikel 234 § 4 Abs. 2 des Einführungsgesetzes zum Bürgerlichen Gesetzbuch im Güterstand der Eigentums- und Vermögensgemeinschaft, sind für die Zwangsvollstreckung in Gegenstände des gemeinschaftlichen Eigentums und Vermögens die §§ 740 bis 744, 774 und 860 entsprechend anzuwenden.

I. Allgemeines

1 Die Eigentums- und Vermögensgemeinschaft war der im **Familiengesetzbuch der ehemaligen DDR (FGB)** vorgesehene gesetzliche Güterstand. Gemäß Art. 234 § 4 Abs. 1 EGBGB gilt ab dem 3.10.1990 für alle in diesem Güterstand lebenden Ehegatten der Güterstand der **Zugewinngemeinschaft**. Jedoch bestand gem. Art. 234 § 4 Abs. 2 EGBGB für jeden Ehegatten bis zum Ablauf von zwei Jahren nach Wirksamwerden des Beitritts die Möglichkeit, gegenüber dem Kreisgericht zu erklären, dass der bisherige gesetzliche Güterstand fortgelten solle. Nach Art. 234 § 4 a Abs. 2 EGBGB finden in diesem Fall auf das bestehende und künftige gemeinschaftliche Eigentum die Vorschriften über das von beiden Ehegatten gemeinsam verwaltete **Gesamtgut** einer Gütergemeinschaft entsprechende Anwendung. Von dieser Möglichkeit haben nur rund 3.700 Ehepaare Gebrauch gemacht.[1] § 744 a hat daher **kaum praktische Bedeutung**.

2 Die Eigentums- und Vermögensgemeinschaft (§§ 13–16 FGB) unterscheidet – ähnlich der Gütergemeinschaft – zwischen **verschiedenen Vermögensmassen**: Gemäß § 13 Abs. 1 FGB wird Vermögen, welches von einem oder beiden Ehegatten während der Ehe durch Arbeit und Einkünften aus Arbeit oder gleichgestellten Einkommen, zB Renten oder Krankengeld, nicht aber Kapitaleinkünften, erworben wurde, **gemeinschaftliches Vermögen**. Vor der Eheschließung erworbenes Vermögen sowie während der Ehe durch Schenkung, Auszeichnung oder Erbschaft hinzugekommenes Vermögen gehört dagegen dem betreffenden Ehegatten **allein** (§ 13 Abs. 2 FGB). Das gemeinschaftliche Vermögen **haftet** unmittelbar für gemeinsame Verbindlichkeiten und subsidiär für persönliche Verbindlichkeiten der Ehegatten (§ 16 Abs. 1 FGB). Nach außen kann jeder Ehegatte die Gemeinschaft **allein vertreten**, nur hinsichtlich Grundstücken und Haushaltsgegenständen müssen Verfügungen einverständlich erfolgen (§ 15 Abs. 1 und 2 FGB).

II. Vollstreckung in gemeinschaftliches Eigentum oder Vermögen

3 § 744 a gilt nur für die Vollstreckung in **gemeinschaftliches** Eigentum oder Vermögen, wenn die Ehegatten aufgrund einer notariell beurkundeten Erklärung gegenüber dem Kreisgericht weiterhin im Güterstand der Eigentums- und Vermögensgemeinschaft leben. Die **Verweisung auf § 740** lässt offen, ob nach Abs. 1 ein Titel gegen einen Ehegatten ausreicht oder nach Abs. 2 ein Titel gegen beide Ehegatten erforderlich ist. Die Verweisung ist insoweit missglückt, als das FGB dem Recht der Gütergemeinschaft entsprechende Bestimmungen über die Regelung der Verwaltungsbefugnis, an welche § 740 anknüpft, nicht enthält. Aus dem nachträglich in die Überleitungsvorschriften eingefügten Art. 234 § 4 a Abs. 2 EGBGB, welcher das bestehende und künftige gemeinschaftliche Eigentum dem von beiden Ehegatten gemeinsam verwalteten Gesamtgut einer Gütergemeinschaft gleichstellt, folgt, dass wie bei gemeinschaftlicher Verwaltung gem. § 740

---

[1] MüKo-BGB/*Koch*, 4. Aufl., Art. 234 § 4 a EGBGB Rn 31.

Abs. 2 ein **Titel gegen beide Ehegatten** erforderlich ist (hM).[2] Dabei muss es sich jeweils um einen **Leistungstitel** handeln; ein Duldungstitel gegen einen Ehegatten reicht nicht aus (str).[3] Ausnahmsweise genügt wegen der entsprechenden Anwendbarkeit von § 741 ein Titel gegen einen Ehegatten, der selbständig ein Erwerbsgeschäft betreibt.[4] Einwendungen wegen fehlender Haftung des gemeinschaftlichen Vermögens sind gem. §§ 774, 771 zulässig.

Die **Verweisung auf** § 742 dürfte durch Zeitablauf bedeutungslos geworden sein. 4

Nach **Beendigung des Güterstandes** genügt gem. § 744 a iVm § 743 ein Leistungstitel gegen einen und ein Duldungstitel gegen den anderen Ehegatten.[5] § 744 ist nicht mehr entsprechend anzuwenden, weil diese Vorschrift nur bei Alleinverwaltung vor Beendigung des Güterstandes gilt, während das gemeinschaftliche Eigentum nach Art. 234 § 4 a Abs. 2 EGBGB zwingend gemeinsam verwaltet wird. 5

III. Vollstreckung in Alleineigentum und in ehemaliges gemeinschaftliches Eigentum oder Vermögen

Bei der Vollstreckung in das Alleineigentum eines Ehegatten gilt die Gewahrsamsvermutung aus § 739. Grundsätzlich ist jedoch bei der Vollstreckung davon auszugehen, dass gemeinschaftliches Eigentum vorliegt.[6] Haben die Ehegatten keine Erklärung zur Fortgeltung der Eigentums- und Vermögensgemeinschaft gem. Art. 234 § 4 Abs. 2 EGBGB ausgesprochen, wird nach Art. 234 § 4 a Abs. 1 EGBGB das frühere gemeinschaftliche Eigentum zu **Bruchteilseigentum** der Ehegatten mit gleichen Bruchteilen. Aufgrund eines Titels gegen einen Ehegatten ist die Vollstreckung in den Bruchteil eines beiden Ehegatten gehörenden Grundstücks gem. § 864 Abs. 2 zulässig (hM).[7] 6

§ 745 Zwangsvollstreckung bei fortgesetzter Gütergemeinschaft

(1) Im Falle der fortgesetzten Gütergemeinschaft ist zur Zwangsvollstreckung in das Gesamtgut ein gegen den überlebenden Ehegatten ergangenes Urteil erforderlich und genügend.

(2) Nach der Beendigung der fortgesetzten Gütergemeinschaft gelten die Vorschriften der §§ 743, 744 mit der Maßgabe, dass an die Stelle des Ehegatten, der das Gesamtgut allein verwaltet, der überlebende Ehegatte, an die Stelle des anderen Ehegatten die anteilsberechtigten Abkömmlinge treten.

I. Allgemeines

Zur Vollstreckung in das Gesamtgut bei Gütergemeinschaft s. ausf. § 740 Rn 2 ff. Die Gütergemeinschaft wird grds. durch den Tod eines Ehegatten beendet. Die Ehegatten können jedoch nach § 1483 BGB die **Fortsetzung mit den Abkömmlingen** vereinbaren (**fortgesetzte Gütergemeinschaft**); bis zum 1.7.1958 war die Fortsetzung gesetzlich vorgesehen. Der überlebende Ehegatte hat gem. § 1484 1

---

2 Hk-ZPO/*Kindl*, § 744 a Rn 3; MüKo-ZPO/*Heßler*, § 744 a Rn 11; Zöller/*Stöber*, § 744 a Rn 9; aA *Wassermann*, FamRZ 1991, 507, 510 (vor Inkrafttreten von Art. 234 § 4 a Abs. 2 EGBGB); darauf verweisend Baumbach/*Hartmann*, § 744 a Rn 1.
3 Zöller/*Stöber*, § 744 a Rn 9; aA Thomas/Putzo/*Seiler*, § 744 a Rn 4.
4 Hk-ZPO/*Kindl*, § 744 a Rn 3.
5 Zöller/*Stöber*, § 744 a Rn 9.
6 Musielak/*Lackmann*, § 744 a Rn 3.
7 LG Leipzig JurBüro 1994, 675; BezirksG Frankfurt (Oder) FamRZ 1993, 1205; aA BezirksG Meiningen NJ 1993, 373.

BGB ein Ablehnungsrecht. Im Fall der Fortsetzung der Gütergemeinschaft verwaltet der überlebende Ehegatte das Gesamtgut allein; die Abkömmlinge haben dieselbe Stellung wie der nicht verwaltende Ehegatte (§ 1487 Abs. 1 BGB). Die fortgesetzte Gütergemeinschaft wird u.a. beendet mit Aufhebung durch den überlebenden Ehegatten, mit dessen Wiederverheiratung oder durch Vertrag oder Aufhebungsurteil (§§ 1492 ff BGB). Nach Beendigung der fortgesetzten Gütergemeinschaft wird das Gesamtgut durch den überlebenden Ehegatten und die Abkömmlinge gemeinschaftlich verwaltet (§ 1497 Abs. 2 iVm § 1472 Abs. 1 BGB).

2 § 745 setzt die materiell-rechtlichen Vorschriften über die Verwaltung in das **Vollstreckungsrecht** um. In der Praxis ist die Vorschrift fast bedeutungslos, da die fortgesetzte Gütergemeinschaft wegen der außerordentlich komplizierten Regelung wenig attraktiv erscheint und nur außerordentlich **selten vereinbart** wird.[1]

II. Vollstreckung bei bestehender (Abs. 1) und beendeter (Abs. 2) fortgesetzter Gütergemeinschaft

3 Da bei **bestehender fortgesetzter Gütergemeinschaft** der überlebende Ehegatte allein verwaltungsbefugt ist, bestimmt **Abs. 1**, dass für die Zwangsvollstreckung ein Titel gegen diesen erforderlich und genügend ist. Die Vorschrift entspricht § 740 Abs. 1 (s. § 740 Rn 8 ff).

4 Für die Vollstreckung nach **Beendigung** (mit der Folge gemeinschaftlicher Verwaltung, s. Rn 1) und vor endgültiger Auseinandersetzung verweist **Abs. 2** auf §§ 743, 744. Notwendig ist gem. § 743 grds. ein Leistungstitel gegen den überlebenden Ehegatten und ein Duldungstitel gegen die Abkömmlinge. Falls ein gegen den überlebenden Ehegatten ergangenes Urteil schon vor Beendigung der fortgesetzten Gütergemeinschaft rechtskräftig geworden ist, kann gem. § 744 zur Vollstreckung in das Gesamtgut eine Klausel gegen die Abkömmlinge erteilt werden.

§ 746 (weggefallen)

§ 747 Zwangsvollstreckung in ungeteilten Nachlass

Zur Zwangsvollstreckung in einen Nachlass ist, wenn mehrere Erben vorhanden sind, bis zur Teilung ein gegen alle Erben ergangenes Urteil erforderlich.

§ 52 Abs. 2 Nr. 2 GVGA

I. Allgemeines

1 Die Notwendigkeit eines Titels gegen alle Erben zur Vollstreckung in den ungeteilten Nachlass folgt aus dessen gesamthänderischer Bindung gem. §§ 2032 Abs. 1, 2033 Abs. 2, 2040, 2059 Abs. 2 BGB.

2 An der Vollstreckung gegen die Erben fehlt es, wenn die Zwangsvollstreckung zu Lebzeiten des Erblassers aufgrund eines gegen diesen ergangenen Titels schon begonnen hatte und nach § 779 fortgesetzt wird oder die Erbschaft noch gar nicht angenommen wurde (vgl § 1958 BGB). Steht nicht fest, wer Erbe geworden ist, kann gem. § 778 mit einem gegen den zu bestellenden **Nachlasspfleger** umgeschriebenen Titel in den Nachlass vollstreckt werden (s. § 778 Rn 4). Ferner ist § 747 nicht anwendbar, wenn ein **Nachlassverwalter** bestellt wurde. Es ist dann wegen § 1984 BGB ein Titel gegen den Nachlassverwalter erforderlich. Im Fall der **Nachlassinsolvenz** können nicht bevorrechtigte Gläubiger gem. §§ 89 Abs. 1,

---

1 MüKo-BGB/*Kanzleiter*, vor § 1483 Rn 7.

321 InsO ohnehin nicht in den Nachlass vollstrecken. Bei **Testamentsvollstreckung** gelten die §§ 748, 749. Die Pfändung eines Miterbenanteils ist keine Vollstreckung in den Nachlass; sie richtet sich nach §§ 857, 859 Abs. 2.

II. Titel gegen die Erben

§ 747 betrifft Urteile und gem. § 795 alle Titel nach der ZPO. Der **Anwendungsbereich** ist nicht auf die Vollstreckung wegen Geldforderungen beschränkt, sondern gilt nach hM für alle Arten der Vollstreckung, zB auch für die Herausgabevollstreckung,[1] die Forderungspfändung[2] und die Vollstreckung zur Abgabe einer Willenserklärung, wobei die Verurteilung derjenigen Miterben ausreicht, die die Willenserklärung nicht abgegeben haben.[3] Ferner unterscheidet § 747 – im Unterschied zu §§ 748, 749 – nicht zwischen Titeln, die noch zu Lebzeiten des Erblassers ergangen sind, und Titeln, die sich gegen die Erben selbst richten. Ein Titel, in dem der Erblasser als Schuldner ausgewiesen ist, muss gem. § 727 mit der **Klausel gegen alle Miterben** versehen werden, um in den ungeteilten Nachlass vollstrecken zu können.[4] Liegt noch kein Titel gegen den Erblasser vor, ist ein **Leistungstitel** gegen alle Erben erforderlich; ein Duldungstitel reicht nicht aus.[5] Nicht erforderlich ist ein einheitlicher Titel; unterschiedliche Titel aufgrund gesamtschuldnerischer Haftung sind genügend.[6]

Rechtsgrund des Titels können Nachlassverbindlichkeiten und andere Forderungen sein, für die die Erben gesamtschuldnerisch haften, zB aus der Verwaltung des Nachlasses.[7]

Der **Erwerber** eines Erbteils gem. § 2033 Abs. 1 BGB tritt an die Stelle des ausgeschiedenen Miterben. Wenn schon ein Titel gegen den veräußernden Miterben ergangen ist, kann dieser in entsprechender Anwendung von § 729 Abs. 1 (s. § 729 Rn 2) gegen den Erwerber umgeschrieben werden.[8] Solange die Veräußerung nicht bekannt oder zB durch eine Eintragung im Grundbuch offenbar ist, genügt der Titel gegen die Miterben.[9] Wenn der Gläubiger selbst **Miterbe** ist, reicht ein Titel gegen die anderen Miterben zur Vollstreckung in den ungeteilten Nachlass aus.[10]

III. Vollstreckung in den ungeteilten Nachlass

§ 747 setzt voraus, dass der **Nachlass noch nicht vollständig verteilt** ist. Die Vollstreckung findet nur in die Gegenstände statt, die zum nicht verteilten Nachlass gehören. Im Zweifel muss das Vollstreckungsorgan prüfen, ob der betreffende Gegenstand Bestandteil des ungeteilten Nachlasses ist.[11]

Bei der Vollstreckung in den Nachlass sind alle Erben **Vollstreckungsschuldner**. Die Voraussetzungen der Zwangsvollstreckung müssen daher gegenüber jedem Miterben erfüllt sein.[12]

---

1 Hk-ZPO/*Kindl*, § 747 Rn 2; MüKo-ZPO/*Heßler*, § 747 Rn 2; Thomas/Putzo/*Seiler*, § 747 Rn 2; aA Zöller/*Stöber*, § 747 Rn 2.
2 VG Göttingen 6.2.2014 – 2 B 989/13, juris.
3 MüKo-ZPO/*Heßler*, § 747 Rn 2.
4 Musielak/*Lackmann*, § 747 Rn 3; Thomas/Putzo/*Seiler*, § 747 Rn 3.
5 MüKo-ZPO/*Heßler*, § 747 Rn 11; Musielak/*Lackmann*, § 747 Rn 3.
6 MüKo-ZPO/*Heßler*, § 747 Rn 13.
7 BGHZ 53, 110 = NJW 1970, 473.
8 MüKo-ZPO/*Heßler*, § 747 Rn 15; Musielak/*Lackmann*, § 747 Rn 3; aA Zöller/*Stöber*, § 747 Rn 5: Umschreibung nach § 727.
9 Musielak/*Lackmann*, § 747 Rn 3; Zöller/*Stöber*, § 747 Rn 5.
10 BGH NJW-RR 1988, 710; Hk-ZPO/*Kindl*, § 747 Rn 3.
11 MüKo-ZPO/*Heßler*, § 747 Rn 17.
12 Hk-ZPO/*Kindl*, § 747 Rn 4.

8 Bis zur Teilung kann der Erbe gem. § 2059 Abs. 1 BGB die Befriedigung der Nachlassverbindlichkeiten aus seinem Eigenvermögen verweigern. Gegen die Vollstreckung vermag er sich allerdings nur nach Maßgabe der §§ 780, 781, 785 zu wenden. **Nach der Teilung** muss sich die Vollstreckung gegen den jeweiligen Erben in dessen Vermögen richten.

IV. Rechtsbehelfe und weitere praktische Hinweise

9 Wenn ein Gläubiger in den ungeteilten Nachlass ohne einen Titel gegen alle Miterben vollstreckt, ist jeder Miterbe, auch derjenige, gegen den sich der Titel richtet, berechtigt, **Erinnerung** (§ 766) einzulegen. Ferner kann derjenige Miterbe, gegen den sich Titel nicht richtet, **Drittwiderspruchsklage** (§ 771) erheben. Im Unterschied zu § 748 (s. § 748 Rn 7) ist hier unstreitig, dass diese Klage bei materiell-rechtlicher Haftung des widersprechenden Erben unbegründet ist.[13] Da der Gläubiger nur schwer feststellen kann, ob und ggf in welchem Umfang der Nachlass schon geteilt wurde, empfiehlt sich immer eine **Klage gegen alle Erben als Gesamtschuldner**. Die Erbengemeinschaft als solche ist nicht rechts- und parteifähig.[14]

§ 748 Zwangsvollstreckung bei Testamentsvollstrecker

(1) Unterliegt ein Nachlass der Verwaltung eines Testamentsvollstreckers, so ist zur Zwangsvollstreckung in den Nachlass ein gegen den Testamentsvollstrecker ergangenes Urteil erforderlich und genügend.

(2) Steht dem Testamentsvollstrecker nur die Verwaltung einzelner Nachlassgegenstände zu, so ist die Zwangsvollstreckung in diese Gegenstände nur zulässig, wenn der Erbe zu der Leistung, der Testamentsvollstrecker zur Duldung der Zwangsvollstreckung verurteilt ist.

(3) Zur Zwangsvollstreckung wegen eines Pflichtteilanspruchs ist im Falle des Absatzes 1 wie im Falle des Absatzes 2 ein sowohl gegen den Erben als gegen den Testamentsvollstrecker ergangenes Urteil erforderlich.

I. Allgemeines

1 Die Vorschrift setzt die materiell-rechtliche Regelung der Prozessführungsbefugnis bei Einsetzung eines Testamentsvollstreckers in § 2213 BGB um und regelt nur die **Vollstreckung in den Nachlass bei angeordneter Testamentsvollstreckung**. Dabei kann es sich um Nachlassverbindlichkeiten (§§ 1967 f BGB) oder um Ansprüche aus einem vom Testamentsvollstrecker geschlossenen Vertrag handeln,[1] nicht aber um Ansprüche gegen den Testamentsvollstrecker persönlich[2] oder um Ansprüche von Eigengläubigern der Erben (§ 2214 BGB). Unterschieden wird in Abs. 1 und 2 nach dem **Umfang** der Verwaltungsbefugnis gem. §§ 2208, 2209 BGB. Wenn die Verwaltung durch den Testamentsvollstrecker gem. §§ 2208 Abs. 1, 2205 BGB ausgeschlossen wurde, findet die Norm keine Anwendung. Abs. 3 behandelt als Sonderfall die **Pflichtteilsansprüche**.

2 § 748 betrifft die Vollstreckung aus Urteilen und sonstigen Titeln der ZPO (vgl § 795). Es muss sich um einen **nach dem Erbfall erwirkten Titel** handeln. Die

---

13 Hk-ZPO/*Kindl*, § 747 Rn 4; MüKo-ZPO/*Heßler*, § 747 Rn 25; Musielak/*Lackmann*, § 747 Rn 5.
14 BGH NJW 2006, 3715.
1 OLG Koblenz OLGR 1997, 260; MüKo-ZPO/*Heßler*, § 748 Rn 1; BeckOK-BGB/*Mayer*, § 2213 Rn 2.
2 Musielak/*Lackmann*, § 748 Rn 2; BeckOK-BGB/*Mayer*, § 2213 Rn 4.

Vorschrift gilt unabhängig davon, ob der Testamentsvollstrecker bereits ernannt wurde oder das Amt angenommen hat.[3] Verklagt werden kann er jedoch erst ab Annahme des Amts.[4] Der Erbe kann vor Annahme der Erbschaft nicht verklagt werden.[5] Liegt ein Titel gegen den Erblasser vor, ist § 749 einschlägig. Hat die Vollstreckung gegen den Erblasser bereits begonnen, gilt § 779. Die Umschreibung eines den Testamentsvollstrecker betreffenden Titels für und gegen den Erben behandelt § 728 Abs. 2.

II. Verwaltung des gesamten Nachlasses (Abs. 1)

1. Erforderlicher Titel. Nach § 2213 Abs. 1 S. 1 BGB kann ein Anspruch, der sich gegen den Nachlass richtet, sowohl gegen den Erben als auch gegen den Testamentsvollstrecker geltend gemacht werden. Zur Vollstreckung in das Eigenvermögen des Erben benötigt der Gläubiger einen Titel gegen diesen.[6] Abs. 1 bestimmt, dass für die Vollstreckung in den Nachlass ein Titel gegen den Testamentsvollstrecker erforderlich und genügend ist. War dieser allein verklagt, muss es sich um einen **Leistungstitel** handeln.[7] Liegt dagegen auch ein Leistungstitel gegen den Erben vor, genügt ein **Duldungstitel** gegen den Testamentsvollstrecker.[8] Der Testamentsvollstrecker kann sich in den Grenzen des § 794 Abs. 1 Nr. 5 der sofortigen Zwangsvollstreckung unterwerfen. Wenn mehrere Testamentsvollstrecker den Nachlass gemeinschaftlich verwalten, ist gegen jeden von ihnen ein Titel erforderlich. Ausnahmsweise reicht ein Titel gegen den Erben, wenn der Testamentsvollstrecker als Nachlassgläubiger einen Anspruch geltend macht.[9] Andererseits ist ein Titel gegen den Testamentsvollstrecker selbst dann erforderlich, wenn der Erbe den Besitz an einem der Testamentsvollstreckung unterliegenden Gegenstand, dessen Herausgabe verlangt wird, durch verbotene Eigenmacht erworben hat.[10] 3

2. Gewahrsam des Erben. Bei der Mobiliarvollstreckung soll der Erbe nach bisher wohl hM der Mobiliarpfändung nicht als Dritter iSv § 809 widersprechen können, weil er der wahre Schuldner ist.[11] Nach zutr. aA steht auch dem Erben das Widerspruchsrecht zu,[12] weil er bei der Vollstreckung nach § 748 nicht Vollstreckungsschuldner ist. Außerdem kann der Gläubiger gegen den Erben jedenfalls einen Duldungstitel erwirken. 4

III. Verwaltung einzelner Nachlassgegenstände (Abs. 2)

Bei gegenständlich beschränkter Testamentsvollstreckung (§ 2208 Abs. 1 S. 2 BGB) kann nur **gegen den Erben auf Leistung und gegen den Testamentsvollstrecker auf Duldung** geklagt werden (§ 2213 Abs. 1 S. 2, Abs. 3 BGB; sog. **Zwei-Titel-Theorie**).[13] Wenn mehrere Testamentsvollstrecker je einen Teil des Nachlasses selbständig verwalten, reicht ein Titel gegen denjenigen aus, der das Vollstre- 5

---

3 Hk-ZPO/*Kindl*, § 748 Rn 2; MüKo-ZPO/*Heßler*, § 748 Rn 10.
4 MüKo-ZPO/*Heßler*, § 748 Rn 11.
5 BeckOK-BGB/*Mayer*, § 2213 Rn 5.
6 BeckOK-BGB/*Mayer*, § 2213 Rn 5.
7 MüKo-ZPO/*Heßler*, § 748 Rn 2; Baumbach/*Hartmann*, § 748 Rn 2; aA Stein/Jonas/*Münzberg*, § 748 Rn 2.
8 BGHZ 104, 1 = NJW 1988, 1390; Hk-ZPO/*Kindl*, § 748 Rn 3; Zöller/*Stöber*, § 748 Rn 3.
9 Zöller/*Stöber*, § 748 Rn 3.
10 LG Köln ZErb 2003, 193.
11 Musielak/*Lackmann*, § 748 Rn 7; Thomas/Putzo/*Seiler*, § 748 Rn 2; Baumbach/*Hartmann*, § 748 Rn 3; Zöller/*Stöber*, § 748 Rn 3.
12 Hk-ZPO/*Kindl*, § 748 Rn 3; MüKo-ZPO/*Heßler*, § 748 Rn 23; Stein/Jonas/*Münzberg*, § 748 Rn 3.
13 MüKo-ZPO/*Heßler*, § 748 Rn 3; BeckOK-BGB/*Mayer*, § 2213 Rn 6.

ckungsobjekt verwaltet.[14] Die der Testamentsvollstreckung unterliegenden Einzelgegenstände können, müssen aber nicht im Duldungstitel benannt werden.[15] Die Verurteilung zur Duldung der Zwangsvollstreckung wird gem. § 794 Abs. 2 dadurch ersetzt, dass sich der Testamentsvollstrecker mit einer Urkunde iSv § 794 Abs. 1 Nr. 5 der sofortigen Zwangsvollstreckung in die seiner Verwaltung unterliegenden Gegenstände unterwirft. In nicht vom Testamentsvollstrecker verwaltete Gegenstände kann aufgrund des Leistungstitels gegen den Erben vollstreckt werden.[16] Für das Verhältnis zwischen früherem Rechtsanwalt und Kanzleiabwickler wird Abs. 2 entsprechend angewandt (zur Klauselumschreibung s. § 727 Rn 16).[17]

IV. Pflichtteilsansprüche (Abs. 3)

6 Pflichtteilsansprüche müssen gem. § 2213 Abs. 1 S. 3 BGB gegen den Erben geltend gemacht werden. Um die Vollstreckung in der Testamentsvollstreckung unterfallende Nachlassgegenstände zu ermöglichen, ist ein **Duldungstitel** gegen den Testamentsvollstrecker erforderlich. Statt eines Titels genügt gem. § 794 Abs. 2 in entsprechender Anwendung die Unterwerfung unter die sofortige Zwangsvollstreckung in die der Verwaltung unterliegenden Gegenstände.[18] Für die Vollstreckung eines Pflichtteilsberechtigten wegen eines Auskunftstitels nach § 888 gegen den Erben ist kein Titel gegen den Testamentsvollstrecker notwendig.[19]

V. Rechtsbehelfe

7 Der Testamentsvollstrecker kann Erinnerung nach § 766 einlegen, wenn ohne den hierzu erforderlichen Titel gegen ihn in seiner Verwaltung unterliegende Nachlassgegenstände vollstreckt wird. Das gilt insb. bei der Vollstreckung durch Eigengläubiger des Erben. Er kann ferner Klage nach § 771 erheben, welche aber bei einer materiell-rechtlichen Duldungspflicht nach hM unbegründet ist.[20]

8 Der Erbe kann gem. § 766 rügen, dass ein Titel gegen ihn, nicht aber dass ein Titel gegen den Testamentsvollstrecker fehlt.[21] Der Klage des Erben nach § 771 kann wiederum der Einwand der materiell-rechtlichen Haftung entgegengesetzt werden.[22]

§ 749 Vollstreckbare Ausfertigung für und gegen Testamentsvollstrecker

¹Auf die Erteilung einer vollstreckbaren Ausfertigung eines für oder gegen den Erblasser ergangenen Urteils für oder gegen den Testamentsvollstrecker sind die Vorschriften der §§ 727, 730 bis 732 entsprechend anzuwenden. ²Auf Grund

---

14 Hk-ZPO/*Kindl*, § 748 Rn 4.
15 Hk-ZPO/*Kindl*, § 748 Rn 4; MüKo-ZPO/*Heßler*, § 748 Rn 22.
16 Zöller/*Stöber*, § 748 Rn 4.
17 OLG Karlsruhe Rpfleger 2005, 36.
18 Musielak/*Lackmann*, § 794 Rn 48.
19 OLG Dresden ZEV 2003, 289.
20 Hk-ZPO/*Kindl*, § 748 Rn 6; MüKo-ZPO/*Heßler*, § 748 Rn 28; Musielak/*Lackmann*, § 748 Rn 8; aA Baumbach/*Hartmann*, § 748 Rn 7.
21 Hk-ZPO/*Kindl*, § 748 Rn 6; MüKo-ZPO/*Heßler*, § 748 Rn 29 f; aA Zöller/*Stöber*, § 748 Rn 10.
22 Hk-ZPO/*Kindl*, § 748 Rn 6.

einer solchen Ausfertigung ist die Zwangsvollstreckung nur in die der Verwaltung des Testamentsvollstreckers unterliegenden Nachlassgegenstände zulässig.

§§ 43 Nr. 2, 52 Abs. 2 GVGA

I. Allgemeines

Während § 748 die Vollstreckung in den Nachlass aufgrund von Titeln behandelt, die nach dem Erbfall gegen den Erben und/oder den Testamentsvollstrecker ergangen sind, betrifft § 749 die Vollstreckung aus Titeln, die **vor dem Erbfall** für und gegen den Erblasser ergangen sind, in dem Fall, dass Testamentsvollstreckung angeordnet ist. Die Umschreibung für und gegen den Erben richtet sich nach § 727 (zur Konkurrenz von Erben und Testamentsvollstrecker s. Rn 2). Für den Testamentsvollstrecker ist § 749 maßgeblich, wenn der Testamentsvollstrecker den gesamten Nachlass oder einen Teil davon verwaltet, nicht dagegen bei vollständigem Ausschluss von der Verwaltung.[1] Die Umschreibung kann erst erfolgen, wenn der Testamentsvollstrecker ernannt ist und das Amt angenommen hat (§ 2202 Abs. 1 BGB); die Annahme der Erbschaft ist nicht erforderlich (§ 2213 Abs. 2 BGB). Die Vorschrift gilt für Urteile und sonstige Titel der ZPO (vgl § 795). Auf die Nachlassverwaltung ist § 749 entsprechend anwendbar.[2]   1

II. Vollstreckbare Ausfertigung für den Testamentsvollstrecker (S. 1)

Wenn der Testamentsvollstrecker aus einem Titel vollstrecken will, den noch der Erblasser erwirkt hat, muss er die Erteilung einer vollstreckbaren Ausfertigung für sich beantragen. Hatte der Erbe bereits eine solche erhalten, darf für den Testamentsvollstrecker eine weitere vollstreckbare Ausfertigung erteilt werden (§ 733). Vom Erben kann er die Herausgabe der diesem erteilten vollstreckbaren Ausfertigung nach materiellem Recht gem. § 2205 BGB verlangen, nicht aber durch Rechtsbehelfe des Klauselverfahrens (str).[3]   2

Das **Verfahren** richtet sich nach den §§ 727, 730–732. **Zuständig** ist der Rechtspfleger (§ 20 Abs. 1 Nr. 12 RPflG). Der Testamentsvollstrecker muss, sofern nicht gerichtsbekannt, das Bestehen der Testamentsvollstreckung und den Umfang der Verwaltung urkundlich, regelmäßig durch ein Testamentsvollstreckerzeugnis, **nachweisen**. Titel und Klausel sind gem. § 750 Abs. 2 erneut zuzustellen; eine Wartefrist besteht, abgesehen von §§ 750 Abs. 3, 798, nicht. In Anlehnung an § 725 bietet sich für die Klausel folgendes Muster an: 3

▶ Vorstehende Ausfertigung wird dem ... (Testamentsvollstrecker) als Testamentsvollstrecker für den Nachlass des ... zum Zwecke der Zwangsvollstreckung erteilt. Die Testamentsvollstreckung ist nachgewiesen durch Testamentsvollstreckerzeugnis des Amtsgerichts ... vom ... Az ... ◀

Die **Rechtsbehelfe** entsprechen denjenigen des Verfahrens gem. § 727 (s. § 727 Rn 39).   4

III. Vollstreckbare Ausfertigung gegen den Testamentsvollstrecker (S. 1, 2)

Hinsichtlich des Verfahrens ergeben sich keine Unterschiede zur Klausel für den Testamentsvollstrecker. Wenn mehrere Testamentsvollstrecker bestellt sind, die jeweils einen Teil des Nachlasses verwalten, ist die Klausel gegen den Testaments-   5

---

1 Hk-ZPO/*Kindl*, § 749 Rn 2.
2 Hk-ZPO/*Kindl*, § 749 Rn 2; MüKo-ZPO/*Heßler*, § 749 Rn 7.
3 MüKo-ZPO/*Heßler*, § 749 Rn 15; Zöller/*Stöber*, § 749 Rn 11; aA Hk-ZPO/*Kindl*, § 749 Rn 4; Stein/Jonas/*Münzberg*, § 749 Rn 5.

vollstrecker erforderlich, der den zu pfändenden oder herauszugebenden Gegenstand verwaltet. Bei gemeinschaftlicher Verwaltung des gesamten Nachlasses bedarf es dagegen einer Klausel gegen alle Testamentsvollstrecker.[4]

6 Zu beachten sind ferner die Besonderheiten des § 748 Abs. 2: Wenn dem Testamentsvollstrecker nur einzelne Nachlassgegenstände zur Verwaltung übertragen sind, ist zur Vollstreckung eine auf Leistung gerichtete Klausel gegen den Erben gem. § 727 und eine auf Duldung gerichtete Klausel gegen den Testamentsvollstrecker gem. § 749 erforderlich.[5]

§ 750 Voraussetzungen der Zwangsvollstreckung

(1) [1]Die Zwangsvollstreckung darf nur beginnen, wenn die Personen, für und gegen die sie stattfinden soll, in dem Urteil oder in der ihm beigefügten Vollstreckungsklausel namentlich bezeichnet sind und das Urteil bereits zugestellt ist oder gleichzeitig zugestellt wird. [2]Eine Zustellung durch den Gläubiger genügt; in diesem Fall braucht die Ausfertigung des Urteils Tatbestand und Entscheidungsgründe nicht zu enthalten.

(2) Handelt es sich um die Vollstreckung eines Urteils, dessen vollstreckbare Ausfertigung nach § 726 Abs. 1 erteilt worden ist, oder soll ein Urteil, das nach den §§ 727 bis 729, 738, 742, 744, dem § 745 Abs. 2 und dem § 749 für oder gegen eine der dort bezeichneten Personen wirksam ist, für oder gegen eine dieser Personen vollstreckt werden, so muss außer dem zu vollstreckenden Urteil auch die ihm beigefügte Vollstreckungsklausel und, sofern die Vollstreckungsklausel auf Grund öffentlicher oder öffentlich beglaubigter Urkunden erteilt ist, auch eine Abschrift dieser Urkunden vor Beginn der Zwangsvollstreckung zugestellt sein oder gleichzeitig mit ihrem Beginn zugestellt werden.

(3) Eine Zwangsvollstreckung nach § 720 a darf nur beginnen, wenn das Urteil und die Vollstreckungsklausel mindestens zwei Wochen vorher zugestellt sind.

§§ 35 Abs. 1 Nr. 3, 44, 45, 46 GVGA

I. Allgemeines 1	1. Grundsatz 13
II. Parteiidentität (Abs. 1 S. 1) 4	2. Art der Zustellung 16
1. Grundsatz 4	3. Adressat der Zustellung 18
2. Namentliche Bezeichnung ... 5	4. Nachweis der Zustellung;
3. Besonderheiten bei Firmen	Mängel 21
und Gesellschaften 7	IV. Zustellung der Klausel und
4. Angabe des gesetzlichen Vertreters; Prozessfähigkeit 8	anderer Urkunden (Abs. 2) 22
5. Auslegung; Behebung von	V. Wartefrist für Sicherungsvollstreckung (Abs. 3) 23
Mängeln 9	VI. Weitere praktische Hinweise 24
6. Identitätsprüfung 12	VII. Kosten 25
III. Zustellung des Titels (Abs. 1) ... 13	

I. Allgemeines

1 Die Vorschrift behandelt in Abs. 1 und 2 einen Teilbereich der **allgemeinen Vollstreckungsvoraussetzungen** (s. § 704 Rn 3). **Abs. 1** betrifft die Parteiidentität und die Zustellung. In **Abs. 2** ist geregelt, in welchem Fall die Zustellung der Klausel erfolgen muss. **Abs. 3** knüpft an die Zustellung an und behandelt die Wartefrist bei der Sicherungsvollstreckung (§ 720 a).

---

4 MüKo-ZPO/*Heßler*, § 749 Rn 11.
5 MüKo-ZPO/*Heßler*, § 749 Rn 9; Zöller/*Stöber*, § 749 Rn 10.

Der **Anwendungsbereich** umfasst nicht nur Urteile, sondern gem. § 795 alle 2
Schuldtitel der ZPO. Abweichungen gelten für die Zustellung von Arresten,
einstweiligen Verfügungen (§§ 929 Abs. 3, 936) sowie außerhalb der ZPO einstweiligen Anordnungen nach § 53 Abs. 2 FamFG.

Eine **erneute Prüfung** der Vollstreckungsvoraussetzungen ist notwendig, wenn 3
nach Erteilung einer Rechtsnachfolgeklausel (§ 727) die Vollstreckung für einen
neuen Gläubiger bzw gegen einen neuen Schuldner erfolgen soll.[1]

II. Parteiidentität (Abs. 1 S. 1)

1. Grundsatz. Abs. 1 trägt der **Formalisierung** der Zwangsvollstreckung Rechnung. 4
Gläubiger und Schuldner müssen sich – für das Vollstreckungsorgan bindend – vollständig und grds. eindeutig (zur Auslegung s. Rn 9 f) aus dem Titel
ergeben.[2] Maßgeblich ist das **Original** des Titels. Sind die Parteien dort nicht genannt, zB weil sich in einem Formular statt des vollen Rubrums die Verweisung
auf eine andere Seite der Akte findet (sog. **Einrücken-wie-Beschluss**), genügt der
Titel selbst dann nicht den Anforderungen von Abs. 1, wenn die Ausfertigung die
Parteibezeichnungen vollständig enthält.[3] Wurde das Rubrum des Titels gem.
§ 319 berichtigt, ist der **Berichtigungsbeschluss** entscheidend, der – sofern er sich
nicht auf dem Titel befindet – zuzustellen ist.[4] Auf die **Klausel** kommt es an,
wenn diese vom Titel abweicht und der Grund hierfür erkennbar ist, zB bei einer
Klausel gem. § 727 oder einer berichtigenden Klausel.

2. Namentliche Bezeichnung. Abs. 1 verlangt die namentliche Bezeichnung von 5
Gläubiger und Schuldner. Notwendig sind also bei natürlichen Personen Vor- und Zuname, bei juristischen Personen oder Handelsgesellschaften die Firma und
der Sitz.[5] Nicht erforderlich ist dagegen die Angabe der **Anschrift**.[6] Fehlt die Anschrift des Schuldners und bestreitet die vom Vollstreckungsorgan in Anspruch
genommene Person, der Schuldner zu sein, wird sich die Vollstreckung jedoch
kaum durchführen lassen. Bei eindeutiger Identifikationsmöglichkeit kann auch
ein **Künstlername** oder ein Pseudonym angegeben werden.[7]

Die **Wohnungseigentümergemeinschaft** kann als solche bezeichnet werden, da sie 6
rechtsfähig ist, soweit sie bei der Verwaltung des gemeinschaftlichen Eigentums
am Rechtsverkehr teilnimmt.[8] Sie muss im Titel unter dem Namen angegeben
werden, unter dem sie im Rechtsverkehr identifizierbar auftritt, zB „Wohnungseigentümergemeinschaft X-Straße 15".[9] Wenn vor Anerkennung der Teilrechts- und Parteifähigkeit der Wohnungseigentümergemeinschaft die Wohnungseigentümer gesamtschuldnerisch in Anspruch genommen wurden, kann nicht allein wegen der Änderung der Rspr das Rubrum dahin berichtigt werden, dass die Wohnungseigentümergemeinschaft verklagt ist. Es ist ein Parteiwechsel notwendig.[10]
Für **Personenmehrheiten** ist die materiell-rechtliche Forderungs- oder Schuldform, zB „als Gesamtschuldner" anzugeben. Fehlt diese Angabe, kann § 420
BGB herangezogen werden.[11] **Sammelbezeichnungen**, wie zB „Erbengemein-

---

1 BGH NJW 2007, 3357; Hk-ZPO/*Kindl*, § 750 Rn 2; MüKo-ZPO/*Heßler*, § 750 Rn 15.
2 MüKo-ZPO/*Heßler*, § 750 Rn 3; Musielak/*Lackmann*, § 750 Rn 1.
3 OLG Karlsruhe NJW-RR 2001, 67; Musielak/*Lackmann*, § 750 Rn 4.
4 Hk-ZPO/*Kindl*, § 750 Rn 3; Musielak/*Lackmann*, § 750 Rn 4.
5 Zöller/*Stöber*, § 750 Rn 12.
6 Musielak/*Lackmann*, § 750 Rn 5.
7 Hk-ZPO/*Kindl*, § 750 Rn 4; Musielak/*Lackmann*, § 750 Rn 5.
8 BGH NJW 2005, 2061.
9 Zöller/*Stöber*, § 750 Rn 4 b.
10 BGH NJW 2011, 1453.
11 Hk-ZPO/*Kindl*, § 750 Rn 4; Musielak/*Lackmann*, § 750 Rn 13.

schaft nach ...", sind nicht genügend.[12] Titel gegen **Unbekannt** sind auch bei unüberwindlichen Schwierigkeiten, die wahren Schuldner festzustellen, zB bei Räumungstiteln gegen Hausbesetzer, nicht vollstreckungsfähig.[13]

7   3. **Besonderheiten bei Firmen und Gesellschaften.** Aus einem Titel, der den Schuldner nur unter seiner **Firma** bezeichnet, kann sowohl in das Firmenvermögen als auch in das Privatvermögen des Firmeninhabers vollstreckt werden, da Privat- und Firmenvermögen keine getrennten Vermögensmassen darstellen. Das setzt allerdings voraus, dass der Inhaber hinreichend bezeichnet wird.[14] Hat vor der Vollstreckung ein Inhaberwechsel stattgefunden, kann nicht gegen den neuen Firmeninhaber vollstreckt werden.[15] Zur **GbR** s. § 736. Den Anforderungen dieser Vorschrift muss auch ein Titel gegen eine nicht eingetragene Personenhandelsgesellschaft genügen, die in Wirklichkeit eine GbR ist.[16]

8   4. **Angabe des gesetzlichen Vertreters; Prozessfähigkeit.** Die Angabe des **gesetzlichen Vertreters** ist im Unterschied zu §§ 313 Abs. 1 Nr. 1, 690 Abs. 1 Nr. 1, 692 Abs. 1 Nr. 1 nicht notwendig und daher keine Voraussetzung der Vollstreckung (zur Zustellung in diesem Fall s. Rn 19).[17] Unbeschadet dessen ist das Vollstreckungsorgan gehalten, die **Prozessfähigkeit** der Parteien (§ 53) eigenständig festzustellen. Die Prozessfähigkeit gehört zu den **allgemeinen Verfahrensvoraussetzungen** (s. § 704 Rn 5), die zwar bereits im Erkenntnisverfahren zu prüfen sind, jedoch auch im Vollstreckungsverfahren vorliegen müssen.[18] Das gilt nicht nur für die Volljährigkeit einer natürlichen Person, sondern auch für deren Geschäftsfähigkeit.[19] Eine Prüfung erübrigt sich nur, wenn das Gericht die Prozessfähigkeit geprüft und bejaht hat.[20]

9   5. **Auslegung; Behebung von Mängeln.** Trotz der Formalisierung der Zwangsvollstreckung (s. Rn 4) beeinträchtigt nicht jede **Unrichtigkeit** der Parteibezeichnung die Vollstreckungsfähigkeit des Titels. Ausreichend ist, dass die Feststellung der Identität möglich bleibt. Auch gröbere Fehler sind daher unschädlich, wenn zwischen den Parteien Einigkeit über Gläubiger und Schuldner besteht. Im Übrigen schadet zB die geringfügig unrichtige Schreibweise des Namens nicht, insb. bei häufigen Namen (Meier statt Meyer), ebenso die falsche Anrede (Herr statt Frau) oder die Verwendung eines Rufnamens (Rudi statt Rudolf), wenn trotz der Unrichtigkeit eine eindeutige Identifizierung erfolgen kann.[21] Dasselbe gilt, wenn der gesetzliche Vertreter einer juristischen Person falsch bezeichnet wird (Geschäftsführer statt Vorstand).[22] Das Vollstreckungsorgan hat eine unklare Parteibezeichnung im Titel nach allgemeinen Grundsätzen **auszulegen**. Dabei dürfen außerhalb des Titels liegende Umstände grds. nicht berücksichtigt werden. Das gilt auch für einen ausländischen Titel, der nach Art. 5 ff EuVTVO als Europäischer Vollstreckungstitel bestätigt worden ist.[23]

---

12 Hk-ZPO/*Kindl*, § 750 Rn 4.
13 MüKo-ZPO/*Heßler*, § 750 Rn 51; Musielak/*Lackmann*, § 750 Rn 8; aA *Geißler*, DGVZ 2011, 37, 40.
14 LG Frankenthal InVO 2007, 72.
15 MüKo-ZPO/*Heßler*, § 750 Rn 38.
16 Musielak/*Lackmann*, § 750 Rn 10.
17 AG Hannover InVo 1997, 139; MüKo-ZPO/*Heßler*, § 750 Rn 18; Zöller/*Stöber*, § 750 Rn 14; aA LG Bielefeld DGVZ 2003, 92.
18 Hk-ZPO/*Kindl*, vor §§ 704 ff Rn 17 mwN.
19 LG Lübeck DGVZ 1997, 140.
20 LG Bonn NJW 1974, 1387; MüKo-ZPO/*Heßler*, § 750 Rn 19.
21 BGH WuM 2015, 41; OLG Düsseldorf MDR 2011, 321; LG München II DGVZ 2006, 114; Hk-ZPO/*Kindl*, § 750 Rn 5; Zöller/*Stöber*, § 750 Rn 5.
22 BGH NJW-RR 2005, 119.
23 BGH NJW 2010, 2137.

Spätere Änderungen, die nach Titelerlass eingetreten sind, insb. **Umzüge und Namensänderungen**, beeinträchtigen die Vollstreckungsfähigkeit nicht.[24] 10

Liegt eine vom Gericht zu verantwortende, nicht unerhebliche Falschbezeichnung 11
vor, insb. ein Übertragungsfehler, ist der Titel gem. § 319 zu **berichtigen**. Andernfalls ist eine **klarstellende Klausel** zulässig, mit der jedoch nicht eine am Erkenntnisverfahren unbeteiligte Person zur Partei gemacht werden darf.[25] Das Fehlen einer klarstellenden Klausel führt aber nicht zur Unzulässigkeit der Vollstreckung.[26]

6. Identitätsprüfung. Die Vollstreckungsorgane sind zur Identitätsprüfung verpflichtet. **Nachweise**, die zur **Klärung der Identität des Schuldners** dienen, insb. 12
im Fall der **Namensänderung**, muss der Gläubiger vorlegen.[27] Verbleibende Unklarheiten gehen zu seinen Lasten[28] und bewirken, dass die Vollstreckung nicht durchgeführt werden darf.[29]

Aus § 755 folgt, in welchem Umfang der Gerichtsvollzieher den **Aufenthaltsort** des Schuldners ermitteln muss. Auf die Kommentierung zu § 755 wird verwiesen.

III. Zustellung des Titels (Abs. 1)

1. Grundsatz. Neben Titel und Klausel ist die **Zustellung** die dritte klassische 13
Voraussetzung der Zwangsvollstreckung. Ausnahmen gelten in Eilverfahren
(s. Rn 2). Abs. 1 betrifft das „Ob", nicht das „Wie" der Zustellung. Die entsprechenden Regelungen finden sich in §§ 166 ff. Im Folgenden werden daher Einzelheiten zum Zustellungsverfahren nur erörtert, soweit sie für die Vollstreckung von Bedeutung sind, im Übrigen wird auf Hk-ZPO/*Eichele*, §§ 166 ff verwiesen.

Die Zustellung muss spätestens **mit Beginn der Zwangsvollstreckung** erfolgen. 14
Das gilt nicht, wenn nach Abs. 3 oder § 798 eine **Wartefrist** ab Zustellung einzuhalten ist. Praktisch kommt ein Zusammentreffen von Zustellung und Vollstreckungsbeginn nur bei der Vollstreckung durch den Gerichtsvollzieher in Betracht. Der Vollstreckungsauftrag gilt dann auch als Zustellungsauftrag.[30]

Für das gesamte Vollstreckungsverfahren genügt die **einmalige Zustellung**.[31] Der 15
Schuldner kann auf die Zustellung **nachträglich verzichten**, nicht aber von vornherein.[32]

2. Art der Zustellung. Die Zustellung erfolgt **von Amts wegen** gem. §§ 166–190 16
oder **im Parteibetrieb** gem. §§ 191–195. Die Amtszustellung ist vorgeschrieben für Urteile (§ 317 Abs. 1) und vollstreckbare Beschlüsse (§ 329 Abs. 3). Andere Titel, insb. Vergleiche (§ 794 Abs. 1 Nr. 1), werden auf Betreiben des Gläubigers zugestellt. Für Vollstreckungsbescheide ist nach § 699 Abs. 4 grds. die Amtszustellung vorgesehen, der Gläubiger kann auch die Zustellung im Parteibetrieb wählen. Arreste und einstweilige Verfügungen, die in Form eines Urteils ergeben, werden von Amts wegen zugestellt, Beschlüsse sind gem. §§ 922 Abs. 2, 936 vom Gläubiger zuzustellen.

Grundsätzlich ist der vollständige Titel zuzustellen. Gemäß **Abs. 1 S. 2** genügt für 17
die Vollstreckung aber immer (also auch für von Amts wegen zuzustellende Ti-

---

24 BGH NJW-RR 2011, 1335; LG Hannover JurBüro 2005, 275.
25 MüKo-ZPO/*Heßler*, § 750 Rn 62; Musielak/*Lackmann*, § 750 Rn 14.
26 BGH NJW-RR 2011, 1335.
27 Hk-ZPO/*Kindl*, § 750 Rn 6.
28 BGH NJW-RR 2011, 1335; Bielau, DGVZ 2009, 193, 195.
29 BGH NJW-RR 2011, 1335; *Bielau*, DGVZ 2009, 193,195; *Giers*, DGVZ 2008, 145, 147.
30 MüKo-ZPO/*Heßler*, § 750 Rn 67.
31 MüKo-ZPO/*Heßler*, § 750 Rn 68; Zöller/*Stöber*, § 750 Rn 15.
32 Hk-ZPO/*Kindl*, § 750 Rn 13; Musielak/*Lackmann*, § 750 Rn 15.

tel)³³ eine Zustellung ohne Tatbestand und Entscheidungsgründe durch den Gläubiger. Wenn ein Vertreter die Unterwerfung des Schuldners unter die sofortige Zwangsvollstreckung aus einer Urkunde erklärt hat, so muss auch die Vollmacht des Vertreters bzw die Genehmigung des vollmachtlosen Handelns durch öffentlich oder öffentlich beglaubigte Urkunde zugestellt werden.³⁴

18 **3. Adressat der Zustellung.** Zustellungsadressat ist der **Schuldner**. Die Zustellung an einen Gesamtschuldner wirkt nur gegen diesen. Wenn an **mehrere Personen** zugestellt werden muss, um die Vollstreckung durchführen zu können, zB nach §§ 740 Abs. 2, 748 Abs. 2 und 3, ist an jeden einzeln zuzustellen.³⁵ Bei Bestellung eines **Prozessbevollmächtigten** ist gem. § 172 an diesen zuzustellen.

19 Wenn der Schuldner **prozessunfähig** ist, erfolgt die Zustellung an den **gesetzlichen Vertreter** (§ 170 Abs. 1 S. 1). Der Gerichtsvollzieher ist in den Grenzen der Identitätsprüfung (s. Rn 12) verpflichtet, den gesetzlichen Vertreter festzustellen.³⁶ Die Zustellung an den Prozessunfähigen, also auch an einen **Minderjährigen**, ist unwirksam (§ 170 Abs. 1 S. 2).³⁷ Der Zustellungsmangel wird nach § 189 geheilt, wenn der Titel dem gesetzlichen Vertreter tatsächlich zugeht³⁸ und der gesetzliche Vertreter tatsächlich Kenntnis nimmt.³⁹

20 Für die Vollstreckung in das Vermögen einer **GbR** muss die Zustellung an den Geschäftsführer oder, wenn ein solcher nicht bestellt ist, an einen ihrer Gesellschafter erfolgen.⁴⁰

21 **4. Nachweis der Zustellung; Mängel.** Die Zustellung von Amts wegen wird durch den **Zustellungsvermerk** (§ 169) nachgewiesen, der die Zustellung verbindlich nachweist.⁴¹ Fehlt es an der ordnungsgemäßen Zustellung, sind Vollstreckungshandlungen zwar nicht unwirksam, aber anfechtbar. Der Mangel kann durch eine nachträgliche ordnungsgemäße Zustellung geheilt werden.⁴²

IV. Zustellung der Klausel und anderer Urkunden (Abs. 2)

22 Grundsätzlich ist nur der Titel zuzustellen. Abs. 2 schreibt für die darin genannten **qualifizierten Klauseln** deren Zustellung vor. Die einfache Klausel muss dagegen nicht zugestellt werden.⁴³ Ferner sind die öffentlichen oder öffentlich beglaubigten **Urkunden** zuzustellen, aufgrund derer die qualifizierte Klausel erlassen wurde. Hat der Erteilung eine Originalurkunde zugrunde gelegen, so ist diese auch für die Zustellung vorzulegen.⁴⁴ Davon zu unterscheiden ist der Zustellungsvorgang gem. §§ 169 Abs. 2, 192 Abs. 2 durch Übergabe einer beglaubigten Abschrift.⁴⁵ Bei Klauselerteilung aufgrund offenkundiger Tatsachen brauchen Urkunden nicht zugestellt zu werden. Dasselbe gilt, wenn der Urkundentext in der Klausel vollständig wiedergegeben wurde oder ein Urteil nach § 731 ergangen ist.⁴⁶ Nach der Rspr des BGH gehört im Fall der durch Verschmelzung zweier

---

33 Hk-ZPO/*Kindl*, § 750 Rn 7.
34 BGH NJW-RR 2007, 358.
35 Hk-ZPO/*Kindl*, § 750 Rn 8.
36 *Giers*, DGVZ 2008, 145.
37 LG Bielefeld DGVZ 2003, 92.
38 Zöller/*Stöber*, § 189 Rn 6.
39 MüKo-ZPO/*Häublein*, § 189 Rn 8; *Christmann*, DGVZ 1994, 65.
40 BGH NJW 2006, 2191; Hk-ZPO/*Kindl*, § 750 Rn 8.
41 LG Neubrandenburg Rpfleger 2005, 37.
42 BGHZ 66, 79, 82; OLG Karlsruhe Rpfleger 2014, 420; Hk-ZPO/*Kindl*, § 750 Rn 7; Musielak/*Lackmann*, § 750 Rn 19.
43 Zöller/*Stöber*, § 750 Rn 18.
44 LG Saarbrücken DGVZ 2004, 93.
45 Hk-ZPO/*Kindl*, § 750 Rn 11; Zöller/*Stöber*, § 750 Rn 20.
46 Musielak/*Lackmann*, § 750 Rn 21.

Genossenschaften entstandenen Rechtsnachfolge auf der Gläubigerseite zu den zuzustellenden Urkunden auch ein Auszug aus dem Genossenschaftsregister, welcher den aktuellen Registerinhalt im Zeitpunkt der Erteilung der Vollstreckungsklausel für den Rechtsnachfolger wiedergibt.[47]

V. Wartefrist für Sicherungsvollstreckung (Abs. 3)

Die Sicherungsvollstreckung (§ 720 a) setzt nach Abs. 3 voraus, dass das Urteil **mindestens zwei Wochen vor** Beginn der Vollstreckung zugestellt wurde. Die **Klausel** muss nach der Rspr des BGH,[48] welcher sich die hM[49] angeschlossen hat, entgegen der früher überwiegend vertretenen Auffassung[50] nur noch unter den Voraussetzungen des Abs. 2 zugestellt werden. Diese Auffassung ist bedenklich, weil die mit der Zustellung der einfachen Klausel verbundene „Warnfunktion" entfällt und der Gläubiger durch Vorpfändungen (§ 845) bei größeren Forderungen eine Kontensperre erreichen kann, die der Schuldner nach Sicherheitsleistung (§ 720 a Abs. 3) erst im Wege der Erinnerung wieder zu beseitigen vermag.   23

VI. Weitere praktische Hinweise

Falsche Parteibezeichnungen schaden nicht in jedem Fall (s. Rn 9 f). Dennoch sollte bereits im **Erkenntnisverfahren** darauf geachtet werden, dass die Parteien, vor allem der Schuldner, richtig und so genau wie möglich bezeichnet werden. Bei nicht geläufigen ausländischen Namen ist zu recherchieren, ob es sich um einen Beklagten oder eine Beklagte handelt, bei abgekürzten Vornamen, ob dies der richtige Vorname oder nur ein Rufname ist. Die Vollstreckungsorgane können und müssen zwar (in beschränktem Umfang, s. Rn 12) Nachforschungen anstellen, doch kosten derartige Nachforschungen idR wertvolle Zeit.   24

VII. Kosten

Gerichtsgebühren entstehen nicht. Es können Zustellungsauslagen entstehen (Nr. 9002 KV GKG), die bei einer Wertgebühr jedoch nur erhoben werden, soweit in einem Rechtszug mehr als 10 Zustellungen anfallen. Bei Festgebühren (vgl Nr. 2110 ff KV GKG) können die Zustellungsauslagen aber der 10 Zustellungen erhoben werden.   25

Für den **Rechtsanwalt** gehört die Zustellung eines Vollstreckungstitels, der Vollstreckungsklausel und der sonstigen in § 750 genannten Urkunden zum Rechtszug (§ 19 Abs. 1 S. 2 Nr. 16 RVG) und ist für den dort tätigen Rechtsanwalt mit den Gebühren des Erkenntnisverfahrens abgegolten. Für den nur im Rahmen der Vollstreckung tätigen Rechtsanwalt ist die Zustellung durch die Verfahrensgebühr für die Zwangsvollstreckung (Nr. 3309 VV RVG) abgegolten. Die Gebühr entsteht für den mit der Zwangsvollstreckung beauftragten Rechtsanwalt aber bereits mit einer der in § 19 Abs. 1 S. 2 Nr. 16 RVG genannten Tätigkeiten.   26

Soll die Zustellung im Parteibetrieb (Abs. 1 S. 2) erfolgen oder ist eine Zustellung aus der Ausfertigung nicht ersichtlich, erfolgt eine Zustellung durch den **Gerichtsvollzieher** (§ 192). Dieser kann bei fehlender/nicht nachgewiesener Zustellung einen Zustellungsauftrag unterstellen (§ 44 Abs. 1 S. 2 GVGA). Der Ge-   27

---

47 BGHZ 195, 292, 295 = MDR 2013, 173; BGH NJW-RR 2014, 400; aA Hk-ZPO/ *Kindl*, § 750 Rn 11.
48 BGH Rpfleger 2005, 547.
49 Hk-ZPO/*Kindl*, § 750 Rn 12, Musielak/*Lackmann*, § 750 Rn 23; Zöller/*Stöber*, § 750 Rn 23.
50 OLG Hamm NJW-RR 1998, 87; OLG Schleswig NJW-RR 1988, 700; heute noch Baumbach/*Hartmann*, § 750 Rn 23.

richtsvollzieher stellt nach seinem Ermessen (§ 15 Abs. 2 S. 1 GVGA) entweder persönlich oder durch die Post zu. „Post" bedeutet auch private Unternehmen, die gewerbsmäßig Briefe befördern und damit verpflichtet sind, Zustellungen nach den Prozessordnungen vorzunehmen und insoweit als beliehene Unternehmen im Rahmen der Zustellung hoheitliche Befugnisse ausüben (§ 168 Abs. 1 S. 2 iVm § 33 Abs. 1, § 5 Abs. 1 PostG). Bei Eilbedürftigkeit, entsprechendem Antrag des Gläubigers oder besonderen Umständen ist die persönliche Zustellung vorrangig (§ 15 Abs. 2 S. 2 Nr. 1 und 2 GVGA). Dabei entstehen Gebühren (Nr. 100 bzw 101 KV GvKostG), Auslagenpauschale (Nr. 716 KV GvKostG) sowie bei persönlicher Zustellung Wegegeld (Nr. 711 KV GvKostG) und Zustellungsauslagen der Post bei Zustellung durch die Post (Nr. 701 KV GvKostG). Zustellung und anschließende Vollstreckung bilden bei dahingehendem gleichzeitigen Antrag an den Gerichtsvollzieher einen Auftrag (§ 3 Abs. 2 Nr. 1 GvKostG). Siehe näher die Erl. zum GvKostG.

§ 751 Bedingungen für Vollstreckungsbeginn

(1) Ist die Geltendmachung des Anspruchs von dem Eintritt eines Kalendertages abhängig, so darf die Zwangsvollstreckung nur beginnen, wenn der Kalendertag abgelaufen ist.

(2) Hängt die Vollstreckung von einer dem Gläubiger obliegenden Sicherheitsleistung ab, so darf mit der Zwangsvollstreckung nur begonnen oder sie nur fortgesetzt werden, wenn die Sicherheitsleistung durch eine öffentliche oder öffentlich beglaubigte Urkunde nachgewiesen und eine Abschrift dieser Urkunde bereits zugestellt ist oder gleichzeitig zugestellt wird.

§§ 45 Abs. 3, 48 GVGA

I. Allgemeines

1 Die Vollstreckbarkeit eines Titels wird grds. im Klauselverfahren (§§ 724 ff) geprüft. Das Vollstreckungsorgan stellt nur fest, ob die allgemeinen Vollstreckungsvoraussetzungen (s. § 704 Rn 3) vorliegen. Eine Ausnahme gilt für die **besonderen Vollstreckungsvoraussetzungen** (s. § 704 Rn 4): Abhängigkeit der Vollstreckung vom Eintritt eines Kalendertages (Abs. 1), von einer Sicherheitsleistung (Abs. 2) oder von einer Zug um Zug zu erbringenden Leistung des Gläubigers (§§ 756, 765; s. Erl. dort). Diese werden nicht im Klauselverfahren, sondern vom Vollstreckungsorgan vor Beginn der Zwangsvollstreckung geprüft. Ein **Verzicht** auf die Einhaltung der in Abs. 1 und 2 genannten besonderen Vollstreckungsvoraussetzungen ist ab Vollstreckungsbeginn, nicht aber schon vorher zulässig.[1]

II. Eintritt eines Kalendertages (Abs. 1)

2 **1. Kalendertag.** Abs. 1 gilt für alle Titel nach der ZPO (§§ 794, 795). Hauptanwendungsbereich ist die Verpflichtung des Schuldners zu einer **wiederkehrenden Leistung** (§ 258), insb. von Unterhalt (zB Zahlung eines bestimmten Betrages zum Ersten eines jeden Monats). Daneben kommen die Verurteilung zur künftigen Leistung oder Räumung (§§ 257, 259) und das Urteil nach § 510 b in Betracht.

3 Von einem **Kalendertag** ist die Vollstreckung abhängig, wenn entweder ein bestimmter Tag im Titel genannt ist (zB 30.11.2012) oder der Fristbeginn mit

---

[1] MüKo-ZPO/*Heßler*, § 751 Rn 31 f; Musielak/*Lackmann*, § 751 Rn 2.

einem bestimmten Tag bezeichnet ist.[2] In erweiternder Auslegung von Abs. 1 genügt es, dass die Frist mit der **Zustellung** beginnt, die das Vollstreckungsorgan als allgemeine Vollstreckungsvoraussetzung feststellen muss (str).[3] Ergibt sich die Zulässigkeit der Vollstreckung aus anderen Umständen, zB Zahlung von Unterhalt ab Rechtskraft der Scheidung, ist Abs. 1 nicht einschlägig.[4] Dasselbe gilt, wenn der Beginn einer Frist von derartigen Umständen abhängt.

2. Warte- und Räumungsfristen. Auf Wartefristen (§§ 750 Abs. 3, 798) und Räumungsfristen (§§ 721, 794 a) ist Abs. 1 nicht unmittelbar anwendbar. Dennoch ist es zulässig und entspricht allgemeiner Praxis, auch in diesen Fällen die Klausel sofort zu erteilen und dem **Vollstreckungsorgan** die **Überwachung des Fristablaufs** zu übertragen.[5]

3. Ablauf des Kalendertages. Voraussetzung der Vollstreckung ist der Ablauf des Kalendertages. Erst wenn der im Titel genannte Tag oder der letzte Tag der Frist, also der Fälligkeitstag,[6] abgelaufen ist, darf vollstreckt werden, dh frühestens **mit Beginn des Folgetages**.[7] Fällt der Fälligkeitstag auf einen **Sonnabend, Sonn- oder Feiertag**, tritt nach ganz hM an seine Stelle gem. § 193 BGB der nächste Werktag (Beispiel: Fälligkeitstag ist Sonntag, den 10.2., Fristablauf ist am 11.2. Vollstreckung ist somit frühestens am 12.2. zulässig).[8] Der Tag, an dem erstmals vollstreckt werden darf, kann, ggf unter Berücksichtigung von § 758 a Abs. 4, demgegenüber auf einen Sonnabend, Sonn- oder Feiertag fallen (Beispiel: Fälligkeitstag ist Freitag, der 8.2. Vollstreckung ist somit ab Sonnabend, den 9.2., zulässig).[9]

4. Ausnahmen. Abweichend von dem in Abs. 1 bestimmten Grundsatz, dass eine Vollstreckung wegen noch nicht fälliger Ansprüche nicht zulässig ist, darf nach § 850 d Abs. 3 vor Ablauf des Fälligkeitstages vollstreckt werden, wenn künftig fällig werdendes Arbeitseinkommen für künftige Unterhalts- oder gleichgestellte Ansprüche gepfändet wird (sog. **Vorratspfändung**).

Daneben wird die **Vorauspfändung**, dh die aufschiebend bedingte Pfändung wegen wiederkehrender Leistungen, insb. die Vorauspfändung von Kontoguthaben für künftig fällig werdende Unterhaltsansprüche, zugelassen.[10]

III. Sicherheitsleistung (Abs. 2)

1. Anwendungsbereich. Abs. 2 ist einschlägig, wenn der **Beginn** oder die **Fortsetzung** der Vollstreckung von einer **Sicherheit abhängt**. Die Notwendigkeit der Sicherheit folgt aus dem Titel. Die Vollstreckung darf nicht ohne Sicherheitsleistung **beginnen** bei Urteilen gem. §§ 709, 712 Abs. 2 S. 2. Die **Fortsetzung** der Vollstreckung hängt in den Fällen der §§ 709 S. 3, 720 a Abs. 1 S. 2 sowie dann, wenn der Schuldner von einer Abwendungsbefugnis gem. §§ 711, 720 a Abs. 3 Gebrauch gemacht hat, von der Sicherheitsleistung ab. Abs. 2 gilt auch, wenn die Vollstreckung nachträglich durch einen **Beschluss** gem. §§ 707 Abs. 1 S. 1, 719 Abs. 1, 769, ggf iVm § 323, von einer Sicherheitsleistung abhängig gemacht wird.[11]

---

2 Hk-ZPO/*Kindl*, § 751 Rn 2; MüKo-ZPO/*Heßler*, § 751 Rn 12.
3 Musielak/*Lackmann*, § 751 Rn 3; aA Zöller/*Stöber*, § 751 Rn 2.
4 Hk-ZPO/*Kindl*, § 751 Rn 2.
5 MüKo-ZPO/*Heßler*, § 751 Rn 14.
6 Hk-ZPO/*Kindl*, § 751 Rn 3.
7 Musielak/*Lackmann*, § 751 Rn 4.
8 Hk-ZPO/*Kindl*, § 751 Rn 3; MüKo-ZPO/*Heßler*, § 751 Rn 13; Musielak/*Lackmann*, § 751 Rn 4; aA Zöller/*Stöber*, § 751 Rn 2.
9 Musielak/*Lackmann*, § 751 Rn 4.
10 BGH NJW 2004, 369; Hk-ZPO/*Kindl*, § 751 Rn 1; MüKo-ZPO/*Heßler*, § 751 Rn 7.
11 Thomas/Putzo/*Seiler*, § 775 Rn 9.

9 **2. Art und Nachweis der Sicherheit. a) Grundsatz.** Zur Art der Sicherheit s. § 709 Rn 9 ff. Abs. 2 betrifft deren Nachweis. Dieser ist grds. durch **öffentliche** (§ 415) oder durch **öffentlich beglaubigte Urkunde** (§ 129 BGB) zu führen. In bestimmten Fällen ist der Nachweis der Sicherheitsleistung entbehrlich (s. § 709 Rn 15).

10 **b) Nachweis bei Hinterlegung.** Bei Hinterlegung von **Geld** oder **Wertpapieren** hat der Gläubiger gem. Abs. 2 den sog **Hinterlegungsschein**, das Zweitstück des Annahmeantrages mit Annahmeverfügung der Hinterlegungsstelle nach den Hinterlegungsgesetzen bzw -ordnungen der Länder (zB § 8 f NdsHintG), vorzulegen.[12] Dasselbe gilt bei Anordnung der Hinterlegung einer **Bürgschaft**. Damit der Bürgschaftsvertrag zustande kommt (s. § 709 Rn 14), muss außerdem eine Abschrift der **Bürgschaftsurkunde** zugestellt werden.[13] Üblicherweise wird jedoch nicht die Hinterlegung der Bürgschaft, sondern die Sicherheitsleistung durch Bürgschaft angeordnet (s. Rn 11).

11 **3. Nachweis bei Bürgschaft.** Für den Nachweis der Zustellung genügt die Bürgschaft an und für sich nicht den Anforderungen des Abs. 2, weil sie idR nicht in öffentlich beglaubigter Form, sondern privatschriftlich erteilt wird. Ausreichend ist die Einhaltung der Schriftform.[14] Ein **urkundlicher Nachweis** des Nachweises der Sicherheitsleistung wird daher nicht gefordert, wenn der Gerichtsvollzieher zu Beginn der Vollstreckung die Bürgschaftsurkunde übergibt, weil er dann durch die Übergabe der Urkunde bei der Sicherheitsleistung mitwirkt.[15] Liegt der Zeitpunkt der Zustellung vor der Vollstreckung, gilt die Zustellungsurkunde als urkundlicher Nachweis.[16] Das Empfangsbekenntnis des Rechtsanwalts reicht aus,[17] auch bei Zustellung der Bürgschaftsurkunde von Anwalt zu Anwalt nach § 195.[18] Einer **erneuten Zustellung** dieses Nachweises bedarf es nicht.[19] Die Frage, ob das Original der Bürgschaft zugestellt werden muss oder ob die Zustellung einer beglaubigten Abschrift genügt,[20] hat sich durch § 45 Abs. 3 GVGA (nF) erledigt. Danach ist immer das Original der Bürgschaftsurkunde zu übergeben.

IV. Mängel

12 Ein Verstoß gegen § 751 führt nicht zur Unwirksamkeit, sondern nur zur **Anfechtbarkeit** der betreffenden Vollstreckungsmaßnahme. Eine **Heilung** ist möglich, insb. durch nachträgliche Sicherheitsleistung oder durch Wegfall von deren Erforderlichkeit (s. § 709 Rn 15).[21]

V. Kosten

13 Für den **Rechtsanwalt**, der bereits im Erkenntnisverfahren tätig war, gehören die Mitwirkung bei der Erbringung der Sicherheitsleistung und das Verfahren wegen deren Rückgabe (§ 715) noch zum Rechtszug und sind mit den dort verdienten Gebühren abgegolten (Nr. 3100 ff VV RVG, § 19 Abs. 1 S. 2 Nr. 7 RVG). Für den nur bei der Erbringung der Sicherheitsleistung tätigen Rechtsanwalt handelt es sich um eine Einzeltätigkeit mit einer 0,8-Verfahrensgebühr nach Nr. 3403 VV

---

12 Zöller/*Stöber*, § 751 Rn 4.
13 MüKo-ZPO/*Heßler*, § 751 Rn 23.
14 OLG Koblenz MDR 1993, 470.
15 Musielak/*Lackmann*, § 751 Rn 7.
16 Hk-ZPO/*Kindl*, § 751 Rn 5.
17 LG Augsburg NJW-RR 1998, 1368.
18 LG Saarbrücken 19.2.2004 – 5 T 80/04; LG Augsburg NJW-RR 1998, 1368; Zöller/*Herget*, § 108 Rn 11.
19 OLG Koblenz MDR 1993, 470; Musielak/*Lackmann*, § 751 Rn 7.
20 Dazu Vorauflage (2. Aufl. 2013) § 751 Rn 11.
21 MüKo-ZPO/*Heßler*, § 751 Rn 36.

RVG, die ggf unter Beachtung von § 15 Abs. 6 RVG zu berechnen ist. Die der Mitwirkung bei der Erbringung der Sicherheitsleistung vorausgehende Beschaffung dürfte von § 19 Abs. 1 S. 2 Nr. 7 RVG nicht erfasst sein. Hierfür fällt nach einer Auffassung eine Geschäftsgebühr an (Nr. 2300 VV RVG).[22] Nach aA gehört die Beschaffung bei einer nachfolgenden Zwangsvollstreckung zur Vollstreckungsangelegenheit, ansonsten zur Hauptsache,[23] bzw als vorbereitende Maßnahme stets zur Zwangsvollstreckung.[24]

§ 752 Sicherheitsleistung bei Teilvollstreckung

¹Vollstreckt der Gläubiger im Fall des § 751 Abs. 2 nur wegen eines Teilbetrages, so bemisst sich die Höhe der Sicherheitsleistung nach dem Verhältnis des Teilbetrages zum Gesamtbetrag. ²Darf der Schuldner in den Fällen des § 709 die Vollstreckung gemäß § 712 Abs. 1 Satz 1 abwenden, so gilt für ihn Satz 1 entsprechend.

§ 48 Abs. 1 GVGA

I. Allgemeines

S. 1 regelt die Vollstreckung von Teilbeträgen einer Geldforderung aus einem Urteil, das gegen eine Sicherheitsleistung in bestimmter Höhe (§ 709 S. 1) vorläufig vollstreckbar ist. Da die Gerichte bei Verurteilung zur Zahlung überwiegend von § 709 S. 2 Gebrauch machen und die Höhe der Sicherheitsleistung in einem bestimmten Verhältnis zur Höhe des jeweils zu vollstreckenden Betrages angeben, ist der Anwendungsbereich von S. 1 nicht groß. Noch kleiner ist der Anwendungsbereich von S. 2. Die Regelung betrifft die korrespondierende Abwendungsbefugnis des Schuldners, allerdings nur im Fall des § 712 Abs. 1 S. 1. In der Praxis werden Anträge nach § 712 nur selten gestellt (s. § 712 Rn 2).

II. Teilvollstreckung (S. 1)

1. Voraussetzungen. Eine Teilvollstreckung nach § 709 S. 1 setzt voraus, dass ein gegen Sicherheitsleistung vorläufig vollstreckbares Urteil iSv § 709 S. 1 vorliegt, das auf eine **Geldleistung** lautet. Die Sicherheitsleistung darf nicht gem. § 709 S. 2 ins Verhältnis zur Höhe des jeweils zu vollstreckenden Betrages gesetzt worden sein. Es muss sich vielmehr um eine **betragsmäßig festgelegte Sicherheit** handeln, zB: „Das Urteil ist gegen Sicherheitsleistung iHv 14.400 € vorläufig vollstreckbar." S. 1 ist nicht anwendbar, wenn der Schuldner zu unterschiedlichen Leistungen verurteilt wurde und eine einheitliche Sicherheitsleistung Voraussetzung der vorläufigen Vollstreckbarkeit ist. Das gilt auch, wenn sich der Wert der einzelnen Leistungen ausdrücklich aus der im Urteil erfolgten Streitwertfestsetzung ergibt (str).[1] Wenn schon im Urteil mehrere Teilsicherheiten für Teilbeträge ausgewiesen sind, zB bei wiederkehrenden Leistungen, ist S. 1 ebenfalls nicht anwendbar.[2] Die Sicherheitsleistung darf letztlich nicht bereits entbehrlich geworden sein (s. § 709 Rn 15). S. 1 findet nur Anwendung, wenn der **Nachweis** gem. § 751 Abs. 2 zu führen ist.

---

22 Vgl OLG Koblenz JurBüro 1984, 562; Gerold/Schmidt/*Müller-Rabe*, Nr. 3309 VV RVG Rn 345; AnwK-RVG/*Wolf/Mock/Volpert/N. Schneider/Fölsch/Thiel*, § 19 Rn 75.
23 OLG Bamberg JurBüro 1985, 1502.
24 OLG München NJW-RR 2000, 517; OLG Dresden JurBüro 2005, 50.
1 Hk-ZPO/*Kindl*, § 752 Rn 1; aA Musielak/*Lackmann*, § 752 Rn 1.
2 Hk-ZPO/*Kindl*, § 752 Rn 1; Zöller/*Stöber*, § 752 Rn 2.

3 **2. Höhe der Sicherheitsleistung.** Die Höhe der für eine Teilvollstreckung erforderlichen Sicherheit lässt sich mit Hilfe einer einfachen **Dreisatzformel** berechnen (nach § 48 Abs. 1 GVGA):

$$\frac{\text{Zu vollstreckender Teilbetrag} \times \text{Gesamtsicherheitsleistung}}{\text{Gesamtbetrag der zu vollstreckenden Forderung}}$$

Gesamtbetrag der zu vollstreckenden Forderung ist grds. die gesamte **Hauptforderung**. Zur Vollstreckung der Kosten s. aber Rn 5. Wenn also das Urteil auf eine (Haupt-)Forderung von 12.000 € lautet und gegen Sicherheitsleistung von 14.400 € vorläufig vollstreckbar ist, wird für die Vollstreckung eines Teilbetrages von 5.000 € eine Sicherheit von 5.000 € x 14.400 € : 12.000 € = 6.000 € benötigt. Bei mehreren Teilvollstreckungen ist jeweils eine anteilige Sicherheitsleistung nachzuweisen. Dabei kann der Gläubiger auf die bereits vollstreckten Teilbeträge zurückgreifen.[3]

4 Falls der Gläubiger die **Sicherheit nur in einer begrenzten Höhe** aufbringen kann und er berechnen will, in welchem Umfang danach eine Teilvollstreckung möglich ist, gilt folgende Formel:

$$\frac{\text{Teilsicherheitsleistung} \times \text{Gesamtbetrag der zu vollstreckenden Forderung}}{\text{Gesamtsicherheitsleistung}}$$

Damit kann aus dem o.g. Urteil (s. Rn 3) bei Nachweis einer Sicherheit von 8.400 € in Höhe von 8.400 € x 12.000 € : 14.400 € = 7.000 € vollstreckt werden.

5 **3. Vollstreckung nur wegen der Kosten und Zinsen.** S. 1 gilt auch für die Teilvollstreckung aus einem in der Sache ergangenen **Kostenfestsetzungsbeschluss**.[4] In diesem Fall berechnet sich die in die Formeln gem. Rn 3 einzusetzende Gesamtforderung aus der Hauptforderung zuzüglich der Kosten.[5] Als Teilbetrag sind die Kosten einzusetzen.[6] Entsprechendes gilt für die Vollstreckung ausschließlich von **Zinsen**. Die neben der Hauptforderung vollstreckten Zinsen sind dagegen nicht zu berücksichtigen.[7]

III. Abwendung der Teilvollstreckung (S. 2)

6 S. 2 betrifft die Abwendung der Teilvollstreckung nur für den Fall, dass dem Schuldner gem. § 712 Abs. 1 S. 1 auf Antrag gestattet wurde, die Vollstreckung durch Sicherheitsleistung oder Hinterlegung ohne Rücksicht auf eine Sicherheitsleistung des Gläubigers abzuwenden (zum Anwendungsbereich s. § 712 Rn 2). Die Vorschrift ist daher nicht anwendbar, wenn der Gläubiger aus einem nach §§ 708, 711 vorläufig vollstreckbaren Urteil eine Teilforderung vollstreckt.[8] In diesem Fall muss der Schuldner die volle Sicherheitsleistung nachweisen, um die Teilvollstreckung abzuwenden (s. § 711 Rn 5). In der Praxis begegnet die Abwendung der Teilvollstreckung durch Teilsicherheitsleistung der Schwierigkeit, dass der Schuldner vor der Vollstreckung idR nicht weiß, in welcher Höhe der Gläubiger vollstrecken will, und daher im Zweifel die Sicherheit in voller Höhe leisten wird.

---

3 Thomas/Putzo/*Seiler*, § 752 Rn 4.
4 Musielak/*Lackmann*, § 752 Rn 4.
5 Hk-ZPO/*Kindl*, § 752 Rn 2; Musielak/*Lackmann*, § 752 Rn 4; Zöller/*Stöber*, § 752 Rn 2.
6 Zöller/*Stöber*, § 752 Rn 2.
7 Musielak/*Lackmann*, § 752 Rn 4.
8 Hk-ZPO/*Kindl*, § 752 Rn 3.

§ 753 Vollstreckung durch Gerichtsvollzieher

(1) Die Zwangsvollstreckung wird, soweit sie nicht den Gerichten zugewiesen ist, durch Gerichtsvollzieher durchgeführt, die sie im Auftrag des Gläubigers zu bewirken haben.

(2) [1]Der Gläubiger kann wegen Erteilung des Auftrags zur Zwangsvollstreckung die Mitwirkung der Geschäftsstelle in Anspruch nehmen. [2]Der von der Geschäftsstelle beauftragte Gerichtsvollzieher gilt als von dem Gläubiger beauftragt.

(3) [1]Das Bundesministerium der Justiz wird ermächtigt, durch Rechtsverordnung mit Zustimmung des Bundesrates verbindliche Formulare für den Auftrag *nach Absatz 2*[1] einzuführen. [2]Für elektronisch eingereichte Aufträge können besondere Formulare vorgesehen werden.

§§ 4, 31, 64 GVGA; §§ 19, 20, 22, 23, 24 GVO

I. Normzweck 1	V. Vollstreckungsverfahren 16
II. Ergänzende Verwaltungsbestimmungen 2	VI. Formularzwang (Abs. 3) 18
III. Funktionelle Zuständigkeit und Vollstreckungsauftrag (Abs. 1) .. 5	VII. Rechtsbehelf 19
IV. Mittelbare Beauftragung (Abs. 2) 12	VIII. Kosten 20

I. Normzweck

Die Vorschrift bestimmt die allgemeine Zuständigkeit der Gerichtsvollzieher für die Zwangsvollstreckung (Abs. 1) und das Verfahren zur Auftragserteilung (Abs. 2). Sie ermächtigt die Justizverwaltung, verbindliche Antragsformulare einzuführen (Abs. 3). 1

II. Ergänzende Verwaltungsbestimmungen

In § 154 GVG werden die Justizverwaltungen der Länder ermächtigt, die Dienst- und Geschäftsverhältnisse der Gerichtsvollzieher zu regeln. 2

Die wichtigsten Regelungen finden sich in der bundeseinheitlichen **Geschäftsanweisung für Gerichtsvollzieher (GVGA)**[2] und in den **Gerichtsvollzieherordnungen (GVO)**.[3] Zusätzlich sind von den Landesjustizverwaltungen und den zuständigen Verwaltungen der Amts-, Land- und Oberlandesgerichte eine Vielzahl weiterer Verwaltungsbestimmungen erlassen worden. 3

Da der Gerichtsvollzieher einen Beamtenstatus hat, ist er an die Verwaltungsbestimmungen **gebunden** und muss sie bei seinen Dienstgeschäften beachten. 4

---

1 *Kursive Hervorhebung:* Derzeit geltende Fassung. – Geplante Streichung der Wörter „nach Absatz 2" durch RefE des BMJV vom 9.12.2014 – „Entwurf eines Gesetzes zur Durchführung der Verordnung (EU) Nr. 655/2014 sowie zur Änderung sonstiger zivilprozessualer Vorschriften (**EuKoPfVODG**)", Art. 1 Nr. 4. Geplantes Inkrafttreten der Änderung: am Tag nach der Verkündung (Art. 10 Abs. 2).
2 Bundeseinheitliche Neufassung der GVGA, vgl zB Nordrhein-Westfalen: AV d. JM vom 9.8.2013 (2344 - Z. 124.1) – JMBl. NRW S. 210 –, in Kraft getreten am 1.9.2013. S. hierzu auch Einl. GVGA/GVO Rn 2 ff sowie Abdruck der GVGA in diesem Werk.
3 Bundeseinheitliche Neufassung der GVO, vgl zB Nordrhein-Westfalen: AV d. JM vom 9.8.2013 (2344 - Z. 124.2) – JMBl. NRW S. 211 –, in Kraft getreten am 1.9.2013. S. hierzu auch Einl. GVGA/GVO Rn 5 sowie Abdruck der GVO in diesem Werk.

III. Funktionelle Zuständigkeit und Vollstreckungsauftrag (Abs. 1)

5 Soweit die Zwangsvollstreckung nicht durch Gesetz dem Vollstreckungsgericht (vgl § 764 Rn 2 ff), dem Grundbuchamt (vgl § 867 Rn 17) oder dem Prozessgericht (vgl § 887 Rn 20, § 890 Rn 5) zugewiesen wird, ist der Gerichtsvollzieher **funktionell zuständig**.

6 Zum **Aufgabenbereich** des Gerichtsvollziehers gehören daher folgende Vollstreckungsmaßnahmen (vgl auch Übersicht: Vor §§ 802 a–802 f Rn 15):

- die Abnahme der Vermögensauskunft und der eidesstattlichen Versicherung (§§ 802 c ff);
- Auskünfte Dritter über das Vermögen des Schuldners (§ 802 l) einzuholen;
- die Zwangsvollstreckung wegen Geldforderungen in bewegliche körperliche Sachen einschließlich der Wertpapiere und der noch nicht vom Boden getrennten Früchte (§§ 803–827);
- die Pfändung von Forderungen aus Wechseln und anderen Papieren, die durch Indossament übertragen werden können, durch Wegnahme dieser Papiere (§ 831);
- eine Vorpfändung (§ 845) durchzuführen;
- die Zwangsvollstreckung zur Erwirkung der Herausgabe von beweglichen Sachen sowie zur Erwirkung der Herausgabe, Überlassung und Räumung von unbeweglichen Sachen und eingetragenen Schiffen und Schiffsbauwerken (§§ 883–885);
- die Zwangsvollstreckung zur Beseitigung des Widerstandes des Schuldners gegen Handlungen, die er nach den §§ 887, 890 zu dulden hat (§ 892);
- die Vollziehung von Arrestbefehlen und einstweiligen Verfügungen in dem Umfang, in dem die Zwangsvollstreckung dem Gerichtsvollzieher zusteht (§§ 916–945).

7 Zusätzlich hat der Gerichtsvollzieher auch folgende Aufgaben:

- erforderlichenfalls den Aufenthaltsort des Schuldners zu ermitteln (§ 755);
- in jeder Lage des Verfahrens eine gütliche Erledigung der Sache (§ 802 b) zu versuchen;
- das Vollstreckungsgericht zu unterstützen, zB bei der Wegnahme von Urkunden über eine gepfändete Forderung (Hypothekenbrief) (vgl §§ 121–126 GVGA).

8 Die Zwangsvollstreckung erfordert als verfahrenseinleitende Prozesshandlung einen **Antrag** des Gläubigers (s. § 754). Damit bestimmt der Gläubiger Beginn, Art und Ausmaß des Vollstreckungszugriffs. Er hat die Herrschaft über seinen vollstreckbaren Anspruch und bleibt somit auch „Herr" seines Verfahrens.[4] **Weisungen des Gläubigers** hat der Gerichtsvollzieher insoweit zu berücksichtigen, als sie mit den Gesetzen oder den Verwaltungsbestimmungen nicht in Widerspruch stehen.

9 Der Gerichtsvollzieher ist weder Vertreter noch Erfüllungsgehilfe des Gläubigers. Zwischen ihm und dem Gläubiger besteht kein privatrechtliches Auftragsverhältnis (der Begriff „Auftrag" ist missverständlich),[5] sondern ein **öffentlich-rechtliches Rechtsverhältnis** (vgl § 754 Rn 1 ff).[6]

---

4 Zöller/*Stöber*, Vor § 704 Rn 19.
5 Vgl BVerwGE 65, 260 = NJW 1983, 896.
6 BGH NZM 2009, 275 = DGVZ 2009, 99 = MDR 2009, 651.

Der Gerichtsvollzieher ist **Organ der Rechtspflege**[7] und handelt bei der ihm zugewiesenen Zwangsvollstreckung **selbstständig**.[8] Er unterliegt zwar der Aufsicht, aber nicht der unmittelbaren Leitung des Gerichts. 10

Den Gerichtsvollzieher trifft kraft seiner gesetzlichen Stellung als Vollstreckungsorgan im Rahmen des ihm erteilten Vollstreckungsauftrags eine **Vermögensbetreuungspflicht** gegenüber dem Vollstreckungsgläubiger.[9] 11

IV. Mittelbare Beauftragung (Abs. 2)

Die **örtliche Zuständigkeit** des Gerichtsvollziehers bestimmt sich danach, wo die Vollstreckungshandlung stattfinden soll (Abs. 1 iVm § 764 Abs. 2). Maßgeblich ist somit grds. die Anschrift des Schuldners. Gemäß § 755 hat der Gerichtsvollzieher die Aufgabe, erforderlichenfalls den Aufenthaltsort des Schuldners zu ermitteln (s. § 755 Rn 1 ff). 12

Ein Vollstreckungsgläubiger muss den zuständigen Gerichtsvollzieher nicht direkt beauftragen, sondern kann die **Verteilungsstelle** des für die Vollstreckung örtlich zuständigen Amtsgerichts bemühen. Diese leitet den Vollstreckungsauftrag an den zuständigen Gerichtsvollzieher weiter (vgl § 17 Abs. 2 GVO). 13

Auf Antrag des Gläubigers kann auch die Geschäftsstelle des Amtsgerichts den Auftrag (zB zur Zustellung) an die Verteilungsstelle zur Weiterleitung an den zuständigen Gerichtsvollzieher übersenden. Für das weitere Verfahren gilt der Auftrag als vom Gläubiger gestellt. Wird ein Antrag auf Erlass einer einstweiligen Anordnung einer vorläufigen Regelung nach § 1 oder § 2 GewSchG[10] gestellt, gilt damit zugleich auch ein Auftrag an den Gerichtsvollzieher unter Vermittlung der Geschäftsstelle zur Zustellung und zur Vollstreckung als gestellt (§ 214 Abs. 2 FamFG). 14

Der Gläubiger ist aber auch berechtigt, den Auftrag dem zuständigen Gerichtsvollzieher **unmittelbar** zu erteilen. Die Verteilungsstelle ist verpflichtet, ihm den zuständigen Gerichtsvollzieher zu benennen. 15

V. Vollstreckungsverfahren

Der Gerichtsvollzieher hat die **allgemeinen Verfahrensvoraussetzungen** zu prüfen (s. § 704 Rn 5). Dies sind insb. der Antrag (s. § 754 Rn 1 ff), die funktionelle und örtliche Zuständigkeit, die Partei- und Prozessfähigkeit von Gläubiger und Schuldner (§§ 50, 51), die Zulässigkeit der Vertretung (§ 79) und der Nachweis der Vollmacht (§§ 80, 81 und 88). Häufig wird das Original der Vollmacht beim Amtsgericht hinterlegt und im Rahmen des Vollstreckungsauftrags dann darauf verwiesen. 16

Ferner hat der Gerichtsvollzieher die **allgemeinen und besonderen Vollstreckungsvoraussetzungen** zu prüfen (s. § 704 Rn 3 f; §§ 35 ff GVGA) und eventuelle Vollstreckungshindernisse (zB anhängiges Insolvenzverfahren, § 89 Abs. 1 InsO; vgl auch § 51 GVGA) zu beachten. 17

VI. Formularzwang (Abs. 3)

Derzeit (August 2015) liegt ein Entwurf des Bundesministeriums der Justiz und für Verbraucherschutz einer „**Verordnung über das Formular für den Vollstreckungsauftrag an den Gerichtsvollzieher (Gerichtsvollzieherformular-Verordnung** 18

---

7 BGHZ 93, 287 = NJW 1985, 1711 = Rpfleger 1987, 12.
8 BGHZ 93, 287 = NJW 1985, 1711 = Rpfleger 1987, 12.
9 BGH Rpfleger 2011, 334 = NStZ 2011, 281 = wistra 2011, 184.
10 Zur Vollstreckung nach § 1 und § 2 GewSchG s. auch den Schwerpunktbeitrag „7. Zwangsvollstreckung und Gewaltschutzgesetz" in diesem Werk.

– GVFV)" vor (BR-Drucks. 336/15 (neu) vom 7.8.2015). Die Verordnung schafft ein einheitliches Formular für den Vollstreckungsauftrag an den Gerichtsvollzieher zur Vollstreckung wegen Geldforderungen in körperliche Sachen. Zur besseren Verständlichkeit wird an Stelle des traditionellen ZPO-Sprachgebrauchs „zur Vollstreckung wegen Geldforderungen in körperliche Sachen" der Begriff „zur Vollstreckung von Geldforderungen" verwendet.[11]

Mit der Einführung des Formulars wird die Verordnungsermächtigung in Abs. 3 allerdings nur teilweise ausgefüllt. Für die anderen Arten der Vollstreckung durch den Gerichtsvollzieher kann nach wie vor ein formloser Auftrag erteilt werden.

Soweit das Formular eingeführt ist, muss sich der Antragsteller des Formulars bedienen. Das Formular besteht aus dem Vollstreckungsauftrag und zwei amtlichen Anlagen. Die Anlage 1 beinhaltet die Forderungsaufstellung, die Anlage 2 die Hinweise zum Ausfüllen und Einreichen des Vollstreckungsauftrags.

Das Formular wird für die nicht elektronische Verwendung durch die Nutzer eingeführt. Die erforderlichen Angaben sollen künftig aber auch in strukturierter Form übermittelt werden können. Die Verordnung enthält hierzu Regelungen in § 3 GVFV-E (elektronisch ausfüllbares und auslesbares Formular) und § 4 GVFV-E (Formular zur Übermittlung der Daten in elektronischer Form).

Durch § 1 Abs. 1 GVFV-E erfolgt – vorbehaltlich des § 2 GVFV-E (zulässige Abweichungen vom Formular; Einreichung des Auftrags) – eine verbindliche Festlegung des Formularinhalts, die sowohl für Papierformulare als auch für die in §§ 3 und 4 GVFV-E vorgesehenen besonderen elektronischen Formulare in gleicher Weise gilt.

Vorgesehen ist eine Übergangsfrist von mehr als sechs Monaten für die verbindliche Nutzung des Formulars (vgl. § 5 GVFV-E) nach Verkündung der Verordnung.

VII. Rechtsbehelf

19 Führt der Gerichtsvollzieher den Auftrag fehlerhaft oder verzögert aus, kann der Gläubiger gegen die Art und Weise der Zwangsvollstreckung Erinnerung einlegen (s. § 766 Rn 2, 5 f). Eine Rechtsbehelfsbelehrung nach § 232 ist nicht erforderlich.

VIII. Kosten

20 Die Kosten der Vollstreckung durch den Gerichtsvollzieher sind im **„Gesetz über Kosten der Gerichtsvollzieher (Gerichtsvollzieherkostengesetz – GvKostG)"** geregelt.[12] Weitere Grundlagen der Kostenberechnung durch den Gerichtsvollzieher ergeben sich aus den **„Durchführungsbestimmungen zum Gerichtsvollzieherkostengesetz (DB-GvKostG)"**[13] und aus einzelnen Bestimmungen der GVGA.

21 Für die Vollstreckungstätigkeit des Gerichtsvollziehers fallen Festgebühren und Auslagen (§ 1 Abs. 1 GvKostG) an, deren Gläubigerin die Landeskasse ist (Nr. 1 DB-GvKostG). Die Auslagenerstattung ist teilweise pauschaliert (Dokumentenpauschale, Nr. 700 KV GvKostG; Wegegeld, Nr. 711 KV GvKostG; Auslagenpauschale, Nr. 716 KV GvKostG) oder entspricht der tatsächlichen Höhe entstandener Auslagen (zB Bekanntmachungskosten, Nr. 702 KV GvKostG; Kosten für Arbeitshilfen, Nr. 709 KV GvKostG).

---

11 Begr., BR-Drucks. 336/15 (neu), S. 17.
12 S. hierzu die Kommentierung in diesem Werk.
13 Abgedruckt in diesem Werk im Rahmen der Kommentierung des GvKostG.

§ 754 Vollstreckungsauftrag und vollstreckbare Ausfertigung

(1) Durch den Vollstreckungsauftrag und die Übergabe der vollstreckbaren Ausfertigung wird der Gerichtsvollzieher ermächtigt, Leistungen des Schuldners entgegenzunehmen und diese zu quittieren sowie mit Wirkung für den Gläubiger Zahlungsvereinbarungen nach Maßgabe des § 802 b zu treffen.

(2) ¹Dem Schuldner und Dritten gegenüber wird der Gerichtsvollzieher zur Vornahme der Zwangsvollstreckung und der in Absatz 1 bezeichneten Handlungen durch den Besitz der vollstreckbaren Ausfertigung ermächtigt. ²Der Mangel oder die Beschränkung des Auftrags kann diesen Personen gegenüber von dem Gläubiger nicht geltend gemacht werden.

§§ 4, 31, 60 GVGA

I. Legitimation des Gerichtsvollziehers 1	2. Zahlungsannahme 10
II. Befugnisse des Gerichtsvollziehers zur Abwendung der Vollstreckung; Übergangsrecht 9	3. Zahlungsvereinbarung, § 802 b Abs. 2 15
1. Gütliche Erledigung 9	4. Weitere Befugnisse 18
	III. Kosten 18

I. Legitimation des Gerichtsvollziehers

Mit der Erteilung des Vollstreckungsauftrags durch den Gläubiger und der Übergabe der vollstreckbaren Ausfertigung des Titels an den Gerichtsvollzieher (s. § 724 Rn 1 ff) ist der Antrag auf Vornahme einer Zwangsvollstreckungshandlung verbunden. 1

Der Auftrag kann dem Gerichtsvollzieher **schriftlich**, elektronisch (§ 130 a) oder **mündlich** erteilt werden. Der schriftliche oder elektronische Auftrag kann auch mittelbar über die Verteilungsstelle erteilt werden (s. § 753 Rn 15 f). 2

Der Auftrag muss eindeutig und **bestimmt** sein. Er muss daher genaue Angaben zu den Personen (Gläubiger und Schuldner), der Vollstreckungsforderung und der beantragten Vollstreckungshandlung enthalten. Die Vollstreckungsforderung muss nach Kosten, Zinsen und Hauptforderung aufgeschlüsselt werden und die korrekte Verrechnung der bisherigen Zahlungen des Schuldners beinhalten. 3

Auch ohne ausdrücklichen Auftrag soll der Gerichtsvollzieher in jeder Lage des Verfahrens auf eine gütliche Erledigung bedacht sein (s. § 802 b). Solange der Gläubiger eine Zahlungsvereinbarung nicht ausdrücklich ausschließt, kann der Gerichtsvollzieher dem Schuldner eine Zahlungsfrist einräumen (Abs. 1 iVm § 802 b). 4

Mit dem Vollstreckungsauftrag muss dem Gerichtsvollzieher auch die **vollstreckbare Ausfertigung** des Schuldtitels (s. § 724 Rn 1 ff) **übergeben** werden. Der schriftliche oder mündliche Auftrag zur Zwangsvollstreckung (s. Rn 2) in Verbindung mit der Übergabe der vollstreckbaren Ausfertigung **legitimiert** den Gerichtsvollzieher, die Zwangsvollstreckung durchzuführen und die in Abs. 1 bezeichneten Handlungen vorzunehmen. 5

Der Gläubiger kann die Vollstreckungsbefugnisse erweitern (zB Rn 8, § 755 Rn 2), aber nicht wirksam beschränken (Abs. 2 S. 2). Er muss die Handlungen des Gerichtsvollziehers gegen sich gelten lassen; auf einen materiell-rechtlichen Mangel kann er sich dem Schuldner oder Dritten gegenüber nicht berufen. 6

Allein der **Besitz der vollstreckbaren Ausfertigung** ermächtigt den Gerichtsvollzieher gegenüber Schuldnern und Dritten zur Zwangsvollstreckung und zur Ausführung der dazu erforderlichen Handlungen. Der Gerichtsvollzieher trägt des- 7 halb die vollstreckbare Ausfertigung bei Vollstreckungshandlungen stets bei sich und zeigt sie auf Verlangen vor (§ 31 Abs. 4 S. 5 GVGA). Zur persönlichen Legitimation weist er sich durch seinen **Dienstausweis** aus (§ 5 GVO).

8 Hat der Schuldner nur gegen Aushändigung einer Urkunde zu leisten (zB Wechsel, Anweisung oder Orderpapier), muss dem Gerichtsvollzieher vor Beginn der Zwangsvollstreckung auch diese Urkunde vom Gläubiger ausgehändigt worden sein. Soweit eine Vollstreckungsklausel entbehrlich ist (zB bei einem Vollstreckungsbescheid, einem Arrest oder einer einstweiligen Verfügung; s. § 724 Rn 3), genügt der Besitz einer einfachen Ausfertigung.

II. Befugnisse des Gerichtsvollziehers zur Abwendung der Vollstreckung; Übergangsrecht

9 **1. Gütliche Erledigung.** Der Gerichtsvollzieher hat das Recht und die Pflicht, in jeder Lage des Verfahrens auf eine gütliche Erledigung bedacht zu sein (§ 802 b Abs. 1).

10 **2. Zahlungsannahme.** Der Gerichtsvollzieher ist ermächtigt, Zahlungen zur Abwendung der Zwangsvollstreckung und freiwillig erbrachte Zahlungen (vgl §§ 59 Abs. 2, 60 Abs. 2 GVGA) **entgegenzunehmen** und zu **quittieren**. Dies gilt auch für **Schecks** und sonstige Leistungen. Mit der Annahme durch den Gerichtsvollzieher gilt der Gläubiger als befriedigt (§ 815 Abs. 3 analog).[1] Nach vollständiger Erfüllung händigt der Gerichtsvollzieher dem Schuldner die vollstreckbare Ausfertigung des Titels aus (vgl § 757 Rn 1). Entgegenstehende Weisungen des Gläubigers binden den Gerichtsvollzieher nicht.

11 Der Gerichtsvollzieher ist auch berechtigt, **Teilzahlungen** entgegenzunehmen.

12 Reicht die freiwillig erbrachte Zahlung bzw der Vollstreckungserlös nicht aus, die gesamte Schuld zu tilgen, so wird der Betrag zunächst auf die Kosten, dann auf die Zinsen und zuletzt auf die Hauptforderung angerechnet (§ 367 Abs. 1 BGB; vgl § 118 Abs. 2 GVGA).

13 Liegen dem Gerichtsvollzieher **mehrere Aufträge gegen denselben Schuldner** vor, kann dieser bei einer freiwilligen Teilzahlung entsprechend § 366 Abs. 1 BGB bestimmen, auf welche Forderung die Zahlung zu verrechnen ist.[2] Trifft der Schuldner keine Bestimmung, wird die Teilzahlung nach § 366 Abs. 2 BGB verrechnet, also jede Schuld im Verhältnis zu der Gesamtvollstreckungsforderung getilgt. Das **Bestimmungsrecht des Schuldners** endet, wenn der Gerichtsvollzieher mit der Vollstreckung begonnen hat. Dies ist der Zeitpunkt, in dem der Gerichtsvollzieher erstmalig erscheint und pfänden will.[3] Während der Vollstreckung hat der Schuldner die Möglichkeit der Bestimmung daher nicht mehr.[4] Nach Vollstreckungsbeginn verrechnet der Gerichtsvollzieher ausschließlich entsprechend § 117 GVGA im Verhältnis der Gesamtforderungen.

14 Wenn der Gerichtsvollzieher mit der Vollstreckung von **Geldstrafen** und **Geldbußen** beauftragt wird, werden Teilbeträge zunächst auf die Geldstrafe (s. § 459 b StPO) bzw Geldbuße (s. § 94 OWiG) dann auf die etwa angeordneten Nebenfolgen, die zu einer Geldstrafe verpflichten, und zuletzt auf die Kosten des Verfahrens angerechnet.

15 **3. Zahlungsvereinbarung, § 802 b Abs. 2.** Sofern der Gläubiger im Auftrag eine Zahlungsvereinbarung nicht ausdrücklich ausgeschlossen hat, kann der Gerichtsvollzieher dem Schuldner eine **Zahlungsfrist** einräumen oder eine **Ratenzahlung**

---

1 BGHZ 179, 298 = NJW 2009, 1085 = JurBüro 2009, 330.
2 Vgl BGH NJW 2008, 2842 = MDR 2008, 1051 = WM 2008, 1298.
3 BGH InVo 2004, 331 = NJW-RR 2004, 1220 = WM 2004, 583.
4 BGHZ 140, 391 = NJW 1999, 1704 = InVo 1999, 148.

gestatten. Die Tilgung soll binnen zwölf Monaten abgeschlossen sein, kann im Einzelfall aber auch eine längere Laufzeit haben. In jedem Fall muss der Schuldner aber glaubhaft darlegen, dass er den Zahlungsplan einhalten kann.

Mit dem Abschluss der Zahlungsvereinbarung (Zahlungsfrist oder Ratenzahlung) ist die **Vollstreckung aufgeschoben**. Der Gerichtsvollzieher stellt die Vollstreckung ein, rechnet seine Tätigkeit ab und sendet die Vollstreckungsunterlagen an den Gläubiger zurück. Der Gläubiger hat jedoch die Möglichkeit, die Vereinbarung zu widerrufen (vgl § 802 b Abs. 3 S. 2). 16

Mit den Zahlungsvereinbarungen zwischen dem Gerichtsvollzieher und dem Schuldner sind keine materiell-rechtlichen Folgen geknüpft. Die Vereinbarungen haben keinen Einfluss auf Fälligkeit und Verzug. Die Verzinsung läuft grds. weiter. 17

4. Weitere Befugnisse. Weitere Befugnisse hat der Gerichtsvollzieher nur, soweit sie ihm vom Gläubiger eingeräumt werden. Hier käme zB der Abschluss eines Vergleichs, die Annahme von Ersatzleistungen oder die Übermittlung von Erklärungen in Betracht. 18

III. Kosten

Mit der **Erteilung eines Auftrags** an den Gerichtsvollzieher entstehen Kosten. Ein Auftrag ist erteilt, wenn er dem Gerichtsvollzieher oder der Geschäftsstelle des Gerichts, deren Vermittlung oder Mitwirkung in Anspruch genommen wird, zugegangen ist (§ 3 Abs. 3 S. 1 GvKostG). Die Erteilung eines Auftrags bei der Verteilungsstelle des Gerichts (s. § 753 Rn 15 f) steht der unmittelbaren Auftragserteilung an den zuständigen Gerichtsvollzieher gleich (§ 24 Abs. 1 S. 1 GVO). Auch wenn ein Auftrag **zurückgenommen** wird oder aus tatsächlichen oder rechtlichen Gründen nicht durchgeführt werden kann, entstehen im Regelfall Kosten (vgl § 3 Abs. 4 S. 1 GvKostG). 18

Die entstandenen Gebühren werden **fällig**, wenn der Auftrag durchgeführt ist, länger als zwölf Monate ruht (§ 14 S. 1 GvKostG) bzw als durchgeführt gilt (§ 3 Abs. 4 GvKostG). Auslagen werden sofort nach ihrer Entstehung fällig (§ 14 S. 2 GvKostG). Bei länger dauernden Verfahren (zB Ratenzahlung, Ruhen des Verfahrens) können die Gebühren bereits vor ihrer Fälligkeit (§ 14 GvKostG) vorschussweise erhoben oder den vom Schuldner gezahlten Beträgen (§ 15 Abs. 2 GvKostG) entnommen werden (Nr. 3 Abs. 5 DB-GvKostG). 20

Die **Anzahl der Aufträge** bzw die Frage, ob ein Auftrag kostenrechtlich einen oder mehrere Aufträge darstellt, ist entscheidend für die Berechnung der Kosten der Gerichtsvollzieher (s. § 3 GvKostG iVm den zugehörigen Durchführungsbestimmungen der Länder). In welchen Fällen ein Auftrag bzw mehrere Aufträge vorliegen, ist insb. für die Frage von Bedeutung, ob die Gebühren oder bestimmte Auslagen nur einmal oder mehrmals zu erheben sind. 21

Für den Versuch einer **Zahlungsvereinbarung** bzw den Abschluss einer solchen (vgl Abs. 1 aE; gütliche Erledigung, Nr. 207 KV GvKostG) können besondere Gebühren anfallen (vgl §§ 802 a Abs. 2 S. 1 Nr. 1, 802 b); s. auch § 802 b Rn 29 ff. 22

Werden Zahlungen durch den Gerichtsvollzieher eingezogen, fallen **Hebegebühren** (Nr. 430 KV GvKostG) an. Werden die Zahlungen durch den Gerichtsvollzieher abgeholt, können jeweils **Wegegelder** erhoben werden (Anm. Abs. 4 zu Nr. 711 KV GvKostG). 23

§ 754 a Vereinfachter Vollstreckungsauftrag bei Vollstreckungsbescheiden [Fassung gem. RefE EuKoPfVODG]

(1) ¹Im Fall eines elektronisch eingereichten Auftrags zur Zwangsvollstreckung aus einem Vollstreckungsbescheid, der einer Vollstreckungsklausel nicht bedarf, ist bei der Zwangsvollstreckung wegen Geldforderungen die Übermittlung der Ausfertigung des Vollstreckungsbescheides entbehrlich, wenn
1. die sich aus dem Vollstreckungsbescheid ergebende fällige Geldforderung einschließlich titulierter Nebenforderungen und Kosten nicht mehr als 5.000 Euro beträgt; Kosten der Zwangsvollstreckung sind bei der Berechnung der Forderungshöhe nur zu berücksichtigen, wenn sie allein Gegenstand des Vollstreckungsauftrags sind;
2. die Vorlage anderer Urkunden als der Ausfertigung des Vollstreckungsbescheides nicht vorgeschrieben ist;
3. der Gläubiger dem Auftrag eine Abschrift des Vollstreckungsbescheides nebst Zustellungsbescheinigung als elektronisches Dokument beifügt und
4. der Gläubiger versichert, dass ihm eine Ausfertigung des Vollstreckungsbescheides und eine Zustellungsbescheinigung vorliegen und die Forderung in Höhe des Vollstreckungsauftrags noch besteht.

²Sollen Kosten der Zwangsvollstreckung vollstreckt werden, sind dem Auftrag zusätzlich zu den in Satz 1 Nummer 3 genannten Dokumenten eine nachprüfbare Aufstellung der Kosten und entsprechende Belege als elektronisches Dokument beizufügen.

(2) Hat der Gerichtsvollzieher Zweifel an dem Vorliegen einer Ausfertigung des Vollstreckungsbescheides oder der übrigen Vollstreckungsvoraussetzungen, teilt er dies dem Gläubiger mit und führt die Zwangsvollstreckung erst durch, nachdem der Gläubiger die Ausfertigung des Vollstreckungsbescheides übermittelt oder die übrigen Vollstreckungsvoraussetzungen nachgewiesen hat.

(3) § 130 a Absatz 2 bleibt unberührt.

1 Der RefE des BMJV vom 9.12.2014 zum „Entwurf eines Gesetzes zur Durchführung der Verordnung (EU) Nr. 655/2014 sowie zur Änderung sonstiger zivilprozessualer Vorschriften (**EuKoPfVODG**)" schlägt in Art. 1 Nr. 5 die Einführung des neuen § 754 a vor. Geplantes Inkrafttreten ist der Tag nach Verkündung (Art. 10 Abs. 2). Die neu aufzunehmende Vorschrift übernimmt den Regelungsinhalt von § 829 a (s. dort) für Vollstreckungsaufträge an Gerichtsvollzieher.

2 § 753 Abs. 3 S. 2 sieht vor, dass für elektronisch eingereichte Aufträge besondere Formulare eingeführt werden können. Die mit dieser Möglichkeit erhoffte Verfahrensbeschleunigung wird in der Praxis daran scheitern, wenn die im Original vorzulegenden Vollstreckungsunterlagen, insb. der Vollstreckungstitel, in einem Parallelverfahren dem Gerichtsvollzieher zuzusenden und dort manuell dem elektronisch eingereichten Antrag zuzuordnen sind. Dieses Problem soll mit der neuen Bestimmung des § 754 a gelöst werden.

3 Der vereinfachte Auftrag ist nur möglich, wenn die zu vollstreckende Geldforderung nicht mehr als 5.000 € beträgt. Bei der Bemessung der Wertgrenze sind nur die „titulierten" Forderungen zu berücksichtigen. Der Gerichtsvollzieher hat dadurch keine schwierigen Abgrenzungsfragen zu klären, zumal er die zu vollstreckende Gesamtforderung ohnehin berechnen muss.

§ 755 Ermittlung des Aufenthaltsorts des Schuldners

(1) Ist der Wohnsitz oder gewöhnliche Aufenthaltsort des Schuldners nicht bekannt, darf der Gerichtsvollzieher auf Grund des Vollstreckungsauftrags und der Übergabe der vollstreckbaren Ausfertigung zur Ermittlung des Aufenthaltsorts des Schuldners bei der Meldebehörde die gegenwärtigen Anschriften sowie Angaben zur Haupt- und Nebenwohnung des Schuldners erheben.

(2) ¹Soweit der Aufenthaltsort des Schuldners nach Absatz 1 nicht zu ermitteln ist, darf der Gerichtsvollzieher

1. zunächst beim Ausländerzentralregister die Angaben zur aktenführenden Ausländerbehörde sowie zum Zuzug oder Fortzug des Schuldners und anschließend bei der gemäß der Auskunft aus dem Ausländerzentralregister aktenführenden Ausländerbehörde den Aufenthaltsort des Schuldners,

2. bei den Trägern der gesetzlichen Rentenversicherung die dort bekannte derzeitige Anschrift, den derzeitigen oder zukünftigen Aufenthaltsort des Schuldners sowie

3. bei dem Kraftfahrt-Bundesamt die Halterdaten nach § 33 Abs. 1 Satz 1 Nr. 2 des Straßenverkehrsgesetzes

erheben. ²Ist der Schuldner Unionsbürger, darf der Gerichtsvollzieher die Daten nach Satz 1 Nummer 1 nur erheben, wenn ihm tatsächliche Anhaltspunkte für die Vermutung der Feststellung des Nichtbestehens oder des Verlusts des Freizügigkeitsrechts vorliegen. ³Eine Übermittlung der Daten nach Satz 1 Nummer 1 an den Gerichtsvollzieher ist ausgeschlossen, wenn der Schuldner Unionsbürger ist, für den eine Feststellung des Nichtbestehens oder des Verlusts des Freizügigkeitsrechts nicht vorliegt. ⁴Die Daten nach Satz 1 Nr. 2 und 3 darf der Gerichtsvollzieher nur erheben, wenn die zu vollstreckenden Ansprüche mindestens 500 Euro betragen; Kosten der Zwangsvollstreckung und Nebenforderungen sind bei der Berechnung nur zu berücksichtigen, wenn sie allein Gegenstand des Vollstreckungsauftrags sind.

§ 755 Ermittlung des Aufenthaltsorts des Schuldners
[Fassung gem. RefE EuKoPfVODG][1]

(1) ¹Ist der Wohnsitz oder gewöhnliche Aufenthaltsort des Schuldners nicht bekannt, darf der Gerichtsvollzieher auf Grund des Vollstreckungsauftrags und der Übergabe der vollstreckbaren Ausfertigung zur Ermittlung des Aufenthaltsorts des Schuldners bei der Meldebehörde die gegenwärtigen Anschriften sowie Angaben zur Haupt- und Nebenwohnung des Schuldners erheben. *²Der Gerichtsvollzieher darf auch beauftragt werden, die gegenwärtigen Anschriften, den Ort der Hauptniederlassung oder den Sitz des Schuldners zu erheben*

1. *durch Einsicht in das Handels-, Genossenschafts-, Partnerschafts-, Unternehmens- oder Vereinsregister oder*

2. *durch Einholung einer Auskunft bei den nach Landesrecht für die Durchführung der Aufgaben nach § 14 Absatz 1 der Gewerbeordnung zuständigen Behörden.*

(2) ¹Soweit der Aufenthaltsort des Schuldners nach Absatz 1 nicht zu ermitteln ist, darf der Gerichtsvollzieher

---

1 Durch RefE des BMJV vom 9.12.2014 („Entwurf eines Gesetzes zur Durchführung der Verordnung (EU) Nr. 655/2014 sowie zur Änderung sonstiger zivilprozessualer Vorschriften (**EuKoPfVODG**)", Art. 1 Nr. 6) geplante Änderungen sind kursiv hervorgehoben bzw. durchgestrichen. Geplantes Inkrafttreten der Änderungen: am Tag nach der Verkündung (Art. 10 Abs. 2). – Siehe dazu Rn 14 ff.

1. zunächst beim Ausländerzentralregister die Angaben zur aktenführenden Ausländerbehörde sowie zum Zuzug oder Fortzug des Schuldners und anschließend bei der gemäß der Auskunft aus dem Ausländerzentralregister aktenführenden Ausländerbehörde den Aufenthaltsort des Schuldners,
2. bei den Trägern der gesetzlichen Rentenversicherung die dort bekannte derzeitige Anschrift, den derzeitigen oder zukünftigen Aufenthaltsort des Schuldners sowie
3. bei dem Kraftfahrt-Bundesamt die Halterdaten nach § 33 Abs. 1 Satz 1 Nr. 2 des Straßenverkehrsgesetzes

erheben. [2]Ist der Schuldner Unionsbürger, darf der Gerichtsvollzieher die Daten nach Satz 1 Nummer 1 nur erheben, wenn ihm tatsächliche Anhaltspunkte für die Vermutung der Feststellung des Nichtbestehens oder des Verlusts des Freizügigkeitsrechts vorliegen. [3]Eine Übermittlung der Daten nach Satz 1 Nummer 1 an den Gerichtsvollzieher ist ausgeschlossen, wenn der Schuldner Unionsbürger ist, für den eine Feststellung des Nichtbestehens oder des Verlusts des Freizügigkeitsrechts nicht vorliegt. [4]Die Daten nach Satz 1 Nr. 2 und 3 darf der Gerichtsvollzieher nur erheben, wenn die zu vollstreckenden Ansprüche *einschließlich titulierter Nebenforderungen und Kosten* mindestens 500 Euro betragen; Kosten der Zwangsvollstreckung und Nebenforderungen sind bei der Berechnung nur zu berücksichtigen, wenn sie allein Gegenstand des Vollstreckungsauftrags sind.

(3) *[1]Daten, die der Gerichtsvollzieher nach Absatz 1 oder Absatz 2 innerhalb der letzten drei Monate erhoben hat, darf er auch einem weiteren Gläubiger übermitteln, wenn die Voraussetzungen für die Datenerhebung auch bei diesem Gläubiger vorliegen. [2]Das Recht des weiteren Gläubigers, eine erneute Auskunft zu beantragen, bleibt unberührt; dies gilt nicht, wenn keine Anhaltspunkte dafür vorliegen, dass zwischenzeitlich eine Änderung des Wohnsitzes, des gewöhnlichen Aufenthaltsorts, der Hauptniederlassung oder des Sitzes des Schuldners eingetreten ist.*

§§ 31, 137 GVGA; § 17 GVO

I. Normzweck 1	2. Rentenversicherungsträger und Kraftfahrt-Bundesamt (Abs. 2 S. 1 Nr. 2 und 3) 7
II. Ermittlung bei der Meldebehörde (Abs. 1) 4	IV. Kosten 10
III. Weitergehende Ermittlungsrechte (Abs. 2) 6	1. Rechtsanwaltsvergütung 10
1. Ausländerzentralregister und Ausländerbehörde (S. 1 Nr. 1) 6	2. Gerichtsvollzieherkosten 11
	V. Geplante Änderungen gemäß RefE EuKoPfVODG 14

I. Normzweck

1 Die **örtliche Zuständigkeit** des Gerichtsvollziehers bestimmt sich nach der letzten bekannten Anschrift des Schuldners, § 17 Abs. 1 S. 1 GVO (vgl auch § 753 Rn 14). Ist eine solche **Anschrift nicht bekannt**, obliegt die Ermittlung dem für den Wohnsitz des Gläubigers zuständigen Gerichtsvollzieher, § 17 Abs. 1 S. 2 GVO. Die Norm des Abs. 1 überträgt daher dem Gerichtsvollzieher die Aufgabe, erforderlichenfalls den Aufenthaltsort des Schuldners zu ermitteln.

2 Die Befugnis zur Aufenthaltsermittlung steht dem Gerichtsvollzieher nicht von Amts wegen zu, sondern nur aufgrund eines **Vollstreckungsauftrags** des Gläubigers (vgl § 754 Abs. 1). Ein zusätzlicher, ausdrücklicher Aufenthaltsermittlungsauftrag ist nach dem Wortlaut des Gesetzes nicht erforderlich.[2] Da der Gerichts-

---

2 AA Begr. RegE, BT-Druck. 16/10069, S. 23 („Die Befugnis [zur Aufenthaltsermittlung] … nur aufgrund eines entsprechenden Antrags …").

vollzieher aber vom Gläubiger für die Auskunft einen Vorschuss (s. Rn 3 c) erheben muss, kann dieser durch „Nichtzahlung" die Ermittlung verhindern.

Ergibt sich aus der Aufenthaltsermittlung die örtliche Zuständigkeit eines anderen Gerichtsvollziehers, ist der Vollstreckungsvorgang an diesen von Amts wegen abzugeben. 3

Die Länder streben ein möglichst einfaches und **einheitliches elektronisches Abfrageverfahren** bei den Meldebehörden und den vier zentralen Registern (Ausländerzentralregister, Kraftfahrt-Bundesamt, Bundeszentralamt für Steuern und Deutsche Rentenversicherung) an. Soweit die Datenabfrage noch nicht elektronisch erfolgen kann, muss der Gerichtsvollzieher seine Anfragen schriftlich oder per Fax stellen. 3a

Die Meldebehörden und die vier zentralen Register sind verpflichtet, dem Gerichtsvollzieher auf Ersuchen Auskunft zu erteilen. 3b

Da die Datenabfragen zwar von einem Gerichtsvollzieher, aber „im Auftrag" einer Privatperson erfolgen, werden idR Gebühren fällig. Diese Gebühren muss der Gerichtsvollzieher vorab vom Gläubiger im Wege eines **Vorschusses** erheben. 3c

II. Ermittlung bei der Meldebehörde (Abs. 1)

Aus Gründen des Datenschutzes soll der Gerichtsvollzieher die gegenwärtigen Anschriften des Schuldners **vorrangig** bei der **Meldebehörde** ermitteln. Die weiteren Möglichkeiten der Datenerhebung (Abs. 2) sind nachrangig und nur zulässig, falls die Anfrage bei der Meldebehörde keinen Erfolg hat. 4

Legt der Gläubiger eine Auskunft des Einwohnermeldeamtes vor, kann der Gerichtsvollzieher sofort weitergehende Ermittlungen (Abs. 2) durchführen, sofern die vorgelegte Auskunft nicht älter ein 1 Monat ist.[3] 4a

Die Datenerhebung des Gerichtsvollziehers ist beschränkt auf die Angaben zu den gegenwärtigen Anschriften sowie zur Haupt- und Nebenwohnung des Schuldners (Abs. 1). 5

III. Weitergehende Ermittlungsrechte (Abs. 2)

1. Ausländerzentralregister und Ausländerbehörde (S. 1 Nr. 1). Kann über die Meldebehörde der Aufenthaltsort des Schuldners mit ausländischer Staatsangehörigkeit nicht ermittelt werden, darf der Gerichtsvollzieher beim **Ausländerzentralregister** die Angaben zur aktenführenden Ausländerbehörde sowie zum Zuzug oder Fortzug des Schuldners erheben. Mit den Daten über die aktenführende Ausländerbehörde kann bei dieser dann der letzte gemeldete Aufenthaltsort des Schuldners erfragt werden. Das Abfragerecht ist aber beschränkt auf Nicht-EU-Ausländer[4] bzw auf „Unionsbürger" (Mitglied eines Staates der EU), wenn tatsächliche Anhaltspunkte vorliegen, dass das Freizügigkeitsrecht nicht oder nicht mehr besteht (Abs. 2 S. 2, 3). 6

2. Rentenversicherungsträger und Kraftfahrt-Bundesamt (Abs. 2 S. 1 Nr. 2 und 3). Kann über die Meldebehörde der Aufenthaltsort des Schuldners nicht ermittelt werden und betragen die zu vollstreckenden Hauptansprüche **mindestens 500 €** (vgl S. 2), kann der Gerichtsvollzieher auch bei den **Trägern der gesetzlichen Rentenversicherung** (S. 1 Nr. 2) und beim **Kraftfahrt-Bundesamt** (S. 1 Nr. 3) Daten erheben. Liegen dem Gerichtsvollzieher gleichzeitig Vollstreckungsaufträ- 7

---

3 AG Offenbach 15.7.2013 – 61 M 3427/13, DGVZ 2013, 188.
4 Musielak/*Lackmann*, § 755 ZPO Rn 5 a.

ge mehrerer Gläubiger vor, genügt es, wenn die Summe der titulierten Ansprüche[5] 500 € erreicht.

8 Bei den **Trägern der gesetzlichen Rentenversicherung** können die dort bekannte derzeitige Anschrift und der derzeitige oder zukünftige Aufenthaltsort des Schuldners abgefragt werden. Als Ansprechpartner kommt der der im Bezirk des Gerichtsvollziehers zuständige Rentenversicherungsträger in Frage. Da im Regelfall die Versicherungsnummer nicht bekannt ist, wird der Gerichtsvollzieher neben dem Namen und der letzten Anschrift weitere Identifizierungsmerkmale angeben, insb. das Geburtsdatum.

9 Beim **Kraftfahrt-Bundesamt** können die gespeicherten Halterdaten zu einem Fahrzeug, als dessen Halter der Schuldner eingetragen ist, erhoben werden.

IV. Kosten

10 1. **Rechtsanwaltsvergütung.** Erteilt der **Rechtsanwalt** dem Gerichtsvollzieher einen Vollstreckungsauftrag und ermittelt der Gerichtsvollzieher gem. § 755 auftragsgemäß zunächst den Aufenthaltsort des Schuldners, bildet die Vollstreckungsmaßnahme einschließlich Auskunftseinholung durch den Gerichtsvollzieher dieselbe gebührenrechtliche Angelegenheit in der Zwangsvollstreckung, in der der Rechtsanwalt insb. die Verfahrensgebühr Nr. 3309 VV RVG nur einmal verdient. Auch wenn der Gerichtsvollzieher zur Ermittlung des Aufenthaltsorts des Schuldners im Rahmen des ihm erteilten Vollstreckungsauftrags bei **mehreren** der in Abs. 1 und 2 genannten Stellen Daten erhebt, liegt für den Rechtsanwalt weiterhin dieselbe gebührenrechtliche Angelegenheit vor, in der seine Gebühren insgesamt nur einmal anfallen. Die Aufenthaltsermittlung des Schuldners ist lediglich eine die Zwangsvollstreckung vorbereitende Maßnahme (§ 18 Abs. 1 Nr. 1 RVG).[6] Eine Angelegenheit liegt vor, wenn ein innerer Zusammenhang zwischen den Einzeltätigkeiten des Rechtsanwalts im Hinblick auf eine konkrete Vollstreckungsmaßnahme besteht.[7]

11 2. **Gerichtsvollzieherkosten.** Die Ermittlung des Aufenthaltsorts des Schuldners durch den Gerichtsvollzieher gem. § 755 löst die Gebühr Nr. 440 KV GvKostG aus. Daneben kann der Gerichtsvollzieher als Auslagen insb. nach Nr. 708 KV GvKostG die an deutsche Behörden für die Erfüllung von deren eigenen Aufgaben zu zahlende Gebühren erheben. Nr. 708 KV GvKostG soll eine Weitergabe von vom Gerichtsvollzieher verauslagten Gebühren und bestimmten Auslagen, die an andere Behörden zu zahlen sind, an die Parteien ermöglichen.[8]

12 Verschiedene Aufträge sind gem. § 3 Abs. 1 S. 3 GvKostG besondere Geschäfte nach Abschnitt 4 KV GvKostG, soweit sie nicht Nebengeschäft sind. Insoweit ordnet die den Gerichtsvollzieher grds. bindende Verwaltungsbestimmung in Nr. 2 Abs. 7 b DB-GvKostG an, dass die Einholung von Auskünften bei einer der in den § 755 genannten Stellen **Nebengeschäft iSd § 3 Abs. 1 S. 3 GvKostG** ist und damit keinen besonderen Auftrag bildet.[9] Die Gebühr Nr. 440 KV GvKostG entsteht aber gem. § 10 Abs. 2 S. 3 Nr. 3 GvKostG für jede Ermittlung nach Abs. 1, Abs. 2 S. 1 Nr. 1–3 **gesondert**. Die Ermittlung nach Abs. 2 S. 1 Nr. 1 zu-

---

5 LG Köln DGVZ 2014, 149; aA (nur Hauptforderung, ohne titulierte Nebenforderung) LG Darmstadt 27.2.2014 – 5 T 82/14, juris.
6 Vgl AnwK-RVG/*Wolf/Volpert/Mock/Thiel/N. Schneider*, § 18 Rn 39 f mwN.
7 BGH Rpfleger 2005, 53 = AnwBl 2004, 728; BGH Rpfleger 2005, 165 = DGVZ 2005, 6; BGH Rpfleger 2004, 250 = DGVZ 2004, 60.
8 Zur Abrechnung bei Wechsel der Zuständigkeit des Gerichtsvollziehers nach Aufenthaltsermittlung vgl NK-GK/*Kessel*, § 3 GvKostG Rn 7 ff; *Volpert*, in: Seibel u.a., Zwangsvollstreckungsrecht aktuell, 2. Aufl., § 2 Rn 23 f.
9 AA *Seip*, DGVZ 2013, 74; *Puppe*, DGVZ 2013, 73.

nächst beim Ausländerzentralregister und anschließend bei der Ausländerbehörde ist aber nur eine Ermittlung, die in zwei Schritten erfolgt. Dann liegt zwar eine zweistufige, aber nur zu einer Auskunft führende Einholung vor, die die Gebühr deshalb nur einmal auslöst.[10]

Aufenthaltsermittlung und Vollstreckungsauftrag sind **mehrere Amtshandlungen innerhalb desselben Auftrags** (§ 3 Abs. 1 S. 1 GvKostG). Wenn sogar mehrere gleichzeitig beantragte Vollstreckungshandlungen gem. § 3 Abs. 2 S. 1 Nr. 3 GvKostG als derselbe Auftrag anzusehen sind, muss das für die Vorbereitungshandlung Aufenthaltsermittlung erst recht gelten. Wegen § 10 Abs. 2 S. 3 Nr. 3 GvKostG entsteht die Gebühr Nr. 440 KV GvKostG neben den Gebühren des Vollstreckungsauftrags (zB Nr. 205 oder Nr. 260 KB GvKostG) gesondert. Wegegeld (Nr. 711 KV GvKostG) und Auslagenpauschale (Nr. 716 KV GvKostG) entstehen damit für den Ermittlungs- und Vollstreckungsauftrag nur einmal. 13

V. Geplante Änderungen gemäß RefE EuKoPfVODG

Der RefE des BMJV vom 9.12.2014 zum „Entwurf eines Gesetzes zur Durchführung der Verordnung (EU) Nr. 655/2014 sowie zur Änderung sonstiger zivilprozessualer Vorschriften (**EuKoPfVODG**)" schlägt in Art. 1 Nr. 6 die im Gesetzestext kenntlich gemachten Änderungen vor. 14

Da § 755 in seiner gegenwärtigen Fassung auf natürliche Personen zugeschnitten sei, gäbe es bislang keine eindeutige Rechtsgrundlage dafür, dass der Gläubiger, sofern er nicht selbst Einsicht in diese öffentlichen Register nehmen will, den Gerichtsvollzieher mit der Ermittlung in den elektronischen Registern beauftragen kann. Insoweit wird die Einführung des neuen **Abs. 1 S. 2** vorgeschlagen. 15

Ein Auskunftsersuchen soll nach dem vorgeschlagenen **Abs. 2 S. 4** nur bei einer Vollstreckung von **titulierten** Ansprüchen in Höhe von mindestens 500 € zulässig sein. Nach der derzeit geltenden Regelung seien Nebenforderungen und Vollstreckungskosten bei der Berechnung dieser Summe nur dann zu berücksichtigen, wenn sie allein Gegenstand des Vollstreckungsauftrags sind. Da die Vorschrift in der Praxis unterschiedlich ausgelegt werde, soll insoweit klargestellt werden, dass nur „titulierte" Nebenforderungen und Kosten bei der Bemessung der Wertgrenze zu berücksichtigen sind. 16

Der Gerichtsvollzieher darf die Daten, die er im Auftrag eines Gläubigers eingeholt hat, auch einem weiteren Gläubiger übermitteln, wenn die Voraussetzungen dafür vorliegen würden, die Daten auch bei dem weiteren Gläubiger zu erheben. Dies soll der neu eingefügte **Abs. 3** regeln. 17

Nach Abs. 3 soll die Übermittlung der Daten schließlich nur erfolgen, wenn die Auskunft nicht älter als drei Monate ist, da nur in diesem Zeitraum die Auskunft noch als hinreichend aktuell anzusehen ist. Dem weiteren Gläubiger bleibt es unbenommen, eine erneute Auskunft zu verlangen. 18

§ 756 Zwangsvollstreckung bei Leistung Zug um Zug

(1) Hängt die Vollstreckung von einer Zug um Zug zu bewirkenden Leistung des Gläubigers an den Schuldner ab, so darf der Gerichtsvollzieher die Zwangsvollstreckung nicht beginnen, bevor er dem Schuldner die diesem gebührende Leistung in einer den Verzug der Annahme begründenden Weise angeboten hat, sofern nicht der Beweis, dass der Schuldner befriedigt oder im Verzug der Annahme

---

10 BT-Drucks. 16/10069, S. 23; NK-GK/*Kessel*, KV GvKostG Nr. 440 Rn 8.

ist, durch öffentliche oder öffentlich beglaubigte Urkunden geführt wird und eine Abschrift dieser Urkunden bereits zugestellt ist oder gleichzeitig zugestellt wird.

(2) Der Gerichtsvollzieher darf mit der Zwangsvollstreckung beginnen, wenn der Schuldner auf das wörtliche Angebot des Gerichtsvollziehers erklärt, dass er die Leistung nicht annehmen werde.

§ 31 GVGA

I. Normzweck

1 Auch wenn der Schuldner nach dem Inhalt des Vollstreckungstitels seine Leistung nur Zug um Zug gegen eine vom Gläubiger zu bewirkende Gegenleitung erbringen muss, wird diese Vollstreckungsvoraussetzung bei der Erteilung der Vollstreckungsklausel grds. nicht geprüft (s. § 726 Abs. 2; s. § 726 Rn 14 ff). Stattdessen muss der Gerichtsvollzieher vor dem Beginn der Vollstreckung prüfen, ob der Schuldner im Hinblick auf die Gegenleistung befriedigt ist bzw ob er sich im Annahmeverzug (vgl §§ 293 ff BGB) befindet.

II. Angebot als Voraussetzung der Vollstreckung

2 **1. Angebot der Gegenleistung durch den Gerichtsvollzieher (Abs. 1).** Vor dem Beginn der Vollstreckung muss der Gerichtsvollzieher dem Schuldner die **Gegenleistung** des Gläubigers nach Maßgabe des Vollstreckungstitels vollständig, zur richtigen Zeit, am richtigen Ort und in der richtigen Art und Weise **anbieten**.[1]

3 Für die Abgabe des Angebots muss der Gerichtsvollzieher besonders beauftragt werden (s. § 754 Rn 8).

4 Der Gerichtsvollzieher prüft anhand der im Titel enthaltenen Angaben, ob das Angebot ordnungsgemäß ist. Sonstige materiell-rechtliche Bedingungen, die im Titel nicht erwähnt sind, sind von ihm nicht zu prüfen. Auch der Einwand des Schuldners, die im Zug-um-Zug-Urteil als Gegenleistung konkret bezeichnete Sache sei mit Mängeln behaftet, ist vom Gerichtsvollzieher nicht zu berücksichtigen.[2]

5 Der Gerichtsvollzieher **bietet** dem Schuldner oder seinem Vertreter (nicht dem Zustellungsbevollmächtigten) die **Gegenleistung an**. In der Regel wird dies ein Angebot auf Übereignung (vgl § 929 S. 1 BGB) sein. Der Schuldner muss im Rahmen einer Zug-um-Zug-Vollstreckung die angebotene Gegenleistung **als erfüllungsgeeignet akzeptieren**, wenn diese unter funktionalen Aspekten tatsächlich gleich- oder sogar höherwertig ist und gegenüber dem geschuldeten Gegenstand keinerlei andere Nachteile aufweist.[3]

6 Die Gegenleistung des Gläubigers ist dem Schuldner nicht nur anzubieten, sondern auch **herauszugeben**, wenn dieser seinerseits zur vollständigen und ordnungsmäßen Leistung bereit und fähig ist (vgl § 298 BGB). Daher wird der Gerichtsvollzieher die Gegenleistung nur aushändigen, wenn der Schuldner seine Zahlungspflicht vollständig (durch Zahlung oder durch Wegnahme von Geld) erfüllt. Falls der Schuldner die Annahme verweigert oder ihm die (vollständige) Zahlung nicht möglich ist, ist eine Herausgabe nicht zulässig. Da aber mit dem Angebot der Zahlungsverzug eingetreten ist, kann der Gerichtsvollzieher anschließend vollstrecken.

7 **2. Nur wörtliches Angebot der Gegenleistung (Abs. 2).** Ein ordnungsgemäßes Angebot iSd Abs. 1 setzt uU voraus, dass der Gerichtsvollzieher die Zug um Zug

---

1 Vgl Hk-ZPO/*Kindl*, § 756 Rn 3 f.
2 BGH InVo 2006, 36 = MDR 2005, 1311 = WM 2005, 1954.
3 BGH DGVZ 2011, 31 = MMR 2011, 351.

zu übergebende Gegenleistung mit hohen Kosten zum Schuldner transportieren lässt, obwohl zu erwarten ist, dass die anschließende Vollstreckung zu keiner vollständigen Befriedigung des Gläubigers führen wird und der Transport sich damit als nutzlos herausstellt (vgl Rn 6). Zur Vereinfachung und Kostenersparnis wird abweichend in Abs. 2 geregelt, dass der Gerichtsvollzieher auch ohne tatsächliches Angebot (vor Ort!) der Gegenleistung vollstrecken darf, wenn

1. er dem Schuldner die Gegenleistung zuvor nur wörtlich angeboten hat und
2. der Schuldner daraufhin ausdrücklich erklärt, er könne nicht (vollständig) zahlen oder würde die Gegenleistung nicht annehmen.

Auch für das nur „wörtliche Angebot" muss der Gerichtsvollzieher besonders beauftragt werden (s. § 754 Rn 8). 8

3. Vorherige Befriedigung oder Annahmeverzug. Die Vollstreckung darf sofort beginnen, wenn der Gläubiger durch öffentlich oder öffentlich beglaubigte Urkunde nachweist, dass er seine Gegenleistung bereits erbracht hat bzw der Schuldner sich im Annahmeverzug befindet. Hier kommen insb. beglaubigte Quittungen, notarielle Urkunden, ältere Gerichtsvollzieherprotokolle mit entsprechenden Angeboten nach § 757 oder Urteile in Betracht. Der Annahmeverzug muss sich inhaltlich so deutlich aus den Urkunden ergeben, dass er für den Gerichtsvollzieher ohne komplizierte rechtliche Überprüfung ersichtlich ist.[4] 9

Spätestens mit dem Beginn der Vollstreckung muss dem Schuldner eine Abschrift der Urkunde zugestellt werden. 10

Gesteht der Schuldner den Empfang der Gegenleistung ein, sind der Nachweis und eine Zustellung entbehrlich (entsprechend § 288). 11

4. Kosten des Angebots. Die durch das Angebot ausgelösten Kosten (insb. die Transportkosten zum Schuldner) fallen nach § 788 Abs. 1 S. 1 dem Schuldner zur Last, sofern sie nicht nach materiellem Recht vom Gläubiger zu tragen gewesen wären. 12

Die Gerichtsvollzieherkosten, die für das Angebot der Gegenleistung entstehen, sind als notwendige Kosten der Zwangsvollstreckung von dem Schuldner zu erstatten. Gleiches gilt für die Anwaltskosten, die durch die Beauftragung des Gerichtsvollziehers ausgelöst werden.[5] 13

§ 757 Übergabe des Titels und Quittung

(1) Der Gerichtsvollzieher hat nach Empfang der Leistungen dem Schuldner die vollstreckbare Ausfertigung nebst einer Quittung auszuliefern, bei teilweiser Leistung diese auf der vollstreckbaren Ausfertigung zu vermerken und dem Schuldner Quittung zu erteilen.

(2) Das Recht des Schuldners, nachträglich eine Quittung des Gläubigers selbst zu fordern, wird durch diese Vorschriften nicht berührt.

§ 60 GVGA

I. Regelungsgehalt

Wird der Vollstreckungsanspruch des Gläubigers einschließlich aller Nebenforderungen und Kosten durch freiwillige oder zwangsweise Leistung an den Gerichtsvollzieher **vollständig** erfüllt, so übergibt der Gerichtsvollzieher dem Schuldner 1

---

4 Vgl Hk-ZPO/*Kindl*, § 757 Rn 10.
5 BGH NJW 2014, 2508 = WM 2014, 1389 = ZInsO 2014, 1724.

den Vollstreckungstitel nebst einer **Quittung** (vgl §§ 368, 371 BGB). Die Berechtigung des Gerichtsvollziehers im Verhältnis zum Gläubiger ergibt sich aus § 754 (s. § 754 Rn 1 ff).

2 Hat der Schuldner vorab und unmittelbar an den Gläubiger oder dessen Vertreter geleistet, so darf der Gerichtsvollzieher dem Schuldner die vollstreckbare Ausfertigung nur mit Zustimmung des Auftraggebers ausliefern.

3 Deckt die Leistung des Schuldners den Vollstreckungsanspruch nur **teilweise** ab, wird die Leistung auf dem Vollstreckungstitel **vermerkt** und der Titel dem Gläubiger nach dem Ende der Vollstreckung zurückgegeben.

4 Liegen dem Gerichtsvollzieher mehrere Aufträge vor, sind bei „freiwilligen" Zahlungen die Verrechnungsbestimmungen des Schuldners zu beachten (s. § 754 Rn 14).

5 Erfolgt die Zahlung des Schuldners per **Scheck**, darf der Gerichtsvollzieher dem Schuldner die vollstreckbare Ausfertigung erst aushändigen, wenn der Scheckbetrag gutgeschrieben oder an ihn gezahlt worden ist oder wenn der Gläubiger der Aushändigung zustimmt.

6 Richtete sich der Vollstreckungsauftrag gegen **mehrere Gesamtschuldner** und hat jeder von ihnen einen Teil des Anspruchs getilgt, müssen die Schuldner sich über den Verbleib des Titels einigen. Ansonsten verbleibt der Titel bei den Akten des Gerichtsvollziehers.

II. Kosten

7 Der Empfang der Leistung löst bei dem Gerichtsvollzieher eine Gebühr für die Entgegennahme einer Zahlung aus (Nr. 430 KV GvKostG). Die Entgegennahme einer Zahlung im Zusammenhang mit einem Vollstreckungsauftrag ist ein Nebengeschäft iSd § 3 Abs. 1 S. 3 aE GvKostG und damit kein besonderer Auftrag. Dies gilt auch dann, wenn im Zeitpunkt der Entgegennahme der Zahlung das Hauptgeschäft bereits abschließend erledigt ist, also zB Zahlung nach fruchtloser Vollstreckung. Mehrere Zahlungen (Ratenzahlung, Teilzahlungen) lösen die Gebühr jeweils gesondert aus (§ 10 Abs. 2 S. 3 Nr. 2 GvKostG).

§ 758 Durchsuchung; Gewaltanwendung

(1) Der Gerichtsvollzieher ist befugt, die Wohnung und die Behältnisse des Schuldners zu durchsuchen, soweit der Zweck der Vollstreckung dies erfordert.

(2) Er ist befugt, die verschlossenen Haustüren, Zimmertüren und Behältnisse öffnen zu lassen.

(3) Er ist, wenn er Widerstand findet, zur Anwendung von Gewalt befugt und kann zu diesem Zweck die Unterstützung der polizeilichen Vollzugsorgane nachsuchen.

§§ 31, 61, 62, 70, 81 GVGA

I. Normzweck 1	b) Richterliche Durchsuchungsanordnung 3
II. Befugnis zur Durchsuchung und Gewaltanwendung 2	c) Wohnraum des Schuldners 4
1. Voraussetzungen 2	2. Durchsuchung (Abs. 1) 5
a) Im Rahmen der Zwangsvollstreckung 2	

| 3. Verschlossene Räume und Behältnisse; Widerstand (Abs. 2, 3) .... 9 | III. Kosten .... 15 |

I. Normzweck

Die Vorschrift ermächtigt den Gerichtsvollzieher, im Rahmen der Zwangsvollstreckung die Räume und Behältnisse des Schuldners zu durchsuchen und öffnen zu lassen und, soweit nötig, Widerstand zu brechen bzw polizeiliche Unterstützung anzufordern.

II. Befugnis zur Durchsuchung und Gewaltanwendung

1. Voraussetzungen. a) Im Rahmen der Zwangsvollstreckung. Die Befugnisse zur Durchsuchung und Gewaltanwendung stehen dem Gerichtsvollzieher nur im Rahmen der Zwangsvollstreckung und nur innerhalb seines funktionellen Zuständigkeitsbereiches (s. § 753 Rn 6) zu.

b) Richterliche Durchsuchungsanordnung. Der Wohnraum des Schuldners ist unverletzlich (Art. 13 Abs. 1 GG). Für eine Durchsuchung benötigt der Gerichtsvollzieher daher grds. eine **richterliche Durchsuchungsanordnung** (s. § 758 a Rn 1). Der Begriff der **Wohnung** ist vom BVerfG[1] sehr weit ausgelegt worden. Dementsprechend gehören zur Wohnung alle Räumlichkeiten, die den häuslichen oder beruflichen Zwecken ihres Inhabers dienen (s. näher § 758 a Rn 2). Soweit die richterliche Anordnung nicht erforderlich ist, kann der Gerichtsvollzieher seine Befugnisse aus § 758 unmittelbar ausüben. Fehlt die notwendige Durchsuchungsanordnung (zu den Ausnahmen s. § 758 a Rn 2 ff), bricht der Gerichtsvollzieher den Vollstreckungsversuch ab und sendet dem Gläubiger die Vollstreckungsunterlagen mit einer Protokollabschrift (s. § 762 Rn 4) zurück. Dasselbe gilt, wenn der Gerichtsvollzieher bei einem Vollstreckungsversuch wiederholt den Schuldner nicht antrifft. Der Auftrag wird vom Gerichtsvollzieher zunächst „ruhend gestellt". Wenn innerhalb von drei Monaten der Gläubiger die Durchsuchungsanordnung beibringt, führt der Gerichtsvollzieher den Auftrag fort (vgl § 3 Abs. 4 S. 2 GvKostG).

c) Wohnraum des Schuldners. Wenn die Durchsuchung zulässig ist bzw angeordnet wurde (s. Rn 3), darf sie sich nur auf die Wohnung des Schuldners beziehen. Nicht erforderlich ist, dass der Schuldner die Wohnung allein nutzt. Auch Wohnungen, die er gemeinsam mit Dritten (zB Ehepartner, Lebensgefährten, Familienmitgliedern) bewohnt, dürfen durchsucht werden (vgl § 758 a Rn 19).

2. Durchsuchung (Abs. 1). Lediglich für die **Durchsuchung** von Wohn- und Geschäftsräumen (s. Rn 3) ist grds. eine richterlichen Anordnung erforderlich. Eine Durchsuchung ist eine ziel- und zweckgebundene Suche nach Personen oder Sachen, welche der Inhaber der Wohnung von sich aus nicht offen legen oder herausgeben will.[2] Zu beachten ist, dass allein das Betreten oder der Aufenthalt in einer Wohnung oder der Zutritt zu einer Wohnung zum Zwecke der Gassperrung[3] keine Durchsuchung ist und daher keiner richterlichen Anordnung bedarf.

Behältnisse sind bewegliche Sachen, die der Aufbewahrung dienen (zB Kassetten, Schränke, Taschen, Fahrzeuge). Soweit sich die Behältnisse im geschützten Wohnraum (s. Rn 3) befinden, ist für die Durchsuchung ebenfalls eine richterliche Anordnung erforderlich.

---

1 Vgl BVerfGE 97, 228 = NJW 1998, 1627 mwN.
2 BVerfGE 51, 97 = NJW 1979, 1539 = MDR 1979, 906.
3 BGH NJW 2006, 3352 = MDR 2007, 238 = InVo 2007, 22 = Rpfleger 2007, 36.

7 Behältnisse im Gewahrsam des Schuldners, die sich außerhalb von Wohnungen (s. Rn 3) befinden, können ohne richterliche Anordnung durchsucht werden. Dies gilt auch für Kleider und Taschen des Schuldners (vgl § 61 Abs. 10 GVGA).

8 Befinden sich die Behältnisse des Schuldners in Räumen, die ausschließlich von Dritten genutzt werden (eine „fremde" Wohnung), ist für die Durchsuchung die **Zustimmung des Dritten** erforderlich.

9 **3. Verschlossene Räume und Behältnisse; Widerstand (Abs. 2, 3).** Sofern eine Durchsuchung zulässig ist bzw angeordnet wurde (s. Rn 3), darf der Gerichtsvollzieher verschlossene Haustüren, Zimmertüren und Behältnisse öffnen lassen (**Abs. 2**).

10 Zuvor soll er dies dem Schuldner idR schriftlich anzeigen und dabei auf §§ 758, 758 a und § 288 StGB (Vereitelung der Zwangsvollstreckung) hinweisen (vgl § 107 Abs. 7).

11 Der Gerichtsvollzieher darf bei der Öffnung auch Gewalt anwenden (**Abs. 3**). Er soll aber möglichst schonend vorgehen,[4] so dass er regelmäßig einen geeigneten Handwerker (**Schlüsseldienst**) hinzuziehen wird.

12 Soweit dabei Schäden an den Sachen des Schuldners verursacht werden, kann der Schuldner weder den Gerichtsvollzieher noch den Staat in Anspruch nehmen. Ausnahmen sind nur im Fall einer vorsätzlichen oder fahrlässigen Amtspflichtverletzung denkbar (s. § 839 BGB). Der Gläubiger haftet niemals für eventuelle Schäden.

13 Jedes Verhalten, das die Annahme begründet, die Zwangsvollstreckung werde sich nicht ohne Gewaltanwendung durchführen lassen (**Widerstand**; s. § 62 Abs. 3 GVGA), darf der Gerichtsvollzieher **mit Gewalt brechen**. Dies gilt sowohl für Widerstand des Schuldners als auch für Widerstand von Dritten. Zum weiteren Verfahren s. § 759 Rn 2 ff.

14 Statt den Widerstand selbst zu brechen, kann der Gerichtsvollzieher auch die Unterstützung der Polizei anfordern.

III. Kosten

15 Die Kosten Dritter (Schlosser, Schlüsseldienst), die der Gerichtsvollzieher zur Öffnung verschlossener Haustüren, Zimmertüren und Behältnisse aufwenden muss, werden in voller Höhe als Auslagen des Gerichtsvollziehers erhoben (Nr. 704, 709 KV GvKostG). Der Gerichtsvollzieher wird die Durchführung des Auftrags im Regelfall von der Zahlung eines Vorschusses abhängig machen. Der Auftraggeber ist zur Zahlung eines Vorschusses verpflichtet (§ 4 Abs. 1 S. 1, 2 GvKostG). Die notwendigen Kosten für die Öffnung (Schlüsseldienst) und für die Beseitigung von Widerstand (zB Zuziehung von Zeugen, § 759) trägt gem. § 788 der Schuldner.

§ 758 a Richterliche Durchsuchungsanordnung; Vollstreckung zur Unzeit

(1) ¹Die Wohnung des Schuldners darf ohne dessen Einwilligung nur auf Grund einer Anordnung des Richters bei dem Amtsgericht durchsucht werden, in dessen Bezirk die Durchsuchung erfolgen soll. ²Dies gilt nicht, wenn die Einholung der Anordnung den Erfolg der Durchsuchung gefährden würde.

---

4 BGH NJW 1957, 544.

(2) Auf die Vollstreckung eines Titels auf Räumung oder Herausgabe von Räumen und auf die Vollstreckung eines Haftbefehls nach § 802 g ist Absatz 1 nicht anzuwenden.

(3) ¹Willigt der Schuldner in die Durchsuchung ein oder ist eine Anordnung gegen ihn nach Absatz 1 Satz 1 ergangen oder nach Absatz 1 Satz 2 entbehrlich, so haben Personen, die Mitgewahrsam an der Wohnung des Schuldners haben, die Durchsuchung zu dulden. ²Unbillige Härten gegenüber Mitgewahrsamsinhabern sind zu vermeiden.

(4) ¹Der Gerichtsvollzieher nimmt eine Vollstreckungshandlung zur Nachtzeit und an Sonn- und Feiertagen nicht vor, wenn dies für den Schuldner und die Mitgewahrsamsinhaber eine unbillige Härte darstellt oder der zu erwartende Erfolg in einem Missverhältnis zu dem Eingriff steht, in Wohnungen nur auf Grund einer besonderen Anordnung des Richters bei dem Amtsgericht. ²Die Nachtzeit umfasst die Stunden von 21 bis 6 Uhr.

(5) Die Anordnung nach Absatz 1 ist bei der Zwangsvollstreckung vorzuzeigen.

(6) ¹Das Bundesministerium der Justiz wird ermächtigt, durch Rechtsverordnung mit Zustimmung des Bundesrates Formulare für den Antrag auf Erlass einer richterlichen Durchsuchungsanordnung nach Absatz 1 einzuführen. ²Soweit nach Satz 1 Formulare eingeführt sind, muss sich der Antragsteller ihrer bedienen. ³Für Verfahren bei Gerichten, die die Verfahren elektronisch bearbeiten, und für Verfahren bei Gerichten, die die Verfahren nicht elektronisch bearbeiten, können unterschiedliche Formulare eingeführt werden.

§§ 33, 61 GVGA; § 27 GVO

I. Normzweck	1	III. Anordnung der Durchsuchung	8
II. Entbehrlichkeit der Durchsuchungsanordnung	2	1. Zuständigkeit	8
1. Kein Wohnraum (Abs. 1 S. 1)	2	2. Antrag	9
		3. Rechtliches Gehör	12
2. Keine Durchsuchung (Abs. 1 S. 1)	4	4. Prüfungsinhalt	13
3. Einwilligung des Schuldners (Abs. 1 S. 1)	5	5. Beschluss	14
		6. Rechtsbehelf	15
4. Gefahr im Verzug (Abs. 1 S. 2)	6	7. Vollstreckung (Abs. 5)	16
		IV. Wirkung gegenüber Mitbewohnern (Abs. 3)	19
5. Zwangsräumung, Besitzverschaffung und Verhaftung (Abs. 2)	7	V. Vollstreckung zur Unzeit (Abs. 4)	22
		VI. Kosten	24

I. Normzweck

Der Gerichtsvollzieher darf im Rahmen der Zwangsvollstreckung die Räume und Behältnisse des Schuldners durchsuchen (§ 758 Abs. 1). Allerdings sind nach Art. 13 Abs. 1 GG die Wohn- und Geschäftsräume natürlicher und juristischer Personen (auch Personenvereinigungen) besonders geschützt. Eine Durchsuchung ist daher grds. nur mit einer richterlichen Durchsuchungsanordnung zulässig (vgl Art. 13 Abs. 2 GG). Die Vorschrift des § 758 a regelt in Abs. 1 die Voraussetzungen und das Verfahren für die Erteilung der Durchsuchungsanordnung. Ergänzend regelt die Norm die Vollstreckung zur Unzeit (Abs. 4) und die Duldungspflicht der Mitbewohner (Abs. 3).

1

II. Entbehrlichkeit der Durchsuchungsanordnung

1. Kein Wohnraum (Abs. 1 S. 1). Der Begriff der Wohnung ist vom BVerfG[1] sehr weit ausgelegt worden. Dementsprechend hat die Justizverwaltung im Innenverhältnis zum Gerichtsvollzieher definiert (§ 61 Abs. 1 GVGA), dass zur **Wohnung** alle Räumlichkeiten gehören, die den häuslichen oder beruflichen Zwecken ihres Inhabers dienen, insb. die eigentliche Wohnung, ferner Arbeits-, Betriebs- und andere Geschäftsräume, dazugehörige Nebenräume sowie das angrenzende befriedete Besitztum (Hofraum, Hausgarten). Als Wohnraum gelten auch Wohnwagen und Wohnschiffe.

Für die Durchsuchung von Räumen und Behältnissen (s. § 758 Rn 6) außerhalb der Wohnung wird keine Anordnung benötigt. Eine **Taschenpfändung** außerhalb der Wohnung ist daher ohne Durchsuchungsanordnung möglich. Auch für die Durchsuchung eines **Autos** wird nur dann eine Anordnung benötigt, wenn es auf dem befriedeten Hofgelände steht. Ein Marktstand, der nur wenige Stunden am Tag genutzt wird, darf ebenfalls ohne Durchsuchungsanordnung durchsucht werden.[2]

2. Keine Durchsuchung (Abs. 1 S. 1). Eine Durchsuchung ist eine ziel- und zweckgebundene Suche nach Personen oder Sachen, welche der Inhaber der Wohnung von sich aus nicht offen legen oder herausgeben will (s. Rn 5).[3] Dazu gehören auch Gegenstände, die sofort ins Auge fallen oder offen ausliegen, wie zB Waren im Geschäftslokal (str).[4] Allein das Betreten oder der Aufenthalt in einer Wohnung oder der Zutritt zu einer Wohnung (zB zum Zwecke der Gassperrung)[5] ist keine Durchsuchung und bedarf daher keiner richterlichen Anordnung.

3. Einwilligung des Schuldners (Abs. 1 S. 1). Der Gerichtsvollzieher ist befugt, die Wohnung und die Behältnisse des Schuldners auch ohne richterliche Anordnung zu durchsuchen, wenn dieser oder in seiner Abwesenheit ein erwachsener Hausgenosse mit der Durchsuchung einverstanden ist. Die Zustimmung muss in dem Bewusstsein erteilt werden, dass die Durchsuchung auch verweigert werden kann. Eine Belehrung des Schuldners über seine Rechte ist dagegen nicht nötig. Wenn der Schuldner seine Geschäftsräume öffentlich zugänglich gemacht hat, begründet dies noch keine Einwilligung für eine Durchsuchung. Die Einwilligung muss nicht ausdrücklich erklärt werden. Auch schlüssiges Handeln kann bereits ausreichend sein. Die Einwilligung muss von dem Schuldner, seinem Vertreter oder einem erwachsenen (nicht notwendigerweise volljährigen) Hausgenossen oder Bediensteten erteilt werden. Der Gerichtsvollzieher soll die Belehrung und die Schuldnererklärung protokollieren (vgl § 762).

4. Gefahr im Verzug (Abs. 1 S. 2). Eine richterliche Durchsuchungsanordnung ist bei Gefahr in Verzug entbehrlich (Abs. 1 S. 2; Art. 13 Abs. 2 GG), dh wenn die Verzögerung, die mit der vorherigen Einholung der Anordnung verbunden ist, den Erfolg der Durchsuchung gefährdet würde. Es müssen im Einzelfall **konkrete Anhaltspunkte für eine Gefährdung** vorliegen. Die allgemeine Befürchtung, der gewarnte Schuldner könnte pfändbare Gegenstände beiseite schaffen, ist ebenso wenig ausreichend wie die Weigerung des Schuldners, die Durchsuchung freiwillig zu gestatten. Gefahr im Verzug kann zB bei einem bevorstehenden Umzug, vor allem ins Ausland, vorliegen. Auch bei der Vollstreckung von Arresten und einstweiligen Verfügungen, die ohne mündliche Verhandlung ergangen sind, wird

---

1 Vgl BVerfGE 97, 228 = NJW 1998, 1627 mwN.
2 AG Hamburg DGVZ 1981, 63.
3 BVerfGE 51, 97 = NJW 1979, 1539 = MDR 1979, 906.
4 Musielak/*Lackmann*, § 758 a Rn 3; MüKo-ZPO/*Heßler*, § 758 a Rn 28; aA Hk-ZPO/ *Kindl*, § 758 a Rn 2 mwN.
5 BGH NJW 2006, 3352 = InVo 2007, 22 = Rpfleger 2007, 36.

sie häufig (aber nicht automatisch) bejaht werden können. Der Gerichtsvollzieher hat aber in jedem Einzelfall das Vorliegen der Voraussetzung sorgfältig prüfen und die Umstände, die für eine Gefahr in Verzug sprechen, zu protokollieren (§ 762 Abs. 2 Nr. 2).

5. Zwangsräumung, Besitzverschaffung und Verhaftung (Abs. 2). Eine richterliche Durchsuchungsanordnung ist entbehrlich bei der Räumungsvollstreckung (§ 885) und bei der Vollstreckung von Haftbefehlen. Die Ausnahme des Abs. 2 gilt für Räumungsurteile, Räumungsvergleiche (s. § 794 Abs. 1 Nr. 1), notarielle Urkunden (s. § 794 Abs. 1 Nr. 5), Einweisung des Zwangsverwalters in den Besitz (s. § 150 ZVG Rn 23 ff) und für die Räumung aus einem Zuschlag (s. § 93 ZVG Rn 2 ff). Anlässlich einer Räumungsvollstreckung darf der Gerichtsvollzieher die Wohnung auch ohne weitere Anordnung zum Zwecke der Pfändung durchsuchen.[6] 7

III. Anordnung der Durchsuchung

1. Zuständigkeit. Für die Anordnung ist ausschließlich (§ 802) der Richter am Amtsgericht des Bezirkes, in dem die Durchsuchung erfolgen soll, zuständig. 8

2. Antrag. Die Anordnung wird auf Antrag des Gläubigers erteilt. Der Gerichtsvollzieher ist kein Vertreter des Gläubigers (vgl § 753 Rn 11) und kann daher den Antrag nicht stellen. Es ist jedoch zulässig, dass der Gläubiger mit dem Vollstreckungsauftrag (s. § 754 Rn 1 ff) einen schriftlichen Antrag einreicht und der Gerichtsvollzieher diesen an das Gericht weiterleitet. 9

Im Antrag müssen die genauen Angaben über Gläubiger, Schuldner, Vollstreckungstitel, Vollstreckungsforderung, Wohnung und die Lage aufgenommen werden. Der Gläubiger muss angeben, warum die Voraussetzungen für die Anordnung vorliegen (s. Rn 13) und warum das vorherige rechtliche Gehör des Schuldners unterbleiben kann. 10

Mit der **Zwangsvollstreckungsformular-Verordnung** (ZVFV) vom 23.8.2012[7] wurde für den Antrag auf Erlass einer richterlichen Durchsuchungsanordnung ein amtlicher Formularsatz eingeführt (**Anlage 1 zu § 1 ZVFV, „Antrag auf Erlass einer richterlichen Durchsuchungsanordnung"**). Die Nutzung ist für den Antragsteller vom 1.3.2013 an verbindlich (Abs. 6 S. 2; § 5 ZVFV). Dies gilt jedoch nicht bei einer Vollstreckung im Verwaltungsvollstreckungsverfahren (zB durch das Finanzamt).[8] 11

3. Rechtliches Gehör. Nach Art. 103 GG ist dem Schuldner vor der Entscheidung grds. rechtliches Gehör zu gewähren. Da dies aber idR den Vollstreckungserfolg gefährdet, kann es unterbleiben.[9] 12

---

6 Hk-ZPO/*Kindl*, § 758 a Rn 9; Stein/Jonas/*Münzberg*, § 758 a Rn 16; Musielak/*Lackmann*, § 758 a Rn 2.
7 BGBl. I S. 1822; die ZVFV ist am 1.9.2012 in Kraft getreten. – Die ZVFV wurde geändert durch Art. 1 der Verordnung zur Änderung der Zwangsvollstreckungsformular-Verordnung vom 16.6.2014 (BGBl. I S. 754), in Kraft getreten am 25.6.2014 (Art. 2 der Verordnung). Durch Art. 1 Nr. 5 der Verordnung wurden u.a. die der ZVFV als Anlagen 1–3 beigefügten Formulare neu gefasst. Für Anträge auf Erlass einer richterlichen Durchsuchungsanordnung, die bis zum 1.6.2015 gestellt wurden, konnte das bis zum 24.6.2014 bestimmte Formular weiter genutzt werden (vgl § 6 S. 2 ZVFV). Für Anträge auf Erlass einer richterlichen Durchsuchungsanordnung, die **ab dem 1.6.2015** gestellt werden, ist das geänderte Formular zwingend zu benutzen. – Zu den Änderungen der Zwangsvollstreckungsformular-Verordnung (ZVFV) s. *Giers*, FamRB 2014, 318.
8 BGH MDR 2014, 801 = Rpfleger 2014, 436 = NJW-RR 2014, 1023.
9 BVerfGE 57, 346 = NJW 1981, 2111.

13 **4. Prüfungsinhalt.** Im Rahmen der Entscheidung wird die **Verhältnismäßigkeit** der Durchsuchung geprüft.[10] Sie kann zB bei einer Erkrankung des Schuldners fehlen.[11] Das notwendige **Rechtsschutzbedürfnis** wird idR fehlen, wenn dem Schuldner (Vertreter, erwachsener Hausgenosse) keine Gelegenheit eingeräumt wurde, die Durchsuchung freiwillig zu gestatten. Hat der Schuldner die Durchsuchung bereits in der Vergangenheit verweigert, ist das Rechtsschutzbedürfnis zu bejahen. Ausreichend ist es auch, wenn der Gerichtsvollzieher bei einer versuchten Zwangsvollstreckung in der Wohnung niemanden angetroffen hat und der Schuldner auf eine entsprechende Nachricht sich nicht in einer angemessenen Zeit gemeldet hat.[12] Teilweise wird die Auffassung vertreten, dass der Vollstreckungsversuch zunächst am Sonntag oder in den frühen Morgen- und Abendstunden wiederholt werden muss.[13]

14 **5. Beschluss.** Die Entscheidung des Gerichts ergeht durch Beschluss. In der Anordnung sind Gläubiger, Schuldner, der Vollstreckungstitel, die Vollstreckungsforderung, die Wohnung und die Lage genau zu bezeichnen.[14] In der Regel wird die Anordnung zeitlich befristet (zB höchstens drei Monate).

15 **6. Rechtsbehelf.** Die Anordnung bzw die Ablehnung der Durchsuchung kann mit der sofortigen Beschwerde nach § 793 angegriffen werden. Für den Schuldner auch dann, wenn dieser vor der Entscheidung nicht angehört wurde.[15] Der Beschluss ist daher mit einer Rechtsbehelfsbelehrung zu versehen (§ 232). Nach aA[16] ist die Entscheidung für den Schuldner unanfechtbar. Nach dem Abschluss der Durchsuchung fehlt für den Rechtsbehelf das Rechtsschutzbedürfnis.

16 **7. Vollstreckung (Abs. 5).** Die Anordnung wird dem Schuldner vor der Durchsuchung nicht zugestellt. Der Gerichtsvollzieher legt sie dem Schuldner zu Beginn der Durchsuchung vor (Abs. 5) und protokolliert diesen Vorgang (vgl § 61 Abs. 5 GVGA).

17 Wenn ein Gläubiger eine richterliche Durchsuchungsanordnung erwirkt hat, darf der Gerichtsvollzieher die Vollstreckungsaufträge anderer Gläubiger (gleichzeitig) miterledigen. Er darf dafür aber nicht über den zugelassenen Rahmen der Anordnung (zu durchsuchende Räume und Behältnisse) hinausgehen.[17]

18 Leistet der Schuldner Widerstand oder ist weder der Schuldner noch sein Vertreter oder erwachsener Hausgenosse anwesend, darf der Gerichtsvollzieher auch **Gewalt** anwenden (s. § 758 Rn 9 ff). Zum weiteren Verfahren s. § 760.

IV. Wirkung gegenüber Mitbewohnern (Abs. 3)

19 Wenn der Gerichtsvollzieher die Räume und Behältnisse durchsuchen darf, weil eine Durchsuchungsanordnung vorliegt oder nicht erforderlich ist (s. Rn 2 ff), können sich die Mitbewohner des Schuldners (Ehegatten, Lebenspartner, Kinder usw) nicht gegen die Durchsuchung wehren. In Bezug auf die Mitbewohner ist keine Durchsuchungsanordnung erforderlich (Abs. 3). Dies gilt immer, wenn eine richterlicher Durchsuchungsanordnung vorliegt[18] und auch bei Gefahr in Verzug.

---

10 BayObLG MDR 1983, 1032.
11 LG Hannover NJW-RR 1986, 288.
12 Strenger (zunächst weiterer Versuch): OLG Köln MDR 1995, 850.
13 OLG Celle Rpfleger 1987, 73; OLG Bremen NJW-RR 1989, 1407 = JurBüro 1989, 263.
14 Vgl BVerfG NJW 2000, 943.
15 Str; s. Hk-ZPO/*Kindl*, § 758 a Rn 12.
16 Zöller/*Stöber*, § 758 a Rn 36.
17 Vgl BVerfG NJW 1987, 2499.
18 BGH NJW-RR 2008, 1271 = NZI 2008, 179 = Rpfleger 2008, 329 = ZInsO 200, 268.

Nach dem Wortlaut des Abs. 3 sogar dann, wenn der Schuldner der Durchsuchung freiwillig zustimmt, der Mitbewohner aber widerspricht (sehr str).[19]

Voraussetzung ist aber in jedem Fall, dass der Schuldner **Mitgewahrsam** an den zu durchsuchenden Räumen hat. Innerhalb einer Wohngemeinschaft können daher die Wohnräume des Schuldners und die gemeinsam genutzten Räume (zB Küche) durchsucht werden, aber nicht die Wohnräume, die ausschließlich die Mitbewohner nutzen. 20

Trotz einer grundsätzlichen Durchsuchungspflicht soll der Gerichtsvollzieher besondere persönliche Umstände der Mitbewohner (zB eine offensichtliche oder durch ärztliches Zeugnis nachgewiesene schwere akute Erkrankung oder eine ernsthafte Gefährdung ihrer Gesundheit) zur Vermeidung unbilliger Härten berücksichtigen und eine Durchsuchung unterlassen (s. § 107 Abs. 12 GVGA). 21

V. Vollstreckung zur Unzeit (Abs. 4)

Der Gerichtsvollzieher soll sämtliche Vollstreckungshandlungen (Pfändungen, Durchsuchungen, Vollzug eines Haftbefehls) nur tagsüber von 6 Uhr bis 21 Uhr und nur an Werktagen (somit nicht an Sonntagen und gesetzlichen Feiertagen) vornehmen. 22

Will er ausnahmsweise zur Nachtzeit oder am Sonn- oder Feiertag vollstrecken, benötigt er innerhalb von Wohnungen und Geschäftsräumen (s. Rn 2) eine besondere, richterliche Anordnung (vgl Rn 8 ff). Außerhalb von Wohnungen und Geschäftsräumen ist eine richterliche Anordnung nicht erforderlich. Der Gerichtsvollzieher wird die Vollstreckung zur Unzeit durchführen, wenn die Vollstreckung tagsüber erfolglos war und auch künftig keinen Erfolg verspricht (zB weil der Schuldner nur zur Nachtzeit zu Hause ist; Vollstreckung in einer Diskothek). Dabei wird er im Einzelfall prüfen, ob keine unbillige Härte vorliegt (schwere Erkrankung der Bewohner) oder in keinem Verhältnis zum Erfolg steht (Vollstreckung wegen Kleinbeträgen). 23

VI. Kosten

Die Verfahren zu den Anordnungen nach Abs. 1 und 4 sind **gerichtsgebührenfrei**. 24

Die Tätigkeit in Verfahren nach Abs. 1 und 4 gehört nicht mehr zum Erkenntnisverfahren, sondern zur Zwangsvollstreckung und wird deshalb für den Prozessbevollmächtigten nicht mit den Gebühren nach Nr. 3100 ff VV RVG abgegolten. Für den mit der Zwangsvollstreckung beauftragten **Rechtsanwalt** wird die Tätigkeit in Verfahren auf Erlass der Anordnungen nach Abs. 1 und 4 durch die aufgrund früherer oder späterer Tätigkeit in der Zwangsvollstreckung entstandenen 0,3-Verfahrensgebühr Nr. 3309 VV RVG abgegolten (§§ 19 Abs. 2 Nr. 1, 18 Abs. 1 Nr. 1 RVG).[20] 25

Für die **Gerichtsvollzieherkosten** stellt die Vollstreckung bis zur Notwendigkeit einer Anordnung nach Abs. 1 und 4 und die weitere Vollstreckung nach Erlass der Anordnung lediglich einen Auftrag dar, wenn diese Anordnung dem Gerichtsvollzieher innerhalb eines Zeitraumes von drei Monaten zugeht. Die Frist beginnt mit dem ersten Tag des auf die Absendung einer entsprechenden Anforderung an den Auftraggeber folgenden Kalendermonats (§ 3 Abs. 4 S. 2 GvKostG). Geht eine Anordnung nach Ablauf dieser Frist ein, handelt es sich um einen neuen Auftrag, der auch neue Kosten auslöst. 26

---

19 Vgl *Wesser*, NJW 2002, 2138 (verfassungsrechtliche Bedenken); Hk-ZPO/*Kindl*, § 758 a Rn 3.
20 AnwK-RVG/*Wolf/Mock/Volpert/N. Schneider/Fölsch/Thiel*, § 19 Rn 165.

27 Wird der Gerichtsvollzieher auf Verlangen zur **Nachtzeit** (Abs. 4 S. 2) oder an einem Sonnabend, Sonntag oder Feiertag tätig, so werden die doppelten Gebühren erhoben (§ 11 GvKostG). Das GvKostG sieht über die in Abs. 4 genannten Tage auch für den Sonnabend, Sonntag oder Feiertag eine Verdoppelung der Gebühren vor (§ 11 GvKostG). Es muss jedoch ein „**Verlangen**" hinsichtlich der Tätigkeit des Gerichtsvollziehers vorliegen. Dieses Verlangen kann vom Gläubiger ausgehen, aber auch vom Schuldner (zB Zahlung oder Abnahme der Vermögensauskunft nach § 802 f am Sonnabend).[21] Das Verlangen kann auch schlüssig zum Ausdruck gebracht werden (§ 4 GVGA; zB Übersendung der Anordnung unter Bezug auf einen erteilten Auftrag).[22]

§ 759 Zuziehung von Zeugen

Wird bei einer Vollstreckungshandlung Widerstand geleistet oder ist bei einer in der Wohnung des Schuldners vorzunehmenden Vollstreckungshandlung weder der Schuldner noch ein erwachsener Familienangehöriger, eine in der Familie beschäftigte Person oder ein erwachsener ständiger Mitbewohner anwesend, so hat der Gerichtsvollzieher zwei erwachsene Personen oder einen Gemeinde- oder Polizeibeamten als Zeugen zuzuziehen.

§§ 62, 63, 156 GVGA

I. Regelungsgehalt

1 Der Gerichtsvollzieher darf im Rahmen der Zwangsvollstreckung Widerstand (s. § 758 Rn 13) brechen und die Räume und Behältnisse des Schuldners zur Not auch gewaltsam öffnen (s. § 758 Rn 9 ff, § 758 a Rn 1 ff). Vorher soll er dies dem Schuldner schriftlich anzeigen und dabei auf §§ 758, 758 a und § 288 StGB (Vereitelung der Zwangsvollstreckung) hinweisen (vgl § 61 Abs. 12 GVGA).

2 Wenn bei der Vollstreckungshandlung
- Widerstand geleistet wird oder
- in der Wohnung des Schuldners weder der Schuldner selbst noch ein erwachsenes (nicht notwendigerweise volljähriges) Familienmitglied oder ein Bediensteter des Schuldners oder eine andere, dauerhaft wohnhafte erwachsene Person anwesend ist,

muss der Gerichtsvollzieher zwei erwachsene Personen oder einen Gemeinde- oder Polizeibeamten als Zeugen zuziehen (§ 62 Abs. 2 S. 1 GVGA).

3 Als Zeugen soll der Gerichtsvollzieher unbeteiligte und geeignet erscheinende Personen auswählen, die möglichst am Ort der Vollstreckung oder in dessen Nähe wohnen (§ 62 Abs. 2 S. 2 GVGA). Die Zeugen müssen das Protokoll mit unterschreiben (vgl § 762; § 62 Abs. 2 S. 3 GVGA; § 63 Abs. 3 S. 3 GVGA).

II. Kosten

4 Die durch den Gerichtsvollzieher zugezogenen Zeugen erhalten auf Antrag eine angemessene Entschädigung. Diese Entschädigung wird im Rahmen der Auslagen des Gerichtsvollziehers (Nr. 703 KV GvKostG) von den Kostenschuldnern in voller Höhe wieder eingezogen. Die Höhe der Entschädigung richtet sich nach § 62 Abs. 2 S. 4, 5 GVGA nach den Bestimmungen des **Justizvergütungs- und -entschädigungsgesetzes (JVEG)**. Das JVEG regelt auch die Entschädigung der

---

21 LG Aachen JurBüro 2003, 212.
22 NK-GK/*Kessel*, § 11 GvKostG Rn 2.

Zeugen, die durch den Gerichtsvollzieher herangezogen werden (§ 1 Abs. 1 Nr. 1 und 3 JVEG). Als Entschädigung sind ggf möglich: Fahrtkostenersatz (§ 5 JVEG), Entschädigung für Aufwand (§ 6 JVEG), Ersatz für sonstige Aufwendungen (§ 7 JVEG), Entschädigung für Zeitversäumnis (§ 20 JVEG), Entschädigung für Nachteile bei der Haushaltsführung (§ 21 JVEG) oder Entschädigung für Verdienstausfall (§ 22 JVEG).

§ 760 Akteneinsicht; Aktenabschrift

[1]Jeder Person, die bei dem Vollstreckungsverfahren beteiligt ist, muss auf Begehren Einsicht der Akten des Gerichtsvollziehers gestattet und Abschrift einzelner Aktenstücke erteilt werden. [2]Werden die Akten des Gerichtsvollziehers elektronisch geführt, erfolgt die Gewährung von Akteneinsicht durch Erteilung von Ausdrucken, durch Übermittlung von elektronischen Dokumenten oder durch Wiedergabe auf einem Bildschirm; dies gilt auch für die nach § 885 a Absatz 2 Satz 2 elektronisch gespeicherten Dateien.

§§ 38–43, 46 GVO

I. Regelungsgehalt

Der Gerichtsvollzieher erfasst sämtliche Zustellungs- und Protestaufträge im **Dienstregister I** und die Vollstreckungs- und sonstigen Aufträge im **Dienstregister II** (§§ 44, 47 GVO). In den einzelnen **Sonderakten** befinden sich alle zu den Verfahren entstandenen Schriftstücke, einschließlich der Protokolle. Darüber hinaus hält der Gerichtsvollzieher schriftlich alles fest, was zum Verständnis und zur rechtlichen Wertung seiner Amtshandlungen, zur Begründung des Kostenansatzes, zur Überprüfung der Dauer der einzelnen Verrichtungen und zum Nachweis des Verbleibs der Urkunden und sonstigen Schriftstücke erforderlich ist (§ 39 Abs. 2 GVO). 1

Der Gläubiger, der Schuldner und alle Dritten, die in ihren Rechten betroffen sein könnten (zB Familienmitglieder, Mitbewohner, Drittwiderspruchsberechtigte nach § 771), haben einen Anspruch auf **Akteneinsicht** und Erteilung von Kopien. 2

Sonstige Personen haben ein Einsichtsrecht, soweit sie ein **rechtliches Interesse** glaubhaft machen können (s. § 299 Abs. 2). 3

Die **Kopien** werden nur auf **Antrag** erteilt (vgl §§ 63 Abs. 6, 86 Abs. 5 GVGA). Der Antrag muss ausdrücklich gestellt werden. 4

Jedem am Zwangsvollstreckungsverfahren Beteiligten ist auf Verlangen Einsicht in die Akte des Gerichtsvollziehers zu gestatten bzw sind Abschriften einzelner Schriftstücke zu erteilen. Es bleibt dem Gläubiger überlassen, welche Kenntnis er sich – gebührenpflichtig – über das hinaus verschaffen will, was ihm durch den Gerichtsvollzieher bereits mitgeteilt wurde; insoweit dient die Akteneinsicht auch der Kontrolle durch den Gläubiger und der Offenlegung aller in einem Verfahren entstandenen Schriftstücke. **Schwärzungen** sind bei Erteilung der Abschriften nicht zulässig.[1] 5

II. Kosten

Für Kopien und Ausdrucke, die auf Antrag angefertigt oder per Telefax übermittelt werden, oder für die Überlassung von elektronisch gespeicherten Daten anstelle dieser Kopien und Ausdrucke fällte eine Dokumentenpauschale (Nr. 700 6

---

1 AG Leipzig 20.12.2013 – 434 M 19788/13, DGVZ 2014, 69.

Nr. 1 und 2 KV GvKostG) an, die als Auslage durch den Gerichtsvollzieher erhoben werden kann. Abschriften können von Gläubiger und Schuldner beantragt werden, die dann jeweils als Auftraggeber (§ 13 Abs. 1 Nr. 1 GvKostG) für die Auslagen haften. Hat der Schuldner die Abschriften beantragt, haftet nach hM neben ihm auch der Gläubiger als Antragsteller des Verfahrens für die Auslagen.[2] Die Fertigung der Abschriften für den Schuldner kann nicht von einer Vorauszahlung der Auslagen abhängig gemacht werden, da insoweit eine gesetzliche Bestimmung fehlt; § 4 Abs. 1 S. 1 und 2 GvKostG bezieht sich nur auf den Auftraggeber des Vollstreckungsauftrags.[3]

§ 761 (weggefallen)

§ 762 Protokoll über Vollstreckungshandlungen

(1) Der Gerichtsvollzieher hat über jede Vollstreckungshandlung ein Protokoll aufzunehmen.

(2) Das Protokoll muss enthalten:
1. Ort und Zeit der Aufnahme;
2. den Gegenstand der Vollstreckungshandlung unter kurzer Erwähnung der wesentlichen Vorgänge;
3. die Namen der Personen, mit denen verhandelt ist;
4. die Unterschrift dieser Personen und den Vermerk, dass die Unterzeichnung nach Vorlesung oder Vorlegung zur Durchsicht und nach Genehmigung erfolgt sei;
5. die Unterschrift des Gerichtsvollziehers.

(3) Hat einem der unter Nummer 4 bezeichneten Erfordernisse nicht genügt werden können, so ist der Grund anzugeben.

§§ 63, 86 GVGA; § 53 GVO

I. Normzweck 1	e) Namen der Personen (Nr. 3) 7
II. Inhalt und Beweiskraft des Protokolls 2	f) Vorlesung, Vorlegung und Genehmigung (Nr. 4) 8
1. Allgemeine Verpflichtung zur Protokollierung (Abs. 1) 2	
2. Näherer Inhalt des Protokolls (Abs. 2) 3	g) Unterschrift des Gerichtsvollziehers (Nr. 5) 9
a) Ort und Zeit (Nr. 1) 3	
b) Gegenstand und Gang der Vollstreckungshandlung (Nr. 2) 4	h) Verweigerung der Unterschrift (Abs. 3) 10
c) Besonderheiten bei Pfändungen, § 86 GVGA 5	3. Formvorschriften, §§ 7, 8 GVGA 11
d) Aufforderungen und Mitteilungen, § 763 Abs. 1 6	4. Beweiskraft und Berichtigung 13
	III. Kosten 14

---

[2] *Winterstein*, Gerichtsvollzieherkostenrecht, 3.a) zu Nr. 700 KV GvKostG; Schröder-Kay/Gerlach/*Winter*, GvKostG, § 13 Rn 15, Nr. 700 KV GvKostG Rn 27; AG Essen DGVZ 1993, 47; AG Lübeck DGVZ 1993, 47; AG Wiesbaden DGVZ 1994, 158; AG Neuwied DGVZ 1992, 174.
[3] Schröder-Kay/*Winter*, Nr. 700 KV GvKostG Rn 27.

I. Normzweck

Die vorgeschriebene Protokollierung dient der Beweissicherung und der Information der Beteiligten (vgl § 760 Rn 2). Die Vorschrift wird durch § 763 ergänzt. 1

II. Inhalt und Beweiskraft des Protokolls

1. Allgemeine Verpflichtung zur Protokollierung (Abs. 1). Der Gerichtsvollzieher muss über jede Vollstreckungshandlung ein Protokoll aufnehmen. Die **Vollstreckungshandlung** beginnt, wenn der Gerichtsvollzieher erstmalig beim Schuldner erscheint und pfänden will,[1] und umfasst alle Handlungen, die der Gerichtsvollzieher zum Zweck der Zwangsvollstreckung vornimmt. Dazu gehören zB das Betreten der Wohnung des Schuldners und ihre Durchsuchung, die Aufforderung zur Zahlung und die Annahme der Zahlung, die nachträgliche Wegschaffung der gepfändeten Sachen und ihre Verwertung. 2

2. Näherer Inhalt des Protokolls (Abs. 2). a) Ort und Zeit (Nr. 1). Das Protokoll soll im unmittelbaren Anschluss an die Vollstreckungshandlung und an Ort und Stelle aufgenommen werden (§ 63 Abs. 3 S. 1 GVGA). Ist das nicht möglich, so sind die Gründe hierfür im Protokoll anzugeben (§ 63 Abs. 3 S. 2 GVGA). Ort und Zeit der Aufnahme sind zu vermerken. Nimmt das Geschäft mehrere Tage in Anspruch, so ist das Protokoll an jedem Tage abzuschließen und zu unterzeichnen. 3

b) Gegenstand und Gang der Vollstreckungshandlung (Nr. 2). Im Protokoll ist der Schuldtitel, aufgrund dessen vollstreckt wird, genau zu bezeichnen (**Gegenstand der Vollstreckungshandlung**). Ferner muss der Gerichtsvollzieher den **Gang der Vollstreckungshandlung** unter Hervorhebung aller wesentlichen Vorgänge darstellen. Darüber hinaus hält er alles fest, was zum Verständnis und zur rechtlichen Wertung seiner Amtshandlungen, zur Begründung des Kostenansatzes und zur Überprüfung der Dauer der einzelnen Verrichtungen erforderlich ist (§ 39 Abs. 2 S. 2 GVO). Bleibt die Vollstreckung ganz oder teilweise ohne Erfolg, so muss das Protokoll erkennen lassen, dass alle zulässigen Mittel versucht wurden, aber kein anderes Ergebnis zu erreichen war. 4

c) Besonderheiten bei Pfändungen, § 86 GVGA. Ergänzend zu § 162 hat die Justizverwaltung weitere Anweisungen im Fall der Pfändungen erteilt (s. § 86 GVGA). So ist nach § 86 GVGA zB ein genaues Verzeichnis der Pfandstücke mit Angaben zum Wert aufzustellen (Abs. 1). Das Pfändungsprotokoll soll auch bereits Angaben zum Zeit und zum Ort der Versteigerung enthalten (§ 86 Abs. 3 GVGA). 5

d) Aufforderungen und Mitteilungen, § 763 Abs. 1. Die zur Vollstreckungshandlung gehörenden Aufforderungen und Mitteilungen des Gerichtsvollziehers und die Erklärungen des Schuldners oder eines anderen Beteiligten sind vollständig in das Protokoll aufzunehmen (s. § 763 Rn 1). 6

e) Namen der Personen (Nr. 3). Das Protokoll muss die Namen aller Personen enthalten, mit denen der Gerichtsvollzieher verhandelt hat. Dies sind zB der Schuldner, sein Vertreter, beteiligte Familienangehörige und Mitbewohner (vgl § 758 a Rn 19), Zeugen (s. § 759 Rn 2) und Dolmetscher. 7

f) Vorlesung, Vorlegung und Genehmigung (Nr. 4). Der Gerichtsvollzieher wird den beteiligten Personen (s. Rn 7) das Protokoll vorlesen bzw zur Durchsicht vorlegen. Nach Genehmigung des Inhalts werden die Personen aufgefordert, dies durch ihre Unterschrift zu quittieren. Verwendet der Gerichtsvollzieher ein Notebook, wird die Unterschrift auf der bereits gefertigten ersten Seite (in Papierform) des Protokolls („Mantelbogen") geleistet. Die restlichen Seiten des Proto- 8

---

[1] BGH InVo 2004, 331 = NJW-RR 2004, 1220 = WM 2004, 583.

kolls werden später im Dienstzimmer des Gerichtsvollziehers ausgedruckt und dem Mantelbogen beigefügt.

9 **g) Unterschrift des Gerichtsvollziehers (Nr. 5).** Das Protokoll wird mit der Unterschrift des Gerichtsvollziehers abgeschlossen.

10 **h) Verweigerung der Unterschrift (Abs. 3).** Verweigert eine der beteiligten Personen (s. Rn 6) die Unterschrift, muss der Gerichtsvollzieher dies vermerken. Die Begründungen für die Verweigerung sind gleichfalls festzuhalten.

11 **3. Formvorschriften, §§ 7, 8 GVGA.** Der Gerichtsvollzieher muss die allgemeinen Bestimmungen für die Aufnahme von öffentlichen Urkunden beachten (s. § 7 GVGA: deutliche und klar, haltbare Schrift, keine Radierungen, Verbindung der einzelnen Seiten durch Heftung). Der Dienststempelabdruck braucht dem Protokoll nicht beigefügt zu werden.

12 Ist der Schuldner der deutschen Sprache nicht hinreichend mächtig, um Grund und Inhalt der Amtshandlung zu erfassen sowie etwaige Einwendungen dagegen vorzubringen, zieht der Gerichtsvollzieher, sofern er die fremde Sprache nicht selbst genügend beherrscht, eine sprachkundige Person hinzu. Der Gerichtsvollzieher bedient sich dabei in erster Linie solcher Personen, die sofort erreichbar sind und keine Vergütung beanspruchen. Ist die Zuziehung eines **Dolmetschers** mit Kosten verbunden, so veranlasst der Gerichtsvollzieher sie erst nach vorheriger Verständigung mit dem Auftraggeber, es sei denn, dass es mit Rücksicht auf die Eilbedürftigkeit nicht tunlich erscheint oder die Kosten verhältnismäßig gering sind.

13 **4. Beweiskraft und Berichtigung.** Als öffentliche Urkunde genießt das Protokoll die Beweiskraft der §§ 415, 418. Berichtigungen werden entsprechend § 164 vorgenommen.

III. Kosten

14 Die Protokollierung der Vollstreckungshandlung durch den **Gerichtsvollzieher** löst keine besonderen Gebühren aus, sondern wird mit der Gebühr für die Vollstreckungshandlung abgegolten. Die Zeit für die Aufnahme des Protokolls ist allerdings in die Berechnung des Zeitaufwands für eine Amtshandlung einzubeziehen (Nr. 15 Abs. 1 DB-GvKostG), was für die Frage bedeutsam ist, ob für eine Amtshandlung ein Zeitzuschlag gewährt werden kann (Nr. 500 KV GvKostG).

15 Die **Erteilung von Protokollabschriften** ist dem Gerichtsvollzieher in bestimmten Fällen vorgeschrieben, insb. auch dann, wenn Gläubiger und Schuldner die Erteilung verlangen (§ 86 Abs. 5 Nr. 1 und 2 GVGA). Für Kopien und Ausdrucke von Vollstreckungsprotokollen fällt eine Dokumentenpauschale an (Nr. 700 KV GvKostG), wenn Kopien und Ausdrucke auf Antrag angefertigt oder per Telefax übermittelt werden. In zwei Fällen kann der Gerichtsvollzieher einen Antrag auf Übersendung einer Protokollabschrift unterstellen, nämlich wenn die Durchsuchung der Wohnung verweigert wird (§ 61 Abs. 3 S. 3 GVGA) und bei unterbliebener Nachschau im Rahmen einer Anschlusspfändung (§ 116 Abs. 3 S. 5 GVGA). Auch diese Protokollabschriften lösen eine Dokumentenpauschale aus.

16 Ist die Erteilung einer Protokollabschrift vom Gläubiger nicht beantragt, muss der Gerichtsvollzieher ihn über den Ausgang des Vollstreckungsverfahrens informieren. Die **Auskunftspflicht** des Gerichtsvollziehers über den Verlauf des Vollstreckungsverfahrens geht aber nicht so weit, dass er den Inhalt des Protokolls vollständig wiederzugeben hätte.[2] Wird der Gläubiger über bestimmte Tatsachen informiert (zB Schuldner unbekannt verzogen, nicht zu ermitteln, verstorben; unterstellte Rücknahme nach § 32 Abs. 1 GVGA; wiederholtes Nichtantreffen),

---

2 BGH DGVZ 2004, 61.

kann für diese Informationen keine Dokumentenpauschale erhoben werden, insb. auch dann nicht, wenn sie in Form einer Protokollabschrift erteilt werden, da es sich nicht um ein Vollstreckungsprotokoll handelt (vgl § 86 Abs. 1 GVGA), sondern um Aktenvermerke (§ 39 Abs. 2 GVO) über Feststellungen, die **vor** der Vollstreckung getroffen wurden. Mitteilungen an den Gläubiger über derartige Feststellungen erfolgen dokumentenpauschalenfrei, auch wenn der Gläubiger einen Antrag auf Protokollabschrift gestellt hatte. Der Gerichtsvollzieher nimmt über „Vollstreckungshandlungen" ein Protokoll auf (Abs. 1 S. 1, § 86 Abs. 1 GVGA). Die **Vollstreckung beginnt** aber erst mit der ersten gegen den Schuldner und dessen Sachen gerichteten Vollstreckungshandlung.[3] Erst ab diesem Zeitpunkt kann auch ein Vollstreckungsprotokoll (vgl § 762) erteilt werden. Der Antrag des Gläubigers, eine Protokollabschrift zu erteilen, die wiederum die Dokumentenpauschale auslöst, ist daher auf die Fälle zu beziehen, in denen ein Vollstreckungsprotokoll iSv § 762, § 86 Abs. 1 GVGA zu erteilen ist.[4]

§ 763 Aufforderungen und Mitteilungen

(1) Die Aufforderungen und sonstigen Mitteilungen, die zu den Vollstreckungshandlungen gehören, sind von dem Gerichtsvollzieher mündlich zu erlassen und vollständig in das Protokoll aufzunehmen.

(2) [1]Kann dies mündlich nicht ausgeführt werden, so hat der Gerichtsvollzieher eine Abschrift des Protokolls zuzustellen oder durch die Post zu übersenden. [2]Es muss im Protokoll vermerkt werden, dass diese Vorschrift befolgt ist. [3]Eine öffentliche Zustellung findet nicht statt.

§§ 63, 86 GVGA

I. Regelungsgehalt

Abs. 1 ergänzt § 762 Abs. 2 und bestimmt, dass alle Aufforderungen und Mitteilungen des Gerichtsvollziehers, soweit sie zu den Vollstreckungsmaßnahmen gehören (s. § 762 Rn 4), **mündlich** zu erlassen und vollständig zu **protokollieren** sind. Zu den **Aufforderungen** gehört zB die Zahlungsaufforderung zu Beginn der Vollstreckung (vgl § 59 Abs. 2 GVGA). **Sonstige Mitteilungen** iSv § 763 sind zB in § 808 Abs. 3 („den Schuldner von der erfolgten Pfändung in Kenntnis ... setzen"), § 811 b Abs. 2 und 3 (Benachrichtigung an den Gläubiger bei Austauschpfändung) oder § 826 Abs. 2 (Abschrift an einen anderen Gerichtsvollzieher) normiert. Die allgemeine Information des Gläubigers über den Ausgang des Verfahrens gehört nicht mehr zu den Vollstreckungshandlungen. 1

Soweit die Aufforderungen und Mitteilungen nicht mündlich erteilt werden können, weil zB der Schuldner nicht anwesend ist, wird dem Adressaten der vorgeschriebenen Aufforderung bzw Mitteilung (s. Rn 1) unaufgefordert eine Protokollabschrift zugesandt (**Abs. 2**). 2

II. Kosten

Dokumentenpauschalen (Nr. 700 KV GvKostG) für Protokollabschriften fallen nicht an. Dem Schuldner ist ein Protokoll zu erteilen, wenn die Vollstreckung in seiner Abwesenheit stattgefunden hat (§ 86 Abs. 5 Nr. 2 GVGA). Ein Antrag fehlt und kann auch nicht unterstellt werden, da es insoweit an einer Bestimmung 3

---

3 BGH NJW-RR 2004, 778; KG DGVZ 1994, 113; Hk-ZPO/*Kindl*, Vor §§ 704–945 Rn 20.
4 AG Hannover 3.3.2004 – 755 M 57928/03.

fehlt. Dokumentenpauschalen kann der Gerichtsvollzieher jedoch nur für die auf ausdrücklichen Antrag gefertigten Abschriften erheben. Der Gerichtsvollzieher hat eine Abschrift des Protokolls zuzustellen oder durch die Post zu übersenden (Abs. 2, § 63 Abs. 5 GVGA). Damit handelt es sich um eine von Amts wegen anzufertigende Abschrift. Abschriften, die von Amts wegen angefertigt werden, gehören zum sonstigen Aufwand des Gerichtsvollziehers und somit zu den Gemeinkosten, die grds. durch die Gebühren mit abgegolten werden.[1]

§ 764 Vollstreckungsgericht

(1) Die den Gerichten zugewiesene Anordnung von Vollstreckungshandlungen und Mitwirkung bei solchen gehört zur Zuständigkeit der Amtsgerichte als Vollstreckungsgerichte.

(2) Als Vollstreckungsgericht ist, sofern nicht das Gesetz ein anderes Amtsgericht bezeichnet, das Amtsgericht anzusehen, in dessen Bezirk das Vollstreckungsverfahren stattfinden soll oder stattgefunden hat.

(3) Die Entscheidungen des Vollstreckungsgerichts ergehen durch Beschluss.

I. Normzweck

1 Die Norm bestimmt, dass für die Zwangsvollstreckung, soweit sie von der ZPO den Gerichten zugewiesen wird, das **Amtsgericht** als **Vollstreckungsgericht** zuständig ist. Die sachliche und örtliche Zuständigkeiten sind ausschließliche (s. § 802 Rn 2).

II. Zuständigkeiten

2 **1. Sachliche Zuständigkeit (Abs. 1).** Zu den wesentlichen Aufgaben des Vollstreckungsgerichts gehören:
- die Vollstreckung wegen Geldforderungen in Forderungen und andere Vermögensrechte (§§ 828 ff) und
- die Zwangsversteigerung und Zwangsverwaltung von Grundstücken und grundstücksgleichen Rechten (§ 869 iVm § 1 ZVG).

3 Das Vollstreckungsgericht entscheidet auch,
- wenn Anträge gestellt oder Einwendungen und Erinnerungen erhoben werden, welche die Art und Weise der Zwangsvollstreckung oder das Verfahren des Gerichtsvollziehers betreffen (s. § 766 Rn 14 ff);
- über den Erlass eines Haftbefehls gegen den Schuldner zur Erzwingung der Abgabe der eidesstattlichen Versicherung (s. § 802 g Rn 6).

4 Neben dem Vollstreckungsgericht sind als Vollstreckungsorgane auch der Gerichtsvollzieher (s. § 753 Rn 6), das Grundbuchamt (s. § 867 Rn 17) und das Prozessgericht (s. § 887 Rn 20, § 890 Rn 5) tätig.

5 **2. Örtliche Zuständigkeit (Abs. 2).** Örtlich ist idR das Amtsgericht zuständig, in dessen Bezirk die einzelnen Vollstreckungshandlungen stattfinden sollen. Das hat zur Folge, dass eine einheitliche Zuständigkeit eines Gerichts für die gesamte Vollstreckung nicht besteht. Für bestimmte Verfahren bestehen für die örtliche Zuständigkeit abweichende Regelungen (zB für die Forderungspfändung, § 828 Abs. 2).

---

1 BT-Drucks. 14/3432, S. 33.

3. Funktionelle Zuständigkeit. Funktionell ist der **Rechtspfleger** zuständig (§§ 3 Nr. 1 Buchst. i, 20 Abs. 1 Nr. 17 RPflG), mit Ausnahme der Entscheidungen nach § 766 und dem Erlass eines Haftbefehls (§ 802 g iVm § 4 Abs. 2 RPflG). Rechtspfleger sind gem. § 9 RPflG sachlich unabhängig und nur an Recht und Gesetz gebunden. Im Gegensatz zu den Richtern besteht jedoch keine persönliche Unabhängigkeit. 6

III. Verfahren (Abs. 3)

Die **Entscheidungen** des Vollstreckungsgerichts können idR ohne mündliche Verhandlung (Abs. 3 iVm § 128 Abs. 4) ergehen und sind grds. mit der sofortigen Beschwerde angreifbar (§ 793). Ist gegen die Entscheidung nach den allgemeinen verfahrensrechtlichen Vorschriften kein Rechtsbehelf gegeben, so findet gegen die Entscheidung des Rechtspflegers die sofortige Erinnerung statt (§ 11 Abs. 2 RPflG). 7

Zur Rechtsbehelfsbelehrung in den Entscheidungen s. Vor §§ 95–104 ZVG Rn 60. 8

Von den Entscheidungen sind die Vollstreckungs**maßnahmen** (s. § 766 Rn 19) abzugrenzen, die mit der unbefristeten Erinnerung angreifbar sind (s. § 766 Rn 1). 9

§ 765 Vollstreckungsgerichtliche Anordnungen bei Leistung Zug um Zug

Hängt die Vollstreckung von einer Zug um Zug zu bewirkenden Leistung des Gläubigers an den Schuldner ab, so darf das Vollstreckungsgericht eine Vollstreckungsmaßregel nur anordnen, wenn

1. der Beweis, dass der Schuldner befriedigt oder im Verzug der Annahme ist, durch öffentliche oder öffentlich beglaubigte Urkunden geführt wird und eine Abschrift dieser Urkunden bereits zugestellt ist; der Zustellung bedarf es nicht, wenn bereits die Gerichtsvollzieher die Zwangsvollstreckung nach § 756 Abs. 1 begonnen hatte und der Beweis durch das Protokoll des Gerichtsvollziehers geführt wird; oder
2. der Gerichtsvollzieher eine Vollstreckungsmaßnahme nach § 756 Abs. 2 durchgeführt hat und diese durch das Protokoll des Gerichtsvollziehers nachgewiesen ist.

I. Normzweck

Die Vorschrift ist vor dem Hintergrund des § 726 Abs. 2 zu verstehen, wonach bei der Erteilung der Vollstreckungsklausel grds. nicht geprüft wird, ob der Gläubiger bei einem „Zug-um-Zug-Urteil" die von ihm zu erbringende Gegenleistung bereits erbracht oder dem Schuldner angeboten hat (s. § 726 Abs. 2; § 726 Rn 14 ff). Während der **Gerichtsvollzieher** selber die Möglichkeit hat, vor dem Beginn der Zwangsvollstreckung dem Schuldner die Gegenleistung des Gläubigers anzubieten (s. § 756 Rn 2 f), ist dies dem **Vollstreckungsgericht** nicht möglich. Daher regelt § 765, dass das Vollstreckungsgericht die Vollstreckungsmaßnahmen erst dann anordnen darf, wenn die Befriedigung des Schuldners oder sein Annahmeverzug (vgl §§ 293 ff BGB) urkundlich nachgewiesen wurde. 1

II. Vollstreckung bei Leistung Zug um Zug

Das Vollstreckungsgericht darf bei einem Zug-um-Zug-Urteil die Vollstreckungsmaßnahme nur in folgenden zwei Fällen anordnen: 2

3 **1. Der Gläubiger hat den Schuldner befriedigt oder in Verzug gesetzt.** Der Gläubiger weist durch öffentlich oder öffentlich beglaubigte Urkunde nach,[1] dass er seine Gegenleistung bereits erbracht hat bzw der Schuldner sich im Annahmeverzug (vgl §§ 293 ff BGB) befindet. Hier kommen insb. beglaubigte Quittungen, notarielle Urkunden und Urteile mit entsprechendem Inhalt in Betracht (s. näher § 756 Rn 9).

4 Zusätzlich muss der Gläubiger entweder
- durch Zustellungsurkunde nachweisen, dass dem Schuldner bereits beglaubigte Kopien der urkundlichen Nachweise zugestellt worden sind,
- oder durch ein Gerichtsvollzieherprotokoll (§ 762) nachweisen, dass bereits der Gerichtsvollzieher im Rahmen eines Vollstreckungsversuchs nach § 756 diese urkundlichen Nachweise zugestellt hat (s. § 756 Rn 9 f, § 762 Rn 4).

5 **2. Der Gerichtsvollzieher hat den Schuldner in Verzug gesetzt.** Der Gläubiger weist durch Vorlage eines Gerichtsvollzieherprotokolls (§ 762) nach, dass der Gerichtsvollzieher den Schuldner durch ein tatsächliches Angebot (s. § 756 Rn 5) oder durch ein nur wörtliches Angebot (s. § 756 Rn 7) in Verzug gesetzt hat bzw der Schuldner gegenüber dem Gerichtsvollzieher den Empfang der Gegenleistung bestätigt hat (s. § 756 Rn 11).

§ 765 a Vollstreckungsschutz

(1) [1]Auf Antrag des Schuldners kann das Vollstreckungsgericht eine Maßnahme der Zwangsvollstreckung ganz oder teilweise aufheben, untersagen oder einstweilen einstellen, wenn die Maßnahme unter voller Würdigung des Schutzbedürfnisses des Gläubigers wegen ganz besonderer Umstände eine Härte bedeutet, die mit den guten Sitten nicht vereinbar ist. [2]Es ist befugt, die in § 732 Abs. 2 bezeichneten Anordnungen zu erlassen. [3]Betrifft die Maßnahme ein Tier, so hat das Vollstreckungsgericht bei der von ihm vorzunehmenden Abwägung die Verantwortung des Menschen für das Tier zu berücksichtigen.

(2) Eine Maßnahme zur Erwirkung der Herausgabe von Sachen kann der Gerichtsvollzieher bis zur Entscheidung des Vollstreckungsgerichts, jedoch nicht länger als eine Woche, aufschieben, wenn ihm die Voraussetzungen des Absatzes 1 Satz 1 glaubhaft gemacht werden und dem Schuldner die rechtzeitige Anrufung des Vollstreckungsgerichts nicht möglich war.

(3) In Räumungssachen ist der Antrag nach Absatz 1 spätestens zwei Wochen vor dem festgesetzten Räumungstermin zu stellen, es sei denn, dass die Gründe, auf denen der Antrag beruht, erst nach diesem Zeitpunkt entstanden sind oder der Schuldner ohne sein Verschulden an einer rechtzeitigen Antragstellung gehindert war.

(4) Das Vollstreckungsgericht hebt seinen Beschluss auf Antrag auf oder ändert ihn, wenn dies mit Rücksicht auf eine Änderung der Sachlage geboten ist.

(5) Die Aufhebung von Vollstreckungsmaßregeln erfolgt in den Fällen des Absatzes 1 Satz 1 und des Absatzes 4 erst nach Rechtskraft des Beschlusses.

§§ 65, 128 GVGA; § 27 Abs. 2 GVO

---

1 OLG München NotBZ 2014, 157 = Rpfleger 2014, 369 = ZfIR 2014, 308.

I. Normzweck, Anwendungsbereich 1
1. Normzweck 1
2. Anwendungsbereich 2
   a) Verhältnis zu speziellen Schuldnerschutzvorschriften 2
      aa) Allgemeine Schutzbestimmungen 2
         (1) Hinderung der Durchführung der Vollstreckung insgesamt 3
         (2) Hinderung der Durchführung der Vollstreckung in bestimmte Objekte .. 4
      bb) Konkurrenzverhältnis 6
         (1) Allgemeines 6
         (2) Einzelfälle zum Konkurrenzverhältnis ... 13
   b) Sachlicher Anwendungsbereich 19
   c) Persönlicher Anwendungsbereich 23
      aa) Personenbegriff 23
      bb) Beeinträchtigung Dritter 24
      cc) Vollstreckungsschutz und Insolvenz 25
   d) Zeitlicher Anwendungsbereich 27
II. Voraussetzungen 32
1. Allgemeine Auslegungsgrundsätze 32
   a) Wortlaut, historische Auslegung 32
   b) Zugrunde liegende Rechtsgrundsätze 33
   c) Ausnahmecharakter 35
   d) Verzicht, Rücknahme 36
   e) Tierschutz (Abs. 1 S. 3) .. 37
   f) Abzuwägende Umstände 39
2. Einzelfälle 40
   a) Allgemeine Einzelfälle ... 40
      aa) Allgemeine Härten .. 40
      bb) Umstände zu Lasten des Schuldners 41
      cc) Fehlendes Vollstreckungsinteresse 43
      dd) Vermögensverschleuderung 45
      ee) Verhältnismäßigkeit 46
      ff) Hindernis in der Person des Schuldners .. 47
   b) Insbesondere: Räumungsvollstreckung 49
      aa) Allgemeines 49
      bb) Erkrankung des Schuldners 50
      cc) Insbesondere: Suizidgefahr 53
         (1) Suizidgefahr und Erkrankung 53
         (2) Darlegungslast 54
         (3) Hilfen für den Schuldner außerhalb der Einstellung; Mitwirkungspflichten des Schuldners 56
      dd) Sonstige Gründe 59
III. Verfahren 60
1. Antrag 60
   a) Antragstellung 60
   b) Antragsrücknahme; Antragswiederholung 63
2. Frist 65
3. Zuständigkeit 69
4. Verfahrensgrundsätze und -ablauf 74
IV. Entscheidung 76
1. Hauptsacheentscheidung (Abs. 1 S. 1) 76
   a) Allgemeines 76
   b) Einstweilige Einstellung 77
   c) Untersagung 78
   d) Aufhebung 79
2. Einstweilige Anordnung der aufschiebenden Wirkung durch Rechtspfleger (Abs. 1 S. 2) 84
3. Kostengrundentscheidung ... 85
V. Aufschub durch Gerichtsvollzieher (Abs. 2) 86
1. Allgemeines 86
2. Anwendungsbereich 87
3. Umfang 88
4. Voraussetzungen 89
5. Folgen 92
VI. Rechtskraft und Änderung des Beschlusses aufgrund veränderter Sachlage (Abs. 4) 93
VII. Rechtsmittel 95
VIII. Kosten 100

I. Normzweck, Anwendungsbereich

1 1. Normzweck. Die Vorschrift des § 765 a wird als „**Generalklausel des Schuldnerschutzes**" bezeichnet.[1] Sie vereinigt mehrere allgemeine und damit auch im Vollstreckungsrecht geltende Rechtsgrundsätze (s. Rn 33 f) und fasst sie in einer Rechtsgrundlage zusammen.

2 2. Anwendungsbereich. a) Verhältnis zu speziellen Schuldnerschutzvorschriften. aa) Allgemeine Schutzbestimmungen. Zugunsten des Schuldners besteht eine Vielzahl von Bestimmungen, die ihn vor **übermäßigen Härten** der Vollstreckung schützen.

3 (1) Hinderung der Durchführung der Vollstreckung insgesamt. Einige Vorschriften hindern die Durchführung der Vollstreckung zumindest zeitweise **insgesamt** (Wohnraumräumungsaufschub gem. §§ 721, 794 a; Verbot der Vollstreckung zur Unzeit gem. § 758 a Abs. 4; Vollstreckungsaufschub bei Zahlungsvereinbarung gem. § 802 b Abs. 2, 3;[2] einstweilige Einstellung der Zwangsversteigerung nach § 30 a ZVG).

4 (2) Hinderung der Durchführung der Vollstreckung in bestimmte Objekte. Einige Vorschriften hindern die Durchführung der Vollstreckung nur hinsichtlich bestimmter **Vollstreckungsobjekte**.

5 Bei der **Sachpfändung** ist der Schuldner durch § 803 (Pfändungsverbot geringwertiger Sachen), §§ 811 ff (unpfändbare Sachen) und § 817 a (Mindestgebot) geschützt. Auch bei der **Forderungspfändung** bestehen spezielle Schutzvorschriften zugunsten des Schuldners (§§ 850 ff, Kontoschutz nach 850 l S. 1, § 54 SGB I).

6 bb) Konkurrenzverhältnis. (1) Allgemeines. Gelegentlich wird gesagt, dass Vollstreckungsschutz nach § 765 a nur gegen **konkrete Vollstreckungsmaßnahmen**, nicht gegen die Durchführung der Vollstreckung **im Allgemeinen** gewährt werden kann.[3] Damit ist zumeist gemeint, dass der Schuldner sich mit Härten, die jede Zwangsvollstreckung mit sich bringt, abfinden muss.[4] Die Durchführung der Vollstreckung „an sich" kann also keine sittenwidrige Härte begründen (s. Rn 40).[5] Der Einwand, der Titel selbst sei sittenwidrig, muss mit den entsprechenden Rechtsbehelfen (s. Rn 14) geltend gemacht werden.[6] Im Übrigen kann nach § 765 a die Durchführung der Vollstreckung (insb. bei Gefahr für das Leben oder die Gesundheit des Schuldners oder seiner Angehörigen) durchaus auch ins-

---

1 *Brox/Walker*, Rn 1471; Stein/Jonas/*Münzberg*, § 765 a Rn 1; MüKo-ZPO/*Heßler*, § 765 a Rn 1.
2 Ähnlich die Rechtslage vor Inkrafttreten des Gesetzes zur Reform der Sachaufklärung in der Zwangsvollstreckung vom 29.7.2009 (BGBl. I S. 2258) zum 1.1.2013 der Aufschub und die Aussetzung der Verwertung gem. §§ 813 a, 813 b sowie die Vertagung des Termins zur Abgabe der eidesstattlichen Versicherung bei teilweiser Zahlungsbereitschaft gem. § 900 Abs. 3.
3 OLG Köln NJW 1994, 1743; dem folgend Musielak/Voit/*Lackmann*, § 765 a Rn 2.
4 OLG Köln NJW-RR 1995, 1472; OLG Zweibrücken NJW-RR 2002, 1664.
5 Zöller/*Stöber*, § 765 a Rn 5; missverständlich daher Schuschke/Walker/*Walker*, § 765 a Rn 8, anders Rn 29; Hk-ZPO/*Kindl*, § 765 a Rn 2 aE (Schutz nur vor konkreten Vollstreckungsmaßnahmen), s. auch Rn 27.
6 Schuschke/Walker/*Walker*, § 765 a Rn 8.

gesamt aufgeschoben[7] oder auf unbestimmte Zeit eingestellt werden,[8] und zwar auch dann, wenn noch kein „konkreter Eingriff" droht.[9] Dem wird entgegengehalten, die staatliche Aufgabe des Lebensschutzes des Schuldners könne nicht durch eine dauerhafte Einstellung der Vollstreckung gelöst werden.[10] Eine endgültige Einstellung der Zwangsvollstreckung verstoße gegen gegen Art. 19 Abs. 4 und Art. 14 GG;[11] zur Berücksichtigung der Grundrechte s. Rn 34.

Im Gegensatz zu anderen vollstreckungsrechtlichen Rechtsbehelfen hängt der Vollstreckungsschutz des § 765 a **nicht** von der **Verletzung bestimmter Vorschriften** des formellen oder materiellen Rechts ab. Daher stellt sich die Frage, ob § 765 a **zusätzlich** anwendbar ist, wenn die Voraussetzungen der speziellen vollstreckungsrechtlichen Schutzvorschriften im Einzelfall vorliegen (s. Rn 9) oder umgekehrt, ob Vollstreckungsschutz nach § 765 a sogar dann ausscheidet, wenn die Voraussetzungen der einschlägigen speziellen Schutzvorschrift im Einzelfall nicht vorliegen (s. Rn 10). 7

§ 765 a gilt grds. **neben** den übrigen vollstreckungsrechtlichen Schutzvorschriften.[12] Neben der Verletzung spezieller Bestimmungen, die der Schuldner mit den dafür vorgesehenen Rechtsbehelfen rügen kann, kann die Durchführung der Vollstreckung für den Schuldner **zugleich** eine **sittenwidrige Härte** sein.[13] So konnte der Schuldner einen Widerspruch nach § 900 Abs. 4 S. 1 aF auch darauf stützen, dass die Abgabe der eidesstattlichen Versicherung für ihn eine sittenwidrige Härte iSv Abs. 1 S. 1 bedeute.[14] Der Anwendbarkeit des § 765 a steht nicht entgegen, dass bei der erforderlichen Interessenabwägung im Einzelfall auch die in den gesetzlichen Pfändungsschutzbestimmungen zum Ausdruck kommenden gesetzgeberischen Wertungen zu berücksichtigen sind.[15] 8

---

7 BVerfG NJW 2013, 290 = NZM 2013, 93, 94 (Einstellung „für einen gewissen Zeitraum").
8 BVerfGE 52, 214, 219 f = NJW 1979, 2607 (schwere psychische Reaktionen des Beschwerdeführers und akuter Lebensgefahr, die auch durch [erneute] stationäre Unterbringung nicht ausgeräumt werden kann); BGH NJW 1998, 295, 296 (Erkrankung und Suizidgefahr bei 99-jährigem Mieter, der seit 38 Jahren in der zu räumenden Wohnung lebt); BGH NJW 1992, 1155 (87-jähriger Schuldner, Räumung hätte zur Pflegebedürftigkeit des Schuldners geführt); BGH NZM 2005, 657, 658 f (Suizidgefahr); so auch BGH NJW 2006, 505, 506 (Suizidgefahr bei Zwangsversteigerung); BGH NJW 2008, 1000 = FamRZ 2008, 260, 261; unter engen Voraussetzungen und nur das Vollstreckungsgericht, nicht der Gerichtsvollzieher: LG Essen NJW 1968, 407, 409 (Missbrauch eines Herausgabetitels zur Durchsetzung nicht titulierter Zahlungen); LG Hanau JurBüro 1998, 668 (Vollstreckung aus Bürgschaft, die nach Titulierung von der Rspr des BVerfG als sittenwidrig erkannt worden ist); LG Köln DGVZ 1989, 185 f (einstweilige Einstellung der Räumungsvollstreckung auf Dauer bzw auf unabsehbare Zeit wegen Gesundheitsgefährdung des Schuldners); BVerfG NJW-RR 2014, 583 = WM 2014, 565 sowie WM 2014, 1726 („in absoluten Ausnahmefällen"); BVerfG NJW-RR 2014, 1290; dem folgend BGH NJW-RR 2015, 393, 394; so auch Musielak/Voit/*Lackmann*, § 765 a Rn 22; Zöller/*Stöber*, § 765 a Rn 11 mwN; krit. Stein/Jonas/ *Münzberg*, § 765 a Rn 8; zum Beschleunigungsgebot BVerfG NJW-RR 2014, 584 = WM 2014, 566.
9 So OLG Saarbrücken Rpfleger 2003, 37, 38 (Anordnung der Zwangsversteigerung nach § 15 ZVG begründet bei psychisch Erkrankter gesundheits- bzw lebensbedrohliche Situation) ausdrücklich gegen OLG Köln NJW 1994, 1743.
10 BGH NJW 2007, 3719, 3721 = MDR 2007, 1155 f (LS).
11 BGH NJW 2014, 2288, 2290 = NZM 2014, 512, 513.
12 BGH NJW 2007, 2703, 2704 = MDR 2007, 1217; BGH NJW 2008, 1678 = MDR 2008, 823.
13 So Brox/*Walker*, Rn 1472 aE.
14 BGH NJW 2010, 1002.
15 BGH NJW 2007, 2703, 2704 = MDR 2007, 1217; BGH NJW 2008, 1678 = MDR 2008, 823, 824.

9   Soweit der Schuldner nach speziellen Schutzbestimmungen und Rechtsbehelfen sein Ziel erreichen kann, ist § 765 a richtigerweise nicht anwendbar. Die Gewährung von Vollstreckungsschutz nach § 765 a kommt also nur in Betracht, wenn andere Schutzvorschriften **erschöpft** sind oder **nicht zur Anwendung** kommen.[16] Die Rechtsgedanken, welche der Norm des § 765 a zugrunde liegen (s. Rn 33 f), sind dabei, soweit dies möglich ist, auch bei der **Auslegung** dieser speziellen Schutzbestimmungen zu berücksichtigen. § 765 a kann trotz Bestehens spezieller Schutzbestimmungen also dann anwendbar sein, wenn der Schuldner sein Ziel – gleich aus welchen Gründen – mit Hilfe der speziellen Schutzvorschriften nicht (mehr) erreichen kann. Die strengen Voraussetzungen des § 765 a können daher nur erfüllt sein, wenn der **erforderliche Schutz** nicht nach allgemeinen Vorschriften gewährt werden kann.

10 Die weitergehende Auffassung, wonach § 765 a nicht eingreift, wenn eine besondere Schutzregelung voll ausgeschöpft ist,[17] überzeugt nicht. Auch wenn den besonderen Schutzregelungen zumindest teilweise Rechtsgedanken zugrunde liegen, die auch in § 765 a enthalten sind (s. Rn 33 f), können besondere Umstände Maßnahmen nach § 765 a rechtfertigen, obwohl die Voraussetzungen der an sich einschlägigen besonderen Schutzregelung im Einzelfall nicht vorliegen.

11 Streitig ist, ob Tatsachen, welche in speziellen Vollstreckungsschutzanträgen **hätten vorgebracht werden können**, **später** noch zur Begründung eines Antrages nach § 765 a herangezogen werden dürfen (s. Rn 16 f).[18] Dies ist zu bejahen. § 765 a greift selbst dann ein, wenn infolge **Verschuldens des Schuldners** spezielle Schutzbestimmungen nicht (mehr) eingreifen, denn § 765 a gewährt unabhängig von einem Verschulden des Vollstreckungsschuldners Schutz vor sittenwidriger Härte.[19] Ein Verschulden des Schuldners kann bei der vorzunehmenden Abwägung Berücksichtigung finden (s. Rn 16 f). So kann es sich bei der nach § 765 a vorzunehmenden Abwägung für den Schuldner nachteilig auswirken, dass er Anträge gem. §§ 707, 719 nicht gestellt hat[20] (s. Rn 16).

12 Ob § 765 a als **Auffangrechtsbehelf** bezeichnet werden kann,[21] ist nach dem hier vertretenen Verständnis des Konkurrenzverhältnisses zwischen § 765 a und den speziellen Schutzbestimmungen ohne Bedeutung. Richtigerweise findet § 765 a Anwendung, wenn der Schuldner Fristen versäumt hat oder wenn der Schutz der speziellen Bestimmungen im Einzelfall nicht ausreicht (s. Rn 16 f).

13 **(2) Einzelfälle zum Konkurrenzverhältnis.** Konkurrenzfragen ergeben sich nicht, soweit im Einzelfall spezielle Schutzvorschriften **von vornherein nicht** eingreifen. § 765 a findet dann ohne Weiteres Anwendung.

- In den Anwendungsbereich der §§ 721, 794 a fällt die Räumung von Wohnraum. Vollstreckungsschutz ist daher bei der Räumung von **Gewerberäumen** nur nach § 765 a möglich.

- Pfändet der Gläubiger den dem Schuldner gem. § 667 BGB zustehenden Auszahlungsanspruch gegen den Drittschuldner wegen der auf ein **Konto des Drittschuldners** eingehenden, dem Schuldner zustehenden Sozialleistungen,

---

16 BGH NJW 2007, 2703, 2704 = MDR 2007, 1217; die Zulässigkeit eines „isolierten" Antrags nach § 765 a neben einem laufenden Verfahren nach § 900 Abs. 4 aF verneinend daher LG Lübeck 4.2.2010 – 7 T 29/10.
17 MüKo-ZPO/*Heßler*, § 765 a Rn 13.
18 Dafür: Schuschke/Walker/*Walker*, § 765 a Rn 2; Zöller/*Stöber*, § 765 a Rn 13; LG Darmstadt NJW-RR 2000, 1178, 1179; aA LG Göttingen MDR 1967, 847, 848; LG Wuppertal MDR 1968, 52.
19 Zöller/*Stöber*, § 765 a Rn 13.
20 Stein/Jonas/*Münzberg*, § 765 a Rn 40 u. 20.
21 Schuschke/Walker/*Walker*, § 765 a Rn 2; Musielak/Voit/*Lackmann*, § 765 a Rn 1 („Auffanggeneralklausel"); aA Zöller/*Stöber*, § 765 a Rn 13.

kann der Schuldner unter den Voraussetzungen des § 765 a Vollstreckungsschutz beanspruchen.[22] In diesem Fall besteht für den Schuldner auch kein Pfändungsschutz nach § 850 k.[23] Ein Schuldner kann Vollstreckungsschutz nach § 765 a beanspruchen, soweit Gutschriften aus nach § 850 c unpfändbarem Arbeitseinkommen durch die Kontopfändung berührt sind.[24] Im umgekehrten Fall, in dem Forderungen durch Zahlung auf das Konto des Vollstreckungsschuldners überwiesen werden (Kindesunterhalt auf Konto der Mutter), wird die Anwendbarkeit der §§ 850 k, 765 a verneint.[25] Gelder Dritter, die auf dem gepfändeten Konto des Schuldners eingehen, unterliegen grds. nicht den Vollstreckungsschutzbestimmungen der §§ 850 k, 765 a (und des inzwischen aufgehobenen § 55 SGB I), weil diese nur die Einkünfte und Guthaben des Schuldners schützen, so dass für eine Freigabe dieser Gelder keine Rechtsgrundlage gegeben ist.[26] – Zur Drittbeteiligung s. auch Rn 24.

Materiell-rechtliche Einwendungen gegen den titulierten Anspruch begründen keine sittenwidrige Härte, sondern sind im Verfahren der Vollstreckungsabwehrklage gem. § 767 geltend zu machen (s. Rn 6).[27] Mit einem Vollstreckungsschutzantrag kann nicht geltend gemacht werden, der zu vollstreckende Titel sei sachlich unrichtig.[28] Gegenüber einem Anspruch, dessen **Vollstreckung** auf Dauer sittenwidrig ist, bestehen materiell-rechtliche Einwendungen (zB §§ 138, 826 BGB), für deren Geltendmachung die **Vollstreckungsabwehrklage** (§ 767) als allein statthafter Rechtsbehelf vorgesehen ist.[29]   14

Greifen **spezielle Schutzvorschriften** zugunsten des Schuldners ein, ist § 765 a nicht anwendbar. Vollstreckungsschutz nach § 765 a kann daher nicht gewährt werden, wenn eine Erhöhung des **pfändungsfreien Betrages** gem. § 850 f Abs. 1 Buchst. b in Betracht kommt.[30] Gegen eine „**Verschleuderung**" gepfändeter Sachen kann sich der Schuldner nach § 813 Abs. 1 S. 3 (Antrag auf Schätzung gepfändeter Sachen durch Sachverständigen) wehren.[31] Hingegen bleibt § 765 a bei Kontopfändungen auch dann anwendbar, wenn der Schuldner davon absieht, ein **Pfändungsschutzkonto** einzurichten. Die Vereinfachung des Schuldnerschutzes bei Pfändung des Girokontoguthabens begründet keinen Vorrang dieses Rechtsinstituts gegenüber anderen Schutzvorschriften.[32]   15

Str ist, ob der Schuldner einen Antrag nach § 765 a stellen kann, solange die **einstweilige Einstellung der Zwangsvollstreckung** nach §§ 707, 719 möglich ist. Dies ist entgegen der hM[33] zu bejahen.[34] Das Gericht entscheidet über einen Antrag nach § 707 nach pflichtgemäßem Ermessen. § 707 bezweckt den Schutz des Schuldners vor einem Schaden durch die Vollstreckung aus einem Titel, dessen Bestand zweifelhaft ist, weil der Schuldner einen Rechtsbehelf eingelegt hat   16

---

22 LG Hamburg ZVI 2015, 13 f.
23 BGH NJW 2007, 2703, 2704 = MDR 2007, 1217 f.
24 BGH NJW 2008, 1678 = MDR 2008, 823, 824.
25 AG Westerburg ZVI 2009, 419 ff.
26 Zuletzt AG Hannover 6.6.2008 – 705 M 55427/08 mwN; LG Rostock MDR 2003, 596.
27 OLG Hamm NJW-RR 2002, 790, 791.
28 Zuletzt OLG Köln 15.7.2010 – 19 W 20/10 (für Ordnungsmittelbeschluss).
29 Vgl Stein/Jonas/*Münzberg*, § 765 a Rn 8 mwN.
30 OLG Zweibrücken NJW-RR 2002, 1664 f.
31 Stein/Jonas/*Münzberg*, § 765 a Rn 6.
32 LG Saarbrücken VuR 2014, 69; LG Essen JurBüro 2014, 436; einschr. auf Ausnahmefälle AG Schwarzenbek ZVI 2012, 354.
33 MüKo-ZPO/*Heßler*, § 765 a Rn 75; Musielak/Voit/*Lackmann*, § 765 a Rn 21; Schuschke/Walker/*Walker*, § 765 a Rn 32: kein Rechtsschutzbedürfnis, solange Anträge gem. §§ 707, 719 bzw § 732 Abs. 2 möglich sind.
34 Stein/Jonas/*Münzberg*, § 765 a Rn 40 u. 20.

(s. § 707 Rn 1). Entscheidend ist v.a. die **Erfolgsaussicht** des Rechtsmittels (s. § 707 Rn 22). Der Vollstreckungsschutz nach § 765 a kann jedoch auch gegen rechtskräftige Titel gewährt werden und ist daher unabhängig von der Erfolgsaussicht eines gegen den Titel eingelegten Rechtsmittels zu beurteilen. Es ist auch nicht nachvollziehbar, warum das Rechtsschutzbedürfnis für einen Antrag nach § 765 a auch in dem Fall fehlen soll, in dem ein Antrag nach § 707 offenkundig aussichtslos ist. Soweit ein Antrag nach §§ 707, 719 vom Schuldner nicht gestellt wurde, kann dies im Rahmen der nach § 765 a vorzunehmenden Abwägung berücksichtigt werden (s. Rn 17).

17 Im Übrigen kann § 765 a **trotz** Bestehens **spezieller Schutzbestimmungen** zur Anwendung kommen, wenn diese den Schuldner im Einzelfall nicht mehr zu schützen vermögen. Ist die in § 721 gewährte Räumungsfrist abgelaufen[35] oder hat der Schuldner die in § 721 Abs. 2 genannte Antragsfrist (zwei Wochen vor der tenorierten Räumungspflicht) versäumt,[36] kann Vollstreckungsschutz nach § 765 a gewährt werden. Darüber hinaus kann § 765 a neben § 721 Anwendung finden, wenn über die Jahresfrist des § 721 Abs. 5 hinaus Vollstreckungsschutz gewährt werden soll. Dass der Schuldner die rechtzeitige Einleitung eines Verfahrens nach § 721 versäumt hat oder seinen Schutzantrag auf Gründe stützt, die er im Verfahren nach § 721 schuldhaft nicht vorgebracht hat, ist bei der Interessenabwägung zu berücksichtigen (s. Rn 39, 41).[37]

18 § 765 a greift ein, wenn der Schuldner wegen einer kurz vor Ablauf der Jahresfrist des § 802 b Abs. 2 S. 3 überraschend eingetretenen Notlage an der Zahlung der letzten Raten verhindert ist.[38]

19 b) **Sachlicher Anwendungsbereich.** § 765 a ist anwendbar auf alle Arten der Zwangsvollstreckung aus **Titeln der ZPO und des ZVG**.[39]

20 Entsprechende Anwendung findet die Vorschrift bei der **Teilungsversteigerung** gem. § 180 ZVG,[40] nicht jedoch bei Tätigkeiten des Gerichtsvollziehers außerhalb der Zwangsvollstreckung (**Pfandverkauf** etc.).[41] Die Anwendbarkeit des § 765 a auf die Teilungsversteigerung nach § 180 ZVG rechtfertigt sich durch die flexible Gestaltung des Schutzes von Bewohnern.[42] Eine darüber hinausgehende Anwendung bei der Verwertung von Sachen außerhalb der Zwangsvollstreckung erscheint hingegen nicht notwendig.

21 § 765 a ist anwendbar, wenn der **Insolvenzverwalter** aus dem Eröffnungsbeschluss vollstreckt, die Vorschrift ist aber nicht auf die Eröffnung selbst anzuwenden.[43] Die Gegenauffassung[44] übersieht, dass eine Abwägung zwischen Gläubiger- und Schuldnerinteressen im Insolvenzverfahren nicht stattfinden kann,[45] zumal bei der Insolvenzeröffnung nicht alle Gläubiger feststehen und deren Inter-

---

35 OLG Köln NJW-RR 1995, 1163.
36 LG Darmstadt NJW-RR 2000, 1178, 1179.
37 MüKo-ZPO/*Heßler*, § 765 a Rn 59; Zöller/*Stöber*, § 765 a Rn 13 mwN.
38 MüKo-ZPO/*Heßler*, § 765 a Rn 48 (zu § 813 a Abs. 4 aF).
39 Zöller/*Stöber*, § 765 a Rn 2; Stein/Jonas/*Münzberg*, § 765 a Rn 3.
40 BGH NJW 2007, 3430, 3432; KG NJW-RR 1999, 434; noch offen gelassen in BGH NJW 2004, 3635, 3636 = MDR 2005, 55, 56; aA die früher hM: Stein/Jonas/*Münzberg*, § 765 a Rn 3 mwN in Fn 16; Schuschke/Walker/*Walker*, § 765 a Rn 5 Fn 18.
41 Zöller/*Stöber*, § 765 a Rn 2.
42 Nicht vollen Umfangs überzeugend der Hinweis auf die Anwendbarkeit der Vorschriften des ZVG nach § 869: Zöller/*Stöber*, § 765 a Rn 2.
43 MüKo-ZPO/*Heßler*, § 765 a Rn 20; Schuschke/Walker/*Walker*, § 765 a Rn 3.
44 BGH MDR 1978, 37, 38 = WM 1977, 1201, 1203 f; Stein/Jonas/*Münzberg*, § 765 a Rn 41; Zöller/*Stöber*, § 765 a Rn 2.
45 So richtig MüKo-ZPO/*Heßler*, § 765 a Rn 2; Schuschke/Walker/*Walker*, § 765 a Rn 3.

essen oftmals nicht gleichgelagert sind.[46] Zudem wird der Schuldner nicht rechtlos gestellt, weil er auch nach Eröffnung des Insolvenzverfahrens im Einzelfall Schutz nach § 765 a beanspruchen kann (s. Rn 25 f).

Soweit das Familiengericht in **Ehewohnungssachen** gem. § 209 Abs. 1 FamFG Räumungsschutz gewähren kann, ist § 765 a nicht anwendbar.[47]

c) Persönlicher Anwendungsbereich. aa) Personenbegriff. Schuldnerschutz gem. § 765 a genießen auch **juristische Personen und Personengesellschaften**,[48] die freilich nicht alle einer natürlichen Person zustehenden Gründe geltend machen können.[49]

bb) Beeinträchtigung Dritter. Dritte können sich nicht auf § 765 a berufen. Sie sind nicht antragsberechtigt (zum Antrag s. Rn 60), auch wenn sie durch die Zwangsvollstreckung selbst betroffen sind.[50] Ihre Beeinträchtigung kann allerdings **mittelbare** Wirkung haben. Eine sittenwidrige Härte der Zwangsvollstreckung kann sich etwa aus den Belangen **naher Angehöriger** des Schuldners ergeben, wenn deren schwere Beeinträchtigung sich als sittenwidrige Härte auch für den Schuldner selbst darstellt.[51] Bringt die Maßnahme Gefahren für Leben und Gesundheit von nahen Angehörigen des Schuldners mit sich, sind sie in gleicher Weise wie eine beim Schuldner selbst bestehende Gefahr zu berücksichtigen.[52] Voraussetzung für die Beachtung der Belange Dritter ist, dass sie der **Interessensphäre** des Schuldners oder auch des Gläubigers **zuzuordnen** sind.[53] Im Übrigen spielen ihre Belange auch bei der nach § 765 a vorzunehmenden Abwägung keine Rolle.[54] Umgekehrt setzt § 765 a ein Vorgehen des Gläubigers voraus,[55] so dass die Norm keinen Schutz gegen die **Handlungsweise eines Dritten** (insb. des Drittschuldners) bietet.[56]

cc) Vollstreckungsschutz und Insolvenz. Mit Eröffnung des **Insolvenzverfahrens** nach § 80 Abs. 1 InsO verliert der Schuldner das Recht, das zur Masse gehörende Vermögen zu verwalten, und damit die Befugnis, Entscheidungen des Vollstreckungsgerichts im Zwangsversteigerungsverfahren über ein zur Masse gehörendes Grundstück anzufechten. Der **Insolvenzverwalter** kann im Zwangsversteigerungsverfahren über ein dem Gemeinschuldner gehörendes Grundstück Vollstreckungsschutz nach § 765 a beantragen. Dann ist auf das Interesse der Insolvenz-

---

46 Schuschke/Walker/*Walker*, § 765 a Rn 3.
47 Zöller/*Lorenz*, § 209 FamFG Rn 3 mwN; *Schuschke*, NZM 2010, 137, 139; Musielak/Voit/*Lackmann*, § 756 a Rn 15.
48 Zöller/*Stöber*, § 765 a Rn 3; Schuschke/Walker/*Walker*, § 765 a Rn 6; MüKo-ZPO/*Heßler*, § 765 a Rn 17.
49 Stein/Jonas/*Münzberg*, § 765 a Rn 4; BGH NJW 2009, 78 = WuM 2009, 59, 60 (antragsberechtigt bei Gefährdung von Leben und Gesundheit nur natürliche Person).
50 LG Rostock MDR 2003, 596; LG Münster 16.3.2011 – 5 T 858/10 (dinglicher Wohnberechtigter).
51 OLG Köln NJW 1994, 1743.
52 BGHZ 163, 66, 72 = NJW 2005, 1859, 1860 mwN = MDR 2005, 891, 892 (Suizidgefahr bei Vater des Räumungsschuldners); OLG Köln NJW 1994, 1743 (Lebensgefahr aufgrund Herzschwäche und Bluthochdruck bei 85-jähriger Mutter des Räumungsschuldners); OLG Hamm NJW-RR 2001, 1303 (90-jährige herzkranke Mutter der Räumungsschuldnerin); BGH NJW-RR 2011, 419 = NZM 2011, 167 (nicht ausreichend bei Krebserkrankung der Ehefrau); BGH NJW-RR 2011, 1459 = NZM 2011, 786 (nicht ausreichend bei beherrschbarer Gefahr einer Magersucht der Tochter).
53 Offen gelassen in BVerfG NJW 2003, 882 f (Schutz der Patienten bei Zwangsräumung einer Klinik).
54 BVerfG NJW-RR 2005, 936, 937.
55 BGHZ 44, 138, 143; BGH NJW 2004, 3635, 3636 = MDR 2005, 55, 56.
56 LG Detmold 9.9.2010 – 3 T 220/10 (Weigerung des Kreditinstituts, auf dem Pfändungsschutzkonto des Schuldners eingegangene Einkünfte an diesen auszuzahlen).

masse abzustellen.[57] Dies gilt jedoch nur, soweit es um das **Vermögen** des Schuldners geht. Im eröffneten Insolvenzverfahren kann dem Schuldner, der eine natürliche Person ist, bei Vollstreckungsmaßnahmen des Insolvenzverwalters nach § 148 Abs. 2 InsO auf Antrag Vollstreckungsschutz nach § 765 a gewährt werden, jedenfalls soweit dies zur Erhaltung von **Leben und Gesundheit** des Schuldners erforderlich ist.[58] Seine Befugnis, Vollstreckungsschutz nach § 765 a wegen **der Gefahr der eigenen Selbsttötung** oder der eines nahen Angehörigen zu beantragen, bleibt auch nach der Eröffnung des Insolvenzverfahrens über sein Vermögen unberührt.[59] Auch ein auf die Suizidgefährdung des Schuldners gestützter Vollstreckungsschutzantrag im Rahmen der **Beschwerde gegen den Zuschlagsbeschluss** ist zulässig.[60] Der Zuschlagsbeschluss ist aufzuheben, wenn mit Suizid des Schuldners durch den Eintritt der Rechtskraft des Zuschlagsbeschlusses (und nicht erst aufgrund drohender Zwangsräumung) ernsthaft zu rechnen ist.[61]

26 Soweit das Insolvenzverfahren die Vollstreckung gegen den Gemeinschuldner **nicht hindert** (zB Vollstreckung unvertretbarer Handlungen, s. § 888 Rn 31), bleibt der Gemeinschuldner aus **eigenem Recht** antragsbefugt.

27 **d) Zeitlicher Anwendungsbereich.** Das **Rechtsschutzbedürfnis** des Schuldners bedingt den zeitlichen Anwendungsbereich der Vorschrift. Das Rechtsschutzbedürfnis des Schuldners und damit der zeitliche Anwendungsbereich des § 765 a **beginnt**, sobald die Zwangsvollstreckung **droht**. Die Zwangsvollstreckung droht bereits, sobald ein **Titel** gegen den Schuldner **besteht**.[62] Vorsorglich gestellte Anträge sind unzulässig.[63] Der Schuldner muss den Beginn der Zwangsvollstreckung nicht abwarten.

28 Das Rechtsschutzbedürfnis des Schuldners **endet**, sobald die Maßnahme, gegen die er sich mit dem Antrag wendet, **beendet** ist und **nicht fortwirkt**. Eine beendete Vollstreckung kann durch § 765 a nicht **rückgängig** gemacht werden. § 765 a ermöglicht auch nicht die Aufhebung einer rechtskräftigen Entscheidung (s. Rn 80).[64]

29 Der Antrag kann auch erstmals noch in der **Beschwerdeinstanz** gestellt werden (zur Zuständigkeit s. Rn 71 ff).

30 Ein Sonderfall des zeitlichen Anwendungsbereichs des § 765 a ist in §§ 100, 83 Nr. 6 ZVG geregelt (vgl § 83 ZVG Rn 7). Nach § 83 Nr. 6 ZVG ist der Zuschlag zu versagen, wenn die Zwangsversteigerung oder die Fortsetzung des Verfahrens aus einem sonstigen Grunde unzulässig ist. Bei der **Zwangsversteigerung** ist ein Vollstreckungsschutzantrag nach § 765 a nur **bis zur Verkündung** des Zuschlagsbeschlusses zulässig,[65] weil nach §§ 100, 83 Nr. 6 ZVG der Einwand der sittenwidrigen Härte nur dann beachtlich ist, wenn er bereits dem Zuschlag entgegenstand. Eine **Ausnahme** besteht dann, wenn im Rahmen der Zuschlagsbeschwerde eine **begründete Suizidgefahr** vorgetragen wird (s. § 81 ZVG Rn 18).[66] Mit der Zuschlagsbeschwerde kann nur die auf den Zuschlagsbeschluss **selbst** zurückzu-

---

57 OLG Hamm NJW 1976, 1754.
58 BGH NJW 2009, 78 = WuM 2009, 59, 60.
59 BGH NJW 2009, 1283 = WuM 2009, 140, 141; BGH NJW 2009, 78 = WuM 2009, 59.
60 BGH WuM 2009, 314.
61 BGH NJW-RR 2013, 628, 629 = NZM 2013, 162, 163.
62 Schuschke/Walker/*Walker*, § 765 a Rn 29.
63 AG Dortmund 24.9.2008 – 271 M 002/08 (kein Vollstreckungsschutz gegen Zuschlagsbeschluss, dessen Vollziehung gem. § 570 Abs. 3 ausgesetzt war).
64 BGH FamRZ 2009, 2079 = MDR 2010, 50, 51; BGH NJW-RR 2011, 1000 = NZM 2011, 791 (rechtskräftiger Zuschlagsbeschluss).
65 BGHZ 44, 138, 144 = NJW 1965, 2107, 2108.
66 BGH NJW 2006, 505, 507 = MDR 2006, 775 f; BVerfG NJW 2007, 2910.

führende Gefahr der Selbsttötung geltend gemacht werden.[67] Bei bereits erteiltem Zuschlag ist also entscheidend, ob eine solche Gefahr für den Fall des **endgültigen Eigentumsverlustes** anzunehmen ist.[68] Wenn erst bei **tatsächlichem Besitzverlust** nach Eigentumsverlust durch Zuschlag ein Suizid drohen könnte, kann nicht der Zuschlag versagt werden. Der Schuldner kann sich dann erst im Räumungsverfahren auf § 765 a berufen.[69]

Im **Rechtsbeschwerdeverfahren** kann der Antrag nach § 765 a mangels tatsächlicher Feststellungen der Vordergerichte nicht wirksam nachgeholt werden.[70]   31

II. Voraussetzungen

1. Allgemeine Auslegungsgrundsätze. a) Wortlaut, historische Auslegung. Abs. 1   32
dient vom Wortlaut her dem Schuldnerschutz, ist jedoch eine Reaktion auf die extensive Auslegung der Vorgängerregelung[71] und hat daher historisch gesehen eine den **Schuldnerschutz einschränkende** Intention, indem die Norm enge Voraussetzungen aufstellt, unter denen Schuldnerschutz nur – zusätzlich zu den speziellen zugunsten des Schuldners bestehenden Schutzvorschriften – gewährt werden kann.

b) Zugrunde liegende Rechtsgrundsätze. Die Norm verlangt das Vorliegen von   33
ganz besonderen Umständen, welche die Vollstreckungsmaßnahme unter voller Würdigung des Gläubigerinteresses als **sittenwidrige Härte** gegenüber dem Schuldner erscheinen lassen. Sie gewährt Vollstreckungsschutz in den Fällen, in denen die Durchführung der Vollstreckung unter strikter Befolgung des Gesetzes zu einem **ganz untragbaren Ergebnis** führen würde,[72] und ist daher insb. Ausdruck der auch § 242 BGB (Grundsatz von **Treu und Glauben**), § 826 BGB (Schadensersatz bei vorsätzlicher **sittenwidriger** Schädigung) und § 226 BGB (**Schikaneverbot**) zugrunde liegenden Rechtsgedanken.

Die Norm ist gleichfalls Ausdruck der auch im Vollstreckungsrecht geltenden   34
verfassungsrechtlichen **Verhältnismäßigkeitsgrundsatzes**.[73] Ob eine sittenwidrige Härte vorliegt, ist im Wege einer **umfassenden Interessenabwägung** festzustellen. Bei der Abwägung müssen die Grundrechte des Schuldners (insb. Art. 1, 2, 3,[74] 14, 20 Abs. 1 GG) und des Gläubigers (Art. 14, 19 GG)[75] beachtet werden.[76]

c) Ausnahmecharakter. Im Vordergrund steht das **Interesse des Gläubigers** an der   35
Durchführung der Vollstreckung. Die Vorschrift ist als **Ausnahmeregel** eng aus-

---

67 BGH NJW 2009, 80, 81 = FamRZ 2008, 2273, 2274 (bei mehreren Zwangsversteigerungsverfahren).
68 BGH NJW-RR 2011, 421 f = NZW 2010, 915, 916 (auch zum Begründungserfordernis ablehnender Instanzentscheidungen).
69 BVerfG NJW-RR 2012, 393, 395 = NZM 2012, 245, 247; BGH NJW 2006, 505, 507 = MDR 2006, 775 f; BGH NJW-RR 2008, 1741, 1742; BGH NJW 2011, 2807, 2809; LG Hamburg ZMR 2011, 130.
70 BGH FamRZ 2008, 258, 260 = MDR 2008, 287, 288.
71 Vollstreckungsmissbrauchsgesetz vom 13.12.1934 (RGBl. I S. 1234) – „gesundes Volksempfinden".
72 BGHZ 44, 138, 143 = NJW 1965, 2107, 2108; BGH NJW 2004, 3635, 3636 = MDR 2005, 55, 56.
73 BVerfG NJW 1979, 2607; BVerfG NJW 2004, 49.
74 Zu Art. 3 GG: AG Lemgo ZVI 2007, 183 (Einschränkung der Pfändbarkeit der Altersvorsorge Selbständiger für den Zeitraum vor Inkrafttreten einer gesetzlichen Regelung wegen Verstoßes gegen den Gleichheitsgrundsatz).
75 BGH NZM 2005, 190, 191; BGH NJW 2006, 505, 506.
76 Musielak/Voit/*Lackmann*, § 765 a Rn 5; zu Art. 14, Art. 19 Abs. 4 GG s. auch BGH NZM 2005, 190, 191 = MDR 2005, 353.

zulegen.[77] Vollstreckungsschutz darf demnach nur gewährt werden, wenn die Abwägung **eindeutig** zugunsten des Schuldners ausfällt.[78] Härten, die mit jeder Vollstreckung verbunden sind, muss der Schuldner hinnehmen.[79] Nicht jede Vollstreckungsmaßnahme, die für den Schuldner eine unbillige Härte bedeutet, rechtfertigt die Anwendung der Härteklausel. Die Vollstreckung soll erst an der Grenze der Sittenwidrigkeit haltmachen.[80] Die eine sittenwidrige Härte begründenden besonderen Umstände müssen vorliegen. Die Möglichkeit der mittelbaren Verursachung einer besonderen Härte reicht nicht.[81]

36 **d) Verzicht, Rücknahme.** Auf den Schutz des § 765 a kann nicht **vor** Beginn der Vollstreckung **verzichtet** werden. Auch ein **nach** Beginn der Vollstreckung vom Schuldner erklärter Verzicht bindet ihn nicht.[82] Der Verzicht kann nur im Rahmen der Interessenabwägung Berücksichtigung finden, wenn der Schuldner trotz seines Verzichts Vollstreckungsschutz beantragt.[83] So sind bei der Abwägung die Interessen des Gläubigers zu berücksichtigen, der im Vertrauen auf die rechtzeitige Räumung des Wohnraum bereits weitervermietet hat.[84] Mit der **Rücknahme** des Antrags auf Vollstreckungsschutz nach § 765 a (s. Rn 63) erklärt der Schuldner keinen Verzicht,[85] so dass die Antragsrücknahme bei erneuter Antragstellung insoweit nicht zu berücksichtigen ist.

37 **e) Tierschutz (Abs. 1 S. 3).** Betrifft die Vollstreckungsmaßnahme ein **Tier**, so ist bei der Abwägung die Verantwortung des Menschen für das Tier zu berücksichtigen (Abs. 1 S. 3). Eine Anwendung der Bestimmung kommt vornehmlich bei der Vollstreckung von Herausgabeansprüchen (§§ 883, 885) sowie von Handlungen und Unterlassungen (§§ 887–890) in Betracht. § 811 Abs. 1 Nr. 3, 4 und 5 sowie § 811 c beschränken die Pfändbarkeit von Tieren, dienen allerdings nicht dem Tierschutz.

38 Die Berücksichtigung des Tierschutzes kann sich sowohl zugunsten des Schuldners als auch zugunsten des Gläubigers auswirken.[86]

39 **f) Abzuwägende Umstände.** Ob eine sittenwidrige Härte vorliegt, ist im Wege einer **umfassenden Interessenabwägung** festzustellen (s. Rn 34). Umstände, welche eine nicht mit den guten Sitten vereinbare besondere Härte begründen können, können zusammenfassend insb. sein: fehlendes Vollstreckungsinteresse des **Gläubigers**, Art des zu vollstreckenden **Anspruchs**, Art des **Vollstreckungsobjekts**, **Zeitpunkt** der Vollstreckung und Umfang der Beeinträchtigung im Falle des Aufschubs, **Verhältnismäßigkeit**, Verhalten des **Schuldners** und Umstände in seiner **Person** (Alter, Erkrankung, Schwangerschaft, Wirkung der Vollstreckung für Angehörige), **Folgen** der in Betracht kommenden Maßnahmen, Möglichkeit

---

77 BGHZ 44, 138, 143 = NJW 1965, 2107, 2108; BGH NJW 2004, 3635, 3636 = MDR 2005, 55, 56.
78 LG Braunschweig DGVZ 1991, 187.
79 OLG Köln NJW-RR 1995, 1472 (für Zwangsversteigerung).
80 BGHZ 161, 371, 374 = BGH NJW 2005, 681, 682.
81 BGH NJW-RR 2010, 157, 158 = MDR 2010, 49, 50 gegen OLG Hamm WuM 1983, 267 bei Pfändung und Überweisung des Anspruchs auf Auszahlung des genossenschaftlichen Auseinandersetzungsguthabens, die mittelbar zum Verlust der genossenschaftlichen Wohnungsrechte des Schuldners führt. Zum Verhalten Dritter s. auch Rn 46.
82 Musielak/Voit/*Lackmann*, § 765 a Rn 3.
83 Zöller/*Stöber*, § 765 a Rn 25; aA MüKo-ZPO/*Heßler*, § 765 a Rn 98 (mit der tautologischen Begründung, dass der Schuldner auf die Stellung des notwendigen Antrags verzichten kann); s. auch Schwerpunktbeitrag 6 „Zwangsvollstreckung im Mietverhältnis" Rn 25 in diesem Werk.
84 Stein/Jonas/*Brehm*, § 765 a Rn 4.
85 Zöller/*Stöber*, § 765 a Rn 25.
86 ZB nicht artgerechte Haltung beim Schuldner; s. *Dietz*, Tiere als Pfandobjekt – zu den Auswirkungen des Art. 20 a GG nF, DGVZ 2003, 81; 82.

von Hilfestellungen bzw der Eigenhilfe und Ergreifen anderer Maßnahmen als eine solche nach § 765 a.

2. Einzelfälle. a) Allgemeine Einzelfälle. aa) Allgemeine Härten. Der Schuldner 40 muss sich mit Härten, die jede Zwangsvollstreckung mit sich bringt, abfinden (s. Rn 6). Eine sittenwidrige Härte kann nicht allein dadurch begründet werden, dass der Schuldner möglicherweise für den Rest seines Lebens mit dem **Pfändungsfreibetrag** auskommen muss,[87] dass ihn die Pfändung zur Inanspruchnahme von **Sozialhilfe** zwingt[88] oder dass ihm **Obdachlosigkeit** droht. Auch der **Einstellung von Strom- und Wasserlieferung** kann nicht mit § 765 a begegnet werden.[89] Die Pfändung von Einkünften, die nicht gem. §§ 850 ff unpfändbar sind, begründet auch dann keine sittenwidrige Härte iSd § 765 a, wenn sie dazu führt, dass der Schuldner **Sozialhilfe** zur Sicherung des Lebensunterhalts in Anspruch nehmen muss.[90] Die Gegenauffassung[91] wendet ein, dadurch würden private Schulden mittelbar mit öffentlichen Geldern getilgt werden. Dieses Argument lässt sich jedoch genauso gut umkehren: Es ist nicht Sache des Gläubigers, Aufgaben der **Sozialhilfe**[92] oder der **Obdachlosenfürsorge**[93] zu übernehmen. Vor Inkrafttreten des Zweiten Gesetzes zur erbrechtlichen Gleichstellung nichtehelicher Kinder, zur Änderung der Zivilprozessordnung und der Abgabenordnung vom 12.4.2011[94] wurde das „**Monatsanfangsproblem**" (s. dazu § 835 Rn 31, § 850 k Rn 4, 16 ff) von der Rspr allerdings überwiegend über § 765 a gelöst.[95] Eine sittenwidrige Härte liegt ferner nicht darin begründet, dass der Schuldner infolge der Vollstreckung in sein Vermögen an der **Rechtsverfolgung** aus eigenen Mitteln gehindert ist.[96] Zugunsten einer Mutter von drei Kindern wurde die Verwertung eines gepfändeten **Kraftfahrzeugs** nach § 765 a für zehn Monate ausgesetzt, um die weitere Benutzung zu ermöglichen.[97]

Führt die Verwertung eines **Genossenschaftsanteils** zum Verlust der Wohnung, kommt hingegen Vollstreckungsschutz in Betracht. Einem Mieter kann nicht zugemutet werden, seine Wohnung zu kündigen, um die Mietkaution zu erhalten. Dann kann die Verwertung eines zur Beendigung des Mietverhältnisses führenden Genossenschaftsanteils gleichfalls nicht verlangt werden.[98]

---

87 LG Münster Rpfleger 2002, 272 (mittlerweile 84-jährige Schuldnerin zahlt seit 14 Jahren).
88 BGHZ 161, 371, 374 = BGH NJW 2005, 681, 682 mwN; BGH MDR 2011, 195 = Rpfleger 2011, 174 f. Auch der Wegfall von Mieteinnahmen des Räumungsschuldners, der Sozialleistungsbezieher ist, begründet keine sittenwidrige Härte: BGH GuT 2011, 62 f.
89 AG Hannover 30.7.2010 – 702 M 25725/10 (zur Entfernung von Gas-, Wasser- und Stromzählern durch Versorgungsunternehmen).
90 BGHZ 161, 371, 374 = BGH NJW 2005, 681, 682 (Pfändung von Mieteinkünften außerhalb des Anwendungsbereichs des § 851 b); BGH NJW-RR 2008, 496, 499; s. aber auch LG Heilbronn Rpfleger 2003, 202 (Vollstreckungsschutz nach § 765 a in den Pfändungsfreigrenzen des § 850 c, wenn Mieteinnahmen, die für den Schuldner Lohnersatzfunktion haben, auf das gepfändete Konto überwiesen werden).
91 MüKo-ZPO/*Heßler*, § 765 a Rn 36; so in der Argumentation auch AG Ludwigshafen ZVI 2010, 354 bei vom Monatsrhythmus abweichenden Bezug von Sozialleistungen („Monatsanfangsproblem", s. nunmehr §§ 835 a Abs. 4, 850 k Abs. 1 S. 2).
92 BGHZ 161, 371, 374 = NJW 2005, 681, 682.
93 Musielak/Voit/*Lackmann*, § 765 a Rn 15 mwN.
94 BGBl. I S. 615; in Kraft getreten am 16.4.2011.
95 BGH WuM 2011, 529, 530 mwN.
96 BGH NJW-RR 2007, 417.
97 AG Wuppertal DGVZ 2009, 43 (eher abwegig).
98 LG Berlin ZInsO 2012, 980.

41 **bb) Umstände zu Lasten des Schuldners. Schuldhaftes Verhalten** (zB hartnäckige Erfüllungsverweigerung oder Fortsetzung vertragswidrigen Verhaltens durch den Schuldner) kann bei der Abwägung Berücksichtigung finden.[99]

42 Auch die **Art** des zu vollstreckenden Anspruchs kann von Bedeutung sein. Zu Gunsten des Gläubigers kann ins Gewicht fallen, dass er die Vollstreckung eines **Unterhaltsanspruchs** oder eines Anspruchs aus einer **vorsätzlich** begangenen unerlaubten Handlung betreibt.

43 **cc) Fehlendes Vollstreckungsinteresse.** Umstände, die eine sittenwidrige Härte begründen, liegen vor, wenn die Vollstreckung den Schuldner **nur schädigt**, aber dem Gläubiger, der ohne jegliche Aussicht auf Befriedigung mutwillig oder sogar böswillig gegen den Schuldner vorgeht,[100] keine Vorteile bringt. Erwirkt ein Vermieter, der eine Wohnung an **zusammenlebende Ehegatten** vermietet hat, einen Räumungstitel nur gegen einen Ehegatten, dann ist auf dessen Antrag das Räumungsvollstreckungsverfahren gem. § 765 a ohne Weiteres einzustellen.[101] Wenn einem Schuldner nach einer Kontenpfändung die **Auflösung des Girovertrages** droht, kann ein Vollstreckungsschutzantrag nach § 765 a begründet sein, wenn zugunsten des Gläubigers keine Chance einer auch nur geringfügigen Befriedigung besteht (zweifelhaft, s. Rn 46).[102] Ein Härtefall kann angenommen werden bei der Pfändung eines Nießbrauchsrechts, das in der Weise bestellt ist, dass es bei Pfändung **erlischt**.[103]

44 Ein schutzwürdiges Interesse an einer Zwangsverwaltung besteht nicht, wenn sie nur dazu dient, dem im Haus wohnenden Schuldner den **Bezug von Sozialleistungen** zu ermöglichen, damit er an den Zwangsverwalter ein Entgelt für die Nutzung der Räume entrichten kann, die ihm nicht nach § 149 Abs. 1 ZVG zu belassen sind, also eine **Notlage** des Schuldners zu **schaffen**, die ohne Zwangsverwaltung nicht bestünde, und die Verbindlichkeiten des Schuldners dann auf Kosten der Allgemeinheit mithilfe von Sozialleistungen zu tilgen.[104]

45 **dd) Vermögensverschleuderung.** Im Verfahren der **Zwangsversteigerung** von Immobilien ist gem. § 83 Nr. 6 ZVG bei Vorliegen einer sittenwidrigen Härte der Zuschlag zu versagen. Das Verbot der **zwecklosen Pfändung** (§ 803 Abs. 2) findet dort keine Anwendung, so dass das Verfahren nicht mit der Begründung aufgehoben werden darf, ein Erlös zugunsten des Gläubigers sei nicht zu erwarten.[105] Wenn aber die Zuschlagserteilung zu einer **Verschleuderung** von Grundbesitz führt, muss das Vollstreckungsgericht einen Termin zur Verkündung der Entscheidung über den Zuschlag anberaumen, um dem im Versteigerungstermin nicht anwesenden Schuldner die Möglichkeit zu geben, der Verschleuderung entgegenzutreten.[106]

46 **ee) Verhältnismäßigkeit.** Ergibt die erforderliche Abwägung, dass die der Zwangsvollstreckung entgegenstehenden Interessen des Schuldners im konkreten Fall ersichtlich schwerer wiegen als die Belange, deren Wahrung die Vollstreckungsmaßnahme dienen soll, so kann der trotzdem erfolgende Eingriff das Prin-

---

99 Zum schuldhaften Verhalten Musielak/Voit/*Lackmann*, § 765 a Rn 10.
100 Stein/Jonas/*Münzberg*, § 765 a Rn 6 mwN; OLG Hamm Rpfleger 1989, 34 zur voraussichtlich aussichtslosen Zwangsversteigerung.
101 OLG Oldenburg MDR 1991, 968 f.
102 LG Essen NJW-RR 2002, 483.
103 OLG Frankfurt OLGZ 80, 482, 483.
104 BGH NJW 2009, 444, 445 = MDR 2009, 289, 290.
105 BGH NZM 2004, 347, 348; OLG Hamm Rpfleger 1989, 34.
106 BGH NZM 2005, 190, 191 f: Zuschlag zu 12% des festgesetzten Verkehrswerts; zur Problematik der Verschleuderung s. auch LG Neubrandenburg Rpfleger 2005, 42: Versagung des Zuschlags bei einem Gebot von 37% des Grundstückswerts nach § 83 Nr. 6 ZVG auch ohne Antragstellung nach § 765 a.

zip der Verhältnismäßigkeit verletzen und dazu führen, dass die Vollstreckung für einen gewissen, auch längeren Zeitraum einzustellen ist. Das gilt insb. dann, wenn ein schwerwiegender Eingriff in das Grundrecht des Art. 2 Abs. 2 S. 1 GG konkret zu besorgen ist.[107] Bei der **Pfändung von Konten**[108] kann eine sittenwidrige Härte angenommen werden, wenn auf das Konto nur **unpfändbare Beträge** überwiesen werden.[109] Dies muss glaubhaft gemacht werden. Der Hinweis auf eine abgegebene eidesstattliche Versicherung reicht dazu nicht.[110] Die Voraussetzungen des § 765 a liegen hingegen nicht vor, wenn der Gläubiger das Konto eines Sozialhilfeempfängers pfändet, auf welches 660 € wegen der Kündigung einer Lebensversicherung gezahlt wurden.[111] Andererseits soll der Schuldner zumindest teilweise Vollstreckungsschutz genießen, wenn ein Abfindungsbetrag aus einem Arbeitsverhältnis auf seinem nicht als Pfändungsschutzkonto geführten Konto gutgeschrieben wird. Die Höhe des nicht der Vollstreckung unterliegenden Betrags bestimmt sich nach dem sozialen Existenzminimum. Bei der Berechnung soll auf den notwendigen Unterhalt im Sinne des Dritten und Elften Kapitels des SGB XII abzustellen sein.[112] Eine sittenwidrige Härte ist zu verneinen, wenn im Falle der Pfändung die **Kündigung** des Kontos droht (s. auch Rn 43).[113] Banken haben sich selbst verpflichtet, für jeden Bürger unabhängig von dessen Bonität ein Guthabenkonto einzurichten, so dass die Kündigung der bestehenden Geschäftsverbindung durch die bisherige Bank des Schuldners nicht per se zu einer Härte iSd § 765 a führt.[114] Auch sonst ist das **Verhalten Dritter** als Reaktion auf die Vollstreckung ohne Bedeutung.[115]

ff) Hindernis in der Person des Schuldners. Darüber hinaus ist eine konkrete **Suizidgefahr** des Schuldners nicht nur bei der Zwangsräumung (s. Rn 53), sondern auch im **Zwangsversteigerungsverfahren** zu berücksichtigen,[116] und zwar auch dann, wenn sie nach der Erteilung des Zuschlags erstmals mit der dagegen gerichteten sofortigen Beschwerde geltend gemacht wird.[117] Der Antrag kann auch 47

---

107 BVerfGE 52, 214, 219 f; BVerfG NJW 1998, 295, 296 (99-jähriger Räumungsschuldner wohnt seit 38 Jahren in zu räumender Wohnung); BVerfG NJW-RR 2001, 1523 f („Bilanzselbstmord"); BVerfG NJW 2007, 2910 (im Zuschlagsbeschwerdeverfahren erstmals vorgetragene Suizidgefahr); BGHZ 163, 66, 72 = NJW 2005, 1859, 1860 (Suizidgefahr naher Angehöriger im Falle der Räumungsvollstreckung); BGH NJW 2009, 1283, 1284 f = MDR 2009, 348, 349 (Suizidgefahr bei Zwangsversteigerung); BGH NJW-RR 2010, 157, 158 = MDR 2010, 49 (Gefahr des Wohnungsverlustes bei Pfändung und Überweisung des Anspruchs auf Auszahlung des genossenschaftlichen Auseinandersetzungsguthabens).
108 Ausf. zur Frage nach der Gewährung von Vollstreckungsschutz gem. § 765 a gegenüber Kontopfändungen *Meyer*, Kontenschutz gem. § 765 a ZPO?, Rpfleger 2007, 513.
109 Zöller/*Stöber*, § 765 a Rn 9 mwN.
110 LG Frankfurt ZMR 2010, 527, 528.
111 AG Duisburg-Ruhrort ZVI 2004, 600.
112 LG Essen JurBüro 2014, 436.
113 So richtig LG Frankfurt Rpfleger 2006, 209 (Kündigung wäre gem. § 138 BGB unwirksam); AG Berlin-Neukölln ZVI 2004, 467; zuletzt AG Hannover FoVo 2009, 177; aA LG Berlin Rpfleger 2006, 329, 330 (bei erfolgter Kündigung oder deren Androhung), anders nunmehr wohl auch LG Frankfurt ZMR 2010, 527, 528, wenn die Zwangsvollstreckung zudem ohne jede Erfolgsaussicht betrieben wird.
114 LG Oldenburg ZVI 2010, 310, 311 unter missverständlichem Hinweis auf § 850 k Abs. 7 ZPO: Diese Norm regelt die Umwandlung eines vorhandenen, nicht die Einrichtung eines neuen Girokontos (s. § 850 k Rn 58).
115 AG Hannover 30.7.2010 – 712 M 125675/10 für behauptete Kündigung des Arbeitsverhältnisses; zur mittelbaren Beeinträchtigung s. auch Rn 35 aE.
116 BVerfG NJW-RR 2007, 228; BGH NJW 2007, 3719 = MDR 2007, 1155; BGH NJW 2008, 586 = MDR 2008, 286 (LS).
117 BVerfG NJW 2007, 2910.

am Terminstag vor, nach oder während der Bietzeit selbst gestellt werden. Hierbei kann es erforderlich sein, den Verkündungstermin (auch mehrfach) zu verschieben, um die notwendige Sachverhaltsaufklärung herbeizuführen (§ 47 ZVG Rn 3).[118] Ein rechtskräftiger Beschluss kann hingegen nicht wegen Verstoßes gegen § 765 a aufgehoben werden (s. Rn 80).

48 Der Gläubiger hat es bei ärztlich bescheinigter **Lebensgefahr** des Schuldners hinzunehmen, dass das Verfahren der Abgabe einer **Vermögensauskunft** verzögert wird.[119] Das auf einem gepfändeten Konto befindliche Sparguthaben ist zur Zahlung eines Bußgeldes in Höhe des erforderlichen Betrags nach § 765 a freizugeben.[120] Eine Betreuung kann keine Einstellung der **Kontopfändung** nach § 765 a rechtfertigen.[121]

49 **b) Insbesondere: Räumungsvollstreckung. aa) Allgemeines.** Die praktische Bedeutung des § 765 a ist bei der Räumung von **Wohnraum** am größten.[122] Vornehmlich kommen hier Härtefälle in Betracht, die in der Person des Schuldners begründet sind.

50 **bb) Erkrankung des Schuldners.** Vor allem hier liegt die Annahme eines Härtefalles nahe, wenn der Schuldner **altersbedingt** gebrechlich ist oder die Vollstreckung eine schwere **Erkrankung** des Schuldners oder seiner Angehörigen verursachen oder verstärken oder den bereits eingetretenen **Behandlungserfolg gefährden**[123] würde. Nicht jede Erkrankung rechtfertigt allerdings die Gewährung von Vollstreckungsschutz, v.a. wenn die Verlängerung einer Räumungsfrist begehrt wird, die der Schuldner nicht ausreichend genutzt hat.[124]

51 Auch bei einer **konkreten Lebensgefahr** für den Betroffenen einer Räumungsvollstreckung ist zu prüfen, ob bei gründlicher und sichergestellter medizinischer Vorbereitung ein Umzug für den Schuldner ohne gesundheitlich nachteilige Folgen durchführbar wäre. Dazu sind Feststellungen erforderlich, ob die notwendige medizinische Vorbereitung vor dem Räumungstermin vom Gesundheitsamt oder durch die Inanspruchnahme fachlicher Hilfe seitens des Schuldners, ggf einschließlich einer vorübergehenden stationären Betreuung, **sichergestellt** werden kann.[125] Bei einem **hochbetagten** Schuldner ist die Prüfung nicht auf eine akute Lebensgefahr während des Räumungsvorgangs selbst zu beschränken; in die Beurteilung einzubeziehen sind auch schwerwiegende gesundheitliche Risiken, die

---

118 *Beyer*, Suizidgefahr des Versteigerungsschuldners als nachträglicher Beschwerdegrund iSd § 100 ZVG oder: Der Rechtspfleger als neuer Hüter der Verfassung?, ZfIR 2006, 535, 537.
119 BVerfG WM 2008, 740 (durch Atteste belegte Gefahr eines Schlaganfalls).
120 AG Stuttgart ZVI 2007, 314 f.
121 Besonders abwegig aA AG Tempelhof-Kreuzberg FamRZ 2007, 1841 (Erschwernis der Abrechnung durch Betreuer).
122 Hierzu *Walker/Gruß*, Räumungsschutz bei Suizidgefahr und altersbedingter Gebrechlichkeit, NJW 1996, 352 ff; *Schuschke*, Lebensschutz contra Eigentumsgarantie – Zu den Grenzen des § 765 a in der Räumungsvollstreckung, NJW 2006, 874.
123 Zu weitgehend wohl BGH NJW-RR 2011, 1452, 1453 = MDR 2011, 1136, 1137 (Versteigerung verstärkt eine vorhandene Depressionssymptomatik und beeinflusst so ungünstig den Krankheits- und Heilungsverlauf einer Krebserkrankung). Der Vollstreckungsgläubiger ist nicht für die Erhaltung eines Umfelds zuständig, in dem die Heilung des Schuldners von einer schicksalhaften Erkrankung, die nichts mit der Räumung zu tun hat, besser gedeiht.
124 OLG Rostock NJOZ 2003, 863, 864 (innerhalb einer Räumungsfrist von einem Jahr ist es möglich, eine neue Wohnung zu finden [kein weitergehender Räumungsschutz zugunsten eines arbeitslosen Räumungsschuldners, dessen 13-jähriger Sohn an Neurodermitis und ADHS-Syndrom leidet]).
125 BGH NJW 2008, 1000 f = FamRZ 2008, 260, 261.

aus einem **Wechsel der gewohnten Umgebung** resultieren.[126] Zu berücksichtigen ist zudem eine altersentsprechende und krankheitsbedingte deutlich **verringerte Anpassungsfähigkeit** an eine veränderte Umgebung, wenn eine gewohnte langjährige Umgebung im Falle einer Zwangsräumung verloren geht.[127]

Sofern ein schwerwiegender Eingriff in das Recht auf Leben und körperliche Unversehrtheit zu besorgen ist, muss der entsprechende **Sachvortrag besonders sorgfältig** nachgeprüft werden.[128] Macht der Schuldner die Gefahr von infolge einer Räumung drohenden **schwerwiegenden Gesundheitsbeeinträchtigungen** (Herzinfarkt, Kreislaufzusammenbruch, Bluthochdruck und ähnliche Erkrankungen) geltend, so hat das Gericht dem Schuldner auf seine Bitte hin Gelegenheit zu geben, seinen Vortrag durch Vorlage von **Attesten** weiter zu **belegen**.[129] 52

cc) Insbesondere: Suizidgefahr. (1) Suizidgefahr und Erkrankung. Besonderheiten ergeben sich bei einer Suizidgefahr in der Person des Schuldners. Oftmals geht diese mit einer **Erkrankung** des Schuldners einher. Räumungsschutz ist jedoch auch dann zu gewähren, wenn der suizidgefährdete Schuldner **nicht psychisch erkrankt** ist („Bilanzselbstmord")[130] oder seine Erkrankung und eine daraus resultierende Selbstmordgefährdung hinnimmt.[131] 53

(2) Darlegungslast. In der Regel behauptet der Schuldner eine in seiner Person bestehende Suizidgefahr für den Fall der Räumung. In solchen Fällen ist durch die Einholung eines **Gutachtens** oder der Auflage, ein **amtsärztliches Attest** vorzulegen, zu klären, ob tatsächlich Suizidgefahr besteht und wie hoch diese einzuschätzen ist.[132] An die Konkretisierung der behaupteten Lebensgefahr oder Gesundheitsgefahr stellt die Rspr **keine besonders strengen Anforderungen** mehr (zur Beweislast s. Rn 74).[133] Der Schuldner hat die Tatsachen, auf die er seinen Antrag stützt, wie in jedem Zivilprozess substantiiert darzulegen und im Streitfall zu beweisen. Bleibt offen, ob eine Suizidgefahr nur vorgespiegelt wird oder tatsächlich besteht, darf von einer notwendigen Beweisaufnahme nicht aufgrund des bloßen Verdachts, der Schuldner handele rechtsmissbräuchlich, abgesehen werden.[134] Die für die Erstellung eines erforderlichen Gutachtens benötigte Zeit ist durch Anordnungen gem. Abs. 1 S. 2 zu überbrücken.[135] Eine Einstellung gem. § 765 a kommt in Betracht, wenn im Hinblick auf eine behauptete Suizidgefahr eine **konkrete** Gesundheits- oder Lebensgefahr anhand objektiver Umstände mit hinreichender Wahrscheinlichkeit nachgewiesen ist.[136] Beweisangeboten des Schuldners zur Gefahr schwerwiegender Gesundheitsbeeinträchtigungen sind besonders sorgfältig nachzugehen.[137] 54

---

126 BGH MDR 2010, 53, 54 = WuM 2009, 678, 679.
127 BVerfG NJW 1998, 295, 296 (99-jähriger Räumungsschuldner wohnt seit 38 Jahren in zu räumender Wohnung).
128 BVerfG NJW 1991, 3207 (Selbstmordgefahr); BGH NJW-RR 2015, 1290, 1291; BGH WuM 2011, 533, 534.
129 BGH NJW 2008, 1742, 1743 = NZM 2008, 401, 402.
130 BVerfG NJW 1994, 1719, 1720; BVerfG NJW-RR 2001, 1523, 1524; BGH NJW-RR 2011, 423 = FamRZ 2011, 478; BGH NJW-RR 2015, 393, 395.
131 BGH NJW-RR 2013, 628, 629 = NZM 2013, 162.
132 BVerfG NZM 2005, 657, 658; BGH NJW-RR 2011, 423 f = FamRZ 2011, 478, 479; OLG Brandenburg Rpfleger 2001, 91 f; zu den Anforderungen an ein solches Attest BVerfG NJW-RR 2012, 393, 396 = NZM 2012, 245, 247 f.
133 BVerfG NJW-RR 2012, 393, 394 f = NZM 2012, 245, 247; BGH WuM 2011, 533, 534; anders noch OLG Köln NJW-RR 1990, 590, 591 („strenge Anforderungen"), dem folgend die Vorauflage (1. Aufl. 2010), aaO.
134 BGH NJW-RR 2011, 423, 424 = NZM 2011, 166, 167.
135 Stein/*Münzberg*, § 765 a Rn 26; iE BVerfG NJW 1994, 1272, 1273.
136 LG Mainz NJW-RR 1998, 1451.
137 BVerfG NJW-RR 2014, 584, 585 = WM 2014, 566.

55 Nicht erforderlich ist, dass die Suizidgefahr **objektiv nachvollzogen** werden kann. Eine einstweilige Einstellung der Zwangsvollstreckung kommt auch in Betracht, wenn möglicherweise nur **subjektiv** als schwerwiegend empfundene Belastungen allein oder in Verbindung mit weiteren Faktoren zu einer anders nicht beherrschbaren Suizidgefahr beim Schuldner führen.[138]

56 **(3) Hilfen für den Schuldner außerhalb der Einstellung; Mitwirkungspflichten des Schuldners.** Wenn der Schuldner oder ein naher Angehöriger suizidgefährdet ist, muss auch erwogen werden, ob der Gefahr durch **andere Maßnahmen** als durch Einstellung der Vollstreckung begegnet werden kann (s. auch Rn 39).[139] Selbst dann, wenn eine konkrete Gefahr für Leben und Gesundheit des Schuldners oder eines nahen Angehörigen besteht, ist nicht ohne Weiteres einzustellen. Vielmehr ist sorgfältig zu prüfen, ob der Gefahr nicht durch **andere Maßnahmen** begegnet werden kann, wie etwa durch die Ingewahrsamnahme des suizidgefährdeten Schuldners nach polizeirechtlichen Vorschriften oder dessen **Unterbringung** nach den einschlägigen Landesgesetzen.

57 Der Gefährdete ist gehalten, das ihm Zumutbare zu tun, um die Risiken, die für ihn im Fall der Vollstreckung bestehen, zu verringern. Der Betroffene ist gehalten, daran **mitzuwirken**, dass sich das geltend gemachte Risiko nicht erhöht. Dem Schuldner kann zugemutet werden, fachliche **Hilfe** in Anspruch zu nehmen, um die Selbsttötungsgefahr auszuschließen oder zu verringern.[140] Insoweit kann jedes **zumutbare Bemühen** um eine Verringerung des Krankheitsrisikos verlangt werden.[141] Die Einstellung ist dann zu **befristen** und mit **Auflagen** zu versehen, die das Ziel haben, die Gesundheit des Schuldners wiederherzustellen.[142] Der Vollstreckungsschutz kann mit der Auflage verknüpft werden, eine Erfolg versprechende Behandlungsmöglichkeit **wahrzunehmen**.[143] Das gilt auch dann, wenn die Aussichten auf eine Besserung des Gesundheitszustands des Schuldners gering sind. Diesem ist es im Interesse des Gläubigers jedoch zuzumuten, auf die Verbesserung seines Gesundheitszustands **hinzuarbeiten** und den Stand seiner Behandlung regelmäßig **nachzuweisen**.[144] Bei fortbestehender Selbstmordgefahr trotz fachärztlicher Behandlungen ist die Vollstreckung **erneut** befristet unter der Auflage weiterer Behandlung einzustellen.[145]

58 Dabei reicht es für die Ablehnung des Räumungsschutzes nicht aus, wenn die in Betracht kommenden **Mitwirkungshandlungen** des Schuldners vom Vollstreckungsgericht im Rahmen der Abwägung lediglich abstrakt erwogen und dem Schuldner empfohlen werden. Vielmehr muss das Gericht durch **Auflagen** auf die Vornahme derartiger Mitwirkungshandlungen **hinwirken**, sofern sie noch nicht eingeleitet worden sind.[146] Sind begleitende Maßnahmen bei der Vollstreckung geeignet, der Suizidgefahr entgegenzuwirken, darf das Gericht sie bei der Abwä-

---

138 BGH NJW 2009, 444 = MDR 2009, 289.
139 BGH NJW 2008, 1000 = FamRZ 2008, 260; BGHZ 163, 66, 74 = NJW 2005, 1859, 1860.
140 BGHZ 163, 66, 74 = NJW 2005, 1859, 1860 = MDR 2005, 891, 892; BGH NJW 2006, 505, 506; BGH NJW 2008, 586, 587 = MDR 2008, 286; vgl auch BGH NJW 2008, 1000 = FamRZ 2008, 260 (chronische neurotoxische Schädigung der Schuldnerin).
141 BVerfG NJW 2004, 49 f; zuletzt LG Kleve ZMR 2014, 251 = DGVZ 2013, 161 (Einnahme von Beruhigungsmitteln).
142 BGH NJW 2014, 2288, 2290 = NZM 2014, 512, 513.
143 OLG Jena NJW-RR 2000, 1251.
144 BGH NJW 2008, 586 = MDR 2008, 286.
145 BGH NJW-RR 2011, 300, 301 = NZM 2011, 164, 165 f.
146 BGH NJW 2006, 508 = MDR 2006, 535, 536; BGH NJW 2007, 3719, 3720 = MDR 2007, 1155; nach BVerfG NZM 2005, 657, 658 f fehlt andernfalls die Entscheidungsgrundlage.

gung nach § 765 a nur berücksichtigen, wenn ihre Vornahme weitestgehend sichergestellt ist.[147] Das Vollstreckungsgericht muss im Rahmen des § 765 a, um eine Räumungsvollstreckung gegen den suizidgefährdeten Schuldner doch noch durchführen lassen zu können, das **Ordnungs- und Gesundheitsamt von Amts wegen** einschalten.[148] Dabei **weist** das Gericht diese Stellen darauf **hin**, dass die staatliche Aufgabe des Lebensschutzes des Schuldners nicht durch eine dauerhafte Einstellung der Vollstreckung gelöst werden kann und dass daher die Zwangsvollstreckung **fortzusetzen** sein wird, wenn die für den Lebensschutz primär zuständigen Stellen Maßnahmen zum Schutz des Schuldners nicht für notwendig erachten. Mit der Fortführung der Vollstreckung ist zuzuwarten, bis über die Anordnung der Unterbringung entschieden und diese ggf durchgeführt worden ist. Folgerichtig wird die Gewährung von Räumungsschutz verneint, wenn sich der Räumungsschuldner in **psychiatrischer Behandlung** befindet und bereits eine Betreuung mit umfassendem Aufgabengebiet angeordnet ist.[149] Hat sich die zuständige Behörde des suizidgefährdeten Schuldners angenommen und Maßnahmen ergriffen, kann das Vollstreckungsgericht davon ausgehen, dass diese ausreichen.[150] Wird die Unterbringung von den primär zuständigen Behörden und Vormundschaftsgerichten **nicht für erforderlich** gehalten, ist die Vollstreckung **fortzusetzen**.[151] Wäre dagegen zur Abwehr einer konkreten Suizidgefahr eine – unverhältnismäßige und damit unzulässige – **dauerhafte Unterbringung** des Schuldners erforderlich, dann stellt das Vollstreckungsgericht befristet ein und versieht seinen Beschluss mit Auflagen, die das Ziel haben, die Gesundheit des Schuldners wiederherzustellen.[152]

dd) Sonstige Gründe. Schutz gegen eine Räumung kommt ferner in Betracht, wenn der Schuldner schulpflichtige **Kinder** hat und die Räumung kurz vor Schuljahresende stattfinden soll[153] oder wenn die Mieterin kurz vor der **Entbindung** steht.[154] Einer Mieterin ist grds. sechs Wochen vor und acht Wochen nach der Entbindung Räumungsschutz zu gewähren.[155] Allein die Notwendigkeit, binnen kürzester Frist zweimal **umziehen** zu müssen, reicht für die Bejahung einer sittenwidrigen Härte nicht aus.[156] Ohne Vorliegen weiterer Gründe setzt Räumungsschutz nach § 765 a jedenfalls voraus, dass der Räumungsschuldner sicher und pünktlich die laufende Nutzungsentschädigung in voller Höhe zahlt.[157]

59

---

147 BGH NJW 2009, 444 = MDR 2009, 289.
148 Vgl BGH NJW 2007, 3719, 3720 = WuM 2007, 582, 583; BGHZ 163, 66, 72 = NJW 2005, 1859, 1860 = MDR 2005, 891, 892; BGH NJW-RR 2010, 1649, 1650.
149 AG Köln FamRZ 2009, 1082, 1083; LG Kleve NJW-RR 2015, 460, 461 (geschlossene Unterbringung).
150 BGH NJW 2011, 2807, 2809 = MDR 2011, 1071.
151 BGH NJW 2007, 3719, 3721 = MDR 2007, 1155 (LS); BGH NJW-RR 2010, 1649, 1650.
152 BGH NJW 2008, 586 = MDR 2008, 286.
153 OLG Köln NJW-RR 1995, 1163.
154 Stein/Jonas/*Münzberg*, § 765 a Rn 6 mwN; anders bei unterlassener Weiterleitung der von der ARGE zur Verfügung gestellten Miete an den Vermieter LG Augsburg ZMR 2013, 533.
155 LG Bonn DGVZ 1994, 75.
156 OLG Zweibrücken NZM 2002, 760; aA AG Schleiden WuM 1989, 444 (Doppelumzug innerhalb von drei Wochen); AG Siegburg 20.3.2013 – 36 M 98/13; LG München I WuM 2013, 625, 626 (auch bei sicherer Aussicht zukünftigen Mietvertragsschlusses); aA wohl auch Zöller/*Stöber*, § 765 a Rn 12 (Räumungsschutz, wenn der Schuldner binnen kurzer Zeit eine Ersatzwohnung beziehen kann).
157 LG Hamburg WuM 2007, 397; AG Hamburg ZMR 2011, 137, 138.

III. Verfahren

60 **1. Antrag. a) Antragstellung.** Die Gewährung von Vollstreckungsschutz erfordert einen **Antrag** des Schuldners.[158] Nur der Schuldner ist antragsberechtigt (s. Rn 24). Der Antragsteller muss **prozessfähig** sein. Der Vollstreckungsschutzantrag einer prozessunfähigen und auch nicht wirksam vertretenen Partei ist unwirksam und darf nicht beschieden werden.[159] Wird dem Prozessunfähigen entsprechend § 57 ein **Verfahrenspfleger** bestellt, kann dieser einen neuen Vollstreckungsschutzantrag stellen oder den unwirksam gestellten Antrag des Schuldners mit Rückwirkung genehmigen.[160] Der Antrag ist analog § 569 Abs. 2 und 3[161] schriftlich oder zu Protokoll der Geschäftsstelle zu stellen und unterliegt wegen § 78 Abs. 3 nicht dem Anwaltszwang. Gleichzeitig sollte der Erlass einer einstweilige Anordnung nach Abs. 1 S. 2 iVm § 732 Abs. 2 beantragt werden.

61 Der **Antrag** kann lauten:

▶ In der Zwangsvollstreckungssache ... (Bezeichnung des Gläubigers und Schuldners) wird beantragt,

1. gemäß § 765 a die Zwangsvollstreckung aus dem Urteil des Amtsgerichts ... vom ... – Geschäftszeichen ... – für zwei Monate einzustellen,
2. im Wege der einstweiligen Anordnung die Zwangsvollstreckung aus diesem Urteil bis zum Erlass der Entscheidung vorab einzustellen. ◀

62 Der Antrag muss keine konkrete Bezeichnung der begehrten Entscheidung beinhalten. Ausreichend ist, dass der Erklärung des Schuldners das Begehren von Schutz entnommen werden kann. Ein Antrag kann auch konkludent gestellt[162] und auch darin gesehen werden, dass der Schuldner im Erinnerungsverfahren Umstände vorträgt, aus denen sich eine sittenwidrige Härte ergeben könnte.[163] Der Antrag kann noch in der Beschwerdeinstanz gestellt werden (zur zeitlichen Grenze s. Rn 28; zur Zuständigkeit s. Rn 71).

63 b) **Antragsrücknahme; Antragswiederholung.** Der Schuldner kann seinen Antrag bis zur Rechtskraft der Entscheidung **zurücknehmen**. Die Rücknahme wird mit ihrem Eingang wirksam.[164] Ein bereits ergangener Beschluss wird wirkungslos.

64 In diesem Fall kann der Schuldner ohne Einschränkungen einen neuen **Vollstreckungsschutzantrag** stellen. Zu neuen Anträgen nach rechtskräftiger Ablehnung vorangegangener Anträge s. Rn 93.

65 **2. Frist.** Der Antrag ist außer in Räumungssachen nicht fristgebunden. Er kann gestellt werden, sobald eine Vollstreckungsmaßnahme konkret **droht** und solange die Wirkung einer Maßnahme noch **andauert**. Im Falle einer Zwangsversteigerung kann der Antrag bereits unmittelbar nach deren Anordnung gestellt werden.[165] Der Schuldner kann auch nach der Räumung seiner Wohnung und der Besitzeinweisung des Gläubigers Vollstreckungsschutz nach § 765 a gegen die Maßnahmen beantragen, die der Gerichtsvollzieher hinsichtlich der geräumten beweglichen Sachen des Schuldners nach § 885 Abs. 2–4 trifft.[166]

---

158 Verfassungsgemäß nach BVerfGE 61, 126, 137 f = NJW 1983, 559, 560.
159 BGH WuM 2011, 530, 531 = DGVZ 2011, 209, 210.
160 BGH WuM 2011, 530, 531 = DGVZ 2011, 209, 210.
161 Musielak/Voit/*Lackmann*, § 765 a Rn 19.
162 MüKo-ZPO/*Heßler*, § 765 a Rn 71.
163 Stein/Jonas/*Münzberg*, § 765 a Rn 19; Zöller/*Stöber*, § 765 a Rn 19.
164 Zöller/*Stöber*, § 765 a Rn 25.
165 OLG Brandenburg Rpfleger 2001, 91; OLG Saarbrücken Rpfleger 2003, 37, 38 gegen OLG Köln NJW 1994, 1743.
166 KG NJW-RR 1986, 1510 f.

In **Räumungssachen** muss der Antrag gem. **Abs. 3** spätestens zwei Wochen vor 66
dem festgesetzten Räumungstermin gestellt werden. Der Zweck der Befristung
besteht darin, dem auf rechtzeitige Räumung vertrauenden Gläubiger nutzlose
(Speditions-)Aufwendungen zu ersparen.[167] Anders als § 721 ist Abs. 3 in allen
Fällen anwendbar, in denen gem. § 885 Abs. 1 vollstreckt wird. **Verspätete Anträge** sind zulässig, wenn die den Antrag begründenden Umstände erst nach Ablauf
der Frist **eingetreten** sind oder wenn der Schuldner ohne sein Verschulden an
einer rechtzeitigen Antragstellung **verhindert** war (Abs. 3), etwa weil der Gerichtsvollzieher den Termin nicht rechtzeitig angekündigt oder die Mitteilung ihn
nicht rechtzeitig erreicht hat. Die Gründe für die Zulässigkeit des verspäteten
Antrags muss der Schuldner **beweisen**. Eine Glaubhaftmachung ist nur für den
Erlass einstweiliger Anordnungen gem. Abs. 1 S. 2 ausreichend.[168] Eine Ankündigung der Räumung durch den Gerichtsvollzieher drei Wochen vor dem Termin
wird zur Vermeidung unverschuldeter Fristversäumnis für zweckmäßig erachtet.[169] Über die in Abs. 3 geregelten Fälle hinaus ist ein verspäteter Antrag auch
zulässig, wenn dem Schuldner eine **schwere gesundheitliche Beeinträchtigung**
(akute Suizidgefahr, irreparabler Gesundheitsschaden) droht.[170]

Die **Frist** ist rückwärts zu **berechnen**. Für die Fristberechnung ist der Tag, in den 67
das Ereignis – hier die Zwangsräumung – fällt, gem. § 187 Abs. 1 BGB nicht mit
zu berechnen. Fällt danach der letzte Tag der Frist auf einen Sonntag, ist die Frist
weiter rückwärts auf den vorangehenden Freitag zu legen.[171]

Zu spät gestellte Anträge sind, soweit die Voraussetzungen einer entschuldigten 68
Verspätung nicht vorliegen, zwingend als **unzulässig** zurückzuweisen.

3. Zuständigkeit. Über Anträge nach § 765 a befindet das Vollstreckungsgericht 69
(s. § 764 Rn 1 ff), und zwar auch in den Fällen, in denen das Prozessgericht als
Vollstreckungsorgan tätig ist (§§ 887, 888, 890). Wird die Arrestvollziehung in
den Fällen der §§ 930 Abs. 1, 931 Abs. 3 angegriffen, ist das Arrestgericht als
Vollstreckungsgericht zuständig.[172] Das Vollstreckungsgericht ist auch zuständig,
wenn die Vollstreckung aus Titeln eines **Arbeits-** oder **Familiengerichts** betrieben
wird.[173] Entscheidet statt des zuständigen Vollstreckungsgerichts unrichtig das
Familiengericht über einen Vollstreckungsschutzantrag nach § 765 a, so kann auf
die Unzuständigkeit ein Rechtsmittel allerdings nicht gestützt werden (§ 17 a
Abs. 6, 5 GVG analog).[174] Im Rahmen der ihm gesetzlich übertragenen Zuständigkeiten hat stets das **Insolvenzgericht an Stelle des Vollstreckungsgerichts** über
einen Vollstreckungsschutzantrag zu entscheiden.[175] Soweit eine analoge Anwendung der Norm bejaht wird (s. Rn 20 ff), ist das jeweils handelnde Rechtspfleger- bzw Vollstreckungsorgan zuständig.[176]

---

167 Zöller/*Stöber*, § 765 a Rn 19 b; MüKo-ZPO/*Heßler*, § 765 a Rn 74.
168 Stein/Jonas/*Münzberg*, § 765 a Rn 22; Schuschke/Walker/*Walker*, § 765 a Rn 30.
Nach Zöller/*Stöber*, § 765 a Rn 19 b reicht auch für die Endentscheidung Glaubhaftmachung nach § 236 Abs. 2 S. 1 analog.
169 *Schultes*, Durchführung der Räumungsvollstreckung nach der 2. Zwangsvollstreckungsnovelle, DGVZ 1999, 1, 2; dem folgend Thomas/Putzo/*Seiler*, § 765 a Rn 7 a.
170 Stein/Jonas/*Münzberg*, § 765 a Rn 25; Musielak/Voit/*Lackmann*, § 765 a Rn 20.
171 AG Hamburg 8.7.2008 – 43 b M 42/08; nachfolgend LG Hamburg 17.7.2008 – 311 T 44/08.
172 Musielak/Voit/*Lackmann*, § 765 a Rn 19.
173 Schuschke/Walker/*Walker*, § 765 a Rn 28.
174 OLG Frankfurt NJW-RR 2013, 776, 777 = FamRZ 2013, 1760.
175 BGH NJW-RR 2008, 496, 497 = MDR 2008, 288; BGH NZI 2014, 414 = ZInsO 2014, 687.
176 AG Bensheim DGVZ 2004, 76; BGHZ 192, 314, 321 = NJW 2012, 1081, 1083 für Aufschub durch Gerichtsvollzieher bei Herausgabevollstreckung von Kontounterlagen.

70 Das Vollstreckungsgericht entscheidet gem. § 20 Abs. 1 Nr. 17 RPflG durch den **Rechtspfleger** (s. § 3 RPflG Rn 4, § 20 RPflG Rn 16).

71 Ein Antrag nach § 765 a kann auch erstmals noch in der **Beschwerdeinstanz** gestellt werden (s. Rn 29). Einigkeit besteht darin, dass ein Antrag nach § 765 a auch dann noch gestellt werden kann, wenn ein spezieller Vollstreckungsschutzrechtsbehelf in der Beschwerdeinstanz anhängig ist und das Beschwerdegericht den Antrag des Schuldners entgegenzunehmen hat. Sehr streitig ist, ob dieser Antrag dann vom Beschwerdegericht selbst entschieden werden darf und das Beschwerdegericht damit selbst **als Vollstreckungsgericht** handelt,[177] ob das Beschwerdegericht den Antrag trennt und an das Vollstreckungsgericht **verweist**, welches sodann erstinstanzlich über den Antrag zu entscheiden hat,[178] oder ob das Beschwerdegericht den Antrag nur dann bescheiden darf, wenn das Vollstreckungsgericht die Voraussetzungen des § 765 a richtigerweise **hätte prüfen müssen**, dies jedoch nicht getan hat, weil es den Antrag des Schuldners zu Unrecht für begründet hielt oder im Vorbringen des Schuldners zu Unrecht keinen Antrag nach § 765 a sah.[179]

72 Auch wenn die letztgenannte Auffassung dogmatisch einleuchtend ist, spricht einiges dafür, das Beschwerdegericht als für die Bescheidung des Antrags zuständig anzusehen. Im Zwangsversteigerungsverfahren ist das Beschwerdegericht wegen der dort geltenden Besonderheiten ohnehin gehalten, einen dort erstmals gestellten Antrag nach § 765 a zu bescheiden, wenn eine konkrete Suizidgefahr des Schuldners besteht (s. Rn 47). Eine Zuständigkeit des Beschwerdegerichts für die Bescheidung eines erstmals vor diesem gestellten Antrags nach § 765 a ist daher nichts Ungewöhnliches. Die erstmalige Antragstellung im Beschwerderechtszug ähnelt einer Klageerweiterung, die auch im Berufungsrechtszug möglich ist.[180] Diese Erweiterung muss erst recht im Beschwerdeverfahren zulässig sein, in welchem weniger strenge Präklusionsvorschriften gelten (§ 571 Abs. 2).[181] Für die Zuständigkeit des Beschwerdegerichts spricht auch, dass der Schutz nach § 765 a gegenüber speziellen Schutzvorschriften nachrangig ist. Ob die Voraussetzungen der speziellen Schutzvorschriften eingreifen, lässt sich jedoch erst nach der Entscheidung des Beschwerdegerichts feststellen. Der Hinweis auf § 802[182] geht fehl, weil auch das Beschwerdegericht im Beschwerdeverfahren als Vollstreckungsgericht ausschließlich zuständig ist. Eine ungerechte Kostenbelastung des Gläubigers[183] lässt sich durch § 97 Abs. 2 vermeiden.

73 Der Antragsteller ist allerdings **nicht verpflichtet**, seinen Antrag beim Beschwerdegericht zu stellen. Er kann im Beschwerdevorbringen ausschließlich die speziellen Schutzbestimmungen geltend machen und einen Vollstreckungsschutzantrag nach § 765 a beim Vollstreckungsgericht stellen, ohne dass dieses wegen des noch nicht beendeten Beschwerdeverfahrens unzuständig wäre. Hat jedoch der Schuldner die **Wahl**, den Antrag nach § 765 a beim Vollstreckungsgericht oder beim Beschwerdegericht anzubringen, so spricht einiges dafür, dem Beschwerdegericht ein **Ermessen** einzuräumen, ob es den bei ihm gestellten Antrag sachdienlicher-

---

177 MüKo-ZPO/*Heßler*, § 765 a Rn 72; Musielak/Voit/*Lackmann*, § 765 a Rn 19; wohl auch BVerfG NJW 2007, 2910; BGH NJW-RR 2011, 1000.
178 OLG Köln NJW-RR 1989, 189; Schuschke/Walker/*Walker*, § 765 a Rn 28; Zöller/*Stöber*, § 765 a Rn 24; Hk-ZPO/*Kindl*, § 765 a Rn 11.
179 Stein/Jonas/*Münzberg*, § 765 a Rn 32.
180 Zöller/*Heßler*, § 531 Rn 23.
181 AA OLG Zweibrücken NJW-RR 2002, 1664, 1665 für den umgekehrten Fall, dass erstmals im Beschwerderechtszug ein Antrag gem. § 850 f Abs. 1 gestellt würde.
182 OLG Zweibrücken NJW-RR 2002, 1664, 1665.
183 OLG Köln NJW-RR 1989, 189.

weise selbst bescheidet oder ihn abtrennt und an das Vollstreckungsgericht verweist, etwa um eine noch notwendige Tatsachenfeststellung nachzuholen.

4. Verfahrensgrundsätze und -ablauf. In der Gestaltung des Verfahrens ist das Gericht weitgehend frei. Es entscheidet durch Beschluss aufgrund freigestellter mündlicher Verhandlung (§§ 764 Abs. 3, 128 Abs. 4). Der Gläubiger, dessen Interessen in erster Linie zu berücksichtigen sind, ist vor der Entscheidung zu hören. In Eilfällen kann eine einstweilige Anordnung erlassen werden (Abs. 1 S. 2 iVm § 732 Abs. 2). Die Gewährung rechtlichen Gehörs ist ggf nachzuholen.[184] Der Schuldner trägt für die Voraussetzungen des § 765 a die **Darlegungs- und Beweislast** (insb. zur Räumungsvollstreckung s. Rn 54).[185] Der Schuldner hat daher die Tatsachen vorzutragen, auf die er den Vollstreckungsschutzantrag stützt, und diese im Streitfall zu beweisen, wobei Beweisanträgen hinsichtlich des Vorbringens von Gesundheitsbeeinträchtigungen (s. Rn 50 ff) besonders sorgfältig nachgegangen werden muss.[186] Glaubhaftmachung des Vortrags ist nur für einstweilige Eilmaßnahmen nach Abs. 1 S. 2 ausreichend (s. Rn 84). 74

Die Entscheidung des Gerichts ist – sofern sie nicht verkündet wird – gem. § 329 Abs. 3 zuzustellen. Die im Regelfall anzuordnende Einstellung der Vollstreckung (s. Rn 77) wirkt gem. § 775 Nr. 2, dh die Zwangsvollstreckung ist einzustellen oder zu beschränken, wenn die Ausfertigung des Beschlusses dem jeweiligen Vollstreckungsorgan vorgelegt wird. 75

IV. Entscheidung

1. Hauptsacheentscheidung (Abs. 1 S. 1). a) Allgemeines. Das Gericht kann die Vollstreckungsmaßnahme **aufheben, untersagen** oder **einstweilen einstellen**. Die Gewährung des Vollstreckungsschutzes selbst wird nicht in das Ermessen des Gerichts gestellt.[187] Bei der Wahl der Schutzmaßnahme ist das Gericht frei,[188] hat aber den **Verhältnismäßigkeitsgrundsatz** zu beachten und diejenige Maßnahme anzuordnen, die zur Vermeidung oder Beseitigung der sittenwidrigen Härte erforderlich und geeignet ist.[189] Der gem. § 765 a zu gewährende Vollstreckungsschutz kann von der Erfüllung von **Auflagen** abhängig gemacht werden[190] (s. auch Rn 57). 76

b) Einstweilige Einstellung. Als Schutzmaßnahme empfiehlt sich in erster Linie die einstweilige Einstellung der Vollstreckung unter **Aufrechterhaltung** der bereits getroffenen Vollstreckungsmaßnahmen. Die einstweilige Einstellung ist möglichst zu befristen. 77

c) Untersagung. Die Untersagung bezieht sich auf **künftige** Vollstreckungsmaßnahmen. Eine Untersagung von Vollstreckungsmaßnahmen darf nur erfolgen, wenn die betreffende Maßnahme, würde sie angeordnet, wieder aufgehoben werden müsste.[191] Auch die Untersagung ist zu befristen oder in anderer Weise einzuschränken (zB Untersagung der Pfändung bestimmter Gegenstände),[192] da eine unbefristete Untersagung der Leistungspflicht nur mit den dafür vorgesehenen Rechtsbehelfen erreicht werden kann (s. Rn 14). 78

---

184 BGH NJW 2007, 3719, 3720.
185 LG Lübeck Rpfleger 2004, 435; LG Mainz NJW-RR 1998, 1451; LG Bonn WuM 1991, 284, 285 („hinreichende Wahrscheinlichkeit"); OLG Köln NJW-RR 1990, 590, 591.
186 BGH NJW-RR 2011, 419, 420 = NZM 2011, 167, 168; BGH WuM 2011, 533, 534.
187 BGHZ 44, 138, 143 = NJW 1965, 2107, 2108.
188 Stein/Jonas/*Münzberg*, § 765 a Rn 11.
189 MüKo-ZPO/*Heßler*, § 765 a Rn 86.
190 OLG Jena NJW-RR 2000, 1251, 1252.
191 Zöller/*Stöber*, § 765 a Rn 16.
192 MüKo-ZPO/*Heßler*, § 765 a Rn 88.

79 **d) Aufhebung.** Nur im äußersten Fall sind bereits erfolgte Vollstreckungsmaßregeln **aufzuheben**. Die Aufhebung kommt in Betracht, wenn die Wirkungen einer Vollstreckungsmaßnahme noch andauern und dadurch die sittenwidrige Härte eintritt.

80 Umfasst ein Antrag die Aufhebung eines Beschlusses, ist dies nur möglich, wenn das Verfahrensrecht die Aufhebung zulässt. Ist eine Entscheidung rechtskräftig geworden, scheidet ihre Aufhebung im Rechtsmittelverfahren aus und kann auch nicht nach § 765 a aufgehoben werden.[193]

81 Der Beschluss, der die Aufhebung einer Vollstreckungsmaßnahme anordnet, wird gem. Abs. 5 erst nach **Rechtskraft** des Beschlusses wirksam. Mit der Aufhebung einer Sachpfändung ist für den Gläubiger nämlich die Gefahr des Rangverlustes verbunden. Das Rechtsmittelgericht kann eine aufgehobene Maßnahme nicht wieder rückwirkend herstellen. Die Aufhebung eines Versteigerungstermins ist hingegen nach § 227 Abs. 4 S. 3 unanfechtbar. Dies gilt auch dann, wenn die Terminsaufhebung in einem Beschluss über eine einstweilige Einstellung der Zwangsvollstreckung nach § 765 a verfügt wird, der seinerseits erst mit Rechtskraft wirksam wird. Daher muss ein erneuter Versteigerungstermin im Wege eines vollständig neuen Beschlusses bestimmt werden, der den Beteiligten unter Beachtung der Zustellungsfristen erneut zugestellt werden muss.[194]

82 Mit der Aufhebung einer Rechtspfändung besteht für den Drittschuldner zudem die Gefahr der voreiligen Zahlung.[195] Deshalb wird es als sinnvoll angesehen, den Wirksamkeitszeitpunkt im Beschluss mit

▶ Die Aufhebung der Zwangsvollstreckungsmaßnahme wird erst mit Rechtskraft des Beschlusses wirksam.[196] ◀

anzugeben.

83 Die Aufhebung der **Pfändung beweglicher Sachen** tritt nicht von selbst ein, sondern bewirkt die **Anweisung** an den Gerichtsvollzieher, nach Eintritt der Rechtskraft des Aufhebungsbeschlusses die Pfändung aufzuheben („**Entstrickung**").[197]

84 **2. Einstweilige Anordnung der aufschiebenden Wirkung durch Rechtspfleger (Abs. 1 S. 2).** Anträge nach § 765 a haben keine aufschiebende Wirkung. Der Rechtspfleger kann aber gem. Abs. 1 S. 2 die Vollstreckung bis zur endgültigen Entscheidung **einstweilen einstellen**, wenn der Schuldner glaubhaft macht, dass Umstände vorliegen, die die Annahme eines Härtefalles begründen können. Das Gericht kann anordnen, dass die Zwangsvollstreckung gegen oder ohne Sicherheitsleistung einstweilen einzustellen oder nur gegen Sicherheitsleistung fortzusetzen sei. Eine Aufhebung ist nicht möglich. Anordnungen iSd Abs. 1 S. 2 werden v.a. dann erforderlich sein, wenn der Räumungsschuldner unmittelbar vor dem festgesetzten Termin eine gravierende Gesundheitsgefährdung oder sogar akute Suizidgefahr behauptet (s. Rn 53). In diesem Fall muss dem Schuldner der Nachweis gestattet werden. An die Glaubhaftmachung sind erhöhte Anforderungen zu stellen, wenn erfolglose Anträge auf angeblich neue Tatsachen gestützt wiederholt werden.[198]

---

193 BGH NJW-RR 2010, 232 = MDR 2010, 50 (rechtskräftiger Zuschlagsbeschluss); bestätigt durch BVerfG WM 2010, 767, 768 = FamRZ 2010, 795, 796.
194 LG Gießen Rpfleger 2012, 399, 400.
195 So richtig MüKo-ZPO/*Heßler*, § 765 a Rn 91; Zöller/*Stöber* § 765 a Rn 22 gegen OLG Stuttgart NJW 1961, 34 f: befreiende Wirkung der Zahlung des Drittschuldners an den Schuldner nach § 407 BGB auch ohne Rechtskraft des Aufhebungsbeschlusses.
196 Zöller/*Stöber*, § 765 a Rn 22.
197 Stein/Jonas/*Münzberg*, § 765 a Rn 13; MüKo-ZPO/*Heßler*, § 765 a Rn 90.
198 Stein/Jonas/*Münzberg*, § 765 a Rn 26.

3. Kostengrundentscheidung. Die Kosten fallen gem. § 788 Abs. 1 dem **Schuldner** zur Last, auch wenn sein Antrag erfolgreich war. Eines ausdrücklichen Kostenausspruchs bedarf es nicht. Eine Kostenentscheidung ergeht nur, wenn das Gericht die Kosten gem. § 788 Abs. 4 dem **Gläubiger** auferlegt. Erklären die Parteien das Vollstreckungsschutzverfahren übereinstimmend für **erledigt**, richtet sich die Kostenentscheidung nicht nach § 91 a, sondern nach § 788 Abs. 4.[199] Bei der Kostenentscheidung des Beschwerdegerichts sind §§ 97, 91 anwendbar.

V. Aufschub durch Gerichtsvollzieher (Abs. 2)

1. Allgemeines. Unter den in Abs. 2 geregelten Voraussetzungen ist der **Aufschub** einer Vollstreckungsmaßnahme durch den Gerichtsvollzieher bis zur Entscheidung des Vollstreckungsgerichts, **höchstens** aber für die Dauer von einer Woche, zulässig.

2. Anwendungsbereich. Abs. 2 gilt nur für die Herausgabe einschließlich der Räumungsvollstreckung (§§ 883–885). Auch eine Herausgabeanordnung nach § 836 Abs. 3 S. 1 kann durch den Gerichtsvollzieher nach Abs. 2 aufgeschoben werden, etwa wenn Geheimhaltungsinteressen glaubhaft gemacht werden.[200] Entsprechend anwendbar ist die Bestimmung bei der Vollstreckung von Anordnungen zur Herausgabe einer **Person**,[201] die nunmehr in §§ 88 ff FamFG geregelt ist. Abs. 2 ist auf die Geldvollstreckung nicht anwendbar.

3. Umfang. Der Gerichtsvollzieher kann nur **Aufschub** gewähren, jedoch nicht die Zwangsvollstreckung zum Schutz des Schuldners zeitweilig oder endgültig einstellen.[202]

4. Voraussetzungen. Scheinen dem Gerichtsvollzieher die Voraussetzungen für einen Vollstreckungsschutzantrag vorzuliegen und war dem Schuldner die rechtzeitige Anrufung des Vollstreckungsgerichts nicht möglich, so kann die Zwangsvollstreckung bis zur Entscheidung des Vollstreckungsgerichts, jedoch nicht länger als eine Woche, aufgeschoben werden, damit der Schuldner einen Vollstreckungsschutzantrag stellen kann. Der Gerichtsvollzieher darf daher Aufschub nicht gewähren, wenn der Schuldner bereits einen Vollstreckungsschutzantrag vor dem Vollstreckungsgericht **gestellt hat** und dieses **weder entschieden noch eine einstweilige Anordnung** erlassen hat.[203] Denn der Aufschub durch den Gerichtsvollzieher soll dem Schuldner lediglich ermöglichen, den Antrag nach § 765 a vor dem Vollstreckungsgericht zu stellen. Wenn der Schuldner die im Falle der Räumungsvollstreckung zu beachtende Frist bereits versäumt hat, darf ein Aufschub nur in den Fällen gewährt werden, in denen ein verspäteter Antrag noch zulässig wäre (s. Rn 66). Wenn der Gerichtsvollzieher Aufschub gewährt und das Gericht nicht binnen einer Woche seit Antragstellung entscheidet oder eine einstweilige Anordnung erlässt, darf der Gerichtsvollzieher keinen (weiteren) Aufschub gewähren.

Der Aufschub ist nur zulässig, wenn der Schuldner das Vorliegen von Umständen iSd Abs. 1 S. 1 **glaubhaft** macht und darüber hinaus, dass ihm die **rechtzeitige Anrufung** des Gerichts **nicht möglich** gewesen ist. Deshalb muss die Notlage bei

---

199 OLG Düsseldorf NJW-RR 1996, 637, 638; Schuschke/Walker/*Walker*, § 765 a Rn 40.
200 BGH 9.2.2012 – VII ZB 54/10 sowie BGHZ 192, 314, 321 = NJW 2012, 1081, 1083 (herauszugebende Kontoauszüge).
201 MüKo-ZPO/*Heßler*, § 765 a Rn 106 (zu § 33 Abs. 2 FGG).
202 Zöller/*Stöber*, § 765 a Rn 28; AG Wuppertal DGVZ 1993, 14.
203 Zöller/*Stöber*, § 765 a Rn 28; MüKo-ZPO/*Heßler*, § 765 a Rn 108; Musielak/Voit/ *Lackmann*, § 765 a Rn 25; aA Hk-ZPO/*Kindl*, § 765 a Rn 15.

rechtzeitig angekündigter Räumung kurz vor dem Räumungstermin eingetreten sein.[204]

91 Der Gerichtsvollzieher hat bei seiner Entscheidung **kein freies Ermessen**, sondern ist ähnlich wie das Vollstreckungsgericht (s. Rn 76) gehalten, bei Vorliegen der Voraussetzungen Aufschub zu gewähren.[205]

92 **5. Folgen.** Schiebt der Gerichtsvollzieher die Zwangsvollstreckung auf, so **weist** er gem. § 113 Abs. 2 GVGA den Schuldner darauf **hin**, dass die Vollstreckung nach Ablauf einer Woche durchgeführt wird, falls der Schuldner bis dahin keine Einstellung durch das Vollstreckungsgericht erwirkt hat. Er **belehrt** den Schuldner zugleich über die strafrechtlichen Folgen einer Vollstreckungsvereitelung (§ 288 StGB).

VI. Rechtskraft und Änderung des Beschlusses aufgrund veränderter Sachlage (Abs. 4)

93 Beschlüsse nach § 765 a sind der **Rechtskraft** fähig. Wird ein Antrag (teilweise) abgelehnt, kann ein **neuer Antrag** auch nur auf **neue Tatsachen**[206] gestützt werden. Wird der Antrag **nicht** auf neue Tatsachen gestützt, ist er wegen der Rechtskraft des vorangegangenen Beschlusses **unzulässig**. Die materielle Rechtskraft eines ersten erfolglosen Vollstreckungsschutzverfahrens steht einem weiteren Vollstreckungsschutzverfahren nach § 765 a nicht entgegen, wenn es auf **neue Tatsachen** gestützt ist, gleichgültig ob diese schon früher geltend gemacht werden konnten oder nicht. § 767 Abs. 2 gilt hier nicht. Eine Änderung der Sachlage liegt also schon vor, wenn die zur Begründung des Änderungsantrags vorgebrachten Tatsachen **im Vergleich zu den früher schon vorgetragenen** neu sind. Dass die erst jetzt vorgetragenen Tatsachen schon früher hätten geltend gemacht werden können, ist lediglich im Rahmen der Interessenabwägung zu berücksichtigen.[207]

94 Liegt eine Änderung der Sachlage vor, kann das Gericht gem. Abs. 4 auf Antrag den vorangegangenen Beschluss abändern oder aufheben, auch wenn dieser bereits rechtskräftig ist. Auch für die Änderung von Beschlüssen höherer Instanzen ist der Rechtspfleger des Amtsgerichts zuständig.

VII. Rechtsmittel

95 Gegen den **Beschluss** des Rechtspflegers ist gem. § 11 Abs. 1 RPflG sowohl für den Gläubiger im Falle des Erlasses als auch für den Schuldner im Falle der Ablehnung das Rechtsmittel der **sofortigen Beschwerde** (§ 793) statthaft. Der Rechtspfleger kann gem. § 572 Abs. 1 der Beschwerde abhelfen. Gegen die Beschwerdeentscheidung findet die Rechtsbeschwerde zum Bundesgerichtshof nur statt, wenn sie zugelassen ist (§ 574 Abs. 1 S. 1 Nr. 2).

96 Hat der Richter an Stelle des Rechtspflegers entschieden, ist für die durch die Entscheidung beschwerte Partei die sofortige Beschwerde gem. § 793 statthaft.

97 Die sofortige Beschwerde ist beim Amtsgericht, dessen Rechtspfleger entschieden hat, oder beim Beschwerdegericht einzulegen (§ 569 Abs. 1 S. 1). Das Beschwerdegericht kann gem. § 572 Abs. 3 an das Ausgangsgericht zurückverweisen oder

---

[204] Stein/Jonas/*Münzberg*, § 765 a Rn 37; Musielak/Voit/*Lackmann*, § 765 a Rn 25.
[205] Schuschke/Walker/*Walker*, § 765 a Rn 39.
[206] OLG Saarbrücken Rpfleger 2003, 37 f (zu schon schlechtem Gesundheitszustand kommt Schlaganfall hinzu).
[207] OLG Köln NJW 1993, 2248 f; Schuschke/Walker/*Walker*, § 765 a Rn 36; Stein/Jonas/*Münzberg*, § 765 a Rn 29 Fn 115; strenger Zöller/*Stöber*, § 765 a Rn 28; Musielak/Voit/*Lackmann*, § 765 a Rn 28 (nur wenn der Schuldner außerstande war, diese Tatsachen früher geltend zu machen).

auch in der Sache selbst entscheiden, insb. dieselben Schutzmaßnahmen anordnen, die auch das Vollstreckungsgericht veranlassen könnte.

Gegen die **einstweilige Anordnung** des Rechtspflegers nach Abs. 1 S. 2 findet gem. § 11 Abs. 2 S. 1 RPflG die **befristete Erinnerung** statt. Über diese entscheidet, soweit der Rechtspfleger nicht abhilft, abschließend der Richter am Amtsgericht (§ 11 Abs. 2 S. 3 RPflG). Gegen dessen Entscheidung ist die Beschwerde nicht statthaft. Die einstweilige Anordnung wird mit der Entscheidung über den Antrag gegenstandslos. 98

Die Gewährung von Räumungsschutz durch den Gerichtsvollzieher ist mit der Erinnerung nach § 766 anfechtbar, die wegen der Wochenfrist jedoch meist gegenstandslos wird.[208] 99

VIII. Kosten

Das Verfahren über einen Antrag auf Vollstreckungsschutz löst eine **gerichtliche** Festgebühr Nr. 2112 KV GKG iHv 20,00 € aus. Ein eventuelles Beschwerdeverfahren lässt die Gebühr Nr. 2121 KV GKG entstehen, wenn die Beschwerde verworfen oder zurückgewiesen wird. Geschieht dies nur teilweise, kann das Gericht die Gebühr nach billigem Ermessen auf die Hälfte ermäßigen oder bestimmen, dass eine Gebühr nicht zu erheben ist (Anm. zu Nr. 2121 KV GKG). Im Rechtsbeschwerdeverfahren gilt Nr. 2124 KV GKG. 100

Für den **Rechtsanwalt** stellt das gerichtliche Vollstreckungsschutzverfahren eine besondere Angelegenheit dar (§ 18 Abs. 1 Nr. 6 RVG). Es handelt sich um ein Verfahren der Zwangsvollstreckung, das die Gebühr Nr. 3309 VV RVG entstehen lässt. Dabei gilt jedes Vollstreckungsschutzverfahren als besondere Angelegenheit.[209] Die Fortsetzung der Vollstreckung nach gewährtem Vollstreckungsschutz stellt keine neue Angelegenheit dar, sondern ist gebührenrechtlich mit dem Vollstreckungsverfahren vor dem Antrag auf Vollstreckungsschutz dieselbe Angelegenheit.[210] Das Verfahren vor dem Gerichtsvollzieher nach Abs. 2 (Vollstreckungsaufschub) ist keine besondere Angelegenheit iSv § 18 Abs. 1 Nr. 6 RVG.[211] 101

Gemeinsame Räumungsschutzanträge von Eheleuten stellen mehrere Angelegenheiten dar.[212] Nach der Gegenauffassung stellt die Räumung einer Wohnung gegen mehrere Schuldner nur eine Angelegenheit dar. Es sei nur ein einziger Vollstreckungsauftrag notwendig und es werde auch nur eine Wohnung vom Gerichtsvollzieher im Rahmen einer Amtshandlung geräumt.[213] Der Rechtsanwalt erhalte die Gebühr für die Zwangsvollstreckung nur einmal.[214] Dann handele es sich jedoch auch bei dem gemeinsamen Vollstreckungsschutzantrag nur um eine Angelegenheit.[215] 102

Der **Wert** der Gebühr Nr. 3309 VV RVG ergibt sich aus dem Interesse des Schuldners, das sich aus seinem Antrag ergibt, und ist dann nach billigem Ermessen zu bestimmen (§ 25 Abs. 2 RVG).[216] Bei Vollstreckungsschutzanträgen gegen die Räumungsvollstreckung wird bei Anträgen auf Weiternutzung für einen be- 103

---

208 MüKo-ZPO/*Heßler*, § 765 a Rn 111; Musielak/Voit/*Lackmann*, § 765 a Rn 26.
209 AnwK-RVG/*Wolf/Volpert/Mock/Thiel/N. Schneider*, § 18 Rn 82.
210 AnwK-RVG/*Wolf/Volpert/Mock/Thiel/N. Schneider*, § 18 Rn 86.
211 AnwK-RVG/*Wolf/Volpert/Mock/Thiel/N. Schneider*, § 18 Rn 82.
212 AnwK-RVG/*Wolf/Volpert/Mock/Thiel/N. Schneider*, § 18 Rn 46 und 87 mwN.
213 LG Münster Rpfleger 2001, 49.
214 LG Münster Rpfleger 2001, 49; LG Frankfurt AnwBl 1992, 287; LG Tübingen MDR 2001, 1193.
215 Vgl hierzu aber AnwK-RVG/*Wolf/Volpert/Mock/Thiel/N. Schneider*, § 18 Rn 46 und 87 mwN.
216 AnwK-RVG/*Wolf/Volpert*, § 25 Rn 50.

stimmten Zeitraum die Nutzungsentschädigung für die begehrte Räumungsschutzfrist als Wert zugrunde gelegt.[217] Höchstwert ist aber auch im Räumungsschutzverfahren der Jahresmietwert (§ 25 Abs. 1 Nr. 2 RVG, § 41 Abs. 2 S. 1, 2 GKG).[218] Bei Räumungsschutz aus Zuschlagsbeschlüssen bestimmt sich der Wert nach einem Bruchteil (1/10) des nach dem Versteigerungsergebnis anzunehmenden Zuschlagswertes.[219] Bei Anträgen, die eine einstweilige Einstellung der Zwangsvollstreckung betreffen, kann von 1/5 des Wertes der Hauptsache ausgegangen werden.[220]

104 Einstweilige Anordnungen stellen keine besondere Angelegenheit dar, wenn nicht eine abgesonderte mündliche Verhandlung hierüber stattfindet (§ 19 Abs. 1 S. 2 Nr. 11 RVG, dann Gebühren Nr. 3328, 3332 VV RVG).

§ 766 Erinnerung gegen Art und Weise der Zwangsvollstreckung

(1) ¹Über Anträge, Einwendungen und Erinnerungen, welche die Art und Weise der Zwangsvollstreckung oder das vom Gerichtsvollzieher bei ihr zu beobachtende Verfahren betreffen, entscheidet das Vollstreckungsgericht. ²Es ist befugt, die im § 732 Abs. 2 bezeichneten Anordnungen zu erlassen.

(2) Dem Vollstreckungsgericht steht auch die Entscheidung zu, wenn ein Gerichtsvollzieher sich weigert, einen Vollstreckungsauftrag zu übernehmen oder eine Vollstreckungshandlung dem Auftrag gemäß auszuführen, oder wenn wegen der von dem Gerichtsvollzieher in Ansatz gebrachten Kosten Erinnerungen erhoben werden.

Literatur (Auswahl):

App, Das Rechtsbehelfsverfahren gegen Vollstreckungsmaßnahmen nach Eröffnung des Insolvenzverfahrens, NZI 1999, 138; *Becker*, Die Vollstreckungserinnerung, § 766 ZPO, JuS 2011, 37; *Brox/Walker*, Die Vollstreckungserinnerung, JA 1986, 57; *Christmann*, Zum Beschwerderecht des Gerichtsvollziehers im Kostenprüfungsverfahren nach § 766 Abs. 2 ZPO, DGVZ 1990, 19; *Garlichs*, Die Befugnis zur Vollstreckungserinnerung bei Testamentsvollstreckung, Rpfleger 1999, 60; *Geißler*, Zum Beschwerderecht des Gerichtsvollziehers in der Zwangsvollstreckung, DGVZ 1985, 129; *ders.*, Meinungsstreit und Kostenfragen um das Beschwerderecht des Gerichtsvollziehers, DGVZ 1990, 105; *Hansens*, Anwaltsvergütung für die Vertretung im Erinnerungsverfahren nach § 766 ZPO, RVGreport 2009, 128; *Hascher/Schneider*, Die Unzulässigkeit des Rechtsbehelfs der Erinnerung gem. § 766 ZPO gegen die Terminsbestimmung des Gerichtsvollziehers im Verfahren zur Abnahme der Vermögensauskunft nach § 802 f ZPO, JurBüro 2014, 60; *Kaiser*, Rechtsbehelfe bei der Zwangsvollstreckung aus Zug-um-Zug-Titeln, NJW 2010, 2330; *Lippross*, Das Rechtsbehelfssystem der Zwangsvollstreckung, JA 1979, 9; *Münzberg*, Materielle Einwendungen im Erinnerungsverfahren, DGVZ 1971, 167; *ders.*, Verteilungsverfahren und Erinnerung nach § 766 ZPO, Rpfleger 1986, 252; *Philipp*, Zulässigkeit und Durchsetzbarkeit von Parteivereinbarungen in der Zwangsvollstreckung, Rpfleger 2010, 456; *K. Schmidt*, Die Vollstreckungserinnerung im Rechtssystem – Dogmatik und Praxis eines Rechtsbehelfs eigener Art, JuS 1992, 90; *Schnabl*, Erstattung der Erinnerungskosten bei Fehlern des Gerichtsvollziehers?, AnwBl 2010, 271; *N. Schneider*, Anwaltsgebühren im Verfahren über die Erinnerung – bisheriges und neues Recht, RVGreport 2007, 87; *Schreiber*, Die Rechtsschutzmöglichkeiten des Vollstreckungsschuldners, Jura 2011, 110; *Stamm*, Reformbedarf in der Zwangsvollstreckung? – Die Schaffung eines zentralen Vollstreckungsorgans, JZ 2012, 67; *Staufenbiel/Meurer*, Vollstreckungserinnerung und Vollstreckungsabwehrklage, JA 2005, 879; *Weiß*,

---

217 OLG Koblenz InVo 2005, 164; LG Görlitz AGS 2003, 408; LG Münster Rpfleger 1996, 166; AnwK-RVG/*Wolf/Volpert*, § 25 Rn 50.
218 LG Görlitz AGS 2003, 408.
219 BGH NJW 2009, 80; BGH Rpfleger 2007, 561.
220 BGH NJW 1991, 2280; Hk-RVG/*Gierl*, § 25 Rn 24; AnwK-RVG/*Wolf/Volpert*, § 25 Rn 53.

Beschränkte Erinnerung gegen Eintragungen im Grundbuch, DNotZ 1985, 524; *Wittschier*, Die Vollstreckungserinnerung gem. § 766 ZPO, JuS 1999, 585; *Zeising*, Erinnerung versus sofortige Beschwerde in der Zwangsvollstreckung, Jura 2010, 93.

I. Normzweck	1
II. Statthaftigkeit der Erinnerung ...	2
1. Allgemeines	2
a) Grundsatz	2
aa) Anwendungsbereich	2
bb) Abgrenzung	6
b) Materielle Einwendungen	10
c) Vollstreckungsvereinbarungen; Stundung und Ratenzahlungen	12
2. Erinnerung gegen die Art und Weise der Zwangsvollstreckung (Abs. 1 S. 1)	14
a) Grundsatz	14
b) Abgrenzung Maßnahme zur Entscheidung	19
3. Weigerung der Übernahme eines Vollstreckungsauftrags oder der auftragsgemäßen Durchführung (Abs. 2 1. Fall)	22
4. Erinnerung gegen den Kostenansatz (Abs. 2 2. Fall)	23
III. Zulässigkeit einer Erinnerung ...	25
1. Einlegung der Erinnerung ...	25
2. Zuständigkeit	26
a) Sachliche Zuständigkeit .	26
b) Örtliche Zuständigkeit ..	28
c) Funktionelle Zuständigkeit	29
3. Rechtsschutzbedürfnis	30
4. Erinnerungsbefugnis/Beschwer	36
a) Allgemeines	36
b) Gläubiger	37
c) Schuldner	38
d) Dritter	39
e) Gerichtsvollzieher	42
IV. Verfahren	43
1. Abhilfe	43
a) Tätigkeit des Gerichtsvollziehers	43
b) Tätigkeit des Rechtspflegers	46
2. Entscheidung	47
a) Allgemeines	47
b) Tenor der Entscheidung	51
aa) Unzulässige oder unbegründete Erinnerung	51
bb) Zulässige und begründete Erinnerung	52
c) Kostenentscheidung	57
d) Zustellung; Rechtskraft	58
V. Einstweilige Anordnung (Abs. 1 S. 2)	59
VI. Rechtsmittel	60
VII. Muster	63
VIII. Kosten	68

I. Normzweck

Die Vorschrift gewährt für bestimmte Maßnahmen der Vollstreckungsorgane einen Rechtsbehelf eigener Art.[1] Hierdurch soll die Rechtsstaatlichkeit des Vollstreckungsverfahrens sowie das rechtliche Gehör der Beteiligten sichergestellt werden.[2] Die Erinnerung hat keinen Devolutiveffekt, sondern führt zu einer **richterlichen Überprüfung der Angelegenheit in derselben Instanz**. Nach **Abs. 1** unterliegt die Art und Weise der Zwangsvollstreckung durch das jeweilige Vollstreckungsorgan oder das von dem Gerichtsvollzieher bei ihr zu beobachtende Verfahren einer Kontrollmöglichkeit durch das Vollstreckungsgericht (§ 764). **Abs. 2 1. Fall** sieht die Möglichkeit einer gerichtlichen Überprüfung vor, wenn der Gerichtsvollzieher sich weigert, einen Vollstreckungsauftrag zu übernehmen oder auftragsgemäß durchzuführen. Einwendungen gegen die vom Gerichtsvollzieher in Ansatz gebrachten Kosten können nach **Abs. 2 2. Fall** im Rahmen einer Erinnerung durch das Vollstreckungsgericht überprüft werden.

1

---

1 Zur Kritik am Konzept des § 766 s. MüKo-ZPO/*K. Schmidt/Brinkmann*, § 766 Rn 3; Musielak/*Lackmann*, § 766 Rn 1; aA Gaul/Schilken/*Becker-Eberhard*, § 37 Rn 7.
2 BVerfG NJW-RR 1991, 1101; MüKo-ZPO/*K. Schmidt/Brinkmann*, § 766 Rn 1.

II. Statthaftigkeit der Erinnerung

1. Allgemeines. a) Grundsatz. aa) Anwendungsbereich. § 766 ist **anwendbar** auf jede Zwangsvollstreckung, die nach dem 8. Buch der ZPO durchgeführt wird. Die Erinnerung findet zudem Anwendung, soweit für die Vollstreckung eines Titels außerhalb der ZPO ganz oder teilweise auf die Vorschriften der ZPO über die Zwangsvollstreckung verwiesen wird; zB für die Vollstreckung in Ehesachen (§ 121 FamFG) und Familienstreitsachen (§ 112 FamFG) nach § 120 Abs. 1 FamFG (s. dazu Erl. FamFG Rn 47 ff); für die Vollstreckung anderer Entscheidungen in Familiensachen und in Verfahren der freiwilligen Gerichtsbarkeit, sofern die Voraussetzungen des § 95 Abs. 1 FamFG vorliegen (s. dazu Erl. FamFG Rn 190 ff);[3] für die Vollstreckung eines Zwangsmittels nach § 35 FamFG einschließlich der Vollstreckung wegen der Herausgabe bzw Vorlage einer Sache oder Vornahme einer vertretbaren Sache nach § 35 Abs. 4 FamFG (s. dazu Erl. FamFG Rn 7 ff);[4] für die Vollstreckung von Titeln der Arbeitsgerichte (§§ 62 Abs. 2, 85 Abs. 1 S. 3 ArbGG); für die Vollstreckung von Titeln nach § 168 VwGO (§ 167 Abs. 1 VwGO);[5] für formelle Einwendungen gegen die Beitreibung von Ordnungsgeld nach der JBeitrO;[6] für die Vollstreckung von Geldbußen nach § 204 Abs. 3 S. 1 BRAO; für die Vollstreckung von Kammerbeiträgen nach § 84 Abs. 1 BRAO oder von Zwangsgeldern nach § 57 Abs. 4 S. 2 BRAO.[7] Zudem ist die Erinnerung nach § 766 bei einer Vorpfändung des Gläubigers (§ 845) statthaft,[8] wenn ein Mangel der Voraussetzungen einer Vorpfändung beanstandet wird. Ebenso bei Einwendungen im Rahmen des § 21 AVAG.[9]

Nicht anwendbar ist die Vollstreckungserinnerung, wenn das **Prozessgericht** als Vollstreckungsgericht tätig wird (§§ 887, 888, 890). Insoweit ist stets die sofortige Beschwerde (§ 793) statthaft;[10] auch wenn die Entscheidung ohne Gewährung des rechtlichen Gehörs ergangen ist.[11] Wird das **Grundbuchamt** als Vollstreckungsorgan tätig (Eintragung einer Zwangshypothek nach §§ 867, 868; Eintragung einer Vormerkung bzw eines Widerspruchs nach § 895), verdrängt die Grundbuchbeschwerde (§§ 71 ff GBO) als spezieller Rechtsbehelf die Vollstreckungserinnerung.[12] Entsprechendes gilt für die **Schiffregisterbehörde** (§ 870 a);[13] es findet die einfache Beschwerde nach § 75 Abs. 1 SchiffRegO statt.[14] Im Verfahren zur Abnahme der **Vermögensauskunft** (§ 802 f) kann die Vollstreckungserinnerung eingelegt werden, wenn der Schuldner die Verpflichtung zur Abgabe der Vermögensauskunft bestreitet oder der Gerichtsvollzieher eine Vertagung des Termins ablehnt (s. dazu § 802 f Rn 31); die früher bestehende Möglichkeit der Erhebung eines Widerspruchs als spezielleren Rechtsbehelf (§ 900 Abs. 4 aF) sieht das Gesetz nicht mehr vor. Gegen die Eintragungsanordnung nach § 882 c

---

3 Vgl Keidel/*Giers*, § 87 FamFG Rn 15, § 95 FamFG Rn 19.
4 Die gegenteilige Auffassung von Schuschke/Walker/*Walker*, § 766 Rn 11 widerspricht dem eindeutigen Wortlaut des § 35 Abs. 4 FamFG.
5 Zuständig für die Entscheidung ist das Verwaltungsgericht.
6 MüKo-ZPO/K. *Schmidt/Brinkmann*, § 766 Rn 69.
7 BGH NJW-RR 2009, 177.
8 OLG Hamm DGVZ 2012, 13; Thomas/Putzo/*Seiler*, § 766 Rn 18; Zöller/*Stöber*, § 845 Rn 8.
9 Thomas/Putzo/*Seiler*, § 766 Rn 6.
10 MüKo-ZPO/K. *Schmidt/Brinkmann*, § 766 Rn 14; Schuschke/Walker/*Walker*, § 766 Rn 4; Zöller/*Stöber*, § 766 Rn 4.
11 Schuschke/Walker/*Walker*, § 766 Rn 4.
12 BayObLGZ 1982, 98; KG NJW-RR 1987, 592; OLG Köln Rpfleger 1996, 189; OLG Stuttgart WM 1985, 1371; MüKo-ZPO/K. *Schmidt/Brinkmann*, § 766 Rn 14; aA Baumbach/*Hartmann*, § 867 Rn 24.
13 Zöller/*Stöber*, § 766 Rn 4.
14 BayObLG Rpfleger 1992, 28; Thomas/Putzo/*Seiler*, § 870 a Rn 1.

steht dem Schuldner das Widerspruchsrecht gem. § 882 d zu (vgl § 882 c Rn 17; § 882 d Rn 2 ff).

Unanwendbar ist § 766 im **Verwaltungsvollstreckungsverfahren**. Verletzungen der Bestimmungen der **GVGA** oder der sonstigen Dienstanweisungen für Gerichtsvollzieher (zB **GVO**) können ebenfalls nicht selbstständig mit der Erinnerung verfolgt werden, da es sich hierbei nicht um selbständige Verfahrensvorschriften, sondern um interne Dienstanweisungen der Justizverwaltung handelt.[15] Verstöße können inzidenter mit der Verletzung von Verfahrensvorschriften der ZPO bzw Regelungen des Vollstreckungsrechts gerügt werden. Zudem kann eine Verletzung der Dienstanweisungen eine Amtspflichtverletzung des Gerichtsvollziehers begründen, die im Wege der Dienstaufsicht überprüft werden kann.[16] Für Erinnerungen gegen den gerichtlichen Kostenansatz ist § 66 Abs. 1 S. 1 GKG gegenüber Abs. 2 der speziellere Rechtsbehelf.[17]

Wird der Gerichtsvollzieher **außerhalb der Zwangsvollstreckung** tätig, zB bei der Mitwirkung von Zustellungen (§ 192 Abs. 1),[18] bei der Durchführung einer öffentlichen Versteigerung im Rahmen der Pfandverwertung nach den §§ 1235 ff BGB[19], bei freihändigem Verkauf oder bei einer freiwilligen Versteigerung (zB § 383 Abs. 3 BGB),[20] ist eine Erinnerung nach § 766 nicht statthaft.[21] Da es sich insoweit bei der Tätigkeit des Gerichtsvollziehers um eine hoheitliche Maßnahme handelt, ist der Rechtsweg nach §§ 23 ff EGGVG gegeben.[22]

bb) Abgrenzung. Die Vollstreckungserinnerung ist zu **unterscheiden** von der **Erinnerung nach § 573 Abs. 1**, die gegen Entscheidungen des beauftragten oder ersuchten Richters oder gegen Maßnahmen des Urkundsbeamten der Geschäftsstelle statthaft ist, sowie von der **Erinnerung nach § 732 Abs. 1**, die bei Einwendungen des Schuldners gegen die Erteilung der Vollstreckungsklausel erhoben werden kann, zB durch den Schuldner mit dem Einwand, der Urkundsbeamte habe die Vollstreckungsklausel fehlerhaft ohne die gem. § 726 erforderlichen Nachweise erteilt.[23]

Im Verhältnis zum Rechtsbehelf nach **§ 11 Abs. 1 RPflG** ist entscheidend, ob der Rechtspfleger eine Vollstreckungsmaßnahme oder eine Entscheidung trifft: Bei einer Vollstreckungsmaßnahme ist die Erinnerung nach § 766 der speziellere Rechtsbehelf iSd § 11 Abs. 1 RPflG; bei einer Entscheidung findet über § 11 Abs. 1 RPflG die sofortige Beschwerde (§ 793) statt. Zur Abgrenzung zwischen Maßnahme und Entscheidung s. Rn 19 ff.

Zum Verhältnis zwischen der Vollstreckungserinnerung und den Rechtsschutzmöglichkeiten nach §§ 767, 771 und 805 s. Rn 10 f.

Neben der Erinnerung besteht zudem die Möglichkeit der Erhebung einer **Dienstaufsichtsbeschwerde**.[24] Der Prüfung durch den Dienstvorgesetzten unterliegt in-

---

15 Zöller/*Stöber*, § 766 Rn 11.
16 Zöller/*Stöber*, § 766 Rn 11.
17 AG Bad Segeberg NJW-RR 2014, 510; Hk-ZV/*Kindl*, § 766 Rn 4.
18 OLG Frankfurt Rpfleger 1976, 367; OLG Hamm 15.7.2010 – I-15 VA 10/09 betr. die Zustellung einer titelumschreibenden Vollstreckungsklausel: zulässig ist der Antrag nach § 23 EGGVG.
19 OLG Frankfurt OLGR 1998, 234; OLG Karlsruhe MDR 1976, 54; Zöller/*Stöber*, § 766 Rn 5.
20 OLG Köln OLGR 2000, 340.
21 Schuschke/Walker/*Walker*, § 766 Rn 11.
22 Wieczorek/Schütze/*Salzmann*, § 766 Rn 11; OLG Köln OLGR 2000, 340 (für freiwillige Versteigerung); aA OLG Frankfurt JurBüro 1998, 437 (rein bürgerlich-rechtliche Tätigkeit).
23 BGH NJW-RR 2012, 1146.
24 Hk-ZPO/*Kindl*, § 766 Rn 3; MüKo-ZPO/*K. Schmidt/Brinkmann*, § 766 Rn 8.

des nur das allgemeine Verhalten des Gerichtsvollziehers (Verzögerungen,[25] Umgangsformen, Umgangston, Einhaltung der datenschutzrechtlichen Bestimmungen),[26] nicht indes die konkrete Vollstreckungsmaßnahme. Der Gerichtsvollzieher kann daher im Rahmen einer Dienstaufsichtsbeschwerde nicht zur Durchführung oder Unterlassung einer bestimmten Vollstreckungsmaßnahme angehalten werden.[27]

10 **b) Materielle Einwendungen.** Einwendungen aus **materiellem Recht** gegen den titulierten Anspruch (zB Einwand der Erteilung der Restschuldbefreiung;[28] Übergang der Forderung auf einen anderen Gläubiger[29]) sowie Einwendungen Dritter hinsichtlich deren materiell-rechtlichen Berechtigung[30] können ausschließlich mit den dazu bestimmten Rechtsbehelfen (zB §§ 767, 771, 805; uU Unterlassungsklage nach § 826 BGB) verfolgt werden. Eine Ausnahme besteht hinsichtlich „**evidenten Dritteigentums**" (vgl Rn 40), da der Gerichtsvollzieher in diesem Falle eine Pfändung zu unterlassen hat (vgl § 71 Abs. 2 S. 1 GVGA).[31]

11 Das Fehlen der nach § 1365 BGB erforderlichen Zustimmung kann im Wege der Erinnerung geltend gemacht werden, sofern das Vorliegen der Voraussetzungen des § 1365 Abs. 1 BGB unstreitig sind;[32] ansonsten muss der Einwand im Wege der Drittwiderspruchsklage (§ 771) verfolgt werden. Der Schuldner kann nicht im Wege der Vollstreckungserinnerung einwenden, der Vollstreckungstitel sei unwirksam, weil die dem Titel zugrunde liegende notarielle Unterwerfungserklärung gegen § 307 BGB verstoße.[33] Der Einwand des Haftungsverbandes der Hypothek (§§ 1120 ff BGB) kann bei der Pfändung von Grundstückszubehör eine materielle Einwendung darstellen, aber auch im Rahmen des § 766 statthafte Rüge der Verletzung der funktionellen Zuständigkeit des Vollstreckungsorgans (§ 865 Abs. 2) beinhalten.

12 **c) Vollstreckungsvereinbarungen; Stundung und Ratenzahlungen.** Str ist, ob der Schuldner mit der Erinnerung das Vorliegen einer **vollstreckungsausschließenden oder vollstreckungsbeschränkenden Vereinbarung** einwenden kann. Dies wird von einem Teil der Rspr[34] bejaht. Demgegenüber sind der BGH und weitere Instanzgerichte der Auffassung, es sei ausschließlich eine Vollstreckungsabwehrklage analog § 767 ohne die Beschränkung nach Abs. 2 statthaft.[35] Eine vermittelnde Meinung in Lit. und Rspr[36] lässt grds. beide Rechtsbehelfe zu, differenziert indes nach dem Inhalt der Vereinbarung: Wird durch die Regelung nur der Verfahrensablauf betroffen, ist die Erinnerung nach § 766 statthaft; wird die Vollstreckbarkeit des Anspruchs schlechthin berührt, gilt § 767 unmittelbar.

---

25 Zöller/*Stöber*, § 753 Rn 15.
26 Schuschke/Walker/*Walker*, § 766 Rn 10.
27 Hk-ZPO/*Kindl*, § 766 Rn 3; Schuschke/Walker/*Walker*, § 766 Rn 10; Zöller/*Stöber*, § 753 Rn 15.
28 BGH NJW 2008, 3640.
29 Thomas/Putzo/*Seiler*, § 766 Rn 4.
30 ZB BGH NJW-RR 2010, 281 betr. Bestehen und Reichweite eines Vermieterpfandrechts.
31 MüKo-ZPO/*K. Schmidt/Brinkmann*, § 766 Rn 34; Schuschke/Walker/*Walker*, § 766 Rn 8; vgl auch LG Detmold DGVZ 1996, 120; AG Duisburg ZVI 2004, 622.
32 Hk-ZPO/*Kindl*, § 766 Rn 2; weitergehend OLG Stuttgart FamRZ 2007, 1830; aA Thomas/Putzo/*Seiler*, § 766 Rn 4.
33 BGH JurBüro 2009, 442.
34 ZB OLG Hamm MDR 1977, 675; OLG Karlsruhe NJW 1974, 2242.
35 BGH NJW-RR 2002, 282; BGH NJW 1991, 2295; BGH NJW 1978, 700; BGH NJW 1968, 700; OLG Frankfurt OLGR 1999, 234; OLG Karlsruhe NJW-RR 1999, 941; OLG Köln NJW-RR 1995, 576.
36 OLG Frankfurt OLGZ 1981, 112; Schuschke/Walker/*Walker*, § 766 Rn 9; vgl auch Hk-ZPO/*Kindl*, § 766 Rn 7; Stein/Jonas/*Münzberg*, § 766 Rn 23 ff; ein ähnliches „Sowohl-als-auch-Konzept" vertritt MüKo-ZPO/*K. Schmidt/Brinkmann*, § 766 Rn 38 f.

Um Abgrenzungsschwierigkeiten zu vermeiden und für die Beteiligten Rechtssicherheit zu schaffen, erscheint die Auffassung des BGH mit einer Einschränkung vorzugswürdig. Vollstreckungsausschließende oder vollstreckungsbeschränkende Vereinbarungen, wozu auch **Stundungs- und Ratenzahlungsabreden** gehören, betreffen die Durchsetzung eines Anspruchs und haben zumindest mittelbar auch einen materiell-rechtlichen Charakter. Daher sind entsprechende Abreden grds. mit der Vollstreckungsgegenklage zu verfolgen. Soweit die Vereinbarung auch Auswirkungen auf die Vollstreckbarkeit hat, wird hierdurch nicht zusätzlich eine Überprüfungsmöglichkeit im Wege der Erinnerung eröffnet. Vielmehr muss es aufgrund des Gebots der Klarheit des Rechtsbehelfs bei der Vollstreckungsgegenklage verbleiben. Der statthafte Rechtsbehelf darf nicht von der erst im Erinnerungsverfahren zu klärenden Frage abhängig gemacht werden, ob Abschluss und Inhalt der Vereinbarung leicht festzustellen und dem Vollstreckungsorgan zuzumuten sind.[37] Eine Ausnahme hiervon kann dann zugelassen werden, wenn die geltend gemachte Vereinbarung (zB Ratenzahlungsvereinbarung, Stundung) durch eine Urkunde iSd § 775 Nr. 4 nachgewiesen wird. In diesem Falle liegt in der Nichtbeachtung des § 775 Nr. 4 durch das Vollstreckungsorgan zusätzlich ein Verstoß gegen das bei der Vollstreckung zu beachtende Verfahren vor, der einer Überprüfung im Wege der Vollstreckungserinnerung zugänglich ist.

2. Erinnerung gegen die Art und Weise der Zwangsvollstreckung (Abs. 1 S. 1). a) Grundsatz. Nach Abs. 1 S. 1 besteht die Möglichkeit einer richterlichen Überprüfung der Art und Weise einer Zwangsvollstreckungsmaßnahme oder des vom Gerichtsvollzieher bzw. vom Vollstreckungsgericht bei der Zwangsvollstreckung zu beachtenden Verfahrens. Statthaft sind Einwendungen des Schuldners oder eines Dritten, die die Ordnungsgemäßheit und Rechtmäßigkeit des bei der Zwangsvollstreckung zu beachtenden Verfahrens betreffen, also

- die **allgemeinen Zwangsvollstreckungsverfahrensvoraussetzungen** (zB die fehlerhafte gesetzliche Vertretung des Gläubigers bei einem mittlerweile volljährigen Gläubiger oder Schuldner);[38]

- die **allgemeinen Zwangsvollstreckungsvoraussetzungen** (zB Fehlen eines Vollstreckungsauftrags; Unzuständigkeit des Vollstreckungsorgans, weil der Gegenstand nicht der Mobiliarvollstreckung unterliegt, § 865; Fehlen eines Titels; Unbestimmtheit des Titels;[39] Erlass eines Titels gegen eine nicht existente Partei;[40] Fehlen der erforderlichen Klausel[41] oder Zustellung);[42] eine aus materiell-rechtlichen Erwägungen folgende Unwirksamkeit des Titels kann indes nicht mit der Erinnerung gerügt werden;[43] ebenso wenig kann im Erinnerungsverfahren der Einwand berücksichtigt werden, der Urkundsbeamte habe die der Vollstreckung zugrunde liegende Klausel zu Unrecht erteilt;[44]

- die **besonderen Zwangsvollstreckungsvoraussetzungen** (zB verfrühte Zwangsvollstreckung, §§ 751 Abs. 1, 810; fehlende Leistung der Sicherheit;[45]

---

37 So aber Schuschke/Walker/*Walker*, § 766 Rn 9.
38 OLG Koblenz FamRZ 2005, 993; OLG Nürnberg FamRZ 2010, 1010.
39 BGH NJW 2013, 2287; OLG Frankfurt OLGR 1998, 132; in einem solchen Fall muss der Gläubiger die Reichweite des Titels durch eine Feststellungsklage klären lassen (BGH NJW 2013, 2287; BGH NJW 1972, 2268).
40 BGH NJW-RR 2008, 1443.
41 BGH NJW 1992, 2159 (Umschreibung der Klausel auf den Rechtspfleger ist nicht erfolgt).
42 BGHZ 66, 79; OLG Köln Rpfleger 1997, 31; OLG Zweibrücken MDR 1997, 593.
43 BGH NJW 2013, 2287; BGH 4.4.2012 – V ZA 8/12; BGH JurBüro 2009, 442; BGH NJW 2009, 1887.
44 BGH Rpfleger 2012, 321.
45 RGZ 34, 380.

Zwangsvollstreckung trotz Mangelhaftigkeit der angebotenen Zug-um-Zug-Leistung, §§ 756, 765, 726);[46] bzw

18
- das Vorliegen eines **Zwangsvollstreckungshindernisses** (zB Einstellung der Zwangsvollstreckung nach § 775;[47] Verstoß gegen das Verbot der Überpfändung des § 803 Abs. 1 S. 2;[48] Vorliegen eines Pfändungsverbots nach §§ 811, 811 c; beschränkte Pfändbarkeit nach § 852;[49] Vorliegen eines Untersagungsbeschlusses nach § 21 Abs. 2 Nr. 3 InsO;[50] Eröffnung des Insolvenzverfahrens;[51] Vorliegen der Massearmut nach § 210 InsO).[52] Der Einwand, aus einem Vollstreckungstitel dürfe wegen der Erteilung der Restschuldbefreiung nicht mehr vollstreckt werden, kann hingegen nur im Wege der Vollstreckungsgegenklage (§ 767) verfolgt werden;[53] ebenso der Einwand der Nichtvollstreckbarkeit einer Forderung wegen Erfüllung eines Insolvenzplans.[54] Gleiches gilt für Einwendungen des Gesellschafters aus § 93 InsO gegen Zwangsvollstreckungen des Gesellschaftsgläubigers.[55]

19 **b) Abgrenzung Maßnahme zur Entscheidung.** Die Erinnerung ist ausschließlich bei einer **Vollstreckungsmaßnahme** statthaft; gegen Entscheidungen des Vollstreckungsorgans, die im Zwangsvollstreckungsverfahren auch ohne mündliche Verhandlung ergehen können, besteht das Rechtsmittel der sofortigen Beschwerde nach § 793. Für die Unterscheidung zwischen einer Vollstreckungsmaßnahme oder Vollstreckungsentscheidung kommt es nicht auf den inhaltlichen Gegenstand oder die Bezeichnung, sondern auf das Vollstreckungsorgan sowie auf die konkrete Ausgestaltung des Verfahrens an.[56]

20 Bei der **Tätigkeit eines Gerichtsvollziehers** liegt stets eine **Maßnahme** vor. Wenn das **Prozessgericht als Vollstreckungsorgan** tätig wird (zB nach §§ 887, 888, 890), ist – unabhängig, ob im Einzelfall rechtliches Gehör gewährt wurde – stets eine **Entscheidung** (vgl § 891) gegeben. Bei der Tätigkeit des **Vollstreckungsgerichts als Vollstreckungsorgan** ist zu differenzieren:[57]

- Eine Entscheidung ist stets gegeben, wenn ein **Vollstreckungsantrag** des Gläubigers oder ein im Rahmen des Vollstreckungsschutzes gestellter Antrag des Schuldners bzw des Gläubigers (zB nach §§ 850 e, 850 f, 850 g, 850 h, 850 i, 850 k, 850 l, 851 a, 851 b) vom Vollstreckungsgericht **zurückgewiesen** wurde und zwar unabhängig davon, ob zuvor rechtliches Gehör gewährt wurde.[58]

---

46 KG NJW-RR 1989, 638.
47 LG Berlin MDR 1975, 96; LG Düsseldorf DGVZ 1990, 140.
48 OLG Köln MDR 1970, 150.
49 BGH NJW-RR 2009, 997.
50 AG Duisburg ZVI 2004, 622.
51 BGH NJW-RR 2007, 119; LG München I ZInsO 2001, 1118; Uhlenbruck/*Mock*, § 89 InsO Rn 54; Zöller/*Stöber*, § 766 Rn 17.
52 BGH NJW-RR 2007, 119.
53 BGH NJW 2008, 3640; Braun/*Pohl*, InsO, 6. Aufl. 2014, § 301 Rn 6; MüKo-InsO/*Stephan*, § 301 InsO Rn 20; Schmidt/*Streck*, § 301 InsO Rn 10, Schuschke/Walker/*Walker*, § 766 Rn 8; Thomas/Putzo/*Seiler*, § 767 Rn 20 a; Uhlenbruck/*Sternal*, § 301 InsO Rn 41; so nunmehr auch Wimmer/*Ahrens*, § 301 InsO Rn 28.
54 AG Leipzig ZInsO 2012, 336.
55 AG Duisburg ZVI 2012, 73.
56 HM, zB KG NJW-RR 1986, 1000; OLG Köln JurBüro 2000, 48; Musielak/*Lackmann*, § 766 Rn 11.
57 Ein Rechtsprechungskatalog findet sich bei MüKo-ZPO/K. *Schmidt/Brinkmann*, § 766 Rn 22–26.
58 BGH NZI 2004, 447; OLG Koblenz NJW-RR 1986, 679; MüKo-ZPO/K. *Schmidt/Brinkmann*, § 766 Rn 17; Musielak/*Lackmann*, § 766 Rn 11; Schuschke/Walker/*Walker*, § 766 Rn 5; Zöller/*Stöber*, § 766 Rn 2; Wieczorek/Schütze/*Salzmann*, § 766 Rn 19.

Insoweit musste sich das Vollstreckungsgericht mit den Argumenten des jeweiligen Antragstellers auseinandersetzen. Beschlüsse des Vollstreckungsgerichts über eine Erinnerung (§ 766) oder eine vorläufige Anordnung (§ 769 Abs. 2) sind ebenfalls Entscheidungen.[59]

- Soweit der Rechtspfleger oder der Richter einem **Vollstreckungsantrag stattgegeben** hat, liegt eine Entscheidung vor, wenn das Gericht eine Abwägung der Interessen der Beteiligten vorgenommen hat;[60] hiervon wird bei der Gewährung des rechtlichen Gehörs ausgegangen,[61] wobei ohne Bedeutung ist, ob eine Anhörung zwingend geboten war, im Ermessen des Vollstreckungsorgans lag (zB § 850 b Abs. 3) bzw sogar gesetzlich ausgeschlossen (zB nach § 834) war;[62] ebenso wenig kommt es darauf an, ob der Angehörte von der gebotenen Möglichkeit der Äußerung Gebrauch gemacht hat.[63]

- Wurde einem Antrag **ohne Gewährung des rechtlichen Gehörs** stattgegeben, ist regelmäßig eine Vollstreckungsmaßnahme gegeben;[64] so grds. bei Erlass eines Pfändungs- und Überweisungsbeschlusses[65] oder der Anordnung der Zwangsverwaltung bzw der Zwangsversteigerung. Da entscheidend ist, ob dem jeweiligen Rechtsbehelfsführer[66] das rechtliche Gehör gewährt wurde, sind insoweit gegen denselben Beschluss unterschiedliche Rechtsbehelfe (§ 766 bzw § 793) möglich, wenn ein Beteiligter (zB der Schuldner) angehört und einem anderen (zB der Drittschuldner) das rechtliche Gehör versagt wurde.[67] Eine Ausnahme besteht hinsichtlich der Beteiligten, die in dem Verfahren in „demselben Lager" stehen (zB bei einer gesamtschuldnerischen Verurteilung). In diesem Fall kann nur einheitlich der Rechtsbehelf der sofortigen Beschwerde eingelegt werden, wenn der eine Beteiligte angehört wurde und der andere nicht.[68] Denn das Gericht hat sich in diesem Fall auch mit der Rechtsposition des nicht angehörten Beteiligten auseinandergesetzt.

Eine **Ausnahme** besteht bei **Durchsuchungsbeschlüssen** nach § 758 a. Insoweit muss der Richter bei Erlass des Beschlusses bereits wegen der Grundrechtsrelevanz (Art. 13 GG) auch ohne Anhörung des Schuldners stets eine Abwägung der Belange vornehmen, so dass immer eine Entscheidung vorliegt, die der Anfech- 21

---

59 Vgl MüKo-ZPO/K. *Schmidt/Brinkmann*, § 766 Rn 23.
60 HM, zB OLG Frankfurt JurBüro 1992, 368; OLG Köln Rpfleger 1991, 360; MüKo-ZPO/K. *Schmidt/Brinkmann*, § 766 Rn 23; Schuschke/Walker/*Walker*, § 766 Rn 5; Stein/Jonas/*Münzberg*, § 766 Rn 7.
61 HM, zB BGH NZI 2004, 447; KG OLGZ 1978, 491; OLG Düsseldorf NJW 1973, 1133; OLG Frankfurt Rpfleger 1993, 57; OLG Köln NJW-RR 2001, 69; Stein/Jonas/*Münzberg*, § 766 Rn 7; Wieczorek/Schütze/*Salzmann*, § 766 Rn 20; Zöller/*Stöber*, § 766 Rn 2.
62 KG OLGZ 1978, 491; OLG Köln MDR 1991, 1091; Zöller/*Stöber*, § 766 Rn 2.
63 HM, zB Musielak/*Lackmann*, § 766 Rn 11.
64 BGH NZI 2004, 447; OLG Köln NJW-RR 2001, 48; Schuschke/Walker/*Walker*, § 766 Rn 5; Zöller/*Stöber*, § 766 Rn 2.
65 KG OLGZ 1978, 491; OLG Köln NJW-RR 2001, 69, sofern nicht unter Verletzung des § 834 eine Anhörung erfolgte, in diesem Fall dann § 793.
66 KG NJW-RR 1986, 1000; OLG Köln JurBüro 2000, 48; Zöller/*Stöber*, § 766 Rn 2; aA OLG Bamberg NJW 1978, 1389; LG Frankfurt Rpfleger 1989, 400 (es muss überhaupt jemand angehört worden sein).
67 MüKo-ZPO/K. *Schmidt/Brinkmann*, § 766 Rn 19; Zöller/*Stöber*, § 766 Rn 2; aA Musielak/*Lackmann*, § 766 Rn 14 (nur sofortige Beschwerde).
68 So auch Musielak/*Lackmann*, § 766 Rn 14, der indes weitergehend die Auffassung vertritt, dass einheitlich stets die sofortige Beschwerde statthaft ist, wenn zwei Beteiligte auf einer Seite wie Schuldner, Drittschuldner oder auch ein betroffener Familienangehöriger des Schuldners stehen.

tung durch die sofortige Beschwerde (§ 793) unterliegt.[69] Bei anderen stattgebenden Entscheidungen ohne Gewährung rechtlichen Gehörs ist ausnahmsweise eine sofortige Beschwerde (§ 793) anstelle der Erinnerung statthaft, wenn eine konkrete Abwägung der Einzelumstände vorgenommen worden ist und dies in dem Beschluss zum Ausdruck kommt.[70]

22 **3. Weigerung der Übernahme eines Vollstreckungsauftrags oder der auftragsgemäßen Durchführung (Abs. 2 1. Fall).** Nach Abs. 2 1. Fall ist eine Erinnerung des Gläubigers statthaft, wenn der Gerichtsvollzieher sich weigert, einen Vollstreckungsauftrag zu übernehmen oder eine Vollstreckungshandlung dem Auftrag gemäß durchzuführen. Eine Weigerung des Gerichtsvollziehers liegt zB vor, wenn er eine Vollstreckung wegen fehlender Vollstreckungsvoraussetzungen[71] oder wegen Vermögenslosigkeit des Schuldners ablehnt.[72] Da die Weigerung keine förmliche Zurückweisung der Tätigkeit durch den Gerichtsvollzieher voraussetzt, ist ebenfalls bei einer Untätigkeit bzw einer (erheblichen) Verzögerung der Ausführung des Vollstreckungsauftrags die Erinnerung statthaft.[73] Eine Weigerung ist ebenfalls gegeben, wenn der Gerichtsvollzieher den Auftrag nur teilweise ausführt.

23 **4. Erinnerung gegen den Kostenansatz (Abs. 2 2. Fall).** Nach Abs. 2 2. Fall kann mit der Erinnerung der Kostenansatz des Gerichtsvollziehers einer gerichtlichen Überprüfung unterzogen werden. Beanstandet werden können vom Gläubiger und Schuldner die vom Gerichtsvollzieher für sich berechneten Kosten und Auslagen. Der Gläubiger kann seine Erinnerung auch darauf stützen, dass der Gerichtsvollzieher treibe die vom ihm geltend gemachten Kosten nicht bei. Der Schuldner kann sich zusätzlich darauf berufen, die von dem Gerichtsvollzieher gem. § 788 Abs. 1 gleichzeitig vollstreckten Kosten des Gläubigers seien zu Unrecht in Ansatz gebracht worden.

24 Die Erinnerung nach Abs. 2 2. Fall findet keine Anwendung auf den **Kostenansatz sonstiger Vollstreckungsorgane**; zB wenn der Rechtspfleger sich weigert, in dem beantragten Pfändungs- und Überweisungsbeschluss die von dem Gläubiger geltend gemachten Vollstreckungskosten aufzunehmen. Insoweit handelt es sich um eine Entscheidung, die mit der sofortigen Beschwerde (§ 793) anfechtbar ist.[74]

III. Zulässigkeit einer Erinnerung

25 **1. Einlegung der Erinnerung.** Die Erinnerung kann ohne Beachtung einer bestimmten Form **schriftlich** oder **zu Protokoll der Geschäftsstelle** des Vollstreckungsgerichts erhoben werden (§ 569 Abs. 2, 3 entsprechend); Anwaltszwang

---

69 HM: OLG Hamm NJW 1984, 1972; OLG Saarbrücken Rpfleger 1993, 146; OLG Zweibrücken Rpfleger 1993, 146; MüKo-ZPO/*Heßler*, § 758 a Rn 71; Musielak/*Lackmann*, § 758 a Rn 16, 24; Schuschke/Walker/*Walker*, § 766 Rn 5; s. auch BGHZ 158, 212 = NZI 2004, 312; aA bei einer fehlenden Anhörung Erinnerung nach § 766: KG NJW 1986, 1180; Baumbach/*Hartmann*, § 758 a Rn 25 iVm § 758 Rn 30; aA Zöller/*Stöber*, § 758 a Rn 36 (keine Anfechtbarkeit für Schuldner).
70 Schuschke/Walker/*Kessal-Wulff*, § 850 f Rn 18 für eine Entscheidung nach § 850 f.
71 LG Rostock JurBüro 2003, 203 (Verhaftung des Schuldners).
72 AG Iserlohn JurBüro 2000, 438.
73 LG Dessau JurBüro 1997, 46 zu der Arbeitsüberlastung der Gerichtsvollzieher in den neuen Bundesländern nach der Wiedervereinigung; LG Halle-Saalkreis JurBüro 2003, 609; LG Hannover JurBüro 2005, 274; Hasselblatt/Sternal/*Göbel*, Form. P.II.1 Anm. 1; aA (nur Dienstaufsichtsbeschwerde) Wieczorek/Schütze/*Salzmann*, § 766 Rn 25 (bei Arbeitsüberlastung); *Zimmermann*, § 766 Rn 4.
74 Zöller/*Stöber*, § 788 Rn 17.

besteht nicht.[75] Ein konkreter Antrag oder eine Begründung der Erinnerung ist nicht erforderlich. Es muss lediglich erkennbar sein, wer Erinnerungsführer ist und welche Vollstreckungsmaßnahme bzw. welcher Vollstreckungsauftrag oder Kostenansatz[76] einer gerichtlichen Überprüfung unterzogen werden soll.[77] Der Erinnerungsführer kann durch einen konkreten Antrag seine Erinnerung beschränken. Die Einlegung der Erinnerung unterliegt **keiner Frist;**[78] nach Beendigung der Vollstreckungsmaßnahme fehlt jedoch regelmäßig das Rechtsschutzbedürfnis (s. Rn 34).

2. Zuständigkeit. a) Sachliche Zuständigkeit. Sachlich ausschließlich (§ 802) zuständig für die Entscheidung über die Erinnerung ist das Amtsgericht als **Vollstreckungsgericht,** §§ 766 Abs. 2, 764 Abs. 1. Dies gilt auch für die Vollstreckung aus Titeln der Arbeitsgerichte (vgl § 62 Abs. 2 S. 1 ArbGG). Erlässt das **Beschwerdegericht** selbst die Vollstreckungsmaßnahme, ist dieses ausnahmsweise anstelle des Vollstreckungsgerichts für die Entscheidung über die Erinnerung zuständig.[79] In diesem Falle findet gegen die Entscheidung des Beschwerdegerichts über die Erinnerung nach Maßgabe des § 574 die Rechtsbeschwerde statt.[80] Bei der **Vollziehung eines Arrests** ist das Arrestgericht Vollstreckungsgericht und hat damit auch über eine Erinnerung zu befinden.[81]

26

In den Fällen der **§§ 36 Abs. 4, 89 Abs. 3, 148 Abs. 2 InsO** besteht eine Sonderzuständigkeit des Insolvenzgerichts als besonderes Vollstreckungsgericht;[82] diese ist auch gegeben, wenn Vollstreckungsorgane unter Berufung auf § 89 Abs. 1, 2 InsO den Erlass der beantragten Vollstreckungsmaßnahme ablehnen.[83] Ebenso ist das Insolvenzgericht zuständig, sofern mit der Erinnerung Vollstreckungsverbote nach §§ 90, 210 InsO oder Massearmut (§ 207 InsO)[84] geltend gemacht werden. Str ist, ob eine Zuständigkeit des sachnäheren Insolvenzgerichts auch bei einem Verstoß gegen vorläufige Sicherungsmaßnahmen nach § 21 Abs. 2 Nr. 3 InsO gegeben ist.[85] Im Rahmen des Restschuldbefreiungsverfahrens besteht während der Wohlverhaltensphase wieder die Zuständigkeit des Vollstreckungsgerichts.[86] § 5 Abs. 2 S. 1 GvKostG verweist wegen der sachlichen und örtlichen Zuständigkeit auf § 766 Abs. 2 (s. Rn 62).

27

---

75 § 78 Abs. 3 bzw Umkehrschluss aus § 78 Abs. 1; vgl auch Musielak/*Lackmann*, § 766 Rn 16; Zöller/*Stöber*, § 766 Rn 21.
76 Einschränkend Wieczorek/Schütze/*Salzmann*, § 766 Rn 32 (es muss der Betrag beziffert werden).
77 OLG Düsseldorf FamRZ 1984, 727; OLG Hamm OLGR 2001, 91.
78 BGH JurBüro 2012, 101; Musielak/*Lackmann*, § 766 Rn 15; Thomas/Putzo/*Seiler*, § 766 Rn 12; Zöller/*Stöber*, § 766 Rn 12.
79 BGH NJW 2011, 525; OLG Frankfurt JurBüro 1973, 160; OLG Hamm MDR 1975, 938; MüKo-ZPO/K. *Schmidt/Brinkmann*, § 766 Rn 40; Thomas/Putzo/*Seiler*, § 766 Rn 29.
80 BGH NJW 2011, 525.
81 BGH NJW 1976, 1453; OLG Frankfurt Rpfleger 1980, 485; OLG Stuttgart Rpfleger 1975, 407.
82 BGH NJW-RR 2008, 294; BGH NJW-RR 2007, 119; BGH ZIP 2004, 732; zu den näheren Einzelheiten s. auch Hasselblatt/Sternal/*Göbel*, Form. P.II.1 Anm. 3.
83 BGH NJW-RR 2008, 294.
84 BGH NJW-RR 2007, 119.
85 So AG Duisburg ZVI 2004, 622; AG Göttingen NZI 2003, 612; AG Hamburg ZInsO 2007, 1166; HK-InsO/*Kirchhof*, § 21 InsO Rn 44; MüKo-ZPO/K. *Schmidt/Brinkmann*, § 766 Rn 40; Musielak/*Lackmann*, § 766 Rn 6; HambKomm/*Schröder*, § 21 InsO Rn 60; Uhlenbruck/*Vallender*, § 21 InsO Rn 27; aA (Vollstreckungsgericht): AG Dresden ZIP 2004, 779; AG Köln NJW-RR 1999, 1351; AG Rostock NJW-RR 2000, 716; Hk-ZPO/*Kindl*, § 766 Rn 5; Zöller/*Stöber*, § 766 Rn 17.
86 LG Hamburg ZInsO 2009, 1707; LG Köln NZI 2003, 669.

28 **b) Örtliche Zuständigkeit.** Die örtliche Zuständigkeit richtet sich nach § 764 Abs. 2; zuständig ist **ausschließlich** (§ 802) das Amtsgericht, in dessen Bezirk das Vollstreckungsverfahren stattfinden soll oder stattgefunden hat (vgl § 764 Rn 5), sofern nicht das Gesetz ein anderes Gericht als örtlich zuständig bezeichnet (zB § 828 Abs. 2).

29 **c) Funktionelle Zuständigkeit.** Funktionell zuständig für die Entscheidung über die Erinnerung ist stets der **Richter des Vollstreckungsgerichts**, § 20 Abs. 1 Nr. 17 S. 2 RPflG. Dies gilt auch, wenn der Rechtspfleger einer Erinnerung des Schuldners teilweise abgeholfen hat.[87]

30 **3. Rechtsschutzbedürfnis.** Das Rechtsschutzbedürfnis ist grds. gegeben, solange die Zwangsvollstreckung andauert. Trotz Beginns der Vollstreckung kann das Rechtsschutzinteresse für eine Erinnerung fehlen, wenn der Schuldner seine Beeinträchtigung ausschließlich aus der **Verletzung eines Rechts eines Dritten** (zB § 809 bzw Verletzung des Vermieterpfandrechts)[88] ableitet.[89]

31 Das Rechtsschutzbedürfnis entfällt aus Gründen der Prozesswirtschaftlichkeit, wenn ein **anderer prozessualer Weg gleich sicher, aber einfacher oder billiger** ist, um das Rechtsschutzziel zu erreichen. So kann der Gläubiger nicht mit der Erinnerung geltend machen, der Gerichtsvollzieher habe eine unvollständige Vermögensauskunft abgenommen, wenn er nicht zuvor erfolglos beim Gerichtsvollzieher die Vervollständigung der Auskunft (s. dazu § 802 d Rn 16 ff) durch den Schuldner beantragt hat.[90] Die Möglichkeit der Erhebung einer Vollstreckungsklage (§ 767), Klauselgegenklage (§ 768), Drittwiderspruchsklage (§ 771) oder Vorzugsklage (§ 805) schließt wegen deren unterschiedlicher Zielrichtung nicht das Rechtsschutzbedürfnis für eine Erinnerung aus.[91]

32 Das Rechtsschutzbedürfnis für eine Erinnerung besteht idR **ab Beginn** der gegen den Schuldner gerichteten konkreten Zwangsvollstreckungsmaßnahme; zB mit der Aufforderung durch den Gerichtsvollzieher, die Wohnungsdurchsuchung zu gestatten;[92] mit der zwangsweisen Öffnung der Wohnungstür; mit der Unterzeichnung des Pfändungs- und Überweisungsbeschlusses.[93] Keine Vollstreckungsmaßnahmen sind lediglich **vorbereitende Handlungen**; zB die Aufforderung zur freiwilligen Leistung; die Ankündigung einer künftigen Vollstreckung; die Festlegung eines Termins zur Abnahme der Vermögensauskunft; die schriftliche Ankündigung des Gerichtsvollziehers, er werde die Wohnung des Schuldners aufsuchen und erforderlichenfalls öffnen lassen;[94] die Auswahl des Sachverständigen für die Grundstücksbewertung durch das Vollstreckungsgericht im Rahmen des Zwangsversteigerungsverfahrens (§ 74 a Abs. 5 ZVG).[95]

33 Ausnahmsweise kann bereits bei einer **bevorstehenden Vollstreckungsmaßnahme** ein Rechtsschutzinteresse bestehen, wenn dem Erinnerungsführer durch die anstehende Vollstreckung ein unwiederbringlicher Nachteil entsteht und er ander-

---

87 OLG Köln OLGR 2006, 740.
88 BGH NJW-RR 2010, 281; Zöller/*Stöber*, § 766 Rn 12; aA Wieczorek/Schütze/*Salzmann*, § 766 Rn 33.
89 Der BGH NJW-RR 2010, 281 prüft die fehlende Beschwer bei dem Rechtsschutzbedürfnis.
90 BGH NJW-RR 2010, 785; BGH NJW-RR 2008, 1163; jew. noch zu §§ 807, 900 aF.
91 Vgl Hk-ZPO/*Kindl*, § 766 Rn 2; Zöller/*Stöber*, § 766 Rn 20.
92 LG Berlin DGVZ 1991, 9.
93 Zöller/*Stöber*, Vor § 704 Rn 33; aA Musielak/*Lackmann*, Vor § 704 Rn 31 (mit der Herausgabe der unterschriebenen Verfügung des Pfändungsbeschlusses in den Geschäftsgang).
94 KG DGVZ 1994, 113.
95 OLG Stuttgart Rpfleger 2000, 227.

weitig[96] nicht hinreichend geschützt ist, zB bei dem drohenden Abriss einer Mauer.[97] Gleiches gilt, wenn bei einem drohenden erheblichen Eingriff in die Grundrechte ein weiteres Zuwarten nicht zugemutet werden kann,[98] zB bei einer drohenden Zwangsräumung oder bei einer bevorstehenden Verhaftung.[99]

Mit der **Beendigung der Zwangsvollstreckung** fällt regelmäßig das Rechtsschutzinteresse weg,[100] da das mit der Erinnerung verfolgte Ziel nicht mehr erreicht und eine bereits vollzogene Zwangsvollstreckungsmaßnahme nicht mehr aufgehoben werden kann. Maßgebend ist der **Zeitpunkt**, zu dem über die Erinnerung entschieden wird (vgl Rn 47). Der Schuldner kann in diesem Falle die Erinnerung für erledigt erklären.[101] Soll auf die Erinnerung eine bestimmte Vollstreckungsmaßnahme für unzulässig erklärt werden, entfällt das Rechtsschutzbedürfnis nicht erst mit der Beendigung der Zwangsvollstreckung im Ganzen, sondern mit der Beendigung der beanstandeten Zwangsvollstreckungsmaßnahme,[102] zB mit Aushändigung des Schlüssels bei einer Räumungsvollstreckung.[103] Nach Beendigung der Vollstreckung besteht das Rechtsschutzbedürfnis fort, soweit die **Wirkung der Maßnahme** noch andauert und noch beseitigt werden kann.[104] Ebenso ist noch eine Erinnerung gegen den Kostenansatz des Gerichtsvollziehers möglich.[105] 34

Die Möglichkeit der **Feststellung der Rechtswidrigkeit** besteht bei einer bereits beendeten hoheitlichen Maßnahme grds. nicht, da die ZPO keinen Fortsetzungsfeststellungsantrag kennt.[106] Eine Ausnahme wird bei Vorliegen besonderer Umstände anerkannt, so bei tiefgreifenden Grundrechtseingriffen.[107] 35

4. Erinnerungsbefugnis/Beschwer. a) Allgemeines. Voraussetzung für die Berechtigung zur Einlegung der Erinnerung ist, dass der Erinnerungsführer in seinen Rechten beeinträchtigt ist, also nach seinem Vortrag durch die konkrete Vollstreckungsmaßnahme oder durch die Weigerung der Ausführung eines Vollstreckungsauftrags oder durch den Kostenansatz seine Rechte betroffen sind. 36

b) Gläubiger. Der Gläubiger ist erinnerungsbefugt, wenn der Gerichtsvollzieher seinen Vollstreckungsauftrag ganz oder teilweise zurückweist bzw die Vollstreckung nicht auftragsgemäß oder nur mit Verzögerung (vgl Rn 22) durchführt.[108] Zudem besitzt er die Erinnerungsbefugnis hinsichtlich des Kostenansatzes des Gerichtsvollziehers. **Nachrangige Gläubiger** können alle formellen Einwendungen geltend machen, die zur Aufhebung der Beschlagnahme führen.[109] Keine Erinnerungsbefugnis besitzen sie hinsichtlich einer Verletzung von Verfahrensvorschriften, die ihnen kein Pfandrecht verschaffen können bzw die die Pfändung selbst nicht berühren.[110] 37

---

96 OLG Zweibrücken Rpfleger 2001, 441; LG Berlin DGVZ 2007, 44.
97 OLG Köln JurBüro 1992, 702.
98 KG JurBüro 1983, 1424.
99 OLG Hamm DGVZ 1983, 137.
100 BGH WM 2009, 2390; BGH WM 2005, 292.
101 BGH NJW-RR 2010, 785.
102 BGH WM 2005, 292; Musielak/*Lackmann*, Vor § 704 Rn 30; Thomas/Putzo/*Seiler*, § 766 Rn 21 a.
103 BGH WM 2005, 292.
104 OLG Bamberg JurBüro 1983, 298.
105 OLG Hamm OLGR 2001, 91.
106 BGH WM 2009, 2390; BGH WM 2005, 292; OLG Köln JurBüro 2001, 213.
107 BGHZ 158, 212 = NJW 2004, 2015 betr. die Ermächtigung eines Sachverständigen, die Wohnung und Geschäftsräume des Schuldners zu betreten.
108 Vgl MüKo-ZPO/K. *Schmidt*/*Brinkmann*, § 766 Rn 31; Zöller/*Stöber*, § 766 Rn 14.
109 BGH NJW-RR 1989, 636 für den nachpfändenden Gläubiger einer Briefgrundschuld.
110 Schuschke/Walker/*Walker*, § 766 Rn 16 a; weitergehend alle Verfahrensrügen: Wieczorek/Schütze/*Salzmann*, § 766 Rn 35.

38 **c) Schuldner.** Der Schuldner ist durch jede gegen ihn gerichtete konkrete Vollstreckungsmaßnahme und durch den Kostenansatz des Gerichtsvollziehers betroffen und damit bei einer gerügten Verletzung erinnerungsbefugt. Dagegen kann der Schuldner keinen Verstoß gegen **ausschließlich drittschützende Normen** (s. dazu Rn 39) geltend machen. Insoweit fehlt nach Auffassung des BGH[111] bereits das Rechtsschutzinteresse.

39 **d) Dritter.** Dritte besitzen die erforderliche Erinnerungsbefugnis, wenn sie die Verletzung einer Verfahrensvorschrift geltend machen, die zumindest auch ihrem Schutz dienen;[112] allein eine faktische Betroffenheit genügt nicht. **Drittschützend** sind zB:

- § 739 für den Ehegatte;[113]
- § 772 S. 1 bei Veräußerungsverbot; str ist, ob eine Verletzung nur vom Drittschuldner[114] oder auch vom Schuldner[115] geltend gemacht werden kann;
- § 778 Abs. 1 für Gläubiger des Erben;
- § 778 Abs. 2 für Nachlassgläubiger;
- § 804 Abs. 3 für einen nachpfändenden Gläubiger, der sich auf eine Beeinträchtigung seines Rangs beruft;[116] liegen indes die Voraussetzungen eines Verteilungsverfahrens vor, ist die Erinnerung unzulässig;[117]
- § 809 für den Gewahrsamsinhaber;
- §§ 810, 865 Abs. 2 für die dinglichen Gläubiger;
- § 811 Abs. 1 Nr. 1, 2, 3, 4, 4 a, 5, 6, 8, 10, 11, 12 und § 812 für die Familienangehörigen und sonstigen genannten Personen;
- §§ 850 ff, 852[118] für die Drittschuldner;
- § 89 InsO für den Insolvenzverwalter.[119]

40 Ausnahmsweise kann sich der Dritte auch auf eine Verletzung seines „**evidenten Dritteigentums**" berufen, da der Gerichtsvollzieher eine Pfändung zu unterlassen hat, wenn die Sache ganz offensichtlich nicht zu dem der Forderung haftenden Vermögen gehört (s. Rn 10).[120]

41 Keine Erinnerung eines Dritten im eigentlichen Sinne liegt vor, wenn der Dritte als **vermeintlicher Schuldner** in Anspruch genommen wird, obwohl sich der Titel nicht gegen ihn richtet. In diesem Fall kann der Dritte alle Einwendungen gegen die Vollstreckung geltend machen, die dem Schuldner zustehen.[121] Gleiches gilt, wenn der Dritte die Zwangsvollstreckung kraft einer gesetzlichen Bestimmung wie ein Schuldner in sein Vermögen dulden muss (zB §§ 740 Abs. 1, 741, 745

---

[111] BGH NJW-RR 2010, 281; aA (es fehlt die Erinnerungsbefugnis): Hk-ZPO/*Kindl*, § 766 Rn 10; MüKo-ZPO/K. *Schmidt/Brinkmann*, § 766 Rn 28; Schuschke/Walker/*Walker*, § 766 Rn 15.
[112] Schuschke/Walker/*Walker*, § 766 Rn 16.
[113] Eine analoge Anwendung auf nichteheliche Lebensgemeinschaft scheidet aus, vgl BGH NJW 2007, 992.
[114] So Schuschke/Walker/*Walker*, § 766 Rn 15; Stein/Jonas/*Münzberg*, § 772 Rn 10.
[115] So MüKo-ZPO/K. *Schmidt/Brinkmann*, § 772 Rn 19; Musielak/*Lackmann*, § 772 Rn 3; Thomas/Putzo/*Seiler*, § 772 Rn 5; Zöller/*Stöber*, § 772 Rn 3.
[116] BGH NJW-RR 1989, 636.
[117] OLG Koblenz DGVZ 1984, 58.
[118] BGH NJW-RR 2009, 997.
[119] Schmidt/*Kuleisa*, InsO, 4. Aufl. 2012, § 89 Rn 18.
[120] MüKo-ZPO/K. *Schmidt/Brinkmann*, § 766 Rn 5; Schuschke/Walker/*Walker*, § 766 Rn 8; vgl auch LG Detmold DGVZ 1996, 120; AG Duisburg ZVI 2004, 622.
[121] OLG Jena OLGR 1997, 155; OLG Köln JurBüro 1992, 702; Schuschke/Walker/*Walker*, § 766 Rn 16.

Abs. 1, 748 Abs. 1).[122] Zudem besitzt bei einer Forderungspfändung ein **Drittschuldner** die Erinnerungsbefugnis hinsichtlich der Verletzung aller Verfahrensnormen, da er insoweit wie ein Schuldner in seinen Rechten verletzt wird.[123]

e) **Gerichtsvollzieher.** Der Gerichtsvollzieher ist grds. durch eine Weisung des Vollstreckungsgerichts nicht beschwert und nicht erinnerungsbefugt;[124] er hat im Vollstreckungsverfahren die Stellung einer unteren Instanz. Dies gilt nach hM auch, soweit sein Gebührenansatz betroffen ist.[125]   42

IV. Verfahren

1. **Abhilfe.** a) **Tätigkeit des Gerichtsvollziehers.** Dem Gerichtsvollzieher steht nur eine **eingeschränkte Abhilfemöglichkeit** zu. Er kann stets auf die Erinnerung seinen Kostenansatz ändern.[126] Ansonsten ist zu differenzieren: 43

- Einer Erinnerung des Gläubigers kann der Gerichtsvollzieher abhelfen. Er kann die beantragte abgelehnte Zwangsvollstreckungsmaßnahme nunmehr durchführen oder die Vollstreckungshandlung entsprechend dem Auftrag erledigen, zB ein unvollständiges Vermögensverzeichnis (vgl § 802 c) vervollständigen lassen (vgl dazu § 802 d Rn 16 ff). Gegen eine Abhilfe durch den Gerichtsvollzieher steht nunmehr dem Schuldner die Erinnerung (§ 766) zu.   44

- Bei einer Erinnerung durch den Schuldner scheidet die Möglichkeit der Abhilfe durch den Gerichtsvollzieher aus. Dieser ist insb. nicht befugt, eine bereits getroffene Pfändungsmaßnahme wieder aufzuheben. Dies ist nur auf der Grundlage einer gerichtlichen Entscheidung möglich (§§ 775, 776).   45

b) **Tätigkeit des Rechtspflegers.** Der Rechtspfleger ist bei einer Erinnerung stets zur Abhilfe befugt.[127] Er kann zB einen erlassenen Pfändungs- und Überweisungsbeschluss ganz oder teilweise abändern. Da insoweit dann eine Entscheidung vorliegt, besteht anschließend für den Gläubiger die Möglichkeit der Überprüfung im Wege der sofortigen Beschwerde (§ 793).[128]   46

2. **Entscheidung.** a) **Allgemeines.** Das Vollstreckungsgericht hat **von Amts wegen** die Zulässigkeit und Begründetheit der Erinnerung zu prüfen. Die Erinnerung kann auch auf **neue Tatsachen und Beweismittel** gestützt werden. Maßgeblicher Zeitpunkt für die Beurteilung ist der **Zeitpunkt** der Entscheidung durch das Gericht,[129] so dass eine Heilung eines Verfahrensfehlers in Betracht kommt.[130] Die Durchführung einer mündlichen Verhandlung ist nicht erforderlich, aber möglich (§ 764 Abs. 3 iVm § 128 Abs. 4).   47

---

122 MüKo-ZPO/K. *Schmidt/Brinkmann*, § 766 Rn 30; Schuschke/Walker/*Walker*, § 766 Rn 16; Stein/Jonas/*Münzberg*, § 766 Rn 25.
123 BGHZ 69, 144; KG Rpfleger 1976, 144; OLG Hamm Rpfleger 1977, 109; OLG München JurBüro 1982, 1417; Musielak/*Lackmann*, § 766 Rn 19; Schuschke/Walker/*Walker*, § 766 Rn 16.
124 OLG Düsseldorf NJW-RR 1993, 1280; OLG Düsseldorf NJW 1980, 1111; Musielak/*Lackmann*, § 793 Rn 4; Schuschke/Walker/*Walker*, § 766 Rn 17.
125 LG Frankfurt DGVZ 1993, 75; Schuschke/Walker/*Walker*, § 766 Rn 17; Zöller/*Stöber*, § 766 Rn 37; aA OLG Karlsruhe DGVZ 1974, 114; Thomas/Putzo/*Seiler*, § 766 Rn 28; Wieczorek/Schütze/*Salzmann*, § 766 Rn 57.
126 Schuschke/Walker/*Walker*, § 766 Rn 20.
127 OLG Frankfurt Rpfleger 1979, 111; OLG Koblenz Rpfleger 1978, 227; Schuschke/Walker/*Walker*, § 766 Rn 20.
128 OLG Koblenz MDR 1983, 413; Schuschke/Walker/*Walker*, § 766 Rn 20.
129 BGH NJW-RR 2009, 211; OLG Frankfurt NJW-RR 1997, 1274; OLG Köln JurBüro 1992, 262; OLG Schleswig OLGR 2000, 367; Zöller/*Stöber*, § 766 Rn 27.
130 OLG Hamm NJW 1974, 1516; OLG Köln JurBüro 1992, 262; Schuschke/Walker/*Walker*, § 766 Rn 27 mwN.

48 Es gilt ein **eingeschränkter Amtsermittlungsgrundsatz**,[131] zB kann das Gericht eine dienstliche Stellungnahme des Gerichtsvollziehers einholen. Im Übrigen herrscht der **Beibringungsgrundsatz**. Über streitige Tatsachen muss eine Beweisaufnahme durchgeführt werden; ein Freibeweis ist zulässig.[132] Eine Glaubhaftmachung (§ 294), zB durch eine eidesstattliche Versicherung, genügt nur, wo das Gesetz dies ausdrücklich vorsieht.[133] Der Beweis kann im Erinnerungsverfahren indes nur mit den Mitteln geführt werden, die auch im Verhältnis zu dem Vollstreckungsorgan zur Verfügung stehen. Darf das Vollstreckungsorgan zB keine Zeugen vernehmen, so scheidet diese Möglichkeit auch im Erinnerungsverfahren aus.[134] Die **Darlegungs- und Beweislast** für die die Erinnerung begründenden Tatsachen trägt der Erinnerungsführer; eine bloße Glaubhaftmachung genügt nicht.

49 Die Entscheidung über die Erinnerung ergeht durch einen mit Gründen zu versehenen **Beschluss**, der gem. § 232 S. 1 mit einer **Rechtsbehelfsbelehrung** über die Möglichkeit der Einlegung der sofortigen Beschwerde (§ 793) binnen einer Frist von 14 Tagen (s. Rn 60) zu versehen ist.

50 Vor der Entscheidung ist den Beteiligten idR **rechtliches Gehör** zu gewähren; dem Gerichtsvollzieher muss kein rechtliches Gehör eingeräumt werden, da er kein Beteiligter des Erinnerungsverfahrens ist.[135] Soweit die vom Gläubiger beantragte Vollstreckungsmaßnahme ohne Anhörung des Schuldners erlassen werden kann, darf auch im Erinnerungsverfahren von der Gewährung des rechtlichen Gehörs abgesehen werden, um eine Vollstreckungsvereitelung durch den Schuldner zu verhindern.[136] Hierin liegt kein Verstoß gegen Art. 103 Abs. 1 GG, weil der Schuldner sich im Rahmen der weiteren gegen die Vollstreckungsmaßnahme bestehenden Rechtsbehelfe nachträglich äußern kann.[137]

51 b) **Tenor der Entscheidung. aa) Unzulässige oder unbegründete Erinnerung.** Eine unzulässige Erinnerung wird verworfen,[138] eine unbegründete zurückgewiesen. Bei einer fehlenden Zuständigkeit kann eine Abgabe an ein anderes Gericht in Betracht kommen.[139]

52 bb) **Zulässige und begründete Erinnerung.** Die Begründetheit einer Erinnerung richtet sich danach, wer mit welchem Ziel die Erinnerung eingelegt hat:

53 ■ Die **Erinnerung des Gläubigers** ist begründet, wenn die Voraussetzungen für die beantragte Vollstreckungsmaßnahme vorliegen, die Zwangsvollstreckung also zulässig ist und keine Verfahrensvorschriften verletzt werden. In diesem Falle ist der Gerichtsvollzieher anzuweisen, die Vollstreckung entsprechend dem Vollstreckungsauftrag durchzuführen[140] oder – wenn der Gerichtsvollzieher bisher nur einen von mehreren Gesichtspunkten geprüft hat – von seinen Bedenken Abstand zu nehmen. Der Gerichtsvollzieher kann auch angewiesen werden, die Zwangsvollstreckung in einer bestimmten Art und Weise durchzuführen. Zudem kann eine vom Vollstreckungsgericht als Vollstre-

---

131 Musielak/*Lackmann*, Vor § 704 Rn 13.
132 BGH NJW 2008, 1531 für das Beschwerdeverfahren.
133 Zöller/*Stöber*, § 766 Rn 27.
134 Schuschke/Walker/*Walker*, § 766 Rn 23.
135 BGH NJW 2004, 2979.
136 Schuschke/Walker/*Walker*, § 766 Rn 22; Zöller/*Stöber*, § 766 Rn 27.
137 BVerfGE 57, 346, 358 f = NJW 1981, 2111.
138 Musielak/*Lackmann*, § 766 Rn 29; aA (Zurückweisung einer unzulässigen Erinnerung): MüKo-ZPO/K. *Schmidt/Brinkmann*, § 766 Rn 51; Thomas/Putzo/*Seiler*, § 766 Rn 10; Zöller/*Stöber*, § 766 Rn 28.
139 Thomas/Putzo/*Seiler*, § 766 Rn 10; Wieczorek/Schütze/*Salzmann*, § 766 Rn 5.
140 LG Chemnitz DGVZ 2000, 37; LG Hildesheim DGVZ 2000, 37; jew. betr. die Vervollständigung eines Vermögensverzeichnisses.

ckungsorgan verlangte Maßnahme (zB Erlass eines Pfändungs- und Überweisungsbeschluss) selbst angeordnet werden; der Erlass obliegt dann dem Rechtspfleger. Der Vollzug der Entscheidung kann entsprechend § 570 Abs. 3 bis zum Eintritt der Rechtskraft ausgesetzt werden.

- Die **Erinnerung des Schuldners** ist begründet, wenn die Zwangsvollstreckung unzulässig ist, wobei es sich bei der verletzten Vorschrift nicht um eine solche handeln darf, die nur dem Schutz eines Dritten dient. Die Zwangsvollstreckung ist ganz oder teilweise für unzulässig zu erklären. Anschließend hebt der Gerichtsvollzieher (§ 776)[141] oder – wenn das Vollstreckungsgericht das Vollstreckungsorgan ist – dieses die Vollstreckungsmaßnahme auf. Da die Entscheidung mit ihrer Bekanntgabe wirksam ist,[142] kann sie mit der Maßgabe ergehen, dass ihre Wirksamkeit bis zum Eintritt der Rechtskraft hinausgeschoben wird (entspr. § 570 Abs. 3). Geschieht dies nicht, muss der Gläubiger bei einer späteren Aufhebung der Erinnerungsentscheidung im Beschwerdeverfahren erneut pfänden, wobei er bei zwischenzeitlichen anderen Pfändungen einen Rangverlust erleidet.[143] 54

- Die **Erinnerung des Dritten** ist begründet, wenn durch die Vollstreckung eine seinem Schutz dienende verfahrensrechtliche Vorschrift verletzt wird. Im Übrigen gelten die Ausführungen für die Erinnerung des Schuldners (s. Rn 54). 55

- Die **Erinnerung gegen den Kostenansatz** ist begründet, wenn der Ansatz des Gerichtsvollziehers unzutreffend ist. In diesem Fall werden bei der Erinnerung des Schuldners der Kostenansatz aufgehoben bzw bei der Erinnerung des Gläubigers die Kosten in Ansatz gebracht. 56

c) **Kostenentscheidung.** Der Beschluss ist mit einer Kosten(grund)entscheidung zu versehen, die sich nach §§ 91 ff richtet.[144] Im Falle einer **Erinnerung des Gläubigers** nach Abs. 2 1. Fall können dem Schuldner keine Kosten auferlegt werden, wenn er nicht am Erinnerungsverfahren beteiligt worden ist;[145] Gleiches gilt, wenn der Gläubiger nach Abs. 2 2. Fall Kostenerinnerung eingelegt hat.[146] Der Gläubiger hat allerdings die Möglichkeit, die im Erinnerungsverfahren entstandenen Kosten, soweit diese notwendig waren, gegen den Schuldner im Rahmen des § 788 Abs. 1 beizutreiben.[147] Bei einer **Erinnerung eines Dritten** ist regelmäßig Erinnerungsgegner der Vollstreckungsgläubiger. Diesem sind im Falle eines Obsiegens des Dritten die Kosten des Erinnerungsverfahrens aufzuerlegen. Dem **Gerichtsvollzieher** können niemals, auch nicht im Erinnerungsverfahren gegen den Kostenansatz,[148] die Kosten des Erinnerungsverfahrens auferlegt werden.[149] 57

d) **Zustellung; Rechtskraft.** Der Beschluss ist nach § 329 Abs. 2 zuzustellen. Die **formelle Rechtskraft** der Entscheidung tritt nach Ablauf der zweiwöchigen Frist für die Einlegung der sofortigen Beschwerde (§§ 793, 569) ein. Eine **materielle Rechtskraft** besteht entsprechend § 322 Abs. 1 nur im Verhältnis zwischen dem Erinnerungsführer und dem Erinnerungsgegner, sofern Letzterem rechtliches Gehör gewährt wurde.[150] Gegenüber Dritten, die am Erinnerungsverfahren nicht 58

---

141 BGH Rpfleger 2005, 207.
142 BGHZ 66, 394 = NJW 1976, 1453; OLG Koblenz JurBüro 1986, 1733; OLG Saarbrücken Rpfleger 1993, 80.
143 OLG Köln NJW-RR 1993, 393.
144 BGH NJW-RR 2009, 1384; BGH NJW 2004, 2979; BGH NJW-RR 1989, 125.
145 Zöller/*Stöber*, § 766 Rn 34.
146 LG Düsseldorf JurBüro 1984, 1734.
147 MüKo-ZPO/K. Schmidt/*Brinkmann*, § 788 Rn 23; Musielak/*Lackmann*, § 766 Rn 31.
148 OLG Hamm DGVZ 1994, 27.
149 BGH NJW 2004, 2979.
150 MüKo-ZPO/K. Schmidt/*Brinkmann*, § 766 Rn 59; Musielak/*Lackmann*, § 766 Rn 32; Zöller/*Stöber*, § 766 Rn 38.

beteiligt waren,[151] tritt keine materielle Rechtskraft ein.[152] Die materielle Rechtskraft erstreckt sich auf den der Erinnerungsentscheidung zugrunde liegenden Sachverhalt, soweit die Tatsachen zum Zeitpunkt der Entscheidung objektiv vorlagen. Nicht erforderlich ist, dass diese in das Erinnerungsverfahren eingeführt worden sind.[153]

V. Einstweilige Anordnung (Abs. 1 S. 2)

59 Die Einlegung der Erinnerung hat **keine aufschiebende Wirkung**. Das Vollstreckungsgericht hat jedoch nach Abs. 1 S. 2 iVm § 732 Abs. 2 die Möglichkeit, zur Vermeidung nicht rückgängig zu machender Nachteile vor seiner Entscheidung über die Erinnerung auf Antrag oder von Amts wegen durch Beschluss eine **einstweilige Anordnung** zu erlassen. Diese Möglichkeit besteht auch für den Rechtspfleger im Rahmen seiner Abhilfeentscheidung. Das Gericht kann eine Vollstreckungsmaßnahme gegen oder ohne Sicherheitsleistung einstweilen einstellen oder anordnen, dass sie nur gegen Sicherheitsleistung fortgesetzt werden darf. Eine Aufhebung einer Zwangsvollstreckungsmaßnahme ist nicht möglich; zu den weiteren Einzelheiten s. § 732 Rn 13 ff. Die **gesonderte Anfechtbarkeit** der einstweiligen Anordnung ist **nicht** gegeben. Hat der Rechtspfleger entschieden, gilt § 11 Abs. 2 RPflG.[154] Die einstweilige Anordnung tritt mit Erlass der Entscheidung über die Erinnerung oder mit der Rücknahme der Erinnerung außer Kraft.[155]

VI. Rechtsmittel

60 Der Beschluss über die Erinnerung ist mit der **sofortigen Beschwerde** (§ 793) anfechtbar. Ist die Zwangsvollstreckungsmaßnahme zwischenzeitlich beendet, fehlt für die Erhebung des Rechtsmittels gegen die Erinnerung das Rechtsschutzbedürfnis.[156] Über die sofortige Beschwerde entscheidet das dem entscheidenden Gericht jeweils übergeordnete Beschwerdegericht. Bei einer Entscheidung über die Kosten muss die Mindestbeschwer von 200 € gegeben sein (§ 567 Abs. 2). Der Gerichtsvollzieher ist nicht beschwerdeberechtigt, weil er Zwangsvollstreckungsorgan ist,[157] auch nicht gegen die Entscheidung über die Gerichtsvollzieherkosten, weil er diese für die Landeskasse vereinnahmt. Gegen die sofortige Beschwerde findet die Rechtsbeschwerde nach Maßgabe des § 574 statt. Zu den weiteren Einzelheiten der sofortigen Beschwerde s. die Ausführungen zu § 793.

61 Wenn das **Insolvenzgericht** kraft besonderer Zuweisung als Vollstreckungsgericht entscheidet (s. Rn 27), richtet sich der Rechtsmittelzug nicht nach der InsO, sondern nach den allgemeinen vollstreckungsrechtlichen Vorschriften der ZPO.[158]

62 Soweit § 5 Abs. 2 S. 1 GvKostG auf § 766 Abs. 2 verweist, ist damit allein die Zuständigkeit für die Entscheidung über die Erinnerung geregelt; der Rechtsmittelweg wird hingegen durch § 66 Abs. 2–8 GKG (**§ 5 Abs. 2 S. 2 GvKostG**) bestimmt.[159] Entsprechend findet gegen die Entscheidung über die Erinnerung die (unbefristete) Beschwerde zum Landgericht sowie gegen die Beschwerdeentschei-

---

151 Zöller/*Stöber*, § 766 Rn 38; MüKo-ZPO/K. *Schmidt/Brinkmann*, § 766 Rn 59 fordert eine Anhörung des Dritten.
152 Schuschke/Walker/*Walker*, § 766 Rn 32.
153 MüKo-ZPO/K. *Schmidt/Brinkmann*, § 766 Rn 59; Stein/Jonas/*Münzberg*, § 766 Rn 55.
154 OLG Köln NJW-RR 2001, 69.
155 Vgl Thomas/Putzo/*Seiler*, § 707 Rn 15.
156 BGH NJW-RR 2010, 785.
157 OLG Düsseldorf NJW-RR 1993, 1280; OLG Düsseldorf NJW 1980, 1111.
158 BGH NZI 2004, 278.
159 BGH RVGreport 2013, 476; BGH NJW-RR 2013, 1081; BGH DGVZ 2008, 187.

dung im Falle deren Zulassung die weitere Beschwerde zum Oberlandesgericht und nicht zum BGH statt.[160]

VII. Muster

Muster eines **Antrags des Schuldners/Dritten** im Rahmen einer Erinnerung gegen die Art und Weise der Zwangsvollstreckung (Abs. 1 S. 1) mit Vollstreckungsschutzantrag (Abs. 1 S. 2 iVm § 732 Abs. 2):[161]   63

▶ In der Zwangsvollstreckungssache ... (Bezeichnung des Gläubigers und Schuldners) wird beantragt, die von dem Gerichtsvollzieher am ... in den ... (nähere Bezeichnung des Gegenstandes) durchgeführte Zwangsvollstreckung für unzulässig zu erklären. ◀

(oder)

▶ In der Zwangsvollstreckungssache ... (Bezeichnung des Gläubigers und Schuldners) wird beantragt, die Zwangsvollstreckung aus dem am ... erlassenen Pfändungs- und Überweisungsbeschluss für unzulässig zu erklären und den Beschluss aufzuheben.

Vorab wird beantragt,

die Zwangsvollstreckung aus dem ... (genaue Bezeichnung des Titels) bis zur Entscheidung über die Erinnerung ohne – hilfsweise gegen – Sicherheitsleistung einstweilen einzustellen;

hilfsweise anzuordnen, dass die Zwangsvollstreckung aus dem ... (genaue Bezeichnung des Titels) nur gegen Leistung einer Sicherheit durch den Gläubiger iHv ... € fortgesetzt werden darf. ◀

Muster eines **Antrags des Gläubigers** im Rahmen einer Erinnerung gegen die **Weigerung des Gerichtsvollziehers** (Abs. 2 1. Fall):[162]   64

▶ In der Zwangsvollstreckungssache ... (Bezeichnung des Gläubigers und Schuldners) wird beantragt, den Gerichtsvollzieher anzuweisen, bei dem Schuldner aufgrund des Urteils/Beschlusses des ... (genaue Bezeichnung des Titels) die Pfändung des ... (nähere Bezeichnung des Gegenstandes) vorzunehmen. ◀

Muster einer **Antrags des Gläubigers** im Rahmen einer Erinnerung bei **Untätigkeit des Gerichtsvollziehers** (Abs. 2 1. Fall):[163]   65

▶ In der Zwangsvollstreckungssache ... (Bezeichnung des Gläubigers und Schuldners) wird beantragt, den Gerichtsvollzieher anzuweisen, den Vollstreckungsauftrag des Gläubigers vom ... innerhalb einer vom Gericht festzulegenden Frist auszuführen. ◀

Muster eines **Antrags des Gläubigers** im Rahmen einer Erinnerung gegen den **Kostenansatz** (Abs. 2 2. Fall):[164]   66

▶ In der Zwangsvollstreckungssache ... (Bezeichnung des Gläubigers und Schuldners) wird beantragt, die Zwangsvollstreckung in das Vermögen des Schuldners auch auf die in dem Vollstreckungsauftrag vom ... aufgeführten Kosten für ... iHv ... € zu erstrecken. ◀

---

160 BGH RVGreport 2013, 476; BGH NJW-RR 2013, 1081.
161 Vgl auch Hasselblatt/Sternal/*Göbel*, Form. P.III.1.
162 Vgl auch Hasselblatt/Sternal/*Göbel*, Form. P.II.1.
163 Vgl auch Hasselblatt/Sternal/*Göbel*, Form. P.II.1.
164 Vgl auch Hasselblatt/Sternal/*Göbel*, Form. P.II.2.

67 Muster eines **Antrags des Schuldners** im Rahmen einer Erinnerung gegen den Kostenansatz (Abs. 2 2. Fall):[165]

▶ In der Zwangsvollstreckungssache ... (Bezeichnung des Gläubigers und Schuldners) wird beantragt, die von dem Gerichtsvollzieher am ... in den ... (nähere Bezeichnung des Gegenstandes) durchgeführte Zwangsvollstreckung insoweit für unzulässig zu erklären, als sie wegen der Kosten für ... (nähere Bezeichnung) iHv ... € erfolgt ist. ◀

VIII. Kosten

68 **Gerichtsgebühren** entstehen nicht. Gegebenenfalls anfallende Auslagen (Nr. 9000 ff KV GKG) werden erhoben. Im Beschwerdeverfahren gilt Nr. 2121 KV GKG, bei der Rechtsbeschwerde Nr. 2124 KV GKG.

69 Für den bereits in der Zwangsvollstreckung tätigen **Rechtsanwalt** des Gläubigers, des Schuldners oder eines Dritten entsteht im Erinnerungsverfahren gem. § 766 keine besondere Gebühr, da die Tätigkeit zum Verfahren nach § 18 Abs. 1 Nr. 1, 2 RVG gehört (§ 19 Abs. 2 Nr. 2 RVG) und mit der für die Vollstreckungsmaßnahme verdienten Gebühr abgegolten wird.[166] Die angegriffene Vollstreckungsmaßnahme sowie die dagegen eingelegte Vollstreckungserinnerung bilden also gebührenrechtlich dieselbe Angelegenheit.[167] Wird er nur oder erstmals für das Erinnerungsverfahren bestellt, fällt eine Verfahrensgebühr Nr. 3500 VV RVG an,[168] jedoch nur in Höhe einer 0,3-fachen Gebühr, weil der mit der gesamten Angelegenheit beauftragte Rechtsanwalt keine höhere Gebühr erhalten würde (0,3 aus Nr. 3309 VV RVG, §§ 15 Abs. 6, 19 Abs. 2 Nr. 2 RVG).[169] Mehrere Erinnerungen gegen dieselbe bzw einheitliche Vollstreckungsmaßnahme führen zu einem einheitlichen Erinnerungsverfahren. Die Gebühr entsteht erst dann mehrfach, wenn die Erinnerungen verschiedene Vollstreckungsmaßnahmen betreffen.[170]

70 Im gerichtsgebührenfreien (§ 11 Abs. 4 RPflG) Erinnerungsverfahren gem. § 11 Abs. 2 RPflG verdient der Rechtsanwalt gem. § 18 Abs. 1 Nr. 3 RVG die Gebühren nach Nr. 3500, 3513 VV RVG besonders (besondere Angelegenheit). § 15 Abs. 6 RVG (Gebühr Nr. 3309 VV RVG) gilt hier nicht.[171] Zur Vergütung im Beschwerdeverfahren gem. § 793 gegen Entscheidungen in der Zwangsvollstreckung s. § 793 Rn 20 ff.

71 Zur Kostengrundentscheidung s. Rn 57.

§ 767 Vollstreckungsabwehrklage

(1) Einwendungen, die den durch das Urteil festgestellten Anspruch selbst betreffen, sind von dem Schuldner im Wege der Klage bei dem Prozessgericht des ersten Rechtszuges geltend zu machen.

(2) Sie sind nur insoweit zulässig, als die Gründe, auf denen sie beruhen, erst nach dem Schluss der mündlichen Verhandlung, in der Einwendungen nach den

---

165 Vgl auch Hasselblatt/Sternal/*Göbel*, Form. P.III.1.
166 BGH JurBüro 2010, 325 = RVGreport 2010, 144; BGH AGS 2010, 227 = RVGreport 2010, 256 = Rpfleger 2010, 233.
167 Vgl hierzu AnwK-RVG/*Wolf/Volpert/Mock/Thiel/N. Schneider*, § 18 Rn 34 ff und § 19 Rn 168 ff.
168 BT-Drucks. 15/1971, S. 218.
169 BGH JurBüro 2010, 325 = RVGreport 2010, 144.
170 BGH NJW-RR 2005, 78 = JurBüro 2009, 36.
171 AnwK-RVG/*Wolf/Volpert/Mock/Thiel/N. Schneider*, § 18 Rn 36 ff und § 19 Rn 172 ff.

Vorschriften dieses Gesetzes spätestens hätten geltend gemacht werden müssen, entstanden sind und durch Einspruch nicht mehr geltend gemacht werden können.

(3) Der Schuldner muss in der von ihm zu erhebenden Klage alle Einwendungen geltend machen, die er zur Zeit der Erhebung der Klage geltend zu machen imstande war.

Literatur (Auswahl):
Barnert, Klauselerinnerung und Vollstreckungsabwehrklage in der neueren Rechtsprechung des BGH, MDR 2004, 605 ff; *Geißler*, Vollstreckungsgegenklagen im Rechtsbehelfssystem der Zwangsvollstreckung, NJW 1985, 1865; *Kaiser*, Die Abgrenzung der Vollstreckungsabwehrklage von der prozessualen Gestaltungsklage sui generis, NJW 2010, 2933; *Klimke*, Präklusion gesetzlicher Mängelrechte nach § 767 II ZPO – Reichweite und europarechtliche Schranken, ZZP 126, 43 ff; *Makowsky*, Die Präklusion materiell-rechtlicher Einwendungen im Zwangsvollstreckungsverfahren, JuS 2014, 901 ff; *Özen/Hein*, Die prozessuale Gestaltungsklage analog § 767 ZPO, JuS 2010, 124 ff; *Rensen*, Schutz des Schuldners vor doppelter Inanspruchnahme – Vollstreckungsgegenklage gestützt auf die Unmöglichkeit befreiender Leistungen an den Zedenten?, MDR 2001, 856 ff; *Socha*, Neues von der prozessualen Gestaltungsklage analog § 767 ZPO, JuS 2008, 794 f; *Thole*, Die Präklusionswirkung der Rechtskraft bei Gestaltungsrechten und ihr Verhältnis zu § 767 Abs. 2 ZPO, ZZP 124, 145 ff; *Wittschier*, Die Vollstreckungsgegenklage gemäß § 767 ZPO, JuS 1997, 450 ff.

I. Allgemeines	1
1. Normzweck und Rechtsnatur	1
2. Anwendungsbereich	4
a) Urteile	5
b) Titel des § 794	6
c) Sonstige Vollstreckungstitel	11
3. Abgrenzung zu anderen Klagen und Rechtsbehelfen	12
a) Berufung, Revision, Einspruch	12
b) Wiederaufnahmeklage	15
c) Abänderungsklage	16
d) Vollstreckungs- und Klauselerinnerung	17
e) Prozessuale Gestaltungsklage analog § 767	19
f) Verfahrensfortsetzung nach Prozessvergleich	22
g) Leistungs- bzw Feststellungsklagen	23
h) Schadensersatzklage nach § 826 BGB	24
i) Klage auf Herausgabe des Titels analog § 371 BGB	25
j) Bereicherungsklage nach § 812 BGB	26
II. Zulässigkeit	27
1. Antrag	27
2. Zuständigkeit	29
3. Rechtsschutzbedürfnis	32
III. Begründetheit	34
1. Legitimation	34
2. Einwendungen gegen den titulierten Anspruch	36
a) Allgemeines	36
b) Rechtsvernichtende Einwendungen, inhaltliche Veränderungen	37
c) Rechtshemmende Einwendungen	41
d) Unbeachtliche Einwendungen	42
3. Gesetzes- und Rechtsprechungsänderungen	43
4. Beweislast	47
IV. Präklusion nach Abs. 2	48
1. Normzweck	48
2. Anwendungsbereich	49
3. Maßgeblicher Zeitpunkt	54
4. Gestaltungsrechte	55
V. Präklusion nach Abs. 3	57
VI. Verfahren und Entscheidung	59
1. Verfahren	59
2. Entscheidung durch Urteil, Tenor	60
3. Urteilswirkungen	63
4. Schadensersatz nach § 717 Abs. 2	65
VII. Kosten	67

I. Allgemeines

1. Normzweck und Rechtsnatur. Die Notwendigkeit der **Vollstreckungsabwehrklage**, die häufig auch **Vollstreckungsgegenklage** genannt wird, erklärt sich aus dem formalisierten Zwangsvollstreckungsverfahren, das die beteiligten Vollstreckungsorgane (weitgehend) der Prüfung der materiellen Rechtslage enthebt. Das nachträgliche Entstehen von Einwendungen gegen den titulierten Anspruch hat daher zunächst keine unmittelbaren Auswirkungen auf die Zulässigkeit der Zwangsvollstreckung. Die Zwangsvollstreckung aus einem Titel ist durch die Vollstreckungsorgane nach § 775 grds. nur dann einzustellen oder zu beschränken, wenn ihnen gerichtliche Entscheidungen hierzu vorgelegt werden (§ 775 Nr. 1 und 2) oder sich aus bestimmten Urkunden beweiskräftig die Erfüllung oder Stundung (§ 775 Nr. 4 und 5) ergibt. Die Geltendmachung materieller Einwendungen gegen den Anspruch soll daher – auch zum Schutz der Rechtskraft – der Klärung in dem eigenständigen,[1] den normalen Regeln des Erkenntnisverfahrens unterliegenden Verfahren der Vollstreckungsabwehrklage erfolgen, deren abschließende Entscheidung dann nach § 775 Nr. 1 dem jeweiligen Vollstreckungsorgan vorgelegt werden kann. Insoweit handelt es sich bei der Vollstreckungsabwehrklage um eine **prozessuale Gestaltungsklage**, die darauf gerichtet ist, entsprechend der Formulierung in § 775 Nr. 1 die vollständige oder teilweise oder auch nur zeitweise Unzulässigkeit der Zwangsvollstreckung aus diesem Titel auszusprechen und damit seine Vollstreckbarkeit aufzuheben.

Streitgegenstand ist somit die **Beseitigung der Vollstreckbarkeit des Titels** aufgrund bestimmter Einwendungen gegen den Anspruch des Gläubigers, nicht dagegen die Aufhebung des Titels oder die Feststellung, dass der titulierte Anspruch nicht oder nicht mehr bestehe,[2] ebenso nicht das Bestehen der jeweiligen Einwendungen.[3] Insoweit kann ggf daneben negative Feststellungsklage (s. Rn 23) oder Zwischenfeststellungsklage erhoben werden.[4] Gegenstand ist auch nicht die Aufhebung oder Unzulässigkeit einzelner Vollstreckungshandlungen.[5]

Die **materielle Rechtskraft** des Titels bleibt durch das einer Vollstreckungsabwehrklage stattgebende Urteil somit unberührt.[6] Daher kann sich der Schuldner nach Abs. 2 auch nur auf solche **Einwendungen** gegen den materiellen Anspruch stützen, die **nach dem Schluss der letzten mündlichen Verhandlung** als dem maßgeblichen Zeitpunkt für die Rechtskraft entstanden sind.[7]

2. Anwendungsbereich. Da Ziel der Klage ist, einem Titel seine Vollstreckbarkeit zu nehmen (s. Rn 1), setzt § 767 das Bestehen eines **vollstreckungsfähigen Titels** voraus.

a) Urteile. Abs. 1 erfasst also nur Urteile mit vollstreckungsfähigem Inhalt, dh vor allem Leistungsurteile,[8] einschließlich Unterlassungs- und Duldungsurteilen, nicht jedoch Feststellungs- und Gestaltungsurteile, die in der Hauptsache keinen

---

1 BGH NJW 2009, 1282, 1283 (keine Fortsetzung des ursprünglichen Verfahrens).
2 BGH NJW 1995, 3318; NJOZ 2005, 3992, 3994; NJW-RR 2008, 1512, 1513; BAG NJW 1997, 1868, 1869.
3 Hk-ZPO/*Kindl*, § 767 Rn 1; Zöller/*Herget*, § 767 Rn 5; eingehend *Gaul*, in: Gaul/Schilken/Becker-Eberhard, § 40 Rn 139 auch zur Reichweite einer Ausnahme für eine geltend gemachte Aufrechnungsforderung.
4 Thomas/Putzo/*Seiler*, § 767 Rn 3.
5 BGH NJOZ 2005, 3992, 3994.
6 BGH NJW 1995, 3318, 3319 mwN; sowie zuletzt BGH NJW 2009, 1283.
7 Thomas/Putzo/*Seiler*, § 767 Rn 2.
8 Auch soweit sie im strafprozessualen Adhäsionsverfahren nach § 406 StPO ergangen sind, vgl § 406 b StPO.

vollstreckungsfähigen Inhalt haben.⁹ Ebenfalls anwendbar ist § 767 auf die Vollstreckungsurteile nach § 723, Europäische Vollstreckungstitel (§ 1086) sowie Urteile, die im Europäischen Verfahren für geringfügige Forderungen ergangen sind (§§ 1109 Abs. 2, 1086), und Titel aus einem anderen Mitgliedstaat der EU, die nach der Verordnung (EU) Nr. 1215/2012¹⁰ ergangen sind (§ 1117).¹¹

b) Titel des § 794. Über die Verweisung in § 795 kann die Vollstreckungsabwehrklage auch gegen die in § 794 aufgeführten Titel gerichtet werden. Dabei wird praktisch immer bedeutsamer die Klage gegen die Vollstreckung aus **notariellen Urkunden** (§ 794 Abs. 1 Nr. 5; vgl auch die Sonderregelungen in § 797 und die Erl. hierzu), in denen sich der Schuldner nach der ständigen Praxis der Kreditwirtschaft der sofortigen Zwangsvollstreckung unterworfen hat.¹² Unwirksamkeit der Urkunde oder deren mangelnde Vollstreckungsfähigkeit können mit der prozessualen Gestaltungsklage analog § 767 geltend gemacht werden (vgl Rn 19). 6

Gegen **Prozessvergleiche** (§ 794 Abs. 1 Nr. 1) kann nur nach § 767 vorgegangen werden, wenn die Beendigung des vorhergehenden Verfahrens feststeht¹³ (vgl im Übrigen Rn 22). 7

Kostenfestsetzungsbeschlüsse (§ 794 Abs. 1 Nr. 2) muss der Schuldner gesondert angreifen, da die Unzulässigkeit der Zwangsvollstreckung in der Hauptsache (zB wegen nachträglicher Erfüllung) keine Auswirkungen auf die Zulässigkeit der Vollstreckung aus dem Kostenfestsetzungsbeschluss hat.¹⁴ Insoweit ist allerdings die Aufrechnungsmöglichkeit aus dem Rechtsgedanken des § 269 Abs. 6 verwehrt, wenn nach Klagerücknahme gegen den Festsetzungsbeschluss mit der ursprünglichen Klageforderung aufgerechnet werden soll, es sei denn, die Forderung des Schuldners ist jetzt unstreitig.¹⁵ 8

Zum **Vollstreckungsbescheid** (§ 794 Abs. 1 Nr. 4) ist § 796 Abs. 2 zu beachten. Für den **Europäischen Zahlungsbefehl** (§ 794 Abs. 1 Nr. 6) gilt § 1095 Abs. 2. 9

Für **unterhaltsrechtliche Titel**, die früher in § 794 Abs. 1 Nr. 2 a und 3 a geregelt waren, gilt nunmehr die Verweisung in §§ 95, 120 FamFG mit einem Vorrang der §§ 238 ff, 54 und 56 FamFG.¹⁶ 10

c) Sonstige Vollstreckungstitel. Weitere Vollstreckungstitel sind zB der Teilungsplan nach § 115 Abs. 3 ZVG,¹⁷ die Zuschlagsbeschlüsse nach §§ 93, 132 ZVG und die Feststellung zur Insolvenztabelle (§§ 178 Abs. 3, 201 Abs. 2 InsO)¹⁸ sowie rechtskräftig bestätigte Insolvenzpläne (§ 257 Abs. 1 InsO). Für Arrest und einstweilige Verfügung ist grds. der Aufhebungsantrag wegen veränderter Um- 11

---

9 MüKo-ZPO/K. *Schmidt/Brinkmann*, § 767 Rn 25; Hk-ZPO/*Kindl*, § 767 Rn 9; Zöller/*Herget*, § 767 Rn 5; Musielak/*Lackmann*, § 767 Rn 3; aA für die prozessuale Gestaltungsklage *Gaul*, in: Gaul/Schilken/Becker-Eberhard, § 40 Rn 25.
10 Verordnung (EU) Nr. 1215/2012 des Europäischen Parlaments und des Rates vom 12. Dezember 2012 über die gerichtliche Zuständigkeit und die Anerkennung und Vollstreckung von Entscheidungen in Zivil- und Handelssachen (ABl. EU L 351 vom 20.12.2012, S. 1) („Brüssel Ia-VO").
11 Hk-ZPO/*Kindl*, § 767 Rn 9.
12 Zur Zulässigkeit der formularmäßigen Unterwerfung in der ständigen BGH-Rspr zuletzt noch einmal grundlegend BGH NJW 2010, 2041; vgl auch § 794 Rn 59 mwN sowie eingehend zur Entwicklung *Piekenbrock*, ZZP 125 (2012), 171 ff.
13 BAG NJW 1997, 1868, 1869; MüKo-ZPO/K. *Schmidt/Brinkmann*, § 767 Rn 27.
14 BGH NJW 1995, 3318, 3319.
15 BGH NJW-RR 1987, 61; BGH NJW 2011, 2370; OLG Bremen NJW-RR 1992, 765; Zöller/*Herget*, § 767 Rn 6.
16 Musielak/*Lackmann*, § 767 Rn 4.
17 Vgl BGH NJW 1980, 2586, 2587.
18 BGH NJW 2014, 2045.

stände nach § 927 vorrangig. Die Klage nach § 767 kann jedoch gegenüber einer Leistungsverfügung, die auf Geld lautet,[19] wegen des Einwands nachträglicher Erfüllung erhoben werden.

12 **3. Abgrenzung zu anderen Klagen und Rechtsbehelfen. a) Berufung, Revision, Einspruch.** Der Schuldner kann zur Geltendmachung von Einwendungen, die nach Schluss der mündlichen Verhandlung, aber noch vor Ablauf der Berufungsfrist entstanden sind, zwischen Einlegung der **Berufung** und Vollstreckungsabwehrklage wählen.[20] Sobald aber Berufung eingelegt ist, entfällt für eine zusätzliche Vollstreckungsabwehrklage wegen der weiterreichenden Rechtsschutzmöglichkeit der Berufung[21] das Rechtsschutzbedürfnis, wenn die Einwendung im dortigen Verfahren geltend gemacht werden kann.[22]

13 Neben der **Revision** ist § 767 immer möglich, auch wenn ausnahmsweise neue Tatsachen in der Revisionsinstanz geltend gemacht werden können.[23]

14 Gegen Versäumnisurteile muss **Einspruch** eingelegt werden, wenn neue Einwendungen innerhalb der Einspruchsfrist entstehen, was aus Abs. 2 aE folgt[24] (vgl auch Rn 49). Dies dürfte wohl in analoger Anwendung ebenso für die Einlegung eines Widerspruchs gegen die Leistungsverfügung gelten (vgl Rn 11).

15 **b) Wiederaufnahmeklage.** Wiederaufnahmeklage (§§ 578 ff) und Vollstreckungsabwehrklage schließen sich aus, da letztere die Rechtskraft unberührt lässt, während erstere die Rechtskraft angreift, indem sie die Tatsachengrundlage des Urteils aufgrund neuer Beweise (§ 580) oder grundlegender Verfahrensfehler (§ 579) in Frage stellt[25] und eine rückwirkende Beseitigung des Titels bezweckt.[26]

16 **c) Abänderungsklage.** Abänderungsklagen gem §§ 323, 323 a und Vollstreckungsabwehrklage schließen sich aufgrund ihrer unterschiedlichen Zielrichtung aus und begründen kein Wahlrecht. Mit der Abänderung wird unter Durchbrechung der Rechtskraft eine Anpassung des Titels an die sich ändernden wirtschaftlichen Gegebenheiten begehrt.[27] Im Einzelfall kann aber eine Vollstreckungsabwehrklage mit den für sie typischen rechtshemmenden und rechtsvernichtenden Einwendungen daneben zulässig sein und mit der Abänderungsklage verbunden werden.[28] Hierbei ist die möglicherweise unterschiedliche örtliche Zuständigkeit zu beachten.[29] Auf einen Unterlassungstitel ist die Abänderungsklage nicht entsprechend anwendbar, sondern der Unterlassungsschuldner muss seine nachträglich entstandenen Einwendungen nach § 767 geltend machen.[30]

17 **d) Vollstreckungs- und Klauselerinnerung.** Die Fehlerhaftigkeit einzelner Vollstreckungshandlungen wird mit der Vollstreckungserinnerung (§ 766)[31] oder der

---

19 MüKo-ZPO/K. *Schmidt/Brinkmann*, § 767 Rn 37; Zöller/*Herget*, § 767 Rn 6 „einstweilige Verfügung".
20 BGH NJW 1975, 539, 540; Hk-ZPO/*Kindl*, § 767 Rn 7.
21 Aufhebung des Titels mit rechtskräftiger Entscheidung über den Anspruch einschließlich der Kostenentscheidung statt „nur" Beseitigung der Vollstreckbarkeit, vgl BGH NJW 1975, 539, 540.
22 Musielak/*Lackmann*, § 767 Rn 12; Zöller/*Herget*, § 767 Rn 4; BAG DB 1985, 2461.
23 BGH NJW 1998, 2972, 2975.
24 Musielak/*Lackmann*, § 767 Rn 38.
25 Vgl *Gaul*, in: Gaul/Schilken/Becker-Eberhard, § 40 Rn 171.
26 PG/*Scheuch*, § 767 Rn 10.
27 BGH NJW 2005, 2313, 2314 unter Aufgabe der älteren Rspr.
28 BGH FamRZ 1979, 573; Hintzen/Wolf/*Wolf*, Zwangsvollstreckung, -versteigerung, -verwaltung, Rn 8.119.
29 *Schilken*, Zivilprozessrecht, 7. Aufl., Rn 1067; *Kasenbacher*, NJW-Spezial 2014, 324.
30 BGH NJW 2008, 1446, 1447 mwN.
31 ZB BGH NJW 1992, 2159, 2160 (Vollstreckung durch neuen Gläubiger vor Titelumschreibung).

sofortigen Beschwerde (§ 793), nicht jedoch nach § 767 geltend gemacht, der die Geltendmachung materieller Einwendungen vorsieht. Insoweit können die Rechtsbehelfe ggf nebeneinander angebracht werden.[32]

Eine Unwirksamkeit des Titels aus formellen Gründen, sei es, dass der Titel wegen Unbestimmtheit keinen vollstreckungsfähigen Inhalt hat oder die notarielle Urkunde fehlerhaft zustande gekommen ist, kann dagegen nach § 732 mit der Klauselerinnerung angegriffen werden. Die auf materielle Einwendungen zielende Vollstreckungsabwehrklage ist insoweit ausgeschlossen.[33] Andererseits soll dem Schuldner, der materielle Einwendungen hat, der weitergehende Rechtsbehelf nicht genommen werden. Im Rahmen dieser unmittelbar auf § 767 gestützten Klage wird die Unwirksamkeit des Titels dann allerdings nicht geprüft.[34] 18

e) **Prozessuale Gestaltungsklage analog § 767.** In der neueren, inzwischen gefestigten Rspr des BGH wird nunmehr für den Schuldner wahlweise zur Klauselerinnerung in analoger Anwendung des § 767 eine Klage zugelassen, deren Streitgegenstand die **fehlende oder geminderte Wirksamkeit des Vollstreckungstitels** ist.[35] Damit kann auch im Klageverfahren – und nicht nur mit der dem Schuldner wahlweise[36] zur Verfügung stehenden Klauselerinnerung, § 732) – ein formell-rechtlicher Einwand gegen den Vollstreckungstitel geltend gemacht werden. Würde man den Vollstreckungsschuldner dagegen auf den Weg der Klauselerinnerung verweisen, wäre er mangels Rechtskraft einem erheblichen Risiko ausgesetzt. Wird nämlich die Vollstreckungsabwehrklage wegen Unwirksamkeit des Vollstreckungstitels als unzulässig verworfen, so ist das Vollstreckungsgericht in einem nachfolgenden Klauselerinnerungsverfahren an diese Rechtsauffassung nicht gebunden. Der Vollstreckungsschuldner würde Gefahr laufen, in beiden Verfahren zu unterliegen.[37] 19

Eine prozessuale Gestaltungsklage analog § 767, die gelegentlich auch als **Titelgegenklage** bezeichnet wird, hält die Rspr für zulässig bei materiell-rechtlicher (zB nach §§ 134, 307 BGB) oder formell-rechtlicher[38] Unwirksamkeit der Unterwerfungserklärung[39] oder bei inhaltlicher Unbestimmtheit der Leistungspflichten[40] bzw des Streitgegenstandes, über den rechtskräftig entschieden werden sollte,[41] sowie bei der Wirkungslosigkeit des Urteils durch nachfolgenden Vergleich.[42] Die Einschränkungen der Abs. 2 und 3 gelten insoweit nicht.[43] 20

---

32 PG/*Scheuch*, § 767 Rn 5.
33 So die früher hM. Heute hilft die analoge Anwendung des § 767 (vgl Rn 19 und 21).
34 BGH NJW 1992, 2160, 2162.
35 BGH NJW 1994, 460, 461; BGH NJW-RR 2004, 472, 474 mwN zur Entwicklung; zuletzt BGH MDR 2015, 361 f.
36 BGH NJW-RR 2004, 1718 f; NJW 2006, 695, 696; zur Abgrenzung von § 732 und § 768 s. jetzt das in den Folgen kontrovers diskutierte Urteil des BGH NJW 2010, 2041 ff; hierzu zuletzt *Piekenbrock*, ZZP 125 (2012), 171 ff.
37 BGH NJW-RR 2004, 472, 474.
38 Insoweit ist je nach Art des Fehlers die Klauselerinnerung nach § 732 vorrangig, BGH NJW 2010, 2041, 2042.
39 Vgl jüngst BGH NJW 2015, 1181 f und OLG Koblenz NJW-RR 2014, 982 ff. Eingehend mit vielen Beispielen *Kaiser*, NJW 2010, 2933, 2934 f.
40 ZB im Mahnverfahren OLG Zweibrücken NJW-RR 2010, 285.
41 Thomas/Putzo/*Seiler*, § 767 Rn 8 a.
42 BGH NJW-RR 2007, 1724 f.
43 BGH NJW 1994, 460, 462.

21 Die prozessuale Gestaltungsklage analog kann mit der unmittelbar nach § 767 erhobenen Klage **verbunden** werden,[44] sie kann jedoch auch **isoliert** erhoben werden.[45]

22 **f) Verfahrensfortsetzung nach Prozessvergleich.** Erfassen die gegen einen Vergleich erhobenen Einwendungen zugleich dessen verfahrensbeendende Wirkung (zB Anfechtung), so fehlt es am Rechtsschutzbedürfnis für die Klage nach § 767, da der Streit um die Wirksamkeit des Vergleichs in der Fortsetzung des alten Verfahrens auszutragen ist.[46] Wird jedoch zugleich auch geltend gemacht, dass die Forderung nachträglich weggefallen sei, dann soll für alle Einwendungen die Klage nach § 767 möglich sein.[47]

23 **g) Leistungs- bzw Feststellungsklagen.** Eine Leistungs- oder Feststellungsklage hinsichtlich des Anspruchs des Schuldners, auf den er sich mit seiner Einwendung beruft, ist neben § 767 zulässig. Die Möglichkeit der Erhebung der Vollstreckungsabwehrklage beseitigt insoweit nicht das Rechtsschutzbedürfnis für eine derartige Feststellungsklage, da die Rechtskraft der Klage nach § 767 nicht das Bestehen oder Nichtbestehen des titulierten Anspruchs erfasst. Dieses kann daher Gegenstand der vom Schuldner erhobenen negativen Feststellungsklage sein, soweit nicht die Rechtskraft oder Abs. 2 entgegensteht,[48] oder einer vom Gläubiger erhobenen positiven Feststellungsklage bei Unsicherheit über die Auslegung des Titels sein.[49] Andererseits stellt die Feststellung des Nichtbestehens des titulierten Anspruchs allein keine geeignete Entscheidung nach § 775 Nr. 1 dar.[50] Insoweit kann das Rechtsschutzbedürfnis für die isolierte Feststellungsklage fehlen. Daher ist Klagehäufung mit der Klage nach § 767 möglich.[51]

24 **h) Schadensersatzklage nach § 826 BGB.** Anders als die Vollstreckungsabwehrklage zielt die Klage auf Unterlassung der Zwangsvollstreckung und Herausgabe des Titels nach § 826 BGB auf eine Durchbrechung der Rechtskraft. Nach ständiger,[52] wenn auch nicht unangefochtener[53] Rspr des BGH hat die Rechtskraft eines gerichtlichen Titels zurückzutreten, wenn dessen Ausnutzung unter Missachtung der materiellen Rechtslage nach den Umständen des Falles als vorsätzliche sittenwidrige Schädigung iSd § 826 BGB anzusehen ist. Eine solche Durchbrechung der Rechtskraft beschränkt sich jedoch auf besonders schwerwiegende, eng begrenzte Ausnahmefälle. Deshalb müssen außer der Kenntnis des Gläubigers von der materiellen Unrichtigkeit des Titels noch weitere Umstände hinzukommen, die die Art der Erlangung des Titels oder die Ausnutzung der Vollstreckung betreffen und es geboten erscheinen lassen, dass der Gläubiger die ihm nach materiellem Recht unverdient zugefallene Rechtsposition aufgibt.[54] Offen ist in der Rspr, ob auf diese zusätzlichen Elemente bei eindeutiger und schwer-

---

44 Str, ob tatsächlich ein weiterer Streitgegenstand vorliegt; vgl krit. zur hM MüKo-ZPO/ *K. Schmidt/Brinkmann*, § 767 Rn 6 und *Gaul*, in: Gaul/Schilken/Becker-Eberhard, § 40 Rn 32.
45 BGH NJW-RR 2007, 1724 f; Hk-ZPO/*Kindl*, § 767 Rn 6 a.
46 BGH NJW 1971, 467; NJW 2011, 2141; NJW 2014, 394; Zöller/*Herget*, § 767 Rn 6 „Prozessvergleiche" mwN; *Schultheiß*, JuS 2015, 318, 320 f.
47 BGH NJW 1967, 2014; Zöller/*Herget*, § 767 Rn 6 „Prozessvergleiche".
48 BGH NJW 1997, 2320, 2321; NJW 2009, 1671; Zöller/*Herget*, § 767 Rn 2 „Feststellungsklage".
49 BGH NJW 1973, 803, 804.
50 BGH NJW 1994, 460, 461.
51 BGH NJW 2009, 1671 m. Anm. *Kaiser*, der allerdings von einer Zwischenfeststellungsklage ausgeht.
52 Vgl BGH NJW 2002, 2940, 2943 und zuletzt BGH NJW-RR 2012, 304, 305, jew. mwN.
53 Vgl nur *Schilken*, Zivilprozessrecht, 7. Aufl., Rn 1072 mwN.
54 Zusammenfassend BGH NJW 2002, 2940, 2943 und BGH NJW-RR 2012, 304, 305.

wiegender Unrichtigkeit des Titels verzichtet werden kann. Dies dürfte bei den Versäumnisurteilen oder Vollstreckungsbescheiden, die Bürgschaften naher Angehöriger betrafen und die in jüngster Zeit vermehrt Gegenstand der Klagen nach § 826 BGB waren, kaum der Fall sein.[55] Hier hilft bei Altfällen eine auf § 79 Abs. 2 BVerfGG gestützte Vollstreckungsgegenklage (vgl auch Rn 44).[56]

i) Klage auf Herausgabe des Titels analog § 371 BGB. Die Klage auf Herausgabe 25 der vollstreckbaren Ausfertigung eines unter § 794 fallenden Titels ist nach der Rspr des BGH, der die Literatur ganz überwiegend folgt, in analoger Anwendung von § 371 BGB jedenfalls zulässig, wenn entweder über eine Vollstreckungsabwehrklage bereits rechtskräftig zu Gunsten des Herausgabeklägers entschieden worden ist, die Erfüllung der dem Titel zugrunde liegenden Forderung zwischen den Parteien unstreitig ist oder wenn die Herausgabeklage mit der Gegenklage verbunden wird.[57] Eine isolierte Herausgabeklage ohne vorheriges oder gleichzeitiges[58] Verfahren nach § 767 wird man daher zur Vermeidung der Umgehung dessen einschränkender Voraussetzungen nur zulassen können, wenn die Erfüllung und die Unzulässigkeit der Zwangsvollstreckung unstreitig sind, gleichwohl eine Herausgabe vom Gläubiger verweigert wird.[59]

j) Bereicherungsklage nach § 812 BGB. Nach Beendigung der Zwangsvollstre- 26 ckung kann der Schuldner wegen ungerechtfertigter Vollstreckung nach § 812 BGB Rückgewähr zuviel geleisteter Beträge verlangen. Dabei ist aber die Präklusion nach Abs. 2 und 3 zu beachten. Die sog. **verlängerte Vollstreckungsabwehrklage** kann daher nur dann begründet sein, wenn auch eine Vollstreckungsabwehrklage Erfolg gehabt hätte.[60] Wird die Zwangsvollstreckung während des noch laufenden Verfahrens nach § 767 beendet, kann der Schuldner zur Leistungsklage nach § 812 BGB übergehen.[61]

II. Zulässigkeit

1. Antrag. Der Antrag für die Klage nach § 767 ist darauf zu richten, die 27 Zwangsvollstreckung aus dem genau bezeichneten Titel ganz oder teilweise für unzulässig zu erklären bzw nur für zulässig Zug um Zug gegen eine genau beschriebene Leistung.[62] Insoweit sollte zur Vermeidung kostenpflichtiger Teilabweisungen der Antrag auf die Reichweite der geltend gemachten Einwendungen beschränkt werden. Mehrere Einwendungen, die nach hM mehrere Streitgegenstände bilden (vgl Rn 2), können im Wege der Klagehäufung unproblematisch verbunden werden.[63]

Die **Vollmacht** des Rechtsanwalts aus dem Vorprozess erstreckt sich nach § 81 28 auch auf das Verfahren nach § 767.

---

55 Eingehend hierzu *Pamp*, in: Schimansky u.a. (Hrsg.), Handbuch des Bankrechts, 4. Aufl., § 82 Rn 162 ff.
56 BVerfG WM 2006, 23 ff; BGH FamRZ 2006, 1024.
57 BGH NJW 1994, 1161, 1162; NJW 1994, 3225; zuletzt BGH NJW 2015, 1181 ff für die Titelgegenklage analog § 767; Musielak/*Lackmann*, § 767 Rn 14 mwN; *Wendt*, JuS 2013, 33 ff.
58 Zur Zweckmäßigkeit der Verbindung der Anträge *Kaiser*, NJW 2014, 364, 366.
59 Zur Streitwertbemessung in einem solchen Fall BGH NJW 2015, 251 f.
60 BGH NJW 2005, 2926, 2927; Musielak/*Lackmann*, § 767 Rn 15. Dies gilt auch gegenüber einem Rechtsnachfolger des Vollstreckungsschuldners, BGH NJW 2013, 3243, 3244 f.
61 BGH NJW 1982, 1147, 1148 mwN; NJW 2005, 2916, 2927; MüKo-ZPO/*K. Schmidt/ Brinkmann*, § 767 Rn 21.
62 Thomas/Putzo/*Seiler*, § 767 Rn 12.
63 Hk-ZPO/*Kindl*, § 767 Rn 15 mwN.

29 **2. Zuständigkeit.** Zur Entscheidung ist nach Abs. 1 das Prozessgericht des ersten Rechtszuges ausschließlich (§ 802) zuständig. Dies ist das erstinstanzliche Gericht des Verfahrens, in dem der Vollstreckungstitel erlassen wurde, unabhängig von der Höhe des Streitwerts der Vollstreckungsabwehrklage.[64] Ist der Titel in einer Familiensache begründet worden, entscheidet auch jetzt das Familiengericht.[65] Wird die Klage mit einer Aufrechnung mit einem familienrechtlichen Anspruch begründet, so hat dies nach hM[66] bisher nicht die Zuständigkeit des Familiengerichts begründet. Auch der neuen Vorrangregel des § 232 Abs. 2 FamFG[67] lässt sich nicht entnehmen, dass abweichend von den allgemeinen Grundsätzen zur Aufrechnung mit rechtswegfremden Forderungen[68] hier die Aufrechnung zuständigkeitsbestimmend sein soll.[69]

30 Für die Klage gegen vollstreckbare notarielle oder gerichtliche Urkunden gilt § 797 Abs. 5, wobei § 800 Abs. 3 zu beachten ist, wenn die Urkunde zB auch eine Grundschuldbestellung enthält. Zum Konkurrenzverhältnis vgl § 800 Rn 14.

31 Für **Vollstreckungsbescheide** gilt § 796 Abs. 3. Macht der Kläger mit einer auf einen Teil des titulierten Betrages beschränkten Vollstreckungsabwehrklage gegen einen Vollstreckungsbescheid nur Einwendungen geltend, die die Wertgrenze für die sachliche Zuständigkeit des Amtsgerichts nicht überschreiten, so ist § 796 Abs. 3 das Amtsgericht auch dann sachlich zuständig, wenn der Vollstreckungsbescheid nominal auf einen die Wertgrenze übersteigenden Betrag lautet.[70]

32 **3. Rechtsschutzbedürfnis.** Ein Rechtsschutzbedürfnis für die Klage nach § 767 besteht schon beim Vorliegen eines Titels, ohne dass es konkreter Vollstreckungshandlungen oder der Erteilung einer Vollstreckungsklausel bedarf. Dies soll sogar gegeben sein, wenn die Unterwerfungsklausel in einer Urkunde nach § 794 Abs. 1 Nr. 5 fehlt.[71] Wenn eine Vollstreckbarkeitserklärung (§§ 722 f, 796 a, 1060) erforderlich ist, dürfte ein Rechtsschutzbedürfnis vor Entscheidung hierüber nicht vorliegen, wenn die Einwendungen auf diesem Wege einfacher angebracht werden können.[72]

33 Das Rechtsschutzbedürfnis bleibt bestehen, bis die vollstreckbare Ausfertigung dem Schuldner ausgehändigt worden ist oder aufgrund anderer Umstände unzweifelhaft feststeht, dass eine Zwangsvollstreckung nicht mehr droht.[73] Ein Vollstreckungsverzicht allein reicht idR nicht aus, das Rechtsschutzbedürfnis zu beseitigen.[74] Soweit die Rspr recht großzügig in der Annahme des Rechtsschutzbedürfnisses ist, wird der Gläubiger gegenüber mutwilligen Klagen durch die Möglichkeit des sofortigen Anerkenntnisses (§ 93) geschützt.

---

64 MüKo-ZPO/K. *Schmidt/Brinkmann*, § 767 Rn 47 mwN. Zur internationalen Zuständigkeit in einer Aufrechnungslage BGH NJW 2014, 2798 ff.
65 BGH NJW 1981, 346 f mwN.
66 BGH NJW-RR 1989, 173, 174; *Gaul*, in: Gaul/Schilken/Becker-Eberhard, § 40 Rn 124; aA OLG Hamm NJW-RR 1989, 1415.
67 Vgl zur Bedeutung früherer Gesetzesänderungen BGH NJW 2002, 444 f.
68 *Schilken*, Zivilprozessrecht, 7. Aufl., Rn 440 f.
69 Musielak/*Lackmann*, § 767 Rn 17; aA Hk-ZPO/*Kindl*, § 767 Rn 16.
70 OLG Celle NJW-RR 2002, 1079.
71 BGH NJW-RR 1999, 1080, 1081, aber in einem kaum verallgemeinerungsfähigen Ausnahmefall.
72 Vgl MüKo-ZPO/K. *Schmidt/Brinkmann*, § 767 Rn 43.
73 Str für die Klage wegen in einem Titel enthaltener verjährter Zinsen, vgl OLG Frankfurt WM 2013, 1275 und OLG Hamm WM 2015, 673, 674 f, jew. mwN. Zu weiteren Einzelfällen vgl zB Hk-ZPO/*Kindl*, § 767 Rn 17; MüKo-ZPO/K. *Schmidt/Brinkmann*, § 767 Rn 43; Zöller/*Herget*, § 767 Rn 8.
74 *Holznagel*, NZFam 2014, 58 ff.

III. Begründetheit

1. Legitimation. Richtiger **Kläger** ist der aus dem Titel ersichtliche Vollstreckungsschuldner, ggf nach Umschreibung[75] oder bei Wirkung gegen die Masse der Insolvenzverwalter[76] bzw während der Laufzeit einer Abtretung der Treuhänder.[77] Der Miterbe ist nach § 2039 BGB klagebefugt, wenn er mit der Klage einen zum Nachlass gehörenden Anspruch durchsetzen will.[78] Eine gewillkürte Prozessstandschaft ist dagegen nicht zulässig.[79] Vgl dazu auch Rn 40.

Passivlegitimiert ist der aus dem Titel oder der Klausel ersichtliche Gläubiger. Die Klage kann auch schon vor Umschreibung gegen einen neuen Gläubiger gerichtet werden, wenn von diesem bereits die Zwangsvollstreckung droht und die Voraussetzungen für eine Titelumschreibung vorliegen.[80] Die Frage nach dem richtigen Beklagten ist nach zutreffender hM[81] eine Frage der Begründetheit der Klage und nicht nur eine der passiven Prozessführungsbefugnis.

2. Einwendungen gegen den titulierten Anspruch. a) Allgemeines. Soweit Abs. 2 anwendbar ist, können mit der Klage nur **rechtsvernichtende und rechtshemmende Einwendungen** vorgebracht werden, weil nur diese nach Schluss der mündlichen Verhandlung noch entstehen können. **Rechtshindernde Einwendungen** können allerdings geltend gemacht werden, wenn Abs. 2 keine Anwendung findet, also zB bei der Klage gegen die Zwangsvollstreckung aus notariellen Urkunden (§ 797 Abs. 4). Weitere Einwendungsmöglichkeiten ergeben sich aus gesetzlicher Zulassung, zB § 785.

b) Rechtsvernichtende Einwendungen, inhaltliche Veränderungen. Rechtsvernichtende Einwendungen sind vor allem die **Erfüllung**[82] sowie deren Surrogate, wie zB die **Leistung an Erfüllung statt, Aufrechnung und befreiende Hinterlegung**. Der Erfüllungseinwand kann nach der neuen Rspr des BGH[83] auch schon im Vollstreckungsverfahren nach §§ 887 ff geltend gemacht werden. Dies schließt jedoch die Geltendmachung mit der Vollstreckungsabwehrklage nicht aus. Nach Rechtskraft des Beschlusses über die Zwangsgeldfestsetzung etc. ist nur noch § 767 möglich.[84] Inwieweit Erfüllung eingetreten ist, richtet sich dann vor allem nach der Reichweite des rechtskräftigen Titels, der der materiellen Rechtslage ggf vorgeht. Die im Vorprozess nach § 533 zurückgewiesene Aufrechnung kann auch mit der Vollstreckungsabwehrklage prozessual nicht mehr eingewandt werden. Im Übrigen stellen sich bei der Aufrechnung vor allem Probleme in der Anwendung des Abs. 2 (s. Rn 55 f). Bei einem **Ratenzahlungsvergleich** mit Verfallklausel hat der Schuldner ggf im Verfahren nach § 767 nachzuweisen, dass er mit den Raten nicht im Verzug war.[85]

---

75 Zöller/*Herget*, § 767 Rn 9 mwN.
76 MüKo-ZPO/K. *Schmidt/Brinkmann*, § 767 Rn 44; Hk-ZPO/*Kindl*, § 767 Rn 18.
77 Zur Verteilungsabwehrklage analog § 767 ZPO BGH WM 2012, 1039 f.
78 BGH NJW 2006, 1969, 1970.
79 BGH NJW-RR 2014, 653, 654 zur Vollstreckung wegen eines Anspruchs aus § 780 BGB.
80 BGH NJW 1993, 1396, 1397.
81 BGH NJW 1993, 1396 f; OLG Zweibrücken WM 2003, 380; Musielak/*Lackmann*, § 767 Rn 21; Hk-ZPO/*Kindl*, § 767 Rn 18; aA MüKo-ZPO/*K. Schmidt/Brinkmann*, § 767 Rn 45; Zöller/*Herget*, § 767 Rn 9.
82 Zur (teilweisen) Erfüllung bei einem titulierten Nacherfüllungsanspruch und der Abgrenzung der Einwendungen im Vollstreckungsverfahren nach § 887: BGH NJW 1993, 1394 ff.
83 BGH NJW 2005, 367, 369; NJW-RR 2013, 1336, im Einklang mit der hM, aber str, vgl Hk-ZPO/*Pukall*, § 887 Rn 9 mwN.
84 OLG Karlsruhe FamRZ 2006, 284; Hk-ZPO/*Kindl*, § 767 Rn 11.
85 HM vgl nur Thomas/Putzo/*Seiler*, § 767 Rn 20 a.

38 Rechtsvernichtende Einwendungen sind aber auch die **Anfechtung**, die Ausübung von **Kündigungs-, Widerrufs- oder Rückgaberechten** nach den Verbraucherschutzvorschriften. Durch die gesetzliche Änderung der Rechtsnatur des Widerrufsrechts, wonach auch bei bestehendem Widerrufsrecht der Vertrag zunächst wirksam wird, ist klargestellt, dass es sich um eine rechtsvernichtende Einwendung handelt. Auch mit der Ausübung eines vertraglichen Optionsrechts auf Vertragsverlängerung kann der Räumungstitel angegriffen werden.[86]

39 Zunehmende Bedeutung erhält jetzt der **Einwand der erteilten Restschuldbefreiung**, der nicht nach § 766 mit der Erinnerung erhoben werden kann, da der Beschluss des Insolvenzgerichts keine Entscheidung iSd § 775 Nr. 1 ist, sondern der Erhebung der Klage nach § 767 bedarf.[87] Er bewirkt die Umgestaltung der Verbindlichkeit in eine unvollkommene, die zwar erfüllbar, aber nicht mehr zwangsweise durchsetzbar ist.[88]

40 Auch andere **inhaltliche Veränderungen** des Anspruchs können die Klage nach § 767 begründen.[89] So kann etwa die Verwandlung eines Leistungs- in einen Schadensersatzanspruch geltend gemacht werden, wenn dadurch der titulierte Erfüllungsanspruch untergeht.[90] Dem alten Titelgläubiger kann der Schuldner eine Abtretung entgegenhalten, wenn dieser weiter vollstrecken will, da es eine Vollstreckungsstandschaft nicht gibt.[91] Ist der vollstreckende Titelgläubiger aufgrund einer Einziehungsermächtigung aber materiell-rechtlich weiter befugt, Leistung an sich zu verlangen, so ist die Vollstreckungsabwehrklage unbegründet.[92] Auch die Sperrwirkung des § 93 InsO ist gegenüber einer unzulässigen Vollstreckung nach § 767 und nicht nach § 766 geltend zu machen.[93]

41 c) **Rechtshemmende Einwendungen.** Als rechtshemmende Einwendungen können geltend gemacht werden vor allem die Verjährung,[94] Mängel- (§ 478 BGB) und Bereicherungseinreden (§ 821 BGB), Einreden aus dem einer Kreditsicherheit zugrunde liegenden Sicherungsvertrag,[95] Zurückbehaltungsrechte, ggf mit der Folge der Aufnahme einer Zug-um-Zug-Einschränkung,[96] sowie in Ausnahmefäl-

---

86 BGH NJW 1985, 2481 f.
87 BGH NJW 2008, 3640, 3641 sowie zum Schuldenbereinigungsplan BGH Rpfleger 2011, 678 f.
88 BGH NJW 2008, 3640, 3641; NJW-RR 2014, 875 ff, dort insb. zur Abwehr einer Forderung aus unerlaubter Handlung, und KG WM 2015, 933 ff zum certificate of discharge nach englischem Recht.
89 Vgl im Einzelnen Hk-ZPO/*Kindl*, § 767 Rn 12.
90 So bei Ablehnung der Erfüllung durch Insolvenzverwalter des Titelgläubigers: BGH NJW 1987, 1702; vgl auch OLG Köln NJW-RR 1991, 1022 bei unverschuldeter Unmöglichkeit der Leistung.
91 BGH NJW 1985, 809, 810; NJW-RR 1992, 61, 62 (zur Sicherungszession); NJW 2012, 1207 (Wegfall der Einziehungsermächtigung des abberufenen WEG-Verwalters); NJW-RR 2014, 653, 654. Vgl zum Wegfall der Prozessstandschaft *Wolf/Lecking*, MDR 2011, 1, 4.
92 BGH NJW 1993, 1396, 1398; Hk-ZPO/*Kindl*, § 767 Rn 12; MüKo-ZPO/*K. Schmidt/Brinkmann*, § 767 Rn 66 f.
93 AG Duisburg NZI 2011, 945, 946; AG Bremen FoVo 2011, 233.
94 Berufung des verurteilten Bürgen auf zwischenzeitliche Verjährung der Hauptforderung: BGH NJW 1998, 2972, 2973; NJW 1999, 278, 279; dagegen nicht des persönlich in Anspruch genommenen Gesellschafters bei Verjährung der Gesellschaftsschuld: BGH NJW 1988, 1976, da insoweit gleichwertige und nicht akzessorische Haftung besteht.
95 Nichtvalutierung einer Sicherungsgrundschuld oder Überschreitung des Sicherungszwecks, vgl MüKo-ZPO/*K. Schmidt/Brinkmann*, § 767 Rn 68 mwN. Vgl jetzt auch § 1192 Abs. 1 a BGB.
96 Vgl BGH NJW-RR 1997, 1272; Hk-ZPO/*Kindl*, § 767 Rn 13.

len der Einwand unzulässiger Rechtsausübung nach § 242 BGB.[97] In diesen Zusammenhang gehört auch die Geltendmachung von vollstreckungsbeschränkenden Vereinbarungen, die aber – je nach Inhalt – auch die Vollstreckungserinnerung nach § 766 begründen können.[98]

d) Unbeachtliche Einwendungen. Insoweit ist zunächst auf die Abgrenzung zu den anderen Rechtsbehelfen zu verweisen (s. Rn 12 ff), insb. auf die Einwendungen, die für die Klauselumschreibung relevant sind, oder diejenigen, die nach Abs. 2 oder 3 präkludiert sind. Unzulässig sind auch alle Einwendungen, die sich gegen die materielle Rechtskraft des Urteils wenden. Für die Geltendmachung von Zinsschwankungen bei tituliertem konkretem Verzugsschaden ist ggf die Abänderungsklage zu erheben.[99]

3. Gesetzes- und Rechtsprechungsänderungen. Ein Wandel der Rechtsprechung oder – nicht rückwirkende – Gesetzesänderungen können eine Vollstreckungsabwehrklage nicht begründen, da sie sich gegen die Richtigkeit des Urteils selbst richten und keine neu entstandenen Einwendungen darstellen würden. Dieser Grundsatz gilt jedoch nicht einschränkungslos.[100]

Ausnahmen ergeben sich zunächst aus einer analogen Anwendung des § 79 Abs. 2 BVerfGG, die das BVerfG zur „Bürgschaftsrechtsprechung" für geboten gehalten hat.[101] Hier kann die Vollstreckungsgegenklage nicht nur darauf gestützt werden, dass die Entscheidung auf einer vom BVerfG für nichtig erklärten Norm beruhe, sondern auch, dass die Entscheidung auf einer vom BVerfG für verfassungswidrig erklärten Auslegung und Anwendung von unbestimmten Rechtsbegriffen beruhe, wenn das BVerfG für die weitere Auslegung bindende Maßstäbe vorgebe.[102]

Gemäß § 10 UKlaG kann derjenige, dem die Verwendung von AGB untersagt worden ist, im Wege der Klage nach § 767 einwenden, dass nachträglich eine Entscheidung des BGH oder des Gemeinsamen Senates der Obersten Gerichtshöfe ergangen ist, die die Verwendung dieser Bestimmung nicht untersagt hat, wenn die Zwangsvollstreckung aus dem Urteil ihn unzumutbar in seinem Geschäftsbetrieb beeinträchtigen würde.

Soweit den Schuldner eine titulierte dauerhafte Unterlassungspflicht trifft, kann die Zwangsvollstreckung nach § 767 für unzulässig erklärt werden, wenn der dem Titel zugrunde liegende Anspruch nachträglich durch eine Gesetzesänderung, eine behördliche Entscheidung oder aus anderen Gründen weggefallen ist.[103] Insoweit kann der Schuldner auch geltend machen, dass das ihm untersagte Verhalten nunmehr aufgrund einer Änderung der höchstrichterlichen Rechtsprechung nicht mehr verboten ist.[104]

4. Beweislast. Der Schuldner trägt die Beweislast für die rechtsvernichtenden und rechtshemmenden Einwendungen.[105] Da sich die Beweislast auch bei Unterwerfung unter die sofortige Zwangsvollstreckung in einer notariellen Urkunde nach dem materiellen Recht richtet, hat der Gläubiger auch in einem solchen Fall

---

97 BGH NJW 2015, 955, 958; NJW-RR 2013, 167, 168 mwN.
98 Vgl zur Problematik *Gaul*, in: Gaul/Schilken/Becker-Eberhard, § 33 Rn 49 ff sowie für den Räumungsprozess *Schuschke*, NZM 2015, 232, 236.
99 BGH NJW 1987, 3266 f.
100 Vgl zur Diskussion zuletzt BGH NJW 2009, 3303, 3304 f.
101 BVerfG WM 2006, 23 ff gegen BGH NJW 2002, 2940 ff.
102 Zu einem weiteren Anwendungsfall BGH NJW 2013, 1676 f.
103 BGH NJW 2008, 1446, 1447 mwN zum Streitstand bzgl der analogen Anwendung des § 323.
104 BGH NJW 2009, 3303, 3305.
105 Hk-ZPO/*Kindl*, § 767 Rn 18.

das Fehlen von rechtshindernden Einwendungen als Voraussetzung für das Entstehen seines Anspruchs zu beweisen.[106]

IV. Präklusion nach Abs. 2

48   1. **Normzweck.** Nach Abs. 2 sind Einwendungen ausgeschlossen, die im Rechtsstreit über den Titel bis zum Schluss der mündlichen Verhandlung (§ 296 a) der letzten Tatsacheninstanz[107] bzw dem entsprechenden Zeitpunkt im schriftlichen Verfahren (§ 128 Abs. 2) nicht vorgebracht wurden, obwohl sie bereits entstanden waren. Die Einwendung ist auch dann ausgeschlossen, wenn sie zwar vorgebracht, aber als verspätet zurückgewiesen wurde.[108] Insoweit dient die Vorschrift dem Schutz der materiellen Rechtskraft der Vorentscheidung.

49   2. **Anwendungsbereich.** Abs. 2 gilt zunächst nur für **Urteile**, da diese der materiellen Rechtskraft fähig sind. § 796 Abs. 2 schafft eine Sonderregelung für **Vollstreckungsbescheide**, indem er auf den Zeitpunkt abstellt, zu dem die Einwendungen mit dem Einspruch noch hätten geltend gemacht werden können. Dies entspricht einem allgemeinen Grundsatz des Vorrangs der Geltendmachung in dem zum Titel führenden Verfahren.[109] Daher ist auch bei einem Versäumnisurteil auf den Zeitpunkt des Ablaufs der Einspruchsfrist abzustellen.[110] Die Gegenmeinung,[111] die darauf abstellt, ob am Schluss der mündlichen Verhandlung über die Vollstreckungsabwehrklage die Einspruchsfrist abgelaufen ist, unterläuft den Zweck der Präklusionsregelung völlig. Eine Zahlung in der Einspruchsfrist kann bei dennoch vorgenommener Zwangsvollstreckung auch nach Ablauf der Einspruchsfrist noch im Wege des Rechtsmissbrauchseinwands geltend gemacht werden[112] oder ggf über die Klage nach § 826 BGB bzw nach Bereicherungsrecht.[113]

50   Abs. 2 ist auch entsprechend anwendbar, wenn der Schuldner nach Ende der Vollstreckung auf Bereicherungs- oder Schadensersatzansprüche übergeht (vgl Rn 26).[114] Auch eine negative Feststellungsklage ist unzulässig, wenn eine vorhergehende Vollstreckungsabwehrklage wegen Präklusion des Aufrechnungseinwands abgewiesen worden ist.[115]

51   Abs. 2 gilt nicht unmittelbar für Einwendungen, die in einem vorangegangenen Verfahren nach § 767 hätten geltend gemacht werden können. Insoweit gilt nach hM ein Ausschluss nach Abs. 3 bzw es gelten ggf Rechtskraftregeln.[116]

52   Abs. 2 gilt nicht für Titel, die der Rechtskraft nicht fähig sind, wie zB **Prozessvergleiche**.[117] § 797 Abs. 4 stellt dies für die **vollstreckbaren Urkunden** klar. Hier sind auch alle rechtshindernden Einwendungen möglich. Beschränkungen unter-

---

106 BGH NJW 2001, 2096 ff.
107 Zu Tatsachen, die in der Revisionsinstanz entstehen, BGH NJW 1998, 2972 ff, sowie zum möglichen Tatsachenvorbringen im Verfahren zur Vollstreckbarerklärung von Schiedssprüchen BGH 29.1.2015 – V ZR 93/14.
108 BGH NJW 1994, 2769, 2770 mwN.
109 Vgl Hk-ZPO/*Kindl*, § 767 Rn 20 mwN.
110 So die hM vgl nur Musielak/*Lackmann*, § 767 Rn 38; Schuschke/Walker/*Raebel*, § 767 Rn 33; offen gelassen von BGH NJW-RR 2012, 304, 305.
111 Vgl nur Stein/Jonas/*Münzberg*, § 767 Rn 40 mwN.
112 Str, vgl nur Zöller/*Herget*, § 767 Rn 18 zu OLG Hamm NJW-RR 2000, 659.
113 Zöller/*Herget*, § 767 Rn 18; *Vollkommer*, MDR 2012, 368 f; *Fischer*, JuS 2012, 517, 520; *Makowsky*, JuS 2014, 901, 903; offen gelassen bei BGH NJW-RR 2012, 304, 305.
114 *Makowsky*, JuS 2014, 901, 902.
115 BGH NJW 2009, 1671 ff m. Anm. *Kaiser*, der von Unbegründetheit ausgeht.
116 BGH NJW 2006, 1669, 1670; Stein/Jonas/*Münzberg*, § 767 Rn 29 und 52; Hk-ZPO/*Kindl*, § 767 Rn 20; aA zB MüKo-ZPO/K. *Schmidt/Brinkmann*, § 767 Rn 90 mwN.
117 BGH NJW-RR 1987, 1022 f; *Schultheiß*, JuS 2015, 318, 321.

liegen auch weder die Klage gegen **Kostenfestsetzungsbeschlüsse**[118] noch die **prozessuale Gestaltungsklage analog § 767** wegen der Unwirksamkeit von Titeln[119] (vgl Rn 20).

Für anwendbar erklärt wird Abs. 2 allerdings für **Europäische Vollstreckungstitel** 53 (§ 1086 Abs. 2) und **Titel über geringfügige Forderungen** (§§ 1109 Abs. 2, 1086).[120] Einschränkungen bei Titeln, die nach der Verordnung (EU) Nr. 1215/2012[121] ergangen sind, enthält § 1117 Abs. 2.

3. Maßgeblicher Zeitpunkt. Ausgeschlossen sind die Einwendungen, die im Zeit- 54 punkt der letzten mündlichen Verhandlung in einer Tatsacheninstanz noch hätten geltend gemacht werden können (vgl Rn 48). Bei Berufungsrücknahme ist dies die Verhandlung erster Instanz.[122] Hierbei kommt es auf Kenntnis[123] oder Verschulden des Schuldners nicht an. Dies wird allerdings streitig[124] für den Fall der Unkenntnis einer vor Rechtshängigkeit erfolgten Abtretung diskutiert, weil hier die Gefahr des Verlustes der befreienden Zahlungsmöglichkeit nach § 407 BGB bestehe. Der BGH verweist insoweit aber auf die weiter bestehende Möglichkeit der befreienden Hinterlegung.

Im Insolvenzverfahren kommt es auf den Zeitpunkt der Feststellung zur Tabelle an.[125]

4. Gestaltungsrechte. Soweit es auf den Zeitpunkt der Entstehung der die Ein- 55 wendung begründenden Tatsachen ankommt, ist streitig, inwieweit es bei den Gestaltungsrechten (Anfechtung, Rücktritt, Kündigung, Aufrechnung etc.)[126] auch auf deren **Ausübung** ankommt. Der BGH stellt insoweit in stRspr darauf ab, dass wenn die Gründe für die Einwendung vor dem Schluss der mündlichen Verhandlung im Ausgangsprozess entstanden sind und die Rechtswirkung erst durch eine Willenserklärung ausgelöst wird, der Zeitpunkt maßgebend ist, in dem die Willenserklärung objektiv (erstmalig) abgegeben werden konnte.[127] Auch insoweit kommt es auf Kenntnis von der Befugnis nicht an. Im Hinblick auf die **Aufrechnung** ist der Schuldner auch nicht gehalten, eine mögliche Aufrechnungslage erst noch zu schaffen.[128] Ausnahmen können sich aus dem Zweck eines Gestaltungsrechts ergeben, wenn etwa eine befristete Verlängerungsoption gerade den Sinn der Erhaltung der Entscheidungsfreiheit bis zum Fristablauf

---

118 BGH NJW 1994, 3292, 3293 mwN; anders allerdings beim Beschluss nach § 11 Abs. 5 RVG. Vgl aber auch differenzierend OLG Köln NJW-RR 2010, 1447 f zur Einrede des Vorbehalts der beschränkten Haftung nach § 1629 a BGB.
119 Hk-ZPO/*Kindl*, § 767 Rn 6 a und 20 aE.
120 Hk-ZPO/*Kindl*, § 767 Rn 20.
121 Verordnung (EU) Nr. 1215/2012 des Europäischen Parlaments und des Rates vom 12. Dezember 2012 über die gerichtliche Zuständigkeit und die Anerkennung und Vollstreckung von Entscheidungen in Zivil- und Handelssachen (ABl. EU L 351 vom 20.12.2012, S. 1) („Brüssel Ia-VO").
122 BGH NJW 2005, 2926, 2927.
123 BGH NJW 1973, 1328.
124 Vgl BGH NJW 2001, 231, 232; Musielak/*Lackmann*, § 767 Rn 39; aA Zöller/*Herget*, § 767 Rn 14; *Gaul*, in: Gaul/Schilken/Becker-Eberhard, § 40 Rn 45 und 54, wenn Kenntnis zum Tatbestand der Einwendung gehört, sowie eingehend *Rensen*, MDR 2001, 856 ff.
125 BGH WM 2013, 47 f; NJW 2014, 2045, 2046 mwN.
126 Kein Gestaltungsrecht ist die Erstellung einer Betriebskostenabrechnung, die der Verurteilung zur Rückzahlung von Betriebskostenvorauszahlungen entgegengehalten wird, BGH NJW-RR 2010, 1598; dazu *Cziupka*, JuS 2011, 418 ff.
127 Vgl zuletzt bestätigt in BGH NJW 2009, 1671 und NJW 2005, 2926, jew. mwN; zust. Zöller/*Herget*, § 767 Rn 14; Thomas/Putzo/*Seiler*, § 767 Rn 22 a; PG/*Scheuch*, § 767 Rn 45.
128 BGH NJW 2005, 2926, 2927; vgl hierzu auch *K. Schmidt*, JuS 2005, 1129.

hat.[129] Dies dürfte in gleicher Weise für befristete verbraucherschützende Gestaltungsrechte gelten, die eine Überlegungszeit sichern sollen, insb. wenn sie auf europarechtliche Vorgaben zurückgehen.[130]

56 Die hM im Schrifttum[131] stellt dagegen grds. auf die Ausübung des jeweiligen Gestaltungsrechts ab, weil erst dadurch der Anspruch vernichtet oder beschränkt werde. Bei der Aufrechnung sei deren Präklusion noch hinnehmbar, weil die Forderung noch eingeklagt werden könne, die Ausübung anderer Rechte würde dagegen trotz fehlender Kenntnis endgültig unmöglich gemacht, was sich auch aus der geringen Gefahr der Prozessverschleppung nicht rechtfertige.[132]

V. Präklusion nach Abs. 3

57 Nach Abs. 3 muss der Schuldner in der Vollstreckungsgegenklage alle Einwendungen geltend machen, zu denen er imstande ist („**Bündelungsgebot**").[133] Damit soll der Verzögerung durch mehrere Vollstreckungsabwehrklagen vorgebeugt werden.[134] Da nach den Ausführungen zum Streitgegenstand (vgl Rn 2) nur die Entscheidung über die Unzulässigkeit der Zwangsvollstreckung bestimmter Einwendungen in materielle Rechtskraft erwächst, wäre der Schuldner ohne die Regelung in Abs. 3 nicht gehindert, in neuen Klagen nach § 767 weitere bekannte Einwendungen nachzuschieben.[135] Weder Rechtskraft noch Abs. 3 präkludieren jedoch Einwendungen, wenn die erste Vollstreckungsabwehrklage durch Rücknahme oder aufgrund Erledigung endete.[136]

58 Abs. 3 ist auch anwendbar auf Titel, die nicht der strengeren Präklusion des Abs. 2 unterfallen.[137] Eine Ausnahme will der BGH[138] für die **prozessuale Gestaltungsklage analog § 767** wegen des unterschiedlichen Streitgegenstandes zulassen. Abweichend vom Wortlaut („zur Zeit der Erhebung der Klage") kommt es auch hier auf den **Zeitpunkt der letzten mündlichen Verhandlung** an. Streitig ist aber, ob hier aus der Formulierung „geltend zu machen imstande war" folgt, dass eine Präklusion nur bei schuldhaftem Nichtgeltendmachen gerechtfertigt ist. Die Rspr stellt auch hier nur auf das objektive Vorliegen der Einwendungen ab.[139] In gleicher Weise ist streitig,[140] ob Abs. 3 auch Auswirkungen auf einen nach Abschluss der Vollstreckung folgenden Bereicherungs- oder Schadensersatzausgleich hat. Dies dürfte nach den Grundsätzen der „verlängerten Vollstre-

---

129 BGH NJW 1985, 2481.
130 Vgl Zöller/*Vollkommer*, vor § 322 Rn 66; *Maihold*, in: Nobbe (Hrsg.), Kommentar zum Kreditrecht, § 355 Rn 72 und *Rohlfing*, NJW 2010, 1787 ff zur parallelen Problematik der Präklusion im Berufungsrechtszug.
131 Stein/Jonas/*Münzberg*, § 767 Rn 32 ff; *Gaul*, in: Gaul/Schilken/Becker-Eberhard, § 40 Rn 62 ff; *Brox/Walker*, Rn 1346; Musielak/*Lackmann*, § 767 Rn 37, der allerdings der gegenteiligen Ansicht der Rspr schon gewohnheitsrechtlichen Charakter zubilligt.
132 So insb. *Brox/Walker*, Rn 1346. Für die anderen Gestaltungsrechte wird daher teilweise eine differenzierte Betrachtung nach Verstößen gegen die Prozessförderungspflicht im Ausgangsprozess erwogen, vgl Jauernig/*Berger*, § 12 Rn 14.
133 Vgl Jauernig/*Berger*, § 12 Rn 18.
134 BGH NJW 1994, 460, 462.
135 Vgl Hk-ZPO/*Kindl*, § 767 Rn 23.
136 BGH NJW 1991, 2280, 2281.
137 So die hM, vgl *Brox/Walker*, Rn 1352 und Hk-ZPO/*Kindl*, § 767 Rn 24, jew. mwN.
138 BGH NJW 1994, 460, 462.
139 BGHZ 61, 25 ff; zust. PG/*Scheuch*, § 767 Rn 49; Zöller/*Herget*, § 767 Rn 22; aA Hk-ZPO/*Kindl*, § 767 Rn 24; *Brox/Walker*, Rn 1357; Stein/Jonas/*Münzberg*, § 767 Rn 52; Musielak/*Lackmann*, § 767 Rn 42.
140 Bejahend PG/*Scheuch*, § 767 Rn 49; verneinend Hk-ZPO/*Kindl*, § 767 Rn 24; Stein/Jonas/*Münzberg*, § 767 Rn 56.

ckungsabwehrklage" (vgl Rn 26) zu bejahen sein, wenn der Schuldner bereits eine Vollstreckungsabwehrklage erhoben hatte.[141]

VI. Verfahren und Entscheidung

1. Verfahren. Auf das Verfahren der Vollstreckungsabwehrklage finden die Vorschriften über das normale Prozessverfahren einschließlich der Rechtsmittel statt. Durch das Fortwirken der Prozessvollmacht nach § 81 ist die Klage dem erstinstanzlichen Prozessbevollmächtigten des Gläubigers des Vorprozesses zuzustellen.[142] Nach § 769 können auf Antrag des Schuldners schon während des Verfahrens Anordnungen zur Einschränkung der Zwangsvollstreckung aus dem angegriffenen Titel erfolgen. 59

2. Entscheidung durch Urteil, Tenor. Der Urteilstenor entspricht dem Antrag (s. Rn 27) und lautet bei **Klagestattgabe:** 60

▶ Die Zwangsvollstreckung aus dem ... (genaue Bezeichnung des Titels) wird (ggf zu einem bestimmten Teil oder für einen bestimmten Zeitraum) für unzulässig erklärt (oder: für zulässig nur Zug um Zug gegen Leistung ... [genau bezeichnete Gegenleistung, zB genaue Beschreibung von zu beseitigenden Mängeln]). ◀

Sind die Einwendungen **nur zum Teil begründet**, wird die Zwangsvollstreckung auch nur zu dem bestimmten Teil für unzulässig erklärt und die Klage im Übrigen abgewiesen, ohne dass es eines auf diesen Teil bezogenen Antrages bedarf.[143] 61

Das Urteil ist nach §§ 708 ff **für vorläufig vollstreckbar zu erklären**, um die Wirkung nach § 775 Nr. 1 auch schon vor Rechtskraft herbeiführen zu können. Daneben sind Anordnungen nach § 770 möglich, die nach § 775 Nr. 2 wirksam werden, jedoch nicht automatisch nach § 776 zur Aufhebung bereits getroffener Vollstreckungsmaßnahmen führen. 62

3. Urteilswirkungen. Die stattgebende Entscheidung entzieht dem Titel die Vollstreckbarkeit. Diese prozessuale Gestaltungswirkung gegenüber jedermann tritt mit Rechtskraft ein.[144] Vollzogen wird die Entscheidung gemäß § 775 Nr. 1 durch Vorlage gegenüber dem Vollstreckungsorgan, was zur Einstellung der Zwangsvollstreckung und ggf Aufhebung von Vollstreckungsmaßnahmen (§ 776) führt. 63

Die Rechtskraft des Urteils, die sich nicht auf den titulierten Anspruch oder die geltend gemachten Einwendungen[145] bezieht, wirkt nur zwischen den Parteien. Bei Entscheidung über eine zur Aufrechnung gestellte Forderung erstreckt sich die Rechtskraft entsprechend § 322 auch auf diese.[146] 64

4. Schadensersatz nach § 717 Abs. 2. Der Gläubiger macht sich nicht entsprechend § 717 Abs. 2 schadensersatzpflichtig, wenn er aus dem Urteil vollstreckt hat, dessen Vollstreckbarkeit nach § 767 beseitigt worden ist, selbst wenn der Titel wegen inhaltlicher Unbestimmtheit unwirksam ist.[147] 65

---

141 Dies war in BGH NJW 1993, 3318 nicht der Fall.
142 Musielak/*Lackmann*, § 767 Rn 43.
143 Hk-ZPO/*Kindl*, § 767 Rn 25.
144 MüKo-ZPO/*K. Schmidt/Brinkmann*, § 767 Rn 93, 95.
145 AA MüKo-ZPO/*K. Schmidt/Brinkmann*, § 767 Rn 96.
146 BGHZ 48, 356, 358; BGH NJW 1994, 2769, 2770; NJW 2015, 955, 959.
147 BGH NJW-RR 1999, 1223; PG/*Scheuch*, § 767 Rn 51.

66 § 717 Abs. 2 findet aber auch dann keine Anwendung, wenn das vorläufig vollstreckbare Urteil erster Instanz auf die Berufung hin aufgehoben wird[148] (zur parallelen Problematik der einstweiligen Einstellung vgl auch § 769 Rn 50).

VII. Kosten

67 Die **gerichtlichen Kosten** folgen den Bestimmungen für das Prozessverfahren des ersten Rechtszuges (Nr. 1210 ff KV GKG). Auch für den **Rechtsanwalt** entstehen die Gebühren für das Verfahren im ersten Rechtszug (Nr. 3100 ff VV RVG). Die vorgerichtliche Tätigkeit des Rechtsanwalts vor Erhebung einer Vollstreckungsabwehrklage löst eine Geschäftsgebühr Nr. 2300 VV RVG aus, wenn der Rechtsanwalt vor Einleitung des Klageverfahrens mit der zunächst außergerichtlichen Bearbeitung des Falls betraut worden ist.[149] **Streitwert** ist der Wert des vollstreckbaren Anspruchs bzw eines Teilbetrages, wenn die Klage sich nur darauf bezieht.[150]

§ 768 Klage gegen Vollstreckungsklausel

Die Vorschriften des § 767 Abs. 1, 3 gelten entsprechend, wenn in den Fällen des § 726 Abs. 1, der §§ 727 bis 729, 738, 742, 744, des § 745 Abs. 2 und des § 749 der Schuldner den bei der Erteilung der Vollstreckungsklausel als bewiesen angenommenen Eintritt der Voraussetzung für die Erteilung der Vollstreckungsklausel bestreitet, unbeschadet der Befugnis des Schuldners, in diesen Fällen Einwendungen gegen die Zulässigkeit der Vollstreckungsklausel nach § 732 zu erheben.

Literatur (Auswahl):
Herrler, Kein Schutz des Schuldners beim Forderungsverkauf im Klauselerteilungsverfahren, NZM 2012, 7 ff; *Jäckel*, Rechtsbehelfe im Klauselverfahren, JuS 2005, 610 ff; *Renzing*, Die Beweislast bei der Klage gegen die Vollstreckungsklausel, MDR 1976, 286 ff.

I. Normzweck und Anwendungsbereich 1	4. Entgegenstehende Rechtskraft 13
1. Normzweck 1	III. Begründetheit der Klage 14
2. Anwendungsbereich und Abgrenzung zu anderen Rechtsbehelfen 2	1. Nachweis der erforderlichen Tatsachen im Zeitpunkt der mündlichen Verhandlung ... 14
II. Zulässigkeit der Klage 8	2. Beweislast 16
1. Zuständigkeit 8	IV. Entscheidung 17
2. Statthaftigkeit 9	V. Folgeansprüche 19
3. Rechtsschutzbedürfnis 12	VI. Kosten 21

I. Normzweck und Anwendungsbereich

1 **1. Normzweck.** Die Klage nach § 768 ist wie die Vollstreckungsgegenklage (§ 767), auf die sie Bezug nimmt, eine **prozessuale Gestaltungsklage**. Sie ist jedoch begrenzt auf den Ausspruch der **Unzulässigkeit der Zwangsvollstreckung aus der konkreten vollstreckbaren Ausfertigung (Klausel)**. Mit ihr kann der Schuldner sachliche Einwendungen gegen die Erteilung der im Einzelnen aufgeführten qualifizierten Vollstreckungsklauseln erheben. Insofern wird sie zu Recht

---

148 So die zu § 771 entwickelte Rspr BGHZ 95, 10, 13; 158, 286, 294; PG/*Scheuch*, § 767 Rn 51.
149 BGH AGS 2011, 120 = NJW 2011, 1603 = Rpfleger 2011, 399.
150 BGH NJW-RR 1988, 444; OLG Hamm Rpfleger 1991, 387; BGH MDR 1995, 1258.

als das prozessuale Gegenstück zu der Klage des Gläubigers auf Erteilung der Vollstreckungsklausel nach § 731 bezeichnet.

2. Anwendungsbereich und Abgrenzung zu anderen Rechtsbehelfen. Mit der Klage nach § 768, die nicht nur Urteile erfasst, sondern über die Verweisungen in den §§ 795 ff auch für andere Titel gilt, kann in einem Hauptsacheverfahren vor dem Prozessgericht geltend gemacht werden, dass in den dort aufgeführten Fällen die tatsächlichen Voraussetzungen einer qualifizierten Vollstreckungsklausel zu Unrecht als nachgewiesen erachtet worden sind, also der Rechtspfleger zB den Nachweis des Eintritts einer Bedingung (§ 726 Abs. 1) oder einer Rechtsnachfolge (§ 727 Abs. 1) zu Unrecht als geführt angesehen hat. Darüber hinaus kann der Schuldner weitere, nicht aus den Urkunden ersichtliche Einwendungen geltend machen, die dazu führen, dass die entsprechende Klausel nicht hätte erteilt werden dürfen, zB bei § 727 Abs. 1 die Nichtigkeit einer Abtretung nach § 134 BGB[1] oder die Einwendung, eine Unterwerfungserklärung in einer notariellen Urkunde erstrecke sich nur auf Ansprüche aus einer treuhänderisch gebundenen Sicherungsgrundschuld und der Zessionar sei nicht in die treuhänderische Bindung eingetreten.[2]

Mit der **Klauselerinnerung** nach § 732 kann der Schuldner dagegen Einwendungen förmlicher Art gegen die erteilte Klausel geltend machen (zB Erteilung der Klausel ohne Nachweis oder Erteilung einer einfachen Klausel durch den Urkundsbeamten der Geschäftsstelle statt einer erforderlichen qualifizierten Klausel durch den Rechtspfleger[3] bzw die Wirksamkeit der Unterwerfung unter die Zwangsvollstreckung[4]) und damit ebenfalls den Ausspruch der Unzulässigkeit der Zwangsvollstreckung aus dieser Klausel erreichen. Der Prüfungsumfang ist in beiden Verfahren strikt auf die dort zulässigen Einwendungen beschränkt[5] (vgl aber auch § 732 Rn 3). Insoweit decken sich die Anwendungsbereiche der beiden Rechtsbehelfe nicht und sie können, wie § 768 am Ende klarstellt, nebeneinander ergriffen werden. So kann der Schuldner, wenn fälschlich eine einfache Klausel vom Urkundsbeamten der Geschäftsstelle erteilt worden ist, sowohl den förmlichen Verstoß über § 732 rügen als auch den Eintritt der Bedingung über § 768 bestreiten.[6] Wird einer Erinnerung nach § 732 rechtskräftig stattgegeben, entfällt das Rechtsschutzbedürfnis für die Klage nach § 768 und es tritt in einem bereits anhängigen Verfahren bezüglich dieser Klausel Erledigung ein,[7] obwohl der Formmangel möglicherweise schnell beseitigt und eine neue Klausel erteilt werden kann. Andererseits kann auch bei Abweisung der Erinnerung die Klage nach § 768 wegen der materiellen Einwendungen gegen die Klauselerteilung noch Erfolg haben.

Wird dagegen überhaupt ohne eine erforderliche qualifizierte Klausel durch den Rechtsnachfolger vollstreckt, so ist gegen die Vollstreckungshandlungen die Erinnerung nach § 766 der richtige Rechtsbehelf.[8] In diesem Verfahren wird jedoch nicht die materielle Richtigkeit der erteilten Klausel gemessen am Inhalt des Titels geprüft.[9]

---

1 Hk-ZPO/*Kindl*, § 732 Rn 3.
2 BGH NJW 2011, 2803, 2806 f; NJW 2012, 2354 ff; NJW 2015, 619, 622 (Vollstreckungsbedingung). *Herrler*, NZM 2012, 7, 12 f und *Piekenbrock*, ZZP 125 (2012) 171, 195 gehen insoweit von einer analogen Anwendung des § 768 aus.
3 Vgl BGH WM 2012, 454, 455 m. Nachw. zum Streitstand.
4 BGH NJW 2012, 3518 f.
5 OLG Koblenz NJW 1992, 378, 379; Hk-ZPO/*Kindl*, § 732 Rn 3.
6 *Lackmann*, Zwangsvollstreckungsrecht, Rn 771.
7 MüKo-ZPO/*K. Schmidt/Brinkmann*, § 768 Rn 4.
8 BGH WM 1992, 1382, 1383; MüKo-ZPO/*K. Schmidt/Brinkmann*, § 768 Rn 4; PG/*Scheuch*, § 768 Rn 5.
9 BGH WM 2012, 454, 455 f; BGH WM 2012, 1437, 1438.

5 Während § 768 die Voraussetzungen der Erteilung der Klausel betrifft, richten sich die mit der Klage nach § 767 geltend gemachten Einwendungen gegen den titulierten Anspruch selbst. Damit haben diese Klagen einen unterschiedlichen Streitgegenstand, der nicht beliebig im Verfahren ausgetauscht werden kann. Will der Schuldner im Rahmen der Klage nach § 768 auf den Erfüllungseinwand umschwenken, bedürfte es der Klageänderung (§ 263).[10] Die beiden Klageanträge können jedoch auch im Wege der objektiven Klagehäufung verbunden werden.[11] Häufig wird es sinnvoll sein, den weitergehenden Antrag nach § 767 als Hauptantrag zu stellen, auch wenn dies nicht zwingend ist. Wird dem Antrag nach § 767 rechtskräftig stattgegeben, so erledigt sich eine etwaige Klage aus § 768.[12]

6 Ein Vorrang der Vollstreckungsgegenklage besteht wegen der weitergehenden Rechtsfolge beim Einwand der Erfüllung vor der behaupteten Rechtsnachfolge oder bei den Einwendungen des Hauptschuldners nach § 774 Abs. 1 S. 3 BGB.[13]

7 Da die auflösende Bedingung und die Verfallklausel nicht von § 726 Abs. 1 erfasst sind, ist auch deren Geltendmachung durch den Schuldner nur nach § 767 zulässig (s. § 726 Rn 8).[14]

II. Zulässigkeit der Klage

8 **1. Zuständigkeit.** Zuständig für die Klage ist das Prozessgericht des ersten Rechtszuges (§§ 768 Abs. 1, 767 Abs. 1, 802). Das Familiengericht ist zuständig, wenn dem Titel eine Familiensache iSv § 23 b GVG zugrunde liegt. Im Übrigen gelten die Grundsätze zu § 767 (s. § 767 Rn 29).

9 **2. Statthaftigkeit.** Die Klage nach § 768 ist nur statthaft, wenn sie sich auf das Vorliegen der eine **qualifizierende Klausel** rechtfertigenden Tatsachen richtet. Sie ist daher unzulässig, wenn zu Recht eine einfache Klausel erteilt worden ist.[15]

10 Ist vom Urkundsbeamten zu Unrecht eine einfache Klausel erteilt worden und bestreitet der Schuldner auch das Vorliegen etwa der Rechtsnachfolge oder des Eintritts der Bedingung, kann er mit diesem Einwand die Klage nach § 768 erheben.[16]

11 **Richtiger Kläger** ist der Titelschuldner, **Beklagter** der in der Klausel genannte Gläubiger. Über den Wortlaut hinaus lässt die hM in entsprechender Anwendung den Antrag nach § 768 auch für den **Gläubigerprätendentenstreit** zu. So kann der ursprüngliche Titelgläubiger geltend machen, dass einem neuen Gläubiger aus materiellen Gründen zu Unrecht eine Rechtsnachfolgeklausel erteilt worden sei.[17]

12 **3. Rechtsschutzbedürfnis.** Das Rechtsschutzbedürfnis liegt mit Erteilung der vollstreckbaren Ausfertigung vor.[18] Eine vorbeugende Klage zur Verhinderung

---

10 Zöller/*Herget*, § 768 Rn 1 mwN. Für die Zulässigkeit des Übergangs von einer Vollstreckungsabwehrklage zur Klauselgegenklage noch in der Berufungsinstanz jetzt BGH 27.1.2012 – V ZR 92/11 – m. Anm. *Elzer*, FD-ZVR 2012, 330372.
11 Eingehend Wieczorek/Schütze/*Salzmann*, § 768 Rn 4; BGH NJW 2015, 619, 620 f.
12 MüKo-ZPO/*K. Schmidt/Brinkmann*, § 768 Rn 5.
13 Wieczorek/Schütze/*Salzmann*, § 768 Rn 3.
14 Stein/Jonas/*Münzberg*, § 768 Rn 6; MüKo-ZPO/*K. Schmidt/Brinkmann*, § 768 Rn 2; *Becker-Eberhard*, in: Gaul/Schilken/Becker-Eberhard, § 17 Rn 39. Zur Auslegung einer Verfallklausel im Vergleich s. BGH WM 2012, 1437, 1438.
15 *Lackmann*, Zwangsvollstreckungsrecht, Rn 771.
16 OLG Koblenz NJW 1992, 378, 379; OLG Köln NJW 1994, 893.
17 Schuschke/Walker/*Raebel*, § 768 Rn 9; MüKo-ZPO/*K. Schmidt/Brinkmann*, § 768 Rn 6; Hk-ZPO/*Kindl*, § 768 Rn 3; *Becker-Eberhard*, in: Gaul/Schilken/Becker-Eberhard, § 17 Rn 51 f.
18 Zur Funktion der Zustellung der Rechtsnachfolgeklausel für die Zwangsvollstreckung und den Rechtsschutz vgl BGH MDR 2007, 797.

der Klauselerteilung sieht das Gesetz nicht vor.[19] Das Rechtsschutzbedürfnis entfällt mit Beendigung der Zwangsvollstreckung. Danach ist der Schuldner auf etwaige Bereicherungs- und Schadensersatzansprüche verwiesen.

4. Entgegenstehende Rechtskraft. Die Klage nach § 768 ist nicht zulässig, wenn 13
bereits rechtskräftig über die Klage des Gläubigers nach § 731 entschieden worden ist und keine neuen Tatsachen vorgebracht werden.[20] Insoweit nötigt der für anwendbar erklärte § 767 Abs. 3 den Schuldner auch, seine Einwendungen gegen die Klauselerteilung in dem Verfahren nach § 731 vorzubringen, will er nicht später damit in einem Verfahren nach § 768 ausgeschlossen sein. Eine vorhergehende Entscheidung über eine Erinnerung nach § 732 steht nicht entgegen.[21]

III. Begründetheit der Klage

1. Nachweis der erforderlichen Tatsachen im Zeitpunkt der mündlichen Ver- 14
handlung. Die Klage ist begründet, wenn die für die Erteilung der qualifizierten Vollstreckungsklauseln erforderlichen materiellen Voraussetzungen im Prozess tatsächlich nicht nachgewiesen worden sind. Rein formelle Einwendungen, etwa zur mangelhaften Beweisführung im Klauselerteilungsverfahren, gehören ins Verfahren nach § 732 und werden nicht berücksichtigt,[22] führen jedenfalls wegen der Notwendigkeit der eigenen Tatsachenfeststellung des Prozessgerichts nicht allein zum Erfolg.

Entscheidend für den Erfolg auch dieser prozessualen Gestaltungsklage ist, ob 15
die Voraussetzungen im **Zeitpunkt der letzten mündlichen Verhandlung der Tatsacheninstanz** festgestellt werden können. Insoweit kann eine Klage unbegründet sein, wenn eine zunächst nicht vorliegende Bedingung oder Rechtsnachfolge bis zum Zeitpunkt der mündlichen Verhandlung doch noch eingetreten ist.[23] Der Kläger kann dann ggf Erledigung erklären. Ausgeschlossen ist insoweit aber ein Auswechseln der maßgeblichen Gründe, also Rechtsnachfolge durch Abtretung statt durch Erbfall. Hier muss der Gläubiger beim Rechtspfleger eine neue Klausel beantragen.[24]

2. Beweislast. Die Beweislast für das Vorliegen der Voraussetzungen der jeweiligen Vollstreckungsklauseln liegt im Grundsatz beim jeweiligen Gläubiger.[25] Dies 16
ergibt sich aus den jeweiligen Regelungen in §§ 726 ff, die den Nachweis für die Erteilung der Klausel verlangen. Das Vorliegen von Gegenrechten oder Ausnahmevorschriften wird dagegen idR der Schuldner zu beweisen haben.[26] Daran ändern entgegen der früher hM die Parteirollen im Verfahren nach § 768 nichts.[27] Im Ergebnis besteht aber kaum ein Unterschied zwischen den verschiedenen Meinungen, weil für die Erteilung der jeweiligen Klauseln idR öffentliche oder öffentlich beglaubigte Urkunden vorgelegen haben müssen, deren Beweiskraft nach

---

19 PG/*Scheuch*, § 768 Rn 6.
20 Schuschke/Walker/*Raebel*, § 768 Rn 7; Thomas/Putzo/*Seiler*, § 768 Rn 5.
21 RGZ 50, 372, 375 f; MüKo-ZPO/*K. Schmidt/Brinkmann*, § 768 Rn 7 mwN.
22 Wieczorek/Schütze/*Salzmann*, § 768 Rn 12.
23 BGH WM 2012, 1331, 1333; MüKo-ZPO/*K. Schmidt/Brinkmann*, § 768 Rn 9 mwN.
24 Schuschke/Walker/*Raebel*, § 768 Rn 4; PG/*Scheuch*, § 768 Rn 9.
25 OLG Koblenz NJW 1992, 378, 379; OLG Köln NJW-RR 1994, 893; *Renzing*, MDR 1976, 286 f; *Jäckel*, JuS 2005, 610, 615; Hk-ZPO/*Kindl*, § 768 Rn 3; Zöller/*Herget*, § 768 Rn 2; Stein/Jonas/*Münzberg*, § 768 Rn 6 f; Wieczorek/Schütze/*Salzmann*, § 768 Rn 18; Musielak/*Lackmann*, § 768 Rn 8; Schuschke/Walker/*Raebel*, § 768 Rn 5; *Becker-Eberhard*, in: Gaul/Schilken/Becker-Eberhard, § 17 Rn 40.
26 Vgl zB OLG Karlsruhe NJW-RR 2004, 154 f.
27 So das RG unter Berufung auf die Materialien, RGZ 82, 35, 37; heute noch MüKo-ZPO/*K. Schmidt/Brinkmann*, § 768 Rn 10; Thomas/Putzo/*Seiler*, § 768 Rn 9; PG/*Scheuch*, § 768 Rn 10; Baumbach/Lauterbach/*Hartmann*, § 768 Rn 4.

§§ 415 ff der Schuldner nunmehr mit allen Mitteln des Strengbeweises zu widerlegen haben wird.[28] Auch die Vertreter der Gegenmeinung erkennen jedoch an, dass der Nachweis der Bösgläubigkeit des Rechtsnachfolgers in § 325 wegen der gegenteiligen Vermutung vom Gläubiger zu führen ist.[29]

IV. Entscheidung

17 Der Tenor eines stattgebenden Urteils lautet:

▶ Die Zwangsvollstreckung gegen den Kläger aus der dem Beklagten am ... durch ... (genaue Bezeichnung) erteilten vollstreckbaren Ausfertigung des ... (genaue Bezeichnung des Titels) wird für unzulässig erklärt.[30] ◀

18 Die Entscheidung ist im Hinblick auf § 775 Nr. 1 für vorläufig vollstreckbar zu erklären. Einstweilige Anordnungen zur Einstellung der Zwangsvollstreckung können nach § 769 im laufenden Verfahren ergehen oder nach § 770 im Urteil erfolgen. Ein Anspruch auf Rückgabe der mit der unzulässigen Klausel versehenen Ausfertigung besteht nicht.[31]

V. Folgeansprüche

19 Wird eine zunächst der Klage nach § 768 stattgebende Entscheidung später aufgehoben, ist § 717 Abs. 2 auch auf die Verzögerungen der Zwangsvollstreckung für den Gläubiger analog anwendbar.[32]

20 Durch die Versagung der Rechtsbehelfe nach §§ 768, 732 wird die spätere Geltendmachung von Schadensersatz- oder Bereicherungsansprüchen sowie des Eigentumsrechts gegenüber einem angeblichen Rechtsnachfolger nicht ausgeschlossen.[33]

VI. Kosten

21 Die **gerichtlichen Kosten** folgen den Bestimmungen für das Prozessverfahren des ersten Rechtszuges (Nr. 1210 ff KV GKG). Auch für den **Rechtsanwalt** entstehen die Gebühren für das Verfahren im ersten Rechtszug (Nr. 3100 ff VV RVG). Der **Streitwert** des Verfahrens orientiert sich am Interesse am Ausschluss der Vollstreckung. Den vollen Betrag der titulierten Forderung kann der Streitwert nur ausnahmsweise erreichen.[34]

§ 769 Einstweilige Anordnungen

(1) ¹Das Prozessgericht kann auf Antrag anordnen, dass bis zum Erlass des Urteils über die in den §§ 767, 768 bezeichneten Einwendungen die Zwangsvoll-

---

28 PG/*Scheuch*, § 768 Rn 10; Schuschke/Walker/*Raebel*, § 768 Rn 5.
29 RGZ 82, 35, 38; MüKo-ZPO/*K. Schmidt/Brinkmann*, § 768 Rn 10 mwN.
30 Vgl zB Thomas/Putzo/*Seiler*, § 768 Rn 10; Schuschke/Walker/*Raebel*, § 768 Rn 6; *Becker-Eberhard*, in: Gaul/Schilken/Becker-Eberhard, § 17 Rn 43 und *Sitzmann*, in: Saenger/Ullrich/Siebert, ZPO, Kommentiertes Prozessformularbuch, § 768 Rn 13; etwas abw. Musielak/*Lackmann*, § 768 Rn 9 und *Jäckel*, JuS 2005, 610, 614, die eine Unzulässigerklärung sowohl der Klausel als auch der Zwangsvollstreckung aus ihr vorsehen.
31 Wieczorek/Schütze/*Salzmann*, § 768 Rn 20.
32 PG/*Scheuch*, § 768 Rn 13 unter Hinweis auf BGHZ 95, 10, 13 ff (zu § 771 Abs. 3); anders Musielak/*Lackmann*, § 717 Rn 6.
33 Vgl BGHZ 4, 283 ff sowie MüKo-ZPO/*K. Schmidt/Brinkmann*, § 768 Rn 13 (ggf aber Mitverschulden).
34 OLG Köln MDR 1980, 852.

streckung gegen oder ohne Sicherheitsleistung eingestellt oder nur gegen Sicherheitsleistung fortgesetzt werde und dass Vollstreckungsmaßregeln gegen Sicherheitsleistung aufzuheben seien. ²Es setzt eine Sicherheitsleistung für die Einstellung der Zwangsvollstreckung nicht fest, wenn der Schuldner zur Sicherheitsleistung nicht in der Lage ist und die Rechtsverfolgung durch ihn hinreichende Aussicht auf Erfolg bietet. ³Die tatsächlichen Behauptungen, die den Antrag begründen, sind glaubhaft zu machen.

(2) ¹In dringenden Fällen kann das Vollstreckungsgericht eine solche Anordnung erlassen, unter Bestimmung einer Frist, innerhalb der die Entscheidung des Prozessgerichts beizubringen sei. ²Nach fruchtlosem Ablauf der Frist wird die Zwangsvollstreckung fortgesetzt.

(3) Die Entscheidung über diese Anträge ergeht durch Beschluss.

(4) Im Fall der Anhängigkeit einer auf Herabsetzung gerichteten Abänderungsklage gelten die Absätze 1 bis 3 entsprechend.

Literatur (Auswahl):
Frauenknecht, Einstweilige Einstellung der Zwangsvollstreckung nach § 242 FamFG, NJW-Spezial 2012, 132 f; *Kaiser*, Besondere Anträge neben Zwangsvollstreckungsrechtsbehelfen des Schuldners, NJW 2014, 364 ff; *Peglau*, Einstweiliger Rechtsschutz bei Klagen auf Titelherausgabe nach § 826 BGB, MDR 1999, 400 ff; *Stackmann*, Eilentscheidungen zur Vollstreckungsabwehr, JuS 2006, 980 ff.

I. Zweck und Anwendungsbereich 1	4. Verfahren 27
1. Normzweck 1	a) Glaubhaftmachung (Abs. 1 S. 3) 27
2. Anwendungsbereich 2	b) Rechtliches Gehör 28
3. Keine analoge Anwendung auf sonstige Klageverfahren 4	c) Entscheidung durch Beschluss (Abs. 3), Wirkung 30
II. Entscheidung des Prozessgerichts (Abs. 1) 12	d) Abänderungsmöglichkeit 33
1. Zulässigkeit 12	e) Umsetzung des Beschlusses 34
a) Antrag 12	5. Muster 37
b) Prozessgericht 13	III. Entscheidung des Vollstreckungsgerichts (Abs. 2) 41
c) Anhängiges Verfahren 15	1. Vollstreckungsgericht 41
d) Rechtsschutzbedürfnis 17	2. „Dringende Fälle" 42
2. Sachliche Voraussetzungen 18	3. Entscheidungsinhalt, Fristsetzung, Musterformulierung 43
a) Erfolgsaussichten 19	IV. Anfechtbarkeit 45
b) Fehlende Möglichkeit zur Erbringung von Sicherheiten (Abs. 1 S. 2) 22	1. Entscheidungen des Prozessgerichts 45
c) Entbehrlichkeit der Sicherheitsleistung wegen anderweitiger Absicherung 23	2. Entscheidungen des Vollstreckungsgerichts 48
3. Inhalt der Anordnungen (Abs. 1 S. 1 und 2) 24	3. Kostenentscheidung in der Beschwerdeinstanz 49
a) Überblick 24	V. Schadensersatz bei ungerechtfertigter Einstellung? 50
b) Einstweilige Einstellung mit/ohne Sicherheitsleistung 25	VI. Kosten 51
c) Aufhebung von Vollstreckungsmaßnahmen 26	

I. Zweck und Anwendungsbereich

1. Normzweck. Klagen, die sich gegen die Zwangsvollstreckung aus einem zivilrechtlichen Vollstreckungstitel richten, haben keine aufschiebende Wirkung. Bis eine Entscheidung über eine derartige Klage ergeht, die nach § 775 Nr. 1 zur Einstellung der Zwangsvollstreckung führen könnte, vergeht Zeit, während der vom Gläubiger vollendete Tatschen geschaffen werden könnten. Um zu verhindern, dass der gesetzlich vorgesehene Rechtsschutz ins Leere läuft, ermöglicht § 769 sowohl die Anordnung der einstweiligen Einstellung der Zwangsvollstreckung, die über § 775 Nr. 2 umgesetzt werden kann, als auch die Aufhebung einzelner bereits getroffener Vollstreckungsmaßnahmen (vgl § 776).

2 **2. Anwendungsbereich.** § 769 ist unmittelbar auf die Klagen aus §§ 767 und 768 und aufgrund ausdrücklicher Verweisung in §§ 771 Abs. 3, 785, 786, 805 Abs. 4 und 1084 Abs. 2 sowie § 112 Abs. 4 GenG entsprechend anzuwenden.

3 Abs. 4, der durch das FGG-Reformgesetz vom 17.12.2008 mit Wirkung zum 1.9.2009 eingefügt worden ist, entspricht der früher hM,[1] die § 769 bereits entsprechend auf die **Abänderungsklagen** angewandt hatte. Ergänzend wird dies in § 242 S. 1 FamFG mit einer Erweiterung auf erst anhängige Abänderungsanträge und auf entsprechende Anträge auf Verfahrenskostenhilfe geregelt.[2]

4 **3. Keine analoge Anwendung auf sonstige Klageverfahren.** Eine entsprechende Anwendung des § 769 kommt jedoch nicht in Betracht bei Verfahren, deren abschließende Entscheidung nicht über § 775 einer Zwangsvollstreckung entgegengehalten werden könnte.[3] So fallen Urteile, in denen der Gläubiger zur Unterlassung der Zwangsvollstreckung, zur Herausgabe des Titels oder des Vollstreckungserlöses verurteilt wird, oder in denen das Nichtbestehen eines Anspruchs festgestellt wird, nicht in den Anwendungsbereich des § 775 Nr. 1 (s. auch § 775 Rn 11).[4]

5 Gleichwohl ist die analoge Anwendung des § 769 auf weitere als die ausdrücklich gesetzlich genannten Verfahren im Einzelnen sehr streitig und betrifft vor allem die Klagen aus § 826 BGB wegen sittenwidriger Ausnutzung eines Vollstreckungstitels.[5] Insoweit wird jedoch zu Recht auf die Unterschiede zwischen der Leistungsklage und den prozessualen Gestaltungsklagen hingewiesen,[6] die in der Fassung des § 775 ihren Ausdruck finden. Im Übrigen mangelt es an der für eine Analogie erforderlichen Rechtsschutzlücke, da der Antrag auf Erlass einer einstweiligen Verfügung auf Unterlassen von Zwangsvollstreckungsmaßnahmen möglich bleibt.[7] Es erscheint insoweit auch nicht unbillig, den Schuldner im Gegensatz zu dem Verfahren nach § 769 bei einer unberechtigten vorläufigen Unterbindung der Zwangsvollstreckung durch einstweilige Verfügung mit zusätzlichen Verfahrenskosten und einer verschuldensunabhängigen Haftung nach § 945 zu belasten.

---

1 Vgl die Nachweise bei MüKo-ZPO/K. *Schmidt/Brinkmann*, § 769 Rn 4, dort in Fn 3.
2 Vgl hierzu *Frauenknecht*, NJW-Spezial 2012, 132 f.
3 Schuschke/Walker/*Raebel*, § 769 Rn 1; Hk-ZPO/*Kindl*, § 769 Rn 1 und im Grundsatz auch MüKo-ZPO/K. *Schmidt*, § 769 Rn 4.
4 BGH NJW 1994, 460, 461; Hk-ZPO/*Kindl*, § 775 Rn 5; Zöller/*Stöber*, § 775 Rn 4 a; zur Unzulässigkeit einer erweiternden Anwendung des § 775 vgl BGH NJW 2008, 3640, 3641.
5 Für eine analoge Anwendung: Zöller/*Herget*, § 769 Rn 1; MüKo-ZPO/K. *Schmidt/Brinkmann*, § 769 Rn 4; OLG Zweibrücken NJW 1991, 3040, 3041; LG Berlin MDR 2005, 1254; verneinend die hM: *Peglau*, MDR 1999, 400 ff; Hk-ZPO/*Kindl*, § 769 Rn 1; Wieczorek/Schütze/*Salzmann*, § 769 Rn 7; Schuschke/Walker/*Raebel*, § 769 Rn 1; Musielak/*Lackmann*, § 769 Rn 1 a; Thomas/Putzo/*Seiler*, § 769 Rn 2 a; OLG Stuttgart NJW-RR 1998, 70.
6 OLG Stuttgart NJW-RR 1998, 70; Musielak/*Lackmann*, § 769 Rn 1 a.
7 *Peglau*, MDR 1999, 400, 401.

Diese Überlegungen gelten in gleicher Weise für **isolierte Klagen auf Herausgabe** 6
eines Vollstreckungstitels nach § 371 BGB, die nicht mit einer Vollstreckungsgegenklage verbunden sind.[8]

Ein Sonderfall lag der bisher teilweise[9] befürworteten analogen Anwendung des 7
§ 769 auf die negative Feststellungsklage zugrunde. Da der Schuldner eines im
Wege der einstweiligen Anordnung nach § 620 S. 1 Nr. 6 ZPO aF festgelegten
Unterhaltsanspruchs auf die negative Feststellungsklage verwiesen wurde, wenn
er geltend machen wollte, der Unterhalt sei in der einstweiligen Anordnung zu
hoch bemessen worden, entsprach es der hM,[10] bei Erhebung der negativen Feststellungsklage die einstweilige Einstellung entsprechend § 769 zuzulassen. Ob
nunmehr die negative Feststellungsklage angesichts der Neuregelung der einstweiligen Anordnung und ihrer Abänderung in den §§ 49 ff, 246 FamFG und der
Möglichkeit zur Herbeiführung einer Hauptsacheentscheidung nach § 52 FamFG
weiterhin als zulässig angesehen werden wird, bleibt abzuwarten.[11]

Abgesehen von diesem Sonderfall bleibt es jedoch dabei, dass ein Urteil, das das 8
Nichtbestehen eines titulierten Anspruchs feststellt, nicht zur Einstellung der
Zwangsvollstreckung aus diesem anderen Titel nach § 775 geeignet ist und daher
eine analoge Anwendung des § 769 ausscheidet.[12] Analog anwendbar ist § 769
jedoch im fortgesetzten Verfahren zur Klärung der Wirksamkeit eines Prozessvergleichs.[13]

Da auch die Vaterschaftsanfechtung keinen unmittelbaren Einfluss auf die Voll- 9
streckung aus einem Unterhaltstitel hat, ist auch insoweit die analoge Anwendung des § 769 nicht gerechtfertigt.[14]

§ 769 findet auch keine Anwendung auf den Rückgewährprozess nach § 11 10
AnfG, § 143 InsO, soweit sich dieser auf Zwangsvollstreckungshandlungen bezieht.[15] Zur Sicherung des Anspruchs auf Rückgewähr ist vielmehr der Erlass
einer einstweiligen Verfügung möglich.[16]

Im Rahmen des einstweiligen Verfügungsverfahrens, das nach der hier vertrete- 11
nen Auffassung ggf parallel zu dem weiteren Klageverfahren eingeschlagen werden muss, kann der Antrag auf strafbewehrte Unterlassung der weiteren
Zwangsvollstreckung aus dem genau bezeichneten Titel und/oder Herausgabe
des Titels an einen Sequester gerichtet werden.[17]

II. Entscheidung des Prozessgerichts (Abs. 1)

1. Zulässigkeit. a) Antrag. Erforderlich für eine Entscheidung nach Abs. 1 ist ein 12
Antrag des Klägers. Dieser kann bereits in der Klageschrift gestellt werden, lässt
sich aber jederzeit nachreichen. Der Antrag unterliegt ggf dem Anwaltszwang

---

8 Schuschke/Walker/*Raebel*, § 769 Rn 1.
9 Stein/Jonas/*Münzberg*, § 769 Rn 4 mwN.
10 BGH NJW 1983, 1330, 1331; NJW 1985, 1074, 1075; NJW-RR 2005, 1009, 1010,
dort offen gelassen, ob nicht §§ 707, 719 Anwendung finden; vgl auch die weiteren
Nachweise bei MüKo-ZPO/K. *Schmidt/Brinkmann*, § 769 Rn 4 mit Fn 5.
11 Vgl *Götsche/Viefhues*, ZFE 2009, 124, 130; für Unzulässigkeit der negativen Feststellungsklage zB Thomas/Putzo/*Reichold*, § 52 FamFG Rn 4; Thomas/Putzo/*Hüßtege*,
§ 246 FamFG Rn 9; aA zB *van Els*, FPR 2013, 535 ff; Zöller/*Lorenz*, § 246 FamFG
Rn 35 mwN.
12 Schuschke/Walker/*Raebel*, § 769 Rn 1; MüKo-ZPO/K. *Schmidt*, § 769 Rn 4 aE; PG/
Scheuch, § 769 Rn 4.
13 *Kaiser*, NJW 2014, 364, 365 mwN.
14 Schuschke/Walker/*Raebel*, § 769 Rn 1 mwN.
15 AA MüKo-ZPO/K. *Schmidt/Brinkmann*, § 769 Rn 4; PG/*Scheuch*, § 769 Rn 3.
16 Vgl HK-InsO/*Kreft*, § 143 Rn 9 mwN.
17 Ein Formulierungsbeispiel findet sich bei *Peglau*, MDR 1999, 400, 401 aE.

nach § 78 Abs. 1.[18] Da das Gericht nach § 308 nicht über einen gestellten Antrag hinausgehen darf,[19] empfiehlt es sich zur Vermeidung einer Zurückweisung, vorsorglich einen Hilfsantrag in der Form zu stellen, dass eine einstweilige Einstellung ohne Sicherheitsleistung, hilfsweise gegen Sicherheitsleistung begehrt wird.[20]

13 **b) Prozessgericht.** Zuständig ist gem. Abs. 1 S. 1 das Prozessgericht. Damit ist das Gericht gemeint, bei dem die Hauptsache anhängig ist, also ggf im Rechtsmittelverfahren auch das Berufungs- oder Revisionsgericht.[21] Eine Anordnung kann das Gericht in Eilfällen auch dann treffen, wenn es für die Klage in der Hauptsache nicht zuständig wäre. Insoweit werden aber bedingt durch den jeweiligen Verfahrensstand nur vorübergehende Maßnahmen in Betracht kommen, um dem Kläger bis zur Verweisung an das zuständige Gericht effektiven Rechtsschutz zu gewährleisten.

14 Es entscheidet der jeweilige für die Entscheidung der Hauptsache zuständige Spruchkörper, also ggf nach §§ 348 f, 526 auch der Einzelrichter. Bei der Kammer für Handelssachen ist nach § 349 Nr. 10 der Vorsitzende für die Entscheidung außerhalb der mündlichen Verhandlung zuständig.

15 **c) Anhängiges Verfahren.** Die einstweilige Einstellung nach Abs. 1 ohne ein gleichzeitiges Hauptsacheverfahren ist nicht vorgesehen.[22] Die Entscheidung über die Einstellung setzt vielmehr ein zumindest anhängiges Verfahren durch Einreichung einer Klageschrift voraus. Um einen Missbrauch zu Lasten der Gläubiger zu verhindern, muss auch die Klagezustellung in der Form sichergestellt sein, dass der Auslagenvorschuss gezahlt[23] oder eine Befreiung hiervon (§ 14 GKG) bewilligt ist.[24]

16 Ein PKH-Antrag mit Klageentwurf führt noch nicht zur Anhängigkeit der Klage und ermöglicht daher nach zutreffender hM[25] vor Bewilligung der Prozesskostenhilfe keine einstweilige Einstellung durch das Prozessgericht. Hierfür spricht jetzt auch die abweichende Regelung in § 242 S. 1 FamFG.[26] **In dringenden Fällen** sollte der Schuldner daher eher das Vollstreckungsgericht nach **Abs. 2** anrufen, um eine befristete Regelung zu erreichen oder bei Einreichung der Klage um Befreiung vom Auslagenvorschuss nach § 14 Nr. 3 GKG bitten.[27]

17 **d) Rechtsschutzbedürfnis.** Der Antrag ist wie die entsprechenden Hauptsacheklagen (zB §§ 767, 768, 771, 805) bereits zulässig, ohne dass konkrete Vollstre-

---

18 Hk-ZPO/*Kindl*, § 769 Rn 3.
19 Wieczorek/Schütze/*Salzmann*, § 769 Rn 3.
20 Hintzen/Wolf/*Wolf*, Zwangsvollstreckung, -versteigerung, -verwaltung, Rn 8.191.
21 MüKo-ZPO/*K. Schmidt/Brinkmann*, § 769 Rn 13; Wieczorek/Schütze/*Salzmann*, § 769 Rn 12; zur Zuständigkeit des Revisionsgerichts BGH NJW 2005, 3282 ff und BGH 22.11.2006 – XII ZR 58/04.
22 Vgl OLG Hamm NJW-RR 1996, 1023.
23 OLG Köln FamRZ 1997, 963, 964; Musielak/*Lackmann*, § 769 Rn 2; aA *Gaul*, in: Gaul/Schilken/Becker-Eberhard, § 40 Rn 142 und PG/*Scheuch*, § 769 Rn 6, die schon bei bloßer Einreichung der Klage eine einstweilige Anordnung mit einer Befristung oder der Bedingung der Zahlung binnen einer Frist zulassen wollen.
24 Wieczorek/Schütze/*Salzmann*, § 769 Rn 8.
25 Zöller/*Herget*, § 769 Rn 4; Hk-ZPO/*Kindl*, § 769 Rn 3; PG/*Scheuch*, § 769 Rn 6; Wieczorek/Schütze/*Salzmann*, § 769 Rn 9; OLGR Frankfurt 2008, 612 ff; aA Schuschke/Walker/*Raebel*, § 769 Rn 2; Stein/Jonas/*Münzberg*, § 769 Rn 8 und *Gaul*, in: Gaul/Schilken/Becker-Eberhard, § 40 Rn 142, die dem Prozessgericht jedenfalls die Befugnisse des Abs. 2 geben wollen. Rechtspolitisch befürwortend MüKo-ZPO/*K. Schmidt/Brinkmann*, § 769 Rn 12. Offen gelassen von BGH 22.2.2012 – XI ZA 12/11 mwN.
26 Vgl hierzu *Frauenknecht*, NJW-Spezial 2012, 132.
27 Musielak/*Lackmann*, § 769 Rn 2.

ckungsmaßnahmen drohen (vgl auch § 767 Rn 32).[28] Bei endgültiger Beendigung der Zwangsvollstreckung entfällt jedoch das Rechtsschutzbedürfnis für eine Anordnung, die keine Wirkung mehr entfalten kann.[29]

2. Sachliche Voraussetzungen. Die Entscheidung über den Erlass der einstweiligen Anordnung liegt im pflichtgemäßen **Ermessen** des Gerichts, das die dem Schuldner drohenden Nachteile und die Erfolgsaussichten der Klage zu berücksichtigen hat. Darauf nimmt jetzt auch der durch das Risikobegrenzungsgesetz vom 12.8.2008[30] mit Wirkung vom 19.8.2008 eingeführte Satz 2 des Absatzes 1 Bezug. In die Abwägung sind aber immer auch die wirtschaftlichen Interessen des Gläubigers an einer zügigen Vollstreckung einzubeziehen. 18

a) Erfolgsaussichten. Die Anforderungen an die Erfolgsaussichten der Klage sind im Hinblick auf die zu treffende Ermessensentscheidung gerade bei der Einstellung gegen Sicherheitsleistung oft unscharf, wenn etwa nur verlangt wird, dass die Klage möglicherweise begründet sein müsse[31] oder die Klage nicht völlig aussichtslos sein dürfe.[32] Aber auch der Verweis auf die Voraussetzungen der Einstellung nach § 707 Abs. 1 hilft zur Konturierung nicht weiter. Sicher ist daher nur, dass eine einstweilige Anordnung nicht – auch nicht gegen Sicherheitsleistung – ergehen darf, sofern die Klage keinerlei Erfolgsaussichten hat.[33] 19

Unter Berücksichtigung der Interessen beider Parteien bieten sich als Maßstab daher im Regelfall die zu § 114 S. 1 entwickelten Kriterien der hinreichenden Erfolgsaussicht einer Rechtsverfolgung an. Danach wird zumindest die **Schlüssigkeit der Klage** zu verlangen sein,[34] wobei in gewissem Maße eine Beweisantizipation möglich und geboten sein dürfte. Bei einem großzügigeren Maßstab würde zu Lasten des Gläubigers die Vollstreckbarkeit des Titels entwertet.[35] 20

Höher wiegt dagegen das Interesse des Dritten, der erstmals mit der Zwangsvollstreckung aus einem Titel konfrontiert wird, an dessen Entstehung er nicht beteiligt war. Wenn er daher seine Rechte über § 771 oder § 805 erstmals geltend machen muss, ist ein auch am jeweiligen Verfahrensstand orientierter großzügigerer Maßstab gerechtfertigt.[36] 21

b) Fehlende Möglichkeit zur Erbringung von Sicherheiten (Abs. 1 S. 2). Nach Abs. 1 S. 2 ist auf die Festsetzung einer Sicherheitsleistung zu verzichten, wenn der Schuldner neben den Erfolgsaussichten glaubhaft macht, dass er diese Sicherheitsleistung nicht erbringen kann. In anderen Fällen dürfte eine Einstellung der Zwangsvollstreckung ohne Sicherheitsleistung nur bei offensichtlicher Begründetheit der Hauptsacheklage pflichtgemäßem Ermessen entsprechen. Nur bei § 771 gilt ein großzügigerer Maßstab (s. Rn 21). 22

c) Entbehrlichkeit der Sicherheitsleistung wegen anderweitiger Absicherung. Häufig wird in der Praxis gegenüber der Zwangsvollstreckung aus notariellen Urkunden von Schuldnerseite darauf hingewiesen, dass der (Kredit-)Gläubiger durch anderweitig gegebene dingliche Sicherheiten ausreichend abgesichert sei, so dass es bei einstweiliger Einstellung der Zwangsvollstreckung der Anordnung einer Sicherheitsleistung nicht mehr bedürfe. Hier können zur **Kreditabsicherung** 23

---

28 Wieczorek/Schütze/*Salzmann*, § 769 Rn 11.
29 Schuschke/Walker/*Raebel*, § 769 Rn 4; Stein/Jonas/*Münzberg*, § 769 Rn 12; PG/*Scheuch*, § 769 Rn 6.
30 BGBl. I S. 1666.
31 ZB Thomas/Putzo/*Seiler*, § 769 Rn 8.
32 Baumbach/Lauterbach/*Hartmann*, § 769 Rn 6.
33 Hk-ZPO/*Kindl*, § 769 Rn 4; OLG Zweibrücken FamRZ 2002, 556.
34 So auch *Stackmann*, JuS 2006, 980, 981; Schuschke/Walker/*Raebel*, § 769 Rn 8 und in der Sache BGH NJW 2005, 3282, 3283.
35 Hk-ZPO/*Kindl*, § 769 Rn 4.
36 Hk-ZPO/*Kindl*, § 769 Rn 4; Musielak/*Lackmann*, § 769 Rn 3.

gestellte Sicherheiten allerdings nur mit äußerst vorsichtiger Bewertung angesetzt werden. In der Regel wird zumindest eine Absicherung für den zusätzlichen möglichen Zinsschaden in Betracht kommen.[37]

24 **3. Inhalt der Anordnungen (Abs. 1 S. 1 und 2). a) Überblick.** Entsprechend § 707 Abs. 1 erlaubt § 769 dem Prozessgericht die einstweilige Einstellung der Zwangsvollstreckung mit oder ohne Sicherheitsleistung oder die Anordnung, dass eine Zwangsvollstreckung des Gläubigers nur noch gegen Sicherheitsleistung fortgesetzt werden darf. Darüber hinaus können auch einzelne Vollstreckungsmaßnahmen aufgehoben werden. Einigkeit besteht darin, dass die Aufzählung **nicht abschließend ist**.[38] So kann bei der Herausgabevollstreckung angeordnet werden, dass die Sache vorläufig nur an einen Sequester herauszugeben ist.[39] Ggf kann auch die Hinterlegung des Erlöses nach Verwertung des gepfändeten Gegenstandes verlangt werden (§ 805 Abs. 4), wenn kein besonderes Interesse am Erhalt der konkreten Sache besteht bzw die Parteien sich einig sind über die Verwertung der Sache.[40]

25 **b) Einstweilige Einstellung mit/ohne Sicherheitsleistung.** Die Einstellung **gegen Sicherheitsleistung** wird die Regel sein. Die Voraussetzungen für die Einstellung **ohne Sicherheitsleistung** beschreibt jetzt **Abs. 1 S. 2**. Das Maß der Sicherheitsleistung wird nach der Höhe der dem Gläubiger durch die zeitweise Hemmung der Vollstreckung drohenden Schäden bestimmt, also insb. die zusätzlichen Zinsen, Kosten und die Gefahr der späteren mangelnden Realisierung der Hauptforderung.[41] Auf die vorsichtige Bewertung anderweitiger Sicherheiten in diesem Zusammenhang ist bereits hingewiesen worden (vgl Rn 23). Soweit die Fortsetzung der Zwangsvollstreckung durch den Gläubiger von einer Sicherheitsleistung abhängig gemacht werden soll, ist deren Höhe von dem dem Schuldner durch die Vollstreckung drohenden Schaden abhängig zu machen.

26 **c) Aufhebung von Vollstreckungsmaßnahmen.** Da die Aufhebung getroffener Vollstreckungsmaßnahmen die Gefahr birgt, dass die betroffenen Gegenstände dem Zugriff des Gläubigers endgültig entzogen werden, wird dies idR nicht angeordnet. Im Rahmen der Drittwiderspruchsklage ist aber wegen der anderen Interessenlage die Aufhebung der Vollstreckungsmaßnahme auch ohne Sicherheitsleistung möglich (§ 771 Abs. 3).

27 **4. Verfahren. a) Glaubhaftmachung (Abs. 1 S. 3).** Der Schuldner hat die Tatsachen, die den Antrag begründen sollen, glaubhaft zu machen (Abs. 1 S. 3 iVm § 294).

28 **b) Rechtliches Gehör.** Vor der Entscheidung ist der Gläubiger anzuhören, soweit der Antrag nicht sofort wegen offensichtlicher Unzulässigkeit oder Unbegründetheit abzuweisen ist. Einer mündlichen Verhandlung bedarf es nicht (§ 128 Abs. 4).

29 Soweit wegen der Dringlichkeit ohne vorherige Anhörung sofort entschieden werden soll, ist die Anordnung zu befristen und inhaltlich auf vorläufige Maßnahmen zu beschränken.

30 **c) Entscheidung durch Beschluss (Abs. 3), Wirkung.** Die Entscheidung ergeht nach Abs. 3 durch Beschluss, der kurz zu begründen ist,[42] jedoch keine eigenständige Kostenentscheidung enthält. Trotz der inzwischen verneinten Zulässig-

---

37 Vgl zu einer derartigen Abwägung bei drohender Zwangsversteigerung LG München I WM 2009, 114.
38 Schuschke/Walker/*Raebel*, § 769 Rn 9.
39 Zöller/*Herget*, § 769 Rn 7; Schuschke/Walker/*Raebel*, § 769 Rn 9.
40 Stein/Jonas/*Münzberg*, § 769 Rn 14; Zöller/*Herget*, § 769 Rn 7.
41 Schuschke/Walker/*Raebel*, § 769 Rn 10.
42 So die hM: Schuschke/Walker/*Raebel*, § 769 Rn 7; Zöller/*Herget*, § 769 Rn 6.

keit der Anfechtung des Beschlusses sollte er der beschwerten Partei vorsorglich nach § 329 Abs. 3 zugestellt werden.[43]

Die Anordnung wirkt, sofern sie nicht selbst eine Befristung enthält, ab ihrem Erlass bis zur Verkündung des Urteils über die Klage. Dann tritt sie automatisch außer Kraft, ohne dass es einer besonderen Aufhebung bedürfte.[44] Im Einzelfall dürfte sich dies jedoch zur Klarstellung empfehlen, um unklare Situationen in der Zwangsvollstreckung zu vermeiden. 31

Sollen die Maßnahmen über den Zeitpunkt der Urteilsverkündung hinaus aufrechterhalten bleiben, muss dies nach § 770 neu angeordnet werden. 32

d) **Abänderungsmöglichkeit.** Das Gericht kann seinen Beschluss wegen veränderter Umstände oder neuer Gesichtspunkte auf Antrag jederzeit wieder aufheben oder abändern.[45] 33

e) **Umsetzung des Beschlusses.** Der Beschluss nach § 769 hat bei Vorlage an das zuständige Vollstreckungsorgan (Gerichtsvollzieher, Vollstreckungsgericht etc.) die Wirkung des § 775 Nr. 2. Häufig wird vom Schuldner übersehen, dass wegen der unterschiedlichen Bezugnahmen in § 776 im Falle des § 775 Nr. 2 die getroffenen Vollstreckungsmaßregeln bestehen bleiben, sofern die Entscheidung nach § 769 keine ausdrückliche Aufhebung beinhaltet.[46] 34

Ist die Einstellung nur gegen Sicherheitsleistung angeordnet, muss diese nach § 775 Nr. 3 dem Vollstreckungsorgan nachgewiesen werden. Die Erbringung der Sicherheitsleistung kann darüber hinaus auch Auswirkungen auf die Befugnis des Gläubigers haben, einen Insolvenzantrag zu stellen.[47] 35

Im Übrigen hat die einstweilige Einstellung der Zwangsvollstreckung aus einem Unterlassungsurteil auch zur Folge, dass der Titelschuldner das Unterlassungsgebot nicht mehr berücksichtigen muss, was nicht nur für § 890, sondern auch im Rahmen einer etwaigen Schadensberechnung Bedeutung haben kann.[48] 36

5. Muster. Die Entscheidung über die einstweilige Einstellung wird wie folgt tenoriert: 37

▶ Die Zwangsvollstreckung aus dem … (genaue Bezeichnung des Titels) gegen (den Kläger oder Antragsteller) wird gegen Sicherheitsleistung in Höhe von … € (alternativ: ohne Sicherheitsleistung) einstweilen (zur Klarstellung empfohlen: bis zum Erlass des Urteils in dieser Instanz) eingestellt. ◀

Für die 3. Alternative des Abs. 1 S. 1 heißt die Anordnung: 38

▶ Die Zwangsvollstreckung aus dem … (genaue Bezeichnung des Titels) gegen (den Kläger oder Antragsteller) darf nur gegen Sicherheitsleistung des Beklagten/Antragsgegners in Höhe von … € fortgesetzt werden. ◀

Im Falle des § 771 Abs. 3 lautet der Tenor: 39

▶ Die Zwangsvollstreckung in die … (näher unter Bezugnahme auf das Pfändungsprotokoll bezeichneten Sachen) wird ohne/gegen Sicherheitsleistung in Höhe von … € einstweilen eingestellt.

---

43 Hk-ZPO/*Kindl*, § 769 Rn 5; Stein/Jonas/*Münzberg*, § 769 Rn 11.
44 Zöller/*Herget*, § 769 Rn 9.
45 OLG München MDR 2011, 1321; MüKo-ZPO/K. *Schmidt/Brinkmann*, § 769 Rn 28; PG/*Scheuch*, § 769 Rn 13.
46 Vgl MüKo-ZPO/K. *Schmidt/Brinkmann*, § 769 Rn 26.
47 BGH WM 2010, 660 f.
48 BGH GRUR 2010, 156, 157; NJW 1990, 122, 125.

Die ... (Angabe der konkreten Vollstreckungsmaßregel) wird ohne/gegen Sicherheitsleistung in Höhe von ... € aufgehoben. ◀

40 Weitere Musterformulierungen zu Anträgen und Entscheidungen finden sich bei *Sitzmann*, in: Saenger/Ullrich/Siebert, ZPO, Kommentiertes Prozessformularbuch, zu § 769.

III. Entscheidung des Vollstreckungsgerichts (Abs. 2)

41 **1. Vollstreckungsgericht.** In dringenden Fällen kann das Vollstreckungsgericht (§ 764) eine einstweilige Anordnung erlassen unter Bestimmung einer Frist, innerhalb der die Entscheidung des Prozessgerichts beizubringen ist. Zuständig ist insoweit nach § 20 Abs. 1 Nr. 17 RPflG der Rechtspfleger.

42 **2. „Dringende Fälle".** Ein dringender Fall ist nur anzunehmen, wenn nicht mehr rechtzeitig eine Eilentscheidung des Prozessgerichts nach Abs. 1 eingeholt werden kann. Dies kommt im Wesentlichen bei überraschenden Vollstreckungsmaßnahmen in Betracht, bei denen es dem Schuldner nicht mehr möglich ist, rechtzeitig eine entsprechende Klage in zulässiger Form einzureichen und die Zustellvoraussetzungen sicherzustellen. Ein zu langes Zuwarten des Schuldners, um die Eilbedürftigkeit herbeizuführen, kann im Rahmen der auch hier zu treffenden Abwägung dazu führen, dass eine Anordnung nach Abs. 2 nicht gerechtfertigt ist.[49]

43 **3. Entscheidungsinhalt, Fristsetzung, Musterformulierung.** Der Inhalt der möglichen Anordnungen entspricht derjenigen nach Abs. 1. Das Vollstreckungsgericht hat seine Entscheidung mit einer Frist zu versehen. Nach deren Ablauf tritt die einstweilige Anordnung außer Kraft, wenn nicht das Prozessgericht bereits zuvor eine Entscheidung getroffen hat. Die gesetzte Frist kann nach § 224 Abs. 2 S. 2 verlängert werden, was bei der getroffenen Eilentscheidung jedoch nicht zur Nachlässigkeit des Schuldners bei der weiteren Rechtsverfolgung verführen soll.

44 Der Beschluss des Vollstreckungsgerichts ist daher gegenüber dem obigen Muster (s. Rn 37–39) noch um den Absatz zu ergänzen:

▶ Der Kläger hat bis spätestens ... eine Entscheidung des Prozessgerichts gemäß § 769 ZPO beizubringen. Bei fruchtlosem Fristablauf wird die Zwangsvollstreckung fortgesetzt.[50] ◀

IV. Anfechtbarkeit

45 **1. Entscheidungen des Prozessgerichts.** Nachdem lange umstritten war, ob die Entscheidung nach § 769 Abs. 1 nach § 793 anfechtbar ist, hat der BGH[51] grds. im Sinne der bis dahin hM[52] dahingehend entschieden, dass ein Rechtsmittel sowohl gegen eine getroffene Anordnung als auch die Ablehnung derselben nicht gegeben ist. Eine sofortige Beschwerde ist entsprechend § 707 Abs. 2 S. 2 ausgeschlossen, damit das Prozessgericht unbeeinflusst von einer vorläufigen Bewertung durch die Beschwerdeinstanz über die Hauptsache entscheiden kann.[53] Durch die jederzeitige Abänderbarkeit der Entscheidung ist der Rechtsschutz auch nicht entscheidend beeinträchtigt. Beschwerden und Gegenvorstellungen

---

49 Baumbach/Lauterbach/*Hartmann*, § 769 Rn 8 (bei Arglist, um eine ausreichende Prüfung zu verhindern). Gegen die Berücksichtigung von Verschulden des Schuldners: Wieczorek/Schütze/*Salzmann*, § 769 Rn 14.
50 Musterformulierung nach *Sitzmann*, in: Saenger/Ullrich/Siebert, ZPO, Kommentiertes Prozessformularbuch, § 769 Rn 20.
51 BGH NJW 2004, 2224, 2225; NJW-RR 2005, 1009, 1010; NJW-RR 2006, 286; vgl zuletzt OLG München MDR 2011, 1321.
52 Vgl die Nachweise bei MüKo-ZPO/*K. Schmidt/Brinkmann*, § 769 Rn 34.
53 BGH NJW 2004, 2224, 2225 unter Berufung auf Stein/Jonas/*Münzberg*, § 769 Rn 18.

können daher als Anträge auf Abänderung der getroffenen Entscheidung verstanden werden.[54]

Nach der Neufassung des Beschwerderechts durch das ZPO-Reformgesetz 2002 ist auch die außerordentliche Beschwerde wegen „greifbarer Gesetzeswidrigkeit" ausgeschlossen.[55] **46**

Eine Anhörungsrüge ist nach § 321 a Abs. 1 S. 2 nicht statthaft, da die Entscheidung nach § 769 eine der Endentscheidung vorausgehende Entscheidung ist.[56] **47**

2. Entscheidungen des Vollstreckungsgerichts. Da gegen die Entscheidung des Richters nach dem Vorstehenden kein Rechtsmittel gegeben wäre, findet gegen den Beschluss des zuständigen Rechtspflegers als Vollstreckungsgericht die befristete Erinnerung nach § 11 Abs. 2 S. 1 RPflG statt.[57] Über diese entscheidet nach Abhilfemöglichkeit durch den Rechtspfleger unanfechtbar der Amtsrichter.[58] **48**

3. Kostenentscheidung in der Beschwerdeinstanz. Die Entscheidung über die Zurückweisung der unzulässigen Beschwerde ist nach hM mit einer Kostenentscheidung zu versehen, die sich nach den §§ 91 ff, 97 richtet.[59] **49**

V. Schadensersatz bei ungerechtfertigter Einstellung?

Stellt sich die einstweilige Einstellung der Zwangsvollstreckung nachträglich als unberechtigt heraus, so bestehen nach hM[60] nur Ansprüche aus Verschuldenshaftung, jedoch keine verschuldensunabhängige Haftung nach §§ 717, 945, die nur für Maßnahmen des Titelgläubigers gelten, nicht jedoch für deren Abwehr.[61] Die ggf gestellte Sicherheit haftet jedoch für die eingetretenen „Verzögerungsschäden" und die „Aufhebungsschäden" aus dem damit verbundenen Garantieversprechen.[62] **50**

VI. Kosten

Bei den Kosten handelt es sich um Kosten der Hauptsacheverfahren (§§ 767, 768). **Gerichtskosten** entstehen nicht. Die Tätigkeit des **Rechtsanwalts** wird durch die Gebühren für das Verfahren im ersten Rechtszug (Nr. 3100 ff VV RVG) abgegolten (§ 19 Abs. 1 S. 2 Nr. 11 RVG). Eine zur Entstehung der Gebühren nach Nr. 3328, 3332 VV RVG führende abgesonderte mündliche Verhandlung kann nicht stattfinden, weil die Entscheidungen durch Beschluss ergehen (Abs. 3).[63] **51**

---

54 OLG München MDR 2011, 1321; *Gaul*, in: Gaul/Schilken/Becker-Eberhard, § 40 Rn 146; MüKo-ZPO/*K. Schmidt/Brinkmann*, § 769 Rn 35.
55 BGH NJW 2004, 2224, 2225; OLG Bremen MDR 2006, 229 für die Ablehnung des Einstellungsantrags; aA („ausnahmsweise zulässig") Baumbach/Lauterbach/*Hartmann*, § 769 Rn 13–16.
56 *Gaul*, in: Gaul/Schilken/Becker-Eberhard, § 40 Rn 146; BVerfG NJW 2006, 2907 f; aA wohl Hk-ZPO/*Kindl*, § 769 Rn 8.
57 Schuschke/Walker/*Raebel*, § 769 Rn 15; MüKo-ZPO/*K. Schmidt/Brinkmann*, § 769 Rn 36; Hk-ZPO/*Kindl*, § 769 Rn 8.
58 Hintzen/Wolf/*Wolf*, Zwangsvollstreckung, -versteigerung, -verwaltung, Rn 8.209.
59 Schuschke/Walker/*Raebel*, § 769 Rn 16; Hintzen/Wolf/*Wolf*, Zwangsvollstreckung, -versteigerung, -verwaltung, Rn 8.202; Zöller/*Herget*, § 769 Rn 11 mwN; aA zB MüKo-ZPO/*K. Schmidt/Brinkmann*, § 769 Rn 37.
60 BGH NJW 1985, 1959 ff; Stein/Jonas/*Münzberg*, § 769 Rn 21; Wieczorek/Schütze/*Salzmann*, § 769 Rn 23; PG/*Scheuch*, § 769 Rn 19; aA vor allem MüKo-ZPO/*K. Schmidt/Brinkmann*, § 769 Rn 39 mwN.
61 Wieczorek/Schütze/*Salzmann*, § 769 Rn 23.
62 NJW-RR 2004, 1128, 1129 f; MüKo-ZPO/*K. Schmidt/Brinkmann*, § 769 Rn 42; Schuschke/Walker/*Raebel*, § 769 Rn 10.
63 AnwK-RVG/N. *Schneider*, VV 3328 Rn 1.

§ 770 Einstweilige Anordnungen im Urteil

¹Das Prozessgericht kann in dem Urteil, durch das über die Einwendungen entschieden wird, die in dem vorstehenden Paragraphen bezeichneten Anordnungen erlassen oder die bereits erlassenen Anordnungen aufheben, abändern oder bestätigen. ²Für die Anfechtung einer solchen Entscheidung gelten die Vorschriften des § 718 entsprechend.

I. Allgemeines

1 Die Gesetzesformulierung, das Gericht könne bereits erlassene Anordnungen aufheben, abändern oder bestätigen, ist insoweit missverständlich,[1] als die nach § 769 während des Verfahrens getroffenen Anordnungen mit Erlass des instanzabschließenden Urteils ohnehin außer Kraft treten (vgl § 769 Rn 31) und eine Aufhebung im Urteil nur deklaratorischen Charakter hat. § 770 ermöglicht dem Gericht insoweit, die bisher getroffenen Maßnahmen aufrechtzuerhalten oder neue Anordnungen für die Zeit bis zur Rechtskraft des Urteils zu treffen.

2 Diese Anordnungen können nicht nur ergänzend zu einem den Einwendungen des Klägers gegen die Zwangsvollstreckung stattgebenden Urteil getroffen werden, sondern im Ausnahmefall, wenn der Schuldnerschutz dies erfordert, auch einem klageabweisenden Urteil für die Zeit bis zur Rechtskraft beigefügt werden.[2] Insoweit besteht eine Konkurrenz zu den Regelungen über die vorläufige Vollstreckbarkeit, die einer Abstimmung im Einzelfall bedarf.[3]

3 Die Befugnis, einstweilige Anordnungen gem. § 770 zu erlassen, ist in allen Verfahren gegeben, in denen unmittelbar (§§ 767, 768) oder durch Verweisung (vgl § 769 Rn 2 f) auch die Anordnungsbefugnis nach § 769 besteht.[4]

II. Verfahren und Anfechtbarkeit

4 Die Entscheidung nach § 770 ergeht auf Antrag oder von Amts wegen. Die Inhalte der möglichen Anordnungen (vgl auch § 769 Rn 24 ff) entsprechen denen bei § 769.[5]

5 Ein Bedürfnis für eine im Urteil zu treffende Anordnung besteht dann, wenn das nach § 709 für vorläufig vollstreckbar zu erklärende stattgebende Urteil (zB über die Vollstreckungsgegenklage) allein die Wirkungen des § 775 Nr. 1 nicht zu erreichen vermag, weil zB eine Sicherheit zu leisten wäre, zu der der Schuldner nicht imstande ist. Die Anordnung der vorläufigen Einstellung der Zwangsvollstreckung aus dem angegriffenen Titel ohne Sicherheitsleistung nach § 770 könnte dann über § 775 Nr. 2 sofort wirksam werden.[6]

6 Im Urteil unterbliebene Anordnungen nach § 770 können nicht mehr vom erstinstanzlichen Gericht im Wege der Urteilsergänzung nach § 716 nachgeholt werden.[7] Hier bleibt dem Schuldner nur der Antrag an das Berufungsgericht nach § 769, da auch dieses nach seinem Ermessen schon vor der abschließenden Entscheidung vorläufige Anordnungen treffen kann.

---

1 Vgl PG/*Scheuch*, § 770 Rn 1.
2 Vgl PG/*Scheuch*, § 770 Rn 1.
3 MüKo-ZPO/K. *Schmidt/Brinkmann*, § 770 Rn 1.
4 Hk-ZPO/*Kindl*, § 770 Rn 1; Schuschke/Walker/*Raebel*, § 770 Rn 1.
5 MüKo-ZPO/K. *Schmidt/Brinkmann*, § 770 Rn 3.
6 Stein/Jonas/*Münzberg*, § 770 Rn 1 mit Fn 3; Wieczorek/Schütze/*Salzmann*, § 770 Rn 2; Hk-ZPO/*Kindl*, § 770 Rn 1; Thomas/Putzo/*Seiler*, § 770 Rn 2 a.
7 Wieczorek/Schütze/*Salzmann*, § 770 Rn 2; aA MüKo-ZPO/K. *Schmidt/Brinkmann*, § 770 Rn 7; OLG Celle FamRZ 2003, 1674, 1675 (für entsprechende Anwendung des § 718).

Die nach § 770 getroffenen (neuen, abgeänderten oder bestätigten) Anordnungen sind als Bestandteil des Urteils nicht gesondert, sondern nur mit diesem zusammen mit den gegen das Urteil statthaften Rechtsmitteln anfechtbar.[8]

In der Berufungsinstanz ist über die getroffene und angegriffene Anordnung nach §§ 770 S. 2, 718 Abs. 1 auf Antrag vorab zu verhandeln und ggf durch Teilurteil zu entscheiden. Dieses unterliegt nach § 718 Abs. 2 ebenso wenig der Revision wie die vom Berufungsgericht im Endurteil getroffenen Anordnungen nach § 770.[9]

III. Kosten

Gerichtskosten entstehen nicht. Die Tätigkeit des Rechtsanwalts wird durch die Gebühren für das Verfahren im ersten Rechtszug (Nr. 3100 ff VV RVG) abgegolten (§ 19 Abs. 1 S. 2 Nr. 11 RVG), wenn nicht eine abgesonderte mündliche Verhandlung hierüber stattfindet (Gebühren nach Nr. 3328, 3332 VV RVG).[10]

§ 771 Drittwiderspruchsklage

(1) Behauptet ein Dritter, dass ihm an dem Gegenstand der Zwangsvollstreckung ein die Veräußerung hinderndes Recht zustehe, so ist der Widerspruch gegen die Zwangsvollstreckung im Wege der Klage bei dem Gericht geltend zu machen, in dessen Bezirk die Zwangsvollstreckung erfolgt.

(2) Wird die Klage gegen den Gläubiger und den Schuldner gerichtet, so sind diese als Streitgenossen anzusehen.

(3) ¹Auf die Einstellung der Zwangsvollstreckung und die Aufhebung der bereits getroffenen Vollstreckungsmaßregeln sind die Vorschriften der §§ 769, 770 entsprechend anzuwenden. ²Die Aufhebung einer Vollstreckungsmaßregel ist auch ohne Sicherheitsleistung zulässig.

§ 87 GVGA

I. Allgemeines 1	d) Streitgegenstand 14
1. Normzweck 1	e) Rechtsschutzbedürfnis ... 15
2. Anwendungsbereich 2	2. Begründetheit 16
3. Abgrenzung von anderen Rechtsbehelfen 5	a) Das die Veräußerung hindernde Recht 16
a) Erinnerung, § 766 5	b) Wichtige Einzelfälle 17
b) Vollstreckungsgegenklage, § 767 6	aa) Eigentum und Anwartschaft 17
c) Klage auf vorzugsweise Befriedigung, § 805 7	bb) Forderungen 22
d) Leistungsklagen 8	cc) Beschränkt dingliche Rechte 28
II. Zulässigkeit und Begründetheit der Drittwiderspruchsklage; das die Veräußerung hindernde Recht (Abs. 1) 10	dd) Zurückbehaltungsrechte 31
1. Zulässigkeit 10	ee) Besitz 32
a) Statthaftigkeit 10	ff) Sondervermögen 33
b) Zuständigkeit 12	gg) Verfügung über das Vermögen im Ganzen nach § 1365 BGB 34
c) Klageantrag 13	

---

[8] MüKo-ZPO/K. *Schmidt/Brinkmann*, § 770 Rn 8; Schuschke/Walker/*Raebel*, § 770 Rn 3.
[9] Schuschke/Walker/*Raebel*, § 770 Rn 3.
[10] AnwK-RVG/N. *Schneider*, VV 3328 Rn 1.

c) Einwendungen 35
III. Mitverklagung des Schuldners
(Abs. 2) 39
IV. Einstweilige Anordnungen
(Abs. 3) 40
V. Kosten 42

I. Allgemeines

1. Normzweck. Die Drittwiderspruchsklage (auch: **Interventionsklage**) dient dazu, Eingriffe in die Rechte Dritter durch die Zwangsvollstreckung zu verhindern. Der Gläubiger darf sich grds. durch die Zwangsvollstreckung nur aus dem Vermögen des Schuldners befriedigen. Da das Vollstreckungsorgan jedoch nur die Voraussetzungen der Zwangsvollstreckung, nicht aber die materielle Rechtslage prüft (Grundsatz der Formalisierung der Zwangsvollstreckung), besteht die Gefahr, dass es bei der Zwangsvollstreckung in die Rechte Dritter eingreift, auch ohne Verfahrensvorschriften zu verletzen.[1] Eine solche Vollstreckungsmaßnahme ist, sofern die vollstreckungsrechtlichen Vorschriften beachtet worden sind, auch dann wirksam, wenn sie Drittvermögen erfasst. Dem Dritten helfen in diesem Fall die materiell-rechtlichen Ansprüche gegen den Schuldner, etwa auf Herausgabe des zum Vollstreckungsobjekt gewordenen Gegenstandes, nicht, denn durch sie wird die öffentlich-rechtliche Verstrickung nicht berührt. Deshalb gibt die Drittwiderspruchsklage nach § 771 dem Dritten die Möglichkeit zu verhindern, dass er durch den Fortgang der Zwangsvollstreckung einen Rechtsverlust erleidet. Im Rahmen dieses Verfahrens kann er den Beweis seiner Rechtsposition erbringen und damit den Vollstreckungszugriff auf nicht haftendes Vermögen abwehren. **Ziel der Klage ist, die öffentlich-rechtliche Verstrickung zu beseitigen.** Nach hM ist die Interventionsklage daher als **prozessuale Gestaltungsklage** zu qualifizieren, durch die der Kläger anstrebt, dass das Gericht die Zulässigkeit der Vollstreckung in einen bestimmten Vermögensgegenstand ex nunc beseitigt.[2] Die theoretisch-systematische Einordnung der Drittwiderspruchsklage ist umstritten, wirkt sich aber auf die praktische Handhabung der Vorschrift nicht wesentlich aus.[3]

2. Anwendungsbereich. a) Die Drittwiderspruchsklage findet bei jeder Art von Zwangsvollstreckung in Vermögensgegenstände Anwendung. Der Hauptanwendungsfall ist die Pfändung einer beweglichen Sache bei der Vollstreckung wegen Geldforderungen. Bei der Immobiliarvollstreckung ist die Interventionsklage ebenfalls anwendbar (§ 37 Nr. 5 ZVG), hat aber wegen der §§ 17, 28 ZVG nicht dieselbe praktische Bedeutung. Bei der Forderungspfändung kann ein Prätendent die Drittwiderspruchsklage erheben.[4] Zwar geht die Pfändung an sich ins Leere, wenn die Forderung zwar besteht, aber nicht zum Schuldnervermögen gehört. Die bloße Gefährdung des Drittrechts begründet hier bereits das erforderliche Rechtsschutzinteresse. Die Interventionsklage ist auch bei der Teilungsversteigerung nach §§ 180 ff ZVG entsprechend anwendbar,[5] denn die Teilungsversteigerung kann sowohl in die Rechte eines Teilhabers als auch eines Dritten eingreifen. Auch die Herausgabe- und Räumungsvollstreckung kann in die Rechte eines Dritten eingreifen, so dass § 771 auch hier einschlägig ist.[6] Weiter ist eine Drittwiderspruchsklage auch gegen die Vollstreckung eines Arrestbefehls oder einer einstweiligen Verfügung möglich, da auch solche Vollstreckungsakte tatsächlich geeignet sind, die Rechte des Dritten zu beeinträchtigen.[7] Schließlich kann der be-

---

1 BGH MDR 2007, 1274, 1275.
2 BGH NJW 1972, 1048.
3 Zum Meinungsstand s. Stein/Jonas/*Münzberg*, § 771 Rn 4 ff.
4 BGH NJW 1986, 2362.
5 BGH NJW 2007, 3124; BGH NJW 1985, 3066.
6 MüKo-ZPO/K. *Schmidt*, § 771 Rn 4.
7 BGH NJW 2004, 217, 218; PG/*Scheuch*, § 771 Rn 2.

troffene Dritte auch im Bereich strafprozessualer Vermögenssicherungsmaßnahmen nach §§ 111 c, 111 d StPO Drittwiderspruchsklage nach § 771 vor den Zivilgerichten erheben.[8]

b) Für die Drittwiderspruchsklage ist die Art des Titels ohne Bedeutung; sie ist insb. auch gegen die Vollstreckung von Arresten und einstweiligen Verfügungen statthaft.

c) Soweit keine Vollstreckung in Vermögensgegenstände stattfindet wie bei der Erwirkung von Handlungen, Duldungen, Unterlassungen und Willenserklärungen, ist die Drittwiderspruchsklage nicht anwendbar.

3. Abgrenzung von anderen Rechtsbehelfen. a) Erinnerung, § 766. Die Erinnerung nach § 766 und die Drittwiderspruchsklage können nebeneinander und nacheinander[9] in Anspruch genommen werden, wenn Verfahrensnormen, die auch Dritte schützen, verletzt wurden. Insbesondere entfällt das Rechtsschutzbedürfnis für die Drittwiderspruchsklage nicht dadurch, dass der Vollstreckungsakt, gegen den sich der Dritte wenden will, auch formell anfechtbar ist. Denn die Erinnerung nach § 766 verhindert die Vollstreckung in den betreffenden Gegenstand nicht dauerhaft.[10]

b) Vollstreckungsgegenklage, § 767. Abgrenzungsprobleme bestehen im Verhältnis zur Vollstreckungsgegenklage nach § 767 nicht. Denn dort macht der Schuldner Einwendungen gegen den titulierten Anspruch geltend.[11]

c) Klage auf vorzugsweise Befriedigung, § 805. Bei der Klage auf vorzugsweise Befriedigung nach § 805 strebt der Dritte lediglich an, aus dem Vollstreckungserlös vorrangig befriedigt zu werden, wendet sich aber nicht gegen die Vollstreckung an sich. Der Klagantrag nach § 771 enthält damit den Antrag nach § 805 nicht als Minus.[12] Insoweit bietet sich in entsprechenden Fällen eine Eventualklage an: Hauptantrag nach § 771 und Hilfsantrag nach § 805. Wenn vorrangig eine vorzugsweise Befriedigung erstrebt wird, kann bei Rechten, die zugleich die Vollstreckung hindern, wie zB dem Sicherungseigentum, die Klage nach § 805 den Hauptantrag bilden.

d) Leistungsklagen. Leistungsklagen aus §§ 985, 1004 BGB **gegen den Gläubiger** auf Herausgabe, Freigabe oder Unterlassung der Vollstreckung werden durch § 771 verdrängt und sind daher für die Dauer des Vollstreckungsverfahrens unzulässig.[13] Nach Ende des Vollstreckungsverfahrens können aber gegen den Gläubiger Schadensersatz- und Bereicherungsansprüche geltend gemacht werden.[14]

Eine materiell-rechtliche Herausgabeklage **gegen den Schuldner** wird durch § 771 nicht ausgeschlossen; wie sich aus Abs. 2 ergibt, kann sie mit der Interventionsklage gegen den Gläubiger verbunden werden.

---

8 BGHZ 164, 176 ff; aA OLG Bamberg wistra 2013, 120; OLG Düsseldorf NStZ-RR 2014, 85,
9 BGH WM 1962, 1177.
10 Stein/Jonas/*Münzberg*, § 771 Rn 81; Hk-ZPO/*Kindl*, § 771 Rn 2; aA OLG Bamberg JR 1955, 25; MüKo-ZPO/*K. Schmidt*, § 771 Rn 9 mwN; PG/*Scheuch*, § 771 Rn 3.
11 MüKo-ZPO/*K. Schmidt*, § 771 Rn 10.
12 MüKo-ZPO/*K. Schmidt*, § 771 Rn 11; PG/*Scheuch*, § 771 Rn 4.
13 BGH NJW 1972, 1048.
14 OLGR Saarbrücken 2008, 943.

II. Zulässigkeit und Begründetheit der Drittwiderspruchsklage; das die Veräußerung hindernde Recht (Abs. 1)

10 1. **Zulässigkeit. a) Statthaftigkeit.** Die Drittwiderspruchsklage ist statthaft, wenn sich der Kläger eines die Veräußerung hinderndes Recht am Vollstreckungsgegenstand berühmt.[15] **Dritter** in diesem Sinne kann grds. jeder sein, der weder Titelgläubiger noch Titelschuldner ist.[16] Ausnahmsweise kann auch der Titelschuldner Dritter sein, wenn er geltend macht, dass in einen ihm gehörenden oder von ihm im eigenen Namen verwalteten Vermögensgegenstand vollstreckt worden ist, der nicht der Haftung der titulierten Forderung unterliegt. Zu denken ist hier insb. an den **Insolvenzverwalter**, den **Nachlassverwalter** und den **Testamentsvollstrecker**.

11 Der **richtige Beklagte**, gegen den die Drittwiderspruchsklage zu richten ist, ist der vollstreckende Gläubiger, zu dessen Gunsten der Titel ergangen ist, oder dessen Rechtsnachfolger, wenn die Klausel auf ihn umgeschrieben ist.[17]

12 **b) Zuständigkeit.** Nach den §§ 771 Abs. 1, 802 ist das Gericht, in dessen Bezirk die Zwangsvollstreckung erfolgt, **örtlich** ausschließlich zuständig. Bei Rechtspfändungen ergibt sich die örtliche Zuständigkeit des Gerichts, welches den Pfändungsbeschluss erlassen hat. Die **sachliche** Zuständigkeit bestimmt sich nach allgemeinen Grundsätzen. Dabei ist entscheidend, worum wegen der Einwendung tatsächlich gestritten wird.[18] Der **Zuständigkeitsstreitwert** bestimmt sich nach § 6. Maßgebend ist der Wert der Forderung, wegen derer die Zwangsvollstreckung betrieben wird, ohne Berücksichtigung von Zinsen und Kosten (vgl § 4 Abs. 1).[19] Abzustellen ist auf den zum Zeitpunkt der Klageerhebung noch offenen Betrag, nicht auf die ursprünglich titulierte Forderung.[20] Ist der Pfandgegenstand geringwertiger als die Vollstreckungsforderung, ist dessen Wert maßgeblich (§ 6 S. 2). Wurzelt das „die Veräußerung hindernde Recht" im Familienrecht, ist das **Familiengericht** ohne Rücksicht auf den Streitwert zuständig.[21] Da die sachliche Zuständigkeit außerhalb des Anwendungsbereiches des § 802 liegt, ist eine abweichende Vereinbarung der Parteien (§ 38) oder eine Prorogation (§ 39) möglich.

13 **c) Klageantrag.** Der Klageantrag hat richtigerweise wie folgt zu lauten:

▶ ... Die Zwangsvollstreckung aus ... (genaue Bezeichnung des Titels) in ... (genaue Bezeichnung des Gegenstandes) wird für unzulässig erklärt.[22] ◀

14 **d) Streitgegenstand.** Der Streitgegenstand umfasst nur die idR im Antrag bezeichnete Vollstreckungsmaßnahme und nur das Abwehrrecht, das der Kläger mit seinem Sachvortrag geltend macht.[23]

15 **e) Rechtsschutzbedürfnis.** Das Rechtsschutzbedürfnis für die Drittwiderspruchsklage besteht grds., sobald eine konkrete Vollstreckungsmaßnahme in den fraglichen Gegenstand begonnen hat und solange sie nicht beendet ist.[24] Vor Beginn ist grds. nur eine Unterlassungsklage nach § 1004 BGB möglich.[25] Der Beginn

---

15 Schuschke/Walker/*Raebel*, § 771 Rn 10.
16 Zöller/*Herget*, § 771 Rn 9.
17 PG/*Scheuch*, § 771 Rn 14.
18 OLG Stuttgart MDR 2009, 1310.
19 BGH 7.2.2008 – IX ZR 69/05, juris.
20 SchlOLG JurBüro 1957, 179; vgl auch Schuschke/Walker/*Raebel*, § 771 Rn 52.
21 OLG München FamRZ 2000, 365.
22 S. Schuschke/Walker/*Raebel*, § 771 Rn 12.
23 MüKo-ZPO/*K. Schmidt*, § 771 Rn 60.
24 Schuschke/Walker/*Raebel*, § 771 Rn 13 f; PG/*Scheuch*, § 771 Rn 9.
25 Zöller/*Herget*, § 771 Rn 5.

der konkreten Vollstreckungsmaßnahme braucht jedoch nicht abgewartet zu werden, wenn bereits feststeht, dass der Gläubiger gerade auf einen bestimmten Gegenstand zugreifen will: Bei der Pfändung von Sachen besteht das Rechtsschutzinteresse spätestens seit dem ersten Pfändungsversuch des Gerichtsvollziehers. Wenn vorbereitend ein Herausgabeanspruch auf den Gegenstand gepfändet wurde,[26] ist das Rechtsschutzbedürfnis ebenfalls zu bejahen. Es bleibt bestehen, wenn nach einem erfolglosen Pfändungsversuch eine Wiederholung der Vollstreckung aus dem Titel in den Gegenstand möglich ist.[27] Bei der Forderungspfändung besteht das Rechtsschutzbedürfnis ab Erlass des Pfändungsbeschlusses. Ist der Titel auf Räumung oder Herausgabe eines bestimmten Gegenstandes gerichtet, muss der Kläger nicht auf den Beginn der Vollstreckung warten.[28] Die formelle oder materiell-rechtliche Gültigkeit des Vollstreckungsaktes ist nicht Voraussetzung des Rechtsschutzbedürfnisses. Denn die bloße Gefährdung des Drittrechts durch die Vollstreckung reicht für das Rechtsschutzinteresse aus.[29] Das Rechtsschutzbedürfnis besteht auch dann noch, wenn der im Eigentum des Dritten stehende Gegenstand bereits versteigert, aber der Erlös an den Gläubiger noch nicht ausgekehrt wurde. Denn die Zwangsvollstreckung endet erst mit der Befriedigung des Gläubigers. Nach Beendigung der Zwangsvollstreckung hat der Gläubiger nur noch die Möglichkeit einer Leistungsklage auf Schadensersatz oder Bereicherungsausgleich. Der Übergang zur Leistungsklage ist dann eine zulässige Klageänderung gem. § 264 Nr. 3.[30]

2. Begründetheit. a) Das die Veräußerung hindernde Recht. Die Drittwiderspruchsklage ist begründet, wenn dem Kläger an dem Gegenstand der Vollstreckung zum Zeitpunkt der letzten mündlichen Verhandlung **ein die Veräußerung hinderndes Recht** zusteht. Die Auslegung dieser gesetzlichen Formulierung muss vom Normzweck her erfolgen: Gemeint ist der „Übergriff der Zwangsvollstreckung auf Vermögen, das nicht für die Titelforderung haftet".[31] Die Rspr fasst dieses Abgrenzungsziel wie folgt: Ein „die Veräußerung hinderndes Recht an dem Gegenstand der Zwangsvollstreckung" (§ 771) hat ein Dritter dann, wenn der Schuldner selbst, veräußerte er den Vollstreckungsgegenstand, widerrechtlich in den Rechtskreis des Dritten eingreifen würde, und deshalb der Dritte den Schuldner hindern könnte, zu veräußern.[32] Der Gläubiger soll damit im Rahmen der Zwangsvollstreckung keine weitergehenden Rechte am Vollstreckungsgegenstand geltend machen können, als sie dem Schuldner nach materiellem Recht zustehen.

16

b) Wichtige Einzelfälle. aa) Eigentum und Anwartschaft. Neben dem **Alleineigentum** berechtigt auch das **Miteigentum** zum Widerspruch gem. § 771, sofern die Sache selbst und nicht lediglich der Miteigentumsanteil des Schuldners gepfändet worden ist.[33] Dies gilt auch, wenn der Gläubiger selbst Miteigentümer ist.[34] Der Gesellschafter einer **GbR**, der ein Grundstück gehört, muss im Interesse eines effektiven Schutzes der GbR selbst oder der übrigen Gesellschafter nicht darauf verwiesen werden, vor der Stellung des Antrags auf Teilungsversteigerung den Versteigerungsanspruch gegen die übrigen Gesellschafter gerichtlich durchzusetzen. Die GbR und die übrigen Gesellschafter können ihre Rechte mit einer

17

---

26 BGH NJW 1979, 373.
27 BGH NJW-RR 2004, 1220; s.a. BGH NJW-RR 2007, 781.
28 AllgM; vgl zB Hk-ZPO/*Kindl*, § 771 Rn 17 mwN.
29 MüKo-ZPO/*K. Schmidt*, § 771 Rn 59.
30 OLGR Saarbrücken 2008, 943.
31 MüKo-ZPO/*K. Schmidt*, § 771 Rn 16 mwN.
32 BGH NJW 1971, 799, 800.
33 BGH ZIP 2007, 352; Hk-ZPO/*Kindl*, § 771 Rn 6.
34 RGZ 144, 236, 241.

Widerspruchsklage analog § 771 wirksam wahrnehmen.[35] Das **Vorbehaltseigentum** des Vorbehaltsverkäufers gibt ebenfalls das Recht zum Drittwiderspruch.[36] Ein Schutz nach § 805 wäre nicht ausreichend.[37] Denn das vorbehaltene Eigentum soll nicht nur eine Verwertung der Sache zugunsten des Verkäufers sicherstellen, sondern entweder für ungestörte Vertragserfüllung oder Rückgabe der Kaufsache sorgen.[38] Allerdings kann der vollstreckende Gläubiger das Widerspruchsrecht des Vorbehaltsverkäufers beseitigen, indem er die Anwartschaft des Vorbehaltskäufers gem. § 857 pfändet und dadurch dessen Recht zum Widerspruch gegen eine befreiende Drittleistung nach § 267 Abs. 2 BGB ausschaltet. Wenn der Gläubiger dann die Kaufpreisforderung nach § 267 Abs. 1 BGB tilgt, kann der Vorbehaltsverkäufer diese Leistung nicht ablehnen.[39]

18 Überträgt der Vorbehaltsverkäufer jedoch das Eigentum an der Kaufsache auf eine **Bank**, die für den Käufer den Erwerb finanziert, kann die Bank das vorbehaltene Eigentum in der **Insolvenz** des Käufers nicht aussondern; sie ist vielmehr wie ein Sicherungseigentümer lediglich zur abgesonderten Befriedigung berechtigt.[40] Denn ein Geldkreditgeber kann seine insolvenzrechtliche Stellung dadurch nicht verbessern, dass er sich zur Sicherung seiner Forderung das Sicherungsmittel eines Warenkreditgebers verschafft.

19 Das **Anwartschaftsrecht des Vorbehaltskäufers** berechtigt ihn zum Widerspruch.[41] Denn dieses Anwartschaftsrecht würde bei Verwertung der Sache erlöschen. Ihm ist daher der Schutz des § 771 zuzubilligen.[42] Der Widerspruch ist jedoch nicht in analoger Anwendung des § 772 Abs. 2 auf die Verwertung beschränkt.[43] Da der Anwartschaftsberechtigte nach materiellem Recht – solange er seine Verpflichtung erfüllt – Besitzstörungen durch den Vorbehaltsverkäufer nicht hinnehmen muss, so braucht er auch die Beeinträchtigungen durch eine Pfändung nicht zu tolerieren. Es spielt in diesem Zusammenhang keine Rolle, ob sich der Pfändungsgegenstand zum Zeitpunkt der Pfändung nicht beim Anwartschaftsberechtigten, sondern beim Verkäufer befindet. Denn die Pfändung würde die Rückgabe der Sache an den Vorbehaltskäufer behindern. Überträgt der Anwartschaftsberechtigte sein Anwartschaftsrecht vor Erwerb des Vollrechts weiter, so kann der neue Anwartschaftsberechtigte seinerseits Drittwiderspruchsklage erheben, falls die Sache bei seinem Rechtsvorgänger gepfändet wird.[44]

20 Die **sicherungsübereignete Sache** gehört zum Vermögen des Sicherungsnehmers. Der Gläubiger des **Sicherungsgebers** kann daher nur in die Forderung auf Rückübereignung der Sache nach Vertragserfüllung oder – wenn die Vertragsgestaltung dies so vorsieht – in die Anwartschaft auf Rückerwerb des Eigentums vollstrecken. Das **Anwartschaftsrecht des Sicherungsgebers** begründet ebenfalls ein Widerspruchsrecht iSd § 771. Dies gilt aber nur dann, wenn der Sicherungsgeber seine vertraglichen Verpflichtungen ordnungsgemäß erfüllt. Denn ist der Sicherungsnehmer nach materiellem Recht berechtigt, die Sache zu verwerten, dürfen dies auch seine Gläubiger.[45]

---

35 BGHZ 197, 262 = NJW-RR 2014, 149.
36 BGHZ 54, 214 ff; Stein/Jonas/*Münzberg*, § 771 Rn 18 mwN.
37 So aber *Hübner*, NJW 1980, 729, 733.
38 MüKo-ZPO/*K. Schmidt*, § 771 Rn 20.
39 BGH NJW 1954, 1325, 1328.
40 BGH NJW 2008, 1803.
41 BGH NJW 1971, 799; PG/*Scheuch*, § 771 Rn 16.
42 BGH NJW 1971, 799 f.
43 Schuschke/Walker/*Raebel*, § 771 Rn 23 mwN.
44 BGH JZ 1978, 199, 200.
45 BGHZ 72, 141; krit. zB Schuschke/Walker/*Raebel*, § 771 Rn 21 mwN.

Der **Leasinggeber** hat das Recht zum Widerspruch, wenn ein Gläubiger des Leasingnehmers in das Leasinggut vollstreckt.[46] 21

bb) Forderungen. Die Pfändung einer schuldnerfremden Forderung berechtigt den wahren Inhaber zum Widerspruch. Zwar geht an sich diese Pfändung bereits ins Leere, da die Forderung materiell nicht zum Schuldnervermögen gehört. Aber bereits der Anschein einer rechtswirksamen Pfändung gefährdet das Gläubigerrecht und rechtfertigt daher die Drittwiderspruchsklage.[47] 22

Aus der rechtlichen Ausgestaltung der **Anderkonten** als offene Vollrechtstreuhandkonten, aus denen ausschließlich der das Konto eröffnende Rechtsanwalt persönlich berechtigt und verpflichtet ist, während wirtschaftlich die auf dem Konto verwalteten Gelder dem Schuldnervermögen bzw. der Masse zugehören, folgt, dass der Anwalt gegen eine Vollstreckung seiner eigenen Gläubiger in das Anderkonto Widerspruchsklage nach § 771 erheben kann.[48] 22a

Schuldrechtliche **Herausgabeansprüche** gegen den Schuldner aus **Vermietung, Verpachtung, Leihe, Hinterlegung, Auftrag, Werkvertrag** und ähnlichen Rechtsverhältnissen geben ein Widerspruchsrecht. Denn in diesen Fällen könnte der Vermieter, Verpächter etc. auch dann, wenn er nicht Eigentümer der Sache ist, den Schuldner daran hindern, den aufgrund des Vertrages überlassenen Gegenstand zu veräußern. Allerdings darf die Sache in diesen Fällen nicht dem Schuldner gehören. 23

Schuldrechtliche **Verschaffungs- und Übereignungsansprüche**, wie Erfüllungsansprüche aus Kauf, Tausch etc. sowie aus ungerechtfertigter Bereicherung, rechtfertigen dagegen kein Widerspruchsrecht. Dies gilt auch, wenn für den Verschaffungsanspruch eine Vormerkung eingetragen worden ist.[49] Denn die zu übereignenden Sachen gehören noch uneingeschränkt zum Schuldnervermögen.[50] 24

Schließlich ermöglicht auch die schuldrechtliche Vereinbarung eines **Vorkaufsrechts** die Drittwiderspruchsklage gegen die Vollstreckung in die Sache nicht.[51] 25

Für die Frage der Pfändbarkeit von Forderungen gegen eine Bank aus einem Gemeinschaftskonto bei einem **Girovertrag** kommt es darauf an, ob es sich um ein sog. Oder-Konto handelt. Bei einem **Oder-Konto**, bei dem nach der im Girovertrag getroffenen Regelung jeder Mitinhaber allein berechtigt ist, über das jeweilige Guthaben selbständig unbeschränkt Verfügungen jeder Art zu treffen, unterliegen die Forderungen der Kontoinhaber auch der Zwangsvollstreckung aus Titeln, die sich nur gegen den Mitinhaber richten.[52] Dagegen ist bei einem **Und-Konto**, bei dem alle Mitinhaber nur gemeinschaftlich zur Verfügung befugt sind, ein Titel gegen alle Kontoinhaber erforderlich.[53] 26

Nach der Rspr und hL gewährt der auf **Insolvenzanfechtung** gestützte Rückgewähranspruch nach § 143 InsO kein Recht zum Widerspruch.[54] 27

cc) Beschränkt dingliche Rechte. Sie berechtigen zur Intervention, wenn sie durch Vollstreckung und Verwertung beeinträchtigt werden. **Pfandrechte** nach den §§ 1204 ff BGB gewähren ein Widerspruchsrecht, wenn sie im Rang dem 28

---

46 Zöller/*Herget*, § 771 Rn 14 Stichwort „Leasinggut".
47 BGH WM 1981, 648, 649; BGH NJW 1977, 384, 385.
48 BFH ZIP 2013, 2370.
49 BGH NJW 1994, 128.
50 Schuschke/Walker/*Raebel*, § 771 Rn 30.
51 MüKo-ZPO/K. *Schmidt*, § 771 Rn 39.
52 BGH NJW 1985, 1218 mwN.
53 Hk-ZPO/*Kindl*, § 771 Rn 7; PG/*Scheuch*, § 771 Rn 35.
54 BGH NJW 1990, 990; zum Meinungsstand s. MüKo-ZPO/K. *Schmidt*, § 771 Rn 43.

Pfändungspfandrecht des Gläubigers vorgehen.[55] Voraussetzung ist allerdings, dass der Pfandgläubiger im Besitz der Sache ist oder sie ihm iSd § 935 BGB abhanden gekommen ist. Denn die freiwillige Besitzaufgabe führt gem. § 1253 BGB zum Erlöschen des Pfandrechts und damit auch zum Erlöschen des Widerspruchsrechts. Das besitzlose **Vermieterpfandrecht** (§ 562 BGB) berechtigt dagegen nur zur Klage auf vorzugsweise Befriedigung nach § 805.[56]

29 Ein **Grundpfandrecht** gewährt kein Recht zur Interventionsklage gegenüber einer Immobiliarvollstreckung. Zwangsversteigerung oder Zwangsverwaltung können ein vorrangiges Grundpfandrecht nicht beeinträchtigen. Wenn **Grundstückszubehör** entgegen § 865 Abs. 2 im Wege der Mobiliarzwangsvollstreckung gepfändet wird, hat der Hypothekengläubiger aus § 1120 BGB ein Recht zum Widerspruch iSd § 771. Dies gilt auch für **Früchte**, die entgegen § 810 gepfändet worden sind.[57] Die nach § 865 Abs. 2 S. 2 zulässige Pfändung anderer Gegenstände, die nach § **1120 BGB** der hypothekarischen Haftung unterliegen, berechtigt den Grundpfandgläubiger nicht zum Widerspruch.[58] Erst wenn die Beschlagnahme nach § 20 ZVG erfolgt, kann der rangbessere Grundpfandgläubiger die Widerspruchsklage erheben; allerdings ist er gem. § 772 darauf beschränkt, die Verwertung zu verhindern.[59]

30 **Nießbrauch, Dienstbarkeit, Erbbaurecht** und **ausschließliche Patentlizenz**[60] berechtigen zum Widerspruch, wenn die Vollstreckung das Recht beeinträchtigt. Zwangshypothek oder Zwangsversteigerung beeinträchtigen ein dingliches Recht am Grundstück nicht.[61] Ist der Nießbrauch im Verhältnis zum Gläubigerrecht nachrangig, gewährt er allerdings kein Widerspruchsrecht.[62]

31 **dd) Zurückbehaltungsrechte.** Die Einrede des Zurückbehaltungsrechts nach § 273 BGB ist im Zwangsvollstreckungsverfahren unbeachtlich; sie berechtigt daher auch nicht zur Drittwiderspruchsklage.[63] Das besondere Zurückbehaltungsrecht des § **1000 BGB** und das kaufmännische Zurückbehaltungsrecht der §§ **369 ff HGB** geben ein Widerspruchsrecht iSd § 771.[64]

32 **ee) Besitz.** Rspr und hL sehen den berechtigten **Besitz an beweglichen Sachen** als ein die Veräußerung hinderndes Recht an.[65] Dies gilt auch für Fälle des **mittelbaren** und des **Mitbesitzes**. Der Dritte kann in solchen Fällen neben der Klage aus § 771 auch die Erinnerung nach § 766 erheben. Der **Besitz an Grundstücken** gewährt dagegen kein Recht zum Widerspruch,[66] denn er ist im Rahmen der Veräußerung des Grundstücks ohne Belang.

33 **ff) Sondervermögen. Testamentsvollstreckung** und **Nachlassverwaltung** begründen ein Widerspruchsrecht, wenn der Titel eine Vollstreckung in diese Sondervermögen nicht legitimiert. Wird aus einem Titel gegen das Sondervermögen in das

---

55 RGZ 87, 321; MüKo-ZPO/*K. Schmidt*, § 771 Rn 34; Zöller/*Herget*, § 771 Rn 14 Stichwort „Pfandrecht".
56 Stein/Jonas/*Münzberg*, § 771 Rn 33.
57 MüKo-ZPO/*K. Schmidt*, § 771 Rn 35.
58 MüKo-ZPO/*K. Schmidt*, § 771 Rn 35.
59 Zöller/*Stöber*, § 865 Rn 10.
60 Gaul/Schilken/Becker-Eberhard/*Gaul*, § 41 Rn 86; MüKo-ZPO/*K. Schmidt*, § 771 Rn 36.
61 RGZ 81, 64, 66.
62 RGZ 81, 146, 150.
63 OLG Hamm NJW 1968, 1241, 1242.
64 MüKo-ZPO/*K. Schmidt*, § 771 Rn 37 mwN.
65 BGHZ 2, 164, 168; Stein/Jonas/*Münzberg*, § 771 Rn 35 mwN; aA MüKo-ZPO/*K. Schmidt*, § 771 Rn 38 mwN.
66 HM; vgl zB Baumbach/*Hartmann*, § 771 Rn 15; PG/*Scheuch*, § 771 Rn 30; anders nur RGZ 116, 363, 367.

Privatvermögen des Verwalters vollstreckt, steht diesem ebenfalls ein Widerspruchsrecht zu.[67] Vollstreckt der Gläubiger dagegen unter Verstoß gegen § 89 InsO in die **Insolvenzmasse**, kann der Insolvenzverwalter nach hM nur die Erinnerung nach § 766 erheben.[68]

gg) Verfügung über das Vermögen im Ganzen nach § 1365 BGB. Die fehlende Zustimmung des Ehegatten nach § 1365 BGB wird in der Teilungsversteigerung mit der Interventionsklage geltend gemacht, weil der einwendende Ehegatte mangels Verfügbarkeit eines anderen Rechtsbehelfes (kein Fall des § 28 ZVG) ansonsten rechtlos wäre.[69]

c) Einwendungen. Der Gläubiger kann im Prozess zunächst dem „die Veräußerung hindernden Recht" alle rechtshindernden, rechtsvernichtenden oder rechtshemmenden Einreden (im prozessualen Sinn) entgegensetzen. Insoweit bestehen keine Besonderheiten. Hervorzuheben sind jedoch folgende Fälle:

Haftet der Vollstreckungsgegenstand materiell-rechtlich für die Verbindlichkeit des Titelschuldners, ist die Klage abzuweisen:

- Anfechtungseinrede nach § 9 AnfG,[70]
- Erwerb einer mit einem Pfandrecht belasteten Sache,
- rangbessere Hypothek des Gläubigers; sie erfasst auch die dem Grundstücksnießbraucher als Drittem zustehende Forderung.[71]

Eine Klageabweisung erfolgt auch, wenn der Dritte nur schuldrechtlich **neben dem Titelschuldner** haftet: so der Bürge, der persönlich haftende Gesellschafter sowie der Gesamtschuldner.[72]

Eine „**wirtschaftliche Identität**" zwischen Schuldner und Drittwiderspruchskläger rechtfertigt die Abweisung der Klage allein noch nicht.[73] Dies kommt nur in Frage, wenn der Kläger auch materiell-rechtlich für die Titelschuld haftet oder sich die Berufung auf die Eigentumsverhältnisse als **treuwidrig** darstellt. Letzteres setzt die bewusste Täuschung des Gläubigers über die Vermögenszugehörigkeit des Vollstreckungsgegenstandes voraus.[74]

III. Mitverklagung des Schuldners (Abs. 2)

Die Regelung des Abs. 2 ist etwas missverständlich formuliert. Sie besagt nur, dass eine **Drittwiderspruchsklage** gegen den Gläubiger **mit einer Klage aus materiellem Recht** gegen den Schuldner (zB auf Herausgabe der Sache) **verbunden** werden kann. In diesem Fall sind Gläubiger und Schuldner **einfache Streitgenossen**. Eine Drittwiderspruchsklage gegen den Schuldner ist nicht möglich.

IV. Einstweilige Anordnungen (Abs. 3)

Die Erhebung der Interventionsklage allein hemmt die Zwangsvollstreckung noch nicht und führt auch nicht von Amts wegen zu einer einstweiligen Einstellung der Zwangsvollstreckung. Erst das – zumindest vorläufig – vollstreckbare

---

67 Baur/Stürner/*Bruns*, Zwangsvollstreckungsrecht, Rn 46.15.
68 *App*, in: FK-InsO, § 89 Rn 16 mwN.
69 BGH NJW 2007, 3124; OLG Hamburg FamRZ 2000, 1290; OLG Köln ZMR 2000, 613.
70 BGH NJW 1986, 2252 f; BGH NJW 2000, 2022, 2024.
71 RGZ 81, 146, 149 ff.
72 BGH LM Nr. 2 zu § 771 ZPO; str, zum Streitstand s. MüKo-ZPO/*K. Schmidt*, § 771 Rn 49.
73 Für das Verhältnis zwischen Ein-Mann-GmbH und Alleingesellschafter s. BGH NJW 2004, 217.
74 MüKo-ZPO/*K. Schmidt*, § 771 Rn 51.

Urteil würde es ihm ermöglichen, die Einstellung der Zwangsvollstreckung (§ 775 Nr. 1) und die Aufhebung der Vollstreckungsmaßregeln (§ 776) zu erwirken. Bis zu diesem Zeitpunkt läuft der Kläger Gefahr, dass er trotz der Klageerhebung seine Rechte durch die Zwangsvollstreckung verliert. Er kann daher gem. **Abs. 3 S. 1 iVm §§ 769, 770** den Erlass einstweiliger Anordnungen beantragen, um den **Fortgang der Zwangsvollstreckung** bis zur Entscheidung über die Drittwiderspruchsklage **aufzuschieben**. Die Regelung des Abs. 3 schließt eine auf das gleiche Ziel gerichtete **einstweilige Verfügung** aus.[75] Nach **Abs. 3 S. 2** können auf diesem Wege auch Vollstreckungsmaßnahmen **ohne Sicherheitsleistung** aufgehoben werden. Dies kommt allerdings nur in Betracht, wenn der Dritte sein Recht ausreichend nachgewiesen und glaubhaft gemacht hat, dass ihm durch den Fortbestand der Vollstreckungsmaßnahme erhebliche Nachteile drohen.[76] Die Wirkung der einstweiligen Anordnung betrifft nur die Parteien der Drittwiderspruchsklage.[77]

41 Den Dritten trifft **keine verschuldensunabhängige Haftung** nach § 717 Abs. 2 oder nach vergleichbaren Vorschriften, wenn sich die einstweilige Einstellung der Zwangsvollstreckung nachträglich als ungerechtfertigt erweist.[78] Bei nur leicht fahrlässiger Verkennung der Rechtslage haftet der Dritte auch nicht nach § 823 Abs. 1 BGB für den dem Vollstreckungsgläubiger infolge der Einstellung entstandenen Schaden.[79]

V. Kosten

42 Die Gerichtskosten folgen den Bestimmungen für das Prozessverfahren des ersten Rechtszuges (Nr. 1210 ff KV GKG). Für den Anwalt entstehen die Gebühren für das Verfahren im ersten Rechtszug (Nr. 3100 ff VV RVG); vgl auch § 767 Rn 67.

§ 772 Drittwiderspruchsklage bei Veräußerungsverbot

¹Solange ein Veräußerungsverbot der in den §§ 135, 136 des Bürgerlichen Gesetzbuchs bezeichneten Art besteht, soll der Gegenstand, auf den es sich bezieht, wegen eines persönlichen Anspruchs oder auf Grund eines infolge des Verbots unwirksamen Rechts nicht im Wege der Zwangsvollstreckung veräußert oder überwiesen werden. ²Auf Grund des Veräußerungsverbots kann nach Maßgabe des § 771 Widerspruch erhoben werden.

§ 87 GVGA

I. Veräußerungsverbot in der Zwangsvollstreckung (S. 1)

1 **1. Normzweck.** S. 1 enthält eine **vollstreckungsrechtliche Verfahrensregelung**:[1] Unterliegt ein Gegenstand oder eine Forderung einem relativen Veräußerungsverbot, so soll die Veräußerung des gepfändeten Gegenstandes bzw die Überweisung der Forderung nicht erfolgen. Denn ein angemessenes, die Interessen des Schuldners wahrendes Gebot wäre in diesem Fall nicht zu erzielen, weil der Erwerber an dem Gegenstand nur ein unsicheres Recht erlangen könnte.[2]

---

75 OLGR Koblenz 2003, 289.
76 AA PG/*Scheuch*, § 771 Rn 43.
77 LG Frankenthal MDR 1983, 586.
78 BGH NJW 1985, 1959.
79 BGH NJW 1985, 1959.
1 MüKo-ZPO/*K. Schmidt*, § 772 Rn 2 mwN.
2 *Hahn*, Mat. Bd. VIII, S. 144.

2. Anwendungsbereich. a) Die Vorschrift findet nur für die unter §§ 135, 136 BGB fallenden Veräußerungsverbote Anwendung. Gesetzliche Veräußerungsverbote iSd § 135 BGB spielen praktisch keine Rolle.[3] Praktisch wichtigster Anwendungsfall eines **behördlichen** Veräußerungsverbotes iSd § 136 BGB ist das Veräußerungsverbot im Wege einer **einstweiligen Verfügung** gem. § 938 Abs. 2.[4] Darüber hinaus sind zu nennen § 480 FamFG und § 111 c StPO.

b) Keine Anwendung findet § 772 auf **absolute** Veräußerungsverbote gem. § 134 BGB. Auch die in den §§ 80, 81 InsO enthaltenen Verfügungsbeschränkungen, die über § 24 Abs. 1 InsO für die Verfügungsbeschränkungen nach § 21 Abs. 2 Nr. 2 InsO entsprechend gelten, haben absolute Wirkung, so dass eine Anwendung des § 772 ausscheidet. Weiter findet § 772 in folgenden Fällen **keine Anwendung**: rechtsgeschäftliche Veräußerungsverbote (vgl § 137 BGB); Abtretungsverbote nach §§ 399, 413 BGB; Bindung des Gesellschafters einer Gesamthandspersonengesellschaft, § 719 BGB; Vormerkungswirkung nach § 883 Abs. 2 BGB; Widerspruch nach § 899 BGB; Veräußerungsverbote zugunsten eines Hypothekengläubigers, §§ 1124, 1126 BGB; Verfügungsverbote nach §§ 1365, 1369 BGB; Nachlassverwaltung, § 1984 BGB (s. § 784); Verfügungsverbote durch Pfändung; Verfügungsbeschränkung des Insolvenzschuldners, §§ 21 Abs. 2 Nr. 3, 81, 89 InsO.[5]

3. Rechtsfolgen. § 772 ergänzt die §§ 135 und 136 BGB in vollstreckungsrechtlicher Hinsicht. Nach hM bewirkt § 135 Abs. 1 S. 2 BGB, dass der Pfändungsakt als solcher und mit ihm die Verstrickung rechtmäßig ist, dass aber kein Verwertungsrecht entsteht. Liegt ein relatives Veräußerungsverbot iSd §§ 135, 136 BGB vor, ist daher nach S. 1 nur die **Veräußerung** bzw die **Überweisung abzulehnen**. Der **Vollstreckungszugriff** bleibt dagegen **möglich**.[6] Deshalb ist weder die Eintragung einer Zwangshypothek noch die Anordnung einer Zwangsversteigerung oder Zwangsverwaltung durch § 772 gehindert. Die Versteigerung darf aber nicht erfolgen, wenn das Verfahren von einem Gläubiger wegen eines persönlichen Anspruchs oder aus einem infolge der Verfügungsbeschränkung unwirksamen Recht betrieben wird.[7]

Die Verletzung der Verfahrensbestimmung des S. 1 führt nicht zur Nichtigkeit etwa doch durchgeführter Verwertungsmaßnahmen. Die Verwertung ist in diesem Fall gem. §§ 135 Abs. 1 S. 1, 136 BGB nur **relativ unwirksam**. Ein gutgläubiger Erwerb nach § 135 Abs. 2 BGB findet – wenigstens wenn die durch die Zwangsvollstreckung betroffenen Gegenstände Rechte an einem Grundstück sind – nicht statt.[8] Dennoch kann der Ersteher in einer Zwangsversteigerung lastenfrei Eigentum erhalten. Mit dem Zuschlag erlischt das Veräußerungsverbot.[9] Ist das relative Verfügungsverbot dem Vollstreckungsorgan bekannt, stellt eine dennoch durchgeführte Verwertung eine **Amtspflichtverletzung** dar.

---

3 Vgl MüKo-BGB/*Armbrüster*, § 135 Rn 10 mwN.
4 Schuschke/Walker/*Raebel*, § 772 Rn 2.
5 Eine ausführliche Darstellung der Bestimmungen, die nicht unter § 772 fallen, findet sich bei MüKo-ZPO/*K. Schmidt*, § 772 Rn 6–14 mwN.
6 Stein/Jonas/*Münzberg*, § 772 Rn 10.
7 MüKo-ZPO/*K. Schmidt*, § 772 Rn 15 mwN.
8 RGZ 90, 335, 341.
9 Schuschke/Walker/*Raebel*, § 772 Rn 3; MüKo-ZPO/*K. Schmidt*, § 772 Rn 16.

II. Unzulässigkeitserklärung der Veräußerung (S. 2)

6 **1. Normzweck.** Da S. 1 eine Verfahrensregel beinhaltet, kann ihre Verletzung vom geschützten Dritten und vom Schuldner[10] mit der **Erinnerung nach § 766** geltend gemacht werden. Der durch das Verbot geschützte Dritte kann darüber hinaus sein Recht – wie S. 2 der Bestimmung klarstellt – durch **Drittwiderspruchsklage iSd § 771** geltend machen. Das Klageziel ist dabei allerdings nur, die Veräußerung im Wege der Zwangsvollstreckung bzw die Überweisung für unzulässig erklären zu lassen. Die reine Pfändung wird von § 772 nicht erfasst. Daher kann eine Aufhebung der Pfändung auch nicht verlangt werden. Der Dritte kann zwischen der Erinnerung nach § 766 und der Drittwiderspruchsklage nach § 771 **wählen**.[11]

7 **2. Prozessuales. a) Parteien.** Richtiger Kläger ist der Dritte, richtiger Beklagter der vollstreckende Gläubiger. Nach den §§ 771 Abs. 1, 802 ist das Gericht, in dessen Bezirk die Zwangsvollstreckung erfolgt, **örtlich** ausschließlich **zuständig**. Die **sachliche Zuständigkeit** bestimmt sich nach allgemeinen Grundsätzen (§§ 23 Nr. 1, 71 Abs. 1 GVG).

8 **b) Klageantrag.** Der Klageantrag lautet wie folgt:[12]

▶ Die Veräußerung des ... (genau zu bezeichnenden) Gegenstandes im Wege der Zwangsvollstreckung (oder: die Überweisung) wird für unzulässig erklärt. ◀

9 Eine auflösende Bedingung für den Fall, dass das Veräußerungsverbot nachträglich entfällt, muss nicht aufgenommen werden.[13]

10 **c) Einstweilige Anordnungen.** Sie sind gem. §§ 771 Abs. 3, 769 zulässig.

III. Kosten

11 Die Gerichtskosten folgen den Bestimmungen für das Prozessverfahren des ersten Rechtszuges (Nr. 1210 ff KV GKG). Für den Rechtsanwalt entstehen die Gebühren für das Verfahren im ersten Rechtszug (Nr. 3100 ff VV RVG); vgl auch § 767 Rn 67.

§ 773 Drittwiderspruchsklage des Nacherben

¹Ein Gegenstand, der zu einer Vorerbschaft gehört, soll nicht im Wege der Zwangsvollstreckung veräußert oder überwiesen werden, wenn die Veräußerung oder die Überweisung im Falle des Eintritts der Nacherbfolge nach § 2115 des Bürgerlichen Gesetzbuchs dem Nacherben gegenüber unwirksam ist. ²Der Nacherbe kann nach Maßgabe des § 771 Widerspruch erheben.

§ 87 GVGA

---

10 Jetzt wohl überwiegende Meinung, vgl Baumbach/*Hartmann*, § 772 Rn 6; MüKo-ZPO/ *K. Schmidt*, § 772 Rn 19; Musielak/*Lackmann*, § 772 Rn 3; Hk-ZPO/*Kindl*, § 772 Rn 4; Schuschke/Walker/*Raebel*, § 772 Rn 5; Thomas/Putzo/*Seiler*, § 772 Rn 5; Zöller/ *Herget*, § 772 Rn 3; aA OLG Hamburg MDR 1966, 515; Stein/Jonas/*Münzberg*, § 772 Rn 11.
11 Baumbach/*Hartmann*, § 772 Rn 6; Musielak/*Lackmann*, § 772 Rn 3.
12 MüKo-ZPO/*K. Schmidt*, § 772 Rn 2.
13 Stein/Jonas/*Münzberg*, § 772 Rn 14.

I. Nacherbschaft in der Zwangsvollstreckung (S. 1)

1. Normzweck. S. 1 schützt die Rechte des Nacherben, indem er § 2115 S. 1 BGB verfahrensrechtlich ergänzt. Nach § 2115 S. 1 BGB sind Verfügungen über einen Erblassgegenstand, die im Wege der Zwangsvollstreckung oder der Arrestvollziehung oder durch den Insolvenzverwalter erfolgen, im Falle des Eintritts der Nacherbfolge insoweit unwirksam, als sie das Recht des Nacherben vereiteln oder beeinträchtigen würden. § 773 untersagt in diesem Fall die Verwertung, nicht aber die Pfändung oder Eintragung einer Zwangshypothek. Insoweit entspricht der Normzweck dem des § 772.

2. Anwendungsbereich. § 2115 BGB und daher auch § 773 gelten nur für die Vollstreckung wegen **Geldforderungen**.[1] Betreiben Miterben der Teilungsversteigerung, ist dies zulässig.[2] Dagegen greift § 773 ein, wenn ein Gläubiger den Erbteil gepfändet hat und die Auseinandersetzungsvollstreckung betreibt.[3] Voraussetzung ist die Anordnung der **Vor- und Nacherbschaft**. Deshalb ist § 773 nicht anwendbar, wenn nach einem Vollerben ein Schlusserbe (Berliner Testament) eingesetzt ist. Weiter findet § 773 nur auf **Gläubiger des Vorerben** Anwendung. Schließlich muss die Vollstreckungsmaßnahme das Recht des Nacherben im Erbfall **vereiteln oder beeinträchtigen**.

3. Rechtsfolgen. S. 1 verbietet die Zwangsvollstreckung in das der Nacherbfolge unterliegende Erbschaftsvermögen nicht allgemein; die Vorschrift verbietet vielmehr nur die Verwertung.[4] Die Ausführungen zu § 772 S. 1 gelten insoweit entsprechend (s. § 772 Rn 6).

II. Unzulässigkeitserklärung der Veräußerung (S. 2)

Erfolgt gegen S. 1 eine Verwertung, so können Nacherbe und Schuldner die Erinnerung nach § 766 erheben.[5] Darüber hinaus gibt S. 2 dem Nacherben die Möglichkeit, den Verstoß auch im Wege der **Drittwiderspruchsklage** nach § 771 geltend zu machen. Auch hier richtet sich die Klage nur gegen die Veräußerung (vgl hierzu § 772 Rn 6). Klagen mehrere Nacherben, bilden sie eine einfache Streitgenossenschaft, denn zwischen ihnen besteht vor dem Nacherbfall noch keine Erbengemeinschaft.[6]

Der Verstoß stellt zugleich eine **Amtspflichtverletzung** iSd § 839 BGB dar.[7]

III. Kosten

Die Gerichtskosten folgen den Bestimmungen für das Prozessverfahren des ersten Rechtszuges (Nr. 1210 ff KV GKG). Für den Rechtsanwalt entstehen die Gebühren für das Verfahren im ersten Rechtszug (Nr. 3100 ff VV RVG); vgl auch § 767 Rn 67.

§ 774 Drittwiderspruchsklage des Ehegatten

Findet nach § 741 die Zwangsvollstreckung in das Gesamtgut statt, so kann ein Ehegatte nach Maßgabe des § 771 Widerspruch erheben, wenn das gegen den an-

---

1 RGRK/*Johannsen*, § 2115 BGB Rn 3.
2 OLG Hamm NJW 1969, 516.
3 OLG Celle NJW 1968, 801.
4 BGH NJW 1990, 1237, 1238.
5 Zöller/*Herget*, § 773 Rn 2.
6 BGH NJW 1993, 1582.
7 RGZ 80, 252.

deren Ehegatten ergangene Urteil in Ansehung des Gesamtgutes ihm gegenüber unwirksam ist.

§ 87 GVGA

I. Normzweck

1 § 774 ist im Zusammenhang mit § 741 zu lesen. Nach § 741 ist grds. die Zwangsvollstreckung wegen aller Verbindlichkeiten eines Ehegatten, der nicht oder nicht allein das Gesamtgut verwaltet und selbständig ein Erwerbsgeschäft führt, zulässig. Es besteht daher die Möglichkeit, dass eine Vollstreckung in das Gesamtgut stattfindet, obwohl es nach materiellem Recht nicht für die Forderung haftet. Diese **Nichthaftung des Gesamtguts** wird durch die Drittwiderspruchsklage der §§ 774, 771 geltend gemacht.[1] Sie ist mit der Formulierung in § 774 gemeint, wenn das Gesetz davon spricht, dass „das gegen den anderen Ehegatten ergangene Urteil in Ansehung des Gesamtguts ihm gegenüber unwirksam" sei. Wegen der geringen Verbreitung der Gütergemeinschaft hat die Vorschrift keine große praktische Bedeutung.

II. Anwendungsvoraussetzungen

2 Die Anwendung des § 774 setzt die **Gütergemeinschaft** nach §§ 1415 ff BGB voraus. Beim gesetzlichen Güterstand der Zugewinngemeinschaft ist seine Anwendung ausgeschlossen. Weiter muss in das Gesamtgut **nach § 741 vollstreckt** worden sein. Schließlich darf das **Gesamtgut** nach materiellem Recht (§§ 1431, 1438, 1456, 1460 BGB) für die titulierte Forderung **nicht haften**. Dies ist der Fall, wenn es sich um eine Geschäftsverbindlichkeit handelt, wenn der Ehegatte von dem Geschäftsbetrieb keine Kenntnis hatte oder wenn zur Zeit der Klageerhebung ein Einspruch oder Widerspruch in das Güterregister eingetragen war. Dies gilt jedoch nicht, wenn der (mit-)verwaltende Ehegatte der Begründung der Forderung zugestimmt hatte.

III. Drittwiderspruchsklage nach § 774

3 Der (mit-)verwaltende Ehegatte kann die Nichthaftung des Gesamtguts mit der Drittwiderspruchsklage nach § 771 geltend machen.

4 Der **Klageantrag** ist wie folgt zu formulieren:

▶ ... die Zwangsvollstreckung aus ... (genaue Bezeichnung des Titels) in ... (genaue Bezeichnung des Gegenstandes) für unzulässig zu erklären.[2] ◀

5 Die Klage beschränkt sich damit nicht – wie §§ 772, 773 – auf einen **Widerspruch gegen die Verwertung**.

6 Die gerichtliche **Zuständigkeit** richtet sich nach den bei § 771 dargestellten Grundsätzen (vgl § 771 Rn 12). Wenn der Titel keine Familiensache betrifft, stellt die Widerspruchsklage nach § 774 keine **Familiensache** dar.[3]

7 Neben der Klage aus § 774 ist nicht zugleich eine **Erinnerung nach § 766** möglich. Denn Voraussetzung des § 774 ist gerade die nach § 741 verfahrensrechtlich zulässige Vollstreckung. Sind die Voraussetzungen des § 741 nicht erfüllt, kann der (mit-)verwaltende Ehegatte bereits nach allgemeinen Grundsätzen Drittwiderspruchsklage nach § 771 erheben oder die Verletzung des § 741 mit der Erin-

---

1 MüKo-ZPO/K. *Schmidt*, § 774 Rn 1; Stein/Jonas/*Münzberg*, § 774 Rn 1.
2 *Gottwald*, Zwangsvollstreckung, § 774 Rn 4.
3 HM; BGH NJW 1979, 929; aA MüKo-ZPO/K. *Schmidt*, § 774 Rn 5.

nerung nach § 766 rügen.[4] Allerdings kann eine Erinnerung an § 739 Abs. 1 scheitern.[5]

IV. Kosten

Die Gerichtskosten folgen den Bestimmungen für das Prozessverfahren des ersten Rechtszuges (Nr. 1210 ff KV GKG). Für den Rechtsanwalt entstehen die Gebühren für das Verfahren im ersten Rechtszug (Nr. 3100 ff VV RVG); vgl auch § 767 Rn 67.

8

§ 775 Einstellung oder Beschränkung der Zwangsvollstreckung

Die Zwangsvollstreckung ist einzustellen oder zu beschränken:
1. wenn die Ausfertigung einer vollstreckbaren Entscheidung vorgelegt wird, aus der sich ergibt, dass das zu vollstreckende Urteil oder seine vorläufige Vollstreckbarkeit aufgehoben oder dass die Zwangsvollstreckung für unzulässig erklärt oder ihre Einstellung angeordnet ist;
2. wenn die Ausfertigung einer gerichtlichen Entscheidung vorgelegt wird, aus der sich ergibt, dass die einstweilige Einstellung der Vollstreckung oder einer Vollstreckungsmaßregel angeordnet ist oder dass die Vollstreckung nur gegen Sicherheitsleistung fortgesetzt werden darf;
3. wenn eine öffentliche Urkunde vorgelegt wird, aus der sich ergibt, dass die zur Abwendung der Vollstreckung erforderliche Sicherheitsleistung oder Hinterlegung erfolgt ist;
4. wenn eine öffentliche Urkunde oder eine von dem Gläubiger ausgestellte Privaturkunde vorgelegt wird, aus der sich ergibt, dass der Gläubiger nach Erlass des zu vollstreckenden Urteils befriedigt ist oder Stundung bewilligt hat;
5. wenn der Einzahlungs- oder Überweisungsnachweis einer Bank oder Sparkasse vorgelegt wird, aus dem sich ergibt, dass der zur Befriedigung des Gläubigers erforderliche Betrag zur Auszahlung an den Gläubiger oder auf dessen Konto eingezahlt oder überwiesen worden ist.

§ 64 GVGA

I. Allgemeines 1	3. Nachweis der Sicherheitsleistung oder Hinterlegung durch öffentliche Urkunde (Nr. 3) 15
1. Normzweck 1	
2. Anwendungsbereich 3	
3. Begriffe 4	
4. Verhältnis zu anderen Regeln 6	4. Befriedigung oder Stundung (Nr. 4) 16
II. Die Anwendungsfälle des § 775 8	5. Einzahlungs- oder Überweisungsnachweis (Nr. 5) 19
1. Vollstreckungshindernde Entscheidungen (Nr. 1) 8	III. Verfahren 20
2. Einstweilige Einstellung oder Vollstreckung nur gegen Sicherheitsleistung (Nr. 2)... 13	IV. Kosten 26

---

4 Wieczorek/Schütze/*Paulus*, § 741 Rn 8; MüKo-ZPO/*K. Schmidt*, § 774 Rn 3.
5 Stein/Jonas/*Münzberg*, § 774 Rn 2; MüKo-ZPO/*K. Schmidt*, § 774 Rn 6.

I. Allgemeines

1. Normzweck. Ein Gericht, das eine Entscheidung trifft, die sich auf einen Zwangsvollstreckungstitel auswirkt, benachrichtigt nicht selbst die Vollstreckungsorgane. Von § 771 abgesehen, kümmert es sich auch nicht darum, ob die Vollstreckung aus dem Titel oder der Ausfertigung schon betrieben wird. Für die Umsetzung solcher Entscheidungen in das Vollstreckungsverfahren sorgen § 775 Nr. 1–3 und § 776.

§ 775 enthält eine **abschließende Aufzählung** der Voraussetzungen, unter denen das Vollstreckungsorgan die Vollstreckung einzustellen oder zu beschränken hat.[1] Für die Einstellung der Vollstreckung (§ 775) und für die Aufhebung von Vollstreckungsmaßnahmen (§ 776) ist nur das Vollstreckungsorgan zuständig. Deshalb kann eine unzulässige Vollstreckungsmaßnahme, auch wenn eine gerichtliche Entscheidung vorliegt, die die Unzulässigkeit ausspricht, noch wirksam sein. Die Einstellung oder Beschränkung der Zwangsvollstreckung darf durch das Vollstreckungsorgan nur erfolgen, wenn die in § 775 geregelten Voraussetzungen vorliegen.

2. Anwendungsbereich. Die Vorschrift gilt grds. für **jede Art der Zwangsvollstreckung**[2] mit Ausnahme der Vollstreckung eines Titels auf Abgabe einer Willenserklärung (§ 894); denn diese Vollstreckung bedarf keines Vollzuges. Bei der **Zwangshypothek** ist die Sonderregel des § 868 zu beachten. Die Voraussetzungen des § 775 sind für jeden Schuldner gesondert zu prüfen. Deshalb kommt bei mehreren Schuldnern die Einstellung oder Beschränkung nur dem Schuldner zugute, zu dessen Gunsten sie erfolgt ist.[3]

3. Begriffe. Einstellung bedeutet die Nichtfortsetzung, ggf den Nichtbeginn der Vollstreckung.[4] Eingestellt ist die Zwangsvollstreckung demnach, wenn sie nach ihrem Beginn aufgrund eines Entschlusses des Vollstreckungsorgans nicht fortgesetzt oder wenn sie gegen den Antrag des Gläubigers nicht eingeleitet wird.[5] Falls die Zwangsvollstreckung nur tatsächlich nicht weiterbetrieben wird, ruht sie dagegen nur. Dies kann der Fall sein, wenn der Gläubiger zB den Vorschuss nicht bezahlt.

Beschränkt ist die Zwangsvollstreckung, wenn nur einzelne Vollstreckungsmaßnahmen eingestellt sind, während die Zwangsvollstreckung im Übrigen in andere Gegenstände ungehindert weitergehen kann.[6] **Aufgehoben** ist die Zwangsvollstreckung, wenn eine bereits eingeleitete Vollstreckungsmaßnahme wieder rückgängig gemacht wird.[7] Die Aufhebung ist in § 776 geregelt.

4. Verhältnis zu anderen Regeln. Aus der allgemeinen Dispositionsbefugnis des Gläubigers ergibt sich, dass er das Vollstreckungsorgan **anweisen** kann, die Zwangsvollstreckung einzustellen oder zu beschränken. Dieser Fall ist nicht in § 775 erfasst. Darüber hinaus kann der Gläubiger die Vollstreckung in jedem Stadium **ruhen** lassen. Der Gläubiger kann im Zwangsversteigerungsverfahren bis zur Verkündung des Zuschlags gem. § 29 ZVG den Versteigerungsantrag **zurücknehmen**. Sofern das **Grundbuchamt** Vollstreckungsorgan ist, kann der Gläubiger es um Einstellung ersuchen.

Das Vollstreckungsorgan hat **von Amts wegen** die allgemeinen Vollstreckungsvoraussetzungen zu prüfen. Fehlen die allgemeinen Vollstreckungsvoraussetzun-

---

1 BGH NJW 2008, 3640.
2 MüKo-ZPO/*K. Schmidt*, § 775 Rn 1; PG/*Scheuch*, § 771 Rn 1.
3 Schuschke/Walker/*Raebel*, § 775 Rn 12.
4 MüKo-ZPO/*K. Schmidt*, § 775 Rn 5; Gaul/Schilken/Becker-Eberhard/*Gaul*, § 45 Rn 4.
5 Schuschke/Walker/*Raebel*, § 775 Rn 4.
6 Schuschke/Walker/*Raebel*, § 775 Rn 5.
7 Schuschke/Walker/*Raebel*, § 775 Rn 6.

gen, ist die Einzelzwangsvollstreckung unzulässig oder ergibt sich die Unzulässigkeit der konkreten Vollstreckungsmaßnahme, so führt dies zur Einstellung der Vollstreckung bzw der einzelnen Maßnahmen von Amts wegen.

II. Die Anwendungsfälle des § 775

1. Vollstreckungshindernde Entscheidungen (Nr. 1). Eine Entscheidung iSd Nr. 1 kann sein: **Urteil, Beschluss** und für vollstreckbar erklärter **Schiedsspruch**. Dagegen sind Vergleich[8] oder beiderseitige Erledigungserklärung[9] keine Entscheidungen im Sinne der Vorschrift.   8

Die vorgelegte Entscheidung muss **vollstreckbar** (§§ 704 Abs. 1, 794 Nr. 3) sein, dh sie muss rechtskräftig, kraft Gesetzes vollstreckbar oder für vorläufig vollstreckbar erklärt sein. Beschlüsse sind stets vollstreckbar.[10] Sofern die vorläufige Vollstreckbarkeit des aufhebenden Urteils von einer Sicherheitsleistung abhängt, gilt dies auch für die Einstellung.[11] Die vorgelegte Entscheidung muss anordnen, dass das zu vollstreckende Urteil oder seine vorläufige Vollstreckbarkeit aufgehoben oder die Zwangsvollstreckung für unzulässig erklärt oder die Einstellung angeordnet ist. Die nur vorläufige Vollstreckbarkeit des aufgehobenen Urteils tritt bereits mit Verkündung des aufhebenden Urteils außer Kraft (§ 717 Abs. 1).   9

Die Feststellung der **Nichtigkeit** eines Urteils steht seiner Aufhebung gleich. Gleichzustellen sind auch Beschlüsse nach § 269 Abs. 3 S. 3 und § 56 Abs. 3 FamFG (früher: § 620 f Abs. 1 S. 2 aF), die die Wirkungslosigkeit eines Beschlusses oder einer einstweiligen Anordnung aussprechen. Die nachträgliche Anordnung einer Sicherheitsleistung fällt nicht unter Nr. 1.[12]   10

Nicht unter Nr. 1 fallen Urteile, die auf Unterlassung der Vollstreckung, auf Herausgabe des Titels oder auf Herausgabe des Erlöses gerichtet sind.[13]   11

Vorzulegen ist die **Urschrift** oder eine **Ausfertigung** der Entscheidung; die Ausfertigung muss nicht nach § 724 vollstreckbar sein.[14] Eine beglaubigte Abschrift der Ausfertigung genügt dagegen nicht, wie sich bereits aus dem Wortlaut der Nr. 1 ergibt.[15] Befindet sich die Urschrift des Urteils beim Vollstreckungsgericht, so genügt die Bezugnahme auf die Akten.   12

2. Einstweilige Einstellung oder Vollstreckung nur gegen Sicherheitsleistung (Nr. 2). Wichtige **Anwendungsfälle** der **einstweiligen Einstellung** sind: §§ 570 Abs. 3, 707 Abs. 1, 719 Abs. 1, 732 Abs. 2, 765 a Abs. 1, 766 Abs. 1 S. 2, 769 Abs. 1, 770 und 771 Abs. 3. Der Beschluss über eine einstweilige Einstellung der Zwangsvollstreckung wirkt bereits von dem Zeitpunkt ab, in welchem er existent geworden ist, dh mit dem Zeitpunkt des ersten Hinausgehens der Entscheidung.[16] Die Entscheidung braucht daher nicht vollstreckbar zu sein. Die Sicherheitsleistung muss allerdings nachgewiesen werden, wenn die Einstellung nur gegen Sicherheitsleistung angeordnet ist.[17]   13

Wichtige **Anwendungsfälle** der **Fortsetzung nur gegen Sicherheitsleistung** sind: §§ 707 Abs. 1, 709 S. 3, 719 Abs. 1, 732 Abs. 2, 769 Abs. 1, 770 und 773. Ist   14

---

8 BayObLG NJW-RR 1999, 506; OLG Hamm NJW 1988, 1988.
9 So MüKo-ZPO/*K. Schmidt*, § 775 Rn 10; aA OLG Nürnberg GRUR 1996, 79.
10 RGZ 84, 200, 203 f.
11 LG Bonn MDR 1983, 850; Hk-ZPO/*Kindl*, § 775 Rn 4.
12 Stein/Jonas/*Münzberg*, § 775 Rn 14.
13 BGH NJW 1994, 460; BGH NJW 2008, 3640.
14 Baumbach/*Hartmann*, § 775 Rn 10; Stein/Jonas/*Münzberg*, § 775 Rn 27.
15 Musielak/*Lackmann*, § 775 Rn 2.
16 BGH NJW 1957, 1480.
17 Wieczorek/Schütze/*Salzmann*, § 775 Rn 20.

Sicherheit geleistet und wird dies gem. § 751 Abs. 2 nachgewiesen, so wird die Vollstreckung nicht eingestellt.

15 **3. Nachweis der Sicherheitsleistung oder Hinterlegung durch öffentliche Urkunde (Nr. 3).** Wichtige **Anwendungsfälle** sind: §§ 711, 712 Abs. 1 und 720 Abs. 3. Der Nachweis muss durch eine **öffentliche Urkunde** iSd § 415 Abs. 1 geführt werden. Eine öffentliche Beglaubigung genügt nicht. Die Sicherheitsleistung oder Hinterlegung muss sich **aus der Urkunde selbst** ergeben. Zu denken ist etwa an eine Bescheinigung des Amtsgerichts als Hinterlegungsstelle. Dagegen genügt ein Einzahlungs- oder Überweisungsnachweis einer Bank oder Sparkasse nicht.[18]

16 **4. Befriedigung oder Stundung (Nr. 4).** Diese Vorschrift erfasst Fälle, in denen der Schuldner eine öffentliche Urkunde oder eine vom Gläubiger ausgestellte Privaturkunde vorlegt, aus der sich die Befriedigung des Gläubigers oder eine Stundung ergibt. Auch dann ist die Vollstreckung einzustellen. Erforderlich ist eine **öffentliche Urkunde** iSd § 415 Abs. 1; die bloß öffentliche Beglaubigung einer Privaturkunde reicht nicht.[19] Als **Privaturkunde** des Gläubigers ist nur das Original oder eine Ausfertigung anzusehen. Grundsätzlich genügt nur eine **vom Gläubiger** ausgestellte Privaturkunde und nicht die eines Dritten. Die Quittung eines Dritten kann allerdings dann genügen, wenn ausweislich des Titels oder nach gesetzlicher Vorschrift an ihn zu leisten ist oder wenn die Forderung nach gesetzlicher Vorschrift gem. Nr. 5 auf ihn übergegangen ist.[20]

17 Der Nachweis der Befriedigung oder Stundung muss sich aus der Urkunde selbst ergeben. „**Befriedigung**" meint nicht nur die Erfüllung, sondern auch **Erfüllungssurrogate** wie die Aufrechnung, Verrechnung, Erlassvertrag oder Verzicht des Gläubigers.[21] Auch ein **pactum de non petendo** fällt unter die Vorschrift.[22] Schließlich muss die Befriedigung oder Stundung **nach Erlass** des Urteils oder des sonstigen Titels (§ 795) eingetreten sein. Anders als in § 767 Abs. 2 ist nicht auf den Schluss der mündlichen Verhandlung, sondern auf die Verkündung abzustellen.

18 Die Befriedigung des Gläubigers bzw die Stundung muss die ganze Forderung mit Zinsen und Kosten umfassen. Eine **Teilbefriedigung** oder -stundung führt nur zur **Beschränkung** der Zwangsvollstreckung.

19 **5. Einzahlungs- oder Überweisungsnachweis (Nr. 5).** Aus diesem Nachweis einer Bank oder Sparkasse muss sich ergeben, dass der zur Befriedigung des Gläubigers erforderliche Betrag zur Auszahlung an den Gläubiger oder auf dessen Konto eingezahlt oder überwiesen worden ist: In Betracht kommen Zahlkartenabschnitt, Lastschriftzettel oder Kontoauszug, wenn dieser die Ausführung der Überweisung an den Gläubiger als Empfänger ausreichend erkennen lässt.[23] Urheber des Nachweises muss das Kreditinstitut sein.[24]

III. Verfahren

20 Die **Vorlage** der in Nr. 1–5 genannten Nachweise an das zuständige Vollstreckungsorgan ist **Sache der Parteien** oder eines beteiligten Dritten.[25] Das Vollstreckungsorgan hat § 775 von Amts wegen zu berücksichtigen, muss aber nicht von

---

18 Zöller/*Stöber*, § 775 Rn 6.
19 AA Baumbach/*Hartmann*, § 775 Rn 21.
20 MüKo-ZPO/*K. Schmidt*, § 775 Rn 18.
21 HM; vgl zB LG Freiburg MDR 1955, 299; Schuschke/Walker/*Raebel*, § 775 Rn 10; Stein/Jonas/*Münzberg*, § 775 Rn 20 mwN.
22 MüKo-ZPO/*K. Schmidt*, § 775 Rn 19.
23 Stein/Jonas/*Münzberg*, § 775 Rn 25.
24 Auch BGH NJW 2007, 3645.
25 RGZ 121, 349, 351; 128, 81, 83; Zöller/*Stöber*, § 775 Rn 9.

Amts wegen ermitteln.[26] Eine Vorlage ist nicht erforderlich, wenn das für die Einstellung zuständige Vollstreckungsgericht die Einstellung selbst anordnet.[27] Das **Vollstreckungsgericht** hat die Einstellung durch **Beschluss** auszusprechen.[28]

Der **Gerichtsvollzieher** hat die Einstellung, die bei einer Vollstreckungshandlung erfolgt, im Protokoll zu vermerken, sonst hat er sie in die Vollstreckungsakten aufzunehmen (§ 64 Abs. 5 S. 1 GVGA). Da die Pfändung bei einer reinen Einstellung bestehen bleibt, behandelt der Gerichtsvollzieher das eingestellte Verfahren als ruhenden Vollstreckungsauftrag (§ 64 Abs. 7 GVGA, §§ 27, 28 GVO). Ist die Einstellung auf Antrag des Gläubigers erfolgt oder von ihm bewilligt worden, setzt der Gerichtsvollzieher die Vollstreckung nur auf Antrag fort, wenn die Einstellung – dem Willen des Gläubigers entsprechend – unbefristet erfolgte oder wenn die Frist mehr als sechs Monate betrug (§§ 27 f GVO). 21

Wenn die Voraussetzungen der Einstellung oder Beschränkung entfallen, ist die **Vollstreckung fortzusetzen.** Dies erfolgt grds. auf Antrag des Gläubigers; von Amts wegen nur, wenn die Zwangsvollstreckung gem. §§ 769 Abs. 2, 771 Abs. 3, 815 Abs. 2 S. 2 befristet eingestellt war. In den Fällen der Nr. 1–3 bedarf es einer Entscheidung, die vorgelegte Entscheidung aufhebt, dem titulierten Anspruch Vollstreckbarkeit verleiht oder die Beschränkung der Vollstreckbarkeit aufhebt.[29] Bei einer Einstellung nach Nr. 4 oder 5 genügt es, wenn der Gläubiger die Befriedigung bestreitet, damit die Vollstreckung fortgesetzt wird. Der Schuldner hat dann die Möglichkeit, seine Rechte durch eine Vollstreckungsabwehrklage nach § 767 geltend zu machen. 22

Wird die Einstellung nach § 775 abgelehnt, so hängt der richtige **Rechtsbehelf** des **Schuldners** davon ab, welches Vollstreckungsorgan tätig ist: die Erinnerung nach § 766 (Gerichtsvollzieher; Vollstreckungsmaßnahmen des Rechtspflegers), die sofortige Beschwerde nach § 11 RPflG, § 793 (Entscheidungen des Rechtspflegers), § 793 (Vollstreckungsgericht) oder die Grundbuchbeschwerde nach § 71 GBO (Grundbuchamt). 23

Ein **Verstoß** gegen § 775 macht die Vollstreckung rechtswidrig, aber nicht nichtig.[30] Für den Erfolg der Rechtsbehelfe kommt es in den Fällen der Nr. 1 und 2 nicht darauf an, ob das Vollstreckungsorgan die gerichtliche Entscheidung kannte und berücksichtigen konnte. Denn die Vorlage der Entscheidung ist nicht Voraussetzung ihrer Wirksamkeit; ihre Wirkung beginnt mit ihrem Erlass.[31] 24

Bei einer Einstellung oder Beschränkung der Zwangsvollstreckung stehen die genannten Rechtsbehelfe dem **Gläubiger** zu. 25

IV. Kosten

Die durch eine begonnene Zwangsvollstreckung entstandenen Kosten des **Gerichtsvollziehers** werden erhoben, da ein Auftrag erteilt war. Ein Auftrag ist erteilt, wenn er dem Gerichtsvollzieher oder der Geschäftsstelle des Gerichts, deren Vermittlung oder Mitwirkung in Anspruch genommen wird, zugegangen ist (§ 3 Abs. 3 S. 1 GvKostG). 26

Welche Gebühr erhoben wird, orientiert sich an den durchgeführten Amtshandlungen des Gerichtsvollziehers zum Zeitpunkt der Einstellung. Wird die Zwangsvollstreckung zum Teil beschränkt und im Übrigen fortgesetzt, entstehen nur ein- 27

---

26 Musielak/*Lackmann*, § 775 Rn 12.
27 BGH NJW 1957, 1480.
28 RGZ 70, 399, 403.
29 MüKo-ZPO/K. *Schmidt*, § 775 Rn 28.
30 KG DGVZ 1966, 103.
31 BGH NJW 1957, 1480.

mal Gebühren (§ 10 Abs. 1 GvKostG), es werden also keine besonderen Gebühren hinsichtlich der Beschränkung und der Fortsetzung erhoben (§ 10 Abs. 1 S. 3 GvKostG).

§ 776 Aufhebung von Vollstreckungsmaßregeln

¹In den Fällen des § 775 Nr. 1, 3 sind zugleich die bereits getroffenen Vollstreckungsmaßregeln aufzuheben. ²In den Fällen der Nummern 4, 5 bleiben diese Maßregeln einstweilen bestehen; dasselbe gilt in den Fällen der Nummer 2, sofern nicht durch die Entscheidung auch die Aufhebung der bisherigen Vollstreckungshandlungen angeordnet ist.

§ 120 GVGA

I. Allgemeines

1 § 776 regelt die **Beseitigung** bereits eingetretener Vollstreckungswirkungen auf Initiative des **Schuldners** oder eines beteiligten Dritten. Bedeutung gewinnt die Vorschrift dadurch, dass bei Vollstreckungsmaßnahmen Zulässigkeit und Wirksamkeit voneinander zu trennen sind. Eine unzulässige Maßnahme kann dennoch wirksam sein und bedarf der Aufhebung.[1]

2 Der **Gläubiger** kann, wie aus seiner Dispositionsbefugnis folgt, Vollstreckungsmaßnahmen aufheben lassen. Dies fällt jedoch nicht unter § 776. Ebenfalls ist durch die Vorschrift nicht die Aufhebung **von Amts wegen** geregelt. Dies kommt im Rahmen des § 28 ZVG in Betracht. Im Übrigen darf das Vollstreckungsorgan grds. eine Vollstreckungsmaßnahme nicht ohne richterliche Entscheidung aufheben.

II. Aufhebung von Vollstreckungsmaßregeln (S. 1)

3 In den Fällen des § 775 **Nr. 1 und 3** sind nach S. 1 die getroffenen Vollstreckungsmaßnahmen aufzuheben. Zuständig ist das jeweilige Vollstreckungsorgan. Bei der Gerichtsvollziehervollstreckung hat der **Gerichtsvollzieher** die Sache dem Schuldner zurückzugeben bzw die Verstrickung (zB durch Entfernung des Siegels) aufzuheben (§ 120 GVGA).[2] Die bloße Freigabeerklärung des Gläubigers ersetzt die Entstrickung bei der Sachpfändung nicht. Eine Vollstreckungsmaßnahme des **Vollstreckungsgerichts** ist durch Beschluss aufzuheben. Der Beschluss ist sofort wirksam und hängt nicht von der formellen Rechtskraft der aufhebenden Entscheidung ab.[3] Hat das Vollstreckungsgericht die zur Aufhebung führende Entscheidung getroffen, ist ein besonderer Aufhebungsbeschluss entbehrlich.[4]

4 Die Aufhebung lässt die Vollstreckungsmaßnahme grds. **endgültig entfallen**. Damit erlöschen im Falle der Pfändung Verstrickung und Pfändungspfandrecht. Das aufgehobene Pfandrecht verliert damit seinen **Rang**. Möglich ist nur ein neuer Vollstreckungszugriff, der aber nicht in die Vergangenheit wirkt. Um diese Konsequenzen zu vermeiden, kann das Vollstreckungsgericht in entsprechender Anwendung des § 570 Abs. 2 anordnen, dass die Aufhebungsentscheidung **erst mit Rechtskraft wirksam** sein soll.[5] Eine solche Anordnung ist zweckmäßig, wenn

---

1 Schon RGZ 70, 399, 403; OLGR München 1992, 220; OLGR Köln 1994, 139.
2 Schuschke/Walker/*Raebel*, § 776 Rn 2; MüKo-ZPO/K. *Schmidt*, § 776 Rn 6.
3 BGHZ 66, 394.
4 RGZ 84, 200, 203.
5 BGHZ 66, 394, 395; OLG Köln Rpfleger 1986, 488; OLG Saarbrücken Rpfleger 1991, 513 f; Schuschke/Walker/*Raebel*, § 776 Rn 3; Zöller/*Stöber*, § 776 Rn 4.

mit einer Abänderung vernünftigerweise noch gerechnet werden kann. Für die **Zwangshypothek** enthält § 868 eine – nicht verallgemeinerungsfähige – Sonderregelung.[6]

III. Einstweiliger Fortbestand von Vollstreckungsmaßnahmen (S. 2)

In den Fällen des § 775 **Nr. 4 und 5** bleiben die Vollstreckungsmaßnahmen bestehen. Eine Aufhebung der Vollstreckungsmaßnahme kann in diesen Fällen vom Schuldner nur durch die **Klage nach** § 767 erreicht werden. Dem Gläubiger steht es allerdings frei, durch eine Freigabeerklärung die Aufhebung zu erreichen. 5

In den Fällen der einstweiligen Einstellung der Vollstreckung nach § 775 **Nr. 2** bleiben die Vollstreckungsmaßnahmen grds. bestehen, es sei denn, in der Einstellungsentscheidung oder parallel hierzu ist auch die Aufhebung der bisherigen Vollstreckungshandlungen angeordnet.[7] 6

§ 777 Erinnerung bei genügender Sicherung des Gläubigers

¹Hat der Gläubiger eine bewegliche Sache des Schuldners im Besitz, in Ansehung deren ihm ein Pfandrecht oder ein Zurückbehaltungsrecht für seine Forderung zusteht, so kann der Schuldner der Zwangsvollstreckung in sein übriges Vermögen nach § 766 widersprechen, soweit die Forderung durch den Wert der Sache gedeckt ist. ²Steht dem Gläubiger ein solches Recht in Ansehung der Sache auch für eine andere Forderung zu, so ist der Widerspruch nur zulässig, wenn auch diese Forderung durch den Wert der Sache gedeckt ist.

I. Allgemeines	1	4. Pfandrecht	7
II. Anwendungsvoraussetzungen (S. 1)	3	5. Zurückbehaltungsrechte	9
1. Bewegliche Sache	3	6. Wert des Sicherungsgutes	10
2. Im Besitz des Gläubigers	5	III. Einwand erweiterter Haftung (S. 2)	11
3. Im Eigentum des Schuldners	6	IV. Verfahren	12

I. Allgemeines

Die Vorschrift möchte verhindern, dass der Schuldner durch eine Übersicherung des Gläubigers wirtschaftlich unnötig eingeengt wird.[1] Eine bereits **vorhandene Sicherheit** des Gläubigers soll der Zwangsvollstreckung eine **Grenze** setzen.[2] Zwar verhindert die Bestimmung nicht, dass ein Pfändungspfandrecht entsteht; der Schuldner erhält jedoch die Möglichkeit, gegen die erfolgte Pfändung Erinnerung mit dem Ziel einzulegen, die gerügte Zwangsvollstreckungsmaßnahme für unzulässig erklären zu lassen.[3] 1

§ 777 erfasst nur die **Zwangsvollstreckung wegen Geldforderungen** (§§ 803–882); insoweit gilt er aber neben der Mobilvollstreckung auch für die Vollstreckung in Grundstücke und für das Offenbarungsverfahren nach § 807 iVm §§ 899 ff. Deshalb kann sich der Schuldner mit der Erinnerung nach §§ 777, 766 auch gegen eine Zwangsversteigerung oder Zwangsverwaltung wenden. Die Vor- 2

---

6 Schuschke/Walker/*Raebel*, § 776 Rn 4; Stein/Jonas/*Münzberg*, § 776 Rn 4.
7 LAG Düsseldorf Rpfleger 2005, 613, 614.
1 Schuschke/Walker/*Raebel*, § 777 Rn 1.
2 *Hahn*, Mat. Bd. VIII, S. 145.
3 MüKo-ZPO/K. *Schmidt*, § 777 Rn 18.

schrift ist aber nur bei **Realsicherheiten** anwendbar. Bürgschaft, Garantievertrag, Schuldmitübernahme usw fallen daher nicht in ihren Anwendungsbereich.[4]

II. Anwendungsvoraussetzungen (S. 1)

3 1. **Bewegliche Sache.** Der Gläubiger muss zunächst eine bewegliche Sache des Schuldners in Besitz haben. Unter das Tatbestandsmerkmal „bewegliche Sache" fallen auch Geldzeichen. Dagegen genügt eine Forderung – auch wenn sie verbrieft ist – grds. nicht. Nur Inhaberpapiere werden nach hM beweglichen Sachen gleichgestellt.[5] Ebenfalls nicht erfasst wird das unbewegliche Vermögen, also Grundstücke und Sachen, die aufgrund von Sondervorschriften der Registrierung unterliegen wie registrierte Schiffe und Schiffsbauwerke (§ 870 a), Luftfahrzeuge und Kabel.[6]

4 Die Vorschrift wird auf Forderungen wegen hinterlegter Geldbeträge **analog** angewandt.[7] Dies wurde bisher damit begründet, dass es sich um Geldforderungen gegen den **Staat** handelt.[8] Inzwischen scheint sich eine analoge Anwendung der Vorschrift auf Guthaben, von dem der Gläubiger Bargeld **nach eigener Entscheidung** abheben kann, durchzusetzen.[9]

5 2. **Im Besitz des Gläubigers.** Der Besitz des Gläubigers muss die Verwertung ohne gerichtliches Herausgabeverfahren ermöglichen. Deshalb genügt der Mitbesitz oder der mittelbare Besitz nur, wenn er unter Ausschluss des Schuldners vom unmittelbaren Besitz besteht. Eine **Sicherungsübereignung** begründet deshalb die Rechtsfolgen des § 777 nur, wenn die Sache dem Gläubiger oder einem zur Herausgabe bereiten Dritten ausgehändigt ist.[10] Der ausschließliche unmittelbare Besitz des Schuldners schadet aber dann nicht, wenn das Sicherungsrecht des Gläubigers auf andere Weise gegen Verfügung und Vollstreckung gesichert ist, wie zB bei einer Pfändung gem. § 808 Abs. 2.

6 3. **Im Eigentum des Schuldners.** Die Sache muss nach ganz hM im Eigentum des Schuldners stehen. Miteigentum soll genügen. *K. Schmidt* befürwortet eine Anwendung der Vorschrift auch für den Fall, dass die Sache, die der Gläubiger gepfändet oder an der er daran ein pfandähnliches Recht hat, das ihn zur Verwertung auf Kosten des Schuldners berechtigt, dem Gläubiger selbst gehört (vgl §§ 371 Abs. 1, 398 HGB).[11]

7 4. **Pfandrecht.** Das Pfandrecht kann ein **vertragliches** Pfandrecht (§§ 1204 ff BGB) oder ein gesetzliches (§ 1257 BGB) sein. **Gesetzliche** Besitzpfandrechte sind: Werkunternehmer (§ 647 BGB), Kommissionär (§ 397 HGB), Spediteur (§ 464 HGB, § 20.1 ADSp), Lagerhalter (§ 475 b HGB), Frachtführer (§ 441 HGB) und Verfrachter (§ 623 HGB).

8 Anwendbar ist die Vorschrift auch auf Pfandrechte, die durch Allgemeine Geschäftsbedingungen eingeräumt sind. Besitzlose Pfandrechte wie §§ 562, 592 und 704 BGB fallen unter § 777, wenn der Gläubiger die Sache aufgrund des

---

4 MüKo-ZPO/*K. Schmidt*, § 777 Rn 2.
5 Stein/Jonas/*Münzberg*, § 777 Rn 2; aA MüKo-ZPO/*K. Schmidt*, § 777 Rn 5.
6 Zöller/*Stöber*, § 777 Rn 3; Wieczorek/Schütze/*Paulus*, § 777 Rn 10.
7 Schuschke/Walker/*Raebel*, § 777 Rn 6; Stein/Jonas/*Münzberg*, § 777 Rn 6; MüKo-ZPO/ *K. Schmidt*, § 777 Rn 7; Wieczorek/Schütze/*Paulus*, § 777 Rn 15; Zöller/*Stöber*, § 777 Rn 6.
8 Hk-ZPO/*Kindl*, § 777 Rn 2 mwN.
9 MüKo-ZPO/*K. Schmidt*, § 777 Rn 7 mwN.
10 Stein/Jonas/*Münzberg*, § 777 Rn 5 mwN.
11 MüKo-ZPO/*K. Schmidt*, § 777 Rn 8.

Pfandrechts in Besitz genommen hat.[12] Die **Sicherungstreuhand** steht dem Pfandrecht gleich.[13]

5. Zurückbehaltungsrechte. Nach hM[14] werden die Zurückbehaltungsrechte der §§ 273,[15] 1000 f BGB sowie die §§ 369 ff HGB erfasst. 9

6. Wert des Sicherungsgutes. Der Wert muss dem Gläubiger die Möglichkeit der alsbaldigen Befriedigung seiner Forderung verschaffen. Ist der Gläubiger aus Rechtsgründen verpflichtet, mit der Befriedigung aus der Pfandsache oder aus der zurückbehaltenen Sache zu warten, so kann ihm diese Verwertungsmöglichkeit im Rahmen des § 777 nicht entgegengehalten werden. Der Zwangsvollstreckung kann nur insoweit widersprochen werden, als die Forderung gedeckt ist. Denkbar ist daher, dass das Vollstreckungsgericht die Vollstreckung nur in Höhe eines bestimmten Betrages für unzulässig erklärt. 10

III. Einwand erweiterter Haftung (S. 2)

Das Gesetz will dem Gläubiger nicht zumuten, sich durch die Unterlassung der Vollstreckung selbst zu schaden.[16] Sind **mehrere Forderungen** durch die Realsicherheit gesichert, so kann der Schuldner deshalb nur dann erfolgreich nach § 777 vorgehen, wenn die Sicherheit **insgesamt ausreicht**, um auch die Forderung des Vollstreckungsgläubigers voll zu decken. 11

IV. Verfahren

Das Vollstreckungsorgan – auch das Vollstreckungsgericht – prüft die Voraussetzungen des § 777 nicht von Amts wegen. Das Gesetz gibt dem Schuldner stattdessen die Möglichkeit, Erinnerung einzulegen. Für eine erfolgreiche Erinnerung müssen zunächst die allgemeinen Voraussetzungen des § 766 erfüllt sein. So muss die Vollstreckung in das übrige Vermögen begonnen haben und darf noch nicht beendet sein. Liegen zusätzlich die genannten Voraussetzungen des § 777 vor, ist die Erinnerung **begründet**. 12

Der **Antrag** ist darauf zu richten, dass die mit der Erinnerung gerügte bestimmte Zwangsvollstreckungsmaßnahme in einen bestimmten (dem übrigen Vermögen zugehörigen) Gegenstand für unzulässig erklärt wird.[17] 13

Der Schuldner trägt die **Darlegungs- und Beweislast** für die Voraussetzungen des S. 1. Der Gläubiger hat dagegen die Ausnahme des S. 2 zu beweisen.[18] 14

Die Erinnerung nach den §§ 777, 766 kann neben anderen Rechtsbehelfen bestehen.[19] 15

§ 778 Zwangsvollstreckung vor Erbschaftsannahme

(1) Solange der Erbe die Erbschaft nicht angenommen hat, ist eine Zwangsvollstreckung wegen eines Anspruchs, der sich gegen den Nachlass richtet, nur in den Nachlass zulässig.

---

12 MüKo-ZPO/K. *Schmidt*, § 777 Rn 9 mwN.
13 Hk-ZPO/*Kindl*, § 777 Rn 2 mwN.
14 Vgl zB Schuschke/Walker/*Raebel*, § 777 Rn 7; Wieczorek/Schütze/*Paulus*, § 777 Rn 5; Zöller/*Stöber*, § 777 Rn 4.
15 Für § 273 BGB str; aA MüKo-ZPO/K. *Schmidt*, § 777 Rn 11 mwN.
16 Stein/Jonas/*Münzberg*, § 777 Rn 12.
17 MüKo-ZPO/K. *Schmidt*, § 777 Rn 18; *Gottwald*, Zwangsvollstreckung, § 777 Rn 6.
18 Hinsichtlich der Einzelheiten vgl MüKo-ZPO/K. *Schmidt*, § 777 Rn 18.
19 *Gottwald*, Zwangsvollstreckung, § 777 Rn 7.

(2) Wegen eigener Verbindlichkeiten des Erben ist eine Zwangsvollstreckung in den Nachlass vor der Annahme der Erbschaft nicht zulässig.

I. Allgemeines

1. Normzweck. § 778 regelt die Behandlung der unterschiedlichen **Haftungsmassen** Nachlass und Eigenvermögen des Erben. Da erst nach Annahme der Erbschaft der Nachlass und das Eigenvermögen des Erben endgültig zusammengehören, schützt Abs. 1 den vorläufigen Erben gegen die Nachlassgläubiger. Sie ergänzt damit die Regelung des § 1958 BGB, die dem Erben ebenfalls eine **ungestörte Zeit zur Prüfung** der Frage, ob er die Erbschaft annehmen will, einräumt. Dagegen schützt Abs. 2 den Nachlass gegenüber den Privatgläubigern des Erben.

2. Anwendungsbereich. § 778 erfasst jede Art der Zwangsvollstreckung[1] und auch die Arrestvollziehung nach § 928.[2] Die Norm gilt für die Zeit zwischen Erbfall und Annahme bzw Nichtannahme der Erbschaft. Der Schutz endet damit, wenn der Erbe die Erbschaft angenommen hat (§ 1943 BGB) oder wenn die für die Ausschlagung vorgeschriebene Frist verstrichen ist (§§ 1943 f BGB). Schlägt der vorläufige Erbe die Erbschaft rechtzeitig aus, greift § 778 zu Gunsten des eventuellen Ersatzerben ein. Wenn sich der endgültige Erbe auf die beschränkte Erbenhaftung beruft, so richtet sich dies nach den §§ 780–786. Im Fall der **Erbengemeinschaft** ist der Schutz des Abs. 1 für jeden Miterben getrennt zu prüfen. Denn jeder Miterbe ist vorläufiger Erbe; für jeden läuft eine eigene Ausschlagungsfrist.

II. Vollstreckung wegen Nachlassverbindlichkeiten (Abs. 1)

Abs. 1 erfasst die unter § 1967 Abs. 2 BGB fallenden **Nachlassverbindlichkeiten** Erblasserschulden und Erbfallschulden.[3] **Erblasserschulden** sind die „vom Erblasser herrührenden Schulden", also schon im Zeitpunkt des Erbfalls in der Person des Erblassers begründete gesetzliche, vertragliche und außervertragliche Verpflichtungen, auch wenn die Folgen erst nach dem Erbfall eintreten.[4] **Erbfallschulden** sind „die den Erben als solchen" treffenden Schulden, die aus Anlass des Erbfalls entstehen.

Die Vollstreckung ist nach Abs. 1 nur in den Nachlass möglich, dh nur in das ererbte Vermögen unter Einschluss der Surrogate. Der Nachlassanteil eines Miterben ist Eigenvermögen; eine Pfändung des Nachlassanteils ist daher nach Abs. 1 ausgeschlossen. Wenn sich durch den Todesfall das Miteigentum des Erblassers und des Erben zu Alleineigentum des vorläufigen Erben vereinigt, so bestehen die Bruchteile für die Anwendung des § 778 weiter. Hatte die Vollstreckung gegen den Titelschuldner zu seinen Lebzeiten begonnen, so wird sie nach dessen Tod nach § 779 fortgesetzt. Andernfalls bedarf es der Umschreibung des Titels (§ 727). Da der vorläufige Erbe nach § 1958 BGB vor der Titelumschreibung geschützt ist, muss ggf ein Nachlasspfleger nach §§ 1961 f BGB bestellt werden.

III. Vollstreckung wegen Eigenverbindlichkeiten (Abs. 2)

Die Norm verbietet eine Vollstreckung in den Nachlass wegen eines Anspruchs, der sich gegen den Erben selbst richtet, bis zur Annahme der Erbschaft. Dies soll eine mögliche Aushöhlung des Nachlasses zu Lasten des wirklichen Erben verhindern.[5]

---

1 RGZ 49, 415, 417.
2 RGZ 60, 179, 181.
3 MüKo-ZPO/K. *Schmidt*, § 778 Rn 6 mwN.
4 RG HRR 42 Nr. 522.
5 Schuschke/Walker/*Raebel*, § 778 Rn 3.

Im Fall der Miterbschaft ist Abs. 2 bedeutungslos. Denn ein Privatgläubiger kann nur dann in den ungeteilten Nachlass vollstrecken, wenn er über einen gegen alle Miterben wirkenden Titel verfügt (§ 747). 6

IV. Verfahrensfragen

Der Erbe kann den **Verstoß** gegen Abs. 1 durch die Drittwiderspruchsklage nach § 771[6] und nach hM[7] auch mit der Vollstreckungserinnerung nach § 766 geltend machen. Im Fall des Abs. 2 ist neben dem Erben ggf auch der Nachlasspfleger, der Nachlassverwalter oder der Testamentsvollstrecker klagebefugt. Nimmt der Erbe während des Rechtsstreits das Erbe an, so tritt **Erledigung** in der Hauptsache ein. 7

§ 779 Fortsetzung der Zwangsvollstreckung nach dem Tod des Schuldners

(1) Eine Zwangsvollstreckung, die zur Zeit des Todes des Schuldners gegen ihn bereits begonnen hatte, wird in seinen Nachlass fortgesetzt.

(2) [1]Ist bei einer Vollstreckungshandlung die Zuziehung des Schuldners nötig, so hat, wenn die Erbschaft noch nicht angenommen oder wenn der Erbe unbekannt oder es ungewiss ist, ob er die Erbschaft angenommen hat, das Vollstreckungsgericht auf Antrag des Gläubigers dem Erben einen einstweiligen besonderen Vertreter zu bestellen. [2]Die Bestellung hat zu unterbleiben, wenn ein Nachlasspfleger bestellt ist oder wenn die Verwaltung des Nachlasses einem Testamentsvollstrecker zusteht.

§ 52 GVGA

I. Allgemeines

1. Normzweck. Die Vorschrift stellt sicher, dass nach dem Tod des Schuldners die Zwangsvollstreckung **in den Nachlass fortgesetzt** werden kann, ohne dass der Titel gegen die Erben umgeschrieben werden muss. 1

2. Anwendungsbereich. Die Vollstreckung wirkt ohne weiteres gegen jeden vorläufigen und endgültigen Erben.[1] Grundsätzlich gilt § 779 **für jede Art der Vollstreckung.** Allerdings muss nach hM die Vollstreckung wegen Erwirkung oder Unterlassung von Handlungen gegen den Erben neu begonnen werden.[2] Die Mindermeinung folgt dem für den Bereich der vertretbaren Handlungen nicht.[3] 2

Die Anwendung der Vorschrift setzt voraus, dass die Vollstreckung **vor dem Tod** des Titelschuldners begonnen hat. Fehlt es hieran, kann nur nach Titelumschreibung gem. § 727 gegen den Erben vollstreckt werden. 3

II. Fortsetzung der Vollstreckung (Abs. 1)

Nach Abs. 1 kann die Vollstreckung aus dem Vollstreckungstitel **insgesamt fortgesetzt** werden. Erfasst wird also nicht nur der einzelne begonnene und unbeendete Vollstreckungsakt. Der Gläubiger kann bei Fortsetzung der Vollstreckung 4

---

6 Schuschke/Walker/*Raebel*, § 778 Rn 4.
7 Vgl nur Stein/Jonas/*Münzberg*, § 778 Rn 3; Zöller/*Stöber*, § 778 Rn 11; krit. MüKo-ZPO/K. *Schmidt*, § 778 Rn 12.
1 *Hahn*, Mat. Bd. I, S. 443.
2 OLG Hamm MDR 1986, 156; OLGR Köln 2002, 188.
3 MüKo-ZPO/K. *Schmidt*, § 779 Rn 1.

damit auch in Gegenstände vollstrecken, die bisher noch nicht erfasst waren. Die Regelung gilt jedoch nicht für weitere Titel gegen den verstorbenen Schuldner, aus denen bisher noch nicht vollstreckt worden ist.[4]

5 Die Zwangsvollstreckung findet **nur in den Nachlass** statt. Damit scheiden alle Vollstreckungsmaßnahmen aus, die sich auf eine Einflussnahme auf den Willen des Schuldners – wie Zwangsgeldfestsetzung[5] – richten und deshalb den Erben persönlich betreffen würden.[6] Zur Vollstreckung in den Nachlass gehören auch die Beitreibung eines nach § 887 Abs. 2 festgesetzten Kostenvorschusses oder die tatsächliche Einwirkung auf Nachlassgegenstände im Rahmen des § 887 Abs. 1. Bei der Eintragung einer Zwangshypothek oder dem Antrag auf Zwangsversteigerung kann die ggf noch erforderliche Berichtigung des Grundbuchs durch Eintragung des verstorbenen Schuldners als Eigentümer auch nach seinem Tod noch erfolgen.[7]

III. Bestellung eines einstweiligen besonderen Vertreters (Abs. 2)

6 **1. Funktion.** In vielen Fällen ist zum Fortgang der Vollstreckung ein von Rechts wegen zuständiger Ansprechpartner notwendig, um Zustellungen vorzunehmen oder rechtliches Gehör gewähren zu können. Sofern die Erbschaft noch nicht angenommen oder wenn der Erbe unbekannt oder die Annahme der Erbschaft ungewiss ist, fehlt ein solcher Ansprechpartner. Deshalb hat das Vollstreckungsgericht in solchen Fällen auf Antrag des Gläubigers gem. Abs. 2 einen einstweiligen besonderen Vertreter für den Erben zu bestellen. Stattdessen kann der Gläubiger beim Nachlassgericht auch die Bestellung eines Nachlasspflegers gem. § 1961 BGB beantragen.

7 Die Funktion des Vertreters nach § 779 beschränkt sich auf **Schuldnerhandlungen** im Rahmen der fortgesetzten Vollstreckung; sie ist damit deutlich enger als die des Nachlasspflegers. Der Vertreter ist jedoch im Vollstreckungsverfahren gesetzlicher Vertreter des Erben (nicht: des Nachlasses). Die Vertretung umfasst nicht nur die Handlung, wegen derer der Vertreter zugezogen worden ist. Der Vertreter kann im Vollstreckungsverfahren alle Handlungen des Schuldners, insb. auch die Einlegung von Rechtsbehelfen, vornehmen.[8]

8 Ein besonderer Vertreter ist nur zu bestellen, wenn die Zuziehung des Schuldners erforderlich ist.

Beispiele: Zustellungen, Anhörungen, Empfangnahmen. Nach wohl hM fällt hierunter auch die Inkenntnissetzung von einer Pfändung nach § 808 Abs. 3.[9]

9 Vor der Bestellung eines Nachlasspflegers oder eines besonderen Vertreters ruht die Vollstreckung. Für Gerichtsvollzieher ist dies ausdrücklich in § 52 Abs. 1 S. 3 GVGA geregelt.

10 **2. Bestellung und Aufhebung.** Der Gläubiger kann ohne Anwaltszwang schriftlich oder zu Protokoll der Geschäftsstelle die **Vertreterbestellung** beantragen:

> ▶ ... beantrage ich die Bestellung eines besonderen Vertreters nach § 779 Abs. 2 ZPO für die Erben des Nachlasses nach dem am ... (Datum) in ... (Ort) verstorbenen ... (Name des verstorbenen Schuldners).[10] ◀

---

4 Schuschke/Walker/*Raebel*, § 779 Rn 1.
5 OLG Köln InVo 2002, 346.
6 Schuschke/Walker/*Raebel*, § 779 Rn 1.
7 Zöller/*Stöber*, § 779 Rn 5.
8 ZB Stein/Jonas/*Münzberg*, § 779 Rn 9.
9 Baumbach/*Hartmann*, § 779 Rn 4; Thomas/Putzo/*Seiler*, § 779 Rn 3.
10 Vgl *Gottwald*, Zwangsvollstreckung, § 779 Rn 9.

Die Bestellung geschieht durch Beschluss des zuständigen Rechtspflegers (§ 20 Abs. 1 Nr. 17 RPflG). Die Bestellung ist unanfechtbar.[11] Wird sie abgelehnt, kann sofortige Beschwerde (§ 793 bzw § 11 Abs. 1 RPflG) erhoben werden. Der Erbe kann eine unzulässige Vertreterbestellung ebenfalls nach § 793 anfechten.[12]

Wenn ein Erbe, ein Nachlasspfleger oder der Testamentsvollstrecker in das Vollstreckungsverfahren eintritt, endet das Amt des Vertreters automatisch. Dennoch hat das Gericht die Bestellung aufzuheben.[13] Denn bis zur **Aufhebung** besteht die Vertretungsmacht des Vertreters für noch ausstehende Verfahrenshandlungen fort. Der Vertreter ist lediglich verpflichtet, sich des Gebrauchs dieser Vertretungsmacht zu enthalten.[14]

IV. Kosten

Eine **Gerichtsgebühr** fällt für die Vertreterbestellung nicht an, Auslagen (Nr. 9000 ff KV GKG) werden aber erhoben. Für den **Rechtsanwalt** stellt die Tätigkeit keine besondere Angelegenheit dar, sondern ist eine Tätigkeit, die mit dem Verfahren zusammenhängt (§ 19 Abs. 1 S. 2 Nr. 3 RVG). Im Rahmen der Zwangsvollstreckung ist diese Tätigkeit des Rechtsanwalts mit der Gebühr Nr. 3309 VV RVG abgegolten (§ 18 Abs. 1 Nr. 1 RVG). Wird ein Rechtsanwalt nur für den Antrag bestellt, entsteht die Gebühr Nr. 3309 VV RVG bzw nach aA die Gebühr Nr. 3403 VV RVG.[15] Es handelt sich um notwendige Kosten der Zwangsvollstreckung, wenn sie zunächst vom Gläubiger gezahlt werden.[16]

§ 780 Vorbehalt der beschränkten Erbenhaftung

(1) Der als Erbe des Schuldners verurteilte Beklagte kann die Beschränkung seiner Haftung nur geltend machen, wenn sie ihm im Urteil vorbehalten ist.

(2) Der Vorbehalt ist nicht erforderlich, wenn der Fiskus als gesetzlicher Erbe verurteilt wird oder wenn das Urteil über eine Nachlassverbindlichkeit gegen einen Nachlassverwalter oder einen anderen Nachlasspfleger oder gegen einen Testamentsvollstrecker, dem die Verwaltung des Nachlasses zusteht, erlassen wird.

§ 53 GVGA

I. Allgemeines

Nach § 1967 BGB haftet der Erbe für die Nachlassverbindlichkeiten grds. unbeschränkt mit seinem gesamten Vermögen. Erwirkt ein Gläubiger des Erblassers gegen den Erben nach Annahme der Erbschaft einen Titel, kann er nicht nur in den Nachlass, sondern auch in das sonstige Vermögen des Erben vollstrecken. Der Erbe kann jedoch materiell-rechtlich eine allgemeine Beschränkung seiner Haftung auf den Nachlass durch die in den §§ 1975–1992 BGB geregelten Beschränkungsmittel herbeiführen. Mittels der Einreden der §§ 1973, 1974, 1992 BGB kann er außerdem seine Haftung gegenüber einzelnen Nachlassgläubigern beschränken. § 780 befasst sich mit der Frage, **ob** diese beschränkte **Erbenhaftung** dem Gläubiger in der Zwangsvollstreckung entgegengehalten werden kann. Die Vorschrift hat einen doppelten Regelungszweck:[1] Sie schließt **für den Erben**

---

11 Baumbach/*Hartmann*, § 779 Rn 10; Zöller/*Stöber*, § 779 Rn 11.
12 So MüKo-ZPO/K. *Schmidt*, § 779 Rn 11; aA Schuschke/Walker/*Raebel*, § 779 Rn 3.
13 BGH FamRZ 2009, 2079.
14 MüKo-ZPO/K. *Schmidt*, § 779 Rn 11.
15 AnwK-RVG/*Wolf/Mock/Volpert/N. Schneider/Fölsch/Thiel*, § 19 Rn 50.
16 Hk-ZPO/*Kindl*, § 779 Rn 7; Thomas/Putzo/*Seiler*, § 779 Rn 2; Zöller/*Stöber*, § 779 Rn 10.
1 MüKo-ZPO/K. *Schmidt*, § 780 Rn 1.

die verspätete Geltendmachung der beschränkten Erbenhaftung aus (**Präklusionsnorm**). Das Prozessgericht behält dem Erben, wenn er die Einrede erhebt, die Haftungsbeschränkung **ohne inhaltliche Prüfung** vor (**Verfahrensnorm**); damit erhält es dem Erben die Möglichkeit, die Haftungsbeschränkung in der Zwangsvollstreckung geltend zu machen.

II. Der Vorbehalt im Urteil (Abs. 1)

2 Die Vorschrift findet auf jeden **Erben** Anwendung, also auch für den nach §§ 2058 f BGB haftenden **Miterben** oder den **Nacherben**. Gemäß § 2383 BGB kommt eine Anwendung auf den **Erbschaftskäufer** dann in Betracht, wenn der Erbschaftsverkäufer die Beschränkungsmöglichkeit noch nicht verloren hatte. Für den **Vorerben** ist Abs. 1 im Rahmen des § 2145 Abs. 2 BGB anwendbar, nicht jedoch im Fall des § 2145 Abs. 1 BGB.[2] Der Erbe muss selbst verklagt worden oder als Rechtsnachfolger des Beklagten in den Prozess eingetreten sein. Hat die Vollstreckung dagegen bereits gegen den Erblasser begonnen und wird nach § 779 fortgesetzt oder wird der Titel nach § 727 umgeschrieben, kommt Abs. 1 nicht zur Anwendung. Denn eine Verurteilung des Erben, wie sie Abs. 1 fordert, liegt hier nicht vor. Er kann in diesen Fällen die Haftungsbeschränkung mit der Klage nach §§ 785, 767 geltend machen.

3 § 780 ist für jedes vollstreckbare **Leistungsurteil** anwendbar. Ergeht ein Grundurteil, so muss der Vorbehalt bereits in das Grundurteil aufgenommen werden.[3] Der Erbe haftet nicht nur, wenn er als Beklagter zu einer Leistung verurteilt wird, sondern auch, wenn er als Kläger die Kosten des Rechtsstreits zu tragen hat, so dass für diesen Fall eine entsprechende Anwendung des Abs. 1 in Betracht kommen kann.[4] Bei **ausländischen Urteilen** ist der Vorbehalt in das Vollstreckungsurteil nach § 722 aufzunehmen;[5] dies gilt auch dann, wenn das ausländische Recht den Vorbehalt nicht kennt.[6] Weiter ist § 780 auch für die in § 794 genannten Titel anwendbar (vgl § 795). In **Feststellungsurteile** braucht der Vorbehalt noch nicht aufgenommen zu werden.[7]

4 § 780 gilt **nur für Nachlassverbindlichkeiten**. Er erfasst aber jede Art von Verbindlichkeiten, nicht nur für Geldforderungen. Hierunter fällt auch die Verurteilung zur Abgabe einer Willenserklärung. Ein Vorbehalt ist bei einem **Individualanspruch**, der unstreitig den Nachlass betrifft, überflüssig. Beispiel: Der Erbe wird verurteilt, einen bestimmten Nachlassgegenstand herauszugeben.[8]

5 Die Norm erfasst alle **Haftungsbeschränkungen** nach dem BGB: §§ 1975, 1973, 1974, 1989, 1990 sowie das Recht der Miterben zur Verweisung des Gläubigers auf den ungeteilten Nachlass. Dagegen werden die vorläufigen **Einreden** nach §§ 2014, 2015 BGB nicht erfasst; in diesen Fällen wird nämlich die Haftung nicht gegenständlich beschränkt.

III. Entbehrlichkeit des Vorbehalts (Abs. 2)

6 Der Vorbehalt der beschränkten Erbenhaftung ist in folgenden Fällen entbehrlich: Verurteilung des **Fiskus** als gesetzlichen Erben (§ 1936 BGB) oder Verurtei-

---

2 MüKo-ZPO/K. Schmidt, § 780 Rn 2; Stein/Jonas/Münzberg, § 780 Rn 16.
3 OLG Köln VersR 1968, 380.
4 BAG NJW 2014, 413 f.
5 Stein/Jonas/Münzberg, § 780 Rn 9.
6 Zöller/Stöber, § 780 Rn 6.
7 RG RW 1930, 2215, 2216; diff. unter Berufung auf BGH ZEV 1996, 465: Schuschke/Walker/Raebel, § 780 Rn 3.
8 Zöller/Stöber, § 780 Rn 8.

lung eines **Nachlassverwalters**, **Nachlasspflegers** oder eines den Nachlass verwaltenden **Testamentsvollstreckers**.

Der Vorbehalt ist ferner überflüssig, wenn das Prozessgericht selbst über die Haftungsbeschränkung entscheidet. Denn dann ist für das Verhältnis unter den Parteien mit Rechtskraft entschieden, ob die Haftung für die Klageforderung auf den Nachlass beschränkt ist oder nicht. Dies ist der Fall, wenn das Gericht die geltend gemachte Beschränkung der Erbenhaftung selbst geprüft hat. Hier kommen folgende Varianten in Betracht:[9] Die Beschränkung wird verneint, bejaht oder es wird nur zur Leistung aus dem Nachlass oder zur Duldung der Zwangsvollstreckung in bestimmte Gegenstände verurteilt. 7

IV. Verfahrensfragen

Der Vorbehalt wird nur **auf Einrede** des Erben und nicht etwa von Amts wegen in das Urteil aufgenommen. Die Einrede muss geltend gemacht werden; dh bloßer Sachvortrag, aus dem sich die Haftungsbeschränkung ergeben könnte, genügt idR nicht.[10] Dagegen ist ein förmlicher Antrag nicht erforderlich.[11] Ebenso müssen die Voraussetzungen der Haftungsbeschränkung nicht substantiiert vorgetragen werden.[12] Die Erhebung der Einrede ist nur in den Tatsacheninstanzen möglich.[13] In der Berufungsinstanz kann sie jedoch nur unter den Voraussetzungen des § 531 Abs. 2 erstmalig geltend gemacht werden. 8

Das Gericht kann über die substantiiert vorgetragene Haftungsbeschränkung selbst entscheiden, ist hierzu jedoch nicht verpflichtet.[14] Sofern das Gericht nicht sachlich über die Haftungsbeschränkung entscheidet, ist folgender **Vorbehalt** in den **Tenor** aufzunehmen: 9

▶ Dem Beklagten wird die Beschränkung der Haftung auf den Nachlass des ... vorbehalten. ◀

Es genügt jedoch, wenn sich durch **Auslegung des Urteils** aus den Entscheidungsgründen entnehmen lässt, dass ein Vorbehalt ausgesprochen werden sollte.[15] Die bloße Verurteilung „als Erbe" kann den Vorbehalt allerdings nicht ersetzen. Fehlt der Vorbehalt, so kann dies durch Urteilsergänzung nach § 321 nachgeholt werden. Wurde der Vorbehalt nicht lediglich vergessen, so kann dies nur im Rechtsmittelverfahren abgeändert werden. Ergeht gegen den Erben lediglich eine Kostenentscheidung, so bedarf es des Vorbehalts in der Kostenentscheidung.[16] 10

V. Wirkung des Vorbehalts

Durch den Vorbehalt des § 780 wird die Vollstreckung in das gesamte Vermögen des Erben nicht ohne weiteres verhindert. Der Erbe hat lediglich die **Möglichkeit**, die Haftungsbeschränkung **nach § 785 geltend** zu machen. Der Gläubiger wird durch die Aufnahme des Vorbehalts deshalb nicht beschwert und kann hierauf kein Rechtsmittel stützen.[17] Der Vorbehalt verhindert, dass im Fall der Verurteilung zur **Abgabe einer Willenserklärung** die Fiktionswirkung der §§ 894, 895 eintritt; denn es steht ja noch nicht fest, ob der Erbe verpflichtet ist, die Erklä- 11

---

9 Vgl MüKo-ZPO/K. *Schmidt*, § 780 Rn 10.
10 OLGR Hamm 1995, 36.
11 BGHZ 122, 297, 305.
12 BGH NJW 1983, 2378, 2379.
13 BGHZ 54, 204, 205 ff.
14 BGH NJW 1954, 635; BGH 1983, 2378, 2379.
15 Stein/Jonas/*Münzberg*, § 780 Rn 11; aA Baumbach/*Hartmann*, § 780 Rn 7.
16 OLG Koblenz NJW-RR 1997, 1160; OLG München JurBüro 1994, 112, jeweils mwN.
17 BGH NJW-RR 1987, 1226, 1230.

rung abzugeben oder nicht.[18] In diesen Fällen empfiehlt es sich, eine vollständige Prüfung der Haftungsbeschränkung schon im Erkenntnisverfahren herbeizuführen.[19]

12 Die **vorbehaltlose Verurteilung** schließt den Erben mit der Geltendmachung der Haftungsbeschränkung aus. Er kann sich auch nicht auf solche Ereignisse berufen, die erst nach dem Prozess, der zur Verurteilung geführt hat, geschehen sind.[20]

§ 781 Beschränkte Erbenhaftung in der Zwangsvollstreckung

Bei der Zwangsvollstreckung gegen den Erben des Schuldners bleibt die Beschränkung der Haftung unberücksichtigt, bis auf Grund derselben gegen die Zwangsvollstreckung von dem Erben Einwendungen erhoben werden.

§ 53 S. 2 GVGA

I. Allgemeines

1 Hat der Erbe seine Haftung beschränkt, so stellt dies für sich genommen noch kein Vollstreckungshindernis dar. Stattdessen muss er die beschränkte Erbenhaftung nach § 781 **auf dem Klageweg** geltend machen. Der Gesetzgeber hat diese Gestaltung gewählt, weil er befürchtete, dass der Erbe und Vollstreckungsschuldner andernfalls Nachlassgegenstände veräußern und dem Gläubiger auf diese Weise das Haftungssubstrat entziehen könne.[1]

II. Anwendungsvoraussetzungen

2 Die Vorschrift setzt voraus, dass der Erbe die Haftungsbeschränkung noch herbeiführen kann.[2] Sie ist für die bei § 780 genannten Haftungsbeschränkungen anwendbar und gilt für jede Vollstreckung gegen den Erben. Solange die Beschränkung der Haftung nicht gerichtlich geklärt ist, bleibt sie bei der Vollstreckung **unberücksichtigt**.[3] Dies gilt auch dann, wenn im Titel der Einwand als solcher vorbehalten wurde. Denn der Vorbehalt nach § 780 ist allein noch kein solch haftungsbeschränkender richterlicher Ausspruch. Er hält dem Erben nur die Beschränkungsmöglichkeit und damit die Klage nach § 785 offen. Eine inhaltliche Prüfung der Haftungsbeschränkung ist mit dem Vorbehalt nach § 780 nicht verbunden.

3 Der **Antrag** für die nach §§ 785, 767 zu erhebende Klage lautet:

▶ ... die Vollstreckung in das nicht zum Nachlass gehörende Vermögen, insbesondere in folgende Gegenstände ... (genaue Bezeichnung der Gegenstände, in die vollstreckt worden ist), für unzulässig zu erklären.[4] ◀

4 Eine Klage nach § 785 ist allerdings dann nicht erforderlich, wenn sich die Beschränkung bereits aus dem Titel ergibt, zB wenn der Erbe nur zur Leistung aus dem Nachlass oder zur Duldung der Zwangsvollstreckung in bestimmte Nachlassgegenstände verurteilt wurde.

---

18 RGZ 49, 415, 417.
19 MüKo-ZPO/*K. Schmidt*, § 780 Rn 22.
20 *Gottwald*, Zwangsvollstreckung, § 780 Rn 15.
1 Wieczorek/Schütze/*Paulus*, § 781 Rn 2.
2 MüKo-ZPO/*K. Schmidt*, § 781 Rn 1.
3 *Gottwald*, Zwangsvollstreckung, § 781 Rn 2.
4 Schuschke/Walker/*Raebel*, § 781 Rn 1.

Aufgrund des Prinzips der formalisierten Zwangsvollstreckung unterliegt – bis zur gerichtlichen Klärung der Haftungsbeschränkung – das gesamte Vermögen des Erben dem Vollstreckungszugriff.[5] Der Gerichtsvollzieher führt, wenn der Schuldner der Pfändung unter Berufung auf den Vorbehalt der Haftungsbeschränkung widerspricht, die Pfändung ohne Rücksicht auf diesen Widerspruch durch und verweist den Schuldner mit seinen Einwendungen nach §§ 785 und 767 an das Gericht (§ 53 S. 2 GVGA). Bis zur gerichtlichen Klärung der Haftungsbeschränkung ist das gesamte Vermögen des Erben Gegenstand der eidesstattlichen Versicherung nach § 807.

III. Rechtsbehelfe

Für Vollstreckungsmaßnahmen, die über die Haftung hinausgehen, kommt grds. eine Erinnerung nach § 766 nur dann in Betracht, wenn der Titel bereits die Zwangsvollstreckung auf genau beschriebene Nachlassgegenstände beschränkt hat.[6]

§ 782 Einreden des Erben gegen Nachlassgläubiger

[1]Der Erbe kann auf Grund der ihm nach den §§ 2014, 2015 des Bürgerlichen Gesetzbuchs zustehenden Einreden nur verlangen, dass die Zwangsvollstreckung für die Dauer der dort bestimmten Fristen auf solche Maßregeln beschränkt wird, die zur Vollziehung eines Arrestes zulässig sind. [2]Wird vor dem Ablauf der Frist die Eröffnung des Nachlassinsolvenzverfahrens beantragt, so ist auf Antrag die Beschränkung der Zwangsvollstreckung auch nach dem Ablauf der Frist aufrechtzuerhalten, bis über die Eröffnung des Insolvenzverfahrens rechtskräftig entschieden ist.

I. Allgemeines

1. Normzweck. Die Vorschrift regelt in S. 1 die vollstreckungsrechtliche Tragweite der §§ 2014 und 2015 BGB. Nach § 2014 BGB kann der Erbe bis zum Ablauf der ersten drei Monate nach der Annahme der Erbschaft nicht jedoch über die Inventarerrichtung hinaus die Berichtigung der Nachlassverbindlichkeit verweigern (Drei-Monats-Einrede). § 2015 BGB bestimmt, dass der Erbe auch bis zum Abschluss eines laufenden Aufgebotsverfahrens die Berichtigung der Nachlassverbindlichkeit verweigern darf (Aufgebotseinrede). S. 2 verlängert die genannte Frist im Fall eines Insolvenzantrags.

Die Vorschrift hat **kaum praktische Bedeutung.** Der Erbe wird zunächst versuchen, sich mit dem Gläubiger über den Aufschub zu einigen. Denn eine Klage ohne Einigungsversuch kann die Kostenfolge des § 93 nach sich ziehen. Die klageweise Geltendmachung der Einreden dürfte nur dann praktische Bedeutung erlangen, wenn gleichzeitig eine Haftungsbeschränkung des Erben vorbereitet wird.

2. Anwendungsbereich. Die Vorschrift des § 782 findet nicht nur auf den Erben, sondern auch auf den Testamentsvollstrecker, den Nachlassverwalter und den Nachlasspfleger (Frist des § 2017 BGB) Anwendung. Sie setzt voraus, dass eine Haftungsbeschränkung des Erben noch möglich ist. Dem unbeschränkt haftenden Erben stehen die Einreden der §§ 2014, 2015 BGB nicht zu (vgl § 2016 Abs. 1 BGB). Der Erbe kann die Einreden des § 782 nur Nachlassgläubigern ent-

---

5 MüKo-ZPO/*K. Schmidt*, § 781 Rn 4.
6 Schuschke/Walker/*Raebel*, § 781 Rn 3.

gegenhalten. Für Eigengläubiger gilt § 783. Die Vorschrift des § 782 findet aber auch dann Anwendung, wenn die Vollstreckung nach § 779 in den Nachlass fortgesetzt wird oder wenn der Titel nach § 727 gegen den Erben umgeschrieben worden ist. Weitere Voraussetzung ist, dass die Forderungen den Einreden der §§ 2014, 2015 BGB unterliegen. Die Ansprüche der nach § 1971 BGB bevorrechtigten Realgläubiger (vgl § 2016 Abs. 2 BGB) fallen damit nicht in den Anwendungsbereich. § 782 gilt auch dann, wenn Nachlassgläubiger in das Eigenvermögen des Erben vollstrecken.[1]

II. Geltendmachung der Einreden (S. 1)

4 Nach S. 1 sind nur Arrestmaßnahmen zulässig, dh nur eine Pfändung ohne Verwertung und Überweisung oder die Eintragung einer Sicherungshypothek (§§ 928, 930–932 ff). Wird die Herausgabe einer Sache vollstreckt, so ist zwar die Herausgabe an den Gerichtsvollzieher zulässig, aber die Aushändigung an den Gläubiger zu untersagen. Die Räumungsvollstreckung des § 885 ist insgesamt für unzulässig zu erklären.[2] Erst nach Fristablauf wird die Zwangsvollstreckung unbeschränkt fortgesetzt.

5 Die Geltendmachung der Einreden geschieht durch Klage nach § 785. Der **Klagantrag** kann je nach Vollstreckungsart anders lauten:[3]

▶ Die Versteigerung oder sonstige Verwertung der aufgrund des Endurteils des ...-gerichts vom ... bei dem Kläger gepfändeten Gegenstände, nämlich ... (im Falle des § 883 ZPO: „Die Herausgabe ... an den Beklagten") wird bis zum ... einschließlich für unzulässig erklärt. ◀

▶ Das aufgrund des Urteils des ... vom ... bei dem Kläger gepfändete Geld ist zu hinterlegen. ◀

▶ Aus dem Urteil des ... vom ... ist bis zum ... nur die Pfändung (Eintragung einer Zwangshypothek, Wegnahme), nicht auch die Verwertung (Hingabe an den Beklagten) zulässig. ◀

6 Für die Praxis ist zu beachten, dass allein wegen der aufschiebenden Einreden ein **besonderer Prozess** zu führen ist. Dies dürfte idR **unzweckmäßig** sein.

7 Ist ein Urteil nach den §§ 782, 785 ergangen und **endet** die aus dem Urteil ersichtliche **Frist**, so wird die **Zwangsvollstreckung** ohne die sich aus dem Urteil ergebende Beschränkung **fortgesetzt**. Der Erbe kann dennoch nachträglich die Beschränkung der Erbenhaftung nach den §§ 781, 785 geltend machen. Enden die Fristen vor Erlass des Urteils, so wird die Klage unbegründet. Dem Kläger bleibt nur, die Erledigung der Hauptsache gem. § 91 a zu erklären.[4] Tritt vor Erlass des Urteils beschränkte Erbenhaftung ein, kann der Kläger nunmehr den Antrag nach §§ 781, 785 stellen. Diese Klageänderung ist grds. sachdienlich iSd § 263.

III. Fristverlängerung (S. 2)

8 Ist die Eröffnung der Nachlassinsolvenz beantragt, verlängern sich die in §§ 2014, 2015 BGB bestimmten Fristen nicht automatisch, sondern nur auf Antrag und durch gerichtliche Entscheidung. Auch die **Verlängerung** wird **durch Klage** nach § 785 geltend gemacht. Der **Antrag** für den Fall, dass bereits ein Urteil nach §§ 782, 785 ergangen war, lautet:

---

[1] Vgl MüKo-ZPO/*K. Schmidt*, § 782 Rn 6.
[2] Schuschke/Walker/*Raebel*, § 782 Rn 2; Musielak/*Lackmann*, § 782 Rn 2.
[3] Zöller/*Stöber*, § 782 Rn 1.
[4] MüKo-ZPO/*K. Schmidt*, § 782 Rn 12.

▶ Das Urteil ... bleibt bis zur rechtskräftigen Entscheidung über den Antrag auf Eröffnung des Insolvenzverfahrens über den Nachlass des ... aufrechterhalten.[5] ◀

§ 783 Einreden des Erben gegen persönliche Gläubiger

In Ansehung der Nachlassgegenstände kann der Erbe die Beschränkung der Zwangsvollstreckung nach § 782 auch gegenüber den Gläubigern verlangen, die nicht Nachlassgläubiger sind, es sei denn, dass er für die Nachlassverbindlichkeiten unbeschränkt haftet.

I. Allgemeines

Die Vorschrift soll verhindern, dass Privatgläubiger des Erben während der Überlegungsfrist der §§ 2014, 2015 BGB auf Nachlassgegenstände zugreifen.[1] Denn die Eigengläubiger könnten dies, sobald der Erbe die Erbschaft angenommen hat oder die Ausschlagungsfrist verstrichen ist.

1

II. Anwendungsvoraussetzungen

Der Erbe muss die Rechte des § 782 noch geltend machen können. Haftet er unbeschränkt für die Nachlassverbindlichkeiten, genießt er den Schutz des § 783 nicht mehr.

2

Auch § 783 ist im **Klagewege** geltend zu machen. Der **Klageantrag** lautet:

3

▶ Die Verwertung der aufgrund ... (Titel) gepfändeten ... (genau zu bezeichnenden) Gegenstände wird bis zum ... für unzulässig erklärt. ◀

Um ein sofortiges Anerkenntnis gem. § 93 des Beklagten zu verhindern, sollte man in der Praxis vorab eine Einigung mit Gläubigern versuchen. Der Erbe muss die Zugehörigkeit der fraglichen Gegenstände zum Nachlass sowie den zeitlichen Ablauf der aufhebenden Einreden **darlegen und beweisen**. Der Gläubiger trägt dagegen die Beweislast dafür, dass der Erbe allen Nachlassgläubigern gegenüber unbeschränkt haftet („es sei denn").[2]

4

§ 783 gewährt nur einen vorläufigen Schutz. Ein endgültiger Schutz des Nachlasses vor der Haftung für Privatschulden des Erben kommt erst in Betracht, wenn die Haftungsmassen endgültig getrennt sind.

5

§ 784 Zwangsvollstreckung bei Nachlassverwaltung und -insolvenzverfahren

(1) Ist eine Nachlassverwaltung angeordnet oder das Nachlassinsolvenzverfahren eröffnet, so kann der Erbe verlangen, dass Maßregeln der Zwangsvollstreckung, die zugunsten eines Nachlassgläubigers in sein nicht zum Nachlass gehörendes Vermögen erfolgt sind, aufgehoben werden, es sei denn, dass er für die Nachlassverbindlichkeiten unbeschränkt haftet.

(2) Im Falle der Nachlassverwaltung steht dem Nachlassverwalter das gleiche Recht gegenüber Maßregeln der Zwangsvollstreckung zu, die zugunsten eines anderen Gläubigers als eines Nachlassgläubigers in den Nachlass erfolgt sind.

---

5 Vgl MüKo-ZPO/*K. Schmidt*, § 782 Rn 15; Zöller/*Stöber*, § 782 Rn 3.
1 *Hahn*, Mat. Bd. VII, S. 147.
2 Schuschke/Walker/*Raebel*, § 783 Rn 2.

I. Allgemeines

1 Durch die Nachlassverwaltung bzw durch die Eröffnung des Nachlassinsolvenzverfahrens wird eine endgültige Trennung der Vermögens- und Haftungsmassen herbeigeführt. Die Haftung des Erben ist nunmehr endgültig beschränkt (Ausnahme: §§ 1994 Abs. 1 S. 2, 2005 f, 2006 Abs. 3, 2013 Abs. 1 BGB). Die Bestimmung setzt diese materiell-rechtlichen Regelungen in das Vollstreckungsrecht um.

II. Aufhebung von Vollstreckungsmaßnahmen in das Eigenvermögen (Abs. 1)

2 Der Erbe kann mit der Klage nach §§ 784, 785, 767 verlangen, dass Vollstreckungsmaßnahmen, die der Nachlassgläubiger in das Eigenvermögen des Erben hatte ausbringen lassen, für unzulässig erklärt werden. Die Vorschrift des § 784 dient damit dem **Schutz** des Eigenvermögens **des Erben**. Aus diesem Grund ist die Vorschrift auch auf die endgültige Haftungsbeschränkung durch die Erschöpfungseinrede (§§ 1973, 1974 BGB) und die Dürftigkeitseinrede (§§ 1990, 1992 BGB) analog anzuwenden.[1] Die Vorschrift greift nicht ein, wenn der Erbe seine Beschränkungsmöglichkeit verloren hat (§§ 1994, 2005 f BGB). Ist der Erbe bereits als Schuldner verurteilt worden, so muss er gem. § 780 Abs. 1 einen Vorbehalt im Urteil (§ 305) erwirkt haben.

3 Für die Klage ist das Prozessgericht erster Instanz **zuständig** (§ 785). Der **Klagantrag** lautet:

▶ Die Zwangsvollstreckung in die von dem Gerichtsvollzieher ... aufgrund des Urteils ... vom ... gepfändeten Gegenstände ... ist unzulässig.[2] ◀

4 Falls der Gläubiger den Gegenstand freigibt, erledigt sich die Klage in der Hauptsache. Um ein sofortiges Anerkenntnis des Gläubigers nach § 93 zu verhindern, sollte der Erbe vorab eine **außerprozessuale Klärung** suchen. Der Erbe muss im Prozess **darlegen** und **beweisen**, dass eine Nachlassverbindlichkeit vorliegt und dass der Vollstreckungsgegenstand nicht zum Nachlass gehört. Der Gläubiger trägt dagegen die Beweislast dafür, dass der Erbe unbeschränkt haftet.

III. Aufhebung von Vollstreckungsmaßnahmen auf Verlangen des Nachlassverwalters (Abs. 2)

5 **1. Nachlassverwaltung.** Durch Abs. 2 wird der **Nachlass** gegen Eigengläubiger des Erben **geschützt**. Denn nach § 1984 Abs. 2 BGB sind Maßnahmen der Zwangsvollstreckung oder Arrestvollstreckung zu Gunsten von Nichtnachlassgläubigern in den Nachlass ausgeschlossen, wenn Nachlassverwaltung angeordnet ist. Der Nachlassverwalter hat daher nach Abs. 2 iVm §§ 785, 769 die Befugnis, die Aufhebung von Vollstreckungsmaßnahmen klageweise zu verlangen. Er trägt die **Darlegungs-** und **Beweislast** dafür, dass der Vollstreckungsgegenstand zum Nachlass gehört und dass der Gläubiger kein Nachlassgläubiger ist. Sind nach der Anordnung der Nachlassverwaltung noch Vollstreckungsmaßnahmen ohne Titel bzw Klausel gegen den Verwalter eingeleitet worden, so kann der Nachlassverwalter hiergegen Erinnerung nach § 766 erheben. Liegt eine Klausel gegen den Verwalter vor, so kann er nach den §§ 732, 768 vorgehen.[3]

6 **2. Nachlassinsolvenz.** Im Fall der Nachlassinsolvenz gilt § 321 InsO. Zwangsvollstreckungsmaßnahmen, die nach dem Erbfall erfolgt sind, berechtigen den

---

1 MüKo-ZPO/K. *Schmidt*, § 784 Rn 2; Baumbach/*Hartmann*, § 784 Rn 2; Stein/Jonas/*Münzberg*, § 784 Rn 2, 5.
2 Zöller/*Stöber*, § 784 Rn 3.
3 Zöller/*Stöber*, § 784 Rn 4.

Gläubiger nicht zur abgesonderten Befriedigung. Daher kann der Nachlassinsolvenzverwalter Maßnahmen der Einzelzwangsvollstreckung durch Erheben der Vollstreckungserinnerung (§ 766) unterbinden.

§ 785 Vollstreckungsabwehrklage des Erben

Die auf Grund der §§ 781 bis 784 erhobenen Einwendungen werden nach den Vorschriften der §§ 767, 769, 770 erledigt.

I. Allgemeines

Das Vollstreckungsorgan berücksichtigt die beschränkte Erbenhaftung nicht von Amts wegen, auch wenn sie im Vollstreckungstitel vorbehalten ist. Denn der Vorbehalt wird noch ohne inhaltliche Prüfung aufgenommen. Diese inhaltliche Prüfung der Einwendungen der §§ 781–784 soll nach der Konzeption des § 785 prozessual im Rahmen einer Vollstreckungsabwehrklage erfolgen. Soweit allerdings im Rahmen dieser Klage vorgebracht wird, dass ein konkreter Gegenstand nicht hafte, handelt es sich der Sache nach um einen Sonderfall der Drittwiderspruchsklage.[1] Erst die Vorlage einer der Klage stattgebenden Entscheidung veranlasst das Vollstreckungsorgan, entsprechende Vollstreckungsmaßnahmen aufzuheben.

II. Zulässigkeit der Klage nach § 785

Durch die Verweisung auf § 767 Abs. 1 ist das Prozessgericht des ersten Rechtszuges einheitlich **zuständig**. Die Klage ist statthaft, wenn ein gegen den Erblasser lautender Titel vorliegt, insb. wenn dieser gegen den Erben gem. § 727 umgeschrieben worden ist. Sie ist auch zulässig, wenn der Erbe verurteilt und ihm die beschränkte Erbenhaftung gem. § 780 Abs. 1 vorbehalten worden ist.

Das Klageziel kann zum einen darin bestehen, die Vollstreckungsfähigkeit eines Titels allgemein auf den Nachlass zu begrenzen. Die Klage kann aber auch darauf zielen, einen bestimmten Vollstreckungszugriff für unzulässig erklären zu lassen. **Kläger** ist der Erbe, **Beklagter** ist der Gläubiger.

Der **Klageantrag** richtet sich daher nach der erhobenen Einwendung:

- Einwendungen nach §§ 781, 784 Abs. 1:
    ▶ Die Zwangsvollstreckung aus ... (Titel) in das nicht zum Nachlass gehörende Vermögen, namentlich in folgende bei dem Kläger gepfändete Gegenstände ..., wird für unzulässig erklärt.[2] ◀
- Einwendungen nach § 784 Abs. 2:
    ▶ Die Zwangsvollstreckung in den Nachlass ... wird für unzulässig erklärt. ◀
- Einwendungen nach §§ 782, 783:
    ▶ Die Zwangsvollstreckung ist bis zum ... dahin zu beschränken, dass ...[3] ◀

Das **Rechtsschutzbedürfnis** für eine Klage nach § 785 ist immer schon gegeben, wenn eine Zwangsvollstreckung gegen den Erben, Nachlassverwalter etc. möglich ist.[4] Es ist dagegen nicht erforderlich, dass die Vollstreckung in bestimmte

---

1 Vgl MüKo-ZPO/*K. Schmidt*, § 785 Rn 1.
2 Vgl BGH FamRZ 1972, 449.
3 Schuschke/Walker/*Raebel*, § 785 Rn 2; s.a. oben § 782 Rn 5 zu Formulierungsbeispielen für die verschiedenen Vollstreckungsarten.
4 Schuschke/Walker/*Raebel*, § 785 Rn 2; Stein/Jonas/*Münzberg*, § 785 Rn 4.

Gegenstände droht oder begonnen hat.[5] Die Parteien können die Aussetzung der Vollstreckung vereinbaren und den Prozess nach § 785 vorwegnehmen.[6] Ist der Erbe von vornherein nur zur Zahlung aus dem Nachlass verurteilt worden, fehlt für eine Klage nach § 785 das Rechtsschutzinteresse.

III. Begründetheit der Klage nach § 785

6 Die Klage nach § 785 ist – über die Verweise der §§ 781–784 – begründet, wenn eine der folgenden Voraussetzungen vorliegt:
- Beschränkung der Erbenhaftung nach den §§ 1973 f, 1975, 1989, 1990, 1992 BGB (vgl § 781);
- die vorläufigen Einreden des Erben gegen die Nachlassgläubiger (vgl § 782);
- die vorläufigen Einreden des Erben gegen die persönlichen Gläubiger (vgl § 783);
- die Aufhebung von Vollstreckungsmaßnahmen im Fall von Nachlassverwaltung und Nachlassinsolvenz (vgl § 784).

7 Die Verweisung umfasst auch § 767 Abs. 2[7] und 3. Hat der Erbe den Vorbehalt seiner beschränkten Haftung nach § 780 Abs. 1 im Urteil erwirkt, so kann er in Ausübung des Beschränkungsvorbehalts konkrete Tatsachen vortragen, die die genannten Einwendungen ausfüllen. Der Gläubiger kann auch dann noch einwenden, der Kläger hafte ihm gegenüber unbeschränkbar, wenn die entsprechenden Tatsachen vor dem Schluss der letzten Tatsachenverhandlung im Verurteilungsverfahren eingetreten waren. Denn der Beschränkungsvorbehalt wird auch ohne Tatsachenvortrag aufgenommen.

8 Das Prozessgericht prüft die Tatbestandsvoraussetzungen selbständig, soweit nicht Vorentscheidungen **mit Bindungswirkung** vorliegen. Die Anordnung der Nachlassverwaltung bzw die Eröffnung der Nachlassinsolvenz entfaltet gem. § 1975 BGB eine derartige Bindungswirkung. Eine Bindungswirkung kommt gem. § 1990 BGB auch der Aufhebung oder Einstellung des Nachlassverwaltungs- bzw Insolvenzverfahrens mangels Masse zu. Dies gilt entgegen dem zu engen Gesetzeswortlaut auch für die Nichteröffnung mangels Masse.[8]

9 Hat die Klage nach § 785 Erfolg, so hat das Urteil dieselbe Wirkung, als wäre der Erbe von Anfang an nur zur Leistung aus dem Nachlass verurteilt worden. Wird die Klage dagegen rechtskräftig abgewiesen, so haftet der Erbe ohne Vorbehalt. Die vorläufige Vollstreckbarkeit des Urteils richtet sich nach allgemeinen Regeln. Ist das stattgebende Urteil nur gegen Sicherheitsleistung vorläufig vollstreckbar, muss der siegreiche Erbe deren Leistung nachweisen, um die Beschränkung bzw Einstellung der Zwangsvollstreckungsmaßnahmen durch das Vollstreckungsorgan zu erreichen (§§ 775 Nr. 1, 776).

10 Das Prozessgericht kann durch Beschluss oder im Urteil **einstweilige Anordnungen** gem. §§ 769, 770 treffen. Die Verweisung umfasst auch diese Vorschriften.

IV. Kosten

11 Vgl § 767 Rn 67 und § 769 Rn 51.

---

5 MüKo-ZPO/*K. Schmidt*, § 785 Rn 12.
6 OLG Celle NJW-RR 1988, 133.
7 RGZ 59, 301, 305; Stein/Jonas/*Münzberg*, § 785 Rn 1; MüKo-ZPO/*K. Schmidt*, § 785 Rn 9; für § 767 Abs. 2 aA Schuschke/Walker/*Raebel*, § 785 Rn 3.
8 Vgl BGH NJW-RR 1989, 1226, 1227 mwN.

§ 786 Vollstreckungsabwehrklage bei beschränkter Haftung

(1) Die Vorschriften des § 780 Abs. 1 und der §§ 781 bis 785 sind auf die nach § 1489 des Bürgerlichen Gesetzbuchs eintretende beschränkte Haftung, die Vorschriften des § 780 Abs. 1 und der §§ 781, 785 sind auf die nach den §§ 1480, 1504, 1629 a, 2187 des Bürgerlichen Gesetzbuchs eintretende beschränkte Haftung entsprechend anzuwenden.

(2) Bei der Zwangsvollstreckung aus Urteilen, die bis zum Inkrafttreten des Minderjährigenhaftungsbeschränkungsgesetzes vom 25. August 1998 (BGBl. I S. 2487) am 1. Juli 1999 ergangen sind, kann die Haftungsbeschränkung nach § 1629 a des Bürgerlichen Gesetzbuchs auch dann geltend gemacht werden, wenn sie nicht gemäß § 780 Abs. 1 dieses Gesetzes im Urteil vorbehalten ist.

I. Allgemeines

§ 786 dehnt die Vorschrift über die Geltendmachung der beschränkten Erbenhaftung auf andere Fälle der gegenständlich beschränkten Haftung aus.[1]

II. Entsprechende Anwendung der §§ 780 ff (Abs. 1)

1. Fortgesetzte Gütergemeinschaft, § 1489 BGB. Bei der fortgesetzten Gütergemeinschaft (§ 1483 Abs. 1 BGB) haftet der überlebende Ehegatte persönlich; er hat jedoch die Möglichkeit, die Haftung in entsprechender Anwendung der Vorschriften über die beschränkte Erbenhaftung zu beschränken (§ 1489 Abs. 2 BGB). Dabei tritt das Gesamtgut mit dem Bestand, den es zum Zeitpunkt des Eintritts der fortgesetzten Gütergemeinschaft hat, an die Stelle des Nachlasses.[2] Der Verweis auf § 1489 BGB bedeutet, dass der überlebende Ehegatte seine Haftung durch Gesamtgutsverwaltung (analog § 1981 BGB), Gesamtgutsinsolvenz (§ 332 InsO), die Unzulänglichkeits- bzw Dürftigkeitseinrede und die aufschiebenden Einreden der §§ 2014, 2015 BGB beschränken kann. Auch hier muss er dafür sorgen, dass ihm die Haftungsbeschränkung gem. § 780 Abs. 1 im Urteil vorbehalten wird. Dies ist nur entbehrlich, wenn er nur zur Leistung aus dem Gesamtgut verurteilt wird oder der Titel konkrete Gegenstände nennt, in die vollstreckt werden kann. Die Haftungsbeschränkung ist dann durch Vollstreckungsabwehrklage geltend zu machen. Die Einreden werden in der Vollstreckung erst berücksichtigt, wenn die Vollstreckungsabwehrklage Erfolg hatte (§ 781).

Wenn im Titel konkrete Gegenstände benannt sind, besteht neben der Klage nach § 785 auch die Möglichkeit einer Erinnerung nach § 766.[3]

2. §§ 1480, 1504 und 2187 BGB. Teilen die **Eheleute** das **Gesamtgut** vor Berichtigung der Gesamtgutverbindlichkeiten, haftet auch der Ehegatte persönlich als Gesamtschuldner, für den zur Zeit der Teilung eine solche Haftung nicht besteht (§ 1480 BGB). Seine Haftung ist jedoch auf die ihm zugeteilten Gegenstände beschränkt. Der Vorbehalt ist im Rahmen des § 1480 BGB entbehrlich, wenn der Titel die zugeteilten Gegenstände, in die vollstreckt werden darf, konkret benennt. Die Haftungsbeschränkung ist im Wege der Vollstreckungsabwehrklage gemäß § 785 geltend zu machen.

Vergleichbare haftungsbeschränkende Regelungen enthalten § 1504 BGB für **Abkömmlinge** und § 2187 BGB für den **Hauptvermächtnisnehmer**. Auch hier kann

---

1 MüKo-ZPO/*K. Schmidt*, § 786 Rn 1.
2 Schuschke/Walker/*Raebel*, § 786 Rn 1.
3 MüKo-ZPO/*K. Schmidt*, § 786 Rn 4.

der verurteilte Schuldner die Beschränkung seiner Haftung nur geltend machen, wenn sie ihm im Urteil vorbehalten ist (§ 780 Abs. 1).

6 **3. Beschränkung der Minderjährigenhaftung, § 1629 a BGB.** Bei Eintritt der Volljährigkeit haftet der **volljährig Gewordene** nach § 1629 a BGB für Verbindlichkeiten, die seine Eltern oder sonstige gesetzliche Vertreter im Rahmen ihrer gesetzlichen Vertretungsmacht begründet haben, nur mit seinem bei Eintritt der Volljährigkeit vorhandenen Vermögen. Dies gilt auch für Verbindlichkeiten aus Rechtsgeschäften nach §§ 107, 108 oder 111 BGB. Zwar ist diese Haftungsbeschränkung als eine gegenständlich auf das im Zeitpunkt der Volljährigkeit vorhandene Vermögen beschränkte Haftung konzipiert. Sie kann jedoch ihre Funktion nur als summenmäßig auf die Höhe des am Stichtag vorhandenen Vermögens beschränkte Haftung erfüllen.[4] Daher wird hier die Haftungsbeschränkung als Antrag auf Unzulässigerklärung der Vollstreckung aus dem Titel geltend gemacht und nicht als Unzulässigkeit der Vollstreckung in das Privatvermögen.

7 **4. Analoge Anwendung.** Die früher diskutierte analoge Anwendung des § 786 mit dem Ziel der Haftungsbeschränkung auf das **Gesellschaftsvermögen** bei der **Gesellschaft bürgerlichen Rechts** hat an praktischer Bedeutung verloren. Zum einen ist die beschränkte Haftung bei einer Außen-GbR selten und zum anderen würde in einem solchen Fall der Titel von vornherein nur gegen die Gesellschaft lauten.[5]

III. Altfälle (Abs. 2)

8 Da die Gesetzeslage vor Inkrafttreten des Minderjährigenhaftungsbeschränkungsgesetzes (MHbeG) vom 25.8.1998[6] nicht verfassungsgemäß war, ist § 1629 a BGB auch auf vorher ergangene Titel anzuwenden. Der Gesetzgeber musste für diese Altfälle von dem Vorbehalt des § 780 Abs. 1 absehen. Dies ordnet Abs. 2 an.

IV. Kosten

9 Die Gerichtskosten folgen den Bestimmungen für das Prozessverfahren des ersten Rechtszuges (Nr. 1210 ff KV GKG). Auch für den Rechtsanwalt entstehen die Gebühren für das Verfahren im ersten Rechtszug (Nr. 3100 ff VV RVG); vgl § 767 Rn 67 und § 769 Rn 51.

§ 786 a See- und binnenschifffahrtsrechtliche Haftungsbeschränkung

(1) Die Vorschriften des § 780 Abs. 1 und des § 781 sind auf die nach § 611 Absatz 1 oder 3, §§ 612 bis 616 des Handelsgesetzbuchs oder nach den §§ 4 bis 5 m des Binnenschifffahrtsgesetzes eintretende beschränkte Haftung entsprechend anzuwenden.

(2) Ist das Urteil nach § 305 a unter Vorbehalt ergangen, so gelten für die Zwangsvollstreckung die folgenden Vorschriften:
1. Wird die Eröffnung eines Seerechtlichen oder eines Binnenschifffahrtsrechtlichen Verteilungsverfahrens nach der Schifffahrtsrechtlichen Verteilungsordnung beantragt, an dem der Gläubiger mit dem Anspruch teilnimmt, so entscheidet das Gericht nach § 5 Abs. 3 der Schifffahrtsrechtlichen Verteilungsordnung über die Einstellung der Zwangsvollstreckung; nach Eröffnung des

---

4 So MüKo-ZPO/*K. Schmidt*, § 786 Rn 7.
5 S. näher zum Problemkreis MüKo-ZPO/*K. Schmidt*, § 786 Rn 10.
6 BGBl. I S. 2487.

Seerechtlichen Verteilungsverfahrens sind die Vorschriften des § 8 Abs. 4 und 5 der Schifffahrtsrechtlichen Verteilungsordnung, nach Eröffnung des Binnenschifffahrtsrechtlichen Verteilungsverfahrens die Vorschriften des § 8 Abs. 4 und 5 in Verbindung mit § 41 der Schifffahrtsrechtlichen Verteilungsordnung anzuwenden.

2. Ist nach Artikel 11 des Haftungsbeschränkungsübereinkommens (§ 611 Absatz 1 Satz 1 des Handelsgesetzbuchs) von dem Schuldner oder für ihn ein Fonds in einem anderen Vertragsstaat des Übereinkommens errichtet worden, so sind, sofern der Gläubiger den Anspruch gegen den Fonds geltend gemacht hat, die Vorschriften des § 50 der Schifffahrtsrechtlichen Verteilungsordnung anzuwenden. Hat der Gläubiger den Anspruch nicht gegen den Fonds geltend gemacht oder sind die Voraussetzungen des § 50 Abs. 2 der Schifffahrtsrechtlichen Verteilungsordnung nicht gegeben, so werden Einwendungen, die auf Grund des Rechts auf Beschränkung der Haftung erhoben werden, nach den Vorschriften der §§ 767, 769, 770 erledigt; das Gleiche gilt, wenn der Fonds in dem anderen Vertragsstaat erst bei Geltendmachung des Rechts auf Beschränkung der Haftung errichtet wird.

3. Ist von dem Schuldner oder für diesen ein Fonds in einem anderen Vertragsstaat des Straßburger Übereinkommens über die Beschränkung der Haftung in der Binnenschifffahrt – CLNI (BGBl. 1988 II S. 1643) errichtet worden, so ist, sofern der Gläubiger den Anspruch gegen den Fonds geltend gemacht hat, § 52 der Schifffahrtsrechtlichen Verteilungsordnung anzuwenden. Hat der Gläubiger den Anspruch nicht gegen den Fonds geltend gemacht oder sind die Voraussetzungen des § 52 Abs. 3 der Schifffahrtsrechtlichen Verteilungsordnung nicht gegeben, so werden Einwendungen, die auf Grund des Rechts auf Beschränkung der Haftung nach den §§ 4 bis 5 m des Binnenschifffahrtsgesetzes erhoben werden, nach den Vorschriften der §§ 767, 769, 770 erledigt; das Gleiche gilt, wenn der Fonds in dem anderen Vertragsstaat erst bei Geltendmachung des Rechts auf Beschränkung der Haftung errichtet wird.

(3) Ist das Urteil eines ausländischen Gerichts unter dem Vorbehalt ergangen, dass der Beklagte das Recht auf Beschränkung der Haftung geltend machen kann, wenn ein Fonds nach Artikel 11 des Haftungsbeschränkungsübereinkommens oder nach Artikel 11 des Straßburger Übereinkommens über die Beschränkung der Haftung in der Binnenschifffahrt errichtet worden ist oder bei Geltendmachung des Rechts auf Beschränkung der Haftung errichtet wird, so gelten für die Zwangsvollstreckung wegen des durch das Urteil festgestellten Anspruchs die Vorschriften des Absatzes 2 entsprechend.

I. Allgemeines

Die Vorschrift regelt, wie die Haftungsbeschränkung, die sich für das Seerecht aus den § 611 Abs. 1 oder 3, §§ 612–616 HGB und für das Binnenschifffahrtsrecht aus den §§ 4–5 m BinSchG ergibt, in der Zwangsvollstreckung geltend zu machen ist.

II. Die Regelung des Abs. 1

Der Titelschuldner kann die in der Vorschrift genannten Haftungsbeschränkungen grds. nur geltend machen, wenn ihm die Haftungsbeschränkung nach § 305 a Abs. 2 im Urteil vorbehalten worden ist (vgl § 780 Abs. 1). Etwas anderes gilt nur, wenn er bereits eingeschränkt verurteilt worden ist. Die Haftungsbeschränkung ist bei Vorbehalt nach den für die Erbenhaftung geltenden Grundsätzen geltend zu machen, obwohl eine ausdrückliche Verweisung auf § 785 fehlt.[1]

III. Die Regelung des Abs. 2

3   Hier ist das Zusammenspiel mit § 305 a zu beachten. Nach § 305 a Abs. 2 ergeht ein Urteil unter dem Vorbehalt, dass der Beklagte das Recht auf Beschränkung der Haftung geltend machen kann, wenn der Fonds nach dem seerechtlichen Haftungsbeschränkungsübereinkommen bzw § 5 d BinSchG errichtet ist oder bei Geltendmachung des Rechts auf Beschränkung der Haftung errichtet wird.

4   **1. Fonds im Inland (Nr. 1).** Die Errichtung und Verteilung des Fonds richtet sich im **Inland** nach dem Gesetz über das Verfahren bei der Errichtung und Verteilung eines Fonds zur Beschränkung der Haftung in der See- und Binnenschiffahrt (Schiffahrtsrechtliche Verteilungsordnung – SVertO) vom 25.7.1986.[2] Ist der Fonds errichtet, beschränkt sich die Haftung für alle Ansprüche, für die das Verteilungsverfahren eröffnet worden ist, auf die eingezahlte Haftungssumme (§ 8 Abs. 1 S. 1 SVertO). Diese Ansprüche können nur noch im Verteilungsverfahren verfolgt werden (§ 8 Abs. 2 S. 1 SVertO). Die Zwangsvollstreckung wegen dieser Ansprüche ist unzulässig, bis das Verfahren aufgehoben oder eingestellt wird (§ 8 Abs. 4 S. 1 SVertO). Wird die **Eröffnung beantragt** und nimmt der Gläubiger daran teil, so entscheidet nach Abs. 2 Nr. 1 das Gericht, bei dem die Eröffnung des seerechtlichen Verteilungsverfahrens beantragt wird, über die Einstellung der Vollstreckung mit oder ohne Sicherheitsleistung bis zur Dauer von drei Monaten (§ 5 Abs. 3 SVertO).[3] **Nach Eröffnung** des Verfahrens ist die Vollstreckung wegen aller daran teilnehmenden Ansprüche bis zur Aufhebung oder Einstellung des Verteilungsverfahrens unzulässig. Der Schuldner muss die Unzulässigkeit mit einer Klage bei Prozessgericht des ersten Rechtszuges geltend machen (§ 8 Abs. 4 S. 2 SVertO).

5   **2. Die Regelung der Nr. 2.** Wird der Fonds in einem **anderen Vertragsstaat** errichtet, so ist zu unterscheiden, ob der Gläubiger den Anspruch gegen diesen Fonds geltend macht oder nicht. Wenn der Gläubiger den **Anspruch gegen den Fonds** richtet, gelten nach Abs. 2 Nr. 2 S. 1 iVm § 50 SVertO die Regelungen des § 8 Abs. 4 und 5 SVertO entsprechend. Nimmt der Gläubiger den **Fonds nicht in Anspruch** oder sind die Voraussetzungen des § 50 Abs. 2 SVertO nicht gegeben, so kann der Beklagte die Haftungsbeschränkung nach den Vorschriften der §§ 767, 769, 770 durch Klage bzw Antrag auf einstweilige Anordnung geltend machen. Wird der Fonds in einem **anderen Vertragsstaat** erst bei Geltendmachung des Rechts auf Beschränkung der Haftung errichtet, so ist dieses Verfahren in jedem Fall einzuhalten.[4] Das zuständige Prozessgericht des Inlands kann im Fall der Nr. S. 2 das Verfahren im Hinblick auf das im Ausland anhängige Verteilungsverfahren aussetzen.[5]

6   **3. Die Regelung der Nr. 3.** Abs. 2 Nr. 3 regelt für den Bereich des Binnenschifffahrtsrechts die Geltendmachung der Haftungsbeschränkung parallel zur Regelung des Abs. 2 Nr. 2.

IV. Die Regelung des Abs. 3

7   Wird im Inland die Zwangsvollstreckung aus dem Urteil eines **ausländischen Gerichts** betrieben, so finden die Vorschriften des Abs. 2 entsprechende Anwen-

---

1 MüKo-ZPO/*K. Schmidt*, § 786 a Rn 2.
2 BGBl. I S. 1130.
3 Stein/Jonas/*Münzberg*, § 786 a Rn 2.
4 MüKo-ZPO/*K. Schmidt*, § 786 a Rn 5.
5 BT-Drucks. 10/3852, S. 37.

dung. Wird von einem inländischen Gericht ein Vollstreckungsurteil erlassen (§§ 722 f) oder wird das ausländische Urteil sonst für im Inland vollstreckbar erklärt, so ist das inländische Gericht für die Aufgaben nach Abs. 2 zuständig.

§ 787 Zwangsvollstreckung bei herrenlosem Grundstück oder Schiff

(1) Soll durch die Zwangsvollstreckung ein Recht an einem Grundstück, das von dem bisherigen Eigentümer nach § 928 des Bürgerlichen Gesetzbuchs aufgegeben und von dem Aneignungsberechtigten noch nicht erworben worden ist, geltend gemacht werden, so hat das Vollstreckungsgericht auf Antrag einen Vertreter zu bestellen, dem bis zur Eintragung eines neuen Eigentümers die Wahrnehmung der sich aus dem Eigentum ergebenden Rechte und Verpflichtungen im Zwangsvollstreckungsverfahren obliegt.

(2) Absatz 1 gilt entsprechend, wenn durch die Zwangsvollstreckung ein Recht an einem eingetragenen Schiff oder Schiffsbauwerk geltend gemacht werden soll, das von dem bisherigen Eigentümer nach § 7 des Gesetzes über Rechte an eingetragenen Schiffen und Schiffsbauwerken vom 15. November 1940 (RGBl. I S. 1499) aufgegeben und von dem Aneignungsberechtigten noch nicht erworben worden ist.

I. Allgemeines

Die Vorschrift soll die Zwangsvollstreckung in herrenlose Grundstücke und Seeschiffe sichern; sie stellt die zwangsvollstreckungsrechtliche Entsprechung des § 58 dar. 1

II. Der besondere Vertreter (Abs. 1)

Ist für den Rechtsstreit bereits ein Vertreter nach § 58 bestellt, so genügt dieser grds. auch für die Zwangsvollstreckung.[1] Ein besonderer Vertreter nach § 787 ist nur erforderlich, wenn das Grundstück erst nach Titelerlass herrenlos geworden ist. Der Titel muss dann in entsprechender Anwendung des § 727 gegen den Vertreter vollstreckbar ausgefertigt und ihm mit der Klausel gem. § 750 zugestellt werden.[2] Der Vertreter hat die Rechte und Verpflichtungen des Eigentümers nur in Bezug auf das Zwangsvollstreckungsverfahren auszuüben; eine weiterreichende Vertretungsmacht hat er nicht.[3] Im Zwangsvollstreckungsverfahren ist er deshalb befugt, die Rechtsbehelfe, die der Eigentümer als Schuldner einlegen könnte, zu erheben.[4] 2

Nicht anwendbar ist § 787, wenn der Eigentümer lediglich unbekannt ist oder das Eigentum im Streit steht.[5] 3

III. Entsprechende Anwendung für Schiff oder Schiffsbauwerk (Abs. 2)

Die Vorschrift ordnet die entsprechende Anwendung des Abs. 1 an, wenn durch die Zwangsvollstreckung ein Recht an einem eingetragenen Schiff oder Schiffsbauwerk geltend gemacht werden soll, das von dem bisherigen Eigentümer aufgegeben und von dem Aneignungsberechtigten noch nicht erworben worden ist. 4

---

1 Zöller/Stöber, § 787 Rn 1.
2 HM; vgl Stein/Jonas/Münzberg, § 787 Rn 3.
3 Schuschke/Walker/Raebel, § 787 Rn 2.
4 MüKo-ZPO/K. Schmidt, § 787 Rn 6 mwN.
5 MüKo-ZPO/K. Schmidt, § 787 Rn 2.

IV. Verfahrensfragen

5 Zuständig für die Bestellung des Vertreters ist das Vollstreckungsgericht und hier der Rechtspfleger (§ 20 Abs. 1 Nr. 17 RPflG). Antragsberechtigt ist der Gläubiger. Der Beschluss unterliegt der sofortigen Beschwerde nach § 11 Abs. 1 RPflG iVm § 793 – unabhängig davon, ob die Vertreterbestellung vor oder im Vollstreckungsverfahren erfolgte.[6]

V. Kosten

6 Gerichtskosten werden nicht erhoben. Für den Rechtsanwalt stellt die Tätigkeit keine besondere Angelegenheit dar, sondern ist eine Tätigkeit, die mit dem Verfahren zusammenhängt (§ 19 Abs. 1 S. 2 Nr. 3 RVG). Im Rahmen der Zwangsvollstreckung ist diese Tätigkeit des Rechtsanwalts mit der Gebühr Nr. 3309 VV RVG abgegolten (§ 18 Abs. 1 Nr. 1 RVG). Wird ein Rechtsanwalt nur für den Antrag bestellt, entsteht die Gebühr Nr. 3309 VV RVG, die notwendige Kosten der Zwangsvollstreckung (§ 788) darstellt, wenn sie zunächst vom Gläubiger gezahlt wird.[7]

§ 788 Kosten der Zwangsvollstreckung

(1) ¹Die Kosten der Zwangsvollstreckung fallen, soweit sie notwendig waren (§ 91), dem Schuldner zur Last; sie sind zugleich mit dem zur Zwangsvollstreckung stehenden Anspruch beizutreiben. ²Als Kosten der Zwangsvollstreckung gelten auch die Kosten der Ausfertigung und der Zustellung des Urteils. ³Soweit mehrere Schuldner als Gesamtschuldner verurteilt worden sind, haften sie auch für die Kosten der Zwangsvollstreckung als Gesamtschuldner; § 100 Abs. 3 und 4 gilt entsprechend.

(2) ¹Auf Antrag setzt das Vollstreckungsgericht, bei dem zum Zeitpunkt der Antragstellung eine Vollstreckungshandlung anhängig ist, und nach Beendigung der Zwangsvollstreckung das Gericht, in dessen Bezirk die letzte Vollstreckungshandlung erfolgt ist, die Kosten gemäß § 103 Abs. 2, den §§ 104, 107 fest. ²Im Falle einer Vollstreckung nach den Vorschriften der §§ 887, 888 und 890 entscheidet das Prozessgericht des ersten Rechtszuges.

(3) Die Kosten der Zwangsvollstreckung sind dem Schuldner zu erstatten, wenn das Urteil, aus dem die Zwangsvollstreckung erfolgt ist, aufgehoben wird.

(4) Die Kosten eines Verfahrens nach den §§ 765 a, 811 a, 811 b, 829, 850 k, 850 l, 851 a und 851 b kann das Gericht ganz oder teilweise dem Gläubiger auferlegen, wenn dies aus besonderen, in dem Verhalten des Gläubigers liegenden Gründen der Billigkeit entspricht.

§ 80 GVGA

I. Allgemeines 1	2. Begriff „Kosten der Zwangs-
II. Anwendungsbereich............ 4	vollstreckung"............... 9
1. Sachlich...................... 4	a) Definition................. 9
2. Persönlich................... 6	b) Vorbereitungskosten..... 10
III. Kostentragung durch den	c) Durchführungskosten... 11
Schuldner (Abs. 1)............... 7	3. Notwendigkeit der Kosten
1. Grundsatz.................... 7	(Abs. 1 S. 1 Hs 1)........... 12

---

6 Schuschke/Walker/*Raebel*, § 787 Rn 4.
7 Hk-ZPO/*Kindl*, § 787 Rn 4 iVm § 779 Rn 7.

4. Vollstreckung ohne Titulierung (Abs. 1 S. 1 Hs 2) 14
5. Prüfung der Kosten der Zwangsvollstreckung 19
6. Forderungsaufstellung 22
7. Verrechnung/§ 367 BGB 23
8. Entscheidung 24
9. Gesamtschuldner (Abs. 1 S. 3) 25
10. Rechtsbehelfe 28
IV. Einzelfragen zur Erstattungsfähigkeit 33
1. Abstand zwischen Vollstreckungsversuchen 34
2. Abtretungsanzeige 35
3. Andere Verwertungsart, §§ 825, 844 36
4. Androhung der Zwangsvollstreckung 37
5. Angelegenheit 38
6. Anschriftenermittlung 42
7. Anwesenheit des Gläubigers . 43
8. Arztkosten 44
9. Auskünfte 45
10. Ausländischer Anwalt 47
11. Auslandsbezug 48
12. Beseitigung von Widerstand 49
13. Besonderer Vertreter 50
14. Detektivkosten/Informationsdienste 51
15. Drittschuldner 52
16. Drittschuldnerprozess 53
17. Eintragung einer Zwangssicherungshypothek 54
18. Erbschein/sonstige Urkunden 55
19. Erledigungserklärung 56
20. Erneute Vollstreckungsversuche 57
21. Ersatzvornahme, § 887 58
22. Forderungspfändung 59
23. Gerichtsvollzieherkosten 60
24. Inkassokosten 63
   a) Grundsatz 63
   b) Notwendigkeit 64
   c) Inkassokosten und Transparenzgebot 65
25. Kleinforderungen 66
26. Kontoführungsgebühren 67
27. Löschung einer Zwangssicherungshypothek 68
28. Räumungsvollstreckung 69
29. Rechtsanwaltsvergütung 73
   a) Grundsatz 73
   b) Angelegenheit 77
   c) Verfahrensgebühr, Nr. 3309 VV RVG 80
   d) Terminsgebühr, Nr. 3310 VV RVG 81
   e) Einigungsgebühr, Nr. 1000, 1003 VV RVG 83
   f) Hebegebühr, Nr. 1009 VV RVG 85
   g) Gebühr für die Vertretung mehrerer Auftraggeber, Nr. 1008 VV RVG 86
   h) Weitere Gebühren 90
   i) Auslagen 91
   j) Umsatzsteuer 92
   k) Sachaufklärung 92a
30. Rechtsbehelfskosten 93
31. Sequestrationskosten 94
32. Sicherheit des Gläubigers ... 95
33. Sicherheit des Schuldners ... 96
34. Steuerberatungskosten 97
35. Urkunden 98
36. Verhaftungsauftrag 99
37. Verhaftungsauftrag mit erneutem Vollstreckungsauftrag 100
38. Vollstreckung in kurzem Abstand 101
39. Vorgerichtliche Kosten 101a
40. Vormerkung 102
41. Vorpfändung 103
42. Wohnungswechsel 104
43. Zeugenentschädigung 105
44. Zug-um-Zug-Vollstreckung 106
V. Kostenfestsetzung (Abs. 2) 107
VI. Erstattungsanspruch des Schuldners (Abs. 3) 111
VII. Billigkeitshaftung des Gläubigers (Abs. 4) 115
1. Allgemeines 115
2. Voraussetzungen 116
3. Verfahren 117
4. Rechtsbehelf 118

I. Allgemeines

Die Kostentragungspflicht in der Zwangsvollstreckung ist ausschließlich in § 788 geregelt. Die Kostenbestimmungen des Erkenntnisverfahrens (§§ 91 ff, 269 Abs. 3) finden daher dort keine Anwendung.[1]

---

1 KG NJW-RR 1987, 192; Musielak/*Lackmann*, § 788 Rn 1.

2 Der Grundgedanke des § 788 ist der, dass der **Unterlegene** – in der Zwangsvollstreckung im Regelfall der **Schuldner** – die Kosten der Zwangsvollstreckung zu tragen hat. Es musste gegen ihn vollstreckt werden, weil er trotz Titels nicht leistete. Da er die Kosten veranlasst hat, soll er auch für diese Kosten haften.[2]

3 Im Umkehrschluss beinhaltet § 788 aber auch eine Verpflichtung zur Zahlung der Kosten durch den **Gläubiger**, da er die von ihm verursachten Kosten zu tragen hat, soweit eine Zwangsvollstreckungsmaßnahme unzulässig, nicht notwendig, vermeidbar, zwecklos oder zu früh eingeleitet war.[3] Eine Erstattungsverpflichtung des Gläubigers kann sich auch ergeben, wenn der Titel, aus dem die Vollstreckung erfolgte, aufgehoben wird (Abs. 3). Durch gerichtliche Entscheidung können dem Gläubiger ganz oder teilweise Kosten auferlegt werden, wenn dies aus besonderen, in dem Verhalten des Gläubigers liegenden Gründen der Billigkeit entspricht (Abs. 4).

Das **Übergangsrecht** betreffend Abs. 4 anlässlich des Inkrafttretens der **Reform der Sachaufklärung in der Zwangsvollstreckung** ab 1.1.2013 richtet sich nach Maßgabe des § 39 Nr. 1 EGZPO (s. dazu Vor §§ 802 a–802 l Rn 9 f und Vor §§ 882 b–882 h Rn 5 ff).

II. Anwendungsbereich

4 1. **Sachlich.** § 788 findet auf **jede Art der Zwangsvollstreckung** Anwendung, wie aus sich aus dem Wortlaut und der systematischen Stellung im 1. Abschnitt des 8. Buches ergibt. Umfasst sind auch die Vollzugskosten des einstweiligen Rechtsschutzes.[4] Ist in **Ehesachen** und **Familienstreitsachen** zu vollstrecken, ist ebenfalls § 788 anzuwenden (§ 120 Abs. 1 FamFG). In anderen Verfahren des FamFG sind nach § 87 Abs. 5 FamFG die §§ 80–82 und 84 FamFG entsprechend anzuwenden.[5] § 80 FamFG beinhaltet auch die zur Durchführung des Verfahrens notwendigen Aufwendungen der Beteiligten. Ebenfalls anzuwenden ist § 788 auf die Kosten eines **Insolvenzverfahrens**,[6] mit Ausnahme der Kosten des Eröffnungsantrags. **Nicht** anwendbar ist § 788 in **Räumungsfristverfahren**.

5 Kosten **ausländischer** Vollstreckungsmaßnahmen können nur berücksichtigt werden, wenn sie von dem Vollstreckungsurteil (§ 722) oder der Klausel (§ 725) umfasst werden.[7] Auf ein inländisches, im Ausland zu vollstreckendes Urteil findet § 788 keine Anwendung.[8] Für Kosten im Inland anfallender Verfahrenskosten für die Erteilung der Vollstreckungsklausel nach dem AVAG findet § 788 kraft ausdrücklicher Verweisung Anwendungen (§ 8 Abs. 1 S. 5 AVAG). Kosten, die zur Vorbereitung der Zwangsvollstreckung noch im Ausland entstehen, werden nicht erfasst.[9]

6 2. **Persönlich.** Die Regelung des § 788 betrifft nur das Verhältnis zwischen Gläubiger und Schuldner. Sonstige Beteiligte (zB Drittschuldner,[10] Gewahrsamsinhaber) haben keinen eigenen Anspruch aus § 788.[11] Auch Bestimmungen der Kostengesetze, die es erlauben, den Gläubiger neben dem Vollstreckungsschuldner zB

---

2 BGH NJW 2006, 1598; BGH Rpfleger 2005, 553; OLG Karlsruhe MDR 1994, 95.
3 BGH NJW-RR 2004, 503.
4 Hk-ZPO/*Saenger*, § 788 Rn 2.
5 Hk-ZPO/*Saenger*, § 788 Rn 2.
6 Musielak/*Lackmann*, § 788 Rn 2.
7 Hk-ZPO/*Saenger*, § 788 Rn 3; aA LG Passau Rpfleger 1989, 342.
8 OLG Saarbrücken JurBüro 2002, 99; OLG Hamm JurBüro 2001, 212; Hk-ZPO/*Saenger*, § 788 Rn 3; Musielak/*Lackmann*, § 788 Rn 2; *Hök*, MDR 2002, 1291; aA OLG Düsseldorf Rpfleger 1990, 184; *Spickhoff*, IPPrax 2002, 290.
9 OLG Köln InVo 2000, 289.
10 BAG NJW 2007, 1302; BGH Rpfleger 1999, 452.
11 Hk-ZPO/*Saenger*, § 788 Rn 4.

für Gerichts- oder Gerichtsvollzieherkosten in Anspruch zu nehmen (§§ 22 Abs. 1, 29 GKG, § 13 Abs. 1 Nr. 1 GvKostG), werden durch § 788 nicht berührt.[12]

III. Kostentragung durch den Schuldner (Abs. 1)

1. Grundsatz. Grundsätzlich muss der Schuldner die notwendigen Kosten der Vollstreckung tragen. Andere Umstände, zB ob die Zwangsvollstreckung letztlich dann doch erfolglos verlaufen ist, spielen keine Rolle.[13] Grundsätzlich trägt der Schuldner die Kosten auch dann, wenn sich eine Vollstreckungsmaßnahme erledigt. Dies betrifft jedoch nur die Kosten, soweit sie notwendig waren, während vermeidbare oder zwecklose Vollstreckungskosten vom Gläubiger zu tragen sind. § 91 a findet keine Anwendung; die Verpflichtung zur Zahlung der Kosten bestimmt sich allein nach § 788.[14] 7

Kosten einer unzulässigen Vollstreckung sind nicht im Rahmen notwendiger Kosten der Zwangsvollstreckung zu berücksichtigen. Dies gilt selbst dann, wenn der Schuldner zwar grds. verurteilt war, die Vollstreckung jedoch durch ein unzuständiges Vollstreckungsorgan erfolgt ist.[15] Der Gläubiger muss hinsichtlich dieser Kosten gegen den Schuldner Klage erheben und einen Vollstreckungstitel erwirken.[16] 8

2. Begriff „Kosten der Zwangsvollstreckung". a) Definition. Bereits der Begriff „Kosten der Zwangsvollstreckung" bedarf der Definition, da nur in sehr seltenen Fällen Kosten ausdrücklich als „Kosten der Zwangsvollstreckung" bezeichnet sind (so in § 811 a Abs. 2 S. 4) oder als solche gelten (so in Abs. 1 S. 2). Es hat sich der Grundsatz herausgebildet, dass Kosten der Zwangsvollstreckung nur solche Aufwendungen sind, die unmittelbar und konkret zum Zwecke der Vorbereitung und Durchführung der Vollstreckung gemacht werden.[17] Dies sind alle Aufwendungen, die gemacht werden, um unmittelbar die Vollstreckung aus dem Titel vorzubereiten oder die einzelnen Vollstreckungsakte durchzuführen.[18] Allgemein gehören dazu insb. Kosten, die dem Gläubiger durch Vollstreckungsmaßnahmen regelmäßig erwachsen, wie zB die Vergütung eines mit der Durchführung der Zwangsvollstreckung beauftragten Rechtsanwalts nach dem RVG, Gerichtskosten und die Kosten des eingeschalteten Gerichtsvollziehers. Im Übrigen handelt es sich um „die sonstigen notwendigen Kosten, die dem Gläubiger durch die Zwangsvollstreckung erwachsen". 9

b) Vorbereitungskosten. Sie umfassen insb. die Kosten der **Ausfertigung** und der **Zustellung** des Urteils (Abs. 1 S. 2) und dadurch entstehende Rechtsanwaltskosten. Auch die Kosten einer zweiten vollstreckbaren Ausfertigung werden davon umfasst, wenn nicht die weitere Ausfertigung vom Gläubiger verschuldet wird.[19] Hierher gehören auch die Kosten einer Sicherheit, die zur Durchführung der Zwangsvollstreckung erforderlich ist.[20] 10

---

12 Thomas/Putzo/*Putzo*, § 788 Rn 1.
13 OLG Brandenburg JurBüro 2007, 548; Hk-ZPO/*Saenger*, § 788 Rn 26; *Stöber*, Forderungspfändung, Rn 829.
14 OLG Braunschweig JurBüro 1999, 46.
15 BGH NJW-RR 2005, 212.
16 BGH NJW-RR 2005, 212; OLG Köln JurBüro 1992, 819.
17 OLG München Rpfleger 2000, 117.
18 BGH NJW 2014, 2508 = Rpfleger 2014, 611; BGH NJW 2006, 1598; BGH NJW 2006, 1141; BGH NJW 2005, 2460.
19 OLG München JurBüro 1992, 431; OLG Zweibrücken JurBüro 1999, 160; OLG Karlsruhe FamRZ 2005, 50; *Schneider*, JurBüro 2004, 632.
20 OLG Koblenz Rpfleger 2004, 509.

11 **c) Durchführungskosten.** Sie beinhalten alle Kosten der Vollstreckungsorgane sowie die Vergütung eines Rechtsanwalts nach dem RVG, die im Rahmen von Zwangsvollstreckungsmaßnahmen anfallen, auch wenn eine Befriedigung nicht erreicht wurde. Kosten in diesem Sinne stellen jedoch nur solche Aufwendungen dar, deren Zweck darin besteht, die Befriedigung der titulierten Forderung zu erreichen.[21] Insoweit sind auch die Kosten umfasst, die erforderlich sind, ggf Pfändungswirkungen herbeizuführen (Zustellung der Vorpfändungsbenachrichtigung bzw des Pfändungs- und Überweisungsbeschlusses, §§ 845, 829, 835). Ebenfalls umfasst sind die Kosten früherer Vollstreckungsmaßnahmen aufgrund desselben Titels.

12 **3. Notwendigkeit der Kosten (Abs. 1 S. 1 Hs 1).** Der Schuldner hat die Kosten der Zwangsvollstreckung nur zu tragen, soweit sie notwendig waren (**Abs. 1 S. 1 Hs 1**). Die Notwendigkeit von Zwangsvollstreckungskosten bestimmt sich nach dem **Standpunkt des Gläubigers** im **Zeitpunkt**, in dem die Kosten durch die Maßnahme verursacht sind, also danach, ob der Gläubiger bei verständiger Würdigung der Sachlage die Maßnahme zur Durchsetzung seines titulierten Anspruchs objektiv für erforderlich halten durfte.[22] Ob die eingeleitete Vollstreckung letztlich zur Befriedigung des Gläubigers führte, berührt die Notwendigkeit nicht.[23] Im Rahmen der Notwendigkeit hat der Gläubiger jedoch auch die Verpflichtung, seine Maßnahmen so einzurichten, dass die Kosten möglichst niedrig gehalten werden.[24]

13 Die **Notwendigkeit** wird **verneint** bei verfrüht eingeleiteter Vollstreckung, bei auf Verdacht eingeleiteter Vollstreckung,[25] bei vom Gläubiger zu vertretender fehlerhafter Vollstreckung[26] oder bei aussichtsloser Vollstreckung.[27] **Zu früh eingeleitet** ist eine Vollstreckung, wenn keine angemessene Frist für eine freiwillige Leistung eingeräumt wird,[28] wenn eine Vollstreckungsmaßnahme eingeleitet wird, ohne dass die Voraussetzungen zur Zwangsvollstreckung vorlagen,[29] oder wenn vorausgehende Vollstreckungsversuche fruchtlos verlaufen und keine Hinweise auf Änderungen in den Vermögensverhältnissen des Schuldners bestehen.[30] Die Frist zur Abwendung der Vollstreckung durch freiwillige Leistung richtet sich nach den Umständen des Einzelfalls.[31] Hinsichtlich verfrühter Maßnahmen tritt **Heilung** ein, wenn die nachfolgende Entwicklung ergibt, dass die Maßnahme zu einem späteren Zeitpunkt als notwendig anzuerkennen gewesen wäre.[32]

14 **4. Vollstreckung ohne Titulierung (Abs. 1 S. 1 Hs 2).** Zur Beitreibung der notwendigen Kosten der Zwangsvollstreckung bedarf es keines besonderen Titels. Die notwendigen Kosten werden **zugleich** mit dem Hauptanspruch beigetrieben (Abs. 1 S. 1 Hs 2). „Zugleich" bedeutet insb. keine zeitliche Reihenfolge, sondern

---

21 BGH Rpfleger 2005, 553.
22 BGH NJW-RR 2003, 1581; BGH DGVZ 2004, 24; BGH Rpfleger 2005, 553; Brandenburgisches OLG JurBüro 2007, 548.
23 Brandenburgisches OLG JurBüro 2007, 548; Hk-ZPO/*Saenger*, § 788 Rn 26; *Stöber*, Forderungspfändung, Rn 829.
24 Brandenburgisches OLG JurBüro 2007, 548; OLG Karlsruhe JurBüro 1990, 260.
25 AG Hamburg DGVZ 2003, 94.
26 AG Augsburg DGVZ 1994, 78.
27 BGH Rpfleger 2005, 553.
28 AG Borna Rpfleger 2007, 92; LG Cottbus DGVZ 2007, 138; BGH NJW-RR 2003, 1581; BVerfG JurBüro 1999, 608; OLG Karlsruhe JurBüro 1993, 602; OLG Karlsruhe JurBüro 1990, 260; aA bei Vergleich: LG Köln Rpfleger 2000, 557.
29 OLG Köln InVo 1999, 127.
30 BGH Rpfleger 2005, 553.
31 BVerfG JurBüro 1999, 608.
32 Schleswig-Holsteinisches OLG NJW-RR 2001, 497; KG JurBüro 2001, 211; KG Rpfleger 1987, 216.

vielmehr, dass es für die Beitreibung dieser Kosten **keines gesonderten Titels bedarf**. Es soll in der Zwangsvollstreckung vermieden werden, dass der Gläubiger nach jeder Vollstreckungsmaßnahme gezwungen ist, ein Kostenfestsetzungsverfahren anzustrengen.

Die gleichzeitige Beitreibung umfasst alle Kosten der Zwangsvollstreckung, also sowohl die Kosten der beantragten Zwangsvollstreckungsmaßnahme als auch die Kosten früherer Maßnahmen.[33]

Dass § 788 die Beitreibung der Kosten zugleich mit dem Hauptanspruch zulässt, bedeutet jedoch nicht, dass diese Kosten nicht auch Gegenstand einer Kostenfestsetzung gem. § 103 sein können. Wenn der Gerichtsvollzieher zB die Beitreibung der Kosten ablehnt, weil er die Frage der Notwendigkeit verneint, hat der Gläubiger immer noch die Möglichkeit, sich diese Kosten festsetzen zu lassen (§§ 103 ff). Diese Möglichkeit besteht neben seinem Erinnerungsrecht nach § 766.[34] Eine vorgenommene Kostenfestsetzung (§ 794 Abs. 1 Nr. 2) schließt nicht aus, dass die Kosten weiterhin nach Abs. 1 mit beigetrieben werden.[35]

Voraussetzung für eine Beitreibung der Vollstreckungskosten ohne einen gesonderten Titel ist allerdings, dass es wegen des Hauptanspruchs überhaupt zu einer Vollstreckung gekommen ist. Die Zwangsvollstreckung muss wegen des Hauptanspruchs begonnen haben. Ist diese Voraussetzung nicht gegeben, ist also der Hauptsachetitel zB wegen freiwilliger Leistung des Schuldners verbraucht, bedarf es zur Vollstreckung von notwendigen Kosten wiederum eines besonderen Kostenfestsetzungsbeschlusses.[36]

„Zugleich" in diesem Sinne bedeutet auch nicht, dass der Hauptanspruch gleichzeitig mit den Vollstreckungskosten beigetrieben werden muss. Vielmehr kann die Vollstreckung wegen der Hauptsache zeitlich verschoben mit der Vollstreckung wegen der Vollstreckungskosten beantragt werden. Die Kosten können auch dann noch beigetrieben werden, wenn die Hauptsache bereits durch Zahlung erledigt ist.[37]

5. Prüfung der Kosten der Zwangsvollstreckung. Das jeweilige Vollstreckungsorgan[38] hat die Berechnung der Kosten und deren Notwendigkeit zu überprüfen. Diese **Prüfungspflicht** besteht auch hinsichtlich der Kosten früherer Vollstreckungshandlungen aus demselben Titel.[39] Dabei ist zu prüfen,

- ob es sich bei den geltend gemachten Kosten um Zwangsvollstreckungskosten handelt,
- ob sie dem im Hauptsachetitel ausgewiesenen Anspruch zuzuordnen sind,
- ob sie in der geltend gemachten Höhe tatsächlich entstanden sind und
- ob sie notwendig waren.

Bei der Prüfung der Zwangsvollstreckungskosten ist auf die für das Kostenfestsetzungsverfahren in § 103 aufgestellten **Prüfungskriterien** zurückzugreifen.

Es bedarf einer **Glaubhaftmachung** des Kostenansatzes (§ 104 Abs. 2 S. 1). Als Glaubhaftmachung gilt insb. nicht, dass bereits ein anderes Vollstreckungsorgan die Kosten bei einer früheren Vollstreckungsmaßnahme als notwendig anerkannt hat.[40] Fremdkosten (zB Einwohnermeldeamt) sind nachzuweisen. Die Möglich-

---

33 Brandenburgisches OLG JurBüro 2007, 548.
34 OLG Zweibrücken JurBüro 1998, 215.
35 Brandenburgisches OLG JurBüro 2007, 548.
36 KG Rpfleger 1992, 31.
37 Hk-ZPO/*Saenger*, § 788 Rn 32.
38 LG Wuppertal JurBüro 1996, 606.
39 Thomas/Putzo/*Putzo*, § 788 Rn 13.
40 *Stöber*, Forderungspfändung, Rn 834.

keit der anwaltlichen Versicherung bezieht sich nur auf die Post-, Telegrafen- und Fernsprechgebühren des Rechtsanwalts.[41]

22 **6. Forderungsaufstellung.** Voraussetzung, dass die Vollstreckungsorgane ihrer Prüfungspflicht nachkommen können, ist die Vorlage einer spezifizierten und nachvollziehbaren Forderungsberechnung durch den Gläubiger. Es kann eine Forderungsberechnung verlangt werden, in der die Einzelpositionen im Klartext dargestellt, klar unterschieden und leicht nachprüfbar sind. Ein durch den Gläubiger maschinell erstelltes „Forderungskonto" zwecks Nachweises der bislang entstandenen Kosten stellt keine ordnungsgemäße Kostenberechnung dar, wenn die angesetzten Gebühren- und Auslagentatbestände nicht aus sich heraus für den Schuldner verständlich sind.[42]

23 **7. Verrechnung/§ 367 BGB.** Auch bei Geltendmachung von Restforderungen hat der Gläubiger eine Restforderungsaufstellung einzureichen, aus der ersichtlich ist, ob die geleisteten Zahlungen korrekt in der durch § 367 BGB vorgeschriebenen Reihenfolge verrechnet worden sind.[43] Eine durchaus beachtliche Gegenansicht erscheint bedenklich.[44] Durch die Prüfung der Forderungsaufstellung durch die Vollstreckungsorgane wird dem Umstand Rechnung getragen, dass der Schuldner jederzeit berechtigt ist, ohne Rücksicht auf den Umfang des Vollstreckungsauftrags seine Zahlungsverpflichtung in voller Höhe erfüllen zu können. Nur durch Vorlage einer Forderungsaufstellung wird es ihm ermöglicht, durch Zahlung der gesamten Summe die Einstellung der Zwangsvollstreckung und die Herausgabe des Titels zu erwirken. Weil § 788 die Vollstreckung ohne Titel zulässt, müssen die Vollstreckungsorgane daher regelmäßig zu einer Nachprüfung der Notwendigkeit der Vollstreckungskosten verpflichtet werden, da ansonsten eine gerichtliche Prüfung der Forderung nicht stattfindet. Es handelt sich um Spezialfragen des Gebühren- und Erstattungsrechts,[45] bei denen der Schuldner regelmäßig von einer Prüfung durch die Vollstreckungsorgane ausgeht.[46] Auf eine Prüfung kann aus rechtsstaatlichen Gründen nicht verzichtet werden. Insoweit ist mit bemerkenswerter Deutlichkeit darauf hingewiesen worden, dass die Regelung des § 367 BGB bewusst dazu missbraucht werde, eine gerichtliche Überprüfung weit überhöhter Vollstreckungskosten zu umgehen.[47] Für die Übersendung einer Forderungsaufstellung kann der Rechtsanwalt keine besonderen Gebühren geltend machen.[48]

24 **8. Entscheidung.** Werden Kosten nach Ansicht der Vollstreckungsorgane nicht von § 788 umfasst oder nicht glaubhaft gemacht, hat der Gerichtsvollzieher dem Gläubiger mitzuteilen, dass insoweit eine Vollstreckung nicht erfolgt. Das Vollstreckungsgericht wird den dahingehenden Ansatz durch Beschluss zurückweisen.

25 **9. Gesamtschuldner (Abs. 1 S. 3).** Soweit die Kosten vor dem 1.1.1999 entstanden sind, haftet auch bei gesamtschuldnerischer Verurteilung und Vollstreckung

---

41 AG Wuppertal DGVZ 1994, 127.
42 LG Limburg DGVZ 1996, 43; LG München I DGVZ 1996, 77; AG/LG Wuppertal DGVZ 1996, 93; AG Itzehoe DGVZ 1997, 95; LG Bonn Rpfleger 2001, 559; LG Kassel ZVI 2002, 64.
43 LG Kassel DGVZ 2008, 46; LG Aurich DGVZ 2004, 15; AG St. Wendel DGVZ 2000, 46; AG Bad Hersfeld DGVZ 1998, 92; OLG Köln DGVZ 1983, 9; AG Nienburg DGVZ 2003, 95; AG Coesfeld DGVZ 2003, 29.
44 Hk-ZPO/*Saenger*, § 788 Rn 35 mwN.
45 OLG Köln DGVZ 1983, 9.
46 *Kammermeier*, DGVZ 1990, 3.
47 OLG Köln DGVZ 1983, 9.
48 *Enders*, JurBüro 2000, 393.

jeder Schuldner nur für die gegen ihn gerichtete Vollstreckung.[49] Ab diesem Zeitpunkt beinhaltet Abs. 1 S. 3 eine gesamtschuldnerische Haftung mehrerer Schuldner.[50] Voraussetzung ist eine Haftung als **Gesamtschuldner**.[51] Weitere Voraussetzung ist, dass auch die anderen Gesamtschuldner sich noch in Verzug befinden.[52] Liegen diese Voraussetzungen vor, können notwendige erstattungsfähige, bei der Vollstreckung gegen einen anderen Gesamtschuldner entstandene Kosten ohne besonderen Titel auch bei anderen Gesamtschuldnern vollstreckt oder gegen sie festgesetzt werden (**Abs. 1 S. 3 Hs 1**).

Erfolgt die Vollstreckung gegen mehrere, **nicht als Gesamtschuldner** verurteilte Schuldner, haften sie nach Kopfteilen.[53]

26

Hat nur ein Gesamtschuldner Rechtsbehelf eingelegt, haftet nur der Schuldner, der den Rechtsbehelf eingelegt und Kosten verursacht hat, wie sich aus der Verweisung von **Abs. 1 S. 3 Hs 2** auf § 100 Abs. 3 ergibt.[54] Die gesamtschuldnerische Haftung gilt grds. auch im Rahmen der Räumungsvollstreckung.[55] Voraussetzung ist jedoch, dass die Vollstreckung gegen alle Schuldner durchgeführt worden ist.[56] Besteht keine Gesamtschuldnerschaft, können von jedem Schuldner nur die Räumungskosten verlangt werden, die durch die Vollstreckungsmaßnahmen gegen ihn entstanden sind.[57]

27

10. Rechtsbehelfe. Rechtsbehelfe im Rahmen des § 788 bestimmen sich nach der Zwangsvollstreckungshandlung, mit der Kosten vollstreckt werden sollen.[58] Soweit der **Gerichtsvollzieher** die Beitreibung notwendiger Kosten ablehnt und sich damit weigert, die Vollstreckungshandlung dem Auftrag entsprechend auszuführen, kann der Gläubiger mit der Erinnerung nach § 766 Abs. 2 vorgehen,[59] über die das Vollstreckungsgericht entscheidet (§§ 766 Abs. 2, 764 Abs. 2).[60]

28

Gegen Entscheidungen des **Vollstreckungsgerichts** ist nach §§ 793, 567 Abs. 1 die (sofortige) Beschwerde zulässig, die in Kostensachen jedoch insoweit beschränkt ist, als sie nur dann zulässig ist, wenn der Wert des Beschwerdegegenstandes 200 € übersteigt (§ 567 Abs. 2).[61] Dem Gläubiger steht gem. §§ 793, 567 die sofortige Beschwerde zu, wenn das Vollstreckungsgericht einen Antrag wegen beantragter Zwangsvollstreckungskosten zurückweist.

29

Bei einer Entscheidung des **Rechtspflegers** ist die befristete Erinnerung (§ 11 Abs. 2 RPflG) gegeben, wenn der Beschwerdewert (§ 567 Abs. 2) nicht erreicht wird.

30

Auch der Schuldner, der die Notwendigkeit, Erstattungsfähigkeit und Höhe nicht festgesetzter Kosten beanstandet, muss nach §§ 766, 793 vorgehen. Hat eine Vollstreckungsmaßnahme jedoch Entscheidungsqualität, ist nur die sofortige Beschwerde nach § 793 möglich.[62]

31

---

49 OLG Köln MDR 1977, 850.
50 LG Stuttgart JurBüro 2004, 337.
51 LG Kassel Rpfleger 2000, 402.
52 LG Koblenz InVo 2006, 439; LG Kassel Rpfleger 2000, 402; Hk-ZPO/*Saenger*, § 788 Rn 31; aA LG Stuttgart JurBüro 2004, 337.
53 OLG München NJW 1974, 957.
54 Hk-ZPO/*Saenger*, § 788 Rn 31.
55 LG Kassel Rpfleger 2000, 402.
56 LG Kassel Rpfleger 2000, 402; LG Stuttgart Rpfleger 1993, 38.
57 LG Kassel DGVZ 2002, 172.
58 LG Oldenburg JurBüro 2007, 500; Zöller/*Stöber*, § 788 Rn 17.
59 MüKo-ZPO/*K. Schmidt*, § 788 Rn 33; Zöller/*Stöber*, § 788 Rn 17.
60 BGH Rpfleger 1989, 79.
61 OLG Köln Rpfleger 1993, 146.
62 BGH NZI 2004, 447.

32 Daneben kommt ggf auch im Verfahren nach § 767 eine Überprüfung der notwendigen Kosten in Betracht,[63] wenn über Einwendungen zu entscheiden ist, die nicht auf unstreitigen oder offensichtlichen Tatsachen beruhen.[64]

IV. Einzelfragen zur Erstattungsfähigkeit

33 Die Frage der Notwendigkeit von Kosten ist oft umstritten und selbst für die Vollstreckungsorgane nur noch schwer zu übersehen. Es handelt sich um Spezialfragen des Gebühren- und Erstattungsrechts.[65]

34 **1. Abstand zwischen Vollstreckungsversuchen.** Hat ein Vollstreckungsversuch nicht zu einer Befriedigung des Gläubigers geführt, sind die Kosten, die durch einen erneuten Vollstreckungsversuch entstehen, grds. erstattungsfähig. Ein Rechtsschutzbedürfnis für eine kurze Zeit nach erfolgloser Vollstreckung durchgeführte erneute Zwangsvollstreckung besteht jedoch nur dann, wenn konkrete Anhaltspunkte für eine nun erfolgreiche Zwangsvollstreckung dargelegt werden. An einer Notwendigkeit der Kosten fehlt es, wenn die Zwangsvollstreckung für den Gläubiger erkennbar aussichtslos ist, insb. wenn frühere Vollstreckungsversuche fruchtlos verlaufen sind und keine Hinweise auf Änderungen in den Vermögensverhältnissen des Schuldners bestehen.[66] Nach welcher Zeit ein erneuter Vollstreckungsversuch erfolgen kann, wird zB nach vergleichbaren Fristen der GVGA beurteilt (vgl § 32 Abs. 1 S. 4 GVGA).[67]

35 **2. Abtretungsanzeige.** Abtretungsanzeigen über (freiwillige) Lohnabtretungen dienen nicht unmittelbar der Durchführung und Vorbereitung der Zwangsvollstreckung und werden damit von Abs. 1 nicht umfasst, auch wenn wegen der Offenlegung eine Lohnpfändung und deren Kosten erspart bleiben.[68] Teils wird eine Erstattungsfähigkeit beschränkt auf die Kosten eines Pfändungs- und Überweisungsbeschlusses.[69] Keine Erstattungsfähigkeit wird vor Titulierung der Forderung angenommen.[70]

36 **3. Andere Verwertungsart, §§ 825, 844.** Nach § 18 Abs. 1 Nr. 8 RVG ist die Verwertung nach § 825 eine besondere Angelegenheit, die Kosten auslöst, die damit nach Abs. 1 iVm § 91 Abs. 2 S. 1 erstattungsfähig sind.[71] Das Verfahren nach § 844 stellt keine besondere Angelegenheit dar, so dass keine erstattungsfähige Gebühr entsteht.[72]

37 **4. Androhung der Zwangsvollstreckung.** Mit der Androhung der Zwangsvollstreckung durch den Rechtsanwalt bei Vorliegen aller Voraussetzungen für die Zwangsvollstreckung entsteht für diese die Verfahrensgebühr für die Zwangsvollstreckung (Nr. 3309 VV RVG). Voraussetzung ist jedoch, dass zum Zeitpunkt der Vollstreckungsandrohung die Vollstreckungsvoraussetzungen vorliegen. Einer vorherigen Zustellung des Vollstreckungstitels bedarf es nicht. Die Zwangsvollstreckungsvoraussetzungen liegen vor, wenn der Gläubiger im Besitz einer vollstreckbaren Ausfertigung des Titels ist, die Fälligkeit der titulierten Forderung eingetreten

---

63 OLG Düsseldorf Rpfleger 1975, 355; Hk-ZPO/*Saenger*, § 788 Rn 36; MüKo-ZPO/ *K. Schmidt*, § 788 Rn 33.
64 OLG Stuttgart JurBüro 1982, 1420; MüKo-ZPO/*K. Schmidt*, § 788 Rn 33; aA OLG Zweibrücken Rpfleger 1995, 172.
65 OLG Köln DGVZ 1983, 9.
66 BGH NJW 2005, 2460.
67 LG Oldenburg DGVZ 1998, 28; LG Halle DGVZ 2001, 30.
68 AG Wuppertal DGVZ 1994, 94; *Kammermeier*, DGVZ 1990, 5; aA LG Heidelberg Rpfleger 1984, 37; LG Fulda Rpfleger 1984, 37.
69 LG Köln Rpfleger 1983, 1038.
70 LG Köln Rpfleger 1990, 183.
71 Musielak/*Lackmann*, § 788 Rn 8.
72 LG Berlin Rpfleger 1990, 92.

und dem Schuldner vor der anwaltlichen Zahlungsaufforderung eine nach den Umständen angemessene Frist zur freiwilligen Erfüllung der Forderung eingeräumt worden ist.[73] Nach § 18 Abs. 1 Nr. 1 RVG ist jede Vollstreckungsmaßnahme zusammen mit den durch diese vorbereiteten weiteren Vollstreckungshandlungen bis zur Befriedigung des Gläubigers eine besondere Angelegenheit. Die mit der Androhung der Zwangsvollstreckung entstandene Gebühr ist auf die Gebühr für einen danach notwendig werdenden Vollstreckungsauftrag anzurechnen.[74]

5. Angelegenheit. Der Begriff „Angelegenheit" ist im Rahmen des § 788 insb. für die Rechtsanwaltsvergütung von Bedeutung. „Angelegenheit" wird im Grundsatz in § 18 Abs. 1 Nr. 1 RVG definiert. Eine Angelegenheit ist jede Vollstreckungsmaßnahme zusammen mit den durch diese vorbereiteten weiteren Vollstreckungshandlungen bis zur Befriedigung des Gläubigers. Dies bedeutet, dass alle Tätigkeiten im Rahmen einer Zwangsvollstreckungsmaßnahme – von der Aufforderung zur Zahlung unter Androhung der Zwangsvollstreckung bis hin zur Befriedigung des Gläubigers oder sonstigen Beendigung der Vollstreckung[75] – eine Angelegenheit darstellen. Eine Angelegenheit liegt stets vor, wenn ein **innerer Zusammenhang** zwischen den Einzeltätigkeiten des Rechtsanwalts im Hinblick auf eine konkrete Vollstreckungsmaßnahme besteht.[76] 38

Demgegenüber **definiert** § 18 Abs. 1 Nr. 3–21 RVG Tätigkeiten, die besondere Angelegenheiten darstellen. Dabei ist wiederum **§ 18 Abs. 1 Nr. 16 RVG** von besonderer praktischer Bedeutung, da das Verfahren auf **Abnahme der Vermögensauskunft** (§§ 802 f, 802 g) eine besondere Angelegenheit darstellt. Grundsätzlich entsteht die Gebühr Nr. 3309 VV RVG mit der Stellung des Antrags auf Abnahme der Vermögensauskunft an den Gerichtsvollzieher.[77] Bei einem Kombi-Auftrag (§ 807) wird der Auftrag zur Abnahme der Vermögensauskunft bereits mit dem Vollstreckungsauftrag erteilt. Bei dem Auftrag zur Abnahme der Vermögensauskunft handelt es sich jedoch um einen bedingten Auftrag, der in der Kombination mit dem Vollstreckungsauftrag zu sehen ist und nur für den Fall gestellt ist, dass der Vollstreckungsauftrag fruchtlos ausfällt oder der Schuldner die Durchsuchung (§ 758) verweigert (§ 807 Abs. 1 S. 1 Nr. 1 und 2). Erst wenn die Voraussetzungen des § 807 Abs. 1 vorliegen, kommt der Auftrag zur Abnahme der Vermögensauskunft zum Tragen und löst auch dann erst die besonderen Kosten des Rechtsanwalts für das Verfahren auf Abnahme der Vermögensauskunft aus.[78] 39

Die Tätigkeit gegen **Gesamtschuldner** begründet unabhängig von der Anzahl der Vollstreckungsmaßnahme so viele Angelegenheiten, wie Schuldner betroffen sind.[79] Dies gilt auch, wenn sich die Zwangsvollstreckung gegen Eheleute richtet. 40

Die Räumungsvollstreckung einer **Wohnung** gegen mehrere Schuldner stellt dagegen wiederum nur eine Angelegenheit dar, weil lediglich eine einzige Wohnung zu räumen ist. Der Rechtsanwalt erhält die Vollstreckungsgebühr Nr. 3309 VV RVG nur einmal.[80] 41

---

73 BGH DGVZ 2004, 24; BGH Rpfleger 2003.
74 LG Saarbrücken DGVZ 1995, 43; LG Kassel DGVZ 1996, 11; AG Worms DGVZ 1998, 127; AG Berlin-Charlottenburg DGVZ 1998, 175.
75 BGH NJW-RR 2005, 78.
76 BGH DGVZ 2004, 60; BGH Rpfleger 2005, 53; BGH DGVZ 2005, 6.
77 Göttlich/Mümmler/*Rehberg/Xanke*, RVG, „Zwangsvollstreckung", 4.13.
78 *Winterstein*, DGVZ 1999, 38; *Enders*, JurBüro 1999, 1.
79 OLG Düsseldorf InVo 1997, 196.
80 LG Münster Rpfleger 2001, 49; LG Frankfurt AnwBl 1992, 287; LG Tübingen NZM 2002, 632.

42 **6. Anschriftenermittlung.** Im Rahmen einer laufenden Zwangsvollstreckungsmaßnahme ist die Anschriftenermittlung keine besondere Angelegenheit und löst neben der Verfahrensgebühr für die Zwangsvollstreckung keine zusätzliche Gebühr aus.[81]

43 **7. Anwesenheit des Gläubigers.** Entstehende Fahrtkosten oder Kosten einer Zeitversäumnis, wenn die Anwesenheit bei der Vollstreckung notwendig oder nützlich war.[82] Es handelt sich jedoch im Grunde weder um Vorbereitungskosten noch um Kosten, die der Gläubiger aufwenden muss, um die Titelschuld zwangsweise durchzusetzen. Sie entstehen im Regelfall allenfalls aus Anlass der Vollstreckung und fallen damit nicht unter Abs. 1.

44 **8. Arztkosten.** Eine Erstattungsfähigkeit scheidet im Regelfall aus und wäre allenfalls im Einzelfall zu prüfen.[83] Es handelt sich um Kosten, die weder der Durchführung der Zwangsvollstreckung dienen,[84] noch die Vollstreckung vorbereiten. Die Beitreibung bzw Festsetzung nach § 788 steht nämlich nur für solche Aufwendungen zur Verfügung, die auf die Durchsetzung des titulierten Anspruchs gerichtet sind.[85] Die Erstattungsfähigkeit der Kosten ist unabhängig von der Frage zu prüfen, ob die Zuziehung aus anderen Gründen geboten war.[86]

45 **9. Auskünfte.** Auskünfte aus dem **Melderegister** oder dem **Schuldnerverzeichnis** (§ 882 f) im Rahmen einer laufenden Zwangsvollstreckungsmaßnahme sind keine besondere Angelegenheit und lösen daher neben der Verfahrensgebühr für die Zwangsvollstreckung keine zusätzliche Gebühr aus.[87] Die Anforderung einer Abschrift des Vermögensverzeichnisses und eine Auskunft aus dem Schuldnerverzeichnis lassen für den Rechtsanwalt des Gläubigers eine Gebühr jedenfalls dann entstehen, wenn die Zwangsvollstreckung gegen den Schuldner bereits eingeleitet wurde und nicht zur vollständigen Befriedigung des Gläubigers geführt hat.[88] Teils wird diese Auskunft jedoch noch nicht als Einleitung des Verfahrens auf Abnahme der Vermögensauskunft angesehen, so dass keine Gebühr entsteht.[89]

46 Die Kosten einer Auskunft zur Information über allgemeine Vollstreckungsaussichten ohne bereits eingeleitete Vollstreckung lässt die Gebühr nicht entstehen.[90]

47 **10. Ausländischer Anwalt.** Wird aufgrund eines **ausländischen** Titels im **Inland** vollstreckt, gehören Kosten ausländischer Betreibungsmaßnahmen nicht zu den Kosten der Zwangsvollstreckung. Fallen aber bei der Vollstreckung eines **inländischen** Titels im **Ausland** Aufwendungen für dortige Vollstreckungsmaßnahmen an, stellen diese Kosten der Zwangsvollstreckung nach § 788 dar. Die Höhe der zu erstattenden Kosten für den ausländischen Rechtsanwalt richtet sich allein nach dem **deutschen Gebührenrecht** und nicht (mehr) nach dem ausländischen.[91] Deutsches Recht ist nicht nur für die Frage der generellen Erstattungsfähigkeit der Kosten, also auf die Frage, ob diese zur zweckentsprechenden Rechtsverfol-

---

81 BGH DGVZ 2004, 60; LG Bamberg DGVZ 1999, 93; OLG Zweibrücken Rpfleger 1998, 444; LG Konstanz JurBüro 1993, 496; *Enders,* JurBüro 1998, 468.
82 Musielak/*Lackmann,* § 788 Rn 8; Zöller/*Stöber,* § 788 Rn 13.
83 Baumbach/*Hartmann,* § 788 Rn 19.
84 AG Erfurt DGVZ 1997, 47.
85 BGH Rpfleger 2005, 552.
86 So aber *Seip,* DGVZ 1997, 47.
87 BGH Rpfleger 2004, 250; LG Kassel JurBüro 2004, 20; OLG Zweibrücken DGVZ 1998, 156.
88 LG Darmstadt JurBüro 1992, 399; LG Köln JurBüro 1989, 207.
89 LG Detmold Rpfleger 1990, 391; AG Ibbenbüren DGVZ 184, 125.
90 AG Paderborn DGVZ 1986, 30; AG Kaiserslautern DGVZ 1989, 44; AG Wesel DGVZ 1990, 77; AG Lahnstein DGVZ 2002, 190.
91 EuGH NJW 2004, 833.

gung oder Rechtsverteidigung als notwendig anzusehen sind, anzuwenden, sondern es ist auch für die Höhe dieser Kosten maßgebend.[92]

11. Auslandsbezug. Auf ein inländisches im Ausland zu vollstreckendes Urteil findet § 788 keine Anwendung.[93] Für Kosten im Inland anfallender Verfahrenskosten für die Erteilung der Vollstreckungsklausel nach dem AVAG findet § 788 kraft ausdrücklicher Verweisung Anwendungen (§ 8 Abs. 1 S. 5 AVAG). Kosten, die zur Vorbereitung der Zwangsvollstreckung noch im Ausland anfallen, werden nicht erfasst.[94] Kosten ausländischer Vollstreckungsmaßnahmen können nur berücksichtigt werden, wenn sie von dem Vollstreckungsurteil (§ 722) oder der Klausel (§ 725) umfasst werden.[95] 48

12. Beseitigung von Widerstand. Zieht ein Gläubiger den Gerichtsvollzieher hinzu, um den Widerstand des Schuldners brechen zu lassen (§ 892), sind die Kosten, die durch die Einschaltung des Gerichtsvollziehers entstehen, Vollstreckungskosten iSd Abs. 1. Sie sind dann nicht erstattungsfähig, wenn kein Anlass zur Beiziehung des Gerichtsvollziehers bestand,[96] wobei zu prüfen ist, ob tatsächlich Widerstand geleistet wurde oder damit zu rechnen war.[97] 49

13. Besonderer Vertreter. Hat das Vollstreckungsgericht auf Antrag des Gläubigers dem Erben einen einstweiligen besonderen Vertreter bestellt (§ 779 Abs. 2) und sind Rechtsanwaltskosten für diesen Antrag entstanden, weil der Gläubiger mit der Antragstellung einen Rechtsanwalt besonders beauftragt hat, entsteht für diesen die Gebühr Nr. 3309 VV RVG (§ 18 Abs. 1 Nr. 1 VV RVG).[98] 50

14. Detektivkosten/Informationsdienste. Die Kosten sind grds. nur dann zu berücksichtigen, wenn ein Sachverhalt vorliegt, der die Einschaltung einer Detektei nicht als von vornherein erfolgloses Bemühen erscheinen lässt[99] und auf das für die Zwangsvollstreckung Erforderliche beschränkt ist.[100] Erstattungsfähigkeit wird angenommen: bei fehlender Ummeldung,[101] wenn auf anderem Wege Auskünfte nicht zu erlangen sind,[102] bei Erlangung von Informationen zur erfolgreichen Führung eines Prozesses,[103] bei Auskunftssperre[104] und bei einer falschen Auskunft der Meldebehörde.[105] Keine Erstattungsfähigkeit ist gegeben bei einer allgemeinen Überwachung des Schuldners,[106] wenn die Auskünfte auch durch Vermögensauskunft (§§ 802 c, 802 d Abs. 1, 807) zu erhalten sind.[107] 51

15. Drittschuldner. Sie können Aufwendungen für eine Auskunft nach § 840 weder vom Schuldner[108] noch vom Gläubiger nach § 788 geltend machen.[109] 52

---

92 BGH NJW 2005, 1373; BGH NJW-RR 2005, 1732.
93 OLG Saarbrücken JurBüro 2002, 99; OLG Hamm JurBüro 2001, 212; Hk-ZPO/*Saenger*, § 788 Rn 3; Musielak/*Lackmann*, § 788 Rn 2; *Hök*, MDR 2002, 1291; aA OLG Düsseldorf Rpfleger 1990, 184; *Spickhoff*, IPRax 2002, 290.
94 OLG Köln InVo 2000, 289.
95 Hk-ZPO/*Saenger*, § 788 Rn 3; aA LG Passau Rpfleger 1989, 342.
96 LG Koblenz DGVZ 2008, 119; LG Braunschweig DGVZ 1988, 140.
97 Musielak/*Lackmann*, § 788 Rn 3.
98 Hk-ZPO/*Kindl*, § 779 Rn 7; Thomas/Putzo/*Putzo*, § 779 Rn 2.
99 LG Berlin Rpfleger 1990, 37.
100 OLG Koblenz Rpfleger 1996, 120 = JurBüro 1996, 383.
101 LG Aachen JurBüro 1985, 1734; LG Bonn JurBüro 1990, 349; OLG Koblenz NJW-RR 1999, 1158; OLG Koblenz JurBüro 2002, 318.
102 LG Braunschweig JurBüro 2002, 322; LG Bochum JurBüro 1988, 256.
103 LG Freiburg JurBüro 1996, 383.
104 LG Berlin Rpfleger 1986, 107.
105 LG Berlin JurBüro 1985, 628.
106 OLG Koblenz Rpfleger 1996, 120 = JurBüro 1996, 383.
107 AG Aurich DGVZ 2011, 214.
108 BVerfG Rpfleger 1995, 261.
109 BAG NJW 2007, 1302.

53 **16. Drittschuldnerprozess.** Bei einem Drittschuldnerprozess handelt es sich um eine Vollstreckungsmaßnahme des Gläubigers. Er dient unmittelbar dazu, den die Forderung des Schuldners gegen den Drittschuldner betreffenden Pfändungs- und Überweisungsbeschluss durchzusetzen.[110] Voraussetzung ist jedoch, dass die Kosten notwendig gewesen sind.[111] Dies gilt insb. auch dann, wenn der Gläubiger im Prozess unterliegt,[112] er die Klage jedoch bei vernünftiger Würdigung für aussichtsreich halten durfte.[113] War der Rechtsstreit schon von vornherein aussichtslos, scheidet eine Erstattungspflicht aus.[114] Auch im Drittschuldnerprozess vor dem Arbeitsgericht steht § 12 a Abs. 1 S. 1 ArbGG der Erstattungsfähigkeit nicht entgegen.[115] Die Kosten einer vom Drittschuldner gegen den Gläubiger erhobenen Vollstreckungsgegenklage sind nicht vom Schuldner zu erstatten.[116]

54 **17. Eintragung einer Zwangssicherungshypothek.** Als Maßnahme der Zwangsvollstreckung[117] sind die durch die Eintragung einer Zwangshypothek entstehenden Kosten solche der Zwangsvollstreckung.[118]

55 **18. Erbschein/sonstige Urkunden.** Benötigt der Gläubiger zum Zwecke der Zwangsvollstreckung einen Erbschein oder sonstige Urkunden (§ 792), gehören Kosten des Gerichts, des Notars oder anderer Behörden zu den Vorbereitungskosten[119] und sind somit erstattungsfähig.

56 **19. Erledigungserklärung.** Über die Kosten von Erledigungserklärungen im Rahmen von Vollstreckungsmaßnahmen ist nicht nach § 91 a zu entscheiden, sondern maßgeblich ist auch insoweit die Regelung des § 788.[120]

57 **20. Erneute Vollstreckungsversuche.** Sie sind nur dann notwendig iSv Abs. 1 S. 1, wenn konkrete Anhaltspunkte für eine nun erfolgreiche Zwangsvollstreckung dargelegt werden. Die Notwendigkeit fehlt, wenn die Zwangsvollstreckung für den Gläubiger erkennbar aussichtslos ist.[121] Nach Ablauf bestimmter Fristen (u.a. in Anlehnung an § 32 Abs. 1 S. 4 GVGA) werden die Kosten erneuter Vollstreckungsversuche als erstattungsfähig angesehen.[122]

58 **21. Ersatzvornahme, § 887.** Kosten werden grds. von Abs. 1 umfasst.[123] Die Höhe der Kosten richtet sich danach, was eine verständige Partei in der konkreten Situation für erforderlich halten durfte.[124] Dazu gehören insb. auch Gutachter-, Sachverständigen-[125] und Architektenhonorare[126] sowie ggf auch Finanzierungskosten,[127] ebenso auch Aufwendungen zur Durchführung der Ersatzvornahme

---

110 BGH NJW 2006, 1141.
111 OLG Köln InVo 1998, 167.
112 LG Leipzig JurBüro 2003, 662.
113 OLG Hamm InVo 1997, 339; AnwK-RVG/*Wolf*, Nr. 3309 VV RVG Rn 116.
114 OLG Stuttgart Rpfleger 1996, 117.
115 BGH NJW 2006, 1141; OLG Karlsruhe MDR 1994, 95.
116 LG Konstanz JurBüro 2004, 45 m. krit. Anm. *Romeyko*.
117 BGH Rpfleger 2002, 17.
118 OLG Düsseldorf Rpfleger 1975, 355; Baumbach/*Hartmann*, § 788 Rn 23.
119 Thomas/Putzo/*Putzo*, § 788 Rn 20; Hk-ZPO/*Kindl*, § 792 Rn 6.
120 OLG Karlsruhe FamRZ 1996, 1490.
121 BGH NJW 2005, 2460; AG Bingen DGVZ 2000, 46; LG Heilbronn AnwBl 1994, 57; LG Oldenburg JurBüro 1994, 741; LG Oldenburg DGVZ 1991, 41; LG Aachen Rpfleger 1990, 134.
122 LG Heilbronn DGVZ 1994, 172 (drei Monate); LG Halle DGVZ 2001, 30 (sechs Monate); LG Oldenburg DGVZ 1998, 28.
123 OLG München NJW-RR 1998, 1769; KG Rpfleger 1994, 31.
124 KG Rpfleger 1994, 31; OLG Nürnberg JurBüro 1993, 240.
125 Musielak/*Lackmann*, § 887 Rn 23.
126 OLG Düsseldorf JurBüro 1985, 471.
127 OLG Düsseldorf JurBüro 1984, 302.

(zB Zahlungen zur Erreichung einer Freistellung).[128] Erstattungsfähig können im Einzelfall auch die Kosten eines privaten Gutachtens sein.[129] Hat der Gläubiger Aufwendungen erbracht, ohne einen Beschluss nach § 887 herbeizuführen, kann er die Kosten nicht nachträglich nach § 788 beitreiben.[130]

22. Forderungspfändung. Mehrere Forderungen sind durch einen einheitlichen Antrag und einheitlichen Beschluss zu pfänden. Grundsätzlich besteht kein zwingendes Erfordernis zur Vollstreckung mittels getrennter Pfändungs- und Überweisungsbeschlüsse.[131] 59

23. Gerichtsvollzieherkosten. Die Kosten betreffen unmittelbar die Durchführung der Zwangsvollstreckung, soweit sie dem Gerichtsvollzieher zugewiesen ist (§ 753), der – selbständig und neutral – die Vollstreckungsgewalt des Staates vertritt.[132] Sie sind damit grds. notwenige Kosten iSv Abs. 1[133] und umfassen Gebühren und Auslagen (§ 1 GvKostG). 60

Die **Gebühren** entstehen für die Amtshandlungen, mit denen der Gerichtsvollzieher im Einzelnen beauftragt ist, so zB die Kosten der Vollstreckung, des Verfahrens zur Abnahme der Vermögensaukunft einschließlich der Verhaftung und Einlieferung in die JVA[134] und die Kosten der Räumungsvollstreckung.[135] 61

Auslagen entstehen ebenfalls beim Gerichtsvollzieher, mehr aber noch durch Beteiligung Dritter, deren Kosten nach dem Kostenverzeichnis zum GvKostG als Auslagen des Gerichtsvollziehers in Ansatz gebracht werden können, wie zB Transportkosten,[136] ggf auch Bereitstellungskosten,[137] Lagerkosten,[138] Vernichtungskosten,[139] Entschädigung für Zeugen, Sachverständige,[140] Dolmetscher und Übersetzer, Entgelte für Zustellungen, Kosten öffentlicher Bekanntmachung, Kosten für das Öffnen von Türen und Behältnissen, Kosten für Auskünfte Dritter sowie Kosten für Arbeitshilfen. 62

24. Inkassokosten. a) Grundsatz. Die einem Gläubiger durch die Einschaltung eines Inkassounternehmens entstehenden Kosten sind grds. als Verzugsschaden nach § 286 BGB im Rahmen des § 788 als erstattungsfähig anzusehen, wenn nicht der Schuldner erkennbar zahlungsunwillig oder zahlungsunfähig ist.[141] Es gibt grds. keine gesetzliche Regelung, die Inkassokosten generell der Höhe nach begrenzt. Insbesondere gelten die Regelungen des RVG nicht für Inkassokosten.[142] Es gibt keine Vergütungsregelung für Inkassounternehmen nach § 10 Abs. 1 S. 1 Nr. 1 RDG.[143] § 4 Abs. 4 RDGEG legt insoweit seit dem 1.7.2008 ausdrücklich fest, dass sich die Erstattung der Vergütung von Personen, die Inkassodienstleistungen erbringen (registrierte Personen nach § 10 Abs. 1 S. 1 Nr. 1 63

---

128 OLG München MDR 1998, 795.
129 Brandenburgisches OLG JurBüro 2008, 271; OLG Zweibrücken JurBüro 1986, 467.
130 BGH NJW-RR 2007, 213; OLG Köln Rpfleger 1993, 84.
131 OLG Düsseldorf JurBüro 1994, 351.
132 BGH NJW 2001, 434; BGH DGVZ 2006, 133.
133 BGH Rpfleger 2005, 552; Schröder-Kay/*Gerlach*, Das Kostenwesen der Gerichtsvollzieher, „Zwangsvollstreckung" Rn 2; Hk-ZPO/*Saenger*, § 788 Rn 14.
134 Musielak/*Lackmann*, § 788 Rn 10.
135 LG Mannheim DWW 1995, 85; Musielak/*Lackmann*, § 788 Rn 13.
136 LG Koblenz DGVZ 1994, 92.
137 AG Ettlingen DGVZ 1998, 15.
138 LG Koblenz DGVZ 1995, 90.
139 LG Koblenz JurBüro 2006, 493; LG Koblenz DGVZ 1992, 30.
140 OLG Köln MDR 1986, 1033.
141 OLG Oldenburg JurBüro 2006, 481; LG Rostock JurBüro 2006, 484; BGH NJW 2005, 2991; OLG Dresden NJW-RR 1996, 1471; BGH 24.5.1967 – VIII ZR 278/64, juris.
142 OLG Köln MDR 2004, 480.
143 BT-Drucks. 16/3655, S. 80.

RDG), für die Vertretung im Zwangsvollstreckungsverfahren nach § 788 richtet. Daher ist die Frage der Erstattungsfähigkeit grds. eine Frage des Einzelfalls.[144] Dies gilt insb. auch für Bearbeitungsgebühren, Mahnspesen usw.[145]

64 b) **Notwendigkeit.** Dabei wird jedoch im Rahmen der Erstattungsfähigkeit nach § 788 eine Beschränkung auf die Höhe der Kosten vertreten, die bei Einschaltung eines Rechtsanwalts und Anwendung des RVG entstehen. Den Gläubiger trifft auch in der Zwangsvollstreckung eine Schadensminderungspflicht. Er hat daher seine Maßnahmen so einzurichten, dass die Kosten möglichst niedrig gehalten werden.[146] Nur wenn der Tätigkeit des Inkassounternehmens keine Mehrkosten für den Schuldner gegenüber den Kosten eines Rechtsanwalts auslöst, können Inkassokosten im Hinblick auf die vom Gesetz vorgesehene Wahlfreiheit des Gläubigers zwischen Rechtsanwalt oder Inkassounternehmen als erstattungsfähig angesehen werden.[147] Die Schadensminderungspflicht gem. § 254 Abs. 2 BGB gebietet es, dass nur solche Kosten erstattet werden müssen, die auch ein Rechtsanwalt fordern kann.[148] Dabei soll zu berücksichtigen sein, dass eine Gebühr für eine außergerichtliche Tätigkeit nicht mehr in vollem Umfang auf die Gebühr für das gerichtliche Verfahren anzurechnen sei.[149]

65 c) **Inkassokosten und Transparenzgebot.** Inkassokosten werden mit den unterschiedlichsten Bezeichnungen und Ansätzen als Verzugsschäden geltend gemacht und verstoßen damit oft bereits gegen das Transparenzgebot der nach § 788 beizutreibenden Kosten.[150] Soweit nicht titulierte Kosten in Ansatz gebracht werden, die über vergleichbare Kosten des RVG hinausgehen, oder zusätzliche Auslagentatbestände geschaffen werden (Bearbeitungsgebühren, Mahnspesen, Kontoführungsgebühren), sind diese Kosten im Regelfall nicht erstattungsfähig, da die Überwachung der Forderung und die Buchung eingehender Zahlungen zur allgemeinen Geschäftstätigkeit im Rahmen der Zwangsvollstreckung gehören und bereits mit einer Vergütung abgedeckt sind. Auch entfällt die Erstattungsfähigkeit im Regelfall bereits wegen der Schadensminderungspflicht, da derartige Auslagen im RVG nicht als Auslagen des Rechtsanwalts genannt werden und daher bei Beauftragung eines Rechtsanwalts nicht anfallen.[151]

66 25. **Kleinforderungen.** Der Gläubiger ist im Besitz eines Vollstreckungstitels, der erst mit der Zahlung der gesamten Summe seine Vollstreckbarkeit verliert. Es fehlt damit nicht das Rechtsschutzbedürfnis, auch wenn die Zwangsvollstreckung wegen ganz geringfügiger Beträge erfolgt.[152] Der Schuldner sollte vor der Einleitung der Vollstreckung nochmals zur Zahlung aufgefordert werden. Dies gilt insb. dann, wenn der Schuldner die Hauptforderung freiwillig geleistet hat, es jedoch versäumt hat, Zinsen zu bezahlen.[153]

67 26. **Kontoführungsgebühren.** Sie sind nur erstattungsfähig, wenn sie tituliert sind. Im Regelfall sind sie allerdings nicht erstattungsfähig, da die Überwachung der Forderung und die Buchung eingehender Zahlungen zur allgemeinen Geschäftstätigkeit im Rahmen der Zwangsvollstreckung gehören und bereits durch die Zwangsvollstreckungsgebühr abgedeckt sind. Kontoführungsgebühren sind

---

144 OLG Köln MDR 2004, 480.
145 BGH 24.5.1967 – VIII ZR 278/64, juris.
146 OLG Brandenburg JurBüro 2007, 548; Musielak/*Lackmann*, § 788 Rn 7.
147 AG Villingen-Schwenningen JurBüro 2007, 90; LG Oldenburg JurBüro 2007, 500; LG Bremen JurBüro 2002, 212; Musielak/*Lackmann*, § 788 Rn 7.
148 Palandt/*Heinrichs*, § 286 BGB Rn 49.
149 LG Rostock JurBüro 2006, 484.
150 LG Kassel JurBüro 2007, 270.
151 AG Fürth DGVZ 2008, 47; OLG Hamm JurBüro 1984, 1534.
152 AG Braunschweig DGVZ 1981, 186.
153 LG Hannover DGVZ 1991, 190.

wegen der Schadensminderungspflicht nicht erstattungsfähig, da sie im RVG nicht als Auslagen des Rechtsanwalts genannt werden und daher bei Beauftragung eines Rechtsanwalts nicht anfallen.[154] Der zu vollstreckende Betrag muss dem Schulder und dem Vollstreckungsgericht die Möglichkeit geben, den geschuldeten Betrag rechnerisch genau zu bestimmen. Dies ist nicht der Fall, wenn künftige Kontoführungskosten tituliert werden sollen.[155]

27. Löschung einer Zwangssicherungshypothek. Es handelt sich nicht mehr um Kosten der Vorbereitung und Durchführung der Vollstreckung.[156] Dem Schuldner entstehende Löschungskosten gehören ebenfalls nicht zu den notwendigen Kosten iSv Abs. 1 und können auch nach Abs. 2 nicht festgesetzt werden.[157] 68

28. Räumungsvollstreckung. Die Kosten der Räumungsvollstreckung, die grds. zu den Kosten nach Abs. 1 gehören,[158] setzen sich aus einer Vielzahl von Einzelpositionen zusammen, insb. für **Transport, Einlagerung**,[159] Verwertung, **Entsorgung** und **Vernichtung**[160] des Räumungsgutes, aber auch für Kosten, die im Einzelfall anfallen können, wie etwa Kosten, die durch einen Polizeieinsatz entstanden sind,[161] oder Kosten für die Unterbringung und Versorgung von Tieren.[162] Hinsichtlich der Entsorgungskosten wird auch vertreten, dass diese von Abs. 1 nicht umfasst werden, da es sich um Kosten handelt, die nur mittelbar anlässlich der Zwangsvollstreckung entstehen.[163] 69

Diese Kosten gehören in **marktüblicher Höhe**[164] zu den notwendigen Kosten, selbst wenn es sich im Einzelfall um eine notwendige kostspielige Einlagerung und Unterbringung handelt.[165] Der Gerichtsvollzieher ist dabei verpflichtet, Zwangsvollstreckungsaufträge so kostengünstig wie möglich durchzuführen.[166] Die Kosten beauftragter Firmen muss der Gerichtsvollzieher auf ihre **Angemessenheit** prüfen.[167] Der Gläubiger kann nicht verlangen, die Räumung selbst durchzuführen und das Räumungsgut in eigenen Räumen einzulagern.[168] Eine Verwahrung in den Räumen des Gläubigers kommt nur in Ausnahmefällen in Betracht.[169] 70

Notwendige Kosten sind jedoch nur die Kosten, die durch die **Räumungsvollstreckung** gem. § 885 entstehen.[170] Insoweit gehört zB der Abriss von Bauwerken, der Abtransport von Bauschutt oder die Entfernung von Anpflanzungen nicht zu den Aufgaben des Gerichtsvollziehers, der nur bewegliche Sachen wegzuschaffen hat.[171] Auch Kosten des Räumungsgläubigers für **Transport, Einlagerung** und/ 71

---

154 OLG Hamm JurBüro 1984, 1534; AG Fürth DGVZ 2008, 47.
155 LG Kiel DGVZ 2011, 132.
156 LG Berlin Rpfleger 1988, 547.
157 OLG München MDR 1989, 460; Hk-ZPO/*Saenger*, § 788 Rn 22.
158 LG Mannheim DWW 1995, 85; Musielak/*Lackmann*, § 788 Rn 13.
159 LG Berlin Rpfleger 2004, 431; AG Erkelenz DGVZ 2000, 159.
160 LG Koblenz Rpfleger 2006, 551; MüKo-ZPO/*Gruber*, § 885 Rn 56.
161 AG Kenzingen DGVZ 1992, 93; LG Freiburg DGVZ 1992, 93; OLG Karlsruhe DGVZ 1992, 93.
162 MüKo-ZPO/*Gruber*, § 885 Rn 52; *Ferst*, DGVZ 1997, 179; *Rigol*, MDR 1999, 1363; vgl auch BT-Drucks. 14/3432, S. 26; aA OLG Karlsruhe NJW 1997, 1789; LG Oldenburg DGVZ 1995, 44.
163 LG Duisburg NZM 1998, 303.
164 LG Berlin Rpfleger 1992, 37; LG Stuttgart DGVZ 1990, 172.
165 LG Ingolstadt Rpfleger 1997, 536.
166 LG Stuttgart DGVZ 1990, 172.
167 LG Wiesbaden WuM 2002, 56; OLG Hamburg MDR 2000, 602.
168 AG Lörrach DGVZ 2005, 109.
169 LG Ulm DGVZ 1990, 123.
170 AG Bremen DGVZ 1999, 63.
171 BGH Rpfleger 2004, 505.

oder **Entsorgung/Entrümpelung** von Räumungsgut unterliegen nicht § 788, wenn die Räumung auf die bloße Geltendmachung des Vermieterpfandrechts beschränkt wurde. Kosten, die dem Gläubiger aufgrund des geltend gemachten Vermieterpfandrechts entstanden sind, muss der Gläubiger gegenüber dem Schuldner im ordentlichen Erkenntnisverfahren titulieren lassen.[172]

72 Bei den Kosten, die nach Ablauf der zweimonatigen **Aufbewahrungsfrist** des § 885 Abs. 4 S. 1 durch die weitere Einlagerung der einem Vollstreckungsschuldner gehörenden Geschäftsunterlagen entstehen, handelt es sich nicht mehr um notwendige Zwangsvollstreckungskosten.[173]

Zu den notwendigen Kosten gehören auch **Bereitstellungskosten**, die durch Bereitstellung von Fahrzeugen und Personal entstehen, wenn ein erteilter Räumungsauftrag sich erledigt, ohne dass es zu einer Räumung kommt.[174] Voraussetzung für die Erstattungsfähigkeit dieser Kosten ist jedoch, dass sie nicht durch ein Verschulden des Gläubigers[175] oder Gerichtsvollziehers[176] verursacht sind. Auf die Bereitstellungskosten kann **Umsatzsteuer** nicht erhoben werden, weil auf nicht erbrachte Leistungen entfallende Vergütung nicht umsatzsteuerpflichtig ist.[177]

72a Zu den notwendigen Kosten der Räumungsvollstreckung gehören aber die zusätzlichen Kosten des Gerichtsvollziehers, wenn der Gläubiger einen **beschränkten Vollstreckungsauftrag nach § 885 a Abs. 1** gestellt hat und der Gerichtsvollzieher sich zur Dokumentation geeigneter **elektronischer Bildaufzeichnungsmittel** bedient. Die in diesem Fall entstehende höhere Gebühr (Nr. 241 KV GvKostG), eventuelle Kosten für Farbkopien oder die Überlassung elektronischer Dokumente (Nr. 700 KV GvKostG) und die zusätzliche Pauschale (Nr. 713 KV GvKostG) können insb. nicht damit beanstandet werden, dass nur die unbedingt notwendigen Kosten verursacht werden (vgl § 58 Abs. 1 S. 3 GVGA), da der beschränkte Vollstreckungsauftrag in dieser Form gestellt werden kann und somit eine erhöhte Gebühr und ggf zusätzliche Auslagen zwingende Folge sind.

73 **29. Rechtsanwaltsvergütung. a) Grundsatz.** Die Vergütung eines Rechtsanwalts (Gebühren und Auslagen, vgl § 1 RVG) gehört grds. zu den **notwendigen Kosten iSv Abs. 1**. In der Regel darf der Gläubiger einen Rechtsanwalt mit der Durchführung der Zwangsvollstreckung beauftragen, so dass auch die dadurch entstandenen Kosten dem Grunde nach als notwendig anzuerkennen sind. auszunehmen. Abs. 1 des § 788 verweist ohne Einschränkung auf § 91 und damit auf die Regelung des Abs. 2 S. 1.[178] Damit gehören die gesetzlichen Gebühren und Auslagen eines Rechtsanwalts immer zu den notwendigen Kosten nach § 788, insb. im Hinblick darauf, dass durch die Verweisung auf § 91 die Vorschrift unmittelbar Anwendung findet. Das gilt auch dann, wenn der Rechtsanwalt ein Großunternehmen vertritt, da § 91 insoweit keine Einschränkung enthält, also eine Notwendigkeitsprüfung nicht stattfindet.[179]

74 Teils wird allerdings eine Prüfung verlangt, ob die **Zuziehung eines Rechtsanwalts erforderlich** erscheint.[180] Verneint wird die Notwendigkeit der Inanspruch-

---

172 AG Hannover NJW-RR 2011, 288.
173 BGH Rpfleger 2008, 431; LG Berlin Rpfleger 2004, 431.
174 AG Bochum DGVZ 2006, 125; LG Frankfurt DGVZ 2006, 115; LG Kassel DGVZ 2003, 140; LG Wiesbaden WuM 2002, 56.
175 LG Mannheim NZM 1999, 956.
176 AG Hannover DGVZ 2008, 46; AG Bochum DGVZ 2006, 125.
177 Nds. FG DGVZ 2008, 142; LG Kassel DGVZ 2003, 140; aA Hess. FG DGVZ 2001, 88; vgl aber auch EuGH DB 2007, 1795 und BGH NJW-RR 1986, 1026.
178 BGH NJW 2006, 1598.
179 BGH NJW 2006, 1598; Zöller/*Stöber*, § 788 Rn 7, 9; Hk-ZPO/*Saenger*, § 788 Rn 24.
180 OLG Stuttgart Rpfleger 1994, 367.

nahme eines Rechtsanwalts bei einfachen Vollstreckungsaufträgen einer Körperschaft des öffentlichen Rechts.[181] Gleiches soll gelten, wenn Firmen mit eigener Rechtsabteilung einen Rechtsanwalt beauftragen.[182] Die Ansicht berücksichtigt jedoch nicht, dass § 91 Abs. 2 S. 1 die Rechtsanwaltsvergütung ohne Notwendigkeitsprüfung als erstattungsfähig ansieht.

Durch die uneingeschränkte Verweisung auf § 91 fallen unter § 788 auch die Gebühren und Auslagen eines Rechtsanwalts **in eigener Sache** (§ 91 Abs. 1 S. 4).[183] Verneint wird die Notwendigkeit bei der Vollstreckung notarieller Kosten (§ 89 GNotKG), da der Notar diese Vollstreckung selbst betreiben kann.[184] Betreibt der Notar die Vollstreckung, wird er als Notar tätig und kann dafür keine Rechtsanwaltsvergütung in Ansatz bringen.[185] 75

Als notwendig anzuerkennen sind Kosten zur Vorbereitung und Durchführung der Zwangsvollstreckung in Höhe der sich aus dem RVG ergebenden Beträge. Honorarvereinbarungen sind daher in Höhe der Beträge nach dem RVG erstattungsfähig. 76

b) Angelegenheit. Grundsätzlich bilden die gesamten zu einer bestimmten Vollstreckungsmaßnahme gehörenden, miteinander in einem inneren Zusammenhang stehenden Einzelmaßnahmen von der Vorbereitung der Vollstreckung bis zur Befriedigung des Gläubigers oder bis zum sonstigen Abschluss der Vollstreckung **dieselbe** gebührenrechtliche Angelegenheit.[186] Die Tätigkeit des Rechtsanwalts in der Zwangsvollstreckung gegen Gesamtschuldner begründet – unabhängig von der Anzahl der Vollstreckungsmaßnahmen – so viele Angelegenheiten, wie Schuldner betroffen sind.[187] Dies gilt auch, wenn sich die Zwangsvollstreckung gegen Eheleute richtet.[188] 77

Auch für die Vollstreckung auf Räumung einer von **Eheleuten** bewohnten Wohnung fielen nach älterer Rspr zwei Vollstreckungsgebühren an.[189] Die neuere Rspr geht dagegen davon aus, dass die Räumung einer Wohnung gegen mehrere Schuldner nur eine Angelegenheit darstellt. Der Rechtsanwalt erhält die Gebühr für die Zwangsvollstreckung nur einmal.[190] Dies gilt entsprechend, wenn sich die Räumung gegen Lebenspartner/Lebensgefährten richtet. 78

Die Tätigkeiten des Rechtsanwalts im Rahmen eines Vollstreckungsauftrags und im Rahmen eines Auftrags zur Abnahme der Vermögensauskunft stellen **besondere Angelegenheiten** dar (§ 18 Abs. 1 Nr. 1 und 16 RVG). Handelt es sich um besondere Angelegenheiten, können auch Gebühren mehrfach erhoben werden. Der – in das Stadium der Vermögensauskunft gelangte – Kombi-Auftrag (§ 807 Abs. 1) löst daher die Vergütung für den Rechtsanwalt mehrfach aus. 79

---

181 AG Rottenburg DGVZ 2000, 95.
182 OLG Hamburg AnwBl 2001, 127; AG Donaueschingen DGVZ 2005, 73; LG Konstanz DGVZ 2005, 73; AG Karlsruhe DGVZ 2005, 73; AG Heilbronn DGVZ 2005, 73 ff.
183 Zöller/*Stöber*, § 788 Rn 9.
184 AG Frankfurt DGVZ 1995, 79; AG Erkelenz DGVZ 1993, 77; OLG Saarbrücken DGVZ 1989, 91; aA AG Essen DGVZ 1993, 77.
185 AG Frankfurt/M. DGVZ 1995, 79.
186 BGH Rpfleger 2005, 53; BGH DGVZ 2004, 60; BGH DGVZ 2005, 6.
187 OLG Düsseldorf InVo 1997, 196.
188 LG Wuppertal JurBüro 1975, 790; LG Hagen JurBüro 1971, 1048.
189 LG Hagen JurBüro 1971, 1048; LG Wuppertal JurBüro 1975, 790; OLG Koblenz JurBüro 1986, 1838; OLG Düsseldorf JurBüro 1987, 72 m. Anm. *Schroeder* und *Mümmler*; LG Berlin JurBüro 1988, 60; OLG Hamm AnwBl 1988, 357; AG Langenfeld DGVZ 1984, 63.
190 LG Münster Rpfleger 2001, 49; LG Frankfurt AnwBl 1992, 287; LG Tübingen NZM 2002, 632; LG Tübingen MDR 2001, 1193.

80 c) **Verfahrensgebühr, Nr. 3309 VV RVG.** Im Rahmen der Zwangsvollstreckung entsteht, soweit keine besondere Gebühr bestimmt ist, die **Verfahrensgebühr** mit einem Satz von 0,3 (Nr. 3309 VV RVG). Neben der Verfahrensgebühr, die mit der Einleitung der Zwangsvollstreckung anfällt, entstehen keine zusätzlichen Gebühren (etwa für Anschriftenermittlung, Postanfragen). Diese Tätigkeiten sind vielmehr mit der Zwangsvollstreckungsgebühr Nr. 3309 VV RVG abgegolten.[191]

81 d) **Terminsgebühr, Nr. 3310 VV RVG.** Es kann ggf auch eine **Terminsgebühr** entstehen. Zusätzlich zur Verfahrensgebühr Nr. 3309 VV RVG soll der Rechtsanwalt diese Terminsgebühr von 0,3 erhalten, wenn er in dem Zwangsvollstreckungsverfahren an einem gerichtlichen Termin teilnimmt. Nach der Anm. zu Nr. 3310 VV RVG entsteht die Gebühr ausdrücklich weiterhin nur für die Teilnahme an einem Termin zur „Abgabe der Vermögensaukunft oder zur Abnahme der eidesstattlichen Versicherung". Alle anderen Termine des Gerichtsvollziehers, an denen ein Rechtsanwalt ggf teilnimmt (zB Räumungstermine, Versteigerungstermine, Übereignungstermine), lösen keine Terminsgebühr Nr. 3310 VV RVG aus.[192]

82 Werden ggf **mehrere Termine** notwendig (ggf in einem Nachbesserungsverfahren), entsteht nur eine Terminsgebühr, da der Rechtsanwalt die Gebühren in derselben Angelegenheit nur einmal fordern kann (§ 15 Abs. 2 S. 1 RVG).[193] Insbesondere löst auch eine Besprechung mit dem Gegner im Rahmen der Zwangsvollstreckung keine Terminsgebühr aus.[194]

83 e) **Einigungsgebühr, Nr. 1000, 1003 VV RVG.** Die Streitfrage, ob eine **Einigungsgebühr (Nr. 1000 VV RVG)**, insb. auch für eine **Ratenzahlungsvereinbarung** im Rahmen der Zwangsvollstreckung, entstehen kann, wurde dahin gehend entschieden, dass ein Vergleich ebenso wie eine Vollstreckungsmaßnahme unmittelbar der Durchsetzung und Befriedigung der titulierten Forderung des Gläubigers dient und die durch die Einschaltung eines Rechtsanwalts entstandene Einigungsgebühr für eine im Zwangsvollstreckungsverfahren geschlossene Einigung regelmäßig notwendige Kosten der Zwangsvollstreckung iSv § 788 sind. Dabei war insb. in Rspr und Lit. umstritten die Einigungsgebühr für die Mitwirkung bei einer Ratenzahlungsvereinbarung, wenn bereits ein Titel vorliegt, da dann letztlich kein Streit und keine Ungewissheit über ein Rechtsverhältnis bestehen.[195] Diese Streitfrage wurde durch die Neufassung der Anm. Abs. 1 Nr. 2 zu Nr. 1000 VV RVG im Zuge des 2. KostRMoG beseitigt, da die Einigungsgebühr hiernach nunmehr ausdrücklich für die Mitwirkung beim Abschluss eines Vertrags entsteht, durch den „die Erfüllung des Anspruchs bei gleichzeitigem vorläufigem Verzicht auf die gerichtliche Geltendmachung und, wenn bereits ein zur Zwangsvollstreckung geeigneter Titel vorliegt, bei gleichzeitigem vorläufigem Verzicht auf Vollstreckungsmaßnahmen geregelt wird (Zahlungsvereinbarung)".

83a Voraussetzung für die Erstattung im Rahmen des § 788 ist allerdings die Übernahme der Kosten durch den Schuldner.[196] Die **Kostenübernahme** muss dabei klar und verständlich sein. Dies ist nicht gegeben, wenn von dem Schuldner ohne jede weitere Information die uneingeschränkte Übernahme einer nicht näher bestimmten Vergütung oder Bearbeitungsgebühr verlangt wird.[197] Die Übernahme der Kosten der Einigung durch den Schuldner schränkt die Prüfungspflicht des

---

191 BGH NJW 2004, 1101.
192 *Volpert*, RVGreport 2004, 450; *Enders*, JurBüro 2006, 304 mwN.
193 *Volpert*, RVGreport 2004, 450.
194 *Enders*, JurBüro 2006, 304 mwN.
195 BT-Drucks. 17/11471 (neu), S. 271.
196 BGH NJW 2006, 1598; BGH DGVZ 2007, 36.
197 LG Kassel JurBüro 2007, 270.

Vollstreckungsorgans nicht ein, da nur berechtigte Forderungen des Gläubigers beizutreiben sind.[198]

Keine Einigungsgebühr entsteht für eine Ratenzahlungsbewilligung, die durch den Gerichtsvollzieher ausgesprochen wird (§ 802 a Abs. 2 S. 1 Nr. 1 iVm § 802 b Abs. 1, § 68 GVGA). Erklärt sich der Gläubiger dem Gerichtsvollzieher gegenüber allgemein mit der Gestattung von Ratenzahlungen durch den Schuldner einverstanden, löst dies keine Einigungsgebühr aus. Denn nicht der Gläubiger entscheidet, ob dem Schuldner Ratenzahlungen bewilligt werden sollen, sondern der Gerichtsvollzieher.[199] Es fehlt damit an der Mitwirkung bei Verhandlungen bzw an dem Abschluss der Vereinbarung.[200] Die Auffassung des BGH ist auch nach der Reform der Sachaufklärung noch maßgebend. Die Gesetzeslage hat sich nicht so geändert, als dass dies Auswirkungen auf die Rechtsanwaltsgebühren hat.[201] Insbesondere entsteht die Einigungsgebühr bei Ratenbewilligung durch den Gerichtsvollzieher auch dann nicht, wenn der Gläubiger die Ratenbewilligung von der Gebühr abhängig gemacht hat. Da bei Ratengewährung durch den Gerichtsvollzieher eine Einigungsgebühr nicht entstehen kann, kann auch die gütliche Erledigung durch den Gläubiger nicht von der Übernahme dieser (nicht entstehenden) Gebühr abhängig gemacht werden. 83b

Der Gläubiger kann der Ratenzahlung nur insgesamt widersprechen (§ 802 b Abs. 3 S. 2).[202] Die Ratengewährung kann aber nicht von weiteren Bedingungen abhängig gemacht werden, die im Gesetz nicht normiert sind. Nach § 68 Abs. 1 S. 2 GVGA ist der Gerichtsvollzieher zwar daran gebunden, wenn der Gläubiger seine Einwilligung zu der Einräumung einer Zahlungsfrist oder der Tilgung durch Teilleistungen (Ratenzahlung) von Bedingungen abhängig macht. Von § 68 Abs. 1 S. 2 GVGA werden aber nur solche Bedingungen erfasst, auf die der Gläubiger Einfluss nehmen kann, wie zB Anzahl oder Höhe der Raten. Es ist nicht davon auszugehen, dass der Gläubiger die Ratengewährung unter die Bedingung der Zahlung einer grds. **nicht entstehenden Gebühr** stellen kann.

Streitig erörtert wird die Frage, ob eine stillschweigende Annahme einer Ratenzahlungsvereinbarung nicht darin gesehen werden kann, dass der Schuldner Ratenzahlungen leistet, obwohl ein Ratenzahlungsangebot des Gläubigers nicht unterschrieben wurde.[203] ME zutreffend wird davon ausgegangen, dass nur unter ganz engen Voraussetzungen darin ein Vertragsabschluss gesehen werden kann.[204] 83c

Nach Nr. 1000 VV RVG entsteht die Einigungsgebühr als **1,5-fache Gebühr**. Nach **Nr. 1003 VV RVG** entsteht sie jedoch nur in Höhe einer **1,0-fachen Gebühr**, wenn über den Gegenstand ein anderes gerichtliches Verfahren als ein selbständiges Beweisverfahren anhängig ist. Das Verfahren vor dem Gerichtsvollzieher steht einem gerichtlichen Verfahren gleich.[205] Eine Einigung im Verfahren vor dem Gerichtsvollzieher lässt nur die Einigungsgebühr nach Nr. 1003 VV RVG entstehen.[206] Da bei einer Ratenzahlungsbewilligung durch den Gerichts- 84

---

198 AG Plön DGVZ 2011, 135.
199 BGH NJW 2006, 3640.
200 LG Duisburg NJW-Spezial 2014, 27 = RVGreport 2013, 431; AG Augsburg zfs 2014, 288; AG Schleswig NJW-Spezial 2014, 379; AG Düsseldorf DGVZ 2013, 219; AG Oberndorf JurBüro 2013, 586; LG Bonn DGVZ 2005, 77; LG Koblenz DGVZ 2006, 61.
201 AG Düsseldorf DGVZ 2013, 219.
202 AG Schleswig NJW-Spezial 2014, 379.
203 LG Augsburg JurBüro 2013, 45; LG Mainz DGVZ 2011, 134.
204 AG Heidelberg DGVZ 2012, 12; aA LG Augsburg JurBüro 2013, 45; LG Mainz DGVZ 2011, 134.
205 Nr. 1003 VV RVG idF des 2. Justizmodernisierungsgesetzes vom 22.12.2006 (BGBl. I S. 3416), in Kraft seit 31.12.2006.
206 BT-Drucks. 16/3038, S. 55.

vollzieher die Zustimmung des Gläubigers grds. keine Einigungsgebühr auslöst,[207] handelt es sich um den Fall, in denen der Gläubiger – **während anhängiger Zwangsvollstreckungsmaßnahmen** – mit dem Schuldner eine Ratenzahlung vereinbart.[208]

85 f) **Hebegebühr, Nr. 1009 VV RVG.** Grundsätzlich wird die Hebegebühr für die Auszahlung oder Rückzahlung von entgegengenommenen Geldbeträgen erhoben (Nr. 1009 Anm. Abs. 1 VV RVG). Zu dieser Gebühr wird vertreten, dass sie im Regelfall nach § 788 nicht erstattungsfähig ist.[209] Ihre Erstattung setzt grds. voraus, dass die Auszahlung oder Rückzahlung durch den Rechtsanwalt notwendig war.[210] Es müssen ganz besondere Umstände gegeben sein, die die Einschaltung eines Rechtsanwalts erfordern.

86 g) **Gebühr für die Vertretung mehrerer Auftraggeber, Nr. 1008 VV RVG.** Vertritt ein Rechtsanwalt mehrere Personen, kann er eine Erhöhung der Verfahrensgebühr für jede weitere Person berechnen. Voraussetzung ist, dass es sich um **dieselbe Angelegenheit** handelt und der Gegenstand der anwaltlichen Tätigkeit derselbe ist.[211] Weitere Voraussetzung für die Mehrvertretungsgebühr ist, dass **mehrere Personen Auftraggeber** sind. Es kommt nicht darauf an, ob gegenüber dem Rechtsanwalt eine oder mehrere Personen auftreten. Selbst wenn eine Personenmehrheit eine Person bevollmächtigt, gegenüber dem Rechtsanwalt aufzutreten, kann dies für den Rechtsanwalt zu einem erhöhten Haftungsrisiko führen.[212] Dies bedeutet, dass der Rechtsanwalt immer eine Gebühr Nr. 1008 VV RVG erhält, wenn er mehrere Personen vertritt (Gesamtgläubiger, Eheleute, Erbengemeinschaft).[213]

87 Bei den Wertgebühren in der Zwangsvollstreckung erhöht sich die Verfahrensgebühr für jede vertretene weitere Person um 0,3.[214] **Mehrere Erhöhungen** dürfen nach Anm. Abs. 3 zu Nr. 1008 VV RVG aber höchstens zu einer Erhöhung **um 2,0** führen. Im Rahmen der Zwangsvollstreckung kann damit eine Gesamtgebühr von **2,3** entstehen. Aus der Anm. Abs. 3 Hs 1 zu Nr. 1008 VV RVG ergibt sich, dass die „Erhöhungen" insgesamt nicht mehr als 2,0 Gebühren ausmachen dürfen.[215] Die Grundgebühr für den ersten Auftraggeber ist also dazuzurechnen.[216]

88 Keine Erhöhung erfolgt bei dem Vollstreckungsauftrag der **BGB-Gesellschaft**. Die BGB-Gesellschaft besitzt Rechtsfähigkeit, soweit sie durch Teilnahme am Rechtsverkehr eigene Rechte und Pflichten begründet. In diesem Rahmen ist sie zugleich im Zivilprozess aktiv und passiv parteifähig.[217] Anwalts-, Steuerberater-, Ärzte-[218] und ähnliche Sozietäten sind daher nur als eine (juristische) Person anzusehen, die den Anwalt beauftragt. Die Gesellschafter sind gehalten, den Zwangsvollstreckungsauftrag durch die BGB-Gesellschaft selbst zu erteilen.[219]

---

207 BGH NJW 2006, 3640.
208 Vgl auch *N. Schneider*, NJW 2007, 325, 332.
209 AG Cloppenburg DGVZ 2008, 15; LG Saarbrücken JurBüro 2006, 316; LG Detmold Rpfleger 2003, 36.
210 AG Limburg RVGreport 2005, 357; AG Eisenhüttenstadt Rpfleger 2005, 384.
211 OLGR Hamburg 2007, 533.
212 BT-Drucks. 15/1971, S. 205.
213 BGH WuM 2004, 298; BGH NJW-RR 2004, 1006.
214 LG Hamburg DGVZ 2005, 142.
215 *Göttlich/Mümmler*, „Mehrere Auftraggeber", 5. „Betrag der Gebührenerhöhung".
216 *Hartmann*, KostG, Nr. 1008 VV RVG Rn 8.
217 BGH DGVZ 2001, 59.
218 AG Euskirchen DGVZ 2012, 103; OLG Köln AGS 2006, 277; AG Schwabach DGVZ 2005, 79.
219 AG Euskirchen DGVZ 2012, 103; OLG Köln AGS 2006, 277; OLG Köln 16.2.2005 – 17 W 27/05; OLG Köln 16.3.2007 – 17 W 39/07.

Insoweit besteht eine Verpflichtung, den kostengünstigsten Weg zu beschreiten.[220]

Auch bei dem Vollstreckungsauftrag der **WEG** fällt eine Erhöhungsgebühr Nr. 1008 VV RVG nicht an, da diese rechtsfähig ist, soweit sie bei der Verwaltung des gemeinschaftlichen Eigentums am Rechtsverkehr teilnimmt.[221] Im Verhältnis zum beauftragten Rechtsanwalt liegt nur ein Auftraggeber vor.[222] Die Wohnungseigentümer verstoßen gegen den Grundsatz des möglichst kostensparenden Vorgehens, wenn sie als Einzelpersonen einen Rechtsanwalt mit Zwangsvollstreckungsmaßnahmen beauftragen und dadurch Erhöhungsgebühren auslösen.[223]

h) Weitere Gebühren. Solche entstehen im Zwangsvollstreckungsverfahren im Regelfall nicht. Insbesondere stellen einzelne anwaltliche Schreiben (zB Androhung der Vollstreckung, Adressermittlung) keine besondere Angelegenheit dar. Mit der Androhung der Zwangsvollstreckung durch den Rechtsanwalt bei Vorliegen aller Voraussetzungen für die Zwangsvollstreckung entsteht die Gebühr Nr. 3309 VV RVG,[224] deckt aber auch einen nachfolgenden Vollstreckungsauftrag und die dort anfallenden Tätigkeiten ab.[225]

i) Auslagen. Die Auslagen, die einem Rechtsanwalt im Rahmen der Durchführung eines Auftrags für Post- und Telekommunikationsdienstleistungen entstehen, kann er entweder pauschal (Nr. 7002 VV RVG) oder im Einzelnen, also konkret, abrechnen (Nr. 7001 VV RVG). Im Rahmen derselben Angelegenheit ist nur eine Abrechnungsart möglich. Die Berechnung kann in jeder Angelegenheit besonders erfolgen, fällt im Rahmen der Vollstreckung gegen mehrere Schuldner auch mehrfach an.

j) Umsatzsteuer. Nach Nr. 7008 VV RVG kann Umsatzsteuer auf die Vergütung berechnet werden, also auf Gebühren und Auslagen (§ 1 Abs. 1 S. 1 RVG). Diese Umsatzsteuer (Mehrwertsteuer) hat aber der Schuldner nicht zu erstatten, wenn der Gläubiger zum Vorsteuerabzug berechtigt ist. Nach § 91 Abs. 1 hat der Schuldner die „dem Gegner erwachsenen Kosten" zu erstatten. In Höhe der Mehrwertsteuer sind diesem aber keine Kosten erwachsen, wenn er diese im Rahmen des Vorsteuerabzugs nach § 15 UStG gegenüber dem Finanzamt geltend machen kann.[226] Nach § 104 Abs. 2 S. 3 genügt zur Berücksichtigung von Umsatzsteuerbeträgen bei der Kostenfestsetzung die **Erklärung des Antragstellers**, dass er die Beträge nicht als Vorsteuer abziehen kann.[227] Umsatzsteuerbeträge können nur dann unberücksichtigt bleiben, wenn die Richtigkeit der Erklärung durch entsprechenden, vom Schuldner zu erbringenden Beweis bereits entkräftet wäre oder sich eine offensichtliche Unrichtigkeit der Erklärung aus anderen, dem Vollstreckungsorgan bekannten Umständen (etwa dem Inhalt der Akten, Titel oder Vollstreckungsunterlagen) zweifelsfrei ergibt.[228] Die Erklärung, dass eine

---

220 BGH NJW 2004, 489.
221 BGH NJW 2005, 2061.
222 OLG Stuttgart BauR 2008, 1673; AG Schorndorf DGVZ 2006, 62; OLG München NJW-RR 2005, 1326; KG DGVZ 2007, 4; LG Mönchengladbach JurBüro 2007, 306.
223 AG Hamburg-Harburg DGVZ 2006, 118.
224 BGH Rpfleger 2003, 596; BGH FamRZ 2004, 101.
225 AG Münster 30.9.2005 – 10 M 198/05, juris; BGH NJW 2004, 1101; LG Kassel DGVZ 1996, 11; LG Köln DGVZ 1995, 10.
226 OLG Stuttgart DGVZ 1991, 73; BFH NJW 1991, 1702; AG Obernburg DGVZ 1994, 77.
227 OLG Düsseldorf JurBüro 1996, 426; BVerfG NJW 1996, 382; BGH Rpfleger 2003, 321.
228 OLG Hamburg MDR 2000, 1396; OLG Hamburg JurBüro 2001, 147; OLG Köln JurBüro 2001, 428; OLG Nürnberg NJW-RR 2002, 1728; BGH JurBüro 2003, 426; OLG Düsseldorf Rpfleger 2005, 573; KG JurBüro 2006, 373.

Vorsteuerabzugsberechtigung nicht besteht, muss ausdrücklich erklärt werden. Es reicht nicht aus, dass der Prozessbevollmächtigte die Umsatzsteuer mit zur Beitreibung beantragt hat. Es darf ebenso nicht schon wegen des Fehlens der Erklärung die Umsatzsteuer unberücksichtigt bleiben. Auch kann nicht bereits aus der bloßen Rechtsform eines Gläubigers als juristische Person (zB GmbH) zweifelsfrei immer eine Vorsteuerabzugsberechtigung abgeleitet werden.[229] Es ist insoweit die Möglichkeit einzuräumen, die Erklärung nachzuholen.[230]

92a k) **Sachaufklärung.** Nach § 18 Abs. 1 Nr. 16 RVG ist das Verfahren zur **Abnahme der Vermögensauskunft** (§§ 802 f und 802 g) eine **besondere Angelegenheit**. Durch die ergänzenden Anträge, die der Gläubiger iRd Sachaufklärung stellen kann (§§ 755, 802 a Abs. 2), ergeben sich auch Fragen im Rahmen des § 788.

92b **Nr. 3309 VV RVG.** Die Gebühr Nr. 3309 VV RVG entsteht mit der ersten auf die Vollstreckung bezogenen Tätigkeit (§ 18 Abs. 1 Nr. 1 RVG). Ist dies die Beauftragung des Gerichtsvollziehers mit der Ermittlung der Anschrift, wird damit die Gebühr Nr. 3309 VV RVG ausgelöst. Sie deckt aber auch die weiteren Tätigkeiten ab (zB den Vollstreckungsauftrag).

92c Hat der Gläubiger jedoch **isoliert** den **Versuch einer gütlichen Einigung** beantragt, entsteht dadurch die Gebühr Nr. 3309 VV RVG, da es sich um eine besondere Maßnahme iSd § 18 Abs. 1 Nr. 1 RVG handelt, mit der der Gerichtsvollzieher beauftragt werden kann (§ 802 a Abs. 2 S. 1 Nr. 1). Scheitert der Versuch der gütlichen Einigung, ist diese isolierte Maßnahme beendet. Ein ggf nachfolgend gestellter Auftrag nach § 802 a Abs. 2 S. 1 Nr. 2 oder 4 ist dann eine neue Angelegenheit, weil ein neuer eigener Auftrag vor liegt (§ 802 a Abs. 2 Nr. 4, § 18 Abs. 1 Nr. 1 VV RVG). Eine andere Ansicht geht davon aus, dass der Gerichtsvollzieher die gütliche Erledigung in jeder Lage des Verfahrens (§ 802 b Abs. 1) versuchen muss. Das soll zeigen, dass die gütliche Erledigung auch im Fall ihres Scheiterns nach einem vom Anwalt isoliert gestellten Auftrag nicht dauerhaft beendet ist. Vielmehr kann es auch anschließend wieder zu einer gütlichen Erledigung kommen. Vor diesem Hintergrund spricht vieles dafür, auch die isolierte gütliche Erledigung nicht als besondere Angelegenheit anzusehen, sondern als (vorbereitende) Vollstreckungshandlung im Rahmen einer Vollstreckungsmaßnahme zu betrachten. Der Versuch der gütlichen Erledigung steht damit immer entweder im Zusammenhang mit einer laufenden oder einer danach eingeleiteten Vollstreckungsmaßnahme.[231] Die Ansicht widerspricht mE der Systematik des RVG, das davon ausgeht, dass eine neue Gebühr für eine Vollstreckungsmaßnahme für jede einzelne Vollstreckungsmaßnahme entsteht. Die Maßnahme „**gütliche Erledigung**" (§ 802 a Abs. 2 Nr. 4) ist **abgeschlossen** mit der Folge, dass die Gebühr Nr. 3309 VV RVG entstanden ist. Eine ggf im weiteren Verlauf der Vollstreckung erfolgende Ratenzahlungsgewährung (§ 802 b) beruht nicht mehr auf dem ursprünglich erteilten Auftrag zur isolierten gütlichen Erledigung.

92d **Nr. 3310 VV RVG.** Eine Terminsgebühr Nr. 3310 VV RVG entsteht u.a., wenn der Anwalt an einem Termin „zur Abgabe der Vermögensauskunft oder zur Abnahme der eidesstattlichen Versicherung" teilnimmt (Anm. zu Nr. 3310 VV RVG). Erfasst ist damit der Begriff der Vermögensauskunft nach §§ 802 a Abs. 2, 802 c, 802 d und 807.

92e **Einigungsgebühr Nr. 1000 VV RVG.** Führt der Auftrag zur isolierten gütlichen Einigung durch den Gerichtsvollzieher zum Erfolg, kann eine Gebühr Nr. 1000 VV RVG für den Gläubigervertreter nicht entstehen. Der Gerichtsvollzieher wird nicht etwa als Vertreter des Gläubigers tätig, sondern er vertritt – selbständig

---

229 OLG Düsseldorf Rpfleger 2004, 184; KG JurBüro 2008, 152.
230 OLG Köln JurBüro 1999, 257.
231 *Enders*, JurBüro 2012, 633, 636; *Volpert*, RVGreport 2013, 375.

und neutral – die Vollstreckungsgewalt des Staates.[232] Es handelt sich bei der vom Gerichtsvollzieher vermittelten gütlichen Einigung nicht um einen Vertrag iSd BGB, sondern um eine dem Gerichtsvollzieher durch Gesetz eingeräumte Möglichkeit, Ratenzahlung zu gewähren. Eine Abrede zwischen Gerichtsvollzieher und Schuldner auf vertraglicher Basis kommt nicht zustande, weil der Gerichtsvollzieher nicht aufgrund Privatautonomie, sondern kraft des ihm verliehenen öffentlichen Amtes in Ausübung der staatlichen Vollstreckungsgewalt gehandelt hat. Der Gerichtsvollzieher ist bei der Gewährung von Ratenzahlungen an den Schuldner nicht Vertreter des Gläubigers.[233]

Die **Entgegennahme der Information** über die **bewilligte** Ratenzahlungsmöglichkeit reicht für das Entstehen einer Gebühr Nr. 1000 VV RVG nicht aus.[234] Es fehlt damit an der Mitwirkung bei Verhandlungen bzw dem Abschluss der Vereinbarung.[235] Eine „Mitwirkung" wird noch nicht darin gesehen werden können, dass der Anwalt in seinem Vollstreckungsauftrag formularmäßig erklärt, er sei mit einer Ratenzahlung einverstanden.[236] Auch evtl Verhandlungen des Gläubigervertreters mit dem Gerichtsvollzieher über die Höhe der Raten lösen die Gebühr nicht aus. Nicht der Gläubiger entscheidet, ob und in welcher Höhe dem Schuldner Ratenzahlungen bewilligt werden können, sondern der Gerichtsvollzieher.[237]

92f

30. Rechtsbehelfskosten. Die Kosten eines Rechtsbehelfsverfahrens nach §§ 766, 793 fallen im Regelfall nicht unter die notwendigen Kosten nach Abs. 1. Die Kostentragungspflicht richtet sich nach der vom Gericht zu treffenden Kostenentscheidung (§ 91).[238] Ergeht allerdings keine Kostenentscheidung, richtet sich die Kostenerstattung nach Abs. 1.[239]

93

31. Sequestrationskosten. Diese sind insoweit im Rahmen des § 788 zu berücksichtigen, als es sich um Kosten des Vollzugs einer Anordnung handelt, also insb. Gerichtsvollzieherkosten sowie die mit dem Vollzug der Sicherstellung verbundenen Transport- und Lagerkosten.[240] Mit der Übergabe an den Sequester ist die Vollziehung beendet.[241] Erfordert die angeordnete Sicherstellung einer Sache nur eine Verwahrung (ohne Verwaltung), so liegt keine Sequestration vor (§ 154 Abs. 2 S. 1 GVGA). Der Gerichtsvollzieher muss die Verwahrung mit übernehmen, da sie noch eine Vollstreckungshandlung darstellt (§ 154 Abs. 2 S. 2 GVGA). Die Kosten einer solchen Verwahrung sind Vollstreckungskosten (§ 154 Abs. 2 S. 3 GVGA).[242] Die Sequestration selbst umfasst die **Verwahrung und Verwaltung** einer Sache und ist keine Maßnahme der Zwangsvollstreckung, sondern beruht auf einem privatrechtlichen Sequestrationsvertrag.[243] Die insoweit anfallenden Kosten sind daher nicht im Rahmen des § 788 zu berücksichtigen.[244] Sie

94

---

232 BGH 9.11.2000 – III ZR 314/99, NJW 2001, 434; BGH 28.6.2006 – VII ZB 157/05, DGVZ 2006, 133.
233 BGH 28.6.2006 – VII ZB 157/05, DGVZ 2006, 133.
234 AG Neu-Ulm 7.2.2005 – 15 M 203/05, DGVZ 2005, 47.
235 AG Euskirchen 11.1.2005 – 15 M 2334/04, DGVZ 2005, 29; LG Bonn 21.3.2005 – 4 T 94/05, DGVZ 2005, 77; LG Koblenz 20.2.2006 – 2 T 94/06, DGVZ 2006, 61.
236 *Enders*, JurBüro 1999, 57 (58).
237 LG Koblenz 20.2.2006 – 2 T 94/06, DGVZ 2006, 61; BGH 28.6.2006 – VII ZB 157/05, DGVZ 2006, 133.
238 AG Schmalenberg Rpfleger 2005, 372; BGH Rpfleger 1989, 79.
239 OLG Zweibrücken 1990, 534.
240 KG NJW-RR 1987, 574.
241 BGH Rpfleger 2001, 140; OLG Hamburg MDR 1993, 1023.
242 OLG Hamburg MDR 2000, 661; KG NJW-RR 1987, 574.
243 BGH Rpfleger 2001, 140.
244 OLG Brandenburg Rpfleger 2006, 101; OLG Hamm JurBüro 1997, 160; Schleswig-Holsteinisches OLG JurBüro 1992, 703.

sind vielmehr durch das **Prozessgericht des Ausgangsverfahrens** festzusetzen.[245] Eine angeordnete **amtliche Verwahrung** schließt ein sonstiges Verwahrungsverhältnis auf vertraglicher Grundlage aus, so dass auch dann die Kosten solche nach Abs. 1 sind.[246] Der Gerichtsvollzieher kann aber im Zweifel davon ausgehen, dass es sich um die Anordnung einer Verwaltung handelt, wenn eine Sequestration angeordnet ist (§ 154 Abs. 3 Hs 1 GVGA).[247]

95 **32. Sicherheit des Gläubigers.** Die Kosten der Beschaffung einer Sicherheit (§ 709) zählen grds. zu den erstattungsfähigen **Vorbereitungskosten.**[248] Einschränkungen erfolgen hinsichtlich des Umfangs der erstattungsfähigen Aufwendungen. **Zinsverlust** ist nur in Höhe der Kosten erstattungsfähig, die ihr bei Inanspruchnahme einer Bankbürgschaft entstanden wären.[249] **Aufwendungen** für die Beibringung einer Bürgschaft sind keine Kosten nach Abs. 1.[250] Umstritten ist die Erstattungsfähigkeit der Kosten einer **Rückbürgschaft.**[251] Findet keine Zwangsvollstreckung statt, können Kosten, die gezahlt wurden, um die Zwangsvollstreckung aus einem vorläufig vollstreckbaren Urteil zu ermöglichen, nicht nach Abs. 2 durch das Vollstreckungsgericht, sondern nur durch das Prozessgericht festgesetzt werden.[252] Der Zeitraum, für den diese Kosten zu erstatten sind, endet im Regelfall nicht schon mit der Rechtskraft des vorläufig vollstreckbaren Urteils, sondern erst mit der Rückgabe der Bürgschaftsurkunde.[253]

96 **33. Sicherheit des Schuldners.** Die Kosten einer Sicherheitsleitung des Schuldners zur Abwehr der Vollstreckung stellen keine Vorbereitungskosten dar, sondern werden im Erkenntnisverfahren erbracht, sind also Kosten des Verfahrens im weiteren Sinn.[254] Sie dienen der Abwendung der Vollstreckung und nicht der Vorbereitung und Durchführung. Somit scheidet eine Erstattungsfähigkeit aus.

97 **34. Steuerberatungskosten.** Diese können erstattungsfähig sein, wenn eine Einschaltung als notwendig anzusehen war, etwa bei speziellen Fragen des Steuerrechts.[255] Die Notwendigkeit wird jedoch im Regelfall nicht mehr gegeben sein, da weder ein Anspruch auf Vornahme von Verfahrenshandlungen im Steuerfestsetzungsverfahren durch Haftantrag gegen den Schuldner vollstreckt werden, noch der Gläubiger ermächtigt werden kann, Verfahrenshandlungen des Schuldners im Steuerfestsetzungsverfahren selbst vorzunehmen.[256] Auf ältere Rspr zur Erstattungsfähigkeit[257] kann daher nicht mehr zurückgegriffen werden.

---

245 LG Nürnberg DGVZ 1997, 127; LG Saarbrücken DGVZ 1995, 189; OLG Köln MDR 1986, 768; Schröder-Kay/*Gerlach*, Das Kostenwesen der Gerichtsvollzieher, § 1 Rn 28; *Winterstein*, Gerichtsvollzieherkostenrecht, § 1 Rn 2.
246 OLG Hamburg MDR 2000, 661.
247 VG Düsseldorf DGVZ 1999, 28; OLG Stuttgart DGVZ 1994, 87; LG Offenburg DGVZ 1990, 11.
248 OLG Koblenz Rpfleger 2004, 509; OLG Düsseldorf JurBüro 2003, 94; OLG Hamburg MDR 1997, 788; aA OLG München NJW-RR 2000, 517; OLG Hamburg MDR 1999, 188.
249 OLG München MDR 1982, 416; aA Hk-ZPO/*Saenger*, § 788 Rn 9.
250 OLG Köln Rpfleger 1995, 520.
251 Bejahend KG NJW-RR 1999, 75; aA OLG Hamburg JurBüro 1990, 167.
252 BGH NJW-RR 2008, 515.
253 OLG Koblenz JurBüro 1998, 494; OLG Hamburg MDR 1997, 788.
254 BGH NJW 2006, 1001; OLG Hamburg MDR 1999, 188; OLG Düsseldorf JurBüro 1996, 430; OLG Düsseldorf NJW-RR 1998, 1455; OLG Karlsruhe JurBüro 1990, 64; OLG Koblenz JurBüro 2001, 380; OLG München MDR 1999, 1466; OLG München NJW-RR 2000, 517; Hk-ZPO/*Saenger*, § 788 Rn 10; OLG München NJW-RR 2000, 517; aA OLG Düsseldorf NJW-RR 1998, 1455.
255 OLG Karlsruhe NJW-RR 2002, 499.
256 BGH NJW 2008, 1675; BFH NJW 2001, 462; BFH InVo 1999, 213.
257 ZB LG Gießen DGVZ 1994, 8; LG Dortmund JurBüro 1990, 1050.

35. Urkunden. Kosten zur Beschaffung von Urkunden, die im Rahmen der Vollstreckung erforderlich werden (§ 792), sind erstattungsfähig.[258]

36. Verhaftungsauftrag. Der Haftauftrag löst für den Rechtsanwalt keine besondere Gebühr aus, weil zwar das Verfahren zur Abnahme der Vermögensauskunft eine besondere Angelegenheit ist (§ 18 Abs. 1 Nr. 16 RVG), das Erwirken der Haftanordnung nach § 802 g aber zu der Angelegenheit „Abnahme der Vermögensauskunft" rechnet und damit durch die insoweit entstandene Gebühr abgegolten ist.[259]

37. Verhaftungsauftrag mit erneutem Vollstreckungsauftrag. Für einen Antrag auf Vornahme einer Mobiliar- oder Taschengeldpfändung im Zusammenhang mit einem Verhaftungsauftrag gehört die dadurch grds. entstehende Gebühr (Nr. 3309 VV RVG) nur dann zu den notwendigen Kosten iSv Abs. 1, wenn der Schuldner zwischenzeitlich Vermögen erlangt hat oder der Gläubiger sich aus anderen Gründen einen besseren Erfolg verspricht.[260]

38. Vollstreckung in kurzem Abstand. Wird ein Vollstreckungsauftrag bereits nach kurzer Zeit wiederholt, sind die Kosten nur dann als notwendig anzuerkennen, wenn begründete Aussicht auf Erfolg besteht. Es müssen konkrete Umstände dafür vorliegen, dass die Maßnahme zur Befriedigung des Gläubigers führt.[261]

39. Vorgerichtliche Kosten. Kosten, die der Vorbereitung eines konkret bevorstehenden Rechtsstreits dienen (u.a. Ratenzahlungsverhandlung vor gerichtlicher Geltendmachung; Androhung der gerichtlichen Geltendmachung), können im Rahmen des § 788 nicht berücksichtigt werden.[262] Sie können in der Vollstreckung – wie die Hauptforderung des Gläubigers – nur aufgrund eines vollstreckbaren Schuldtitels geltend gemacht werden.[263]

40. Vormerkung. Der gestellte Antrag auf Eintragung einer Vormerkung in das Grundbuch löst als eine auf die Vollziehung der einstweiligen Verfügung gerichtete anwaltliche Tätigkeit eine 0,3-Verfahrensgebühr nach Nr. 3309 VV RVG aus, die zu den Vollstreckungskosten iSd § 788 gehört.[264] Gleiches gilt für die entstehenden Gerichtskosten.

41. Vorpfändung. Die Kosten einer Vorpfändung (§ 845) sind regelmäßig erstattungsfähig, wenn dem Schuldner eine den Umständen nach angemessene Zeitspanne zu freiwilliger Zahlung zur Verfügung stand und sich die Vollstreckungsmaßnahme nicht aus anderen Gründen als überflüssig erweist.[265] Vollstreckungen gegen mehrere Drittschuldner sind jeweils eigenständige Vollstreckungsmaßnahmen, da jede für sich unabhängig voneinander zur Befriedigung des Gläubigers führen kann.[266] Jede Vorpfändung stellt daher eine besondere Angelegenheit iSv § 18 Abs. 1 Nr. 1 RVG dar, so dass die Gebühr für jede Vorpfändung gesondert entstanden und von dem Schuldner zu erstatten ist.[267]

---

258 AnwK-RVG/*Wolf*, Nr. 3309 VV RVG Rn 64.
259 LG Oldenburg JurBüro 1991, 1003.
260 LG Coburg DGVZ 1996, 158; AG Gießen DGVZ 1997, 63; LG Koblenz DGVZ 1998, 61; LG Koblenz JurBüro 1998, 214; AG Bingen DGVZ 2000, 46; AG Beckum DGVZ 2008, 106.
261 LG Heilbronn AnwBl 1994, 571; LG Oldenburg JurBüro 1994, 741; LG Aachen Rpfleger 1990, 134.
262 AG Dresden DGVZ 2011, 134.
263 BGH Rpfleger 2006, 165.
264 OLG München AnwBl 1998, 348; OLG Köln JurBüro 1998, 639.
265 LG München I AGS 2013, 539; OLG Köln InVo 2001, 148; KG MDR 1987, 595; AnwK-RVG/*Wolf*, Nr. 3309 VV RVG Rn 114.
266 BGH 24.9.2004 – IXa ZB 115/04.
267 LG Bonn NJW-Spezial 2012, 157.

Der Gläubiger kann aber den Anspruch auf Erstattung der für die Vorpfändung angefallenen Kosten verlieren, wenn er die Forderungen nicht innerhalb der Frist des § 845 Abs. 2 grundlos nicht pfändet.[268] Eine Erstattung ist dann nur möglich, wenn ein Grund für die Fristversäumnis gegeben ist, der im Einzelfall festzustellen ist.[269] Nicht jede Fristversäumnis schließt von vornherein eine Erstattung aus.[270]

104 **42. Wohnungswechsel.** Wird der Vollstreckungsauftrag wiederholt, weil der Schuldner unter der zunächst angegebenen Anschrift nicht mehr wohnhaft war, so stellen beide Aufträge eine Angelegenheit dar, die nur eine Gebühr auslöst.[271] Dies gilt insb. auch dann, wenn sich der Fortsetzungsauftrag an einen anderen (weiteren)[272] Gerichtsvollzieher richtet.

105 **43. Zeugenentschädigung.** Ist die Zuziehung von Zeugen zB durch den Gerichtsvollzieher notwendig (§ 759), kann eine Zeugenentschädigung, die sich im Regelfall an den Sätzen des Justizvergütungs- und -entschädigungsgesetzes (JVEG) zu orientieren hat (§ 62 Abs. 2 S. 5 GVGA), zu erstatten sein, die zu den Kosten nach Abs. 1 gehört.

106 **44. Zug-um-Zug-Vollstreckung.** Aufwendungen, die dem Gläubiger entstehen, um die ihm obliegende Leistung anzubieten, sind grds. als notwendige Kosten nach Abs. 1 zu ersetzen.[273] Dies sind insb. die für das Angebot der Gegenleistung durch den Gerichtsvollzieher entstehenden Gerichtsvollziehergebühren und die Anwaltskosten, die durch die Inanspruchnahme anwaltlicher Hilfe bei der Beauftragung des Gerichtsvollziehers ausgelöst werden.[274] Nicht umfasst sind die Kosten, soweit der Gläubiger mit dem Transport eine ihm nach materiellem Recht obliegende Verpflichtung erfüllt.[275] Private Gutachterkosten des Gläubigers sind nicht zu erstatten, da im Regelfall der Gerichtsvollzieher die notwendigen Feststellungen selbständig zu treffen und ggf einen Sachverständigen hinzuzuziehen hat.[276]

V. Kostenfestsetzung (Abs. 2)

107 Neben der Beitreibung nach Abs. 1 kann auch wahlweise eine **gesonderte Titulierung der Kosten** (§ 794 Abs. 1 Nr. 2) in einem Kostenfestsetzungsverfahren (Abs. 2 iVm §§ 103, 104) durch den Rechtspfleger (§ 21 RPflG) des Vollstreckungsgerichts (§ 764 Abs. 2),[277] bei dem zum Zeitpunkt der Antragstellung eine Vollstreckungshandlung anhängig ist,[278] erfolgen (**Abs. 2 S. 1 Alt. 1**). Eines besonderen Rechtsschutzinteresses bedarf es nicht. Nach Beendigung der Zwangsvollstreckung erfolgt die Festsetzung durch das Gericht, in dessen Bezirk die letzte Vollstreckungshandlung vorgenommen wurde (**Abs. 2 S. 1 Alt. 2**).[279]

---

268 LG Ravensburg DGVZ 1998, 171; LAG Köln MDR 1993, 915.
269 AnwK-RVG/*Wolf*, Nr. 3309 VV RVG Rn 114.
270 OLG Köln InVo 2001, 148; AnwK-RVG/*Wolf*, Nr. 3309 VV RVG Rn 114.
271 AG Fürth DGVZ 2009, 119; LG Bamberg DGVZ 1999, 93; LG Saarbrücken DGVZ 1995, 43; AG Melsungen DGVZ 1995, 13; AG Obernburg DGVZ 1994, 77; OLG München AnwBl 1992, 500; OLG Düsseldorf JurBüro 1987, 549; OLG Köln DGVZ 1983, 9.
272 AG Fürth DGVZ 2009, 119.
273 LG Köln JurBüro 1998, 552.
274 BGH NJW 2014, 2508 = MDR 2014, 1109 = Rpfleger 2014, 611.
275 LG Köln JurBüro 1998, 552; LG Ulm NJW 1991, 190.
276 AG Sinzig DGVZ 2003, 127; OLG Celle MDR 2001, 686; OLG Köln MDR 1986, 1033.
277 OLG München NJW-RR 2000, 517; KG MDR 2000, 1213.
278 OLG Koblenz MDR 2004, 835; BayObLG JurBüro 2003, 326.
279 OLG Brandenburg MDR 2005, 177.

Nicht einheitlich beantwortet wird die Frage der **Zuständigkeit** bei einer Tätigkeit des **Grundbuchamtes** als Vollstreckungsorgan. Nach dem Wortlaut der §§ 764, 802 ist auch hier das Vollstreckungsgericht zuständig.[280] Andererseits ist die Vollstreckungsmaßnahme bei dem Grundbuchamt anhängig[281] und damit dessen Zuständigkeit gegeben.[282] Die Absicht des Gesetzgebers, die Zuständigkeit insgesamt einheitlich dem Vollstreckungsgericht (§ 764 Abs. 2) zu übertragen, ergibt sich allerdings eindeutig aus der amtlichen Begründung zur Neufassung des Abs. 2.[283]

108

Die Zuständig besteht nur für Fälle, in denen zum Zeitpunkt der Antragstellung eine Vollstreckungshandlung anhängig ist oder die Zwangsvollstreckung beendet ist.[284] Das Vollstreckungsgericht ist aber auch zuständig, wenn eine vergleichsweise Regelung der Parteien über die Kosten einer Vollstreckungsgegenklage getroffen wurde, da auch hier Entstehung, Höhe und Notwendigkeit der Zwangsvollstreckungskosten zu prüfen sind.[285]

108a

Die Festsetzung nach Abs. 2 erfolgt wiederum nur hinsichtlich der **notwendigen Kosten** iSd Abs. 1. Kosten, die keine Kosten der Zwangsvollstreckung darstellen, können nur im Kostenfestsetzungsverfahren (§§ 91, 103, 104) durch das Prozessgericht festgesetzt werden.[286] Die Festsetzung erfolgt insb., wenn die Notwendigkeit nicht geklärt oder nicht eindeutig ist oder ein Nachweis nur schwierig geführt werden kann.[287]

109

Der Gläubiger ist hinsichtlich der Zustellungskosten für den Kostenfestsetzungsbeschluss nach Abs. 2 **vorschusspflichtig**, wobei die Zustellung des Kostenfestsetzungsbeschlusses von der Zahlung des Vorschusses abhängig gemacht werden darf.[288]

109a

Gegen die Entscheidung über den Festsetzungsantrag kann mit **sofortiger Beschwerde** vorgegangen werden (Abs. 2 S. 1 iVm § 104 Abs. 3 S. 1). Ist der Beschwerdewert (§ 567 Abs. 2) nicht erreicht, ist befristete Erinnerung (§ 11 Abs. 2 RPflG) gegeben.

110

VI. Erstattungsanspruch des Schuldners (Abs. 3)

Abs. 3 gibt dem **Schuldner** einen Erstattungsanspruch, wenn ein Titel aufgehoben oder in anderer Weise wirkungslos[289] wird (zB durch Klagerücknahme, § 269 Abs. 3). Wird ein Titel nur **teilweise** aufgehoben oder wirkungslos, besteht der Anspruch insoweit, als Zwangsvollstreckungskosten auf der Grundlage der abgeänderten Entscheidung nicht angefallen wären.[290] Vertreten wird auch eine anteilige Aufteilung entsprechend dem aufrechterhaltenen Teilbetrag.[291]

111

---

280 Hk-ZPO/*Saenger*, § 788 Rn 39; Zöller/*Stöber*, § 788 Rn 19 a.
281 MüKo-ZPO/*K. Schmidt*, § 788 Rn 35.
282 OLG Hamm Rpfleger 2002, 541.
283 OLG Düsseldorf NJW-RR 2010, 1440; BGH NJW-RR 2008, 515; BT-Drucks. 13/341, S. 20.
284 OLG Celle 28.3.2012 – 2 W 86/12, juris; OLG Düsseldorf NJW-RR 2010, 1440; BGH NJW-RR 2008, 515.
285 OLG Celle 28.3.2012 – 2 W 86/12, juris.
286 BGH NJW-RR 2006, 1001.
287 Hk-ZPO/*Saenger*, § 788 Rn 38; MüKo-ZPO/*K. Schmidt*, § 788 Rn 35; Zöller/*Stöber*, § 788 Rn 18.
288 LG Koblenz NJW-RR 2015, 128; OLG Hamm 11.12.2009 – 25 W 587/09; aA LG Bonn 21.10.2010 – 4 T 414/10.
289 BGH NJW-RR 2011, 1217.
290 OLG Düsseldorf JurBüro 1993, 25; SchlHOLG JurBüro 1992, 500.
291 OLG Koblenz JurBüro 1997, 425.

112 Beseitigt wird eine Entscheidung auch durch **Vergleich**. Der Gläubiger kann Vollstreckungskosten in der Höhe festsetzen lassen, die entstanden wären, wenn von vorneherein die Vollstreckung auf den Vergleichsbetrag beschränkt worden wäre,[292] wenn die Parteien in dem Vergleich keine **ausdrückliche Regelung** für die durch eine Vollstreckung angefallenen Kosten getroffen haben.[293] Nicht ausreichend ist eine Vereinbarung über die Kosten des Rechtsstreits oder des Verfahrens.[294] Wird dem Schuldner im Prozessvergleich Ratenzahlung auf den Vergleichsbetrag gewährt, hat die darin liegende Stundung keine Auswirkungen auf den dem Gläubiger zustehenden Anspruch auf Erstattung der Vollstreckungskosten.[295]

113 Der Schuldner kann einen eventuellen Kostenerstattungsanspruch (Abs. 3, 4) nicht unmittelbar aus § 788 vollstrecken, sondern bedarf eines Vollstreckungstitels.[296] Dies ist auch die Kostenentscheidung der abändernden Entscheidung.[297] Der Anspruch des Schuldners aus Abs. 3 ist daher bereits bei der Festsetzung der Kosten zu berücksichtigen.[298] Keine Anwendung findet Abs. 3, wenn der Titel selbst unberührt bleibt, aber die Vollstreckung für unzulässig erklärt wird.[299]

114 Kosten der Zwangsvollstreckung im Rahmen des Abs. 2 sind vom Schuldner gezahlte oder beigetriebene Vollstreckungskosten. Hinsichtlich zur Abwehr der Zwangsvollstreckung aufgewendeter Kosten ist Abs. 3 nicht heranzuziehen.[300]

VII. Billigkeitshaftung des Gläubigers (Abs. 4)

115 **1. Allgemeines.** Abs. 4 beinhaltet eine Aufzählung von Verfahren, in denen das Gericht die Kosten eines Verfahrens einem Gläubiger ganz oder teilweise auferlegen kann, wenn dies aus besonderen, in dem Verhalten des Gläubigers liegenden Gründen der Billigkeit entspricht. Die Aufzählung ist **abschließend**.[301] Obwohl der Gesetzestext als eine Ermessensentscheidung formuliert ist („kann"), handelt es sich um eine zwingende Rechtsfolge.[302]

116 **2. Voraussetzungen.** Es muss sich zunächst um Kosten handeln, die grds. nach Abs. 1 notwendig sind und den Schuldner treffen.[303] Von dieser Kostentragungsverpflichtung ist abzuweichen, wenn dies aus einem im Verhalten des Gläubigers liegenden Grund unbillig wäre.[304] Eine derartige **Unbilligkeit** liegt nach hM vor, wenn der Gläubiger auf einer aussichtslosen und dem Schutz des Schuldners wi-

---

292 BGH NJW-RR 2014, 1149 = JurBüro 2014, 606 = DGVZ 2015, 19; OLG Koblenz JurBüro 1997, 425; OLG Stuttgart Rpfleger 1994, 118.
293 BGH Rpfleger 2004, 112; OLG München Rpfleger 1999, 151; LG Köln JurBüro 1991, 600.
294 BGH Rpfleger 2004, 112; OLG Düsseldorf InVo 2000, 37; OLG Karlsruhe MDR 1996, 971.
295 BGH NJW-RR 2014, 1149 = JurBüro 2014, 606 = DGVZ 2015, 19.
296 Thomas/Putzo/*Putzo*, § 788 Rn 6; Hk-ZPO/*Saenger*, § 788 Rn 44.
297 BGH Rpfleger 2006, 268; OLG Düsseldorf Rpfleger 1996, 297, OLG Celle Rpfleger 1983, 498; Hk-ZPO/*Saenger*, § 788 Rn 44; Musielak/*Lackmann*, § 788 Rn 27; Zöller/*Stöber*, § 788 Rn 25.
298 OLG Düsseldorf Rpfleger 1996, 297.
299 OLG Düsseldorf Rpfleger 1993, 172; Hk-ZPO/*Saenger*, § 788 Rn 42.
300 BGH Rpfleger 2006, 268; OLG Koblenz JurBüro 2001, 380; OLG München NJW-RR 2000, 517; OLG Düsseldorf NJW-RR 1998, 1455; Hk-ZPO/*Saenger*, § 788 Rn 10.
301 LG Hannover Rpfleger 1995, 371; Hk-ZPO/*Saenger*, § 788 Rn 45; MüKo-ZPO/ *K. Schmidt*, § 788 Rn 46; aA LG Itzehoe MDR 1990, 557 (analoge Anwendung).
302 Hk-ZPO/*Saenger*, § 788 Rn 46; MüKo-ZPO/*K. Schmidt*, § 788 Rn 48.
303 OLG Köln Rpfleger 1996, 33; OLG Düsseldorf NJW-RR 1996, 637.
304 Hk-ZPO/*Saenger*, § 788 Rn 46; MüKo-ZPO/*K. Schmidt*, § 788 Rn 48.

dersprechenden Vollstreckung beharrt.[305] Die Kosten soll der Gläubiger daher nur dann tragen, wenn der Erfolg eines Vollstreckungsschutzantrages auf seinem Verhalten beruht.[306] Auch das Verhalten eines von ihm beauftragten Gerichtsvollziehers muss sich der Gläubiger ggf insoweit zurechnen lassen.[307]

3. Verfahren. Die Entscheidung erfolgt durch Beschluss des Rechtspflegers (§ 20 Abs. 1 Nr. 17 RPflG). Eine Kostenentscheidung ist zweckmäßig,[308] jedoch zwingend nur bei einer Entscheidung nach Abs. 4, da es ansonsten bei der Kostentragungsverpflichtung des Abs. 1 bleibt.[309] 117

4. Rechtsbehelf. Gegen die Entscheidung kann der Gläubiger mit der sofortigen Beschwerde (§ 793 iVm § 11 Abs. 1 RPflG) vorgehen. 118

§ 789 Einschreiten von Behörden

Wird zum Zwecke der Vollstreckung das Einschreiten einer Behörde erforderlich, so hat das Gericht die Behörde um ihr Einschreiten zu ersuchen.

I. Allgemeines

Die Vorschrift konkretisiert den Grundsatz der Amtshilfe (Art. 35 GG) für den Bereich des Vollstreckungsrechts. Durch die Aufhebung der früheren §§ 758 Abs. 3 S. 2, 790, 791, 912 hat sie heute ihren Anwendungsbereich praktisch vollständig verloren.[1] 1

II. Anwendungsvoraussetzungen

Die Anwendung der Vorschrift setzt voraus, dass das **Einschreiten** einer Behörde zum Zwecke der Zwangsvollstreckung **erforderlich** ist und der Gläubiger das Einschreiten **nicht selbst beantragen** kann. Erforderlich in diesem Sinne ist nicht bereits jedes Verhalten, das die Gläubigerbefriedigung ermöglichen soll, sondern nur ein Einschreiten, das entweder selbst Vollstreckungstätigkeit ist oder diese unmittelbar unterstützt.[2] **Beispiel** für einen Anwendungsfall: Das Vollstreckungsgericht muss im Rahmen des § 765 a ggf, um eine Räumungsvollstreckung gegen den suizidgefährdeten Schuldner doch noch durchführen lassen zu können, das Ordnungs- und Gesundheitsamt von Amts wegen einschalten.[3] 2

Hat der Gläubiger ein **eigenes Antragsrecht**, ist die Mithilfe des Gerichts nicht erforderlich. Das Gericht darf in diesen Fällen nicht tätig werden, so zB in den Fällen des § 792 und § 830. 3

III. Verfahrensfragen

Für das Ersuchen nach § 789 ist grds. das Vollstreckungsgericht **zuständig**. Daraus ergibt sich eine Zuständigkeit des Prozessgerichts, soweit es vollstreckt (§§ 787, 891). Soweit die Behörde das Ersuchen unrichtig erledigt oder ablehnt, 4

---

305 Hk-ZPO/*Saenger*, § 788 Rn 46; MüKo-ZPO/*K. Schmidt*, § 788 Rn 48; Musielak/ *Lackmann*, § 788 Rn 28; Thomas/Putzo/*Hüßtege*, § 788 Rn 37.
306 OLG Köln Rpfleger 1996, 33.
307 Thomas/Putzo/*Hüßtege*, § 788 Rn 37.
308 MüKo-ZPO/*K. Schmidt*, § 788 Rn 49.
309 Hk-ZPO/*Saenger*, § 788 Rn 46; MüKo-ZPO/*K. Schmidt*, § 788 Rn 49.
1 MüKo-ZPO/*K. Schmidt*, § 789 Rn 2.
2 MüKo-ZPO/*K. Schmidt*, § 789 Rn 3.
3 BGH NJW 2005, 1859; BGHReport 2007, 998; BGH WuM 2008, 36; Schuschke/ Walker/*Schuschke*, § 789 Rn 1; *Schuschke*, NJW 2006, 874, 876; *ders.*, DGVZ 2008, 33.

bleibt nur die Dienstaufsichtsbeschwerde. Lehnt das Gericht ab, das Ersuchen zu stellen, so ist die sofortige Beschwerde (§ 793) gegeben.

IV. Kosten

5 Gerichtskosten für das Ersuchen entstehen nicht. Wird ein Antrag auf ein entsprechendes Ersuchen abgelehnt, entsteht im Beschwerdeverfahren die Gebühr Nr. 2121 KV GKG, wenn die Beschwerde verworfen oder zurückgewiesen wird. Rechtsbeschwerdeverfahren: Nr. 2124 KV GKG.

6 Für den **Rechtsanwalt** ist die Tätigkeit mit der Gebühr Nr. 3309 VV RVG abgegolten (§ 18 Abs. 1 Nr. 3 VV RVG). Eine Tätigkeit im Beschwerdeverfahren lässt die Gebühr Nr. 3500 VV RVG entstehen.[4]

§§ 790 und 791 (weggefallen)

§ 792 Erteilung von Urkunden an Gläubiger

Bedarf der Gläubiger zum Zwecke der Zwangsvollstreckung eines Erbscheins oder einer anderen Urkunde, die dem Schuldner auf Antrag von einer Behörde, einem Beamten oder einem Notar zu erteilen ist, so kann er die Erteilung an Stelle des Schuldners verlangen.

I. Allgemeines

1 Die Vorschrift räumt dem Gläubiger die Befugnis ein, Antragsrechte des Schuldners wahrzunehmen, soweit er zum Zweck der Vollstreckung einer gerichtlichen, verwaltungsbehördlichen oder notariellen Urkunde bedarf.

II. Anwendungsbereich

2 **1. Hauptfälle.** Die Urkunde kann sowohl zur Klauselerlangung als auch zur Zwangsvollstreckung selbst nötig sein.[1] Hauptfälle sind daher die **Titelumschreibung** nach §§ 727 ff sowie die Pfändung einer **Hypothek** des im Grundbuch **nicht als Berechtigten** eingetragenen Schuldners gem. §§ 830 Abs. 1 S. 3, 837 Abs. 1 S. 2 (vgl §§ 14, 39 GBO) oder die Vollstreckung gegen den **nicht als Eigentümer** eingetragenen Schuldner gem. §§ 866, 867 oder § 17 ZVG.

3 Die Vorschrift ist analog auf die Durchführung einer **Teilungsversteigerung** bei der Bruchteilsgemeinschaft oder der Erbengemeinschaft (§§ 753, 1042 BGB, §§ 180 f ZVG) anzuwenden. Zur Durchführung der Teilungsversteigerung kann ein Miteigentümer einen Erbschein zu Gunsten eines anderen Miterben verlangen.[2]

4 **2. Urkunden.** Andere Urkunden iSd § 792 sind: Zeugnis über die Fortsetzung der Gütergemeinschaft (§ 1507 BGB), das Testamentsvollstreckerzeugnis (§ 2368 BGB), notarielle Erwerbsurkunde, Registerauszug, der Grundschuld- oder Hypothekenbrief und amtliche Urkunden wie die Sterbeurkunde.

5 In Fällen, in denen der Gläubiger nicht das Erteilungsverfahren in Gang setzt, sondern nur aufgrund eines rechtlichen Interesses eine Ausfertigung erhalten kann, findet § 792 **keine Anwendung**: Auszüge aus dem Güterrechtsregister (§ 1563 BGB) oder aus dem Grundbuch (§ 12 Abs. 2 GBO), aus den Akten des Gerichts der freiwilligen Gerichtsbarkeit (§ 13 FamFG), aus dem Handelsregister

---

4 AnwK-RVG/N. *Schneider*, Nr. 3500 VV RVG Rn 9.
1 Schuschke/Walker/*Schuschke*, § 792 Rn 2.
2 BayObLG NJW-RR 1995, 272, 273.

(§ 9 Abs. 2 HGB, § 10 HRV), aus dem Genossenschaftsregister (§ 156 Abs. 1 GenG iVm § 9 Abs. 2 HGB).³

Erteilung der Urkunde bedeutet Ersterteilung oder auch Erteilung einer Ausfertigung. Der Gläubiger kann allerdings auch die Beseitigung oder Außerkraftsetzung einer die Vollstreckung hindernden Urkunde in analoger Anwendung des § 792 verlangen. **Beispiel:** Er kann anstelle des Schuldners die Einziehung des zu Gunsten eines Dritten lautenden unrichtigen Erbscheins begehren.⁴   6

III. Verfahren

Der Gläubiger hat zum Zwecke der Zwangsvollstreckung das gleiche Antragsrecht wie der Schuldner. Voraussetzung ist, dass sich der Gläubiger im Besitz eines zur Vollstreckung geeigneten **Schuldtitels** befindet und dass er der Urkunde zum Zweck der Vollstreckung bedarf. Die Vorlage einer vollstreckbaren Ausfertigung ist nicht erforderlich;⁵ idR kann der Titel durch Vorlage einer Ablichtung nachgewiesen werden.   7

Das **Antragsrecht** besteht nur, wenn der Gläubiger ein **rechtliches Interesse** an der Erteilung der Urkunde hat. Es fehlt, wenn er sie auf einfachere Weise erhalten kann, wie zB nach § 9 Abs. 2 HGB, §§ 34, 357 Abs. 2 FamFG.   8

Gläubiger iSd § 792 ist der Titelgläubiger. Als **Schuldner** im Sinne dieser Vorschrift kommt nicht nur der Titelschuldner, sondern jeder in Betracht, gegen den – auch nach Umschreibung – aus dem Titel vollstreckt werden soll.   9

IV. Rechtsmittel

Es gelten die Regeln, denen auch ein Antrag des Schuldners unterläge.⁶   10

V. Kosten

Die Kosten für die Erteilung von Erbscheinen und sonstigen Urkunden richtet sich nach den Gebührenordnungen der Gerichte, der Notare oder sonstiger Behörden, die den Urkunden erteilen. Für einen Erbschein und eine ggf erforderliche eidesstattliche Versicherung fallen Gebühren nach dem GNotKG an (§ 40 GNotKG, Nr. 12210, 23300 KV GNotKG), ebenso für Ablichtungen, Ausdrucke und Bescheinigungen aus Registern (Nr. 17000 ff KV GNotKG). Der **Rechtsanwalt** erhält für die Tätigkeit gegenüber Behörden, Beamten oder Notaren die Geschäftsgebühr Nr. 2300 VV RVG.   11

Benötigt der Gläubiger zum Zwecke der Zwangsvollstreckung einen Erbschein oder sonstige Urkunden (§ 792), gehören Kosten des Gerichts, des Notars oder anderer Behörden zu den Vorbereitungskosten.⁷   12

§ 793 Sofortige Beschwerde

Gegen Entscheidungen, die im Zwangsvollstreckungsverfahren ohne mündliche Verhandlung ergehen können, findet sofortige Beschwerde statt.

---

3 MüKo-ZPO/*K. Schmidt*, § 792 Rn 4.
4 MüKo-ZPO/*K. Schmidt*, § 792 Rn 8.
5 Zöller/*Stöber*, § 792 Rn 1.
6 Schuschke/Walker/*Schuschke*, § 792 Rn 5; Stein/Jonas/*Münzberg*, § 792 Rn 2.
7 Thomas/Putzo/*Seiler*, § 788 Rn 20; Hk-ZPO/*Kindl*, § 792 Rn 6.

I. Allgemeines	1	3. Frist und Form	8
1. Normzweck	1	4. Beschwerdebefugnis	10
2. Anwendungsbereich	2	5. Rechtsschutzbedürfnis	12
II. Zulässigkeit der sofortigen Beschwerde	6	III. Beschwerdeverfahren	13
1. Statthaftigkeit	6	IV. Beschwerdeentscheidung	15
2. Zuständigkeit	7	V. Kosten	20

I. Allgemeines

1 **1. Normzweck.** Entscheidungen, die im Vollstreckungsverfahren der ZPO ohne mündliche Verhandlung erlassen werden können (§ 128 Abs. 4), unterliegen der sofortigen Beschwerde.[1] Es handelt sich hierbei – im Gegensatz zur Vollstreckungserinnerung (§ 766) – um ein echtes Rechtsmittel mit **Devolutiveffekt**.[2] Die Reglung verfolgt den **Zweck**, Rechtsschutz zu gewährleisten, indem das Zwangsvollstreckungsverfahren, insb. die Zwangsvollstreckungsmaßnahmen der hoheitlich handelnden Vollstreckungsorgane, der gerichtlichen Kontrolle unterstellt wird. § 793 regelt allerdings nur die **Statthaftigkeit** der sofortigen Beschwerde; im Übrigen gelten die §§ 567 Abs. 2 und 3 bis 572.[3]

2 **2. Anwendungsbereich.** Im Vollstreckungsverfahren entscheidet das Vollstreckungsgericht grds. durch Beschluss (§ 764 Abs. 3). Gegen diese durch Beschluss erfolgten Entscheidungen ist gem. § 793 die sofortige Beschwerde **statthaft**. **Anwendungsfälle**: die Erinnerungsentscheidungen des Richters am Vollstreckungsgericht nach § 766, die Entscheidungen des Prozessgerichts als Vollstreckungsorgan im Rahmen der Zwangsvollstreckung nach §§ 887, 888, 890, gegen die Entscheidungen des Richters am Amtsgericht nach § 758 a,[4] gegen Entscheidungen des Rechtspflegers gem. § 11 Abs. 1 RPflG iVm § 793 und die Entscheidungen des Richters am Vollstreckungsgericht, die dieser an der Stelle des zuständigen Rechtspflegers, etwa nach den §§ 5, 6 RPflG getroffen hat.[5]

3 Eine mündliche Verhandlung schließt die Anwendbarkeit des § 793 nicht aus, wenn sie gem. § 128 Abs. 4 freigestellt war.

4 Nicht in den Anwendungsbereich fallen **prozessleitende Verfügungen** und die **Erteilung der Vollstreckungsklausel** (das Vollstreckungsverfahren hat in diesem Fall noch nicht begonnen).

5 Zu beachten ist weiter, dass im Rahmen der **einstweiligen Einstellung** der Zwangsvollstreckung die sofortige Beschwerde gem. §§ 707 Abs. 2, 719 Abs. 1 ausgeschlossen ist. Der Ausschluss nach § 707 Abs. 2 gilt entsprechend bei einstweiligen Anordnungen nach §§ 766 Abs. 1 S. 2, 769, 771 Abs. 3.[6] Gemäß § 99 Abs. 1 ist die Anfechtung einer Entscheidung unzulässig, wenn sie sich auf den **Kostenpunkt** beschränkt. Auch im Fall des § 813 b Abs. 5 S. 4 ist die sofortige Beschwerde ausgeschlossen.

II. Zulässigkeit der sofortigen Beschwerde

6 **1. Statthaftigkeit.** Die sofortige Beschwerde ist gegen die oben genannten Entscheidungen (s. Rn 2) des Richters und Rechtspflegers **statthaft**. Dagegen können

---

[1] Stein/Jonas/*Münzberg*, § 793 Rn 1.
[2] MüKo-ZPO/*K. Schmidt*, § 793 Rn 1.
[3] Zöller/*Stöber*, § 793 Rn 1; Schuschke/Walker/*Walker*, § 793 Rn 2.
[4] Musielak/*Lackmann*, § 758 a Rn 16; MüKo-ZPO/*Heßler*, § 758 a Rn 71; aA Zöller/*Stöber*, § 758 a Rn 36; KG NJW 1986, 1180.
[5] *Gottwald*, Zwangsvollstreckung, § 793 Rn 2; Schuschke/Walker/*Walker*, § 793 Rn 1.
[6] *Gottwald*, Zwangsvollstreckung, § 793 Rn 7.

Einwendungen gegen Vollstreckungsmaßnahmen nur durch die Vollstreckungserinnerung (§ 766) geltend gemacht werden.

2. Zuständigkeit. Zur Entscheidung über die sofortige Beschwerde ist das im Rechtszug nächsthöhere Gericht **sachlich zuständig**. Dies kann das Landgericht (§ 72 GVG) oder das Oberlandesgericht (§ 119 GVG) als Beschwerdegericht sein. 7

3. Frist und Form. Die sofortige Beschwerde ist binnen einer **Notfrist** von **zwei Wochen** (§ 569 Abs. 1 S. 2) einzulegen. Die Frist beginnt für jeden Beschwerdeberechtigten gesondert mit der Zustellung. Die sofortige Beschwerde kann entweder beim Richter, der die Entscheidung erlassen hat, oder beim Beschwerdegericht eingelegt werden (§ 569 Abs. 1 S. 1). 8

Die Einlegung hat grds. durch Einreichung einer **Beschwerdeschrift** zu geschehen (§ 569 Abs. 2), sofern nicht eine Ausnahme nach § 569 Abs. 3 vorliegt. In diesen Ausnahmefällen (kein Anwaltszwang) kann die Beschwerde auch zu Protokoll des Urkundsbeamten der Geschäftsstelle des Gerichts, das die angefochtene Entscheidung erlassen hat, eingelegt werden. 9

4. Beschwerdebefugnis. Beschwerdebefugt ist der Beschwerdeführer, wenn er nach seinem Vortrag durch die angegriffene Entscheidung in eigenen Rechten verletzt ist. Beschwerdebefugnis kann beim Gläubiger, beim Schuldner, – bei Forderungspfändungen – beim Drittschuldner und ggf bei einem Dritten vorliegen, der durch die Entscheidung in seinem Recht beeinträchtigt ist. In jedem Fall muss eine **Rechtsbeeinträchtigung behauptet** sein. Dementsprechend ist der Titelschuldner durch eine gerichtliche Entscheidung, die den Gerichtsvollzieher anweist, die Räumungsvollstreckung aus einem Titel gegen einen Dritten durchzuführen, selbst nicht beschwert.[7] 10

Der **Gerichtsvollzieher** ist zur Beschwerde befugt, wenn er in seinen eigenen Rechten verletzt ist. Dies kommt in Betracht, wenn seine Kostenbelange betroffen sind.[8] Dagegen begründet ein Eingriff in die Befugnisse des Gerichtsvollziehers als Vollstreckungsorgan keine solche Rechtsverletzung.[9] 11

5. Rechtsschutzbedürfnis. Das Rechtsschutzbedürfnis besteht vom Beginn der Zwangsvollstreckung an bis zu deren vollständiger Beendigung.[10] 12

III. Beschwerdeverfahren

Die Beschwerde hat grds. **keine aufschiebende Wirkung**; eine Ausnahme ist die Beschwerde gegen die Festsetzung eines Ordnungs- oder Zwangsmittels (§ 570 Abs. 1). Das Vollstreckungsgericht oder das Beschwerdegericht kann jedoch anordnen, dass der Vollzug der angefochtenen Entscheidung ausgesetzt werde (§ 570 Abs. 2 und 3). Im Übrigen richtet sich das Beschwerdeverfahren nach den allgemeinen Grundsätzen (§§ 567–572). Das Beschwerdegericht muss den Beschwerdegegner hören, wenn es eine ihm nachteilige Entscheidung erwägt. Für das Beschwerdeverfahren gilt der Beibringungsgrundsatz mit Darlegungs- und Beweislast. 13

Vor der Entscheidung ist grds. ein **Abhilfeverfahren** durchzuführen (§ 572): Erachtet das Gericht oder der Vorsitzende, dessen Entscheidung angefochten ist, die Beschwerde für begründet, so haben sie ihr abzuhelfen; andernfalls ist die Beschwerde unverzüglich dem Beschwerdegericht vorzulegen. Das Abhilfeverfahren 14

---

7 OLG Köln MDR 1997, 782.
8 So schon RG JW 1899, 160; vgl auch OLG Hamburg MDR 2000, 602.
9 OLG München DGVZ 1965, 155, 156.
10 Schuschke/Walker/*Walker*, § 793 Rn 4.

ist aber nicht Verfahrensvoraussetzung für das Beschwerdeverfahren oder die Beschwerdeentscheidung selbst.[11]

IV. Beschwerdeentscheidung

15 Das Beschwerdegericht prüft anschließend die Zulässigkeit und Begründetheit. Fehlt es an den Zulässigkeitsvoraussetzungen, wird die Beschwerde als unzulässig verworfen. Die Beschwerde ist **begründet**, wenn die angegriffene Entscheidung unter Verstoß gegen Verfahrensvorschriften zustande gekommen oder inhaltlich unzutreffend ist.[12]

16 Die Beschwerdeentscheidung erfolgt ebenfalls durch **Beschluss**. Dabei gilt das Verschlechterungsgebot des § 528 S. 2. Das Beschwerdegericht hat hierbei auch **neue Tatsachen** zu beachten, die früher noch nicht berücksichtigt werden konnten (§ 571 Abs. 2), weil sie etwa erst nach Erlass des angefochtenen Beschlusses entstanden sind oder weil die Parteien sie nicht vorher geltend gemacht haben.[13] Erachtet das Beschwerdegericht die Beschwerde für begründet, kann es in der Sache selbst entscheiden oder dem Ausgangsgericht oder dem Vorsitzenden, der die angefochtene Entscheidung erlassen hat, die erforderliche Anordnung übertragen (§ 572 Abs. 3).

17 Hebt das Beschwerdegericht einen **Pfändungsbeschluss** auf, so wird dies mit der Bekanntgabe der Entscheidung wirksam. Die Wirksamkeit kann jedoch bis zur Rechtskraft der Entscheidung hinausgeschoben werden. Ist die Beschwerde gegen einen Pfändungsbeschluss nur teilweise unbegründet, darf er nicht insgesamt aufgehoben und die Sache zurückverwiesen werden, weil der Gläubiger sein Pfandrecht endgültig verlieren würde.[14]

18 Nach § 570 Abs. 3 kann auch das Beschwerdegericht **einstweilige Anordnungen** erlassen. Sie sind – wie deren Ablehnung – grds. unanfechtbar.[15]

19 Die **Rechtsbeschwerde** findet nur statt, wenn sie vom Beschwerdegericht zugelassen worden ist (§ 574 Abs. 1 Nr. 2).

V. Kosten

20 Als **Gerichtsgebühr** entsteht für das Beschwerdeverfahren eine Festgebühr Nr. 2121 KV GKG, soweit die Beschwerde verworfen oder zurückgewiesen wird und sie nicht nach anderen Vorschriften gebührenfrei ist. Das Gericht kann im Falle einer nur teilweisen Verwerfung oder Zurückweisung die Gebühr nach billigem Ermessen auf die Hälfte ermäßigen oder anordnen, dass eine Gebühr nicht zu erheben ist. Im Rechtsbeschwerdeverfahren gilt Nr. 2124 KV GKG. Anfallende Auslagen sind nach Nr. 9000 ff KV GKG zu erheben, Zustellungsauslagen (Nr. 9002 KV GKG) bei den Gebühren Nr. 2121 und 2124 KV GKG ab der ersten Zustellung (Festgebühren).

21 Für Beschwerden und Rechtsbeschwerden im Verteilungsverfahren gelten Nr. 2120, 2122 und 2123 KV GNotKG.

22 Das Beschwerdeverfahren stellt für den insoweit tätigen Rechtsanwalt eine besondere Angelegenheit dar (§ 18 Abs. 1 Nr. 3 RVG) und lässt die Gebühr Nr. 3500 VV RVG entstehen.[16] Findet ein Termin statt, fällt eine Terminsgebühr Nr. 3513 VV RVG an. Dabei orientiert sich der Wert für das Beschwerdeverfah-

---

11 BGH ZIP 2007, 188.
12 *Gottwald*, Zwangsvollstreckung, § 793 Rn 17.
13 BVerfG NJW 1982, 1635.
14 OLG Köln ZIP 1980, 578.
15 Schuschke/Walker/*Walker*, § 793 Rn 6 mwN.
16 AnwK-RVG/*N. Schneider*, VV 3500 Rn 9.

ren am Interesse des Beschwerdeführers (§ 23 Abs. 2 S. 1 RVG), so dass der Wert nach dem jeweiligen Einzelfall zu bemessen ist. Der Wert ist jedoch durch den Wert der Hauptsache begrenzt (§ 23 Abs. 2 S. 2 RVG).[17]

§ 794 Weitere Vollstreckungstitel

(1) Die Zwangsvollstreckung findet ferner statt:
1. aus Vergleichen, die zwischen den Parteien oder zwischen einer Partei und einem Dritten zur Beilegung des Rechtsstreits seinem ganzen Umfang nach oder in Betreff eines Teiles des Streitgegenstandes vor einem deutschen Gericht oder vor einer durch die Landesjustizverwaltung eingerichteten oder anerkannten Gütestelle abgeschlossen sind, sowie aus Vergleichen, die gemäß § 118 Abs. 1 Satz 3 oder § 492 Abs. 3 zu richterlichem Protokoll genommen sind;
2. aus Kostenfestsetzungsbeschlüssen;
2a. (weggefallen)
2b. (weggefallen)
3. aus Entscheidungen, gegen die das Rechtsmittel der Beschwerde stattfindet;
3a. (weggefallen)
4. aus Vollstreckungsbescheiden;
4a. aus Entscheidungen, die Schiedssprüche für vollstreckbar erklären, sofern die Entscheidungen rechtskräftig oder für vorläufig vollstreckbar erklärt sind;
4b. aus Beschlüssen nach § 796 b oder § 796 c;
5. aus Urkunden, die von einem deutschen Gericht oder von einem deutschen Notar innerhalb der Grenzen seiner Amtsbefugnisse in der vorgeschriebenen Form aufgenommen sind, sofern die Urkunde über einen Anspruch errichtet ist, der einer vergleichsweisen Regelung zugänglich, nicht auf Abgabe einer Willenserklärung gerichtet ist und nicht den Bestand eines Mietverhältnisses über Wohnraum betrifft, und der Schuldner sich in der Urkunde wegen des zu bezeichnenden Anspruchs der sofortigen Zwangsvollstreckung unterworfen hat;
6. aus für vollstreckbar erklärten Europäischen Zahlungsbefehlen nach der Verordnung (EG) Nr. 1896/2006;
7. aus Titeln, die in einem anderen Mitgliedstaat der Europäischen Union nach der Verordnung (EG) Nr. 805/2004 des Europäischen Parlaments und des Rates vom 21. April 2004 zur Einführung eines Europäischen Vollstreckungstitels für unbestrittene Forderungen als Europäische Vollstreckungstitel bestätigt worden sind;
8. aus Titeln, die in einem anderen Mitgliedstaat der Europäischen Union im Verfahren nach der Verordnung (EG) Nr. 861/2007 des Europäischen Parlaments und des Rates vom 11. Juli 2007 zur Einführung eines europäischen Verfahrens für geringfügige Forderungen ergangen sind;
9. aus Titeln eines anderen Mitgliedstaats der Europäischen Union, die nach der Verordnung (EU) Nr. 1215/2012 des Europäischen Parlaments und des Rates vom 12. Dezember 2012 über die gerichtliche Zuständigkeit und die

---

17 AnwK-RVG/N. *Schneider*, VV 3500 Rn 42 ff.

Anerkennung und Vollstreckung von Entscheidungen in Zivil- und Handelssachen zu vollstrecken sind.

(2) Soweit nach den Vorschriften der §§ 737, 743, des § 745 Abs. 2 und des § 748 Abs. 2 die Verurteilung eines Beteiligten zur Duldung der Zwangsvollstreckung erforderlich ist, wird sie dadurch ersetzt, dass der Beteiligte in einer nach Absatz 1 Nr. 5 aufgenommenen Urkunde die sofortige Zwangsvollstreckung in die seinem Recht unterworfenen Gegenstände bewilligt.

§§ 36, 38, 40, 41, 45, 46, 52 GVGA

I. Allgemeines ... 1	8. Vollstreckbarerklärungen von Anwaltsvergleichen (Nr. 4 b) ... 35
II. Sonstige Vollstreckungstitel (Abs. 1) ... 3	
1. Prozessvergleich (Nr. 1) ... 3	9. Vollstreckbare Urkunden (Nr. 5) ... 36
a) Voraussetzungen und Wirkungen ... 3	a) Zuständigkeit ... 37
aa) Zuständige Stelle ... 3	b) Vollstreckungsunterwerfung ... 38
bb) Zielrichtung des Vergleichsschlusses ... 4	aa) Rechtsnatur ... 38
cc) Bestimmtheitserfordernis ... 11	bb) Wirksamkeit ... 41
	cc) Gegenstand ... 43
dd) Außergerichtlicher Vergleich ... 16	dd) Bestimmtheitserfordernis ... 45
b) Besonderheiten beim Widerrufsvergleich ... 17	c) Erklärung der Vollstreckungsunterwerfung durch einen Vertreter ... 55
2. Kostenfestsetzungsbeschlüsse (Nr. 2) ... 21	d) Allgemeine Geschäftsbedingungen ... 58
3. Unterhaltsbeschlüsse (Nr. 2 a aF; weggefallen) ... 26	e) Unberechtigte Zwangsvollstreckung ... 60
4. Beschwerdefähige Entscheidungen (Nr. 3) ... 28	10. Vollstreckungstitel aus anderen EU-Mitgliedstaaten (Nr. 6–9) ... 61
5. Einstweilige Anordnungen (Nr. 3 a aF; weggefallen) ... 31	11. Sonstige Vollstreckungstitel 62
6. Vollstreckungsbescheide (Nr. 4) ... 33	III. Entbehrlichkeit von Duldungstiteln (Abs. 2) ... 63
7. Vollstreckbarerklärungen von Schiedssprüchen (Nr. 4 a) ... 34	

I. Allgemeines

1 Die Zwangsvollstreckung findet aus Endurteilen (§ 704) sowie den in § 794 aufgeführten Titeln statt. Über § 795 finden – vorbehaltlich der Sondervorschriften §§ 794 a–801, §§ 1079–1086, §§ 1093–1096, §§ 1107–1117 – die allgemeinen Vorschriften Anwendung.

2 Zur Zulässigkeit einer gesonderten **Klage auf Herausgabe eines Titels** iSd § 794 analog § 371 HGB vgl dazu die Vorauflage (2. Aufl. 2013), § 794 Rn l aE.

II. Sonstige Vollstreckungstitel (Abs. 1)

3 **1. Prozessvergleich (Nr. 1). a) Voraussetzungen und Wirkungen. aa) Zuständige Stelle.** Der vor einem deutschen Gericht oder einer anerkannten Gütestelle[1] ge-

---

[1] Zur Auflistung obligatorischer Gütestellen gem. § 15 a Abs. 1 EGZPO vgl Baumbach/*Hartmann*, § 794 Rn 4. Zu den bundesweiten Unterschieden s. auch *Greger*, NJW 2011, 1478 ff.

schlossene Vergleich kann ebenso wie der bei Gericht im Prozesskostenhilfeverfahren gem. § 118 Abs. 1 S. 3 oder im selbständigen Beweisverfahren gem. § 492 Abs. 3 protokollierte Vergleich gem. Abs. 1 Nr. 1 Grundlage der Zwangsvollstreckung sein.[2] Der Vergleich kann nicht nur im Zivilverfahren vor dem Prozessgericht, sondern auch vor dem Strafgericht oder dem Arbeitsgericht[3] geschlossen werden.[4]

bb) **Zielrichtung des Vergleichsschlusses.** Der Vergleich muss „zur **Beilegung des Rechtsstreits**" geschlossen werden, dh der Prozessvergleich muss darauf gerichtet sein, den Rechtsstreit – wenigstens teilweise – beizulegen.[5] Der wirksame Prozessvergleich beendet damit den Rechtsstreit. Stellen die Parteien die Beendigung des ursprünglichen Rechtsstreits durch den Vergleich nicht in Frage, ist eine den gleichen Streitgegenstand umfassende neue Klage zulässig.[6] Die Beendigung des Prozesses tritt auch dann ein, wenn der Vergleich insb. wegen inhaltlicher Unbestimmtheit (vgl Rn 11 ff) keinen vollstreckbaren Titel iSd Abs. 1 Nr. 1 darstellt.[7]   4

Der **Prozessvergleich** ersetzt die notarielle Beurkundung (§ 127 a BGB).[8] Daher kann auch ein Erbvertrag im Wege des Prozessvergleichs geschlossen werden.[9] Ein Anspruch auf Protokollierung nach § 127 a BGB besteht nur hinsichtlich der streitgegenständlichen Ansprüche; soweit die Einigung darüber hinausgeht, aber noch im inneren Zusammenhang mit dem Streitgegenstand steht, liegt die Protokollierung als Vergleich iSd § 127 a BGB im pflichtgemäßen Ermessen des Gerichts.[10]   5

Der Prozessvergleich weist eine **Doppelnatur** auf: Zum einen handelt es sich um ein bürgerlich-rechtliches Rechtsgeschäft, zum anderen aber auch um eine den Rechtsstreit beendende Prozesshandlung.[11]   6

Der Prozessvergleich muss damit den **materiell-rechtlichen Anforderungen** des § 779 BGB genügen. Der Notwendigkeit des gegenseitigen Nachgebens ist auch durch ein prozessuales Nachgeben Genüge getan, das insb. in dem Verzicht auf ein streitentscheidendes Urteil liegen kann.[12] Der Inhalt des Vergleichs kann sich auch auf Ansprüche beziehen, die nicht Gegenstand des zu beendenden Rechtsstreits sind.[13]   7

---

2 S. *Zeising*, WM 2011, 774.
3 Zur vergleichsweise getroffenen Vereinbarung, der Arbeitgeber habe ein „pflichtgemäßes qualifiziertes Zeugnis" zu erstellen, s. BAG MDR 2012, 165.
4 Vgl Musielak/*Lackmann*, § 794 Rn 5; Zöller/*Stöber*, § 794 Rn 5. Zu wesentlichen Aspekten des Prozessvergleichs vgl *Zeising*, WM 2011, 774 ff.
5 Vgl MüKo-ZPO/*Wolfsteiner*, § 794 Rn 9; Stein/Jonas/*Münzberg*, § 794 Rn 4.
6 BGH NJW 2014, 394; Hk-ZPO/*Kindl*, § 794 Rn 20 aE; Thomas/Putzo/*Seiler*, § 794 Rn 36 a.
7 Hk-ZPO/*Kindl*, § 794 Rn 17; MüKo-ZPO/*Wolfsteiner*, § 794 Rn 67 (bei fehlender Vollstreckbarkeit tritt „im Zweifel" die Prozessbeendigungswirkung dennoch ein).
8 Vgl Hk-ZPO/*Kindl*, § 794 Rn 2; zur Frage der Anwendbarkeit des § 127 a BGB auf den Beschlussvergleich gem. § 278 Abs. 6 s. *Bergschneider*, FamRZ 2013, 260.
9 Vgl OLG Düsseldorf NJW 2007, 1290, wonach der den Erbvertrag enthaltende gerichtliche Vergleich ausdrücklich auch von den Vertragsparteien persönlich – und nicht nur von ihren Verfahrensbevollmächtigten – genehmigt werden muss.
10 BGH NJW 2011, 3451 = DNotZ 2012, 202 = FamRZ 2011, 1572 m. Anm. *Schlünder*, FamRZ 2011, 1648; *Eichel*, JZ 2011, 1123; s. auch *Rakete-Dombek*, NJW 2012, 1689.
11 StRspr; vgl BGH NJW 1955, 705; BGH NJW 2005, 3576 und hM in der Lit.; vgl Hk-ZPO/*Kindl*, § 794 Rn 2; Zöller/*Stöber*, § 794 Rn 3. Zum Meinungsstreit über die Rechtsnatur des Prozessvergleichs vgl Stein/Jonas/*Münzberg*, § 794 Rn 5 ff mwN; eingehend auch MüKo-ZPO/*Wolfsteiner*, § 794 Rn 11 ff.
12 Vgl Hk-ZPO/*Kindl*, § 794 Rn 6; Stein/Jonas/*Münzberg*, § 794 Rn 17; Thomas/Putzo/*Seiler*, § 794 Rn 15; Zöller/*Stöber*, § 794 Rn 3.
13 Vgl Hk-ZPO/*Kindl*, § 794 Rn 4.

8 Regelmäßig wirkt auch der Prozessvergleich **nicht schuldumschaffend**.[14] Zur Verfahrensbeendigung ist es ebenso wenig wie bei einem streitigen Urteil notwendig, eine neue, selbständige Grundlage für das Rechtsverhältnis zu schaffen. Dies gilt erst recht für einen Vergleich über einen Anspruch des Gläubigers, der aus einer insolvenzrechtlichen Anfechtung resultiert. Der Gläubiger wird die rechtlichen Vorteile, zB den Schutz gegen den Einwand des Bereicherungswegfalls (§ 143 Abs. 1 S. 2 InsO) oder die Möglichkeit der Anfechtung gegen den Rechtsnachfolger (§ 145 InsO), nicht durch einen Vergleichsschluss einbüßen wollen.[15]

9 Den Vergleichsparteien muss die **Verfügungsmacht** über den Vergleichsgegenstand zustehen. In Angelegenheiten der freiwilligen Gerichtsbarkeit und in Familiensachen – außer in Ehe- und Familienstreitsachen[16] – können die Beteiligten einen (Teil-)Vergleich schließen (§ 36 Abs. 1 S. 1 FamFG).[17]

10 Ferner muss der Prozessvergleich als **Prozesshandlung** zwischen zwei Parteien oder zwischen ihnen und einem Dritten geschlossen worden sein.[18] Die Vollstreckungswirkung des § 794 kann sich auch nur auf die Vereinbarung zwischen einer Prozesspartei und dem Dritten beziehen. Die Prozessbeendigung setzt jedoch die Mitwirkung beider Prozessparteien am Vergleich voraus.[19]

11 cc) **Bestimmtheitserfordernis.** Wie jeder Vollstreckungstitel, muss auch der Prozessvergleich inhaltlich bestimmt sein. Die fehlende **Bestimmtheit** des Titels kann nicht dadurch behoben werden, dass der Vergleichsurkunde nicht die Klageschrift beigefügt wird. § 313 Abs. 2 ist auf den Prozessvergleich nicht analog anwendbar.[20] Ein Prozessvergleich, der eine Freistellungsverpflichtung beinhaltet, ist nur dann vollstreckungsfähig, wenn der Umfang der Freistellungsverpflichtung aus dem Titel eindeutig ablesbar ist. Die Höhe der Zahlungsverpflichtung, von der freigestellt werden soll, muss also aus dem Prozessvergleich selbst eindeutig ersichtlich sein.[21] Zu weiteren Fallkonstellationen zur Bestimmtheit des Vollstreckungstitels s. Rn 45 ff.

12 Zweifel am vollstreckbaren Inhalt eines Vergleichs können durch **Auslegung** nach den für die Urteilsauslegung – nicht den für Verträge – geltenden Grundsätzen beseitigt werden.[22] Der Titel muss aus sich heraus für die Auslegung genügend bestimmt sein oder jedenfalls sämtliche Kriterien für seine Bestimmtheit eindeutig festlegen.[23] Maßgebend ist allein der protokollierte Vergleich;[24] auf andere Umstände als gesetzliche Vorschriften kann nicht zurückgegriffen werden.[25] Anwälten und Gericht wird daher „die Last besonders präziser Formulierung" aufgebürdet.[26] Wehrt sich der Schuldner mit der Vollstreckungsgegenklage gegen

---

14 BGH NJW 2003, 3345.
15 BGH NJW 2003, 3345, 3346.
16 Vgl § 113 Abs. 1 FamFG (Unanwendbarkeit von § 36 FamFG und Verweis in die ZPO). Im Verbundverfahren von Scheidungs- und Folgesachen (§ 137 FamFG) ist ein Teilvergleich, zB über Unterhalt, weiterhin möglich (ebenso Musielak/*Lackmann*, § 794 Rn 5 aE).
17 S. auch Thomas/Putzo/*Seiler*, § 794 Rn 2 unter Hinweis auf weitere Sonderregeln im FamFG.
18 Vgl Musielak/*Lackmann*, § 794 Rn 7; Stein/Jonas/*Münzberg*, § 794 Rn 22.
19 Vgl MüKo-ZPO/*Wolfsteiner*, § 794 Rn 29.
20 OLG Koblenz FamRZ 2003, 108.
21 OLG Saarbrücken OLGR Frankfurt 2008, 73.
22 Vgl BAG NJW 2012, 2538 = DB 2012, 1760; OLG Saarbrücken OLGR Frankfurt 2008, 73; OLG Brandenburg 6.3.2007 – 10 WF 17/07, juris; Zöller/*Stöber*, § 794 Rn 14 a.
23 OLG Saarbrücken OLGR Frankfurt 2008, 73, 74.
24 BAG NJW 2012, 2538.
25 Vgl Zöller/*Stöber*, § 794 Rn 14 a.
26 MüKo-ZPO/*Wolfsteiner*, § 794 Rn 98.

die Vollstreckung aus einer offensichtlich misslungenen Vergleichstitulierung, um sich ohne sachlichen Grund der titulierten Forderung zu entziehen, kann dies dem Grundsatz von Treu und Glauben widersprechen.[27]

Der Vergleich muss **ordnungsgemäß protokolliert** worden sein.[28] Hierbei ist zu beachten, dass der nicht verlesene oder nicht vom Tonträger vorgespielte Vergleich kein wirksamer Vollstreckungstitel ist. Der Verzicht auf das Vorspielen des diktierten Vergleichs führt zur Formunwirksamkeit der Prozesshandlung. Soweit die Aufzeichnung Feststellungen nach § 160 Abs. 3 Nr. 1 enthält, muss sie daher nochmals abgespielt werden (§ 162 Abs. 1). Dies ist im Protokoll zu vermerken.[29] Dem Protokollierungszwang ist in Bezug auf **Anlagen** nur dann Genüge getan, wenn die in Betracht kommenden Schriftstücke gem. § 160 Abs. 5 in dem Protokoll als „Anlage" bezeichnet und diesem beigefügt sind.[30]

Die **Einigungsgebühr** Nr. 1000 Anm. Abs. 1 S. 1 VV RVG wird hingegen unabhängig davon ausgelöst, ob es sich bei der Vereinbarung um einen als Vollstreckungstitel tauglichen Vergleich gem. Abs. 1 Nr. 1 handelt.[31]

Die **Unwirksamkeit** des Prozessvergleichs aus prozessualen Gründen führt nicht automatisch auch zur Unwirksamkeit des materiell-rechtlichen Rechtsgeschäfts. § 139 BGB findet keine Anwendung.[32] Der Rechtsstreit wurde nicht wirksam beigelegt und wird wieder aufgegriffen, dh vor dem Gericht weitergeführt, vor dem er (vermeintlich) beendet wurde.[33] Die Rückforderung von Leistungen, die aufgrund eines nichtigen Prozessvergleichs erbracht worden sind, ist im fortgesetzten Rechtsstreit geltend zu machen.[34] Sie kann aber jedenfalls dann im Wege eines neuen Rechtsstreits erfolgen, wenn das Ursprungsverfahren, in dem der Vergleich geschlossen worden ist, rechtskräftig beendet ist.[35]

dd) Außergerichtlicher Vergleich. Auf den außergerichtlichen Vergleich findet Abs. 1 Nr. 1 **keine Anwendung**. Dieser hat nur mittelbaren Einfluss auf den Rechtsstreit.[36] Die Parteien können das Zustandekommen und den Inhalt des außergerichtlichen Vergleichs gem. § 278 Abs. 6 durch Gerichtsbeschluss feststellen lassen. Wirksamkeitsvoraussetzung eines solchen Prozessvergleichs ist die formstrenge Einhaltung der in § 278 Abs. 6 angeordneten Schriftlichkeit nicht nur des Vergleichsvorschlags, sondern auch der Annahmeerklärungen.[37] Der Feststellungsbeschluss macht den Vergleich zum Vollstreckungstitel iSv Abs. 1 Nr. 1.[38]

---

27 OLG Düsseldorf FamRZ 2008, 1098.
28 Zur zusätzlichen Möglichkeit eines Vergleichsschlusses gem. § 278 Abs. 6 vgl Schuschke/Walker/*Walker*, § 794 Rn 8 aE.
29 Vgl OLG Zweibrücken Rpfleger 2000, 461; Hk-ZPO/*Kindl*, § 794 Rn 11.
30 OLG Zweibrücken Rpfleger 2004, 508.
31 So BGH NJW 2007, 2187; der VII. Zivilsenat hatte auf Anfrage mitgeteilt, an der zuvor gegenteilig geäußerten Rechtsauffassung (BGH NJW 2006, 1523; BGH NJW 2002, 3713 [noch zu § 23 BRAGO]) nicht festhalten zu wollen.
32 Vgl iE auch Zöller/*Stöber*, § 794 Rn 15 aE; Hk-ZPO/*Kindl*, § 794 Rn 35 zur Unterwerfungserklärung.
33 Hk-ZPO/*Kindl*, § 794 Rn 20; MüKo-ZPO/*Wolfsteiner*, § 794 Rn 73. Zu den Folgen der ex tunc-Wirkung der Anfechtung s. Zöller/*Stöber*, § 794 Rn 15 b.
34 BGH NJW 2011, 2141 insoweit die Vorinstanz (OLG Koblenz FamRZ 2009, 1696) bestätigend; s. auch Thomas/Putzo/*Seiler*, § 794 Rn 36.
35 So BGH NJW 2011, 2141 gegen die Vorinstanz (OLG Koblenz FamRZ 2009, 1696) und in Abgrenzung zu BGHZ 142, 253 = NJW 1999, 2903.
36 Hk-ZPO/*Kindl*, § 794 Rn 23.
37 OLG Hamm NJW-RR 2012, 882 ff = FamRZ 2012, 996 f.
38 Hk-ZPO/*Saenger*, § 278 Rn 23.

Denkbar ist auch, dass die Parteien den Rechtsstreit nach (außergerichtlichem) Vergleichsschluss für erledigt erklären (§ 91 a).[39]

17 **b) Besonderheiten beim Widerrufsvergleich.** In der Praxis wird häufig ein sog. **Widerrufsvergleich** geschlossen. Der Prozessvergleich wird unter der Bedingung geschlossen, dass er nicht – innerhalb einer bestimmten Frist – widerrufen wird.

18 Durch **Auslegung** ist zu ermitteln, ob es sich um eine aufschiebende oder auflösende Bedingung handelt.[40] Im Regelfall liegt eine **aufschiebende Bedingung** vor, wenn sich ein anderer Wille der Parteien nicht unmittelbar aus dem Wortlaut des Vergleichs ergibt. Im Zweifel ist nicht anzunehmen, dass die in einem Prozessvergleich mit Widerrufsvorbehalt übernommene Leistung – wie bei einer auflösenden Bedingung – sofort verlangt (und beigetrieben) werden können soll.[41] Bedingungsfeindliche Vereinbarungen (zB die Auflassung gem. § 925 Abs. 2 BGB) können in einem Widerrufsvergleich nicht getroffen werden.[42]

19 Gehen die Parteien übereinstimmend davon aus, dass die **Widerrufserklärung** (auch) gegenüber dem Gericht erfolgen kann, so genügt es, die fristgerechte Widerrufserklärung nur dem Gericht gegenüber zu äußern. Dies gilt auch dann, wenn der Vergleich keine ausdrückliche Regelung darüber enthält, wem gegenüber der Widerruf zu erklären ist.[43] Wird der Widerruf innerhalb der Frist, in der ggf vereinbarten Form und gegenüber dem vereinbarten Adressaten erklärt, so wird der Prozess fortgesetzt.[44]

20 Die Erteilung der **Vollstreckungsklausel** für den Prozessvergleich gem. § 795 b ist nur dann möglich, wenn ausschließlich das Gericht als Empfänger der Widerrufserklärung bestimmt ist (zur Zuständigkeit für die Klauselerteilung im Fall des Widerrufsvergleichs vgl § 795 b Rn 1). Wenn der Widerruf auch der jeweils anderen Partei gegenüber erklärt werden kann, ist der Rechtspfleger für die Erteilung der Vollstreckungsklausel gem. § 795 iVm § 726 zuständig (vgl hierzu § 726 Rn 9), soweit – ggf nach der Zweifelsregel (vgl Rn 18) – eine aufschiebende Bedingung vorliegt.[45]

21 **2. Kostenfestsetzungsbeschlüsse (Nr. 2).** Die Zwangsvollstreckung kann auch aus Kostenfestsetzungsbeschlüssen (§§ 104 f) betrieben werden. Obwohl es sich um einen selbständigen Titel handelt, teilt der Kostenfestsetzungsbeschluss das **Schicksal der Kostengrundentscheidung.** Verliert das Urteil also seine Vollstreckbarkeit, so verliert sie auch der Kostenfestsetzungsbeschluss. Wird die Kostengrundentscheidung rechtskräftig, so kann auch der Kostenfestsetzungsbeschluss ohne Sicherheitsleistung vollstreckt werden.[46] Einwendungen gegen die Vollstreckbarkeit des Kostenfestsetzungsbeschlusses sind mit der Vollstreckungsge-

---

39 Vgl Thomas/Putzo/*Seiler*, § 794 Rn 6; Zöller/*Stöber*, § 794 Rn 17; s.a. MüKo-ZPO/ *Wolfsteiner*, § 794 Rn 10 zur Unterscheidung zwischen Erledigungserklärung und Prozessbeendigungsvereinbarung.
40 Vgl Hk-ZPO/*Kindl*, § 794 Rn 12.
41 Vgl BAG NJW 2004, 701; BAG NZA 1998, 1126; BVerwG NJW 1993, 2193; BGH NJW 1984, 312; s.a. Hk-ZPO/*Kindl*, § 794 Rn 12; MüKo-ZPO/*Wolfsteiner*, § 794 Rn 58; Zöller/*Stöber*, § 794 Rn 10.
42 Vgl Musielak/*Lackmann*, § 794 Rn 11.
43 BGH NJW-RR 2005, 1323; vgl Zöller/*Stöber*, § 794 Rn 10 a mwN.
44 Hk-ZPO/*Kindl*, § 794 Rn 16.
45 BGH NJW 2006, 776 = FamRZ 2006, 120 = Rpfleger 2006, 87; BAG Rpfleger 2004, 298; MüKo-ZPO/*Wolfsteiner*, § 794 Rn 58; zur Gegenansicht vgl *Sauer/Meiendresch*, NJW 2004, 2870 ff.
46 OLG Naumburg Rpfleger 2002, 38.

genklage gem. § 767 geltend zu machen. Hierbei unterliegt das Verfahren denselben Regelungen wie das Verfahren, in dem der Vollstreckungstitel ergangen ist.[47]

Aus einem Kostenfestsetzungsbeschluss gem. § 104 Abs. 1 kann die Zwangsvollstreckung wegen der Kosten betrieben werden, ohne dass das Urteil vorgelegt werden müsste.[48] Für einen solchen selbständigen Kostenfestsetzungsbeschluss gilt die **Wartefrist** des § 798 (vgl § 798 Rn 1). Bei einem Kostenfestsetzungsbeschluss, der gem. § 105 auf das Urteil gesetzt ist, ist gem. § 795 a keine gesonderte Vollstreckungsklausel für den Beschluss notwendig (vgl § 795 a Rn 1), die Zwangsvollstreckung erfolgt unmittelbar aus der Vollstreckungsklausel für das Urteil.

Bei einem Kostenfestsetzungsbeschluss bzgl eines Verfahrens auf Vollstreckbarkerklärung eines **Schiedsspruchs** (§§ 1060 Abs. 1, 1062 Abs. 1) erstreckt sich die Zuständigkeit des OLG als Prozessgericht erster Instanz auch auf die sich im Verfahren anschließenden Kostenfestsetzungsbeschlüsse des Gerichts.[49]

Gemäß §§ 795 S. 1, 750 Abs. 1 S. 1 müssen die **Vollstreckungsparteien** in dem Titel **bezeichnet** werden. Werden in dem Rubrum eines Formularvordrucks für einen Kostenfestsetzungsbeschluss nicht die Parteibezeichnungen, sondern nur Verweisungen auf Aktenbände und Aktenseiten aufgenommen, liegt kein zur Zwangsvollstreckung geeigneter Titel vor.[50]

§ 717 Abs. 2 findet auf die unberechtigte Zwangsvollstreckung aus Kostenfestsetzungsbeschlüssen entsprechende Anwendung.[51]

3. Unterhaltsbeschlüsse (Nr. 2 a aF; weggefallen). Abs. 1 Nr. 2 a ist mWz 1.9.2009 aufgehoben worden.[52]

Zum inhaltlichen und zeitlichen Anwendungsbereich der Vorschrift s. Vorauflage (2. Aufl. 2013), § 794 Rn 26 f.

4. Beschwerdefähige Entscheidungen (Nr. 3). Vollstreckungstitel iSd Norm sind alle beschwerdefähigen Entscheidungen, zB aus § 99 Abs. 2, die Kostenentscheidung gem. § 269 Abs. 4, die Beschlüsse aus §§ 887, 888, 890,[53] aber auch der Festsetzungsbeschluss über die Höhe der Insolvenzverwaltervergütung (§§ 64, 4 InsO).[54] Wird Beschwerde eingelegt, hindert diese nur bei Eintreten des Suspensiveffekts (§ 570) die Zwangsvollstreckung aus der angegriffenen Entscheidung.[55] Eine **Wartefrist** ist nicht einzuhalten.[56]

Die unberechtigte Zwangsvollstreckung aus dem noch nicht rechtskräftigen Beschluss kann aber **Schadensersatzansprüche** auslösen, denn § 717 Abs. 2 ist entsprechend anwendbar. Dies gilt auch im Falle der rechtskräftigen Aufhebung des Festsetzungsbeschlusses für die **Insolvenzverwaltervergütung**, denn dieser wirkt wie ein Vollstreckungstitel, indem er dem Insolvenzverwalter die Befugnis verleiht, selbst Befriedigung aus der Masse zu erlangen.[57]

---

47 BGH NJW 2009, 1282, 1283 zur Zuständigkeit für die Vollstreckungsgegenklage gegen einen WEG-Kostenfestsetzungsbeschluss.
48 Vgl Zöller/*Stöber*, § 794 Rn 18.
49 OLG München 12.11.2007 – 34 Sch 10/07, juris.
50 OLG Karlsruhe NJW-RR 2001, 67 f.
51 Hk-ZPO/*Kindl*, § 794 Rn 24.
52 Art. 29 Nr. 20 Buchst. a FGG-RG vom 17.12.2008 (BGBl. I S. 2586, 2702).
53 Vgl Zöller/*Stöber*, § 794 Rn 20.
54 BGH NJW 2006, 443, 445.
55 Zöller/*Stöber*, § 794 Rn 20.
56 Vgl MüKo-ZPO/*Wolfsteiner*, § 794 Rn 119.
57 BGH NJW 2006, 443, 445.

30 Seit dem FGG-RG[58] sind die vormals hier aufgeführten Titel in § 86 Abs. 1 FamFG geregelt.[59]

31 **5. Einstweilige Anordnungen (Nr. 3 a aF; weggefallen).** Abs. 1 Nr. 3 a ist mWz 1.9.2009 aufgehoben worden.[60]

32 Zum inhaltlichen und zeitlichen Anwendungsbereich der Vorschrift s. Vorauflage (2. Aufl. 2013), § 794 Rn 31 f.

33 **6. Vollstreckungsbescheide (Nr. 4).** Auch aus Vollstreckungsbescheiden kann die Zwangsvollstreckung betrieben werden, denn diese stehen gem. § 700 Abs. 1 einem für vorläufig vollstreckbar erklärten Versäumnisurteil gleich. Wird der Vollstreckungsbescheid durch Einspruch erfolglos angegriffen, bleibt er selbst Vollstreckungstitel. Das den Vollstreckungsbescheid aufrechterhaltende Urteil hat keinen vollstreckungsfähigen Inhalt.[61] Zur Erteilung der Vollstreckungsklausel vgl § 796 Rn 3.

34 **7. Vollstreckbarerklärungen von Schiedssprüchen (Nr. 4 a).** Vollstreckbarerklärungen von Schiedssprüchen gem. § 1060 Abs. 1 oder § 1053 Abs. 4 stellen weitere Vollstreckungstitel dar.[62] Das OLG ist als Prozessgericht erster Instanz für die Vollstreckbarerklärung von Schiedssprüchen zuständig (§§ 1060 Abs. 1, 1062 Abs. 1). Diese Zuständigkeit erstreckt sich auch auf die Titulierung der Kostenansprüche durch den sich dem Verfahren anschließenden Kostenfestsetzungsbeschluss (vgl Rn 23).[63]

Das Vollstreckungsgericht hat von Amts wegen die Missbräuchlichkeit der Schiedsklausel zu prüfen.[64]

35 **8. Vollstreckbarerklärungen von Anwaltsvergleichen (Nr. 4 b).** Vollstreckungstitel iSd Abs. 1 Nr. 4 b ist nicht der Anwaltsvergleich selbst, sondern die Vollstreckbarerklärung. Diese wird gem. § 796 b vom Prozessgericht (vgl § 796 b Rn 1) oder gem. § 796 c vom Notar (vgl § 796 c Rn 1) erteilt. Zu den Einzelheiten in Bezug auf diesen Vollstreckungstitel vgl § 796 a Rn 4 ff. Zur Einhaltung der Wartefrist für den Vollstreckungsbeginn aus der Vollstreckbarerklärung vgl § 798 Rn 1.

35a Zur Vollstreckbarkeit von **Mediationsvereinbarungen** s. Vorauflage (2. Aufl. 2013), § 794 Rn 35 a.

36 **9. Vollstreckbare Urkunden (Nr. 5).** Der in der Praxis wohl relevanteste Vollstreckungstitel des § 794 ist die vollstreckbare Urkunde.[65] Unter den Voraussetzungen des Abs. 2 lässt sie einen Duldungstitel gegen Dritte entbehrlich werden.

37 **a) Zuständigkeit.** Die vollstreckbare Urkunde kann von einem **deutschen Gericht** oder von einem **deutschen Notar**[66] gem. Abs. 1 Nr. 5 errichtet werden. Gemäß § 10 KonsularG sind auch **Konsularbeamte** berechtigt, vollstreckbare Urkunden

---

58 Art. 29 Nr. 20 Buchst. b FGG-RG vom 17.12.2008 (BGBl. I S. 2586, 2702).
59 Vgl Begr. RegE, BR-Drucks. 309/07, S. 744.
60 Art. 29 Nr. 20 Buchst. c FGG-RG vom 17.12.2008 (BGBl. I S. 2586, 2702).
61 Vgl Hk-ZPO/*Kindl*, § 794 Rn 27; Zöller/*Stöber*, § 794 Rn 22.
62 Vgl zum Verfahren *Kröll*, NJW 2003, 791 ff.
63 OLG München 12.11.2007 – 34 Sch 10/07, juris; vgl auch BGH NJW-RR 2011, 213 = WM 2010, 2236.
64 EuGH NJW 2010, 47 (LS); zust. Anm. *Mankowski*, EWiR 2010, 91.
65 Vgl MüKo-ZPO/*Wolfsteiner*, § 794 Rn 127 („unentbehrliche Funktionen"). Zu den Tatbestandsvoraussetzungen s. *K. J. Müller*, RNotZ 2010, 167, 168 ff.
66 Urkunden ausländischer Notare fallen nicht in den Anwendungsbereich, s. Gaul/Schilken/Becker-Eberhard/*Becker-Eberhard*, § 13 Rn 49 Fn 126.

zu errichten. Auch eine Entscheidung des **Jugendamtes** gem. §§ 59, 60 SGB VIII ist ein vollstreckbarer Schuldtitel iSd Abs. 1 Nr. 5.[67]

b) Vollstreckungsunterwerfung. aa) Rechtsnatur. Die Urkunde muss eine Vollstreckungsunterwerfung enthalten, die – wenn auch in Grenzen – **auslegungsfähig** ist.[68] Im Zweifel kann nicht angenommen werden, dass die durch eine Unterwerfungserklärung an sich beabsichtigte Erleichterung der Zwangsvollstreckung in der Weise entwertet werden soll, dass die Erteilung einer vollstreckbaren Ausfertigung von Bedingungen abhängig gemacht wird, deren Eintritt nicht durch öffentliche oder öffentlich beglaubigte Urkunden nachgewiesen werden kann.[69]

38

Es handelt sich um eine **Prozesshandlung**, nicht um eine Verfügung.[70]

Daher bedarf die nachträgliche Vollstreckungsunterwerfung wegen eines dinglichen Anspruchs nicht der **Zustimmung** der nachrangigen Gläubiger gem. §§ 877, 876 BGB (vgl § 800 Rn 11). Ferner bedarf ein im gesetzlichen Güterstand lebender Ehegatte zur Erklärung der Unterwerfung unter die sofortige Zwangsvollstreckung nicht der Zustimmung des anderen Ehegatten gem. § 1365 BGB.[71]

39

Die Vollstreckungsunterwerfung kann auch von einem Schuldner erklärt werden, über dessen Vermögen das **Insolvenzverfahren** eröffnet wurde. Der Übergang der Verwaltungs- und Verfügungsbefugnis auf den Insolvenzverwalter (§ 80 InsO) ist insoweit nicht von Bedeutung.[72] Für die Eintragung der Unterwerfungserklärung im Grundbuch gem. § 800 bedarf es hingegen der Mitwirkung des Insolvenzverwalters (vgl § 800 Rn 12).[73] Der Insolvenzverwalter kann auch selbst die Vollstreckungsunterwerfungserklärung abgeben und zwar auch hinsichtlich einer Räumungsverpflichtung beim Verkauf eines zur Insolvenzmasse gehörenden Grundstücks.[74]

40

bb) Wirksamkeit. Die Wirksamkeit der Zwangsvollstreckungsunterwerfung in einer vollstreckbaren Urkunde ist **unabhängig** von der Wirksamkeit der materiellen Einigung der Parteien.[75] Sie ist eine ausschließlich auf das Zustandekommen des Vollstreckungstitels gerichtete einseitige prozessuale Erklärung. Daher ist für das Wirksamwerden der Unterwerfungserklärung der Bestand einer sachlichrechtlichen Einigung nicht erforderlich. § 139 BGB findet keine Anwendung.[76]

41

Ist die notarielle Zwangsvollstreckungsunterwerfung nicht erfolgreich angegriffen worden, ist ein auf ihrer Grundlage erworbenes Pfändungspfandrecht auch dann **(insolvenz-)anfechtungsfest**, wenn der mitbeurkundete Vertrag an Wirksamkeitsmängeln leidet.[77] Ob die Gründe für die Nichtigkeit der vertraglichen

42

---

67 Vgl zur Möglichkeit, gegen einen solchen Titel Abänderungsklage zu erheben, BGH NJW 2011, 1874; OLG Hamm FamRZ 2007, 1032; OLG Brandenburg 24.1.2008 – 9 WF 364/07, juris. Nach Ansicht des BGH führt die durch den Unterhaltsschuldner einseitig erstellte Jungendamtsurkunde zugleich zu einem Schuldanerkenntnis (BGH NJW 2011, 1874 ff); krit. hierzu *Volmer*, FamRZ 2011, 1647 ff.
68 BGH Rpfleger 2011, 73, 74; BGH NJW 2008, 3363; MüKo-ZPO/*Wolfsteiner*, § 794 Rn 187; Zöller/*Stöber*, § 794 Rn 32.
69 So BGH DNotZ 2011, 264 = NJW-RR 2011, 424 = Rpfleger 2011, 73 = ZIP 2011, 304; zust. *Heinze*, EWiR 2011, 31.
70 StRspr; BGH NJW-RR 2008, 1075, 1076.
71 BGH NJW 2008, 3363, 3364.
72 S. OLG Hamm ZIP 2013, 788 f = ZInsO 2013, 672 ff = RNotZ 2013, 294 ff.
73 Vgl DNotI-Report 11/2006, 85, 86.
74 Vgl DNotI-Report 10/2009, 73, 74.
75 BGH NJW-RR 2008, 1075, 1076; BGH NJW-RR 2007, 1343 = ZInsO 2007, 101 = ZIP 2007, 588.
76 BGH NJW-RR 2008, 1075 = ZIP 2008, 796 = NZI 2008, 363 m. Anm. *Gundlach/Frenzel*; BGH NJW-RR 2007, 1343, 1344 mwN; Schuschke/Walker/*Walker*, § 794 Rn 45.
77 BGH NJW-RR 2008, 1075 ff; *Hess*, WuB 2008, 679 f.

Vereinbarung auch zur Nichtigkeit der Vollstreckungsunterwerfung führen, ist im Einzelfall zu prüfen.[78]

43 **cc) Gegenstand.** Gegenstand der Vollstreckungsunterwerfung kann jeder einer vergleichsweisen Regelung zugängliche Anspruch sein, der nicht auf die Abgabe einer Willenserklärung gerichtet ist (§ 894) und nicht den Bestand eines Wohnraummietverhältnisses betrifft. Unterwerfungsfähig sind demnach insb. Ansprüche auf Mietzinszahlung, Räumungsansprüche nach Beendigung eines Wohnraummietverhältnisses[79] und Räumungsverpflichtungen des Eigentümers im Zuge der Veräußerung seines Grundstücks.[80]

44 **Formulierungsbeispiel** einer Vollstreckungsunterwerfung wegen eines Räumungsanspruchs nach Beendigung eines Wohnraummietverhältnisses:

▶ Zwischen den Vertragsparteien besteht Einigkeit darüber, dass das Mietverhältnis durch Kündigung des Vermieters/Mieters zum ... (Datum der Vertragsbeendigung) beendet wurde. ... (Ehemaliger Mieter) ist daher zur sofortigen Räumung der Wohnung verpflichtet. ... (Ehemaliger Vermieter) wird seinen Räumungsanspruch nicht vor dem ... (Datum der Räumung) geltend machen. ... (Ehemaliger Mieter) unterwirft sich wegen seiner Verpflichtung, die ... (genau bezeichnete Wohnung) am ... (Datum der Räumung) zu räumen, der sofortigen Zwangsvollstreckung aus dieser Urkunde. Vollstreckbare Ausfertigung kann nach dem ... (Datum der Räumung) ohne weitere Nachweise erteilt werden.[81] ◀

45 **dd) Bestimmtheitserfordernis.** Der Gläubiger und der zu vollstreckende Anspruch müssen in der Unterwerfungserklärung hinreichend **konkret bezeichnet** und der Anspruch muss auch **inhaltlich bestimmt** sein.[82] Durch die Vollstreckungsunterwerfung begibt sich der Schuldner zunächst freiwillig seiner Rechte auf gerichtliche Feststellung von Voraussetzung und Höhe der materiell-rechtlichen Forderung. Ihm obliegt es, sich rechtzeitig gegen eine unberechtigte Zwangsvollstreckung zu verteidigen. Durch den Beurkundungszwang und durch das Erfordernis der Bestimmtheit der Forderung, derentwegen sich der Schuldner der sofortigen Zwangsvollstreckung unterwirft, wird dem Schutz des Schuldners Rechnung getragen.[83] Eine Bestimmbarkeit der Forderung genügt nicht.[84] Unter diesen Voraussetzungen ist auch ein betagter oder bedingter Anspruch unterwerfungsfähig.[85] Die Bezeichnung von Ansprüchen als „etwaige Verpflichtung zur Zahlung bestimmter Geldsummen" genügt nicht den gesetzlichen Anforderungen an eine Unterwerfungserklärung.[86] Der **Leistungszeitpunkt**, die vollstreckungs-

---

78 Vgl hierzu BGH NJW 2003, 1594.
79 Musielak/*Lackmann*, § 794 Rn 32; MüKo-ZPO/*Wolfsteiner*, § 794 Rn 211; Stein/Jonas/*Münzberg*, § 794 Rn 108; Zöller/*Stöber*, § 794 Rn 26; *Wolfsteiner*, DNotZ 1999, 306, 317.
80 Vgl Zöller/*Stöber*, § 794 Rn 26; eingehend zu den Tatbestandsvoraussetzungen *K. J. Müller*, RNotZ 2010, 167, 168 ff.
81 Vgl auch *Wolfsteiner*, Die vollstreckbare Urkunde, § 23 Rn M 23.17., dessen Formulierungsmuster zusätzlich eine Regelung über eine vom ehemaligen Mieter zu zahlende Entschädigung für die dem ehemaligen Vermieter entgehende Nutzungsmöglichkeit enthält.
82 Vgl zur Unterwerfung gegenüber „dem jeweiligen Gläubiger" BGH NJW 2008, 918 ff = MittBayNot 2008, 405 ff; eingehend *Everts*, MittBayNot 2008, 356 ff; *Rimmelspacher*, WuB 2008, 413 ff; *Wolfsteiner*, DNotZ 2008, 833 ff.
83 BGH NJW 1980, 1050, 1051.
84 BGH NJW-RR 2007, 1343, 1344; Zöller/*Stöber*, § 794 Rn 28.
85 Vgl Zöller/*Stöber*, § 794 Rn 28.
86 BGH NJW-RR 2012, 1342 f = WM 2012, 1965 f = DNotZ 2013, 120 f; Zöller/*Stöber*, § 794 Rn 27.

rechtliche Fälligkeit, muss sich aus der Unterwerfungserklärung ergeben, wobei die materiell-rechtliche Fälligkeit vollstreckungsrechtlich irrelevant ist.[87]

Formulierungsbeispiel für eine Vollstreckungsunterwerfung bei ungewisser materiell-rechtlicher Fälligkeit und Anspruchshöhe: 46

▶ Der Schuldner unterwirft sich wegen seiner Verpflichtung ... (Anspruchsbezeichnung), die zu Vollstreckungszwecken auf ... € (Anspruchshöhe) ab dem ... (Datum) festgelegt wird, der sofortigen Zwangsvollstreckung. Vollstreckbare Ausfertigung kann nach dem ... (Datum) ohne weitere Nachweise erteilt werden. ◀

Die Unterwerfung unter die sofortige Zwangsvollstreckung in ein **Grundstück** gem. § 800 kann auch vom **künftigen Eigentümer** erklärt werden[88] und ist auch in Bezug auf ein dingliches Recht möglich, das mangels Eintragung noch nicht entstanden ist (vgl § 800 Rn 3).[89] Zulässig ist auch die Unterwerfungserklärung „zugunsten des jeweiligen Gläubigers der Grundschuld".[90] Fehlt die klarstellende Beschränkung auf den Gläubiger „der Grundschuld", liegt eine durch Auslegung zu ermittelnde Vollstreckungsbedingung gem. § 726 Abs. 1 dergestalt vor, dass jedenfalls die Vollstreckung jedes Rechtsnachfolgers des in der Schuldurkunde bezeichneten Gläubigers hinsichtlich der persönlichen Forderung gegen den Schuldner über die hierfür maßgeblichen allgemeinen Vollstreckungsvoraussetzungen hinaus von dem Erwerber der Grundschuld abhängt.[91] 47

Ein **Geldzahlungsanspruch** ist hinreichend bestimmt, wenn er betragsmäßig festgelegt ist oder sich aus der Urkunde ohne weiteres errechnen lässt.[92] 48

Unterliegt der Geldzahlungsanspruch einer **Wertsicherungsklausel**, die auf einen vom Statistischen Bundesamt erstellten Preisindex für Lebenshaltungskosten Bezug nimmt, ist der Anspruch unterwerfungsfähig.[93] Denn diese Indizes werden u.a. im Bundesanzeiger veröffentlicht und können zudem auf der Homepage des Statistischen Bundesamtes (www.destatis.de) erfragt werden. Damit sind sie offenkundig iSd § 291.[94] 49

Bestimmt ist auch der Anspruch auf **Zinsen** „ab Grundbucheintragung".[95] Dass sich Gerichtsvollzieher und sonstige Vollstreckungsorgane zur Ermittlung des Eintragungsdatums an das zuständige Grundbuchamt wenden müssen, rechtfertigt keine andere Beurteilung. Denn der Zeit- und Verwaltungsaufwand ist nicht größer als zB der für die Berechnung umfangreicher indexierter Zinsansprüche von wechselnden Hauptsummen.[96] 50

Unbestimmt ist hingegen eine Vollstreckungsunterwerfung hinsichtlich eines (Unterhalts-)Anspruchs mit **unbezifferter Anrechnungsklausel** („unter Anrechnung bereits gezahlter Beträge").[97] Unterliegt die Höhe des Geldbetrages Bemessungsmaßstäben, die nur durch Auskunft des Schuldners oder der zuständigen Behör- 51

---

87 Vgl MüKo-ZPO/*Wolfsteiner*, § 794 Rn 165.
88 AllgM; BGH DNotZ 2011, 751 = NJW 2011, 2803 m. Anm. *Everts*, DNotZ 2011, 724 ff; BGH NJW 2008, 3363, 3364; vgl Stein/Jonas/*Münzberg*, § 800 Rn 2 mwN.
89 MüKo-ZPO/*Wolfsteiner*, § 794 Rn 238.
90 BGH NJW 2008, 918 f; krit. hierzu *Everts*, MittBayNot 2008, 356.
91 BGH DNotZ 2012, 288 = NJW-RR 2012, 442 = WM 2012, 74.
92 Vgl BGH NJW-RR 2000, 1358, 1359.
93 BGH NJW-RR 2005, 366; BGH NJW-RR 2004, 649.
94 So BGH NJW-RR 2005, 366.
95 BGH NJW-RR 2000, 1358 = DNotZ 2001, 379 m. Anm. *Wolfsteiner*, der darauf abstellt, ein solcher Titel könne im Verfahren der Klauselerteilung mit der notwendigen Bestimmtheit ausgestattet werden; Zöller/*Stöber*, § 794 Rn 28.
96 BGH NJW-RR 2000, 1358, 1359.
97 Vgl BGH NJW 2006, 695 = DNotZ 2006, 198 zur Vollstreckungsfähigkeit eines Anwaltsvergleichs, der einen solchen Unterhaltsanspruch enthielt.

de ermittelt werden können, liegt insoweit kein vollstreckungsfähiger Titel vor.[98] Für die Beurteilung ausreichender Bestimmtheit ist maßgeblich auf den **Zeitpunkt** der Erteilung der Vollstreckungsklausel abzustellen.[99]

52 Ein **nachträglicher Austausch** der der Vollstreckung zugrunde liegenden Forderung durch den Gläubiger, zB Vollstreckung wegen eines Schadensersatzanspruchs anstelle des Erfüllungsanspruchs, ist nicht zulässig. Dies würde den Schuldner in seiner Dispositionsfreiheit unangemessen einschränken, denn es wäre ihm nicht möglich, bei Abgabe der Unterwerfungserklärung den Umfang der Vollstreckung, der er ausgesetzt ist, zu übersehen.[100]

53 Ist die Erklärung der Unterwerfung unter die sofortige Zwangsvollstreckung iSv § 800 von allen Gesellschaftern einer **Gesellschaft bürgerlichen Rechts** abgegeben worden, ist es zulässig, die Zwangsvollstreckung in ein Grundstück der Gesellschaft zu betreiben (vgl § 800 Rn 6).[101] Die Vollstreckungsmaßnahme darf aber nur dann angeordnet werden, wenn in dem Titel die Gesellschafter aufgeführt sind und wenn diese mit den im Grundbuch eingetragenen übereinstimmen.[102] Die Zustellung des Vollstreckungstitels muss an den Geschäftsführer der Gesellschaft oder, wenn ein solcher nicht bestellt ist, an einen der Gesellschafter erfolgen. Die Zustellung an sämtliche Gesellschafter ist nicht erforderlich.[103]

54 **Formulierungsbeispiel** für eine Unterwerfungserklärung durch eine GbR und durch die Gesellschafter:

▶ Die ... (Bezeichnung der Gesellschaft) GbR sowie ihre sämtlichen Gesellschafter ... (Aufzählung der Gesellschafter) persönlich unterwerfen sich wegen ... (Bestimmung des Anspruchs) der sofortigen Zwangsvollstreckung in ihr jeweiliges Vermögen. ◀

55 **c) Erklärung der Vollstreckungsunterwerfung durch einen Vertreter.** Die Unterwerfungserklärung hat keinen höchstpersönlichen Charakter, sie kann auch **im fremden Namen** abgegeben werden.[104] Erklärt ein **Vertreter** die Unterwerfung unter die sofortige Zwangsvollstreckung, genügt es für deren Wirksamkeit, dass die Unterwerfungsvollmacht in privatschriftlicher Form nachgewiesen wird. Da die Unterwerfung unter die sofortige Zwangsvollstreckung eine Prozesshandlung

---

98 Vgl BGH NJW-RR 2006, 148 zur Berechnung einer Leibrente anhand der Besoldungstabelle und den Folgen einer veränderten Gewährung von Sonderzulagen für die Bestimmtheit der Vollstreckungsunterwerfung; vgl zu dieser Entscheidung *Zenker*, FamRZ 2006, 1248 ff. BGH DNotZ 2011, 33 = NJW-RR 2010, 1365 = ZNotP 2010, 197 zur Veränderung der Bemessungsgrundlage (Wegfall des Ortszuschlags).
99 BGH DNotZ 2011, 33 = NJW-RR 2010, 1365 = ZNotP 2010, 197.
100 BGH NJW 1980, 1050, 1051.
101 BGH Rpfleger 2011, 337; BGH NJW 2006, 2191; BGH NJW 2004, 3632 = Rpfleger 2004, 718 = ZIP 2004, 1775; m. Anm. *Joswig*, EWiR 2004, 1201; m. zust. Anm. *Wertenbruch*, WuB 2004, 989.
102 BGH NJW 2011, 615 = ZIP 2011, 119 = BB 2011, 396 m. Anm. *Witt*, BB 2011, 399 f.
103 BGH NJW 2011, 615; BGH NJW 2006, 2191, 2192; *Witt*, BB 2011, 399 f. Vgl zu den Folgen der Anerkennung der (Teil-)Rechtsfähigkeit der GbR für die Vollstreckungspraxis *Wertenbruch*, NJW 2002, 324 ff. Zur Grundbuchfähigkeit und zu den Nachweisanforderungen vgl BGH Rpfleger 2011, 483 m. Anm. *Demharter*; BGH NJW 2009, 594 ff = DNotZ 2009, 115; hierzu *Tebben*, NZG 2009, 288; s. auch *K. J. Müller*, RNotZ 2010, 167, 170 mwN; *Böttcher*, notar 2012, 111 ff mit Formulierungsvorschlägen.
104 AllgM; vgl Hk-ZPO/*Kindl*, § 794 Rn 36; MüKo-ZPO/*Wolfsteiner*, § 794 Rn 149.

darstellt (s. Rn 38), finden die Vorschriften für die Prozessvollmacht Anwendung.[105] Gemäß § 80 ist hier die **einfache Schriftform** ausreichend.[106] Die vom BGH erklärte Anwendbarkeit des § 80 präjudiziert nicht die Anwendbarkeit des § 79 bzw des § 10 FamFG auf den Notar.[107]

Die vollstreckbare Ausfertigung darf aber nur erteilt werden, wenn auch die Wirksamkeit der Erklärung des Vertreters und damit auch seine Bevollmächtigung durch öffentliche oder öffentlich beglaubigte Urkunden nachgewiesen ist.[108] Daher erstreckt sich das **Zustellungserfordernis** gem. § 750 Abs. 2 auf die Vollmachts- bzw Genehmigungserklärung, aus der die Wirksamkeit des Handelns des Vertreters folgt.[109] Die Zustellung kann im Vollstreckungsverfahren nachgeholt werden.[110] Weist der Vertreter bei Abgabe der Unterwerfungserklärung seine Bevollmächtigung nicht nach, ist die Wirksamkeit der Vertretungsmacht im Klauselerteilungsverfahren zu überprüfen und iSd § 726 nachzuweisen.[111] 56

Auch die **vollmachtlose Vertretung** ist analog § 89 bei der Vollstreckungsunterwerfung möglich.[112] Analog § 180 S. 2 BGB führt die vollmachtlose Vertretung bei der Vollstreckungsunterwerfung als einseitiges Rechtsgeschäft nicht zur Nichtigkeit (§ 180 S. 1 BGB).[113] § 185 Abs. 2 BGB ist analog anwendbar.[114] Die Vollstreckung darf erst beginnen, wenn die Genehmigung des Vertretenen iSd § 750 Abs. 2 durch öffentliche oder öffentlich beglaubigte Urkunden nachgewiesen ist.[115] 57

---

105 Anders *Lindemeier*, RNotZ 2009, 37 ff (Anwendbarkeit der §§ 165 ff BGB). Zur Unanwendbarkeit der Rechtsscheinhaftung auf Prozessvollmachten BGH MittBayNot 2008, 204, 205 m. krit. Anm. *Volmer*; BGH NJW 2006, 2118, 2119; BGH NJW 2003, 1594, 1595; Hk-ZPO/*Kindl*, § 794 Rn 36; Zöller/*Stöber*, § 794 Rn 32; aA (Anwendbarkeit der §§ 172 ff BGB) MüKo-ZPO/*Wolfsteiner*, § 794 Rn 153; *Paulus/Henkel*, NJW 2003, 1692 ff.
106 BGH NJW-RR 2010, 67, 68; BGH NJW 2008, 2266, 2267 m. Anm. *Zimmer*; BGH NJW 2004, 844; Hk-ZPO/*Kindl*, § 794 Rn 36; Musielak/*Lackmann*, § 794 Rn 36; Zöller/*Stöber*, § 794 Rn 12; aA (§ 80 gilt nicht) MüKo-ZPO/*Wolfsteiner*, § 794 Rn 151; Stein/Jonas/*Münzberg*, § 794 Rn 126.
107 LG Münster RNotZ 2009, 169, 171; *Meyer/Bormann*, RNotZ 2009, 470, 474 f; *K. J. Müller*, RNotZ 2010, 167, 172 f.
108 So die hM; BGH NJW 2008, 2266, 2267 m. Anm. *Zimmer*; hierzu auch *Walker*, LMK 2008, 264809 mwN; BGH NJW-RR 2007, 358, 359 = Rpfleger 2007, 37, 38 mwN. Zur Wirksamkeit der Bevollmächtigung eines Rechtsanwalts trotz Verstoßes gegen § 43 a Abs. 4 BRAO s. BGH NJW-RR 2010, 67.
109 BGH Rpfleger 2007, 37, 38 m. abl. Anm. *Alff*.
110 So BGH NJW-RR 2008, 1019 zur nachgeholten Zustellung, wenn die Zustellungsurkunde nicht mit einer vollständigen Unterschrift (§ 182 Abs. 2 Nr. 8), sondern nur mit einer Paraphe versehen ist.
111 Vgl BGH NJW 2012, 3518 = Rpfleger 2012, 639; BGH NJW 2008, 2266 m. Anm. *Zimmer*; LG Mannheim MittBayNot 2009, 392 m. Anm. *Stöber*; ebenso MüKo-ZPO/*Wolfsteiner*, § 797 Rn 13 mwN; Schuschke/Walker/*Walker*, § 797 Rn 5; vgl auch Musielak/*Lackmann*, § 794 Rn 36; zu offenkundigen Mängeln der Vollmacht s. Zöller/*Stöber*, § 794 Rn 38; seit BGH DNotZ 2005, 132 = NJW-RR 2004, 1718 entspricht dies der ganz überwiegenden Meinung. Zum Verstoß gegen Treu und Glauben durch den Einwand eines Fondsgesellschafters, die Vollstreckungsunterwerfung sei mangels wirksamer Vertretung nichtig, BGH NJW-RR 2008, 66 ff.
112 BGH NJW 2008, 3208, 3210 m. ausf. Anm. *Zimmer*; BGH NJW 2008, 3185; vgl auch BGH NJW 2003, 1594, 1595; Musielak/*Lackmann*, § 794 Rn 36; MüKo-ZPO/*Wolfsteiner*, § 794 Rn 153; *v. Rintelen*, RNotZ 2001, 2.
113 Vgl MüKo-ZPO/*Wolfsteiner*, § 794 Rn 153.
114 KG Berlin 14.1.2013 – 1 W 3+4/13, juris; OLG Braunschweig 12.3.2013 – 2 W 14/13, juris.
115 So BGH NJW-RR 2007, 358, 359 = Rpfleger 2007, 37, 38 mwN.

58 **d) Allgemeine Geschäftsbedingungen.** Die in der Praxis anzutreffende Formulierung bei **Grundschuldbestellungsurkunden**, dass der Eigentümer „wegen des Anspruchs aus der Grundschuld" die **persönliche Haftung** übernimmt und sich der Zwangsvollstreckung in sein gesamtes Vermögen unterwirft, stellt grds. keinen Verstoß iSd §§ 307 ff BGB oder § 138 BGB dar.[116] Der ebenso häufig vereinbarte Verzicht auf den Nachweis der Anspruchsentstehung und Fälligkeit bewirkt im Verfahren der Vollstreckungsgegenklage keine Umkehr der Beweislast für Einwendungen gegen den Vollstreckungstitel.[117] Der **Nachweisverzicht** verstößt daher nicht gegen § 309 Nr. 12 BGB, bei Werklohnansprüchen eines Bauträgers aber gegen § 307 BGB.[118]

59 Die formularmäßige Unterwerfung unter die sofortige Zwangsvollstreckung bei einer **Sicherungsgrundschuld** stellt auch dann keine unangemessene Benachteiligung des Darlehensnehmers iSd § 307 Abs. 1 BGB dar, wenn die Bank die Darlehensforderung nebst Grundschuld frei an beliebige Dritte abtreten kann.[119]

59a Bei dem **Eintritt in den Sicherungsvertrag** durch den Zessionar einer Grundschuld handelt es sich (nur) dann um eine vom Notar im formalisierten Klauselerteilungsverfahren zu berücksichtigende Vollstreckungsbedingung (§ 726), wenn diese Bedingung – was regelmäßig nicht der Fall ist – im Wortlaut der notariellen Urkunde angelegt ist. Ist eine Vollstreckungsbedingung im Wortlaut der notariellen Unterwerfungserklärung in keiner Weise angelegt und ergibt sie sich allein aus einer interessengeleiteten Auslegung, ist die Grenze der vom Klauselerteilungsorgan vorzunehmenden Auslegung wegen der nicht hinnehmbaren Unwägbarkeiten im Zwangsvollstreckungsverfahren überschritten[120] (vgl § 726 Rn 4). Wird die Vollstreckungsunterwerfungserklärung in persönlicher Hinsicht gegenüber dem „jeweiligen Gläubiger" abgegeben, ist dem Vollstreckungstitel im Wege der Auslegung die Vollstreckungsbedingung zu entnehmen, dass jedenfalls die Vollstreckung jedes Rechtsnachfolgers des in der Schuldurkunde bezeichneten Gläubigers hinsichtlich der persönlichen Forderung gegen den Schuldner – über die hierfür maßgeblichen allgemeinen Vollstreckungsvoraussetzungen hinaus – von dem Eintritt einer weiteren Tatsache, nämlich dem Erwerb der Grundschuld, abhängt. Einwendungen gegen eine derart gebotene Auslegung sind formeller Art und können im Klauselerinnerungsverfahren nach § 732 Abs. 1 vorgebracht werden.[121] Die Einwendung des Vollstreckungsschuldners, die Unterwerfungserklärung erstrecke sich nur auf Ansprüche aus einer treuhänderisch gebundenen Sicherungsgrundschuld und der Zessionar sei nicht in die treuhänderische Bindung

---

116 So BGH NJW 2009, 1887 = ZIP 2009, 935; BGH NJW 2004, 59, 61 = ZIP 2003, 2346; BGH NJW 2004, 839, 840 = DB 2004, 429 = ZIP 2004, 303 (noch zu §§ 3, 9 AGBG); Zöller/*Stöber*, § 794 Rn 31; s.a. MüKo-ZPO/*Wolfsteiner*, § 794 Rn 130 ff mwN, der – wie die überwiegende prozessrechtliche Literatur – die Anwendbarkeit der §§ 305 ff BGB auf die Unterwerfungserklärung selbst generell ablehnt.
117 Vgl BGH NJW 2001, 2096 = DNotZ 2001, 793 = ZIP 2001, 873; s.a. MüKo-ZPO/*Wolfsteiner*, § 794 Rn 143 mwN; wohl aA Schuschke/Walker/*Walker*, § 794 Rn 48.
118 BGH NJW 2002, 138, 139 (zu § 9 AGBG); BGH NJW 1999, 51, 52 (unwirksam gem. § 134 BGB); krit. hierzu MüKo-ZPO/*Wolfsteiner*, § 794 Rn 222; zur Gegenansicht vgl auch *Pause*, NJW 2000, 769. Zur Zulässigkeit des Nachweisverzichts auch unter Geltung des Risikobegrenzungsgesetzes DNotI-Report 21/2008, 161 ff.
119 BGHZ 185, 133 = DNotZ 2010, 542 = NJW 2010, 2041 = ZIP 2010, 1072 = ZNotP 2010, 270. Zum vor Inkrafttreten des Risikobegrenzungsgesetzes herrschenden Rechtsstreit vgl Vorauflage (2. Aufl. 2013), § 794 Rn 59.
120 So der VII. Senat des BGH (DNotZ 2011, 751 = NJW 2011, 2803 = WM 2011, 1460 = ZIP 2011, 1438) gegen die vom XI. Senat (BGHZ 185, 33 = NJW 2010, 2041 = ZIP 2010, 1072) aufgestellten Voraussetzungen; zust. *Kesseler*, ZIP 2011, 1442; *Wolfsteiner*, EWiR 2011, 579: „macht dem Spuk ... ein Ende" (S. 580).
121 BGH DNotZ 2012, 288 = NJW-RR 2012, 442 = WM 2012, 74 = ZNotP 2012, 117; vgl auch BGHZ 185, 133 = NJW 2010, 2041, hierzu *Everts*, DNotZ 2011, 724 ff.

eingetreten, kann hingegen nur im Klagewege gem. § 768 geltend gemacht werden (zur Abgrenzung beider Rechtsbehelfe vgl § 732 Rn 2 f).[122] Der Eintritt in den Sicherungsvertrag kann auch durch Abschluss eines Vertrages zugunsten Dritter erfolgen.[123]

e) Unberechtigte Zwangsvollstreckung. Gegen eine unberechtigte Zwangsvollstreckung aus einer vollstreckbaren Urkunde kann der Schuldner im Wege der Vollstreckungsgegenklage gem. § 767 – ggf auch im einstweiligen Rechtsschutz (§§ 795, 769) – vorgehen. Der Schuldner kann den ihm entstandenen Schaden aus schuldhaftem Verhalten des Gläubigers sowie gem. § 799 a verschuldensunabhängig (s. § 799 a Rn 1 ff) ersetzt verlangen.[124] 60

10. Vollstreckungstitel aus anderen EU-Mitgliedstaaten (Nr. 6–9). Abs. 1 Nr. 6 wurde mWz 12.12.2008 durch das Gesetz zur Verbesserung der grenzüberschreitenden Forderungsdurchsetzung und Zustellung eingefügt[125] und stellt ausdrücklich klar, dass für vollstreckbar erklärte **Europäische Zahlungsbefehle** auf der Grundlage der Verordnung (EG) Nr. 1896/2006[126] Grundlage der Zwangsvollstreckung sein können. Auf die Zwangsvollstreckung finden die §§ 1093–1096 Anwendung (§ 795 S. 3). Die Zustellung des Vollstreckungstitels im Ausland erfolgt gem. § 183. 61

Die Ergänzung des Abs. 1 um die **Nr. 7–9** mWz 10.1.2015 um Titel aus anderen EU-Mitgliedstaaten soll die Auffindbarkeit der im 11. Buch der ZPO normierten Durchführungsvorschriften erleichtern.[127] Sämtliche genannten Titel sind unmittelbar im Inland vollstreckbar, ohne dass es einer Vollstreckbarerklärung bedarf. 61a

11. Sonstige Vollstreckungstitel. Neben den Endurteilen (§ 704) und den in Abs. 1 aufgezählten Vollstreckungstiteln findet die Vollstreckung auch aus weiteren Schuldtiteln statt. § 36 GVGA (Schuldtitel nach der ZPO – ohne ausländische Schuldtitel) und § 38 GVGA (Schuldtitel nach anderen Gesetzen) enthalten eine (nicht abschließende) Aufstellung der relevantesten Schuldtitel. Zu nennen sind insb. die Festsetzung der Vergütung und Auslagen der Gründungsprüfer bei der Errichtung einer Aktiengesellschaft (§ 35 Abs. 3 S. 5 AktG), gerichtliche Beschlüsse gem. § 86 FamFG, Entscheidungen in Ehesachen und Familienstreitsachen (§ 120 FamFG), der rechtskräftige Insolvenzplan (§ 257 InsO), der Schuldenbereinigungsplan (§ 308 Abs. 1 InsO), die notarielle Kostenrechnung (§ 89 GNotKG), Festsetzungsbeschlüsse für Rechtsanwaltsvergütungen (§ 11 RVG) und Zuschlagsbeschlüsse im Verfahren der Zwangsversteigerung (§§ 93, 132 ZVG).[128] Dem **Schuldenbereinigungsplan** wird gem. § 308 Abs. 1 InsO die Wirkung eines gerichtlichen Vergleichs beigelegt. Hieraus folgt, dass die Wirksamkeit des Schuldenbereinigungsplans – wie beim Prozessvergleich – nicht davon 62

---

122 So BGH DNotZ 2011, 751 (LS d); insoweit ausdrücklich abweichend von BGHZ 185, 133 = NJW 2010, 2041. Zur Entwicklung der BGH-Rspr vgl Vorauflage (2. Aufl. 2013), § 794 Rn 59 a. S. auch Hk-ZPO/*Kindl*, § 794 Rn 37 a ff.
123 Der BGH (WM 2012, 1331) hat diese bislang streitige Frage nunmehr entschieden.
124 Zum Hintergrund des Inkrafttretens des § 799 a durch das Risikobegrenzungsgesetz vom 12.8.2008 (BGBl. I S. 1666) s. Vorauflage (2. Aufl. 2013), § 794 Rn 60.
125 Art. 1 Nr. 7 Gesetz zur Verbesserung der grenzüberschreitenden Forderungsdurchsetzung und Zustellung vom 30.10.2008 (BGBl. I S. 2122, 2123); vgl Zöller/*Stöber*, § 794 Rn 40.
126 Verordnung (EG) Nr. 1896/2006 des Europäischen Parlaments und des Rates vom 12. Dezember 2006 zur Einführung eines Europäischen Mahnverfahrens (ABl. EG Nr. L 399 vom 30.12.2006, S. 1 ff. Vgl *Sujecki*, NJW 2007, 1622 ff; *Jahn*, NJW 2007, 2890 ff; *Freitag/Leible*, BB 2008, 2750 ff; *Vollkommer/Huber*, NJW 2009, 1105 ff.
127 Begr. RegE, BT-Drucks. 18/823 vom 17.3.2014, S. 16; Hk-ZPO/*Kindl*, § 794 Rn 39.
128 Umfassende Aufzählung bei Baumbach/*Hartmann*, § 794 Rn 46 ff; s.a. Zöller/*Stöber*, § 794 Rn 43.

abhängt, dass dieser einen vollstreckungsfähigen Inhalt aufweist.[129] Die Vollstreckung öffentlich-rechtlicher Forderungen hingegen richtet sich nach dem Verwaltungs-Vollstreckungsgesetz und setzt die Vorlage eines zivilrechtlichen Titels nicht voraus (vgl § 15 ZVG Rn 26).

III. Entbehrlichkeit von Duldungstiteln (Abs. 2)

63 Von der Zwangsvollstreckung gegen den Schuldner ist in den in Abs. 2 aufgeführten Fällen auch eine weitere Person betroffen. Dieser **Dritte** kann in vollstreckbaren Urkunden iSd Abs. 1 Nr. 5 die sofortige Zwangsvollstreckung in diejenigen Gegenstände bewilligen, die seinem Recht unterworfen sind. Durch die Abgabe dieser Bewilligungserklärung wird ein Duldungstitel gegen den Dritten entbehrlich.

§ 794 a Zwangsvollstreckung aus Räumungsvergleich

(1) ¹Hat sich der Schuldner in einem Vergleich, aus dem die Zwangsvollstreckung stattfindet, zur Räumung von Wohnraum verpflichtet, so kann ihm das Amtsgericht, in dessen Bezirk der Wohnraum belegen ist, auf Antrag eine den Umständen nach angemessene Räumungsfrist bewilligen. ²Der Antrag ist spätestens zwei Wochen vor dem Tag, an dem nach dem Vergleich zu räumen ist, zu stellen; §§ 233 bis 238 gelten sinngemäß. ³Die Entscheidung ergeht durch Beschluss. ⁴Vor der Entscheidung ist der Gläubiger zu hören. ⁵Das Gericht ist befugt, die im § 732 Abs. 2 bezeichneten Anordnungen zu erlassen.

(2) ¹Die Räumungsfrist kann auf Antrag verlängert oder verkürzt werden. ²Absatz 1 Satz 2 bis 5 gilt entsprechend.

(3) ¹Die Räumungsfrist darf insgesamt nicht mehr als ein Jahr, gerechnet vom Tag des Abschlusses des Vergleichs, betragen. ²Ist nach dem Vergleich an einem späteren Tag zu räumen, so rechnet die Frist von diesem Tag an.

(4) Gegen die Entscheidung des Amtsgerichts findet die sofortige Beschwerde statt.

(5) ¹Die Absätze 1 bis 4 gelten nicht für Mietverhältnisse über Wohnraum im Sinne des § 549 Abs. 2 Nr. 3 sowie in den Fällen des § 575 des Bürgerlichen Gesetzbuchs. ²Endet ein Mietverhältnis im Sinne des § 575 des Bürgerlichen Gesetzbuchs durch außerordentliche Kündigung, kann eine Räumungsfrist höchstens bis zum vertraglich bestimmten Zeitpunkt der Beendigung gewährt werden.

§§ 36, 43 GVGA

I. Normzweck

1 Gemäß § 721 kann für die Vollstreckung aus Urteilen eine Räumungsfrist gewährt werden. § 794 a schafft diese Möglichkeit auch für **Räumungsvergleiche** und fördert so die Bereitschaft des Schuldners zu einer vergleichsweisen Rege-

---

129 OLG Köln NJW 2000, 223, 225.

II. Fristgewährung (Abs. 1 und 4)

Die Fristgewährung ist gem. Abs. 1 S. 1 möglich für die Zwangsvollstreckung aus „einem **Vergleich**". Vom Anwendungsbereich ist sowohl der gerichtliche Vergleich gem. § 794 Abs. 1 Nr. 1 als auch die Vollstreckbarerklärung eines Anwaltsvergleichs gem. § 794 Abs. 1 Nr. 4 b erfasst (s. § 796 a Rn 2).[3] Durch den Verweis in § 95 Abs. 1 Nr. 2 FamFG auf die Vorschriften der ZPO gilt dies auch für Vergleiche in Ehewohnungssachen gem. §§ 200 ff FamFG.[4] Auf die Räumungsvollstreckung aus einer **Unterwerfungserklärung** gem. § 794 Abs. 1 Nr. 5 findet § 794 a entsprechende Anwendung,[5] hingegen nach überwiegender Ansicht nicht auf außergerichtliche Vergleiche.[6]

§ 794 a kommt nur bei der „**Räumung von Wohnraum**" (Abs. 1 S. 1) in Betracht. Bei **Mischmietverhältnissen** über Wohnraum und anders genutzte Räumlichkeiten findet § 794 a insgesamt Anwendung, wenn die Wohnraummiete den Schwerpunkt bildet oder wenn eine getrennte Rückgabe der Wohnräume tatsächlich möglich, wirtschaftlich sinnvoll und dem Vermieter zumutbar ist.[7]

Über die Fristgewährung wird nur auf **Antrag** entschieden. Dieser ist gem. Abs. 1 S. 2 Hs 1 spätestens **zwei Wochen** vor dem festgelegten Räumungstermin zu stellen. Wurde eine kürzere Räumungsfrist oder sofortige Räumung vereinbart, ist dennoch der Antrag auf Fristgewährung gem. § 794 a zulässig.[8] Wiedereinsetzung in den vorigen Stand ist gem. Abs. 1 S. 2 Hs 2 möglich.

Die **Entscheidung** ergeht nach **Anhörung des Gläubigers** (Abs. 1 S. 4) durch **Beschluss** (Abs. 1 S. 3), der immer zu begründen ist.[9] Nach Abs. 1 S. 5 kann das Gericht auch einstweilige Anordnungen erlassen.

---

1 Vgl Hk-ZPO/*Kindl*, § 794 a Rn 1; Schuschke/Walker/*Walker*, § 794 a Rn 1; Stein/Jonas/*Münzberg*, § 794 a Rn 1.
2 Str; ausdrücklich offen gelassen von BGH NJW-RR 2009, 422; wie hier Baumbach/*Hartmann*, § 794 a Rn 1; MüKo-ZPO/*Wolfsteiner*, § 794 a Rn 1 (unter Hinweis auf die soziale Komponente); Zöller/*Stöber*, § 794 a Rn 7; aA Hk-ZPO/*Kindl*, § 794 a Rn 1 aE (unter Hinweis auf § 765 a); Musielak/*Lackmann*, § 794 a Rn 2; Stein/Jonas/*Münzberg*, § 794 a Rn 1.
3 Hk-ZPO/*Kindl*, § 794 a Rn 1; MüKo-ZPO/*Wolfsteiner*, § 794 a Rn 2; Zöller/*Stöber*, § 794 a Rn 1; aA (gilt nur für den gerichtlichen Vergleich) Baumbach/*Hartmann*, § 794 a Rn 3.
4 MüKo-ZPO/*Wolfsteiner*, § 794 a Rn 2.
5 Hk-ZPO/*Kindl*, § 794 a Rn 1; Stein/Jonas/*Münzberg*, § 794 a Rn 1; Zöller/*Stöber*, § 794 a Rn 1.
6 Vgl Baumbach/*Hartmann*, § 794 a Rn 3; Hk-ZPO/*Kindl*, § 794 a Rn 1; MüKo-ZPO/*Wolfsteiner*, § 794 a Rn 2; Stein/Jonas/*Münzberg*, § 794 a Rn 1; Zöller/*Stöber*, § 794 a Rn 1; aA LG Hamburg MDR 1981, 236.
7 Schuschke/Walker/*Walker*, § 794 a Rn 1. Nach OLG Oldenburg (NJW 2015, 709) ist die Titulierung eines Räumungsanspruchs in notarieller Urkunde bei untrennbaren Mischmietverhältnissen generell unzulässig.
8 Str; so Hk-ZPO/*Kindl*, § 794 a Rn 5; Musielak/*Lackmann*, § 794 a Rn 2; Stein/Jonas/*Münzberg*, § 794 a Rn 8 (unter Hinweis die sinngemäße Anwendbarkeit der §§ 233 ff); aA (Anwendung des § 794 a entfällt) Schuschke/Walker/*Walker*, § 794 a Rn 2; Thomas/Putzo/*Seiler*, § 794 a Rn 4.
9 Schuschke/Walker/*Walker*, § 794 a Rn 2 aE; vgl auch Baumbach/*Hartmann*, § 794 a Rn 7; Musielak/*Lackmann*, § 794 a Rn 6.

6 Ausschließlich (§ 802) **zuständig** ist das Amtsgericht, in dessen Bezirk der Wohnraum belegen ist. Funktional zuständig ist der Richter und nicht der Rechtspfleger (§ 20 Abs. 1 Nr. 17 RPflG), denn das Gericht entscheidet als Prozessgericht.[10]

7 Gegen die Entscheidung über die Fristgewährung findet die **sofortige Beschwerde** (**Abs. 4**), unter den Voraussetzungen des § 574 Abs. 1 auch die Rechtsbeschwerde statt.

8 Die **Entscheidungskriterien** für die „den Umständen nach angemessene Räumungsfrist" (vgl Abs. 1 S. 1) entsprechen im Wesentlichen denen des § 721 (s. § 721 Rn 11 ff). Jedoch ist im Rahmen des § 794 a zusätzlich zu berücksichtigen, dass der Schuldner sich vergleichsweise mit dem Räumungstermin einverstanden erklärt hat. Hierdurch bringt er zum Ausdruck, dass die Einhaltung des Termins möglich und zumutbar sei.[11] Daher sind nur solche Umstände zu berücksichtigen, die sich nachträglich ergeben haben und die der Schuldner bei Vergleichsschluss nicht hat vorhersehen können.[12]

III. Länge der Räumungsfrist (Abs. 2 und 3)

9 Nach Abs. 2 S. 1 ist auf Antrag eine Verlängerung oder Verkürzung der bewilligten Räumungsfrist möglich. Die **Höchstdauer** von einem Jahr gem. Abs. 3 S. 1 darf aber nicht überschritten werden.[13] Eine zwischen den Parteien vergleichsweise vereinbarte Räumungsfrist kann durch gerichtliche Entscheidung weder in direkter noch in analoger Anwendung des § 794 a verkürzt werden.[14] Die Frist beginnt mit Abschluss des Vergleichs (Abs. 3 S. 1), bei einem Widerrufsvorbehalt nach Ablauf der Widerrufsfrist.[15] Die im Vergleich oder sonst gewährten Fristen werden auf die Jahresfrist nicht angerechnet.[16]

IV. Ausgenommene Mietverhältnisse (Abs. 5)

10 Abs. 5 ist § 721 Abs. 7 nachgebildet (vgl § 721 Rn 3).

V. Kosten

11 Für die Entscheidung fallen gerichtliche Gebühren nicht an.

12 Ein **Beschwerdeverfahren** lässt die Gerichtsgebühr (Festgebühr) Nr. 2121 KV GKG entstehen, soweit die Beschwerde verworfen oder zurückgewiesen wird. Wird die Beschwerde nur teilweise verworfen oder zurückgewiesen, kann das Gericht die Gebühr nach billigem Ermessen auf die Hälfte ermäßigen oder bestimmen, dass eine Gebühr nicht zu erheben ist (Anm. zu Nr. 2121 KV GKG). Für eine verworfene oder zurückgewiesene **Rechtsbeschwerde** ist die Gebühr Nr. 2124 KV GKG zu erheben.

---

10 Hk-ZPO/*Kindl*, § 794 a Rn 6; MüKo-ZPO/*Wolfsteiner*, § 794 a Rn 7; Stein/Jonas/*Münzberg*, § 794 a Rn 8; Gaul/Schilken/Becker-Eberhard/*Becker-Eberhard*, § 29 V., Rn 10.
11 So auch Stein/Jonas/*Münzberg*, § 794 a Rn 2; vgl auch Hk-ZPO/*Kindl*, § 794 a Rn 2.
12 Anders LG München I ZMR 2009, 371. Im Einzelnen **str**; vgl Baumbach/*Hartmann*, § 794 a Rn 5; Hk-ZPO/*Kindl*, § 794 a Rn 2; Musielak/*Lackmann*, § 794 a Rn 5; MüKo-ZPO/*Wolfsteiner*, § 794 a Rn 4; Schuschke/Walker/*Walker*, § 794 a Rn 3; Stein/Jonas/*Münzberg*, § 794 a Rn 2; Thomas/Putzo/*Seiler*, § 794 a Rn 2; Zöller/*Stöber*, § 794 a Rn 2.
13 Hk-ZPO/*Kindl*, § 794 a Rn 4.
14 LG München I 7.10.2014 – 14 T 17971/14, juris.
15 Hk-ZPO/*Kindl*, § 794 a Rn 3.
16 Baumbach/*Hartmann*, § 794 a Rn 3; Hk-ZPO/*Kindl*, § 794 a Rn 3; Stein/Jonas/*Münzberg*, § 794 a Rn 4; Thomas/Putzo/*Seiler*, § 794 a Rn 7.

Für den **Rechtsanwalt** entsteht eine Verfahrensgebühr für Verfahren auf Bewilligung, Verlängerung oder Verkürzung einer Räumungsfrist (Nr. 3334, 3337 VV RVG). Es kann darüber hinaus auch eine Terminsgebühr anfallen (Vorbem. 3.3.6 iVm Nr. 3104 ff VV RVG). Ebenso kann für den Fall einer Einigung eine 1,0-Einigungsgebühr (Nr. 1000 VV RVG) entstehen (vgl auch § 721 Rn 25). 13

Zum **Gegenstandwert** s. § 721 Rn 26. Anordnungen nach Abs. 1 S. 5 sind, wenn nicht eine gesonderte mündliche Verhandlung stattfindet, keine besondere Angelegenheit (§ 19 Abs. 1 S. 2 Nr. 11 RVG). 14

§ 795 Anwendung der allgemeinen Vorschriften auf die weiteren Vollstreckungstitel

¹Auf die Zwangsvollstreckung aus den in § 794 erwähnten Schuldtiteln sind die Vorschriften der §§ 724 bis 793 entsprechend anzuwenden, soweit nicht in den §§ 795 a bis 800, 1079 bis 1086, 1093 bis 1096 und 1107 bis 1117 abweichende Vorschriften enthalten sind. ²Auf die Zwangsvollstreckung aus den in § 794 Abs. 1 Nr. 2 erwähnten Schuldtiteln ist § 720 a entsprechend anzuwenden, wenn die Schuldtitel auf Urteilen beruhen, die nur gegen Sicherheitsleistung vorläufig vollstreckbar sind. ³Die Vorschriften der in § 794 Absatz 1 Nummer 6 bis 9 genannten Verordnungen bleiben unberührt.

§§ 43, 48, 49 GVGA

S. 1 ist mWv 10.1.2015 um den Verweis auf diejenigen Vorschriften ergänzt[1] worden, die die Durchführung der in § 794 Abs. 1 Nr. 6–9 genannten Verordnungen (EG) regeln. Vorbehaltlich der Sonderregelungen in §§ 795 a–800, 1079–1086, 1093–1096 und 1107–1117 findet die Vollstreckung aus den Titeln des § 794 wie aus **Urteilen** statt. Im Anwendungsbereich der Sonderregelungen verdrängen diese die allgemeinen Bestimmungen.[2] So stellt § 798 eine Ausnahme zu § 750 Abs. 1 dar, §§ 799 und 800 sind Sondervorschriften zu § 750 Abs. 2. §§ 796 Abs. 3, 797 Abs. 1, 3, 5 und 6 sowie §§ 797 a und 800 regeln von §§ 724 ff abweichende Zuständigkeiten.[3] Für weitere Angaben wird auf die jeweilige Kommentierung der Vorschriften verwiesen. § 795 gilt grds. auch für sonstige, nicht in § 794 aufgeführte Titel (s. § 794 Rn 62).[4] 1

Gemäß S. 2 findet § 720 a auf **Kostenfestsetzungsbeschlüsse** entsprechende Anwendung, wenn diese ihrerseits auf Urteilen beruhen, die nur gegen Sicherheitsleistung vorläufig vollstreckbar sind. Die Höhe der zu leistenden Sicherheit richtet sich nach dem im Kostenfestsetzungsbeschluss festgesetzten Kosten.[5] S. 2 gilt sowohl für selbständige als auch für unselbständige Kostenfestsetzungsbeschlüsse.[6] Die Abwendungsbefugnis der Sicherungsvollstreckung gilt ipso iure und muss nicht ausdrücklich ausgesprochen werden.[7] 2

---

1 Durch Gesetz zur Durchführung der Verordnung (EU) Nr. 1215/2012 sowie zur Änderung sonstiger Vorschriften vom 8.7.2014 (BGBl. I S 890).
2 Hk-ZPO/*Kindl*, § 795 Rn 1.
3 Zöller/*Stöber*, § 795 Rn 1; ausf. hierzu Stein/Jonas/*Münzberg*, § 795 Rn 3 ff; vgl auch Baumbach/*Hartmann*, § 795 Rn 2 ff.
4 MüKo-ZPO/*Wolfsteiner*, § 795 Rn 5.
5 OLG Karlsruhe Rpfleger 2000, 555 f.
6 Vgl MüKo-ZPO/*Wolfsteiner*, § 795 Rn 6.
7 OLG Karlsruhe Rpfleger 2000, 555, 556.

3 S. 3 wurde mWz 10.1.2015 geändert[8] und verweist für Vollstreckungstitel iSd § 794 Abs. 1 Nr. 6–9 auf deren besondere Regelungen (vgl § 794 Rn 61).[9]

§ 795 a Zwangsvollstreckung aus Kostenfestsetzungsbeschluss

Die Zwangsvollstreckung aus einem Kostenfestsetzungsbeschluss, der nach § 105 auf das Urteil gesetzt ist, erfolgt auf Grund einer vollstreckbaren Ausfertigung des Urteils; einer besonderen Vollstreckungsklausel für den Festsetzungsbeschluss bedarf es nicht.

§§ 35 Abs. 5, 43 GVGA

1 Kostenfestsetzungsbeschlüsse treten in zwei Formen auf: Für den selbständigen Kostenfestsetzungsbeschluss gem. § 104 gelten gem. § 795 die allgemeinen Vorschriften (§§ 724–793), dh es ist eine Vollstreckungsklausel erforderlich, zudem ist die Wartefrist gem. § 798 einzuhalten (s. § 798 Rn 1). § 795 a gilt nur für den (unselbständigen) **Kostenfestsetzungsbeschluss** gem. § 105. Die zum Titel[1] erteilte Vollstreckungsklausel gilt in diesem Fall auch als Klausel zum Kostenfestsetzungsbeschluss.[2] Es handelt sich um einen einheitlichen Vollstreckungstitel,[3] so dass der Kostenfestsetzungsbeschluss den gleichen vollstreckungsmäßigen Beschränkungen unterworfen ist, wie sie für die Vollstreckung des Grundtitels gelten (so zB die Einhaltung einer Wartefrist).[4]

2 Wird der Kostenfestsetzungsbeschluss **nachträglich** vom Urteil **getrennt**,[5] ist die Erteilung einer neuen Vollstreckungsklausel oder einer besonderen Ausfertigung erforderlich.[6]

§ 795 b Vollstreckbarerklärung des gerichtlichen Vergleichs

Bei Vergleichen, die vor einem deutschen Gericht geschlossen sind (§ 794 Abs. 1 Nr. 1) und deren Wirksamkeit ausschließlich vom Eintritt einer sich aus der Verfahrensakte ergebenden Tatsache abhängig ist, wird die Vollstreckungsklausel von dem Urkundsbeamten der Geschäftsstelle des Gerichts des ersten Rechtszugs und, wenn der Rechtsstreit bei einem höheren Gericht anhängig ist, von dem Urkundsbeamten der Geschäftsstelle dieses Gerichts erteilt.

---

8 Durch Gesetz zur Durchführung der Verordnung (EU) Nr. 1215/2012 sowie zur Änderung sonstiger Vorschriften vom 8.7.2014 (BGBl. I S 890).
9 Hk-ZPO/*Kindl*, § 795 Rn 3.
1 § 795 a gilt nicht nur für Urteile, sondern für alle Titel, auf die § 105 (entsprechende) Anwendung findet (vgl Schuschke/Walker/*Walker*, § 795 a Rn 1; Thomas/Putzo/*Seiler*, § 795 a Rn 1).
2 MüKo-ZPO/*Wolfsteiner*, § 795 a Rn 2.
3 Baumbach/*Hartmann*, § 795 a Rn 2.
4 Vgl MüKo-ZPO/*Wolfsteiner*, § 795 a Rn 2.
5 Vgl hierzu Hk-ZPO/*Gierl*, § 105 Rn 13.
6 Stein/Jonas/*Münzberg*, § 795 a Rn 2; vgl auch MüKo-ZPO/*Wolfsteiner*, § 795 a Rn 3.

I. Zuständigkeit

Die Vorschrift ist mWz 1.1.2007 in die ZPO eingefügt worden.[1] Hängt die Wirksamkeit eines gerichtlichen Vergleichs ausschließlich vom Eintritt einer Tatsache ab, die sich aus der Verfahrensakte ergibt, ist der **Urkundsbeamte der Geschäftsstelle** für die Klauselerteilung zuständig. Im Anwendungsbereich des § 795 b, dh für solche **Widerrufsvergleiche** (vgl § 794 Rn 17 ff), die nur gegenüber dem Gericht widerrufen werden können, ist der Urkundsbeamte der Geschäftsstelle zuständig.[2] Gleiches gilt für **Unterhaltsvergleiche** unter der aufschiebenden Bedingung der Rechtskraft des Scheidungsbeschlusses.[3] Es handelt sich um eine reine Zuständigkeitsverlagerung. Die Anforderungen an die Klauselerteilung richten sich nach § 724 oder § 726, für den Widerrufsvergleich folglich nach § 726.[4]

II. Übergangsregelungen

Mangels Übergangsregelungen gilt § 795 b für alle Klauseln, die nach dem 1.1.2007 erteilt werden, unabhängig vom Zeitpunkt des Vergleichsschlusses oder des Bedingungseintritts.[5]

III. Voraussetzungen

Der Tatsacheneintritt bzw deren Nichteintritt muss unmittelbar Teil der Gerichtsakte sein. Nicht ausreichend ist es, wenn sich diese Information aus einer anderen Akte oder aus zur Verfahrensakte eingereichten Urkunden (zB behördliche Genehmigungen, Notarerklärungen) ergibt.[6]

Die Voraussetzungen sind beim **Widerrufsvergleich** nur dann gegeben, wenn der Widerruf ausschließlich dem Gericht gegenüber zu erklären ist.[7] Ist der Widerruf (auch) der anderen Partei gegenüber zu erklären, kommt § 795 b nicht zur Anwendung. Für die Klauselerteilung ist dann der Rechtspfleger zuständig.[8] Dementsprechend gilt § 795 b für die vorstehend genannten **Unterhaltsvergleiche** nur, wenn die aufschiebende Bedingung der Rechtskraft des Scheidungsbeschlusses aus der Akte dieses (Verbund-)Verfahrens zu ersehen ist. Ist die Scheidung Gegenstand eines selbständigen Verfahrens, ist nicht der Urkundsbeamte, sondern der Rechtspfleger zuständig.[9]

IV. Kosten

Vgl § 724 Rn 18 f.

---

1 Art. 10 Nr. 9 Zweites Gesetz zur Modernisierung der Justiz (2. Justizmodernisierungsgesetz) vom 22.12.2006 (BGBl. I S. 3416, 3421); amtl. Begr. BR-Drucks. 550/06 vom 11.8.2006, S. 85; BT-Drucks. 16/3038 vom 19.10.2006, S. 41; *Fölsch*, MDR 2007, 121, 123 f.
2 Zur Rspr vor Inkrafttreten der Vorschrift s. Vorauflage (2. Aufl. 2013), § 795 b Rn 1. Vgl OLG Dresden MDR 2010, 1491 zur Eintragung eines Amtswiderspruchs gegen eine Zwangssicherungshypothek, die auf der Grundlage einer wegen funktioneller Unzuständigkeit des Urkundsbeamten unwirksamen Klausel eingetragen wurde.
3 *v. Preuschen*, NJW 2007, 321, 323/324; vgl auch Hk-ZPO/*Kindl*, § 795 b Rn 1.
4 LG Koblenz Rpfleger 2011, 389 f; Musielak/*Lackmann*, § 795 b Rn 1; *Sandhaus*, Rpfleger 2008, 236, 237; aA Zöller/*Stöber*, § 795 b Rn 6; Schuschke/Walker/*Walker*, § 795 b Rn 5 (Klausel wird nach § 724 erteilt).
5 MüKo-ZPO/*Wolfsteiner*, § 795 b Rn 4.
6 Vgl Zöller/*Stöber*, § 795 b Rn 2; krit. hierzu MüKo-ZPO/*Wolfsteiner*, § 795 b Rn 1.
7 LG Koblenz Rpfleger 2011, 389 f.
8 Hk-ZPO/*Kindl*, § 795 b Rn 2; MüKo-ZPO/*Wolfsteiner*, § 795 b Rn 2; Zöller/*Stöber*, § 795 b Rn 3.
9 MüKo-ZPO/*Wolfsteiner*, § 795 b Rn 2.

§ 796 Zwangsvollstreckung aus Vollstreckungsbescheiden

(1) Vollstreckungsbescheide bedürfen der Vollstreckungsklausel nur, wenn die Zwangsvollstreckung für einen anderen als den in dem Bescheid bezeichneten Gläubiger oder gegen einen anderen als den in dem Bescheid bezeichneten Schuldner erfolgen soll.

(2) Einwendungen, die den Anspruch selbst betreffen, sind nur insoweit zulässig, als die Gründe, auf denen sie beruhen, nach Zustellung des Vollstreckungsbescheids entstanden sind und durch Einspruch nicht mehr geltend gemacht werden können.

(3) Für Klagen auf Erteilung der Vollstreckungsklausel sowie für Klagen, durch welche die den Anspruch selbst betreffenden Einwendungen geltend gemacht werden oder der bei der Erteilung der Vollstreckungsklausel als bewiesen angenommene Eintritt der Voraussetzung für die Erteilung der Vollstreckungsklausel bestritten wird, ist das Gericht zuständig, das für eine Entscheidung im Streitverfahren zuständig gewesen wäre.

§ 35 Abs. 4 GVGA

I. Allgemeines

1 Diese Vorschrift trifft für Titel gem. § 794 Abs. 1 Nr. 4 besondere Regelungen iSd § 795.

2 Im **Ausland** ist die Vollstreckung im Anwendungsbereich des EuGVÜ auch aus Vollstreckungsbescheiden, aber abweichend von § 796 nur mit einer Vollstreckungsklausel möglich (§ 31 AVAG).[1]

II. Klauselerfordernis (Abs. 1)

3 Bei der Zwangsvollstreckung aus Vollstreckungsbescheiden (§ 699) ist eine **Vollstreckungsklausel** grds. entbehrlich. Dies ergibt sich daraus, dass das Mahnverfahren nur für unbedingte Ansprüche zulässig ist (§ 688 Abs. 2 Nr. 2).[2] Die Klauselerteilung ist nur dann erforderlich, wenn die Zwangsvollstreckung für oder gegen andere als im Bescheid bezeichnete Personen erfolgen soll (§§ 727, 728, 729, 738, 742, 744, 744 a und 749).[3] Für die Rechtsnachfolgeklausel gelten die Formvorschriften der §§ 724 ff, die Sonderregelung des § 703 b findet keine Anwendung.[4] Auch für die Erteilung einer weiteren vollstreckbaren Ausfertigung (§ 733) bedarf es der Klauselerteilung.[5]

4 Es fehlt an einer ausdrücklichen Regelung der **Zuständigkeit** für die Klauselerteilung. Nach dem Gedanken des § 724 Abs. 2 ist das Amtsgericht zuständig, das den Vollstreckungsbescheid erlassen hat.[6]

---

1 Vgl Hk-ZPO/*Kindl*, § 796 Rn 2; MüKo-ZPO/*Wolfsteiner*, § 796 Rn 3; Schuschke/Walker/*Walker*, § 796 Rn 1; Stein/Jonas/*Münzberg*, § 796 Rn 1.
2 MüKo-ZPO/*Wolfsteiner*, § 796 Rn 1; Musielak/*Lackmann*, § 796 Rn 1.
3 Hk-ZPO/*Kindl*, § 796 Rn 2; Stein/Jonas/*Münzberg*, § 796 Rn 1.
4 AG Leutkirch DGVZ 2011, 93.
5 Vgl BGH Rpfleger 2006, 611; OLG Stuttgart InVo 2005, 31; MüKo-ZPO/*Wolfsteiner*, § 796 Rn 4.
6 BGH NJW 1993, 3141, 3142; Hk-ZPO/*Kindl*, § 796 Rn 2; Stein/Jonas/*Münzberg*, § 796 Rn 1; vgl auch BayObLG Rpfleger 2006, 418, 419. Teilweise wird auf das Gericht abgestellt, das den Mahnbescheid erlassen hat (so OLG Stuttgart InVo 2005, 31; Musielak/*Lackmann*, § 796 Rn 2; Schuschke/Walker/*Walker*, § 796 Rn 1; Zöller/*Stöber*, § 796 Rn 1), wobei die Gerichte nicht zwingend identisch sind (s. § 699 Abs. 1 S. 3).

III. Präklusion (Abs. 2)

Für Einwendungen gegen Vollstreckungsbescheide (§ 700) trifft Abs. 2 eine § 767 Abs. 2 modifizierende Regelung.[7] Maßgeblicher Zeitpunkt für den Eintritt der Präklusionswirkung ist hiernach die Zustellung des Vollstreckungsbescheids.[8]

IV. Zuständigkeit für Klagen (Abs. 3)

Für Klagen gem. §§ 731, 767 und 768 trifft Abs. 3 eine besondere Zuständigkeitsregelung. Ausschließlich zuständig (§ 802) ist danach das Gericht, das für eine Entscheidung im Streitverfahren zuständig gewesen wäre. Die Zuständigkeit kann sich auch aus einer vor Klageerhebung getroffenen **Prorogation** ergeben.[9] Nachträgliche Prorogation ist wegen § 802 ausgeschlossen.[10] Richtet sich die mit der Vollstreckungsabwehrklage geltend gemachte Einwendung nur gegen einen Teilbetrag des Vollstreckungsbescheids, ist das Amtsgericht zuständig, wenn dieser Wert die sachliche Zuständigkeit der Amtsgerichte nicht übersteigt. Dies gilt auch dann, wenn der Nominalbetrag des Titels die Wertgrenze übersteigt.[11] Die ausschließliche Zuständigkeit des Prozessgerichts kann nicht durch eine **Klagenhäufung** (§ 260) gegen mehrere titulierte Ansprüche beeinflusst werden.[12]

V. Kosten

Für die Klauselerteilung entstehen grds. keine **gerichtlichen Gebühren**. Für Klagen nach Abs. 3 entstehen die Gerichtsgebühren für das Verfahren im ersten Rechtszug (Nr. 1210 ff KV GKG).[13]

Für den **Rechtsanwalt** ist die erstmalige Erteilung der Vollstreckungsklausel, wenn deswegen keine Klage erhoben wird (§ 19 Abs. 1 S. 2 Nr. 13 RVG), keine besondere Angelegenheit. Wird er allerdings im Rahmen einer Klage (§§ 731, 768) tätig, fallen Gebühren nach Nr. 3100 ff VV RVG an.[14] Eine Tätigkeit betreffend Einwendungen des Schuldners (§ 732)[15] gegen die Erteilung der Klausel stellt eine besondere Angelegenheit dar (§ 18 Abs. 1 Nr. 4 RVG),[16] wobei die Prüfung der Einwendungen für die Entstehung der Gebühr bereits ausreichend ist.[17]

§ 796 a Voraussetzungen für die Vollstreckbarerklärung des Anwaltsvergleichs

(1) Ein von Rechtsanwälten im Namen und mit Vollmacht der von ihnen vertretenen Parteien abgeschlossener Vergleich wird auf Antrag einer Partei für vollstreckbar erklärt, wenn sich der Schuldner darin der sofortigen Zwangsvollstreckung unterworfen hat und der Vergleich unter Angabe des Tages seines Zustan-

---

7 Vgl Schuschke/Walker/*Walker*, § 796 Rn 2.
8 Vgl VerfGH Berlin 1.11.2011 – 80/80, juris zum Verstoß gegen das Willkürverbot wegen grundlegender Verkennung der Bedeutung des § 796 Abs. 2.
9 OLG Hamm NJW-RR 2000, 65, 66; Hk-ZPO/*Kindl*, § 796 Rn 4; Musielak/*Lackmann*, § 796 Rn 3.
10 Stein/Jonas/*Münzberg*, § 796 Rn 5.
11 OLG Celle NJW-RR 2002, 1079; Hk-ZPO/*Kindl*, § 796 Rn 4; Musielak/*Lackmann*, § 796 Rn 3 aE; Thomas/Putzo/*Seiler*, § 796 Rn 3; Zöller/*Stöber*, § 796 Rn 3.
12 Vgl OLG Hamm NJW-RR 2000, 65, 67; Zöller/*Stöber*, § 796 Rn 3.
13 Hk-ZPO/*Kindl*, § 796 Rn 5; Hk-ZPO/*Kindl*, § 731 Rn 10.
14 Hk-ZPO/*Kindl*, § 796 Rn 5; Hk-ZPO/*Kindl*, § 731 Rn 10; AnwK-RVG/*Wolf/Mock/Volpert/N. Schneider/Fölsch/Thiel*, § 19 Rn 143.
15 OLG Koblenz JurBüro 2000, 77; OLG Hamburg JurBüro 1995, 547.
16 AnwK-RVG/*Wolf/Mock/Volpert/N. Schneider/Fölsch/Thiel*, § 19 Rn 143.
17 OLG Koblenz JurBüro 2000, 77.

dekommens bei einem Amtsgericht niedergelegt ist, bei dem eine der Parteien zur Zeit des Vergleichsabschlusses ihren allgemeinen Gerichtsstand hat.

(2) Absatz 1 gilt nicht, wenn der Vergleich auf die Abgabe einer Willenserklärung gerichtet ist oder den Bestand eines Mietverhältnisses über Wohnraum betrifft.

(3) Die Vollstreckbarerklärung ist abzulehnen, wenn der Vergleich unwirksam ist oder seine Anerkennung gegen die öffentliche Ordnung verstoßen würde.

I. Allgemeines

1 §§ 796 a–796 c regeln die Vollstreckbarerklärung eines Anwaltsvergleichs.[1] Die zuvor geltende Regelung des § 1044 a aF ist mWv 1.1.1998 durch das Schiedsverfahrens-Neuregelungsgesetz (SchiedsVfG) vom 22.12.1997[2] an die systematisch passendere Stelle nach § 796 eingeordnet worden.[3] Die Möglichkeit, aus einem Anwaltsvergleich ohne vorherige Durchführung eines Erkenntnisverfahrens vollstrecken zu können, soll zur Entlastung der Gerichte führen und eine Zeitersparnis mit sich bringen.[4]

2 Zur Einhaltung der **Wartefrist** s. § 796 b Rn 1 und § 798 Rn 1. Die Anwendbarkeit des § 794 a ist durch **Abs. 2** eingeschränkt, jedoch nicht ausgeschlossen (s. § 794 a Rn 2).[5] Insbesondere im Hinblick auf die Titulierungsmöglichkeit gem. § 794 Abs. 1 Nr. 5 hat die Vollstreckbarerklärung des Anwaltsvergleichs kaum praktische Bedeutung erlangt.[6]

3 Der für vollstreckbar erklärte Anwaltsvergleich ist „öffentliche Urkunde" iSd Art. 57 Brüssel I-VO/Art. 58 Brüssel Ia-VO bzw Art. 50 EuGVÜ/LugÜ.[7]

II. Inhalt und Voraussetzungen der Vollstreckbarerklärung (Abs. 1)

4 Vollstreckungstitel iSd § 794 Abs. 1 Nr. 4 b sind Beschlüsse des Gerichts oder des Notars über die Vollstreckbarerklärung eines Anwaltsvergleichs iSd Abs. 1.[8] Hierunter ist – vorbehaltlich der Einschränkungen gem. Abs. 2 – jeder schriftliche **Vergleich** iSd § 779 BGB zu verstehen, der von Rechtsanwälten für ihre Mandanten mit Vertretungsmacht und in deren Namen geschlossen wurde und die Vollstreckungsunterwerfung mindestens einer Partei enthält. Die Voraussetzung für das Vorliegen eines Vergleichs iSd § 779 BGB (gegenseitiges Nachgeben) müssen vorliegen, jedoch sind hieran keine zu strengen Anforderungen zu stellen (für den gerichtlichen Vergleich vgl § 794 Rn 7).[9]

5 Die **Unterwerfungserklärung** muss sich auf einen vollstreckbaren Anspruch beziehen und diesen hinreichend konkret bestimmen (vgl hierzu § 794 Rn 11). Feststellungsansprüche sind demnach nicht unterwerfungsfähig.[10] Soweit der Inhalt

---

1 Vgl auch *K. J. Müller*, RNotZ 2010, 167, 173 f; *Leutner/Hacker*, NJW 2012, 1318 ff.
2 BGBl. I S. 3224; vgl § 33 EGZPO.
3 Vgl Begr. RegE, BT-Drucks. 13/5274, S. 29. Zur Bedeutung dieser Neuregelung für die Möglichkeit des Anwaltsvergleichs in Arbeitssachen (vgl § 62 Abs. 2 ArbGG) s. Schuschke/Walker/*Walker*, § 796 a Rn 11.
4 Vgl *Zimmer*, ZNotP 2000, 175. Zum Thema insgesamt auch *Münzberg*, NJW 1999, 1357; *Münch*, ZNotP 1998, 474 ff.
5 Unklar insoweit Baumbach/*Hartmann*, § 796 a Rn 12.
6 Ebenso Hk-ZPO/*Kindl*, § 796 a Rn 1; MüKo-ZPO/*Wolfsteiner*, § 796 a Rn 1 („könnte schadlos ... gestrichen werden"); vgl auch Zöller/*Geimer*, § 796 a Rn 3.
7 Vgl zur Auslegung der Norm EuGH DNotZ 1999, 919 m. insoweit zweifelnder Anm. *Fleischhauer*; Stein/Jonas/*Münzberg*, § 796 a Rn 15; *Trittmann/Merz*, IPRax 2001, 178; aA *Geimer/Geimer*, § 796 a Rn 29; *Geimer*, IPRax 2000, 366; zweifelnd Musielak/*Voit*, § 796 a Rn 1.
8 Vgl BGH NJW 2006, 695, 697 = DNotZ 2006, 198, 199.
9 Vgl Musielak/*Voit*, § 796 a Rn 3 mwN.
10 AA Musielak/*Voit*, § 796 a Rn 9 aE; Zöller/*Geimer*, § 796 a Rn 12 und 26.

des Vergleichs nur teilweise vollstreckungsfähig ist, muss die Vollstreckbarerklärung diese Teile nicht ausdrücklich ausnehmen.[11] Die Titelfunktion der Vollstreckbarerklärung des Anwaltsvergleichs kann dem Vergleich nur insoweit verliehen werden, als sich die Unterwerfung unter die sofortige Zwangsvollstreckung auch auf den zu vollstreckenden Anspruch bezieht.[12]

Das **Schriftformerfordernis** ergibt sich aus der notwendigen Hinterlegungsfähigkeit des Vergleichs.[13] Weitere Formanforderungen werden nicht gestellt; die Unterzeichnung im Umlaufverfahren ist daher ebenfalls zulässig.[14] Die Unterschrift der Parteien ist nicht zwingend erforderlich,[15] aber zweckmäßig, da sie jeden Zweifel an der Wirksamkeit der Bevollmächtigung ausräumt.[16] § 127 a BGB findet auf den Anwaltsvergleich keine Anwendung.[17] Vergleiche über den **Versorgungsausgleich**, die vor Rechtskraft der Entscheidung über den Wertausgleich bei der Scheidung geschlossen werden, können wegen ihrer Beurkundungsbedürftigkeit (vgl § 7 Abs. 1 VersAusglG) nicht als Anwaltsvergleich geschlossen werden.[18] 6

Rechtsanwalt ist jeder gem. §§ 4 ff BRAO zugelassene Jurist sowie jeder Anwalt aus anderen Staaten, der gem. §§ 106 ff BRAO oder nach dem EuRAG[19] zur Berufsausübung in Deutschland zugelassen ist.[20] 7

Der Rechtsanwalt muss **mit Vollmacht** und im Namen der jeweiligen Partei handeln. Damit ist eine verdeckte Stellvertretung ebenso unzulässig wie eine Vertretung ohne Vertretungsmacht. Die den Vollmachtsmangel heilende Genehmigung muss spätestens im Zeitpunkt der Niederlegung des Vergleichs erteilt worden sein.[21] Die Wirksamkeit der Bevollmächtigung ist ebenso wie die Identität der unterzeichnenden Anwälte nur bei besonderen Anhaltspunkten oder auf Rüge hin zu überprüfen.[22] 8

Der Anwaltsvergleich muss unter **Angabe des Tages seines Zustandekommens** in Urschrift oder notarieller Ausfertigung[23] niedergelegt werden bei einem Amtsgericht gem. Abs. 1 oder einem Notar gem. § 796 c Abs. 1. Durch die **Niederlegung** soll der Verlust oder die nachträgliche Veränderung des Vergleichs verhindert werden. Die Angabe des Datums dient der Identifizierung[24] und kann sich auch aus dem Zeitpunkt der letzten Unterschrift ergeben.[25] 9

III. Grenzen des Anwendungsbereichs (Abs. 2 und 3)

1. Ausnahmen vom Geltungsbereich (Abs. 2). Die Vollstreckbarerklärung ist nicht für jeden vergleichsfähigen Anspruch möglich. Vom Geltungsbereich des 10

---

11 Hk-ZPO/*Kindl*, § 796 a Rn 6; Stein/Jonas/*Münzberg*, § 796 a Rn 5.
12 OLG Saarbrücken NJW-RR 2005, 1302, 1303.
13 So die hM; vgl Hk-ZPO/*Kindl*, § 796 a Rn 2; Zöller/*Geimer*, § 796 a Rn 13.
14 Hk-ZPO/*Kindl*, § 796 a Rn 2; Musielak/*Voit*, § 796 a Rn 4; Stein/Jonas/*Münzberg*, § 796 c Fn 12; Zöller/*Geimer*, § 796 a Rn 17.
15 Anders war dies gem. § 1044 a ZPO aF; vgl Schuschke/Walker/*Walker*, § 796 a Rn 3.
16 Vgl Hk-ZPO/*Kindl*, § 796 a Rn 2.
17 Statt aller MüKo-ZPO/*Wolfsteiner*, § 796 a Rn 9.
18 Musielak/*Voit*, § 796 a Rn 2.
19 Gesetz über die Tätigkeit europäischer Rechtsanwälte in Deutschland vom 9.3.2000 (BGBl. I S. 182).
20 Vgl Hk-ZPO/*Kindl*, § 796 a Rn 2; Musielak/*Voit*, § 796 a Rn 3.
21 Ebenso Hk-ZPO/*Kindl*, § 796 a Rn 2; Musielak/*Voit*, § 796 a Rn 3.
22 Zöller/*Geimer*, § 796 a Rn 20 aE; Kersten/Bühling/*Wolfsteiner*, § 21 Rn 188.
23 Baumbach/*Hartmann*, § 796 a Rn 8; Stein/Jonas/*Münzberg*, § 796 a Rn 8.
24 So Begr. RegE, BT-Drucks. 13/5274, S. 29.
25 Baumbach/*Hartmann*, § 796 a Rn 9; Stein/Jonas/*Münzberg*, § 796 a Rn 8; Zöller/*Geimer*, § 796 a Rn 16.

Abs. 1 ausgenommen ist ein Vergleich, der auf die **Abgabe einer Willenserklärung** gerichtet ist oder den **Bestand eines Mietverhältnisses über Wohnraum** betrifft (Abs. 2). Diese Vorschrift enthält die gleichen Einschränkungen, wie sie für die Vollstreckungsunterwerfung in notarieller Urkunde gem. § 794 Abs. 1 Nr. 5 gelten.[26] Vor diesem Hintergrund ist der nach dem Wortlaut zu weitgehende Anwendungsbereich des Abs. 2 dahingehend **teleologisch zu reduzieren**, dass nur die Vollstreckungsunterwerfung selbst sich nicht auf derartige Ansprüche beziehen darf. Soweit der Vergleich derartige Ansprüche betrifft, ohne dass sich der Schuldner diesbezüglich der Zwangsvollstreckung unterworfen hat, ist die Vollstreckbarerklärung anderer im Vergleich enthaltener Ansprüche möglich.[27] Die Ausführungen zum Anwendungsbereich und Umfang der Einschränkungen des § 794 Abs. 1 Nr. 5 gelten entsprechend (s. § 794 Rn 43), insb. ist die Vollstreckbarerklärung eines Räumungsanspruchs aus einem Anwaltsvergleich möglich, wenn dieser nach Beendigung des Mietverhältnisses geschlossen wurde.

11   **2. Ablehnungsgründe für die Vollstreckbarerklärung (Abs. 3).** Nach Abs. 3 ist die Vollstreckbarerklärung abzulehnen, wenn der Vergleich **unwirksam** ist oder seine Anerkennung gegen die **öffentliche Ordnung** verstoßen würde. Insoweit obliegt dem Gericht bzw dem Notar auch eine inhaltliche Prüfung des Vergleichs. Unwirksamkeitsgründe können sich aus den §§ 134, 138, 242 BGB ergeben. Führt der Verstoß gegen den ordre public zur Unwirksamkeit des Vergleichs, ist auch insoweit die Vollstreckbarerklärung abzulehnen.[28]

12   Umstritten ist, ob die Vollstreckbarerklärung abzulehnen ist, wenn **Einwendungen** gegen den (Fort-)**Bestand** des Anspruchs (zB gem. § 362 BGB) erhoben werden. Derartige Einwendungen sind im Rahmen der Vollstreckbarerklärung nicht zu berücksichtigen. Hätte das Gericht bzw der Notar diese Einwendungen bei der Entscheidung über die Erteilung des Vollstreckungstitels zu beachten, müssten sie iSd § 767 Abs. 2 geltend gemacht werden, um im Verfahren der Vollstreckungsgegenklage den Eintritt der Präklusionswirkung zu vermeiden.[29] Durch §§ 796 a ff soll den Parteien ermöglicht werden, kurzfristig einen Vollstreckungstitel ohne die vorherige Durchführung eines Erkenntnisverfahrens – insb. ohne mündliche Verhandlung (§ 128 Abs. 4) – zu erlangen (vgl Rn 1). Aus diesem Grunde sind diese Vollstreckungstitel unanfechtbar (§ 796 b Abs. 2 S. 3).[30] Die zeitintensive materielle Überprüfung des Anspruchs und die mündliche Verhandlung sollen ggf im Verfahren nach §§ 795, 767 stattfinden.[31]

IV. Kosten

13   Für das Verfahren über die Vollstreckbarerklärung eines Anwaltsvergleichs nach § 796 a ZPO entsteht eine **Gerichtsgebühr** nach Nr. 2118 KV GKG iHv 60,00 €. Für den **Rechtsanwalt** entstehen Gebühren nach Teil 3 Abschnitt 1 VV RVG (Verfahrensgebühr Nr. 3100 VV RVG; vgl Vorbem. 3.1 Abs. 1 VV RVG).[32] Ge-

---

26 Vgl Baumbach/*Hartmann*, § 796 a Rn 12; s.a. DNotI-Report 2007, 66, 67.
27 AllgM; vgl *Zimmer*, ZNotP 2000, 175.
28 Vgl BGH NJW 2001, 373 (zu § 1059); ebenso Baumbach/*Hartmann*, § 796 a Rn 14; Hk-ZPO/*Kindl*, § 796 a Rn 6.
29 S auch *K. J. Müller*, RNotZ 2010, 167, 174.
30 Vgl auch Stein/Jonas/*Münzberg*, § 796 b Fn 21.
31 Vgl BGH NJW 2006, 695, 698; so LG Halle NJW 1999, 3567; Baumbach/*Hartmann*, § 796 a Rn 14; Hk-ZPO/*Kindl*, § 796 a Rn 7; MüKo-ZPO/*Wolfsteiner*, § 796 a Rn 4 und 7; Stein/Jonas/*Münzberg*, § 796 b Rn 4; Thomas/Putzo/*Seiler*, § 796 c Rn 2 und 4; *Münzberg*, NJW 1999, 1357, 1358; aA (einschränkend) Musielak/*Voit*, § 796 a Rn 10; Schuschke/Walker/*Walker*, § 796 a Rn 8; Zöller/*Geimer*, § 796 a Rn 22.
32 OLG München MDR 2009, 1251 = FamRZ 2009, 2112.

genstandswert ist der volle Wert des Vergleichs, soweit er für vollstreckbar erklärt werden soll.[33] Abzustellen ist nur auf die Hauptforderung.[34]

§ 796 b Vollstreckbarerklärung durch das Prozessgericht

(1) Für die Vollstreckbarerklärung nach § 796 a Abs. 1 ist das Gericht als Prozessgericht zuständig, das für die gerichtliche Geltendmachung des zu vollstreckenden Anspruchs zuständig wäre.

(2) [1]Vor der Entscheidung über den Antrag auf Vollstreckbarerklärung ist der Gegner zu hören. [2]Die Entscheidung ergeht durch Beschluss. [3]Eine Anfechtung findet nicht statt.

I. Allgemeines

Vollstreckungstitel gem. § 794 Abs. 1 Nr. 4 b ist der für vollstreckbar erklärte Anwaltsvergleich iSd § 796 a (s. § 796 a Rn 4 ff). Die Vollstreckbarerklärung gem. § 796 b erfolgt durch gerichtlichen **Beschluss** (Abs. 2 S. 2). Bei der Vollstreckung aus dem Beschluss, der den Anwaltsvergleich für vollstreckbar erklärt, ist die **Wartefrist** gem. § 798 einzuhalten (vgl § 798 Rn 1). 1

Der gerichtliche Beschluss gem. § 796 b kann als ein „von einem Gericht gebilligte(r) ... Vergleich" (Art. 3 Abs. 1 S. 2 lit. a EuVTVO) als **europäischer Vollstreckungstitel** für unbestrittene Forderungen gebilligt werden (Art. 24 Abs. 1 EuVTVO). Nach der Bestätigung kann ohne weiteres Anerkennungsverfahren die Zwangsvollstreckung in den Mitgliedstaaten der EU betrieben werden – mit Ausnahme von Dänemark.[1] 2

II. Zuständigkeit (Abs. 1)

Sachlich und örtlich ausschließlich[2] zuständig (§ 802) ist das Prozessgericht, das zuständig wäre, wenn der zu vollstreckende Anspruch gerichtlich geltend gemacht worden wäre (Abs. 1). Maßgeblich ist der Zeitpunkt der Antragstellung, nicht derjenige des Vergleichsschlusses.[3] Getroffene Gerichtsstandvereinbarungen sind zu beachten.[4] Vor dem Landgericht gilt Anwaltszwang (§ 78).[5] 3

III. Entscheidung über die Vollstreckbarerklärung (Abs. 2 S. 1 und 2)

Der über den Antrag auf Vollstreckbarerklärung entscheidende Beschluss (Abs. 2 S. 2) muss auch eine Kostentragungsregelung nach den §§ 91 ff enthalten.[6] Vor der Beschlussfassung ist die Gegenseite **anzuhören** (Abs. 2 S. 1); dies kann wahl- 4

---

33 OLG Düsseldorf FamRZ 2000, 1520; OLG Oldenburg RVGreport 2012, 471 = MDR 2012, 868.
34 Gerold/Schmidt/*Müller-Rabe*, Anhang VI Rn 669.
1 Hk-ZPO/*Kindl*, § 796 a Rn 1; Musielak/*Voit*, § 796 b Rn 4 aE; *Rellermeyer*, Rpfleger 2005, 389.
2 AA Baumbach/*Hartmann*, § 796 b Rn 3.
3 Baumbach/*Hartmann*, § 796 b Rn 3; Musielak/*Voit*, § 796 b Rn 2; Stein/Jonas/*Münzberg*, § 796 b Rn 1; Zöller/*Geimer*, § 796 b Rn 1.
4 Vgl Hk-ZPO/*Kindl*, § 796 b Rn 2; Musielak/*Voit*, § 796 b Rn 2; Stein/Jonas/*Münzberg*, § 796 b Rn 1; Thomas/Putzo/*Seiler*, § 796 b Rn 1; Zöller/*Geimer*, § 796 b Rn 1.
5 So Hk-ZPO/*Kindl*, § 796 b Rn 3; MüKo-ZPO/*Wolfsteiner*, § 796 b Rn 4; Musielak/*Voit*, § 796 b Rn 3; Stein/Jonas/*Münzberg*, § 796 b Rn 2; wohl aA Baumbach/*Hartmann*, § 796 a Rn 11.
6 Stein/Jonas/*Münzberg*, § 796 b Rn 6.

weise schriftlich[7] oder mündlich geschehen.[8] Die Gewährung rechtlichen Gehörs (Art. 103 Abs. 1 GG) ist auch dann erforderlich, wenn der Antrag abgewiesen werden soll.[9]

5 Materielle Einwendungen gegen den Bestand des Anspruchs sind nicht zu berücksichtigen (vgl § 796 a Rn 12). **Unwirksamkeitsgründe** sind zwar im Rahmen des § 796 a Abs. 2 und 3 zu prüfen. Die materielle Rechtskraft der Vollstreckbarerklärung erstreckt sich aber nicht auf die Wirksamkeit des Vergleichs, sondern nur auf die Vollstreckbarkeit des Anspruchs.[10] Einwendungen gegen die Wirksamkeit des Vergleichs sind im Verfahren der Vollstreckungsgegenklage nicht präkludiert (s. § 796 a Rn 12).

6 Der Beschlusstenor muss nicht den Inhalt des zu vollstreckenden Anspruchs wiedergeben; eine Bezugnahme auf den Vergleichsinhalt ist ausreichend. **Formulierungsbeispiel:**

▶ Beigefügter Anwaltsvergleich wird für vollstreckbar erklärt. ◀

7 Gemäß § 329 Abs. 3 ist der stattgebende Beschluss als Vollstreckungstitel den Parteien (§ 166) oder ihren Rechtsanwälten (§ 172) **zuzustellen**, der ablehnende Beschluss ist gem. § 323 Abs. 2 S. 1 formlos mitzuteilen.[11]

IV. Rechtsschutzmöglichkeit (Abs. 2 S. 3)

8 Eine Anfechtung der Entscheidung über die Vollstreckbarerklärung eines Anwaltsvergleichs findet nicht statt (Abs. 2 S. 3). Die Rechtspflegererinnerung (§ 11 RPflG) scheidet aus, da das Prozessgericht, also der Richter, entscheidet (vgl § 20 Abs. 1 Nr. 17 RPflG: „soweit sie von dem Vollstreckungsgericht ... zu erledigen sind").[12] Da in der Hauptsache kein Rechtsmittel zulässig ist, ist auch die isolierte Anfechtung der Kostenentscheidung unzulässig.[13]

9 Vor der Vollstreckbarerklärung des Vergleichs ist eine **Vollstreckungsgegenklage** (§§ 795, 767) nicht zulässig, da kein anzugreifender Vollstreckungstitel vorliegt.[14] Kann der Gläubiger die Vollstreckbarerklärung hinsichtlich seines Anspruchs verlangen, fehlt für eine **Leistungsklage** grds. das Rechtsschutzbedürfnis. Bestreitet der Schuldner die Wirksamkeit des Vergleichs, ist die Leistungsklage hingegen zulässig.[15]

V. Kosten

10 Für das Verfahren über die Vollstreckbarerklärung eines Anwaltsvergleichs nach § 796 a ZPO entsteht eine **Gerichtsgebühr** nach Nr. 2118 KV GKG iHv 60,00 €. Die gerichtliche Entscheidung ist mit dieser Gebühr abgegolten.

---

7 Gemäß § 128 Abs. 4 ist die mündliche Verhandlung entbehrlich, vgl Schuschke/Walker/*Walker*, § 796 b Rn 3.
8 Vgl Zöller/*Geimer*, § 796 b Rn 3.
9 So die hM; vgl Hk-ZPO/*Kindl*, § 796 b Rn 3; Musielak/*Voit*, § 796 b Rn 4; Schuschke/Walker/*Walker*, § 796 b Rn 3 aE; Stein/Jonas/*Münzberg*, § 796 b Rn 3.
10 Str; ebenso Hk-ZPO/*Kindl*, § 796 b Rn 3; Stein/Jonas/*Münzberg*, § 796 b Rn 4; aA Zöller/*Geimer*, § 796 a Rn 24.
11 Vgl Hk-ZPO/*Kindl*, § 796 b Rn 3; Stein/Jonas/*Münzberg*, § 796 b Rn 7 f; Thomas/Putzo/*Seiler*, § 796 b Rn 3.
12 Vgl Baumbach/*Hartmann*, § 796 b Rn 8; Schuschke/Walker/*Walker*, § 796 b Rn 2.
13 OLG Saarbrücken OLG-Report Frankfurt/Koblenz/Zweibrücken/Saarbrücken 2006, 702.
14 Hk-ZPO/*Kindl*, § 796 a Rn 8; Musielak/*Voit*, § 796 a Rn 13.
15 Hk-ZPO/*Kindl*, § 796 a Rn 8; Musielak/*Voit*, § 796 a Rn 12; Zöller/*Geimer*, § 796 a Rn 28.

Die **Anwaltsvergütung** für das Verfahren gem. § 796 b berechnet sich wie im ordentlichen Zivilprozess. Da durch die Vollstreckbarerklärung erst ein Vollstreckungstitel geschaffen werden soll, handelt es sich nicht um ein Verfahren der Zwangsvollstreckung.[16] Daher bestimmen sich die Gebühren insb. nicht nach Nr. 3309 VV RVG, sondern nach Nr. 3100 ff VV RVG,[17] die – mangels anderweitiger Regelungen (Vorbem. 3.1 VV RVG) – als Auffangvorschrift dienen.[18] Vgl auch § 796 a Rn 13.   11

Der **Streitwert** für die Vollstreckbarerklärung des Anwaltsvergleichs bemisst sich nach dem vollen Wert des Vergleichs.[19]   12

§ 796 c Vollstreckbarerklärung durch einen Notar

(1) ¹Mit Zustimmung der Parteien kann ein Vergleich ferner von einem Notar, der seinen Amtssitz im Bezirk eines nach § 796 a Abs. 1 zuständigen Gerichts hat, in Verwahrung genommen und für vollstreckbar erklärt werden. ²Die §§ 796 a und 796 b gelten entsprechend.

(2) ¹Lehnt der Notar die Vollstreckbarerklärung ab, ist dies zu begründen. ²Die Ablehnung durch den Notar kann mit dem Antrag auf gerichtliche Entscheidung bei dem nach § 796 b Abs. 1 zuständigen Gericht angefochten werden.

I. Allgemeines	1	2. Entscheidung über die Vollstreckbarerklärung	7
II. Inverwahrungnahme und Vollstreckbarerklärung durch den Notar (Abs. 1)	3	III. Ablehnung der Vollstreckbarerklärung (Abs. 2)	12
1. Verfahren der Inverwahrungnahme	3	IV. Kosten	14

I. Allgemeines

Eine weitere Möglichkeit, einen Vollstreckungstitel gem. § 794 Abs. 1 Nr. 4 b zu schaffen, ist die Vollstreckbarerklärung durch den Notar gem. § 796 c.[1] Im Anwendungsbereich dieser Vorschrift nimmt der Notar **richterliche Aufgaben** wahr. Daher obliegen ihm die richterlichen Hinweispflichten gem. § 139, jedoch nicht seine Amtspflichten nach dem BeurkG.[2] Das Spruchrichterprivileg (§ 839 Abs. 2 BGB) gilt auch für den Notar.[3]   1

Der notarielle Beschluss gem. § 796 c kann wegen der Einvernehmlichkeit der Vollstreckbarerklärung als **europäischer Vollstreckungstitel** für unbestrittene Forderungen bestätigt werden (Art. 25 Abs. 1, Art. 3 Abs. 1 S. 2 lit. d, Art. 4 Nr. 3 lit. a EuVTVO).[4]   2

---

16 LG Kassel AG kompakt 2010, 53; Gerold/Schmidt/*Müller-Rabe*, Nr. 3309 VV RVG Rn 12; AnwK-RVG/*Wolf/Volpert*, VV Vorb. 3.3.3, VV 3309–3310 Rn 11.
17 OLG München MDR 2009, 1251 = FamRZ 2009, 2112; Hk-ZPO/*Kindl*, § 796 b Rn 4.
18 BT-Drucks. 15/1971, S. 210; AnwK-RVG/*Onderka*, Vorbem. 3.1 VV RVG Rn 2.
19 OLG Oldenburg, Beschl. v. 25.4.2012 – 8 W 34/12 (abrufbar bei Niedersächsisches Landesjustizportal über http://www.rechtsprechung.niedersachsen.de); OLG Düsseldorf FamRZ 2000, 1520.
1 Hierzu *K. J. Müller*, RNotZ 2010, 167, 174 f.
2 AllgM; vgl Hk-ZPO/*Kindl*, § 796 c Rn 3; s. *Zimmer*, ZNotP 2000, 175.
3 Zöller/*Geimer*, § 796 c Rn 5.
4 Hk-ZPO/*Kindl*, § 796 a Rn 1; Musielak/*Voit*, § 796 c Rn 4 aE; *Rellermeyer*, Rpfleger 2005, 389.

II. Inverwahrungnahme und Vollstreckbarerklärung durch den Notar (Abs. 1)

3 **1. Verfahren der Inverwahrungnahme.** Die Inverwahrungnahme durch den Notar ist nur mit **Zustimmung aller Parteien** (Abs. 1 S. 1) und nur auf **Antrag** (Abs. 1 S. 2 iVm § 796 a Abs. 1) möglich. Die Zustimmung muss erst und noch im Zeitpunkt der Beschlussfassung vorliegen.[5] Da streitig ist, ob sich die Zustimmung ausdrücklich auch auf die Verwahrung bei einem (bestimmten) Notar beziehen muss,[6] sollte die Person des Notars benannt werden.

4 Ausschließlich **zuständig** (§ 802) ist ein Notar, der seinen Amtssitz (§ 10 BNotO) im Bezirk des nach § 796 a Abs. 1 zuständigen Amtsgerichts unterhält (s. § 796 b Rn 3).

5 Streitig ist, unter welchen Voraussetzungen der Notar bereits die **Inverwahrungnahme ablehnen** kann. Teilweise wird vertreten, der Notar sei nach seinem Belieben zur Ablehnung berechtigt.[7] Eine Pflicht zur Inverwahrungnahme bestehe nicht.[8] Teilweise wird vertreten, der (zuständige) Notar dürfe die Verwahrung nicht ablehnen.[9] Die Begründungspflicht für die Ablehnung der Vollstreckbarerklärung gem. Abs. 2 S. 1 und dessen Anfechtungsmöglichkeit gem. Abs. 2 S. 2 erstrecken sich auch auf die Inverwahrungnahme, denn diese ist Vorstufe der Vollstreckbarerklärung. Daher kann der Notar die Inverwahrungnahme nur aus den gleichen Gründen wie die Vollstreckbarerklärung ablehnen.

6 Zur Vermeidung unnötiger Verwahrungskosten muss der Notar bereits bei Inverwahrungnahme prüfen, ob eine Vollstreckbarerklärung in Betracht kommt.[10]

7 **2. Entscheidung über die Vollstreckbarerklärung.** Die **Vollstreckbarerklärung** kann sich nur auf einen **Anwaltsvergleich** iSd § 796 a beziehen (s. § 796 a Rn 4 ff).[11] Die Parteien sind vor Beschlussfassung anzuhören (vgl § 796 b Rn 4). Eine inhaltliche Prüfungspflicht obliegt dem Notar nur vor dem Hintergrund der Regelungen in § 796 a Abs. 2 und 3 (vgl § 796 a Rn 10 f), die gem. Abs. 1 S. 2 auch für die Vollstreckbarerklärung durch den Notar gelten. Materiell-rechtliche Einwendungen gegen den Bestand des Anspruchs sind erst im Verfahren der Vollstreckungsgegenklage zu berücksichtigen (vgl § 796 a Rn 12, § 796 b Rn 5). Die Präklusionswirkung des § 767 Abs. 2 ist gem. § 797 Abs. 4 und 6 bei Beschlüssen nach § 796 c nicht zu befürchten (vgl § 797 Rn 7).

8 Bei der Vollstreckbarerklärung durch den Anwaltsnotar sind **Befangenheitsgründe** zu bedenken.[12] Entsprechend § 41 Nr. 4 ist der **Anwaltsnotar**, der in seiner Eigenschaft als Rechtsanwalt den Vergleich abgeschlossen hat, von der Vollstreckbarerklärung des Vergleichs in seiner Eigenschaft als Notar ausgeschlossen.

9 Zum **Formulierungsbeispiel** für den Beschlusstenor s. § 796 b Rn 6.

10 Die Vollstreckbarerklärung ist gem. § 8 Abs. 1 Nr. 6 DONot in die **Urkundenrolle** des Notars einzutragen und gem. § 18 Abs. 1 S. 1 DONot in die **Urkunden-**

---

5 Vgl *Zimmer*, ZNotP 2000, 175; aA MüKo-ZPO/*Wolfsteiner*, § 796 c Rn 5.
6 Bejahend: MüKo-ZPO/*Wolfsteiner*, § 796 c Rn 4; *Will*, BWNotZ 1992, 89, 91 (zu § 1044 b aF). Verneinend: Hk-ZPO/*Kindl*, § 796 c Rn 2 aE; Musielak/*Voit*, § 796 c Rn 2; Stein/Jonas/*Münzberg*, § 796 c Rn 3.
7 So (noch zu § 1044 a aF) *Ersfeld*, MittRhNotK 1992, 229, 233 (keine Pflicht zur Vollstreckbarerklärung); *Geimer*, DNotZ 1991, 266, 274; *Nerlich*, MDR 1997, 416, 418.
8 DNotI-Report 2007, 66, 67; Kersten/Bühling/*Wolfsteiner*, § 21 Rn 287.
9 So Baumbach/*Hartmann*, § 796 c Rn 5; Hk-ZPO/*Kindl*, § 796 c Rn 2; Stein/Jonas/*Münzberg*, § 796 c Rn 1; Thomas/Putzo/*Seiler*, § 796 c Rn 3; aA (§ 15 BNotO ist nicht anwendbar) Zöller/*Geimer*, § 796 c Rn 2.
10 Ebenso *Zimmer*, ZNotP 2000, 175.
11 Vgl OLG Brandenburg NJW 2014, 643 f m. Anm. *Schuldei*, FamFR 2013, 568.
12 Vgl Stein/Jonas/*Münzberg*, § 796 c Rn 5; Zöller/*Geimer*, § 796 c Rn 1.

sammlung aufzunehmen. Hierbei ist die Urschrift des für vollstreckbar erklärten Anwaltsvergleichs bei der Vollstreckbarerklärung aufzubewahren (§ 8 Abs. 1 S. 2 DONot).

Der stattgebende Beschluss ist gem. § 329 Abs. 3 zuzustellen (vgl § 796 b Rn 7). Dies gilt wegen § 20 Abs. 1 S. 2 BNotO auch für den ablehnenden Beschluss.[13]   11

III. Ablehnung der Vollstreckbarerklärung (Abs. 2)

Aus Abs. 2 ist die Berechtigung des Notars zur Ablehnung der Vollstreckbarerklärung zu entnehmen. **Ablehnungsgründe** hat der Gesetzgeber in Abs. 1 S. 2 iVm § 796 a Abs. 3 normiert (s. § 796 a Rn 10 ff).   12

Gemäß Abs. 2 S. 2 ist der ablehnende Beschluss des Notars – anders als der des Gerichts (§ 796 b Abs. 2 S. 3) – bei dem für die Vollstreckbarerklärung gem. § 796 b Abs. 1 zuständigen Gericht **anfechtbar**. Entweder beschließt das Gericht, den Antrag zurückzuweisen, oder es erklärt den Anwaltsvergleich unter Aufhebung des notariellen Ablehnungsbeschlusses für vollstreckbar. Die gerichtliche Entscheidung ist gem. Abs. 1 S. 2 iVm § 796 b Abs. 2 S. 3 unanfechtbar.[14]   13

IV. Kosten

Für das Verfahren über den Antrag auf Verwahrung und Vollstreckbarerklärung erhält der **Notar** eine Gebühr nach Nr. 23800 KV GNotKG iHv 60,00 €.   14

Auch hier entstehen – wie für die Vollstreckbarerklärung gem. § 796 a – für den **Rechtsanwalt** die Gebühren Nr. 3100 ff VV RVG. Teil 3 VV RVG ist auch auf „ähnliche Verfahren" anzuwenden (vgl Überschrift zu Teil 3). Die Vollstreckbarkeitserklärung durch den Notar ist, wie sich bereits aus der Verweisung in Abs. 1 S. 2 auf §§ 796 a und 796 b ergibt, ein „ähnliches Verfahren".[15] Vgl auch § 796 a Rn 13.   15

§ 797 Verfahren bei vollstreckbaren Urkunden

(1) Die vollstreckbare Ausfertigung gerichtlicher Urkunden wird von dem Urkundsbeamten der Geschäftsstelle des Gerichts erteilt, das die Urkunde verwahrt.

(2) ¹Die vollstreckbare Ausfertigung notarieller Urkunden wird von dem Notar erteilt, der die Urkunde verwahrt. ²Befindet sich die Urkunde in der Verwahrung einer Behörde, so hat diese die vollstreckbare Ausfertigung zu erteilen.

(3) ¹Die Entscheidung über Einwendungen, welche die Zulässigkeit der Vollstreckungsklausel und die Zulässigkeit der Erteilung einer weiteren vollstreckbaren Ausfertigung betreffen, wird bei gerichtlichen Urkunden von dem die Urkunde verwahrenden Gericht, bei notariellen Urkunden von dem Amtsgericht getroffen, in dessen Bezirk der die Urkunde verwahrende Notar oder die verwahrende Behörde den Amtssitz hat. ²Die Entscheidung über die Erteilung einer weiteren vollstreckbaren Ausfertigung wird bei gerichtlichen Urkunden von dem die Urkunde verwahrenden Gericht getroffen, bei einer notariellen Urkunde von dem die Urkunde verwahrenden Notar oder, wenn die Urkunde von einer Behörde verwahrt wird, von dem Amtsgericht, in dessen Bezirk diese Behörde ihren Amtssitz hat.

(4) Auf die Geltendmachung von Einwendungen, die den Anspruch selbst betreffen, ist die beschränkende Vorschrift des § 767 Abs. 2 nicht anzuwenden.

---

13 Ebenso Hk-ZPO/*Kindl*, § 796 c Rn 3.
14 Baumbach/*Hartmann*, § 796 c Rn 8.
15 Musielak/*Voit*, § 796 c Rn 6; Gerold/Schmidt/*Müller-Rabe*, Nr. 3100 VV RVG Rn 3.

(5) Für Klagen auf Erteilung der Vollstreckungsklausel sowie für Klagen, durch welche die den Anspruch selbst betreffenden Einwendungen geltend gemacht werden oder der bei der Erteilung der Vollstreckungsklausel als bewiesen angenommene Eintritt der Voraussetzung für die Erteilung der Vollstreckungsklausel bestritten wird, ist das Gericht, bei dem der Schuldner im Inland seinen allgemeinen Gerichtsstand hat, und sonst das Gericht zuständig, bei dem nach § 23 gegen den Schuldner Klage erhoben werden kann.

(6) Auf Beschlüsse nach § 796 c sind die Absätze 2 bis 5 entsprechend anzuwenden.

I. Allgemeines 1
II. Erteilung der vollstreckbaren Ausfertigung 4
  1. Zuständigkeit (Abs. 1 und 2) 4
  2. Vollstreckbare Ausfertigung 8
III. Formelle Einwendungen und Erteilung weiterer vollstreckbarer Ausfertigungen (Abs. 3) 15
  1. Allgemeines 15
  2. Formelle Einwendungen 16
  3. Erteilung weiterer vollstreckbarer Ausfertigungen 18
    a) Verfahren 18
    b) Grenzen des Anwendungsbereichs 22
IV. Materielle Einwendungen (Abs. 4) 25
V. Zuständigkeit für Klagen (Abs. 5) 26
VI. Zuständigkeit für sonstige Maßnahmen 29
VII. Anwendbarkeit auf den notariellen Beschluss gem. § 796 c (Abs. 6) 32
VIII. Kosten 33

I. Allgemeines

1 Die Vorschrift findet Anwendung auf gerichtliche und notarielle Urkunden iSd § 794 Abs. 1 Nr. 5, jedoch nicht auf gerichtliche Vergleiche und Beschlüsse gem. § 794 Abs. 1 Nr. 1–4 a.[1] § 797 stellt eine „abweichende Vorschrift(en)" iSd § 795 S. 1 dar. Mangels streitigen Verfahrens existiert kein Gericht des ersten Rechtszuges, so dass für die Erteilung der Vollstreckungsklausel (vgl § 724 Abs. 2) sowie für die Einlegung möglicher Rechtsbehelfe (vgl §§ 731, 767 Abs. 1) in § 797 anderweitige Zuständigkeiten geregelt sind.[2]

2 Auf **ausländische vollstreckbare Urkunden** findet § 797 keine Anwendung.[3] Für die Erteilung der Vollstreckungsklausel ist gem. § 9 Abs. 1 und 3, § 4 AVAG der Urkundsbeamte der Geschäftsstelle beim Landgericht zuständig. Nach § 28 Abs. 1 AVAG entsteht bei ungerechtfertigter Vollstreckung aus ausländischen Urkunden – im Gegensatz zu inländischen Urkunden, auf die § 717 Abs. 2 keine Anwendung findet (vgl § 794 Rn 60) – ein verschuldensunabhängiger Schadensersatzanspruch (vgl AVAG §§ 27–29 Rn 2).

3 **Formulierung** gem. § 9 AVAG für eine Vollstreckungsklausel nach § 4 AVAG:

▶ Vollstreckungsklausel nach § 4 des Anerkennungs- und Vollstreckungsausführungsgesetzes. Gemäß dem Beschluss des ... (Bezeichnung des Gerichts und des Beschlusses) ist die Zwangsvollstreckung aus ... (Bezeichnung des Titels) zugunsten ... (Bezeichnung des Berechtigten) gegen ... (Bezeichnung des Verpflichteten) zulässig.

Die zu vollstreckende Verpflichtung lautet: ... (Angabe der dem Verpflichteten aus dem ausländischen Titel obliegenden Verpflichtung in deutscher Sprache; aus dem Beschluss nach § 8 Abs. 1 zu übernehmen).

---

1 AllgM; vgl Hk-ZPO/*Kindl*, § 797 Rn 1; Stein/Jonas/*Münzberg*, § 797 Rn 1; Zöller/*Stöber*, § 797 Rn 1.
2 Vgl Musielak/*Lackmann*, § 797 Rn 1.
3 Schuschke/Walker/*Walker*, § 797 Rn 1.

Die Zwangsvollstreckung darf über Maßregeln zur Sicherung nicht hinausgehen, bis der Gläubiger eine gerichtliche Anordnung oder ein Zeugnis vorlegt, dass die Zwangsvollstreckung unbeschränkt stattfinden darf.

[Zusatz bei Titeln, die auf Geldleistungen gerichtet sind]: Solange die Zwangsvollstreckung über Maßregeln zur Sicherung nicht hinausgehen darf, kann der Schuldner die Zwangsvollstreckung durch Leistung einer Sicherheit iHv ... (Angabe des Betrages, wegen dessen der Berechtigte vollstrecken darf) abwenden.[4] ◀

II. Erteilung der vollstreckbaren Ausfertigung

1. Zuständigkeit (Abs. 1 und 2). Abs. 1 belässt die ausschließliche (§ 802) Zuständigkeit für die Erteilung der einfachen vollstreckbaren Ausfertigung **gerichtlicher Urkunden** (§ 724 Abs. 1) beim Urkundsbeamten der Geschäftsstelle (vgl § 724 Abs. 2). Mangels Rechtsstreits verweist Abs. 1 auf das die gerichtliche Urkunde verwahrende Gericht. 4

Für die Erteilung der einfachen und qualifizierten Vollstreckungsklausel[5] für **notarielle Urkunden** ist gem. **Abs. 2 S. 1** der Notar ausschließlich (§ 802) zuständig, der die Urkunde verwahrt, mithin grds. der Notar, der die Urkunde aufgenommen hat (§ 45 Abs. 1 BeurkG). 5

Abs. 2 S. 2 kommt zur Anwendung, wenn der Notar die Urkunde gem. § 45 Abs. 1 BNotO einem anderen Notar oder dem Amtsgericht zur Verwahrung übergeben hat (Abwesenheit oder Verhinderung des Notars, § 45 Abs. 2 BNotO) oder unter den Voraussetzungen des § 51 Abs. 1, 5 BNotO (Erlöschen oder Verlegung des Amtssitzes des Notars).[6] Bei einem Ehe- und Erbvertrag kommt Abs. 2 S. 2 bzgl der Vollstreckungsunterwerfungen im Ehevertrag zur Anwendung, wenn dieser bei Gericht in amtliche Verwahrung gegeben wird (vgl §§ 2300 Abs. 1, 2258 a BGB, § 34 Abs. 2 und 3 BeurkG).[7] 6

Ist der Vollstreckungstitel vom **Jugendamt** erstellt worden,[8] wie es insb. für Unterhaltsansprüche möglich ist (vgl § 798 a Rn 3), wird die Vollstreckungsklausel gem. §§ 60 Abs. 1 S. 3 Nr. 1, 59 Abs. 1 S. 1 Nr. 3, Nr. 4 SGB VIII von dem für die Beurkundung der Verpflichtungserklärung zuständigen Mitarbeiter erteilt.[9] 7

2. Vollstreckbare Ausfertigung. Die vollstreckbaren Ausfertigungen gerichtlicher (vgl § 1 Abs. 2 BeurkG) und notarieller Urkunden werden „nach den dafür bestehenden Vorschriften" der ZPO erteilt (§ 52 BeurkG). Insoweit wird auf die Kommentierung der §§ 724 ff verwiesen. Eine vollstreckbare Ausfertigung kann verlangt werden, wenn ein Recht auf die Erteilung einer einfachen Ausfertigung besteht (§ 51 BeurkG) oder wenn der Antragsteller eine einfache Ausfertigung mit Willen des sich iSd § 794 Abs. 1 Nr. 5 unterwerfenden Schuldners in Besitz hat.[10] Hat der Schuldner den Gläubiger ermächtigt, selbst eine vollstreckbare Ausfertigung der Vollstreckungsunterwerfung zu beantragen, so ist der Widerruf dieser 8

---

4 § 9 Abs. 1 AVAG, der den Wortlaut der zu erteilenden Vollstreckungsklausel vorgibt.
5 Vgl Schuschke/Walker/*Walker*, § 797 Rn 3.
6 Vgl Hk-ZPO/*Kindl*, § 797 Rn 2.
7 Vgl Zöller/*Stöber*, § 797 Rn 4.
8 Vgl zur Möglichkeit, gegen einen solchen Titel Abänderungsklage zu erheben, s. BGH NJW 2011, 1874; OLG Hamm FamRZ 2007, 1032; OLG Brandenburg 24.1.2008 – 9 WF 364/07, juris. Nach Ansicht des BGH führt die durch den Unterhaltsschuldner einseitig erstellte Jugendamtsurkunde zugleich zu einem Schuldanerkenntnis (BGH NJW 2011, 1874 ff). Krit. hierzu *Volmer*, FamRZ 2011, 1647 ff.
9 Vgl MüKo-ZPO/*Wolfsteiner*, § 797 Rn 45; Stein/Jonas/*Münzberg*, § 797 Rn 4.
10 So die hM; Hk-ZPO/*Kindl*, § 797 Rn 4; Zöller/*Stöber*, § 797 Rn 2.

Ermächtigung (nur) bis zur Erteilung der vollstreckbaren Ausfertigung möglich.[11]

9 **Formulierungsbeispiel** für eine vollstreckbare Ausfertigung:

▶ Diese Ausfertigung stimmt mit der mir vorliegenden Urschrift der nachfolgend wiedergegebenen Urkunde überein. Sie wird zum Zwecke der Zwangsvollstreckung erteilt an ... (Bezeichnung des Gläubigers). ◀

10 Bei der **notariellen Kostenrechnung** erteilt der Notar sich die Vollstreckungsklausel selbst.[12] Zur Einhaltung der Wartefrist vgl § 798 Rn 3.

11 **Formulierungsbeispiel** für eine vollstreckbare Ausfertigung einer notariellen Kostenrechnung:

▶ Vorstehende Ausfertigung der Kostenrechnung iHv insgesamt ... € (Betrag) erteile ich ... (Name, Amtssitz des Notars) mir hiermit gegen ... (Name, Anschrift des Gläubigers) zum Zwecke der Zwangsvollstreckung. Aus diesem Vollstreckungstitel kann ohne weiteres die Zwangsvollstreckung betrieben werden, wenn die Kosten nicht binnen zwei Wochen nach Zustellung dieses Titels an mich in bar oder auf eines meiner Konten gezahlt ist. ◀

12 **Überprüft** wird im Verfahren der Klauselerteilung, ob ein formell wirksamer Titel mit vollstreckungsfähigem Inhalt vorliegt.[13] Hingegen werden **materielle Aspekte** (Entstehung, Erlöschen oder Fälligkeit des Anspruchs) grds. nicht überprüft,[14] denn eine „weitergehende Prüfungsbefugnis steht dem Notar, dessen Funktion nach § 797 Abs. 2 der eines Urkundsbeamten der Geschäftsstelle ... entspricht",[15] nicht zu.[16] Im Einzelnen ist umstritten, unter welchen Voraussetzungen von diesem Grundsatz eine Ausnahme zu machen ist. Weit überwiegend wird davon ausgegangen, dass dies dann der Fall ist, wenn die eine Einwendung begründenden Voraussetzungen ohne weiteres aus der Urkunde, zu der die Klausel erteilt werden soll, zu entnehmen sind[17] und damit zweifelsfrei feststeht, dass der titulierte Anspruch nicht besteht.[18] Zu Umfang und Grenzen der Titelauslegung im Klauselerteilungsverfahren vgl § 794 Rn 47 u. 59 a.

13 Wird die Unterwerfungserklärung des Schuldners aufgrund dem Notar nachgewiesener – dh in Urschrift oder Ausfertigung vorgelegter – rechtsgeschäftlicher **Vollmacht** abgegeben, so findet im Klauselerteilungsverfahren keine erneute Überprüfung der Vertretungsmacht statt. Wird die Bevollmächtigung hingegen bei Errichtung der Urkunde nicht nachgewiesen, ist die Wirksamkeit der Vertre-

---

11 BayObLG DNotZ 2003, 847; vgl Musielak/*Lackmann*, § 797 Rn 3; Zöller/*Stöber*, § 797 Rn 2.
12 Hierzu eingehend *K. J. Müller*, RNotZ 2010, 167, 176 ff.
13 BGH DNotZ 2005, 132, 133; vgl auch MüKo-ZPO/*Wolfsteiner*, § 797 Rn 10 f.
14 Vgl BGH DNotZ 2005, 132, 133 = NJW-RR 2004, 1718 = Rpfleger 2005, 33; BGH NJW-RR 2006, 567; Baumbach/*Hartmann*, § 797 Rn 3; Hk-ZPO/*Kindl*, § 797 Rn 5; MüKo-ZPO/*Wolfsteiner*, § 797 Rn 18; Schuschke/Walker/*Walker*, § 797 Rn 2; Stein/Jonas/*Münzberg*, § 797 Rn 10; Zöller/*Stöber*, § 797 Rn 5.
15 So BGH DNotZ 2005, 132, 133.
16 Vgl BGH NJW 2009, 1887, 1888.
17 Vgl auch *Apfelbaum*, MittBayNot 2005, 64 f; offen gelassen von BGH DNotZ 2005, 132, 133; aA Musielak/*Lackmann*, § 797 Rn 4; Zöller/*Stöber*, § 797 Rn 7.
18 BayObLG MittBayNot 2005, 63; BayObLG DNotZ 2000, 368, 369.

tungsmacht im Klauselerteilungsverfahren zu überprüfen und iSd § 726 nachzuweisen (vgl hierzu § 794 Rn 55 ff).[19]

Im Verfahren zur Erteilung einer Vollstreckungsklausel für den **Rechtsnachfolger** gem. §§ 795, 727 müssen dem Notar die hierzu erforderlichen Voraussetzungen in der im Gesetz vorgeschriebenen Form nachgewiesen werden (vgl hierzu auch § 794 Rn 47 u. 59 a). 14

III. Formelle Einwendungen und Erteilung weiterer vollstreckbarer Ausfertigungen (Abs. 3)

1. Allgemeines. Mit Wirkung zum 1.9.2013 ist Abs. 3 neu gefasst worden.[20] Die Vorschrift regelt in S. 1 die Zuständigkeit für formelle Einwendungen gegen die Erteilung der Vollstreckungsklausel und gegen die Erteilung einer weiteren vollstreckbaren Ausfertigung sowie die Zuständigkeit für die Erteilung der weiteren vollstreckbaren Ausfertigung. S. 2 überträgt die Zuständigkeit für die Erteilung weiterer vollstreckbarer Ausfertigungen nunmehr auf den verwahrenden Notar.[21] 15

2. Formelle Einwendungen. Gegen die **Erteilung der Klausel** kann der Schuldner bei dem gem. Abs. 3 zuständigen Gericht im Wege der Klauselerinnerung gem. § 732 vorgehen.[22] 16

Gegen die **Ablehnung der Klauselerteilung** durch das Gericht (§ 1 Abs. 2 BeurkG) oder den Notar steht dem Gläubiger der Beschwerdeweg gem. § 54 Abs. 1 BeurkG offen (§§ 58 ff FamFG). Die Ablehnung durch den Urkundsbeamten ist zunächst mit der Erinnerung gem. § 573 Abs. 1 anzugreifen.[23] Zur Klage gem. § 731 s. hier Rn 28. Gegen die Ablehnung der Klauselerteilung durch das Jugendamt kann der Gläubiger Beschwerde gem. § 54 Abs. 1 BeurkG einlegen.[24] 17

3. Erteilung weiterer vollstreckbarer Ausfertigungen. a) Verfahren. Für die Erteilung weiterer vollstreckbarer Ausfertigungen ist bei **gerichtlichen Urkunden** das die Urkunde verwahrende Gericht ausschließlich (§ 802) zuständig. Bei **notariellen Urkunden** liegt die Zuständigkeit bei dem Notar, der die Urkunde verwahrt. Das vormals notwendige Antragsverfahren und die Anweisung des Rechtspflegers an den Notar sind damit entfallen.[25] Der Rechtspfleger ist für die Erteilung einer weiteren vollstreckbaren Urkunde gem. § 20 Abs. 1 Nr. 13 RPflG nur noch dann zuständig, wenn die notarielle Urkunde behördlich verwahrt wird (Abs. 2 S. 2). In diesen Fällen ist gem. Abs. 3 S. 2 das Amtsgericht zuständig, in dessen 18

---

19 BGH NJW 2008, 2267 m. Anm. *Zimmer*; ebenso MüKo-ZPO/*Wolfsteiner*, § 797 Rn 13 mwN; Schuschke/Walker/*Walker*, § 797 Rn 6 a; seit BGH DNotZ 2005, 132 = NJW-RR 2004, 1718 entspricht dies der ganz überwiegenden Meinung; vgl LG Mannheim MittBayNot 2009, 392 m. Anm. *Stöber*.
20 Gesetz zur Übertragung von Aufgaben im Bereich der freiwilligen Gerichtsbarkeit auf Notare vom 29.6.2013 (BGBl. I S. 1800).
21 Musielak/*Lackmann*, § 797 Rn 1 aE.
22 Zum Einwand des Schuldners, eine vollstreckbare Ausfertigung habe nicht erteilt werden dürfen, da die für die Vollstreckbarkeit erforderlichen Nachweise (§ 726) nicht erbracht worden seien, BGH Rpfleger 2011, 73 ff m. Anm. *Heinze*, EWiR 2011, 31 f; s. auch *Herrler*, NJW 2011, 2762 ff.
23 Ebenso Hk-ZPO/*Kindl*, § 797 Rn 6; Musielak/*Lackmann*, § 797 Rn 8; Zöller/*Stöber*, § 797 Rn 19; *Wolfsteiner*, Die vollstreckbare Urkunde, § 47 Rn 47.26 sowie MüKo-ZPO/*Wolfsteiner*, § 797 Rn 41 – jeweils unter ausdrücklicher Aufgabe der in der Vorauflage vertretenen Ansicht.
24 Str, so aber die hM; vgl Stein/Jonas/*Münzberg*, § 797 Rn 5 mwN.
25 Musielak/*Lackmann*, § 797 Rn 7; zum früheren Verfahren s. Vorauflage (2. Aufl. 2013), § 797 Rn 19 f.

Bezirk die Behörde ihren Amtssitz hat.[26] Zu den Voraussetzungen für die Erteilung der weiteren vollstreckbaren Ausfertigung s. § 733 Rn 5 ff.[27]

19 Vor Erteilung der weiteren vollstreckbaren Ausfertigung hat auch der Notar den Schuldner regelmäßig anzuhören, es sei denn, die **Anhörung** ist ausnahmsweise untunlich oder die Situation zweifelsfrei.[28]

20 Gegen die Weigerung des Notars ist die Beschwerde gem. § 54 Abs. 1 BeurkG möglich.[29] Ist die weitere vollstreckbare Ausfertigung erteilt worden, steht dem Schuldner die Erinnerung gem. § 732 zu.[30]

21 Die Entscheidung über die Erteilung einer weiteren vollstreckbare Ausfertigungen für einen vom **Jugendamt** beurkundeten Vollstreckungstitel wird gem. § 60 S. 3 Nr. 2 SGB VIII von dem für das Jugendamt zuständigen Amtsgericht getroffen.

22 **b) Grenzen des Anwendungsbereichs.** Keine weitere vollstreckbare Ausfertigung iSd Abs. 3 liegt vor, wenn dem Notar vor Erteilung einer neuen vollstreckbaren Ausfertigung die erste Ausfertigung zurückgegeben wird.[31] In diesem Fall ist der Zweck dieser Vorschrift – nämlich zu verhindern, dass zur gleichen Zeit mehrere vollstreckbare Ausfertigungen für ein und denselben Anspruch im Umlauf sind – erfüllt.[32] Erzwingen kann der Notar die Rückgabe allerdings nicht.[33]

23 Es handelt sich auch nicht um die Erteilung einer weiteren vollstreckbaren Ausfertigung, wenn mehrere Teilausfertigungen erteilt werden sollen, die zusammen den geltend gemachten Anspruch nicht mehr als einmal titulieren (vgl § 733 Rn 2).[34]

24 Steht dem Gläubiger ein Anspruch gegen **Gesamtschuldner** zu, kann und muss eine einzige vollstreckbare Ausfertigung gegen die Gesamtschuldner erteilt werden.[35] Soll eine vollstreckbare Ausfertigung gegen jeden einzelnen Gesamtschuldner erteilt werden, gelangen mehrere vollstreckbare Ausfertigungen in den Rechtsverkehr,[36] so dass es sich um weitere vollstreckbare Ausfertigungen iSd § 733 handelt (anders § 733 Rn 4).[37] Hierbei wird das gem. Abs. 3 zuständige Amtsgericht bzw Notar im Verfahren der Erteilung aber zu berücksichtigen haben, dass der Gläubiger ein Interesse an der selbständigen Vollstreckung gegen

---

26 Thomas/Putzo/*Seiler*, § 797 Rn aE; Zöller/*Stöber*, § 797 Rn 10 aE.
27 Eingehend auch *K. J. Müller*, RNotZ 2010, 167, 179 ff.
28 BT-Drucks. 17/1469, S. 19; Thomas/Putzo/*Seiler*, § 797 Rn 5; Zöller/*Stöber*, § 797 Rn 10.
29 BayObLG DNotZ 2000, 370 = Rpfleger 2000, 74 m. zust. Anm. *Gruner*; vgl Zöller/*Stöber*, § 797 Rn 20.
30 OLG Köln RNotZ 2007, 51; OLG Naumburg FamRZ 2003, 695; vgl Zöller/*Stöber*, § 797 Rn 21.
31 Hk-ZPO/*Kindl*, § 797 Rn 7; vgl auch Stein/Jonas/*Münzberg*, § 797 Rn 18; Zöller/*Stöber*, § 797 Rn 10.
32 Vgl *Wolfsteiner*, Die vollstreckbare Urkunde, § 41 Rn 41.14.
33 *Wolfsteiner*, Die vollstreckbare Urkunde, § 47 Rn 47.74.
34 MüKo-ZPO/*Wolfsteiner*, § 733 Rn 2.
35 Vgl auch Zöller/*Stöber*, § 733 Rn 8.
36 Hierzu eingehend *K. J. Müller*, RNotZ 2010, 167, 180 f.
37 Vgl LG Leipzig JurBüro 2004, 559; OLG Karlsruhe InVo 2000, 353; LG Augsburg Rpfleger 1999, 137; AG Dortmund InVo 1999, 319; Baumbach/*Hartmann*, § 724 Rn 9; HK-ZPO/*Kindl*, § 733 Rn 3; Stein/Jonas/*Münzberg*, § 733 Rn 9; aA MüKo-ZPO/*Wolfsteiner*, § 724 Rn 20; Musielak/*Lackmann*, § 733 Rn 4 und § 724 Rn 8, die aus den materiell-rechtlichen Wirkungen der Gesamtschuldnerschaft folgern, gegen jeden der Gesamtschuldner bestehe auch ein eigener Anspruch im prozessualen Sinn, so dass § 733 von vornherein nicht zur Anwendung komme.

die einzelnen Gesamtschuldner hat, insb. wenn verschiedene Vollstreckungsorgane zuständig sind.[38]

IV. Materielle Einwendungen (Abs. 4)

Im Rahmen der Vollstreckungsgegenklage gegen gerichtliche oder notarielle Urkunden iSd § 797 findet grds. keine Präklusion von Einwendungen (Abs. 2) statt. Hat aber bereits ein Vollstreckungsabwehrverfahren stattgefunden, sind diejenigen Einwendungen, die bereits in diesem Verfahren hätten geltend gemacht werden können, entgegen dem Wortlaut des Abs. 4 in dem Verfahren der wiederholten Vollstreckungsgegenklage gem. § 767 Abs. 2 präkludiert.[39] 25

V. Zuständigkeit für Klagen (Abs. 5)

Bei dem gem. Abs. 5 zuständigen Gericht kann der Schuldner materielle Einwendungen gegen die Erteilung einer qualifizierten Klausel im Verfahren der Klauselgegenklage gem. § 768 geltend machen. Für materielle Einwendungen gegen den Titel selbst steht die Vollstreckungsgegenklage gem. § 767 zur Verfügung. 26

Kommt es zur **Zuständigkeitskonkurrenz** zwischen Abs. 5 und § 232 FamFG (§§ 621 Abs. 2 S. 1, 642 Abs. 2 S. 1 ZPO aF), wird Abs. 5 verdrängt (vgl § 802 Rn 5 mwN).[40] Dieser Vorrang ist in § 232 Abs. 2 FamFG ausdrücklich normiert. Für eine Klage, die sich zugleich gegen einen Titel iSd § 800 Abs. 3 und § 797 Abs. 5 wendet (zB Vollstreckungsunterwerfungen für Grundschuld und abstraktes Schuldanerkenntnis), greift der dingliche Gerichtsstand des § 800 Abs. 3 für die gesamte Klage (vgl § 800 Rn 14).[41] Wendet sich der Schuldner ausschließlich gegen die Vollstreckung aus der persönlichen Haftung, richtet sich die Zuständigkeit nach Abs. 5;[42] Konkurrenzfragen zu § 800 Abs. 3 stellen sich in diesem Fall nicht.[43] 27

Gegen die **Ablehnung der Klauselerteilung** kann der Gläubiger neben den in Rn 17 beschriebenen Möglichkeiten auch die Klage gem. § 731 erheben. Will der Schuldner die **Unwirksamkeit des Vollstreckungstitels** geltend machen, kann er eine prozessuale Gestaltungsklage analog § 767 bei dem gem. Abs. 5 zuständigen Gericht einlegen.[44] 28

---

38 Vgl LG Leipzig JurBüro 2004, 559; OLG Karlsruhe InVo 2000, 353; Stein/Jonas/*Münzberg*, § 733 Rn 9; Zöller/*Stöber*, § 733 Rn 8.
39 OLG Celle MittBayNot 2012, 314 m. Anm. *Everts*; vgl auch BGH NJW-RR 1987, 59; Zöller/*Stöber*, § 797 Rn 24.
40 Ebenso BayObLG NJW-RR 1992, 263, 264; Hk-ZPO/*Kemper*, § 621 Rn 79; Hk-ZPO/*Kindl*, § 797 Rn 8; zu § 642 Abs. 1 ZPO aF mit gleicher Argumentation KG FPR 2002, 104, 105; aA (Vorrang des § 797 Abs. 5 vor § 642 Abs. 1 ZPO aF) OLG Hamm FamRZ 2003, 696.
41 Str; so OLG Köln OLGR 2004, 235; BayObLG NJW-RR 2002, 1295; OLG Karlsruhe NJW-RR 2001, 1728; *Hoffmann*, WuB 2005, 66; Baumbach/*Hartmann*, § 800 Rn 10; Hk-ZPO/*Kindl*, § 800 Rn 7; Schuschke/Walker/*Walker*, § 797 Rn 14; Stein/Jonas/*Münzberg*, § 800 Rn 10; Thomas/Putzo/*Seiler*, § 800 Rn 7; Zöller/*Stöber*, § 800 Rn 18; aA MüKo-ZPO/*Wolfsteiner*, § 800 Rn 21; Musielak/*Lackmann*, § 800 Rn 10.
42 OLG Hamm WuB 2005, 65 f m. zust. Anm. *Hoffmann*; aA OLG Karlsruhe NJW-RR 2001, 1728.
43 So auch *Hoffmann*, WuB 2005, 66.
44 S. insb. BGH DNotZ 2004, 707 = NJW-RR 2004, 472 = ZIP 2004, 356; abl. MüKo-ZPO/*Wolfsteiner*, § 797 Rn 33, der dem Gläubiger empfiehlt, bei einer gegen ihn erhobenen Vollstreckungsgegenklage „stets mit einer Leistungswiderklage zu kontern".

VI. Zuständigkeit für sonstige Maßnahmen

29 § 797 lässt die Zuständigkeit für **sonstige Maßnahmen** im Zusammenhang mit der Zwangsvollstreckung aus vollstreckbaren Urkunden offen, für die bei einem Urteil das Prozessgericht zuständig wäre. Dies gilt namentlich für Entscheidungen über die Zustellung des Vollstreckungstitels im Ausland (§§ 183, 184) oder über die Bewilligung und Ausführung der öffentlichen Zustellung (§§ 185 ff). Dies gilt aber auch für andere Maßnahmen im Zusammenhang mit der Zwangsvollstreckung, für die „das Prozessgericht" zuständig ist, insb. bei der Zwangsvollstreckung zur Erwirkung von Handlungen oder Unterlassungen gem. §§ 887 ff.

30 Hinsichtlich der Zuständigkeit für die **Zustellung** spricht der Zusammenhang zwischen der Erteilung der Klausel (Abs. 3) und deren Zustellung für eine einheitliche Zuständigkeit und damit für eine analoge Anwendung des Abs. 3.[45]

31 Für Maßnahmen im Zusammenhang mit dem **Vollstreckungsverfahren** wird vertreten, es bestehe eine mit der Zuständigkeit für Klagen iSd Abs. 5 vergleichbare Interessenlage, so dass hier eine analoge Anwendung des Abs. 5 angezeigt sei.[46] „Prozessgericht des ersten Rechtszugs" iSv § 890 Abs. 2 wird von der jüngsten Rspr hingegen in analoger Anwendung des Abs. 3 bestimmt.[47]

VII. Anwendbarkeit auf den notariellen Beschluss gem. § 796 c (Abs. 6)

32 Die Bestimmungen in Abs. 2 bis 5 finden entsprechende Anwendung auf notarielle Beschlüsse, die einen Anwaltsvergleich für vollstreckbar erklären (vgl hierzu § 796 c Rn 7 ff).

VIII. Kosten

33 Für die **erstmalige Erteilung** der Vollstreckungsklausel entstehen weder bei dem **Gericht** (Abs. 1) noch bei dem **Notar** (Abs. 2) Gebühren. Die erstmalige Erteilung der Vollstreckungsklausel ist gebührenfrei.[48] Gebühren entstehen beim **Notar** insoweit nur in den Fällen der §§ 726–729 (Nr. 23803 KV GNotKG; Wert: § 118 GNotKG) sowie bei Erteilung einer weiteren vollstreckbaren Ausfertigung (Nr. 23804 KV GNotKG).

34 Für eine **Klage auf Erteilung der Vollstreckungsklausel** sowie die weiteren Klagen (Abs. 5) entstehen die **Gerichtsgebühren** für das Prozessverfahren erster Instanz (Nr. 1210, 1211 KV GKG).

35 Der Antrag auf Erteilung der vollstreckbaren Ausfertigung ist für den **Rechtsanwalt** keine besondere Angelegenheit (§ 19 Abs. 1 S. 2 Nr. 13 RVG), gehört für den Prozessbevollmächtigten somit zum Rechtszug (Hauptsache) und wird mit den dort verdienten Gebühren abgegolten. Im Übrigen gehört die Tätigkeit im Rahmen der Zwangsvollstreckung als vorbereitende Maßnahme (§ 18 Abs. 1 Nr. 1 RVG) zu der Tätigkeit, die mit der Gebühr für die Zwangsvollstreckung (Nr. 3309 VV RVG) abgegolten wird, wenn keine Klage erhoben wird. Die Verfahrensgebühr Nr. 3309 VV RVG wird aber für den im Erkenntnisverfahren noch nicht tätigen Rechtsanwalt für der erstmaligen Beantragung der Vollstreckungsklausel ausgelöst. Eine gesonderte Verfahrensgebühr Nr. 3309 VV RVG verdient also nur der Rechtsanwalt, der weder in dem dem Vollstreckungstitel zugrunde liegenden Erkenntnisverfahren noch in der Zwangsvollstreckung hin-

---

45 Ebenso Stein/Jonas/*Münzberg*, § 797 Rn 28.
46 So Stein/Jonas/*Münzberg*, § 797 Rn 28; *Wolfsteiner*, DNotZ 1999, 306, 319.
47 OLG Köln 26.3.2014 – 6 W 43/13, juris; OLG Düsseldorf 5.9.2014 – 20 W 93/14, juris mwN.
48 BayObLG JurBüro 1988, 641.

sichtlich dieses Titels tätig war.[49] Eine besondere Angelegenheit ist jedoch das Verfahren auf Erteilung einer weiteren vollstreckbaren Ausfertigung (§ 18 Abs. 1 Nr. 5 RVG).[50] Für eine Vertretung im Rahmen von Klagen nach Abs. 5 entstehen die Gebühren Nr. 3100 ff VV RVG.

§ 797 a Verfahren bei Gütestellenvergleichen

(1) Bei Vergleichen, die vor Gütestellen der im § 794 Abs. 1 Nr. 1 bezeichneten Art geschlossen sind, wird die Vollstreckungsklausel von dem Urkundsbeamten der Geschäftsstelle desjenigen Amtsgerichts erteilt, in dessen Bezirk die Gütestelle ihren Sitz hat.

(2) Über Einwendungen, welche die Zulässigkeit der Vollstreckungsklausel betreffen, entscheidet das im Absatz 1 bezeichnete Gericht.

(3) § 797 Abs. 5 gilt entsprechend.

(4) [1]Die Landesjustizverwaltung kann Vorsteher von Gütestellen ermächtigen, die Vollstreckungsklausel für Vergleiche zu erteilen, die vor der Gütestelle geschlossen sind. [2]Die Ermächtigung erstreckt sich nicht auf die Fälle des § 726 Abs. 1, der §§ 727 bis 729 und des § 733. [3]Über Einwendungen, welche die Zulässigkeit der Vollstreckungsklausel betreffen, entscheidet das im Absatz 1 bezeichnete Gericht.

I. Allgemeines

Vergleiche vor Gütestellen sind gem. § 794 Abs. 1 Nr. 1 Vollstreckungstitel (s. § 794 Rn 3).[1] Die Klauselerteilung für diese Titel ist in § 797 a geregelt. Die Vorschrift findet **entsprechende Anwendung** auf Vergleiche vor Einigungsstellen bei den Industrie- und Handelskammern (§ 15 Abs. 7 S. 2 Hs 2 UWG). 1

II. Erteilung der Vollstreckungsklausel (Abs. 1)

Ausschließlich (§ 802) **zuständig** für die Erteilung der vollstreckbaren Ausfertigung gem. § 724 ist der Urkundsbeamte der Geschäftsstelle desjenigen Amtsgerichts, in dessen Bezirk die Gütestelle ihren Sitz hat. Für die Erteilung von qualifizierten Klauseln (insb. §§ 726 Abs. 1, 727–729) und weiteren vollstreckbaren Ausfertigungen ist gem. § 20 Abs. 1 Nr. 12 und 13 RPflG der Rechtspfleger zuständig. 2

Von dem Vergleichsprotokoll, das zur Klauselerteilung in Urschrift vorgelegt werden muss, stellt die Geschäftsstelle eine Ausfertigung her, die mit der Vollstreckungsklausel versehen wird. Streitig ist, ob die Urschrift dauerhaft zu übergeben ist[2] oder ob eine vorübergehende Abgabe nur zum Zweck der Klauselerteilung genügt.[3] 3

III. Zuständigkeit für Erinnerungen (Abs. 2) und Klagen (Abs. 3)

Das in Abs. 1 bezeichnete Gericht ist gem. Abs. 2 zuständig für die Entscheidung über Erinnerungen gem. § 732. Dies gilt unabhängig davon, wer die Klausel erteilt hat.[4] 4

---

49 AnwK-RVG/*Wolf/Mock/Volpert/N. Schneider/Fölsch/Thiel*, § 19 Rn 141 ff.
50 Hk-ZPO/*Kindl*, § 724 Rn 12; Musielak/*Lackmann*, § 724 Rn 12.
1 Zu den bundesweiten Unterschieden bei den Gütestellen s. *Greger*, NJW 2011, 1478 ff.
2 So Stein/Jonas/*Münzberg*, § 797 a Rn 3.
3 So MüKo-ZPO/*Wolfsteiner*, § 797 a Rn 3.
4 Stein/Jonas/*Münzberg*, § 797 a Rn 8.

5   Durch die Verweisung in Abs. 3 auf § 797 Abs. 5 ist das dort bezeichnete Gericht für Klagen gem. §§ 731, 767, 768 zuständig. Auch ohne ausdrückliche Verweisung auf § 797 Abs. 4 findet die Präklusion gem. § 767 Abs. 2 im Klageverfahren gegen Gütestellenvergleiche keine Anwendung.[5]

IV. Ermächtigung für die Landesjustizverwaltung (Abs. 4)

6   Die Landesjustizverwaltungen können **Vorsteher von Gütestellen** zur Klauselerteilung ermächtigen (Abs. 4 S. 1). Dies ist nur in Bezug auf „einfache" Klauseln möglich (vgl Abs. 4 S. 2). Für Ausfertigungen gem. §§ 726 Abs. 1, 727–729, 733 ist der Rechtspfleger des in Abs. 1 bezeichneten Gerichts zuständig.[6] Da § 725 voraussetzt, dass die Klausel mit einem Siegel zu versehen ist, muss dem Vorsteher der Gütestelle ein solches verliehen werden.[7]

7   Art. 19 Abs. 1 BaySchlG bestimmt, dass die Vollstreckungsklausel auf einem von einem **Notar** beurkundeten Gütestellenvergleich auch vom Notar zu erteilen ist.[8]

8   Gegen die Verweigerung des Vorstehers kann der Gläubiger bei dem in Abs. 1 bezeichneten Gericht vorgehen (Abs. 4 S. 3).

V. Kosten

9   Für die **erstmalige Erteilung** der Vollstreckungsklausel werden keine **Gerichtsgebühren** erhoben. Für Klagen auf Klauselerteilung (Abs. 3 iVm § 797 Abs. 5) gelten die allgemeinen Bestimmungen für das Verfahren erster Instanz (Nr. 1210, 1211 KV GKG).

10   Für die **Vertretung im Güteverfahren** erhält der **Rechtsanwalt** eine Geschäftsgebühr Nr. 2303 Nr. 1 VV RVG. Darauf wird zur Hälfte, jedoch höchstens mit einem Gebührensatz von 0,75, eine schon vorher entstandene Geschäftsgebühr (Nr. 2300 VV RVG) angerechnet (Vorbem. 2.3 Abs. 6 VV RVG). Das Güteverfahren und das nachfolgende Prozessverfahren sind verschiedene Angelegenheiten (§ 17 Nr. 7 Buchst. a RVG). Die Geschäftsgebühr des Güteverfahrens (Nr. 2303 Nr. 1 VV RVG) wird jedoch auf die Verfahrensgebühr des gerichtlichen Verfahrens teilweise angerechnet (Vorbem. 3 Abs. 4 VV RVG). Der Antrag auf Erteilung der Vollstreckungsklausel ist durch die Geschäftsgebühr abgegolten (§ 19 Abs. 1 S. 2 Nr. 13 RVG); vgl § 797 Rn 35.

11   **Einwendungen** gegen die Erteilung der Vollstreckungsklausel (§ 732) gelten als besondere Angelegenheit (§ 18 Abs. 1 Nr. 4 RVG). Für eine Vertretung im Rahmen von Klagen (Abs. 3 iVm § 797 Abs. 5) entstehen gesonderte Gebühren nach Nr. 3100 ff VV RVG (§ 19 Abs. 1 S. 2 Nr. 1 RVG).

§ 798 Wartefrist

Aus einem Kostenfestsetzungsbeschluss, der nicht auf das Urteil gesetzt ist, aus Beschlüssen nach § 794 Abs. 1 Nr. 4 b sowie aus den nach § 794 Abs. 1 Nr. 5 aufgenommenen Urkunden darf die Zwangsvollstreckung nur beginnen, wenn der Schuldtitel mindestens zwei Wochen vorher zugestellt ist.

§ 46 GVGA

---

5   AllgM; vgl Hk-ZPO/*Kindl*, § 797 a Rn 3; MüKo-ZPO/*Wolfsteiner*, § 797 a Rn 6; Zöller/*Stöber*, § 797 a Rn 3.
6   Stein/Jonas/*Münzberg*, § 797 a Rn 6.
7   Baumbach/*Hartmann*, § 797 a Rn 2; MüKo-ZPO/*Wolfsteiner*, § 797 a Rn 3.
8   Vgl MüKo-ZPO/*Wolfsteiner*, § 797 a Rn 4 aE.

I. Normzweck

Durch die Wartefrist soll der Vollstreckungsschuldner vor einer sofortigen Zwangsvollstreckung geschützt werden; er soll die Möglichkeit haben, Abwehrmaßnahmen einleiten zu können.[1] Die aufgeführten Vollstreckungstitel (**selbständiger Kostenfestsetzungsbeschluss; Vollstreckbarerklärung des Anwaltsvergleichs; vollstreckbare Urkunden**, einschließlich der in **§ 794 Abs. 2 und §§ 800, 800 a** genannten)[2] sind nicht Ergebnis eines streitigen Verfahrens, sondern vielmehr einer einvernehmlichen Auseinandersetzung. Der Schuldner rechnet regelmäßig nicht mit einer sofortigen Vollstreckung und soll daher die Gelegenheit haben, die Vollstreckung durch freiwillige Leistung abzuwenden bzw Rechtsmittel einzulegen.[3]

II. Anwendungsbereich und Regelungsgehalt

Zuzustellen ist „der **Schuldtitel**". Bei vollstreckbaren Urkunden ist auch bei einfachen Vollstreckungsklauseln gem. § 724 Abs. 1 eine vollstreckbare Ausfertigung zuzustellen.[4] Bei qualifizierten Klauseln sind die gem. § 750 Abs. 2 zuzustellende Klausel sowie die Urkunden ebenfalls Bestandteil des Schuldtitels iSd § 798.[5]

Für die **notarielle Kostenrechnung** als Vollstreckungstitel gilt § 798 gem. § 89 S. 1 Hs 2 GNotKG entsprechend.[6]

Die **Vorpfändung** gem. § 845 ist ohne Wartefrist zulässig, denn der Fristbeginn ist an die Zustellung des Titels gekoppelt, worauf § 845 Abs. 1 S. 3 ganz verzichtet.[7]

Die **Fristberechnung** erfolgt nach § 222 Abs. 1 iVm §§ 187 Abs. 1, 188 BGB. Die Vollstreckung ist also am 15. Tag nach Zustellung zulässig. § 222 Abs. 2 findet Anwendung. Fällt das Ende der Frist mithin auf einen Samstag, Sonntag oder Feiertag, endet die Frist mit Ablauf des nächsten Werktags.

Eine **Fristveränderung** durch das Gericht ist nicht zulässig, da es sich gem. § 224 Abs. 2 um eine gesetzliche Frist handelt. Durch Parteivereinbarung kann die Frist verlängert werden, jedoch ist eine im Voraus erklärte Verkürzung oder ein Verzicht auf die Wartefrist nicht zulässig.[8]

III. Rechtsschutzmöglichkeiten

Gegen Vollstreckungshandlungen vor Ablauf der Wartefrist können der Schuldner und nachpfändende Gläubiger gem. **§ 766** vorgehen.[9] Erfolgreich wird die

---

1 *Wolfsteiner*, Die vollstreckbare Urkunde, § 7 Rn 7.28. Zu der Verteidigungsrolle, in die der Schuldner bei der Vollstreckung aus einer mit einem Nachweisverzicht verbundenen Unterwerfungsklausel gedrängt wird, s. BGH NJW 2002, 138, 140.
2 Stein/Jonas/*Münzberg*, § 798 Rn 1.
3 MüKo-ZPO/*Wolfsteiner*, § 798 Rn 1; vgl auch Hk-ZPO/*Kindl*, § 798 Rn 1; Musielak/*Lackmann*, § 798 Rn 1.
4 Vgl MüKo-ZPO/*Wolfsteiner*, § 798 Rn 2; Musielak/*Lackmann*, § 798 Rn 2.
5 MüKo-ZPO/*Wolfsteiner*, § 798 Rn 3; Musielak/*Lackmann*, § 798 Rn 2; Stein/Jonas/*Münzberg*, § 798 Rn 2; Zöller/*Stöber*, § 798 Rn 3.
6 Baumbach/*Hartmann*, § 798 Rn 9; Zöller/*Stöber*, § 798 Rn 2.
7 So die ganz hM; vgl Gaul/Schilken/Becker-Eberhard/*Becker-Eberhard*, § 22 Rn 27 mwN; s.a. MüKo-ZPO/*Wolfsteiner*, § 798 Rn 11; Thomas/Putzo/*Seiler*, § 798 Rn 1.
8 Str; so Musielak/*Lackmann*, § 798 Rn 3; Stein/Jonas/*Münzberg*, § 798 Rn 3 mwN; Thomas/Putzo/*Seiler*, § 798 Rn 1; Gaul/Schilken/Becker-Eberhard/*Becker-Eberhard*, § 22 Rn 29; Gaul/Schilken/Becker-Eberhard/*Gaul*, § 33 Rn 23 mwN; *Schilken*, DGVZ 1997, 81; aA MüKo-ZPO/*Wolfsteiner*, § 798 Rn 11; Schuschke/Walker/*Walker*, § 798 Rn 2; Zöller/*Stöber*, § 798 Rn 3.
9 Stein/Jonas/*Münzberg*, § 798 Rn 7.

Erinnerung aber regelmäßig nicht sein, denn zum maßgeblichen Zeitpunkt der Erinnerungsentscheidung ist die Wartefrist idR abgelaufen und damit der Verstoß gegen § 798 mit Wirkung ex nunc[10] geheilt.[11]

IV. Praktische Hinweise

8 Der Zweck der Vorschrift vor Überrumplung des Schuldners wird in den Fällen nicht erreicht, in denen aus einer vollstreckbaren Urkunde **wiederkehrende Leistungen** zu festen Zeitpunkten vollstreckt werden können. Die datumsmäßige Fälligkeit wird im Klauselerteilungsverfahren nicht geprüft, daher kann eine vollstreckbare Ausfertigung vor Fälligkeitseintritt erteilt und dem Schuldner sofort zugestellt werden. Künftige Leistungen können somit sofort bei Fälligkeit (§ 751 Abs. 1) – ohne Einhaltung einer Wartefrist – vollstreckt werden. Um dies zu verhindern, kann in Vollstreckungsunterwerfungen gem. § 794 Abs. 1 Nr. 5 angeordnet werden, dass die Wartefrist nicht vor Eintritt der Fälligkeit der einzelnen Forderung beginnt.[12]

§ 798 a (Zwangsvollstreckung aus Unterhaltstiteln trotz weggefallener Minderjährigkeit – weggefallen)

1 § 798 a ist mWz 1.9.2009 aufgehoben worden.[1] Der Regelungsgehalt der Vorschrift wurde in § 244 FamFG übernommen.[2] § 798 a aF bleibt anwendbar für Verfahren, die bis zum 31.8.2009 eingeleitet wurden oder deren Einleitung beantragt wurde.[3] Zum Regelungsgehalt des § 798 a aF bzw § 244 FamFG s. Vorauflage (2. Aufl. 2013), § 798 a Rn 1 ff.

§ 799 Vollstreckbare Urkunde bei Rechtsnachfolge

Hat sich der Eigentümer eines mit einer Hypothek, einer Grundschuld oder einer Rentenschuld belasteten Grundstücks in einer nach § 794 Abs. 1 Nr. 5 aufgenommenen Urkunde der sofortigen Zwangsvollstreckung unterworfen und ist dem Rechtsnachfolger des Gläubigers eine vollstreckbare Ausfertigung erteilt, so ist die Zustellung der die Rechtsnachfolge nachweisenden öffentlichen oder öffentlich beglaubigten Urkunde nicht erforderlich, wenn der Rechtsnachfolger als Gläubiger im Grundbuch eingetragen ist.

§ 45 GVGA

I. Normzweck

1 Nach § 799 wird für die Vollstreckung aus Urkunden gem. § 794 Abs. 1 Nr. 5 auf die **Zustellung** der die Rechtsnachfolge nachweisenden Urkunden (§ 750

---

10 So Hk-ZPO/*Kindl*, § 798 Rn 3; eingehend hierzu Gaul/Schilken/Becker-Eberhard/ *Becker-Eberhard*, § 22 Rn 48 ff mwN. Nach **aA** – wohl auch BGH 22.11.2012 – I ZB 18/12 (Ziff. 13), juris – wird der Verstoß mit Wirkung ex tunc geheilt, allerdings findet zu Gunsten der nachpfändenden Gläubiger eine Rangkorrektur im Verfahren nach § 878 statt (so Stein/Jonas/*Münzberg*, § 798 Rn 7).
11 Vgl Musielak/*Lackmann*, § 798 Rn 4.
12 So der Vorschlag von *Wolfsteiner*, Die vollstreckbare Urkunde, § 7 Rn 7.28. aE; *K. J. Müller*, RNotZ 2010, 167, 181 f mit einem Formulierungsbeispiel.
1 Art. 29 Nr. 22 FGG-RG vom 17.12.2008 (BGBl. I S. 2586, 2702).
2 Vgl Begr. RegE, BR-Drucks. 309/07, S. 744.
3 Art. 111 FGG-RG vom 17.12.2008 (BGBl. I S. 2586, 2743).

Abs. 2) verzichtet, wenn der Rechtsnachfolger im Grundbuch eingetragen ist. Hintergrund hierfür ist, dass mit Eintragung im Grundbuch die Rechtsnachfolge des neuen Grundpfandrechtsgläubigers für die Beteiligten als offenkundig gilt, so dass es insoweit[1] keiner Nachweiszustellung mehr bedarf.[2] Regelmäßig erlangt der Eigentümer gem. § 55 GBO Kenntnis von der Eintragung des neuen Gläubigers. Auf den Nachweis des Grundpfandrechts als solches wird ebenso wenig verzichtet wie auf die Zustellung der Klausel (§ 750 Abs. 2).[3]

§ 799 ist nicht anwendbar, wenn sich die Rechtsnachfolge außerhalb des Grundbuchs durch Zession und Briefübergabe vollzieht.[4] § 799 gilt allerdings, wenn die Rechtsnachfolge gem. § 1154 Abs. 2 BGB eintritt.[5]

II. Anwendungsbereich

Soweit auf den Rechtsnachfolger auch Rechte gegen den **persönlichen Schuldner**, zB aus einem – regelmäßig bei der Bestellung des Grundpfandrechts abgegebenen – abstrakten Schuldversprechen übergegangen sind, kommt § 799 nicht zur Anwendung.[6] Diesbezüglich kann (schon zur Erteilung der Vollstreckungsklausel) auf den Nachweis der Rechtsnachfolge und auf die Zustellung der nachweisenden Urkunden **nicht verzichtet** werden.[7]

§ 799 a Schadensersatzpflicht bei der Vollstreckung aus Urkunden durch andere Gläubiger

[1]Hat sich der Eigentümer eines Grundstücks in Ansehung einer Hypothek oder Grundschuld in einer Urkunde nach § 794 Abs. 1 Nr. 5 der sofortigen Zwangsvollstreckung in das Grundstück unterworfen und betreibt ein anderer als der in der Urkunde bezeichnete Gläubiger die Vollstreckung, so ist dieser, soweit die Vollstreckung aus der Urkunde für unzulässig erklärt wird, dem Schuldner zum Ersatz des Schadens verpflichtet, der diesem durch die Vollstreckung aus der Urkunde oder durch eine zur Abwendung der Vollstreckung erbrachte Leistung entsteht. [2]Satz 1 gilt entsprechend, wenn sich der Schuldner wegen der Forderungen, zu deren Sicherung das Grundpfandrecht bestellt worden ist, oder wegen der Forderung aus einem demselben Zweck dienenden Schuldanerkenntnis der sofortigen Zwangsvollstreckung in sein Vermögen unterworfen hat.

---

1 Bzgl der Erteilung der vollstreckbaren Ausfertigung gilt § 727 Abs. 1; Stein/Jonas/*Münzberg*, § 799 Rn 1 weist zutreffend darauf hin, dass § 799 von einer bereits erteilten Klausel ausgeht.
2 Ebenso MüKo-ZPO/*Wolfsteiner*, § 799 Rn 1; *ders.*, Die vollstreckbare Urkunde, § 46 Rn 46.64.; Stein/Jonas/*Münzberg*, § 799 Rn 1. Gemäß § 800 Abs. 2 bedarf es jedenfalls dann nicht der Zustellung eines Rechtsfolgenachweises in die Gesellschafterstellung einer Gesellschaft bürgerlichen Rechts, wenn der Gesellschafterwechsel im Grundbuch vollzogen wurde (BGH Rpfleger 2011, 337 ff; BGH WM 2011, 239, 241 = Rpfleger 2011, 277).
3 Vgl Hk-ZPO/*Kindl*, § 799 Rn 1; Stein/Jonas/*Münzberg*, § 799 Rn 1 aE; Zöller/*Stöber*, § 799 Rn 1.
4 § 750 Abs. 2 findet also uneingeschränkt Anwendung, Zöller/*Stöber*, § 799 Rn 1.
5 Vgl Schuschke/Walker/*Walker*, § 799 Rn 1.
6 Vgl Hk-ZPO/*Kindl*, § 799 Rn 1; Stein/Jonas/*Münzberg*, § 799 Rn 2.
7 Vgl MüKo-ZPO/*Wolfsteiner*, § 799 Rn 1aE; Stein/Jonas/*Münzberg*, § 799 Fn 2; Zöller/*Stöber*, § 799 Rn 1.

I. Allgemeines

1 § 799 a wurde mWz 19.8.2008 durch das Risikobegrenzungsgesetz in die ZPO aufgenommen.[1]

2 Der mangelhafte Schuldnerschutz gegen eine **unberechtigte Zwangsvollstreckung** aus einer vollstreckbaren Urkunde beim Verkauf von Immobiliendarlehen war Anlass für die Gesetzesentstehung; s. hierzu eingehend Vorauflage (2. Aufl. 2013), § 799 a Rn 2.

II. Regelungsgehalt

3 S. 1 sieht für die Vollstreckung aus Titeln iSd § 794 Abs. 1 Nr. 5 – wie § 717 Abs. 2 für andere Vollstreckungstitel – einen **verschuldensunabhängigen Schadensersatzanspruch des Schuldners** vor, „soweit die Vollstreckung aus der Urkunde für unzulässig erklärt wird". Dies kann im Verfahren der Vollstreckungsgegenklage gem. § 767 oder der Abänderungsklage gem. § 323 a erreicht werden.[2] Die im Unterschied zu § 717 Abs. 2 („entstanden ist") gewählte Präsensform („entsteht") ist nicht dahin gehend zu verstehen, dass nur Schäden zu ersetzen sind, die nach Aufhebung der Vollstreckbarkeit entstehen.[3]

Die Norm ist nicht anwendbar, wenn die Zwangsvollstreckung vor dem 19.8.2008 für unzulässig erklärt wurde (§ 37 EGZPO).

4 Die Vorschrift erfasst die Vollstreckung aus einer **Hypothek** oder **Grundschuld**. Anders als § 800 erfasst § 799 a nicht die Rentenschuld, die aber als Sicherungsmittel für die Praxis ohnehin kaum Bedeutung hat.[4]

5 Der Schadensersatzanspruch setzt eine **Rechtsnachfolge auf Gläubigerseite** voraus, denn es wird nur die unberechtigte Zwangsvollstreckung erfasst, die durch einen anderen als in der Urkunde bezeichneten Gläubiger betrieben wird. (Nur) dem ursprünglich in der Urkunde bezeichneten Gläubiger bringt der Schuldner ein besonderes Vertrauen entgegen. Daher besteht dem neuen Gläubiger gegenüber, der aus Sicht des Schuldners möglicherweise nicht so vertrauenswürdig ist, ein besonderes Schutzbedürfnis.[5] Der gem. § 190 UmwG formwechselnde Rechtsträger besteht weiter (§ 202 Abs. 1 Nr. 1 UmwG), so dass nicht ein „anderer ... Gläubiger" iSd § 799 a vollstreckt.[6]

6 Vom Anwendungsbereich auszunehmen ist auch der erste Zessionar, der aus einer **abgetretenen Eigentümergrundschuld** vollstreckt, da die Vollstreckungsmöglichkeit erst mit der Abtretung entsteht. Erst der zweite Zessionar ist dem Schadensersatzanspruch ausgesetzt.[7]

7 Die Vorschrift ist für diejenigen Fälle **teleologisch zu reduzieren**, in denen die Rechtsnachfolge auf Veranlassung des Schuldners selbst stattgefunden hat (zB als Folge einer Umschuldung)[8] oder sie auf Umständen beruht, auf die auch der

---

1 Art. 8 Nr. 3 des Gesetzes zur Begrenzung der mit Finanzinvestitionen verbundenen Risiken (Risikobegrenzungsgesetz) vom 12.8.2008 (BGBl. I S. 1666, 1670). Vgl hierzu allg. *Bachner*, DNotZ 2008, 644; *Dieckmann*, BWNotZ 2008, 166; *König*, BB 2008, 1910; *Langenbucher*, NJW 2008, 3169; *Schalast*, BB 2008, 2190; *Schmid/Voss*, DNotZ 2008, 740; *Vollkommer*, ZIP 2008, 2060 ff.
2 So der Bericht des Finanzausschusses (BT-Drucks. 16/9821, S. 24); vgl Musielak/*Lackmann*, § 799 a Rn 3; Schuschke/Walker/*Walker*, § 799 a Rn 10; s. auch *Wendt/Skauradszun*, JR 2011, 231 ff.
3 MüKo-ZPO/*Wolfsteiner*, § 799 a Rn 5; Musielak/*Lackmann*, § 799 a Rn 4.
4 Vgl *Vollkommer*, ZIP 2008, 2060, 2061.
5 Vgl den Bericht des Finanzausschusses (BT-Drucks. 16/9821, S. 24).
6 Ebenso Zöller/*Stöber*, § 799 a Rn 4.
7 Ebenso *Vollkommer*, ZIP 2008, 2060, 2061.
8 AA MüKo-ZPO/*Wolfsteiner*, § 799 a Rn 3.

Gläubiger keinen Einfluss haben konnte (zB Erbfolge oder Eröffnung des Insolvenzverfahrens).[9]

S. 2 erfasst die Vollstreckungsunterwerfung hinsichtlich der Übernahme der persönlichen Haftung – insb. durch ein sicherungshalber abgegebenes Schuldanerkenntnis –, wie sie bei der Bestellung von Grundschulden ganz regelmäßig erklärt wird.[10] 8

§ 800 Vollstreckbare Urkunde gegen den jeweiligen Grundstückseigentümer

(1) ¹Der Eigentümer kann sich in einer nach § 794 Abs. 1 Nr. 5 aufgenommenen Urkunde in Ansehung einer Hypothek, einer Grundschuld oder einer Rentenschuld der sofortigen Zwangsvollstreckung in der Weise unterwerfen, dass die Zwangsvollstreckung aus der Urkunde gegen den jeweiligen Eigentümer des Grundstücks zulässig sein soll. ²Die Unterwerfung bedarf in diesem Fall der Eintragung in das Grundbuch.

(2) Bei der Zwangsvollstreckung gegen einen späteren Eigentümer, der im Grundbuch eingetragen ist, bedarf es nicht der Zustellung der den Erwerb des Eigentums nachweisenden öffentlichen oder öffentlich beglaubigten Urkunde.

(3) Ist die sofortige Zwangsvollstreckung gegen den jeweiligen Eigentümer zulässig, so ist für die im § 797 Abs. 5 bezeichneten Klagen das Gericht zuständig, in dessen Bezirk das Grundstück belegen ist.

§ 45 GVGA

I. Allgemeines 1	3. Vormerkungsfähigkeit; Abgabe der Unterwerfungserklärung im Insolvenzverfahren 11
II. Unterwerfungserklärung (Abs. 1) 2	
1. Voraussetzungen und Inhalt der Unterwerfungserklärung (Abs. 1 S. 1) 2	III. Nachweisurkunden (Abs. 2) 13
	IV. Zuständigkeit (Abs. 3) 14
2. Eintragung der Unterwerfungserklärung in das Grundbuch (Abs. 1 S. 2) 9	V. Kosten 16

I. Allgemeines

Die Notwendigkeit dieser Vorschrift neben §§ 325, 727 wird in der Literatur bestritten. Teilweise wird darauf abgestellt, Abs. 2 biete dem Vollstreckungsgläubiger im Vergleich zum allgemeinen Klauselerteilungsverfahren gem. § 727 Erleichterungen hinsichtlich der Zustellung von Nachweisurkunden (s. Rn 13).[1] Teilweise wird aus dem Rechtsgedanken des § 799 entnommen, dass es einer Zustellung dieser Urkunden ohnehin nicht bedürfe, so dass § 800 keine gesonderte Funktion 1

---

9 S. auch Hk-ZPO/*Kindl*, § 799 a Rn 3; Thomas/Putzo/*Seiler*, § 799 a Rn 6; Zöller/*Stöber*, § 799 a Rn 4; aA Musielak/*Lackmann*, § 799 a Rn 2 aE.
10 Vgl den Bericht des Finanzausschusses (BT-Drucks. 16/9821, S. 24).
1 Baumbach/*Hartmann*, § 800 Rn 2 („außerordentliche praktische Bedeutung"); vgl auch Hk-ZPO/*Kindl*, § 800 Rn 1; Schuschke/Walker/*Walker*, § 800 Rn 1; Zöller/*Stöber*, § 800 Rn 1.

habe und ersatzlos zu streichen sei.[2] Für den Grundstückserwerber hat die Grundbucheintragung (Abs. 1 S. 2) jedenfalls eine Warnfunktion.[3] Nach wohl überwiegender Meinung schließt § 800 die Anwendbarkeit der allgemeinen Vorschriften (§§ 325, 727) aus.[4]

II. Unterwerfungserklärung (Abs. 1)

2 1. **Voraussetzungen und Inhalt der Unterwerfungserklärung (Abs. 1 S. 1).** Die Unterwerfungserklärung gem. § 800 kann nur in einer **vollstreckbaren Urkunde** gem. § 794 Abs. 1 Nr. 5 abgegeben werden. Auf Prozessvergleiche findet die Vorschrift keine Anwendung.[5] Die Unterwerfung unter die sofortige Zwangsvollstreckung gem. § 800 kann (nur) in das Grundstück erklärt werden. Gemäß § 11 Abs. 1 S. 1 ErbbauRG steht dem Eigentum am Grundstück ein Erbbaurecht gleich.

3 Aus der **Unterwerfungserklärung** muss ausdrücklich hervorgehen, dass die Vollstreckung **gegen den jeweiligen Eigentümer** zulässig sein soll.[6] Auch der **künftige Eigentümer** (oder künftige Erbbauberechtigte) kann eine Unterwerfung gem. § 800 erklären,[7] dies auch für einen **künftigen Anspruch** (vgl § 794 Rn 47), dh vor Eintragung des Grundpfandrechts.[8] Dies wird in der **Praxis** bei Grundstückskaufverträgen relevant, wenn für den Finanzierungsgläubiger des Käufers ein Grundpfandrecht an dem noch im Eigentum des Verkäufers stehenden Grundstück bestellt wird. Regelmäßig verzichtet der Käufer und künftige Eigentümer auf den Nachweis in der Zwangsvollstreckung, dass der dingliche Anspruch des Gläubigers (durch Eintragung, § 873 Abs. 1 BGB) entstanden und der Eigentumserwerb eingetreten ist. Unter diesen Voraussetzungen kann eine vollstreckbare Ausfertigung für den Gläubiger unmittelbar erteilt werden.[9]

4 § 800 gilt nur für die Unterwerfung „**in Ansehung**" der aufgeführten Grundpfandrechte, dh der dinglichen Haftung für diese (§§ 1113, 1191, 1199 iVm § 1147 BGB).[10] Eine Analogiebildung für andere Belastungen wie **Reallasten** oder **Erbbauzinsen** ist nicht zulässig.[11] Der Eigentümer kann sich jedoch „in Ansehung des dinglichen Rechts" gem. § 794 Abs. 1 Nr. 5 der Zwangsvollstreckung unterwerfen. Die dingliche Unterwerfung wirkt dann auch ohne Eintragung im Grundbuch und unter den Voraussetzungen der §§ 727, 325 auch gegen den Rechtsnachfolger.[12] Im Verfahren der Zwangsverwaltung ist gegen einen

---

2 So insb. *Wolfsteiner*, DNotZ 1999, 306, 323, der meint, die Streichung „würde nicht nur eine Unmenge Papier ersparen, sondern auch die Grundbuchämter deutlich entlasten"; vgl auch *Wolfsteiner*, Die vollstreckbare Urkunde, § 28 Rn 28.4. ff; MüKo-ZPO/*Wolfsteiner*, § 800 Rn 1.
3 Vgl auch Musielak/*Lackmann*, § 800 Rn 1; *Everts*, MittBayNot 2008, 356, 357.
4 Vgl MüKo-ZPO/*Wolfsteiner*, § 800 Rn 1 mwN; aA Musielak/*Lackmann*, § 800 Rn 2.
5 Hk-ZPO/*Kindl*, § 800 Rn 1; Musielak/*Lackmann*, § 800 Rn 2.
6 Hk-ZPO/*Kindl*, § 800 Rn 2; MüKo-ZPO/*Münzberg*, § 800 Rn 4; Stein/Jonas/*Münzberg*, § 800 Rn 2; Zöller/*Stöber*, § 800 Rn 3.
7 AllgM; BGH NJW 2008, 3363; vgl Stein/Jonas/*Münzberg*, § 800 Rn 2 mwN.
8 Vgl Zöller/*Stöber*, § 800 Rn 4.
9 Vgl Stein/Jonas/*Münzberg*, § 800 Rn 5; Zöller/*Stöber*, § 800 Rn 4 f. Nach LG Essen Rpfleger 2011, 288 gilt dies bei einem Nachweisverzicht auf die Fälligkeit der Grundschuld selbst dann, wenn offensichtlich ist, dass die Fälligkeit gem. § 1193 Abs. 1 BGB noch nicht eingetreten sein kann.
10 Stein/Jonas/*Münzberg*, § 800 Rn 2.
11 Gaul/Schilken/Becker-Eberhard/*Becker-Eberhard*, § 13 Rn 64; vgl auch Hk-ZPO/*Kindl*, § 800 Rn 1; Schuschke/Walker/*Walker*, § 800 Rn 4; Stein/Jonas/*Münzberg*, § 800 Rn 2.
12 Vgl Zöller/*Stöber*, § 800 Rn 17.

Nießbrauchberechtigten ein gesonderter Duldungstitel erforderlich, denn dieser ist von der Unterwerfungserklärung nicht betroffen.[13]

Möglich ist die Unterwerfungserklärung auch bei einer **Eigentümergrundschuld** 5 (§ 1196 BGB). Jedoch kann dem Eigentümer keine vollstreckbare Ausfertigung erteilt werden, da er nicht selbst die Zwangsvollstreckung betreiben kann (§ 1197 Abs. 1 BGB).[14]

Ist die Unterwerfungserklärung von allen Gesellschaftern einer **Gesellschaft bürgerlichen Rechts** abgegeben worden, kann die Zwangsvollstreckung in ein Grundstück der Gesellschaft betrieben werden.[15] 6

Die Unterwerfung kann sich auch nur auf einen **Teilbetrag** des Grundpfandrechts 7 beziehen, ohne dass eine Teilung der Grundschuld erforderlich wäre.[16] Aus Gründen der Kostenersparnis wird in der Praxis gelegentlich von der Titulierung des vollständigen Anspruchs abgesehen und die Unterwerfung „wegen eines zuletzt zu zahlenden Teilbetrags" erklärt. Teilzahlungen des Schuldners werden dann zuerst auf den nicht titulierten Teil der Forderung angerechnet.[17] Diese Verrechnungsregelung schützt den Gläubiger aber nicht vor dem Titelverlust durch das Eingreifen Ablösungsberechtigter (§ 268 BGB).[18]

Die **nachträgliche Erweiterung** der Unterwerfung auf weitere Grundstücke ist 8 durch Eintragung eines Mithaftvermerks gem. § 48 Abs. 1 S. 2 GBO möglich,[19] wenn der Schuldumfang und Schuldgrund unverändert bleiben. Wenn der Schuldgrund ausgewechselt wurde, ist nach hM eine erneute Eintragung der Unterwerfung erforderlich.[20]

2. Eintragung der Unterwerfungserklärung in das Grundbuch (Abs. 1 S. 2). Die 9 Eintragung in das Grundbuch ist **keine Wirksamkeitsvoraussetzung** für die Unterwerfung.[21] Die Grundbucheintragung führt aber dazu, dass die Erteilung einer vollstreckbaren Ausfertigung gegen den Einzelrechtsnachfolger des Grundstückseigentümers unter den erleichterten Voraussetzungen des Abs. 2 möglich ist.

Die Eintragung erfolgt – nach den allgemeinen Regeln der GBO[22] – bei dem 10 Grundpfandrecht in Form eines einfachen Vermerks.[23] Die Bezugnahme auf die Eintragungsbewilligung ist nicht ausreichend. Abs. 1 S. 2 schreibt insoweit iSd § 874 BGB „ein anderes" vor.[24] Der Vermerk kann zB lauten:

---

13 BGH NJW 2014, 1740 f = DNotZ 2014, 624 ff.
14 Vgl Zöller/*Stöber*, § 800 Rn 2 aE.
15 BGH NJW 2011, 615 = ZIP 2011, 119 = DNotZ 2011, 765; BGH Rpfleger 2011, 337, 337; BGH NJW 2006, 2191; BGH NJW 2004, 3632 = Rpfleger 2004, 718 = ZIP 2004, 1775; m. Anm. *Joswig*, EWiR 2004, 1201; m. zust. Anm. *Wertenbruch*, WuB 2004, 989; s. auch *Witt*, BB 2011, 399 ff sowie *Böttcher*, notar 2012, 111 ff, jew. m. Hinweisen für die Praxis.
16 BGHZ 108, 372 = NJW 1990, 258, 259 = DNotZ 1990, 586, 587 m. Anm. *Wolfsteiner*; Musielak/*Lackmann*, § 800 Rn 5; Schuschke/Walker/*Walker*, § 800 Rn 5; Thomas/Putzo/*Seiler*, § 800 Rn 5; Zöller/*Stöber*, § 800 Rn 2 mwN.
17 Vgl hierzu BGH Rpfleger 2007, 488, 489 = DNotZ 2007, 675 m. zust. Anm. *Wolfsteiner*; *Bartels*, WuB 2007, 649.
18 Vgl hierzu eingehend *Wolfsteiner*, Die vollstreckbare Urkunde, § 28 Rn 28.29.; s.a. MüKo-ZPO/*Wolfsteiner*, § 794 Rn 228.
19 BayObLG DNotZ 1992, 309; aA MüKo-ZPO/*Wolfsteiner*, § 800 Rn 17 (eigene Grundbucheintragung notwendig).
20 Vgl Schuschke/Walker/*Walker*, § 800 Rn 3; Stein/Jonas/*Münzberg*, § 800 Rn 7; aA (keine Neueintragung erforderlich) MüKo-ZPO/*Wolfsteiner*, § 800 Rn 12 aE.
21 Vgl MüKo-ZPO/*Wolfsteiner*, § 800 Rn 5.
22 Vgl Thomas/Putzo/*Seiler*, § 800 Rn 3.
23 *Wolfsteiner*, Die vollstreckbare Urkunde, § 28 Rn 28.48. f; MüKo-ZPO/*Wolfsteiner*, § 800 Rn 7.
24 Stein/Jonas/*Münzberg*, § 800 Rn 4.

▶ (Sofort) vollstreckbar gem. § 800 ZPO.[25] ◀

11 3. **Vormerkungsfähigkeit; Abgabe der Unterwerfungserklärung im Insolvenzverfahren.** Eine **Vormerkung** auf Eintragung der Unterwerfung ist nicht eintragungsfähig. Sie wäre funktionslos, da die Unterwerfung in keinem Rangverhältnis zu den im Grundbuch eingetragenen Rechten steht.[26] Zudem handelt es sich bei der Unterwerfungserklärung nicht um eine Verfügung, sondern um eine **prozessuale Willenserklärung**. Daher bedarf die Eintragung des Vermerks gem. § 800 nicht der Zustimmung gleich- oder nachrangiger Gläubiger.[27] Auch eine Zustimmung des Ehegatten gem. § 1365 BGB ist nicht erforderlich (vgl § 794 Rn 39).[28]

12 Zwar ist die Eintragung der Unterwerfung gem. § 800 keine Verfügung über das Grundstück,[29] jedoch ist nach Eröffnung des **Insolvenzverfahrens** über das Vermögen des Schuldners die Mitwirkung des Insolvenzverwalters für die Eintragung der Unterwerfung gem. § 800 erforderlich.[30] Dem Grundstückseigentümer, über dessen Vermögen das Insolvenzverfahren eröffnet wurde, fehlt die für die Eintragungsbewilligung erforderliche Verfügungsbefugnis.[31] Diese ist mit der Verwaltungs- und Verfügungsbefugnis (§ 80 InsO) auf den Insolvenzverwalter übergegangen.

III. Nachweisurkunden (Abs. 2)

13 Der Nachweis des **Eigentumserwerbs** als Voraussetzung für die Erteilung der Vollstreckungsklausel gegen den späteren Eigentümer muss nicht durch öffentliche oder öffentlich beglaubigte Urkunden geführt werden. Daher sind diese Urkunden gem. Abs. 2 nicht vom Zustellungserfordernis erfasst. Titel und Klausel sind hingegen zuzustellen.[32] Hintergrund für Abs. 2 ist die durch die Grundbucheintragung fingierte Offenkundigkeit des Eigentumswechsels (vgl § 799 Rn 1). Die Vorschrift findet auch Anwendung auf die Rechtsnachfolge in die Gesellschafterstellung einer Gesellschaft bürgerlichen Rechts, wenn der Gesellschafterwechsel im Grundbuch vollzogen wurde.[33] Die Vorschrift bietet aber keine Erleichterungen hinsichtlich sonstiger Nachweise, insb. auch nicht bzgl. der Wirksamkeit von Erklärungen durch Vertreter (s. § 794 Rn 55).[34] Die **Wartefrist** des § 798 ist einzuhalten (s. § 798 Rn 1).

IV. Zuständigkeit (Abs. 3)

14 Abs. 3 regelt die ausschließliche (§ 802) Zuständigkeit bei im Grundbuch eingetragener Unterwerfung abweichend von § 797 Abs. 5. Betrifft die Klage (§§ 731,

---

25 OLG Schleswig NotBZ 2014, 273 ff; vgl auch Musielak/*Lackmann*, § 800 Rn 7; weitere Beispiele bei Zöller/*Stöber*, § 800 Rn 11; aA Thomas/Putzo/*Seiler*, § 800 Rn 4.
26 BGH NJW 1990, 258, 260; *Wolfsteiner*, Die vollstreckbare Urkunde, § 28 Rn 28.54.
27 Vgl Hk-ZPO/*Kindl*, § 800 Rn 5; MüKo-ZPO/*Wolfsteiner*, § 800 Rn 9; Schuschke/Walker/*Walker*, § 800 Rn 2; Stein/Jonas/*Münzberg*, § 800 Rn 3; Zöller/*Stöber*, § 800 Rn 9.
28 BGH NJW 2008, 3363 = DNotZ 2008, 937 = RNotZ 2008, 537 m. Anm. *Eckelskemper/Koemm*.
29 Stein/Jonas/*Münzberg*, § 800 Rn 3.
30 Vgl DNotI-Report 11/2006, 85, 86.
31 DNotI-Report 11/2006, 85 ff; zur Möglichkeit, gegen den Schuldner Vollstreckungsklausel zu erteilen, vgl BGH NJW 2008, 918 ff = MittBayNot 2008, 405 ff; *Everts*, MittBayNot 2008, 356 ff; *Rimmelspacher*, WuB 2008, 413 ff; *Wolfsteiner*, DNotZ 2008, 833 ff.
32 Hk-ZPO/*Kindl*, § 800 Rn 6.
33 BGH Rpfleger 2011, 337 ff; BGH Rpfleger 2011, 277 = WM 2011, 239, 241.
34 BGH Rpfleger 2007, 37, 38.

767 oder 768) zugleich den dinglichen und den persönlichen Anspruch, richtet sich die Zuständigkeit insgesamt nach Abs. 3.[35]

Hat sich der Schuldner hinsichtlich mehrerer Grundstücke in unterschiedlichen Gerichtsbezirken der sofortigen Zwangsvollstreckung unterworfen, kommt analog § 36 Abs. 1 Nr. 4 die Bestimmung eines einheitlich zuständigen Gerichts in Betracht.[36] Der Gläubiger hat es aber in der Hand, die Notwendigkeit einer Gerichtsstandsbestimmung auszuheben und die Zuständigkeit des § 797 Abs. 5 herbeizuführen, indem er den Unterwerfungsvermerk im Grundbuch löschen lässt.[37]

V. Kosten

Die Eintragung der Unterwerfung unter die sofortige Zwangsvollstreckung in das Grundbuch (Abs. 1 S. 2) ist mit den **Gerichtsgebühren** nach Nr. 14120 ff KV GNotKG für die Eintragung der Hypothek, Grund- oder Rentenschuld in das Grundbuch abgegolten. Die nachträgliche Eintragung der Unterwerfung unter die sofortige Zwangsvollstreckung in das Grundbuch ist gerichtsgebührenfrei.[38] Beim **Notar** entsteht für die Beurkundung der Hypothek, Grund- oder Rentenschuld mit Unterwerfung unter die sofortige Zwangsvollstreckung eine 1,0-Gebühr Nr. 21200 KV GNotKG nach dem Nennbetrag der Schuld bzw bei einer Rentenschuld nach dem Nennbetrag der Ablösungssumme (§ 53 Abs. 1 GNotKG). Die Unterwerfungserklärung und die Erklärungen zur Bestellung des Rechts sind gegenstandsgleich (§ 109 Abs. 1 S. 4 Nr. 4 GNotKG). Bei gesonderter Beurkundung der Unterwerfung entsteht ebenfalls eine 1,0-Gebühr Nr. 21200 KV GNotKG (Wert: §§ 53 Abs. 1, 97 Abs. 1 GNotKG).

Für Klagen auf Klauselerteilung (Abs. 3 iVm § 797 Abs. 5) entsteht die **Gerichtsgebühr** für das Verfahren erster Instanz (Nr. 1210, 1211 KV GKG).

§ 800 a Vollstreckbare Urkunde bei Schiffshypothek

(1) Die Vorschriften der §§ 799, 800 gelten für eingetragene Schiffe und Schiffsbauwerke, die mit einer Schiffshypothek belastet sind, entsprechend.

(2) Ist die sofortige Zwangsvollstreckung gegen den jeweiligen Eigentümer zulässig, so ist für die im § 797 Abs. 5 bezeichneten Klagen das Gericht zuständig, in dessen Bezirk das Register für das Schiff oder das Schiffsbauwerk geführt wird.

Der **Anwendungsbereich** der §§ 799, 800 erstreckt sich neben den Schiffshypotheken an eingetragenen Schiffen und Schiffsbauwerken (§§ 8, 76 SchRG) nach **Abs. 1** auch auf Registerpfandrechte an Luftfahrzeugen, die in der Luftfahrzeugrolle eingetragen sind (§§ 1, 99 Abs. 1 LuftFzgG). Die Zwangsvollstreckung richtet sich nach § 870 a (s. § 870 a Rn 1).

Abs. 2 regelt die ausschließliche **Zuständigkeit** in Anlehnung an § 800 Abs. 3 (vgl § 800 Rn 14).

Zu den **Kosten** vgl § 800 Rn 16.

---

35 Str; so OLG Köln OLGR 2004, 235; BayObLG NJW-RR 2002, 1295; OLG Karlsruhe NJW-RR 2001, 1728; *Hoffmann*, WuB 2005, 66; Baumbach/*Hartmann*, § 800 Rn 10; Hk-ZPO/*Kindl*, § 800 Rn 7; Stein/Jonas/*Münzberg*, § 800 Rn 10; Thomas/Putzo/*Seiler*, § 800 Rn 7; Zöller/*Stöber*, § 800 Rn 18; aA MüKo-ZPO/*Wolfsteiner*, § 800 Rn 21; Musielak/*Lackmann*, § 800 Rn 10.
36 BayObLG MDR 2005, 589; vgl auch Hk-ZPO/*Kindl*, § 800 Rn 7 aE; für die direkte Anwendung der Vorschrift MüKo-ZPO/*Wolfsteiner*, § 800 Rn 20.
37 So der zutr. Hinweis von *Wolfsteiner*, Die vollstreckbare Urkunde, § 31 Rn 31.11. ff.
38 BT-Drucks. 17/11471, S. 209; NK-GK/*Drempetic*, Nr. 14160 KV GNotKG Rn 19.

§ 801 Landesrechtliche Vollstreckungstitel

(1) Die Landesgesetzgebung ist nicht gehindert, auf Grund anderer als der in den §§ 704, 794 bezeichneten Schuldtitel die gerichtliche Zwangsvollstreckung zuzulassen und insoweit von diesem Gesetz abweichende Vorschriften über die Zwangsvollstreckung zu treffen.

(2) Aus landesrechtlichen Schuldtiteln im Sinne des Absatzes 1 kann im gesamten Bundesgebiet vollstreckt werden.

§§ 35 Abs. 3, 39 GVGA

1 **Abs. 2** wurde mWv 25.4.2006 klarstellend angefügt.[1] **Schuldtitel** iSd § 801 sind Gütestellenvergleiche gem. § 794 Abs. 1 Nr. 1, Vergleiche vor Schiedsleuten nach den landesrechtlichen Schiedsordnungen[2] sowie vollstreckbare Verpflichtungserklärungen oder Entscheidungen gem. § 35 BJagdG.[3] Nicht in den Anwendungsbereich dieser Vorschrift fallen diejenigen landesrechtlichen Titel, die nicht der gerichtlichen, sondern der Verwaltungsvollstreckung unterliegen.[4] Der Beschluss über die Festsetzung der Vergütung des Vormunds/Pflegers durch das Familiengericht (§ 1836 BGB) schafft einen bundesrechtlichen Vollstreckungstitel gegen den Mündel/Betreuten gem. §§ 168, 292 Abs. 1 FamFG (§§ 69 e S. 1, 56 g Abs. 1, 6 FGG aF).[5]

§ 802 Ausschließlichkeit der Gerichtsstände

Die in diesem Buch angeordneten Gerichtsstände sind ausschließliche.

I. Allgemeines

1 Ausweislich des Wortlauts bezieht sich die Ausschließlichkeit auf die „in diesem Buch", also im 8. Buch der ZPO, angeordneten **Gerichtsstände**. Erfasst sind damit auch die Gerichtsstände im Verfahren des einstweiligen Rechtsschutzes (§§ 919, 937, 943).[1] Für die Festsetzung der Kosten für die Zustellung einer einstweiligen Verfügung ist das Vollstreckungsgericht ausschließlich zuständig (§ 788 Abs. 2).[2] Findet die Vollstreckung nicht (durch ein deutsches Gericht) statt, ist für die Kostenfestsetzung die Zuständigkeit des Prozessgerichts begründet.[3]

---

1 Art. 50 Nr. 3 Buchst. b Erstes Gesetz über die Bereinigung von Bundesrecht im Zuständigkeitsbereich des Bundesministeriums der Justiz vom 19.4.2006 (BGBl. I S. 866, 875).
2 Hk-ZPO/*Kindl*, § 801 Rn 1; Musielak/*Lackmann*, § 801 Rn 1; vgl Stein/Jonas/*Münzberg*, § 801 Fn 5 mwN zu den landesrechtlichen Vorschriften.
3 Vgl MüKo-ZPO/*Wolfsteiner*, § 801 Rn 4.
4 Schuschke/Walker/*Schuschke*, § 801 Rn 1; Stein/Jonas/*Münzberg*, § 801 Rn 1. Zur Verfassungswidrigkeit von Selbsttitulierungsrechten öffentlich-rechtlicher Kreditinstitute im niedersächsischen Landesrecht BVerfG NJW 2013, 1797 ff = WM 2013, 255 ff.
5 Vor Inkrafttreten des § 56 g FGG aF (BtÄndG vom 25.6.1998, BGBl. I S. 1580) war für jedes Bundesland gesondert zu prüfen, ob die Vergütungsfestsetzung einen Vollstreckungstitel darstellte; vgl für NRW: OLG Hamm Rpfleger 1984, 234; für Hessen: LG Frankfurt FamRZ 1990, 1034; für Niedersachsen: Art. 6 Abs. 1 Nr. 3 Nds. FGG aF.

1 AllgM; s. statt aller Hk-ZPO/*Kindl*, § 802 Rn 1; Zöller/*Stöber*, § 802 Rn 4.
2 OLG Celle NJW-RR 2009, 575 f.
3 OLG Düsseldorf NJW-RR 2010, 1440 f.

§ 802 gilt sowohl für die **örtliche** als auch die **sachliche** Zuständigkeit.[4] Die Anordnung der ausschließlichen Zuständigkeit steht der Änderung einer Vollstreckungsgegenklage in eine Klauselgegenklage in zweiter Instanz nicht entgegen, wenn der Beklagte die Zwangsvollstreckung nicht aus einem gerichtlichen Titel, sondern aus einer notariellen Urkunde aufgrund einer vom Notar erteilten Vollstreckungsklausel betreibt.[5]

Soweit die Anordnung der ausschließlichen Zuständigkeit reicht, sind **Prorogation** oder Begründung der Zuständigkeit durch **rügeloses Einlassen** nicht möglich (§ 40 Abs. 2 S. 1 Nr. 2 und S. 2).[6]

Ist ein Gerichtsstand für die sachliche Zuständigkeit nicht angeordnet, sondern alternativ das „Amtsgericht oder Landgericht"[7] genannt, setzt dies die Anwendung der §§ 23 ff, 71 GVG zur Ermittlung des sachlich zuständigen Gerichts voraus.[8] Insoweit ist auch die Zuständigkeitsbegründung durch Prorogation oder rügeloses Einlassen möglich.[9]

Bei einer Konkurrenz von §§ 797 Abs. 5, 802 mit den in § 232 Abs. 1 FamFG aufgeführten Zuständigkeiten gehen Letztere gem. § 232 Abs. 2 FamFG vor.[10]

In **Konkurrenz** zu den weiteren im FamFG angeordneten ausschließlichen Gerichtsständen gehen die im 8. Buch der ZPO angeordneten Zuständigkeiten vor.[11] Bei der Vollstreckungsgegenklage ergibt sich dies vor dem Hintergrund der Möglichkeit des Prozessgerichts (§§ 767 Abs. 1, 802), die im Vorprozess erworbene Sachkunde auszunutzen.[12] Entsprechende Argumentation gilt für den Vorrang der Zuständigkeit des Prozessgerichts für Schadensersatzansprüche wegen Nichterfüllung titulierter Hausrat-Herausgabeansprüche gem. §§ 893 Abs. 2, 802.[13]

§ 802 steht der Unanfechtbarkeit einer (verfahrenswidrigen) Verweisung gem. **§ 281 Abs. 2 S. 2** nicht entgegen.[14]

---

4 Musielak/*Lackmann*, § 802 Rn 1; zur Geltung der Norm für die internationale Zuständigkeit vgl MüKo-ZPO/*Wolfsteiner*, § 802 Rn 3 unter Hinweis auf BGH NJW 1997, 2245 (allerdings hat der BGH die Frage nach der Ausschließlichkeit der internationalen Zuständigkeit ausdrücklich offen gelassen, BGH NJW 1997, 2245, 2246).
5 So BGH 27.1.2012 – V ZR 92/11, juris, gegen OLG Hamm 4.4.2011 – 5 U 42/09, juris (nach Zurückverweisung durch BGH 3.12.2010 – V ZR 200/09, juris).
6 BGH Rpfleger 2011, 223; LAG Köln 7.7.2014 – 1 SHa 6/14, juris.
7 S. § 722 Abs. 2 ZPO, vgl auch §§ 771 Abs. 1, 796 Abs. 3, 797 Abs. 5, 879 ZPO.
8 Vgl Hk-ZPO/*Kindl*, § 802 Rn 2; Thomas/Putzo/*Seiler*, § 802 Rn 2; Stein/Jonas/*Münzberg*, § 802 Rn 1.
9 Vgl Hk-ZPO/*Kindl*, § 802 Rn 2; Musielak/*Lackmann*, § 802 Rn 2; Zöller/*Stöber*, § 802 Rn 1.
10 Ebenso Hk-ZPO/*Kindl*, § 797 Rn 8; Musielak/*Lackmann*, § 802 Rn 2 unter Hinweis auf den Sachzusammenhang; zur Problematik des Auseinanderfallens der Gerichtsstände und zur Abgrenzung der Verfahrensarten *Kasenbacher*, NJW-Spezial 2014, 324; vgl zur streitigen alten Rechtslage (§ 642 Abs. 1 aF) BayObLG NJW-RR 1992, 263, 264; KG FPR 2002, 104, 105; OLG Hamm FamRZ 2003, 696.
11 Str; so die hM hinsichtlich § 621 Abs. 2 S. 1 aF, BGH FamRZ 2001, 1705, 1706 = NJW 2002, 444, 445 (zur Konkurrenz mit § 642 Abs. 1 aF); Hk-ZPO/*Kindl*, § 802 Rn 1; Stein/Jonas/*Münzberg*, § 802 Rn 1; Zöller/*Stöber*, § 802 Rn 3; aA Baumbach/Hartmann, § 802 Rn 3; Musielak/*Lackmann*, § 802 Rn 2 (unter Hinweis auf den Sachzusammenhang beim Familiengericht).
12 So auch die Argumentation von BGH FamRZ 2001, 1705, 1706; BGH NJW 1980, 1393; OLG Naumburg FamRZ 2000, 1166, 1167.
13 So OLG Schleswig NJW-RR 2003, 1013; OLG Karlsruhe FamRZ 2000, 1168; aA OLG Düsseldorf FamRZ 1985, 406.
14 Vgl Schuschke/Walker/*Walker*, § 802 Rn 3; zu den Ausnahmefällen der Anfechtbarkeit vgl Hk-ZPO/*Saenger*, § 281 Rn 19.

II. Überprüfung und Verstoß

8 Das angerufene Gericht hat seine Zuständigkeit **von Amts wegen** zu prüfen und die hierzu notwendigen Tatsachenfeststellungen zu treffen.[15] Ein **Verstoß** gegen § 802 macht die gerichtliche Zwangsvollstreckungsmaßnahme **anfechtbar**, führt aber nicht zur völligen Unwirksamkeit der Zwangsvollstreckung.[16]

---

15 Vgl MüKo-ZPO/*Wolfsteiner*, § 802 Rn 4.
16 Ebenso MüKo-ZPO/*Wolfsteiner*, § 802 Rn 4; Zöller/*Stöber*, § 802 Rn 2; aA bei einem Verstoß gegen die sachliche Zuständigkeit Baumbach/Lauterbach/*Hartmann*, § 802 Rn 4.

Abschnitt 2
Zwangsvollstreckung wegen Geldforderungen

Titel 1
Allgemeine Vorschriften

Vorbemerkung zu §§ 802 a–802 l

Literatur:

Bruns, Vom Forderungseinzug zum Forderungsmanagement – Neue Aufgaben für den Gerichtsvollzieher?, DGVZ 2009, 24; *Dierck/Griedl*, Das neue Vollstreckungsmanagement, NJW 2013, 3201; *Dörndorfer*, Reform der Geldvollstreckung zum 1.1.2013, JurBüro 2012, 617; *Endres*, Die Auswirkungen der Reform der Sachaufklärung auf die Anwaltsvergütung in der Zwangsvollstreckung, JurBüro 2012, 633; *Fischer*, Welche prozessualen und materiellen Neuregelungen zur Vermeidung und Verminderung von Mietausfällen sind rechtsstaatlich sinnvoll? – Neuregelungen im Bereich der Zwangsvollstreckung, WuM 2007, 239 und DGVZ 2007, 111; *ders.*, Die Reform der Sachaufklärung im Lichte der Vollstreckungsmodernisierung – Anmerkung zu einer reformbedürftigen Reform, DGVZ 2010, 113; *Gaul*, Grundüberlegungen zur Neukonzipierung und Verbesserung der Sachaufklärung in der Zwangsvollstreckung, ZZP 108 (1995), 3; *Giers*, Die Vollstreckung nach dem Sachaufklärungsgesetz, FamRB 2013, 22 (Teil 1), FamRB 2013, 62 (Teil 2); *Gietmann*, Die neuen Reformgesetze in der Zwangsvollstreckung, DGVZ 2009, 157; *Hagemann*, Die Umsetzung der Reform der Sachaufklärung in der Zwangsvollstreckung bei den kommunalen Vollstreckungsbehörden, KKZ 2012, 49; *Harnacke*, Das neue Vollstreckungsrecht – Die Modernisierung der Gerichtsvollzieherzwangsvollstreckung durch das Gesetz zur Reform der Sachaufklärung in der Zwangsvollstreckung, DGVZ 2012, 197; *Harnacke/Bungardt*, Das neue Recht – Probleme über Probleme – Rechtliche Probleme bei der Umsetzung des Gesetzes zur Reform der Sachaufklärung in der Zwangsvollstreckung – dargestellt anhand von Beispielsfällen, DGVZ 2013, 1; *Hergenröder*, Vom Forderungseinzug zum Forderungsmanagement – Zwangsvollstreckung im 21. Jahrhundert und soziale Wirklichkeit, DGVZ 2010, 201; *Hess*, Rechtspolitische Perspektiven der Zwangsvollstreckung, DGVZ 2010, 201; *Horst*, Sicherung und Beitreiben von Mietforderungen wird im kommenden Jahr (hoffentlich) leichter, GE 2012, 246; *Jäger/Schatz*, Etwas Licht und viel Schatten – Der Entwurf eines Gesetzes zur Reform der Sachaufklärung in der Zwangsvollstreckung, ZVI 2008, 143; *Meyer*, Die Änderungen im Gerichtskostenrecht ab dem 1.1.2013 durch das Gesetz zur Reform der Sachaufklärung in der Zwangsvollstreckung, JurBüro 2012, 643; *Mroß*, Grundzüge der Reform der Sachaufklärung, DGVZ 2010, 181; *ders.*, Sachaufklärung in der Zwangsvollstreckung: Ecken und Kanten der Reform – Vorschläge für runde Verfahrensabläufe, DGVZ 2012, 169; *ders.*, Rechtliche Lösungen für die Anwendungen des Gesetzes zur Reform der Sachaufklärung in der Zwangsvollstreckung, DGVZ 2013, 69; *Schilken*, Zur Reform der Sachaufklärung in der Zwangsvollstreckung, Rpfleger 2006, 629; *Schmidt*, Die Reform der Sachaufklärung in der Zwangsvollstreckung – Umsetzung und Folgen, ZVI 2007, 57; *ders.*, Ein Jahr Reform der Sachaufklärung in der Zwangsvollstreckung, JurBüro 2014, 6; *ders.*, Reform der Sachaufklärung in der Zwangsvollstreckung – ein (weiterer) Zwischenbericht, JurBüro 2014, 397; *Schwörer/Heßler*, Vom Offenbarungseide zur nachprüfbaren Schuldnerauskunft, ZVI 2007, 589; *Seip*, Zum Entwurf eines Gesetzes zur Reform der Sachaufklärung in der Zwangsvollstreckung, DGVZ 2006, 1; *ders.*, Anmerkungen zum Gesetzesentwurf zur Sachaufklärung in der Zwangsvollstreckung, JurBüro 2006, 567; *ders.*, Vermögensoffenbarung und Minderung des Schuldnerschutzes, ZRP 2007, 23; *ders.*, Zur geplanten Reform der Sachaufklärung in der Zwangsvollstreckung – Eine Betrachtung zum gegenwärtigen Sachstand, DGVZ 2008, 38; *Sternal*, § 6 Die neue Sachaufklärung in der Zwangsvollstreckung, in: Wolf u.a., Zwangsvollstreckungsrecht aktuell, 2010; *Sturm*, Das Verfahren zur Abnahme der Vermögensauskunft, JurBüro 2013, 63; *Vollkommer*, Die Reform der Sachaufklärung in der Zwangsvollstreckung – Ein Überblick, NJW 2012, 3681; *Wasserl*, Reform der Sachaufklärung – § 39 EGZPO – Auftragseingang oder Auftragserteilung – Auswirkungen auf die Bearbeitung von Vollstreckungsaufträgen durch den Gerichtsvollzieher, DGVZ 2013, 61; *ders.*, Reform der Sachaufklärung – Die Eintragungsanordnung des Gerichtsvollziehers, DGVZ 2013, 85; *Weigelt*, Das Gesetz zur Reform der Sachaufklärung in der Zwangsvollstreckung, Insbüro 2012, 412; *Würdinger*, Die Sachaufklärung in der Einzelzwangsvollstreckung, JZ 2011, 177.

I. Reform der Sachaufklärung in der Zwangsvollstreckung – Neuregelungen zum 1.1.2013 ... 1
II. Informationsbeschaffung sowie Abnahme der Vermögensauskunft (§§ 802 a–802 l) ... 4
III. Übergangsregelung ... 9
IV. Weitere Entwicklung der Reform der Sachaufklärung in der Zwangsvollstreckung ... 14
V. Übersicht: Sachaufklärung in der Zwangsvollstreckung ... 15

I. Reform der Sachaufklärung in der Zwangsvollstreckung – Neuregelungen zum 1.1.2013

1 Das bis zum 31.12.2012 geltende Recht favorisierte die **Fahrnisvollstreckung durch den Gerichtsvollzieher**.[1] Erst nach einer fehlgeschlagenen oder aussichtslosen Sachpfändung konnte der Gläubiger als letztes Mittel von dem Schuldner die Abnahme der eidesstattlichen Versicherung und damit die Vorlage eines Verzeichnisses des gesamten Vermögens verlangen. Dies führte zu einer Verzögerung der Rechtsdurchsetzung und war für den Gläubiger mit zusätzlichen Kosten verbunden. Zudem beschränkten sich die den Gläubigern zur Verfügung gestellten Informationen ausschließlich auf die Eigenangaben des Schuldners. Dabei zeigte die Erfahrung, dass auf die Richtigkeit und Vollständigkeit derartiger Selbstauskünfte oftmals wenig Verlass war. Zudem wurde die Effektivität von Vollstreckungsmaßnahmen des Gläubigers dadurch behindert, dass die Vermögens- sowie Schuldnerverzeichnisse nur in Papierform geführt und lokal bei den einzelnen Vollstreckungsgerichten verwaltet wurden.[2]

2 Ziel der am 1.1.2013 in Kraft getretenen gesetzlichen Neuregelung[3] ist es u.a., das Zwangsvollstreckungsrecht durch die Möglichkeit der frühzeitigen Informationsgewinnung für die Gläubiger sowie durch die Modernisierung der Verwaltung des Vermögens- und Schuldnerverzeichnisses effektiver zu gestalten. Nach der Vorstellung des Gesetzgebers soll der Gläubiger hierdurch schneller und früher Informationen über das verwertbare Vermögen des Schuldners und bestehende Vollstreckungsmöglichkeiten erhalten.[4] Es wird unterschieden zwischen

- der Sachaufklärung **zu Beginn der Vollstreckung** als Hilfsmittel einerseits und
- den **Folgen einer erfolglosen Vollstreckung** in das Vermögen des Schuldners andererseits.

3 Zentrale Neuregelung ist die **Vorverlagerung der Vermögensauskunft** durch den Schuldner auf den Beginn des Verfahrens (§§ 802 c ff). Für den Gläubiger einer titulierten Geldforderung besteht bereits vor der Einleitung von Zwangsvollstreckungsmaßnahmen die Möglichkeit, vom Schuldner eine Auskunft über dessen Vermögensverhältnisse zu erlangen. Die Vorverlagerung der Auskunftspflicht an den Beginn der Zwangsvollstreckung ist verfassungsrechtlich unbedenklich. Im

---

1 *Sternal*, in: Wolf u.a., Zwangsvollstreckungsrecht aktuell, § 6 Rn 1 ff.
2 BT-Drucks. 16/10069, S. 20; *Sternal*, in: Wolf u.a., Zwangsvollstreckungsrecht aktuell, § 6 Rn 1 ff.
3 Gesetz zur Reform der Sachaufklärung in der Zwangsvollstreckung vom 29.7.2009 (BGBl. I S. 2258). Zum Gesetzgebungsverfahren s. auch: Gesetzesentwurf zur Reform der Sachaufklärung in der Zwangsvollstreckung, Stand 1.1.2006, ZVI 2007, 96. Aus dem Gesetzgebungsverfahren: Entwurf eines Gesetzes zur Reform der Sachaufklärung in der Zwangsvollstreckung vom 30.7.2008, BT-Drucks. 16/10069; Beschlussempfehlung und Bericht des Rechtsausschusses vom 17.6.2009, BT-Drucks. 16/13432; Gesetzesbeschluss des Deutschen Bundestages vom 18.6.2009, BR-Drucks. 568/09.
4 BT-Drucks. 16/10069, S. 20; *Sternal*, in: Wolf u.a., Zwangsvollstreckungsrecht aktuell, § 6 Rn 5.

Hinblick auf das durch die Eigentumsgarantie des Art. 14 GG sowie die Rechtsweggarantie des Art. 19 Abs. 4 GG garantierte Recht des Gläubigers auf eine effektive Zwangsvollstreckung ist das Recht des Schuldners auf informationelle Selbstbestimmung nicht unverhältnismäßig verletzt.[5]

Der Gläubiger kann weiterhin gleichzeitig die Zwangsvollstreckung betreiben, um so seine Vollstreckungschancen nicht zu verschlechtern. Mit der Modernisierung des Verfahrens zur Abnahme der Vermögensauskunft geht eine **Neukonzeption des Schuldnerverzeichnisses** (§§ 882 b–882 h) einher (s. dazu näher Vor §§ 882 b–882 h Rn 1 ff). Sowohl die Vermögensverzeichnisse als auch die Schuldnerverzeichnisse werden nunmehr in elektronischer Form landesweit bei einem zentralen Vollstreckungsgericht geführt (§§ 802 k, 882 h). Neben der Verbesserung der Informationsmöglichkeiten sowie der Automatisierung und Zentralisierung des Verfahrens zählt die **Förderung der gütlichen Erledigung** (vgl § 802 b) zu den Kernzielen der gesetzlichen Neuregelung. 3a

II. Informationsbeschaffung sowie Abnahme der Vermögensauskunft (§§ 802 a–802 l)

Der vor der Neuregelung bereits geltende Grundsatz einer **effizienten Zwangsvollstreckung** ist nunmehr als Leitlinie für die Tätigkeit des Gerichtsvollziehers gesetzlich festgeschrieben (§ 802 a Abs. 1). Das Vollstreckungsorgan muss jeden überflüssigen Aufwand vermeiden und sein Verfahren auf eine möglichst zeitnahe sowie vollständige Befriedigung des Gläubigers ausrichten. Der Versuch einer **gütlichen Einigung** ist nicht mehr auf einen erfolglosen Fahrnisvollstreckungsversuch oder auf die Abgabe der Selbstauskunft beschränkt. Vielmehr ist der Gerichtsvollzieher nunmehr in jedem Stadium des Vollstreckungsverfahrens verpflichtet, auf dieses Ziel hinzuwirken (§ 802 b Abs. 1). 4

Nähere Einzelheiten zu den **Standardbefugnissen des Gerichtsvollziehers** aufgrund des Vollstreckungsauftrags des Gläubigers (§§ 753, 754) regelt § 802 a Abs. 2. Sofern der Gläubiger eine Zahlungsvereinbarung nicht ausdrücklich ausgeschlossen hat, darf der Gerichtsvollzieher bspw dem Schuldner entweder eine Zahlungsfrist einräumen oder eine Tilgung durch Ratenzahlungen bewilligen (§ 802 b Abs. 2 S. 1).[6] Weiterhin ist er gesetzlich befugt, aufgrund eines entsprechenden Vollstreckungsauftrags (§ 802 a Abs. 2 S. 1 Nr. 2) bereits vor Einleitung einer konkreten Zwangsvollstreckungsmaßnahme **Auskünfte über das Vermögen des Schuldners** einzuholen. Er kann sich die Informationen unmittelbar von dem Schuldner beschaffen (§ 802 c Abs. 1, 2), wobei der Schuldner die Richtigkeit seiner Angaben an Eides statt zu versichern hat (§ 802 c Abs. 3).[7] 5

Inhaltlich entspricht die von dem Schuldner **zu erteilende Vermögensauskunft** dem früher bei Abnahme der eidesstattlichen Versicherung vorzulegenden Vermögensverzeichnis. Die so erstellten Vermögensverzeichnisse werden in jedem Bundesland in elektronischer Form bei einem **zentralen Vollstreckungsgericht** verwaltet (§ 802 k). Auf dieses Verzeichnis können Gerichtsvollzieher, Vollstreckungsbehörden und weitere staatliche Stellen, wie die Strafverfolgungsbehörden, zugreifen. Zu den Einzelheiten s. die aufgrund des § 802 k Abs. 4 erlassene Verordnung über das Vermögensverzeichnis (**VermVV**) vom 26.7.2012[8] (abgedr. bei § 802 k Rn 23). Zudem kann der Gerichtsvollzieher – und dies ist neu – **bei Dritten Informationen** über das Vermögen des Schuldners erheben (§ 802 l). Gibt 6

---

5 MüKo-ZPO/*Wagner*, § 802 a Rn 9; *Bruns*, DGVZ 2010, 27; *Schilken*, Rpfleger 2006, 634.
6 *Sternal*, in: Wolf u.a., Zwangsvollstreckungsrecht aktuell, § 6 Rn 11 ff.
7 *Sternal*, in: Wolf u.a., Zwangsvollstreckungsrecht aktuell, § 6 Rn 14 ff.
8 BGBl. I S. 1663.

der Schuldner die Vermögensauskunft nicht ab oder ist nach dem Inhalt der Auskunft eine vollständige Befriedigung des Gläubigers voraussichtlich nicht zu erwarten, ist der Gerichtsvollzieher befugt, Auskünfte bei den **Trägern der gesetzlichen Rentenversicherung**, beim **Bundeszentralamt für Steuern** und beim **Kraftfahrt-Bundesamt** über Arbeitsverhältnisse, Konten, Depots oder Kraftfahrzeuge des Schuldners einzuholen.

7 **Art und Umfang des konkreten Vollstreckungszugriffs** in das Vermögen des Schuldners bestimmt weiterhin der Gläubiger (vgl § 802 a Abs. 2 S. 2). Damit besteht für den Gläubiger die Möglichkeit, seinen **Auftrag** an den Gerichtsvollzieher auf die Informationsbeschaffung über die aktuelle Vermögenslage des Schuldners zu beschränken und erst anschließend über die Einleitung konkreter Vollstreckungsmaßnahmen zu entscheiden. Ebenso kann er den Gerichtsvollzieher mit der sofortigen Durchführung der Sachpfändung (vgl § 807 Abs. 1) beauftragen. Schließlich ist es ihm auch nicht verwehrt, einen kombinierten Auftrag mit dem Ziel der Sachaufklärung sowie einer anschließenden Vollstreckung zu erteilen.

8 Bleibt der Schuldner unentschuldigt dem Termin zur Abgabe der Vermögensauskunft fern oder verweigert er die Abgabe der Vermögensauskunft ohne Grund, so kann das Gericht auf Antrag des Gläubigers **Erzwingungshaft** anordnen (§ 802 g).[9] Wie früher in den §§ 902 ff aF sehen die §§ 802 h, 802 i und 802 j Bestimmungen über die **Zulässigkeit der Haftvollstreckung**, über die Vermögensauskunft des verhafteten Schuldners sowie über die Dauer der Haft und die erneute Haftanordnung vor. Zudem wird der Schuldner in das **Schuldnerverzeichnis** eingetragen, wenn er seiner Pflicht zur Abgabe der Vermögensauskunft nicht nachkommt, wenn sein Vermögen für die Befriedigung des Gläubigers nicht ausreicht oder wenn er nicht nachweist, dass der Gläubiger innerhalb eines Monats nach Abgabe der Vermögensauskunft befriedigt worden ist (§ 882 c). Zu den weiteren Einzelheiten s. die Erläuterungen in der Vorbemerkung zu den §§ 882 b–882 h sowie die jeweiligen Erläuterungen zu den §§ 882 b ff.

III. Übergangsregelung

9 Für Vollstreckungsaufträge, die vor dem 1.1.2013 beim Gerichtsvollzieher bzw beim Vollziehungsbeamten eingehen, gelten die Vorschriften der ZPO bzw der Vollstreckungsgesetze in der bis zum 31.12.2012 geltenden Fassung (§ 39 Nr. 1–3 EGZPO). Somit richtet sich die Vollstreckung insgesamt nach dem alten Recht; dies gilt auch für Anträge auf Nachbesserung einer nach altem Recht abgegebenen eidesstattlichen Versicherung.[10]

10 Treffen mehrere Aufträge (zB am 29.12.2012 ein Antrag auf Abgabe der eidesstattlichen Versicherung und am 2.1.2013 auf Abnahme der Vermögensauskunft) zeitnah zusammen, so richtet sich das maßgebliche Recht danach, wann der Auftrag bei dem Gerichtsvollzieher oder der Gerichtsvollzieherverteilerstelle eingegangen ist. Dies führt bei dem vorliegenden Beispiel dazu, dass auch im Falle einer gemeinsamen Erledigung für den ersten Auftrag die eidesstattliche Versicherung abzunehmen und der Schuldner in das bisherige Schuldnerverzeichnis einzutragen ist (§ 39 Nr. 5 S. 1 EGZPO). Der zweite Auftrag führt zur Abnahme der Vermögensauskunft und Eintragung in das neue Schuldnerverzeichnis; gleichzeitig wird die Eintragung in das alte Verzeichnis wieder gelöscht (§ 39 Nr. 5 S. 3 EGZPO). Dies mag zwar im Einzelfall sinnwidrig erscheinen, ist indes Folge der gesetzgeberischen Intention, das Schuldnerverzeichnis in der bis zum 31.12.2012 bestehenden Form möglichst bald auslaufen zu lassen. Die alten Schuldnerver-

---

9 *Sternal*, in: Wolf u.a., Zwangsvollstreckungsrecht aktuell, § 6 Rn 32 ff.
10 Musielak/*Voit*, § 802 a Rn 1.

zeichnisse werden solange fortgeführt, bis der letzte Schuldner gelöscht ist. Insoweit macht es auch keinen Unterschied, ob Anträge nach alten oder neuen Recht gemeinsam oder gesondert erledigt werden. Wird ein im Jahre 2012 erteilter Auftrag auf Abgabe der eidesstattlichen Versicherung im Jahre 2013 fortgeführt (zB nach Verhaftung des Schuldners), findet weiterhin auf dieses Verfahren das alte Recht Anwendung.

Umstritten ist in Fällen des Übergangsrechts die **Dauer der Sperrfrist nach Abgabe der eidesstattlichen Versicherung** nach § 807 aF. Insoweit stellt sich die Frage, ob auch in diesem Fall die Frist des § 802 d Abs. 1 S. 1 gilt. Teilweise wird aus Gründen des Vertrauensschutzes und der Rechtssicherheit für die Einholung einer Vermögensauskunft auf die bis zum 31.12.2012 geltende dreijährige Frist abgestellt.[11] Die zutreffende hM in Rspr und Lit. spricht sich für die kürzere zweijährige Frist aus.[12] Diese Auffassung hat den eindeutigen Wortlaut des § 39 Nr. 4 EGZPO für sich. Zudem spricht das Interesse an einer einheitlichen Rechtsanwendung und an einer schnellen Umsetzung des neuen Rechts dafür, die eidesstattliche Versicherung nach altem Recht und die Vermögensauskunft gleich zu behandeln.   11

Zu den maßgeblichen **Kostenregelungen** s. die Erläuterungen zu § 18 GvKostG.   12

Die maßgebliche Übergangsregelung in **§ 39 EGZPO** lautet wie folgt: 13

§ 39 EGZPO

Für das Gesetz zur Reform der Sachaufklärung in der Zwangsvollstreckung vom 29. Juli 2009 (BGBl. I S. 2258) gelten folgende Übergangsvorschriften:

1. Für Vollstreckungsaufträge, die vor dem 1. Januar 2013 beim Gerichtsvollzieher eingegangen sind, sind anstelle der §§ 754, 755, 758 a Abs. 2, von § 788 Abs. 4, der §§ 802 a bis 802 l, 807, 836 Abs. 3, der §§ 851 b, 882 b bis 882 h, 883 Abs. 2 und von § 933 Satz 1 der Zivilprozessordnung die §§ 754, 806 b, 807, 813 a, 813 b, 836 Abs. 3, der § 845 Abs. 1 Satz 3, die §§ 851 b, 883 Abs. 2 und 4, der § 888 Abs. 1 Satz 3, die §§ 899 bis 915 h und § 933 Satz 1 der Zivilprozessordnung in der bis zum 31. Dezember 2012 geltenden Fassung weiter anzuwenden.

2. Für Vollstreckungsaufträge, die vor dem 1. Januar 2013 beim Vollziehungsbeamten eingegangen sind, sind die §§ 6 und 7 der Justizbeitreibungsordnung und die darin genannten Bestimmungen der Zivilprozessordnung in der bis zum 31. Dezember 2012 geltenden Fassung weiter anzuwenden.

3. § 16 Abs. 3 des Verwaltungs-Vollstreckungsgesetzes, § 15 Satz 1 des Ausführungsgesetzes zum deutsch-österreichischen Konkursvertrag, § 98 Abs. 3 der Insolvenzordnung, § 463 b Abs. 3 der Strafprozessordnung, § 35 Abs. 3, § 89 Abs. 3, § 91 Abs. 2 und § 94 des Gesetzes über das Verfahren in Familiensachen und in den Angelegenheiten der freiwilligen Gerichtsbarkeit, § 90 Abs. 3 des Gesetzes über Ordnungswid-

---

11 AG Erding 20.3.2013 – 1 M 567/13, BeckRS 2013, 17155; AG Berlin-Charlottenburg 28.3.2013 – 38 M 8030/13, BeckRS 2013, 06265; AG Chemnitz 22.4.2013 – 3 M 1255/13, BeckRS 2013, 10222; AG Hanau 22.4.2013 – 81 M 1479/13, BeckRS 2013, 09709; AG Karlsruhe-Durlach 19.2.2013 – 1 M 158/13, BeckRS 2013, 06517; AG München DGVZ 2013, 191; Zöller/*Stöber*, § 802 d Rn 2; *Mroß*, DGVZ 2012, 169, 174 (anders DGVZ 2013, 69, 72); *Vollkommer*, NJW 2012, 3681, 3684; *Wasserl*, DGVZ 2013, 61, 65.
12 LG Bayreuth DGVZ 2013, 133; LG Gießen JurBüro 2013, 604; LG Karlsruhe DGVZ 2013, 136; LG Köln NJW-RR 2014, 127; LG Konstanz JurBüro 2014, 433 m. umfangr. Nachw. aus der Rspr; AG Bad Kissingen JurBüro 2013, 385; AG München JurBüro 2013, 384; AG Leipzig JurBüro 2013, 385; Thomas/Putzo/*Seiler*, Vorbem § 882 b Rn 2; *Backhaus*, MDR 2013, 631; *Dierck/Griedl*, NJW 2013, 3201, 3206; *Harnacke/Bungardt*, DGVZ 2013, 1; *Schmidt*, JurBüro 2013, 347; *Seip*, DGVZ 2013, 67.

rigkeiten, §§ 284, 326 Abs. 3, § 334 Abs. 3 der Abgabenordnung und § 25 Abs. 4 des Straßenverkehrsgesetzes sowie die darin genannten Bestimmungen der Zivilprozessordnung sind in der bis zum 31. Dezember 2012 geltenden Fassung weiter anzuwenden, wenn die Auskunftserteilung oder die Haft vor dem 1. Januar 2013 angeordnet worden ist.

4. Im Rahmen des § 802 d Abs. 1 Satz 1 der Zivilprozessordnung und des § 284 Abs. 4 Satz 1 der Abgabenordnung steht die Abgabe einer eidesstattlichen Versicherung nach § 807 der Zivilprozessordnung oder nach § 284 der Abgabenordnung in der bis zum 31. Dezember 2012 geltenden Fassung der Abgabe einer Vermögensauskunft nach § 802 c der Zivilprozessordnung oder nach § 284 der Abgabenordnung in der ab dem 1. Januar 2013 geltenden Fassung gleich. Kann ein Gläubiger aus diesem Grund keine Vermögensauskunft verlangen, ist er nach Maßgabe des § 299 Abs. 1 der Zivilprozessordnung dazu befugt, das beim Vollstreckungsgericht verwahrte Vermögensverzeichnis einzusehen, das der eidesstattlichen Versicherung zu Grunde liegt, und sich aus ihm Abschriften erteilen zu lassen. Insoweit sind die bis zum 31. Dezember 2012 geltenden Vorschriften des Gerichtskostengesetzes über die Erteilung einer Ablichtung oder eines Ausdrucks des mit eidesstattlicher Versicherung abgegebenen Vermögensverzeichnisses oder den Antrag auf Gewährung der Einsicht in dieses Vermögensverzeichnis weiter anzuwenden.

5. Das Schuldnerverzeichnis nach § 915 der Zivilprozessordnung in der bis zum 31. Dezember 2012 geltenden Fassung wird hinsichtlich der Eintragungen fortgeführt, die vor dem 1. Januar 2013 vorzunehmen waren oder die nach den Nummern 1 bis 3 nach dem 31. Dezember 2012 vorzunehmen sind. Die §§ 915 bis 915 h der Zivilprozessordnung sowie § 26 Absatz 2 der Insolvenzordnung jeweils in der bis zum 31. Dezember 2012 geltenden Fassung sind insoweit weiter anzuwenden. Unbeschadet des § 915 a Abs. 2 der Zivilprozessordnung in der bis zum 31. Dezember 2012 geltenden Fassung ist eine Eintragung in dem nach Satz 1 fortgeführten Schuldnerverzeichnis vorzeitig zu löschen, wenn der Schuldner in das Schuldnerverzeichnis nach § 882 b der Zivilprozessordnung in der ab dem 1. Januar 2013 geltenden Fassung eingetragen wird.

6. Soweit eine gesetzliche Bestimmung die Eintragung in das Schuldnerverzeichnis nach § 882 b der Zivilprozessordnung in der ab dem 1. Januar 2013 geltenden Fassung voraussetzt, steht dem die Eintragung in das nach Nummer 5 fortgeführte Schuldnerverzeichnis gleich.

IV. Weitere Entwicklung der Reform der Sachaufklärung in der Zwangsvollstreckung

14 Die Regelungen der Reform der Sachaufklärung haben bei Umsetzung in der Praxis zu einigen Problemen geführt. Daher stimmten die Justizministerinnen und Justizminister anlässlich der 85. Konferenz vom 6. November 2014 darin überein, dass die geschaffenen Regelung einschließlich der zu ihrer Ausführung erlassenen Rechtsverordnungen in einzelnen Punkten der Ergänzung, Klarstellung und Änderung bedürfen, um vorhandene Rechtsunsicherheiten zu beseitigen, Verfahrensabläufe zu effektivieren und die Zulässigkeit der Auskünfte aus dem Schuldnerverzeichnis zu erhöhen. Entsprechend ist das BMJV gebeten worden, Regelungsvorschläge zu erarbeiten, eine Rechtsverordnung zur verbindlichen Einführung von Formularen für den Vollstreckungsauftrag nach § 753 Abs. 3 ZPO und eine Rechtsverordnung zur Änderung des § 8 der Schuldnerverzeichnisführungsverordnung (SchuFV) zu erlassen. Es bleibt abzuwarten, ob und wann entsprechende Regelungen in Kraft treten.

14a Der Referentenentwurf des BMJV eines „Gesetzes zur Durchführung der Verordnung (EU) Nr. 655/2014 sowie zur Änderung sonstiger zivilprozessualer Vorschriften (**EuKoPfVODG**)" vom 9.12.2014 sieht nunmehr klarstellende und ergänzende Regelungen der Vorschriften zur Sachaufklärung vor. Es sollen u.a. § 802 d Abs. 1 S. 2, § 802 f Abs. 1, § 802 g Abs. 2 S. 1, § 802 l, § 882 c, § 882 d Abs. 1, § 882 f und § 882 g Abs. 1 geändert bzw ergänzt werden. Das Inkrafttreten der Änderungen bzw Ergänzungen ist für den Tag nach der Verkündung vorgesehen (Art. 10 Abs. 2). Zu den weiteren Einzelheiten s. die Kommentierung bei der jeweiligen Vorschrift.

V. Übersicht: Sachaufklärung in der Zwangsvollstreckung

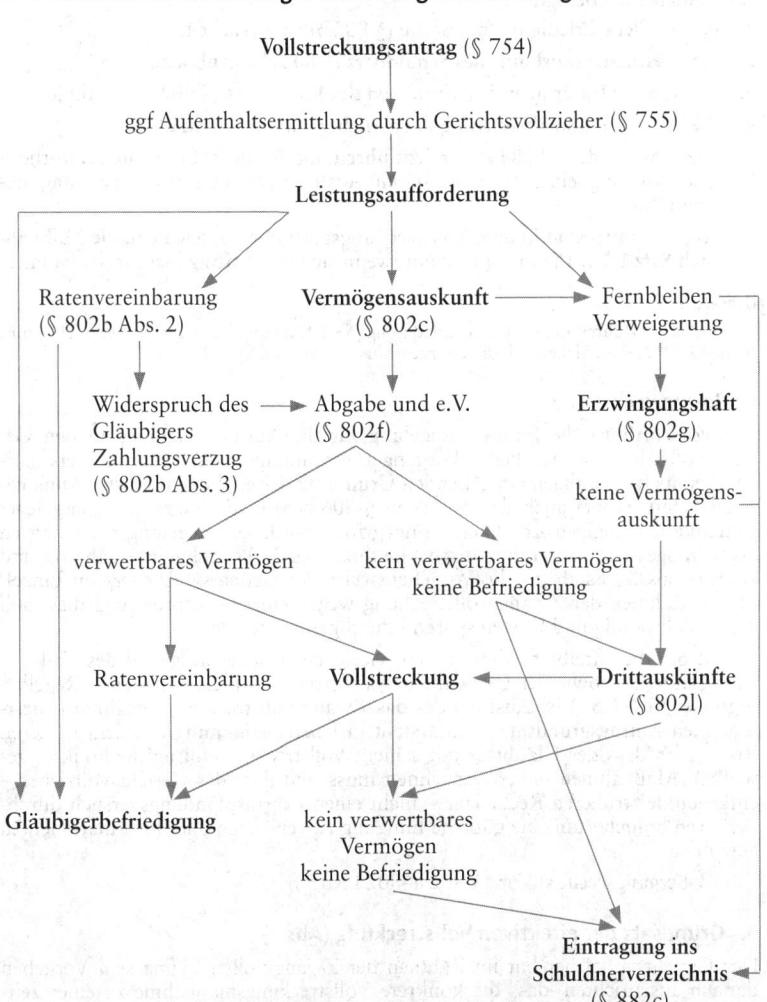

§ 802 a Grundsätze der Vollstreckung; Regelbefugnisse des Gerichtsvollziehers

(1) Der Gerichtsvollzieher wirkt auf eine zügige, vollständige und Kosten sparende Beitreibung von Geldforderungen hin.

(2) ¹Auf Grund eines entsprechenden Vollstreckungsauftrags und der Übergabe der vollstreckbaren Ausfertigung ist der Gerichtsvollzieher unbeschadet weiterer Zuständigkeiten befugt,

1. eine gütliche Erledigung der Sache (§ 802 b) zu versuchen,
2. eine Vermögensauskunft des Schuldners (§ 802 c) einzuholen,
3. Auskünfte Dritter über das Vermögen des Schuldners (§ 802 l) einzuholen,
4. die Pfändung und Verwertung körperlicher Sachen zu betreiben,
5. eine Vorpfändung (§ 845) durchzuführen; hierfür bedarf es nicht der vorherigen Erteilung einer vollstreckbaren Ausfertigung und der Zustellung des Schuldtitels.

²Die Maßnahmen sind in dem Vollstreckungsauftrag zu bezeichnen, die Maßnahme nach Satz 1 Nr. 1 jedoch nur dann, wenn sich der Auftrag hierauf beschränkt.

Literatur:
Sturm, Das Verfahren der gütlichen Erledigung, §§ 802 a Abs. 2 S. 1 Nr. 1, 802 b ZPO n.F., JurBüro 2012, 624. Siehe auch die Literaturhinweise zu Vor §§ 802 a–802 l.

I. Normzweck

1 Die Vorschrift ist die zentrale Regelung für die Auftragserteilung an den Gerichtsvollzieher; sie hat keine Vorgängerbestimmung. **Abs. 1** schreibt erstmals den bereits früher allgemein geltenden **Grundsatz der effektiven Vollstreckung** gesetzlich fest, wobei auch der bereits in § 806 b S. 1 aF gesetzlich niedergelegte Gedanke der zügigen Erledigung aufgegriffen wird. Die Regelung versteht sich als vorangestellte programmatische Leitlinie des Vollstreckungsverfahrens und zugleich als Maßstab für die Vorgehensweise des Gerichtsvollziehers im Einzelfall im Rahmen der Zwangsvollstreckung wegen einer Geldforderung; diese soll zügig, vollständig und Kosten sparend durchgeführt werden.[1]

Abs. 2 S. 1 beschreibt bestimmte dem Gerichtsvollzieher aufgrund des Vollstreckungsauftrags sowie der Übergabe des Vollstreckungstitels zustehende Regelbefugnisse. **Abs. 2 S. 2** ist Ausfluss des das Zwangsvollstreckungsverfahren beherrschenden Antragsgrundsatzes[2] und stellt in Übereinstimmung mit dem früheren Recht klar, dass der Gläubiger mit seinem Vollstreckungsantrag die konkret gewollten Maßnahmen näher bezeichnen muss und dass der Gerichtsvollzieher – entgegen der früheren Rechtslage – nicht einen Fahrnispfändungsversuch durchzuführen braucht, um eine gütliche Einigung zu versuchen oder Informationen zu gewinnen.

Zum **Übergangsrecht** s. Vor §§ 802 a–802 l Rn 9 ff.

II. Grundsatz der effektiven Vollstreckung (Abs. 1)

2 Der Gerichtsvollzieher hat im Rahmen der Zwangsvollstreckung sein Vorgehen danach auszurichten, dass die konkrete Vollstreckungsmaßnahme zu einer **zeitnahen und vollständigen Befriedigung des Gläubigers** führt. Dabei soll jeder überflüssige, insb. mit Kosten verbundene Aufwand vermieden werden. So gebie-

---

1 BT-Drucks. 16/10069, S. 24.
2 S. dazu Zöller/*Stöber*, Vor § 704 Rn 19.

tet es der Grundsatz der zügigen Erledigung, im Falle einer besonderen Eilbedürftigkeit einen Pfändungsauftrag umgehend auszuführen, um so den Rang des Pfändungspfandrechts zu sichern.[3] Auch im Rahmen der Verwertung kann der Gerichtsvollzieher zu einer zügigen Erledigung verpflichtet sein (zB bei einem drohenden Wertverlust oder bei verderblichen Sachen). Das **Gebot der effizienten Vollstreckung** gilt nicht nur für die Zwangsvollstreckung wegen einer Geldforderung, sondern für das gesamte Vollstreckungsverfahren durch den Gerichtsvollzieher.

Aus einem **Verstoß gegen den Grundsatz** der effizienten Vollstreckung lassen sich noch keine unmittelbaren Rechtsfolgen herleiten.[4] Die Art und Weise der Durchführung der Zwangsvollstreckung kann ggf mit der Erinnerung nach § 766 Abs. 1 gerichtlich überprüft werden (s. dazu § 766 Rn 14 ff). Daneben besteht im Falle der Weigerung des Gerichtsvollziehers, einen Vollstreckungsauftrag zu übernehmen oder eine Vollstreckungshandlung dem Auftrag gemäß durchzuführen, die Möglichkeit einer Erinnerung nach § 766 Abs. 2 1. Fall (s. dazu § 766 Rn 22). Zu der neben der Erinnerung bestehenden Möglichkeit der Einlegung einer Dienstaufsichtsbeschwerde s. § 766 Rn 9. 3

III. Befugnisse des Gerichtsvollziehers (Abs. 2)

In **Abs. 2 S. 1** werden bestimmte dem Gerichtsvollzieher im Rahmen eines Vollstreckungsauftrags zustehende **Standardbefugnisse** aufgezeigt. Der Gerichtsvollzieher ist – unbeschadet weiterer gesetzlich geregelter Zuständigkeiten – befugt, 4

- die **Sache nach § 802 b gütlich zu erledigen** (**Nr. 1**); hierunter ist die Befriedigung des titulierten Anspruchs zu verstehen; s. dazu die Erl. zu § 802 b;
- eine **Vermögensauskunft des Schuldners nach § 802 c einzuholen** (**Nr. 2**); s. dazu die Erl. zu § 802 c;
- nach § 802 l **bei Dritten Auskünfte über das Vermögen des Schuldners** einzuholen (**Nr. 3**); s. dazu die Erl. zu § 802 l. Daneben ist der Gerichtsvollzieher nach § 755 berechtigt, bei Dritten Ermittlungen über den Aufenthaltsort des Schuldners anzustellen (s. § 755 Rn 4 ff);
- die **Pfändung und Verwertung körperlicher Sachen** zu betreiben (**Nr. 4**); s. dazu die Erl. zu §§ 803 ff;
- eine **Vorpfändung** (§ 845) durchzuführen (**Nr. 5**); s. dazu die Erl. zu § 845.

Der Vollstreckungsauftrag des Gläubigers und die Übergabe der vollstreckbaren Ausfertigung bilden die **verfahrensrechtliche Legitimationsgrundlage für die Vollstreckungshandlungen des Gerichtsvollziehers**.[5] Eine Ausnahme besteht für die Vorpfändung (Abs. 2 S. 1 Nr. 5). Insoweit braucht der Gläubiger noch nicht im Besitz des Vollstreckungstitels zu sein. Zudem bedarf es weder einer Erteilung einer vollstreckbaren Ausfertigung noch der Zustellung des Schuldtitels an den Schuldner. Ebenso wenig erforderlich ist ein Abwarten der gesetzlichen Wartefristen nach §§ 750 Abs. 3, 798 (s. näher die Erl. zu § 845). 5

Die **Art und den Umfang des Vollstreckungszugriffs** bestimmt der **Gläubiger** durch seinen **Vollstreckungsantrag** (s. dazu § 802 c Rn 4 ff), indem er die begehrten **Maßnahmen** und deren **Reihenfolge** konkret bezeichnet.[6] Er kann mehrere der aufgezählten Maßnahmen zugleich beantragen, aber auch seinen Auftrag auf eine einzelne Maßnahme beschränken. Der Gläubiger ist nicht verpflichtet, hin- 6

---

3 Schuschke/Walker/*Walker*, § 806 b Rn 2.
4 BT-Drucks. 16/10069, S. 24; Musielak/*Voit*, § 802 a Rn 2; Schuschke/Walker/*Walker*, § 802 a Rn 1; Thomas/Putzo/*Seiler*, § 802 a Rn 1.
5 BT-Drucks. 16/10069, S. 24; MüKo-ZPO/*Wagner*, § 802 a Rn 4.
6 MüKo-ZPO/*Wagner*, § 802 a Rn 4; Thomas/Putzo/*Seiler*, § 802 a Rn 2.

sichtlich der beantragten Vollstreckungsmaßnahmen eine bestimmte Reihefolge einzuhalten. Insbesondere bedarf es – entgegen § 807 aF – für die Abnahme der Vermögensauskunft nicht zuvor der Durchführung eines Pfändungsversuchs. Vielmehr kann der Gläubiger zunächst einen Auftrag auf Sachaufklärung stellen, ggf mit einem gleichzeitigen Auftrag zur anschließenden Vollstreckung. Er kann auch die nachfolgenden Maßnahmen aufschiebend bedingt beantragen[7] bzw im Laufe des Vollstreckungsverfahrens seinen Auftrag um weitere Maßnahmen erweitern, zB einen isolierten Antrag auf Einholung von Drittauskünften stellen.[8]

6a Ebenfalls ist der Gläubiger weiterhin – wie nach dem früheren Recht – berechtigt, einen kombinierten Pfändungsantrag zu stellen („**Kombi-Auftrag**") und den Gerichtsvollzieher sofort mit der Durchführung der Zwangsvollstreckung in das bewegliche Vermögen zu beauftragen, ggf verbunden mit dem Antrag auf anschließende Abnahme der Vermögensauskunft (s. näher die Erl. zu § 807 Rn 2).

7 Wegen der nebeneinander bestehenden Möglichkeiten der Beauftragung des Gerichtsvollziehers ist der Gläubiger nach **Abs. 2 S. 2** verpflichtet, die **begehrten Maßnahmen** im Vollstreckungsauftrag **konkret zu bezeichnen**. Da der Gerichtsvollzieher bereits von Amts wegen jederzeit eine gütliche Einigung mit dem Schuldner (vgl § 802 b) versuchen muss, bedarf es insoweit keiner näheren Bezeichnung. Eine Ausnahme besteht nur dann, wenn der Gläubiger seinen Vollstreckungsauftrag ausschließlich auf einen Einigungsversuch beschränken möchte (Abs. 2 S. 2 aE); er bspw den Gerichtsvollzieher nur beauftragt, auf eine (Teil-)Zahlungsvereinbarung hinzuwirken. In der Praxis erscheint es indes sinnvoll, den Auftrag zur gütlichen Erledigung zumindest hilfsweise mit den Anträgen nach Abs. 2 S. 2 Nr. 2–4 zu verbinden, damit im Falle eines Scheiterns des Einigungsversuchs das Verfahren unmittelbar fortgesetzt wird.[9]

IV. Weitere praktische Hinweise

8 In der Regel bietet es sich an, zunächst – entsprechend der gesetzgeberischen Intention der gesetzlichen Neuregelung – Informationen über die Vermögenssituation des Schuldners zu verschaffen, um dann gezielt Vollstreckungsmaßnahmen ausbringen zu können. Möglich ist zwar auch, den Gerichtsvollzieher ausschließlich mit einer gütlichen Beitreibung der Forderung zu beauftragen. Dies dürfte jedoch in der Praxis kaum sinnvoll sein. Denn wenn der Gläubiger eine Befriedigung seiner Ansprüche im Wege einer gütlichen Regelung mit dem Schuldner nicht erreichen konnte, dürfte auch allein die Vermittlung des Gerichtsvollziehers ohne entsprechenden Vollstreckungsdruck kaum erfolgversprechend sein. Zudem läuft der Gläubiger Gefahr, bei einer späteren Zwangsvollstreckung ein nachrangiges Pfändungspfandrecht zu erwerben.

8a Zum Formulierungsvorschlag eines Antrags auf Abnahme der Vermögensauskunft (§ 802 c) s. § 802 c Rn 47. Zum Formulierungsvorschlag eines Antrags auf erneute Vermögensauskunft s. § 802 d Rn 23. Zu Formulierungsvorschläge eines Antrags auf Erlass eines Haftbefehls s. § 802 g Rn 36 ff. Umfassend kann zB **beantragt** werden:[10]

- die Ermittlung der aktuellen Anschrift des Schuldners und eventuelle Weiterleitung des Antrags an den zuständigen Gerichtsvollzieher (§ 802 e Abs. 1, 2),
- der Versuch einer gütlichen Einigung mit dem Schuldner,

---

7 AG Augsburg DGVZ 2013, 188.
8 AG Schöneberg JurBüro 2014, 662.
9 AG Leipzig DGVZ 2013, 189.
10 Nach *Hesterberg*, JurBüro 2012, 621.

- die Betreibung des Verfahrens zur Abnahme der Vermögensauskunft für den Fall des Scheiterns des gütlichen Einigungsversuchs,
- die Teilnahme an dem Termin der Vermögensauskunft,
- die Pfändung pfändbarer Gegenstände, falls diese im Rahmen der Vermögensauskunft bekannt werden,
- die Ausbringung entsprechender Vorpfändungen, falls Forderungen im Rahmen der Vermögensauskunft bekannt werden,
- die Einholung entsprechender Drittauskünfte (§ 802 l) für den Fall, dass der Schuldner zum Termin zur Abnahme der Vermögensauskunft nicht erscheint,
- die Vornahme entsprechender Pfändungen bzw die Ausbringung von Vorpfändungen für den Fall, dass im Rahmen der Drittauskünfte pfändbare Vermögenswerte ermittelt werden,
- der Erlass eines Haftbefehls (§ 802 g),
- die Verhaftung des Schuldners nach Erlass des Haftbefehls mit dem Ziel der Abgabe der Vermögensauskunft (§ 802 g).

V. Kosten

Die Tätigkeiten des **Gerichtsvollziehers** nach Abs. 2 lösen Kosten aus. Diese Kosten richten sich nach dem GvKostG, wenn der Gerichtsvollzieher nach Bundes- oder Landesrecht sachlich zuständig ist (§ 1 Abs. 1 GvKostG). Eine derartige Zuständigkeitszuweisung findet sich in Abs. 2. § 1 GvKostG definiert den Begriff **„Kosten"**. Kosten sind danach **Gebühren** und **Auslagen**. Die Tätigkeit des Gerichtsvollziehers, für die er nach Bundes- oder Landesrecht sachlich zuständig ist, muss durch einen Gebühren- oder Auslagentatbestand gedeckt sein. 9

Der Gerichtsvollzieher erhebt die Kosten nicht für sich, sondern die Kosten werden nach Nr. 1 DB-GvKostG für die **Landeskasse** erhoben. Gerichtsvollzieher sind keine „Gebührenbeamten".[11] Insbesondere sind also auch die Gebührenanteile, die der Gerichtsvollzieher nach den Gerichtsvollziehervergütungs-Verordnungen der Länder erhält, sowie die Auslagen, die dem Gerichtsvollzieher zur Abgeltung seiner baren Auslagen überlassen werden (§ 11 Abs. 2 GVGA), zunächst für das Land zu erheben.[12] Das GvKostG regelt ausschließlich die Rechtsbeziehungen zwischen dem jeweiligen Kostenschuldner und der Staatskasse, nicht jedoch zum Gerichtsvollzieher.[13] Gläubiger der Kosten ist also ausschließlich das Land.[14] 10

Durch die normierten Grundsätze der Vollstreckung ist auch das Kostenrecht betroffen, da der Gerichtsvollzieher auf eine zügige, vollständige und „Kosten sparende Beitreibung" von Geldforderungen hinzuwirken hat (vgl Abs. 1). Der **Grundsatz der kostensparenden Vollstreckung** ist zu beachten, da der Gerichtsvollzieher nach den für ihn geltenden Verwaltungsbestimmungen darauf achten muss, dass nur die „unbedingt notwendigen Kosten und Aufwendungen" entstehen (§ 58 Abs. 1 S. 3 GVGA). In der ZPO war der Grundsatz kostensparender Vollstreckung früher jedoch nicht ausdrücklich als Amtspflicht entsprechend § 1 S. 4 GVGA niedergelegt.[15] 11

---

11 BGH DGVZ 2001, 75; NK-GK/*Kessel*, § 1 GvKostG Rn 4.
12 OLG Köln NJW 1988, 503; NK-GK/*Kessel*, § 1 GvKostG Rn 4.
13 BVerwG DGVZ 1982, 151; OLG Köln NJW 1988, 503; NK-GK/*Kessel*, § 1 GvKostG Rn 4.
14 LG Koblenz DGVZ 2002, 139; BGH DGVZ 2001, 75.
15 BT-Drucks. 16/10069, S. 24.

§ 802 b Gütliche Erledigung; Vollstreckungsaufschub bei Zahlungsvereinbarung

(1) Der Gerichtsvollzieher soll in jeder Lage des Verfahrens auf eine gütliche Erledigung bedacht sein.

(2) ¹Hat der Gläubiger eine Zahlungsvereinbarung nicht ausgeschlossen, so kann der Gerichtsvollzieher dem Schuldner eine Zahlungsfrist einräumen oder eine Tilgung durch Teilleistungen (Ratenzahlung) gestatten, sofern der Schuldner glaubhaft darlegt, die nach Höhe und Zeitpunkt festzusetzenden Zahlungen erbringen zu können. ²Soweit ein Zahlungsplan nach Satz 1 festgesetzt wird, ist die Vollstreckung aufgeschoben. ³Die Tilgung soll binnen zwölf Monaten abgeschlossen sein.

(3) ¹Der Gerichtsvollzieher unterrichtet den Gläubiger unverzüglich über den gemäß Absatz 2 festgesetzten Zahlungsplan und den Vollstreckungsaufschub. ²Widerspricht der Gläubiger unverzüglich, so wird der Zahlungsplan mit der Unterrichtung des Schuldners hinfällig; zugleich endet der Vollstreckungsaufschub. ³Dieselben Wirkungen treten ein, wenn der Schuldner mit einer festgesetzten Zahlung ganz oder teilweise länger als zwei Wochen in Rückstand gerät.

§ 68 GVGA

Literatur:
Fischer, Die Reform der Sachaufklärung im Lichte der Vollstreckungsmodernisierung – Anmerkung zu einer reformbedürftigen Reform, DGVZ 2010, 113; *Gothe*, Zahlungsvereinbarungen nach § 802 b ZPO – Die rechtliche Konstruktion und deren Folge, DGVZ 2013, 197; *Hergenröder*, Die Vollstreckungsvereinbarung im System der Zwangsvollstreckung, DGVZ 2013, 145; *Schwörer*, Die Zukunft der gütlichen Vollstreckung, DGVZ 2011, 77; *Sturm*, Das Verfahren der gütlichen Erledigung, §§ 802 a Abs. 2 S. 1 Nr. 1, 802 b ZPO n.F., JurBüro 2012, 624. Siehe auch die Literaturhinweise zu Vor §§ 802 a–802 l.

I. Normzweck	1	IV. Widerspruch des Gläubigers (Abs. 3)	17
II. Grundsatz der gütlichen Erledigung (Abs. 1)	2	V. Vollstreckungsaufträge mehrerer Gläubiger	21
III. Zahlungsvereinbarung (Abs. 2)	4	VI. Rechtsbehelfe	24
1. Allgemeines	4	VII. Weitere praktische Hinweise	25
2. Kein Ausschluss der Ratenzahlungsvereinbarung durch Gläubiger (Abs. 2 S. 1)	9	VIII. Kosten	29
		1. Gerichtsvollzieherkosten	29
3. Glaubhafte Ratenzahlungsversicherung durch den Schuldner	12	2. Rechtsanwaltsvergütung	34
		a) Angelegenheit	34
4. Vollstreckungsaufschub (Abs. 2 S. 2)	14	b) Einigungsgebühr	35

I. Normzweck

1   Abs. 1 fasst den früher in den §§ 806 b S. 1, 813 a und 900 Abs. 3 aF zum Ausdruck kommenden **Grundsatz der gütlichen Erledigung** zusammen und verallgemeinert ihn als Leitgedanken für alle Verfahren. Der Gerichtsvollzieher ist berechtigt und verpflichtet, in jedem Abschnitt der Zwangsvollstreckung auf eine gütliche Erledigung hinzuwirken.[1] **Abs. 2** übernimmt die ehemals in § 806 b S. 2 aF enthaltene Regelung und schafft für den Gerichtsvollzieher die gesetzliche

---

1 BT-Drucks. 16/10069, S. 24; *Sternal*, in: Wolf u.a., Zwangsvollstreckungsrecht aktuell, § 6 Rn 10. Kritisch wegen der Übertragung richterähnlicher Aufgabe *Brüne*, DGVZ 2010, 24, 28 f.

Grundlage für eine Tilgung der Schuld durch Gewährung einer Zahlungsfrist oder der Einräumung von Ratenzahlungen. Zudem werden Inhalt und Rechtsfolgen einer getroffenen Zahlungsvereinbarung geregelt.[2] **Abs. 3** regelt das weitere Verfahren nach der Aufstellung eines Zahlungsplans durch den Gerichtsvollzieher. Ist der Gläubiger hiermit nicht einverstanden, muss er, um alsbald Rechtsklarheit zu schaffen, unverzüglich reagieren und Widerspruch einlegen. Zudem bestimmt die Vorschrift die Folgen, sofern der Schuldner die Zahlungsvereinbarung nicht einhält.

Zum **Übergangsrecht** s. Vor §§ 802 a–802 l Rn 9 ff.

II. Grundsatz der gütlichen Erledigung (Abs. 1)

Der Grundsatz der gütlichen Erledigung gilt für alle Abschnitte der Zwangsvollstreckung – von dem Antrag auf Abnahme der Vermögensauskunft bis zur Eintragung des Schuldners in das Schuldnerverzeichnis.[3] Er stellt die Leitlinie für die Vollstreckung dar. Dieser Grundsatz gibt dem Gerichtsvollzieher einen erheblichen Beurteilungs- und Ermessensspielraum.[4] Ein Instrument der gütlichen Vollstreckung kann bspw eine doppelseitige Sicherungstreuhand sein.[5] Der Gläubiger kann diese Aufgabe des Gerichtsvollziehers zwar nicht durch seinen Antrag ausschließen. Er hat jedoch die Möglichkeit, den Abschluss einer Zahlungsvereinbarung und damit faktisch die Möglichkeit einer gütlichen Einigung auszuschließen. 2

Aus einem **Verstoß gegen diesen Grundsatz** der effizienten Vollstreckung lassen sich noch keine unmittelbaren Rechtsfolgen herleiten.[6] Der Schuldner und der Gläubiger können ggf das Verhalten des Gerichtsvollziehers, insb. die Art und Weise der Zwangsvollstreckung oder die Weigerung des Gerichtsvollziehers, eine Vollstreckungshandlung dem Auftrag gemäß durchzuführen, mit der Erinnerung nach § 766 gerichtlich überprüfen lassen (s. dazu § 766 Rn 14 ff); zu der daneben bestehenden Möglichkeit der Einlegung einer Dienstaufsichtsbeschwerde s. § 766 Rn 9. 3

III. Zahlungsvereinbarung (Abs. 2)

1. Allgemeines. Der Gerichtsvollzieher kann, sofern der Gläubiger mit dem Vollstreckungsauftrag keine gegenteilige Weisung erteilt hat (vgl Rn 9), dem Schuldner entweder eine **Zahlungsfrist einräumen** oder die **Tilgung der Schuld durch Ratenzahlungen** gestatten (**Abs. 2 S. 1**);[7] zudem ist der Gerichtsvollzieher befugt, eine Kombination von beiden Möglichkeiten wählen.[8] Über die Regelung in § 802 b hinaus kann der Gerichtsvollzieher mit dem Schuldner die Bestellung von Sicherheiten für die Gläubiger oder einen **teilweisen Erlass** der Schuld vereinbaren, um damit einen Anreiz für den Schuldner zu schaffen.[9] Erforderlich ist indes 4

---

2 BT-Drucks. 16/10069, S. 24.
3 BT-Drucks. 16/10069, S. 24; MüKo-ZPO/*Wagner*, § 802 b Rn 1; Musielak/*Voit*, § 802 b Rn 2; Thomas/Putzo/*Seiler*, § 802 b Rn 1; *Hergenröder*, DGVZ 2012, 105, 129; *Schwörer*, DGVZ 2011, 77; *Sturm*, JurBüro 2012, 624.
4 Dazu krit. wegen der Wahrnehmung einer richterähnlichen Aufgabe: *Bruns*, DGVZ 2010, 24, 28 f.
5 Thomas/Putzo/*Seiler*, § 802 b Rn 1; *Riggert*, DGVZ 2011, 137; dazu krit. Musielak/*Voit*, § 802 b Rn 6 wegen der unübersichtlichen Gemengelage zwischen der hoheitlichen und der privatrechtlichen Tätigkeit.
6 BR-Drucks. 304/08, S. 43; MüKo-ZPO/*Wagner*, § 802 b Rn 1.
7 *Sternal*, in: Wolf u.a., Zwangsvollstreckungsrecht aktuell, § 6 Rn 11.
8 Schuschke/Walker/*Walker*, § 802 b Rn 3.
9 Musielak/*Voit*, § 802 b Rn 6; *Hergenröder*, DGVZ 2012, 129, 132 f.

eine entsprechende Bevollmächtigung durch den Gläubiger; insoweit genügt nicht die Vermutung des Abs. 2 S. 1.

5 Voraussetzung ist, dass der Schuldner glaubhaft darlegt (s. Rn 12), er könne die Forderung des Gläubigers einschließlich Zinsen und Kosten zu einem bestimmten Zeitpunkt oder in Raten tilgen. Der Gerichtsvollzieher kann die Raten in unterschiedlicher Höhe bzw den Zeitpunkt unregelmäßig bestimmen. Die dem Schuldner gewährte Tilgungsfrist **soll zwölf Monate** nicht übersteigen (Abs. 2 S. 3). Nach pflichtgemäßem Ermessen darf der Gerichtsvollzieher in Ausnahmefällen auch eine **längere Frist** gewähren,[10] sofern der Gläubiger im Vollstreckungsauftrag (§§ 753, 754) keine entgegenstehende Erklärung abgegeben hat. Das Ermessen hat sich an dem Grundsatz der zügigen Beitreibung der Forderung des Gläubigers (§ 802 a Abs. 1) zu orientieren. Eine Verlängerung der Frist kommt zB in Betracht, wenn konkrete Anhaltspunkte dafür vorliegen, dass Schuldner aufgrund seiner Leistungsfähigkeit in der Lage ist, über einen längeren Zeitraum Ratenzahlungen zu erbringen und damit die Forderung zu tilgen. Insoweit kann der Gerichtsvollzieher die Überwachung einer längerfristig eingeräumten Ratenzahlung dem Gläubiger übertragen und diesem die Vollstreckungsunterlagen zurückgeben. Die Unterlagen sind in diesem Falle bei Wegfall des Vollstreckungsaufschubs und Fortsetzung der Zwangsvollstreckung erneut an den Gerichtsvollzieher zu übersenden.

6 Abs. 2 schreibt für den Abschluss einer Zahlungsvereinbarung keinen bestimmten **Zeitpunkt** vor; vielmehr darf der Gerichtsvollzieher in jeder Lage des Zwangsvollstreckungsverfahrens eine entsprechende Vereinbarung treffen. In der Einräumung einer Zahlungsfrist oder der Tilgung durch Teilleistungen liegt **keine Stundung der Forderung**,[11] wie der Gesetzgeber durch den gewählten Terminus „Zahlungsvereinbarung" ausdrücklich klargestellt hat. Entsprechend hat die mit dem Gerichtsvollzieher getroffene Vereinbarung keinen Einfluss auf die Fälligkeit und den Verzug. Auch bei einer Teilzahlungsvereinbarung fallen weiterhin Verzugszinsen an.[12] Bei der Vereinbarung handelt es sich um einen **vollstreckungsrechtlichen Vertrag** zwischen Schuldner und Gläubiger.[13] Der Gerichtsvollzieher tritt im eigenen Namen als Sachwalter des Gläubigers auf, seine Vollmacht zum Abschluss der Vereinbarung folgt aus § 754 Abs. 1; zum Verstoß s. Rn 11.

7 Im Falle einer Zahlungsvereinbarung mit dem Schuldner hat der Gerichtsvollzieher einen **Zahlungsplan festzusetzen (Abs. 2 S. 2)**, in dem er den Zahlungszeitpunkt bzw bei der Gewährung von Ratenzahlungen die einzelnen Zahlungstermine sowie die Höhe und Anzahl der Teilleistungen bestimmt. Zudem sind in dem Plan die Art der Zahlung (Überweisung auf ein Konto, Barzahlung etc.) sowie der Zahlungsempfänger (Gerichtsvollzieher, Gläubiger etc.) festzulegen. Zudem ist es geboten, den Schuldner über die Folgen eines Zahlungsrückstands (vgl Rn 15) zu belehren. Es bedarf keiner förmlichen Entscheidung durch einen mit Gründen versehenen Beschluss. Vielmehr kann der Gerichtsvollzieher die Umstände der vom Schuldner angebotenen Ratenzahlungen, die für oder gegen die Glaubhaftigkeit des Angebots sprechenden Gründen, das Einverständnis des Gläubigers, die Belehrung des Schuldners über die Folgen des Zahlungsrückstands und die Einziehung der Raten in das **Protokoll** (§ 762) aufzunehmen (vgl

---

10 BT-Drucks. 16/10069, S. 25; BT-Drucks. 16/13432, S. 43; MüKo-ZPO/*Wagner*, § 802 b Rn 19.
11 MüKo-ZPO/*Wagner*, § 802 b Rn 5; Musielak/*Voit*, § 802 c Rn 12; Schuschke/Walker/*Walker*, § 802 b Rn 3; Thomas/Putzo/*Seiler*, § 802 b Rn 4.
12 BT-Drucks. 16/13432, S. 42 f; MüKo-ZPO/*Wagner*, § 802 b Rn 5; Schuschke/Walker/*Walker*, § 802 b Rn 3.
13 MüKo-ZPO/*Wagner*, § 802 b Rn 6; Musielak/*Voit*, § 802 b Rn 11; Thomas/Putzo/*Seiler*, § 802 Rn 5; *Hergenröder*, DGVZ 2012, 105, 115.

§ 68 Abs. 2 S. 1 GVGA).[14] Zudem hat er dem Schuldner über die geleisteten Teilbeträge eine Quittung zu erteilen (§ 757 Abs. 1).

Die von dem Schuldner aufgrund einer Zahlungsvereinbarung an den Gerichtsvollzieher ausgehändigten oder überwiesenen Teilzahlungen können von nachfolgenden Gläubigern **nicht gepfändet** werden.[15] Demgegenüber unterliegen die vom Schuldner erbrachten Ratenzahlungen im Rahmen eines anschließenden Insolvenzverfahrens über das Vermögen des Schuldners der **Insolvenzanfechtung** nach § 131 InsO[16] bzw § 133 Abs. 1 InsO, weil die Vereinbarung einer Ratenzahlung – anders als die Duldung der Zwangsvollstreckung bzw die Zahlung unter Vollstreckungsdruck – eine freiwillige Zahlung ist.[17]

2. Kein Ausschluss der Ratenzahlungsvereinbarung durch Gläubiger (Abs. 2 S. 1). Die Bewilligung einer Zahlungsfrist oder von Ratenzahlung setzt das Einverständnis des Gläubigers voraus. Indes fordert das Gesetz **keine ausdrückliche Einverständniserklärung** seitens des Gläubigers bei Erteilung des Vollstreckungsauftrags. Vielmehr vermutet Abs. 2 S. 1 ein entsprechendes Einverständnis zur Einziehung der Schuld in Teilbeträgen durch den Gerichtsvollzieher,[18] sofern der Gläubiger keine gegenteilige Erklärung abgibt. Zu Nachfragen ist der Gerichtsvollzieher nicht gehalten. Daher ist er zum Abschluss einer Zahlungsvereinbarung mit dem Schuldner berechtigt (vgl § 754), sofern der Gläubiger bei Erteilung des Vollstreckungsauftrags diese Möglichkeit **nicht ausdrücklich ausschließt**. Die Beantragung konkreter Zwangsvollstreckungsmaßnahmen stellt idR eine **konkludente Verweigerung** des Einverständnisses durch den Gläubiger dar.[19] Außerdem kann der Gläubiger jederzeit seine Zustimmung bis zum Abschluss der Vereinbarung durch den Gerichtsvollzieher[20] widerrufen bzw. gem. **Abs. 3 S. 2** einer vom Gerichtsvollzieher getroffenen Vereinbarung **nachträglich widersprechen** (s. dazu Rn 17).

Zudem kann der Gläubiger bereits bei der Beauftragung des Gerichtsvollziehers sein Einverständnis nur **eingeschränkt** erteilen,[21] zB hinsichtlich der Höhe und der Anzahl der Raten oder der Höchstdauer der Tilgungsfrist; auch über zwölf Monate hinaus.[22] Hieran ist der Gerichtsvollzieher wegen des im Vollstreckungsrecht geltenden Grundsatzes der Parteiherrschaft[23] gebunden; in diesem Fall darf er **grds**. nur eine entsprechende Zahlungsvereinbarung abschließen. Es besteht jedoch die Möglichkeit, noch nachträglich die Zustimmung des Gläubigers einzuholen; hierzu ist aus Gründen der Rechtssicherheit die Schriftform erforderlich.[24]

---

14 Stein/Jonas/*Münzberg*, § 806 b Rn 8.
15 LG Wiesbaden DGVZ 2002, 73; Stein/Jonas/*Münzberg*, § 806 b Rn 7; Zöller/*Stöber*, § 806 b Rn 12; *Harnacke*, DGVZ 2002, 108, 111; *Helwich*, DGVZ 2000, 105, 108.
16 BGHZ 136, 309 = NJW 1997, 3445; BGHZ 157, 353 = NJW 2004, 1444; BGHZ 167, 11 = NJW 2006, 1870; NJW-RR 2008, 919; jew. zur Anfechtung der Zwangsvollstreckung in der kritischen Zeit.
17 BGH NJW 2010, 1671; Musielak/*Voit*, § 802 b Rn 7; aA *Hergenröder*, DGVZ 2012, 129, 137.
18 BT-Drucks. 16/10069, S. 24; Schuschke/Walker/*Walker*, § 802 b Rn 4.
19 MüKo-ZPO/*Wagner*, § 802 b Rn 9.
20 AA MüKo-ZPO/*Wagner*, § 802 b Rn 13 bis zu dem Zeitpunkt, an dem die Frist der Verpflichtung zum unverzüglichen Widerspruch abläuft.
21 BT-Drucks. 16/10069, S. 24.
22 BT-Drucks. 16/13432, S. 43.
23 Vgl Zöller/*Stöber*, Vor § 704 Rn 19.
24 MüKo-ZPO/*Wagner*, § 802 Rn 11.

11 Bei einem **fehlenden Einverständnis** des Gläubigers ist die getroffene Vereinbarung unwirksam[25] bzw nach §§ 119 ff BGB anfechtbar.[26] Bereits erbrachte Leistungen können nicht zurückgefordert werden, da die titulierte Forderung den Rechtsgrund für die Leistung darstellt.[27]

12 **3. Glaubhafte Ratenzahlungsversicherung durch den Schuldner.** Die Gewährung einer Zahlungsfrist oder die Einräumung von Ratenzahlungen kommt nur in Betracht, wenn der Schuldner **glaubhaft darlegt,** die Forderung des Gläubigers einschließlich der Zinsen und Kosten begleichen zu können. Mit der glaubhaften Darlegung ist **keine förmliche Glaubhaftmachung iSd § 294** gemeint.[28] Es reicht ein nachvollziehbarer Vortrag, der ggf durch aussagekräftige Unterlagen (zB Gehaltsabrechnung, Kontoauszüge) belegt werden muss;[29] hierbei dürfen die Anforderungen an die Darlegung nicht überspannt werden. Dem Gerichtsvollzieher steht hinsichtlich der Würdigung der Angaben des Schuldners ein relativ großer Ermessensspielraum zu. Insbesondere darf er auch das bisherige Verhalten des Schuldners frei würdigen. Eine bestimmte Frist für die Darlegung sieht das Gesetz nicht vor. Ein Zahlungsplan kann auch noch nach der Pfändung bzw kurz vor dem Versteigerungstermin festgestellt werden.[30]

13 Ein pauschal gehaltenes Zahlungsversprechen genügt nicht.[31] Vielmehr muss der Schuldner grds. nähere Angaben zu seiner Zahlungsfähigkeit und -bereitschaft machen, zB wie und wann er die von ihm zugesagten oder von dem Gerichtsvollzieher vorgegebenen Zahlungen erbringen kann. Weiterhin können Angaben über die Herkunft der Mittel erforderlich sein, die der Schuldner zur kurzfristigen Tilgung der Schuld einsetzen möchte.[32] Insoweit kann es ausreichen, dass der Schuldner glaubhaft macht, dass Dritte – zB Familienangehörige, Freunde – die Mittel zur Verfügung stellen werden.[33] Im Einzelfall können auch Angaben dazu geboten sein, warum der Schuldner bisher aus den nunmehr aufgezeigten finanziellen Mitteln keine Zahlungen auf den Vollstreckungstitel erbracht hat. Für die Glaubhaftigkeit der Darlegung kann die sofortige Leistung der ersten Ratenzahlung sprechen.

14 **4. Vollstreckungsaufschub (Abs. 2 S. 2).** Die Aufstellung eines Zahlungsplans durch den Gerichtsvollzieher führt zu einem gesetzlichen Vollstreckungsaufschub **(Abs. 2 S. 2).** Die Zwangsvollstreckung darf nicht fortgesetzt werden; die Vollstreckungsunterlagen bleiben beim Gerichtsvollzieher. Bereits ausgebrachte Vollstreckungsmaßnahmen (zB Pfändungen) bleiben bestehen und werden nicht aufgehoben. Dies wird zwar gesetzlich nicht ausdrücklich geregelt; folgt jedoch aus dem Gesetzeswortlaut „Vollstreckungsaufschub" und den in der Gesetzesbegründung aufgeführten Beispiele.[34] Der Gerichtsvollzieher muss einen bereits bestimmten Termin zur Vermögensauskunft (§§ 802 c, 802 f) oder zur Verwertung gepfändeter Sachen (§ 814) auf den Zeitpunkt nach dem nächsten Zahlungstermin verlegen.[35] Bei der Gewährung von Ratenzahlungen dürfte sich aus Praktikabilitätsgründen indes anbieten, den Termin zur Abnahme der Vermögensaus-

---

25 MüKo-ZPO/*Wagner*, § 802 Rn 12; Musielak/*Voit*, § 802 b Rn 5; *Mroß*, DGVZ 2012, 169, 170.
26 So *Gothe*, DGVZ 2013, 197, 201.
27 MüKo-ZPO/*Wagner*, § 802 Rn 12.
28 BT-Drucks. 16/10069, S. 24; Musielak/*Voit*, § 802 b Rn 8; Thomas/Putzo/*Seiler*, § 802 b Rn 3.
29 BT-Drucks. 16/10069, S. 24.
30 Zöller/*Stöber*, § 802 b Rn 8.
31 LG Frankenthal Rpfleger 1981, 363.
32 Stein/Jonas/*Münzberg*, § 806 b Rn 4.
33 *Schilken*, DGVZ 1998, 145, 146.
34 BR-Drucks. 304/08, S. 53; Musielak/*Voit*, § 802 b Rn 13.
35 BT-Drucks. 16/10069, S. 24; Schuschke/Walker/*Walker*, § 802 b Rn 7.

kunft zunächst auf unbestimmte Zeit zu verschieben, damit nicht im Falle von fristgerechten Teilzahlungen weitere Terminsverlegungen erforderlich sind. Im Falle des Wegfalls des Vollstreckungsaufschubs kann dann kurzfristig ein neuer Termin bestimmt werden.

Der mit der Zahlungsvereinbarung gesetzlich verbundene Vollstreckungsaufschub endet **von Gesetzes wegen**, sofern der Schuldner mit der Zahlung der festgesetzten Raten **ganz oder teilweise länger als zwei Wochen in Rückstand** gerät. Ein Schuldnerverzug ist nicht erforderlich; vielmehr tritt der Wegfall des Vollstreckungsaufschubs automatisch auch bei einem **unverschuldeten Leistungshindernis** ein.[36] Die Vorschrift ist rechtsdogmatisch unbedenklich, da eine Nichtleistung keinen Schadensersatzanspruch auslöst, sondern nur die Durchsetzung bereits titulierter Verpflichtungen ermöglicht.[37] Erforderlich ist, dass innerhalb der Frist die in dem Zahlungsplan vorgegebene Zahlungsmodalität (zB Überweisung auf Konto, Barzahlung) erfüllt wird. Ein überwiesener Geldbetrag muss auf dem angegebenen Konto eingegangen sein;[38] die Erteilung des Überweisungsauftrags innerhalb der Frist genügt nicht. 15

Will der Schuldner eine Fortsetzung der Vollstreckung vermeiden, muss er schon vor Fälligkeit der nächsten Rate innerhalb der Zwei-Wochen-Frist mit dem Gläubiger eine **Regelung über die Modifizierung der Ratenzahlungsvereinbarung** treffen.[39] Kommt eine entsprechende Änderung der Zahlungsvereinbarung mit dem Gläubiger zustande, bleibt der Vollstreckungsaufschub erhalten.[40] Mit der **Beendigung des Vollstreckungsaufschubs** wird der Zahlungsplan hinfällig (Abs. 3 S. 3) und der Gerichtsvollzieher setzt die Vollstreckung fort. Der Vollstreckungsaufschub endet ebenfalls nach **Abs. 3 S. 2** automatisch, wenn der Gläubiger dem Zahlungsplan unverzüglich widerspricht (s. Rn 17 f). Auch nach Ablauf der Zwei-Wochen-Frist besteht die Möglichkeit einer erneuten (modifizierten) Zahlungsvereinbarung, sofern sich der Gläubiger hiermit einverstanden erklärt und nicht auf eine Fortsetzung der Vollstreckung besteht. 16

IV. Widerspruch des Gläubigers (Abs. 3)

Kommt eine Zahlungsvereinbarung zustande, muss der Gerichtsvollzieher den Gläubiger hierüber **unverzüglich**,[41] dh ohne schuldhaftes Zögern (§ 121 Abs. 1 S. 1 BGB), **informieren** (Abs. 3 S. 1). Gemäß § 68 Abs. 2 S. 3 GVGA hat der Gerichtsvollzieher dem Gläubiger unverzüglich eine Abschrift des Zahlungsplans zu übermitteln und dabei auf den Vollstreckungsaufschub sowie auf die Möglichkeit des unverzüglichen Widerspruchs hinzuweisen. Die Unterrichtung ist nicht Wirksamkeitsvoraussetzung für einen Zahlungsaufschub.[42] Eine bestimmte Form der Mitteilung an den Gläubiger und auch den Schuldner sieht das Gesetz nicht vor. Es ist keine förmliche Zustellung erforderlich;[43] vielmehr kann sie auch per Fax, telefonisch[44] oder per E-Mail erfolgen.[45] 17

---

36 BT-Drucks. 16/10069, S. 25; MüKo-ZPO/*Wagner*, § 802 b Rn 27.
37 MüKo-ZPO/*Wagner*, § 802 b Rn 27.
38 EuGH NJW 2008, 1935; Palandt/*Grüneberg*, § 270 BGB Rn 5 f.
39 Schuschke/Walker/*Walker*, § 806 b Rn 7; Thomas/Putzo/*Seiler*, § 802 b Rn 5.
40 BT-Drucks. 16/10069, S. 25.
41 Hierzu krit. *Jäger/Schatz*, ZVI 2008, 143, 146.
42 Musielak/*Voit*, § 802 b Rn 16; *Fischer*, DGVZ 2010, 113, 118.
43 Zöller/*Stöber*, § 802 b Rn 12; aA Baumbach/*Hartmann*, § 802 b Rn 17 (Zustellung an den Schuldner).
44 AA Zöller/*Stöber*, § 802 b Rn 16.
45 Musielak/*Voit*, § 802 b Rn 16.

18 Sofern der Gläubiger dem **Zahlungsplan widerspricht**, wird dieser hinfällig und der Vollstreckungsaufschub endet automatisch.[46] Die Wirkung des Widerspruchs tritt mit der Unterrichtung des Schuldners durch den Gerichtsvollzieher über den Widerspruch des Gläubigers ein (Abs. 3 S. 2). Kein Widerspruch gegen den Vollstreckungsaufschub liegt vor, wenn der Gläubiger sich ausschließlich gegen die Zahlungsfrist bzw die Höhe und Fälligkeit der Ratenzahlungen wendet. Legt der Schuldner glaubhaft dar, die geänderten Bedingungen erfüllen zu können, kann der Gerichtsvollzieher entsprechende Änderungen vereinbaren.[47]

19 Um alsbald Rechtsklarheit zu schaffen,[48] muss der Gläubiger den Widerspruch **gegenüber dem Gerichtsvollzieher**, nicht dem Schuldner[49] erklären. Der Widerspruch muss **unverzüglich**, dh ohne schuldhaftes Zögern (§ 121 Abs. 1 S. 1 BGB), erfolgen; die Frist bestimmt sich nach dem Einzelfall, zB ob eine nähere Prüfung der Vereinbarung durch den Gläubiger oder die Einholung von Rechtsrat erforderlich ist. Insoweit kann eine Frist von 10 Tagen noch angemessen sein.[50] Erfolgt kein unverzüglicher Widerspruch, kann der Gläubiger später weder sein Einverständnis widerrufen noch zu einem späteren Zeitpunkt Widerspruch gegen die Zahlungsvereinbarung einlegen. Das Gesetz schreibt **keine bestimmte Form** für die Abgabe der Erklärung vor; möglich ist ein schriftlicher (zB Brief, Fax, E-Mail) oder mündlicher (zB Telefonat) Widerspruch. Ein ausdrücklich formulierter Widerspruch ist nicht erforderlich. Vielmehr reicht jede Erklärung aus, mit der der Gläubiger zum Ausdruck bringt, dass er mit der getroffenen Zahlungsvereinbarung nicht einverstanden ist.

20 Eine **Obliegenheit zum Widerspruch** besteht auch dann, wenn der Gerichtsvollzieher abweichend von Abs. 2 S. 3 eine zwölf Monate übersteigende Tilgungsfrist einräumt.[51] In diesem Fall kann der Gerichtsvollzieher mit dem Schuldner eine neue Zahlungsvereinbarung nach Maßgabe des Widerspruchs treffen. Kommt diese Vereinbarung nicht zustande, ist die Vollstreckung fortzusetzen.

V. Vollstreckungsaufträge mehrerer Gläubiger

21 Zu dem Verfahren bei der Durchführung von Vollstreckungsaufträgen für mehrere Gläubiger enthält das Gesetz keine ausdrückliche Regelung. Das Gesetz sieht – anders als bei § 17 GBO – keine Behandlung der Aufträgen nach dem Prioritätsgrundsatz und damit streng nach dem Eingang vor. Vielmehr ist der Gerichtsvollzieher – entsprechend dem früheren Recht – berechtigt, mehrere Pfändungsaufträge zu sammeln und dann die Zwangsvollstreckung für alle beteiligten Gläubiger gleichzeitig zu bewirken.[52] In diesem Falle kommt keine Zahlungsvereinbarung und damit kein Vollstreckungsaufschub in Betracht, sofern der **Schuldner nicht der Lage ist**, Zahlungen zur Befriedigung aller vollstreckenden Gläubiger anzubieten.[53]

22 Legt der Schuldner glaubhaft dar, er könne die **Forderungen aller Gläubiger** innerhalb der Frist durch Einmalzahlung oder durch Teilbeträge **tilgen**, dann darf der Gerichtsvollzieher eine entsprechende (Gesamt-)Zahlungsvereinbarung treffen (vgl § 68 Abs. 5 S. 3 GVGA). Voraussetzung ist, dass kein Gläubiger bereits

---

46 Dazu krit. *Fischer*, DGVZ 2010, 113.
47 Zöller/*Stöber*, § 802 b Rn 16.
48 BT-Drucks. 16/10069, S. 25.
49 Musielak/*Voit*, § 802 b Rn 16; *Hergenröder*, DGVZ 2012, 106, 113.
50 Musielak/*Voit*, § 802 b Rn 16; *Mroß*, AnwBl 2013, 16.
51 BT-Drucks. 16/10069, S. 25; MüKo-ZPO/*Wagner*, § 802 b Rn 22; Schuschke/Walker/*Walker*, § 802 b Rn 8; krit. *Fischer*, DGVZ 2010, 113.
52 MüKo-ZPO/*Wagner*, § 802 b Rn 29, 33.
53 MüKo-ZPO/*Wagner*, § 802 b Rn 37; *Giers*, FamRB 2013, 62, 64.

bei Erteilung des Vollstreckungsauftrags der Vereinbarung widersprochen hat.[54] Der Gerichtsvollzieher hat einen Zahlungsplan aufzustellen, in dem für jeden Gläubiger entsprechende Tilgungsbeiträge gesondert festgesetzt werden müssen. **Widerspricht** nach Mitteilung dieses Plans ein Gläubiger nach Abs. 3 S. 2 (vgl § 68 Abs. 5 S. 4 GVGA), führt dies zum **Wegfall der übrigen Zahlungspläne** und damit des Vollstreckungsaufschubs.[55] Ebenso sind die getroffenen Zahlungsvereinbarungen und der damit verbundene vollständige Vollstreckungsaufschub insgesamt hinfällig, wenn der Schuldner seinen Verpflichtungen auch **nur gegenüber einem Gläubiger nicht nachkommt**. Ansonsten könnten Vollstreckungsmaßnahmen einzelner Gläubiger die vereinbarten Ratenzahlungen an die übrigen Gläubiger gefährden. Möglich werdende Zwangsvollstreckungsmaßnahmen sind dann wieder zugunsten aller Gläubiger auszubringen.

Vollstrecken nach Abschluss einer Zahlungsvereinbarung **weitere Gläubiger**, so kann der Gerichtsvollzieher versuchen, auch mit diesen eine entsprechende Vereinbarung zu treffen (vgl § 68 Abs. 4 S. 1 GVGA). Grundsätzlich sind unterschiedliche Vereinbarungen möglich.[56] Entsprechend kann mit einem Gläubiger eine gütliche Erledigung zustande kommen, während ein anderer (nachrangiger) Gläubiger hiermit nicht einverstanden ist. Dieser kann zwar nicht der mit anderen (früheren) Gläubigern getroffenen gütlichen Erledigung widersprechen. Indes ist trotz der vereinbarten gütlichen Erledigung die Vollstreckung für diesen Gläubiger weiter zu betreiben. Dem früheren Gläubiger ist dies mitzuteilen, damit dieser die Vereinbarung ggf widerrufen kann. Etwaige weitere Vollstreckungsmaßnahmen könnten die Befriedigungschancen der früheren Gläubiger gefährden; insb. wenn in das Vermögen vollstreckt wird, aus dem Teilzahlungen erbracht werden. 23

VI. Rechtsbehelfe

Vollstreckt der Gerichtsvollzieher trotz eines wirksamen Vollstreckungsaufschubs, dann kann der **Schuldner** die Erinnerung nach § 766 Abs. 1 einlegen. Dem **Gläubiger** steht die Möglichkeit der Erinnerung nach § 766 Abs. 2 Alt. 1 zu, sofern der Gerichtsvollzieher sich weigert, die Vollstreckung trotz Erhebung eines Widerspruchs gegen eine Zahlungsvereinbarung oder eines erstellten Zahlungsplans fortzusetzen. 24

VII. Weitere praktische Hinweise

Formulierungsvorschlag für einen **Antrag des Schuldners** auf Abschluss einer Zahlungsvereinbarung: 25

▶ In der Zwangsvollstreckungssache ... (Bezeichnung des Gläubigers und des Schuldners) wird beantragt, dem Schuldner folgende Ratenzahlungen zu gestatten:

Dem Schuldner wird nachgelassen, die Forderung des Gläubiger in Höhe von ... (Bezeichnung der Forderung nebst Zinsen und Vollstreckungskosten) in monatlichen/wöchentlichen Raten von ... €, jeweils zahlbar zum ... (Datum), zu begleichen.

---

54 AA Musielak/*Voit*, § 802 b Rn 9 (Zusammenfassung der Gläubiger in einem gemeinsamen Zahlungsplan nur mit deren ausdrücklicher Zustimmung).
55 Thomas/Putzo/*Seiler*, § 802 b Rn 4; *Hergenröder*, DGVZ 2012, 105, 113; iE zust. Musielak/*Voit*, § 802 b Rn 17.
56 Thomas/Putzo/*Seiler*, § 802 b Rn 4; *Hergenröder*, DGVZ 2012, 105, 110; *Mroß*, DGVZ 2012, 169, 170; aA *Harnacke*, DGVZ 2012, 197.

Die Zahlungen kann der Schulden regelmäßig aus ... (nähere Darlegung über die Herkunft der Beträge; zB Unterstützung Dritter) erbringen. Weitergehende Zahlungen sind dem Schuldner nicht möglich.

Zugleich wird beantragt, bis ... (Datum) die Zwangsvollstreckung aufzuschieben. ◄

26 Formulierungsvorschlag für einen **anfänglichen Widerspruch** des Gläubigers gegen den Abschluss einer Zahlungsvereinbarung:[57]

▶ In der Zwangsvollstreckungssache ... (Bezeichnung des Gläubigers und des Schuldners) ist der Gläubiger mit dem Abschluss einer Zahlungsvereinbarung nicht einverstanden.[58] ◄

27 Formulierungsvorschlag für einen **anfänglichen eingeschränkten Widerspruch** des Gläubigers gegen den Abschluss einer Zahlungsvereinbarung:[59]

▶ In der Zwangsvollstreckungssache ... (Bezeichnung des Gläubigers und des Schuldners) ist der Gläubiger nur dann mit dem Abschluss einer Zahlungsvereinbarung einverstanden, sofern der Schuldner die Zahlung monatlicher Raten in Höhe von mindestens ... € anbietet/der Schuldner anbietet, die offenstehende Forderung nebst Zinsen und Kosten der Zwangsvollstreckung in höchstens ... Raten vollständig auszugleichen.[60] ◄

28 Formulierungsvorschlag für einen **nachträglichen Widerspruch** des Gläubigers gegen den Abschluss einer Zahlungsvereinbarung:

▶ In der Zwangsvollstreckungssache ... (Bezeichnung des Gläubigers und des Schuldners) widerspricht der Gläubiger der vom Gerichtsvollzieher mit dem Schuldner getroffenen Ratenzahlungsvereinbarung (§ 802 b Abs. 3 S. 2 ZPO). Damit sind der Zahlungsplan sowie der Vollstreckungsaufschub hinfällig, so dass die Zwangsvollstreckung durch ... (nähere Bezeichnung der Maßnahme, zB Bestimmung eines Termins zur Abnahme der Vermögensauskunft oder Durchführung Zwangsvollstreckung in das bewegliche Vermögen) zügig fortzusetzen ist.[61] ◄

VIII. Kosten

29 **1. Gerichtsvollzieherkosten.** Nach § 802 a Abs. 2 S. 1 Nr. 1 kann der Gläubiger den Gerichtsvollzieher **isoliert** mit dem Versuch einer gütlichen Erledigung der Sache beauftragen.[62] In diesem Fall soll der Gerichtsvollzieher eine Gebühr (Nr. 207 KV GvKostG) erheben können, um den mit dem Versuch einer gütlichen Erledigung verbundenen Aufwand abzugelten. Ohne diesen Gebührentatbestand würde der Gerichtsvollzieher bei einem erfolglosen Güteversuch für seine Tätigkeit keinerlei Gebühren erhalten.[63] Aus S. 1 der Anm. zu Nr. 207 KV GvKostG ergibt sich ausdrücklich, dass die Gebühr auch im Fall der **erfolgreichen gütlichen Erledigung** entsteht, also nicht nur – wie dem Gebührentatbestand entnommen werden könnte – im Falle eines „**Versuchs**" einer gütlichen Einigung.

30 Die Gebühr entsteht allerdings **nicht**, wenn der Gerichtsvollzieher gleichzeitig mit einer auf eine Maßnahme nach § 802 a Abs. 2 S. 1 Nr. 2 und 4 gerichteten Amts-

---

57 Vgl auch Hasselblatt/Sternal/*Weber*, Form. G.II.1.
58 Eine nähere Begründung verlangt das Gesetz nicht.
59 Vgl auch Hasselblatt/Sternal/*Weber*, Form. G.II.1.
60 Eine nähere Begründung verlangt das Gesetz nicht.
61 Eine nähere Begründung verlangt das Gesetz nicht.
62 BT-Drucks. 16/10069, S. 48.
63 BT-Drucks. 16/10069, S. 48.

handlung beauftragt wird (S. 2 der Anm. zu Nr. 207 KV GvKostG). Hier wird der mit dem Versuch der gütlichen Erledigung verbundene Aufwand des Gerichtsvollziehers (insb. das Aufsuchen des Schuldners) durch die Gebühren für die **Einholung der Vermögensauskunft und für die Pfändung** (Nr. 2: Einholung einer Vermögensauskunft des Schuldners gem. § 802 c; Nr. 4: Pfändung und Verwertung körperlicher Sachen) mit abgegolten.[64] Aus den Motiven des Gesetzgebers[65] ergibt sich, dass die Gebühr Nr. 207 KV GvKostG nur für den Fall der **isolierten Beauftragung** mit dem Versuch einer gütlichen Erledigung der Sache vorgesehen ist.[66] Das bedeutet, dass die Gebühr beim Versuch einer gütlichen Erledigung der Sache, die im Rahmen eines Vollstreckungsauftrags (§ 802 a Abs. 2 S. 1 Nr. 4), eines Auftrags zur Abnahme der Vermögensauskunft (§ 802 a Abs. 2 S. 1 Nr. 2) oder eines Kombi-Auftrags erfolgt (Vollstreckung und Vermögensauskunft), nicht entstehen soll. Dem Gesetzeswortlaut ist das aber nicht zwingend zu entnehmen. Die Formulierung, dass die Gebühr nicht entsteht, wenn der Gerichtsvollzieher gleichzeitig mit einer auf eine Maßnahme nach § 802 a Abs. 2 S. 1 Nr. 2 *und* 4 ZPO gerichteten Amtshandlung beauftragt ist, kann aufgrund des Abstellens auf die gleichzeitige Auftragserteilung und die Verknüpfung beider Alternativen durch das Wort „und" auch so verstanden werden, dass die Gebühr dann entsteht, wenn der Gerichtsvollzieher entweder nur mit der Abnahme der Vermögensauskunft oder nur mit der Pfändung und Verwertung körperlicher Sachen beauftragt ist. Nur wenn beide Alternativen (**Kombi-Auftrag**), also gleichzeitiger Auftrag zur Abnahme der Vermögensauskunft und Vollstreckungsauftrag) vorliegen, entsteht die Gebühr danach nicht. Die Frage ist streitig.[67]

Werden Raten an den Gerichtsvollzieher gezahlt, ist für **jede Rate** eine **Hebegebühr** (Nr. 430 KV GvKostG) zu erheben (§ 10 Abs. 2 S. 3 GvKostG). 31

Neben den Gebühren entstehen ggf **Auslagen** nach dem 7. Abschnitt des Kostenverzeichnisses zum GvKostG, insb. die Auslagenpauschale und für jede Rate ein Wegegeld, wenn diese durch den Gerichtsvollzieher abgeholt wird. Zieht der Gerichtsvollzieher Teilbeträge ein (§ 802 b), wird das Wegegeld nach Abs. 4 S. 2 der Anm. zu Nr. 711 KV GvKostG für den Einzug des zweiten und sodann jedes weiteren Teilbetrages je einmal gesondert erhoben. Das Wegegeld für den Einzug einer Rate entsteht bereits mit dem ersten Versuch, die Rate einzuziehen. 32

Nach Abs. 3 S. 1 **muss** der Gerichtsvollzieher den Gläubiger bei einer mit dem Schuldner getroffenen Zahlungsvereinbarung unverzüglich über den festgesetzten Zahlungsplan und den Vollstreckungsaufschub **unterrichten**. Wird dem Gläubiger vom Gerichtsvollzieher eine Kopie oder ein Ausdruck der Zahlungsvereinbarung übersandt, fällt hierfür **keine Dokumentenpauschale** an. Denn der Gerichtsvollzieher erfüllt hier eine Amtspflicht (vgl § 68 Abs. 2 S. 3 GVGA) und wird nicht auf Antrag tätig. 33

---

64 BT-Drucks. 16/10069, S. 48.
65 BT-Drucks. 16/10069, S. 48.
66 Zweifelnd OLG Düsseldorf DGVZ 2014, 152 = JurBüro 2014, 441.
67 Für eine Gebühr nur bei einem isolierten Auftrag zur gütlichen Erledigung: OLG Köln DGVZ 2014, 199 = JurBüro 2014, 549; LG Freiburg/Breisgau JurBüro 2014, 443; LG Dresden DGVZ 2013, 163 = JurBüro 2014, 269; NK-GK/*Kessel*, Nr. 207 KV GvKostG; für die Gebühr auch beim Versuch der gütlichen Erledigung im Rahmen eines Vollstreckungsauftrags oder Auftrags zur Abnahme der Vermögensauskunft: OLG Düsseldorf DGVZ 2014, 152 = JurBüro 2014, 441; LG Kleve DGVZ 2014, 134; AG Duisburg-Ruhrort 28.5.2013 – 6 M 1746/13; AG Neuss 10.12.2014 – 65 M 2316/14, nv; *Volpert*, Neuerungen im Kostenrecht durch das Gesetz zur Reform der Sachaufklärung in der Zwangsvollstreckung, in: Seibel u.a., Zwangsvollstreckungsrecht aktuell, 2. Aufl. 2013, § 2 Rn 35 f; wohl auch Zöller/*Stöber*, ZPO, § 802 b Rn 25.

34 **2. Rechtsanwaltsvergütung. a) Angelegenheit.** Die gütliche Erledigung bildet für den Rechtsanwalt keine besondere vollstreckungsrechtliche Angelegenheit. Das gilt insb. auch für den Auftrag zur isolierten gütlichen Erledigung.[68] Es handelt sich insoweit um eine (vorbereitende) Vollstreckungshandlung im Rahmen einer Vollstreckungsmaßnahme. Der Versuch der gütlichen Erledigung steht entweder im Zusammenhang mit einer laufenden oder einer danach eingeleiteten Vollstreckungsmaßnahme.[69] Werden ein Auftrag zur isolierten gütlichen Erledigung sowie für den Fall ihres Scheiterns mit einem Auftrag zur Abnahme der Vermögensauskunft verbunden, gilt der in § 25 Abs. 1 Nr. 4 RVG geregelte Höchstwert iHv 2.000 € nicht mehr.[70]

35 **b) Einigungsgebühr.** Nach Anm. Abs. 1 S. 1 Nr. 2 zu Nr. 1000 VV RVG entsteht die Einigungsgebühr für die Mitwirkung beim Abschluss eines Vertrags, durch den die Erfüllung des Anspruchs, wenn bereits ein zur Zwangsvollstreckung geeigneter Titel vorliegt, bei gleichzeitigem vorläufigen Verzicht auf Vollstreckungsmaßnahmen geregelt wird (Zahlungsvereinbarung). Ist Gegenstand einer Einigung nur eine Zahlungsvereinbarung (Nr. 1000 VV RVG), beträgt der Gegenstandswert gem. § 31 b RVG lediglich 20 Prozent des zu vollstreckenden Anspruchs (§ 25 Abs. 1 RVG). § 31 b RVG steht im Zusammenhang mit Abs. 1 S. 1 Nr. 2 der Anm. zu Nr. 1000 VV RVG. Die Regelung soll sicherstellen, dass als Wert einer solchen Vereinbarung immer nur ein Bruchteil der zugrunde liegenden Forderung maßgebend ist. § 31 b RVG regelt nur den Wert der Einigungsgebühr. Für weiter anfallende Gebühren (zB Verfahrensgebühr Nr. 3309 VV RVG) gilt § 31 b RVG nicht.

36 Führt der Auftrag zur **isolierten gütlichen Einigung** (§ 802 a Abs. 2 S. 1 Nr. 1) durch den Gerichtsvollzieher zum Erfolg, kann eine **Einigungsgebühr** Nr. 1000 VV RVG für den Gläubigervertreter nicht entstehen. Der Gerichtsvollzieher wird nicht etwa als Vertreter des Gläubigers tätig, sondern er vertritt – selbständig und neutral – die Vollstreckungsgewalt des Staates.[71] Es handelt sich bei der vom Gerichtsvollzieher vermittelten gütlichen Einigung nicht um einen Vertrag im Sinne des BGB, sondern um eine dem Gerichtsvollzieher durch Gesetz eingeräumte Möglichkeit, Ratenzahlung zu gewähren. Eine Abrede zwischen Gerichtsvollzieher und Schuldner auf vertraglicher Basis kommt nicht zustande, weil der Gerichtsvollzieher nicht aufgrund Privatautonomie, sondern kraft des ihm verliehenen öffentlichen Amtes in Ausübung der staatlichen Vollstreckungsgewalt gehandelt hat. Der Gerichtsvollzieher ist bei der Gewährung von Ratenzahlungen an den Schuldner nicht Vertreter des Gläubigers.[72]

37 Die **Entgegennahme der Information** über die **bewilligte** Ratenzahlungsmöglichkeit reicht für das Entstehen einer Gebühr Nr. 1000 VV RVG nicht aus.[73] Es fehlt damit an der Mitwirkung bei Verhandlungen bzw dem Abschluss der Vereinbarung.[74] Eine „Mitwirkung" wird noch nicht darin gesehen werden können, dass

---

68 AnwK-RVG/*Wolf/Volpert/Mock/Thiel/N. Schneider*, § 18 Rn 56 ff.
69 AnwK-RVG/*Wolf/Volpert/Mock/Thiel/N. Schneider*, § 18 Rn 58; *Enders*, JurBüro 2012, 633.
70 AnwK-RVG/*Wolf/Volpert*, § 25 Rn 45.
71 LG Duisburg AGS 2013, 577 = RVGreport 2013, 431; AG Düsseldorf AGS 2014, 120; AG Augsburg AGS 2014, 162 = RVGreport 2014, 108; AG Schleswig AGS 2014, 274 = NJW-Spezial 2014, 379; so auch zu den Vorgängerregelungen §§ 900 Abs. 3, 806 b, 813 a ZPO – vgl auch §§ 186 Nr. 6, 114 a GVGA: BGH 9.11.2000 – III ZR 314/99, NJW 2001, 434; BGH 28.6.2006 – VII ZB 157/05, DGVZ 2006, 133 = AGS 2006, 496; LG Bonn DGVZ 2005, 77; LG Koblenz DGVZ 2006, 61.
72 BGH 28.6.2006 – VII ZB 157/05, DGVZ 2006, 133.
73 AG Neu-Ulm 7.2.2005 – 15 M 203/05, DGVZ 2005, 47.
74 AG Euskirchen 11.1.2005 – 15 M 2334/04, DGVZ 2005, 29; LG Bonn 21.3.2005 – 4 T 94/05, DGVZ 2005, 77; LG Koblenz 20.2.2006 – 2 T 94/06, DGVZ 2006, 61.

der Anwalt in seinem Vollstreckungsauftrag formularmäßig erklärt, er sei mit einer Ratenzahlung einverstanden,[75] oder wenn er die Zustimmung zu einer Zahlungsvereinbarung von der Zahlung einer Mindestrate oder einem bestimmten Erfüllungszeitraum abhängig macht.[76] Nicht der Gläubiger entscheidet, ob dem Schuldner Ratenzahlungen bewilligt werden können, sondern der Gerichtsvollzieher.[77] Die Zahlungsvereinbarung und der damit verbundene Vollstreckungsaufschub (§ 802 b Abs. 2 S. 2) erfolgt zwischen Gerichtsvollzieher und Schuldner aufgrund der dem Gerichtsvollzieher eingeräumten staatlichen Vollstreckungsgewalt.[78]

In folgenden Fällen ist die Entstehung einer Einigungsgebühr Nr. 1000 VV RVG im Rahmen der gütlichen Erledigung möglich:[79] 38

- Hat der Gläubiger eine Zahlungsvereinbarung durch den Gerichtsvollzieher im Vollstreckungsauftrag (ausdrücklich) ausgeschlossen (§ 802 b Abs. 2 S. 1), kann es unter Mitwirkung des Rechtsanwalts ohne Beteiligung des Gerichtsvollziehers zu einer Zahlungsvereinbarung zwischen Gläubiger und Schuldner kommen, in der zB eine Tilgung der Schuld durch Ratenzahlungen vereinbart wird.

- Widerspricht der Gläubiger entsprechend § 802 b Abs. 3 S. 2 der vom Gerichtsvollzieher erzielten Zahlungsvereinbarung oder gerät der Schuldner entsprechend § 802 b Abs. 3 S. 3 mit den Ratenzahlungen in Rückstand, kann die Einigungsgebühr entstehen, wenn der Gläubiger-Vertreter und der Schuldner anschließend ohne Gerichtsvollzieher eine Zahlungsvereinbarung abschließen.

- Wenn die vom Gerichtsvollzieher erzielte Vereinbarung die in § 802 b geregelten Voraussetzungen für eine gütliche Erledigung nicht erfüllt, liegt kein die Einigungsgebühr ausschließender staatlicher Hoheitsakt vor, so dass die Einigungsgebühr bei Mitwirkung des Gläubiger-Vertreters an der Zahlungsvereinbarung entstehen kann.

§ 802 c Vermögensauskunft des Schuldners

(1) [1]Der Schuldner ist verpflichtet, zum Zwecke der Vollstreckung einer Geldforderung auf Verlangen des Gerichtsvollziehers Auskunft über sein Vermögen nach Maßgabe der folgenden Vorschriften zu erteilen sowie seinen Geburtsnamen, sein Geburtsdatum und seinen Geburtsort anzugeben. [2]Handelt es sich bei dem Vollstreckungsschuldner um eine juristische Person oder um eine Personenvereinigung, so hat er seine Firma, die Nummer des Registerblatts im Handelsregister und seinen Sitz anzugeben.

(2) [1]Zur Auskunftserteilung hat der Schuldner alle ihm gehörenden Vermögensgegenstände anzugeben. [2]Bei Forderungen sind Grund und Beweismittel zu bezeichnen. [3]Ferner sind anzugeben:

---

75 LG Duisburg AGS 2013, 577 = RVGreport 2013, 431; AG Schleswig AGS 2014, 274 = NJW-Spezial 2014, 379.
76 Vgl zur Rechtslage bis 31.12.2012: LG Koblenz DGVZ 2006, 61; AG Euskirchen AGS 2005, 199; AG Wiesbaden DGVZ 2007, 159; *Enders*, JurBüro 1999, 57, 58.
77 BGH 28.6.2006 DGVZ 2006, 133 = AGS 2006, 496; LG Koblenz 20.2.2006 – 2 T 94/06, DGVZ 2006, 61.
78 BGH 28.6.2006 DGVZ 2006, 133 = AGS 2006, 496; LG Duisburg AGS 2013, 577 = RVGreport 2013, 431; AG Düsseldorf AGS 2014, 120; AG Augsburg AGS 2014, 162 = RVGreport 2014, 108; AG Schleswig AGS 2014, 274 = NJW-Spezial 2014, 379.
79 Vgl AnwK-RVG/*Wolf/Volpert*, VV Vorb. 3.3.3, VV 3309–3310 Rn 140 f; *Hansens*, Anm. zu LG Duisburg RVGreport 2013, 431; *Enders*, JurBüro 2012, 633.

1. die entgeltlichen Veräußerungen des Schuldners an eine nahestehende Person (§ 138 der Insolvenzordnung), die dieser in den letzten zwei Jahren vor dem Termin nach § 802 f Abs. 1 und bis zur Abgabe der Vermögensauskunft vorgenommen hat;
2. die unentgeltlichen Leistungen des Schuldners, die dieser in den letzten vier Jahren vor dem Termin nach § 802 f Abs. 1 und bis zur Abgabe der Vermögensauskunft vorgenommen hat, sofern sie sich nicht auf gebräuchliche Gelegenheitsgeschenke geringen Wertes richteten.

⁴Sachen, die nach § 811 Abs. 1 Nr. 1 und 2 der Pfändung offensichtlich nicht unterworfen sind, brauchen nicht angegeben zu werden, es sei denn, dass eine Austauschpfändung in Betracht kommt.

(3) ¹Der Schuldner hat zu Protokoll an Eides statt zu versichern, dass er die Angaben nach den Absätzen 1 und 2 nach bestem Wissen und Gewissen richtig und vollständig gemacht habe. ²Die Vorschriften der §§ 478 bis 480, 483 gelten entsprechend.

§§ 135 ff GVGA

§ 3 VermVV [abgedr. bei § 802 k Rn 23]

Literatur:
Horst, Sicherung und Beitreiben von Mietforderungen wird im kommenden Jahr (hoffentlich) leichter, GE 2012, 246; *Neugebauer*, Reform der Sachaufklärung – Die Auskunftspflicht des Schuldners über sein Vermögen, MDR 2012, 1441; *Seip*, Vermögensoffenbarung als erste Maßnahme der Zwangsvollstreckung und Minderung des Schuldnerschutzes, ZRP 2007, 23; *Würdinger*, Sachaufklärung in der Einzelzwangsvollstreckung, JZ 2011, 177. Siehe auch die Literaturhinweise zu Vor §§ 802 a–802 l.

I. Normzweck 1	IV. Inhalt des Vermögensverzeichnisses (Abs. 2) 23
II. Voraussetzung für die Abnahme einer Vermögensauskunft (Abs. 1) 3	1. Allgemeines 23
1. Grundsatz 3	2. Bewegliches Vermögen 28
2. Antrag des Gläubigers („Auftrag") 4	3. Unbewegliches Vermögen ... 30
3. Prüfung der Verfahrensvoraussetzungen 11	4. Forderungen und vermögenswerte Rechte 31
a) Umfang der Prüfungspflicht 11	a) Grundsatz 31
b) Allgemeine Verfahrensvoraussetzungen 12	b) Einkünfte aus unselbstständiger und selbstständiger Tätigkeit 33
c) Allgemeine Voraussetzungen der Zwangsvollstreckung 14	c) Renten und Pensionszahlungen 34
	d) Unterhaltsleistungen 35
d) Besondere Voraussetzungen; Fehlen eines Vollstreckungshindernisses .. 15	e) Konto- und Spargutha- ben 36
III. Auskunftspflicht 17	f) Sonstige Forderungen ... 37
1. Allgemeines 17	5. Veräußerungen und unentgeltlichen Leistungen (Abs. 2 S. 3) 40
2. Natürliche Personen 18	a) Entgeltliche Veräußerungen an nahestehende Personen (Abs. 2 S. 3 Nr. 1) 41
3. Juristische Personen; Personengesellschaften; Gemeinschaften 19	b) Unentgeltliche Leistungen (Abs. 2 S. 3 Nr. 2) ... 43

V. Eidesstattliche Versicherung (Abs. 3)	44
VI. Rechtsbehelfe	46
VII. Weitere praktische Hinweise	47
VIII. Kosten	49
1. Gerichtsvollzieherkosten	49
2. Rechtsanwaltsvergütung	53

I. Normzweck

Die Vorschrift ersetzt als eine der Kernregelungen der Reform der Sachaufklärung den früheren § 807 aF, der neu gefasst wurde. Der Gerichtsvollzieher darf die Informationen über das Vermögen des Schuldners bereits zu Beginn eines Vollstreckungsverfahrens vom Schuldner erfragen. Nicht mehr erforderlich ist ein vorangegangener fruchtloser Pfändungsversuch. Dadurch soll die Effizienz des Zwangsvollstreckungsverfahrens gesteigert werden,[1] da sich die weiteren Vollstreckungsversuche an den Angaben des Schuldners orientieren können.

Abs. 1 regelt im Interesse des Gläubigers die zentrale vollstreckungsrechtliche Mitwirkungspflicht des Schuldners.[2] In Abweichung von der früheren Regelung soll der Schuldner bereits **zu Beginn des Zwangsvollstreckungsverfahrens** ein Vermögensverzeichnis vorlegen sowie deren eidesstattliche Bekräftigung abgeben, damit der Gläubiger frühzeitig erfährt, wo sich pfändbares Vermögen des Schuldners befindet.[3] Insoweit tritt die Vermögensauskunft an die Stelle der eidesstattlichen Versicherung nach dem früheren Recht. Hierdurch sollen dem Gläubiger und dem Gerichtsvollzieher die Entscheidung über das weitere Vorgehen erleichtert werden. **Abs. 2** greift die ehemals in § 807 Abs. 1, 2 aF enthaltene Auskunftspflicht auf; es werden Einzelheiten zum Inhalt des Vermögensverzeichnisses festgelegt. Weitere Regelungen zum Ablauf des Verfahrens finden sich in den §§ 802 c–802 l. Im Interesse einer eindeutigen Zuordnung seiner Angaben ist der Schuldner verpflichtet, die aufgeführten Angaben zu machen. Um zu gewährleisten, dass die vom Schuldner abgegebene Vermögensauskunft richtig ist, sieht **Abs. 3** in Übereinstimmung mit § 807 Abs. 3 aF die Bekräftigung der Vermögensauskunft an Eides statt vor.[4]

Zum **Übergangsrecht** s. Vor §§ 802 a–802 l Rn 9 ff.

II. Voraussetzung für die Abnahme einer Vermögensauskunft (Abs. 1)

1. Grundsatz. Voraussetzung für die Abgabe der Vermögensauskunft ist die **Zwangsvollstreckung wegen Geldforderungen** (§§ 803 ff), wobei eine Sicherungsvollstreckung (§ 720 a) ausreicht.[5] Es muss ein entsprechender, auf eine Geldleistung lautender Titel gegen den Schuldner existieren; ein vorläufig vollstreckbarer Titel bzw ein Arrestbefehl[6] genügen. Ist die Haftung des Schuldners in dem Titel nur auf Teile seines Vermögens beschränkt (zB in den Fällen der §§ 124 Abs. 2, 129 Abs. 4, 161 Abs. 2 HGB), so besteht die Auskunftsverpflichtung auch nur hinsichtlich dieses Vermögens. Weitere Voraussetzung ist ein entsprechender **Antrag des Gläubigers** (s. Rn 4) beim Gerichtsvollzieher. Zudem müssen neben dem Vorliegen eines Titels die weiteren allgemeinen Zwangsvollstreckungsvoraussetzungen (s. Rn 12 ff) gegeben sein und es dürfen keine Vollstreckungshindernisse bestehen (s. Rn 16). Die Verpflichtung zur Abgabe der Vermögensauskunft trifft den Schuldner bzw seinen gesetzlichen Vertreter (zu Einzelheiten s. Rn 17 ff).

---

1 Schuschke/Walker/*Walker*, § 802 c Rn 1; Thomas/Putzo/*Seiler*, § 802 c Rn 1.
2 BT-Drucks. 16/10069, S. 25.
3 BT-Drucks. 16/10069, S. 25.
4 BT-Drucks. 16/10069, S. 25.
5 BGH NJW-RR 2007, 416; BGH NJW-RR 2006, 996.
6 BGH NJW-RR 2006, 996.

4 **2. Antrag des Gläubigers ("Auftrag").** Das Verfahren wird durch einen entsprechenden **Antrag des Gläubigers** (im Gesetz als **"Auftrag"** bezeichnet) an den nach § 802 e zuständigen Gerichtsvollzieher eingeleitet (§ 802 a Abs. 2 S. 1 Nr. 2 iVm § 754). Der Antrag kann schriftlich, elektronisch (arg. e § 753 Abs. 3 S. 2) oder durch Mitwirkung der Geschäftsstelle (vgl § 753 Abs. 2) gestellt werden; Anwaltszwang besteht nicht (§ 78 Abs. 3). Die früher in § 754 aF bestehende Möglichkeit der mündlichen Beautragung des Gerichtsvollziehers hat der Gesetzgeber mit der Neuregelung nicht übernommen,[7] ohne in der Gesetzesbegründung klarzustellen,[8] dass diese Möglichkeit – zumindest bis zur Einführung der verbindlichen Formulare auf der Ermächtigungsgrundlage des § 753 Abs. 3 S. 1 – nicht mehr besteht. Derzeit (August 2015) liegt ein Entwurf des BMJV einer "Verordnung über das Formular für den Vollstreckungsauftrag an den Gerichtsvollzieher (**Gerichtsvollzieherformular-Verordnung – GVFV**)" vor (BR-Drucks. 336/15 (neu) vom 7.8.2015); soweit das Formular eingeführt ist, muss sich der Antragsteller des Formulars bedienen; siehe dazu näher § 753 Rn 18. Von den Landesjustizministerien wird teilweise auf deren Internetseiten ein Formular "Vollstreckungsauftrag Gerichtsvollzieher" angeboten,[9] deren Benutzung indes nicht verbindlich ist.

5 Der Antrag ist an den Gerichtsvollzieher unmittelbar oder an die Gerichtsvollzieherverteilungsstelle des Vollstreckungsgerichts zu richten; zum zuständigen Vollstreckungsgericht s. § 802 e.

6 **Antragsberechtigt** ist jeder Vollstreckungsgläubiger, der noch Inhaber der Forderung ist,[10] auch ein Inkassounternehmen (vgl § 79 Abs. 2 Nr. 4).[11]

7 In dem Antrag müssen der Vollstreckungstitel und die Höhe der Forderung, wegen derer vollstreckt wird, angegeben werden; eine Beschränkung auf einen **Teilbetrag der titulierten Forderung** ist möglich.[12] Der Vorlage einer substantiierten Aufstellung von Teil- und Restforderung bedarf es nicht.[13] Zudem muss in dem Antrag der auskunftspflichtige Schuldner bzw sein auskunftspflichtiger gesetzlicher Vertreter (vgl Rn 17 ff) so genau bezeichnet werden, dass eine Ladung möglich ist.

8 Dem Antrag sind die **Vollstreckungsunterlagen** (Titel, Klausel und Zustellungsurkunden,[14] soweit Zustellungen als Voraussetzung für eine Zwangsvollstreckung erforderlich sind) beizufügen. Eines Nachweises der Sicherheitsleistung (vgl § 751 Abs. 2) bedarf es nicht,[15] da auch eine Sicherungsvollstreckung nach § 720 a zum Antrag auf Abnahme der Vermögensauskunft berechtigt.[16] Ebenso wenig müssen die Kosten der Vollstreckung nachgewiesen werden.[17] § 754 a ZPO-RefE[18] sieht für einen elektronisch eingereichten Auftrag zur Zwangsvoll-

---

7 AA Thomas/Putzo/*Seiler*, § 754 Rn 17.
8 BT-Drucks. 16/10069, S. 23.
9 ZB auf der Internetseite „www.justiz.nrw.de" unter dem Stichwort „Formulare/Merkblätter" das Formular „GV 6 Vollstreckungsauftrag Gerichtsvollzieher".
10 LG Augsburg JurBüro 1997, 212.
11 So auch bereits früher LG Bremen DGVZ 2001, 62; LG Wuppertal DGVZ 2007, 188.
12 OLG Schleswig Rpfleger 1976, 224; *Schilken*, DGVZ 1989, 33.
13 OLG Schleswig Rpfleger 1976, 224; LG Oldenburg Rpfleger 1980, 353; aA LG Deggendorf DGVZ 2006, 116; LG Dortmund DGVZ 1977, 169.
14 LG Stuttgart DGVZ 2001, 120.
15 Schuschke/Walker/*Schuschke*, § 900 Rn 5.
16 BGH NJW-RR 2007, 416; BGH NJW-RR 2006, 996.
17 LG Düsseldorf JurBüro 1987, 1101.
18 Geplante Einfügung durch RefE des BMJV vom 9.12.2014: „Entwurf eines Gesetzes zur Durchführung der Verordnung (EU) Nr. 655/2014 sowie zur Änderung sonstiger zivilprozessualer Vorschriften (**EuKoPfVODG**)", Art. 1 Nr. 5. Geplantes Inkrafttreten der Einfügung: am Tag nach der Verkündung (Art. 10 Abs. 2).

streckung aus einem Vollstreckungsbescheid, der einer Vollstreckungsklausel nicht bedarf, einen vereinfachten Vollstreckungsauftrag vor. Zu den Einzelheiten siehe die dortige Kommentierung.

Dem Antrag sind **entsprechende Abschriften der Unterlagen** beizufügen, deren Übersendung an den Schuldner erforderlich ist.[19] Soweit keine gesetzliche Pflicht hierzu besteht, darf der Gerichtsvollzieher die Terminsladung nicht von der Vorlage entsprechender Abschriften durch den Gläubiger abhängig machen.[20] Ist der Schuldner der deutschen Sprache nicht mächtig, darf der Gerichtsvollzieher den Gläubiger auffordern, vor der Bestimmung eines Termins einen Vorschuss für den Dolmetscher einzuzahlen.[21]

9

Der Antrag auf Abnahme der Vermögensauskunft kann jederzeit bis zum Ende des Verfahrens **zurückgenommen** werden.[22] Zudem besteht für den Gläubiger die Möglichkeit, dem Gerichtsvollzieher hinsichtlich der Durchführung des Verfahrens **Weisungen zu erteilen**; er kann zB einer Zahlungsvereinbarung mit dem Schuldner vorab widersprechen.

10

3. Prüfung der Verfahrensvoraussetzungen. a) Umfang der Prüfungspflicht. Reicht der Gläubiger einen wirksamen Antrag ein, hat der Gerichtsvollzieher **von Amts wegen** das Vorliegen der Voraussetzungen der Zwangsvollstreckung zu prüfen. Diese müssen während des gesamten Verfahrens gegeben sein. Fehlt es an einer Verfahrensvoraussetzung, hat der Gerichtsvollzieher den Antrag unter Rückgabe der eingereichten Unterlagen zurückzuweisen. Im Falle behebbarer Mängel kann dem Gläubiger vorab Gelegenheit zur Nachbesserung gegeben werden.

11

b) Allgemeine Verfahrensvoraussetzungen. Der Gerichtsvollzieher hat seine **Zuständigkeit** (§ 802 e) sowie die **Fähigkeit** des Schuldners **zur Abgabe der Vermögensauskunft** zu prüfen. Insoweit sind an eine Unfähigkeit des Schuldners strenge Maßstäbe anzulegen.[23] Eine Verpflichtung kann ausnahmsweise entfallen, wenn der Schuldner aufgrund seines Gesundheitszustands keinen Überblick mehr über sein Vermögen hat.

12

Weiterhin muss der Gläubiger das **Rechtsschutzbedürfnis** für die beantragte Abnahme der Vermögensauskunft besitzen. Dieses liegt auch bei geringfügigen Forderungen vor, ebenso wenn der Gläubiger bereits in der Vergangenheit mehrfach Anträge zurückgenommen hat.[24] Das Bestehen von Sicherheiten oder das Angebot, neue Sicherheiten zu stellen, schließt das Rechtsschutzinteresse nicht aus.[25] Ausnahmsweise kann das Rechtsschutzinteresse fehlen, wenn die Erfüllung der Forderung durch den Schuldner unstreitig ist,[26] wenn der Gläubiger die Vermögensverhältnisse des Schuldners kennt, wenn feststeht, dass der Schuldner vermögenslos ist,[27] oder wenn der Gläubiger während des Verfahrens zuverlässige Kenntnis von Forderungen des Schuldners gegen einen Drittschuldner erlangt.[28] Das Rechtsschutzinteresse kann ebenfalls fehlen, wenn gegen den Schuldner in den letzten zwei Jahren bereits eine Haftanordnung erlassen oder vollstreckt

13

---

19 AG Lahr DGVZ 2000, 124; AG Mainz JurBüro 2000, 665.
20 LG Hamburg DGVZ 2005, 77; aA LG Deggendorf DGVZ 2006, 116.
21 LG Amberg DGVZ 2006, 181.
22 KG OLGZ 1991, 101.
23 OLG Frankfurt NJW 1968, 1194; OLG Jena Rpfleger 1997, 446; OLG Köln Rpfleger 1978, 32.
24 LG Detmold Rpfleger 1991, 212; LG Kaiserslautern JurBüro 2000, 46.
25 LG Stade DGVZ 1999, 8.
26 LG Hamburg Rpfleger 1985, 34.
27 BVerfG NJW 1983, 559; LG Itzehoe Rpfleger 2000, 89; LG Köln NJW-RR 1987, 1407.
28 LG Hamburg DGVZ 2006, 73.

worden ist. Die nach § 95 AO bei einer Finanzbehörde eidesstattlich versicherten Angaben zum Vermögen stehen einer Verpflichtung zur Abgabe einer Vermögensauskunft nach § 802 c nicht entgegen.[29] Ebenso wenig fehlt das Rechtsschutzinteresse für die Abgabe der Vermögensauskunft, wenn der Schuldner seine Vermögensverhältnisse bei einem Notar offenbart und dort die Vollständigkeit und Richtigkeit der Angaben eidesstattlich versichert hat.[30] Die Verhängung eines allgemeinen Veräußerungsverbots (§ 21 Abs. 1 Nr. 2 InsO) lässt das Rechtsschutzinteresse noch nicht entfallen.[31]

14 **c) Allgemeine Voraussetzungen der Zwangsvollstreckung.** Der Gerichtsvollzieher hat stets von Amts wegen das Vorliegen der allgemeinen Vollstreckungsvoraussetzungen, nämlich Titel, Klausel und Zustellung, zu prüfen. Der Titel muss auf eine Geldforderung lauten. Eine Sicherungsvollstreckung (§ 720 a) reicht aus,[32] nicht indes die Beitreibung der Kosten der Vollstreckung nach § 788 Abs. 1.[33]

15 **d) Besondere Voraussetzungen; Fehlen eines Vollstreckungshindernisses.** Weiterhin muss der Gerichtsvollzieher etwaige besondere Voraussetzungen für die Abnahme der Vermögensauskunft beachten. So hat er **von Amts wegen** zu prüfen, ob der Schuldner bereits in den **letzten zwei Jahren** die Vermögensauskunft abgegeben hat bzw ob die Voraussetzungen für eine erneute Vermögensauskunft vorliegen (s. dazu § 802 d). Entgegen der früheren Regelung in § 807 Abs. 1 aF setzt die Verpflichtung zur Abgabe der Vermögensauskunft nach § 802 c nicht mehr einen fruchtlosen Fahrnispfändungsversuch bzw dessen Surrogat voraus. Vielmehr besteht eine Auskunftspflicht des Schuldners bereits zu Beginn des Vollstreckungsverfahrens.[34] Demgegenüber muss der Gerichtsvollzieher bei einer sofortigen Vermögensauskunft nach § 807 zusätzlich prüfen, ob der Schuldner die Durchsuchung verweigert oder eine Pfändung nicht zu einer vollständigen Befriedigung des Gläubigers führen wird (s. dazu § 807 Rn 3 ff).

16 **Vollstreckungshindernisse** sind, sofern sie dem Gerichtsvollzieher bekannt sind, von diesem zu beachten. Ansonsten finden sie nur auf entsprechende Einwendung des Schuldners Berücksichtigung. Gleiches gilt für Verzicht, ausreichende Sicherung (§ 777), Einstellung nach § 775 Nr. 4 und 5 und Vollstreckungsschutz (§ 765 a). Die Eröffnung eines Insolvenzverfahrens (§ 89 InsO) muss berücksichtigt werden.[35] Dagegen hindert allein die Einleitung eines Insolvenzeröffnungsverfahrens noch nicht die Vollstreckung, so dass die Vermögensauskunft weiterhin abgegeben werden muss;[36] anders wenn die Zwangsvollstreckung nach § 21 Abs. 2 Nr. 3 InsO untersagt oder einstweilen eingestellt worden ist.[37]

III. Auskunftspflicht

17 **1. Allgemeines.** Zur Auskunft ist grds. **der im Titel bzw in der Klausel aufgeführte Schuldner** verpflichtet. Dies gilt auch bei einer freiwilligen Verwaltung des Vermögens durch einen Dritten (zB Vermögensverwalter). Der Erbe muss sein eigenes Vermögen einschließlich des Nachlasses angeben, solange er seine Haftung nicht wirksam beschränkt hat. Bei Gesamtschuldnern sind alle Schuldner und bei

---

29 BGH FamRZ 2004, 1555 (zu § 807 aF).
30 LG Detmold DGVZ 2007, 72; LG Flensburg DGVZ 2000, 89; LG Frankenthal Rpfleger 1985, 33.
31 Thomas/Putzo/*Seiler*, § 802 c Rn 3.
32 MüKo-ZPO/*Wagner*, § 802 c Rn 5.
33 Thomas/Putzo/*Seiler*, § 802 c Rn 4.
34 BT-Drucks. 16/10069, S. 25.
35 BGH ZInsO 2012, 1262.
36 AG Westerburg DGVZ 2006, 119.
37 LG Darmstadt NJW-RR 2003, 1493; LG Heilbronn Rpfleger 2008, 88; aA LG Würzburg NJW-RR 2000, 781.

einer Erbengemeinschaft alle Miterben auskunftspflichtig. Eine Partei kraft Amtes (Nachlassverwalter, Testamentsvollstrecker, Zwangsverwalter, Insolvenzverwalter) oder ein Nachlasspfleger[38] ist zur Auskunft über das der Verwaltung unterliegende Vermögen verpflichtet, soweit nicht besondere Regelungen (zB §§ 98 Abs. 1, 153 Abs. 2 InsO) diese Verpflichtung einschränken.

2. Natürliche Personen. Die Auskunftspflicht trifft den prozessfähigen Schuldner **persönlich** (vgl § 478); eine **Vertretung** durch einen Verfahrensbevollmächtigten oder Vermögensverwalter ist nicht möglich.[39] Ist der Schuldner der deutschen Sprache nicht mächtig, kann ein Dolmetscher hinzugezogen werden (§ 185 GVG; zum Vorschuss s. Rn 9). Bei einem **Minderjährigen** muss einer der gesetzlichen Vertreter[40] die Auskunft erteilen; eine Ausnahme besteht für die nach §§ 112, 113 BGB erlaubten Tätigkeiten, für die der Minderjährige auskunftspflichtig ist.[41] Bei einer unter Betreuung mit Einwilligungsvorbehalt (§ 1903 BGB) stehenden Person trifft die Pflicht den **Betreuer**.[42] Maßgebend ist jeweils der Termin zur Abnahme der Vermögensauskunft.[43] Ist zu diesem Zeitpunkt Volljährigkeit eingetreten oder die Betreuung aufgehoben worden, muss der Schuldner persönlich die Erklärung abgeben.[44] Sofern für die Vermögenssorge des Schuldners ein Vertreter bestellt, aber kein Einwilligungsvorbehalt gem. § 1903 BGB angeordnet ist, hat das Vollstreckungsgericht nach pflichtgemäßem Ermessen zu bestimmen, ob der Vertreter oder der Schuldner die Auskunft abzugeben hat.[45] 18

3. Juristische Personen; Personengesellschaften; Gemeinschaften. Bei **juristischen Personen** bzw **Personengesellschaften** ist die Vermögensauskunft durch den gesetzlichen Vertreter abzugeben, so durch den Geschäftsführer bei einer GmbH,[46] den geschäftsführenden Gesellschafter bei einer GbR (§ 709 Abs. 1 BGB), den vertretungsberechtigten Gesellschafter oder den Liquidator bei einer OHG, KG oder einer GmbH & Co. KG (§ 125 HGB iVm § 161 Abs. 1 HGB; §§ 146, 149 iVm § 161 Abs. 2 HGB), den vertretungsberechtigten Partner bei einer Partnerschaft (§ 7 Abs. 3 PartGG iVm § 125 HGB), den Vorstand bei einer AG oder einem Verein (§ 26 BGB). Bei einer Wohnungseigentümergemeinschaft ist der Verwalter berechtigt und verpflichtet, die Vermögensauskunft für die Wohnungseigentümergemeinschaft abzugeben.[47] 19

Bei **mehreren gesetzlichen Vertretern**, denen die Einzelvertretungsbefugnis zusteht, reicht die Abgabe durch einen aus;[48] der Gerichtsvollzieher kann den vom Gläubiger benannten bzw nach pflichtgemäßem Ermessen einen anderen Vertreter zum Termin laden. Müssen alle Vertreter gemeinsam handeln, ist auch die Vermögensauskunft von allen abzugeben. 20

---

38 LG Düsseldorf JurBüro 1984, 1425.
39 Hk-ZPO/*Rathmann*, § 802 c Rn 7; Musielak/*Voit*, § 802 c Rn 3.
40 MüKo-ZPO/*Eickmann*, § 807 Rn 30, 32; aA Schuschke/Walker/*Schuschke*, § 807 Rn 21 (alle gesetzlichen Vertreter).
41 KG NJW 1968, 2245.
42 LG Frankfurt Rpfleger 1988, 528.
43 BGH NJW-RR 2007, 185; Zöller/*Stöber*, § 802 c Rn 6.
44 OLG Hamm OLGZ 1986, 343.
45 BGH NJW-RR 2009, 1.
46 OLG Köln JurBüro 2000, 599; LG Dortmund DGVZ 1989, 121 (auch bei einer noch nicht eingetragenen GmbH).
47 BGH NJW-RR 2012, 460.
48 BGH NJW-RR 2009, 1; aA Zöller/*Stöber*, § 802 c Rn 10 (die für die Gesamtvertretung erforderlichen Vertreter).

21 Maßgebend sind die Vertretungsverhältnisse zum **Zeitpunkt des Termins** zur Abnahme der Vermögensauskunft.[49] Bei einem Wechsel der Vertretungsverhältnisse zwischen Antrag und Termin ist grds. der neue und nicht der abberufene Vertreter auskunftspflichtig.[50] Ausnahmsweise bleibt der frühere gesetzliche Vertreter verpflichtet, wenn Grund für die Annahme besteht, die Abberufung bzw. die Amtsniederlegung sei zu dem Zweck erfolgt, sich der Abgabe der Vermögensauskunft zu entziehen.[51] Dies gilt auch für den einzigen Vorstand eines eingetragenen Vereins, der sein Amt erst nach der Ladung zur Abnahme der Vermögensauskunft niedergelegt hat, ohne dass ein neuer Vorstand bestellt ist.[52] Der nach Erlass des Haftbefehls abberufene Geschäftsführer bleibt weiterhin zur Abgabe der Auskunft verpflichtet.[53]

22 Bei einer **Gesellschaft in Liquidation** trifft den Liquidator die Auskunftspflicht.[54] War ein neuer Liquidator nur als Strohmann vorgeschoben, sind sowohl der frühere Geschäftsführer als auch der Liquidator zur Auskunft verpflichtet.[55] Ist die Gesellschaft bereits liquidiert und im Handelsregister gelöscht, so ist der letzte Geschäftsführer oder der Liquidator auskunftspflichtig,[56] wenn substantiierte Tatsachen für vorhandenes Vermögen vorgetragen werden.[57] Bei einer Gesellschaft, die ohne Liquidation gelöscht worden ist, ist der frühere Geschäftsführer auskunftspflichtig.

IV. Inhalt des Vermögensverzeichnisses (Abs. 2)

23 **1. Allgemeines.** In dem Verzeichnis hat der Schuldner seinen **Geburtsnamen**, sein **Geburtsdatum** und seinen **Geburtsort** (vgl Abs. 1 S. 1 aE iVm § 3 Abs. 1 VermVV) anzugeben. Angaben zum Familienstand und zu den unterhaltsberechtigten Personen werden vom Gesetzgeber nicht vorgeschrieben;[58] diese können indes für die Beurteilung der Erfolgsaussichten einer Kontopfändung von Bedeutung sein. Handelt es sich bei dem Schuldner um eine juristische Person oder um eine Personenvereinigung, so hat er seine Firma, die Nummer des Registerblatts im Handelsregister und seinen Sitz anzugeben (Abs. 1 S. 2).

24 Zudem sind **alle** dem Schuldner gehörenden **Vermögensgegenstände** (Abs. 2 S. 1 iVm § 3 Abs. 1 VermVV) zu benennen. Dazu zählen die beweglichen Vermögenswerte, nämlich körperliche Sachen sowie Forderungen und andere Vermögens-

---

49 BGH NJW-RR 2007, 185; OLG Düsseldorf MDR 1961, 328; OLG Hamm OLGZ 1985, 227; OLG Köln Rpfleger 2000, 399; OLG Schleswig Rpfleger 1979, 73; LG Aschaffenburg DGVZ 1998, 75; LG Bochum DGVZ 2001, 22; aA Tag der Zustellung: OLG Frankfurt Rpfleger 1976, 27; OLG Stuttgart MDR 1984, 239; LG Düsseldorf JurBüro 1988, 1580.
50 BGH NJW-RR 2007, 185; OLG Köln Rpfleger 2000, 399; LG Aschaffenburg DGVZ 1998, 75; LG Bochum DGVZ 2002, 22.
51 BGH NJW-RR 2007, 185 (Amtsniederlegung unmittelbar vor dem Termin nach erfolglosem Widerspruch); OLG Köln Rpfleger 2000, 399; OLG Stuttgart OLGZ 1984, 177; LG Bochum Rpfleger 2001, 442 (für die fehlende Bestellung eines neuen Geschäftsführers); vgl auch AG Pankow-Weißensee DGVZ 2009, 135.
52 BGH NJW-RR 2007, 185.
53 AG Waren JurBüro 2009, 384.
54 KG NJW-RR 1991, 933; OLG Stuttgart Rpfleger 1995, 168; aA Fortbestehen der Verpflichtung: LG Braunschweig NJW-RR 1999, 1265; LG Zweibrücken Rpfleger 1996, 209.
55 OLG Köln OLGZ 1991, 214.
56 KG NJW-RR 1991, 933; OLG Frankfurt Rpfleger 1982, 290; OLG Koblenz JurBüro 1990, 540; OLG Köln OLGZ 1991, 214; aA ein neu zu bestellender Liquidator: OLG Stuttgart NJW-RR 1994, 1064; Musielak/*Voit*, § 802 c Rn 5; Stein/Jonas/*Münzberg*, § 807 Rn 53; bzw ein Prozesspfleger: *Behr*, Rpfleger 1988, 1.
57 KG NJW-RR 1991, 933; OLG Frankfurt JurBüro 1976, 1260.
58 Dazu krit. *Jäger/Schatz*, ZVI 2008, 143, 146.

werte, und das unbewegliche Vermögen. Die Angaben müssen sich auf das inländische und ausländische Vermögen erstrecken.

Die vom Gesetzgeber benutzte Formulierung „**ihm gehörend**" ist nicht im Sinne 25
von Eigentum des Schuldners im rechtlichen Sinne zu verstehen. Vielmehr umfasst die Auskunftspflicht – wie nach dem früheren Recht – alle dem Schuldner tatsächlich zustehenden Positionen mit gegenwärtig konkret greifbarem Vermögenswert; dazu gehört zB auch die Möglichkeit der Benutzung eines Firmenfahrzeugs für Privatfahrten.[59] Anzugeben sind auch Gegenstände, die gepfändet, versetzt oder sicherungsübereignet sind.[60] Der in einem Titel enthaltene Vorbehalt der Beschränkung der Haftung auf den Nachlass schränkt nicht die Verpflichtung des Erben ein, in dem Vermögensverzeichnis auch Angaben zu dem nicht ererbten Vermögen zu machen.[61] Hinsichtlich der **Schulden** des Schuldners bedarf es keiner Angaben.

Die Angaben müssen **eindeutig, vollständig und aussagekräftig** sein, so dass der 26
Gläubiger etwaige Vollstreckungsmöglichkeiten erkennen und diese sofort ergreifen kann.[62] Unzulässig sind Angaben wie „keine Kenntnis", „nicht bekannt" etc.; insoweit muss sich der Erklärungspflichtige die erforderliche Kenntnis verschaffen. Bei einem unvollständigen, ungenauen oder unrichtigen Vermögensverzeichnis kann der Gläubiger dessen **Vervollständigung** verlangen (s. dazu § 802 d Rn 16).

Die von dem Schuldner vorgelegten Unterlagen sind **als Anlagen** mit dem Vermö- 27
gensverzeichnis zu verbinden. Der Gerichtsvollzieher muss die Unterlagen entsprechend **einscannen**.

2. Bewegliches Vermögen. Es sind alle körperlichen Sachen (vgl § 808) mitzutei- 28
len und zwar unabhängig von ihrem Wert. Ausgenommen sind nach Abs. 2 S. 4 **offensichtlich unpfändbare Gegenstände** des persönlichen Gebrauchs (übliche Kleidung, Gebrauchsgegenstände im Haushalt) oder Vorräte und Haushaltsgeld (vgl § 811 Abs. 1 Nr. 1 und 2), sofern nicht eine Austauschpfändung (vgl §§ 811 a, 811 b) in Betracht kommt. Die Beurteilung, ob diese Voraussetzungen vorliegen, obliegt nicht dem Schuldner, so dass im Zweifel alle Gegenstände aufzuführen sind. Anzugeben ist auch Miteigentum. Eine Sache ist auch dann anzugeben, wenn sie unter **Eigentumsvorbehalt** erworben wurde[63] oder sich im Besitz eines Dritten befinden. Die zur Sicherheit an Dritte übergebenen Sachen sind unter Darlegung der Sicherungsabrede aufzuzeigen,[64] auch wenn das Sicherungsgut nach der getroffenen Vereinbarung rückübereignet werden muss.[65] Ebenfalls anzugeben sind Sachen, die der Schuldner besitzt, ohne Eigentümer zu sein.

Die Gegenstände sind **genau zu bezeichnen**; Angaben wie „diverse Einrichtungs- 29
gegenstände" oder „übliche Möbel" genügen nicht. Mitzuteilen ist zudem der **Aufenthaltsort** einer Sache,[66] zB der übliche Standort eines Pkw.[67]

3. Unbewegliches Vermögen. Anzugeben sind alle der Immobiliarvollstreckung 30
unterliegenden Gegenstände (vgl § 864). Hierzu gehören auch **Angaben zu den**

---

59 OLG Zweibrücken NStZ-RR 2008, 173.
60 BT-Drucks. 16/10069, S. 25.
61 LG Lübeck NJW-RR 2009, 1163. Der Erbe kann die Einrede der beschränkten Erbenhaftung nicht im Rechtsbehelfsverfahren nach §§ 766, 793 verfolgen, vielmehr muss er nach § 785 vorgehen.
62 BGH NJW 2004, 2452; OLG Bamberg JurBüro 1988, 1422; LG Göttingen JurBüro 2006, 661.
63 BGH NJW 1960, 2200; LG Passau JurBüro 1996, 329.
64 LG Krefeld Rpfleger 1979, 146.
65 BGH NJW 1952, 1023; BGH BB 1958, 928; Musielak/*Voit*, § 802 c Rn 9.
66 BGHZ 7, 287, 294 = NJW 1953, 261.
67 AG Bremen JurBüro 2008, 667.

Grundpfandrechten und deren **Valutierung**.[68] Grundbesitz muss auch dann mitgeteilt werden, wenn er wertausschöpfend belastet ist. Hinsichtlich der vom Schuldner nicht selbst genutzten Immobilien bedarf es Angaben zu der Art der Nutzung sowie den erzielten Einnahmen.[69]

31 **4. Forderungen und vermögenswerte Rechte. a) Grundsatz.** Forderungen und vermögenswerte Rechte (vgl §§ 857 ff) sind vollständig aufzuführen. Dazu gehört die Angabe des **Grundes und der Höhe des Anspruchs** sowie der **Beweismittel** (**Abs. 2 S. 2**); „ca.-Angaben" sind unzureichend.[70] Dies gilt auch für zweifelhafte, nicht durchsetzbare, bedingte, betagte oder erst künftig entstehende Forderungen,[71] sofern der Rechtsgrund und der Drittschuldner der Forderung im Zeitpunkt der Auskunftserteilung hinreichend bestimmt sind.[72] Der Schuldner muss auch Ansprüche auf Erstattung von überzahlten Abschlägen auf Verträge mit Energieversorgern angeben.[73] Bei künftigen Forderungen eines selbständig tätigen Schuldners gegen seine Kunden ist diese Voraussetzung regelmäßig nur im Falle einer laufenden Geschäftsbeziehung erfüllt, bei der die begründete Erwartung besteht, der Schuldner werde auch künftig Aufträge von diesem Kunden erhalten.[74]

32 Mitzuteilen sind **Name und Anschrift des Drittschuldners**.[75] Es bedarf indes keiner Angaben dazu, ob der Drittschuldner die Forderung anerkennt oder bestreitet.[76] Der Schuldner hat die **Beweismittel** (Urkunden, Datum und Aktenzeichen eines Titels[77] etc.) näher zu bezeichnen (Abs. 2 S. 2) und deren Verwahrungsort anzugeben. Zudem sind Vorpfändungen mitzuteilen sowie entsprechende Belege vorzulegen.[78]

33 **b) Einkünfte aus unselbständiger und selbstständiger Tätigkeit.** Zu den aufzuführenden Forderungen gehören zB Brutto- und Nettoeinkommen aus **Arbeitsverhältnissen** (einschließlich des Namens sowie der Anschrift des Arbeitgebers),[79] aus beendeten Arbeitsverhältnissen, sofern daraus noch Ansprüche bestehen,[80] aus Gelegenheits- und Aushilfsarbeiten (einschließlich der Anschrift der Auftraggeber, der Tätigkeiten sowie des erhaltenen Entgelts in den letzten zwölf Monaten,[81] wobei die Angabe „Gelegenheitsarbeiten für verschiedene Bekannte" nicht genügt),[82] aus Schwarzarbeit[83] sowie aus selbständiger Arbeit (einschließlich der Mitteilung der vollständigen Adresse der Auftraggeber der letzten zwölf Monate, der Art des Auftrags, der Höhe sowie der Fälligkeit der Vergütung).[84] Bei Hono-

---

68 AG Verden JurBüro 2005, 553.
69 LG Wiesbaden JurBüro 2011, 440.
70 LG Köln NJW-RR 1988, 695; LG Oldenburg JurBüro 1983, 1414; Schuschke/Walker/*Walker*, § 807 Rn 27.
71 BT-Drucks. 16/10069, S. 25; MüKo-ZPO/*Wagner*, § 802 c Rn 11; Thomas/Putzo/*Seiler*, § 802 c Rn 3.
72 BGH JurBüro 2011, 437.
73 BGH WM 2012, 805.
74 BGH JurBüro 2011, 437.
75 LG Augsburg JurBüro 1995, 442; LG Göttingen JurBüro 2006, 661; LG Köln NJW-RR 1988, 695.
76 OLG Hamm JMBl NW 1969, 128.
77 LG Leipzig DGVZ 2006, 28.
78 LG Bremen JurBüro 2005, 605.
79 BT-Drucks. 16/10069, S. 25.
80 BGH NJW 1968, 1388.
81 LG Düsseldorf JurBüro 1986, 940; LG Frankfurt Rpfleger 1985, 73; LG Verden DGVZ 2006, 138.
82 LG Frankenthal Rpfleger 1985, 73; LG Frankfurt/Main NJW-RR 1988, 383.
83 OLG Köln OLGR 1995, 246; LG Wuppertal DGVZ 1999, 120.
84 BGH WM 2011, 1376; OLG Köln JurBüro 1994, 408; AG Bad Liebenwerda JurBüro 2006, 157; AG Bremen JurBüro 2007, 498.

raransprüchen eines Arztes,[85] Rechtsanwalts,[86] Steuerberaters[87] oder Maklers[88] sind die Namen der Drittschuldner sowie die Höhe der Forderungen anzugeben; der Schuldner kann sich nicht auf seine Schweigepflicht berufen.[89]

c) Renten und Pensionszahlungen. Weiterhin müssen in dem Vermögensverzeichnis Angaben zu laufenden **Renten- oder Pensionszahlungen,** zu künftigen Renten- oder Pensionsansprüchen unter Angabe des Rentenversicherungsträgers[90] sowie der Rentenversicherungsnummer,[91] zu sozialen Leistungen, soweit diese pfändbar sind, und zu Ansprüchen auf Einkommensteuererstattung oder Lohnsteuerjahresausgleich einschließlich der Angaben über Zeiträume der Arbeitslosigkeit gemacht werden.[92]

34

d) Unterhaltsleistungen. Aufzuführen sind ferner bestehende **Unterhaltsansprüche.**[93] Bei Zuwendungen Dritter sind nähere Angaben über das Bestreiten des Lebensunterhalts zu machen;[94] bei Unterstützungen durch Familienangehörige oder einen Lebensgefährten bedarf es näherer Auskünfte über Art und Umfang der Leistungen;[95] bei einer Hausfrau-/Hausmanntätigkeit im Rahmen einer nichtehelichen Lebensgemeinschaft ist darzulegen, in welcher Art und in welchem Umfang Leistungen erbracht werden, damit der Gläubiger eventuelle Lohnansprüche pfänden bzw nach § 850 h vorgehen kann.[96] Zudem sind Einkünfte von Unterhaltsberechtigten aufzuführen, wenn in Betracht kommt, dass diese Personen bei der Berechnung des unpfändbaren Teils des Arbeitseinkommens ganz oder teilweise unberücksichtigt bleiben.[97] Ebenfalls muss der Schuldner Art und Umfang der Einkünfte des Ehegatten aufzeigen,[98] damit Unterhaltsansprüche geprüft werden können. Gleiches gilt, wenn eine Pfändung des Taschengeldanspruchs in Frage kommt.[99]

35

e) Konto- und Sparguthaben. Zudem gehören in das Vermögensverzeichnis Name und Anschrift der kontoführenden Bank,[100] die Angabe des **Konto- und Sparguthabens** einschließlich der Kontonummer,[101] wobei der Schuldner auch Konten Dritter mitteilen muss, über die er seinen Zahlungsverkehr abwickelt.[102] Auch debitorische Bankkonten sind anzugeben, da die Kontopfändung auch künftige

36

---

85 BGH NJW 2005, 1505; LG Mainz DGVZ 2001, 78; LG Würzburg NJW-RR 1998, 1373; aA LG Memmingen NJW 1996, 793.
86 BGH DGVZ 2010, 129; OLG Frankfurt JurBüro 1977, 728.
87 BGHZ 141, 173 = NJW 1999, 1544; OLG Köln OLGZ 1994, 372; OLG Stuttgart NJW 1994, 2838.
88 BGH NJW 1991, 2844.
89 BGH NJW 2005, 1506 (Arzt); BGH DGVZ 2010, 129 (Rechtsanwalt); OLG Köln OLGR 1993, 278 (Steuerberater); LG Frankfurt/Main AnwBl 1985, 258 (Rechtsanwalt).
90 AG Albstadt JurBüro 2007, 500.
91 LG Aschaffenburg InVo 1999, 121; LG Bonn Rpfleger 1993, 30; LG Köln JurBüro 1996, 51.
92 LG Krefeld MDR 1985, 63.
93 LG Aachen JurBüro 1990, 659.
94 LG Stuttgart DGVZ 1993, 114.
95 LG Chemnitz DGVZ 2005, 166; LG Koblenz DGVZ 2006, 59; LG Leipzig JurBüro 2009, 665; LG Oldenburg JurBüro 2006, 604.
96 LG Frankenthal JurBüro 2007, 499; AG Leer JurBüro 2006, 549.
97 BGH NJW 2004, 2979.
98 LG Nürnberg-Fürth DGVZ 2005, 165; LG Stuttgart DGVZ 2007, 94; aA LG Konstanz DGVZ 2007, 42 (für Beamtenbesoldung, da diese ermittelt werden kann).
99 BGH NJW 2004, 2452.
100 BT-Drucks. 16/10069, S. 25.
101 AG Augsburg DGVZ 2008, 127.
102 LG Kassel JurBüro 2007, 48; LG Wiesbaden DGVZ 2006, 201; aA AG Günzburg DGVZ 2006, 122.

Aktivsalden erfasst.[103] Da die Auskünfte dazu dienen, dem Gläubiger die Möglichkeit einer sicheren Einschätzung der Erfolgsaussichten einer Pfändung zu geben, muss der Schuldner auch Angaben dazu machen, ob es sich bei einem Konto um ein Pfändungsschutzkonto (§ 850 k) handelt.

37 **f) Sonstige Forderungen.** Aufzuführen sind ebenfalls **vermögenswirksame Leistungen**, Kautionsguthaben,[104] Ansprüche aus **Versicherungsleistungen** einschließlich etwaiger Beitragsrückvergütungen.[105] Bei einer Lebensversicherung sind sowohl der Bezugsberechtigte als auch der Ort des Versicherungsscheins mitzuteilen. Ebenfalls bedarf es auch dann wegen einer möglichen Pfändung von Guthaben aus künftigen Nebenkostenabrechnungen Angaben zu dem Vermieter, wenn die Kosten für Unterkunft und Heizung vom Jobcenter darlehensweise gewährt werden.[106]

38 Weiterhin müssen sonstige Rechte (vgl §§ 857, 859), wie zB Geschäfts-, Gesellschafts- oder Genossenschaftsanteile, Nießbrauch, Urheberrechte, Lizenzen, Patente, Mitgliedschaften in einer Erbengemeinschaft, Schadensersatzansprüche, Grund- oder Rentenschulden einschließlich etwaiger Rückgewähransprüche, Eigentümergrundschulden, Hypotheken sowie Ansprüche aus Treuhandabreden aufgeführt werden.

39 Keine Angaben sind zu **bloßen Erwerbsaussichten** oder Erwerbshoffnungen (zB mögliche künftige Erbfälle) erforderlich.

40 **5. Veräußerungen und unentgeltlichen Leistungen (Abs. 2 S. 3).** In zwei Fällen sind in dem Vermögensverzeichnis auch Gegenstände aufzuführen, die in anfechtbarer Weise weggegeben worden sind:

41 **a) Entgeltliche Veräußerungen an nahestehende Personen (Abs. 2 S. 3 Nr. 1).** Der Schuldner hat entgeltliche Veräußerungen an eine nahestehende Person anzugeben, weil diese uU der Anfechtung nach § 3 Abs. 2 AnfG durch den Gläubiger bzw nach § 133 Abs. 2 InsO durch einen Insolvenzverwalter unterliegen. Zu den Veräußerungen zählen die Übertragung von Immobilien und Mobilien sowie von Forderungen und Rechten. Verpflichtungsgeschäfte fallen nicht darunter, da die Gegenstände noch zum Vermögen des Schuldners gehören und damit unter Abs. 1 fallen.[107] Anzugeben sind sowohl der Erwerber als auch die Umstände der Übertragung.[108] Maßgeblich ist der Zeitraum der **letzten zwei Jahre** vor dem Termin zur Abnahme der Vermögensauskunft und bis zur Abgabe der Vermögensauskunft (zur Fristberechnung s. § 222 ZPO iVm §§ 187 ff BGB).

42 Eine **Definition** der nahestehenden Personen im Sinne der Vorschrift enthält § 138 InsO:[109]

§ 138 InsO Nahestehende Personen

(1) Ist der Schuldner eine natürliche Person, so sind nahestehende Personen:
1. der Ehegatte des Schuldners, auch wenn die Ehe erst nach der Rechtshandlung geschlossen oder im letzten Jahr vor der Handlung aufgelöst worden ist;

---

103 BT-Drucks. 16/10069, S. 25; Musielak/*Voit*, § 802 c Rn 13; aA LG Heilbronn Rpfleger 1990, 430.
104 LG Aurich JurBüro 1997, 213; LG München II JurBüro 1998, 434.
105 BGH WM 2012, 805; LG Kleve JurBüro 2010, 383; LG Mönchengladbach JurBüro 2008, 552; jew. betr. die Erstattung überzahlter Abschläge auf Energieversorgungsverträge.
106 LG Leipzig JurBüro 2014, 608.
107 Musielak/*Voit*, § 802 c Rn 21.
108 LG Memmingen JurBüro 1994, 407.
109 Zu den Einzelheiten s. HK/*Kreft*, § 138 InsO Rn 5 ff.

1a. der Lebenspartner des Schuldners, auch wenn die Lebenspartnerschaft erst nach der Rechtshandlung eingegangen oder im letzten Jahr vor der Handlung aufgelöst worden ist;
2. Verwandte des Schuldners oder des in Nummer 1 bezeichneten Ehegatten oder des in Nummer 1 a bezeichneten Lebenspartners in auf- und absteigender Linie und voll- und halbbürtige Geschwister des Schuldners oder des in Nummer 1 bezeichneten Ehegatten oder des in Nummer 1 a bezeichneten Lebenspartners sowie die Ehegatten oder Lebenspartner dieser Personen;
3. Personen, die in häuslicher Gemeinschaft mit dem Schuldner leben oder im letzten Jahr vor der Handlung in häuslicher Gemeinschaft mit dem Schuldner gelebt haben sowie Personen, die sich auf Grund einer dienstvertraglichen Verbindung zum Schuldner über dessen wirtschaftliche Verhältnisse unterrichten können;
4. eine juristische Person oder eine Gesellschaft ohne Rechtspersönlichkeit, wenn der Schuldner oder eine der in den Nummern 1 bis 3 genannten Personen Mitglied des Vertretungs- oder Aufsichtsorgans, persönlich haftender Gesellschafter oder zu mehr als einem Viertel an deren Kapital beteiligt ist oder auf Grund einer vergleichbaren gesellschaftsrechtlichen oder dienstvertraglichen Verbindung die Möglichkeit hat, sich über die wirtschaftlichen Verhältnisse des Schuldners zu unterrichten.

(2) Ist der Schuldner eine juristische Person oder eine Gesellschaft ohne Rechtspersönlichkeit, so sind nahestehende Personen:
1. die Mitglieder des Vertretungs- oder Aufsichtsorgans und persönlich haftende Gesellschafter des Schuldners sowie Personen, die zu mehr als einem Viertel am Kapital des Schuldners beteiligt sind;
2. eine Person oder eine Gesellschaft, die auf Grund einer vergleichbaren gesellschaftsrechtlichen oder dienstvertraglichen Verbindung zum Schuldner die Möglichkeit haben, sich über dessen wirtschaftliche Verhältnisse zu unterrichten;
3. eine Person, die zu einer der in Nummer 1 oder 2 bezeichneten Personen in einer in Absatz 1 bezeichneten persönlichen Verbindung steht; dies gilt nicht, soweit die in Nummer 1 oder 2 bezeichneten Personen kraft Gesetzes in den Angelegenheiten des Schuldners zur Verschwiegenheit verpflichtet sind.

b) Unentgeltliche Leistungen (Abs. 2 S. 3 Nr. 2). Außerdem sind die in den **letzten vier Jahren** vor dem Termin nach § 802 f Abs. 1 und bis zur Abgabe der Vermögensauskunft an Dritte gewährten unentgeltlichen Leistungen aufzuführen, weil diese uU nach § 4 AnfG durch den Gläubiger bzw nach § 134 InsO durch einen Insolvenzverwalter angefochten werden können. Diese sind konkret unter Angabe etwaiger Gegenleistungen darzulegen. Bei einer Leistung muss es sich nicht um eine Schenkung im engeren Sinne handeln. Vielmehr ist eine Leistung **unentgeltlich**, wenn der Empfänger für sie vereinbarungsgemäß keine ausgleichende Leistung – sei es an den Schuldner oder an einen Dritten – zu erbringen hat.[110] Hierzu gehören auch sog. **unbenannte (ehebedingte) Zuwendungen** an einen Ehepartner.[111] Zurückhaltung ist bei der Bewertung des Begriffs „**Gelegenheitsgeschenke**" geboten; im Zweifel ist das Geschenk anzugeben. 43

V. Eidesstattliche Versicherung (Abs. 3)

Der Schuldner hat nach Belehrung **persönlich** zu Protokoll an Eides statt zu versichern, dass die von ihm gemachten Angaben nach Abs. 1 und 2 nach bestem Wissen und Gewissen richtig und vollständig sind (Abs. 3 S. 1). Der Schuldner ist vorher entsprechend zu belehren (Abs. 3 S. 2 iVm § 480). Die **Strafbarkeit einer** 44

---

110 BGH ZIP 2008, 1292; BGH ZIP 2004, 960.
111 BGH NJW 1992, 565.

falschen eidesstattlichen Versicherung folgt aus § 156 StGB.[112] Der Vollstreckungsschuldner kann die Abgabe der eidesstattlichen Versicherung nicht mit der Begründung verweigern, eine wahrheitsgemäße Beantwortung würde ihn der Gefahr der Strafverfolgung aussetzen.[113]

45 Zu den näheren **Einzelheiten der Abgabe der eidesstattlichen Versicherung** verweist Abs. 3 S. 2 auf die Vorschriften der §§ 478–480, 483. Gemäß Abs. 3 S. 2 iVm § 480 hat der Gerichtsvollzieher den Schuldner in angemessener Weise über die Bedeutung des Eides zu belehren. Dabei muss der Gerichtsvollzieher dem Schuldner den Umfang und die Vollständigkeit der Auskunftspflicht bewusst machen; eine formelhafte Belehrung genügt nicht.

§ 478 Eidesleistung in Person

Der Eid muss von dem Schwurpflichtigen in Person geleistet werden.

§ 479 Eidesleistung vor beauftragtem oder ersuchtem Richter

(1) Das Prozessgericht kann anordnen, dass der Eid vor einem seiner Mitglieder oder vor einem anderen Gericht geleistet werde, wenn der Schwurpflichtige am Erscheinen vor dem Prozessgericht verhindert ist oder sich in großer Entfernung von dessen Sitz aufhält und die Leistung des Eides nach § 128 a Abs. 2 nicht stattfindet.

(2) Der Bundespräsident leistet den Eid in seiner Wohnung vor einem Mitglied des Prozessgerichts oder vor einem anderen Gericht.

§ 480 Eidesbelehrung

Vor der Leistung des Eides hat der Richter den Schwurpflichtigen in angemessener Weise über die Bedeutung des Eides sowie darüber zu belehren, dass er den Eid mit religiöser oder ohne religiöse Beteuerung leisten kann.

§ 483 Eidesleistung sprach- oder hörbehinderter Personen

(1) ¹Eine hör- oder sprachbehinderte Person leistet den Eid nach ihrer Wahl mittels Nachsprechens der Eidesformel, mittels Abschreibens und Unterschreibens der Eidesformel oder mit Hilfe einer die Verständigung ermöglichenden Person, die vom Gericht hinzuzuziehen ist. ²Das Gericht hat die geeigneten technischen Hilfsmittel bereitzustellen. ³Die hör- oder sprachbehinderte Person ist auf ihr Wahlrecht hinzuweisen.

(2) Das Gericht kann eine schriftliche Eidesleistung verlangen oder die Hinzuziehung einer die Verständigung ermöglichenden Person anordnen, wenn die hör- oder sprachbehinderte Person von ihrem Wahlrecht nach Absatz 1 keinen Gebrauch gemacht hat oder eine Eidesleistung in der nach Absatz 1 gewählten Form nicht oder nur mit unverhältnismäßigem Aufwand möglich ist.

VI. Rechtsbehelfe

46 Der **Schuldner** kann die Verpflichtung zur Abgabe der Vermögensauskunft mit der Erinnerung (§ 766 Abs. 1) anfechten. Dritte, die die eidesstattliche Versicherung für den Schuldner abgeben sollen, sich aber dazu nicht berechtigt oder verpflichtet halten, steht dieser Rechtsbehelf ebenfalls zu.[114] Die früher bestehende Möglichkeit der Erhebung eines Widerspruchs (§ 900 Abs. 4 aF) sieht das Gesetz nicht mehr vor.[115] Das Vollstreckungsgericht kann zur Sicherung der Rechte des Schuldners eine einstweilige Anordnung nach § 766 Abs. 1 S. 1 iVm § 732 erlas-

---

112 BayObLG NJW 2003, 2181.
113 BVerfG WM 2008, 989; LG Hannover JurBüro 2008, 495.
114 Vgl BGH NJW-RR 2012, 460 (zu § 900 Abs. 4 aF).
115 *Sternal*, in: Wolf u.a., Zwangsvollstreckungsrecht aktuell, § 6 Rn 31.

sen. Für den **Gläubiger** besteht die Möglichkeit, gegen die Ablehnung einer Terminsbestimmung Erinnerung (§ 766 Abs. 1 1. Alt.) einzulegen.

VII. Weitere praktische Hinweise

Formulierungsvorschlag eines Antrags auf Abnahme der Vermögensauskunft nach § 802 c:[116] 47

▶ In der Zwangsvollstreckungssache ... (Bezeichnung des Gläubigers und des Schuldners) wird die Bestimmung eines zeitnahen Termins zur Abnahme der Vermögensauskunft sowie die Übersendung einer Abschrift des Vermögensverzeichnisses einschließlich des Terminsprotokolls beantragt.

Von dem anzuberaumenden Termin bitte ich, mich rechtzeitig zu verständigen, da der Gläubiger sein Anwesenheitsrecht wahrnehmen möchte.

Für den Fall, dass der Schuldner zum Termin nicht erscheint oder die Abgabe der eidesstattlichen Versicherung ohne Grund verweigert, wird bereits jetzt die Einholung von Fremdauskünften gem. § 802 l ZPO sowie der Erlass eines Haftbefehls gem. § 802 g ZPO und Übersendung einer Ausfertigung beantragt.

Sollte der Schuldner bereits in den letzten zwei Jahren die eidesstattliche Versicherung abgegeben haben, wird um die Übersendung einer Abschrift des Vermögensverzeichnisses einschließlich des Terminsprotokolls gebeten. ◀

Der Gläubiger kann bei unvollständigen, ungenauen oder widersprüchlichen Angaben im Vermögensverzeichnis die **Vervollständigung** einer bereits abgegebenen Vermögensauskunft verlangen (zu den Einzelheiten s. § 802 d Rn 16 ff). Tritt eine **wesentliche Veränderung der Vermögensverhältnisse** des Schuldners innerhalb von zwei Jahren nach Abnahme der Vermögensauskunft ein, zB durch Erwerb neuen Vermögens oder durch Begründung eines neuen Arbeitsverhältnisses, so besteht nach § 802 d die Möglichkeit einer **erneuten Vermögensauskunft** (zu den Einzelheiten s. § 802 d Rn 3 ff). 48

VIII. Kosten

1. Gerichtsvollzieherkosten. Nach Nr. 260 KV GvKostG entsteht eine Gebühr iHv 33,00 € für die **Abnahme der Vermögensauskunft** nach §§ 802 c, 802 d Abs. 1 oder nach § 807. Für die Übermittlung eines mit eidesstattlicher Versicherung abgegebenen Vermögensverzeichnisses an einen Drittgläubiger gem. § 802 d Abs. 1 S. 2, Abs. 2 entsteht ebenfalls eine Gebühr iHv 33,00 €, allerdings nach Nr. 261 KV GvKostG. 49

Der Gebührentatbestand „Abnahme der eidesstattlichen Versicherung" war nach Inkrafttreten des Gesetzes zur Reform der Sachaufklärung zum 1.1.2013 zunächst nicht mehr im Kostenverzeichnis des GvKostG enthalten. Dies hatte zur Folge, dass bei Abnahme von eidesstattlichen Versicherungen nach §§ 836 Abs. 3 S. 2, 883 Abs. 2 ZPO und § 94 FamFG keine Gebühren erhoben werden konnten, da ein entsprechender Gebührentatbestand fehlte. Denn die Existenz eines Gebührentatbestands ist Voraussetzung für einen Gebührenansatz. Durch das 2. KostRMoG[117] ist mWz 1.8.2013 der Gebührentatbestand der Nr. 262 KV GvKostG eingefügt worden. Danach entsteht für die Abnahme der eidesstattlichen Versicherung nach § 836 Abs. 3 oder § 883 Abs. 2 eine Gebühr iHv 38,00 €. 50

---

116 Vgl auch Hasselblatt/Sternal/*Knabben*, Form. A.V.3.
117 Vom 23.7.2013 (BGBl. I S. 2586).

51 Für die dem **Gläubiger** zu übersendende Abschrift der abgenommenen Vermögensauskunft (§ 802 f Abs. 6) und eine Abschrift des Terminprotokolls (§ 140 GVGA) wird keine Dokumentenpauschale erhoben, weil von ihm (gem. § 13 GvKostG) die Gebühr Nr. 260 KV GvKostG zu erheben ist (Nr. 700 Anm. Abs. 4 KV GvKostG).[118] Nach § 802 f Abs. 5 S. 3 ist dem **Schuldner**, auch im Falle seiner Verhaftung (§ 802 i Abs. 2 S. 2), nach Abnahme der Vermögensauskunft **auf Verlangen** ein Ausdruck des Vermögensverzeichnisses zu erteilen. Handelt es sich um die erste Kopie oder den ersten Ausdruck, entsteht keine Dokumentenpauschale. Denn von dem Schuldner ist gem. § 13 Abs. 1 Nr. 2, 3 GvKostG (Vollstreckungsschuldner) für die Abnahme der Vermögensauskunft die Gebühr Nr. 260 KV GvKostG zu erheben. Es kommt dabei nicht darauf an, wer tatsächlich für die Gebühr in Anspruch genommen wird, sondern wer grds. nach § 13 GvKostG als Kostenschuldner in Frage kommt.[119]

52 Zum Kombi-Auftrag gem. § 807 s. die Erl. zu § 807 Rn 14 ff.

53 **2. Rechtsanwaltsvergütung.** Nach § 18 Abs. 1 Nr. 16 RVG ist das Verfahren zur Abnahme der Vermögensauskunft (§§ 802 f, 802 g) eine besondere Angelegenheit, die die Gebühr für die Tätigkeit in der Zwangsvollstreckung (Nr. 3309 VV RVG) nebst Auslagen und ggf Umsatzsteuer gesondert entstehen lässt. Die Gebühr Nr. 3309 VV RVG entsteht mit der Stellung des Antrags auf Abnahme der Vermögensauskunft an den Gerichtsvollzieher.[120] Der Wert des Verfahrens zur Abgabe der Vermögensauskunft richtet sich nach § 25 Abs. 1 Nr. 4 RVG (Höchstwert 2.000 €).

54 Eine Terminsgebühr nach Nr. 3310 VV RVG entsteht nach der Anm. zu Nr. 3310 VV RVG für die Teilnahme an einem Termin zur Abgabe der Vermögensauskunft oder zur Abnahme der eidesstattlichen Versicherung.

55 Zum Kombi-Auftrag gem. § 807 s. die Erl. zu § 807 Rn 22 ff.

§ 802 d Erneute Vermögensauskunft

(1) [1]Ein Schuldner, der die Vermögensauskunft nach § 802 c dieses Gesetzes oder nach § 284 der Abgabenordnung innerhalb der letzten zwei Jahre abgegeben hat, ist zur erneuten Abgabe nur verpflichtet, wenn ein Gläubiger Tatsachen glaubhaft macht, die auf eine wesentliche Veränderung der Vermögensverhältnisse des Schuldners schließen lassen. [2]Andernfalls leitet der Gerichtsvollzieher dem Gläubiger einen Ausdruck des letzten abgegebenen Vermögensverzeichnisses zu; *ein Verzicht des Gläubigers auf die Zuleitung ist unbeachtlich.*[1] [3]Der Gläubiger darf die erlangten Daten nur zu Vollstreckungszwecken nutzen und hat die Daten nach Zweckerreichung zu löschen; hierauf ist er vom Gerichtsvollzieher hinzuweisen. [4]Von der Zuleitung eines Ausdrucks nach Satz 2 setzt der Gerichtsvollzieher den Schuldner in Kenntnis und belehrt ihn über die Möglichkeit der Eintragung in das Schuldnerverzeichnis (§ 882 c).

(2) Anstelle der Zuleitung eines Ausdrucks kann dem Gläubiger auf Antrag das Vermögensverzeichnis als elektronisches Dokument übermittelt werden, wenn

---

118 NK-GK/*Kessel*, Nr. 700 KV GvKostG Rn 5.
119 So auch NK-GK/*Kessel*, Nr. 700 KV GvKostG Rn 6.
120 AnwK-RVG/*Wolf/Volpert/Mock/Thiel/N. Schneider*, § 18 Rn 126.
1 *Kursive Hervorhebung*: Geplante Ergänzung von Satz 2 um den neuen 2. Halbsatz durch RefE des BMJV vom 9.12.2014 – „Entwurf eines Gesetzes zur Durchführung der Verordnung (EU) Nr. 655/2014 sowie zur Änderung sonstiger zivilprozessualer Vorschriften (**EuKoPfVODG**)", Art. 1 Nr. 7. Geplantes Inkrafttreten: am Tag nach der Verkündung (Art. 10 Abs. 2). – Siehe dazu Rn 13 b.

dieses mit einer qualifizierten elektronischen Signatur versehen und gegen unbefugte Kenntnisnahme geschützt ist.

§§ 135 ff, 142 GVGA; § 284 AO

§§ 5, 6 VermVV [abgedr. bei § 802 k Rn 23]

Literatur:
Backhaus, Die Sperrfrist nach § 802 d ZPO bei Abgabe der eidesstattlichen Versicherung nach altem Recht, MDR 2013, 631; *Schmidt*, Gilt für Aufträge auf Einholung einer Vermögensauskunft, die nach dem 1.1.2013 erteilt werden, die zwei- oder dreijährige Sperrfrist?, JurBüro 2013, 347. Siehe auch die Literaturhinweise zu Vor §§ 802 a–802 l.

I. Normzweck 1	VI. Übermittlung des Vermögensverzeichnisses als elektronisches Dokument (Abs. 2) 15
II. Anwendungsbereich 2	
III. Erneute Abgabe der Vermögensauskunft 3	VII. Vervollständigung einer abgegebenen Vermögensauskunft 16
IV. Abgabe vor Ablauf der Sperrfrist 4	1. Grundsatz 16
1. Grundsatz 4	2. Verfahren 17
2. Veränderung der Vermögensverhältnisse 6	3. Einzelfälle 20
3. Verfahren 9	4. Rechtsbehelfe 22
a) Glaubhaftmachung 9	VIII. Weitere praktische Hinweise 23
b) Neue Vermögensauskunft 11	IX. Kosten 26
c) Rechtsbehelfe 12	1. Erneute Vermögensauskunft 26
V. Antrag eines anderen Gläubigers auf Abnahme der Vermögensauskunft 13	a) Rechtsanwaltsgebühren 26
	b) Gerichtsvollzieherkosten 27
1. Grundsatz 13	2. Nachbesserung der Vermögensauskunft 28
2. Einschränkung des Übersendungsantrags 13a	a) Rechtsanwaltsgebühren 28
	b) Gerichtsvollzieherkosten 29
3. Weiteres Vorgehen 13c	3. Zuleitung des letzten abgegebenen Vermögensverzeichnisses 32

I. Normzweck

Abs. 1 greift die frühere Regelung des § 903 aF auf und ordnet zum einen für die Gläubiger eine Sperrwirkung für die Beantragung einer erneuten Abnahme der Vermögensauskunft nach § 802 c bzw § 284 AO an.[2] Die Vorschrift schützt den Schuldner vor einer ständigen Abgabe einer Vermögensauskunft. Zum anderen werden die Voraussetzungen bestimmt, unter denen ausnahmsweise eine erneute Abnahme innerhalb der **Sperrfrist** beantragt werden kann. Die Frist ist auf Empfehlung des Rechtsausschutzes[3] gegenüber dem Gesetzentwurf des Bundesrates und der früheren Regelung in § 903 aF **auf zwei Jahre verkürzt** worden, da dem Gesetzgeber angesichts moderner, schnell wechselnder Lebensverhältnisse die bisherige Schonfrist von drei Jahren zu lang erschien. Zugleich befürchtete er bei einer Verkürzung der Frist auf ein Jahr, die teilweise gefordert wurde, eine Überlastung der Gerichtsvollzieher und der die Vermögensverzeichnisse führenden zentralen Vollstreckungsgerichte.[4] Die geplante Neufassung des **Abs. 1 S. 2**[5] soll der Klärung der in der Praxis streitigen Frage dienen, ob der Gläubiger auf die Zuleitung des letzten abgegebenen Vermögensverzeichnisses verzichten kann (s. 1

---

2 BT-Drucks. 16/10069, S. 26.
3 BT-Drucks. 16/13432, S. 44.
4 BT-Drucks. 16/13432, S. 44; Schuschke/Walker/*Walker*, § 802 d Rn 1.
5 Siehe Fn 1.

dazu Rn 13 b). **Abs. 2** gibt in Anlehnung an § 299 Abs. 3 S. 1 dem Gerichtsvollzieher die Möglichkeit, Akteneinsicht in elektronischer Form durch Übermittlung des Vermögensverzeichnisses als elektronisches Dokument zu gewähren.

Zum Übergangsrecht s. Vor §§ 802 a–802 l Rn 9 ff.

II. Anwendungsbereich

2 Abs. 1 setzt die Abgabe einer Vermögensauskunft nach § 802 c bzw nach § 284 AO voraus. **Keine Anwendung** findet die Vorschrift auf die nach § 802 l bestehende Möglichkeit der Einholung von Fremdauskünften durch den Gerichtsvollzieher. Ansonsten würden den Gläubigern im Falle einer unvollständigen oder unergiebigen Selbstauskunft weitere Informationsquellen abgeschnitten.[6] Zudem entfiele für den Schuldner ein wesentlicher Anreiz, wahrheitsgemäße Auskünfte zu erteilen.[7] Unanwendbar ist § 802 d auch auf andere gesetzlich vorgesehene eidesstattliche Versicherungen, zB nach **§ 836 Abs. 3 S. 2**, **§ 883 Abs. 2 S. 1**, nach **§ 95 AO**[8] oder nach **§ 153 Abs. 2 InsO**.

Zur Möglichkeit der Vervollständigung einer abgenommenen Vermögensauskunft s. Rn 16 ff.

§ 802 j enthält eine Sondervorschrift für den Fall, dass gegen den Schuldner eine sechsmonatige Haft zur Erzwingung der Abgabe der Vermögensauskunft vollstreckt worden ist.

III. Erneute Abgabe der Vermögensauskunft

3 Der Gerichtsvollzieher hat die **Sperrfrist** von zwei Jahren **von Amts wegen** zu beachten;[9] diese Frist gilt für alle Neuanträge ab dem 1.1.2013 (s. dazu Vor §§ 802 a–802 l Rn 10). Die Frist beginnt mit der Abgabe der nach § 820 c Abs. 3 vorgesehenen eidesstattlichen Bekräftigung der Angaben im Vermögensverzeichnis durch den Schuldner[10] und endet mit Ablauf von zwei Jahren, unabhängig davon, ob der Schuldner im Schuldnerverzeichnis (§ 882 b) eingetragen war oder noch eingetragen ist. Für die Berechnung der Frist ist der Tag des Eingangs des neuen Antrags beim Vollstreckungsgericht maßgebend;[11] die Frist berechnet sich gem. § 222 nach den §§ 187 ff BGB.[12] Eine Vervollständigung oder Ergänzung einer bereits abgegebenen Vermögensauskunft (s. Rn 16 ff) hat keinen Einfluss auf den Lauf der Frist.[13] Die Frist gilt für **alle Gläubiger** des Schuldners;[14] zur Übersendung einer bereits erteilten Vermögensauskunft an diese Gläubiger s. Rn 13.

IV. Abgabe vor Ablauf der Sperrfrist

4 **1. Grundsatz.** Ein Gläubiger kann die erneute Abgabe einer Vermögensauskunft **vor Ablauf der Sperrfrist** verlangen, wenn er Tatsachen glaubhaft macht, die auf

---

6 Musielak/*Voit*, § 802 d Rn 5; Thomas/Putzo/*Seiler*, § 802 d Rn 2.
7 BT-Drucks. 16/10069, S. 26; Schuschke/Walker/*Walker*, § 802 d Rn 2.
8 BGH NJW 2004, 2905.
9 MüKo-ZPO/*Eickmann*, § 903 Rn 6; Stein/Jonas/*Münzberg*, § 903 Rn 1.
10 BT-Drucks. 16/10069, S. 26; MüKo-ZPO/*Wagner*, § 802 d Rn 4; Musielak/*Voit*, § 802 d Rn 3; Thomas/Putzo/*Seiler*, § 802 d Rn 1.
11 AG Meißen JurBüro 2006, 330; aA Musielak/*Voit*, § 802 d Rn 3 (Tag der Prüfung durch den Gerichtsvollzieher).
12 BT-Drucks. 16/10069, S. 26; Schuschke/Walker/*Walker*, § 802 d Rn 1.
13 LG Ellwangen DGVZ 2006, 72; LG Lübeck Rpfleger 1991, 119; LG Stuttgart DGVZ 1992, 158.
14 BT-Drucks. 16/10069, S. 26; Schuschke/Walker/*Walker*, § 802 d Rn 5; Stein/Jonas/ *Münzberg*, § 903 Rn 1.

eine **wesentlichen Veränderung der Vermögensverhältnisse** des Schuldners schließen lassen (Abs. 1 S. 1). Insoweit hat der Gesetzgeber den Anwendungsbereich gegenüber den in § 903 S. 1 aF genannten zwei Ausnahmefällen (Erwerb neuen Vermögens; Auflösung des Arbeitsverhältnisses) bewusst ausgeweitet.[15] Es reicht nunmehr jede wesentliche Veränderung, wobei die früher in § 903 aF geregelten Fälle ebenfalls erfasst werden. Eine **Veränderung** liegt auch bei einem Verlust von Vermögenswerten vor, zB Verkauf von Grundeigentum, Auflösung eines Kontos, Aufgabe einer selbständigen Tätigkeit oder einer Arbeitsstelle.

Die Veränderung muss **wesentlich** sein, so dass geringfügige Veränderungen noch 5 keine Pflicht zur Abgabe einer erneuten Vermögensauskunft begründen.[16] Der Begriff „wesentlich" ist anhand der Umstände des Einzelfalls zu bestimmen.

2. Veränderung der Vermögensverhältnisse. Eine Veränderung der Vermögens- 6 verhältnisse liegt insb. vor, wenn der Schuldner seit der letzten Vermögensauskunft **neues Vermögen erworben** hat. Es muss sich hierbei um pfändbares Vermögen (Sachen und Rechte) handeln (zur Glaubhaftmachung s. Rn 9 f).[17] Einwendungen gegen die Pfändbarkeit sind indes von dem Schuldner geltend zu machen. Neuer Vermögenserwerb kann bspw vorliegen beim Wegfall von Sicherungseigentum,[18] beim Umzug in eine neue Wohnung,[19] auf jeden Fall, wenn weitere Umstände (bessere Wohnlage, größere Wohnung) hinzutreten,[20] beim Neuabschluss eines Leasingvertrages,[21] beim Anbieten von Zahlungen an den Gläubiger,[22] beim Eintritt eines Erbfalls,[23] beim Fortführen eines Gewerbebetriebes über einen längeren Zeitraum[24] oder bei einer Vergrößerung eines Betriebes. Dagegen genügt nicht allein die Auflösung eines Bankkontos,[25] der Erhalt von Sozialhilfe[26] oder die Eheschließung des Schuldners;[27] ebenso wenig reicht es, wenn die Ehefrau des Schuldners eine neue Arbeitsstelle gefunden hat.[28]

Auch die **Neubegründung, die Veränderung oder die Beendigung eines Arbeits-** 7 **verhältnisses** kann die Annahme einer wesentlichen Veränderung der Vermögensverhältnisse rechtfertigen. Gleiches gilt, wenn es nahe liegt, dass der Schuldner eine neue oder andere Einnahmequelle gefunden hat. Letztlich ist der Begriff

---

15 BT-Drucks. 16/10069, S. 26.
16 Hk-ZPO/*Rathmann*, § 802 d Rn 6.
17 BGH NJW-RR 2007, 1007; OLG München DGVZ 2001, 84; OLG Stuttgart DGVZ 2001, 116; Stein/Jonas/*Münzberg*, § 903 Rn 11; aA MüKo-ZPO/*Eickmann*, § 903 Rn 7; diff. Hk-ZPO/*Rathmann*, § 802 d Rn 8 (erkennbare Unpfändbarkeit/Unverwertbarkeit).
18 LG Bielefeld MDR 1987, 416.
19 LG Frankfurt DGVZ 2004, 44; LG Kassel JurBüro 2005, 101; aA AG Kamen KKZ 2007, 157.
20 LG Frankfurt DGVZ 2004, 44; LG Heidelberg DGVZ 2006, 70; LG Wiesbaden DGVZ 2007, 189.
21 LG Wiesbaden DGVZ 2007, 189.
22 LG Wiesbaden DGVZ 2007, 189.
23 AG Lindau DGVZ 2003, 173.
24 LG Koblenz JurBüro 1997, 271; LG Köln DGVZ 2005, 182; AG Halle-Saalkreis JurBüro 2005, 378; aA Fortführung allein spricht noch nicht für neues Vermögen: OLG Stuttgart DGVZ 2001, 116; LG Köln DGVZ 2004, 172; LG Lüneburg DGVZ 2006, 92; LG Münster DGVZ 2000, 27; AG Celle DGVZ 2006, 92; AG Ludwigsburg DGVZ 2003, 28.
25 BGH NJW-RR 2007, 1007; LG Limburg JurBüro 2009, 665; LG Marburg DGVZ 2006, 180; AG Lahnstein DGVZ 2007, 141; AG Reinbek DGVZ 2007, 141; aA LG Göttingen DGVZ 2003, 41; AG Wuppertal DGVZ 2004, 186; AG Braunschweig DGVZ 2005, 190.
26 Stein/Jonas/*Münzberg*, § 903 Rn 14.
27 AG Emmendingen DGVZ 2005, 45.
28 AG Saarbrücken DGVZ 2000, 42.

„Arbeitsverhältnis" weit auszulegen. Hierunter fallen auch selbständige Tätigkeiten,[29] Nebentätigkeiten,[30] Ausscheiden aus dem Beamtenverhältnis, Wechsel des Unternehmens bei einem Handelsvertreter,[31] Aufgabe eines Gewerbes,[32] Aufgabe einer von mehreren selbständigen Tätigkeiten[33] oder Aufgabe einer Tätigkeit als Geschäftsführer einer GmbH.[34] Nicht ausreichend ist dagegen der Umstand, dass der Schuldner die im Vermögensverzeichnis angegebene selbständige Tätigkeit gewerberechtlich nie angemeldet hat.[35]

8 Ausreichend kann der Umstand sein, dass der Schuldner keine Rentenzahlungen mehr erhält.[36] Gleiches gilt, wenn er nunmehr selbständig tätig ist,[37] so zB eine Zahnarztpraxis weiterbetreibt,[38] oder wenn nach der Lebenserfahrung mit dem Erwerb neuen Vermögens bei einem Gewerbetreibenden zu rechnen ist.[39] Ebenso findet die Regelung entsprechende Anwendung bei Wegfall von Sozialleistungen, zB des Arbeitslosengeldes, oder bei Verlust der Witwenrente oder der Sozialrente, wenn damit der bisherige Lebensunterhalt abgedeckt wurde.[40] Der Umstand, dass der Schuldner nicht mehr beim Arbeitsamt gemeldet ist, lässt auf eine Veränderung der Umstände schließen.[41]

9 **3. Verfahren. a) Glaubhaftmachung.** Die Verpflichtung zur erneuten Abgabe der eidesstattlichen Versicherung vor Ablauf der in § 802 d geregelten Zwei-Jahres-Frist besteht nur dann, wenn **konkrete Tatsachen dargelegt und glaubhaft** (§ 294) gemacht werden,[42] die den Schluss auf eine Verbesserung der wirtschaftlichen Gesamtlage des Schuldners und damit auf neues Vermögen zulassen; bloße Vermutungen genügen nicht.[43] Die Anforderungen an die Glaubhaftmachung (§ 294) dürfen indes nicht überspannt werden, um dem Gläubiger, der idR keine näheren Informationen über die Vermögensverhältnisse des Schuldners besitzt, den Zugriff auf verwertbares Vermögen des Schuldners **nicht unzumutbar zu erschweren**.[44] Es reicht die Darlegung von Tatsachen aus, die nach der Lebenserfahrung den Schluss auf entsprechende Umstände erlauben. Dem Schuldner bleibt die Möglichkeit der Gegenglaubhaftmachung.[45]

10 Beispielsweise genügt die Glaubhaftmachung von konkreten Umständen, die in Verbindung mit der Lebenserfahrung es nahe legen, dass ein Vermögenserwerb

---

29 LG Freiburg DGVZ 2005, 166 (Subunternehmer).
30 LG Schweinfurt DGVZ 2002, 155.
31 KG MDR 1968, 674.
32 LG Augsburg JurBüro 1998, 325; LG Darmstadt JurBüro 1996, 274; LG Frankfurt/Oder JurBüro 1998, 326; LG Hamburg DGVZ 1985, 90; LG Heilbronn DGVZ 2000, 38.
33 OLG Frankfurt JurBüro 1990, 404.
34 OLG Frankfurt JurBüro 1990, 404.
35 LG Stuttgart DGVZ 2005, 75.
36 OLG Hamm Rpfleger 1983, 322.
37 LG Frankenthal Rpfleger 1985, 450.
38 LG Köln DGVZ 2005, 182.
39 LG Heilbronn Rpfleger 2000, 170.
40 OLG Hamm Rpfleger 1983, 322.
41 OLG Hamm JurBüro 1983, 1738; OLG München DGVZ 2001, 84; OLG Stuttgart JurBüro 1978, 1726; LG Koblenz JurBüro 1998, 44.
42 ZB LG Bielefeld MDR 1987, 416; LG Düsseldorf JurBüro 1987, 467; LG Frankfurt/Main DGVZ 2004, 44; LG Gießen DGVZ 1995, 42; LG Kassel Rpfleger 1997, 74; Rpfleger 2005, 39; LG Köln JurBüro 1987, 1812; LG Landshut JurBüro 2002, 271; LG Limburg JurBüro 2009, 665; LG Münster DGVZ 2002, 186; LG Wiesbaden DGVZ 2007, 189; DGVZ 2009, 64.
43 BGH NJW-RR 2007, 1007.
44 BGH NJW-RR 2007, 1007.
45 S. dazu auch Stein/Jonas/*Münzberg*, § 903 Rn 21.

wahrscheinlich ist.[46] So kann die Bezahlung von Schulden[47] oder ein aufwendiger Lebensstil[48] für neues Vermögen sprechen. Bei einem arbeitswilligen Schuldner kann nach der Lebenserfahrung angenommen werden, dass er innerhalb einer angemessenen Zeit eine Arbeitsstelle[49] oder ständige Erwerbsquelle[50] gefunden hat; dies gilt auch in Zeiten hoher Arbeitslosigkeit.[51] Die Aufnahme einer neuen selbständigen Tätigkeit kann durch Vorlage einer Gewerberegisterauskunft glaubhaft gemacht werden.[52] Der Hinweis, der Schuldner habe seine Tätigkeit als selbständiger Gewerbetreibender fortgesetzt, reicht nicht; es muss ein konkreter Vermögenserwerb glaubhaft gemacht werden.[53] Ebenso wenig genügt ein Hinweis auf die allgemeine Verbesserung der Wirtschaftslage.[54]

b) Neue Vermögensauskunft. Der Antrag auf Abgabe einer erneuten Vermögensauskunft innerhalb der Sperrfrist führt nicht zur Fortsetzung des früheren Verfahrens; vielmehr findet ein **neues Verfahren** statt. Es müssen die gleichen Voraussetzungen wie für einen Erstantrag nach § 802 c vorliegen (s. § 802 c Rn 3 ff). Der Schuldner muss ein neues vollständiges Vermögensverzeichnis erstellen; eine Ergänzung des bereits vorgelegten genügt nicht.[55] Zudem bedarf es der Abgabe einer erneuten eidesstattlichen Versicherung nach § 802 c Abs. 3. Der Gerichtsvollzieher hat das neue Verzeichnis dem zuständigen zentralen Vollstreckungsgericht mit der Mitteilung zuzuleiten, dass es sich um eine erneute Vermögensauskunft nach § 802 d handelt (§ 6 Abs. 2 VermVV). 11

c) Rechtsbehelfe. Dem Schuldner steht gegen die Anordnung einer erneuten Vermögensauskunft und dem Gläubiger gegen die Zurückweisung seines Antrags jeweils die **Erinnerung nach § 766** zu. Die früher für den Schuldner bestehende Möglichkeit eines Widerspruchs nach § 900 Abs. 4 aF sieht das Gesetz nicht mehr vor. 12

V. Antrag eines anderen Gläubigers auf Abnahme der Vermögensauskunft

1. Grundsatz. Die Sperrfrist wirkt gegenüber allen Gläubigern. Stellt ein Gläubiger innerhalb der zweijährige Sperrfrist einen Antrag auf Abgabe der Vermögens- 13

---

46 BGH NJW-RR 2007, 1007.
47 OLG Frankfurt JurBüro 2002, 442; AG Ludwigsburg DGVZ 2001, 31.
48 LG Düsseldorf JurBüro 1987, 1812 (mehrere Auslandsreisen).
49 OLG Stuttgart OLGZ 1979, 116; LG Aurich JurBüro 2008, 499 (18 Monate); LG Berlin JurBüro 2008, 215; LG Köln JurBüro 2001, 659 (48-jähriger Schuldner); LG Landshut JurBüro 2002, 271; LG Weiden DGVZ 2005, 140 (junger Schuldner mit abgeschlossener Berufsausbildung); AG Bergisch Gladbach JurBüro 2005, 378 (18 Monate; qualifizierter Berufsabschluss); AG Leipzig JurBüro 2004, 557 (8 Monate bei jungen Schuldner mit Berufungsausbildung); aA LG Frankfurt DGVZ 2004, 44 (31-jähriger Krankenpfleger); LG Stuttgart DGVZ 2002, 93.
50 LG Wuppertal JurBüro 2010, 607.
51 LG Landshut JurBüro 2002, 271.
52 LG Dresden JurBüro 2010, 663.
53 OLG Frankfurt JurBüro 2002, 441; OLG Stuttgart JurBüro 2001, 434; LG Düsseldorf JurBüro 1987, 466; LG Köln DGVZ 2004, 172; LG Lüneburg DGVZ 2006, 92; LG Münster DGVZ 2000, 27; LG Saarbrücken JurBüro 2009, 102; aA LG Heilbronn DGVZ 2000, 38; LG Köln DGVZ 2005, 182; AG Hamburg DGVZ 199, 158; vgl auch *Schmidt*, DGVZ 1999, 158.
54 ZB OLG München NJW 1962, 497; LG Berlin Rpfleger 1979, 228; LG Frankfurt/Main DGVZ 2004, 44; LG Heidelberg DGVZ 2006, 70. Einschränkend: OLG Stuttgart JurBüro 1978, 1726; LG Aurich JurBüro 2008, 499; LG Berlin JurBüro 2008, 215; LG Hannover Rpfleger 1991, 410; LG Heilbronn JurBüro 1979, 292. Weitergehend: LG Detmold DGVZ 1990, 90; LG Hechingen JurBüro 2002, 383; LG Köln JurBüro 2001, 659.
55 LG Duisburg MDR 1974, 52; LG Krefeld MDR 1986, 1035; Zöller/*Stöber*, § 903 Rn 10.

auskunft, ohne dass die Voraussetzungen auf Abgabe einer erneuten Auskunft nach Abs. 1 S. 1 vorliegen, leitet der Gerichtsvollzieher diesem Gläubiger einen **Ausdruck des letzten abgegebenen Vermögensverzeichnisses** zu (**Abs. 1 S. 2**). Hierzu bedarf es nicht zusätzlich eines ausdrücklichen Antrags.

13a 2. **Einschränkung des Übersendungsantrags.** Schränkt der Gläubiger seinen Auftrag dahin gehend ein,

- dass er bei einer in den letzten zwei Jahren abgegebenen Vermögensauskunft keinen Ausdruck des Vermögensverzeichnisses wünscht, oder
- dass er die Erteilung des Vermögensverzeichnisses von einer Bedingung abhängig macht („nicht älter als ..."),

ist unklar, ob der Gerichtsvollzieher dem Gläubiger nach Abs. 1 S. 2 gleichwohl von Amts wegen einen Ausdruck des letzten abgegebenen Vermögensverzeichnisses zuleitet. Denn nach dem gegenwärtigen Wortlaut von Abs. 1 S. 2 ist die Zuleitung zwingend, wenn die Voraussetzungen des Abs. 1 S. 1 für eine erneute Vermögensauskunft nicht gegeben sind.[56] Nach der zutreffenden Meinung in der Lit. kann der Gläubiger seinen Antrag nicht dahin gehend beschränken, dass die Übersendung des Vermögensverzeichnisses nur dann beantragt werde, wenn es nicht älter als 6 Monate ist.[57]

13b Der RefE des BMJV eines „Gesetzes zur Durchführung der Verordnung (EU) Nr. 655/2014 sowie zur Änderung sonstiger zivilprozessualer Vorschriften (**EuKoPfVODG**)" vom 9.12.2014 sieht vor, dass **Abs. 1 S. 2** wie folgt neu gefasst wird:

„Andernfalls leitet der Gerichtsvollzieher dem Gläubiger einen Ausdruck des letzten abgegebenen Vermögensverzeichnisses zu; ein Verzicht des Gläubigers auf die Zuleitung ist unbeachtlich."

Diese geplante Änderung soll der Klärung der in der Praxis streitigen Frage dienen, ob der Gläubiger auf die Zuleitung des letzten abgegebenen Vermögensverzeichnisses verzichten kann. Gemäß § 882 c Abs. 1 Nr. 3 ist die Zuleitung des Vermögensverzeichnisses an den Gläubiger Voraussetzung dafür, dass der Schuldner in das Schuldnerverzeichnis eingetragen werden kann. Der Gläubiger soll vor diesem Hintergrund nicht auf die Zuleitung des Vermögensverzeichnisses verzichten können, da andernfalls der Zweck des neuen Schuldnerverzeichnisses, Auskunft über die Kreditunwürdigkeit einer Person zu geben, nicht erreicht werden könnte. Dem Gläubiger, der eine aktuelle Auskunft erhalten möchte, bleibt es unbenommen, nach Abs. 1 S. 1 Tatsachen glaubhaft zu machen, die auf eine wesentliche Veränderung der Vermögensverhältnisse des Schuldners schließen lassen.

13c 3. **Weiteres Vorgehen.** Der Gerichtsvollzieher hat den Schuldner von der Übersendung der Vermögensauskunft zu unterrichten; zugleich ist der Schuldner darauf hinzuweisen, dass eine erneute Eintragungsanordnung nach § 882 c Abs. 1 Nr. 3 droht (s. § 882 c Rn 7 ff), wenn nach dem Inhalt des an den neuen Gläubiger übersandten Vermögensverzeichnisses eine Vollstreckung offensichtlich nicht geeignet ist, zu einer vollständigen Befriedigung zu führen, oder wenn er die Forderung des antragstellenden (neuen) Gläubigers nicht innerhalb eines Monats nach Bekanntgabe der Zuleitung des Vermögensverzeichnisses vollständig befriedigt (**Abs. 1 S. 4**). Eine Unterrichtung des Schuldners und Zahlungsaufforderung

---

56 Vgl NK-GK/*Kessel*, Nr. 261 KV GvKostG Rn 4.
57 AG Heidelberg DGVZ 2013, 166; Mühldorf am Inn DGVZ 2013, 193; aA Musielak/*Voit*, § 802 d Rn 3; *Harnacke/Bungardt*, DGVZ 2013, 1, 4.

vor Erteilung der Abschrift an den Gläubiger erfolgt nicht.[58] Keiner Übermittlung des letzten Vermögensverzeichnisses durch den Gerichtsvollzieher bedarf es im Falle eines **Antrags einer Vollstreckungsbehörde**. Diese hat ein unmittelbares Einsichtsrecht in die beim zentralen Vollstreckungsgericht abgegebenen Vermögensverzeichnisse (§ 802 k Abs. 2 S. 2).[59]

Zur Sicherung des Datenschutzes[60] bestimmt **Abs. 1 S. 3 Hs 1**, dass der Gläubiger die erlangten **Daten nur zu Vollstreckungszwecken nutzen** darf. Zudem hat er nach Zweckerreichung die Daten zu löschen. Hierüber hat der Gerichtsvollzieher den Gläubiger hinzuweisen (**Abs. 1 S. 3 Hs 2**). 14

VI. Übermittlung des Vermögensverzeichnisses als elektronisches Dokument (Abs. 2)

Anstelle eines Ausdrucks des Vermögensverzeichnisses kann der Gerichtsvollzieher dem Gläubiger das Verzeichnis auch **in elektronischer Form** übermitteln (Abs. 2). Voraussetzung ist ein entsprechender **Antrag des Gläubigers**. Zudem muss das elektronische Dokument mit einer qualifizierten Signatur versehen und vor unbefugter Kenntnisnahme durch geeignete technische Maßnahmen, insb. durch Verschlüsselung,[61] geschützt sein. 15

VII. Vervollständigung einer abgegebenen Vermögensauskunft

1. Grundsatz. Von einer erneuten Vermögensauskunft nach § 802 d ist die für die Gläubiger auch innerhalb der zweijährigen Sperrfrist jederzeit bestehende Möglichkeit zu unterscheiden, die Anberaumung eines neuen Termins zur **Vervollständigung einer bereits abgegebenen Vermögensauskunft** zu verlangen. Voraussetzung ist, dass die bisher abgegebene Erklärung unvollständig, ungenau oder widersprüchlich ist;[62] eine wesentliche Veränderung der Vermögensverhältnisse ist nicht erforderlich. Bei der Vervollständigung handelt es sich um die Fortsetzung des noch nicht beendeten ursprünglichen Abnahmeverfahrens.[63] Das bisherige Verzeichnis wird durch das vervollständigte Vermögensverzeichnis ersetzt. 16

2. Verfahren. Antragsberechtigt ist jeder Gläubiger, auch derjenige, der das bisherige Verfahren auf Abnahme der Vermögensauskunft nicht betrieben hat.[64] Der Antrag kann auch mehrfach gestellt werden.[65] 17

Der Gläubiger muss für eine Vervollständigung ein entsprechendes **Rechtsschutzbedürfnis** besitzen. Dieses ist gegeben, wenn die Pfändbarkeit des bisher nicht oder unvollständig mitgeteilten Vermögensanspruchs nicht völlig ausgeschlossen ist und das Verlangen nach einer Vervollständigung nicht mutwillig oder schikanös erscheint.[66] Im Einzelfall kann das Rechtsschutzinteresse fehlen, wenn der Gläubiger die unvollständigen oder fehlenden Angaben ohne große Mühe selbst 18

---

58 Thomas/Putzo/*Seiler*, § 802 d Rn 3; *Wasserl*, DGVZ 2013, 85, 88; aA Musielak/*Voit*, § 802 d Rn 4; *Harnacke/Bungardt*, DGVZ 2013, 1, 4; *Mroß*, DGVZ 2012, 169, 174.
59 BT-Drucks. 16/10069, S. 26.
60 BT-Drucks. 16/10069, S. 26.
61 BT-Drucks. 16/10069, S. 26.
62 BT-Drucks. 16/10069, S. 26; Musielak/*Voit*, § 802 d Rn 13; Schuschke/Walker/*Walker*, § 802 d Rn 4; s. auch zum früheren Recht zB: BGH MDR 2012, 606; BGH NJW-RR 2011, 667; BGH WM 2009, 1431; BGH NJW 2004, 2979; BGH DGVZ 2004, 135.
63 BT-Drucks. 16, 10069, S. 26; Stein/Jonas/*Münzberg*, § 903 Rn 5 ff; Thomas/Putzo/*Seiler*, § 802 d Rn 6.
64 OLG Frankfurt MDR 1976, 329; LG Berlin JurBüro 1996, 326; LG Göttingen JurBüro 1998, 271; Zöller/*Stöber*, § 903 Rn 14.
65 LG Freiburg MDR 1981, 151; LG Hannover MDR 1979, 237.
66 BGH WM 2009, 1431.

beantworten kann.[67] Das Rechtsschutzinteresse muss der antragstellende Gläubiger darlegen und ggf glaubhaft machen. Erforderlich sind konkrete Anhaltspunkte, bspw wenn die Antwort des Schuldners eine konkrete Vollstreckungsmöglichkeit eröffnen kann.[68] Ein allgemeiner auf Ausforschung gerichteter Fragenkatalog genügt nicht.[69]

19 **Zuständig** ist der ursprünglich nach § 802 e zuständige Gerichtsvollzieher, auch wenn die Vermögensauskunft im Wege der Rechtshilfe abgenommen wurde.[70] Bei einer Abgabe der Vermögensauskunft vor einer Behörde (vgl § 284 AO; abgedr. bei § 882 b Rn 4) ist der Gerichtsvollzieher für die ergänzende Abgabe zuständig, sofern der antragstellende Gläubiger nicht selbst nach der AO vorgehen kann.[71] Der Schuldner muss seine Erklärung auf den Zeitpunkt der ersten Vermögensauskunft hinsichtlich der konkret benannten Punkte ergänzen.[72] Später eingetretene Änderungen im Vermögen braucht er nicht anzugeben; diese können nur unter den Voraussetzungen des § 802 d die Abnahme einer neuen Vermögensauskunft rechtfertigen. Im Einzelfall kann der Schuldner jedoch nach Treu und Glauben verpflichtet sein, im Rahmen der Vervollständigung auf Veränderungen hinsichtlich der bisher gemachten Angaben hinzuweisen.

20 **3. Einzelfälle.** Eine Vervollständigung kommt **bspw** in Betracht bei unvollständigen Angaben zu den bei der Berechnung des unpfändbaren Teils des Arbeitseinkommens zu berücksichtigenden Personen.[73] Nicht ausreichend ist indes die pauschale Annahme, die in dem Vermögensverzeichnis aufgeführten unterhaltsberechtigten Kinder könnten wegen des vorangeschrittenen Alters nunmehr über eigenes Einkommen verfügen.[74] Ebenso kann ein Termin zur Vervollständigung der Vermögensauskunft bestimmt werden bei fehlenden bzw unzureichenden Angaben zu der konkreten Ausgestaltung eines Arbeitsverhältnisses bei einem nur geringen Verdienst des Schuldners.[75] Gleiches gilt bei unvollständigen Angaben zu den Auftraggebern in den letzten Monaten bei einem Aushilfsarbeiter,[76] zu dem Einkommen des Ehepartners bei einem Schuldner ohne eigene Einkünfte,[77] zu dem Umfang der Tätigkeiten des Schuldners im Haushalt des Lebensgefährten,[78] zu den Auftraggebern und der Höhe der Forderung in den letzten Monaten bei einem selbständigen Schuldner,[79] zu den Privatpatienten,[80] zu einer Bankver-

---

67 LG Lüneburg DGVZ 2000, 154.
68 LG Mönchengladbach Rpfleger 2009, 160.
69 LG Oldenburg DGVZ 2006, 138 (Verbleib eines früheren Vermögenswertes); LG Rostock JurBüro 2001, 382; AG Lindau DGVZ 2000, 124.
70 Schuschke/Walker/*Schuschke*, § 900 Rn 44; Stein/Jonas/*Münzberg*, § 903 Rn 6; Zöller/*Stöber*, § 802 d Rn 18.
71 LG Stuttgart InVo 2003, 80; AG Neuruppin DGVZ 2002, 175.
72 LG Kleve JurBüro 2008, 102.
73 BGH NJW 2004, 2979; LG Leipzig JurBüro 2011, 45.
74 LG Wuppertal DGVZ 2006, 74.
75 LG Essen JurBüro 2008, 666; LG Leipzig DGVZ 2007, 189; LG Regensburg DGVZ 2003, 92; LG Stuttgart DGVZ 2007, 126; LG Verden JurBüro 2010, 552; aA LG Nürnberg-Fürth DGVZ 2007, 71 (bei einem Schuldner ohne Berufsausbildung).
76 LG Bielefeld JurBüro 2004, 103; LG Stuttgart JurBüro 2004, 105; LG Wiesbaden JurBüro 2004, 103; AG Osterholz-Scharmbeck JurBüro 2005, 604.
77 BGH NJW 2004, 2452; OLG München OLGR 1999, 307.
78 LG Bonn JurBüro 2000, 328; LG Dortmund JurBüro 2002, 159; LG Frankenthal JurBüro 2007, 499; LG Oldenburg JurBüro 2005, 604; LG Verden JurBüro 2002, 158.
79 OLG München DGVZ 2002, 73; LG Chemnitz DGVZ 2002, 154; LG Gera JurBüro 2003, 658; LG Köln DGVZ 2007, 41 (Raumausstatter).
80 LG Mainz DGVZ 2001, 78.

bindung oder zu einem Konto, über das der Schuldner seine Zahlungen abwickelt,[81] oder zu einem Handy-Vertrag.[82]

Die **materielle Unrichtigkeit der Angaben** in der Vermögensauskunft, zB bei einem bewussten Verschweigen von Vermögensteilen oder bei falschen Angaben über die Höhe einer Forderung, steht dem Erwerb neuen Vermögens gleich und hat zur Folge, dass nicht nur das bestehende Verzeichnis um die fehlenden Angaben zu ergänzen, sondern das gesamte Vermögen erneut ohne Einhaltung der Schonfrist zu offenbaren ist.[83] Bei einer nur versehentlich unzutreffenden Angabe kommt hingegen eine Vervollständigung in Betracht.[84]

4. Rechtsbehelfe. Weigert sich der Gerichtsvollzieher, einen Termin zur Vervollständigung der Vermögensauskunft zu bestimmen, kann der **Gläubiger** die Erinnerung (§ 766 Abs. 2 Alt. 1) einlegen.[85] Die fiktive Annahme des Gläubigers, der Gerichtsvollzieher werde seinen Vervollständigungsantrag ablehnen, begründet noch kein Rechtsschutzinteresse für eine Erinnerung.[86] Der **Schuldner** kann die Verpflichtung zur Vervollständigung der abgegebenen Vermögensauskunft ebenfalls im Wege einer Erinnerung (§ 766 Abs. 1) überprüfen lassen. Die früher bestehende Möglichkeit der Erhebung eines Widerspruchs (§ 900 Abs. 4 aF) sieht das Gesetz nicht mehr vor.

VIII. Weitere praktische Hinweise

Formulierungsvorschlag für einen **Antrag auf erneute Vermögensauskunft** (§ 802 d):[87]

▶ In der Zwangsvollstreckungssache ... (Bezeichnung des Gläubigers sowie des Schuldners) wird die erneute Abnahme der Vermögensauskunft gemäß § 802 d ZPO sowie die Übersendung einer Abschrift des Vermögensverzeichnisses und des Terminsprotokolls beantragt.

Es ist davon auszugehen, dass der Schuldner mittlerweile neues, wesentliches der Zwangsvollstreckung unterliegendes Vermögen erworben hat. Der Schuldner ... (nähere Begründung entsprechend den Ausführungen in Rn 6 ff). ◀

Der Gläubiger kann stets mit dem Antrag nach § 802 d **hilfsweise** einen Antrag auf Vervollständigung der bereits abgegebenen Vermögensauskunft stellen. Zudem kann ein Antrag auf Vervollständigung nach Rücksprache mit dem Gläubi-

---

81 LG Kassel JurBüro 2007, 48 (Zahlungen von Sozialleistungen); AG Bad Neuenahr-Ahrweiler DGVZ 2006, 122; AG Dippoldiswalde JurBüro 2009, 665.
82 AG Bremen JurBüro 2007, 438.
83 ZB BGH MDR 2012, 606; BGH NJW-RR 2011, 667; KG OLGZ 1991, 109; OLG Köln Rpfleger 1975, 180; LG Heilbronn JurBüro 2003, 104; LG Karlsruhe DGVZ 2009, 148; LG Nürnberg-Fürth DGVZ 2007, 71; LG Oldenburg DGVZ 2006, 138; LG Stuttgart DGVZ 2009, 132; LG Waldshut-Tiengen JurBüro 2003, 547; MüKo-ZPO/*Eickmann*, § 903 Rn 11; Musielak/*Voit*, § 802 d Rn 13; Schuschke/Walker/*Schuschke*, § 900 Rn 50, § 903 Rn 3; Wieczorek/Schütze/*Storz*, § 900 Rn 80, § 903 Rn 6; aA zB LG Berlin DGVZ 2001, 87; LG Chemnitz DGVZ 2002, 155; LG Heilbronn JurBüro 2003, 104; LG Koblenz DGVZ 1998, 76; LG Rostock Rpfleger 2001, 300; LG Stendal JurBüro 2000, 45; Stein/Jonas/*Münzberg*, § 903 Rn 7; aA nur strafrechtliche Konsequenzen: AG Celle DGVZ 2006, 92; jew. noch zu § 903 aF).
84 BGH JurBüro 2011, 324.
85 BGH NJW-RR 2008, 1163; BGH NJW 2004, 2979.
86 BGH NJW-RR 2008, 1163; LG Berlin Rpfleger 2007, 482; LG Limburg DGVZ 2005, 183.
87 Vgl auch Hasselblatt/Sternal/*Knabben*, Form. A.V.5.

ger in einen Antrag auf Abnahme einer erneuten Vermögensauskunft (§ 802 d) **umgedeutet** werden.[88]

25 Formulierungsvorschlag für einen **Antrag auf Vervollständigung der Vermögensauskunft:**

▶ In der Zwangsvollstreckungssache ... (Bezeichnung des Gläubigers sowie des Schuldners) wird die Vervollständigung der bereits am ... abgenommenen Vermögensauskunft sowie die Übersendung einer Abschrift des vervollständigten Vermögensverzeichnisses und des Terminsprotokolls beantragt.

Es ist davon auszugehen, dass die vom Schuldner abgegebene Vermögensauskunft unvollständig ist. Der Schuldner ... (nähere Begründung entsprechend den Ausführungen in Rn 16, 20). ◀

IX. Kosten

26 **1. Erneute Vermögensauskunft. a) Rechtsanwaltsgebühren.** Die erneute Vermögensauskunft stellt, da es sich um ein neues Verfahren handelt, für den Rechtsanwalt eine besondere Angelegenheit dar (§ 18 Abs. 1 Nr. 16 RVG), die erneut die Gebühr Nr. 3309 VV RVG (ggf Nr. 3310 VV RVG) sowie Auslagen auslösen kann.[89] Der Wert ergibt sich aus § 25 Abs. 1 Nr. 4 RVG.

27 **b) Gerichtsvollzieherkosten.** Auch für den Gerichtsvollzieher entstehen erneut Gebühren und Auslagen. In Nr. 260 KV GvKostG wird ausdrücklich auf § 802 d Abs. 1 verwiesen. Es entsteht deshalb für die erneute Vermögensauskunft ebenfalls eine Gebühr nach Nr. 260 KV GvKostG iHv 33,00 €. Daneben können weitere Gebühren (etwa für Zustellungen) sowie Auslagen anfallen. Durch die Nennung von § 802 d **Abs. 1 S. 2** und **Abs. 2** im Tatbestand ist klargestellt, dass die Gebühr unabhängig von der Art der Übermittlung (Ausdruck oder auf Antrag des Gläubigers gem. § 802 d Abs. 2 als **elektronisches Dokument** entsteht.

28 **2. Nachbesserung der Vermögensauskunft. a) Rechtsanwaltsgebühren.** Das Verfahren auf Nachbesserung einer bereits erteilten Vermögensauskunft (§ 142 GVGA) ist kein neues Verfahren, vielmehr wird das ursprüngliche Verfahren fortgesetzt. Deshalb entsteht keine besondere Verfahrensgebühr Nr. 3309 VV RVG, da die ergänzende Tätigkeit mit den besonderen Gebühren des Verfahrens auf Abnahme der Vermögensauskunft (§ 18 Abs. 1 Nr. 16 RVG) abgegolten ist.[90]

29 **b) Gerichtsvollzieherkosten.** In den Fällen der Wiederholung, Ergänzung oder Nachbesserung des Vermögensverzeichnisses ist nach § 143 GVGA immer ein vollständiges Vermögensverzeichnis zu errichten. Der Gerichtsvollzieher dokumentiert in dem neu erstellten Vermögensverzeichnis, an welchem Tag die Versicherung an Eides statt für das Vermögensverzeichnis erstmals erfolgt ist (§ 3 Abs. 2 Nr. 3 VermVV). Da der Gerichtsvollzieher das ursprüngliche Verfahren fortzuführen hat, entsteht keine Gebühr für die Nachbesserung der abgenommenen Vermögensauskunft.[91]

---

88 AG Flensburg JurBüro 2008, 160 (zu § 903 aF).
89 Ausf. AnwK-RVG/*Wolf/Volpert/Mock/Thiel/N. Schneider*, § 18 Rn 129 ff; *Enders*, JurBüro 2013, 1; Hk-ZPO/*Rathmann*, § 903 Rn 11.
90 AnwK-RVG/*Wolf/Volpert/Mock/Thiel/N. Schneider*, § 18 Rn 127; *Enders*, JurBüro 2013, 1, 5; Gerold/Schmidt/*Müller-Rabe*, Nr. 3309 VV RVG Rn 371; Hk-ZPO/*Rathmann*, § 903 Rn 11.
91 BGH DGVZ 2008, 124; Hk-ZPO/*Rathmann*, § 903 Rn 9 f; *Enders*, JurBüro 2013, 3; Zöller/*Stöber*, § 802 d Rn 20.

Entgegen einer teils vertretenen Ansicht[92] löst auch der seitens des Gerichtsvollziehers als unbegründet **zurückgewiesene Antrag** auf Nachbesserung nach hM keine Gebühr für die Nichterledigung der Nachbesserung aus.[93] Ob ggf Kosten für die erneute Zustellung der Ladung sowie ggf für ein erneutes Verhaftungsverfahren erhoben werden können, ist davon abhängig, was die Nachbesserung begründete: Handelte es sich um eine unrichtige Sachbehandlung des Gerichtsvollziehers, weil notwendige Fragen nicht gestellt oder das Vermögensverzeichnis nicht vollständig war,[94] werden die Kosten niederzuschlagen sein (§ 7 Abs. 1 GvKostG).[95] Beruht dagegen das Nachbesserungsverfahren zB auf Zusatzfragen eines Drittgläubigers, liegt keine unrichtige Sachbehandlung des Gerichtsvollziehers vor, so dass auch kein Anlass besteht, erneute Ladungskosten nicht zu erheben. 30

Hat der Schuldner zwar ein vollständiges, aber inhaltlich unwahres Vermögensverzeichnis abgegeben, entstehen die Gerichtsvollzieherkosten erneut. Kosten fallen auch an, wenn Nachbesserung einer durch das Finanzamt abgenommenen eidesstattlichen Versicherung (§§ 807, 900 aF) durch den Gerichtsvollzieher[96] erfolgt.[97] 31

3. Zuleitung des letzten abgegebenen Vermögensverzeichnisses. Für die dem **Gerichtsvollzieher** übertragene Tätigkeit nach Abs. 1 S. 2 entsteht eine besondere Gebühr nach Nr. 261 KV GvKostG iHv 33,00 €, die sowohl bei der Übermittlung als Papierausdruck wie auch als elektronisches Dokument (Abs. 2) erhoben wird. Der Drittgläubiger, der eine Abschrift des Vermögensverzeichnisses nach Abs. 1 S. 2 erhält, wird damit in gleicher Höhe in Anspruch genommen wie der Gläubiger, für den die Vermögensauskunft ursprünglich erteilt wurde (Nr. 260 KV GvKostG). 32

Eine **Dokumentenpauschale** für den **ersten Ausdruck** des Vermögensverzeichnisses fällt nach Anm. Abs. 4 S. 1 zu Nr. 700 KV GvKostG für denjenigen Kostenschuldner nicht an, von dem die Gebühr nach Nr. 261 KV GvKostG zu erheben ist (§ 13 GvKostG). Eine Dokumentenpauschale fällt auch schon deshalb nicht an, weil der Ausdruck nicht auf Antrag angefertigt wird. § 802 d Abs. 1 S. 2 regelt eine Amtspflicht des Gerichtsvollziehers. Das gilt bei der Überlassung des Vermögensverzeichnisses als elektronisches Dokument entsprechend. 33

---

92 Noch zum früheren Recht: AG Lindau DGVZ 2004, 157; AG Gütersloh DGVZ 2004, 94; AG Münster DGVZ 2004, 63; AG Frankfurt DGVZ 2003, 13; AG Hamburg-Harburg DGVZ 2003, 126.
93 AG Verden (Aller) JurBüro 2008, 441; AG Emmerich JurBüro 2008, 441; AG Saarbrücken JurBüro 2006, 496; AG Syke JurBüro 2006, 495; AG Darmstadt JurBüro 2006, 331; AG Rahden JurBüro 2006, 269; AG Hannover DGVZ 2006, 142; LG Dresden JurBüro 2005, 609; AG Bremen JurBüro 2005, 608; AG Cloppenburg JurBüro 2005, 607; AG Unna NJW-RR 2004, 1727; LG Frankfurt/Oder JurBüro 2004, 216; AG Bremen JurBüro 2004, 159; AG Bottrop DGVZ 2004, 94; LG Verden JurBüro 2003, 544; AG Öhringen JurBüro 2003, 105; AG Alfeld JurBüro 2003, 39; AG Bremen JurBüro 2002, 432; AG Berlin-Tiergarten DGVZ 2002, 77; *Winterstein*, DGVZ 2004, 119; Schröder-Kay/*Winter*, Nr. 260 KV GvKostG Rn 41 f; *Drumann*, JurBüro 2003, 544; *Sturm*, JurBüro 2004, 62.
94 BGH NJW 2004, 2979; BGH Rpfleger 2004, 575.
95 AG Berlin-Tiergarten DGVZ 2002, 77; AG Bad Neuenahr-Ahrweiler 24.7.2006 – 1 M 1966/05, juris.
96 LG Stuttgart JurBüro 2002, 496.
97 AG Wuppertal DGVZ 2007, 77.

§ 802 e Zuständigkeit

(1) Für die Abnahme der Vermögensauskunft und der eidesstattlichen Versicherung ist der Gerichtsvollzieher bei dem Amtsgericht zuständig, in dessen Bezirk der Schuldner im Zeitpunkt der Auftragserteilung seinen Wohnsitz oder in Ermangelung eines solchen seinen Aufenthaltsort hat.

(2) Ist der angegangene Gerichtsvollzieher nicht zuständig, so leitet er die Sache auf Antrag des Gläubigers an den zuständigen Gerichtsvollzieher weiter.

§§ 135 ff GVGA

Literatur:
Siehe die Literaturhinweise zu Vor §§ 802 a–802 l.

I. Normzweck

1 Die Vorschrift übernimmt im Wesentlichen die früher in § 899 aF enthaltenen Zuständigkeitsregelungen.[1] **Abs. 1** regelt die örtliche und funktionelle Zuständigkeit des Gerichtsvollziehers für die Abnahme der Vermögensauskunft sowie deren eidesstattlicher Versicherung (§ 802 c). **Abs. 2** befasst sich mit der Möglichkeit der Abgabe im Falle der Unzuständigkeit, wobei sich die Zuständigkeit des Amtsgerichts insoweit nach § 764 Abs. 2 richtet.

Zum Übergangsrecht s. Vor §§ 802 a–802 l Rn 9 ff.

II. Funktionelle Zuständigkeit des Gerichtsvollziehers

2 Der Gerichtsvollzieher ist ausschließlich (§ 802) zuständig für die Abnahme der Vermögensauskunft gem. §§ 802 c, 802 d sowie deren eidesstattliche Bekräftigung (§ 802 c Abs. 3) auf der Grundlage eines Titels der ordentlichen Gerichte (vgl § 12 GVG) oder der Arbeitsgerichte. Daneben besteht ebenfalls eine Zuständigkeit des Gerichtsvollziehers für die Abnahme der eidesstattlichen Versicherungen nach § 836 Abs. 3 S. 2 oder § 883. Dagegen entscheidet der **Richter** über den Erlass eines Haftbefehls (§ 901).

3 Bei der Abgabe von eidesstattlichen Versicherungen **im Insolvenzverfahren** (zB nach §§ 20 Abs. 1, 98 Abs. 1, 153 Abs. 2 InsO) ist das Insolvenzgericht und hier der Rechtspfleger bzw Richter zuständig; dagegen erfolgt eine Verhaftung durch den Gerichtsvollzieher.[2] Bei einer Vollstreckung der **Finanzbehörden** oder der **Sozialversicherungsträger** ist der Richter des Amtsgerichts für die Anordnung der Haft und der Gerichtsvollzieher anschließend für die Verhaftung zuständig. Die Abnahme der Vermögensauskunft nach § 284 AO (abgedr. bei § 882 b Rn 4) hingegen obliegt dem Finanzamt bzw dem Hauptzollamt; für eine Vervollständigung einer unvollständigen Auskunft (vgl § 802 d Rn 16 ff) besteht dann die Zuständigkeit des Gerichtsvollziehers.[3] Bei einer Vollstreckung eines **verwaltungsgerichtlichen Titels** ist der Gerichtsvollzieher nur zuständig, sofern dies ausdrücklich angeordnet wird; im Übrigen ist der Vorsitzende der Kammer des Verwaltungsgerichts das zuständige Vollstreckungsorgan.

III. Örtliche Zuständigkeit des Gerichtsvollziehers (Abs. 1)

4 **1. Natürliche Personen.** Örtlich zuständig ist der Gerichtsvollzieher bei dem Amtsgericht, in dessen Bezirk der Schuldner seinen **Wohnsitz** (§ 13, §§ 7–11

---
1 BT-Drucks. 16/10069, S. 26.
2 *Schmerbach*, NZI 2002, 538.
3 LG Stuttgart JurBüro 2002, 495; AG Neuruppin DGVZ 2002, 175; AG Wuppertal DGVZ 2007, 77.

BGB) hat. Besitzt der Schuldner einen mehrfachen Wohnsitz, so hat der Gläubiger ein Wahlrecht (§ 35). Der Wohnsitz ist auch maßgebend, wenn der Schuldner an einem anderen Ort ein einzelkaufmännisches Geschäft führt, er minderjährig ist oder unter Betreuung steht.[4] Befindet sich der Schuldner in einer Justizvollzugsanstalt und hat er gleichzeitig weiterhin einen Wohnsitz, so bleibt der Gerichtsvollzieher am Wohnsitzgericht zuständig; er kann indes den Gerichtsvollzieher am Ort der Vollzugsanstalt im Wege der Rechtshilfe beauftragen.[5]

Bei einem Schuldner **ohne Wohnsitz** ist der **Aufenthaltsort** maßgebend.[6] Zur Begründung eines Aufenthaltsortes reicht eine vorübergehende kurzfristige Anwesenheit des Schuldners aus; eine Durchreise kann genügen.[7] Ohne Bedeutung ist, ob sich der Schuldner freiwillig an dem Ort aufhält.[8] Bei einem **unbekannten Aufenthalt** besteht keine Zuständigkeit des Gerichtsvollziehers am letzten Wohnsitz des Schuldners.[9] Für die Ermittlung des Aufenthaltsorts des Schuldners ist gem. § 17 Abs. 1 S. 1 GVO der Gerichtsvollzieher zuständig, der für die letzte bekannte Anschrift des Schuldners zuständig ist. Sofern eines solche Anschrift nicht bekannt ist, obliegt gem. § 17 Abs. 1 S. 2 GVO dem für den Wohnsitz des Gläubigers zuständigen Gerichtsvollzieher die Ermittlung des Aufenthaltsortes. Ist aufgrund des Ergebnisses der Aufenthaltsermittlungen ein anderer Gerichtsvollzieher zuständig, so ist der Antrag an den zuständigen Gerichtsvollzieher weiterzuleiten (Abs. 2; § 17 Abs. 2 GVO). Bei einer Nachlasspflegschaft richtet sich die Zuständigkeit nach dem Gericht, das die Pflegschaft angeordnet hat.[10]

2. Juristische Personen. Bei juristischen Personen sowie Personenhandelsgesellschaften ist der Sitz der Gesellschaft (vgl § 17), nicht der Wohnsitz des zu ladenden Vertretungsorgans maßgebend.[11] Dies gilt auch für die Vorgesellschaft bzw die Gesellschaft in Liquidation. Der im Handelsregister eingetragene Sitz ist ebenfalls entscheidend, wenn die Gesellschaft an diesem Sitz kein Büro und keinen Geschäftsbetrieb unterhält.[12]

3. Sonstiges. Die Zuständigkeit ist **von Amts wegen** zu prüfen. Maßgebend für die örtliche Zuständigkeit ist jeweils der **Zeitpunkt des Eingangs des Auftrags** (§§ 753, 754) auf Einholung der Vermögensauskunft bei dem Gerichtsvollzieher bzw bei der Gerichtsvollzieherverteilerstelle des Amtsgerichts.[13] Spätere Veränderungen des Wohnsitzes, des Aufenthaltsortes oder des Sitzes der Gesellschaft beeinflussen nicht die Zuständigkeit.[14] Wird der Auftrag zur Pfändung zusammen mit einem Antrag zur Bestimmung eines Termins zur Abnahme der Vermögensauskunft für den Fall gestellt, dass die Pfändung nicht zu einer vollständigen Befriedigung des Gläubigers führt (sog. **Kombi-Auftrag**; s. § 807 Rn 2), ist der Zeitpunkt des Vollstreckungsversuchs maßgebend.[15] Der ursprünglich zuständige

---

4   Harnacke, DGVZ 2000, 161.
5   AG Essen DGVZ 2009, 17.
6   BGH WM 2008, 1853; OLG Frankfurt JurBüro 1978, 131.
7   BGH WM 2008, 1853; aA OLG Frankfurt JurBüro 1978, 131.
8   BGH WM 2008, 1853.
9   AG Neustadt a. Rbge. DGVZ 2009, 17.
10 LG Berlin JR 1954, 464; Stein/Jonas/*Münzberg*, § 899 Rn 4; Wieczorek/Schütze/*Storz*, § 899 Rn 6; aA Gericht am Wohnsitz des Nachlasspflegers: Musielak/*Voit*, § 802 e Rn 2; Zöller/*Stöber*, § 802 e Rn 2.
11 OLG Köln OLGR 2004, 157; LG Bochum Rpfleger 2001, 442.
12 AG Erfurt KKZ 2007, 207.
13 BT-Drucks. 16/10069, S. 26; MüKo-ZPO/*Wagner*, § 802 e Rn 2; Musielak/*Voit*, § 802 e Rn 2; aA anscheinend Thomas/Putzo/*Seiler*, § 802 d Rn 2 (Zeitpunkt des Antrags auf Einholung der Vermögensauskunft).
14 BT-Drucks. 16/10069, S. 26; vgl auch BayObLGZ 1994, 112; LG Magdeburg JurBüro 2001, 112; LG Mönchengladbach Rpfleger 2002, 529.
15 BGH NJW 2008, 1853; Zöller/*Stöber*, § 802 e Rn 2.

Gerichtsvollzieher behält seine Zuständigkeit für eine spätere Vervollständigung der erteilten Vermögensauskunft.

IV. Internationale Zuständigkeit

8 Die internationale Zuständigkeit des Gerichtsvollziehers ist entsprechend Abs. 1 zu bestimmen. Für die Vermögensauskunft einer natürlichen Person, die im Ausland wohnt, ist der Gerichtsvollzieher am **inländischen Aufenthaltsort** des Schuldners zuständig;[16] eine kurzfristige Anwesenheit des Schuldners oder eine Durchreise kann genügen.[17] Bei einer Gesellschaft mit Sitz im Ausland ist entsprechend § 21 der Gerichtsstand der inländischen Niederlassung maßgebend.[18] Die Tatsache, dass der gesetzliche Vertreter einer ausländischen juristischen Person im Inland seinen Wohnsitz hat, begründet noch keine Zuständigkeit des Gerichtsvollziehers am Wohnort.[19] Bei einem unbekannten Aufenthaltsort ist der Gerichtsvollzieher am letzten bekannten inländischen Aufenthaltsort zuständig.[20]

V. Unzuständigkeit (Abs. 2)

9 Der Gerichtsvollzieher bzw. das Amtsgericht haben jeweils die Zuständigkeit **von Amts wegen** zu prüfen. Bei Unzuständigkeit erfolgt auf ausdrücklichen **Antrag des Gläubigers** eine Abgabe an das zuständige Gericht (Abs. 2). Sofern der Gläubiger keinen **Abgabeantrag** stellt, wird der Vollstreckungsauftrag zurückgewiesen. Für die Abgabe ist der Gerichtsvollzieher zuständig. Dieser kann im Falle seiner Unzuständigkeit bei entsprechendem Antrag die Sache an den zuständigen Gerichtsvollzieher in einem anderen Amtsgerichtsbezirk abgeben. Angesichts der eindeutigen Fassung der gesetzlichen Neuregelung hat sich der früher bestehende Streit erledigt, ob eine Vorlage an den Rechtspfleger des Amtsgerichts erforderlich ist.[21] Ist der beauftragte Gerichtsvollzieher nach dem im Bezirk des Amtsgerichts bestehenden Gerichtsverteilerplan örtlich nicht zuständig, hat er die Sache formlos an den zuständigen Gerichtsvollzieher abzugeben (vgl auch § 137 Abs. 1 S. 3 GVGA).

10 Eine **Anhörung** des Schuldners vor einer Abgabe ist nicht erforderlich. Die Abgabe hat **keine Bindungswirkung** (Abs. 2 S. 2), so dass das angegangene Gericht die Sache zurückgeben oder an ein weiteres Gericht abgeben kann. Ein etwaiger Zuständigkeitsstreit ist nach § 36 Abs. 1 Nr. 6 zu klären.[22] Die von einem örtlich unzuständigen Gerichtsvollzieher abgenommene Vermögensauskunft sowie deren eidesstattliche Bekräftigung sind wirksam;[23] ebenso ein von dem unzuständigen Gerichtsvollzieher erstellter Zahlungsplan. Ein Rechtsmittel kann nicht darauf gestützt werden, der Gerichtsvollzieher oder das Gericht habe zu Unrecht die örtliche Zuständigkeit angenommen (vgl § 572 Abs. 2 S. 2).[24]

---

16 OLG Frankfurt JurBüro 1978, 131.
17 BGH NJW 2008, 3288.
18 OLG Köln OLGR 2004, 157; LG Zwickau Rpfleger 1995, 371; Musielak/*Voit*, § 802 e Rn 2.
19 OLG Köln OLGR 2004, 157.
20 Musielak/*Voit*, § 802 e Rn 2.
21 Verneinend zu § 899 aF: zB Zöller/*Stöber*, 28. Aufl., § 899 Rn 3; bejahend zu § 899 aF: zB Musielak/*Voit*, 7. Aufl., § 899 Rn 5.
22 BayObLG Rpfleger 1994, 471.
23 Thomas/Putzo/*Seiler*, § 802 e Rn 2; Zöller/*Stöber*, § 802 e Rn 5.
24 Vgl auch OLG Köln InVo 1996, 276.

VI. Weitere praktische Hinweise

Zur Vermeidung von Verzögerungen ist es sinnvoll, im Falle des Auftrags an den Gerichtsvollzieher stets zugleich **hilfsweise für den Fall der Unzuständigkeit** einen entsprechenden Abgabeantrag (Abs. 2) zu stellen. Formulierungsvorschlag: **11**

▶ Sollte der Schuldner nicht (mehr) in dem Gerichtsbezirk wohnhaft sein/seinen Geschäftssitz haben, so wird um formlose Weiterleitung des Antrags an das zuständige Gericht (§ 802 e Abs. 2 ZPO) gebeten. ◀

VII. Kosten

Durch die Zuständigkeitszuweisung an den Gerichtsvollzieher kann dieser nach § 1 GvKostG Kosten (Gebühren und Auslagen; s. auch § 802 a Rn 9 ff) für die **Abnahme der Vermögensauskunft** (Nr. 260 KV GvKostG) erheben. Der Gebührentatbestand „**Abnahme der eidesstattlichen Versicherung**" war nach Inkrafttreten des Gesetzes zur Reform der Sachaufklärung zum 1.1.2013 zunächst nicht mehr im Kostenverzeichnis des GvKostG enthalten. Dies hatte zur Folge, dass bei Abnahme von eidesstattlichen Versicherungen nach § 836 Abs. 3 S. 2, § 883 Abs. 2 ZPO und § 94 FamFG keine Gebühren erhoben werden konnten, da ein entsprechender Gebührentatbestand fehlte. Denn die Existenz eines Gebührentatbestands ist Voraussetzung für einen Gebührenansatz. Durch das 2. KostRMoG[25] ist mWz 1.8.2013 der Gebührentatbestand des Nr. 262 KV GvKostG eingefügt worden. Danach entsteht für die Abnahme der eidesstattlichen Versicherung nach § 836 Abs. 3 oder § 883 Abs. 2 eine Gebühr iHv 38,00 €. **12**

§ 802 f Verfahren zur Abnahme der Vermögensauskunft

(1) ¹Zur Abnahme der Vermögensauskunft setzt der Gerichtsvollzieher dem Schuldner für die Begleichung der Forderung eine Frist von zwei Wochen. ²Zugleich bestimmt er für den Fall, dass die Forderung nach Fristablauf nicht vollständig beglichen ist, einen Termin zur Abgabe der Vermögensauskunft alsbald nach Fristablauf und lädt den Schuldner zu diesem Termin in seine Geschäftsräume. ³Der Schuldner hat die zur Abgabe der Vermögensauskunft erforderlichen Unterlagen im Termin beizubringen. *⁴Der Fristsetzung nach Satz 1 bedarf es nicht, wenn der Gerichtsvollzieher den Schuldner bereits zuvor zur Zahlung aufgefordert hat und seit dieser Aufforderung zwei Wochen verstrichen sind, ohne dass die Aufforderung Erfolg hatte.*[1]

(2) ¹Abweichend von Absatz 1 kann der Gerichtsvollzieher bestimmen, dass die Abgabe der Vermögensauskunft in der Wohnung des Schuldners stattfindet. ²Der Schuldner kann dieser Bestimmung binnen einer Woche gegenüber dem Gerichtsvollzieher widersprechen. ³Andernfalls gilt der Termin als pflichtwidrig versäumt, wenn der Schuldner in diesem Termin aus Gründen, die er zu vertreten hat, die Vermögensauskunft nicht abgibt.

(3) ¹Mit der Terminsladung ist der Schuldner über die nach § 802 c Abs. 2 erforderlichen Angaben zu belehren. ²Der Schuldner ist über seine Rechte und Pflich-

---

25 Vom 23.7.2013 (BGBl. I S. 2586).
1 *Kursive Hervorhebung:* Geplante Ergänzung des Abs. 1 um den neuen Satz 4 durch RefE des BMJV vom 9.12.2014 – „Entwurf eines Gesetzes zur Durchführung der Verordnung (EU) Nr. 655/2014 sowie zur Änderung sonstiger zivilprozessualer Vorschriften (EuKoPfVODG)", Art. 1 Nr. 8. Geplantes Inkrafttreten: am Tag nach der Verkündung (Art. 10 Abs. 2). – Siehe dazu Rn 6 a.

ten nach den Absätzen 1 und 2, über die Folgen einer unentschuldigten Terminssäumnis oder einer Verletzung seiner Auskunftspflichten sowie über die Möglichkeit der Einholung von Auskünften Dritter nach § 802 l und der Eintragung in das Schuldnerverzeichnis bei Abgabe der Vermögensauskunft nach § 882 c zu belehren.

(4) ¹Zahlungsaufforderungen, Ladungen, Bestimmungen und Belehrungen nach den Absätzen 1 bis 3 sind dem Schuldner zuzustellen, auch wenn dieser einen Prozessbevollmächtigten bestellt hat; einer Mitteilung an den Prozessbevollmächtigten bedarf es nicht. ²Dem Gläubiger ist die Terminsbestimmung nach Maßgabe des § 357 Abs. 2 mitzuteilen.

(5) ¹Der Gerichtsvollzieher errichtet eine Aufstellung mit den nach § 802 c Absatz 1 und 2 erforderlichen Angaben als elektronisches Dokument (Vermögensverzeichnis). ²Diese Angaben sind dem Schuldner vor Abgabe der Versicherung nach § 802 c Abs. 3 vorzulesen oder zur Durchsicht auf einem Bildschirm wiederzugeben. ³Dem Schuldner ist auf Verlangen ein Ausdruck zu erteilen.

(6) ¹Der Gerichtsvollzieher hinterlegt das Vermögensverzeichnis bei dem zentralen Vollstreckungsgericht nach § 802 k Abs. 1 und leitet dem Gläubiger unverzüglich einen Ausdruck zu. ²Der Ausdruck muss den Vermerk enthalten, dass er mit dem Inhalt des Vermögensverzeichnisses übereinstimmt; § 802 d Abs. 1 Satz 3 und Abs. 2 gilt entsprechend.

§§ 135 ff GVGA

§§ 1 ff VermVV [abgedr. bei § 802 k Rn 23]

Literatur:

Hascher/Schneider, Die Unzulässigkeit des Rechtsbehelfs der Erinnerung gem. § 766 ZPO gegen die Terminsbestimmung des Gerichtsvollziehers im Verfahren zur Abnahme der Vermögensauskunft nach § 802 f ZPO, JurBüro 2014, 60; *Jungbauer*, Zentrale Vollstreckungsgerichte und Auskunft aus dem Schuldnerverzeichnis ab 1.1.2013, JurBüro 2012, 629. Siehe ferner die Literaturhinweise zu Vor §§ 802 a–802 l.

I. Normzweck 1	1. Allgemeines 19
II. Terminsbestimmung; Einräumung einer Zahlungsfrist; Ladungen; Belehrungen 6	2. Abgabe der Vermögensauskunft 21
1. Grundsatz 6	3. Abwesenheit oder Weigerung des Schuldners 26
2. Ladung des Schuldners 8	4. Vertagung aus wichtigen Gründen 27
3. Belehrungen (Abs. 3) 10	V. Verfahren nach Abnahme der Vermögensauskunft (Abs. 6) 29
4. Mitteilung an den Gläubiger (Abs. 4 S. 2) 15	VI. Rechtsbehelfe 31
III. Abgabe der Vermögensauskunft in der Wohnung des Schuldners (Abs. 2) 16	VII. Weitere praktische Hinweise 32
IV. Verfahren im Termin zur Vermögensauskunft (Abs. 5) 19	VIII. Kosten 33

I. Normzweck

1 § 802 f ersetzt die frühere Regelung in § 900 aF. Die Vorschrift regelt das vom Gerichtsvollzieher bei der Abnahme der Vermögensauskunft nach § 802 c zu beachtende Verfahren.

2 Abs. 1 bestimmt Details für die Ladung des Schuldners zur Abnahme der Vermögensauskunft. Um dem Schuldner Gelegenheit zur Abwendung der Vermögensauskunft zu geben, ordnet Abs. 1 S. 1 in Anlehnung an die in § 807 Abs. 1 Nr. 4

aF enthaltene Toleranzfrist[2] die Einräumung einer letzten Zahlungsfrist von zwei Wochen an. Der Verfahrensbeschleunigung dient die Vorgabe in Abs. 1 S. 2, wonach bereits gleichzeitig mit der Gewährung der letzten Zahlungsfrist ein Termin zur Abnahme der Vermögensauskunft für den Fall des fruchtlosen Fristablaufs zu bestimmten ist.[3] Der geplante neu anzufügende **Abs. 1 S. 4**[4] dient der Vermeidung unnötiger Verfahrensverzögerungen (s. dazu Rn 6 a).

Abs. 2 sieht die Möglichkeit der Abnahme der Vermögensauskunft in der schuldnerischen Wohnung vor. Im Hinblick auf den nach Art. 13 GG gewährleisteten Schutz der Wohnung[5] besteht für den Schuldner ein Widerspruchsrecht. Um Verzögerungen des Verfahrens durch den Schuldner zu verhindern,[6] ist dieses Recht indes befristet. 3

Nähere Einzelheiten über die mit der Terminsladung erforderlichen Belehrungen des Schuldners regelt **Abs. 3**, während **Abs. 4** Bestimmungen hinsichtlich des Inhalts und der Form der Terminsladung enthält. Abs. 4 findet auch auf das Verfahren der eidesstattlichen Versicherung nach § 836 Abs. 3 S. 2 und § 883 Abs. 2 Anwendung. 4

Detaillierte Bestimmungen über die Errichtung der Vermögensauskunft sowie der Hinterlegung des Vermögensverzeichnisses sowie hinsichtlich der Übermittlung eines Ausdrucks an den Gläubiger sehen die **Abs. 5 und 6** vor. Zudem finden sich ergänzende Regelungen in der VermVV (abgedr. bei § 802 k Rn 23). 5

Zum **Übergangsrecht** s. Vor §§ 802 a–802 l Rn 9 ff.

II. Terminsbestimmung; Einräumung einer Zahlungsfrist; Ladungen; Belehrungen

1. Grundsatz. Stellt der Gläubiger einen Antrag auf Abnahme der Vermögensauskunft nach § 802 c und liegen die allgemeinen und besonderen Voraussetzungen der Zwangsvollstreckung vor (s. dazu § 802 c Rn 3 ff), so hat der Gerichtsvollzieher dem Schuldner für die Begleichung der Forderung des Gläubigers eine **letzte Frist von zwei Wochen** zu setzen (**Abs. 1 S. 1**). Zugleich hat er für den Fall des fruchtlosen Fristablaufs einen **Termin zur Abnahme der Vermögensauskunft** alsbald nach Ablauf der gesetzten Frist zu bestimmen und den Schuldner hierzu in seine Geschäftsräume zu laden (**Abs. 1 S. 2**).[7] Die **Mindestladungsfrist** beträgt ab Zustellung (vgl Abs. 4) wegen der gesetzlich vorgeschriebenen Einräumung einer letzten Zahlungsfrist 15 Tage. Nähere Einzelheiten zur Ladung des Schuldners sind in Abs. 3 und 4 geregelt. Der Schuldner ist verpflichtet,[8] zum Termin die zur Abgabe der Vermögensauskunft erforderlichen Unterlagen beizubringen (**Abs. 1 S. 3**). 6

Ausnahmsweise kann auf die **Fristsetzung verzichtet** werden, wenn diese angesichts der Höhe der Forderung sowie der Vermögensverhältnisse des Schuldners ersichtlich nicht weiterführend ist.[9] Nach dem RefE des BMJV eines „Gesetzes zur Durchführung der Verordnung (EU) Nr. 655/2014 sowie zur Änderung sonstiger zivilprozessualer Vorschriften (**EuKoPfVODG**)" vom 9.12.2014 soll dem Abs. 1 ein neuer **Satz 4**[10] angefügt werden. Danach soll es weiterhin keiner Set- 6a

---

2 BT-Drucks. 16/10069, S. 26.
3 BT-Drucks. 16/10069, S. 26.
4 Siehe Fn 1.
5 BT-Drucks. 16/10069, S. 27.
6 BT-Drucks. 16/10069, S. 27.
7 Vgl auch *Sternal*, in: Wolf u.a., Zwangsvollstreckungsrecht aktuell, § 6 Rn 21 ff.
8 BT-Drucks. 16/10069, S. 26.
9 *Musielak/Voit*, § 802 f Rn 2.
10 Siehe Fn 1.

zung einer Zahlungsfrist nach Abs. 1 S. 1 bedürfen, wenn der Gerichtsvollzieher den Schuldner vorab zur Zahlung aufgefordert hat und seit dieser Aufforderung zwei Wochen verstrichen sind, ohne dass die Aufforderung Erfolg hatte. In diesem Fall besteht für eine Fristsetzung kein praktisches Bedürfnis mehr. Der Schuldner muss aufgrund der erfolgten Zahlungsaufforderung und des Verstreichenlassens der gesetzten Frist mit entsprechenden Zwangsvollstreckungsmaßnahmen rechnen. Die erneute Einräumung einer Frist würde zudem in diesem Fällen das Verfahren unnötig verzögern. Weiterhin gilt die Zwei-Wochen-Frist nicht bei der Vermögensauskunft nach § 807 (**§ 807 Abs. 2 Hs 2**).

7 Bei **mehreren Gläubigeranträgen** kann ein einheitlicher Termin zur Abnahme der Vermögensauskunft bestimmt werden. Der Schuldner hat dann in allen Verfahren gleichzeitig die Vermögensauskunft zu erteilen.[11] Gibt der Schuldner nur in einem von mehreren Verfahren die Erklärung ab, so löst dies für die anderen Verfahren die Sperre des § 802 d aus. Der Gerichtsvollzieher hat in diesem Fall den anderen Gläubigern einen Ausdruck des zuletzt abgegebenen Vermögensverzeichnisses zuzuleiten (vgl § 802 d Abs. 1 S. 2).

8 **2. Ladung des Schuldners.** Die Ladung ist dem Schuldner oder demjenigen, der für den Schuldner die Vermögensauskunft abzugeben hat (zu den Einzelheiten s. § 802 c Rn 17 ff), persönlich durch Aufgabe zur Post (§ 194) oder durch den Gerichtsvollzieher (§ 193) zuzustellen (**Abs. 4 S. 1 Hs 1**); eine Ersatzzustellung nach §§ 178 ff ist zulässig.[12]

9 Eine mündliche Bekanntgabe des Termins genügt nicht,[13] wohl aber eine Ersatzzustellung. Bei **mehreren gesetzlichen Vertretern** kann der Gerichtsvollzieher alle oder nur einen laden.[14] Eine persönliche Ladung hat auch dann zu erfolgen, wenn sich ein **Verfahrensbevollmächtigter** für den Schuldner bestellt hat (**Abs. 4 S. 1 Hs 1 aE**);[15] diesem muss der Termin zur Abnahme der Vermögensauskunft auch nicht mitgeteilt werden (Abs. 4 S. 1 Hs 2). Dagegen sind andere Entscheidungen während des Verfahrens (zB über ein Rechtsmittel) an den Verfahrensbevollmächtigen (§ 172) zuzustellen.

10 **3. Belehrungen (Abs. 3).** Mit der Terminsladung hat der Gerichtsvollzieher den Schuldner **umfassend zu belehren** (**Abs. 3**).[16] Insbesondere ist eine Belehrung gesetzlich vorgeschrieben über

- den nach § 802 c Abs. 2 vorgeschriebenen Inhalt und Umfang der Vermögensauskunftspflicht (**Abs. 3 S. 1**);

- die Rechte und Pflichten des Schuldners nach Abs. 1, nämlich die nach Abs. 1 S. 1 bestehende Möglichkeit der Abwendung der Vermögensauskunft durch rechtzeitige Zahlung der titulierten Forderung innerhalb der gesetzten Frist (**Abs. 3 S. 2**);

- die Pflicht zum persönlichen Erscheinen und die nach Abs. 1 S. 3 bestehende Pflicht, zu dem Termin alle zur Abgabe der Vermögensauskunft erforderlichen Unterlagen beizubringen (**Abs. 3 S. 2**);

- die Folgen einer unentschuldigten Terminsversäumnis oder einer Verletzung der Auskunftspflichten, nämlich die Möglichkeit des Erlasses eines Haftbefehls (§ 802 g) sowie die Eintragung in das Schuldnerverzeichnis (**Abs. 3 S. 2**);

---

11 Stein/Jonas/*Münzberg*, § 900 Rn 32 (zu § 900 aF).
12 MüKo-ZPO/*Wagner*, § 802 f Rn 13; Thomas/Putzo/*Seiler*, § 802 f Rn 6.
13 LG Karlsruhe DGVZ 2000, 89.
14 Hk-ZPO/*Rathmann*, § 802 f Rn 7.
15 *Sternal*, in: Wolf u.a., Zwangsvollstreckungsrecht aktuell, § 6 Rn 24.
16 *Sternal*, in: Wolf u.a., Zwangsvollstreckungsrecht aktuell, § 6 Rn 25.

- die Möglichkeit der Einholung von Auskünften Dritter durch den Gerichtsvollzieher nach § 802 l (**Abs. 3 S. 2**), wenn der Schuldner seiner Pflicht zur Abgabe der Vermögensauskunft nicht nachkommt oder eine Vollstreckung in die in der Auskunft angeführten Vermögensgegenstände eine vollständige Befriedigung der Gläubiger nicht erwarten lässt;
- die Eintragung in das Schuldnerverzeichnis bei Abgabe der Vermögensauskunft nach § 882 c (**Abs. 3 S. 2**).

Die Belehrungen können durch ein **Formblatt** erfolgen.[17] Eine fehlende oder fehlerhafte Belehrung führt zur Unwirksamkeit der Ladung. Dieser Mangel wird im Falle einer fehlenden entsprechenden Rüge durch den Schuldner geheilt.[18]

Im Falle einer **Terminsbestimmung in der Wohnung des Schuldners** (Abs. 2) ist zusätzlich noch zu belehren über das nach Abs. 2 S. 2 bestehende Recht zum Widerspruch innerhalb einer Woche gegen die Bestimmung der Schuldnerwohnung als Ort der Vermögensauskunft (**Abs. 3 S. 2**). 11

Mit der Ladung sind die **Zahlungsaufforderung**, die **Bestimmungen und Belehrungen** nach den Abs. 1–3 an den Schuldner zu übersenden. Als Orientierungshilfe für die von dem Schuldner verlangten Auskünfte sowie die nach Abs. 1 S. 3 von ihm mitzubringenden Unterlagen kann auch ein „**Blankoausdruck**" des elektronischen Vermögensverzeichnisses oder ein **Formblatt** übersandt werden,[19] aus dem sich die in dem elektronischen Vermögensverzeichnis abgefragten Angaben gem. § 802 c ergeben. 12

Zudem muss trotz der gesetzlichen Neuregelung weiterhin eine **Abschrift des Vollstreckungsauftrags des Gläubigers** beigefügt wird.[20] Denn der Anspruch des Schuldners auf rechtliches Gehör (Art. 103 Abs. 1 GG) und auf ein faires Verfahren gebieten es, dass dieser durch eine Abschrift des Auftrags Kenntnis von dessen Inhalt erlangt, damit er seine Interessen im Zwangsvollstreckungsverfahren wahrnehmen kann.[21] Notwendig sind zudem konkrete Angaben zum Titel und zu der von dem Gläubiger geltend gemachten Summe. Diese Angabe benötigt der Schuldner, damit er weiß, welchen Betrag er innerhalb der letzten Zahlungsfrist zur Abwendung der Abnahme der Vermögensauskunft leisten muss. 13

Der Gerichtsvollzieher kann den Gläubiger auffordern, entsprechende Abschriften des Vollstreckungsauftrags einzureichen. Weigert sich der Gläubiger, rechtfertigt dies keine Zurückstellung der Erledigung des Vollstreckungsauftrags bis zur Einreichung der erforderlichen Abschriften.[22] Vielmehr hat der Gerichtsvollzieher in diesem Fall die erforderlichen Abschriften auf Kosten des Gläubigers (§ 9 GvKostG iVm Nr. 700 Nr. 1 Buchst. b KV GvKostG) herzustellen.[23] Bei einem der deutschen Sprache nicht mächtigen Schuldner ist eine Übersetzung der Unterlagen nicht erforderlich; es reicht aus, wenn diese im Termin mittels eines Dolmetschers mit dem Schuldner erörtert werden.[24] 14

---

17 BT-Drucks. 16/10069, S. 27; Musielak/*Voit*, § 802 f Rn 4.
18 BGH DGVZ 2010, 130.
19 BT-Drucks. 16/10069, S. 27; Thomas/Putzo/*Seiler*, § 802 f Rn 5.
20 BGH JurBüro 2012, 210; LG Schweinfurt DGVZ 2011, 89; Hk-ZPO/*Rathmann*, § 802 f Rn 7; aA LG Hamburg DGVZ 2005, 77; Musielak/*Voit*, § 802 f Rn 5; Zöller/*Stöber*, § 802 f Rn 6.
21 BGH WM 2012, 44; LG Mainz JurBüro 2000, 665; Schuschke/Walker/*Schuschke*, § 900 Rn 6; **aA** LG Hamburg DGVZ 2005, 77 (nur „zweckmäßig, aber nicht notwendig"; jew. zu § 900 aF.
22 BGH WM 2012, 44; aA AG Lahr DGVZ 2000, 124; Schuschke/Walker/*Schuschke*, § 900 Rn 6; jew. zu § 900 aF.
23 BGH WM 2012, 44.
24 LG Amberg DGVZ 2006, 181.

15   **4. Mitteilung an den Gläubiger (Abs. 4 S. 2).** Der Gläubiger ist über den Termin **formlos** zu informieren (Abs. 4 S. 2 iVm § 357 Abs. 2). Die Mitteilung muss rechtzeitig erfolgen, damit für den Gläubiger bzw seinen Vertreter die Möglichkeit besteht, den Termin wahrzunehmen. Ein Verstoß gegen die Mitteilungspflicht führt nicht zur Unwirksamkeit der Errichtung des Vermögensverzeichnisses und zu einer nochmaligen Abgabe der Vermögensauskunft durch den Schuldner; indes kann ggf eine Vervollständigung der abgegebenen Vermögensauskunft (s. dazu § 802 d Rn 16 ff) auf Verlangen des Gläubigers geboten sein.[25]

III. Abgabe der Vermögensauskunft in der Wohnung des Schuldners (Abs. 2)

16   Abs. 1 geht davon aus, dass die Abnahme der Vermögensauskunft grds. in den Geschäftsräumen des Gerichtsvollziehers erfolgt (s. Rn 19). Abweichend hiervon ist der Gerichtsvollzieher nach Abs. 2 berechtigt, als Ort für die Abnahme der Vermögensauskunft die Wohnung des Schuldners zu bestimmen (**Abs. 2 S. 1**).[26] Die Entscheidung liegt im **pflichtgemäßen Ermessen** des Gerichtsvollziehers. Eine entsprechende Anordnung kann bei einer mangelnden Mobilität des Schuldners sinnvoll sein[27] oder um bei einem Schuldner mit ungeordneten Lebensverhältnissen sicherzustellen, dass er die nötigen Unterlagen zur Hand hat.[28]

17   Der Schuldner kann dieser Anordnung **innerhalb einer Woche widersprechen** (**Abs. 2 S. 2**). Die Frist beginnt ab der Zustellung der Ladung (vgl Abs. 4 S. 1). Dem Gläubiger steht kein entsprechendes Widerspruchsrecht zu. Im Falle eines Widerspruchs bestimmt der Gerichtsvollzieher einen neuen Termin in den Geschäftsräumen. Um Verfahrensverzögerungen zu vermeiden, ist es auch zulässig, gleichzeitig mit der Terminsladung für den Fall des Widerspruchs ersatzweise die Abnahme der Vermögensauskunft in den Geschäftsräumen anzuordnen. Hinsichtlich der Zahlungsaufforderungen, Ladungen des Schuldners, Bestimmungen und Belehrungen des Schuldners und der Benachrichtigung des Gläubigers gelten die Ausführungen in Rn 6 ff (vgl Abs. 4 S. 1).

18   Legt der Schuldner **keinen Widerspruch** ein oder versäumt er die **Widerspruchsfrist**, berechtigt dies den Gerichtsvollzieher nicht, die Wohnung des Schuldners gegen dessen Willen zu betreten.[29] Vielmehr gilt der Termin als pflichtwidrig versäumt, wenn der Schuldner in dem angesetzten Termin aus Gründen, die er zu vertreten hat, die Vermögensauskunft nicht abgibt (**Abs. 2 S. 3**). Insoweit besteht dann die Möglichkeit des Erlasses eines Haftbefehls nach § 802 g und die Eintragung in das Schuldnerverzeichnis nach § 882 c Abs. 1 Nr. 1. Aus dringenden Gründen kann der Termin verschoben werden (s. dazu Rn 27).

IV. Verfahren im Termin zur Vermögensauskunft (Abs. 5)

19   **1. Allgemeines.** Der Termin zur Abnahme der Vermögensauskunft ist nicht öffentlich. Der Gerichtsvollzieher kann ihn in seinen **Geschäftsräumen** oder in der **Wohnung der Schuldners** (Abs. 2) durchführen. Daneben bestand nach dem früheren Recht die Möglichkeit, den Termin ausnahmsweise an einem anderen Ort durchführen, zB im Krankenhaus[30] oder im Amtsgericht. Da sich aus der Gesetzesbegründung keine Anhaltspunkte dafür ergeben, dass der Gesetzgeber diese Möglichkeit mit der jetzigen Fassung des § 802 f vollständig ausschließen wollte,

---

25   Musielak/*Voit*, § 802 f Rn 6; aA AG Bochum DGVZ 2006, 120 (Pflicht zur nochmaligen Abgabe).
26   S. auch *Sternal*, in: Wolf u.a., Zwangsvollstreckungsrecht aktuell, § 6 Rn 23.
27   MüKo-ZPO/*Wagner*, § 802 f Rn 7.
28   Beispiel nach BT-Drucks. 16/10069, S. 26.
29   BT-Drucks. 16/10069, S. 26; Schuscke/Walker/*Walker*, § 802 f Rn 3.
30   KG MDR 1965, 53; OLG Jena Rpfleger 1997, 446.

dürfte in Ausnahmefällen weiterhin eine Abnahme der Vermögensauskunft auch an anderen Orten zulässig sein, insb. wenn der Schuldner hiergegen keine Einwendungen erhebt oder ausdrücklich hierum bittet.

Ist der Schuldner nach Eingang des Antrags **verzogen**, kann in entsprechender Anwendung des § 479 ein auswärtiges Amtsgericht im Wege der Rechtshilfe (§ 156 GVG) um die Abnahme der Vermögensauskunft sowie deren eidesstattliche Bekräftigung ersucht werden (§ 802 c Abs. 3 S. 2).[31]

2. Abgabe der Vermögensauskunft. Der Schuldner bzw sein gesetzlicher Vertreter muss die nach Abs. 5 S. 1 vorgeschriebene Aufstellung mit den nach Abs. 1 und 2 erforderlichen Angaben (Vermögensauskunft) **persönlich abgeben**; eine Vertretung im Termin (zB durch einen Verfahrensbevollmächtigten) scheidet aus. Das Vermögensverzeichnis ist vom Gerichtsvollzieher **auf der Grundlage der mündlichen Angaben des Schuldners** im Termin zu errichten.[32] Sofern der Schuldner der deutschen Sprache nicht hinreichend mächtig ist, kann ein Dolmetscher hinzugezogen werden. Die Errichtung erfolgt **als elektronisches Dokument (Abs. 5 S. 1)**. Die von dem Schuldner im Termin vorgelegten Unterlagen können in das elektronische Dokument übertragen und in das Vermögensverzeichnis aufgenommen bzw mit diesem untrennbar verbunden werden.[33]

Weitere Einzelheiten der Form des Vermögensverzeichnisses sowie der Behandlung von Anlagen können durch Verordnung näher festgelegt werden (§ 802 k Abs. 4). Hierzu hat der Verordnungsgeber die Verordnung über das Vermögensverzeichnis (**Vermögensverzeichnisverordnung – VermVV**) vom 26.7.2012[34] erlassen (abgedr. bei § 802 k Rn 23). Der Inhalt und der Umfang der Vermögensauskunft ergeben sich aus § 802 c Abs. 2 bzw § 284 Abs. 7 S. 1, Abs. 2 AO, jew. iVm § 3 Abs. 1 S. 1 VermVV. Zudem hat das Vermögensverzeichnis eine Dokumentation darüber zu enthalten, dass die Voraussetzungen des Abs. 5 S. 2 (Vorlesen der Angaben; s. dazu Rn 23) und Abs. 5 S. 3 (Übergabe eines Ausdrucks; s. Rn 25) erfüllt sind (§ 3 Abs. 2 Nr. 1 VermVV) und die eidesstattliche Bekräftigung durch den Schuldner nach § 802 c Abs. 3 bzw § 284 Abs. 3 AO erfolgt ist (§ 3 Abs. 2 Nr. 2 VermVV).

Das Vermögensverzeichnis muss **nicht von dem Schuldner unterschrieben** werden.[35] Hierdurch entfällt nicht die Strafbarkeit einer falschen Versicherung der Vollständigkeit und Richtigkeit der Vermögensauskunft nach § 802 c, da auch eine mündlich abgegebene falsche eidesstattliche Versicherung den Straftatbestand des § 156 StGB erfüllt.[36] Der Gerichtsvollzieher ist verpflichtet, den Schuldner entsprechend § 480 über die **Bedeutung des Eides zu belehren** (vgl § 802 c Abs. 3 S. 2). Vor Abgabe der eidesstattlichen Bekräftigung hat der Gerichtsvollzieher die Angaben in dem Vermögensverzeichnis dem Schuldner **vorzulesen** oder **zur Durchsicht auf einem Bildschirm wiederzugeben (Abs. 5 S. 2)**. Hierdurch soll der Schuldner von dem Inhalt des vom Gerichtsvollzieher aufgenommenen Vermögensverzeichnisses Kenntnis erlangen.

Der Schuldner soll die Aufzeichnung genehmigen; dies ist entsprechend im Protokoll zu vermerken (§ 764 Abs. 2 Nr. 4). Eine fehlende oder verweigerte **Genehmigung** macht die Vermögensauskunft nicht unwirksam; insb. können die Angaben

---

31 LG Bochum Rpfleger 2001, 443; AG Reinbek DGVZ 2001, 47. Dies gilt entsprechend auch für § 836 Abs. 3: Stein/Jonas/*Münzberg*, § 900 Fn 177; jew. noch zu § 900 aF. Zu den Einzelheiten des Verfahrens vor dem ersuchten Gerichtsvollzieher s. Stein/Jonas/*Münzberg*, § 900 Rn 33.
32 *Sternal*, in: Wolf u.a., Zwangsvollstreckungsrecht aktuell, § 6 Rn 26.
33 BT-Drucks. 16/10069, S. 27.
34 BGBl. I S. 1663.
35 So auch Hk-ZPO/*Rathmann*, § 802 f Rn 11.
36 Schuschke/Walker/*Walker*, § 802 f Rn 7; Thomas/Putzo/*Seiler*, § 820 f Rn 8.

in dem Verzeichnis verwertet werden.[37] Zudem hat der Schuldner zu Protokoll an Eides statt zu versichern, dass er die Angaben nach § 802 c Abs. 2 nach bestem Wissen und Gewissen richtig und vollständig gemacht hat (§ 802 c Abs. 3 S. 1; vgl auch § 802 c Rn 44 f). Der Schuldner kann die Abgabe der eidesstattlichen Versicherung nicht mit der Begründung verweigern, eine wahrheitsgemäße Beantwortung würde ihn der Gefahr der Strafverfolgung aussetzen.[38]

24 Der das Verfahren betreibende Gläubiger sowie sein Verfahrensbevollmächtigter haben **im Termin** ein **Anwesenheitsrecht**. Diese dürfen Vorhalte machen und ergänzende Fragen stellen,[39] auch über den amtlichen Vordruck hinaus, sofern die Beantwortung der Fragen eine weitere Vollstreckungsmöglichkeit eröffnen kann.[40] Unzulässig sind indes Fragen, die auf eine reine Ausforschung hinauslaufen[41] bzw nicht in einem konkreten Zusammenhang mit der Lebenssituation des Schuldners stehen.[42] Der Gläubiger kann die Fragen bereits vorab schriftlich dem Gerichtsvollzieher zur Vorbereitung des Termins übermitteln.

25 Dem Schuldner ist auf Verlangen ein **Ausdruck des Vermögensverzeichnisses** zu erteilen (**Abs. 5 S. 3**; vgl auch § 3 Abs. 2 Nr. 1 VermVV). Hieraus kann er entnehmen, welche Angaben bei dem zentralen Vollstreckungsgericht nach § 802 k Abs. 1 hinterlegt sind. Der Ausdruck muss dem Schuldner nicht sofort nach Abgabe der Vermögensauskunft im Termin erteilt werden; eine spätere Übersendung an den Schuldner genügt.[43] Über den Termin ist ein **Protokoll anzufertigen**; das Vermögensverzeichnis ist Anlage dazu (§ 160 Abs. 5).[44] Zu dem Inhalt des Protokolls s. § 762. Dieses Protokoll wird nicht bei dem zentralen Vollstreckungsgericht hinterlegt.[45]

26 **3. Abwesenheit oder Weigerung des Schuldners.** Erscheint der Schuldner **unentschuldigt nicht im Termin** oder **verweigert er ohne Angabe von Gründen** die Abgabe der Vermögensauskunft, so kann der im Termin anwesende Gläubiger einen Antrag auf Erlass eines Haftbefehls (§ 802 g) stellen. In diesem Fall hat der Gerichtsvollzieher die Akten dem zuständigen Richter zur Entscheidung vorzulegen. Gleiches gilt, wenn der Gläubiger bereits vorher (zB mit dem Antrag auf Abnahme der Vermögensauskunft) einen entsprechenden Antrag gestellt hat. Hat der Gläubiger keinen Haftantrag gestellt, wird das Verfahren nicht fortgesetzt. Der Gläubiger hat jedoch die Möglichkeit, noch zu einem späteren Zeitpunkt den Antrag nachzuholen. Zu den weiteren Einzelheiten s. die Erl. zu § 802 g. Ist das Fernbleiben des Schuldners entschuldigt, so kann der Gerichtsvollzieher den Termin vertagen (s. Rn 27 f).

27 **4. Vertagung aus wichtigen Gründen.** Ist der Schuldner aus **erheblichen Gründen** nicht in der Lage, die Vermögensauskunft im Termin abzugeben, besteht die Möglichkeit einer Vertagung nach § 227. In diesem Fall ist der Schuldner zu dem neuen Termin zu laden. Erhebliche Gründe können bspw vorliegen, wenn der Schuldner noch Unterlagen (zB Geschäftsbücher, Grundbuchauszüge) beiziehen muss oder wenn erhebliche gesundheitliche Probleme bei dem Schuldner beste-

---

37 MüKo-ZPO/*Wagner*, § 802 f Rn 18.
38 BVerfG WM 2008, 989; LG Hannover JurBüro 2008, 495.
39 BGHZ 7, 292 = NJW 1953, 261; LG Marburg DGVZ 2000, 152.
40 LG Kempten DGVZ 2007, 141; LG Mönchengladbach JurBüro 2008, 552; AG Hattingen JurBüro 2008, 384; AG Lindau DGVZ 2007, 141.
41 BGH WM 2012, 805; Zöller/*Stöber*, § 802 f Rn 17; aA MüKo-ZPO/*Eickmann*, § 900 Rn 17.
42 BGH WM 2012, 805; MüKo-ZPO/*Eickmann*, § 900 Rn 19.
43 BT-Drucks. 16/10069, S. 27; Schuschke/Walker/*Walker*, § 802 f Rn 9.
44 Hk-ZPO/*Rathmann*, § 802 f Rn 12; Stein/Jonas/*Münzberg*, § 900 Rn 43.
45 BT-Drucks. 16/10069, S. 27.

hen, zB bei einer akuten schweren Erkrankung,[46] bei einer unmittelbar bevorstehenden Operation, nicht indes bei einer schweren Depression.[47] Insoweit ist an den Nachweis ein **strenger Maßstab** anzulegen. Erforderlich ist die Vorlage eines aussagekräftigen ärztlichen Attests; allein die Angaben „zurzeit krank", „kann aus gesundheitlichen Gründen nicht an der Verhandlung teilnehmen" bzw ähnliche Formulierungen genügen nicht.

Eine Vertagung kommt auch aus anderen wichtigen Gründen in Betracht, zB aus dienstlichen Gründen des Gerichtsvollziehers oder wenn dieser ein vorgelegtes privatärztliches Attest nicht als ausreichend erachtet. Insoweit kann dem Schuldner eine Frist zur Beibringung eines amtsärztlichen Attestes gesetzt werden.[48] In Ausnahmefällen besteht die Möglichkeit einer Vertagung nach § 765 a, wenn die Maßnahme unter voller Würdigung des Schutzbedürfnisses des Gläubigers eine ganz besondere Härte für den Schuldner bedeutet. Zuständig für die Entscheidung ist in diesem Fall das Vollstreckungsgericht. 28

V. Verfahren nach Abnahme der Vermögensauskunft (Abs. 6)

Nach Abnahme der Vermögensauskunft hat der Gerichtsvollzieher das Vermögensverzeichnis **beim zentralen Vollstreckungsgericht** (vgl § 802 k Abs. 1) zu **hinterlegen** (**Abs. 6 S. 1 iVm §§ 2, 4 Abs. 1 VermVV**). Eine Hinterlegung des von dem Gerichtsvollzieher errichteten Protokolls (§ 762) erfolgt nicht;[49] dieses bleibt in den Gerichtsvollzieherakten. 29

Bei der elektronischen Übermittlung muss sichergestellt sein, dass die Vermögensverzeichnisse 29a

- bei der Übermittlung an das zentrale Vollstreckungsgericht gegen unbefugte Kenntnisnahme geschützt sind,
- unversehrt und vollständig wiedergegeben werden,
- jederzeit ihrem Ursprung nach zugeordnet werden können und
- ausschließlich vom registrierten Nutzer abgerufen werden können.

Daher ist das elektronische Dokument mit einer qualifizierten Signatur zu versehen und vor unbefugter Kenntnisnahme durch geeignete technische Maßnahmen, insb. durch Verschlüsselung,[50] zu schützen (**Abs. 6 S. 2 Hs 2 iVm § 802 d Abs. 2**). Außerdem muss jeder Abrufvorgang protokolliert werden. Weitere Einzelheiten über die Art und Weise der Übersendung der Vermögensauskunft sind in der aufgrund der in § 802 k Abs. 4 erlassenen Verordnung über das Vermögensverzeichnis (VermVV) vom 26.7.2012[51] geregelt (abgedr. bei § 802 k Rn 23). Eine Übersicht zu den Unterschieden zwischen dem hinterlegten Vermögensverzeichnis und dem Schuldnerverzeichnis findet sich bei Vorbem. zu §§ 882 b–882 h Rn 4.

Zudem hat der Gerichtsvollzieher dem das Verfahren betreibenden Gläubiger unverzüglich einen **Ausdruck zuzuleiten** (**Abs. 6 S. 1 iVm § 5 Abs. 4 VermVV**). Der Gerichtsvollzieher hat auf den Ausdruck die Übereinstimmung des Ausdrucks mit dem beim zentralen Vollstreckungsgericht hinterlegten Vermögensverzeichnis zu vermerken (**Abs. 6 S. 2 Hs 1**). 30

Anstelle eines Ausdrucks des Vermögensverzeichnisses kann der Gerichtsvollzieher dem Gläubiger das **Verzeichnis auch in elektronischer Form** übermitteln (§ 5 30a

---

46 Vgl BVerfG WM 2008, 740.
47 LG Berlin Rpfleger 1997, 34.
48 OLG Jena Rpfleger 1997, 446.
49 Thomas/Putzo/*Seiler*, § 802 f Rn 10.
50 BT-Drucks. 16/10069, S. 26.
51 BGBl. I S. 1663.

Abs. 4 S. 3 VermVV). Voraussetzung ist ein entsprechender Antrag des Gläubigers. Der Gläubiger darf die erhaltenen Daten nur zu Vollstreckungszwecken nutzen. Zudem hat er nach Zweckerreichung die Daten zu löschen. Hierauf hat der Gerichtsvollzieher den Gläubiger hinzuweisen (**Abs. 6 S. 2 Hs 2 iVm § 802 d Abs. 1 S. 3**).

VI. Rechtsbehelfe

31 Der **Schuldner** kann die Verpflichtung zur Abgabe der Vermögensauskunft bzw die Ablehnung einer Vertagung mit der Erinnerung (**§ 766 Abs. 1**) anfechten.[52] Umstr ist, ob der Schuldner auch die ihm zugestellte Fristsetzung zur Zahlung und die Terminsbestimmung zur Abnahme der Vermögensauskunft selbst mit der Erinnerung angreifen kann.[53] **Dritte**, die die Vermögensauskunft bzw deren eidesstattliche Bekräftigung für den Schuldner abgeben sollen, sich aber dazu nicht berechtigt sehen oder verpflichtet halten, steht dieser Rechtsbehelf ebenfalls zu.[54] Die frühere Möglichkeit der Erhebung eines Widerspruchs (§ 900 Abs. 4 aF) sieht das Gesetz nicht mehr vor.[55] Das Vollstreckungsgericht kann zur Sicherung der Rechte des Schuldners eine **einstweilige Anordnung** nach § 766 Abs. 1 S. 1 iVm § 732 erlassen.[56] Der **Gläubiger** kann gegen die Ablehnung einer Terminsbestimmung oder gegen die Vertagung des Termins die Erinnerung (§ 766) erheben.

VII. Weitere praktische Hinweise

32 Formulierungsvorschlag eines **Antrags auf Abnahme** der Vermögensauskunft nach § 802 c:[57]

▶ In der Zwangsvollstreckungssache ... (Bezeichnung des Gläubigers und des Schuldners) werden die Bestimmung eines zeitnahen Termins zur Abnahme der Vermögensauskunft sowie die Übersendung einer Abschrift des Vermögensverzeichnisses einschließlich des Terminsprotokolls beantragt.

Für den Fall, dass der Schuldner zum Termin nicht erscheint oder die Abgabe der Vermögensauskunft bzw der eidesstattlichen Bekräftigung ohne Grund verweigert, wird bereits jetzt die Einholung von Fremdauskünften gem. § 802 l ZPO sowie der Erlass eines Haftbefehls gem. § 802 g ZPO und Übersendung einer Ausfertigung beantragt.

Sollte der Schuldner bereits in den letzten zwei Jahren die eidesstattliche Versicherung abgegeben haben, wird um die Übersendung einer Abschrift des Vermögensverzeichnisses einschließlich des Terminsprotokolls gebeten. ◀

VIII. Kosten

33 Die Zustellung der Ladung zum Termin zur Abnahme der Vermögensauskunft, der Fristsetzung sowie der Bestimmungen und Belehrungen nach Abs. 1–3 löst beim **Gerichtsvollzieher** eine **Zustellungsgebühr** (Nr. 100, 101 KV GvKostG) aus, unabhängig davon, ob die Zustellung persönlich oder durch die Post erfolgt. Vorbem. 1 Abs. 2 KV GvKostG bestimmt, dass eine Gebühr nach Nr. 100

---

52 MüKo-ZPO/*Wagner*, § 802 f Rn 23; Musielak/*Voit*, § 802 f Rn 10; Thomas/Putzo/*Seiler*, § 802 f Rn 13.
53 Verneinend unter Hinweis darauf, dass es sich hierbei nur um eine Ankündigung einer Vollstreckungsmaßnahme handelt: LG Kiel DGVZ 2013, 214; AG Schöneberg JurBüro 2014, 105; *Hascher/Schneider*, JurBüro 2014, 60; aA LG Berlin 5.9.2013 – 51 T 534/13; *Giers*, FamRB 2013, 22, 23; wohl auch Zöller/*Stöber*, § 802 f Rn 27.
54 Vgl BGH NJW-RR 2012, 460 (zu § 900 Abs. 4 aF).
55 *Sternal*, in: Wolf u.a., Zwangsvollstreckungsrecht aktuell, § 6 Rn 31.
56 Thomas/Putzo/*Seiler*, § 802 f Rn 13.
57 Vgl auch Hasselblatt/Sternal/*Knabben*, Form. A.V.3.

oder 101 KV GvKostG auch erhoben wird, wenn der Gerichtsvollzieher die Ladung zum Termin zur Abnahme der Vermögensauskunft (§ 802 f) an den Schuldner zustellt. Der Gesetzgeber geht davon aus, dass es sich bei den Zustellungen nach § 802 f um Zustellungen **im Parteibetrieb** gem. §§ 191 ff handelt.[58] Vor diesem Hintergrund lösen die in § 802 f Abs. 4 aufgeführten Zustellungen die Gebühren nach Nr. 100, 101 KV GvKostG aus (vgl den Wortlaut der Vorbem. 1: „*Zustellung auf Betreiben der Parteien*"). Werden **mehrere Zustellungen** erforderlich, entstehen die Gebühren gem. § 10 Abs. 2 S. 3 GvKostG für jede Zustellung. Siehe im Übrigen die Erl. zu § 802 c Rn 49 ff. und § 802 d Rn 27, 29 ff, 32 f.

§ 802 g Erzwingungshaft

(1) [1]Auf Antrag des Gläubigers erlässt das Gericht gegen den Schuldner, der dem Termin zur Abgabe der Vermögensauskunft unentschuldigt fernbleibt oder die Abgabe der Vermögensauskunft gemäß § 802 c ohne Grund verweigert, zur Erzwingung der Abgabe einen Haftbefehl. [2]In dem Haftbefehl sind der Gläubiger, der Schuldner und der Grund der Verhaftung zu bezeichnen. [3]Einer Zustellung des Haftbefehls vor seiner Vollziehung bedarf es nicht.

(2) [1]Die Verhaftung des Schuldners erfolgt durch einen Gerichtsvollzieher. [2]*Dem Schuldner ist der Haftbefehl bei der Verhaftung in beglaubigter Abschrift zu übergeben.*[1]

§§ 143 ff GVGA; § 284 AO

Literatur:
Siehe die Literaturhinweise zu Vor §§ 802 a–802 l.

I. Normzweck; Anwendungsbereich 1	2. Unverzügliche Vorlage des Haftbefehlsantrags 12
II. Erlass eines Haftbefehls (Abs. 1 S. 1) 4	3. Grundsatz der Verhältnismäßigkeit 13
1. Antrag des Gläubigers 4	4. Entscheidung über den Haftbefehlsantrag 14
2. Voraussetzungen für den Erlass eines Haftbefehls 6	5. Inhalt des Haftbefehls (Abs. 1 S. 2) 15
a) Allgemeines 6	IV. Durchführung der Verhaftung (Abs. 2) 18
b) Unentschuldigtes Fehlen 7	1. Allgemeines 18
c) Verweigerung ohne Grund 8	2. Aufsuchen des Schuldners ... 20
3. Weiterbestehende Pflicht zur Abgabe der Vermögensauskunft 9	3. Widersprechender Schuldner 22
III. Verfahren bei Erlass des Haftbefehls 11	4. Verhaftung des Schuldners .. 23
1. Zuständigkeit 11	5. Anzeige von der Verhaftung 25

---

58 BT-Drucks. 16/10069, S. 27.
1 *Kursive Hervorhebung:* Geltende Fassung. – Geplante Neufassung des Abs. 2 S. 2 durch RefE des BMJV vom 9.12.2014 – „Entwurf eines Gesetzes zur Durchführung der Verordnung (EU) Nr. 655/2014 sowie zur Änderung sonstiger zivilprozessualer Vorschriften (**EuKoPfVODG**)", Art. 1 Nr. 9, wie folgt: „*Der Gerichtsvollzieher händigt dem Schuldner von Amts wegen bei der Verhaftung eine beglaubigte Abschrift des Haftbefehls aus.*" Geplantes Inkrafttreten: am Tag nach der Verkündung (Art. 10 Abs. 2). – Siehe dazu Rn 24.

6. Unterbleiben der Verhaftung......................	27	VII. Weitere praktische Hinweise....	35
7. Verhaftung bei Teilbeträgen	28	VIII. Kosten...........................	41
V. Aufhebung des Haftbefehls......	30	1. Gerichtskosten..............	41
VI. Rechtsbehelfe....................	32	2. Rechtsanwaltsgebühren.....	43
		3. Gerichtsvollzieherkosten....	44

I. Normzweck; Anwendungsbereich

1 Die Vorschrift übernimmt inhaltlich unverändert die früher in § 901 aF und § 909 Abs. 1 aF enthaltenen Regelungen über den Erlass eines Haftbefehls sowie die Verhaftung des Schuldners. § 802 g findet **entsprechende Anwendung** auf das Verfahren der Abgabe der eidesstattlichen Versicherung nach § 836 Abs. 3 bzw § 883 Abs. 2 (§ 836 Abs. 1 S. 4; § 883 Abs. 2 S. 3).

2 **Abs. 1 S. 1** bestimmt die Voraussetzungen für den Erlass eines Haftbefehls, **Abs. 1 S. 2** dessen notwendigen Inhalt. Ergänzend hierzu stellt **Abs. 1 S. 3** klar, dass vor der Durchführung der Verhaftung dem Schuldner kein rechtliches Gehör durch Zustellung des Haftbefehls gewährt werden muss. **Abs. 2** regelt das Verfahren der Verhaftung des Schuldners durch den Gerichtsvollzieher. Die geplante Neufassung des **Abs. 2 S. 2**[2] dient der Klärung der bisher in der Praxis streitigen Frage, ob die Übergabe des Haftbefehls bei der Verhaftung als Parteizustellung zu behandeln ist und Kosten auslöst (s. dazu Rn 24).

3 Ergänzt wird die Regelung durch § 802 h, der eine Unzulässigkeit der Haftvollstreckung bzw die Möglichkeit eines Haftaufschubs bei einer erheblichen Gesundheitsgefährdung vorsieht. Einzelheiten zur Durchführung der Verhaftung regelt § 187 GVGA.

Zum Übergangsrecht s. Vor §§ 802 a–802 l Rn 9 ff.

II. Erlass eines Haftbefehls (Abs. 1 S. 1)

4 **1. Antrag des Gläubigers.** Der Haftbefehl wird nur auf entsprechenden **Antrag** des Gläubigers erlassen. Der Antrag kann schriftlich, elektronisch oder durch Mitwirkung der Geschäftsstelle (vgl § 753 Abs. 2) gestellt werden; Anwaltszwang besteht nicht (§ 78 Abs. 3); ein mündlich – zB im Termin zur Abgabe der Vermögensauskunft – gestellter Antrag dürfte ausreichen. Der Antrag ist an das Vollstreckungsgericht zu richten und kann bereits mit dem Antrag auf Einholung der Vermögensauskunft verbunden, aber auch nachträglich noch im oder nach dem Termin gestellt werden. Für einen Verfahrensbevollmächtigten kann ein entsprechend bevollmächtigter Mitarbeiter den Antrag stellen;[3] Inkassobüros sind ebenfalls antragsberechtigt (vgl § 79 Abs. 2 Nr. 4).

5 Stellt der Gläubiger **keinen Antrag**, tritt Verfahrensstillstand ein; das Ruhen des Verfahrens kann nicht angeordnet werden.[4] Der Gläubiger kann seinen Antrag auch ohne Zustimmung des Schuldners bis zur Rechtskraft der den Haftbefehl erlassenden Entscheidung[5] **zurücknehmen**; eine danach erfolgte Zurücknahme ist als Aufhebungsantrag auszulegen. In diesem Falle ist der Haftbefehl (zumindest klarstellend) aufzuheben und ggf der Schuldner unverzüglich aus der Haft zu entlassen.

---

2 Siehe Fn 1.
3 LG Amberg Rpfleger 2006, 90.
4 LG Kassel MDR 1956, 686; Musielak/*Voit*, § 802 g Rn 5; aA LG Hamburg MDR 1964, 681.
5 BT-Drucks. 16/10069, S. 28; MüKo-ZPO/*Wagner*, § 802 g Rn 2; Musielak/*Voit*, § 802 g Rn 5; Schuschke/Walker/*Walker*, § 802 g Rn 1; Thomas/Putzo/*Seiler*, § 802 g Rn 3.

2. Voraussetzungen für den Erlass eines Haftbefehls. a) Allgemeines.

Ein Haftbefehl darf **nur erlassen** werden, wenn

- der Schuldner bzw sein gesetzlicher Vertreter trotz ordnungsgemäßer Ladung (Einhaltung der Ladungsfrist nach § 217; wirksame Zustellung) **unentschuldigt in dem Termin zur Abgabe der Vermögensauskunft nicht erscheint** (s. Rn 7) oder
- er in dem Termin **ohne Gründe die Abgabe der Vermögensauskunft** gem. § 802 c oder deren eidesstattliche Bekräftigung **verweigert** (s. Rn 8).

Die **Verweigerung der Vervollständigung** eines Vermögensverzeichnisses (s. § 802 d Rn 16 ff) rechtfertigt ebenfalls den Erlass eines Haftbefehls.[6] Im Übrigen ist die Aufzählung **abschließend** und **nicht analogiefähig**.[7]

b) Unentschuldigtes Fehlen. Das unentschuldigte Nichterscheinen trotz ordnungsgemäßer Ladung in dem Termin zur Abgabe der Vermögensauskunft (§ 802 f) oder deren eidesstattliche Bekräftigung (vgl § 802 c Abs. 3) rechtfertigt den Erlass eines Haftbefehls. Schuldlose Verhinderung oder schuldlose Unkenntnis von dem Termin muss glaubhaft gemacht werden.[8] Eine hinreichende Entschuldigung des Schuldners liegt zB bei Vorlage eines aussagekräftigen ärztlichen Attestes über eine plötzliche Erkrankung vor.[9] Die Vorlage einer ärztlichen Arbeitsunfähigkeitsbescheinigung ohne Diagnose reicht indes nicht.[10] Entschuldigt ist der Schuldner ebenfalls bei einer Ladung ohne entsprechenden Antrag des Gläubigers[11] oder wenn der Schuldner ohne Verschulden von dem Termin keine Kenntnis hatte,[12] zB bei einer Ladung durch Niederlegung unter einer unzutreffenden Anschrift. Das Fehlen im Termin kann ebenfalls bei einer unvollständig ausgefüllten Postzustellungsurkunde entschuldigt sein.[13] Ist die Vermögensauskunft durch einen gesetzlichen Vertreter abzugeben, muss dieser persönlich zum Termin geladen werden; die Ladung eines früheren gesetzlichen Vertreters genügt nicht.[14]

c) Verweigerung ohne Grund. Der Schuldner verweigert die Abgabe der Vermögensauskunft oder deren eidesstattliche Bekräftigung ohne Grund, wenn kein Grund vorliegt, der den Schuldner zur Verweigerung der Vermögensauskunft berechtigt. Insoweit hat das Vollstreckungsgericht das Vorliegen sämtlicher Verfahrens- und Vollstreckungsvoraussetzungen (insb. das Vorliegen eines Titels, einer Klausel und der Zustellung) sowie der Voraussetzungen für die Verpflichtung zur Abgabe der Vermögensauskunft zu prüfen. Dies gilt auch für einen Antrag des Finanzamtes nach § 284 Abs. 8 S. 1 AO (abgedr. bei § 882 b Rn 4).[15] Eine grundlose Verweigerung liegt ebenfalls vor, wenn der Schuldner sich weigert, ein zutreffendes oder ein vollständiges Vermögensverzeichnis zu erstellen.[16] Hierzu gehört auch die Nichtbeantwortung einzelner Fragen.[17]

---

6 LG Köln DGVZ 2007, 41.
7 AA LG Berlin DGVZ 2008, 106 (für § 901 aF bei wissentlichen Falschangaben im Vermögensverzeichnis).
8 Thomas/Putzo/*Seiler*, § 802 g Rn 5.
9 LG Saarbrücken DGVZ 2004, 29.
10 LG Heilbronn DGVZ 2006, 116; LG Stuttgart DGVZ 2004, 44; AG Mettmann DGVZ 2006, 113.
11 AG Dillenburg DGVZ 2000, 62.
12 KG OLGZ 1993, 359.
13 LG Stendal DGVZ 2003, 188.
14 KG ZIP 1996, 289.
15 BGH NJW 2008, 3504; OLG Köln Rpfleger 2000, 461; aA LG Detmold Rpfleger 2001, 507.
16 LG Berlin JurBüro 2008, 326; Thomas/Putzo/*Seiler*, § 802 g Rn 5.
17 LG Berlin JurBüro 2008, 326; Musielak/*Voit*, § 802 g Rn 3.

9 **3. Weiterbestehende Pflicht zur Abgabe der Vermögensauskunft.** Die Voraussetzungen zur Abgabe der Vermögensauskunft müssen sowohl zum Zeitpunkt des Termins vor dem Gerichtsvollzieher vorgelegen haben[18] als auch noch zum **Zeitpunkt des Erlasses des Haftbefehls** erfüllt sein.[19] Das Vollstreckungsgericht muss die Voraussetzungen von Amts wegen prüfen. Der Richter ist zur eigenständigen Überprüfung der Vollstreckungsvoraussetzungen berechtigt und verpflichtet; dies gilt auch bei einem Antrag des Finanzamts nach § 284 AO.[20] Das nachträgliche Vorliegen der Vollstreckungsvoraussetzungen reicht nicht;[21] ebenso wenig kann der Gläubiger nach dem Termin zur Abnahme der Vermögensauskunft das Verfahren auf weitere titulierte Forderungen ausdehnen oder die Forderungen auswechseln.[22] Die Pflicht zur Abgabe der Vermögensauskunft entfällt, wenn zB nachträglich die Vermögenslosigkeit des Schuldners feststeht.

10 Der Erlass des Haftbefehls setzt die **Haftfähigkeit** des Schuldners **nicht** voraus;[23] diese Frage wird erst im Rahmen der Verhaftung durch den Gerichtsvollzieher (s. Rn 18 ff sowie die Erl. zu § 802 h) geprüft.

III. Verfahren bei Erlass des Haftbefehls

11 **1. Zuständigkeit.** Die Zuständigkeitsregelung in § 802 e knüpft zwar nach ihrem Wortlaut nur an die Abnahme der Vermögensauskunft an. Der Gesetzgeber wollte jedoch die örtliche Zuständigkeit gegenüber der früheren Regelung in § 899 aF nicht abweichend regeln, so dass für die Zuständigkeit zum Erlass des Haftbefehls weiterhin auf die zu § 901 aF ergangene Rspr zurückgegriffen werden kann. Zuständig ist damit das **örtlich zuständige Vollstreckungsgericht** (§ 764 Abs. 1), das zum Zeitpunkt der Auftragserteilung an den Gerichtsvollzieher zuständig war (vgl § 802 e Rn 7), auch wenn der Schuldner zwischenzeitlich verzogen ist.[24] Die Entscheidung über den Erlass des Haftbefehls sowie dessen Ablehnung[25] ist dem **Richter** vorbehalten (§ 4 Abs. 2 Nr. 2 RPflG).

12 **2. Unverzügliche Vorlage des Haftbefehlsantrags.** Der Gerichtsvollzieher hat den Antrag des Gläubigers auf Erlass eines Haftbefehls unverzüglich dem zuständigen Gericht vorzulegen, wenn der Schuldner in dem Termin zur Abgabe der Vermögensauskunft unentschuldigt fernbleibt oder die Abgabe ohne Grund verweigert. Soweit § 143 Abs. 1 GVGA auf eine Vorlage der Akten erst nach Vollzug der Eintragungsanordnung bzw die Unterrichtung über den Vollzug abstellt, ist die Verwaltungsanordnung nicht mit dem Gesetz vereinbar[26] und bietet keine Grundlage für eine solche Handhabung.[27] Auch ein möglicher Widerspruch des Schuldners gegen die Eintragungsanordnung nach § 882 d rechtfertigt keine entsprechende Verfahrensweise. Ein Widerspruch hat weder eine aufschiebende Wir-

---

18 BGH NJW 2008, 3288.
19 OLG Köln JurBüro 2000, 494; LG Dresden Rpfleger 1999, 501; LG Stendal DGVZ 2003, 188.
20 BGH NJW 2008, 3504; OLG Köln JurBüro 2000, 494; LG Braunschweig Rpfleger 2001, 506; LG Stendal DGVZ 2003, 188; aA OLG Zweibrücken NJW-RR 1988, 695; LG Detmold Rpfleger 2001, 507; LG Kassel DGVZ 1996, 27.
21 OLG Frankfurt Rpfleger 1991, 449; LG Aschaffenburg DGVZ 1991, 189.
22 BGH NJW 2008, 3288 (noch zu § 901 aF).
23 OLG Karlsruhe Rpfleger 1999, 284; Thomas/Putzo/*Seiler*, § 802 g Rn 2.
24 LG Köln Rpfleger 1999, 549; LG Mönchengladbach Rpfleger 2002, 530; Schuschke/Walker/*Schuschke*, § 901 Rn 11 (zu § 901 aF).
25 Schuschke/Walker/*Schuschke*, § 901 Rn 11; Thomas/Putzo/*Seiler*, § 802 g Rn 8; Zöller/*Stöber*, § 802 g Rn 8; aA Ablehnung auch durch den Rechtspfleger: AG Heinsberg Rpfleger 1999, 550; Musielak/*Voit*, § 802 g Rn 6; Stein/Jonas/*Münzberg*, § 901 Rn 8.
26 *Schmidt*, JurBüro 2014, 397, 398 f.
27 LG Leipzig DGVZ 2014, 131.

kung noch hemmt er den Erlass eines Haftbefehls. Vielmehr ist für den Erlass des Haftbefehls ausschließlich die Frist des § 802 f Abs. 1 zu beachten.

3. Grundsatz der Verhältnismäßigkeit. Das Vollstreckungsgericht muss stets den Grundsatz der Verhältnismäßigkeit beachten. Jedoch lässt die **Geringfügigkeit** der Forderung das Rechtsschutzinteresse für den Erlass eines Haftbefehls nicht entfallen,[28] da der Schuldner jederzeit die Haft durch Abgabe der Vermögensauskunft oder durch Ausgleich der titulierten Forderung abwenden kann. Nach Auffassung des BVerfG[29] darf ein Haftbefehl indes nicht erlassen werden, wenn der Schuldner „**evident leistungsunfähig**" ist. Dagegen spricht, dass damit der vermögenslose Schuldner sanktionslos die Abgabe einer Vermögensauskunft bzw. der eidesstattliche Bekräftigung verweigern kann.[30]

4. Entscheidung über den Haftbefehlsantrag. Der Haftbefehl ergeht durch **Beschluss**. Die Haft kann nur gegen eine natürliche Person angeordnet werden.[31] Vor der Entscheidung muss dem Schuldner **kein rechtliches Gehör** gewährt werden;[32] ebenso wenig bedarf es einer Zustellung des Haftbefehls vor seiner Vollziehung (**Abs. 1 S. 3**). Der Richter ist nicht an die Einschätzung des Gerichtsvollziehers gebunden, sondern entscheidet in eigener Zuständigkeit. Er kann

- den Antrag des Gläubigers ablehnen, wenn die Voraussetzungen für eine Haftanordnung nicht vorliegen, oder
- den Haftbefehl erlassen.

5. Inhalt des Haftbefehls (Abs. 1 S. 2). Im Haftbefehl sind der Gläubiger, der Schuldner bzw. der offenbarungspflichtige gesetzliche Vertreter, der in Haft genommen werden soll, sowie etwaige Verfahrensbevollmächtigte[33] namentlich[34] zu bezeichnen; zudem ist in dem Haftbefehl als Grund der Verhaftung anzuführen, auf welcher Rechtsgrundlage die abzugebende Vermögensauskunft (§§ 802 c, 802 d) bzw die eidesstattliche Versicherung (§§ 836, 883)[35] beruht (**Abs. 1 S. 2**). Außerdem hat der Haftbefehl den Vollstreckungstitel zu bezeichnen und Angaben zur Höchstdauer der Haft (§ 802 j Abs. 1 S. 1)[36] zu enthalten.

Der Haftbefehl ist mit einem Datum zu versehen und von dem Richter eigenhändig zu unterschreiben. Die Unterzeichnung eines aus Textbausteinen bestehenden Formulars, das noch von der Geschäftsstelle ergänzt werden muss, reicht nicht.[37] Eine Kostenentscheidung ergeht wegen § 788 nicht. Nicht erforderlich ist die Angabe des Betrages, durch den die Verhaftung abgewendet werden kann (vgl Rn 27); diesen Betrag hat der Gerichtsvollzieher zu ermitteln.[38]

---

28 BVerfGE 61, 126 = NJW 1983, 559; BVerfGE 48, 396 = NJW 1978, 2023; LG Düsseldorf JurBüro 1997, 324; LG Koblenz DGVZ 2008, 105.
29 BVerfGE 61, 126 = NJW 1983, 559; so auch Schuschke/Walker/*Schuschke*, § 901 Rn 8 (fehlendes Rechtsschutzinteresse); aA Musielak/*Voit*, § 802 g Rn 1; Stein/Jonas/*Münzberg*, § 901 Fn 45.
30 Stein/Jonas/*Münzberg*, § 901 Fn 45 mwN.
31 Zur Haftanordnung gegen einen Angehörigen des zivilen Gefolges der US-Armee s. LG Zweibrücken DGVZ 2008, 160.
32 Zöller/*Stöber*, § 901 Rn 13; aA Stein/Jonas/*Münzberg*, § 901 Rn 10.
33 Thomas/Putzo/*Seiler*, § 802 g Rn 7; Zöller/*Stöber*, § 802 g Rn 10.
34 OLG Köln NJW-RR 1988, 697; LG Lübeck DGVZ 2007, 140.
35 LG Bonn DGVZ 1980, 87; LG Kassel DGVZ 1972, 46.
36 Thomas/Putzo/*Seiler*, § 802 g Rn 7; *Zimmermann*, § 901 Rn 4; aA nicht erforderlich, da diese Frist sich aus § 802 j ergibt: Hk-ZPO/*Rathmann*, § 802 g Rn 8; Stein/Jonas/*Münzberg*, § 901 Rn 11.
37 OLG Köln MDR 1990, 346.
38 Hk-ZPO/*Rathmann*, § 802 g Rn 8; aA MüKo-ZPO/*Eickmann*, § 901 Rn 14; Zöller/*Stöber*, § 802 g Rn 10; diff. Stein/Jonas/*Münzberg*, § 901 Rn 12; jew. zu § 901 aF.

17 Soll eine **Verhaftung zur Nachtzeit oder an Sonn- und Feiertagen** erfolgen, so bedarf es hierzu einer gesonderten richterlichen Anordnung (vgl § 758 a Abs. 4).[39]

IV. Durchführung der Verhaftung (Abs. 2)

18 1. **Allgemeines.** Der Haftbefehl, der keiner Vollstreckungsklausel bedarf,[40] wird dem Gläubiger ausgehändigt. Die Verhaftung des Schuldners erfolgt nicht von Amts wegen durch das Vollstreckungsgericht, sondern nur auf **Antrag des Gläubigers** durch den **Gerichtsvollzieher** des Ortes, an dem die Verhaftung durchgeführt werden soll. Der Antrag kann bereits mit dem Pfändungsauftrag erteilt werden. Zur Durchführung der Verhaftung muss der Gläubiger dem Gerichtsvollzieher den Haftbefehl sowie den Vollstreckungstitel übergeben. Der Gerichtsvollzieher ist an den Haftbefehl gebunden und darf dessen Voraussetzungen nicht prüfen. Eine **Zustellung des Haftbefehls** von Amts wegen an den Schuldner vor der Vollziehung oder eine formlose Übersendung zur Kenntnis ist **nicht** erforderlich (Abs. 1 S. 3). Mit der Verhaftung wird dem Schuldner von Amts wegen (s. dazu Rn 24) der Haftbefehl durch Übergabe bekannt gemacht (**Abs. 2 S. 2**). Ausnahmsweise fehlt dem Gläubiger für eine Verhaftung das Rechtsschutzinteresse, wenn der Schuldner nach Erlass des Haftbefehls bereits in einer anderen Sache die Vermögensauskunft abgegeben hat.[41]

19 Der Gerichtsvollzieher führt die Verhaftung auch im Falle einer Vollstreckung seitens der **Finanzbehörden** oder **Sozialversicherungsträger** durch (§ 284 Abs. 8 S. 4 AO).[42] Die Erlaubnis zur Erzwingung der Abgabe der eidesstattlichen Versicherung, an Sonn- und Feiertagen oder zur Nachtzeit vollstrecken zu dürfen (vgl § 289 Abs. 1 AO), ist in diesem Falle von der Verwaltungsbehörde zu erteilen.[43] Soweit eine Vollstreckung nach der Abgabenordnung ohne vollstreckbare Ausfertigung möglich ist, bedarf es keiner Vorlage eines Titels, sondern nur der Angabe des Betrages sowie des Schuldgrundes bzw des Gläubigers.[44]

20 2. **Aufsuchen des Schuldners.** Zur Verhaftung des Schuldners muss sich der Gerichtsvollzieher an den im Haftbefehl genannten **Aufenthaltsort** des Schuldners begeben. Trifft er den Schuldner dort nicht an, besteht eine eingeschränkte Ermittlungspflicht des Gerichtsvollziehers.[45] Er muss die naheliegenden Nachforschungsmöglichkeiten (zB Einholung einer Anfrage beim Einwohnermeldeamt, bei der Post, beim Vermieter) ausnutzen. Eine weitergehende Ermittlungspflicht (zB Ermittlungen beim Arbeitgeber,[46] in der Nachbarschaft) besteht nicht. Jedoch darf der Gerichtsvollzieher nach § 755 entsprechende Ermittlungen des Aufenthaltsortes des Schuldners durchführen.

21 Nach **wiederholtem fruchtlosen Verhaftungsversuch**, der mindestens einmal kurz vor oder kurz nach Beendigung der Nachtzeit erfolgt sein muss, soll der Gerichtsvollzieher dem Gläubiger die Gelegenheit geben, einen Beschluss über eine Verhaftung auch an Sonntagen und allgemeinen Feiertagen sowie zur Nachtzeit

---

[39] BGH NJW-RR 2005, 146; LG Koblenz DGVZ 2000, 170; LG Regensburg DGVZ 1999, 173; aA zB: AG Heinsberg DGVZ 1999, 188; AG Leipzig DGVZ 2000, 190; AG Tostedt DGVZ 2003, 62.
[40] Hk-ZPO/*Rathmann*, § 802 g Rn 7.
[41] AG Hagen DGVZ 1996, 15.
[42] LG Berlin DGVZ 1990, 120; LG Kassel DGVZ 1993, 189; aA LG Wuppertal DGVZ 1993, 59 (Hauptzollamt bei Vollstreckung durch Sozialversicherungsträger).
[43] LG Düsseldorf DGVZ 1997, 157; AG Hannover DGVZ 1997, 76.
[44] AG Recklinghausen DGVZ 1997, 190; Stein/Jonas/*Münzberg*, § 909 Rn 6; aA LG Verden Rpfleger 1986, 19 (Vorlage eines Vollstreckungstitels).
[45] AG Minden DGVZ 1997, 191.
[46] AG Schwelm DGVZ 1996, 63.

einzuholen.[47] Der Gerichtsvollzieher kann nach mehreren erfolglosen Verhaftungsversuchen in der Wohnung des Schuldners die Vollstreckung einstweilen einstellen, wenn nicht damit zu rechnen ist, dass der Schuldner dort verhaftet werden kann.[48]

3. Widersprechender Schuldner. Lässt der Schuldner den Gerichtsvollzieher nicht 22 in die Wohnung, darf der Gerichtsvollzieher die **Türe durch einen Schlüsseldienst** öffnen lassen (vgl § 758 Abs. 2); hierzu ist keine gerichtliche Anordnung erforderlich (vgl § 758 a Abs. 2).[49] Der Gerichtsvollzieher darf die Wohnung nach dem Schuldner durchsuchen (§ 758 Abs. 1), wenn Umstände dafür sprechen, dass dieser sich in der Wohnung befindet; dies gilt selbst dann, wenn dessen Angehörigen einen Wohnungswechsel nach unbekannt behaupten.[50] Eine Verhaftung in einer fremden Wohnung darf indes nicht erfolgen, wenn der Wohnungsinhaber widerspricht.[51] Bei einer **gemeinsamen Wohnung** des Schuldners und eines Dritten (zB Ehegatte, Lebenspartner, Lebensgefährtin, Eltern) handelt es sich (auch) um Räume des Schuldners, so dass ein Betreten der Wohnung und eine Verhaftung auch gegen den Willen des Dritten erfolgen darf.[52]

4. Verhaftung des Schuldners. Zum Verfahren des Gerichtsvollziehers bei der 23 Verhaftung s. § 145 GVGA. Der Gerichtsvollzieher soll bei der Verhaftung unnötiges Aufsehen und jede durch den Zweck der Vollstreckung nicht gebotene Härte vermeiden. Vor der Verhaftung hat der Gerichtsvollzieher die Identität der angetroffenen Person mit der im Haftbefehl bezeichneten festzustellen. Bei einer Vollstreckung gegen eine juristische Person oder eine natürliche Person, die unter Vertretung steht, erfolgt keine Prüfung, ob die in dem Haftbefehl aufgeführte Person tatsächlich noch der gesetzliche Vertreter des Schuldners ist.[53] Soweit der Schuldner minderjährige Kinder oder sonstige pflegebedürftige Personen zu versorgen hat, muss ggf die Verhaftung zurückgestellt werden, bis die Versorgung durch Dritte sichergestellt ist.[54]

Der Gerichtsvollzieher hat dem Schuldner bei der Verhaftung eine **beglaubigte** 24 **Abschrift des Haftbefehls** zu übergeben (**Abs. 2 S. 2**). Umstritten war bisher, ob es sich hierbei um eine **Amts- oder** um eine **Parteizustellung**[55] handelt und ob sie eine Gerichtsvollziehergebühr auslöst.[56] Der RefE des BMJV eines „Gesetzes zur Durchführung der Verordnung (EU) Nr. 655/2014 sowie zur Änderung sonstiger zivilprozessualer Vorschriften (**EuKoPfVODG**)" vom 9.12.2014 sieht mit der geplanten Neufassung des **Abs. 2 S. 2**[57] klarstellend nun vor, dass der Gerichtsvollzieher dem Schuldner von Amts wegen bei der Verhaftung eine beglaubigte Abschrift des Haftbefehls aushändigt. Die Aushändigung des Haftbefehls an den Schuldner bei der Verhaftung ist aus rechtsstaatlichen Gründen zwingend erfor-

---

47 LG Koblenz DGVZ 2000, 170.
48 AG Köln DGVZ 1995, 156.
49 LG Berlin DGVZ 1985, 183.
50 LG Darmstadt DGVZ 1992, 74.
51 MüKo-ZPO/*Eickmann*, § 909 Rn 9; Schuschke/Walker/*Schuschke*, § 909 Rn 3; Stein/Jonas/*Münzberg*, § 909 Rn 15.
52 LG Hamburg DGVZ 1985, 117; LG Koblenz DGVZ 1982, 90; LG München DGVZ 1084, 118.
53 AA LG Bremen DGVZ 1990, 139 (wenn die Abberufung des Geschäftsführers durch Urkunde nachgewiesen wird).
54 OLG München NJW 1977, 1822; LG Kaiserslautern JurBüro 1984, 1262; LG Kleve DGVZ 1987, 90; Schuschke/Walker/*Schuschke*, § 909 Rn 3.
55 Für Amtszustellung: *Kessel*, DGVZ 2004, 51.
56 Keine zusätzliche Gebühr: AG Westerburg DGVZ 2003, 142; *Kessel*, DGVZ 2004, 51; *Winterstein*, DGVZ 2004, 54. Für eine zusätzliche Gebühr: AG Northeim DGVZ 2003, 14; *Blaskowitz*, DGVZ 2004, 54.
57 Siehe Fn 1.

derlich und steht nicht zur Disposition des Gläubigers. Damit ist dem Ansatz einer zusätzlichen Zustellungsgebühr die Grundlage entzogen.

24a Die Übergabe des Haftbefehls ist auch erforderlich, wenn dieser bereits zuvor dem Schuldner zugestellt wurde. Ist der Schuldner nunmehr bereit, die Vermögensauskunft abzugeben, so muss der Gerichtsvollzieher ihm hierzu Gelegenheit geben. Hat der Schuldner die erforderlichen Unterlagen nicht bei sich, kann eventuell ein besonderer Termin bestimmt werden (vgl § 802 i Abs. 3). Andernfalls wird der Schuldner in die nächste Justizvollzugsanstalt eingeliefert. Bei der Einlieferung ist der Haftbefehl dem zuständigen Beamten der Justizvollzugsanstalt zu übergeben. Dieser hat den Zeitpunkt der Einlieferung unter dem Protokoll zu bescheinigen. Der verhaftete Schuldner kann jederzeit bei dem zuständigen Gerichtsvollzieher des Amtsgerichts des Haftortes verlangen, ihm die Vermögensauskunft abzunehmen. Gleiches gilt nach Maßgabe des § 284 Abs. 8 S. 5 AO im Falle einer Verhaftung auf Antrag einer Vollstreckungsbehörde. Zu den Einzelheiten s. die Erl. bei § 802 i.

25 **5. Anzeige von der Verhaftung.** Die bis zum 31.12.2012 in § 910 aF bei einer Verhaftung von Beamten, Geistlichen oder Lehrern an öffentlichen Unterrichtsanstalten vorgeschriebene Anzeigepflicht an die vorgesetzte Dienstbehörde hat der Gesetzgeber nicht übernommen. Dieser Vorschrift kam in der Praxis keine Bedeutung zu, da die Regelungen in der GVGA ausreichend waren.[58]

26 Hat der Schuldner **minderjährige Kinder** zu versorgen, ist der Gerichtsvollzieher verpflichtet, dem zuständigen **Jugendamt** von der Verhaftung Anzeige zu machen.[59] Eine Verhaftung darf entsprechend dem Rechtsgedanken des § 802 h Abs. 2 erst erfolgen, nachdem im Wege der öffentlichen Jugendhilfe die Versorgung der Kinder gesichert ist.[60]

27 **6. Unterbleiben der Verhaftung.** Eine Verhaftung des Schuldners unterbleibt, wenn

- der Gläubiger nachträglich seinen Antrag auf Erlass eines Haftbefehls zurücknimmt (s. Rn 5);
- der Gläubiger seinen Antrag auf Abgabe der Vermögensauskunft und/oder den Vollstreckungsantrag auf einen Teilbetrag der titulierten Forderung beschränkt hat und der Schuldner diesen Teil der Forderung an den Gerichtsvollzieher bezahlt; Gleiches gilt, wenn der Schuldner die Bezahlung in der Form des § 775 Nr. 4 oder 5 nachweist.[61] Hierdurch wird indes der weitergehende Haftbefehl nicht verbraucht, so dass insoweit noch eine Verhaftung aus dem an den Gläubiger zurückzugebenden Haftbefehl erfolgen kann (vgl auch Rn 28);
- der Schuldner sich zur Abgabe der Vermögensauskunft oder zur eidesstattlichen Bekräftigung einer abgegebenen Vermögensauskunft bereit erklärt;
- der Schuldner eine bereits abgegebene Vermögensauskunft bzw eidesstattliche Bekräftigung in der Form des § 775 Nr. 4 oder 5 nachweist;
- der Schuldner die Forderung, wegen derer die Vollstreckung betrieben wird, an den Gerichtsvollzieher bezahlt;
- der Schuldner eine bereits erfolgte Zahlung in der Form des § 775 Nr. 4 oder 5 nachweist;

---

58 BT-Drucks. 16/10069, S. 28.
59 LG Kaiserslautern JurBüro 1984, 1262.
60 OLG München Rpfleger 1977, 68; LG Kaiserslautern JurBüro 1984, 1262.
61 LG Frankfurt/Main DGVZ 2000, 171.

- der Schuldner sich in Straf- oder Untersuchungshaft befindet.[62] Ein Anspruch des Gläubigers auf Unterbrechung der Strafhaft zur Vollstreckung der Erzwingungshaft zur Abgabe der eidesstattlichen Versicherung besteht nicht.[63] Endet die Strafhaft innerhalb der Zwei-Jahres-Frist des § 802 h Abs. 1, so ist die Justizvollzugsanstalt zu ersuchen, die Haft nach Beendigung der Strafhaft zu vollstrecken (Nachhaft; s. auch § 188 Abs. 3 GVGA).[64] Der Vollzug ist seitens der Justizvollzugsanstalt durch Notierung von Überhaft sicherzustellen.[65] Gleiches gilt, wenn wegen eines anderen Titels gegen den Schuldner Zwangshaft vollstreckt wird (s. auch § 188 Abs. 1 GVGA);
- ein Insolvenzverfahren über das Vermögen des Schuldners eröffnet worden ist (vgl § 89 InsO).[66]

7. Verhaftung bei Teilbeträgen. Der Antrag auf Verhaftung kann auf einen Teil des titulierten Anspruchs beschränkt werden. Der Gerichtsvollzieher darf die Durchführung eines solchen beschränkten Vollstreckungsantrags nicht von der Vorlage einer Berechnung der Gesamtforderung durch den Gläubiger abhängig machen.[67] Gibt der Schuldner bei einem **beschränkten Verhaftungsauftrag** die **Vermögensauskunft** ab, so wirkt dies für die gesamte titulierte Forderung. Eine Verhaftung oder eine weitere Vollziehung der Haft scheidet aus. Erfüllt der Schuldner hingegen nur die Forderung im Umfang des beschränkten Verhaftungsantrags, ohne die Auskunft zu erteilen, so ist der Haftbefehl nicht verbraucht; der Gläubiger kann wegen des offenstehenden Restbetrages hieraus weiter vollstrecken.[68]

Gewährt der Gerichtsvollzieher dem Schuldner nach § 802 b Abs. 2 eine **Zahlungsfrist** oder die Möglichkeit der **Tilgung der Schuld in Raten**, dann tritt ein Vollstreckungsaufschub ein (zu den Einzelheiten s. § 802 b Rn 4 ff). In diesem Fall hat die Verhaftung des Schuldners zu unterbleiben, solange dieser Vollstreckungsaufschub dauert, also der Gläubiger nicht unverzüglich dem Zahlungsplan widerspricht (vgl § 802 b Abs. 3 S. 2) bzw der Schuldner die vereinbarten Zahlungen termingerecht erbringt (vgl § 802 b Abs. 3 S. 3).[69] Der Gläubiger kann den Verhaftungsauftrag unter der Bedingung stellen, dass der Schuldner nicht bestimmte Teilzahlungen anbietet. Dabei muss der Gläubiger nicht vorher eine bestimmte Mindesthöhe der zu erbringenden Teilzahlungen festlegen; vielmehr kann er die Entscheidung in das Ermessen des Gerichtsvollziehers stellen.

V. Aufhebung des Haftbefehls

Der Haftbefehl ist auf Antrag des Schuldners oder des Gläubigers aufzuheben, wenn sich nachträglich herausstellt, dass die Voraussetzungen für den Erlass des Haftbefehls entfallen sind oder von Anfang an nicht vorgelegen haben. Zustän-

---

62 LG Berlin DGVZ 1994, 11; LG Essen DGVZ 1995, 89.
63 OLG München NJW-RR 2008, 1743.
64 OLG München NJW-RR 2008, 1743; AG Tiergarten DGVZ 2000, 63.
65 AG Tiergarten DGVZ 2000, 63.
66 Stein/Jonas/*Münzberg*, § 909 Rn 17.
67 OLG Schleswig, Beschl. v. 4.3.1976 – 1 W 13/76, juris.
68 OLG Schleswig Rpfleger 1976, 224; LG Bielefeld DGVZ 1988, 14; LG Bonn DGVZ 1987, 28; LG Frankfurt/Main DGVZ 2000, 171; Schuschke/Walker/*Schuschke*, § 909 Rn 1; MüKo-ZPO/*Eickmann*, § 909 Rn 7; aA LG Freiburg DGVZ 1992, 15; AG Siegen DGVZ 1988, 121; jew. zu § 909 aF.
69 Stein/Jonas/*Münzberg*, § 909 Rn 25.

dig ist das **Vollstreckungsgericht**, das den Haftbefehl erlassen hat. Die Aufhebung kann durch den Rechtspfleger erfolgen.[70]

31 Eine Aufhebung hat bspw zu erfolgen, wenn

- der Schuldner die Forderung bezahlt hat; indes reicht weder seine Bereitschaft zur Leistung von Teilzahlungen noch deren Zahlung aus;[71]
- der Gläubiger seinen Antrag auf Abgabe der Vermögensauskunft oder auf Erlass des Haftbefehls zurückgenommen hat;
- der Gläubiger den Antrag auf den bereits bezahlten Betrag beschränkt hat;[72]
- der Gläubiger seinen Haftbefehlsantrag zurückgenommen oder die Aufhebung des Haftbefehls beantragt hat;
- der Gläubiger einen Verzicht erklärt hat;[73]
- die Haftdauer von sechs Monaten (§ 802 j Abs. 1 S. 1) erreicht ist;
- die Zwei-Jahres-Frist verstrichen ist (§ 802 h Abs. 1);
- der Schuldner nachträglich nachweist, dass er aufgrund einer schweren Erkrankung den Termin nicht wahrnehmen konnte;[74]
- der Schuldner nachträglich glaubhaft macht, dass er ohne Verschulden von dem Termin keine Kenntnis hatte;[75]
- eine Beschwerde des Schuldners gegen den Haftbefehl Erfolg hatte.

VI. Rechtsbehelfe

32 Dem **Gläubiger** steht gegen den ablehnenden Haftanordnungsbeschluss die sofortige Beschwerde (§ 793) zu. Die Frist beginnt mit der Zustellung des ablehnenden Beschlusses an den Gläubiger (§ 329 Abs. 3). Gegen die Ablehnung der Verhaftung des Schuldners und der Vollziehung der Haft durch den Gerichtsvollzieher steht dem Gläubiger die Erinnerung (§ 766) zu (vgl § 802 h Rn 13). Die **Vollstreckungsbehörde** kann gegen den ablehnenden Beschluss des Amtsgerichts die Beschwerde nach §§ 567 ff einlegen (§ 284 Abs. 8 S. 6 AO).

33 Der **Schuldner** kann gegen den erlassenen Haftbefehl sofortige Beschwerde (§ 793) einlegen.[76] Die Frist beginnt bei Anwesenheit des Schuldners im Termin mit der Verkündung des Haftbefehls, ansonsten mit seiner Zustellung oder im Falle einer fehlenden Zustellung mit dem Vorzeigen und der Übergabe durch den Gerichtsvollzieher. Zudem kann der Schuldner bei dem Vollstreckungsgericht die Aussetzung der Vollziehung beantragen (§ 570 Abs. 2). Daneben besteht für den Gerichtsvollzieher die Möglichkeit, die Verhaftung für kurze Zeit aufzuschieben.[77] Gegen die Verhaftung und die Vollziehung der Haft steht dem Schuldner die Erinnerung (§ 766) zu (vgl § 802 h Rn 13). Einwendungen gegen die Art des Haftvollzugs muss der Schuldner nach §§ 171, 108 ff StVollzG geltend machen.

---

70 Stein/Jonas/*Münzberg*, § 901 Rn 23; Thomas/Putzo/*Seiler*, § 802 g Rn 13; differenzierend: Musielak/*Voit*, § 802 g Rn 13 (durch den Richter auf bei Aufhebungsantrag des Schuldners); Schuschke/Walker/*Schuschke*, § 901 Rn 18 (für den Fall, dass der Gläubiger verzichtet hat).
71 LG Frankfurt DGVZ 2003, 41.
72 LG Bonn DGVZ 1987, 28.
73 AA Zöller/*Stöber*, § 802 g Rn 14 (es genügt bereits die Aushändigung des Haftbefehls an den Schuldner oder die Rücksendung an das Gericht).
74 OLG Hamm Rpfleger 1977, 111.
75 OLG Hamm MDR 1975, 939.
76 KG MDR 1971, 496; OLG Hamm MDR 1969, 1721; OLG Jena DGVZ 2002, 90; OLG München Rpfleger 1987, 319.
77 Stein/Jonas/*Münzberg*, § 901 Rn 18.

Materielle Einwendungen gegen den titulierten Anspruch können ausschließlich mit der Klage nach § 767 verfolgt werden. Liegen besondere Gründe vor, kann ausnahmsweise auch ein **Vollstreckungsschutzantrag nach § 765 a** begründet sein.[78]

VII. Weitere praktische Hinweise

Die Aufhebung des Haftbefehls ist von der **Aussetzung des Vollzugs** der Haftanordnung (vgl § 802 i Abs. 3 Hs 1) oder vom **Haftaufschub** (§ 802 h Abs. 2) zu unterscheiden. Für beide Anträge ist der Gerichtsvollzieher zuständig.

Formulierungsvorschlag für einen **Antrag auf Erlass eines Haftbefehls:**[79]

▶ Namens und in Vollmacht des Gläubigers wird der Erlass eines Haftbefehls gegen den Schuldner beantragt. Der Schuldner ist trotz ordnungsgemäßer Ladung unentschuldigt in dem Termin zur Abnahme der Vermögensauskunft vom ... nicht erschienen/hat in dem Termin vom ... ohne Gründe die Abgabe der Vermögensauskunft gem. § 802 c ZPO bzw deren eidesstattliche Bekräftigung verweigert.

Weiterhin wird beantragt,

den Haftbefehl an den Gläubiger zu übersenden;

(alternativ)

den Haftbefehl an den zuständigen Gerichtsvollzieher mit dem bereits jetzt gestellten Antrag[80] zur Vollziehung des Haftbefehls zu übersenden. ◀

Formulierungsvorschlag für einen **Antrag auf Vollziehung des Haftbefehls zur Nachtzeit** (§ 758 a Abs. 4):[81]

▶ Namens und in Vollmacht des Gläubigers wird beantragt, den Vollzug des Haftbefehls des Amtsgerichts vom ... zur Nachtzeit von 21.00 bis 6.00 Uhr und an Sonn- und Feiertagen zu gestatten.

Der Gerichtsvollzieher hat wiederholt an verschiedenen Tagen und zu verschiedenen Zeiten vergeblich versucht, den Haftbefehl zu vollziehen. Nur die Vollziehung des Haftbefehls zur Nachtzeit bzw an einem Sonn- und Feiertag bietet Aussicht auf Erfolg. Es ist damit zu rechnen, dass der Schuldner zu diesen Zeitpunkten in seiner Wohnung angetroffen wird ... ◀

Formulierungsvorschlag für einen **Antrag auf Verhaftung des Schuldners zur Abgabe der Vermögensauskunft:**[82]

▶ In der Zwangsvollstreckungssache ... (Bezeichnung des Gläubigers sowie des Schuldners) beantrage ich, den beigefügten Haftbefehl zu vollziehen und den Schuldner zum Zwecke der Erteilung einer Vermögensauskunft zu verhaften. ◀

Der dem Gerichtsvollzieher erteilte Verhaftungsauftrag beinhaltet idR nicht zusätzlich einen Auftrag zur Mobiliarvollstreckung; vielmehr bedarf es eines entsprechenden gesonderten Auftrags.[83] Da nicht auszuschließen ist, dass der Gerichtsvollzieher bei der Verhaftung pfändbare Sachen vorfindet, kann es sich an-

---

78 Musielak/*Voit*, § 802 g Rn 1; vgl auch BVerfGE 48, 396, 401 = NJW 1978, 2023.
79 Hasselblatt/Sternal/*Knabben*, Form. A.V.8.
80 Der Auftrag zur Verhaftung (§ 802 g Abs. 2) kann bereits vor Erlass des Haftbefehls gestellt werden.
81 S. auch Hasselblatt/Sternal/*Knabben*, Form. A.V.9.
82 S. auch Hasselblatt/Sternal/*Knabben*, Form. A.V.11.
83 LG Berlin DGVZ 1985, 59.

bieten, den Verhaftungsauftrag mit einem Antrag auf **Durchführung der Mobiliarzwangsvollstreckung** zu verbinden.[84]

40 Gegen **Exterritoriale** (vgl § 18 GVG) sowie **Mitglieder der alliierten Streitkräfte** einschließlich deren Familienangehörige[85] darf die Anordnung der Haft nur unter den Voraussetzungen des Art. 34 Abs. 2 (a) des NATO-Truppenstatut-Zusatzabkommens[86] angeordnet werden.[87]

VIII. Kosten

41 **1. Gerichtskosten.** Das Verfahren auf Erlass des Haftbefehls durch das Gericht löst mit Rücksicht auf den erheblichen Aufwand des Vollstreckungsgerichts[88] eine **gerichtliche Gebühr** iHv 20,00 € aus (Nr. 2113 KV GKG). Die Gebühr ist nicht vorauszahlungspflichtig, weil sie von § 12 Abs. 5, 6 GKG nicht erfasst wird (§ 10 GKG). Kostenschuldner sind der Gläubiger (§ 22 Abs. 1 GKG) und der Vollstreckungsschuldner (§ 29 Nr. 4 GKG).[89]

42 Daneben können **Haftkosten** entstehen (Nr. 9010 KV GKG), die nicht als Auslagen des Gerichtsvollziehers, sondern als Auslagen des Gerichts erhoben werden, wie sich aus der ausdrücklichen Verweisung auf § 802 g in Nr. 9010 KV GKG ergibt.[90] Maßgebend ist die Höhe des Haftkostenbeitrags, der nach Landesrecht von einem Gefangenen zu erheben ist (Anm. zu Nr. 9010 KV GKG). Gemäß § 73 GKG[91] sind aber bis zum Erlass landesrechtlicher Vorschriften über die Höhe des Haftkostenbeitrags, der von einem Gefangenen zu erheben ist, die Nr. 9010 und 9011 KV GKG in der bis zum 27.12.2010 geltenden Fassung anzuwenden. Danach werden Haftkosten in Höhe des Haftkostenbeitrags nach § 50 Abs. 2 und 3 StVollzG erhoben.[92]

43 **2. Rechtsanwaltsgebühren.** Für den bereits im Verfahren auf Abnahme der Vermögensauskunft tätigen Anwalt ist das Verfahren auf Erlass eines Haftbefehls Teil des Verfahrens zur Abnahme der Vermögensauskunft (§ 18 Abs. 1 Nr. 16 RVG) und löst auch insoweit keine zusätzlichen Gebühren und Auslagen aus.[93] Wird der Auftrag zur Verhaftung mit einem Vollstreckungsauftrag verbunden, entsteht zwar die Gebühr Nr. 3309 VV RVG erneut. Sie gehört aber nur dann zu den notwendigen Kosten (§ 788), wenn der Schuldner zwischenzeitlich Vermögen erlangt hat oder der Gläubiger sich aus anderen Gründen einen besseren Erfolg verspricht.[94]

44 **3. Gerichtsvollzieherkosten.** Der Gerichtsvollzieher erhebt eine Gebühr nach Nr. 270 KV GvKostG iHv 39,00 € für die Verhaftung bzw deren Nichterledigung

---

84 Zu den Kosten s. LG Koblenz DGVZ 1998, 61.
85 LG Hagen DGVZ 1976, 138.
86 BGBl. 1961 II S. 1218; BGBl. 1973 II S. 1022.
87 Vgl LG Zweibrücken JurBüro 2007, 661; Baumbach/*Hartmann*, Art. 34 ZAbkNTrS Rn 3.
88 BT-Drucks. 16/10069, S. 48.
89 Zur Anforderung der Gebühr bei einem kosten- oder gebührenbefreiten Gläubiger s. NK-GKG/*Volpert*, Nr. 2113 KV GKG Rn 9.
90 NK-GKG/*Volpert*, Nr. 9010 KV GKG Rn 9; *Oestreich/Hellstab/Trenkle*, GKG, Nr. 9010 KV Rn 2.
91 Eingefügt durch Art. 12 Nr. 5 des Gesetzes zur Umsetzung der Dienstleistungsrichtlinie in der Justiz und zur Änderung weiterer Vorschriften vom 22.12.2010 (BGBl. I S. 2248, 2251) mWv 28.12.2010.
92 NK-GK/*Volpert*, Nr. 9010 KV GKG Rn 4 ff.
93 LG Heilbronn DGVZ 1994, 172; LG Oldenburg JurBüro 1991, 1003; AnwK-RVG/*Wolf/Volpert/Mock/Thiel/N. Schneider*, § 18 Rn 126, 143.
94 LG Coburg DGVZ 1996, 158; AG Gießen DGVZ 1997, 63; LG Koblenz DGVZ 1998, 61; JurBüro 1998, 214; AG Bingen DGVZ 2000, 46; AG Beckum DGVZ 2008, 106.

(Nr. 604 KV GvKostG). Dabei stellt der Verhaftungsauftrag gegenüber allen anderen Aufträgen immer einen besonderen Auftrag dar (§ 3 Abs. 1 S. 4 GvKostG), der jeweils besondere Gebühren und Auslagen entstehen lässt, insb. Auslagenpauschale und Wegegeld (§ 17 S. 2 GvKostG). Dies gilt nicht nur im Verhältnis zur Vermögensauskunft, sondern auch zB beim Pfändungs- und Verhaftungsauftrag. Der bedingte Auftrag zur Vollziehung des Haftbefehls gilt als erteilt, sobald die Voraussetzungen für den Vollziehungsauftrag eingetreten sind (Nr. 2 Abs. 2 DB-GvKostG).

Die Übergabe des Haftbefehls an den Schuldner bei der Verhaftung (Abs. 2 S. 2) 45
ist bislang teils auch mit Billigung der Dienstaufsicht als Zustellung mit der Folge des Entstehens einer Zustellungsgebühr (Nr. 100 KV GvKostG) angesehen worden, obwohl es einer Zustellung des Haftbefehls vor seiner Vollziehung nicht bedarf (Abs. 1 S. 3) und auch § 145 Abs. 1 GVGA die Zustellung ausdrücklich ausschließt. Daneben wird – entgegen dem ausdrücklichen Willen des Gesetzgebers[95] – auch für die Übergabe in beglaubigter Abschrift (Abs. 2 S. 2) eine Dokumentenpauschale erhoben.

Dem kann nicht gefolgt werden: Gemäß Abs. 2 S. 2 übergibt der Gerichtsvollzieher dem Schuldner den Haftbefehl bei seiner Verhaftung. Zustellungsgebühren 46
nach Nr. 100, 101 KV GvKostG können durch diese Übergabe nicht anfallen. Die Übergabe einer beglaubigten Abschrift des Haftbefehls ist keine gebührenauslösende Zustellung iSv Nr. 100 KV GvKostG (s. auch Rn 24).[96] Da eine Zustellungsgebühr nicht anfällt, kommt auch keine Beglaubigungsgebühr nach Nr. 102 KV GvKostG in Betracht. Auch eine Dokumentenpauschale nach Nr. 700 KV GvKostG fällt nicht an, weil die Abschrift nicht auf Antrag gefertigt wird. Der Schuldner hat vielmehr einen Rechtsanspruch auf die Übergabe.

§ 802 h Unzulässigkeit der Haftvollstreckung

(1) Die Vollziehung des Haftbefehls ist unstatthaft, wenn seit dem Tag, an dem der Haftbefehl erlassen wurde, zwei Jahre vergangen sind.

(2) Gegen einen Schuldner, dessen Gesundheit durch die Vollstreckung der Haft einer nahen und erheblichen Gefahr ausgesetzt würde, darf, solange dieser Zustand dauert, die Haft nicht vollstreckt werden.

§§ 143 ff GVGA

Literatur:
Siehe die Literaturhinweise zu Vor §§ 802 a–802 l.

I. Normzweck; Anwendungsbereich

Die Vorschrift fasst die früheren Regelungen in § 909 Abs. 2 aF und § 906 aF 1
ohne wesentliche Änderungen zusammen und regelt die Fälle, in denen eine Verhaftung des Schuldners unzulässig ist. § 802 h findet **entsprechende Anwendung** auf das Verfahren der Abgabe der eidesstattlichen Versicherung nach § 836 Abs. 3 bzw § 883 Abs. 2 (§ 836 Abs. 1 S. 4; § 883 Abs. 2 S. 3).

Abs. 1 bestimmt die zeitliche Grenze für die Vollziehung eines Haftbefehls, wobei 2
der Gesetzgeber die bisherige Frist von drei auf zwei Jahren verkürzt hat. Dies entspricht der ebenfalls verkürzten Sperrfrist einer bereits abgegebenen Vermögensauskunft in § 802 d Abs. 1 S. 1. **Abs. 2** sieht als Ausfluss des Verhältnis-

---

95 BT-Drucks. 14/3432, S. 33.
96 Zöller/*Stöber*, § 802 g Rn 24.

mäßigkeitsgrundsatzes sowie des verfassungsrechtlichen Schutzes des Lebens und der körperlichen Unversehrtheit (Art. 2 Abs. 1 S. 1 GG)[1] Ausnahmen für die Haftvollstreckung vor; die Vorschrift stellt eine **Sonderregelung** zu § 765 a dar.[2] Es wird der zeitweilige Aufschub der Haftvollstreckung angeordnet, wenn mit der Haftvollstreckung eine erhebliche Gefährdung der körperlichen oder seelischen Gesundheit des Schuldners verbunden ist.

3 Die ehemals in § 904 aF und § 905 aF enthaltenen Bestimmungen über die Unzulässigkeit der Verhaftung von **Parlamentariern** und **Mitgliedern einer auf hoher See befindlichen Schiffsbesatzung** hat der Gesetzgeber nicht übernommen.[3] Für Bundestagsabgeordnete sieht Art. 46 Abs. 3 GG vor, dass die Haft nur mit Genehmigung des Deutschen Bundestages vollzogen werden darf. Gemäß Art. 46 Abs. 4 GG ist auf Verlangen des Deutschen Bundestages eine Haft zu unterbrechen. Entsprechende Bestimmungen enthalten die meisten Landesverfassungen für Landtagsabgeordnete. Eine besondere Regelung für Schiffsbesatzungsmitglieder hat der Gesetzgeber für entbehrlich gehalten.[4] Ebenfalls nicht übernommen wurde die in § 910 aF geregelte Anzeigepflicht vor der Verhaftung öffentlicher Bediensteter und Geistlicher; auch insoweit erschien dem Gesetzgeber eine Aufnahme einer entsprechenden Regelung in die GVGA ausreichend;[5] vgl § 144 Abs. 2 GVGA.

Zum **Übergangsrecht** s. Vor §§ 802 a–802 l Rn 9 ff.

II. Zeitliche Grenze (Abs. 1)

4 Eine Vollziehung des Haftbefehls ist nur **innerhalb von zwei Jahren** ab dem Tage, an dem der Haftbefehl erlassen wurde, statthaft (zur Fristberechnung s. § 222 iVm §§ 187 ff BGB). Diese Voraussetzung hat der Gerichtsvollzieher von Amts wegen zu prüfen. Die Frist wird gewahrt, wenn der Gläubiger die Verhaftung des Schuldners bei dem zuständigen Vollstreckungsorgan innerhalb der Zwei-Jahres-Frist beantragt hat.[6] Dadurch kann verhindert werden, dass der Schuldner durch sein Verhalten (zB unentschuldigtes Nichterscheinen, vorgeschobene Erkrankung) den Ablauf der Frist erreichen kann.[7]

III. Haftaufschub bei Gesundheitsgefährdung (Abs. 2)

5 **1. Allgemeines.** Unter **besonderen Voraussetzungen** kann bei einer Gefährdung der körperlichen oder seelischen Gesundheit des Schuldners ein Haftaufschub gewährt werden. Abzuwägen sind die gesundheitlichen Folgen für den Schuldner mit den Interessen des Gläubigers an einer Durchsetzung seiner titulierten Ansprüche. Insoweit ist ein **strenger Maßstab** anzulegen, da der Schuldner es in der Hand hat, jederzeit die Haft durch die Abgabe der Vermögensauskunft und deren eidesstattliche Bekräftigung zu beenden.[8] Voraussetzung ist eine **erhebliche**

---

1 BVerfG NJW 1979, 2607; Schuschke/Walker/*Schuschke*, § 906 Rn 1.
2 Thomas/Putzo/*Seiler*, § 802 h Rn 3.
3 BT-Drucks. 16/10069, S. 28; *Sternal*, in: Wolf u.a., Zwangsvollstreckungsrecht aktuell, § 6 Rn 37.
4 BT-Drucks. 16/10069, S. 28; *Sternal*, in: Wolf u.a., Zwangsvollstreckungsrecht aktuell, § 6 Rn 37.
5 BT-Drucks. 16/10069, S. 28.
6 BGH NJW 2006, 1290; *Sternal*, in: Wolf u.a., Zwangsvollstreckungsrecht aktuell, § 6 Rn 36.
7 *Sternal*, in: Wolf u.a., Zwangsvollstreckungsrecht aktuell, § 6 Rn 36.
8 OLG Düsseldorf DGVZ 1996, 27; OLG Hamm DGVZ 1983, 137; OLG Jena Rpfleger 1997, 446; OLG Köln DGVZ 1995, 7; LG Düsseldorf DGVZ 1980, 38; LG Frankenthal JurBüro 1985, 792.

Gesundheitsgefährdung,[9] zB schwere Herzkrankheit,[10] nachgewiesene Suizidgefahr,[11] akute Gefahr eines erneuten Schlaganfalls,[12] lebensgefährlicher Bluthochdruck.[13] Erfasst werden sowohl psychische als auch physische Erkrankungen. Liegt eine erhebliche Gesundheitsgefährdung vor, ist selbst dann von einer Verhaftung abzusehen, wenn es dem Schuldner ersichtlich darum geht, die Abgabe der Vermögensauskunft zu vermeiden.[14] Ein Vollzug des Haftbefehls in der Krankenabteilung der Haftanstalt scheidet grds. aus.[15]

Abs. 2 ist nicht einschlägig, wenn nicht die Gesundheit des Schuldners, sondern einer **dritten Person** (zB minderjährige Kinder, pflegebedürftige Angehörige) oder von Tieren, die von dem Schuldner betreut oder gepflegt werden, unmittelbar gefährdet ist.[16] Der Gerichtsvollzieher ist jedoch verpflichtet, die zuständige Behörde (zB Jugendamt, Betreuungsgericht, Ordnungsamt, Tierschutzverein) zu benachrichtigen, damit diese Maßnahmen ergreifen kann. Die Vollstreckung der Haft ist bis zur Einleitung der notwendigen Maßnahmen zurückzustellen (vgl § 802 g Rn 26).[17]

Eine Haftunfähigkeit verbietet indes weder die Abnahme der Vermögensauskunft bzw deren eidesstattliche Bekräftigung,[18] zB in der Wohnung des Schuldners,[19] noch die Anordnung der Haft nach § 802 g.[20] Abs. 2 ist eine **Sonderregelung** zu § 765 a, schließt aber weitergehende Vollstreckungsschutzanordnungen nach dieser Vorschrift nicht aus.[21]

2. Verfahren. Die Haftfähigkeit prüft der Gerichtsvollzieher **von Amts wegen** bei der Vollstreckung des Haftbefehls. Die Entscheidung trifft er auf der Grundlage seiner eigenen Erkenntnisse. Eine Verhaftung darf er nur unterlassen, wenn eine Haftunfähigkeit offenkundig oder nachgewiesen ist;[22] etwaige Zweifel gehen zu Lasten des Schuldners. Die entsprechenden Nachweise werden nicht von Amts wegen eingeholt; insb. besteht keine Pflicht, den Schuldner auf dessen Verlangen zur Prüfung der Haftfähigkeit einem Arzt vorzuführen.[23] Vielmehr obliegt dem Schuldner die Darlegungs- und Beweislast für seine Haftunfähigkeit;[24] etwaige

---

9 *Sternal*, in: Wolf u.a., Zwangsvollstreckungsrecht aktuell, § 6 Rn 37; s. auch zB hinsichtlich eines Schuldners, der sich dreimal pro Woche einer Dialysebehandlung unterziehen muss: AG Pirmasens DGVZ 1983, 127; aA Musielak/*Voit*, § 802 h Rn 4 unter Hinweis darauf, dass der Schuldner zur medizinischen Behandlung gebracht werden könne.
10 OLG Bamberg DGVZ 1990, 39; LG Braunschweig DGVZ 1989, 28.
11 BVerfG DGVZ 1994, 71.
12 Musielak/*Voit*, § 802 h Rn 4.
13 OLG Düsseldorf DGVZ 1996, 27.
14 OLG Düsseldorf DGVZ 1996, 27.
15 OLG Bamberg DGVZ 1990, 39 (Herzerkrankung); OLG Karlsruhe DGVZ 1993, 8 (schwere Diabetes, seelische und körperliche Behinderung); LG Coburg DGVZ 1989, 95; Thomas/Putzo/*Seiler*, § 802 h Rn 6.
16 Musielak/*Voit*, § 802 h Rn 4; Schuschke/Walker/*Schuschke*, § 906 Rn 1; Thomas/Putzo/*Seiler*, § 802 h Rn 3.
17 OLG München NJW 1977, 1822; LG Kleve DGVZ 1987, 90; *Sternal*, in: Wolf u.a., Zwangsvollstreckungsrecht aktuell, § 6 Rn 37; Thomas/Putzo/*Seiler*, § 802 h Rn 4.
18 OLG Jena Rpfleger 1997, 446.
19 OLG Köln DGVZ 1995, 7.
20 OLG Karlsruhe MDR 1999, 567.
21 Schuschke/Walker/*Schuschke*, § 906 Rn 1.
22 LG Göttingen DGVZ 1981, 11; LG Koblenz MDR 1972, 790; AG Eschwege DGVZ 1992, 139; AG Fürth/Odw. DGVZ 1993, 191.
23 AG Hochheim DGVZ 1981, 15.
24 LG Göttingen DGVZ 1981, 10; LG Lübeck DGVZ 2008, 126.

Unterlagen (zB aussagekräftige Atteste, ärztliche Berichte, Gutachten) muss er auf eigene Kosten beschaffen[25] und dem Gerichtsvollzieher vorlegen.

9 Liegen verschiedene unterschiedliche ärztliche Berichte vor, kann der Gerichtsvollzieher im Ausnahmefall verpflichtet sein, ein ärztliches Gutachten einzuholen.[26] An **privatärztliche Bescheinigungen** ist der Gerichtsvollzieher nicht gebunden.[27] Er muss diese jedoch bei seiner Entscheidung einbeziehen,[28] wenn aus dem Attest schlüssig hervorgeht, dass die Vollstreckung der Haft die Gesundheit des Schuldners erheblich gefährdet.[29] Dafür müssen in ihm konkrete Angaben zu der Erkrankung des Schuldners und der sich hieraus ergebenden Haftunfähigkeit enthalten sein.

10 Dagegen ist der Gerichtsvollzieher idR an eine **amtsärztliche Stellungnahme** gebunden.[30] Deren Vorlage kann entbehrlich sein, wenn der Gläubiger keine Einwendungen gegen das vorgelegte private Attest erhebt[31] und andere äußere Umstände (zB Alter, Gebrechlichkeit) gegen eine Haftfähigkeit sprechen.[32] Eine ältere ärztliche Stellungnahme kann ausreichen, wenn sich hieraus eine dauernde Haftunfähigkeit ergibt.[33]

11 Der Gerichtsvollzieher hat in dem **Protokoll** (§ 762) die Gründe für die von ihm angenommene Haftunfähigkeit sowie deren voraussichtliche Dauer zu vermerken.

12 Nach **Wegfall der Haftunfähigkeit** hat eine Verhaftung **ohne erneuten Antrag** des Gläubigers von Amts wegen zu erfolgen.

IV. Rechtsbehelfe

13 Gegen die **Vollziehung des Haftbefehls** steht dem Schuldner die Erinnerung (§ 766) zu; ebenso dem Gläubiger bei einer Ablehnung der Vollziehung. Der **Schuldner** kann ebenfalls seine **Haftunfähigkeit** mit der Erinnerung nach § 766 geltend machen. Gegen die Gewährung von Haftaufschub kann der Gläubiger die Erinnerung (§ 766) erheben. Der Begriff „nahe und erhebliche Gefahr" unterliegt als unbestimmter Rechtsbegriff sowohl im Erinnerungs- als auch im Beschwerdeverfahren der vollen gerichtlichen Überprüfung.[34] Eine Untersuchung des Schuldners von Amts wegen erfolgt im Rechtsmittelverfahren idR nicht. Die Haftanordnung bzw deren Ablehnung kann mit der sofortigen Beschwerde (§ 793) angegriffen werden (s. § 802 g Rn 32 ff).

---

25 OLG Frankfurt MDR 1969, 150; OLG Hamm DGVZ 1983, 137.
26 Stein/Jonas/*Münzberg*, § 906 Rn 2.
27 OLG Jena Rpfleger 1997, 446; LG Hannover JurBüro 1985, 1747; aA anscheinend AG Bensheim DGVZ 2004, 76.
28 AG Göppingen JurBüro 2005, 551; AG Oldenburg, Beschl. v. 8.7.2008 – 24 M 388/08, juris; Stein/Jonas/*Münzberg*, § 906 Rn 2.
29 AG Mönchengladbach DGVZ 1986, 126.
30 LG Aachen DGVZ 1999, 43; LG Hannover DGVZ 1990, 59 (für die Möglichkeit der Einholung weiterer Atteste oder Gutachten).
31 OLG Düsseldorf DGVZ 1996, 27; aA AG Schöneberg DGVZ 1982, 14 (bei einem hochbetagten Schuldner mit einer schweren Herzerkrankung).
32 OLG Frankfurt MDR 1969, 150; LG Düsseldorf DGVZ 1981, 171; AG Koblenz DGVZ 1986, 126 (87-jähriger Schuldner); Stein/Jonas/*Münzberg*, § 906 Rn 2; aA Schuschke/Walker/*Schuschke*, § 906 Rn 2 (nicht zwingend, aber strenger Maßstab an die Aussage einer privatärztlichen Bescheinigung).
33 LG Aachen DGVZ 1999, 43.
34 OLG Köln DGVZ 1995, 7; Hk-ZPO/*Rathmann*, § 802 g Rn 15; Thomas/Putzo/*Seiler*, § 802 h Rn 10; aA LG Hannover DGVZ 1982, 119 (nur eine Überprüfung der richtigen Ermessensausübung).

V. Weitere praktische Hinweise

Tritt die **Haftunfähigkeit** während des Vollzugs der Haft ein, gilt Abs. 2 entsprechend. Die Entscheidung über die Haftfähigkeit trifft in diesem Fall das Vollstreckungsgericht. 14

§ 802 i Vermögensauskunft des verhafteten Schuldners

(1) ¹Der verhaftete Schuldner kann zu jeder Zeit bei dem Gerichtsvollzieher des Amtsgerichts des Haftortes verlangen, ihm die Vermögensauskunft abzunehmen. ²Dem Verlangen ist unverzüglich stattzugeben; § 802 f Abs. 5 gilt entsprechend. ³Dem Gläubiger wird die Teilnahme ermöglicht, wenn er dies beantragt hat und seine Teilnahme nicht zu einer Verzögerung der Abnahme führt.

(2) ¹Nach Abgabe der Vermögensauskunft wird der Schuldner aus der Haft entlassen. ²§ 802 f Abs. 5 und 6 gilt entsprechend.

(3) ¹Kann der Schuldner vollständige Angaben nicht machen, weil er die erforderlichen Unterlagen nicht bei sich hat, so kann der Gerichtsvollzieher einen neuen Termin bestimmen und die Vollziehung des Haftbefehls bis zu diesem Termin aussetzen. ²§ 802 f gilt entsprechend; der Setzung einer Zahlungsfrist bedarf es nicht.

§§ 143 ff GVGA; § 284 Abs. 8 AO

§§ 1 ff VermVV [abgedr. bei § 802 k Rn 23]

Literatur:
Siehe die Literaturhinweise zu Vor §§ 802 a–802 l.

I. Normzweck; Anwendungsbereich 1	III. Haftentlassung des Schuldners (Abs. 2) 8
II. Vermögensauskunft des verhafteten Schuldners (Abs. 1) 3	IV. Aussetzung der Vollziehung; neuer Termin (Abs. 3) 10
1. Allgemeines 3	V. Rechtsbehelfe 13
2. Abgabe der Vermögensauskunft 4	VI. Weitere praktische Hinweise 14
	VII. Kosten 15

I. Normzweck; Anwendungsbereich

Die Vorschrift übernimmt mit geringfügigen Änderungen die frühere Regelung in § 902 aF und trägt dem Grundrecht des Schuldners auf persönliche Freiheit Rechnung; zugleich ist die Vorschrift Ausfluss des Verhältnismäßigkeitsgrundsatzes. § 802 i findet **entsprechende Anwendung** auf das Verfahren der Abgabe der eidesstattlichen Versicherung nach § 836 Abs. 3 bzw § 883 Abs. 2 (§ 836 Abs. 1 S. 4; § 883 Abs. 2 S. 3). 1

Nach **Abs. 1 S. 1** wird dem verhafteten Schuldner die Möglichkeit gegeben, jederzeit die (weitere) Haftvollziehung abzuwenden. Erforderlich ist die Abgabe der Vermögensauskunft; allein die Einlegung eines Rechtsmittels gegen die Haftanordnung bzw die Haftvollziehung reicht nicht aus, wenn keine Anordnung des Gerichts nach § 793 iVm § 570 Abs. 3 bzw § 766 Abs. 1 S. 2 iVm § 732 Abs. 2 ergeht. Die Abnahme der Vermögensauskunft hat unverzüglich zu erfolgen (**Abs. 1 S. 2**), wobei dem Gläubiger nach **Abs. 1 S. 3** ein Teilnahmerecht zusteht. **Abs. 2** ordnet im Falle der Abgabe der Vermögensauskunft die sofortige Haftentlassung des Schuldners an. Um dem Schuldner Gelegenheit zur Besorgung der notwendigen Unterlagen zu geben, kann der Gerichtsvollzieher nach **Abs. 3** einen 2 neuen Termin zur Abgabe des Vermögensverzeichnisses bestimmen und bis dahin die Haft aussetzen.

Zum **Übergangsrecht** s. Vor §§ 802 a–802 l Rn 9 ff.

II. Vermögensauskunft des verhafteten Schuldners (Abs. 1)

3 **1. Allgemeines.** Der verhaftete Schuldner kann jederzeit die Abnahme der geforderten Vermögensauskunft verlangen (**Abs. 1 S. 1**). Dies gilt sowohl für den bereits **in Haft befindlichen** als auch **für den gerade verhafteten Schuldner**. Daneben kann auch ohne ausdrückliche gesetzliche Regelung der noch **nicht verhaftete Schuldner** zu jeder Zeit freiwillig bei dem nach § 802 e zuständigen Gerichtsvollzieher[1] die Vermögensauskunft abgeben, um so eine (bevorstehende) Verhaftung und die Vollziehung der Haft abzuwenden.[2] Bestimmt der Gerichtsvollzieher in diesem Fall einen Termin zur Abnahme der Vermögensauskunft, so fehlt für eine Vollziehung des Haftbefehls bis zur Durchführung des Termins das Rechtsschutzinteresse.[3] Bestehen Zweifel an der Ernsthaftigkeit der Bereitschaft, die Vermögensauskunft ordnungsgemäß abzugeben, so muss der Gerichtsvollzieher einen bereits gestellten Verhaftungsauftrag ausführen.

4 **2. Abgabe der Vermögensauskunft.** Die Abgabe der Vermögensauskunft erfolgt nur auf ausdrücklichen **Antrag des Schuldners**. Zuständig für die Abnahme der Vermögensauskunft sowie deren eidesstattliche Bekräftigung (§ 802 c Abs. 3) ist im Falle der Vollziehung der Haft der für den Amtsgerichtsbezirk des Haftortes zuständige Gerichtsvollzieher (**Abs. 1 S. 1**); ansonsten der den Schuldner verhaftende Gerichtsvollzieher.[4] Dem Verlangen des Schuldners ist **unverzüglich**, dh ohne Vermeidung unnötiger Verzögerungen (vgl § 121 Abs. 1 S. 1 BGB), stattzugeben (**Abs. 1 S. 2 Hs 1**). Die Notwendigkeit der Beauftragung eines Dolmetschers rechtfertigt eine Verzögerung der Durchführung des Termins.[5] Zur Abnahme der Vermögensauskunft hat sich der Gerichtsvollzieher in die JVA zu begeben.

5 Der Gerichtsvollzieher hat nach den Angaben des Schuldners eine Aufstellung der nach § 802 c Abs. 2 erforderlichen Angaben als elektronisches Dokument (**Vermögensverzeichnis**) zu errichten (Abs. 1 S. 2 Hs 2 iVm § 802 f Abs. 5 S. 1). Die Angaben sind dem Schuldner vor Abgabe seiner eidesstattlichen Bekräftigung nach § 802 c Abs. 2 vorzulesen oder zur Durchsicht auf einem Bildschirm wiederzugeben (Abs. 1 S. 2 Hs 2 iVm § 802 f Abs. 5 S. 2); dem Schuldner ist auf Verlangen ein Ausdruck zu erteilen (Abs. 1 S. 2 Hs 2 iVm § 802 f Abs. 5 S. 3); zu den weiteren Einzelheiten s. die Erl. zu § 802 f. Zum Vermögensverzeichnis s. auch die aufgrund des § 802 k Abs. 4 erlassene Vermögensverzeichnisverordnung (abgedr. bei § 802 k Rn 23).

6 Dem **Gläubiger** oder auch seinem Vertreter ist die **Teilnahme an dem Abgabetermin** zu ermöglichen, wenn dies ausdrücklich beantragt worden ist (**Abs. 1 S. 3**). Der Antrag kann bereits mit dem Haftantrag oder dem Antrag auf Verhaftung gestellt werden. In diesem Falle hat der Gerichtsvollzieher den Gläubiger über den Termin in Kenntnis zu setzen. Um Verzögerungen zu vermeiden, ist es idR geboten, den Gläubiger telefonisch[6] oder per Fax über den Termin zu informieren. Ein Verstoß gegen die Mitteilungspflicht ist eine Amtspflichtverletzung, die

---

1 Stein/Jonas/*Münzberg*, § 902 Rn 14; Thomas/Putzo/*Seiler*, § 802 i Rn 1.
2 *Sternal*, in: Wolf u.a., Zwangsvollstreckungsrecht aktuell, § 6 Rn 39.
3 Vgl auch Schuschke/Walker/*Schuschke*, § 902 Rn 6.
4 Musielak/*Voit*, § 802 i Rn 2; Stein/Jonas/*Münzberg*, § 902 Rn 2; *Gilleßen/Polzius*, DGVZ 1998, 98, 111.
5 Musielak/*Voit*, § 802 i Rn 4.
6 Stein/Jonas/*Münzberg*, § 902 Rn 4.

eine Schadensersatzpflicht auslöst.[7] Ist der Gläubiger nicht über den Termin zur Abgabe der Vermögensauskunft informiert worden, obwohl er dies beantragt hat und leicht erreichbar war, so muss auf seinen Antrag ein Termin zur **Vervollständigung** der Angaben (vgl § 802 d Rn 16 ff) bestimmt werden, wenn Anhaltspunkte für eine Unklarheit oder Unvollständigkeit der abgegebenen Erklärung bestehen.[8]

Für den Gläubiger besteht eine Teilnahmemöglichkeit nur dann, wenn die Vermögensauskunft trotzdem **ohne Verzug**, dh so schnell wie objektiv möglich, abgenommen werden kann (**Abs. 1 S. 3 aE**). Insoweit ist das Interesse des Gläubigers an einer Terminsteilnahme mit dem Grundrecht des Schuldners auf persönliche Freiheit abzuwägen. Eine Verschiebung um mehrere Stunden, um zB dem Gläubiger die Anreise zu ermöglichen, kann angemessen sein;[9] entscheidend sind die Umstände des Einzelfalles.[10] In dem Termin hat der Gerichtsvollzieher auf eine vollständige Erklärung des Schuldners hinzuwirken. Der Gläubiger darf Fragen stellen oder Vorhalte machen. Über den Termin fertigt der Gerichtsvollzieher ein Protokoll an. 7

III. Haftentlassung des Schuldners (Abs. 2)

Nach Abnahme der Vermögensauskunft hat der Gerichtsvollzieher des Haftortes die **sofortige Entlassung des Schuldners aus der Haft** anzuordnen (**Abs. 2 S. 1**; s. auch § 145 Abs. 5 S. 2 GVGA).[11] Voraussetzung ist jedoch, dass der Schuldner seiner Verpflichtung vollständig im Rahmen des ihm Möglichen nachgekommen ist, ansonsten wird die Haftvollstreckung fortgesetzt. Einer Zustimmung des Gläubigers zur Haftentlassung bedarf es nicht; dieser ist aber über die Haftentlassung zu benachrichtigen. Der erlassene Haftbefehl ist verbraucht (s. auch § 145 Abs. 5 S. 3 GVGA)[12] und kann nicht mehr Grundlage einer erneuten Verhaftung – zB im Falle der Verweigerung der Nachbesserung/Ergänzung – sein.[13] Str ist, ob der Haftbefehl förmlich aufzuheben ist.[14] 8

Die Haftentlassung ist im Terminsprotokoll zu vermerken (§ 762 Abs. 2 Nr. 2); der Schuldner erhält hiervon eine Abschrift. Der Haftbefehl verbleibt entweder bei dem Gerichtsvollzieher,[15] der Vollzugsanstalt[16] oder bei dem Vollstreckungsgericht;[17] eine Übergabe an den Schuldner erfolgt nicht.[18] Der Gerichtsvollzieher des Amtsgerichts des Haftortes übermittelt über das zentrale Vollstreckungsgericht nach § 802 k Abs. 1 das Vermögensverzeichnis in elektronischer Form (Abs. 2 S. 2 iVm § 802 f Abs. 6 S. 1; § 145 Abs. 5 S. 4 GVGA). Zusätzlich hat dieser Gerichtsvollzieher dem Gläubiger unverzüglich nach Eingang der Informationen des zentralen Vollstreckungsgerichts über die erfolgte Eintragung in das Vermögensregister einen Ausdruck zuzuleiten (§ 145 Abs. 5 S. 4 GVGA). Dieser Ausdruck 9

---

7 BGHZ 7, 287.
8 KG DGVZ 1981, 75.
9 Musielak/*Voit*, § 802 i Rn 5; Stein/Jonas/*Münzberg*, § 902 Rn 4; Thomas/Putzo/*Seiler*, § 802 i Rn 6; strenger LG Oldenburg DGVZ 2003, 156 (nicht länger als 2 Stunden, eher kürzer); AG Kronach DGVZ 2003, 157 (für kurze Zeit).
10 Musielak/*Voit*, § 802 i Rn 5; einschränkend max. 2 Stunden: LG Oldenburg DGVZ 2003, 153; MüKo-ZPO/*Eickmann*, § 902 Rn 6.
11 *Sternal*, in: Wolf u.a., Zwangsvollstreckungsrecht aktuell, § 6 Rn 41.
12 Schuschke/Walker/*Schuschke*, § 902 Rn 3; Thomas/Putzo/*Seiler*, § 802 i Rn 7.
13 Schuschke/Walker/*Schuschke*, § 902 Rn 3.
14 Bejahend: Stein/Jonas/*Münzberg*, § 902 Rn 10; verneinend: Hk-ZPO/*Rathmann*, § 802 i Rn 9.
15 MüKo-ZPO/*Eickmann*, § 902 Rn 16; Musielak/*Voit*, § 802 i Rn 9.
16 Baumbach/*Hartmann*, § 802 i Rn 6; Musielak/*Voit*, § 802 i Rn 9.
17 Baumbach/*Hartmann*, § 802 i Rn 6.
18 Offen gelassen Hk-ZPO/*Rathmann*, § 802 i Rn 6.

muss den Vermerk enthalten, dass er mit dem Inhalt des Vermögensverzeichnisses übereinstimmt (Abs. 2 S. 2 iVm § 802 f Abs. 6 S. 2 ZPO; § 145 Abs. 5 S. 4 GVGA); zu den Einzelheiten s. die Erl. zu § 802 f. Das Protokoll und die Vollstreckungsunterlagen hat der Gerichtsvollzieher des Haftortes an den Gerichtsvollzieher, der den Schuldner verhaftet hat, zu übersenden. Dieser ist für das Eintragungsanordnungsverfahren zuständig ist (s. auch § 145 Abs. 7 S. 1 GVGA). Zudem hat der Gerichtvollzieher des Amtsgerichts des Haftorts unverzüglich über die Entlassung des Schuldners aus der Haft und den Entlassungsgrund zu informieren (§ 145 Abs. 5 S. 2 GVGA).

IV. Aussetzung der Vollziehung; neuer Termin (Abs. 3)

10 Kann der Schuldner keine vollständigen Angaben machen, weil er die dazu notwendigen Unterlagen nicht bei sich hat, kann der Gerichtsvollzieher einen neuen Termin zur Abnahme der Vermögensauskunft bestimmen und die Vollziehung des Haftbefehls bis dahin aussetzen (**Abs. 3 S. 1**).[19] Die Entscheidung liegt im pflichtgemäßen Ermessen des Gerichtsvollziehers.[20] Maßgeblich sind die Umstände des Einzelfalles, wobei auch die Glaubhaftigkeit der Angaben des Schuldners sowie etwaige Verzögerungs- und Missbrauchsabsichten zu berücksichtigen sind.[21] Bestehen Zweifel an der Ernsthaftigkeit der Bereitschaft, die Vermögensauskunft ordnungsgemäß abzugeben, kann der Gerichtsvollzieher eine Aussetzung ablehnen. Bei **Fluchtgefahr** scheidet ebenfalls eine Aussetzung regelmäßig aus; dies kann auch gelten, wenn die Möglichkeit besteht, kurzfristig die Unterlagen durch Dritte zu beschaffen.

11 Der **neue Termin** muss möglichst zeitnah bestimmt werden, idR am gleichen oder am folgenden Tag. Die Durchführung des Verfahrens zur Abnahme der Vermögensauskunft richtet sich nach § 802 f, wobei es jedoch keiner Bestimmung einer zweiwöchigen Zahlungsfrist bedarf (**Abs. 3 S. 2 Hs 2**). Zu dem Termin hat der Gerichtsvollzieher den Schuldner zu laden (Abs. 3 S. 2 Hs 1 iVm § 802 f Abs. 1 S. 2). Die Ladung ist – abweichend von § 172 – stets dem Schuldner persönlich zuzustellen, auch wenn sich für diesen ein Verfahrensbevollmächtigter bestellt hat (Abs. 3 S. 2 Hs 1 iVm § 802 f Abs. 4 S. 1). Zudem ist der Gläubiger formlos von dem Termin zu verständigen (Abs. 3 S. 2 Hs 1 iVm § 802 f Abs. 4 S. 2, § 357 Abs. 2 S. 1). Die Durchführung des Termins obliegt dem Gerichtsvollzieher, der die Vollziehung des Haftbefehls ausgesetzt hat. Zu den weiteren Einzelheiten der Durchführung des Termins s. die Erl. zu § 802 f.

12 Gibt der Schuldner in dem neuen Termin die **Vermögensauskunft nicht** oder nur **unvollständig** ab, so hat der Gerichtsvollzieher den Haftbefehl wieder zu vollziehen und den Schuldner erneut in Haft zu nehmen.[22]

V. Rechtsbehelfe

13 Gegen die **Maßnahmen des Gerichtsvollziehers** (Ablehnung der Entlassung; Ablehnung der unverzüglichen Terminsbestimmung; Anordnung der Entlassung; Verneinung der Zuständigkeit) stehen dem Schuldner oder dem Gläubiger die Erinnerung (§ 766) zur Verfügung, sofern sich die Maßnahme nicht durch Zeitablauf (zB Durchführung des Termins; bereits erfolgte Entlassung) erledigt hat.

---

[19] *Sternal*, in: Wolf u.a., Zwangsvollstreckungsrecht aktuell, § 6 Rn 42.
[20] BT-Drucks. 16/10069, S. 29; Thomas/Putzo/*Seiler*, § 802 i Rn 8; so auch Schuschke/Walker/*Schuschke*, § 902 Rn 4 (für § 902 aF).
[21] Schuschke/Walker/*Walker*, § 802 i Rn 3.
[22] Stein/Jonas/*Münzberg*, § 902 Rn 7.

VI. Weitere praktische Hinweise

Bei einer Verhaftung für die Abnahme einer eidesstattlichen Versicherung im Rahmen der Vollstreckung der Finanzbehörden oder Sozialversicherungsträger ist für das weitere Verfahren anstelle des Gerichtsvollziehers das Finanzamt bzw. das Hauptzollamt zuständig, somit die Behörde, in deren Bezirk der Haftort liegt (§ 284 Abs. 5 AO). Wenn sich der Sitz der Behörde nicht im Bezirk des für den Gerichtsvollzieher zuständigen Amtsgerichts befindet oder wenn die Abnahme der Vermögensauskunft durch die Vollstreckungsbehörde nicht möglich ist, kann die Auskunft von dem Gerichtsvollzieher des Haftortes abgenommen werden (§ 284 Abs. 8 S. 5 AO). 14

VII. Kosten

Die Kosten des Verfahrens auf Abnahme der Vermögensauskunft werden von dem Gerichtsvollzieher angesetzt, der den Auftrag durchgeführt hat (vgl § 5 Abs. 1 S. 1 GvKostG). Dies ist der Gerichtsvollzieher des Haftortes (Abs. 1 S. 1). Er hat das Protokoll und die Niederschrift über die Vermögensauskunft nicht mehr dem Gerichtsvollzieher des Wohnortes zu übersenden, sondern Abs. 2 S. 2 erklärt § 802 f Abs. 5 und 6 für entsprechend anwendbar. Der Gerichtsvollzieher hat damit das Vermögensverzeichnis in elektronischer Form dem nach § 802 k Abs. 1 zuständigen Gericht zu übermitteln und dem Gläubiger eine Abschrift zuzuleiten. Da sich Abs. 2 auf den nach Abs. 1 zuständigen Gerichtsvollzieher bezieht, erfolgt also Erledigung des Auftrags zur Vermögensauskunft durch den Gerichtsvollzieher des Haftortes. Damit ist dieser auch für den **Kostenansatz** zuständig.[23] 15

Für die **Gerichtsvollzieherkosten** ist maßgebend, ob der die Vermögensauskunft abnehmende Gerichtsvollzieher des Haftortes und der Gerichtsvollzieher des Wohnortes bzw Aufenthaltsortes (§ 802 e) ihren Amtssitz in verschiedenen Amtsgerichtsbezirken haben. Ist der Amtssitz in **demselben Amtsgerichtsbezirk**, liegt nur **ein Auftrag** vor. Haben die Gerichtsvollzieher dagegen ihren Amtssitz in **verschiedenen Amtsgerichtsbezirken**, liegen kostenrechtlich mehrere Aufträge vor; die Tätigkeit eines jedes Gerichtsvollziehers gilt als Durchführung eines besonderen Auftrags (§ 3 Abs. 1 S. 2 GvKostG; vgl auch Nr. 2 Abs. 8 DB-GvKostG). 16

§ 802 j Dauer der Haft; erneute Haft

(1) ¹Die Haft darf die Dauer von sechs Monaten nicht übersteigen. ²Nach Ablauf der sechs Monate wird der Schuldner von Amts wegen aus der Haft entlassen.

(2) Gegen den Schuldner, der ohne sein Zutun auf Antrag des Gläubigers aus der Haft entlassen ist, findet auf Antrag desselben Gläubigers eine Erneuerung der Haft nicht statt.

(3) Ein Schuldner, gegen den wegen Verweigerung der Abgabe der Vermögensauskunft eine Haft von sechs Monaten vollstreckt ist, kann innerhalb der folgenden zwei Jahre auch auf Antrag eines anderen Gläubigers nur unter den Voraussetzungen des § 802 d von neuem zur Abgabe einer solchen Vermögensauskunft durch Haft angehalten werden.

§§ 143 ff GVGA

---

23 NK-GK/*Kessel*, § 5 GvKostG Rn 5.

Literatur:
Siehe die Literaturhinweise zu Vor §§ 802 a–802 l.

I. Normzweck; Anwendungsbereich

1 Die Vorschrift fasst die früher in §§ 911, 913 und 914 aF enthaltenen Regelungen zusammen.[1] § 802 j Abs. 1 und 2 finden **entsprechende Anwendung** auf das Verfahren der Abgabe der eidesstattlichen Versicherung nach § 836 Abs. 3 bzw § 883 Abs. 2 (§ 836 Abs. 1 S. 4; § 883 Abs. 2 S. 3).

2 **Abs. 1** begrenzt aus Gründen der Verhältnismäßigkeit in Übereinstimmung mit § 913 aF zeitlich die gegen den Schuldner vollstreckte Haft. Um einen Missbrauch der Haftvollstreckung als Druckmittel gegen den Schuldner durch den Gläubiger zu verhindern, beschränkt **Abs. 2** – wie § 911 aF – die Möglichkeit einer Hafterneuerung für den Fall, dass der Schuldner ohne sein Zutun auf Antrag des Gläubigers aus der Haft entlassen wurde. **Abs. 3** greift im Wesentlichen die bisherige Regelung des § 914 Abs. 1 aF auf und will den Schuldner, gegen den bereits eine sechsmonatige Haft vollstreckt worden ist, aus Gründen der Verhältnismäßigkeit vor einer nochmaligen Haft zur Erzwingung der Abgabe einer Vermögensauskunft schützen. Sie regelt, unter welchen Voraussetzungen nach einer Verbüßung der vollen Haft nach Abs. 1 ein weiterer Haftbefehl oder eine erneute Verhaftung aufgrund eines früher erlassenen Haftbefehls erfolgen kann. Insoweit erweitert Abs. 3 den Schutz des Abs. 1 und ergänzt die Regelung des § 802 d.

Zum **Übergangsrecht** s. Vor §§ 802 a–802 l Rn 9 ff.

II. Dauer der Haft (Abs. 1)

3 Eine gegen den Schuldner vollstreckte Haft darf **nicht länger als sechs Monate** dauern. Die Regelung bezieht sich nur auf die Haftverbüßung aufgrund **desselben Haftbefehls**. Bei einer **Mehrheit von Haftbefehlen**, zB aufgrund anderer Titel desselben Gläubigers oder eines Titels eines anderen Gläubigers, kommt jeweils eine Haft von sechs Monaten in Betracht.[2] Zu beachten ist jedoch die in Abs. 3 vorgeschriebene Schonfrist.[3] Die Dauer der Haftvollziehung ist **von Amts wegen** zu beachten. Nach Ablauf der sechs Monate hat die Haftentlassung ohne Antrag des Schuldners und ohne Zustimmung des Gläubigers von Amts wegen zu erfolgen,[4] auch wenn der Schuldner kein vollständiges Vermögensverzeichnis abgegeben hat. Zuständig für die Haftentlassung ist der Leiter der Haftanstalt.

III. Erneute Haft nach Entlassung (Abs. 2)

4 **1. Allgemeines.** Sofern der Schuldner **ohne sein Zutun** auf Antrag des Gläubigers aus der Haft entlassen wurde, scheidet eine erneute Verhaftung aus. Ein vorhandener Haftbefehl ist verbraucht und zu den Gerichtsakten zu nehmen. Das Verbot gilt nicht nur für die Verhaftung, sondern auch für den Erlass eines neuen Haftbefehls für diese Forderung des Gläubigers.[5] Verboten ist indes nicht eine erneute Haftanordnung und Verhaftung für eine andere Forderung des Gläubi-

---

1 BT-Drucks. 16/10069, S. 29.
2 KG DGVZ 2000, 59; OLG Celle DGVZ 1999, 73; *Sternal*, in: Wolf u.a., Zwangsvollstreckungsrecht aktuell, § 6 Rn 38.
3 Schuschke/Walker/*Schuschke*, § 913 Rn 1; Wieczorek/Schütze/*Storz*, § 913 Rn 4; jew. zu § 913 aF.
4 *Sternal*, in: Wolf u.a., Zwangsvollstreckungsrecht aktuell, § 6 Rn 38.
5 *Sternal*, in: Wolf u.a., Zwangsvollstreckungsrecht aktuell, § 6 Rn 43; s. auch Schuschke/Walker/*Schuschke*, § 911 Rn 2 (zu § 911 aF).

gers,[6] für eine erneute Versäumung der Pflicht zur Vervollständigung der Vermögensauskunft (vgl § 802 d Rn 16 ff) oder für andere Gläubiger.[7] Wird der Schuldner **ohne Veranlassung des Gläubigers** entlassen, ist Abs. 2 nicht anwendbar.[8]

2. Zutun des Schuldners. Ein Zutun des Schuldners liegt zB vor

- bei einem Haftentlassungsantrag des Gläubigers, weil der Schuldner Zahlungen versprochen oder Teilzahlungen geleistet hat;
- bei einem Einverständnis des Gläubigers mit einer vorübergehenden Haftunterbrechung;
- bei einer Haftentlassung im Hinblick auf das Versprechen, die Vermögensauskunft abzugeben;[9]
- bei einer Haftentlassung nach erfolgter Vorführung ohne Abgabe der Vermögensauskunft, weil der Schuldner der deutschen Sprache nicht mächtig ist und kein Dolmetscher zur Verfügung steht.[10]

IV. Wiederholte Verhaftung (Abs. 3)

1. Allgemeines. Abs. 3 bezieht sich ausschließlich auf die Abnahme einer Vermögensauskunft nach § 802 c bzw § 284 AO. Im Falle einer Verpflichtung zur Abgabe einer eidesstattlichen Versicherung nach anderen Vorschriften, zB nach §§ 836 Abs. 3 S. 2, 883 Abs. 2, nach §§ 98, 153 InsO, nach § 35 FamFG iVm § 883 ZPO oder nach § 89 FamFG, kann jederzeit eine erneute Verhaftung erfolgen. Abs. 3 findet auch auf die Vollziehung des persönlichen Arrestes (§ 933) keine Anwendung.[11]

2. Voraussetzungen für eine wiederholte Verhaftung. a) Grundsatz. Wenn gegen den Schuldner in der Vergangenheit bereits eine Haft mit der **Höchstdauer von sechs Monaten** vollstreckt wurde, ist für die **Dauer von zwei Jahren** im Fall der Verweigerung der Abgabe der Vermögensauskunft sowohl eine erneute Haftanordnung als auch eine erneute Verhaftung des Schuldners aufgrund eines bereits ergangenen früheren Haftbefehls ausgeschlossen. Die in Abs. 3 angeordnete Schutzfrist entspricht den ebenfalls zwei Jahre betragenden Sperrfristen des § 802 d Abs. 1 S. 1 sowie des § 802 h Abs. 1.

Der Schutz des Schuldners entfällt, wenn der Gläubiger glaubhaft macht, dass die Voraussetzungen für eine erneute Vermögensauskunft nach § 802 d Abs. 1 S. 1 vorliegen.[12] Der Antragsteller muss Tatsachen **glaubhaft machen**, die für eine **wesentliche Veränderung der Vermögensverhältnisse** des Schuldners sprechen, zB den Erwerb neuen Vermögens oder die Begründung eines neuen Arbeitsverhältnisses (zu den Einzelheiten s. § 802 d Rn 6 ff). Die Mittel der Glaubhaftmachung richten sich nach § 294. Die Prüfung der Glaubhaftmachung erfolgt durch den Gerichtsvollzieher.

Die Sperre gilt sowohl für einen Antrag **desselben Gläubigers** in einem anderen Verfahren als auch für einen Antrag eines **anderen Gläubigers**. Ohne Bedeutung

---

6 *Sternal*, in: Wolf u.a., Zwangsvollstreckungsrecht aktuell, § 6 Rn 43; s. auch Schuschke/Walker/*Schuschke*, § 911 Rn 2; Stein/Jonas/*Münzberg*, § 911 Rn 1; jew. zu § 911 aF.
7 *Sternal*, in: Wolf u.a., Zwangsvollstreckungsrecht aktuell, § 6 Rn 43; s. auch Stein/Jonas/*Münzberg*, § 911 Rn 1 (für § 911 aF).
8 Stein/Jonas/*Münzberg*, § 911 Rn 2.
9 AG Bonn DGVZ 1978, 93.
10 AG Kirchheim DGVZ 1983, 63.
11 OLG Celle DGVZ 1999, 73.
12 *Sternal*, in: Wolf u.a., Zwangsvollstreckungsrecht aktuell, § 6 Rn 44; Thomas/Putzo/*Seiler*, § 802 j Rn 4.

ist, ob der Haftbefehl, aus dem vollstreckt werden soll, vor oder nach dem bereits vollstreckten Haftbefehl erlassen worden ist. Hat der Schuldner nach einer sechsmonatigen Haftvollstreckung eine Vermögensauskunft abgegeben und ist diese unvollständig oder unrichtig, steht Abs. 3 der Erzwingung der Vervollständigung (vgl § 802 d Rn 16 ff) nicht entgegen.[13]

10 **b) Frist.** Die Frist von zwei Jahren rechnet ab Zeitpunkt der Entlassung aus der Haft. Zur Berechnung der Frist s. § 222 iVm §§ 187 ff BGB. Der Gerichtsvollzieher hat die Schonfrist von Amts wegen zu beachten, wenn ihm die sechsmonatige Haftvollstreckung bekannt ist oder sie von dem Schuldner in der Form des § 775 nachgewiesen wird.

11 **c) Ablauf der Zwei-Jahres-Frist.** Wenn seit der Beendigung der Haft **mehr als zwei Jahre** verstrichen sind, kann ohne die in Abs. 3 enthaltenen Beschränkungen eine wiederholte Haft angeordnet oder ein bereits bestehender Haftbefehl vollzogen werden. Der Antrag kann bereits vor Ablauf der Schonfrist eingereicht werden.[14] Auch das neue Verfahren kann schon vorher laufen.[15] Ein Haftbefehl darf jedoch erst nach Ablauf der Sperrfrist erlassen werden. Gleiches gilt für den Vollzug des Haftbefehls.

V. Rechtsbehelfe

12 Dem Gläubiger steht gegen die vorzeitige Haftentlassung und dem Schuldner gegen die Ablehnung einer Haftentlassung jeweils die Erinnerung (§ 766) zu. Ein Verstoß gegen die Regelung in Abs. 2 ist mit der Erinnerung nach § 766 anfechtbar. Der Schuldner kann gegen eine die Sperre des Abs. 3 nicht beachtende Verhaftung die Erinnerung nach § 766 Abs. 1 und gegen einen erneuten, unzulässigen Haftbefehl die sofortige Beschwerde nach § 793 erheben. Dem Gläubiger steht gegen die zu Unrecht auf die Sperre des Abs. 3 gestützte Weigerung des Vollzugs einer bereits ergangenen Haftanordnung durch den Gerichtsvollzieher die Erinnerung nach § 766 Abs. 2 Alt. 1 sowie gegen die Ablehnung einer erneuten Haftanordnung die sofortige Beschwerde nach § 793 zur Verfügung.

VI. Weitere praktische Hinweise

13 Formulierungsvorschlag für den Gläubiger im Fall einer **Ausnahme von der Schonfrist nach Abs. 3:**

▶ Gegen den Schuldner ist innerhalb der letzten zwei Jahre wegen der Verweigerung der Abgabe der Vermögensauskunft nach § 802 c ZPO eine Haft von sechs Monaten vollstreckt worden. Es liegen jedoch gem. § 802 j Abs. 3 ZPO die Voraussetzungen für den Erlass einer erneuten Haftanordnung/für den Vollzug aus der bereits ergangenen Haftanordnung des ... vor. Die Voraussetzungen des § 802 d Abs. 1 S. 1 ZPO sind erfüllt. Die Vermögensverhältnisse des Schuldners haben sich seit der Vollziehung der Haft wesentlich verändert. Der Schuldner hat ... (nähere Darlegung der wesentlichen Veränderung der Vermögensverhältnisse; vgl dazu § 802 d Rn 6 ff).

Als Mittel der Glaubhaftmachung füge ich ... anbei. ◀

---

13 Stein/Jonas/*Münzberg*, § 914 Rn 1; aA Musielak/*Voit*, § 802 j Rn 1 unter Hinweis darauf, dass sich dieser Schuldner schlechter stünde als einer, der sein Vermögen überhaupt nicht offengelegt habe.
14 Hk-ZPO/*Rathmann*, § 802 j Rn 7; Zöller/*Stöber*, § 914 Rn 5.
15 Baumbach/*Hartmann*, § 914 Rn 3.

VII. Kosten

Es entstehen Haftkosten (Nr. 9010 KV GKG), die als Auslagen des Gerichts erhoben werden, wie sich aus der ausdrücklichen Verweisung auf § 802 g in Nr. 9010 KV GKG ergibt.[16] Maßgebend ist die Höhe des Haftkostenbeitrags, der nach Landesrecht von einem Gefangenen zu erheben ist (Anm. zu Nr. 9010 KV GKG). Gemäß § 73 GKG[17] sind aber bis zum Erlass landesrechtlicher Vorschriften über die Höhe des Haftkostenbeitrags, der von einem Gefangenen zu erheben ist, die Nr. 9010 und 9011 KV GKG in der bis zum 27.12.2010 geltenden Fassung anzuwenden. Danach werden Haftkosten in Höhe des Haftkostenbeitrags nach § 50 Abs. 2 und 3 StVollzG erhoben.[18]

14

§ 802 k Zentrale Verwaltung der Vermögensverzeichnisse

(1) ¹Nach § 802 f Abs. 6 dieses Gesetzes oder nach § 284 Abs. 7 Satz 4 der Abgabenordnung zu hinterlegende Vermögensverzeichnisse werden landesweit von einem zentralen Vollstreckungsgericht in elektronischer Form verwaltet. ²Die Vermögensverzeichnisse können über eine zentrale und länderübergreifende Abfrage im Internet eingesehen und abgerufen werden. ³Gleiches gilt für Vermögensverzeichnisse, die auf Grund einer § 284 Abs. 1 bis 7 der Abgabenordnung gleichwertigen bundesgesetzlichen oder landesgesetzlichen Regelung errichtet wurden, soweit diese Regelung die Hinterlegung anordnet. ⁴Ein Vermögensverzeichnis nach Satz 1 oder Satz 2[1] ist nach Ablauf von zwei Jahren seit Abgabe der Auskunft oder bei Eingang eines neuen Vermögensverzeichnisses zu löschen.

(2) ¹Die Gerichtsvollzieher können die von den zentralen Vollstreckungsgerichten nach Absatz 1 verwalteten Vermögensverzeichnisse zu Vollstreckungszwecken abrufen. ²Den Gerichtsvollziehern stehen Vollstreckungsbehörden gleich, die

1. Vermögensauskünfte nach § 284 der Abgabenordnung verlangen können,
2. durch Bundesgesetz oder durch Landesgesetz dazu befugt sind, vom Schuldner Auskunft über sein Vermögen zu verlangen, wenn diese Auskunftsbefugnis durch die Errichtung eines nach Absatz 1 zu hinterlegenden Vermögensverzeichnisses ausgeschlossen wird, oder
3. durch Bundesgesetz oder durch Landesgesetz dazu befugt sind, vom Schuldner die Abgabe einer Vermögensauskunft nach § 802 c gegenüber dem Gerichtsvollzieher zu verlangen.

³Zur Einsicht befugt sind ferner Vollstreckungsgerichte, Insolvenzgerichte und Registergerichte sowie Strafverfolgungsbehörden, soweit dies zur Erfüllung der ihnen obliegenden Aufgaben erforderlich ist.

(3) ¹Die Landesregierungen bestimmen durch Rechtsverordnung, welches Gericht die Aufgaben des zentralen Vollstreckungsgerichts nach Absatz 1 wahrzunehmen hat. ²Sie können diese Befugnis auf die Landesjustizverwaltungen übertragen. ³Das zentrale Vollstreckungsgericht nach Absatz 1 kann andere Stellen mit der

---

16 *Oestreich/Hellstab/Trenkle*, GKG, Nr. 9010 KV Rn 2; NK-GK/*Volpert*, Nr. 9010 KV GKG Rn 9.
17 Eingefügt durch Art. 12 Nr. 5 des Gesetzes zur Umsetzung der Dienstleistungsrichtlinie in der Justiz und zur Änderung weiterer Vorschriften vom 22.12.2010 (BGBl. I S. 2248, 2251) mWv 28.12.2010.
18 NK-GK/*Volpert*, Nr. 9010 KV GKG Rn 4 ff.
1 Anm. d. Red.: Eigentlich müsste es „Satz 3" statt „Satz 2" lauten, denn derzeitiger Satz 2 ist durch Art. 3 Nr. 4 Buchst. a des Gesetzes vom 22.12.2011 nachträglich eingefügt worden (BGBl. I S. 3044, 3055). Insoweit hat der Gesetzgeber eine notwendige redaktionelle Folgeanpassung übersehen.

Datenverarbeitung beauftragen; die jeweiligen datenschutzrechtlichen Bestimmungen über die Verarbeitung personenbezogener Daten im Auftrag sind anzuwenden.

(4) ¹Das Bundesministerium der Justiz wird ermächtigt, durch Rechtsverordnung mit Zustimmung des Bundesrates die Einzelheiten des Inhalts, der Form, Aufnahme, Übermittlung, Verwaltung und Löschung der Vermögensverzeichnisse nach § 802 f Abs. 5 dieses Gesetzes und nach § 284 Abs. 7 der Abgabenordnung oder gleichwertigen Regelungen im Sinne von Absatz 1 Satz 2 sowie der Einsichtnahme, insbesondere durch ein automatisiertes Abrufverfahren, zu regeln. ²Die Rechtsverordnung hat geeignete Regelungen zur Sicherung des Datenschutzes und der Datensicherheit vorzusehen. ³Insbesondere ist sicherzustellen, dass die Vermögensverzeichnisse

1. bei der Übermittlung an das zentrale Vollstreckungsgericht nach Absatz 1 sowie bei der Weitergabe an die anderen Stellen nach Absatz 3 Satz 3 gegen unbefugte Kenntnisnahme geschützt sind,

2. unversehrt und vollständig wiedergegeben werden,

3. jederzeit ihrem Ursprung nach zugeordnet werden können und

4. nur von registrierten Nutzern abgerufen werden können und jeder Abrufvorgang protokolliert wird.

§§ 1 ff VermVV [abgedr. in Rn 23]

Literatur:
Jungbauer, Zentrale Vollstreckungsgerichte und Auskunft aus dem Schuldnerverzeichnis ab 1.1.2013, JurBüro 2012, 629. Siehe auch die Literaturhinweise zu Vor §§ 802 a–802 l.

I. Normzweck.....................	1	V. Einsicht in das Vermögensverzeichnis (Abs. 1 S. 2, Abs. 2)....	11
II. Zentrales Vollstreckungsgericht (Abs. 1 S. 1, Abs. 3).............	2	VI. Verwaltung des Vermögensverzeichnisses (Abs. 4).............	19
III. Hinterlegte Vermögensverzeichnisse (Abs. 1 S. 1 und 3)........	5	VII. Kosten.......................	22
IV. Löschung der Verzeichnisse (Abs. 1 S. 4).....................	8	VIII. Anhang: Vermögensverzeichnisverordnung (VermVV)..........	23

I. Normzweck

1 Die Vorschrift tritt mit geändertem Inhalt an die Stelle der früheren §§ 915 ff aF. Abs. 1 regelt das für die Verwaltung des Vermögensverzeichnisses zuständige Gericht neu. Zuständig ist im Gegensatz zum früheren Recht nicht mehr jedes einzelne Amtsgericht (§ 915 Abs. 1 S. 1 aF), sondern landesweit ein zentrales Vollstreckungsgericht. Damit werden bei diesem Gericht zwei Verzeichnisse geführt: das Vermögensverzeichnis (§ 802 k ZPO) sowie das Schuldnerverzeichnis (§ 882 h); zu den Unterschieden s. die Übersicht in Vorbem. §§ 882 b–882 h Rn 4. Durch diese Konzentration soll die Effektivität der Zwangsvollstreckung gesteigert und der Verwaltungsaufwand minimiert werden.² Zudem enthält die Vorschrift Bestimmungen über die von der Hinterlegung erfassten Vermögensverzeichnisse sowie deren Löschung. In Ergänzung hierzu ermächtigt **Abs. 3** die Landesregierungen, durch Rechtsverordnung jeweils das zentrale Vollstreckungsgericht zu bestimmen. Nähere Regelungen des Einsichtsrechts in die hinterlegten Vermögensverzeichnisse sind in **Abs. 2** enthalten. **Abs. 4** sieht eine Ermächtigung

---

2 BT-Drucks. 16/10069, S. 29; Schuschke/Walker/*Walker*, § 802 k Rn 2.

Titel 1 | Allgemeine Vorschriften § 802 k

für das Bundesjustizministerium vor, durch Rechtsverordnung die Einzelheiten zur Verwaltung der Vermögensverzeichnisse zu bestimmen.

Zum Übergangsrecht s. Vor §§ 802 a–802 l Rn 9 ff.

II. Zentrales Vollstreckungsgericht (Abs. 1 S. 1, Abs. 3)

Die Verwaltung der in elektronischer Form eingereichten Vermögensverzeichnisse obliegt dem **zentralen Vollstreckungsgericht** (Abs. 1 S. 1; § 2 VermVV). Dieses Gericht ist ebenfalls nach § 882 h Abs. 1 S. 1 zuständig für die Verwaltung des Schuldnerverzeichnisses (zu den Einzelheiten s. § 882 h Rn 2). Bei der Verwaltung der Vermögensverzeichnisse handelt es sich um eine Aufgabe der Justizverwaltung (arg. e § 882 h Abs. 2 S. 3), so dass die §§ 23 ff EGGVG Anwendung finden. Die landesweit zuständigen zentralen Vollstreckungsgerichte werden jeweils durch Rechtsverordnung von den Landesregierungen (Abs. 3 S. 1) bzw bei einer entsprechenden Delegierung durch die Landesjustizverwaltungen bestimmt (Abs. 3 S. 2).

2

Es sind folgende **zentrale Vollstreckungsgerichte** bestimmt worden:

3

- Baden-Württemberg: AG Karlsruhe, Schlossplatz 23, 76131 Karlsruhe;
- Bayern: AG Hof, Berliner Platz 1, 95030 Hof;
- Berlin: AG Berlin-Mitte, Littenstraße 12-17, 10179 Berlin;
- Brandenburg: AG Nauen, Paul-Jerchel-Str. 9, 14641 Nauen;
- Bremen: AG Bremerhaven, Nordstraße 10, 27580 Bremerhaven;
- Hamburg: AG Hamburg-Mitte, Sievekingplatz 1, 20355 Hamburg;
- Hessen: AG Hünfeld, Hauptstraße 24, 36088 Hünfeld;
- Mecklenburg-Vorpommern: AG Neubrandenburg, Friedrich-Engels-Ring 16-18, 17033 Neubrandenburg;
- Niedersachsen: AG Goslar, Hoher Weg 9, 38640 Goslar;
- Nordrhein-Westfalen: AG Hagen, Heinitzstraße 42, 58097 Hagen;
- Rheinland-Pfalz: AG Kaiserslautern, Bahnhofstraße 24, 67655 Kaiserslautern;
- Saarland: AG Saarbrücken, Franz-Josef-Röder-Straße 13, 66119 Saarbrücken;
- Sachsen: AG Zwickau, Platz der Deutschen Einheit 1, 08056 Zwickau;
- Sachsen-Anhalt: AG Dessau-Roßlau, Willy-Lohmann-Straße 29, 06844 Dessau-Roßlau;
- Schleswig-Holstein: AG Schleswig, Lollfuß 78, 24837 Schleswig;
- Thüringen: AG Meiningen, Lindenallee 15, 98617 Meiningen.

Das zentrale Vollstreckungsgericht kann **andere Stellen mit der Verarbeitung der Daten** bei der Verwaltung des Vermögensverzeichnisses beauftragen (Abs. 3 S. 3 Hs 1). Die Übertragung ist nicht auf staatliche Stellen oder juristische Personen des öffentlichen Rechts beschränkt, so dass auch private Unternehmen mit der Bearbeitung betraut werden können.[3] Bei der Inanspruchnahme fremder Datenverarbeitungsanlagen handelt es sich nur um eine Hilfstätigkeit für das zentrale Vollstreckungsgericht. Rechtlich ist die Tätigkeit dem Vollstreckungsgericht zuzuordnen.[4] Bei der Auftragsdatenverarbeitung müssen die jeweiligen daten-

4

---

3 BT-Drucks. 16/10069, S. 29.
4 BT-Drucks. 16/10069, S. 29.

schutzrechtlichen Bestimmungen über die Verarbeitung personenbezogener Daten beachtet werden (Abs. 3 S. 3 Hs 2).

III. Hinterlegte Vermögensverzeichnisse (Abs. 1 S. 1 und 3)

5 Der Gerichtsvollzieher hat dem zentralen Vollstreckungsgericht das nach §§ 802 c ff aufgenommene Vermögensverzeichnis in elektronischer Form zu übermitteln (vgl § 802 f Abs. 6 S. 1), damit es dort hinterlegt wird (Abs. 1 S. 1 Alt. 1; § 1 S. 1 VermVV). Entsprechendes gilt für die **Vollstreckungsbehörden** für die nach § 284 Abs. 7 S. 4 AO im Rahmen einer Verwaltungsvollstreckung errichteten Vermögensverzeichnisse (Abs. 1 S. 1 Alt. 2; § 1 S. 1 VermVV). Eine Übersicht zu den Unterschieden zwischen dem hinterlegten Vermögensverzeichnis und dem Schuldnerverzeichnis findet sich in Vorbem. §§ 882 b–882 h Rn 4.

6 Zusätzlich sind beim zentralen Vollstreckungsgericht diejenigen Verzeichnisse zu hinterlegen, die aufgrund einer **dem § 284 Abs. 1–7 AO gleichwertigen Regelung** errichtet werden (Abs. 1 S. 3; § 1 S. 2 VermVV), sofern die entsprechenden Bestimmungen eine Hinterlegung anordnen. Die allgemein gehaltene Fassung des Abs. 1 S. 3 trägt der unterschiedlichen Gestaltung des bundes- und landesrechtlichen Verwaltungsvollstreckungsrechts Rechnung.[5] So ist teilweise originär der Gerichtsvollzieher, teilweise die Verwaltungsbehörde und zT der Gerichtsvollzieher im Auftrag der Verwaltungsbehörde für die Einholung derartiger Selbstauskünfte des Schuldners zuständig.

7 Maßgeblich für die **Gleichwertigkeit** der eingeholten Selbstauskunft sind die mit der Hinterlegung verfolgten Zwecke. Es kommt darauf an, ob die Auskunft nach ihrem Inhalt (vgl § 284 Abs. 2 AO) und ihrer Richtigkeitsgewähr (vgl § 284 Abs. 3 AO) derjenigen nach § 284 AO entspricht und ob die Abgabe der Auskunft für einen bestimmten Zeitraum die Verpflichtung zur erneuten Auskunftserteilung (vgl § 284 Abs. 4 S. 1 AO) nach derselben Vorschrift sperrt. Im Falle einer gesetzlichen Anordnung der Hinterlegung des Vermögensverzeichnisses, sind durch den Gesetzgeber die Vorgaben der Rechtsverordnung nach Abs. 4 S. 3 zu beachten.[6]

IV. Löschung der Verzeichnisse (Abs. 1 S. 4)

8 Nach **Ablauf von zwei Jahren** wird regelmäßig jede Eintragung gelöscht (Abs. 1 S. 4; § 6 Abs. 1 VermVV).[7] Diese Frist entspricht der zweijährigen Sperrfrist des § 802 d Abs. 1 S. 1 bzw des § 284 Abs. 4 S. 1 AO. Die Vorschrift stellt für den Beginn der Frist nicht auf das Ende des Jahres ab, in dem die Vermögensauskunft abgenommen wurde (so § 915 a aF für die Aufnahme in das Schuldnerverzeichnis). Damit beginnt die Frist mit dem Zeitpunkt der Abnahme der Vermögensauskunft. Zur Fristberechnung s. § 222 iVm §§ 187 ff BGB. Für die Berechnung der Frist bleibt die Vervollständigung einer erteilten Vermögensauskunft unberücksichtigt, weil diese nicht unter die Frist des § 802 d fällt.[8]

9 Eine **vorzeitige Löschung** eines vorliegenden Verzeichnisses erfolgt mit dem Eingang eines neuen Vermögensverzeichnisses. Damit wird bei einer wiederholten Vermögensauskunft (§ 802 d) eine neue Zwei-Jahres-Frist in Gang gesetzt. Andere Löschungsmöglichkeiten sieht das Gesetz nicht vor; insb. führt nicht die Be-

---

5 BT-Drucks. 16/10069, S. 29.
6 BT-Drucks. 16/10069, S. 29.
7 *Sternal*, in: Wolf u.a., Zwangsvollstreckungsrecht aktuell, § 6 Rn 47.
8 LG Lübeck Rpfleger 1991, 119; Wieczorek/Schütze/*Storz*, § 915 a Rn 7; jew. für § 915 a aF.

friedigung des Gläubigers vor Ablauf der Löschungsfrist zu einer vorzeitigen Löschung.[9]

Die Löschung erfolgt von Amts wegen; ein entsprechender Löschungsantrag des Schuldners ist als Anregung zu behandeln. Innerhalb der zwei Jahre stehen die Daten aus dem hinterlegten Vermögensverzeichnis für weitere Vollstreckungsverfahren zur Verfügung. Wird das neue Vermögensverzeichnis bei einem anderen zentralen Vollstreckungsgericht hinterlegt, so hat dieses Gericht das andere zentrale Vollstreckungsgericht, bei dem das ältere Verzeichnis verwaltet wird, hierüber zu informieren (§ 6 Abs. 3 VermVV). 10

V. Einsicht in das Vermögensverzeichnis (Abs. 1 S. 2, Abs. 2)

Der **Gerichtsvollzieher** kann die bei dem zentralen Vollstreckungsgericht hinterlegten Vermögensverzeichnisse für Vollstreckungszwecke über eine zentrale und länderübergreifende Abfrage im Internet einsehen und abrufen (**Abs. 1 S. 2; Abs. 2 S. 1**), zB um zu überprüfen, ob die Voraussetzungen des § 802 d vorliegen, der Schuldner also innerhalb der letzten zwei Jahre bereits eine Vermögensauskunft abgegeben hat. Nähere Einzelheiten der Einsichtnahme regeln §§ 7–9 VermVV. 11

Dieses unmittelbare Einsichtsrecht steht ebenfalls den in **Abs. 2 S. 2** aufgezählten **Vollstreckungsbehörden** zu. Dazu zählen 12

- die Vollstreckungsbehörden, die nach § 284 AO selbst Vermögensauskünfte vom Schuldner einholen können (**Nr. 1**). Diese müssen nach § 284 Abs. 4 S. 2 AO prüfen, ob bereits ein Vermögensverzeichnis hinterlegt ist. In diesem Falle können diese wegen der Sperrwirkung des § 284 Abs. 4 S. 1 AO auf dieses zurückgreifen;

- die Vollstreckungsbehörden, die durch Bundesgesetz oder durch Landesgesetz befugt sind, vom Schuldner Vermögensauskünfte zu verlangen, sofern dieses Recht durch die bereits erfolgte Errichtung eines beim zentralen Vollstreckungsgericht hinterlegten Verzeichnisses ausgeschlossen ist (**Nr. 2**). Auch in diesem Falle bedarf es einer Einsichtnahme, um zu prüfen, ob die Sperrwirkung eingreift;

- die Vollstreckungsbehörden, die durch Bundesgesetz oder durch Landesgesetz dazu befugt sind, vom Schuldner die Abgabe einer Vermögensauskunft nach § 802 c gegenüber dem Gerichtsvollzieher zu verlangen (**Nr. 3**). Diese Behörden haben ein berechtigtes Interesse, vor der Beauftragung des Gerichtsvollziehers zu klären, ob nicht der Schuldner bereits eine Vermögensauskunft abgegeben hat.

Zu den Einzelheiten der Einsichtnahme, Registrierung und dem Ende der Nutzungsberechtigung s. §§ 7–9 VermVV.

Zudem sind zur Einsicht auch die **Vollstreckungsgerichte, Insolvenzgerichte und Registergerichte** befugt; Gleiches gilt für die **Strafverfolgungsbehörden** (**Abs. 2 S. 3**). Voraussetzung ist, dass eine Einsichtnahme zur Erfüllung der ihnen obliegenden Aufgaben **erforderlich** ist. Nicht ausreichend ist, dass die Kenntnis vom Vermögensverzeichnis für die staatliche Stelle zur Erfüllung ihrer Aufgaben nur nützlich ist. Zu den Einzelheiten der Einsichtnahme, Registrierung und dem Ende der Nutzungsberechtigung s. §§ 7–9 VermVV. 13

Für die einzelnen **Vollstreckungsgerichte** kann die Kenntnis der hinterlegten Daten bspw **erforderlich** sein, soweit sie über den Erlass eines Haftbefehls (§ 802 g) zu entscheiden haben. Insoweit sind auch Voraussetzungen der Pflicht zur Abga- 14

---

[9] BT-Drucks. 16/10069, S. 29.

be der Vermögensauskunft zu prüfen, insb. § 802 d. Gleiches gilt für Rechtsbehelfsverfahren, in denen das Verfahren zur Abnahme der Vermögensauskunft (§§ 802 c ff) oder die Eintragungsanordnung des Gerichtsvollziehers nach § 882 c überprüft wird.[10] Demgegenüber fehlt es an der Erforderlichkeit, soweit das Vollstreckungsgericht im Rahmen der Forderungspfändung Einsicht in das vorhandene Vermögensverzeichnis des Schuldners nehmen möchte. Die für die Forderungspfändung erforderlichen Auskünfte erhält der Gläubiger durch den Gerichtsvollzieher.[11]

15 Die einzelnen **Insolvenzgerichte** müssen im Rahmen des Eröffnungsverfahrens das Vorliegen der Insolvenzgründe prüfen. Insoweit bedarf es der Kenntnis über die Vermögenssituation des Schuldners. Soweit der Schuldner seiner Pflicht zur Vorlage eines Vermögensverzeichnisses (§ 20 InsO) nicht nachkommt, ist eine Kenntnis des Gerichts von den beim zentralen Vollstreckungsgericht hinterlegten Verzeichnissen erforderlich.[12]

16 Gleiches gilt für **Registergerichte** im Rahmen des Verfahrens zur Löschung vermögensloser Gesellschaften (§ 394 FamFG). Insoweit kann zur Erfüllung der dem Gericht obliegenden Aufgaben die Notwendigkeit der Kenntnis der beim zentralen Vollstreckungsgericht hinsichtlich der Gesellschaft hinterlegten Daten bejaht werden.[13]

17 Für die **Strafverfolgungsbehörde** kann die Kenntnis vom Inhalt der hinterlegten Verzeichnisse im Rahmen der Verfolgung von Straftaten erforderlich sein. Dies gilt insb. für die Verfolgung von Betrugs- und Insolvenzstraftaten, Geldwäschedelikten, falschen Versicherungen an Eides statt oder Verletzungen der Unterhaltspflichten.[14]

18 **Kein Recht auf Einsicht** in die beim zentralen Vollstreckungsgericht hinterlegten Vermögensverzeichnisse bzw deren Abruf haben **sonstige Stellen** und **Privatpersonen**.[15] Gläubiger erhalten im Einzelfall eine Abschrift des Verzeichnisses nach Maßgabe des § 802 f Abs. 6 S. 1 Hs 2 (s. dazu § 802 f Rn 30) oder des § 802 d Abs. 1 S. 2 (s. dazu § 802 d Rn 13). Der Schuldner kann bei der Abnahme eines Vermögensverzeichnisses nach § 802 f Abs. 5 S. 3 die Erteilung eines Abdrucks seines Vermögensverzeichnisses verlangen (s. dazu § 802 f Rn 25).

VI. Verwaltung des Vermögensverzeichnisses (Abs. 4)

19 Abs. 4 enthält eine **Ermächtigung an das Bundesjustizministerium**, die Einzelheiten der **Verwaltung der Vermögensverzeichnisse** durch Rechtsverordnung zu regeln. Die Verordnung kann insb. Regelungen über den Inhalt, die Form, Aufnahme, Übermittlung, Verwaltung und Löschung sowie der Einsichtnahme, insb. durch ein automatisiertes Abrufverfahren, enthalten (**Abs. 4 S. 1**). Die Rechtsverordnung bedarf der Zustimmung des Bundesrates, da die technische und organisatorische Umsetzung den Ländern obliegt.[16] Die Rechtsverordnung hat geeignete Regelungen zur Sicherung des Datenschutzes und der Datensicherheit vorzusehen (**Abs. 4 S. 2**). Insbesondere ist sicherzustellen (**Abs. 4 S. 3**), dass die Vermögensverzeichnisse

---

10 Beispiele nach BT-Drucks. 16/10069, S. 30; Thomas/Putzo/*Seiler*, § 802 k Rn 6.
11 Beispiel nach BT-Drucks. 16/10069, S. 30; Thomas/Putzo/*Seiler*, § 802 k Rn 6.
12 Beispiel nach BT-Drucks. 16/10069, S. 30; Thomas/Putzo/*Seiler*, § 802 k Rn 6.
13 Beispiele nach BT-Drucks. 16/10069, S. 30; Thomas/Putzo/*Seiler*, § 802 k Rn 6.
14 Beispiele nach BT-Drucks. 16/10069, S. 30.
15 BT-Drucks. 16/10069, S. 30; Schuschke/Walker/*Walker*, § 802 k Rn 9.
16 BT-Drucks. 16/10069, S. 31.

- bei der Übermittlung an das zentrale Vollstreckungsgericht nach Abs. 1 sowie bei der Weitergabe an die anderen Stellen nach Abs. 3 S. 3 gegen unbefugte Kenntnisnahme geschützt sind (**Nr. 1**),
- unversehrt und vollständig wiedergegeben werden (**Nr. 2**),
- jederzeit ihrem Ursprung nach zugeordnet werden können (**Nr. 3**) und nur von registrierten Nutzern abgerufen werden können und jeder Abrufvorgang protokolliert wird.

Auf der Grundlage dieser Ermächtigung hat das Bundesministerium der Justiz die **Verordnung über das Vermögensverzeichnis (Vermögensverzeichnisverordnung – VermVV)** vom 26.7.2012[17] erlassen (abgedr. in Rn 23).

Zudem enthält § 882 h Abs. 3 eine Ermächtigung des Bundesjustizministeriums der Justiz zur Regelung der Einzelheiten hinsichtlich der **Ausgestaltung der Führung des Schuldnerverzeichnisses**, welches ebenfalls beim zentralen Vollstreckungsgericht geführt wird (vgl dazu § 882 h Rn 5). Insoweit ist die **Verordnung über die Führung des Schuldnerverzeichnisses (Schuldnerverzeichnisführungsverordnung – SchuFV)** vom 26.7.2012[18] erlassen worden (abgedr. bei § 882 h Rn 6).

Weiterhin sieht § 882 g Abs. 8 Nr. 1 eine Ermächtigung des Bundesministeriums der Justiz zur Regelung der Einzelheiten hinsichtlich des Bezugs von Abdrucken aus dem Schuldnerverzeichnis vor. Insoweit ist die **Verordnung über den Bezug von Abdrucken aus dem Schuldnerverzeichnis (Schuldnerverzeichnisabdruckverordnung – SchuVAbdrV)** vom 26.7.2012[19] erlassen worden (abgedr. bei § 882 g Rn 16).

VII. Kosten

Macht der Gerichtsvollzieher ein Vermögensverzeichnis weiteren Titelgläubigern zu Vollstreckungszwecken zugänglich (Abs. 2 S. 1), entsteht eine Gebühr für die Übermittlung des Vermögensverzeichnisses an einen Drittgläubiger nach Nr. 261 KV GvKostG iHv 33,00 €. Eine Dokumentenpauschale (Nr. 700 KV GvKostG) entsteht nicht, da eine Dokumentenpauschale für die erste Kopie oder den ersten Ausdruck des Vermögensverzeichnisses und der Niederschrift über die Abgabe der Vermögensauskunft von demjenigen Kostenschuldner nicht erhoben wird, von dem die Gebühr Nr. 261 KV GvKostG zu erheben ist. Entsprechendes gilt, wenn anstelle der Kopien oder Ausdrucke elektronisch gespeicherte Dateien überlassen werden. Eine Dokumentenpauschale für die erste Kopie oder den **ersten Ausdruck** des Vermögensverzeichnisses fällt nach Anm. Abs. 4 S. 1 zu Nr. 700 KV GvKostG für denjenigen Kostenschuldner nicht an, von dem die Gebühr nach Nr. 261 KV GvKostG zu erheben ist (§ 13 GvKostG).[20]

---

17 BGBl. I S. 1663.
18 BGBl. I S. 1654.
19 BGBl. I S. 1658.
20 NK-GK/*Kessel*, Nr. 700 KV GvKostG Rn 5 f.

VIII. Anhang: Vermögensverzeichnisverordnung (VermVV)

23

Verordnung über das Vermögensverzeichnis (Vermögensverzeichnisverordnung – VermVV)

Vom 26.7.2012 (BGBl. I S. 1663)

§ 1 Anwendungsbereich

Diese Verordnung gilt für Vermögensverzeichnisse, die nach § 802 f Absatz 6 der Zivilprozessordnung oder nach § 284 Absatz 7 Satz 4 der Abgabenordnung zu hinterlegen sind. Sie gilt ferner für Vermögensverzeichnisse, die aufgrund einer bundes- oder landesgesetzlichen Regelung errichtet worden sind, die § 284 Absatz 1 bis 7 der Abgabenordnung gleichwertig ist, soweit diese die Hinterlegung anordnet.

§ 2 Vermögensverzeichnisregister

Die Vermögensverzeichnisse werden in jedem Land von einem zentralen Vollstreckungsgericht in elektronischer Form in einem Vermögensverzeichnisregister verwaltet.

§ 3 Errichtung und Form der Vermögensverzeichnisse

(1) Der Gerichtsvollzieher oder die Behörde, die zur Errichtung eines Vermögensverzeichnisses befugt ist, errichtet das Vermögensverzeichnis als elektronisches Dokument mit den nach § 802 c der Zivilprozessordnung oder den nach § 284 Absatz 7 Satz 1 und Absatz 2 der Abgabenordnung erforderlichen Angaben. Anlagen, die vom Schuldner zur Ergänzung der Vermögensauskunft übergeben werden, sind dem Vermögensverzeichnis elektronisch nach § 4 Absatz 1 Satz 3 beizufügen.

(2) Im Vermögensverzeichnis wird auch dokumentiert,

1. dass die Anforderungen des § 802 f Absatz 5 Satz 2 und 3 der Zivilprozessordnung oder des § 284 Absatz 7 Satz 2 und 3 der Abgabenordnung oder der bundes- oder landesgesetzlichen Regelung, die § 284 Absatz 7 Satz 2 und 3 der Abgabenordnung gleichwertig ist, erfüllt sind,

2. wann die Versicherung an Eides statt nach § 802 c Absatz 3 der Zivilprozessordnung oder nach § 284 Absatz 3 der Abgabenordnung oder nach der bundes- oder landesgesetzlichen Regelung, die § 284 Absatz 3 der Abgabenordnung gleichwertig ist, erfolgt ist sowie

3. an welchem Tag die Versicherung an Eides statt für das Vermögensverzeichnis erstmals erfolgt ist, wenn die Vermögensauskunft ergänzt oder nachgebessert worden ist.

§ 4 Elektronische Übermittlung der Vermögensverzeichnisse

(1) Der Gerichtsvollzieher oder die Behörde, die zur Errichtung eines Vermögensverzeichnisses befugt ist, übermittelt das Vermögensverzeichnis dem zuständigen zentralen Vollstreckungsgericht. Dies setzt eine Registrierung nach § 8 Absatz 1 voraus. Die Übermittlung der Daten erfolgt elektronisch und bundesweit einheitlich durch ein geeignetes Transportprotokoll sowie in einheitlich strukturierten Datensätzen.

(2) Bei der Übermittlung der Daten an das zentrale Vollstreckungsgericht und bei der Weitergabe an eine andere Stelle im Sinne des § 802 k Absatz 3 Satz 3 der Zivilprozessordnung sind geeignete technische und organisatorische Maßnahmen zur Sicherstellung von Datenschutz und Datensicherheit zu treffen, die insbesondere gewährleisten, dass

1. nur Befugte personenbezogene Daten zur Kenntnis nehmen können (Vertraulichkeit),

2. personenbezogene Daten während der Verarbeitung unversehrt, vollständig und aktuell bleiben (Integrität),

3. personenbezogene Daten zeitgerecht zur Verfügung stehen und ordnungsgemäß verarbeitet werden können (Verfügbarkeit),
4. personenbezogene Daten jederzeit ihrem Ursprung zugeordnet werden können (Authentizität),
5. festgestellt werden kann, wer wann welche personenbezogenen Daten in welcher Weise verarbeitet hat (Revisionsfähigkeit), und
6. die Verfahrensweisen bei der Verarbeitung personenbezogener Daten vollständig, aktuell und in einer Weise dokumentiert sind, dass sie in zumutbarer Zeit nachvollzogen werden können (Transparenz).

Werden zur Übermittlung der Daten öffentliche Telekommunikationsnetze genutzt, ist ein geeignetes Verschlüsselungsverfahren zu verwenden.

§ 5 Hinterlegung der Vermögensverzeichnisse

(1) Das zentrale Vollstreckungsgericht prüft, ob die elektronische Übermittlung der Vermögensverzeichnisse die Anforderungen des § 4 erfüllt.

(2) Erfüllt die elektronische Übermittlung die Anforderungen des § 4, ist das Vermögensverzeichnis in das Vermögensverzeichnisregister einzutragen. Mit der Eintragung in das Vermögensverzeichnisregister ist das Vermögensverzeichnis hinterlegt im Sinne des § 802 f Absatz 6 der Zivilprozessordnung oder des § 284 Absatz 7 Satz 4 der Abgabenordnung oder der bundes- oder landesgesetzlichen Regelung, die § 284 Absatz 7 Satz 4 der Abgabenordnung gleichwertig ist. Das zentrale Vollstreckungsgericht informiert den Einsender nach § 4 Absatz 1 Satz 1 unverzüglich über die Eintragung. Das vom Einsender errichtete elektronische Dokument nach § 3 ist drei Monate nach dem Eingang der Eintragungsinformation zu löschen.

(3) Erfüllt die elektronische Übermittlung die Anforderungen des § 4 nicht, teilt das zentrale Vollstreckungsgericht dem Einsender dies unter Angabe der Gründe mit. Der Einsender veranlasst eine erneute elektronische Übermittlung des Vermögensverzeichnisses, die eine Eintragung der Daten nach Absatz 2 erlaubt. Mit Eingang der Information über die Eintragung des erneut elektronisch übermittelten Vermögensverzeichnisses ist das zuerst übermittelte elektronische Dokument beim Einsender zu löschen.

(4) Der Einsender leitet dem Gläubiger nach der Hinterlegung unverzüglich einen Ausdruck des Vermögensverzeichnisses zu. Der Ausdruck muss den Vermerk, dass er mit dem Inhalt des Vermögensverzeichnisses übereinstimmt, und den Hinweis nach § 802 d Absatz 1 Satz 3 der Zivilprozessordnung enthalten. Anstelle der Zuleitung eines Ausdrucks kann dem Gläubiger auf Antrag das Vermögensverzeichnis als elektronisches Dokument übermittelt werden, wenn dieses mit einer qualifizierten elektronischen Signatur versehen ist. § 4 Absatz 2 gilt entsprechend.

§ 6 Löschung der Vermögensverzeichnisse

(1) Das zentrale Vollstreckungsgericht löscht das hinterlegte Vermögensverzeichnis im Vermögensverzeichnisregister nach Ablauf von zwei Jahren ab Abgabe der Auskunft oder wenn ein neues Vermögensverzeichnis desselben Schuldners hinterlegt wird.

(2) Im Fall des § 802 d Absatz 1 Satz 1 der Zivilprozessordnung oder des § 284 Absatz 4 der Abgabenordnung oder der bundes- oder landesgesetzlichen Regelung, die § 284 Absatz 4 der Abgabenordnung gleichwertig ist, teilt der Einsender bei der Übermittlung nach § 4 Absatz 1 dem zuständigen zentralen Vollstreckungsgericht zugleich mit, dass es sich um eine erneute Vermögensauskunft nach diesen Vorschriften handelt.

(3) Sobald ein neues Vermögensverzeichnis hinterlegt ist, benachrichtigt das zentrale Vollstreckungsgericht das zentrale Vollstreckungsgericht, bei dem ein älteres Vermögensverzeichnis verwaltet wird.

§ 802 k Abschnitt 2 | Zwangsvollstreckung wegen Geldforderungen

§ 7 Einsichtnahme in das Vermögensverzeichnis

(1) Die Einsichtnahme in das Vermögensverzeichnis erfolgt über eine zentrale und länderübergreifende Abfrage im Internet. Sie setzt eine Registrierung der Einsichtsberechtigten nach § 8 Absatz 2 voraus.

(2) Die Daten aus der Einsichtnahme in das Vermögensverzeichnis dürfen nur zu dem Zweck verwendet werden, für den sie übermittelt werden. Die Zweckbestimmung richtet sich nach § 802 k Absatz 2 der Zivilprozessordnung. Die Verantwortung für die Zulässigkeit der einzelnen Einsichtnahme trägt die abfragende Stelle. Das zentrale Vollstreckungsgericht prüft die Zulässigkeit der Einsichtnahme nur in Stichproben oder wenn dazu Anlass besteht.

(3) Die Übermittlung der Daten bei der Einsichtnahme in das Vermögensverzeichnis erfolgt elektronisch und bundesweit einheitlich durch ein geeignetes Transportprotokoll sowie in einheitlich strukturierten Datensätzen. § 4 Absatz 2 gilt entsprechend.

(4) Bei jeder Einsichtnahme ist der Abrufvorgang so zu protokollieren, dass feststellbar ist, ob das Datenverarbeitungssystem befugt genutzt worden ist. Zu protokollieren sind:

1. das Datum und die Uhrzeit der Einsichtnahme,

2. die abfragende Stelle,

3. der Verwendungszweck der Abfrage mit Akten- oder Registerzeichen,

4. welches hinterlegte Vermögensverzeichnis betroffen ist.

(5) Die protokollierten Daten nach Absatz 4 dürfen nur zum Zweck der Datenschutzkontrolle, für gerichtliche Verfahren oder Strafverfahren verwendet werden. Die gespeicherten Abrufprotokolle werden nach sechs Monaten gelöscht. Gespeicherte Daten, die in einem eingeleiteten Verfahren zur Datenschutzkontrolle, einem gerichtlichen Verfahren oder Strafverfahren benötigt werden, sind nach dem endgültigen Abschluss dieser Verfahren zu löschen.

§ 8 Registrierung

(1) Die Registrierung der Errichtungsberechtigten für die Übermittlung der Vermögensverzeichnisse (§ 1 in Verbindung mit § 3 Absatz 1) dient deren Identifikation. Sie erfolgt in einem geeigneten Registrierungsverfahren durch das für den Sitz des Errichtungsberechtigten zuständige zentrale Vollstreckungsgericht oder über die nach § 802 k Absatz 3 Satz 3 der Zivilprozessordnung beauftragte Stelle. Die Registrierung von Behörden ist im Weiteren so auszugestalten, dass feststellbar ist, welche natürliche Person gehandelt hat.

(2) Absatz 1 gilt entsprechend für die Registrierung von Einsichtsberechtigten (§ 802 k Absatz 2 der Zivilprozessordnung) für die zentrale und länderübergreifende Abfrage im Internet (§ 7 Absatz 1 Satz 1). Für die Übermittlung von Daten vom zentralen Vollstreckungsgericht an registrierte Einsichtsberechtigte gilt § 4 Absatz 2 entsprechend. Es ist sicherzustellen, dass das Registrierungsverfahren die Protokollierung der Abrufvorgänge nach § 7 Absatz 4 in einem bundeseinheitlichen Verfahren ermöglicht.

(3) Für die Rücknahme und den Widerruf der Registrierung gelten § 48 Absatz 1 und 3 und § 49 Absatz 2 und 5 des Verwaltungsverfahrensgesetzes entsprechend. Zuständig ist das zentrale Vollstreckungsgericht, das die Registrierung vorgenommen hat.

§ 9 Ende der Nutzungsberechtigung

(1) Die Errichtungsberechtigung für Vermögensverzeichnisse endet, wenn dem Errichtungsberechtigten diese Aufgabe gesetzlich nicht mehr obliegt, insbesondere wenn ein Gerichtsvollzieher aus dem Gerichtsvollzieherdienst ausscheidet oder ihm die Dienstausübung einstweilen oder endgültig untersagt wird. Das Ende der Errichtungsberechtigung führt grundsätzlich auch zum Ende der Einsichtsberechtigung.

(2) Sobald ein Errichtungsberechtigter nicht mehr errichtungsberechtigt ist,
1. hat er das zentrale Vollstreckungsgericht oder die nach § 802 k Absatz 3 Satz 3 der Zivilprozessordnung beauftragte Stelle unverzüglich darüber zu informieren,
2. ist der Dienstherr oder die für den Errichtungsberechtigten zuständige Dienstaufsichtsbehörde berechtigt, das zentrale Vollstreckungsgericht oder Stellen nach Nummer 1 darüber zu informieren.

(3) Nach dem Ende der Errichtungsberechtigung nach Absatz 1 hebt das zentrale Vollstreckungsgericht die Registrierung nach § 8 Absatz 3 auf und sperrt den Zugang für die elektronische Übermittlung der Daten.

(4) Die Einsichtsberechtigung in das Vermögensverzeichnis (§ 802 k Absatz 2 der Zivilprozessordnung) endet, wenn die dem Einsichtsberechtigten obliegenden Aufgaben keine Einsichtnahme mehr erfordern. Die Absätze 1 bis 3 gelten entsprechend.

§ 10 Inkrafttreten

Diese Verordnung tritt am 1. Januar 2013 in Kraft.

§ 802 l Auskunftsrechte des Gerichtsvollziehers

(1) ¹Kommt der Schuldner seiner Pflicht zur Abgabe der Vermögensauskunft nicht nach oder ist bei einer Vollstreckung in die dort aufgeführten Vermögensgegenstände eine vollständige Befriedigung des Gläubigers voraussichtlich nicht zu erwarten, so darf der Gerichtsvollzieher
1. bei den Trägern der gesetzlichen Rentenversicherung den Namen, die Vornamen oder die Firma sowie die Anschriften der derzeitigen Arbeitgeber eines versicherungspflichtigen Beschäftigungsverhältnisses des Schuldners erheben;
2. das Bundeszentralamt für Steuern ersuchen, bei den Kreditinstituten die in § 93 b Abs. 1 der Abgabenordnung bezeichneten Daten abzurufen (§ 93 Abs. 8 Abgabenordnung);
3. beim Kraftfahrt-Bundesamt die Fahrzeug- und Halterdaten nach § 33 Abs. 1 des Straßenverkehrsgesetzes zu einem Fahrzeug, als dessen Halter der Schuldner eingetragen ist, erheben.

²Die Erhebung oder das Ersuchen ist nur zulässig, soweit dies zur Vollstreckung erforderlich ist und die zu vollstreckenden Ansprüche *einschließlich titulierter Nebenforderungen und Kosten*[1] mindestens 500 Euro betragen; Kosten der Zwangsvollstreckung *und Nebenforderungen*[2] sind bei der Berechnung nur zu berücksichtigen, wenn sie allein Gegenstand des Vollstreckungsauftrags sind.

(2) ¹Daten, die für die Zwecke der Vollstreckung nicht erforderlich sind, hat der Gerichtsvollzieher unverzüglich zu löschen oder zu sperren. ²Die Löschung ist zu protokollieren.

(3) ¹Über das Ergebnis einer Erhebung oder eines Ersuchens nach Absatz 1 setzt der Gerichtsvollzieher den Gläubiger unter Beachtung des Absatzes 2 unverzüglich und den Schuldner innerhalb von vier Wochen nach Erhalt in Kenntnis. ²§ 802 d Abs. 1 Satz 3 und Abs. 2 gilt entsprechend.

---

1 *Kursive Hervorhebung*: Geplante Ergänzung durch RefE vom 9.12.2014 – „Entwurf eines Gesetzes zur Durchführung der Verordnung (EU) Nr. 655/2014 sowie zur Änderung sonstiger zivilprozessualer Vorschriften (**EuKoPfVODG**)", Art. 1 Nr. 10 Buchst. a). Geplantes Inkrafttreten: am Tag nach der Verkündung (Art. 10 Abs. 2). – Siehe dazu Rn 12.
2 *Kursive Hervorhebung*: Geltende Fassung. – Geplante Streichung der Wörter „und Nebenforderungen" durch RefE zum **EuKoPfVODG** vom 9.12.2014 (s. Fn 1). – Siehe dazu Rn 12.

(4) ¹*Daten, die der Gerichtsvollzieher nach Absatz 1 innerhalb der letzten drei Monate erhoben hat, darf er auch einem weiteren Gläubiger übermitteln, wenn die Voraussetzungen für die Datenerhebung auch bei diesem Gläubiger vorliegen.* ²*Das Recht des weiteren Gläubigers, eine erneute Auskunft zu beantragen, bleibt unberührt; dies gilt nicht, wenn keine Anhaltspunkte dafür vorliegen, dass zwischenzeitlich eine Änderung der in Absatz 1 Satz 1 Nummer 1 bis 3 bezeichneten Vermögensverhältnisse eingetreten ist.*³

Literatur:
Seip, Die Einholung von Fremdauskünften gem. § 802 l ZPO, wenn die Eidesstattliche Versicherung nach § 807 ZPO a.F. abgegeben wurde, DGVZ 2013, 67. Siehe auch die Literaturhinweise zu Vor §§ 802 a–802 l.

I. Normzweck; Anwendungsbereich 1	5. Auskünfte zur Ermittlung von Fahrzeugen (Abs. 1 S. 1 Nr. 3) 20
II. Auskunftsrecht des Gerichtsvollziehers (Abs. 1) 6	III. Löschung der nicht benötigten Daten (Abs. 2) 21
1. Voraussetzungen für die Einholung von Fremdauskünften 6	IV. Informationen an Gläubiger und Schuldner (Abs. 3) 22
2. Zulässige Fremdauskünfte; Form der Einholung der Auskünfte 14	V. Abs. 4 idF RefE EuKoPfVODG 24
	VI. Rechtsbehelfe 25
3. Auskünfte zur Ermittlung des Arbeitgebers (Abs. 1 S. 1 Nr. 1) 16	VII. Kosten 26
	1. Gerichtsvollzieher 26
	2. Rechtsanwaltsgebühren 32
4. Auskünfte zur Ermittlung von Konten (Abs. 1 S. 1 Nr. 2) 18	

I. Normzweck; Anwendungsbereich

1 Zu den wesentlichen Inhalten der Reform der Sachaufklärung in der Zwangsvollstreckung⁴ zählt die in § 802 l geregelte Möglichkeit der **Einholung von Fremdauskünften** durch den Gerichtsvollzieher. Dadurch werden dem Gläubiger zur Durchführung einer effizienten Vollstreckung Erkenntnismöglichkeiten eröffnet, die bisher ausschließlich der öffentlichen Hand (zB § 68 Abs. 1 S. 1 SGB X, §§ 93, 93 b AG, § 39 Abs. 3 S. 1 Nr. 1 StVG) zur Verfügung standen.⁵

Zum **Übergangsrecht** s. Vor §§ 802 a–802 l Rn 9 ff.

2 **Abs. 1** bestimmt den Umfang der Auskunftsrechte des Gerichtsvollziehers. Unter Berücksichtigung des grundgesetzlich geschützten informationellen Selbstbestimmungsrechts des Schuldners sowie in Abwägung mit den Gläubiger- und Allgemeininteressen an einer zügigen und erfolgreichen Vollstreckung und unter Berücksichtigung des Verhältnismäßigkeitsgrundsatzes ordnet die Vorschrift an, dass die Einholung der **Fremdauskunft** gegenüber der Selbstauskunft grds. **subsidiär** ist.⁶ Zudem ist die Auskunftsmöglichkeit auf diejenigen Bereiche beschränkt, die typischerweise für die Vollstreckung von Bedeutung sind (vgl Abs. 1 S. 1). Schließlich muss das Interesse des Schuldners am Schutz seiner Daten nur dann zurücktreten, wenn die Erhebung die Auskünfte für die Zwangsvollstre-

---

3 *Kursive Hervorhebung*: Geplante Anfügung des neuen Absatzes 4 durch RefE zum **EuKoPfVODG** vom 9.12.2014 (s. Fn 1), Art. 1 Nr. 10 Buchst. b). – Siehe dazu Rn 5 und 24.
4 Gesetz zur Reform der Sachaufklärung in der Zwangsvollstreckung vom 29.7.2009 (BGBl. I S. 2258).
5 *Sternal*, in: Wolf u.a., Zwangsvollstreckungsrecht aktuell, § 6 Rn 49.
6 BT-Drucks. 16/10060, S. 31.

ckung erforderlich sind und der Gläubiger wegen Ansprüche in einer bestimmten Mindesthöhe vollstreckt (Abs. 1 S. 2).

Daneben darf der Gerichtsvollzieher gem. § 755 Abs. 1 zur **Ermittlung des Aufenthaltsortes des Schuldners** zunächst eine Anfrage bei den Einwohnermeldebehörden stellen. Falls diese erfolglos ist und die Ansprüche des Gläubigers 500 € übersteigen, darf der Gerichtsvollzieher – entsprechend der Regelung in Abs. 1 S. 1 Nr. 1–3 – zudem Auskünfte über den Aufenthaltsort beim Ausländerzentralregister, bei der Deutschen Rentenversicherung und beim Kraftfahrt-Bundesamt einholen (§ 755 Abs. 2 S. 1). Zu den weiteren Einzelheiten s. die Erl. zu § 755. 3

Abs. 2 trägt dem **Datenschutzinteresse** des Schuldners Rechnung und verpflichtet den Gerichtsvollzieher, die für den Zweck der Zwangsvollstreckung nicht erforderlichen Daten zu löschen. Eine gleiche Verpflichtung enthält **Abs. 3** für den Gläubiger. Zugleich sichert die Vorschrift die alsbaldige Information des Gläubigers über das Ergebnis der vom Gerichtsvollzieher durchgeführten Erhebungen sowie eingeholten Auskünfte. Außerdem bestimmt die Vorschrift die Information des Schuldners über die Einholung von Fremdauskünften. 4

Der geplante neu anzufügende **Abs. 4**[7] soll der Klärung der in der bisherigen Praxis streitigen Frage dienen, ob und unter welchen Voraussetzungen der Gerichtsvollzieher Daten, die er im Auftrag eines Gläubigers eingeholt hat, auch einem weiteren Gläubiger übermitteln darf (s. dazu Rn 24). Die Vorschrift will auch dem Grundsatz der Datensparsamkeit Rechnung zu tragen und Daten nicht unnötig neu erheben. 5

II. Auskunftsrecht des Gerichtsvollziehers (Abs. 1)

1. Voraussetzungen für die Einholung von Fremdauskünften. Der Gerichtsvollzieher kann im Auftrag eines privaten Gläubigers als Ergänzung zur Vermögensauskunft des Schuldners von dritter Seite Informationen über den Schuldner einholen. Hierdurch soll zugleich der Bereitschaft des Schuldners zu einer wahrheitsgemäßen und vollständigen Vermögensauskunft Rechnung getragen werden.[8] Die Einholung von Fremdauskünften ist grds. gegenüber der Selbstauskunft **subsidiär**. 6

Voraussetzung für die Einholung einer Drittauskunft ist, dass 7

1. der Schuldner seiner **Pflicht zur Selbstauskunft nicht oder nicht vollständig nachkommt** und keine Vermögensauskunft abgibt (Abs. 1 S. 1 Alt. 1); die fehlende Abgabe einer eidesstattlichen Versicherung nach § 807 aF genügt nicht;[9]

   oder

2. dass nach dem Inhalt der Selbstauskunft eine Zwangsvollstreckung voraussichtlich **nicht zu einer vollständigen Befriedigung des Gläubigers** führt (Abs. 1 S. 1 Alt. 2); insoweit reicht eine Prognoseentscheidung des Gerichtsvollziehers.

Erforderlich ist ein ausdrücklicher **Antrag des Gläubigers**; dieser kann noch nachgeholt werden. Ein Antrag auf Einholung von Drittauskünften kann auch isoliert während einer laufenden Vollstreckungsmaßnahme gestellt werden, auch 8

---

7 Siehe Fn 3.
8 BT-Drucks. 16/10060, S. 31; Schuschke/Walker/*Walker*, § 802 l Rn 4.
9 LG Koblenz DGVZ 2013, 241; Thomas/Putzo/*Seiler*, § 802 l Rn 3; *Wasserl*, DGVZ 2013, 61, 67; aA *Mroß*, DGVZ 2013, 69, 70; *Seip*, DGVZ 2013, 67.

nach dem Antrag auf Einholung einer Vermögensauskunft[10] bzw nach Erteilung der Vermögensauskunft.[11]

9 Liegt eine der beiden in Abs. 1 geregelten Voraussetzungen (s. Rn 7) objektiv vor, besteht für den Gläubiger die Möglichkeit, anhand objektiver Informationsquellen die Vermögenssituation des Schuldners zu überprüfen, um etwaiges unbekanntes Vermögen des Schuldners aufzudecken und geeignete Vollstreckungsobjekte zu finden. Insoweit steht dem Gerichtsvollzieher **kein Ermessen** zu; vielmehr ist er an den Antrag gebunden. Nicht erforderlich ist nach dem Gesetzeswortlaut, dass **Anhaltspunkte für eine Unrichtigkeit oder Unvollständigkeit** der Selbstauskunft oder für die Existenz weiterer Vermögenswerte vorliegen.[12]

10 Weiterhin müssen die Auskünfte **für die Vollstreckung erforderlich** sein und die zu vollstreckenden Ansprüche **mindestens 500 €** (zur Berechnung s. Rn 11 f) betragen (**Abs. 1 S. 2 Hs 1**).[13] Im Hinblick auf die Subsidiarität der Einholung der Fremdauskünfte und den Grundsatz der Verhältnismäßigkeit ist die Erforderlichkeit stets gesondert zu prüfen, wobei die grundrechtlich geschützten Interessen des Gläubigers an einer effektiven Vollstreckung sowie des Schuldners auf informationelle Selbstbestimmung abzuwägen sind.[14] Wird der Mindestbetrag von 500 € nicht erreicht, wird vermutet, dass das Interesse des Schuldners am Schutz seiner Sozial-, Konten- und anderen Daten das Interesse des Gläubigers an der Vollstreckung der Geldforderung überwiegt.[15] Diese Beschränkung führt zu einer mit dem Grundsatz der effizienten Zwangsvollstreckung (§ 802 a Abs. 1) schwer zu vereinbarenden Benachteiligung von Gläubigern mit Kleinforderungen (zB Handwerker, Kleingewerbetreibende).[16] Auch solche Forderungen können für den Gläubiger von existenzieller Bedeutung sein. Der Schutz des Schuldners wird zudem dadurch gewährleistet, dass dieser es jederzeit in der Hand hat, den Schutz seiner Daten dadurch zu gewährleisten, dass er entweder die geringe Forderung des Gläubigers ausgleicht oder der Pflicht zur Selbstauskunft vollständig und wahrheitsgemäß nachkommt. Verletzt er die letztgenannte Pflicht, ist der Schuldner auch nicht schützenswert.

11 Bei der **Berechnung des Mindestbetrags** werden mehrere Forderungen eines Gläubigers nach dem Wortlaut des Gesetzes („die zu vollstreckenden Ansprüche") addiert.[17] Demgegenüber bleiben nach dem derzeit geltenden Gesetzeswortlaut die Kosten der Zwangsvollstreckung und die Nebenforderungen bei der Berechnung außer Betracht. Dabei wird nicht danach differenziert, ob die Nebenforderungen oder Zinsen tituliert worden sind oder nicht. Entsprechend sind auch betragsmäßig titulierte Ansprüche nicht zu berücksichtigen;[18] ansonsten

---

10 AG Schöneberg JurBüro 2014, 662.
11 LG Oldenburg JurBüro 2014, 664 (für einen weiteren Gläubiger); AG Schöneberg JurBüro 2014, 662 (für den betreibenden Gläubiger).
12 Thomas/Putzo/*Seiler*, § 802 l Rn 3; *Seip*, DGVZ 2013, 245; aA LG Nürnberg DGVZ 2013, 243; MüKo-ZPO/*Wagner*, § 802 l Rn 15 f unter Hinweis darauf, dass bei einer Anfrage „ins Blaue hinein" der Grundsatz der Verhältnismäßigkeit verletzt sei.
13 *Sternal*, in: Wolf u.a., Zwangsvollstreckungsrecht aktuell, § 6 Rn 50.
14 Vgl auch MüKo-ZPO/*Wagner*, § 802 l Rn 25 der insoweit strenge Anforderungen stellt.
15 BT-Drucks. 16/10069, S. 33; *Sternal*, in: Wolf u.a., Zwangsvollstreckungsrecht aktuell, § 6 Rn 50; Thomas/Putzo/*Seiler*, § 802 l Rn 5.
16 *Fischer*, WuM 2007, 239, 243; *ders.*, DGVZ 2010, 113, 115 (Kleingläubigerdiskriminierung); *Würdinger*, JZ 2011, 177, 184; krit. auch Schuschke/Walker/*Walker*, § 802 l Rn 5.
17 BT-Drucks. 16/13432, S. 45; MüKo-ZPO/*Wagner*, § 802 l Rn 26.
18 LG Darmstadt 27.2.2014 – 5 T 82/14; AG Bretten 1.9.2014 – M 628/14; AG Offenbach DGVZ 2014, 104; *Harnacke/Bundardt*, DGVZ 2013, 1, 3; aA LG Köln DGVZ 2014, 149; AG Augsburg DGVZ 2013, 215; AG Schöneberg DGVZ 2013, 246; AG Siegburg DGVZ 2014, 104; *Mroß*, DGVZ 2012, 169, 177.

würde es auch vom Zufall abhängen, ob in einem Titel die laufende Verzinsung oder ein ausgerechneter Betrag ausgewiesen ist. Eine Ausnahme besteht nur, wenn allein diese Forderungen Gegenstand des Vollstreckungsauftrags sind (**Abs. 1 S. 2 Hs 2**).

Der RefE vom 9.12.2014 zum **EuKoPfVODG** sieht eine Änderung des **Abs. 1 S. 2**[19] vor. Danach soll nunmehr ausdrücklich geregelt werden, dass – in Übereinstimmung mit § 754 a Abs. 1 Nr. 1 RefE EuKoPfVODG (s. § 754 a Rn 1 ff) und § 755 Abs. 2 S. 4 RefE EuKoPfVODG (s. § 755 Rn 16) – **tituliere Nebenforderungen und Kosten** bei der Bemessung der Wertgrenze zu berücksichtigen sind. Insoweit hält der Gesetzgeber es nicht für angezeigt, nach Haupt- und Nebenforderungen zu unterscheiden. Die Berücksichtigung dieser Forderungen sei auch darin begründet, da sie sich aus grds. erstattungsfähigen, tatsächlich entstandenen Aufwendungen des Gläubigers, gesetzlichen Zinsen bzw aus Verfahrenskosten, die durch einen Kostenfestsetzungsbeschluss festgestellt werden, zusammensetzen, die gem. § 367 BGB vorrangig befriedigt werden. Außer Betracht bleiben weiterhin die in § 788 Abs. 1 genannten Kosten der Zwangsvollstreckung, die ohne gerichtliche Kostenfestsetzung zusammen mit dem vollstreckbaren Anspruch beigetrieben werden. Diese finden nur Berücksichtigung, wenn sie allein Gegenstand des Vollstreckungsauftrags sind.

Sind die vorstehenden Voraussetzungen erfüllt, so liegt die Einholung von Fremdauskünften nicht im Ermessen des Gerichtsvollziehers; vielmehr ist er hierzu auf entsprechenden **Antrag des Gläubigers** (vgl § 802 a Abs. 2 Nr. 3) **verpflichtet**.[20] Die Einholung von Fremdauskünften von Amts wegen erfolgt indes nicht.

2. Zulässige Fremdauskünfte; Form der Einholung der Auskünfte. Im Wege der Fremdauskunft können Daten über

- das **Arbeitseinkommen** des Schuldners (Abs. 1 S. 1 Nr. 1; s. Rn 16 f),
- das Bestehen von **Bankverbindungen** (Abs. 1 S. 1 Nr. 2; s. Rn 18 f) und
- das Vorhandensein eines **Kraftfahrzeugs** (Abs. 1 S. 1 Nr. 3; s. Rn 20)

abgefragt werden. Diese Aufzählung ist **abschließend**.

Nähere Regelungen über die Art und Weise der Einholung der zentralen Auskünfte enthält das Gesetz nicht. Im Zuge der Realisierung der zentralen Schuldnerverzeichnisse der Länder sowie des bundesweiten Vollstreckungsportals wurde angestrebt, den Gerichtsvollziehern sowie den Vollstreckungsstellen einen möglichst einfachen und einheitlichen Zugang zu den Auskunftsmöglichkeiten bereitzustellen. Insoweit wird weiterhin nach Lösungen gesucht, die die Möglichkeit einer automatischen Anfrage über eine einheitliche **Plattform** zu schaffen. So hat das Land NRW das Melderegisterauskunftsverfahren eMAB für Behörden eingerichtet.

3. Auskünfte zur Ermittlung des Arbeitgebers (Abs. 1 S. 1 Nr. 1). Abs. 1 S. 1 Nr. 1 ermöglicht eine Abfrage mit dem Ziel der Ermittlung des Arbeitgebers des Schuldners, um ggf eine Lohnpfändung ausbringen zu können. Entgegen dem ursprünglichen Entwurf des Bundesrates[21] bedarf es insoweit keines mehrstufigen Auskunftsverfahrens. Um die Anschrift des Arbeitgebers zu ermitteln, kann der Gerichtsvollzieher sein Ersuchen auf Mitteilung des Namen bzw der Firma sowie der Anschrift des derzeitigen Arbeitgebers des Schuldners an jeden Träger der gesetzlichen Rentenversicherung richten. Dies sind die Deutsche Rentenversicherung des Bundes und die regionalen Versicherungsträger, wie zB die Deutsche

---

19 Siehe Fn 1 und 2.
20 BT-Drucks. 16/10069, S. 32.
21 S. dazu BT-Drucks. 16/10069, S. 32.

Rentenversicherung Rheinland.²² Die Adresse der gemeinschaftlichen zentralen Datenstelle lautet: Datenstellen der Träger der Rentenversicherung, Berner Straße 1, 97084 Würzburg. Private Rentenversicherungen und berufliche Altersversorgungen gehören nicht zu dem auskunftspflichtigen Kreis.

17 Der Träger der gesetzlichen Rentenversicherung teilt dem Gerichtsvollzieher die Daten (Name, Vornamen und Firma oder die Anschriften der derzeitigen Arbeitgeber eines rentenversicherungspflichtigen Beschäftigungsverhältnisses des Schuldners) mit, sofern der Schuldner dort bekannt ist; vgl auch § 74 a Abs. 2 SGB X. Die Auskunft kann seit November 2013 auf elektronischem Wege von der Datenstelle der Träger der deutschen Rentenversicherung erteilt werden. Ansonsten leitet der Rentenversicherungsträger die Anfrage an den zuständigen Träger weiter, der dann die erfragten Auskünfte dem Gerichtsvollzieher zur Verfügung stellt. Für die Auskunftsanfrage ist die Mitteilung der Rentenversicherungsnummer nicht erforderlich; im Einzelfall können weitere Angaben zur Identifizierung des Schuldners (Geburtsdatum, letzte bekannte Anschrift etc.) erforderlich sein.

18 **4. Auskünfte zur Ermittlung von Konten (Abs. 1 S. 1 Nr. 2).** Nach Abs. 1 S. 1 Nr. 2 kann der Gerichtsvollzieher zur Vorbereitung einer Pfändung in Konten und Depots des Schuldners das **Bundeszentralamt für Steuern** ersuchen, bei den Kreditinstituten die in § 93 b Abs. 1 AO bezeichneten Kontenstammdaten abzurufen (§ 93 Abs. 8 AO). Die Vorschrift bezieht sich auf die Daten des § 24 c Abs. 1 KWG. Danach ist ein Kreditinstitut verpflichtet, eine Datei mit den Nummern der Konten bzw Depots sowie dem Namen des Inhabers und des Verfügungsberechtigten zu führen. Diese Datei kann das Bundeszentralamt nach § 24 c Abs. 2 KWG abrufen. Die Auskunft erfasst bei Konten nicht die Mitteilung, ob es sich hierbei um ein **Pfändungsschutzkonto** (§ 850 k) handelt, da die Kreditinstitute diese Information für den automatisierten Abruf von Kontoinformationen nicht speichern müssen.²³

19 Verfassungsrechtliche Bedenken gegen die Ermittlung von Konten bestehen nicht. Der Eingriff in die informationelle Selbstbestimmung des Schuldners ist bei der gebotenen Gesamtbetrachtung unter Berücksichtigung des verfassungsrechtlich geschützten Rechts des Gläubigers auf Eigentum (Art. 14 GG) sowie auf Justizgewährleistung (Art. 19 Abs. 4 GG) verhältnismäßig und beruht auf Vorschriften, welche dem Gebot der Normenklarheit und Bestimmtheit genügen.²⁴ Dies hat das BVerfG bereits für die automatischen Kontenabfragen von Strafverfolgungs- und Finanzbehörden entschieden.²⁵

20 **5. Auskünfte zur Ermittlung von Fahrzeugen (Abs. 1 S. 1 Nr. 3).** Abs. 1 S. 1 Nr. 3 gibt dem Gerichtsvollzieher die Möglichkeit, beim **Kraftfahrt-Bundesamt** die Daten eines auf den Schuldner zugelassenen Fahrzeugs abzufragen. Der Abruf kann in einem automatisierten Verfahren erfolgen (§ 36 Abs. 2 c iVm § 35 Abs. 1 Nr. 14 StVG).²⁶

III. Löschung der nicht benötigten Daten (Abs. 2)

21 Soweit die erlangten Daten nicht für die Durchführung einer Zwangsvollstreckung benötigt werden, hat der Gerichtsvollzieher die Daten unverzüglich zu lö-

---

22 Eine Übersicht der Anschriften findet sich bei Hasselblatt/Sternal/*Sternal*, Form. I.I.29 Anm. 4.
23 BT-Drucks. 16/13432, S. 45; Schuschke/Walker/*Walker*, § 802 l Rn 8; Thomas/Putzo/*Seiler*, § 802 l Rn 8.
24 So auch MüKo-ZPO/*Wagner*, § 802 l Rn 6 ff.
25 BVerfGE 118, 168 = NJW 2007, 2469.
26 Schuschke/Walker/*Walker*, § 802 l Rn 9.

schen oder zu sperren (Abs. 2 S. 1); zB Informationen über gelöschte Konten des Schuldners[27] oder über Fahrzeuge, die im Eigentum Dritter stehen.[28] Die Löschung ist zu protokollieren (Abs. 2 S. 2). Eine Unterrichtung des Schuldners über die Einholung der Auskünfte Dritter sieht das Gesetz nicht vor, um den Erfolg der Maßnahme nicht zu gefährden;[29] zur Information des Schuldners über das Ergebnis der Erhebung bzw des Ersuchens s. Rn 22.

IV. Informationen an Gläubiger und Schuldner (Abs. 3)

Der Gerichtsvollzieher hat den **Gläubiger** unverzüglich über das Ergebnis seiner Erhebungen und eingeholten Auskünfte zu informieren (**Abs. 3 S. 1**). Zuvor sind nach Abs. 2 die Daten zu löschen, die für die Durchführung einer Zwangsvollstreckung nicht benötigt werden (s. Rn 21). Eine **Unterrichtung des Schuldners** von der Einholung der Fremdauskunft hat innerhalb von vier Wochen nach Erhalt zu erfolgen (**Abs. 3 S. 1**). Der Zeitraum für die Unterrichtung ist dabei so zu bemessen, dass zum einen der Vollstreckungserfolg nicht gefährdet und zum anderen dem Recht des Schuldners auf informationelle Selbstbestimmung Rechnung getragen wird.[30] Dem Gläubiger muss vor der Unterrichtung des Schuldners genügend Zeit zur Einleitung erfolgversprechender Vollstreckungsmaßnahmen in die Vollstreckungsobjekte gegeben werden (zB die Einleitung einer Kontopfändung), die der Schuldner von sich aus nicht offengelegt hat. Ein Verstoß hiergegen kann Schadensersatzansprüche gegen den Gerichtsvollzieher auslösen.

Zur Sicherung des Datenschutzes[31] bestimmt **Abs. 3 S. 2** iVm § 802 d Abs. 1 S. 3 Hs 1, dass der Gläubiger die erlangten **Daten nur zu Vollstreckungszwecken nutzen** darf. Zudem hat er nach Zweckerreichung die Daten zu löschen. Hierauf hat der Gerichtsvollzieher den Gläubiger hinzuweisen (Abs. 3 S. 2 iVm § 802 d Abs. 1 S. 3 Hs 2). Abs. 3 S. 2 iVm § 850 d Abs. 2 regelt in Anlehnung an § 299 Abs. 3 S. 1 die Möglichkeit für den Gerichtsvollzieher, das Ergebnis der Ermittlungen auf Antrag auch **als elektronisches Dokument** mitzuteilen.

V. Abs. 4 idF RefE EuKoPfVODG

Nach dem RefE des BMJV vom 9.12.2014 zum **EuKoPfVODG**[32] soll ein klarstellender **Absatz 4** angefügt werden. Bisher ist in der Praxis streitig die Frage, ob und unter welchen Voraussetzungen der Gerichtsvollzieher Daten, die er im Auftrag eines Gläubigers eingeholt hat, auch an einen weiteren Gläubiger übermitteln darf oder ob es stets einer erneuten Datenerhebung bedarf. Letzteres stellt, wenn keine Anhaltspunkte dafür vorliegen, dass sich zwischenzeitlich der Wohnsitz, der gewöhnliche Aufenthaltsort, die Hauptniederlassung oder der Sitz des Schuldners geändert hat, regelmäßig nur eine unnötige Formalität dar. Nach dem geplanten neuen Abs. 4 ist entsprechend der Regelung in § 755 Abs. 3 RefE EuKoPfVODG (s. dazu § 755 Rn 17) eine Übermittlung zulässig, wenn die Voraussetzungen für die Datenerhebung auch noch bei dem weiteren Gläubiger vorliegen. Insbesondere muss die Wertgrenze des Abs. 1 S. 2 (s. Rn 10 ff) eingehalten werden, da diese datenschutzrechtlichen Anforderungen ansonsten zugunsten der weiteren Gläubiger unterlaufen werden könnten.

---

27 LG Ravensburg DGVZ 2013, 214 (anders bei Konten Dritter mit Verfügungsmacht des Schuldners); AG Hamburg DGVZ 2014, 20.
28 Zöller/*Stöber*, § 802 l Rn 11.
29 BT-Drucks. 16/10069, S. 33.
30 Thomas/Putzo/*Seiler*, § 802 l Rn 12.
31 BT-Drucks. 16/10069, S. 26.
32 Siehe Fn 3.

24a Eine Übermittlung der Daten soll indes nur dann erfolgen, wenn die vorliegende Auskunft **nicht älter als drei Monate** ist, da nur in diesem Zeitraum die Auskunft noch als hinreichend aktuell anzusehen ist. Dem weiteren Gläubiger bleibt es unbenommen, auch eine erneute Auskunft zu verlangen.

VI. Rechtsbehelfe

25 Bei einem Verstoß gegen § 802 l steht dem **Schuldner** die Erinnerung nach § 766 Abs. 1 zu. Gegen die Ablehnung der Einholung der für die Vollstreckung erforderlichen Auskünfte bzw der Mitteilung des Ergebnisses der Erhebung kann der **Gläubiger** mit der Erinnerung nach § 766 Abs. 2 S. 1 vorgehen.

VII. Kosten

26 **1. Gerichtsvollzieher.** Für die Einholung von Fremdauskünften nach Abs. 1 S. 1 Nr. 1–3 wird eine **Gebühr** nach **Nr. 440 KV GvKostG** iHv 13,00 € erhoben.[33] Im Fall der Einholung mehrerer Fremdauskünfte fällt diese Gebühr für jede Fremdauskunft gesondert an, wenn der Gläubiger den Gerichtsvollzieher im Rahmen der Durchführung eines Auftrags mit der Einholung mehrerer Auskünfte beauftragt hat (§ 10 Abs. 2 S. 3 GvKostG).[34] Auf den Inhalt bzw das Ergebnis der Auskunft kommt es dabei nicht an. Die Gebühr ist anzusetzen, soweit der Gerichtsvollzieher auftragsgemäß eine Auskunft einholt.

27 Nr. 440 KV GvKostG ist in Nr. 604 KV GvKostG (Gebühr für nicht erledigte Amtshandlungen) nicht genannt. Der Gerichtsvollzieher kann die Auskünfte nach § 802 l nicht einholen, wenn der vollstreckbare Anspruch unter 500 € liegt oder die Auskünfte nach § 802 l zur Vollstreckung nicht erforderlich sind. Die Nichterledigung des entsprechenden Auftrags des Gläubigers löst keine Gebühr nach Nr. 604 KV GvKostG aus.[35]

28 Nach dem RefE des BMJV eines „Gesetzes zur Durchführung der Verordnung (EU) Nr. 655/2014 sowie zur Änderung sonstiger zivilprozessualer Vorschriften (**EuKoPfVODG**)" vom 9.12.2014 ist beabsichtigt, Nr. 440 KV GvKostG wie folgt zu ändern und eine neue Nr. 441 KV GvKostG einzufügen:[36]

Nr.	Gebührentatbestand	Gebühr
440	Erhebung von Daten in den in den §§ 755, 802 l ZPO genannten Fällen .... Die Gebühr entsteht nicht, wenn die Auskunft nach § 882 c Abs. 3 Satz 2 ZPO eingeholt wird.	13,00 €
441	Die Erhebung von Daten in den in Nummer 440 genannten Fällen erfolgt durch elektronischen Abruf: Die Gebühr 440 beträgt	5,00 €

29 In der Begründung des Entwurfs[37] wird darauf hingewiesen, dass mit dieser Gebühr insb. der Aufwand abgegolten wird, der dem Gerichtsvollzieher dadurch

---

33 BT-Drucks. 16/10069, S. 49.
34 BT-Drucks. 16/10069, S. 48.
35 So auch NK-GK/*Kessel*, Nr. 600–604 KV GvKostG Rn 11.
36 Gemäß Art. 8 des RefE vom 9.12.2014 zum EuKoPfVOD.
37 RefE, S. 36 f.

entsteht, dass er sich mit einem Auskunftsersuchen an die registerführende Stelle wenden, den Rücklauf der Antwort dieser Stelle überwachen, die Auskunft entgegennehmen und dem betroffenen Vorgang zuordnen muss. Für den Fall, dass der Gerichtsvollzieher die Daten mittels eines von ihm selbst durchzuführenden elektronischen Abrufs aus einem Register erhebe, habe der Gesetzgeber bisher keine Gebühr vorgesehen. Deshalb werde vorgeschlagen, dem Gerichtsvollzieher in den in den §§ 755, 802 l ZPO genannten Fällen auch dann eine Gebühr zuzubilligen, wenn die Datenerhebung im Abrufverfahren erfolge. Wegen des im Vergleich zum Auskunftsverfahrens deutlich niedrigeren Aufwands solle die Gebühr hier jedoch nur 5,00 € betragen.

Neben der Gebühr werden **Auslagen** erhoben, insb. auch nach Nr. 708 KV GvKostG für an deutsche Behörden für die Erfüllung von deren eigenen Aufgaben zu zahlende Gebühren sowie diejenigen Auslagen, die diesen Behörden, öffentlichen Einrichtungen oder deren Bediensteten als Ersatz für Auslagen der in den Nr. 700 und 701 KV GvKostG bezeichneten Art zustehen. Bis zur Neufassung des Tatbestands durch das 2. KostRMoG[38] zum 1.8.2013 wurden nach Nr. 708 KV GvKostG die in §§ 755 und 802 l Abs. 1 S. 1 genannten Stellen für Auskünfte zu zahlenden Beträge erhoben. Es kommt für die Anwendung des Auslagentatbestands nicht darauf an, ob im Einzelfall tatsächlich Gebühren für Auskünfte gezahlt werden.[39]

Soweit **keine Protokollabschrift** beantragt ist, kann eine Dokumentenpauschale für eine Information des Gläubigers über die vorgenommenen Ermittlungen nach dem Aufenthaltsort des Schuldners (§ 755) und Fremdauskünfte (Abs. 1) nicht erhoben werden, da der Gläubiger über den Ausgang des Auftrags zu unterrichten ist (§ 34 GVGA). Eine solche Benachrichtigung ist Teil der Pflichten, die der Gerichtsvollzieher von Amts wegen zu erfüllen hat.[40] Bei der Niederlegung dieser Ermittlungen und Fremdauskünfte handelt es sich um Aktenvermerke iSv § 57 Abs. 2 GVO. Für Abschriften oder Abdrucke derartiger Vermerke darf die Dokumentenpauschale nicht erhoben werden. Die Dokumentenpauschale fällt insb. auch dann nicht an, wenn die ermittelten Informationen nicht in einem besonderen Schreiben, sondern durch eine Protokollabschrift mitgeteilt werden.[41]

2. Rechtsanwaltsgebühren. Gemäß § 802 a Abs. 2 Nr. 3 ist der Gerichtsvollzieher befugt, aufgrund eines entsprechenden Vollstreckungsauftrags und der Übergabe der vollstreckbaren Ausfertigung Auskünfte Dritter über das Vermögen des Schuldners (§ 802 l) einzuholen. Für den erstmals hier tätigen Rechtsanwalt wird durch den Auftrag die Gebühr Nr. 3309 VV RVG ausgelöst. Für den bereits im Verfahren auf Abnahme der Vermögensauskunft tätigen Rechtsanwalt bildet eine Tätigkeit im Rahmen von § 802 l keine besondere gebührenrechtliche Angelegenheit, sondern ist mit der zuvor bereits verdienten Gebühr abgegolten.[42]

---

38 Vom 23.7.2013 (BGBl. I S. 2586).
39 NK-GK/*Kessel*, Nr. 708 KV GvKostG Rn 1.
40 BGH 30.1.2004 – IXa ZB 274/03, DGVZ 2004, 61; NK-GK/*Kessel*, Nr. 700 KV GvKostG Rn 8.
41 NK-GK/*Kessel*, Nr. 700 KV GvKostG Rn 9; *Schröder-Kay*, Nr. 700 KV GvKostG Rn 6 f.
42 AnwK-RVG/*Wolf/Volpert/Mock/Thiel/N. Schneider*, § 18 Rn 149 ff.

Titel 2
Zwangsvollstreckung in das bewegliche Vermögen

Vorbemerkung zu §§ 803 ff

I. Systematik

1 Die ZPO enthält in §§ 704–802 allgemeine Bestimmungen, die für das gesamte Vollstreckungsverfahren sowie für alle Vollstreckungsarten gelten. Sodann unterscheidet das Gesetz zunächst danach, ob wegen einer Geldforderung vollstreckt wird (§§ 802 a–882 a) oder ob die Vollstreckung zur Erwirkung der Herausgabe von Sachen bzw zur Erwirkung von Handlungen oder Unterlassungen erfolgt (§§ 883–898). Im Hinblick auf die Vollstreckung wegen Geldforderungen enthalten die §§ 802 a–802 l allgemeine Vorschriften. Sodann wird weiter differenziert nach dem Vollstreckungsgegenstand: §§ 803–863 und §§ 872–882 regeln die Zwangsvollstreckung in das bewegliche Vermögen. Dabei finden die allgemeinen Bestimmungen der §§ 803–807 insgesamt auf die Vollstreckung wegen Geldforderungen in das bewegliche Vermögen Anwendung, während die §§ 808–827 nur für die Zwangsvollstreckung in körperliche Sachen und die §§ 828–863 nur für die Zwangsvollstreckung in Forderungen und andere Vermögensrechte gelten. Die Regelung der Zwangsvollstreckung in das unbewegliche Vermögen findet sich in den §§ 864–871 sowie im ZVG.[1]

II. Anwendungsbereich der §§ 803 ff

2 **1. Geldforderungen. a)** §§ 803 ff finden Anwendung, wenn die Zwangsvollstreckung wegen einer Geldforderung (vgl § 67 GVGA) erfolgt. Dies ist der Fall, wenn der zu vollstreckende Anspruch auf die **„Leistung einer bestimmten Wertgröße in Geld"**[2] gerichtet ist. Ausreichend bestimmt ist ein Zahlungsanspruch im Übrigen dann, wenn er betragsmäßig festgelegt ist oder sich aus dem Titel ohne weiteres errechnen lässt.[3] Inländischer Geldwertträger ist seit dem 1.1.2002 der **Euro**, der in Deutschland und in 16 weiteren Mitgliedstaaten der EU (Belgien, Estland, Finnland, Frankreich, Griechenland, Italien, Irland, Luxemburg, Malta, Niederlande, Österreich, Portugal, Slowakei, Slowenien, Spanien und Zypern) gesetzliches Zahlungsmittel ist. Noch auf DM lautende Titel werden vom Vollstreckungsorgan im Verhältnis 1 € = 1,95583 DM umgerechnet. Auch die Vollstreckung von **Fremdwährungsschulden** (**Valutaschulden**) richtet sich nach §§ 803 ff (nicht nach §§ 884, 883 Abs. 1). Dies gilt nicht nur für **unechte** Fremdwährungsschulden, bei denen der Zahlung auch in Euro erfolgen kann (vgl § 244 BGB), sondern auch für **echte** Fremdwährungsschulden, die zwingend durch Zahlung ausländischer Währung zu erfüllen sind.[4] Die **Umrechnung** erfolgt gem. § 244 Abs. 2 BGB zu dem Kurswert, der am Zahlungsort zur Zeit der Zahlung maßgebend ist. Bei Pfändungen ist nicht auf den Zeitpunkt der Erlösauskehr, sondern auf den Zeitpunkt des Gefahrübergangs nach § 815 Abs. 3 bzw nach § 819 abzustellen.[5]

3 **b)** Ferner findet die Vollstreckung nach den §§ 803 ff gegen denjenigen statt, der die Zwangsvollstreckung dulden muss, weil er mit einzelnen Gegenständen oder

---

1 Zur Systematik des Gesetzes s. auch MüKo-ZPO/*Gruber*, § 803 Rn 1; Hk-ZPO/*Kindl*, Vor § 704 Rn 4.
2 Stein/Jonas/*Münzberg*, Vor § 803 Rn 1.
3 BGH NJW 2006, 695, 697; Zöller/*Stöber*, § 704 Rn 4.
4 HM; OLG Düsseldorf NJW 1988, 2185; MüKo-ZPO/*Gruber*, § 803 Rn 4.
5 HM; Stein/Jonas/*Münzberg*, Vor § 704 Rn 162; MüKo-ZPO/*Gruber*, § 803 Rn 6; *Maier-Reimer*, NJW 1985, 2049, 2053.

einer besonderen Vermögensmasse für eine Geldschuld haftet.[6] Beispiele sind die Haftung aus **Pfandrechten** (§§ 1147, 1192, 1233 Abs. 2, 1277 BGB), die Haftung des **Anfechtungsgegners** (§ 11 AnfG, § 143 InsO) sowie die **beschränkte Erbenhaftung** (§§ 780, 786).

c) §§ 803 ff gelten auch, wenn der Erlös nicht an den Gläubiger auszukehren, sondern zu **hinterlegen** ist, weil nach dem Gesetz (§ 720 iVm §§ 815 Abs. 3, 817 Abs. 4, 839; § 720 a; §§ 928, 930 Abs. 2 und 3) Hinterlegung zu erfolgen hat oder in einem Einstellungsbeschluss (§§ 707, 719, 769 Abs. 1, 805 Abs. 4) Hinterlegung angeordnet ist. Ebenso gelten die §§ 803 ff in den Fällen, in denen aufgrund materiellen Rechts bereits der Vollstreckungstitel auf Hinterlegung[7] (zB §§ 432 Abs. 1, 1281, 2039 S. 2 BGB) oder auf gemeinschaftliche Zahlung an den Gläubiger und an Dritte (zB § 2039 S. 1 BGB) oder auf Zahlung nur an Dritte (Vertrag zugunsten Dritter, Veräußerung des Streitgegenstandes) lautet.   4

2. Keine Geldschuld iSd §§ 803 ff, sondern eine **Gattungsschuld** ist die echte **Geldsortenschuld**, bei der eine bestimmte Sorte von Münzen oder Banknoten zu leisten ist. Die Vollstreckung der Geldsortenschuld erfolgt nach §§ 884, 883 Abs. 1. Ein auf **Sicherheitsleistung** lautender Titel ist nach § 887 zu vollstrecken, ebenso ein auf **Freistellung** von einer Verbindlichkeit lautender Titel. Dies gilt auch dann, wenn es sich bei der Verbindlichkeit um eine Geldschuld handelt.[8]   5

III. Kosten

Entstehen können **Gerichtskosten** nach dem GKG (§ 829; Nr. 2111 KV GKG) oder **Gerichtsvollzieherkosten** nach dem GvKostG (§§ 803, 808; Nr. 205 KV GvKostG), je nachdem, welches Vollstreckungsorgan in Anspruch genommen wird. Bei diesen Gebühren handelt es sich jeweils um Festgebühren.   6

Rechtsanwaltskosten fallen dagegen als Wertgebühren (Nr. 3309, 3310 VV RVG) an, deren Wert sich nach § 25 RVG richtet. Tätigkeiten in der Zwangsvollstreckung stellen eine besondere Angelegenheit dar (vgl §§ 18 Abs. 1, 19 Abs. 2 RVG). Wird der Rechtsanwalt hinsichtlich mehrerer Gesamtschuldner tätig, ist dies gebührenrechtlich je eine besondere Angelegenheit, auch wenn die Vollstreckung aufgrund eines einzigen Titels und aufgrund eines einzigen Auftrags betrieben wird.[9] Vertritt der Rechtsanwalt Gesamtgläubiger als Auftraggeber und ist der Gegenstand der anwaltlichen Tätigkeit derselbe,[10] erhöht sich für jeden weiteren Auftraggeber nur die Verfahrensgebühr[11] (Nr. 3309 VV RVG) bis zu der in der Nr. 1008 VV RVG vorgesehenen Höchstgrenze. Die Verfahrensgebühr Nr. 3309, 1008 VV RVG beträgt daher höchstens 2,3 (ab sieben weiteren Auftraggebern).[12]   7

---

6 Vgl BGH NJW 1988, 1026; Thomas/Putzo/*Seiler*, Vorbem. § 803 Rn 2.
7 Vgl LG Essen Rpfleger 2001, 543.
8 Stein/Jonas/*Münzberg*, Vor § 803 Rn 6 f.
9 BGH AGS 2007, 71 = JurBüro 2007, 156; AnwK-RVG/*Schnapp*, VV 1008 Rn 46; OLG Düsseldorf InVo 1997, 196.
10 AnwK-RVG/*Schnapp*, VV 1008 Rn 26 ff.
11 AnwK-RVG/*Schnapp*, VV 1008 Rn 46.
12 LG Köln MDR 2005, 1318; LG Hamburg AGS 2005, 498 = DGVZ 2005, 142; AnwK-RVG/*Volpert*, VV 1008 Rn 66.

Untertitel 1 Allgemeine Vorschriften

§ 803 Pfändung

(1) ¹Die Zwangsvollstreckung in das bewegliche Vermögen erfolgt durch Pfändung. ²Sie darf nicht weiter ausgedehnt werden, als es zur Befriedigung des Gläubigers und zur Deckung der Kosten der Zwangsvollstreckung erforderlich ist.

(2) Die Pfändung hat zu unterbleiben, wenn sich von der Verwertung der zu pfändenden Gegenstände ein Überschuss über die Kosten der Zwangsvollstreckung nicht erwarten lässt.

§ 82 GVGA

I. Anwendungsbereich 1	III. Verbot der Überpfändung (Abs. 1 S. 2) 11
II. Pfändung (Abs. 1 S. 1) 2	1. Normzweck und Anwendungsbereich 11
1. Begriff 2	2. Überpfändung 12
2. Durchführung, Verfahren des Gerichtsvollziehers 3	3. Verstoß gegen das Überpfändungsverbot 13
3. Voraussetzungen, Rechtswirksamkeit 5	IV. Verbot der zwecklosen Pfändung (Abs. 2) 14
a) Voraussetzungen einer fehlerfreien Pfändung.... 5	1. Zweck und Anwendungsbereich 14
b) Anfechtbare oder nichtige Pfändung 6	2. Voraussetzungen 15
4. Wirkungen 7	3. Verstoß gegen das Verbot der zwecklosen Pfändung ... 16
a) Verstrickung 7	V. Kosten 17
b) Pfändungspfandrecht 8	
5. Beendigung der Verstrickung 9	

I. Anwendungsbereich

1 Im Rahmen der Vollstreckung wegen Geldforderungen ist zu unterscheiden zwischen der Zwangsvollstreckung in das bewegliche Vermögen und der Zwangsvollstreckung in das unbewegliche Vermögen (s. Vor §§ 803 ff Rn 1). Die Zwangsvollstreckung in das bewegliche Vermögen erfolgt durch **Pfändung** (Abs. 1 S. 1), die Zwangsvollstreckung in das unbewegliche Vermögen durch Eintragung einer **Zwangshypothek**, durch **Zwangsversteigerung** oder durch **Zwangsverwaltung** (§ 866 Abs. 1). **Bewegliches Vermögen** iSd Vollstreckungsrechts sind alle Sachen und Rechte, die nicht der Zwangsvollstreckung in das unbewegliche Vermögen unterliegen (s. hierzu §§ 864 und 865 mit Erl.).[1] Pfändbares bewegliches Vermögen sind dementsprechend alle **beweglichen Sachen**, auch Schiffe, wenn sie weder im Schiffsregister eingetragen sind noch eintragungsfähig sind (vgl § 870 a).[2] Der Zwangsvollstreckung in das bewegliche Vermögen unterliegen ferner **Scheinbestandteile** eines Grundstücks.[3] Stehende Früchte sind zwar keine Scheinbestandteile, sondern **wesentliche Bestandteile**, unterliegen aber nach Maßgabe des § 810 gleichwohl der Pfändung. Gegenstände, auf die sich der **Haftungsverband** einer Hypothek oder Schiffshypothek erstreckt, können gepfändet werden, solange nicht ihre Beschlagnahme im Wege der Zwangsvollstreckung in das unbewegliche Vermögen erfolgt ist (§ 865 Abs. 2 S. 2). Das im Eigentum der Grundstückseigentümer stehende – und damit in den Haftungsverband der Hy-

---
1 MüKo-ZPO/*Gruber*, § 803 Rn 15; Stein/Jonas/*Münzberg*, § 803 Rn 1.
2 BGH NJW-RR 2004, 1220, 1221; Zöller/*Stöber*, § 803 Rn 1.
3 Hierzu Hk-ZPO/*Kindl*, § 864 Rn 5; Kasuistik bei Musielak/*Becker*, § 803 Rn 3.

pothek fallende (§ 1120 BGB aE) – **Zubehör** unterliegt gem. § 865 Abs. 1 S. 1 aber schlechthin der Immobiliarvollstreckung.[4] Als bewegliche Sachen gepfändet werden ferner **Wertpapiere** (vgl § 821); dies gilt auch für **Wechsel** und andere indossable Papiere (vgl § 831).[5] Der Pfändung unterliegen schließlich **Rechte** wie Geldforderungen (§§ 829 ff), Herausgabeansprüche (§§ 846–849) sowie andere Vermögensrechte (vgl § 857). Forderungen, die in den Haftungsverband einer Hypothek fallen (s. hierzu § 1123 BGB), sind aber nur pfändbar, solange sie nicht im Wege der Immobiliarvollstreckung beschlagnahmt worden sind (vgl § 865 Abs. 1 S. 1).[6]

II. Pfändung (Abs. 1 S. 1)

1. Begriff. Unter Pfändung versteht man einen **hoheitlichen Akt**, durch den ein Gegenstand des Schuldners zum Zwecke der Befriedigung des Gläubigers sichergestellt wird.[7] Begrifflich steht die Pfändung der Beschlagnahme iSd §§ 20 ff ZVG gleich.[8] An die Pfändung, die die Mobiliarvollstreckung wegen Geldforderungen erst einleitet, schließt sich die Verwertung (Versteigerung bzw Überweisung) an.

2. Durchführung, Verfahren des Gerichtsvollziehers. a) Die Pfändung von **beweglichen Sachen** wird dadurch bewirkt, dass der Gerichtsvollzieher sie in Besitz nimmt (§ 808 Abs. 1). Für die Anschlusspfändung einer bereits gepfändeten Sache genügt gem. § 826 Abs. 1 die in das Protokoll aufzunehmende Erklärung des Gerichtsvollziehers, dass er die Sachen für seinen Auftraggeber pfände. Die Pfändung von **Rechten** erfolgt durch Pfändungsbeschluss des Vollstreckungsgerichts.[9]

b) Der Gerichtsvollzieher **berechnet** vor der Pfändung den Betrag der beizutreibenden Geldsumme. Nach § 80 GVGA kommen insb. die Hauptforderung sowie die im Titel bezeichneten Nebenforderungen in Betracht, wobei fortlaufende Zinsen bis zu dem Tag anzusetzen sind, an dem der Erlös voraussichtlich in die Hände des Gerichtsvollziehers gelangt. Die Kosten der Zwangsvollstreckung (§ 788) werden mit beigetrieben, Prozesskosten dagegen nur dann, wenn sie festgesetzt sind. Der Gerichtsvollzieher muss den Schuldner vor der Pfändung zur **freiwilligen Leistung auffordern** (§ 59 Abs. 2 GVGA). Bleibt die Aufforderung erfolglos, schreitet der Gerichtsvollzieher zur Pfändung. Bei der **Auswahl** der zu pfändenden Gegenstände achtet er darauf, dass der Gläubiger auf dem kürzesten Wege befriedigt wird, ohne dass der Hausstand des Schuldners unnötig beeinträchtigt wird (§ 81 Abs. 2 GVGA). **Widerspricht** ein Dritter unter Hinweis auf § 771 der Pfändung oder kündigt der Schuldner einen derartigen Widerspruch an, dann darf eine Pfändung des betreffenden Gegenstandes nur unterbleiben, wenn das sonstige bewegliche Vermögen des Schuldners zur Deckung der beizutreibenden Forderung ausreicht (vgl § 87 Abs. 1 GVGA).

3. Voraussetzungen, Rechtswirksamkeit. a) Voraussetzungen einer fehlerfreien Pfändung. Eine fehlerfreie Pfändung setzt voraus, dass die allgemeinen Vollstreckungsvoraussetzungen (Antrag; Zuständigkeit des Vollstreckungsorgans; Vollstreckungstitel, Klausel, Zustellung) vorliegen und Vollstreckungshindernisse fehlen (s. § 704 Rn 3 ff). Ferner müssen die besonderen Vollstreckungsvoraussetzun-

---

4 Zu § 865 Abs. 2 s. Hk-ZPO/*Kindl*, § 865 Rn 6–10.
5 MüKo-ZPO/*Gruber*, § 803 Rn 26; Stein/Jonas/*Münzberg*, § 821 Rn 2; ausf. *Schmidt*, DGVZ 2014, 77, 78 ff; *Hezel*, Rpfleger 2006, 105, der allerdings im Hinblick auf Rektapapiere entgegen der hM für eine Rechtspfändung gem. § 829 eintritt.
6 S. im Einzelnen Hk-ZPO/*Kindl*, § 865 Rn 10.
7 AllgM; MüKo-ZPO/*Gruber*, § 803 Rn 30; vgl auch Musielak/*Becker*, § 803 Rn 6; Thomas/Putzo/*Seiler*, § 803 Rn 1.
8 Stein/Jonas/*Münzberg*, § 803 Rn 3.
9 Zöller/*Stöber*, § 803 Rn 2.

gen vorliegen; diese sind für Sachpfändungen in den §§ 808 ff geregelt, für Rechtspfändungen in den §§ 829 ff.

6 **b) Anfechtbare oder nichtige Pfändung.** Auch eine wegen ihrer Fehlerhaftigkeit **anfechtbare** Pfändung bewirkt die Verstrickung des gepfändeten Gegenstandes und begründet die Entstehung eines Pfändungspfandrechts (str; s. § 804 Rn 5 ff). Nur eine **nichtige** Pfändung ist wirkungslos. Die **Abgrenzung** zwischen bloß anfechtbarer und nichtiger Pfändung ist daher von großer Bedeutung. Diesbezüglich wird allgemein angenommen, dass fehlerhafte Pfändungen nur **ausnahmsweise nichtig** sind.[10] Nach der Rspr des BGH ist die Nichtigkeit eines Vollstreckungsaktes nur dann anzunehmen, wenn es sich nicht nur um einen besonders **schweren**, sondern zusätzlich um einen bei verständiger Würdigung aller in Betracht kommenden Umstände **offenkundigen Fehler** handelt.[11]

- Nichtig ist zB eine Pfändung unter Verstoß gegen die funktionelle Zuständigkeit (Forderungspfändung durch den Gerichtsvollzieher, Sachpfändung durch das Vollstreckungsgericht). Dagegen ist eine gegen § 845 Abs. 2 S. 1 verstoßende Pfändung von Grundstückszubehör durch den Gerichtsvollzieher nur anfechtbar; denn grds. ist der Gerichtsvollzieher ja für die Pfändung von beweglichen Sachen zuständig.[12]

- Nichtig ist eine Pfändung ferner, wenn es schon der äußeren Form nach an einem Titel fehlt.[13] Demgegenüber begründet der Umstand, dass sich die Pfändung gegen einen nicht in Titel oder Klausel benannten Dritten richtet, nur deren Anfechtbarkeit.[14] Ebenso nur anfechtbar ist die Pfändung einer dem Schuldner nicht gehörenden Sache. Die Pfändung einer schuldnerfremden Forderung geht allerdings ins Leere; sie wird nach Auffassung der Rspr auch nicht analog § 185 Abs. 2 BGB wirksam, wenn der Schuldner die Forderung nachträglich erwirbt.[15]

- Nichtigkeit ist schließlich anzunehmen bei grundlegenden Verstößen gegen wesentliche Formvorschriften.[16] Wesentliche Formen sind zB nicht gewahrt, wenn der Gerichtsvollzieher die Sache entgegen § 808 Abs. 1 nicht in Besitz genommen hat, wenn er die Pfändung entgegen § 808 Abs. 2 S. 2 nicht ersichtlich gemacht hat, wenn eine Anschlusspfändung (vgl § 826) ohne Erstpfändung oder ohne Protokollierung erfolgt oder wenn bei einer Rechtspfändung die Zustellung des Pfändungsbeschlusses an den Drittschuldner (§ 829 Abs. 3) unterbleibt. Zur bloßen Anfechtbarkeit führt dagegen zB der Verstoß gegen ein Pfändungsverbot (zB § 803 Abs. 1 S. 2 und Abs. 2, § 811). Ebenso nur anfechtbar ist die Pfändung, wenn der Gerichtsvollzieher die Gewahrsamsverhältnisse (§ 808) unzutreffend beurteilt oder die Herausgabebereitschaft (§ 809) zu Unrecht angenommen hat.

7 **4. Wirkungen. a) Verstrickung.** Folge einer jeden wirksamen Pfändung ist die Verstrickung der gepfändeten Sache bzw des gepfändeten Rechts. Hierunter versteht man die durch hoheitlichen Zugriff bewirkte Sicherstellung des Gegenstan-

---

10 Vgl Stein/Jonas/*Münzberg*, Vor § 704 Rn 129 f; vgl auch MüKo-ZPO/*Gruber*, § 803 Rn 35; Musielak/*Becker*, § 803 Rn 10.
11 BGHZ 121, 98 = NJW 1993, 735, 736; vgl auch BGH NJW 1979, 2045 f; Hk-ZPO/*Kindl*, Vor § 704 Rn 21.
12 *Brox/Walker*, Rn 207; offen gelassen in BGHZ 104, 298 = NJW 1988, 2789, 2790.
13 BGHZ 121, 98 = NJW 1993, 735, 736: Arrest kein geeigneter Titel für die Überweisung der gepfändeten Forderung.
14 S. im Einzelnen Stein/Jonas/*Münzberg*, Vor § 704 Rn 129.
15 BGH NJW 2002, 755, 757.
16 BGHZ 30, 173 = NJW 1959, 1873, 1874; s. hierzu auch die Beispiele bei Hk-ZPO/*Kemper*, § 803 Rn 9.

des zur Befriedigung des Gläubigers,[17] durch die der Fortgang der Vollstreckung gegen Beeinträchtigungen durch Verfügungen des Schuldners abgesichert wird. Die Verstrickung äußert sich bei der Pfändung von Sachen dadurch, dass sie der Gerichtsvollzieher **in Besitz nimmt**, bei der Rechtspfändung durch die **Zustellung des Pfändungsbeschlusses**.[18] Der Schuldner des gepfändeten Gegenstandes unterliegt einem **relativen Verfügungsverbot** iSd §§ 135 f BGB.[19] Bei der Rechtspfändung wird dieses im Pfändungsbeschluss ausdrücklich ausgesprochen (§§ 829 Abs. 1 S. 2, 857 Abs. 1 und 2). Der **Verstrickungsbruch** ist in § 136 StGB unter Strafe gestellt. Der **Gegenstand** der Verstrickung wird bei Sachen durch die Besitzergreifung, bei Rechten durch den Inhalt des Pfändungsbeschlusses bestimmt. Die Verstrickung erfasst ferner den Erlös, der nach einer Verwertung an die Stelle des gepfändeten Gegenstandes getreten ist (vgl §§ 819, 825, 844);[20] s. auch § 819 Rn 2.

b) Pfändungspfandrecht. Ein Pfändungspfandrecht wird auch durch eine anfechtbare, aber (zunächst) wirksame Pfändung begründet (str; s. § 804 Rn 5 ff). 8

5. Beendigung der Verstrickung. Die Verstrickung endet mit der **Verwertung** des gepfändeten Gegenstandes; ggf setzt sie sich an dem Erlös fort, bis dieser an den Gläubiger ausgekehrt wird (s. Rn 7). Ferner endet die Verstrickung, wenn das Vollstreckungsorgan die **Pfändung** wieder **aufhebt**. Dies geschieht bei beweglichen Sachen dadurch, dass der Gerichtsvollzieher den Besitz aufgibt, indem er die Sache an den Schuldner zurückgibt bzw das Pfandsiegel entfernt oder den Schuldner oder dessen Insolvenzverwalter[21] hierzu ermächtigt. Der gepfändete Gegenstand bleibt aber verstrickt, wenn das Pfandsiegel von selbst abfällt oder vom Schuldner eigenmächtig entfernt wird.[22] Ebenso wenig beseitigt eine **Freigabeerklärung** durch den Gläubiger die Verstrickung der gepfändeten Sache; § 843 gilt nur für die Rechtspfändung.[23] Der Gerichtsvollzieher muss auf eine derartige Freigabeerklärung hin aber die Entstrickung vollziehen. Das Verfügungsverbot, auf dessen Schutz der Gläubiger wirksam verzichten kann, entfällt jedoch sogleich, wenn der Gläubiger die gepfändete Sache gegenüber dem Schuldner freigibt.[24] Eine gerichtliche Entscheidung, die die Zwangsvollstreckung für unzulässig erklärt, bewirkt nicht die Entstrickung von gepfändeten Sachen, sondern begründet nach Maßgabe des § 776 lediglich die Verpflichtung des Gerichtsvollziehers, die Pfändung aufzuheben. Die Entstrickung von gepfändeten Rechten erfolgt durch Beschluss des Vollstreckungsgerichts. 9

Ohne Zutun eines **staatlichen Organs** endet die Verstrickung im Falle einer Arrestpfändung, wenn die Frist des § 929 Abs. 3 versäumt wird. Die Verstrickung einer **beweglichen Sache** endet, wenn die Sache zerstört wird, wenn durch Verbindung (§§ 946 f BGB) oder Verarbeitung (§ 950 BGB) eine neue Sache entsteht, schließlich, wenn ein Dritter die Sache gutgläubig lastenfrei erwirbt (s. §§ 936, 10

---

17 Zöller/*Stöber*, § 804 Rn 1; vgl auch Stein/Jonas/*Münzberg*, § 803 Rn 4.
18 MüKo-ZPO/*Gruber*, § 803 Rn 33, der im Übrigen streng zwischen Verstrickung und Verfügungsverbot unterscheidet, s. § 803 Rn 53 ff.
19 Nach hM ist das Verfügungsverbot wesentlicher Inhalt der Verstrickung, Hk-ZPO/ *Kemper*, § 803 Rn 6; Thomas/Putzo/*Seiler*, § 803 Rn 7; vgl auch Musielak/*Becker*, § 803 Rn 9.
20 MüKo-ZPO/*Gruber*, § 803 Rn 39; Stein/Jonas/*Münzberg*, § 803 Rn 10.
21 ZB ermächtigt der Gerichtsvollzieher den Insolvenzverwalter auf dessen Antrag hin zur Entfernung des Pfandsiegels, weil die Voraussetzungen des § 88 InsO vorliegen; vgl auch Stein/Jonas/*Münzberg*, § 803 Rn 19 und 15.
22 AllgM; vgl LG Darmstadt DGVZ 1999, 92; Musielak/*Becker*, § 803 Rn 11.
23 MüKo-ZPO/*Gruber*, § 803 Rn 45.
24 Stein/Jonas/*Münzberg*, § 803 Rn 5; vgl auch MüKo-ZPO/*Gruber*, § 803 Rn 57.

136, 135 Abs. 2 BGB).[25] Die Verstrickung von **Rechten** endet mit ihrem Erlöschen (zB durch Aufrechnung oder Hinterlegung),[26] ferner durch Verzicht des Gläubigers nach § 843.

III. Verbot der Überpfändung (Abs. 1 S. 2)

11 1. **Normzweck und Anwendungsbereich.** Die Vollstreckung dient der Befriedigung des Gläubigers. Sie darf daher gem. Abs. 1 S. 2 nicht weiter ausgedehnt werden, als es zur **Gläubigerbefriedigung** erforderlich ist.[27] Das **Überpfändungsverbot** gilt für bewegliche Sachen und Rechte; es findet auch Anwendung, wenn Sach- und Rechtspfändung nebeneinander betrieben werden.[28]

12 2. **Überpfändung.** Zur Beurteilung der Frage, ob eine Überpfändung droht, ist der beizutreibende Geldbetrag (s. Rn 4) dem voraussichtlichen Erlös gegenüberzustellen. Bereits erbrachte Teilleistungen können von der **beizutreibenden Forderung** nicht abgezogen werden, sondern sind nur im Rahmen einer Vollstreckungsgegenklage (§ 767) oder gem. § 775 Nr. 4, 5 zu berücksichtigen.[29] Dies gilt auch für die Befriedigung durch einen von mehreren Gesamtschuldnern, die nach § 422 Abs. 1 BGB auch für die übrigen wirkt. Bei der Vollstreckung gegen einen der Gesamtschuldner ist der Gläubiger nicht gehalten, dem Vollstreckungsorgan die Vollstreckungstitel gegen die anderen Schuldner vorzulegen.[30] Eine gleichzeitig betriebene Immobiliarvollstreckung erhöht den zu erwartenden **Erlös** nicht, da das Verbot der Überpfändung bei der Immobiliarvollstreckung nicht gilt.[31] Dagegen sind bei der Abschätzung des zu erzielenden Erlöses vorrangige Pfändungen zu berücksichtigen, ebenso glaubhaft angekündigte und nicht völlig aussichtslose Rechtsbehelfe des Schuldners oder Klagen Dritter gem. §§ 771, 805.[32] Bei der Pfändung von beweglichen **Sachen** ist zugunsten des Gläubigers zu berücksichtigen, dass bei einer Versteigerung nur selten der Schätzwert (§ 813) erzielt werden kann.[33] Die Pfändung des einzigen pfändbaren Gegenstandes verstößt auch dann nicht gegen Abs. 1 S. 2, wenn dessen Wert den einzutreibenden Betrag weit übersteigt.[34] Stellt sich nachträglich heraus, dass der **Erlös nicht ausreicht**, muss der Gerichtsvollzieher ohne einen erneuten Antrag des Gläubigers nachpfänden (§ 82 Abs. 6 S. 2 GVGA). Der Wert gepfändeter **Rechte** ist in aller Regel (Ausnahme: § 821) besonders schwierig einzuschätzen, auch weil vor der Pfändung weder der Schuldner noch der Drittschuldner gehört werden.[35] Daher

---

25 Thomas/Putzo/*Seiler*, § 803 Rn 11; Hk-ZPO/*Kemper*, § 803 Rn 10; aA MüKo-ZPO/ *Gruber*, § 803 Rn 58, demzufolge der gutgläubige Erwerb die Verstrickung bestehen lässt und nur das Verfügungsverbot beseitigt.
26 MüKo-ZPO/*Gruber*, § 803 Rn 52; Stein/Jonas/*Münzberg*, § 803 Rn 23.
27 Zum Zweck des Verbotes s. MüKo-ZPO/*Gruber*, § 803 Rn 60 mwN. In der AO, nach der Verwaltungsakte der Finanzbehörden vollstreckt werden, findet sich ein Verbot der Überpfändung in § 281 Abs. 2.
28 Wohl allgM; Musielak/*Becker*, § 803 Rn 12; Stein/Jonas/*Münzberg*, § 803 Rn 25.
29 Stein/Jonas/*Münzberg*, § 803 Rn 25 m. Fn 71; Zöller/*Stöber*, § 803 Rn 5; weniger streng für den Fall, dass unstreitig eine Teilleistung erbracht wurde, MüKo-ZPO/*Gruber*, § 803 Rn 65.
30 HM; Stein/Jonas/*Münzberg*, Vor § 803 Rn 8 f und § 803 Rn 25; vgl auch Musielak/ *Becker*, § 803 Rn 13; Zöller/*Stöber*, § 803 Rn 7, jeweils mwN.
31 Auch eine analoge Anwendung des Abs. 1 S. 2 scheidet aus; MüKo-ZPO/*Gruber*, § 803 Rn 61; zu § 281 Abs. 2 AO s. BFH/NV 2007, 2060, 2061. Ggf ist dem Schuldner Vollstreckungsschutz gem. § 765 a zu gewähren, vgl Hk-ZPO/*Kindl*, § 765 a Rn 5.
32 AllgM; Musielak/*Becker*, § 803 Rn 13; MüKo-ZPO/*Gruber*, § 803 Rn 63; Stein/Jonas/ *Münzberg*, § 803 Rn 26; Thomas/Putzo/*Seiler*, § 803 Rn 15; Zöller/*Stöber*, § 803 Rn 5.
33 Vgl OVG Bremen NJW 1986, 2131, 2132 (zu § 281 Abs. 2 AO); Stein/Jonas/*Münzberg*, § 803 Rn 25.
34 AG Neubrandenburg DGVZ 2005, 14.
35 Musielak/*Becker*, § 803 Rn 14; Stein/Jonas/*Münzberg*, § 803 Rn 27.

ist Vorsicht geboten. Grundsätzlich ist deshalb nicht von einer Überpfändung auszugehen, wenn eine Forderung über den Betrag des zu vollstreckenden Anspruchs hinaus gepfändet wird. Anders mag es liegen, wenn eine glaubhafte positive Auskunft (§ 840) eines solventen Drittschuldners vorliegt.[36] Werden Forderungen gegen mehrere zahlungsfähige Drittschuldner gepfändet, dann kann eine Überpfändung dadurch vermieden werden, dass die Überweisung auf Teilbeträge beschränkt wird.[37]

3. Verstoß gegen das Überpfändungsverbot. Verstöße gegen Abs. 1 S. 2 machen die Pfändung **anfechtbar**. Sie sind im Erinnerungsverfahren (§ 766) zu rügen. Von sich aus darf das Vollstreckungsorgan die Pfändung nicht aufheben.[38] Abs. 1 S. 2 ist für den Vollstreckungsschuldner ein **Schutzgesetz** iSd § 823 Abs. 2 BGB.[39] 13

IV. Verbot der zwecklosen Pfändung (Abs. 2)

1. Zweck und Anwendungsbereich. Abs. 2 verbietet die Pfändung, wenn sich von der Verwertung der zu pfändenden Gegenstände ein Überschuss über die Vollstreckungskosten nicht erwarten lässt. Dadurch wird der Schuldner vor dem Verlust von Gegenständen bewahrt, deren Verwertung nicht zur Gläubigerbefriedigung beiträgt;[40] der Gläubiger wird vor unnötigen Kosten geschützt. Für Anschlusspfändungen (§ 826) gilt das Verbot nur dann, wenn diese auch als Erstpfändungen unzulässig wären. Auch wenn die Aussichten, dass eine Anschlusspfändung im Rang aufrückt, minimal sind, darf diese nicht als zwecklos zurückgewiesen werden (vgl § 116 Abs. 4 GVGA).[41] Die Kosten einer aussichtslosen Anschlusspfändung sind aber keine notwendigen iSd § 788 und fallen daher dem Gläubiger zur Last. Im Bereich der Immobiliarvollstreckung ist Abs. 2 weder unmittelbar noch – mangels Regelungslücke – analog anwendbar.[42] 14

2. Voraussetzungen. Ob die Voraussetzungen des Abs. 2 vorliegen, beurteilt im Falle einer **Sachpfändung** des Gerichtsvollziehers (vgl § 813). Zu den Vollstreckungskosten, die durch den voraussichtlichen Erlös übertroffen werden müssen, gehören auch die Kosten für Transport, Lagerung und Versteigerung.[43] Bei der Beurteilung der Frage, ob eine Pfändung zwecklos ist, finden Rechte Dritter (§§ 771, 805) nach hM[44] nur dann Berücksichtigung, wenn sie unstreitig oder rechtskräftig festgestellt sind. Richtigerweise sollte man es ausreichen lassen, dass solche Rechte offensichtlich vorliegen.[45] Die Pfändung darf nicht wegen Abs. 2 abgelehnt werden, wenn der Gläubiger ein Gebot bei einer Versteigerung oder bei einem Erwerb nach § 825 zusichert, das die zu erwartenden Kosten deutlich 15

---

36 Vgl OLG Dresden JurBüro 2007, 101; Stein/Jonas/*Münzberg*, § 803 Rn 27.
37 S. im Einzelnen Stein/Jonas/*Münzberg*, § 803 Rn 27.
38 Zöller/*Stöber*, § 803 Rn 6.
39 BGH NJW 1985, 1155, 1157; vgl auch RGZ 143, 118, 123.
40 Zöller/*Stöber*, § 803 Rn 9; vgl auch BGHZ 151, 384 = NJW 2002, 3178, 3179.
41 Str; wie hier *Brehm*, DGVZ 1985, 65; MüKo-ZPO/*Gruber*, § 803 Rn 70; Musielak/*Becker*, § 803 Rn 15; Stein/Jonas/*Münzberg*, § 803 Rn 29; aA Zöller/*Stöber*, § 803 Rn 9.
42 BGHZ 151, 384 = NJW 2002, 3178, 3179: Zwangsverwaltung; BGH NZM 2004, 347, 348: Zwangsversteigerung.
43 HM; LG Köln DGVZ 1988, 60; MüKo-ZPO/*Gruber*, § 803 Rn 73; Stein/Jonas/*Münzberg*, § 803 Rn 32; Zöller/*Stöber*, § 803 Rn 9.
44 Vgl MüKo-ZPO/*Gruber*, § 803 Rn 72; Stein/Jonas/*Münzberg*, § 803 Rn 32; *Wieser*, DGVZ 1985, 37, 38.
45 So auch Musielak/*Becker*, § 803 Rn 15; großzügiger Zöller/*Stöber*, § 803 Rn 9: glaubhaft erscheinende Berechtigung ausreichend.

übersteigt.[46] Stellt sich die Zwecklosigkeit der Pfändung nachträglich heraus, gibt der Gerichtsvollzieher die Sache frei.[47] Da der Wert eines Rechts nur schwer zu ermitteln ist, kommt eine Anwendung des Abs. 2 auf Rechtspfändungen nur dann in Betracht, wenn schon der Nennwert des Rechts die zu deckenden Kosten nicht überschreitet.[48]

16 **3. Verstoß gegen das Verbot der zwecklosen Pfändung.** Verstöße gegen Abs. 2 sind mit der Erinnerung gem. § 766 zu rügen. Abs. 2 ist ein **Schutzgesetz** iSd § 823 Abs. 2 BGB.

V. Kosten

17 Der Auftrag zur Pfändung (§§ 753, 808) löst **Gerichtsvollzieherkosten** (Gebühren und Auslagen, § 1 GvKostG) aus. Diese Kosten richten sich nach dem Gesetz über Kosten der Gerichtsvollzieher (Gerichtsvollzieherkostengesetz – GvKostG) vom 19.4.2001.[49] Kosten entstehen bereits mit der **Erteilung des Auftrags** an den Gerichtsvollzieher. Erteilt ist der Auftrag mit Eingang bei dem Gerichtsvollzieher (§ 3 Abs. 3 S. 1 GvKostG). Die Erteilung des Auftrags bei der Verteilungsstelle des Amtsgerichts steht der unmittelbaren Auftragserteilung an den zuständigen Gerichtsvollzieher gleich (§ 24 Abs. 1 S. 1 GVO). Welche Gebühren und Auslagen entstehen, ist davon abhängig, welche Amtshandlungen des Gerichtsvollziehers im Einzelnen notwendig werden.

§ 804 Pfändungspfandrecht

(1) Durch die Pfändung erwirbt der Gläubiger ein Pfandrecht an dem gepfändeten Gegenstande.

(2) Das Pfandrecht gewährt dem Gläubiger im Verhältnis zu anderen Gläubigern dieselben Rechte wie ein durch Vertrag erworbenes Faustpfandrecht; es geht Pfand- und Vorzugsrechten vor, die für den Fall eines Insolvenzverfahrens den Faustpfandrechten nicht gleichgestellt sind.

(3) Das durch eine frühere Pfändung begründete Pfandrecht geht demjenigen vor, das durch eine spätere Pfändung begründet wird.

I. Allgemeines	1	2. Erlöschen	9
1. Regelungsgehalt	1	III. Gegenstand, Inhalt und Wirkungen	11
2. Rechtsnatur	2	1. Gegenstand	11
II. Entstehung und Erlöschen des Pfändungspfandrechts	5	2. Inhalt (Abs. 2 und 3)	12
1. Entstehung	5	3. Wirkungen	16

I. Allgemeines

1 **1. Regelungsgehalt.** Gemäß Abs. 1 erwirbt der Gläubiger durch die Pfändung ein **Pfandrecht** an dem gepfändeten Gegenstand, das ihm nach Abs. 2 Hs 1 im Verhältnis zu den anderen Gläubigern dieselben Rechte gewährt wie ein vertragli-

---

46 HM; LG Köln DGVZ 1988, 60; AG Bad Doberan JurBüro 2014, 46; AG Nettetal JurBüro 2012, 46; Zöller/*Stöber*, § 803 Rn 9; vgl auch MüKo-ZPO/*Gruber*, § 803 Rn 72; Stein/Jonas/*Münzberg*, § 803 Rn 33.
47 Vgl Hk-ZPO/*Kemper*, § 803 Rn 17; Thomas/Putzo/*Seiler*, § 803 Rn 17.
48 MüKo-ZPO/*Gruber*, § 803 Rn 72; Musielak/*Becker*, § 803 Rn 15; Stein/Jonas/*Münzberg*, § 803 Rn 31.
49 BGBl. I S. 623, zuletzt geändert durch Art. 6 des Gesetzes vom 23.7.2013 (BGBl. I S. 2586).

ches Pfandrecht. Ein früher entstandenes Pfandrecht geht einem später entstandenen im Rang vor (Abs. 3). § 282 AO enthält zugunsten der Körperschaft, der die Vollstreckungsbehörde angehört, eine dem § 804 entsprechende Regelung. In § 5 VwVG ist auf § 282 AO verwiesen.

2. Rechtsnatur. Die Rechtsnatur des Pfändungspfandrechts ist Gegenstand eines seit langem geführten Theorienstreits. Heute werden v.a. noch die gemischt privat-öffentlich-rechtliche Theorie sowie die öffentlich-rechtliche (prozessuale) Theorie vertreten; von beiden Theorien existieren unterschiedliche Spielarten. Nach der (wohl herrschenden) **gemischt privat-öffentlich-rechtlichen Theorie**[1] finden die §§ 1204 ff BGB auf das Pfändungspfandrecht (wenigstens entsprechend) Anwendung, soweit sich aus den Vorschriften der ZPO nicht etwas anderes ergibt. Allein die wirksame Verstrickung begründet demnach noch kein Pfändungspfandrecht. Vielmehr entsteht nach dieser Theorie ein Pfändungspfandrecht nur dann, wenn die zu vollstreckende Forderung besteht, der Vollstreckungsgläubiger Inhaber dieser Forderung ist[2] und der gepfändete Gegenstand dem Schuldner gehört. Darüber hinaus können auch solche Verfahrensmängel, die nicht zur Nichtigkeit der Verstrickung führen (s. § 803 Rn 6), die Entstehung des Pfändungspfandrechts hindern. Lediglich die Missachtung von Ordnungsvorschriften ist unbeachtlich.[3] Die gemischte Theorie sieht in dem Pfändungspfandrecht die materiell-rechtliche Rechtfertigung für den Zugriff des Gläubigers. Nur wenn er ein Pfändungspfandrecht erworben hat, darf der Gläubiger den Erlös endgültig behalten. 2

Demgegenüber ist nach der **öffentlich-rechtlichen (prozessualen) Theorie**[4] die Entstehung eines Pfändungspfandrechts mit jeder wirksamen Verstrickung untrennbar verbunden. Das Pfändungspfandrecht ist danach nicht abhängig vom Vorliegen der bürgerlich-rechtlichen Voraussetzungen für die Pfandbestellung; es wird daher auch bei Fehlen des materiell-rechtlichen Anspruchs und auch an schuldnerfremden Sachen begründet. Inhalt des Pfändungspfandrechts ist lediglich das Recht des Gläubigers auf Erhalt des Erlöses vor Gläubigern mit schlechterem Rang.[5] Einen materiellen Rechtsgrund zum Behaltendürfen des Erlöses bildet das Pfändungspfandrecht dagegen nicht. Ob der Vollstreckungsgläubiger den Erlös behalten darf, hängt demnach nicht von der Entstehung eines Pfändungspfandrechts ab, sondern von der materiellen Rechtslage: Der Gläubiger darf den Erlös behalten, wenn der zu vollstreckende Anspruch bestand (bzw nach rechtskräftiger Feststellung nicht mehr bestritten werden konnte), der gepfändete Gegenstand für diesen Anspruch haftete und ihm der Erlös im Verhältnis zu konkurrierenden Gläubigern gebührte.[6] 3

---

1 Vgl bereits RGZ 156, 395, 397; ferner BeckOK ZPO/*Fleck*, § 804 Rn 8; *Brox/Walker*, Rn 392 f; *Hintzen/Wolf*, Rn 4.229; MüKo-ZPO/*Gruber*, § 804 Rn 11 ff; Musielak/*Becker*, § 804 Rn 4; Gaul/Schilken/Becker-Eberhard, § 50 Rn 45 ff; Thomas/Putzo/*Seiler*, § 803 Rn 2; *Schreiber*, Jura 2014, 689, 691; zu dieser Theorie tendierend, die Frage aber letztlich offen lassend BGHZ 119, 75 = NJW 1992, 2570, 2573 f.
2 OLG Koblenz WM 2010, 475, 477.
3 Zu den Voraussetzungen der Entstehung eines Pfändungspfandrechts nach der gemischten Theorie s. MüKo-ZPO/*Gruber*, § 804 Rn 15 ff; zur Abgrenzung zwischen wesentlichen Verfahrensvorschriften und Ordnungsvorschriften s. Musielak/*Becker*, § 804 Rn 5.
4 S. etwa OLG Oldenburg OLGZ 1992, 488 (Rz 17 f bei juris); OLG Saarbrücken OLGR 2007, 800 (Rz 20 bei juris); Hk-ZPO/*Kemper*, § 804 Rn 3; Stein/Jonas/*Münzberg*, § 804 Rn 1 (s. auch Rn 7 ff und 16 ff); Zöller/*Stöber*, § 804 Rn 2.
5 So wörtlich OLG Oldenburg OLGZ 1992, 488 (Rz 18 bei juris) in Anlehnung an Stein/Jonas/*Münzberg*, § 804 Rn 20.
6 Stein/Jonas/*Münzberg*, § 804 Rn 22–28, insb. Rn 24; vgl auch Zöller/*Stöber*, § 804 Rn 6; vgl auch OLG Oldenburg OLGZ 1992, 488 (Rz 18 bei juris).

4 Die **prozessuale** Theorie ist **vorzugswürdig**, da sie die materiell-rechtliche Frage, ob der Gläubiger den Erlös endgültig behalten darf, nicht von der Entstehung eines Pfändungspfandrechts abhängig macht. Sie kann daher ein Pfändungspfandrecht auch dann zur Entstehung gelangen lassen, wenn die Voraussetzungen, unter denen der Pfändungsgläubiger den Erlös behalten darf, nicht vorliegen. Materiell-rechtliche Fragen wie diejenige nach dem Bestehen der Forderung oder diejenige nach der Zugehörigkeit der Sache zum Schuldnervermögen – Fragen, zu deren abschließender Klärung die Vollstreckungsorgane unstreitig nicht berufen sind – werden aus dem Vollstreckungsverfahren ganz herausgehalten. Der Streit über die materielle Rechtslage ist dort auszutragen, wo er hingehört, nämlich in den hierfür vorgesehenen Klageverfahren (s. §§ 767, 771, 805, 878).[7] Auf die eher formale Erwägung, die prozessuale Theorie werde dem hoheitlichen Charakter der Zwangsvollstreckung am besten gerecht, kommt es nach alledem gar nicht an. Im Übrigen erzielen die **beiden Theorien** in der Mehrzahl der Fälle die **gleichen Ergebnisse.** Praktische Bedeutung kann der Meinungsstreit aber in den Fällen erlangen, in denen es auf den genauen Zeitpunkt der Entstehung des Pfändungspfandrechts ankommt (s. § 50 Abs. 1 InsO, § 804 Abs. 3 sowie Rn 13 und 15).[8]

II. Entstehung und Erlöschen des Pfändungspfandrechts

5 1. **Entstehung.** a) Nach der hier vertretenen prozessualen Theorie setzt die Entstehung eines Pfändungspfandrechts nichts weiter voraus als eine **wirksame Pfändung.** In den Fällen der Vorpfändung (§ 845) und der Arrestpfändung (§ 930) entsteht das Pfandrecht als bedingtes Recht.[9] Da das Pfändungspfandrecht nicht durch Rechtsgeschäft begründet wird, scheidet ein gutgläubiger Erwerb sowohl des Pfandrechts als auch des Vorrangs (vgl §§ 2107 f BGB) aus (allgM).

6 b) Das Pfändungspfandrecht ist **unabhängig** von Entstehung und Fortbestand der zu vollstreckenden **Forderung** (str).[10] Das aus dem Pfandrecht folgende Erlösrecht des Gläubigers (s. Rn 12) ist freilich der Höhe nach durch Titel und Vollstreckungsantrag begrenzt.[11] Die Pfändung ist aufzuheben, wenn der Gläubiger aus einem nur vorläufig vollstreckbaren Urteil vorgegangen ist, das sich in der Rechtsmittelinstanz als unrichtig herausgestellt hat. Ebenso, wenn der Schuldner den Fortfall des Anspruchs erfolgreich im Wege der Vollstreckungsgegenklage gem. § 767 geltend gemacht hat. Die Vertreter der gemischt privat-öffentlich-rechtlichen Theorie lehnen in diesen Fällen bereits die Entstehung eines Pfandrechts ab, da sie das Pfändungspfandrecht als akzessorisches Recht ansehen, auf das § 1204 BGB Anwendung findet.[12] Im Falle des **Übergangs** des **Anspruchs** bleibt das Pfandrecht bis zur Umschreibung des Titels gem. § 727 bei dem ur-

---

7 Ausf. und zutr. Stein/Jonas/*Münzberg*, § 804 Rn 1 und 4; zu weiteren Unstimmigkeiten der gemischten Theorie s. Stein/Jonas/*Münzberg*, § 804 Rn 2 f.
8 *Brox/Walker*, Rn 386; vgl auch MüKo-ZPO/*Gruber*, § 804 Rn 8; Musielak/*Becker*, § 804 Rn 3.
9 Bedingt durch die Pfändung der Forderung (§ 845 Abs. 2 S. 1) bzw durch die Zulässigkeit der Verwertung; vgl auch Stein/Jonas/*Münzberg*, § 804 Rn 6 mwN.
10 OLG Oldenburg OLGZ 1992, 488 (Rz 17 bei juris). Nach der gemischt privat-öffentlich-rechtlichen Theorie bewirkt die Pfändung durch einen Gläubiger, der die Vollstreckungsforderung abgetreten hat und daher nicht mehr Forderungsinhaber ist, nur die Verstrickung, nicht aber die Entstehung eines Pfändungspfandrechts, OLG Koblenz WM 2010, 475, 477.
11 Stein/Jonas/*Münzberg*, § 804 Rn 8 und 30; s. auch Zöller/*Stöber*, § 804 Rn 8.
12 Vgl MüKo-ZPO/*Gruber*, § 804 Rn 18 f und 24; Musielak/*Becker*, § 804 Rn 6 und 10.

sprünglich im Titel benannten Gläubiger.[13] Ein Pfändungspfandrecht entsteht nach allgM auch dann, wenn der Gläubiger einen Gegenstand pfänden lässt, an dem er bereits ein vertragliches oder gesetzliches Pfandrecht hat (zur Rangfrage s. Rn 14). Der Gläubiger kann in diesem Fall den Pfandgegenstand nach den Vorschriften des BGB oder der ZPO verwerten lassen.[14]

c) Das Pfandrecht entsteht **auch** dann, wenn eine **schuldnerfremde Sache** gepfändet wird.[15] Der dritte Eigentümer kann sich im Wege der Widerspruchsklage gem. § 771 zur Wehr setzen. Dagegen geht die Pfändung einer schuldnerfremden Forderung ins Leere (s. § 803 Rn 6) und kann daher nicht zur Entstehung eines Pfandrechts führen.[16] Ein Pfändungspfandrecht entsteht auch dann, wenn der **Gläubiger** ihm selbst **gehörende** Sachen pfänden lässt, zB solche, die er unter Vorbehalt übereignet hat oder die ihm zur Sicherung übereignet worden sind.[17]

d) Da nach der prozessualen Theorie mit jeder wirksamen, und sei es auch anfechtbaren, Pfändung die Entstehung eines Pfändungspfandrechts verbunden ist, stellt sich für sie die Frage einer **Heilung** nicht. Ob die Behebung eines nur zur Anfechtbarkeit der Pfändung führenden Mangels im Verhältnis zu den konkurrierenden Gläubigern ex tunc oder lediglich ex nunc wirkt, ist eine materiellrechtliche Frage, über die ggf im Verteilungsverfahren zu befinden ist. Dort darf es sich nicht zu Lasten des Gläubigers auswirken, wenn es sich bei dem die Anfechtbarkeit der Pfändung begründenden Fehler um einen solchen handelt, auf den er keinen Einfluss hatte.[18] Für die Vertreter der gemischt privat-öffentlichrechtlichen Theorie stellt sich dagegen die Frage nach einer Heilung, da es nach ihrer Auffassung Fälle gibt, in denen zwar eine Verstrickung, aber kein Pfändungspfandrecht entsteht. Diese Theorie hält eine Heilung grds. nur mit Wirkung ex nunc für möglich; eine rückwirkende Heilung wird aber angenommen, wenn die Pfändung einer schuldnerfremden Sache von deren Eigentümer genehmigt wird (s. §§ 185 Abs. 2 S. 1 Fall 3, 184 Abs. 1 BGB).[19]

2. Erlöschen. a) Das Pfandrecht erlischt mit der **Beendigung** der **Verstrickung** (s. § 803 Rn 9 f). Eine Freigabe durch den Gläubiger führt nur bei der Rechtspfändung zur Entstrickung und damit zum Erlöschen des Pfandrechts (§ 843). Ferner erlischt das Pfandrecht zusammen mit der Verstrickung, wenn ein im Hinblick auf die Pfändung gutgläubiger Dritter lastenfreies Eigentum an dem gepfändeten Gegenstand erwirbt (§§ 136, 135 Abs. 2, 932 ff, 936 BGB).[20] Schließlich wird das Pfandrecht eines Insolvenzgläubigers gem. § 88 InsO mit Eröffnung des

---

13 Str; wie hier Stein/Jonas/*Münzberg*, § 804 Rn 31; aA (sofortiger Übergang auf den neuen Gläubiger gem. § 1250 BGB oder § 401 BGB) MüKo-ZPO/*Gruber*, § 804 Rn 24; Zöller/*Stöber*, § 804 Rn 12. Dagegen geht das Pfändungspfandrecht im Falle der Erbfolge nach allgM sogleich auf die Erben über.
14 Thomas/Putzo/*Seiler*, § 804 Rn 1; vgl auch OLG Frankfurt MDR 1975, 228.
15 AA die Vertreter der gemischt privat-öffentlich-rechtlichen Theorie (s. Fn 1) sowie BGH NJW 1992, 2570, 2573 f. Wie hier dagegen OLG Saarbrücken OLGR 2007, 800 (Rz 20 ff bei juris).
16 Ausnahme: Der Gläubiger pfändet seine eigene Forderung (str), Stein/Jonas/*Münzberg*, § 804 Rn 13.
17 Die hM innerhalb der gemischt privat-öffentlich-rechtlichen Theorie lehnt auch in diesem Fall die Entstehung eines Pfändungspfandrechts ab; vgl Brox/Walker, Rn 383; MüKo-ZPO/*Gruber*, § 804 Rn 20; Musielak/*Becker*, § 804 Rn 7.
18 Hk-ZPO/*Kindl*, § 878 Rn 5 mwN; zur Unterscheidung zwischen prozessualer Heilung und den materiellen Rechtsfolgen s. Stein/Jonas/*Münzberg*, Vor § 704 Rn 137–140.
19 MüKo-ZPO/*Gruber*, § 804 Rn 22; Musielak/*Becker*, § 804 Rn 8.
20 Zöller/*Stöber*, § 804 Rn 13. Nach der gemischt privat-öffentlich-rechtlichen Theorie kommt auch der gutgläubige Erwerb der zwar noch verstrickten, aber nicht mehr mit dem Pfändungspfandrecht belasteten Sache in Betracht; Brox/Walker, Rn 385.

Insolvenzverfahrens unwirksam,[21] wenn es im letzten Monat vor dem Antrag auf Eröffnung dieses Verfahrens oder zu einem noch späteren Zeitpunkt entstanden ist.

10 b) Nach der **gemischt privat-öffentlich-rechtlichen Theorie** erlischt das Pfandrecht **darüber hinaus**, wenn der materiell-rechtliche Anspruch wegfällt (§ 1252 BGB).[22] Ebenso führt nach dieser Theorie die Freigabe durch den Gläubiger auch bei der Sachpfändung zum Erlöschen des Pfandrechts (§ 1255 BGB).[23] Einige Befürworter[24] der gemischten Theorie vertreten die Auffassung, dass der nachträgliche Wegfall von wesentlichen Vollstreckungsvoraussetzungen analog § 868 das Erlöschen des Pfandrechts nach sich zieht, wenn der Schuldner gem. § 776 die Aufhebung der Pfändung verlangen könnte.

III. Gegenstand, Inhalt und Wirkungen

11 **1. Gegenstand.** Das Pfandrecht erfasst alle Gegenstände, die wirksam verstrickt worden sind (s. hierzu § 803 Rn 7). Darüber hinaus erstreckt sich das Pfandrecht auf Urkunden wie den Kfz-Brief (jetzt: Zulassungsbescheinigung Teil II) oder den Schuldschein, ferner auf die von der Pfandsache getrennten Erzeugnisse (§ 1212 BGB analog) sowie auf die hinterlegte Sicherheit oder die Forderung auf Rückerstattung (§ 233 BGB).[25] Nach allgM[26] ist der Pfändungsgläubiger durch § 1227 BGB **geschützt**. Er kann daher gem. § 985 BGB die Herausgabe der Sache verlangen, allerdings an den Gerichtsvollzieher; das Pfandrecht berechtigt nämlich nur zum mittelbaren Besitz. Der Pfändungsgläubiger genießt Besitzschutz nach §§ 859, 861 f BGB. Ferner ist das Pfandrecht ein absolutes Recht iSd § 823 Abs. 1 BGB.[27]

12 **2. Inhalt (Abs. 2 und 3). a)** Nur im **Verhältnis zu anderen Gläubigern** gewährt das Pfandrecht gem. **Abs. 2 Hs 1** dem Gläubiger dieselben Rechte wie ein Vertragspfandrecht. Sein Inhalt beschränkt sich nach der hier vertretenen prozessualen Theorie auf das Recht des Gläubigers auf Erhalt des Erlöses vor Gläubigern mit schlechterem Rang (s. Rn 3).

13 b) Im Hinblick auf den **Rang** bestimmt **Abs. 3**, dass ein durch eine frühere Pfändung begründetes Pfandrecht demjenigen vorgeht, das durch eine spätere Pfändung begründet wird. Es gilt das **Prioritäts-** oder **Präventionsprinzip**. Dieses ist auch maßgeblich für den Rang des Pfändungspfandrechts gegenüber den in §§ 50 f InsO genannten Pfand- und Vorzugsrechten.[28] Das Prioritätsprinzip gilt auch für die Pfändung von fortlaufenden Bezügen (vgl § 832) einschließlich fiktiver Arbeitseinkommen iSd § 850 h Abs. 2. Dabei können nachrangige Gläubiger den Drittschuldner nicht erst dann in Anspruch nehmen, wenn alle vorrangigen tatsächlich befriedigt worden sind; von den vorrangigen Pfandrechten sind vielmehr auch die Beträge abzusetzen, die zwar nicht gezahlt worden sind, die aber den ranghöheren Gläubigern bei richtiger Berechnung des gepfändeten Betrages

---

21 Von dieser sog. Rückschlagsperre erfasste Sicherungen sind gegenüber jedermann (schwebend) unwirksam, BGH NJW 2006, 1286.
22 *Gaul/Schilken/Becker-Eberhard*, § 50 Rn 78. Anders, wenn der Schuldner den Wegfall wegen § 767 Abs. 2 nicht geltend machen kann, Musielak/*Becker*, § 804 Rn 10.
23 MüKo-ZPO/*Gruber*, § 804 Rn 26.
24 *Brox/Walker*, Rn 385; Musielak/*Becker*, § 804 Rn 9; aA MüKo-ZPO/*Gruber*, § 804 Rn 25.
25 Zu den vom Pfandrecht erfassten Gegenständen s. auch MüKo-ZPO/*Gruber*, § 804 Rn 28; Stein/Jonas/*Münzberg*, § 804 Rn 29; Zöller/*Stöber*, § 804 Rn 7.
26 ZB OLG Saarbrücken OLGR 2007, 800 (Rz 19 ff bei juris).
27 Zum Schutz des Pfändungspfandrechts s. *Brox/Walker*, Rn 374.
28 S. hierzu die Aufzählung bei Stein/Jonas/*Münzberg*, § 804 Rn 33.

(also unter Einbeziehung der fiktiven Vergütung) zustehen.[29] Die Pfändung künftiger Rechte wird erst mit deren Entstehung wirksam. Die Pfändung des künftigen Abfindungsanspruchs ist daher nachrangig im Verhältnis zu einer späteren – aber noch vor Entstehung des gepfändeten Anspruchs erfolgten – Pfändung des Gesellschaftsanteils (§ 857).[30] **Gleichzeitige Pfändungen** begründen gleichrangige Pfandrechte; der Erlös wird im Verhältnis der Forderungen verteilt. Nach § 117 **Abs. 1** GVGA muss ein Gerichtsvollzieher, dem Pfändungsaufträge mehrerer Gläubiger vorliegen, die Pfändung für alle Gläubiger gleichzeitig bewirken; auf den Zeitpunkt des Eingangs der Aufträge kommt es nicht an (vgl auch § 121 Abs. 1 S. 5 GVGA im Hinblick auf die Forderungspfändung). Diese Bestimmung wird zu Recht als Vereitelung des in § 804 Abs. 3 niedergelegten Prioritätsprinzips kritisiert. Sie ist daher nicht anzuwenden.[31]

c) Unabhängig vom Zeitpunkt seiner Begründung geht das Pfändungspfandrecht gem. **Abs. 2 Hs 2** den Pfand- und Vorzugsrechten vor, die dem Vertragspfandrecht in der Insolvenz nicht gleichgestellt sind. Hierzu zählen zB diejenigen Zurückbehaltungsrechte nach § 273 BGB, die nicht von § 51 Nr. 2 InsO erfasst sind. Auf der anderen Seite muss das Pfändungspfandrecht vertraglichen Pfandrechten im Rang weichen, welche im **guten Glauben** an sein Nichtbestehen erworben wurden (§ 1208 BGB, § 366 Abs. 2 HGB). Erfolgt die Pfändung wegen einer Forderung, für die der Gläubiger **bereits** ein **vertragliches** oder gesetzliches **Pfandrecht** hat, dann entsteht das Pfändungspfandrecht – abweichend von Abs. 3 – mit dem Rang des vertraglichen bzw gesetzlichen Pfandrechts.[32] Gegen andere Gläubiger, die zwar früher als er, jedoch nach Begründung seines materiellen Pfandrechts gepfändet haben, kann der Gläubiger wahlweise nach § 805 oder § 878 vorgehen. Die Pfändungsgläubiger können untereinander schuldrechtliche **Vereinbarungen** über eine **Rangänderung** treffen.[33]

14

d) In der **Insolvenz**[34] hat der Pfändungsgläubiger gem. § 50 Abs. 1 InsO ein Absonderungsrecht. Für Insolvenzgläubiger gelten aber die Rückschlagsperre des § 88 InsO (s. Rn 9) sowie das Vollstreckungsverbot des § 89 Abs. 1 InsO.

15

3. Wirkungen. Endet das Vollstreckungsverfahren mit der Auskehr des Erlöses an den Pfändungsgläubiger, nachdem weder der Schuldner noch Dritte noch konkurrierende Gläubiger einen Rechtsbehelf eingelegt haben, dann kommen **Ausgleichsansprüche** aus ungerechtfertigter Bereicherung sowie Schadensersatzansprüche in Betracht. Das Pfändungspfandrecht steht derartigen Ansprüchen nicht entgegen.[35] Es gewährt ja nur im Rangverhältnis zu den anderen Gläubigern dieselben Rechte wie ein Vertragspfandrecht, nicht aber auch im Verhältnis zum Schuldner und zu Dritten. Wird der Erlös an den Pfändungsgläubiger ausgekehrt,

16

---

29 BGH NJW 1991, 495, 496; vgl auch Stein/Jonas/*Brehm*, § 850 h Rn 45.
30 Musielak/*Becker*, § 804 Rn 15; vgl auch BGH NJW 1989, 458.
31 Eingehend *Knoche/Biersack*, NJW 2003, 476; MüKo-ZPO/*Gruber*, § 804 Rn 33; vgl auch Stein/Jonas/*Münzberg*, § 827 Rn 7.
32 Str; wie hier *Brox/Walker*, Rn 377; Musielak/*Becker*, § 804 Rn 15; wohl auch Stein/Jonas/*Münzberg*, § 804 Rn 39; einschr. Zöller/*Stöber*, § 804 Rn 5; aA MüKo-ZPO/*Gruber*, § 804 Rn 37.
33 Vgl BAG NJW 1990, 2641, 2642; Stein/Jonas/*Münzberg*, § 804 Rn 38 aE; Zöller/*Stöber*, § 804 Rn 5.
34 Zu den Folgen der Insolvenz des Schuldners ausf. Musielak/*Becker*, § 804 Rn 17 ff; vgl auch Stein/Jonas/*Münzberg*, § 804 Rn 37.
35 Stein/Jonas/*Münzberg*, § 804 Rn 26; OLG Oldenburg OLGZ 1992, 488 (Rz 18 bei juris); vgl auch Zöller/*Stöber*, § 804 Rn 6. Nach der gemischten Theorie ist in den Fällen, in denen Ausgleichsansprüche nach Beendigung der Vollstreckung gegeben sind, ein Pfandrecht gar nicht entstanden oder es ist nachträglich erloschen (vgl Rn 5 ff); ausf. zu Schadensersatz- und Bereicherungsansprüchen nach Vollstreckungsende MüKo-ZPO/*Gruber*, § 804 Rn 40–50.

dann führt dies nur dann zur Erfüllung des titulierten Anspruchs, wenn dieser bestand, der gepfändete Gegenstand für ihn haftete und der Erlös dem Gläubiger im Verhältnis zu den anderen Gläubigern gebührte (s. Rn 3 aE). Liegen diese Voraussetzungen nicht vor, dann sieht sich der Pfändungsgläubiger Ansprüchen des Schuldners oder Dritter ausgesetzt. Der **Schuldner**, der im Vollstreckungsverfahren erfolgreich Klage gem. § 767 hätte erheben können, dies aber nicht getan hat, hat gegen den Gläubiger einen Anspruch aus § 812 Abs. 1 S. 1 Alt. 2 BGB.[36] Der nicht schuldende **Eigentümer der gepfändeten Sache** kann vom Gläubiger gem. § 812 Abs. 1 S. 1 Alt. 2 BGB die Herausgabe des Erlöses verlangen, wenn er nicht schon im Vollstreckungsverfahren dessen Auszahlung durch Erhebung der Klage gem. § 771 verhindert hat.[37] In Betracht kommt auch ein **Schadensersatzanspruch** aus § 823 Abs. 1 BGB (s. auch § 817 Rn 9).[38]

17 **Konkurrierende Gläubiger** können gem. § 805 auf vorzugsweise Befriedigung klagen oder – wenn sie Pfändungsgläubiger sind – im Verteilungsverfahren ihr „besseres Recht" (vgl § 878 Abs. 2) an dem hinterlegten Erlös durch Widerspruchsklage gem. § 878 geltend machen.[39] Nach der Auszahlung des Erlöses können sie mit der Bereicherungsklage gegen den Pfändungsgläubiger vorgehen.[40]

§ 805 Klage auf vorzugsweise Befriedigung

(1) Der Pfändung einer Sache kann ein Dritter, der sich nicht im Besitz der Sache befindet, auf Grund eines Pfand- oder Vorzugsrechts nicht widersprechen; er kann jedoch seinen Anspruch auf vorzugsweise Befriedigung aus dem Erlös im Wege der Klage geltend machen, ohne Rücksicht darauf, ob seine Forderung fällig ist oder nicht.

(2) Die Klage ist bei dem Vollstreckungsgericht und, wenn der Streitgegenstand zur Zuständigkeit der Amtsgerichte nicht gehört, bei dem Landgericht zu erheben, in dessen Bezirk das Vollstreckungsgericht seinen Sitz hat.

(3) Wird die Klage gegen den Gläubiger und den Schuldner gerichtet, so sind diese als Streitgenossen anzusehen.

(4) ¹Wird der Anspruch glaubhaft gemacht, so hat das Gericht die Hinterlegung des Erlöses anzuordnen. ²Die Vorschriften der §§ 769, 770 sind hierbei entsprechend anzuwenden.

§ 87 GVGA

---

36 MüKo-ZPO/*Gruber*, § 804 Rn 42 (auch zum Umfang des Anspruchs); aus der Rspr OLG Oldenburg OLGZ 1992, 488 (Rz 18 f bei juris); vgl auch Stein/Jonas/*Münzberg*, § 819 Rn 11.
37 Vgl bereits RGZ 156, 395, 399 f; ferner BGHZ 100, 95 = NJW 1987, 1880, 1881; BGHZ 119, 75 = NJW 1992, 2570, 2572 f; OLG Saarbrücken 5.8.2008 – 4 U 37/08 (Rz 21 bei juris) = NJOZ 2008, 4305.
38 OLG Saarbrücken 5.8.2008 – 4 U 37/08 (Rz 21 ff bei juris) = NJOZ 2008, 4305; vgl auch BGHZ 55, 20 = NJW 1971, 799, 800 f (zum Schadensersatzanspruch des Anwartschaftsberechtigten).
39 Einzelheiten bei Stein/Jonas/*Münzberg*, § 804 Rn 26 f, § 805 Rn 7 und § 878 Rn 8. Zu den Einwendungen, die im Rahmen der Klage nach § 878 Berücksichtigung finden können, s. auch Hk-ZPO/*Kindl*, § 878 Rn 5 ff.
40 Vgl OLG Oldenburg OLGZ 1992, 488 (Rz 18 aE bei juris).

I. Allgemeines 1
  1. Normzweck und Rechtsnatur 1
  2. Anwendungsbereich 2
  3. Pfand- und Vorzugsrechte ... 3
    a) Pfandrechte 3
    b) Vorzugsrechte 4
    c) Besitzender Pfandgläubiger 5
  4. Abgrenzung 6
II. Zulässigkeit, Begründetheit, Entscheidung, einstweilige Anordnung 7
  1. Zulässigkeit (Abs. 2), Antrag 7
  2. Passivlegitimation, Begründetheit, Beweislast 10
  3. Tenor, Rechtsmittel 13
  4. Einstweilige Hinterlegung (Abs. 4) 14
III. Kosten 17

I. Allgemeines

1. Normzweck und Rechtsnatur. Mit der in § 805 geregelten **Vorzugsklage** strebt der Kläger – anders als mit der Widerspruchsklage gem. § 771 – nicht die Einstellung der Zwangsvollstreckung an, sondern lediglich die **vorrangige Befriedigung aus dem Vollstreckungserlös**. Die Vorzugsklage ist keine Feststellungsklage, sondern eine **prozessuale Gestaltungsklage**.[1] Das der Klage stattgebende Urteil hat nicht nur feststellenden Charakter, sondern es begründet erst das prozessuale Recht des Klägers auf vorrangige Auszahlung aus dem Erlös. Eine entsprechende Regelung enthält § 293 AO.

2. Anwendungsbereich. Die Vorzugsklage gem. § 805 ist die richtige Klageart, wenn im Rahmen der Vollstreckung wegen einer Geldforderung eine **bewegliche Sache** gepfändet wird. Einer Herausgabevollstreckung gem. §§ 883 ff kann der Inhaber eines Pfand- oder Vorzugsrechts dagegen gem. § 771 widersprechen.[2] Die Drittwiderspruchsklage gem. § 771 ist auch gegeben bei der Pfändung von Rechten, da die Vorzugsklage nicht ausreicht, dem Gläubiger sein Recht aus § 1290 BGB zu sichern.[3] Der Inhaber eines Pfandrechts an einem gepfändeten Recht kann sich aber auch mit der Klage gem. § 805 begnügen (allgM).

3. Pfand- und Vorzugsrechte. a) Pfandrechte. Pfandrechte iSd § 805 sind v.a. die **besitzlosen gesetzlichen** Pfandrechte wie zB diejenigen des **Vermieters** (§§ 562 ff BGB),[4] des Verpächters (§ 592 BGB) und des Gastwirts (§ 704 BGB). Im Hinblick auf das Vermieterpfandrecht gelten die zeitlichen Beschränkungen der §§ 562 Abs. 2, 562 d BGB. Weil der Vermieter den Gerichtsvollzieher nicht durch einen Widerspruch an der Fortschaffung der gepfändeten Sachen hindern kann, führt diese nicht zum Erlöschen des Pfandrechts gem. § 562 a S. 1 BGB.[5] Der Vermieter muss die Klage nicht binnen der Monatsfrist des § 562 b Abs. 2 S. 2 BGB erheben, wenn der Gerichtsvollzieher die gepfändete Sache entfernt hat.[6] Ist eine unpfändbare Sache gepfändet worden, dann steht § 562 Abs. 1 S. 2 BGB der vorrangigen Befriedigung des Vermieters aus dem Erlös nicht entgegen, weil die Sa-

---

[1] MüKo-ZPO/*Gruber*, § 805 Rn 3; Stein/Jonas/*Münzberg*, § 805 Rn 15, Zöller/*Stöber*, § 805 Rn 7.
[2] *Brox/Walker*, Rn 1456. Vgl auch *Stamm*, ZZP 126 (2013), 427, 440 ff, der allerdings ganz allgemein die Auffassung vertritt, dass die Interventionsklage gem. § 771 ausschließlich bei der Geldvollstreckung anwendbar ist.
[3] HM; Stein/Jonas/*Münzberg*, § 805 Rn 1; vgl auch MüKo-ZPO/*Gruber*, § 805 Rn 7; grds. auch Musielak/*Becker*, § 805 Rn 2; aA OLG Hamm NJW-RR 1990, 233: nur § 805.
[4] Eingehend *Stamm*, ZZP 126 (2013), 427, 440 ff.
[5] HM; BGH NJW 1986, 2426, 2427; Stein/Jonas/*Münzberg*, § 805 Rn 5; Zöller/*Stöber*, § 805 Rn 5.
[6] MüKo-ZPO/*Gruber*, § 805 Rn 9; Musielak/*Becker*, § 805 Rn 4.

che für den Mieter ohnehin verloren ist.[7] Die Vorzugsklage ist unbegründet, wenn die nach der Pfändung verbleibenden Sachen zur Sicherung des Vermieters offenbar ausreichen (vgl § 562 a S. 2 BGB).[8] Zu nennen sind des Weiteren die in §§ 440 Abs. 3, 495 HGB sowie in §§ 1 ff PachtkreditG[9] geregelten Pfandrechte. Einschlägig ist § 805 schließlich in dem Fall, dass ein in den Haftungsverband eines Grundpfandrechts gehörender Gegenstand gepfändet worden ist (vgl § 865 Abs. 2 S. 2).

4 **b) Vorzugsrechte.** Dies sind insbesondere die in § 51 Nr. 2–4 InsO aufgeführten Rechte, also Zurückbehaltungsrechte wegen Verwendungen zum Nutzen der Sache (zB §§ 273 Abs. 2, 1000 S. 1 BGB), kaufmännische Zurückbehaltungsrechte nach §§ 369 ff HGB sowie die Sicherheiten der öffentlichen Hand nach zoll- und steuerrechtlichen Vorschriften (§ 51 Nr. 4 InsO). Bei den unter § 51 Nr. 2 und 3 InsO fallenden Zurückbehaltungsrechten spielt § 805 allerdings nur eine untergeordnete Rolle. Solange der Berechtigte die Sache in Besitz hat, kann er nach § 771 widersprechen (s. Rn 5) oder gem. §§ 766, 809 Erinnerung einlegen. Die Vorzugsklage kommt daher nur dann zum Zuge, wenn sich der Berechtigte mit ihr zufrieden gibt.[10] Geht aber der Besitz verloren, dann erlischt auch das Zurückbehaltungsrecht.[11]

5 **c) Besitzender Pfandgläubiger.** Der besitzende Pfandgläubiger soll nach dem Rechtsgedanken des § 1232 S. 1 BGB selbst über den günstigsten Verwertungszeitpunkt bestimmen können und hat daher ein **Widerspruchsrecht** gem. § 771.[12] Dies gilt unabhängig davon, ob es sich bei dem Besitzpfandrecht um ein vertragliches (§§ 1204 ff BGB) oder ein gesetzliches (vgl § 647 BGB, §§ 397, 441, 464, 475 b HGB) Pfandrecht handelt. Der Berechtigte kann aber auf die Erhebung der Widerspruchsklage verzichten und stattdessen nach § 805 vorgehen. Nach § 771 widersprechen oder gem. § 805 klagen kann schließlich auch der nach dem AnfG zur Anfechtung berechtigte Gläubiger.[13] Zu Eigentumsvorbehalt und Sicherungseigentum s. die Erl. zu § 771.

6 **4. Abgrenzung.** Gegenüber der **Widerspruchsklage** gem. § 771 ist die Vorzugsklage des § 805 das mindere Rechtsmittel. Der besitzende Pfandgläubiger, der Inhaber eines Zurückbehaltungsrechts iSd § 51 Nr. 2 und 3 InsO sowie der Inhaber eines Pfandrechts an einem Recht, die allesamt zum Widerspruch gem. § 771 berechtigt sind, können sich daher auch mit der Vorzugsklage gem. § 805 begnügen. Der **Pfändungsgläubiger** kann nicht nach § 805 vorgehen, sondern ist gehalten, sein „besseres Recht" (vgl § 878 Abs. 2) im Verteilungsverfahren geltend zu machen.[14] **Endet** während des Prozesses die **Vollstreckung** durch Auszahlung des Erlöses an den Beklagten, kann der klagende Gläubiger gem. § 264 Nr. 3 seinen Antrag auf die Verfolgung von Bereicherungs- und Schadensersatzansprüche umstellen. Ein die Vorzugsklage abweisendes Urteil wirkt präjudiziell gegenüber nachträglichen Bereicherungs- und Schadensersatzansprüchen.[15]

---

7 *Brox/Walker*, Rn 1459.
8 Vgl BGHZ 27, 227 = NJW 1958, 1282, 1283 (zu § 560 S. 2 BGB aF).
9 Hierzu Stein/Jonas/*Münzberg*, § 805 Rn 9 ff.
10 Vgl *Brox/Walker*, Rn 1461; MüKo-ZPO/*Gruber*, § 805 Rn 13; Musielak/*Becker*, § 805 Rn 5.
11 Der durch die Pfändung bewirkte Besitzverlust lässt das Zurückbehaltungsrecht aber unberührt, vgl Stein/Jonas/*Münzberg*, § 805 Rn 13.
12 Vgl Stein/Jonas/*Münzberg*, § 805 Rn 2 m. Fn 8 und Rn 16; vgl auch Musielak/*Becker*, § 805 Rn 6.
13 Str; MüKo-ZPO/*Gruber*, § 805 Rn 18 f; vgl auch Hk-ZPO/*Kindl*, § 771 Rn 12.
14 Vgl MüKo-ZPO/*Gruber*, § 805 Rn 22; Ausnahmen bei Stein/Jonas/*Münzberg*, § 805 Rn 6.
15 Vgl Stein/Jonas/*Münzberg*, § 805 Rn 24 und § 771 Rn 7.

II. Zulässigkeit, Begründetheit, Entscheidung, einstweilige Anordnung

1. Zulässigkeit (Abs. 2), Antrag. a) Örtlich und sachlich ausschließlich (§ 802) zuständig ist nach **Abs. 2** das **Vollstreckungsgericht** (§ 764 Abs. 2), in dessen Bezirk die Vollstreckung stattgefunden hat, bzw – wenn der Streitgegenstand zur Zuständigkeit der Amtsgerichte nicht gehört (vgl §§ 23 Nr. 1, 71 Abs. 1 GVG) – das **Landgericht** des Bezirks, in dem das Vollstreckungsgericht seinen Sitz hat. Der Wert des **Streitgegenstandes** ist nach § 6 zu bestimmen. Er richtet sich nach der Höhe der Forderung des Klägers oder des Beklagten, nach der Höhe des Vollstreckungserlöses oder nach dem Wert des gepfändeten Gegenstandes; maßgeblich ist der niedrigste Betrag.[16]

b) Seinen **Antrag**[17] hat der Kläger darauf zu richten, dass er

▶ aus dem Reinerlös (= Erlös abzüglich Vollstreckungskosten) der am ... (Datum) gepfändeten Sachen ... (genaue Bezeichnung der gepfändeten Gegenstände) bis zur Höhe seiner (bezifferten) Forderung (ggf sind in dem Betrag Kosten sowie Zinsen bis zum Auszahlungstag enthalten) vor dem beklagten Gläubiger zu befriedigen ist. ◀

Der Antrag gegen den mitverklagten Schuldner (s. Rn 10) ist auf Duldung der Befriedigung in bestimmter Höhe zu richten.[18]

c) Ein **Rechtsschutzbedürfnis** für die Klage ist gegeben in dem Zeitraum zwischen der Pfändung und der Beendigung der Zwangsvollstreckung. Der Schein einer wirksamen Pfändung genügt. Das Rechtsschutzbedürfnis besteht fort, wenn nach der Versteigerung der Sache der Erlös hinterlegt worden ist; erst mit der Auszahlung des Erlöses endet die Vollstreckung. Wenn die anderen Gläubiger und der Schuldner mit der vorrangigen Befriedigung des Klägers einverstanden sind, fehlt zwar nicht das Rechtsschutzbedürfnis; dem Kläger sind aber im Falle eines sofortigen Anerkenntnisses gem. § 93 die Kosten aufzuerlegen.[19]

2. Passivlegitimation, Begründetheit, Beweislast. a) **Passivlegitimiert** sind alle Pfändungsgläubiger, die den Vorrang des Klägers nicht anerkennen. Wenn der Schuldner der Vorwegbefriedigung widerspricht, dann muss er ebenfalls verklagt werden (zum Antrag s. Rn 8).[20] Werden beide verklagt, dann sind sie gem. **Abs. 3** als **Streitgenossen** anzusehen; es liegt eine einfache Streitgenossenschaft vor.

b) Die Klage ist **begründet**, wenn der Kläger Inhaber eines **vorrangigen** (zur Rangordnung s. § 804 Rn 13 f) Pfand- oder Vorzugsrechts (s. Rn 3–5) ist. Bei **gleichem Rang** kann entsprechend § 805 anteilige Befriedigung verlangt werden.[21] Die Klage kann ohne Rücksicht auf die Fälligkeit der Forderung erhoben werden (Abs. 1 aE). Erfolgt die Auszahlung vor Fälligkeit, sind aber entsprechend §§ 1133, 1217 Abs. 2 BGB Zwischenzinsen abzuziehen.[22] Ist die Forderung aufschiebend bedingt, ist der Betrag bis zum Bedingungseintritt zu hinterle-

---

16 Vgl Stein/Jonas/*Roth*, § 3 Rn 68 („vorzugsweise Befriedigung"); *Brox/Walker*, Rn 1457.
17 S. auch die Formulierungen bei Hk-ZPO/*Kemper*, § 805 Rn 5; MüKo-ZPO/*Gruber*, § 805 Rn 28; Musielak/*Becker*, § 805 Rn 8; Stein/Jonas/*Münzberg*, § 805 Rn 24; Zöller/*Stöber*, § 805 Rn 10.
18 Stein/Jonas/*Münzberg*, § 805 Rn 18.
19 Wie hier Stein/Jonas/*Münzberg*, § 805 Rn 18; aA (kein Rechtsschutzbedürfnis) MüKo-ZPO/*Gruber*, § 805 Rn 30; Musielak/*Becker*, § 805 Rn 2; Thomas/Putzo/*Seiler*, § 805 Rn 7.
20 Einzelheiten bei Stein/Jonas/*Münzberg*, § 805 Rn 18 und 22; vgl auch MüKo-ZPO/ *Gruber*, § 805 Rn 31 und 36.
21 Musielak/*Becker*, § 805 Rn 3; Stein/Jonas/*Münzberg*, § 805 Rn 4.
22 HM; vgl MüKo-ZPO/*Gruber*, § 805 Rn 23; Musielak/*Becker*, § 805 Rn 3; Stein/Jonas/ *Münzberg*, § 805 Rn 23; aA (nur Hinterlegung) Hk-ZPO/*Kemper*, § 805 Rn 13; Thomas/Putzo/*Seiler*, § 805 Rn 9; Zöller/*Stöber*, § 805 Rn 10.

gen.²³ Der Beklagte kann sich auch mit dem Einwand verteidigen, dass der Kläger nach materiellem Recht für die titulierte Forderung hafte.²⁴

12 c) Der Kläger muss das behauptete Pfand- oder Vorzugsrecht, dessen Rang und den Anspruch, für den er vorzugsweise Befriedigung begehrt, darlegen und **beweisen**.²⁵ Der Beweis dafür, dass dieser Anspruch erloschen ist, obliegt dagegen grds. dem Beklagten.²⁶

13 **3. Tenor, Rechtsmittel.** Der Tenor der stattgebenden **Entscheidung** orientiert sich an dem in Rn 8 wiedergegebenen Antrag. Das Urteil ist nach §§ 708 ff für vorläufig vollstreckbar zu erklären. Die Kostenentscheidung richtet sich nach den §§ 91 ff, ggf sind die Kosten gem. § 93 dem Kläger aufzuerlegen (s. Rn 9). Das Urteil wird **vollzogen**, indem der Gerichtsvollzieher oder die Hinterlegungsstelle dem Kläger den Reinerlös in der ihm zugesprochenen Höhe auszahlt, nachdem ihnen eine Ausfertigung des rechtskräftigen Urteils vorgelegt worden ist.²⁷ Das Urteil ist mit den allgemeinen **Rechtsmitteln** anfechtbar.

14 **4. Einstweilige Hinterlegung (Abs. 4).** Das nach Abs. 2 zuständige Gericht muss gem. Abs. 4 S. 1 die Hinterlegung des Erlöses einstweilig anordnen, wenn der Anspruch, dh das Pfand- oder Vorzugsrecht sowie dessen Vor- oder Gleichrang,²⁸ glaubhaft gemacht wird. Für die Glaubhaftmachung genügt ein geringerer Grad der Wahrscheinlichkeit; als Mittel der Glaubhaftmachung kommt auch eine eidesstattliche Versicherung in Betracht (§ 294).

15 Abs. 4 S. 2 ordnet die entsprechende Anwendung der §§ 769, 770 an. In dringenden Fällen kann daher das Vollstreckungsgericht auch dann, wenn es nicht Prozessgericht nach Abs. 2 ist (s. Rn 7), die Anordnung erlassen (§ 769 Abs. 2); es entscheidet dann gem. § 20 Abs. 1 Nr. 17 RPflG durch den Rechtspfleger.

16 Entscheidungen nach Abs. 4 sind nicht anfechtbar.²⁹

III. Kosten

17 Anzuwenden sind für das Klageverfahren die Gebührenbestimmungen für den ersten Rechtszug (Nr. 1210, 1211 KV GKG). Einstweilige Anordnungen (Abs. 4 S. 2) sind gerichtsgebührenfrei. Rechtsanwaltsgebühren fallen im Klageverfahren nach Nr. 3100 ff VV RVG an. Einstweilige Anordnungen stellen nur dann eine besondere Angelegenheit dar, wenn eine abgesonderte mündliche Verhandlung hierüber stattfindet (§ 19 Abs. 1 S. 2 Nr. 11 RVG). Dann entstehen die Gebühren Nr. 3328, 3332 VV RVG.³⁰

§ 806 Keine Gewährleistung bei Pfandveräußerung

Wird ein Gegenstand auf Grund der Pfändung veräußert, so steht dem Erwerber wegen eines Mangels im Recht oder wegen eines Mangels der veräußerten Sache ein Anspruch auf Gewährleistung nicht zu.

---

23 AllgM; zu Nachw. s. vorherige Fn.
24 HM; *Brox/Walker*, Rn 1462; MüKo-ZPO/*Gruber*, § 805 Rn 27; Musielak/*Becker*, § 805 Rn 7; aA OLG München OLGR 1992, 142.
25 BGH NJW 1986, 2426, 2427.
26 BGH NJW 1986, 2426, 2427 f; BGH NJW 1997, 128 f.
27 Vgl *Brox/Walker*, Rn 1468; Stein/Jonas/*Münzberg*, § 805 Rn 24. S. auch § 118 Abs. 4 GVGA und § 22 Abs. 3 Nr. 2 HintG.
28 Thomas/Putzo/*Seiler*, § 805 Rn 13.
29 Auch eine außerordentliche Beschwerde bei greifbarer Gesetzeswidrigkeit ist nicht statthaft; BGH NJW 2004, 2224, 2225 f; MüKo-ZPO/*Gruber*, § 805 Rn 41.
30 AnwK-RVG/*Wolf/Mock/Volpert/N. Schneider/Fölsch/Thiel*, § 19 Rn 137.

I. Normzweck

Die Bestimmung bezweckt die Freihaltung der Pfandveräußerung von bürgerlich-rechtlichen Gewährleistungsansprüchen, die nach Vorstellung des historischen Gesetzgebers – der die Versteigerung als Verkauf und Übereignung ansah – auch bei einer Veräußerung durch den Gerichtsvollzieher drohten.[1] Vergleichbare Regelungen enthalten § 56 S. 1 ZVG und § 283 AO.

II. Voraussetzungen

Gegenstände iSd § 806 sind bewegliche Sachen und Rechte. Eine **Veräußerung aufgrund der Pfändung** ist nicht nur eine öffentliche Versteigerung iSd § 814, sondern auch eine freihändige Veräußerung **durch den Gerichtsvollzieher** (vgl §§ 817 a Abs. 2 S. 2, 821, 825, 844, 857).[2] Im Falle der Veräußerung durch eine Privatperson findet § 806 dagegen keine Anwendung. Weist aber der private Veräußerer darauf hin, dass er aufgrund einer Anordnung nach § 825 tätig wird, so wird in diesem Hinweis ein Gewährleistungsausschluss im Umfang des § 806 gesehen.[3]

III. Rechtsfolgen

Der Erwerber hat weder gegen den Schuldner noch gegen den Gläubiger Gewährleistungsansprüche. Eine **Sachmängelgewährleistung** findet auch dann nicht statt, wenn eine Beschaffenheitsgarantie übernommen oder ein Mangel arglistig verschwiegen worden ist.[4] Für **Rechtsmängel** ist der Gewährleistungsausschluss nahezu ohne praktische Bedeutung: Wenn (wie in § 806 vorausgesetzt, s. Rn 2) der Gerichtsvollzieher die Pfandsache veräußert, dann erwirbt der Ersteher nämlich stets lastenfreies Eigentum, wenn nur die Veräußerung ordnungsgemäß erfolgt und die Pfändung bei der Übergabe noch wirksam gewesen ist.[5] Nicht ausgeschlossen sind Ansprüche aus §§ 823 Abs. 2, 826 BGB. In Betracht kommen ferner Amtshaftungsansprüche gegen den Gerichtsvollzieher aus § 839 BGB, Art. 34 GG. Der Gerichtsvollzieher ist allerdings nicht verpflichtet, die Sache auf Mängel zu untersuchen und diese bei der Versteigerung bekannt zu geben.[6]

§ 806 a Mitteilungen und Befragung durch den Gerichtsvollzieher

(1) Erhält der Gerichtsvollzieher anlässlich der Zwangsvollstreckung durch Befragung des Schuldners oder durch Einsicht in Dokumente Kenntnis von Geldforderungen des Schuldners gegen Dritte und konnte eine Pfändung nicht bewirkt werden oder wird eine bewirkte Pfändung voraussichtlich nicht zur vollständigen Befriedigung des Gläubigers führen, so teilt er ihm Namen und Anschriften der Drittschuldner sowie den Grund der Forderungen und für diese bestehende Sicherheiten dem Gläubiger mit.

(2) ¹Trifft der Gerichtsvollzieher den Schuldner in der Wohnung nicht an und konnte eine Pfändung nicht bewirkt werden oder wird eine bewirkte Pfändung

---

1 Vgl MüKo-ZPO/*Gruber*, § 806 Rn 1; Zöller/*Stöber*, § 806 Rn 1.
2 Musielak/*Becker*, § 806 Rn 2; Stein/Jonas/*Münzberg*, § 806 Rn 5.
3 Statt aller Stein/Jonas/*Münzberg*, § 825 Rn 10 und § 806 Rn Rn 5.
4 HM; MüKo-ZPO/*Gruber*, § 806 Rn 4; Musielak/*Becker*, § 806 Rn 3; Stein/Jonas/*Münzberg*, § 806 Rn 3; aA Hk-ZPO/*Kemper*, § 806 Rn 2; Thomas/Putzo/*Seiler*, § 806 Rn 2.
5 Zutr. Stein/Jonas/*Münzberg*, § 806 Rn 2 und § 817 Rn 23; MüKo-ZPO/*Gruber*, § 806 Rn 4. Dies gilt auch bei einer freihändigen Veräußerung durch den Gerichtsvollzieher; anders offenbar Musielak/*Becker*, § 806 Rn 2 f; Zöller/*Stöber*, § 806 Rn 1.
6 OLG München DGVZ 1980, 122; LG Aachen DGVZ 1986, 184.

voraussichtlich nicht zur vollständigen Befriedigung des Gläubigers führen, so kann der Gerichtsvollzieher die zum Hausstand des Schuldners gehörenden erwachsenen Personen nach dem Arbeitgeber des Schuldners befragen. ²Diese sind zu einer Auskunft nicht verpflichtet und vom Gerichtsvollzieher auf die Freiwilligkeit ihrer Angaben hinzuweisen. ³Seine Erkenntnisse teilt der Gerichtsvollzieher dem Gläubiger mit.

I. Allgemeines

1 **1. Normzweck.** Die Vorschrift hält den Gerichtsvollzieher dazu an, den Gläubiger über Geldforderungen des Schuldners gegen Dritte zu informieren und dadurch zur **Verbesserung** seiner **Befriedigungsaussichten** beizutragen. Die Information durch den Gerichtsvollzieher erspart dem Gläubiger zugleich die Einleitung eines Verfahrens auf Abgabe einer eidesstattlichen Versicherung.[1] An der Effektivität der Regelung sind berechtigte Zweifel geäußert worden.[2] Hinzuweisen ist in diesem Zusammenhang auf Reformbestrebungen, die durch die Verabschiedung des Gesetzes zur Reform der Sachaufklärung in der Zwangsvollstreckung[3] ihren Abschluss gefunden und u.a. dazu geführt haben, dass mit Wirkung vom 1.1.2013 die §§ 802 a–802 l in die ZPO eingefügt worden sind. Seither kommt dem § 806 a nur noch ergänzende Bedeutung zu.[4] Ein Überblick über die in den §§ 802 a ff getroffenen Regelungen findet sich in diesem Kommentar in Vor §§ 802 a–802 l Rn 4 ff.

2 **2. Anwendungsbereich.** § 806 a ist anwendbar, wenn der **Gerichtsvollzieher** gem. §§ 803 ff die Vollstreckung wegen einer **Geldforderung** in das bewegliche Vermögen eingeleitet hat. Auch bei einer Sicherungsvollstreckung nach § 720 a und einer Arrestvollziehung nach § 930 Abs. 1 findet § 806 a Anwendung.[5]

II. Mitteilung der durch Befragung des Schuldners oder durch Einsicht in Dokumente erlangten Kenntnisse (Abs. 1)

3 **1. Voraussetzungen.** a) Es müssen die **allgemeinen Vollstreckungsvoraussetzungen** vorliegen (s. § 704 Rn 3–5). Kenntnisse, die der Gerichtsvollzieher anlässlich einer unzulässigen Vollstreckung erlangt, darf er nicht weitergeben.

4 b) Eine **Pfändung** konnte **nicht bewirkt** werden oder eine bewirkte Pfändung wird voraussichtlich nicht zur vollständigen Gläubigerbefriedigung führen. Der Grund für die Erfolglosigkeit kann zB darin liegen, dass keine pfändbaren Gegenstände vorgefunden werden oder dass ein Verwertungsüberschuss (vgl § 803 Abs. 2) nicht zu erwarten ist. Eine Befragung muss unterbleiben, wenn nicht einmal ein Pfändungsversuch unternommen werden kann, zB weil der Schuldner dem Gerichtsvollzieher nicht erlaubt, die Wohnung ohne Durchsuchungsanordnung (vgl § 758 a) zu betreten.[6]

5 c) Der Gerichtsvollzieher muss in der in Abs. 1 beschriebenen Weise Kenntnis von Geldforderungen des Schuldners gegen Dritte erlangt haben.

6 aa) **Kenntnis** bedeutet mehr als eine bloße Vermutung. Andererseits kann – schon im Hinblick auf mögliche Einwendungen von Drittschuldnern – kein sicheres Wissen des Gerichtsvollziehers verlangt werden. Daher wird die Wahrscheinlich-

---

1 Stein/Jonas/*Münzberg*, § 806 a Rn 1.
2 Hierzu die Nachweise bei MüKo-ZPO/*Gruber*, § 806 a Rn 1.
3 Gesetz vom 29.7.2009 (BGBl. I S. 2258); zu den Reformbestrebungen s. *Schilken*, Rpfleger 2006, 629; *Schwörer/Heßler*, ZVI 2007, 589.
4 MüKo-ZPO/*Gruber*, § 806 a Rn 1.
5 Zöller/*Stöber*, § 806 a Rn 2.
6 HM; vgl MüKo-ZPO/*Gruber*, § 806 a Rn 2 (vgl aber auch Rn 6); Zöller/*Stöber*, § 806 a Rn 4; *Krauthausen*, DGVZ 1995, 68; aA Stein/Jonas/*Münzberg*, § 806 a Rn 7.

keit des Bestehens der Forderung für ausreichend erachtet.[7] Die Kenntnis muss sich auf **Geldforderungen** beziehen; über andere pfändbare Vermögensrechte (zB Gesellschaftsanteile oder Herausgabeansprüche) darf der Gerichtsvollzieher keine Mitteilung machen.[8]

bb) Die Kenntnis muss durch **Befragung** des Schuldners oder durch **Einsicht** in Dokumente erlangt worden sein. Den Gerichtsvollzieher trifft zwar keine Ermittlungspflicht im Hinblick auf die wirtschaftlichen Verhältnisse des Schuldners.[9] Wenn aber die o.g. Voraussetzungen vorliegen, ist er zur Befragung nicht nur berechtigt, sondern auch verpflichtet.[10] Die Befragung darf sich nur auf die Umstände beziehen, deren Kenntnis der Gläubiger benötigt, um einen Pfändungsantrag nach § 829 zu stellen. Eine **Auskunftspflicht** des Schuldners begründet § 806 a **nicht** (allgM). Aus einem Gegenschluss aus **Abs. 2 S. 2** ergibt sich aber, dass ihn der Gerichtsvollzieher auch nicht auf die Freiwilligkeit seiner Angaben hinweisen muss. Der Gerichtsvollzieher kann die Kenntnis ferner durch Einsicht in Dokumente (zB Bescheide von Sozialleistungsträgern, Kontoauszüge, Arbeitsverträge)[11] erlangt haben. Er darf – und muss[12] – aber nur Einsicht in solche Dokumente nehmen, auf die er anlässlich einer Vollstreckung – etwa bei der Durchsuchung nach § 758 – ohnehin stößt oder die ihm der Schuldner vorlegt. Eine Mitwirkungspflicht des Schuldners besteht nicht. 7

Der Gerichtsvollzieher darf dem Gläubiger auch Tatschen mitteilen, die ihm bei Vollstreckungsbeginn schon bekannt sind, nach hM aber nur solche, die offenkundig oder leicht zugänglich sind.[13] **Kenntnisse**, die der Gerichtsvollzieher aus einer anderen amtlichen Tätigkeit erlangt hat, dürfen dagegen nach hM nicht weitergegeben werden.[14] Ist also dem Gerichtsvollzieher **anlässlich einer früheren Pfändung** eine Geldforderung des Schuldners gegen einen Dritten bekannt geworden, dann darf er dies nach hM einem anderen Gläubiger nicht mitteilen, der später einen Pfändungsantrag gestellt hat. Vielmehr muss er ihm – sofern eine Pfändung aussichtslos erscheint – gem. § 32 GVGA den Schuldtitel mit einer Unpfändbarkeitsbescheinigung zurückschicken. Dem späteren Gläubiger bleibt somit nur das Verfahren nach § 807, vor dem ihn § 806 a ja bewahren sollte (s. Rn 1). Da dieses Ergebnis dem Zweck des § 806 a nicht gerecht wird, ist der hM nicht zu folgen. Vielmehr darf der Gerichtsvollzieher dem späteren Gläubiger seine bei früheren Pfändungen gewonnenen Kenntnisse mitteilen, wenn zwischen der früheren und aktuellen Pfändung ein zeitlicher Zusammenhang besteht.[15] Kenntnisse, die der Gerichtsvollzieher erst **nach** der **Erledigung** des Pfändungsauftrags erlangt hat, darf er dem Gläubiger nicht mehr weitergeben.[16] 8

---

7 Stein/Jonas/*Münzberg*, § 806 a Rn 6; vgl auch MüKo-ZPO/*Gruber*, § 806 Rn 4.
8 Zöller/*Stöber*, § 806 a Rn 5.
9 AG Altötting DGVZ 1997, 91.
10 HM; MüKo-ZPO/*Gruber*, § 806 a Rn 7; Stein/Jonas/*Münzberg*, § 806 a Rn 7; *Krauthausen*, DGVZ 1995, 68, 69.
11 Weitere Beispiele bei Stein/Jonas/*Münzberg*, § 806 a Rn 8 Fn 30; Zöller/*Stöber*, § 806 a Rn 6.
12 Str; für eine Pflicht zur Einsichtnahme MüKo-ZPO/*Gruber*, § 806 a Rn 8; wohl auch Stein/Jonas/*Münzberg*, § 806 a Rn 8 (s. aber auch Rn 7).
13 Beispiel (Zöller/*Stöber*, § 806 a Rn 7): Es ist allgemein bekannt, dass der Schuldner bei der Gemeinde X beschäftigt ist.
14 Vgl zB Baumbach/*Hartmann*, § 806 a Rn 3; Musielak/*Becker*, § 806 a Rn 4; Zöller/*Stöber*, § 806 a Rn 7; *Krauthausen*, DGVZ 1995, 68.
15 So die vermittelnde Auffassung von MüKo-ZPO/*Gruber*, § 806 a Rn 10; ohne diese Einschränkung AG Bad Iburg DGVZ 1995, 173; Stein/Jonas/*Münzberg*, § 806 a Rn 5; Thomas/Putzo/*Seiler*, § 806 a Rn 4.
16 AA Stein/Jonas/*Münzberg*, § 806 a Rn 5: keine Mitteilungspflicht, aber Mitteilungsrecht.

9 **2. Rechtsfolgen.** Der Gerichtsvollzieher muss den Gläubiger über Namen und Anschrift der Drittschuldner, über den Grund der Forderung sowie ggf über die bestehenden Sicherheiten informieren. Eine **Mitteilungspflicht** besteht auch dann, wenn der Gerichtsvollzieher zwar keine umfassende Kenntnis hat, aber die Aussicht besteht, dass sich der Gläubiger die fehlenden Angaben selbst beschaffen kann.[17] Ein besonderer Antrag des Gläubigers ist nicht erforderlich. Eine Vorpfändung gem. § 845 nimmt der Gerichtsvollzieher aber nur vor, wenn ihm der Gläubiger für den Fall, dass er Kenntnis von Drittschuldnern erlangt, hierzu beauftragt hat.[18] Der Schuldner muss nicht darüber benachrichtigt werden, dass eine Mitteilung an den Gläubiger erfolgt ist.[19]

III. Mitteilung der durch Befragung Dritter erlangten Kenntnisse (Abs. 2)

10 **1. Voraussetzungen.** Es müssen die in Rn 3 f beschriebenen Voraussetzungen vorliegen. Darüber hinaus darf der Gerichtsvollzieher den Schuldner nicht in seiner Wohnung (s. hierzu Erl. zu § 758) angetroffen haben.

11 **2. Rechtsfolgen.** a) Der Gerichtsvollzieher ist zur Befragung der in **Abs. 2 S. 1** genannten Personen berechtigt. Er übt sein **Befragungsrecht** nach pflichtgemäßem **Ermessen** („kann") aus. Zum Hausstand des Schuldners gehören die Familienangehörigen sowie die in seinem Haushalt wohnenden oder tätigen Personen.[20] Es dürfen nur volljährige Personen befragt werden.[21] Der Gerichtsvollzieher darf nur nach dem Arbeitgeber des Schuldners fragen, nicht auch nach Leistungsträgern, die Lohnersatzleistungen gewähren.[22] Die befragten Hausstandsangehörigen sind **nicht zur Auskunft verpflichtet** und vom Gerichtsvollzieher auf die **Freiwilligkeit** ihrer Angaben **hinzuweisen** (Abs. 2 S. 2).

12 b) Der Gerichtsvollzieher muss gem. **Abs. 2 S. 3** dem Gläubiger seine Erkenntnisse mitteilen (s. Rn 9). Die Mitteilung ist in das Protokoll aufzunehmen, das im Falle des Abs. 2 dem Schuldner – da die Vollstreckung in seiner Abwesenheit erfolgt ist – gem. § 86 Abs. 5 Nr. 2 GVGA unaufgefordert zu übermitteln ist.

IV. Kosten

13 Die **Erteilung von Protokollabschriften** ist dem Gerichtsvollzieher in bestimmten Fällen vorgeschrieben, insb. auch dann, wenn Gläubiger und Schuldner die Erteilung verlangen (§ 86 Abs. 5 S. 1 Nr. 1 und 2 GVGA). Hat der Gläubiger bei dem Gerichtsvollzieher einen **Antrag** auf Protokollabschrift gestellt, werden für die Erteilung dieser Protokollabschrift Dokumentenpauschalen (Nr. 700 KV GvKostG) erhoben. Bestandteil des Protokolls ist die Befragung auch dann, wenn keine Forderungen gegen Dritte oder ein Arbeitgeber mitgeteilt werden.

14 Ist **kein Antrag** auf Protokollabschrift gestellt und wird trotzdem eine Protokollabschrift erteilt, weil Erkenntnisse mitzuteilen sind, fallen keine Dokumentenpauschalen an (s. § 762 Rn 16). Erkenntnisse sind nur festgestellte Forderungen

---

17 MüKo-ZPO/*Gruber*, § 806 a Rn 4; Stein/Jonas/*Münzberg*, § 806 a Rn 6.
18 Vgl Zöller/*Stöber*, § 806 a Rn 11.
19 HM; vgl Stein/Jonas/*Münzberg*, § 806 a Rn 9; Thomas/Putzo/*Seiler*, § 806 a Rn 5; Zöller/*Stöber*, § 806 a Rn 10.
20 S. im Einzelnen BeckOK ZPO/*Fleck*, § 806 a Rn 11; zur Auslegung des Begriffs „Hausstand" s. BGH NJW-RR 2013, 1097 (Rz 17 f).
21 Str; wie hier Hk-ZPO/*Kemper*, § 806 a Rn 10; Musielak/*Becker*, § 806 a Rn 3; Stein/Jonas/*Münzberg*, § 806 a Rn 11; Thomas/Putzo/*Seiler*, § 806 a Rn 8. Großzügiger (auch Minderjährige mit entsprechender Urteilsfähigkeit und Reife): BeckOK ZPO/*Fleck*, § 806 a Rn 12; MüKo-ZPO/*Gruber*, § 806 a Rn 14; Zöller/*Stöber*, § 806 a Rn 12.
22 Str; wie hier Stein/Jonas/*Münzberg*, § 806 a Rn 11; Zöller/*Stöber*, § 806 a Rn 12; aA *Krauthausen*, DGVZ 1995, 68, 70; Musielak/*Becker*, § 806 a Rn 3.

gegen Dritte bzw der Arbeitgeber. Die Unterrichtung des Gläubigers in diesem Fall ist eine Pflicht, die der Gerichtsvollzieher von Amts wegen zu erfüllen hat.[23]

§ 806 b (weggefallen)

§ 807 Abnahme der Vermögensauskunft nach Pfändungsversuch

(1) ¹Hat der Gläubiger die Vornahme der Pfändung beim Schuldner beantragt und

1. hat der Schuldner die Durchsuchung (§ 758) verweigert oder
2. ergibt der Pfändungsversuch, dass eine Pfändung voraussichtlich nicht zu einer vollständigen Befriedigung des Gläubigers führen wird,

so kann der Gerichtsvollzieher dem Schuldner die Vermögensauskunft auf Antrag des Gläubigers abweichend von § 802 f sofort abnehmen. ²§ 802 f Abs. 5 und 6 findet Anwendung.

(2) ¹Der Schuldner kann einer sofortigen Abnahme widersprechen. ²In diesem Fall verfährt der Gerichtsvollzieher nach § 802 f; der Setzung einer Zahlungsfrist bedarf es nicht.

§§ 135 ff GVGA

Literatur:
Rauch, Im Spannungsfeld zwischen gleichzeitigem und bedingtem Auftrag, § 807 ZPO und den Gebühren für die gütliche Erledigung, DGVZ 2014, 7.

I. Normzweck....................	1	III. Verfahren bei der Abnahme der Vermögensauskunft.............	9
II. Voraussetzungen für die sofortige Abnahme der Vermögensauskunft (Abs. 1 S. 1)...........	2	IV. Widerspruch des Schuldners (Abs. 2)........................	12
1. Allgemeines.................	2	V. Kosten.......................	14
2. Verweigerung der Durchsuchung (Abs. 1 S. 1 Nr. 1).....	6	1. Gerichtsvollzieherkosten....	14
		2. Rechtsanwaltsgebühren.....	22
3. Fehlende vollständige Befriedigung des Gläubigers (Abs. 1 S. 1 Nr. 2)...........	8		

I. Normzweck

Die Vorschrift dient den Interessen des Gläubigers. Dieser kann auch weiterhin sofort die Fahrnisvollstreckung betreiben. Dies soll zu einer Beschleunigung des Verfahrens beitragen. Damit der Gläubiger nähere Kenntnis über pfändbares Vermögen des Schuldners erhält,[1] räumt **Abs. 1 S. 1** – wie früher § 900 Abs. 2 aF – dem Gerichtsvollzieher die Möglichkeit ein, unmittelbar im Anschluss an den Pfändungsversuch von dem Schuldner eine Vermögensauskunft abzunehmen, sofern der Schuldner die Durchsuchung verweigert (Abs. 1 S. 1 Nr. 1) bzw der Pfändungsversuch ergibt, dass eine Pfändung voraussichtlich nicht zu einer vollständigen Befriedigung des Gläubigers führen wird (Abs. 1 S. 1 Nr. 2). Dagegen hat der Gesetzgeber die in § 807 Abs. 1 Nr. 2 und 4 aF vorgesehenen weiteren Möglichkeiten, von dem Schuldner eine eidesstattliche Versicherung zu verlangen, nämlich bei einer fruchtlosen Pfändung oder bei einem wiederholten Nichtantref-

---

23 BGH DGVZ 2004, 61.
1 BVerfGE 61, 126 = NJW 1983, 559; BGH NJW 2004, 2452.

fen des Schuldners, nicht übernommen. § 802 c enthält insoweit nunmehr eine weitergehende Pflicht zur Vermögensauskunft.[2] Hinsichtlich der Einzelheiten der Vermögensabnahme verweist die Vorschrift in **Abs. 1 S. 2** auf § 802 f Abs. 5 und Abs. 6. **Abs. 2** gibt dem Schuldner die Möglichkeit, einer sofortigen Abnahme der Vermögensauskunft zu widersprechen. Hierdurch soll gewährleistet werden, dass der Schuldner sich auf die Abnahme der Vermögensauskunft vorbereiten,[3] insb. die erforderlichen Unterlagen beschaffen kann.

1a Für Vollstreckungsaufträge, die **vor dem 1.1.2013** beim Gerichtsvollzieher bzw bei der Gerichtsvollzieherverteilerstelle eingegangen sind, gilt nach § 39 Nr. 1 EGZPO (abgedr. Vor §§ 802 a–802 l Rn 13) die Regelung des § 807 in der bis zum 31.12.2012 geltenden Fassung. Zum **Übergangsrecht** s. weiterhin Vor §§ 802 a–802 l Rn 9 ff.

II. Voraussetzungen für die sofortige Abnahme der Vermögensauskunft (Abs. 1 S. 1)

2 **1. Allgemeines.** Voraussetzung für die sofortige Abnahme der Vermögensauskunft ist eine **Zwangsvollstreckung wegen einer Geldforderung** (§§ 803 ff), wobei auch die Sicherungsvollstreckung (§ 720 a) ausreicht.[4] Für die Herausgabevollstreckung gilt § 883 Abs. 2. Es muss ein entsprechender, auf eine Geldleistung lautender Titel gegen den Schuldner existieren. Zudem ist ein entsprechender **Antrag des Gläubigers** erforderlich (Abs. 1 S. 1); allein in dem Pfändungsauftrag des Gläubigers liegt nicht zugleich ein Antrag auf sofortige Abnahme der Vermögensauskunft. Der Antrag kann zugleich mit dem Auftrag zur Durchführung der Zwangsvollstreckung in das bewegliche Vermögen erteilt werden (sog. **Kombi-Auftrag**). Zudem müssen neben dem Vorliegen eines Titels die weiteren allgemeinen Voraussetzungen der Zwangsvollstreckung (Klausel und Zustellung) gegeben sein. Außerdem dürfen keine Vollstreckungshindernisse (zB Vorliegen einer vollstreckungsbeschränkenden Vereinbarung; Eröffnung des Insolvenzverfahrens,[5] § 89 InsO) bestehen. Die Verpflichtung zur Abgabe der Vermögensauskunft trifft den Schuldner bzw seinen gesetzlichen Vertreter (zu den weiteren Einzelheiten s. § 802 c Rn 17 ff).

3 Als weitere besondere Voraussetzung verlangt Abs. 1 S. 1, dass

- entweder der Schuldner die Durchsuchung (§ 758) verweigert (**Nr. 1**) (s. Rn 6 f) oder

- der Pfändungsversuch ergibt, dass eine Pfändung voraussichtlich nicht zu einer vollständigen Befriedigung des Gläubigers führen wird (**Nr. 2**) (s. Rn 8).

4 Zudem darf die für eine erneute Vermögensauskunft bestehende **Sperrfrist von zwei Jahren** (§ 802 d) nicht entgegenstehen. Haben sich die Vermögensverhältnisse des Schuldners innerhalb der letzten zwei Jahren nach Abgabe der Vermögensauskunft wesentlich verändert, besteht auch innerhalb der Sperrfrist die Möglichkeit der Abnahme einer erneuten Vermögensauskunft (§ 802 d); zu den Einzelheiten s. die Erl. zu § 802 d.

5 Bei einem unvollständigen, ungenauen oder unrichtigen Vermögensverzeichnis kann der Gläubiger die **Vervollständigung** verlangen (s. dazu § 802 d Rn 16 ff)

6 **2. Verweigerung der Durchsuchung (Abs. 1 S. 1 Nr. 1).** Verweigert der Schuldner die Durchsuchung der Wohnung, Geschäftsräume oder einzelner Behältnisse (vgl § 758), hat der Gläubiger ein Wahlrecht. Er kann einerseits eine richterliche

---

2 BT-Drucks. 16/10069, S. 34.
3 BT-Drucks. 16/10069, S. 34.
4 BGH NJW-RR 2007, 416; BGH NJW-RR 2006, 996.
5 BGH ZInsO 2012, 1262.

Durchsuchungsanordnung (§ 758 a) erwirken und die Vollstreckung in den Räumen fortsetzen. Andererseits kann er die sofortige Abnahme der Vermögensauskunft durch den Schuldner verlangen. Die Möglichkeit besteht auch, wenn bereits eine Durchsuchungsanordnung vorliegt, der Schuldner die Durchsuchung verweigert und der Gerichtsvollzieher von § 758 Abs. 3 keinen Gebrauch macht.

Erforderlich ist eine **Verweigerung durch den Schuldner** bzw seines gesetzlichen Vertreters. Angesichts der eindeutigen Fassung der Vorschrift genügt eine Verweigerung durch Dritte (zB eines Familienangehörigen oder eines Verfahrensbevollmächtigten) nicht. Die §§ 178 ff, 759 gelten nicht entsprechend.[6] In einem solchen Fall kann der Gläubiger nur das reguläre Verfahren nach § 802 f betreiben, dh es bedarf der Setzung einer Zahlungsfrist von zwei Wochen. Bei mehreren Geschäftsräumen bzw Wohnungen genügt die Verweigerung der Durchsuchung eines Geschäftsraumes bzw einer Wohnung.[7] Etwas anderes kann dann gelten, wenn der Schuldner über eine Wohnung und ein Geschäftslokal verfügt. In diesem Fall lässt die Erfolglosigkeit bei einem der beiden Orten keinen sicheren Rückschluss zu.[8] Ohne Bedeutung ist, ob der Schuldner seine Weigerung begründet oder nicht. Die Berechtigung zur Verweigerung der Durchsuchung muss der Schuldner ausschließlich mit den hierfür vorgesehenen Rechtsbehelfen geltend machen. 7

3. Fehlende vollständige Befriedigung des Gläubigers (Abs. 1 S. 1 Nr. 2). Der Schuldner ist ebenfalls zur sofortigen Abgabe der Vermögensauskunft verpflichtet, wenn der Pfändungsversuch ergibt, dass die Zwangsvollstreckung voraussichtlich **nicht zu einer vollständigen Befriedigung** des Gläubigers führen wird. Abs. 1 S. 1 Nr. 2 erfasst sowohl den Fall, dass keine pfändbaren Vermögenswerte vorgefunden werden, als auch denjenigen, bei dem die vorgefundenen pfändbaren Gegenstände nicht für eine vollständige Befriedigung des Gläubigers ausreichen. Im letzteren Fall muss der Gerichtsvollzieher eine **Prognoseentscheidung** treffen; einer vorherigen Verwertung der Vermögenswerte bedarf es nicht. Ein vorheriger Vollstreckungsversuch in das **unbewegliche Vermögen** ist weder erforderlich noch reicht ein entsprechender fruchtloser Vollstreckungsversuch für die sofortige Abnahme der Vermögensauskunft nach § 807 aus; vielmehr kommt nur die Abnahme einer Vermögensauskunft nach § 802 f in Betracht. Gleiches gilt für die Pfändung von **Forderungen** oder anderen Vermögensrechten. Daher ist auch eine vergebliche Forderungspfändung des Arbeitseinkommens auch dann nicht erforderlich, wenn der Gläubiger den Arbeitgeber des Schuldners kennt.[9] Ausnahmsweise kann dem Gläubiger das **Rechtsschutzbedürfnis** für die sofortige Abnahme der Vermögensauskunft fehlen, wenn er sichere Kenntnis von anderen Vermögenswerten besitzt, in denen erfolgreich vollstreckt werden kann.[10] 8

III. Verfahren bei der Abnahme der Vermögensauskunft

Liegen die Voraussetzungen nach Abs. 1 S. 1 Nr. 1 oder 2 vor, kann die Vermögensauskunft **sofort vor Ort** abgenommen werden. Ist der Schuldner hierzu bereit, gibt er die Vermögensauskunft entsprechend § 802 f ab; zum Widerspruchs- 9

---

6 LG Essen DGVZ 2002, 92.
7 LG Berlin JurBüro 2000, 375; Zöller/*Stöber*, § 807 Rn 4; aA Musielak/*Voit*, § 807 Rn 4 (für die Notwendigkeit der Vollstreckung zumindest auch am Hauptwohnsitz); Schuschke/Walker/*Walker*, § 807 Rn 15; einschränkend MüKo-ZPO/*Eickmann*, § 807 Rn 62 (Pfändung an allen Orten, wenn dies zumutbar ist).
8 OLG Köln Rpfleger 1971, 441; Musielak/*Voit*, § 807 Rn 4; aA LG Duisburg JurBüro 1998, 43.
9 AA KG MDR 1968, 56; LG Heilbronn MDR 1993, 273; Musielak/*Voit*, § 807 Rn 4.
10 KG OLGZ 1968, 183; OLG Schleswig SchlHA 1956, 204; LG Berlin MDR 1975, 497; AG Köln JurBüro 1966, 435; Musielak/*Voit*, § 807 Rn 5.

recht des Schuldners s. Rn 12. Der Gerichtsvollzieher erstellt das Verzeichnis in elektronischer Form auf der Grundlage der Angaben des Schuldners (Abs. 1 S. 2 iVm § 802 f Abs. 5).

10 In dem Vermögensverzeichnis hat der Schuldner sein **gesamtes bewegliches und unbewegliches Aktivvermögen** aufzuführen. Die Auskunftspflicht umfasst alle ihm tatsächlich zustehenden Positionen mit gegenwärtig konkret greifbarem Vermögenswert. Die Angaben müssen eindeutig, vollständig und aussagekräftig sein, so dass der Gläubiger etwaige Vollstreckungsmöglichkeiten erkennen und diese sofort ergreifen kann;[11] zu den weiteren Einzelheiten s. die Erl. zu § 802 c.

11 Das in elektronischer Form erstellte Vermögensverzeichnis hat der Gerichtsvollzieher anschließend an das zuständige zentrale Vollstreckungsgericht zu übersenden (Abs. 1 S. 2 iVm § 802 f Abs. 6). Der Gläubiger erhält von dem Verzeichnis einen Ausdruck; ebenso bei einem entsprechenden Antrag der Schuldner. Zu den weiteren Einzelheiten s. die Erl. zu § 802 f.

IV. Widerspruch des Schuldners (Abs. 2)

12 Der Schuldner kann der **sofortigen Abgabe der Vermögensauskunft** widersprechen (**Abs. 2 S. 1**); einer Begründung des Widerspruchs durch den Schuldner bedarf es nicht. Im Falle eines Widerspruchs hat der Gerichtsvollzieher nach § 802 f vorzugehen (**Abs. 2 S. 2 Hs 1**). Es kann nicht sofort ein Haftbefehl ergehen oder die Eintragung ins Schuldnerverzeichnis angeordnet werden. Der Widerspruch ist als wesentlicher Vorgang in dem **Vollstreckungsprotokoll** zu vermerken (§ 762 Abs. 2 Nr. 2).[12] Der Gerichtsvollzieher muss einen entsprechenden **Termin und Terminsort** bestimmen, wobei es indes keiner Einräumung einer zweiwöchigen Zahlungsfrist bedarf (**Abs. 2 S. 2 Hs 2**). Hinsichtlich des weiteren Verfahrens zur Abnahme der Vermögensauskunft wird auf die Erl. zu § 802 f verwiesen.

13 Dem **Gläubiger** steht – im Gegensatz zu § 900 aF – **kein Widerspruchsrecht** zu, selbst wenn er den Termin aus zeitlichen oder sonstigen Gründen nicht wahrnehmen kann. Vielmehr muss er bei der **Erteilung eines Kombi-Auftrags** stets mit der sofortigen Abnahme der Vermögensauskunft rechnen.[13]

V. Kosten

14 **1. Gerichtsvollzieherkosten.** Wird ein Auftrag zur Vollstreckung mit einem Auftrag zur **Vermögensauskunft** verbunden (Abs. 1), wird kostenrechtlich von **einem Auftrag** (sog. **Kombi-Auftrag**) ausgegangen (§ 3 Abs. 2 S. 1 Nr. 3 GvKostG). Die Gebühren für die Vollstreckung und die Vermögensauskunft bzw ggf für die Nichterledigung (Nr. 604 KV GvKostG) entstehen gesondert, jedoch fallen Wegegeld (Nr. 711 KV GvKostG) und Auslagenpauschale (Nr. 713 KV GvKostG) nur einmal an, da sie je Auftrag entstehen. Gemäß § 3 Abs. 3 S. 2 GvKostG gilt im Falle der Verbindung des Auftrags zur Abnahme der Vermögensauskunft mit einem Vollstreckungsauftrag (Abs. 1) der Auftrag zur Abnahme der Vermögensauskunft als erteilt, sobald die Voraussetzungen nach Abs. 1 vorliegen.

15 Der Kombi-Auftrag splittet sich jedoch in zwei besondere Aufträge, wenn die Sofortabnahme der Vermögensauskunft nur daran scheitert, dass der Schuldner nicht anwesend ist (§ 3 Abs. 2 S. 1 Nr. 3 GvKostG; Nr. 2 Abs. 4 S. 2 DB-GvKostG). Denn wenn der Schuldner bei dem fruchtlosen Vollstreckungsversuch

---

11 BGH NJW 2004, 2452; OLG Bamberg JurBüro 1988, 1422; LG Göttingen JurBüro 2006, 661.
12 BT-Drucks. 16/10069, S. 34.
13 BT-Drucks. 16/10069, S. 34; Schuschke/Walker/*Walker*, § 807 Rn 43; *Sternal*, in: Wolf u.a., Zwangsvollstreckungsrecht aktuell, § 6 Rn 74; Thomas/Putzo/*Seiler*, § 807 Rn 3; Zöller/*Stöber*, § 807 Rn 6.

nicht anwesend ist, kommt eine sofortige Abnahme der Vermögensauskunft nicht in Betracht. Der Schuldner ist dann zur Abnahme der Vermögensauskunft zu laden. In diesem Fall scheitert die sofortige Abnahme der Vermögensauskunft *nur* deshalb, weil der Schuldner **abwesend** ist. Es liegen dann **zwei Aufträge** vor. Zu zwei Aufträgen kann es somit nur kommen, wenn die Abnahme der Vermögensauskunft *allein* an der Abwesenheit des Schuldners scheitert. Es fallen dann jeweils gesondert Auslagenpauschale (Nr. 713 KV GvKostG) und Wegegeld (Nr. 711 KV GvKostG) an, da Auslagen für jeden Auftrag gesondert zu erheben sind (§ 17 S. 2 GvKostG). Scheitert der Auftrag zusätzlich aber auch aus anderen Gründen (zB § 802 d Abs. 1), liegt auch weiterhin nur ein Auftrag vor.

Widerspricht der Schuldner der sofortigen Abnahme der Vermögensauskunft, bleibt es kostenrechtlich bei einem Auftrag (Nr. 2 Abs. 4 S. 1 DB-GvKostG). Da ein Widerspruch des Gläubigers gegen die Sofortabnahme gesetzlich nicht mehr vorgesehen ist, kann es insoweit kostenrechtlich nicht mehr zu zwei Aufträgen kommen. 16

Hat der Gläubiger einen Kombi-Auftrag erteilt, ist er auch an diesen Auftrag gebunden. Nur noch der Schuldner kann einer sofortigen Abnahme widersprechen (Abs. 2 S. 1), der Gläubiger dagegen nicht mehr (vgl § 900 Abs. 2 S. 2 aF). Der Gläubiger, der einen kombinierten Auftrag erteilt, muss mit einer Sofortabnahme der Vermögensauskunft, an der er aus zeitlichen Gründen nicht teilnehmen kann, rechnen.[14] Nach Nr. 2 Abs. 4 S. 1 DB-GvKostG liegt kostenrechtlich derselbe Auftrag auch dann vor, wenn der Schuldner der sofortigen Abnahme der Vermögensauskunft widerspricht. 17

Gleichzeitig vorliegende Aufträge **mehrerer Gläubiger** sind gesonderte Aufträge (§ 139 GVGA) und lösen jeweils besondere Gebühren und Auslagen aus. 18

Für die dem Gläubiger zu übersendende Abschrift der abgenommenen Vermögensauskunft (Abs. 1 S. 2 iVm § 802 f Abs. 6) und einer Abschrift des Terminprotokolls (§ 140 GVGA) wird keine Dokumentenpauschale erhoben, weil von ihm die Gebühr Nr. 260 KV GvKostG zu erheben ist (Nr. 700 Anm. Abs. 4 KV GvKostG). Gemäß § 13 GvKostG ist von dem Gläubiger die Gebühr Nr. 260 KV GvKostG zu erheben. 19

Eine Gebühr für eine nicht abgenommene Vermögensauskunft wird nicht erhoben (Anm. zu Nr. 604 KV GvKostG), wenn diese deshalb nicht abgenommen wird, weil der Schuldner sie innerhalb der letzten zwei Jahre bereits abgegeben hat (§ 802 d Abs. 1 S. 1). Angefallene Auslagen (zB Auslagenpauschale Nr. 716 KV GvKostG) können dagegen erhoben werden. 20

Hat ein Drittgläubiger die Erteilung einer Abschrift des Vermögensverzeichnisses verlangt (§ 802 d Abs. 1 S. 2), leitet der Gerichtsvollzieher dem Gläubiger einen Ausdruck des letzten abgegebenen Vermögensverzeichnisses zu. Hierfür wird eine Gebühr Nr. 261 KV GvKostG erhoben, die sowohl bei der Übermittlung als Papierausdruck wie auch als elektronisches Dokument (§ 802 d Abs. 2) anfällt. Eine Dokumentenpauschale für den **ersten Ausdruck** des Vermögensverzeichnisses fällt nach Anm. Abs. 4 S. 1 zu Nr. 700 KV GvKostG für denjenigen Kostenschuldner nicht an, von dem die Gebühr nach Nr. 261 KV GvKostG zu erheben ist (§ 13 GvKostG).[15] 21

2. Rechtsanwaltsgebühren. Gemäß § 18 Abs. 1 Nr. 16 RVG ist das Verfahren zur Abnahme der Vermögensauskunft (§§ 802 f und 802 g) eine besondere Angelegenheit. Die Tätigkeiten des Anwalts im Rahmen eines (Mobiliar-)Vollstreckungsauftrags und im Rahmen eines Auftrags zur Abnahme der Vermögensaus- 22

---

14 BT-Drucks. 16/10069, S. 34.
15 NK-GK/*Kessel*, Nr. 700 KV GvKostG Rn 5 f.

kunft bilden damit **besondere Angelegenheiten,** in denen die Gebühren Nr. 3309, 3310 VV RVG jeweils getrennt entstehen (§ 15 Abs. 2 RVG).

23 Grundsätzlich entsteht die Gebühr Nr. 3309 VV RVG mit der Stellung des Antrags auf Abnahme der Vermögensauskunft an den Gerichtsvollzieher.[16] Bei einem kombinierten Auftrag (Sachpfändung und Abnahme der Vermögensauskunft, sog. **Kombi-Auftrag**) werden Vollstreckungsauftrag und Auftrag zur Abnahme der Vermögensauskunft bereits bei Einleitung des Verfahrens gestellt. Es handelt sich jedoch um einen **bedingten Auftrag,** der in der Kombination mit dem Vollstreckungsauftrag zu sehen ist und nur für den Fall gestellt ist, dass die Voraussetzungen des Abs. 1 eintreten, die Voraussetzung für die Abnahme der Vermögensauskunft sind. Erst wenn die Voraussetzungen des Abs. 1 vorliegen, kommt der Auftrag zur Abnahme der Vermögensauskunft zum Tragen und löst auch dann erst die besonderen Kosten des Anwalts für das Verfahren auf Abnahme der Vermögensauskunft aus.

24 Für den bedingten Auftrag auf Durchführung des Verfahrens auf Abnahme der Vermögensauskunft entsteht eine besondere Verfahrensgebühr Nr. 3309 VV RVG deshalb erst dann, wenn hat der Schuldner die Durchsuchung (§ 758) verweigert oder die Pfändung durch den Gerichtsvollzieher fruchtlos verläuft.[17] Der Gegenstandswert für die Sachpfändung richtet sich nach § 25 Abs. 1 Nr. 1 RVG, der Wert für die Abnahme der Vermögensauskunft nach § 25 Abs. 1 Nr. 4 RVG (höchstens 2.000 €). Der Rechtsanwalt erhält im Falle des Kombi-Auftrags (Sachpfändung und Abnahme der Vermögensauskunft) eine besondere Verfahrensgebühr für den zunächst bedingten Antrag auf Abnahme der Vermögensauskunft auch dann, wenn ihm vom Gerichtsvollzieher nach Eintritt der Bedingung lediglich ein Ausdruck der innerhalb der letzten zwei Jahre abgegebenen Vermögensauskunft erteilt wird (vgl § 802 d Abs. 1 S. 2). Denn es liegt dann ein zu einer besonderen gebührenrechtlichen Angelegenheit führendes Verfahren auf Abnahme der Vermögensauskunft vor.[18]

Untertitel 2 Zwangsvollstreckung in körperliche Sachen

§ 808 Pfändung beim Schuldner

(1) Die Pfändung der im Gewahrsam des Schuldners befindlichen körperlichen Sachen wird dadurch bewirkt, dass der Gerichtsvollzieher sie in Besitz nimmt.

(2) [1]Andere Sachen als Geld, Kostbarkeiten und Wertpapiere sind im Gewahrsam des Schuldners zu belassen, sofern nicht hierdurch die Befriedigung des Gläubigers gefährdet wird. [2]Werden die Sachen im Gewahrsam des Schuldners belassen, so ist die Wirksamkeit der Pfändung dadurch bedingt, dass durch Anlegung von Siegeln oder auf sonstige Weise die Pfändung ersichtlich gemacht ist.

(3) Der Gerichtsvollzieher hat den Schuldner von der erfolgten Pfändung in Kenntnis zu setzen.

§§ 70, 82 GVGA

---

16 AnwK-RVG/*Wolf/Volpert/Mock/Thiel/N. Schneider,* § 18 Rn 126.
17 AnwK-RVG/*Wolf/Volpert/Mock/Thiel/N. Schneider,* § 18 Rn 137; so auch *Enders,* JurBüro 2012, 633, 634.
18 AnwK-RVG/*Wolf/Volpert/Mock/Thiel/N. Schneider,* § 18 Rn 137. Bejahend zu § 807 aF: AnwK-RVG/*Wolf,* § 18 Rn 87; Hansens/Braun/Schneider/*Volpert,* Teil 18 Rn 171.

I. Allgemeines 1
  1. Normzweck und Bedeutung . 1
  2. Anwendungsbereich 2
II. Gewahrsam des Schuldners als Pfändungsvoraussetzung 3
  1. Bedeutung des Gewahrsams . 3
    a) Grundsatz 3
    b) Offensichtliches Dritteigentum 4
    c) Prüfung der Zugehörigkeit zum Schuldnervermögen 5
  2. Gewahrsam 6
    a) Begriff 6
    b) Alleingewahrsam des Schuldners 7
    c) Einzelfälle 8
      aa) Miete 8
      bb) Gemeinsamer Haushalt 9
      cc) Geschäftsräume 10
      dd) Organe, gesetzliche Vertreter 11
III. Bewirken der Pfändung 12
  1. Inbesitznahme durch Gerichtsvollzieher (Abs. 1).. 12
  2. Wegschaffung oder Ersichtlichmachung (Abs. 2) 13
    a) Wegschaffung 13
    b) Ersichtlichmachung 15
  3. Benachrichtigung des Schuldners (Abs. 3) 17
  4. Mehrfache Pfändung 18
IV. Wirkungen der Pfändung 19
  1. Allgemeines 19
  2. Wegschaffung zur Verwertung 20
  3. Besitzverhältnisse 21
V. Rechtsfolgen von Verstößen, Rechtsbehelfe 23
VI. Kosten 24

I. Allgemeines

1. Normzweck und Bedeutung. § 808 regelt, wie die Pfändung von beweglichen **1** Sachen durchzuführen ist, die sich im **alleinigen Gewahrsam des Schuldners** befinden.[1] Die wirtschaftliche Bedeutung der Sachpfändung ist verschwindend gering. Sie führt – so wird berichtet[2] – in weniger als 1% der Fälle zur vollständigen Gläubigerbefriedigung. Eine erfolglose Pfändung kann aber als Grund für die sofortige Abnahme einer Vermögensauskunft gem. § 807 Abs. 1 S. 1 Nr. 2 Bedeutung erlangen.

2. Anwendungsbereich. Die Vorschrift gilt für die Pfändung **körperlicher Sachen**. **2** Insoweit kann zunächst auf die Ausführungen in § 803 Rn 1 verwiesen werden. Ergänzend sind folgende Bemerkungen anzubringen: **Miteigentumsanteile** werden nach § 857 Abs. 1 gepfändet.[3] Dies gilt auch für **Anwartschaftsrechte**; allerdings empfiehlt es sich für den Gläubiger, neben der Anwartschaft auch die Sache zu pfänden (s. hierzu die Erl. zu § 857).[4] Dagegen werden **Wertpapiere** als bewegliche Sachen gepfändet (s. § 803 Rn 1 mN). Bei Wertpapieren, die sich in **Sammelverwahrung** befinden, hat der Inhaber aber nur einen Anteil am Bruchteilseigentum aller Anleger (vgl §§ 5 f DepotG); dieser Anteil ist als „anderes Vermögensrecht" iSd § 857 Abs. 1 pfändbar.[5] **Legitimationspapiere**[6] (zB **Sparbücher,** Pfandscheine, Versicherungsscheine, Hypothekenbriefe, nicht auf den Inhaber lautende Grundschuld- und Rentenschuldbriefe) sind nicht Träger des verbrieften Rechts, sondern beweisen dieses nur. Der Gerichtsvollzieher nimmt diese Papiere vorläufig in Besitz, um zu verhindern, dass der Drittschuldner mit befreiender Wirkung an den Schuldner leistet. Dieser Vorgang wird als **Hilfspfändung** bezeichnet (s. hierzu im Einzelnen § 106 GVGA). Die dem Papier zugrunde liegende Forderung muss anschließend nach § 829 oder § 857 gepfändet werden; da-

---

1 Zöller/*Stöber*, § 808 Rn 1; vgl auch Stein/Jonas/*Münzberg*, § 808 Rn 6.
2 *Behr*, AnwBl 1996, 599; Musielak/*Becker*, § 808 Rn 1; vgl auch Hk-ZPO/*Kemper*, § 808 Rn 1; ferner Thomas/Putzo/*Seiler*, § 808 Rn 1 („in der Praxis oft aussichtslos").
3 BGH NJW 1993, 935, 937 (hM).
4 S. auch Bamberger/Roth/*Kindl*, § 929 BGB Rn 85–87.
5 Vgl BGH NJW 2004, 3340, 3341; Musielak/*Becker*, § 821 Rn 5.
6 Hierzu *Brox/Walker*, Rn 697–699.

nach richtet sich auch der Rang.[7] Die Pfändung von Früchten auf dem Halm ist nach Maßgabe des § 810 zulässig. Auch **Tiere** (§ 90 a BGB) fallen in den Anwendungsbereich des § 808.[8] Die Zwangsvollstreckung in **Computerprogramme** ist gesondert erläutert.[9]

II. Gewahrsam des Schuldners als Pfändungsvoraussetzung

3   1. **Bedeutung des Gewahrsams. a) Grundsatz.** Der Gerichtsvollzieher prüft nicht, ob der zu pfändende Gegenstand dem Schuldner gehört. Vielmehr werden im Hinblick auf die Zulässigkeit der Pfändung alle körperlichen Sachen als zum Vermögen des Schuldners gehörend behandelt, die dieser in seinem **alleinigen Gewahrsam** hat (vgl auch § 71 Abs. 1 GVGA). Der Gerichtsvollzieher muss also anhand der ihm erkennbaren Umstände lediglich beurteilen, ob sich der zu pfändende Gegenstand im Schuldnergewahrsam befindet.[10] Die Anknüpfung an dieses – für den Gerichtsvollzieher idR leicht feststellbare Merkmal – ist Ausdruck des Grundsatzes der Formalisierung der Zwangsvollstreckung.[11] Sie entspricht ferner der Vermutung des § 1006 BGB, die für eine Übereinstimmung von Besitz/Gewahrsam und Eigentum spricht. Ein Dritter, der die Pfandsache für sich in Anspruch nimmt, muss sein Recht im Wege der Widerspruchsklage gem. § 771 geltend machen.[12] Sofern die Vermutung des § 1006 BGB zugunsten des Vollstreckungsschuldners wirkt, kann sich auch der Pfändungsgläubiger im Verfahren nach § 771 auf sie berufen.[13]

4   **b) Offensichtliches Dritteigentum.** Wenn der Gerichtsvollzieher Gegenstände im Gewahrsam des Schuldners vorfindet,[14] die offensichtlich einem Dritten gehören, dann pfändet er diese nicht (vgl § 71 Abs. 2 GVGA). Er darf allerdings nur dann von einer Pfändung absehen, wenn nach Lage der Dinge **vernünftigerweise kein Zweifel** daran bestehen kann, dass Rechte dritter Personen der Inanspruchnahme bestimmter Gegenstände entgegenstehen.[15] Für die Annahme offensichtlichen Dritteigentums reicht es nicht aus, dass der Schuldner einen Sicherungsübereignungsvertrag vorlegt.[16] Befindet sich ein **Kfz** im Gewahrsam des Schuldners, dann darf die Pfändung nicht allein aus dem Grund unterbleiben, dass ein anderer den Kfz-Brief (jetzt: Zulassungsbescheinigung Teil II) im Besitz hat und dort als Halter eingetragen ist.[17] Offensichtlich nicht zum Vermögen des Schuldners gehören dagegen zB Sachen, die dem Handwerker zur Reparatur, dem Frachtführer zum Transport und dem Pfandleiher zum Pfand übergeben worden sind, sowie Klagewechsel in den Akten eines Rechtsanwalts (Beispiele nach § 71 Abs. 2 GVGA). Auch ein offensichtlich nicht dem Schuldner gehörender Gegenstand **muss gepfändet** werden, wenn der Dritte erklärt, dass er der Pfändung nicht widersprechen werde oder wenn der **Gläubiger** die Pfändung **ausdrücklich verlangt**

---

7   Stein/Jonas/*Münzberg*, § 821 Rn 4.
8   Ausf. *Schaal*, Tiere in der Zwangsvollstreckung, 2000.
9   S. hierzu den Schwerpunktbeitrag 2 „Zwangsvollstreckung in IT-Güter".
10 Vgl BGH NJW 1985, 1959, 1960; Zöller/*Stöber*, § 808 Rn 3; für eine Ermittlungspflicht des Gerichtsvollziehers dagegen *Knoche*, ZZP 114 (2001), 399, 421.
11 MüKo-ZPO/*Gruber*, § 808 Rn 2 mwN.
12 BGH NJW 1985, 1959, 1960.
13 BGH NJW 2004, 217, 218 f; OLG Saarbrücken MDR 2008, 48 = OLGR 2007, 800; aA offenbar Stein/Jonas/*Münzberg*, § 808 Rn 6, demzufolge § 1006 BGB zugunsten des pfändenden Gläubigers nicht gilt.
14 Zum Aufsuchen und zur Auswahl der Pfandstücke s. § 81 GVGA.
15 BGH NJW 1957, 544; OLG Saarbrücken OLGR 2003, 39 (Rz 45 f bei juris).
16 LG Bonn MDR 1987, 770.
17 Vgl BGH NJW 2004, 217, 219 f.

(§ 119 Abs. 2 S. 2).[18] Dass sich die Sache offensichtlich im **Eigentum des Gläubigers** befindet, steht der Pfändung nicht entgegen (allgM).

c) Prüfung der Zugehörigkeit zum Schuldnervermögen. Mit der Feststellung des Gewahrsams darf sich der Gerichtsvollzieher in den Fällen nicht begnügen, in denen der Schuldner nicht mit seinem eigenen Vermögen haftet, sondern – zB als Testamentsvollstrecker, Nachlass- oder Insolvenzverwalter – die Vollstreckung in fremdes Vermögen dulden muss, das seiner **Verwaltung** untersteht (vgl § 70 Abs. 4 S. 1 GVGA). Hier ist der Gerichtsvollzieher gehalten, die Zugehörigkeit des zu pfändenden Gegenstandes zum haftenden Vermögen zu prüfen (vgl § 70 Abs. 4 S. 2 GVGA). Es werden ihm aber keine umfassenden Ermittlungen abverlangt; vielmehr genügt es, wenn die Zugehörigkeit zum haftenden Vermögen wahrscheinlich erscheint.[19] Wenn Gegenstände aus dem eigenen Vermögen gepfändet werden, dann kann der Schuldner sowohl die Drittwiderspruchsklage gem. § 771 erheben als auch Erinnerung gem. § 766 einlegen. Letztere ist aber nur dann begründet, wenn die Zugehörigkeit des gepfändeten Gegenstandes zum haftenden Vermögen unwahrscheinlich gewesen ist.[20]

2. Gewahrsam. a) Begriff. Unter Gewahrsam wird – übereinstimmend mit dem unmittelbaren Besitz des BGB[21] – die aus den äußeren Umständen ersichtliche[22] tatsächliche Herrschaft über eine Sache verstanden.[23] Keinen Gewahrsam hat der **mittelbare Besitzer**, auch dann nicht, wenn er mittels Konnossements, Lager- oder Ladescheins über die Sache verfügen kann.[24] Sachen, die der Schuldner einem **Besitzdiener** überlässt, bleiben in seinem Gewahrsam, solange der Besitzdiener die tatsächliche Gewalt erkennbar in einem Abhängigkeitsverhältnis für den Schuldner ausübt.[25] Als Beispiele nennt § 70 Abs. 3 GVGA Hausangestellte, Gewerbegehilfen und Kellner. Eine Pfändung ist auch gegen den Willen des Besitzdieners zulässig; der Gerichtsvollzieher ist befugt, Widerstand des Besitzdieners zu brechen (§ 758 Abs. 3). Wer den Willen, die tatsächliche Gewalt für einen anderen auszuüben, erkennbar aufgegeben und eigenen Herrschaftswillen zum Ausdruck gebracht hat, ist nicht mehr Besitzdiener, sondern selbst Besitzer.[26] Gewahrsamsinhaber ist auch derjenige, der den Besitz durch Einigung gem. § 854 Abs. 2 BGB erworben hat; die Einigung genügt als Dokumentation des Besitzwillens.[27] Erbenbesitz (§ 857 BGB) genügt für § 808, wenn kein Dritter die Sache in seinem Gewahrsam hat.[28]

b) Alleingewahrsam des Schuldners. Den für die Pfändung gem. § 808 erforderlichen alleinigen Gewahrsam hat der Schuldner regelmäßig an allen Gegenständen,

---

18 Str; wie hier Musielak/*Becker*, § 808 Rn 5; Stein/Jonas/*Münzberg*, § 808 Rn 8; vgl auch BGH NJW-RR 2008, 338 Rz 9 (hierzu *Seip*, DGVZ 2008, 168); LG Cottbus InVo 2002, 428; aA MüKo-ZPO/*Gruber*, § 808 Rn 23.
19 MüKo-ZPO/*Gruber*, § 808 Rn 25; Musielak/*Becker*, § 808 Rn 5; vgl auch Stein/Jonas/*Münzberg*, § 808 Rn 12 und 26 aE.
20 MüKo-ZPO/*Gruber*, § 808 Rn 25; wohl auch Stein/Jonas/*Münzberg*, § 808 Rn 12.
21 MüKo-ZPO/*Gruber*, § 808 Rn 6; im Grundsatz auch Stein/Jonas/*Münzberg*, § 808 Rn 14; Zöller/*Stöber*, § 808 Rn 5.
22 LG Frankfurt NJW-RR 1988, 1215.
23 Zum Begriff des Gewahrsams vgl auch MüKo-ZPO/*Gruber*, § 808 Rn 6; Musielak/*Becker*, § 808 Rn 3; Stein/Jonas/*Münzberg*, § 808 Rn 14 f; Zöller/*Stöber*, § 808 Rn 5.
24 Wohl allgM; s. etwa Musielak/*Becker*, § 808 Rn 4.
25 Zöller/*Stöber*, § 808 Rn 8.
26 OLG Düsseldorf NJW-RR 1997, 998.
27 Zutr. MüKo-ZPO/*Gruber*, § 808 Rn 9; aA die hM, vgl Musielak/*Becker*, § 808 Rn 4; Zöller/*Stöber*, § 808 Rn 7.
28 Str; wie hier Stein/Jonas/*Münzberg*, § 808 Rn 14; MüKo-ZPO/*Gruber*, § 808 Rn 10; aA (zeitweilige Unpfändbarkeit) Brox/*Walker*, Rn 236; Musielak/*Becker*, § 808 Rn 4; vgl auch Thomas/Putzo/*Seiler*, § 808 Rn 3; Zöller/*Stöber*, § 808 Rn 7.

die sich in seiner **Wohnung** oder in seinen **Taschen** befinden oder die er – zB in einem Schreibtisch oder Schrank[29] – unter Verschluss hält. Die Kleider und Taschen des Schuldners dürfen daher ggf zum Zwecke einer **Taschenpfändung** durchsucht werden.[30] Dem Machtbereich des Schuldners können aber auch Gegenstände unterliegen, über die er vorübergehend keine tatsächliche Gewalt ausüben kann (vgl § 856 Abs. 2 BGB), wie zB über das in der Nähe seiner Wohnung abgestellte **Kfz**[31] oder über die Sachen, die in seiner Ehewohnung verblieben sind, während er eine Haftstrafe verbüßt.[32] Letztlich ist die Frage nach dem Gewahrsam nach der Verkehrsauffassung unter Heranziehung aller erkennbaren Umstände zu beurteilen.[33]

8 **c) Einzelfälle. aa) Miete.** Inhaber des Gewahrsams an den sich in der Wohnung befindlichen Sachen ist allein der Mieter. Der Vermieter hat auch dann keinen Mitgewahrsam, wenn er die Räume – wie zB bei einem Hotelzimmer zur Raumpflege – betreten darf.[34] Allerdings dürfen Sachen, die offensichtlich dem Vermieter gehören, im Rahmen einer gegen den Mieter gerichteten Vollstreckung nicht gepfändet werden (s. Rn 4). Sachen im Gewahrsam des Schuldners können sich auch in Räumen befinden, die im Alleingewahrsam eines Dritten stehen, zB in dem Fall, dass der Untermieter einen Teil seiner Sachen in Räumen des Untervermieters unterbringen muss. In diesem Fall darf der Gerichtsvollzieher den betreffenden Raum betreten (vgl § 70 Abs. 1 GVGA); wenn aber der Dritte widerspricht, bleibt dem Gläubiger nur die Pfändung des Zugangsrechts seines Schuldners (s. auch Rn 10).[35]

9 **bb) Gemeinsamer Haushalt.** Gegenüber den anderen Angehörigen des Haushalts hat der **Haushaltsvorstand** grds. an allen Gegenständen alleinigen Gewahrsam.[36] Dies sind idR beide Ehegatten, nichtehelichen Lebensgefährten oder Lebenspartner. Bei Ehegatten und Lebenspartnern wird unter den Voraussetzungen des § 739 fingiert, dass sich die Sache im Alleingewahrsam des Partners befindet, der Vollstreckungsschuldner ist.[37] Allerdings ist jeder Angehörige des Haushalts Inhaber des Gewahrsams an den erkennbar zu seinem persönlichen Gebrach bestimmten sowie an den unter seinigem alleinigen Verschluss stehenden Gegenständen.[38] Dies gilt auch für minderjährige Kinder; den Willen zur Ausübung der tatsächlichen Sachherrschaft können auch nicht (voll) geschäftsfähige Personen haben.[39] Bei **Wohngemeinschaften** gibt es keinen Haushaltsvorstand. Im Grundsatz gilt, dass jeder Alleingewahrsam an den Sachen in seinem Zimmer hat, während die Gegenstände in den Gemeinschaftsräumen im Mitgewahrsam aller stehen.[40]

---

29 MüKo-ZPO/*Gruber*, § 808 Rn 11; Stein/Jonas/*Münzberg*, § 808 Rn 15; Zöller/*Stöber*, § 808 Rn 5.
30 Hierzu Zöller/*Stöber*, § 808 Rn 5; s. auch § 61 Abs. 10 GVGA.
31 LG Karlsruhe DGVZ 1993, 141.
32 LG Berlin DGVZ 1991, 57.
33 Hintzen/Wolf/*Wolf*, Zwangsvollstreckung, -versteigerung, -verwaltung, Rn 4.108; MüKo-ZPO/*Gruber*, § 808 Rn 11.
34 Str; wie hier MüKo-ZPO/*Gruber*, § 808 Rn 14; Musielak/*Becker*, § 808 Rn 7; Zöller/*Stöber*, § 808 Rn 6; aA Stein/Jonas/*Münzberg*, § 808 Rn 15.
35 Vgl Stein/Jonas/*Münzberg*, § 758 Rn 5; Hk-ZPO/*Kindl*, § 758 Rn 3.
36 Musielak/*Becker*, § 808 Rn 7; Stein/Jonas/*Münzberg*, § 808 Rn 16; aus der Rspr vgl BGHZ 12, 380 = NJW 1954, 918, 920 f.
37 Vgl etwa Hk-ZPO/*Kindl*, § 739 Rn 4–7.
38 Hintzen/Wolf/*Wolf*, Zwangsvollstreckung, -versteigerung, -verwaltung, Rn 4.110.
39 MüKo-ZPO/*Gruber*, § 808 Rn 17; Musielak/*Becker*, § 808 Rn 7. Zu dem Fall, dass die Eltern für ihre Kinder den Gewahrsam ausüben, s. Rn 11.
40 Vgl Gaul/Schilken/Becker-Eberhard, § 51 Rn 11; Musielak/*Becker*, § 808 Rn 7.

cc) Geschäftsräume. Der Geschäftsinhaber hat den alleinigen Gewahrsam an allen zum Betrieb gehörenden Gegenständen. Aufgrund eines Titels gegen den Gastwirt kann daher zB eine **Taschenpfändung beim Kellner** durchgeführt werden. Diese darf sich aber nicht auf das Trinkgeld erstrecken, das der Kellner nicht lediglich als Besitzdiener mit sich führt, sondern an dem er selbst Gewahrsam hat.[41] Am Inhalt eines **Bankschließfachs** hat der Kunde zwar Alleingewahrsam. Am Schließfach selbst hat die Bank aber zumindest Mitgewahrsam, so dass auf dessen Inhalt ohne Zustimmung der Bank nicht zugegriffen werden darf.[42] Verweigert die Bank ihre Mitwirkung, muss der Gläubiger den Mitwirkungsanspruch seines Schuldners gegen die Bank gem. § 857 pfänden und überweisen lassen, um sodann den Inhalt des Faches nach § 808 zu pfänden.[43] Der Betreiber eines in einer Gastwirtschaft aufgestellten **Automaten** hat den alleinigen Gewahrsam an dem darin enthaltenen Geld, wenn nicht auch der Wirt einen Schlüssel besitzt. Der Gerichtsvollzieher darf zwar den Gastraum zum Zwecke der Pfändung betreten;[44] wenn aber der Gastwirt den Zugang verweigert, muss der Gläubiger des Betreibers dessen Anspruch auf Zugang zum Automaten gem. § 857 pfänden lassen.[45]

dd) Organe, gesetzliche Vertreter. Juristische Personen üben ihren Gewahrsam durch ihre Organe aus. Gegenstände, über die eine Person in ihrer Funktion als Organ einer juristischen Person die tatsächliche Gewalt ausübt, befinden sich im Gewahrsam der juristischen Person.[46] Personenhandelsgesellschaften und Außengesellschaften bürgerlichen Rechts üben ihren Gewahrsam durch die geschäftsführenden Gesellschafter aus.[47] Gewahrsam der Gesellschaft liegt auch vor, wenn ein Kommanditist einen Gegenstand erkennbar für die Gesellschaft in Besitz hat; er ist zwar nicht Organ, aber Besitzdiener (s. Rn 6) der Gesellschaft.[48] Gegenstände im Gesellschaftsgewahrsam können aufgrund eines Titels gegen die Gesellschaft gepfändet werden; es ist nicht nötig, dass das Organ, das die tatsächliche Gewalt innehat, zur Herausgabe bereit ist. Gesellschaftsgewahrsam kann auch vorliegen, wenn sich Gegenstände einer GmbH in den Privaträumen ihres Geschäftsführers befinden.[49] Dagegen ist ein Titel gegen die Gesellschaft nicht ausreichend für die Pfändung von Sachen, die das Organ für sich selbst besitzt. Maßgeblich für die **Abgrenzung** zwischen Gesellschaftsgewahrsam und **Eigengewahrsam** des Organs sind dabei die für den Gerichtsvollzieher erkennbaren Umstände sowie die Verkehrsauffassung.[50] Wer Organ zweier juristischer Personen ist, übt den Gewahrsam uU (zB Einrichtungsgegenstände gemeinsam genutzter Büroräume) als Mitgewahrsam für beide aus; die Pfändung erfolgt dann nach § 809, nicht nach § 808. Sind die **Gewahrsamsverhältnisse zweifelhaft,** dann pfändet der Gerichtsvollzieher, wenn entweder ein Titel gegen die juristische Per-

---

41 Stein/Jonas/*Münzberg,* § 808 Rn 22 m. Fn 116; Zöller/*Stöber,* § 808 Rn 8.
42 Vgl MüKo-ZPO/*Gruber,* § 808 Rn 16, der § 809 nicht für einschlägig hält, aber für eine analoge Anwendung eintritt.
43 Vgl OLG Frankfurt OLGR 1998, 250 (Rz 29 bei juris); im Einzelnen Stein/Jonas/ *Brehm,* § 857 Rn 81.
44 Stein/Jonas/*Münzberg,* § 808 Rn 29 und § 758 Rn 5; vgl auch Hk-ZPO/*Kindl,* § 758 Rn 4.
45 OLG Oldenburg DGVZ 1990, 137; LG Aurich NJW-RR 1991, 1992; vgl auch AG Wiesloch DGVZ 2002, 61; Einzelheiten bei Stein/Jonas/*Brehm,* § 857 Rn 82.
46 BGHZ 156, 310 = NJW 2004, 217, 219 (Einmann-GmbH); OLG Köln MDR 1995, 1215 (GmbH).
47 MüKo-ZPO/*Gruber,* § 808 Rn 19 mwN.
48 *Brox/Walker,* Rn 245; vgl auch BGHZ 57, 166, 167.
49 LG Mannheim DGVZ 1983, 118.
50 Vgl MüKo-ZPO/*Gruber,* § 808 Rn 18; Musielak/*Becker,* § 808 Rn 10; Stein/Jonas/ *Münzberg,* § 808 Rn 23 m. Fn 117; aus der Rspr s. etwa LG Berlin DGVZ 1998, 27; LG Mannheim DGVZ 1983, 118.

son oder gegen das Organ selbst vorliegt.[51] Dies gilt v.a. dann, wenn die unklaren Verhältnisse dazu dienen sollen, dem Gläubiger Vermögenswerte zu entziehen.[52] Die vorstehenden Grundsätze gelten auch dann, wenn ein **gesetzlicher Vertreter** sein gesetzliches Recht auf Verwaltung und Besitz an den Gegenständen des von ihm vertretenen Schuldners ausübt.[53] Daher müssen zB die Eltern nicht nach § 809 in die Pfändung von Gegenständen einwilligen, über die sie – erkennbar – die tatsächliche Sachherrschaft nicht für sich selbst, sondern für den minderjährigen Schuldner ausüben (vgl auch § 70 Abs. 1 S. 5 GVGA).

III. Bewirken der Pfändung

12 **1. Inbesitznahme durch Gerichtsvollzieher (Abs. 1).** Die Pfändung der im Gewahrsam des Schuldners befindlichen Sachen wird dadurch bewirkt, dass der Gerichtsvollzieher[54] sie **in Besitz nimmt** (s. auch § 803 Rn 3 f). Nach hM muss die Ergreifung unmittelbaren Alleinbesitzes durch den Gerichtsvollzieher der Wegschaffung der gepfändeten Sachen bzw der Ersichtlichmachung der Pfändung zeitlich vorangehen.[55] Dementsprechend ist es nach hM erforderlich, dass der Gerichtsvollzieher auch die Sachen, die er beim Schuldner belässt, zunächst in unmittelbaren Besitz nimmt, um diesen anschließend auf den Schuldner zurückzuübertragen. Diese Konstruktion erscheint gekünstelt. Zu folgen ist daher der Gegenauffassung, die die Wegschaffung der gepfändeten Sachen und die Ersichtlichmachung der Pfändung unter Belassung der gepfändeten Sachen im Gewahrsam des Schuldners ganz einfach als zulässige Formen der Inbesitznahme durch den Gerichtsvollzieher ansieht.[56]

13 **2. Wegschaffung oder Ersichtlichmachung (Abs. 2). a) Wegschaffung.** Die Wegschaffung der gepfändeten Sachen bildet in der Praxis die **Ausnahme. Geld** (vgl § 815), **Kostbarkeiten** (s. § 813 Abs. 1 S. 2) und **Wertpapiere** (§§ 821, 831; s. auch Rn 2) muss der Gerichtsvollzieher allerdings grds. mitnehmen; dies ergibt sich aus **Abs. 2 S. 1**. Gepfändetes Geld wird gem. § 815 Abs. 1 dem Gläubiger abgeliefert oder – sofern die Voraussetzungen des § 720 oder des § 815 Abs. 2 vorliegen – hinterlegt. Auch Geld, Kostbarkeiten und Wertpapiere dürfen beim Schuldner belassen werden, wenn der Gläubiger zustimmt oder eine Wegschaffung – wie zB bei Plastiken oder Monumentalgemälden – sich als schwierig erweist.[57] Bei anderen Sachen ist eine Wegschaffung nur – dann aber auch verpflichtend[58] – geboten, wenn anzunehmen ist, dass durch ihre Belassung beim Schuldner die **Befriedigung des Gläubigers gefährdet** wird. Eine derartige Gefahr besteht zB dann, wenn zu befürchten ist, dass die Sachen beiseite geschafft werden, dass der Schuldner für ihre Erhaltung nicht sorgen kann oder will[59] oder dass durch ihren weiteren Gebrauch eine **Wertminderung** eintritt. Vor allem aus dem zuletzt genannten Grund sind **Kfz** (s. hierzu §§ 107–114 GVGA) dem Schuldner grds. wegzunehmen (s. auch § 107 Abs. 1 GVGA). Eine Belassung beim Schuldner ist aber zulässig, wenn der Gläubiger hiermit einverstanden ist[60] oder wenn mindere Maßnahmen zur Sicherung ausreichen, etwa die Wegnahme

---

51 *Brox/Walker*, Rn 242.
52 Zöller/*Stöber*, § 808 Rn 12; vgl auch AG Wiesbaden DGVZ 1996, 94, 95.
53 *Brox/Walker*, Rn 246; Stein/Jonas/*Münzberg*, § 808 Rn 24.
54 Im Anwendungsbereich des § 285 AO und § 6 Abs. 3 JBeitrO ist der Vollziehungsbeamte zuständig; vgl auch Stein/Jonas/*Münzberg*, § 808 Rn 31.
55 Vgl *Brox/Walker*, Rn 360 und 335; Musielak/*Becker*, § 808 Rn 11 und 13.
56 Vgl MüKo-ZPO/*Gruber*, § 808 Rn 28; die geringe praktische Bedeutung des Meinungsstreits betont Stein/Jonas/*Münzberg*, § 808 Rn 33 Fn 160.
57 MüKo-ZPO/*Gruber*, § 808 Rn 31; Stein/Jonas/*Münzberg*, § 808 Rn 34.
58 BGH MDR 1959, 282.
59 Zöller/*Stöber*, § 808 Rn 17.
60 AG Riesa JurBüro 2008, 442.

der Schlüssel und der Zulassungsbescheinigung Teil II (die von der Pfändung des Fahrzeugs entsprechend § 952 BGB miterfasst ist),[61] die Abnahme des Kennzeichens sowie der Ausbau einzelner Teile aus dem Motor.[62] Sofern der Gläubiger den Gerichtsvollzieher ausdrücklich angewiesen hat, den zu pfändenden Pkw beim Schuldner zu belassen, hat dieser die Weisung zu befolgen und ist nicht befugt, die Ausführung des Vollstreckungsauftrags von der Zahlung eines Kostenvorschusses für Abtransport, Standkosten u.Ä. abhängig zu machen.[63]

Der Gerichtsvollzieher hat die von ihm weggeschafften Gegenstände sachgemäß unterzubringen und zu verwahren. Hierbei handelt es sich um eine sowohl dem Schuldner als auch dem Gläubiger gegenüber bestehende Amtspflicht.[64] Einzelheiten regeln die Dienstvorschriften der GVGA in §§ 89 f. Der vom Gerichtsvollzieher mit einem Dritten geschlossene Vertrag über die **Einlagerung** gepfändeter Sachen ist privatrechtlicher Natur.[65] Sofern der Gerichtsvollzieher nicht ausdrücklich im eigenen Namen handelt, schließt er diesen Vertrag als bevollmächtigter Vertreter des Justizfiskus.[66]

b) Ersichtlichmachung. Werden die Sachen beim Schuldner belassen, ist die Wirksamkeit der Pfändung davon abhängig, dass sie durch die Anlegung von **Siegeln** oder **auf sonstige Weise ersichtlich** gemacht ist (**Abs. 2 S. 2**). Die Ersichtlichmachung ist eine dem Gerichtsvollzieher sowohl gegenüber dem Gläubiger als auch gegenüber dem Schuldner obliegende Amtspflicht.[67] Eine **nicht** ausreichend **ersichtlich** gemachte **Pfändung** ist **nichtig**[68] und kann auch nicht rückwirkend geheilt werden; in Betracht kommt nur eine Neuvornahme mit Wirkung ex nunc. Zur Sicherheit sollte der Gerichtsvollzieher daher lieber ein Siegel zu viel als eines zu wenig anlegen.[69] Die Pfändung bleibt wirksam, wenn sie nachträglich unkenntlich wird, zB weil das Pfandsiegel abgefallen ist. Der Gerichtsvollzieher muss in einem solchen Fall die Pfandzeichen unverzüglich erneuern.[70]

Die Ersichtlichmachung kann durch die **Anlegung von Siegeln** oder auf sonstige Weise erfolgen. Die Siegelung ist nicht vorrangig; vielmehr stehen beide Formen der Kenntlichmachung gleichrangig nebeneinander.[71] Einzelheiten der Art und Weise der Kenntlichmachung regelt § 82 Abs. 1 und 2 GVGA. „Auf sonstige Weise" wird die Pfändung insb. durch die Anbringung einer **Pfandanzeige** ersichtlich gemacht; hierbei handelt es sich um ein auf die Pfändung hinweisendes Schriftstück, das mit der Unterschrift und dem Dienstsiegel des Gerichtsvollziehers zu versehen ist (vgl § 82 Abs. 2 GVGA). Sowohl bei der Siegelung als auch bei der Pfandanzeige ist ein gewisses Maß an **Auffälligkeit** und Haltbarkeit[72] erforderlich. Die Pfandzeichen brauchen zwar nicht sofort ins Auge zu springen; sie müssen aber bei Anwendung der verkehrsüblichen Sorgfalt und Aufmerksam-

---

[61] Vgl KG OLGZ 1994, 113.
[62] Vgl Zöller/*Stöber*, § 808 Rn 21.
[63] AG Mönchengladbach-Rheydt BeckRS 2013, 14174 = JurBüro 2013, 441; AG Pirna BeckRS 2013, 20178 = JurBüro 2013, 606, jew. unter Hinweis darauf, dass den Gerichtsvollzieher keine Haftung für eine Beschädigung oder den Verlust der Pfandsache trifft, wenn der Gläubiger mit deren Belassung beim Schuldner einverstanden gewesen ist.
[64] Vgl Musielak/*Becker*, § 808 Rn 14; Stein/Jonas/*Münzberg*, § 808 Rn 40.
[65] Vgl BGHZ 89, 82 = NJW 1984, 1759 f.
[66] BGHZ 142, 77 = NJW 1999, 2597; Zöller/*Stöber*, § 808 Rn 17.
[67] BGH NJW 1959, 1775.
[68] LG Frankfurt DGVZ 1990, 59: Anbringung des Pfandsiegels in der Lagerakte.
[69] Zöller/*Stöber*, § 808 Rn 18; vgl auch Musielak/*Becker*, § 808 Rn 17.
[70] Thomas/Putzo/*Seiler*, § 808 Rn 14.
[71] ZB MüKo-ZPO/*Gruber*, § 808 Rn 34; Musielak/*Becker*, § 808 Rn 17.
[72] So die Formulierung bei Stein/Jonas/*Münzberg*, § 808 Rn 41; vgl auch Zöller/*Stöber*, § 808 Rn 19.

keit bemerkt werden können. Das Interesse des Gläubigers an der Wirksamkeit der Pfändung überwiegt das Interesse des Schuldners daran, nicht aufzufallen.[73] Nicht ausreichend ist etwa die Anbringung des Pfandsiegels im Inneren einer Schublade oder an der Unterseite eines Tisches. Die Ersichtlichmachung muss ferner in der Weise erfolgen, dass die **Identität** der gepfändeten Gegenstände **zweifelsfrei** feststeht. Im Falle der Pfändung nur des Teils eines Warenlagers ist grds. eine körperliche Aussonderung nötig.[74] Ungenügend ist zB eine an einem Getreideschuppen angebrachte Pfandanzeige, die auf die Pfändung von etwa 200 Zentner Getreide hinweist.[75] Sollen alle in einem Behältnis oder einem Raum befindlichen Gegenstände gepfändet werden, dann kann die Kenntlichmachung durch die Versiegelung des Behältnisses bzw des Raumes erfolgen. Die **Versiegelung von Räumen** erfordert die Zustimmung des Schuldners, die frei widerruflich ist.[76]

17 **3. Benachrichtigung des Schuldners (Abs. 3).** Der – nicht anwesende – Schuldner muss von der erfolgten Pfändung in Kenntnis gesetzt werden. Dies kann mündlich oder schriftlich geschehen. Üblich ist die Übersendung einer Protokollabschrift, die sich v.a. in dem Fall anbietet, dass die Pfändung nach § 809, also bei einem zur Herausgabe bereiten Dritten, stattgefunden hat.[77] Ein Verstoß gegen Abs. 3 lässt die Wirksamkeit der Pfändung unberührt. § 82 Abs. 4 GVGA sieht ferner eine Belehrung über das durch die Pfändung begründete Verfügungsverbot vor.

18 **4. Mehrfache Pfändung.** Ein und dieselbe Sache kann für **mehrere Gläubiger** gepfändet werden. Hat schon eine Erstpfändung stattgefunden, so genügt für die **Anschlusspfändung** zugunsten eines weiteren Gläubigers eine entsprechende Erklärung des Gerichtsvollziehers, die in das Protokoll aufzunehmen ist (vgl § 826 Abs. 1). Eine **gleichzeitige Pfändung** zugunsten mehrerer Gläubiger ist nur bei gleichzeitigem Antragseingang zulässig;[78] § 827 Abs. 3 regelt, wie weiter zu verfahren ist, nachdem die Pfändung für mehrere Gläubiger gleichzeitig bewirkt worden ist. Über die gleichzeitige Pfändung zugunsten mehrerer Gläubiger ist nur ein Pfändungsprotokoll aufzunehmen (§ 117 Abs. 3 GVGA). Von einer **Doppelpfändung** spricht man, wenn dieselbe Sache **gegenüber verschiedenen Schuldnern** gepfändet wird. Eine derartige Doppelpfändung wird durch die Vermutung des § 739 ermöglicht. Es handelt sich hierbei um verschiedene Pfändungen,[79] über die selbständige Pfändungsprotokolle aufzunehmen sind. Die Pfändung muss aber nur einmal kenntlich gemacht werden.

IV. Wirkungen der Pfändung

19 **1. Allgemeines.** Die Pfändung bewirkt die **Verstrickung** der Sache und führt zur Entstehung eines **Pfändungspfandrechts**. Aufgrund der Verstrickung unterliegt der Schuldner einem relativen Verfügungsverbot. Auf die Erl. in § 803 Rn 7 und § 804 Rn 5 ff wird verwiesen.

---

73 Vgl MüKo-ZPO/*Gruber*, § 808 Rn 34; Musielak/*Becker*, § 808 Rn 17; Zöller/*Stöber*, § 808 Rn 19.
74 Stein/Jonas/*Münzberg*, § 808 Rn 41; vgl auch MüKo-ZPO/*Gruber*, § 808 Rn 34; Zöller/*Stöber*, § 808 Rn 20. Eine Aussonderung ist aber nicht nötig, wenn die Pfändung eine bestimmte in einem Warenlager enthaltene Warengattung vollständig erfassen soll; so aber Stein/Jonas/*Münzberg*, aaO und Musielak/*Becker*, § 808 Rn 18.
75 Zöller/*Stöber*, § 808 Rn 20 mit weiteren Beispielen aus der Rspr.
76 Musielak/*Becker*, § 808 Rn 17; Zöller/*Stöber*, § 808 Rn 19.
77 Vgl Musielak/*Becker*, § 808 Rn 21; Thomas/Putzo/*Seiler*, § 808 Rn 18.
78 Str; s. § 804 Rn 13; wie hier auch MüKo-ZPO/*Gruber*, § 808 Rn 48; aA Zöller/*Stöber*, § 808 Rn 25.
79 Stein/Jonas/*Münzberg*, § 808 Rn 44; vgl auch MüKo-ZPO/*Gruber*, § 808 Rn 36; Zöller/*Stöber*, § 808 Rn 26.

2. Wegschaffung zur Verwertung. Der Gerichtsvollzieher ist befugt, gepfändete Gegenstände, die er zunächst im Gewahrsam des Schuldners belassen hat, zum Zwecke der Verwertung wegzuschaffen. Auch ein Dritter, der mit der Pfändung von Gegenständen in seinem Gewahrsam einverstanden gewesen ist, muss die spätere Wegschaffung dulden.[80] Bei der nachträglichen Wegschaffung handelt es sich lediglich um eine Fortsetzung der begonnenen Vollstreckung.[81] Der Gerichtsvollzieher hat aber **kein Verfolgungsrecht** in dem Fall, dass die Sache nach der Pfändung in die Hände eines Dritten gelangt ist und von diesem nicht gem. § 936 BGB gutgläubig lastenfrei erworben worden ist. Die Verstrickung berechtigt den Gerichtsvollzieher also nicht dazu, die Sache dem Dritten wegzunehmen oder bei ihm nach der Sache zu suchen. Für derartige Eingriffe in die Rechte Dritter gibt es keine Ermächtigungsgrundlage.[82] Der Gläubiger kann den Dritten gem. §§ 985, 1227 BGB auf Herausgabe verklagen (s. § 804 Rn 11) sowie – bei Eilbedürftigkeit – eine einstweilige Verfügung nach § 940 erwirken.

3. Besitzverhältnisse. Sofern der Gerichtsvollzieher die gepfändeten Sachen **weggeschafft** hat, stellen sich die Besitzverhältnisse nach der Pfändung wie folgt dar: Der Gerichtsvollzieher[83] ist unmittelbarer Fremdbesitzer; der Gläubiger ist mittelbarer Fremdbesitzer erster Stufe; der Schuldner ist mittelbarer Eigenbesitzer zweiter Stufe.

Werden die gepfändeten Sachen im **Gewahrsam des Schuldners belassen,** dann gilt Folgendes: Der Schuldner ist unmittelbarer Fremdbesitzer, der Gerichtsvollzieher mittelbarer Fremdbesitzer erster, der Gläubiger mittelbarer Fremdbesitzer zweiter Stufe; der Schuldner ist schließlich auch noch mittelbarer Eigenbesitzer dritter Stufe.[84] Die geschilderten Besitzverhältnisse sind maßgeblich für die Besitzschutzansprüche des bürgerlichen Rechts. Ferner sind beim Schuldner belassene Gegenstände, die dieser nach Entfernung der Pfandzeichen veräußert, nicht abhanden gekommen, so dass ein gutgläubiger lastenfreier Erwerb nicht an § 935 BGB scheitert.

V. Rechtsfolgen von Verstößen, Rechtsbehelfe

Eine Pfändung, die nicht ausreichend publik gemacht worden ist, ist nichtig.[85] Dagegen führt die falsche Einschätzung der in Rn 3–11 dargestellten Voraussetzungen nur zur Anfechtbarkeit. Nicht einmal anfechtbar ist die Pfändung, wenn lediglich gegen Abs. 3 verstoßen wurde (s. auch Rn 17). Gläubiger und Schuldner können Verstöße § 808 im Wege der Erinnerung rügen, ebenso Dritte, in deren (Mit-)Gewahrsam sich die Sache befunden hat. Der Gläubiger trägt die **Beweislast** für das Vorliegen der Voraussetzungen des § 808 (zur Beweislast s. auch Rn 3 aE).[86] Dritte können ggf auch mit der Klage gem. § 771 gegen die Pfändung vorgehen.

VI. Kosten

Der Vollstreckungsauftrag stellt für den **Rechtsanwalt** eine besondere Angelegenheit dar (§ 18 Abs. 1 Nr. 1 RVG), der Gebühren (Nr. 3309 VV RVG) und Auslagen (Nr. 7000 ff VV RVG) entstehen lässt.

---

80 Stein/Jonas/*Münzberg*, § 808 Rn 48.
81 MüKo-ZPO/*Gruber*, § 808 Rn 39; Stein/Jonas/*Münzberg*, § 808 Rn 48.
82 Heute ganz hM; s. BGH NJW-RR 2004, 352, 353; MüKo-ZPO/*Gruber*, § 808 Rn 40; Musielak/*Becker*, § 808 Rn 20; Stein/Jonas/*Münzberg*, § 808 Rn 49.
83 Nicht der Staat, so aber Musielak/*Becker*, § 808 Rn 19; wie hier dagegen MüKo-ZPO/ *Gruber*, § 808 Rn 44; Stein/Jonas/*Münzberg*, § 808 Rn 45; Zöller/*Stöber*, § 808 Rn 17.
84 MüKo-ZPO/*Gruber*, § 808 Rn 44; Stein/Jonas/*Münzberg*, § 808 Rn 46.
85 Stein/Jonas/*Münzberg*, § 808 Rn 50.
86 Musielak/*Becker*, § 808 Rn 23; Stein/Jonas/*Münzberg*, § 808 Rn 51.

25 Die Pfändung löst eine besondere Gebühr bei dem **Gerichtsvollzieher** aus (Nr. 205 KV GvKostG). Gebührentatbestand ist die Bewirkung einer Pfändung (§ 808 Abs. 1, Abs. 2 S. 2, §§ 809, 826, 831). Neben dieser Gebühr wird ggf ein Zeitzuschlag (Nr. 500 KV GvKostG) erhoben, wenn die Erledigung der Amtshandlung mehr als drei Stunden in Anspruch nimmt. Die Gebühr kann auch im Rahmen desselben Auftrags mehrfach entstehen, wenn der Gerichtsvollzieher beauftragt wird, die gleiche Vollstreckungshandlung wiederholt vorzunehmen (**Kassenpfändung**), oder der Gerichtsvollzieher auch ohne ausdrückliche Weisung des Auftraggebers die weitere Vollstreckung betreibt, weil nach dem Ergebnis der Verwertung der Pfandstücke die Vollstreckung nicht zur vollen Befriedigung des Auftraggebers führt oder Pfandstücke bei dem Schuldner abhanden gekommen oder beschädigt worden sind (§ 10 Abs. 2 GvKostG). Des Weiteren entstehen Auslagen nach Nr. 700 ff KV GvKostG. Unterbleibt eine Pfändung, fallen in jedem Fall eine Gebühr für die nicht erledigte Amtshandlung (Nr. 604 KV GvKostG) sowie Auslagen (Nr. 700 ff KV GvKostG) an, die mit Eingang des Auftrags bei dem Gerichtsvollzieher entstehen.

§ 809 Pfändung beim Gläubiger oder bei Dritten

Die vorstehenden Vorschriften sind auf die Pfändung von Sachen, die sich im Gewahrsam des Gläubigers oder eines zur Herausgabe bereiten Dritten befinden, entsprechend anzuwenden.

§§ 70, 88 GVGA

I. Allgemeines

1 Gemäß § 809 sind auf die Pfändung von Gegenständen, die sich im Gewahrsam oder Mitgewahrsam des Gläubigers oder eines zur Herausgabe bereiten Dritten befinden, die Vorschriften des § 808 entsprechend anzuwenden. Fehlt es an der für eine Pfändung nach § 809 erforderlichen Herausgabebereitschaft, dann bleibt dem Gläubiger die Möglichkeit, den Herausgabeanspruch seines Schuldners gegen den dritten Gewahrsamsinhaber gem. §§ 846, 847 zu pfänden.

II. Pfändung beim Gläubiger (Alt. 1)

2 Die Pfändung von Sachen im Gewahrsam des Gläubigers setzt nicht voraus, dass der Gläubiger seine Herausgabebereitschaft erklärt hat. Für die Zulässigkeit der Pfändung reicht es aus, dass ihr der Gläubiger nicht widerspricht. Die gepfändeten Sachen dürfen aber erst weggeschafft werden, wenn der Gläubiger sein Einverständnis hiermit erklärt hat.[1] Solange also der Gläubiger seine Herausgabebereitschaft nicht erklärt hat, ist nur eine Pfändung unter Belassung der Sache im Gewahrsam des Gläubigers entsprechend § 808 Abs. 2 S. 2 zulässig.

III. Pfändung bei einem zur Herausgabe bereiten Dritten (Alt. 2)

3 1. Dritter iSv § 809. Dritter im Sinne der Vorschrift ist jeder, der **nicht Vollstreckungsschuldner** oder -gläubiger oder Besitzdiener (s. § 808 Rn 6) dieser Personen ist oder der für diese Personen den Besitz als Organ oder gesetzlicher Vertreter ausübt (s. § 808 Rn 11). Der **Gerichtsvollzieher**, der gepfändete Sachen in seinen Gewahrsam genommen hat, ist nicht Dritter in dem Sinne, dass es für die

---

[1] Im Einzelnen str; wie hier *Schilken*, DGVZ 1986, 145 f; MüKo-ZPO/*Gruber*, § 809 Rn 4; Musielak/*Becker*, § 808 Rn 2; Stein/Jonas/*Münzberg*, § 809 Rn 1 Fn 2.

Zulässigkeit einer weiteren Pfändung auf seine Herausgabebereitschaft ankäme.[2] Vielmehr muss der Gerichtsvollzieher eine erneute Pfändung vornehmen, sofern die Voraussetzungen des § 808 oder des § 809 vorlägen, wenn er die Sache im Gewahrsam des Schuldners (bzw des zur Herausgabe bereiten Dritten) belassen hätte. So sind zB weitere Pfändungen anderer Gläubiger desselben Schuldners gem. § 808 ohne weiteres zulässig, während gem. § 809 die Herausgabebereitschaft des ersten Schuldners erforderlich ist, wenn der Gläubiger eines *anderen* Schuldners die erneute Pfändung der Sache beantragt.[3]

2. Gewahrsam zum Zeitpunkt der Pfändung. § 809 setzt des Weiteren voraus, dass der Dritte die Sache **zum Zeitpunkt der Pfändung** in seinem **Gewahrsam** hat (s. hierzu § 808 Rn 6 ff). Die Pfändung richtet sich auch dann nach § 809, wenn der Dritte – äußerlich erkennbar[4] – lediglich Mitgewahrsam an der Sache hat; nach § 808 dürfen nämlich nur Sachen im alleinigen Gewahrsam des Schuldners gepfändet werden (s. § 808 Rn 3; zur Abgrenzung von Allein- und Mitgewahrsam s. § 808 Rn 8–11). Der Pfändung von Sachen, die er nur in **Scheingewahrsam** hat, kann ein Dritter aber nicht widersprechen.[5] Ob tatsächlich oder nur Scheingewahrsam vorliegt, kann der Gerichtsvollzieher, der sich an äußerlich erkennbaren Umständen orientieren muss, allerdings nur selten zuverlässig feststellen, am ehesten wohl dann, wenn jemand als Besitzdiener den Gewahrsam nach den Weisungen des Schuldners ausübt.[6] Dagegen kann der Gerichtsvollzieher regelmäßig nicht nachprüfen, ob der Dritte den Gewahrsam im Zusammenwirken mit dem Schuldner nur zu dem Zweck begründet hat, die Sache der Vollstreckung zu entziehen. Der Gerichtsvollzieher muss daher den Gewahrsam des Dritten auch dann achten, wenn er den Verdacht hegt, dass jener mit dem Schuldner **kollusiv** zusammengewirkt hat.[7] Werden aber vor seinen Augen Gegenstände beiseite geschafft, dann ist der Gerichtsvollzieher zum Einschreiten berechtigt und verpflichtet.[8]

3. Herausgabebereitschaft. Herausgabebereitschaft bedeutet nicht nur **Einverständnis** mit der **Pfändung**, sondern auch mit der **Wegnahme** zum Zwecke der Verwertung.[9] Der Dritte kann seine Bereitschaft zur Herausgabe auch konkludent – etwa durch die widerspruchslose Unterzeichnung des Pfändungsprotokolls[10] – erklären. Die Erklärung kann auch noch nach der Pfändung abgegeben werden (allgM). Sie ist Prozesshandlung und kann nicht mehr widerrufen werden, nachdem die Pfändung erfolgt ist.[11] Die Herausgabebereitschaft kann auf

---

2   IE wohl ganz hM; *Knoche*, ZZP 114 (2001), 399, 412 ff; MüKo-ZPO/*Gruber*, § 809 Rn 5; Stein/Jonas/*Münzberg*, § 809 Rn 2 f; vgl auch Musielak/*Becker*, § 809 Rn 3.
3   Dagegen richtet sich die Pfändung wegen § 739 nach § 808, wenn es sich bei dem anderen Schuldner um den Ehegatten oder Lebenspartner des ersten Schuldners handelt.
4   Zöller/*Stöber*, § 809 Rn 4.
5   Insoweit wohl allgM; MüKo-ZPO/*Gruber*, § 809 Rn 6; Stein/Jonas/*Münzberg*, § 809 Rn 4; Zöller/*Stöber*, § 809 Rn 5; eingehend zum Scheingewahrsam *Knoche*, ZZP 114 (2001), 399, 423 ff.
6   Vgl MüKo-ZPO/*Gruber*, § 809 Rn 6; Musielak/*Becker*, § 809 Rn 5.
7   Str; wie hier MüKo-ZPO/*Gruber*, § 809 Rn 7; Musielak/*Becker*, § 809 Rn 5; Thomas/Putzo/*Seiler*, § 809 Rn 4; Stein/Jonas/*Münzberg*, § 809 Rn 4; anders Zöller/*Stöber*, § 809 Rn 5.
8   Vgl Musielak/*Becker*, § 809 Rn 5; *Pawlowski*, DGVZ 1976, 33, 36.
9   AllgM; s. nur BGH NJW-RR 2004, 352, 353.
10 Ob der Dritte hierdurch tatsächlich seine Herausgabebereitschaft zum Ausdruck bringt, ist im Wege der Auslegung zu ermitteln; zurückhaltend Musielak/*Becker*, § 809 Rn 4; Stein/Jonas/*Münzberg*, § 809 Rn 9.
11 Musielak/*Becker*, § 809 Rn 4; Thomas/Putzo/*Seiler*, § 809 Rn 3; vgl auch Stein/Jonas/*Münzberg*, § 809 Rn 9; noch strenger (von vornherein unwiderruflich) MüKo-ZPO/*Gruber*, § 809 Rn 8.

einzelne Gläubiger beschränkt werden.[12] Dagegen ist die Erklärung unwirksam, wenn der Dritte seine Bereitschaft zur Herausgabe an eine **Bedingung** knüpft, sie zB davon abhängig macht, dass er vorweg aus dem Erlös befriedigt wird. Die Erklärung ist aber wirksam, wenn die Bedingung von allen konkurrierenden Pfändungsgläubigern akzeptiert wird.[13]

6 **4. Keine Prüfung der Zugehörigkeit zum Schuldnervermögen.** Der Gerichtsvollzieher überprüft nicht, ob die Sache dem Schuldner und nicht einem Vierten gehört. Die mit dem Pfändungsauftrag geltend gemachte Zugehörigkeit zum Schuldnervermögen iVm der Herausgabebereitschaft des dritten Gewahrsamsinhabers deutet nämlich ebenso sicher auf das Eigentum des Schuldners hin wie der – für eine Pfändung gem. § 808 ausreichende – Umstand, dass sich die Sache im Schuldnergewahrsam befindet.[14] Gehört die Sache offensichtlich nicht dem Schuldner, dann muss die Pfändung unterbleiben (vgl § 808 Rn 4). Die Gegenauffassung, die eine Prüfung der Eigentumslage verlangt, stellt insoweit keine allzu hohen Anforderungen: Es soll ausreichen, wenn der Gerichtsvollzieher den Dritten befragt und etwaige Anzeichen für anderweitiges Eigentum beachtet.[15]

IV. Durchführung der Pfändung, Wirkungen der Pfändung

7 Die Pfändung ist gem. § 808 durchzuführen (s. hierzu § 808 Rn 12–18). Anders als im unmittelbaren Anwendungsbereich des § 808 muss der Gerichtsvollzieher die Sache auch dann fortschaffen, wenn der dritte Gewahrsamsinhaber dies verlangt (vgl § 88 S. 3 GVGA).

8 Im Hinblick auf die Wirkungen der Pfändung wird auf § 808 Rn 19–22 verwiesen. Hat der Dritte seine Herausgabebereitschaft erklärt, dann kann er später der Wegschaffung der gepfändeten und bei ihm belassenen Sache nicht mehr widersprechen. Gegen einen Dritten, in dessen Hände die Sache nach der Pfändung gelangt ist, darf der Gerichtsvollzieher aber nicht zwangsweise vorgehen (s. § 808 Rn 20).

V. Rechtsfolgen von Verstößen, Rechtsbehelfe

9 Verstöße gegen § 809 machen die Pfändung nur anfechtbar. Gegen eine Pfändung trotz fehlender Herausgabebereitschaft kann nur der **dritte Gewahrsamsinhaber** erfolgreich Erinnerung (§ 766) einlegen, nicht dagegen der Schuldner oder sonstige Dritte.[16] Für den Dritten kommen ferner die Vorzugsklage (§ 805) sowie die Widerspruchsklage (§ 771) in Betracht. Durch die Erklärung der Herausgabebereitschaft hat der Dritte zwar auf seinen Besitz verzichtet und kann daher die Widerspruchsklage nicht mehr auf sein Besitzrecht stützen.[17] Die Geltendmachung anderer Rechte bleibt ihm aber unbenommen; zB kann er Widerspruchsklage erheben, wenn er irrtümlich der Pfändung eigener Sachen zugestimmt hat. Der

---

12 Ganz hM; wie hier MüKo-ZPO/*Gruber*, § 809 Rn 11; Musielak/*Becker*, § 809 Rn 4; Stein/Jonas/*Münzberg*, § 809 Rn 9; Thomas/Putzo/*Seiler*, § 809 Rn 3; Zöller/*Stöber*, § 809 Rn 6.
13 Im Einzelnen str; wie hier Stein/Jonas/*Münzberg*, § 809 Rn 9 m. Fn 41; strenger (Zustimmung aller Beteiligten, also auch des Schuldners) Musielak/*Becker*, § 809 Rn 4; Zöller/*Stöber*, § 809 Rn 6; auch § 70 Abs. 2 S. 3 GVGA; großzügiger (nur Zustimmung des Vollstreckungsgläubigers) MüKo-ZPO/*Gruber*, § 809 Rn 11.
14 Wie hier Zöller/*Stöber*, § 809 Rn 7; vgl auch MüKo-ZPO/*Gruber*, § 809 Rn 13.
15 Stein/Jonas/*Münzberg*, § 809 Rn 4; vgl auch Musielak/*Becker*, § 809 Rn 6.
16 Stein/Jonas/*Münzberg*, § 809 Rn 12 mwN.
17 Vgl BGH NJW 1978, 1859; MüKo-ZPO/*Gruber*, § 809 Rn 18; Stein/Jonas/*Münzberg*, § 809 Rn 10 m. Fn 44; Zöller/*Stöber*, § 809 Rn 8. Zur Frage, ob die Drittwiderspruchsklage überhaupt auf den Besitz gestützt werden kann, s. Hk-ZPO/*Kindl*, § 771 Rn 10.

Gläubiger kann Erinnerung gem. § 766 Abs. 2 einlegen, wenn der Gerichtsvollzieher nicht pfändet, obwohl der Dritte zur Herausgabe bereit ist.

VI. Kosten

Das Kostenverzeichnis zum GvKostG verweist bei der Gebühr für die Pfändung (Nr. 205 KV GvKostG) ausdrücklich auf § 809, so dass der Gerichtsvollzieher auch in diesem Fall die Pfändungsgebühr (Nr. 205 KV GvKostG) sowie Auslagen (Nr. 700 ff KV GvKostG) erheben kann. Unterbleibt eine Pfändung, fallen mit Eingang des Auftrags bei dem Gerichtsvollzieher eine Gebühr für die nicht erledigte Amtshandlung (Nr. 604 KV GvKostG) sowie Auslagen (Nr. 700 ff KV GvKostG) an.

10

§ 810 Pfändung ungetrennter Früchte

(1) ¹Früchte, die von dem Boden noch nicht getrennt sind, können gepfändet werden, solange nicht ihre Beschlagnahme im Wege der Zwangsvollstreckung in das unbewegliche Vermögen erfolgt ist. ²Die Pfändung darf nicht früher als einen Monat vor der gewöhnlichen Zeit der Reife erfolgen.

(2) Ein Gläubiger, der ein Recht auf Befriedigung aus dem Grundstück hat, kann der Pfändung nach Maßgabe des § 771 widersprechen, sofern nicht die Pfändung für einen im Falle der Zwangsvollstreckung in das Grundstück vorgehenden Anspruch erfolgt ist.

§ 101 GVGA

I. Allgemeines

Ungetrennte Früchte sind wesentliche Grundstücksbestandteile iSd § 94 BGB und unterliegen daher der Immobiliarvollstreckung nach § 864. Unter den Voraussetzungen des § 810 können sie aber wie bewegliches Vermögen desjenigen gepfändet werden, dem das Eigentum an ihnen nach der Trennung zufällt (§§ 953 ff BGB).[1]

1

II. Voraussetzungen

1. **Früchte.** „**Auf dem Halm**" können diejenigen **Sachfrüchte** (§ 99 Abs. 1 BGB) gepfändet werden, die in regelmäßig wiederkehrenden Zeitabschnitten geerntet werden, also zB Getreide, Hackfrüchte und Obst, nicht aber sonstige Ausbeute wie Kies, Steine, Mineralien, Torf oder Holz auf dem Stamm (vgl § 101 Abs. 1 S. 4 GVGA).[2] Zum Verkauf bestimmte Baumschulpflanzen sind wie Grundstücksfrüchte nach § 810 pfändbar.[3] Rechtsfrüchte fallen dagegen nicht in den Anwendungsbereich des § 810. Früchte, die nach der Trennung nicht gepfändet werden dürften, dürfen auch nicht gepfändet werden, solange sie noch stehen. Daher ist die Pfändung ungetrennter Früchte unzulässig, die mit der Trennung Grundstückszubehör werden (§§ 97, 98 Nr. 2 BGB) und daher der Immobiliar-

2

---

1 Vgl Stein/Jonas/*Münzberg*, § 810 Rn 1; vgl auch MüKo-ZPO/*Gruber*, § 810 Rn 1 und 5; Zöller/*Stöber*, § 810 Rn 5.
2 *Noack*, Rpfleger 1969, 113; Thomas/Putzo/*Seiler*, § 810 Rn 2; Zöller/*Stöber*, § 810 Rn 2.
3 LG Bayreuth DGVZ 1985, 42; vgl auch AG Elmshorn DGVZ 1995, 12; MüKo-ZPO/ *Gruber*, § 810 Rn 3; Stein/Jonas/*Münzberg*, § 810 Rn 3.

vollstreckung (§ 865 Abs. 2 S. 1) unterliegen würden[4] oder die nach der Trennung einem Pfändungsverbot gem. § 811 Abs. 1 Nr. 2–4 unterfallen würden.[5]

2. Gewahrsam. Noch stehende Früchte werden für die Zwangsvollstreckung wie bewegliches Vermögen behandelt (s. Rn 1). Ihre Pfändung setzt daher voraus, dass sie sich im **Gewahrsam** des Schuldners, des Gläubigers oder eines zur Herausgabe bereiten Dritten befinden (§§ 808 f). Maßgeblich ist der Besitz des Grundstücks.[6] Daher kann zB der Eigentümer eines verpachteten Grundstücks einer gegen den Pächter gerichteten Pfändung nicht widersprechen. Dagegen ist eine gegen den Eigentümer gerichtete Pfändung wegen § 809 nur zulässig, wenn der Pächter zur Herausgabe bereit ist.

3. Keine Beschlagnahme. Die stehenden Früchte dürfen nur gepfändet werden, solange sie noch nicht im Wege der Immobiliarvollstreckung beschlagnahmt worden sind. Dies beruht darauf, dass die Beschlagnahme sowohl bei der Zwangsversteigerung als auch bei der Zwangsverwaltung die noch mit dem Boden verbundenen Erzeugnisse umfasst (§§ 21 Abs. 1, 148 ZVG). Gemäß § 21 Abs. 3 ZVG bleibt allerdings das Recht des Pächters auf den Fruchtgenuss (§ 956 BGB) unberührt. Daher darf gegen den Pächter – nicht aber auch gegen andere Nutzungsberechtigte wie etwa den Nießbraucher[7] – auch noch nach der Beschlagnahme des Grundstücks eine Pfändung gem. § 810 ausgebracht werden.[8] Wird das Grundstück beschlagnahmt, nachdem die stehenden Früchte gepfändet worden sind, dann bleibt die Pfändung wirksam; der Pfändungsgläubiger muss aber sein Recht nach § 37 Nr. 4 ZVG anmelden (s. auch Rn 8). Das Pfandrecht des Verpächters aus § 592 BGB sowie das Früchtepfandrecht nach dem DüngMSaatG,[9] das allen sonstigen dinglichen Rechten vorgeht, stehen zwar einer Pfändung nach § 810 nicht entgegen. Diese Pfandrechte sind aber gegenüber dem durch die Pfändung nach § 810 begründeten Pfandrecht vorrangig;[10] der Vorrang ist im Wege der Klage nach § 805 geltend zu machen.

4. Monatsfrist. Nach Abs. 1 S. 2 darf die Pfändung nicht früher als einen Monat vor der gewöhnlichen Zeit der Reife erfolgen. Maßgebend ist nicht der Zeitpunkt der Reife im konkreten Fall; vielmehr kommt es auf den nach objektiven Kriterien zu bestimmenden Zeitpunkt an, in dem Früchte dieser Art in der betreffenden Gegend im Allgemeinen reif sind.[11] Die Berechnung der Frist richtet sich nach § 222.

III. Durchführung und Wirkungen der Pfändung

Die Pfändung erfolgt nach §§ 808 f. Da eine Wegschaffung der stehenden Früchte nach der Natur der Sache ausscheidet,[12] kommt nur eine Kenntlichmachung nach § 808 Abs. 2 S. 2 in Betracht (s. § 808 Rn 15 f). Diese erfolgt regelmäßig durch die Aufstellung von **Pfandtafeln** oder **Pfandzeichen**; Einzelheiten sind in den Dienstvorschriften geregelt (s. § 102 Abs. 2 GVGA). Wenn anzunehmen ist, dass der Wert der zu pfändenden Früchte 500 € übersteigt, ist schon zur Pfän-

---

4 Musielak/*Becker*, § 810 Rn 2; Zöller/*Stöber*, § 810 Rn 3.
5 Beispiel für § 811 Abs. 1 Nr. 4: AG Elmshorn DGVZ 1995, 12.
6 Vgl Stein/Jonas/*Münzberg*, § 810 Rn 4; Zöller/*Stöber*, § 810 Rn 5.
7 Stein/Jonas/*Münzberg*, § 810 Rn 11.
8 AllgM; Musielak/*Becker*, § 810 Rn 3; Thomas/Putzo/*Seiler*, § 810 Rn 5 und 7.
9 Gesetz zur Sicherung der Düngemittel- und Saatgutversorgung (DüngMSaatG) vom 19.1.1949.
10 Zum Verpächterpfandrecht eingehend Stein/Jonas/*Münzberg*, § 810 Rn 6; vgl auch Zöller/*Stöber*, § 810 Rn 10; zum Früchtepfandrecht nach dem DüngMSaatG s. BGH NJW 1993, 1791, 1793.
11 BGH NJW 1993, 1791, 1793.
12 MüKo-ZPO/*Gruber*, § 808 Rn 8.

dung ein landwirtschaftlicher Sachverständiger zuzuziehen (s. § 813 Abs. 3 sowie § 102 Abs. 3 GVGA).

Aufgrund der Pfändung entsteht ein **Pfändungspfandrecht** an den noch nicht getrennten Früchten.[13] Pfandrecht und Verstrickung setzen sich nach der Trennung an Früchten sowie ggf an den Surrogaten fort, also zB bei der Pfändung von Trauben am Most.[14] Die Verwertung ist in § 824 geregelt.

IV. Rechte der Realgläubiger (Abs. 2)

Realgläubiger iSd Abs. 2 sind alle Gläubiger, die ein Recht auf Befriedigung aus dem Grundstück nach **§ 10 ZVG** haben. Dies sind nicht nur Grundpfandgläubiger, sondern auch solche Gläubiger, die wegen eines persönlichen Anspruchs die Beschlagnahme des Grundstücks erwirkt und dadurch den Rang des § 10 Nr. 5 ZVG erworben haben. Diese Gläubiger können nach Abs. 2 auch einer vor der Beschlagnahme erfolgten Pfändung **widersprechen**, sofern der pfändende Gläubiger nicht auch Realgläubiger ist und daher uU nachweisen kann, dass sein Anspruch dem des widersprechenden Gläubigers in der Rangfolge des § 10 ZVG vorgeht.[15] Der Fruchtpfändung durch einen persönlichen Gläubiger kann wegen § 10 Nr. 5 ZVG jeder andere persönliche Gläubiger widersprechen, nachdem er die Beschlagnahme des Grundstücks erwirkt hat.[16] Der Widerspruch ist im Wege der Klage gem. § 771 geltend zu machen. Wegen § 21 Abs. 3 ZVG haben die Realgläubiger allerdings kein Widerspruchsrecht, wenn ein Gläubiger des Pächters eine Pfändung gem. § 810 ausbringt (s. Rn 3).[17] Ein zum Widerspruch berechtigter Realgläubiger kann sich auch mit der Vorzugsklage nach § 805 begnügen (allgM). Hat er selbst gepfändet, kann er sein besseres Recht zudem im Verteilungsverfahren nach § 878 geltend machen.[18]

V. Rechtsfolgen von Verstößen, Rechtsbehelfe

Verstöße gegen § 810 machen die Pfändung nur anfechtbar. Gegen eine Pfändung, die wegen einer vorherigen Beschlagnahme des Grundstücks nicht hätte erfolgen dürfen (s. Rn 4), können der Schuldner, die Realgläubiger und der Zwangsverwalter Erinnerung nach § 766 einlegen.[19] Die Erinnerung ist auch gegeben, wenn die Pfändung entgegen Abs. 1 S. 2 zu früh ausgebracht worden ist; der Verstoß wird aber geheilt, wenn bis zum Fristbeginn nicht über die Erinnerung entschieden wird.[20] Nießbraucher und Pächter können sowohl Erinnerung einlegen als auch Klage nach § 771 erheben, wenn aufgrund eines Titels gegen den Eigentümer Früchte gepfändet werden, die ihnen mit der Trennung zufallen würden. Der Gläubiger kann ferner Erinnerung einlegen, wenn die Pfändung abgelehnt wird. Die Inhaber eines vorrangigen Pfandrechts können nach § 805 vorgehen (s. Rn 4). Zum Widerspruchsrecht der Realgläubiger s. Rn 8.

---

13 Nach hM entsteht – als Ausnahme von § 93 BGB – nicht nur eine Anwartschaft auf ein Pfändungspfandrecht; MüKo-ZPO/*Gruber*, § 810 Rn 9; Musielak/*Becker*, § 810 Rn 5; Stein/Jonas/*Münzberg*, § 810 Rn 2.
14 Musielak/*Becker*, § 810 Rn 5; Zöller/*Stöber*, § 810 Rn 6; Stein/Jonas/*Münzberg*, § 810 Rn 3 Fn 9.
15 Vgl Zöller/*Stöber*, § 810 Rn 13.
16 Musielak/*Becker*, § 810 Rn 6; Stein/Jonas/*Münzberg*, § 810 Rn 14.
17 AllgM; MüKo-ZPO/*Gruber*, § 810 Rn 11; Musielak/*Becker*, § 810 Rn 6; Thomas/Putzo/*Seiler*, § 810 Rn 7; Zöller/*Stöber*, § 810 Rn 13. Zur Rechtslage, wenn der Gläubiger eines anderen Nutzungsberechtigten stehende Früchte pfändet, s. Stein/Jonas/*Münzberg*, § 810 Rn 16 m. Fn 40.
18 Stein/Jonas/*Münzberg*, § 810 Rn 15; vgl auch MüKo-ZPO/*Gruber*, § 810 Rn 10 m. Fn 34.
19 Zöller/*Stöber*, § 810 Rn 12.
20 MüKo-ZPO/*Gruber*, § 810 Rn 7.

VI. Kosten

10 Die Pfändung löst eine besondere Gebühr bei dem Gerichtsvollzieher aus (Nr. 205 KV GvKostG). Gebührentatbestand ist die Bewirkung einer Pfändung. Neben dieser Gebühr wird ggf ein Zeitzuschlag (Nr. 500 KV GvKostG) für jede weitere angefangene Stunde erhoben, wenn die Erledigung der Amtshandlung mehr als drei Stunden in Anspruch nimmt.

§ 811 Unpfändbare Sachen

(1) Folgende Sachen sind der Pfändung nicht unterworfen:

1. die dem persönlichen Gebrauch oder dem Haushalt dienenden Sachen, insbesondere Kleidungsstücke, Wäsche, Betten, Haus- und Küchengerät, soweit der Schuldner ihrer zu einer seiner Berufstätigkeit und seiner Verschuldung angemessenen, bescheidenen Lebens- und Haushaltsführung bedarf; ferner Gartenhäuser, Wohnlauben und ähnliche Wohnzwecken dienende Einrichtungen, die der Zwangsvollstreckung in das bewegliche Vermögen unterliegen und deren der Schuldner oder seine Familie zur ständigen Unterkunft bedarf;
2. die für den Schuldner, seine Familie und seine Hausangehörigen, die ihm im Haushalt helfen, auf vier Wochen erforderlichen Nahrungs-, Feuerungs- und Beleuchtungsmittel oder, soweit für diesen Zeitraum solche Vorräte nicht vorhanden und ihre Beschaffung auf anderem Wege nicht gesichert ist, der zur Beschaffung erforderliche Geldbetrag;
3. Kleintiere in beschränkter Zahl sowie eine Milchkuh oder nach Wahl des Schuldners statt einer solchen insgesamt zwei Schweine, Ziegen oder Schafe, wenn diese Tiere für die Ernährung des Schuldners, seiner Familie oder Hausangehörigen, die ihm im Haushalt, in der Landwirtschaft oder im Gewerbe helfen, erforderlich sind; ferner die zur Fütterung und zur Streu auf vier Wochen erforderlichen Vorräte oder, soweit solche Vorräte nicht vorhanden sind und ihre Beschaffung für diesen Zeitraum auf anderem Wege nicht gesichert ist, der zu ihrer Beschaffung erforderliche Geldbetrag;
4. bei Personen, die Landwirtschaft betreiben, das zum Wirtschaftsbetrieb erforderliche Gerät und Vieh nebst dem nötigen Dünger sowie die landwirtschaftlichen Erzeugnisse, soweit sie zur Sicherung des Unterhalts des Schuldners, seiner Familie und seiner Arbeitnehmer oder zur Fortführung der Wirtschaft bis zur nächsten Ernte gleicher oder ähnlicher Erzeugnisse erforderlich sind;
4a. bei Arbeitnehmern in landwirtschaftlichen Betrieben die ihnen als Vergütung gelieferten Naturalien, soweit der Schuldner ihrer zu seinem und seiner Familie Unterhalt bedarf;
5. bei Personen, die aus ihrer körperlichen oder geistigen Arbeit oder sonstigen persönlichen Leistungen ihren Erwerb ziehen, die zur Fortsetzung dieser Erwerbstätigkeit erforderlichen Gegenstände;
6. bei den Witwen und minderjährigen Erben der unter Nummer 5 bezeichneten Personen, wenn sie die Erwerbstätigkeit für ihre Rechnung durch einen Stellvertreter fortführen, die zur Fortführung dieser Erwerbstätigkeit erforderlichen Gegenstände;
7. Dienstkleidungsstücke sowie Dienstausrüstungsgegenstände, soweit sie zum Gebrauch des Schuldners bestimmt sind, sowie bei Beamten, Geistlichen,

Rechtsanwälten, Notaren, Ärzten und Hebammen die zur Ausübung des Berufes erforderlichen Gegenstände einschließlich angemessener Kleidung;

8. bei Personen, die wiederkehrende Einkünfte der in den §§ 850 bis 850 b dieses Gesetzes oder der in § 54 Abs. 3 bis 5 des Ersten Buches Sozialgesetzbuch bezeichneten Art oder laufende Kindergeldleistungen beziehen, ein Geldbetrag, der dem der Pfändung nicht unterworfenen Teil der Einkünfte für die Zeit von der Pfändung bis zu dem nächsten Zahlungstermin entspricht;

9. die zum Betrieb einer Apotheke unentbehrlichen Geräte, Gefäße und Waren;

10. die Bücher, die zum Gebrauch des Schuldners und seiner Familie in der Kirche oder Schule oder einer sonstigen Unterrichtsanstalt oder bei der häuslichen Andacht bestimmt sind;

11. die in Gebrauch genommenen Haushaltungs- und Geschäftsbücher, die Familienpapiere sowie die Trauringe, Orden und Ehrenzeichen;

12. künstliche Gliedmaßen, Brillen und andere wegen körperlicher Gebrechen notwendige Hilfsmittel, soweit diese Gegenstände zum Gebrauch des Schuldners und seiner Familie bestimmt sind;

13. die zur unmittelbaren Verwendung für die Bestattung bestimmten Gegenstände.

(2) ¹Eine in Absatz 1 Nr. 1, 4, 5 bis 7 bezeichnete Sache kann gepfändet werden, wenn der Verkäufer wegen einer durch Eigentumsvorbehalt gesicherten Geldforderung aus ihrem Verkauf vollstreckt. ²Die Vereinbarung des Eigentumsvorbehaltes ist durch Urkunden nachzuweisen.

§ 73 GVGA

I. Allgemeines ... 1	8. Abs. 1 Nr. 6 ... 24
1. Normzweck ... 1	9. Abs. 1 Nr. 7 ... 25
2. Rechtsnatur ... 2	10. Abs. 1 Nr. 8 ... 26
3. Anwendungsbereich ... 3	11. Abs. 1 Nr. 9 ... 27
4. Auslegung ... 6	12. Abs. 1 Nr. 10 ... 28
5. Verzicht auf Pfändungsschutz ... 7	13. Abs. 1 Nr. 11 ... 29
6. Maßgeblicher Zeitpunkt ... 8	14. Abs. 1 Nr. 12 ... 30
II. Die Pfändungsbeschränkungen des Abs. 1 im Einzelnen ... 9	15. Abs. 1 Nr. 13 ... 31
1. Übersicht ... 9	III. Pfändung von Vorbehaltseigentum (Abs. 2) ... 32
2. Abs. 1 Nr. 1 ... 10	1. Normzweck und Anwendungsbereich ... 32
3. Abs. 1 Nr. 2 ... 13	2. Voraussetzungen ... 33
4. Abs. 1 Nr. 3 ... 14	3. Nachweis (Abs. 2 S. 2) ... 34
5. Abs. 1 Nr. 4 ... 15	IV. Weitere Pfändungsbeschränkungen ... 35
6. Abs. 1 Nr. 4 a ... 17	V. Verfahren, Rechtsfolgen von Verstößen, Rechtsbehelfe ... 36
7. Abs. 1 Nr. 5 ... 18	
a) Normzweck ... 18	
b) Geschützter Personenkreis ... 19	
c) Zur Fortsetzung der Erwerbstätigkeit erforderliche Gegenstände ... 22	

I. Allgemeines

1. Normzweck. Zum **Schutz des Schuldners** „aus sozialen Gründen **im öffentlichen Interesse**"[1] ist die Pfändung der in Abs. 1 Nr. 1–13 aufgezählten Gegenstände verboten. In Rspr und Lit. werden die Pfändungsverbote als Konkretisierung des Sozialstaatsprinzips (Art. 20 und 28 GG) sowie als Ausfluss der in Art. 1 und 2 GG verbürgten Grundrechte (Menschenwürde, freie Entfaltung der Persönlichkeit) verstanden.[2] Aufgrund dieser verfassungsrechtlichen Vorgaben ist der Staat verpflichtet, jedem die Führung eines Lebens zu ermöglichen, das der Würde des Menschen entspricht (vgl § 1 SGB XII).[3] Demensprechend umschreibt die Rspr den Zweck der Pfändungsverbote wie folgt: „Dem Schuldner und seinen Familienangehörigen soll durch sie die wirtschaftliche Existenz erhalten werden, um – unabhängig von der Sozialhilfe – ein bescheidenes, der Würde des Menschen entsprechendes Leben führen zu können."[4] Der Erfüllung der staatlichen Verpflichtung dienen auf der einen Seite die Pfändungsbeschränkungen, die eine **Kahlpfändung** verbieten und sicherstellen, dass dem Vollstreckungsschuldner das zur Führung eines menschenwürdigen Lebens nötige Existenzminimum nicht weggenommen wird. Auf der anderen Seite kommt der Staat seiner Verpflichtung dadurch nach, dass er denjenigen, die aus eigener Kraft oder mit eigenen Mitteln ihren Lebensunterhalt nicht oder nicht ausreichend bestreiten können, einen Anspruch auf Sozialhilfe gewährt (vgl §§ 17, 19 SGB XII). Diesen **Zusammenhang** zwischen **Pfändungsverboten** und **Sozialhilfe** gilt es bei der Auslegung des Abs. 1 zu berücksichtigen: Um zu vermeiden, dass die Pfändung zu Lasten öffentlicher Mittel erfolgt, dürfen dem Schuldner bei der Zwangsvollstreckung keine Gegenstände entzogen werden, die ihm der Staat aus sozialen Gründen mit Leistungen der Sozialhilfe wieder zur Verfügung stellen müsste.[5]

2. Rechtsnatur. Von ihrer Rechtsnatur her handelt es sich bei den Pfändungsverboten um prozessuale und damit **öffentlich-rechtliche** Schranken der staatlichen Vollstreckungsgewalt,[6] die den materiell-rechtlichen Anspruch und dessen Verfolgung und Durchsetzung im Erkenntnisverfahren unberührt lassen.[7]

3. Anwendungsbereich. Die Vorschrift gilt für die Zwangsvollstreckung in körperliche Sachen wegen Geldforderungen. Auf die Art der Geldforderung kommt es grds.[8] nicht an. Die Pfändungsverbote gelten auch bei Arrestpfändungen und Anschlusspfändungen.[9] Eine entsprechende Anwendung bei gesetzlichen Pfandrechten ist in §§ 562 Abs. 1 S. 2, 592 S. 3, 704 S. 2 BGB vorgesehen.

Geschützt wird jeder Schuldner, auch juristische Personen.[10] Der **Erbe** genießt Pfändungsschutz im Hinblick auf die Nachlassgegenstände, wenn in seiner Per-

---

1 BGHZ 137, 193 = NJW 1998, 1058.
2 BFH NJW 1990, 1871; BGH NJW-RR 2004, 789, 790; BGH NJW-RR 2010, 642, 643 (Rz 11); BGH NJW-RR 2011, 1366, 1367 (Rz 10); MüKo-ZPO/*Gruber*, § 811 Rn 2; Stein/Jonas/*Münzberg*, § 811 Rn 1 f; Zöller/*Stöber*, § 811 Rn 1; vgl auch Musielak/*Becker*, § 811 Rn 1.
3 Vgl Stein/Jonas/*Münzberg*, § 811 Rn 1 und 3; Zöller/*Stöber*, § 811 Rn 1.
4 BGH NJW-RR 2010, 642, 643 (Rz 11 f); BGH NJW-RR 2011, 1366, 1367 (Rz 10).
5 BGH NJW-RR 2004, 789, 790; MüKo-ZPO/*Gruber*, § 811 Rn 6; Stein/Jonas/*Münzberg*, § 811 Rn 3.
6 BFH NJW 1990, 1871.
7 Vgl BGHZ 137, 193 = NJW 1998, 1058. Vgl auch Stein/Jonas/*Münzberg*, § 811 Rn 8 sowie Rn 2 aE: Das Gesetz versteht den Vollstreckungsschutz lediglich als Aufschub der Rechtsdurchsetzung, nicht als Verhinderung des Vollstreckungserfolgs.
8 Außer bei § 811 Abs. 1 Nr. 8, der einer Umgehung des Lohnpfändungsschutzes vorbeugen soll, bei dem die Art der zu vollstreckenden Forderung von Bedeutung ist.
9 AllgM; vgl Musielak/*Becker*, § 811 Rn 2; MüKo-ZPO/*Gruber*, § 811 Rn 11.
10 Zöller/*Stöber*, § 811 Rn 4.

son die Voraussetzungen des Abs. 1 vorliegen.[11] § 811 **schützt** nicht das Eigentum, sondern den **Besitz** und die **Gebrauchsmöglichkeit**.[12] Es kommt daher – außer bei Abs. 2 – nicht darauf an, wem der zu pfändende Gegenstand gehört. Eigene Sachen des Schuldners sind also uU deswegen pfändbar, weil er fremde Sachen benutzen kann.[13] Die Pfändungsverbote des Abs. 1 gelten auch dann, wenn der Gläubiger in eine Sache vollstreckt, die ihm zur **Sicherung** der zu vollstreckenden Forderung **übereignet** worden ist. Es macht keinen Unterschied, dass die Sache eindeutig dem Gläubiger gehört und dieser unzweifelhaft einen durchsetzbaren Herausgabeanspruch gegen den Schuldner hat.[14] Abs. 1 hilft dem Schuldner allerdings nicht, wenn der Gläubiger die Vollstreckung gem. § 883 betreibt (s. Rn 5), nachdem er aufgrund seines Sicherungseigentums einen Titel auf Herausgabe erwirkt hat. Ob der Schuldner herausgeben muss, ist vom Prozessgericht zu entscheiden. Dessen Zuständigkeit würde unterlaufen, wäre Abs. 1 bei Sicherungseigentum des Gläubigers nicht anwendbar: Dann müssten nämlich der Gerichtsvollzieher sowie – auf Erinnerung hin – das Vollstreckungsgericht im Rahmen der Prüfung der Voraussetzungen des Abs. 1 über die Herausgabepflicht befinden.[15]

§ 811 findet **keine Anwendung** bei der Vollstreckung von **Herausgabeansprüchen** 5 gem. §§ 883 f. Ebenso wenig ist § 811 zugunsten desjenigen anwendbar, der nach dem AnfG die Zwangsvollstreckung in einen Gegenstand dulden muss.[16] Mit dem Zweck des **AnfG**, die vor der anfechtbaren Rechtshandlung bestehende Zugriffslage wiederherzustellen, wäre es nicht zu vereinbaren, wenn sich der Anfechtungsgegner auf § 811 berufen könnte.

4. Auslegung. Da § 811 in der heutigen Zeit als Ausfluss der in Art. 1 und 2 GG 6 verbürgten Grundrechte sowie als Konkretisierung des Sozialstaatsgebotes verstanden wird (s. Rn 1), ist auf eine **verfassungskonforme Auslegung** der Vorschrift zu achten.[17] Dem **Wortlaut**, der ersichtlich auf überholten sozialen Strukturen aus dem 19. Jahrhundert aufbaut,[18] kommt bei der Auslegung nur **eingeschränkte Bedeutung** zu. Zu Recht wird § 811 als antiquiert kritisiert und eine Modernisierung angemahnt.[19] Ebenso ist **Kasuistik**, v.a. ältere Rspr vor Inkrafttreten des GG, nur **bedingt aussagekräftig**.[20] Geboten ist eine zeitgemäße Auslegung der Bestimmung, die der wirtschaftlichen und sozialen Entwicklung Rechnung trägt und den hohen Lebensstandard in der Bundesrepublik Deutschland berücksichtigt.[21] Für die Auslegung des § 811 sind ferner die Regelungen über die Sozialhilfe von Bedeutung, die Anhaltspunkte dafür liefern, was der Gesetzgeber unter dem – auch durch die Pfändungsverbote geschützten (s. Rn 1) – men-

---

11 Stein/Jonas/*Münzberg*, § 811 Rn 10 und 16.
12 Stein/Jonas/*Münzberg*, § 811 Rn 13; Zöller/*Stöber*, § 811 Rn 7; vgl Musielak/*Becker*, § 811 Rn 5.
13 Vgl AG Landau DGVZ 1991, 12; Musielak/*Becker*, § 811 Rn 5.
14 HM; OLG Hamm MDR 1984, 855 (zu § 811 Abs. 1 Nr. 5); MüKo-ZPO/*Gruber*, § 811 Rn 17 und 59; Musielak/*Becker*, § 811 Rn 5; Zöller/*Stöber*, § 811 Rn 7.
15 Eingehende Begründung bei Stein/Jonas/*Münzberg*, § 811 Rn 14; vgl auch Thomas/Putzo/*Seiler*, § 811 Rn 4.
16 AllgM; OLG Hamm NJW 1962, 1827; vgl auch MüKo-ZPO/*Gruber*, § 811 Rn 12; Musielak/*Becker*, § 811 Rn 4.
17 BFH NJW 1990, 1871: Auslegung mit Blick auf die Grundrechte aus Art. 1 und 2 GG; vgl auch BGH NJW-RR 2004, 789, 790; MüKo-ZPO/*Gruber*, § 811 Rn 4 f; Stein/Jonas/*Münzberg*, § 811 Rn 6.
18 Vgl BFH NJW 1990, 1817; Zöller/*Stöber*, § 811 Rn 3.
19 Eingehend *Glenk*, ZRP 2013, 232, dessen Kritik sich ebenso gegen § 811 a richtet.
20 Vgl BGH NJW-RR 2004, 789, 790; vgl auch Stein/Jonas/*Münzberg*, § 811 Rn 6 und 7 Fn 32; Zöller/*Stöber*, § 811 Rn 3; *Schneider/Becher*, DGVZ 1980, 177, 184 f.
21 BGH NJW-RR 2004, 789, 790.

schenwürdigen Existenzminimum versteht.[22] Die Besonderheiten des Einzelfalls, nach denen sich die Sozialhilfe richtet (s. § 9 Abs. 1 SGB XII), sind daher auch bei der Auslegung des § 811 zu berücksichtigen, so dass sich eine starre Anwendung des § 811 als Ausnahmevorschrift verbietet.[23] Für eine **allgemeine Abwägung** der Schuldner- und Gläubigerinteressen, die zu einer Erweiterung oder Einschränkung des Schutzes führen könnte, ist – anders als bei § 765 a – im Rahmen des § 811 **kein Raum**.[24] Im Gesetz nicht berücksichtigte Umstände, wie zB die Höhe der beizutreibenden Forderung[25] oder der Wert der Sache,[26] bleiben bei der Auslegung des § 811 außer Betracht.

7 **5. Verzicht auf Pfändungsschutz.** Da die Pfändungsverbote im öffentlichen Interesse liegen, kann der Schuldner auf den Pfändungsschutz weder vor noch bei noch nach der Pfändung wirksam verzichten.[27] Durch arglistiges Verhalten kann der Schuldner aber die Möglichkeit **verwirken**, im Wege der Erinnerung gegen die Pfändung vorzugehen. Als Beispiel sei der Fall genannt, dass der Schuldner in den Zugriff auf unpfändbare Gegenstände einwilligt, um Zeit für die Wegschaffung anderer Gegenstände zu gewinnen, die pfändbar sind.[28]

8 **6. Maßgeblicher Zeitpunkt.** Der Gerichtsvollzieher beurteilt die Pfändbarkeit nach den Verhältnissen **zum Zeitpunkt der Pfändung**. Ist die Sache zu diesem Zeitpunkt nicht pfändbar gewesen, dann ist ein gegen die Pfändung eingelegter Rechtsbehelf (§§ 766, 793) nach allgM[29] gleichwohl unbegründet, wenn die Sache bis zum Zeitpunkt der Entscheidung über den Rechtsbehelf **pfändbar geworden** ist. Für diese Auffassung spricht auch, dass § 811 d die Vorwegpfändung von demnächst pfändbaren Sachen zulässt. Dagegen ist es nach hM[30] für die Entscheidung über einen Rechtsbehelf unerheblich, wenn die Sache **nachträglich unpfändbar** geworden ist. Der Schuldner soll seinem Rechtsbehelf nicht dadurch zum Erfolg verhelfen können, dass er durch die Veräußerung oder Zerstörung der ihm belassenen Sachen die Voraussetzungen des § 811 herbeiführt. Dieses Ziel kann aber auch dann erreicht werden, wenn man entgegen der hM bei der Entscheidung über den Rechtsbehelf die nachträglich eingetretene Unpfändbarkeit nicht außer Acht lässt. Den Interessen des Gläubigers wird ausreichend Rechnung getragen, wenn man dem missbräuchlich handelnden Schuldner den Schutz versagt und diesem zudem die Beweislast dafür auferlegt, dass er die nachträgliche Unpfändbarkeit nicht treuwidrig herbeigeführt hat.[31]

---

22 BGH NJW-RR 2004, 789, 790; Stein/Jonas/*Münzberg*, § 811 Rn 6 (beide noch zum BSHG).
23 Vgl LG Berlin NJW-RR 1992, 1038, 1039; Musielak/*Becker*, § 811 Rn 1; Zöller/*Stöber*, § 811 Rn 3; *Brock*, DGVZ 1997, 65, 68; vgl auch Stein/Jonas/*Münzberg*, § 811 Rn 7: keine begriffsjuristische Auslegung; aA wohl Thomas/Putzo/*Seiler*, § 811 Rn 1.
24 Vgl Stein/Jonas/*Münzberg*, § 811 Rn 2 und 7; MüKo-ZPO/*Gruber*, § 811 Rn 5.
25 Zöller/*Stöber*, § 811 Rn 5; MüKo-ZPO/*Gruber*, § 811 Rn 5.
26 Stein/Jonas/*Münzberg*, § 811 Rn 12.
27 Ganz hM; BayObLG NJW 1950, 697; vgl auch BGHZ 137, 193 = NJW 1998, 1058 (Schutzvorschriften stehen nicht zur Disposition des Schuldners); MüKo-ZPO/*Gruber*, § 811 Rn 14 f; Musielak/*Becker*, § 811 Rn 8 f; Stein/Jonas/*Münzberg*, § 811 Rn 8; Thomas/Putzo/*Seiler*, § 811 Rn 5; Zöller/*Stöber*, § 811 Rn 10; aA (Verzicht bei oder nach der Pfändung wirksam) KG NJW 1960, 682; *Wieczorek/Schütze/Lüke*, § 811 Rn 13; diff. *Kleffner*, DGVZ 1991, 108.
28 Vgl BayObLG NJW 1950, 697, 699; Stein/Jonas/*Münzberg*, § 811 Rn 9.
29 Musielak/*Becker*, § 811 Rn 7; Thomas/Putzo/*Seiler*, § 811 Rn 3 a.
30 ZB LG Bochum DGVZ 1980, 37; Thomas/Putzo/*Seiler*, § 811 Rn 3 a; Zöller/*Stöber*, § 811 Rn 9 mwN.
31 Wie hier MüKo-ZPO/*Gruber*, § 811 Rn 19; Musielak/*Becker*, § 811 Rn 7; Stein/Jonas/*Münzberg*, § 811 Rn 17; *Brock*, DGVZ 1997, 65, 66.

II. Die Pfändungsbeschränkungen des Abs. 1 im Einzelnen

1. Übersicht. Die einzelnen Pfändungsverbote können entsprechend ihrer Zielsetzung wie folgt zusammengefasst werden: In Abs. 1 Nr. 1–4 a und 12 geht es darum, dem Schuldner die wichtigsten zum Lebensunterhalt benötigten Gegenstände zu belassen. Abs. 1 Nr. 4–7 und 9 dienen der Sicherung der Erwerbstätigkeit des Schuldners, Nr. 8 verhindert eine Umgehung des Lohnpfändungsschutzes. Bei Abs. 1 Nr. 10, 11 und 13 steht der Schutz der Persönlichkeit des Schuldners im Vordergrund.[32] Die Unpfändbarkeit erstreckt sich auf den Erlös aus der Versteigerung einer unpfändbaren Sache, solange dieser noch nicht an den Gläubiger ausgekehrt ist.[33]

2. Abs. 1 Nr. 1. a) Nr. 1 Hs 1 verbietet die Pfändung von Gegenständen, die dem **persönlichen Gebrauch** oder dem **Haushalt** dienen. Die von Nr. 1 erfassten Sachen können auch in den Anwendungsbereich von Nr. 5, 7 oder 10 ff[34] oder des § 812 (Hausrat) fallen. Nr. 1 setzt nicht voraus, dass die Sachen für den Haushalt oder persönlichen Gebrauch unentbehrlich sind;[35] es reicht, wenn sie hierfür bestimmt sind. Gegebenenfalls ist eine **Austauschpfändung** nach §§ 811 a, 811 b **in Betracht** zu ziehen. Das Verbot der Pfändung von dem Haushalt dienenden Sachen schützt auch alle in häuslicher Gemeinschaft mit dem Schuldner lebenden Personen, ohne dass es auf eine wirtschaftliche Abhängigkeit dieser Personen vom Schuldner ankommt.[36] Die Pfändung ist nur insoweit verboten, als der Schuldner der Gegenstände zu einer seiner Berufstätigkeit und Verschuldung **angemessenen, bescheidenen Lebens- und Haushaltsführung** bedarf. Was demnach letztlich pfändbar ist, bestimmt sich nach den Besonderheiten des Einzelfalls (s. auch Rn 6). Von Bedeutung sind zB die allgemeinen örtlichen, sozialen und beruflichen Verhältnisse (zB übliche Ausstattung mit Haushaltsgeräten), aber auch persönliche Umstände wie das Alter des Schuldners, eine Behinderung oder die Zahl der im Haushalt lebenden Personen.[37] Einigkeit besteht darüber, dass der Schuldner keinesfalls auf den Stand äußerster Dürftigkeit herabgedrückt werden darf.[38] Er kann aber auch keine standesgemäße Lebensführung beanspruchen.

Im Einzelnen[39] sind als dem **persönlichen Gebrauch** dienende Gegenstände, zB eine Uhr[40] oder ein Fahrrad,[41] grds. unpfändbar. Unter das Pfändungsverbot fallen im Rahmen einer bescheidenen Lebensführung ferner die in Nr. 1 beispielhaft aufgezählten Gegenstände (Kleidung, Wäsche, Betten usw). Grundsätzlich unpfändbare **Einrichtungsgegenstände** sind ein Esstisch und vier Stühle sowie ein Sideboard, eine Polstergruppe und ein Couchtisch,[42] ferner Öfen und Heizgerä-

---

32 Die obige Einteilung folgt den Ausführungen von Stein/Jonas/*Münzberg*, § 811 Rn 2; vgl auch MüKo-ZPO/*Gruber*, § 811 Rn 10.
33 Vgl Stein/Jonas/*Münzberg*, § 811 Rn 11.
34 Stein/Jonas/*Münzberg*, § 811 Rn 24.
35 AllgM; AG Lichtenberg DGVZ 2007, 173; Musielak/*Becker*, § 811 Rn 11; Stein/Jonas/*Münzberg*, § 811 Rn 26; Zöller/*Stöber*, § 811 Rn 11.
36 Str; wie hier MüKo-ZPO/*Gruber*, § 811 Rn 25; Stein/Jonas/*Münzberg*, § 811 Rn 31; aA Musielak/*Becker*, § 811 Rn 11; Zöller/*Stöber*, § 811 Rn 11.
37 Vgl nur Zöller/*Stöber*, § 811 Rn 14.
38 LG Heilbronn MDR 1992, 1001; MüKo-ZPO/*Gruber*, § 811 Rn 26; Musielak/*Becker*, § 811 Rn 11 (Belassung des notwendigen Lebensunterhalts iSd § 27 Abs. 1 SGB XII reicht nicht); Stein/Jonas/*Münzberg*, § 811 Rn 25 f; Zöller/*Stöber*, § 811 Rn 13.
39 Zahlreiche Beispiele bei Stein/Jonas/*Münzberg*, § 811 Rn 28–30; Zöller/*Stöber*, § 811 Rn 15; alphabetische Auflistung bei MüKo-ZPO/*Gruber*, § 811 Rn 61; Musielak/*Becker*, § 811 Rn 12.
40 OLG München DGVZ 1983, 140.
41 Musielak/*Becker*, § 811 Rn 12.
42 LG Heilbronn MDR 1992, 1001.

te.[43] Von den **Haushalts- und Küchengeräten** sind zB regelmäßig unpfändbar: Gas- oder Elektroherd; Kühlschrank; Gefriertruhe;[44] Waschmaschine.[45] Insbesondere bei der Beurteilung der Pfändbarkeit sonstiger **technischer Geräte** ist zu berücksichtigen, dass zu einer angemessenen Lebensführung in vertretbarem Umfang auch Beziehungen zur Umwelt und eine Teilnahme am kulturellen Leben gehören (§ 27 Abs. 1 S. 2 SGB XII) und dass es heute grds. jedem möglich sein muss, an den vorhandenen Informationsdiensten und Programmen der technischen Massenmedien teilzunehmen.[46] Ein **Farbfernsehgerät** ist daher auch dann unpfändbar, wenn der Schuldner daneben ein Rundfunkgerät besitzt.[47] Dagegen darf ein **Rundfunkgerät** gepfändet werden, wenn der Schuldner auch einen Fernseher hat.[48]

Auch angesichts des vom BVerfG[49] betonten Umstands, dass die Entwicklung der Informationstechnik dazu geführt hat, dass informationstechnische Systeme allgegenwärtig sind und ihre Nutzung für die Lebensführung vieler Bürger von zentraler Bedeutung ist, ist ferner in der heutigen Zeit davon auszugehen, dass **Computer**, Laptops und Notebooks grds. gem. Nr. 1 unpfändbar sind.[50] Nicht überzeugend ist es demgegenüber, die Pfändbarkeit unter Verweis des Schuldners auf die mögliche Nutzung der Stadtbücherei oder eines Internetcafés zu bejahen.[51] Bei hochwertigen Geräten kommt eine Austauschpfändung in Betracht. Nach Nr. 1 grds. unpfändbar sind schließlich **Telefone**.[52]

Grundsätzlich pfändbar sind dagegen die folgenden Gegenstände: eine Glasvitrine;[53] Geschirrspülmaschinen, Küchenmaschinen, Entsafter, Friteusen;[54] Stereoanlagen sowie CD- und Kassettenabspielgeräte (wenn der Schuldner auch im Besitz eines Fernseh- oder Radiogerätes ist),[55] Videorekorder, DVD-Player, eine Videokamera, ein Klavier;[56] Anrufbeantworter und Telefaxgeräte (die aber ggf wegen Nr. 5 unpfändbar sind). **Im Einzelfall nach Nr. 1 unpfändbar** ist zB der Pkw eines außergewöhnlich gehbehinderten Schuldners.[57]

12 b) **Nr. 1 Hs 2** betrifft **Wohnzwecken dienende Einrichtungen** (Wohnlauben, Gartenhäuser, Wohnwagen etc.), die der Mobiliarvollstreckung unterliegen (s. § 803 Rn 1). Derartige Einrichtungen sind unpfändbar, wenn der Schuldner oder seine Familie sie zur ständigen Unterkunft benötigt. Nur gelegentlich genutzte Einrichtungen wie Ferienhäuser oder Zweitwohnungen dürfen gepfändet werden.[58] Größe und Ausstattung der Unterkunft sind ohne Bedeutung; bei Wohneinrichtungen von größerem Wert kommt aber eine Austauschpfändung in Betracht.

---

43 Stein/Jonas/*Münzberg*, § 811 Rn 28; Zöller/*Stöber*, § 811 Rn 15.
44 Str; wie hier Hk-ZPO/*Kemper*, § 811 Rn 11; Zöller/*Stöber*, § 811 Rn 15; aA (pfändbar bei Fehlen eines Kühlschranks mit Tiefkühlfach) Stein/Jonas/*Münzberg*, § 811 Rn 29; MüKo-ZPO/*Gruber* § 811 Rn 61 (stets pfändbar).
45 LG Berlin NJW-RR 1992, 1038, 1039 (str).
46 BFH NJW 1990, 1871.
47 Str; wie hier BFH NJW 1990, 1871; AG Lichtenberg DGVZ 2007, 173; Thomas/Putzo/*Seiler*, § 811 Rn 8.
48 OLG Stuttgart NJW 1987, 196.
49 BVerfG NJW 2008, 822 (Rz 171).
50 VG Gießen NJW 2011, 3179; zurückhaltender noch AG Rottweil InVo 1999, 27: unter bestimmten Umständen unpfändbar als Hilfsmittel, um mit anderen Menschen oder Institutionen in Kontakt zu treten.
51 So aber VG Münster BeckRS 2013, 52917 = DGVZ 2013, 183.
52 Hierzu *Schmittmann*, DGVZ 1994, 49.
53 LG Heilbronn MDR 1992, 1001.
54 Beispiele von Stein/Jonas/*Münzberg*, § 811 Rn 30.
55 VGH Mannheim NJW 1995, 2804; vgl auch Musielak/*Becker*, § 811 Rn 12 mwN.
56 AG Essen DGVZ 1998, 30.
57 BGH NJW-RR 2004, 789.
58 MüKo-ZPO/*Gruber*, § 811 Rn 27; Stein/Jonas/*Münzberg*, § 811 Rn 32.

3. Abs. 1 Nr. 2. Unpfändbar sind die für vier Wochen erforderlichen **Nahrungs-,** 13
Feuerungs- und Beleuchtungsmittel. Geschützt sind der Schuldner, seine Familie
und die zu häuslichen Diensten angestellten Angehörigen des Haushalts.[59] Soweit
Vorräte für diesen Zeitraum nicht vorhanden und ihre Beschaffung nicht auf anderem Wege gesichert ist, muss dem Schuldner der zur Beschaffung nötige **Geldbetrag** belassen werden. Im Falle einer bevorstehenden Lohnzahlung ist der unpfändbare Betrag – abhängig vom Zeitpunkt des Eingangs und der Höhe des
Lohns – anteilig zu kürzen.[60] Dass auch andere Bedürfnisse zu befriedigen sind
(zB Miete, Kleidung), wird im Rahmen von Nr. 2 nicht berücksichtigt.[61]

4. Abs. 1 Nr. 3. Kleintiere in beschränkter Zahl sowie eine Milchkuh oder – 14
nach Wahl des Schuldners – zwei Schweine, Ziegen oder Schafe sind der Pfändung entzogen, wenn sie zur Ernährung des Schuldners oder der übrigen in der
Vorschrift genannten Personen erforderlich sind. Nr. 3 gilt für alle Selbstversorger, nicht nur für Landwirte.[62] Unpfändbar sind des Weiteren die zur Fütterung
und Streu auf vier Wochen benötigten Vorräte bzw der zu ihrer Beschaffung erforderliche Geldbetrag (s. Rn 13). In der Praxis ist Nr. 3 nahezu ohne Bedeutung.[63]

5. Abs. 1 Nr. 4. Das Pfändungsverbot nach Nr. 4 sichert – solange ein Insolvenz- 15
verfahren vermeidbar ist – den Personen, die Landwirtschaft betreiben, die
Grundlage ihres Lebensunterhalts und dient somit – ebenso wie Nr. 5 – der Arbeitsplatzsicherung.[64] Es kommt nicht darauf an, ob die Landwirtschaft im Voll-
oder im Nebenerwerb betrieben wird. Zur **Landwirtschaft** gehören Ackerbau,
Obst- und Weinbau, Gemüse- und Gartenbau, Forstwirtschaft, Vieh-, Geflügel-
und Fischzucht[65] sowie Imkerei. Von einem sonstigen gewerblichen Betrieb (der
nicht nach Nr. 4, aber uU nach Nr. 5 geschützt ist) unterscheidet sich ein landwirtschaftlicher Betrieb dadurch, dass er in Abhängigkeit von der Nutzung eigenen oder gepachteten Bodens betrieben wird.[66] Tierzucht ist dementsprechend
Landwirtschaft, wenn die Tiere mit Erzeugnissen gefüttert werden, die der Züchter durch Bodennutzung selbst gewonnen hat.[67] Bei einer Pferdezucht handelt es
sich daher idR nicht um einen landwirtschaftlichen Betrieb.[68] Nicht unter Nr. 4
fallen ferner die Intensivhaltung von Legehennen, die Zucht von Pelztieren sowie
die Haltung von neuartigen Nutztieren, wie zB Straußen.[69]

Unpfändbar sind **Geräte**, insb. landwirtschaftliche Maschinen, und **Vieh** nebst 16
dem nötigen Dünger, soweit sie zum Wirtschaftsbetrieb erforderlich sind. Dem
Schuldner ist so viel zu belassen, dass der Betrieb auch nach der Pfändung noch
wirtschaftlich arbeiten kann.[70] Mastvieh ist zB unpfändbar, solange ein weiteres
Mästen erforderlich ist.[71] **Landwirtschaftliche Erzeugnisse**, dh natürliche Tier-

---

59 Zöller/*Stöber*, § 811 Rn 17.
60 Stein/Jonas/*Münzberg*, § 811 Rn 33; Thomas/Putzo/*Seiler*, § 811 Rn 10.
61 Musielak/*Becker*, § 811 Rn 13.
62 Musielak/*Becker*, § 811 Rn 14.
63 Thomas/Putzo/*Seiler*, § 811 Rn 11; vgl auch *Heuser*, ZKF 2013, 44.
64 Stein/Jonas/*Münzberg*, § 811 Rn 38; vgl auch Musielak/*Becker*, § 811 Rn 15. Allgemein
 zu Abs. 1 Nr. 4: *Diedrich*, AgrarR 1992, 124; *Dietz*, DGVZ 2001, 81.
65 Zur Fischzucht *Röder*, DGVZ 1995, 38.
66 Vgl Zöller/*Stöber*, § 811 Rn 19; ferner MüKo-ZPO/*Gruber*, § 811 Rn 30; Stein/Jonas/
 Münzberg, § 811 Rn 38.
67 Vgl LG Koblenz DGVZ 1997, 89; vgl auch LG Frankenthal NJW-RR 1989, 896; ausf.
 zur Abgrenzung von landwirtschaftlicher und gewerblicher Tierzucht *Dietz*, DGVZ
 2001, 81, 82 f.
68 LG Koblenz DGVZ 1997, 89.
69 Musielak/*Becker*, § 811 Rn 15.
70 Vgl LG Rottweil MDR 1985, 1034 (zur Pfändung von Mastvieh).
71 Vgl Stein/Jonas/*Münzberg*, § 811 Rn 39; Zöller/*Stöber*, § 811 Rn 21.

und Bodenprodukte,[72] sind unpfändbar, wenn sie entweder zum Unterhalt des Schuldners, seiner Familie oder seiner Arbeitnehmer erforderlich sind oder zur Fortführung der Wirtschaft bis zur nächsten Ernte. Erfasst sind auch solche Erzeugnisse, deren **Verkauf** für den Unterhalt oder für die Fortführung der Wirtschaft erforderlich ist (Argument: § 851 a).[73] Zu beachten ist, dass es sich bei den unter Nr. 4 fallenden Gegenständen nicht selten um Zubehör handelt, das wegen § 865 Abs. 2 S. 1 ohnehin nicht gepfändet werden darf.[74]

17 **6. Abs. 1 Nr. 4 a.** Bei Arbeitnehmern in landwirtschaftlichen Betrieben sind die als Vergütung gelieferten Naturalien unpfändbar, soweit der Schuldner ihrer zu seinem und seiner Familie Unterhalt bedarf. Ob der Schuldner landwirtschaftliche oder sonstige Dienste leistet, also etwa im Büro tätig ist, spielt keine Rolle. Die praktische Bedeutung der Vorschrift ist gering.

18 **7. Abs. 1 Nr. 5. a) Normzweck.** Die Vorschrift **schützt** den **Erwerb durch persönliche Arbeit**, indem sie die zur Fortsetzung der Erwerbstätigkeit erforderlichen Gegenstände der Pfändung entzieht. Dadurch soll erreicht werden, dass der Schuldner seine Arbeitskraft weiterhin zur Beschaffung des Lebensunterhalts für sich und seine Angehörigen einsetzen kann.[75] **Kein Pfändungsschutz** besteht im Falle einer „**kapitalistischen Arbeitsweise**", dh wenn die Ausnutzung fremder Arbeitskraft und von Sach- und Kapitalmitteln die persönliche Tätigkeit des Schuldners überwiegt.[76]

19 **b) Geschützter Personenkreis.** Geschützt sind diejenigen, die aus einer persönlichen Leistung ihren **Erwerb** ziehen. Es reicht aus, wenn es sich um einen Nebenerwerb handelt.[77] Eine zeitweilige Nichtausübung der Tätigkeit schadet nicht; Nr. 5 findet aber keine Anwendung, wenn – zB wegen längerer Strafhaft[78] – eine Wiederaufnahme der Tätigkeit in absehbarer Zeit ausscheidet. Unpfändbar sind auch schon die für die **Aufnahme** einer Erwerbstätigkeit erforderlichen Gegenstände, sofern der Beginn der Tätigkeit mit einiger Sicherheit bevorsteht. Geschützt sind daher Auszubildende, Schüler, Studenten, Referendare sowie Gewerbetreibende in der Gründungsphase.[79]

20 Immer geschützt sind die in **abhängiger Arbeit** beschäftigten Personen, während bei **Selbständigen** die Abgrenzung nicht immer leicht fällt. Selbständig Tätige können auch dann geschützt sein, wenn sie Gehilfen beschäftigen oder wertvolle Betriebsmittel einsetzen. Ihre persönliche Leistung muss aber im Vergleich zum Einsatz der Mitarbeiter und zum Nutzungswert der Sachmittel überwiegen oder zumindest wesentlich ins Gewicht fallen.[80] Geschützt sind demnach regelmäßig **Freiberufler**[81] wie Architekten, Schriftsteller oder Musiker; für Rechtsanwälte

---

72 MüKo-ZPO/*Gruber*, § 811 Rn 32.
73 Stein/Jonas/*Münzberg*, § 811 Rn 39; Musielak/*Becker*, § 811 Rn 15; aA MüKo-ZPO/*Gruber*, § 811 Rn 32; Thomas/Putzo/*Seiler*, § 811 Rn 16; Zöller/*Stöber*, § 811 Rn 22.
74 Stein/Jonas/*Münzberg*, § 811 Rn 40; RGZ 142, 379, 382.
75 AllgM; MüKo-ZPO/*Gruber*, § 811 Rn 34; Stein/Jonas/*Münzberg*, § 811 Rn 42; Zöller/*Stöber*, § 811 Rn 24.
76 AllgM; Stein/Jonas/*Münzberg*, § 811 Rn 42; vgl auch MüKo-ZPO/*Gruber*, § 811 Rn 34; Zöller/*Stöber*, § 811 Rn 25; aus der Rspr BGH NJW-RR 1993, 921, 922; OLG Köln InVo 2000, 397.
77 Zöller/*Stöber*, § 811 Rn 26; LG Rottweil DGVZ 1993, 57; OVG Sachsen-Anhalt 29.4.2009 – 3 M 175/09 (Rz 4 bei juris).
78 Vgl OLG Köln DGVZ 1982, 62.
79 Stein/Jonas/*Münzberg*, § 811 Rn 42 und 48; vgl auch MüKo-ZPO/*Gruber*, § 811 Rn 37; Thomas/Putzo/*Seiler*, § 811 Rn 24.
80 Stein/Jonas/*Münzberg*, § 811 Rn 45; Zöller/*Stöber*, § 811 Rn 25. Zur Anwendung des § 811 Abs. 1 Nr. 5 in der Insolvenz des selbständig tätigen Schuldners s. *Sinz/Hiebert*, InsO 2012, 63.
81 Musielak/*Becker*, § 811 Rn 17 mN aus der Rspr.

und Ärzte ist Nr. 7 einschlägig (s. hierzu Rn 25). Ferner wird bei **Handwerkern** und bei **Kannkaufleuten** iSd § 2 HGB häufig die persönliche Arbeitsleistung überwiegen, während **Kaufleute** iSd § 1 HGB nur selten geschützt sind.[82] **Bejaht** wurde die Anwendung der Nr. 5 zB bei einer Kfz-Werkstatt mit sechs Beschäftigten,[83] bei einer Kfz-Werkstatt mit Abschleppdienst[84] sowie für den Betreiber eines kleinen Ladengeschäftes.[85] **Versagt** wurde der Schutz dagegen zB dem Inhaber einer Videothek,[86] dem Betreiber eines Sonnenstudios[87] sowie einem Einzelhändler.[88] Ob der persönliche Arbeitseinsatz oder die Ausnutzung sachlicher Betriebsmittel überwiegt, kann vielfach nur im Einzelfall beurteilt werden, zB bei Gastwirten oder Zimmervermietern.[89]

Grundsätzlich **nicht** in den Anwendungsbereich fallen **juristischen Personen**, die keine persönliche Leistung erbringen können (allgM). Eine Ausnahme gilt aber für die Einmann-GmbH, deren Gesellschafter-Geschäftsführer seinen Unterhalt durch persönliche Leistung für die GmbH erwirtschaftet.[90] Eine Ausnahme wird ferner gemacht in dem Fall, dass alle Gesellschafter einer BGB-Gesellschaft, OHG oder KG ihren Erwerb aus der persönlichen Arbeit im Betrieb der Gesellschaft ziehen.[91] Da Nr. 5 den Erwerb des Familienunterhalts sichern soll (s. Rn 18), sind auch Angehörige und **Ehegatten** in seinen Schutzbereich einbezogen. Der Pfändung entzogen sind daher auch Gegenstände des Schuldners, die sein Ehegatte für die Fortsetzung seiner eigenen Erwerbstätigkeit benötigt.[92] 21

c) Zur Fortsetzung der Erwerbstätigkeit erforderliche Gegenstände. Für die Unpfändbarkeit genügt es, dass die Gegenstände zur Fortsetzung der Erwerbstätigkeit des Schuldners „erforderlich" sind; „unentbehrlich" sein müssen sie **nicht**.[93] Was „erforderlich" ist, bestimmt sich nach den Bedürfnissen des arbeitenden Schuldners im Einzelfall sowie nach wirtschaftlichen und betriebstechnischen Erwägungen, wie zB Lage, Art, Umfang und Organisation des Betriebs.[94] Dem Schuldner müssen die Gegenstände belassen werden, die zur **Fortsetzung** „dieser" Erwerbstätigkeit, also der Tätigkeit **in ihrer bisherigen Form**, erforderlich sind. Es kommt daher nicht darauf an, dass die Erforderlichkeit bestimmter Gegenstände im Falle einer zweckmäßigen Neuorganisation wegfiele. Ebenso darf dem Schuldner, der mit Hilfspersonen arbeitet, nicht alles genommen werden, 22

---

82 In diesem Sinne auch MüKo-ZPO/*Gruber*, § 811 36; vgl auch Musielak/*Becker*, § 811 Rn Rn 17.
83 LG Bochum DGVZ 1982, 43.
84 LG Augsburg DGVZ 1997, 27.
85 LG Lübeck DGVZ 2002, 185; strenger LG Cottbus InVo 2002, 428.
86 LG Augsburg NJW-RR 1989, 1536; LG Frankfurt NJW-RR 1988, 1471.
87 OLG Köln OLGR 2000, 480.
88 LG Cottbus InVo 2002, 428, 429; LG Düsseldorf DGVZ 1985, 74.
89 Stein/Jonas/*Münzberg*, § 811 Rn 46 aE mit umfangr. Nachw.
90 Str; wie hier AG Düsseldorf DGVZ 1991, 175; MüKo-ZPO/*Gruber*, § 811 Rn 38; Stein/Jonas/*Münzberg*, § 811 Rn 43; Zöller/*Stöber*, § 811 Rn 26; aA Hk-ZPO/*Kemper*, § 811 Rn 21; Thomas/Putzo/*Seiler*, § 811 Rn 18; aA auch Musielak/*Becker*, § 811 Rn 18 (nur bei Durchgriffshaftung).
91 OLG Oldenburg NJW 1964, 505; AG Bersenbrück DGVZ 1992, 78 (BGB-Gesellschaft); MüKo-ZPO/*Gruber*, § 811 Rn 38; Stein/Jonas/*Münzberg*, § 811 Rn 43; Zöller/*Stöber*, § 811 Rn 26; aA Hk-ZPO/*Kemper*, § 811 Rn 21; Thomas/Putzo/*Seiler*, § 811 Rn 18.
92 Str; wie hier BGH NJW-RR 2010, 642 (Rz 10 ff); LG Mühlhausen 28.1.2009 – 2 T 286/08; LG Siegen NJW-RR 1986, 224; MüKo-ZPO/*Gruber*, § 811 Rn 39; Zöller/*Stöber*, § 811 Rn 24; Stein/Jonas/*Münzberg*, § 811 Rn 55; aA LG Augsburg Rpfleger 2003, 203; Hk-ZPO/*Kemper*, § 811 Rn 23; Thomas/Putzo/*Seiler*, § 811 Rn 25.
93 BGH NJW 1993, 921, 922.
94 Stein/Jonas/*Münzberg*, § 811 Rn 50; ebenso Zöller/*Stöber*, § 811 Rn 27.

was zur Fortführung der Tätigkeit als Einzelperson nicht benötigt wird.[95] Sind von mehreren gleichartigen Gegenständen nicht alle zur Fortführung der Erwerbstätigkeit erforderlich, so trifft der Gerichtsvollzieher die Auswahl.[96]

23 Die Kasuistik[97] ist kaum übersehbar und auch nur eingeschränkt aussagekräftig, da die wirtschaftliche und technische Entwicklung ständig fortschreitet und alle Umstände des Einzelfalls berücksichtigt werden müssen (s. auch Rn 6). Grundsätzlich **unpfändbar** sind **Geräte**[98] zur Herstellung und Bearbeitung von Gegenständen (zB **Werkzeuge und Maschinen**), Hilfsmittel für die geistige Arbeit (zB ein **Computer**[99] oder **Fachbücher**), ferner **Arbeitskleidung** sowie zur Weiterverarbeitung bestimmte **Materialvorräte**.[100] Bejaht wurde ferner die Unpfändbarkeit der licht- und tontechnischen Anlage einer „mobilen Diskothek".[101] Auch ein **Pkw** kann unpfändbar sein, zB wenn er für die Fahrt zum Arbeitsplatz oder für Kundenbesuche benötigt wird[102] oder wenn er erforderlich ist, um einer Beschäftigung nachzugehen, die gem. § 16 d SGB II als Arbeitsgelegenheit vermittelt worden ist.[103] Voraussetzung ist aber, dass die Benutzung öffentlicher Verkehrsmittel – zB wegen ungünstiger und längerer Fahrzeiten – nicht zumutbar[104] ist und kein anderes Fahrzeug zur Verfügung steht.[105] Die Austauschpfändung eines zum Erreichen des Arbeitsplatzes erforderlichen und daher nach Nr. 5 unpfändbaren Pkw ist zwar grds. möglich. Sie ist aber nur zulässig, wenn das zur Verfügung gestellte Ersatzfahrzeug die Fortsetzung der betreffenden Erwerbstätigkeit auch zukünftig und für eine nicht nur kurzfristigen Zeitraum gewährleistet. Das Ersatzfahrzeug muss daher annähernd die gleiche Haltbarkeit und Lebensdauer wie das gepfändete Fahrzeug aufweisen. Ansonsten ist die Austauschpfändung unzulässig.[106] **Pfändbar** ist dagegen **Geld**, abgesehen vom für die Fortsetzung der Tätigkeit unbedingt nötigen Wechselgeld.[107] Pfändbar sind ferner die verkaufsbereiten **Waren** und **Warenvorräte** eines Einzelkaufmanns.[108] Unpfändbar ist allerdings

---

95 Zöller/*Stöber*, § 811 Rn 27; LG Bochum DGVZ 1983, 43.
96 Thomas/Putzo/*Seiler*, § 811 Rn 27.
97 Alphabetische Aufzählung der in Betracht kommenden Gegenstände bei MüKo-ZPO/*Gruber*, § 811 Rn 62; Musielak/*Becker*, § 811 Rn 20; Zöller/*Stöber*, § 811 Rn 28.
98 Zahlreiche Beispiele bei Stein/Jonas/*Münzberg*, § 811 Rn 51.
99 LG Heilbronn NJW-RR 1995, 255 (elektronisches Planungsbüro); AG Essen DGVZ 1998, 94 (Student der Betriebswirtschaft). Nicht zutr. LG Kiel JurBüro 2004, 334, demzufolge der Computer eines Jura-Studenten gepfändet werden darf, weil Hausarbeiten auch mit der Schreibmaschine geschrieben werden könnten; zweifelhaft auch VG Münster BeckRS 2013, 52917 = DGVZ 2013, 183, das die Pfändbarkeit eines Notebooks unter Hinweis darauf bejaht hatte, dass der Schuldner angesichts des geringen Umfangs seiner Erwerbstätigkeit die erforderlichen Arbeiten auch manuell vornehmen könne.
100 Zöller/*Stöber*, § 811 Rn 27.
101 OVG Sachsen-Anhalt 29.4.2009 – 3 M 175/09.
102 ZB LG Rottweil DGVZ 1993, 57 (Fahrt zum Arbeitsplatz); LG Stuttgart DGVZ 2005, 42 (Kundenbesuche eines Elektromonteurs); weitere Nachw. bei MüKo-ZPO/*Gruber*, § 811 Rn 62 „Pkw".
103 AA VG Göttingen 13.2.2009 – 2 B 4/09.
104 BGH NJW-RR 2010, 642, 643 (Rz 16); LG Rottweil DGVZ 1993, 57; vgl auch LG Heidelberg DGVZ 1994, 9.
105 Vgl AG Osterode DGVZ 2003, 28.
106 Vgl BGH NJW-RR 2011, 1366, 1367 (Rz 12 ff): kein Austausch eines neun Jahre alten Audi TT mit einer Laufleistung von 50.000 km gegen einen 19 Jahre alten Pkw Golf mit einer Laufleistung von 200.000 km und angerosteter Hinterachse.
107 Str, wie hier LG Lübeck DGVZ 2002, 185; weitere Nachw. bei Zöller/*Stöber*, § 811 Rn 27.
108 Vgl LG Cottbus InVo 2002, 428.

der zur unmittelbaren Fortführung eines kleinen Ladengeschäfts erforderliche Warenbestand.[109]

8. Abs. 1 Nr. 6. Pfändungsschutz genießen auch die **Witwe** und der minderjährige **Erbe** einer unter Nr. 5 fallenden Person, wenn sie die vom Erblasser begonnene Erwerbstätigkeit für ihre Rechnung durch einen Stellvertreter fortführen. Führen sie die Tätigkeit selbst fort, ist Nr. 5 anwendbar. 24

9. Abs. 1 Nr. 7. Die Vorschrift konkretisiert lediglich den Schutz der Nr. 5 für den in ihren Anwendungsbereich fallenden Personenkreis.[110] Unpfändbar sind zB **Dienstkleidungsstücke** und Dienstausrüstungsgegenstände von Angehörigen des öffentlichen Dienstes.[111] Neben den in der Vorschrift angesprochenen Beamten, Geistlichen, Rechtsanwälten, Notaren, Ärzten und Hebammen sind auch vergleichbare Berufsgruppen wie Richter, Patentanwälte oder Zahnärzte geschützt. Für die Bestimmung des Kreises der unpfändbaren Gegenstände gelten die in Rn 18 ff dargestellten Grundsätze. **Unpfändbar** sind zB die Computeranlage,[112] das Fotokopiergerät[113] und das Diktiergerät[114] eines Rechtsanwalts. Unter Nr. 7 fällt ferner die Praxis- und Laboreinrichtung eines Arztes.[115] Ob der **Pkw eines Arztes** gepfändet werden darf, ist eine Frage des Einzelfalls. Eine Pfändung scheidet zB aus, wenn der Arzt den Pkw für regelmäßige Hausbesuche benötigt.[116] Dagegen darf der Pkw eines Zahnarztes, der seine Patienten in der Praxis behandelt, gepfändet werden.[117] Gegenüber **Nr. 5** ist **Nr. 7** insoweit von **eigenständiger Bedeutung**, als bei Nr. 7 eine Austauschpfändung nach § 811 a nicht möglich ist. 25

10. Abs. 1 Nr. 8. Den Empfängern von **Arbeitseinkommen** und anderen wiederkehrenden Bezügen (§§ 850–850 b) muss ein **Geldbetrag** belassen werden, der dem unpfändbaren Teil dieser Einkünfte für den Zeitraum von der Pfändung bis zum nächsten Zahlungstermin entspricht. Darüber hinaus sind durch Nr. 8 seit dem 1.1.2012 auch die Empfänger von **Sozialleistungen** nach § 54 Abs. 3–5 SGB I sowie von laufenden **Kindergeldleistungen** geschützt.[118] Der unpfändbare Teil dieser Bezüge ist also auch nach seiner Auszahlung unpfändbar, so dass dem Schuldner das Existenzminimum erhalten bleibt. Ob das beim Schuldner vorgefundene Geld tatsächlich aus einer Lohn- oder Gehaltszahlung stammt, spielt keine Rolle.[119] 26

11. Abs. 1 Nr. 9. Verboten ist die Pfändung der für den Betrieb einer **Apotheke** unentbehrlichen Geräte, Gefäße und Waren.[120] Das Pfändungsverbot gilt auch, 27

---

109 LG Lübeck DGVZ 2002, 185; vgl auch Zöller/*Stöber*, § 811 Rn 28 „Waren", der zu Recht vor großzügigen Verallgemeinerungen warnt.
110 Vgl Stein/Jonas/*Münzberg*, § 811 Rn 58; vgl auch MüKo-ZPO/*Gruber*, § 811 Rn 43; Musielak/*Becker*, § 811 Rn 22.
111 Hk-ZPO/*Kemper*, § 811 Rn 27; Thomas/Putzo/*Seiler*, § 811 Rn 31: mit „Dienst" ist „öffentlicher Dienst" gemeint.
112 LG Frankfurt DGVZ 1994, 28 (aber pfändbar, wenn weitere Anlage vorhanden ist, die ausreicht); vgl auch Hk-ZPO/*Kemper*, § 811 Rn 27; Thomas/Putzo/*Seiler*, § 811 Rn 31.
113 MüKo-ZPO/*Gruber*, § 811 Rn 62; Zöller/*Stöber*, § 811 Rn 28.
114 LG Mannheim MDR 1966, 516.
115 Vgl OLG Köln ZVI 2006, 591.
116 *Pardey*, DGVZ 1987, 180, 181.
117 AG Sinzig NJW-RR 1987, 508.
118 Nr. 8 übernimmt damit den Schutz, der bisher durch die – mit Wirkung vom 1.1.2012 außer Kraft gesetzten – § 55 Abs. 1 SGB I, § 76 a EStG gewährleistet wurde; vgl die Beschlussempfehlung und den Bericht des Rechtsausschusses zum Entwurf eines Gesetzes zur Reform des Kontopfändungsschutzes, BT-Drucks. 16/12714, S. 22.
119 AllgM; Musielak/*Becker*, § 811 Rn 23; Stein/Jonas/*Münzberg*, § 811 Rn 61.
120 Zu Nr. 9 ausf. und krit. *Kotzur*, DGVZ 1989, 165.

wenn eine Gesellschaft oder juristische Person Inhaberin der Apotheke ist.[121] Nr. 9 soll u.a. die Veräußerung von Arzneimitteln durch sachunkundige Personen verhindern. Dieser Zweck wird freilich nicht erreicht, da nur die Pfändung „unentbehrlicher" Waren verboten ist, nicht aber die Pfändung größerer Warenvorräte.[122]

28 **12. Abs. 1 Nr. 10.** Der Pfändung entzogen sind **Bücher**, die zum Gebrauch in der Kirche, Schule oder einer sonstigen Unterrichtsanstalt oder bei der häuslichen Andacht bestimmt sind. Dass die Bücher zu den genannten Zwecken erforderlich oder gar unentbehrlich sind, wird nicht verlangt. Kirche ist jede nicht verbotene Religionsgemeinschaft; als Unterrichtsanstalten kommen private und staatliche Einrichtungen in Betracht, zB Universitäten, Fachhochschulen oder Konservatorien. Eine analoge Anwendung auf andere Gegenstände als Bücher (zB Kreuze, jüdische Kultleuchter, Gebetsteppiche) ist nicht von vornherein ausgeschlossen.[123] Andere Bücher können nach Nr. 5 oder Nr. 7 unpfändbar sein.

29 **13. Abs. 1 Nr. 11.** Nicht der Pfändung unterworfen sind die in Gebrauch genommenen Haushaltungs- und Geschäftsbücher, ferner Familienpapiere sowie Trauringe, Orden und Ehrenzeichen. Zu den **Geschäftsbüchern** gehören nicht nur die Handelsbücher von Kaufleuten, sondern auch die Aufzeichnungen von Nichtkaufleuten über wirtschaftliche Belange. Dem Pfändungsverbot unterliegen ferner Rechnungen, Belege und geschäftliche Korrespondenz. Das Verbot gilt auch dann, wenn die Gegenstände nicht nur als Beweisurkunden für den Schuldner von Nutzen sind, sondern einen selbständigen wirtschaftlichen Wert haben.[124] Eine Kundenkartei ist daher unpfändbar.[125] **Familienpapiere** sind Urkunden über die persönlichen Verhältnisse des Schuldners und seiner Familie, zB Heiratsurkunden, aber auch persönliche Briefe. Auch Familienbilder, zB Fotos, sind geschützt, nicht aber wertvolle Gemälde.[126] **Trauringe** sind auch dann unpfändbar, wenn die Ehe des Schuldners schon aufgelöst ist. Verlobungsringe dürfen dagegen gepfändet werden.[127] **Orden** und **Ehrenzeichen** iSd Nr. 11 sind nur die von einer staatlichen Gewalt verliehenen Auszeichnungen.[128]

30 **14. Abs. 1 Nr. 12.** Unpfändbar sind **wegen körperlicher Gebrechen notwendige Hilfsmittel**, soweit sie zum Gebrauch des Schuldners und seiner Familie bestimmt sind. Die Hilfsmittel müssen also nicht erforderlich sein (s. auch Rn 28). Gepfändet werden darf aber ein Hilfsmittel, das nicht mehr benutzt wird, weil sich der Schuldner ein neues angeschafft hat.[129] In den Anwendungsbereich der Nr. 12 fallen neben den künstlichen Gliedmaßen und Brillen zB Rollstühle, behindertengerechte Drehsessel und Hörgeräte. Auch der Pkw eines nicht erwerbstätigen, au-

---

121 Musielak/*Becker*, § 811 Rn 24; Thomas/Putzo/*Seiler*, § 811 Rn 33.
122 Stein/Jonas/*Münzberg*, § 811 Rn 65; MüKo-ZPO/*Gruber*, § 811 Rn 45.
123 Str; wie hier *Wacke*, DGVZ 1986, 161, 165; Stein/Jonas/*Münzberg*, § 811 Rn 66; Zöller/*Stöber*, § 811 Rn 34; aA MüKo-ZPO/*Gruber*, § 811 Rn 46; Musielak/*Becker*, § 811 Rn 35; ferner AG Hannover DGVZ 1987, 31 (Pfändbarkeit eines Gebetsteppichs).
124 Str; wie hier MüKo-ZPO/*Gruber*, § 811 Rn 47; Zöller/*Stöber*, § 811 Rn 35; aA Musielak/*Becker*, § 811 Rn 26; Stein/Jonas/*Münzberg*, § 811 Rn 67 Fn 342; Thomas/Putzo/*Seiler*, § 811 Rn 35.
125 OLG Frankfurt MDR 1979, 316; s. im Übrigen die Nachw. in voriger Fn.
126 IdS auch MüKo-ZPO/*Gruber*, § 811 Rn 47; Musielak/*Becker*, § 811 Rn 26.
127 HM; AG Schöneberg BeckRS 2012, 25378 = DGVZ 2012, 227; aA nur Stein/Jonas/*Münzberg*, § 811 Rn 68.
128 Zu str Einzelheiten s. etwa Stein/Jonas/*Münzberg*, § 811 Rn 69; Zöller/*Stöber*, § 811 Rn 35.
129 AllgM; Zöller/*Stöber*, § 811 Rn 36.

ßergewöhnlich gehbehinderten Schuldners ist im Regelfall unpfändbar.[130] Unpfändbar ist ferner ein Auto, das zum Transport der an den Rollstuhl gefesselten Mutter des Schuldners bestimmt ist.[131]

15. Abs. 1 Nr. 13. Nicht gepfändet werden dürfen die **unmittelbar für die Bestattung bestimmten Gegenstände**. Nr. 13 setzt einen Todesfall in der Familie des Schuldners voraus, enthält also keine Privilegierung von Herstellern und Händlern dieser Gegenstände. **Grabsteine** und Grabmäler sind – anders als Sarg und Leichenhemd – nicht unmittelbar für die Bestattung bestimmt, sondern dienen dem Andenken des Verstorbenen. Grabsteine fallen daher nicht unter Nr. 13.[132] Diskutiert wird in diesem Zusammenhang aber über ein übergesetzliches Verbot der Pfändung von Grabsteinen aus Pietätsgründen. Ein derartiges Pfändungsverbot kommt aber jedenfalls nicht Betracht gegenüber dem Steinmetz, der den Grabstein unter Eigentumsvorbehalt geliefert hat und wegen des Zahlungsanspruchs vollstreckt.[133] Wegen § 809 ist die Pfändung eines Grabsteins nur mit Zustimmung des Friedhofsträgers zulässig.[134] 31

III. Pfändung von Vorbehaltseigentum (Abs. 2)

1. Normzweck und Anwendungsbereich. Gegenstände, die ansonsten nach Abs. 1 Nr. 1, 4, 5–7 unpfändbar wären, dürfen gepfändet werden, wenn der Verkäufer wegen einer durch Eigentumsvorbehalt gesicherten Forderung aus ihrem Verkauf vollstreckt.[135] Dem Vorbehaltsverkäufer bleibt damit eine Klage auf Herausgabe der nach Abs. 2 pfändbaren Gegenstände mit anschließender Vollstreckung nach § 883[136] erspart. Wegen der Rücktrittsfiktion des § 508 Abs. 2 S. 5 BGB ist eine Pfändung nach Abs. 2 aber uU nicht rentabel.[137] Auf das Sicherungseigentum ist die Vorschrift nicht anwendbar (s. Rn 4). Abs. 2 macht **nur** eine Ausnahme von den Pfändungsverboten des **Abs. 1 Nr. 1, 4, 5–7**, nicht aber von den sonstigen dort geregelten Verboten oder von den Beschränkungen gem. §§ 803 Abs. 2, 812.[138] 32

2. Voraussetzungen. Die **zu vollstreckende Forderung** muss aus dem Vorbehaltskauf herrühren und durch Eigentumsvorbehalt an der zu pfändenden Sache gesichert sein. Die Privilegierung des Abs. 2 gilt auch für die Vollstreckungskosten. Für **Nebenforderungen**, insb. Verzugszinsen, gilt sie nur dann, wenn die Parteien vereinbart haben, dass diese durch den Eigentumsvorbehalt gesichert sein sollen, und der Gläubiger diese Vereinbarung durch Urkunden nachweisen kann.[139] Die Voraussetzungen des Abs. 2 liegen beim **einfachen Eigentumsvorbehalt**, der nur an dem Gegenstand der Pfändung besteht und durch die Bezahlung des Kaufpreises erlischt. Abs. 2 findet auch Anwendung, wenn der Vorbehaltsverkäu- 33

---

130 Vgl BGH NJW-RR 2004, 789 f. Strenger noch OLG Köln NJW-RR 1986, 488; LG Düsseldorf DGVZ 1989, 14: Notwendige Fahrten können mit dem Taxi durchgeführt werden.
131 LG Berlin BeckRS 2013, 16198 = DGVZ 2013, 183.
132 BGH NJW-RR 2006, 570 f; bespr. von *Looff*, Rpfleger 2008, 53; *Pauly*, DGVZ 2006, 103; *Röder*, DGVZ 2007, 17. Dem BGH zustimmend MüKo-ZPO/*Gruber*, § 811 Rn 50; Musielak/*Becker*, § 811 Rn 28; abl. *Pauly*, aaO; aA auch Stein/Jonas/*Münzberg*, § 811 Rn 71.
133 BGH NJW-RR 2006, 570, 571; insoweit abl. *Looff*, Rpfleger 2008, 53.
134 OLG Köln DGVZ 1992, 116.
135 Eingehend zu § 811 Abs. 2 *Münzberg*, DGVZ 1998, 81.
136 Auf die Herausgabevollstreckung findet § 811 keine Anwendung (s. Rn 4).
137 Vgl Stein/Jonas/*Münzberg*, § 811 Rn 73.
138 Vgl LG Kassel DGVZ 2005, 41 (zu § 811 Abs. 1 Nr. 13); LG Ravensburg DGVZ 2001, 85 (zu § 803 Abs. 2); Musielak/*Becker*, § 811 Rn 29; *Seip*, DGVZ 1998, 1, 4.
139 Str; wie hier *Münzberg*, DGVZ 1998, 81, 83; wohl auch MüKo-ZPO/*Gruber*, § 811 Rn 58; großzügiger Zöller/*Stöber*, § 811 Rn 39.

fer selbst unter einfachem Eigentumsvorbehalt erworben und die Forderung aus dem Weiterverkauf an seinen Lieferanten abgetreten hat (sog. **weitergegebener Eigentumsvorbehalt**).[140] In diesem Fall kann der Lieferant wegen der an ihn abgetretenen Forderung vollstrecken. **Nicht** nach Abs. 2 privilegiert sind der **erweiterte** (zB **Kontokorrentklausel**) und der **verlängerte** (zB **Verarbeitungsklausel**) Eigentumsvorbehalt. Allein der Umstand, dass der Vertrag eine entsprechende Klausel enthält, führt aber noch nicht zur Unanwendbarkeit von Abs. 2. So ist zB eine Kontokorrentklausel unschädlich, solange der Eigentumsvorbehalt noch die Kaufpreisforderung (und nicht schon andere Forderungen aus der Geschäftsverbindung) sichert.[141]

34 3. **Nachweis (Abs. 2 S. 2)**. Der Gläubiger muss die Vereinbarung des Eigentumsvorbehalts **durch Urkunden** nachweisen. In Betracht kommen insb. der Schuldtitel und die Kaufvertragsurkunde. Die Vorlage einer beglaubigten Kopie genügt (§ 73 S. 1 Nr. 3 GVGA). Beim weitergegebenen Eigentumsvorbehalt muss auch die Abtretung der Kaufpreisforderung an den Lieferanten nachgewiesen werden.[142] Auf die Vorlage von Urkunden kann verzichtet werden, wenn der Schuldner gegenüber dem Gerichtsvollzieher die Vereinbarung außergerichtlich zugesteht.[143] Der Gerichtsvollzieher lehnt die Pfändung ab, wenn neben der Kaufpreisforderung noch andere Forderungen tituliert sind und nach §§ 757, 775 Nr. 4 und 5 ersichtlich ist, dass eine Tilgung in Höhe der Kaufpreisforderung zuzüglich der Vollstreckungskosten (s. Rn 33) erfolgt ist. In diesem Fall kann der Gläubiger nämlich nicht mehr nachweisen, dass der Eigentumsvorbehalt noch besteht.[144]

IV. Weitere Pfändungsbeschränkungen

35 Unpfändbar sind Gegenstände, die nicht verwertbar sind, weil ihre Veräußerung durch den Gerichtsvollzieher unzulässig ist (zB Aschenurnen, verdorbene Lebensmittel, Lose verbotener Lotterien).[145] Nicht gepfändet werden dürfen ferner der Geldbetrag, der bei der Austauschpfändung dem Schuldner zur Ersatzbeschaffung überlassen wird (§ 811 a Abs. 3), sowie die aus Miet- oder Pachtzahlung stammenden Barmittel, die zur Erhaltung des Grundstücks benötigt werden (§ 851 b Abs. 1 S. 2). Pfändungsverbote gelten nach § 882 a Abs. 2 des Weiteren bei der Vollstreckung gegen juristische Personen des öffentlichen Rechts. Auch in Gesetzen außerhalb der ZPO sind Pfändungsverbote geregelt. ZB unterliegt die Zwangsvollstreckung in die Originale von Werken, die unter Urheberschutz stehen, Beschränkungen (s. §§ 113–119 UrhG).[146]

V. Verfahren, Rechtsfolgen von Verstößen, Rechtsbehelfe

36 Der Gerichtsvollzieher prüft **von Amts wegen**, ob die Voraussetzungen des § 811 vorliegen.[147] Die Prüfung ist für jede Pfändung getrennt vorzunehmen. Sie ist nicht entbehrlich, wenn eine bereits gepfändete Sache nochmals gem. § 826 für einen anderen Gläubiger gepfändet wird. Sachen, deren Pfändbarkeit zweifelhaft

---

140 BT-Drucks. 13/341, S. 24; vgl auch § 73 S. 1 Nr. 2 GVGA; MüKo-ZPO/*Gruber*, § 811 Rn 55; Zöller/*Stöber*, § 811 Rn 39.
141 Überzeugend *Münzberg*, DGVZ 1998, 81, 82 f; Stein/Jonas/*Münzberg*, § 811 Rn 75; vgl auch MüKo-ZPO/*Gruber*, § 811 Rn 56; Musielak/*Becker*, § 811 Rn 29.
142 Zöller/*Stöber*, § 811 Rn 39.
143 Ausf. *Münzberg*, DGVZ 1998, 81, 84 f.
144 Stein/Jonas/*Münzberg*, § 811 Rn 74; vgl auch MüKo-ZPO/*Gruber*, § 811 Rn 54.
145 Ausf. Stein/Jonas/*Münzberg*, § 811 Rn 77; vgl auch Musielak/*Becker*, § 811 Rn 31; weitere Beispiele finden sich in § 76 GVGA.
146 Weitere Beispiele bei Stein/Jonas/*Münzberg*, § 811 Rn 78 ff.
147 BGHZ 137, 193 = NJW 1998, 1058.

ist, sind zu pfänden, wenn nicht genügend andere Pfandstücke vorhanden sind (§ 72 Abs. 1 S. 2 GVGA). Zu einer eigenmächtigen Aufhebung der von ihm durchgeführten Pfändung ist der Gerichtsvollzieher keinesfalls befugt (vgl § 72 Abs. 2 GVGA).

Pfändungen unter **Verstoß** gegen § 811 sind nur **anfechtbar**. Sie können vom Schuldner – auch wenn er die ihm nicht gehörende Sache nur benutzt hat (s. Rn 4) – im Wege der Erinnerung (§ 766) gerügt werden. In den Fällen des Abs. 1 Nr. 1–5 und 12 sind auch Dritte erinnerungsbefugt. Die **Beweislast** dafür, dass die Voraussetzungen des § 811 vorliegen, trägt der Schuldner bzw der Dritte.[148] Nach der Versteigerung kann im Wege der Erinnerung die Freigabe des noch nicht ausgekehrten Erlöses erreicht werden. Der Schuldner hat aber keine Bereicherungsansprüche gegen den Gläubiger, der den Erlös empfangen hat.[149] Der Gläubiger kann Erinnerung einlegen, wenn die Pfändung ablehnt wird.

37

§ 811 a Austauschpfändung

(1) Die Pfändung einer nach § 811 Abs. 1 Nr. 1, 5 und 6 unpfändbaren Sache kann zugelassen werden, wenn der Gläubiger dem Schuldner vor der Wegnahme der Sache ein Ersatzstück, das dem geschützten Verwendungszweck genügt, oder den zur Beschaffung eines solchen Ersatzstückes erforderlichen Geldbetrag überlässt; ist dem Gläubiger die rechtzeitige Ersatzbeschaffung nicht möglich oder nicht zuzumuten, so kann die Pfändung mit der Maßgabe zugelassen werden, dass dem Schuldner der zur Ersatzbeschaffung erforderliche Geldbetrag aus dem Vollstreckungserlös überlassen wird (Austauschpfändung).

(2) ¹Über die Zulässigkeit der Austauschpfändung entscheidet das Vollstreckungsgericht auf Antrag des Gläubigers durch Beschluss. ²Das Gericht soll die Austauschpfändung nur zulassen, wenn sie nach Lage der Verhältnisse angemessen ist, insbesondere wenn zu erwarten ist, dass der Vollstreckungserlös den Wert des Ersatzstückes erheblich übersteigen werde. ³Das Gericht setzt den Wert eines vom Gläubiger angebotenen Ersatzstückes oder den zur Ersatzbeschaffung erforderlichen Betrag fest. ⁴Bei der Austauschpfändung nach Absatz 1 Halbsatz 1 ist der festgesetzte Betrag dem Gläubiger aus dem Vollstreckungserlös zu erstatten; er gehört zu den Kosten der Zwangsvollstreckung.

(3) Der dem Schuldner überlassene Geldbetrag ist unpfändbar.

(4) Bei der Austauschpfändung nach Absatz 1 Halbsatz 2 ist die Wegnahme der gepfändeten Sache erst nach Rechtskraft des Zulassungsbeschlusses zulässig.

§ 74 GVGA

I. Normzweck	1	III. Gerichtliche Zulassung der Austauschpfändung (Abs. 2 S. 1, 3)	6
II. Voraussetzungen der Zulassung durch das Vollstreckungsgericht	2	1. Zuständigkeit und Verfahren	6
1. Unpfändbarkeit nach § 811 Abs. 1 Nr. 1, 5 oder 6	2	2. Entscheidung	7
2. Ersatzleistung (Abs. 1)	3	IV. Durchführung der Vollstreckung	8
3. Angemessenheit (Abs. 2 S. 2)	5	1. Pfändung	8
		2. Wegnahme	9

---

148 MüKo-ZPO/*Gruber*, § 811 Rn 21.
149 Str; wie hier Stein/Jonas/*Münzberg*, § 811 Rn 22; Zöller/*Stöber*, § 811 Rn 9; aA MüKo-ZPO/*Gruber*, § 811 Rn 22.

a) Austauschpfändung nach Abs. 1 Hs 1 9	V. Unpfändbarkeit der Ersatzleistung 12
b) Austauschpfändung nach Abs. 1 Hs 2 10	VI. Rechtsbehelfe 13
3. Kostenerstattung (Abs. 2 S. 4) 11	VII. Kosten 14

I. Normzweck

1 Die unter § 811 Abs. 1 fallenden Gegenstände sind unabhängig von ihrem uU hohen Wert unpfändbar. § 811 a eröffnet dem Gläubiger die Möglichkeit, im Wege der Austauschpfändung auf einen hochwertigen **unpfändbaren Gegenstand zuzugreifen**, wenn er dem Schuldner ein geringerwertiges **Ersatzstück** zur Verfügung stellt, das dem durch die Unpfändbarkeit geschützten Verwendungszweck genügt.[1] Austauschpfändungen sind meist nicht lohnend und werden daher nur selten vorgenommen.[2] § 811 a ist recht kompliziert und befindet sich ebenso wenig auf der Höhe der Zeit wie § 811; an der Vorschrift wird daher berechtigterweise rechtspolitische Kritik geübt.[3]

II. Voraussetzungen der Zulassung durch das Vollstreckungsgericht

2 **1. Unpfändbarkeit nach § 811 Abs. 1 Nr. 1, 5 oder 6.** Einer Austauschpfändung unterliegen nur Gegenstände, deren Pfändung ausschließlich[4] nach § 811 Abs. 1 Nr. 1, 5 oder 6 verboten ist. Unzulässig ist daher zB die Austauschpfändung einer Sache, die sowohl unter § 811 Abs. 1 Nr. 5 als auch unter § 811 Abs. 1 Nr. 12 fällt.[5]

3 **2. Ersatzleistung (Abs. 1).** Sie muss gem. Abs. 1 Hs 1 dem durch § 811 Abs. 1 Nr. 1, 5 oder 6 geschützten Verwendungszweck genügen. Ob dies der Fall ist, ist durch einen Vergleich der Gebrauchsvorteile[6] der unpfändbaren Sache und des Ersatzgegenstandes zu ermitteln, wobei auch die Haltbarkeit – nicht aber in jedem Fall die Güte[7] – der Ersatzsache zu berücksichtigen ist. ZB ist die Austauschpfändung eines zum Erreichen des Arbeitsplatzes erforderlichen und daher nach § 811 Abs. 1 Nr. 5 unpfändbaren **Pkw** nur zulässig, wenn das Ersatzfahrzeug eine annähernd gleiche Haltbarkeit und Lebensdauer wie das gepfändete Fahrzeug aufweist.[8] Unzulässig ist daher der Tausch eines neun Jahre alten Fahrzeugs mit einer Laufleistung von 50.000 km gegen ein 19 Jahre altes Fahrzeug mit einer Laufleistung von 200.000 km und angerosteter Hinterachse.[9] Die Austauschpfändung darf den Schuldner nicht zu einer unzeitgemäßen, unwirtschaftlichen Arbeitsweise oder Lebenshaltung nötigen.[10] In Betracht kommt zB der Austausch eines Farbfernsehers gegen ein Schwarzweißgerät,[11] eines großen Pkw gegen einen kleinen oder einer goldenen Armbanduhr gegen eine einfache.[12]

---

1 Über den Zweck des § 811 a ist man sich einig; Musielak/*Becker*, § 811 a Rn 1; Zöller/*Stöber*, § 811 a Rn 1.
2 Vgl Stein/Jonas/*Münzberg*, § 811 Rn 1.
3 *Glenk*, ZRP 2013, 232, 235 f.
4 Ganz hM; s. etwa MüKo-ZPO/*Gruber*, § 811 a Rn 2; Stein/Jonas/*Münzberg*, § 811 a Rn 2; Zöller/*Stöber*, § 811 a Rn 2.
5 AA OLG Köln NJW-RR 1986, 488.
6 Stein/Jonas/*Münzberg*, § 811 a Rn 3.
7 Str; wie MüKo-ZPO/*Gruber*, § 811 a Rn 3; Musielak/*Becker*, § 811 a Rn 2; auch Stein/Jonas/*Münzberg*, § 811 a Rn 3 Fn 11; aA Zöller/*Stöber*, § 811 a Rn 3.
8 BGH NJW-RR 2011, 1366, 1367 (Rz 12 f).
9 BGH NJW-RR 2011, 1366, 1367 (Rz 13).
10 Stein/Jonas/*Münzberg*, § 811 a Rn 3; Zöller/*Stöber*, § 811 a Rn 3.
11 Str; wie hier OLG Stuttgart NJW 1987, 196, 197.
12 OLG München OLGZ 1983, 325 (vorläufige Austauschpfändung).

Für die Erbringung der Ersatzleistung sind **drei Möglichkeiten** vorgesehen: Der 4
Gläubiger überlässt dem Schuldner einen **Ersatzgegenstand**, der den in Rn 3 beschriebenen Anforderungen entspricht (**Abs. 1 Hs 1 Alt. 1**). Stattdessen kann der Gläubiger dem Schuldner auch den zur Beschaffung eines solchen Gegenstandes erforderlichen **Geldbetrag** überlassen (**Abs. 1 Hs 1 Alt. 2**). Schließlich besteht nach **Abs. 1 Hs 2** auch die Möglichkeit, dass dem Schuldner der zur Ersatzbeschaffung erforderliche **Geldbetrag** aus dem **Vollstreckungserlös** überlassen wird. Diese Möglichkeit besteht aber nur in dem Ausnahmefall, dass dem Gläubiger die Ersatzbeschaffung nicht möglich oder nicht zumutbar ist, zB weil er selbst in wirtschaftlichen Schwierigkeiten steckt.[13]

3. Angemessenheit (Abs. 2 S. 2). Die Austauschpfändung muss gem. Abs. 2 S. 2 5
nach Lage der Dinge angemessen sein, insb. muss zu erwarten sein, dass der Vollstreckungserlös den Wert des Ersatzstückes erheblich übersteigt. Nicht der Wert der gepfändeten Sache, sondern der – regelmäßig deutlich darunter liegende – **voraussichtliche Vollstreckungserlös** muss also den Wert des **Ersatzstückes erheblich übersteigen**. Davon wird man ausgehen können, wenn der Unterschiedsbetrag dem Gläubiger – im Vergleich zum Wert der gepfändeten Sache – eine nennenswerte Befriedigung sichert.[14] Unangemessen ist eine Austauschpfändung auch dann, wenn der Schuldner genügend andere pfändbare Habe besitzt.[15]

III. Gerichtliche Zulassung der Austauschpfändung (Abs. 2 S. 1, 3)

1. Zuständigkeit und Verfahren. Nach Abs. 2 S. 1 beschließt das **Vollstreckungs-** 6
gericht (§ 764) über die Zulassung der Austauschpfändung auf Antrag des Gläubigers. Die Zuständigkeit des Vollstreckungsgerichts, das durch den Rechtspfleger entscheidet (§ 20 Abs. 1 Nr. 17 RPflG), ist eine ausschließliche (§ 802). Dem **Antrag** des Gläubigers, der gem. § 78 Abs. 5 nicht dem Anwaltszwang unterliegt, müssen die für den Beginn der Vollstreckung erforderlichen Urkunden (vgl § 750) beigefügt werden.[16] Eine mündliche Verhandlung ist freigestellt (vgl § 128 Abs. 4). Der Schuldner ist vor einer stattgebenden Entscheidung zu **hören**.[17]

2. Entscheidung. Sie ergeht durch **Beschluss** (Abs. 2 S. 1). Das Gericht stellt da- 7
bei auf den Zeitpunkt der sonst unzulässigen Pfändung ab (s. auch § 811 Rn 8).[18] Wird dem Antrag stattgegeben, dann müssen dort die zu pfändende Sache sowie der Ersatzgegenstand genau benannt werden.[19] Abs. 2 S. 3 schreibt ferner vor, dass der Wert des Ersatzgegenstandes oder der zur Ersatzbeschaffung erforderliche Geldbetrag festzusetzen ist (s. Rn 11).

IV. Durchführung der Vollstreckung

1. Pfändung. Sie ist mit dem Erlass des Zulassungsbeschlusses (s. Rn 7) zulässig. 8
Rechtskraft ist nicht erforderlich.

2. Wegnahme. a) Austauschpfändung nach Abs. 1 Hs 1. Die Sache darf dem 9
Schuldner erst weggenommen werden, **nachdem** ihm der Ersatzgegenstand bzw der zur Ersatzbeschaffung erforderliche Geldbetrag **überlassen** worden ist. Der Gerichtsvollzieher prüft, ob die vom Gläubiger angebotene Ersatzsache dem Be-

---

13 MüKo-ZPO/*Gruber*, § 811 a Rn 6; Musielak/*Becker*, § 811 a Rn 4.
14 Vgl LG Mainz NJW-RR 1988, 1150.
15 MüKo-ZPO/*Gruber*, § 811 a Rn 8; Stein/Jonas/*Münzberg*, § 811 a Rn 8; Zöller/*Stöber*, § 4; einschr. Musielak/*Becker*, § 811 a Rn 6.
16 Zöller/*Stöber*, § 811 a Rn 6.
17 Ausf. zum Verfahren Stein/Jonas/*Münzberg*, § 811 a Rn 11; Zöller/*Stöber*, § 811 a Rn 8.
18 S. im Einzelnen Stein/Jonas/*Münzberg*, § 811 a Rn 4.
19 Stein/Jonas/*Münzberg*, § 811 a Rn 13.

schluss entspricht.[20] „Überlassung" bedeutet die Verschaffung von Eigentum und unmittelbarem Besitz gem. § 929 BGB. Verweigert der Schuldner seine Mitwirkung, genügt analog § 756 ein den Annahmeverzug begründendes Angebot.[21] Einen Anspruch auf die Ersatzleistung hat der Schuldner erst, nachdem die Verwertung stattgefunden hat.[22] Ist die dem Schuldner überlassene Ersatzsache mangelhaft, kann dieser die in § 437 BGB genannten Rechte geltend machen.[23]

10 b) **Austauschpfändung nach Abs. 1 Hs 2.** Soll dem Schuldner der zur Ersatzbeschaffung erforderliche Geldbetrag aus dem Vollstreckungserlös überlassen werden, dann darf ihm die gepfändete Sache erst **nach Rechtskraft** des Zulassungsbeschlusses **weggenommen** werden (Abs. 4).

11 3. **Kostenerstattung (Abs. 2 S. 4).** Im Falle einer Austauschpfändung nach Abs. 1 Hs 1, bei der der Gläubiger dem Schuldner einen Ersatzgegenstand oder einen Geldbetrag überlassen hat, ist jenem der vom Gericht festgesetzte Betrag (s. Rn 7) vorweg aus dem Erlös zu erstatten; er gehört zu den Kosten der Zwangsvollstreckung (§ 788).

V. Unpfändbarkeit der Ersatzleistung

12 Wurde dem Schuldner ein Ersatzgegenstand überlassen, so folgt dessen Unpfändbarkeit aus § 811 Abs. 1 Nr. 1, 5 oder 6. Ein dem Schuldner überlassener Geldbetrag ist nach § 811 a Abs. 3 unpfändbar.

VI. Rechtsbehelfe

13 Gegen den Beschluss des Vollstreckungsgerichts findet die sofortige Beschwerde statt (§ 11 Abs. 1 RPflG, § 793). Für den Schuldner, der zu Unrecht (s. Rn 6) nicht gehört worden ist, ist die Erinnerung (§ 766) gegeben. Die Erinnerung findet auch statt gegen das Verfahren des Gerichtsvollziehers.

VII. Kosten

14 Das Verfahren ist **gerichtsgebührenfrei**. Das Verfahren auf Zulassung der Austauschpfändung stellt für den **Rechtsanwalt** eine besondere Angelegenheit dar (§ 18 Abs. 1 Nr. 7 RVG), das wiederum die Gebühr Nr. 3309 VV RVG nebst Auslagen anfallen lässt. Die Kosten gehören im Regelfall zu den notwendigen Kosten der Zwangsvollstreckung (§ 788).[24]

15 Für den **Gerichtsvollzieher** stellt die Austauschpfändung einen neuen Auftrag dar (§ 74 Abs. 1 GVGA). Die Pfändung löst eine besondere Gebühr bei dem Gerichtsvollzieher aus (Nr. 205 KV GvKostG). Gebührentatbestand ist die Bewirkung einer Pfändung.

---

20 Dem Gläubiger ist zu raten, die Ersatzleistung durch den Gerichtsvollzieher bewirken zu lassen; Stein/Jonas/*Münzberg*, § 811 a Rn 24.
21 MüKo-ZPO/*Gruber*, § 811 a Rn 5; Musielak/*Becker*, § 811 a Rn 9; Stein/Jonas/*Münzberg*, § 811 a Rn 26; Zöller/*Stöber*, § 811 a Rn 11.
22 MüKo-ZPO/*Gruber*, § 811 a Rn 5; Musielak/*Becker*, § 811 a Rn 9; Stein/Jonas/*Münzberg*, § 811 a Rn 27.
23 Eingehend Stein/Jonas/*Münzberg*, § 811 a Rn 28 f; vgl auch MüKo-ZPO/*Gruber*, § 811 a Rn 14.
24 Hk-ZPO/*Kemper*, § 811 a Rn 16; Thomas/Putzo/*Seiler*, § 811 a Rn 9.

§ 811 b Vorläufige Austauschpfändung

(1) ¹Ohne vorgängige Entscheidung des Gerichts ist eine vorläufige Austauschpfändung zulässig, wenn eine Zulassung durch das Gericht zu erwarten ist. ²Der Gerichtsvollzieher soll die Austauschpfändung nur vornehmen, wenn zu erwarten ist, dass der Vollstreckungserlös den Wert des Ersatzstückes erheblich übersteigen wird.

(2) Die Pfändung ist aufzuheben, wenn der Gläubiger nicht binnen einer Frist von zwei Wochen nach Benachrichtigung von der Pfändung einen Antrag nach § 811 a Abs. 2 bei dem Vollstreckungsgericht gestellt hat oder wenn ein solcher Antrag rechtskräftig zurückgewiesen ist.

(3) Bei der Benachrichtigung ist dem Gläubiger unter Hinweis auf die Antragsfrist und die Folgen ihrer Versäumung mitzuteilen, dass die Pfändung als Austauschpfändung erfolgt ist.

(4) ¹Die Übergabe des Ersatzstückes oder des zu seiner Beschaffung erforderlichen Geldbetrages an den Schuldner und die Fortsetzung der Zwangsvollstreckung erfolgen erst nach Erlass des Beschlusses gemäß § 811 a Abs. 2 auf Anweisung des Gläubigers. ²§ 811 a Abs. 4 gilt entsprechend.

§ 75 GVGA

I. Normzweck

Die Vorschrift lässt eine **vorläufige Austauschpfändung** durch den **Gerichtsvollzieher** zu, wenn dieser einen Gegenstand vorfindet, der die Voraussetzungen des § 811 a erfüllt.[1] Durch die Pfändung wird verhindert, dass der Schuldner die Sache beiseiteschaffen kann.

II. Voraussetzungen

Abs. 1 S. 1 erlaubt eine vorläufige Austauschpfändung ohne vorherige Entscheidung des Gerichts, wenn eine Zulassung durch das Gericht zu erwarten ist, dh wenn mit einem Antrag des Gläubigers zu rechnen ist und die in § 811 a Rn 2–4 dargestellten Voraussetzungen vorliegen. Besonders hervorgehoben ist in **Abs. 1 S. 2** die Voraussetzung, dass der voraussichtliche Vollstreckungserlös den Wert des Ersatzstückes erheblich überscheiten muss (s. hierzu § 811 a Rn 5). Im Hinblick darauf, dass die endgültige Entscheidung dem Gericht obliegt, muss sich der Gerichtsvollzieher mit Wahrscheinlichkeiten begnügen und darf die Pfändung nur unterlassen, wenn er ernsthafte Zweifel an den Erfolgsaussichten hat.[2]

III. Verfahren

1. Durchführung der Pfändung. Die Pfändung erfolgt unter Belassung der Sache beim Schuldner. Der Gerichtsvollzieher muss den Gläubiger nach **Abs. 2 und 3** von der Pfändung **benachrichtigen** und dabei auch darauf hinweisen, dass die Benachrichtigung die Zwei-Wochen-Frist des Abs. 2 in Gang setzt.[3] Im Hinblick auf diese Frist empfiehlt sich eine Zustellung der Benachrichtigung; bei Übersendung durch die Post gilt § 270 S. 2.[4]

---

1 Beispiel: OLG München OLGZ 1983, 325 (goldene Armbanduhr).
2 Stein/Jonas/*Münzberg*, § 811 b Rn 2; ebenso MüKo-ZPO/*Gruber*, § 811 b Rn 2; Musielak/*Becker*, § 811 b Rn 2.
3 Str; wie hier MüKo-ZPO/*Gruber*, § 811 b Rn 3; Stein/Jonas/*Münzberg*, § 811 b Rn 3; zum Inhalt der Benachrichtigung s. auch § 75 S. 4 Nr. 1 GVGA.
4 Zöller/*Stöber*, § 811 b Rn 2.

4   **2. Aufhebung der Pfändung (Abs. 2).** Nach Abs. 2 ist die Pfändung aufzuheben, wenn der Gläubiger nicht binnen zwei Wochen nach der Benachrichtigung die Zulassung der Austauschpfändung beim Vollstreckungsgericht beantragt hat. Eine Wiedereinsetzung in den vorigen Stand bei schuldloser Fristversäumung (§ 233) kommt nicht in Frage, da die Frist keine Notfrist ist (vgl § 224 Abs. 1 S. 2). Aufzuheben ist die Pfändung auch nach rechtskräftiger Zurückweisung des Antrags durch das Vollstreckungsgericht.

5   **3. Fortsetzung der Zwangsvollstreckung (Abs. 4).** Die Übergabe der Ersatzleistung und die Fortsetzung der Vollstreckung dürfen nach Abs. 4 S. 1 erst nach Erlass des Zulassungsbeschlusses (vgl § 811 a Rn 7) und nur auf Anweisung des Gläubigers erfolgen. Wenn die Ersatzleistung aus dem Vollstreckungserlös entnommen werden soll, ist die Rechtskraft des Beschlusses abzuwarten (Abs. 4 S. 2).

6   **4. Rechtsbehelfe.** Lehnt der Gerichtsvollzieher eine vorläufige Austauschpfändung ab, kann der Gläubiger Erinnerung einlegen oder – besser – ganz einfach beim Vollstreckungsgericht gem. § 811 a Abs. 2 die Zulassung der Austauschpfändung beantragen.[5]

IV. Kosten

7   Die vorläufige Austauschpfändung durch den Gerichtsvollzieher stellt für den **Rechtsanwalt** keine besondere Angelegenheit dar, da eine besondere Angelegenheit nach § 18 Abs. 1 Nr. 7 RVG nur im Falle des § 811 a (gerichtliches Verfahren) vorliegt.[6] Eine Tätigkeit vor dem Gerichtsvollzieher wird daher durch die Verfahrensgebühr Nr. 3309 VV RVG abgegolten (§ 18 Abs. 1 Nr. 1 RVG).

8   Die Austauschpfändung löst eine besondere Gebühr bei dem **Gerichtsvollzieher** aus (Nr. 205 KV GvKostG). Gebührentatbestand ist die Bewirkung der Pfändung. Die Aufhebung der Pfändung durch den Gerichtsvollzieher (Abs. 2; § 75 S. 4 Nr. 2 GVGA) löst mangels Gebührentatbestands (§ 1 Abs. 1 GvKostG) keine Gebühr aus.

9   Hat die Austauschpfändung Bestand, gehören die Kosten zu den notwendigen Kosten der Zwangsvollstreckung (§ 788).[7]

§ 811 c Unpfändbarkeit von Haustieren

(1) Tiere, die im häuslichen Bereich und nicht zu Erwerbszwecken gehalten werden, sind der Pfändung nicht unterworfen.

(2) Auf Antrag des Gläubigers lässt das Vollstreckungsgericht eine Pfändung wegen des hohen Wertes des Tieres zu, wenn die Unpfändbarkeit für den Gläubiger eine Härte bedeuten würde, die auch unter Würdigung der Belange des Tierschutzes und der berechtigten Interessen des Schuldners nicht zu rechtfertigen ist.

I. Normzweck

1   Die Vorschrift entzieht Tiere, die im häuslichen Bereich und nicht zu Erwerbszwecken gehalten werden, grds. der Pfändung. Sie nimmt damit Rücksicht auf die regelmäßig enge emotionale Beziehung des Schuldners zu diesen Tieren, de-

---

5 Vgl Stein/Jonas/*Münzberg*, § 811 b Rn 2 aE und Rn 6.
6 AnwK-RVG/*Wolf/Volpert/Mock/Thiel/N. Schneider*, § 18 Rn 89.
7 Hk-ZPO/*Kemper*, § 811 b Rn 9.

ren Verwertung überdies häufig wenig einbringt. Nach der Vorstellung des Gesetzgebers dient § 811 c auch dem Tierschutz.[1]

II. Unpfändbarkeit (Abs. 1)

1. Voraussetzungen. a) Das Tier muss im **häuslichen Bereich**, dh in räumlicher Nähe zum Lebensmittelpunkt des Schuldners, gehalten werden. Zum häuslichen Bereich gehören v.a. die Wohnung des Schuldners und der Garten, auch ein Wohnwagen; eine Zweitwohnung gehört aber nicht mehr dazu.[2] Bei dem Tier muss es sich nicht um ein klassisches Haustier handeln; auch ein Tier, das verhaltensbedingt frei umherstreunt, kann nach Abs. 1 unpfändbar sein.[3] Der Schuldner ist dann **Halter** des Tieres, wenn er es für eine gewisse Dauer in seinen Bereich aufgenommen hat. Dagegen ist derjenige, der ein Tier nur kurzfristig in Pflege nimmt, nicht Halter;[4] in diesem Fall kann nicht ohne weiteres angenommen werden, dass eine enge Bindung zu dem Tier entsteht.

b) Das Tier darf **nicht zu Erwerbszwecken** gehalten werden. Dies bedeutet, dass wirtschaftliche Erwägungen nicht im Vordergrund stehen dürfen.[5] Stalltiere sowie Zirkus- und Zootiere fallen daher nicht in den Anwendungsbereich des § 811 c; ihre Pfändung kann aber nach § 811 Abs. 1 Nr. 5 verboten sein.[6]

2. Rechtsfolgen. Bei Vorliegen der Voraussetzungen des Abs. 1 ist das Tier **unpfändbar**. Gegenstände, die zur artgerechten Haltung erforderlich sind, dürfen wegen §§ 1 f TierSchG nicht gepfändet werden.[7]

III. Zulassung der Pfändung (Abs. 2)

1. Voraussetzungen. a) Die Pfändung darf nur zugelassen werden, wenn das Tier einen **hohen Wert** hat. Insoweit ist der Gesetzgeber bei der Neuregelung im Jahr 1990 davon ausgegangen, dass der zu erwartende Erlös die – in § 811 Abs. 1 Nr. 14 aF geregelte – Wertgrenze von 500 DM beträchtlich übersteigen müsse.[8] Dementsprechend wird heute verlangt, dass der voraussichtliche Erlös 250 € beträchtlich übersteigt.[9] In Betracht kommen zB wertvolle Reitpferde, Rassehunde und seltene Tierarten[10] sowie Koi-Karpfen und Papageien.[11]

b) Die Unpfändbarkeit muss für den Gläubiger eine **nicht zu rechtfertigende Härte** bedeuten. Ob eine derartige Härte vorliegt, ist durch eine **Abwägung** des Vermögensinteresses des Gläubigers mit dem Affektionsinteresse des Schuldners unter Würdigung der Belange des Tierschutzes festzustellen. Von Bedeutung sind zB die Vermögenslage des Gläubigers, das Vorhandensein anderer pfändbarer Ge-

---

1 Vgl BT-Drucks. 11/5463, S. 6; krit. Stein/Jonas/*Münzberg*, § 811 c Rn 1. Eingehend zu § 811 c: *Herfs*, Im häuslichen Bereich und nicht zu Erwerbungszwecken gehaltene Tiere in der Zwangsvollstreckung wegen Geldforderungen in körperliche Sachen, Diss. Köln 1998.
2 Str; wie hier MüKo-ZPO/*Gruber*, § 811 c Rn 3; Stein/Jonas/*Münzberg*, § 811 c Rn 2 Fn 7; aA *Lorz*, MDR 1990, 1057, 1060; Zöller/*Stöber*, § 811 c Rn 2.
3 MüKo-ZPO/*Gruber*, § 811 c Rn 4; *Heuser*, ZKF 2013, 44.
4 Str; wie hier Musielak/*Becker*, § 811 c Rn 2; Stein/Jonas/*Münzberg*, § 811 c Rn 3; aA Zöller/*Stöber*, § 811 c Rn 2.
5 *Lorz*, MDR 1990, 1057, 1061; Zöller/*Stöber*, § 811 c Rn 2.
6 Zöller/*Stöber*, § 811 c Rn 2; vgl auch Musielak/*Becker*, § 811 c Rn 2.
7 Stein/Jonas/*Münzberg*, § 811 c Rn 7.
8 BT-Drucks. 11/5463, S. 7. Die Pfändbarkeit eines 20jährigen Reitpferdes, das sein Gnadenbrot erhielt, wurde allerdings abgelehnt, LG Paderborn DGVZ 1996, 44.
9 Stein/Jonas/*Münzberg*, § 811 c Rn 5; Thomas/Putzo/*Seiler*, § 811 c Rn 2 a; vgl auch *Schmid*, JR 2013, 245.
10 Beispiele aus BT-Drucks. 11/5463, S. 7.
11 LG Berlin Grundeigentum 2007, 721.

genstände sowie die Dauer und Intensität der gefühlsmäßigen Bindung zu dem Tier, die v.a. bei Kindern und einsamen alten Menschen besonders stark sein kann. Die Belange des Tierschutzes gebieten eine Berücksichtigung der Folgen, die die Herausnahme des Tieres aus seiner gewohnten Umgebung für dasselbe nach sich zieht. Dass Abs. 2 lediglich von einer „Würdigung der Belange des Tierschutzes" spricht, bedeutet nicht, dass im Interesse des Gläubigers von zwingenden Vorschriften des TierSchG abgewichen werden dürfte.[12] Nach Vorstellung des Gesetzgebers kommt die Zulassung der Pfändung nur in Ausnahmefällen in Betracht.[13]

7 **2. Verfahren.** Der Gläubiger trägt die **Beweislast** für das Vorliegen der Voraussetzungen des Abs. 2.[14] Das Tier ist pfändbar, sobald der zulassende Beschluss wirksam wird, also nicht erst bei dessen Rechtskraft. Die Zulassung wirkt nur zugunsten desjenigen Gläubigers, der sie beantragt hat.[15] Im Hinblick auf das Verfahren im Übrigen und in Bezug auf die Rechtsbehelfe wird auf die Erl. in § 811 a Rn 6 bzw 13 verwiesen.

§ 811 d Vorwegpfändung

(1) ¹Ist zu erwarten, dass eine Sache demnächst pfändbar wird, so kann sie gepfändet werden, ist aber im Gewahrsam des Schuldners zu belassen. ²Die Vollstreckung darf erst fortgesetzt werden, wenn die Sache pfändbar geworden ist.

(2) Die Pfändung ist aufzuheben, wenn die Sache nicht binnen eines Jahres pfändbar geworden ist.

I. Normzweck

1 Die Vorschrift soll den Vollstreckungsgläubiger vor einer Veräußerung der Sache durch den Schuldner sowie davor schützen, dass ihm ein anderer Gläubiger zuvorkommt, wenn die Sache pfändbar wird.[1]

II. Voraussetzungen

2 Zulässig ist die Vorwegpfändung von Sachen, die nach § 811 oder nach sonstigen Vorschriften (vgl § 811 Rn 35) **unpfändbar** sind, bei denen aber eine gewisse Wahrscheinlichkeit dafür besteht, dass sie „**demnächst pfändbar**" werden. „Demnächst" bedeutet – wie aus Abs. 2 gefolgert werden kann – **spätestens binnen eines Jahres**. Die Erwartung des Wegfalls der Unpfändbarkeit kann zB dadurch begründet sein, dass ein Berufswechsel des Schuldners bevorsteht, dass Haushaltsmitglieder beabsichtigen auszuziehen[2] oder dass im Falle des § 811 c mit einer Zulassung der Pfändung zu rechnen ist.[3]

III. Verfahren

3 Der Gerichtsvollzieher nimmt die Pfändung vor, nachdem er die Voraussetzungen des Abs. 1 S. 1 geprüft und bejaht hat. Die Sache ist dem Schuldner zu belassen;

---

12 Krit. daher Stein/Jonas/*Münzberg*, § 811 c Rn 6; vgl auch MüKo-ZPO/*Gruber*, § 811 c Rn 7.
13 BT-Drucks. 11/5463, S. 7.
14 Einzelheiten bei Stein/Jonas/*Münzberg*, § 811 c Rn 8.
15 Zöller/*Stöber*, § 811 c Rn 10.
 1 AllgM; Musielak/*Becker*, § 811 d Rn 1; MüKo-ZPO/*Gruber*, § 811 d Rn 1; Stein/Jonas/*Münzberg*, § 811 d Rn 1.
 2 Vgl Stein/Jonas/*Münzberg*, § 811 d Rn 3.
 3 Zöller/*Stöber*, § 811 d Rn 1.

zulässig ist also nur eine Pfändung durch Ersichtlichmachung (s. § 808 Rn 15 f). Erst wenn die Sache pfändbar geworden ist, darf sie weggeschafft und verwertet werden (Abs. 1 S. 2). Ist die Pfändbarkeit nicht binnen eines Jahres eingetreten, muss der Gerichtsvollzieher die Pfändung von Amts wegen aufheben (Abs. 2). Rechtsbehelf ist die Erinnerung (§ 766).

§ 812 Pfändung von Hausrat

Gegenstände, die zum gewöhnlichen Hausrat gehören und im Haushalt des Schuldners gebraucht werden, sollen nicht gepfändet werden, wenn ohne weiteres ersichtlich ist, dass durch ihre Verwertung nur ein Erlös erzielt werden würde, der zu dem Wert außer allem Verhältnis steht.

I. Normzweck

Die Vorschrift ordnet die Unpfändbarkeit von Gegenständen an, deren Gebrauchswert für den Schuldner verhältnismäßig hoch ist, deren Verwertung aber erfahrungsgemäß wenig einbringt.

II. Voraussetzungen

Zum **gewöhnlichen Hausrat** iSd § 812 gehören auch Gegenstände des persönlichen Gebrauchs wie Kleider und Wäsche, aber keine Luxusgegenstände, ebenso wenig gewerblich genutzte Gegenstände.[1] Dass der Schuldner die Gegenstände für seine bescheidene Lebens- und Haushaltsführung benötigt, ist nicht erforderlich; ansonsten wäre § 812 neben § 811 Abs. 1 Nr. 1 (s. § 811 Rn 10 f) ohne Bedeutung.[2] § 812 setzt weiter voraus, dass der zu erzielende Verwertungserlös eindeutig erkennbar außer allem Verhältnis zu dem Gebrauchswert[3] für den Schuldner stehen würde. Eine Unpfändbarkeit nach § 812 wurde zB bei einem Stereoturm und einem Videorekorder bejaht.[4]

III. Rechtsfolge

Bei Vorliegen der Voraussetzungen (s. Rn 2) **muss** die Pfändung unterbleiben, auch wenn § 812 als Sollvorschrift formuliert ist. An Sachen, die gem § 812 unpfändbar sind, kann ein gesetzliches Pfandrecht nach §§ 562, 592, 704 BGB erworben werden (anders bei Unpfändbarkeit nach § 811).[5] Rechtsbehelf ist die Erinnerung (§ 766).

§ 813 Schätzung

(1) [1]Die gepfändeten Sachen sollen bei der Pfändung auf ihren gewöhnlichen Verkaufswert geschätzt werden. [2]Die Schätzung des Wertes von Kostbarkeiten soll einem Sachverständigen übertragen werden. [3]In anderen Fällen kann das Voll-

---

1 AA für im Wohnbereich genutzte gewerbliche Geräte Stein/Jonas/*Münzberg*, § 812 Rn 1.
2 MüKo-ZPO/*Gruber*, § 812 Rn 3; Stein/Jonas/*Münzberg*, § 812 Rn 2.
3 Maßgeblich ist also nicht das Verhältnis des Erlöses zum objektiven Wert der gepfändeten Sache, sondern zum Gebrauchswert im Haushalt des Schuldners, OVG Saarlouis NVwZ-RR 2006, 756; vgl auch Hk-ZPO/*Kemper*, § 812 Rn 4.
4 LG Hannover DGVZ 1990, 60.
5 Zöller/*Stöber*, § 812 Rn 1; vgl auch MüKo-ZPO/*Gruber*, § 812 Rn 8; aA LG Berlin GE 2011, 1310.

streckungsgericht auf Antrag des Gläubigers oder des Schuldners die Schätzung durch einen Sachverständigen anordnen.

(2) ¹Ist die Schätzung des Wertes bei der Pfändung nicht möglich, so soll sie unverzüglich nachgeholt und ihr Ergebnis nachträglich in dem Pfändungsprotokoll vermerkt werden. ²Werden die Akten des Gerichtsvollziehers elektronisch geführt, so ist das Ergebnis der Schätzung in einem gesonderten elektronischen Dokument zu vermerken. ³Das Dokument ist mit dem Pfändungsprotokoll untrennbar zu verbinden.

(3) Zur Pfändung von Früchten, die von dem Boden noch nicht getrennt sind, und zur Pfändung von Gegenständen der in § 811 Abs. 1 Nr. 4 bezeichneten Art bei Personen, die Landwirtschaft betreiben, soll ein landwirtschaftlicher Sachverständiger zugezogen werden, sofern anzunehmen ist, dass der Wert der zu pfändenden Gegenstände den Betrag von 500 Euro übersteigt.

(4) Die Landesjustizverwaltung kann bestimmen, dass auch in anderen Fällen ein Sachverständiger zugezogen werden soll.

§§ 82, 100, 102 GVGA

I. Allgemeines

1 **1. Normzweck.** Eine Schätzung des gewöhnlichen Verkaufswertes ist erforderlich zur Festlegung des Mindestgebots iSd § 817 a Abs. 1, das auch bei einer Verwertung nach § 825 nicht unterschritten werden darf.[1] Am geschätzten Verkaufswert wird sich der Gerichtsvollzieher ferner orientieren, wenn zu beurteilen ist, ob die Pfändung gegen das Verbot der Überpfändung oder der zwecklosen Pfändung verstößt (vgl § 803 Abs. 1 S. 2 und Abs. 2).[2]

2 **2. Anwendungsbereich.** § 813 ist anwendbar bei der Vollstreckung wegen Geldforderungen in bewegliche Sachen,[3] auch bei der Vollstreckung in Wertpapiere ohne Börsen- oder Marktpreis (vgl § 821). Keine Anwendung findet die Vorschrift dagegen bei der Vollstreckung in Forderungen und sonstige Rechte.[4]

II. Die Schätzung

3 **1. Gegenstand der Schätzung (Abs. 1 S. 1).** Geschätzt werden muss der **gewöhnliche Verkaufswert** der gepfändeten Sache, dh der Preis, der – mit Rücksicht auf den Zustand der Sache, die allgemeine Marktlage und die besonderen örtlichen und zeitlichen Verhältnisse – bei einer freihändigen Veräußerung erfahrungsgemäß zu erzielen wäre. Bei der Pfändung von Gold- und Silbersachen ist wegen § 817 a Abs. 3 auch der **Metallwert** zu schätzen.

4 **2. Zuständigkeit (Abs. 1 S. 2 und 3, Abs. 3 und 4).** a) In der Regel ist der **Gerichtsvollzieher** für die Durchführung der Schätzung zuständig. Ein Sachverständiger darf nur in den Fällen der Rn 5 und 7 sowie auf eine gerichtliche Anordnung hin (Rn 6) zugezogen werden. Ansonsten ist der Gerichtsvollzieher nicht zur Hinzuziehung eines Sachverständigen befugt.[5]

---

1 Stein/Jonas/*Münzberg*, § 825 Rn 5.
2 Vgl MüKo-ZPO/*Gruber*, § 813 Rn 1; Zöller/*Stöber*, § 813 Rn 1. Die zur Beurteilung der Voraussetzungen des § 803 Abs. 1 S. 2 oder Abs. 2 erforderliche Schätzung obliegt allein dem Gerichtsvollzieher, Stein/Jonas/*Münzberg*, § 813 Rn 1, 4 und 12.
3 Auch in den Fällen, in denen auf die Verwertung nach den Vorschriften der ZPO verwiesen ist, zB § 295 AO, § 6 JBeitrO, § 65 ZVG, § 66 Abs. 4 SGB X.
4 HM; vgl MüKo-ZPO/*Gruber*, § 813 Rn 2; Musielak/*Becker*, § 813 Rn 1.
5 HM; vgl AG Augsburg BeckRS 2012, 13781 = DGVZ 2013, 21; LG Konstanz DGVZ 1994, 140.

b) Die Schätzung des Wertes von **Kostbarkeiten** ist nach **Abs. 1 S. 2** einem **Sachverständigen** zu übertragen. Unter Kostbarkeiten werden nach der herkömmlichen Definition Gegenstände verstanden, die im Verhältnis zu ihrem Umfang einen besonders hohen Wert haben und von der Verkehrsauffassung als Kostbarkeiten angesehen werden.[6] Beispiele sind Kunstwerke, Schmuck oder Münzen.[7] Wenn ausreichend Anhaltspunkte dafür bestehen, dass es sich bei einem Gegenstand um eine Kostbarkeit handelt, muss der Gerichtsvollzieher diesen als solche behandeln.[8] Die Auswahl des Sachverständigen obliegt dem Gerichtsvollzieher.

c) Auf **Antrag** des Gläubigers oder des Schuldners kann das Vollstreckungsgericht die Schätzung durch einen **Sachverständigen** anordnen (**Abs. 1 S. 3**). Das Gericht wählt auch den Sachverständigen aus; es entscheidet durch den Rechtspfleger (§ 20 Abs. 1 Nr. 17 RPflG). Der Gerichtsvollzieher oder Dritte[9] sind nicht antragsbefugt.

d) Ein **landwirtschaftlicher Sachverständiger** soll nach **Abs. 3** zugezogen werden zur Pfändung von stehenden Früchten (vgl § 810) sowie zur Pfändung von Gegenständen iSd § 811 Abs. 1 Nr. 4 bei Personen, die Landwirtschaft betreiben, wenn der Wert der zu pfändenden Gegenstände voraussichtlich 500 € übersteigt. Bei der Berechung des Wertes ist auch der Wert der Gegenstände zu berücksichtigen, die voraussichtlich nicht pfändbar sind.[10] Ferner sind in § 100 Abs. 1 S. 2 GVGA und § 102 Abs. 3 S. 4 Nr. 1 und 2 GVGA für den Bereich der Landwirtschaft Bestimmungen der Landesjustizverwaltung iSd **Abs. 4** getroffen, die in weiteren Fällen die Zuziehung eines Sachverständigen vorsehen. Die Auswahl des Sachverständigen obliegt dem Gerichtsvollzieher. Aufgabe des Sachverständigen ist nicht nur die Schätzung des gewöhnlichen Verkaufswertes, sondern auch die Bestimmung der gewöhnlichen Reifezeit sowie die Begutachtung der Unentbehrlichkeit nach § 811 Abs. 1 Nr. 4 sowie der Zubehöreigenschaft (s. im Einzelnen §§ 100 Abs. 2, 102 Abs. 3 GVGA).

3. Weitere Verfahrensfragen (Abs. 2). Nach Abs. 2 S. 1 ist die Schätzung unverzüglich nachzuholen, wenn sie bei der Pfändung nicht möglich gewesen ist. Davon zu unterscheiden ist eine erneute Schätzung (**Nachschätzung**),[11] die geboten ist, wenn sich die wirtschaftlichen Verhältnisse wesentlich verändert haben oder wenn zwischen Schätzung und Verwertung ein längerer Zeitraum liegt. Das Ergebnis der Schätzung ist immer – im Falle des Abs. 2 S. 1 nachträglich – im **Protokoll** zu vermerken[12] und den Parteien mitzuteilen (§ 762 Abs. 2 Nr. 2). Abs. 2 Sätze 2 und 3, die die elektronische Aktenführung betreffen und die am 1.4.2005 in Kraft getreten sind, wurden durch das JKomG vom 22.3.2005[13] eingefügt.

4. Folgen von Verstößen, Rechtsbehelfe. Ein Verstoß gegen die in § 813 enthaltenen Sollvorschriften berührt die Wirksamkeit der Pfändung nicht. Es können aber Amtshaftungsansprüche gegen den Gerichtsvollzieher begründet sein, die allerdings an § 839 Abs. 3 BGB scheitern, wenn der Geschädigte keinen Antrag nach Abs. 1 S. 3 stellt.[14] Gegen Entscheidungen des Vollstreckungsgerichts nach Abs. 1 S. 3 findet die sofortige Beschwerde (§ 11 RPflG, § 793) statt, gegen Maßnahmen des Gerichtsvollziehers (zB Unterlassung der Zuziehung eines Sachver-

---

6 Stein/Jonas/*Münzberg*, § 813 Rn 6 mwN.
7 Vgl OLG Köln NJW 1992, 50.
8 OLG Köln Rpfleger 1998, 353.
9 LG Berlin DGVZ 1978, 112, 113 f.
10 Stein/Jonas/*Münzberg*, § 813 Rn 16; vgl auch MüKo-ZPO/*Gruber*, § 813 Rn 9.
11 Hierzu Stein/Jonas/*Münzberg*, § 813 Rn 14; Zöller/*Stöber*, § 813 Rn 8.
12 Thomas/Putzo/*Seiler*, § 813 Rn 1.
13 BGBl. I S. 837.
14 Vgl OLG München InVo 1999, 316.

ständigen) die Erinnerung (§ 766).[15] Die Unrichtigkeit einer Schätzung durch den Gerichtsvollzieher kann von den Parteien nur durch einen Antrag nach Abs. 1 S. 3 gerügt werden.[16] Für eine Erinnerung, auf die hin der Richter die Schätzung ja nicht selbst vornehmen, sondern nur eine Neuschätzung durch den Gerichtsvollzieher anordnen dürfte, fehlt das Rechtsschutzbedürfnis.[17] Aus diesem Grund kann auch der unrichtigen Schätzung durch einen Sachverständigen nur durch einen (erneuten) Antrag nach Abs. 1 S. 3 entgegengetreten werden.[18]

III. Kosten

10 Die Schätzung gepfändeter Sachen ist bei dem Gerichtsvollzieher durch die Pfändungsgebühr (Nr. 205 KV GvKostG) abgegolten. Ist die Zuziehung eines Sachverständigen erforderlich (Abs. 1 S. 2, 3; Abs. 3; Abs. 4), werden dessen Kosten als Auslagen des Gerichtsvollziehers erhoben (Nr. 703 KV GvKostG). Für die Höhe der Kosten sind die Bestimmungen des JVEG heranzuziehen, das auch Anwendung findet, wenn Sachverständige von einem Gerichtsvollzieher herangezogen werden (§ 1 Abs. 1 S. 1 Nr. 1 JVEG).

§§ 813 a, 813 b (weggefallen)

§ 814 Öffentliche Versteigerung

(1) Die gepfändeten Sachen sind von dem Gerichtsvollzieher öffentlich zu versteigern; Kostbarkeiten sind vor der Versteigerung durch einen Sachverständigen abzuschätzen.[1]

(2) Eine öffentliche Versteigerung kann nach Wahl des Gerichtsvollziehers

1. als Versteigerung vor Ort oder

2. als allgemein zugängliche Versteigerung im Internet über eine Versteigerungsplattform

erfolgen.

(3) [1]Die Landesregierungen bestimmen für die Versteigerung im Internet nach Absatz 2 Nummer 2 durch Rechtsverordnung

1. den Zeitpunkt, von dem an die Versteigerung zugelassen ist,

2. die Versteigerungsplattform,

3. die Zulassung zur und den Ausschluss von der Teilnahme an der Versteigerung; soweit die Zulassung zur Teilnahme oder der Ausschluss von einer Versteigerung einen Identitätsnachweis natürlicher Personen vorsieht, ist spätestens ab dem 1. Januar 2013 auch die Nutzung des elektronischen Identitätsnachweises (§ 18 des Personalausweisgesetzes) zu diesem Zweck zu ermöglichen,

4. Beginn, Ende und Abbruch der Versteigerung,

---

15 Einzelheiten bei Stein/Jonas/*Münzberg*, § 813 Rn 8.
16 HM; LG Aachen JurBüro 1986, 1256; MüKo-ZPO/*Gruber*, § 813 Rn 14; Musielak/*Becker*, § 813 Rn 7; Thomas/Putzo/*Seiler*, § 813 Rn 9; Zöller/*Stöber*, § 813 Rn 10.
17 Vgl Hk-ZPO/*Kemper*, § 813 Rn 10; Stein/Jonas/*Münzberg*, § 813 Rn 13.
18 Wie hier MüKo-ZPO/*Gruber*, § 813 Rn 14; Musielak/*Becker*, § 813 Rn 7; aA (nur § 766) Thomas/Putzo/*Seiler*, § 813 Rn 9; Zöller/*Stöber*, § 813 Rn 10; (auch § 766) Stein/Jonas/*Münzberg*, § 813 Rn 13.

1 Amtl. Anmerkung: § 814 Halbsatz 2 gemäß Artikel 5 Nr. 1 des Gesetzes vom 20. August 1953 (BGBl. I S. 952) außer Kraft, soweit er sich nicht auf das Verwaltungsverfahren bezieht.

5. die Versteigerungsbedingungen und die sonstigen rechtlichen Folgen der Versteigerung einschließlich der Belehrung der Teilnehmer über den Gewährleistungsausschluss nach § 806,
6. die Anonymisierung der Angaben zur Person des Schuldners vor ihrer Veröffentlichung und die Möglichkeit der Anonymisierung der Daten der Bieter,
7. das sonstige zu beachtende besondere Verfahren.

²Sie können die Ermächtigung durch Rechtsverordnung auf die Landesjustizverwaltungen übertragen.

§§ 91, 92 GVGA

I. Allgemeines

Gepfändete Sachen werden regelmäßig in der Weise verwertet, dass sie der Gerichtsvollzieher **öffentlich versteigert**. Auf diese Weise soll ein **möglichst hoher Erlös** erzielt werden.[2] Eine **andere Art** der Verwertung ist vorgesehen bei **Geld**, das abgeliefert wird (§ 815), sowie bei börsengängigen **Wertpapieren** (§ 821), die freihändig verkauft werden. Unter den Voraussetzungen des § 817 a Abs. 3 werden auch Gold- und Silbersachen freihändig verkauft. Schließlich kann das Vollstreckungsgericht nach § 825 auf Antrag eine andere Art der Verwertung anordnen.

Der von § 815 verfolgte Zweck, einen möglichst hohen Erlös zu erzielen, wird bei einer als **Präsenzversteigerung** durchgeführten öffentlichen Versteigerung häufig verfehlt. An einer solchen kann nur teilnehmen, wer körperlich anwesend ist. Zudem werden die Termine häufig nur in Lokalblättern oder gar nur durch Anschlag bekannt gemacht.[3] Eine **Versteigerung über das Internet**, die Abhilfe verspricht,[4] ist bislang nur auf Basis des § 825 Abs. 1 möglich gewesen (s. § 825 Rn 5).[5] Dies hat sich geändert durch das „Gesetz über die Internetversteigerung in der Zwangsvollstreckung und zur Änderung anderer Gesetze", das in seinen wesentlichen Teilen am 5.8.2009 in Kraft getreten ist.[6] Die öffentliche Versteigerung kann nunmehr auch als **Internetversteigerung** durchgeführt werden, die als **Regelfall der Verwertung** neben die Präsenzversteigerung gestellt worden ist. Dem § 814, dessen bisheriger Wortlaut zum Abs. 1 geworden ist, sind zwei Absätze angefügt worden. Nach Abs. 2 kann die öffentliche Versteigerung nach Wahl des Gerichtsvollziehers als Versteigerung vor Ort oder als Internetversteigerung erfolgen. Abs. 3 S. 1 ermächtigt die Landesregierungen dazu, Einzelheiten der Internetversteigerung wie die Versteigerungsplattform, Beginn, Ende und Ablauf der Auktion sowie die Voraussetzungen für die Teilnahme an der Versteigerung durch Rechtsverordnung zu regeln. Von dieser Ermächtigung haben die Länder durch Erlass von **Internetversteigerungsverordnungen** Gebrauch gemacht (s. Rn 6). Zum Zwecke der Anpassung an die bei der Internetversteigerung gel-

---

2 Vgl Zöller/*Stöber*, § 814 Rn 1.
3 Vgl MüKo-ZPO/*Gruber*, § 814 Rn 2.
4 Zu den Vorteilen der Internetversteigerung gegenüber der Präsenzversteigerung s. *Meller-Hannich*, DGVZ 2009, 21 f; *Remmert*, NJW 2009, 2572; ferner Begr. RegE der Bundesregierung über die Internetversteigerung in der Zwangsvollstreckung, BT-Drucks. 16/12811, S. 7 f.
5 Analyse der bisher geltenden Rechtslage und Unterbreitung rechtspolitischer Vorschläge bei *Viertelhausen*, DGVZ 2003, 2 und *Schnabel*, NJW 2005, 941; eingehend *Meller-Hannich*, DGVZ 2009, 21, 24 ff.
6 BGBl. I S. 2474; RegE und Begr., Stellungnahme des Bundesrates und Gegenäußerung der Bundesregierung finden sich in BT-Drucks. 16/12811. Aus unterschiedlichen Gründen kritisch zum RefE des Gesetzes äußern sich *Goebel*, FoVo 2008, 194 und *Meller-Hannich*, DGVZ 2009, 21, 30 f. Dagegen begrüßen *Remmert*, NJW 2009, 2572, 2574 bzw *Viertelhausen*, KKZ 2008, 265 das Gesetz bzw den RefE.

tenden Besonderheiten sind ferner die §§ 816 und 817 geändert worden (s. Rn 6 und die Erl. zu §§ 816 f); zu den Änderungen des GvKostG s. Rn 7 ff. Auch die öffentliche Versteigerung nach der AO wird als Internetversteigerung möglich sein, nachdem die §§ 296, 298, 299, 301 und 341 AO geändert worden sind. Anders als in der ZPO ist in der AO die zu benutzende Versteigerungsplattform gesetzlich vorgegeben. Gemäß § 296 Abs. 1 Nr. 2 AO erfolgt die öffentliche Versteigerung im Internet über die Plattform www.zollauktion.de.

II. Voraussetzungen der öffentlichen Versteigerung

3   Soweit keine andere Verwertung vorgesehen ist (s. Rn 1), werden gepfändete Gegenstände nach § 814 öffentlich versteigert. Die Versteigerung setzt zum einen eine **wirksame Pfändung** (s. § 803 Rn 5) voraus; ein Pfändungspfandrecht muss nicht entstanden sein.[7] Zum anderen muss die Fortsetzung der Vollstreckung zulässig sein; es dürfen also **keine** dauernden oder zeitweiligen **Verwertungshindernisse** vorliegen.[8] Dementsprechend unterbleibt eine Veräußerung bei einer Sicherungsvollstreckung (§ 720 a) und einer Arrestpfändung (§ 930) sowie bei Bestehen eines Veräußerungsverbotes (§ 772) und bei einer Nacherbschaft (§ 773), des Weiteren bei einer (einstweiligen) Einstellung der Zwangsvollstreckung (§§ 707, 709, 769, 775 Nr. 2, 4 und 5), bei Anordnungen nach § 765 a sowie bei einem Vollstreckungsaufschub (§ 802 b).[9] Die Insolvenz des Schuldners hindert die Versteigerung grds. nicht.[10]

III. Durchführung

4   **1. Arten der öffentlichen Versteigerung (Abs. 2), Zuständigkeit.** Die Versteigerung wird gem. Abs. 2 nach Wahl des Gerichtsvollziehers als **Präsenzversteigerung** oder als **Internetversteigerung** durchgeführt. Der Gerichtsvollzieher wird sich für die Versteigerungsart entscheiden, bei der voraussichtlich ein höherer Erlös erzielt werden kann. **Zuständig** ist der Gerichtsvollzieher, der die Gegenstände gepfändet hat, bei mehrfacher Pfändung der Erstpfändende (§ 827). Trifft die Pfändung durch den Gerichtsvollzieher mit der Pfändung durch einen Vollziehungsbeamten zusammen, dann gilt § 308 AO. Die Durchführung der Verwertung muss – außer bei der vorläufigen Austauschpfändung (§ 811 b Abs. 4) – nicht gesondert beantragt werden.[11] Der Gerichtsvollzieher wird bei der Versteigerung **hoheitlich** tätig;[12] er handelt nicht als Vertreter des Gläubigers oder des Schuldners. Weisungen des Gläubigers, die nicht im Widerspruch zum Gesetz oder zur GVGA stehen, muss er allerdings befolgen.[13] Die Versteigerung ist kein Pfandverkauf iSd §§ 1233 ff BGB; die Regeln des BGB über den Pfandverkauf sind weder unmittelbar noch entsprechend anwendbar.[14]

5   **2. Verfahren. a) Versteigerung vor Ort (Abs. 2 Nr. 1).** Der Ablauf des Verfahrens ist in §§ 814, 816–819 sowie in §§ 92 ff GVGA geregelt. § 814 selbst bestimmt nur, dass die Versteigerung **öffentlich** sein muss, dh dass jedermann freien Zutritt zu ihr haben muss. Gründe der Sicherheit und Ordnung sowie ein beschränktes

---

7   Nach der hier vertretenen Auffassung führt freilich jede gültige Pfändung zur Entstehung eines Pfändungspfandrechts (s. § 804 Rn 4).
8   Hierzu etwa Stein/Jonas/*Münzberg*, § 814 Rn 11; Zöller/*Stöber*, § 814 Rn 4.
9   Zu Sondervorschriften, die beachtet werden müssen, eingehend Stein/Jonas/*Münzberg*, § 814 Rn 6 ff.
10 Einzelheiten bei MüKo-ZPO/*Gruber*, § 814 Rn 6.
11 Zöller/*Stöber*, § 814 Rn 1.
12 Musielak/*Becker*, § 814 Rn 4.
13 Hk-ZPO/*Kindl*, § 753 Rn 8.
14 Stein/Jonas/*Münzberg*, § 814 Rn 2, der auch darauf hinweist, dass §§ 1239, 156 BGB kraft ausdrücklicher Verweisung in §§ 816 Abs. 4, 817 Abs. 1 Anwendung finden.

Raumangebot rechtfertigen Beschränkungen der Öffentlichkeit.[15] **Verstöße** gegen das Gebot der Öffentlichkeit führen zur Unwirksamkeit der Versteigerung und hindern den Übergang des Eigentums.[16]

b) Internetversteigerung (Abs. 2 Nr. 2; Abs. 3). Die Internetversteigerung soll nach der Vorstellung des Gesetzgebers grds. den Regeln der Präsenzversteigerung folgen.[17] Insbesondere muss auch die Versteigerung im Internet **allgemein zugänglich** sein. Keine Anwendung finden allerdings die Abs. 2 und 3 des § 816. Ferner ist bei der Internetversteigerung nur § 1239 Abs. 1 S. 1 BGB und nicht auch – wie bei der Versteigerung vor Ort – § 1239 Abs. 2 BGB entsprechend anzuwenden. Besonderheiten gelten des Weiteren für die Erteilung des Zuschlags, die in § 817 Abs. 1 S. 2 geregelt ist (s. § 817 Rn 5 f). Im Hinblick auf **Abs. 3 S. 1 Nr. 2** ist darauf hinzuweisen, dass der Gesetzgeber davon Abstand genommen hat, die bereits vorhandenen Auktionsplattformen (zB eBay) für die Versteigerung gepfändeter Gegenstände zu nutzen. Er ist nämlich davon ausgegangen, dass bei einer Verwertung über diese Plattformen der umfassende Gewährleistungsausschluss (§ 806) entfiele und dass die Vorschriften über den Fernabsatzverkauf (§§ 312 c ff BGB) sowie über den Verbrauchsgüterkauf (§§ 474 ff BGB) grds. anwendbar seien.[18] Die von den Ländern mittlerweile erlassenen **Internetversteigerungsverordnungen**[19] sehen als **Versteigerungsplattform** das Internetportal www.justiz-auktion.de vor, das vom Land Nordrhein-Westfalen federführend betrieben wird. Zu den Regelungen über „das sonstige zu beachtende besondere Verfahren" (**Abs. 3 S. 1 Nr. 7**) zählen nach Anschauung des Gesetzgebers zB solche über die Zahlungsmodalitäten sowie über das Vorgehen bei der Ablieferung der zugeschlagenen Sache (vgl § 817 Rn 8).[20] Zu weiteren in der Rechtsverordnung zu treffenden Regelungen s. auch § 817 Rn 3.

IV. Kosten

Die Kosten des Gerichtsvollziehers richten sich nach den Bestimmungen des 3. Abschnitts des Kostenverzeichnisses zum GvKostG („Verwertung"). **Gebühren** können entstehen u.a. für die Entfernung der Gegenstände aus dem Gewahrsam des Schuldners (Nr. 220 KV GvKostG), für die Bestimmung von Verwertungsterminen (Nr. 302 KV GvKostG) sowie für die Verwertung selbst (Nr. 300 KV GvKostG).

---

15 Im Einzelnen str; wie hier Musielak/*Becker*, § 814 Rn 5; vgl auch MüKo-ZPO/*Gruber*, § 814 Rn 9; Stein/Jonas/*Münzberg*, § 814 Rn 5; Thomas/Putzo/*Seiler*, § 814 Rn 5; enger (nur Sicherheitsbeschränkungen des öffentlichen Rechts) Zöller/*Stöber*, § 814 Rn 2.
16 Musielak/*Becker*, § 814 Rn 5; Thomas/Putzo/*Seiler*, § 814 Rn 5.
17 Begr. RegE BT-Drucks. 16/12811, S. 8.
18 Begr. RegE BT-Drucks. 16/12811, S. 8. Die Annahme des Gesetzgebers ist indessen nicht zutreffend. Gewährleistungsansprüche sowie die Vorschriften über Fernabsatzgeschäfte und Verbrauchsgüterkäufe sind nämlich nur dann nicht ausgeschlossen, wenn die Verwertung durch eine andere Person als den Gerichtsvollzieher erfolgt; eingehend und zutreffend *Meller-Hannich*, DGVZ 2009, 21, 22 f, 28; aA *Remmert*, NJW 2009, 2572, 2574.
19 Baden-Württemberg (VO v. 3.5.2010, GBl. S. 412); Bayern (VO v. 25.11.2009, GVBl. S. 619); Brandenburg (VO v. 8.2.2011, GVBl. II Nr. 10); Bremen (VO v. 21.4.2010, GBl. S. 339); Hamburg (VO v. 6.4.2010, GVBl. S. 2540); Hessen (VO v. 10.6.2010, GVBl. I S. 172); Mecklenburg-Vorpommern (VO v. 6.10.2010, GVOBl. S. 603); Nordrhein-Westfalen (VO v. 22.9.2009, GV. S. 508); Rheinland-Pfalz (VO v. 26.6.2010, GVBl. S. 198); Saarland (VO v. 17.1.2011, ABl. I S. 16); Sachsen (VO v. 14.3.2010, GVBl. S. 94); Sachsen-Anhalt (VO v. 3.2.2010, GVBl. S. 36); Thüringen (VO v. 22.9.2010, GVBl. S. 323).
20 Begr. RegE BT-Drucks. 16/12811, S. 11.

8 Daneben können **Auslagen** (Nr. 700 ff KV GvKostG) anfallen. An Auslagen können insb. Transport-, Lager- und Bekanntmachungskosten (Nr. 702, 707, 709, 710 KV GvKostG) entstehen.

9 Erfolgt die **Versteigerung im Internet** (Abs. 2 Nr. 2), finden die Bestimmungen des 3. Abschnitts („Verwertung") und des 7. Abschnitts („Auslagen") des Kostenverzeichnisses zum GvKostG ebenfalls Anwendung. Die Gebühren- und Auslagenbestimmungen, die bei der Verwertung anzuwenden sind, wurden entsprechend angepasst (Vorbem. 3 S. 2 KV GvKostG; Anm. S. 2 zu Nr. 300 KV GvKostG; Nr. 302 KV GvKostG).[21]

10 Die Kosten gehören zu den notwendigen Kosten der Zwangsvollstreckung iSv § 788. Diese Kosten kann der Gerichtsvollzieher dem Erlös vorab (§ 15 Abs. 1 GvKostG) und vor der Ablieferung von Geld an den Gläubiger (§ 15 Abs. 2 GvKostG) entnehmen, wenn nicht ein Entnahmeverbot (§ 15 Abs. 3 GvKostG) besteht.

§ 815 Gepfändetes Geld

(1) Gepfändetes Geld ist dem Gläubiger abzuliefern.

(2) ¹Wird dem Gerichtsvollzieher glaubhaft gemacht, dass an gepfändetem Geld ein die Veräußerung hinderndes Recht eines Dritten bestehe, so ist das Geld zu hinterlegen. ²Die Zwangsvollstreckung ist fortzusetzen, wenn nicht binnen einer Frist von zwei Wochen seit dem Tag der Pfändung eine Entscheidung des nach § 771 Abs. 1 zuständigen Gerichts über die Einstellung der Zwangsvollstreckung beigebracht wird.

(3) Die Wegnahme des Geldes durch den Gerichtsvollzieher gilt als Zahlung von Seiten des Schuldners, sofern nicht nach Absatz 2 oder nach § 720 die Hinterlegung zu erfolgen hat.

§ 87 GVGA

I. Normzweck	1	3. Rechtsbehelfe	11
II. Ablieferung von gepfändetem Geld (Abs. 1)	2	IV. Zahlungsfiktion (Abs. 3)	12
1. Geld	2	1. Materiellrechtliche Wirkung	12
2. Ablieferung	3	2. Verfahrensrechtliche Wirkung	14
III. Vorläufige Hinterlegung (Abs. 2)	5	3. Ausschluss der Fiktion	15
1. Regelungsgehalt und Anwendungsbereich	5	V. Freiwillige Zahlungen	16
2. Glaubhaftmachung und Hinterlegung	6	VI. Kosten	17

I. Normzweck

1 Die Vorschrift regelt in **Abs. 1** die Verwertung von gepfändetem Geld. **Abs. 2** ordnet ein Hinterlegungsverfahren an, um Dritten die rechtzeitige Erhebung der Drittwiderspruchsklage zu ermöglichen. **Abs. 3** enthält eine dem § 819 entsprechende Gefahrtragungsregel.

---

21 Durch Art. 3 des Gesetzes über die Internetversteigerung in der Zwangsvollstreckung und zur Änderung anderer Gesetze vom 30.7.2009 (BGBl. I S. 2474, 2475).

II. Ablieferung von gepfändetem Geld (Abs. 1)

1. Geld. Geld iSd § 815 sind Euromünzen und -banknoten, ferner sonstige verkehrsübliche Zahlungsmittel wie Briefmarken, Stempelmarken, Kostenmarken und Versicherungsmarken, die der Gerichtsvollzieher von sich aus in Geld umwechselt. Gepfändete Münzen können wie Kostbarkeiten (§ 813 Abs. 1 S. 2) zu behandeln sein, wenn Anhaltspunkte dafür bestehen, dass ihr Marktwert nicht unerheblich über dem Nennwert liegt.[1] **Ausländisches** Geld fällt nicht unter § 815; die Zahlungsfiktion des Abs. 3 setzt nämlich die Pfändung von Geld voraus, mit dem der Gläubiger ohne weiteres bezahlen kann. Die Verwertung von ausländischem Geld erfolgt nach § 821, dh durch Umwechslung zum Tageskurs.[2]

2. Ablieferung. Der Gerichtsvollzieher liefert das Geld – nach Entnahme der Kosten (§ 15 Abs. 2 GvKostG) – an den Gläubiger ab. Wenn er es zunächst auf sein Dienstkonto einzahlt und es später dem Gläubiger überweist, dann ist die Ablieferung mit der Abbuchung erfolgt.[3] Bis zur Ablieferung hat der Gläubiger ein Pfändungspfandrecht an dem Geld, das sich im Falle der Einzahlung auf das Dienstkonto des Gerichtsvollziehers an dem Guthaben fortsetzt.[4] Nicht schon mit der Wegnahme, sondern erst mit der Ablieferung des Geldes wird der Gläubiger **Eigentümer**.[5] Der Gerichtsvollzieher verschafft ihm das Eigentum durch **staatlichen Hoheitsakt**,[6] und zwar auch dann, wenn der Schuldner vorher nicht Eigentümer des Geldes gewesen ist.[7] Der Gläubiger kann auch einen Dritten zur **Empfangnahme** des Geldes **ermächtigen**. Die Geldempfangsvollmacht ist dem Gerichtsvollzieher durch Vorlage der Originalurkunde oder einer Ausfertigung nachzuweisen;[8] ein Telefax[9] oder eine nicht beglaubigte Ablichtung[10] genügt nicht. Eine reine Prozessvollmacht ermächtigt nur zur Empfangnahme der zu erstattenden Prozesskosten (§ 81).[11]

Erst mit der **Ablieferung** ist die **Zwangsvollstreckung beendet**.[12] Bis dahin sind Anschlusspfändungen (§ 826) möglich und können Rechtsbehelfe (§§ 766, 771) eingelegt werden. Nach Beendigung der Vollstreckung können Ausgleichsansprüche aus ungerechtfertigter Bereicherung geltend gemacht werden (s. § 804 Rn 16).

III. Vorläufige Hinterlegung (Abs. 2)

1. Regelungsgehalt und Anwendungsbereich. Der für die Erhebung einer Widerspruchsklage zur Verfügung stehende Zeitraum ist nach der Pfändung von Geld, das ja nur abgeliefert werden muss, uU recht kurz. Abs. 2 **ermöglicht** dem Inha-

---

1 OLG Köln NJW 1992, 50; vgl auch *Häde*, KTS 1991, 365, 369.
2 Ganz hM; MüKo-ZPO/*Gruber*, § 815 Rn 3; Musielak/*Becker*, § 815 Rn 2; Stein/Jonas/*Münzberg*, § 815 Rn 3; Thomas/Putzo/*Seiler*, § 815 Rn 2; Zöller/*Stöber*, § 815 Rn 1.
3 Vgl Stein/Jonas/*Münzberg*, § 815 Rn 14 f.
4 Musielak/*Becker*, § 815 Rn 2; MüKo-ZPO/*Gruber*, § 815 Rn 6; eingehend Stein/Jonas/*Münzberg*, § 815 Rn 14.
5 Aus der in Abs. 3 geregelten Zahlungsfiktion ergibt sich nichts anderes, Stein/Jonas/*Münzberg*, § 815 Rn 13; vgl auch Zöller/*Stöber*, § 815 Rn 2.
6 HM; vgl Musielak/*Becker*, § 815 Rn 2; Stein/Jonas/*Münzberg*, § 815 Rn 15; Thomas/Putzo/*Seiler*, § 815 Rn 3; Zöller/*Stöber*, § 815 Rn 1; aA (öffentlich-rechtlicher Vertrag) MüKo-ZPO/*Gruber*, § 815 Rn 5.
7 Wohl allgM; MüKo-ZPO/*Gruber*, § 815 Rn 6; Thomas/Putzo/*Seiler*, § 815 Rn 3.
8 Vgl LG Braunschweig DGVZ 1977, 22; LG Bremen DGVZ 2002, 168; vgl auch MüKo-ZPO/*Gruber*, § 815 Rn 4; Zöller/*Stöber*, § 815 Rn 1, jew. mwN.
9 LG Aachen DGVZ 1991, 173.
10 LG Bielefeld DGVZ 1993, 28.
11 LG Duisburg BeckRS 2012, 18535 = DGVZ 2013, 38.
12 Vgl Zöller/*Stöber*, § 815 Rn 3.

ber eines veräußerungshindernden Rechts[13] die **rechtzeitige Intervention**, indem er die vorläufige Hinterlegung für den Fall anordnet, dass das Recht glaubhaft gemacht wird. Auch der Schuldner selbst kann Inhaber eines solchen Rechts sein, nämlich dann, wenn nur bestimmte Vermögensmassen für die Titelforderung haften (s. §§ 780, 781, 786).[14] Entsprechend anwendbar ist Abs. 2, wenn ein Recht auf vorzugsweise Befriedigung (§ 805) glaubhaft gemacht wird (§ 87 Abs. 3 GVGA). Keine Anwendung findet Abs. 2 dagegen, wenn die titulierte Forderung gepfändet worden ist.[15] Ferner ist Abs. 2 nicht anwendbar bei der Auskehrung des Verwertungserlöses sowie bei der Vollstreckung von Herausgabeansprüchen (§§ 883 f).[16]

6 **2. Glaubhaftmachung und Hinterlegung.** a) Das Recht muss glaubhaft gemacht werden, und zwar spätestens bis zur Ablieferung. Die Glaubhaftmachung, zu der gem. § 294 Abs. 2 nur präsente Beweismittel zugelassen werden,[17] kann durch den Dritten selbst, aber auch durch den Schuldner erfolgen.

7 b) **Missglückt** die Glaubhaftmachung, dann liefert der Gerichtsvollzieher das Geld ohne Verzögerung ab.

8 c) Erachtet der Gerichtsvollzieher das Recht des Dritten als **glaubhaft**, dann **hinterlegt** er das Geld – ohne Abzug von Kosten – nach §§ 5 ff HintO bei der Hinterlegungsstelle. Im Hinblick auf die in Abs. 2 S. 2 geregelte **Frist** behält er sich die unbedingte Rücknahme nach Ablauf von zwei Wochen seit der Pfändung vor.[18] Die **Dauer der Hinterlegung** hängt davon ab, ob dem Dritten die fristgemäße Beibringung einer Entscheidung gelingt:

9 aa) Kann der Dritte binnen einer Frist von zwei Wochen seit dem Pfändungstag eine **Entscheidung** des **Prozessgerichts** nach § 771 Abs. 3[19] erwirken und dem Gerichtsvollzieher vorlegen, dann setzt dieser die Zwangsvollstreckung nicht fort (vgl **Abs. 2 S. 2**). Die Vorlage einer Entscheidung des Vollstreckungsgerichts nach § 769 Abs. 2 genügt nicht. Wenn die Voraussetzungen des Abs. 2 S. 2 vorliegen, dann bleibt das Geld hinterlegt. Die Hinterlegungsstelle gibt es nach §§ 12 ff HintO unmittelbar an denjenigen heraus, der sich im Widerspruchsprozess nach § 771 als Berechtigter erwiesen hat.[20]

10 bb) Wenn der Dritte binnen der Frist **keine** den Anforderungen des Abs. 2 S. 2 entsprechende **Entscheidung** beibringt, dann holt der Gerichtsvollzieher das Geld von der Hinterlegungsstelle zurück und händigt es – nach Entnahme der Kosten (s. Rn 3) – dem Gläubiger aus.[21] Wird der Einstellungsbeschluss in dem Zeitraum zwischen der Rückgabe des Geldes an den Gerichtsvollzieher und der Ablieferung an den Gläubiger beigebracht, dann wird das Geld aufgrund dieses Beschlusses erneut hinterlegt.[22]

---

13 Hierzu etwa Hk-ZPO/*Kindl*, § 771 Rn 5 ff.
14 Stein/Jonas/*Münzberg*, § 815 Rn 5.
15 Str; wie hier *Münzberg*, DGVZ 1985, 145; MüKo-ZPO/*Gruber*, § 815 Rn 7.
16 Str; wie hier Musielak/*Becker*, § 815 Rn 3; Stein/Jonas/*Münzberg*, § 815 Rn 5; Thomas/Putzo/*Seiler*, § 815 Rn 6; Zöller/*Stöber*, § 815 Rn 7; aA MüKo-ZPO/*Gruber*, § 815 Rn 7; *Schneider*, DGVZ 1989, 145, 148 f.
17 Str; wie hier MüKo-ZPO/*Gruber*, § 815 Rn 9; Stein/Jonas/*Münzberg*, § 815 Rn 6; aA Baumbach/*Hartmann*, § 815 Rn 6.
18 Stein/Jonas/*Münzberg*, § 815 Rn 11; vgl auch MüKo-ZPO/*Gruber*, § 815 Rn 10.
19 Ggf auch eine Entscheidung nach §§ 785, 769 Abs. 1 bzw nach § 805 Abs. 4; Musielak/*Becker*, § 815 Rn 3.
20 Vgl MüKo-ZPO/*Gruber*, § 815 Rn 11; Stein/Jonas/*Münzberg*, § 815 Rn 10; Zöller/*Stöber*, § 815 Rn 6.
21 Musielak/*Becker*, § 815 Rn 3.
22 Stein/Jonas/*Münzberg*, § 815 Rn 12; MüKo-ZPO/*Gruber*, § 815 Rn 12; vgl Zöller/*Stöber*, § 815 Rn 4.

3. Rechtsbehelfe. Gegen eine Verweigerung der Hinterlegung trotz des Vorliegens der Voraussetzungen des Abs. 2 S. 1 können Dritte und der Schuldner im Wege der Erinnerung (§ 766) vorgehen. Der Gläubiger kann Erinnerung einlegen, wenn der Gerichtsvollzieher nicht an ihn abliefert, sondern hinterlegt. Die Erinnerung kann nicht darauf gestützt werden, dass der Gerichtsvollzieher das Drittrecht für (nicht) glaubhaft erachtet hat.[23]

IV. Zahlungsfiktion (Abs. 3)

1. Materiellrechtliche Wirkung. Nach Abs. 3 **gilt** die Wegnahme des Geldes durch den Gerichtsvollzieher als Zahlung von Seiten des Schuldners. Im Verhältnis zwischen Gläubiger und Schuldner regelt Abs. 3 damit die **Gefahrtragung** abweichend von § 270 BGB: Da der Schuldner keinen Einfluss auf den weiteren Ablauf des Verfahrens hat, geht schon mit der Wegnahme die Gefahr auf den Gläubiger über, dass das Geld vom Gerichtsvollzieher unterschlagen wird oder ihm abhanden kommt.[24] Weiter gehende **materiellrechtliche Wirkungen** kommen der Wegnahme **nicht** zu. Insbesondere fingiert Abs. 3 nicht den Eintritt der Erfüllung.[25] Ob, in welcher Höhe und zu welchem Zeitpunkt die Titelforderung getilgt wird, bestimmt sich vielmehr ausschließlich nach dem materiellen Recht.[26] Die Erfüllungswirkung und das Ende des Verzugs treten demnach erst ein, wenn das Geld abgeliefert wird und der Gläubiger Eigentum an ihm erwirbt (s. Rn 3).

Ist das Geld **eines Dritten** gepfändet worden, dann findet kein Übergang der Gefahr auf den Gläubiger statt.[27] Das durch Abs. 3 geschützte Vermögen des Schuldners ist nicht betroffen; der Schutz des Dritten ist in Abs. 2, § 771 geregelt. Ebenso wenig wird die Forderung getilgt, wenn der Gerichtsvollzieher schuldnerfremdes Geld an den Gläubiger abliefert;[28] dieses Geld gehört ja nicht zu dem Vermögen, das für die Titelforderung haftet (s. § 804 Rn 3). Dasselbe gilt, wenn die Forderung gar nicht besteht,[29] der Gläubiger also zB aus einem vorläufig vollstreckbaren Urteil vollstreckt, das auf ein Rechtsmittel hin aufgehoben wird.

2. Verfahrensrechtliche Wirkung. Verfahrensrechtlich wirkt die Fiktion in der Weise, dass die **Ausfertigung** des Titels in Höhe des weggenommenen Geldbetrages **verbraucht** ist. Diese verfahrensrechtliche Wirkung tritt auch dann ein, wenn das veräußerungshindernde Recht eines Dritten nicht glaubhaft gemacht wurde und das Geld daher nicht hinterlegt, sondern an den Gläubiger abgeliefert worden ist (s. Rn 7).[30] Stellt sich in diesem Fall im Nachhinein heraus, dass doch ein Drittrecht besteht, dann muss sich der Gläubiger eine weitere Ausfertigung besorgen; uU muss er erneut auf Leistung klagen.[31]

3. Ausschluss der Fiktion. Die Fiktion ist nach **Abs. 3 Hs 2** ausgeschlossen, sofern nach Abs. 2 oder nach § 720 die Hinterlegung zu erfolgen hat. Dies gilt ent-

---

23 Musielak/*Becker*, § 815 Rn 6.
24 Insoweit wohl allgM; vgl zB MüKo-ZPO/*Gruber*, § 815 Rn 14; Stein/Jonas/*Münzberg*, § 815 Rn 16; Zöller/*Stöber*, § 815 Rn 2.
25 AA Thomas/Putzo/*Seiler*, § 815 Rn 10; Zöller/*Stöber*, § 815 Rn 2; vgl auch BGH WM 1983, 1337 (Rz 29 bei juris); BGH NJW 1999, 1704 f.
26 Sehr klar Stein/Jonas/*Münzberg*, § 815 Rn 18; vgl auch MüKo-ZPO/*Gruber*, § 815 Rn 16 f; Musielak/*Becker*, § 815 Rn 4; *Wieser*, DGVZ 1988, 129, 133; wohl auch BAG NZA 2012, 145, 147 (Tz 27).
27 HM; wie hier MüKo-ZPO/*Gruber*, § 815 Rn 17; Stein/Jonas/*Münzberg*, § 815 Rn 16 und 19; aA *Schünemann*, JZ 1985, 49, 53 f.
28 Statt aller Stein/Jonas/*Münzberg*, § 815 Rn 19; aA Baumbach/*Hartmann*, § 815 Rn 8.
29 MüKo-ZPO/*Gruber*, § 815 Rn 17; Stein/Jonas/*Münzberg*, § 815 Rn 18; vgl auch *Braun*, AcP 184 (1985), 152 ff.
30 Stein/Jonas/*Münzberg*, § 815 Rn 17.
31 Einzelheiten bei Stein/Jonas/*Münzberg*, § 815 Rn 17; vgl auch MüKo-ZPO/*Gruber*, § 815 Rn 18.

sprechend auch in Fällen, in denen die Hinterlegung nach anderen Vorschriften zu erfolgen hat (zB §§ 827 Abs. 2, 930 Abs. 2).[32] Fallen die Voraussetzungen der Hinterlegung weg und erhält der Gerichtsvollzieher das Geld zurück, dann gilt die Fiktion des Abs. 3 wieder.[33] Die Zahlungsfiktion ist nicht ausgeschlossen, wenn der Gläubiger ohnehin nur Hinterlegung verlangen kann.[34]

V. Freiwillige Zahlungen

16 Zahlt der Schuldner unter dem Eindruck der drohenden Vollstreckung „freiwillig", dann gilt Abs. 3 nach hM[35] zwar nicht unmittelbar, aber entsprechend. Auch diejenigen, die eine analoge Anwendung des Abs. 3 ablehnen, vertreten die Ansicht, dass die Gefahr bereits mit der Übergabe des Geldes an den Gerichtsvollzieher auf den Gläubiger übergeht.[36] Im Falle einer freiwilligen Zahlung erwerbe der Gläubiger das Eigentum an dem Geld nämlich bereits mit der Ablieferung an den Gerichtsvollzieher,[37] da dieser bei der Entgegennahme freiwilliger Leistungen des Schuldners als gesetzlicher Vertreter des Gläubigers tätig werde.[38]

VI. Kosten

17 Neben den Gebühren für die Vollstreckung an sich (Nr. 205 KV GvKostG) entstehen für die Weiterleitung gepfändeter Beträge bzw für die Hinterlegung (Abs. 2 S. 1) keine zusätzlichen Kosten, insb. entsteht keine Hebegebühr. Für die Entgegennahme einer Zahlung fällt die Gebühr Nr. 430 KV GvKostG an.

§ 816 Zeit und Ort der Versteigerung

(1) Die Versteigerung der gepfändeten Sachen darf nicht vor Ablauf einer Woche seit dem Tag der Pfändung geschehen, sofern nicht der Gläubiger und der Schuldner über eine frühere Versteigerung sich einigen oder diese erforderlich ist, um die Gefahr einer beträchtlichen Wertverringerung der zu versteigernden Sache abzuwenden oder um unverhältnismäßige Kosten einer längeren Aufbewahrung zu vermeiden.

(2) Die Versteigerung erfolgt in der Gemeinde, in der die Pfändung geschehen ist, oder an einem anderen Ort im Bezirk des Vollstreckungsgerichts, sofern nicht der Gläubiger und der Schuldner über einen dritten Ort sich einigen.

(3) Zeit und Ort der Versteigerung sind unter allgemeiner Bezeichnung der zu versteigernden Sachen öffentlich bekannt zu machen.

---

32 Zöller/*Stöber*, § 815 Rn 2.
33 MüKo-ZPO/*Gruber*, § 815 Rn 15; Musielak/*Becker*, § 815 Rn 4.
34 Stein/Jonas/*Münzberg*, § 815 Rn 22.
35 BGH NJW 2009, 1085, 1087; BGH NJW 2011, 2149, 2150.
MüKo-ZPO/*Gruber*, § 815 Rn 19; Musielak/*Becker*, § 815 Rn 5; Thomas/Putzo/*Seiler*, § 815 Rn 5.
36 Stein/Jonas/*Münzberg*, § 815 Rn 23; Zöller/*Stöber*, § 755 Rn 4.
37 Stein/Jonas/*Münzberg*, § 815 Rn 23; Zöller/*Stöber*, § 755 Rn 4.
38 So jedenfalls die Begründung bei Stein/Jonas/*Münzberg*, § 815 Rn 23. Nach hM ist der Gerichtsvollzieher dagegen auch im Bereich der Entgegennahme freiwilliger Zahlungen hoheitlich handelndes Organ der Zwangsvollstreckung; BGH NJW 2009, 1085, 1086.

(4) Bei der Versteigerung gilt die Vorschrift des § 1239 Absatz 1 Satz 1 des Bürgerlichen Gesetzbuchs entsprechend; bei der Versteigerung vor Ort ist auch § 1239 Absatz 2 des Bürgerlichen Gesetzbuchs entsprechend anzuwenden.
(5) Die Absätze 2 und 3 gelten nicht bei einer Versteigerung im Internet.

§§ 91–93, 95 GVGA

I. Allgemeines

Die Bestimmung regelt Einzelheiten der Durchführung der Versteigerung, um die Belange des Gläubigers, des Schuldners und etwaiger Drittberechtigter zu wahren (s. auch Rn 2).[1] Bei der Versteigerung von Rechten (§ 844) ist sie entsprechend anwendbar.[2] Einzelheiten regeln die Dienstvorschriften.[3] § 816 ist durch das Gesetz über die Internetversteigerung in der Zwangsvollstreckung[4] geändert worden. Unter anderem ist ein neuer **Abs. 5** angefügt werden, demzufolge bei einer Versteigerung im Internet die Abs. 2 und 3 des § 816 nicht gelten. Die dort getroffenen Regelungen über den Ort der Versteigerung bzw über die öffentliche Bekanntmachung passen nach Auffassung des Gesetzgebers für **Internetauktionen** nicht bzw sind bei solchen entbehrlich (s. Rn 3 f).[5] Ferner gilt nach **Abs. 4** bei Internetversteigerungen nur § 1239 Abs. 1 S. 1 BGB entsprechend, während bei Präsenzversteigerungen darüber hinaus auch § 1239 Abs. 2 BGB entsprechend anzuwenden ist (s. Rn 5). 1

II. Zeit und Ort der Versteigerung

1. Versteigerungstermin (Abs. 1). Der Termin der Versteigerung wird zwar idR schon bei der Pfändung bestimmt (§ 92 Abs. 1 S. 1 GVGA). Er darf aber nicht vor Ablauf einer **Wartefrist** von einer Woche seit dem Pfändungstag stattfinden, um dem Schuldner Gelegenheit zur Zahlung und den beiden Parteien zur Beschaffung von Bietern zu geben; Dritten ermöglicht die Frist die Geltendmachung ihrer Rechte.[6] Im Falle von Anschlusspfändungen (§ 826) läuft die Frist für jeden Gläubiger gesondert; in dem Termin dürfen daher nur so viele Gegenstände versteigert werden, bis der Gläubiger, für den die Frist abgelaufen ist, befriedigt ist.[7] Die Versteigerung darf früher durchgeführt werden, wenn sich die Parteien einigen, wenn – etwa bei verderblichen Sachen[8] – eine Wertminderung droht oder wenn eine längere Aufbewahrung unverhältnismäßige Kosten verursachen würde. 2

2. Versteigerungsort (Abs. 2). Abs. 2 gilt nur für die Versteigerung vor Ort (Abs. 5). Die Bestimmung sieht vor, dass der Ort der Versteigerung in der Gemeinde liegt, in der der betreffende Gegenstand gepfändet worden ist, oder an einem anderen Ort im Bezirk des Vollstreckungsgerichts.[9] Wegen Art. 13 GG ist eine Versteigerung in der Wohnung des Schuldners nur mit dessen Zustimmung zulässig.[10] An einem Ort außerhalb des Bezirks des Vollstreckungsgerichts darf 3

---

1 Zöller/*Stöber*, § 815 Rn 1.
2 Stein/Jonas/*Münzberg*, § 816 Rn 1.
3 S. §§ 92 f, 95 GVGA; zur Pfändung und Veräußerung von Kraftfahrzeugen s. §§ 107 ff GVGA.
4 BGBl. I 2009 S. 2474.
5 Vgl Begr. RegE BT-Drucks. 16/12811, S. 9.
6 MüKo-ZPO/*Gruber*, § 816 Rn 2; Zöller/*Stöber*, § 816 Rn 2.
7 Stein/Jonas/*Münzberg*, § 816 Rn 1.
8 *Fleischmann/Rupp*, Rpfleger 1987, 8.
9 Maßgebliche Gesichtspunkte für die Wahl des Ortes sind aufgezählt bei Thomas/Putzo/*Seiler*, § 816 Rn 2.
10 Vgl OLG Hamm NJW 1985, 75.

die Versteigerung nur stattfinden, wenn sich Gläubiger und Schuldner einigen oder wenn eine Anordnung nach § 825 ergeht. Wechselt der Schuldner unter Mitnahme der gepfändeten Gegenstände den Wohnort, dann wird der Vollstreckungsauftrag an den für den neuen Wohnort zuständigen Gerichtsvollzieher abgegeben, der dann die Versteigerung durchführen kann. Einer Anordnung nach § 825 bedarf er hierzu nicht.[11]

III. Öffentliche Bekanntmachung (Abs. 3)

4 Wird die öffentliche Versteigerung als Präsenzversteigerung durchgeführt, dann sind Zeit und Ort der Versteigerung – auch bei einer Verlegung des Termins – öffentlich bekannt zu machen (hierzu § 93 GVGA), um eine möglichst hohe Anzahl von Bietern anzuziehen. Über die Art der Bekanntmachung – zB durch **Zeitungsinserate** oder durch bloßen Anschlag – entscheidet der Gerichtsvollzieher nach pflichtgemäßem Ermessen. Um die Kosten von Inseraten gering zu halten, reicht eine Bekanntmachung unter allgemeiner Bezeichnung der zu versteigernden Sachen aus. Den möglichen Bietern soll aber – v.a. bei wertvollen Sachen – wenigstens eine grobe Vorstellung von den Gegenständen der Versteigerung vermittelt werden. Gläubiger und Schuldner sind nach § 92 Abs. 4 GVGA gesondert von dem Termin zu benachrichtigen, sofern dies – etwa durch Übersendung des Pfändungsprotokolls[12] – noch nicht geschehen ist. Die Benachrichtigung des Schuldners ist entbehrlich, wenn sein Aufenthaltsort nicht zu ermitteln ist.[13] Abs. 3 findet keine Anwendung bei Internetauktionen (Abs. 5), bei denen der Gesetzgeber eine öffentliche Bekanntmachung als entbehrlich angesehen hat. Es sei davon auszugehen, dass fortlaufend Gegenstände zur Versteigerung angeboten würden und ein allgemeiner Hinweis auf laufende Versteigerungsverfahren zur Information der Öffentlichkeit ausreiche.[14]

IV. Mitbieten (Abs. 4)

5 Abs. 4 verweist für Präsenzversteigerungen auf § 1239 Abs. 1 S. 1 und Abs. 2 BGB und erlaubt damit das Mietbieten des Gläubigers, des Schuldners und des Eigentümers. § 1239 Abs. 1 S. 2 BGB, auf den nicht verwiesen ist, stimmt mit der in § 817 Abs. 4 getroffenen Regelung überein. Nach § 1239 Abs. 2 S. 1 BGB darf das Gebot des Eigentümers zurückgewiesen werden, wenn der Betrag nicht bar erlegt wird. Ein Gebot des Schuldners **muss** in diesem Fall zurückgewiesen werden (§ 95 Abs. 3 GVGA). Bei der Internetauktion ist nur § 1239 Abs. 1 S. 1 BGB, nicht aber auch § 1239 Abs. 2 BGB entsprechend anwendbar. Eine Zurückweisung des Gebots des Schuldners ist im Rahmen einer Internetversteigerung nicht praktikabel.[15] Der Gerichtsvollzieher selbst und die von ihm zugezogenen Gehilfen dürfen entsprechend § 450 BGB nicht mitbieten. Bei der Internetauktion ist der Ausschluss des Gerichtsvollziehers und seiner Gehilfen im Rahmen der Rechtsverordnung gem. § 814 Abs. 3 (s. § 814 Rn 6) umzusetzen, in der gem. § 814 Abs. 3 S. 1 Nr. 3 auch Regelungen über die Zulassung zur und den Ausschluss von der Teilnahme an der Versteigerung zu treffen sind.[16]

---

11 Musielak/*Becker*, § 816 Rn 3; Stein/Jonas/*Münzberg*, § 816 Rn 2; Zöller/*Stöber*, § 816 Rn 3.
12 LG Detmold DGVZ 1996, 120.
13 LG Essen MDR 1973, 414.
14 Begr. RegE BT-Drucks. 16/12811, S. 9.
15 Begr. RegE BT-Drucks. 16/12811, S. 11.
16 Vgl *Remmert*, NJW 2009, 2572, 2573.

V. Rechtsbehelfe

Verstöße gegen Abs. 1–3 machen die Versteigerung nicht unwirksam. Sie können bis zur Ablieferung nach § 766 gerügt werden und Amtshaftungsansprüche begründen.[17] Unterbleibt die öffentliche Bekanntmachung völlig, ist die Versteigerung aber unwirksam.[18] Ein Verstoß gegen den analog geltenden § 450 BGB (s. Rn 4) führt zur Unwirksamkeit, die jedoch analog § 451 BGB geheilt wird, wenn die Beteiligten zustimmen.[19]

6

§ 817 Zuschlag und Ablieferung

(1) ¹Bei der Versteigerung vor Ort soll dem Zuschlag an den Meistbietenden ein dreimaliger Aufruf vorausgehen. ²Bei der Versteigerung im Internet ist der Zuschlag der Person erteilt, die am Ende der Versteigerung das höchste, wenigstens das nach § 817 a Absatz 1 Satz 1 zu erreichende Mindestgebot abgegeben hat; sie ist von dem Zuschlag zu benachrichtigen. ³§ 156 des Bürgerlichen Gesetzbuchs gilt entsprechend.

(2) Die zugeschlagene Sache darf nur abgeliefert werden, wenn das Kaufgeld gezahlt worden ist oder bei Ablieferung gezahlt wird.

(3) ¹Hat der Meistbietende nicht zu der in den Versteigerungsbedingungen bestimmten Zeit oder in Ermangelung einer solchen Bestimmung nicht vor dem Schluss des Versteigerungstermins die Ablieferung gegen Zahlung des Kaufgeldes verlangt, so wird die Sache anderweit versteigert. ²Der Meistbietende wird zu einem weiteren Gebot nicht zugelassen; er haftet für den Ausfall, auf den Mehrerlös hat er keinen Anspruch.

(4) ¹Wird der Zuschlag dem Gläubiger erteilt, so ist dieser von der Verpflichtung zur baren Zahlung so weit befreit, als der Erlös nach Abzug der Kosten der Zwangsvollstreckung zu seiner Befriedigung zu verwenden ist, sofern nicht dem Schuldner nachgelassen ist, durch Sicherheitsleistung oder durch Hinterlegung die Vollstreckung abzuwenden. ²Soweit der Gläubiger von der Verpflichtung zur baren Zahlung befreit ist, gilt der Betrag als von dem Schuldner an den Gläubiger gezahlt.

§§ 91, 95 GVGA

I. Allgemeines	1	2. Einzelheiten zur Ablieferung	8
1. Anwendungsbereich	1	3. Voraussetzungen des Eigentumsübergangs	9
2. Rechtsnatur der Verwertung	2		
II. Versteigerung, Gebot und Zuschlag (Abs. 1)	3	IV. Anderweitige Versteigerung (Abs. 3)	11
1. Versteigerungsbedingungen	3	V. Erteilung des Zuschlags an den Gläubiger (Abs. 4)	12
2. Gebot	4		
3. Zuschlag	5	VI. Rücktrittsfiktion bei Teilzahlungsgeschäften, § 508 S. 5 BGB	14
III. Ablieferung (Abs. 2)	7	VII. Rechtsbehelfe	15
1. Übergang des Eigentums auf den Ersteher	7		

---

[17] Zöller/*Stöber*, § 816 Rn 7.
[18] Musielak/*Becker*, § 816 Rn 6; Stein/Jonas/*Münzberg*, § 816 Rn 4.
[19] Nach Stein/Jonas/*Münzberg*, § 816 Rn 6 ist hierzu die unbeanstandete Durchführung der Versteigerung ausreichend.

I. Allgemeines

1. Anwendungsbereich. Die Vorschrift enthält – ebenso wie die §§ 817 a und 806, 816 Abs. 4 – **prozessrechtliche Regelungen** über die Versteigerung.[1] Ihr Anwendungsbereich deckt sich mit demjenigen des § 814 (s. § 814 Rn 1). Durch das Gesetz über die Internetversteigerung in der Zwangsvollstreckung[2] (s. § 814 Rn 2) ist auch § 817 geändert worden. So wird nach der Neufassung des Abs. 1 bei einer Versteigerung über das Internet dem Gebot der Zuschlag erteilt, das am Ende der Bietzeit das höchste zulässige ist; auf das bei Internetversteigerungen nicht passende Erfordernis eines **dreimaligen Aufrufs** wird also **verzichtet**. Darüber hinaus hat der Gesetzgeber durch eine Neufassung des Abs. 2 der zunehmenden Verbreitung des unbaren Zahlungsverkehrs Rechnung getragen und die Ablieferung der Kaufsache auch für den Fall zugelassen, dass das Kaufgeld bereits vorher, dh idR durch Überweisung auf das Dienstkonto des Gerichtsvollziehers, gezahlt worden ist.[3]

2. Rechtsnatur der Verwertung. Die Verwertung durch den Gerichtsvollzieher ist in das öffentlich-rechtliche Vollstreckungsverfahren eingebettet und basiert auf der wirksamen Pfändung der zu versteigernden Gegenstände. Dementsprechend wird heute allgemein angenommen, dass die bei der Versteigerung ablaufenden Vorgänge, also die Gebote, der Zuschlag und die anschließende Eigentumsverschaffung, als **öffentlich-rechtliche** zu qualifizieren sind.[4]

II. Versteigerung, Gebot und Zuschlag (Abs. 1)

1. Versteigerungsbedingungen. Sie ergeben sich für die **Präsenzversteigerung** insb. aus § 817 sowie aus den in Rn 1 genannten Bestimmungen. Einzelheiten über den **Ablauf der Versteigerung** regeln die Dienstvorschriften (vgl §§ 92–96 GVGA). Im Hinblick auf den in § 806 geregelten Gewährleistungsausschluss sind die zu versteigernden Sachen vor Beginn des Termins **zur Besichtigung bereitzustellen**.[5] Bei der Eröffnung des Termins sind zunächst die Versteigerungsbedingungen bekanntzumachen; alsdann fordert der Gerichtsvollzieher zum Bieten auf (§ 95 Abs. 1 S. 2 GVGA). Nach § 817 a Abs. 1 S. 2 sollen beim Ausbieten der gewöhnliche Verkaufswert und das Mindestgebot bekannt gegeben werden. Gläubiger und Schuldner können im Rahmen des gesetzlich Zulässigen abweichende Versteigerungsbedingungen vereinbaren, zB – entgegen Abs. 2 – eine Stundung des Kaufgeldes erlauben.[6] Die **Versteigerung im Internet** folgt im Grundsatz den Regeln der Präsenzversteigerung (s. § 814 Rn 6). Keine Anwendung finden allerdings die Abs. 2 und 3 des § 816 (s. § 816 Rn 3 f) sowie § 1239 Abs. 2 BGB (s. § 816 Rn 5). Einzelheiten sind in der Rechtsverordnung nach § 814 Abs. 3 geregelt (vgl § 814 Rn 6). So sind dort die Bedingungen für die Zulassung von Bietern zur Teilnahme an der Auktion sowie den Ausschluss von Bietern (§ 814 Abs. 3 S. 1 Nr. 3), etwa wegen erwiesener Unzuverlässigkeit oder Unregelmäßigkeiten, geregelt.[7] Ferner sind in der Verordnung Bestimmungen über Beginn, Ende und Abbruch der Versteigerung getroffen (§ 814 Abs. 3 S. 1 Nr. 4). Zu den gem. § 814 Abs. 3 S. 1 Nr. 5 ebenfalls in der Verordnung zu regelnden Versteigerungsbedingungen gehören nach der Vorstellung des Gesetzgebers Hinweise an den möglichen Bieterkreis auf die an zulässige Angebote zu stellenden Anforde-

---

1 Stein/Jonas/*Münzberg*, § 817 Rn 1.
2 Gesetz vom 30.7.2009 (BGBl. I S. 2474).
3 Vgl Begr. RegE BT-Drucks. 16/12811, S. 11.
4 Vgl RGZ 153, 257, 261; 156, 395, 398; ferner *Gaul*, in: GS Arens, 1993, S. 89, 111.
5 Stein/Jonas/*Münzberg*, § 817 Rn 6; vgl auch § 94 Abs. 1 GVGA.
6 Vgl Zöller/*Stöber*, § 817 Rn 4; vgl auch MüKo-ZPO/*Gruber*, § 817 Rn 10; Stein/Jonas/*Münzberg*, § 817 Rn 5 und 12.
7 Begr. RegE BT-Drucks. 16/12811, S. 10.

rungen.[8] Ausdrücklich angesprochen sind in § 814 Abs. 3 S. 1 Nr. 5 ferner die rechtlichen Folgen der Versteigerung einschließlich der Belehrung über den Gewährleistungsausschluss nach § 806.

2. Gebot. Die Gebote sind **Prozesshandlungen**,[9] und zwar Anträge auf Erteilung des Zuschlags.[10] Erfolgt die Versteigerung vor Ort, dann müssen die Gebote von einer prozessfähigen Person im Termin abgegeben werden; eine vorherige schriftliche Abgabe ist nicht möglich.[11] Die Gebote sind bedingungsfeindlich und nicht anfechtbar;[12] sie können aber bis zur Erteilung des Zuschlags widerrufen werden.[13] Ein Gebot **erlischt**, wenn ein Übergebot abgegeben wird oder die Versteigerung ohne Erteilung des Zuschlags geschlossen wird (Abs. 1 S. 3 iVm § 156 S. 2 BGB); bei der Präsenzversteigerung kommt ferner eine Zurückweisung von Seiten des Gerichtsvollziehers in Betracht.[14]

3. Zuschlag. Bei einem **vor Ort** durchgeführten Versteigerungstermin erteilt der Gerichtsvollzieher dem Meistbietenden den Zuschlag (vgl **Abs. 1 S. 1**). Dieser hat aber **keinen Anspruch** auf die Erteilung.[15] Allerdings verletzt der Gerichtsvollzieher seine Amtspflichten, wenn er dem Meistbietenden den Zuschlag trotz Erreichens des Mindestgebots (§ 817 a) grundlos verweigert.[16] Der Zuschlag ist auch dann wirksam, wenn er – entgegen der Ordnungsvorschrift des Abs. 1 S. 1 – **ohne vorherigen dreimaligen Aufruf** erteilt wird (allgM). Auch wenn das Mindestgebot erreicht wird, ist der Zuschlag zu **versagen**, wenn der Gläubiger dies verlangt, der Schuldner vollständig bezahlt oder wenn ein Einstellungsgrund nach § 775 vorliegt.[17] Bei einer **Internetauktion**, die mehrere Tage oder Wochen andauern kann, bei der wegen des weltweit möglichen Zugangs 24 Stunden lang Gebote abgegeben werden können und bei der weder der Bieter noch die versteigernde Person persönlich vor Ort (an welchem auch?) sind, kommt ein dreimaliger Aufruf nicht in Betracht.[18] Daher ist in **Abs. 1 S. 2** festgelegt, dass bei der Internetauktion der Zuschlag der Person erteilt ist, die am Ende der Versteigerung das höchste zulässige – dh wenigstens das Mindestgebot des § 817 a erreichende – Gebot abgegeben hat.[19]

Rechtlich handelt es sich bei dem Zuschlag um einen durch das Meistgebot ausgelösten einseitigen **Hoheitsakt**.[20] Nach aA[21] kommt dagegen durch Gebot und

---

8 Begr. RegE BT-Drucks. 16/12811, S. 10.
9 BGH NJW-RR 2005, 1059, 1061 (Zwangsversteigerung nach ZVG).
10 Wie hier Stein/Jonas/*Münzberg*, § 817 Rn 8; Zöller/*Stöber*, § 817 Rn 5; *Gaul/Schilken/Becker-Eberhard*, § 5 Rn 38. AA (Anträge auf Abschluss eines öffentlich-rechtlichen Vertrages) MüKo-ZPO/*Gruber*, § 817 Rn 4; Thomas/Putzo/*Seiler*, § 817 Rn 2 f; OLG München DGVZ 1980, 123.
11 LG Itzehoe DGVZ 1978, 122.
12 Zur Begründung Stein/Jonas/*Münzberg*, § 817 Rn 8 Fn 18; vgl auch *Eichelberger*, Jura 2013, 82, 84 f; Musielak/*Becker*, § 817 Rn 3; Thomas/Putzo/*Seiler*, § 817 Rn 3; aA (anfechtbar bis zum Zuschlag) Zöller/*Stöber*, § 817 Rn 5.
13 Zutr. Musielak/*Becker*, § 817 Rn 3.
14 Str; wie hier MüKo-ZPO/*Gruber*, § 817 Rn 6; Zöller/*Stöber*, § 817 Rn 5; aA Musielak/*Becker*, § 817 Rn 3. Anders ist die Rechtslage bei der Zwangsversteigerung von Immobilien, vgl § 81 Abs. 1 ZVG.
15 Str; wie hier Zöller/*Stöber*, § 817 Rn 6; aA Musielak/*Becker*, § 817 Rn 3 (kein Anspruch, aber Meistbietender kann nach § 766 vorgehen).
16 Vgl Stein/Jonas/*Münzberg*, § 817 Rn 9.
17 Einzelheiten bei Stein/Jonas/*Münzberg*, § 817 Rn 9 und Zöller/*Stöber*, § 817 Rn 6.
18 Vgl Begr. RegE BT-Drucks. 16/12811, S. 8 f und 11.
19 Der Gesetzgeber hält also auch für die Internetversteigerung an dem Erfordernis des Zuschlags fest; krit. hierzu *Meller-Hannich*, DGVZ 2009, 21, 30 f.
20 Wie hier Stein/Jonas/*Münzberg*, § 817 Rn 20; Zöller/*Stöber*, § 817 Rn 7.
21 Wohl hM; vgl Hk-ZPO/*Kemper*, § 817 Rn 6; MüKo-ZPO/*Gruber*, § 817 Rn 4; Thomas/Putzo/*Seiler*, § 817 Rn 2.

Zuschlag ein kaufähnlicher öffentlich-rechtlicher Vertrag zustande. Einig ist man sich aber über die Rechtswirkungen von Gebot und Zuschlag (s. Rn 7, 11), so dass der Meinungsstreit letztlich ohne praktische Bedeutung ist.[22] Derjenige, dem der Zuschlag erteilt wurde, hat **keine Gewährleistungsrechte** (§ 806). Da der Gerichtsvollzieher hoheitlich handelt, sind weder die Vorschriften des Verbrauchsgüterkaufs (§§ 474 ff BGB) noch – bei der Internetversteigerung – die Bestimmungen über Fernabsatzverträge (§§ 312 b ff BGB) anwendbar. **Umsatzsteuer** fällt nicht an.

III. Ablieferung (Abs. 2)

7 **1. Übergang des Eigentums auf den Ersteher.** Anders als bei der Zwangsversteigerung (vgl § 90 Abs. 1 ZVG) von Immobilien geht das Eigentum nicht schon mit dem Zuschlag über. Da der Ersteher das Eigentum grds. nur gegen bare Zahlung bzw nach Überweisung des Kaufgeldes erwerben soll, erfolgt die Eigentumsübertragung erst **durch** die dem Zuschlag nachfolgende **Ablieferung**.[23] Der Zuschlag bildet den Rechtsgrund für die Ablieferung an den Ersteher.[24] Er begründet zwar keinen klagbaren Anspruch gegen den Staat auf Übereignung, aber immerhin eine Amtspflicht des Gerichtsvollziehers, deren Erfüllung im Wege der Erinnerung (§ 766) durchgesetzt werden kann.[25]

8 **2. Einzelheiten zur Ablieferung.** Indem der Gerichtsvollzieher – wozu er nach Abs. 2 grds. (s. Rn 3, 12) nur gegen bare Zahlung oder nach vorheriger Überweisung des Kaufgeldes auf sein Dienstkonto (s. Rn 1) befugt ist – die zugeschlagene Sache abliefert, verschafft er dem Ersteher durch staatlichen **Hoheitsakt**[26] **lastenfreies Eigentum**. Die Wirksamkeit des Eigentumsübergangs ist von den Vorschriften des bürgerlichen Rechts unabhängig; weder §§ 929 ff BGB noch §§ 1242 ff BGB finden Anwendung.[27] **Vollzogen** wird die Ablieferung, indem der – mit Übereignungswillen handelnde – Gerichtsvollzieher dem Ersteher (wie bei § 929 BGB) den **unmittelbaren Besitz** überträgt.[28] Ausnahmsweise genügt die Zuweisung mittelbaren Besitzes, zB wenn sich die Sache nicht am Versteigerungsort befindet;[29] ferner in dem Fall, dass der Scheinbestandteil eines Grundstücks vom Eigentümer desselben ersteigert worden ist.[30] Dagegen reicht es nicht aus, wenn der Gerichtsvollzieher dem Ersteher lediglich die baldige Inbesitznahme gestattet.[31] Im Hinblick auf die **Internetversteigerung** enthält die Rechtsverordnung nach § 814 Abs. 3 Bestimmungen über die Zahlungsmodalitäten sowie über das Vorgehen bei der Ablieferung der zugeschlagenen Sache; derartige Bestimmungen betreffen nach der Vorstellung des Gesetzgebers[32] „das sonstige zu beachtende

---

22 Brox/*Walker*, Rn 407; Hintzen/Wolf/*Wolf*, Zwangsvollstreckung, -versteigerung, -verwaltung, Rn 4.264; Musielak/*Becker*, § 817 Rn 3.
23 Vgl Zöller/*Stöber*, § 817 Rn 7.
24 Stein/Jonas/*Münzberg*, § 817 Rn 19.
25 MüKo-ZPO/*Gruber*, § 817 Rn 13; Stein/Jonas/*Münzberg*, § 817 Rn 16; vgl auch Zöller/*Stöber*, § 817 Rn 7.
26 Vgl RGZ 156, 395, 398 f; BGHZ 55, 20 = NJW 1971, 799, 800; BGHZ 119, 75 = NJW 1992, 2570, 2571; Brox/*Walker*, Rn 411; Stein/Jonas/*Münzberg*, § 817 Rn 21; aA (öffentlich-rechtlicher Übereignungsvertrag) MüKo-ZPO/*Gruber*, § 817 Rn 12.
27 Heute wohl allgM; s. bereits RGZ 156, 395, 397 f (zu § 1244 BGB); ferner MüKo-ZPO/*Gruber*, § 817 Rn 12; Stein/Jonas/*Münzberg*, § 817 Rn 21; Thomas/Putzo/*Seiler*, § 817 Rn 7.
28 Vgl RGZ 153, 257, 261.
29 MüKo-ZPO/*Gruber*, § 817 Rn 11; Musielak/*Becker*, § 817 Rn 4; Stein/Jonas/*Münzberg*, § 817 Rn 22.
30 OLG Köln Rpfleger 1996, 296; OLG Rostock OLGR 2005, 933 (Rz 15 bei juris).
31 RGZ 153, 257, 261.
32 Begr. RegE BT-Drucks. 16/12811, S. 11.

besondere Verfahren" (§ 814 Abs. 3 S. 1 Nr. 7). So regelt zB § 6 der Internetversteigerungsverordnung des Landes Sachsen-Anhalt, dass im Falle der Versendung der zugeschlagenen Sache an den Ersteiger die Ablieferung mit der Übergabe an die Versendungsperson als bewirkt gilt. In diesem Zusammenhang hat das LG Magdeburg entschieden, dass eine ordnungsgemäße Verpackung zu den Amtspflichten des Gerichtsvollziehers gehört.[33]

3. Voraussetzungen des Eigentumsübergangs. Der Übergang des Eigentums setzt 9
eine **wirksame Pfändung** (s. § 803 Rn 5 f) sowie die Einhaltung der **wesentlichen Verfahrensvorschriften** voraus.[34] Ein Verstoß gegen wesentliche Verfahrensvorschriften liegt etwa vor, wenn es an einer öffentlichen Versteigerung fehlt, wenn die Bekanntmachung unterblieben ist (s. § 816 Rn 5) oder wenn das Gebot der Barzahlung (Abs. 2) missachtet worden ist. Sind die Mindestgebotsgrenzen des § 817a nicht eingehalten worden, begründet dies nur dann einen wesentlichen Verfahrensmangel, wenn diese Grenzen vor der Versteigerung bekannt gemacht worden sind.[35] Liegt ein Verstoß gegen eine grundlegende Verfahrensvorschrift vor, dann nützt dem Ersteher auch sein guter Glaube an den ordnungsgemäßen Ablauf des Verfahrens nichts; § 1244 BGB ist nicht entsprechend anwendbar.[36] Wenn der Erstesteher nur den Besitz, nicht aber das Eigentum erlangt hat, kann ihm die Sache nicht einfach wieder weggenommen werden; in Betracht kommt aber eine erneute Pfändung der Sache nach § 809 oder ein Vorgehen nach §§ 846 f.[37]

Andere Verfahrensverstöße – zB ein Verstoß gegen Pfändungsverbote oder die 10
Nichtbeachtung einer Einstellung der Vollstreckung[38] – hindern den Übergang des Eigentums nicht. Auch bei Fehlen von **materiell-rechtlichen Voraussetzungen** geht das Eigentum auf den Ersteher über. Dieser erwirbt also durch die Ablieferung das Eigentum auch bei Fehlen der Titelforderung und erlangt – ohne Rücksicht auf seinen guten oder bösen Glauben – auch an schuldnerfremden Sachen lastenfreies Eigentum.[39] Der Gläubiger muss aber dem dritten Eigentümer der versteigerten Sache den Erlös nach Bereicherungsgrundsätzen herausgeben.[40] Ferner kommt ein Schadensersatzanspruch gegen den die Vollstreckung betreibenden Gläubiger in Betracht. Den Drittberechtigten trifft ein Mitverschulden, wenn er es versäumt hat, die Versteigerung durch die Vorlage eines Einstellungsbe-

---

33 LG Magdeburg MMR 2012, 304. Die Mehrzahl der von den Ländern erlassenen Rechtsverordnungen ist in § 814 Rn 6 Fn 19 aufgelistet.
34 Im Grundsatz ganz hM; Musielak/*Becker*, § 817 Rn 4; MüKo-ZPO/*Gruber*, § 817 Rn 13; Stein/Jonas/*Münzberg*, § 817 Rn 23; aA (Unwirksamkeit nur, wenn die Ablieferung selbst an schwerwiegendem Mangel leidet) Zöller/*Stöber*, § 817 Rn 9.
35 Str; wie hier Stein/Jonas/*Münzberg*, § 817 Rn 23; großzügiger MüKo-ZPO/*Gruber*, § 817 Rn 14; Musielak/*Becker*, § 817 Rn 4. – Bei der Zwangsversteigerung von Grundstücken nach dem ZVG führt der Zuschlag nicht zum Entzug schuldnerfremden Eigentums, wenn das zu versteigernde Grundstück in der Terminsbestimmung derart fehlerhaft oder unzureichend gekennzeichnet gewesen ist, dass der wirklich am Verfahren beteiligte (wahre) Eigentümer seine Betroffenheit nicht erkennen konnte und daher keine Veranlassung hatte, seine Rechte nach § 37 Nr. 5 ZVG geltend zu machen, BGH NJW 2014, 636 Rz 18.
36 Wohl hM; vgl Hk-ZPO/*Kemper*, § 817 Rn 6; MüKo-ZPO/*Gruber*, § 817 Rn 4; vgl auch BGHZ 119, 75 = NJW 1998, 2570; BGHZ 104, 298 = NJW 1988, 2789.
37 Stein/Jonas/*Münzberg*, § 817 Rn 6; ebenso Musielak/*Becker*, § 817 Rn 4; Zöller/*Stöber*, § 817 Rn 9.
38 Zu der Frage, ob die Ablieferung geschehen darf, wenn eine Einstellung erst nach der Erteilung des Zuschlags erfolgt ist, s. Zöller/*Stöber*, § 817 Rn 10.
39 BGHZ 119, 75 = NJW 1992, 2570, 2571; vgl auch RGZ 156, 395, 397 ff; BGHZ 55, 20 = NJW 1971, 799, 800; BGHZ 100, 95 = NJW 1987, 1880, 1881.
40 BGHZ 100, 95 = NJW 1987, 1880, 1881.

schlusses (§ 775 Nr. 2) zu verhindern.[41] Zu möglichen Ansprüchen des Schuldners und konkurrierender Gläubiger s. § 804 Rn 16.

IV. Anderweitige Versteigerung (Abs. 3)

11 Die Erteilung des Zuschlags begründet keinen Anspruch gegen den Ersteher auf Erfüllung des Gebots. Vielmehr wird die Sache anderweit versteigert, wenn der Meistbietende zu dem in Abs. 3 S. 1 genannten Zeitpunkt nicht die Ablieferung gegen Zahlung des Kaufgeldes verlangt. Die anderweitige Versteigerung, bei der ein weiteres Gebot des Meistbietenden ausgeschlossen ist (Abs. 3 S. 2 Hs 1), kann sogleich oder in einem neuen Termin stattfinden. Auf einen bei der erneuten Versteigerung erzielten Mehrerlös hat der Meistbietende keinen Anspruch. Er haftet aber demjenigen für den Ausfall, der von der Zahlung seines Meistgebotes profitiert hätte (Abs. 3 S. 2 Hs 2).[42]

V. Erteilung des Zuschlags an den Gläubiger (Abs. 4)

12 Wird der Zuschlag dem **Gläubiger** erteilt, ist dieser nach **Abs. 4 S. 1** von der **Barzahlungsverpflichtung** insoweit **befreit**, als der Erlös nach Abzug der Kosten zu seiner Befriedigung zu verwenden ist. Bar zu zahlen hat der Gläubiger dementsprechend nur die Vollstreckungskosten (soweit sie nach § 15 GvKostG vorweg entnommen werden können),[43] einen dem Schuldner gebührenden Erlösüberschuss sowie den Teil des Erlöses, der für die Befriedigung vorrangiger (§ 804 Abs. 3) oder gleichrangiger (vgl § 827) Gläubiger zu verwenden ist. Wenn bei einer Austauschpfändung der zur Ersatzbeschaffung erforderliche Geldbetrag dem Schuldner aus dem Vollstreckungserlös zu überlassen ist (s. § 811 a Abs. 1), dann ist auch dieser Betrag in bar zu bezahlen. Ist dem Schuldner nachgelassen, die Vollstreckung abzuwenden (§§ 711 S. 1, 712 Abs. 1, 720), findet keine Befreiung von der Barzahlungspflicht statt; der Gläubiger muss das ganze Meistgebot bar zahlen.

13 **Abs. 4 S. 2** bestimmt, dass derjenige Betrag als vom Schuldner an den Gläubiger gezahlt gilt, von dessen barer Zahlung der Gläubiger befreit ist. Abs. 4 S. 2 ist eine rein **prozessuale** Vorschrift, in der zum Zwecke der Verfahrensvereinfachung eine **Verrechnung** angeordnet wird.[44] Auch wenn sich später herausstellt, dass die Titelforderung gar nicht bestanden hat oder dass eine schuldnerfremde Sache versteigert worden ist, bleibt der Gläubiger Eigentümer der an ihn abgelieferten Sache und seine Befreiung von der Barzahlungspflicht wirksam. Der dritte Eigentümer hat aber einen Bereicherungsanspruch gegen den Gläubiger, der ohne (materiellen) Rechtsgrund auf seine Kosten von der Barzahlung befreit worden ist.[45]

VI. Rücktrittsfiktion bei Teilzahlungsgeschäften, § 508 S. 5 BGB

14 Nach § 508 S. 5 BGB gilt es als Ausübung des Rücktrittsrechts, wenn der Teilzahlungsverkäufer die aufgrund des Teilzahlungsgeschäfts gelieferte Sache wieder an sich nimmt. Ein die Rücktrittsfiktion auslösendes Wiederansichnehmen liegt

---

41 OLG Saarbrücken 5.8.2008 – 4 U 37/08 (Rz 44 ff bei juris) = OLGR 2008, 943.
42 Stein/Jonas/*Münzberg*, § 817 Rn 17; vgl auch MüKo-ZPO/*Gruber*, § 817 Rn 19.
43 Zöller/*Stöber*, § 817 Rn 12.
44 Wohl allgM; Stein/Jonas/*Münzberg*, § 817 Rn 14; vgl auch MüKo-ZPO/*Gruber*, § 817 Rn 21 und 23; Musielak/*Becker*, § 817 Rn 6; Zöller/*Stöber*, § 817 Rn 12.
45 Vgl BGHZ 100, 95 = NJW 1987, 1880, 1881; vgl auch Thomas/Putzo/*Seiler*, § 817 Rn 13.

auch darin, dass der Verkäufer die Sache verwerten[46] lässt, nachdem sie wegen der Kaufpreisforderung gepfändet worden ist. Die **Rücktrittsfiktion** hat zur Folge, dass die – materiell-rechtlich als Ansichnahme zu wertende – **Verwertung** der Kaufsache nach § 348 BGB nur **Zug um Zug** gegen **Rückzahlung** der Kaufpreisraten (abzüglich etwaiger Ansprüche des Verkäufers aus §§ 346 Abs. 2, 508 S. 3 BGB) erfolgen darf.[47] Diese Rechtsfolge ist eine materiell-rechtliche, die weder ein Verfahrenshindernis[48] begründet noch nach § 765 a oder § 766 geltend zu machen ist.[49] Vielmehr muss sich der Teilzahlungskäufer/Schuldner durch die **Vollstreckungsgegenklage** nach § 767 zur Wehr setzen. Zwar wird die Rücktrittsfiktion und mit ihr der Wegfall der Kaufpreisforderung erst durch die Verwertung ausgelöst. Der Schuldner kann aber nach allgM[50] schon gegenüber der Verwertung selbst die Einrede aus § 348 BGB erheben und daher durch die Klage nach § 767 erreichen, dass die Vollstreckung in die Kaufsache nur Zug um Zug gegen Zahlung des ihm zustehenden Betrages für zulässig erklärt wird.

VII. Rechtsbehelfe

Gegen den Zuschlag und die Eigentumsübertragung können Gläubiger, Schuldner und betroffene Dritte Erinnerung (§ 766) einlegen. Sobald der Ersteher das Eigentum erworben hat, ist eine Erinnerung nur noch gegen die Erlösverteilung zulässig.[51] Zu möglichen Ansprüchen von Dritteigentümern, die durch Klage geltend zu machen sind, s. Rn 10 und 13.

15

§ 817 a Mindestgebot

(1) [1]Der Zuschlag darf nur auf ein Gebot erteilt werden, das mindestens die Hälfte des gewöhnlichen Verkaufswertes der Sache erreicht (Mindestgebot). [2]Der gewöhnliche Verkaufswert und das Mindestgebot sollen bei dem Ausbieten bekannt gegeben werden.

(2) [1]Wird der Zuschlag nicht erteilt, weil ein das Mindestgebot erreichendes Gebot nicht abgegeben ist, so bleibt das Pfandrecht des Gläubigers bestehen. [2]Er kann jederzeit die Anberaumung eines neuen Versteigerungstermins oder die Anordnung anderweitiger Verwertung der gepfändeten Sache nach § 825 beantragen. [3]Wird die anderweitige Verwertung angeordnet, so gilt Absatz 1 entsprechend.

(3) [1]Gold- und Silbersachen dürfen auch nicht unter ihrem Gold- oder Silberwert zugeschlagen werden. [2]Wird ein den Zuschlag gestattendes Gebot nicht abgegeben, so kann der Gerichtsvollzieher den Verkauf aus freier Hand zu dem Preise

---

46 Erst mit der Verwertung steht fest, dass der Käufer den Besitz endgültig verloren hat; daher stellt die hM auf diesen Zeitpunkt ab; vgl zB BGHZ 39, 97, 99 (noch zu § 13 Abs. 3 VerbrKrG); *Brox/Walker*, Rn 440; MüKo-ZPO/*Gruber*, § 817 Rn 25; Stein/Jonas/*Münzberg*, § 817 Rn 13 m. Fn 65; aA MüKo-BGB/*Schürnbrand*, § 508 Rn 56.
47 *Brox/Walker*, Rn 439; zu den gegenseitigen Ansprüchen s. auch *Lackmann*, Zwangsvollstreckungsrecht, Rn 189.
48 Zöller/*Stöber*, § 817 Rn 15.
49 Musielak/*Becker*, § 817 Rn 8.
50 Eingehend Stein/Jonas/*Münzberg*, § 817 Rn 14 (mit Klageantrag) und Rn 17 (Klageantrag nach endgültigem Besitzverlust); vgl auch MüKo-ZPO/*Gruber*, § 817 Rn 25 f; Zöller/*Stöber*, § 817 Rn 15.
51 Zöller/*Stöber*, § 817 Rn 14; vgl auch MüKo-ZPO/*Gruber*, § 817 Rn 27.

bewirken, der den Gold- oder Silberwert erreicht, jedoch nicht unter der Hälfte des gewöhnlichen Verkaufswertes.

§§ 91, 95, 97 GVGA

I. Normzweck

1 Die Vorschrift soll im Interesse des Schuldners und des Gläubigers sowie im Allgemeininteresse eine **Verschleuderung** der gepfändeten Gegenstände **verhindern**. Amtspflichten zugunsten Dritter begründet § 817a nicht.[1]

II. Mindestgebot

2 **1. Begriff (Abs. 1 S. 1).** Der Zuschlag ist von Amts wegen zu versagen, wenn das Mindestgebot, das sich auf die **Hälfte des gewöhnlichen Verkaufswertes** beläuft, nicht erreicht wird (vgl Abs. 1 S. 1). Dieser wird durch Schätzung ermittelt (§ 813). Einem Meistgebot, das das Mindestgebot unterschreitet, darf der Zuschlag aber nicht versagt werden, wenn andernfalls eine beträchtliche Wertminderung oder unverhältnismäßig hohe Aufbewahrungskosten drohen (s. § 816 Rn 2)[2] oder wenn Gläubiger und Schuldner im Termin der Versteigerung vor Ort[3] ihr Einverständnis hierzu erklären. Ein Verstoß gegen Abs. 1 S. 1 kann Amtshaftungsansprüche auslösen,[4] führt allerdings nur dann zur Unwirksamkeit der Versteigerung, wenn ein **bekannt gemachtes** Mindestgebot nicht beachtet wurde (s. § 817 Rn 8).

3 **2. Bekanntgabe (Abs. 1 S. 2).** Der gewöhnliche Verkaufswert und das Mindestgebot sollen nach Abs. 1 S. 2 vor dem Ausbieten **bekannt gegeben** werden. Ein Verstoß gegen diese Sollvorschrift kann Amtshaftungsansprüche nach sich ziehen. Im Falle einer Herabsetzung des Verkehrswertes aufgrund einer Nachschätzung (s. § 813 Rn 8) ist ggf ein neuer Termin anzuberaumen, um nicht anwesende Beteiligte zu hören.[5]

III. Weiteres Verfahren bei Verweigerung des Zuschlags (Abs. 2)

4 Wenn der Zuschlag nicht erteilt wird, bleiben die **Pfändung** und das Pfandrecht des Gläubigers **bestehen** (Abs. 2 S. 1). Dieser kann jederzeit die Anberaumung eines weiteren Versteigerungstermins oder die Anordnung einer anderweitigen Verwertung nach § 825 beantragen. Das **Mindestgebot** ist sowohl bei der **erneuten Versteigerung** als auch bei einer **anderen Verwertung** zu beachten (Abs. 2 S. 3). Bleiben diese Versuche erfolglos und versprechen auch weitere Verwertungsversuche keinen Erfolg, dann hebt der Gerichtsvollzieher entsprechend § 803 Abs. 2 die Pfändung auf, nachdem er den Gläubiger angehört und ihm dadurch Gelegenheit zur Einlegung einer Erinnerung gegeben hat.[6]

---

1 OLG Düsseldorf NJW-RR 1992, 1245, 1246 f.
2 Vgl § 95 Abs. 4 S. 5 GVGA.
3 Ein vorheriger Verzicht auf die Einhaltung des Mindestgebots ist unwirksam; OLG München NJW 1959, 1832; MüKo-ZPO/*Gruber*, § 817a Rn 3; großzügiger Zöller/*Stöber*, § 817a Rn 2.
4 Vgl LG Essen DGVZ 1993, 138; *Ammermann*, MDR 1975, 458; MüKo-ZPO/*Gruber*, § 817a Rn 2.
5 Vgl § 95 Abs. 7 GVGA; ferner Stein/Jonas/*Münzberg*, § 817a Rn 5; Zöller/*Stöber*, § 817a Rn 3; für eine Anhörung auch bei Heraufsetzung Musielak/*Becker*, § 817a Rn 3.
6 Vgl § 95 Abs. 4 GVGA; ferner Musielak/*Becker*, § 817a Rn 4; Stein/Jonas/*Münzberg*, § 817a Rn 10 m. Fn 15.

IV. Besonderheiten bei Gold- und Silbersachen (Abs. 3)

Bei Gold- und Silbersachen ist neben dem Mindestgebot des Abs. 1 auch der **Edelmetallwert** zu beachten (Abs. 3 S. 1) und vor dem Ausbieten bekanntzugeben. Der Zuschlag darf nur einem Gebot erteilt werden, das über der Hälfte des Verkehrswertes **und zugleich** über dem vollen Edelmetallwert liegt.[7] Diese Grenzen sind auch einzuhalten bei einem freihändigen Verkauf (s. § 825 Rn 5), den der Gerichtsvollzieher ohne besonderen Antrag des Gläubigers durchführen darf, wenn kein ausreichendes Angebot abgegeben wird (Abs. 3 S. 2).[8]

§ 818 Einstellung der Versteigerung

Die Versteigerung wird eingestellt, sobald der Erlös zur Befriedigung des Gläubigers und zur Deckung der Kosten der Zwangsvollstreckung hinreicht.

§§ 91, 95 GVGA

Die Bestimmung ist Ausdruck des Grundsatzes der Verhältnismäßigkeit und soll gewährleisten, dass der Schuldner vor einer übermäßigen Verwertung seines Eigentums bewahrt bleibt.[1] Sie ist auch zu beachten, wenn die gepfändeten Gegenstände auf Anordnung des Vollstreckungsgerichts hin (s. § 825 Abs. 2) durch einen privaten Auktionator versteigert werden.[2]

Eine Einstellung der Versteigerung nach § 818 kommt nur in Betracht, wenn **mehrere Gegenstände** gepfändet worden sind. Einzustellen ist dann, wenn der aus der Versteigerung eines **Teils** der gepfändeten Sachen erzielte Erlös **ausreicht**, um den Gläubiger zu befriedigen und die Kosten der Vollstreckung zu decken. Darüber hinaus müssen Ansprüche, deretwegen Anschlusspfändungen (§ 826) ausgebracht worden sind, abgedeckt sein, wenn auch für diese Pfändungen die Frist des § 816 Abs. 1 schon abgelaufen ist. Ansprüche, die nach § 805 vorzugsweise zu befriedigen sind, sind zu berücksichtigen, wenn der Schuldner einverstanden[3] ist oder wenn ein Urteil oder eine einstweilige Anordnung (§ 805 Abs. 4) vorliegt.[4]

Nach erfolgter **Einstellung** sind die nicht versteigerten Sachen zu entstricken und dem Schuldner zurückzugeben, wenn sie nicht auch für andere Gläubiger gepfändet sind. Ein Erlösüberschuss ist dem Schuldner auszuhändigen.[5]

Verstöße gegen § 818 beeinträchtigen die Wirksamkeit der Versteigerung nicht, können aber Amtshaftungsansprüche begründen und sind mit der Erinnerung (§ 766) zu rügen.

---

7 Vgl Stein/Jonas/*Münzberg*, § 817a Rn 2.
8 Vgl Zöller/*Stöber*, § 817a Rn 5.
1 BGH NJW 2007, 1276, 1277.
2 Das Vollstreckungsgericht muss von Amts wegen darauf achten, dass nicht mehr Gegenstände als nötig versteigert werden; vgl *Vollkommer*, NJW 2007, 1278, 1279; MüKo-ZPO/*Gruber*, § 819 Rn 7; aA (nur auf Antrag oder Erinnerung des Schuldners hin) BGH NJW 2007, 1276.
3 HM; wie hier MüKo-ZPO/*Gruber*, § 818 Rn 3; Musielak/*Becker*, § 818 Rn 2; aA (Einwilligung aller Beteiligten) Zöller/*Stöber*, § 818 Rn 1.
4 Stein/Jonas/*Münzberg*, § 818 Rn 1 mwN.
5 Vgl Zöller/*Stöber*, § 818 Rn 1.

§ 819 Wirkung des Erlösempfanges

Die Empfangnahme des Erlöses durch den Gerichtsvollzieher gilt als Zahlung von Seiten des Schuldners, sofern nicht dem Schuldner nachgelassen ist, durch Sicherheitsleistung oder durch Hinterlegung die Vollstreckung abzuwenden.

§ 91 GVGA

I. Wirkung des Erlösempfangs

1 Nimmt der Gerichtsvollzieher den Erlös vom Ersteher in Empfang, gilt dies nach § 819 als Zahlung von Seiten des Schuldners. Entsprechend anwendbar ist die Vorschrift beim freihändigen Verkauf von Wertpapieren (§ 821) sowie uU[1] bei einer anderweitigen Verwertung nach § 825. § 819 regelt – ebenso wie der insoweit wortgleiche § 815 Abs. 3 – die **Gefahrtragung** im Verhältnis zwischen Gläubiger und Schuldner. Maßgebender **Zeitpunkt** für den Gefahrübergang ist bei § 819 die **Empfangnahme**, bei § 815 Abs. 3 die Wegnahme durch den Gerichtsvollzieher.[2] Im Übrigen unterscheiden sich die Bestimmungen von der **Rechtsfolge** her nicht, so dass auf die Ausführungen in § 815 Rn 10 f verwiesen werden kann. Die Zahlungsfiktion tritt nicht ein, wenn der Schuldner zur Abwendung der Vollstreckung durch Sicherheitsleistung oder Hinterlegung (s. hierzu auch § 815 Rn 13) befugt ist.

II. Rechte am Erlös

2 Der an den Gerichtsvollzieher abgeführte Erlös tritt an die Stelle der versteigerten Gegenstände. Die Rechte an diesen Gegenständen setzen sich kraft **dinglicher Surrogation** am Erlös fort.[3] Wer vorher Eigentümer der Sache gewesen ist, ist jetzt Eigentümer des Erlöses. Die Verstrickung, das Pfändungspfandrecht und sonstige Pfandrechte bestehen am Erlös fort (vgl auch § 803 Rn 7). Solange der Erlös noch **nicht abgeliefert** ist, ist die **Vollstreckung** noch **nicht beendet**. Bis dahin kann im Wege der Anschlusspfändung (§ 826) auf den Erlös zugegriffen werden,[4] können Klagen nach § 771 oder § 805 erhoben und es kann die Vollstreckung – ggf auf eine Erinnerung (§ 766) hin – eingestellt werden (vgl auch § 815 Rn 3).[5] Ein Gläubiger des Vollstreckungsgläubigers kann dessen Anspruch auf Auskehr des Erlöses nicht selbständig pfänden. Das Recht auf den Erlös ist aber miterfasst von der ohne weiteres möglichen Pfändung der Titelforderung des Vollstreckungsgläubigers.[6]

III. Auskehr des Erlöses

3 **1. Verteilung.** Während die ZPO nur teilweise regelt, wie mit dem Erlös zu verfahren ist, enthalten die Dienstvorschriften ausführliche Bestimmungen über die Berechnung der auszuzahlenden Beträge und über die **Verteilung** (s. § 116 Abs. 6, § 117 Abs. 5, §§ 118, 119 GVGA). Aus § 15 Abs. 1 GvKostG ergibt sich, dass

---

1 Einzelheiten bei MüKo-ZPO/*Gruber*, § 819 Rn 2.
2 Vgl MüKo-ZPO/*Gruber*, § 819 Rn 3.
3 Im Ergebnis allgM. Str ist lediglich, ob die dingliche Surrogation auf einer analogen Anwendung des § 1247 S. 2 BGB beruht; dafür: Musielak/*Becker*, § 819 Rn 3; Thomas/Putzo/*Seiler*, § 819 Rn 1; wohl auch BGH NJW 2013, 2519 (Rz 16 f); dagegen: Stein/Jonas/*Münzberg*, § 819 Rn 1. Zur Surrogation im Falle einer Versteigerung durch einen Dritten s. § 825 Rn 10.
4 LG Berlin DGVZ 1983, 93; vgl auch Zöller/*Stöber*, § 819 Rn 5.
5 Zöller/*Stöber*, § 819 Rn 2; vgl auch Stein/Jonas/*Münzberg*, § 819 Rn 13.
6 Zöller/*Stöber*, § 819 Rn 5; vgl auch Musielak/*Becker*, § 819 Rn 4; Stein/Jonas/*Brehm*, § 857 Rn 44 und 40.

der Gerichtsvollzieher gewisse Kosten vorweg entnehmen darf (vorbehaltlich § 15 Abs. 3 S. 2 und 3 GvKostG).[7] Im Falle einer Austauschpfändung ist dem Schuldner ggf nach § 811 a Abs. 1 Hs 2 vorweg ein Geldbetrag aus dem Erlös zu überlassen. Der Rest wird zur Befriedigung des Gläubigers verwendet, ein etwaiger Übererlös wird an den Schuldner abgeführt. Inhaber von Pfand- oder Vorzugsrechten sind vorrangig zu befriedigen, sofern sie ein Urteil nach § 805 vorlegen oder wenn alle Beteiligten einverstanden sind. Reicht der an den Gläubiger auszukehrende Erlös zur **Tilgung** der gesamten Forderung nicht aus, wird er entsprechend § 367 BGB zunächst auf die Kosten, sodann auf die Zinsen und zuletzt auf die Hauptleistung angerechnet.[8] Ein Gläubiger, der dieselbe Sache wegen verschiedener Forderungen gepfändet hat, kann analog § 366 Abs. 2 BGB eine von dem Rang der Pfändung abweichende Tilgung bestimmen.[9] Der Schuldner hat dagegen kein Tilgungsbestimmungsrecht.[10]

2. Rechtsnatur. Die **Verpflichtung** des Gerichtsvollziehers zur Abführung des Erlöses ist eine **öffentlich-rechtliche**.[11] Der Berechtigte hat keinen klagbaren Anspruch auf Auszahlung. Er kann aber mit der Erinnerung gegen eine Verweigerung der Auszahlung vorgehen, solange der Erlös noch nicht abgeliefert ist.[12] Der Gerichtsvollzieher überträgt das Eigentum an dem Erlös durch staatlichen **Hoheitsakt**[13] (vgl auch § 815 Rn 3, § 817 Rn 7). Der Empfänger wird auch dann Eigentümer des Erlöses, wenn die versteigerte Sache und damit auch der Erlös (s. Rn 2) nicht dem Schuldner gehört haben, wenn die Titelforderung nicht bestanden hat oder wenn vorrangige Gläubiger übergangen worden sind (vgl auch § 817 Rn 9). Ein guter oder böser Glaube des Empfängers spielt keine Rolle. Der Empfänger ist in diesen Fällen aber Bereicherungs- und ggf auch Schadensersatzansprüchen ausgesetzt (s. § 804 Rn 16).[14] Bei der **Auskehrung** eines Übererlöses **an** den **Schuldner** geht der Gerichtsvollzieher davon aus, dass dieser bereits Eigentümer ist (s. Rn 2), und beabsichtigt gar keine Eigentumsübertragung; daher erwirbt der Schuldner kein Eigentum am Übererlös, wenn die Sache eines Dritten versteigert worden ist.[15]

§ 820 (weggefallen)

§ 821 Verwertung von Wertpapieren

Gepfändete Wertpapiere sind, wenn sie einen Börsen- oder Marktpreis haben, von dem Gerichtsvollzieher aus freier Hand zum Tageskurs zu verkaufen und, wenn sie einen solchen Preis nicht haben, nach den allgemeinen Bestimmungen zu versteigern.

§§ 91, 97, 105 GVGA

---

7 Einzelheiten bei Stein/Jonas/*Münzberg*, § 819 Rn 6; Zöller/*Stöber*, § 819 Rn 4; s. auch § 118 Abs. 2 und 3 GVGA.
8 Vgl *Brox/Walker*, Rn 448; MüKo-ZPO/*Gruber*, § 819 Rn 9; Zöller/*Stöber*, § 819 Rn 4.
9 *Brox/Walker*, Rn 451; Stein/Jonas/*Münzberg*, § 819 Rn 6.
10 BGHZ 140, 391 = NJW 1999, 1704.
11 Unstr; MüKo-ZPO/*Gruber*, § 819 Rn 7; Stein/Jonas/*Münzberg*, § 819 Rn 8; Zöller/*Stöber*, § 819 Rn 4.
12 MüKo-ZPO/*Gruber*, § 819 Rn 7; Musielak/*Becker*, § 819 Rn 6.
13 Musielak/*Becker*, § 819 Rn 5; Stein/Jonas/*Münzberg*, § 819 Rn 9; Zöller/*Stöber*, § 819 Rn 4; aA (öffentlich-rechtlicher Vertrag) MüKo-ZPO/*Gruber*, § 819 Rn 7.
14 Vgl auch Hk-ZPO/*Kemper*, § 819 Rn 5; Stein/Jonas/*Münzberg*, § 819 Rn 10 f.
15 MüKo-ZPO/*Gruber*, § 819 Rn 8; Musielak/*Becker*, § 819 Rn 5; Stein/Jonas/*Münzberg*, § 819 Rn 9 Fn 33.

I. Allgemeines

1 Die Vorschrift regelt die Verwertung von gepfändeten Wertpapieren unter Berücksichtigung des Umstands, dass bei Papieren, die einen Börsen- oder Marktpreis haben, der erzielbare Erlös sicher feststeht.[1]

II. Voraussetzungen

2 **1. Wertpapiere.** Wertpapiere iSd § 821 sind Urkunden, die ein Recht in der Weise verbriefen, dass es ohne ihre Vorlegung nicht ausgeübt werden kann.[2] Gepfändet werden Wertpapiere wie bewegliche Sachen (s. § 803 Rn 1); Besonderheiten gelten bei der Pfändung von Wertpapieren in Sammelverwahrung (s. § 808 Rn 2). § 821 gilt für die Verwertung von **Inhaberpapieren** und grds.[3] auch von **Namenspapieren (Rektapapieren)**,[4] während indossable Papiere grds.[5] nicht nach §§ 821 f verwertet werden (s. Rn 3). In den Anwendungsbereich des § 821 fallen zB: Schuldverschreibungen auf den Inhaber; Hypotheken-, Grund- und Rentenschuldbriefe auf den Inhaber;[6] Investment- und Immobilienzertifikate auf den Inhaber; Inhaberschecks;[7] Inhabermarken wie Lotterielose oder Eintrittskarten. Namenspapiere, die nach § 821 verwertet werden, sind zB: Investmentzertifikate auf den Namen;[8] Rektawechsel und -schecks, nicht an Order lautende Papiere iSd § 363 HGB; auf den Namen umgeschriebene Schuldverschreibungen (vgl § 806 BGB). **Analog** § 821 verwertet wird ausländisches Geld, während für inländisches Geld die Vorschrift des § 815 gilt (s. auch § 815 Rn 2).

3 **2. Keine Anwendbarkeit.** Grundsätzlich[9] nicht anwendbar ist die Bestimmung auf **Orderpapiere** (§ 831), deren Verwertung sich nach §§ 835, 844 richtet. Für auf den Namen lautende Hypotheken-, Grundschuld- und Rentenschuldbriefe sind in §§ 837 f, 857 Abs. 6 besondere Regelungen getroffen.[10] Keine Anwendung findet § 821 ferner auf **Legitimationspapiere** wie zB Sparbücher,[11] die nicht Träger des verbrieften Rechts sind, sondern nur dessen Nachweis erleichtern. Ebenso wenig gilt § 821 bei reinen Beweisurkunden wie Schuldscheinen oder Anteilscheinen einer GmbH.[12]

III. Verwertung

4 **1. Wertpapiere mit Börsen- oder Marktpreis.** Wertpapiere mit einem **Börsen- oder Marktpreis**, also solche, die an der Börse zu einem amtlichen Kurs oder auf dem Wertpapiermarkt zu einem festgelegten Preis gehandelt werden,[13] muss der Gerichtsvollzieher **zum Tageskurs freihändig** veräußern (s. § 825 Rn 5). Ob ein Börsen- oder Marktpreis existiert, kann zB durch die Einholung einer Bankaus-

---

1 Vgl Musielak/*Becker*, § 821 Rn 1; Zöller/*Stöber*, § 821 Rn 1.
2 Vgl etwa Stein/Jonas/*Münzberg*, § 821 Rn 1; ferner MüKo-ZPO/*Gruber*, § 821 Rn 2; Musielak/*Becker*, § 821 Rn 2.
3 Ausnahme: MüKo-ZPO/*Gruber*, § 821 Rn 3 mwN.
4 AA *Hezel*, Rpfleger 2006, 105, 110 ff; *Schmidt*, DGVZ 2014, 77, 83 f.
5 Anwendbar ist § 821 aber auf solche Orderpapiere, die keine Forderung verbriefen und für die § 831 daher nicht gilt. § 821 gilt daher zB für die Namensaktie (§§ 67 f AktG), die auch durch Indossament übertragbar ist, Stein/Jonas/*Münzberg*, § 821 Rn 3.
6 ZB *Viertelhausen*, DGVZ 2000, 129, 130.
7 HM; s. zB MüKo-ZPO/*Gruber*, § 821 Rn 3; Stein/Jonas/*Münzberg*, § 821 Rn 3; anders § 123 Abs. 1 GVGA.
8 LG Berlin Rpfleger 1970, 361.
9 Ausnahme: s. Fn 5.
10 MüKo-ZPO/*Gruber*, § 821 Rn 3 mwN.
11 Vgl BGHZ 28, 368. Weitere Beispiele finden sich in § 808 Rn 2; s. dort auch zu einer möglichen Hilfspfändung derartiger Papiere.
12 OLG Köln GmbHR 1995, 293; vgl auch Stein/Jonas/*Münzberg*, § 821 Rn 5.
13 Vgl MüKo-ZPO/*Gruber*, § 821 Rn 5; Musielak/*Becker*, § 821 Rn 6.

kunft festgestellt werden.[14] Die Frist des § 816 Abs. 1 gilt nicht; die Papiere müssen unverzüglich und gegen bare Zahlung veräußert werden. Mit Zustimmung der Parteien ist auch ein Zuwarten oder eine Veräußerung unter dem Tageskurs zulässig.[15] Der Gerichtsvollzieher überträgt das Eigentum an den Papieren wie bei einer Versteigerung (s. § 817 Rn 7) durch Hoheitsakt. § 822 erleichtert ihm die erforderliche Einhaltung der bei der Übertragung von Namenspapieren vorgesehenen Formen.[16] Für den Verkauf der Papiere durch eine andere Person, zB einen Börsenmakler oder eine Bank, gelten die §§ 433, 929 ff BGB;[17] es bedarf einer Anordnung nach § 825.[18]

2. Andere Wertpapiere. Andere Wertpapiere werden nach den allgemeinen Regeln – also insb. unter Wahrung der Frist des § 816 Abs. 1 und unter Beachtung des Mindestgebots (§ 817 a) – **öffentlich versteigert**. Empfiehlt es sich, dass ein Sachverständiger die vorgeschriebene Schätzung des Verkaufswertes vornimmt, dann regt der Gerichtsvollzieher einen Antrag nach § 813 Abs. 1 S. 2 an.[19] Inhaberschecks verwertet der Gerichtsvollzieher, indem er sie bei der bezogenen Bank einlöst und den erhaltenen Betrag dem Gläubiger aushändigt.[20]

IV. Kosten

Die Kosten richten sich nach den Bestimmungen des 3. Abschnitts des Kostenverzeichnisses zum GvKostG („Verwertung"). Der Begriff der Verwertung umfasst auch einen Verkauf (Nr. 300 KV GvKostG). Auch ein Zeitzuschlag (Nr. 500 KV GvKostG) kann entstehen. Daneben können Auslagen (Nr. 700 ff KV GvKostG) anfallen. Dem Erlös aus einem Verkauf sind die Gerichtsvollzieherkosten zu entnehmen (§ 15 Abs. 1, 2 GvKostG), soweit kein Entnahmeverbot nach § 15 Abs. 3 GvKostG besteht.

§ 822 Umschreibung von Namenspapieren

Lautet ein Wertpapier auf Namen, so kann der Gerichtsvollzieher durch das Vollstreckungsgericht ermächtigt werden, die Umschreibung auf den Namen des Käufers zu erwirken und die hierzu erforderlichen Erklärungen an Stelle des Schuldners abzugeben.

§§ 91, 105 GVGA

I. Regelungsgehalt

Die Vorschrift trägt dem Umstand Rechnung, dass die Übergabe des Papiers nur bei Inhaberpapieren ausreicht, um das verbriefte Recht zu übertragen, während Namenspapiere durch eine **Abtretungserklärung** oder durch ein auf das Papier gesetztes **Indossament** auf den Erwerber umgeschrieben werden müssen[1] (s. auch § 105 Abs. 2 und 3 GVGA). § 822 gilt für alle Rektapapiere[2] sowie für Orderpa-

---

14 Vgl Zöller/*Stöber*, § 821 Rn 7.
15 Vgl Musielak/*Becker*, § 821 Rn 6; Stein/Jonas/*Münzberg*, § 821 Rn 8.
16 *Brox/Walker*, Rn 423.
17 Vgl BGHZ 119, 78 = NJW 1992, 2570.
18 Str; wie MüKo-ZPO/*Gruber*, § 821 Rn 6; Musielak/*Becker*, § 825 Rn 6; Thomas/Putzo/*Seiler*, § 821 Rn 3; aA Stein/Jonas/*Münzberg*, § 821 Rn 7.
19 Stein/Jonas/*Münzberg*, § 821 Rn 10; vgl auch Musielak/*Becker*, § 821 Rn 8.
20 LG Göttingen NJW 1983, 635; Zöller/*Stöber*, § 821 Rn 11.
1 UU ist auch noch die Eintragung in ein Verzeichnis nötig, s. § 67 Abs. 3 AktG.
2 Ausnahme: auf den Namen lautende Hypotheken-, Grund- und Rentenschuldbriefe (s. § 821 Rn 3).

piere, die keine Forderung verbriefen und daher nach § 821 (und nicht nach § 831) verwertet werden.³

2 Gibt der Schuldner die zur Umschreibung auf den Käufer erforderlichen Erklärungen nicht freiwillig ab, ermächtigt das Vollstreckungsgericht den Gerichtsvollzieher zur Abgabe dieser Erklärungen. Es wird dabei auf Antrag des Gläubigers⁴ oder des Gerichtsvollziehers tätig und handelt durch den Rechtspfleger (§ 20 Nr. 17 RPflG). Abtretungserklärung und Indossament können wie folgt formuliert werden:⁵

3 Beispiel für eine mit dem Papier zu verbindende **Abtretungserklärung**:

> ▶ Der Anspruch aus dem Wertpapier wird an ... (genaue Bezeichnung des Käufers) abgetreten.
>
> [Es folgen Ort, Datum sowie Unterschrift des Gerichtsvollziehers nebst Dienstsiegel mit dem Zusatz: „für ... (genaue Bezeichnung des Schuldners) auf Grund der Ermächtigung des Vollstreckungsgerichts ... (Ort, Datum, Aktenzeichen)"] ◀

4 Beispiel für ein **Indossament**:

> ▶ An ... (genaue Bezeichnung des Käufers)
>
> [Es folgen Ort, Datum sowie Unterschrift des Gerichtsvollziehers nebst Dienstsiegel mit dem Zusatz: „für ... (genaue Bezeichnung des Schuldners) auf Grund der Ermächtigung des Vollstreckungsgerichts ... (Ort, Datum, Aktenzeichen)"] ◀

II. Rechtsbehelfe

5 Gegen die ablehnende Entscheidung des Rechtspflegers findet die sofortige Beschwerde statt (§ 11 Abs. 1 RPflG, § 793), gegen die Weigerung des Gerichtsvollziehers, die Umschreibung vorzunehmen, die Erinnerung (§ 766 Abs. 2).⁶

III. Kosten

6 Es entstehen keine besonderen Gebühren des Gerichtsvollziehers oder des Gerichts, da es sich um ein **gebührenfreies Nebengeschäft** der Verwertung handelt.⁷ Entstehende Auslagen sind als Auslagen des Gerichtsvollziehers (Nr. 700 ff KV GvKostG) zu erheben.

§ 823 Außer Kurs gesetzte Inhaberpapiere

Ist ein Inhaberpapier durch Einschreibung auf den Namen oder in anderer Weise außer Kurs gesetzt, so kann der Gerichtsvollzieher durch das Vollstreckungsgericht ermächtigt werden, die Wiederinkurssetzung zu erwirken und die hierzu erforderlichen Erklärungen an Stelle des Schuldners abzugeben.

§§ 91, 105 GVGA

---

3 Also v.a. für Namensaktien (s. § 821 Rn 2 Fn 5).
4 Ebenso Thomas/Putzo/*Seiler*, § 822 Rn 1; Zöller/*Stöber*, § 822 Rn 1; weitergehend (Gläubiger und Schuldner) Stein/Jonas/*Münzberg*, § 822 Rn 1; noch großzügiger (auch Erwerber) MüKo-ZPO/*Gruber*, § 822 Rn 3; Musielak/*Becker*, § 822 Rn 2.
5 Formulierungsvorschläge finden sich bei Zöller/*Stöber*, § 822 Rn 1; Musielak/*Becker*, § 822 Rn 2; vgl auch Hk-ZPO/*Kemper*, § 822 Rn 3.
6 Vgl MüKo-ZPO/*Gruber*, § 822 Rn 5; Musielak/*Becker*, § 822 Rn 4.
7 NK-GK/*Kessel*, Nr. 705 KV GvKostG Rn 1; Schröder-Kay/*Winter*, Nr. 705 KV GvKostG.

Die Außerkurssetzung von Inhaberpapieren ist durch Art. 176 EGBGB verboten, so dass die Vorschrift innerhalb ihres unmittelbaren Anwendungsbereichs gegenstandslos geworden ist. § 823 wird aber entsprechend angewendet, wenn der Gläubiger die Rückumwandlung von Papieren in Inhaberschuldverschreibungen[1] betreiben möchte, die vorher gem. § 806 BGB auf den Namen umgeschrieben worden sind (vgl auch § 105 Abs. 2 und 3 GVGA). Zuständig für die Erteilung der Ermächtigung ist der Rechtspfleger (§ 20 Abs. 1 Nr. 17 RPflG). Der Gläubiger kann die genannten Papiere auch – unter Verzicht auf die Rückumwandlung – nach § 822 verwerten lassen.

§ 824 Verwertung ungetrennter Früchte

¹Die Versteigerung gepfändeter, von dem Boden noch nicht getrennter Früchte ist erst nach der Reife zulässig. ²Sie kann vor oder nach der Trennung der Früchte erfolgen; im letzteren Fall hat der Gerichtsvollzieher die Aberntung bewirken zu lassen.

§§ 91, 103 GVGA

I. Normzweck

Die Vorschrift regelt die Verwertung von ungetrennten Früchten, die nach § 810 noch „auf dem Halm" gepfändet worden sind.

II. Verwertung

1. Zulässigkeit. Während die **Pfändung** nach § 810 Abs. 1 S. 2 nicht früher als vier Wochen vor der **gewöhnlichen** Reife erfolgen darf, ist die **Verwertung** erst nach Eintritt der **tatsächlichen** Reife zulässig. Die Versteigerung darf aber nicht so spät erfolgen, dass eine Vermarktung der Früchte vor ihrem Verderb nicht mehr möglich ist.

2. Durchführung. Die Früchte können sowohl vor als auch nach ihrer Trennung vom Boden versteigert werden. Hierüber entscheidet der Gerichtsvollzieher; er berücksichtigt dabei v.a., auf welche Weise ein höherer Erlös zu erzielen ist (vgl § 103 Abs. 1 GVGA). In den Versteigerungsbedingungen muss festgelegt werden, bis wann der Käufer die Früchte vom Grund und Boden wegzuschaffen hat (§ 103 Abs. 3 GVGA). Die Versteigerung wird nach den allgemeinen Vorschriften der §§ 813 ff durchgeführt.

a) Eine Veräußerung **vor der Trennung** erfolgt am besten an Ort und Stelle. Der Gerichtsvollzieher verschafft dem Käufer den Besitz, indem er ihm die Aneignung gestattet. Der Käufer erwirbt dadurch – in Abweichung von § 93 BGB – das Eigentum an den noch ungetrennten Früchten,[1] so dass eine spätere Beschlagnahme diese Früchte nicht mehr erfasst.[2] Dies ist aber nicht völlig unumstritten. Daher ordnet § 103 Abs. 3 GVGA an, dass der Erlös erst ausgezahlt werden darf, wenn die Früchte weggeschafft sind oder die hierfür bestimmte Frist verstrichen ist.

---

1 Im Hinblick auf Aktien s. § 24 AktG.
1 Heute wohl allgM; vgl Hk-ZPO/*Kemper*, § 824 Rn 4; MüKo-ZPO/*Gruber*, § 824 Rn 4; Stein/Jonas/*Münzberg*, § 824 Rn 2.
2 Ganz hM; Musielak/*Becker*, § 824 Rn 5; Stein/Jonas/*Münzberg*, § 824 Rn 2; Zöller/*Stöber*, § 824 Rn 2. Zu den Auswirkungen einer nach der Pfändung gem. § 810 erfolgenden Beschlagnahme s. § 810 Rn 4 sowie (eingehend) Zöller/*Stöber*, § 824 Rn 4.

5 b) **Im Falle einer Versteigerung nach der Trennung** lässt der Gerichtsvollzieher die Früchte durch eine zuverlässige Person – ggf auch durch den Schuldner – aberntet (s. im Einzelnen § 103 Abs. 2 GVGA). Mit der Trennung erwerben die nach §§ 953 ff BGB Berechtigten das Eigentum an den Früchten. Das Pfändungspfandrecht des Gläubigers an den Früchten wird durch die Trennung nicht berührt.

III. Kosten

6 Hat der **Gerichtsvollzieher** die Aberntung bewirken lassen, entstehen keine besonderen Gebühren (§ 1 GvKostG). Es können ggf Auslagen für Transportkosten (Nr. 707 KV GvKostG) und Arbeitshilfen (Nr. 709 KV GvKostG) anfallen, die zu den Gerichtsvollzieherkosten zählen und einem Erlös vorweg entnommen werden können (§ 15 Abs. 1, 2 GvKostG), wenn nicht ein Entnahmeverbot nach § 15 Abs. 3 GvKostG besteht.

§ 825 Andere Verwertungsart

(1) ¹Auf Antrag des Gläubigers oder des Schuldners kann der Gerichtsvollzieher eine gepfändete Sache in anderer Weise oder an einem anderen Ort verwerten, als in den vorstehenden Paragraphen bestimmt ist. ²Über die beabsichtigte Verwertung hat der Gerichtsvollzieher den Antragsgegner zu unterrichten. ³Ohne Zustimmung des Antragsgegners darf er die Sache nicht vor Ablauf von zwei Wochen nach Zustellung der Unterrichtung verwerten.

(2) Die Versteigerung einer gepfändeten Sache durch eine andere Person als den Gerichtsvollzieher kann das Vollstreckungsgericht auf Antrag des Gläubigers oder des Schuldners anordnen.

§§ 91, 92, 97 GVGA

I. Allgemeines

1 **1. Normzweck.** Die Vorschrift ermöglicht eine von §§ 814 ff abweichende Verwertung, damit persönliche, sachliche oder örtliche Besonderheiten genutzt werden können, um einen günstigen Verwertungserlös zu erzielen.[1]

2 **2. Gemeinsame Voraussetzungen von Abs. 1 und 2.** Eine andere Verwertung nach § 825 **setzt** – ebenso wie eine öffentliche Versteigerung (§ 814 Rn 3) – **voraus**, dass eine wirksame Pfändung vorliegt und dass die Fortsetzung der Zwangsvollstreckung zulässig ist. Darüber hinaus muss die andere Verwertung – sei es durch den Gerichtsvollzieher (Abs. 1), sei es durch eine andere Person (Abs. 2) – einen **höheren Erlös** versprechen **als eine öffentliche Versteigerung** nach §§ 814 ff.[2] Indiz hierfür kann der Umstand sein, dass der Versuch einer öffentlichen Versteigerung erfolglos geblieben ist.

II. Andere Verwertung durch den Gerichtsvollzieher (Abs. 1)

3 **1. Verfahren. a) Antrag (Abs. 1 S. 1).** Der Antrag, die gepfändeten Gegenstände anderweit zu verwerten, kann vom Gläubiger oder vom Schuldner gestellt werden, nicht aber von einem Dritten, der sich für den Erwerb der Sache interes-

---

1 Vgl BGH NJW 1992, 2570, 2571; BGH NJW 2007, 1276, 1278; *Hintzen/Wolf*, Rn 4.299.
2 AllgM; vgl LG Freiburg DGVZ 1982, 186, 187; Stein/Jonas/*Münzberg*, § 825 Rn 1.

siert.³ Erwartet der Gerichtsvollzieher von einer öffentlichen Versteigerung keinen angemessenen Erlös, weist er auf die Möglichkeit einer anderen Verwertung hin (vgl § 91 Abs. 1 S. 3 GVGA). Der Antrag ist an den Gerichtsvollzieher zu richten und muss die begehrte Verwertungsmaßnahme (zB anderer Ort, freihändiger Verkauf) genau bezeichnen. Haben sich die Parteien wirksam auf Versteigerungsbedingungen geeinigt, die von den gesetzlichen abweichen (s. § 816 Rn 3, § 817 Rn 3), wird nach diesen Bedingungen verfahren, ohne dass ein Antrag nach § 825 Abs. 1 erforderlich wäre. Eine andere Art der Verwertung als durch öffentliche Versteigerung muss aber auch dann nach Abs. 1 beantragt werden, wenn sie von den Parteien übereinstimmend gewollt ist.⁴ Der Antrag, an den der Gerichtsvollzieher entsprechend § 308 gebunden ist,⁵ ist begründet, wenn die in Rn 2 dargestellten Voraussetzungen vorliegen.

b) Unterrichtung (Abs. 1 S. 2); Wartefrist (Abs. 1 S. 3); Rechtsbehelf. Sofern der 4
Gerichtsvollzieher eine andere Verwertung beabsichtigt, er dem Antrag also entsprechen möchte, muss er den **Antragsgegner** hiervon **unterrichten** (Abs. 1 S. 2); s. im Einzelnen hierzu § 91 Abs. 1 S. 4–7 GVGA. Aus Abs. 1 S. 3 ergibt sich, dass die Unterrichtung **zugestellt** werden muss. Stimmt der Antragsgegner zu, darf der Gerichtsvollzieher sogleich zur beantragten anderen Verwertung schreiten. Andernfalls muss er gem. **Abs. 1 S. 3** warten, bis **zwei Wochen** seit der Zustellung der Unterrichtung verstrichen sind; die Frist wird nach § 222 berechnet. Diese Frist ermöglicht dem Antragsgegner die rechtzeitige Einlegung einer **Erinnerung** gem. § 766. Diese, nicht die sofortige Beschwerde, ist der statthafte Rechtsbehelf, denn der Gerichtsvollzieher trifft keine Entscheidungen iSd § 793.⁶ Hält der Gerichtsvollzieher den Antrag für unbegründet, dann teilt er dies dem Antragsteller mit und fährt mit der Verwertung nach den gesetzlichen Bestimmungen fort.⁷ Der Antragsteller kann in diesem Fall Erinnerung nach § 766 Abs. 2 einlegen.

2. Arten. a) Abweichende Versteigerungsbedingungen. Als anderweitige Verwertung kommt zunächst eine öffentliche Versteigerung zu Bedingungen in Betracht, 5 die von den gesetzlichen abweichen. Fälle des Abs. 1 liegen zB vor, wenn die Versteigerung vor Ablauf der Wochenfrist des § 816 Abs. 1 oder an einem anderen Ort als dem in § 816 Abs. 2 vorgesehenen durchgeführt wird oder wenn entgegen § 817 Abs. 2 der Erlös gestundet wird. Eine Abweichung von den Vorschriften über den Zuschlag an den Meistbietenden (§ 817 Abs. 1) und über die Erreichung des Mindestgebots (§ 817 a) ist allerdings nicht zulässig.⁸

b) Freihändige Veräußerung. Im Rahmen des Abs. 1 ist ferner ein Verkauf aus 6 freier Hand zulässig, bei dem der Erwerber und der Preis durch freie Übereinkunft bestimmt werden.⁹ Der vereinbarte Preis darf das Mindestgebot des § 817 a nicht unterschreiten. Der Gerichtsvollzieher handelt – ebenso wie bei einer öffentlichen Versteigerung – hoheitlich. Die Einigung mit dem Käufer entspricht dem Zuschlag; das Eigentum wird dem Erwerber durch Hoheitsakt verschafft (s. § 817 Rn 5 ff).¹⁰ Für den Erlös gelten die in § 819 getroffenen Regelungen. Einzelheiten über das Verfahren und das Protokoll beim freihändigen Verkauf regeln die Dienstvorschriften (s. §§ 98 f GVGA). Als freihändiger Verkauf

---

3 LG Berlin DGVZ 1978, 112, 114; Musielak/*Becker*, § 825 Rn 2.
4 Stein/Jonas/*Münzberg*, § 825 Rn 4; Zöller/*Stöber*, § 825 Rn 8.
5 MüKo-ZPO/*Gruber*, § 825 Rn 5; Zöller/*Stöber*, § 825 Rn 6.
6 Vgl BT-Drucks. 11/341, S. 31; Musielak/*Becker*, § 825 Rn 2.
7 Ebenso Stein/Jonas/*Münzberg*, § 825 Rn 4.
8 Zöller/*Stöber*, § 825 Rn 3; vgl auch Musielak/*Becker*, § 825 Rn 3.
9 Stein/Jonas/*Münzberg*, § 825 Rn 5; Zöller/*Stöber*, § 825 Rn 12. Darüber hinaus ordnet das Gesetz in §§ 817 a Abs. 3 S. 2, 821 einen freihändigen Verkauf an.
10 Stein/Jonas/*Münzberg*, § 825 Rn 5; Zöller/*Stöber*, § 825 Rn 12; aA (öffentlich-rechtlicher Vertrag) MüKo-ZPO/*Gruber*, § 825 Rn 9.

unter Abs. 1 fällt ferner eine Versteigerung durch den Gerichtsvollzieher über das Internet, sofern eine der bereits vorhandenen privaten Auktionsplattformen wie eBay benutzt wird.[11] Daraus, dass diese Plattformen nach dem Willen des Gesetzgebers (vgl § 814 Abs. 3 S. 1 Nr. 2)[12] nicht zur Durchführung einer öffentlichen Versteigerung eingesetzt werden können, ist nicht zu folgern, dass eine Internetauktion über eBay usw künftig nicht mehr zulässig ist. Auch in dem Fall, dass eine Internetversteigerung über eine private Plattform – also als freihändiger Verkauf gem. § 825 Abs. 1 – durchgeführt wird, gilt nach zutreffender Auffassung[13] der Gewährleistungsausschluss des § 806. Die Vorschriften über Fernabsatzgeschäfte (§§ 312 c ff BGB) und Verbrauchsgüterkäufe (§§ 474 ff BGB) finden keine Anwendung. Umsatzsteuer fällt nicht an.

7 **c) Erwerb durch eine bestimmte Person.** Der Gerichtsvollzieher kann auf Antrag[14] das Eigentum einer bestimmten Person übertragen, die für die Sache einen bestimmten Preis zu zahlen bereit ist. Der angebotene Preis darf das Mindestgebot des § 817 a nicht unterschreiten und muss höher sein als der bei einer öffentlichen Versteigerung voraussichtlich zu erzielende Erlös.[15] Beim Erwerb durch eine bestimmte Person handelt es sich um einen Unterfall der freihändigen Veräußerung.[16] Auch hier ersetzt das Einvernehmen mit dem Erwerber den Zuschlag und das Eigentum wird durch Hoheitsakt übertragen. Als Erwerber kommt insb. auch der **Gläubiger** in Betracht. In diesem Fall gelten – v.a. im Hinblick auf die Befreiung von der Barzahlungspflicht – die Erl. in § 817 Rn 11.

III. Versteigerung durch eine andere Person (Abs. 2)

8 **1. Anordnung durch das Vollstreckungsgericht.** Wegen möglicher Interessenkonflikte des Gerichtsvollziehers[17] ist nicht dieser, sondern das Vollstreckungsgericht zuständig für die Anordnung der Versteigerung durch eine andere Person als den Gerichtsvollzieher. Aus demselben Grund bedarf auch der freihändige Verkauf durch einen Dritten[18] entsprechend Abs. 2 einer Anordnung durch das Vollstreckungsgericht.[19] Ausschließlich **zuständig** ist das Gericht, in dessen Bezirk nach § 816 Abs. 2 die öffentliche Versteigerung stattfinden müsste (§§ 802, 764 Abs. 2); es entscheidet durch den Rechtspfleger (§ 20 Abs. 1 Nr. 17 RPflG). Dieser gewährt der anderen Partei rechtliches Gehör[20] und entscheidet aufgrund fakultativer mündlicher Verhandlung (§ 128 Abs. 4) durch **Beschluss** (§ 764 Abs. 3).

---

11 Vgl *Eichelberger*, Jura 2013, 82, 83. Zur Rechtslage vor Inkrafttreten des Gesetzes über die Internetversteigerung in der Zwangsvollstreckung und zur Änderung anderer Gesetze vom 30.7.2009 (BGBl. I S. 2474) am 5.8.2009 vgl MüKo-ZPO/*Gruber*, § 825 Rn 9; *Meller-Hannich*, DGVZ 2009, 21, 24.
12 S. auch Begr. RegE BT-Drucks. 16/12811, S. 8.
13 Eingehend *Meller-Hannich*, DGVZ 2009, 21, 23 (Gewährleistungsausschluss), 28 (Verbraucherschutzrecht); 30 (Umsatzsteuer); aA allerdings *Remmert*, NJW 2009, 2572, 2574 f.
14 Vgl LG Essen DGVZ 1996, 120.
15 Vgl LG Koblenz MDR 1981, 236; Musielak/*Becker*, § 825 Rn 3; Stein/Jonas/*Münzberg*, § 825 Rn 2.
16 Vgl Stein/Jonas/*Münzberg*, § 825 Rn 6; Zöller/*Stöber*, § 825 Rn 5. Dies wird nicht recht deutlich, wenn man – wie MüKo-ZPO/*Gruber*, § 825 Rn 11 und Musielak/*Becker*, § 825 Rn 3 – von einer Eigentumszuweisung spricht.
17 Begr. RegE, BT-Drucks. 13/341, S. 31.
18 Trotz des Wortlauts des § 825 Abs. 2 ist auch eine andere Verwertung als durch Versteigerung zulässig, MüKo-ZPO/*Gruber*, § 825 Rn 14.
19 AA Zöller/*Stöber*, § 825 Rn 15; Stein/Jonas/*Münzberg*, § 825 Rn 5 aE (s. aber auch Rn 10 Fn 56); wie hier *Schuschke/Walker*, § 825 Rn 24 m. Fn 38; wohl auch Musielak/*Becker*, § 825 Rn 6.
20 Musielak/*Becker*, § 825 Rn 5.

Der Antrag ist begründet, wenn die Verwertung durch einen Dritten – etwa 9
durch einen **Auktionator, Kunsthändler oder Notar** – einen **höheren Erlös** verspricht als eine öffentliche Versteigerung (s. Rn 2). Ob dies der Fall ist, beurteilt der Rechtspfleger nach pflichtgemäßem Ermessen.[21] Im Falle einer Stattgabe ist der Dritte namentlich zu benennen.[22] Werden mehrere Gegenstände versteigert und ist ein Übererlös zu erwarten, dann weist das Gericht den Dritten an, die Versteigerung einzustellen, sobald ein – betragsmäßig festgelegter – Erlös erzielt worden ist, der zur Befriedigung der Gläubiger und zur Deckung der Vollstreckungskosten ausreicht (vgl § 818). Die Anweisung muss nicht vom Schuldner gesondert beantragt werden, sondern ergeht von Amts wegen.[23] Der Beschluss ist den Parteien wegen § 329 Abs. 3 zuzustellen; ein ablehnender Beschluss muss dem Antragsgegner nur formlos mitgeteilt werden.[24] Die vollstreckungsgerichtliche Anordnung ist für den Gerichtsvollzieher und die Parteien bindend. Sowohl der stattgebende als auch der ablehnende Beschluss des Rechtspflegers können mit der **sofortigen Beschwerde** (§ 11 Abs. 1 RPflG, § 793) angefochten werden.[25] Einstweilige Anordnungen können entsprechend §§ 766 Abs. 1 S. 2, 732 Abs. 2 erlassen werden.

2. Versteigerung. Der Dritte wird aufgrund eines öffentlich-rechtlichen Auftrags- 10
verhältnisses mit dem Land, vertreten durch den rechtmäßig handelnden Gerichtsvollzieher,[26] tätig. Seine Tätigkeit ist aber eine **privatrechtliche**.[27] Im Falle einer Versteigerung kommt der Vertrag gem. § 156 S. 1 BGB durch den Zuschlag zustande, bei einem Verkauf aus freier Hand nach den §§ 433 ff BGB. Der Preis muss wenigstens das Mindestgebot des § 817 a erreichen. Die Übereignung vollzieht sich nach §§ 929 ff BGB. An schuldnerfremden Sachen erwirbt der Käufer nur dann Eigentum, wenn er im Hinblick auf das Eigentum des Schuldners gutgläubig ist; der gute Glaube an die Wirksamkeit der Verstrickung und der Versteigerungsanordnung nützt ihm nichts.[28] Da der Veräußerer zwar auf fremde Rechnung, aber im eigenen Namen handelt, haftet er ggf selbst nach den §§ 434 ff BGB. Die Gewährleistung ist aber im Umfang des § 806 ausgeschlossen, wenn der Dritte darauf hinweist, dass seine Tätigkeit auf einer Anordnung nach § 825 Abs. 2 beruht.[29] Liefert der Dritte den Erlös an den Gerichtsvollzieher ab, tritt die in § 819 geregelte Zahlungsfiktion ein.[30]

Wie viel von dem Erlös der Dritte für die Durchführung der Versteigerung einbehalten darf, richtet sich nach dem öffentlich-rechtlichen Auftragsverhältnis, aufgrund dessen er tätig geworden ist. Der Dritte, der mehr von dem Erlös einbehält als ihm danach zusteht, ist der Eingriffskondiktion desjenigen ausgesetzt, der vor der Versteigerung Eigentümer der versteigerten Gegenstände gewesen ist.[31] Für den Anspruch aus § 812 Abs. 1 S. 2 Fall 2 BGB ist es nach Ansicht des BGH oh-

---

21 Str; wie hier MüKo-ZPO/*Gruber*, § 825 Rn 16; Stein/Jonas/*Münzberg*, § 825 Rn 14.
22 Thomas/Putzo/*Seiler*, § 825 Rn 17.
23 AA BGH NJW 2007, 1276; Thomas/Putzo/*Seiler*, § 825 Rn 18; wie hier *Vollkommer*, NJW 2007, 1278 f.
24 Zöller/*Stöber*, § 825 Rn 20.
25 Str; wie hier Musielak/*Becker*, § 825 Rn 7; Stein/Jonas/*Münzberg*, § 825 Rn 16; aA (bei Stattgabe ohne Anhörung des Gegners § 766) Brox/*Walker*, Rn 446.
26 BGH NJW 2013, 2519 (Rz 19) – zur Anwendbarkeit des § 307 BGB s. Rz 23.
27 Nahezu allgM; BGH NJW 2007, 1276, 1277; BGHZ 119, 75 = NJW 1992, 2570, 2571; *Gaul/Schilken/Becker-Eberhard*, § 53 Rn 48.
28 BGH NJW 1992, 2570, 2573 f; Stein/Jonas/*Münzberg*, § 825 Rn 10 (s. auch § 817 Rn 22); Zöller/*Stöber*, § 825 Rn 24.
29 Vgl *Schuschke/Walker*, § 825 Rn 24; vgl auch Stein/Jonas/*Münzberg*, § 825 Rn 10.
30 Musielak/*Becker*, § 825 Rn 6. Der Gerichtsvollzieher kann den privaten Versteigerer auch damit beauftragen, den Erlös selbst an die Berechtigten zu verteilen, BGH NJW 2013, 2519 (Rz 17).
31 BGH NJW 2013, 2519.

ne Bedeutung, ob der Erlös erst mit der Aushändigung an den Gerichtsvollzieher als Surrogat in das Eigentum des bisherigen Eigentümers der versteigerten Pfandsachen fällt oder ob die dingliche Surrogation schon zu dem Zeitpunkt stattfindet, zu dem der private Versteigerer den Erlös entgegennimmt.[32]

IV. Andere Verwertung von Teilzahlungsgut

11 In der zulässigen[33] anderweitigen Verwertung von Teilzahlungsgut liegt uU ein Wiederansichnehmen, das die Rücktrittsfiktion des § 508 S. 5 BGB auslöst (s. hierzu § 817 Rn 13).

V. Rechtsbehelfe

12 Gegen Maßnahmen des Gerichtsvollziehers und deren Unterlassen können die Parteien Erinnerung (§ 766) einlegen (s. Rn 4 aE). Gegen den Beschluss des Vollstreckungsgerichts nach Abs. 2 findet die sofortige Beschwerde statt (s. Rn 9 aE). Das Verhalten des vom Gericht beauftragten Dritten kann im Wege der Erinnerung gerügt werden.[34]

VI. Kosten

13 Besondere **Gerichts- und Gerichtsvollzieherkosten** entstehen nicht. Für den Gerichtsvollzieher ist die Verwertung nach Abs. 1 S. 1 durch die Verwertungsgebühr abgegolten (Nr. 300 KV GvKostG). Im Falle des Abs. 2 entsteht keine Verwertungsgebühr, sondern eine eigene Gebühr für die Mitwirkung bei der Versteigerung durch einen Dritten (Nr. 310 KV GvKostG).

14 Das Verfahren über einen Antrag nach § 825 stellt für den **Rechtsanwalt** eine besondere Angelegenheit dar (§ 18 Abs. 1 Nr. 8 RVG), die die Gebühr Nr. 3309 VV RVG nebst Auslagen erneut entstehen lässt. Der Wert der Gebühr ergibt sich aus dem Wert der Forderung oder dem Wert der zu verwertenden Sache (§ 25 Abs. 1 Nr. 1 RVG).

§ 826 Anschlusspfändung

(1) Zur Pfändung bereits gepfändeter Sachen genügt die in das Protokoll aufzunehmende Erklärung des Gerichtsvollziehers, dass er die Sachen für seinen Auftraggeber pfände.

(2) Ist die erste Pfändung durch einen anderen Gerichtsvollzieher bewirkt, so ist diesem eine Abschrift des Protokolls zuzustellen.

(3) Der Schuldner ist von den weiteren Pfändungen in Kenntnis zu setzen.

§ 116 GVGA

I. Allgemeines

1 **1. Normzweck.** Die Vorschrift ermöglicht die weitere Pfändung einer bereits gepfändeten Sache (Anschlusspfändung) in **vereinfachter Form**, nämlich durch eine in das Protokoll aufzunehmende Erklärung des Gerichtsvollziehers (s. Rn 5). Von der Erleichterung muss kein Gebrauch gemacht werden ("genügt"). Die An-

---

32 BGH NJW 2013, 2519 (Rz 17); der BGH hat die oben im Text angesprochene Frage daher offen gelassen. Zur dinglichen Surrogation s. § 819 Rn 3.
33 Ausf. Zöller/*Stöber*, § 825 Rn 14; vgl auch MüKo-ZPO/*Gruber*, § 825 Rn 19; Stein/Jonas/*Münzberg*, § 825 Rn 8.
34 Zöller/*Stöber*, § 825 Rn 25.

schlusspfändung kann daher auch in der Form der Erstpfändung, also nach §§ 808 f, durchgeführt werden.[1]

2. Anwendungsbereich. Eine Anschlusspfändung in der vereinfachten Form des Abs. 1 ist nicht nur möglich zu Gunsten eines weiteren Gläubigers, sondern auch wegen einer anderen Forderung des Gläubigers der Erstpfändung. Eine Anschlusspfändung in Form des Abs. 1 **scheidet aber aus**, wenn die erste Pfändung gegen einen **anderen Schuldner** ausgebracht worden ist, zB gegen den Ehegatten (s. § 739) desjenigen, gegen den sich die zweite Pfändung richtet (s. auch § 808 Rn 18).[2] Ebenso scheidet Abs. 1 aus, wenn die Erstpfändung gegen den Schuldner persönlich gerichtet ist, während ihn die weitere Pfändung als Verwalter fremden Vermögens (zB Insolvenzverwalter, Testamentsvollstrecker) betrifft.[3] Gegenstand einer Anschlusspfändung kann auch der sich beim Gerichtsvollzieher befindliche Versteigerungserlös sein (s. auch § 815 Rn 3).[4] Dass die erste Pfändung im Wege der **Verwaltungsvollstreckung** erfolgt, steht einer Anschlusspfändung in der Form des Abs. 1 nicht entgegen.[5] § 116 Abs. 9 S. 2 GVGA schreibt aber vor, dass in diesem Fall bei einer nachfolgenden Vollstreckung die Form der Erstpfändung zu wählen ist. 2

II. Voraussetzungen und Verfahren

1. Voraussetzungen. Die Anschlusspfändung ist eine selbständige Pfändung, die in der erleichterten Form des Abs. 1 bewirkt werden darf, wenn ersichtlich ist, dass die Sache bereits gepfändet ist. Dementsprechend kommt es für die Wirksamkeit einer Anschlusspfändung nach Abs. 1 nicht darauf an, dass die Erstpfändung wirksam ist.[6] Maßgeblich ist vielmehr, ob eine der **äußeren Form** nach **wirksame Erstpfändung** vorliegt.[7] Ist dies der Fall, dann genügt die in das Protokoll aufzunehmende Erklärung des Gerichtsvollziehers. Nach der Gegenauffassung trägt der Gläubiger das Risiko einer für den Gerichtsvollzieher unerkennbaren Nichtigkeit der Erstpfändung.[8] Einig ist man sich darüber, dass die bloße Anfechtbarkeit der Erstpfändung keine Auswirkungen auf die Anschlusspfändung hat.[9] Ist die Erstpfändung nicht (mehr) ersichtlich, dann muss der Gerichtsvollzieher bei der Anschlusspfändung nach § 808 verfahren; ansonsten fehlte der Pfändung ja jegliche Publizität.[10] 3

Hat die Erstpfändung gem. § 809 bei einem zur Herausgabe bereiten Dritten stattgefunden, muss festgestellt werden, ob dieser auch im Hinblick auf die Anschlusspfändung zur Herausgabe bereit ist. Dies gilt auch dann, wenn sich die Sache nicht mehr im Besitz des Dritten befindet, weil der Gerichtsvollzieher sie weggeschafft hat.[11] Die Anschlusspfändung ist auch vorzunehmen, wenn der Anschlussgläubiger gegenüber dem Erstgläubiger voraussichtlich nicht zum Zuge 4

---

1 Zöller/*Stöber*, § 826 Rn 3.
2 Thomas/Putzo/*Seiler*, § 826 Rn 1.
3 Stein/Jonas/*Münzberg*, § 826 Rn 1.
4 Einzelheiten bei Stein/Jonas/*Münzberg*, § 826 Rn 2.
5 HM; Zöller/*Stöber*, § 825 Rn 6; vgl MüKo-ZPO/*Gruber*, § 825 Rn 3; Stein/Jonas/*Münzberg*, § 826 Rn 3.
6 So aber Hk-ZPO/*Kemper*, § 826 Rn 3; MüKo-ZPO/*Gruber*, § 826 Rn 4; Musielak/*Becker*, § 826 Rn 2.
7 Zutr. Stein/Jonas/*Münzberg*, § 826 Rn 8; wohl auch Thomas/Putzo/*Seiler*, § 826 Rn 3; Zöller/*Stöber*, § 826 Rn 3 und 4.
8 MüKo-ZPO/*Gruber*, § 826 Rn 4.
9 Musielak/*Becker*, § 826 Rn 3; Stein/Jonas/*Münzberg*, § 826 Rn 9.
10 Zutr. Stein/Jonas/*Münzberg*, § 826 Rn 8 m. Fn 28; Zöller/*Stöber*, § 826 Rn 3; aA (Verstrickung erforderlich, aber auch ausreichend) MüKo-ZPO/*Gruber*, § 826 Rn 4; Musielak/*Becker*, § 826 Rn 2.
11 *Knoche*, ZZP 114 (2001), 339, 410 und 439; Thomas/Putzo/*Seiler*, § 826 Rn 2.

kommt; das Verbot der zwecklosen Pfändung steht dem nicht entgegen (s. auch § 803 Rn 14);[12] vgl § 116 Abs. 4 GVGA

5 **2. Verfahren.** Die Anschlusspfändung nach Abs. 1 erfolgt dadurch, dass der Gerichtsvollzieher in einem neuen (§ 762 Abs. 1) Protokoll erklärt, dass er die Sache für seinen Auftraggeber neu pfände. Wegen § 804 Abs. 3 muss der Zeitpunkt festgehalten werden. Die Erklärung muss nicht gegenüber einer bestimmten Person, nicht angesichts der Pfandsachen[13] und – wie sich aus Abs. 2 ergibt – auch nicht vom Gerichtsvollzieher der Erstpfändung abgegeben werden. Einzelheiten regelt § 116 Abs. 3 GVGA.

6 Wenn die Anschlusspfändung nicht vom Gerichtsvollzieher der Erstpfändung bewirkt worden ist, dann muss diesem nach **Abs. 2** eine **Protokollabschrift** zugestellt werden. **Abs. 3** schreibt die **Benachrichtigung des Schuldners** vor. Ein Verstoß gegen diese Vorschriften berührt die Wirksamkeit der Anschlusspfändung nicht.[14] Über die Anschlusspfändung zu benachrichtigen ist auch ein Dritter, der schon bei der Erstpfändung gegenüber dem Gerichtsvollzieher ein die Veräußerung hinderndes Recht geltend gemacht hat.[15]

III. Wirkungen

7 Die Anschlusspfändung hat die Wirkungen einer **selbständigen Pfändung**. Der **Rang** des Pfändungspfandrechts bestimmt sich nach § 804 Abs. 3. Wird die Erstpfändung aufgehoben oder war sie von vornherein nur formell ordnungsgemäß (s. Rn 3), rückt der Anschlussgläubiger in den Rang des Gläubigers der Erstpfändung ein.[16] Der Anschlussgläubiger kann die Pfändung **selbständig weiterbetreiben**, auch wenn ein anderer Gläubiger Stundung bewilligt hat oder gegenüber einem anderen Gläubiger die Vollstreckung aufgeschoben (§ 802 b) oder eingestellt ist.[17] Die **Verteilung des Erlöses** richtet sich nach § 827 Abs. 2. Ist der Erlös unter Übergehung des Erstgläubigers an den im Rang nachstehenden Anschlussgläubiger ausgezahlt worden, ist dieser einem Bereicherungsanspruch des übergangenen Gläubigers ausgesetzt (s. auch § 803 Rn 16).

IV. Rechtsbehelfe

8 Auf die Ausführungen in § 808 Rn 23 wird verwiesen. Ergänzend ist darauf hinzuweisen, dass der Erstgläubiger durch Mängel der Anschlusspfändung nicht beeinträchtigt ist und diese daher nicht nach § 766 rügen kann.

V. Kosten

9 Die Anschlusspfändung des **Gerichtsvollziehers** wird wie eine Erstpfändung behandelt (§ 116 Abs. 2 GVGA, Nr. 11 Abs. 1 S. 1 DB-GvKostG).[18] Die Anschlusspfändung wird damit wie ein neuer Auftrag behandelt, der die Gebühr für die Pfändung sowie auch Auslagen des Gerichtsvollziehers gesondert entstehen lässt.

---

12 Vgl auch Musielak/*Becker*, § 826 Rn 4.
13 MüKo-ZPO/*Gruber*, § 826 Rn 6; Stein/Jonas/*Münzberg*, § 826 Rn 5.
14 Vgl bereits RGZ 13, 345; MüKo-ZPO/*Gruber*, § 826 Rn 7; Zöller/*Stöber*, § 826 Rn 3 aE.
15 BGH NJW-RR 2008, 338, 339 f.
16 Stein/Jonas/*Münzberg*, § 826 Rn 10; Zöller/*Stöber*, § 826 Rn 4; für den Fall, dass durch die Erstpfändung wenigstens eine wirksame Verstrickung entstanden ist, auch MüKo-ZPO/*Gruber*, § 826 Rn 8.
17 Wohl allgM; vgl MüKo-ZPO/*Gruber*, § 826 Rn 9; Stein/Jonas/*Münzberg*, § 826 Rn 11; Zöller/*Stöber*, § 826 Rn 5.
18 NK-GK/*Kessel*, Nr. 205 KV GvKostG Rn 1; Schröder-Kay/*Winter*, Nr. 205 KV GvKostG Rn 24; *Winterstein*, Gerichtsvollzieherkostenrecht, Nr. 205 KV GvKostG Rn 4 a).

Muss sich der Gerichtsvollzieher erneut an Ort und Stelle begeben, weil das Pfandstück im Gewahrsam des Schuldners verblieben ist (§ 116 Abs. 3 GVGA), entsteht dann auch ein Wegegeld. Dies gilt insb. auch dann, wenn die Anschlusspfändung für denselben Gläubiger aus einem weiteren Titel (zB Kostenfestsetzungsbeschluss) erfolgt, da das GvKostG eine Auftragserweiterung nicht kennt. Die Unterrichtung eines anderen Gerichtsvollziehers nach Abs. 2 löst keine Dokumentenpauschale aus (Nr. 11 Abs. 1 S. 2 DB-GvKostG).

§ 827 Verfahren bei mehrfacher Pfändung

(1) ¹Auf den Gerichtsvollzieher, von dem die erste Pfändung bewirkt ist, geht der Auftrag des zweiten Gläubigers kraft Gesetzes über, sofern nicht das Vollstreckungsgericht auf Antrag eines beteiligten Gläubigers oder des Schuldners anordnet, dass die Verrichtungen jenes Gerichtsvollziehers von einem anderen zu übernehmen seien. ²Die Versteigerung erfolgt für alle beteiligten Gläubiger.

(2) ¹Ist der Erlös zur Deckung der Forderungen nicht ausreichend und verlangt der Gläubiger, für den die zweite oder eine spätere Pfändung erfolgt ist, ohne Zustimmung der übrigen beteiligten Gläubiger eine andere Verteilung als nach der Reihenfolge der Pfändungen, so hat der Gerichtsvollzieher die Sachlage unter Hinterlegung des Erlöses dem Vollstreckungsgericht anzuzeigen. ²Dieser Anzeige sind die auf das Verfahren sich beziehenden Dokumente beizufügen.

(3) In gleicher Weise ist zu verfahren, wenn die Pfändung für mehrere Gläubiger gleichzeitig bewirkt ist.

§§ 116, 117, 155 GVGA

I. Normzweck

Abs. 1 regelt eine einheitliche Zuständigkeit für das weitere Vollstreckungsverfahren für den Fall, dass ein und dieselbe Sache von verschiedenen Gerichtsvollziehern gepfändet worden ist. Nach **Abs. 2 und 3** bestimmt sich, wie zu verfahren ist, wenn nach einer mehrfachen Pfändung der Erlös zur Deckung der Forderungen aller Gläubiger nicht ausreichend ist.[1]

II. Zuständigkeit (Abs. 1)

1. **Zuständigkeit des erstpfändenden Gerichtsvollziehers.** Wenn dieselbe Sache (auch in der Form des § 826 Abs. 1) durch verschiedene Gerichtsvollzieher gepfändet worden ist, dann soll das weitere Verfahren bis zur Verwertung einheitlich ablaufen. Daher bestimmt Abs. 1 – dessen praktische Bedeutung im Übrigen gering ist –,[2] dass der **Auftrag** der nachfolgenden Gläubiger auf den **Gerichtsvollzieher übergeht**, der die **erste Pfändung** vorgenommen hat. Die nachpfändenden Gerichtsvollzieher müssen dem ersten die für die Vollstreckung erforderlichen Unterlagen aushändigen, sobald sie Kenntnis von der früheren Pfändung erlangen (vgl § 116 Abs. 5 GVGA).[3] Der erste Gerichtsvollzieher hat von Amts wegen die Verwertung für alle beteiligten Gläubiger durchzuführen (**Abs. 1 S. 2**). Hat

---

1 Zum Zweck des § 827 vgl etwa MüKo-ZPO/*Gruber*, § 827 Rn 1 f; Zöller/*Stöber*, § 827 Rn 1.
2 MüKo-ZPO/*Gruber*, § 827 Rn 4; Zöller/*Stöber*, § 827 Rn 2.
3 Ob auch die Zuständigkeit erst auf den ersten Gerichtsvollzieher übergeht, wenn dieser Kenntnis von weiteren Pfändungen erlangt, ist umstr; dafür Stein/Jonas/*Münzberg*, § 827 Rn 1; Zöller/*Stöber*, § 827 Rn 2; aA MüKo-ZPO/*Gruber*, § 827 Rn 4; Musielak/*Becker*, § 827 Rn 2. Die praktische Bedeutung dieser Streitfrage dürfte äußerst gering sein.

ein Gläubiger Stundung gewährt oder ist ihm gegenüber die Vollstreckung einstweilen eingestellt worden, dann hindert dies die Verwertung nicht (vgl auch § 826 Rn 7); der auf diesen Gläubiger entfallende Erlös ist zu hinterlegen (s. im Einzelnen § 116 Abs. 7 GVGA). Treffen Pfändungen nach der AO oder nach der JBeitrO mit solchen des Gerichtsvollziehers zusammen, ist die erstpfändende Stelle für das weitere Verfahren zuständig (vgl § 308 Abs. 1 AO, § 6 Abs. 1 Nr. 1 JBeitrO).[4]

2. Übertragung der Zuständigkeit auf einen anderen Gerichtsvollzieher. Das Vollstreckungsgericht kann auf Antrag eines Gläubigers oder des Schuldners die Zuständigkeit auf einen anderen als den erstpfändenden – auch auf einen bisher unbeteiligten – Gerichtsvollzieher übertragen. Es entscheidet der Rechtspfleger (§ 20 Abs. 1 Nr. 17 RPflG) des zur Zeit der Erstpfändung nach § 764 Abs. 2 zuständigen Vollstreckungsgerichts.[5] Im Hinblick auf das Verfahren gelten die Erl. in § 825 Rn 7. Eine Übertragung erfordert das Vorliegen von besonderen Gründen.[6]

III. Behandlung des Erlöses bei zeitlich aufeinander folgenden Pfändungen

1. Auskehrung des Erlöses. Reicht der nach Abzug der vorweg entnommenen Kosten verbleibende Resterlös (s. § 819 Rn 3; s. auch § 118 Abs. 2 und 3 GVGA) nicht aus, um die Forderungen aller beteiligten Gläubiger zu decken, dann werden die Gläubiger nach der **Reihenfolge der Pfändungen** befriedigt (§ 804 Abs. 3). Abweichend von § 366 Abs. 2 BGB ist die Reihenfolge der Pfändungen auch maßgebend, wenn die Sache wegen unterschiedlicher Forderungen desselben Gläubigers mehrfach gepfändet worden ist.[7] Diejenigen Kosten, die nicht bereits aus dem Erlös entnommen sind (§ 15 Abs. 1 GvKostG), entnimmt der Gerichtsvollzieher bei der Ablieferung an den Gläubiger (§ 15 Abs. 2 GvKostG). Reicht der auf einen Gläubiger entfallende Erlös zur Tilgung einer einzelnen Forderung nicht aus, erfolgt die Anrechnung entsprechend § 367 BGB zunächst auf die Kosten, sodann auf die Zinsen und zuletzt auf die Hauptleistung. Nach den soeben dargestellten Grundsätzen wird auch gepfändetes Geld verteilt.

2. Hinterlegung des Erlöses. Der Gerichtsvollzieher hat den Erlös nach **Abs. 2** zu **hinterlegen**,[8] wenn ein beteiligter nachrangiger Gläubiger eine andere Verteilung als nach der Reihenfolge der Pfändungen verlangt und nicht alle anderen beteiligten Gläubiger zustimmen. Er muss dem zuständigen (s. Rn 3) Vollstreckungsgericht den Sachverhalt unter Beifügung der Vollstreckungsunterlagen (Abs. 2 S. 2) anzeigen. Dieses leitet dann von Amts wegen das Verteilungsverfahren (§§ 872 ff) ein.

IV. Gleichzeitige Pfändung für mehrere Gläubiger (Abs. 3)

Nach Abs. 3 ist auch im Falle einer gleichzeitigen Pfändung zugunsten mehrerer Gläubiger in gleicher Weise zu verfahren. Es gelten also die in Rn 4 f dargestellten Grundsätze. Eine gleichzeitige Pfändung ist im Übrigen – entgegen § 117 Abs. 1 GVGA – nur bei gleichzeitigem Eingang der Pfändungsanträge zulässig (str; s. § 804 Rn 13, § 808 Rn 18). Wenn für mehrere Gläubiger zur gleichen Zeit gepfändet wurde, dann wird der Erlös nach dem Verhältnis der Forderungen ver-

---

4 Vgl auch Musielak/*Becker*, § 827 Rn 1; Stein/Jonas/*Münzberg*, § 827 Rn 3.
5 AllgM; MüKo-ZPO/*Gruber*, § 827 Rn 5; Stein/Jonas/*Münzberg*, § 827 Rn 2.
6 Str; wie hier Musielak/*Becker*, § 827 Rn 3 (mit Beispiel); Stein/Jonas/*Münzberg*, § 827 Rn 2; Zöller/*Stöber*, § 826 Rn 3; aA MüKo-ZPO/*Gruber*, § 827 Rn 5.
7 HM; wie hier zB MüKo-ZPO/*Gruber*, § 827 Rn 7; Stein/Jonas/*Münzberg*, § 827 Rn 4; aA Baumbach/*Hartmann*, § 827 Rn 3.
8 Einzelheiten hierzu bei Zöller/*Stöber*, § 827 Rn 5.

teilt, sofern er nicht zur Deckung aller Forderungen ausreicht (s. auch Rn 4). Verlangt einer der ranggleichen Gläubiger ohne Zustimmung aller übrigen eine andere Verteilung, dann hinterlegt der Gerichtsvollzieher den Erlös und zeigt die Sachlage dem Vollstreckungsgericht an (s. Rn 5).

V. Rechtsbehelfe

Verstöße gegen § 827 können im Wege der Erinnerung (§ 766) gerügt werden, zB mit dem Ziel, dass der Gerichtsvollzieher nach Abs. 2 hinterlegt. Nach Verteilung des Erlöses kommen Bereicherungsansprüche in Betracht.[9]   7

VI. Kosten

Gerichtskosten entstehen nicht.   8

Für den die Vollstreckung betreibenden **Rechtsanwalt** gehört der Antrag nach Abs. 1 zu der Tätigkeit, die durch die Gebühr Nr. 3309 VV RVG abgegolten ist (§ 18 Abs. 1 Nr. 1 RVG). Für den erstmals in der Vollstreckung tätigen Rechtsanwalt des Schuldners entsteht durch den Antrag die Gebühr Nr. 3309 VV RVG nebst Auslagen.   9

Die Pfändungen für mehrere Gläubiger, die gleichzeitig oder auch nacheinander erfolgen, lösen für den **Gerichtsvollzieher** jeweils gesonderte Pfändungsgebühren (Nr. 205 KV GvKostG) und Auslagen aus, da es sich um besondere Aufträge handelt (Umkehrschluss aus § 10 Abs. 1 S. 1 GvKostG).[10] Die Kosten einer Verwertung werden bei jeder Verwertung durch den Gerichtsvollzieher nur **einmal** erhoben. Dies gilt insb. auch dann, wenn die Verwertung auf Aufträgen für mehrere Gläubiger beruht.[11] Dieselbe Verwertung liegt auch vor, wenn der Gesamterlös aus der Versteigerung oder dem Verkauf mehrerer Gegenstände einheitlich zu verteilen ist oder zu verteilen wäre und wenn im Falle der Versteigerung oder des Verkaufs die Verwertung in einem Termin erfolgt (Vorbem. 3 KV GvKostG). Die Verwertungskosten, zu denen auch die Kosten der Entfernung von Pfandstücken aus dem Gewahrsam sowie die Kosten des Transports und der Lagerung zählen (§ 15 Abs. 1 S. 2 GvKostG), werden dem Erlös ungeteilt vorweg entnommen (§ 15 Abs. 1 S. 1 GvKostG). Andere Gerichtsvollzieherkosten werden bei der Ablieferung von Geld an den Gläubiger entnommen (§ 15 Abs. 2 GvKostG), also bei gleichrangiger Pfändung für mehrere Gläubiger nach Ermittlung der auf die einzelnen Gläubiger entfallenden Beträge (§§ 117 Abs. 5, 118 Abs. 2, 3 GVGA) bzw bei nachrangigen Pfändungen im Rang der Forderungen der einzelnen Gläubiger (§§ 116 Abs. 6, 118 Abs. 2 und 3 GVGA). Zu beachten sind ggf bestehende Einschränkungen bei der Entnahme nach § 15 Abs. 3 GvKostG. Reicht der Erlös einer Verwertung nicht aus, um die Verwertungs-, Transport- und Lagerkosten (§ 15 Abs. 1 GvKostG) zu decken, oder wird ein Erlös nicht erzielt, sind diese Kosten im Verhältnis der Forderungen zu verteilen (§ 16 GvKostG) und werden insoweit von den beteiligten Gläubigern erhoben.[12]   10

---

9 Vgl Musielak/*Becker*, § 827 Rn 7.
10 Schröder-Kay/*Gerlach*, § 10 GvKostG Rn 4; *Winterstein*, Gerichtsvollzieherkostenrecht, § 10 GvKostG Rn 1; BT-Drucks. 14/3432, S. 27.
11 BT-Drucks. 14/3432, S. 31.
12 Schröder-Kay/*Gerlach*, § 16 GvKostG Rn 4.

Untertitel 3 Zwangsvollstreckung in Forderungen und andere Vermögensrechte

§ 828 Zuständigkeit des Vollstreckungsgerichts

(1) Die gerichtlichen Handlungen, welche die Zwangsvollstreckung in Forderungen und andere Vermögensrechte zum Gegenstand haben, erfolgen durch das Vollstreckungsgericht.

(2) Als Vollstreckungsgericht ist das Amtsgericht, bei dem der Schuldner im Inland seinen allgemeinen Gerichtsstand hat, und sonst das Amtsgericht zuständig, bei dem nach § 23 gegen den Schuldner Klage erhoben werden kann.

(3) [1]Ist das angegangene Gericht nicht zuständig, gibt es die Sache auf Antrag des Gläubigers an das zuständige Gericht ab. [2]Die Abgabe ist nicht bindend.

I. Normzeck 1	c) Mehrere zuständige Vollstreckungsgerichte 13
II. Anwendungsbereich 2	d) Unbekannter Aufenthalt des Schuldners 14
1. Sachlicher Anwendungsbereich (Abs. 1) 2	e) Mehrere Schuldner 15
2. Zu vollstreckende Titel 4	aa) Titel gegen mehrere Schuldner 15
3. Vollstreckung außerhalb der ZPO 7	bb) Gemeinschaftliche Forderung 16
III. Zuständigkeitsarten 9	3. Internationale Zuständigkeit 18
1. Sachliche und funktionelle Zuständigkeit 9	4. Zuständigkeit der Rechtsmittelinstanz 19
2. Örtliche Zuständigkeit (Abs. 2) 10	IV. Zuständigkeitsverstoß 20
a) Örtliche Zuständigkeit nach allgemeinen Regeln 10	V. Abgabe (Abs. 3) 24
b) Maßgebender Zeitpunkt 12	

I. Normzeck

1 Die Vorschrift regelt als Ergänzung des § 764 die Zuständigkeit des Vollstreckungsgerichts.

II. Anwendungsbereich

2 **1. Sachlicher Anwendungsbereich (Abs. 1).** Abs. 1 regelt die **Zuständigkeit** für die Vollstreckung **wegen** Geldforderungen **in** Geldforderungen (§§ 829 ff), in Sachforderungen (§§ 846 ff) sowie in alle übrigen Gegenstände des beweglichen Schuldnervermögens (§§ 857–863). Von Abs. 1 nicht erfasst ist die Sachpfändung (§§ 808 ff), weil sie durch den Gerichtsvollzieher und nicht durch das Vollstreckungsgericht erfolgt. Das Eigentum an beweglichen körperlichen Sachen unterfällt der Mobiliarzwangsvollstreckung und ist kein „anderes Vermögensrecht" iSd § 857.[1] Von Abs. 1 nicht erfasst ist gleichfalls die Vollstreckung in das unbewegliche Vermögen (§§ 864 ff).

3 Die Zuständigkeit wird für **alle** Handlungen des Gerichts im Zusammenhang mit der Zwangsvollstreckung begründet. Die Prüfung der Zuständigkeit erfolgt **von Amts wegen**.

4 **2. Zu vollstreckende Titel.** Das Vollstreckungsgericht ist auch zuständig für die Vollziehung einer **einstweiligen Leistungsverfügung** und die Vollstreckung von

---

1 Zöller/Stöber, § 857 Rn 2.

Zwangsgeld nach § 888.[2] Es ist auch zuständig für die Vollstreckung von Titeln des **Familiengerichts**.[3] Das FamFG hat an dieser Zuständigkeit nichts geändert. Über §§ 95, 120 FamFG sind die Vorschriften der Zivilprozessordnung über die Zwangsvollstreckung und damit auch § 828 anwendbar. Das Vollstreckungsgericht ist auch zuständig für die Vollstreckung von Titeln des **Arbeitsgerichts**.

Die Norm regelt nicht die Zuständigkeit für die Pfändung aufgrund eines **Arrest**- 5
befehls. Bei der Vollziehung eines **Arrestes** durch Pfändung ist das nach § 919 zuständige Arrestgericht als Vollstreckungsgericht ausschließlich zuständig (§ 930 Abs. 1 S. 3).[4] Auch die Zuständigkeit für Rechtsbehelfe (§§ 766, 793) ändert sich dadurch. Hat das **Arbeitsgericht** einen Arrestbefehl erlassen, ist es also als Arrestgericht für Forderungspfändungen zuständig.

Für die Vollstreckung **einstweiliger Verfügungen** nach §§ 935 ff verbleibt es bei 6
der Regelung des § 828.

3. Vollstreckung außerhalb der ZPO. Bei der Vollstreckung **verwaltungsgerichtli**- 7
cher Urteile ist Vollstreckungsgericht das (Verwaltungs-)Gericht des ersten Rechtszuges (§ 167 Abs. 1 S. 2 VwGO). Bei der Vollstreckung **gegen Bund, Land und Behörden** wegen einer Geldforderung verfügt auf Antrag des Gläubigers das Gericht des ersten Rechtszuges die Vollstreckung (§ 170 VwGO).

Nach §§ 309 Abs. 1, 249 Abs. 1 S. 1 AO erfolgt die Pfändung bei der abgaben- 8
rechtlichen Vollstreckung im **Verwaltungsweg** durch die Vollstreckungsbehörde.

III. Zuständigkeitsarten

1. Sachliche und funktionelle Zuständigkeit. Als Vollstreckungsgericht ist nach 9
§ 764 das Amtsgericht **sachlich** zuständig. Innerhalb des Amtsgerichts ist grds. der Rechtspfleger **funktionell** zuständig (§ 20 Abs. 1 Nr. 17 S. 1 RPflG), ausnahmsweise der Gerichtsvollzieher (zB §§ 830 Abs. 1 S. 2, 831, 836 Abs. 3, 847 Abs. 1) oder der Richter (zB § 20 Abs. 1 Nr. 17 S. 2 RPflG iVm § 766). Handelt der Richter an Stelle des funktionell zuständigen Rechtspflegers, wird die Wirksamkeit der Handlung davon nicht berührt (§ 8 Abs. 1 RPflG).

2. Örtliche Zuständigkeit (Abs. 2). a) Örtliche Zuständigkeit nach allgemeinen 10
Regeln. Örtlich zuständig ist nach Abs. 2 in Abänderung des § 764 Abs. 2 das Amtsgericht, bei dem der Schuldner im Inland seinen allgemeinen Gerichtsstand hat. Dieser richtet sich nach §§ 13–19 a. Ist danach ein allgemeiner Gerichtsstand nicht begründet, ist zuständig das Amtsgericht, bei dem nach § 23 gegen ihn Klage erhoben werden kann, also das Vollstreckungsgericht, in dessen Bezirk der Drittschuldner seinen Wohnsitz hat (§ 23 S. 2 Hs 1), und wahlweise, wenn für die Forderung eine Sache zur Sicherheit haftet, auch der Ort, wo sich die Sache befindet (§ 23 S. 2 Hs 2).

Die Regelung des Abs. 2 gilt auch für **Parteien kraft Amtes** (Insolvenzverwalter 11
gem. § 19 a, Testamentsvollstrecker, Nachlassverwalter) und wegen § 780 Abs. 2 (Entbehrlichkeit des Vorbehalts der beschränkten Erbenhaftung) auch für den Nachlasspfleger, obwohl er nicht Partei ist.[5] Bei der Pfändung von Bezügen der Berufssoldaten ist § 9 BGB zu beachten. Danach hat ein Soldat (nicht jedoch der Wehrpflichtige, § 9 Abs. 2 Alt. 1 BGB) seinen Wohnsitz grds. am Standort (§ 9 Abs. 1 S. 1 BGB). Das für den Standort seines Truppenteils (Garnisonsort) zuständige Amtsgericht ist als Vollstreckungsgericht örtlich zuständig.[6]

---

2 BGH NJW 1983, 1859 f.
3 BGH NJW 1979, 1048.
4 Zuletzt AG Hannover BeckRS 2008, 18937.
5 Stein/Jonas/*Brehm*, § 828 Rn 4.
6 Zuletzt AG Hannover 3.7.2007 – 712 M 125486/07.

12 **b) Maßgebender Zeitpunkt.** Entscheidend für die örtliche Zuständigkeit ist der Zeitpunkt des **Beschlusserlasses**.[7] Die Zwangsvollstreckung beginnt mit der ersten Vollstreckungshandlung. Dies ist bei der Forderungspfändung nicht der darauf gerichtete Antrag, sondern der Erlass des gerichtlichen Beschlusses. Ein Wohnsitzwechsel des Schuldners während der Vollstreckung hat keine Auswirkungen auf die örtliche Zuständigkeit (**perpetuatio fori**). Die Zuständigkeit wird für **jede einzelne Vollstreckungshandlung** begründet (vgl § 764) und ist daher für jede neue selbständige Zwangsvollstreckungsmaßnahme erneut zu prüfen. Für die Anpassung des Pfändungs- und Überweisungsbeschlusses an die veränderten Verhältnisse für die Bemessung des unpfändbaren Teils des Arbeitseinkommens nach § 850 g bleibt hingegen das Vollstreckungsgericht zuständig, von dem der Pfändungs- und Überweisungsbeschluss erlassen worden ist.[8]

13 **c) Mehrere zuständige Vollstreckungsgerichte.** Bei mehreren örtlich zuständigen Vollstreckungsgerichten hat der Gläubiger das **Wahlrecht** aus § 35. Die getroffene Wahl ist **unwiderruflich**.[9]

14 **d) Unbekannter Aufenthalt des Schuldners.** Der allgemeine Gerichtstand einer Person unbekannten Aufenthalts wird durch seinen letzten Wohnsitz bestimmt (§ 16). Ein solcher **unbekannter Aufenthalt** ist dem Vollstreckungsgericht darzutun. Zum Nachweis der Voraussetzungen für die öffentliche Zustellung genügt beim Erlass eines Pfändungs- und Überweisungsbeschlusses grds. die Vorlage aktueller Auskünfte des für den letzten bekannten Wohnort des Schuldners zuständigen Einwohnermelde- und Postamts.[10]

15 **e) Mehrere Schuldner. aa) Titel gegen mehrere Schuldner.** Besteht ein Titel gegen mehrere Schuldner, ist gegen jeden von ihnen gesondert zu vollstrecken.

16 **bb) Gemeinschaftliche Forderung.** Steht den Schuldnern die zu pfändende Forderung **gemeinschaftlich** (nach Bruchteilen oder gesamthänderisch) zu, so kann der Gläubiger den Bruchteil eines jeden Schuldners oder bei Gesamthand jeweils die gesamte Forderung gesondert bei den jeweils zuständigen Vollstreckungsgerichten pfänden lassen. Im Falle der gesamthänderischen Bindung der gepfändeten Forderung wird die Pfändung erst bei Zustellung des letzten Beschlusses an den Drittschuldner nach § 829 Abs. 3 wirksam.[11]

17 Der Gläubiger kann stattdessen ein gemeinschaftliches Vollstreckungsgericht **bestimmen** lassen. § 36 Abs. 1 Nr. 3 ist sinngemäß auch bei einer Forderungspfändung anwendbar, wenn gegen mehrere Schuldner, denen die zu pfändende Forderung gemeinschaftlich zusteht, einheitlich vollstreckt werden soll.[12] Im Zuständigkeitsbestimmungsverfahren erfolgt entsprechend § 834 keine Anhörung der Schuldner.[13] Die Forderung wird sodann durch **einheitlichen Beschluss** gepfändet.

18 **3. Internationale Zuständigkeit.** Die örtliche Zuständigkeit indiziert die **internationale Zuständigkeit**. Bei ausländischem Wohnsitz des Schuldners wird gem. § 23 S. 2 die Zuständigkeit des Vollstreckungsgerichts durch den Gerichtsstand

---

7 Schuschke/Walker/*Walker*, § 828 Rn 8; OLG München JurBüro 2010, 497 f = Rpfleger 2011, 39, 40.
8 BGH Rpfleger 1990, 308; vgl auch OLG München Rpfleger 1985, 154 f (Wohnsitzverlegung des Schuldners nach Erlass des Pfändungs- und Überweisungsbeschlusses berührt nicht die fortdauernde örtliche Zuständigkeit des Vollstreckungsgerichts für nachfolgende Entscheidungen nach § 850 f).
9 OLG Zweibrücken NJW-RR 2000, 929.
10 BGH NJW 2003, 1530 f.
11 Stein/Jonas/*Brehm*, § 828 Rn 5 mwN.
12 BayObLG Rpfleger 1999, 31; OLG Karlsruhe MDR 2004, 1262; BayObLG ZMR 2006, 54 f.
13 BGH NJW 1983, 1859; BayObLG Rpfleger 1999, 31; BayObLG ZMR 2006, 54, 55.

des Drittschuldners oder des Ortes der für die Forderung haftenden Sache bestimmt. Die Zwangsvollstreckung kann als Ausübung staatlicher Zwangsgewalt nur in Vermögen erfolgen, das sich im Inland befindet. Öffentlich-rechtliche Gebührenansprüche ausländischer Staaten oder deren **Zoll- und Steuerforderungen** unterliegen nicht der internationalen Zuständigkeit deutscher Gerichte und daher nicht dem inländischen Vollstreckungszugriff.[14]

4. Zuständigkeit der Rechtsmittelinstanz. Jede Rechtsmittelinstanz ist im Rahmen der durch das Rechtsmittel begründeten Zuständigkeit Vollstreckungsgericht und kann die begehrte Vollstreckungshandlung vornehmen. Das Beschwerdegericht kann die Entscheidung dem Ausgangsgericht übertragen (§ 572 Abs. 3). Dann ist der Rechtspfleger wieder zuständig.

IV. Zuständigkeitsverstoß

Die Zuständigkeit des Vollstreckungsgerichts ist gem. § 802 eine **ausschließliche.** Ob eine Unzuständigkeit die Nichtigkeit oder lediglich Aufhebbarkeit zur Folge hat, beurteilt sich nach der **Art des Verstoßes**.

Ein Vollstreckungsakt ist **nichtig**, wenn er nicht nur unter einem besonders **schweren**, sondern zusätzlich unter einem bei verständiger Würdigung aller in Betracht kommenden Umstände **offenkundigen Fehler** leidet. Bei der Offenkundigkeit des Mangels ist auf eine verständige Würdigung aller in Betracht kommenden Umstände abzustellen. Ausreichend ist, dass die schwere Fehlerhaftigkeit für einen unvoreingenommenen, mit den in Betracht kommenden Umständen vertrauten, verständigen Beobachter ohne Weiteres ersichtlich ist. Offenkundigkeit kann schon dann zu bejahen sein, wenn der besonders schwere Fehler nur für „Insider" offensichtlich ist.[15]

Fehlt die **funktionelle** Zuständigkeit der Pfändung, ist diese nichtig (es sei denn, der Richter handelt an Stelle des Rechtspflegers, s. Rn 9). Dies gilt auch, wenn der Rechtspfleger oder Richter des Prozessgerichts anstelle des Vollstreckungsgerichts den Pfändungsbeschluss erlassen hat.[16]

Bei der **örtlichen** Unzuständigkeit ist die Pfändung wirksam und lediglich anfechtbar. § 513 Abs. 2, nach welchem die Berufung nicht darauf gestützt werden kann, dass das Gericht des ersten Rechtszuges seine Zuständigkeit zu Unrecht angenommen hat, ist im Beschwerdeverfahren nicht entsprechend anwendbar.[17] Gleiches gilt nach hM bei der Pfändung durch ein **sachlich** unzuständiges Gericht.[18]

V. Abgabe (Abs. 3)

Abs. 3 gilt nur für die sachliche und örtliche Unzuständigkeit. Bei der funktionellen Unzuständigkeit hat eine formlose Abgabe innerhalb des Gerichts zu erfolgen. Bei der internationalen Unzuständigkeit gibt es keine Abgabe.

Ist das Gericht für die jeweilige Vollstreckungshandlung unzuständig, ist der Antrag **abzuweisen**. Vor Abweisung ist dem Gläubiger rechtliches Gehör zu gewähren. Um einer Abweisung wegen Unzuständigkeit zu entgehen, kann – auch **hilfsweise** – ein **Antrag** auf Abgabe an das zuständige Gericht gestellt werden (Abs. 3

---

14 BGH NJW-RR 2006, 198, 199 (Gebührenansprüche der Russischen Föderation aus Einräumung von Überflugrechten); BGH NJW-RR 2011, 647 = Rpfleger 2011, 223 (Zoll- und Steuerforderungen der Republik Argentinien).
15 BGHZ 121, 98, 103 = NJW 1993, 735, 736.
16 Stein/Jonas/*Brehm*, § 828 Rn 10; aA Schuschke/Walker/*Walker*, § 828 Rn 10.
17 So richtig Zöller/*Stöber*, § 828 Rn 4 und Stein/Jonas/*Brehm*, § 828 Rn 10 gegen OLG München Rpfleger 1985, 154 f.
18 Zum Streitstand *Stöber*, Forderungspfändung, Rn 456, 457 mwN.

S. 1). Eine Bezeichnung des zuständigen Gerichts muss der Antrag nicht enthalten. Der Antrag kann auch vorsorglich bereits mit dem Antrag auf Pfändung gestellt werden. Die Abgabe ist nicht bindend (Abs. 3 S. 2) und unterscheidet sich dadurch von der Verweisung, § 281 Abs. 2 S. 4. Eine „Verweisung" ist als nicht bindende Abgabe auszulegen.[19]

26 Ein **Kompetenzkonflikt** zwischen mehreren Gerichten entscheidet sich nach §§ 36, 37.[20]

§ 829 Pfändung einer Geldforderung

(1) [1]Soll eine Geldforderung gepfändet werden, so hat das Gericht dem Drittschuldner zu verbieten, an den Schuldner zu zahlen. [2]Zugleich hat das Gericht an den Schuldner das Gebot zu erlassen, sich jeder Verfügung über die Forderung, insbesondere ihrer Einziehung, zu enthalten. [3]Die Pfändung mehrerer Geldforderungen gegen verschiedene Drittschuldner soll auf Antrag des Gläubigers durch einheitlichen Beschluss ausgesprochen werden, soweit dies für Zwecke der Vollstreckung geboten erscheint und kein Grund zu der Annahme besteht, dass schutzwürdige Interessen der Drittschuldner entgegenstehen.

(2) [1]Der Gläubiger hat den Beschluss dem Drittschuldner zustellen zu lassen. [2]Der Gerichtsvollzieher hat den Beschluss mit einer Abschrift der Zustellungsurkunde dem Schuldner sofort zuzustellen, sofern nicht eine öffentliche Zustellung erforderlich wird. [3]An Stelle einer an den Schuldner im Ausland zu bewirkenden Zustellung erfolgt die Zustellung durch Aufgabe zur Post.[1]

(3) Mit der Zustellung des Beschlusses an den Drittschuldner ist die Pfändung als bewirkt anzusehen.

(4) [1]Das Bundesministerium der Justiz wird ermächtigt, durch Rechtsverordnung mit Zustimmung des Bundesrates Formulare für den Antrag auf Erlass eines Pfändungs- und Überweisungsbeschlusses einzuführen. [2]Soweit nach Satz 1 Formulare eingeführt sind, muss sich der Antragsteller ihrer bedienen. [3]Für Verfahren bei Gerichten, die die Verfahren elektronisch bearbeiten, und für Verfahren bei Gerichten, die die Verfahren nicht elektronisch bearbeiten, können unterschiedliche Formulare eingeführt werden.

§§ 15, 67, 69, 121 GVGA

I. Allgemeines	1	a) Allgemeines; Prüfungsumfang	6
1. Regelungsgehalt und Anwendbarkeit	1	b) Wahrheitspflicht	7
2. Pfändung und Überweisung	3	c) Grundsatz von Treu und Glauben	8
3. Besonderheiten bei gesicherten Forderungen	4	II. Geldforderung	9
4. Vollstreckungsvoraussetzungen	5	1. Forderung des Schuldners	10
5. Anwendbarkeit der ZPO	6		

---

19 OLG München JurBüro 2010, 497 = Rpfleger 2011, 39.
20 BGH NJW 1983, 1859; OLG Zweibrücken NJW-RR 2000, 929; BayObLG MDR 2004, 1262; OLG Hamm DGVZ 2012, 13 (Kompetenzkonflikt im Erinnerungsverfahren gegen eine Vorpfändung nach § 845).
1 Zur geplanten Neufassung des Abs. 2 S. 3 durch den RefE des BMJV vom 9.12.2014 zum „Entwurf eines Gesetzes zur Durchführung der Verordnung (EU) Nr. 655/2014 sowie zur Änderung sonstiger zivilprozessualer Verschriften (**EuKoPfVODG**)" s. Rn 161 a.

a) Vollstreckung in gegenwärtige Forderungen des Schuldners	11
b) Vollstreckung in künftige Forderungen des Schuldners	16
aa) Pfändungserstreckung auf künftige Forderungen	17
bb) Pfändungserstreckung auf Sekundäransprüche und Surrogate	18
cc) Pfändung sonstiger künftiger Forderungen	19
dd) Abtretung und Pfändung künftiger Forderungen	22
ee) Rangwahrung bei mehrfacher Pfändung künftiger Forderungen	23
ff) Künftiges Recht und Anwartschaft	26
c) Erstreckung der Pfändung auf weitere Rechte	27
d) Forderungsmehrheit	28
2. Rechtsnatur der Geldforderung	29
3. Auskehransprüche	30
4. Unpfändbarkeit	32
5. Zugehörigkeit der gepfändeten Forderung zum haftenden Vermögen	35
a) Grundsatz	35
b) Kollision zwischen Pfändung und Abtretung	36
c) Pfändung treuhänderisch übertragener Forderungen	38
d) Pfändung bei mehrheitlicher Berechtigung	39
e) Gläubiger als Drittschuldner	40
f) Pfändung dem Gläubiger zustehender Forderungen	41
g) Pfändung und Hypothekenverband	42
h) Vermögenszugehörigkeit der Lebensversicherung	43
6. Besonderheiten bei Wertpapieren	45
a) Begriff; Systematik	45
b) Zuständigkeit; Verfahren	47
aa) Inhaber- und Orderpapiere	48
bb) Rektapapiere	49
cc) Hypotheken-, Grundschuld- und Rentenschuldbriefe	50
dd) Legitimationspapiere	51
7. Gegenrechte des Drittschuldners	52
8. Weitere Forderungen	53
III. Verfahren	54
1. Zu vollstreckender Titel	55
a) Fälligkeit	55
aa) Vorratspfändung	55
bb) Dauerpfändung (Vorauspfändung)	56
b) Umfang der Vollstreckung	59
aa) Bezeichnung der zu vollstreckenden Forderung	60
bb) Pfändung wegen Restforderung	61
cc) Pfändung nur eines Teils der Forderung	63
2. Antrag	64
a) Grundsatz	64
b) Form	65
c) Unterlagen	67
d) Inhalt	68
aa) Allgemeines; Mehrheit von Anträgen	68
bb) Bestimmtheitsgrundsatz	75
(1) Allgemeines	75
(2) Beteiligtenbezeichnung	76
(3) Forderungsbezeichnung	77
(4) Bestehen der Forderung; Suchpfändung; Doppelpfändung; Alternativpfändung	78
cc) Arrestatorium und inhibitorium	80
e) Rechtsschutzbedürfnis	82
f) Kostenvorschuss	83
3. Der Erlass des Beschlusses	84
4. Zustellung	88
a) Zustellung des Beschlusses an den Gläubiger	88
b) Zustellung des Beschlusses an den Drittschuldner (Abs. 2 S. 1)	89
c) Zustellung des Beschlusses an den Schuldner (Abs. 2 S. 2)	93

5. Wirkung der Pfändung...... 94
   a) Beschlagnahme.......... 94
   b) Umfang der Pfändung... 97
   c) Rechtsstellung des Schuldners............... 100
      aa) Grundsätzliches..... 100
      bb) Inhibitorium........ 101
      cc) Vom Inhibitorium nicht umfasste Handlungen......... 102
      dd) Prozessuale Folgen.. 103
   d) Rechtsstellung des Drittschuldners............... 105
      aa) Arrestatorium....... 105
      bb) Leistung des Drittschuldners an Schuldner........... 106
      cc) Gutglaubensschutz.. 108
         (1) Erfüllungswirkung der Zahlung......... 108
         (2) Maßgebender Zeitpunkt............... 110
         (3) Kenntnis; maßgebende Person........ 111
         (4) Einwand der Pfändung im Prozess..... 113
      dd) Aufrechnung......... 114
         (1) Aufrechnungsverbot 114
         (2) Erweiterung der Aufrechnungsmöglichkeit.............. 115
         (3) Ausschluss der Aufrechnung............ 117
   e) Einziehungsprozess...... 118
   f) Prozesse von Vollstreckungsgläubiger und Schuldner gegen den Drittschuldner........... 119
   g) Rechte Dritter........... 120
6. Die Pfändung in der Insolvenz des Schuldners........ 121
   a) Allgemeines.............. 121
   b) Zeitpunkt der Pfändung 122
   c) Rückschlagsperre........ 124
   d) Insolvenzanfechtung..... 125
   e) Pfändung künftiger Rechte................. 126
   f) Wirkung der Vorpfändung.................... 127

IV. Anschlusspfändung.............. 128
V. Parallelpfändung (Abs. 1 S. 3)... 129
VI. Hilfspfändung................... 130
VII. Einzelfälle der Pfändung bestimmter Forderungen........ 131
   1. Bankkonten, Kontokorrent bzw Girokonto.............. 131
      a) Bestand des Kontos...... 132
         aa) Allgemeines......... 132
         bb) Treuhandkonten.... 133
         cc) Pfändung eines Oder-Kontos........ 135
         dd) Pfändung eines Und-Kontos.............. 136
         ee) Pfändung der Verfügungsberechtigung.. 137
      b) Saldopfändung........... 138
      c) Pfändung einer Kreditlinie................... 139
      d) Pfändung künftiger Guthaben................... 140
      e) Pfändung von Auskunfts- und Rechnungslegungsansprüchen...... 141
      f) Drittschuldnerbezeichnung................... 142
      g) Kontobezeichnung....... 143
   2. Insolvenzgeld............... 145
   3. Sozialversicherungsansprüche....................... 148
   4. Sozialleistungen............ 149
   5. Steuererstattungsansprüche 150
      a) Allgemeines.............. 150
      b) Lohnsteuerjahresausgleich durch Arbeitgeber 151
      c) Lohnsteuerjahresausgleich durch Finanzamt.. 152
   6. Rückübertragung von Sicherheiten................ 156

VIII. Auslandsbezug, Exterritoriale... 157
   1. Amtshandlungen gegen Exterritoriale............. 157
   2. Drittschuldner wohnt im Ausland.................... 158
   3. Drittschuldner ist Exterritorialer..................... 159
   4. Vollstreckung gegen NATO-Angehörige................. 160
   5. Schuldner wohnt im Ausland (Abs. 2 S. 3)........... 161
   6. Vollstreckung durch ausländische Gerichte............. 161b
   7. Genehmigungspflicht bei Fremdwährungsschulden.... 162

IX. Rechtsbehelfe................... 163
   1. Aufhebungsvertrag......... 163
   2. Rechtsbehelfe des Schuldners....................... 164
      a) Rechtsbehelfe gegen die Amtsführung des Gerichtsvollziehers...... 164
      b) Rechtsbehelfe gegen den Erlass bzw Ablehnung des Pfändungs- (und ggf Überweisungs-)Beschlusses..................... 165

aa)	Rechtsbehelf ohne vorherige Anhörung des Schuldners	166	
(1)	Einordnung als Vollstreckungsmaßnahme	166	
(2)	Nichtabhilfe durch den Rechtspfleger	167	
(3)	Abhilfe durch den Rechtspfleger	168	
(a)	Rechtsbehelf gegen Abhilfeentscheidung	168	
(b)	Sofortige Wirksamkeit der Aufhebung	169	
(c)	Spätere Wirksamkeit der Aufhebung	170	
bb)	Rechtsbehelf mit vorheriger Anhörung des Schuldners	171	
cc)	Streit über den Umfang der Pfändung	172	

(Inhaltsverzeichnis – zweispaltig:)

- aa) Rechtsbehelf ohne vorherige Anhörung des Schuldners 166
- (1) Einordnung als Vollstreckungsmaßnahme 166
- (2) Nichtabhilfe durch den Rechtspfleger ... 167
- (3) Abhilfe durch den Rechtspfleger 168
- (a) Rechtsbehelf gegen Abhilfeentscheidung 168
- (b) Sofortige Wirksamkeit der Aufhebung 169
- (c) Spätere Wirksamkeit der Aufhebung 170
- bb) Rechtsbehelf mit vorheriger Anhörung des Schuldners 171
- cc) Streit über den Umfang der Pfändung 172
- dd) Sonstige Rechtsbehelfe des Schuldners 173
- 3. Rechtsbehelfe des Gläubigers 174
- 4. Rechtsbehelfe des Drittschuldners 175
- 5. Rechtsbehelfe Dritter 178
- 6. Maßgebender Zeitpunkt der Rechtslage 179
- 7. Umfang der Änderung durch Rechtsmittel 180
- X. Kosten 181
  - 1. Gerichtskosten 181
    - a) Gebühren 181
    - b) Dokumentenpauschale .. 183
  - 2. Rechtsanwaltsgebühren 184
  - 3. Gerichtsvollziehergebühren 186
  - 4. Kosten der Zwangsvollstreckung, § 788 187

I. Allgemeines

1. Regelungsgehalt und Anwendbarkeit. § 829 regelt **unmittelbar** die Zwangsvollstreckung des Vollstreckungsgläubigers durch Pfändung **wegen** einer Geldforderung **in** eine Geldforderung, die dem Vollstreckungsschuldner gegen einen Dritten (Drittschuldner) zusteht. Auch **Fremdwährungsschulden** sind Geldforderungen, wegen der und in die nach § 829 vollstreckt wird.[2] Zum Auslandsbezug s. Rn 157 ff. 1

Die §§ 829 ff sind über §§ 846, 857 auch auf die Vollstreckung von Geldforderungen **in Herausgabeansprüche** bzw **in andere Vermögenswerte** anwendbar. Ist ein Drittschuldner nicht vorhanden, greift § 857 Abs. 2 ein. Dann ist die Pfändung mit der Zustellung des Verfügungsverbotes iSd Abs. 1 S. 2 an den Schuldner bewirkt. 2

2. Pfändung und Überweisung. Die Zwangsvollstreckung erfolgt durch Erlass eines **Pfändungsbeschlusses**, der meist zugleich **mit einem Überweisungsbeschluss** nach § 835 verbunden ist. Eine Pfändung **ohne** Überweisung erfolgt in den Fällen der Sicherungsvollstreckung nach § 720 a und der Arrestvollziehung durch Pfändung nach § 930. Eine Pfändung ohne Überweisung ist weiter möglich im Falle der Verwertung der gepfändeten Forderung nach § 844. Unter den dort genannten Voraussetzungen kann das Gericht an Stelle der Überweisung eine andere Art der Verwertung anordnen. 3

3. Besonderheiten bei gesicherten Forderungen. Besonderheiten bestehen bei der Pfändung von Forderungen, die durch eine **Hypothek** bzw **Schiffshypothek** gesichert sind (§§ 830, 837 Abs. 3 und § 830 a), sowie bei der Pfändung von Forderungen, die in einem **Wertpapier** verbrieft sind (s. Rn 45 ff). 4

4. Vollstreckungsvoraussetzungen. Der Erlass eines Pfändungsbeschlusses setzt neben den allgemeinen Voraussetzungen der Zwangsvollstreckung (Titel, Klausel, Zustellung) einen ordnungsgemäßen **Antrag** beim zuständigen Vollstreckungsorgan auf Pfändung einer pfändbaren Geldforderung voraus. 5

---

2 BGHZ 104, 268, 274 = NJW 1988, 1964, 1965.

6 **5. Anwendbarkeit der ZPO. a) Allgemeines; Prüfungsumfang.** Im Übrigen gelten bei der Pfändung die allgemeinen Vorschriften der ZPO. Das Vollstreckungsgericht darf nicht von Amts wegen ermitteln. Es gilt der Verhandlungsgrundsatz („**Beibringungsgrundsatz**"). Bei der Vollstreckung hat das Gericht in **jeder Lage** des Verfahrens die Angaben des Gläubigers zugrunde zu legen. Die „**Schlüssigkeitsprüfung**" des Vollstreckungsgerichts bezieht sich nur auf die Voraussetzungen der Pfändbarkeit. Sie beschränkt sich auf die Feststellung, ob sich aus dem Vorbringen des Gläubigers ergibt, dass eine Forderung des Schuldners gegen den Drittschuldner bestehen kann, die nicht unpfändbar ist.[3]

7 **b) Wahrheitspflicht.** Der Gläubiger unterliegt bei seinen Angaben der **Wahrheitspflicht** (§ 138 Abs. 1).[4]

8 **c) Grundsatz von Treu und Glauben.** Auch der Grundsatz von **Treu und Glauben** nach § 242 BGB gilt im Zwangsvollstreckungsverfahren.[5] Allgemein steht der Gedanke des Rechtsmissbrauchs bzw der unzulässigen Rechsausübung als Ausprägung des § 242 BGB im Vordergrund.[6] Inhaltlich bewirkt der Grundsatz von Treu und Glauben zumeist das Entstehen einer Einwendung. Der jeweils Verpflichtete kann einwenden, dass die Durchsetzung der dem anderen formal zustehenden Rechtsposition gegen Treu und Glauben verstößt. So kann die Vollstreckung „an sich" gegen Treu und Glauben verstoßen, wie es bei der Vollstreckung wegen Bagatellforderungen diskutiert wird[7] oder bei der missbräuchlichen Ausnutzung rechtskräftiger Urteile oder Vollstreckungsbescheide der Fall sein kann, deren Rechtskraft zumeist unter den Voraussetzungen des § 826 BGB als durchbrochen angesehen wird. Auch Einwendungen des Schuldners gegen die Vollstreckung können nach Treu und Glauben ausgeschlossen sein, obwohl dem Schuldner eine entsprechende Rechtsposition formal zusteht, etwa wenn er sich durch nachträgliche Gestaltung der Rechtslage der Vollstreckung zu entziehen sucht. Materiell wirksame Übertragungsakte des Schuldners, welche zum Zweck der Vollstreckungsvereitelung vorgenommen werden, können vollstreckungsrechtlich unbeachtlich sein.[8] Einschränkend stellt die Rspr bei der **Räumungsvollstreckung** allein darauf ab, ob der im Räumungstitel genannte Schuldner tatsächlich Gewahrsamsinhaber ist, selbst wenn der Verdacht besteht, der Besitz sei einem Dritten allein zum Zwecke der Vereitelung der Räumungsvollstreckung übertragen worden (s. § 885 Rn 10).

II. Geldforderung

9 Gegenstand der Pfändung nach § 829 ist ein Anspruch des Schuldners gegen einen Dritten auf Zahlung von Geld (Geldforderung).

10 **1. Forderung des Schuldners.** Vollstreckt wird grds. in eine bereits bestehende Forderung (s. Rn 1). Die Pfändung einer bestehenden Forderung kann sich ohne Weiteres auch auf zukünftige Forderungen erstrecken (s. Rn 17 f). Unter be-

---

3 BGH NJW-RR 2003, 1650 = MDR 2003, 1378; BGH NJW 2004, 2096, 2097 = MDR 2004, 834.
4 BGH NJW 2004, 2096, 2097 = MDR 2004, 834, 835.
5 Wegen der Formenstrenge des Vollstreckungsverfahrens teilweise einschränkend BGH NJW 2008, 3287, 3288 = MDR 2008, 1356; vgl auch BGH NJW 2008, 1959, 1960 = MDR 2008, 824, 825.
6 Staudinger/*Looschelders*/Olzen, § 242 BGB Rn 214.
7 Einen Verstoß bejahend: AG Kamen DGVZ 1983, 190, 191 (Vollstreckung wegen 2,16 DM); jegliche Einschränkung verneinend etwa: LG Aachen DGVZ 1987, 139, 140 (Vollstreckung wegen 0,11 DM).
8 OLG Köln MDR 1972, 332; zum Erwerb eines Pfändungspfandrechts durch Erschleichung der Zustellung eines Vollstreckungstitels BGHZ 57, 108, 111 = NJW 1971, 2226.

stimmten Voraussetzungen sind auch erst in Zukunft entstehende Forderungen pfändbar (s. Rn 19).

a) Vollstreckung in gegenwärtige Forderungen des Schuldners. Die Pfändung erfasst die Forderung in ihrem tatsächlichen Bestand. Maßgebender Zeitpunkt ist derjenige der Zustellung des Pfändungsbeschlusses an den Drittschuldner (Abs. 3). Die gepfändete Forderung muss also grds. zum maßgebenden **Zeitpunkt der Zustellung des Pfändungsbeschlusses an den Drittschuldner** bestehen. Die Forderung muss **nicht fällig** sein. 11

Auch eine vom Eintritt einer aufschiebenden **Bedingung** abhängige Forderung kann bereits vor Eintritt der Bedingung gepfändet werden.[9] Aufschiebend bedingte Ansprüche entfalten zwar ihre volle Wirksamkeit erst mit Eintritt der Bedingung. Sie werden aber in mancher Beziehung schon wie bestehende behandelt. Der bedingte Anspruch ist vormerkungsfähig (§ 883 Abs. 1 S. 2 BGB). Er ist abtretbar.[10] Wird die Forderung gepfändet, entstehen Verstrickung und Pfandrecht im Gegensatz zu zukünftigen Forderungen bereits mit der Pfändung.[11] Die Forderung ist daher auch nicht „als zukünftige" zu pfänden (zu diesem Erfordernis s. Rn 21). Ob eine Forderung **betagt oder bedingt** ist, kann für die Pfändung offen bleiben. Die Einordnung als betagte oder bedingte Forderung ist erst bei der Frage der Wirkung der Kündigung des zugrunde liegenden Rechtsverhältnisses durch den Schuldner von Bedeutung (s. Rn 102). 12

Pfändbar sind auch Forderungen, deren Geltendmachung von einer **Willenserklärung** des Berechtigten (Anfechtung, Rücktritt, Kündigung etc.) **abhängig** sind. Zur Pfändung von Bankkonten s. insb. § 833 a Rn 2 ff. 13

Entsteht hingegen die als gegenwärtig bestehend gepfändete Forderung erst später, greift die Pfändung „ins Leere". Sie ist dann unheilbar unwirksam und muss, wenn die Forderung später entsteht, **wiederholt** werden. Eine **fehlgeschlagene** Pfändung kann auch nicht in eine Vorpfändung nach § 845 **umgedeutet** werden, zumal die Vorpfändung gleichfalls den Bestand einer zu pfändenden Forderung voraussetzt. 14

Die gepfändete Forderung muss nicht durchsetzbar sein. Auch **Naturalobligationen** sind pfändbar. 15

b) Vollstreckung in künftige Forderungen des Schuldners. Auch künftige Forderungen des Schuldners sind pfändbar. 16

aa) Pfändungserstreckung auf künftige Forderungen. Bereits nach § 832 erfasst die Pfändung **kraft Gesetzes** auch künftig fällig werdende Forderungen, sofern deren Grundlage eine bereits bestehende **einheitliche Rechtsbeziehung** ist (s. § 832 Rn 1 f). Besteht hingegen keine einheitliche Rechtsbeziehung als Grundlage künftiger Forderungen und werden diese daher nicht bereits nach § 832 kraft Gesetzes von der Pfändung erfasst, können diese ggf **als künftige Forderungen** nach § 829 gepfändet werden (s. Rn 21). 17

bb) Pfändungserstreckung auf Sekundäransprüche und Surrogate. Die Pfändung erstreckt sich nach einhelliger Meinung[12] auch auf später entstehende **Sekundäransprüche**[13] und **Surrogate**,[14] wie etwa Ersatzansprüche wegen Nichterfüllung der gepfändeten Forderung gem. § 285 Abs. 1 BGB. Diese müssen nicht als zukünftig entstehende Forderung gepfändet und auch im Pfändungsbeschluss nicht 18

---

9 BGHZ 53, 29, 32 = WM 1969, 1417.
10 AllgM, Palandt/*Grüneberg*, § 398 BGB Rn 11 mwN.
11 Stein/Jonas/*Brehm*, § 829 Rn 3.
12 Stein/Jonas/*Brehm*, § 829 Rn 73.
13 BGH NJW 1989, 39, 40; BGH NJW 1996, 48, 51.
14 Hk-ZPO/*Kemper*, § 804 Rn 7.

erwähnt werden. Sie werden vom zuvor entstandenen Pfandrecht mit erfasst. Wird hingegen ein Sekundäranspruch gepfändet, erstreckt sich die Pfändung nicht auf den bestehenden Primäranspruch.[15] Wird das **Arbeitseinkommen** des Arbeitnehmers gepfändet und einem Gläubiger zur Einziehung überwiesen, erfasst der Pfändungs- und Überweisungsbeschluss auch einen Schadensersatzanspruch des Arbeitnehmers gegen seinen Arbeitgeber aufgrund Verletzung der Nachweispflicht aus dem NachwG.[16]

19 **cc) Pfändung sonstiger künftiger Forderungen.** Soll darüber hinaus eine erst **in Zukunft entstehende** Forderung gepfändet werden, muss bereits zur Zeit der Pfändung ein Rechtsverhältnis bestehen, das eine **hinreichende Konkretisierung** des künftigen Rechts erlaubt. In der Einzelzwangsvollstreckung können auch künftige sowie aufschiebend bedingte oder aufschiebend befristete Forderungen gepfändet werden, sofern nur ihr Rechtsgrund und der Drittschuldner im Zeitpunkt der Pfändung bestimmt sind,[17] wenn also aus der Rechtsbeziehung die künftige Forderung nach ihrer Art und nach der Person des Drittschuldners bestimmt werden kann.[18] Pfändbar ist danach der **Abfindungsanspruch** eines Gesellschafters, der für den Fall seines Ausscheidens entsteht.[19] Pfändbar sind **Provisionsansprüche** für noch nicht abgeschlossene Geschäfte.[20] Der prozessuale Anspruch auf **Kostenerstattung** der obsiegenden Partei entsteht[21] aufschiebend bedingt[22] mit Rechtshängigkeit; schon ab **Klageeinreichung** kann er gepfändet werden. Pfändbar ist der **Gebührenanspruch** des Anwalts gegen die Staatskasse bei Prozesskostenhilfe, sobald der Anwalt beigeordnet ist, nicht aber Ansprüche aus künftigen Beiordnungen (s. § 832 Rn 4). Zur Pfändung von **Insolvenzgeld** s. Rn 145 ff. Zukünftig entstehende oder fällig werdende laufende Geldansprüche gegen einen Träger der gesetzlichen Rentenversicherung sind pfändbar, sofern die Ansprüche in einem bereits bestehenden **Sozialversicherungsverhältnis** wurzeln, wobei zwar die Rentenanwartschaft als Stammrecht unpfändbar ist, nicht jedoch künftige Auszahlungsansprüche der gesetzlichen Altersversicherung.[23] Zu weiteren Ansprüchen s. § 857 Rn 8 ff. Die Pfändung eines lediglich zukünftigen Anspruchs ist unter **anfechtungsrechtlichen** Gesichtspunkten entgegen Abs. 3 erst mit der Anspruchsentstehung bewirkt.[24]

20 Im Gegensatz zur Pfändung künftiger Forderungen sind **Verdachtspfändungen**[25] lediglich erhoffter Rechte ausgeschlossen, etwa die Pfändung des Zahlungsanspruchs aus einem erwarteten, aber noch nicht abgeschlossenen Kaufvertrag oder aus einem Kostenerstattungsanspruch einer noch nicht anhängigen Klage. Wird eine solche Forderung dennoch gepfändet, soll der Beschluss lediglich nach § 766 anfechtbar sein. Entsteht die gepfändete erhoffte Forderung nachträglich, soll der Fehler geheilt werden.[26] Für diese Auffassung spricht, dass derartige zukünftige

---

15 Pfändung des Schadensersatzanspruchs wegen Nichterfüllung einer Kaufpreisforderung: BGH NJW 2000, 1268, 1269 = MDR 2000, 476.
16 BAG MDR 2009, 989.
17 BGH NJW-RR 1989, 286, 289 = MDR 1989, 446.
18 Stein/Jonas/*Brehm*, § 829 Rn 6 mwN.
19 BGHZ 104, 351, 352, 353 = NJW 1989, 458.
20 Für § 832: RGZ 138, 252, 253; so auch für Provisionsansprüche der Handelsvertreter *Stöber*, Forderungspfändung, Rn 886; zweifelhaft (s. § 832 Rn 4 Fn 5).
21 BGH NJW 1975, 304 = MDR 1975, 306.
22 Im Falle der Abtretung: BGH NJW 1988, 3204, 3205 = MDR 1988, 857.
23 BGH NJW 2003, 1457, 1458 = MDR 2003, 525 f; Erwerbsminderungsrente: BGH NJW 2003, 3774 f = MDR 2004, 293 f.
24 BGHZ 157, 350, 353 f = NJW 2004, 1444.
25 Der Begriff der Verdachtspfändung wird nicht immer einheitlich verwendet; zur Verdachtspfändung s. auch Rn 78.
26 Stein/Jonas/*Brehm*, § 829 Rn 8.

Forderungen abtretbar sind und dadurch der Unterschied zwischen Abtretbarkeit und Pfändbarkeit vermindert wird (s. Rn 22). Sie ist allerdings nur schwer zu begründen, weil die Pfändung einer nicht existierenden Forderung die unheilbare Nichtigkeit des Pfändungsbeschlusses zur Folge hat. Wenig überzeugend ist die Begründung, wonach die Zulässigkeit der Pfändung nicht vom Bestand des Rechtsverhältnisses abhängt.[27] Die Zulässigkeit der Pfändung ändert nichts daran, dass eine ins Leere gehende Pfändung nichtig ist.

Soll eine dem Vollstreckungsschuldner noch nicht zustehende Forderung gepfändet werden, so muss sie **ausdrücklich** als zukünftige gepfändet werden, soweit sich dies nicht bereits aus der Natur des gepfändeten Rechts ergibt (zB Auskehrung des Übererlöses nach Versteigerung). 21

dd) Abtretung und Pfändung künftiger Forderungen. Die **Abtretbarkeit** künftiger Forderungen ist hingegen nicht an das Erfordernis eines hinreichend konkretisierbaren Rechtsverhältnisses geknüpft. Die **Vorausabtretung künftiger Forderungen** ist wirksam, wenn bei ihr die einzelne Forderung individuell so genügend bestimmt ist, dass es nur noch ihrer Entstehung bedarf, um die Übertragung mit der Entstehung ohne Weiteres und zweifelsfrei wirksam werden zu lassen.[28] Im Falle der Abtretung wird es also als ausreichend angesehen, dass die zukünftig entstehende Forderung unter die Abtretungsvereinbarung subsumierbar ist. Daher gibt es künftig entstehende, abtretbare, aber mangels hinreichend konkretisierbaren Rechtsverhältnisses **nicht pfändbare** Forderungen. Der Schuldner kann solche Forderungen also durch Abtretung dem Zugriff der Gläubiger **entziehen**[29] (zum Vorrang der Abtretung s. Rn 36). So kann bei der Globalzession eine Vielfalt oder Gesamtheit von künftigen Forderungen unter einer Gesamtbezeichnung („global") abgetreten werden, zB alle Kundenforderungen aus einem näher bezeichneten Geschäftsbereich. Derartige zukünftig entstehende Forderungen können abgetreten, aber nicht gepfändet werden. Infolge der Vorausabtretung stehen sie im Falle ihrer Entstehung nicht mehr im Schuldnervermögen und können daher nicht gepfändet werden. 22

ee) Rangwahrung bei mehrfacher Pfändung künftiger Forderungen. Der Rang des durch Rechtsgeschäft wirksam begründeten Pfandrechts richtet sich nach §§ 1273 Abs. 2, 1209 BGB. Danach ist die Zeit der Bestellung auch dann maßgebend, wenn das Pfandrecht für eine künftige Forderung bestellt ist. Auch beim Pfändungspfandrecht geht das durch eine frühere Pfändung begründete Pfandrecht demjenigen vor, das durch eine spätere Pfändung begründet wird (§ 804 Abs. 3). 23

Der ein künftiges Recht pfändende Beschluss ist bereits zum Zeitpunkt seines Erlasses wirksam. Das Pfandrecht **entsteht** in diesem Fall mit der Entstehung des gepfändeten Rechts. Bei mehrfacher Pfändung desselben zukünftigen Rechts entstehen alle Pfandrechte zum selben Zeitpunkt, aber im **Rang** in der Reihenfolge des Pfändungs- bzw Abtretungsaktes.[30] Im Ergebnis wirken im Falle der Entstehung der gepfändeten zukünftigen Forderung das Pfändungspfandrecht und die Verstrickung zurück auf den Zeitpunkt der Pfändung.[31] **Verfügungen** des Schuldners über das künftige Recht oder die **vorzeitige Leistung** des Drittschuldners sind ebenso **unwirksam** wie bei der Pfändung bereits bestehender Rechte. 24

---

27 So Stein/Jonas/*Brehm*, § 829 Rn 8.
28 BGHZ 70, 86, 89 = NJW 1978, 538, 539.
29 Dazu Stein/Jonas/*Brehm*, § 829 Rn 6 Fn 24.
30 So zum Verhältnis zwischen Vertrags- und Pfändungspfandrecht BGHZ 93, 71, 76 = NJW 1985, 863, 864.
31 Stein/Jonas/*Brehm*, § 829 Rn 5.

25 Ähnliches gilt beim **Pflichtteilsanspruch**, der schon vor vertraglicher Anerkennung oder Rechtshängigkeit nach § 852 Abs. 1 als in seiner zwangsweisen Verwertbarkeit aufschiebend bedingter Anspruch gepfändet werden kann. Bei einer derart eingeschränkten Pfändung erwirbt der Pfändungsgläubiger bei Eintritt der Verwertungsvoraussetzungen ein vollwertiges Pfandrecht, dessen Rang sich nach dem Zeitpunkt der Pfändung bestimmt.[32] Der Pflichtteilsanspruch ist allerdings ein schon entstandenes Recht, der nur in seiner Verwertbarkeit aufschiebend bedingt ist. Dort ist also ein Zugriffsobjekt für Pfandrecht und Verstrickung bereits vorhanden.

26 **ff) Künftiges Recht und Anwartschaft.** Von der Pfändung einer künftigen Forderung ist die Pfändung einer bereits bestehenden **Anwartschaft** zu unterscheiden (s. § 857 Rn 3, 8 ff, 16 ff).

27 **c) Erstreckung der Pfändung auf weitere Rechte.** Zur Erstreckung der Pfändung über die bereits genannten (s. Rn 18) Forderungen hinaus s. Rn 97 ff.

28 **d) Forderungsmehrheit.** Mehrere Forderungen gegen denselben Drittschuldner können im selben Beschluss gepfändet werden, etwa mehrere Konten des Schuldners bei derselben Bank.[33]

29 **2. Rechtsnatur der Geldforderung.** Die Rechtsnatur der Forderung ist ohne Bedeutung. Auch **öffentlich-rechtliche** Forderungen sind pfändbar. Dazu gehören insb. Beamtengehälter sowie sämtliche Ansprüche auf Auszahlung gegenüber der öffentlichen Hand, für die Sondervorschriften nicht bestehen. Auch Ansprüche auf Gegenstände, die im Strafverfahren als Beweismittel von Bedeutung sein können und nach § 94 StPO sichergestellt oder förmlich **beschlagnahmt** wurden und an den bisherigen Gewahrsamsinhaber oder an den Verletzten herauszugeben sind, sind pfändbar.[34]

30 **3. Auskehransprüche.** Der Anspruch auf Auskehrung eines Geldbetrages gegenüber einem Staatsorgan aufgrund eines öffentlich-rechtlich geordneten Verfahrens ist nicht pfändbar. Dem Begünstigten steht kein Anspruch auf Zahlung gegen das Staatsorgan zu, sondern das Recht, dass der Betrag entsprechend der Verfahrensregeln an ihn ausgekehrt wird.[35] Daher ist nicht pfändbar das Recht des Schuldners gegen den Gerichtsvollzieher auf Auszahlung des Vollstreckungserlöses nach § 819 oder das Recht auf Auszahlung gegenüber dem Rechtspfleger nach § 117 ZVG. Pfändbar ist der Anspruch des Vollstreckungsschuldners gegenüber dem Drittschuldner, der dem Vollstreckungsverfahren zugrunde liegt.[36] Pfändbar ist also die titulierte Forderung, deretwegen gegen den Drittschuldner vollstreckt wird. Diese wird in dem Umfang gepfändet, wie sie zum Zeitpunkt der Pfändung besteht (s. Rn 11, 31, 94), also mit den verfahrensrechtlich bedingten Einschränkungen. Gleiches gilt teilweise bei Ansprüchen gegen den Notar auf Auskehrung hinterlegten Geldes[37] (s. Rn 38, 134). Etwas anderes gilt für die Pfändung des Herausgabeanspruchs nach den inzwischen allerdings aufgehobenen[38] §§ 12, 13 HinterlO bzw der ihnen entsprechenden landesrechtlichen Nachfolgeregelungen. Dort besteht kein von Verfahrensregelungen abhängiger Aus-

---

32 BGHZ 123, 183, 189 f = NJW 1993, 2876, 2878.
33 BGH NJW 1988, 2543, 2544 = MDR 1988, 859; Pfändung bei verschiedenen Banken: BGH NJW 2004, 2096, 2097 = MDR 2004, 834, 835.
34 Vgl BGH NJW 2000, 3218 f = MDR 2000, 1273, 1274.
35 Stein/Jonas/*Brehm*, § 829 Rn 2; Schuschke/Walker/*Schuschke*, § 829 Rn 10.
36 Schuschke/Walker/*Schuschke*, § 829 Rn 10.
37 Stein/Jonas/*Brehm*, § 829 Rn 23; ohne Differenzierung Schuschke/Walker/*Schuschke*, § 829 Rn 10.
38 Aufgehoben mit Wirkung von 1.12.2010 durch Art. 17 Abs. 2 Nr. 1 Zweites Gesetz über die Bereinigung von Bundesrecht im Zuständigkeitsbereich des BMJ vom 23.11.2007 (BGBl. I S. 2614, 2616).

kehranspruch, sondern ein unbedingter Herausgabeanspruch, dessen Verwirklichung allein vom Nachweis der Berechtigung abhängt. Herausgabeansprüche gegen die Hinterlegungsstelle sind daher ohne Weiteres pfändbar. Ein Pfändungs- und Überweisungsbeschluss genügt zum Nachweis der Berechtigung iSd § 13 Abs. 2 HinterlO[39] (bzw der entsprechenden landesrechtlichen Nachfolgeregelungen). Die Rspr fordert dabei gelegentlich „bestandskräftige" Pfändungs- und Überweisungsbeschlüsse.[40] Ausreichend muss jedoch die Wirksamkeit des Beschlusses sein, weil grds. die nicht fristgebundene Erinnerung nach § 766 (s. § 829 Rn 166) statthafter Rechtsbehelf ist, bei der ohne Betreibung des Rechtsmittelverfahrens durch den Schuldner der Eintritt der Bestandskraft nicht möglich ist.

Die Wirkung der Pfändung bestimmt sich nach dem Vollstreckungsobjekt im **Zeitpunkt der Pfändung**.[41] Daher kann der spätere Anspruch auf Auszahlung des bei einer Versteigerung entfallenden Erlösanspruchs nicht vor Zuschlagerteilung nach §§ 829, 857 Abs. 2 gepfändet werden. Er ist erst mit der Erteilung des Zuschlags pfändbar.[42] 31

4. Unpfändbarkeit. Einige Forderungen sind **unpfändbar** (vgl etwa §§ 850 a ff; § 851 – nicht übertragbare Forderungen; § 62 EStG oder BKGG – Kindergeld;[43] § 3 Abs. 1 WoGG – Wohngeld; § 54 Abs. 3 Nr. 1, 2, 3 SGB I – Erziehungsgeld, Mutterschaftsgeld, Leistung wegen Mehraufwand aufgrund Körper- oder Gesundheitsschäden; Geldentschädigungsanspruch eines Strafgefangenen wegen menschenunwürdiger Haftbedingungen durch den Staat).[44] Ist die Forderung nur insoweit pfändbar, als sie einen bestimmten Betrag übersteigt (§§ 850 c, 850 d), so ist die Pfändung wirksam. Die Wirkungen der Pfändung treten ein, sobald und soweit die Pfändungsgrenze überschritten wird. 32

In den Fällen des § 852 (Pfändung eines **Pflichtteilsanspruchs**) kann die zurzeit unpfändbare Forderung für den künftigen Fall der Pfändbarkeit gepfändet werden.[45] 33

Laufende **Sozialleistungen** werden ansonsten wie Arbeitseinkommen gepfändet (§ 54 Abs. 4 SGB I). Kontopfändungsschutz nach Überweisung ist nach der Aufhebung des § 55 Abs. 1 S. 1 SGB I über das Pfändungsschutzkonto möglich. Gutschriften nach dem Sozialgesetzbuch oder Kindergeld sind in § 850 k Abs. 6 gesondert geregelt. 34

5. Zugehörigkeit der gepfändeten Forderung zum haftenden Vermögen. a) Grundsatz. Die gepfändete Forderung muss im Zeitpunkt der Pfändung (Abs. 3) zum **haftenden Vermögen** gehören.[46] Der Schuldner muss also Inhaber der Forderung gegenüber dem Drittschuldner sein. 35

b) Kollision zwischen Pfändung und Abtretung. Hat der Schuldner die Forderung vor Pfändung **abgetreten**, so ist die Pfändung unwirksam und wird auch nicht durch Rückabtretung oder erfolgreicher Gläubigeranfechtung nach § 2 AnfG nachträglich wirksam.[47] Das ist wegen § 832 bei laufenden Bezügen anders (s. § 832 Rn 9), so dass bei Rückabtretung die Pfändung wirksam wird.[48] Ist die 36

---

39 OLG Frankfurt MDR 1993, 799 = Rpfleger 1993, 360.
40 AG Bremen 6.1.2006 – 247 M 471453/2005, 247 M 471453/05 und OLG Oldenburg Rpfleger 1994, 265, 266.
41 BGHZ 58, 298, 301 f = NJW 1972, 1135, 1136.
42 Stein/Jonas/*Brehm*, § 829 Rn 16.
43 LG Köln FamRZ 2007, 571.
44 BGH NJW-RR 2011, 959, 960 = MDR 2011, 882 f.
45 BGHZ 123, 183, 186 ff = NJW 1993, 2876, 2877 f.
46 NJW 2002, 755, 757 = MDR 2002, 477, 478.
47 BGHZ 100, 36, 42 f = NJW 1987, 1703, 1705 f.
48 BAG NJW 1993, 2699, 2700.

Abtretung durch den Schuldner relativ unwirksam, kann der Gläubiger die Forderung nur dann pfänden, wenn er sich auf die Unwirksamkeit berufen kann. Hat etwa der Schuldner eine gepfändete Forderung abgetreten, so ist die Abtretung gegenüber dem Vollstreckungsgläubiger relativ unwirksam. Andere Gläubiger können sich auf diese Unwirksamkeit nicht berufen. Deren Pfändung greift dann ins Leere.[49]

37 Die Abtretung auch erst künftig entstehender Rechte geht der späteren Pfändung vor (s. Rn 22).

38 **c) Pfändung treuhänderisch übertragener Forderungen.** Ist eine Forderung des Schuldners **treuhänderisch** übertragen worden, so unterliegt nur dessen Rückübertragungsanspruch der Pfändung. Gleiches gilt für **Anderkonten**[50] (zu Einzelheiten s. Rn 134). Gläubiger des Treuhänders können zum Treugut gehörende Forderungen pfänden. Der Treugeber kann dagegen nach § 771 vorgehen.[51]

39 **d) Pfändung bei mehrheitlicher Berechtigung.** Steht die Forderung des Schuldners diesem zusammen mit einem Dritten **gemeinschaftlich** zu (Gesellschaft, Bruchteilsgemeinschaft, Miterben, „Und-Konto"), so kann nicht die Forderung, sondern nur der **Anteil** des Schuldners daran gepfändet werden. Etwas anderes gilt nur dann, wenn das Recht der anderen Gläubiger nicht berührt wird (Gesamt- und Teilgläubiger, §§ 428 bzw 420 BGB).

40 **e) Gläubiger als Drittschuldner.** Der Gläubiger kann **selbst gleichzeitig Drittschuldner** sein und die **gegen ihn** bestehende Forderung pfänden.[52] Dies kann für ihn von Vorteil sein, wenn der Schuldner, nicht jedoch der Gläubiger aufrechnen kann. Die Pfändung in eigene Schuld ist jedenfalls dann zulässig, wenn sie dazu dient, dem Gläubiger die Verrechnung in den Fällen zu ermöglichen, in denen die Aufrechnungsvoraussetzungen nicht vorliegen oder die Aufrechnung aus prozessualen Gründen unstatthaft ist, sofern nicht Aufrechnungsverbote gem. § 393 BGB entgegenstehen[53] (zur Überweisung s. § 835 Rn 9). Durch Erlangung der Schuldnerposition kann er nach der Pfändung aufrechnen, falls dies dem Schuldner möglich war.

41 **f) Pfändung dem Gläubiger zustehender Forderungen.** Ob der Gläubiger auch eine ihm **selbst zustehende Forderung** pfänden kann, ist streitig.[54] Hat der Schuldner die Forderung an den Gläubiger abgetreten, so soll ein Interesse an der Pfändung der dem Gläubiger nunmehr zustehenden Forderung zu bejahen sein, weil er nach Pfändung der eigenen Forderung gem. § 836 Abs. 3 die Herausgabe der beim Schuldner verbliebenen Schuldurkunden erzwingen könne, ohne zuvor auf deren Herausgabe klagen zu müssen. Zudem sei die Pfändung leichter nachweisbar als die formlos mögliche Abtretung.[55] Auch bestehe dann die Auskunftspflicht des Drittschuldners gem. § 840. Diese Auffassung ist abzulehnen. Dem Vollstreckungsgläubiger die Vorteile einer Pfändung zubilligen zu wollen, entbindet nicht vom Vorliegen der dafür notwendigen Voraussetzungen. Die Pfändung setzt ein Recht des Schuldners gegen einen Dritten voraus.

---

49 *Stöber*, Forderungspfändung, Rn 773.
50 BGHZ 11, 37, 41 = WM 1955, 372, 375.
51 LG Köln NJW-RR 1987, 1365, 1366.
52 Die Möglichkeit der Pfändung einer gegen sich selbst richtenden Forderung ohne Einschränkung bejahend: OLG Köln NJW-RR 1989, 190, 191; Schuschke/Walker/*Schuschke*, § 829 Rn 11.
53 BGH NJW 2011, 2649, 2650 f = MDR 2011, 754 f.
54 Bejahend: OLG Köln WM 1978, 383, 385; Stein/Jonas/*Brehm*, § 829 Rn 21. Verneinend: Schuschke/Walker/*Schuschke*, § 829 Rn 18.
55 Brox/*Walker*, Rn 514.

g) **Pfändung und Hypothekenverband.** Gehört eine Forderung zum **Hypotheken-** 42
verband (§§ 1120 ff BGB), unterliegt sie gem. § 865 Abs. 2 S. 2 so lange der
Zwangsvollstreckung in das bewegliche Vermögen, wie nicht ihre Beschlagnahme im Wege der Immobiliarvollstreckung erfolgt ist. Von Bedeutung sind insb.
Miet- und Pachtforderungen (§§ 1123 ff BGB). Bei der Anordnung der **Zwangsverwaltung** sind alle zum Haftungsverband gehörenden Gegenstände beschlagnahmt; eine Pfändung nach § 829 ist nicht mehr möglich. Bei der **Zwangsversteigerung** werden hingegen Miet- und Pachtforderungen von der Beschlagnahme
nicht erfasst (vgl §§ 20 Abs. 2, 21, 148 Abs. 1 ZVG).

h) **Vermögenszugehörigkeit der Lebensversicherung.** Forderungen aus einem Versicherungsverhältnis sind auch vor Eintritt des Versicherungsfalls pfändbar. Bei 43
einer **Lebensversicherung** auf den Todesfall kann daher schon zu Lebzeiten des
Versicherungsnehmers der Anspruch auf die Versicherungssumme gepfändet werden. Gestaltungsrechte des Versicherungsnehmers werden von der Pfändung ohne Weiteres erfasst. Werden alle gegenwärtigen und zukünftigen Ansprüche des
Schuldners gegen den Versicherer gepfändet, so erfasst die Pfändung das Recht
auf die Hauptleistung des Versicherers in jeder Erscheinungsform, dh auf Ablaufleistung, Rückkaufwert und Überschussbeteiligung, ohne dass es auf den Eintritt
des Versicherungsfalles und die Fälligkeit der Forderung ankommt.[56]

Hat der Schuldner eine Lebensversicherung abgeschlossen, gehört diese zu seinem Vermögen, solange eine Bezugsberechtigung Dritter fehlt oder noch widerruflich ist (§ 159 Abs. 2 VVG).[57] Soweit das Bezugsrecht Dritter widerrufbar ist, 44
kann der Gläubiger nach Pfändung das Bezugsrecht des Dritten widerrufen
(§ 159 Abs. 1 VVG). Dem namentlich bezeichneten Bezugsberechtigten steht
gem. § 170 Abs. 1, 3 VVG binnen einen Monats nach Kenntnis der Pfändung ein
Eintrittsrecht an die Stelle des Versicherungsnehmers zu. Dieses Recht kann innerhalb der Monatsfrist nicht durch Widerruf der Bezugsberechtigung durch den
Gläubiger unterlaufen werden.[58] Ist das Bezugsrecht Dritter unwiderruflich, können nur dessen Gläubiger den Anspruch aus dem Versicherungsverhältnis pfänden.[59]

6. Besonderheiten bei Wertpapieren. a) Begriff; Systematik. Forderungen können in **Urkunden** verbrieft sein (zu Einzelheiten s. die Erl. zu §§ 821–827). Nach 45
dem **weiten Wertpapierbegriff** der hM ist Wertpapier eine Urkunde, die ein privates Recht in der Weise verbrieft, dass zur Geltendmachung des Rechts die Innehabung der Urkunde erforderlich ist. Nach dem **engen Wertpapierbegriff** sind
Wertpapiere nur rechtsverbriefende Urkunden, bei denen das verbriefte Recht
durch Verfügung über die Urkunde übertragen wird.

Unabhängig von dieser Einordnung sind bei der Vollstreckung in Forderungen 46

- hinsichtlich der dazugehörenden **Urkunde** die Vorschriften über die **Sachpfändung**,

- hinsichtlich der **Forderung** die Vorschriften über die **Forderungspfändung** anwendbar.

b) Zuständigkeit; Verfahren. Bei der Zwangsvollstreckung in Wertpapiere hängen die Zuständigkeit des Vollstreckungsorgans und das bei der Pfändung und 47
Verwertung zu beachtende Verfahren von der Art des Wertpapiers ab.

aa) Inhaber- und Orderpapiere. Bei Inhaber- und Orderpapieren folgt das Recht 48
aus dem Papier dem Recht am Papier. Die Urkunde ist Träger des Rechts. Sie

---

[56] OLGR Celle 2009, 620, 621 = VersR 2009, 1102.
[57] BGH NJW 2003, 2679 f = Rpfleger 2003, 515, 516 zu § 166 VVG aF.
[58] BGH FamRZ 2012, 444, 445.
[59] Vgl BGHZ 45, 162, 167 f = NJW 1966, 1071, 1073.

wird nach §§ 831, 808, 809 durch den Gerichtsvollzieher durch Inbesitznahme gepfändet. Verwertet werden Inhaberpapiere (zB Inhaberaktie, Pfandbrief) durch den Gerichtsvollzieher nach § 821, indossable Forderungspapiere (zB Wechsel; zur Namensaktie s. § 831 Rn 4) durch Überweisungsbeschluss des Vollstreckungsgerichts nach § 835 (s. § 821 Rn 3).

49 **bb) Rektapapiere.** Bei Rektapapieren wird das Recht durch Abtretung übertragen. Das Recht am Papier geht nach § 952 BGB auf den Zessionar über (zB die handelsrechtlichen Wertpapiere ohne Orderklausel, Wechsel und Scheck mit negativer Orderklausel). Dennoch ist die Vorlage der Urkunde zur Ausübung des Rechts erforderlich, weshalb die Pfändung durch den Gerichtsvollzieher im Wege der Sachpfändung erfolgt. Der Gerichtsvollzieher verwertet die Rektapapiere nach §§ 821 f durch freihändigen Verkauf oder durch öffentliche Versteigerung. Nach Ermächtigung des Vollstreckungsgerichts versieht er an Stelle des Schuldners die Papiere mit der erforderlichen Abtretungserklärung (s. § 821 Rn 2, § 822 Rn 1 f).

50 **cc) Hypotheken-, Grundschuld- und Rentenschuldbriefe.** Hypotheken-, Grundschuld- und Rentenschuldbriefe sind zwar gleichfalls Rektapapiere. Sie unterliegen aber gem. §§ 830, 857 Abs. 6 der Forderungsvollstreckung. Der Pfändungsbeschluss erfolgt durch das Vollstreckungsgericht, der erst dann zur Pfändung der Forderung führt, wenn der Brief freiwillig übergeben oder durch den Gerichtsvollzieher im Wege der Hilfspfändung nach §§ 830 Abs. 1 S. 2, 883 ff weggenommen worden ist. Die Verwertung erfolgt durch Überweisung nach § 837 oder auf sonstige Weise nach § 844.

51 **dd) Legitimationspapiere.** Bei Legitimationspapieren (zB Sparkassenbücher, Pfandschein, Lebensversicherungspolicen) erfolgt der Pfändungsbeschluss gleichfalls durch das Vollstreckungsgericht. Diese Papiere sind nicht Träger des Rechts, sondern beweisen nur eine Forderung. Sie gehören weder zu den Wertpapieren iSd § 821 noch zu denen des § 831. Die Wegnahme der Papiere ist für die Wirksamkeit der Pfändung nicht erforderlich. Die Herausgabe der Urkunden kann durch den Gläubiger im Wege der Hilfsvollstreckung erzwungen werden (§§ 836 Abs. 3 S. 2, 883 ff). Die Verwertung der gepfändeten Forderung erfolgt wie bei nichtverbrieften Forderungen durch Überweisungsbeschluss nach § 835 oder in anderer Weise nach § 844.

52 **7. Gegenrechte des Drittschuldners.** Steht dem Drittschuldner ein **Gegenrecht** gegen den Schuldner auf Abtretung eines Anspruchs gegen einen Dritten gem. § 255 BGB zu, so ist dieser Anspruch des Schuldners gegen den Dritten gleichfalls zu pfänden und an den Drittschuldner zu überweisen.[60] Der Anwendungsbereich des § 255 BGB ist gering, weil das Gesetz bei bestehenden Regressansprüchen meist keinen Anspruch auf Abtretung gewährt, sondern gleich einen Forderungsübergang (cessio legis) anordnet.[61]

53 **8. Weitere Forderungen.** Andere Forderungen als Geldforderungen sind pfändbar, wenn der Schuldner diese Forderung auf Zahlung an sich umgestalten kann.

III. Verfahren

54 Die allgemeinen Vollstreckungsvoraussetzungen (s. § 704 Rn 3) müssen vorliegen.

55 **1. Zu vollstreckender Titel. a) Fälligkeit. aa) Vorratspfändung.** Die zu vollstreckende Forderung muss **fällig** sein (vgl § 751 Abs. 1). Davon abweichend lässt § 850 d Abs. 3 die Vollstreckung einer noch nicht fälligen Forderung in noch

---

60 Stein/Jonas/*Brehm*, § 829 Rn 2.
61 Palandt/*Grüneberg*, § 255 BGB Rn 2.

nicht fälliges Arbeitseinkommen unter den dort genannten Voraussetzungen zu (**Vorratspfändung**). Die rangwahrende Wirkung der Pfändung tritt dort auch zugunsten künftig fällig werdender Ansprüche ein. Die Pfändung bewirkt, dass die künftig fällig werdenden Arbeitseinkommensansprüche des Vollstreckungsschuldners mit dem Pfandrecht belastet werden und die Vorratspfändung damit späteren Pfändungen im Rang vorgeht.

bb) Dauerpfändung (Vorauspfändung). Die von der Praxis entwickelte **Dauerpfändung (Vorauspfändung)** ist hingegen nicht nur für privilegierte Gläubiger iSd § 850 d Abs. 3, sondern zugunsten aller Gläubiger mit Ansprüchen aus **wiederkehrenden** Leistungen zulässig.[62] Nach ihrem Inhalt handelt es sich um eine aufschiebend bedingte Pfändung wegen künftig fällig werdender (titulierter) Raten auch in andere als in § 850 d Abs. 3 genannten Forderungen und Rechte.

Die Wirkung der Dauerpfändung tritt erst mit der Fälligkeit der jeweiligen Rate ein, die vollstreckt wird. Ist die Geltendmachung des Anspruchs von dem Eintritt eines Kalendertages abhängig, so darf die Zwangsvollstreckung gem. § 751 Abs. 1 nur beginnen, wenn der Kalendertag abgelaufen ist. Zwischenzeitliche Pfändungen anderer Gläubiger haben daher den **Vorrang**.

Die Vorauspfändung muss beantragt und als solche im Pfändungsbeschluss kenntlich gemacht werden. Das Rechtsschutzinteresse für die Dauerpfändung besteht nur, wenn der Schuldner mit einer Rate in Rückstand geraten ist und daher zumindest wegen dieser Rate die Voraussetzungen des § 751 Abs. 1 vorliegen.

b) Umfang der Vollstreckung. Die Höhe der zu vollstreckenden Forderungen hat Auswirkungen auf die Voraussetzungen der ordnungsgemäßen Pfändung.

aa) Bezeichnung der zu vollstreckenden Forderung. Die Forderung des Zwangsvollstreckungsgläubigers muss nach Hauptsache, Zinsen, Prozess- und Vollstreckungskosten zumindest **bestimmbar** dargestellt sein. Eine dem Antrag auf Erlass eines Pfändungs- und Überweisungsbeschlusses beiliegende Forderungsaufstellung genügt, wenn darin eine entsprechende Aufschlüsselung der Teilbeträge nach Hauptforderung, Zinsen und Kosten erfolgt.[63] Gibt der Gläubiger den zu vollstreckenden Betrag an, ist davon auszugehen, dass er den Titel ausschöpfen will. Ist die gepfändete Forderung größer als die zu vollstreckende, so wird die Forderung des Vollstreckungsschuldners von der Pfändung dennoch in voller Höhe erfasst, soweit sich nicht aus dem Beschluss etwas anderes ergibt.[64] Der Gläubiger eines **dynamisierten Unterhaltstitels** nach § 1612 a BGB kann den Erlass eines Pfändungs- und Überweisungsbeschlusses wegen künftig fällig werdender Unterhaltsforderungen in einer dem Tenor des Titels entsprechenden Art und Weise verlangen. Er kann nicht auf die betragsmäßige Bezifferung der sich derzeit ergebenden Beträge und auf eine eventuelle spätere Anpassung an Erhöhungen des Mindestunterhalts verwiesen werden. Eine Umrechnung oder Beschränkung auf feste Beträge erfolgt also nicht.[65]

bb) Pfändung wegen Restforderung. Bei der Vollstreckung einer **Restforderung** umfasst die Pfändung zwar wie bei der Vollstreckung einer ungeschmälerten Forderung die gesamte Forderung des Schuldners gegen den Drittschuldner. Der Gläubiger muss dort aber eine Forderungsaufstellung beifügen, welche die Obergrenze des vom Drittschuldner zu leistenden Betrages bestimmt.

Erfolgt die Vollstreckung aus einem Titel, der verschiedene Forderungen zum Gegenstand hat, lediglich wegen eines **Teilbetrages**, muss der Pfändungs- und Über-

---

62 BGH NJW 2004, 369, 370 = MDR 2004, 413 f.
63 BGH JurBüro 2008, 606 f.
64 BGHZ 147, 225, 228 = NJW 2001, 2178, 2179; BGH NJW 1986, 977, 978.
65 LG Kassel FamRZ 2009, 1940, 1941.

weisungsbeschluss erkennen lassen, wegen welcher dieser Forderungen vollstreckt werden soll.[66]

63 **cc) Pfändung nur eines Teils der Forderung.** Von der Pfändung wegen eines Teil- oder Restbetrages – welche die Vollpfändung der gepfändeten Forderung bewirkt – ist die Pfändung nur eines Teils der dem Schuldner gegen den Drittschuldner zustehenden Forderung (**Teilpfändung**) zu unterscheiden. Eine Teilpfändung liegt etwa vor, wenn nach dem Wortlaut des Pfändungsbeschlusses wegen und bis zur Höhe der zu vollstreckenden Forderung gepfändet wird.[67] Soll nur ein Teil der Forderung des Schuldners gepfändet werden, muss dies ausdrücklich unter Beifügung einer Aufstellung über Hauptbetrag, Zinsen, Prozess- und Vollstreckungskosten beantragt werden. Andernfalls wäre der Umfang der Pfändung nicht bestimmt.[68] Der übrige Teil der Forderung bleibt pfandfrei und für den Vollstreckungsschuldner verfügbar.

64 **2. Antrag. a) Grundsatz.** Während bei der Fahrnisvollstreckung dem Gerichtsvollzieher die Auswahl der Pfandobjekte obliegt, muss der Gläubiger bei der Pfändung von Forderungen den Pfandgegenstand in seinem Antrag selbst bestimmen.

65 **b) Form.** Für die Antragstellung besteht wegen § 78 Abs. 3 kein Anwaltszwang.

66 Auf der Grundlage des Abs. 4 wurde die „Verordnung über Formulare für die Zwangsvollstreckung (**Zwangsvollstreckungsformular-Verordnung – ZVFV**)" vom 23.8.2012[69] erlassen, welche die Nutzung der dort eingefühlten Formulare ab dem 1.3.2013 vorschreibt (§ 5 ZVFV). Die Einführung des Formularzwangs hat in der Praxis zunächst zu einer erheblichen Verunsicherung geführt. Die qualitativ unzureichende Umsetzung nötigt zu einer verfassungskonformen Auslegung der Verordnung. Danach ist für die Forderungsaufstellung die Verweisung auf Anlagen zulässig. Auch die Benutzung von Formularen ist statthaft, die im Layout geringe, für die zügige Bearbeitung des Antrags nicht ins Gewicht fallende Änderungen enthalten oder nicht die in der **Anlage 2 (zu § 2 Nr. 2 ZVFV, „Antrag auf Erlass eines Pfändungs- und Überweisungsbeschlusses insbesondere wegen gewöhnlicher Geldforderungen")** enthaltenen grünfarbigen Elemente aufweist.[70] Vor Inkrafttreten der ZVFV konnte der Antrag mündlich und daher auch ohne Unterschrift gestellt werden (vgl § 496). Das Unterschriftserfordernis ergibt sich nunmehr unmittelbar aus dem Formular selbst.[71]

67 **c) Unterlagen.** Mit dem Antrag ist die vollstreckbare Ausfertigung des Titels vorzulegen sowie die Zustellung nach § 750, ggf sind weitere Vollstreckbarkeitsvoraussetzungen (§§ 751 ff) nachzuweisen. Wird das Vollstreckungsgericht gebeten, die Zustellung des Beschlusses durch den Gerichtsvollzieher (ggf mit der Auffor-

---

66 BGH NJW 2008, 3147 = MDR 2008, 1183.
67 BGH NJW 1975, 738.
68 Stein/Jonas/*Brehm*, § 829 Rn 34 mwN Fn 185; LG Paderborn Rpfleger 1987, 318.
69 BGBl. I S. 1822; die ZVFV ist am 1.9.2012 in Kraft getreten. – Die ZVFV wurde geändert durch Art. 1 der Verordnung zur Änderung der Zwangsvollstreckungsformular-Verordnung vom 16.6.2014 (BGBl. I S. 754), in Kraft getreten am 25.6.2014 (Art. 2 der Verordnung). Durch Art. 1 Nr. 5 der Verordnung wurden u.a. die der ZVFV als Anlagen 1–3 beigefügten Formulare neu gefasst. Für Anträge auf Erlass eines Pfändungs- und Überweisungsbeschlusses, die bis zum 1.11.2014 gestellt wurden, konnten die bis zum 24.6.2014 bestimmten Formulare weiter genutzt werden (vgl § 6 S. 1 ZVFV). Für Anträge auf Erlass eines Pfändungs- und Überweisungsbeschlusses, die **ab dem 1.11.2014** gestellt wurden, sind die geänderten Formulare zwingend zu benutzen. – Zu den Änderungen der Zwangsvollstreckungsformular-Verordnung (ZVFV) s. *Giers*, FamRB 2014, 318.
70 Zu alledem BGHZ 200, 145 ff = NJW 2014, 3160 sowie jew. JurBüro 2014, 322, 323 und 325.
71 AA nach wie vor Zöller/*Stöber*, § 829 Rn 3 mwN zum Streitstand.

derung zur Abgabe der Drittschuldnererklärung nach § 840) an den Drittschuldner zu veranlassen (§ 192 Abs. 3 S. 1), müssen entsprechende Abschriften nach Zahl der Personen, denen zuzustellen ist, beigefügt werden.[72] Eine vereinfachte Antragstellung ohne Beifügung des ausgefertigten Titels bei der Pfändung und Überweisung aufgrund von Vollstreckungsbescheiden regelt nunmehr § 829 a (s. dort).

d) Inhalt. aa) Allgemeines; Mehrheit von Anträgen. Der Inhalt des Antrags korrespondiert mit demjenigen des Beschlusses. Der Antrag kann vom Gericht ausgelegt werden und deshalb vom Wortlaut des erlassenen Beschlusses abweichen. 68

Der **Antrag**, den Entwurf als Beschluss zu erlassen, ist im amtlichen Vordruck vorformuliert. 69

In der Regel wird neben dem Pfändungs- auch der Überweisungsantrag nach § 835 gestellt. Wird der Antrag nachträglich gestellt, entfällt der Formularzwang, § 2 S. 2 ZVFV. 70

Der Antrag kann auch mit der Bitte verbunden werden, die Zustellung des Beschlusses an den Drittschuldner mit der Aufforderung zur Abgabe der Drittschuldnererklärung nach § 840 zu veranlassen. 71

Der Antrag auf Abgabe für den Fall der **Unzuständigkeit** gem. § 828 Abs. 3 S. 1 kann gleichzeitig mit dem Vollstreckungsantrag gestellt werden. Im Antrag auf Erlass des Pfändungs- und Überweisungsbeschlusses kann das Vollstreckungsgericht gleichfalls gebeten werden, den Gerichtsvollzieher mit der Einholung der **Drittschuldnererklärung** (Aufforderung nach § 840) zu betrauen. 72

Auch die **Hilfsvollstreckung** nach § 836 Abs. 3 S. 3 kann mit beantragt werden. Soweit der entsprechende Antrag im Formular nicht enthalten ist, kann der Antrag allgemein lauten: 73

▶ Der Schuldner hat folgende Urkunden an den Gläubiger herauszugeben: ... ◀

Schließlich kann auch im Zwangsvollstreckungsverfahren **Prozesskostenhilfe** beantragt werden, wenn Vollstreckungshandlungen im **Inland** vorgenommen werden sollen. Für Vollstreckungsmaßnahmen im **Ausland** gibt es keine Prozesskostenhilfe.[73] Schon bei der Pfändung eines Bankkontos des Schuldners sollen tatsächliche und rechtliche Schwierigkeiten auftreten, die die Beiordnung eines Rechtsanwalts rechtfertigen.[74] Die Bewilligung von Prozesskostenhilfe für die Zwangsvollstreckung umfasst nur die Vollstreckungshandlungen im Bezirk des Vollstreckungsgerichts. Bei einem Pfändungs- und Überweisungsbeschluss sind aber auch die Kosten der Zustellung an den Drittschuldner, der außerhalb des Gerichtsbezirks wohnt, abgedeckt.[75] 74

bb) Bestimmtheitsgrundsatz. (1) Allgemeines. Der Bestimmtheitsgrundsatz stellt Anforderungen an die Bezeichnung der Beteiligten sowie der zu pfändenden Forderung. Bei einem **Verstoß** gegen den Bestimmtheitsgrundsatz kann der beantragte Beschluss abgelehnt werden. Ein gleichwohl ergangener Beschluss ist nichtig. Da es der Gläubiger in der Hand hat, den Antrag zu formulieren, fällt dies allein in seinen Risikobereich. 75

---

72 Zwischen Antrag an das Vollstreckungsgericht und Beauftragung des Gerichtsvollziehers differenzierend AG Bad Segeberg NJW-RR 2014, 510, 512.
73 Vgl Musielak/Voit/*Fischer*, Vor § 114 Rn 8.
74 LG Arnsberg Rpfleger 2006, 89.
75 AG Dortmund DGVZ 2006, 126.

76 **(2) Beteiligtenbezeichnung.** Der Antrag muss Gläubiger, Schuldner und Drittschuldner genau **bezeichnen.** Die Angabe der Adresse des Gläubigers kann entbehrlich sein, wenn seine Identität feststeht.[76]

77 **(3) Forderungsbezeichnung.** Die zu pfändende Forderung ist so bestimmt zu bezeichnen, dass ihre Identität gegenüber anderen Forderungen für alle Beteiligten wie auch für weitere Gläubiger **einwandfrei ersichtlich ist.**[77] Übermäßige Anforderungen dürfen nicht gestellt werden, weil der Gläubiger idR die Verhältnisse des Schuldners nur oberflächlich kennt.[78] Wird der Beschluss erlassen, kann sein Inhalt auch erst durch **Auslegung** ermittelt werden, wobei außerhalb des Beschlusses liegende Umstände nicht herangezogen werden dürfen.[79] **Anlagen** können den Inhalt des Beschlusses bestimmen, wenn sie dem Beschluss angeheftet werden und auf sie im Beschluss selbst verwiesen wird (s. Rn 84). Ist dem Beschluss selbst eine Erweiterung nicht zu entnehmen, ist diese unwirksam.[80] Auch die übereinstimmende Kenntnis von Gläubiger, Schuldner und Drittschuldner vom Pfändungsgegenstand reicht nicht.[81] Nicht ausreichend ist die Bezeichnung „aus jedem Rechtsgrund",[82] „Anspruch auf Rückübertragung aller gegebenen Sicherheiten", „Forderungen aus Lieferungen und sonstigen Leistungen",[83] oder eine „offene Kreditlinie".[84]

78 **(4) Bestehen der Forderung; Suchpfändung; Doppelpfändung; Alternativpfändung.** Die Forderung muss nicht mit Gewissheit bestehen. Gepfändet wird die angebliche Forderung. In diesem Zusammenhang stellt sich die Frage der Zulässigkeit der **Suchpfändung.** Bei der Pfändung beschränkt sich die **„Schlüssigkeitsprüfung"** des Vollstreckungsgerichts darauf, ob sich aus dem Vorbringen des Gläubigers ergibt, dass eine Forderung des Gläubigers gegen den Drittschuldner **bestehen kann** (s. Rn 6). Der Pfändungsantrag darf nur ausnahmsweise abgelehnt werden, wenn dem Schuldner der Anspruch aus tatsächlichen oder rechtlichen Gründen offenbar nicht zustehen kann oder ersichtlich unpfändbar ist (s. Rn 32).[85] Diese Maßstäbe gelten auch hinsichtlich der Frage, ob eine Forderung des Schuldners sich gegen den in dem Pfändungsantrag bezeichneten Drittschuldner richtet.[86] **Suchpfändungen** bestehender Rechte, bei denen der Gläubiger auf Verdacht Drittschuldnern Pfändungsbeschlüsse zustellen lässt, sind allerdings unzulässig. Unsubstantiierte Behauptungen und Vermutungen des Gläubigers, welche auf die Ausforschung von Erkenntnisquellen zielt, rechtfertigen eine Pfändung nicht. So wurde die Benennung von 20[87] bzw 264[88] Geldinstituten ohne weiteren Tatsachenvortrag für konkrete Geschäftsbeziehungen als nicht ausreichend erachtet. Hingegen wurde die Bezeichnung dreier unterschiedlicher bestimmter Geldinstitute am Wohnort des Schuldners in einem Pfändungsantrag als

---

76 KG Rpfleger 1994, 425 f.
77 BGHZ 93, 82, 83 = NJW 1985, 1031 f; BGH JurBüro 2010, 440, 441. Zur Pfändung mehrerer Grundschulden in einem Pfändungsbeschluss LG Meiningen Rpfleger 2013, 40.
78 BGH NJW 1983, 886.
79 BGH NJW 1995, 326, 327.
80 LAG Hamm LAGE § 829 ZPO 2002 Nr. 1 (zur Höhe des erweitert pfändbaren Bereichs nach § 850 f Abs. 2).
81 BGH NJW 2000, 1268, 1269 = MDR 2000, 476.
82 BGH NJW-RR 2005, 1361 unter Hinweis auf BGHZ 13, 42, 43 = NJW 1954, 881.
83 OLG Karlsruhe NJW 1998, 549.
84 Eine Umdeutung ablehnend LG Essen NJW-RR 2002, 553.
85 BGH NJW 2004, 2096, 2097 = MDR 2004, 834, 835.
86 So BGH NJW-RR 2008, 733 = NJW 2008, 530 f bei Ungewissheit, ob Drittschuldner die Arbeitsgemeinschaft gem. § 44 b SGB II, die Bundesagentur für Arbeit oder die örtlichen Agenturen für Arbeit sind.
87 LG Hannover JurBüro 1985, 789.
88 OLG München DB 1990, 1916.

zulässige Obergrenze nicht gewerblich tätiger Schuldner erachtet.[89] Denn das Nichtbestehen jedes der bezeichneten Ansprüche stehe weder positiv fest noch sei es offenkundig, weil es nach der Lebenserfahrung nicht gänzlich ausgeschlossen sei, dass ein Schuldner mit den drei Geldinstituten in Geschäftsbeziehungen stehe. Die Bezeichnung dieser Geldinstitute beinhalte keine willkürliche, ins Blaue hinein aufgestellte Behauptung einer Forderung ohne jeden Anhaltspunkt. Diese Auffassung erscheint zweifelhaft. Im Ergebnis lässt sich aus der Entscheidung herleiten, dass eine Suchpfändung immer zulässig ist, soweit sie sich auf drei Geldinstitute im Bereich des Wohnortes des Schuldners beschränkt. Die Grenzen zwischen einer „**Forderungspfändung auf Verdacht**" und einer unzulässigen **Ausforschungspfändung**[90] sind letztlich nicht bestimmbar.

Von der Suchpfändung zu unterscheiden ist die **Doppelpfändung**, bei der Rechte gleichzeitig gepfändet werden, obwohl nur eines von ihnen bestehen kann. Eine **Alternativpfändung**, bei der nur das eine oder das andere Recht gepfändet werden soll, ist nicht möglich. 79

cc) Arrestatorium und inhibitorium. Das nach § 2 ZVFV zu verwendende Formular enthält den Antrag, dem Drittschuldner zu verbieten, an den Schuldner zu zahlen (**arrestatorium**), und sich jeder Verfügung über die Forderung zu enthalten (**inhibitorium**). Letzteres ist für die Gültigkeit der Pfändung nur bei § 857 Abs. 2 Voraussetzung. 80

Der **Beschluss** hat denselben Inhalt. 81

e) Rechtsschutzbedürfnis. Wie bei jedem Antrag muss ein Rechtsschutzbedürfnis bestehen. Es fehlt insb. nicht, wenn der Schuldner bereits die Abgabe der **Offenbarungsversicherung** geleistet hat.[91] Es fehlt etwa, wenn die zu pfändende Forderung erkennbar nicht besteht, unpfändbar ist oder wenn die zu pfändende künftige Forderung erst nach Ablauf der Verjährungsfrist für Vollstreckungstitel entsteht.[92] Entgegen einer verbreiteten Auffassung kann ein Rechtsschutzbedürfnis nicht allein deshalb verneint werden, weil die gepfändete Forderung erst in ferner Zukunft entsteht.[93] 82

f) Kostenvorschuss. Zur Vermeidung von Verzögerungen soll der Gläubiger gem. § 12 Abs. 6 S. 1 GKG bereits mit Antragstellung Gerichtskosten für den Pfändungs- und Überweisungsbeschluss und für die Kosten der Zustellung einzahlen (zur Höhe der Gebühren s. Rn 181, 183). Dies gilt gem. § 12 Abs. 6 S. 2 GKG aber nicht bei elektronischen Anträgen auf gerichtliche Handlungen der Zwangsvollstreckung gem. § 829 a. 83

3. Der Erlass des Beschlusses. Als „Gericht" ist für die Entscheidung der **Rechtspfleger** zuständig (§ 20 Abs. 1 Nr. 17 RPflG). Der Beschluss muss vom Rechtspfleger **unterschrieben** werden.[94] Ein Pfändungs- und Überweisungsbeschluss ist auch dann wirksam, wenn in dem Beschlussformular auf angeheftete Anlagen verwiesen wird, in denen die gepfändete Forderung bezeichnet ist. Die Anlagen müssen nicht unterschrieben werden.[95] Die Entscheidung ergeht grds. ohne Anhörung des Schuldners (§ 834). 84

---

89 BGH NJW 2004, 2096, 2097 = MDR 2004, 834, 835.
90 BGH NJW 2004, 2096, 2098 = MDR 2004, 834, 835.
91 BGH NJW-RR 2003, 1650 = MDR 2003, 1378.
92 LG Frankfurt Rpfleger 1992, 441.
93 Zur Pfändung zukünftiger Rentenansprüche BGH NJW 2003, 1457, 1458 = MDR 2003, 525 f; ein Rechtsschutzbedürfnis bei der Pfändung von künftigen Rentenansprüchen eines 24-Jährigen verneint LG Heilbronn Rpfleger 1999, 455.
94 Vgl BGHZ 137, 49, 51 = NJW 1998, 609.
95 BGH NJW-RR 2008, 1164 = MDR 2008, 826.

85 Mit dem Erlass des Beschlusses **beginnt** die Vollstreckung. Der Beschluss bedarf nur in Ausnahmefällen einer **Begründung** (§ 850 b Abs. 2, § 54 Abs. 2 SGB I). Der Pfändungsbeschluss hat den vollstreckbaren Anspruch nach Vollstreckungstitel und Betrag sowie die zu pfändende Forderung zu **bezeichnen**. Gesetzliche **Pfändungsbeschränkungen** sind gleichfalls anzugeben.

86 Bei **behebbaren** Mängeln des Antrags muss das Vollstreckungsgericht dem Antragsteller vor Ablehnung seines Antrags eine ausreichende **Nachbesserungsfrist** setzen.

87 Besonderheiten bestehen bei der **Pfändung von Unterhaltsansprüchen** nach § 850 d (§ 2 S. 1 Nr. 1 ZVFV). Wegen der einzelnen Gestaltungsmöglichkeiten wird auf das amtliche **Formular** (**Anlage 3** zu § 2 S. 1 Nr. 1 ZVFV, „Antrag auf Erlass eines Pfändungs- und Überweisungsbeschlusses wegen Unterhaltsforderungen") verwiesen.

88 **4. Zustellung. a) Zustellung des Beschlusses an den Gläubiger.** Wird der Beschluss antragsgemäß erlassen, so wird er dem **Gläubiger** nur formlos mitgeteilt. Wird die Pfändung abgelehnt, ist ihm der Ablehnungsbeschluss zuzustellen.

89 **b) Zustellung des Beschlusses an den Drittschuldner (Abs. 2 S. 1).** Die Zustellung an den **Drittschuldner** erfolgt nur auf Betreiben des Gläubigers. Es gelten die §§ 178, 189, 191–195. Die öffentliche Zustellung (§§ 185–188) wird entgegen der früheren Rechtslage nunmehr als zulässig angesehen, weil § 185 Nr. 1 von einer Person – und nicht wie früher (§ 203 Abs. 1 aF) von einer Partei – als Zustelladressaten spricht.[96] Bei **Gesamtschuldnern** wirkt jede Pfändung getrennt. Ist eine **Gesamthandsgemeinschaft** Drittschuldner, ist erst bei Zustellung an den letzten Drittschuldner die Pfändung wirksam.[97] Bei der **Gesellschaft bürgerlichen Rechts** kann die Pfändung alternativ dadurch bewirkt werden, dass dem geschäftsführenden Gesellschafter ein Pfändungsbeschluss zugestellt wird, in welchem den Gesellschaftern verboten wird, an den Schuldner zu zahlen. Zur Pfändung der Forderung gegen den einzelnen, auch persönlich haftenden BGB-Gesellschafter bedarf es der Zustellung des Pfändungsbeschlusses an ihn.[98]

90 Drittschuldner **öffentlich-rechtlicher Ansprüche** ist im Allgemeinen die Behörde, welche die Erfüllung des Anspruchs anordnet. Bei Bezügen der öffentlichen Bediensteten ist es entweder die Beschäftigungsbehörde oder eine zentrale Besoldungs- und Lohnstelle. Für Obligationen, Anleihen, Tagesgeld und Schatzbriefe des **Bundes** ist die Bundesrepublik Deutschland – Finanzagentur GmbH in Frankfurt am Main – Drittschuldner, soweit dort zugunsten des Schuldners ein (depotähnliches) Einzelschuldbuchkonto besteht. Derartige Anleihen können auch in einem Bankdepot verwahrt werden. Dann ist die Bank Drittschuldner.

91 Bei **Sozialleistungen** ist der Leistungsträger Drittschuldner, soweit nicht der Arbeitgeber kraft Gesetzes Drittschuldner ist. Beim **Kurzarbeiter- und Wintergeld** ist der Arbeitgeber Drittschuldner (§§ 181 Abs. 2 S. 1, 215 Abs. 2 SGB III). Beim **Insolvenzausfallgeld**, falls es von der Pfändung des Arbeitseinkommens mitferfasst wird (§ 188 Abs. 2 SGB III), notwendig noch der Arbeitgeber Drittschuldner, während für die selbständige Pfändung die zur Entscheidung zuständige Agentur für Arbeit Drittschuldner ist (§ 334 SGB III).

92 **Unterbleibt** die notwendige Zustellung an den Drittschuldner, bewirkt die Zustellung an den Schuldner weder eine Pfändung noch ein Veräußerungsverbot.

93 **c) Zustellung des Beschlusses an den Schuldner (Abs. 2 S. 2).** Die Zustellung an den **Schuldner** ist, nachdem an den Drittschuldner zugestellt ist, mit Abschrift

---

96 Zöller/*Stöber*, § 829 Rn 14; aA Hk-ZPO/*Kemper*, § 829 Rn 21.
97 BGH NJW 1998, 2904 = MDR 1998, 1049.
98 BGH NJW 1998, 2904 = MDR 1998, 1049.

der Urkunde über diese Zustellung an den Schuldner vorzunehmen. Die Zustellung ist für die Pfändung bedeutungslos. Sie ist für das Gebot des Abs. 1 S. 2 von Bedeutung. Die Zustellung erfolgt im Parteibetrieb. Müsste öffentlich zugestellt werden (s. § 828 Rn 14), kann dies unterbleiben (vgl Abs. 2 S. 2).

5. Wirkung der Pfändung. a) Beschlagnahme. Durch die Pfändung einer Geldforderung wird die Forderung beschlagnahmt („**Verstrickung**") und der Gläubiger erwirbt nach § 804 ein Pfändungspfandrecht. Verstrickung und Pfandrecht entstehen nach den Grundsätzen des § 804 (allgemein zur Verstrickung und zum Pfändungspfandrecht s. § 803 Rn 6 ff, 9 f, § 804 Rn 2 ff). Sie ergreifen die Forderung mit Nebenrechten gem. §§ 412, 401 BGB, wie sie zur Zeit der Pfändung bestehen (s. Rn 11, 97).[99] Später entstehende Rechte werden nur umfasst, wenn sie ausdrücklich gepfändet sind (zum entsprechenden Antrag s. Rn 21). Solange das gepfändete Recht nicht gem. § 835 überwiesen ist, darf der **Gläubiger** nicht darüber verfügen. Er darf hingegen alles tun, die Forderung zu erhalten. 94

Das durch die Pfändung erworbene Pfandrecht („**Pfändungspfandrecht**") bildet im Verhältnis zum Forderungsinhaber den Rechtsgrund für das Behaltendürfen des Erlöses der eingezogenen Forderung. Die Legitimation für die Verwertung der Forderung durch den Gläubiger folgt aus deren Verstrickung und Überweisung. 95

Die Verstrickung bewirkt das Verfügungsverbot des Schuldners („inhibitorium", s. Rn 101) und das an den Drittschuldner gerichtete Verbot zur Leistung an den Schuldner („arrestatorium", s. Rn 105). 96

b) Umfang der Pfändung. Nebenrechte bedürfen keiner gesonderten Pfändung. Sie sind von der Pfändung in dem Umfang erfasst, wie sie bei einer Abtretung nach § 401 BGB mit übergehen würden (Bürgschaften, Pfandrechte, Vormerkung). Neben den in § 401 BGB ausdrücklich genannten Rechten wird die Vorschrift auf solche Hilfsrechte entsprechend angewandt, die zur Geltendmachung oder Durchsetzung einer Forderung erforderlich sind oder deren Trennung die Durchsetzung der Rechte gemäß der wirtschaftlichen Vermögenszuordnung oder in anderer Weise die Rechtssicherheit gefährden würde.[100] Dazu gehören neben den Sicherungsrechten auch Ansprüche auf **Auskunft und Rechnungslegung**. Der nach §§ 412, 401 BGB als Nebenanspruch des gepfändeten Hauptanspruchs auf den Gläubiger übergehende Auskunftsanspruch zielt lediglich darauf ab, Gegenstand und Betrag des Hauptanspruchs zu ermitteln[101] und ist von selbständigen Auskunfts- und Rechnungslegungsansprüchen, etwa nach §§ 666, 675 BGB aus einem Girovertrag, zu unterscheiden,[102] die nicht übergehen und auch nicht 97

---

99 BGH NJW-RR 2003, 1555 = MDR 2004, 114: Auskunfts- und Rechnungslegungsanspruch bei Pfändung eines Girokontos; s. dazu Rn 97.
100 BGH NJW-RR 2012, 434, 435 = MDR 2012, 605, 606.
101 Generell zum Auskunftserteilungs- und Rechnungslegungsanspruch im Rahmen eines Girokontos: BGH NJW 1985, 2699 f = WM 1985, 1098, 1099; zur Lohnabrechnung als unselbständiger Nebenanspruch BGHZ 196, 62, 64 = NJW 2013, 539 f; AG Köln JurBüro 2015, 45 (Herausgabe von Kopien des jeweils gültigen Leistungsbescheides bei Pfändung des Anspruchs des Schuldners gegenüber dem Jobcenter).
102 BGHZ 165, 53, 56 = NJW 2006, 217.

pfändbar sind,[103] allerdings nach § 836 Abs. 3 S. 1 geltend gemacht werden können (s. § 836 Rn 13). Bei der Pfändung eines GmbH-Geschäftsanteils ist der Auskunftsanspruch des **Gesellschafters** gegen die Geschäftsführer nach § 51 a GmbHG weder von einer Pfändung als Nebenrecht erfasst noch gesondert pfändbar.[104] Werden Ansprüche des Bezugsberechtigten einer **Lebensversicherung** gegen den Versicherungsnehmer auf Übernahme des Versicherungsvertrages gepfändet, kann davon das Kündigungsrecht mit erfasst sein.[105] Zur Ausübung von übergegangenen Nebenrechten s. § 835 Rn 9.

98 Auf **selbständige Sicherungsrechte** (Grundschuld, Sicherungseigentum und -rechte, Vorbehaltseigentum), die im Falle der Abtretung nicht nach § 401 BGB übergehen würden, erstreckt sich die Pfändung hingegen nicht. Sie müssen selbständig gepfändet werden.

99 Die Pfändung erstreckt sich ohne Weiteres auf den über die Forderung ausgestellten Schuldschein und auf das Eigentum an Urkunden iSd § 952 BGB, Zinsen, Neben- und Vorzugsrechte iSd §§ 1289, 401 BGB. Streitig ist, ob von der Pfändung auch ohne Weiteres **rückständige Zinsen** erfasst sind. Dies ist zu verneinen, weil sie von § 1289 BGB nicht erfasst sind.[106] Auch bei der Pfändung von Forderungen, die durch eine Hypothek gesichert sind, hat die Pfändung bereits entstandener Zinsen gesondert zu erfolgen.

100 c) **Rechtsstellung des Schuldners. aa) Grundsätzliches.** Trotz Pfändung bleibt der Schuldner **Inhaber** der gepfändeten Forderung. Auch bei der Überweisung zur Einziehung bleibt der Schuldner Forderungsinhaber. Lediglich bei der Überweisung an Zahlungs statt wird die Forderung an den Gläubiger mit der Folge übertragen, dass der Schuldner nicht mehr deren Inhaber ist (zu den Überweisungsarten s. § 835 Rn 6).

101 bb) **Inhibitorium.** Ist an den Schuldner das Gebot erlassen worden, sich jeder Verfügung über die Forderung zu enthalten (inhibitorium), so darf der Schuldner nichts tun, was die Rechtsstellung des Gläubigers beeinträchtigt. Der Schuldner bleibt als Inhaber der beschlagnahmten Forderung befugt, alle zur **Erhaltung** der Forderung treffenden Maßnahmen zu treffen. Beeinträchtigende Handlungen unterfallen §§ 135, 136 BGB. Verfügungen des Schuldners sind also lediglich gegenüber dem Vollstreckungsgläubiger relativ unwirksam. Mit **Zustimmung** des Gläubigers ist der Schuldner auch zu Handlungen befugt, welche den Bestand oder die Durchsetzbarkeit der Forderung beeinträchtigen. Beeinträchtigende Handlung des Schuldners ist jede Verfügung, welche den Bestand der Forderung

---

103 So iE BGHZ 165, 53, 58 f = NJW 2006, 217, 218 zum Anspruch des Kontoinhabers auf Erteilung von Kontoauszügen und Rechnungsabschlüssen aus dem Girovertrag; aA Schuschke/Walker/*Schuschke*, Anh. zu § 829 Rn 7. Der BGH (BGHZ 165, 53, 60 = NJW 2006, 217, 218) hat selbständige, vom gepfändeten Hauptanspruch unabhängige Auskunftsansprüche des Schuldners als Inhaber eines Girokontos gegenüber der Bank ausdrücklich als unpfändbar bezeichnet; s. auch BGH NJW-RR 2012, 434, 435 f = WM 2012, 514 ff (kein Übergang und keine Pfändung des Rentenauskunftsanspruchs aus § 109 SGB VI). Der BGH hat seine Rspr dahin gehend relativiert, dass nunmehr ein Herausgabeanspruch aus § 836 Abs. 3 S. 1 besteht: BGH 9.2.2012 – VII ZB 54/10; BGH NJW 2012, 1081, 1082 = WM 2012, 542, 543; BGH NJW 2012, 1223, 1224 = WM 2012, 593, 594. Der selbständige Anspruch auf Auskunft aus dem Girovertrag ist auch nach der neueren Rspr des BGH nicht pfändbar: BGH NJW 2012, 1223, 1224 = WM 2012, 593, 594 aE.
104 BGHZ 197, 181, 184 = Rpfleger 2013, 552, 553.
105 BGH NJW-RR 2010, 544, 546 = VersR 2010, 517, 519; dazu auch LG Köln JurBüro 2013, 103 (Pfändung von Ansprüchen aus einer im Rahmen der betrieblichen Altersversorgung abgeschlossenen Direktversicherung).
106 OLG Düsseldorf WM 1984, 1431 = Rpfleger 1984, 473; Schuschke/Walker/*Schuschke*, § 829 Rn 59; aA Stein/Jonas/*Brehm*, § 829 Rn 80.

berührt oder deren Durchsetzbarkeit auch nur zeit- oder teilweise hindert oder erschwert.

cc) Vom inhibitorium nicht umfasste Handlungen. Das Verbot, sich jeder Verfügung über die Forderung zu enthalten, betrifft nur die Forderung selbst. Dem Schuldner bleibt es daher unbenommen, auf das **Rechtsverhältnis** einzuwirken, aus dem die Forderung herrührt. So bleibt der Schuldner berechtigt, ein vor Pfändung vereinbartes Rücktrittsrecht auszuüben oder bei Pfändung von Mieteinnahmen oder eines Gehalts den Miet- bzw Dienstvertrag zu **kündigen.** Entstehen bei einem befristeten Mietverhältnis die Mietzinsen als betagte Forderungen, wirkt eine Vertragsbeendigung nicht gegen den Gläubiger.[107]

dd) Prozessuale Folgen. Prozessual steht der Klage des Schuldners gegen den Drittschuldner der **Einwand der Pfändung** entgegen. Die Klage ist als **unbegründet** abzuweisen, es sei denn, der Schuldner wendet **Nichtigkeit** der Pfändung ein. **Anfechtbarkeit** kann nicht eingewandt werden, weil die Anfechtbarkeit die Wirksamkeit der Pfändung nicht beeinträchtigt und diese nur vom Vollstreckungsgericht nach § 766 beseitigt werden kann. Bei einer Pfändung während eines Rechtsstreits hat der Schuldner die Klage nach § 265 zu **ändern.** Bei der Pfändung **ohne Überweisung** kann die Klage nicht auf Leistung an den Gläubiger geändert werden, weil die Pfändung allein noch kein Einziehungsrecht bewirkt (zB Arrestpfändung).[108] Die Klage kann etwa auf Feststellung, Hinterlegung oder auf Leistung an beide geändert werden. Die Klage kann sich auch nur auf die dem Schuldner verbleibenden Sicherungsrechte **beschränken.** Zu den prozessualen Folgen nach Pfändung **und** Überweisung s. § 835 Rn 12.

Wird die Forderung des Gläubigers nach mündlicher Verhandlung, welcher ihrer Titulierung vorausgeht, von einem Dritten gepfändet, so kann der Drittschuldner die Vollstreckung durch seinen Gläubiger nach §§ 767, 769 abwenden. Die Zwangsvollstreckung ist sodann für unzulässig zu erklären, soweit sie über Sicherungsmaßnahmen hinausgeht.[109]

d) Rechtsstellung des Drittschuldners. aa) Arrestatorium. Wesentlicher Bestandteil der Pfändung ist das an den Drittschuldner gerichtete Verbot, an seinen Gläubiger (also den Vollstreckungsschuldner) auf die Forderung zu leisten („**Arrestatorium**").

bb) Leistung des Drittschuldners an Schuldner. Der **Drittschuldner** ist nach Pfändung nicht verpflichtet, an den Schuldner allein zu zahlen. Der Drittschuldner kann, solange die Forderung noch nicht durch Einziehung überwiesen worden ist, durch Zahlung an Schuldner und Vollstreckungsgläubiger gemeinschaftlich leisten (§ 1281 BGB). Wirken nicht beide an der Einziehung mit, darf er hinterlegen (§ 372 BGB).[110] Leistet er trotzdem an den Schuldner, erlischt die Forderung im Verhältnis zu diesem. Wegen §§ 135, 136 BGB wird er gegenüber dem Gläubiger nicht befreit. Bei Leistung des Drittschuldners an den Schuldner tritt also eine relative Erfüllungswirkung ein.

Zahlt der Drittschuldner einer gepfändeten Forderung verbotswidrig an den Schuldner, verliert er dadurch nicht seine Einwendungen gegen die gepfändete Forderung. Dem Drittschuldner stehen gegenüber dem Gläubiger alle Einwendungen offen, die er dem Schuldner als seinem Gläubiger entgegenhalten kann.[111]

---

107 BGHZ 111, 84, 93 f = NJW 1990, 1785, 1787 (Abtretung).
108 RGZ 25, 426, 427; RGZ 48, 223, 232 f.
109 LG Berlin MDR 1989, 76.
110 Schuschke/Walker/*Schuschke*, § 829 Rn 54.
111 BGHZ 58, 25, 27 = NJW 1972, 428.

108 **cc) Gutglaubensschutz. (1) Erfüllungswirkung der Zahlung.** Vollständige Erfüllungswirkung tritt ein, wenn der Drittschuldner die Pfändung nicht kannte. Bei der Pfändung einer Forderung wird der Drittschuldner durch Zahlung an den Schuldner von seiner Verpflichtung gegenüber dem Pfändungsgläubiger frei, wenn er das dem Schuldner auferlegte Verfügungsverbot und das ihm selbst obliegende Zahlungsverbot nicht kennt.[112] Dann muss der Gläubiger die Leistung des Drittschuldners an den Schuldner gegen sich gelten lassen (§§ 1257, 407, 409 BGB).[113]

109 Wird dem Drittschuldner nach einer wirksamen Forderungspfändung eine Abtretungsurkunde des Vollstreckungsschuldners vorgelegt, die auf einen Zeitpunkt vor der Pfändung rückdatiert, tatsächlich aber erst nach der Pfändung ausgestellt ist, so wird er gegenüber dem Vollstreckungsgläubiger von der Leistungspflicht auch dann nicht nach §§ 408 f BGB frei, wenn er im Vertrauen auf die Urkunde und in Unkenntnis des zeitlichen Vorrangs der Pfändung an den in der Urkunde bezeichneten Abtretungsempfänger leistet oder mit ihm ein Rechtsgeschäft über die Forderung vornimmt.[114]

110 **(2) Maßgebender Zeitpunkt.** Maßgebend ist der Zeitpunkt der Leistungshandlung. Spätere Kenntnis verursacht nicht die Pflicht zur Verhinderung des Leistungserfolgs.[115]

111 **(3) Kenntnis; maßgebende Person.** Die förmliche Zustellung begründet noch keine Kenntnis des Drittschuldners von der Pfändung. Entscheidend ist die **tatsächliche Kenntnis**. Der Drittschuldner muss sich entsprechend § 166 Abs. 1 BGB das Wissen derjenigen Personen zurechnen lassen, die auch zur Leistung befugt wären. Nur einem derartig Bevollmächtigten kann die Entscheidung darüber zustehen, an welchen Gläubiger zu leisten ist. Deshalb erhält eine Behörde Kenntnis von der Pfändung, wenn das Arrestatorium dem jeweiligen Sachbearbeiter vorgelegt wird.[116] Auch hier gilt, dass sich der Drittschuldner bei Organisationsmängeln nicht auf Unkenntnis berufen kann.[117]

112 Die **Beweislast** für die Zustellung trifft den Gläubiger, die Beweislast für die Unkenntnis trotz Zustellung den Drittschuldner.[118]

113 **(4) Einwand der Pfändung im Prozess.** Zu den prozessualen Folgen der Pfändung s. Rn 103 f. Leistet der Drittschuldner auf eine gepfändete rechtshängige Forderung auch nach Verurteilung auf Zahlung an den Schuldner, so kann er dem Gläubiger gegenüber nicht Erfüllung einwenden, wenn er die Pfändung im Rechtsstreit nicht geltend gemacht hat, um auf Leistung an den Gläubiger verurteilt zu werden.[119]

114 **dd) Aufrechnung. (1) Aufrechnungsverbot.** Eine beschlagnahmte Forderung darf nicht erfüllt werden. Auch die Aufrechnung fällt als Erfüllungssurrogat unter das Erfüllungsverbot. Grundsätzlich kann der Drittschuldner mit einer Forderung, die ihm gegenüber dem Vollstreckungsschuldner zusteht, also nach Beschlagnahme der Forderung des Vollstreckungsschuldners, nicht mehr aufrechnen.

115 **(2) Erweiterung der Aufrechnungsmöglichkeit.** Unter den Voraussetzungen des § 392 BGB, der dem § 406 BGB ähnelt, kann der Drittschuldner mit seiner Forderung gegen den Vollstreckungsschuldner gegen die gepfändete Forderung und

---

112 BGHZ 86, 337, 339 f = NJW 1983, 886, 887.
113 Stein/Jonas/*Brehm*, § 829 Rn 101; Schuschke/Walker/*Schuschke*, § 829 Rn 173.
114 BGHZ 100, 36, 47 = NJW 1987, 1703, 1706.
115 BGHZ 105, 358, 360 = NJW 1989, 905, 906 (offen gelassen bei Daueraufträgen).
116 LAG Hamm MDR 1983, 964.
117 BGH NJW 1977, 581, 582 = MDR 1977, 391 f (zu § 407 BGB).
118 Schuschke/Walker/*Schuschke*, § 829 Rn 51.
119 BGHZ 86, 337, 339 f = NJW 1983, 886, 887.

damit gegenüber dem Vollstreckungsgläubiger aufrechnen.[120] Die Aufrechnungserklärung des Drittschuldners erfolgt gegenüber dem Vollstreckungsgläubiger.

Die Vorschrift des § 392 BGB schränkt das Verbot ein, eine beschlagnahmte Forderung zu erfüllen. Sie dient dem Interesse des Drittschuldners. Der Pfändungsgläubiger soll nicht mehr Rechte haben als der Inhaber der Forderung. Die Aufrechnungsmöglichkeit bleibt so erhalten, als wenn die Pfändung nicht vorläge. 116

(3) Ausschluss der Aufrechnung. Der Drittschuldner ist nicht immer schutzwürdig. Er kann nicht mit Forderungen gegen den Schuldner aufrechnen, die er nach Pfändung erworben hat (§ 392 Alt. 1 BGB). Der Drittschuldner ist auch dann nicht schutzwürdig, wenn er seine Forderung gegen den Schuldner zwar vor der Beschlagnahme erworben hat, sie erst später als die Forderung des Schuldners gegen ihn fällig geworden ist und seine Forderung bis zur Beschlagnahme noch nicht fällig war (§ 392 Alt. 2 BGB). Auch dann ist der Drittschuldner nicht schutzwürdig, weil eine Aufrechnungslage für ihn bis zur Beschlagnahme nie vorlag. Die Aufrechnung gegen eine gepfändete Forderung wird nicht durch § 392 Alt. 2 BGB ausgeschlossen, solange deren Durchsetzung ein Leistungsverweigerungsrecht entgegensteht.[121] Die Einschränkung der Aufrechnungsbefugnis in § 392 Alt. 2 BGB richtet sich gegen den Schuldner, der eine voll durchsetzbare Forderung bis zu dem Zeitpunkt nicht erfüllt hat, zu dem seine zur Aufrechnung gestellte Gegenforderung fällig wird. Ihm soll durch die unberechtigte Verweigerung der Zahlung kein Vorteil erwachsen.[122] Dem Drittschuldner bleibt also die Aufrechnungsmöglichkeit erhalten, wenn nicht erst seine Leistungsverzögerung zum Entstehen der Aufrechnungsforderung geführt hat. Mit anderen Worten gilt eine Forderung, der ein Zurückbehaltungsrecht entgegensteht, als nicht fällig iSd § 392 Alt. 2 BGB.[123] 117

e) Einziehungsprozess. Der Pfändungs- und Überweisungsbeschluss ist kein Vollstreckungstitel gegen den Drittschuldner. Der Gläubiger muss den Drittschuldner daher ggf auf Zahlung verklagen (**Drittschuldnerklage**). Dazu ist das Gericht zuständig, an dem der Schuldner den Drittschuldner hätte verklagen müssen. 118

f) Prozesse von Vollstreckungsgläubiger und Schuldner gegen den Drittschuldner. Die **Prozessführung** des Gläubigers oder des Schuldners gegen den Drittschuldner bewirkt jeweils keine Rechtskraftwirkung für oder gegen den anderen.[124] Bei gemeinsamer Klage liegt keine notwendige Streitgenossenschaft vor (s. auch § 835 Rn 13). 119

g) Rechte Dritter. Steht das Recht einem **Dritten** zu, geht die Pfändung ins Leere. Dennoch kann der Dritte, der Inhaber des gepfändeten Rechts ist, wegen der scheinbar wirksamen Pfändung, welche sein Recht gefährdet, gegen den Pfändungsversuch Drittwiderspruchsklage nach § 771 erheben.[125] 120

6. Die Pfändung in der Insolvenz des Schuldners.[126] **a) Allgemeines.** Die Eröffnung des Insolvenzverfahrens gegen den Schuldner bewirkt ein Vollstreckungsverbot für die Dauer des Verfahrens (§ 89 Abs. 1 InsO). Das Vollstreckungsverbot ist mit der Erinnerung beim Insolvenzgericht durchzusetzen (§ 89 Abs. 3 S. 1 InsO). Soweit eine Ausnahme vom Vollstreckungsverbot eingreift, etwa die Vollstreckung von Unterhaltsforderungen in künftige Forderungen auf Bezüge nach 121

---

120 Dazu BGH NJW 1980, 584, 585; Schuschke/Walker/*Schuschke*, § 835 Rn 8.
121 BGH NJW-RR 2004, 525 = MDR 2004, 567 f.
122 BGH NJW-RR 2004, 525 = MDR 2004, 567 f.
123 BGHZ 164, 159, 165 f = NJW 2005, 3574, 3576.
124 Vgl BGHZ 147, 225, 232 = NJW 2001, 2178, 2180.
125 BGH WM 1981, 648, 649.
126 Siehe hierzu ausf. den Schwerpunktbeitrag 8 „Auswirkungen des Insolvenzverfahrens auf die Einzelzwangsvollstreckung" in diesem Werk.

§ 89 Abs. 2 S. 2 InsO, so ist dies im Pfändungs- und Überweisungsbeschluss auszusprechen. Die Formulierung im Beschluss kann lauten:

▶ Am ... wurde das Insolvenzverfahren über das Vermögen des Schuldners eröffnet. Die o.g. Gläubigerin gilt als Neugläubigerin. Es ist daher zu beachten, dass nur in den Vorrechtsbereich des § 850 d ZPO iVm § 89 Abs. 2 InsO zu vollstrecken ist. Die genaue Berechnung obliegt dem Drittschuldner. ◀

122 **b) Zeitpunkt der Pfändung.** Ein durch Pfändung entstandenes Pfändungspfandrecht berechtigt zur abgesonderten Befriedigung nach § 50 Abs. 1 InsO nur, wenn vor Eröffnung des Insolvenzverfahrens und vor Verhängung von Maßnahmen nach § 21 Abs. 2 Nr. 2 und 3 InsO wirksam gepfändet wurde.

123 Nach Insolvenzeröffnung sind Zwangsvollstreckungsmaßnahmen unstatthaft (§ 89 InsO). Gegen den Schuldner können vor Eröffnung des Insolvenzverfahrens Maßnahmen nach § 21 Abs. 2 Nr. 2 und 3 InsO verhängt werden. Erfolgen Zwangsvollstreckungsmaßnahmen nach Verhängung dieser Maßnahmen, sind sie gleichfalls unwirksam.

124 **c) Rückschlagsperre.** Ein Absonderungsrecht, das ein Insolvenzgläubiger im letzten Monat vor dem Antrag auf Insolvenzeröffnung oder danach durch Zwangsvollstreckung erlangt hat, wird mit der Eröffnung des Verfahrens unwirksam (§ 88 InsO, „**Rückschlagsperre**"). Die Rückschlagsperre gilt nicht, wenn das Absonderungsrecht bereits vor dem Antrag auf Eröffnung des Insolvenzverfahrens entstanden war und vor Eröffnung des Insolvenzverfahrens vollstreckt wird. Die Rückschlagsperre wird durch den Antrag auf Eröffnung des Insolvenzverfahrens ausgelöst. Sie ist im Wege der Erinnerung beim Vollstreckungsgericht – nicht beim Insolvenzgericht wie bei § 89 Abs. 3 S. 1 InsO – zu verfolgen.

125 **d) Insolvenzanfechtung.** Wurde der Pfändungsbeschluss vor Stellung des Insolvenzantrags erlassen und greift auch die Rückschlagsperre nicht ein, kommt eine Insolvenzanfechtung wegen inkongruenter Deckung nach § 131 Abs. 1 Nr. 2 und 3 InsO in Betracht.[127]

126 **e) Pfändung künftiger Rechte.** Wird vor Erlass eines allgemeinen Veräußerungsverbots eine künftige Forderung gepfändet, die erst nach dessen Erlass entsteht, hat der Pfändungspfandgläubiger kein Absonderungsrecht.[128] Wird nach der Pfändung, aber vor Entstehung der Forderung das Insolvenzverfahren eröffnet, gilt § 91 Abs. 1 InsO.[129]

127 **f) Wirkung der Vorpfändung.** Zur Insolvenz des Schuldners nach Vorpfändung s. § 845 Rn 20 f.

IV. Anschlusspfändung

128 Die mehrfache Pfändung derselben Forderung (Anschlusspfändung) wird wie die Erstpfändung durchgeführt. Die Folgen sind in §§ 853, 856 geregelt.

V. Parallelpfändung (Abs. 1 S. 3)

129 Die Parallelpfändung ist nach Abs. 1 S. 3 möglich. Die Pfändung von Forderungen gegen mehrere Drittschuldner können in einem Beschluss zusammengefasst werden, wenn dies der Durchsetzung der Rechte dient, etwa um Absprachen der Drittschuldner untereinander zu unterbinden. Als schutzwürdiges Interesse der

---

127 Zuletzt BGHZ 182, 264, 266 = NJW 2010, 444 mwN.
128 Vgl zur KO BGHZ 135, 140, 144 f = NJW 1997, 1857, 1858.
129 Vgl zur KO BGHZ 106, 236, 241 = NJW 1989, 1282, 1283.

Drittschuldner kommt das Recht auf informationelle Selbstbestimmung in Betracht. Die Entscheidung steht im Ermessen des Gerichts.

VI. Hilfspfändung

Sind für die Vollstreckung weitere unterstützende Maßnahmen notwendig (insb. Wegnahmehandlungen,[130] aber auch grundbuchrechtliche Berichtigungsansprüche des Schuldners)[131] oder Antragsrechte,[132] so umfassen die Rechtsgrundlagen auch diese Handlungen der Vollstreckungsorgane (**Hilfsvollstreckung**). Zumeist ist damit die Herausgabevollstreckung in Urkunden nach § 836 Abs. 3 S. 3 gemeint. Die **Hilfspfändung** im engeren Sinne ist in § 106 GVGA geregelt. Papiere, die nur die Forderung beweisen, aber nicht Träger des Rechts sind (zB Sparkassenbücher, Pfandscheine, Versicherungsscheine und Depotscheine, ferner Hypotheken- und solche Grundschuld- und Rentenschuldbriefe, die nicht auf den Inhaber lauten), sind nicht Wertpapiere iSd § 104 GVGA. Sie können deshalb auch nicht nach den Vorschriften über die Zwangsvollstreckung in bewegliche körperliche Sachen gepfändet werden. Der Gerichtsvollzieher kann aber diese Papiere vorläufig in Besitz nehmen (Hilfspfändung). Die Hilfspfändung wird oftmals auch mit dem Begriff der Nebenpfändung gleichgesetzt,[133] womit zumeist Auskunftsansprüche gegen den Drittschuldner gemeint sind. Unter den Begriff der Hilfspfändung werden darüber hinaus Maßnahmen für zulässig erachtet, die für die Verwirklichung der Vollstreckung notwendig sind. Diese Maßnahmen sind dann ggf von der jeweiligen Ermächtigungsnorm gedeckt. Teilweise wird der Begriff „Hilfspfändung" auch gleichgesetzt mit der „**hilfweisen Pfändung**".[134]

130

VII. Einzelfälle der Pfändung bestimmter Forderungen

1. Bankkonten, Kontokorrent bzw Girokonto. Die Pfändung von Bankkonten richtet sich nach den allgemeinen Regeln der Forderungspfändung. Besonderheiten bestehen beim Pfändungsschutz für Gehaltskonten nach § 850 k sowie aufgrund der zwischen dem Schuldner und der Bank bestehenden Kontokorrentabrede.

131

a) Bestand des Kontos. aa) Allgemeines. Das Konto muss bereits errichtet sein. Der Schuldner muss **Kontoinhaber** sein. Wer als Inhaber (also Gläubiger der Bank) anzusehen ist, entscheiden die Umstände bei Kontoerrichtung.[135]

132

bb) Treuhandkonten. Ist der Schuldner Inhaber eines **Treuhandkontos**, ist die Pfändung zulässig.[136] Denn Treuhandforderungen werden dem Treuhänder geschuldet, während dem Treugeber daran keine Rechte zustehen. Der Treugeber kann sich mit der Widerspruchsklage nach § 771 gegen den Zugriff auf das wirt-

133

---

130 Herausgabe der Lohnsteuerkarte: BGHZ 157, 195, 196 und 205 = NJW 2004, 954 und 957. Im Hinblick auf die Pfändung von Steuererstattungsansprüchen ist diese Rspr allerdings aufgegeben worden (s. Rn 154).
131 Hilfspfändung: OLG Naumburg OLGR 2002, 360 ff.
132 Antragsrecht des Grundpfandgläubigers gem. § 467 Abs. 2 FamFG: OLG Hamm FGPrax 2014, 87.
133 BGH NJW-RR 2003, 1555, 1556 = MDR 2004, 114.
134 BGHZ 165, 53, 58 = NJW 2006, 217, 218.
135 BGHZ 21, 148, 150 = WM 1956, 1129, 1130 (Sonderkonto); BGHZ 61, 72, 75 = WM 1973, 894, 895 (Und-Konto).
136 Die treuhänderisch gebundene Forderung ist unpfändbar: BGHZ 94, 316, 322 = NJW 1985, 2263, 2264 (Prozesskostenvorschuss); offen gelassen BGH NJW 1998, 746 = MDR 1998, 237 (Kaufpreiszahlung auf Anderkonto zwecks Ablösung von Pfandrechten).

schaftlich ihm gehörende Vermögen wehren.[137] **Umgekehrt** können Gläubiger des Treugebers nicht die auf den Treunehmer übertragenen Forderungen pfänden. Pfändbar ist der schuldrechtliche Anspruch des Treugebers gegen den Treunehmer auf Rückübertragung der Forderung.[138]

134 Haben die Parteien eines Kaufvertrages die Abwicklung des Kaufpreises über ein **Notaranderkonto** vereinbart, entsteht mit Eingang des Geldes auf diesem Konto ein öffentlich-rechtlicher, abtretbarer Auszahlungsanspruch des Verkäufers gegen den Notar. Der Auszahlungsanspruch gegen den Notar kann, solange die Kaufpreisforderung nicht erloschen ist, nur zusammen mit dieser abgetreten werden.[139] Entsprechendes gilt für die Pfändung: Die Zustellung eines auf den Anspruch des Verkäufers gegen den Notar als Drittschuldner auf Auszahlung des auf dessen Anderkonto eingezahlten Kaufpreises beschränkten Pfändungs- und Überweisungsbeschlusses soll die Pfändung nicht bewirken, wenn die Forderung des Verkäufers gegen den Käufer auf den Kaufpreis noch besteht und deren Pfändung nicht ebenfalls angeordnet wird.[140] Die Zahlung des Kaufpreises auf ein Notaranderkonto hat nur dann **Erfüllungswirkung** (mit der Folge, dass die Forderung des Verkäufers gegen den Käufer auf den Kaufpreis nicht mehr besteht), wenn die Parteien dies ausnahmsweise vereinbaren.[141] Dann ist der Auszahlungsanspruch des Treugebers gegenüber dem Notar pfändbar. Hat die Zahlung auf das Anderkonto – wie im Regelfall – hingegen keine Erfüllungswirkung, steht dem Vollstreckungsschuldner sowohl der Anspruch gegen den Käufer auf **Kaufpreiszahlung** zu als auch gegen den Notar auf **Auszahlung**. Dann kann der Gläubiger des Verkäufers dessen Anspruch gegen den Notar auf Auszahlung des Kaufpreises nicht ohne die zugrunde liegende Kaufpreisforderung wirksam pfänden.[142]

135 cc) **Pfändung eines Oder-Kontos.** Beim **Oder-Konto** ist die Pfändung gegen jeden einzelnen der Inhaber unabhängig vom Innenverhältnis zulässig.[143] Dem anderen Kontoinhaber steht kein Interventionsrecht nach § 771 zu. Die Bank kann wegen der Einzelwirkung der Pfändung befreiend an die anderen Inhaber leisten.[144]

136 dd) **Pfändung eines Und-Kontos.** Beim **Und-Konto** besteht gemeinschaftliche Verfügungsbefugnis. Im Falle der Gesamthand muss der Anteil des Schuldners an der Gesamthand gepfändet werden (s. Rn 39, 89). Der Pfändungsbeschluss ist dann an die Mitinhaber zuzustellen. Im Falle der Bruchteilsgemeinschaft ist gleichfalls der Anteil des Schuldners zu pfänden (s. Rn 39). Dieser Beschluss ist der Bank zuzustellen. Im Falle der Ungewissheit ist die Doppelpfändung (s. Rn 79) zulässig.

137 ee) **Pfändung der Verfügungsberechtigung.** Ob die aufgrund einer Kontovollmacht bestehende Verfügungsberechtigung gepfändet werden kann, ist umstritten.[145]

---

137 BGH NJW 1993, 2622 = MDR 1993, 1119; vgl BGH NJW 1985, 1155, 1157 = MDR 1985, 404 f; BGH NJW 1998, 746 = MDR 1998, 237; KG WM 2013, 1407 (Erstreckung einer umfassenden Kontenpfändung auch auf Rechtsanwaltsanderkonto).
138 BGHZ 11, 37, 43 = WM 1955, 372, 375.
139 BGHZ 138, 179, 183 f = NJW 1998, 2134, 2135.
140 BGHZ 105, 60, 64 = NJW 1989, 230, 231; zweifelhaft, zu Recht krit. *Stöber*, Forderungspfändung, Rn 1781 b.
141 BGHZ 87, 156, 162 = NJW 1983, 1605, 1606.
142 BGHZ 105, 60, 64 = NJW 1989, 230, 231.
143 BGHZ 93, 315, 320 f = NJW 1985, 1218; BGHZ 95, 185, 187 = NJW 1985, 2698.
144 BGHReport 2003, 50; OLG Dresden FamRZ 2003, 1943, 1944 f.
145 Hess. FG WM 1998, 2430, 2432: Berechtigung aufgrund Kontovollmacht nicht pfändbar; krit. generell Stein/Jonas/*Brehm*, § 857 Rn 3; für Pfändung einer Vollmacht etwa Baumbach/*Hartmann*, Grundz § 704 Rn 113 mwN.

b) **Saldopfändung.** Gepfändet wird der **Guthabensaldo** (§ 357 HGB) zum Zeitpunkt der Zustellung an den Drittschuldner.[146] Die Pfändung in das laufende Kontokorrent bewirkt einen vorläufigen Buchungsabschluss.[147] Einzelne Kontoeingänge können nicht gepfändet werden. Unzulässige Pfändungen einzelner kontokorrentgebundener Ansprüche sind nicht in eine Saldopfändung umzudeuten.[148] Der Anspruch auf **Gutschrift** eingehender Beträge kann gleichfalls gepfändet werden, begründet jedoch keinen Zahlungsanspruch des Gläubigers, sondern bewirkt, dass der Schuldner über die Gutschriften nicht anderweitig verfügen kann (Hilfspfändung).[149] Die Pfändung des Anspruchs auf Durchführung von **Überweisungen** wird trotz Pfändung des Kontos als zulässig angesehen.[150] Durch die gesonderte Pfändung des Anspruchs auf Gutschrift laufender Eingänge und des Anspruchs auf Durchführung von Überweisungen kann der Schuldner gehindert werden, den Kontostand trotz Pfändung negativ zu beeinflussen, indem er über die eingehenden Beträge vor Gutschrift auf sein Konto anderweitig verfügt (s. auch § 833 a Rn 2 ff). 138

c) **Pfändung einer Kreditlinie.** Die Ansprüche des Bankkunden gegen das Kreditinstitut aus einem vereinbarten **Dispositionskredit** („offene Kreditlinie") sind pfändbar, soweit der Kunde den Kredit in Anspruch nimmt.[151] Der vereinbarte Dispositionskredit ist auch ohne Abruf des Darlehens pfändbar, kann aber erst nach Abruf verwertet werden, indem die Bank an den Pfändungsgläubiger zahlt. Das Abrufrecht steht unpfändbar allein dem Schuldner zu.[152] Gepfändet werden kann also der entstandene Auszahlungsanspruch beim vereinbarten und abgerufenen Dispositionskredit.[153] 139

d) **Pfändung künftiger Guthaben.** Die Pfändung künftiger Forderungen („zukünftig fällig werdende Guthaben aus dem Kontokorrentvertrag") erstreckt sich beim Bankkontokorrent auf alle künftigen Aktivsalden bis zur vollen Befriedigung des Gläubigers.[154] Beim Tagessaldo erfasst die Pfändung ein zwischen den Verrechnungsabschnitten bestehendes Guthaben des Schuldners unabhängig von einer Kontokorrentabrede.[155] Der Anspruch auf Auszahlung aus dem einzelnen **Tagesauszug** ist pfändbar, weil der Schuldner unabhängig von einem Saldo Auszahlung des Guthabens verlangen kann (s. auch § 833 a Rn 2 ff).[156] 140

e) **Pfändung von Auskunfts- und Rechnungslegungsansprüchen.** Nicht pfändbar sind selbständige **Auskunftsansprüche** des Bankkunden auf Rechnungsabschlüsse oder Kontoauszüge.[157] Diese gehen auch nicht als Nebenrechte ohne gesonderten Pfändungsausspruch über (s. Rn 97). Diese sind allerdings nach § 836 Abs. 3 S. 1 herauszugeben (s. § 836 Rn 13). 141

f) **Drittschuldnerbezeichnung.** Die kontoführende Stelle muss bezeichnet werden. Bei Filialbanken genügt die Angabe der **Hauptstelle** als Drittschuldner. Die nach § 178 zulässige Zustellung an die kontoführende **Filiale** ist sinnvoll, um befreien- 142

---

146 BGHZ 80, 172, 176 = NJW 1981, 1611, 1612.
147 BGHZ 80, 172, 176 = NJW 1981, 1611, 1612.
148 BGH NJW 1982, 1150, 1151 = WM 1982, 233, 234.
149 BGHZ 93, 315, 323 = NJW 1985, 1218, 1219.
150 BGHZ 93, 315, 324 = NJW 1985, 1218, 1219.
151 BGHZ 147, 193 = NJW 2001, 1937.
152 BGH NJW 2004, 1444, 1445; noch offen gelassen in BGHZ 147, 193, 195 = NJW 2001, 1937, 1938.
153 BGHZ 147, 193, 195 = NJW 2001, 1937, 1938.
154 BGHZ 80, 172 = NJW 1981, 1611.
155 BGHZ 84, 325, 330 = NJW 1982, 2192, 2193; BGHZ 84, 371, 375 = NJW 1982, 2193, 2194.
156 BGHZ 84, 325, 329 = NJW 1982, 2192, 2193; BGHZ 84, 371, 374 = NJW 1982, 2193, 2194.
157 BGHZ 165, 53, 56 = NJW 2006, 217 f.

de Leistungen an den Schuldner zu verhindern. Die Hauptstelle des Drittschuldners ist verpflichtet, die kontoführende Filiale sofort zu benachrichtigen.

143 **g) Kontobezeichnung.** Eine **Kontonummer** muss nicht angegeben sein. Ist sie angegeben, so muss die Pfändung nicht auf dieses Konto beschränkt sein.[158] Für die Pfändung künftiger Kontokorrentsalden genügt die Bezeichnung des Kontokorrentverhältnisses.[159] Die Bezeichnung „aus Bankverbindung" oder „alle Ansprüche gegen die Bank" reicht nicht.

144 Gepfändet wird der Anspruch auf Zahlung aus dem **Konto**, nicht der Anspruch auf **Gutschrift** (zur Pfändung der Gutschrift s. Rn 138). Die Pfändung „aller Guthaben aus Konten bzw Salden, insb. aus der in laufender Rechnung (Kontokorrent) bestehenden Geschäftsverbindung" erfasst auch das Guthaben aus einem bei dieser Bank bestehenden **Festgeldkonto**.[160] Die Gegenauffassung[161] überzeugt nicht, soweit sich aus der gebotenen Auslegung ergibt, dass der Gläubiger alle Konten pfänden will. Im gem. § 2 ZVFV zu verwendenden amtlichen Vordruck werden mehrere Möglichkeiten (Girokonto, Sparguthaben, Festgeldkonto etc.) aufgeführt, so dass idR eine umfassende Pfändung aller Guthaben des Schuldners bewirkt wird.

145 **2. Insolvenzgeld.** Gemäß §§ 3 Abs. 1 Nr. 10, 116 Nr. 5, 183 ff, 323 ff SGB III erhalten im Inland beschäftigte Arbeitnehmer im Falle der Insolvenz ihres Arbeitgebers Insolvenzgeld. Es ist wie Arbeitseinkommen zu pfänden (vgl § 850).

146 Das Insolvenzgeld fällt nicht unter die Pfändungsschutzvorschrift des § 54 SGB I. Den Arbeitsentgeltanspruch betreffende Verfügungen, Pfändungen und Verpfändungen wirken nach Maßgabe des § 188 Abs. 1 SGB III auch für das Insolvenzgeld.[162] Nachdem das Insolvenzgeld beantragt worden ist, kann der Anspruch auf Insolvenzgeld wie Arbeitseinkommen gepfändet, verpfändet oder übertragen werden (§ 189 SGB III). §§ 188 Abs. 2, 189 S. 1 SGB III gehen als abweichende Bestimmungen iSd § 37 SGB I den allgemeinen Bestimmungen und damit der Pfändungsschutzvorschrift des § 54 SGB I vor.

147 Das Insolvenzgeld hat lohnersetzende Funktion. Der Anspruch wird von der Pfändung des Arbeitsentgeltes erfasst, wenn die Pfändung vor der Antragstellung des Arbeitnehmers nach §§ 323 Abs. 1, 324 Abs. 3 SGB III wirksam ist. Nach Antragstellung des Arbeitnehmers kann dieser Anspruch bei der zuständigen Agentur für Arbeit als Drittschuldner nach den Vorschriften der §§ 850 a–850 f gepfändet werden (§ 334 SGB III). Die Pfändung von Insolvenzgeld muss als solche im Beschluss bestimmt sein. Ist gegen den Arbeitgeber des Schuldners das Insolvenzverfahren beantragt und eröffnet, kann der Gläubiger die selbständige Pfändung des Insolvenzgeldes **neben** dem Arbeitseinkommen beantragen.

148 **3. Sozialversicherungsansprüche.** Zukünftig entstehende oder fällig werdende laufende Geldansprüche gegen einen Träger der gesetzlichen **Rentenversicherung** sind pfändbar, sofern die Ansprüche in einem bereits bestehenden Sozialversicherungsverhältnis wurzeln. Das gilt auch für eine Rente wegen **Erwerbsminderung**.[163]

149 **4. Sozialleistungen.** Auch Sozialleistungen müssen genau bezeichnet werden, um dem Bestimmtheitsgrundsatz zu genügen. Angaben wie „alle Leistungen aus So-

---

158 BGH NJW 1988, 2543, 2544 = MDR 1988, 859 (Auslegungsfrage, s. Rn 77).
159 BGHZ 80, 172, 181 = NJW 1981, 1611, 1613.
160 OLG Köln NJW-RR 1999, 1224.
161 Eine ausdrückliche Pfändung verlangt OLG Karlsruhe NJW-RR 1998, 990, 991.
162 BSG 13.5.2009 – B 4 AS 29/08 R.
163 BGH NJW 2003, 3774, 3775 = MDR 2004, 293 f. Zum Rentenauskunftsanspruch s. Rn 97.

zialversicherung"[164] oder „Zahlung aller Leistungen des Arbeitsamtes"[165] reichen nicht. Die Ansprüche des § 54 SGB I müssen differenziert bezeichnet werden. Drittschuldner kann sowohl die Bundesagentur für Arbeit als auch eine Arbeitsgemeinschaft nach § 44 b SGB II sein.[166] Wurde das Stammrecht auf Arbeitslosenhilfe gepfändet, so wird die Vollstreckung nicht durch einen Wohnsitzwechsel des Schuldners und den damit verbundenen Zuständigkeitswechsel der Arbeitsagentur unwirksam, denn der Anspruch richtet sich gegen die Bundesagentur für Arbeit, nicht gegen die einzelne Arbeitsagentur.[167]

5. Steuererstattungsansprüche. a) Allgemeines. Leistet der Steuerpflichtige Vorauszahlungen etwa auf die Einkommenssteuer,[168] erlangt er bereits mit Vornahme der Zahlungen einen **Erstattungsanspruch** unter der aufschiebenden Bedingung, dass die nach Ablauf des Veranlagungszeitraums geschuldete Steuer geringer ist als die Summe der geleisteten Vorauszahlungen.[169] 150

b) Lohnsteuerjahresausgleich durch Arbeitgeber. Führt der **Arbeitgeber** nach § 42 b EStG den Lohnsteuerjahresausgleich durch, so ist der Arbeitgeber Drittschuldner. Auch ein künftiger Erstattungsanspruch ist pfändbar. Das Verbot des § 46 Abs. 6 AO gilt dort nicht.[170] Der Erstattungsanspruch gehört nicht zum Arbeitseinkommen.[171] Besonderheiten im Verhältnis zu § 829 ergeben sich hier daher nicht. 151

c) Lohnsteuerjahresausgleich durch Finanzamt. Andernfalls (bei Steuererstattungsansprüchen gegen das **Finanzamt**) ist Drittschuldner das zuständige (§§ 16–29 AO) Finanzamt (§ 46 Abs. 7 AO). Ist das angegangene Finanzamt unzuständig, muss dieses den Beschluss zurücksenden, um die richtige Zustellung durch den Gläubiger zu gewährleisten. Die bloße Weiterleitung an das zuständige Finanzamt ist wegen der fehlenden Zustellung unzureichend. 152

Steuererstattungsansprüche sind erst dann pfändbar, wenn der Anspruch **entstanden** ist (§ 46 Abs. 1, 6 AO). Der Anspruch entsteht grds. bereits ohne Abgabe einer Steuererklärung und ohne Festsetzung. Für **Einkommensteuern** entsteht der Steuererstattungsanspruch als Kalenderjahressteuer iSd § 25 Abs. 1 EStG erst mit Ablauf des Entstehungsjahres (§ 36 Abs. 1 EStG). 153

Ein vor der Entstehung des Steuererstattungsanspruchs erlassener Pfändungsbeschluss ist **nichtig** (§ 46 Abs. 6 S. 2 AO). Der Pfändungsantrag selbst kann vor dem Erstattungsstichtag gestellt werden (zur Vorpfändung s. § 845 Rn 9). Die Steuererklärung darf der Gläubiger für den Schuldner nicht abgeben.[172] Wer einen Anspruch auf Erstattung von Einkommensteuer gepfändet und zur Einziehung überwiesen erhalten hat, kann aufgrund des Pfändungs- und Überweisungsbeschlusses weder einen Anspruch auf Vornahme von Verfahrenshandlungen im Steuerfestsetzungsverfahren gem. § 888 durch Haftantrag gegen den Schuldner 154

---

164 OLG Köln OLGZ 1979, 484.
165 OLG Düsseldorf Rpfleger 1978, 265.
166 BGH NJW-RR 2008, 733 = WM 2008, 649, 650.
167 LSG Thüringen 18.11.2009 – L 10 AL 41/06.
168 Zu anderen Steuererstattungsansprüchen s. *Stöber*, Forderungspfändung, Rn 360.
169 BGH NJW 2005, 2988, 2990 f = MDR 2006, 49, 50.
170 Ganz hM, Stein/Jonas/*Brehm*, § 829 Rn 9; Schuschke/Walker/*Schuschke*, Anh. zu § 829 Rn 30; Zöller/*Stöber*, § 829 Rn 33; LG Landau Rpfleger 1982, 31; aA LG Aachen Rpfleger 1988, 418.
171 BGH NJW 2005, 2988, 2989 = MDR 2006, 49, 50; BGH NJW 2006, 1127, 1128 = MDR 2006, 891 (jeweils zur Abtretungserklärung nach § 287 Abs. 2 S. 1 InsO).
172 BFH Rpfleger 1999, 339 (LS).

vollstrecken noch nach § 887 ermächtigt werden, Verfahrenshandlungen des Schuldners im Steuerfestsetzungsverfahren selbst vorzunehmen.[173]

155 Im Antrag auf Pfändung von Steuererstattungsansprüchen sind diese nach Steuerart und Entstehungsgrund zu **bezeichnen**. Ist ein Erstattungszeitraum nicht angegeben, sind alle bisher entstandenen Ansprüche erfasst. Die Bezeichnung „alle Steuererstattungsansprüche" genügt nicht dem **Bestimmtheitsgrundsatz**. Wird hingegen lediglich der Zeitraum nicht genannt, so ist der Antrag dahingehend auszulegen, dass alle bisher entstandenen Ansprüche der bezeichneten Erstattungsart gemeint sind.[174]

156 **6. Rückübertragung von Sicherheiten.** Auch Ansprüche auf Rückübertragung von Sicherheiten sind pfändbar. Problematisch ist zumeist, ob diese Ansprüche im Pfändungsbeschluss **hinreichend bestimmt** bezeichnet worden sind. Die haftenden Gegenstände müssen wenigstens in ihren Umrissen bezeichnet werden. Die Pfändung des Anspruchs auf Rückübertragung aller gegebenen Sicherheiten einschließlich des Anspruchs auf Auszahlung des eventuellen Übererlöses genügt nicht dem Bestimmtheitsgrundsatz.[175] Die Pfändung von Grundschulden, auf die sich die gepfändeten Rückübertragungsansprüche beziehen, genügt nicht dem Bestimmtheitsgrundsatz, wenn weder die Grundbuchstelle ihrer Eintragung noch die laufenden Nummern angegeben sind.[176] Hingegen soll die Bezeichnung im Pfändungs- und Überweisungsbeschluss als Anspruch „auf Auszahlung des Überschusses aus der Verwertung von Sicherheiten" ausreichend sein.[177]

VIII. Auslandsbezug, Exterritoriale

157 **1. Amtshandlungen gegen Exterritoriale.** Für Amtshandlungen gegen Exterritoriale und die ihnen gleichgestellten Personen sowie gegen NATO-Angehörige gilt für den Gerichtsvollzieher § 3 GVGA. Aufträge zur Vornahme von Amtshandlungen gegen Exterritoriale und die ihnen gleichgestellten Personen legt der Gerichtsvollzieher unerledigt seiner vorgesetzten Dienststelle vor und wartet unter Benachrichtigung des Auftraggebers deren Weisung ab. Bei Durchführung von Amtshandlungen gegen NATO-Angehörige innerhalb der Anlage einer Truppe hat er die besonderen Bestimmungen der Art. 32, 34 und 36 des Zusatzabkommens zum NATO-Truppenstatut vom 3.8.1959[178] zu beachten (s. Rn 160).

158 **2. Drittschuldner wohnt im Ausland.** Hat der Drittschuldner seinen Wohnsitz im Ausland, steht dies dem Erlass eines Pfändungsbeschlusses nicht entgegen. Davon zu unterscheiden ist, ob fremde Rechtsordnungen die Pfändungswirkungen anerkennen. Die Zustellung an ihn erfolgt nach § 183.

159 **3. Drittschuldner ist Exterritorialer.** Ist der Drittschuldner im Inland ansässiger Exterritorialer, gilt für die Zustellung an ihn § 183 Abs. 3.

160 **4. Vollstreckung gegen NATO-Angehörige.** Die Vollstreckung in Bezüge von Angehörigen **ausländischer NATO-Streitkräfte**, die in Deutschland stationiert sind, richtet sich nach dem „Zusatzabkommen zu dem Abkommen zwischen den Parteien des Nordatlantikvertrages über die Rechtsstellung ihrer Truppen hinsichtlich der in der Bundesrepublik Deutschland stationierten ausländischen Truppen

---

173 BGHZ 176, 79 = NJW 2008, 1675 unter Aufgabe von BGHZ 157, 195, 200 = NJW 2004, 954, 955.
174 Für „Umsatzsteuervergütungsansprüche" BFH Rpfleger 2001, 603, 604 f.
175 HM, OLG Koblenz Rpfleger 1988, 72; vgl auch OLG Frankfurt Rpfleger 1987, 511 f; aA LG Berlin Rpfleger 1991, 28.
176 BGH NJW 1975, 980, 981.
177 BGH NJW 1981, 1505.
178 BGBl. II 1961 S. 1218.

vom 3.8.1959"[179] und „Gesetz zu dem Abkommen zwischen den Parteien des Nordatlantikvertrages vom 19.6.1951 über die Rechtsstellung ihrer Truppen und den Zusatzvereinbarungen vom 3.8.1959 zu diesem Abkommen" vom 18.8.1961.[180] Ein Mitglied einer Truppe oder eines zivilen Gefolges darf einem Verfahren zur Vollstreckung eines Urteils nicht unterworfen werden, das in dem Aufnahmestaat in einer **aus der Ausübung des Dienstes** herrührenden Angelegenheit gegen ihn ergangen ist (Art. VIII Abs. 5 (g) und Abs. 9 NATO-Truppenstatut vom 19.6.1951.[181] In **privaten Angelegenheiten** lässt das NATO-Truppenstatut die Zwangsvollstreckung gegen diesen Personenkreis zu. Vollstreckungsgericht ist das Amtsgericht, bei dem der Schuldner seinen allgemeinen Gerichtsstand hat, und sonst das Amtsgericht, in dessen Bezirk die zu ersuchende Stelle sich befindet (Art. 5 des Gesetzes zum Zusatzabkommen). Nach Art. 34 Abs. 3 S. 1 des Zusatzabkommens unterliegen Bezüge, die einem Mitglied einer Truppe oder eines zivilen Gefolges von seiner Regierung zustehen, der Pfändung, dem Zahlungsverbot oder einer anderen Form der Zwangsvollstreckung auf Anordnung eines deutschen Gerichts oder einer deutschen Behörde, soweit das auf dem Gebiet des Entsendestaates anwendbare Recht die Zwangsvollstreckung gestattet. Da das englische und US-amerikanische Recht eine Pfändung dieser Forderungen beim Drittschuldner nicht zulässt, ist die Pfändung von Soldforderungen der Truppenmitglieder der angloamerikanischen Verbände ausgeschlossen. Im Übrigen unterscheidet das Zusatzabkommen bei der Pfändung der dort genannten Ansprüche danach, ob die Zahlung durch Vermittlung einer deutschen Behörde erfolgt (Art. 35 lit. a) oder nicht (Art. 35 lit. b). Im erstgenannten Fall ist das Ersuchen des Vollstreckungsgerichts von Amts wegen zuzustellen und bewirkt die Pfändung und Überweisung (Art. 5 Abs. 2 des Gesetzes zum Zusatzabkommen). Ansonsten hinterlegen die Behörden der Truppe oder des zivilen Gefolges auf Ersuchen eines Vollstreckungsorgans von der Summe, die sie anerkennen, dem Vollstreckungsschuldner zu schulden, den in dem Ersuchen genannten Betrag bei der zuständigen Stelle (Art. 35 lit. b des Zusatzabkommens). Zugleich mit dem Ersuchen hat das Gericht an den Schuldner das Gebot zu erlassen, sich jeder Verfügung über die Forderung, insb. ihrer Einziehung, zu enthalten (Art. 5 Abs. 1 S. 2 des Gesetzes zum NATO-Truppenstatut).

5. Schuldner wohnt im Ausland (Abs. 2 S. 3). Wohnt der Schuldner im Ausland, so erfolgt die Zustellung an ihn gem. Abs. 2 S. 3 durch Aufgabe zur Post.

Der RefE des BMJV vom 9.12.2014 zum „Entwurf eines Gesetzes zur Durchführung der Verordnung (EU) Nr. 655/2014 sowie zur Änderung sonstiger zivilprozessualer Vorschriften (EuKoPfVODG)" beabsichtigt, durch Art. 1 Nr. 11 die Vorschrift des **Abs. 2 S. 3** wie folgt neu zu fassen:

„An Stelle einer an den Schuldner im Ausland zu bewirkenden Zustellung erfolgt die Zustellung durch Aufgabe zur Post, sofern die Zustellung weder nach der Verordnung (EG) Nr. 1393/2007 noch nach dem Abkommen zwischen der Europäischen Gemeinschaft und dem Königreich Dänemark über die Zustellung gerichtlicher und außergerichtlicher Schriftstücke in Zivil- und Handelssachen vom 19. Oktober 2005 (ABl. L 300 vom 17.11.2005, S. 55; L 120 vom 5.5.2006, S. 23) zu bewirken ist."

Der derzeit geltende Wortlaut des Abs. 2 S. 3 sei infolge der Entscheidung des EuGH in der Rechtssache C-325/11[182] (Alder) zu ändern. Die Änderung stelle klar, dass eine nach der Verordnung (EG) Nr. 1393/2007 zu bewirkende Aus-

---

179 BGBl. II 1961 S. 1183, 1218.
180 BGBl. II S. 1183.
181 BGBl. II 1961 S. 1190.
182 EuGH 19.12.2012 – Rs. C-325/11, NJW 2013, 443 = EuZW 2013, 187.

landszustellung nicht durch eine fiktive Inlandszustellung umgangen werden dürfe. Da das Abkommen vom 19. Oktober 2005 zwischen der Europäischen Gemeinschaft und dem Königreich Dänemark über die Zustellung gerichtlicher und außergerichtlicher Schriftstücke in Zivil- oder Handelssachen die Geltung der Verordnung auch auf das Verhältnis zu Dänemark erstrecke, sei auch dieses einzubeziehen.[183] Das Inkrafttreten der Änderung ist nach dem RefE (Art. 10 Abs. 2) am Tag nach der Verkündung des EuKoPfVODG geplant.

161b **6. Vollstreckung durch ausländische Gerichte.** Ein Pfändungs- und Überweisungsbeschluss kann für in Deutschland begründete und von einem deutschen Schuldner an einen in Deutschland lebenden Gläubiger zu begleichende Forderungen gem. § 828 nur von einem deutschen Amtsgericht erlassen werden.[184] Auch europarechtliche Normen[185] gewähren nur die Möglichkeit der Vollstreckung ausländischer Titel durch deutsche Gerichte, ermöglichen jedoch nicht die Vollstreckung durch ausländische Vollstreckungsorgane.

162 **7. Genehmigungspflicht bei Fremdwährungsschulden.** Ist eine Fremdwährungsschuld tituliert, kann die Vollstreckung nach § 32 AWG devisenrechtlich genehmigungspflichtig[186] sein. Auch wenn in eine Fremdwährungsschuld vollstreckt wird, kann die vom Drittschuldner zu bewirkende Leistung nach dieser Vorschrift devisenrechtlich genehmigungspflichtig sein. Die Vollstreckung zum Zwecke der Sicherung ist nicht genehmigungspflichtig (§ 32 Abs. 1 S. 3 AWG). Die Pfändung eines Rechts steht der Verfügung durch den Schuldner gleich.[187]

IX. Rechtsbehelfe

163 **1. Aufhebungsvertrag.** Zur Aufhebung auf Antrag des Vollstreckungsgläubigers s. § 843.

164 **2. Rechtsbehelfe des Schuldners. a) Rechtsbehelfe gegen die Amtsführung des Gerichtsvollziehers.** Wirkt bei einer Pfändung der Gerichtsvollzieher mit (Zustellung, Hilfspfändung), so kann seine Amtsführung (Handlungen, Unterlassungen) mit der Erinnerung gerügt werden (§ 766).

165 **b) Rechtsbehelfe gegen den Erlass bzw Ablehnung des Pfändungs- (und ggf Überweisungs-)Beschlusses.** Soll gegen den Erlass bzw die Ablehnung des Pfändungs- (und ggf Überweisungs-)Beschlusses vorgegangen werden, ist wie folgt zu unterscheiden:

166 **aa) Rechtsbehelf ohne vorherige Anhörung des Schuldners. (1) Einordnung als Vollstreckungsmaßnahme.** Ist der Schuldner entsprechend der Bestimmung des § 834 vor dem Erlass des Pfändungs- (und Überweisungs-)Beschlusses nicht angehört worden, so handelt es sich bei dem Pfändungsbeschluss um eine Vollstreckungsmaßnahme, gegen welche die **Erinnerung** nach § 766 Abs. 1 stattfindet. Der Schuldner kann gegen den Erlass des Beschlusses also Erinnerung einlegen (§ 766). Der Rechtspfleger kann und muss der Erinnerung **abhelfen**, wenn er sie für begründet hält. Vor Abhilfe kann er einstweilige Anordnungen treffen (§ 766 Abs. 1 S. 2 iVm § 732 Abs. 2).

167 **(2) Nichtabhilfe durch den Rechtspfleger.** Hilft der Rechtspfleger der Erinnerung nicht oder nicht vollständig ab, entscheidet über die Erinnerung das **Vollstreckungsgericht**, und zwar gem. § 20 Abs. 1 Nr. 17 S. 2 RPflG durch den Richter.

---

183 RefE, S. 25.
184 LSG Niedersachsen-Bremen IPRspr 2012, Nr. 287, 656.
185 Etwa Verordnung (EG) Nr. 805/2004 des Europäischen Parlaments und des Rates vom 21. April 2004 zur Einführung eines europäischen Vollstreckungstitels für unbestrittene Forderungen (ABl. EU L 153 vom 30.4.2004, S. 15).
186 Stein/Jonas/*Brehm*, § 829 Rn 30 mwN.
187 Stein/Jonas/*Brehm*, § 829 Rn 30 mwN.

Gegen die ablehnende Entscheidung des Richters kann der Schuldner sodann sofortige Beschwerde (§ 793) einlegen.

(3) Abhilfe durch den Rechtspfleger. (a) Rechtsbehelf gegen Abhilfeentscheidung. Wird die Pfändung auf Erinnerung des Schuldners (oder Drittschuldners) durch den Rechtspfleger **für unzulässig erklärt** oder **aufgehoben**, so steht dem **Gläubiger** gegen diese Entscheidung die sofortige Beschwerde nach § 793 zu. 168

(b) Sofortige Wirksamkeit der Aufhebung. Die Aufhebung einer Vollstreckungsmaßnahme wird idR sofort wirksam.[188] In diesen Fällen muss der Gläubiger daher neu pfänden lassen, weil die Aufhebung des angefochtenen Beschlusses durch den Vollstreckungsrichter oder das Beschwerdegericht die ursprüngliche Pfändung nicht wieder aufleben lässt.[189] Das Rechtsschutzinteresse an der Entscheidung des Vollstreckungs- oder Beschwerdegerichts besteht trotz der Notwendigkeit einer erneuten Pfändung, weil auch das Vollstreckungs- bzw Beschwerdegericht die Pfändung aussprechen kann. Es kann den Erlass eines neuen Pfändungsbeschlusses auch dem Rechtspfleger übertragen. 169

(c) Spätere Wirksamkeit der Aufhebung. Die Wirksamkeit einer den Pfändungs- und Überweisungsbeschluss aufhebenden Entscheidung kann vom Rechtspfleger, vom Vollstreckungs- und vom Beschwerdegericht **von Amts wegen** bis zu ihrer Rechtskraft hinausgeschoben werden (§ 570 Abs. 2).[190] Der Gläubiger kann die vorläufige Aussetzung der Wirksamkeit einer für ihn negativen Entscheidung beantragen. 170

bb) Rechtsbehelf mit vorheriger Anhörung des Schuldners. Wenn dem Schuldner ausnahmsweise vor der Pfändung rechtliches Gehör gewährt worden ist (s. § 834 Rn 3 f), handelt es sich bei einem Pfändungs- (und Überweisungs-)Beschluss um eine Entscheidung des Rechtspflegers, gegen welche die sofortige Beschwerde gem. § 11 Abs. 1 RPflG, § 793 Abs. 1 gegeben ist. Dies gilt nach hM auch dann, wenn die Anhörung unter Verstoß gegen § 834 unnötigerweise erfolgte.[191] Die Gegenauffassung[192] überzeugt nicht, weil maßgebend nicht die vorgeschriebene, sondern die tatsächlich vorgenommene Form der Handlung ist. Die Frist für die Einlegung der sofortigen Beschwerde beginnt für den Schuldner mit Zustellung nach Abs. 2 S. 2. 171

cc) Streit über den Umfang der Pfändung. Besteht zwischen Schuldner und Drittschuldner Streit über die Reichweite der Pfändung, so muss der Umfang ggf in einem Rechtsstreit zwischen diesen Parteien geklärt werden. Das Erinnerungsverfahren nach § 766 ist nicht dazu bestimmt, einen Streit zwischen Schuldner und Drittschuldner über die materielle Reichweite einer Pfändung zu entscheiden.[193] 172

dd) Sonstige Rechtsbehelfe des Schuldners. Materiell-rechtliche Einwendungen gegen die Vollstreckungsforderung kann der Schuldner nur mit der Vollstreckungsabwehrklage geltend machen (§ 767). Für eine entsprechende Feststellungsklage nach § 256 fehlt das Feststellungsinteresse. 173

3. Rechtsbehelfe des Gläubigers. Gegen die (auch nur teilweise) **Ablehnung** des Pfändungsbeschlusses kann der Gläubiger sofortige Beschwerde einlegen (§ 11 Abs. 1 RPflG, § 793). Zu den Rechtsbehelfen des Gläubigers bei Aufhebung des Pfändungsbeschlusses auf ein Rechtsmittel des Schuldners oder Drittschuldners s. Rn 168 f. Wird dieselbe Forderung von verschiedenen Gläubigern gepfändet, 174

---

188 BGHZ 66, 394 = NJW 1976, 1453.
189 LG Frankfurt 23.12.1988 – 2/9 T 1167/87; OLG Koblenz Rpfleger 1986, 229.
190 *Stöber*, Forderungspfändung, Rn 742.
191 Zöller/*Stöber*, § 766 Rn 2, § 829 Rn 31; OLG Köln NJW-RR 1992, 894; Hk-ZPO/ *Kindl*, § 766 Rn 6.
192 Schuschke/Walker/*Schuschke*, § 829 Rn 62 aE.
193 OLGR Schleswig 2000, 222, 223.

findet das Verteilungsverfahren nach §§ 872 ff statt, falls keine Einigung erzielt wird und der gepfändete Betrag zur Befriedigung aller Gläubiger nicht ausreicht (s. § 878 Rn 10). Streitig ist, ob der **mitpfändende Gläubiger** bei Rangstreitigkeiten Erinnerung oder sofortige Beschwerde gegen den zugunsten des anderen Gläubigers ergangenen Pfändungsbeschluss einlegen kann (s. § 872 Rn 27).

175 **4. Rechtsbehelfe des Drittschuldners.** Einem Drittschuldner steht die **Erinnerung** gem. § 766 gegen einen Pfändungsbeschluss zu.

176 Ein Drittschuldner kann grds. auch **negative Feststellungsklage** auf Nichtbestehen der gepfändeten Forderung erheben. Nach einer Forderungspfändung kann mit einer negativen Feststellungsklage geklärt werden, ob der Pfändungsbeschluss wirksam ist und ob zwischen Gläubiger und Drittschuldner ein Rechtsverhältnis entstanden ist, aus dem sich Rechte des Gläubigers gegen den Drittschuldner ergeben können. Der Drittschuldner darf daher mit einer negativen Feststellungsklage geltend machen, dass der Pfändungsbeschluss unwirksam ist. Jedoch fehlt das Rechtsschutzinteresse der Feststellungsklage, wenn die Erinnerung nach § 766 der einfachere Weg ist, das Rechtsziel zu erreichen.[194]

177 Ist der Drittschuldner vor der Pfändung angehört worden, ist auch für ihn die **sofortige Beschwerde** nach § 793 statthafter Rechtsbehelf. Die Frist beginnt für ihn mit Zustellung nach Abs. 2 S. 1.

178 **5. Rechtsbehelfe Dritter.** Behauptet ein Dritter, dass ihm die gepfändete Forderung zusteht, kann er Drittwiderspruchsklage erheben (§ 771). Obwohl die Forderung in diesem Fall ins Leere geht, besteht das Rechtsschutzinteresse aufgrund des Rechtsscheins der Pfändung. Erinnerung oder sofortige Beschwerde stehen ihm nicht zu, weil er nicht Verfahrensbeteiligter der Pfändung ist.

179 **6. Maßgebender Zeitpunkt der Rechtslage.** Maßgebend für die Beurteilung der Rechtmäßigkeit eines Pfändungs- und Überweisungsbeschlusses ist die Sach- und Rechtslage zum Zeitpunkt der Entscheidung über den gegen den Beschluss eingelegten Rechtsbehelf.[195]

180 **7. Umfang der Änderung durch Rechtsmittel.** Der Pfändungsbeschluss kann auf ein Rechtsmittel auch geändert werden. Bei der Änderung kann eine Rückwirkung angeordnet werden, wenn die Umstände, aufgrund welcher die Änderung erfolgt, schon früher vorlagen.[196] Die rückwirkende Änderung eines Beschlusses, durch den laufende Bezüge des Schuldners gepfändet und dem Gläubiger zur Einziehung überwiesen worden sind, ist nicht möglich, wenn der Drittschuldner seine Leistung für den betreffenden Zeitabschnitt bereits erbracht hat.[197]

X. Kosten

181 **1. Gerichtskosten. a) Gebühren.** Für das gerichtliche Verfahren entsteht eine Festgebühr Nr. 2111 KV GKG iHv 20,00 €. Hinsichtlich dieser Gerichtsgebühr sowie der Auslagen für die Zustellung (Nr. 9002 KV GKG) besteht Vorauszahlungspflicht (§ 12 Abs. 6 S. 1 GKG).[198] Keine Vorauszahlungspflicht besteht aber bei elektronischen Anträgen auf gerichtliche Handlungen der Zwangsvollstreckung gem. § 829 a sowie bei Handlungen des Arbeitsgerichts als Vollstreckungsgericht oder wenn das Arbeitsgericht Vollstreckungsgericht arbeitsrechtlicher Titel ist (§ 11 GKG).[199]

---

194 BGHZ 69, 144, 148 = NJW 1977, 1881, 1882.
195 BGH WM 2008, 2265, 2266 f = NJW-RR 2009, 211, 212.
196 Im Bereich des § 850 d: BAG NJW 1962, 510.
197 OLG Köln Rpfleger 1988, 419 (zu § 850 g).
198 *Hartmann*, KostG, § 12 GKG Rn 25.
199 NK-GK/*Volpert*, § 12 GKG Rn 69 mwN.

Richtet sich ein Verfahren gegen mehrere Schuldner (auch Gesamtschuldner), 182
wird die Gebühr nach Anm. S. 1 zu Nr. 2111 KV GKG für jeden Schuldner gesondert erhoben. Mehrere Verfahren innerhalb eines Rechtszugs gelten gem.
Anm. S. 2 zu Nr. 2111 KV GKG als ein Verfahren, wenn sie denselben Anspruch
(titulierter Anspruch) und denselben Vollstreckungsgegenstand (Gegenstand, in
die die Vollstreckung betrieben wird; dasselbe Rechtsgut des Schuldners) betreffen.[200]

b) Dokumentenpauschale. Der Antrag auf Erlass eines **Pfändungs- und Überweisungsbeschlusses** (§§ 829, 835) ist vom Gläubiger einfach ohne Beifügung von 183
Mehrfertigungen beim Vollstreckungsgericht zu stellen, weil weder der Schuldner
noch der Drittschuldner vor der Entscheidung gehört werden (§ 834).[201] Die Fertigung von Ausfertigungen oder Kopien des Antrags durch das Vollstreckungsgericht ohne entsprechenden Gläubigerantrag löst deshalb keine Dokumentenpauschale nach Nr. 9000 Nr. 1 Buchst. b) Alt. 1 KV GKG aus, weil eine gesetzliche
Verpflichtung zur Beifügung von Mehrfertigungen auch nicht aus einer analogen
Anwendung von § 11 Abs. 1 S. 1 ZPO folgt.[202] Auch die Fertigung von Mehrfertigungen des erlassenen Pfändungs- und Überweisungsbeschlusses zum Zwecke
der Zustellung ist nicht Aufgabe des Vollstreckungsgerichts, sondern ggf des vom
Gläubiger beauftragten Gerichtsvollziehers. Der Gerichtsvollzieher und nicht das
Vollstreckungsgericht stellt deshalb nach dem GvKostG auslagenpflichtige Mehrfertigungen her.[203] Der Gläubiger und der Gläubiger-Vertreter erhalten vom Vollstreckungsgericht jeweils nach Anm. Abs. 3 S. 1 zu Nr. 9000 KV GKG eine auslagenfreie Beschlussausfertigung.[204]

2. Rechtsanwaltsgebühren. Das Verfahren nach Abs. 1 ist für den Rechtsanwalt 184
als Vollstreckungsmaßnahme eine besondere Angelegenheit (§ 18 Abs. 1 Nr. 1
RVG), die die Gebühr Nr. 3309 VV RVG nebst Auslagen und ggf Mehrwertsteuer anfallen lässt. Die Terminsgebühr Nr. 3310 VV RVG entsteht nur für die Teilnahme an einem gerichtlichen Termin oder einem Termin zur Abnahme der eidesstattlichen Versicherung (§§ 836 Abs. 3 S. 2, 883 Abs. 2). Der Gegenstandswert bestimmt sich nach dem Betrag der zu vollstreckenden Geldforderung einschließlich der Nebenforderungen (§ 25 Abs. 1 Nr. 1 RVG). Wird künftig fällig
werdendes Arbeitseinkommen (§ 850 d Abs. 3) gepfändet, sind die noch nicht
fälligen Ansprüche nach § 51 Abs. 1 S. 1 FamGKG und § 9 ZPO zu bewerten.

Bei der Forderungspfändung bilden alle Tätigkeiten, die der Pfändung und Über- 185
weisung derselben Forderung/en dienen, dieselbe gebührenrechtliche Angelegenheit (= eine Verfahrensgebühr Nr. 3309 VV RVG, § 18 Abs. 1 Nr. 1 RVG). Eine
Angelegenheit stellen zB die Erwirkung des Pfändungs- und des Überweisungsbeschlusses – auch bei getrennter Antragstellung – sowie die Zustellung,[205] Tätigkeiten im Hinblick auf § 840 sowie die Vorpfändung (§ 845) und anschließende
Forderungspfändung[206] dar. Bei Pfändung und Überweisung mehrerer Forderungen des Schuldners liegt eine gebührenrechtliche Angelegenheit vor, wenn der

---

200 Ausf. NK-GK/*Volpert*, Nr. 2111KV GKG Rn 10 ff.
201 AG Bad Segeberg 3.2.2014 – 6 a M 1459/13, juris; NK-GK/*Volpert*, Nr. 9000 KV GKG Rn 22.
202 AG Bad Segeberg 3.2.2014 – 6 a M 1459/13, juris; NK-GK/*Volpert*, Nr. 9000 KV GKG Rn 22; vgl auch LG Hamburg DGVZ 2005, 77.
203 AG Bad Segeberg 3.2.2014 – 6 a M 1459/13, juris; AG Regensburg DGVZ 2008, 82; NK-GK/*Volpert*, Nr. 9000 KV GKG Rn 22.
204 AG Bad Segeberg 3.2.2014 – 6 a M 1459/13, juris; NK-GK/*Volpert*, Nr. 9000 KV GKG Rn 22.
205 AnwK-RVG/*Volpert*, § 18 Rn 63.
206 OLG Köln Rpfleger 2001, 149.

Rechtsanwalt nur einen einheitlichen Vollstreckungsauftrag erteilt.[207] Bei der Pfändung und Überweisung mehrerer Forderungen des Schuldners gegen denselben oder verschiedene Drittschuldner werden die Forderungen nicht entsprechend § 22 Abs. 1 RVG zusammengerechnet.[208] Denn wegen § 25 Abs. 1 S. 1 Nr. 1 Hs 1 RVG bestimmt sich der Gegenstandswert grds. zunächst nach dem Betrag der zu vollstreckenden Geldforderung einschließlich der Nebenforderungen. § 22 Abs. 1 RVG ist im Rahmen von § 25 RVG ohne Bedeutung.[209] Die Aufenthaltsermittlung des Schuldners durch den Rechtsanwalt bzw durch den Gerichtsvollzieher (§ 755) bildet mit der Beantragung des Pfändungs- und Überweisungsbeschlusses dieselbe Angelegenheit.[210]

186 3. **Gerichtsvollziehergebühren.** Für die Zustellung durch den Gerichtsvollzieher an Drittschuldner (Abs. 2 S. 1) und Schuldner (Abs. 2 S. 2) entstehen Zustellungsgebühren nach dem 1. Abschnitt des Kostenverzeichnisses zum GvKostG (nicht erledigte Zustellung Nr. 600 KV GvKostG). Dies gilt nach den Vorbemerkungen zum 1. Abschnitt insb. auch für die durch den Gerichtsvollzieher von Amts wegen vorzunehmende Zustellung an den Schuldner (Abs. 2 S. 2). Erfolgt die Zustellung eines Pfändungs- und Überweisungsbeschlusses an mehrere Drittschuldner, handelt es sich um mehrere Aufträge (Nr. 2 Abs. 5 S. 1 DB-GvKostG). Die Zustellungen an Drittschuldner und Schuldner erfolgen dagegen im Rahmen desselben Auftrags (Nr. 2 Abs. 5 S. 2 DB-GvKostG). Daneben können ggf Beglaubigungsgebühren (Nr. 102 KV GvKostG) entstehen. Im Übrigen fallen Auslagen nach dem 7. Abschnitt des Kostenverzeichnisses zum GvKostG an. Der Auftrag ist erteilt, wenn er dem Gerichtsvollzieher oder der Geschäftsstelle des Gerichts, deren Vermittlung oder Mitwirkung in Anspruch genommen wird, zugegangen ist (§ 3 Abs. 3 S. 1 GvKostG). Zur Dokumentenpauschale s. Rn 183.

187 4. **Kosten der Zwangsvollstreckung, § 788.** Die vorgenannten Kosten sind regelmäßig notwendige Kosten der Zwangsvollstreckung (§ 788), können in besonderen Fällen aber auch dem Gläubiger auferlegt werden (§ 788 Abs. 4), so etwa bei Verdachtspfändung[211] oder ggf auch bei Rücknahme der Vollstreckungsmaßnahme.[212]

§ 829 a Vereinfachter Vollstreckungsantrag bei Vollstreckungsbescheiden

(1) ¹Im Fall eines elektronischen Antrags zur Zwangsvollstreckung aus einem Vollstreckungsbescheid, der einer Vollstreckungsklausel nicht bedarf, ist bei Pfändung und Überweisung einer Geldforderung (§§ 829, 835) die Übermittlung der Ausfertigung des Vollstreckungsbescheides entbehrlich, wenn

---

207 BGH RVGreport 2011, 298 = JurBüro 2011, 434 = DGVZ 2011, 189 = Rpfleger 2011, 462; ausf. AnwK-RVG/*Volpert*, § 18 Rn 64.
208 So aber LG Koblenz AGS 2009, 269 = JurBüro 2010, 49.
209 Vgl ausf. AnwK-RVG/*Volpert*, § 25 Rn 10 f; Gerold/Schmidt/*Müller-Rabe*, Nr. 3309 VV RVG Rn 209 f.
210 *Mock*, Vollstreckung effektiv 2013, 27; AnwK-RVG/*Volpert*, § 18 Rn 39 f.
211 AG Hochheim DGVZ 1993, 31; AG Hamburg DGVZ 2003, 94.
212 OLG Köln JurBüro 1995, 387.

1. die sich aus dem Vollstreckungsbescheid ergebende fällige Geldforderung *einschließlich titulierter Nebenforderungen und Kosten*[1] nicht mehr als 5.000 Euro beträgt; Kosten der Zwangsvollstreckung *und Nebenforderungen*[2] sind bei der Berechnung der Forderungshöhe nur zu berücksichtigen, wenn sie allein Gegenstand des Vollstreckungsantrags sind;
2. die Vorlage anderer Urkunden als der Ausfertigung des Vollstreckungsbescheides nicht vorgeschrieben ist;
3. der Gläubiger eine Abschrift des Vollstreckungsbescheides nebst Zustellungsbescheinigung als elektronisches Dokument dem Antrag beifügt und
4. der Gläubiger versichert, dass ihm eine Ausfertigung des Vollstreckungsbescheides und eine Zustellungsbescheinigung vorliegen und die Forderung in Höhe des Vollstreckungsantrags noch besteht.

[2]Sollen Kosten der Zwangsvollstreckung vollstreckt werden, sind zusätzlich zu den in Satz 1 Nr. 3 genannten Dokumenten eine nachprüfbare Aufstellung der Kosten und entsprechende Belege als elektronisches Dokument dem Antrag beizufügen.

(2) Hat das Gericht an dem Vorliegen einer Ausfertigung des Vollstreckungsbescheides oder der übrigen Vollstreckungsvoraussetzungen Zweifel, teilt es dies dem Gläubiger mit und führt die Zwangsvollstreckung erst durch, nachdem der Gläubiger die Ausfertigung des Vollstreckungsbescheides übermittelt oder die übrigen Vollstreckungsvoraussetzungen nachgewiesen hat.

(3) § 130 a Abs. 2 bleibt unberührt.

I. Normzweck

Die Norm wurde durch das Gesetz zur Reform der Sachaufklärung in der Zwangsvollstreckung[3] eingeführt und soll die in § 829 Abs. 4 geschaffene[4] Möglichkeit erleichtern, **elektronisch zu bearbeitende Anträge** auf Erlass eines **Pfändungs- und Überweisungsbeschlusses** einzureichen. Die in § 829 Abs. 4 geschaffene Möglichkeit der elektronische Bearbeitung von Anträgen erleichterte die Vollstreckung bislang nicht, weil dem Antrag die vollstreckbare Ausfertigung des Titels und ggf weitere Urkunden beigefügt werden müssen (s. § 829 Rn 67). Mit der Bestimmung des § 829 a soll die Übermittlung der Ausfertigung des Vollstreckungsbescheides in Papierform entbehrlich sein, um das Zwangsvollstreckungsverfahren zu vereinfachen und zu beschleunigen[5] („**vereinfachtes Antragsverfahren**"). Das vereinfachte Verfahren ist nur bei Zwangsvollstreckung wegen – der titulierten Höhe nach begrenzter – Geldforderungen in das bewegliche Vermögen zulässig.

1

---

1 *Kursive Hervorhebung:* Geplante Ergänzung durch RefE des BMJV vom 9.12.2014 – „Entwurf eines Gesetzes zur Durchführung der Verordnung (EU) Nr. 655/2014 sowie zur Änderung sonstiger zivilprozessualer Vorschriften (EuKoPfVODG)", Art. 1 Nr. 12. Geplantes Inkrafttreten: am Tag nach der Verkündung (Art. 10 Abs. 2). – Siehe dazu Rn 4 a.
2 *Kursive Hervorhebung:* Geltende Fassung. – Geplante Streichung der Wörter „und Nebenforderungen" durch RefE des BMJV zum **EuKoPfVODG** vom 9.12.2014 (s. Fn 1). – Siehe dazu Rn 4 a.
3 Art. 1 Nr. 12 des Gesetzes vom 29.7.2009 (BGBl. I S. 2258, 2262), redaktionell geändert durch Art. 3 Nr. 5 des Gesetzes vom 22.12.2011 (BGBl. I S. 3044, 3055).
4 Eingeführt durch das Justizkommunikationsgesetz vom 22.3.2005 (BGBl. I S. 837).
5 BT-Drucks. 16/10069 vom 30.7.2008, S. 34.

II. Voraussetzungen (Abs. 1)

1. Allgemeine Voraussetzungen. Die Norm gilt nur für die Vollstreckung aus **Vollstreckungsbescheiden**, die einer **Vollstreckungsklausel nicht** bedürfen. Gemäß § 796 Abs. 1 bedürfen Vollstreckungsbescheide der Vollstreckungsklausel nur, wenn die Zwangsvollstreckung für einen **anderen** als den in dem Bescheid bezeichneten Gläubiger oder gegen einen anderen als den in dem Bescheid bezeichneten Schuldner erfolgen soll oder wenn dem Gläubiger eine **weitere** vollstreckbare Ausfertigung erteilt wird (s. dazu insgesamt § 796 Rn 3).

2. Wertgrenze (Abs. 1 S. 1 Nr. 1). Nach Nr. 1 Hs 1 ist das vereinfachte Antragsverfahren nur zulässig, wenn die **Geldforderung 5.000 € nicht übersteigt.** Die **titulierte** Forderung darf 5.000 € nicht überschreiten. Dem Gläubiger ist es verwehrt, eine höhere Forderung nur teilweise zu vollstrecken oder Vollstreckungsauftrag mit der Begründung zu erteilen, es sei nur noch ein 5.000 € nicht übersteigender Betrag offen.

Ähnlich der Streitwertberechnung nach § 4 sind **Kosten** der Zwangsvollstreckung und **Nebenforderungen** bei der Berechnung der Forderungshöhe nur zu berücksichtigen, wenn sie **allein** Gegenstand des Vollstreckungsantrags sind (Nr. 1 Hs 2). Auch dort gilt dann die genannte Wertgrenze, so dass der Vollstreckungsauftrag nach dieser Norm nicht erleichtert wird, wenn die geltend gemachten Kosten 5.000 € überschreiten.

Der RefE des BMJV vom 9.12.2014 zum **EuKoPfVODG** beabsichtigt, Nr. 1 zu ändern.[6] Ausdrücklich soll nunmehr geregelt werden, dass – in Übereinstimmung mit § 754 a Abs. 1 Nr. 1 RefE EuKoPfVODG (s. § 754 a Rn 1 ff), § 755 Abs. 2 S. 4 RefE EuKoPfVODG (s. § 755 Rn 16) und § 802 l Abs. 1 S. 2 RefE EuKoPfVODG (s. § 802 l Rn 12) – **titulierte Nebenforderungen und Kosten** bei der Bemessung der Wertgrenze zu berücksichtigen sind.

3. Entbehrlichkeit weiterer Urkunden (Abs. 1 S. 1 Nr. 2). Das vereinfachte Antragsverfahren ist weiter nur zulässig, wenn die Vorlage anderer Urkunden als des Vollstreckungsbescheides nicht vorgeschrieben ist.

4. Elektronisches Dokument (Abs. 1 S. 1 Nr. 3). Nr. 3 verlangt, dass der Gläubiger mit seinem Antrag den Vollstreckungsbescheid und die dazugehörige Zustellungsbescheinigung **elektronisch übermittelt.** Vornehmlich kommt ein **Einscannen** der Dokumente in Betracht.[7] Die elektronische Form setzt voraus, dass ein Dokument als Datei übertragen und auf Datenträgern gespeichert werden kann. Die Übersendung als Computerfax ist daher nicht ausreichend.[8] Eine nach § 130 a Abs. 1 S. 2 grds. notwendige elektronische Signatur wird nicht gefordert werden dürfen.[9] Die Versicherung des Gläubigers nach Abs. 1 S. 1 Nr. 4 erfasst auch die eigene Identität des Gläubigers. Insofern wird die Norm wie auch § 690 Abs. 3 als lex specialis zu § 130 a Abs. 1 S. 2 anzusehen sein.

5. Versicherung des Gläubigers (Abs. 1 S. 1 Nr. 4). Nach Nr. 4 muss der Antragsteller **versichern**, dass ihm eine Ausfertigung des Vollstreckungsbescheides nebst Zustellungsbescheinigung **vorliegen** und dass die Forderung in Höhe des Vollstreckungsantrags **noch besteht**. Die Versicherung bezieht sich auf das **gegenwärtige** Vorliegen der Unterlagen, so dass sie nicht erklärt werden kann, wenn sich der Vollstreckungsbescheid bei anderen Vollstreckungsorganen, wie zB dem Gerichtsvollzieher, befindet. Dem Gläubiger steht es allerdings frei, den Vollstre-

---

6 Siehe dazu Fn 1 und 2.
7 BT-Drucks. 16/10069 vom 30.7.2008, S. 34.
8 Hk-ZPO/*Wöstmann*, § 130 a Rn 2.
9 Die Begründung des Gesetzesentwurfs BT-Drucks. 16/10069 vom 30.7.2008 erwähnt das SigG in diesem Zusammenhang nicht. Das Einscannen der Unterlagen (Vollstreckungsbescheid, Zustellnachweis) wird dort als ausreichend erachtet.

ckungsbescheid **nach** Antragstellung zwecks anderweitiger Vollstreckung zu verwenden, so dass der Schuldnerschutz durch Nr. 4 nur wenig erhöht wird.

6. Kosten der Zwangsvollstreckung (Abs. 1 S. 2). Notwendige Kosten der Zwangsvollstreckung können gem. § 788 zusammen mit dem zur Zwangsvollstreckung stehenden Anspruch beigetrieben werden. Abs. 1 S. 2 eröffnet das **vereinfachte Verfahren** auch für die Mitvollstreckung bereits entstandener Vollstreckungskosten. Voraussetzung für die Mitvollstreckung ist, dass der Gläubiger das Entstehen, die Höhe und die Notwendigkeit der Kosten **glaubhaft** macht (§ 788 Abs. 1 S. 1, Abs. 2, § 104 Abs. 2 S. 1). Zur Glaubhaftmachung gehört neben einer geordneten **Aufstellung** der Kosten die Vorlage von **Belegen.** In Abs. 1 S. 2 ist daher die Vorlage einer nachprüfbaren Aufstellung der bisher entstandenen Kosten der Zwangsvollstreckung und entsprechender Belege in elektronischer Form vorgesehen. Auf der Grundlage der Aufstellung hat das Vollstreckungsgericht gem. § 788 Abs. 1 S. 1 zu prüfen, ob es sich bei den verlangten Kosten um solche der Zwangsvollstreckung handelt, ob sie in der verlangten Höhe entstanden sind und ob sie gem. § 91 notwendig waren.

III. Ausschluss bei Zweifeln des Gerichts (Abs. 2)

Das Gericht kann in **Zweifelsfällen** die Vorlage des Vollstreckungsbescheides oder den Nachweis der übrigen Vollstreckungsvoraussetzungen verlangen. Abs. 2 dient der Sicherung des Schuldners vor ungerechtfertigter Vollstreckung. Die Norm nennt keine Voraussetzungen, unter denen ein Zweifel gerechtfertigt sein könnte. Da bei der Vollstreckung stets die Angaben des Gläubigers zugrunde zu legen sind (s. § 829 Rn 6) wird der Anwendungsbereich des Abs. 2 gering sein.

IV. Erforderlichkeit einer Rechtsverordnung (Abs. 3)

Zur Eröffnung des elektronischen Rechtsverkehrs bei den Gerichten bedarf es gem. § 130a Abs. 2 einer Rechtsverordnung der einzelnen Landesregierungen.

V. Kosten

Für das gerichtliche Verfahren entsteht eine Festgebühr Nr. 2111 KV GKG iHv 20,00 €. Bei elektronischen Anträgen besteht für diese Gerichtsgebühr sowie die Auslagen für die Zustellung (Nr. 9002 KV GKG) gem. § 12 Abs. 6 S. 2 GKG keine Vorauszahlungspflicht.

§ 830 Pfändung einer Hypothekenforderung

(1) ¹Zur Pfändung einer Forderung, für die eine Hypothek besteht, ist außer dem Pfändungsbeschluss die Übergabe des Hypothekenbriefes an den Gläubiger erforderlich. ²Wird die Übergabe im Wege der Zwangsvollstreckung erwirkt, so gilt sie als erfolgt, wenn der Gerichtsvollzieher den Brief zum Zwecke der Ablieferung an den Gläubiger wegnimmt. ³Ist die Erteilung des Hypothekenbriefes ausgeschlossen, so ist die Eintragung der Pfändung in das Grundbuch erforderlich; die Eintragung erfolgt auf Grund des Pfändungsbeschlusses.

(2) Wird der Pfändungsbeschluss vor der Übergabe des Hypothekenbriefes oder der Eintragung der Pfändung dem Drittschuldner zugestellt, so gilt die Pfändung diesem gegenüber mit der Zustellung als bewirkt.

(3) ¹Diese Vorschriften sind nicht anzuwenden, soweit es sich um die Pfändung der Ansprüche auf die im § 1159 des Bürgerlichen Gesetzbuchs bezeichneten

Leistungen handelt. ²Das Gleiche gilt bei einer Sicherungshypothek im Falle des § 1187 des Bürgerlichen Gesetzbuchs von der Pfändung der Hauptforderung.

§§ 35, 122 GVGA

I. Allgemeines 1	b) Wegnahme des Hypothekenbriefes beim Schuldner 15
II. Anwendungsbereich 4	
1. Zeitpunkt des Bestehens der Hypothek 4	
a) Allgemeines 4	c) Herausgabe des Hypothekenbriefes durch Dritten 16
b) Entstehung der Hypothek nach Pfändung der Forderung 5	d) Verloren gegangener Hypothekenbrief 18
c) Nichtbestehen oder Erlöschen der Hypothek vor Wirksamwerden der Pfändung 7	e) Pfändung für mehrere Gläubiger 20
	f) Teilpfändung 21
d) Teilweises Erlöschen 8	g) Entstrickung 24
2. Anwendbarkeit auf Reallasten, Grund- und Rentenschulden 9	h) Grundbuchberichtigung 25
	3. Durchführung bei der Buchhypothek 26
3. Ausschluss der Anwendbarkeit (Abs. 3) 10	4. Wirksamkeit der Pfändung.. 28
	5. Verwertung der gepfändeten Forderung 29
4. Gutglaubenserwerb 11	IV. Vorpfändung 31
III. Durchführung 12	V. Pfändungsfiktion des Abs. 2 32
1. Allgemeine Vollstreckungsvoraussetzungen 12	VI. Rechtsbehelfe 34
	VII. Kosten 35
2. Durchführung bei der Briefhypothek 14	1. Gerichtskosten 35
	2. Rechtsanwaltsgebühren 36
a) Übergabe des Hypothekenbriefes durch Schuldner 14	3. Gerichtsvollziehergebühren 37

I. Allgemeines

1 Die Hypothek ist als akzessorisches Sicherungsmittel untrennbar mit der gesicherten Forderung verbunden (§ 1153 Abs. 2 BGB). Für die **rechtsgeschäftliche** Übertragung und Verpfändung einer hypothekengesicherten Forderung ist bei der Briefhypothek daher die Briefübergabe und bei der Buchhypothek die Grundbucheintragung erforderlich (§§ 1153 f, 1274 Abs. 1 BGB). Diese Verbindung von Forderung und Brief bzw Eintragung wirkt sich auch auf die Vollstreckung aus. Die isolierte **Pfändung** einer Forderung, für die eine Hypothek besteht, ist ebenso wenig möglich wie die isolierte Pfändung eines Hypothekenbriefes (vgl § 829 Rn 50, 130).

2 Die Pfändung der Forderung entspricht der bei der rechtsgeschäftlichen Übertragung notwendigen **Einigung**. Für die **Pfändung** einer durch eine Hypothek gesicherten Forderung stellt § 830 **zusätzliche Erfordernisse** auf und passt § 829 an die Formen der rechtsgeschäftlichen Übertragung und Verpfändung an. Die entsprechende Ergänzung der **Überweisung** einer Forderung nach §§ 835, 836 erfolgt durch § 837.

3 Eine **Ausnahme** von der Akzessorietät zwischen Forderung und Hypothek besteht bei der Höchstbetragshypothek gem. § 1190 Abs. 4 BGB, bei der sich Forderung und Hypothek trennen lassen und die sowohl nach § 829 als auch nach § 830 gepfändet werden kann (s. § 837 Abs. 3).

II. Anwendungsbereich

1. Zeitpunkt des Bestehens der Hypothek. a) Allgemeines. Die Vorschrift ist nur anwendbar, wenn die Hypothek zum Zeitpunkt der Pfändung **besteht**.

b) Entstehung der Hypothek nach Pfändung der Forderung. Steht die Hypothekenbestellung erst bevor, so erstreckt sich das Pfandrecht auch auf den Anspruch auf Bestellung der Hypothek als Nebenrecht gem. § 401 BGB (s. § 829 Rn 97). Dies gilt auch, wenn die Forderung bereits durch eine Hypotheken**vormerkung** gesichert ist.

Entsteht die Hypothek **nach** erfolgter Pfändung der Forderung (zB bei Eintragung der Hypothek nach Pfändung, nachfolgende Übergabe des Hypothekenbriefes an den Hypothekengläubiger), **erstreckt** sich die vorher nach § 829 vollzogene Pfändung **ohne Weiteres** auf die Hypothek.[1] Eintragung im Grundbuch bzw Briefübergabe an den Gläubiger sind also nicht notwendig. Der Pfändungsbeschluss kann dann dahingehend ergänzt werden, dass die gepfändete Forderung nunmehr durch die nachträglich entstandene Hypothek gesichert ist. Ein Pfändungsbeschluss mit diesem ergänzten Inhalt kann dann Rechtsgrundlage für weitere Maßnahmen sein (s. Rn 15, 26), die geeignet sind, unberechtigte Verfügungen des Vollstreckungsschuldners zu verhindern. Das **Eigentum** am **Hypothekenbrief** geht dann kraft Gesetzes über (§ 952 Abs. 2 BGB).

c) Nichtbestehen oder Erlöschen der Hypothek vor Wirksamwerden der Pfändung. Besteht nur die Forderung, nicht jedoch die angebliche Hypothek, so wird, falls dies dem Vollstreckungsgericht bekannt ist, die Pfändung der Forderung unter Zurückweisung des Antrags im Übrigen ausgesprochen. Ist die Hypothek **nach Erlass** des Beschlusses und **vor** Briefübergabe bzw Eintragung **erloschen**, muss die Pfändung der Forderung durch **Zustellung** des Pfändungsbeschlusses nach § 829 Abs. 2 S. 1 erfolgen. Anders als bei der Pfändung einer nicht hypothekarisch gesicherten Forderung ist die Zustellung des Pfändungsbeschlusses an den Drittschuldner nach § 830 Abs. 2 für die Wirksamkeit der Pfändung weder notwendig noch ausreichend. Die Zustellung nach § 830 Abs. 2 ersetzt die Zustellung nach § 829 Abs. 2 S. 1 nicht, weil deren Wirksamkeit Briefübergabe bzw Eintragung voraussetzt (s. Rn 32). Nachgeholt werden muss nur die Zustellung. Eines neuen Beschlusses bedarf es nicht.

d) Teilweises Erlöschen. Ist die hypothekarisch gesicherte Forderung **teilweise** erloschen, steht dies der Wirksamkeit der Pfändung der Restforderung nicht entgegen.

2. Anwendbarkeit auf Reallasten, Grund- und Rentenschulden. Die Vorschrift ist gem. § 857 Abs. 6 auf Reallasten, Grund- und Rentenschulden entsprechend anzuwenden. Die Pfändung nicht akzessorischer Grundpfandrechte erfasst nicht die persönliche Forderung, welche gesondert nach § 829 gepfändet werden muss. Zur Höchstbetragshypothek gem. § 1190 Abs. 4 BGB s. Rn 3.

3. Ausschluss der Anwendbarkeit (Abs. 3). Die Vorschrift ist gem. Abs. 3 S. 1 nicht auf **Nebenleistungen**, insb. rückständige Zinsen, anzuwenden (§ 1159 BGB); für diese gilt allein § 829, weil sich ihre Übertragung nicht nach § 1154 BGB, sondern nach § 398 BGB richtet. Die Vorschrift ist gem. Abs. 3 S. 2 auch nicht bei der **Wertpapierhypothek** (Sicherungshypothek für Inhaber- und Orderpapiere, § 1187 BGB) anzuwenden, für welche § 831 gilt.

4. Gutglaubenserwerb. Als gesetzlicher Erwerb nimmt die Pfändung nicht am Gutglaubensschutz des Grundbuchs teil.[2]

---

1 OLG Hamm DNotZ 1982, 257, 259.
2 RGZ 90, 335, 338.

III. Durchführung

1. Allgemeine Vollstreckungsvoraussetzungen. Voraussetzung für die Pfändung ist ein wirksamer Pfändungsbeschluss, in welchem das belastete Grundstück, wenn nicht nach dem Grundbuch, so doch auf andere Weise hinreichend zu **bezeichnen** ist.[3] Zumindest sollte es mit der postalischen Anschrift, besser allerdings grundbuchmäßig korrekt (Grundbuch, Band und Blatt) bezeichnet sein, zumal der Pfändungsbeschluss selbst **Titel** für die Wegnahme des Briefes bzw Grundlage der Eintragung ist. Daher muss auch die Hypothek genau bezeichnet sein. Gepfändet werden müssen Forderung **und** Hypothek. **Drittschuldner** ist zunächst der persönliche Schuldner der gepfändeten Forderung. Ist er nicht Eigentümer des Grundstücks, sind Schuldner und Eigentümer Drittschuldner.

Die **Zustellung** des Pfändungsbeschlusses an den/die Drittschuldner ist entbehrlich, weil sie abweichend von § 829 Abs. 3 durch Übergabe oder Wegnahme des Briefes bzw durch Eintragung in das Grundbuch ersetzt wird. Die Zustellung an den Drittschuldner bewirkt die Pfändung nicht. Sie ist jedoch wegen der Fiktion des Abs. 2 und wegen § 407 BGB sinnvoll. Die Fiktion des Abs. 2 setzt voraus, dass Briefherausgabe bzw Eintragung tatsächlich nachfolgen.

2. Durchführung bei der Briefhypothek. a) Übergabe des Hypothekenbriefes durch Schuldner. Bei der Briefhypothek (alle Hypotheken, für die nicht die Erteilung des Hypothekenbriefes ausgeschlossen ist) muss der **Brief** an den Gerichtsvollzieher, den Gläubiger oder dessen Besitzmittler **ausgehändigt** werden. Der Gerichtsvollzieher ist Besitzmittler des Gläubigers. **Übergabe** bedeutet Besitzübertragung. Erst mit Besitzerlangung wird die Pfändung wirksam. Übergabesurrogate (§§ 1274 Abs. 1, 1205 Abs. 2, 1206 BGB) bewirken keine Übergabe.[4]

b) Wegnahme des Hypothekenbriefes beim Schuldner. Ist der **Schuldner** im Besitz des Hypothekenbriefes, so darf ihn der Gerichtsvollzieher auf Antrag des Gläubigers nach §§ 883, 886 **wegnehmen** (Hilfsvollstreckung). Vollstreckungstitel (ohne Klauselerteilung) für die Wegnahme ist der Pfändungsbeschluss, der dem Schuldner zuvor zugestellt worden sein muss (§ 750 Abs. 1). Das Pfandrecht am Brief entsteht dann kraft Gesetzes nach § 952 Abs. 2 BGB. Die Wegnahmebefugnis im Beschluss anzuordnen ist sinnvoll, aber nicht notwendig. Dem Gerichtsvollzieher ist der vollstreckbare Titel vorzulegen (**§ 122 Abs. 2 GVGA**). Durch den Besitz des Schuldtitels und einer Ausfertigung des Pfändungsbeschlusses wird der Gerichtsvollzieher zur Wegnahme ermächtigt. Diese Hilfsvollstreckung unterscheidet sich von derjenigen nach § 836 Abs. 3 S. 1 dadurch, dass für die Wegnahme nur eine Pfändung, nicht auch eine Überweisung durchgeführt worden sein muss (vgl § 836 Rn 16, 18).

c) Herausgabe des Hypothekenbriefes durch Dritten. Ist ein **Dritter** im Besitz des Briefes und verweigert er die Herausgabe, muss der Gläubiger den Anspruch des Schuldners auf Herausgabe aufgrund des Pfändungsbeschlusses nach § 886 pfänden und sich überweisen lassen und sodann ggf **auf Herausgabe klagen**.[5] Ob ein Herausgabeanspruch besteht, richtet sich nach den allgemeinen Regeln des bürgerlichen Rechts. Erst mit Herausgabe, nicht schon mit der Überweisung, wird die Pfändung wirksam.

---

[3] BGH NJW 1975, 980, 981.
[4] Str, Stein/Jonas/*Brehm*, § 830 Rn 10 mwN; aA – unter entsprechender Anwendung der §§ 1274 Abs. 1, 1205 Abs. 2, 1206 BGB – *Stöber*, Forderungspfändung, Rn 1817 mwN.
[5] HM, BGHZ 58, 298, 302 = WM 1972, 592; offen gelassen in BGH NJW 1979, 2045.

Ist der **Schuldner** im Besitz des Briefes, bewirkt die (unrichtige) Pfändung des nicht bestehenden Herausgabeanspruchs nach §§ 846, 847 dennoch rangwahrende Verstrickung.[6]

d) Verloren gegangener Hypothekenbrief. Ist der Brief beim Schuldner **nicht auffindbar**, kann der Gläubiger von ihm die Abgabe der Offenbarungsversicherung nach § 883 Abs. 2 verlangen. Vollstreckungstitel ist der Pfändungsbeschluss.

Ist der Brief verloren gegangen, kann der Vollstreckungsgläubiger das Antragsrecht des Hypothekengläubigers auf Kraftloserklärung und Neuausstellung (§ 1162 BGB, §§ 67 f GBO) im Wege der Hilfspfändung pfänden und sich zur Einziehung überweisen lassen.[7] Das Pfandrecht entsteht dann bei Aushändigung des neu ausgestellten Briefes an den Gläubiger.

e) Pfändung für mehrere Gläubiger. Pfänden **mehrere Gläubiger**, erhalten sie durch Inbesitznahme des Briefes durch den Gerichtsvollzieher gleichen **Rang**. Besitzt der Gerichtsvollzieher den Brief bereits für einen Gläubiger, kann er den Besitz daran für weitere Gläubiger begründen, die Nachrang erlangen. Ist ein Pfändungsgläubiger bereits im Besitz des Hypothekenbriefes, wird ein klagbarer Anspruch des zweiten Gläubigers auf Übertragung des Mitbesitzes am Brief bejaht.[8]

f) Teilpfändung. Wird nur ein **Teil** der Hypothek des Schuldners gepfändet, ist der Pfändungsbeschluss Titel auf Herausgabe an das Grundbuchamt bzw an einen Notar zwecks **Teilbriefbildung** nach § 61 Abs. 1 GBO. Das Recht des Schuldners, einen Teilbrief zu beantragen, sollte mitgepfändet werden.[9] Eine Pfändung nach § 830 kann nur erfolgen, soweit auch nach der rechtsgeschäftlichen Übertragung Briefübergabe notwendig ist. Dies ist bei den in § 1159 BGB genannten Forderungen nicht der Fall, weshalb § 830 nach dessen Abs. 3 S. 1 bei der Pfändung der in § 1159 BGB genannten Ansprüche nicht anwendbar ist. Diese Ansprüche können nach § 829 gepfändet werden. Hauptanwendungsfall des **Abs. 3** ist der Anspruch auf **rückständige Zinsen**. Dieser Anspruch kann gem. § 1159 Abs. 1 S. 1 BGB ohne Briefübergabe bzw Eintragung abgetreten werden. Ein Teilbrief für rückständige Zinsen kann nicht gebildet werden, weshalb nach § 830 auch nur das Recht auf **künftige Zinsen** gepfändet werden kann. Wegen des Bestimmtheitsgrundsatzes bei der Bildung eines Teilbriefes muss ein Zeitraum für die Zinsen angegeben werden.

Der Gerichtsvollzieher hat den Brief **wegzunehmen** und unter Hinweis auf die Teilpfändung an das Grundbuchamt bzw den Notar weiterzuleiten. Die Pfändung wird nach Aushändigung des Teilbriefes an den Gläubiger oder an den Gerichtsvollzieher wirksam.

Nach Durchführung der Teilpfändung besteht zwischen dem gepfändeten Teil und dem Rest Gleichrang (§ 879 Abs. 1 S. 2 BGB).

g) Entstrickung. Die Pfändung **endet** auch ohne Absicht der Entstrickung mit der **Rückgabe** des Briefes an den Schuldner oder dessen Besitzmittler.

h) Grundbuchberichtigung. Der Gläubiger kann allein durch Vorlage des Pfändungsbeschlusses und des Hypothekenbriefes die Grundbuchberichtigung mit dem **Ziel der Eintragung der Pfändung** betreiben. Die Pfändung kann erst nach Voreintragung des Schuldners oder Nachweis seines Gläubigerrechts durch öffentlich beglaubigte Abtretungserklärungen eingetragen werden (§ 39 GBO).[10]

---

6 BGH NJW 1979, 2045.
7 AA Zöller/*Stöber*, § 830 Rn 5 aE: Antrag auf Kraftloserklärung und Neubildung des Briefes ohne Hilfspfändung möglich.
8 Stein/Jonas/*Brehm*, § 830 Rn 34.
9 Vgl OLG Oldenburg Rpfleger 1970, 100, 101.
10 *Stöber*, Forderungspfändung, Rn 1831, 1832.

26 **3. Durchführung bei der Buchhypothek.** Bei der Buchhypothek erfolgt die Eintragung in das Grundbuch, welche Wirksamkeitsvoraussetzung für die Pfändung ist, auf Antrag des Gläubigers nach der GBO. Der Pfändungsbeschluss ersetzt die nach § 19 GBO erforderliche **Eintragungsbewilligung**.[11] Der Pfändungsbeschluss selbst bedarf weder der Vollstreckungsklausel noch muss er zugestellt worden sein. Auch bei der Buchhypothek ist Teilpfändung (s. Rn 21) möglich. Ist der Schuldner nicht als Hypothekengläubiger eingetragen, kann der Gläubiger die fehlende Voreintragung des § 39 GBO durch Grundbuchberichtigung herbeiführen (§§ 14, 22, 29 GBO) oder aufgrund des Pfändungsbeschlusses den Berichtigungsanspruch des Hypothekengläubigers pfänden und sich zur Einziehung überweisen lassen.

27 Bei der Buchhypothek ist für den Rang die Reihenfolge der Eintragung entscheidend. Die Eintragung einer Vormerkung zur Sicherung des Pfändungspfandrechts ist unzulässig.

28 **4. Wirksamkeit der Pfändung.** Wirksam wird die Pfändung der gesicherten Forderung mit Übergabe des Briefes oder mit der Eintragung. Ohne Übergabe des Briefes bzw Eintragung ist die Pfändung der gesicherten Forderung **unvollständig**. Sie kann durch Hinzutreten der Briefübergabe bzw Eintragung **vervollständigt** werden. Solange dies nicht geschehen ist, bleibt die Pfändung wirkungslos. Dies gilt auch, wenn der Gläubiger den Bestand der Hypothek nicht kannte.

29 **5. Verwertung der gepfändeten Forderung.** Die Verwertung der nach § 830 gepfändeten Forderung erfolgt durch Überweisung nach § 837 Abs. 1 S. 1 bzw 2 oder durch andere Verwertung nach § 844.

30 Ein mit dem Pfändungsbeschluss gleichzeitig erlassener **Überweisungsbeschluss** entfaltet bei hypothekarisch gesicherten Forderungen **keine Wirkung**, weil die Überweisung als Verwertung eine wirksame Pfändung voraussetzt. Nach der Rspr können Pfändungs- und Überweisungsbeschluss daher in diesen Fällen nicht zusammen erlassen werden.[12] Diese im Schrifttum stark kritisierte Entscheidung wirkt sich im Ergebnis nicht aus. Auch wenn die Überweisung eine wirksame Pfändung voraussetzt, kann die nachträgliche Pfändung die bis dahin unwirksame Überweisung wirksam werden lassen.[13]

IV. Vorpfändung

31 Für die Vorpfändung nach § 845 bestehen keine Besonderheiten. Sie wird mit Zustellung an den Drittschuldner bewirkt. Eine nach § 830 wirksame Pfändung muss binnen Monatsfrist nachfolgen. Der Wegnahmeauftrag an den Gerichtsvollzieher bzw der Eintragungsantrag beim Grundbuchamt wahren die Frist nicht.[14]

V. Pfändungsfiktion des Abs. 2

32 Im Gegensatz zu § 829 Abs. 2 S. 1, Abs. 3 bewirkt die Zustellung des Pfändungsbeschlusses nach Abs. 2 die Pfändung nicht. Sie wird erst mit Briefübergabe bzw Eintragung wirksam. Zwischen Zustellung an den Drittschuldner und Briefübergabe bzw Eintragung besteht ein **Schwebezustand**, in dem ungewiss sein kann, ob die Pfändung wirksam wird. Der Drittschuldner könnte bis zur Briefübergabe

---

11 Nur diejenige zur Eintragung des Pfändungspfandrechts: OLG Frankfurt 25.6.2013 – 20 W 162/13.
12 BGHZ 127, 146, 152 = NJW 1994, 3225, 3226; aA *Stöber*, NJW 1996, 1180 ff; Stein/Jonas/*Brehm*, § 830 Rn 8.
13 Hk-ZPO/*Kemper*, § 837 Rn 1; aA offenbar Schuschke/Walker/*Walker*, § 835 Rn 2 (Nichtigkeit des Überweisungsbeschlusses).
14 OLG Hamburg OLGE 14, 211.

bzw bis zur Eintragung an den Schuldner leisten. Dies **verhindert** Abs. 2, wonach die Pfändung gegenüber dem Drittschuldner mit der Zustellung des Pfändungsbeschlusses als bewirkt gilt. Beeinträchtigende Handlungen des Drittschuldners sind gegenüber dem Gläubiger **unwirksam**, falls die Pfändung durch Briefübergabe oder Grundbucheintragung vollendet wird.

Die Fiktion gilt nur im Verhältnis zum Drittschuldner, nicht gegenüber Dritten, etwa anderen Gläubigern. Sie hat also keine rangwahrende Wirkung, falls ein später pfändender Gläubiger vorher in den Besitz des bei einem Dritten befindlichen Briefes gelangt.[15] 33

VI. Rechtsbehelfe

Die Rechtsbehelfe sind die gleichen wie bei § 829 (s. § 829 Rn 163 ff). Gegen Maßnahmen des Gerichtsvollziehers (oder deren Verweigerung) ist die Erinnerung nach § 766 statthafter Rechtsbehelf, gegen Entscheidungen des Vollstreckungsgerichts sofortige Beschwerde nach § 793 iVm § 11 RPflG. Die Eintragung durch das Grundbuchamt ist keine Vollstreckungsmaßnahme. Rechtsbehelf ist die Beschwerde nach § 71 GBO.[16] 34

VII. Kosten

1. Gerichtskosten. Die Eintragung der Pfändung der Hypothek im Grundbuch löst eine 0,5-Gebühr nach Nr. 14130 KV GNotKG aus.[17] Der Wert richtet sich nach § 53 Abs. 1 GNotKG. 35

2. Rechtsanwaltsgebühren. Für den Rechtsanwalt entsteht durch den Auftrag auf Pfändung der Hypothekenforderung die Verfahrensgebühr Nr. 3309 VV RVG nebst Auslagen, die auch den Antrag auf Wegnahme des Briefes an den Gerichtsvollzieher und den Antrag auf Eintragung der Pfändung in das Grundbuch abgilt (§ 18 Abs. 1 Nr. 1 RVG). 36

3. Gerichtsvollziehergebühren. Wird der Gerichtsvollzieher mit der Wegnahme des Briefes beauftragt (§ 883), entstehen bei Wegnahme oder Entgegennahme eine Gebühr Nr. 221 KV GvKostG bzw ggf eine Gebühr für die Nichterledigung (Nr. 604 KV GvKostG) sowie Auslagen nach dem 7. Abschnitt des Kostenverzeichnisses zum GvKostG. Ein weiterer neuer Auftrag mit besonderen Kosten ist das ggf notwendige Verfahren zur Abnahme der eidesstattlichen Versicherung (§ 883 Abs. 2; Nr. 262 KV GvKostG). 37

§ 830 a Pfändung einer Schiffshypothekenforderung

(1) Zur Pfändung einer Forderung, für die eine Schiffshypothek besteht, ist die Eintragung der Pfändung in das Schiffsregister oder in das Schiffsbauregister erforderlich; die Eintragung erfolgt auf Grund des Pfändungsbeschlusses.

(2) Wird der Pfändungsbeschluss vor der Eintragung der Pfändung dem Drittschuldner zugestellt, so gilt die Pfändung diesem gegenüber mit der Zustellung als bewirkt.

(3) ¹Diese Vorschriften sind nicht anzuwenden, soweit es sich um die Pfändung der Ansprüche auf die im § 53 des Gesetzes über Rechte an eingetragenen Schif-

---

15 Schuschke/Walker/*Walker*, § 830 Rn 5.
16 Hk-ZPO/*Kemper*, § 830 Rn 15; s. auch allgemein OLG Köln FGPrax 2008, 193; aA Musielak/Voit/*Becker*, § 830 Rn 11 (sofortige Beschwerde nach § 11 RPflG, § 793 ZPO, § 71 GBO).
17 NK-GK/*Drempetic*, Nr. 14130 KV GNotKG Rn 8.

fen und Schiffsbauwerken vom 15. November 1940 (RGBl. I S. 1499) bezeichneten Leistungen handelt. ²Das Gleiche gilt, wenn bei einer Schiffshypothek für eine Forderung aus einer Schuldverschreibung auf den Inhaber, aus einem Wechsel oder aus einem anderen durch Indossament übertragbaren Papier die Hauptforderung gepfändet wird.

I. Schiffshypothek

1 Die Schiffshypothek besteht nur als Buchhypothek (§ 8 SchiffsRG). Die Ausführungen zu § 830 zur Buchhypothek gelten entsprechend (s. § 830 Rn 26).

II. Registerpfandrechte an Luftfahrzeugen

2 § 830 a gilt sinngemäß mit der Maßgabe, dass an die Stelle des eingetragenen Schiffes das in der Luftfahrzeugrolle eingetragene Luftfahrzeug und an die Stelle der Schiffshypothek das Registerpfandrecht an einem Luftfahrzeug tritt (§ 99 Abs. 1 LuftfzRG). Das Register für Pfandrechte an Luftfahrzeugen wird gem. § 78 LuftfzRG von dem Amtsgericht, in dessen Bezirk das Luftfahrt-Bundesamt seinen Sitz hat, als Registergericht geführt. Für die gesamte Bundesrepublik Deutschland ist ausschließlich das Amtsgericht Braunschweig zuständig. Das gilt sowohl für Zwangsversteigerungen von Luftfahrzeugen als auch für die Eintragung von Pfandrechten an einem Luftfahrzeug in das Pfandrechtsregister.[1] Auf die Zwangsvollstreckung in ausländische Luftfahrzeuge sind sinngemäß die Vorschriften für Luftfahrzeuge, die in der Luftfahrzeugrolle eingetragen sind, anzuwenden, soweit sie nicht die Eintragung in der Luftfahrzeugrolle oder im Register für Pfandrechte an Luftfahrzeugen voraussetzen (§ 106 Abs. 1 LuftfzRG). Die Zwangsvollstreckung durch Eintragung eines Registerpfandrechts für die Forderung ist ausgeschlossen (§ 106 Abs. 2 LuftfzRG).

III. Kosten

3 Für den Rechtsanwalt gehört der Antrag auf Eintragung zu der durch Nr. 3309 VV RVG abgegoltenen vorausgegangenen Tätigkeit (§ 18 Abs. 1 Nr. 1 RVG). Für die Eintragung entsteht die Gebühr nach Nr. 14230 KV GNotKG. Kostenschuldner sind der Antragsteller und Vollstreckungsschuldner (§§ 22 Abs. 1, 27 Nr. 4 GNotKG). Wurden die Kosten vom Antragsteller vorgelegt, gehören sie zu den notwendigen Kosten der Zwangsvollstreckung (§ 788).

§ 831 Pfändung indossabler Papiere

Die Pfändung von Forderungen aus Wechseln und anderen Papieren, die durch Indossament übertragen werden können, wird dadurch bewirkt, dass der Gerichtsvollzieher diese Papiere in Besitz nimmt.

§§ 30, 123 GVGA

I. Normzweck... 1	b) Übertragbarkeit durch Indossament... 5
II. Anwendungsbereich... 3	2. Blankowechsel... 7
1. Wechsel und andere durch Indossament übertragene Forderungen... 3	III. Durchführung der Pfändung... 8
a) Verbriefte Forderung... 4	IV. Wirkung der Pfändung... 11
	V. Verwertung der Papiere... 12

---

1 Beim Luftfahrt-Bundesamt in Braunschweig wird die Luftfahrzeugrolle geführt. Diese bildet die Basis des Pfandrechtsregisters.

VI. Rechtsmittel.................... 15   VII. Kosten........................... 16

I. Normzweck

Die Vorschrift bewirkt, dass Forderungen, die in bestimmten Wertpapieren verkörpert sind, wie bewegliche Sachen durch **Inbesitznahme** des Papiers gepfändet werden.

Die **Forderungspfändung** wird im Anwendungsbereich des § 831 wie eine Sachpfändung durch den Gerichtsvollzieher durchgeführt, wohingegen die **Verwertung** der Forderungen nicht den Vorschriften der Sachverwertung unterliegt, sondern unter Mitwirkung des Vollstreckungsgerichts erfolgt.

II. Anwendungsbereich

1. Wechsel und andere durch Indossament übertragene Forderungen. Die Vorschrift ist anwendbar bei **Forderungen**, die durch **Indossament** übertragen werden können.

a) **Verbriefte Forderung.** Das Papier muss eine **Forderung** verbriefen. Die Vorschrift ist daher nicht anwendbar auf Namensaktien (§§ 67, 68 Abs. 1 AktG). Bei diesen handelt es sich zwar um ein **Namenspapier**, bei denen das im Papier verkörperte Recht einer namentlich bezeichneten Person zusteht und durch **Indossament** übertragen werden kann. Sie werden aber nicht über Forderungen ausgestellt. Sie werden daher nach § 808 gepfändet und nach § 821 verwertet.

b) **Übertragbarkeit durch Indossament.** Die Forderung aus einem **Wechsel** wird durch **Übertragungsvermerk** (Indossament) und **Übereignung** des Papiers **übertragen**. Der aus einem Wechsel verpflichtete Drittschuldner ist nur bei **Vorlage** des Wechsels zur Zahlung verpflichtet. Weitere indossable Papiere sind etwa die in § 363 HGB genannten **kaufmännischen Orderpapiere** (kaufmännische Anweisung, kaufmännischer Verpflichtungsschein, Konossemente der Verfrachter, Ladescheine der Frachtführer, Lagerscheine nach § 475 c HGB und Transportversicherungspolicen) und der nach Art. 14 Abs. 1 ScheckG von einem Dritten auf den Schuldner zahlbar gestellte **Scheck**. Die Pfändung wird gleichfalls dadurch bewirkt, dass der Gerichtsvollzieher das **Papier** in Besitz nimmt.

Nach hM[1] kann nicht nach § 831, sondern nach § 821 gepfändet werden, wenn Schecks oder Wechsel durch negative Orderklausel des Ausstellers keine Order-, sondern **Rektapapiere** sind. Beim Rektapapier ist das Recht nicht in der Urkunde verkörpert, weshalb die Forderung nach § 829 gepfändet werden muss.[2]

2. Blankowechsel. Der **Blankowechsel** ist noch **kein Wechsel**. Für ihn gilt § 831 entsprechend. Er wird dadurch gepfändet, dass der Gerichtsvollzieher den Blankowechsel in Besitz nimmt. Die Ausfüllungsbefugnis ist nach §§ 831, 808 mitgepfändet. Nimmt der Gerichtsvollzieher einen Blankowechsel in Besitz, wird damit gleichzeitig das Ausfüllungsrecht gepfändet (§§ 857, 831). Mit Überweisung nach § 835 erlangt der Gläubiger das Recht, das Ausfüllungsrecht des Schuldners auszuüben. Mit Ausfüllung entsteht ein Wechsel, den der Gläubiger einziehen kann.[3]

III. Durchführung der Pfändung

Die Pfändung erfolgt aufgrund **Inbesitznahme** durch den Gerichtsvollzieher als bewegliche Sache nach § 808, bei Dritten nach § 809. Die Pfändung von Recht und Papier erfolgt nicht durch Pfändung nach § 829. Ein Pfändungsbeschluss ist

---
1 MüKo-ZPO/*Gruber*, § 821 Rn 2, 3; aA Stein/Jonas/*Brehm*, § 831 Rn 3.
2 Stein/Jonas/*Brehm*, § 831 Rn 3.
3 LG Darmstadt DGVZ 1990, 157.

daher nicht notwendig, sondern fehlerhaft und kann von Amts wegen aufgehoben werden. Er wird allgemein als wirkungslos[4] bezeichnet. Etwas anderes soll gelten, wenn ein im indossablen Papier verbriefter Anspruch auf Herausgabe von Sachen unrichtig nach §§ 846 f statt nach § 831 gepfändet wird. Die **Pfändung** des durch ein solches Papier verbrieften **Herausgabeanspruchs** durch Pfändungsbeschluss wäre gleichfalls fehlerhaft. Ein solcher Pfändungsbeschluss ist jedoch nicht nichtig. Ein fehlerhafter Pfändungsbeschluss bewirkt die Pfandverstrickung, wenn der Gerichtsvollzieher mit Herausgabe nach § 847 Besitz erlangt.[5]

9 Der Gerichtsvollzieher wird Wechselforderungen durch Wegnahme des Wechsels nur pfänden, wenn der **Gläubiger** ihn ausdrücklich dazu **angewiesen** hat oder andere Pfandstücke den Gläubiger nicht ausreichend befriedigen (**§ 123 Abs. 2 GVGA**). Ist der Dritte zur Herausgabe nicht bereit, ist der Herausgabeanspruch des Schuldners gegen den Drittschuldner vom Gläubiger nach §§ 846, 847 zu pfänden. Mit der Herausgabe des Wechsels an den Gerichtsvollzieher verwandelt sich das Pfandrecht am Herausgabeanspruch in ein Pfandrecht an der Wechselforderung.[6]

10 Der Gerichtsvollzieher **verwahrt** die Urkunde bis zur Anforderung durch das Gericht oder bis zur Vorlage des Beschlusses, in welchem die Überweisung der verbrieften Forderung an den Gläubiger ausgesprochen wurde.

IV. Wirkung der Pfändung

11 Durch die Pfändung des Papiers wird die verbriefte **Forderung** mit den Wirkungen des § 829 gepfändet. Sind **Sachen** herauszugeben, erstreckt sich das Pfandrecht auf diese erst nach deren Herausgabe nach § 847 an den Gerichtsvollzieher (s. § 847 Rn 9).

V. Verwertung der Papiere

12 Die Verwertung erfolgt nach §§ 835 ff durch das Vollstreckungsgericht (Rechtspfleger, § 20 Abs. 1 Nr. 17 RPflG). Zuständig ist gem. § 828 das Gericht des Schuldnerwohnsitzes, welches auf **Antrag** des Gläubigers den **Überweisungsbeschluss** zur Einziehung oder an Zahlungs statt zum Nennwert erlässt (§ 835 Abs. 1). Auch eine andere Verwertungsart nach § 844 ist möglich. Beim **Antrag** nach § 835 kann auf das beizufügende Pfändungsprotokoll des Gerichtsvollziehers Bezug genommen werden.

13 Das Vollstreckungsgericht hat bei Erlass des Beschlusses die Vollstreckungsvoraussetzungen zu prüfen.

14 Bei Überweisung nach Pfändung eines auf Herausgabe einer Sache gerichteten Anspruchs hat Herausgabe an den Gerichtsvollzieher zu erfolgen (§ 847 Abs. 1), der die Sache dann verwertet (§ 847 Abs. 2).

VI. Rechtsmittel

15 Das Verhalten des Gerichtsvollziehers ist durch Erinnerung nach § 766 überprüfbar. Für die Erinnerung gegen den gerichtlichen Überweisungsbeschluss ist das Gericht des § 828 Abs. 2 zuständig.

---

[4] Schuschke/Walker/*Schuschke*, § 831 Rn 2 Fn 6.
[5] BGH MDR 1980, 1016.
[6] Zöller/*Stöber*, § 831 Rn 4.

VII. Kosten

Für die Pfändung durch den Gerichtsvollzieher entsteht eine besondere Gebühr für die Bewirkung der Pfändung nach Nr. 205 KV GvKostG, daneben fallen Auslagen an. **16**

§ 832 Pfändungsumfang bei fortlaufenden Bezügen

Das Pfandrecht, das durch die Pfändung einer Gehaltsforderung oder einer ähnlichen in fortlaufenden Bezügen bestehenden Forderung erworben wird, erstreckt sich auch auf die nach der Pfändung fällig werdenden Beträge.

I. Allgemeines

Die Vorschrift präzisiert den Umfang einer einmal wirksam vorgenommenen Pfändung, welche sich auch auf **künftig fällig** werdende Bezüge erstreckt. Die Pfändung umfasst nicht nur bestimmbare Leistungen, sondern auch das Bezugsrecht im Ganzen. **1**

Das Gesetz verzichtet für die zum Zeitpunkt der Pfändung noch nicht fälligen Beträge auf die gegenwärtige Existenz der Forderung. Die Vorschrift erfasst nach allgemeiner Meinung nicht nur bestehende, erst künftig fällig werdende, sondern auch **künftige** Forderungen.[1] Der Vollstreckungsgläubiger muss keine Vielzahl von Pfändungen für die jeweils fällig werdenden Bezüge erwirken. Bei der Pfändung von **Arbeitsentgelt** gilt außerdem § 850 Abs. 4. **2**

II. Voraussetzungen

1. Einheitliche Rechtsbeziehung. Dem Schuldner müssen aus einer **einheitlichen**, im Wesentlichen gleichbleibenden **Rechtsbeziehung** fortlaufend fällig werdende Leistungen des Drittschuldners zustehen (Arbeits- und Dienstverhältnisse, Ruhegehalt, Renten, Unterhalt, Sozialleistungen), unabhängig davon, ob die Leistungen gleichbleibend hoch sind oder regelmäßig fällig werden. Auch der Höhe nach unbestimmbare Provisionen sind von der Pfändung erfasst. **Einkünfte aus Kapital (Miet- und Pachteinnahmen)** fallen gleichfalls unter die Vorschrift.[2] Die gegenteilige Auffassung[3] vermag nicht zu überzeugen, weil das Gesetz den Begriff der Gehaltsforderung nur als Beispiel wählt und bei den anderen in fortlaufenden Bezügen entstehenden Forderungen dieselben gesetzgeberischen Überlegungen eingreifen. Auch bei Mieteinnahmen ist zum Zeitpunkt der Zustellung des Pfändungs- und Überweisungsbeschlusses nicht absehbar, in welchem Umfang Forderungen entstehen bzw fällig werden.[4] Auch werden gepfändete Bezüge aus einem Dienstverhältnis und gepfändete Einkünfte aus Miete und Pacht in der Insolvenz des Vollstreckungsschuldners im Wesentlichen gleichbehandelt (§§ 114 Abs. 3, 110 Abs. 1 InsO; s. Rn 12). **3**

Zinsen als Nebenrechte fallen bereits unter § 829 (s. § 829 Rn 99). Unter § 832 fallen ebenfalls nicht Forderungen, die jeweils durch **selbständige Tatbestände** begründet werden (Einkünfte von Rechtsanwälten, frei praktizierenden Ärzten, **4**

---

1 Zuletzt BGH ZVI 2008, 433 f.
2 Stein/Jonas/*Brehm*, § 832 Rn 4; MüKo-ZPO/*Smid*, § 832 Rn 8; Schuschke/Walker/*Schuschke*, § 832 Rn 3.
3 Zöller/*Stöber*, § 832 Rn 2 aE mwN.
4 Vgl BAG NJW 1993, 2699, 2700.

Provision des Handelsvertreters,[5] Einkünfte des Selbständigen). Die von einer Kassenärztlichen Vereinigung an einen Kassenarzt geleisteten Abschlagszahlungen sind hingegen fortlaufende Bezüge iSd § 832.[6]

2. Bezeichnung in Antrag und Beschluss. Ausreichend ist die Pfändung der beschriebenen Forderung. Künftig fällig werdende Leistungen müssen weder **beantragt** noch im Pfändungsbeschluss **erwähnt** werden. Sie können allerdings ausdrücklich ausgenommen werden. Die Forderungen müssen zum Zeitpunkt der Pfändung weder bereits entstanden noch fällig gewesen sein.

3. Beendigung eines Arbeits- und Dienstverhältnisses. Wird ein Arbeits- bzw Dienstverhältnis **beendet**, greift die Pfändung ab diesem Zeitpunkt ins Leere. Unter den Voraussetzungen des § 833 Abs. 2 wirkt die Pfändung weiter.

III. Folgen

1. Zeitpunkt. Die Pfändung von zukünftigen Arbeitseinkommen wird erst **wirksam** mit dem **Beginn des Zeitabschnitts**, nach dem die Vergütung bemessen ist, bei kalendermonatlicher Bemessung der Vergütung also mit Beginn des jeweiligen Kalendermonats, in welchem die Arbeitsleistung beginnt.[7] Der Anspruch auf Vergütung für geleistete Dienste **entsteht** jedoch erst mit der Erbringung der Dienstleistung.[8]

2. Pfändungsumfang. Die Pfändung erfasst den Anspruch auf Arbeitseinkommen als einheitliches Ganzes. Sie erstreckt sich daher auch auf **Nachzahlungsansprüche** für zurückliegende Zeiträume. Ein Pfändungs- und Überweisungsbeschluss erfasst hingegen **nicht** die bis zu seiner Zustellung fiktiv aufgelaufenen **Lohn- und Gehaltsrückstände** nach § 850 h Abs. 2.[9]

§ 832 setzt nicht voraus, dass schon zum Zeitpunkt der Zustellung des Pfändungs- und Überweisungsbeschlusses eine fällig gewordene Forderung in der Person des Schuldners entstanden sein muss. Im Gegensatz zu § 829 greift die Pfändung bei im Voraus **abgetretenen** Ansprüchen zwar ins Leere, ist jedoch nicht unwirksam. Die Pfändung wird wirksam, sobald und soweit die Forderungen **zurückabgetreten** werden.[10]

3. Mehrfache Pfändung und Vereinbarungen des Pfändungsumfangs. Das Pfandrecht erstreckt sich auf jede entstehende Rate und behält seinen Rang bis zur Aufhebung der Pfändung oder vollständigen Befriedigung des Gläubigers. Der Gläubiger kann mit dem Schuldner und dem Drittschuldner **vereinbaren**, dem Schuldner über den pfändungsfreien Betrag hinaus sein Gehalt zu **belassen**, etwa um ihn zur Weiterarbeit anzuhalten. Bestehen nachrangige Pfändungen, stellt sich die Frage, inwieweit diese Vereinbarung zu Lasten **nachrangiger** Gläubiger wirkt. Nach Auffassung des BAG braucht sich ein nachpfändender Gläubiger diese Stundungsvereinbarung nur entgegenhalten zu lassen, wenn er ihr **zugestimmt** hat. Andernfalls erlischt das Pfandrecht ohne Rücksicht auf die tatsächliche Befriedigung, sobald bei **voller Ausschöpfung** der pfändbaren Beträge die Befriedigung **eingetreten wäre**.[11] Dieser Schutz nachrangig pfändender Gläubiger

---

5 Anders bei Provisionsansprüchen des aufgrund einer festen Vertragsbeziehung tätigen Handelsvertreters Schuschke/Walker/*Schuschke*, § 832 Rn 2. Pfändbar dürfte nur ein regelmäßig zu zahlendes Fixum sein, nicht jedoch die nicht vorhersehbaren Provisionen.
6 OLG Nürnberg JurBüro 2002, 603, 604 mwN.
7 AG Bonn 27.2.2007 – 2 C 373/06 und nachfolgend BGH ZVI 2008, 433.
8 BGH NJW-RR 2008, 1441, 1442 mwN.
9 BAG DB 2008, 1503, 1504.
10 BAG NJW 1993, 2699, 2700 f.
11 BAG NJW 1975, 1575 f; aA Stein/Jonas/*Brehm*, § 832 Rn 8.

kann nicht dadurch umgangen werden, dass der Gläubiger seine Pfändung auf Teilbezüge beschränkt und sich den darüber hinausgehenden Betrag zur Sicherheit abtreten lässt und sodann dem Schuldner eine Einziehungsermächtigung zur Inanspruchnahme der abgetretenen Bezüge im eigenen Namen und für eigene Zwecke erteilt.[12] Im Ergebnis bedeutet dies, dass **Vereinbarungen** zwischen Gläubiger, Schuldner und Drittschuldner sich nicht zu Lasten nachrangig pfändender Gläubiger auswirken dürfen.

IV. Umfang der Pfändung bei Insolvenz

Konsequenz der Regelung des § 832 ist die Vorschrift des § 114 Abs. 3 InsO. Diese bestimmt, in welchem Umfang Lohnpfändungen – auch künftiger Forderungen – nach Eröffnung des **Insolvenzverfahrens** noch **wirksam** sind. § 114 Abs. 3 InsO will also eine vom Insolvenzgläubiger durch Pfändung erreichte Sicherung für einen bestimmten Zeitraum abweichend von § 91 Abs. 1 InsO **privilegieren**.[13] Die befristete Wirksamkeit von Pfändungs- und Überweisungsbeschlüssen für die Zeit nach Eröffnung des Insolvenzverfahrens über das Vermögen des Vollstreckungsschuldners gem. § 114 Abs. 3 S. 1 InsO führt nicht zu einer nachfolgend endgültigen Unwirksamkeit der Vollstreckungsanordnungen. Werden fortlaufende Bezüge des Schuldners vor Eröffnung des Verfahrens gepfändet, ist das Pfändungspfandrecht danach nur so weit und so lange unwirksam, als die Zwecke des Insolvenzverfahrens und der möglichen Restschuldbefreiung dies rechtfertigen.[14]

11

Werden Bezüge aus einem **Dienstverhältnis** nach Eröffnung des Insolvenzverfahrens über das Vermögen des Schuldners fällig, ist die Pfändung bis zu dem Monat wirksam, in dem das Verfahren eröffnet wurde. Die Pfändung erstreckt sich gem. § 114 Abs. 3 InsO auf den Folgemonat, wenn die Eröffnung nach dem fünfzehnten Tag des Monats erfolgte. Entsprechendes gilt gem. § 110 Abs. 1, 2 InsO für **Miet- und Pachtforderungen**.

12

Nach Eröffnung des Insolvenzverfahrens über das Vermögen des Schuldners ist die Pfändung mithaftender Mieten oder Pachten durch absonderungsberechtigte Grundpfandgläubiger ansonsten nicht mehr zulässig.[15]

13

§ 833 Pfändungsumfang bei Arbeits- und Diensteinkommen

(1) ¹Durch die Pfändung eines Diensteinkommens wird auch das Einkommen betroffen, das der Schuldner infolge der Versetzung in ein anderes Amt, der Übertragung eines neuen Amtes oder einer Gehaltserhöhung zu beziehen hat. ²Diese Vorschrift ist auf den Fall der Änderung des Dienstherrn nicht anzuwenden.

(2) Endet das Arbeits- oder Dienstverhältnis und begründen Schuldner und Drittschuldner innerhalb von neun Monaten ein solches neu, so erstreckt sich die Pfändung auf die Forderung aus dem neuen Arbeits- oder Dienstverhältnis.

---

12 BAG DB 1980, 835, 837.
13 BGH NJW-RR 2008, 1441, 1442.
14 BGH NJW-RR 2011, 1495, 1496 = MDR 2011, 630 (für den Fall, dass das Erreichen des Leistungsstadiums einer gepfändeten Altersrente sowie der Eintritt der Restschuldbefreiung ungewiss sind).
15 BGHZ 168, 339 = NJW 2006, 3356.

I. Normzweck

1 Die Vorschrift bezweckt die **Erstreckung** einer bereits bestehenden Pfändung auf die Bezüge eines nach Pfändung geänderten Dienstverhältnisses. Die Vorschrift ist nur auf **Einkommen aus Dienst- und Arbeitsverhältnissen** anwendbar.

II. Amt, Dienstherr

2 **Amt** ist jede Arbeitsstelle. **Dienstherr** ist der Arbeitgeber oder Dienstberechtigte iSd § 611 BGB. Bei juristischen Personen des **öffentlichen Rechts** ist jede selbständig. Die Vorschrift ist daher bei einem Wechsel zu einem anderen Rechtsträger nicht anwendbar, weil sie Änderung des Arbeits- oder Dienstverhältnisses erfasst, nicht jedoch eine Änderung in der Person des Drittschuldners.

3 Ausreichend ist, dass der Drittschuldner **wirtschaftlich** gesehen identisch bleibt. Daher schadet eine Fusion oder eine Umwandlung in der Person des Drittschuldners oder eine Versetzung des Schuldners in demselben Unternehmen nicht.

4 **Gesamtrechtsnachfolge, Verschmelzung, Umwandlung** sowie **Übergang** des Arbeitsverhältnisses gem. § 613a BGB sind keine Änderung iSd Abs. 1 S. 2.[1]

III. Unterbrechung der Beschäftigung

5 Eine Unterbrechung des Arbeits- oder Dienstverhältnisses kommt insb. bei **saisonbedingter** Arbeit oder wechselnder **Auftragslage** in Betracht. Das Verhältnis darf **nicht länger als neun Monate** unterbrochen sein. Die Berechnung erfolgt über § 222 nach den Vorschriften des BGB, so dass insb. § 188 Abs. 2 BGB gilt. Die Frist läuft vom Ende des aufgelösten bis zum Beginn des neuen Arbeitsverhältnisses. Der Zeitpunkt der Kündigung und des Vertragsschlusses ist unerheblich, gleichfalls die tatsächliche Beschäftigung. Maßgebend ist allein der **rechtliche Bestand** des Arbeits- oder Dienstverhältnisses. Ohne Bedeutung ist auch, ob der Arbeitnehmer den alten Aufgabenkreis übernimmt oder anderweitig eingesetzt wird. Entscheidend ist allein die Beschäftigung beim bisherigen Drittschuldner.

6 Die Pfändung wirkt nach Maßgabe des ursprünglichen Pfändungsbeschlusses fort, so dass Rang und Anordnungen nach §§ 850c Abs. 4, 850e Nr. 2, 2a, 850f etc. unverändert bleiben. Der Arbeitgeber muss die Fortwirkung der Pfändung von sich aus berücksichtigen.

7 Keine Beendigung ist die einvernehmliche **Aussetzung** des Beschäftigungsverhältnisses mit anschließender Weiterbeschäftigung (Aussperrung bei Streiks, Aussetzung bei Ableistung des Wehrdienstes).[2] Nach Weiterbeschäftigung erstreckt sich die Pfändung auf das Einkommen.

§ 833a Pfändungsumfang bei Kontoguthaben

Die Pfändung des Guthabens eines Kontos bei einem Kreditinstitut umfasst das am Tag der Zustellung des Pfändungsbeschlusses bei dem Kreditinstitut bestehende Guthaben sowie die Tagesguthaben der auf die Pfändung folgenden Tage.

---

[1] Hess. LAG MDR 2000, 232.
[2] Zöller/*Stöber*, § 833 Rn 5.

I. Entstehungsgeschichte und Gesetzgebungsfortgang

Die Vorschrift ist durch das Gesetz zur Reform des Kontopfändungsschutzes vom 7.7.2009 eingeführt worden[1] und am 1.7.2010 in Kraft getreten (Art. 10 Abs. 1 des Gesetzes). Abs. 2 wurde mit Wirkung vom 1.1.2012 aufgehoben und durch den gleichfalls eingeführten und sodann neugefassten § 850 l ersetzt (Art. 10 Abs. 2 S. 1 iVm Art. 7 des Gesetzes). Ab dem 1.1.2012 wird Pfändungsschutz für Kontoguthaben und Verrechnungsschutz für Sozialleistungen und Kindergeld nur noch für Pfändungsschutzkonten nach §§ 850 k, 850 l gewährt (s. jew. dort).

1

II. Umfang der Kontopfändung

1. Normzweck. Durch die Norm soll die Vollstreckung in ein Konto des Schuldners **vereinfacht** werden. Sie regelt den **Umfang** der Pfändung des Guthabens eines Kontos. Danach reicht die Pfändung des „Guthabens" aus, um auch künftige Salden zu erfassen. Die Pfändung künftiger Salden muss nach dieser Vorschrift nicht mehr ausdrücklich beantragt und ausgesprochen werden. Damit sollen sprachlich schwerfällige Pfändungs- und Überweisungsbeschlüsse entbehrlich werden.[2]

2

2. Anwendungsbereich. § 833 a findet auf **alle** bei dem Kreditinstitut unterhaltenen **Konten** Anwendung. Die Pfändung aller bei einem Kreditinstitut bestehenden Konten ist zulässig (s. § 829 Rn 144). Gepfändet werden also, soweit der Pfändungsbeschluss keine Einschränkung enthält, die Guthaben aller Girokonten, Pfändungsschutzkonten, Sparkonten etc.

3

3. Umfang der Pfändung. § 833 a präzisiert nur den **Umfang** einer wirksamen Pfändung. Deren Voraussetzungen und Folgen bleiben im Übrigen unberührt. Maßgebender Zeitpunkt für die Wirkung der Pfändung bleibt daher derjenige der Zustellung des Pfändungsbeschlusses an den Drittschuldner (s. § 829 Rn 89, 92). Die Norm erweitert den Umfang der Pfändung nicht dahingehend, dass ein gewährter Dispositionskredit umfasst wird, es sei denn, dieser wurde vom Schuldner abgerufen (s. § 829 Rn 139).

4

§ 834 Keine Anhörung des Schuldners

Vor der Pfändung ist der Schuldner über das Pfändungsgesuch nicht zu hören.

I. Normzweck und Anwendungsbereich

Dem Schuldner soll erschwert werden, die Zwangsvollstreckung zu vereiteln. Art. 103 Abs. 1 GG steht dem nicht entgegen. Die Vorschrift gilt auch im PKH-Verfahren. Sie ist auch für weitere Verfahrenshandlungen anwendbar, wenn eine Anhörung die Vollstreckung vereiteln könnte. Eine Anhörung des Schuldners ist daher auch im Bestimmungsverfahren bei Kompetenzkonflikten nicht geboten (s. § 828 Rn 17).[1] Gleiches gilt, wenn ein Antrag nach § 850 c Abs. 4 mit dem Pfändungsgesuch verbunden wird.[2] Eine Anhörung ist auch nicht deshalb geboten, weil, wie im Regelfall, Pfändung nach § 829 und Überweisung nach § 835 in einem Beschluss ausgesprochen werden.[3] Eine Anhörung des Schuldners findet

1

---

1 BGBl. I S. 1707.
2 BT-Drucks 16/7615, S. 25.
1 BGH NJW 1985, 1859.
2 LG Duisburg 24.8.2012 – 7 T 101/12.
3 Str, Zöller/*Stöber*, § 834 Rn 2; Hk-ZPO/*Kemper*, § 834 Rn 2; unklar MüKo-ZPO/*Smid*, § 835 Rn 7, 25; aA Stein/Jonas/*Brehm*, § 835 Rn 2.

im Falle der Ablehnung des beantragten Beschlusses auch im **Beschwerdeverfahren** nicht statt. Die Rechtskraft eines für den Gläubiger erfolgreichen Beschwerdebeschlusses in höherer Instanz hindert die übrigen Beteiligten nicht, gegen den sodann erlassenen Pfändungsbeschluss ihrerseits die dafür statthaften Rechtsbehelfe einzulegen.[4]

2 Der Anwendungsbereich der Norm beschränkt sich im Übrigen auf die Zwangsvollstreckung im Wege der Pfändung. Auch vor der Eintragung einer **Zwangssicherungshypothek** soll keine Anhörung des Schuldners stattfinden.[5] Diese Auffassung überzeugt nicht. Die Eintragung einer Zwangshypothek nach § 867 ist keine Pfändung, so dass allenfalls eine analoge Anwendung des § 834 in Betracht kommt, die jedoch eine entsprechende Regelungslücke voraussetzt. Die Entbehrlichkeit vorangegangener Anhörung des Schuldners kann jedoch nicht als Grundsatz des Zwangsvollstreckungsrechts angesehen werden, zumal es auch im Anwendungsbereich des § 834 Ausnahmen gibt. Auch ist § 834 im Titel 2 „Zwangsvollstreckung in das bewegliche Vermögen" geregelt und kann nicht ohne Weiteres für eine Norm im Titel 3 „Zwangsvollstreckung in das unbewegliche Vermögen" Anwendung finden. Zudem besteht der Zweck des § 834 darin, eine Vereitelung der Zwangsvollstreckung zu erschweren; dies deshalb, weil Forderungen ohne Aufwand abgetreten werden können. Die Vereitelung der Zwangsvollstreckung in ein Grundstück ist wesentlich aufwendiger, so dass auch die Gefährdungslage mit der einer bevorstehenden Pfändung nicht vergleichbar ist.

3 Die Anhörung des Schuldners ist durch die Norm nicht generell verboten, kann jedoch zur Amtshaftung des Rechtspflegers führen.[6]

II. Ausnahmen

4 Die Anhörung des Schuldners ist nach § 850 b Abs. 3 und § 54 Abs. 5 SGB I vorgeschrieben.

§ 835 Überweisung einer Geldforderung

(1) Die gepfändete Geldforderung ist dem Gläubiger nach seiner Wahl zur Einziehung oder an Zahlungs statt zum Nennwert zu überweisen.

(2) Im letzteren Fall geht die Forderung auf den Gläubiger mit der Wirkung über, dass er, soweit die Forderung besteht, wegen seiner Forderung an den Schuldner als befriedigt anzusehen ist.

(3) ¹Die Vorschriften des § 829 Abs. 2, 3 sind auf die Überweisung entsprechend anzuwenden. ²Wird ein bei einem Kreditinstitut gepfändetes Guthaben eines Schuldners, der eine natürliche Person ist, dem Gläubiger überwiesen, so darf erst vier Wochen nach der Zustellung des Überweisungsbeschlusses an den Drittschuldner aus dem Guthaben an den Gläubiger geleistet oder der Betrag hinterlegt werden; ist künftiges Guthaben gepfändet worden, ordnet das Vollstreckungsgericht auf Antrag zusätzlich an, dass erst vier Wochen nach der Gutschrift von eingehenden Zahlungen an den Gläubiger geleistet oder der Betrag hinterlegt werden darf.

(4) ¹Wird künftiges Guthaben auf einem Pfändungsschutzkonto im Sinne von § 850 k Absatz 7 gepfändet und dem Gläubiger überwiesen, darf der Drittschuldner erst nach Ablauf des nächsten auf die jeweilige Gutschrift von eingehenden

---

4 KG Rpfleger 1994, 425, 426 (insofern nicht abgedruckt in MDR 1994, 513).
5 AG Westerburg JurBüro 2011, 144, 145.
6 Noch strenger Schuschke/Walker/*Schuschke*, § 834 Rn 1 (zwingendes Verbot).

Zahlungen folgenden Kalendermonats an den Gläubiger leisten oder den Betrag hinterlegen. ²Das Vollstreckungsgericht kann auf Antrag des Gläubigers eine abweichende Anordnung treffen, wenn die Regelung des Satzes 1 unter voller Würdigung des Schutzbedürfnisses des Schuldners für den Gläubiger eine unzumutbare Härte verursacht.

(5) Wenn nicht wiederkehrend zahlbare Vergütungen eines Schuldners, der eine natürliche Person ist, für persönlich geleistete Arbeiten oder Dienste oder sonstige Einkünfte, die kein Arbeitseinkommen sind, dem Gläubiger überwiesen werden, so darf der Drittschuldner erst vier Wochen nach der Zustellung des Überweisungsbeschlusses an den Gläubiger leisten oder den Betrag hinterlegen.

§§ 15, 121 GVGA

I. Normzweck 1	e) Umfang der Überweisung 19
II. Zeitpunkt der Überweisung und Wirksamkeit des Überweisungsbeschlusses 3	f) Beendigung der Vollstreckung 20
III. Überweisungsarten 6	g) Kosten 21
1. Wahlrecht des Gläubigers (Abs. 1) 6	3. Überweisung an Zahlungs statt (Abs. 2) 22
2. Überweisung zur Einziehung 7	IV. Verfahren 24
a) Rechtsstellung des Schuldners 8	1. Antrag 24
b) Rechtsstellung des Gläubigers 9	2. Urkundsherausgabe 26
c) Überweisung zur Einziehung im Prozess 12	3. Anordnung der Abwendungsbefugnis 27
d) Rechtsstellung des Drittschuldners 14	4. Zustellung, Zeitpunkt der Wirksamkeit (Abs. 1 S. 1) ... 28
aa) Erhalt von Einwendungen 14	V. Leistungssperre (Abs. 3 S. 2); Pfändungsschutz des § 850 k Abs. 7 (Abs. 4); Pfändungsschutz des § 850 i (Abs. 5) 29
bb) Einwand der Nichtigkeit 15	VI. Pfändung durch mehrere Gläubiger 32
cc) Leistungsempfänger 16	VII. Aufhebung 33
dd) Aufrechnung 17	VIII. Kosten 34
ee) Erhalt der Gegenrechte gegen den Drittschuldner 18	1. Gerichtskosten 34
	2. Rechtsanwaltsgebühren 35

I. Normzweck

Das **rechtsgeschäftlich** bestellte Pfandrecht berechtigt den Inhaber zur **Verwertung** des Pfandes (§ 1282 BGB). Die Pfändung nach den Vorschriften der Zwangsvollstreckung gewährt hingegen dem Gläubiger noch nicht das Recht auf Befriedigung, weil dort die Pfändung ohne Verwertungsrecht denkbar ist. Die vollstreckungsrechtliche **Pfändung** begründet daher lediglich ein **Sicherungspfandrecht**. Der Zweck der Norm besteht darin, die zuvor oder gleichzeitig (s. Rn 4) gepfändete Forderung einer Verwertung zuzuführen. Die Überweisung als Form der Verwertung ist bei der Sicherungsvollstreckung (§ 720 a) und beim Arrest (§ 930) ausgeschlossen und dort im Falle ihrer Anordnung nichtig.[1]

---

1 BGHZ 121, 98, 101 = NJW 1993, 735, 736.

2 Die **Verwertung** der gepfändeten Forderung zur Befriedigung des Gläubigers erfolgt grds. durch Überweisung nach § 835. Zu einer anderen Verwertung s. §§ 844 und 857 Abs. 4, 5.

II. Zeitpunkt der Überweisung und Wirksamkeit des Überweisungsbeschlusses

3 Pfändungs- und Überweisungsbeschluss werden durch den Rechtspfleger als Vollstreckungsgericht regelmäßig in einem Beschluss zusammengefasst, dem „**Pfändungs- und Überweisungsbeschluss**". Der Pfändungsbeschluss kann auch ohne Überweisungsbeschluss erlassen werden (s. § 829 Rn 3). Der isolierte Überweisungsbeschluss kann dem Pfändungsbeschluss zeitlich nachfolgen. Hingegen setzt die Überweisung als eine Form der Pfandverwertung das Bestehen eines voll entstandenen Pfändungspfandrechts voraus. Eine wirksame Pfändung gehört zum Tatbestand der Überweisung.[2] Die bloße Anfechtbarkeit des Pfändungs- und Überweisungsbeschlusses ist bis zur Aufhebung im dafür vorgesehenen Verfahren nach § 766 unbeachtlich.[3]

4 Ein Überweisungsbeschluss ohne vorangegangenen oder gleichzeitig wirksamen Pfändungsbeschluss ist **unwirksam**.[4] Die Pfändung kann durch Hinzutreten fehlender Tatbestandselemente vervollständigt werden und ist dann wirksam. Dementsprechend wird angenommen, dass die nachträglich wirksame Pfändung die bis dahin unwirksame Überweisung wirksam werden lässt.[5] Ob die isolierte Aufhebung des Pfändungsbeschluss die Wirksamkeit des darauf fußenden Überweisungsbeschlusses berührt, kann für die befreiende Wirkung der Drittschuldnerleistung von Bedeutung sein (s. § 836 Rn 6).

5 Ist die zur Einziehung erfolgte Überweisung unwirksam, kann der an den Gläubiger zahlende Drittschuldner ggf **Vertrauensschutz** in Anspruch nehmen (Überweisung einer durch eine Buchhypothek gesicherten Forderung ohne Eintragung der Pfändung im Grundbuch),[6] es sei denn, die Nichtigkeit ist evident. Dies ist in entsprechender Anwendung von § 44 Abs. 1 VwVfG, § 125 Abs. 1 AO der Fall, wenn es sich nicht nur um einen besonders schweren, sondern zusätzlich um einen bei verständiger Würdigung aller in Betracht kommenden Umstände offenkundigen Fehler handelt.[7] Der Drittschuldner kann sich dann auch nicht auf § 836 Abs. 2 berufen, nach welchem der Überweisungsbeschluss zu seinen Gunsten so lange als rechtsbeständig gilt, bis er aufgehoben wird.[8] Ist der Überweisungsbeschluss hingegen rechtswidrig, aber nicht nichtig, so ist auch das Prozessgericht an die Entscheidung des Vollstreckungsgerichts gebunden.[9]

III. Überweisungsarten

6 **1. Wahlrecht des Gläubigers (Abs. 1).** Nach Abs. 1 hat der Gläubiger die Wahl zwischen der Überweisung zur Einziehung oder an Zahlungs statt zum Nennwert. Diese Wahlmöglichkeit kann kraft Gesetzes eingeschränkt (§ 849) werden.

---

2 BGHZ 127, 146, 151 = NJW 1994, 3225, 3226.
3 BGHZ 66, 79, 80 ff = NJW 1976, 851, 852; ausf. und zwischen Pfändungspfandrecht und Verstrickung unterscheidend OLGR Saarbrücken 2004, 488, 489 f.
4 Schuschke/Walker/*Schuschke*, § 835 Rn 2 spricht von „Nichtigkeit"; BGHZ 127, 146, 150 f, insb. 152 = NJW 1994, 3225, 3226 spricht jedoch in diesen Fällen nur von Unwirksamkeit, nicht von Nichtigkeit.
5 Hk-ZPO/*Kemper*, § 837 Rn 1.
6 BGHZ 127, 146, 150 f = NJW 1994, 3225, 3226.
7 BGHZ 121, 98, 102 = NJW 1993, 735, 736 (Überweisung einer Forderung bei Arrest).
8 BGHZ 121, 98, 104 = NJW 1993, 735, 737.
9 Auch an die Berechnung des pfändbaren Teils des Schuldnereinkommens: LAG Niedersachsen JurBüro 2004, 216.

Daneben kann nach § 844 statt der Überweisung zur Einziehung oder an Zahlungs statt eine andere Form der Verwertung zugelassen werden.

2. Überweisung zur Einziehung. Die Überweisung erfolgt grds. zur **Einziehung**. Sie ist vom Gläubiger im Zweifel gewollt.

a) Rechtsstellung des Schuldners. Bei der Überweisung zur Einziehung bleibt die Forderung **im Vermögen des Pfändungsschuldners**.[10] Der Schuldner kann trotz seiner Stellung als Forderungsgläubiger nicht mehr zum Nachteil des Gläubigers über die Forderung verfügen. Zulässig ist aber seine Klage gegen den Drittschuldner auf Feststellung des Bestehens der Schuld[11] oder auf Zahlung an den Vollstreckungsgläubiger in Höhe von dessen Forderung.

b) Rechtsstellung des Gläubigers. Der Gläubiger erwirbt die **Einziehungsbefugnis** für die Forderung und die **Prozessführungsbefugnis** aus eigenem Recht. Er darf sie im eigenen Namen einschließlich der Nebenrechte geltend machen, insb. Zahlung an sich verlangen, kündigen, mahnen, einziehen, einklagen, mit ihr aufrechnen, im Insolvenzverfahren des Drittschuldners anmelden etc., aber auch Erklärungen empfangen, die sonst an den Schuldner zu richten wären.

Das Gericht übt weder gepfändete und überwiesene Gestaltungsrechte aus, noch gibt es Willenserklärungen für den Gläubiger ab oder übermittelt Willenserklärungen des Antragstellers als Bote. Die Pfändung und Überweisung betrifft ihrem Inhalt nach nicht die Ausübung sonstiger von der Pfändung erfasster und überwiesener Nebenrechte, weshalb in der Pfändung und Überweisung keine darüber hinausgehenden konkludenten Erklärungen entnommen werden können.[12]

Der Gläubiger ist ohne Zustimmung des Schuldners **nicht befugt**, Stundung, Teilzahlungen oder Nachlass zu gewähren. Die Überweisung einer Forderung zur Einziehung bewirkt keinen Forderungsübergang. Daher ist der Gläubiger nicht befugt, die Forderung abzutreten.[13] Er darf sich mit dem Drittschuldner vergleichen, wenn er die für ihn gepfändete Forderung in voller Höhe des ihm überwiesenen Betrages auf die zu vollstreckende Forderung gegen seinen Schuldner anrechnet,[14] wenn also der Gläubiger die Vergleichsforderung in voller Höhe des überwiesenen Betrages auf die zu vollstreckende Forderung verrechnet.

Ist der Gläubiger selbst der Drittschuldner und hat er für seine eigene Schuld gepfändet („**Selbstpfändung**", s. § 829 Rn 41), so tritt mit der Überweisung zur Einziehung nach Abs. 1 – im Gegensatz zur Überweisung an Erfüllungs statt nach Abs. 2 – keine Konfusion ein. Da der Drittschuldner nicht an sich als Vollstreckungsgläubiger zahlen kann, reicht die Erklärung des Vollstreckungsgläubigers gegenüber dem Vollstreckungsschuldner aus, die Forderungen zu verrechnen, um die Einziehung der Forderung nach außen erkennbar zu machen.[15]

Klagt der Gläubiger gegen den Drittschuldner (Einziehungsprozess), so ist das Gericht zuständig, an welchem der Schuldner hätte Klage erheben müssen. Der Gläubiger ist dann gem. § 841 verpflichtet, dem Schuldner den Streit zu verkünden.

---

10 BGHZ 114, 138, 141 = NJW 1991, 3148.
11 BGHZ 114, 138, 141 = NJW 1991, 3148.
12 BGH FamRZ 2012, 444, 445 (keine Änderung des widerruflichen Bezugsrechts durch Pfändung und Überweisung der Rechte aus einer Lebensversicherung einschließlich der Bezugsberechtigung).
13 Zu den Folgen bei der Eintragung der „Abtretung gepfändeter Ansprüche aus Vormerkung" im Grundbuch s. OLG München FGPrax 2009, 259 f = Rpfleger 2010, 135.
14 RGZ 169, 54, 55 f.
15 BGH NJW 2011, 2649, 2651 = MDR 2011, 754, 755.

11 Die Einziehungsbefugnis des Gläubigers ist auf die Höhe seines Vollstreckungsanspruchs **begrenzt**. Die Einziehung eines Mehrbetrages ist dem Gläubiger nicht erlaubt.

12 c) Überweisung zur Einziehung im Prozess. Hat der Schuldner die Forderung gegen den Drittschuldner gerichtlich geltend gemacht, muss er nach Pfändung und Überweisung (zur Pfändung einer gerichtlich geltend gemachten Forderung **ohne** Überweisung s. § 829 Rn 103) die **Klage** auf Feststellung oder Zahlung an seinen Gläubiger nach § 265 **umstellen**. Klageumstellung auf Hinterlegung ist nicht möglich. Der Gläubiger kann als Streithelfer beitreten, dem Schuldner jedoch dessen Prozessführung nicht vorschreiben. Ist die Forderung bereits tituliert, muss der Gläubiger gem. § 727 **umschreiben** lassen. Der Schuldner hat den Titel nach § 836 Abs. 3 S. 1 an den Vollstreckungsgläubiger herauszugeben. Eine Leistungsklage des Vollstreckungsgläubigers gegen den Drittschuldner wäre mangels Rechtsschutzbedürfnisses unzulässig. Behauptet der Vollstreckungsschuldner, die Höhe seiner gegenüber dem Drittschuldner geltend gemachten Forderung übersteige die Forderung des Gläubigers ihm gegenüber, so kann er darüber hinaus auf Zahlung nach Befriedigung des Pfändungsgläubigers klagen.[16]

13 Der Vollstreckungsschuldner kann als Inhaber der Forderung den Drittschuldner auf Leistung an den Gläubiger verklagen (s. Rn 8). Der Gläubiger kann aufgrund seines Einziehungsrechts den Drittschuldner auf Zahlung an sich verklagen (s. Rn 9). Die Prozessführung des einen bewirkt keine Rechtskraft für oder gegen den anderen[17] (s. auch § 829 Rn 119). Um den Drittschuldner mehrere Prozesse wegen derselben Forderung zu ersparen, wird die analoge Anwendung des § 856 Abs. 3–5 vorgeschlagen.[18]

14 d) Rechtsstellung des Drittschuldners. aa) Erhalt von Einwendungen. Der Drittschuldner darf gegenüber dem Vollstreckungsgläubiger alle **Einwendungen** geltend machen, die ihm gegenüber dem Schuldner zustehen (§§ 1275, 404, 412 BGB entsprechend).[19] Er kann hingegen nicht die Einwendungen geltend machen, die dem Vollstreckungsschuldner gegen den Gläubiger zustehen. Diese Einwendungen kann nur der Schuldner gegen den Gläubiger mit der Klage nach § 767 geltend machen.[20] Der Drittschuldner kann auch nicht einwenden, dass der Prozessvergleich, aufgrund dessen der Gläubiger vollstreckt, nichtig ist.[21]

15 bb) Einwand der Nichtigkeit. Auch ohne Aufhebung des Überweisungsbeschlusses kann der Drittschuldner die Nichtigkeit des Überweisungsbeschlusses einwenden.

16 cc) Leistungsempfänger. Der Drittschuldner darf nur noch an den Vollstreckungsgläubiger leisten. Ist die Zwangsvollstreckung einstweilen eingestellt, darf er nur an den Schuldner und den Gläubiger gemeinsam leisten oder die geschuldete Leistung zugunsten beider hinterlegen.[22] Leistet er an den Schuldner, wird er nur befreit, wenn er Pfändung und Überweisung nicht kannte. Bestand die gepfändete Forderung nicht, kann der Drittschuldner seine Leistung gegenüber dem Vollstreckungsgläubiger nach § 812 Abs. 1 S. 1 BGB (Leistungskondiktion) zurückfordern.[23]

---

16 BGHZ 147, 225 = NJW 2001, 2178.
17 BGHZ 147, 225 = NJW 2001, 2178.
18 Stein/Jonas/*Brehm*, § 829 Rn 100.
19 BGH NJW 1985, 1155, 1157 = MDR 1985, 404.
20 Schuschke/Walker/*Schuschke*, § 835 Rn 9.
21 Schuschke/Walker/*Schuschke*, § 835 Rn 12.
22 BGHZ 140, 253, 255 f = NJW 1999, 953.
23 BGHZ 151, 127, 128 = NJW 2002, 2871 f.

dd) Aufrechnung. Der Drittschuldner kann ohne Weiteres mit einer Forderung gegen den Vollstreckungsgläubiger **aufrechnen**. Die für eine Aufrechnung notwendige Gegenseitigkeit nach § 387 BGB entsteht mit der Überweisung (zur Aufrechnung s. § 829 Rn 114 ff). Zur Aufrechnung des Drittschuldners gegenüber dem Gläubiger mit Forderungen gegen den Schuldner s. § 829 Rn 115.

ee) Erhalt der Gegenrechte gegen den Drittschuldner. Macht der Drittschuldner Ansprüche gegen den Vollstreckungsschuldner geltend, die zu seiner Zug-um-Zug-Verurteilung geführt hätten, und ist das Gegenrecht des Vollstreckungsschuldners an den Vollstreckungsgläubiger überwiesen worden, bleibt das Gegenrecht des Schuldners gegen den Drittschuldner – anders als im Falle der freiwilligen Abtretung – mit der Folge erhalten, dass er nur zur Leistung Zug um Zug gegen Erfüllung seines Gegenrechts gegenüber dem Vollstreckungsgläubiger verurteilt wird.[24]

e) Umfang der Überweisung. Die Überweisung umfasst auch die **Nebenrechte** (§§ 401 ff BGB), insb. den Anspruch gegen den Drittschuldner auf **Auskunft**. Der Gläubiger kann vom Schuldner Herausgabe von Pfandstücken und Übertragung von Sicherungseigentum verlangen, wenn dem nicht eine Abrede mit dem Sicherungsgeber entgegensteht.

f) Beendigung der Vollstreckung. Die Vollstreckung ist beendet, wenn der Drittschuldner an den Vollstreckungsgläubiger **zahlt**. Mit Leistung des Drittschuldners an den Vollstreckungsgläubiger erlöschen gleichzeitig die gepfändete Forderung nebst Pfandrecht und die zu vollstreckende Forderung. Vollstreckt der Gläubiger trotz Erfüllung weiter, muss der Schuldner nach § 767 klagen.

g) Kosten. Kosten, die dem Gläubiger entstehen, sind Kosten der Zwangsvollstreckung nach § 788, für die der Schuldner haftet und die der Gläubiger bei Leistung des Drittschuldners mitverrechnen darf.

3. Überweisung an Zahlungs statt (Abs. 2). Die Überweisung an Zahlungs statt wirkt dagegen wie eine Abtretung der gepfändeten Forderung und überträgt sie vom Schuldner auf den Gläubiger. Der Vollstreckungsgläubiger tritt also hinsichtlich der überwiesenen Forderung kraft Hoheitsaktes an die Stelle des Vollstreckungsschuldners.

Der Gläubiger ist **befriedigt**, soweit die Forderung **besteht** und nicht durch Einwendungen vernichtet oder gehemmt wird. Besteht die überwiesene Forderung nicht oder ist sie gem. §§ 406 ff BGB Einwendungen des Drittschuldners ausgesetzt, treten die Überweisungswirkungen nicht ein. Das **Risiko** der **Realisierung** verbleibt beim Gläubiger. Daher kommt diese Überweisungsart selten vor. Soweit der Schuldner im Streitfall Befriedigung aufgrund der Überweisung einwendet, kann er Abwehrklage nach § 767 erheben. Der Gläubiger kann weiter vollstrecken und ggf Feststellungsklage erheben, dass durch die Überweisung an Zahlungs statt aufgrund Nichtbestehens der überwiesenen Forderung bzw aufgrund des Bestehens von Einwendungen seine Forderung gegen den Schuldner nicht erloschen ist.

IV. Verfahren

1. Antrag. Die Überweisung setzt einen Antrag des Gläubigers voraus. Der Vollstreckungstitel ist dem Vollstreckungsgericht vorzulegen. Ist der Überweisungsmit dem Pfändungsantrag verbunden, so tritt die Überweisungsanordnung zum Pfändungsausspruch. Sie muss ausdrücklich nach ihrer Art (Einziehung oder an Zahlungs statt) **bestimmt** sein. Die Überweisungsanordnung setzt eine wirksame

---

24 OLG Braunschweig JR 1955, 342 f.

Pfändung voraus[25] (s. Rn 4) und wird ihrerseits mit Zustellung an den Drittschuldner **wirksam**. Wird die Überweisung nach der Pfändung gesondert beantragt, gewährt das Vollstreckungsgericht dem Schuldner rechtliches Gehör und prüft gesondert die Voraussetzungen der Zwangsvollstreckung. Das Gericht prüft auch, ob die Verwertung einer wirksam gepfändeten Forderung verlangt wird. Dabei wird auch die Wirksamkeit der nach § 831 durchgeführten Pfändung, die mittels Inbesitznahme der Sache durch den Gerichtsvollzieher erfolgt, vom Vollstreckungsgericht geprüft. Hingegen wird die Rechtmäßigkeit eines Pfändungsbeschlusses selbst nicht überprüft.

25 Der Antrag enthält idR den vorformulierten Beschlussentwurf. Für den isolierten Überweisungsbeschluss besteht kein Formularzwang, § 2 S. 2 ZVFV. Antrag und Beschluss eines **isolierten Überweisungsbeschlusses** können etwa lauten:

▶ In der Zwangsvollstreckungssache .../... wird die durch Pfändungsbeschluss des Amtsgerichts ... vom ..., Az ..., gem. § 720 a ZPO gepfändete angebliche Forderung des Schuldners gegen den ... (Drittschuldner) nach Erbringung der Sicherheitsleistung im gepfändeten Umfang dem Gläubiger zur Einziehung überwiesen. ◀

26 **2. Urkundsherausgabe.** Soll der Schuldner eine über die Forderung vorhandene Urkunde herausgeben (§ 836 Abs. 3 S. 1), so muss diese, um die Herausgabe nach § 883 vollstrecken zu können, hinreichend bezeichnet werden.

27 **3. Anordnung der Abwendungsbefugnis.** Im Falle einer Abwendungsbefugnis (§ 839) muss im Beschluss angeordnet werden, dass zu hinterlegen ist.

28 **4. Zustellung, Zeitpunkt der Wirksamkeit (Abs. 3 S. 1).** Der Überweisungsbeschluss ist dem Drittschuldner auf Betreiben des Gläubigers zuzustellen (Abs. 3 S. 1 iVm § 829 Abs. 2 S. 1). Die Überweisung wird mit Zustellung des Beschlusses an den Drittschuldner wirksam (Abs. 3 S. 1 iVm § 829 Abs. 3). Nach der Zustellung an den Drittschuldner hat das Vollstreckungsgericht den Überweisungsbeschluss von Amts wegen an den Schuldner zuzustellen (Abs. 3 S. 1 iVm § 829 Abs. 2 S. 2).

V. Leistungssperre (Abs. 3 S. 2); Pfändungsschutz des § 850 k Abs. 7 (Abs. 4); Pfändungsschutz des § 850 i (Abs. 5)

29 Die Leistungssperre des **Abs. 3 S. 2** soll dem Schuldner die Wirkung des Antrags nach § 850 l (§ 850 k aF) sichern. Sie ist anwendbar auf Geldguthaben von natürlichen Personen bei Banken, Sparkassen und Kreditinstituten. Der Schutz des Abs. 3 S. 2 greift auch ein, wenn keine Forderung iSd § 850 l auf das Konto überwiesen wurde. Erst vier Wochen nach Zustellung an den Drittschuldner darf dieser leisten.

30 Stellt der Schuldner den Antrag nach § 850 l, so steht ihm bei einem Verstoß gegen Abs. 3 S. 2 ein Schadensersatzanspruch aus § 823 Abs. 2 BGB zu. Das in Abs. 3 S. 2 enthaltene Verbot gilt kraft Gesetzes auch ohne Erwähnung im Überweisungsbeschluss.

31 Durch das „Zweite Gesetz zur erbrechtlichen Gleichstellung nichtehelicher Kinder, zur Änderung der Zivilprozessordnung und der Abgabenordnung" vom 12.4.2011[26] wurde ein neuer **Abs. 4** eingeführt. Dadurch wurde das sog. **Monatsanfangsproblem** (s. § 850 k Rn 4, 16 ff) gelöst. Die neue Regelung ist auch auf die vor ihrem Inkrafttreten erfolgten Pfändungen anwendbar.[27] Der neue

---

25 BGHZ 127, 146, 152 = NJW 1994, 3225, 3226.
26 BGBl. I S. 615; in Kraft getreten am 16.4.2011.
27 BGH NJW-RR 2011, 1433 = MDR 2011, 1138; BGH WuM 2011, 529 f = JurBüro 2012, 41, 42; BGH WuM 2012, 113.

Abs. 4 S. 1 dient der Verwirklichung des Pfändungsschutzes eines auf einem P-Konto iSd § 850 k Abs. 7 befindlichen Guthabens. Nach § 850 k Abs. 1 S. 2[28] gehört zum Guthaben, welches nach § 850 k Abs. 1 S. 1 vor der Pfändung geschützt wird, auch dasjenige, welches bis zum Ablauf der Frist des Abs. 4 nicht an den Gläubiger geleistet oder hinterlegt werden darf (zur Wirkung s. § 850 k Rn 19). Am Ende eines Kalendermonats auf dem P-Konto eingehende Zahlungen, die für den Folgemonat und zur Sicherung des Pfändungsschutzes des Schuldners bestimmt sind, sollen diesem nicht durch eine Weiterleitung an den Gläubiger entzogen werden. Der Drittschuldner darf erst nach Ablauf des Folgemonats den Betrag, der nicht dem Pfändungsschutz des Schuldners unterliegt, an den Gläubiger auskehren. Für den Schuldner besteht innerhalb dieser Frist die Möglichkeit, die Höhe des für ihn geltenden Gesamtfreibetrags zu klären.[29] Guthaben auf einem P-Konto kann nach § 850 k Abs. 1 S. 3 pfändungsfrei in den Folgemonat übertragen werden. Diese Möglichkeit besteht auch für gesperrtes Guthaben iSv Abs. 4, § 850 k Abs. 1 S. 2. Guthaben, das aufgrund der Regelung in Abs. 4 erst nach Ablauf des auf den Zahlungseingang folgenden Monats an den Gläubiger geleistet werden darf, kann unter den Voraussetzungen des § 850 k Abs. 1 S. 3 in den hierauf folgenden Monat übertragen werden und erhöht in diesem Monat den Pfändungsfreibetrag.[30] Zur Vermeidung von **Härtefällen** auf Seiten des Gläubigers sieht **Abs. 4 S. 2** auf dessen Antrag eine abweichende Anordnungsbefugnis des Vollstreckungsgerichts vor. Der ehemalige Abs. 4 wurde zu Abs. 5. Dieser **Abs. 5** soll den Pfändungsschutz des § 850 i gewährleisten.

VI. Pfändung durch mehrere Gläubiger

Haben mehrere Gläubiger dieselbe Forderung gepfändet, hindert dies die mehrfache Überweisung zur Einziehung nicht. Der durch die Pfändung entstandene Rang wird dadurch nicht berührt. Der Drittschuldner kann dem nachrangigen Gläubiger gegenüber die Leistung mit dem Einwand der vorrangigen Pfändung **verweigern**. Leistet der Drittschuldner irrtümlich an einen nachrangigen Gläubiger und muss er nochmals an einen vorrangigen Gläubiger leisten, kann er den an den nachrangigen Gläubiger geleisteten Betrag aus ungerechtfertiger Bereicherung **zurückverlangen**.[31] Die Überweisung an Zahlungs statt hat hingegen einen Gläubigerwechsel zur Folge und schließt eine mehrfache Überweisung auch an andere Gläubiger aus.

32

VII. Aufhebung

Die Aufhebung erfolgt wie beim Pfändungsbeschluss (s. § 829 Rn 163 ff).

33

VIII. Kosten

1. **Gerichtskosten.** Im gerichtlichen Verfahren entsteht die Gerichtsgebühr Nr. 2111 KV GKG iHv 20,00 €. Bei getrennter Beantragung des Pfändungs- und Überweisungsbeschlusses (§§ 829, 835) entsteht deshalb nur eine Festgebühr iHv 20,00 €, da nach Anm. S. 2 zu Nr. 2111 KV GKG mehrere Verfahren innerhalb eines Rechtszuges als ein Verfahren gelten, wenn sie denselben Anspruch und denselben Vollstreckungsgegenstand betreffen.[32] Hinsichtlich der Gerichts-

34

---

28 Gleichfalls eingeführt durch das genannte „Zweite Gesetz zur erbrechtlichen Gleichstellung nichtehelicher Kinder, zur Änderung der Zivilprozessordnung und der Abgabenordnung vom 12.4.2011 (BGBl. I S. 615), in Kraft getreten am 16.4.2011.
29 BT-Drucks. 17/4776 vom 14.2.2011, S. 8.
30 BGH NJW-RR 2015, 254, 255.
31 BGHZ 82, 28, 32 f = NJW 1982, 173, 174.
32 NK-GK/*Volpert*, Nr. 2110–2124 KV GKG Rn 22 f.

kosten (Gebühr Nr. 2111 KV GKG und Zustellungsauslagen) besteht Vorauszahlungspflicht (§ 12 Abs. 6 GKG).

35 **2. Rechtsanwaltsgebühren.** Für die Tätigkeit des Rechtsanwalts im Verfahren auf Erlass eines Überweisungsbeschlusses entsteht die Verfahrensgebühr Nr. 3309 VV RVG nebst Auslagen. Dabei stellen getrennte Anträge nach § 829 Abs. 1 einerseits und § 835 andererseits nur eine Angelegenheit dar (§ 18 Abs. 1 Nr. 1 RVG).[33]

§ 836 Wirkung der Überweisung

(1) Die Überweisung ersetzt die förmlichen Erklärungen des Schuldners, von denen nach den Vorschriften des bürgerlichen Rechts die Berechtigung zur Einziehung der Forderung abhängig ist.

(2) Der Überweisungsbeschluss gilt, auch wenn er mit Unrecht erlassen ist, zugunsten des Drittschuldners dem Schuldner gegenüber so lange als rechtsbeständig, bis er aufgehoben wird und die Aufhebung zur Kenntnis des Drittschuldners gelangt.

(3) [1]Der Schuldner ist verpflichtet, dem Gläubiger die zur Geltendmachung der Forderung nötige Auskunft zu erteilen und ihm die über die Forderung vorhandenen Urkunden herauszugeben. [2]Erteilt der Schuldner die Auskunft nicht, so ist er auf Antrag des Gläubigers verpflichtet, sie zu Protokoll zu geben und seine Angaben an Eides statt zu versichern. [3]Der gemäß § 802 e zuständige Gerichtsvollzieher lädt den Schuldner zur Abgabe der Auskunft und eidesstattlichen Versicherung. [4]Die Vorschriften des § 802 f Abs. 4 und der §§ 802 g bis 802 i, 802 j Abs. 1 und 2 gelten entsprechend. [5]Die Herausgabe der Urkunden kann von dem Gläubiger im Wege der Zwangsvollstreckung erwirkt werden.

§§ 35, 106, 122, 144 GVGA; § 22 Abs. 5 GVO

I. Normzweck	1	a) Allgemeines	10
II. Ersetzung von Erklärungen (Abs. 1)	2	b) Umfang der Auskunftspflicht	12
III. Vertrauensschutz des Drittschuldners (Abs. 2)	3	c) Umfang der Herausgabepflicht	13
1. Allgemeines	3	2. Offenbarungspflicht (Abs. 3 S. 2)	17
2. Anwendungsbereich	4	3. Vollstreckung der Schuldnerpflichten	18
a) Aufgehobene Beschlüsse	4		
b) Nichtige Beschlüsse	5	V. Rechtsbehelfe	25
3. Umfang des Schutzes	6	VI. Kosten	26
IV. Pflichten des Schuldners (Abs. 3)	9		
1. Auskunfts- und Herausgabepflicht (Abs. 3 S. 1)	10		

I. Normzweck

1 Die Vorschrift des § 836 vereinfacht und ergänzt die Überweisung nach § 835, indem die Abgabe förmlicher Erklärungen des Schuldners ersetzt wird (**Abs. 1**). **Abs. 2** dient dem Vertrauensschutz des Drittschuldners in den Bestand des Überweisungsbeschlusses als staatlichem Hoheitsakt. **Abs. 3** erleichtert die Durchsetzung des überwiesenen Anspruchs durch den Vollstreckungsgläubiger: Zunächst

---

33 AnwK-RVG/N. *Schneider*, § 18 Rn 36; Gerold/Schmidt/*Müller-Rabe*, Nr. 3309 VV RVG Rn 261.

wird eine **Auskunftspflicht** gegenüber dem Gläubiger **begründet** (Abs. 3 S. 1), die ggf durch Verpflichtung des Schuldners zur Abgabe der Angaben an Eides statt durchgesetzt wird (Abs. 3 S. 2–4). Der Vollstreckungsgläubiger kann die **Herausgabepflicht** für Urkunden vollstrecken („**Hilfsvollstreckung**", Abs. 3 S. 5). Das **Übergangsrecht** betreffend Abs. 3 anlässlich des Inkrafttretens der Reform der Sachaufklärung in der Zwangsvollstreckung ab 1.1.2013 richtet sich nach § 39 Nr. 1 EGZPO (s. dazu Vor §§ 802 a–802 l Rn 9 f).

II. Ersetzung von Erklärungen (Abs. 1)

Der Anwendungsbereich des Abs. 1 ist gering. Bei der Überweisung an Zahlungs statt wird der Gläubiger Forderungsinhaber, so dass er zur Einziehung bereits berechtigt ist. Bei der Überweisung zur Einziehung (Regelfall) kennt das bürgerliche Recht keine besonderen Formen für die Übertragung einer Einziehungsbefugnis, die durch Abs. 1 ersetzt werden könnten.[1] Die Vorschrift ersetzt bei der Überweisung zur Einziehung die Formerfordernisse nach Art. 18 WG und Art. 23 ScheckG.

2

III. Vertrauensschutz des Drittschuldners (Abs. 2)

1. Allgemeines. Abs. 2 dient (ähnlich §§ 407, 409 BGB) dem Schutz des Drittschuldners in sein Vertrauen auf die Wirksamkeit und den Fortbestand des hoheitlichen Überweisungsaktes. Geschützt wird das Vertrauen auf den **Bestand des Einziehungsrechts**. Aufhebung ist auch die Anordnung der einstweiligen Einstellung der Zwangsvollstreckung.[2] Kenntniserlangung ist formlos möglich.

3

2. Anwendungsbereich. a) Aufgehobene Beschlüsse. Abs. 2 betrifft nur **aufgehobene** Beschlüsse. Bei rechtswidrigen, aber wirksamen und noch nicht aufgehobenen Beschlüssen kann der Drittschuldner ohne Rücksicht auf die Kenntnis des Mangels befreiend an den Vollstreckungsgläubiger leisten.

4

b) Nichtige Beschlüsse. Unklar und streitig ist der Anwendungsbereich bei von vornherein **nichtigen Überweisungsbeschlüssen**. Der Drittschuldner wird von seiner Leistungspflicht gegenüber seinem Gläubiger nicht frei, wenn er an den Vollstreckungsgläubiger leistet, dessen Pfändung „ins Leere geht", weil dieser eine bereits abgetretene Forderung gepfändet hat.[3] Der Drittschuldner kann seine Leistung dann vom Vollstreckungsgläubiger **kondizieren**. Drittschuldnerschutz bei Leistung an den aufgrund eines wirkungslosen Überweisungsbeschlusses einziehenden Vollstreckungsgläubiger besteht nicht.[4] Hingegen soll Abs. 2 anwendbar sein, wenn die Überweisung bei der Pfändung einer Briefhypothek aufgrund fehlender Briefübergabe unwirksam ist.[5]

5

3. Umfang des Schutzes. Der Schutz des Abs. 2 „wirkt dem Schuldner gegenüber". Ist der wirksame Überweisungsbeschluss **aufgehoben** (oder die Zwangsvollstreckung einstweilen **eingestellt**), kann der Drittschuldner bis zur Kenntnis der Aufhebung befreiend an den Vollstreckungsgläubiger leisten. Die Befreiung wirkt gegenüber dem Schuldner, der nach Aufhebung des Überweisungsbeschlusses wieder der alleinige Einziehungsberechtigte wird. Die Leistung des Dritt-

6

---

1 Nach Schuschke/Walker/*Schuschke*, § 836 Rn 1 ersetzt der Überweisungsbeschluss nach Abs. 1 die für die Abtretung einer durch eine Hypothek gesicherten Forderung notwendige Form des § 1154 BGB. § 1154 BGB gilt aber nur für die Abtretung, nicht für die Übertragung der Einziehungsberechtigung.
2 BGHZ 140, 253, 256 = NJW 1999, 953.
3 BGH NJW 1988, 495; BGH NJW 2002, 755, 757; OLG München JurBüro 2010, 160.
4 BGHZ 121, 98, 104 = NJW 1993, 735, 737.
5 BGHZ 127, 146, 153 = NJW 1994, 3225, 3226.

schuldners an den Vollstreckungsgläubiger hat unter den Voraussetzungen des Abs. 2 also Erfüllungswirkung gegenüber dem Vollstreckungsschuldner.

Die Norm spricht von **Kenntnis der Aufhebung** des Überweisungsbeschlusses. Daraus wird teilweise hergeleitet, dass die Kenntnis nur von der Aufhebung der Pfändung nicht ausreicht.[6] Für diese Auffassung sprechen der Wortlaut der Norm sowie der bis zur Aufhebung des Überweisungsbeschlusses bestehende Rechtsschein der Einziehungsberechtigung. Gegen diese Auffassung spricht jedoch, dass die Wirksamkeit der Überweisung eine Pfändung voraussetzt (s. § 835 Rn 4). Zudem wirkt der Schutz des Abs. 2 auch auf eine unbekannte Rangänderung (s. Rn 7) und somit auf den Bestand der Pfändung. Wenn jedoch der Drittschuldner bei Kenntnis einer Rangänderung keinen Vertrauensschutz genießt, spricht nichts dafür, den Vertrauensschutz beizubehalten, wenn die der Überweisung zugrunde liegende Pfändung insgesamt aufgehoben wird.

7 Der Schutz des Abs. 2 erstreckt sich bei mehreren Vollstreckungsgläubigern auch auf eine **unbekannte Rangänderung**.[7] Über den Wortlaut des Abs. 2 hinaus wirkt er also auch im Verhältnis zwischen dem Drittschuldner und dem Pfändungsgläubiger des Schuldners.[8] Die Beweislast für die Kenntnis des Drittschuldners von der Aufhebung trägt dann derjenige, der durch die Aufhebung begünstigt ist und die Forderung gegen den Drittschuldner geltend macht.[9]

8 Abs. 2 schützt nicht das Vertrauen des Drittschuldners darauf, dass ein in Wahrheit wirksamer Beschluss unwirksam oder aufgehoben ist, etwa bei Vorlage eines noch nicht rechtskräftigen Aufhebungsbeschlusses.

IV. Pflichten des Schuldners (Abs. 3)

9 Durch die Überweisung werden dem Schuldner nach Abs. 3 Pflichten auferlegt, die es dem Vollstreckungsgläubiger erleichtern sollen, den überwiesenen Anspruch gegenüber dem Drittschuldner durchzusetzen.

10 **1. Auskunfts- und Herausgabepflicht (Abs. 3 S. 1). a) Allgemeines.** Die Verpflichtung des Schuldners aus Abs. 3 S. 1 zur Auskunft und Herausgabe entspricht derjenigen des ehemaligen Gläubigers nach Abtretung gem. § 402 BGB. Die Auskunftspflicht des Schuldners aus Abs. 3 S. 1 besteht **neben** der Auskunftspflicht des Drittschuldners aus § 840. Abs. 3 S. 1 regelt eine Pflicht des Schuldners nach Pfändung und Überweisung, § 840 hingegen eine Obliegenheit des Drittschuldners nach Pfändung. Die Herausgabepflicht des Schuldners aus Abs. 3 S. 1 steht zudem **neben** seiner Auskunftspflicht und wird nicht dadurch eingeschränkt, dass der Gläubiger den Schuldner nach Abs. 3 S. 2 zur Auskunft zwingen kann.[10] Zur Auskunftspflicht als von der Pfändung erfasstes Nebenrecht s. § 829 Rn 97.

11 Der Auskunfts- und Herausgabeanspruch nach Abs. 3 S. 1 wird nur durch Pfändung **und** Überweisung begründet. Beide müssen wirksam sein, weshalb die Ansprüche aus Abs. 3 nicht bestehen, wenn bei einer Hypothekenforderung keine Briefübergabe/Grundbucheintragung erfolgt oder die Überweisung wegen Nichtbestehens des Anspruchs „ins Leere geht".

12 **b) Umfang der Auskunftspflicht.** Die Auskunftspflicht umfasst alle Tatsachen, die zur erfolgreichen Realisierung der Forderung **notwendig** sind (Grund, Höhe,

---

6 VG Aachen 10.2.2010 – 7 K 1535/08.
7 BGHZ 66, 394, 397 = Rpfleger 1976, 298, 299.
8 BGHZ 66, 394, 397 = Rpfleger 1976, 298, 299.
9 BGHZ 66, 394, 398 mwN = Rpfleger 1976, 298, 299.
10 BGH 9.2.2012 – VII ZB 54/10; BGHZ 192, 314, 320 = BGH WM 2012, 542 = NJW 2012, 1081, 1082.

Beweismittel, Einwendungen, Vollstreckungshindernisse). Sie betrifft auch die Pflicht, darüber Auskunft zu geben, ob der Anspruch vertraglich anerkannt worden oder rechtshängig geworden ist,[11] und erfasst auch Umstände, die sich erst nach Überweisung ergeben haben.[12] Besteht die gepfändete Forderung nach Auffassung des Schuldners nicht, muss er dies nicht begründen, weil nur Auskünfte geschuldet werden, die zur Geltendmachung notwendig sind.[13] Zu Auskünften, hinsichtlich derer den Schuldner eine **Verschwiegenheitspflicht** trifft, s. § 840 Rn 16. Macht der Schuldner **eigene schutzwürdige Geheimhaltungsinteressen** geltend, so kann er mit der Vollstreckungserinnerung nach § 766 gegen die Herausgabeanordnung vorgehen. Der Gerichtsvollzieher kann gem. § 765 a Abs. 2 die Herausgabe der Kontounterlagen an den Gläubiger bis zur Entscheidung des Vollstreckungsgerichts, jedoch nicht länger als eine Woche, aufschieben, wenn der Schuldner ihm in glaubhafter Weise zur Kenntnis bringt, dass bei Herausgabe der Kontounterlagen das Recht auf informationelle Selbstbestimmung oder ein Recht auf Geheimhaltung beeinträchtigt wäre und ihm, dem Schuldner, die rechtzeitige Anrufung des Vollstreckungsgerichts nicht möglich war.[14] Bei schuldhafter Verletzung der Auskunftspflicht ist der Vollstreckungsschuldner dem Vollstreckungsgläubiger zum Schadensersatz verpflichtet.[15]

c) **Umfang der Herausgabepflicht.** Der Schuldner hat die über die Forderung vorhandenen Urkunden zur Verfügung zu stellen. Das betrifft Urkunden, die den Gläubiger als zur Empfangnahme der Leistung berechtigt legitimieren, wie etwa im Falle des § 808 Abs. 2 S. 1 BGB oder nach erfolgter Abtretung, sowie solche, die den Bestand der Forderung beweisen oder sonst der Ermittlung oder dem Nachweis ihrer Höhe, Fälligkeit und Einredefreiheit dienen.[16] Dazu gehören Schuldscheine, das Sparkassenbuch, die Versicherungspolice, Vertragsunterlagen, Briefe, wegen § 727 Vollstreckungstitel der gepfändeten Forderung, vorhandene, auf das Arbeitseinkommen bezogene Pfändungsbeschlüsse, fortlaufend die Lohnabrechnung[17] und außer den laufenden Lohnabrechnungen regelmäßig auch die letzten drei Lohnabrechnungen aus der Zeit vor Zustellung des Pfändungs- und Überweisungsbeschlusses,[18] Abtretungserklärungen,[19] Quittungen, Bescheide und amtliche Auskünfte, Rentenbescheide und Rentenmitteilungen[20] und Kontoauszüge[21] (zur Pfändung des Anspruchs auf Erteilung von Kontoauszügen s. § 829 Rn 97, 141), auch vorhandene Nachweise, welche zur Erhöhung der Pfändungsfreibeträge gem. § 850 k Abs. 2, Abs. 5 S. 2 führen (s. auch die beispielhafte Aufzählung im amtlichen Vordruck zu § 2 ZVFV). Insoweit besteht eine Auskunfts- und Herausgabepflicht nach Abs. 3 S. 1, wobei dem Schuldner 13

---

11 Zu einem gepfändeten Pflichtteilsanspruch s. BGH NJW-RR 2009, 997, 999 = MDR 2009, 648, 649.
12 Schuschke/Walker/*Schuschke*, § 836 Rn 7.
13 Zöller/*Stöber*, § 836 Rn 10.
14 BGH 9.2.2012 – VII ZB 54/10; BGHZ 192, 314, 321 = BGH WM 2012, 542, 544 = NJW 2012, 1081, 1082 f; BGH WM 2012, 593, 594 = NJW 2012, 1223, 1224.
15 Stein/Jonas/*Brehm*, § 836 Rn 12; OLG München MDR 1990, 931, 932.
16 BGH NJW 2003, 1256; BGH NJW-RR 2006, 1576 = MDR 2007, 50; BGH NJW 2007, 606 = MDR 2007, 607; BGH 9.2.2012 – VII ZB 54/10; BGHZ 192, 314, 317 = BGH WM 2012, 542, 543 = NJW 2012, 1081; BGH WM 2012, 593, 594 = NJW 2012, 1223, 1224.
17 OLG Hamm DGVZ 1994, 188, 189 = JurBüro 1995, 163.
18 BGH NJW 2007, 606.
19 LG Heilbronn JurBüro 2011, 46.
20 LG Bochum JurBüro 2009, 270 f; AG Fürth JurBüro 2014, 440.
21 BGH 9.2.2012 – VII ZB 54/10; BGHZ 192, 314, 319 = BGH WM 2012, 542, 543 = NJW 2012, 1081, 1082 (Kopie reicht); BGH WM 2012, 593, 594 = NJW 2012, 1223, 1224; BGH JurBüro 2013, 41; LG Landshut Rpfleger 2009, 39; LG Stendal Rpfleger 2009, 397, 398; aA LG Stuttgart Rpfleger 2008, 211.

nachgelassen werden muss, die Übergabe durch Herausgabe von **Kopien** zu erfüllen.[22]

Zur Herausgabe verpflichtet ist nur der **Schuldner**, nicht der Drittschuldner, und zwar auch nicht aufgrund der Obliegenheit nach § 840.[23]

14 Die Herausgabepflicht erstreckt sich aber nicht auf die **EC-Karte**.[24] EC-Karten werden weder zum Beweis der Forderung benötigt, noch ist der Gläubiger auf ihre Vorlage angewiesen, um die Forderung beim Drittschuldner geltend machen zu können. Verfügungen des Schuldners mit Hilfe der EC-Karte nach Pfändung des Kontos sind unwirksam.

15 Beim Lohnsteuererstattungsanspruch besteht keine Herausgabepflicht der **Lohnsteuerkarte**.[25] Zu Erzwingung notwendiger Handlungen im Steuerfestsetzungsverfahren s. § 887 Rn 16. Zur Pfändung von Steuererstattungsansprüchen s. § 829 Rn 150.

16 Die gem. Abs. 3 S. 1 vom Schuldner herauszugebenden Urkunden sind auf **Antrag** des Gläubigers idR bereits in den Pfändungs- und Überweisungsbeschluss aufzunehmen.[26] Die Herausgabepflicht besteht kraft Gesetzes. Eine besondere **Herausgabeanordnung** im Beschluss ist daher nicht erforderlich, um sie zu begründen. Der Gläubiger kann eine solche Anordnung im Beschluss jedoch verlangen, wenn er die Hilfsvollstreckung nach Abs. 3 S. 5 betreiben will. Dann müssen die vom Schuldner herauszugebenden Urkunden näher bezeichnet werden (s. Rn 18). Ein Rechtsschutzinteresse an der Aufnahme einer Herausgabeanordnung im Pfändungs- und Überweisungsbeschluss muss der Gläubiger nicht darlegen.[27]

17 **2. Offenbarungspflicht (Abs. 3 S. 2).** Die Durchsetzung der Offenbarungspflicht nach Abs. 3 S. 2 erübrigt die Klage auf Auskunft, falls der Schuldner gegenüber dem Vollstreckungsgläubiger die vollständige Auskunft verweigert. Der Vollstreckungsgläubiger kann ohne weiteren Titel allein aufgrund seines Vollstreckungstitels gegen den Vollstreckungsschuldner und des Pfändungs- und Überweisungsbeschlusses das Verfahren nach §§ 802 c ff einleiten, wenn sich der Schuldner weigert, vollständige Auskunft zu leisten. Bestreitet der Schuldner die Verpflichtung zur Abgabe der Vermögensauskunft, so findet gegen die Anordnung zur Abgabe als Vollstreckungshandlung die Erinnerung gem. § 766 statt. Der Schuldner kann dort also Einwendungen gegen die Auskunftspflicht geltend machen.

18 **3. Vollstreckung der Schuldnerpflichten.** Die Verpflichtung des Schuldners zur Herausgabe aus Abs. 3 S. 1 wird durch § 883 **vollstreckt**. Vollstreckungstitel ist der Titel in Verbindung mit dem Pfändungs- und Überweisungsbeschluss, der die herauszugebenden Urkunden im Einzelnen bezeichnen muss. Werden die Urkunden nicht gefunden, kann die Abgabe der eidesstattlichen Versicherung angeordnet werden (§ 883 Abs. 2). Durch den Besitz des Schuldtitels und einer Ausfertigung des Überweisungsbeschlusses wird der Gerichtsvollzieher zur Wegnahme ermächtigt (§ 122 Abs. 2 GVGA). Dies unterscheidet die Wegnahmebefugnis des Gerichtsvollziehers bei der Herausgabepflicht eines Hypotheken-, Grundschuld-

---

22 BGH WM 2013, 548 = NJW-RR 2013, 766, 767 gegen Vorinstanz LG Koblenz ZVI 2011, 258, 259 f; so auch hinsichtlich der Bescheinigung für den erweiterten Pfändungsschutz LG Dresden FoVo 2011, 149 unter Hinweis auf die Gesetzesbegründung. Dort ist allerdings nur von Auskunft, nicht von Urkundsherausgabe die Rede.
23 LG Köln WM 2013, 1410.
24 BGH NJW 2003, 1256.
25 BFH NJW 1999, 1056 (kein Antragsrecht des Pfändungsgläubigers auf Einkommensteuerveranlagung); aA Schuschke/Walker/*Schuschke*, Anh. zu § 829 Rn 33.
26 BGH NJW-RR 2006, 1576 = MDR 2007, 50.
27 BGH NJW-RR 2006, 1576 = MDR 2007, 50.

oder Rentenschuldbriefes nach §§ 830, 857 Abs. 6. Dort reicht bereits die Pfändung der Forderung aus, die Herausgabepflicht durchzusetzen (vgl § 830 Rn 15).

Voraussetzung für die Durchsetzung der Pflichten des Schuldners nach Abs. 3 S. 1 ist zunächst ein **Antrag** des Vollstreckungsgläubigers (**Abs. 3 S. 2**). Dem Antrag ist die vollstreckbare Ausfertigung des Titels sowie der Pfändungs- und Überweisungsbeschluss nebst Zustellungsurkunde **beizufügen**. Wird der ursprüngliche Pfändungs- und Überweisungsbeschluss im Hinblick auf die herauszugebenden Urkunden **ergänzt**, bedarf der Ergänzungsbeschluss keiner Vollstreckungsklausel, ist aber dem Schuldner nach § 750 zuzustellen.[28]

Der Antrag geht bei der Durchsetzung der **Auskunftserteilung** auf Terminsbestimmung zur Auskunftserteilung und zur Abgabe der Versicherung an Eides statt. Der Vollstreckungsgläubiger muss in seinem Antrag glaubhaft machen, dass die Auskunft außergerichtlich nicht erlangt werden kann. Die Darlegung der Erfolglosigkeit einer entsprechenden Aufforderung genügt. Der Vollstreckungsgläubiger sollte die Fragen, deren Antwort er vom Schuldner begehrt, für den Gerichtsvollzieher vorformulieren. Hat der Gerichtsvollzieher Zweifel, dass die Fragen „nötig" sind, hat er die Befragung insoweit abzulehnen.[29]

Bei der Vollstreckung der **Herausgabe** der Urkunde nach **Abs. 3 S. 5** ist der Pfändungs- und Überweisungsbeschluss, der Titel für die Herausgabe ist, dem Schuldner zuzustellen und die Zustellungsurkunde gleichfalls dem Antrag beizufügen. Der Antrag geht dort auf Wegnahme der Urkunde und Übergabe an den Gläubiger im Wege der **Hilfsvollstreckung**.

Besitzt ein nicht herausgabebereiter Dritter die Urkunde, gilt § 886. Der Gläubiger muss gegen den Dritten Klage auf Herausgabe der Urkunden aufgrund des gepfändeten und überwiesenen Schuldneranspruchs erheben. Einer gesonderten Pfändung und Überweisung des Herausgabeanspruchs bedarf es nicht.[30]

Der Schuldner bleibt Eigentümer der an den Gläubiger herausgegebenen Urkunden. Der Gläubiger hat dem Schuldner die Urkunden spätestens bei Beendigung der Zwangsvollstreckung wieder herauszugeben. Möglich ist auch die Herausgabe durch Übergabe von **Kopien**.[31]

Die Verpflichtung zur Erteilung der Auskunft wird nach **Abs. 3 S. 2** vollstreckt. Erfüllt der Schuldner seine Auskunftspflicht nicht, kann er zur Protokollierung der Auskunft und eidesstattlichen Versicherung gem. §§ 802 c ff geladen werden.

V. Rechtsbehelfe

Gegen das Verhalten des Gerichtsvollziehers ist die Erinnerung statthaft (§ 766). Gegen Entscheidungen des Rechtspflegers ist die sofortige Beschwerde statthaft (§ 11 RPflG iVm § 793).

VI. Kosten

Durch eine ggf erforderliche Abnahme der eidesstattlichen Versicherung durch den **Gerichtsvollzieher** (Abs. 3) entsteht eine Gebühr nach Nr. 262 KV GvKostG iHv 38,00 €.

Der Antrag auf Herausgabe von Urkunden (Abs. 3 S. 5) löst die dafür bestimmte Gebühr Nr. 221 KV GvKostG iHv 26,00 € aus. Gegebenenfalls kann bei dieser Gebühr ein Zeitzuschlag (Nr. 500 KV GvKostG) anfallen. Werden Urkunden

---

28 LG Heilbronn JurBüro 2011, 46.
29 Schuschke/Walker/*Schuschke*, § 836 Rn 16.
30 Zöller/*Stöber*, § 836 Rn 17; Stein/Jonas/*Brehm*, § 836 Rn 17 mwN.
31 BGH 9.2.2012 – VII ZB 54/10.

nicht weg- oder entgegengenommen, fallen nur die Gebühren des 6. Abschnitts (nicht erledigte Amtshandlung) sowie Auslagen an.

§ 837 Überweisung einer Hypothekenforderung

(1) [1]Zur Überweisung einer gepfändeten Forderung, für die eine Hypothek besteht, genügt die Aushändigung des Überweisungsbeschlusses an den Gläubiger. [2]Ist die Erteilung des Hypothekenbriefes ausgeschlossen, so ist zur Überweisung an Zahlungs statt die Eintragung der Überweisung in das Grundbuch erforderlich; die Eintragung erfolgt auf Grund des Überweisungsbeschlusses.

(2) [1]Diese Vorschriften sind nicht anzuwenden, soweit es sich um die Überweisung der Ansprüche auf die im § 1159 des Bürgerlichen Gesetzbuchs bezeichneten Leistungen handelt. [2]Das Gleiche gilt bei einer Sicherungshypothek im Falle des § 1187 des Bürgerlichen Gesetzbuchs von der Überweisung der Hauptforderung.

(3) Bei einer Sicherungshypothek der im § 1190 des Bürgerlichen Gesetzbuchs bezeichneten Art kann die Hauptforderung nach den allgemeinen Vorschriften gepfändet und überwiesen werden, wenn der Gläubiger die Überweisung der Forderung ohne die Hypothek an Zahlungs statt beantragt.

§ 122 GVGA

I. Voraussetzungen

1 § 837 gleicht die Verwertung einer durch eine Hypothek gesicherte Forderung den grundbuchrechtlichen Erfordernissen an. Die Überweisung von Hypothekenforderungen setzt eine **wirksame Pfändung** nach § 830 voraus (s. § 830 Rn 30). Da eine nachträgliche Pfändung die bis dahin unwirksame Überweisung wirksam werden lässt,[1] können Pfändungs- und Überweisungsbeschlüsse zusammen erlassen werden (s. § 830 Rn 30, § 835 Rn 4). Für die Praxis wird ein Hinweis im Überweisungsbeschluss auf die noch ausstehende Wirksamkeit der Pfändung mit Briefübergabe oder Grundbucheintragung empfohlen.[2]

II. Briefhypothek

2 Bei der **Briefhypothek** wird nicht zwischen der Überweisung an Zahlungs statt und Überweisung zur Einziehung unterschieden. Die Überweisungswirkung tritt in beiden Fällen abweichend von § 835 Abs. 3 nach **Abs. 1 S. 1** mit formloser Aushändigung des Überweisungsbeschlusses an den Gläubiger ein, wenn die Forderung zu diesem Zeitpunkt bereits gepfändet ist. Die Überweisung wird im Brief nicht eingetragen.

III. Buchhypothek

3 Bei der **Buchhypothek** wird zwischen der Überweisung zur Einziehung und an Zahlungs statt unterschieden.

4 **1. Überweisung zur Einziehung.** Bei der Überweisung zur Einziehung gilt **Abs. 1 S. 1**, so dass die Überweisung mit Aushändigung des Überweisungsbeschlusses eintritt, jedoch nicht vor Pfändung. Nur die Pfändung ist gem. § 830 Abs. 1 S. 3 einzutragen, nicht jedoch die Überweisung. Denn die Hypothek geht bei der

---

1 Hk-ZPO/*Kemper*, § 837 Rn 1.
2 Zöller/*Stöber*, § 837 Rn 7 mwN.

Überweisung zur Einziehung nicht auf den Vollstreckungsgläubiger über. Er erlangt lediglich die Einziehungsbefugnis.

2. Überweisung an Zahlungs statt. Bei der Überweisung an Zahlungs statt wirkt die Überweisung ab Eintragung in das Grundbuch (**Abs. 1 S. 2**). Diese ist wie bei der Pfändung nach § 830 vorzunehmen. Die Eintragung muss vom Vollstreckungsgläubiger beantragt werden. Dem Antrag ist der Überweisungsbeschluss beizufügen. Die Eintragung der Überweisung darf nicht vor Wirksamwerden der Pfändung vorgenommen werden.

IV. Besonderheiten bei rückständigen Nebenleistungen und Sicherungshypothek (Abs. 2)

Abs. 2 ergänzt § 830 Abs. 3. Die Pfändung und Überweisung der in § 1159 BGB bezeichneten Leistungen richtet sich nach den allgemeinen Vorschriften der §§ 829, 835. Die Verwertung von Forderungen, für die eine Sicherungshypothek nach § 1187 BGB bestellt ist, richtet sich nach den allgemeinen Vorschriften der §§ 821, 835.

V. Besonderheiten bei der Höchstbetragshypothek (Abs. 3)

Bei Forderungen, für die eine Höchstbetragshypothek nach § 1190 BGB bestellt ist (Abs. 3), stehen zwei Möglichkeiten zur Wahl.

1. Pfändung wie Buchhypothek. Die Forderung kann wie jede Forderung, für die eine Buchhypothek besteht, gepfändet und überwiesen werden. Das Pfandrecht entsteht durch Eintragung nach § 830 Abs. 1 S. 3, die Überweisung erfolgt nach Abs. 1 S. 2.

2. Pfändung nach allgemeinen Regeln. Der Gläubiger kann die Hauptforderung ohne Hypothek nach §§ 829, 835 pfänden und sich überweisen lassen, aber nur an Zahlungs statt. Der Gläubiger muss einen solchen Antrag stellen, der Beschluss muss die Beschränkung der Pfändung auf die Forderung zum Ausdruck bringen. In diesem Fall werden Pfändung und Überweisung mit Zustellung an den Drittschuldner wirksam.

VI. Quittung, Löschungsbewilligung und Hypothekenbrief nach Zahlung

Zahlt der Drittschuldner aufgrund der Pfändung und Überweisung an den Vollstreckungsgläubiger, so ist dieser verpflichtet, dem Drittschuldner löschungsfähige Quittung nach § 1144 BGB zu erteilen. Dabei handelt es sich um einen Unrichtigkeitsnachweis iSd § 22 Abs. 1 S. 1 GBO. Eine Löschungsbewilligung iSd § 19 GBO kann nur der tatsächliche Hypothekengläubiger erklären. Der Vollstreckungsgläubiger wird tatsächlicher Hypothekengläubiger, wenn ihm die Hypothek an Zahlungs statt überwiesen wurde.

Auch wegen der Aushändigung des Hypothekenbriefes nach § 1144 BGB muss sich der Drittschuldner an den Vollstreckungsschuldner halten, der Eigentümer des Briefes bleibt, es sei denn, die Hypothek ist dem Vollstreckungsgläubiger an Zahlungs statt überwiesen worden. Dann ist der Vollstreckungsgläubiger Eigentümer des Hypothekenbriefes geworden.

§ 837 a Überweisung einer Schiffshypothekenforderung

(1) ¹Zur Überweisung einer gepfändeten Forderung, für die eine Schiffshypothek besteht, genügt, wenn die Forderung zur Einziehung überwiesen wird, die Aushändigung des Überweisungsbeschlusses an den Gläubiger. ²Zur Überweisung an

Zahlungs statt ist die Eintragung der Überweisung in das Schiffsregister oder in das Schiffsbauregister erforderlich; die Eintragung erfolgt auf Grund des Überweisungsbeschlusses.

(2) ¹Diese Vorschriften sind nicht anzuwenden, soweit es sich um die Überweisung der Ansprüche auf die im § 53 des Gesetzes über Rechte an eingetragenen Schiffen und Schiffsbauwerken vom 15. November 1940 (RGBl. I S. 1499) bezeichneten Leistungen handelt. ²Das Gleiche gilt, wenn bei einer Schiffshypothek für eine Forderung aus einer Schuldverschreibung auf den Inhaber, aus einem Wechsel oder aus einem anderen durch Indossament übertragbaren Papier die Hauptforderung überwiesen wird.

(3) Bei einer Schiffshypothek für einen Höchstbetrag (§ 75 des im Absatz 2 genannten Gesetzes) gilt § 837 Abs. 3 entsprechend.

1   Gemäß § 8 Abs. 1 S. 1 SchiffsRG kann ein **Schiff** zur Sicherung einer Forderung in der Weise belastet werden, dass der Gläubiger berechtigt ist, wegen einer bestimmten Geldsumme Befriedigung aus dem Schiff zu suchen (**Schiffshypothek**). Die Schiffshypothek besteht nur als Buchhypothek (§ 8 Abs. 2 iVm § 3 Abs. 1 SchiffsRG). Die Regelung entspricht derjenigen der Buchhypothek des § 837. Nach § 75 Abs. 1 SchiffsRG kann eine Höchstbetragshypothek (entsprechend § 1190 BGB) bestellt werden. § 837a gilt für **Luftfahrzeuge** entsprechend (§ 99 Abs. 1 LuftFzgG). Auf die Erläuterungen zur Buchhypothek wird verwiesen (s. § 837 Rn 3 ff).

§ 838 Einrede des Schuldners bei Faustpfand

Wird eine durch ein Pfandrecht an einer beweglichen Sache gesicherte Forderung überwiesen, so kann der Schuldner die Herausgabe des Pfandes an den Gläubiger verweigern, bis ihm Sicherheit für die Haftung geleistet wird, die für ihn aus einer Verletzung der dem Gläubiger dem Verpfänder gegenüber obliegenden Verpflichtungen entstehen kann.

I. Normzweck

1   Die Vorschrift sichert den Schuldner, der nach Herausgabe der verpfändeten Sache dem Verpfänder für eine Verschlechterung der Sache haftet.

2   Wird eine Forderung des Vollstreckungsschuldners gepfändet und überwiesen, so erstreckt sich die Überweisung auch auf ein Faustpfand, welches der Sicherung dieser Forderung dient, § 401 BGB (Faustpfand als Nebenrecht). Der Gläubiger kann vom Vollstreckungsschuldner **Herausgabe** des Faustpfandes verlangen (§ 1251 Abs. 1 BGB).

3   Mit Erlangung des Besitzes tritt der Vollstreckungsgläubiger als neuer Pfandgläubiger in die mit dem Pfandrecht verbundenen Verpflichtungen gegen den Verpfänder ein (§ 1251 Abs. 2 S. 1 BGB). Ihn treffen Verwahrungs-, Sorgfalts- und Mitwirkungspflichten des Pfandgläubigers (§§ 1214 f, 1217 f, 1223, 1243 BGB). Verletzt der Vollstreckungsgläubiger diese Pflichten, so haftet der Schuldner nach Herausgabe der Pfandsache gem. § 1251 Abs. 2 S. 2 BGB wie ein **Bürge**, der auf die Einrede der Vorausklage verzichtet hat, für den **Schaden**, der dem Verpfänder durch Verletzung der Pflichten entsteht, in die der Gläubiger eingetreten ist.

4   Gegen den Herausgabeanspruch nach § 1251 Abs. 1 BGB gibt § 838 eine aufschiebende **Einrede**. Die Sicherheit ist nach § 232 BGB, nicht nach § 108 zu leisten.

II. Geltendmachung

Der Herausgabeanspruch gegen den Schuldner muss vom Gläubiger ggf eingeklagt werden; § 836 Abs. 3 gilt nicht. Bei Verurteilung ohne vorherige Sicherheitsleistung erfolgt Verurteilung Zug um Zug.[1]

§ 839 Überweisung bei Abwendungsbefugnis

Darf der Schuldner nach § 711 Satz 1, § 712 Abs. 1 Satz 1 die Vollstreckung durch Sicherheitsleistung oder Hinterlegung abwenden, so findet die Überweisung gepfändeter Geldforderungen nur zur Einziehung und nur mit der Wirkung statt, dass der Drittschuldner den Schuldbetrag zu hinterlegen hat.

I. Normzweck und Anwendungsbereich

Darf der Schuldner die Zwangsvollstreckung durch Hinterlegung oder Sicherheitsleistung abwenden und leistet der Schuldner diese Sicherheit nicht, wäre durch uneingeschränkte Überweisung des vorläufig vollstreckbaren Titels die angeordnete Abwendungsbefugnis entwertet. Dies verhindert § 839, indem in diesen Fällen die Überweisung nur zur Einziehung und zur Hinterlegung erfolgen darf. Die Vorschrift des § 839 entspricht §§ 720, 815 Abs. 3 und 819. Sie ist **nur** im Falle der §§ 711 S. 1, 712 Abs. 1 S. 1 anwendbar, also insb. nicht, wenn die Zwangsvollstreckung nach §§ 707, 719 gegen Sicherheitsleistung eingestellt wird.[1]

II. Voraussetzungen

Im Überweisungsbeschluss ist aufzunehmen, dass der Drittschuldner nicht zahlen, sondern nur hinterlegen darf. Ist dies nicht geschehen, gilt § 836 Abs. 2.

III. Folgen

Der Drittschuldner wird durch Hinterlegung befreit. Der Schuldner erwirbt einen Auszahlungsanspruch gegen die Hinterlegungsstelle. Der Gläubiger erwirbt ein Pfandrecht daran (§ 233 BGB).

Die Auszahlung des Geldes erfolgt auf Antrag, wenn die Berechtigung gem. § 13 Abs. 1 HintO nachgewiesen wird. Fällt das Recht des Schuldners zur Abwendung der Zwangsvollstreckung bzw Hinterlegung weg, führt dies zur alleinigen Auszahlungsberechtigung des Gläubigers.[2]

IV. Kosten

Es entsteht als **Gerichtsgebühr** eine Festgebühr nach Nr. 2111 KV GKG iHv 20,00 €. Mehrere Verfahren innerhalb eines Rechtszuges gelten als ein Verfahren, sofern sie denselben Anspruch und denselben Gegenstand betreffen. Vgl auch § 835 Rn 34 ff.

---

1 So richtig die hM, Zöller/*Stöber*, § 838 Rn 2 mwN; Schuschke/Walker/*Schuschke*, § 838 Rn 2; aA Stein/Jonas/*Brehm*, § 838 Rn 2 (Klageabweisung).
1 BGH NJW 1968, 398.
2 Hk-ZPO/*Kemper*, § 839 Rn 4.

§ 840 Erklärungspflicht des Drittschuldners

(1) Auf Verlangen des Gläubigers hat der Drittschuldner binnen zwei Wochen, von der Zustellung des Pfändungsbeschlusses an gerechnet, dem Gläubiger zu erklären:
1. ob und inwieweit er die Forderung als begründet anerkenne und Zahlung zu leisten bereit sei;
2. ob und welche Ansprüche andere Personen an die Forderung machen;
3. ob und wegen welcher Ansprüche die Forderung bereits für andere Gläubiger gepfändet sei;
4. ob innerhalb der letzten zwölf Monate im Hinblick auf das Konto, dessen Guthaben gepfändet worden ist, nach § 850 l die Unpfändbarkeit des Guthabens angeordnet worden ist, und
5. ob es sich bei dem Konto, dessen Guthaben gepfändet worden ist, um ein Pfändungsschutzkonto im Sinne von § 850 k Abs. 7 handelt.

(2) ¹Die Aufforderung zur Abgabe dieser Erklärungen muss in die Zustellungsurkunde aufgenommen werden. ²Der Drittschuldner haftet dem Gläubiger für den aus der Nichterfüllung seiner Verpflichtung entstehenden Schaden.

(3) ¹Die Erklärungen des Drittschuldners können bei Zustellung des Pfändungsbeschlusses oder innerhalb der im ersten Absatz bestimmten Frist an den Gerichtsvollzieher erfolgen. ²Im ersteren Fall sind sie in die Zustellungsurkunde aufzunehmen und von dem Drittschuldner zu unterschreiben.

§§ 14, 15, 22, 121 GVGA

I. Normzweck 1	rung über Pfändungsschutzkonto (Nr. 5) 14
II. Rechtsnatur 3	4. Passivlegitimation 15
III. Voraussetzungen 4	5. Verschwiegenheitspflichten 16
1. Pfändung................... 4	V. Erklärungsempfänger (Abs. 3) ... 18
2. Zustellung.................. 7	VI. Verletzung der Auskunftsobliegenheit (Abs. 2 S. 2) 22
IV. Umfang der Auskunftsobliegenheit (Abs. 1) 8	VII. Weitere Auskunftsansprüche 26
1. Erklärung über Rechtsgrund (Nr. 1) 9	VIII. Kosten 27
2. Erklärung über andere Gläubiger (Nr. 2 und 3) 13	1. Rechtsanwaltsgebühren 27
3. Erklärung über Pfändung nach § 850 l (Nr. 4); Erklä-	2. Gerichtsvollzieherkosten.... 29

I. Normzweck

1 Der pfändende Gläubiger kennt die Verhältnisse zwischen Schuldner und Drittschuldner zumeist nicht und ist für sein weiteres Vorgehen auf Auskünfte angewiesen. Die Drittschuldnererklärung dient der Funktionsfähigkeit der Forderungsvollstreckung.[1]

2 Der Anspruch des Vollstreckungsgläubigers gegen den Vollstreckungsschuldner aus § 836 Abs. 3 steht gleichberechtigt neben den Ansprüchen gegen den Drittschuldner aus § 840.[2] Der Gläubiger kann im Gegensatz zu § 836 Abs. 3 nur Erklärungen, nicht aber Herausgabe von Unterlagen verlangen.

---

1 BGH NJW 2000, 651, 652 = MDR 2000, 285; BGH NJW 2010, 1135 = NZM 2009, 853.
2 OLG Hamm DGVZ 1994, 188, 189 = JurBüro 1995, 163.

II. Rechtsnatur

Die Drittschuldnererklärung ist eine **Obliegenheit** und begründet keine einklagbare Auskunftspflicht.[3] Die Auskunft muss daher weder ergänzt noch wiederholt werden, auch wenn sie unvollständig oder unrichtig ist. Abs. 1 verlangt nur eine Erklärung, nicht aber deren Wiederholung oder den Nachweis ihrer Richtigkeit.[4] Bei Fehlverhalten des Drittschuldners ist dieser gem. Abs. 2 S. 2 **schadensersatzpflichtig** (s. Rn 22 ff).

III. Voraussetzungen

1. Pfändung. Voraussetzung der Erklärungsobliegenheit des Drittschuldners ist die Pfändung der gegen ihn gerichteten Forderung. Maßgebend ist allein die Zustellung des Beschlusses. Die Auskunftsobliegenheit besteht auch dann, wenn die Pfändung ins Leere geht, weil die gepfändete Forderung nicht bestand. Die Auskunftsobliegenheit knüpft nicht an den Bestand einer gepfändeten Forderung an, sondern daran, dass der in Anspruch Genommene potentieller Drittschuldner sein könnte.[5] Die Überweisung (§ 835) ist nicht notwendig. Ausreichend ist auch eine Sicherungsvollstreckung (§ 720 a) oder eine Arrestpfändung (§ 930). Wenn eine Hypothekenforderung gepfändet wird, ist die Aufforderung bereits vor der Pfändung, die des Weiteren eine Briefübergabe bzw Grundbucheintragung voraussetzt, zulässig.

Soweit die Pfändung besteht, lässt die Einstellung der Zwangsvollstreckung die Auskunftspflicht unberührt.[6]

Eine **Vorpfändung** nach § 845 genügt hingegen nicht.[7] Bei einer Pfändung von Forderungen durch den Gerichtsvollzieher nach § 831 (Pfändung indossabler Papiere) besteht keine Auskunftspflicht.

2. Zustellung. Die Aufforderung muss dem Drittschuldner mit dem Pfändungsbeschluss **zugestellt** worden sein. Der Gläubiger wird idR das Vollstreckungsgericht bitten, den Gerichtsvollzieher anlässlich der Zustellung des Pfändungsbeschlusses mit der Einholung der Drittschuldnererklärung zu betrauen (zur **Antragsformulierung** s. § 829 Rn 72). Die Aufforderung muss in die Zustellungsurkunde mit aufgenommen werden (**Abs. 2 S. 1**). Die Zustellung erfolgt durch den Gerichtsvollzieher. Abs. 1 ist bei der Zustellung durch die Post nicht anwendbar, da der Postzusteller die Erklärung des Drittschuldners nach Abs. 3 nicht entgegennehmen kann.[8] Der Gerichtsvollzieher ist nicht verpflichtet, auf Weisung des Gläubigers den Drittschuldner aufzusuchen, um dessen Auskunft zu protokollieren.[9]

IV. Umfang der Auskunftsobliegenheit (Abs. 1)

Der Umfang der Auskunft richtet sich nach Abs. 1 Nr. 1–5. Die Auskunftsobliegenheit wird eng ausgelegt.

1. Erklärung über Rechtsgrund (Nr. 1). Der Drittschuldner muss im Umfang der Pfändung den **Rechtsgrund** und die Höhe der Forderung angeben und erklären, ob er sie anerkenne oder nicht. Eine Begründung wird nicht geschuldet. Der

---

3 BGHZ 91, 126, 129 = NJW 1984, 1901; BGH NJW-RR 2006, 1566 = MDR 2006, 1370.
4 BGHZ 86, 23, 26 = NJW 1983, 687, 688.
5 OLG Schleswig NJW-RR 1990, 448; LG Mönchengladbach JurBüro 2009, 273.
6 MüKo-ZPO/*Smid*, § 840 Rn 5.
7 BGHZ 68, 289, 291 = NJW 1977, 1199.
8 Stein/Jonas/*Brehm*, § 840 Rn 4 mwN.
9 OLG Frankfurt DGVZ 1978, 156, 157 f; OLG Hamm DGVZ 1977, 188.

Drittschuldner hat sich nur dazu zu erklären, ob er die Forderung als begründet anerkennt, nicht darüber, ob die Forderung begründet ist.[10] Einreden, Einwendungen, Fälligkeit und Gestaltungsrechte müssen nicht angegeben werden.[11] Die Aufrechnungsmöglichkeit soll angegeben werden müssen, weil dies die Bereitschaft zur Zahlung (Nr. 1 aE) betreffe.[12] Dies erscheint zweifelhaft, weil auch Einreden, Einwendungen und Gestaltungsrechte die Zahlungsbereitschaft betreffen, ohne dass eine Begründung der Zahlungsverweigerung gefordert wird.[13] Erteilt der Drittschuldner nach Zugang der Aufforderung zur Erklärung nach Abs. 1 dem Pfändungsgläubiger keine Antwort, kann der Pfändungsgläubiger „ohne Weiteres" davon ausgehen, dass die gepfändete Forderung beigetrieben werden kann.[14]

10 Bei **Gesamtgläubigerschaft** muss der Drittschuldner auch das Forderungsrecht der übrigen Gesamtgläubiger benennen.[15]

11 Bei **Lohnpfändungen** ist streitig, ob der bereinigte Betrag, Steuerklasse und Zahl der Unterhaltsberechtigten anzugeben sind. Die hM verneint dies.[16] Dem ist zuzustimmen. Entscheidend ist, dass es sich bei der Pfändung von Arbeitseinkommen um wiederkehrende Leistungen handelt, die erst künftig fällig werden und monatlichen Schwankungen unterliegen können.[17]

12 Bei der Erklärung nach Nr. 1 handelt es sich um eine **Wissenserklärung**,[18] durch welche die **Beweislast** umgekehrt wird. Widerruft der Drittschuldner seine Erklärung, hat er zu beweisen, dass die gepfändete Forderung nicht besteht oder mit Einwendungen bzw Einreden behaftet ist.[19] Die Drittschuldnererklärung enthält insb. kein konstitutives oder deklaratorisches Schuldanerkenntnis.[20] Ob das im Rahmen der Auskunftserteilung erklärte Anerkenntnis gem. § 212 Abs. 1 Nr. 1 BGB zum Neubeginn der Verjährung führt, ist zweifelhaft.[21] Das Anerkenntnis der Forderung durch den Drittschuldner schließt eine **Aufrechnung** durch ihn nicht aus. Zur Vorlage von **Belegen** ist der Drittschuldner nicht verpflichtet.[22]

13 **2. Erklärung über andere Gläubiger (Nr. 2 und 3).** Andere Gläubiger kommen insb. in Betracht bei Abtretung, Übergang, Verpfändung. Hinsichtlich **anderer Gläubiger** müssen diese nach Namen und Anschrift sowie Rechtsgrund und Betrag benannt werden. Dies gilt auch, wenn das Bestehen der anderen Ansprüche streitig ist. Bei der **Pfändung durch Dritte** ist neben den Angaben zu Nr. 2 auch der Pfändungsbeschluss genau zu bezeichnen. Auch Vorpfändungen (§ 845) sind anzugeben. Im Falle der Nr. 3 ist auch die Höhe der Titelforderungen anzugeben.

---

10 BGH NJW 2010, 1674 = MDR 2010, 346.
11 Zöller/*Stöber*, § 840 Rn 5; Stein/Jonas/*Brehm*, § 840 Rn 9; Musielak/Voit/*Becker*, § 840 Rn 5.
12 *Stöber*, Forderungspfändung, Rn 642 a; Wieczorek/Schütze/*Lüke*, § 840 Rn 11.
13 Eine Hinweispflicht verneinend nunmehr auch BGH WM 2013, 331 = MDR 2013, 368.
14 BGH NJW-RR 2006, 1566 = MDR 2006, 1370.
15 Wieczorek/Schütze/*Lüke*, § 840 Rn 11 mwN.
16 Stein/Jonas/*Brehm* § 840 Rn 9; Zöller/*Stöber*, § 840 Rn 5; MüKo-ZPO/*Smid*, § 840 Rn 12; Wieczorek/Schütze/*Lüke*, § 840 Rn 11 jeweils mwN; aA etwa Thomas/Putzo/*Seiler*, § 840 Rn 5.
17 LAG Düsseldorf JurBüro 1995, 478, 479.
18 BGHZ 69, 328, 330 = NJW 1978, 44.
19 BGHZ 69, 328, 330 = NJW 1978, 44.
20 BGHZ 69, 328, 330 = NJW 1978, 44 auch zur entgegenstehenden älteren Rspr; OLGR Brandenburg 2009, 561 = MDR 2009, 1096.
21 Zu § 208 BGB aF nur scheinbar bejahend, iE aber offen gelassen BGH NJW 1978, 1914 = MDR 1978, 743.
22 BGHZ 86, 23, 26 = NJW 1983, 687, 688.

3. **Erklärung über Pfändung nach § 850 I (Nr. 4); Erklärung über Pfändungsschutzkonto (Nr. 5).** Durch die Erklärung nach **Nr. 4** soll der Vollstreckungsgläubiger die Erfolgsaussichten seiner Vollstreckung beurteilen können. Die Mitteilung erlaubt ihm auch, einen Antrag auf Aufhebung der ausgesprochenen Schutzanordnung nach § 850 l S. 1 zu beantragen (§ 850 l S. 3).

Der Drittschuldner hat nach **Nr. 5** zu erklären, ob es sich bei dem Konto um ein Pfändungsschutzkonto iSd § 850 k Abs. 7 handelt. Dadurch wird der Vollstreckungsgläubiger wegen des Pfändungsschutzes über den Umfang seiner erwirkten Pfändung informiert. Da sich der Wortlaut der Nr. 5 lediglich auf eine Erklärungspflicht über das Vorliegen eines Pfändungsschutzkontos beschränkt, wird eine weitere Auskunftspflicht über Tatsachen, die für den Umfang der Pfändung bedeutsam sein können, durch diese Norm nicht begründet (zu weiteren Auskunftsansprüchen s. Rn 26).

4. **Passivlegitimation.** Die Erklärung ist vom **Drittschuldner** zu leisten. Bei **mehreren** Drittschuldnern (Pfändung einer Gesamtschuld, Pfändung von Bruchteilen) trifft jeden Drittschuldner eine eigene Auskunftsobliegenheit. Bei akzessorischen Rechten ist sowohl der persönliche als auch der dingliche Drittschuldner, bei juristischen Personen der gesetzliche Vertreter und bei der BGB-Gesellschaft, OHG und KG jeder vertretende einzelne Gesellschafter auskunftspflichtig. Bei Gesamtgutverbindlichkeiten ist der zur Prozessführung befugte Ehegatte auskunftspflichtig.

5. **Verschwiegenheitspflichten.** Die Auskunftsobliegenheit geht Verschwiegenheitspflichten (Sozialgeheimnis, § 71 Abs. 1 S. 2 SGB X; Anwaltsverschwiegenheit nach § 43 a Abs. 2 S. 1 BRAO) vor.[23] Der Umstand, dass jemand Dienstleistungen eines zur Verschwiegenheit Verpflichteten in Anspruch nimmt, ist keine geheimhaltungsbedürftige Tatsache. Auf sonstige, uneingeschränkt schutzwürdige persönliche Daten erstreckt sich weder die Auskunftspflicht eines zur Verschwiegenheit verpflichteten Schuldners nach § 836 Abs. 3 noch die eigene Auskunftsobliegenheit des Drittschuldners nach Abs. 1.[24]

Die Pfändung der Ansprüche des Schuldners gegen den Arbeitgeber auf Zahlung des Arbeitslohns erfasst auch die Herausgabe der nächsten Lohnabrechnung. Datenschutzrechtliche Gesichtspunkte stehen der begehrten Herausgabe der Lohnabrechnung durch den Arbeitgeber nicht entgegen.[25]

V. Erklärungsempfänger (Abs. 3)

Die Erklärung kann gegenüber dem Gläubiger oder gegenüber dem zustellenden Gerichtsvollzieher **abgegeben** werden (Abs. 3 S. 1). Der Drittschuldner muss seine Erklärung unterschreiben (Abs. 3 S. 2).

Die **Frist** von zwei Wochen nach Abs. 1 berechnet sich nach § 222. Nur der Gläubiger kann **Fristverlängerung** gewähren. Maßgebend für die Rechtzeitigkeit der schriftlichen Erklärung ist deren Zugang beim Gläubiger.[26] Nach Fristablauf kann der Gerichtsvollzieher die Aufnahme der Erklärung ablehnen.

Ergänzungen sind jederzeit möglich. Ist die Erklärungspflicht erfüllt, lebt sie durch nachträglich eintretende Umstände, die das Pfandrecht beeinträchtigen, nicht wieder auf.

---

23 Auch dem „Bankgeheimnis": *Stöber*, Forderungspfändung, Rn 627.
24 BGHZ 141, 173, 178 = NJW 1999, 1544, 1546 f.
25 OLG Braunschweig Rpfleger 2005, 150 im Anschluss an OLG Hamm DGVZ 1994, 188 f.
26 BGHZ 79, 275, 278 = NJW 1981, 990; aA (Absendung innerhalb der Frist ausreichend) Zöller/*Stöber*, § 840 Rn 9 mwN.

21 **Kosten** der Erklärung kann der Drittschuldner weder vom Gläubiger noch vom Vollstreckungsschuldner erstattet verlangen. Klauseln in Allgemeinen Geschäftsbedingungen, vornehmlich von Banken, in denen für die Bearbeitung und Überwachung von Pfändungsmaßnahmen gegen Kunden von diesen ein Entgelt gefordert wird, sind nichtig.[27]

VI. Verletzung der Auskunftsobliegenheit (Abs. 2 S. 2)

22 Verletzt der Drittschuldner **schuldhaft**[28] iSd § 276 BGB seine Auskunftsobliegenheit, indem er die Auskunft nicht, nicht vollständig, irreführend oder verspätet erteilt, ist er dem Gläubiger gegenüber nach Abs. 2 S. 2 zum **Ersatz** des daraus entstandenen **Schadens** iSd § 249 BGB verpflichtet. Der Gläubiger ist so zu stellen, wie er stünde, wenn ihm an Stelle der falschen oder unrichtigen Auskunft die richtige und vollständige erteilt worden wäre. Der Anspruch des Gläubigers beschränkt sich auf den Schaden, der durch dessen Entschluss verursacht ist, die gepfändete Forderung gegen den Drittschuldner geltend zu machen oder davon abzusehen.[29] Erfüllt der Drittschuldner die ihm gem. Abs. 1 auferlegte Erklärungspflicht nicht, tritt er damit nicht gegenüber dem Vollstreckungsgläubiger in die Stellung des Schuldners ein.[30] Er ist nicht verpflichtet, den Gläubiger so zu stellen, als wäre die erteilte Auskunft richtig.[31]

Zum Schadensersatzanspruch gehören insb. die **Kosten** eines verlorenen **Prozesses** und auch die vor den Arbeitsgerichten entstandenen Anwaltskosten,[32] ferner der Ausfall infolge unterlassener Maßnahmen gegen den Drittschuldner, die zu einem **Vollstreckungserfolg** geführt hätten.[33] Hingegen kann der Gläubiger vom Drittschuldner nicht Ersatz des Schadens verlangen, der ihm dadurch entsteht, dass die gepfändete Forderung nicht besteht oder mit Einwendungen behaftet ist.[34] Der Drittschuldner haftet nach Abs. 2 S. 2 auch nicht für Schäden, die dadurch entstanden sind, dass er die Forderung zu Unrecht nicht anerkannt hat.[35] Auch Vermögensschäden, die der Gläubiger im Vertrauen auf die Richtigkeit der Erklärung außerhalb der Zwangsvollstreckung erleidet (Kreditgewährung), sind nicht zu ersetzen. § 254 BGB ist anwendbar. Ein Anspruch wegen unrichtig erteilter Auskunft besteht aus Abs. 2 S. 2 nur im **Umfang** der Obliegenheit. Erteilt der Drittschuldner unrichtige Auskünfte, deren Erteilung ihm nicht oblag, haftet er also nicht aus Abs. 2 S. 2.[36] Kosten der Aufforderung zur Abgabe der Drittschuldnererklärung sind nicht von der Ersatzpflicht des Abs. 2 S. 2 umfasst, weil der Gläubiger keinen Anspruch auf Abgabe der Erklärung hat, sondern es sich lediglich um eine schadensersatzbewehrte Obliegenheit des Drittschuldners handelt. Da der Pfändungsgläubiger bei Nichterfüllung der Auskunftsobliegenheit ohne Weiteres davon ausgehen kann, dass die gepfändete Forderung beigetrieben werden kann, bedarf es keiner Aufforderungshandlungen seitens des Gläubigers.[37] Dadurch entstehende Anwaltskosten sind weder im Verhältnis zwischen dem Gläubiger und dem Drittschuldner noch im Verhältnis des Gläubigers zum Schuldner erstattungsfähig.[38] Davon zu unterscheiden sind Kosten der außerge-

---

27 BGHZ 141, 380 = NJW 1999, 2276.
28 BGHZ 79, 275, 277 = NJW 1981, 990.
29 BGHZ 98, 291, 294 = NJW 1987, 64, 65.
30 OLG Koblenz WM 2013, 1025.
31 Schuschke/Walker/*Schuschke*, § 840 Rn 11.
32 BAG NJW 1990, 2643 f.
33 BGHZ 98, 291, 293 f = NJW 1987, 64, 65.
34 BGHZ 69, 328, 332 f = NJW 1978, 44, 45; BVerfG NJW 2014, 3213, 3214.
35 BGH NJW 2010, 1674 = MDR 2010, 346.
36 Wieczorek/Schütze/*Lüke*, § 840 Rn 34.
37 BGH NJW-RR 2006, 1566, 1567.
38 BGH NJW 2010, 1674, 1675.

richtlichen Zahlungsaufforderung mit der Ankündigung der Klageerhebung, welche nach allgemeinen Grundsätzen (§ 249 BGB) erstattungsfähig sein können.[39]

Stellt sich im Laufe des Rechtsstreits gegen den Drittschuldner heraus, dass die gepfändete Forderung nicht besteht, kann der Gläubiger die Klage auf Schadensersatz wegen unrichtiger Auskunftserteilung **umstellen**. 23

Für die Klage ist die ordentliche Gerichtsbarkeit zuständig. 24

Streitig ist, ob dem Gläubiger auch dann ein Anspruch gegen den Drittschuldner aus der Verletzung der Auskunftsobliegenheit nach Abs. 2 S. 2 trifft, wenn der Drittschuldner aufgrund einer formlosen oder fehlerhaft übermittelten Anfrage eine unrichtige Auskunft gibt. Während in der unterlassenen Auskunft mangels wirksam begründeter Auskunftsobliegenheit keine Pflichtverletzung gesehen werden kann, wird in der Erteilung einer unrichtigen Auskunft eine in entsprechender Anwendung des Abs. 2 S. 2 zum Schadensersatz verpflichtende Handlung zu sehen sein, weil der Drittschuldner den Anschein erweckt, den Formverstoß zu akzeptieren.[40] 25

VII. Weitere Auskunftsansprüche

Die nicht einklagbare Auskunftsobliegenheit des § 840 schließt andere Auskunftsansprüche nicht aus. Der Gläubiger kann daher gepfändete Auskunftsansprüche des Schuldners gegenüber dem Drittschuldner geltend machen (s. § 829 Rn 97). Dazu gehören insb. Auskunftsansprüche, die gem. § 401 BGB von der Pfändung miterfasst werden.[41] 26

VIII. Kosten

1. **Rechtsanwaltsgebühren.** Für den Rechtsanwalt des Gläubigers gegenüber dem Drittschuldner entsteht keine besondere Gebühr. Die Aufforderung erfolgt im Rahmen derselben Angelegenheit (§ 18 Abs. 1 Nr. 1 RVG) und ist durch die Gebühr Nr. 3309 VV RVG für die Vollstreckungsmaßnahme (§§ 829 Abs. 1, 835 Abs. 1) abgegolten.[42] Eine über ein Erinnerungsschreiben hinausgehende weitergehende Tätigkeit gegenüber dem Drittschuldner löst als überflüssige Tätigkeit ebenfalls keine besonderen Gebühren aus.[43] 27

Welche Gebühren für die Vertretung des Dritten anfallen (Nr. 2300 VV RVG[44] oder Nr. 3309 ff VV RVG),[45] richtet sich danach, welcher Auftrag dem Rechtsanwalt erteilt ist.[46] 28

---

39 OLG Dresden NJW-RR 2011, 924; diff. LG Stuttgart 25.3.2015 – 13 S 66/14: Kosten einer vorgerichtlichen Zahlungsaufforderung sind nur dann kausal, wenn die Forderung gegen den Drittschuldner von Beginn an nicht beitreibbar war, dies aber erst nach einer vom Drittschuldner verspätet abgegebenen Erklärung feststeht.
40 Stein/Jonas/*Brehm*, § 840 Rn 31; Schuschke/Walker/*Schuschke*, § 840 Rn 16; OLG Hamm DR 1939, 1920; aA OLG Düsseldorf VersR 1997, 705, 706 (Gefälligkeit; nur Ansprüche nach §§ 823, 826 BGB); offen gelassen BGH WM 1962, 525, 526.
41 BGH NJW-RR 2003, 1555, 1556 = MDR 2004, 114 (Auskunfts- und Rechnungslegungsanspruch aus Girovertrag im Kontokorrent).
42 Vgl AnwK-RVG/*Wolf/Volpert*, VV Vorb. 3.3.3, VV 3309–3310 Rn 86.
43 BGH AGS 2007, 269 = NJW-RR 2006, 1566; BGH AGS 2010, 12 = NJW 2011, 1603; vgl AnwK-RVG/*Wolf/Volpert*, VV Vorb. 3.3.3, VV 3309–3310 Rn 86.
44 OLG Celle zfs 2008, 647; AG Köln JurBüro 2002, 326; AG Düsseldorf JurBüro 2000, 601.
45 OLG Karlsruhe ZZP 2012, 155; OLG Köln JurBüro 1992, 267; vgl AnwK-RVG/*Wolf/Volpert*, VV Vorb. 3.3.3, VV 3309–3310 Rn 34 mwN.
46 *Enders*, JurBüro 2001, 26; AnwK-RVG/*Wolf/Volpert*, VV Vorb. 3.3.3, VV 3309–3310 Rn 34; vgl auch BGH AGS 2007, 269 = NJW-RR 2006, 1566; BGH AGS 2010, 12 = NJW 2011, 1603.

Der Drittschuldner ist nicht Beteiligter des Zwangsvollstreckungsverfahrens. Nur wenn trotzdem davon ausgegangen wird, dass die Abgabe der Erklärung im Rahmen der Vollstreckung erfolgt, handelt es sich bei der Abgabe der Erklärung um eine Tätigkeit in der Zwangsvollstreckung und findet Nr. 3309 VV RVG Anwendung.[47]

29 **2. Gerichtsvollzieherkosten.** Die Aufnahme der Erklärung durch den Gerichtsvollzieher (Abs. 3) erfolgt im Rahmen der Zustellung und löst neben der Zustellungsgebühr keine weitere Gebühr aus (vgl § 121 GVGA). Für die Aufnahme der Erklärung entstehen keine Dokumentenpauschalen.[48]

§ 841 Pflicht zur Streitverkündung

Der Gläubiger, der die Forderung einklagt, ist verpflichtet, dem Schuldner gerichtlich den Streit zu verkünden, sofern nicht eine Zustellung im Ausland oder eine öffentliche Zustellung erforderlich wird.

I. Normzweck

1 Wenn der **Gläubiger** aufgrund der Pfändung und/oder Überweisung gegen den Drittschuldner klagt, ist er verpflichtet, dem Schuldner gem. § 73 den Streit zu verkünden. Dem Schuldner soll die Möglichkeit des Beitritts eröffnet werden, weil ein Unterliegen des Gläubigers auch für den Schuldner **Nachteile** haben kann. Klagt der Gläubiger gegen den Drittschuldner und verkündet der Gläubiger dem Schuldner den Streit, so begründet die Streitverkündung zwar keine Rechtskraftwirkung des Urteils zwischen Schuldner und Drittschuldner. Ein **Schaden** des Schuldners im Falle der unterlassenen Streitverkündung kann sich aber zB aus inzwischen verlorengegangenen Beweismitteln ergeben. Die Vorschrift soll also das Risiko des Schuldners ausgleichen, welches in der Geltendmachung der Forderung durch den Gläubiger liegen kann.

II. Anwendungsbereich

2 Die Vorschrift des § 841 ist anwendbar bei jeder Klage (Leistungsklage, Feststellungsklage) des Gläubigers gegen den Drittschuldner sowohl bei der **Pfändung** mit oder ohne Überweisung zur **Einziehung** oder an **Zahlungs** statt. Die Vorschrift greift also auch dann ein, wenn der Vollstreckungsgläubiger die Forderung nur gepfändet und sich nicht hat überweisen lassen und dann gegen den Drittschuldner Feststellungsklage über das Bestehen der Forderung erhebt.

3 Die Vorschrift gilt nicht (entsprechend) bei Klagen des **Schuldners** gegen den Drittschuldner. Die Vorschrift begründet auch keine Ansprüche des **Drittschuldners.**

III. Unterbliebene Streitverkündung

4 Unterbleibt die Streitverkündung und unterliegt der Gläubiger, hat der Schuldner gegen den Gläubiger einen **Schadensersatzanspruch** gegen den Gläubiger wegen mangelhafter Prozessführung. Dieser Anspruch besteht somit nicht, wenn der Gläubiger nachweisen kann, dass der Prozess auch trotz Streitverkündung verloren worden wäre.

---

47 Zöller/*Stöber*, § 840 Rn 17; aA AnwK-RVG/*Wolf/Volpert*, VV Vorb. 3.3.3, VV 3309–3310 Rn 34; Gerold/Schmidt/*Müller-Rabe*, Nr. 3309 VV RVG Rn 211; *N. Schneider*, NJW-Spezial 2011, 539.
48 BT-Drucks. 14/3432, S. 33.

§ 842 Schadenersatz bei verzögerter Beitreibung

Der Gläubiger, der die Beitreibung einer ihm zur Einziehung überwiesenen Forderung verzögert, haftet dem Schuldner für den daraus entstehenden Schaden.

Bei der Überweisung zur Einziehung bleibt der Vollstreckungsschuldner Inhaber der Forderung. Sein geschütztes Interesse besteht in dem Erhalt der Forderung zwecks Tilgung seiner Verbindlichkeiten. Die Vorschrift gilt daher nicht bei der Überweisung an Zahlungs statt, da er dort nicht mehr Inhaber der Forderung ist und Tilgungswirkung unter den dort genannten Voraussetzungen sogleich eintritt. 1

§ 842 ist eine **eigenständige Anspruchsgrundlage**. Der Anspruch setzt einen Rechtsverlust des Schuldners gegenüber dem Drittschuldner voraus.[1] „Verzögern" ist der schuldhafte (§ 278 BGB), unangemessene und vermeidbare Aufschub. Ein mitwirkendes Verschulden nach § 254 BGB wird berücksichtigt, wenn der Schuldner selbst hätte klagen können und durch Nichterhebung der Klage sein Schaden entstanden ist. 2

§ 843 Verzicht des Pfandgläubigers

¹Der Gläubiger kann auf die durch Pfändung und Überweisung zur Einziehung erworbenen Rechte unbeschadet seines Anspruchs verzichten. ²Die Verzichtleistung erfolgt durch eine dem Schuldner zuzustellende Erklärung. ³Die Erklärung ist auch dem Drittschuldner zuzustellen.

I. Normzweck und Anwendbarkeit

Der Gläubiger kann auf die durch Pfändung und Überweisung zur Einziehung erworbenen Rechte verzichten (S. 1), um einer Drittwiderspruchsklage zuvorzukommen oder seiner Haftung nach § 842 zu entgehen. 1

Die Vorschrift ist nur bei Pfändung und Überweisung zur Einziehung anwendbar, weil der Gläubiger bei der Überweisung an Zahlungs statt durch Forderungsübergang bereits befriedigt wurde. 2

II. Verfahren

Der Verzicht muss wegen der Zustellung (S. 2) **schriftlich** gegenüber dem Schuldner erklärt werden. Die Zustellung erfolgt im Parteibetrieb. Der Gläubiger beauftragt gem. § 192 einen Gerichtsvollzieher mit der Durchführung der Zustellung. Mit Zustellung an den Schuldner erlöschen Verstrickung und Pfandrecht, auch ohne Aufhebung des Pfändungs- und Überweisungsbeschlusses. Die Zustellung an den Drittschuldner (S. 3) ist bloße Mitteilung und hat für diese Wirkung keine Bedeutung. 3

III. Verzicht außerhalb des § 843

Auch ohne Einhaltung der in S. 2 und 3 vorgeschriebenen Form kann der Gläubiger durch **einfache Erklärung** gegenüber dem Schuldner auf seine Rechte ver- 4

---

1 BGH NJW 1996, 48, 50.

zichten.[1] Das Vollstreckungsgericht hat dann auf Antrag eines Beteiligten den ergangenen Beschluss aus Klarstellungsgründen aufzuheben.[2]

IV. Umfang

5 Der Verzicht auf die Pfändung **umfasst** den Verzicht auf die Überweisung. Hingegen kann auch allein auf die Überweisung verzichtet werden. Im Umfang des Verzichts rücken nachrangige Pfandgläubiger nach.

V. Rücknahme

6 Die Erklärung, den Antrag auf Erlass eines Pfändungs- und Überweisungsbeschlusses zurückzunehmen, steht dem Verzicht auf die Rechte aus dem Pfändungs- und Überweisungsbeschluss gem. § 843 gleich. Das Gericht kann den Pfändungs- und Überweisungsbeschluss dann zur Klarstellung aufheben.[3]

VI. Folgen

7 Die Verzichtserklärung ist **unwiderruflich**. Die erneute Pfändung derselben Forderung durch denselben Gläubiger ist möglich.

8 Der Drittschuldner wird durch § 836 Abs. 2 **geschützt**, bis er vom Wirksamwerden des Verzichts Kenntnis erlangt.

9 Die Kostentragung des Schuldners richtet sich nach § 788. Durfte der Gläubiger von Bestand und Durchsetzbarkeit der gepfändeten Forderung ausgehen und verzichtet er später, um Kosten erfolgversprechender Rechtsbehelfe des Drittschuldners zu vermeiden, war die Zwangsvollstreckung einschließlich des Verzichts „notwendig" iSd § 788.[4]

VII. Kosten

10 **1. Rechtsanwaltsgebühren.** War der Rechtsanwalt bereits im Rahmen der Vollstreckung tätig, entsteht keine weitere Gebühr (§§ 18 Abs. 1 Nr. 1, 19 Abs. 2 Nr. 6 RVG). Für den insoweit erstmals tätigen Rechtsanwalt entsteht durch die Aufhebung die Gebühr Nr. 3309 VV RVG, da es sich um eine Tätigkeit in der Zwangsvollstreckung handelt.[5] Soweit vom Anfall einer Gebühr für eine Einzeltätigkeit ausgegangen wird,[6] ergibt sich im Ergebnis nicht mehr als eine 0,3-Gebühr (§ 15 Abs. 6 RVG).

11 **2. Gerichtsvollzieherkosten.** Die Zustellung (S. 2, 3) löst nach der im Ermessen des Gerichtsvollziehers liegenden Wahl der persönlichen Zustellung bzw der Zustellung durch die Post Zustellungsgebühren nach dem 1. Abschnitt des Kostenverzeichnisses des GvKostG sowie Auslagen aus.

§ 844 Andere Verwertungsart

(1) Ist die gepfändete Forderung bedingt oder betagt oder ist ihre Einziehung wegen der Abhängigkeit von einer Gegenleistung oder aus anderen Gründen mit

---

1 BGH NJW 1983, 886, 887; BGH NJW 1986, 977, 978; BGH NJW 2002, 1788, 1789.
2 BGH NJW 2002, 1788, 1789; aA Hk-ZPO/*Kemper*, § 843 Rn 3 (Verzicht wird erst bei Aufhebung wirksam).
3 OLG Köln Rpfleger 1995, 370.
4 Schuschke/Walker/*Schuschke*, § 843 Rn 6.
5 AnwK-RVG/N. *Schneider*, VV 3403–3504 Rn 8.
6 Zöller/*Stöber*, § 843 Rn 4.

I. Andere Gründe iSv Abs. 1

Andere Gründe iSd Abs. 1 sind Zahlungsunfähigkeit des Drittschuldners, Sammelverwahrung, hauptsächlich jedoch Verwertung aus der Rechtsstellung aus einem GmbH-Anteil[1] und einer Internet-Domain. 1

II. Zuständigkeit für die Anordnung; rechtliches Gehör (Abs. 2)

Zuständig ist der Rechtspfleger (§ 20 Nr. 17 RPflG) des Vollstreckungsgerichts. Antragsberechtigt ist jeder Gläubiger. Der **Antrag** kann nicht mehr nach Überweisung an Zahlungs statt gestellt werden. Der Gläubiger muss im Antrag darlegen, aus welchen Gründen die gewöhnliche Verwertung durch Überweisung oder an Zahlungs statt mit Schwierigkeiten verbunden ist. Der Gläubiger muss eine bestimmte Art der Verwertung beantragen und begründen, warum diese angemessen und interessengerecht ist. Das Vollstreckungsgericht ist nicht verpflichtet, einem Antrag auf Anordnung anderweitiger Verwertung stattzugeben, wenn bei Ablehnung des Antrags die Verwertung zunächst scheitert.[2] 2

Rechtliches Gehör ist nach Abs. 2 vorgeschrieben. Gegner ist jeder Schuldner und Gläubiger, nicht der Drittschuldner. 3

III. Zulässigkeit der Anordnung

Die Anordnung ist nur zulässig, wenn die andere Verwertung **vorteilhafter** erscheint. Wurde ein GmbH-Geschäftsanteil gepfändet und bereitet die Errechnung eines Mindestpreises erhebliche Schwierigkeiten, so kann die beantragte Versteigerung des Geschäftsanteils wegen der Gefahr der Verschleuderung des Schuldnervermögens abgelehnt werden.[3] Wenn das Vollstreckungsgericht die Versteigerung eines gepfändeten GmbH-Geschäftsanteils durch den Gerichtsvollzieher anordnet, muss es den Wert des Geschäftsanteils selbst ermitteln und dem Gerichtsvollzieher mitteilen.[4] 4

Die Anordnung ergeht durch **Beschluss** und liegt im **Ermessen** des Gerichts, welches auch die Interessen des Schuldners zu würdigen hat. Der Beschluss ersetzt die Überweisung nach § 835. Die Anordnung darf daher nur erlassen werden, wenn die Überweisung zulässig wäre. 5

IV. Inhalt der Anordnung

Die Verwertung erfolgt idR durch eine im Beschluss genannte Person. Angeordnet werden kann zB freihändiger Verkauf, Versteigerung nach §§ 816 ff, Überweisung an Zahlungs statt zum Schätzwert,[5] Versteigerung einer Internet-Do- 6

---

1 Zu den besonderen Voraussetzungen der Bestimmbarkeit und Bestimmtheit von gepfändeten GmbH-Anteilen LG Gießen JurBüro 1999, 49, 50.
2 OLG Düsseldorf DGVZ 2000, 116, 117 = Rpfleger 2000, 400.
3 OLG Düsseldorf DGVZ 2000, 116, 117 = Rpfleger 2000, 400.
4 AG Witzenhausen DGVZ 1995, 174 f; AG Elmshorn DGVZ 1993, 190, 191; aA (Einholung eines Sachverständigengutachtens eines Wirtschaftsprüfers durch den Gerichtsvollzieher) LG Hannover DGVZ 1990, 140 f; diff. (Berechtigung des Gerichts, im Einzelfall jedoch keine Verpflichtung) LG Krefeld Rpfleger 1979, 147.
5 Für eine Internet-Domain BGH NJW 2005, 3353, 3354 = MDR 2005, 1311, 1312.

main über ein Internet-Auktionshaus,[6] Verpachtung des gepfändeten Rechts oder Ermächtigung zum Vergleich mit dem Drittschuldner.[7] Der Wegzug des Schuldners aus dem Gerichtsvollzieherbezirk führt nicht zu einer neuen Zuständigkeitsbestimmung des Gerichtsvollziehers für die Versteigerung eines gepfändeten GmbH-Anteils.[8] Wird eine gepfändete Hypothek auf Anordnung des Vollstreckungsgerichts mittels Versteigerung durch eine Privatperson verwertet, so vollzieht sich der Übergang der Hypothek und der Forderung nach bürgerlichem Recht.[9]

V. Rechtsbehelf

7 Als Rechtsbehelf ist die sofortige Beschwerde (§ 793) für jeden statthaft, der beschwert ist.

VI. Kosten

8 **Gerichtsgebühren** entstehen nicht. Der Antrag des im Rahmen der Vollstreckung bereits tätigen **Rechtsanwalts** ist durch die Verfahrensgebühr Nr. 3309 VV RVG abgegolten (§ 18 Abs. 1 Nr. 1 RVG). Erfolgt die Verwertung durch den Gerichtsvollzieher, entstehen Verwertungsgebühren nach dem 3. Abschnitt des Kostenverzeichnisses des GvKostG sowie Auslagen.

§ 845 Vorpfändung

(1) ¹Schon vor der Pfändung kann der Gläubiger auf Grund eines vollstreckbaren Schuldtitels durch den Gerichtsvollzieher dem Drittschuldner und dem Schuldner die Benachrichtigung, dass die Pfändung bevorstehe, zustellen lassen mit der Aufforderung an den Drittschuldner, nicht an den Schuldner zu zahlen, und mit der Aufforderung an den Schuldner, sich jeder Verfügung über die Forderung, insbesondere ihrer Einziehung, zu enthalten. ²Der Gerichtsvollzieher hat die Benachrichtigung mit den Aufforderungen selbst anzufertigen, wenn er von dem Gläubiger hierzu ausdrücklich beauftragt worden ist. ³An Stelle einer an den Schuldner im Ausland zu bewirkenden Zustellung erfolgt die Zustellung durch Aufgabe zur Post.

(2) ¹Die Benachrichtigung an den Drittschuldner hat die Wirkung eines Arrestes (§ 930), sofern die Pfändung der Forderung innerhalb eines Monats bewirkt wird. ²Die Frist beginnt mit dem Tag, an dem die Benachrichtigung zugestellt ist.

§§ 5, 14, 24, 126 GVGA; § 47 GVO

I. Rechtscharakter der Vorpfändung, Anwendungsbereich	1	b) Erklärung des Gläubigers	13
II. Verfahren	3	c) Anfertigung durch Gerichtsvollzieher (Abs. 1 S. 2)	15
1. Voraussetzung der Vorpfändung	3	5. Zustellung	18
2. Zuständigkeit	7	III. Nachfolgende Pfändung	19
3. Zu pfändende Forderung	8	IV. Vorpfändung und Insolvenz	20
4. Benachrichtigung	12	V. Rechtsbehelfe; Schadensersatz	22
a) Inhalt der Erklärung	12		

---

6 LG Mönchengladbach NJW-RR 2005, 439; AG Bad Berleburg Rpfleger 2001, 560.
7 Zöller/*Stöber*, § 844 Rn 2; Schuschke/Walker/*Schuschke*, § 844 Rn 2.
8 AG Schöneberg DGVZ 1988, 188 f.
9 BGH MDR 1964, 999.

VI. Kosten	23	3. Gerichtsvollzieherkosten	25
1. Gerichtskosten	23	4. Kosten der Zwangsvollstre-	
2. Rechtsanwaltsgebühren	24	ckung, § 788	28

I. Rechtscharakter der Vorpfändung, Anwendungsbereich

Die Vorpfändung ist eine **private** Zwangsvollstreckungsmaßnahme des Gläubi- 1
gers, durch die er sich selbst vor Verzögerungen bei der Pfändung sichert. Sie bewirkt keinen Rechtsschein für die Forderungsinhaberschaft gem. §§ 408 Abs. 1, Abs. 2, 407, 409 Abs. 1 BGB.[1] Auch als private Zwangsvollstreckungsmaßnahme ist sie Akt der Zwangsvollstreckung (s. Rn 3), weshalb die deutsche Gerichtsbarkeit gegeben sein muss.[2]

Weil sie die nachfolgende Pfändung sichert, ist die Vorpfändung nur möglich, 2
wenn eine reguläre Pfändung nachfolgen kann, also bei der Vollstreckung **wegen Geldforderungen in** Geldforderungen und in sonstige Rechte (§§ 846, 857 Abs. 1), nicht jedoch bei der Zwangsvollstreckung in das unbewegliche Vermögen (§ 865). Sie ist ferner nicht möglich bei der Pfändung von Forderungen aus indossablen Papieren, die nach § 831 durch den Gerichtsvollzieher vorgenommen wird. Bei der Vorpfändung einer Forderung, für die eine **Hypothek** besteht, bedarf es zu ihrer Wirksamkeit weder der Briefübergabe noch der Grundbucheintragung.

II. Verfahren

1. Voraussetzung der Vorpfändung. Voraussetzung ist das Bestehen eines **voll-** 3
streckbaren Schuldtitels wegen einer Geldforderung. Ist der Titel nur gegen **Sicherheitsleistung** des Gläubigers vollstreckbar, muss die Sicherheit geleistet sein, andernfalls ist die Vorpfändung unwirksam[3] (anders bei der Sicherungsvollstreckung nach § 720 a).[4] Die Vorpfändung ist Akt der Zwangsvollstreckung, weshalb die Voraussetzungen der Pfändung vorliegen müssen, soweit § 845 davon keine Ausnahme anordnet. Bei einer Zug-um-Zug-Verurteilung muss der Gläubiger seine Leistung dem Schuldner angeboten haben oder dessen Annahmeverzug beweisen, andernfalls ist die Vorpfändung unwirksam.[5] Der **Nachweis** der Sicherheitsleistung ist für die Vornahme und Wirksamkeit der Vorpfändung entbehrlich.

Die Wirkung des Abs. 2 tritt auch dann ein, wenn es sich bei der Pfändung, von 4
deren Bevorstehen der Gläubiger den Schuldner nach Abs. 1 benachrichtigt hat, um eine solche nach § 720 a handelt.[6]

Bei der Vorpfändung gilt weder die Wartefrist des § 750 Abs. 3 noch die Zwei- 5
Wochen-Frist des § 798.[7]

Die Erteilung einer vollstreckbaren Ausfertigung des Titels sowie dessen Zustel- 6
lung ist entbehrlich (Abs. 1 S. 3).

2. Zuständigkeit. Die Vorpfändung ist eine **schriftliche Erklärung** des Gläubigers 7
(„**Benachrichtigung**"). Zuständig ist der **Gläubiger** selbst. Der Gläubiger kann den **Gerichtsvollzieher** mit der Vorpfändung beauftragen (**Abs. 1 S. 2**). Dann fasst der Gerichtsvollzieher die Erklärung ab und stellt sie zu, wobei er als Vertreter

---

1 OLG München JurBüro 2010, 160.
2 BGH JurBüro 2007, 550 (LS).
3 Stein/Jonas/*Brehm*, § 845 Rn 2; aA Schuschke/Walker/*Schuschke*, § 845 Rn 3; Zöller/*Stöber*, § 845 Rn 2.
4 OLG Rostock DGVZ 2006, 91.
5 AG Leverkusen JurBüro 2012, 550.
6 BGHZ 93, 71, 74 = NJW 1985, 863.
7 BGH NJW 1982, 1150 = MDR 1982, 574.

des Gläubigers handelt.[8] Die Gegenauffassung[9] überzeugt nicht, weil es sich auch bei der Ausfertigung der Erklärung um eine private Vollstreckungsmaßnahme handelt.[10]

8 3. **Zu pfändende Forderung.** Die zu pfändende Forderung muss wie bei der Pfändung **bestimmt** genug bezeichnet werden. Auch die Vorpfändung setzt die für die Zwangsvollstreckung erforderlichen Umstände voraus. Die Folgen des Abs. 2 treten nur ein, wenn die zu pfändende Forderung dem Schuldner gegen den in der Benachrichtigung bezeichneten Drittschuldner zusteht. Maßgebend ist dabei der Zeitpunkt der Zustellung. Andernfalls geht die Vorpfändung wie die Pfändung ins Leere.

9 Auch **künftige** Forderungen können von der Vorpfändung erfasst werden, wenn die zu pfändende Forderung dem Schuldner als künftiges Recht gegenüber dem Drittschuldner zusteht. Die Vorpfändung von **Steuererstattungsansprüchen** vor deren Entstehung ist wie die Pfändung künftiger Steuererstattungen (s. § 829 Rn 154) unzulässig (§ 46 Abs. 6 AO). Der Gerichtsvollzieher kann zwecks Rangsicherung gebeten werden, die Vorpfändung dem Finanzamt am Morgen des Tages zuzustellen, an dem der Steuererstattungsanspruch entsteht.[11] Eine davor zugestellte Vorpfändung ist nichtig.

10 Im Bereich des § 850 b (bedingt pfändbare Bezüge) ist streitig, ob die Vorpfändung unzulässig ist, weil eine die Pfändbarkeit erst begründende Entscheidung noch fehlt (ähnlich § 54 Abs. 2 SGB I). Die Wirksamkeit einer Vorpfändung ist zu bejahen.[12] Dafür spricht, dass in diesen Fällen die Unpfändbarkeit ähnlich einer Prozessbedingung durch Staatsakt behoben wird.[13]

11 Da die Vorpfändung nur die nachfolgende Pfändung sichert, sind auch bei der Vorpfändung die **Pfändungsgrenzen** zu beachten.

12 4. **Benachrichtigung.** a) **Inhalt der Erklärung.** Die Benachrichtigung muss die Erklärung enthalten, dass die Pfändung bevorstehe. Die Erklärung muss die Aufforderungen des Abs. 1 enthalten, also die Aufforderung an den Drittschuldner, nicht zu leisten, und die Aufforderung an den Schuldner, sich jeder Verfügung über die Forderung, insb. ihre Einziehung, zu enthalten.

13 b) **Erklärung des Gläubigers.** Die **schriftliche** Erklärung des Gläubigers muss den Titel und die zu pfändende Forderung (s. Rn 8) so genau bezeichnen, dass die Identität der Vorpfändung mit der späteren Pfändung objektiv erkennbar ist. Wesentlicher Inhalt der Benachrichtigung ist die Mitteilung, dass die Pfändung bevorstehe, und die Aufforderung an den Drittschuldner, nicht an den Schuldner zu leisten.

14 Die Benachrichtigung des Gläubigers **an den Drittschuldner** kann lauten:

> ▶ In der Zwangsvollstreckungssache .../... ist der Schuldner durch Urteil des ... vom ... zur Zahlung von ... nebst Zinsen iHv ... € an den Gläubiger verurteilt worden. Wegen dieses Anspruchs steht eine Pfändung der angeblichen ...-Forderung des Schuldners gegen Sie als Drittschuldner auf Zahlung von ... € bevor.
>
> Hiermit benachrichtige ich Sie gem. § 845 Abs. 1 S. 2 ZPO von der bevorstehenden Pfändung und fordere Sie auf, nicht mehr an den Schuldner zu zahlen. ◀

---

8 Thomas/Putzo/*Seiler*, § 845 Rn 4; Schuschke/Walker/*Schuschke*, § 845 Rn 4.
9 Zöller/*Stöber*, § 845 Rn 4.
10 Zöller/*Stöber*, § 845 Rn 7.
11 BGH MDR 2012, 54 = Rpfleger 2012, 91; so auch vorgehend LG Essen Rpfleger 2011, 95.
12 Stein/Jonas/*Brehm*, § 845 Rn 5 mwN.
13 Dagegen *Stöber*, Forderungspfändung, Rn 1034; MüKo-ZPO/*Smid*, § 845 Rn 14.

c) Anfertigung durch Gerichtsvollzieher (Abs. 1 S. 2). Gemäß Abs. 1 S. 2 hat der 15
Gerichtsvollzieher die Benachrichtigung selbst anzufertigen, wenn er von dem
Gläubiger hierzu ausdrücklich **beauftragt** worden ist. Eine selbständige Forderungsermittlung durch den Gerichtsvollzieher ist mit dem Auftrag nicht verbunden, allerdings kann er Benachrichtigungen über Forderungen anfertigen, wenn
gem. § 806 a vom Schuldner mitgeteilte Forderungen eine solche ermöglichen.
Mit „ausdrücklich" wird kein gesondertes Formerfordernis aufgestellt. Fehlt es
an einem Auftrag, ist die Vorpfändung wirksam, aber anfechtbar. Abs. 1 S. 2 gilt
nicht bei der Zwangsvollstreckung in andere Vermögensrechte (§ 857 Abs. 7).

Bei der Anfertigung handelt der Gerichtsvollzieher als Zwangsvollstreckungsorgan. In diesem Fall hat der Gerichtsvollzieher zu prüfen, ob der Gläubiger einen 16
vollstreckbaren Schuldtitel erwirkt hat und ob die Voraussetzungen der §§ 711,
712, 720 a, 751, 752, 756, 795, 930 vorliegen (**§ 126 Abs. 3 S. 3 GVGA**).

Die **Beauftragung an den Gerichtsvollzieher** kann lauten: 17

▶ In der Zwangsvollstreckungssache .../... ist der Schuldner durch Urteil des ... vom ...
zur Zahlung von ... nebst Zinsen iHv ... € an den Gläubiger verurteilt worden. Wegen
dieses Anspruchs steht eine Pfändung der angeblichen ...-Forderung des Schuldners
gegen den Drittschuldner ... auf Zahlung von ... € bevor. Ich beantrage, eine entsprechende Benachrichtigung (Vorpfändung) anzufertigen und sowohl dem Schuldner als
auch dem Drittschuldner zuzustellen. ◀

5. Zustellung. Die Erklärungen müssen im Parteibetrieb nach §§ 191 ff durch 18
einen vom Gläubiger zu beauftragenden Gerichtsvollzieher **zugestellt** werden.
Unter den Voraussetzungen des **Abs. 1 S. 3** wird die Zustellung erleichtert. Wirksam ist die Vorpfändung mit Zustellung an den Drittschuldner. Aufforderung
und Zustellung an den Schuldner sind vorgeschrieben, aber nicht Voraussetzung
für die Wirksamkeit der Vorpfändung. Die Vorpfändung entspricht einer bedingten Arrestpfändung, § 930 (Ausnahme: Insolvenz des Schuldners). Verstrickung
und Pfandrecht treten schon bei Vorpfändung ein. Eine Vorpfändung bewirkt im
Gegensatz zur Arrestpfändung allerdings kein Absonderungsrecht im Insolvenzverfahren des Schuldners.[14]

III. Nachfolgende Pfändung

Innerhalb eines Monats nach Zustellung der Vorpfändung an den Drittschuldner 19
(Berechnung nach § 222) muss die nachfolgende Pfändung wirksam sein (**Abs. 2**).
Die Pfändungswirkungen **wirken** dann auf den Zeitpunkt der Vorpfändung **zurück**. Andernfalls – gleich aus welchem Grunde die Pfändung nicht nachfolgt –
wird die Vorpfändung **wirkungslos**. Erneute Vorpfändung ist jederzeit möglich,
wirkt jedoch nicht auf vorangegangene Vorpfändungen zurück.

IV. Vorpfändung und Insolvenz

Die Vorpfändung entfaltet als **Einzelvollstreckungsmaßnahme** im Fall der Insol- 20
venz des Schuldners für die Dauer des Insolvenzverfahrens keine Wirkung (§ 89
Abs. 1 InsO). Die Pfändung der Forderung muss nach Abs. 2 S. 1 innerhalb eines
Monats bewirkt werden. Wird innerhalb der Monatsfrist das Insolvenzverfahren
eröffnet bzw ein allgemeines Veräußerungsverbot nach § 21 InsO erlassen, ohne
dass die Hauptpfändung bewirkt wurde, so wird die Vorpfändung schon deshalb
wirkungslos, weil die Hauptpfändung nicht mehr innerhalb der Monatsfrist
wirksam nachfolgen kann. Erfolgt die Hauptpfändung in der Monatsfrist des
§ 88 Abs. 1 InsO bis zur Eröffnung des Insolvenzverfahrens („**Rückschlagsper-**

---

14 BGHZ 167, 11, 14 = NJW 2006, 1870, 1872.

re"), entfällt die durch Zustellung des Beschlusses an den Drittschuldner bewirkte Pfändung (§ 829 Abs. 3). Die Vorpfändung wird dann gleichfalls wirkungslos.[15]

21 Fällt die Hauptpfändung in den von § 131 InsO erfassten Bereich (drei Monate vor Eingang des Insolvenzantrages) und ist sie nach § 131 InsO anfechtbar, so **verliert** eine zuvor ausgebrachte Vorpfändung ihre **Wirkung**.[16] Die Anfechtung richtet sich im Falle der Insolvenz also insgesamt nach § 131 InsO, auch wenn die Vorpfändung früher als drei Monate vor Eingang des Insolvenzantrags ausgebracht wurde.[17]

V. Rechtsbehelfe; Schadensersatz

22 Schuldner, Drittschuldner und Dritte können gegen die Vorpfändung Erinnerung nach § 766 einlegen.[18] Zuständig ist gem. § 828 Abs. 2 das Amtsgericht, bei dem der Schuldner im Inland seinen allgemeinen Gerichtsstand hat.[19] Nach rechtzeitiger und wirksamer Pfändung entfällt das Rechtsschutzinteresse des Rechtsmittels, es sei denn, es besteht ein Interesse an der Aufhebung oder Abänderung der rangwahrenden Wirkung der Vorpfändung. Das Interesse am Wegfall der Kostenbelastung reicht für den Schuldner nicht.[20] Der Gläubiger kann bei Weigerung des Gerichtsvollziehers, nach Abs. 1 S. 1 zuzustellen oder nach Abs. 1 S. 2 die Benachrichtigung anzufertigen, gleichfalls Erinnerung (§ 766) einlegen. Die Widerspruchsklage nach § 771 wird gleichfalls als statthafter Rechtsbehelf bejaht.[21] Das Beschwerdegericht kann nicht selbst eine Vorpfändung aussprechen, weil zuständig allein der Gläubiger ist. Eine gegen die Aufhebung der Vorpfändung gerichtete Beschwerde ist mangels Rechtsschutzinteresses unzulässig.[22] Erachtet das Beschwerdegericht die Beschwerde und die aufgehobene Vorpfändung als zulässig, muss sie vom Gläubiger **erneut** bewirkt werden.

Die unberechtigte Vorpfändung löst einen **Schadensersatzanspruch** nach § 826 BGB aus. Auch eine analoge Anwendung des § 717 Abs. 2 kommt in Betracht. Wenn der Gläubiger im Falle der Aufhebung eines Urteils für eingeleitete Zwangsvollstreckungsmaßnahmen schadensersatzpflichtig ist, muss dies erst recht gelten, wenn er wegen eines nicht vollstreckbaren oder nicht existenten Urteils die Benachrichtigung einer bevorstehenden Pfändung zustellen lässt.

VI. Kosten

23 **1. Gerichtskosten.** Gerichtsgebühren entstehen nur im Rechtsmittelverfahren (Nr. 2121, 2124 KV GKG), soweit ein Rechtsmittel verworfen oder zurückgewiesen wird. Wird ein Rechtsmittel nur teilweise verworfen oder zurückgewiesen, kann das Gericht die Gebühr nach billigem Ermessen auf die Hälfte ermäßigen oder bestimmen, dass eine Gebühr nicht zu erheben ist.

24 **2. Rechtsanwaltsgebühren.** Eine Vorpfändung ist bereits eine Tätigkeit im Rahmen der Zwangsvollstreckung[23] und löst damit für den Rechtsanwalt eine Gebühr Nr. 3309 VV RVG sowie Auslagen aus. Die Vorpfändung und der anliegen-

---

15 LG Detmold Rpfleger 2007, 274.
16 BGHZ 167, 11, 16 = NJW 2006, 1870, 1872.
17 BGHZ 167, 11, 16 = NJW 2006, 1870, 1872; dem folgend BAG DB 2014, 129.
18 Schuschke/*Walker*, § 845 Rn 11; Zöller/*Stöber*, § 845 Rn 8.
19 OLG Hamm DGVZ 2012, 13 (im Zuständigkeitsstreitverfahren nach § 36 Abs. 1 Nr. 6).
20 OLG Köln Rpfleger 1991, 26.
21 Stein/Jonas/*Brehm*, § 845 Rn 11.
22 OLG Köln NJW-RR 1989, 1406 = MDR 1989, 464, 465.
23 OLG Düsseldorf NJW-RR 1993, 831; AnwK-RVG/*Wolf/Volpert*, VV Vorb. 3.3.3, VV 3309–3310 Rn 28.

de Pfändungs- und Überweisungsbeschluss sind eine Angelegenheit (§ 18 Abs. 1 Nr. 1 RVG).[24] Richtet der Rechtsanwalt mehrere Zustellungsersuchen an verschiedene Gerichtsvollzieher, weil er mehreren Drittschuldnern, die ihren Wohn- oder Geschäftssitz an unterschiedlichen Orten haben, vorläufige Zahlungsverbote zustellen lassen will, soll er in mehreren Vollstreckungsangelegenheiten tätig sein und jeweils gesonderte Gebühren erhalten,[25] wobei sich jedoch die Frage nach der Notwendigkeit getrennter Zustellungsersuchen stellt.[26]

3. Gerichtsvollzieherkosten. Für die Kosten des Gerichtsvollziehers gilt, dass es sich bei allen Amtshandlungen nach Abs. 1 um denselben Auftrag handelt (§ 3 Abs. 2 S. 2 GvKostG). 25

Im Falle des reinen Zustellungsauftrags (**Abs. 1 S. 1**) fallen Zustellungsgebühren nach der im Ermessen des Gerichtsvollziehers liegenden Wahl (§ 15 Abs. 2 GVGA) der persönlichen Zustellung bzw der Zustellung durch die Post nach dem 1. Abschnitt des Kostenverzeichnisses des GvKostG sowie Auslagen an. Die Zustellungsgebühren sind für jede Zustellung gesondert zu erheben (§ 10 Abs. 2 S. 3 GvKostG). 26

Daneben können Beglaubigungsgebühren und Auslagen anfallen, insb. auch die Dokumentenpauschale, wenn die erforderliche Zahl von Abschriften nicht beigefügt ist (Nr. 700 Nr. 1 Buchst. b KV GvKostG). Ein Wegegeld (Nr. 711 KV GvKostG) kann für jede persönliche Zustellung an einen Drittschuldner gesondert erhoben werden. 27

4. Kosten der Zwangsvollstreckung, § 788. Die Kosten der Vorpfändung fallen unter § 788 und sind bei Notwendigkeit dieser Maßnahme erstattungsfähig. Die Notwendigkeit der Vorpfändung ist eine Frage des Einzelfalles. Die mit der Vorpfändung zusammenhängenden Kosten sind nur erstattungsfähig, wenn die anschließende Pfändung rechtzeitig erfolgt.[27] 28

§ 846 Zwangsvollstreckung in Herausgabeansprüche

Die Zwangsvollstreckung in Ansprüche, welche die Herausgabe oder Leistung körperlicher Sachen zum Gegenstand haben, erfolgt nach den §§ 829 bis 845 unter Berücksichtigung der nachstehenden Vorschriften.

§§ 124, 125 GVGA

I. Normzweck

Der Gläubiger soll Ansprüche des Schuldners gegen den Drittschuldner auf Herausgabe oder Übereignung durchsetzen können, um die Sachen sodann verwerten zu können. Bei der Vollstreckung einer Geldforderung in schuldrechtliche oder dingliche Herausgabe- oder Leistungsansprüche besteht die Besonderheit darin, dass die Erfüllung des gepfändeten Anspruchs keine Befriedigung des Zahlungsanspruchs, dessentwegen vollstreckt wird, bewirken können. An die Pfändung dieser Ansprüche muss sich daher eine weitere Verwertung anschließen. 1

---

24 OLG Köln JurBüro 1989, 82; OLG Köln InVo 2001, 148 = Rpfleger 2001, 149; AnwK-RVG/*Wolf/Volpert/Mock/Thiel/N. Schneider*, § 18 Rn 65; Gerold/Schmidt/ *Müller-Rabe*, Nr. 3309 VV RVG Rn 395.
25 OLG Köln InVo 2001, 148 = Rpfleger 2001, 149.
26 AnwK-RVG/*Wolf/Volpert/Mock/Thiel/N. Schneider*, § 18 Rn 65.
27 AG Heilbronn DGVZ 2002, 13; LG Ravensburg DGVZ 1998, 171; OLG Hamburg MDR 1990, 344; LAG Köln NZA 1993, 1152 = MDR 1993, 915; *Mümmler*, JurBüro 1990, 533.

II. Herausgabe, Leistung, Durchführung

2 **Herausgabe** ist Übertragung unmittelbaren Besitzes nach § 854 Abs. 1 BGB. Ansprüche auf Herausgabe können schuldrechtlicher (Vertrag) und dinglicher Natur (§ 985 BGB) sein. **Leistung** ist Übereignung, also Besitz- und Eigentumsübertragung. Durchgeführt wird die Zwangsvollstreckung nach den Vorschriften für Geldforderungen, insb. Pfändung nach § 829 und Überweisung nach § 835.

III. Kosten

3 Für das gerichtliche Verfahren entsteht als **Gerichtsgebühr** eine Festgebühr nach Nr. 2111 KV GKG iHv 20,00 €. Für den **Rechtsanwalt** fällt die Gebühr Nr. 3309 VV RVG, deren Wert sich nach § 25 Abs. 1 S. 1 RVG richtet, nebst Auslagen an.

§ 847 Herausgabeanspruch auf eine bewegliche Sache

(1) Bei der Pfändung eines Anspruchs, der eine bewegliche körperliche Sache betrifft, ist anzuordnen, dass die Sache an einen vom Gläubiger zu beauftragenden Gerichtsvollzieher herauszugeben sei.

(2) Auf die Verwertung der Sache sind die Vorschriften über die Verwertung gepfändeter Sachen anzuwenden.

§§ 124, 155 GVGA

I. Normzweck und Anwendungsbereich

1 Die Vorschrift regelt die Besonderheiten bei der Pfändung von Herausgabe- und Leistungsansprüchen, die auf **bewegliche Sachen** (auch Wertpapiere, soweit sie wie bewegliche Sachen gepfändet werden) gerichtet sind. Zulässig ist die Pfändung nur, wenn der Gegenstand verwertet werden kann, also nicht bei unpfändbaren Sachen nach §§ 811, 865 Abs. 2 S. 1 oder bei Beweisurkunden (Kfz-Brief) oder solchen, die nicht für sich allein Gegenstand selbständiger Rechte sein können (Sparbücher); solche Urkunden und Ansprüche des Schuldners auf Herausgabe dieser Urkunden unterliegen nur der Hilfspfändung. Dies gilt auch für Hypotheken-, Grund- und Rentenschuldbriefe, für welche die Regelung des § 830 eingreift. Nicht pfändbar ist nach § 851 Abs. 1 der höchstpersönliche Anspruch des getrenntlebenden Ehegatten auf Überlassung von Hausrat nach § 1361 a Abs. 1 S. 2 BGB, auch wenn die Gegenstände, auf die sich der Anspruch bezieht, an sich pfändbar wären.[1]

II. Durchführung

2 Es wird nur das **Recht auf die Sache**, nicht die Sache selbst gepfändet. Daher erfolgt die Pfändung nach § 829, dessen Voraussetzungen (insb. der Bestimmtheitsgrundsatz) gleichfalls vorliegen müssen. Gerichtsvollzieher und Drittschuldner müssen die herauszugebenden Gegenstände bestimmen können.

3 Hinzu tritt die **Anordnung** nach Abs. 1, wonach die Sache **an den Gerichtsvollzieher** herauszugeben ist. Fehlt die Anordnung, steht sie der Wirksamkeit der Pfändung nicht entgegen und kann sogar nach Eröffnung des Insolvenzverfahrens über das Vermögen des Schuldners **nachgeholt** werden.

4 Steht dem Schuldner neben einem Dritten ein Anspruch auf Herausgabe einer **unteilbaren Sache** gegen den Drittschuldner zu, darf sich die Pfändung nur auf

---

[1] Musielak/Voit/*Becker*, § 847 Rn 1; aA MüKo-ZPO/*Smid*, § 846 Rn 5.

den ideellen Bruchteil des Schuldners erstrecken. Die Anordnung ist dahingehend zu erlassen, dass der Gerichtsvollzieher zusammen mit dem Dritten zum Empfang berechtigt ist.[2]

Wie bei § 829 enthält auch der Antrag nach § 847 idR den Beschlussentwurf. Der Antrag (und dementsprechend der Beschluss) kann etwa lauten:

▶ In der Zwangsvollstreckungssache .../... werden die angeblichen Ansprüche des Schuldners gegen den ... (Drittschuldner) auf Herausgabe der ... (bestimmt zu bezeichnenden Gegenstände) gepfändet. Der Schuldner hat sich jeder Verfügung über die Ansprüche zum Nachteil des Gläubigers, insbesondere durch ihre Einziehung, zu enthalten. Zugleich werden die gepfändeten Ansprüche dem Gläubiger zur Einziehung überwiesen. Gleichzeitig wird angeordnet, dass der Schuldner die vorgenannten Sachen an einen vom Gläubiger zu beauftragenden Gerichtsvollzieher zur Verwertung herauszugeben hat.[3] ◀

III. Person des Drittschuldners, Pfändungswirkung

Drittschuldner ist derjenige, der den gepfändeten Anspruch erfüllen muss. Bei wirksamer Pfändung treten Verstrickung und Pfandrecht ein. Die Pfändung bewirkt die Beschlagnahme des **Anspruchs** und begründet an ihm für den Gläubiger ein Pfändungspfandrecht. Die Pfändung des Anspruchs gibt dem Gläubiger noch kein Pfandrecht an der Sache selbst. Dem Drittschuldner wird durch die Pfändung des Anspruchs die Verfügung über die Sache nicht verboten.

Das der Pfändung einer Geldforderung entsprechende Zahlungsverbot entspricht dem Verbot, die Sache an den Schuldner herauszugeben oder zu leisten. Die Sache muss an den **Gerichtsvollzieher herausgegeben** werden. Der Drittschuldner darf nicht hinterlegen und auch nicht an den Vollstreckungsgläubiger herausgeben. Die Herausgabe kann nur aufgrund eines Titels gegen den Drittschuldner erzwungen werden. Die mit der Pfändung verbundene Herausgabeanordnung legitimiert den Vollstreckungsgläubiger, den Drittschuldner auf Herausgabe zu verklagen. Einer Überweisung der Forderung zur Einziehung bedarf es nicht.[4] Denn die Herausgabe an den Gerichtsvollzieher ist noch nicht Verwertung.

Es entsteht nur ein Pfandrecht an der Sache.[5] Daher kann der Gläubiger **Klage auf Abgabe der Übereignungserklärung** auch schon aufgrund der Pfändung ohne vorherige Überweisung des Anspruchs zur Einziehung erheben.[6] Die Klage des Gläubigers oder Schuldners gegen den Drittschuldner muss auf Herausgabe **an einen Gerichtsvollzieher** (vgl § 754) gerichtet sein. Der Gläubiger hat gem. § 841 dem Schuldner den Streit zu verkünden. Hat der Schuldner einen Anspruch auf Übereignung, so wird er, vertreten durch den Gerichtsvollzieher, Eigentümer.

Mit Herausgabe der Sache an den Gerichtsvollzieher wandelt sich das durch die Anspruchspfändung begründete Pfandrecht in ein Pfandrecht an der geleisteten Sache.[7] Pfänden **mehrere Gläubiger** den Herausgabeanspruch, richtet sich ihre Rangordnung nach dem Zeitpunkt der Anspruchspfändung (§ 829 Abs. 3). Die Inbesitznahme durch den Gerichtsvollzieher hat für den Pfandrechtserwerb an der Sache konstitutive Wirkung. Ein Pfandrecht, das **vor** der Herausgabe an den Gerichtsvollzieher entstanden ist, geht dem infolge der Pfändung des Herausga-

---

2 Stein/Jonas/*Brehm*, § 847 Rn 6.
3 Formulierung nach Saenger/Ullrich/Siebert/*Brögelmann*, ZPO, Gesetzesformulare, § 847 Rn 1.
4 Schuschke/Walker/*Schuschke*, § 847 Rn 3.
5 Stein/Jonas/*Brehm*, § 847 Rn 10.
6 Musielak/Voit/*Becker*, § 847 Rn 4 mwN; aA Schuschke/Walker/*Schuschke*, § 847 Rn 3.
7 BGHZ 67, 378, 383 = NJW 1977, 384, 385.

beanspruchs mit Herausgabe an den Gerichtsvollzieher entstehenden Pfandrechts vor.[8] Nach Herausgabe an den Gerichtsvollzieher kann nur noch Sachpfändung erfolgen.

IV. Verwertung

10 Die Verwertung erfolgt nach §§ 814 ff, als wenn die Sache beim Schuldner gepfändet worden wäre. Die Verwertung setzt voraus, dass der gepfändete Anspruch zur Einziehung überwiesen worden ist. Die Überweisung an Zahlungs statt ist unzulässig (§ 849). Ohne Überweisung ist die Verwertung zulässig, wenn dem Gerichtsvollzieher nachgewiesen wird, dass die Pfandverwertung nach dem Schuldtitel zulässig ist.[9] Hat der Gläubiger den Anspruch lediglich gepfändet (etwa bei der Sicherungsvollstreckung nach § 720 a), so verbleibt die Sache beim Gerichtsvollzieher.

V. Rechtsbehelfe

11 Gegen den Pfändungsbeschluss können Schuldner und Drittschuldner Erinnerung nach § 766 einlegen. Hat der Gerichtsvollzieher bereits Besitz begründet, muss bei erfolgreicher Erinnerung die durch den Besitz des Gerichtsvollziehers begründete Sachpfändung gleichfalls angegriffen werden. Das Pfandrecht an der Sache entfällt nicht von selbst.[10] Wird der Erlass des Pfändungsbeschlusses abgelehnt, steht dem Gläubiger die sofortige Beschwerde nach § 11 RPflG iVm § 793 zu. Dritte können bereits bei Pfändung des Herausgabeanspruchs Drittwiderspruchsklage nach § 771 erheben.[11]

VI. Kosten

12 Für das **gerichtliche Verfahren** entsteht eine Festgebühr nach Nr. 2111 KV GKG iHv 20,00 €. Hinsichtlich der Gerichtskosten besteht Vorauszahlungspflicht (§ 12 Abs. 6 GKG).

13 Für den **Rechtsanwalt** fallen die Gebühr Nr. 3309 VV RVG, deren Wert sich nach § 25 Abs. 1 S. 1 RVG richtet, sowie Auslagen an.

14 Bei dem **Gerichtsvollzieher** entsteht eine Gebühr für die Übernahme beweglicher Sachen zum Zwecke der Verwertung (Nr. 206 KV GvKostG). Ist der Dritte nicht herausgabebereit, entsteht eine Gebühr für die Nichterledigung der Übernahme (Nr. 604 KV GvKostG). Die Höhe der Gebühren ist in beiden Fällen gleich. Für die Verwertung (Abs. 2) entstehen Gebühren nach dem 3. Abschnitt des Kostenverzeichnisses des GvKostG. Die Amtshandlungen „Übernahme" und „Verwertung" werden im Rahmen eines Auftrags erledigt (§ 3 Abs. 1 S. 1 GvKostG). Daneben können angefallene Auslagen (Nr. 700 ff KV GvKostG) erhoben werden.

§ 847 a Herausgabeanspruch auf ein Schiff

(1) **Bei der Pfändung eines Anspruchs, der ein eingetragenes Schiff betrifft, ist anzuordnen, dass das Schiff an einen vom Vollstreckungsgericht zu bestellenden Treuhänder herauszugeben ist.**

(2) ¹**Ist der Anspruch auf Übertragung des Eigentums gerichtet, so vertritt der Treuhänder den Schuldner bei der Übertragung des Eigentums.** ²Mit dem Über-

---

8 BGHZ 72, 334, 336 = NJW 1979, 373.
9 Zöller/*Stöber*, § 847 Rn 7.
10 Schuschke/Walker/*Schuschke*, § 847 Rn 8 mwN.
11 BGHZ 72, 334, 337 = NJW 1979, 373.

gang des Eigentums auf den Schuldner erlangt der Gläubiger eine Schiffshypothek für seine Forderung. ³Der Treuhänder hat die Eintragung der Schiffshypothek in das Schiffsregister zu bewilligen.

(3) Die Zwangsvollstreckung in das Schiff wird nach den für die Zwangsvollstreckung in unbewegliche Sachen geltenden Vorschriften bewirkt.

(4) Die vorstehenden Vorschriften gelten entsprechend, wenn der Anspruch ein Schiffsbauwerk betrifft, das im Schiffsbauregister eingetragen ist oder in dieses Register eingetragen werden kann.

§§ 124, 125 GVGA

Im Schiffsregister eingetragene Schiffe oder eingetragene bzw eintragungsfähige Schiffsbauwerke (auf einer Schiffswerft im Bau befindliches Schiff, § 76 SchiffsRG) werden bei der Zwangsvollstreckung wie Grundstücke behandelt, andernfalls sind sie bewegliche Sachen. Die Vorschrift entspricht derjenigen des § 848. Der Treuhänder iSd § 847 a ist identisch mit dem Sequester des § 848. § 847 a gilt für Luftfahrzeuge entsprechend (§ 99 LuftFzgG). 1

Der Antrag wird wie bei § 829 vom Gläubiger vorformuliert. Es gelten die Ausführungen zu § 848 mit der Maßgabe, dass das Binnenschiff bezeichnet werden muss. Statt des Grundbuchs ist die genaue Bezeichnung der Eintragung im Schiffregister des entsprechenden Amtsgerichts anzugeben. 2

§ 848 Herausgabeanspruch auf eine unbewegliche Sache

(1) Bei Pfändung eines Anspruchs, der eine unbewegliche Sache betrifft, ist anzuordnen, dass die Sache an einen auf Antrag des Gläubigers vom Amtsgericht der belegenen Sache zu bestellenden Sequester herauszugeben sei.

(2) ¹Ist der Anspruch auf Übertragung des Eigentums gerichtet, so hat die Auflassung an den Sequester als Vertreter des Schuldners zu erfolgen. ²Mit dem Übergang des Eigentums auf den Schuldner erlangt der Gläubiger eine Sicherungshypothek für seine Forderung. ³Der Sequester hat die Eintragung der Sicherungshypothek zu bewilligen.

(3) Die Zwangsvollstreckung in die herausgegebene Sache wird nach den für die Zwangsvollstreckung in unbewegliche Sachen geltenden Vorschriften bewirkt.

§§ 124, 125 GVGA

I. Normzweck 1	4. Sicherungshypothek
II. Voraussetzungen 5	(Abs. 2 S. 2, 3) 16
1. Unbewegliche Sache 5	a) Entstehung 16
2. Anspruchspfändung 6	b) Rang 17
a) Pfändung 6	5. Rechte des Drittschuldners .. 19
b) Sequesterbestellung 10	6. Überweisung 20
c) Wirksamkeit der Pfändung 11	IV. Pfändung eines Anwartschaftsrechts 21
III. Wirkung und Durchsetzung 12	V. Verwertung (Abs. 3) 22
1. Wirkung der Pfändung 12	VI. Rechtsbehelfe 23
2. Durchsetzung des Herausgabeanspruchs 13	VII. Kosten 25
3. Durchsetzung des Eigentumsverschaffungsanspruchs 14	

I. Normzweck

1 Die Vorschrift regelt die Pfändung des Anspruchs auf Herausgabe einer unbeweglichen Sache. Sie regelt nicht die Zwangsvollstreckung in die Sache selbst. Diese erfolgt gem. Abs. 3 nach den Vorschriften über die Zwangsvollstreckung in das unbewegliche Vermögen nach §§ 864 ff.

2 **Abs. 1** dient der Besitzsicherung. Für die **Immobiliarvollstreckung** ist der Besitz des die Vollstreckung betreibenden Gläubigers am Grundstück zwar nicht erforderlich. Abs. 1 kann aber Bedeutung für die **Zwangsverwaltung** haben, denn die **Inbesitznahme** nach § 150 Abs. 2 ZVG ist Voraussetzung der Beschlagnahme (§ 151 Abs. 1 ZVG). Bedeutung hat Abs. 1 auch in den Fällen der §§ 810, 865 Abs. 2.[1]

3 Die Pfändung nach **Abs. 2 sichert** den Gläubiger. Sie **hindert** die Abänderung der Leistungspflicht auf Eigentumsübertragung gegenüber dem Schuldner zu seinem Nachteil.

4 Mit Herausgabe (Abs. 1) oder Auflassung an den Sequester (Abs. 2) ist die Anspruchspfändung erledigt. Bei Abs. 1 und 2 handelt es sich nicht um Regelungen einer Immobiliarvollstreckung, weshalb bei der Pfändung die Einschränkung des § 866 Abs. 3 nicht gilt. Für die Verwertung ist daher die Regelung des **Abs. 3** notwendig, der die Verwertung des gepfändeten Anspruchs nach den Vorschriften der Zwangsvollstreckung in das unbewegliche Vermögen anordnet. Die Verwertung des Abs. 3 bezieht sich nur auf den Übertragungsanspruch nach Abs. 2, weil die Pfändung des Herausgabeanspruches kein Pfandrecht an der Sache bewirkt und mit Herausgabe an den Sequester erledigt ist.

II. Voraussetzungen

5 **1. Unbewegliche Sache.** Die Vorschrift ist anwendbar auf Grundstücke, auf den Grundstücksanteil eines Miteigentümers, auf Wohnungseigentum, auf Zubehör, auf mithaftende Gegenstände nach § 865, auf Erbbaurechte sowie auf sonstige grundstücksgleiche Rechte.

6 **2. Anspruchspfändung. a) Pfändung.** Die Pfändung erfolgt wie bei sonstigen Forderungen nach § 829. Der Gläubiger hat in seinem Antrag das **Grundstück** zu bezeichnen. Zu unterscheiden ist die Pfändung des **Herausgabeanspruchs** (Abs. 1) und die Pfändung des **Übereignungsanspruchs** (Abs. 2) einer unbeweglichen Sache. In Abs. 1 wird also der Anspruch auf **Besitzübertragung**, in Abs. 2 der Anspruch auf **Eigentumsübertragung** geregelt und den Vorschriften über die Pfändung beweglichen Vermögens gleichgestellt.[2]

7 Aus dem Beschluss muss klar erkennbar sein, ob **Herausgabe oder Übereignung** angeordnet wird. Dabei ist im Falle des Abs. 2 der Eigentumsverschaffungsanspruch von **sonstigen** Rechten aus einem Grundstückskaufvertrag (insb. auf Auflassung oder aus Vormerkungen) zu unterscheiden.

8 Der **Rechtsgrund** der gepfändeten Forderung muss wenigstens in allgemeinen Umrissen angegeben werden, um Einschränkungen der Pfändbarkeit prüfen zu können. Die bloße Bezeichnung der herauszugebenden Sache genügt nicht.[3] Der Antrag kann entsprechend § 829 lauten:

▶ In der Zwangsvollstreckungssache .../... wird der angebliche Anspruch des Schuldners gegen den ... (Drittschuldner) auf Auflassung und Eintragung des Eigentums an

---

1 Wieczorek/Schütze/*Lüke*, § 848 Rn 7; *Stöber*, Forderungspfändung, Rn 2041 aE.
2 Stein/Jonas/*Brehm*, § 848 Rn 1; MüKo-ZPO/*Smid*, § 848 Rn 1.
3 BGHZ 172, 16, 20 f = NJW 2007, 3132, 3133; aA Zöller/*Stöber*, § 848 Rn 2.

dem Grundstück ..., eingetragen im Grundbuch von ..., Blatt ..., aus dem am ... vor dem Notar ... in ... mit der UR-Nr. ... geschlossenen Kaufvertrag gepfändet.

Dem Drittschuldner wird verboten, an den Schuldner zu leisten. Der Schuldner hat sich jeder Verfügung über den Anspruch zum Nachteil des Gläubigers, insbesondere durch ihre Einziehung, zu enthalten.

Zugleich wird der gepfändete Anspruch dem Gläubiger zur Einziehung überwiesen. Gleichzeitig wird angeordnet, dass das Grundstück an den Sequester ... als Vertreter des Schuldners aufzulassen ist. ◀

Bei der Antragsfassung ist zu beachten, dass die Pfändung des Anspruchs auf Auflassung nicht gleichzusetzen ist mit der Pfändung des Anspruchs auf Verschaffung des Eigentums. Die Auflassung selbst ist nur Teil eines zum Eigentum führenden mehraktigen Rechtsgeschäfts.[4] Ein Eigentumsverschaffungsanspruch kann sich insb. aus § 433 BGB ergeben. Der Anspruch kann bis zur Eintragung des neuen Eigentümers im Grundbuch gepfändet werden. 9

b) Sequesterbestellung. Für beide Pfändungen ist die Bestellung eines **Sequesters** erforderlich. Im Pfändungsbeschluss muss angeordnet werden, dass an einen Sequester herauszugeben oder aufzulassen sei. Der Sequester wird nur auf Antrag des Gläubigers durch das **Amtsgericht** (durch den Rechtspfleger, § 20 Nr. 17 RPflG), in dessen Bezirk das Grundstück liegt, **bestellt**. Wenn das Vollstreckungsgericht zugleich das zuständige Amtsgericht der belegenen Sache ist, kann der Sequester bereits bei der Pfändung bestellt werden. Andernfalls ist dem Antrag des Gläubigers an das Amtsgericht auf Sequesterbestellung der Pfändungsbeschluss beizufügen. Wird der Sequester im Pfändungsbeschluss bestellt, muss er den formalen Erfordernissen eines gerichtlichen Beschlusses nach § 329 genügen und insb. von der Unterschrift auf dem Pfändungsbeschluss erfasst sein.[5] Der zum Sequester Berufene muss das Amt nicht annehmen, weshalb zuvor sein Einverständnis eingeholt werden sollte. Sind **mehrere Grundstücke** herauszugeben, so ist streitig, ob neben der Bestellung mehrerer Sequester in entsprechender Anwendung des § 36 Abs. 1 Nr. 4 eine Zuständigkeitsbestimmung des gemeinschaftlichen übergeordneten Gerichts beantragt werden kann. Dies ist zu bejahen.[6] Das Zuständigkeitsbestimmungsverfahren gilt auch im Vollstreckungsrecht, die verfahrensökonomischen Überlegungen gelten auch hier. 10

c) Wirksamkeit der Pfändung. Wirksam wird die Pfändung mit **Zustellung** an den **Drittschuldner**. Wie bei § 829 muss dem Drittschuldner in dem Pfändungsbeschluss verboten werden, an den Schuldner zu leisten, also den Gegenstand an den Schuldner herauszugeben bzw. das Eigentum zu übertragen. Die Pfändung ist auch wirksam, wenn sie die Anordnung der Herausgabe oder Auflassung an einen Sequester nicht enthält.[7] Die Anordnungen können nachgeholt werden. 11

III. Wirkung und Durchsetzung

1. Wirkung der Pfändung. Die Pfändung bewirkt die Beschlagnahme des Anspruchs und begründet für den Gläubiger ein Pfändungspfandrecht. 12

2. Durchsetzung des Herausgabeanspruchs. Die Pfändung des Herausgabeanspruchs ist mit **Herausgabe** an den Sequester erledigt. Ein Pfandrecht an der Sache entsteht nicht. Die Pfändung hat nur dann Sinn, wenn der Gläubiger dem Drittschuldner den Besitz entziehen (s. Rn 2) oder die Herausgabe des Grund- 13

---

4 OLGR Celle 1997, 88, 89.
5 OLG München RNotZ 2014, 434.
6 Wieczorek/Schütze/*Lüke*, § 848 Rn 12; *Stöber*, Forderungspfändung, Rn 2037 aE; aA Stein/Jonas/*Brehm*, § 848 Rn 3; MüKo-ZPO/*Smid*, § 848 Rn 5.
7 Stein/Jonas/*Brehm*, § 848 Rn 2.

stücks an den Schuldner verhindern will. Zu einer **Verwaltung** ist der Sequester nicht befugt.[8] Weigert sich der Drittschuldner, an den Sequester herauszugeben, muss er vom Gläubiger oder Schuldner auf Herausgabe an den Sequester verklagt werden.

14 3. **Durchsetzung des Eigentumsverschaffungsanspruchs.** Übereignet wird nach §§ 873 Abs. 1, 925 BGB an den **Schuldner**, der gem. **Abs. 2 S. 1** durch den Sequester **vertreten** wird. Die Auflassung hat also unter gleichzeitiger Anwesenheit von Sequester und Drittschuldner zu erfolgen. **Verweigert** der Drittschuldner die Übereignung, muss der Gläubiger oder der Schuldner gegen ihn klagen. Dem Sequester steht eine Klagebefugnis allein aufgrund seiner Ernennung nicht zu. Hingegen kann der Sequester unter den Voraussetzungen des § 895 eine **Vormerkung** zugunsten des Schuldners eintragen lassen.

15 Der **Schuldner** selbst wird als Eigentümer im Grundbuch eingetragen. Neben dem Sequester als Vertreter des Schuldners oder dem Drittschuldner ist auch der pfändende Gläubiger gegenüber dem Grundbuchamt **antragsbefugt** (§ 13 Abs. 1 S. 2 GBO).[9] Die Gegenauffassung[10] will dem Gläubiger nur die Antragsbefugnis auf Eintragung der Sicherungshypothek zugestehen; die Entstehung dieser Sicherungshypothek kraft Gesetzes setzt jedoch die Eintragung des Schuldners im Grundbuch voraus, weshalb die Antragsbefugnis des Gläubigers zu bejahen ist.

16 4. **Sicherungshypothek (Abs. 2 S. 2, 3).** a) **Entstehung.** Mit Eigentumserwerb des Schuldners entsteht gem. Abs. 2 S. 2 **kraft Gesetzes** außerhalb des Grundbuchs für den Gläubiger eine Sicherungshypothek für die Forderung und die Kosten der Zwangsvollstreckung. Der Sequester bewilligt die **berichtigende** Eintragung gem. Abs. 2 S. 3. Dem Gläubiger steht das Antragsrecht gleichfalls zu, wenn der Schuldner als Eigentümer eingetragen wurde, die Eintragung der Sicherungshypothek jedoch unterblieben ist. Ohne Eintragung der Sicherungshypothek besteht die Möglichkeit des **gutgläubig lastenfreien** Erwerbs nach § 892 BGB, und zwar selbst dann, wenn der gepfändete Auflassungsanspruch durch eine Vormerkung gesichert war.[11]

17 b) **Rang. Bestehende Belastungen** gehen der nachträglich kraft Gesetzes entstehenden Sicherungshypothek vor. Gleiches gilt, wenn nach dem Rechtsverhältnis, aufgrund dessen der Erwerbsanspruch besteht, Rechte zu bestellen sind. Ein solches Recht ist gegenüber der kraft Gesetzes entstehenden Sicherungshypothek **vorrangig**, auch wenn seine Eintragung erst nach Eigentumseintragung des Schuldners erfolgen kann. Verpflichtet sich etwa der Käufer, dem Verkäufer für den gestundeten Kaufpreis eine Hypothek zu bestellen, so geht diese Restkaufgeldhypothek der durch § 848 entstehenden Sicherungshypothek vor.[12] Der Sequester muss den Vorrang bewilligen. Andernfalls können die vorrangig Berechtigten die Eintragung eines Widerspruchs betreiben.[13] **Anderen** vom Schuldner **bereits bewilligten** Grundpfandrechten geht die Sicherungshypothek hingegen im Rang vor.[14]

18 Wird der Anspruch von **mehreren Gläubigern** gepfändet, bestehen keine Besonderheiten. Der Rang der Sicherungshypotheken richtet sich nach der Reihenfolge der Pfändungen. Gleichzeitige Pfändung bewirkt Gleichrangigkeit.

---

8   HM; Stein/Jonas/*Brehm*, § 848 Rn 4; Zöller/*Stöber*, § 848 Rn 5; Wieczorek/Schütze/*Lüke*, § 848 Rn 7.
9   *Hintzen*, Rpfleger 1989, 439.
10 Zöller/*Stöber*, § 848 Rn 6; *Stöber*, Forderungspfändung, Rn 2045.
11 *Stöber*, Forderungspfändung, Rn 2047 mwN.
12 LG Frankenthal Rpfleger 1985, 231, 232.
13 Schuschke/Walker/*Walker*, § 848 Rn 7.
14 BGHZ 49, 197, 207 f; *Stöber*, Forderungspfändung, Rn 2059.

5. Rechte des Drittschuldners. Der Drittschuldner kann bei verzögerter Beitreibung auch vor Ernennung eines Sequesters bei Verzug des Schuldners nach § 293 BGB nach vorheriger Androhung gem. § 303 BGB den Besitz an der Sache aufgeben.[15]

6. Überweisung. Eine Überweisung an Zahlungs statt ist unzulässig (§ 849). Die Überweisung zur Einziehung wird zumeist für zulässig erachtet.[16] Ob sie notwendig ist, kann zweifelhaft sein. Denn auch bei Pfändung ohne Überweisung (§ 720 a) ist das Verfahren nach § 848 möglich. Die weitere Vollstreckung beruht auf dem Titel, der auch Grundlage der Pfändung nach § 848 ist.[17] Für die weitere Vollstreckung ist die Überweisung der Ansprüche nach § 848 nicht notwendig.[18]

IV. Pfändung eines Anwartschaftsrechts

Von einer Pfändung des Eigentumsverschaffungsanspruchs zu unterscheiden ist die Pfändung eines **Anwartschaftsrechts** auf Übertragung des Grundbesitzes. Ein pfändbares Anwartschaftsrecht besteht, wenn die Auflassung erklärt und der Umschreibungsantrag vom Erwerber gestellt ist[19] oder wenn für den Erwerber eine Auflassungsvormerkung eingetragen wurde[20] und die Auflassung bereits erklärt worden ist.[21] Das Anwartschaftsrecht kann nach § 857 gepfändet werden (s. § 857 Rn 3, 8 ff, 16 ff), auch – nicht notwendig – zusammen mit dem Anspruch auf Übertragung des Eigentums nach Abs. 2 („**Doppelpfändung**").[22]

V. Verwertung (Abs. 3)

Die Verwertung erfolgt über Abs. 3 nach §§ 15, 146 ZVG, § 866 Abs. 1 durch Zwangsversteigerung oder Zwangsverwaltung.

VI. Rechtsbehelfe

Gegen die Ernennung des Sequesters kann nach § 766 Vollstreckungserinnerung eingelegt werden. Bleibt die Ernennung aus, ist die sofortige Beschwerde nach § 11 Abs. 1 RPflG iVm § 793 statthafter Rechtsbehelf. Gegen Maßnahmen des Sequesters kann gleichfalls Vollstreckungserinnerung nach § 766 eingelegt werden.

Grundbucheintragungen sind keine Akte der Zwangsvollstreckung (s. § 895 Rn 6). Rechtsmittel gegen die Eintragung oder Ablehnung des Antrags richten sich nach § 71 GBO.

VII. Kosten

Die Vergütung des Sequesters setzt das Gericht fest (§§ 152 a S. 2, 153 ZVG). Es handelt sich um notwendige Kosten iSd § 788.

---

15 Wieczorek/Schütze/*Lüke*, § 848 Rn 4 mwN; unter Hinweis auf § 842 vgl BGH BB 1968, 397 = WM 1967, 657, 658.
16 Wieczorek/Schütze/*Lüke*, § 848 Rn 8; Zöller/*Stöber*, § 848 Rn 10; Hk-ZPO/*Kemper*, § 848 Rn 10; MüKo-ZPO/*Smid*, § 848 Rn 2; vgl auch Musielak/Voit/*Becker*, § 848 Rn 4.
17 Wieczorek/Schütze/*Lüke*, § 848 Rn 20.
18 Stein/Jonas/*Brehm*, § 848 Rn 12.
19 BGHZ 49, 197, 201 = NJW 1968, 493, 494.
20 BGHZ 83, 395, 399 = NJW 1982, 1639, 1640.
21 BGHZ 89, 41, 44 f = NJW 1984, 973, 974; BGH NJW 2000, 1268, 1269 = MDR 2000, 476 f.
22 Schuschke/Walker/*Schuschke*, § 848 Rn 10; nicht zu verwechseln mit der Doppelpfändung bei der Pfändung eines Anwartschaftsrechts bei beweglichen Sachen.

§ 849 Keine Überweisung an Zahlungs statt

Eine Überweisung der im § 846 bezeichneten Ansprüche an Zahlungs statt ist unzulässig.

§ 124 GVGA

1 Die Vorschrift bezieht sich auf die praktisch bedeutungslose Überweisungsart des § 835 Abs. 1 Alt. 2. Die Überweisung an Zahlungs statt ist unzulässig, weil die in § 846 genannten Ansprüche keinen Nennwert iSd § 835 Abs. 1 haben und die Vollstreckung nach §§ 846 ff nicht zur Befriedigung des Gläubigers führen, sondern eine weitere Vollstreckung vorbereiten soll.

§ 850 Pfändungsschutz für Arbeitseinkommen

(1) Arbeitseinkommen, das in Geld zahlbar ist, kann nur nach Maßgabe der §§ 850 a bis 850 i gepfändet werden.

(2) Arbeitseinkommen im Sinne dieser Vorschrift sind die Dienst- und Versorgungsbezüge der Beamten, Arbeits- und Dienstlöhne, Ruhegelder und ähnliche nach dem einstweiligen oder dauernden Ausscheiden aus dem Dienst- oder Arbeitsverhältnis gewährte fortlaufende Einkünfte, ferner Hinterbliebenenbezüge sowie sonstige Vergütungen für Dienstleistungen aller Art, die die Erwerbstätigkeit des Schuldners vollständig oder zu einem wesentlichen Teil in Anspruch nehmen.

(3) Arbeitseinkommen sind auch die folgenden Bezüge, soweit sie in Geld zahlbar sind:

a) Bezüge, die ein Arbeitnehmer zum Ausgleich für Wettbewerbsbeschränkungen für die Zeit nach Beendigung seines Dienstverhältnisses beanspruchen kann;

b) Renten, die auf Grund von Versicherungsverträgen gewährt werden, wenn diese Verträge zur Versorgung des Versicherungsnehmers oder seiner unterhaltsberechtigten Angehörigen eingegangen sind.

(4) Die Pfändung des in Geld zahlbaren Arbeitseinkommens erfasst alle Vergütungen, die dem Schuldner aus der Arbeits- oder Dienstleistung zustehen, ohne Rücksicht auf ihre Benennung oder Berechnungsart.

I. Allgemeines 1	d) Erweiterungen der Pfändbarkeit 12
II. Pfändungsschutz (Abs. 1) 3	e) Einschränkungen der Pfändbarkeit 13
1. In Geld zahlbares, noch nicht eingenommenes Entgelt 3	3. Verfahren 14
a) Naturalleistungen 4	a) Forderungspfändung und Verwertung nach §§ 828 ff 14
b) Eingenommenes Arbeitsentgelt 5	b) Gegenstand und Umfang der Pfändung – Grundsatz der Einheitlichkeit .. 15
c) Brutto/Netto 7	aa) Sämtliche Vergütungsansprüche 15
2. Rechtsfolgen im Überblick .. 8	
a) Unpfändbare Forderungen 9	
b) Bedingt pfändbare Forderungen 10	bb) Zukünftige Forderungen 17
c) Beschränkt pfändbare Forderungen 11	

cc) Weitere Forderungen 19
dd) Abgetretene Forderungen 20
c) Pfändungsschutzverfahren 21
aa) Offizialmaxime 21
bb) Keine Inquisition 22
cc) Anträge von Gläubiger und Schuldner .. 23
d) Rechtsfolgen von Verstößen 27
aa) Wirksame, aber anfechtbare Pfändung 27
bb) Rechtsbehelfe 28
cc) Materiellrechtlicher Ausgleich 29
e) Verzicht auf die Unpfändbarkeit 30
f) Pfändungsschutz auch bei Empfang gleichwertiger Leistungen durch den Gläubiger 31
g) Verfügungen über unpfändbare Forderungen 32
h) Massezugehörigkeit, Einzelgläubigeranfechtung .. 33
i) Verhältnis zu anderen Normen des Schuldnerschutzes 34
j) Zwangsvollstreckung in Forderungen nach anderen Gesetzen 35
4. Begriff 36
a) Weite Auslegung des Begriffs „Arbeitseinkommen" 36
b) Persönliche Arbeitsleistung 39
III. **Einkommensarten (Abs. 2)** 40
1. Dienst- und Versorgungsbezüge der Beamten 41
2. Arbeits- und Dienstlöhne ... 42
3. Ruhegelder und ähnliche Einkünfte 50
4. Hinterbliebenenbezüge 53
5. Sonstige Vergütungen für Dienstleistungen aller Art, die die Erwerbstätigkeit des Schuldners vollständig oder zu einem wesentlichen Teil in Anspruch nehmen 54
IV. **Weitere Bezüge (Abs. 3)** 57
1. Wettbewerbsentschädigungen (Buchst. a) 57
2. Versorgungsrenten (Buchst. b) 58
V. **Umfang der Pfändung (Abs. 4)** .. 60
VI. **Weitere praktische Hinweise** 61
VII. **Kosten** 62

I. Allgemeines

Das Arbeitseinkommen des Schuldners stellt vielfach dessen maßgebliche oder sogar einzige Grundlage der **Existenzsicherung** dar. Um eine bescheidene Lebensführung für den Schuldner und seine Familie zu sichern, regeln die §§ 850 ff Einschränkungen der Pfändbarkeit der Forderungen auf das Arbeitseinkommen. Dies ist verfassungsrechtlich aus dem allgemeinen Persönlichkeitsrecht des **Schuldners** und dem Sozialstaatsprinzip geboten, woran der Staat und seine Vollstreckungsorgane unmittelbar gebunden sind.[1] Es dient aber auch dem **Interesse der Allgemeinheit**,[2] nicht für den Unterhalt des Schuldners aufkommen zu müssen, entspricht deshalb dem sozialrechtlichen Subsidiaritätsprinzip[3] und verneint insoweit auch den Vorrang des einzelnen Gläubigers zu Lasten der Allgemeinheit. 1

Diesen individual- und gemeinwohlbezogenen Gesichtspunkten steht aber das **Interesse des Gläubigers** an wirkungsvoller Zwangsvollstreckung gegenüber. Das Arbeitseinkommen stellt für den Gläubiger einen wichtigen, wenn nicht den einzigen Zugriffsgegenstand mit Befriedigungsaussicht dar, und der Staat stellt die-

---

1 So auch BR-Drucks. 618/05, S. 5 (Altersvorsorge); BT-Drucks. 14/6812, S. 8 (Pfändungsfreigrenzen); BT-Drucks. 16/7615, S. 12 (Kontopfändung); BT-Drucks. 17/2167, S. 12 (GNeuMoP).
2 MüKo-ZPO/*Smid*, § 850 Rn 1 mwN; Schuschke/Walker/*Kessal-Wulf*, § 850 Rn 4; krit. *Henckel*, Prozeßrecht und materielles Recht, 1970, S. 359.
3 Musielak/Voit/*Becker*, § 850 Rn 1; Zöller/*Stöber*, § 850 Rn 1.

sem privaten Befriedigungsinteresse seine Vollstreckungsorgane zur Verfügung. Nur soweit die Grundrechte des Schuldners und das Sozialstaatsprinzip es gebieten, darf deshalb das ebenfalls grundgesetzlich (Art. 14 GG) geschützte Interesse des Gläubigers an zwangsweiser Durchsetzung seines titulierten Rechts eingeschränkt werden.[4]

Dabei besteht für den Gesetzgeber Spielraum, dem Schuldner auch mehr als das verfassungsrechtlich gebotene Existenzminimum zu belassen. Bei der Pfändung der Arbeitslohnforderung kommt nämlich über die schon zu § 811 getroffenen Erwägungen hinaus zum Tragen, dass eine „**Kahlpfändung**" die **Motivation des Schuldners**, für die eigene Lebensführung durch selbständige oder unselbständige Tätigkeit aufzukommen, ausschließen würde,[5] was ebenfalls weder im Interesse der Allgemeinheit noch des einzelnen Gläubigers liegt. Deshalb wird dem Schuldner über das Existenzminimum hinaus ein gewisser **Selbstbehalt** gewährt. Insofern ist der Regelungskomplex der §§ 850 ff durch eine dynamische Verweisung auf die jeweils aktuellen Berechnungen des Grundfreibetrages entsprechend § 32 a Abs. 1 S. 1 Nr. 1 EStG (§ 850 c Abs. 2 a) gekennzeichnet, wobei noch ein Abstand zum jedenfalls zu gewährenden Existenzminimum, etwa nach § 850 f Abs. 2 und § 850 d Abs. 1 S. 2, besteht.

2 Die miteinander verwobenen, teils gegensätzlichen Interessen von Schuldner, Gläubiger und Allgemeinheit und die häufigen gesetzgeberischen Eingriffe in den Regelungskomplex zur Pfändbarkeit von Arbeitseinkommen zeigen, wie stark die konkreten Regelungen trotz verfassungsrechtlichen Gebots durch die jeweilig vorherrschende **rechtspolitische Bewertung** der beim Pfändungsschutz für Arbeitseinkommen maßgeblichen Aspekte beeinflusst sind. Nach derzeitiger Gesetzeslage wird dem Schuldner – in Abhängigkeit von seinen Unterhaltspflichten – ein pfändungsfreier Grundbetrag belassen, und es greifen differenzierte Regelungen zur beschränkten und bedingten sowie zur Erweiterung der Pfändbarkeit ein (s. Rn 8 ff). Die letzten größeren gesetzgeberischen Aktivitäten betrafen den Kontopfändungsschutz und die Erweiterung des Pfändungsschutzes auf alle Einkünfte (s. §§ 850 i–850 l). Kleinere jüngere Änderungen betreffen § 851 b (Ersetzung des Verweises auf den zwischenzeitlich weggefallenen § 813 b durch Eingliederung der zitierten Passagen) und § 851 c (Erhöhung der zulässigen Ansparsumme um 18.000 € als Konsequenz aus der Erhöhung des Rentenseintrittsalters auf 67 Jahre).[6] Die Entwürfe zu einem Gesetz zur sog. Neustrukturierung und Modernisierung des Pfändungsschutzes (GNeuMoP)[7] scheinen sich erledigt zu haben. Inhaltlich waren sie nicht zu befürworten, weil sie die Erwerbsanreize entfallen lassen,[8] was freilich nicht bedeutet, dass eine Neustrukturierung nicht dringend notwendig wäre (s. dazu § 850 i Rn 4).

---

4 BGHZ 141, 173; BGHZ 160, 197; BGHZ 161, 371; BGH WM 2007, 1033; *Schilken*, in: Gaul/Schilken/Becker-Eberhard, § 52 Rn 9.
5 BT-Drucks. 14/6812, S. 8; *Schilken*, in: Gaul/Schilken/Becker-Eberhard, § 56; Zöller/*Stöber*, § 850 Rn 1; Schuschke/Walker/*Kessal-Wulf*, § 850 Rn 4; MüKo-ZPO/*Smid*, § 850 Rn 1 sieht auch die Möglichkeit, seinen Lebensunterhalt selbst zu verdienen, und die Arbeitsfreude als grundgesetzlich verbürgt; krit. zu einer „*Arbeitspflicht*" *Brehm*, in: FS Henckel, 1995, S. 41; Stein/Jonas/*Brehm*, § 850 Rn 1.
6 Geändert durch das Gesetz zur Anpassung der Regelaltersgrenze an die demografische Entwicklung und zur Stärkung der Finanzierungsgrundlagen der gesetzlichen Rentenversicherung (RV-Altersgrenzenanpassungsgesetz) vom 20.4.2007 (BGBl. I S. 554).
7 Aus dem Gesetzgebungsverfahren: BR-Drucks. 139/10 vom 11.3.2010; BT-Drucks. 17/2167 vom 16.6.2010.
8 Krit. *Ahrens*, NZI 2011, 265; *Meller-Hannich*, WM 2011, 529; *Priebe*, ZInsO 2011, 11; *Richter*, ZVI 2010, 180; zuletzt aber erneute Einbringung des GNeuMoP im Bundesrat durch das Land Hessen, BR-Drucks. 80/14.

II. Pfändungsschutz (Abs. 1)

1. In Geld zahlbares, noch nicht eingenommenes Entgelt. Ansprüche auf in Geld 3
zahlbares Arbeitseinkommen (zum Begriff s. Rn 36 ff) können nur nach Maßgabe der §§ 850 a–850 i gepfändet werden.

a) Naturalleistungen. Arbeitseinkommen, das **nicht in Geld**, sondern in Natural- 4
leistungen/Sachbezügen, etwa Dienstwagen, -wohnung, -mobiltelefon, Verpflegung uÄ, gezahlt wird, fällt nicht unter den Pfändungsschutz der §§ 850 ff, sondern wird nach § 846 unter Beachtung von § 811 (§ 847 Abs. 2),[9] ggf § 857, gepfändet. Bei den Sachbezügen kann es allerdings zur Zusammenrechnung gem. § 850 e kommen,[10] so dass sich der pfändbare Teil des Einkommens erhöht (s. § 850 e Rn 23 ff). Wegen Leistungsstörung an die Stelle des Sachleistungsanspruchs tretende Geldansprüche werden von der Lohnpfändung ergriffen und unterstehen dem Pfändungsschutz der §§ 850 ff.[11]

b) Eingenommenes Arbeitsentgelt. Geschützt wird nur die Forderung, nicht das 5
eingenommene Arbeitseinkommen, das nach §§ 808 ff, 811 pfändbar ist, soweit es **in bar ausgezahlt** wird, und nach §§ 829 ff, 835 Abs. 3 S. 2, 850 k, 850 l, soweit es **auf ein Konto überwiesen** wird. Gepfändet wird dann die neue Forderung gegen das kontoführende Institut. Wird zwischen Überweisung und Kontogutschrift gepfändet, ist zwar die ursprüngliche Forderung verstrickt, der Drittschuldner aber dennoch entsprechend §§ 1275, 407 BGB befreit.[12] Es ist nochmals beim kontoführenden Institut zu pfänden und Pfändungsschutz ist nur nach §§ 850 k, 850 l zu gewähren. Wird nicht auf ein Konto, sondern **an sonstige Dritte** zum Zwecke der Erfüllung geleistet, ist der Lohn erst „eingenommen", wenn der Schuldner über den ausgezahlten Betrag frei verfügen kann. Wenn also der Drittschuldner hinterlegt, besteht der Pfändungsschutz fort.[13] Ebenso erstreckt er sich auf Beträge, die freiwillig vom Drittschuldner an den Gerichtsvollzieher gezahlt wurden.[14] Eine Forderung auf Arbeitsentgelt entsteht schon gar nicht, wenn an ihrer Stelle direkte Leistungen des Arbeitgebers an einen Dritten erfolgen (zB Versicherungen) (s. Rn 48).

Bei **Vorschusszahlungen** und **Abschlagszahlungen** handelt es sich um eine Erfül- 6
lung des Anspruchs auf Entgeltzahlung, entweder in Form der freiwilligen Vorauszahlung noch nicht verdienten Arbeitslohns oder in Form der Zahlung auf den fälligen, in der Abrechnung hinausgeschobenen Lohnanspruch.[15] Die Zahlung führt also, auch wenn sie vor Fälligkeit erfolgt, dazu, dass der Entgeltanspruch „eingenommen" ist, so dass ein Pfändungszugriff auf die Entgeltforderung nicht (mehr) möglich ist. Abschlags- und Vorschusszahlungen können aber bei der Berechnung des pfändbaren Gehalts (§ 850 e) einbezogen werden.[16] Schuldet der Arbeitgeber die Vorschusszahlung, etwa aus Tarifvertrag oder Betriebsvereinbarung oder in dringenden Fällen aus arbeitsrechtlicher Fürsorge-

---

9 Schuschke/Walker/*Schuschke*, § 847 Rn 1.
10 Stein/Jonas/*Brehm*, § 850 Rn 58, § 850 e Rn 61, krit. *Grote*, ZInsO 2013, 374, 376 f (Anrechnung des Nutzungswertes eines Dienstwagens kollidiert mit § 107 GewO).
11 Stein/Jonas/*Brehm*, § 850 Rn 59 mwN.
12 Stein/Jonas/*Brehm*, § 850 Rn 9.
13 MüKo-ZPO/*Smid*, § 850 Rn 14; Stein/Jonas/*Brehm*, § 850 Rn 10.
14 MüKo-ZPO/*Smid*, § 850 Rn 14; Stein/Jonas/*Brehm*, § 850 Rn 10.
15 Stein/Jonas/*Brehm*, § 850 e Rn 15; *Stöber*, Forderungspfändung, Rn 1266, 1268; vgl auch LAG Mainz jurisPR extra 2007, 233; aA (Erfüllung erst mit Abrechnung) BAGE 55, 44; s. aber auch BAG NZA 2006, 259; BAG DB 2001, 1565.
16 BAGE 55, 44; teils aA Stein/Jonas/*Brehm*, § 850 e Rn 16 f.

pflicht,[17] ist eine Pfändung des Anspruchs möglich. In jedem Fall ist zumindest der Notbedarf nach § 850 d zu gewährleisten.[18]

7 **c) Brutto/Netto.** Zwar erfasst die Pfändung grds. alle Bezüge, die der Arbeitgeber aus dem Arbeitsverhältnis schuldet (zur einheitlichen Pfändung s. Rn 15 ff, 60), und dieser schuldet auch bei gesetzlichem Vorwegabzug dem Arbeitnehmer das **Bruttoentgelt**.[19] Die Höhe der Unpfändbarkeit bestimmt sich allerdings nach dem **Nettolohn**, da die Berechnung des pfändbaren Arbeitseinkommens nach § 850 e Nr. 1 Beiträge, die aufgrund steuerrechtlicher oder sozialrechtlicher Vorschriften abzuführen sind, in Abzug bringt. Pfändbare Bezüge sind nach §§ 850 ff also nur die Nettobezüge.[20] Falls sich infolge der Einkommensteuererklärung ein geringerer als der im Wege des Lohnsteuerabzugs gem. § 38 EStG abgeführte Einkommensteuerbetrag ergibt, ändert dies daran nichts, da der **Steuererstattungsanspruch** eine im Verhältnis zum Arbeitslohnanspruch gewandelte öffentlich-rechtliche Natur hat.[21] Zur Pfändbarkeit des Steuererstattungsanspruchs s. Rn 49.

8 **2. Rechtsfolgen im Überblick.** Die §§ 850 a–850 i differenzieren zwischen einzelnen Rechtsfolgen je nach Art des gepfändeten Anspruchs (s. auch Übersicht Rn 61).

9 **a) Unpfändbare Forderungen.** Bestimmte, idR durch Zweckgebundenheit, persönliche oder soziale Leistungen gekennzeichnete Bezüge sind nach § 850 a absolut unpfändbar.

10 **b) Bedingt pfändbare Forderungen.** Die in § 850 b aufgeführten Bezüge sind grds. unpfändbar, können aber bei ansonsten aussichtsloser Vollstreckung aus Billigkeitsgründen wie Arbeitseinkommen gepfändet werden.

11 **c) Beschränkt pfändbare Forderungen.** Soweit keine Unpfändbarkeit nach § 850 a oder § 850 b besteht, ist das Arbeitseinkommen innerhalb zahlenmäßig beschränkter Grenzen pfändbar, die sich im Einzelnen aus § 850 c, § 850 i (für nicht wiederkehrende Dienstvergütungen und sonstige Einkünfte) und § 850 e (als Berechnungsregel) ergeben.

12 **d) Erweiterungen der Pfändbarkeit.** Die Pfändbarkeit von Arbeitseinkommen kann nach § 850 d und § 850 f **Abs. 2** für privilegierte Gläubiger oder nach § 850 h im Falle der Lohnverschleierung oder Lohnverschiebung oder nach § 850 f **Abs. 3** bei gehobenem Einkommen des Schuldners im Interesse des Gläubigers erweitert werden.

13 **e) Einschränkungen der Pfändbarkeit.** Die Pfändbarkeit kann nach § 850 f Abs. 1 zu Gunsten des schützenswerten Schuldners eingeschränkt werden.

14 **3. Verfahren. a) Forderungspfändung und Verwertung nach §§ 828 ff.** Der Ablauf der Pfändung und Überweisung von Arbeitseinkommen folgt den §§ 828 ff, wobei folgende Besonderheiten bestehen:

▶ Beantragt wird die Pfändung und Überweisung aller Forderungen des Schuldners an Arbeitseinkommen gegen den Drittschuldner ... ◀

---

17 Vgl Palandt/*Weidenkaff*, § 614 BGB Rn 3.
18 LAG Mainz jurisPR extra 2007, 233; dazu *Stöber*, Forderungspfändung, Rn 1266.
19 Palandt/*Weidenkaff*, § 611 BGB Rn 51.
20 BAG NZA 2001, 663.
21 BGHZ 163, 391 mwN; BGH NJW 2006, 1127; BFH/NV 1996, 281; BFH/NV 2006, 1044; MüKo-ZPO/*Smid*, § 850 Rn 20.

Dadurch ist die Forderung auch ausreichend bestimmt bezeichnet.[22] Einen pflichtgemäß zu verwendenden[23] Antrag wegen gewöhnlicher Geldforderungen enthält Anlage 2 der Zwangsvollstreckungsformular-Verordnung (s. Rn 24); das **Formular** ist abrufbar unter http://www.justiz.de/formulare/zwi_bund/gewoehnliche_geldforderungen.pdf. Einen Antrag für die Pfändung wegen Unterhaltsforderungen enthält http://www.justiz.de/formulare/zwi_bund/unterhaltsforderungen.pdf.[24]

Wird eine Pfändung des Arbeitseinkommens beantragt, wird auch nur in den Grenzen der §§ 850 ff gepfändet, selbst wenn es sich nicht um Arbeitseinkommen handelt.[25] Eine **Anhörung** ist trotz § 834 im Falle des § 850 b Abs. 3 erforderlich. Der **Umfang** der Pfändung richtet sich nach §§ 850 Abs. 4, 832, 833 (s. Rn 15 ff, 60). Der **Beschluss** erfasst (nur) den pfändbaren Teil des einheitlich gepfändeten Arbeitseinkommens. In den Fällen des § 850 c findet die Pfändung idR durch sog. **Blankettbeschluss** (s. § 850 c Rn 16 ff) statt, so dass der Drittschuldner, idR der **Arbeitgeber**, die Berechnung des Pfändungsfreibetrages anhand der amtlichen Tabelle vornehmen muss. Die Lohnpfändung als solche begründet jedoch ohne Hinzutreten weiterer besonderer Belastungen für den Arbeitgeber kein **Kündigungsrecht**.[26] Der **Einziehungsprozess** (s. Rn 28) ist vor dem für die Geltendmachung der gepfändeten Forderung zuständigen Gericht, also ggf auch vor dem Arbeitsgericht, zu führen. 14a

b) Gegenstand und Umfang der Pfändung – Grundsatz der Einheitlichkeit. aa) Sämtliche Vergütungsansprüche. Der Beschluss des Vollstreckungsgerichts erfasst das „Arbeitseinkommen", also sämtliche (wiederkehrend oder einmalig) zu zahlenden Vergütungen, die dem Schuldner aus Arbeits- oder Dienstleistung ohne Rücksicht auf ihre Benennung oder Berechnungsart gegen denselben Drittschuldner zustehen (Abs. 4). Letztlich umfasst die Pfändung alle Vergütungsansprüche aus der dienst- oder arbeitsvertraglichen Verbindung mit dem Drittschuldner,[27] einschließlich der an die Stelle der Vergütung tretenden Ersatzansprüche.[28] Da dieser **Grundsatz der einheitlichen Pfändung** gilt, kann aus der Einordnung als Arbeitseinkommen (s. Rn 36 ff) nicht nur auf das Eingreifen des Pfändungsschutzes geschlossen, sondern auch der Umfang eines mit „Arbeitseinkommen" bezeichneten Antrags bzw Beschlusses abgeleitet werden. 15

Erfasst werden im Übrigen **rückständige, gegenwärtige** und **nach der Pfändung fällig werdende Bezüge.** Wegen §§ 832, 833 erfolgt diese Erstreckung auf künftig fällig werdende Bezüge „automatisch" mit dem Pfändungsbeschluss.[29] 16

bb) Zukünftige Forderungen. §§ 832, 833, 850 Abs. 4 gelten auch für **zukünftig entstehende** Entgeltforderungen. Die Normen stellen insofern klar, dass die künftigen Ansprüche im Antrag und Pfändungsbeschluss nicht als solche bezeichnet werden müssen.[30] Zukünftig ist der Anspruch auf das Arbeitseinkommen jedenfalls, **bevor der Arbeitsvertrag abgeschlossen wurde.** Ob darüber hinaus das **Erbringen der Arbeitsleistung Voraussetzung**[31] **oder Bedingung**[32] für das Entstehen 17

---

22 *Stöber*, Forderungspfändung, Rn 925.
23 Dazu zuletzt BGHZ 200, 145.
24 Jeweils zuletzt abgerufen am 15.5.2015.
25 BGHZ 160, 197 (sub II 4).
26 MüKo-ZPO/*Smid*, § 850 Rn 6; Zöller/*Stöber*, § 850 Rn 19 mwN.
27 MüKo-ZPO/*Smid*, § 850 Rn 22 f; *Stöber*, Forderungspfändung, Rn 874 mwN.
28 BAGE 131, 9.
29 *Baur/Stürner/Bruns*, Zwangsvollstreckungsrecht, Rn 30.22.
30 *Baur/Stürner/Bruns*, Zwangsvollstreckungsrecht, Rn 30.22; Stein/Jonas/*Brehm*, § 850 Rn 53; aA Zöller/*Stöber*, § 850 Rn 18.
31 BGH NJW-RR 2008, 1441, 1442; BGH ZVI 2008, 433.
32 BFHE 209, 34.

des Vergütungsanspruchs ist oder dieser allein aufgrund des Vertrages entsteht,[33] ist umstritten. Für die Pfändbarkeit spielt dies aber wegen §§ 832, 833, 850 Abs. 4 keine Rolle, denn die Normen machen deutlich, dass es sich vollstreckungsrechtlich um einen einheitlich zu behandelnden Anspruch handelt.[34] Bedeutung hat der Meinungsstreit, ob vor erbrachter Arbeitsleistung ein zukünftig entstehender oder lediglich ein zukünftig fälliger bzw bedingter Anspruch vorliegt, für die Frage, **wann das Pfändungspfandrecht entsteht**, das bei zukünftigen Forderungen deren Entstehungszeitpunkt folgt. Der BGH hat in einer Entscheidung mit insolvenzrechtlichem Hintergrund ausgesprochen, der Anspruch auf Vergütung entstehe erst mit der Erbringung der Dienstleistung, so dass auch das Pfandrecht erst mit Entstehung der bis dahin künftigen Forderungen begründet werde.[35] Einsichtiger ist es, den Entstehungszeitpunkt des Anspruchs auf den Arbeitslohn bereits mit **Vertragsabschluss** und nicht erst nach Erbringung der Arbeitsleistung anzusetzen (zumal es nichts Besonderes ist, dass ein vertraglicher Anspruch bei Nichterbringung der vertraglichen Leistung hinfällig werden kann). Dies dient auch der in den §§ 832, 833, 850 Abs. 4 ausgesprochenen Gleichbehandlung zukünftig entstehender und zukünftig fälliger Forderungen, weil dann für das Pfandrecht generell auf den Zeitpunkt der Pfändung des Arbeitslohns abgestellt werden kann, wohingegen in Konsequenz der Ansicht des BGH ein Pfandrecht immer erst nach jeweils erbrachter Arbeitsleistung entstehen würde.

18 Im Übrigen gelten auch für zukünftige Ansprüche auf Arbeitseinkommen die allgemeinen Regeln im Hinblick auf die **Pfändbarkeit zukünftiger Forderungen**, wonach diese (nur) pfändbar sind, wenn sie hinreichend bestimmbar sind, der Drittschuldner feststellbar ist[36] und – so die hM – ein Rechtsverhältnis besteht, aus dem die Forderung abgeleitet werden kann.[37] **Hinreichende Bestimmbarkeit** wird idR erst dann vorliegen, wenn der Arbeitsvertrag abgeschlossen oder die Anstellung zumindest fest in Aussicht genommen ist;[38] bei Pfändung zukünftiger Rentenansprüche erst, wenn die Ansprüche in einem bereits bestehenden Versicherungsverhältnis wurzeln[39] (s. Rn 52). **Altersteilzeitentgelt** wird aber schon mit der Pfändung des Arbeitseinkommens hinreichend bestimmt erfasst,[40] ebenso **Ruhegeld**, soweit es vom Arbeitgeber gezahlt wird.[41] Das Wertguthaben aus sog. **Zeitwertkonten** ist erst in der Freistellungsphase und nicht schon in der Ansparphase als Arbeitseinkommen pfändbar.[42] Dessen Pfändbarkeit als zukünftige Forderung wird – neben der Unbestimmtheit der zukünftigen Forderung – auch seine Zweckgebundenheit, also § 399 BGB iVm § 851, entgegenstehen.[43] Weist ein Arbeitskonto ein negatives Guthaben auf, liegt eine „eingenommene" Vorschusszahlung des Arbeitgebers vor (s. Rn 5 f).[44]

19 cc) **Weitere Forderungen**. Als **Nebenrechte** werden die für die Geltendmachung des Zahlungsanspruchs notwendigen Ansprüche auf Lohnabrechnung oder Auskunft gegen den Arbeitgeber miterfasst, nicht aber bei der Kontenpfändung der-

---

33 Palandt/*Weidenkaff*, § 611 BGB Rn 50.
34 MüKo-ZPO/*Smid*, § 832 Rn 2; Stein/Jonas/*Brehm*, § 850 Rn 53.
35 BGH NJW-RR 2008, 1441.
36 *Schilken*, in: Gaul/Schilken/Becker-Eberhard, § 54 Rn 9.
37 RGZ 135, 140; BGH NJW 2003, 3774; *Baur/Stürner/Bruns*, Zwangsvollstreckungsrecht, Rn 30.3; Stein/Jonas/*Brehm*, § 829 Rn 6 ff mwN; Thomas/Putzo/*Seiler*, § 829 Rn 7; Zöller/*Stöber*, § 829 Rn 2; vgl auch BGHZ 135, 140.
38 *Stöber*, Forderungspfändung, Rn 949.
39 BGH NJW-RR 2011, 283; BGH NJW 2003, 2457; BGH NJW 2003, 3774.
40 S. *Stöber*, Forderungspfändung, Rn 881 a.
41 *Stöber*, Forderungspfändung, Rn 884.
42 *Frank*, DB 2007, 1640 mwN.
43 *Frank*, DB 2007, 1640 mwN.
44 Vgl BAG DB 2001, 1565.

artige Ansprüche gegen das Kreditinstitut.[45] Bei **Änderungen** der Gehaltsstufe, Versetzung oder Übertragung eines neuen Amtes bei demselben Arbeitgeber erstreckt sich die Pfändung wegen § 833 Abs. 1 auch auf diese Bezüge. Bei Forderungen gegen **verschiedene Drittschuldner** ist gesondert zu pfänden, so etwa, wenn mehrere Arbeitgeber vorhanden sind oder an die Stelle des Arbeitsentgelts Ruhegeld tritt, das eine Versorgungseinrichtung zu zahlen hat.[46] Dem Schuldner steht der Schutz grds. für die Ansprüche gegen jeden Drittschuldner gesondert zu, die weiteren Forderungen können jedoch zusammengerechnet werden (§ 850 e Nr. 2, 2 a).[47]

dd) Abgetretene Forderungen. Wurde vor der Pfändung bereits abgetretenes Arbeitseinkommen gepfändet, geht die Pfändung ebenso wie bei jeder Pfändung einer nicht (gegen den Drittschuldner) bestehenden Forderung ins Leere. Auch nach erfolgreicher Anfechtung nach dem AnfG bedarf es einer neuen Pfändung gegenüber dem Anfechtungsgegner.[48] 20

c) Pfändungsschutzverfahren. aa) Offizialmaxime. Die §§ 850 ff sind vom Vollstreckungsgericht grds. von Amts wegen zu beachten. Da sie nicht nur den Schuldner schützen, sondern auch einem öffentlichen Interesse (s. Rn 1) dienen, sind sie dem Antragsprinzip entzogen (zu Ausnahmen s. aber Rn 23).[49] 21

bb) Keine Inquisition. Es findet jedoch keine Amtsermittlung statt, sondern das Vollstreckungsgericht legt die wegen der einzelnen Pfändungsvoraussetzungen zu substantiierenden Angaben des Gläubigers – ausnahmsweise (§ 834) auch des Schuldners nach Anhörung, ggf auf Antrag des Gläubigers[50] – zugrunde.[51] 22

cc) Anträge von Gläubiger und Schuldner. Ein **Antrag des Schuldners** ist erforderlich bei der Pfändung von unregelmäßigen und sonstigen Einkünften nach § 850 i und in einigen Fällen der Kontenpfändung nach § 850 k sowie für die Erhöhung des unpfändbaren Betrages nach § 850 f Abs. 1, so dass hier das Vollstreckungsgericht nicht von sich aus die Freigabe anordnen kann.[52] Der Schuldner ist auch im Verhältnis zu anderen (unterhaltsrechtlichen) Gläubigern nicht verpflichtet, sich auf den Pfändungsschutz im Antragswege zu berufen, um den Unterhalt zahlen zu können,[53] so dass es – falls die entsprechenden Anträge nicht gestellt werden – nicht zur Erhöhung der Leistungsfähigkeit des Schuldners nach unterhaltsrechtlichen Regeln kommt. Eine Pflicht zur Einleitung des Verbraucherinsolvenzverfahrens besteht allerdings gegenüber minderjährigen oder privilegierten (§ 1603 Abs. 2 BGB) volljährigen Kindern.[54] 23

Der **Gläubiger** hat demgegenüber von ihm angestrebte Erweiterungen der Pfändbarkeit zu beantragen, s. etwa §§ 850 c Abs. 4, 850 d, 850 f Abs. 2 und 3, 850 h. Anträge des Gläubigers sind darüber hinaus für die Zusammenrechnung von Einkommen nach § 850 e Nr. 2, 2 a, 3 erforderlich. Hinweise zu den für Gläubi- 24

---

45 BGHZ 196, 62; BGHZ 165, 53; Zöller/*Stöber*, § 850 Rn 19.
46 Zöller/*Stöber*, § 850 Rn 18.
47 Stein/Jonas/*Brehm*, § 850 Rn 31.
48 Zöller/*Stöber*, § 850 Rn 21.
49 BGHZ 137, 193.
50 *Baur/Stürner/Bruns*, Zwangsvollstreckungsrecht, Rn 24.33.
51 *Baur/Stürner/Bruns*, Zwangsvollstreckungsrecht, Rn 24.33; *Schilken*, in: Gaul/Schilken/Becker-Eberhard, § 56 Rn 66.
52 BGH NJW 2004, 3262.
53 OLG Koblenz NJW-RR 2005, 1457; *Giers*, FamRB 2008, 119, 121.
54 BGHZ 162, 234; BGHZ 175, 67 mwN; vgl *Wohlgemuth*, FamRZ 2005, 2035; *Hauß*, FamRZ 2006, 306; *Maurer*, LMK 2005, 90.

geranträge nach der Zwangsvollstreckungsformular-Verordnung[55] zu verwendenden **Formularen** finden sich jeweils bei der entsprechenden Kommentierung.

25 Der Schuldner trägt im Antragsverfahren nach §§ 850 f Abs. 1, 850 i Abs. 1 und 2, 850 l die **Beweislast** für das Vorliegen der Voraussetzungen des Pfändungsschutzes. Der Gläubiger trägt im Antragsverfahren die Beweislast für einen erweiterten Zugriff nach §§ 850 b Abs. 2, 850 c Abs. 4, 850 d Abs. 1 oder 850 f Abs. 2, 3.[56] Werden die Anträge nicht gestellt, ist nur vom gesetzlichen Schutz nach § 850 c auszugehen.

26 Die Anträge sind an das **Vollstreckungsgericht** zu richten. Sie können dort jedoch nur im laufenden Vollstreckungsverfahren gestellt werden. **Außerhalb des Vollstreckungsverfahrens**, etwa beim Streit um die Abtretung von Arbeitsentgelt (§ 400 BGB), kommt ein Antrag beim Vollstreckungsgericht nicht in Betracht. Die Tendenz der zivilgerichtlichen Rspr geht hier dahin, zumindest bei § 850 e und § 850 f das **Prozessgericht** für zuständig zu halten.[57] Aufgrund der Regelung des § 36 Abs. 4 InsO ist in der Insolvenz das **Insolvenzgericht** funktional an Stelle des Vollstreckungsgerichts für von Anträgen abhängige Erweiterungen oder Beschränkungen der Pfändbarkeit zuständig, und der Verwalter wird tätig, soweit es um Erweiterungen der Masse geht.[58] Der Schuldner kann beantragen, dass Beträge freigegeben werden, und ist insoweit auch in der Insolvenz aktivlegitimiert.[59] Die Zuständigkeit des Insolvenzgerichts erstreckt sich allerdings nur auf Fälle, in denen es um eine Zuständigkeit *an Stelle* des Vollstreckungsgerichts geht. Das Vollstreckungsgericht und damit auch das Insolvenzgericht sind mithin nicht für Feststellungsentscheidungen dahingehend zuständig, welche Einkommensbestandteile zur Masse gehören; derlei Streitigkeiten gehören in die Zuständigkeit des **Prozessgerichts**.[60]

27 **d) Rechtsfolgen von Verstößen. aa) Wirksame, aber anfechtbare Pfändung.** Die Pfändung unter Verstoß gegen Pfändungsschutzvorschriften weist einen Mangel auf. Dennoch führt sie zur **Verstrickung** der Forderung, da dieser Mangel nicht derart schwerwiegend ist, dass von einem nichtigen Pfändungsakt auszugehen ist.[61] Die Fehlerhaftigkeit des Beschlusses verhindert jedoch das Entstehen eines **Pfändungspfandrechts**.[62] Wird der Fehler nachträglich geheilt, so wirkt dies nur ex nunc, mit der Folge, dass auch bei schließlich fehlerfreiem Beschluss der Rang im Verhältnis zu anderen Gläubigern nicht gewahrt wird. Der zuerst unter Ein-

---

55 Zwangsvollstreckungsformular-Verordnung vom 23.8.2012 (BGBl. I S. 1822), geändert durch Art. 1 der Verordnung vom 16.6.2014 (BGBl. I S. 754); dazu BGHZ 200, 145.
56 MüKo-ZPO/*Smid*, § 850 Rn 18 f.
57 BGH NJW-RR 2003, 1367 (für § 850 f Abs. 1); dazu *Jungmann*, WuB VII A, § 850 f ZPO 1.03; BGH NJW-RR 2004, 494 (für § 850 e Nr. 2 und 2 a); anders BAGE 67, 193; BAGE 101, 130; auch BGHZ 53, 41 (für § 850 b).
58 Etwa BGH NJW-RR 2008, 360; BGH NJW-RR 2008, 1578; BAGE 126, 137; OLG Köln NJW-RR 2001, 191; Jaeger/*Henckel*, InsO, § 36 Rn 15 ff; MüKo-InsO/*Peters*, § 36 Rn 79; aA LAG Kiel NZA-RR 2006, 309.
59 BGH NJW 2003, 2167; LAG Kiel NZA-RR 2006, 309; LG Bochum ZInsO 2010, 1801.
60 BGH ZInsO 2010, 1115; BGH ZInsO 2010, 1485; BGHZ 186, 242.
61 BGH NJW 1979, 2045; *Baur/Stürner/Bruns*, Zwangsvollstreckungsrecht, Rn 24.34; *Schilken*, in: Gaul/Schilken/Becker-Eberhard, § 56 Rn 68; Schuschke/Walker/*Kessal-Wulf*, § 850 Rn 7; aA Stein/Jonas/*Brehm*, § 850 Rn 18: keine Verstrickung, es sei denn, es wurde mit Anhörung des Schuldners gepfändet.
62 *Baur/Stürner/Bruns*, Zwangsvollstreckungsrecht, Rn 24.34; Musielak/Voit/*Becker*, § 850 Rn 18; *Schilken*, in: Gaul/Schilken/Becker-Eberhard, § 56 Rn 68, § 50 Rn 62; Schuschke/Walker/*Kessal-Wulf*, § 850 Rn 7; Stein/Jonas/*Brehm*, § 850 Rn 18; PG/*Ahrens*, § 850 Rn 34; aA MüKo-ZPO/*Smid*, § 850 Rn 17; Thomas/Putzo/*Seiler*, § 850 Rn 5; zur Dogmatik MüKo-ZPO/*Gruber*, § 804 Rn 10 ff.

haltung der Pfändungsschutzvorschriften pfändende Gläubiger hat deshalb das erstrangige Pfandrecht und wird zuerst aus der Forderung befriedigt.

bb) Rechtsbehelfe. Der Schuldner und der Drittschuldner[63] können gegen den mangelhaften Pfändungsbeschluss mit der **Erinnerung** nach § 766 vorgehen. Gegen deren Bescheidung ist die sofortige Beschwerde nach § 793, anschließend die Rechtsbeschwerde nach § 574, soweit zugelassen, statthaft. Die Möglichkeit für den Drittschuldner, den Fehler auch im **Einziehungsprozess** geltend zu machen, ist umstritten. Da die Erinnerung dem Drittschuldner ausreichenden Rechtsschutz bietet und idR schneller geht, verweist ihn die Rspr auf diese.[64] Das entspricht auch der Aufgabenteilung zwischen Vollstreckungs- und Prozessgericht, die letztlich zu einer Bindung des Prozessgerichts an den Pfändungs- und Überweisungsbeschluss führt.[65] Umgekehrt kann der Drittschuldner in der Erinnerung nicht geltend machen, die Forderung bestehe nicht oder stehe nicht dem Schuldner zu; dies ist eine (allein) im Einziehungsprozess zu klärende Frage. Eine negative Feststellungsklage hinsichtlich der Rechtmäßigkeit des Beschlusses scheitert am fehlenden Rechtsschutzbedürfnis.[66] Der Schuldner trägt im Rechtsbehelfsverfahren die **Beweislast** für das Vorliegen der Voraussetzungen des Pfändungsschutzes.[67]

28

cc) Materiellrechtlicher Ausgleich. Wird trotz Verstoßes gegen die Pfändungsschutzvorschriften gepfändet und verwertet, hat der Drittschuldner gegen den Gläubiger einen **bereicherungsrechtlichen Ausgleichsanspruch**[68] auf Herausgabe des eingezogenen Betrages bzw – bei Überweisung an Zahlungs statt – bis zur Zahlung auf Rückabtretung der Forderung. Der Drittschuldner wird im Verhältnis zum Schuldner aber schuldbefreiend geleistet haben, § 836 Abs. 2, so dass auch bei fehlerbehafteter Pfändung keine Ansprüche des Schuldners gegen ihn entstehen.

29

e) Verzicht auf die Unpfändbarkeit. Aufgrund des im öffentlichen Interesse liegenden Schutzcharakters der §§ 850 ff (s. Rn 1), der auch materiellrechtlich fehlenden Verfügungsbefugnis (s. Rn 32) und der Formalisierung der Zwangsvollstreckung ist ein Verzicht auf den Pfändungsschutz durch den Schuldner unwirksam.[69]

30

f) Pfändungsschutz auch bei Empfang gleichwertiger Leistungen durch den Gläubiger. Auch wenn der Schuldner vom Gläubiger selbst Leistungen erhält, entfällt der Pfändungsschutz nicht, so dass der entsprechende Gläubiger nicht privilegiert wird.[70]

31

g) Verfügungen über unpfändbare Forderungen. Verfügungen über unpfändbare Forderungen, wie etwa Abtretung (§ 400 BGB), Aufrechnung (§ 394 BGB) und Verpfändung (§ 1274 Abs. 2 BGB), sind nicht gestattet, um den zwingenden

32

---

63 BGHZ 69, 144; *Stöber*, Forderungspfändung, Rn 751.
64 Vgl BGHZ 66, 79; so auch *Stöber*, Forderungspfändung, Rn 752; diff. Stein/Jonas/ *Brehm*, § 829 Rn 111; aA *Baur/Stürner/Bruns*, Zwangsvollstreckungsrecht, Rn 24.36.
65 *Schilken*, in: Gaul/Schilken/Becker-Eberhard, § 55 Rn 57.
66 BGHZ 69, 144.
67 MüKo-ZPO/*Smid*, § 850 Rn 18 f; *Baur/Stürner/Bruns*, Zwangsvollstreckungsrecht, Rn 24.33.
68 BGH NJW 1988, 495; Stein/Jonas/*Brehm*, § 850 Rn 18; Musielak/Voit/*Becker*, § 850 Rn 18.
69 BGHZ 137, 193; Stein/Jonas/*Brehm*, § 850 Rn 17.
70 VGH München BayVBl 2008, 114; VG Ansbach 18.8.2005 – AN 5 K 04.3073; anders bei der Abtretung unpfändbarer Forderungen (s. BSG MDR 1996, 724; BAGE 96, 266; BGHZ 59, 109), was aber keinen (Zirkel-!)Schluss auf deren Pfändbarkeit zulässt, s. aber MüKo-ZPO/*Smid*, § 850 Rn 44.

Schutzcharakter nicht zu umgehen,[71] es sei denn, der Schuldner erhält bei der Abtretung eine gleichwertige Leistung vom Zessionar.[72] Bei nur auf Antrag gewährtem Pfändungsschutz oder auf Antrag gewährten Erweiterungen oder Beschränkungen (s. Rn 23 ff) wird die materielle Verfügungsmacht über die Forderung allerdings nicht berührt (s. näher Rn 26).[73] Bei Einzahlung auf ein Konto kann die Bank trotz § 394 BGB das Arbeitseinkommen kontokorrentmäßig verrechnen (s. aber § 850 k Rn 52 und § 850 l).[74]

33 **h) Massezugehörigkeit, Einzelgläubigeranfechtung.** Die unpfändbaren Forderungen sind **nicht Bestandteil der Insolvenzmasse** (§ 36 Abs. 1 InsO). Auch dies gilt in vollem Umfang aber nur für die von Amts wegen zu beachtenden Pfändungsschutzregeln, so dass bei nur auf Antrag gewährtem Pfändungsschutz ohne Antrag voller Insolvenzbeschlag erfolgt.[75] Die Pfändbarkeit und damit die Massezugehörigkeit erweiternde oder beschränkende Anträge sind an das **Insolvenzgericht** zu stellen (vgl Rn 26). Feststellungen über die Massezugehörigkeit gehören hingegen nicht vor das Insolvenzgericht, sondern vor das **Prozessgericht** in einem Erkenntnisverfahren.[76] Bei Unterhalts- oder Deliktsgläubigern ist die Vollstreckung auch in der Insolvenz möglich (§ 89 Abs. 2 S. 1 InsO), allerdings nur, soweit es sich um Neugläubiger handelt.[77] Die Unpfändbarkeit einer Forderung führt dazu, dass sie der Verwaltungs- und Verfügungsbefugnis des Insolvenzverwalters entzogen ist.[78] Auch die Anfechtbarkeit nach dem AnfG hängt wegen § 1 AnfG von der Pfändbarkeit der von der gläubigerbenachteiligenden Rechtshandlung erfassten Rechtsobjekte ab, so dass bei Übertragung unpfändbaren Vermögens keine anfechtbare Rechtshandlung vorliegt.

34 **i) Verhältnis zu anderen Normen des Schuldnerschutzes.** Das „nur" im Wortlaut von Abs. 1 führt nicht zum Ausschluss anderer Schutznormen für den Schuldner, so dass bei individueller persönlicher Härte der Pfändung des Arbeitseinkommens auch § 765 a Anwendung finden kann;[79] allerdings nur dann, wenn dasselbe Rechtsschutzziel nicht auch mit der Erinnerung wegen Verstoßes gegen die §§ 850 a–850 i erreicht werden kann,[80] was vielfach der Fall sein wird. Jedenfalls begründet die Notwendigkeit, zur Sicherung des Lebensunterhalts Sozialhilfe in Anspruch nehmen zu müssen, als solche keine sittenwidrige Härte iSd § 765 a.[81] Gegen die Vollstreckung eines im Ausland ergangenen Urteils kann nur dann nach Art. 45 Abs. 1 lit. a) Brüssel Ia-VO (ordre public), Art. 46 ff Brüssel Ia-VO vorgegangen werden, wenn zusätzliche Gründe vorliegen, da die §§ 850 ff ansonsten ausreichenden Schutz gewähren.[82]

---

71 Im Einzelnen *Meller-Hannich*, KTS 2000, 37; *dies.*, DGVZ 2009, 69; *Walker*, in: FS Musielak, 2004, S. 655.
72 BSG MDR 1996, 724; BAGE 96, 266; BGHZ 59, 109.
73 BGH WM 2003, 1346; BAGE 67, 193; BAG NJW 2003, 2189; BAG NZA 2006, 259; Stein/Jonas/*Brehm*, § 850 Rn 60.
74 BGHZ 162, 349 (dazu Anm. *Walker*, LMK 2005, II, 8–9); BGHZ 104, 309.
75 BGHZ 141, 173; BGH NJW 2003, 2167; OLG Hamm NJW 2005, 2788; SG Düsseldorf ZInsO 2005, 828, 829; LG Bochum ZInsO 2010, 1801.
76 BGH ZInsO 2010, 1115; BGH ZInsO 2010, 1485; BGHZ 186, 242.
77 BGH FamRZ 2008, 684.
78 BGHZ 186, 242.
79 MüKo-ZPO/*Smid*, § 850 Rn 11; Schuschke/Walker/*Kessal-Wulf*, § 850 Rn 6; Stein/Jonas/*Brehm*, § 850 Rn 7.
80 *Gaul*, in: Gaul/Schilken/Becker-Eberhard, § 43 Rn 28.
81 BGHZ 161, 371; dazu *Schuschke*, LMK 2005, 64; krit. *Erkelenz/Leopold/Marhöfer*, ZRP 2007, 48.
82 BGHZ 140, 395 (zum EuGVÜ).

j) **Zwangsvollstreckung in Forderungen nach anderen Gesetzen.** Die §§ 850 ff 35
gelten auch für die Vollziehung von Arresten.[83] Über § 36 Abs. 1 InsO gelten sie
in der Insolvenz und verhindern den Insolvenzbeschlag unpfändbarer Forderungen (s. Rn 33). Bei der Vollstreckung nach der AO gelten die §§ 850 ff wegen
§ 319 AO ebenfalls sinngemäß; über § 324 Abs. 3 AO auch für den Arrest. Auf
§§ 850 ff verweist auch § 5 VwVG. Dasselbe gilt für die Vollstreckung arbeitsgerichtlicher Titel nach §§ 62 Abs. 2, 85 Abs. 1 S. 3 ArbGG sowie für das verwaltungsgerichtliche Verfahren nach § 167 Abs. 1 VwGO. Die Verwaltungsvollstreckungsgesetze der Länder verweisen ebenfalls idR auf das 8. Buch der ZPO, so
dass insb. die gesetzlichen Pfändungsfreigrenzen entsprechend zu beachten sind.
Teilweise können wegen Zwangs-, Buß- und Ordnungsgeld ansonsten unpfändbare Einkommensteile in Anspruch genommen werden.[84]

Einschlägige Rechtsbehelfe sind dementsprechend der vorläufige Rechtsschutz
bzw die Klage vor dem Verwaltungsgericht oder die Einwendungen nach § 256
AO.

4. Begriff. a) Weite Auslegung des Begriffs „Arbeitseinkommen". Arbeitseinkommen ist jedes Einkommen, das unmittelbar oder mittelbar aus einer Arbeitsleistung resultiert und in Geld ausgezahlt wird,[85] letztlich **jeder sich aus dem Arbeitsverhältnis ergebende Vergütungsanspruch** (s. auch Rn 15).[86] Die Art der Tätigkeit, ihre Qualifizierungsstufe, die für sie erforderliche Ausbildung, die Einordnung des ihr zugrunde liegenden Dienst-/Arbeitsverhältnisses als privat- oder
öffentlich-rechtlich, die Angemessenheit der Vergütung, ihr Entgelt- oder Alimentierungszweck spielen keine Rolle.

Vielfach wird für den Begriff des Arbeitseinkommens § 19 Abs. 1 EStG („Einkünfte aus nichtselbständiger Tätigkeit") herangezogen.[87] § 850 nimmt in Abs. 1
aber auf sämtliche Normen der §§ 850 a–850 i Bezug und wird durch diese sowie
durch Abs. 2, 3 und 4 konkretisiert. Insofern ist auch die **Aufzählung in Abs. 2
und 3** nur **beispielhaft** und deckt den Begriff des Arbeitseinkommens nicht vollständig ab.[88] Es können deshalb auch selbständige Tätigkeiten vom Begriff des
Arbeitseinkommens erfasst sein, ebenso wie nicht wiederkehrende Vergütungen
oder solche, die keinen unmittelbaren Bezug zu einer konkreten Arbeitsleistung
haben, wie etwa Weihnachtsvergütungen, § 850 a Nr. 4 (nicht aber die Bezüge
nach § 850 b; s. § 850 b Rn 3). Auch mit dem Lohn- und Gehaltsbegriff des
§ 196 Abs. 1 Nr. 8, 9 BGB aF besteht keine Deckungsgleichheit.[89] Der systematische Zusammenhang der §§ 850 ff zeigt insgesamt, dass eine **weite Auslegung** des
Begriffs „Arbeitseinkommen" geboten ist.[90]

Ob die Bezüge einmalig oder wiederkehrend zahlbar sind, ob sie die gesamte 38
oder nur einen Teil der Arbeitskraft des Schuldners in Anspruch nehmen, ob sie
aus selbständiger oder abhängiger Beschäftigung erwachsen, ist für den Begriff
des Arbeitseinkommens deshalb nicht entscheidend. Allerdings spielen diese Unterscheidungen eine Rolle für die Frage, **welche der in Abs. 1 genannten Pfändungsschutzvorschriften** Anwendung findet, vor allem, ob Pfändungsschutz nur
auf Antrag oder von Amts wegen gewährt wird (§ 850 i). Zudem wird Pfändungsschutz bei nicht abhängiger Beschäftigung nur dann gewährt, wenn diese

---

83 Stein/Jonas/*Brehm*, § 850 Rn 5.
84 Etwa § 48 Abs. 1 VwVG NRW.
85 *Schilken*, in: Gaul/Schilken/Becker-Eberhard, § 56 Rn 8.
86 *Stöber*, Forderungspfändung, Rn 874.
87 MüKo-ZPO/*Smid*, § 850 Rn 20; Zöller/*Stöber*, § 850 Rn 2.
88 Schuschke/Walker/*Kessal-Wulf*, § 850 Rn 9.
89 BAGE 99, 26.
90 Stein/Jonas/*Brehm*, § 850 Rn 19 mwN.

die Arbeitskraft des Schuldners voll oder in wesentlichem Umfang in Anspruch nimmt (s. Rn 54 ff).

39 **b) Persönliche Arbeitsleistung.** Wesentliches Kriterium für den Begriff des Arbeitseinkommens nach § 850 ist die persönliche Erbringung der die Vergütungsforderung (mittelbar) begründenden Arbeitsleistung.[91] Entsprechend greifen die Vorschriften nur ein, wenn der Schuldner eine **natürliche Person** ist,[92] da nur diese eine persönliche Arbeitsleistung erbringt und nur bei ihr die Zielsetzung der Sicherung einer menschenwürdigen Existenz durch eigene Arbeitsleistung eingreift. Sämtliche Tätigkeiten, die durch den **Einsatz von Kapital oder Material** Mehrwert schaffen, fallen aus dem den §§ 850 ff zugrunde liegenden Arbeitsbegriff heraus. Sie werden allerdings inzwischen von § 850i erfasst, der insofern zu einem Systemwechsel geführt hat (s. § 850i Rn 3 f). Vor allem für die Auslegung von Abs. 2 sowie von §§ 850c, 850d spielt aber das Kriterium der persönlichen Arbeitsleistung nach wie vor eine entscheidende Rolle. Von einer persönlichen Arbeitsleistung kann dabei allerdings nicht nur beim **Dienst- und Arbeitsvertrag**, sondern auch bei **anderen Vertragstypen**,[93] wie etwa dem Werkvertrag[94] oder Lizenzvertrag („konservierte Arbeit"),[95] ausgegangen werden. Nicht erfasst sind hingegen Einkünfte aus Vermietung und Verpachtung[96] sowie die Einspeisevergütung nach dem EEG.[97] Bei **gemischten Ansprüchen** (Anteile der Vergütung für Dienstleistung und Anteile für sonstige Leistungen, zB Kapitaleinsatz) muss der für §§ 850 ff maßgebliche Anteil an Arbeitseinkommen ggf geschätzt werden.[98] **Fehlt** es an der persönlichen Arbeitsleistung, findet lediglich § 850i Anwendung.

III. Einkommensarten (Abs. 2)

40 Beispielhaft genannt werden:

41 **1. Dienst- und Versorgungsbezüge der Beamten.** Dazu zählen die förmlich in ein **Beamtenverhältnis** (auf Zeit, Widerruf, Probe, Lebenszeit) Berufenen (einschließlich Richter, Soldaten,[99] Minister, Abgeordnete,[100] Beamte der öffentlich-rechtlichen Religionsgemeinschaften,[101] Notare),[102] aber auch alle Personen, die ansonsten in einem **öffentlich-rechtlichen Rechtsverhältnis** zum Staat oder seinen Körperschaften stehen.[103] Der Begriff der Dienst- und Versorgungsbezüge erfasst in erster Linie diejenigen der Beamtenbesoldungs- und Versorgungsgesetze des Bundes und der Länder einschließlich aller dort genannten Zulagen, Zuschläge und Bezügebestandteile.[104] **Kindergeld** unterfällt allerdings dem Pfändungsschutz nach § 54 Abs. 5 SGB I und kann nur wegen gesetzlicher Unterhaltsansprüche

---

91 BFHE 218, 43; BGHZ 167, 363 (– zu streng – für die Parallelregel § 114 InsO); LG Kaiserslautern 24.6.2005 – 1 T 332/04; PG/*Ahrens*, § 850 Rn 11.
92 MüKo-ZPO/*Smid*, § 850 Rn 12.
93 BGH NJW-RR 2004, 644; Stein/Jonas/*Brehm*, § 850 Rn 37.
94 BAG WM 1975, 503; BGH NJW-RR 2004, 644; LG Kaiserslautern 24.6.2005 – 1 T 332/04.
95 BGH NJW-RR 2004, 644; MüKo-ZPO/*Smid*, § 850i Rn 10.
96 BGHZ 161, 371.
97 LG Stuttgart NJW-RR 2012, 1277.
98 MüKo-ZPO/*Smid*, § 850 Rn 39; Stein/Jonas/*Brehm*, § 850 Rn 43.
99 Ausf. MüKo-ZPO/*Smid*, § 850 Rn 26; *Stöber*, Forderungspfändung, Rn 904 ff.
100 BGH NJW-RR 2004, 643; OLG Düsseldorf MDR 1985, 242; BezirksG Frankfurt (Oder) Rpfleger 1993, 457. § 851 kann eingreifen: s. etwa Art. 11 Abs. 3 S. 2 LV Schleswig-Holstein; § 23 S. 2, 3 AbgG Baden-Württemberg, § 30 AbgG Sachsen-Anhalt.
101 Stein/Jonas/*Brehm*, § 850 Rn 20; *Stöber*, Forderungspfändung, Rn 876.
102 *Stöber*, Forderungspfändung, Rn 876.
103 Musielak/Voit/*Becker*, § 850 Rn 3; Schuschke/Walker/*Kessal-Wulf*, § 850 Rn 10.
104 MüKo-ZPO/*Smid*, § 850 Rn 26; Stein/Jonas/*Brehm*, § 850 Rn 21.

des Kindes gepfändet werden. Daneben sind auch Auslandsdienstbezüge,[105] Aufwandsentschädigungen[106] und sonstige Bezüge öffentlich-rechtlich Beschäftigter und Beamter Arbeitsentgelt. **Beihilfe** ist allerdings nach § 851 – außer für „Anlassgläubiger" (etwa wegen Arzthonorars) – wegen ihrer Zweckgebundenheit unpfändbar, überdies stehen § 10 Abs. 1 S. 2 Bundesbeihilfeverordnung und für einige Beihilfen (Heirat, Geburt) § 850 a Nr. 5 entgegen.[107] Nach Auszahlung der Beihilfe entfällt allerdings die Zweckbindung, so dass etwa das Kontoguthaben (s. aber § 850 k) pfändbar ist. Ansprüche auf Sterbegeld, Unfallausgleich und -entschädigung, Schadensausgleich sowie Kostenerstattung für Heilverfahren und Pflege sind unpfändbar wegen des gesetzlichen Ausschlusses der Pfändbarkeit nach § 51 Abs. 3 BeamtVG.

2. Arbeits- und Dienstlöhne. Der Begriff des Dienstlohns wird hier neben denjenigen des Arbeitslohns gestellt, da die Bezüge sowohl **persönlich und wirtschaftlich abhängiger** Schuldner als auch derjenigen, die **nur in wirtschaftlicher Abhängigkeit** zum Drittschuldner stehen, aber von dessen Weisungen und Direktionsrecht unabhängig sind, dem Pfändungsschutz unterfallen. Deshalb fallen neben den Arbeitslöhnen abhängig beschäftigter Arbeitnehmer auch die Löhne und Gehälter von Schuldnern in arbeitnehmerähnlicher Stellung,[108] von **freien Mitarbeitern**[109] und **Heimarbeitern** unter den Begriff des Arbeitseinkommens. Obwohl die Arbeitsleistung hier nicht im Vordergrund steht, sind auch die **Bezüge von Auszubildenden** erfasst.[110] Unter den Begriff des Arbeits- und Dienstlohns kann zudem das Einkommen des Ein-Firmen-Handelsvertreters fallen.[111] Als Arbeitsentgelt kann des Weiteren die Forderung von Lizenzfußballspielern eingeordnet werden, ebenso Gagen von darstellenden Künstlern.[112] Finanzielle Zuwendungen an den Insolvenzschuldner aus der Masse sind Arbeitsentgelt, wenn der Schuldner sie im Gegenzug für die Weiterarbeit im insolventen Unternehmen erhält.[113]

Die konkrete **Bezeichnung** ist im Übrigen unerheblich.[114] Unerheblich ist auch, ob die Dienstleistungen durch **geistige oder körperliche Tätigkeit** erfüllt werden und wie stark sie die Erwerbstätigkeit des Schuldners ausfüllen,[115] so dass auch **Nebeneinkommen** oder Teilzeiteinkommen[116] erfasst sind. Die Frage, ob die Tätigkeit die Arbeitskraft **vollständig oder zu einem wesentlichen Teil** in Anspruch nimmt, spielt nur dann eine Rolle, wenn sie weder in wirtschaftlicher noch in persönlicher Abhängigkeit erbracht wird (s. Rn 54).

Ob die Tätigkeit gegen ein (ausländerrechtliches oder Schwarzarbeit-)**Beschäftigungsverbot** verstößt, spielt für den Pfändungsschutz keine Rolle.[117] Da der Begriff des Arbeitseinkommens aus systematischen Gründen weit auszulegen ist, kommt es ohnehin nicht auf das Zustandekommen eines konkreten Arbeitsvertrages an, so dass auch Lohnansprüche aus **faktischen Arbeitsverhältnissen**[118]

---

105 BGH FamRZ 1980, 342.
106 BGH MDR 1994, 67; OLG Düsseldorf OLGZ 1985, 102; BezirksG Frankfurt (Oder) Rpfleger 1993, 457.
107 BGH NJW-RR 2005, 720 mwN; BGH NJW-RR 2008, 360; MüKo-ZPO/*Smid*, § 850 Rn 26; *Stöber*, Forderungspfändung, Rn 880 a.
108 MüKo-ZPO/*Smid*, § 850 Rn 28; Schuschke/Walker/*Kessal-Wulf*, § 850 Rn 11.
109 MüKo-ZPO/*Smid*, § 850 Rn 28; Musielak/Voit/*Becker*, § 850 Rn 4.
110 Schuschke/Walker/*Kessal-Wulf*, § 850 Rn 11.
111 MüKo-ZPO/*Smid*, § 850 Rn 29.
112 Schuschke/Walker/*Kessal-Wulf*, § 850 Rn 11.
113 BGH ZInsO 2006, 703.
114 Stein/Jonas/*Brehm*, § 850 Rn 27.
115 Stein/Jonas/*Brehm*, § 850 Rn 30 mwN.
116 Zöller/*Stöber*, § 850 Rn 6.
117 Musielak/Voit/*Becker*, § 850 Rn 2; Zöller/*Stöber*, § 850 Rn 6.
118 MüKo-ZPO/*Smid*, § 850 Rn 20.

und solche aus einer Weiterbeschäftigungspflicht im Kündigungsschutzstreit[119] dem Pfändungsschutz unterliegen. Ebenso spielt es keine Rolle, ob der Schuldner befristet oder unbefristet angestellt ist oder welcher Sozialversicherungspflicht er unterfällt.[120]

44 Ansonsten fallen unter den Begriff des Arbeits- und Dienstlohns auch das **Krankengeld** und **Urlaubsentgelt**[121] sowie das zusätzliche Urlaubsgeld (s. § 850 a Rn 8), zudem Anwesenheitsprämien, **Provision**, Teuerungszulagen, Familien- und Kinderzulagen, Wohnungsgeld, Erfolgsbeteiligung, Mietkostenzuschüsse, Erziehungsbeihilfe, Übergangsgelder[122] – letztlich alle Bezüge aus der dienst- oder arbeitsvertraglichen Verbindung mit dem Drittschuldner.[123]

45 Dem Pfändungsschutz für Arbeitseinkommen unterfällt weder das Arbeitsentgelt des **Strafgefangenen** noch dessen Eigengeld; allerdings findet bei Ersterem § 851 Abs. 1[124] (s. § 851 Rn 8), bei Letzterem und beim Überbrückungsgeld § 51 Abs. 4 StVollzG bzw. die Strafvollzugsgesetze der Länder[125] Anwendung,[126] so dass dem bedürftigen inhaftierten Schuldner ein Teil seines Eigengeldes zur Befriedigung seiner persönlichen Bedürfnisse pfändungsfrei verbleibt.[127] Soweit der Anspruch auf Arbeitsentgelt nicht auf eine Barauszahlung, sondern auf eine Gutschrift gerichtet ist, ist er unpfändbar[128] (vgl § 850 Rn 3). Der Anspruch auf eine besondere Zuwendung für **Haftopfer** aus § 17 a Abs. 1 StrRehaG (Rehabilitierung wegen Haft in der ehemaligen DDR) ist gem. § 17 a Abs. 5 StrRehaG unpfändbar, nicht aber die auf der Grundlage von § 17 StrRehaG gewährte Kapitalentschädigung.[129]

46 **Trinkgeld** wird freiwillig zugewandt (s. § 107 Abs. 3 S. 2 GewO). Es besteht deshalb keine pfändbare Forderung (evtl. aber Taschenpfändung), noch erfolgt eine Zusammenrechnung nach § 850 e Nr. 3.[130] Auch die Ansprüche des Bedienungspersonals gegen den Wirt, falls dieser das Trinkgeld vereinnahmt, stellen sich aufgrund des freiwilligen Charakters der Trinkgeldgabe nicht als solche auf Arbeitsentgelt dar.[131] Wird das **Gehalt** aus vom Schuldner **vereinnahmten Geldern** bei diesem einbehalten (zB Bedienungsgeld,[132] Tankstellenverwalter, Taxifahrer), entsteht dennoch eine Forderung auf Arbeitsentgelt, die dem Pfändungsschutz unterfällt, da Erfüllung erst nach Abrechnung mit dem Drittschuldner eintritt.[133]

---

119 *Stöber*, Forderungspfändung, Rn 881.
120 Schuschke/Walker/*Kessal-Wulf*, § 850 Rn 11.
121 BAGE 99, 5 (§ 851 steht nicht entgegen).
122 LSG Chemnitz 8.9.2014 – L 2 U 258/11 (Übergangsleistung nach § 3 Abs. 2 BKV); Stein/Jonas/*Brehm*, § 850 Rn 27; *Stöber*, Forderungspfändung, Rn 881.
123 MüKo-ZPO/*Smid*, § 850 Rn 23.
124 AA KG NStZ-RR 2013, 295; abzulehnen, weil § 851 systematisch nicht in den Schutz des Arbeitseinkommen gehört und deshalb auch nicht mit §§ 850 ff durch das StVollzG verdrängt werden kann.
125 BGH NJW 2013, 3312.
126 BGH FamRZ 2004, 1717; BGHZ 160, 112 mwN; MüKo-ZPO/*Smid*, § 850 Rn 24 mwN; *Stöber*, Forderungspfändung, Rn 134 ff; teils aA Schuschke/Walker/*Kessal-Wulf*, § 850 Rn 11; *Heyer*, NZI 2010, 81; ausf. *Els*, VuR 2013, 208.
127 OLG Hamburg NStZ-RR 2011, 126 (43 € für einen Gefangenen, der über keinerlei Haus- und Taschengeld verfügt).
128 BGH NJW 2013, 3312; ausf. *Els*, VuR 2013, 208.
129 BGH WM 2011, 2376; OVG Jena 19.8.2014 – 2 KO 400/14.
130 OLG Stuttgart MDR 2002, 294; LAG Saarbrücken JurBüro 1990, 115; LG Regensburg JurBüro 1995, 218; LG Hamburg JAmt 2002, 44.
131 OLG Stuttgart MDR 2002, 294; Schuschke/Walker/*Kessal-Wulf*, § 850 Rn 11.
132 Schuschke/Walker/*Kessal-Wulf*, § 850 Rn 11.
133 Zöller/*Stöber*, § 850 Rn 6.

Der Drittschuldner muss dafür sorgen, dass er die vom Schuldner einbehaltenen Beträge erhält, um sie an den Gläubiger abführen zu können.[134]

Ersatzansprüche gegen den Arbeitgeber, die an die Stelle entgangener oder vorenthaltener Arbeitsvergütungen treten (zB Streikgeld, Aussperrungsunterstützung, Schadensersatzansprüche für verfallene Vergütungsansprüche), sind wie Arbeitseinkommen pfändbar.[135] 47

Schon nach § 851 iVm § 2 Abs. 7 des 5. VermBG unpfändbar sind **Arbeitnehmersparzulagen** und **vermögenswirksame Leistungen**. Wird an Stelle eines Teils des monatlichen Barlohns etwa eine Versicherungsprämie durch den Arbeitgeber eingezahlt, entstehen hinsichtlich dieses Teils ebenfalls keine pfändbaren Ansprüche.[136] Dasselbe gilt für Einzahlungen in eine vom Arbeitgeber für den Arbeitnehmer eingerichtete **Direktversicherung**[137] (s. aber Rn 50). 48

Arbeitsrechtliche **Abfindungsansprüche** nach §§ 112, 113 BetrVG und nach §§ 9, 10 KSchG sowie andere gesetzliche und tarifvertragliche Abfindungsansprüche (Sozialplanabfindung) sind Arbeitseinkommen, allerdings – selbst wenn sie in Raten gezahlt werden[138] – nicht mit wiederkehrendem Charakter, so dass Pfändungsschutz nur auf Antrag nach § 850 i gewährt wird.[139] Obwohl zumindest mittelbar aus der Arbeitsleistung erwachsend, sind Ansprüche auf **Erstattung von Einkommensteuer** infolge einer Einkommensteuererklärung aufgrund ihres öffentlich-rechtlichen Charakters (s. Rn 7) kein Arbeitsentgelt und nach § 46 AO ab ihrer Entstehung ohne Pfändungsschutz pfändbar.[140] Hat der Schuldner allerdings keine Steuererklärung erstellt, kann dies weder nach § 888 noch nach § 887 durch den Gläubiger zwangsweise erreicht werden.[141] 49

3. Ruhegelder und ähnliche Einkünfte. Während des laufenden Arbeitsverhältnisses und im Hinblick auf erbrachte Arbeit werden vielfach vom Arbeitgeber **Bezüge für die Zeit nach dem Ausscheiden** zugesagt, zB Betriebsrente, betriebliche Teilrente, Bezüge aus durch den Drittschuldner eingerichteten Pensionskassen, Invalidenrente[142] oder sonstige betriebliche Altersversorgung,[143] Direktversicherungen,[144] Versorgungsbezüge von Vorstandsmitgliedern oder Geschäftsführern.[145] Vom Pfändungsschutz sind diese auf individueller oder kollektiver Vereinbarung[146] beruhenden Bezügeforderungen erfasst, soweit sie **laufenden Charakter** haben. Der Pfändungsschutz gilt auch für die **beamtenrechtlichen Ansprüche nach Auflösung des Dienstverhältnisses** einschließlich Übergangsgelder, War- 50

---

134 BAGE 17, 159; Zöller/Stöber, § 850 Rn 6; Hueck, AP Nr. 1 zu § 611 BGB (Kellner); vgl LAG Hamm BB 1964, 1258; ArbG Herne ARST 1967, 13.
135 BAGE 131, 9; MüKo-ZPO/Smid, § 850 Rn 43 mwN; Stöber, Forderungspfändung, Rn 883.
136 BAGE 88, 28.
137 BAG NZA 2009, 747; LAG Rostock NZA-RR 2011, 484.
138 BAG NZI 2014, 871.
139 BAG 13.11.1991 – 4 AZR 39/91; BAGE 69, 29 mwN; BAG NJW 1997, 1868; BAG NZA 2002, 342; BAG NZA 2006, 259; LAG Düsseldorf DB 2006, 2693; dazu Hergenröder, ZVI 2006, 173.
140 BGHZ 157, 195; BFH/NV 1996, 281; BFH/NV 2006, 1044; ausf. Giers, FamRB 2005, 375; MüKo-ZPO/Smid, § 850 Rn 20, anders aber Rn 23.
141 BGHZ 176, 79; Meller-Hannich, DGVZ 2009, 85, 86.
142 BAGE 96, 54.
143 Zöller/Stöber, § 850 Rn 8 a–8 b.
144 Zur Pfändbarkeit und zum Insolvenzbeschlag ausf. Lohkamp/Fiala, VersR 2006, 331.
145 BGH NJW 1978, 756.
146 S. auch Gesetz zur Verbesserung der betrieblichen Altersversorgung (Betriebsrentengesetz – BetrAVG) vom 19.12.1974 (BGBl. I S. 3610).

tegelder u.a.,[147] nicht jedoch für die **gesetzlichen Renten**.[148] Letztere unterfallen aber wegen § 54 SGB I dem Pfändungsschutz.[149] Auf gesetzliche Vorruhestandsleistungen sind die §§ 850 ff entsprechend anzuwenden (§ 7 Abs. 3 VRG).

51 Abs. 2 schützt lediglich Renten und Ruhegelder, die aus einem abhängigen Beschäftigungsverhältnis erwachsen, so dass **Rentenansprüche Selbständiger** und Ansprüche aus **privaten Versicherungen** nicht erfasst werden (s. Rn 58).

52 Soweit Ruhegelder, Renten und ähnliche Bezüge als **künftige Forderungen** (s. Rn 17 f) gepfändet werden sollen, liegt eine für Pfändungsantrag und -beschluss hinreichende Bestimmbarkeit auch vor der Entstehung der Auszahlungsforderung vor, wenn diese nur noch vom Eintritt des Rentenalters oder Versicherungsfalls abhängt; anders sieht es bei Rentenleistungen aus, die noch weitere Voraussetzungen erfordern, zB Erkrankung, Tod, Arbeitsplatzverlust.[150] Drittschuldner kann der Dienstherr, aber auch eine Versorgungseinrichtung sein, so dass jeweils selbständige Pfändung erforderlich ist.

53 **4. Hinterbliebenenbezüge.** Gemeint sind die Bezüge des überlebenden Ehegatten oder Lebenspartners nach dem LPartG (ausgeschlossen sind nichteheliche/nicht verpartnerte Lebensgefährten) und der Kinder von Beamten und Arbeitnehmern. In den Fällen der §§ 22, 23 BeamtVG können auch geschiedene Ehegatten oder angenommene Kinder Anspruchsinhaber sein. Ebenso können aufgrund vertraglicher Vereinbarung weitere Personen einbezogen werden. Auf den wiederkehrenden Charakter der Leistungen kommt es hier nicht an.

54 **5. Sonstige Vergütungen für Dienstleistungen aller Art, die die Erwerbstätigkeit des Schuldners vollständig oder zu einem wesentlichen Teil in Anspruch nehmen.** Alle Tätigkeiten, die **nicht in wirtschaftlicher oder persönlicher Abhängigkeit** erbracht werden, erfordern eine **zumindest „wesentliche Inanspruchnahme"**, um unter den Pfändungsschutz zu fallen. Von dieser Regelung werden vornehmlich die Einkünfte selbständig Tätiger, einschließlich der Freiberufler, erfasst, von denen diese ihre Existenz bestreiten. Der Pfändungsschutz wird damit erweitert, da auch Tätigkeiten erfasst werden, die nicht unter den Begriff des (abhängigen) Arbeits- oder Dienstverhältnisses subsumiert werden können.[151] Grund für diese Erweiterung ist, dass bei Inanspruchnahme eines zumindest wesentlichen Teils der Arbeitskraft die Bezüge idR die Existenzgrundlage des Dienstpflichtigen bilden. Liegt keine „wesentliche Inanspruchnahme" vor, kann Pfändungsschutz nur über § 850 i (s. dort) per Antrag erreicht werden.

55 Liegt neben der Tätigkeit, die den Schuldner „zu einem wesentlichen Teil in Anspruch" nimmt, ein **Nebeneinkommen** vor, ist Letzteres uneingeschränkt pfändbar, Ersteres unterfällt dem Pfändungsschutz. Wendet der Schuldner allerdings für einen Nebenberuf einen wesentlichen Teil seiner Arbeitskraft auf, was durch regelmäßige Einkünfte und einen wesentlichen Beitrag zum Einkommen der Familie indiziert wird, greift der Pfändungsschutz auch dann, wenn er ansonsten hauptberuflich abhängig beschäftigt ist.[152] Stellt das „Nebeneinkommen" die einzige Einnahmequelle dar, weil der Schuldner ausschließlich als Gelegenheitsarbeiter tätig ist, ist die Vergütung als Arbeitseinkommen zu behandeln.[153] Wenn der Schuldner nur eine Tätigkeit ausübt, obwohl ihm zeitlich eine weitere Arbeit

---

147 MüKo-ZPO/*Smid*, § 850 Rn 34; Stein/Jonas/*Brehm*, § 850 Rn 32 jew. mwN.
148 Schuschke/Walker/*Kessal-Wulf*, § 850 Rn 12.
149 BGH NJW 2003, 1457.
150 BGH NJW 2011, 283; BGH NJW 2003, 1457; BGH NJW 2003, 3774; MüKo-ZPO/ *Smid*, § 850 Rn 34.
151 Stein/Jonas/*Brehm*, § 850 Rn 37 ff.
152 BGH NJW-RR 2004, 644.
153 Stein/Jonas/*Brehm*, § 850 Rn 42.

möglich wäre, besteht der Pfändungsschutz ebenfalls.[154] Bei Ausübung verschiedener Tätigkeiten für verschiedene Drittschuldner mit jeweils erheblichem Umfang können mehrere Einkommen unter den Pfändungsschutz fallen und sind ggf **zusammenzurechnen** nach § 850 e.[155]

Die Bezüge aus **selbständigen Tätigkeiten**, etwa Fixum und Provision des Vertreters,[156] Beraterhonorare,[157] Werklohnansprüche von Handwerkern,[158] können damit dem Pfändungsschutz für Arbeitseinkommen unterfallen. Dasselbe gilt für Vergütungsansprüche etwa der freien Hebammen, Krankengymnasten, Maler, Komponisten, Schriftsteller und Erfinder.[159] Beispiele bietet § 1 PartGG. Auch der Vergütungsanspruch des Kassenarztes gegen die kassenärztliche Vereinigung ist als Arbeitseinkommen in diesem Sinne einzuordnen.[160] Eine vollständige Unpfändbarkeit nach § 851 wegen des Berufsgeheimnisses eines Teils der freien Berufe wird von der Rspr inzwischen abgelehnt (s. dazu § 851 Rn 13). Auch Bezüge von (Mitgliedern von) Gesellschaftsorganen[161] und Stiftungsorganen[162] können Arbeitseinkommen sein. Miet- und Kapitaleinkünfte fallen nicht unter § 850,[163] allerdings kann § 851 b anwendbar sein. Auf die wiederkehrende Zahlung kommt es zwar nach dem Wortlaut der Norm nicht an,[164] fehlt es an ihr, greift jedoch Pfändungsschutz nur nach § 850 i. 56

IV. Weitere Bezüge (Abs. 3)

1. Wettbewerbsentschädigungen (Buchst. a). Arbeitseinkommen sind auch in Geld zahlbare Wettbewerbsentschädigungen. Grund der Einbeziehung ist der **enge Zusammenhang mit dem Arbeitsverhältnis**. Dies bedeutet gleichzeitig, dass mit Mitbewerbern vereinbarte Wettbewerbsentschädigungen Selbständiger voll pfändbar sind, während etwa die Wettbewerbsentschädigungen eines GmbH-Geschäftsführers[165] und Karenzentschädigungen arbeitnehmerähnlicher Personen, etwa des Ein-Firmen-Handelsvertreters, unter die Pfändungsbeschränkung fallen.[166] Der Pfändungsschutz ist auf solche Wettbewerbsentschädigungen beschränkt, die der Arbeitnehmer **nach Beendigung des Dienstverhältnisses** erhält. Einschlägig sind insb. die Provisionen, Entschädigungen und Ausgleichsansprüche aus §§ 74, 87 Abs. 2, 3, 89 b, 90 a HGB und § 110 GewO.[167] Je nach wiederkehrendem Charakter des Ausgleichsanspruchs greift Pfändungsschutz von Amts wegen nach §§ 850 b, 850 c oder auf Antrag nach § 850 i. Mit anderweitigem Arbeitseinkommen erfolgt eine Zusammenrechnung nach § 850 e Nr. 2. 57

2. Versorgungsrenten (Buchst. b). Die Vorschrift betrifft von ihrer Zweckrichtung her Versorgungsrenten früherer Arbeitnehmer, die auf Versicherungsverträgen beruhen und bestimmungsgemäß Ruhegeld oder Hinterbliebenenbezüge er- 58

---

154 Zöller/*Stöber*, § 850 Rn 9.
155 Stein/Jonas/*Brehm*, § 850 Rn 41.
156 BayObLG NJW 2003, 2181.
157 FG München 6.4.2006 – 9 V 467/06.
158 LG Kaiserslautern 24.6.2005 – 1 T 332/04 mwN.
159 BGH NJW-RR 2004, 644.
160 BGHZ 96, 324; BGHZ 167, 363 mwN; OLG Nürnberg InVo 2003, 78.
161 BGH NJW 1978, 756; Zöller/*Stöber*, § 850 Rn 9.
162 *Kilian*, ZSt 2007, 34, 36.
163 BGHZ 161, 371; dazu *Erkelenz/Leopold/Marhöfer*, ZRP 2007, 48.
164 BGH NJW-RR 2004, 644; *Stöber*, Forderungspfändung, Rn 886; idR wird es bei nur unregelmäßiger Zahlung sowohl an der wirtschaftlichen Abhängigkeit als auch der wesentlichen Inanspruchnahme der Arbeitskraft fehlen.
165 OLG Rostock NJW-RR 1995, 173.
166 MüKo-ZPO/*Smid*, § 850 Rn 41.
167 *Stöber*, Forderungspfändung, Rn 890 f.

setzen oder ergänzen sollen.[168] Es besteht insofern ein enger Bezug zu den Einkommen aus einem abhängigen Beschäftigungsverhältnis und den daraus erwachsenden beamten- oder arbeitsrechtlichen Versorgungsbezügen nach Abs. 2. Die Ansprüche aus der Versorgungsrente müssen deshalb **aus Anlass des Ausscheidens** aus dem Dienst- oder Arbeitsverhältnis begründet werden.[169] Eine Übersicht über die Altersvorsorgetypen und die Pfändbarkeit der Rentenzahlungen findet sich in § 851 c Rn 2 ff.

59 Die Versorgungsrenten können auch nach § 851, § 399 BGB wegen ihrer **Zweckgebundenheit** unpfändbar sein. Falls grds. Pfändbarkeit besteht, werden etwa Berufsunfähigkeitsrenten[170] (s. auch § 850 b Rn 6) und Krankenhaustagegelder[171] von Buchst. b erfasst.

Nicht unter den Pfändungsschutz fällt eine **Kapitallebensversicherung**, auch wenn sie ein Rentenwahlrecht enthält[172] oder Voraussetzung für die Entlassung aus der gesetzlichen Rentenversicherung ist.[173] Ebenfalls nicht erfasst sind die **Lebensversicherungen Selbständiger**.[174] Dasselbe gilt für die Gesellschafter und Geschäftsführer einer GmbH, die weder Arbeitnehmer noch arbeitnehmerähnliche Personen sind. Pfändungsschutz kann allerdings nach §§ 851, 851 c (s. § 851 c Rn 16) bestehen, in Ausnahmefällen nach § 765 a.[175] Ob Versorgungsrenten aus **berufsständischen Versorgungswerken** (Rechtsanwälte, Schornsteinfeger) als Arbeitseinkommen anzusehen sind, wurde von der Rspr bislang offen gelassen; ihre Unabtretbarkeit steht jedenfalls einer Pfändung nicht entgegen.[176] Wiederum nicht erfasst sind die gesetzlichen Renten (aber § 54 SGB I).

V. Umfang der Pfändung (Abs. 4)

60 Der Pfändungsbeschluss umfasst grds. **alle Ansprüche** gegen den Drittschuldner aus dem Dienst- oder Arbeitsverhältnis mit Ausnahme der unpfändbaren Ansprüche und derjenigen, die für die Pfändbarkeit eines eigenen Antrags bedürfen. Die Pfändung umfasst den Anspruch im Übrigen **als einheitliches Ganzes**, unabhängig davon, ob Rückstände, Vorschüsse oder erst nach Pfändung entstehende oder fällig werdende Bezüge in Betracht kommen (s. Rn 15 ff). Dies gilt (über § 832 hinaus) auch für die nicht wiederkehrenden Bezüge. Daraus folgt auch, dass Erhöhungen der Bezüge, Änderungen der Berechnungsart, Änderungen der rechtlichen Beziehungen zwischen Schuldner und Drittschuldner oder Unterbrechungen der Arbeit nichts am Fortwirken der Pfändung ändern.[177]

---

168 BGH NJW-RR 2008, 496; MüKo-ZPO/*Smid*, § 850 Rn 42; *Stöber*, Forderungspfändung, Rn 892.
169 BGH NJW-RR 2008, 496.
170 OLG München VersR 1996, 318; MüKo-ZPO/*Smid*, § 850 Rn 43; PG/*Ahrens*, § 850 Rn 30; auch § 850 b Abs. 1 Nr. 1 kann Anwendung finden, so dass die Pfändbarkeit weiter eingeschränkt wird: BGH ZInsO 2010, 188 (Berufsunfähigkeitsrente); BGHZ 70, 206 (Invaliditätsrente); OLG München VersR 1997, 1520 (Berufsunfähigkeitszusatzrente); s. auch *Hülsmann*, VersR 1996, 308.
171 MüKo-ZPO/*Smid*, § 850 Rn 42.
172 BFHE 218, 43; *Hasse*, VersR 2005, 15 und 2006, 145; *Meller-Hannich*, WuB XI D § 850 ZPO 1.08.
173 BFHE 164, 399.
174 BGH NJW-RR 2008, 496; BGH ZInsO 2010, 1485; OLG Frankfurt VersR 1996, 614; OLG Naumburg VersR 2012, 1287; OLG Köln VersR 2013, 1248; LG Braunschweig NJW-RR 1998, 1690; LG Dortmund ZVI 2010, 395; LG Traunstein ZInsO 2010, 1939; *Ahrens*, VuR 2010, 445, 447.
175 OLG Frankfurt VersR 1996, 614; LG Braunschweig NJW-RR 1998, 1690.
176 BGHZ 160, 197 und BGH WM 2007, 1033 sprechen in der Tendenz für Einordnung als Arbeitseinkommen.
177 Stein/Jonas/*Brehm*, § 850 Rn 52 ff.

VI. Weitere praktische Hinweise

Für die Einordnung einer zu pfändenden Forderung in die Systematik der §§ 850 ff kann auf das folgende Fließdiagramm zurückgegriffen werden:

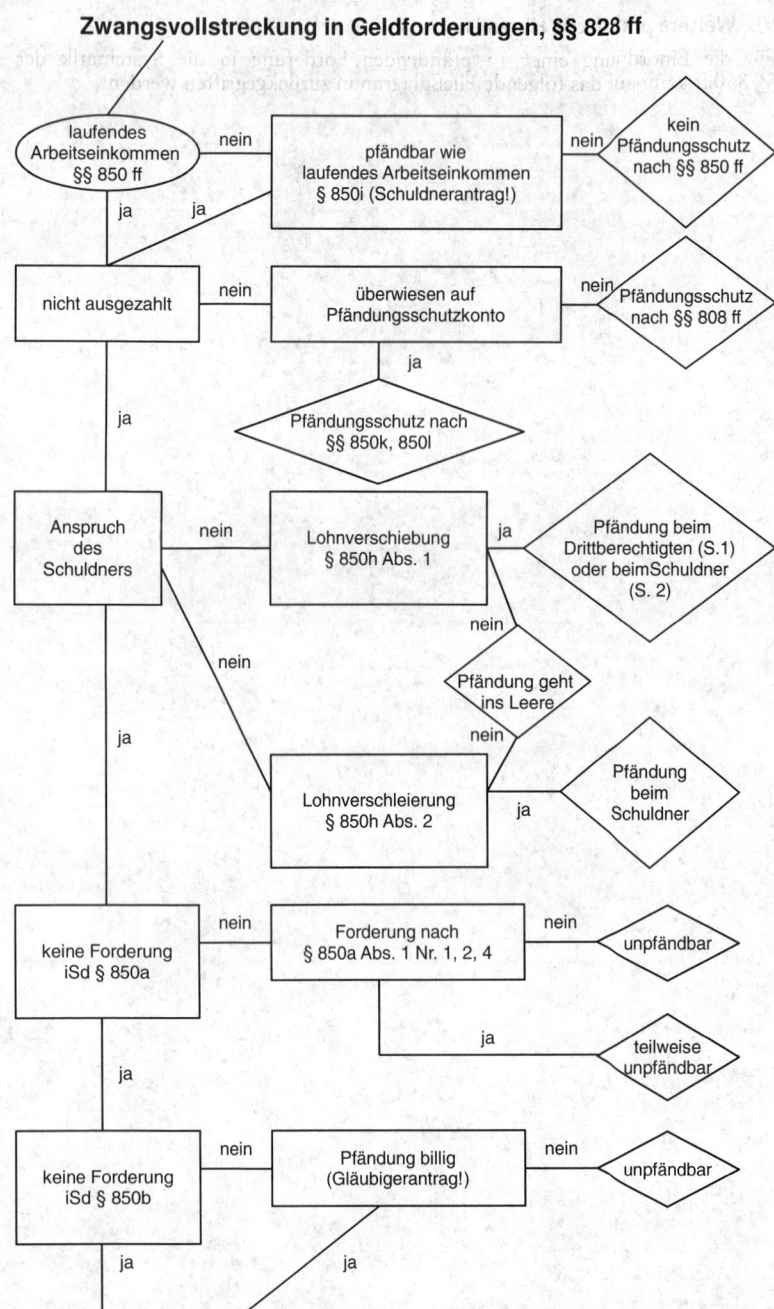

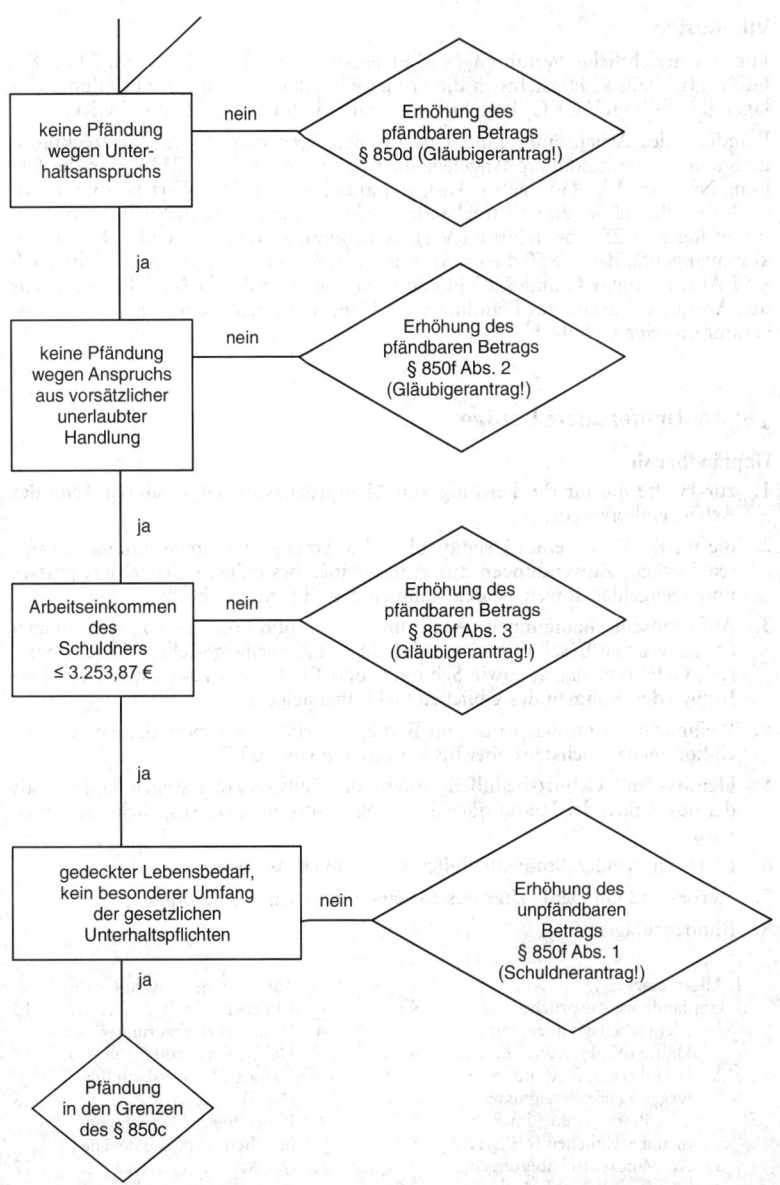

VII. Kosten

62 Für das **gerichtliche Verfahren** (§ 829) entsteht eine Festgebühr Nr. 2111 KV GKG iHv 20,00 €. Hinsichtlich dieser Gerichtsgebühr sowie der Zustellungsauslagen (Nr. 9002 KV GKG) besteht Vorauszahlungspflicht (§ 12 Abs. 6 GKG).

63 Pfändung des Arbeitseinkommens ist für den **Rechtsanwalt** als Vollstreckungsmaßnahme eine besondere Angelegenheit (§ 18 Abs. 1 Nr. 1 RVG), die die Gebühr Nr. 3309 VV RVG nebst Auslagen anfallen lässt. Der Wert bestimmt sich nach dem Betrag der zu vollstreckenden Geldforderung einschließlich der Nebenforderungen (§ 25 Abs. 1 Nr. 1 RVG). Wird künftig fällig werdendes Arbeitseinkommen gepfändet (§ 850 d Abs. 3), sind die noch nicht fälligen Ansprüche nach § 51 Abs. 1 FamGKG und § 9 ZPO zu bewerten (§ 25 Abs. 1 Nr. 1 RVG).[178] Für den Antrag auf Erlass des Pfändungs- und Überweisungsbeschlusses entsteht insgesamt nur eine Gebühr.[179]

§ 850 a Unpfändbare Bezüge

Unpfändbar sind

1. zur Hälfte die für die Leistung von Mehrarbeitsstunden gezahlten Teile des Arbeitseinkommens;
2. die für die Dauer eines Urlaubs über das Arbeitseinkommen hinaus gewährten Bezüge, Zuwendungen aus Anlass eines besonderen Betriebsereignisses und Treugelder, soweit sie den Rahmen des Üblichen nicht übersteigen;
3. Aufwandsentschädigungen, Auslösungsgelder und sonstige soziale Zulagen für auswärtige Beschäftigungen, das Entgelt für selbstgestelltes Arbeitsmaterial, Gefahrenzulagen sowie Schmutz- und Erschwerniszulagen, soweit diese Bezüge den Rahmen des Üblichen nicht übersteigen;
4. Weihnachtsvergütungen bis zum Betrag der Hälfte des monatlichen Arbeitseinkommens, höchstens aber bis zum Betrag von 500 Euro;
5. Heirats- und Geburtsbeihilfen, sofern die Vollstreckung wegen anderer als der aus Anlass der Heirat oder der Geburt entstandenen Ansprüche betrieben wird;
6. Erziehungsgelder, Studienbeihilfen und ähnliche Bezüge;
7. Sterbe- und Gnadenbezüge aus Arbeits- oder Dienstverhältnissen;
8. Blindenzulagen.

I. Allgemeines 1	
II. Unpfändbare Ansprüche 4	
1. Mehrarbeitsstunden; zur Hälfte (Nr. 1) 4	
2. Urlaubsgeld, Zuwendungen wegen Betriebsereignissen oder Betriebstreue; im Rahmen des Üblichen (Nr. 2) 8	
3. Aufwandsentschädigungen, soziale Zulagen, Entgelt für Arbeitsmaterial, weitere Zulagen für unangenehme Tätigkeiten; im Rahmen des Üblichen (Nr. 3) 13	
4. Weihnachtsvergütungen; zur Hälfte, max. 500 € (Nr. 4) .. 23	
5. Heirats-, Geburtsbeihilfen (Nr. 5) 26	
6. Erziehungsgelder, Studienbeihilfen, ähnliche Bezüge (Nr. 6) 27	

---

178 AnwK-RVG/*Wolf/Volpert*, § 25 Rn 20.
179 AnwK-RVG/*Wolf/Volpert/Mock/Thiel/N. Schneider*, § 18 Rn 63.

7. Sterbe-, Gnadenbezüge (Nr. 7) 28	III. Verfahren 30
8. Blindenzulagen (Nr. 8) 29	IV. Weitere praktische Hinweise 36

I. Allgemeines

Während § 850 eine generelle Bestimmung dessen vornimmt, was als Arbeitsentgelt zu verstehen ist, und für dessen Pfändbarkeit auf die §§ 850 a–850 i verweist, sieht § 850 a für bestimmte Leistungen **generelle Unpfändbarkeit** vor. Als Folge sind die in § 850 a genannten Bezüge vom Pfändungsbeschluss nicht erfasst und **bei der Berechnung** des pfändbaren Einkommens **nicht zu berücksichtigen** (§ 850 e Nr. 1 S. 1). Soweit die Beträge des Üblichen bei Nr. 2, 3 oder die festen Beträge bei Nr. 1, 4 überschritten werden, wird der **Überschuss** aber dem Arbeitseinkommen bei der Berechnung nach § 850 e hinzugerechnet und in die Prüfung nach § 850 c einbezogen. 1

Durch die Unpfändbarkeit soll der **Anreiz für bestimmte Tätigkeiten** erhalten bleiben (Nr. 1, 3). Zudem soll aus Billigkeitserwägungen eine **Betriebstreue** honoriert (Nr. 2, 4), und aus **sozialen Gründen** gezahlte Zuwendungen sollen belassen (Nr. 3–8) werden. Schließlich wird die Unpfändbarkeit angeordnet, weil Ansprüche zweckgebunden zum **Ausgleich für eigene Aufwendungen** des Arbeitnehmers entstehen (Nr. 3, 4). 2

Grundsätzlich spielt es keine Rolle, **wegen welcher Forderung** in die Bezüge nach § 850 a vollstreckt wird. Wird allerdings wegen **Unterhaltsansprüchen** gepfändet, sind **Erweiterungen der Pfändbarkeit** in § 850 d Abs. 1 für die Bezüge nach Nr. 1, 2 und 4 vorgesehen. Die Bezüge nach Nr. 2 und 5 sind für Anlassgläubiger pfändbar. Im Übrigen (Nr. 3, 5–8) sind die Ansprüche auch für Unterhaltsgläubiger unpfändbar. Auch bei einer Vollstreckung wegen einer vorsätzlichen unerlaubten Handlung (§ 850 f Abs. 2) ist der Zugriff nicht möglich. 3

II. Unpfändbare Ansprüche

1. Mehrarbeitsstunden; zur Hälfte (Nr. 1). Dem Schuldner soll der Anreiz verbleiben, Mehrarbeit zu erbringen.[1] Mehrarbeit ist jede Arbeit, die **über den üblichen Umfang hinaus** geleistet wird, v.a. Überstunden und Sonntagsarbeit,[2] aber auch erlaubte regelmäßige Tätigkeiten bei einem weiteren Arbeitgeber.[3] Entscheidend ist nicht das Arbeitszeitgesetz, sondern sind die normalen Arbeitszeiten des Betriebs.[4] Bei Selbständigen lässt sich der übliche Arbeitsumfang nicht bestimmen; dennoch wird der Rechtsgedanke der Nr. 1 auf nach Erreichen des Rentenalters erzielte „überobligatorische" Einkünfte angewandt.[5] 4

Nicht nur ein Mehrarbeitszuschlag, sondern die **gesamten** auf die Mehrarbeit entfallenden **Bezüge** sind (hälftig; s. Rn 7) unpfändbar, etwa der Zuschlag und Grundlohn, oder, wenn überhaupt kein Zuschlag geleistet wird, der Lohn für die Überstunden als solcher.[6] 5

Werden Mehrarbeitsstunden geleistet, aber **nicht oder nur durch Freizeitausgleich abgegolten**, wird nicht etwa ein anteiliger Betrag des normalen Einkommens un- 6

---

1 Hk-ZPO/*Kemper*, § 850 a Rn 3.
2 MüKo-ZPO/*Smid*, § 850 a Rn 4.
3 Hk-ZPO/*Kemper*, § 850 a Rn 3; MüKo-ZPO/*Smid*, § 850 a Rn 5 mwN; *Stöber*, Forderungspfändung, Rn 982.
4 MüKo-ZPO/*Smid*, § 850 a Rn 4 mwN auch zur Gegenansicht; *Stöber*, Forderungspfändung, Rn 981.
5 BGH NJW-RR 2014, 1199; aA VG Wiesbaden ZInsO 2014, 796; krit. auch *Häntschel*, WuB VI A. § 36 InSO 1.14.
6 Schuschke/Walker/*Kessal-Wulf*, § 850 a Rn 2.

pfändbar.[7] Mehrverdienst in Form von **Zulagen für während der normalen Arbeitszeit geleistete Mehrarbeit** fällt ebenfalls nicht unter die Unpfändbarkeit.[8]

7 Die Unpfändbarkeit besteht lediglich in Höhe von **50 %**, so dass die darüber hinausgehenden Vergütungen bei der Berechnung des pfändbaren Einkommens zu berücksichtigen sind. Bei Pfändung wegen Unterhaltsforderungen entfällt die Unpfändbarkeit nach § 850 d Abs. 1 S. 1 vollständig.

8 **2. Urlaubsgeld, Zuwendungen wegen Betriebsereignissen oder Betriebstreue; im Rahmen des Üblichen (Nr. 2).** Nur die für die Zeit des Urlaubs über das Arbeitsentgelt hinaus gezahlten Bezüge (**Urlaubsgeld**) sind erfasst, **nicht** jedoch die Arbeitsvergütung für die Zeit des Urlaubs (**Urlaubsentgelt**), da Letztere eine Fortzahlung der „normalen" Arbeitsvergütung darstellt.[9] Unter die Unpfändbarkeit nach Nr. 2 fällt auch **nicht** die sog. **Urlaubsabgeltung**, mit der ein nicht beanspruchter Urlaub durch Arbeitsentgelt abgegolten wird, so dass sie dem Urlaubsentgelt gleichsteht.[10]

9 Der Sinn der Regelung liegt darin, dass mit dem Urlaubsgeld die idR durch den Urlaub entstehenden **Mehraufwendungen** abgedeckt werden. Deshalb ist das Urlaubsgeld zweckgebunden und nicht auf Gewinnerzielung gerichtet, was Grund für seine Unpfändbarkeit nach Nr. 2 ist. Ob konkret solche Aufwendungen getätigt wurden, spielt aber für die Unpfändbarkeit aufgrund des **typisierenden Charakters** der Norm keine Rolle.[11] Deshalb ist auch nicht entscheidend, ob das Urlaubsgeld zeitgleich mit einem konkreten Urlaub ausgezahlt wird. Einer „Deklarierung" von Gehalt als Urlaubsgeld soll die Beschränkung auf den Rahmen des Üblichen entgegenwirken.

10 Weiterhin sind Zuwendungen aus Anlass von **Betriebsjubiläen** oder der **langjährigen Betriebszugehörigkeit** unpfändbar. Dazu gehören aber nicht Erfolgsbeteiligungen oder Prämien.[12]

11 Entscheidend ist jeweils, dass der **Rahmen des Üblichen** nicht überschritten wird. Im Gegensatz zu Nr. 4 ist **keine feste Grenze** vorgesehen; Nr. 4 kann auch nicht entsprechend auf Nr. 2 angewandt werden.[13] Maßstab ist vielmehr die **Branchenüblichkeit**.[14] Wird der Rahmen des Üblichen überschritten, sind die Beträge insoweit dem pfändbaren Einkommen hinzuzurechnen.

12 Zu beachten ist bei den von Nr. 2 erfassten Bezügen, dass eine **Erweiterung der Pfändbarkeit** nach § 850 d Abs. 1 S. 1 in Betracht kommt, wenn wegen **Unterhaltsforderungen** vollstreckt wird. Die wohl hM[15] sieht im Übrigen eine Pfändbarkeit von Urlaubszuwendungen wegen sog. **Anlassforderungen** vor, so dass etwa wegen Hotel- oder Reiseveranstalteransprüchen eine Pfändung möglich ist, obwohl Nr. 2 dies im Gegensatz zu Nr. 5 nicht explizit vorsieht. Da das

---

7 Schuschke/Walker/*Kessal-Wulf*, § 850 a Rn 2; *Stöber*, Forderungspfändung, Rn 980.
8 *Stöber*, Forderungspfändung, Rn 983.
9 *Stöber*, Forderungspfändung, Rn 987 mwN; Schuschke/Walker/*Kessal-Wulf*, § 850 a Rn 3; *Beetz*, ZVI 2008, 244; s. zur Pfändbarkeit urlaubsrechtlicher Ansprüche auch: *Kohte*, in: FS Schwerdtner, 2003, S. 99; *Pfeifer*, NZA 1996, 738.
10 BAGE 99, 5.
11 BGH WM 2012, 1040; LAG Nürnberg LAGE § 850 a ZPO 2002 Nr. 1; dazu Anm. *Kohte*, jurisPR-ArbR 9/2007 Anm. 5.
12 MüKo-ZPO/*Smid*, § 850 a Rn 9; *Stöber*, Forderungspfändung, Rn 989 mwN.
13 BGH WM 2012, 1040; Schuschke/Walker/*Kessal-Wulf*, § 850 a Rn 5; *Pfeifer*, NZA 1996, 738, 739.
14 BGH NJW-RR 2012, 825; MüKo-ZPO/*Smid*, § 850 a Rn 7; Hk-ZPO/*Kemper*, § 850 a Rn 4 mwN; *Stöber*, Forderungspfändung, Rn 986; Schuschke/Walker/*Kessal-Wulf*, § 850 a Rn 5.
15 *Stöber*, Forderungspfändung, Rn 986 a; Zöller/*Stöber*, § 850 a Rn 3; *Pfeifer*, NZA 1996, 738; *Beetz*, ZVI 2008, 244, 247; aA PG/*Ahrens*, § 850 a Rn 8.

Urlaubsgeld gerade diese Aufwendungen zu begleichen bezweckt (s. Rn 9), ist dieser Interpretation zuzustimmen.

3. Aufwandsentschädigungen, soziale Zulagen, Entgelt für Arbeitsmaterial, weitere Zulagen für unangenehme Tätigkeiten; im Rahmen des Üblichen (Nr. 3). Der Anreiz zur Ausübung bestimmter Tätigkeiten soll erhalten bleiben. Dasselbe gilt für die Mittel, die der Schuldner zur Bereitstellung seiner Arbeitsleistung benötigt, wenn er eigene Aufwendungen getätigt oder eigenes Arbeitsmaterial zur Verfügung gestellt hat.[16] Deshalb ist die grundsätzliche Unpfändbarkeit der entsprechenden Zulagen und Entschädigungen in Nr. 3 angeordnet. 13

Aufwandsentschädigungen sind v.a. Reisekostenvergütungen und Reisespesen, Tage- und Übernachtungsgeld, Trennungsentschädigung, Umzugskostenvergütung, Repräsentationskosten,[17] die vom Arbeitgeber gezahlt werden; auch die Aufwandsentschädigungen für ehrenamtliche Tätigkeiten etwa als Schöffe, Beisitzer, ehrenamtlicher Bürgermeister[18] (s. aber zu dessen Ehrensold § 851 Rn 18) oder Kreistagsabgeordneter[19] ebenso wie Kostenerstattungsansprüche des Betriebsrats[20] und Aufwandsentschädigungen nach dem Personalvertretungs- und Betriebsverfassungsrecht.[21] Neben dem Arbeitsverhältnis kommen entsprechende Zuwendungen aus einem anders gearteten, aber auf Dauer angelegten Vertragsverhältnis in Betracht.[22] Zulagen bei ausländischem Dienstort von Beamten (Auslandszuschlag, Kaufkraftausgleich uÄ gem. §§ 53, 55 BBesG) sind nach richtiger, aber umstrittener Ansicht ebenfalls gem. Nr. 3 unpfändbar.[23] 14

Die Aufwandsentschädigungen müssen **getrennt vom Verdienst berechnet und der Höhe nach selbständig ausgewiesen** sein.[24] Das ergibt sich aus dem Zusammenhang mit § 850 f Abs. 1 Buchst. b. Auf mit dem Gesamtgehalt abgegoltene, nicht gesondert ausgewiesene Aufwendungen ist nämlich diese Sonderregel anzuwenden.[25] Wird also ein höheres Entgelt bezahlt, von dem der Schuldner alle Nebenkosten selbst zahlen soll, und ist der Entschädigungsbestandteil insofern nicht ausgewiesen, kommt § 850 f Abs. 1 Buchst. b und nicht § 850 a zum Tragen.[26] Pfändungsschutz wird dann nur auf Antrag gewährt. 15

Auf die Bezeichnung der Bezüge kommt es nicht entscheidend an, etwa wenn damit nur ein „normaler" Lohn **als Aufwandsentschädigung „verschleiert"** wird. Schon durch die Beschränkung auf das Übliche soll zwar verhindert werden, dass ein niedriges festes Einkommen und übermäßig hohe Aufwandsentschädigungen gewährt werden.[27] Immer kann es aber auch tatbestandlich nur um den Zweck der **Abgeltung/Entschädigung tatsächlichen Aufwands**, nicht jedoch um die Erzielung von Gewinn durch die geleistete Tätigkeit gehen. So sind etwa Erstattungen für das Zurverfügungstellen eines Pkw, die tatsächlich ein Arbeitseinkommen darstellen, nicht unpfändbar.[28] Auch Aufwandsentschädigungen für eine ehren- 16

---

16 MüKo-ZPO/*Smid*, § 850 a Rn 10; Hk-ZPO/*Kemper*, § 850 a Rn 5.
17 Soweit Aufwendungen aus dem Luxussegment: Einbeziehung iHv 2/3 durch LG Kiel 24.9.2013 – 13 T 44/13.
18 VG Ansbach Rpfleger 2006, 419; MüKo-ZPO/*Smid*, § 850 a Rn 11 mwN; *Stöber*, Forderungspfändung, Rn 998.
19 LG Dessau-Roßlau NVwZ-RR 2013, 565.
20 LAG Hamm AuR 2006, 74; MüKo-ZPO/*Smid*, § 850 a Rn 11 mwN.
21 Baumbach/*Hartmann*, § 850 a Rn 6.
22 Hk-ZPO/*Kemper*, § 850 a Rn 5.
23 Offen gelassen BGH 5.6.2014 – VII ZB 54/13.
24 *Stöber*, Forderungspfändung, Rn 992 mwN; *Baur/Stürner/Bruns*, Zwangsvollstreckungsrecht, Rn 24.17.
25 *Stöber*, Forderungspfändung, Rn 992.
26 Schuschke/Walker/*Kessal-Wulf*, § 850 a Rn 7.
27 *Stöber*, Forderungspfändung, Rn 990; VG Ansbach Rpfleger 2006, 419.
28 Vgl LAG Hannover LAGE § 850 e ZPO 2002 Nr. 1.

amtliche Tätigkeit, mit denen aber tatsächlich der Lebensunterhalt im Wesentlichen bestritten wird (Vollzeittätigkeit), fallen deshalb nicht unter Nr. 3.[29] Wenn vom Zweck der Zahlung her ein tatsächlicher Aufwand entschädigt werden soll, kann die Zahlung aber auch **pauschal**[30] und unabhängig von einem konkreten Aufwand zum Zahlungszeitpunkt erfolgen.

17 Bei **ehrenamtlichen Tätigkeiten** ist im Übrigen zu differenzieren: Entschädigungen, die selbständig für eine ehrenamtliche Tätigkeit gewährt werden (Auslagen, Spesen, Fahrtkosten), sind unpfändbar. Verdienstausfall für ehrenamtliche Tätigkeiten ersetzt aber Arbeitseinkommen und ist grds. pfändbar.[31] Ist die „Aufwandsentschädigung" so hoch, dass der Entgeltcharakter im Vordergrund steht (vgl Rn 16), besteht ebenfalls keine Unpfändbarkeit.

18 Nach wohl herrschender, jedoch umstrittener Ansicht fallen unter Nr. 3 auch die „Entschädigungen für Mehraufwendungen" iSd § 16 d Abs. 7 SGB II („**Ein-Euro-Jobs**").[32] Zwar geht es bei ihnen vornehmlich um eine Steigerung der Attraktivität einer Arbeitsgelegenheit und weniger um die Abgeltung von Mehraufwendungen. Die Pfändbarkeit sollte dennoch entweder über Nr. 3 oder aufgrund der Zweckbindung nach § 851 abgelehnt werden.

19 **Auslösungsgelder** werden als Ausgleich für den Mehraufwand bei auswärtiger Beschäftigung gezahlt, umfassen Fahrtkosten, Übernachtungsgelder, Trennungsentschädigungen uÄ und sind ebenfalls unpfändbar.

20 Stellt der Arbeitnehmer selbst **Arbeitsmaterialien**, zB Werkzeuge, Werkstoffe oder den eigenen Pkw,[33] ist das dafür gezahlte Entgelt unpfändbar.

21 Bei den **Gefahren-, Schmutz- und Erschwerniszulagen** ist abzugrenzen, ob es sich um Zulagen gerade aufgrund der besonderen Arbeitsbedingungen oder um solche handelt, die von vornherein bereits mit einem höheren Tariflohn abgegolten werden.[34] Nur Erstere sind unpfändbar. Unpfändbar sind im Übrigen nicht nur solche Zulagen, die wegen der Abgeltung einer durch die Eigentümlichkeit der Arbeit verursachten Erschwernis (Schmutz, Hitze, Staub etc.) gewährt werden, sondern auch die für Nacht-, Sonn- und Feiertagsarbeit gezahlten Zulagen.[35]

22 Auch für die Bezüge nach Nr. 3 gilt, dass nur die Beträge, die den **Rahmen des Üblichen** nicht übersteigen, unpfändbar sind. Die das Maß des Üblichen überschreitenden Beträge sind in die Berechnung des pfändbaren Einkommens nach § 850 a einzubeziehen. Als Maßstab können (mindestens) die **steuerrechtliche Absetzbarkeit**,[36] aber auch die Branchenüblichkeit[37] und die Orientierung am Tarifvertrag[38] herangezogen werden. Für die Üblichkeit allein genügt nicht, dass

---

29 VG Ansbach Rpfleger 2006, 419.
30 *Stöber*, Forderungspfändung, Rn 991.
31 Schuschke/Walker/*Kessal-Wulf*, § 850 a Rn 8.
32 LG Kassel VuR 2010, 393; LG Dresden NJW-RR 2009, 359; *Harks*, Rpfleger 2007, 588; aA (pfändbar wie Arbeitseinkommen): LG Görlitz FamRZ 2007, 299 = JAmt 2006, 51; LG Bautzen FamRZ 2009, 1941; offen gelassen BGH 14.5.2014 – VII ZB 56/12.
33 *Stöber*, Forderungspfändung, Rn 995; Schuschke/Walker/*Kessal-Wulf*, § 850 a Rn 9.
34 Vgl MüKo-ZPO/*Smid*, § 850 a Rn 14 f.
35 LAG Berlin BB 2015, 564; OVG Lüneburg ZBR 2010, 60 mwN; VG Stuttgart VuR 2013, 34; VG Kassel JurBüro 2013, 599; LG Hannover VuR 2013, 32; zur teils entgegenstehenden Praxis der Bezügestellen krit. *Kohte*, VuR 2013, 34.
36 *Stöber*, Forderungspfändung, Rn 990 mwN; Hk-ZPO/*Kemper*, § 850 a Rn 5; Schuschke/Walker/*Kessal-Wulf*, § 850 a Rn 10.
37 MüKo-ZPO/*Smid*, § 850 a Rn 7, 10; *Stöber*, Forderungspfändung, Rn 990.
38 MüKo-ZPO/*Smid*, § 850 a Rn 14.

die Zulage entsprechend gesetzlicher Bestimmung gezahlt wird;[39] ein Indiz dürfte dies jedoch sein.

4. Weihnachtsvergütungen; zur Hälfte, max. 500 € (Nr. 4). Der Grund der Unpfändbarkeit liegt in den üblicherweise mit dem Weihnachtsfest einhergehenden **Mehraufwendungen**. Ein **zeitlicher Zusammenhang** der Auszahlung mit dem **Weihnachtsfest** bzw die Veranlassung der Auszahlung durch dieses ist deshalb notwendig,[40] nicht aber tatsächlich getätigte Aufwendungen. Monatliche Sonderzahlungen, die über das Jahr hinweg gezahlt werden, können deshalb keine Weihnachtsvergütung sein.[41] In Betracht kommen soll ein **Zahlungszeitraum vom 15.11. bis 15.1.**[42] Fehlt es aber an der Zweckrichtung auf das Weihnachtsfest hin, genügt der zeitliche Zusammenhang allein nicht.[43] Nominiert werden kann die Zahlung auch als **13. Monatsgehalt** oder **Jahresendbezug**, ohne dass die Qualifikation als Weihnachtsgeld entfiele.[44] Der durch eine **Bezeichnung als Weihnachtsgeld** und eine **Auszahlung in diesem Zeitraum** indizierte Rechtscharakter einer Weihnachtsvergütung ist aber **widerlegbar**, etwa wenn die einschlägige gesetzliche Ermächtigungsgrundlage selbst keinen zeitlichen Bezug zu Weihnachten oder zum Monat Dezember aufweist.[45]

Unpfändbarkeit besteht bis zur Hälfte des monatlichen Bruttobetrages, höchstens bis zu einem Betrag von 500 €. Darüber hinausgehende Weihnachtsgelder sind pfändbar und dem Arbeitseinkommen im Rahmen von § 850 e hinzuzurechnen.

Die Unpfändbarkeit kann bei **Pfändung wegen Unterhaltsansprüchen** nach § 850 d Abs. 1 S. 1 entfallen.

5. Heirats-, Geburtsbeihilfen (Nr. 5). Die Forderungen sind unpfändbar, und zwar auch, wenn wegen Unterhaltsansprüchen vollstreckt wird. Der Grund liegt in der **Zweckbindung der Bezüge**. Auch entsprechende Beihilfen aus beamtenrechtlichen Regeln oder für im öffentlichen Dienst stehende Personen fallen unter die Regelung, wobei Beihilfeansprüche ohnehin schon wegen § 851 unpfändbar sind.[46] Allerdings kann wegen der sog. **Anlassforderung** vollstreckt werden, zB Kosten der Hochzeitsfeier. Der Anspruch auf Unterhalt aus Anlass der Geburt nach § 1615 l BGB fällt nicht unter Nr. 5, sondern unter § 850 b.[47]

6. Erziehungsgelder, Studienbeihilfen, ähnliche Bezüge (Nr. 6). In Betracht kommen **vom Arbeitgeber** gewährte Stipendien, Zuschüsse für Schule und Kinderbetreuung. Aber auch **öffentliche Zuwendungen**[48] und Beihilfen zu Pflege und Erziehung können erfasst sein, so der an Pflegeeltern von der Jugendhilfe gezahlte Erziehungsbeitrag („Anerkennungsbetrag").[49] Weiterhin kommen **Zuwendungen Privater** oder durch **Stiftungen** in Betracht.[50] Ob die Leistung **an den zu Erziehenden**, Auszubildenden oder Studenten direkt **oder an seine Unterhaltspflichtigen** erfolgt, spielt keine Rolle.[51] Für **BAföG**-Ansprüche gilt § 54 SGB I. Unterhaltszuschüsse, Ausbildungsvergütung, „Lehrlingsgeld" im Rahmen einer **ausbil-**

---

39 LG Kiel 24.9.2013 – 13 T 44/13.
40 MüKo-ZPO/*Smid*, § 850 a Rn 16; BAG NZA 2012, 1247.
41 VG Karlsruhe 6.6.2005 – 3 K 788/04.
42 Vgl *Stöber*, Forderungspfändung, Rn 999 a.
43 BAG NZA 2012, 1246.
44 Schuschke/Walker/*Kessal-Wulf*, § 850 a Rn 11.
45 BayVGH 5.10.2007 – 3 ZB 07.1510 (für § 67 Abs. 2 BBesG aF).
46 BGH NJW-RR 2005, 720; Hk-ZPO/*Kemper*, § 850 a Rn 7 mwN.
47 *Stöber*, Forderungspfändung, Rn 1001.
48 *Stöber*, Forderungspfändung, Rn 1002.
49 BGH NJW-RR 2006, 5 mwN.
50 *Stöber*, Forderungspfändung, Rn 1002.
51 *Stöber*, Forderungspfändung, Rn 1002.

denden **Arbeitstätigkeit**[52] (zB Referendar, Auszubildender, auch im Strafvollzug[53]) sind jedoch nicht unpfändbar, sondern „normales" Arbeitseinkommen (s. § 850 Rn 42). Das **Kindergeld** folgt den Regeln des § 54 Abs. 5 SGB I sowie § 76 EStG (s. § 850 b Rn 16), das **Eltern- bzw Betreuungsgeld** ist unpfändbar im Rahmen des § 54 Abs. 3 Nr. 1 SGB I.[54]

28 **7. Sterbe-, Gnadenbezüge (Nr. 7) .** Erfasst werden die entsprechenden Bezüge aus Arbeits- oder Dienstverhältnissen einschließlich Beamtenverhältnissen. Der Empfänger braucht nicht Erbe zu sein.[55]

29 **8. Blindenzulagen (Nr. 8).** Vorrangig zu beachten sind § 72 SGB XII und sozialrechtliche Bestimmungen des Landesrechts, die die Unpfändbarkeit vorsehen oder auf § 54 SGB I verweisen, woraus sich idR schon die Unpfändbarkeit der Blindenhilfe und des Blindengeldes ergibt. Eine (isolierte) Anwendung von Nr. 8 erfasst also nur darüber hinausgehende Zulagen.

III. Verfahren

30 Vom Pfändungsbeschluss werden die unpfändbaren Forderungen erst gar nicht erfasst bzw nur insoweit, als ein Antrag nach § 850 d Erfolg hat. Werden sie ausnahmsweise im Beschluss als gepfändet bezeichnet, werden sie zwar verstrickt, ein Pfändungspfandrecht entsteht aber nicht, und der Beschluss ist mit der Erinnerung anfechtbar (s. § 850 Rn 27).[56]

31 Die unpfändbaren Bezüge sind **vom Drittschuldner** bei der Berechnung nach § 850 e Nr. 1 zu beachten (s. § 850 e Rn 7 ff, 15).[57] Vor Anwendung des § 850 c sind insofern die unpfändbaren Bestandteile vom Gehalt abzuziehen. Das spielt v.a. bei **Auszahlung** etwa von Urlaubsgeld, Weihnachtsgeld, Mehrarbeitsvergütung, Entgelt für Arbeitsmaterialien (s. aber Rn 15) **zusammen mit dem Gehalt** eine Rolle, so dass erst nach Abzug dieser Bestandteile der pfändbare Betrag des Arbeitseinkommens bestimmt werden kann, ggf mit Hilfe eines Vergleichs mit dem Tariflohn oder durch Schätzung.[58] In der Erinnerung des Schuldners gegen die Pfändung von Forderungen nach § 850 a (s. § 850 Rn 28) muss dieser darlegen und ggf beweisen, dass es sich um eine solche Forderung handelt.[59]

32 Bei der Berechnung ist ansonsten zu beachten, dass nach der neueren Rspr des BAG[60] die Steuern und Sozialabzüge nicht aus dem nach Abzug der Bezüge iSd § 850 a verbleibenden Bruttobetrag zu entrichten, sondern anteilig bei der Abrechnung gem. § 850 e Nr. 1 in Abzug zu bringen sind (sog. **Nettomethode**, § 850 e Rn 5). Demzufolge ist der pfändbare Einkommensteil in solchen Monaten, in denen der Schuldner Urlaubs- oder Weihnachtsgeld erhält, nicht geringer als in denjenigen ohne Sonderzahlung.

---

52 Vgl BVerwG NVwZ 2001, 333.
53 LG Kleve ZInsO 2013, 836.
54 BVerfG 6.12.1989 – 1 BvR 1028/89; anders noch OLG Hamm Rpfleger 1988, 31; ausf. *Baur/Stürner/Bruns*, Zwangsvollstreckungsrecht, Rn 24.51 f.
55 MüKo-ZPO/*Smid*, § 850 a Rn 19; Hk-ZPO/*Kemper*, § 850 a Rn 9.
56 Schuschke/Walker/*Kessal-Wulf*, § 850 a Rn 1, 16.
57 Hk-ZPO/*Kemper*, § 850 a Rn 11.
58 Vgl Stein/Jonas/*Brehm*, § 850 a Rn 23; Berechnungsbeispiel bei *Hauß*, FamRZ 2006, 1496; teils aA MüKo-ZPO/*Smid*, § 850 a Rn 6, 13 mwN.
59 LG Hannover JurBüro 2008, 327.
60 BAGE 145, 18; für die „Nettomethode" auch schon ArbG Aachen FamRZ 2007, 63; Wieczorek/Schütze/*Lüke*, § 850 a Rn 11; nun auch *Würdinger*, NJW 2014, 3121; anders aber Vorauflage (2. Aufl. 2013, aaO) und bis zur Entscheidung des BAG wohl hM, zB LG Mönchengladbach ZVI 2005, 326; *Stöber*, Forderungspfändung, Rn 984, 999 b; Schuschke/Walker/*Kessal-Wulf*, § 850 a Rn 11; Stein/Jonas/*Brehm*, § 850 a Rn 27; zu Recht krit. auch jetzt noch *Hintzen*, Rpfleger 2014, 117 mit Berechnungsbeispielen.

Der Drittschuldner kann im Wege der Erinnerung Klarstellung darüber errei- 33
chen, welche Leistungen der Pfändung entzogen sind.[61] Die **Erweiterung der
Pfändbarkeit** nach § 850 d muss, soweit möglich (s. Rn 7, 12 und 25), **vom Gläu-
biger** mit dem Pfändungsantrag verlangt werden, indem er auch die Voraussetzungen dafür benennt (zum Verfahren s. § 850 d Rn 33). Andernfalls werden die
Beträge bei der Berechnung nicht einbezogen und es wird nur im Bereich des
§ 850 c gepfändet. Der **Rechtsweg für den Einziehungsprozess** bestimmt sich
nach der Natur der gepfändeten Forderung. Hier kann die Unpfändbarkeit nicht
geltend gemacht werden (s. § 850 Rn 14, 28).

Auch wenn der nach § 850 a unpfändbare Betrag über den Pfändungsgrenzen 34
nach der Tabelle von § 850 c liegt, bleibt er gänzlich unpfändbar. Das gilt auch,
wenn mehrere unpfändbare Ansprüche bestehen, die insgesamt die Pfändungsgrenzen des § 850 c überschreiten. Das ergibt sich als Konsequenz aus der Tatsache, dass mehrere unpfändbare Ansprüche nicht zusammengerechnet werden
(s. § 850 e Rn 15). Die Frage nach einer gesonderten Anwendung des § 850 c
stellt sich in diesem Falle nicht.[62] Davon unabhängig ist – selbstverständlich –
auf einen die unpfändbaren Gehaltsteile überschreitenden Anteil die Vorschrift
des § 850 c gesondert anzuwenden.

Aus der Unpfändbarkeit folgt die Unverfügbarkeit der Forderungen (§§ 400,[63] 35
394,[64] 1274 Abs. 2 BGB) und ihr Ausschluss aus der Insolvenzmasse (§ 36 InsO)
(s. § 850 Rn 26, 32 ff).

IV. Weitere praktische Hinweise

Im öffentlichen Dienst (§ 20 TVöD, § 20 TVL) werden Weihnachts- und Urlaubs- 36
geld zu einer gemeinsamen Jahressonderzahlung zusammengefasst, beide unterliegen jedoch unterschiedlichen Pfändungsgrenzen.[65] Weder die Voraussetzungen
von Nr. 2 noch diejenigen von Nr. 4 werden bei einer solchen Gratifikation im
Zweifel vollständig erfüllt sein, so dass es nicht zur Unpfändbarkeit kommt.[66]
Bei der Vertragsgestaltung sollte auf eine eindeutige Abgrenzbarkeit der jeweiligen Zahlungen geachtet werden.[67]

§ 850 b Bedingt pfändbare Bezüge

(1) Unpfändbar sind ferner
1. Renten, die wegen einer Verletzung des Körpers oder der Gesundheit zu entrichten sind;
2. Unterhaltsrenten, die auf gesetzlicher Vorschrift beruhen, sowie die wegen
Entziehung einer solchen Forderung zu entrichtenden Renten;

---

61 *Stöber*, Forderungspfändung, Rn 929, 978; vgl zuletzt für § 850 c: BGH ZInsO 2008, 506, 507.
62 Anders LG Flensburg JurBüro 2006, 437.
63 BAGE 99, 208.
64 Zuletzt LAG Rostock 30.8.2011 – 5 Sa 11/11; zur Beweislast im Prozess um die Aufrechnung s. BAG NJW 2003, 2189.
65 *Beetz*, ZVI 2008, 244, 247.
66 Es sei denn, Urlaubs- und Weihnachtsgeld sind als voneinander abgrenzbare Bestandteile in der Jahressonderzahlung enthalten, ArbG Dortmund VuR 2014, 474; zust. *Kohte*, VuR 2014, 474.
67 *Beetz*, ZVI 2008, 244, 247.

3. fortlaufende Einkünfte, die ein Schuldner aus Stiftungen oder sonst auf Grund der Fürsorge und Freigebigkeit eines Dritten oder auf Grund eines Altenteils oder Auszugsvertrags bezieht;
4. Bezüge aus Witwen-, Waisen-, Hilfs- und Krankenkassen, die ausschließlich oder zu einem wesentlichen Teil zu Unterstützungszwecken gewährt werden, ferner Ansprüche aus Lebensversicherungen, die nur auf den Todesfall des Versicherungsnehmers abgeschlossen sind, wenn die Versicherungssumme 3.579 Euro nicht übersteigt.

(2) Diese Bezüge können nach den für Arbeitseinkommen geltenden Vorschriften gepfändet werden, wenn die Vollstreckung in das sonstige bewegliche Vermögen des Schuldners zu einer vollständigen Befriedigung des Gläubigers nicht geführt hat oder voraussichtlich nicht führen wird und wenn nach den Umständen des Falles, insbesondere nach der Art des beizutreibenden Anspruchs und der Höhe der Bezüge, die Pfändung der Billigkeit entspricht.

(3) Das Vollstreckungsgericht soll vor seiner Entscheidung die Beteiligten hören.

I. Allgemeines 1	1. Erfolglosigkeit der Vollstreckung 27
II. Bedingt pfändbare Bezüge (Abs. 1) 5	2. Billigkeit 28
1. Renten wegen Körper- oder Gesundheitsverletzung (Nr. 1) 6	a) Art der zu vollstreckenden Forderung 29
2. Gesetzliche Unterhaltsrenten oder ihr Ersatz (Nr. 2) 9	b) Höhe der Bezüge nach Abs. 1 30
3. Fortlaufende Einkünfte aus Stiftungen oder durch sonstige Dritte auf Grund von Fürsorge und Freigebigkeit oder auf Grund eines Altenteils oder Auszugsvertrages (Nr. 3) 18	c) Sonstige Kriterien nach den Umständen des Falles 31
	IV. Verfahren 34
	1. Ablauf der Pfändung, Pfändungsschutz und Eröffnung der Pfändbarkeit 34
4. Unterstützungsbezüge und Ansprüche aus Todesfallversicherungen (Nr. 4) 21	2. Verfahren zur Eröffnung der Pfändbarkeit im Einzelnen .. 36
III. Pfändbarkeit (Abs. 2) 26	V. Materiellrechtliche Folgen der Unpfändbarkeit und Folgen für die Insolvenz 39

I. Allgemeines

1 Die von § 850 b erfassten Bezüge sind **grds.** (ebenso wie diejenigen nach § 850 a) **unpfändbar, es sei denn,** die sonstige Vollstreckung führt (voraussichtlich) **nicht** zu einer **vollständigen Befriedigung** des Gläubigers **und** die Pfändung entspricht der **Billigkeit.** Liegen diese Voraussetzungen vor, entfällt die Unpfändbarkeit und die von § 850 b erfassten Forderungen sind auf Antrag **wie Arbeitsentgelt** pfändbar, was insb. die Pfändungsgrenzen des § 850 c zur Anwendung kommen lässt und dazu führt, dass durch Blankettbeschluss[1] unter Hinweis auf die Tabelle gepfändet werden kann. Auch zu Gunsten von Unterhaltsgläubigern, Gläubigern einer Forderung aus vorsätzlicher unerlaubter Handlung oder Anlassgläubigern entfällt die Unpfändbarkeit nach Abs. 1 nicht; wobei allerdings Abs. 2 die **Art der zu vollstreckenden Forderung** in die Billigkeitsabwägung einbezieht.

2 Inwieweit der Pfändungsschutz nach Zahlung auf den unpfändbaren Anspruch fortbesteht, hängt davon ab, ob die Zahlung zur freien Verfügbarkeit über den Betrag beim Schuldner führt (s. § 850 Rn 5), so dass bei Hinterlegung der Pfän-

---

1 BGH NJW-RR 2005, 869.

dungsschutz fortbesteht; zudem davon, ob die Zweckbindung der Forderung fortbesteht, so bei Zahlung an den Bevollmächtigten des Schuldners.[2] Bei der Überweisung auf ein Schuldnerkonto kommt es auf die Reichweite des Pfändungsschutzes nach § 850 k an.

Es handelt sich bei den Einkünften nach § 850 b (anders als bei denjenigen nach § 850 a) nicht um Arbeitseinkommen (s. § 850 Rn 37), da ihnen keine persönliche Arbeitsleistung zugrunde liegt. Die Anwendbarkeit von § 850 b ist auch nicht auf Arbeitnehmer beschränkt, sondern am Pfändungsschutz nehmen auch Selbständige mit entsprechenden Renten bzw Einkünften teil.[3] Dennoch ist die systematische Einordnung in den Pfändungsschutz für Arbeitseinkommen nach §§ 850 ff gerechtfertigt: Die Einkünfte nach § 850 b dienen wie **Arbeitseinkommen dem Lebensunterhalt** des Schuldners, so dass die Erwägungen zum sozialen Pfändungsschutz (s. § 850 Rn 1) zum Tragen kommen.[4] Im Falle ausnahmsweiser Pfändbarkeit nach Abs. 2 gelten zudem die Pfändungsgrenzen für Arbeitseinkommen unmittelbar.

Die Pfändung der von § 850 b erfassten Bezüge erfordert insofern eine **gestufte Prüfung:**

- zunächst, ob die Bezüge in den Anwendungsbereich der Norm fallen (Abs. 1),
- sodann, ob eine Pfändung ausnahmsweise möglich ist (Abs. 2),
- und zuletzt, welche Pfändungsgrenzen sich aus § 850 c ergeben.

II. Bedingt pfändbare Bezüge (Abs. 1)

Die von der Norm erfassten Bezüge sind durch ihren Zweckbezug, dem Ersatz von **Mehraufwendungen** (Nr. 1) oder zur Deckung des **Lebensunterhalts** des Schuldners (Nr. 2, 4) zu dienen, oder durch eine **persönliche Beziehung** des Schuldners zum Drittschuldner (Nr. 3) gekennzeichnet.

1. Renten wegen Körper- oder Gesundheitsverletzung (Nr. 1). Die Rente kann auf einem **gesetzlichen** Schadensersatzanspruch (§ 618 Abs. 3 BGB, **§ 843 BGB,** § 13 StVG, § 8 HaftpflG, § 38 LuftVG, § 9 ProdHaftG) oder auf **vertraglicher Grundlage** (Berufsunfähigkeits(zusatz)versicherung[5] [s. auch § 850 Rn 59], private Unfallversicherung,[6] arbeitsvertragliche Vereinbarung) beruhen, solange sie wegen einer Körper- oder Gesundheitsverletzung gezahlt wird. Unfallruhegehalt (§ 36 BeamtVG) wird nicht wegen einer Körper- oder Gesundheitsverletzung gezahlt, sondern hat – ebenso wie das sonstige Ruhegehalt (s. § 850 Rn 50) – Alimentationscharakter, so dass es nicht nach Nr. 1 unpfändbar ist.[7] Bei einer Verletztenrente geht § 54 SGB I für die Pfändung von Sozialleistungen als speziellere Regelung dem § 850 b vor.[8]

Durch § 851 c wird der Pfändungsschutz nach Nr. 1 nicht berührt[9] (s. § 851 c Rn 8). Von **§ 850 Abs. 3 Buchst. b** unterscheidet sich der Pfändungsschutz nach

---

2 Dazu BGHZ 113, 90; Zöller/*Stöber*, § 850 b Rn 3; *Romeyko*, FamRZ 2005, 1727.
3 BGH ZInsO 2010, 1485; *Gutzeit*, NJW 2010, 1644; *Ahrens*, NJW-Spezial 2010, 597; aA LG Traunstein ZInsO 2010, 1939.
4 Krit. zum Sinn der Norm und zur Verfassungsmäßigkeit *Foerste*, NJW 2006, 2945.
5 BGH NJW 2010, 374 (bei Verbindung der BUZV mit einer Lebensversicherung ist letztere selbständig pfändbar); BGH ZInsO 2010, 1485; BGH ZInsO 2010, 188; OLG Karlsruhe InVo 2002, 238.
6 LAG Mainz AE 2006, 95.
7 OVG Saarlouis NJW 2006, 2873.
8 LSG Stuttgart 29.7.2014 – L 9 U 847/10.
9 BT-Drucks. 16/886, S. 8; *Gutzeit*, NJW 2010, 1644, 1645.

Nr. 1 dadurch, dass es bei ihm nicht um die Versorgung früherer Arbeitnehmer geht.[10]

8 Die grundsätzliche Unpfändbarkeit gilt sowohl für die laufenden Rentenzahlungen als auch für eine als **Rückstand** geschuldete größere Summe.[11] Ist allerdings der Anspruch von vornherein unter den Voraussetzungen des § 843 Abs. 3 BGB oder wegen vertraglicher Vereinbarung ein solcher auf **Kapitalabfindung**, gilt die grundsätzliche Unpfändbarkeit nicht.[12]

9 **2. Gesetzliche Unterhaltsrenten oder ihr Ersatz (Nr. 2).** Sämtliche insb. familienrechtliche Unterhaltsansprüche zwischen **Verwandten**, (geschiedenen) **Ehegatten**, **Lebenspartnern** nach dem LPartG sind gesetzliche Unterhaltsrenten iSv Nr. 2 (s. § 850 c Rn 6). Zudem kommen dem **Erbrecht** entstammende Unterhaltsansprüche in Betracht (§§ 1963, 2141, 1969 BGB).[13] Nicht erfasst sind aber ausschließlich **vertraglich begründete Unterhaltsansprüche** (s. Rn 12).

10 Die wohl hM[14] bejaht die Anwendbarkeit der Norm auf **einmalig zu zahlende Unterhaltsansprüche**. Dasselbe gilt nach der Rspr für einen **Steuerfreistellungsanspruch** aus begrenztem Realsplitting (§ 10 Abs. 1 Nr. 1 EStG).[15] Dem Wortlaut der Norm entspricht dies wegen des fehlenden Rentencharakters jedoch nicht. Allerdings sind zumindest die einmaligen Leistungen auf Prozesskostenvorschuss nach § 1360 a Abs. 4 BGB und wegen Sonderbedarfsansprüchen nach § 1613 Abs. 2 BGB wegen ihrer Zweckbindung ohnehin nach § 851 – außer für Anlassgläubiger – unpfändbar.[16]

11 Ansprüche auf eine einmalige größere Summe wegen **Unterhaltsrückstands** sind ebenfalls unpfändbar[17] (vgl Rn 8). Der Rückforderungsanspruch auf zu viel geleisteten Unterhalt (§ 812 BGB) ist aber keine Unterhaltsrente und deshalb nicht unpfändbar.[18]

12 Bei **vertraglichen Vereinbarungen** im Hinblick auf gesetzlich zu gewährenden Unterhalt ist zu differenzieren: Wird eine **Kapitalabfindung** im Hinblick auf den Unterhalt vereinbart, besteht keine Unpfändbarkeit.[19] Wird ein gesetzlicher Unterhaltsanspruch durch **zusätzliche vertragliche Vereinbarung** näher geregelt oder erhöht, entfällt die Unpfändbarkeit nicht und bezieht sich nur auf den gesetzlichen Anteil.[20] Wird allerdings die **Unterhaltsleistung völlig auf eine vertragliche Grundlage** gestellt, entfällt die Unpfändbarkeit vollständig; eine solche Willensrichtung ist bei grds. bestehender gesetzlicher Unterhaltspflicht aber nur bei Vor-

---

10 *Ahrens*, NJW-Spezial 2010, 597; PG/*Ahrens*, § 850 b Rn 4.
11 BGH ZInsO 2010, 188; BGHZ 31, 210; Hk-ZPO/*Kemper*, § 850 b Rn 3; Schuschke/Walker/*Kessal-Wulf*, § 850 b Rn 9; Stein/Jonas/*Brehm*, § 850 b Rn 10.
12 HM, zuletzt etwa LG Dortmund ZInsO 2007, 1357; Stein/Jonas/*Brehm*, § 850 b Rn 10.
13 *Stöber*, Forderungspfändung, Rn 1010.
14 BGH NJW-RR 2002, 1513; Zöller/*Stöber*, § 850 b Rn 3; Baumbach/*Hartmann*, § 850 b Rn 5; PG/*Ahrens*, § 850 b Rn 5; vgl Hk-ZPO/*Kemper*, § 850 b Rn 4; aA Schuschke/Walker/*Kessal-Wulf*, § 850 b Rn 10; Stein/Jonas/*Brehm*, § 850 b Rn 13; BGH NJW 1997, 1441 (sub 2.a) spricht tendenziell für Einbeziehung auch einmaliger Leistungen.
15 BGH NJW 1997, 1441; BGH NJW 2005, 2223; *Münch*, FamRB 2006, 189; *Stöber*, Forderungspfändung, Rn 1012.
16 *Baur/Stürner/Bruns*, Zwangsvollstreckungsrecht, Rn 24.18; *Stöber*, Forderungspfändung, Rn 1012; Stein/Jonas/*Brehm*, § 850 b Rn 13, § 851 Rn 2, 38.
17 BGHZ 31, 210; OLG Bamberg FamRZ 1996, 1487.
18 *Stöber*, Forderungspfändung, Rn 1010.
19 Schuschke/Walker/*Kessal-Wulf*, § 850 b Rn 10.
20 Stein/Jonas/*Brehm*, § 850 b Rn 11 mwN.

liegen besonderer Umstände anzunehmen.[21] Auf das **Haushaltsgeld** ist Nr. 2 nicht anwendbar.[22]

Lebhaft umstritten war im Grunde und ist im Detail die Pfändbarkeit des **Taschengeldanspruchs** unter Ehegatten und zwischen Eltern und Kindern. Inzwischen geht die Rspr vom rechtlichen **Bestand** eines solchen Anspruchs seitens des nicht unterhaltspflichtigen Ehegatten, und zwar als Bestandteil des Unterhaltsanspruchs, sowie von dessen **Pfändbarkeit** im Rahmen von § 850 b aus.[23]

Aus § 851 Abs. 1 ergibt sich die Unpfändbarkeit des Taschengeldanspruchs nämlich nicht, da der Anspruch weder höchstpersönlicher Natur noch zweckgebunden ist.[24] Dass durch eine Pfändung eine rechtliche Festschreibung (der Höhe) des Anspruchs den Ehegatten aufgezwungen wird,[25] ist angesichts der berechtigten Gläubigerbelange und der tatsächlichen Existenz eines materiellrechtlichen Anspruchs hinzunehmen.[26]

Die **Höhe** des Taschengeldanspruchs berechnet sich nach der überwiegenden Rspr mit 5 % des Nettoeinkommens des verdienenden Ehegatten, wobei Offenbarungspflichten des Schuldners bestehen[27] (§§ 807, 836 Abs. 3, der inzwischen auf die Sachaufklärung der §§ 802 c ff verweist). Der konkrete Bestand und die Höhe können letztlich erst und noch[28] im Einziehungsprozess geklärt werden, nicht aber die Frage der Billigkeit iSd Abs. 2. Vielfach wird die **Billigkeit** der Pfändung wegen des unangemessenen Verhältnisses der Höhe der beizutreibenden Forderung zu derjenigen des Taschengeldanspruchs nicht vorliegen,[29] so dass es bei der Unpfändbarkeit bleibt. Im Übrigen gelten die allgemeinen Regeln für die Billigkeitsprüfung (s. Rn 28 ff), insb., ob die Forderung, aus der vollstreckt wird, eine Unterhaltsforderung oder eine solche aus unerlaubter Handlung ist.[30] Ist die Billigkeit anzunehmen und die Pfändbarkeit nach Abs. 2 eröffnet, kommt es zur – modifizierten[31] – Anwendung von § 850 c: Hier geht die Rspr davon aus, dass es unter Beachtung der **Pfändungsfreigrenzen** dieser Norm zu einer Pfändung und Überweisung iHv 7/10 des Taschengeldanspruchs kommt.[32]

---

21 BGH NJW-RR 2002, 1513; *Baur/Stürner/Bruns*, Zwangsvollstreckungsrecht, Rn 24.18 u. Fn 65 ebd.
22 Schuschke/Walker/*Kessal-Wulf*, § 850 b Rn 11.
23 BGH NJW 2004, 2450 mwN; krit. Anm. *Smid*, JZ 2004, 1134 mwN; ausf. *Röwekamp*, Der Taschengeldanspruch unter Ehegatten und seine Pfändbarkeit, 2003; sowie *Reinhardt*, FA 2006, 11; zust. *Neugebauer*, MDR 2005, 376.
24 BGH NJW 2004, 2450; Stein/Jonas/*Brehm*, § 850 b Rn 12 jew. mwN auch zur Gegenansicht.
25 Vgl *Smid*, JZ 2004, 1134.
26 Und verfassungsgemäß: BVerfG FamRZ 1986, 773.
27 BGH NJW 2004, 2452; OLG Köln NJW 1993, 3335; LG Konstanz Rpfleger 2008, 37; KG NJW 2000, 149; OLG Hamm NJW-RR 1990, 1224; Berechnungsbeispiel *Stöber*, Forderungspfändung, Rn 1031 i.
28 *Baur/Stürner/Bruns*, Zwangsvollstreckungsrecht, Rn 24.19; Stein/Jonas/*Brehm*, § 850 b Rn 12; vgl LG Konstanz Rpfleger 2008, 37; PG/*Ahrens*, § 850 b Rn 12; aA OLG Hamm FamRZ 1990, 547; OLG Hamm NJW-RR 1990, 1224: Bestimmung schon im Pfändungsbeschluss.
29 Etwa OLG Nürnberg FamRZ 1999, 505; s. auch MüKo-ZPO/*Smid*, § 850 b Rn 6; *Baur/Stürner/Bruns*, Zwangsvollstreckungsrecht, Rn 24.19; *Stöber*, Forderungspfändung, Rn 1031 a ff; Stein/Jonas/*Brehm*, § 850 b Rn 12; *Walker*, JZ 2011, 401, 407; Billigkeit als Regelfall aber: *Balthasar*, FamRZ 2005, 85.
30 OLG Hamm Rpfleger 2002, 161.
31 *Stöber*, Forderungspfändung, Rn 1031 k.
32 BGH NJW 2004, 2450; so auch etwa OLG Nürnberg FamRZ 1999, 505.

16 **Kindergeld** kann im Rahmen von § 54 Abs. 5 SGB I bzw § 76 EStG wegen Unterhaltsansprüchen eines Kindes gepfändet werden; soweit es auf ein Konto überwiesen ist, kann Abs. 2 Nr. 1 über § 850 k Bedeutung erlangen.[33]

17 Als Anspruch wegen **Entziehung einer Unterhaltsrente** kommt § 844 Abs. 2 BGB[34] in Betracht, ebenfalls die Renten wegen Schädigung eines Dienstverpflichteten, § 845 BGB.[35] Auch ein Anspruch aus § 826 BGB wegen Entziehung durch sittenwidriges Verhalten des Unterhaltsverpflichteten unterfällt Nr. 2.[36] Nicht unter die wegen Entziehung gesetzlicher Unterhaltsforderungen zu leistenden Bezüge fallen auf einen Zweitverpflichteten übergegangene Ansprüche, § 1608 BGB.[37]

18 **3. Fortlaufende Einkünfte aus Stiftungen oder durch sonstige Dritte auf Grund von Fürsorge und Freigebigkeit oder auf Grund eines Altenteils oder Auszugsvertrages (Nr. 3).** Entscheidend ist der fürsorgliche und freigebige, dh altruistische Charakter der Zuwendungen. Dieser ist bei Zuwendungen von Todes wegen (Vermächtnis, Erbeinsetzung, nicht aber Erträge aus der Erbschaft)[38] und bei solchen wegen Schenkung und Auslobung anzunehmen, nicht aber bei Ansprüchen, denen eine wirtschaftlich adäquate Gegenleistung gegenübersteht.[39] Ein Anspruch auf die Zuwendung muss aber bestehen.

19 **Altenteils- oder Auszugsansprüche** entstehen unter Verwandten oder persönlich miteinander verbunden Personen, zwischen denen vereinbart wird, dass für die Übergabe eines Grundstücks, Hofs oder für den Auszug aus diesen ein Versorgungsanspruch gegenüber dem Übernehmer entstehen soll. Der Begriff des **Altenteils** entspricht demjenigen in Art. 96 EGBGB.[40] Entscheidend ist danach, dass der Versorgungszweck Ziel des Altenteilsvertrages ist. Für Ansprüche aus einem Altenteil, das gegen Gegenleistung übertragen (verkauft) wurde, besteht deshalb keine Unpfändbarkeit.[41]

20 Die Unpfändbarkeit bezieht sich auf Einkünfte sowohl aus schuldrechtlicher als auch aus dinglicher Grundlage des Altenteils.[42]

21 **4. Unterstützungsbezüge und Ansprüche aus Todesfallversicherungen (Nr. 4).** Keine Rolle spielt hier der privat- oder öffentlich-rechtliche Charakter der Unterstützungsleistung,[43] ebenso wenig, ob es sich um fortlaufende oder einmalige Zahlungen handelt.

22 Es geht um die Entlastung der die Bestattungskosten tragenden Person. Bei den Versicherungen ist zu beachten, dass kombinierte Versicherungen, die auch für den Erlebensfall absichern, nicht erfasst werden, sondern ausschließlich **reine Todesfallversicherungen**,[44] da nach dem Wortlaut „nur auf den Todesfall" ausge-

---

33 LG Kassel Rpfleger 2006, 209 für § 76 EStG; wegen BGHZ 170, 236 auch für § 54 SGB I; *Meller-Hannich*, WuB VI D. § 850 k ZPO 1.07.
34 Zur Vollstreckung *wegen* einer solchen Geldrente in das Arbeitseinkommen: BGH FamRZ 2006, 1373; dazu *Schmidt*, ZInsO 2007, 14.
35 *Stöber*, Forderungspfändung, Rn 1010.
36 MüKo-ZPO/*Smid*, § 850 b Rn 5; *Baur/Stürner/Bruns*, Zwangsvollstreckungsrecht, Rn 24.18.
37 *Stöber*, Forderungspfändung, Rn 1011.
38 LG Gießen Rpfleger 2000, 169.
39 BGH NJW-RR 2007, 1390; OLG Hamm Rpfleger 1969, 396; *Stöber*, Forderungspfändung, Rn 1017.
40 BGH NJW-RR 2007, 1390.
41 BGH NJW-RR 2007, 1390; BGHZ 53, 41.
42 BGHZ 53, 41.
43 BGH NJW-RR 2005, 720 (Beihilfe); Hk-ZPO/*Kemper*, § 850 b Rn 7; Schuschke/Walker/*Kessal-Wulf*, § 850 b Rn 16.
44 BGH ZIP 2012, 34 (sub II 1); Hk-ZPO/*Kemper*, § 850 b Rn 7; MüKo-ZPO/*Smid*, § 850 b Rn 13; verfassungsmäßig: BVerfG NJW 2004, 2585.

zahlt und die Summe den geringen (!) Betrag von 3.579 € (Kleinstversicherung) nicht übersteigen darf.

Ist eine **höhere Versicherungssumme** vereinbart oder bestehen **mehrere Kleinst-** 23 **versicherungen**, ist die Pfändbarkeit umstritten. Die überwiegende Rspr auch des BGH und die wohl hA in der Lit. gehen davon aus, dass der (ggf nach Addition) **überschießende Betrag pfändbar ist**.[45] Der Wortlaut und auch der Sinn und Zweck der Norm (Kosten aus Anlass des Todesfalls) sprechen allerdings eher dafür, bei einer höheren Versicherungssumme die ganze Versicherung als pfändbar anzusehen,[46] andererseits jede einzelne Kleinstversicherung als grds. unpfändbar einzuordnen, den Aspekt, dass mehrere abgeschlossen wurden, jedoch bei der Billigkeitsprüfung nach Abs. 2 einzubeziehen.[47]

Auch Kostenerstattungsansprüche wegen ärztlicher Behandlung, die sich gegen 24 eine **private Krankenversicherung** richten, sind Bezüge iSv Nr. 4.[48] Dasselbe gilt für **Krankentagegeldversicherungen** und **private Zusatzversicherungen**.[49]

Das **Sterbegeld** aus berufsständischen Versorgungswerken, nicht aber dasjenige 25 aus § 37 BVG für Kriegsopfer, wird von Nr. 4 in entsprechender Anwendung erfasst, und zwar ohne die Höchstgrenze von 3.579 €, da es dazu dient, für die Sterbe-/Bestattungskosten aufzukommen.[50] Das Sterbegeld aus Arbeits- und Dienstverträgen unterfällt § 850 a. Im Übrigen ist eine Analogie zu Nr. 4 grds. nicht möglich. Beihilfeansprüche sind von der Norm nicht erfasst, sondern unterfallen § 850 a Nr. 5 und § 851.[51]

III. Pfändbarkeit (Abs. 2)

Wenn die Vollstreckung gegen den Schuldner in sein sonstiges bewegliches Ver- 26 mögen nicht zu einer vollständigen Befriedigung des Gläubigers geführt hat oder voraussichtlich nicht führen wird **und** wenn nach den Umständen des Falles die Pfändung der Billigkeit entspricht, sind die in Abs. 1 aufgezählten Forderungen pfändbar und zwar wie Arbeitsentgelt, also innerhalb der Grenzen des § 850 c. Die durch Abs. 1 geschützten **Schuldnerinteressen** treten insofern zurück, wenn **Gläubigerbelange** dies ihrem Gewicht nach rechtfertigen und dadurch keine **Unbilligkeit** eintritt.

1. Erfolglosigkeit der Vollstreckung. Eine Pfändung ist möglich, wenn ein **Voll-** 27 **streckungsversuch in das bewegliche Vermögen** ohne Befriedigung des Gläubigers erfolgt ist, was der Gläubiger etwa durch Vorlage einer **Fruchtlosigkeitsbescheinigung** oder amtliche Auskunft des Gerichtsvollziehers darlegen kann (s. Rn 35).[52] Eine Vollstreckung in das **unbewegliche Vermögen** muss nicht versucht worden sein (s. aber Rn 31). Weder notwendig noch hinreichend ist, dass eine Vermögensauskunft nach §§ 802 c ff vom Schuldner abgegeben wurde. Eine Pfändung ist zudem möglich, wenn die Zwangsvollstreckung „**voraussichtlich**" nicht zur vollständigen Befriedigung führen würde. Sie muss dann auch nicht versucht

---

45 Für höhere Versicherungssummen: BGH NJW-RR 2008, 337; OLG Bamberg JurBüro 1985, 1739; Stein/Jonas/*Brehm*, § 850 b Rn 21; Musielak/Voit/*Becker*, § 850 b Rn 8. Für die Zusammenrechnung mehrerer Kleinstversicherungen: Zöller/*Stöber*, § 850 b Rn 10; *Stöber*, Forderungspfändung, Rn 1021; PG/*Ahrens*, § 850 b Rn 22.
46 So auch Stöber, Forderungspfändung, Rn 1021; *Baur/Stürner/Bruns*, Zwangsvollstreckungsrecht, Rn 24.19.
47 So Schuschke/Walker/*Kessal-Wulf*, § 850 b Rn 17; MüKo-ZPO/*Smid*, § 850 b Rn 14.
48 BGH NJW-RR 2014, 684 (auch bei Mehrfachversicherung); BGH NJW-RR 2007, 1510; LG Dortmund r+s 2012, 248; vgl *Voit*, NJW 2006, 2225, 2226.
49 *Hintzen*, WuB VI D. § 850 b ZPO 1.08.
50 OVG Hamburg VuR 2007, 160.
51 BGH NJW-RR 2005, 720.
52 Schuschke/Walker/*Kessal-Wulf*, § 850 b Rn 2; MüKo-ZPO/*Smid*, § 850 b Rn 19.

werden. Auch hier trägt der Gläubiger die Darlegungslast (s. Rn 35 sowie § 850 Rn 25). Das Einholen einer inzwischen schon am Anfang des Verfahrens gestatteten Vermögensauskunft nach § 802 c kann hier hilfreich sein.

28 **2. Billigkeit. Kumulativ** neben der (voraussichtlichen) Fruchtlosigkeit der Vollstreckung muss eine Pfändung der Billigkeit entsprechen. Als Kriterien zieht das Gesetz hier die **Art der zu vollstreckenden Forderung** (s. Rn 29) und die **Höhe der** von Abs. 1 erfassten **Ansprüche** (s. Rn 30) heran. Daneben sind alle in Betracht kommenden **Umstände des Einzelfalles** umfassend und nachvollziehbar in die **Gesamtabwägung** (s. Rn 31 ff) einzubeziehen.[53]

29 a) **Art der zu vollstreckenden Forderung. Unterhaltsansprüche** oder Ansprüche aus **unerlaubter Handlung** werden dabei eher eine Pfändung ermöglichen.[54] Dasselbe gilt für die Vollstreckung wegen **Anlassforderungen**, also solchen, die wegen der Bedürfnisse entstanden sind, deren Abdeckung auch die Forderungen nach Abs. 1 bezwecken, zB also (existenzielle) Lebenshaltungskosten.[55]

30 b) **Höhe der Bezüge nach Abs. 1.** Ebenfalls wird eine Pfändung desto eher möglich sein, je höher der Anspruch des Schuldners aus den in Abs. 1 genannten Forderungen summenmäßig ist.[56]

31 c) **Sonstige Kriterien nach den Umständen des Falles.** Abs. 2 sieht eine **umfassende Billigkeitsprüfung** nach konkreten Umständen vor. Im Rahmen der Billigkeitsprüfung können deshalb auch Vollstreckungsversuche oder Aussichten einer Vollstreckung in das unbewegliche Vermögen eine Rolle spielen.[57]

32 Zu beachten ist die **Situation des Gläubigers**, sollte er an der Pfändung gehindert bleiben. Von Bedeutung kann hier sein, dass der Gläubiger sich selbst in einer Notlage befindet[58] oder zumindest wirtschaftlich erheblich schlechter dasteht als der Schuldner[59] oder dass einer Aufrechnung gegen die zu pfändenden Forderungen seitens des Gläubigers gerade Abs. 1 entgegensteht, während der Schuldner fortlaufend seine Ansprüche gegen den Gläubiger durchsetzt.[60]

33 Andererseits ist die **Situation des Schuldners** in die Gesamtbewertung einzubeziehen, wie sich nämlich die Folgen einer Vollstreckung auf ihn auswirken. Ist etwa der Schaden, den der Schuldner durch die Vollstreckung erleiden würde, erheblich größer als der Nutzen des Gläubigers, kann sich daraus eine Unbilligkeit der Vollstreckung ergeben. **Besondere Nachteile für den Schuldner** durch die Vollstreckung können sich insoweit aus der voraussichtlichen Dauer der Pfändung, aus der Belastung seiner Ehe,[61] der Vernichtung von Vermögenswerten durch die Pfändung (etwa Verlust der Ansprüche aus einer Versicherung)[62] oder daraus ergeben, dass bei Pfändung zukünftiger Ansprüche gegen private Krankenversicherungen eine ärztliche Behandlung mit Aussicht auf Kostendeckung nicht mehr in Anspruch genommen werden könnte.[63] Die Höhe der zu pfändenden Bezüge nach Abs. 1 ist insofern in ein Verhältnis zur Belastung des Schuldners durch die Pfändung zu setzen.

---

53 BGH NJW 2004, 1132.
54 OLG Hamm RPfleger 2002, 161; OLG Schleswig Rpfleger 2002, 87; Hk-ZPO/*Kemper*, § 850 b Rn 8.
55 Schuschke/Walker/*Kessal-Wulf*, § 850 b Rn 3, 10.
56 Hk-ZPO/*Kemper*, § 850 b Rn 8; vgl LG Meiningen JurBüro 2011, 664.
57 Schuschke/Walker/*Kessal-Wulf*, § 850 b Rn 2.
58 BGH NJW 2004, 1132 mwN.
59 Schuschke/Walker/*Kessal-Wulf*, § 850 b Rn 3.
60 LG Kassel JurBüro 2005, 439.
61 BGH NJW 2004, 1132.
62 Schuschke/Walker/*Kessal-Wulf*, § 850 b Rn 3.
63 BGH NJW-RR 2007, 1510.

IV. Verfahren

1. Ablauf der Pfändung, Pfändungsschutz und Eröffnung der Pfändbarkeit. Die 34
in Abs. 1 genannten Forderungen sind unpfändbar. Insofern gilt dasselbe wie bei
§ 850 a: Wird **ohne Zulassung der Pfändung (Abs. 2) gepfändet**, wird die Forderung zwar verstrickt, es entsteht aber kein Pfändungspfandrecht; Schuldner und Drittschuldner, nicht aber konkurrierende Gläubiger,[64] können dagegen mit der Erinnerung nach § 766 vorgehen. Mit positivem Beschluss über die Pfändbarkeit seitens des Vollstreckungsgerichts (auch des Beschwerdegerichts)[65] wird der Mangel geheilt, allerdings nur ex nunc. Eine **Vorpfändung** nach § 845 ist nicht zulässig.[66]

Der Gläubiger muss also mit dem **Antrag auf Pfändung** der von § 850 b erfassten 35
Forderungen die **Voraussetzungen des Abs. 2** (erfolgloser Vollstreckungsversuch, Billigkeit) darlegen; diese werden bei Erlass des Pfändungsbeschlusses geprüft.

▶ Die Vollstreckung in das sonstige bewegliche Vermögen des Schuldners hat nicht zu einer vollständigen Befriedigung geführt, weil ... (evtl Fruchtlosigkeitsbescheinigung)/ wird nicht zu einer vollständigen Befriedigung führen, weil ... (evtl Protokoll der Vermögensauskunft).

Die Pfändung des Anspruchs entspricht der Billigkeit, weil ... (Art der zu vollstreckenden Forderung, Notlage des Gläubigers, eigene Leistungen des Gläubigers etc.). ◀

Da die Pfändung durch **Blankettbeschluss** erfolgen kann, der lediglich auf die Tabelle zu § 850 c verweist,[67] muss der Gläubiger zunächst keine Angaben zum konkret pfändbaren Betrag machen. Nur wenn der Schuldner sich inhaltlich abweichend zur Tabelle zu seiner Leistungsfähigkeit äußert und auf Unterhaltsverpflichtungen im Anhörungsverfahren beruft, obliegt es dem **Gläubiger, zu beweisen**, dass die behaupteten Unterhaltsverpflichtungen nicht bestehen, so dass das Vollstreckungsgericht insoweit zu entscheiden hat.[68] Der Drittschuldner kann die auf Abs. 2 beruhende relative Unpfändbarkeit nicht geltend machen[69] (vgl § 850 Rn 28).

2. Verfahren zur Eröffnung der Pfändbarkeit im Einzelnen. Über die Freigabe 36
zur Pfändung nach Abs. 2 entscheidet das **Vollstreckungsgericht** und zwar durch den Rechtspfleger in Form des **Beschlusses** (§ 20 Abs. 1 Nr. 17 RPflG). Sie ist vom Gläubiger zu **beantragen**, der die **Darlegungslast** und – im Bestreitensfalle – die **Beweislast** im Hinblick auf die Umstände nach Abs. 2 trägt. Nur bei der Darlegung genügt die Glaubhaftmachung, ansonsten gilt das Strengbeweisverfahren.[70] An die Darlegungen des Gläubigers dürfen keine überspannten Anforderungen gestellt werden.[71] Durch den Schuldner verweigerte Klärung gereicht diesem zum Nachteil, da ihn eine Mitwirkungs- und Aufklärungsobliegenheit trifft.[72]

---

64 LG Meiningen 18.7.2007 – 4 T 164/07.
65 LG Meiningen 18.7.2007 – 4 T 164/07.
66 Schuschke/Walker/*Kessal-Wulf*, § 850 b Rn 7.
67 BGH NJW-RR 2005, 869; dazu *Walker/Kanzler*, WuB VI D. § 850 b ZPO 1.05; *Meller-Hannich*, DGVZ 2009, 69, 73; *Stöber*, Forderungspfändung, Rn 1007; MüKo-ZPO/ *Smid*, § 850 b Rn 2; *Goebel*, BGHReport 2005, 941.
68 BGH NJW-RR 2005, 869.
69 OLG Jena FamRZ 2012, 1662 mwN.
70 Vgl *Stöber*, Forderungspfändung, Rn 1026.
71 *Schilken*, in: Gaul/Schilken/Becker-Eberhard, § 56 Rn 32.
72 *Baur/Stürner/Bruns*, Zwangsvollstreckungsrecht, Rn 24.19; *Stöber*, Forderungspfändung, Rn 1027; MüKo-ZPO/*Smid*, § 850 b Rn 19.

37 Die **Beteiligten** sollen angehört werden, wobei eine Anhörung des **Schuldners** jedenfalls stattzufinden hat, wenn nicht ganz ausnahmsweise Gründe dagegen sprechen. In aller Regel wird man den Schuldner nicht auf die Geltendmachung seiner Interessen (erst) im Rechtsbehelfsverfahren verweisen dürfen. In Betracht kommt auch eine Anhörung von dem Schuldner gegenüber unterhaltsberechtigten Personen.[73]

38 Hat eine Anhörung stattgefunden, ist der Beschluss zu begründen.[74] Rechtsbehelf gegen die die Pfändung ablehnende oder zulassende Entscheidung ist die sofortige Beschwerde nach § 11 Abs. 1 RPflG, § 793. Wenn die stattgebende Entscheidung ohne Anhörung getroffen wurde, kann Erinnerung nach § 766 eingelegt werden.

V. Materiellrechtliche Folgen der Unpfändbarkeit und Folgen für die Insolvenz

39 Auf die Unpfändbarkeit kann nicht verzichtet werden; aus ihr folgt auch die materiellrechtliche Unverfügbarkeit über die Forderungen – §§ 394, 400, 1274 Abs. 2 BGB[75] (s. § 850 Rn 32). Eine Verrechnung etwa durch Einstellen in das Kontokorrent[76] und die Überleitung an den Sozialhilfeträger (§§ 93, 94 SGB XII, § 33 SGB II) sind aber möglich. Allerdings besteht das Aufrechnungsverbot auch nach Überleitung auf den Sozialhilfeträger fort.[77]

40 Grundsätzlich kann zwar das Vollstreckungsgericht eine positive Entscheidung über die Pfändbarkeit treffen (Abs. 2, 3). Auch dieses Verfahren kann aber materiellrechtlich die Pfändbarkeit isoliert und außerhalb des Vollstreckungsverfahrens nicht herstellen (s. § 850 Rn 26).[78] Die Pfändbarerklärung kann nämlich immer nur in einem konkreten Vollstreckungsverfahren erfolgen und entfaltet gegenüber Dritten keine Wirkung. Dies begründet sich schon daraus, dass die individuellen Belange der Beteiligten in die Billigkeitsprüfung einzubeziehen sind. Im Erkenntnisverfahren über die Abtretung kommt eine Erweiterung nach Abs. 2 deshalb nicht in Betracht.[79] Statt der Aufrechnung gegen einen oder der Abtretung eines von Abs. 1 erfassten Anspruchs müssen dessen Pfändung und Überweisung gewählt und erst im Rahmen dieses Verfahrens kann die Pfändbarkeit durch das Vollstreckungsgericht eröffnet werden.[80]

41 Entsprechendes galt bislang nach hM auch für das Insolvenzverfahren, so dass die von § 850 b erfassten Forderungen in voller Höhe nicht zur Masse gehörten.[81] Begründet wurde dies vornehmlich damit, dass § 36 InsO nicht auf § 850 b verweise und § 850 b immer nur zu Gunsten einzelner Gläubiger wirken könne. Nunmehr hat aber der BGH[82] entschieden, dass die Ansprüche jedenfalls dann bzw soweit in die Insolvenzmasse fallen, wenn bzw als sie im Rahmen einer Bil-

---

73 MüKo-ZPO/*Smid*, § 850 b Rn 18.
74 Hk-ZPO/*Kemper*, § 850 b Rn 12.
75 Zuletzt etwa BGH VersR 2008, 218; OLG Hamm ZInsO 2006, 878; auch wenn die Aktivforderung ausländischem Recht entstammt: OLG Düsseldorf OLGR 2008, 190; grundlegend BGHZ 31, 210.
76 OLG Celle OLGR 2007, 562 mwN; vgl BGHZ 104, 309; BGHZ 162, 349.
77 BGHZ 197, 326; OLG Düsseldorf FamRZ 2006, 1532 mwN auch zur Gegenansicht.
78 BGHZ 53, 41; Schuschke/Walker/*Kessal-Wulf*, § 850 b Rn 1; *Stöber*, Forderungspfändung, Rn 1035; Stein/Jonas/*Brehm*, § 850 b Rn 34; Gutachten DIJuF JAmt 2007, 301.
79 BGHZ 53, 41; OLG Hamm FamRZ 2005, 995.
80 *Stöber*, Forderungspfändung, Rn 1035; Stein/Jonas/*Brehm*, § 850 Rn 34; LG Kassel JurBüro 2005, 439.
81 OLG Hamm ZInsO 2006, 878; LG Hildesheim ZInsO 2009, 1961; LG Köln NJW-RR 2004, 552; PG/*Ahrens*, § 850 b, 3. Aufl., Rn 33 mwN.
82 BGH NJW-RR 2010, 474; so nun auch PG/*Ahrens*, § 850 b Rn 34 mwN.

ligkeitsentscheidung nach Abs. 2 für pfändbar nach den für Arbeitseinkommen geltenden Vorschriften erklärt werden: Die Billigkeitsentscheidung trifft das Insolvenzgericht auf Antrag des Insolvenzverwalters. Bei einem Streit zwischen Insolvenzverwalter und Schuldner um die Massezugehörigkeit oder innerhalb eines Anfechtungsprozesses ist das Prozessgericht zuständig (vgl § 850 Rn 26 aE, 33). Abzuwägen ist das Interesse des Schuldners gegen das **Gesamtinteresse der Gläubiger**.[83] Auf die „Art des beizutreibenden Anspruchs" (Abs. 2) wird es dann nicht mehr ankommen können. *Wegen* Unterhaltsansprüchen kann auch in der Insolvenz gepfändet werden, § 89 Abs. 2 S. 2 InsO (vgl § 850 f Rn 28).

§ 850 c Pfändungsgrenzen für Arbeitseinkommen*

(1) [1]Arbeitseinkommen ist unpfändbar, wenn es, je nach dem Zeitraum, für den es gezahlt wird, nicht mehr als

930 Euro[1)] monatlich,

217,50 Euro[2)] wöchentlich oder

43,50 Euro[3)] täglich,

beträgt. [2]Gewährt der Schuldner auf Grund einer gesetzlichen Verpflichtung seinem Ehegatten, einem früheren Ehegatten, seinem Lebenspartner, einem früheren Lebenspartner oder einem Verwandten oder nach §§ 1615 l, 1615 n des Bürgerlichen Gesetzbuchs einem Elternteil Unterhalt, so erhöht sich der Betrag, bis zu dessen Höhe Arbeitseinkommen unpfändbar ist, auf bis zu

2.060 Euro[4)] monatlich,

478,50 Euro[5)] wöchentlich oder

96,50 Euro[6)] täglich,

und zwar um

350 Euro[7)] monatlich,

81 Euro[8)] wöchentlich oder

17 Euro[9)] täglich,

für die erste Person, der Unterhalt gewährt wird, und um je

195 Euro[10)] monatlich,

45 Euro[11)] wöchentlich oder

9 Euro[12)] täglich

für die zweite bis fünfte Person.

(2) [1]Übersteigt das Arbeitseinkommen den Betrag, bis zu dessen Höhe es je nach der Zahl der Personen, denen der Schuldner Unterhalt gewährt, nach Absatz 1 unpfändbar ist, so ist es hinsichtlich des überschießenden Betrages zu einem Teil unpfändbar, und zwar in Höhe von drei Zehnteln, wenn der Schuldner keiner der in Absatz 1 genannten Personen Unterhalt gewährt, zwei weiteren Zehnteln für die erste Person, der Unterhalt gewährt wird, und je einem weiteren Zehntel für die zweite bis fünfte Person. [2]Der Teil des Arbeitseinkommens, der 2.851 Euro[13)] monatlich (658 Euro[14)] wöchentlich, 131,58 Euro[15)] täglich) übersteigt, bleibt bei der Berechnung des unpfändbaren Betrages unberücksichtigt.

(2 a) [1]Die unpfändbaren Beträge nach Absatz 1 und Absatz 2 Satz 2 ändern sich jeweils zum 1. Juli eines jeden zweiten Jahres, erstmalig zum 1. Juli 2003, ent-

---

83 BGH NJW-RR 2010, 474; *Ahrens*, VuR 2010, 445.

sprechend der im Vergleich zum jeweiligen Vorjahreszeitraum sich ergebenden prozentualen Entwicklung des Grundfreibetrages nach § 32 a Abs. 1 Nr. 1 des Einkommensteuergesetzes; der Berechnung ist die am 1. Januar des jeweiligen Jahres geltende Fassung des § 32 a Abs. 1 Nr. 1 des Einkommensteuergesetzes zugrunde zu legen. ²Das Bundesministerium der Justiz gibt die maßgebenden Beträge rechtzeitig im Bundesgesetzblatt bekannt.

(3) ¹Bei der Berechnung des nach Absatz 2 pfändbaren Teils des Arbeitseinkommens ist das Arbeitseinkommen, gegebenenfalls nach Abzug des nach Absatz 2 Satz 2 pfändbaren Betrages, wie aus der Tabelle ersichtlich, die diesem Gesetz als Anlage beigefügt ist, nach unten abzurunden, und zwar bei Auszahlung für Monate auf einen durch 10 Euro, bei Auszahlung für Wochen auf einen durch 2,50 Euro oder bei Auszahlung für Tage auf einen durch 50 Cent teilbaren Betrag. ²Im Pfändungsbeschluss genügt die Bezugnahme auf die Tabelle.

(4) Hat eine Person, welcher der Schuldner auf Grund gesetzlicher Verpflichtung Unterhalt gewährt, eigene Einkünfte, so kann das Vollstreckungsgericht auf Antrag des Gläubigers nach billigem Ermessen bestimmen, dass diese Person bei der Berechnung des unpfändbaren Teils des Arbeitseinkommens ganz oder teilweise unberücksichtigt bleibt; soll die Person nur teilweise berücksichtigt werden, so ist Absatz 3 Satz 2 nicht anzuwenden.

---

* Die unpfändbaren Beträge nach Absatz 1 und Absatz 2 Satz 2 wurden durch Bekanntmachung zu den §§ 850 c und 850 f der Zivilprozessordnung (Pfändungsfreigrenzenbekanntmachung 2015) vom 14. April 2015 (BGBl. I S. 618) geändert:
1) 1.073,88 Euro; 2) 247,14 Euro; 3) 49,43 Euro; 4) 2.378,72 Euro; 5) 547,43 Euro; 6) 109,49 Euro; 7) 404,16 Euro; 8) 93,01 Euro; 9) 18,60 Euro; 10) 225,17 Euro; 11) 51,82 Euro; 12) 10,36 Euro; 13) 3.292,09 Euro; 14) 757,63 Euro; 15) 151,53 Euro.

I. Allgemeines 1
II. Beschränkte Pfändbarkeit 2
  1. Unpfändbarer Grundbetrag (Abs. 1) 2
    a) Schuldner ohne Unterhaltspflicht (Abs. 1 S. 1) ... 3
    b) Unterhaltspflichten für bis zu fünf Personen (Abs. 1 S. 2) 4
  2. Teilweise pfändbare Bezüge (Abs. 2) 11
  3. Dynamische Verweisung (Abs. 2 a) 14
  4. Blankettbeschluss (Abs. 3) .. 16
  5. Unterhaltsberechtigte mit eigenen Einkünften/Ermessensentscheidung (Abs. 4) ... 20
  6. Änderungen der Beträge nach §§ 850 d, 850 f oder 850 h 26
III. Materiellrechtliche und insolvenzrechtliche Auswirkungen ... 27
IV. Verfahren 29
Anlage zu § 850c (Pfändungsfreigrenzen ab 1.7.2015)

I. Allgemeines

1 Wird **Arbeitseinkommen** gepfändet oder ist die Pfändung wegen § 850 b Abs. 2 oder § 850 i Abs. 1 S. 1 nach den Vorschriften der Pfändung von Arbeitseinkommen zu beurteilen *und* gehen nicht die Regelungen des § 850 d (Pfändung wegen Unterhaltsforderungen), § 850 f Abs. 2 (Pfändung wegen Forderungen aus vorsätzlicher unerlaubter Handlung) vor, so kann nur innerhalb der von § 850 c vorgesehenen **Pfändungsgrenzen** gepfändet werden. Diese geben einen pfändungsfreien Grundfreibetrag vor, der sich je nach **Unterhaltsverpflichtung** erhöht (Abs. 1). Für darüber hinausgehende Beträge wird eine **teilweise Pfändbarkeit** angeordnet (Abs. 2). Wegen der Schwierigkeiten bei der Berechnung ist der Norm als **Anlage eine Tabelle** beigefügt, die regelmäßig dynamisiert wird (Abs. 2 a). Im **(Blankett-)Pfändungsbeschluss** (Abs. 3) genügt der Hinweis auf diese Tabelle, anhand derer der Drittschuldner auf eigenes Risiko die pfändbaren Beträge errech-

nen muss. Haben Unterhaltsberechtigte eigenes Einkommen, können sie auf Antrag unberücksichtigt bleiben (Abs. 4).

II. Beschränkte Pfändbarkeit

1. Unpfändbarer Grundbetrag (Abs. 1). Bestimmte Bestandteile des Arbeitseinkommens sind vollständig unpfändbar, da der Lebensunterhalt und der Anreiz zur Erwerbstätigkeit für den Schuldner erhalten bleiben sollen (s. § 850 Rn 1). Es handelt sich hier um **pauschalierte Grenzen**, für die **keine Abwägung** etwa anhand konkreter Lebenshaltungskosten, Mehraufwendungen u.Ä. möglich ist.[1] Ob nach monatlichen, wöchentlichen oder täglichen Einkünften zu berechnen ist, richtet sich vorrangig nach dem tatsächlichen und erst dann nach dem arbeitsvertraglichen Auszahlungsmodus.[2]

a) Schuldner ohne Unterhaltspflicht (Abs. 1 S. 1). Für den **Schuldner selbst** handelt es sich derzeit um einen Betrag von 1.073,88 € monatlich, 247,14 € wöchentlich oder 49,43 € täglich. Als nächstes Änderungsdatum kommt der 1.7.2017 in Betracht (s. Rn 14 f). Wenn das Einkommen des Schuldners den pfändungsfreien Grundbetrag nicht übersteigt, ist es insgesamt unpfändbar.

b) Unterhaltspflichten für bis zu fünf Personen (Abs. 1 S. 2). Je nach Unterhaltsberechtigten **erhöht** sich der **Pfändungsfreibetrag, allerdings maximal** bis zu einem Betrag von 2.378,72 € monatlich, 547,43 € wöchentlich oder 109,49 € täglich. **Mehr als fünf Personen**, denen der Schuldner unterhaltsverpflichtet ist, können deshalb die Pfändungsfreigrenze nicht mehr erweitern; in Betracht kommt aber ein Antrag nach § 850 f Abs. 1 Buchst. c (s. § 850 f Rn 8).

Bei **einem Unterhaltsberechtigten** erhöht sich der sich aus Abs. 1 ergebende Pfändungsfreibetrag um 404,16 € monatlich, 93,01 € wöchentlich bzw 18,60 € täglich; **bei jedem weiteren Unterhaltsberechtigten** um 225,17 € monatlich, 51,82 € wöchentlich bzw 10,36 € täglich. Ob der erste Unterhaltsberechtigte ein (geschiedener) Ehegatte oder Lebenspartner oder ein Verwandter ist, spielt keine Rolle. Ist zB ein vorrangiger Unterhaltsberechtigter des Schuldners nicht zu berücksichtigen, gilt der höhere Freibetrag des ersten Unterhaltsberechtigten auch für nachrangige Unterhaltsberechtigte des Schuldners.[3]

Keine Rolle spielt es, ob der Unterhalt, der zu erbringen ist und auch tatsächlich erbracht wird (s. Rn 7), dem **jeweiligen Pauschalbetrag entspricht oder ihn unter- oder überschreitet.**[4]

Gesetzlich **Unterhaltsberechtigte**, die nach Abs. 1 S. 2 in Betracht kommen, sind der Ehegatte (§§ 1360, 1360 a, 1361 BGB), frühere Ehegatte (§§ 1569 ff BGB), Lebenspartner (§§ 5, 12 LPartG), frühere Lebenspartner (§ 16 LPartG), die Verwandten (§ 1601 BGB) und Mutter und Vater aus Anlass der Geburt (§§ 1615 l, 1615 n BGB). Hat der Unterhaltsberechtigte **eigene Einkünfte**, kann er nach Abs. 4 (teilweise) unberücksichtigt bleiben (s. Rn 20 ff).

Der Schuldner muss nach dem Wortlaut der Norm nicht nur gesetzlich zum Unterhalt verpflichtet sein, sondern diesen auch **tatsächlich** (sei es auch aufgrund einer Zwangsvollstreckung) leisten. Bei in häuslicher Gemeinschaft lebenden Ehegatten wird dies vermutet.[5] Nach der Rspr des BGH ist aber nicht entschei-

---

1 BGH NJW-RR 2007, 938; BFH/NV 2006, 1447; LG Heilbronn Rpfleger 2006, 330; LG Kassel JurBüro 2007, 664.
2 PG/*Ahrens*, § 850 c Rn 8.
3 BGH ZVI 2004, 387 m. Anm. *Zimmermann*, ZVI 2004, 390; BGH NJW-RR 2004, 1370; BGHReport 2004, 1315.
4 BGH WM 2010, 2231; BGH NJW-RR 2007, 938 mwN der früheren Rspr; Stein/Jonas/*Brehm*, § 850 c Rn 16; MüKo-ZPO/*Smid*, § 850 c Rn 11.
5 BAG NJW 2013, 3532.

dend, ob die Unterhaltsverpflichtung **in voller Höhe** erfüllt wird, denn über die konkrete Höhe der Unterhaltsverpflichtung soll im Vollstreckungsverfahren nicht gestritten werden; jedenfalls soll dies nicht zu einer relativen Anpassung der Pauschalbeträge führen.[6] Anders ist es nur in Fällen, in denen die Inanspruchnahme der Freibeträge sich als unbillig erweist und hinter dem Vollstreckungsinteresse des Gläubigers zurücktreten muss.[7] Dafür soll es nach neuerer Rspr des BGH aber nicht genügen, wenn der Schuldner weniger als 10 % des gesetzlichen Unterhalts tatsächlich zahlt, es sei denn, andere Umstände treten hinzu.[8] Der Fall, dass die Unterhaltsverpflichtung nur in **geringfügigem Umfang** erfüllt wird, sollte aber richtigerweise der fehlenden tatsächlichen Zahlung gleichgestellt werden.

Ob für den Gläubiger im Falle, dass er eine **tatsächlich fehlende (oder nur geringfügige) Zahlung geltend** macht, die klarstellende Erinnerung nach § 766 statthaft ist oder das Verfahren entsprechend Abs. 4 heranzuziehen ist, behandelt die instanzgerichtliche Rspr nicht einheitlich.[9] Der BGH hat zumindest für den Fall, dass der Schuldner nicht in vollem Umfang zahlt, eine analoge Anwendung von Abs. 4 abgelehnt.[10] In anderem Zusammenhang spricht er aber unklar von einem „klarstellenden Beschluss analog § 850 c Abs. 4".[11] Ein Vergleich mit der Nichtberücksichtigung bestimmter Unterhaltsberechtigter, die im Rahmen des Verfahrens nach Abs. 4 zu prüfen ist, liegt richtigerweise fern, da es dort um Unterhaltsberechtigte mit eigenem Einkommen geht, hier jedoch um die Frage, ob tatsächlich Unterhalt geleistet wird. Wie bei der Frage, welche Unterhaltsberechtigten überhaupt einzubeziehen sind (s. Rn 19), sollte es deshalb bei der **klarstellenden Erinnerung** bleiben:[12]

▶ Es wird beantragt, einen klarstellenden Beschluss dahingehend zu erlassen, dass das Kind (Ehefrau etc.) ... bei den unterhaltsberechtigten Angehörigen nicht einzubeziehen ist.

Begründung: Der Schuldner zahlt für ... keinen Unterhalt ... [oder] ... ist gegenüber ... nicht zur Unterhaltszahlung verpflichtet. ◀

8 Bei gemeinsamer Unterhaltsleistung mit einem Dritten (etwa Vater bzw Mutter) gilt dennoch der volle Freibetrag (s. aber Rn 21).[13]

9 Die genannten Beträge werden **dynamisiert** (Abs. 2 a).

10 Wegen Abrundung der Beträge kann eine Differenz zur Tabelle entstehen (Abs. 3 S. 1).

11 **2. Teilweise pfändbare Bezüge (Abs. 2). Übersteigt** das Arbeitsentgelt die Freibeträge aus Abs. 1, ist es hinsichtlich des überschießenden Betrages **teilweise pfändbar.** Liegt es über der Summe von 3.292,09 € monatlich, 757,63 € wöchentlich bzw 151,53 € täglich, ist der diese Höchstbeträge übersteigende Anteil **vollständig pfändbar. Die drei Zehntel bzw die weiteren Zehntel** wegen Unterhaltsberechtigten, die für die teilweise Pfändung maßgeblich sind, kommen also nur bei

---

6 BGH WM 2010, 1754; BGH NJW-RR 2007, 938; vgl *Schmidt*, InVo 2007, 175; *Meller-Hannich*, DGVZ 2009, 69, 72 f.
7 BGH WM 2010, 2231.
8 BGH WM 2010, 2231; zust. PG/*Ahrens*, § 850 c Rn 14.
9 Für die Erinnerung: LG Passau InVo 2007, 165; LG Chemnitz JurBüro 2004, 447; LG Stuttgart JurBüro 2003, 156. Für das Verfahren nach Abs. 4: LG Deggendorf JurBüro 2002, 384; so auch Stein/Jonas/*Brehm*, § 850 c Rn 26.
10 BGH NJW-RR 2007, 938.
11 BGH NJW-RR 2008, 1578.
12 *Stöber*, Forderungspfändung, Rn 1057; aA Stein/Jonas/*Brehm*, § 850 c Rn 26 mwN.
13 Schuschke/Walker/*Kessal-Wulf*, § 850 c Rn 4.

einem Einkommen, das zwischen dem **Freibetrag** nach Abs. 1 und dem **Höchstbetrag** nach Abs. 2 liegt, zum Tragen.

Bei der Berechnung der nach Abs. 2 pfändbaren Beträge wird nach Abs. 3 S. 1 jeweils auf glatte Beträge **abgerundet**. 12

Die Beträge nach Abs. 2 werden ebenfalls **dynamisch angepasst (Abs. 2 a)**. Gepfändet wird unter Verweis auf die Tabelle – **Blankettbeschluss (Abs. 3)** –, es sei denn, das Vollstreckungsgericht entscheidet über die **teilweise Berücksichtigung** eines Unterhaltsverpflichteten wegen eigener Einkünfte (Abs. 4 Hs 2). 13

3. Dynamische Verweisung (Abs. 2 a). Die Regelung hat an die Stelle fester Beträge, die der Gesetzgeber ggf anpassen kann, eine dynamische Verweisung auf den steuerrechtlichen Grundfreibetrag nach § 32 a Abs. 1 S. 1 Nr. 1 EStG gesetzt. Dieser ist maßgeblich für den Freibetrag nach Abs. 1 und die Obergrenze nach Abs. 2 S. 2. Die Regelung ist verweisungstechnisch misslungen und verfassungsrechtlich nicht unbedenklich.[14] Sie sieht nämlich eine **Anpassung in Zweijahresschritten** an die Änderungen des EStG vor, soll sich aber nur nach dessen Änderungen im Vorjahreszeitraum richten. Dadurch wird Abs. 2 a erst im Zusammenhang mit der jeweiligen **Pfändungsfreigrenzenbekanntmachung** verständlich und praktikabel, die aber keinen Gesetzescharakter[15] hat. Die Rspr auch des BGH wendet Abs. 2 a aber (inzwischen) an und versteht unter „Vorjahreszeitraum" den Zeitraum von zwei Jahren.[16] 14

Der **Drittschuldner** muss veränderte Freigrenzen von sich aus (s. Rn 17) berücksichtigen. Leistet er zu wenig an den Schuldner, wird er auch durch Leistung an den Drittschuldner nicht von seiner Leistungspflicht an den Schuldner frei.[17]

Ist unklar, wie der Blankettbeschluss, der auf die jeweilig aktuelle Tabelle verweist, zu verstehen ist, kann im Wege der Erinnerung nach § 766 Klarstellung durch den Rechtspfleger verlangt werden:[18]

▶ Es wird beantragt, einen klarstellenden Beschluss dahingehend zu erlassen, dass eine Erhöhung der Pfändungsfreibeträge entsprechend der Bekanntmachung des Bundesministeriums der Justiz vom ... erfolgt/nicht erfolgt. ◀

Bei der letzten möglichen Anpassung zum 1.7.2015 wurden die Beträge erhöht. Die nächste Anpassung kommt zum **1.7.2017** in Betracht.[19] 15

4. Blankettbeschluss (Abs. 3). Der Pfändungsbeschluss bestimmt den Umfang der Pfändung nur **abstrakt durch Verweis auf die Tabelle**, ergeht also als Blankettbeschluss: 16

▶ Gepfändet wird das Arbeitseinkommen in Höhe des Betrages, der sich aus der Tabelle zu § 850 c ZPO ergibt. ◀

Demzufolge muss auch der **Gläubiger** im Pfändungsantrag über Unterhaltspflichten des Schuldners **keine Angaben** machen.

Der **Drittschuldner** hingegen hat die Berechnung und insb. die Berücksichtigung der gesetzlich Unterhaltsberechtigten vorzunehmen. In erster Linie maßgeblich ist dafür – wenn der Drittschuldner der Arbeitgeber des Schuldners ist – die **Lohn-** 17

---

14 *Meller-Hannich*, WuB VI D. § 850 c ZPO 1.06 mwN; *dies.*, DGVZ 2009, 69, 74; *Schmidt*, Rpfleger 2005, 683 mwN der überzeugenden Instanzrechtsprechung; s. auch zur Entwicklung der Regelung in der Praxis *Schubert*, FA 2008, 69.
15 So auch BGHZ 166, 48 sowie *Ahrens*, NZI 2011, 440.
16 BGHZ 166, 48; zust. PG/*Ahrens*, § 850 c Rn 22.
17 *Ahrens*, NZI 2011, 440.
18 BGHZ 166, 48; PG/*Ahrens*, § 850 c Rn 26.
19 Vgl Pfändungsfreigrenzenbekanntmachung 2015 vom 14.4.2015 (BGBl. I S. 618).

steuerkarte (bzw bereitgestellte Lohnsteuerabzugsmerkmale – „ELStAM")[20] des Schuldners. Die Angaben auf der Lohnsteuerkarte sind aber nicht abschließend, da sie nicht die Kinderzahl, sondern nur die Anzahl der Freibeträge enthalten.[21] Wenn also Zweifel daran bestehen, dass die tatsächlichen Unterhaltsberechtigten zuverlässig ausgewiesen sind, hat der Drittschuldner den Schuldner zu befragen.[22] Angaben zu minderjährigen Kindern sollen ohne Nachforschungen übernommen werden können, eine Nachforschungspflicht wird aber bei volljährigen/verheirateten Kindern oder sonstigen Angehörigen anzunehmen sein.[23] Begründeten Anhaltspunkten, dass die Unterhaltspflichten tatsächlich nicht erfüllt werden, muss der Drittschuldner nachgehen.[24] Weitere eigene Ausforschungen können aber von ihm nicht verlangt werden.[25]

18 Bei **Überzahlung an den Gläubiger** muss der Drittschuldner nochmals an den Schuldner zahlen. Bei Überzahlung an den Schuldner muss an den unterbezahlten Gläubiger geleistet werden, was dieser im Einziehungsprozess geltend machen kann. Bei Unkenntnis des Drittschuldners gilt aber § 407 BGB entsprechend, so dass schuldbefreiend geleistet wurde, wobei den Gläubiger die **Beweislast** für die Kenntnis des Drittschuldners trifft.[26] Eine Schuldbefreiung kommt auch entsprechend § 409 BGB in Betracht, wenn der Schuldner dem Drittschuldner gegenüber unrichtige Angaben gemacht hat.[27] Bei Schuldbefreiung des Drittschuldners ist zwischen Schuldner und Gläubiger bereicherungsrechtlich auszugleichen.

19 Der Drittschuldner kann nach umstrittener, aber richtiger und von der Rspr großteils praktizierter Ansicht beim Vollstreckungsgericht zur **Klarstellung über die Unterhaltspflichten** des Schuldners Erinnerung nach § 766 einreichen (zum Antrag s. Rn 7).[28] Geschieht dies, ist die Entscheidung insoweit für den Drittschuldner bindend.[29]

20 **5. Unterhaltsberechtigte mit eigenen Einkünften/Ermessensentscheidung (Abs. 4).** Die Regelung des Abs. 4 ist im Zusammenhang mit Abs. 1 S. 2 zu sehen. Dort ist eine **Erhöhung des Freibetrages** des Schuldners bei aufgrund gesetzlicher Verpflichtung geleistetem Unterhalt vorgesehen, denn solche Pflichten erhöhen den Lebensbedarf des Schuldners. Hat allerdings der **Unterhaltsberechtigte eigene Einkünfte**, trägt diese Erwägung nicht und Abs. 4 sieht vor, dass der Unterhaltsberechtigte nach einer **vom Gläubiger zu beantragenden Ermessensentscheidung** des Vollstreckungsgerichts **ganz oder teilweise unberücksichtigt** bleiben soll.

21 **Eigene Einkünfte des Unterhaltsberechtigten** können aus unterschiedlichen Einkommensarten stammen, die Art der Einkünfte spielt grds. keine Rolle. So sind auch Ausbildungsvergütungen,[30] andere eigene Unterhaltsansprüche des Unter-

---

20 Seit 1.1.2013 als Ersatz der Lohnsteuerkarte vorgesehen, s. §§ 38 ff EStG gemäß Beitreibungsrichtlinie-Umsetzungsgesetz (BeitrRLUmsG) vom 7.12.2011 (BGBl. I S. 2592) sowie *Arndt*, GStB 2012, 8; *ders.*, StBW 2012, 76 und Schreiben BMF vom 6.12.2011 zur Verschiebung auf 1.1.2013 (www.bundesfinanzministerium.de).
21 Ausf. *Liese*, DB 1990, 2065.
22 LAG Hamm 14.11.2012 – 2 Sa 474/12; vgl Stein/Jonas/*Brehm*, § 850 c Rn 21, 22.
23 VGH München 1.10.2014 – 3 ZB 12.461.
24 LAG Hamm 14.11.2012 – 2 Sa 474/12; *Stöber*, Forderungspfändung, Rn 1054 b; Schuschke/Walker/*Kessal-Wulf*, § 850 c Rn 9.
25 LAG Hamm 4.5.2011 – 2 Sa 2343/10, Rn 39 ff, juris; *Stöber*, Forderungspfändung, Rn 1054 a; Schuschke/Walker/*Kessal-Wulf*, § 850 c Rn 9.
26 Stein/Jonas/*Brehm*, § 850 c Rn 23; Schuschke/Walker/*Kessal-Wulf*, § 850 c Rn 9.
27 Stein/Jonas/*Brehm*, § 850 c Rn 24.
28 *Stöber*, Forderungspfändung, Rn 1057; vgl BGHZ 166, 48; BGH NJW-RR 2008, 1578; aA Stein/Jonas/*Brehm*, § 850 c Rn 26 mwN zum Meinungsstand.
29 LAG Hamm 14.11.2012 – 2 Sa 474/12.
30 LG Chemnitz JurBüro 2010, 550.

haltsberechtigten[31] und ein in einer Pflegefamilie gewährter Unterhalt[32] als eigenes Einkommen des Kindes zu werten. Nicht als Einkünfte iSv Abs. 4 gelten allerdings die Hilfe zum Lebensunterhalt nach dem SGB II und der notwendige Lebensunterhalt nach dem SGB XII, BAföG-Zahlungen[33] und die von § 54 Abs. 3 SGB I erfassten Geldleistungen (Elterngeld, Betreuungsgeld, Mutterschaftsgeld, Leistungen wegen Mehraufwendungen aufgrund von Körper- und Gesundheitsschäden)[34] sowie das Kindergeld.[35]

Für die **Billigkeitsentscheidung im Ermessen des Vollstreckungsgerichts** orientiert 22 sich die instanzgerichtliche Rspr entweder am Pfändungsfreibetrag nach Abs. 1 S. 1, am Regelsatz nach dem Sozialhilfebedarf (Hilfe zum Lebensunterhalt nach dem SGB XII) oder an den unterhaltsrechtlichen Leitlinien (Düsseldorfer Tabelle).[36] Der BGH hat einer durchgängig anzuwendenden schematischen Berechnungsmöglichkeit eine Absage erteilt und festgestellt, dass der einseitige **Rückgriff auf rein rechnerische Methoden** im Rahmen der Ermessensentscheidung **nicht** gestattet ist.[37] Allerdings ist auch nach der Rspr des BGH die Orientierung an einer Berechnungsformel nicht generell ausgeschlossen, so dass die instanzgerichtliche Rspr weiterhin Anhaltspunkte bietet. Die Ermessensentscheidung muss dabei allerdings den Einzelfall beachten und darf insofern nicht dieselbe Berechnungsformel unterschiedslos auf verschiedenartige Fallgestaltungen anwenden.[38]

Daraus ergeben sich für die Praxis folgende bei der Entscheidung nach billigem 23 Ermessen zu beachtenden Differenzierungen, aus denen sich letztlich **handhabbare Kriterien** ermitteln lassen:[39]

Führt der Unterhaltsberechtigte einen **eigenen Haushalt**, wird das Einkommen, das den Grundfreibetrag nach der Pfändungstabelle überschreitet (Abs. 1 S. 1), herangezogen, so dass der Unterhaltsberechtigte insoweit nach Abs. 4 unberücksichtigt bleibt. Lebt er **mit dem Schuldner in einem Haushalt**, bemisst sich die Einkommensgrenze nach dem sozialrechtlichen Existenzminimum nach den Kapiteln 3 und 4 SGB XII (vgl § 850 f Rn 5 aE), dem 30 bis 50 % hinzuzurechnen sind, damit ein Arbeitsanreiz verbleibt.[40] Die Einkommensgrenze wird hier idR im Vergleich zur getrennten Haushaltsführung niedriger liegen, so dass es eher zu einer Nichtberücksichtigung des Unterhaltsberechtigten kommt. Übersteigt das Einkommen des Unterhaltsberechtigten diese Grenze, bleibt er insoweit nach Abs. 4 unberücksichtigt. Im Übrigen bleibt der **individuelle Lebensbedarf des Unterhaltsberechtigten** Maßstab, so dass Korrekturen aufgrund seiner persönlichen Umstände wie Lebensalter, krankheitsbedingte Mehraufwendungen, Ausbil-

---

31 BGH NJW-RR 2009, 1279; LG Ellwangen Rpfleger 2006, 88.
32 BGH NJW-RR 2009, 1279; LG Heilbronn InVo 2004, 246; dazu *Schmidt*, InVo 2004, 215.
33 Differenzierend LG Arnsberg FamRZ 2014, 874.
34 *Stöber*, Forderungspfändung, Rn 1060; Hk-ZPO/*Kemper*, § 850 c Rn 14.
35 BGH NJW-RR 2006, 568 mwN; aA LG Arnsberg FamRZ 2014, 874.
36 Zusammenfassend *Mäusezahl*, ZVI 2005, 165; *Zimmermann*, ZVI 2005, 256, jew. mit Berechnungsbeispielen.
37 BGH ZInsO 2009, 2351; BGH NJW-RR 2005, 795; im Wesentlichen zust. *Grote*, ZInsO 2005, 493; *Schürmman*, BGHReport 2005, 540; krit. *Schmidt*, Rpfleger 2005, 201.
38 BGH NJW-RR 2005, 1239.
39 BGH NJW-RR 2005, 1239; BGH NJW-RR 2006, 568; LG Bochum 26.2.2007 – 10 T 72/06; LG Ellwangen Rpfleger 2006, 88; AG Göttingen ZInsO 2006, 952; s. auch PG/*Ahrens*, § 850 c Rn 37 f; *van Nahl*, InVo 2004, 262.
40 Zuletzt LG Chemnitz JurBüro 2010, 550; *Zimmermann*, ZVI 2005, 256; *Ahrens*, NJW-Spezial 2007, 613; LG Hechingen FamRZ 2012, 150.

dungskosten, auswärtige Erwerbstätigkeit oder eigene Unterhaltspflichten möglich sind.[41]

24 Jeder einzelne Gläubiger[42] hat die (teilweise) Nichtberücksichtigung der Unterhaltsberechtigten beim Vollstreckungsgericht zu **beantragen**, das insoweit nicht von Amts wegen tätig wird und dessen Entscheidungen nur im Verhältnis zum beantragenden Gläubiger wirken. Der Antrag kann **mit dem Antrag auf Erlass des Pfändungsbeschlusses** oder nach dessen Erlass **bis zur Beendigung** der Zwangsvollstreckung gestellt werden. Der Gläubiger hat die für die Nichtberücksichtigung maßgeblichen Tatsachen **substantiiert** vorzutragen und im Bestreitensfalle zu beweisen, der Schuldner hat aber eine **Auskunftspflicht** (§ 836 Abs. 3). Die reine Glaubhaftmachung, dass der Unterhaltsberechtigte eigenes Einkommen habe, genügt nicht.[43] Eine entsprechende Rubrik für einen Antrag nach Abs. 4 enthält die Anlage 2 der Zwangsvollstreckungsformular-Verordnung; das **Formular** ist abrufbar unter http://www.justiz.de/formulare/zwi_bund/gewoehnliche_geldforderungen.pdf.[44]

25 Der Beschluss nach Abs. 4 darf (trotz S. 2) bei teilweiser Nichtberücksichtigung eines Unterhaltsberechtigten mit eigenen Einkünften lediglich eine **Quote festlegen, die sich auf Stufen der Tabelle** bezieht.[45] Gegen die ablehnende Entscheidung steht dem Gläubiger die sofortige Beschwerde nach § 793 zu, ebenso dem Schuldner gegen die Entscheidung über die Nichtberücksichtigung, soweit er angehört wurde; im Falle, dass er nicht angehört wurde, die Erinnerung nach § 766. Die Erinnerung ist auch der für den Drittschuldner statthafte Rechtsbehelf, wenn der pfändbare Betrag unrichtig festgesetzt wurde. Im Einziehungsprozess ist dieser Einwand nicht zugelassen (s. § 850 Rn 28).

26 **6. Änderungen der Beträge nach §§ 850 d, 850 f oder 850 h.** Wird wegen **Unterhaltsforderungen** vollstreckt (§ 850 d) oder wegen einer **Forderung aus einer vorsätzlichen unerlaubten Handlung** (§ 850 f Abs. 2), können die aufgrund von § 850 c berechneten Beträge angepasst werden. Eine Erhöhung der pfändbaren Beträge kann nach § 850 h erwirkt werden.

III. Materiellrechtliche und insolvenzrechtliche Auswirkungen

27 Die nach § 850 c unpfändbaren Forderungen sind auch der **Verfügungsmacht** entzogen, §§ 400, 394, 1274 Abs. 2 BGB (s. § 850 Rn 32). Im Streit um die Abtretung kann das Prozessgericht in analoger Anwendung des Abs. 4 eine Billigkeitsentscheidung treffen.[46] Die Forderungen werden nicht **Massebestandteil**, § 36 InsO. Soweit Unterhaltsberechtigte über eigenes Einkommen verfügen, kann der Antrag nach Abs. 4 beim Insolvenzgericht gestellt werden.[47]

28 Die Pfändungsgrenzen des § 850 c werden im materiellen Recht von der Rspr bei der Konkretisierung von Härtefällen herangezogen, etwa für die Sittenwidrigkeit

---

[41] *Ahrens*, NJW-Spezial 2007, 613; vgl BGH NJW-RR 2009, 1279; LG Ellwangen Rpfleger 2006, 88; AG Göttingen ZInsO 2006, 952.
[42] Hk-ZPO/*Kemper*, § 850 c Rn 19.
[43] LG Lübeck 28.1.2010 – 7 T 586/09.
[44] Zuletzt abgerufen am 15.5.2015.
[45] BGH NJW-RR 2005, 795; BGH NJW-RR 2006, 568; aA *Stöber*, Forderungspfändung, Rn 1069; Schuschke/Walker/*Kessal-Wulf*, § 850 c Rn 12.
[46] BGH ZVI 2009, 374.
[47] BGH NZI 2011, 979; BGH WM 2011, 2372; BGH ZInsO 2009, 2351; BGH KTS 2007, 353; LG Köln ZVI 2006, 461; ausf. *Mäusezahl*, ZVI 2005, 166.

von **Bürgschaften** (krasse Überforderung)[48] oder für die Härte der Verpflichtung eines ehemaligen Zeitsoldaten zur Erstattung von Ausbildungsgeld.[49]

IV. Verfahren

Für das Verfahren gelten die zu den einzelnen Absätzen des § 850 c beschriebenen Besonderheiten (s. Rn 7, 13 f, 17, 22 f sowie § 850 Rn 14 ff). 29

---

48 S. BGH NJW 2002, 2634; zuletzt: OLG Rostock OLGR 2004, 356; OLG Brandenburg EzFamR BGB § 765 Nr. 48; andere Gewichtung seit Einführung der Verbraucherinsolvenz wird deutlich: etwa BGH NJW 2008, 227.
49 VG Gießen Rpfleger 2006, 90.

Anlage zu § 850c (Pfändungsfreigrenzen ab 1.7.2015)

Auszahlung für Monate

Nettolohn monatlich			Pfändbarer Betrag bei Unterhaltspflicht für ... Personen					
			0	1	2	3	4	5 und mehr
			in Euro					
	bis	1 079,99	–	–	–	–	–	–
1 080,00	bis	1 089,99	4,28	–	–	–	–	–
1 090,00	bis	1 099,99	11,28	–	–	–	–	–
1 100,00	bis	1 109,99	18,28	–	–	–	–	–
1 110,00	bis	1 119,99	25,28	–	–	–	–	–
1 120,00	bis	1 129,99	32,28	–	–	–	–	–
1 130,00	bis	1 139,99	39,28	–	–	–	–	–
1 140,00	bis	1 149,99	46,28	–	–	–	–	–
1 150,00	bis	1 159,99	53,28	–	–	–	–	–
1 160,00	bis	1 169,99	60,28	–	–	–	–	–
1 170,00	bis	1 179,99	67,28	–	–	–	–	–
1 180,00	bis	1 189,99	74,28	–	–	–	–	–
1 190,00	bis	1 199,99	81,28	–	–	–	–	–
1 200,00	bis	1 209,99	88,28	–	–	–	–	–
1 210,00	bis	1 219,99	95,28	–	–	–	–	–
1 220,00	bis	1 229,99	102,28	–	–	–	–	–
1 230,00	bis	1 239,99	109,28	–	–	–	–	–
1 240,00	bis	1 249,99	116,28	–	–	–	–	–
1 250,00	bis	1 259,99	123,28	–	–	–	–	–
1 260,00	bis	1 269,99	130,28	–	–	–	–	–
1 270,00	bis	1 279,99	137,28	–	–	–	–	–
1 280,00	bis	1 289,99	144,28	–	–	–	–	–
1 290,00	bis	1 299,99	151,28	–	–	–	–	–
1 300,00	bis	1 309,99	158,28	–	–	–	–	–
1 310,00	bis	1 319,99	165,28	–	–	–	–	–
1 320,00	bis	1 329,99	172,28	–	–	–	–	–
1 330,00	bis	1 339,99	179,28	–	–	–	–	–
1 340,00	bis	1 349,99	186,28	–	–	–	–	–
1 350,00	bis	1 359,99	193,28	–	–	–	–	–
1 360,00	bis	1 369,99	200,28	–	–	–	–	–
1 370,00	bis	1 379,99	207,28	–	–	–	–	–
1 380,00	bis	1 389,99	214,28	–	–	–	–	–
1 390,00	bis	1 399,99	221,28	–	–	–	–	–
1 400,00	bis	1 409,99	228,28	–	–	–	–	–
1 410,00	bis	1 419,99	235,28	–	–	–	–	–
1 420,00	bis	1 429,99	242,28	–	–	–	–	–
1 430,00	bis	1 439,99	249,28	–	–	–	–	–
1 440,00	bis	1 449,99	256,28	–	–	–	–	–
1 450,00	bis	1 459,99	263,28	–	–	–	–	–
1 460,00	bis	1 469,99	270,28	–	–	–	–	–
1 470,00	bis	1 479,99	277,28	–	–	–	–	–
1 480,00	bis	1 489,99	284,28	0,98	–	–	–	–
1 490,00	bis	1 499,99	291,28	5,98	–	–	–	–
1 500,00	bis	1 509,99	298,28	10,98	–	–	–	–

Titel 2 | Zwangsvollstreckung in das bewegliche Vermögen — Anl § 850 c

Nettolohn monatlich			Pfändbarer Betrag bei Unterhaltspflicht für ... Personen					
			0	1	2	3	4	5 und mehr
in Euro								
1 510,00	bis	1 519,99	305,28	15,98	–	–	–	–
1 520,00	bis	1 529,99	312,28	20,98	–	–	–	–
1 530,00	bis	1 539,99	319,28	25,98	–	–	–	–
1 540,00	bis	1 549,99	326,28	30,98	–	–	–	–
1 550,00	bis	1 559,99	333,28	35,98	–	–	–	–
1 560,00	bis	1 569,99	340,28	40,98	–	–	–	–
1 570,00	bis	1 579,99	347,28	45,98	–	–	–	–
1 580,00	bis	1 589,99	354,28	50,98	–	–	–	–
1 590,00	bis	1 599,99	361,28	55,98	–	–	–	–
1 600,00	bis	1 609,99	368,28	60,98	–	–	–	–
1 610,00	bis	1 619,99	375,28	65,98	–	–	–	–
1 620,00	bis	1 629,99	382,28	70,98	–	–	–	–
1 630,00	bis	1 639,99	389,28	75,98	–	–	–	–
1 640,00	bis	1 649,99	396,28	80,98	–	–	–	–
1 650,00	bis	1 659,99	403,28	85,98	–	–	–	–
1 660,00	bis	1 669,99	410,28	90,98	–	–	–	–
1 670,00	bis	1 679,99	417,28	95,98	–	–	–	–
1 680,00	bis	1 689,99	424,28	100,98	–	–	–	–
1 690,00	bis	1 699,99	431,28	105,98	–	–	–	–
1 700,00	bis	1 709,99	438,28	110,98	–	–	–	–
1 710,00	bis	1 719,99	445,28	115,98	2,72	–	–	–
1 720,00	bis	1 729,99	452,28	120,98	6,72	–	–	–
1 730,00	bis	1 739,99	459,28	125,98	10,72	–	–	–
1 740,00	bis	1 749,99	466,28	130,98	14,72	–	–	–
1 750,00	bis	1 759,99	473,28	135,98	18,72	–	–	–
1 760,00	bis	1 769,99	480,28	140,98	22,72	–	–	–
1 770,00	bis	1 779,99	487,28	145,98	26,72	–	–	–
1 780,00	bis	1 789,99	494,28	150,98	30,72	–	–	–
1 790,00	bis	1 799,99	501,28	155,98	34,72	–	–	–
1 800,00	bis	1 809,99	508,28	160,98	38,72	–	–	–
1 810,00	bis	1 819,99	515,28	165,98	42,72	–	–	–
1 820,00	bis	1 829,99	522,28	170,98	46,72	–	–	–
1 830,00	bis	1 839,99	529,28	175,98	50,72	–	–	–
1 840,00	bis	1 849,99	536,28	180,98	54,72	–	–	–
1 850,00	bis	1 859,99	543,28	185,98	58,72	–	–	–
1 860,00	bis	1 869,99	550,28	190,98	62,72	–	–	–
1 870,00	bis	1 879,99	557,28	195,98	66,72	–	–	–
1 880,00	bis	1 889,99	564,28	200,98	70,72	–	–	–
1 890,00	bis	1 899,99	571,28	205,98	74,72	–	–	–
1 900,00	bis	1 909,99	578,28	210,98	78,72	–	–	–
1 910,00	bis	1 919,99	585,28	215,98	82,72	–	–	–
1 920,00	bis	1 929,99	592,28	220,98	86,72	–	–	–
1 930,00	bis	1 939,99	599,28	225,98	90,72	0,49	–	–
1 940,00	bis	1 949,99	606,28	230,98	94,72	3,49	–	–
1 950,00	bis	1 959,99	613,28	235,98	98,72	6,49	–	–
1 960,00	bis	1 969,99	620,28	240,98	102,72	9,49	–	–
1 970,00	bis	1 979,99	627,28	245,98	106,72	12,49	–	–
1 980,00	bis	1 989,99	634,28	250,98	110,72	15,49	–	–

§ 850 c Anl — Abschnitt 2 | Zwangsvollstreckung wegen Geldforderungen

Nettolohn monatlich			Pfändbarer Betrag bei Unterhaltspflicht für ... Personen					
			0	1	2	3	4	5 und mehr
in Euro								
1 990,00	bis	1 999,99	641,28	255,98	114,72	18,49	–	–
2 000,00	bis	2 009,99	648,28	260,98	118,72	21,49	–	–
2 010,00	bis	2 019,99	655,28	265,98	122,72	24,49	–	–
2 020,00	bis	2 029,99	662,28	270,98	126,72	27,49	–	–
2 030,00	bis	2 039,99	669,28	275,98	130,72	30,49	–	–
2 040,00	bis	2 049,99	676,28	280,98	134,72	33,49	–	–
2 050,00	bis	2 059,99	683,28	285,98	138,72	36,49	–	–
2 060,00	bis	2 069,99	690,28	290,98	142,72	39,49	–	–
2 070,00	bis	2 079,99	697,28	295,98	146,72	42,49	–	–
2 080,00	bis	2 089,99	704,28	300,98	150,72	45,49	–	–
2 090,00	bis	2 099,99	711,28	305,98	154,72	48,49	–	–
2 100,00	bis	2 109,99	718,28	310,98	158,72	51,49	–	–
2 110,00	bis	2 119,99	725,28	315,98	162,72	54,49	–	–
2 120,00	bis	2 129,99	732,28	320,98	166,72	57,49	–	–
2 130,00	bis	2 139,99	739,28	325,98	170,72	60,49	–	–
2 140,00	bis	2 149,99	746,28	330,98	174,72	63,49	–	–
2 150,00	bis	2 159,99	753,28	335,98	178,72	66,49	–	–
2 160,00	bis	2 169,99	760,28	340,98	182,72	69,49	1,29	–
2 170,00	bis	2 179,99	767,28	345,98	186,72	72,49	3,29	–
2 180,00	bis	2 189,99	774,28	350,98	190,72	75,49	5,29	–
2 190,00	bis	2 199,99	781,28	355,98	194,72	78,49	7,29	–
2 200,00	bis	2 209,99	788,28	360,98	198,72	81,49	9,29	–
2 210,00	bis	2 219,99	795,28	365,98	202,72	84,49	11,29	–
2 220,00	bis	2 229,99	802,28	370,98	206,72	87,49	13,29	–
2 230,00	bis	2 239,99	809,28	375,98	210,72	90,49	15,29	–
2 240,00	bis	2 249,99	816,28	380,98	214,72	93,49	17,29	–
2 250,00	bis	2 259,99	823,28	385,98	218,72	96,49	19,29	–
2 260,00	bis	2 269,99	830,28	390,98	222,72	99,49	21,29	–
2 270,00	bis	2 279,99	837,28	395,98	226,72	102,49	23,29	–
2 280,00	bis	2 289,99	844,28	400,98	230,72	105,49	25,29	–
2 290,00	bis	2 299,99	851,28	405,98	234,72	108,49	27,29	–
2 300,00	bis	2 309,99	858,28	410,98	238,72	111,49	29,29	–
2 310,00	bis	2 319,99	865,28	415,98	242,72	114,49	31,29	–
2 320,00	bis	2 329,99	872,28	420,98	246,72	117,49	33,29	–
2 330,00	bis	2 339,99	879,28	425,98	250,72	120,49	35,29	–
2 340,00	bis	2 349,99	886,28	430,98	254,72	123,49	37,29	–
2 350,00	bis	2 359,99	893,28	435,98	258,72	126,49	39,29	–
2 360,00	bis	2 369,99	900,28	440,98	262,72	129,49	41,29	–
2 370,00	bis	2 379,99	907,28	445,98	266,72	132,49	43,29	–
2 380,00	bis	2 389,99	914,28	450,98	270,72	135,49	45,29	0,13
2 390,00	bis	2 399,99	921,28	455,98	274,72	138,49	47,29	1,13
2 400,00	bis	2 409,99	928,28	460,98	278,72	141,49	49,29	2,13
2 410,00	bis	2 419,99	935,28	465,98	282,72	144,49	51,29	3,13
2 420,00	bis	2 429,99	942,28	470,98	286,72	147,49	53,29	4,13
2 430,00	bis	2 439,99	949,28	475,98	290,72	150,49	55,29	5,13
2 440,00	bis	2 449,99	956,28	480,98	294,72	153,49	57,29	6,13
2 450,00	bis	2 459,99	963,28	485,98	298,72	156,49	59,29	7,13
2 460,00	bis	2 469,99	970,28	490,98	302,72	159,49	61,29	8,13

Titel 2 | Zwangsvollstreckung in das bewegliche Vermögen — Anl § 850 c

Nettolohn monatlich	\multicolumn{6}{c}{Pfändbarer Betrag bei Unterhaltspflicht für ... Personen}					
	0	1	2	3	4	5 und mehr
	\multicolumn{6}{c}{in Euro}					
2 470,00 bis 2 479,99	977,28	495,98	306,72	162,49	63,29	9,13
2 480,00 bis 2 489,99	984,28	500,98	310,72	165,49	65,29	10,13
2 490,00 bis 2 499,99	991,28	505,98	314,72	168,49	67,29	11,13
2 500,00 bis 2 509,99	998,28	510,98	318,72	171,49	69,29	12,13
2 510,00 bis 2 519,99	1 005,28	515,98	322,72	174,49	71,29	13,13
2 520,00 bis 2 529,99	1 012,28	520,98	326,72	177,49	73,29	14,13
2 530,00 bis 2 539,99	1 019,28	525,98	330,72	180,49	75,29	15,13
2 540,00 bis 2 549,99	1 026,28	530,98	334,72	183,49	77,29	16,13
2 550,00 bis 2 559,99	1 033,28	535,98	338,72	186,49	79,29	17,13
2 560,00 bis 2 569,99	1 040,28	540,98	342,72	189,49	81,29	18,13
2 570,00 bis 2 579,99	1 047,28	545,98	346,72	192,49	83,29	19,13
2 580,00 bis 2 589,99	1 054,28	550,98	350,72	195,49	85,29	20,13
2 590,00 bis 2 599,99	1 061,28	555,98	354,72	198,49	87,29	21,13
2 600,00 bis 2 609,99	1 068,28	560,98	358,72	201,49	89,29	22,13
2 610,00 bis 2 619,99	1 075,28	565,98	362,72	204,49	91,29	23,13
2 620,00 bis 2 629,99	1 082,28	570,98	366,72	207,49	93,29	24,13
2 630,00 bis 2 639,99	1 089,28	575,98	370,72	210,49	95,29	25,13
2 640,00 bis 2 649,99	1 096,28	580,98	374,72	213,49	97,29	26,13
2 650,00 bis 2 659,99	1 103,28	585,98	378,72	216,49	99,29	27,13
2 660,00 bis 2 669,99	1 110,28	590,98	382,72	219,49	101,29	28,13
2 670,00 bis 2 679,99	1 117,28	595,98	386,72	222,49	103,29	29,13
2 680,00 bis 2 689,99	1 124,28	600,98	390,72	225,49	105,29	30,13
2 690,00 bis 2 699,99	1 131,28	605,98	394,72	228,49	107,29	31,13
2 700,00 bis 2 709,99	1 138,28	610,98	398,72	231,49	109,29	32,13
2 710,00 bis 2 719,99	1 145,28	615,98	402,72	234,49	111,29	33,13
2 720,00 bis 2 729,99	1 152,28	620,98	406,72	237,49	113,29	34,13
2 730,00 bis 2 739,99	1 159,28	625,98	410,72	240,49	115,29	35,13
2 740,00 bis 2 749,99	1 166,28	630,98	414,72	243,49	117,29	36,13
2 750,00 bis 2 759,99	1 173,28	635,98	418,72	246,49	119,29	37,13
2 760,00 bis 2 769,99	1 180,28	640,98	422,72	249,49	121,29	38,13
2 770,00 bis 2 779,99	1 187,28	645,98	426,72	252,49	123,29	39,13
2 780,00 bis 2 789,99	1 194,28	650,98	430,72	255,49	125,29	40,13
2 790,00 bis 2 799,99	1 201,28	655,98	434,72	258,49	127,29	41,13
2 800,00 bis 2 809,99	1 208,28	660,98	438,72	261,49	129,29	42,13
2 810,00 bis 2 819,99	1 215,28	665,98	442,72	264,49	131,29	43,13
2 820,00 bis 2 829,99	1 222,28	670,98	446,72	267,49	133,29	44,13
2 830,00 bis 2 839,99	1 229,28	675,98	450,72	270,49	135,29	45,13
2 840,00 bis 2 849,99	1 236,28	680,98	454,72	273,49	137,29	46,13
2 850,00 bis 2 859,99	1 243,28	685,98	458,72	276,49	139,29	47,13
2 860,00 bis 2 869,99	1 250,28	690,98	462,72	279,49	141,29	48,13
2 870,00 bis 2 879,99	1 257,28	695,98	466,72	282,49	143,29	49,13
2 880,00 bis 2 889,99	1 264,28	700,98	470,72	285,49	145,29	50,13
2 890,00 bis 2 899,99	1 271,28	705,98	474,72	288,49	147,29	51,13
2 900,00 bis 2 909,99	1 278,28	710,98	478,72	291,49	149,29	52,13
2 910,00 bis 2 919,99	1 285,28	715,98	482,72	294,49	151,29	53,13
2 920,00 bis 2 929,99	1 292,28	720,98	486,72	297,49	153,29	54,13
2 930,00 bis 2 939,99	1 299,28	725,98	490,72	300,49	155,29	55,13
2 940,00 bis 2 949,99	1 306,28	730,98	494,72	303,49	157,29	56,13

Nettolohn monatlich	Pfändbarer Betrag bei Unterhaltspflicht für ... Personen					
	0	1	2	3	4	5 und mehr
in Euro						
2 950,00 bis 2 959,99	1 313,28	735,98	498,72	306,49	159,29	57,13
2 960,00 bis 2 969,99	1 320,28	740,98	502,72	309,49	161,29	58,13
2 970,00 bis 2 979,99	1 327,28	745,98	506,72	312,49	163,29	59,13
2 980,00 bis 2 989,99	1 334,28	750,98	510,72	315,49	165,29	60,13
2 990,00 bis 2 999,99	1 341,28	755,98	514,72	318,49	167,29	61,13
3 000,00 bis 3 009,99	1 348,28	760,98	518,72	321,49	169,29	62,13
3 010,00 bis 3 019,99	1 355,28	765,98	522,72	324,49	171,29	63,13
3 020,00 bis 3 029,99	1 362,28	770,98	526,72	327,49	173,29	64,13
3 030,00 bis 3 039,99	1 369,28	775,98	530,72	330,49	175,29	65,13
3 040,00 bis 3 049,99	1 376,28	780,98	534,72	333,49	177,29	66,13
3 050,00 bis 3 059,99	1 383,28	785,98	538,72	336,49	179,29	67,13
3 060,00 bis 3 069,99	1 390,28	790,98	542,72	339,49	181,29	68,13
3 070,00 bis 3 079,99	1 397,28	795,98	546,72	342,49	183,29	69,13
3 080,00 bis 3 089,99	1 404,28	800,98	550,72	345,49	185,29	70,13
3 090,00 bis 3 099,99	1 411,28	805,98	554,72	348,49	187,29	71,13
3 100,00 bis 3 109,99	1 418,28	810,98	558,72	351,49	189,29	72,13
3 110,00 bis 3 119,99	1 425,28	815,98	562,72	354,49	191,29	73,13
3 120,00 bis 3 129,99	1 432,28	820,98	566,72	357,49	193,29	74,13
3 130,00 bis 3 139,99	1 439,28	825,98	570,72	360,49	195,29	75,13
3 140,00 bis 3 149,99	1 446,28	830,98	574,72	363,49	197,29	76,13
3 150,00 bis 3 159,99	1 453,28	835,98	578,72	366,49	199,29	77,13
3 160,00 bis 3 169,99	1 460,28	840,98	582,72	369,49	201,29	78,13
3 170,00 bis 3 179,99	1 467,28	845,98	586,72	372,49	203,29	79,13
3 180,00 bis 3 189,99	1 474,28	850,98	590,72	375,49	205,29	80,13
3 190,00 bis 3 199,99	1 481,28	855,98	594,72	378,49	207,29	81,13
3 200,00 bis 3 209,99	1 488,28	860,98	598,72	381,49	209,29	82,13
3 210,00 bis 3 219,99	1 495,28	865,98	602,72	384,49	211,29	83,13
3 220,00 bis 3 229,99	1 502,28	870,98	606,72	387,49	213,29	84,13
3 230,00 bis 3 239,99	1 509,28	875,98	610,72	390,49	215,29	85,13
3 240,00 bis 3 249,99	1 516,28	880,98	614,72	393,49	217,29	86,13
3 250,00 bis 3 259,99	1 523,28	885,98	618,72	396,49	219,29	87,13
3 260,00 bis 3 269,99	1 530,28	890,98	622,72	399,49	221,29	88,13
3 270,00 bis 3 279,99	1 537,28	895,98	626,72	402,49	223,29	89,13
3 280,00 bis 3 289,99	1 544,28	900,98	630,72	405,49	225,29	90,13
3 290,00 bis 3 292,09	1 551,28	905,98	634,72	408,49	227,29	91,13
Der Mehrbetrag über 3 292,09 Euro ist voll pfändbar.						

Auszahlung für Wochen

Nettolohn wöchentlich			Pfändbarer Betrag bei Unterhaltspflicht für ... Personen					
			0	1	2	3	4	5 und mehr
			in Euro					
	bis	247,49	–	–	–	–	–	–
247,50	bis	249,99	0,25	–	–	–	–	–
250,00	bis	252,49	2,00	–	–	–	–	–
252,50	bis	254,99	3,75	–	–	–	–	–
255,00	bis	257,49	5,50	–	–	–	–	–
257,50	bis	259,99	7,25	–	–	–	–	–
260,00	bis	262,49	9,00	–	–	–	–	–
262,50	bis	264,99	10,75	–	–	–	–	–
265,00	bis	267,49	12,50	–	–	–	–	–
267,50	bis	269,99	14,25	–	–	–	–	–
270,00	bis	272,49	16,00	–	–	–	–	–
272,50	bis	274,99	17,75	–	–	–	–	–
275,00	bis	277,49	19,50	–	–	–	–	–
277,50	bis	279,99	21,25	–	–	–	–	–
280,00	bis	282,49	23,00	–	–	–	–	–
282,50	bis	284,99	24,75	–	–	–	–	–
285,00	bis	287,49	26,50	–	–	–	–	–
287,50	bis	289,99	28,25	–	–	–	–	–
290,00	bis	292,49	30,00	–	–	–	–	–
292,50	bis	294,99	31,75	–	–	–	–	–
295,00	bis	297,49	33,50	–	–	–	–	–
297,50	bis	299,99	35,25	–	–	–	–	–
300,00	bis	302,49	37,00	–	–	–	–	–
302,50	bis	304,99	38,75	–	–	–	–	–
305,00	bis	307,49	40,50	–	–	–	–	–
307,50	bis	309,99	42,25	–	–	–	–	–
310,00	bis	312,49	44,00	–	–	–	–	–
312,50	bis	314,99	45,75	–	–	–	–	–
315,00	bis	317,49	47,50	–	–	–	–	–
317,50	bis	319,99	49,25	–	–	–	–	–
320,00	bis	322,49	51,00	–	–	–	–	–
322,50	bis	324,99	52,75	–	–	–	–	–
325,00	bis	327,49	54,50	–	–	–	–	–
327,50	bis	329,99	56,25	–	–	–	–	–
330,00	bis	332,49	58,00	–	–	–	–	–
332,50	bis	334,99	59,75	–	–	–	–	–
335,00	bis	337,49	61,50	–	–	–	–	–
337,50	bis	339,99	63,25	–	–	–	–	–
340,00	bis	342,49	65,00	–	–	–	–	–
342,50	bis	344,99	66,75	1,18	–	–	–	–
345,00	bis	347,49	68,50	2,43	–	–	–	–
347,50	bis	349,99	70,25	3,68	–	–	–	–
350,00	bis	352,49	72,00	4,93	–	–	–	–
352,50	bis	354,99	73,75	6,18	–	–	–	–
355,00	bis	357,49	75,50	7,43	–	–	–	–
357,50	bis	359,99	77,25	8,68	–	–	–	–
360,00	bis	362,49	79,00	9,93	–	–	–	–

Nettolohn wöchentlich			Pfändbarer Betrag bei Unterhaltspflicht für ... Personen					
			0	1	2	3	4	5 und mehr
			in Euro					
362,50	bis	364,99	80,75	11,18	–	–	–	–
365,00	bis	367,49	82,50	12,43	–	–	–	–
367,50	bis	369,99	84,25	13,68	–	–	–	–
370,00	bis	372,49	86,00	14,93	–	–	–	–
372,50	bis	374,99	87,75	16,18	–	–	–	–
375,00	bis	377,49	89,50	17,43	–	–	–	–
377,50	bis	379,99	91,25	18,68	–	–	–	–
380,00	bis	382,49	93,00	19,93	–	–	–	–
382,50	bis	384,99	94,75	21,18	–	–	–	–
385,00	bis	387,49	96,50	22,43	–	–	–	–
387,50	bis	389,99	98,25	23,68	–	–	–	–
390,00	bis	392,49	100,00	24,93	–	–	–	–
392,50	bis	394,99	101,75	26,18	0,21	–	–	–
395,00	bis	397,49	103,50	27,43	1,21	–	–	–
397,50	bis	399,99	105,25	28,68	2,21	–	–	–
400,00	bis	402,49	107,00	29,93	3,21	–	–	–
402,50	bis	404,99	108,75	31,18	4,21	–	–	–
405,00	bis	407,49	110,50	32,43	5,21	–	–	–
407,50	bis	409,99	112,25	33,68	6,21	–	–	–
410,00	bis	412,49	114,00	34,93	7,21	–	–	–
412,50	bis	414,99	115,75	36,18	8,21	–	–	–
415,00	bis	417,49	117,50	37,43	9,21	–	–	–
417,50	bis	419,99	119,25	38,68	10,21	–	–	–
420,00	bis	422,49	121,00	39,93	11,21	–	–	–
422,50	bis	424,99	122,75	41,18	12,21	–	–	–
425,00	bis	427,49	124,50	42,43	13,21	–	–	–
427,50	bis	429,99	126,25	43,68	14,21	–	–	–
430,00	bis	432,49	128,00	44,93	15,21	–	–	–
432,50	bis	434,99	129,75	46,18	16,21	–	–	–
435,00	bis	437,49	131,50	47,43	17,21	–	–	–
437,50	bis	439,99	133,25	48,68	18,21	–	–	–
440,00	bis	442,49	135,00	49,93	19,21	–	–	–
442,50	bis	444,99	136,75	51,18	20,21	–	–	–
445,00	bis	447,49	138,50	52,43	21,21	0,36	–	–
447,50	bis	449,99	140,25	53,68	22,21	1,11	–	–
450,00	bis	452,49	142,00	54,93	23,21	1,86	–	–
452,50	bis	454,99	143,75	56,18	24,21	2,61	–	–
455,00	bis	457,49	145,50	57,43	25,21	3,36	–	–
457,50	bis	459,99	147,25	58,68	26,21	4,11	–	–
460,00	bis	462,49	149,00	59,93	27,21	4,86	–	–
462,50	bis	464,99	150,75	61,18	28,21	5,61	–	–
465,00	bis	467,49	152,50	62,43	29,21	6,36	–	–
467,50	bis	469,99	154,25	63,68	30,21	7,11	–	–
470,00	bis	472,49	156,00	64,93	31,21	7,86	–	–
472,50	bis	474,99	157,75	66,18	32,21	8,61	–	–
475,00	bis	477,49	159,50	67,43	33,21	9,36	–	–
477,50	bis	479,99	161,25	68,68	34,21	10,11	–	–
480,00	bis	482,49	163,00	69,93	35,21	10,86	–	–

Titel 2 | Zwangsvollstreckung in das bewegliche Vermögen — Anl § 850 c

Nettolohn wöchentlich			Pfändbarer Betrag bei Unterhaltspflicht für ... Personen					
			0	1	2	3	4	5 und mehr
			in Euro					
482,50	bis	484,99	164,75	71,18	36,21	11,61	–	–
485,00	bis	487,49	166,50	72,43	37,21	12,36	–	–
487,50	bis	489,99	168,25	73,68	38,21	13,11	–	–
490,00	bis	492,49	170,00	74,93	39,21	13,86	–	–
492,50	bis	494,99	171,75	76,18	40,21	14,61	–	–
495,00	bis	497,49	173,50	77,43	41,21	15,36	–	–
497,50	bis	499,99	175,25	78,68	42,21	16,11	0,38	–
500,00	bis	502,49	177,00	79,93	43,21	16,86	0,88	–
502,50	bis	504,99	178,75	81,18	44,21	17,61	1,38	–
505,00	bis	507,49	180,50	82,43	45,21	18,36	1,88	–
507,50	bis	509,99	182,25	83,68	46,21	19,11	2,38	–
510,00	bis	512,49	184,00	84,93	47,21	19,86	2,88	–
512,50	bis	514,99	185,75	86,18	48,21	20,61	3,38	–
515,00	bis	517,49	187,50	87,43	49,21	21,36	3,88	–
517,50	bis	519,99	189,25	88,68	50,21	22,11	4,38	–
520,00	bis	522,49	191,00	89,93	51,21	22,86	4,88	–
522,50	bis	524,99	192,75	91,18	52,21	23,61	5,38	–
525,00	bis	527,49	194,50	92,43	53,21	24,36	5,88	–
527,50	bis	529,99	196,25	93,68	54,21	25,11	6,38	–
530,00	bis	532,49	198,00	94,93	55,21	25,86	6,88	–
532,50	bis	534,99	199,75	96,18	56,21	26,61	7,38	–
535,00	bis	537,49	201,50	97,43	57,21	27,36	7,88	–
537,50	bis	539,99	203,25	98,68	58,21	28,11	8,38	–
540,00	bis	542,49	205,00	99,93	59,21	28,86	8,88	–
542,50	bis	544,99	206,75	101,18	60,21	29,61	9,38	–
545,00	bis	547,49	208,50	102,43	61,21	30,36	9,88	–
547,50	bis	549,99	210,25	103,68	62,21	31,11	10,38	0,01
550,00	bis	552,49	212,00	104,93	63,21	31,86	10,88	0,26
552,50	bis	554,99	213,75	106,18	64,21	32,61	11,38	0,51
555,00	bis	557,49	215,50	107,43	65,21	33,36	11,88	0,76
557,50	bis	559,99	217,25	108,68	66,21	34,11	12,38	1,01
560,00	bis	562,49	219,00	109,93	67,21	34,86	12,88	1,26
562,50	bis	564,99	220,75	111,18	68,21	35,61	13,38	1,51
565,00	bis	567,49	222,50	112,43	69,21	36,36	13,88	1,76
567,50	bis	569,99	224,25	113,68	70,21	37,11	14,38	2,01
570,00	bis	572,49	226,00	114,93	71,21	37,86	14,88	2,26
572,50	bis	574,99	227,75	116,18	72,21	38,61	15,38	2,51
575,00	bis	577,49	229,50	117,43	73,21	39,36	15,88	2,76
577,50	bis	579,99	231,25	118,68	74,21	40,11	16,38	3,01
580,00	bis	582,49	233,00	119,93	75,21	40,86	16,88	3,26
582,50	bis	584,99	234,75	121,18	76,21	41,61	17,38	3,51
585,00	bis	587,49	236,50	122,43	77,21	42,36	17,88	3,76
587,50	bis	589,99	238,25	123,68	78,21	43,11	18,38	4,01
590,00	bis	592,49	240,00	124,93	79,21	43,86	18,88	4,26
592,50	bis	594,99	241,75	126,18	80,21	44,61	19,38	4,51
595,00	bis	597,49	243,50	127,43	81,21	45,36	19,88	4,76
597,50	bis	599,99	245,25	128,68	82,21	46,11	20,38	5,01
600,00	bis	602,49	247,00	129,93	83,21	46,86	20,88	5,26

§ 850 c Anl   Abschnitt 2 | Zwangsvollstreckung wegen Geldforderungen

Nettolohn wöchentlich			Pfändbarer Betrag bei Unterhaltspflicht für ... Personen					
			0	1	2	3	4	5 und mehr
			in Euro					
602,50	bis	604,99	248,75	131,18	84,21	47,61	21,38	5,51
605,00	bis	607,49	250,50	132,43	85,21	48,36	21,88	5,76
607,50	bis	609,99	252,25	133,68	86,21	49,11	22,38	6,01
610,00	bis	612,49	254,00	134,93	87,21	49,86	22,88	6,26
612,50	bis	614,99	255,75	136,18	88,21	50,61	23,38	6,51
615,00	bis	617,49	257,50	137,43	89,21	51,36	23,88	6,76
617,50	bis	619,99	259,25	138,68	90,21	52,11	24,38	7,01
620,00	bis	622,49	261,00	139,93	91,21	52,86	24,88	7,26
622,50	bis	624,99	262,75	141,18	92,21	53,61	25,38	7,51
625,00	bis	627,49	264,50	142,43	93,21	54,36	25,88	7,76
627,50	bis	629,99	266,25	143,68	94,21	55,11	26,38	8,01
630,00	bis	632,49	268,00	144,93	95,21	55,86	26,88	8,26
632,50	bis	634,99	269,75	146,18	96,21	56,61	27,38	8,51
635,00	bis	637,49	271,50	147,43	97,21	57,36	27,88	8,76
637,50	bis	639,99	273,25	148,68	98,21	58,11	28,38	9,01
640,00	bis	642,49	275,00	149,93	99,21	58,86	28,88	9,26
642,50	bis	644,99	276,75	151,18	100,21	59,61	29,38	9,51
645,00	bis	647,49	278,50	152,43	101,21	60,36	29,88	9,76
647,50	bis	649,99	280,25	153,68	102,21	61,11	30,38	10,01
650,00	bis	652,49	282,00	154,93	103,21	61,86	30,88	10,26
652,50	bis	654,99	283,75	156,18	104,21	62,61	31,38	10,51
655,00	bis	657,49	285,50	157,43	105,21	63,36	31,88	10,76
657,50	bis	659,99	287,25	158,68	106,21	64,11	32,38	11,01
660,00	bis	662,49	289,00	159,93	107,21	64,86	32,88	11,26
662,50	bis	664,99	290,75	161,18	108,21	65,61	33,38	11,51
665,00	bis	667,49	292,50	162,43	109,21	66,36	33,88	11,76
667,50	bis	669,99	294,25	163,68	110,21	67,11	34,38	12,01
670,00	bis	672,49	296,00	164,93	111,21	67,86	34,88	12,26
672,50	bis	674,99	297,75	166,18	112,21	68,61	35,38	12,51
675,00	bis	677,49	299,50	167,43	113,21	69,36	35,88	12,76
677,50	bis	679,99	301,25	168,68	114,21	70,11	36,38	13,01
680,00	bis	682,49	303,00	169,93	115,21	70,86	36,88	13,26
682,50	bis	684,99	304,75	171,18	116,21	71,61	37,38	13,51
685,00	bis	687,49	306,50	172,43	117,21	72,36	37,88	13,76
687,50	bis	689,99	308,25	173,68	118,21	73,11	38,38	14,01
690,00	bis	692,49	310,00	174,93	119,21	73,86	38,88	14,26
692,50	bis	694,99	311,75	176,18	120,21	74,61	39,38	14,51
695,00	bis	697,49	313,50	177,43	121,21	75,36	39,88	14,76
697,50	bis	699,99	315,25	178,68	122,21	76,11	40,38	15,01
700,00	bis	702,49	317,00	179,93	123,21	76,86	40,88	15,26
702,50	bis	704,99	318,75	181,18	124,21	77,61	41,38	15,51
705,00	bis	707,49	320,50	182,43	125,21	78,36	41,88	15,76
707,50	bis	709,99	322,25	183,68	126,21	79,11	42,38	16,01
710,00	bis	712,49	324,00	184,93	127,21	79,86	42,88	16,26
712,50	bis	714,99	325,75	186,18	128,21	80,61	43,38	16,51
715,00	bis	717,49	327,50	187,43	129,21	81,36	43,88	16,76
717,50	bis	719,99	329,25	188,68	130,21	82,11	44,38	17,01
720,00	bis	722,49	331,00	189,93	131,21	82,86	44,88	17,26

Anl § 850 c

Nettolohn wöchentlich			Pfändbarer Betrag bei Unterhaltspflicht für ... Personen					
			0	1	2	3	4	5 und mehr
			in Euro					
722,50	bis	724,99	332,75	191,18	132,21	83,61	45,38	17,51
725,00	bis	727,49	334,50	192,43	133,21	84,36	45,88	17,76
727,50	bis	729,99	336,25	193,68	134,21	85,11	46,38	18,01
730,00	bis	732,49	338,00	194,93	135,21	85,86	46,88	18,26
732,50	bis	734,99	339,75	196,18	136,21	86,61	47,38	18,51
735,00	bis	737,49	341,50	197,43	137,21	87,36	47,88	18,76
737,50	bis	739,99	343,25	198,68	138,21	88,11	48,38	19,01
740,00	bis	742,49	345,00	199,93	139,21	88,86	48,88	19,26
742,50	bis	744,99	346,75	201,18	140,21	89,61	49,38	19,51
745,00	bis	747,49	348,50	202,43	141,21	90,36	49,88	19,76
747,50	bis	749,99	350,25	203,68	142,21	91,11	50,38	20,01
750,00	bis	752,49	352,00	204,93	143,21	91,86	50,88	20,26
752,50	bis	754,99	353,75	206,18	144,21	92,61	51,38	20,51
755,00	bis	757,49	355,50	207,43	145,21	93,36	51,88	20,76
757,50	bis	757,63	357,25	208,68	146,21	94,11	52,38	21,01
Der Mehrbetrag über 757,63 Euro ist voll pfändbar.								

Auszahlung für Tage

Nettolohn täglich			Pfändbarer Betrag bei Unterhaltspflicht für ... Personen					
			0	1	2	3	4	5 und mehr
			in Euro					
	bis	49,49	–	–	–	–	–	–
49,50	bis	49,99	0,05	–	–	–	–	–
50,00	bis	50,49	0,40	–	–	–	–	–
50,50	bis	50,99	0,75	–	–	–	–	–
51,00	bis	51,49	1,10	–	–	–	–	–
51,50	bis	51,99	1,45	–	–	–	–	–
52,00	bis	52,49	1,80	–	–	–	–	–
52,50	bis	52,99	2,15	–	–	–	–	–
53,00	bis	53,49	2,50	–	–	–	–	–
53,50	bis	53,99	2,85	–	–	–	–	–
54,00	bis	54,49	3,20	–	–	–	–	–
54,50	bis	54,99	3,55	–	–	–	–	–
55,00	bis	55,49	3,90	–	–	–	–	–
55,50	bis	55,99	4,25	–	–	–	–	–
56,00	bis	56,49	4,60	–	–	–	–	–
56,50	bis	56,99	4,95	–	–	–	–	–
57,00	bis	57,49	5,30	–	–	–	–	–
57,50	bis	57,99	5,65	–	–	–	–	–
58,00	bis	58,49	6,00	–	–	–	–	–
58,50	bis	58,99	6,35	–	–	–	–	–
59,00	bis	59,49	6,70	–	–	–	–	–
59,50	bis	59,99	7,05	–	–	–	–	–
60,00	bis	60,49	7,40	–	–	–	–	–
60,50	bis	60,99	7,75	–	–	–	–	–
61,00	bis	61,49	8,10	–	–	–	–	–
61,50	bis	61,99	8,45	–	–	–	–	–
62,00	bis	62,49	8,80	–	–	–	–	–
62,50	bis	62,99	9,15	–	–	–	–	–
63,00	bis	63,49	9,50	–	–	–	–	–
63,50	bis	63,99	9,85	–	–	–	–	–
64,00	bis	64,49	10,20	–	–	–	–	–
64,50	bis	64,99	10,55	–	–	–	–	–
65,00	bis	65,49	10,90	–	–	–	–	–
65,50	bis	65,99	11,25	–	–	–	–	–
66,00	bis	66,49	11,60	–	–	–	–	–
66,50	bis	66,99	11,95	–	–	–	–	–
67,00	bis	67,49	12,30	–	–	–	–	–
67,50	bis	67,99	12,65	–	–	–	–	–
68,00	bis	68,49	13,00	–	–	–	–	–
68,50	bis	68,99	13,35	0,23	–	–	–	–
69,00	bis	69,49	13,70	0,48	–	–	–	–
69,50	bis	69,99	14,05	0,73	–	–	–	–
70,00	bis	70,49	14,40	0,98	–	–	–	–
70,50	bis	70,99	14,75	1,24	–	–	–	–
71,00	bis	71,49	15,10	1,49	–	–	–	–
71,50	bis	71,99	15,45	1,74	–	–	–	–
72,00	bis	72,49	15,80	1,99	–	–	–	–

Titel 2 | Zwangsvollstreckung in das bewegliche Vermögen — Anl § 850 c

Nettolohn täglich			Pfändbarer Betrag bei Unterhaltspflicht für ... Personen					
			0	1	2	3	4	5 und mehr
in Euro								
72,50	bis	72,99	16,15	2,24	–	–	–	–
73,00	bis	73,49	16,50	2,49	–	–	–	–
73,50	bis	73,99	16,85	2,74	–	–	–	–
74,00	bis	74,49	17,20	2,99	–	–	–	–
74,50	bis	74,99	17,55	3,24	–	–	–	–
75,00	bis	75,49	17,90	3,49	–	–	–	–
75,50	bis	75,99	18,25	3,74	–	–	–	–
76,00	bis	76,49	18,60	3,99	–	–	–	–
76,50	bis	76,99	18,95	4,24	–	–	–	–
77,00	bis	77,49	19,30	4,49	–	–	–	–
77,50	bis	77,99	19,65	4,74	–	–	–	–
78,00	bis	78,49	20,00	4,99	–	–	–	–
78,50	bis	78,99	20,35	5,24	0,04	–	–	–
79,00	bis	79,49	20,70	5,49	0,24	–	–	–
79,50	bis	79,99	21,05	5,74	0,44	–	–	–
80,00	bis	80,49	21,40	5,99	0,64	–	–	–
80,50	bis	80,99	21,75	6,24	0,84	–	–	–
81,00	bis	81,49	22,10	6,49	1,04	–	–	–
81,50	bis	81,99	22,45	6,74	1,24	–	–	–
82,00	bis	82,49	22,80	6,99	1,44	–	–	–
82,50	bis	82,99	23,15	7,24	1,64	–	–	–
83,00	bis	83,49	23,50	7,49	1,84	–	–	–
83,50	bis	83,99	23,85	7,74	2,04	–	–	–
84,00	bis	84,49	24,20	7,99	2,24	–	–	–
84,50	bis	84,99	24,55	8,24	2,44	–	–	–
85,00	bis	85,49	24,90	8,49	2,64	–	–	–
85,50	bis	85,99	25,25	8,74	2,84	–	–	–
86,00	bis	86,49	25,60	8,99	3,04	–	–	–
86,50	bis	86,99	25,95	9,24	3,24	–	–	–
87,00	bis	87,49	26,30	9,49	3,44	–	–	–
87,50	bis	87,99	26,65	9,74	3,64	–	–	–
88,00	bis	88,49	27,00	9,99	3,84	–	–	–
88,50	bis	88,99	27,35	10,24	4,04	–	–	–
89,00	bis	89,49	27,70	10,49	4,24	0,08	–	–
89,50	bis	89,99	28,05	10,74	4,44	0,23	–	–
90,00	bis	90,49	28,40	10,99	4,64	0,38	–	–
90,50	bis	90,99	28,75	11,24	4,84	0,53	–	–
91,00	bis	91,49	29,10	11,49	5,04	0,68	–	–
91,50	bis	91,99	29,45	11,74	5,24	0,83	–	–
92,00	bis	92,49	29,80	11,99	5,44	0,98	–	–
92,50	bis	92,99	30,15	12,24	5,64	1,13	–	–
93,00	bis	93,49	30,50	12,49	5,84	1,28	–	–
93,50	bis	93,99	30,85	12,74	6,04	1,43	–	–
94,00	bis	94,49	31,20	12,99	6,24	1,58	–	–
94,50	bis	94,99	31,55	13,24	6,44	1,73	–	–
95,00	bis	95,49	31,90	13,49	6,64	1,88	–	–
95,50	bis	95,99	32,25	13,74	6,84	2,03	–	–
96,00	bis	96,49	32,60	13,99	7,04	2,18	–	–

§ 850 c Anl — Abschnitt 2 | Zwangsvollstreckung wegen Geldforderungen

Nettolohn täglich			Pfändbarer Betrag bei Unterhaltspflicht für ... Personen					
			0	1	2	3	4	5 und mehr
			in Euro					
96,50	bis	96,99	32,95	14,24	7,24	2,33	–	–
97,00	bis	97,49	33,30	14,49	7,44	2,48	–	–
97,50	bis	97,99	33,65	14,74	7,64	2,63	–	–
98,00	bis	98,49	34,00	14,99	7,84	2,78	–	–
98,50	bis	98,99	34,35	15,24	8,04	2,93	–	–
99,00	bis	99,49	34,70	15,49	8,24	3,08	–	–
99,50	bis	99,99	35,05	15,74	8,44	3,23	0,08	–
100,00	bis	100,49	35,40	15,99	8,64	3,38	0,18	–
100,50	bis	100,99	35,75	16,24	8,84	3,53	0,28	–
101,00	bis	101,49	36,10	16,49	9,04	3,68	0,38	–
101,50	bis	101,99	36,45	16,74	9,24	3,83	0,48	–
102,00	bis	102,49	36,80	16,99	9,44	3,98	0,58	–
102,50	bis	102,99	37,15	17,24	9,64	4,13	0,68	–
103,00	bis	103,49	37,50	17,49	9,84	4,28	0,78	–
103,50	bis	103,99	37,85	17,74	10,04	4,43	0,88	–
104,00	bis	104,49	38,20	17,99	10,24	4,58	0,98	–
104,50	bis	104,99	38,55	18,24	10,44	4,73	1,08	–
105,00	bis	105,49	38,90	18,49	10,64	4,88	1,18	–
105,50	bis	105,99	39,25	18,74	10,84	5,03	1,28	–
106,00	bis	106,49	39,60	18,99	11,04	5,18	1,38	–
106,50	bis	106,99	39,95	19,24	11,24	5,33	1,48	–
107,00	bis	107,49	40,30	19,49	11,44	5,48	1,58	–
107,50	bis	107,99	40,65	19,74	11,64	5,63	1,68	–
108,00	bis	108,49	41,00	19,99	11,84	5,78	1,78	–
108,50	bis	108,99	41,35	20,24	12,04	5,93	1,88	–
109,00	bis	109,49	41,70	20,49	12,24	6,08	1,98	–
109,50	bis	109,99	42,05	20,74	12,44	6,23	2,08	0,00
110,00	bis	110,49	42,40	20,99	12,64	6,38	2,18	0,05
110,50	bis	110,99	42,75	21,24	12,84	6,53	2,28	0,10
111,00	bis	111,49	43,10	21,49	13,04	6,68	2,38	0,15
111,50	bis	111,99	43,45	21,74	13,24	6,83	2,48	0,20
112,00	bis	112,49	43,80	21,99	13,44	6,98	2,58	0,25
112,50	bis	112,99	44,15	22,24	13,64	7,13	2,68	0,30
113,00	bis	113,49	44,50	22,49	13,84	7,28	2,78	0,35
113,50	bis	113,99	44,85	22,74	14,04	7,43	2,88	0,40
114,00	bis	114,49	45,20	22,99	14,24	7,58	2,98	0,45
114,50	bis	114,99	45,55	23,24	14,44	7,73	3,08	0,50
115,00	bis	115,49	45,90	23,49	14,64	7,88	3,18	0,55
115,50	bis	115,99	46,25	23,74	14,84	8,03	3,28	0,60
116,00	bis	116,49	46,60	23,99	15,04	8,18	3,38	0,65
116,50	bis	116,99	46,95	24,24	15,24	8,33	3,48	0,70
117,00	bis	117,49	47,30	24,49	15,44	8,48	3,58	0,75
117,50	bis	117,99	47,65	24,74	15,64	8,63	3,68	0,80
118,00	bis	118,49	48,00	24,99	15,84	8,78	3,78	0,85
118,50	bis	118,99	48,35	25,24	16,04	8,93	3,88	0,90
119,00	bis	119,49	48,70	25,49	16,24	9,08	3,98	0,95
119,50	bis	119,99	49,05	25,74	16,44	9,23	4,08	1,00
120,00	bis	120,49	49,40	25,99	16,64	9,38	4,18	1,05

Anl § 850 c

Nettolohn täglich			Pfändbarer Betrag bei Unterhaltspflicht für … Personen					
			0	1	2	3	4	5 und mehr
in Euro								
120,50	bis	120,99	49,75	26,24	16,84	9,53	4,28	1,10
121,00	bis	121,49	50,10	26,49	17,04	9,68	4,38	1,15
121,50	bis	121,99	50,45	26,74	17,24	9,83	4,48	1,20
122,00	bis	122,49	50,80	26,99	17,44	9,98	4,58	1,25
122,50	bis	122,99	51,15	27,24	17,64	10,13	4,68	1,30
123,00	bis	123,49	51,50	27,49	17,84	10,28	4,78	1,35
123,50	bis	123,99	51,85	27,74	18,04	10,43	4,88	1,40
124,00	bis	124,49	52,20	27,99	18,24	10,58	4,98	1,45
124,50	bis	124,99	52,55	28,24	18,44	10,73	5,08	1,50
125,00	bis	125,49	52,90	28,49	18,64	10,88	5,18	1,55
125,50	bis	125,99	53,25	28,74	18,84	11,03	5,28	1,60
126,00	bis	126,49	53,60	28,99	19,04	11,18	5,38	1,65
126,50	bis	126,99	53,95	29,24	19,24	11,33	5,48	1,70
127,00	bis	127,49	54,30	29,49	19,44	11,48	5,58	1,75
127,50	bis	127,99	54,65	29,74	19,64	11,63	5,68	1,80
128,00	bis	128,49	55,00	29,99	19,84	11,78	5,78	1,85
128,50	bis	128,99	55,35	30,24	20,04	11,93	5,88	1,90
129,00	bis	129,49	55,70	30,49	20,24	12,08	5,98	1,95
129,50	bis	129,99	56,05	30,74	20,44	12,23	6,08	2,00
130,00	bis	130,49	56,40	30,99	20,64	12,38	6,18	2,05
130,50	bis	130,99	56,75	31,24	20,84	12,53	6,28	2,10
131,00	bis	131,49	57,10	31,49	21,04	12,68	6,38	2,15
131,50	bis	131,99	57,45	31,74	21,24	12,83	6,48	2,20
132,00	bis	132,49	57,80	31,99	21,44	12,98	6,58	2,25
132,50	bis	132,99	58,15	32,24	21,64	13,13	6,68	2,30
133,00	bis	133,49	58,50	32,49	21,84	13,28	6,78	2,35
133,50	bis	133,99	58,85	32,74	22,04	13,43	6,88	2,40
134,00	bis	134,49	59,20	32,99	22,24	13,58	6,98	2,45
134,50	bis	134,99	59,55	33,24	22,44	13,73	7,08	2,50
135,00	bis	135,49	59,90	33,49	22,64	13,88	7,18	2,55
135,50	bis	135,99	60,25	33,74	22,84	14,03	7,28	2,60
136,00	bis	136,49	60,60	33,99	23,04	14,18	7,38	2,65
136,50	bis	136,99	60,95	34,24	23,24	14,33	7,48	2,70
137,00	bis	137,49	61,30	34,49	23,44	14,48	7,58	2,75
137,50	bis	137,99	61,65	34,74	23,64	14,63	7,68	2,80
138,00	bis	138,49	62,00	34,99	23,84	14,78	7,78	2,85
138,50	bis	138,99	62,35	35,24	24,04	14,93	7,88	2,90
139,00	bis	139,49	62,70	35,49	24,24	15,08	7,98	2,95
139,50	bis	139,99	63,05	35,74	24,44	15,23	8,08	3,00
140,00	bis	140,49	63,40	35,99	24,64	15,38	8,18	3,05
140,50	bis	140,99	63,75	36,24	24,84	15,53	8,28	3,10
141,00	bis	141,49	64,10	36,49	25,04	15,68	8,38	3,15
141,50	bis	141,99	64,45	36,74	25,24	15,83	8,48	3,20
142,00	bis	142,49	64,80	36,99	25,44	15,98	8,58	3,25
142,50	bis	142,99	65,15	37,24	25,64	16,13	8,68	3,30
143,00	bis	143,49	65,50	37,49	25,84	16,28	8,78	3,35
143,50	bis	143,99	65,85	37,74	26,04	16,43	8,88	3,40
144,00	bis	144,49	66,20	37,99	26,24	16,58	8,98	3,45

Nettolohn täglich			Pfändbarer Betrag bei Unterhaltspflicht für ... Personen					
			0	1	2	3	4	5 und mehr
			in Euro					
144,50	bis	144,99	66,55	38,24	26,44	16,73	9,08	3,50
145,00	bis	145,49	66,90	38,49	26,64	16,88	9,18	3,55
145,50	bis	145,99	67,25	38,74	26,84	17,03	9,28	3,60
146,00	bis	146,49	67,60	38,99	27,04	17,18	9,38	3,65
146,50	bis	146,99	67,95	39,24	27,24	17,33	9,48	3,70
147,00	bis	147,49	68,30	39,49	27,44	17,48	9,58	3,75
147,50	bis	147,99	68,65	39,74	27,64	17,63	9,68	3,80
148,00	bis	148,49	69,00	39,99	27,84	17,78	9,78	3,85
148,50	bis	148,99	69,35	40,24	28,04	17,93	9,88	3,90
149,00	bis	149,49	69,70	40,49	28,24	18,08	9,98	3,95
149,50	bis	149,99	70,05	40,74	28,44	18,23	10,08	4,00
150,00	bis	150,49	70,40	40,99	28,64	18,38	10,18	4,05
150,50	bis	150,99	70,75	41,24	28,84	18,53	10,28	4,10
151,00	bis	151,49	71,10	41,49	29,04	18,68	10,38	4,15
151,50	bis	151,53	71,45	41,74	29,24	18,83	10,48	4,20

Der Mehrbetrag über 151,53 Euro ist voll pfändbar.

§ 850 d Pfändbarkeit bei Unterhaltsansprüchen

(1) [1]Wegen der Unterhaltsansprüche, die kraft Gesetzes einem Verwandten, dem Ehegatten, einem früheren Ehegatten, dem Lebenspartner, einem früheren Lebenspartner oder nach §§ 1615 l, 1615 n des Bürgerlichen Gesetzbuchs einem Elternteil zustehen, sind das Arbeitseinkommen und die in § 850 a Nr. 1, 2 und 4 genannten Bezüge ohne die in § 850 c bezeichneten Beschränkungen pfändbar. [2]Dem Schuldner ist jedoch so viel zu belassen, als er für seinen notwendigen Unterhalt und zur Erfüllung seiner laufenden gesetzlichen Unterhaltspflichten gegenüber den dem Gläubiger vorgehenden Berechtigten oder zur gleichmäßigen Befriedigung der dem Gläubiger gleichstehenden Berechtigten bedarf; von den in § 850 a Nr. 1, 2 und 4 genannten Bezügen hat ihm mindestens die Hälfte des nach § 850 a unpfändbaren Betrages zu verbleiben. [3]Der dem Schuldner hiernach verbleibende Teil seines Arbeitseinkommens darf den Betrag nicht übersteigen, der ihm nach den Vorschriften des § 850 c gegenüber nicht bevorrechtigten Gläubigern zu verbleiben hätte. [4]Für die Pfändung wegen der Rückstände, die länger als ein Jahr vor dem Antrag auf Erlass des Pfändungsbeschlusses fällig geworden sind, gelten die Vorschriften dieses Absatzes insoweit nicht, als nach Lage der Verhältnisse nicht anzunehmen ist, dass der Schuldner sich seiner Zahlungspflicht absichtlich entzogen hat.

(2) Mehrere nach Absatz 1 Berechtigte sind mit ihren Ansprüchen in der Reihenfolge nach § 1609 des Bürgerlichen Gesetzbuchs und § 16 des Lebenspartnerschaftsgesetzes zu berücksichtigen, wobei mehrere gleich nahe Berechtigte untereinander den gleichen Rang haben.

(3) Bei der Vollstreckung wegen der in Absatz 1 bezeichneten Ansprüche sowie wegen der aus Anlass einer Verletzung des Körpers oder der Gesundheit zu zahlenden Renten kann zugleich mit der Pfändung wegen fälliger Ansprüche auch künftig fällig werdendes Arbeitseinkommen wegen der dann jeweils fällig werdenden Ansprüche gepfändet und überwiesen werden.

I. Allgemeines 1
II. Erweiterte Pfändbarkeit 2
  1. Pfändung wegen Unterhaltsansprüchen (Abs. 1) 3
    a) Rechtsfolge: Pfändbarkeit ohne die Beschränkungen in § 850 c (S. 1) .. 11
    b) Jedenfalls verbleibende Ansprüche (S. 2) 12
      aa) Notwendiger Unterhalt des Schuldners und seiner Unterhaltsberechtigten (S. 2 Hs 1) 13
      bb) Einkommen nach § 850 a (S. 2 Hs 2) .. 21
    d) Obergrenze nach § 850 c (S. 3) 22
    e) Absichtliches Entziehen von der Zahlungspflicht (S. 4) 23
  2. Rangfolge der Unterhaltsberechtigten (Abs. 2) 24
  3. Vorratspfändung (Abs. 3) ... 30
III. Verfahren 33
  1. Festsetzung des unpfändbaren Betrages und Rechtsbehelfe 33
  2. Modifizierungen durch § 850 f 36
IV. Materiellrechtliche Verfügungsbefugnis und Bedeutung in der Insolvenz 37
V. Weitere praktische Hinweise 39

I. Allgemeines

Die Beträge, die dem Schuldner nach § 850 c verbleiben, übersteigen quantitativ das Existenzminimum des Schuldners und seiner Unterhaltsberechtigten (s. § 850 Rn 1). Pfänden gesetzlich Unterhaltsberechtigte **wegen ihrer Unterhaltsforderung**, ist dieser Verbleib nicht länger gerechtfertigt, und auch das Interesse der Allgemeinheit am Erhalt der Arbeitsmotivation des Schuldners tritt hinter die Interessen der bevorrechtigten Gläubiger zurück. Ein Allgemeininteresse wird aber auch durch § 850 d verfolgt, weil die gesetzlich Unterhaltsberechtigten mit ihren Ansprüchen möglichst beim Schuldner und nur subsidiär durch die öffentliche Fürsorge befriedigt werden. Deshalb gelten die **Pfändungsgrenzen des** § 850 c bei der Vollstreckung wegen gesetzlicher Unterhaltsansprüche **nicht**; dem Schuldner hat nur so viel wie notwendig zu verbleiben. § 850 d stellt eine **Rangfolge der Unterhaltsberechtigten**, die in das Arbeitsentgelt des Schuldners vollstrecken, auf. Zudem eröffnet die Norm die ansonsten wegen § 751 ausgeschlossene **Vorratspfändung** wegen künftig fällig werdender Ansprüche. 1

II. Erweiterte Pfändbarkeit

Wegen gesetzlicher Unterhaltsansprüche kann grds. ohne die in § 850 c bezeichneten Beschränkungen gepfändet werden. 2

1. Pfändung wegen Unterhaltsansprüchen (Abs. 1). **Unterhaltsansprüche** sind diejenigen des Ehegatten (§§ 1360, 1360 a, 1361 BGB), des geschiedenen Ehegatten (§§ 1570 ff BGB), des Lebenspartners (§§ 5, 12, 16 LPartG, §§ 1570 ff BGB), der Verwandten in gerader Linie (§§ 1601 ff BGB) oder des anderen Elternteils aus Anlass der Geburt (§§ 1615 l, 1615 n BGB). 3

Die Unterhaltsansprüche müssen **auf Gesetz beruhen**, so dass **vertragliche Vereinbarungen** (zB zwischen Geschwistern) nicht zur erweiterten Pfändbarkeit führen. Wenn die gesetzlichen Unterhaltsansprüche aber **vertraglich ausgestaltet** sind, bleibt es für den gesetzlichen Betrag bei der Erweiterung, es sei denn, sie sind vollständig auf eine vertragliche Grundlage gestellt (vgl § 850 b Rn 12).[1] 4

Schadensersatzansprüche nach § 844 Abs. 2 BGB sind (Gegenschluss aus § 850 f Abs. 2) **nicht** als Unterhaltsansprüche anzusehen; auch aus Abs. 3 und aus 5

---

[1] BGH NJW-RR 2002, 1513; OLG Frankfurt Rpfleger 1980, 198; *Stöber*, Forderungspfändung, Rn 1077; aA MüKo-ZPO/*Smid*, § 850 d Rn 2.

§ 850 b Abs. 1 Nr. 2 ergibt sich nichts anderes.[2] Falls der Schadensersatzanspruch durch vorsätzliche unerlaubte Handlung begründet wurde, greift § 850 f Abs. 2.

6 Ebenfalls **kein Unterhaltsanspruch** – anders als § 1615 l BGB (s. Rn 3) – ist der Anspruch auf Erstattung der **Entbindungskosten** gem. § 1615 k BGB aF,[3] so dass eine erweiterte Pfändung nicht möglich ist.[4]

7 **Kein Unterhaltsanspruch** iSd § 850 d ist auch der Anspruch aus schuldrechtlichem **Versorgungsausgleich** nach § 20 VersAusglG.[5] Dasselbe gilt für einen prozessualen **Kostenerstattungsanspruch** aus einem Unterhaltsprozess.[6]

8 Sind Unterhaltsansprüche **auf einen Dritten übergegangen** (§§ 1607, 1608 BGB, § 50 Abs. 1 SGB I, § 33 Abs. 1 S. 1 SGB II, § 68 Abs. 2 SGB III, § 95 SGB VIII, § 94 SGB XII, § 37 BAföG, § 7 UhVorschG), kann auch dieser erweitert pfänden, und zwar mit derselben Rangklasse nach Abs. 2[7] und ggf auch wegen überjähriger Ansprüche (s. Rn 9, 23).[8] Zu Gunsten der **Erben** des Unterhaltsberechtigten greift allerdings § 850 d nicht ein, ebenso wenig zu Lasten der Erben des unterhaltspflichtigen Schuldners, es sei denn, es handelt sich um eine „ererbte" (§ 1967 BGB) rückständige Verpflichtung.[9]

9 **Nicht bevorrechtigt** sind auch Unterhaltsansprüche, die **mehr als ein Jahr vor dem Antrag** auf Erlass des Pfändungsbeschlusses **fällig** geworden sind, es sei denn, der Schuldner hat sich der Unterhaltszahlung absichtlich entzogen (s. Rn 23).

10 Die Qualifizierung des Anspruchs als gesetzlicher Unterhaltsanspruch muss sich **aus dem Titel** ergeben[10] (vgl § 850 f Rn 15), nicht aber die Bevorrechtigung des Gläubigers gegenüber anderen Unterhaltsberechtigten.[11]

11 **a) Rechtsfolge: Pfändbarkeit ohne die Beschränkungen in § 850 c (S. 1).** Wegen der gesetzlichen Unterhaltsansprüche (s. Rn 3 ff) – mit Ausnahme derjenigen nach S. 4 – kann ohne die Grenzen des § 850 c gepfändet werden. Pfändbar wegen Unterhaltsansprüchen sind auch die Ansprüche nach § 850 a Nr. 1, 2 und 4 (s. Rn 21). Das gesamte Arbeitseinkommen bzw die gesamten Beträge nach § 850 a dürfen allerdings nicht gepfändet werden (S. 2).

12 **b) Jedenfalls verbleibende Ansprüche (S. 2).** Der Schuldner darf nicht kahlgepfändet werden, so dass ihm vom „normalen" Arbeitseinkommen **das Notwendige** bleiben muss, von den nach **§ 850 a Nr. 1, 2 und 4** unpfändbaren Bezügen **die Hälfte**.

13 **aa) Notwendiger Unterhalt des Schuldners und seiner Unterhaltsberechtigten (S. 2 Hs 1).** Dem Schuldner werden bestimmte **individuell festzustellende Beträge** belassen; es handelt sich um eine **Ermessensentscheidung** des Vollstreckungsge-

---

2 BGH FamRZ 2006, 1373; dazu *Schmidt*, ZInsO 2007, 14; *Freitag*, WuB VI A. § 89 InsO 1.07; *App*, EWiR 2006, 725; Überblick zum Meinungsstand: MüKo-ZPO/*Smid*, § 850 d Rn 4, 5; Stein/Jonas/*Brehm*, § 850 d Rn 8, 10.
3 Aufgehoben durch Kindesunterhaltsgesetz vom 6.4.1998 (BGBl. I S. 666) mWv 1.7.1998.
4 BGH NJW-RR 2004, 362.
5 BGH FamRZ 2005, 1564; BGH ZInsO 2011, 2184.
6 BGH NJW-RR 2009, 1441.
7 BGH WM 2014, 2052, allerdings nicht zum Nachteil des nach § 7 Abs. 2 S. 3 UVG vorrangig unterhaltsberechtigten Kindes; LAG Köln AE 2007, 174; in dieser Richtung auch BGH NJW 2006, 3561.
8 Vgl OLG Celle NJW-RR 2006, 1520.
9 MüKo-ZPO/*Smid*, § 850 d Rn 6 ff; Stein/Jonas/*Brehm*, § 850 d Rn 11 ff; Hk-ZPO/*Kemper*, § 850 d Rn 5.
10 BGH NJW 2013, 240; zust. *Seiler*, FamRZ 2012, 1801; LG Hannover FamRZ 2014, 1658; OLG Frankfurt Rpfleger 1980, 198.
11 BGH NJW 2013, 240; *Ahrens*, NJW 2013, 239.

richts, das **keinen Blankettbeschluss** erlassen darf, sondern die Beträge beziffern muss (s. Rn 33 ff).[12]

Der Bedarf richtet sich nach dem **eigenen notwendigen Unterhalt** des Schuldners und nach dem, was **zur Befriedigung** der dem Gläubiger vorgehenden Unterhaltsansprüche und zur gleichmäßigen Befriedigung der mit dem Gläubiger gleichrangigen Unterhaltsgläubiger erforderlich ist.

Entscheidende Grundlage für die Bestimmung des notwendigen Unterhalts ist grds. der **notwendige Lebensunterhalt** im Sinne der **Kapitel 3 und 4 SGB XII**.[13] Darunter fallen Ernährung, Kleidung, Körperpflege, Unterkunft, Heizung, die für die bedarfsgerechte Wohnungsnutzung erforderlichen Betriebskostenvorauszahlungen,[14] Hausrat, Teilhabe am sozialen und kulturellen Leben und ein geringes Taschengeld sowie Versicherungsbeiträge und Vorsorgekosten (§§ 27 ff SGB XII). Für eine Ermessensentscheidung im Einzelfall bleibt in diesem Rahmen Raum.[15] Für berufsbedingte Mehraufwendungen ist bei erwerbstätigen Schuldnern ein Mehrbedarfszuschlag iHv 25 % hinzuzurechnen; weitere ergänzende Zuschläge sind – im Gegensatz zur früheren Regelung im BSHG – nicht gesondert zu berücksichtigen, da Leistungen für nicht regelmäßig wiederkehrende besondere Bedürfnisse bereits pauschal in den Eckregelsatz einbezogen worden sind.[16] Wenn der Bedarf der Höhe nach unabweisbar von einem durchschnittlichen Bedarf abweicht, kann allerdings der notwendige Lebensunterhalt abweichend von den Regelsätzen festgelegt werden (§ 28 Abs. 4 SGB XII).[17] Dies wird insb. grundrechtsrelevante Bedürfnisse betreffen. So wurden vom BGH wegen Art. 6 GG die Kosten der Ausübung eines väterlichen Umgangsrechts berücksichtigt.[18]

Abweichungen können nach wie vor im Rahmen von § 850 f Abs. 1 geltend gemacht werden (s. Rn 36),[19] was insb. deshalb von Bedeutung sein kann, weil der Schuldner bei der Festsetzung idR nicht angehört wird und durch Antrag nach § 850 f Abs. 1 weiteren Bedarf geltend machen kann, der darzulegen und zu beweisen ist.

Die Bemessung der konkreten Regelbedarfe erfolgt durch das gesonderte Gesetz zur Ermittlung der Regelbedarfe (**Regelbedarfs-Ermittlungsgesetz – RBEG**). Mit jeder Einkommens- und Verbrauchsstichprobe nach § 28 SGB XII werden die Regelbedarfe fortgeschrieben. Eine Anlage zu § 28 SGB XII enthält die Regelbedarfsstufen nach Personengruppen; diese Anlage wird nach dem RBEG fortgeschrieben. Die Regelsätze werden bundesweit ermittelt und bestimmt, so dass die früheren Landesregelsätze und **örtlichen Regelsätze**[20] der Länder **entfallen**. Diese können allerdings von der Möglichkeit einer abweichenden Regelsatzfestsetzung durch Rechtsverordnung Gebrauch machen.

---

12 MüKo-ZPO/*Smid*, § 850 d Rn 20.
13 BGH FamRZ 2010, 1798; BGHZ 156, 30; dazu *Wax*, FamRZ 2003, 1743; *Schuschke*, BGHReport 2003, 1239; BGH MDR 2008, 530.
14 BGH FamRZ 2010, 1798.
15 Vgl LG Köln JurBüro 2003, 492; LG Koblenz FamRZ 2005, 470.
16 BGH NJW-RR 2004, 506; LG Kassel JurBüro 2005, 379; LG Saarbrücken ZFE 2005, 413; LG Flensburg SchlHA 2006, 319; LG Münster FamRZ 2006, 497; LG Mönchengladbach InVo 2006, 116 (50 %); Rpfleger 2006, 270.
17 BGH FamRZ 2010, 1798.
18 BGH FamRZ 2010, 1798.
19 BGH NJW-RR 2004, 506.
20 Dazu noch BGH NJW-RR 2009, 1459.

§ 850 d

17 Die Streitfrage,[21] ob bei erwerbsfähigen Schuldnern das SGB II (ALG II – „Hartz IV") oder das SGB XII Anwendung findet, ist vom BGH zu Recht zugunsten einer umfassenden Geltung des SGB XII entschieden worden.[22] Die Mehrbedarfe des SGB II[23] sind infolge dieser Rspr im Rahmen von § 850 d ebenso wenig wie bei § 850 f Abs. 1 relevant. Da der Zuschlag nach ALG I-Bezug seit 1.1.2011 weggefallen ist,[24] sind ALG II und Sozialhilfe allerdings momentan im Prinzip deckungsgleich (399 € Regelbedarf nach § 20 Abs. 2 S. 1 SGB II *und* nach § 28 SGB XII iVm Anlage zu § 28). Unterschiede ergeben sich nur bei einem ALG II-Empfänger unter 25 Jahren ohne kommunale Zusicherung in einem eigenen Haushalt, vgl § 20 Abs. 3 SGB II (320 €) bzw § 28 SGB XII iVm Anlage zu § 28 (399 €). Unterschiedlich sind zudem die Einkommens- und Vermögensfreigrenzen.

18 **Nicht entscheidend**[25] ist der unterhaltsrechtliche Selbstbehalt nach den Leitlinien der Oberlandesgerichte (zB Düsseldorfer Tabelle) oder die Verdoppelung des Regelsatzes.[26] Ebenfalls keine Rolle spielen die bisherigen Lebensverhältnisse des Schuldners.

19 Soweit **weitere gesetzliche Unterhaltspflichten** berücksichtigt werden sollen, setzt dies voraus, dass an die weiteren Unterhaltsgläubiger auch tatsächlich (teilweise) Unterhalt geleistet wird (vgl § 850 c Rn 7),[27] wobei es auf die Höhe des Anspruchs und nicht auf diejenige der tatsächlichen Zahlung ankommt.[28] Nicht berücksichtigt werden nachrangige Unterhaltsberechtigte, wenn ein vorrangiger pfändet (s. Rn 24 ff).

20 Eine **Herabsetzung des Bedarfs** wegen „besonderer Sparsamkeit" des Schuldners, etwa wenn er sich mit einer preiswerten Wohnung begnügt, um zusätzliche Mittel für andere Dinge frei zu haben, kommt nicht in Betracht.[29]

21 **bb) Einkommen nach § 850 a (S. 2 Hs 2).** Die nach § 850 a **absolut unpfändbaren Forderungen** können wegen gesetzlicher Unterhaltspflichten gepfändet werden. Allerdings muss **die Hälfte des Betrages** dem Schuldner verbleiben, damit die Gründe für die Unpfändbarkeit dieser Bezüge (s. § 850 a Rn 2, 4 ff) zumindest zum Teil zum Tragen kommen.

22 **d) Obergrenze nach § 850 c (S. 3).** Der sich nach S. 2 ergebende unpfändbare Betrag ist **nach oben gedeckelt** durch die Regelung, dass er nicht höher sein darf als dasjenige, was die **Grenzen des § 850 c** ergeben. Andernfalls könnten Unterhaltsberechtigte im Verhältnis zu „Normalgläubigern" benachteiligt werden. Die

---

21 S. etwa LG Aschaffenburg FamRZ 2007, 1664; LG Görlitz FamRZ 2007, 299; LG Berlin Rpfleger 2006, 664; LG Darmstadt ZVI 2007, 364; LG Münster FamRZ 2006, 497; LG Nürnberg FamRZ 2006, 436; LG Osnabrück FamRZ 2001, 840; *Zimmermann/Freeman*, ZVI 2004, 655; *dies.*, ZVI 2005, 401; *Neugebauer*, MDR 2005, 911.
22 BGH WM 2011, 76; BGH FamRZ 2010, 1798; BGH NJW-RR 2008, 733; so bereits LG Memmingen FamRZ 2004, 1393; LG Meiningen InVo 2008, 23 (es sei denn, ihm steht nach dem SGB II weniger zu); LG Kassel JurBüro 2005, 379; LG Saarbrücken ZFE 2005, 413; Zöller/*Stöber*, § 850 d Rn 7; *Giers*, FamRB 2008, 119; aA PG/*Ahrens* (Differenzierung nach erwerbsfähigen und nicht erwerbsfähigen Personen), § 850 d Rn 17.
23 *Ahrens*, NZI 2009, 423.
24 § 24 SGB II aF zum 1.1.2011 rückwirkend aufgehoben durch Gesetz vom 24.4.2011 (BGBl. I S. 453).
25 BGHZ 156, 30.
26 So aber LG Osnabrück FamRZ 2001, 840; dazu Stein/Jonas/*Brehm*, § 850 d Rn 21.
27 BGH WM 2014, 2054; BGH WM 2010, 1754; LG Mühlhausen 7.2.2008 – 2 T 29/08; LAG Köln AE 2007, 174.
28 BGH WM 2010, 1754; aA *Völzmann-Stickelbrock*, LMK 2010, 310072.
29 Für das Unterhaltsrecht vgl BGH NJW 2006, 3561, 3563; BGH NJW-RR 2004, 362; BGH NJW 2009, 1410.

Obergrenze erlangt etwa dann Bedeutung, wenn die tatsächlichen Unterhaltsbeträge über den pauschalen Freibeträgen nach § 850 c Abs. 1 S. 2 liegen oder zahlenmäßig mehr bevorrechtigte Unterhaltsgläubiger vorhanden sind, als im Rahmen von § 850 c Abs. 1 S. 2 berücksichtigt werden (vgl § 850 c Rn 4).

e) **Absichtliches Entziehen von der Zahlungspflicht (S. 4).** Wird wegen Unterhaltsansprüchen vollstreckt, die **mehr als ein Jahr vor dem Antrag** auf Erlass des Pfändungsbeschlusses fällig geworden sind, gelten statt der erweiterten Pfändbarkeit die Pfändungsgrenzen nach § 850 c. Das wiederum gilt nicht, wenn der Schuldner sich seiner **Zahlungspflicht absichtlich entzogen** hat. Es bleibt dann auch für überjährige Ansprüche bei der erweiterten Pfändbarkeit. Der Gläubiger muss zu Verwandtschaft und Leistungsfähigkeit vortragen.[30] Von einem „absichtlichen Entziehen" ist bereits dann auszugehen, wenn der Schuldner durch ein zweckgerichtetes Verhalten eine zeitnahe Realisierung der Unterhaltsansprüche wesentlich erschwert.[31] Der **Schuldner** trägt – idR im Erinnerungsverfahren, da vorher keine Anhörung stattfindet – die **Darlegungs- und Beweislast** dafür, dass er sich seiner Zahlungspflicht nicht absichtlich entzogen hat.[32] 23

2. Rangfolge der Unterhaltsberechtigten (Abs. 2). Aus der Rangordnung des Abs. 2 ergibt sich die Reihenfolge, in der die Unterhaltsansprüche der Gläubiger im Verfahren nach § 850 d berücksichtigt werden.[33] 24

Die Pfändung durch **einen Unterhaltsberechtigten** wirkt sich so aus, dass die nachrangigen (nicht pfändenden) Unterhaltsberechtigten bei der Berechnung des notwendigen Selbstbehalts außen vor bleiben.[34] 25

Pfänden **mehrere Unterhaltsberechtigte**, gilt im Grundsatz das Prioritätsprinzip, § 804 Abs. 3. Hat aber ein unterhaltsmäßig nachrangiger Gläubiger zuerst gepfändet, geht der Vorrangige im Verfahren nach § 850 d (nicht bei § 850 c) vor, auch wenn er später pfändet.[35] Geltend zu machen ist dies im Rahmen von § 850 g.[36] 26

Die **Rangordnung** ist nicht in der Norm selbst geregelt, sondern durch **Verweis auf § 1609 BGB und § 16 LPartG**.[37] 27

An **erster Stelle** stehen minderjährige unverheiratete Kinder und volljährige Kinder bis zum vollendeten 21. Lebensjahr,[38] die im Haushalt leben und sich in der allgemeinen Schulausbildung befinden. 28

Auf dem **zweiten Rang** befinden sich Ehegatten, die wegen der Betreuung eines Kindes unterhaltsberechtigt sind oder im Falle einer Scheidung wären. Letzteres meint einen mit dem Unterhaltsverpflichteten zusammenlebenden Ehegatten; die nacheheliche Unterhaltpflicht ist hypothetisch zu prüfen.[39] Auf dem zweiten Rang befinden sich außerdem zusammenlebende und geschiedene Ehegatten bei langer Ehedauer. Ebenfalls auf dem zweiten Rang steht ein Elternteil, der nach

---

30 LG Konstanz Rpfleger 2003, 677; vgl *Landmann*, Rpfleger 2005, 75; *Ramm*, FuR 2005, 355.
31 LSG Essen 4.11.2013 – L 3 R 894/13 B ER.
32 BGH NJW-RR 2005, 718.
33 MüKo-ZPO/*Smid*, § 850 d Rn 11.
34 Zöller/*Stöber*, § 850 d Rn 20; Stein/Jonas/*Brehm*, § 850 d Rn 25.
35 Hk-ZPO/*Kemper*, § 850 d Rn 15; Zöller/*Stöber*, § 850 d Rn 15.
36 Stein/Jonas/*Brehm*, § 850 d Rn 34, 37.
37 Mit Wirkung vom 1.1.2008 durch Gesetz zur Änderung des Unterhaltsrechts vom 21.12.2007 (BGBl. I S. 3189).
38 Anders nach alter Rechtslage: BGH NJW 2003, 2832.
39 PWW/*Soyka*, § 1609 BGB Rn 2.

§ 1615 I BGB unterhaltsberechtigt ist, also auch, wenn er nicht mit dem Unterhaltsschuldner verheiratet ist oder war.[40]

(Erst)[41] auf der **dritten Stufe** befinden sich alle sonstigen (geschiedenen) Ehegatten.

Auf dem **vierten Rang** befinden sich die sonstigen Kinder, denen auf **Rang fünf** die Enkelkinder und weiteren Abkömmlinge, an **sechster Stelle** die Eltern und an **siebter Stelle** die weiteren Verwandten aufsteigender Linie folgen.

Wegen des Rangverhältnisses verweist § 16 LPartG bezüglich des nachpartnerschaftlichen Unterhalts direkt auf § 1609 BGB. Die Unterhaltsansprüche des Lebenspartners fallen entweder in den **zweiten oder dritten Rang**.[42]

29 **Innerhalb einer Gruppe** stehen die Unterhaltsberechtigten einander gleich.

30 **3. Vorratspfändung (Abs. 3).** Bei der Vorratspfändung werden Verstrickung, Pfandrecht und Rang bereits mit dem Pfändungsakt auch im Hinblick auf die **Pfändung wegen künftig fällig werdender Ansprüche** bewirkt. Sie erfasst wegen §§ 832, 850 Abs. 4 sofort auch die **künftigen Forderungen auf Arbeitseinkommen.**

31 Gestattet ist die Vorratspfändung, wenn wegen eines **Unterhaltsanspruchs** iSd Abs. 1 oder wegen einer **Rente aus Körper- und Gesundheitsverletzung** gepfändet wird, und nur, wenn **gleichzeitig** auch wegen **fälliger und künftiger Raten** gepfändet wird.

32 Darüber hinaus lässt die Rspr auch die sog. **Voraus-/Dauerpfändung** wegen zukünftig fällig werdender wiederkehrender Forderungen zu, wobei hier die Verstrickung und der Pfandrechtsrang – anders als bei der Vorratspfändung – erst sukzessive nach Fälligkeitsabschnitten eintreten, da die Wirkungen des Beschlusses vorher aufgeschoben sind.[43]

Ob § 850 d auch bei der **Vorpfändung** nach § 845 gilt, ist umstritten.[44] Jedenfalls aber erfordert sie detaillierte Angaben zu § 850 d, so dass sie mangels Erlangbarkeit der notwendigen Auskünfte zum nach § 850 d unpfändbaren Betrag für den Gläubiger vielfach unpraktikabel sein wird.

III. Verfahren

33 **1. Festsetzung des unpfändbaren Betrages und Rechtsbehelfe.** Der **Gläubiger** muss die erweiterte Pfändung – idR mit dem Pfändungsantrag – **beantragen** und dabei darlegen, dass sein Anspruch ein – im Titel so bezeichneter (s. Rn 10) – Unterhaltsanspruch ist, und welche vorrangigen und gleichrangigen Unterhaltsberechtigten vorhanden sind (s. Rn 24 ff). Das **Vollstreckungsgericht** legt den pfandfreien Betrag dann **ohne Anhörung** des Schuldners fest.[45] Privilegiert pfändende Gläubiger werden im Verhältnis zu anderen Gläubigern auf den Vorrechtsbereich verwiesen (s. § 850 e Rn 26 f, 36).

Der unpfändbare Betrag wird dabei **ziffernmäßig bestimmt**, etwa in der Weise, dass die Pfändung ausgesprochen wird,

---

40 Palandt/*Brudermüller*, § 1609 BGB Rn 15.
41 Krit. etwa *Schwab*, FamRZ 2005, 1422; PWW/*Soyka*, § 1609 BGB Rn 2.
42 PWW/*Weinreich*, § 16 LPartG Rn 4.
43 BGH NJW 2004, 369 mwN; LG Flensburg FamRZ 2004, 1224 mwN; AG Norden NJW-RR 2004, 1692; *Ramm*, FuR 2005, 355, 357.
44 Dafür etwa Stein/Jonas/*Brehm*, § 850 Rn 48; aA etwa *Reiter*, AuA 2004, 32.
45 BGHZ 156, 30; *Walker*, LMK 2004, 33; aA zur Anhörung Stein/Jonas/*Brehm*, § 850 d Rn 42.

▶ soweit das Arbeitseinkommen einen Betrag von ... € (notwendiger Selbstbehalt) übersteigt. ◀

Ein Blankettbeschluss ist nicht zulässig.[46] Wird der Antrag nicht gestellt, wird nur innerhalb der Grenzen des § 850 c gepfändet. Es ist das entsprechende **Formular** gem. § 2 Nr. 1 Zwangsvollstreckungsformular-Verordnung iVm Anlage 3 zu verwenden; abrufbar unter http://www.justiz.de/formulare/zwi_bund/unterhaltsforderungen.pdf.[47]

Handelt es sich beim Gläubiger um die Unterhaltsvorschusskasse, auf die der Unterhaltsanspruch übergegangen ist (§ 7 UhVorschG), muss diese das Fehlen vorrangig zu berücksichtigender Unterhaltsansprüche nicht darlegen und nachweisen, weil die Regelungen des UHVorschG insoweit § 850 d Abs. 2 sowie § 1609 BGB vorgehen.[48]

Gegen die Festsetzung des unpfändbaren Betrages kann **Erinnerung** nach § 766 eingelegt werden; und zwar auch wegen der Einordnung der übrigen Unterhaltsberechtigten und auch durch diese.[49] Im **Einziehungsprozess** ist die Festsetzung des pfändungsfreien Betrages durch das Vollstreckungsgericht bindend.[50]

34

Ändern sich die für die Bemessung maßgeblichen tatsächlichen Umstände und ist insoweit die Prognose des Vollstreckungsgerichts bei Festsetzung des unpfändbaren Betrages für die Zukunft nicht richtig, kann (seitens Schuldner und übergangenen Unterhaltsberechtigten)[51] entsprechend **§ 850 g S. 1** vorgegangen werden mit dem Ziel einer **neuen Festsetzung** des unpfändbaren Teils des Arbeitseinkommens.[52] Als Änderung der tatsächlichen Voraussetzungen für die Bemessung des unpfändbaren Teils des Arbeitseinkommens iSd § 850 g S. 1 ist dabei auch eine höchstrichterliche Grundsatzentscheidung zur Auslegung des § 850 d anzusehen.[53]

35

2. Modifizierungen durch § 850 f. Der Schuldner kann einen Antrag auf **Anhebung des pfandfreien Betrages** nach § 850 f Abs. 1 stellen, wobei er die Vortrags- und Beweislast für bedarfssteigernde Verhältnisse des Einzelfalles trägt.[54] Der Antrag kommt v.a. in Betracht, wenn der notwendige Unterhalt wegen Abs. 1 S. 3 (s. Rn 22) durch die Pfändungsgrenzen des § 850 c nach oben gedeckelt wird und der Schuldner erreichen will, dass ihm dennoch der sozialhilferechtliche Lebensbedarf verbleibt. § 850 f Abs. 1 geht insoweit Abs. 1 S. 3 vor (s. § 850 f Rn 10).

36

IV. Materiellrechtliche Verfügungsbefugnis und Bedeutung in der Insolvenz

Die erweiterte Pfändbarkeit führt nicht zur Abtretbarkeit der Forderungen über die Grenzen des § 850 c hinaus. Erfolgt allerdings die Abtretung oder sonstige Verfügung zugunsten eines Unterhaltsgläubigers, ist sie in den erweiterten Gren-

37

---

46 MüKo-ZPO/*Smid*, § 850 d Rn 24 mwN.
47 Zuletzt abgerufen am 15.5.2015.
48 BGH WM 2014, 2052.
49 MüKo-ZPO/*Smid*, § 850 d Rn 29; Schuschke/Walker/*Kessal-Wulf*, § 850 d Rn 21; Stein/Jonas/*Brehm*, § 850 d Rn 46.
50 Etwa LAG Düsseldorf NZA-RR 2002, 35; LAG Düsseldorf EEK 3194; LAG Köln AE 2007, 174; LAG Hannover JurBüro 2004, 216; ausf. zum Einziehungsprozess bei Pfändung wegen Unterhaltsforderungen: *Knittel*, JAmt 2006, 273.
51 Schuschke/Walker/*Kessal-Wulf*, § 850 d Rn 21.
52 BGH FamRZ 2005, 28; BGHZ 161, 73.
53 BGH FamRZ 2005, 28; BGHZ 161, 73.
54 BGH NJW-RR 2004, 506.

zen des § 850 d möglich.⁵⁵ Entsprechendes gilt für sonstige Verfügungen über die Forderungen (vgl § 850 Rn 26, 32).

38 Die **Vollstreckung** in die erweitert pfändbaren Bezüge ist Gläubigern von Unterhaltsansprüchen **auch in der Insolvenz** gestattet (§ 89 Abs. 2 S. 2 InsO), allerdings nur Neugläubigern.⁵⁶ Das Insolvenzgericht ist an die Festsetzung des pfändungsfreien Betrages nach § 850 d gebunden.⁵⁷ Nach § 40 InsO können Unterhaltsansprüche gegen den Schuldner für die Zeit nach Verfahrenseröffnung nicht im Insolvenzverfahren geltend gemacht werden.

V. Weitere praktische Hinweise

39 Im Pfändungsverfahren und auch im Rahmen der Prozesskostenhilfe ist wegen der rechtlichen Schwierigkeiten, die sich aus der Regelung des § 850 d ergeben, dem pfändenden Unterhaltsgläubiger idR ein **Rechtsanwalt beizuordnen**, auch wenn eine Vertretung durch Anwälte nicht vorgeschrieben ist (§ 121 Abs. 2); auf die Beistandschaft des Jugendamtes gem. § 1712 BGB darf nicht verwiesen werden.⁵⁸

40 Die Möglichkeit der **Vorratspfändung** lässt idR einen Arrestgrund (§ 917) entfallen.⁵⁹ Liegen die Voraussetzungen für eine Vorratspfändung nach Abs. 3 nicht vor, so kann im Wege der Dauerpfändung (s. Rn 32) vorgegangen werden.

41 Bei der **vertraglichen Ausgestaltung** von Unterhaltsansprüchen (s. Rn 4) ist darauf zu achten, dass sich der gesetzliche Anteil aus dem Vertrag ergibt, da nur insoweit das Pfändungsprivileg gilt.⁶⁰

42 Den Unterhaltsschuldner trifft grds. eine Obliegenheit zur Einleitung der **Verbraucherinsolvenz**, um den Kindesunterhalt sicherzustellen,⁶¹ nicht aber zur Sicherstellung des Trennungsunterhalts.⁶²

§ 850 e Berechnung des pfändbaren Arbeitseinkommens

Für die Berechnung des pfändbaren Arbeitseinkommens gilt Folgendes:
1. Nicht mitzurechnen sind die nach § 850 a der Pfändung entzogenen Bezüge, ferner Beträge, die unmittelbar auf Grund steuerrechtlicher oder sozialrechtlicher Vorschriften zur Erfüllung gesetzlicher Verpflichtungen des Schuldners abzuführen sind. Diesen Beträgen stehen gleich die auf den Auszahlungszeitraum entfallenden Beträge, die der Schuldner
   a) nach den Vorschriften der Sozialversicherungsgesetze zur Weiterversicherung entrichtet oder
   b) an eine Ersatzkasse oder an ein Unternehmen der privaten Krankenversicherung leistet, soweit sie den Rahmen des Üblichen nicht übersteigen.
2. Mehrere Arbeitseinkommen sind auf Antrag vom Vollstreckungsgericht bei der Pfändung zusammenzurechnen. Der unpfändbare Grundbetrag ist in

---

55 Stein/Jonas/*Brehm*, § 850 Rn 62.
56 BGH NJW-RR 2008, 294; BGH FamRZ 2008, 257; BGH FamRZ 2008, 684.
57 Vgl LAG Köln 19.12.2003 – 4 Sa 977/03.
58 BGH NJW-RR 2012, 1153; BGH NJW 2003, 3136; BGH FamRZ 2004, 789; BGH FuR 2006, 309 m. Anm. *Soyka*; BGH FamRZ 2006, 856; anders LG Koblenz Rpfleger 2005, 200.
59 AG Ludwigslust FamRZ 2006, 285 mwN.
60 *Ramm*, FuR 2005, 355, 356.
61 BGHZ 162, 234.
62 BGHZ 175, 67.

erster Linie dem Arbeitseinkommen zu entnehmen, das die wesentliche Grundlage der Lebenshaltung des Schuldners bildet.

2a. Mit Arbeitseinkommen sind auf Antrag auch Ansprüche auf laufende Geldleistungen nach dem Sozialgesetzbuch zusammenzurechnen, soweit diese der Pfändung unterworfen sind. Der unpfändbare Grundbetrag ist, soweit die Pfändung nicht wegen gesetzlicher Unterhaltsansprüche erfolgt, in erster Linie den laufenden Geldleistungen nach dem Sozialgesetzbuch zu entnehmen. Ansprüche auf Geldleistungen für Kinder dürfen mit Arbeitseinkommen nur zusammengerechnet werden, soweit sie nach § 76 des Einkommensteuergesetzes oder nach § 54 Abs. 5 des Ersten Buches Sozialgesetzbuch gepfändet werden können.

3. Erhält der Schuldner neben seinem in Geld zahlbaren Einkommen auch Naturalleistungen, so sind Geld- und Naturalleistungen zusammenzurechnen. In diesem Fall ist der in Geld zahlbare Betrag insoweit pfändbar, als der nach § 850 c unpfändbare Teil des Gesamteinkommens durch den Wert der dem Schuldner verbleibenden Naturalleistungen gedeckt ist.

4. Trifft eine Pfändung, eine Abtretung oder eine sonstige Verfügung wegen eines der in § 850 d bezeichneten Ansprüche mit einer Pfändung wegen eines sonstigen Anspruchs zusammen, so sind auf die Unterhaltsansprüche zunächst die gemäß § 850 d der Pfändung in erweitertem Umfang unterliegenden Teile des Arbeitseinkommens zu verrechnen. Die Verrechnung nimmt auf Antrag eines Beteiligten das Vollstreckungsgericht vor. Der Drittschuldner kann, solange ihm eine Entscheidung des Vollstreckungsgerichts nicht zugestellt ist, nach dem Inhalt der ihm bekannten Pfändungsbeschlüsse, Abtretungen und sonstigen Verfügungen mit befreiender Wirkung leisten.

I. Allgemeines 1
II. Berechnung nach § 850 e 2
　1. Nicht einzuberechnende bzw abzuziehende Bezüge (Nr. 1) ... 3
　　a) Nettolohnprinzip (Nr. 1 S. 1 Hs 2) 4
　　b) Versicherungsbeiträge (Nr. 1 S. 2 Buchst. a und b) 6
　　c) Nach § 850 a unpfändbare Forderungen (Nr. 1 S. 1) 7
　　d) (Sonstige) unpfändbare Forderungen 13
　2. Zusammenrechnung mehrerer Arbeitseinkommen (Nr. 2) 14
　3. Zusammenrechnung mit Sozialleistungen (Nr. 2 a) 21
　4. Zusammenrechnung mit Naturalleistungen (Nr. 3) 23
　5. Zusammentreffen mehrerer Gläubiger (Nr. 4) 26
III. Verfahren 28
　1. Bei abzuziehenden Beträgen nach Nr. 1 28
　2. Bei Zusammenrechnung und Anrechnung nach Nr. 2–4 ... 29
　3. Rechtsbehelfe 31
IV. Auswirkungen im materiellen Recht und in der Insolvenz 32
V. Weitere praktische Hinweise 35

I. Allgemeines

Die Vorschrift ist Grundlage für die konkrete **Berechnung des pfändbaren Betrages** nach § 850 c und § 850 d und auch Orientierung für die Errechnung im Rahmen der Pfändung nach § 850 h und § 850 i.[1] Sie gibt vor, welche **Abzüge** vom Bruttolohn vorzunehmen sind, und beantwortet, wie **mehrere Arbeitseinkommen** und Sozialleistungen oder Naturalbezüge neben dem Arbeitseinkommen bei der Pfändung **zusammenzurechnen** sind. Geregelt wird schließlich, wie bei der Pfän-

1

---

1 Stein/Jonas/*Brehm*, § 850 e Rn 1, 51; Schuschke/Walker/*Kessal-Wulf*, § 850 e Rn 1; Baur/Stürner/Bruns, Zwangsvollstreckungsrecht, Rn 24.24.

dung durch (bzw Abtretung oder sonstigen Verfügung an) einen Unterhaltsgläubiger der pfandfreie Betrag **im Verhältnis zu anderen Gläubigern** verrechnet wird. Zur Frage, **ob** ein bestimmter Anspruch pfändbar oder unpfändbar ist, gibt die Norm keine Auskunft.

II. Berechnung nach § 850 e

2 Vom arbeitsvertraglich geschuldeten Bruttolohn sind zunächst bestimmte Bezüge **abzuziehen (Nr. 1)**, sodann ist das Ergebnis mit anderweitigen Einkünften **zusammenzurechnen (Nr. 2, 2 a, 3)**. Da auf einen bestimmten Anteil des Schuldnereinkommens allein **Unterhaltsgläubiger** Zugriff haben (§ 850 d), werden sie für ihre Befriedigung auch vorrangig auf den den **anderen Gläubigern nicht zustehenden Bereich verwiesen (Nr. 4)**.

3 **1. Nicht einzuberechnende bzw abzuziehende Bezüge (Nr. 1). Ausgangspunkt** ist der vertraglich vereinbarte Bruttolohn. Umstritten ist, was gilt, wenn dieser vor Pfändung im Wege der Vorauszahlung oder Abschlagszahlung bereits eingenommen wurde (vgl § 850 Rn 6). Die überwiegende Rspr und Lit. geht davon aus, dass es auch dann bei der Berechnung nach dem geschuldeten Arbeitslohn bleibt und die Voraus- oder Abschlagszahlung (zunächst) auf den unpfändbaren Teil anzurechnen ist.[2]

Vom vereinbarten Bruttolohn sind folgende Beträge abzuziehen:

4 **a) Nettolohnprinzip (Nr. 1 S. 1 Hs 2)**. Beträge, die unmittelbar aufgrund steuer- oder sozialrechtlicher Vorschriften zur Erfüllung gesetzlicher Verpflichtungen des Schuldners abzuführen sind, sind nicht mitzuberechnen (**Nettolohnprinzip**).

5 Entscheidend sind die **tatsächlich** und **laufend** gezahlten Steuern oder Sozialabgaben. Nicht periodisch gezahlte Steuerabschlusszahlungen, Nachzahlungen oder Vorauszahlungen sind demnach nicht erfasst (s. auch § 850 Rn 7).[3] Nach hM sind auch **im Ausland gezahlte Steuern** nicht bzw nur auf Antrag nach § 850 f Abs. 1 Buchst. b abzuziehen.[4] Dem ist trotz der nach Unionsrecht notwendigen Berücksichtigung ausländischer Steuern, die der EuGH aus der Personenfreizügigkeit nach Art. 21 AEUV (ex-Art. 18 EGV) ableitet,[5] zu folgen, denn der Nachweis über die Zahlung im Ausland kann ohne übermäßige Schwierigkeiten im Rahmen von § 850 f Abs. 1 Buchst. b erbracht werden.[6] Wählt der Schuldner vor oder nach der Pfändung eine für den Drittschuldner ungünstige **Steuerklasse**, obwohl ihm andernfalls ein höheres Nettoeinkommen zur Verfügung stünde, wird dies nicht ohne weiteres über § 850 e korrigiert, es kommt aber ein Antrag auf eine Anordnung entsprechend § 850 h (s. § 850 h Rn 34 ff) in Betracht.[7]

Die **auf unpfändbare Bezüge** (s. Rn 7 ff, 13) **gezahlten Steuern** sind nur anteilig abzuziehen (Nettomethode, vgl § 850 a Rn 32).[8]

---

2 BAGE 55, 44; MüKo-ZPO/*Smid*, § 850 e Rn 6 ff; Hk-ZPO/*Kemper*, § 850 e Rn 8; Stein/Jonas/*Brehm*, § 850 e Rn 15 ff, jew. mwN; aA Schuschke/Walker/*Kessal-Wulf*, § 850 e Rn 3 mwN.
3 BAGE 32, 159 (für Nachzahlungen); Stein/Jonas/*Brehm*, § 850 e Rn 5; Hk-ZPO/*Kemper*, § 850 e Rn 5.
4 BAG NJW 1986, 2208; Stein/Jonas/*Brehm*, § 850 e Rn 5; Hk-ZPO/*Kemper*, § 850 e Rn 5; *Zimmermann*, § 850 e Rn 1; aA *Rüfner*, GPR 2004, 293: Härteklausel in § 850 f Abs. 1 genügt den Vorgaben des Art. 18 EGV nicht.
5 EuGH 29.4.2004 – Rs. C-224/02, Slg 2004, I-5763.
6 Ggf in gemeinschaftsrechtskonformer Reduktion: *Lohse*, IStR 2005, 64.
7 BGH NJW-RR 2006, 569; BAG NJW 2008, 2606; *Walker*, WuB VI D. § 850 h ZPO 1.06; Schuschke/Walker/*Kessal-Wulf*, § 850 h Rn 11; diff. Stein/Jonas/*Brehm*, § 850 e Rn 6.
8 BAGE 145, 18; Stein/Jonas/*Brehm*, § 850 e Rn 7; MüKo-ZPO/*Smid*, § 850 e Rn 2.

Bei (auch) selbständig Tätigen kann die Einkommensteuer über § 850 f Abs. 1 Buchst. b berücksichtigt werden.

b) Versicherungsbeiträge (Nr. 1 S. 2 Buchst. a und b). Auf den Auszahlungszeitraum entfallende Beträge, die der Schuldner nach den Vorschriften der **Sozialversicherungsgesetze** zur Weiterversicherung (nicht Höherversicherung)[9] entrichtet, sind abzuziehen (**Buchst. a**). Den aufgrund sozialrechtlicher Vorschriften zu zahlenden Beiträgen sind die Pflichtbeiträge zur Versicherungsanstalt des Bundes und der Länder (VBL) gleichzustellen.[10] Ebenfalls abzuziehen sind die an eine Ersatzkasse oder an ein Unternehmen der privaten **Krankenversicherung** geleisteten Beträge, soweit sie den Rahmen des Üblichen nicht übersteigen (**Buchst. b**). Das „Maß des Üblichen" ist nicht bereits bei in der privaten Kasse teurer versicherten Risikopatienten überschritten, sondern entscheidend ist, inwieweit die gewählten Leistungen dem Standardleistungskatalog der Versicherungen entsprechen.[11] Wichtig ist hier insb. die Einführung des Basistarifs in der privaten Krankenversicherung, wodurch der berücksichtigungsfähige Betrag auf den Höchstbeitragssatz der gesetzlichen Kranken- und Pflegeversicherung begrenzt ist.[12] Von Beträgen im Rahmen des Üblichen ist auch auszugehen, wenn üblicherweise eine freiwillige Versicherung gewählt wird oder die bei privaten Versicherungen üblicherweise gewählten Tarife eingehalten werden.[13] Eine private Versicherung eines Beamten, die die nicht beihilfefähigen Leistungen abdeckt, hält sich im „Rahmen des Üblichen".[14] Unter die Vorschrift fallen nur diejenigen Beträge, die der Schuldner zur Erlangung eigenen Versicherungsschutzes einsetzt, nicht diejenigen für Versicherungsbeiträge seiner Angehörigen.[15] Beiträge für die **private Altersvorsorge** Selbständiger sind nicht abzuziehen; dasselbe gilt für Beiträge zur ansonsten gesondert geschützten Altersrente nach § 851 c.[16]

c) Nach § 850 a unpfändbare Forderungen (Nr. 1 S. 1). Weiterhin abzuziehen sind:

- die Hälfte (bei Pfändung wegen Unterhaltsansprüchen ein Viertel, s. § 850 d Abs. 1 S. 2 Hs 2) der für die Leistung von Mehrarbeitsstunden bezahlten Teile des Arbeitseinkommens (§ 850 a Nr. 1);

- Urlaubs- und Treugeld (bei Pfändung wegen Unterhaltsansprüchen die Hälfte, s. § 850 d Abs. 1 S. 2 Hs 2), soweit es den Rahmen des Üblichen nicht übersteigt (§ 850 a Nr. 2);

- Aufwandsentschädigungen, Auslösegelder oder andere soziale Zulagen für auswärtige Beschäftigungen, das Entgelt für selbstgestelltes Arbeitsmaterial, Gefahren-, Schmutz- und Erschwerniszulagen, soweit sie den Rahmen des Üblichen nicht übersteigen (§ 850 a Nr. 3);

- Weihnachtsvergütungen bis zur Hälfte des monatlichen Bruttobetrages (bei Pfändung wegen Unterhaltsansprüchen bis zu einem Viertel, s. § 850 d Abs. 1 S. 2 Hs 2), höchstens aber bis zum Betrag von 500 € (bei Pfändung wegen Unterhaltsansprüchen höchstens bis 250 €, s. § 850 d Abs. 1 S. 2 Hs 2) (§ 850 a Nr. 4);

---

9 Stein/Jonas/*Brehm*, § 850 e Rn 8.
10 BGH NJW-RR 2010, 785.
11 Vgl LG Düsseldorf JurBüro 2006, 156.
12 LG Stuttgart JurBüro 2012, 437.
13 Vgl Stein/Jonas/*Brehm*, § 850 e Rn 8.
14 LG Hannover JurBüro 1983, 1423; MüKo-ZPO/*Smid*, § 850 e Rn 4.
15 VG Sigmaringen NJOZ 2005, 3514.
16 BGH DB 2011, 1390 (Rn 12).

11 ■ Heirats- und Geburtsbeihilfen (bei Pfändung wegen Anlassverbindlichkeiten aber Pfändbarkeit, s. § 850 a Nr. 5 Hs 2) (§ 850 a Nr. 5);

12 ■ Erziehungsgelder und Studienbeihilfen (§ 850 a Nr. 6), Sterbe- und Gnadenbezüge (§ 850 a Nr. 7), Blindenbeihilfen (§ 850 a Nr. 8).

13 d) (Sonstige) unpfändbare Forderungen. Soweit keine Entscheidung nach § 850 b Abs. 2 vorliegt, müssen auch die Bezüge nach § 850 b abgezogen werden.[17] Das gilt auch für unpfändbare Sozialleistungen (s. Rn 21).

14 2. Zusammenrechnung mehrerer Arbeitseinkommen (Nr. 2). Zur Berechnung des nach § 850 c pfändbaren Teils des Gesamteinkommens gem. § 850 e sind das Arbeitseinkommen beim Drittschuldner und dasjenige bei **anderen Arbeitgebern** zusammenzurechnen. Die verschiedenen Einkommen können – anders als mehrere Einkommen bei demselben Drittschuldner (s. § 850 Rn 15, 60) – nicht durch einen einzigen Beschluss gepfändet werden, so dass ohne Zusammenrechnung der Schuldner den Pfändungsfreibetrag mehrfach in Anspruch nehmen könnte.

15 Die **wegen Unpfändbarkeit nicht einzurechnenden Forderungen** (s. Rn 7–13) dürfen nicht nach Nr. 2 oder 2 a zusammengerechnet und anschließend ein pfändbarer Betrag gem. § 850 c festgesetzt werden. Vielmehr muss **für jede Leistung** zunächst **gesondert geprüft** werden, ob und in welchem Umfang sie der Pfändung unterworfen ist; soweit dies nicht der Fall ist, können sie nicht zusammengerechnet werden,[18] sondern bleiben von vornherein außer Betracht.

Eine Zusammenrechnung mit den **Vergütungen nach § 850 i** kommt nicht in Betracht.[19] Ebenso wenig können Unterhaltsansprüche hinzugerechnet werden.[20] Auch das Einkommen eines Ehegatten kann nicht zusammengerechnet werden, sondern nur über § 850 c Abs. 4 Berücksichtigung finden.

16 Die Zusammenrechnung erfolgt **nur auf Antrag**, wobei v.a. ein Gläubiger, seltener auch der Schuldner,[21] als Antragsteller in Betracht kommt, nicht aber der Drittschuldner.[22] In der Regel erfolgt dieser Antrag bereits mit dem Pfändungsantrag:

▶ Es wird beantragt, zur Berechnung des nach § 850 c ZPO pfändbaren Teils des Einkommens gem. § 850 e Nr. 2 (Nr. 2 a, 3) ZPO zusammenzurechnen:

– das gepfändete Arbeitseinkommen des Schuldners beim Drittschuldner,

– Arbeitseinkommen bei Arbeitgeber ... (Bezeichnung des Arbeitgebers und des Einkommens),

– Sozialleistungen von ... (Bezeichnung der Behörde, zB Agentur für Arbeit/Versicherungsträger, und des Einkommens),

– den Wert der Naturalleistungen durch ... (Bezeichnung des Arbeitgebers und der Naturalleistungen).

Der unpfändbare Betrag ist dem Einkommen des Schuldners bei ... (Bezeichnung des Arbeitgebers und des Einkommens) zu entnehmen, da dieses Einkommen die wesentliche Grundlage der Lebenshaltung des Schuldners bildet. ◀

---

17 Stein/Jonas/*Brehm*, § 850 e Rn 2.
18 BGH NJW-RR 2005, 1010.
19 Stein/Jonas/*Brehm*, § 850 e Rn 52 f; *Baur/Stürner/Bruns*, Zwangsvollstreckungsrecht, Rn 24.24; *Grunsky*, ZIP 1983, 908.
20 LG Heilbronn Rpfleger 2009, 640.
21 Dazu OLG Stuttgart JurBüro 1982, 1747.
22 Stein/Jonas/*Brehm*, § 850 e Rn 45 mwN; Hk-ZPO/*Kemper*, § 850 e Rn 12.

Wird wegen gewöhnlicher Geldforderungen gepfändet, ist das **Formular** gem. § 2 Nr. 1 der Zwangsvollstreckungsformular-Verordnung iVm Anlage 2 zu verwenden; abrufbar unter http://www.justiz.de/formulare/zwi_bund/gewoehnliche_geld forderungen.pdf. Wird wegen Unterhaltsforderungen gepfändet, ist der Zusammenrechnungsantrag dem Formular gem. Anlage 3 zu entnehmen; abrufbar unter http://www.justiz.de/formulare/zwi_bund/unterhaltsforderungen.pdf.[23]

Bei der Zusammenrechnung kommt es nicht darauf an, ob die einzelnen Bezüge selbst gepfändet wurden; ihre Mitzählung kann aber zur **Erweiterung des Pfändungszugriffs bei der konkret gepfändeten Forderung** führen. 17

Je nach konkretem Pfändungszugriff und Forderung, aufgrund derer vollstreckt wird, ist zu differenzieren:[24] 18

Werden **beim Drittschuldner selbst mehrere Einkommen** bezogen, gelten sie ohnehin als ein Arbeitseinkommen und werden durch einen Pfändungszugriff insgesamt gepfändet (s. § 850 Rn 15, 60). Ein gesonderter Zusammenrechnungsbeschluss ist entbehrlich. Werden Bezüge **bei mehreren Drittschuldnern gepfändet**, ist jedem von ihnen mitzuteilen, welchem Bezug der unpfändbare Grundbetrag und der Mehrbetrag nach § 850 c Abs. 2 anzurechnen ist. **Pfänden mehrere Gläubiger**, erwirkt aber nur einer eine Zusammenrechnung, bleibt für die übrigen Gläubiger der pfändungsfreie Grundbetrag von jedem der Bezüge abzusetzen. Der Grundbetrag, der infolge der privilegierten Pfändung eines **Unterhaltsgläubigers** dem Schuldner nicht verbleibt, geht zu Lasten der gewöhnlichen Gläubiger. 19

Nach Addition der Beträge bestimmt das Vollstreckungsgericht **dasjenige Einkommen, dem der Pfändungsfreibetrag zu entnehmen** ist. Auch hier (s. Rn 17) spielt es keine Rolle, ob gerade dieses gepfändet wurde.[25] Zu wählen ist das Einkommen, welches die wesentliche Lebensgrundlage des Schuldners bildet. Falls dies nicht feststellbar ist, ist das sicherste und stetigste, wenn auch niedrigere Einkommen zu wählen.[26] Fallen Geld- und Naturalleistungen zusammen (s. Rn 23), ist der unpfändbare Grundbetrag in erster Linie den Naturalleistungen zu entnehmen.[27] 20

Nr. 2 findet wegen § 851 c Abs. 3 entsprechende Anwendung auf Versicherungsleistungen iSd § 851 c (**Altersrenten**), so dass es auch hier zur Zusammenrechnung kommt. Deutsche und ausländische gesetzliche Renten sind in analoger Anwendung der Nr. 2, 2 a zusammenzurechnen.[28]

3. Zusammenrechnung mit Sozialleistungen (Nr. 2 a). Mit dem sich nach Nr. 2 ergebenden Betrag sind **laufende Sozialleistungen** durch den Drittschuldner oder andere Träger zusammenzurechnen (**Nr. 2 a S. 1**). Diese werden nach § 54 SGB I grds. wie Arbeitseinkommen gepfändet, was den Sinn der Zusammenrechnung begründet. Sind sie nach dieser Norm nicht pfändbar, etwa die nach § 54 Abs. 3 Nr. 1–3 SGB I (Elterngeld, Betreuungsgeld, Mutterschaftsgeld, Wohngeld, Ausgleich für Mehrbedarf wegen Gesundheitsschäden) sich ergebenden Bezüge, erfolgt mit ihnen auch keine Zusammenrechnung (s. Rn 15). Ebenfalls außen vor bleiben die **Leistungen für Kinder** im Rahmen von **Nr. 2 a S. 3**, es sei denn, es wird wegen gesetzlicher Unterhaltsansprüche des Kindes gepfändet. Eine Zusammenrechnung von Arbeitseinkommen und Sozialleistungen kommt aber nicht in Betracht, wenn der Schuldner die Sozialleistung nur deshalb bezieht, weil sein 21

---

23 Jeweils zuletzt abgerufen am 15.5.2015.
24 Vgl Stein/Jonas/*Brehm*, § 850 e Rn 27 ff.
25 Stein/Jonas/*Brehm*, § 850 e Rn 23.
26 Stein/Jonas/*Brehm*, § 850 e Rn 24.
27 AG Cloppenburg JurBüro 2012, 100.
28 BGH NJW-RR 2014, 1459.

Arbeitseinkommen bei anderen Personen berücksichtigt wird, die mit ihm in einer Bedarfsgemeinschaft leben.[29]

22 Der Pfändungsfreibetrag ist im Falle der Zusammenrechnung mit Sozialleistungen diesen zu entnehmen (**Nr. 2 a S. 2**).

23 **4. Zusammenrechnung mit Naturalleistungen (Nr. 3).** Hinzuzurechnen ist der **Wert von Naturalleistungen** (freie Kost, Wohnung, Dienstwagen, Arbeitskleidung uÄ), die der Schuldner vom Drittschuldner oder anderen Schuldnern erhält (s. § 850 Rn 4). Pfändbar sind diese Leistungen auch durch § 850 e nicht. Deckt aber ihr Wert den Pfändungsfreibetrag (teilweise), führt die Zusammenrechnung dazu, dass der in Geld zu zahlende Betrag insoweit pfändbar wird, als die Gesamtsumme pfändbar ist. Der nach § 850 c pfändbare Betrag ist dann aus dem Gesamteinkommen zu berechnen. Unterschreitet auch das aus der Naturalleistung und den Geldbezügen errechnete Gesamteinkommen den nach § 850 c pfändbaren Betrag, bleibt es bei der Unpfändbarkeit auch der Geldforderung.[30]

24 Der **Wert** der zusätzlichen Leistung ist nicht nach deren tatsächlicher Nutzung, sondern nach der Verfügungsmöglichkeit zu bemessen. Als Maßstab sind im Zweifel die Richtsätze des Sozialversicherungs- und Steuerrechts heranzuziehen,[31] ggf ist zu schätzen (§ 287).[32] Der pfändende Gläubiger trägt Vortrags- und Beweislast im Hinblick auf den Bestand von Naturalleistungen. Der Schuldner der Naturalleistungen hat deren Wert zu ermitteln; letztlich wird aber im Einziehungsprozess über den Wert entschieden.[33] Der pfändende Gläubiger bzw der Drittschuldner trägt also das Risiko zu hoher bzw zu geringer Wertermittlung. Ein klarstellender Beschluss über die Bemessung des Wertes kann insoweit nach bislang wohl hM,[34] der sich der BGH[35] aber kürzlich im Hinblick auf die Feststellung für die Vergangenheit und in einem beim Insolvenzgericht eingereichten Festsetzungsantrag entgegengestellt hat, beantragt werden. Ob diese Entscheidung sich generell gegen die Zulässigkeit eines (verbindlichen, s. § 850 c Rn 7, 14, 19) Klarstellungsantrags richtet, ist unklar. Zu hoffen wäre es nicht, da dieser nach wie vor eine relativ einfache und ein weiteres gerichtliches Verfahren ersparende Möglichkeit der Streitklärung ist.

Zu beachten ist, dass der Wert der Naturalleistungen die Höhe des pfändbaren Teils des Arbeitsentgelts nicht übersteigen darf und insoweit auch ein Verrechnungsverbot besteht (§§ 6 Abs. 2, 107 Abs. 2 S. 5 GewO).[36]

25 Erhält der Schuldner kostenpflichtige Naturalleistungen, zahlt aber das Entgelt nicht (zB Stromkosten, Miete), ist Nr. 3 nicht entsprechend anzuwenden,[37] so dass nicht etwa der Wert der unbeglichenen Naturalleistungen der Geldforderung hinzuzurechnen ist und zu Pfändbarkeit führen kann.

26 **5. Zusammentreffen mehrerer Gläubiger (Nr. 4).** Der Betrag, der sich zugunsten des Unterhaltsgläubigers wegen dessen erweiterter Pfändungsmöglichkeit nach

---

29 BGH NZA-RR 2013, 148 (betrifft ALG II).
30 BAGE 130, 101.
31 MüKo-ZPO/*Smid*, § 850 e Rn 40.
32 ZB LAG Hannover LAGE § 850 e ZPO 2002 Nr. 1 (monatlich 1 % des Verkaufslistenpreises bei Dienstwagen).
33 MüKo-ZPO/*Smid*, § 850 e Rn 40.
34 Etwa *Stöber*, Forderungspfändung, Rn 1170 mwN.
35 BGH NJW-RR 2013, 561 mwN auch zur Gegenansicht; krit. *Hintzen*, Rpfleger 2014, 119.
36 BAGE 130, 101 (Wird dennoch im Arbeitsvertrag vereinbart, dass die Naturalleistung mit dem Monatsentgelt verrechnet wird, ist diese Abrede nach § 134 BGB nichtig, der Entgeltanspruch besteht trotz der Verrechnungsabrede fort und ist an den Arbeitnehmer auszuzahlen.); vgl BAGE 129, 335; krit. *Grote*, ZInsO 2013, 374.
37 LG Kassel JurBüro 2007, 664.

§ 850 d ergibt, wird durch die Regelung der Nr. 4 verteilt: Auf die Unterhaltsansprüche ist zunächst der für andere Gläubiger unpfändbare Anteil anzurechnen (S. 1). Diese Verrechnung ist beim Vollstreckungsgericht zu beantragen (S. 2). Solange der Verrechnungsbeschluss dem Drittschuldner nicht zugestellt ist, kann er mit befreiender Wirkung an die anderen Gläubiger leisten (S. 3).

Im Einzelnen: Im Verhältnis von Normalgläubigern und Unterhaltsgläubigern gilt das Prioritätsprinzip (§ 804 Abs. 3). Pfändet aber zuerst der Unterhaltsgläubiger (bzw wird zu seinen Gunsten verfügt) und beschränkt er sich dabei auf den Rahmen des § 850 c (vgl § 850 d Rn 33) oder pfändet er wegen eines so geringen Anspruchs, dass dem Schuldner mehr verbleibt, als ihm nach § 850 c belassen ist, könnte er den allgemein pfändbaren Bereich für nachfolgend pfändende Normalgläubiger blockieren.[38] Dem wirkt Nr. 4 entgegen, indem auf den Unterhaltsanspruch zunächst der Betrag gem. § 850 d verrechnet wird (S. 1). Der pfändende Unterhaltsgläubiger wird also mit seinem Anspruch auf den nur ihm offen stehenden Betrag verwiesen. Dies dient dazu, dass anderen Gläubigern wenigstens der nach § 850 c pfändbare Teil bleibt.[39]

III. Verfahren

1. Bei abzuziehenden Beträgen nach Nr. 1. Die Nichtberücksichtigung der in Nr. 1 genannten Bezüge erfolgt **von Amts wegen**. Das bedeutet aber nicht, dass eine entsprechende Anordnung im Pfändungsbeschluss erfolgt; vielmehr erfasst dieser die Bezüge schon von vornherein nicht (s. § 850 Rn 14). Der Drittschuldner hat sie also selbst auszuscheiden; bei Zuvielzahlungen an den Gläubiger trägt er das Risiko der Nochmalzahlung an den Schuldner, bei Zuwenigzahlung das der Nochmalzahlung an den Gläubiger, was im Einziehungsprozess zu klären ist (s. § 850 c Rn 18).[40]

2. Bei Zusammenrechnung und Anrechnung nach Nr. 2–4. Die Zusammenrechnung nach **Nr. 2–3** wird vom Vollstreckungsgericht nur auf **Antrag** angeordnet (s. Rn 16). Ohne Antrag gelten die Pfändungsgrenzen für jeden Einzelbetrag. Der Antrag kann mit demjenigen auf Erlass des Pfändungsbeschlusses oder im Nachhinein gestellt werden. Wenn die Anordnung nicht bereits mit dem Pfändungsbeschluss ergeht, ist der Schuldner zu hören.[41] Der Gläubiger trägt die Darlegungs- und Beweislast für die zusammenzurechnenden Bezüge. Auskunftsmöglichkeiten verschaffen ihm die §§ 840 und 836, falls er die anderen Ansprüche ebenfalls pfändet.

Die Verrechnung nach **Nr. 4** erfolgt **kraft Gesetzes**. Insofern ist der **Verrechnungsbeschluss**, den ein Gläubiger (seltener: Schuldner oder Drittschuldner) beantragen kann, nicht konstitutiv.[42] Das Risiko des Drittschuldners, unrichtig zu berechnen, wird ihm aber solange abgenommen, bis ihm die entsprechende Entscheidung zugestellt ist.

3. Rechtsbehelfe. Gegen die Zusammenrechnung können der Schuldner und der Drittschuldner Erinnerung einlegen. Falls angehört wurde, ist die sofortige Beschwerde einschlägig. Änderungen der Entscheidung wegen nachträglicher Veränderung der für die Zusammenrechnung maßgeblichen Tatsachen sind im Wege des § 850 g möglich.[43]

---

38 *Behr*, Rpfleger 2005, 498, 501; PG/*Ahrens*, § 850 e Rn 46.
39 Vgl Stein/Jonas/*Brehm*, § 850 e Rn 65 ff.
40 Vgl Stein/Jonas/*Brehm*, § 850 e Rn 4.
41 MüKo-ZPO/*Smid*, § 850 e Rn 15; aA Schuschke/Walker/*Kessal-Wulf*, § 850 e Rn 5.
42 Schuschke/Walker/*Kessal-Wulf*, § 850 e Rn 15; Stein/Jonas/*Brehm*, § 850 e Rn 70; aA wohl PG/*Ahrens*, § 850 e Rn 47.
43 MüKo-ZPO/*Smid*, § 850 e Rn 28, 33.

IV. Auswirkungen im materiellen Recht und in der Insolvenz

32 Die abzuziehenden Beträge (Nr. 1) gehören nicht zur Insolvenzmasse. Allerdings folgt daraus nicht die Zuständigkeit des Insolvenzgerichts[44] (s. auch Rn 34). Für die Feststellung, welche Beträge zur Masse gehören, ist vielmehr das Prozessgericht zuständig (s. § 850 Rn 26, 33). Der Insolvenzverwalter allerdings kann die Zusammenrechnung (Nr. 2–4) beim Insolvenzgericht (Abs. 4) beantragen und dadurch die Masse vergrößern.[45]

33 Eine Aufrechnung gegenüber den Lohnbestandteilen, die nach **Nr. 1** abgeführt werden müssen, kommt nicht in Betracht, dh aufgerechnet werden kann nicht gegen die Bruttoforderung, sondern nur gegen den Nettolohnanspruch.[46]

34 Nr. 2 und 2 a gelten **nur im Vollstreckungsverfahren** und geben nur einem **Pfändungsgläubiger** ein Recht, den Zusammenrechnungsantrag beim Vollstreckungsgericht zu stellen,[47] im Falle der **Abtretung** erkennt aber das Prozessgericht über eine eventuelle Zusammenrechnung, da sie Ergebnis vertraglicher Vereinbarung sein kann, denn § 850 e ist dispositives Recht.[48]

V. Weitere praktische Hinweise

35 Liegen Bezüge bei **unterschiedlichen Drittschuldnern** vor, kann sich statt der Pfändung eines Anspruchs die Pfändung aller Bezüge durch mehrere Pfändungsbeschlüsse lohnen, denn die Zusammenrechnung allein führt nicht zur Erweiterung des Pfandbeschlags. Ist aber vorhersehbar, dass der unpfändbare Grundbetrag und der unpfändbare Mehrbetrag nach § 850 c Abs. 2 einem bestimmten Einkommen entnommen werden (Rn 20, 22) und dass dieses damit auch erschöpft sein wird, kann sich die Pfändung allein des anderen Bezugs lohnen.

36 Erfährt der wegen eines nicht bevorrechtigten Anspruchs pfändende Gläubiger im Rahmen des § 840, dass frühere Pfändungen vorliegen, sollte er zur Vorbereitung eines Antrags nach Nr. 4 deren mögliche Bevorrechtigung (Unterhaltstitel) erkunden.[49] Damit erreicht der Normalgläubiger, dass die bevorrechtigten Gläubiger auf den Vorrechtsbereich verwiesen werden und ihm der allgemein pfändbare Bereich bleibt.

§ 850 f Änderung des unpfändbaren Betrages*

(1) Das Vollstreckungsgericht kann dem Schuldner auf Antrag von dem nach den Bestimmungen der §§ 850 c, 850 d und 850 i pfändbaren Teil seines Arbeitseinkommens einen Teil belassen, wenn

a) der Schuldner nachweist, dass bei Anwendung der Pfändungsfreigrenzen entsprechend der Anlage zu diesem Gesetz (zu § 850 c) der notwendige Lebensunterhalt im Sinne des Dritten und Elften Kapitels des Zwölften Buches Sozialgesetzbuch oder nach Kapitel 3 Abschnitt 2 des Zweiten Buches Sozialge-

---

44 BGH ZInsO 2010, 1115.
45 LG Rostock ZInsO 2001, 914; Stein/Jonas/*Brehm*, § 850 e Rn 45 mwN; *Zimmermann*, § 850 e Rn 8; anders LAG Kiel NZA-RR 2006, 309.
46 LAG Frankfurt, AA 2013, 162; LAG Düsseldorf NZA-RR 2005, 317; vgl BAG NJW 2003, 2190; LAG Düsseldorf BB 2008, 110.
47 BGH NJW-RR 2004, 494; BAGE 32, 159; BAGE 101, 130; anders für Aufrechnung BAG AP Nr. 4 zu § 850 e ZPO.
48 BGH NJW-RR 2010, 21; BGH NJW-RR 2004, 494; Stein/Jonas/*Brehm*, § 850 e Rn 45 m. Fn 55.
49 *Behr*, Rpfleger 2005, 498, 501; *Ramm*, FuR 2005, 355, 358.

setzbuch für sich und für die Personen, denen er Unterhalt zu gewähren hat, nicht gedeckt ist,

b) besondere Bedürfnisse des Schuldners aus persönlichen oder beruflichen Gründen oder

c) der besondere Umfang der gesetzlichen Unterhaltspflichten des Schuldners, insbesondere die Zahl der Unterhaltsberechtigten, dies erfordern

und überwiegende Belange des Gläubigers nicht entgegenstehen.

(2) Wird die Zwangsvollstreckung wegen einer Forderung aus einer vorsätzlich begangenen unerlaubten Handlung betrieben, so kann das Vollstreckungsgericht auf Antrag des Gläubigers den pfändbaren Teil des Arbeitseinkommens ohne Rücksicht auf die in § 850 c vorgesehenen Beschränkungen bestimmen; dem Schuldner ist jedoch so viel zu belassen, wie er für seinen notwendigen Unterhalt und zur Erfüllung seiner laufenden gesetzlichen Unterhaltspflichten bedarf.

(3) ¹Wird die Zwangsvollstreckung wegen anderer als der in Absatz 2 und in § 850 d bezeichneten Forderungen betrieben, so kann das Vollstreckungsgericht in den Fällen, in denen sich das Arbeitseinkommen des Schuldners auf mehr als monatlich 2.815 Euro[1]) (wöchentlich 641 Euro[2]), täglich 123,50 Euro[3])) beläuft, über die Beträge hinaus, die nach § 850 c pfändbar wären, auf Antrag des Gläubigers die Pfändbarkeit unter Berücksichtigung der Belange des Gläubigers und des Schuldners nach freiem Ermessen festsetzen. ²Dem Schuldner ist jedoch mindestens so viel zu belassen, wie sich bei einem Arbeitseinkommen von monatlich 2.815 Euro[1]) (wöchentlich 641 Euro[2]), täglich 123,50 Euro[3])) aus § 850 c ergeben würde. ³Die Beträge nach den Sätzen 1 und 2 werden entsprechend der in § 850 c Abs. 2 a getroffenen Regelung jeweils zum 1. Juli eines jeden zweiten Jahres, erstmalig zum 1. Juli 2003, geändert. ⁴Das Bundesministerium der Justiz gibt die maßgebenden Beträge rechtzeitig im Bundesgesetzblatt bekannt.

---

* Die Beträge wurden durch Bekanntmachung zu den §§ 850 c und 850 f der Zivilprozessordnung (Pfändungsfreigrenzenbekanntmachung 2015) vom 14. April 2015 (BGBl. I S. 618) geändert:
1) 3.253,87 Euro; 2) 739,83 Euro; 3) 143,07 Euro.

I. Allgemeines 1	2. Herabsetzung des unpfändbaren Betrages bei Vollstreckung wegen vorsätzlicher unerlaubter Handlung (Abs. 2) 13
II. Änderungen des unpfändbaren Betrages 2	
1. Erhöhung des unpfändbaren Betrages (Abs. 1) 3	
a) Notwendiger Lebensunterhalt des Schuldners oder seiner Unterhaltsberechtigten (Buchst. a) 4	a) Vorsätzliche unerlaubte Handlung 14
b) Besondere Bedürfnisse des Schuldners (Buchst. b) 6	b) Aufgabenverteilung bei der Feststellung des Schuldgrundes zwischen Prozess- und Vollstreckungsgericht 15
c) Besonderer Umfang der gesetzlichen Unterhaltspflichten (Buchst. c) 8	c) Umfang der Herabsetzung 17
d) Überwiegende Belange des Gläubigers (Abs. 1 aE) 9	d) Vollstreckung wegen Zwangs-, Buß- und Ordnungsgeld 18
e) Bedeutung für die Vollstreckung nach § 850 d .. 10	3. Herabsetzung des unpfändbaren Betrages bei gehobenem Einkommen des Schuldners (Abs. 3) 19
f) Bedeutung für die Vollstreckung nach § 850 i ... 11	4. Abschließender Charakter .. 20

Hk-ZV/Meller-Hannich

III. Verfahren 22
IV. Materielle Verfügungsbefugnis und Insolvenz 26
V. Weitere praktische Hinweise 30
VI. Kosten 31

I. Allgemeines

1 Die Norm erlaubt **Einschränkungen** und **Erweiterungen des unpfändbaren Betrages**, wenn der sich nach §§ 850 c, 850 d bzw 850 i ergebende Umfang der Pfändung eine **unangemessene Härte** für den Gläubiger, den Schuldner oder einen seiner Unterhaltsberechtigten darstellen würde.

II. Änderungen des unpfändbaren Betrages

2 Der Schuldner kann dabei nach Abs. 1 aufgrund besonderer Umstände eine **Erhöhung** des unpfändbaren Betrages, der Gläubiger nach Abs. 2 oder 3 dessen **Herabsetzung** beantragen.

3 **1. Erhöhung des unpfändbaren Betrages (Abs. 1).** Auf **Antrag** kann das Vollstreckungsgericht einen über die Pfändungsfreigrenzen der §§ 850 c, 850 d und 850 i hinausgehenden ermessensmäßig zu bestimmenden **Teil dem Schuldner belassen**, wenn einer der drei aufgeführten Härtegründe vorliegt *und* überwiegende Belange des Gläubigers nicht entgegenstehen.

4 **a) Notwendiger Lebensunterhalt des Schuldners oder seiner Unterhaltsberechtigten (Buchst. a).** Wenn der Schuldner nachweist, dass sein **notwendiger Lebensunterhalt** nicht gedeckt ist, kann ihm auf Antrag ein Teil seines pfändbaren Arbeitseinkommens belassen werden. Der praktische Anwendungsbereich ist wegen der Erhöhung der Pfändungsfreibeträge nach § 850 c und deren dauerhafter Dynamisierung inzwischen gering.

5 Im Gegensatz zu § 850 d („notwendiger Unterhalt")[1] und zur früheren Fassung des § 850 f (Verweis auf das BSHG) findet sich ein direkter Verweis auf die Leistungen nach dem **SGB XII** (Kapitel 3 und 11 – Hilfe zum Lebensunterhalt für nicht Erwerbsfähige) und dem **SGB II** (Kapitel 3 Abschnitt 2 – Hartz IV, ALG II). Richtigerweise kommt es aber allein auf den notwendigen Lebensunterhalt nach dem SGB XII an. Dies hat der BGH inzwischen nochmals bestätigt[2] (s. auch § 850 d Rn 17). Entscheidend ist ohnehin nicht das vollständige Vorliegen der Voraussetzungen für die Sozialleistung, sondern nur, ob dem Schuldner aufgrund des geringen Einkommens ein Anspruch zustünde, wenn die übrigen Voraussetzungen vorlägen.[3] Dass der Gesetzestext auf die Hilfe zum Lebensunterhalt nach dem SGB XII *und* auf das Arbeitslosengeld II nach dem SGB II verweist, sollte insofern als redaktionelles Versehen angesehen werden. Die Sätze des SGB XII sind deshalb als entscheidender Maßstab anzusehen, die allerdings momentan denjenigen des SGB II entsprechen (s. § 850 d Rn 17). Das entspricht auch dem allgemeinen Grundsatz, dass die Einkünfte erwerbstätiger und nicht (mehr) erwerbstätiger Schuldner vollstreckungsrechtlich gleichzusetzen sind.[4] Redaktionell zu

---

1 Geändert durch Gesetz zur Einordnung des Sozialhilferechts in das Sozialgesetzbuch vom 27.12.2003 (BGBl. I S. 3022) mWv 1.1.2005.
2 BGH FamRZ 2010, 1798; BGH NJW-RR 2008, 733; ähnl. auch Zöller/*Stöber*, § 850 f Rn 2 b; AG Karlsruhe JurBüro 2007, 495; LG Stuttgart FamRZ 2005, 1103; LG Stuttgart InVo 2005, 281; anders aber LG Aschaffenburg FamRZ 2007, 1664; PG/*Ahrens*, § 850 f Rn 1 ff; *Zimmermann/Freeman*, ZVI 2004, 655; *dies.*, ZVI 2005, 401; *Neugebauer*, MDR 2005, 911.
3 Stein/Jonas/*Brehm*, § 850 f Rn 3.
4 Vgl BGH NJW-RR 2004, 1439.

korrigieren ist der Verweis zudem insoweit, als statt der Kapitel 3 und 11 des SGB XII nun die Kapitel 3 und 4 gemeint sein müssten.[5]

b) Besondere Bedürfnisse des Schuldners (Buchst. b). Bei der Subsumtion ist zu beachten, dass die Pauschalen von § 850 c die „normalen" Bedürfnisse bereits berücksichtigen. Deshalb können nur **außergewöhnliche Aufwendungen** in den Anwendungsbereich fallen, zB wegen **Krankheit**[6] und besonderer **beruflicher Belastung** (Fahrtkosten,[7] Weiterbildung)[8] des Schuldners. Es kommt auf besondere Bedürfnisse an, die nur durch eine Erhöhung des Freibetrages ausgeglichen werden können. So ist etwa allein der Bestand von Ansprüchen auf schuldrechtlichen Versorgungsausgleich keine besondere Belastung.[9] Soweit Krankheitskosten geltend gemacht werden, müssen diese in zeitlichem Zusammenhang mit der Pfändung anfallen und dürfen nicht etwa in der Vergangenheit liegen.[10] Bei Forderungen **Selbständiger und sonstigen Einkünften, die nicht Arbeitsentgelt sind** (§ 850 i), ist der Anwendungsbereich im Hinblick auf besondere berufliche Belastungen umfangreicher. In Betracht kommen hier Büro- und Praxiskosten, Mitarbeiterkosten, Steuern und Versicherungen etc. (s. Rn 11). Nicht geschützt sind die für den Aufbau einer privaten Versicherung erforderlichen Mittel.[11]

Die Kosten müssen **tatsächlich entstanden** sein, so dass etwa voraussichtlich in Zukunft entstehende Krankheitskosten, die durch eine Versicherung nicht gedeckt sind, nicht berücksichtigt werden können.[12]

c) Besonderer Umfang der gesetzlichen Unterhaltspflichten (Buchst. c). Da nach § 850 c Abs. 1 S. 2 höchstens fünf Unterhaltsberechtigte berücksichtigungsfähig sind, ist für Abs. 1 Buchst. c insb. der Fall einschlägig, dass der Schuldner tatsächlich **mehr Unterhaltsberechtigten** gegenübersteht. Aber auch ein **besonders hoher Unterhaltsanspruch** eines oder mehrerer Unterhaltsberechtigter, etwa wegen dessen **erhöhten Bedarfs** (Behinderung, Krankheit u.a.), kommt in Betracht, da die Erhöhungsbeträge des § 850 c sich gerade nicht am tatsächlich zu leistenden Unterhalt orientieren (s. § 850 c Rn 5 aE). Nach dem Wortlaut der Regelung ist nur die gesetzliche Unterhaltspflicht, nicht aber ein freiwillig (etwa an Stiefkinder oder Geschwister) geleisteter Unterhalt zu berücksichtigen.[13] Ansprüche auf schuldrechtlichen Versorgungsausgleich sind keine Unterhaltsansprüche.[14]

d) Überwiegende Belange des Gläubigers (Abs. 1 aE). Bei der Bestimmung des Erhöhungsbetrages ist in jedem der genannten Fälle (Buchst. a–c) eine **Abwägung mit den Gläubigerinteressen** vorzunehmen. **Nicht maßgeblich** kann dabei aber sein, dass der Gläubiger ansonsten bei der Pfändung leer ausginge.[15] Insoweit sind die Kriterien des § 850 b Abs. 2 nur begrenzt heranziehbar. Auch dass der

---

5 S. Änderungen durch das Gesetz zur Ermittlung von Regelbedarfen und zur Änderung des Zweiten und Zwölften Buches Sozialgesetzbuch vom 24.3.2011 (BGBl. I S. 453); vgl auch BGH FamRZ 2010, 1798 (1. Orientierungssatz; anders aber Rn 3).
6 BGH NJW 2009, 2313 (zu berücksichtigen idR nur im Rahmen der bei gesetzlicher Krankenversicherung ersetzbaren Kosten).
7 LG Dessau 29.8.2011 – 1 T 175/11 (einfache Entfernung von mehr als 30 km zur Arbeitsstätte berücksichtigungsfähig); LG Bonn JurBüro 2009, 550; LG Hechingen FamRZ 2012, 150 (Benzinkosten nur, wenn die Benutzung öffentlicher Verkehrsmittel nicht zumutbar).
8 Stein/Jonas/*Brehm*, § 850 f Rn 4; MüKo-ZPO/*Smid*, § 850 f Rn 6.
9 BGH WM 2011, 2188.
10 Vgl AG Wuppertal JurBüro 2012, 46.
11 BGH DB 2011, 1390.
12 Vgl LG Düsseldorf JurBüro 2006, 156.
13 OLG Köln FamRZ 2009, 1697.
14 BGH WM 2011, 2188.
15 OLG Zweibrücken NJW-RR 2002, 1664; LG Duisburg Rpfleger 1998, 355; Hk-ZPO/*Kemper*, § 850 f Rn 7.

Gläubiger selbst der Sozialhilfe anheimfiele, ist nicht entscheidend.[16] Ergebnis der Interessenabwägung kann nämlich nicht sein, den durch Abs. 1 Buchst. a–c auf Sozialhilfeniveau „geretteten" Schuldner nun zusätzlich zum Gläubiger einen Hilfeantrag stellen zu lassen.[17] **Einzubeziehen** sind aber eine **persönliche Notlage** des Gläubigers[18] und die Art der Forderung,[19] aus der der Gläubiger vollstreckt. Damit kann auch im Rahmen des Schuldnerantrags nach Abs. 1 die Regelung des Abs. 2 (Vollstreckung wegen vorsätzlicher unerlaubter Handlung) Bedeutung erlangen.

10 e) **Bedeutung für die Vollstreckung nach § 850 d.** Die Regelung gilt auch für die **Vollstreckung wegen Unterhaltsforderungen** nach § 850 d. Da sich die Bemessungsgrundlagen für den notwendigen Unterhalt allerdings nach denselben Regeln (s. Rn 5 sowie § 850 d Rn 17) richten, wie sie auch Abs. 1 Buchst. a festlegt, bleibt der Anwendungsbereich für eine Erweiterung des nach § 850 d Abs. 1 S. 2 unpfändbaren Betrages vielfach gering. Immerhin wird aber der Schuldner bei der Bemessung des notwendigen Unterhalts nach § 850 d Abs. 1 S. 2 nicht gehört und S. 3 führt zu einer Obergrenze für den notwendigen Unterhalt. Wurden die Bedürfnisse insoweit nicht hinreichend berücksichtigt, kann dies über seinen Antrag nach Abs. 1 ausgeglichen werden.[20] Abs. 1 geht zudem auch der Regelung des § 850 d Abs. 1 S. 3 vor, so dass eine Erweiterung des pfandfreien Betrages nach oben **nicht durch die Tabellenbeträge gekappt** ist.

11 f) **Bedeutung für die Vollstreckung nach § 850 i.** Die Forderungen des **nicht wiederkehrend entlohnten Schuldners** oder des Schuldners mit Einkünften, die **kein Arbeitseinkommen** sind, sind grds. voll pfändbar, es sei denn, er stellt einen Antrag darauf, ihm einen pfandfreien Anteil zu belassen. Über die dann im Einzelfall zu bestimmenden Pfändungsgrenzen (s. § 850 i Rn 21 ff) hinaus kann eine Heraufsetzung nach § 850 f Abs. 1 verlangt werden. Der Schuldner kann sämtliche besonderen Bedürfnisse wie der angestellte Schuldner geltend machen (vgl Rn 6). Darüber hinaus kann er die Bedürfnisse geltend machen, denen beim abhängig beschäftigten Schuldner schon bei Bemessung der Freibeträge nach § 850 c Rechnung getragen wird. In Betracht kommen dabei vom Schuldner gezahlte Steuern, seine betrieblichen Aufwendungen für eine selbständige Tätigkeit, zB Fahrtkosten, Sachkosten, Mitarbeiter, Miete für Arbeitsräume, Arbeitskleidung und sonstige Mehraufwendungen aus beruflichen Gründen.

12 Für die **Insolvenz** gilt, dass die Bezüge nach § 850 i grds. ohne Abzüge in die Insolvenzmasse fallen. Der Schuldner kann aber über den Antrag nach § 850 i hinaus beantragen, ihm einen erhöhten Betrag nach § 850 f Abs. 1 Buchst. a und b zu belassen. Dazu trifft ihn nach materiellem Unterhaltsrecht gegenüber seinen minderjährigen Kindern sogar eine Obliegenheit, wobei er die Darlegungs- und Beweislast hinsichtlich der Mehraufwendungen trägt.[21]

13 2. **Herabsetzung des unpfändbaren Betrages bei Vollstreckung wegen vorsätzlicher unerlaubter Handlung (Abs. 2).** Vollstreckt der Gläubiger wegen einer Forderung aus vorsätzlich begangener unerlaubter Handlung, kann die Pfändung **über die Grenzen des § 850 c hinaus** zugelassen werden. Andernfalls käme es zu Lasten des vorsätzlich verletzten Gläubigers zu einer unbilligen Härte.

---

16 Stein/Jonas/*Brehm*, § 850 f Rn 3, 7.
17 BGH FamRZ 2004, 621 (Interessen der Allgemeinheit spielen zu Recht eine Rolle); BGH FamRZ 2004, 873.
18 Stein/Jonas/*Brehm*, § 850 f Rn 7.
19 Hk-ZPO/*Kemper*, § 850 f Rn 7.
20 BGH NJW-RR 2004, 506.
21 BGH NJW 2008, 227.

a) **Vorsätzliche unerlaubte Handlung.** In Betracht kommt nur eine **vorsätzliche unerlaubte Handlung**, wobei dolus eventualis, nicht aber bewusste Fahrlässigkeit ausreicht. Der Vorsatz muss sich – etwa bei der Verletzung von Schutzgesetzen oder Delikten mit Vorsatz-Fahrlässigkeits-Kombination – auch auf den Schaden, nicht nur auf die Zuwiderhandlung beziehen; eine Straftat ist jedoch nicht Voraussetzung.[22] Auch eine vorsätzliche Dienstpflichtverletzung eines Beamten stellt eine unerlaubte Handlung dar.[23] Vollstreckungs- und Verfahrenskosten sowie Verzugszinsen unterfallen ebenfalls dem Privileg (s. dazu Rn 30).[24]

b) **Aufgabenverteilung bei der Feststellung des Schuldgrundes zwischen Prozess- und Vollstreckungsgericht.** Das Vollstreckungsgericht kann das Vorliegen dieses Merkmals nicht selbständig prüfen, sondern ist insoweit **auf Feststellungen des Prozessgerichts angewiesen und an diese gebunden**.[25] Die Qualifizierung der Forderung muss sich deshalb **aus dem Titel ergeben**, wobei die Entscheidungsgründe als Quelle ausreichen können. Fehlt es daran, ist ein Nachweis im Vollstreckungsverfahren (oder im Klauselverfahren),[26] etwa durch Vorlage strafrechtlicher Entscheidungen, dem Gläubiger nicht möglich.[27] Ein **Vollstreckungsbescheid**, selbst wenn er die entsprechende Angabe des Schuldgrundes enthält, kommt als Titel nicht in Betracht.[28] Das gilt auch für Versäumnis- oder Anerkenntnisurteile (§ 313 b Abs. 1), wenn nicht das zur Auslegung heranzuziehende Klägervorbringen eine vorsätzliche unerlaubte Handlung ergibt.[29] Ergibt sich der Schuldgrund nicht aus dem Titel, kann und muss der Gläubiger eine **gesonderte Feststellungsklage auf Feststellung dieses Schuldgrundes** erheben, um privilegiert vollstrecken zu können.[30] Der Gläubiger sollte also im Erkenntnisverfahren umfassende Titulierung auch des Schuldgrundes beantragen, indem er neben dem Leistungsantrag einen Feststellungsantrag erhebt, oder nachträglich eine isolierte Feststellungsklage einreichen. Ein Feststellungsinteresse ist gegeben.

Will der Gläubiger aus einem **abstrakten konstitutiven Schuldanerkenntnis** Titulierung und Vollstreckung betreiben, kann der Schuldgrund auch im Wege der Feststellungsklage nicht tituliert werden,[31] da ein bestimmter Schuldgrund wegen des abstrakten Gehalts des Anerkenntnisses gerade nicht Grundlage der Forderung aus dem Schuldanerkenntnis ist.

c) **Umfang der Herabsetzung.** Weitere Voraussetzungen hat die Herabsetzung des unpfändbaren Betrages nicht. Bei seiner konkreten Bestimmung durch das Vollstreckungsgericht im Wege der Interessenabwägung nach pflichtgemäßem Er-

---

22 BGH NJW 2007, 2854 (zu § 302 InsO).
23 OVG Greifswald NVwZ-RR 2011, 989; VG Düsseldorf 22.12.2011 – 26 K 816/11.
24 BGH NJW-RR 2011, 791; zum im Hinblick auf die Verzugszinsen uneinheitlichen Meinungsstand s. Stein/Jonas/*Brehm*, § 850 f Rn 10.
25 Umfassend: *Gaul*, in: FS Gerhardt, 2004, S. 259.
26 *Gaul*, in: FS Gerhardt, 2004, S. 259, 305; *Meller-Hannich*, LMK 2003, 74; anders *Smid*, ZZP 102 (1989), 22.
27 BGH ZVI 2002, 422; BGHZ 152, 166; dazu *Meller-Hannich*, LMK 2003, 74; *dies.*, DGVZ 2009, 69, 70; AG Torgau 7.5.2004 – 2 M 78/03.
28 BGHZ 152, 166; BGH NJW 2005, 1663; dazu: *Gaul*, NJW 2005, 2894; *Meller-Hannich*, DGVZ 2009, 69, 70; BGH NJW 2006, 2922; LG Verden Rpfleger 2010, 150; anders LG München II JurBüro 2004, 673; *Neugebauer*, MDR 2004, 1223; LG Stuttgart Rpfleger 2005, 38; krit. im Hinblick auf den Wegfall des Mahnverfahrens: *Peters*, KTS 2006, 127 u. *Smid*, JZ 2006, 393.
29 LG Frankenthal Rpfleger 2006, 29; vgl AG Bielefeld JurBüro 2006, 329; *Gaul*, in: FS Gerhardt, 2004, S. 259, 289 ff.
30 Inzwischen stRspr; etwa BGHZ 152, 148; zuletzt etwa BGH NJW 2006, 2922 mwN; BGH WM 2012, 138 mwN; OLG Potsdam 25.8.2010 – 12 W 37/10.
31 LAG Mainz 17.9.2007 – 5 Sa 289/07; ebenso Stein/Jonas/*Brehm*, § 850 f Rn 13; MüKo-ZPO/*Smid*, § 850 f Rn 17.

messen[32] ist jedoch so viel zu belassen, wie der Schuldner für seinen notwendigen Unterhalt und denjenigen seiner Unterhaltsberechtigten benötigt, also der sich aus den Regelsätzen nach § 28 SGB XII ergebende Betrag[33] (s. näher § 850 d Rn 16). Hierbei kommt es allein auf den Bedarf, nicht jedoch auf die tatsächliche Zahlung des Unterhalts an (anders § 850 c Rn 7).[34] Bei einem selbst unterhaltsberechtigten Schuldner, dessen notwendiger Bedarf durch die Einkünfte des Unterhaltsverpflichteten gedeckt ist, kann der pfandfreie Betrag auf Null gesenkt werden.[35] Eine verfassungswidrige Beeinträchtigung des Schuldners ist in der Reduzierung auf den notwendigen Unterhalt in Höhe des „soziokulturellen" Existenzminimums nicht zu sehen.[36]

18 **d) Vollstreckung wegen Zwangs-, Buß- und Ordnungsgeld.** Nach § 48 Abs. 1 S. 3 VwVG NRW, § 55 Abs. 1 S. 2 VwVG RLP kann der erweiterte Zugriff auch für Vollstreckungen wegen Zwangs-, Buß- und Ordnungsgeld sowie wegen einer Nutzungsentschädigung wegen Obdachlosigkeit betrieben werden.[37] Die Regelung ist nicht speziell zu Abs. 2, sondern ergänzt diese.[38] Der Rückgriff auf Abs. 2 wegen anderer als der in § 48 VwVG NRW genannten Ansprüche ist also gestattet.

19 **3. Herabsetzung des unpfändbaren Betrages bei gehobenem Einkommen des Schuldners (Abs. 3).** Liegt keine Privilegierung des Gläubigers aufgrund der Forderung, wegen der er vollstreckt, vor (Abs. 2 und § 850 d), verdient der Schuldner jedoch mehr als 3.253,87 € monatlich bzw 739,83 € wöchentlich bzw 143,07 € täglich,[39] kommt eine Erweiterung der Pfändungsmöglichkeiten für den Gläubiger in Betracht und die Pfändbarkeit kann nach freiem Ermessen des Vollstreckungsgerichts festgesetzt werden (S. 1). Begrenzt ist das Ermessen nach S. 2 durch die Obergrenze der Tabelle nach § 850 c für ein Einkommen in dieser Höhe. Die Beträge werden regelmäßig dynamisiert (S. 3). Der praktische Anwendungsbereich der Vorschrift ist gering, da schon die Obergrenze des § 850 c laufend erhöht wird.

20 **4. Abschließender Charakter.** Liegen die Voraussetzungen des Abs. 1 nicht vor, kommt aufgrund der Pauschalisierung der Pfändungsgrenzen eine Heraufsetzung der Pfändungsfreigrenze nicht in Betracht, auch nicht in analoger Anwendung von § 850 c Abs. 4.[40]

21 Liegen die Voraussetzungen des Abs. 2 nicht vor (etwa: nur *fahrlässig* begangene unerlaubte Handlung), kommt eine Herabsetzung der Pfändungsfreibeträge nicht in Betracht; so ist etwa eine Erweiterung des Zugriffs wegen Vollstreckung aus einer Forderung nach § 844 Abs. 2 BGB (Anspruch wegen Tötung eines Unterhaltspflichtigen) nicht möglich, wenn kein Vorsatz vorliegt, und zwar auch nicht als Vollstreckung wegen Unterhaltsansprüchen.[41]

---

32 Stein/Jonas/*Brehm*, § 850 f Rn 16.
33 BGH DGVZ 2012, 11; BGH NJW-RR 2011, 706 (auch kleine Teilbeträge hieraus können nicht gepfändet werden); aA PG/*Ahrens*, § 850 f Rn 13, 20, 52 (Differenzierung nach erwerbsfähigen und nicht erwerbsfähigen Schuldnern und für erstere Anwendung des SGB II).
34 LG Stuttgart Rpfleger 2005, 38.
35 BGHZ 195, 224.
36 BGH DGVZ 2012, 11; *Schürmann*, FamRZ 2013, 444.
37 Dazu *App*, ZMR 2004, 731; *ders.*, SVR 2005, 248; *Hornung*, KKZ 2003, 225.
38 OVG Münster DÖD 2014, 146; aA aber VG Aachen 28.9.2007 – 6 L 295/07.
39 Vgl Pfändungsfreigrenzenbekanntmachung 2015 vom 14.4.2015 (BGBl. I S. 618).
40 BGH NJW-RR 2004, 1439.
41 BGH NZI 2006, 593.

III. Verfahren

Sämtliche Änderungen des unpfändbaren Betrages werden nur auf **Antrag** vorgenommen. Im Falle des Abs. 1 hat der Schuldner oder einer seiner Unterhaltsberechtigten[42] den Antrag zu stellen, im Falle des Abs. 2 oder 3 der Gläubiger. Der Drittschuldner kommt als Antragsteller nicht in Betracht.[43]

Das zu verwendende **Antragsformular** findet sich unter http://www.justiz.de/formulare/zwi_bund/gewoehnliche_geldforderungen.pdf.[44] Der Antrag nach Abs. 2 kann auf Seite 1 im frei ausfüllbaren Ankreuzfeld eingetragen werden.[45] Das dürfte auch für den Antrag nach Abs. 3 gelten.

Die **Darlegungslast** liegt beim Antragsteller, ggf auch die **Beweislast**. Der Schuldner kann durch Vorlage einer Bescheinigung des Hilfeträgers darlegen, welche das Vollstreckungsgericht aber nicht an eigener Beurteilung hindert.[46]

Neben dem Antrag nach § 850 f ist auch eine **Erinnerung nach § 766** möglich, die sich dann aber – anders als der Antrag – nach allgemeinen Regeln gegen die Richtigkeit des ursprünglichen Beschlusses richtet und insoweit dessen Aufhebung verlangt.[47]

Bei Anträgen nach Abs. 1 ist der Gläubiger, bei solchen nach Abs. 2 und 3 der Schuldner zu **hören**.[48]

Die **Entscheidung** über einen Antrag nach Abs. 1 oder 2 ändert einen bereits erlassenen Pfändungsbeschluss ab und bewirkt, dass die Pfändung im Hinblick auf den erweitert unpfändbaren Betrag aufgehoben wird bzw sich auf den für pfändbar erklärten Teil erstreckt. **Rechtsbehelf** gegen die Entscheidung des Vollstreckungsgerichts ist die sofortige Beschwerde nach § 793.

Nach Abs. 2 privilegiert pfändende Gläubiger werden im Verhältnis zu anderen Gläubigern auf den Vorrechtsbereich verwiesen (s. § 850 e Rn 26 f, 36).

Anträge nach Abs. 1 und 2 haben Vorrang vor einem Antrag nach § 850 g. Mit Letzterem kann aber eine Abänderung der Entscheidung über einen Antrag nach § 850 f erreicht werden. (s. § 850 g Rn 16).

IV. Materielle Verfügungsbefugnis und Insolvenz

Eine Abtretung ist grds. (nur) innerhalb der Grenzen des § 850 c möglich, § 400 BGB (s. § 850 Rn 32). Das Vollstreckungsgericht kann außerhalb des Vollstreckungsverfahrens keine isolierte Entscheidung über die Erhöhung des nicht abtretbaren Betrages treffen. Entscheidungen nach § 850 f Abs. 1 können aber durch das Prozessgericht im Streit zwischen Zedent und Zessionar getroffen werden.[49] Inwieweit die Norm bei Abtretung sozialrechtlicher Ansprüche (§ 53

---

42 Anders Zöller/*Stöber*, § 850 f Rn 12.
43 Wohl hM, etwa Zöller/*Stöber*, § 850 f Rn 8, 12; aA für Abs. 2 im Falle, dass Sozialhilfeträger Drittschuldner: AG Wuppertal JurBüro 2007, 495; aA für Abs. 1 Stein/Jonas/*Brehm*, § 850 f Rn 20.
44 Zuletzt abgerufen am 15.5.2015.
45 BR-Drucks. 326/12, S. 27.
46 OLG Köln NJW 1992, 2836; Hk-ZPO/*Kemper*, § 850 f Rn 14; *Helwich*, JurBüro 2005, 174, 176 (Überprüfung auf „Gefälligkeitsbedarfsberechnung").
47 Vgl Stein/Jonas/*Brehm*, § 850 f Rn 23.
48 Stein/Jonas/*Brehm*, § 850 f Rn 23, 24; teils anders Zöller/*Stöber*, § 850 f Rn 15, 16: Gläubiger, nicht aber Schuldner ist zu hören; jew. mwN zur uneinheitlichen instanzgerichtlichen Rspr.
49 BGH NJW-RR 2003, 1367; AG Düsseldorf 31.3.1994 – 44 C 19319/93; Zöller/*Stöber*, § 850 f Rn 20 mwN; aA BAGE 32, 159; BAGE 67, 193; Stein/Jonas/*Brehm*, § 850 f Rn 28.

Abs. 3 SGB I) gilt, ist umstritten, im Ergebnis ist ihre Geltung aber anzunehmen.[50]

27 Abs. 1 gilt auch im **Insolvenzverfahren** (§ 36 InsO). Auf Antrag nach Abs. 1 kann im Insolvenzverfahren das Insolvenzgericht über eine Erhöhung des pfandfreien Einkommens des Schuldners und damit über eine **Verkleinerung der Masse** entscheiden (§ 36 Abs. 1 S. 2 und Abs. 4 InsO).

28 Abs. 2 führt zur **Pfändbarkeit trotz Insolvenz** (§ 89 Abs. 2 S. 2 InsO), allerdings nur für Neugläubiger.[51] Der Gläubiger kann also trotz allgemeinen Vollstreckungsverbots für seinen bevorzugten Anspruch noch Befriedigung verlangen.[52]

29 Forderungen aus vorsätzlicher unerlaubter Handlung sind von der Restschuldbefreiung ausgenommen (§ 302 Nr. 1 InsO), wobei auch für eine bereits zur Tabelle festgestellte Forderung der Schuldgrund „vorsätzliche unerlaubte Handlung", ggf auf eine Feststellungsklage hin,[53] nachgetragen werden kann.[54]

V. Weitere praktische Hinweise

30 Die Klage auf **Feststellung des Schuldgrundes** (s. Rn 15) kann mit der Leistungsklage oder zusätzlich im Anschluss an die Leistungsklage erhoben werden. Im ersteren Falle erhöht sich der Streitwert um 5 % der Klageforderung,[55] bei isolierter Feststellungsklage entspricht er idR dem Betrag der Forderung,[56] allerdings unter Berücksichtigung der Vollstreckungsaussichten, was zu Abschlägen führen kann.[57] **Verfahrenskosten, Kosten der Zwangsvollstreckung und Verzugszinsen** nehmen an der Möglichkeit zur privilegierten Vollstreckung teil, wenn sie Folgen der vorsätzlich begangenen unerlaubten Handlung sind.[58]

VI. Kosten

31 **Gerichtskosten** werden für die Anträge und die Entscheidungen nicht erhoben. Gerichtsgebühren entstehen nur im Rechtsmittelverfahren (Nr. 2121, 2124 KV GKG), soweit ein Rechtsmittel verworfen oder zurückgewiesen wird. Wird ein Rechtsmittel nur teilweise verworfen oder zurückgewiesen, kann das Gericht die Gebühr nach billigem Ermessen auf die Hälfte ermäßigen oder bestimmen, dass eine Gebühr nicht zu erheben ist (Anm. zu Nr. 2121, Anm. zu Nr. 2124 KV GKG).

32 Für den die Vollstreckung betreibenden **Rechtsanwalt** gehört der Antrag nach Abs. 2 und 3 zu der Tätigkeit, die durch die Gebühr Nr. 3309 VV RVG abgegolten ist (§ 18 Abs. 1 Nr. 1 RVG). Für den erstmals in der Vollstreckung tätigen Rechtsanwalt des Schuldners entsteht durch den Antrag nach Abs. 1 die Gebühr Nr. 3309 VV RVG nebst Auslagen.

---

50 Dazu BSG SGb 2004, 483; *Fuchs/Pollandt*, SGb 2004, 487.
51 BGH NJW-RR 2008, 294; BGH FamRZ 2008, 684.
52 OLG Potsdam 25.8.2010 – 12 W 37/10; *Helwich*, JurBüro 2005, 174, 175.
53 BGH NJW 2006, 2922; LAG Köln JurBüro 2007, 328.
54 BGH NJW-RR 2008, 1072.
55 Etwa OLG Dresden MDR 2008, 50.
56 Vgl OLG Hamm ZInsO 2007, 215; LG Mühlhausen ZInsO 2004, 1046; anders BGH Schaden-Praxis 2010, 29 (25 %); OLG Celle ZInsO 2007, 42 (75 %); OLG Potsdam NZI 2010, 266 (50 %); MüKo-ZPO/*Smid*, § 850 f Rn 22 (bis zu 300 €).
57 BGH NJW 2009, 920.
58 BGH NJW-RR 2011, 791; LG Saarbrücken JurBüro 2006, 380.

§ 850 g Änderung der Unpfändbarkeitsvoraussetzungen

¹Ändern sich die Voraussetzungen für die Bemessung des unpfändbaren Teils des Arbeitseinkommens, so hat das Vollstreckungsgericht auf Antrag des Schuldners oder des Gläubigers den Pfändungsbeschluss entsprechend zu ändern. ²Antragsberechtigt ist auch ein Dritter, dem der Schuldner kraft Gesetzes Unterhalt zu gewähren hat. ³Der Drittschuldner kann nach dem Inhalt des früheren Pfändungsbeschlusses mit befreiender Wirkung leisten, bis ihm der Änderungsbeschluss zugestellt wird.

I. Allgemeines 1	b) Antragsberechtigte 9
II. Voraussetzungen für einen erfolgreichen Antrag (S. 1 und 2) 3	III. Entscheidung des Vollstreckungsgerichts 13
1. Änderung der Unpfändbarkeitsvoraussetzungen 3	IV. Erfüllungswirkung von Zahlungen nach dem alten Beschluss und Ausgleich von Zahlungen (S. 3) 15
a) Zeitpunkt 3	V. Konkurrenzen 16
b) Änderung der Bemessungsgrundlagen 4	VI. Geltung in der Insolvenz 17
2. Antrag 7	VII. Geltung bei Abtretung 18
a) Anforderungen 7	VIII. Kosten 19

I. Allgemeines

Wenn sich die **Bemessungsvoraussetzungen** für den unpfändbaren Teil des Arbeitseinkommens ändern, können Gläubiger, Schuldner oder ein unterhaltsberechtigter Dritter sich darauf mit einem Antrag nach § 850 g berufen. Ein vorhandener Pfändungsbeschluss wird dann durch das Vollstreckungsgericht geändert. Vornehmlich wegen der kontinuierlichen Pfändung des Arbeitseinkommens nach §§ 832, 833, 850 Abs. 4 (s. § 850 Rn 15 ff, 60) ist eine solche **Anpassungsmöglichkeit** notwendig. 1

Da bei Arbeitseinkommen in aller Regel ein **Blankettbeschluss** ergeht (s. § 850 c Rn 14), ist ein erhöhtes oder gesunkenes Einkommen des Schuldners oder die Ausweitung von Unterhaltspflichten zumeist schon durch den Drittschuldner zu berücksichtigen. Er passt die Auszahlung an den Gläubiger etwa an den geringeren oder höheren Verdienst des Schuldners eigenständig an. Ein **geänderter Pfändungsbeschluss ist nicht erforderlich**. Auch wenn Abweichungen von der dem Blankettbeschluss entsprechenden Pfändungsgrenze des § 850 c durch den Gläubiger oder Schuldner angestrebt werden, sind die entsprechenden Anträge nach § 850 b Abs. 2, § 850 c Abs. 4, § 850 d bzw § 850 f (s. jew. dort) zu stellen, nicht aber ist ein Abänderungsbeschluss zu erwirken. Beim Blankettbeschluss kommt also für einen Antrag nach § 850 g lediglich die Anpassung von Anordnungen nach § 850 e Nr. 2, 2 a oder 4 aufgrund geänderter Umstände in Betracht.[1] Der Anwendungsbereich der Norm bezieht sich ansonsten auf die Fälle, in denen das **Vollstreckungsgericht** selbst einen unpfändbaren Betrag **individuell bestimmt** hatte. Ergeben sich dann Veränderungen, können diese nicht durch den Drittschuldner berechnet werden, sondern bedürfen eines geänderten Pfändungsbeschlusses. Dessen Erlass und damit eine erweiterte oder eingeschränkte Pfändung der Ansprüche des Schuldners kann mit § 850 g beantragt werden. 2

---

1 *Grunsky*, ZIP 1983, 908, 913.

II. Voraussetzungen für einen erfolgreichen Antrag (S. 1 und 2)

3 **1. Änderung der Unpfändbarkeitsvoraussetzungen. a) Zeitpunkt.** Es geht immer nur um Änderungen nach Erlass des ursprünglichen Pfändungsbeschlusses. Gemeint sind damit alle Umstände, die nicht schon Gegenstand des ursprünglichen Pfändungsbeschlusses waren, gleichgültig, ob sie vor oder nach dessen Erlass eingetreten sind. Nicht präkludiert sind deshalb Bemessungsvoraussetzungen, die bei Erlass des Pfändungsbeschlusses zwar schon bestanden, in diesem aber nicht beurteilt wurden. Einen dem § 323 Abs. 2 entsprechenden Ausschluss kennt § 850 g nicht.[2] Erfasst werden also in zeitlicher Hinsicht alle neu eintretenden Umstände sowie alle Umstände, die im ursprünglichen Pfändungsbeschluss nicht beurteilt wurden. Voraussetzungen, die zum Zeitpunkt seines Erlasses schon vorlagen und auch Gegenstand des Pfändungsbeschlusses waren, aber ggf irrig beurteilt wurden, können hingegen nur im Wege eines Rechtsbehelfs gegen den ursprünglichen Beschluss geltend gemacht werden (s. noch Rn 16).

4 **b) Änderung der Bemessungsgrundlagen.** Gemeint sind nicht nur tatsächliche, sondern auch rechtliche Grundlagen der Bemessung. In **tatsächlicher Hinsicht** kommen v.a. diejenigen Sachverhalte in Betracht, die Voraussetzungen im Rahmen der individuellen Bemessung nach §§ 850 b Abs. 2, 850 c Abs. 4, 850 d, 850 f modifizieren (s. jew. dort). Beispielhaft sind erhöhte Kosten für die Lebenshaltung durch Umzug o.Ä., Änderungen der wirtschaftlichen Verhältnisse eines selbständig Tätigen, Wegfall bzw Hinzutreten eines Unterhaltsberechtigten (Tod, Geburt, Heirat) oder Erhöhung bzw Erniedrigung des für ihn anzusetzenden Betrages.

5 In **rechtlicher Hinsicht** ist zum einen eine **geänderte Rechtslage** erfasst, wobei diese sich auch (nur) auf geänderte Regelsätze des Sozialhilferechts beziehen kann. Zum anderen kommt auch eine **andere rechtliche Beurteilung** bei gleichbleibender Tatsachenlage in Betracht, falls die Neubeurteilung sich aus einer **neuen höchstrichterlichen Grundsatzentscheidung** ergibt.[3] Andere „einfache" Änderungen von Rechtsansichten bleiben außen vor bzw können Raum nur in einem Rechtsbehelf gegen den ursprünglichen Pfändungsbeschluss finden.

6 Nicht erforderlich ist eine wesentliche Veränderung (anders § 323). Es genügen deshalb auch **geringfügige** Veränderungen.

7 **2. Antrag. a) Anforderungen.** Die gerichtliche Änderung erfolgt nur auf Antrag und zwar bei dem **Gericht, welches den ursprünglichen Beschluss erlassen hat**,[4] auch wenn der Schuldner zwischenzeitlich umgezogen ist. Funktionell zuständig ist der Rechtspfleger (§ 20 Abs. 1 Nr. 17 RPflG). Der Antrag ist **nicht fristgebunden**, es kann sogar eine **rückwirkende Änderung** beantragt werden (zu den daraus folgenden Ausgleichspflichten s. Rn 15).[5] Ein Zeitpunkt ist anzugeben, ab dem die Änderung wirksam werden soll, wobei dies idR derjenige ist, ab dem sich die Umstände geändert haben.

---

2 BGHZ 161, 73; OLG Köln FamRZ 1994, 1272. Ein Vergleich des § 850 g mit § 323 trägt ohnehin nicht weit. Letzterer ist eine Norm zur Durchbrechung der Rechtskraft, da diese bei künftig fällig werdenden Leistungen ausnahmsweise zukunftsbezogen ist (*Schilken*, Zivilprozessrecht, Rn 1065). Die Präklusion und die Voraussetzung wesentlicher Änderung sind in § 323 also zum Schutz der Rechtskraft geschaffen. Ein Pfändungsbeschluss hingegen ist der materiellen Rechtskraft nicht fähig. Durch § 850 g wird nicht einmal eine innerprozessuale Bindung überwunden, da diese nur an beurteilte Umstände besteht; vielmehr wird das alte Vollstreckungsverfahren fortgesetzt.
3 BGHZ 161, 73.
4 Wohl hM, s. BGH Rpfleger 1990, 308; Schuschke/Walker/*Kessal-Wulf*, § 850 g Rn 2; auch zur Gegenansicht (Wohnsitzgericht des Schuldners bei Antragstellung). Für die hM spricht, dass kein neues Verfahren beginnt, sondern das alte fortgesetzt wird (s. Fn 2).
5 Hk-ZPO/*Kemper*, § 829 Rn 37.

Zu **beantragen** ist, 8

▶ den Pfändungs- und Überweisungsbeschluss ... dahin abzuändern, dass dem Schuldner ab dem ... monatlich ... € pfändungsfrei zu belassen sind.[6] ◀

b) **Antragsberechtigte.** Der Schuldner stellt den Antrag, wenn er eine **Erweiterung der Unpfändbarkeit** im Verhältnis zum ursprünglichen Beschluss erreichen will. 9

Der Gläubiger stellt den Antrag, wenn er durch den neuen Beschluss eine **erweiterte Pfändung** anstrebt. 10

Gestattet ist der Antrag auch Personen, denen der Schuldner kraft Gesetzes unterhaltspflichtig ist (**S. 2**). Sie können eine Erhöhung der Freibeträge, die dem Schuldner zugestanden sind, erreichen, so dass ihr Antrag nur zur **Erweiterung der Unpfändbarkeit** führen kann. 11

Ob dem **Drittschuldner** ein Änderungsantrag gestattet ist, ist umstritten.[7] Der Wortlaut und die Tatsache, dass auch die Anträge nach §§ 850 b Abs. 2, 850 c Abs. 4, 850 d, 850 f nicht durch den Drittschuldner gestellt werden können, sprechen dagegen. 12

III. Entscheidung des Vollstreckungsgerichts

Entschieden wird durch **Beschluss**, der die Änderung ablehnt oder den ursprünglichen Pfändungsbeschluss ändert. Grundsätzlich gelten die allgemeinen Regeln zum Erlass bzw zur Ablehnung eines Pfändungsbeschlusses, §§ 829 ff (insb. Zustellung, keine Anhörung des Schuldners).[8] Stellt der Schuldner den Antrag, ist aber der Gläubiger stets zu hören.[9] Eine **Rückwirkung** der Änderung ist ausdrücklich anzuordnen, andernfalls wirkt sie nur ex nunc. 13

Gegen die Ablehnung eines Antrags ist seitens des Antragstellers die sofortige Beschwerde einschlägig (§ 11 Abs. 1 RPflG, § 793). Gegen einen auf Antrag des Gläubigers erlassenen Änderungsbeschluss kann der Schuldner Erinnerung (§ 766) einlegen; wenn er angehört wurde, sofortige Beschwerde (§ 793, ggf iVm § 11 Abs. 1 RPflG). 14

IV. Erfüllungswirkung von Zahlungen nach dem alten Beschluss und Ausgleich von Zahlungen (S. 3)

Die Änderungsanordnung wirkt gegenüber dem Drittschuldner im Hinblick auf bereits erfolgte Zahlungen erst ab Zustellung des geänderten Pfändungsbeschlusses. Zahlungen auf den ursprünglichen Beschluss erfolgen also mit befreiender Wirkung. Wenn der geänderte Beschluss die Pfändbarkeit erweitert hat, tritt die befreiende Wirkung gegenüber dem Gläubiger ein. Im Falle, dass der geänderte Beschluss die Unpfändbarkeit erhöht, tritt die befreiende Wirkung durch Zahlung an den Gläubiger im Hinblick auf den Lohnanspruch des Schuldners ein. Selbst wenn der Beschluss eine rückwirkende Änderung anordnet (s. Rn 7, 13), sind Zahlungen auf den alten Beschluss für den Drittschuldner schuldbefreiend. Bereits abgeschlossene Vollstreckungsmaßnahmen können also nicht mehr korri- 15

---

6 Musterantrag bei *Brögelmann*, in: Saenger/Ullrich/Siebert, ZPO, Gesetzesformulare, Nr. 922.
7 Dagegen etwa PG/*Ahrens*, § 850 g Rn 9; Schuschke/Walker/*Kessal-Wulf*, § 850 g Rn 2 mwN; Zöller/*Stöber*, § 850 g Rn 3; dafür LAG Frankfurt DB 1990, 639; Hk-ZPO/*Kemper*, § 850 g Rn 4.
8 Str; wie hier Schuschke/Walker/*Kessal-Wulf*, § 850 g Rn 4; aA PG/*Ahrens*, § 850 g Rn 11 (Anhörungsverbot beendet).
9 Schuschke/Walker/*Kessal-Wulf*, § 850 g Rn 4.

giert werden.[10] Ein Ausgleich kann insofern nur noch zwischen Schuldner und Gläubiger stattfinden (§ 812 BGB).[11] Hat der Drittschuldner auf den alten Beschluss noch nicht gezahlt, wirkt die (ggf rückwirkende) Anordnung im neuen Beschluss aber jedenfalls für alle Zahlungen ab dem Änderungsdatum.

V. Konkurrenzen

16 Rechtsbehelfe gegen den ursprünglichen Beschluss haben **Vorrang vor dem Änderungsantrag**. Ist also der ursprüngliche Beschluss fehlerhaft, ist er mit den insoweit einschlägigen Rechtsbehelfen (Erinnerung, § 766) anzugreifen. Nur wenn die geänderten Umstände noch nicht Gegenstand des ursprünglichen Beschlusses waren oder erst nach dessen Erlass eingetreten sind, ist der Änderungsantrag statthaft (s. Rn 3). Dasselbe gilt, wenn ein Beschluss im Rechtsbehelfsverfahren schon überprüft wurde, ohne dass die Umstände schon vorlagen, oder wenn sie im Rechtsbehelfsverfahren zwar vorlagen, aber nicht Gegenstand der Entscheidung waren.[12] Vorrang vor dem Änderungsantrag haben auch mögliche Anträge nach §§ 850 b Abs. 2, 850 c Abs. 4, 850 d, 850 f und 850 i (s. Rn 2).

VI. Geltung in der Insolvenz

17 Die Vorschrift gilt auch im Insolvenzverfahren (§ 36 Abs. 1 InsO)[13] und in der Restschuldbefreiung (§ 292 Abs. 1 S. 3 InsO). In Betracht kommen etwa Anträge auf (Nicht-)Berücksichtigung eines Unterhaltsberechtigten. Der Antrag wird in der Insolvenz gem. § 36 Abs. 1 S. 2, Abs. 4 S. 1 und 3 InsO beim Insolvenzgericht gestellt, welches die Funktion des Vollstreckungsgerichts übernimmt.[14] Auch wenn ein gerichtlich festgestellter Schuldenbereinigungsplan die Abtretung der pfändbaren Dienstbezüge des Schuldners an einen Gläubiger vorsieht, ist das Insolvenzgericht zuständig.[15] In diesem Fall ist ein Abänderungsantrag an das Insolvenzgericht möglich, obwohl kein Pfändungsbeschluss erlassen wurde. Ihm steht dabei der Insolvenzbeschlag gleich. Den Antrag kann der Insolvenzverwalter stellen.

VII. Geltung bei Abtretung

18 Ob eine entsprechende Anwendung des § 850 g in Betracht kommt, wenn sich nach einer Abtretung der unpfändbare Betrag erhöht, ist ebenso umstritten wie die Frage, welches Gericht für eine solche Abänderung zuständig ist bzw wäre.[16] Die Rspr des BGH geht zumindest für § 850 e – dabei unter parallelem Verweis auf § 850 g – davon aus, die Abänderung sei möglich und habe durch Auslegung der Zessionsvereinbarung seitens des Prozessgerichts zu geschehen.[17]

VIII. Kosten

19 **Gerichtskosten** werden für den Antrag und die Entscheidung nicht erhoben. Gerichtsgebühren entstehen nur im Rechtsmittelverfahren (Nr. 2121, 2124 KV GKG), soweit ein Rechtsmittel verworfen oder zurückgewiesen wird. Wird ein

---

10 LG Aurich Rpfleger 1992, 72; *Büttner*, FamRZ 1994, 1433, 1438.
11 Vgl *Seibert*, WM 1984, 521.
12 BGHZ 161, 73; OLG Köln FamRZ 1994, 1272; Schuschke/Walker/*Kessal-Wulf*, § 850 g Rn 1.
13 BGH NJW 2003, 2167.
14 BGH WM 2004, 834; BGH ZIP 2007, 2330.
15 BGH NJW-RR 2008, 1578; anders im Falle der Abtretung außerhalb der Insolvenz: BGH NJW-RR 2004, 494.
16 Dazu *Walker*, in: FS Musielak, 2004, S. 655, 669.
17 BGH NJW-RR 2004, 494.

Rechtsmittel nur teilweise verworfen oder zurückgewiesen, kann das Gericht die Gebühr nach billigem Ermessen auf die Hälfte ermäßigen oder bestimmen, dass eine Gebühr nicht zu erheben ist (Anm. zu Nr. 2121, Anm. zu Nr. 2124 KV GKG).

Für den die Vollstreckung betreibenden **Rechtsanwalt** gehört der Antrag zu der Tätigkeit, die durch die Gebühr Nr. 3309 VV RVG abgegolten ist (§ 18 Abs. 1 Nr. 1 RVG). Für den erstmals in der Vollstreckung tätigen Rechtsanwalt des Schuldners (S. 1) oder des Dritten (S. 2) entsteht durch den Antrag die Gebühr Nr. 3309 VV RVG nebst Auslagen. 20

§ 850 h Verschleiertes Arbeitseinkommen

(1) ¹Hat sich der Empfänger der vom Schuldner geleisteten Arbeiten oder Dienste verpflichtet, Leistungen an einen Dritten zu bewirken, die nach Lage der Verhältnisse ganz oder teilweise eine Vergütung für die Leistung des Schuldners darstellen, so kann der Anspruch des Drittberechtigten insoweit auf Grund des Schuldtitels gegen den Schuldner gepfändet werden, wie wenn der Anspruch dem Schuldner zustände. ²Die Pfändung des Vergütungsanspruchs des Schuldners umfasst ohne weiteres den Anspruch des Drittberechtigten. ³Der Pfändungsbeschluss ist dem Drittberechtigten ebenso wie dem Schuldner zuzustellen.

(2) ¹Leistet der Schuldner einem Dritten in einem ständigen Verhältnis Arbeiten oder Dienste, die nach Art und Umfang üblicherweise vergütet werden, unentgeltlich oder gegen eine unverhältnismäßig geringe Vergütung, so gilt im Verhältnis des Gläubigers zu dem Empfänger der Arbeits- und Dienstleistungen eine angemessene Vergütung als geschuldet. ²Bei der Prüfung, ob diese Voraussetzungen vorliegen, sowie bei der Bemessung der Vergütung ist auf alle Umstände des Einzelfalles, insbesondere die Art der Arbeits- und Dienstleistung, die verwandtschaftlichen oder sonstigen Beziehungen zwischen dem Dienstberechtigten und dem Dienstverpflichteten und die wirtschaftliche Leistungsfähigkeit des Dienstberechtigten Rücksicht zu nehmen.

I. Allgemeines	1	2. Rechtsfolgen	27
II. Lohnverschiebung (Abs. 1)	4	a) Fiktion eines Anspruchs auf angemessene Vergütung	28
1. Voraussetzungen	5	b) Keine Rückwirkung	30
2. Rechtsfolgen – Pfändung beim Drittberechtigten oder beim Schuldner	6	3. Verfahren	31
3. Verfahren	7	IV. Gesamtanalogie und Wahl einer für den Schuldner ungünstigen Steuerklasse ohne sachlichen Grund; generelles Missbrauchsverbot	34
III. Lohnverschleierung (Abs. 2)	15		
1. Voraussetzungen	16		
a) Tatsächliche Leistung von Diensten in einem ständigen Verhältnis	17	V. Geltung in der Insolvenz und bei Abtretung	38
b) Vergütung bleibt hinter der üblichen zurück	19		

I. Allgemeines

Ebenso wie der Schuldner vor existenzvernichtender Lohnpfändung geschützt werden muss, hat der Gesetzgeber zum Schutz des Gläubigers dafür zu sorgen, dass ein Schuldner sein Arbeitseinkommen nicht dem Vollstreckungszugriff ent- 1 zieht.[1] Hat der Schuldner Arbeits- oder Dienstleistungen erbracht, für die die Vergütung nicht an ihn, sondern an einen Dritten ausgezahlt wird (**Lohnverschiebung**), oder leistet er Arbeits- oder Dienstleistungen ohne oder gegen unverhältnismäßig geringe Vergütung (**Lohnverschleierung**), unterfällt auch das verschobene oder verschleierte Einkommen dem Zugriff des Vollstreckungsgläubigers.

2 Eine **Benachteiligungsabsicht** fordert der Wortlaut der Norm zwar **nicht**, so dass sie auch Anwendung findet, wenn der Schuldner nicht die Absicht hatte, seine Gläubiger zu benachteiligen.[2] Da aber jedenfalls eine Vereinbarung notwendig ist, enthält der Tatbestand ein subjektives Moment und ist so formuliert, dass bei Vorliegen der Voraussetzungen typischerweise eine Manipulation vorliegt.[3]

3 Der Vollstreckungsgläubiger kann auf den erarbeiteten Wert so zugreifen, als habe der Schuldner dafür tatsächlich einen Entgeltanspruch erworben. Die Norm bewirkt dies wie folgt: Im Falle einer **Lohnverschiebung** kann beim Drittberechtigten gepfändet werden. Außerdem erfasst die Pfändung des Arbeitsentgelts des Schuldners ohne weiteres auch den Anspruch des Drittberechtigten; der Beschluss ist diesem lediglich gesondert zuzustellen. Bei einer **Lohnverschleierung** sind die fiktiven Ansprüche des Schuldners auf die übliche Vergütung vom Pfändungsbeschluss – ebenfalls „automatisch" – miterfasst, worauf sich der Gläubiger im Einziehungsprozess berufen kann. Ob eine Lohnverschiebung oder Lohnverschleierung vorliegt, wird nicht durch das Vollstreckungsgericht geprüft.

II. Lohnverschiebung (Abs. 1)

4 Geregelt ist der Fall einer Vereinbarung zwischen Schuldner und Drittschuldner, dass die Vergütung für vom Schuldner geleistete Arbeit ganz oder teilweise einer dritten Person (Drittberechtigter) zufließen soll.

5 **1. Voraussetzungen.** Erforderlich ist ein **Vertrag zwischen dem Schuldner und dem Drittschuldner**, der im Hinblick auf den Vergütungsanspruch zugunsten des Drittberechtigten wirkt. Eine Vereinbarung zwischen dem Schuldner und dem Dritten genügt nicht; es handelt sich bei dem „Lohnverschiebungsvertrag" also um einen **echten Vertrag zu Gunsten Dritter**, nicht um eine Abtretung.[4] Rechtlich steht der Anspruch dem Drittberechtigten zu. Bestehen zwischen dem Drittschuldner und dem Schuldner keinerlei vertragliche Bindungen, obwohl der Schuldner dem Drittschuldner gegenüber Arbeitsleistungen erbringt – etwa weil der Arbeitgeber des Schuldners zu ihnen verpflichtet ist –, liegt kein Anwendungsfall des Abs. 1 vor.[5] Welchen **Vertragstyp** der Vertrag zwischen Drittschuldner und Schuldner hat (Werkvertrag, Dienstvertrag, Arbeitsvertrag), spielt ebenso wenig eine Rolle wie die Frage, ob es sich um eine regelmäßige oder nur um eine einmalige Tätigkeit handelt. Inhalt des Vertrages zwischen Drittschuldner und Schuldner ist der gänzliche oder teilweise **Zufluss der Gegenleistung aus der Arbeitsleistung des Schuldners an den Drittberechtigten**. Welcher Art diese Gegenleistung ist, spielt keine Rolle. Sie kann etwa auch in einer Gewinnbeteiligung, einer Prämie, günstigen Darlehenskonditionen für den Drittberechtigten oder einer unverhältnismäßig hohen Vergütung eines ebenfalls für den Drittschuldner tätigen Drittberechtigten bestehen.[6]

---

1 *Baur/Stürner/Bruns*, Zwangsvollstreckungsrecht, Rn 24.42.
2 BGH WM 1968, 1254.
3 *Meller-Hannich*, DGVZ 2009, 85, 87; vgl *Brox/Walker*, Zwangsvollstreckungsrecht, Rn 531, 533.
4 BAGE 83, 33; *Brox/Walker*, Zwangsvollstreckungsrecht, Rn 533.
5 BAGE 83, 33.
6 PG/*Ahrens*, § 850 h Rn 6.

2. Rechtsfolgen – Pfändung beim Drittberechtigten oder beim Schuldner.
Die Forderung steht rechtlich dem Drittberechtigten zu. Bei ihm kann sie nach **Abs. 1 S. 1** gepfändet werden, obwohl der Vollstreckungsgläubiger gegen den Drittberechtigten keinen Titel hat; eine Titelumschreibung ist auch nicht notwendig. Als Forderung des Schuldners wird sie durch **Abs. 1 S. 2** zum Zwecke der Pfändung fingiert, so dass bei dieser Alternative die Pfändung gegen den Titelschuldner gerichtet ist, obwohl diesem keine Forderung gegen den Drittschuldner zusteht.

3. Verfahren.
Welche Vorgehensweise der Gläubiger wählt, steht in seiner Wahl. Die **Pfändung beim Drittberechtigten** nach **Abs. 1 S. 1** kommt sicherlich nur in Betracht, wenn der Gläubiger von der Lohnverschiebung weiß oder sie vermutet und die Person des Drittberechtigten dem Gläubiger bekannt ist. Im Falle eines Vollstreckungszugriffs beim Drittberechtigten sind dabei gegenüber dem Vollstreckungsgericht Mindestangaben zu machen, die den Tatbestand des Abs. 1 S. 1 erfüllen.

Die **Pfändung beim Schuldner** nach **Abs. 1 S. 2** hat demgegenüber den Vorteil, dass die fingierte Forderung beim Pfändungszugriff gegen den Schuldner ohne weiteres (mit ggf anderen Vergütungsansprüchen gegen den Drittschuldner) mitgepfändet wird. Auch eine beim Pfändungsantrag noch nicht entdeckte Lohnverschiebung kann deshalb im Nachhinein durch den Gläubiger geltend gemacht werden (s. Rn 12).

Die Anträge entsprechen ansonsten den **allgemeinen Regeln** (s. § 850 Rn 14 ff), da – wie generell – nur der angebliche Anspruch gepfändet wird und die (Mit-)Pfändung des verschobenen Lohns nicht extra beantragt werden muss. In beiden Alternativen erfolgt **keine Überprüfung der Voraussetzungen des § 850 h** bzw der dazu vom Gläubiger gemachten Angaben durch das Vollstreckungsgericht. Selbstverständlich gelten in beiden Alternativen die §§ 850 a ff einschließlich § 850 e Nr. 1, so dass die (fiktive) Nettovergütung gepfändet wird.[7] Der Pfändungsbeschluss ist sowohl dem Drittberechtigten als auch dem Schuldner **zuzustellen** (**Abs. 1 S. 3**). Der Beschluss selbst wird aber – wie auch sonst – bereits mit Zustellung an den Drittschuldner wirksam (§ 829 Abs. 3).

Wenn der Drittschuldner im Zweifel ist, ob er an den Gläubiger oder an den Drittberechtigten leisten muss, kann er die **geschuldete Summe hinterlegen**.[8]

Der Gläubiger kann sich aus der Forderung – wie üblich – erst befriedigen, wenn sie ihm überwiesen (§ 835) ist. Vorher handelt es sich um eine Forderung des Drittberechtigten (s. Rn 6). Deshalb kann der Gläubiger auch erst nach Überweisung gegen den Schuldner **aufrechnen**.

Nach Überweisung macht der Gläubiger im **Einziehungsprozess** den beim Schuldner oder Drittberechtigten gepfändeten Anspruch gegen den Drittschuldner geltend. Da der Pfändungsbeschluss gegen den Schuldner auch die verschobenen Beträge miterfasst (s. Rn 8 f), können im Einziehungsprozess auch erst nach der Pfändung entdeckte Lohnverschiebungen geltend gemacht werden. Zuständig ist das Gericht, bei dem der Schuldner den (nicht verschobenen) Anspruch hätte geltend machen müssen. In der Regel ist deshalb der **Rechtsweg** zu den **Arbeitsgerichten** einzuschlagen (vgl § 850 Rn 14). Im Einziehungsprozess klärt sich – ebenfalls wie üblich –, ob der (fiktive) Anspruch besteht. Zur Begründetheit der Einziehungsklage gehört deshalb vornehmlich der Nachweis der Lohnverschiebung (s. Rn 4) durch den Vollstreckungsgläubiger, der insoweit die **Beweislast** trägt. Hilfreich kann es hier für den Gläubiger sein, neben der Drittschuldnererklärung nach § 840 die Auskunftspflichten des Schuldners nach § 836 Abs. 3 zu nutzen, da er sich etwa aus Lohnabrechnungen eine Kenntnis von der Einkom-

---

7 BAG NJW 2008, 2606.
8 Schuschke/Walker/*Kessal-Wulf*, § 850 h Rn 6.

mensentwicklung beim Schuldner vor der Pfändung verschaffen kann.[9] Das Maß, welches die Instanzgerichte an den Vortrag und die Beweisanträge stellen, wurde dabei höchstrichterlich durchaus schon gesenkt, so dass die Grenze zum unzulässigen Ausforschungsbeweis nicht allzu schnell überschritten ist.[10] Der Drittschuldner kann den **Gegenbeweis**[11] erbringen, dass der Drittberechtigte die Gegenleistung aufgrund eigener Arbeitsleistung verdient habe und dass die Arbeitsleistung des Schuldners nichts oder jedenfalls nur das, was (bei behaupteter teilweiser Lohnverschiebung) an ihn gezahlt wurde, wert war.

13 Hat der Drittschuldner **hinterlegt**, kann der Gläubiger gegen den Drittberechtigten **bereicherungsrechtliche Ansprüche** auf Zustimmung zur Auszahlung an ihn geltend machen,[12] so dass die Frage der Lohnverschiebung in diesem Prozess geklärt wird.

14 Gegen die Pfändung beim Schuldner kann der Drittberechtigte mit der Klage nach § 771 geltend machen, die Forderung stehe – mangels einer Lohnverschiebung – ihm und nicht (fiktiv) dem Schuldner zu.

III. Lohnverschleierung (Abs. 2)

15 Auch durch Abs. 2 wird die Pfändbarkeit zu Gunsten des Gläubigers erweitert. Es handelt sich um die praktisch bedeutsamere Variante des § 850 h. Geregelt sind die Fälle, in denen der Schuldner für eine dem Drittschuldner **geleistete üblicherweise vergütete Arbeit nur eine unangemessene oder gar keine Vergütung** erhält. Im Verhältnis zum Gläubiger gilt dann eine angemessene Vergütung als geschuldet. Fingiert wird hier also nicht, dass ein rechtlich einer anderen Person zustehender Anspruch dem Schuldner zusteht (so Abs. 1), sondern der Anspruch selbst ist ein fiktiver (Abs. 2).

16 **1. Voraussetzungen.** Die Vorschrift will verhindern, dass der Schuldner seine Arbeitskraft auf Kosten seiner Gläubiger in den Dienst Dritter stellt, ohne dass dafür ein angemessener Vergütungsanspruch entsteht. Daraus folgt keine Arbeitspflicht, wohl aber die Zugriffsmöglichkeit auf den durch die eingesetzte Arbeitskraft geschaffenen Wert. An diesem Sinn und Zweck orientieren sich die Voraussetzungen des Abs. 2.

17 **a) Tatsächliche Leistung von Diensten in einem ständigen Verhältnis.** Erforderlich ist zunächst, dass Dienste oder Arbeiten in einem ständigen Verhältnis geleistet werden. Das beinhaltet eine gewisse **Regelmäßigkeit und Dauer**.[13] Einmalige Leistungen, Gelegenheits- oder Aushilfstätigkeiten scheiden damit aus. Eine Teilzeitarbeit kommt jedoch in Betracht, wenn sie von regelmäßiger Dauer ist.[14]

18 Ob der Leistung ein Arbeits- oder Dienstvertrag zugrunde liegt, spielt keine Rolle, da es nur auf die tatsächliche Leistung in einem ständigen Verhältnis ankommt. So kommen auch Leistungen innerhalb von Werkverträgen, Gesellschaften oder Familien in Betracht.[15] Auch gänzlich ohne (gesetzlichen oder vertraglichen) Rechtsgrund geleistete Arbeiten sind bei hinreichender Regelmäßigkeit und

---

9 Vgl zum aus diesem Grund weiten Umfang der Auskunftspflichten BGH NJW 2007, 606; zur Eignung des Vermögensverzeichnisses (§§ 807, 899 ff) *Schmidt*, JurBüro 2010, 4.
10 Etwa BVerfGK 7, 485; BAG InVo 2006, 199; OLG Bremen InVo 2001, 454; OLG Hamm NJW-RR 2001, 1663.
11 OLG Karlsruhe NZG 2012, 299 („sekundäre Beweislast" im Hinblick auf interne Verhältnisse des Drittschuldners).
12 Schuschke/Walker/*Kessal-Wulf*, § 850 h Rn 6.
13 BAG 13.5.1981 – 4 AZR 405/78.
14 LAG Hamm BB 1988, 1754; LAG Hamm 9.5.2006 – 19 Sa 905/05.
15 *Baur/Stürner/Bruns*, Zwangsvollstreckungsrecht, Rn 24.44.

Dauer solche in einem „ständigen Verhältnis". Das gilt auch für ehrenamtliche Tätigkeit. Einfluss kann die das **ständige Verhältnis schaffende Rechtsgrundlage** aber darauf haben, ob eine der üblichen Vergütung angemessene Vergütung gezahlt wird (s. Rn 26).

b) Vergütung bleibt hinter der üblichen zurück. Abs. 2 S. 1 setzt weiterhin voraus, dass die Tätigkeit nach Art und Umfang **üblicherweise vergütet** wird und dennoch **keine oder** nur eine im Verhältnis zu üblichen Vergütung **geringe Vergütung** gezahlt wird. Es kommt also auf das **Verhältnis der üblichen Vergütung zur gezahlten Vergütung** an. Für eine üblicherweise unentgeltliche Tätigkeit ist es verhältnismäßig, dass kein Lohnanspruch besteht. Das Gericht (s. noch Rn 31) hat den bei unbestimmten Rechtsbegriffen – hier: „üblicherweise", „unverhältnismäßig", „angemessen" – gebräuchlichen Beurteilungsspielraum.[16]

Für die Üblichkeit der Vergütung ist ein **objektiver Maßstab** entscheidend, nicht jedoch die Vereinbarung oder Üblichkeit der Unentgeltlichkeit zwischen den konkreten Beteiligten oder die Gläubigerbenachteiligungsabsicht des Schuldners und/oder Drittschuldners. Entscheidend ist, ob Dienste dieser Art allgemein nur gegen Vergütung geleistet werden, wofür insbesondere spricht, dass durch die Tätigkeit des Schuldners eine andere zu entlohnende Arbeitskraft erspart wird.[17]

Wird innerhalb von **Familien** (Haushalt, Krankenpflege oder Familienbetrieb) oder Klöstern[18] üblicherweise unentgeltlich gearbeitet, kann dies insb. im Hinblick auf **§§ 1353, 1360, 1619 BGB** eine Lohnverschleierung ausschließen. Entscheidend ist auch hier vornehmlich der objektive Maßstab und nicht die Handhabung und Üblichkeit in der konkreten Familie. Zu fragen ist insofern, ob die Unentgeltlichkeit in Familien generell gerechtfertigt ist. Dafür wiederum spielen nicht nur der Marktwert, sondern auch die Nähe der individuellen verwandtschaftlichen Beziehungen und die konkreten Zwecke, die mit der Mitarbeit verfolgt werden, eine Rolle (vgl **Abs. 2 S. 2**).[19]

Mitarbeit in der Familie ist nicht üblicherweise unvergütet, sondern nur dann, wenn sie im „Regelfall Familie" keine Vergütung begründet. Es kommt also nicht darauf an, ob die Tätigkeit ohne die familiären Beziehungen üblicherweise zu vergüten wäre,[20] sondern darauf, ob angesichts der Nähe der Beziehungen eine **Unentgeltlichkeit objektiv** gerechtfertigt ist. Die allein aus §§ 1353, 1360 oder 1619 BGB geleistete Mitarbeit ist grds. unentgeltlich.[21] Eine über das dort anzulegende Maß hinausgehende Mitarbeit ist auch dann „üblicherweise vergütet", wenn sie in Betrieben oder Familien üblicherweise unvergütet geleistet wird.[22] Im Rahmen von § 1353 BGB ist dabei zu beachten, dass die Norm zwar eine Pflicht zur anteiligen Haushaltsführung und Funktionsteilung in angemessenem Umfang vorsieht; im Übrigen aber regelmäßig von einer Vergütungspflicht auszugehen ist.[23]

Nur **entfernte Familienbande** sprechen dabei für eine Üblichkeit der Vergütung, wenn Leistungen erbracht wurden, die nach objektivem Maßstab nur engen Fa-

---

16 BAG NJW 2008, 2606.
17 LAG Kiel FoVo 2011, 57; Zöller/*Stöber*, § 850 h Rn 3.
18 BVerfG NJW 1992, 2471.
19 Systematisierend *Fenn*, AcP 167 (1967), 148.
20 So jedoch LG Halle JurBüro 2006, 382; PG/*Ahrens*, § 850 h Rn 15; auch BAG NJW 1978, 343 wendet sich vornehmlich gegen die Auffassung, familiäre Mitarbeit sei grds. nicht nach § 850 h Abs. 2 zu behandeln.
21 BGHZ 46, 385; BSG MDR 1998, 727; Schuschke/Walker/*Kessal-Wulf*, § 850 h Rn 8.
22 Vgl BGHZ 127, 48: Es kommt nicht darauf an, ob die Mitarbeit der Ehefrau in solchen Betrieben üblich ist, sondern darauf, ob das Maß der §§ 1353, 1360 BGB überschritten ist.
23 MüKo-BGB/*Wacke*, § 1356 Rn 24.

milienmitgliedern „geschenkt" werden. Eine **besondere Selbstlosigkeit** führt insofern zur regelmäßig letztlich üblichen Vergütung. „Üblicherweise unentgeltlich" erbracht werden **Haushaltstätigkeiten unter Ehegatten** und eingetragenen Lebenspartnern dann, wenn sie sich als Erfüllung von Unterhaltspflichten[24] oder als Ausfluss der Beistandspflicht nach § 1353 BGB[25] darstellen. **Kinder arbeiten** im Rahmen von § 1619 BGB unentgeltlich. Je weiter der Verwandtschaftsgrad entfernt ist und je lockerer die Beziehungen sind, desto eher gilt allein das Kriterium, ob diese Art der Tätigkeit „auf dem Markt" üblicherweise vergütet wird.[26] Tätigkeiten **in Erwartung einer Erbeinsetzung** sind nicht üblicherweise unvergütet, wenn sie es nach der Art der Tätigkeit als solche nicht sind. Inwieweit die „Gegenleistung" Erbeinsetzung zur üblichen Vergütung im Verhältnis steht, ist eine andere Frage (s. Rn 26).

24 Bei **Mitarbeit im Geschäftsbetrieb des Partners oder der Eltern** sollten ebenfalls die materiellrechtlichen Verpflichtungen zur unentgeltlichen Hilfe nach §§ 1353, 1360 BGB Maßstab sein. Wird durch eine Tätigkeit im Geschäftsbetrieb ein durchgängiger Einsatz professioneller Kenntnisse verlangt, ist die Grenze der Beistands- oder Unterhaltspflicht überschritten und es handelt sich um üblicherweise zu vergütende Mitarbeit. Bestand ursprünglich ein vergütetes Arbeitsverhältnis, welches aufgegeben wurde, um danach eine unentgeltliche Beschäftigung desselben Inhalts als Familienangehöriger anzuschließen, spricht dies deutlich gegen die übliche Unentgeltlichkeit.[27]

25 Bei **nichtehelichen Lebensgemeinschaften** kann auf die gesetzlichen Unterhalts-, Mitarbeits- und Beistandspflichten nicht abgestellt werden. Es wird auf die soziale Üblichkeit ankommen.[28] Ein nichtehelicher Lebensgefährte erhält für eine nur geringfügige Haushaltsführung, für Pflege- und Unterstützungsleistungen üblicherweise keine Vergütung.[29] Eine Anwendung des Abs. 2 auch bei der **Haushaltsführung** in nichtehelicher Lebensgemeinschaft ist aber nicht ausgeschlossen.[30] Überschreitet die Haushaltsführung ein geringfügiges Maß und kommt dabei dem berufstätigen Partner zugute, weil er in tatsächlicher Hinsicht oder sogar aufgrund einer Vereinbarung zwischen den Partnern von der Haushaltsführung vollständig entlastet wird, ist der Bereich der üblichen Vergütung erreicht, selbst wenn eine solche Aufteilung in nichtehelichen Lebensgemeinschaften üblich sein mag.[31]

26 Steht fest, dass die Tätigkeit üblicherweise gegen Entgelt erfolgt, ist zu fragen, ob sie seitens des Schuldners **unentgeltlich oder gegen nur unverhältnismäßig geringes Entgelt** erbracht wird. Maßstab kann etwa der tarifliche Mindestlohn oder die ortsübliche Mindestvergütung sein.[32] So ist die nur erwartete Erbeinsetzung keine angemessene Gegenleistung für üblicherweise vergütete Arbeit.[33] Erhält ein Familienangehöriger nur ein Taschengeld, obwohl er eine auf dem Markt üblicherweise höher vergütete Tätigkeit leistet, ist dies ebenso unverhältnismäßig. Dass bei Familienangehörigen eine nach dem Markt- und/oder tariflichen Lohn billigere Bezahlung wegen der familiären Verbindung üblich ist, führt dazu, dass auch die Grenze zur Unverhältnismäßigkeit weniger schnell überschritten sein

---

24 BAG NJW 1978, 343; LAG Hamm 9.5.2006 – 19 Sa 905/05.
25 BSG MDR 1998, 727.
26 Hk-ZPO/*Kemper*, § 850 h Rn 7.
27 LAG Rostock 3.6.2004 – 1 Sa 462/03.
28 Schuschke/Walker/*Kessal-Wulf*, § 850 h Rn 9.
29 Vgl OLG Köln FamRZ 1997, 1113; LG Ellwangen JurBüro 1997, 274.
30 AA wohl Zöller/*Stöber*, § 850 h Rn 4 a; *Ernst*, JurBüro 2004, 407, 410.
31 Vgl OLG Koblenz NJW-RR 1992, 1348; OLG Nürnberg NJW-RR 1996, 1412, aA LG Bielefeld 3.9.2013 – 23 T 494/12.
32 LAG Kiel FoVo 2011, 57; Schuschke/Walker/*Kessal-Wulf*, § 850 h Rn 10.
33 BGH NJW 1979, 1600.

wird. Diese Vorteile des Drittschuldners soll auch Abs. 2 nicht ausgleichen.[34] Jedenfalls aber ist der Einzelfall zu beurteilen, so dass weder allein die untertarifliche Entlohnung noch pauschal eine Vergütung von weniger als 75 % des Marktüblichen unverhältnismäßig ist.[35]

2. Rechtsfolgen. Nur im Verhältnis zwischen Drittschuldner und Gläubiger, und zwar zu dessen Gunsten, gilt eine angemessene Vergütung als geschuldet.

a) Fiktion eines Anspruchs auf angemessene Vergütung. Eine zwischen Schuldner und Drittschuldner gar nicht geschuldete Vergütung wird **fingiert**. Die **Angemessenheit** bestimmt sich aus dem Verhältnis zwischen der üblichen und der gezahlten Vergütung, so dass die bereits genannten Kriterien zu den Voraussetzungen des Anspruchs durchaus herangezogen werden können. Satz 2 bezieht sich insofern sowohl auf die Prüfung der Voraussetzungen des Satzes 1 als auch auf die Rechtsfolge der Angemessenheit. Im Hinblick auf die angemessene geschuldete Vergütung ist aber eine gewisse Pauschalierung nicht ausgeschlossen (anders für die „Unverhältnismäßigkeit", s. Rn 26). Der Gläubiger hat also das Seine getan, wenn er zum Tariflohn, zur betriebsüblichen, ortsüblichen oder objektiv familienüblichen Vergütung vorträgt und ggf beweist. Soweit es auf die wirtschaftliche Leistungsfähigkeit des Drittschuldners ankommt, obliegt hingegen diesem die Darlegungs- und Beweislast.[36]

Der fiktiven angemessenen Vergütung sind vom Drittschuldner **tatsächlich gewährte geldwerte Vorteile nicht hinzuzurechnen**.[37] Es handelt sich dabei nämlich um reales Einkommen. Die angemessene Vergütung darf also nur die Differenz zwischen der (unverhältnismäßig niedrigen) gezahlten Vergütung und der üblichen Vergütung umfassen. Nur bei vollständiger Unentgeltlichkeit der Arbeitsleistung entspricht die angemessene Vergütung der üblichen Vergütung. Eine Zusammenrechnung des fiktiven mit dem realen Einkommen nach § 850 e Nr. 3 S. 1 scheidet aus.[38] Bei der Berechnung der angemessenen Vergütung sind – selbstverständlich – die **Pfändungsfreigrenzen** zu beachten. Nur die Nettovergütung ist pfändbar und die Pfändungsschutzvorschriften der §§ 850 a, 850 b, 850 c sind zu beachten.[39] Das gilt im Hinblick auf § 850 c Abs. 1 S. 2 sogar hinsichtlich gesetzlicher Unterhaltspflichten, selbst wenn sie tatsächlich nicht erfüllt worden sind.[40] Es kann nämlich angenommen werden, dass der Schuldner Unterhalt geleistet hätte, wenn er nicht eine unverhältnismäßig geringe, sondern eine angemessene Vergütung erhalten hätte.

b) Keine Rückwirkung. Die angemessene Vergütung gilt nur für den Zeitpunkt ab der Pfändung als geschuldet. Die Pfändung wirkt also nicht für die Vergangenheit und erfasst daher nicht fiktiv aufgelaufene Lohn- und Gehaltsrückstände.[41] Das führt für den Gläubiger zu erheblichen praktischen Problemen, wenn der Schuldner die „Leistung in einem ständigen Verhältnis" (s. Rn 17) nach der Pfändung aufgibt.

3. Verfahren. Bestimmt wird die angemessene Vergütung im **Einziehungsprozess**, nicht durch das Vollstreckungsgericht.[42] Der Gläubiger muss das Vorliegen der Lohnverschleierung beweisen, wobei an die **Darlegungs- und Beweislast** keine überspannten Anforderungen in dem Sinne zu stellen sind, dass der streitige Le-

---

34 Schuschke/Walker/*Kessal-Wulf*, § 850 h Rn 10.
35 BAGE 128, 157 (dazu *Ahrens*, NJW-Spezial 2009, 53); PG/*Ahrens*, § 850 h Rn 19.
36 Schuschke/Walker/*Kessal-Wulf*, § 850 h Rn 13.
37 BAG NJW 2008, 2606 (dazu *Ahrens*, NJW-Spezial 2009, 53).
38 BAG NJW 2008, 2606.
39 BAG NJW 2008, 2606.
40 BAG NJW 2008, 2606.
41 BAG NJW 2008, 2606; BAGE 126, 137.
42 BGH WM 2013, 1991.

benssachverhalt in allen Einzelheiten darzustellen ist[43] (zur Beweislast s. auch Rn 12). Es genügt, wenn zu Art und zeitlichem Umfang der Arbeitsleistungen des Schuldners sowie zur Differenz zwischen der für die behauptete Arbeitsleistung angemessenen Vergütung und der tatsächlichen Vergütung dargelegt und ggf bewiesen wird.

32 Ansonsten wird nach allgemeinen Regeln gepfändet, einschließlich der Möglichkeit eines Blankettbeschlusses oder der Festsetzung eines Pfändungsfreibetrages. Auch hier wird der Anspruch „automatisch" mitgepfändet (vgl Rn 3). Im Verhältnis mehrerer Gläubiger gilt – wie üblich – das Prioritätsprinzip. Die Fiktion besteht jedoch zu Gunsten aller Gläubiger.[44] Im Verhältnis zu den anderen Gläubigern gilt der vorrangige Gläubiger aber auch insoweit als befriedigt, als er Beträge iSd Abs. 2 nicht erhalten hat. Im Drittschuldnerprozess sind deshalb beim vorrangigen Gläubiger auch die Beträge abzusetzen, die an den vorrangigen Gläubiger nicht gezahlt worden sind, ihm aber nach Abs. 2 zugestanden hätten.[45] Die Pfändung hatte ja den gesamten Anspruch einschließlich seines fiktiven Teils umfasst (s. Rn 3).

33 **Rechtsbehelfe** gegen den Pfändungsbeschluss sind die allgemeinen (s. § 850 Rn 28). Da im Rahmen des Abs. 2 kein tatsächlich einem anderen zustehender Anspruch, sondern ein tatsächlich nicht existenter Anspruch beim Schuldner fingiert wird, kommt eine Drittwiderspruchsklage (s. Rn 14) nicht in Betracht. Der Schuldner kann aber Vollstreckungsabwehrklage nach § 767 erheben, wenn das „ständige Verhältnis" endet.

IV. Gesamtanalogie und Wahl einer für den Schuldner ungünstigen Steuerklasse ohne sachlichen Grund; generelles Missbrauchsverbot

34 Die Rspr auch des BGH und BAG[46] hat für den Fall der Wahl einer ungünstigen Steuerklasse durch den Schuldner eine **Gesamtanalogie zu Abs. 1 und 2** gebildet und bei der Pfändung den Zugriff auf den ersparten Betrag gestattet. Durch eine solche Wahl kann der Schuldner den vom Zugriff auf das Arbeitsentgelt nicht erfassten Steuererstattungsanspruch (s. § 850 Rn 7) möglichst hoch und sein pfändbares Nettoeinkommen besonders niedrig ausgestalten. Die **ohne sachlichen Grund** erfolgte **Wahl einer ungünstigen Steuerklasse** ist deshalb **als eine dem § 850 h Abs. 1 und 2 entsprechende unlautere Manipulation** anerkannt worden. Es kommt zu einer **von § 850 e Nr. 1 abweichenden Berechnung**, da ansonsten steuerrechtlich abgeführte Beträge vor Berechnung des pfändbaren Einkommens abgezogen werden (s. § 850 e Rn 4). Nunmehr ist nur die Steuer nach der günstigen Steuerklasse im Rahmen des § 850 e Nr. 1 abzuziehen. Dies ist bei der Pfändung gegenüber dem Drittschuldner anzuordnen. Die abweichende Berechnung kann sogar in einem Verfahren nach § 850 g (s. § 850 g Rn 4) geltend gemacht werden.[47] Sie führt dazu, dass die Voraussetzungen des § 850 h nicht – wie ansonsten – gänzlich im Einziehungsprozess, sondern im Pfändungsverfahren oder im Verfahren des § 850 g zu prüfen sind. Kommt es zu einer Anwendung des § 850 h im Hinblick auf die Steuerklassenmanipulation, muss der **Drittschuldner an die Finanzbehörde** dennoch auf der Grundlage der real gewählten Lohnsteuerklasse abführen; er kann aber den dem Gläubiger überwiesenen Mehrbetrag

---

43 BAG InVo 2006, 199; vgl BVerfGK 7, 485.
44 *B. Schmidt*, JurBüro 2010, 4 (auch zu Ausgleichsansprüchen zwischen den Gläubigern).
45 BGHZ 113, 27; BAG NJW 1995, 414.
46 BGH NJW-RR 2006, 569 (dazu *Meller-Hannich*, DGVZ 2009, 85, 86 f); BAG NJW 2008, 2606; OLG Köln FamRZ 2000, 1590.
47 BGH NJW-RR 2006, 569.

beim Gehalt des Schuldners kürzen. Der Schuldner muss den dem Gläubiger zugutekommenden Mehrbetrag im Wege der Steuererstattung geltend machen.[48]

Die beschriebene Analogie zu § 850 h gilt sowohl für den Fall, dass der Schuldner die Wahl **nach der Pfändung**, als auch für den Fall, dass er sie **vor der Pfändung**[49] vornimmt. Im Fall der Wahl der ungünstigen Steuerklasse *vor* der Pfändung ist aber zusätzlich nachzuweisen, dass dies in **Gläubigerbenachteiligungsabsicht** (anders ansonsten, s. Rn 2) erfolgt ist. Der Nachweis der Benachteiligungsabsicht kann allerdings durch objektive Indizien, etwa die Höhe des Einkommens bei Verheirateten, die Kenntnis des Schuldners von der Höhe seiner Verschuldung und einer drohenden Zwangsvollstreckung, die Abgabe der Vermögensauskunft und den zeitlichen Zusammenhang mit der Steuerklassenwahl mit der Verschuldung und Vollstreckung, geführt werden.

Zu **beantragen** ist neben dem allgemeinen Antrag zur Pfändung des Arbeitseinkommens (s. § 850 Rn 14),[50]

▶ den Drittschuldner anzuweisen, den Schuldner bei der Berechnung des pfändbaren Betrages so zu behandeln, als würde das Einkommen nach Steuerklasse ... versteuert. ◀

Aus den Grundsätzen zur Auslegung des § 850 h entwickelte sich in jüngerer Zeit ein in der Rspr auch in anderen Rechtsbereichen herangezogenes allgemeines „Billigkeitsprinzip" bzw. „**Missbrauchsverbot**".[51]

V. Geltung in der Insolvenz und bei Abtretung

§ 850 h ist auch in der **Insolvenz** anwendbar (§ 36 Abs. 1 InsO). Der Verwalter ist berechtigt, verschleiertes Arbeitseinkommen zur Masse zu ziehen. An die Stelle des Pfändungsbeschlusses tritt der Eröffnungsbeschluss und erfasst die ab Zustellung fiktiv entstandenen Ansprüche.[52]

Da Abs. 1 nur den Vollstreckungszugriff auf die Forderung des Drittberechtigten seitens des Vollstreckungsgläubigers ermöglicht und Abs. 2 eine Forderung nur im Verhältnis zum Drittschuldner fingiert, hat die Norm keinen Einfluss auf das von einer **Abtretung** durch den Schuldner umfasste Arbeitseinkommen.[53] Verschleiertes und verschobenes Einkommen werden von einer Abtretung des Arbeitseinkommens also nicht erfasst.

---

48 S. *Meller-Hannich*, DGVZ 2009, 85, 87.
49 Anders noch OLG Köln FamRZ 2000, 1590.
50 Vollständiges Muster s. *Brögelmann*, in: Saenger/Ullrich/Siebert, ZPO, Gesetzesformulare, Nr. 925.
51 S. etwa BGH FamRZ 2008, 1845: Widerrufsgrund für Verfahrenskostenstundung in der Insolvenz bei missbräuchlicher Steuerklassenwahl; BGH NJW 2004, 769: Korrektur im Unterhaltsrecht bei Verschiebung der Steuerbelastung; BGH FamRZ 2009, 871: unsachliche Steuerklassenwahl als Verstoß gegen Erwerbsobliegenheit; OLG Koblenz NJW-RR 1992, 1348: Anwendung des Rechtsgedankens des § 850 h Abs. 2 bei der Bewilligung von Prozesskostenhilfe; OLG Hamm OLGR 1998, 138: Kürzung eines Unterhaltsanspruchs wegen geldwerter Versorgungsleistungen für einen Dritten entsprechend § 850 h; LAG Hannover 19.8.2010 – 4 Sa 970/09 B: Entgeltumwandlung nach Pfändung, um Schutz nach § 851 c zu erlangen.
52 BAGE 126, 137; *Ahrens*, NJW-Spezial 2009, 53; *Zwanziger*, BB 2009, 668.
53 *Walker*, in: FS Musielak, 2004, S. 655, 661 f.

§ 850 i Pfändungsschutz für sonstige Einkünfte

(1) ¹Werden nicht wiederkehrend zahlbare Vergütungen für persönlich geleistete Arbeiten oder Dienste oder sonstige Einkünfte, die kein Arbeitseinkommen sind, gepfändet, so hat das Gericht dem Schuldner auf Antrag während eines angemessenen Zeitraums so viel zu belassen, als ihm nach freier Schätzung des Gerichts verbleiben würde, wenn sein Einkommen aus laufendem Arbeits- oder Dienstlohn bestünde. ²Bei der Entscheidung sind die wirtschaftlichen Verhältnisse des Schuldners, insbesondere seine sonstigen Verdienstmöglichkeiten, frei zu würdigen. ³Der Antrag des Schuldners ist insoweit abzulehnen, als überwiegende Belange des Gläubigers entgegenstehen.

(2) Die Vorschriften des § 27 des Heimarbeitsgesetzes vom 14. März 1951 (BGBl. I S. 191) bleiben unberührt.

(3) Die Bestimmungen der Versicherungs-, Versorgungs- und sonstigen gesetzlichen Vorschriften über die Pfändung von Ansprüchen bestimmter Art bleiben unberührt.

I. Allgemeines 1	cc) Verhältnis zu § 851 c (Altersrenten) 11
II. Voraussetzungen 6	dd) Verhältnis zu § 851 d (steuerlich geförderetes Altersvorsorgevermögen) 12
1. Nicht wiederkehrend zahlbare Vergütung für persönlich geleistete Arbeiten oder Dienste (Abs. 1 S. 1 Alt. 1) .. 6	
2. Sonstige Einkünfte, die kein Arbeitseinkommen sind (Abs. 1 S. 1 Alt. 2) 7	ee) Verhältnis zu § 852 (beschränkt pfändbare Forderungen) .. 13
a) Allgemeines 7	3. Heimarbeit (Abs. 2) 14
b) Abgrenzung zu anderen Pfändungsschutzvorschriften 8	4. Fortgeltung von Sonderregelungen (Abs. 3) 15
	III. Rechtsfolgen und Verfahren 16
	1. Antrag 16
aa) Verhältnis zu § 851 a (Verkauf landwirtschaftlicher Erzeugnisse) 9	2. Grundlagen der Entscheidung durch das Vollstreckungsgericht (Abs. 1) 21
bb) Verhältnis zu § 851 b (Miet- und Pachtzinsen) 10	3. Rechtsbehelfe 24
	IV. Bedeutung in der Insolvenz 25
	V. Kosten 26

I. Allgemeines

1 Obwohl auch einmalige oder ansonsten nicht wiederkehrend gezahlte Vergütungen für persönliche Arbeitsleistungen als Arbeitseinkommen zu werten sind (s. § 850 Rn 36 ff), gilt der Pfändungsschutz des § 850 c für sie nicht, da die Vorschrift nur fortlaufend zahlbares Einkommen erfasst. **Nicht wiederkehrend gezahlte Vergütungen** sind deshalb grds. voll pfändbar, auch wenn sie für persönlich geleistete Arbeiten gezahlt werden. Abs. 1 S. 1 Alt. 1 eröffnet jedoch die Möglichkeit, **auf Antrag den Beschlag insoweit aufzuheben**, als dies bei einer Pfändung laufenden Arbeits- oder Dienstlohns der Fall wäre. Das Vollstreckungsgericht berechnet dann den konkret unpfändbaren Betrag. Wichtig ist die Vorschrift des § 850 i v.a. für den **Pfändungsschutz von Einkünften der Freiberufler und sonstiger Selbständiger.**

2 Schon kein Arbeitseinkommen sind die in Abs. 1 S. 1 Alt. 2 geregelten „sonstigen Einkünfte". Geschützt sind dadurch **sämtliche (seien es auch wiederkehrende) Einkünfte**, also auch solche aus „kapitalistischer" Tätigkeit (s. § 850 Rn 39), et-

wa der Verwertung fremder Arbeitskraft[1] (zB Einkünfte aus Verträgen, für deren Erfüllung abhängig beschäftigte Personen eingesetzt werden), der Verwertung von Sacheigentum (zB Kaufverträge, Miete) oder einer Rechtsinhaberschaft (zB geldwerte Bestandteile jeder Art geistigen Eigentums).

Die **Gleichstellung der Einkunftsarten** war ausdrückliches Ziel der Reform des Kontopfändungsschutzes (s. § 850 k Rn 2, 8 f), und dieses Ziel wird auch mit Abs. 1 S. 1 Alt. 2 (unabhängig von der Einzahlung auf ein Konto) verfolgt.[2] Die Regelung des Abs. 1 S. 1 Alt. 2 verändert damit vollends den spezifisch auf die persönliche Arbeitsleistung (s. § 850 Rn 1) gerichteten Schutzansatz der §§ 850 ff.[3] Jede Art von Einkünften wird nunmehr „wie Arbeitseinkommen" geschützt. Damit wird jede Art von gewinnbringender Aktivität gefördert. Ob das daraus folgende **Zurücktreten des Gläubigerrechts auf effektive Vollstreckung** gerechtfertigt ist, erscheint zweifelhaft. Der Staat darf sein Interesse, für den Bedarf eines Schuldners nicht aufkommen zu müssen, zu Lasten privater Gläubiger grds. nur so weit ausdehnen, als dem Schuldner tatsächlich nicht mehr als das existenziell Notwendige bleibt. 3

Selbst wenn man diese rechtspolitischen und verfassungsrechtlichen Bedenken wegen der in der Tat immer schwerer greifbaren Abgrenzung zwischen dem Lohn für persönliche Arbeitsleistung und dem Gewinn aus Kapital oder Eigentum zurückstellt[4] und die Gleichstellung der Einkunftsarten letztlich befürwortet (vgl § 850 k Rn 9), gibt es nach der Neufassung des § 850 i jedenfalls keinen Grund mehr für die gesetzessystematische Sonderstellung des Arbeitseinkommens in den §§ 850 ff, wenn der Schutz „durch die Hintertür" des Abs. 1 S. 1 Alt. 2 auf sämtliche Einkünfte ausgeweitet wird. Das **System des Forderungspfändungsschutzes** ist **nicht länger in sich schlüssig**. Das gesamte ohnehin (zu) komplizierte Recht des Forderungspfändungsschutzes sollte deshalb durch ein System ersetzt werden, bei dem nur noch zwischen fortlaufenden und nicht fortlaufenden Einkünften differenziert wird. Erstere könnten blankettmäßig gepfändet werden und der konkrete Betrag wäre anhand einer Tabelle durch den Drittschuldner zu berechnen, für Letztere wäre der Weg der Aufhebung des Beschlags im Einzelfall durch das Vollstreckungsgericht geeignet. Für beide könnten Modifikationen nach dem Titelgrund und für besondere Bedürfnisse vorgesehen werden. 4

Die Vollstreckungsgerichte können bei der **Berechnung der zu belassenden Einkünfte** nicht berücksichtigen, ob es sich um Arbeitseinkommen handelt (Abs. 1 S. 1 Alt. 1) oder nicht (Abs. 1 S. 1 Alt. 2), denn der Verweis auf die fiktive Pfändbarkeit „wie laufendes Arbeitseinkommen" gilt unabhängig von der Einkommensart. Nach wie vor eine Rolle spielt jedoch bei der Bemessung des zu belassenden Betrages, welchen Rechtsgrund der Titel hat (vgl § 850 d und § 850 f Abs. 2) und in welchem Umfang die Tätigkeit den Schuldner beansprucht hat (Rechtsgedanke des Abs. 2 aF) bzw welche Verdienstmöglichkeiten ansonsten bestehen. 5

II. Voraussetzungen

1. Nicht wiederkehrend zahlbare Vergütung für persönlich geleistete Arbeiten oder Dienste (Abs. 1 S. 1 Alt. 1). Erforderlich sind unregelmäßig bezahlte persönliche Arbeiten oder Dienste, gleichgültig, auf welcher Rechtsgrundlage 6

---

1 BT-Drucks. 16/7615, 12; *Stöber*, Forderungspfändung, Rn 1234.
2 BT-Drucks. 16/7615, S. 18; krit. *Remmert*, NZI 2008, 70, 73; *Foerste/Ising*, ZZP 2005, 129, 130.
3 *Meller-Hannich*, WM 2011, 529.
4 Ein illustratives Beispiel ist der Lizenzvertrag, der als Arbeitseinkommen gewertet wird, weil er „konservierte" Arbeit sei: BGH NJW-RR 2004, 644 (weite Auslegung des Begriffs des Arbeitseinkommens!, s. § 850 Rn 41 ff).

(Dienstvertrag, Werkvertrag, entgeltlicher Geschäftsbesorgungsvertrag etc.) sie beruhen. Erfasst werden vornehmlich die Dienste von **Freiberuflern** wie etwa Anwälte, Ärzte, Architekten, Hebammen, freie Journalisten, Makler, Notare, Künstler, Schriftsteller, Steuerberater, Therapeuten, Insolvenz- und Zwangsverwalter etc. (vgl § 850 Rn 37 ff, 54 ff).[5] Die teilweise schwierigen Abgrenzungen[6] für die Frage, ob etwa Abfindungen (s. dazu Rn 7), Versorgungsansprüche, Sold, Lizenzverträge etc. in den Anwendungsbereich der Norm fallen und inwieweit welche Forderung Lohnersatzfunktion hat, ist nunmehr im Hinblick auf Abs. 1 S. 1 Alt. 2 nicht mehr erforderlich.

7 **2. Sonstige Einkünfte, die kein Arbeitseinkommen sind (Abs. 1 S. 1 Alt. 2). a) Allgemeines.** Der Begriff „sonstige Einkünfte, die kein Arbeitseinkommen sind" ist autonom und nicht nach den Bestimmungen des Einkommensteuergesetzes auszulegen.[7] Die Regelung will vornehmlich **Einkünfte Selbständiger** und generell solche **aus nicht abhängiger Tätigkeit** dem Pfändungsschutz zuführen.[8] Geschützt sind alle **selbsterzielten**, also eigenständig erwirtschafteten Einkünfte.[9] Nicht selbsterzielt sind etwa Geschenke,[10] Lottogewinne, erbrechtliche Ansprüche o.Ä. Gleichgültig ist, ob Arbeiten oder Dienste persönlich erbracht werden oder nicht (s. Rn 2). Zu nennen sind also auch Vermietung, Verpachtung, Veräußerungen, Einsatz der persönlichen Arbeitsleistung Dritter und generell Einkünfte aus Unternehmen (unabhängig von Betriebsgröße, Arbeitsteilung und Industrialisierungsgrad);[11] generell selbsterzielte **Einkünfte aus dem Einsatz von Menschen, Eigentum, Kapital und Rechten.** Das gilt unabhängig davon, ob das zur Entstehung einer Forderung eingesetzte Kapital erarbeitet wurde.

Arbeitnehmerabfindungen sollen ebenfalls dem Anwendungsbereich der Alt. 2 unterfallen.[12] Vorzugswürdig, aber ohne praktische Folgen (s. Rn 5), ist es, sie schon zu Abs. 1 S. 1 Alt. 1 zu rechnen.[13]

8 **b) Abgrenzung zu anderen Pfändungsschutzvorschriften.** Problematisch ist die **Abgrenzung zum Pfändungsschutz des** § 851 a (Verkauf landwirtschaftlicher Erzeugnisse), § 851 b (Miet- und Pachtzinsen), § 851 c (Altersrenten), § 851 d (steuerlich gefördertes Altersvorsorgevermögen) und § 852 (Pflichtteil, Zugewinnausgleich, Herausgabe eines Geschenks). Diese können sowohl als abschließende Sonderregelungen verstanden werden als auch als den § 850 i ergänzender Schutz für bestimmte Einkünfte. Nach dem Sinn und Zweck der Neuregelung des § 850 i Abs. 1 S. 1 Alt. 2 („sämtliche Einkünfte", s. Rn 2 ff) ist idR eher Letzteres anzunehmen. Im Einzelnen:

9 **aa) Verhältnis zu § 851 a (Verkauf landwirtschaftlicher Erzeugnisse).** Einkünfte der in § 851 a bezeichneten Art sind – auch wenn dies im Gesetzgebungsverfahren zur Neuregelung des § 850 i nicht ausdrücklich erwähnt wurde – als „sonstige Einkünfte, die kein Arbeitseinkommen sind", zu werten. Sie stammen nicht aus persönlicher Arbeitsleistung, sondern aus der Verwertung von Eigentum. Auf die Forderungen aus dem Verkauf von landwirtschaftlichen Erzeugnissen durch

---

5 Zöller/*Stöber*, § 850 i Rn 1.
6 Einzelheiten Schuschke/Walker/*Kessal-Wulf*, § 850 i Rn 2 ff; Zöller/*Stöber*, § 850 i Rn 1; MüKo-ZPO/*Smid*, § 850 i Rn 8 ff; PG/*Ahrens*, § 850 i Rn 7 ff.
7 BT-Drucks. 16/7615, S. 18.
8 BT-Drucks. 16/7615, S. 2, 12, 18 passim.
9 BGH NJW-RR 2014, 1197; *Kohte*, VuR 2014, 367; *Meller-Hannich*, WM 2011, 529, 530; *dies.*, WuB VI. D. 850 i ZPO 1.14.
10 AA PG/*Ahrens*, § 850 i Rn 19.
11 *Foerste/Ising*, ZRP 2005, 129, 130.
12 So auch LG Duisburg 11.6.2012 – T 70/12; LG Essen VuR 2011, 429; LG Münster VuR 2011, 430; LG Bochum ZInsO 2010, 1801.
13 BAGE 32, 96; BAG NJW 1997, 1868; LAG Kiel NZA-RR 2006, 371.

einen die Landwirtschaft betreibenden Schuldner in nicht abhängiger Beschäftigung ist also **neben** § 851 a die Vorschrift des § 850 i anzuwenden. Das führt dazu, dass die für den Schuldner **jeweils günstigere Berechnung** anzuwenden ist.[14] Der Landwirt kann sich sowohl darauf berufen, dass die Einkünfte zu seinem Unterhalt oder dem seiner Familie und seiner Arbeitnehmer bzw zur Aufrechterhaltung der geordneten Wirtschaftsführung unentbehrlich sind, als auch darauf, dass ihm so viel zu belassen ist, wie ihm verbleiben würde, wenn die Einkünfte aus laufendem Arbeits- oder Dienstlohn bestünden (was im Zweifel ein höherer Betrag sein wird). Zusätzlich bleibt § 851 a Abs. 2 anwendbar, so dass die Pfändung schon von vornherein unterbleiben kann, wenn die Voraussetzungen des § 851 a Abs. 1 offenkundig vorliegen – ein Schutz, der über § 850 i nicht zu erreichen ist.

bb) Verhältnis zu § 851 b (Miet- und Pachtzinsen). Auch Miet- und Pachtzinsen iSd § 851 b müssen bei § 850 i als „sonstige Einkünfte, die kein Arbeitseinkommen sind", gewertet werden. Im Rahmen der Neufassung des § 850 i wurde dessen Abs. 2 aF (Gewährung von Wohngelegenheit oder sonstige Sachbenutzung) gestrichen, weil alle Einkunftsarten des Schuldners gleichbehandelt werden sollten und deshalb für die Sonderregelung kein Bedarf mehr gesehen wurde.[15] Daraus ist zu schließen, dass Vergütungen für Sachbenutzungen nach Abs. 1 generell geschützt werden.[16] Auch hier kann der Schuldner sich also sowohl darauf berufen, dass die Einkünfte für das Grundstück unentbehrlich sind, als auch darauf, dass ihm so viel verbleiben muss, wie ihm bei der Pfändung fortlaufender Einkünfte aus Arbeitseinkommen verbliebe. Die für den Schuldner günstigere Regelung greift ein.

cc) Verhältnis zu § 851 c (Altersrenten). § 851 c hingegen ist als **Sonderregel** anzusehen, die speziell[17] für den Pfändungsschutz der Altersvorsorge Selbständiger bestimmt ist. Liegen Leistungen aus Altersrenten iSd § 851 c Abs. 1 vor, so können diese allerdings ohnehin nur wie Arbeitseinkommen gepfändet werden. Liegen die Voraussetzungen der Norm nicht vor, kann nicht § 850 i entgegen dem speziell auf Absicherung der Altersvorsorge gerichteten Ziel des § 851 c auch andere Leistungen mit einbeziehen, etwa solche, die auf Zahlung einer Kapitalleistung oder auf Leistung an einen Dritten gerichtet sind. Ihnen liegt eine selbständige Tätigkeit nur insoweit zugrunde, als sie im Regelfall aus den selbständigen Einkünften bezahlt werden. An diesem Ergebnis, das zumindest aus dem Wortlaut des § 850 i angesichts dessen umfassender Schutzrichtung nicht vollkommen eindeutig abgeleitet werden kann, zeigt sich wiederum die fehlende Abstimmung der Norm mit dem sonstigen Recht der Forderungspfändung (s. Rn 4). Unberührt von § 850 i bleibt der Schutz des Kapitalsockels über § 851 b Abs. 2.

dd) Verhältnis zu § 851 d (steuerlich gefördertes Altersvorsorgevermögen). Es gilt Entsprechendes wie bei § 851 c (s. Rn 11).

ee) Verhältnis zu § 852 (beschränkt pfändbare Forderungen). Aus § 850 i ergibt sich keine Einschränkung im Hinblick auf § 852. Beim **Pflichtteilsanspruch** (s. Rn 7) und wohl auch beim Rückforderungsanspruch des verarmten Schenkers ist dies eindeutig, denn diesen Ansprüchen liegt keinerlei Tätigkeit zugrunde. Der **Zugewinnausgleichsanspruch** beruht allerdings immerhin auf dem arbeitsteiligen Zusammenwirken in der Ehe. Auch das genügt aber kaum für seine Einordnung als Einkunft aus einer nicht abhängigen bzw selbständigen Tätigkeit.

---

14 *Meller-Hannich*, WM 2011, 529, 532.
15 BT-Drucks. 16/7615, S. 18.
16 *Meller-Hannich*, WM 2011, 529, 532; PG/*Ahrens*, § 850 i Rn 26; aA LSG Halle NZS 2012, 632 und 7.6.2012 – L 5 AS 193/12 B ER.
17 *Meller-Hannich*, WM 2011, 529, 532; PG/*Ahrens*, § 850 i Rn 26.

14 **3. Heimarbeit (Abs. 2).** Auf Ansprüche aus Heimarbeit sind nach § 27 HAG ohnehin die Vorschriften über den Pfändungsschutz für Vergütungen, die aufgrund eines Arbeits- oder Dienstverhältnisses geschuldet werden, anzuwenden. Daran ändert sich durch die Norm nichts, was Abs. 2 klarstellt. Der Gesamtzusammenhang der §§ 850 ff macht vielmehr deutlich, dass für Heimarbeit lediglich danach zu differenzieren ist, ob sie **fortlaufend bezahlt wird oder nicht**. Bei fortlaufender Zahlung gilt § 27 HAG iVm § 850 Abs. 2 und damit auch § 850 c. Bei nicht fortlaufender Zahlung, weil – wie im Regelfall – kein ständiges Heimarbeitsverhältnis besteht, greift der Schutz des § 27 HAG iVm § 850 i.[18]

15 **4. Fortgeltung von Sonderregelungen (Abs. 3).** Nicht beeinträchtigt werden durch § 850 i die Regeln des Pfändungsschutzes für Sozialleistungen nach § 54 SGB I, wobei die Regelung ohnehin aufgrund ihrer Spezialität Vorrang hat.

III. Rechtsfolgen und Verfahren

16 **1. Antrag.** Liegen die Voraussetzungen des Abs. 1 oder 2 vor, ändert dies zunächst am vollen Beschlag der Einkünfte infolge einer Pfändung nichts. Auf Antrag wird allerdings Vollstreckungsschutz durch das Vollstreckungsgericht gewährt. **Antragsberechtigt** sind der Schuldner und Dritte, denen der Schuldner kraft Gesetzes Unterhalt zu gewähren hat.[19]

17 Der Antrag stellt keine Erinnerung nach § 766 dar,[20] da er sich nicht gegen die Richtigkeit des ursprünglichen Beschlusses richtet, sondern dort nicht beurteilte und deshalb nachträglich zu berücksichtigende Umstände betrifft.

18 Der Antragsteller ist darlegungs- und ggf **beweispflichtig** im Hinblick auf die Umstände, die zur Aufhebung des Beschlags führen sollen. Der Gläubiger ist zu hören und beweispflichtig für die Frage, ob überwiegende Belange seinerseits der Aufhebung der Pfändung entgegenstehen.

19 Um dem Schuldner die rechtzeitige Stellung des Antrags zu ermöglichen, bestimmt § 835 Abs. 5, dass die Einkünfte erst vier Wochen nach Zustellung des Überweisungsbeschlusses an den Gläubiger gezahlt werden dürfen.

20 Beantragt wird,

> ▶ den Pfändungs- und Überweisungsbeschluss ... insoweit aufzuheben, als dem Schuldner ein Teilbetrag (iHv ... €; s. Rn 23) zu belassen ist, der ihm verbleiben würde, wenn sein Einkommen aus laufendem Arbeits- oder Dienstlohn bestünde.
>
> Begründung: ... (Angaben zur Art der Einkünfte, zur Auslastung des Schuldners durch die Tätigkeit, zum eigenen Unterhaltsbedarf und zum Unterhaltsbedarf der dem Schuldner gegenüber unterhaltsberechtigten Personen, zu sonstigen Verdienstmöglichkeiten und zum sonstigen Vermögen) ◀

21 **2. Grundlagen der Entscheidung durch das Vollstreckungsgericht (Abs. 1). Zuständig** für die Entscheidung ist das Vollstreckungsgericht, das den ursprünglichen Pfändungs- und Überweisungsbeschluss erlassen hat; funktionell der Rechtspfleger (§ 20 Abs. 1 Nr. 17 RPflG).

22 Das Vollstreckungsgericht setzt den dem Schuldner zu belassenden Betrag **individuell** fest. Eine Rolle spielen der Unterhaltsbedarf des Schuldners und seine Unterhaltspflichten, seine Verdienstmöglichkeiten und sonstigen Einkünfte (nicht aber Sozialleistungen), die Art der Forderung, wegen der vollstreckt wird (bevorrechtigt iSd §§ 850 d, 850 f Abs. 2 oder nicht), sowie die Belange des Gläubi-

---

18 MüKo-ZPO/*Smid*, § 850 i Rn 23 ff.
19 Schuschke/Walker/*Kessal-Wulf*, § 850 i Rn 4.
20 OLG Jena InVo 2002, 197.

gers.[21] Auch § 850 f Abs. 1 ist zu beachten und kann zur Freistellung in besonderen Härtefällen führen.[22] Keinen Pfändungsschutz genießen Einkünfte aus in der Freizeit geleisteten Diensten, wenn der Schuldner ansonsten vollbeschäftigt ist,[23] da seine sonstigen Einkünfte zu berücksichtigen sind. Diese Rspr des BGH steht in einem gewissen Widerspruch zu § 850 a Nr. 1, wonach Mehrarbeitsstundenvergütungen hälftig unpfändbar sind – eine Bewertung, die der BGH bei § 850 i in anderem Zusammenhang (Mehrarbeit eines Rentners[24]) durchaus berücksichtigte.

Das Vollstreckungsgericht setzt auf dieser Grundlage nach **freier Schätzung** einen **Betrag fest, der dem Schuldner verbleiben würde, wenn sein Einkommen aus laufendem Arbeits- oder Dienstlohn bestünde.** Der notwendige Unterhalt im Sinne des Existenzminimums spielt also – im Gegensatz zu einer für die alte Regelung vertretenen Ansicht[25] – zunächst keine Rolle, sondern ein höherer Betrag nach § 850 c; auf den existenziellen Bedarf ist aber im Anwendungsbereich des § 850 d und § 850 f abzustellen, die nach wie vor zu berücksichtigen sind.[26] Umgekehrt kann sich der Betrag auf Basis von § 850 f Abs. 1 zu Gunsten des Schuldners erhöhen. Bei der Berücksichtigung der Belange des Gläubigers spielt vornehmlich eine Rolle, inwieweit diesem selbst eine Notlage droht. Die Berücksichtigung der Gläubigerbelange darf aber umgekehrt nicht zum Eintritt der Sozialhilfebedürftigkeit des Schuldners führen.[27] Auch § 850 e Nr. 1 ist zu berücksichtigen, etwa wenn der Schuldner Vorsorgeaufwendungen tätigt[28] oder Beiträge zu berufsständischen Versorgungswerken zahlt.[29] Das Gericht hat **aus sämtlichen Einkünften des Schuldners** ein **fiktives Gesamteinkommen zu bilden** und sodann einen **Zeitraum zu bestimmen, für den die Einkünfte bemessen** sein müssen, wobei zu berücksichtigen ist, wann der Schuldner mit weiteren Einkünften rechnen kann.[30]

3. Rechtsbehelfe. Gegen die Entscheidung über den Aufhebungsantrag ist die sofortige Beschwerde statthaft (§ 793, § 11 Abs. 1 RPflG).

IV. Bedeutung in der Insolvenz

Die Einkünfte im Sinne der Norm gehören grds. zur Masse. Die Möglichkeit, einen Schutzantrag zu stellen, gilt aber auch im Insolvenzverfahren (§ 36 Abs. 1 S. 2 InsO).[31] Antragsberechtigt sind auch hier der Schuldner und die ihm gegenüber Unterhaltsberechtigten. Zuständig ist das Insolvenzgericht (§ 36 Abs. 4 InsO). Eine Pflicht, in der Insolvenz einen Antrag nach der Norm zu stellen, besteht nur gegenüber minderjährigen unverheirateten Kindern.[32]

---

21 Schuschke/Walker/*Kessal-Wulf*, § 850 i Rn 5.
22 Zöller/*Stöber*, § 850 i Rn 2; *Stöber*, Forderungspfändung, Rn 1233.
23 BGH ZIP 2008, 1944.
24 BGH NJW-RR 2014, 1199; krit. *Häntschel*, WuB VI A. § 36 InsO 1.14.
25 Etwa OLG Dresden Rpfleger 1999, 283; LG Köln ZVI 2007, 20; LG Leipzig JurBüro 2005, 102; auch für das alte Recht richtigerweise schon bezugnehmend auf § 850 c etwa LG Stuttgart InVo 2006, 63; MüKo-ZPO/*Smid*, § 850 i Rn 14 mwN; Schuschke/Walker/*Kessal-Wulf*, § 850 i Rn 5.
26 Zöller/*Stöber*, § 850 i Rn 2; aA (nur auf Antrag) wohl PG/*Ahrens*, § 850 i Rn 36 f.
27 MüKo-ZPO/*Smid*, § 850 i Rn 17.
28 BGH NJW 2008, 227, 229.
29 BGH NJW-RR 2009, 410.
30 BT-Drucks. 16/7615, S. 18; *Ahrens*, ZInsO 2010, 2357 f; LG Essen VuR 2011, 429; LG Münster VuR 2011, 430 (bei einer Abfindung nach §§ 9, 10 KSchG jedoch mindestens sechs Monate).
31 BGH NJW 2003, 2167; BGH NJW 2008, 227; zT einschränkend *Ahrens*, ZInsO 2010, 2357, 2362.
32 BGHZ 162, 234; OLG Koblenz NJW-RR 2005, 1457.

V. Kosten

26 Gerichtskosten werden für den Antrag und die Entscheidung nicht erhoben. Gerichtsgebühren entstehen nur im Rechtsmittelverfahren (Nr. 2121, 2124 KV GKG), soweit ein Rechtsmittel verworfen oder zurückgewiesen wird. Wird ein Rechtsmittel nur teilweise verworfen oder zurückgewiesen, kann das Gericht die Gebühr nach billigem Ermessen auf die Hälfte ermäßigen oder bestimmen, dass eine Gebühr nicht zu erheben ist (Anm. zu Nr. 2121, Anm. zu Nr. 2124 KV GKG).

27 Für den die Vollstreckung betreibenden **Rechtsanwalt** gehört der Antrag zu der Tätigkeit, die durch die Gebühr Nr. 3309 VV RVG abgegolten ist (§ 18 Abs. 1 Nr. 1 RVG). Für den erstmals in der Vollstreckung tätigen Rechtsanwalt des Schuldners entsteht durch den Antrag die Gebühr Nr. 3309 VV RVG nebst Auslagen.

§ 850 k Pfändungsschutzkonto

(1) ¹Wird das Guthaben auf dem Pfändungsschutzkonto des Schuldners bei einem Kreditinstitut gepfändet, kann der Schuldner jeweils bis zum Ende des Kalendermonats über Guthaben in Höhe des monatlichen Freibetrages nach § 850 c Abs. 1 Satz 1 in Verbindung mit § 850 c Abs. 2 a verfügen; insoweit wird es nicht von der Pfändung erfasst. ²Zum Guthaben im Sinne des Satzes 1 gehört auch das Guthaben, das bis zum Ablauf der Frist des § 835 Absatz 4 nicht an den Gläubiger geleistet oder hinterlegt werden darf. ³Soweit der Schuldner in dem jeweiligen Kalendermonat nicht über Guthaben in Höhe des nach Satz 1 pfändungsfreien Betrages verfügt hat, wird dieses Guthaben in dem folgenden Kalendermonat zusätzlich zu dem nach Satz 1 geschützten Guthaben nicht von der Pfändung erfasst. ⁴Die Sätze 1 bis 3 gelten entsprechend, wenn das Guthaben auf einem Girokonto des Schuldners gepfändet ist, das vor Ablauf von vier Wochen seit der Zustellung des Überweisungsbeschlusses an den Drittschuldner in ein Pfändungsschutzkonto umgewandelt wird.

(2) ¹Die Pfändung des Guthabens gilt im Übrigen als mit der Maßgabe ausgesprochen, dass in Erhöhung des Freibetrages nach Absatz 1 folgende Beträge nicht von der Pfändung erfasst sind:

1. die pfändungsfreien Beträge nach § 850 c Abs. 1 Satz 2 in Verbindung mit § 850 c Abs. 2 a Satz 1, wenn

    a) der Schuldner einer oder mehreren Personen aufgrund gesetzlicher Verpflichtung Unterhalt gewährt oder

    b) der Schuldner Geldleistungen nach dem Zweiten oder Zwölften Buch Sozialgesetzbuch für mit ihm in einer Gemeinschaft im Sinne des § 7 Abs. 3 des Zweiten Buches Sozialgesetzbuch oder der §§ 19, 20, 36 Satz 1 oder 43 des Zwölften Buches Sozialgesetzbuch lebende Personen, denen er nicht aufgrund gesetzlicher Vorschriften zum Unterhalt verpflichtet ist, entgegennimmt;

2. einmalige Geldleistungen im Sinne des § 54 Abs. 2 des Ersten Buches Sozialgesetzbuch und Geldleistungen zum Ausgleich des durch einen Körper- oder Gesundheitsschaden bedingten Mehraufwandes im Sinne des § 54 Abs. 3 Nr. 3 des Ersten Buches Sozialgesetzbuch;

3. das Kindergeld oder andere Geldleistungen für Kinder, es sei denn, dass wegen einer Unterhaltsforderung eines Kindes, für das die Leistungen gewährt oder bei dem es berücksichtigt wird, gepfändet wird.

²Für die Beträge nach Satz 1 gilt Absatz 1 Satz 3 entsprechend.

(3) An die Stelle der nach Absatz 1 und Absatz 2 Satz 1 Nr. 1 pfändungsfreien Beträge tritt der vom Vollstreckungsgericht im Pfändungsbeschluss belassene Betrag, wenn das Guthaben wegen der in § 850 d bezeichneten Forderungen gepfändet wird.

(4) ¹Das Vollstreckungsgericht kann auf Antrag einen von den Absätzen 1, 2 Satz 1 Nr. 1 und Absatz 3 abweichenden pfändungsfreien Betrag festsetzen. ²Die §§ 850 a, 850 b, 850 c, 850 d Abs. 1 und 2, die §§ 850 e, 850 f, 850 g und 850 i sowie die §§ 851 c und 851 d dieses Gesetzes sowie § 54 Abs. 2, Abs. 3 Nr. 1, 2 und 3, Abs. 4 und 5 des Ersten Buches Sozialgesetzbuch, § 17 Abs. 1 Satz 2 des Zwölften Buches Sozialgesetzbuch, § 76 des Einkommensteuergesetzes sind entsprechend anzuwenden. ³Im Übrigen ist das Vollstreckungsgericht befugt, die in § 732 Abs. 2 bezeichneten Anordnungen zu erlassen.

(5) ¹Das Kreditinstitut ist dem Schuldner zur Leistung aus dem nach Absatz 1 und 3 nicht von der Pfändung erfassten Guthaben im Rahmen des vertraglich Vereinbarten verpflichtet. ²Dies gilt für die nach Absatz 2 nicht von der Pfändung erfassten Beträge nur insoweit, als der Schuldner durch eine Bescheinigung des Arbeitgebers, der Familienkasse, des Sozialleistungsträgers oder einer geeigneten Person oder Stelle im Sinne von § 305 Abs. 1 Nr. 1 der Insolvenzordnung nachweist, dass das Guthaben nicht von der Pfändung erfasst ist. ³Die Leistung des Kreditinstituts an den Schuldner hat befreiende Wirkung, wenn ihm die Unrichtigkeit einer Bescheinigung nach Satz 2 weder bekannt noch infolge grober Fahrlässigkeit unbekannt ist. ⁴Kann der Schuldner den Nachweis nach Satz 2 nicht führen, so hat das Vollstreckungsgericht auf Antrag die Beträge nach Absatz 2 zu bestimmen. ⁵Die Sätze 1 bis 4 gelten auch für eine Hinterlegung.

(6) ¹Wird einem Pfändungsschutzkonto eine Geldleistung nach dem Sozialgesetzbuch oder Kindergeld gutgeschrieben, darf das Kreditinstitut die Forderung, die durch die Gutschrift entsteht, für die Dauer von 14 Tagen seit der Gutschrift nur mit solchen Forderungen verrechnen und hiergegen nur mit solchen Forderungen aufrechnen, die ihm als Entgelt für die Kontoführung oder aufgrund von Kontoverfügungen des Berechtigten innerhalb dieses Zeitraums zustehen. ²Bis zur Höhe des danach verbleibenden Betrages der Gutschrift ist das Kreditinstitut innerhalb von 14 Tagen seit der Gutschrift nicht berechtigt, die Ausführung von Zahlungsvorgängen wegen fehlender Deckung abzulehnen, wenn der Berechtigte nachweist oder dem Kreditinstitut sonst bekannt ist, dass es sich um die Gutschrift einer Geldleistung nach dem Sozialgesetzbuch oder von Kindergeld handelt. ³Das Entgelt des Kreditinstituts für die Kontoführung kann auch mit Beträgen nach den Absätzen 1 bis 4 verrechnet werden.

(7) ¹In einem der Führung eines Girokontos zugrunde liegenden Vertrag können der Kunde, der eine natürliche Person ist, oder dessen gesetzlicher Vertreter und das Kreditinstitut vereinbaren, dass das Girokonto als Pfändungsschutzkonto geführt wird. ²Der Kunde kann jederzeit verlangen, dass das Kreditinstitut sein Girokonto als Pfändungsschutzkonto führt. ³Ist das Guthaben des Girokontos bereits gepfändet worden, so kann der Schuldner die Führung als Pfändungsschutzkonto zum Beginn des vierten auf seine Erklärung folgenden Geschäftstages verlangen.

(8) ¹Jede Person darf nur ein Pfändungsschutzkonto unterhalten. ²Bei der Abrede hat der Kunde gegenüber dem Kreditinstitut zu versichern, dass er kein weiteres Pfändungsschutzkonto unterhält. ³Das Kreditinstitut darf Auskunfteien mitteilen,

§ 850 k — Abschnitt 2 | Zwangsvollstreckung wegen Geldforderungen

dass es für den Kunden ein Pfändungsschutzkonto führt. ⁴Die Auskunfteien dürfen diese Angabe nur verwenden, um Kreditinstituten auf Anfrage zum Zwecke der Überprüfung der Richtigkeit der Versicherung nach Satz 2 Auskunft darüber zu erteilen, ob die betroffene Person ein Pfändungsschutzkonto unterhält. ⁵Die Erhebung, Verarbeitung und Nutzung zu einem anderen als dem in Satz 4 genannten Zweck ist auch mit Einwilligung der betroffenen Person unzulässig.

(9) ¹Unterhält ein Schuldner entgegen Absatz 8 Satz 1 mehrere Girokonten als Pfändungsschutzkonten, ordnet das Vollstreckungsgericht auf Antrag eines Gläubigers an, dass nur das von dem Gläubiger in dem Antrag bezeichnete Girokonto dem Schuldner als Pfändungsschutzkonto verbleibt. ²Der Gläubiger hat die Voraussetzungen nach Satz 1 durch Vorlage entsprechender Erklärungen der Drittschuldner glaubhaft zu machen. ³Eine Anhörung des Schuldners unterbleibt. ⁴Die Entscheidung ist allen Drittschuldnern zuzustellen. ⁵Mit der Zustellung der Entscheidung an diejenigen Kreditinstitute, deren Girokonten nicht zum Pfändungsschutzkonto bestimmt sind, entfallen die Wirkungen nach den Absätzen 1 bis 6.

I. Allgemeines	1
1. Überblick	1
a) Kontopfändung und P-Konto	1
b) Historie	2
c) Übersicht über den Regelungsinhalt	5
2. Sinn, Zweck und Geeignetheit der Norm	8
II. „Automatischer" Pfändungsschutz (Abs. 1 und 2)	12
1. Sockelbetrag (Abs. 1)	13
a) Monatlicher Pfändungsfreibetrag auf dem P-Konto	13
aa) Der Begriff des Guthabens (Abs. 1 S. 1)	13
bb) Der Freibetrag im Kalendermonat (Abs. 1 S. 1 und 3)	14
cc) „Monatsanfangsproblematik" und Auszahlungsmoratorium (Abs. 1 S. 2)	16
b) Umstellung eines Kontos auf ein P-Konto nach der Pfändung	20
c) Berechnung und weitere Hinweise zum Verfahren	21
d) Beispielrechnung	23
2. Aufstockung des Sockelbetrages (Abs. 2)	25
a) Allgemeines	25
b) Übersicht zum Fallbeispiel und Fallfortsetzung bis Oktober bei aufgestocktem Sockelbetrag	26
c) Einzelheiten	28
aa) Unterhalt	28
bb) Bedarfsgemeinschaft	30
cc) Sozialleistungen	31
dd) Geldleistungen für Kinder	32
ee) Übertragbarkeit des aufgestockten Sockelbetrages auf den Folgemonat	33
ff) Rechtsfolge: Kein Pfandbeschlag; Bedeutung der Nachweise nach Abs. 5 für den nach Abs. 2 aufgestockten Sockelbetrag	34
III. Anordnungen des Vollstreckungsgerichts (Abs. 3, 4 und 5 S. 4)	35
1. Ersetzung des Sockelbetrages bei Pfändung wegen Unterhaltsansprüchen (Abs. 3)	36
2. Ersetzung des Sockelbetrages nach Maßgabe der §§ 850 ff in Bezug auf Sozialleistungen und Kindergeld (Abs. 4)	38
3. Bestimmung der Beträge nach Abs. 2 durch das Vollstreckungsgericht (Abs. 5 S. 4)	42
IV. Verpflichtung zur Auszahlung des Guthabens an den Schuldner (Abs. 5)	44
1. Leistungspflicht an den Schuldner	44
2. Nachweisobliegenheiten des Schuldners	46
V. Ausschluss von Aufrechnung und Verrechnung (Abs. 6)	52

VI. Die Vereinbarung des P-Kontos (Abs. 7) 55	1. Berechtigung zur Führung eines P-Kontos 62
1. Die Vereinbarung (S. 1 und 2) 55	2. Mitteilungen an und Auskünfte von Auskunfteien (Abs. 8 S. 3 und 4) 64
2. Kein Girokonto für jedermann 58	
3. Umstellung nach der Pfändung 59	3. Wegfall der Führung eines Kontos als P-Konto (Abs. 9) 65
4. Gebühren 60	VIII. Bedeutung in der Insolvenz 67
VII. Nur ein P-Konto pro Person, nur eine Person pro P-Konto (Abs. 8 und 9) 62	IX. Kosten 69

I. Allgemeines

1. Überblick. a) Kontopfändung und P-Konto. Die Pfändung eines Kontoguthabens gestaltet sich grds. nach allgemeinen Regeln. Es gelten also die §§ 829 ff, insb. § 833 a (s. dort). Für das Guthaben auf einem Pfändungsschutzkonto (**P-Konto**) erhält der Schuldner einen Pfändungsschutz in Höhe eines **pauschalen Pfändungsfreibetrages**, der an die Unterhaltspflichten angepasst wird. Der Pfändungsfreibetrag ist durch das **Kreditinstitut als Drittschuldner** zu berechnen und zu berücksichtigen; es bedarf also grds. keines Antrags des Schuldners und keiner Entscheidung des Vollstreckungsgerichts, um Kontopfändungsschutz zu erreichen. Es spielt zudem keine Rolle, ob die auf dem Konto eingehenden Beträge Arbeitseinkommen (vgl § 850 Rn 36 ff) sind oder aus einer sonstigen Quelle stammen. Umgekehrt gilt: Wer kein P-Konto hat, erhält keinen Pfändungsschutz für Kontoguthaben, auch wenn dieses aus überwiesenem Arbeitsentgelt oder Sozialleistungen erwächst.

b) Historie. Rechtliche Grundlage des P-Kontos ist das **Gesetz zur Reform des Kontopfändungsschutzes** vom 7.7.2009.[1] Der frühere **antragsabhängige Kontopfändungsschutz** (§§ 850 k, 850 l aF) endete damit.[2]

In diesem Zusammenhang wurden auch § 55 SGB I (**Kontopfändungsschutz bei Sozialleistungen**) sowie § 76 a EStG (**Kontopfändungsschutz bei Kindergeld**) aufgehoben.[3] Ihre Funktionen sollen von § 850 k übernommen werden (s. Rn 41).

Seit Inkrafttreten des Gesetzes zur Reform des Kontopfändungsschutzes wurde § 850 k **zweimal geändert**. Die erste Änderung[4] betraf die Absätze 8 und 9 und zielte vor allem darauf, das Unterhalten mehrerer P-Konten effektiv zu verhindern.[5] Die zweite Änderung[6] betraf Absatz 1 und die sog. Monatsanfangsproblematik[7] (s. näher Rn 16).

---

1 BGBl. I S. 1707.
2 Zu § 850 l aF s. die Erl. in der 1. Aufl. 2010.
3 Siehe Beschlussempfehlung des Rechtsausschusses vom 22.4.2009, BT-Drucks. 16/12714, S. 22.
4 Art. 8 des Gesetzes zur Umsetzung der Dienstleistungsrichtlinie in der Justiz und zur Änderung weiterer Vorschriften vom 22.12.2010 (BGBl. I S. 2248, 2250).
5 BT-Drucks. 17/3356, S. 1, 18 f; krit. schon 1. Aufl. 2010, § 850 k Rn 37.
6 Art. 3 Nr. 2 des Zweiten Gesetzes zur erbrechtlichen Gleichstellung nichtehelicher Kinder, zur Änderung der Zivilprozessordnung und der Abgabenordnung vom 12.4.2011 (BGBl. I S. 615).
7 BT-Drucks. 17/4776, S. 1, 8 f.

5 **c) Übersicht über den Regelungsinhalt.** Im Überblick stellt sich der Inhalt der umfangreichen[8] Norm wie folgt dar:

6 Bei einer Kontenpfändung wird das Guthaben auf einem Pfändungsschutzkonto (P-Konto) in Höhe eines **Pfändungsfreibetrages** von vornherein nicht von einer Pfändung erfasst (**Abs. 1 und Abs. 2**). Der Pfändungsfreibetrag errechnet sich nach Maßgabe des § 850 c Abs. 1 und 2 a unter Berücksichtigung der Unterhaltspflichten des Schuldners (**Abs. 1 und Abs. 2 S. 1 Nr. 1 Buchst. a**) und wird um Eingänge aus sozialrechtlichen Geldleistungen sowie Kindergeld erhöht (**Abs. 2 S. 1 Nr. 1 Buchst. b, Nr. 2 und Nr. 3**). An die Stelle des blankettmäßig vom Kreditinstitut zu errechnenden Pfändungsschutzes kann ein vom Vollstreckungsgericht im Pfändungsbeschluss **konkret errechneter (geringerer) Pfändungsschutz** treten, wenn Unterhaltsberechtigte iSd § 850 d pfänden (**Abs. 3**). Auch sonstige **pfändungserweiternde** und **pfändungsbeschränkende Anordnungen** können auf Antrag durch das Vollstreckungsgericht getroffen werden (**Abs. 4**). Geregelt werden **Auszahlungspflichten** des Kreditinstituts an den Schuldner im Hinblick auf die Pfändungsfreibeträge, die zum Teil von bestimmten Nachweisen des Schuldners abhängen (**Abs. 5**). Neben verfahrensrechtlichen Anordnungen enthält die Norm auch solche des materiellen Rechts, etwa ein **Verrechnungs- und Aufrechnungsverbot** für das Kreditinstitut im Hinblick auf Kontoeingänge aus Geldleistungen nach dem Sozialgesetzbuch oder aus Kindergeld (**Abs. 6**) sowie zur **Verpflichtung von Kreditinstituten, ein Girokonto als P-Konto zu führen** (**Abs. 7**). Schließlich ist das Verfahren zur Feststellung und ggf Streichung bei **Führung mehrerer P-Konten** geregelt (**Abs. 8 und 9**).

7 Die häufigen **Verweise auf das Sozialgesetzbuch** I, II und XII verstehen sich vornehmlich durch den Wegfall des Kontenpfändungsschutzes des § 55 SGB I und des § 76 a EStG (s. Rn 3) zum 31.12.2011.

8 **2. Sinn, Zweck und Geeignetheit der Norm. Beweggrund**[9] für § 850 k war die Beobachtung, dass eine Kontopfändung ein typischer Anlass für die Kündigung einer Girokontenverbindung ist, was wegen der Bedeutung des bargeldlosen Zahlungsverkehrs nicht hingenommen werden sollte. Der vorhandene Kontopfändungsschutz wurde als ungeeignet angesehen, da er nicht für jede Art von Einkünften gelte und ein aufwändiges Verfahren vor dem Vollstreckungsgericht erfordere. Ziel der Reform war, das Bankkonto als Objekt des Gläubigerzugriffs zu erhalten und gleichzeitig einen effektiveren und unkomplizierten Schutz des Schuldners zu besorgen. Der als unzulänglich empfundene Pfändungsschutz für die Einkünfte Selbständiger (s. § 850 i aF) sollte verbessert, und typischerweise der Existenzsicherung dienende Einkünfte sollten jedem Schuldner erhalten bleiben. Der Aufwand für die Banken und Sparkassen sollte in einem vertretbaren Rahmen gehalten werden.

9 Sowohl die Ziele als auch die **Geeignetheit der Regelung** für deren Umsetzung waren in der Gesetzgebungsgeschichte umstritten und sind dies nach wie vor.[10] Die Idee eines **„automatischen" Kontopfändungsschutzes** ist aber grds. zu begrüßen. Dass alle Einkommensarten berücksichtigt werden, steht zwar in gewissem Widerspruch zu den ausdifferenzierten Schutzerwägungen speziell für das Ar-

---

8 Die Absätze 6, 8 und 9 wurden in die Ursprungsfassung erst aufgrund der Beschlussempfehlung des Rechtsausschusses vom 22.4.2009 eingefügt, s. BT-Drucks. 16/12714, S. 7 f, 20 f; die weiteren Änderungen (s. Rn 4) haben den Umfang der Norm noch erhöht.

9 Im Einzelnen RegE vom 19.12.2007 (BT-Drucks. 16/7615, S. 1 f, 9 ff); vgl Beschlussempfehlung Rechtsausschuss vom 22.4.2009 (BT-Drucks. 16/12714, S. 1, 16 ff).

10 Zur rechtspolitischen Diskussion während der Gesetzgebungsgeschichte des P-Kontos s. 2. Aufl. 2013, § 850 k Rn 9; die Verbraucherinsolvenzen scheinen seit Einrichtung eines P-Kontos zurückgegangen zu sein: *May*, ZVI 2013, 2.

beitseinkommen, in denen es gerade nicht nur um die Existenzsicherung, sondern auch um den Arbeitsanreiz geht (s. § 850 Rn 1). Die Vereinheitlichung führt aber immerhin positiverweise zur Einbeziehung der Arbeitseinkünfte Selbständiger, die vom Anwendungsbereich des § 850 erfasst werden (s. § 850 Rn 37), früher aber keinen Kontopfändungsschutz genossen. Zudem werden auch in § 850 k nach wie vor existenzsichernde Einkünfte besonders behandelt (im Hinblick auf die Transparenz der Regelung problematisch, s. Rn 10 ff), und das Konto kann ohnehin nur für natürliche Personen eingerichtet werden. Die übrigen Einkommensarten schließlich sind idR nicht von überragender Bedeutung, wobei man sich durchaus fragen kann, warum etwa auf Konten eingezahlte Schenkungen, Erbschaften und Mietzahlungen (s. § 851 b Rn 2) Pfändungsschutz genießen sollen (vgl § 850 i Rn 7). Letztlich ist die **einheitliche Behandlung der Einkunftsarten** im Hinblick auf die Art der auf dem Konto einer Privatperson typischerweise eingehenden Beträge aber angemessen.

§ 850 k gestaltet allerdings das **Berechnungssystem** für den „automatischen" Kontopfändungsschutz sehr kompliziert. Geschützt wird gleichsam ein **gegenständliches Guthaben** des Schuldners,[11] nicht aber eine konkrete Forderung. Dabei muss das Kreditinstitut sowohl aus einem Vormonat übertragene Guthaben und Pfändungsfreibeträge (s. Rn 13, 15) als auch – entgegen dem Ziel der Reform – die Quelle des Einkommens und den Rechtsgrund der Pfändung berücksichtigen (s. Rn 28 ff). Da auf einem Konto kontinuierlich Geld ein- und ausgeht, während gleichzeitig ein Pfändungszugriff von einem fixen (Zustellungs-)Zeitpunkt aus in die Zukunft auf alle Tagesguthaben wirkt (§ 833 a), ist es insgesamt ein **strukturelles Problem**, dass die Norm an ein zu schützendes kalendermonatliches Guthaben anknüpft. 10

Trotz dieser Schwierigkeiten schon des „automatischen" Pfändungsschutzes bewirkt er allein noch keinen angemessenen Ausgleich zwischen den Beteiligten (s. etwa Rn 28 f). Die Kombination mit nach wie vor umfangreichen Möglichkeiten, weiteren oder abweichenden **Pfändungsschutz durch das Vollstreckungsgericht** zu beantragen (s. Rn 35), macht den Kontopfändungsschutz wiederum ineffizient. Darüber hinaus enthält die Norm durchaus maßgebliche **Eingriffe in die Vertragsfreiheit** (s. Rn 52), ohne aber einen Anspruch auf ein „Girokonto für jedermann"[12] zu begründen. Schließlich ist zweifelhaft, ob die Führung mehrerer P-Konten durch die **Auskunftsmöglichkeiten bei Auskunfteien** (s. Rn 64) tatsächlich verhindert werden kann. Die Norm ist aus diesen Gründen sowohl **schwer praktikabel** als auch **inhaltlich unzulänglich**. 11

II. „Automatischer" Pfändungsschutz (Abs. 1 und 2)

Grundgedanke des Kontopfändungsschutzes ist, dem Schuldner auf dem P-Konto einen monatlichen Grundfreibetrag ohne besonderen Antrag für die Dauer eines Kalendermonats zu belassen.[13] Voraussetzung ist immer, dass der Schuldner In- 12

---

11 Zum Guthabenbegriff *du Carrois*, ZInsO 2009, 1801; krit. *Jungmann*, ZVI 2009, 1; *Bitter*, WM 2008, 141.
12 *Lücke*, BKR 2009, 457. S. inzwischen aber Richtlinie 2014/92/EU des Europäischen Parlaments und des Rates vom 23. Juli 2014 über die Vergleichbarkeit von Zahlungskontoentgelten, den Wechsel von Zahlungskonten und den Zugang zu Zahlungskonten mit grundlegenden Funktionen (ABl. EU L 257 vom 28.8.2014, S. 214); bei Sparkassen besteht vielfach Kontrahierungszwang; s. *Giers*, FamRB 2012, 25, 26; PG/*Ahrens*, § 850 k Rn 15.
13 BT-Drucks. 16/7615, S. 18 passim.

haber des Kontos ist. Der Pfändungsschutz greift also nicht für den Gläubiger der auf das Konto eingezahlten Forderungen, sondern für das Kontoguthaben.[14]

13 **1. Sockelbetrag (Abs. 1). a) Monatlicher Pfändungsfreibetrag auf dem P-Konto. aa) Der Begriff des Guthabens (Abs. 1 S. 1).** Das „Guthaben" meint immer **alle bei Pfändung auf dem Konto befindlichen und nach der Pfändung eingehenden Beträge** im Kalendermonat (s. auch § 833 a). **Ausgänge vor** Wirksamkeit der Pfändung (§ 829 Abs. 3) sind für das Guthaben ohne Bedeutung; sie werden also bei seiner Berechnung nicht mit einbezogen und können deshalb auch den pfändbaren Betrag nicht erhöhen bzw den Freibetrag verringern. **Ausgänge nach** der Pfändung werden vom Pfändungsfreibetrag abgezogen, da der Schuldner (nur) über diese Summe frei verfügen kann. Ausgänge haben also für die Bestimmung des pfändbaren Betrages im jeweiligen Monat selbst keine Bedeutung. Sie wirken erst auf den pfändbaren Betrag des Folgemonats ein, falls sie unter dem Freibetrag geblieben sind. Ist das **Konto im „Soll"**, besteht mangels Guthaben kein Pfändungsschutz;[15] einzelne Zahlungseingänge sind nicht geschützt. Der Schuldner kann also nur über solche Pfändungsfreibeträge verfügen, die von einem Guthaben gedeckt sind, nicht aber über abstrakte Freibeträge ohne Guthaben. Das gilt auch für Eingänge auf dem **Debet-Konto** nach der Pfändung, es sei denn, es handelt sich um nicht verrechenbare Einkünfte (s. Rn 52) oder Einkünfte in einer solchen Höhe, dass der Freibetrag als Haben-Bestand überstiegen wird. Auch die Übertragung (s. Rn 15) eines **abstrakten Freibetrages** auf den Folgemonat **ohne Guthaben** ist nicht möglich.[16]

14 **bb) Der Freibetrag im Kalendermonat (Abs. 1 S. 1 und 3).** Wird das Guthaben auf einem P-Konto gepfändet, erhält der Schuldner **für sich** einen monatlichen Pfändungsfreibetrag nach § 850 c Abs. 1 S. 1 in Höhe von derzeit (s. § 850 c Rn 3) 1.073,88 €. Dieser Betrag unterfällt der Pfändung nicht, gleichgültig, aus welcher regelmäßigen oder einmaligen Quelle das Guthaben stammt. Keine Rolle spielt auch, ob die auf dem P-Konto eingegangenen Beträge aus schon einmal **„an der Quelle"**, also beim Arbeitgeber (oder sonstigen Drittschuldner), gepfändeten Forderungen stammen oder diese Forderungen durch den Schuldner in Höhe des pfändbaren Betrages abgetreten wurden,[17] obwohl es sich in diesen Fällen bei der auf das Konto überwiesenen Summe lediglich um unpfändbare Beträge handelt. Für den Gläubiger kann es deshalb lohnend sein, „Quellenpfändung" *und* Kontopfändung durchzuführen.[18] In Betracht kommt zu Gunsten des Schuldners aber eine Berücksichtigung im Rahmen des Abs. 4 (s. Rn 39).

15 Der Freibetrag wird für jeweils einen **Kalendermonat**[19] gewährt, gleichgültig, wann im Kalendermonat der Pfändungs- und Überweisungsbeschluss zugestellt wird. Bei Pfändung auch **zukünftiger Kontoeingänge** (§ 833 a) ist auch für die Monate nach der Pfändung der pfändungsfreie Betrag zu gewähren.[20] Es spielt

---

14 Vgl LG Wuppertal JurBüro 2010, 664 (Einzahlung von Forderungen des Schuldners auf das Konto seiner Ehefrau).
15 AG Köln ZIP 2011, 168; *Bitter*, ZIP 2011, 149, 152; *Sudergat*, Kontopfändung und P-Konto, Rn 697 ff (Letztere aber krit. de lege ferenda); aA (ohne gesetzliche Grundlegung) PG/*Ahrens*, § 850 k Rn 52.
16 LG Saarbrücken 22.1.2013 – 5 T 376/12, AG Köln ZIP 2011, 168, 169; *Stöber*, Forderungspfändung, Rn 1283 a; *Sudergat*, Kontopfändung und P-Konto, Rn 737, 537.
17 So jedoch noch RegE BT-Drucks. 16/7615, S. 19; geändert nach Empfehlung des Rechtsausschusses, BT-Drucks. 16/12714, S. 7, 19 f; krit. Zöller/*Stöber*, 29. Aufl., § 850 k Rn 9 f.
18 *Homann*, ZVI 2010, 365, 369; *ders.*, ZVI 2013, 12.
19 LG Berlin ZVI 2011, 97.
20 BT-Drucks. 16/12714, S. 19; die insoweit ausdrückliche Anordnung im Regierungsentwurf (s. BT-Drucks. 16/7615, S. 18) ist entfallen und soll durch das „jeweils" in Satz 1 ihren Ausdruck finden; Zöller/*Stöber*, § 850 k Rn 3.

also weder eine Rolle, wann im Monat die Pfändung erfolgt, noch wann die konkreten Gutschriften eingehen („**Guthabenbegriff**", s. Rn 13). Alle der Pfändung folgenden **weiteren Eingänge** erfasst die Pfändung ebenfalls (s. aber „Monatsanfangsproblematik", Rn 16). Alle **weiteren Ausgänge** können nur im Rahmen des Sockelfreibetrages erfolgen. **Ausgänge vor Wirksamwerden der Pfändung** verringern den monatlichen Freibetrag nicht,[21] so dass dem Schuldner selbst bei einer Pfändung gegen Ende des Monats noch der volle Monatsfreibetrag bleibt. Ein in einem Monat vom Schuldner nicht in Höhe des Pfändungsfreibetrages verbrauchtes Guthaben wird **auf den Folgemonat übertragen**, so dass es im nächsten Monat den Pfändungsfreibetrag erhöht (**S. 3**). Wird es auch im Folgemonat nicht verbraucht, steht es dem Gläubiger zur Verfügung. Auf dem P-Konto kann also niemals mehr als der Freibetrag von zwei Monaten angespart werden. Mit Ablauf des zweiten Monats entfällt der nicht ausgeschöpfte Freibetrag aus dem Vormonat, so dass ein Ansparen nicht möglich ist.[22]

cc) „**Monatsanfangsproblematik**" und Auszahlungsmoratorium (Abs. 1 S. 2). Geht nach einer Pfändung noch Guthaben auf dem P-Konto ein und hat der Schuldner über seinen kalendermonatlichen Freibetrag schon verfügt, erfasst die Pfändung den Neueingang (s. Rn 13, 15). Problematisch kann dies sein, wenn es sich um Eingänge handelt, die gegen Ende eines Monats zur Verwendung für den Folgemonat überwiesen werden (zB Sozialleistungen). Wären sie im Monat, für den sie verwendet werden sollen, eingezahlt worden, hätten sie von dessen neuen monatlichen Freibetrag „profitiert"; nun erhält sie gänzlich der Gläubiger. Im Folgemonat stehen dem Schuldner dann ggf existenzsichernde Mittel nicht zur Verfügung. Hinter der „**Monatsanfangsproblematik**"[23] steckt also die Normierung des Abs. 1 S. 1, wonach der **Freibetrag immer kalendermonatlich gewährt** wird, und diejenige des Abs. 1 S. 3, dass **geschütztes Guthaben von einem in den anderen Monat nur übertragen** werden kann, soweit der **Freibetrag noch nicht ausgeschöpft** ist.

Dass bei schon ausgeschöpftem Freibetrag alle Eingänge (auch solche am Monatsende) dem Gläubiger zustehen, entspricht im Prinzip genau dem gesetzgeberischen Willen und dem Wortlaut der Norm (s. Rn 13, 15), spiegelt aber auch deren strukturelles Problem (s. Rn 10) wider. Abstrakte Freibeträge ohne Guthaben gibt es nicht.

Nachdem die Praxis sich bei der Monatsanfangsproblematik vor allem mit einer Anwendung von § 765 a (oder § 850 k Abs. 4 analog) beholfen oder für vorfristige Eingänge ungeschriebene Sonderregeln entwickelt hat und die Politik ihre Wünsche an die Banken veröffentlichte,[24] soll nunmehr das **Moratorium des Abs. 1 S. 2** iVm **§ 835 Abs. 4** das Monatsanfangsproblem lösen:

§ 835 Abs. 4 separiert nach der Wirksamkeit der Pfändung eingehendes Guthaben (jeder Quelle)[25] für einen Zeitraum bis zum Ablauf des nächsten auf die Gutschrift folgenden Kalendermonats. Dieses Guthaben darf vom Drittschuldner (der Bank) erst nach diesem Zeitraum an den Gläubiger geleistet werden. Das gem. § 835 Abs. 4 separierte Guthaben wird durch Abs. 1 S. 2 als Guthaben iSd Abs. 1 S. 1 definiert.[26] Der Freibetrag kann sich infolge der Regelungen aus dem im laufenden Kalendermonat vorhandenen Guthaben und dem separierten Gut-

---

21 Zöller/Stöber, § 850 k Rn 4; aA Goebel, FoVo 2010, 121 mwN für beide Ansichten.
22 BGH NJW-RR 2013, 1519; BGH NZI 2013, 648; BT-Drucks. 16/7651, S. 31; aA wohl Ahrens, NJW 2010, 2001, 2005; LG Saarbrücken 22.1.2013 – 5 T 376/12; krit. Ahrens, VuR 2012, 301; Ganter, NZI 2013, 968; Kohte, VuR 2014, 121.
23 Ahrens, NZI 2010, 183; Becker, NJW 2011, 1317; Bitter, ZIP 2011, 149, 154.
24 Nachweise s. Vorauflage (2. Aufl. 2013), aaO, Fn 31.
25 LG Bonn VuR 2014, 395.
26 BT-Drucks. 17/4776, S. 9.

haben speisen.[27] Der Schuldner kann also über Guthaben in Höhe des monatlichen Freibetrages *jedenfalls* verfügen, auch wenn sich dieses Guthaben aus wirksam gepfändeten Beträgen speist. Es kommt also dazu, dass im Folgemonat **zumindest so viel Geld vorhanden ist, dass ein tatsächlicher und nicht nur ein abstrakter Freibetrag erreicht wird**, der dann auch pfändungsgeschützt ist. Nicht erreicht, aber auch nicht gewollt ist,[28] dem Schuldner einen doppelten Freibetrag zu gewähren. Der 9. Zivilsenat hat dabei zuletzt zusätzlich zwischen dem Guthaben unter Erhöhung des Freibetrags nach Abs. 1 S. 3 und der Zurechnung von Einkünften des Vormonats zu dem Guthaben, aus dem im Folgemonat nach Abs. 1 S. 1 in Höhe des Freibetrags verfügt werden kann,[29] differenziert. Er fasst das durch das Moratorium separierte Guthaben in das nach Maßgabe des Abs. 1 S. 3 pfändungsfrei in den Folgemonat übertragbare Guthaben. Da die Norm – wenn auch nicht ganz eindeutig[30] – ohnehin davon ausgeht, dass Ausgaben zunächst vom übertragenen Pfändungsfreibetrag abgezogen werden, so dass der aktuelle Pfändungsfreibetrag unangetastet bleiben kann, ist an dieser Stelle nun auch das vom Moratorium separierte Guthaben einzufügen: Es gehört zu dem aus dem Vormonat übertragenen Freibetrag und schont den aktuellen Pfändungsfreibetrag, der dadurch ggf vollständig in den Folgemonat übertragen werden kann. Das Auszahlungsmoratorium greift dabei unabhängig vom Datum des Zahlungseingangs, schützt also nicht nur vor der „Monatsanfangsproblematik", sondern führt im Ergebnis zu einer generellen Erhöhung des dem Schuldner zur freien Verfügung stehenden Kontoguthabens (s. Rn 23 ff).[31]

20 **b) Umstellung eines Kontos auf ein P-Konto nach der Pfändung.** Ist der Schuldner nicht Inhaber eines P-Kontos und wird sein Kontoguthaben gepfändet, kann er ein Girokonto noch innerhalb von vier Wochen seit Zustellung des Überweisungsbeschlusses (!) an den Drittschuldner **in ein P-Konto umstellen** und die Wirkung des Abs. 1 erreichen (**S. 4**). Beantragt er die Umstellung erst nach Ablauf der Frist, kommt **rückwirkender Pfändungsschutz** nicht mehr in Betracht.[32] Entscheidend für das Fristende ist die Umwandlung selbst, nicht der Umwandlungsantrag,[33] für dessen Umsetzung freilich das Kreditinstitute nur drei Bankarbeitstage Zeit haben (Abs. 7 S. 3; s. Rn 59). Die **Umstellungsfrist** entspricht der ohnehin zu beachtenden Vier-Wochen-Frist nach § 835 Abs. 3 S. 2, so dass innerhalb der Umstellungsfrist nicht an den Gläubiger ausgezahlt werden darf, wobei nunmehr auch noch das Moratorium des § 835 Abs. 4 (s. Rn 19) die Auszahlung verzögert. Wird ein Girokonto in ein P-Konto umgewandelt, erledigen sich für das Girokonto bereits bestehende Vollstreckungsschutzentscheidungen „automatisch".[34] Um in den Genuss von **Pfändungsschutz** zu kommen, **muss jeder Schuldner ein P-Konto vereinbaren**.

21 **c) Berechnung und weitere Hinweise zum Verfahren.** Der pfändbare Betrag kann **nicht der Tabelle zu § 850 c entnommen werden**, da er sich nicht aus Einzelforde-

---

27 BT-Drucks. 17/4776, S. 9.
28 BT-Drucks. 17/4776, S. 9.
29 BGH ZInsO 2015, 144 (Rn 13).
30 Der Wortlaut der Norm spricht lediglich davon, dass das nicht in Höhe des Pfändungsfreibetrages ausgegebene Guthaben im Folgemonat zusätzlich nicht von der Pfändung erfasst wird. Aus der Gesetzesbegründung ergibt sich aber, dass gemeint ist, bei Ausgaben unterhalb des *vom Vormonat übertragenen* Freibetrages werde der Freibetrag des *laufenden* Monats nicht ausgeschöpft und vollständig auf den *folgenden* Kalendermonat übertragen, vgl BT-Drucks. 16/7651, S. 31.
31 AA *Sudergat*, WuB 2015, 178.
32 AG Hannover FoVo 2011, 119.
33 *Sudergat*, Kontopfändung und P-Konto, Rn 753; PG/*Ahrens*, § 850 k Rn 25, 27.
34 AG Hannover VuR 2010, 390; aA (Fortbestand „alter" Vollstreckungsschutzentscheidungen) *Strunk*, ZVI 2010, 336.

rungen, sondern nach dem monatlichen Guthaben (s. Rn 13, 15) bemisst, der Pfändungsfreibetrag sich außerdem je nach Ausgaben im Vormonat ändert und zudem § 850 c Abs. 2 (Pfändungsbeschränkung auch für den überschießenden Anteil) nicht gilt.[35] Durch den Drittschuldner zu ermitteln ist vielmehr die **Differenz zwischen dem Guthaben und dem monatlichen Freibetrag**. Aus dieser Differenz ergibt sich der durch den Gläubiger pfändbare Betrag, dessen Auszahlungshöhe sich allerdings wieder verringert, wenn er zur Speisung des Freibetrages des folgenden Monats notwendig ist (s. Rn 16).

  Kontoguthaben
./. Freibetrag
=   von der Pfändung erfasstes Guthaben
./. durch Moratorium separiertes Guthaben
=   an den Gläubiger auszuzahlender Betrag

Der Freibetrag kann sich für den Folgemonat erhöhen, wenn er vom Schuldner nicht vollständig verbraucht wird: **22**

  Kontoguthaben
./. Freibetrag (monatlicher Freibetrag + aus Vormonat übertragener Freibetrag + durch Moratorium separiertes Guthaben)
=   von der Pfändung im Folgemonat erfasstes Guthaben

d) Beispielrechnung[36]

Am 10. Juli Pfändung (auch zukünftiger Forderungen) bei einem P-Konto-Guthaben von 1.500,00 €. **23**

	1.500,00 €	(Kontoguthaben)
./.	1.073,88 €	(monatlicher Freibetrag)
=	426,12 €	(von der Pfändung erfasstes Guthaben)
./.	426,12 €	(durch Moratorium separiertes Guthaben – an den Gläubiger auszuzahlen, falls nicht innerhalb der Frist des § 835 Abs. 4 ausgegeben)
=	0,00 €	(an den Gläubiger auszuzahlender Betrag)

Verfügungen des Schuldners im Juli: 1.000,00 €

Übertragbarer Freibetrag: 73,88 €

Folge: Guthaben wird im Juli iHv 426,12 € von der Pfändung erfasst und an den Gläubiger ausgezahlt, wenn und soweit der Schuldner es nicht bis zum Ablauf der Frist des § 835 Abs. 4 ausgibt. 1.500,00 € (monatlicher Freibetrag + durch Moratorium separiertes Guthaben) stehen auf dem Konto zur Verfügung des Schuldners. Alle weiteren Ausgänge sind von diesem Verfügungsbetrag abzuziehen. Alle weiteren Eingänge erfasst die Pfändung ebenfalls.

Am 1. August gehen 1.500,00 € auf dem Konto ein. **24**

	2.000,00 €	(Kontoguthaben = Juli-Kontoguthaben ./. Juli-Ausgaben + August-Einnahmen)
./.	1.573,88 €	(Freibetrag = aktueller Freibetrag + aus Vormonat übertragener Freibetrag + durch Vormonats-Moratorium separiertes Guthaben)
=	426,12 €	(von der Pfändung erfasstes Guthaben)

---

35 Krit. Zöller/Stöber, 29. Aufl., § 850 k Rn 8; Homann, ZVI 2010, 365, 369.
36 S. auch die schematische Übersicht in Rn 27.

	426,12 €	(durch Moratorium separiertes Guthaben – an den Gläubiger auszuzahlen, falls nicht innerhalb der Frist des § 835 Abs. 4 ausgegeben)
./.	300,00 €	Ausgaben des Schuldners im September (innerhalb der Frist des § 835 Abs. 4)
=	126,12 €	(nach Ablauf der Frist des § 835 Abs. 4 an den Gläubiger auszuzahlender Betrag)

Verfügungen des Schuldners im August: 1.000,00 €

Übertragbarer Freibetrag: 573,88 €

Folge: Guthaben wird im August iHv 426,12 € von der Pfändung erfasst und iHv 126,12 € an den Gläubiger ausgezahlt, weil der Schuldner bis zum Ablauf der Frist des § 835 Abs. 4 nur 300 € ausgibt. 1.573,88 € (monatlicher Freibetrag + aus Vormonat übertragener Freibetrag + durch Moratorium separiertes Guthaben) stehen auf dem Konto zur Verfügung des Schuldners. Alle weiteren Ausgänge sind von diesem Verfügungsbetrag abzuziehen. Alle weiteren Eingänge erfasst die Pfändung ebenfalls.

25 **2. Aufstockung des Sockelbetrages (Abs. 2). a) Allgemeines.** Der Sockelfreibetrag erhöht sich automatisch nach den Vorgaben des Abs. 2 (s. Rn 28 ff) und kann nach Abs. 3 und 4 durch das Vollstreckungsgericht verändert werden (s. Rn 35 ff).

26 **b) Übersicht zum Fallbeispiel[37] und Fallfortsetzung bis Oktober bei aufgestocktem Sockelbetrag.** Der Schuldner hat monatliche Eingänge von jeweils 1.500,00 €. Am 10. Juli erfolgt die Pfändung. Im Juli und August hat der Schuldner nach der Pfändung noch Kontoausgänge in Höhe von 1.000,00 €, im September in Höhe von 300,00 €. Im Oktober bekommt der Schuldner ein Kind, für das er Unterhalt in gesetzlicher Höhe[38] leistet, so dass er in diesem Monat insgesamt 2.000,00 € ausgibt.

27

	Juli €	August €	Sept. €	Okt. €
Einnahmen des Schuldners auf dem Konto	1.500,00	1.500,00	1.500,00	1.500,00
Kontoguthaben	1.500,00	2.000,00	2.500,00	3.573,88
Fester monatlicher Pfändungsfreibetrag	1.073,88	1.073,88	1.073,88	1478,04[39]
Übertrag des im Vormonat nicht verbrauchten Pfändungsfreibetrages	0,00	73,88	573,88	1.073,88
Durch Moratorium separiertes Guthaben	426,12	426,12	426,12	426,12
Gesamter monatlicher Freibetrag/Verfügungsbetrag	1.500,00	1.573,88	2073,88	2.978,04
Von der Pfändung erfasstes Guthaben (Guthaben ./. gesamter monatlicher Freibetrag)	426,12	426,12	426,12	595,84
Verfügungen des Schuldners	1.000,00	1.000,00	300,00	2.000,00
An den Gläubiger auszuzahlender Betrag	0,00	0,00	126,12	0,00

---

37 S. Rn 23.
38 Leitlinien der Düsseldorfer Tabelle (Nettoeinkommen bis 1.500,00 € und Altersstufe 1–5 = 317,00 €).
39 1.073,88 € + 404,16 € (s. § 850 c Rn 14) = 1478,04 €.

c) **Einzelheiten. aa) Unterhalt.** Gesetzliche Unterhaltspflichten des Schuldners, die dieser tatsächlich erfüllt (s. dazu § 850 c Rn 7), führen unter Bezugnahme auf § 850 c Abs. 1 S. 2 (s. § 850 c Rn 4) zur Erhöhung des Freibetrages (**Abs. 2 S. 1 Nr. 1 Buchst. a**). Erfasst sind also Verwandte auf- und absteigender Linie, Adoptivkinder, Ehegatten und eingetragene Lebenspartner sowie mit dem Vater eines Kindes nicht verheiratete Mütter (s. § 850 c Rn 6).

Keine Anwendung findet § 850 c **Abs. 2** (s. Rn 21, § 850 c Rn 11), durch den an sich auch den Freibetrag übersteigende Bezüge nur teilweise gepfändet werden können. Die gesamte die eingeschränkte Pfändbarkeit des Mehrbetrages berücksichtigende Tabelle zu § 850 c kann also nicht genutzt werden (s. Rn 21). Besteht zwar eine Unterhaltspflicht, wird diese aber nicht tatsächlich erfüllt, kann der Drittschuldner nach Abs. 4 beantragen, den Freibetrag abzusenken.

bb) Bedarfsgemeinschaft. Zur Erhöhung des Pfändungsfreibetrages kommt es auch, wenn der Schuldner Dritten zwar nicht aufgrund Gesetzes zum Unterhalt verpflichtet ist, mit diesen aber in einer **Bedarfsgemeinschaft** iSd § 7 Abs. 3 SGB II (Grundsicherung für Arbeitsuchende, sog. ALG II bzw Hartz IV) oder einer Gemeinschaft iSd §§ 19, 20, 39[40] S. 1 oder 43 SGB XII (Sozialhilfe) lebt und entsprechende Leistungen auch für diese Personen entgegennimmt (**Abs. 2 S. 1 Nr. 1 Buchst. b**). In Betracht kommen hier v.a. nichteheliche (bzw nicht lebenspartnerschaftliche iSd LPartG) Lebensgemeinschaften.

cc) Sozialleistungen. Ebenfalls zur Erhöhung des Pfändungsfreibetrages führen nach **Abs. 2 S. 1 Nr. 2** Gutschriften aus der Überweisung von einmaligen **Sozialleistungen** iSd § 54 Abs. 2 SGB I (**allgemeine Sozialleistungen**) und Geldleistungen iSd § 54 Abs. 3 Nr. 3 SGB I (**Leistungen wegen Körper-, Gesundheitsschäden**). Dadurch soll der Zweck der Leistungen, vornehmlich die Bedarfsdeckung in besonderen Lebenslagen, auch tatsächlich erreicht werden.[41] Diese Leistungen genießen ebenso wie das sonstige Kontoguthaben den zeitlich befristeten Freibetragsschutz des Abs. 1 und nicht einen im Gesetzgebungsverfahren ursprünglich[42] geplanten zeitlich unbefristeten Pfändungsschutz.[43]

dd) Geldleistungen für Kinder. Schließlich wird der Freibetrag des Abs. 1 in vollem Umfang durch **Kindergeld** oder andere **Geldleistungen für Kinder** erhöht, es sei denn, es wird wegen einer Kindesunterhaltsforderung gepfändet (**Abs. 2 S. 1 Nr. 3**). Nicht zur Erhöhung führen auf dem P-Konto des Schuldners eingehende Geldleistungen, auf die dessen Kind ein eigener Anspruch zusteht, wie etwa Waisenrenten, Unterhaltsvorschüsse und -zahlungen auf Ansprüche des Kindes.[44] Dementsprechend sollte auch Kindergeld nur geschützt sein, wenn es sich beim P-Konto um dasjenige des Kindergeld*berechtigten* handelt.[45] Dafür spricht schon, dass die Regelung den Wegfall von § 76 a EStG ersetzen soll (s. Rn 41), der ebenfalls auf das Konto des Kindergeld*berechtigten* Bezug nahm.

ee) Übertragbarkeit des aufgestockten Sockelbetrages auf den Folgemonat. Auch im Hinblick auf diese den Sockelfreibetrag des Abs. 1 erhöhenden Kontoeingänge gilt eine **Übertragbarkeit** nicht verbrauchter Summen des Freibetrages auf den Folgemonat (**Abs. 2 S. 2**).

---

40 Gemeint ist wohl ein Verweis auf § 39 S. 1 SGB XII, nicht auf § 36 S. 1 SGB XII (so jedoch der Gesetzeswortlaut).
41 BT-Drucks. 16/7615, S. 19; BT-Drucks. 16/12714, S. 19; *Homann*, ZVI 2010, 365, 369.
42 Vgl BT-Drucks. 16/7615, S. 19; BT-Drucks. 16/12714, S. 19.
43 Zöller/*Stöber*, § 850 k Rn 7.
44 *Ruch*, ZVI 2011, 288.
45 AA wohl *Homann*, ZVI 2010, 365, 370.

34 **ff) Rechtsfolge: Kein Pfandbeschlag; Bedeutung der Nachweise nach Abs. 5 für den nach Abs. 2 aufgestockten Sockelbetrag.** Da das kontoführende Institut in aller Regel keine genauen Kenntnisse von den Verwandtschaftsverhältnissen und Lebensumständen des Schuldners hat, hat dieser entsprechende **Nachweise** zu erbringen, damit eine **Leistungspflicht des Kreditinstituts gegenüber dem Schuldner** im Hinblick auf diese Beträge entsteht (**Abs. 5 S. 2**; s. Rn 44). Dies ändert allerdings am fehlenden Pfandbeschlag für diese Einkünfte nichts,[46] so dass die Beträge auch nicht dem Gläubiger ausgezahlt werden können[47] und im Einzelfall dem Kreditinstitut nur die Hinterlegung (vgl Abs. 5 S. 5) bleibt.

III. Anordnungen des Vollstreckungsgerichts (Abs. 3, 4 und 5 S. 4)

35 Über den „automatischen" Pfändungsschutz der Absätze 1 und 2 hinaus kann das Vollstreckungsgericht weiteren oder engeren Pfändungsschutz festsetzen und zusätzliche Anordnungen treffen.

36 **1. Ersetzung des Sockelbetrages bei Pfändung wegen Unterhaltsansprüchen (Abs. 3).** Wenn das Guthaben auf einem P-Konto **wegen Unterhaltsansprüchen** gepfändet wird (§ 850 d), setzt das Vollstreckungsgericht auf Antrag den Pfändungsfreibetrag fest, der dann denjenigen nach Abs. 1 (Sockelbetrag) und denjenigen nach Abs. 2 S. 1 Nr. 1 (aufgestockter Sockelbetrag wegen Unterhaltsgewährung durch den Schuldner, s. Rn 30 ff) ersetzt. Der Freibetrag ermäßigt sich. Inhaltlich wird sich das Gericht dabei an den Vorgaben des § 850 d orientieren, so dass dem Schuldner nur das Notwendige verbleibt (s. § 850 d Rn 12). Der Gläubiger muss die erweiterte Pfändung beantragen (s. § 850 d Rn 33).[48] Zur Leistung des von der erweiterten Pfändung nicht erfassten Guthabens ist das Kreditinstitut dem Schuldner gegenüber nach Abs. 5 S. 1 verpflichtet (s. Rn 44). Auf Nachweise des Schuldners kommt es insoweit nicht an, da Abs. 5 S. 2–4 nicht für Abs. 3 gilt. Die Beträge werden allein durch das Vollstreckungsgericht festgesetzt.

37 Die Regelung des Abs. 3 gilt nicht für Abs. 2 S. 1 Nr. 2 (einmalige Geldleistung) und Abs. 2 S. 1 Nr. 3 (Geldleistungen für Kinder). Letzteres auch, wenn **wegen einer Unterhaltsforderung des Kindes** gepfändet wird. Für den Fall einer solchen Pfändung ist vielmehr nach Abs. 2 S. 1 Nr. 3 vorgesehen, dass das Kindergeld oder die anderen Geldleistungen schon bei der „automatischen" Berechnung des Freibetrages durch das Kreditinstitut nicht berücksichtigt werden (s. Rn 32). Diese „automatische" Berechnung bezieht sich aber nur auf den aufgestockten Sockelbetrag des Abs. 2. Jedenfalls kann bei Pfändung wegen der Unterhaltsforderung eines Kindes abweichend vom Sockelbetrag des Abs. 1 Pfändungsschutz beantragt werden (s. Rn 36).

38 **2. Ersetzung des Sockelbetrages nach Maßgabe der §§ 850 ff in Bezug auf Sozialleistungen und Kindergeld (Abs. 4).** Die Regelung orientiert sich an den **Pfändungserweiterungen und Pfändungseinschränkungen**, die beim Pfändungsschutz von Arbeitseinkommen auf Anordnung des Vollstreckungsgerichts möglich sind (s. § 850 Rn 23). Möglich ist etwa eine Anordnung entsprechend § 850 c Abs. 4, dass für unterhaltsberechtigte Angehörige mit eigenem Einkommen ganz oder teilweise keine Erhöhung des Freibetrages gewährt wird[49] oder eine solche, den Freibetrag wegen tatsächlich nicht gezahlten Unterhalts abzusenken (s. Rn 29). **Antragsberechtigt** ist in diesen Fällen der Gläubiger, wobei er die notwendigen

---

46 So auch *Köppen*, ZVI 2010, 339, 341 f mwN.
47 AA *Köppen* ZVI 2010, 339, 342 (befreiende Leistung an den Gläubiger möglich mit der Folge bereicherungsrechtlicher Ansprüche des Schuldners gegen den Gläubiger; Abs. 5 S. 3 gilt jedoch nur im Falle unbekannt unrichtiger Bescheinigungen).
48 *Romeyko*, FamRZ 2012, 349.
49 *Giers*, FamRB 2010, 188, 190.

Informationen und Nachweise (in Kopie) über die Pflicht des Schuldners nach § 836 Abs. 3 erlangen können soll.[50] Ein Schuldnerantrag kommt in Betracht, wenn der Sockelbeitrag erweitert werden soll, etwa für Pflegekinder,[51] die von Abs. 2 nicht erfasst sind. Im Übrigen wird für die in Abs. 4 genannten Normen der ZPO auf deren jeweilige Kommentierung verwiesen.

Ein Beschluss nach Abs. 4 sollte wegen des Verweises auf § 850 c auch zur Bestimmung der nur teilweisen Pfändbarkeit der den Freibetrag übersteigenden Bezüge (§ 850 c Abs. 2) möglich sein (s. Rn 21, 29). Zudem ist der Betrag pfandfrei zu belassen, der aus einer Überweisung von bereits an der Quelle gepfändetem oder abgetretenem Arbeitsentgelt stammt (s. Rn 14), denn dann wird auf das Konto ohnehin nur der unpfändbare Anteil des Arbeitseinkommens überwiesen.[52] 39

Der Beschluss nach Abs. 4 muss den **pfändungsfreien Betrag beziffern**.[53] Weicht allerdings das Arbeitseinkommen ständig in unterschiedlichem Maße von den Sockelbeträgen ab, kann eine Bezifferung die Folge haben, dass der Schuldner monatlich einen neuen Antrag stellen muss. In derartigen Fällen braucht das Vollstreckungsgericht deshalb den Freibetrag nicht zu beziffern, sondern kann ihn durch Bezugnahme auf das überwiesene (pfändungsfreie) Arbeitseinkommen festsetzen.[54] Bedeutung hat dies vor allem für die Fälle, in denen das Arbeitseinkommen schon „an der Quelle" gepfändet wurde, und deshalb nur unpfändbare Beträge auf dem Schuldnerkonto eingehen (vgl Rn 9 f, 39). 40

Der Verweis auf § 54 Abs. 2, Abs. 3 Nr. 1, 2 und 3, Abs. 4 und 5 des SGB I sowie auf § 17 Abs. 1 S. 2 SGB XII und § 76 EStG versteht sich v.a. im Hinblick auf das Außerkrafttreten der Bestimmungen in § 55 SGB I (Sozialleistungen) und § 76 a EStG (steuerrechtliches Kindergeld) zum 31.12.2011.[55] Schließlich sind Anordnungen nach § 732 Abs. 2 möglich (s. dort). 41

3. Bestimmung der Beträge nach Abs. 2 durch das Vollstreckungsgericht (Abs. 5 S. 4). Falls dem Schuldner der Nachweis nicht gelingt,[56] dass er Unterhalt nach gesetzlichen Regelungen gewährt oder Leistungen nach dem SGB II oder SGB XII oder Kindergeld erhält (s. Abs. 2), setzt das Vollstreckungsgericht auf **Antrag des Schuldners** die Freibeträge fest. Es handelt sich also um die Fälle, in denen „**automatischer**" **Pfändungsschutz** zu gewähren ist, das Vorliegen seiner Voraussetzungen aber für das Kreditinstitut nicht offensichtlich ist. Die Festsetzung kann sich systematisch allerdings nur auf die materielle Leistungspflicht gegenüber dem Schuldner, nicht aber auf den Umfang der Pfändung und die Auszahlungspflichten an den Gläubiger beziehen, denn die von Abs. 2 aufgeführten Beträge werden von einer Pfändung schon „automatisch" nicht erfasst (s. Rn 34). Die Bestimmungen nach Abs. 5 S. 4 haben in der Praxis große Bedeutung erlangt, zumal es Schwierigkeiten bei der Beschaffung und Akzeptanz der Bescheinigungen gab und gibt. 42

---

50 BGH NJW-RR 2013, 766; BT-Drucks. 16/7615, S. 20; LG Koblenz 20.9.2010 – 2 T 499/10.
51 LG Offenburg 11.5.2012 – 4 T 107/12.
52 LG Münster ZVI 2011, 257. Einen Musterantrag bieten an: *Groth u.a.* (Hrsg.), Praxishandbuch Schuldnerberatung, 20. Aufl. 2013, Teil 5, Kap. 4.10, abrufbar auch unter www.bag-sb.de/uploads/tx_inhalt/Musterantrag_fuer_850k_IV-Kontopfaendungsschutz_wie_PHB_SB-2014-fuerForum.doc (zuletzt abgerufen am 15.5.2015).
53 BGH 10.11.2011 – VII ZB 74/10.
54 BGHZ 191, 270; krit. dazu *Sudergat*, WuB VI D. § 850 k ZPO 1.12; BGH WM 2011, 2367; BGH 10.11.2011 – VII ZB 74/10.
55 BT-Drucks. 16/12714, S. 20.
56 Und nur dann, so AG Hannover ZVI 2011, 230.

43 Die Bestimmung nach Abs. 5 S. 4 bezieht sich ausdrücklich nur auf die Nachweise iSd Abs. 5 S. 2 und damit die automatisch geschützten Pfändungsfreibeträge (erhöhter Sockelbetrag) des Abs. 2, nicht jedoch auf die Pfändung durch bevorrechtigte Gläubiger (Unterhaltsgläubiger iSd Abs. 3). Hier finden vielmehr Abs. 3 und 4 sowie Abs. 5 S. 1 (s. Rn 44) Anwendung. Freilich kann ein Antrag eines Unterhaltsgläubigers auf erweiterte Pfändbarkeit nach Abs. 3 in Kombination mit einer Bestimmung nach Abs. 5 S. 4 vorkommen, was zeigt, dass sich die Bestimmung nach Abs. 5 S. 4 individuell immer nur auf den pfändenden Gläubiger bezieht.[57]

IV. Verpflichtung zur Auszahlung des Guthabens an den Schuldner (Abs. 5)

44 **1. Leistungspflicht an den Schuldner.** Im Hinblick auf die pfändungsfreien Teile des Kontoguthabens ist das Kreditinstitut dem Schuldner gegenüber zur Leistung verpflichtet (**Abs. 5 S. 1**). Erfasst sind davon nicht nur Auszahlungen, sondern auch Überweisungen, Lastschriften und Einzugsermächtigungen. Letztlich ist die Regelung der Auszahlungspflicht nur eine Klarstellung der vertraglichen Pflichten des Kreditinstituts, denn selbstverständlich werden die vertraglichen Vereinbarungen durch eine Pfändung lediglich insoweit berührt, als (nur) im Hinblick auf den gepfändeten Betrag eine Bindung an Arrestatorium und Inhibitorium besteht.

45 Weigert sich das Kreditinstitut, an den Schuldner auszuzahlen, besteht keine Möglichkeit, nach § 765 a Vollstreckungsschutz zu erlangen, da es sich nicht um eine Vollstreckungsmaßnahme des Gläubigers, sondern ein Vorgehen des Drittschuldners handelt.[58] Der Schuldner muss das Kreditinstitut aus seiner materiellrechtlichen Verpflichtung in Anspruch nehmen.

46 **2. Nachweisobliegenheiten des Schuldners.** Der wesentliche Inhalt des Abs. 5 besteht darin, dass in den Fällen des Abs. 2, in denen eine Aufstockung des Sockelfreibetrages möglich ist, eine **Leistungspflicht nur bei Nachweis** durch eine der genannten Bescheinigungen besteht (**Abs. 5 S. 2**). Sich um die Nachweise zu bemühen, obliegt dem Schuldner.[59] Dass das von Abs. 2 erfasste Einkommen aber dem Pfändungszugriff nicht unterfällt, hängt allerdings von den Nachweisen nicht ab, weil es unter den „automatischen" Pfändungsschutz fällt (vgl Rn 34). Auch die Bestimmungsmöglichkeit durch das Vollstreckungsgericht bei fehlendem Nachweis (Abs. 5 S. 4) kann sich damit nur auf die materielle Leistungspflicht gegenüber dem Schuldner beziehen, nicht hingegen – insoweit ist der Wortlaut unklar – auf den Umfang der Pfändung.

47 Der Nachweis kann auch noch **nach** der Pfändung erbracht werden;[60] hat der Drittschuldner jedoch schon vor der (verspäteten) Vorlage der erforderlichen Nachweise an den Gläubiger geleistet, muss der Schuldner dies gegen sich gelten lassen.[61]

48 Bei der Anpassung der von Abs. 5 aufgeführten Nachweisarten an die Bedürfnisse der Kreditwirtschaft hoffte der Gesetzgeber auf freiwillige einvernehmliche Lösungen der Beteiligten; eine Pflicht zur Ausstellung besonderer Bescheinigungen zur Vorlage bei Kreditinstituten sollte nicht eingeführt werden.[62] In der Praxis begegnete und begegnet der Umgang mit den Bescheinigungen aber vielen

---

57 Vgl *Köppen*, ZVI 2010, 339, 341.
58 LG Detmold 9.9.2010 – 3 T 220/10.
59 *Giers*, FamRB 2012, 25.
60 LG Wuppertal 12.8.2010 – 6 T 420/10; AG Bremen ZVI 2010, 353.
61 AG Lichtenberg VuR 2011, 66; dazu *Kohte*, VuR 2011, 67.
62 BT-Drucks. 16/7615, S. 20; krit. *Sudergat*, Kontopfändung und P-Konto, Rn 825 ff.

Problemen.[63] In Absprache mit dem Zentralen Kreditausschuss des Bankenverbands hat die Arbeitsgemeinschaft Schuldnerberatung der Verbände inzwischen eine **Musterbescheinigung** zur Bestätigung unpfändbarer Einkommenseingänge auf einem Girokonto veröffentlicht.[64] Die Verwendung der Musterbescheinigung kann allerdings das Kreditinstitut nicht verlangen.[65] Empfohlen wird, dass die Sozialleistungsträger ihren Bescheinigungen einen Hinweis „Sozialleistung im Sinne des § 850 k Abs. 2 ZPO" beifügen, um die Arbeit der Drittschuldner zu erleichtern.[66] Ansonsten kommen der Arbeitgeber, die Familienkassen und „geeignete Personen" iSv § 305 Abs. 1 Nr. 1 InsO (Schuldnerberatungsstellen, Rechtsanwälte, Steuerberater, Wirtschaftsprüfer jew. nach Landesgesetz)[67] als Aussteller der Bescheinigungen in Betracht.

Mittelbar dienen die Nachweise nicht nur der Festsetzung der Leistungspflicht gegenüber dem Schuldner, sondern auch zur Feststellung des Betrages, der dem **Gläubiger** aufgrund der Pfändung zusteht. Der Gläubiger hat gegen den Schuldner nach der neueren Rspr auch einen Anspruch auf Herausgabe der Nachweise in Kopie – ein Anspruch, der in den Pfändungs- und Überweisungsbeschluss aufgenommen werden kann.[68] Der Schuldner muss den Gläubiger zudem darüber informieren, inwieweit Guthaben auf den gepfändeten Konten gem. Abs. 2 pfändungsfrei ist (§ 836 Abs. 3).[69] Es soll nur darauf ankommen, ob der Schuldner über die erforderlichen Bescheinigungen verfügt, nicht aber darauf, ob das Kreditinstitut die Nachweise anerkennt.[70] 49

Sind die Bescheinigungen **unrichtig**, war dies aber dem Kreditinstitut weder bekannt noch grob fahrlässig unbekannt, leistet das Kreditinstitut an den Schuldner mit **befreiender Wirkung (Abs. 5 S. 3)**. 50

Probleme bereiten der Praxis nach wie vor Fragen wie diejenige nach der **Gültigkeitsdauer** von Nachweisen und deren **Rückwirkungsdauer**.[71] Sie müssen im Einzelfall nach der Art der bescheinigten Leistung (einmalige oder dauerhafte Leistung; bescheinigter Leistungsbeginn u.Ä.) beurteilt werden. Zu seinen Gunsten geänderte Umstände sollte der Schuldner im Rahmen seiner insoweit bestehenden Obliegenheit schon in eigenem Interesse mitteilen. Zur Mitteilung von zu seinen Lasten geänderten Umständen ist er jedenfalls nicht nach Abs. 5 S. 2 verpflichtet, wohl aber im Einzelfall aus seinem Vertragsverhältnis mit dem Kreditinstitut diesem sowie ggf deliktsrechtlich dem Gläubiger. 51

V. Ausschluss von Aufrechnung und Verrechnung (Abs. 6)

Entscheidende Folge des Verrechnungsverbots ist, dass **Sozialleistungen und Kindergeld** nach S. 1 und 2 auch bei **Debet-P-Konten ausgezahlt** werden müssen.[72] 52

---

63 *May*, ZVI 2013, 2; *Kohte*, VuR 2014, 122.
64 Aktualisiert zum 1.2.2014, abrufbar unter: http://www.bag-sb.de/uploads/tx_inhalt/AG-SBV_P-Konto_Bescheinigung_2014-mit-BIC_IBAN-Freibetraege-korrekt.pdf (zuletzt abgerufen am 15.5.2015).
65 *Bitter*, ZIP 2011, 153 mwN.
66 *Saager*, ZVI 2010, 333.
67 S. § 1 InsO AG BW; Art. 112, 116 AGSG Bay; § 2 ÖRBerG Br; § 1 HambgAG InsO; § 1 AG InsO Hess; § 1 InsO AG M-V; § 1 NrdsAG InsO; § 1 AG InsO R-P; §§ 50 a, 50 b AG InsG Saarl; § 1 SächsInsOAG; § 2 AG InsO LSA; § 1 AG InsO S-H; § 1 ThürAG InsO.
68 BGH NJW-RR 2013, 766.
69 LG Koblenz ZVI 2011, 258.
70 LG Essen ZVI 2011, 64.
71 *Homann*, ZVI 2010, 365, 375 f; *du Carrois*, ZInsO 2010, 2276, 2278; *Sudergat*, ZVI 2010, 445, 453; *ders.*, Kontopfändung und P-Konto, Rn 806 ff, 862.
72 *Homann*, ZVI 2010, 405, 407; krit. im Hinblick auf Eingriffe in die Vertragsfreiheit bei der Gewährung von Krediten etwa Baumbach/*Hartmann*, § 850 k Rn 68.

Die kontokorrentmäßige Verrechnung wird für die Dauer von 14 Tagen nach Gutschrift ausgeschlossen, damit der Schuldner die Leistungen noch abheben kann. Nur so können sie ihrer Bestimmung zugewandt werden. Grund für den Verrechnungsausschluss ist, dass für die Pfändung einer Geldleistung nach dem Sozialgesetzbuch und von Kindergeld die insoweit maßgeblichen Regeln des SGB I und des EStG zum 31.12.2011 entfallen sind (s. Rn 7).[73]

53 Eingeschränkt ist das Verrechnungsverbot im Hinblick auf **Kontoführungsgebühren** durch S. 3, wobei darunter nur die direkten Gegenleistungen für die Kontoführung zu verstehen sind, nicht aber Sollzinsen, Provisionen, Maklergebühren, Angebotskosten, Wertpapierverwaltungs- oder -verwahrungsgebühren.[74]

54 Eine andere Frage ist, ob nicht wegen § 394 BGB die gesamten nach Abs. 1 und 2 automatisch geschützten Freibeträge der Aufrechnung entzogen sind. Nach altem Recht entfiel das Aufrechnungs- und Verrechnungsverbot bei Einzahlung unpfändbarer Forderungen auf ein Konto, so dass die Einstellung in das Kontokorrent möglich wurde, denn Pfändungsschutz war nach § 850 k aF nur auf Antrag zu gewähren.[75] Nach jetzigem Recht sind aber die Freibeträge der Pfändung automatisch entzogen (s. Rn 12 ff, 34), so dass unabhängig von Abs. 6 das Verbot des § 394 BGB greifen könnte. Dies ist allerdings im Ergebnis nicht anzunehmen: Zum einen genießen Soll-Salden ohnehin keinen Pfändungsschutz (s. Rn 13), so dass jedenfalls ein Einstellen in das Kontokorrent gestattet ist. Zum anderen zeigt das nur auf Kindergeld und Sozialleistungen bezogene ausdrückliche Verrechnungsverbot, dass ansonsten eine Verrechnung möglich ist. Schließlich und entscheidend basieren die Freibeträge auf einem durch kontokorrentmäßige Verrechnung entstandenen Guthaben (s. Rn 10, 13) und nicht auf einzelnen Eingängen, so dass die Verrechnung schon Voraussetzung für die Anwendung des Pfändungsschutzes ist.

VI. Die Vereinbarung des P-Kontos (Abs. 7)

55 **1. Die Vereinbarung (S. 1 und 2).** Erst „spät" in der Norm wird geregelt, wie es zur Führung eines Girokontos als P-Konto kommt und wer ein solches führen darf. Ein P-Konto darf nur eine **natürliche Person** führen (Abs. 7 S. 1). Ein Girokonto kann von vornherein als P-Konto vereinbart werden. Jeder Kunde eines Kreditinstituts, der dort ein Girokonto führt, kann jedem jederzeit verlangen, dass dieses Konto als P-Konto geführt wird (Abs. 7 S. 2). Wenn also das Kreditinstitut ein Girokonto nicht schon von vornherein mit dem Kunden als P-Konto vereinbart, ist es dazu bei einmal begründetem Girovertrag auf **Verlangen des Kunden** jederzeit verpflichtet, ohne dass das Girokonto schon für einen bestimmten Zeitraum bestanden haben muss.[76] Formell ist zwar die Vereinbarung zwischen dem Kunden und dem Kreditinstitut erforderlich (Abs. 7 S. 1).[77] Der Kunde hat aber einen **Anspruch auf Abschluss** einer solchen Vereinbarung. Die Umstellung des Kontos darf nicht davon abhängig gemacht werden, dass der Kunde besondere Erklärungen abgibt etwa des Inhalts, gesonderte Entgelte zu zahlen[78] (zu den Gebühren s. Rn 60). Wohl aber darf ihm das Versprechen abgenommen

---

73 BT-Drucks. 16/12714, S. 20.
74 Baumbach/*Hartmann*, § 850 k Rn 62–64.
75 BGHZ 162, 349; 104, 309; BGH NJW 1988, 709.
76 *Ahrens*, NJW 2010, 2001, 2002.
77 So wohl auch LG Köln VuR 2011, 392; LG Erfurt VuR 2011, 188; *Sudergat*, Kontopfändung und P-Konto, Rn 531; aA PG/*Ahrens*, § 850 k Rn 23; *Ahrens*, NJW-Spezial 2011, 85 (Gestaltungserklärung des Kunden).
78 LG Köln VuR 2011, 392.

werden, nicht mehr als ein P-Konto zu unterhalten (Abs. 8 S. 1). Unterhält der Kunde bereits ein P-Konto, kann die Umwandlung verweigert werden.[79]

Ein Anspruch auf Umwandlung besteht auch bei einem **Debet-Konto**,[80] denn andernfalls würde Kontopfändungsschutz selbst für nicht verrechenbare Eingänge (s. Rn 52) entfallen. Keineswegs allerdings wird im Falle der Umwandlung eines Debet-Girokontos in ein P-Konto dieses automatisch mit einem Null-Saldo gestartet.[81] Bei einem Debet-Girokonto kann der Kontoausgleich aber auch nicht von der Bank als Bedingung für die Umwandlung gestellt werden oder als Zurückbehaltungsrecht[82] geltend gemacht werden. 56

Die Einrichtung eines Girokontos als P-Konto durch einen gesetzlichen Vertreter ist möglich, diejenige durch einen **bevollmächtigten Vertreter** jedoch nicht (S. 1).[83] Systematisch bezieht sich diese Einschränkung auch auf die Umstellung eines vorhandenen Girokontos (S. 2).[84] 57

2. Kein Girokonto für jedermann. Einen Anspruch auf Einrichtung eines P-Kontos, ohne dass über ein Girokonto verfügt wird, gibt es nicht (s. aber Rn 11). Ob eine (Änderungs-)Kündigung erlaubt ist, ist umstritten. Jedenfalls bei öffentlich-rechtlichen Geldinstituten dürfte sie ausgeschlossen sein.[85] 58

3. Umstellung nach der Pfändung. Der Anspruch auf Umstellung eines Girokontos besteht **auch bei bereits gepfändetem Guthaben**. Die Umstellung hat dann die von Abs. 1 S. 4 (s. Rn 20) beschriebenen Wirkungen. Eingeschränkt wird der Anspruch des Kunden auf Umstellung durch Abs. 7 S. 3 insofern, als das Kreditinstitut die Umstellung erst zum **vierten auf die Erklärung des Kunden folgenden Geschäftstag**[86] besorgen muss. 59

4. Gebühren. Dass die Einrichtung des P-Kontos nicht von einer gesonderten Vereinbarung über Gebühren abhängig gemacht werden darf (s. Rn 55), schließt für sich allein nicht aus, dass Banken für die Führung eines P-Kontos im Vorhinein gesonderte Gebühren in ihr „Preis- und Leistungsverzeichnis" einstellen.[87] Im Hinblick auf die Wirksamkeit solcher Gebührenklauseln besteht nahezu Einigkeit darüber, dass **für die Umstellung** selbst kein Entgelt eingestellt werden darf, da insoweit ein gesetzlicher Anspruch besteht.[88] Allgemeine **P-Kontoführungsgebühren** dürfen allerdings veranschlagt werden.[89] Inzwischen höchstrichterlich entschieden ist, dass die entsprechende Gebührenklausel als Preisnebenabrede 60

---

79 *Sudergat*, Kontopfändung und P-Konto, Rn 531.
80 PG/*Ahrens*, § 850 k Rn 23; aA *Sudergat*, Kontopfändung und P-Konto, Rn 704 mwN; AG Bergen (Rügen) ZVI 2013, 340; krit. dazu *Ehlenz/Hell*, ZVI 2013, 340.
81 AA (ohne gesetzliche Grundlage) PG/*Ahrens*, § 850 k Rn 38, 52.
82 AA *Bitter*, ZIP 2011, 145, 152.
83 Krit. de lege ferenda *Sudergat*, ZVI 2010, 446; PG/*Ahrens*, § 850 k Rn 17.
84 AA *Ahrens*, NJW 2010, 2001 (2002); PG/*Ahrens*, § 850 k Rn 17.
85 OLG Naumburg WM 2013, 1706; für ein Kündigungsrecht privater Banken: *Nobbe*, WuB IV C. § 307 BGB 3.13.
86 Der Begriff „Geschäftstag" statt „Bankarbeitstag" wurde gewählt im Hinblick auf die Terminologie der Zahlungsdiensterichtlinie 2008/48/EG, s. BT-Drucks. 16/12714, S. 21.
87 Vgl LG Halle VuR 2011, 265, bestätigt durch OLG Naumburg WM 2013, 1706.
88 *Nolte/Schumacher*, ZVI 2010, 48; *Homann*, ZVI 2010, 405, 411; *Sudergat*, Kontopfändung und P-Konto Rn 1267; aA PG/*Ahrens*, § 850 k Rn 24; *Ahrens*, NJW 2010, 2001, 2003.
89 *Homann*, ZVI 2010, 405, 411; *Nolte/Schumacher*, ZVI 2011, 45, 48; KG ZIP 2010, 112; LG Frankfurt ZIP 2012, 114; OLG Naumburg 27.5.2011 – 10 U 5/11; LG Bamberg ZVI 2011, 36; anders LG Erfurt VuR 2011, 188; LG Leipzig ZVI 2011, 73.

der **AGB-Inhaltskontrolle** unterfällt.[90] In deren Rahmen werden bereits erhöhte Kontoführungsgebühren bei Umwandlung in ein P-Konto und Kontoführungsgebühren bei Neueinrichtung eines P-Kontos, die über der für ein Standard-Gehaltskonto üblichen Gebühr liegen, für unwirksam erklärt.[91] Instanzgerichtlich wurde die einseitige Festsetzung höherer Gebühren zu Recht als Verstoß gegen das Umgehungsverbot angesehen.[92] Insgesamt sollte gelten: Ein P-Konto darf nur so viel kosten wie ein bei der entsprechenden Bank übliches Girokonto, und für ein bestehendes Girokonto dürfen nach Umstellung auf ein P-Konto keine zusätzlichen Gebühren festgesetzt werden.[93]

61 Keinesfalls dürfen für die **Bearbeitung der Pfändung** selbst Gebühren festgesetzt werden, da es sich hierbei um eine allgemeine Drittschuldnerpflicht handelt.[94]

VII. Nur ein P-Konto pro Person, nur eine Person pro P-Konto (Abs. 8 und 9)

62 **1. Berechtigung zur Führung eines P-Kontos.** Jede Person darf **nur ein P-Konto führen** und muss dies dem Kreditinstitut versichern (**Abs. 8 S. 1 und 2**). Diese **Versicherung** wird Bestandteil der vertraglichen Abrede mit dem Kreditinstitut und kann insofern bei Verstoß zu einem Kündigungsrecht der Bank[95] und/oder zu zivilrechtlichen Schadensersatzansprüchen (§ 280 BGB) führen, etwa für Hinterlegungskosten oder Kosten, die entstehen, falls das Kreditinstitut an den Gläubiger zu wenig auszahlt und deshalb in Anspruch genommen wird. Im Regierungsentwurf wurde zudem davon ausgegangen, das Führen mehrerer Pfändungsschutzkonten habe strafrechtliche Folgen (§§ 288, 263 StGB).[96] Zu Recht hat aber der Bundesrat darauf hingewiesen, dass die Einrichtung eines weiteren P-Kontos nur sehr selten unter die vorhandenen Straftatbestände fällt.[97] Die Materialien zu den Änderungen des Abs. 8 halten zudem das Führen mehrerer P-Konten für gesetzlich verboten, so dass der Vertrag über ein etwaiges zweites P-Konto nach § 134 BGB nichtig sei,[98] was allerdings schlecht zum Wahlrecht nach Abs. 9 passt. Für den Fall, dass der Schuldner mehrere **P-Konto nacheinander** durch sukzessive Umwandlung von normalen Girokonten führt, gibt es keine Regelung in Abs. 8. Einschlägig ist hier allerdings die Zusammenrechnung nach Abs. 4 iVm § 850 e.[99]

63 Inhaber eines P-Kontos kann **nur eine Person** sein.[100] Bei einem vorhandenen Girokonto, das von mehreren Personen geführt wird, hat jeder Kontoinhaber einen Anspruch auf ein eigenes Pfändungsschutzkonto[101] und zwar auch noch durch

---

90 BGH NJW 2013, 3163; BGH ZInsO 2013, 264; ebenso PG/*Ahrens*, § 850 k Rn 24; *Ahrens*, NJW-Spezial 2011, 85, 86; *Giers*, FamRB 2012, 25, 26. AA (da Preisabrede über Hauptleistung) etwa LG Frankfurt ZIP 2012, 114; *Sudergat*, EWiR § 850 k ZPO 1/11, 827; *Homann*, ZVI 2010, 405, 411; *Sudergat*, ZVI 2010, 445, 457; s. ansonsten Vorauflage (2. Aufl. 2013, aaO).
91 BGHZ 195, 298; zust. *Ahrens*, NJW 2013, 975; *Kuhlen*, VuR 2013, 318; krit. *Brögelmann*, NJ 2013, 167; *Sudergat*, ZVI 2013, 22; zum früheren Meinungsstand s. Vorauflage (2. Aufl. 2013, aaO).
92 LG Leipzig WM 2014, 1341.
93 OLG Frankfurt WM 2012, 1911; BGH NJW 2013, 3163; zur weiteren Instanzrechtsprechung s. Vorauflage (2. Aufl. 2013, aaO).
94 BGHZ 141, 380; PG/*Ahrens*, § 850 k Rn 24.
95 *Bitter*, ZIP 2011, 157; *Büchel*, ZInsO 2010, 22.
96 BT-Drucks. 16/7615, S. 21.
97 BR-Drucks. 663/07, S. 10 f.
98 BT-Drucks. 17/3356, S. 18.
99 *Goebel*, FoVo 2010, 81, 84.
100 Krit. im Hinblick auf Oder-Konten *Ernst*, JurBüro 2008, 509.
101 BT-Drucks. 16/7615, S. 20; PG/*Ahrens*, § 850 k Rn 20; aA *Sudergat*, Kontopfändung und P-Konto, Rn 608 ff.

Umwandlung nach der Pfändung des Gemeinschaftskontos.[102] Auch **Eheleute und Lebenspartner** dürfen **kein gemeinsames P-Konto** führen; die **Verfügungsbefugnis** über das Konto kann aber auch anderen Personen eingeräumt werden.[103]

2. Mitteilungen an und Auskünfte von Auskunfteien (Abs. 8 S. 3 und 4). Die Kreditinstitute sind berechtigt, bei Auskunfteien – im Regelfall wird es (nach wie vor)[104] die SCHUFA Holding AG (SCHUFA) sein[105] – anzufragen, ob ein P-Konto für den Schuldner schon besteht, wobei die Auskunfteien auch **auskunftspflichtig** sind (Abs. 8 S. 4). Die Auskunft darf allerdings über die Angabe „P-Konto ja/nein" nicht hinausgehen.[106] Selbst bei Einwilligung des Kontoinhabers ist aus datenschutzrechtlichen Gründen keine anderweitige Verwendung der Informationen erlaubt (Abs. 8 S. 5). Die Auskunftsrechte der Betroffenen nach § 34 BDSG sowie die Kontrollbefugnisse der zuständigen Aufsichtsbehörde gem. § 38 BDSG bleiben von der Verwendungsbeschränkung unberührt.[107] Wie die Auskunfteien an die Information kommen sollen, will Abs. 8 S. 3 regeln, wonach die Kreditinstitute berechtigt sind, ihnen die Führung eines P-Kontos mitzuteilen. Der Gesetzgeber war insofern zuversichtlich, da die Kreditwirtschaft angekündigt habe, von der Mitteilungs- und Anfragebefugnis Gebrauch zu machen und der größte Teil der Kreditinstitute der SCHUFA angeschlossen sei.[108] Durch Wegfall der Zentralisierung bei der SCHUFA wird die Missbrauchsgefahr nicht unbedingt kleiner.[109]

3. Wegfall der Führung eines Kontos als P-Konto (Abs. 9). Werden trotz Zusicherung, Mitteilung und Anfragen (s. Rn 62 ff) mehrere P-Konten geführt, kann ein Gläubiger beim Vollstreckungsgericht die Anordnung beantragen, dass dem Schuldner nur eines (nicht unbedingt das erste, s. aber Rn 66) davon verbleibt. Der beantragende Gläubiger hat insoweit ein Wahlrecht, welches Konto als P-Konto verbleibt (**Abs. 9 S. 1**). In der Regel wird er nicht das Konto wählen, dessen Guthaben er selbst gepfändet hat. Das Verfahren und die notwendigen Gläubigererklärungen regeln **Abs. 9 S. 2 und 3**. Mit der Zustellung der vollstreckungsgerichtlichen Entscheidung an alle beteiligten Kreditinstitute entfallen auf allen nicht gewählten Konten die Wirkungen des Pfändungsschutzkontos (**Abs. 9 S. 4**), so dass keine Freibeträge mehr bestehen. Die Konten werden als allgemeine Girokonten weitergeführt.

Stellen mehrere Gläubiger einen derartigen Antrag, gilt das **Prioritätsprinzip**, so dass das Konto P-Konto bleibt, welches der Gläubiger, dessen Antrag zuerst bei Gericht einging, gewählt hat.[110] Der Schuldner kann gegen die Bestimmung im Wege der Erinnerung (§ 766) vorgehen.[111]

VIII. Bedeutung in der Insolvenz

Das automatisch geschützte pfändungsfreie Guthaben auf einem P-Konto (Abs. 1 und 2) fällt **nicht in die Insolvenzmasse** (§ 36 Abs. 1 S. 1 InsO). Auch wenn Än-

---

102 *Bitter*, ZIP 2011, 149, 151; *Homann*, ZVI 2010, 405, 409.
103 BT-Drucks. 16/7615, S. 20 f.
104 *Sudergat*, Kontopfändung und P-Konto, Rn 574.
105 Ursprünglich war ausschließlich die SCHUFA genannt, was aber als eine wettbewerbsrechtlich bedenkliche Beschränkung des Datenaustausches angesehen wurde: s. BT-Drucks. 17/3356, S. 18; *Becker*, NJW 2011, 1317, 1319; *Schröder*, ZVI 2009, 400.
106 BT-Drucks. 16/12714, S. 21.
107 BT-Drucks. 17/3356, S. 19.
108 BT-Drucks. 16/12714, S. 21; BT-Drucks. 17/3356, S. 18.
109 *Bitter*, ZIP 2011, 149, 157; *Sudergat*, Kontopfändung und P-Konto, Rn 574.
110 *Bitter*, ZIP 2011, 149, 157.
111 BT-Drucks. 16/12714, S. 21.

derungen der pfändungsfreien Beträge gerichtlich festgesetzt wurden (Abs. 3, 4, 5 S. 1), kommt es in Folge zur Massefreiheit, denn die entsprechende Anwendung von § 850 k sieht § 36 Abs. 1 S. 2 InsO ausdrücklich vor. Zu den Zuständigkeiten für entsprechende Entscheidungen in der Insolvenz wird auf § 850 (s. § 850 Rn 26) sowie die Erl. der einzelnen in Abs. 4 genannten Normen verwiesen (s. Rn 38 ff). Über das geschützte Guthaben verliert der Schuldner nicht nach § 80 InsO seine **Verwaltungs- und Verfügungsbefugnis**, denn es gehört nicht zur Masse. Auch die Umwandlung eines Girokontos in ein P-Konto wird von der Insolvenzverfahrenseröffnung nicht ausgeschlossen.[112] Im Hinblick auf das nicht geschützte Guthaben wird der Insolvenzverwalter/Treuhänder verwaltungs- und verfügungsbefugt. Es kommt also zu einer Aufspaltung der Verfügungsbefugnisse,[113] je nachdem, ob das pfändungsfreie Guthaben betroffen ist oder nicht. In Höhe des Freibetrages kann demzufolge der Schuldner auch nach Insolvenzeröffnung über sein Kontoguthaben verfügen. **Lastschriften**, die das geschützte Vermögen betreffen, kann nicht der Verwalter widerrufen, sondern insoweit ist der Schuldner befugt.[114] Die entsprechende Rspr des BGH erging zwar zu § 850 k bzw § 850 l aF. Sie gilt aber umso mehr für das neue Recht mit seinem automatischen Pfändungsschutz, den der BGH letztlich[115] sogar schon für das alte Recht annahm.

68 Umstritten ist, ob ein P-Konto-Vertrag bei Eröffnung des Insolvenzverfahrens nach §§ 115, 116 InsO **erlischt**.[116] Für *allgemeine* Girokontenverträge wird ein solches Erlöschen von der hM angenommen.[117] Ob man es auch für als P-Konten geführte Girokonten annimmt, hängt davon ab, wie man die Reichweite des § 36 Abs. 1 S. 2 InsO bestimmt. Es spricht einiges dafür, aus der ausdrücklichen Einbeziehung von § 850 k in § 36 Abs. 1 S. 2 InsO zu schließen, dass von einem Erlöschen des P-Kontos bei Insolvenzverfahrenseröffnung *nicht* auszugehen ist. Empfehlenswert bis zu einer gesetzgeberischen oder gerichtlichen Klärung ist es, eine Fortführung des P-Kontos zumindest auf konkludenter Basis mit dem Kreditinstitut zu vereinbaren, wozu dieses im Zweifel allerdings nur bereit sein wird, wenn das Konto insgesamt vom Insolvenzverwalter freigegeben wird.

IX. Kosten

69 Für Anträge nach Abs. 3, 4 und 5 S. 3 sind **Gerichtsgebühren** nicht vorgesehen. Für den **Anwalt des Gläubigers** ist eine Tätigkeit durch die Vollstreckungsgebühr Nr. 3309 VV RVG abgegolten (§ 18 Abs. 1 Nr. 1 RVG). Soweit ein **Anwalt für den Schuldner** insoweit erstmals tätig wird, entsteht ihm durch die Tätigkeit die Gebühr Nr. 3309 VV RVG. Der Wert orientiert sich an dem Interesse, das mit dem Antrag verfolgt wird, und ist dann nach billigem Ermessen zu bestimmen (§ 25 Abs. 2 RVG).

---

112 Offen gelassen von BGH NZI 2014, 415.
113 *Büchel*, ZInsO 2010, 20, 27.
114 BGHZ 186, 242.
115 BGHZ 186, 242 (Rn 16, 23: Unpfändbarkeit nach dem der Norm innewohnenden Rechtsgedanken auch ohne vorherige Entscheidung des Vollstreckungsgerichts und folglich Beachtung des pfändungsfreien Schonvermögens durch den Insolvenzverwalter).
116 Dafür etwa: *du Carrois*, ZInsO 2010, 2276, 2279 f; *Knees*, ZInsO 2011, 511; dagegen: LG Verden NZI 2014, 36; *Büchel*, ZInsO 2010, 20, 26; zum P-Konto in der Insolvenz allgemein: *Sudergat*, ZVI 2013, 170.
117 BGHZ 174, 84.

§ 850 l Anordnung der Unpfändbarkeit von Kontoguthaben auf dem Pfändungsschutzkonto

¹Auf Antrag des Schuldners kann das Vollstreckungsgericht anordnen, dass das Guthaben auf dem Pfändungsschutzkonto für die Dauer von bis zu zwölf Monaten der Pfändung nicht unterworfen ist, wenn der Schuldner nachweist, dass dem Konto in den letzten sechs Monaten vor Antragstellung ganz überwiegend nur unpfändbare Beträge gutgeschrieben worden sind, und er glaubhaft macht, dass auch innerhalb der nächsten zwölf Monate nur ganz überwiegend nicht pfändbare Beträge zu erwarten sind. ²Die Anordnung kann versagt werden, wenn überwiegende Belange des Gläubigers entgegenstehen. ³Sie ist auf Antrag eines Gläubigers aufzuheben, wenn ihre Voraussetzungen nicht mehr vorliegen oder die Anordnung den überwiegenden Belangen dieses Gläubigers entgegensteht.

I. Allgemeines 1	rer Beträge innerhalb der nächsten zwölf Monate .. 13
1. Historie 1	b) Darlegung und Glaubhaftmachung 16
2. Regelungsgehalt im Überblick sowie Sinn und Zweck der Norm 4	4. Antrag 17
	5. Gläubigerbelange 20
II. Voraussetzungen der Anordnung der Unpfändbarkeit (S. 1 und 2) 5	III. Rechtsfolgen der Anordnung der Unpfändbarkeit (S. 1) 22
1. Gepfändetes P-Konto des Schuldners 5	1. Ermessensentscheidung des Vollstreckungsgerichts 22
2. Vergangenheitsbezogene Voraussetzungen 7	2. Anordnung der Unpfändbarkeit 23
a) Unpfändbare Beträge 8	IV. Aufhebungsantrag (S. 3) 27
b) „Ganz überwiegend" 10	1. Voraussetzungen 27
c) Nachweis 11	2. Rechtsfolgen 28
3. Prognose 13	V. Rechtsbehelfe 29
a) Zu erwartender Eingang überwiegend unpfändba-	

I. Allgemeines

1. Historie. Inhaltlich war die Regelung des jetzigen § 850 l vor dem 1.1.2012 in 1 § 833 a Abs. 2 enthalten, bezog sich aber dort auf jede Art von Konto, während der nunmehrige § 850 l **nur P-Konten** erfasst. Eine rückwirkende Anwendung von § 833 a aF für Konten, die nicht als P-Konto geführt werden, kommt nicht in Betracht.[1] Dasselbe gilt für eine Anordnung nach § 765 a[2] (s. § 850 Rn 34). Ohne P-Konto ist kein Kontopfändungsschutz erreichbar.

§ 833 a aF und § 850 l unterscheiden sich zudem insoweit, als § 850 l allein die 2 bis zu zwölfmonatige Anordnung der Unpfändbarkeit gestattet, während § 833 a aF auch die Aufhebung der Pfändung eines Kontoguthabens ermöglichte. Schließlich knüpfte § 833 a aF an die Unpfändbarkeit der Bezüge nach den §§ 850 ff (an der Quelle, also idR beim Arbeitgeber als Drittschuldner) an, während § 850 l eine Ergänzung zu § 850 k ist und insofern an das auf dem Pfändungsschutzkonto unpfändbare Guthaben (beim Kreditinstitut als Drittschuldner) anknüpft (s. näher Rn 8 f).

---

1 AG Cloppenburg ZVI 2012, 73.
2 AG Cloppenburg ZVI 2012, 73; AG Brühl JurBüro 2011, 270; AG Lichtenberg ZVI 2011, 101; vgl auch BT-Drucks. 16/7615, S. 17: „lex specialis zu § 765a".

3 Insgesamt werden der Wegfall des herkömmlichen Pfändungsschutzes und die Beschränkung der Unpfändbarkeitsanordnung auf P-Konten dem P-Konto zum Erfolg verhelfen.

4 **2. Regelungsgehalt im Überblick sowie Sinn und Zweck der Norm.** Das Guthaben auf einem P-Konto kann für **bis zu zwölf Monate durch gerichtliche Entscheidung der Pfändung entzogen** werden, wenn auf dem Konto ohnehin nur unpfändbare Beträge eingehen und dasselbe auch für die Zukunft zu erwarten ist. Während § 833 a aF eine Alternative zur Einrichtung eines P-Kontos bot, ergänzt § 850 l das P-Konto. § 850 l soll erreichen, dass **aussichtslose Pfändungen** unterbleiben und es dadurch zur Entlastung der Beteiligten kommt.[3] Zu beachten ist allerdings, dass in die Regelung die Unpfändbarkeitsregelungen des § 850 k hineinzulesen sind (s. Rn 1), so dass die Beteiligten auch bei § 850 l vergleichbaren Schwierigkeiten begegnen wie bei § 850 k (s. Rn 8 f).[4]

II. Voraussetzungen der Anordnung der Unpfändbarkeit (S. 1 und 2)

5 **1. Gepfändetes P-Konto des Schuldners.** Die Regelung gilt nur für Konten, die als **P-Konto** vereinbart sind; für andere Konten besteht ohnehin kein Pfändungsschutz (mehr), so dass auch keine unpfändbaren Beträge auf ihnen gutgeschrieben werden könnten.

6 Aus dem Wortlaut ergibt sich nicht, dass die Anordnung überhaupt eine vorhandene Pfändungsmaßnahme voraussetzt.[5] Aus der Entstehungsgeschichte ist dies aber zu schließen, da § 833 a Abs. 2 aF die Anordnung in den Zusammenhang mit der stattgefundenen Pfändung eines Kontos stellte und nicht ersichtlich ist, dass dies bei § 850 l anders sein soll. Eine Anordnung der Unpfändbarkeit setzt also immer voraus, dass das **Konto gepfändet** ist.

7 **2. Vergangenheitsbezogene Voraussetzungen.** Auf dem P-Konto müssen sechs Monate lang ganz überwiegend nur unpfändbare Beträge gutgeschrieben worden sein. Diese Voraussetzung ist im Gesetz kumulativ mit derjenigen der Prognose für die nächsten zwölf Monate festgeschrieben. Selbst wenn die Prognose im Hinblick auf die nächsten zwölf Monate sicher ist, genügt dies allein also nicht.[6]

8 **a) Unpfändbare Beträge.** Als unpfändbare Beträge sind jedenfalls diejenigen zu verstehen, die § 850 k Abs. 1 und 2 für automatisch unpfändbar erklärt, also der Sockelbetrag und der aufgestockte Sockelbetrag (s. § 850 k Rn 13, 27 ff). Eine eingeschränkte Pfändbarkeit wegen Unterhaltspflichten des Schuldners und des Eingangs von einmaligen Sozialleistungen und Kindergeld (§ 850 k Abs. 2 S. Nr. 1–3) muss also beachtet werden. Andernfalls würde eine Unpfändbarkeitsanordnung scheitern, obwohl dem Schuldner selbst das Lebensnotwendige nicht zur Verfügung steht. Das führt allerdings dazu, dass auch die Nachweisobliegenheiten nach § 850 k Abs. 5 S. 2 zum Tragen kommen (zum Nachweis s. Rn 11).

9 Unklar ist, ob auch die Anordnungen nach § 850 k Abs. 3 und 4 bei der Frage nach der Pfändbarkeit oder Unpfändbarkeit eines Betrages eine Rolle spielen.

---

3 BT-Drucks. 16/7615, S. 17; BT-Drucks. 16/12714, S. 18; *Schumacher*, ZVI 2009, 313, 322. Ein Versagen im Hinblick auf die Arbeitsersparnis konstatiert aber *Sudergat*, Kontopfändung und P-Konto, Rn 952, allerdings vor allem deshalb, weil wenige Anträge gestellt würden.
4 Allgemein zum Vergleich von § 850 k und § 850 l *Homann*, ZVI 2013, 5.
5 *Weber/Wellmann/Zimmermann* – zum 6.1.2012 aktualisierte Fassung des Beitrags in ZVI 2011, 241 ff (Erstveröffentlichung), abrufbar unter www.infodienst-schuldnerberatung.de/die-anordnung-befristeter-unpfaendbarkeit-eines-kontos-nach-§ 850l-zpo-2012-§-833a-abs-2-satz-1-nr-2-zpo-2010 (zuletzt abgerufen am 15.5.2015); aA *Homann*, ZVI 2013, 8.
6 AA *Sudergat*, Kontopfändung und P-Konto, Rn 960.

Nach diesen Regelungen kann die Pfändbarkeit sowohl erweitert als auch eingeschränkt werden. Eine erweiterte Pfändbarkeit (§ 850 k Abs. 3 und 4 iVm § 850 d Abs. 1 und 2, § 850 k Abs. 4 iVm § 850 f Abs. 2) sollte jedenfalls im Rahmen der „überwiegenden Gläubigerbelange" (s. Rn 20) beachtet werden. Andernfalls könnte das Konto blockiert werden, ohne dass etwa Unterhaltsgläubiger oder Gläubiger mit einer Forderung aus vorsätzlicher unerlaubter Handlung zugreifen könnten. Auch eine eingeschränkte Pfändbarkeit etwa nach § 850 k Abs. 4 S. 2 iVm § 850 f Abs. 1 muss beachtet werden, da andernfalls dem Schuldner nicht das Notwendige verbleibt. Schließlich sollte auch eine eingeschränkte Pfändbarkeit wegen vorangegangener Quellenpfändung (s. § 850 k Rn 14) Berücksichtigung finden.[7] Nach hier vertretener Ansicht (s. § 850 k Rn 39) kann dies Grundlage für eine Anordnung nach § 850 k Abs. 4 iVm § 850 c sein, die allerdings den genauen freigegebenen Betrag beziffern muss.[8] Auch dies sollte bei der Prüfung des Eingangs unpfändbarer Beträge Beachtung finden. Andernfalls wäre eine Verschlechterung gegenüber der alten Rechtslage nach § 833 a möglich.

b) „Ganz überwiegend". Es ist nicht notwendig, dass die auf dem Konto eingehenden Beträge vollständig unpfändbar sind bzw ausschließlich unpfändbare Beträge eingehen. In der 1. Auflage 2010 zu § 833 a wurde insoweit eine Grenze von 90 % angenommen, ab der von einer „ganz überwiegenden" Unpfändbarkeit gesprochen werden kann.[9] Allerdings besteht hier ein nur begrenzt überprüfbarer gerichtlicher Beurteilungsspielraum. Die Beurteilung hat sich daran zu orientieren, dass eine Unpfändbarkeitsanordnung nicht daran scheitern sollte, dass **kleinere einmalige Zahlungen** gutgeschrieben werden oder die regelmäßig eingehenden Beträge **nur in sehr geringem Umfang** über der Unpfändbarkeitsgrenze liegen.

c) **Nachweis.** Der Schuldner muss den vergangenen Eingang überwiegend unpfändbarer Beträge nachweisen. Es ist also Überzeugung von der Wahrheit der Schuldnerangaben durch geeignete Beweismittel herzustellen. Geeignete **Beweismittel** sind mangels anderer Angaben alle diejenigen des Strengbeweisverfahrens, wobei v.a. der Urkundenbeweis in Betracht kommen wird (Kontoauszüge, Belege von Sozialhilfeträgern, Gerichtsbeschlüsse, Gehaltsbescheinigungen). Zur Zulassung des Freibeweises, etwa durch amtliche Auskunft, sagt die Norm nichts, so dass er ausgeschlossen sein wird. Das **Beweismaß** ist die an Sicherheit grenzende, jeden vernünftigen Zweifel ausschließende Wahrscheinlichkeit. Ist erkennbar, dass in den zu belegenden Monaten Leistungen durch die Bank an den Gläubiger in nicht unbeträchtlicher Höhe erfolgt sind, scheitert der Nachweis des Eingangs überwiegend nur unpfändbarer Beträge.[10]

Der Nachweis muss zudem den **vollständigen Zeitraum** der vergangenen sechs Monate erfassen. Nur unvollständige Kontoauszüge genügen deshalb nicht.[11]

3. **Prognose. a) Zu erwartender Eingang überwiegend unpfändbarer Beträge innerhalb der nächsten zwölf Monate.** Im Hinblick auf die überwiegende Unpfändbarkeit entsprechen die Kriterien rechtlich denjenigen der vergangenheitsbezogenen Betrachtung (s. Rn 7 ff), so dass so eine entsprechende Richtschnur gilt. Für die Prognose wird etwa genügen, wenn das **Einkommen des Schuldners** ausschließlich aus Sozialleistungen, Kindergeld oder einer Erwerbsunfähigkeits-

---

7 Dafür auch *Weber/Wellmann/Zimmermann*, aaO.
8 Anders wohl *Weber/Wellmann/Zimmermann*, aaO („Blankettbeschluss ohne Bezifferung").
9 *Bendtsen* in der 1. Auflage 2010, § 833 a Rn 15; aA („zu großzügig") *Sudergat*, Kontopfändung und P-Konto, Rn 965.
10 AG Hannover ZVI 2011, 230.
11 AG Brühl JurBüro 2011, 270 (für § 833 a Abs. 2 aF).

rente besteht[12] und von einer Verbesserung auch bei **zureichenden Anstrengungen des Schuldners** um eine Erwerbstätigkeit nicht ausgegangen werden kann bzw von einer andauernden Erwerbsunfähigkeit auszugehen ist.[13] Insofern wird die Prognose auch auf die Vergangenheit, dh die derzeitigen Einkommensverhältnisse und die bislang betriebenen Anstrengungen des Schuldners um eine Erwerbstätigkeit, schauen. Dies wiederum kann der Schuldner nur darlegen, wenn er seine Bemühungen in der Vergangenheit darlegt und diese hinreichend sind.

14 Offen ist, inwieweit in die Prognose einbezogen werden darf, dass die Verhältnisse des Schuldners sich möglicherweise ändern, zB durch **zukünftige Verdienstmöglichkeiten**[14] oder den Wegfall einer Unterhaltspflicht.[15] Die Anforderungen sind hier streng,[16] da nach dem Wortlaut für den gesamten Zeitraum der zwölf Monate eine überwiegende Wahrscheinlichkeit der Unpfändbarkeit glaubhaft gemacht werden muss (s. Rn 10). Nur wenn dies gelingt, kann möglichen Änderungen der Situation des Schuldners auch durch die Bemessung der Frist für die Anordnung der Unpfändbarkeit Rechnung getragen werden.[17] Die generell **immer denkbare Verbesserung** einer jeden Art von Schuldnersituation sollte aber keine Rolle spielen.[18]

15 Keinesfalls notwendig ist außerdem, dass mit an Sicherheit grenzender Wahrscheinlichkeit positiv festgestellt werden kann, dass ein Pfändungserfolg ausgeschlossen ist (s. Rn 16).[19] Ebenso wenig kann einbezogen werden, dass möglicherweise Einmalzahlungen erfolgen, die jetzt noch nicht absehbar sind, denn genau dies soll wegen des Merkmals „ganz überwiegend" eine Anordnung nicht verhindern.[20]

16 **b) Darlegung und Glaubhaftmachung.** Der Schuldner hat die Gründe, aus denen der zukünftige Eingang prognostiziert werden kann, darzulegen. Außerdem ist die Prognose glaubhaft zu machen. Für sie genügt also eine nur überwiegende Wahrscheinlichkeit als Beweismaß. Neben den Beweismitteln des Strengbeweises ist die eidesstattliche Versicherung zugelassen (§ 294).

17 **4. Antrag.** Die Anordnung der Unpfändbarkeit bedarf eines **Schuldnerantrags**, wozu dieser allerdings nicht[21] (weder der Bank noch den Gläubigern gegenüber) verpflichtet ist. **Formulierungsbeispiel:**

---

12 AG Frankfurt ZVI 2011, 262; AG Brackenheim VuR 2011, 266 (jew. für § 833 a Abs. 2 aF).
13 BT-Drucks. 16/7615, S. 17.
14 AG Heilbronn ZVI 2011, 260 (für § 833 a Abs. 2 Nr. 2 aF).
15 Vgl AG Heidelberg ZVI 2011, 261 (für § 833 a Abs. 2 S. 1 Nr. 1 aF, dessen Inhalt in § 850 l nicht übernommen wurde).
16 AG Hannover ZVI 2011, 230 (für § 833 a Abs. 2 aF); BT-Drucks. 16/7615, S. 17: „... nicht zu gering, allerdings auch nicht überspannt ..."
17 Anders AG Heilbronn ZVI 2011, 260 (für § 833 a Abs. 2 Nr. 2 aF) – obwohl das Gericht ausdrücklich davon ausging, dass es an der Glaubhaftmachung für zwölf Monate fehlte, traf es dennoch eine Anordnung für sechs Monate.
18 Anders wohl AG Lichtenberg ZVI 2011, 101 („... es kann nicht ausgeschlossen werden, dass sich die Einkommensverhältnisse ändern").
19 *Weber/Wellmann/Zimmermann*, aaO; so auch AG Heidelberg ZVI 2011, 261 (dieses Kriterium nur für § 833 Abs. 2 Nr. 1 aF annehmend, der in § 850 l keinen Niederschlag gefunden hat).
20 Vgl *Weber/Wellmann/Zimmermann*, aaO; BT-Drucks. 16/7614, S. 17.
21 AA *Sudergat*, Kontopfändung und P-Konto, Rn 954 aE (Nebenpflicht aus dem Girovertrag).

▶ Beantragt wird,[22] anzuordnen, dass das Guthaben auf dem P-Konto ... für die Dauer von bis zu zwölf Monaten[23] der Pfändung nicht unterworfen wird.

Begründung: ... Auf meinem P-Konto wurden in den letzten sechs Monaten ganz überwiegend nur unpfändbare Beträge gutgeschrieben (Nachweise zum – aufgestockten – Sockelbetrag und individuell unpfändbaren Betrag gemäß Freigabe durch das Vollstreckungsgericht durch Kontoauszüge, Gehaltsbescheinigungen, Bescheide über Sozialleistungen, Gerichtsbeschluss); auch innerhalb der nächsten zwölf Monate sind nur ganz überwiegend nicht pfändbare Beträge zu erwarten (Glaubhaftmachung durch o.g. Urkunden, Belege von Bewerbungsaktivitäten oder eidesstattliche Versicherung) ... ◀

Der **Drittschuldner** hat kein Antragsrecht. Eine **Frist** für den Antrag ist nicht vorgesehen. Zu spät für einen Antrag im Hinblick auf eine schon stattgefundene Pfändung ist es sicherlich, wenn gepfändete Beträge bereits an den Gläubiger ausgekehrt sind. Der Antrag kann dann nur noch für die Zukunft Bedeutung erlangen. Hinreichend früh wird ein Antrag im Hinblick auf eine aktuelle Pfändung bis zu dem Zeitpunkt sein, zu dem die Beträge über § 835 Abs. 3 (Vier-Wochen-Frist) an den Gläubiger zu leisten sind.

Offen ist, ob der Antrag auch noch bis zum Ablauf des Moratoriums des § 835 Abs. 4 (s. § 850 k Rn 18 f) gestellt werden kann. Da dieses Moratorium sich nur auf die Hinzurechnung zum Guthaben des Folgemonats bezieht, aber keine Aussage über die Pfändbarkeit im laufenden Monat trifft, wird es dann zu spät für einen Antrag, der für den Pfändungszugriff in diesem Monat noch Bedeutung hat, sein.[24] Auf diesen Zugriff kann nur noch eingewirkt werden, wenn im Folgemonat kein Freibetrag aufgebaut werden kann. Da allerdings auch der erfolgreiche Antrag nur ein Ruhen der Pfändung (s. Rn 23) bewirkt, läuft es jedenfalls darauf hinaus, dass der Schuldner über die an den Gläubiger noch nicht geleisteten Beträge (zunächst) verfügen kann.

5. Gläubigerbelange. Schließlich dürfen der Anordnung keine überwiegenden Belange des Gläubigers entgegenstehen. Hierbei wird es v.a. um Gläubiger gehen, die aktuell aufgrund von § 850 d oder § 850 f Abs. 2 privilegiert vollstrecken können.[25] Sie müssen keinen Aufhebungsantrag nach S. 3 stellen, sondern ihre Belange können schon dazu führen, dass die Anordnung nach S. 2 unterbleibt.[26]

Der Gläubiger ist **anzuhören**.[27] Das bezieht sich auf alle Gläubiger, die das Konto zur Zeit des Schuldnerantrags pfänden, da die Anordnung auch gegenüber allen Gläubigern wirkt (s. Rn 26). Die Existenz von pfändenden, etwa nach § 850 f Abs. 2 oder § 850 d bevorrechtigten Gläubigern kann also dazu führen, dass die Anordnung wegen „überwiegender Gläubigerbelange" iSv S. 2 (s. Rn 20) unterbleibt. Bislang nicht pfändende Gläubiger können auch nicht angehört werden; ihre Belange können lediglich im Rahmen von S. 3 im Rahmen eines Aufhebungsantrags berücksichtigt werden (s. Rn 27).

---

22 Einen Musterantrag bieten an *Groth u.a.* (Hrsg.), Praxishandbuch Schuldnerberatung, 20. Aufl. 2013, Teil 5, Kap. 4.10, abrufbar auch unter www.infodienst-schuldnerberatung.de/wp-content/uploads/850l-ZPO2012-Musterantrag-2014-wie-20te-Ergaenz-2013-12.doc (zuletzt abgerufen am 15.5.2015).
23 Eine genaue Anzahl der Monate muss nach hier vertretener Ansicht nicht angegeben werden, da insoweit ein Ermessen des Gerichts besteht.
24 Anders wohl *Weber/Wellmann/Zimmermann*, aaO.
25 Vgl BT-Drucks. 16/7615, S. 17.
26 *Bendtsen* in der 1. Auflage 2010, § 833 a Rn 27.
27 *Bendtsen* in der 1. Auflage 2010, § 833 a Rn 28; *Weber/Wellmann/Zimmermann*, aaO.

III. Rechtsfolgen der Anordnung der Unpfändbarkeit (S. 1)

22 **1. Ermessensentscheidung des Vollstreckungsgerichts.** Auch bei Pfändung durch öffentliche Gläubiger ist die Anordnung durch das **Vollstreckungsgericht** zu treffen, § 309 Abs. 3 S. 2 AO. Sowohl, **ob** das Gericht anordnet, dass das Guthaben der Pfändung nicht unterworfen ist, als auch **für welchen Zeitraum** es dies anordnet, steht in seinem Ermessen.

23 **2. Anordnung der Unpfändbarkeit.** Der Beschluss führt dazu, dass das **Konto unpfändbar** wird. Erfolgt er während einer laufenden Pfändung, bleibt diese bestehen, kommt aber für den angeordneten Zeitraum zum Ruhen,[28] so dass der Schuldner über das unpfändbare Guthaben verfügen kann. Zudem wirkt er auf Pfändungen, die ab der Unpfändbarkeitsanordnung „ins Leere" gehen;[29] der Schuldner kann also über das Guthaben trotz Pfändung verfügen. Rückwirkende Kraft entfaltet der Beschluss nicht, wohl aber wirkt er auch im Hinblick auf Pfändungen, die in der Vergangenheit erfolgten, sich aber auf zukünftige Forderungen erstrecken (§ 833 a).

24 Die Anordnung kann für einen **Zeitraum von bis zu zwölf Monaten** getroffen werden. Insoweit besteht gerichtliches Ermessen. Das Gesetz ist hier in gewisser Hinsicht ungereimt, da es die Prognose der zwölfmonatigen Eingangs unpfändbarer Bezüge schon tatbestandlich fordert. Es kann also bei den Anordnungen für weniger als zwölf Monate nur um Fälle gehen, in denen die Prognose für zwölf Monate glaubhaft gemacht wurde (also überwiegend wahrscheinlich erscheint), aber die Wahrscheinlichkeit der Unpfändbarkeit nach einem gewissen Zeitraum dennoch abnimmt. Diese Abnahme an Wahrscheinlichkeit darf zudem nicht nur durch den natürlichen Zeitablauf eintreten, denn sonst bliebe kein Raum für die Nutzung der vollen Frist bzw solcher Raum nur in Fällen einer mit an Sicherheit grenzenden Prognose, was wiederum der Tatbestand nicht voraussetzt.

25 Ist der gerichtlich festgesetzte Zeitraum abgelaufen, kann der Schuldner eine **erneute** Anordnung beantragen.

26 Die Wirkung der Anordnung bezieht sich auf das Konto insgesamt, nicht auf die konkrete Pfändungsmaßnahme eines einzelnen Gläubigers. Betroffen sind also **alle Gläubiger**, die das Konto schon gepfändet haben oder dies ab der Anordnung tun.[30] Die Gläubiger, die am Verfahren der Anordnung nicht beteiligt (zur Anhörung s. Rn 21) waren, weil sie zu diesem Zeitpunkt noch keine Vollstreckung vornahmen, können die Aufhebung der Anordnung verlangen, wenn in ihrer Person die Voraussetzungen des S. 3 vorliegen.

IV. Aufhebungsantrag (S. 3)

27 **1. Voraussetzungen.** Grundsätzlich endet die Anordnung der Pfändbarkeit mit Ablauf des gerichtlich bestimmten Zeitraums. **Vorher** kann **jeder Gläubiger** ihre Aufhebung beantragen, wenn ihre Voraussetzungen (s. Rn 5 ff) nicht mehr vorliegen. Alternativ genügt, dass die Belange des **beantragenden** Gläubigers überwiegen; insb. bevorrechtigt pfändende Delikts- (§ 850 f Abs. 2) oder Unterhalts- (§ 850 d) Gläubiger.

28 **2. Rechtsfolgen.** Die Anordnung des Unpfändbarkeit **ist** aufzuheben. Insoweit trifft das Gericht keine Ermessensentscheidung.

---

28 *Bendtsen* in der 1. Auflage 2010, § 833 a Rn 24.
29 *Schumacher*, ZVI 2009, 313, 322.
30 *Weber/Wellmann/Zimmermann*, aaO.

V. Rechtsbehelfe

Gegen eine **Zurückweisung des Schuldnerantrags** ist die sofortige Beschwerde 29
statthaft (§§ 793, 567 ff, § 11 Abs. 1 RPflG). In ihr können auch neue Tatsachen
vorgebracht werden. Ein erneuter Schuldnerantrag für denselben Zeitraum ist
unzulässig. Für einen späteren Zeitraum oder im Falle der erlassenen Anordnung
nach Ablauf der dort festgesetzten Dauer der Unpfändbarkeit ist er möglich. Gegen den **Erlass der Anordnung** steht auch dem Gläubiger die sofortige Beschwerde zur Verfügung. Gegen die **Entscheidung des Beschwerdegerichts** richtet sich
die Rechtsbeschwerde (§ 574 Abs. 1 S. 1), soweit eine solche im angefochtenen
Beschluss zugelassen ist. Dasselbe gilt gegen die Entscheidung über den Antrag
auf Aufhebung nach S. 3.

§ 851 Nicht übertragbare Forderungen

(1) Eine Forderung ist in Ermangelung besonderer Vorschriften der Pfändung nur
insoweit unterworfen, als sie übertragbar ist.

(2) Eine nach § 399 des Bürgerlichen Gesetzbuchs nicht übertragbare Forderung
kann insoweit gepfändet und zur Einziehung überwiesen werden, als der geschuldete Gegenstand der Pfändung unterworfen ist.

I. Allgemeines 1	a) Höchstpersönliche Forderungen 16
II. Die wegen fehlender Übertragbarkeit unpfändbaren Forderungen (Abs. 1) 5	b) Zweckgebundene Ansprüche 17
1. Ausschluss der Übertragbarkeit kraft Gesetzes 6	c) Keine Anwendbarkeit von Abs. 2 23
a) Nicht übertragbare und deshalb unpfändbare Forderungen 6	III. Wegen Vereinbarung nicht übertragbare Forderungen, § 399 Alt. 2 BGB (Abs. 2) 24
b) Nicht übertragbare und dennoch pfändbare Rechte 11	IV. Rechtsfolgen, Verfahren und Rechtsbehelfe 30
2. Wegen ihres Inhalts nicht übertragbare Forderungen, § 399 Alt. 1 BGB 16	V. Geltung in der Insolvenz 33

I. Allgemeines

§ 851 ist eine auf das Vollstreckungsverfahren bezogene **materiellrechtliche Regelung**, die ebenso wie einige andere Normen des materiellen Rechts und des Verfahrensrechts (s. §§ 394, 400, 1274 Abs. 2 BGB, § 36 Abs. 1 InsO, § 1 AnfG)
einen Zusammenhang zwischen der Verfügbarkeit einer Forderung durch deren
Inhaber und dem Gläubigerzugriff auf die Forderung herstellt.[1] Die einem Abtretungsverbot zugrunde liegende materiellrechtliche Wertung widerspricht einer
Pfändung im Regelfall ebenso wie einer Abtretung, da beides zur Übertragung
von Gläubigerrechten führt.

Grundsätzlich bezieht sich das Pfändungsverbot des **Abs. 1** auf sämtliche **nicht** 2
übertragbaren Forderungen. Einige Ausnahmen sind schon für den Anwendungsbereich des Abs. 1 vorzusehen, wenn die Gründe, die gegen eine Abtretung spre-

---

[1] Dazu allgemein: *Meller-Hannich*, KTS 2000, 37; *Walker*, in: FS Musielak, 2004, S. 655.

chen, einer Pfändung letztlich nicht entgegenstehen (s. Rn 11 ff).[2] Entscheidend ist nämlich immer, ob die Forderung ihrer Natur nach als **generell nicht verkehrsfähig** anzusehen ist.[3] Ist dies nicht der Fall, kann sie trotz eines Abtretungsausschlusses durchaus pfändbar sein. Weitere Ausnahmen erfasst **Abs. 2** für den Fall der wegen § 399 Alt. 2 BGB (vereinbarter Abtretungsausschluss, s. Rn 24 ff) nicht übertragbaren Forderungen, die insoweit gepfändet werden können, als der aus der Forderung geschuldete Gegenstand pfändbar ist.

3 Letztlich ist es ein „Zufall in der Gesetzgebung", ob eine Forderung kraft Gesetzes oder aufgrund einer Auslegung ihres Inhalts als unabtretbar angesehen wird, ebenso wie es inhaltlich idR keinen unterschiedlichen Grund hat, ob sie wegen ihrer Unabtretbarkeit nach Abs. 1 unpfändbar ist oder die Unpfändbarkeit als solche gesondert angeordnet wird. So ist bspw das Rücknahmerecht eines Hinterlegers schon nach materiellem Recht (§ 377 Abs. 1 BGB) unpfändbar, entspricht aber inhaltlich den von Abs. 1 ansonsten erfassten Rechten. Ebenso ist für einige Forderungen die höchstpersönliche Rechtsnatur schon Grund der ausdrücklichen Anordnung einer Unabtretbarkeit (zB §§ 473, 613 S. 2 BGB), so dass es für die Anwendung des Abs. 1 keines Rückgriffs auf den Inhalt der Forderung iSd § 399 Alt. 1 BGB mehr bedarf. Schließlich ist für einige Forderungen die Unabtretbarkeit soweit angeordnet, als sie unpfändbar sind (vgl § 51 BeamtVG), was sich letztlich schon aus § 400 BGB ergibt. Abs. 1 drückt insofern ein **allgemeines Prinzip** aus, welches in **vielen Einzelregelungen**[4] schon seinen Niederschlag gefunden hat, die insoweit der Anwendung des allgemeinen Prinzips nicht mehr bedürfen.

4 Aus der Norm kann aber – auch im Zusammenhang mit § 400 BGB – nicht der Schluss gezogen werden, es gäbe einen **schematischen Gleichlauf** zwischen (Un-)Pfändbarkeit und (Un-)Abtretbarkeit.[5] Vielmehr ist für die jeweilige Forderung nach dem spezifischen Grund für den Ausschluss der Übertragbarkeit zu suchen und erst dann auf die Unpfändbarkeit zu schließen, wenn dieser Grund auch ihr entgegensteht (vgl Abs. 1: „in Ermangelung besonderer Vorschriften"). Noch weniger lässt die Norm etwa den Schluss zu, dass von ihr nicht erfasste Forderungen keinen Pfändungsschutz nach anderen Regelungen genießen könnten bzw sämtliche abtretbaren Forderungen pfändbar wären.

II. Die wegen fehlender Übertragbarkeit unpfändbaren Forderungen (Abs. 1)

5 Die Übertragbarkeit einer Forderung kann schon **kraft Gesetzes** (s. Rn 6) ausgeschlossen sein. Sie kann sich auch aus dem **Inhalt der Forderung** (s. Rn 16 ff) oder aus einer **Abtretungsvereinbarung** (s. Rn 24 ff) ergeben. Die gesetzliche Anordnung der Unabtretbarkeit und ihre Herleitung aus dem Inhalt der Forderung sind idR für die Pfändbarkeit gleich zu behandeln (vgl Rn 3). Besonderheiten bestehen bei der vereinbarten Abtretung. s. Rn 24).

6 **1. Ausschluss der Übertragbarkeit kraft Gesetzes. a) Nicht übertragbare und deshalb unpfändbare Forderungen.** Abs. 1 erfasst zunächst diejenigen Forderungen, bei denen die Übertragbarkeit aus bestimmten Gründen gesetzlich ausgeschlossen ist. Kraft Gesetzes unabtretbar sind der Anspruch auf eine **Dienstleistung** (§ 613 S. 2 BGB, s. Rn 7), derjenige auf die Ausführung eines Auftrags (§ 664 Abs. 2

---

[2] *Meller-Hannich*, KTS 2000, 37, 56; vgl BGH NJW-RR 2007, 1219 mwN „Auslegung des die Übertragung beschränkenden Gesetzes" (Milchquote, dazu *Schnekenburger*, AuR 2003, 133).
[3] BGHZ 141, 173.
[4] Vgl *Schilken*, in: Gaul/Schilken/Becker-Eberhard, § 54 Rn 22.
[5] *Meller-Hannich*, KTS 2000, 37; *Hannich*, Die Pfändungsbeschränkung des § 852 ZPO, S. 156.

BGB), der Anspruch aus § 51a GmbHG,[6] die Rechte der BGB-Gesellschafter aus dem **Gesellschaftsverhältnis** (§ 717 S. 1 BGB), die Vereinsmitgliedschaft (§ 38 BGB), die Anteile an einer Aktiengesellschaft vor deren Eintragung (§ 41 Abs. 4 AktG), die **Arbeitnehmer-Sparzulage** nach dem VermBG (§ 13 Abs. 3 S. 2), das **Vorkaufsrecht** (§ 473 BGB), beschränkte persönliche **Dienstbarkeiten**[7] (§§ 1092, 1093 BGB; s. aber § 857 Abs. 3) und der Nießbrauch (§ 1059 BGB; s. aber § 857 Abs. 3).

Versorgungsanwartschaften auf betriebliche Altersversorgung sind jedenfalls in der Ansparphase nach § 2 Abs. 2 S. 4 BetrAVG nicht abtretbar und können deshalb nicht als gegenwärtige Rechte gepfändet werden (zur Pfändung als zukünftige Rechte und in der Auszahlungsphase s. Rn 15).[8]

Auch nach dem Steuerrecht geförderte staatliche Zulagen zum Aufbau einer privaten Altersvorsorge („**Riester**"-/„**Rürup**"-Rente) sind nach § 97 EStG nicht übertragbar und deshalb unpfändbar (in der Auszahlungsphase: § 851d).[9] Bei der „Riester-Rente" ergibt sich zudem die Unpfändbarkeit des angesparten Vermögens aus §§ 10a, 79ff, 97 EStG iVm § 851 Abs. 1.[10] Im Rahmen eines Riester-Vertrages angespartes Vermögen ist dabei auch dann unpfändbar, wenn tatsächlich keine Förderung stattfand.[11] Obwohl § 97 EStG auch die **Beiträge** zur steuerlich geförderten Altersvorsorge unter Schutz stellt, genießt das dafür aufzuwendende Einkommen keinen Pfändungsschutz, da es sich hierbei nicht um eine Schuldnerforderung handelt.[12]

Ansprüche wegen Gesundheits- und Körperschäden nach dem Gesetz zur **Entschädigung für Opfer** der nationalsozialistischen Verfolgung (BEG) sind nicht übertragbar und deshalb unpfändbar.[13] Gleiches gilt für Zahlungen kirchlicher Körperschaften auf Grundlage des Beschlusses der Deutschen Bischofskonferenz über Leistungen an Opfer sexuellen Missbrauchs.[14] Zu weiteren Rechten s. § 857.

Bei § 613 S. 2 BGB ist zu beachten, dass diese Norm allein dem **Schutz des Arbeitnehmers** dient.[15] Wenn der Arbeitnehmer zustimmt, kann deshalb seine Arbeitskraft durch den Arbeitgeber auch einem anderen überlassen werden. Der daraus dem Arbeitgeber gegen den Dritten zustehende Anspruch wird von Abs. 1 nicht erfasst.[16] Anders sieht es aus, wenn es um einen Anspruch auf eine höchstpersönliche Dienstleistung (Beratungsleistung) geht: Hier ist der Anspruch des Schuldners unpfändbar.[17] Obwohl ein **Urlaubsabgeltungsanspruch** (§ 7 Abs. 4 BUrlG) Ersatz für die Befreiung von der Arbeitspflicht ist, die wegen § 613 S. 2 BGB nur in der Person des Arbeitnehmers erfüllbar ist, ist er pfändbar, wenn der Arbeitgeber den Anspruch auf Arbeitsbefreiung durch Abgabe einer Freistellungserklärung erfüllt.[18] Sowohl **Urlaubsentgelt** als auch Urlaubsabgeltungsentgelt sind damit nicht nach Abs. 1 unpfändbar, sondern nach den allgemeinen Regeln der §§ 850c ff pfändbar (s. auch § 850 Rn 44). Schon nicht von § 613 S. 2

7

---

6 BGHZ 197, 181; abl. *Stamm*, LMK 2013, 348687.
7 BGH NJW-RR 2009, 634; BGHZ 130, 314; BGHZ 140, 253.
8 Vgl BGH NJW-RR 2009, 211.
9 LAG Mainz VuR 2007, 395; PG/*Ahrens*, § 851d Rn 6; Schuschke/Walker/*Kessal-Wulf*, § 851d Rn 2, § 851 Rn 2.
10 LAG Mainz VuR 2007, 395.
11 LG Aachen NZI 2014, 573.
12 LAG Rostock NZA-RR 2011, 484.
13 Vgl BGH RzW 1958, 226.
14 BGH NJW-RR 2014, 1009; *Madaus*, NZI 2014, 656.
15 BGH NJW-RR 2008, 1728.
16 BGH NJW-RR 2004, 696.
17 BGH NZI 2013, 434.
18 BAGE 99, 5.

BGB erfasst sind die von einem Geldinstitut im Rahmen eines Girovertrages geschuldeten **unselbständigen Dienstleistungen** auf Rechnungslegung und Auskunftserteilung.[19] Sie werden mit der Pfändung des Hauptrechts (Geldforderung gegen das Kreditinstitut) mitgepfändet (s. Rn 9), ohne dass § 613 S. 2 BGB dem entgegensteht. Anders sieht es aber bei den **selbständigen Ansprüchen aus dem Girovertrag** aus, die also nicht der Durchsetzung eines gepfändeten Hauptanspruchs dienen und deshalb auch nicht von dessen Pfändung miterfasst werden.[20] Dieser selbständige Rechnungslegungsanspruch des Kunden gegen seine Bank ist wegen Abs. 1 iVm § 613 S. 2 BGB unpfändbar.[21]

8 Das **Eigengeld eines Strafgefangenen** unterliegt zwar einem gewissen Pfändungsschutz (s. § 850 Rn 45), nicht aber demjenigen aus Abs. 1, da es frei übertragbar ist.[22] **Pflichtteilsanspruch**, Zugewinnausgleich und Rückforderungsansprüche von Schenkern sind generell übertragbar und unterfallen deshalb nicht dem Pfändungsschutz des Abs. 1, wohl aber demjenigen des § 852. Auch Ansprüche auf **Abgeordnetenentschädigung** unterliegen in einigen Bundesländern und im Bund unterschiedlichen Pfändungsschutzvorschriften (s. § 850 Rn 41); Abs. 1 greift jedoch nicht.[23]

9 **Unselbständige Rechte** (Auskunftsansprüche, Gestaltungsrechte) können nur mit dem Hauptrecht gepfändet werden.[24] Ist dieses unabtretbar und unpfändbar, werden auch die Nebenrechte nicht von der Pfändung erfasst. **Selbständige Nebenrechte** können auch selbständig gepfändet werden, es sei denn, sie sind als solche unabtretbar und deshalb unpfändbar (zum selbständigen Rechnungslegungsanspruch s. Rn 7). Hängt der Bestand eines (Haupt-)Rechts von der Ausübung eines **Gestaltungsrechts** ab, ist dieses nicht akzessorisch zu dem Hauptrecht, sondern vielmehr umgekehrt jenes zu dem Gestaltungsrecht: Das Gestaltungsrecht kann deshalb zusammen mit dem Hauptrecht gepfändet werden, es sei denn, es ist als solches unpfändbar, wie etwa das Vorkaufsrecht. Das Recht, vereinbarungsgemäß jederzeit die Rückübereignung einer Sache fordern zu können, kann aber in diesem Sinne zusammen mit dem Rückübertragungsanspruch gepfändet werden.[25]

10 Nicht in den Anwendungsbereich des Abs. 1 fällt das **Abtretungsverbot des § 400 BGB**: Die Regelungen zum Zusammenhang zwischen Pfändbarkeit und Übertragbarkeit begründen keinen Zirkelschluss.

11 b) **Nicht übertragbare und dennoch pfändbare Rechte.** Entsprechend den genannten Grundsätzen (s. Rn 2) kann ein nicht übertragbares Recht dennoch gepfändet werden, wenn ihm die **Verkehrsfähigkeit an sich** nicht fehlt.

12 So sind Ansprüche gegen **berufsständische Versorgungswerke** zwar häufig nach Landesrecht unabtretbar, aber dennoch im Interesse der Gläubigerbefriedigung pfändbar.[26] Eingreifen wird aber der allgemeine Pfändungsschutz für Arbeitseinkommen nach §§ 850 ff. Unpfändbar ist hingegen das Recht, die Mitgliedschaft

---

19 BGH NJW-RR 2003, 1555.
20 BGHZ 165, 53 mwN; BGH NJW 2012, 1223; vgl BGH NJW-RR 2012, 434.
21 LG Stuttgart Rpfleger 1994, 471; LG Itzehoe NJW-RR 1988, 1394; vgl BGH NJW-RR 2012, 434.
22 BGHZ 160, 112; BFHE 204, 25.
23 BGH NJW-RR 2004, 643.
24 Schuschke/Walker/*Kessal-Wulf*, § 851 Rn 9.
25 BGHZ 154, 64 m. Anm. *Schuschke*, LMK 2003, 114; *Meyer/Burrer*, NotBZ 2004, 383.
26 BGH FamRZ 2007, 1012 (Versorgungsanstalt der Bezirksschornsteinfegermeister); BGHZ 160, 197 (Rechtsanwaltsversorgungswerk).

zu beenden und durch Pfändung dieses „Stammrechts" die Erstattung gezahlter Beiträge zu verlangen.[27]

Ebenso sind **Honorar- und Gebührenforderungen verschwiegenheitspflichtiger Berufsgruppen** (Ärzte, Rechtsanwälte, Steuerberater) zwar nur unter bestimmten Voraussetzungen und an bestimmte Gläubiger abtretbar (s. § 49 b Abs. 4 BRAO, § 64 Abs. 2 StBerG, ggf § 203 StGB iVm § 134 BGB), aber dennoch pfändbar, da die Pfändung auch im Rahmen von § 836 Abs. 3 nicht zur Preisgabe schutzwürdiger persönlicher Daten führt und das Gläubigerinteresse an effektiver Vollstreckung vorgeht.[28] Abs. 1 erfasst auch hier immer nur solche Forderungen, die als solche („ihrer Natur nach") nicht übertragbar sind, nicht aber solche, bei denen die Abtretung nur unter bestimmten Voraussetzungen oder nur an bestimmte Gläubiger möglich ist. 13

Der **Anspruch auf Aufhebung einer Miteigentumsgemeinschaft** ist zwar ohne den Miteigentumsanteil nicht abtretbar und damit nicht pfändbar; da aber der Auseinandersetzungsanspruch zur Ausübung überlassen werden kann, ist jedenfalls das (künftige) Recht auf Teilung der Gemeinschaft und Auskehr des Auseinandersetzungserlöses wegen § 857 Abs. 3 pfändbar.[29] 14

Versorgungsanwartschaften auf **betriebliche Altersversorgung** sind nach § 2 Abs. 2 S. 4 BetrAVG zwar nicht abtretbar; der Anspruch auf die Auszahlung der Versicherungssumme ist aber pfändbar[30] und zwar auch vor Eintritt des Versicherungsfalls als zukünftige Forderung.[31] 15

2. Wegen ihres Inhalts nicht übertragbare Forderungen, § 399 Alt. 1 BGB. a) Höchstpersönliche Forderungen. Höchstpersönliche Forderungen können **ihrem Inhalt nach nur an den Gläubiger selbst** erfüllt werden. Eine Abtretung würde zur Inhaltsänderung führen und ist deshalb ausgeschlossen, was auch zur Unpfändbarkeit der höchstpersönlichen Forderungen führt. In der Regel ist bei höchstpersönlichen Ansprüchen ohnehin die Unabtretbarkeit gesetzlich vorgesehen (s. Rn 3). Ansonsten sind höchstpersönliche Ansprüche zB der Urlaubsanspruch,[32] der Anspruch auf Mitwirkung bei einer Steuererklärung[33] (s. § 850 Rn 49), die nicht vermögenswerten Bestandteile des Persönlichkeitsrechts[34] und des Urheberrechts, ferner das Recht der Eltern aus § 1649 Abs. 2 BGB, Einkünfte aus Kindesvermögen zum eigenen Unterhalt verwenden zu dürfen,[35] das Recht auf Ausschlagung einer Erbschaft[36] sowie ein vom EGMR zugesprochener Anspruch auf Ersatz des immateriellen Schadens wegen einer Menschenrechtsverletzung (Art. 41 EMRK).[37] Der Anspruch aus § 528 BGB (s. dazu § 852) ist kein höchstpersönlicher Anspruch;[38] der auf Schmerzensgeld gerichtete Anspruch ist es nicht mehr.[39] 16

---

27 BGH WM 2008, 415.
28 BGHZ 141, 173; BFHE 208, 414; vgl BGH NJW 2005, 507 (zu § 134 BGB); *Berger*, NJW 1995, 1584; *Diepold*, MDR 1995, 23.
29 BGH NJW 2006, 849.
30 BGH NJW-RR 2009, 211.
31 BGH NJW-RR 2011, 283.
32 Musielak/Voit/*Becker*, § 851 Rn 4; PG/*Ahrens*, § 851 Rn 11.
33 BGHZ 176, 79; anders noch BGHZ 157, 195.
34 BGHZ 143, 214.
35 Schuschke/Walker/*Kessal-Wulf*, § 851 Rn 4.
36 LG Hildesheim FamRZ 2009, 1440.
37 BGH NJW 2011, 2296 (abtretbar und pfändbar ist allerdings der zuerkannte Anspruch auf Erstattung von Mehrkosten im vorausgegangenen innerstaatlichen Verfahren).
38 BGHZ 147, 288.
39 Zur Rechtslage nach § 847 Abs. 1 S. 2 aF BGB bis 1990: BGH NJW 1984, 2348 mwN.

17 **b) Zweckgebundene Ansprüche.** Die **Zweckbindung** einer Forderung führt dazu, dass diese Forderung an einen anderen Gläubiger nur unter **Veränderung ihres Inhalts** übertragen werden kann. Die Zweckbindung führt deshalb zum Abtretungsausschluss nach § 399 Alt. 1 BGB, und die zweckgebundene Forderung ist gem. Abs. 1 unpfändbar.

18 Dies gilt etwa für auf das Konto eines Elternteils eingezahlte Unterhaltsansprüche eines Kindes (§ 1629 Abs. 3 BGB); sie sind dem Zugriff der Gläubiger des Kontoinhabers entzogen,[40] was ausdrücklich in § 850 k geregelt ist (s. § 850 k Rn 32). Der Anspruch auf **Versorgungsausgleich** zwischen Ehegatten ist zweckgebunden und kann nur durch Zahlung an den Rentenversicherungsträger zum Zwecke der Begründung von Rentenanwartschaften erfüllt werden; er ist deshalb wegen Abs. 1 iVm § 399 Alt. 1 BGB weder abtretbar noch pfändbar.[41] Generell nicht zweckgebunden sind hingegen **Erstattungsansprüche gegen eine private Krankenversicherung.**[42] Zweckgebunden ist der Anspruch auf **Prozesskostenvorschuss** aus § 1360 a Abs. 4 BGB, nicht aber der prozessuale Kostenerstattungsanspruch, so dass Letzterer grds. pfändbar ist.[43] Ein Pfändungsverbot für den zum Unterhaltsanspruch gehörenden **Taschengeldanspruch** eines Ehegatten ergibt sich aus Abs. 1 iVm § 399 Alt. 1 BGB nicht, da keine Zweckbindung besteht, sondern das Taschengeld nach Gutdünken verwandt werden kann[44] (s. § 850 b Rn 13). Der Ehrensold eines ehemaligen ehrenamtlichen Bürgermeisters ist nach richtiger, aber umstrittener Ansicht wegen seiner Zweckbindung unpfändbar.[45]

19 Unpfändbarkeit einer Forderung gilt auch bei einer **vereinbarten Zweckbindung**, wenn sie **treuhänderischen Charakter** hat.[46] Von einer solchen vereinbarten treuhänderischen Zweckbindung ist etwa auszugehen, wenn zwischen Schuldner und Drittschuldner vereinbart wird, dass die Zahlung auf eine **Forderung zur Ablösung von Rechten Dritter** verwendet werden soll und deshalb auf das Konto des abzulösenden Gläubigers, auf ein Konto des Drittschuldners bei diesem oder auf ein **Notaranderkonto** gezahlt wird.[47] **Schuldbefreiungsansprüche** unterliegen ebenfalls einer solchen Zweckbindung und sind deshalb unpfändbar.[48] Auch bei **Sicherungsabtretungen** ist von einer fiduziarischen Zweckbindung auszugehen; pfändbar ist aber der schuldrechtliche Rückübertragungsanspruch nach Rückzahlung der gesicherten Forderung[49] oder sonstigem Erreichen oder Wegfall des Sicherungszwecks. Von einer treuhänderischen Zweckbindung ist auch bei Vorschüssen, die dem Schuldner vom Drittschuldner zur **Entlohnung von Unterangestellten oder zum Bestreiten von Bürounkosten** zufließen sollen, auszugehen.[50]

20 Ob die **vereinbarte Zweckbindung** auch **ohne treuhänderische Bindung** zum Abtretungs- und Pfändungsverbot führt, ist zwar umstritten,[51] letztlich aber zu bejahen, weil die vereinbarte Zweckbindung den Inhalt der Leistung bestimmt. In aller Regel wird allerdings die Zweckbindung einer Forderung im Rahmen einer Treuhandvereinbarung festgelegt.

---

40 BGH NJW 2006, 2040; Schuschke/Walker/*Kessal-Wulf*, § 851 Rn 5.
41 BGH NJW-RR 2007, 1553; *Althammer*, LMK 2007, 239772.
42 BGH NJW-RR 2007, 1510.
43 BGH NJW-RR 2009, 566 mwN; *Ganter*, in: FS Merz, 1992, S. 105.
44 BGH NJW 2004, 2450.
45 Offen gelassen von BGH 12.1.2012 – VII ZB 14/10 mwN zum Meinungsstand.
46 BGHZ 94, 316; BGHZ 147, 193; BGH NJW 2000, 1270 mwN.
47 BGH NJW 2000, 1270; BGH NJW 1998, 746.
48 BGH NJW-RR 2001, 1490.
49 BGH NJW 1997, 3434; Musielak/Voit/*Becker*, § 851 Rn 15, § 850 k Rn 20; vgl BGH NJW 2008, 292.
50 BGH Rpfleger 1978, 248.
51 Dafür etwa *Gaul*, KTS 1989, 3, 12; aA (bloße Zweckbestimmung genügt nicht) etwa Musielak/Voit/*Becker*, § 851 Rn 6; offen gelassen BGH NJW 2000, 1271.

Eine **einseitige Zweckbestimmung** durch den Drittschuldner oder den Schuldner 21
ist hingegen nicht ausreichend, da ihnen nicht gestattet sein kann, das Vermögen
der Vollstreckung zu entziehen. Dies führt dazu, dass ein Gläubiger auch einen
Dispositionskredit pfänden kann, wenn ein solcher durch das Kreditinstitut des
Schuldners gewährt und – Voraussetzung der Entstehung des Pfändungspfandrechts – von diesem in Anspruch genommen wird.[52] Eine Zweckbestimmung des
Schuldners in dem Sinne, dass nur er selbst oder dritte Gläubiger den auf Abruf
zur Verfügung stehenden Auszahlungsanspruch verwenden dürfen, wird durch
Abs. 1 nicht geschützt. Nimmt der Schuldner den Dispositionskredit aber nicht
in Anspruch, ist sein Recht zum Anruf als höchstpersönliches Recht (s. Rn 16)
unpfändbar.

Bei zweckgebundenen Forderungen ist die **Pfändung im Rahmen der Zweckbin-** 22
dung möglich.[53] Die Zweckbindung führt also nur in sachlich oder persönlich
eingeschränkter Form zur Unübertragbarkeit und Unpfändbarkeit.[54] So sind Beihilfeansprüche unpfändbar, wenn die Forderung des Gläubigers nicht dem konkreten Beihilfeanspruch zugrunde liegt und die **Anlassforderungen** noch nicht erfüllt sind, aber pfändbar, wenn es sich um eine dem Beihilfeanspruch zugrunde
liegende Anlassforderung handelt.[55] Forderungen aus zweckgebundenen Baugelddarlehen sind aufgrund der Zweckbindung für den Bau weder abtretbar
noch pfändbar, außer durch Gläubiger von Forderungen für Bauleistungen.[56]
Das gilt auch für Ansprüche aus sonstigen **Darlehensverträgen mit der Zweck-**
bindung, den Kreditbetrag einer bestimmten dritten Person zu gewähren;[57] sie
sind an den Drittgläubiger abtretbar und durch ihn pfändbar. Der Anspruch
einer **GmbH aus § 64 S. 1 GmbHG** gegen den Geschäftsführer wegen von diesem
vorgenommener Zahlungen nach Eintritt der Zahlungsunfähigkeit oder Überschuldung bezweckt, die verteilungsfähige Masse im Interesse der künftigen Insolvenzgläubiger zu erhalten. Wird ein Insolvenzverfahren mangels Masse nicht
eröffnet, entsteht der Anspruch dennoch; nur ist der **Zweck weggefallen**. Der Ersatzanspruch kann deshalb von einem Gesellschaftsgläubiger gepfändet werden.[58] Eine **Betriebsprämie** nach der GAP-Agrarreform (Verordnung (EG)
Nr. 1782/2003)[59] ist grds. unpfändbar, kann aber durch Gläubiger, die selbst Betriebsinhaber sind, gepfändet werden.[60] Der Anspruch eines Vermieters auf **Mietnebenkosten** ist im Rahmen dieser Zweckbindung pfändbar.[61]

c) Keine Anwendbarkeit von Abs. 2. Der Anwendungsbereich des Abs. 2 ist bei 23
den von § 399 Alt. 1 BGB erfassten Forderungen **teleologisch zu reduzieren**.[62]
Diese Forderungen sind unpfändbar, auch wenn der geschuldete Gegenstand der
Pfändung unterworfen ist. Der Grund für die Analogie liegt vornehmlich darin,
dass die nach ihrem Inhalt unabtretbaren Forderungen letztlich denjenigen, für

---

52 BGHZ 147, 193; BGH WM 2011, 1343; BGHZ 192, 314; BGH 9.2.2012 – VII ZB
 54/10; vgl BGH NJW 2008, 1535; *Scholl*, DZWiR 2005, 353; *Schuschke*, ZIP 2001,
 1084; auch ohne Inanspruchnahme durch den Schuldner, *Grunsky*, ZZP 95 (1982),
 264.
53 Musielak/Voit/*Becker*, § 851 Rn 6; Zöller/*Stöber*, § 851 Rn 3.
54 *Schilken*, in: Gaul/Schilken/Becker-Eberhard, § 54 Rn 25 ff.
55 BGH NJW-RR 2005, 720; BGH NJW-RR 2008, 360.
56 BGH Rpfleger 1978, 248; PG/*Ahrens*, § 851 Rn 14.
57 Vgl BGH NJW-RR 2001, 1490.
58 BGH NJW 2001, 304.
59 ABl. 2003 Nr. L 270, S. 1 (aufgehoben zum 1.2.2009).
60 BGH NJW-RR 2009, 411.
61 OLG Celle NJW-RR 2000, 460; Schuschke/Walker/*Kessal-Wulf*, § 851 Rn 5.
62 Musielak/Voit/*Becker*, § 851 Rn 6, 8; Zöller/*Stöber*, § 851 Rn 3; PG/*Ahrens*, § 851
 Rn 19; *Meller-Hannich*, KTS 2000, 37, 48 f mwN.

die ein Abtretungsverbot ausdrücklich gesetzlich angeordnet wurde, gleichstehen (vgl Rn 3).

III. Wegen Vereinbarung nicht übertragbare Forderungen, § 399 Alt. 2 BGB (Abs. 2)

24 Ein vereinbarter Abtretungsausschluss führt durchaus (Ausnahme: § 354 a HGB) dazu, dass die entsprechende Forderung nicht länger übertragbar ist. Auf die Pfändbarkeit hat sie aber keinen Einfluss, solange der aus der Forderung geschuldete Gegenstand (§§ 811 ff, 850 ff) pfändbar ist (Abs. 2).

25 Bei den aufgrund Vereinbarung unabtretbaren Forderungen des § 399 Alt. 2 BGB soll es nämlich nicht möglich sein, durch die Parteivereinbarung gleichzeitig ein Pfändungsverbot zu schaffen und dadurch Vermögen der Zwangsvollstreckung zu entziehen. Das Interesse des Drittschuldners an der Unübertragbarkeit der Forderung muss dem Interesse der Gläubiger weichen, dem nicht verwehrt sein darf, auf die Forderung überhaupt zugreifen zu können.[63] Eine Einzelabwägung dieser Interessen ist nicht gestattet;[64] vielmehr wird dem Gläubigerinteresse durch die Norm der generelle Vorrang vor denjenigen des Schuldners und Drittschuldners eingeräumt.

26 Der **geschuldete Gegenstand** selbst ist dann pfändbar, wenn es sich um Geld, eine Sache, die nicht vom Pfändungsschutz der §§ 811 ff erfasst ist, oder um ein übertragbares und nicht nach §§ 850 ff unpfändbares Recht handelt;[65] problematisch können (sonstige) Individualansprüche sein (vgl § 888 Abs. 3).

27 Hat der Schuldner trotz (zunächst) vereinbarten Abtretungsverbots mit Zustimmung des Drittschuldners **vor der Pfändung abgetreten**, geht die Pfändung „ins Leere". Hat der Schuldner vor der Pfändung abgetreten, wird dies aber erst **nach der Pfändung** durch den Drittschuldner **genehmigt**, wirkt die Genehmigung nicht zurück.[66] Die Pfändung geht der Abtretung vor bzw jene geht dann „ins Leere".

28 Eine nach Abs. 2 pfändbare Forderung kann **nur zur Einziehung**, nicht aber an Zahlungs statt überwiesen werden.[67] Damit soll zumindest in geringem Umfang das Interesse des Drittschuldners an der Unübertragbarkeit der Forderung gegenüber dem Gläubigerinteresse gewahrt werden.[68]

29 Obwohl bei vereinbartem Abtretungsausschluss grundsätzliche Pfändbarkeit besteht, ist die Pfändung einer einzelnen Forderung gegen ein Kreditinstitut dann ausgeschlossen, wenn sie in ein **Kontokorrent** eingestellt ist, was sich aus § 357 HGB ergibt.[69]

IV. Rechtsfolgen, Verfahren und Rechtsbehelfe

30 Die wegen eines Ausschlusses der Übertragbarkeit eintretende Unpfändbarkeit entzieht die Forderung dem Rechtsverkehr und der Haftungsmasse des Schuldners. Sie ist generell nicht verfügbar.

31 Die Unpfändbarkeitsregel des Abs. 1 ist durch das Vollstreckungsgericht bei Erlass eines Pfändungs- und Überweisungsbeschlusses **von Amts wegen** zu beachten. Dafür ist allerdings – wie generell – notwendig, dass der zu pfändende Anspruch hinreichend genau bestimmt ist. Andernfalls können Einschränkungen

---

63 BGHZ 56, 228.
64 BGH Rpfleger 1978, 247.
65 Vgl BGH ZIP 2012, 34 (sub II 1).
66 *Schilken*, in: Gaul/Schilken/Becker-Eberhard, § 54 Rn 33.
67 Zöller/*Stöber*, § 851 Rn 7; Musielak/Voit/*Becker*, § 851 Rn 8.
68 BGHZ 56, 228.
69 Schuschke/Walker/*Kessal-Wulf*, § 851 Rn 14 mwN.

der Pfändbarkeit aus Abs. 1 nicht geprüft werden,[70] ein Antrag auf Erlass eines solchen Beschlusses ist vielmehr abzuweisen, ein dennoch erlassener Beschluss ist anfechtbar. Gegen die auf Abs. 1 gründende **Ablehnung einer Pfändung** ist die sofortige Beschwerde durch den Vollstreckungsgläubiger statthaft (§ 793, § 11 Abs. 1 RPflG). Gegen die **Pfändung unter Verstoß** gegen Abs. 1 ist Erinnerung (§ 766) einzulegen. Nichtig ist eine solche Pfändung allerdings nicht, so dass es zur Verstrickung der Forderung kommt, allerdings entsteht kein Pfändungspfandrecht[71] (vgl § 850 Rn 27). Erinnerungsbefugt sind Schuldner und Drittschuldner. Obwohl der Verstoß gegen Pfändungsverbote ansonsten nicht im Einziehungsprozess überprüft werden darf (s. § 850 Rn 28), ist es dem Drittschuldner aufgrund des materiellrechtlichen Gehalts der Norm (s. Rn 1) zusätzlich zur Erinnerung gestattet, sich im **Einziehungsprozess** auf Abs. 1 zu berufen.[72]

§ 852 ist eine „besondere Vorschrift" iSd Abs. 1. Das bedeutet, eine etwaig über 32 § 399 Alt. 1 BGB begründbare Unabtretbarkeit der von § 852 erfassten Forderungen führt nicht dazu, dass diese Forderungen nach Abs. 1 der Pfändung entzogen wären.[73] Umgekehrt führt ein vereinbarter Abtretungsausschluss im Hinblick auf diese Forderungen nicht dazu, dass sie entgegen § 852 nunmehr nach Abs. 2 pfändbar wären.

V. Geltung in der Insolvenz

Unpfändbarkeitsregeln gelten entsprechend auch in der Insolvenz des Schuldners, 33 so dass eine nach Abs. 1 unpfändbare Forderung wegen § 36 Abs. 1 S. 1 InsO **nicht zur Masse** gehört. Die Tatsache, dass die nach § 399 Alt. 2 BGB (**vereinbarter Abtretungsausschluss**) unabtretbaren Forderungen wegen Abs. 2 pfändbar sind und damit auch zur Masse gehören, führt in der Insolvenz nicht dazu, dass der Verwalter etwa nicht an das Abtretungsverbot gebunden wäre.[74] Darüber hinaus ist auch in der Insolvenz zu beachten, ob die **Gründe, die gegen die Pfändung sprechen**, auch in der Insolvenz noch gelten (vgl Rn 2). So gehört ein Anspruch auf Befreiung von einer Schuld (s. Rn 19) trotz Unpfändbarkeit zur Masse, da er sich bei Insolvenz des Drittgläubigers in einen Zahlungsanspruch in Höhe der zu tilgenden Schuld umwandelt.[75] Einen abgetretenen Dienstlohn macht die Erbringung von Diensten werthaltig im Sinne der **Insolvenzanfechtung**.[76] Das **Werthaltigmachen durch Dienstleistung** ist also gegenüber dem Zessionar der Lohnforderung anfechtbar, obwohl der Anspruch auf die Dienstleistung (s. Rn 6) unpfändbar ist. Dies wird auch für andere Forderungen aus gegenseitigen Verträgen gelten, die an sich nicht zur Masse gehören, deren Erfüllung aber zur Werthaltigkeit der Gegenforderung führt.

§ 851a Pfändungsschutz für Landwirte

(1) **Die Pfändung von Forderungen, die einem die Landwirtschaft betreibenden Schuldner aus dem Verkauf von landwirtschaftlichen Erzeugnissen zustehen, ist auf seinen Antrag vom Vollstreckungsgericht insoweit aufzuheben, als die Einkünfte zum Unterhalt des Schuldners, seiner Familie und seiner Arbeitnehmer**

---

70 BGHZ 172, 16.
71 Schuschke/Walker/*Kessal-Wulf*, § 851 Rn 16.
72 BGH Rpfleger 1978, 248; *Schilken*, in: Gaul/Schilken/Becker-Eberhard, § 54 Rn 35; aA Schuschke/Walker/*Kessal-Wulf*, § 851 Rn 16.
73 BGHZ 169, 320.
74 BGH NJW 1997, 3434; BGHZ 56, 228.
75 BGH NJW-RR 2001, 1490.
76 BGH ZIP 2008, 1435.

oder zur Aufrechterhaltung einer geordneten Wirtschaftsführung unentbehrlich sind.

(2) Die Pfändung soll unterbleiben, wenn offenkundig ist, dass die Voraussetzungen für die Aufhebung der Zwangsvollstreckung nach Absatz 1 vorliegen.

I. Allgemeines	1	einer geordneten Wirtschaftsführung (Abs. 1 aE)	5
II. Forderungen eines Landwirts aus dem Verkauf von landwirtschaftlichen Erzeugnissen (Abs. 1)	2	IV. Unterbleiben der Pfändung (Abs. 2)	7
III. Unentbehrlichkeit zum Unterhalt oder zur Aufrechterhaltung		V. Verfahren, Rechtsfolgen und Rechtsbehelfe	8
		VI. Kosten	13

I. Allgemeines

1 Der Pfändungsschutz des § 811 Abs. 1 Nr. 3 und 4 erfasst nur die landwirtschaftlichen Erzeugnisse selbst.[1] Der Schutz entfällt demzufolge, sobald diese veräußert sind. Bei den Forderungen des Landwirts aus dem Verkauf der Erzeugnisse handelt es sich also grds. um vollumfänglich pfändbare Forderungen. Auf Antrag kann aber der **Pfändungsschutz** durch **Abs. 1** auf die **Kaufpreisforderungen verlängert** werden, so dass es zur Aufhebung einer bereits vorgenommenen Pfändung kommt. Daneben besteht Pfändungsschutz nach § 850 i (s. § 850 i Rn 9). Die Pfändung soll von vornherein unterbleiben, wenn die Voraussetzungen der Aufhebung offenkundig sind (**Abs. 2**). Ein Schutz für die Geldmittel aus Barverkäufen besteht nur im allgemeinen Rahmen des § 811 Abs. 1 Nr. 8 bzw § 765 a.[2]

II. Forderungen eines Landwirts aus dem Verkauf von landwirtschaftlichen Erzeugnissen (Abs. 1)

2 Der Begriff „die Landwirtschaft betreibender Schuldner" entspricht dem des § 811 Abs. 1 Nr. 4.[3] **Landwirtschaftliche Erzeugnisse** sind Vieh, Geflügel, Honig, Fleischerzeugnisse, Getreide, Gemüse, Obst, Wein, Milch, Eier etc., nicht aber Land bzw landwirtschaftliche Flächen selbst, Lager- und Wohnräume sowie Maschinen. Der Verkauf, die Vermietung oder Verpachtung letzterer genießt also im Rahmen der Norm keinen Schutz.[4] In Betracht kommt aber ein Schutz nach § 850 i (s. § 850 i Rn 9).

3 Erfasst sind **offene Ansprüche aus Verkäufen** der Erzeugnisse. Wurde der Kaufvertrag bereits erfüllt, entfällt der Pfändungsschutz. Ein Schutz für die Geldmittel aus Barverkäufen besteht nur im allgemeinen Rahmen des § 811 Abs. 1 Nr. 8 bzw § 765 a.[5] Ein Pfändungsschutz für die auf ein Konto überwiesenen oder eingezahlten Verkaufserlöse besteht grds. nicht.[6] Nur im Falle der Einzahlung auf ein P-Konto (§ 850 k) kann Kontopfändungsschutz erreicht werden, der allerdings die Beträge aus Veräußerungen iSd § 851 a nicht gesondert schützt.

4 Erfasst sind auch die die **Verkäufe ersetzenden Ansprüche**. Eine besondere Rolle spielen hierbei **landwirtschaftliche Subventionen**. Produktionsspezifische Beihilfen und Ausgleichszahlungen für umweltschonende Landwirtschaft fallen deshalb ebenso wie Milchgeldzahlungen unter den Pfändungsschutz, nicht aber Be-

---
1 *App*, AgrarR 1999, 233; *Diedrich*, AgrarR 1992, 124.
2 MüKo-ZPO/*Smid*, § 851 a Rn 1.
3 MüKo-ZPO/*Smid*, § 851 a Rn 1; Schuschke/Walker/*Kessal-Wulf*, § 851 a Rn 1.
4 Schuschke/Walker/*Kessal-Wulf*, § 851 a Rn 2.
5 MüKo-ZPO/*Smid*, § 851 a Rn 1.
6 VG München 24.5.2011 – M 10 E 11.2155.

triebsprämien[7] oder Ausgleichszahlungen für benachteiligte Gebiete,[8] die jeweils von der landwirtschaftlichen Produktion entkoppelt sind. Letzteres gilt auch für Betriebsprämien nach der GAP-Agrarreform (Verordnung (EG) Nr. 1782/2003; s. auch § 851 Rn 22).[9] Nicht von der landwirtschaftlichen Produktion entkoppelt und deshalb geschützt sind aber die Preisausgleichszahlungen gem. Verordnung EWG Nr. 1765/92,[10] da sie speziell für die Erzeuger bestimmter landwirtschaftlicher Kulturpflanzen (Ölsaat) bestimmt sind.[11] Dasselbe gilt für die „Bullenprämie" nach der Rinder- und Schafprämien-Rechtsverordnung.[12]

III. Unentbehrlichkeit zum Unterhalt oder zur Aufrechterhaltung einer geordneten Wirtschaftsführung (Abs. 1 aE)

Orientierung für den **unentbehrlichen Unterhalt** bieten die Grenzen, die § 850 d Abs. 1 S. 2 (s. § 850 d Rn 12 ff) und § 850 f Abs. 1 und 2 (s. § 850 f Rn 4 ff) für den notwendigen Unterhalt vorsehen.   5

Bei der **Aufrechterhaltung einer geordneten Wirtschaftsführung** kommt es auf den **konkreten Betrieb** und seinen **bestehenden Zuschnitt** an. Unentbehrlich sind aber auch **Anschaffungen** etwa von Saatgut, Zuchttieren, Futter- und Düngemitteln sowie die notwendigen Löhne, Steuern, Instandhaltungen etc.[13] (Nur) nützlicher Ausbau und entsprechende Investitionen sind allerdings nicht erfasst.[14] Kommt es zur Unentbehrlichkeit dadurch, dass bereits ein anderer Gläubiger landwirtschaftliche Erzeugnisse oder Forderungen aus deren Verkauf gepfändet hat, ist dies hinreichend. Ein Schutzantrag des Schuldners hätte Erfolg und der zweitpfändende Gläubiger „geht leer aus".[15] Bei der Feststellung der Unentbehrlichkeit wird, anders als bei § 850 f Abs. 1 und § 850 i Abs. 1 S. 3, keine Abwägung mit Belangen des Gläubigers vorgenommen.   6

IV. Unterbleiben der Pfändung (Abs. 2)

Ein Pfändungsantrag wird von vornherein zurückgewiesen, wenn die Aufhebungsvoraussetzungen **offenkundig** vorliegen. Dies muss sich bereits aus den Angaben im Antrag oder aus gerichtsbekannten Umständen ergeben.[16]   7

V. Verfahren, Rechtsfolgen und Rechtsbehelfe

Der Schuldner ist – wie allgemein – vor der Pfändung nicht zu hören. Wird gepfändet, steht ihm wegen angeblicher „Unentbehrlichkeit" nicht die Erinnerung, sondern nur der Antrag nach Abs. 1 zur Verfügung, auch wenn der Schuldner meint, die Voraussetzungen des Abs. 2 hätten vorgelegen.[17]   8

Die Aufhebung der Pfändung erfolgt nur auf **Antrag** des Schuldners, für die Zurückweisung des Pfändungsantrags nach Abs. 2 ist kein Antrag erforderlich. Der   9

---

7 LG Koblenz RdL 2006, 224.
8 BGH WM 2012, 1439.
9 ABl. 2003 Nr. L 270, S. 1 (aufgehoben zum 1.2.2009); BGH NJW-RR 2009, 411.
10 ABl. 1992 Nr. L 181, S. 12 (aufgehoben zum 1.7.2000).
11 Vgl VGH München 27.3.2003 – 19 C 99.3196; aA für die nationale Kulturpflanzen-Ausgleichszahlungs-Rechtsverordnung, die aber vornehmlich eine Stilllegung prämiert: LG Koblenz InVo 2003, 415.
12 Aufgehoben zum 1.1.2000; LG Koblenz JurBüro 2003, 382; LG Koblenz InVo 2003, 415.
13 PG/*Ahrens*, § 851 a Rn 6.
14 Schuschke/Walker/*Kessal-Wulf*, § 851 a Rn 3.
15 LG Bonn DGVZ 1983, 153; MüKo-ZPO/*Smid*, § 851 a Rn 6; Schuschke/Walker/*Kessal-Wulf*, § 851 a Rn 3.
16 Schuschke/Walker/*Kessal-Wulf*, § 851 a Rn 5.
17 Schuschke/Walker/*Kessal-Wulf*, § 851 a Rn 6.

Antrag kann bis zur Beendigung der Zwangsvollstreckung gestellt werden.[18] Ein Pfändungsschutz kommt also nicht mehr in Betracht, wenn schon an den Gläubiger ausgezahlt wurde. Für die Voraussetzungen des Abs. 1 trägt der Schuldner die Vortrags- und **Beweislast** (ggf Sachverständigenbeweis im Hinblick auf „geordnete Wirtschaftsführung"). Die Voraussetzungen müssen nach hM im Zeitpunkt der Entscheidung über den Antrag vorliegen,[19] auf den Zeitpunkt der Antragstellung kommt es nicht an. Der Gläubiger ist vor der Entscheidung zu hören.

10 Nach hM entfällt der Pfändungsschutz, wenn ein **Anlassgläubiger** (zB Futtermittellieferant, Arbeitnehmer) oder ein Gläubiger von Forderungen, die im Zusammenhang mit dem durch § 851 a zu erhaltenden landwirtschaftlichen Betrieb stehen (zB Pachtzins, Hypothekenforderungen), pfändet.[20]

11 Bei **Aufhebung der Pfändung** durch das Vollstreckungsgericht nach Abs. 1 wird die gepfändete Forderung vom Beschlag frei. Die Aufhebung kann auch nur teilweise erfolgen.[21] Es entscheidet der Rechtspfleger durch Beschluss (§ 20 Abs. 1 Nr. 17 RPflG). Gegen den Beschluss nach Abs. 1 ist die sofortige Beschwerde (§ 793) statthaft, und zwar durch den Schuldner oder den Gläubiger, je nachdem, ob die Pfändung (teilweise) aufgehoben oder der Schutzantrag (teilweise) abgelehnt wurde. Die Aufhebung der Pfändung geschieht immer nur im Verhältnis zum pfändenden Gläubiger; für jeden weiteren Vollstreckungsversuch eines (anderen) Gläubigers muss erneut Pfändungsschutz beantragt werden.

12 Gegen die **Zurückweisung des Pfändungsantrags** aufgrund von Abs. 2 kann der Gläubiger sofortige Beschwerde (§ 793) einlegen.

VI. Kosten

13 **Gerichtskosten** werden für den Antrag und die Entscheidung nicht erhoben. Gerichtsgebühren entstehen nur im Rechtsmittelverfahren (Nr. 2121, 2124 KV GKG), soweit ein Rechtsmittel verworfen oder zurückgewiesen wird. Wird ein Rechtsmittel nur teilweise verworfen oder zurückgewiesen, kann das Gericht die Gebühr nach billigem Ermessen auf die Hälfte ermäßigen oder bestimmen, dass eine Gebühr nicht zu erheben ist (Anm. zu Nr. 2121, Anm. zu Nr. 2124 KV GKG).

14 Für den erstmals in der Vollstreckung tätigen **Rechtsanwalt** des Schuldners entsteht durch den Antrag die Gebühr Nr. 3309 VV RVG nebst Auslagen. Für den die Vollstreckung betreibenden Rechtsanwalt ist das Verfahren über den Antrag eine besondere Angelegenheit (§ 18 Abs. 1 Nr. 6 RVG), so dass die Gebühr Nr. 3309 VV RVG sowie Auslagen gesondert entstehen. Der Streitwert der Gebühr orientiert sich am Interesse an der Aufhebung der Vollstreckung; den vollen Betrag der titulierten Forderung kann der Streitwert nur ausnahmsweise erreichen.[22]

15 Die **Kosten des Verfahrens** können auch dem Gläubiger ganz oder teilweise auferlegt werden (§ 788 Abs. 4).

---

18 PG/*Ahrens*, § 851 a Rn 8; Zöller/*Stöber*, § 851 a Rn 7.
19 Zöller/*Stöber*, § 851 a Rn 6; aA OLG Köln JurBüro 1989, 878 aber vornehmlich in Abgrenzung zum Wegfall der Voraussetzungen *vor* Antragstellung, so dass jedenfalls ein rückwirkender Schutz ausgeschlossen ist.
20 PG/*Ahrens*, § 851 a Rn 7; Zöller/*Stöber*, § 851 a Rn 5; MüKo-ZPO/*Smid*, § 851 a Rn 5.
21 PG/*Ahrens*, § 851 a Rn 7.
22 OLG Köln MDR 1980, 852.

§ 851 b Pfändungsschutz bei Miet- und Pachtzinsen

(1) ¹Die Pfändung von Miete und Pacht ist auf Antrag des Schuldners vom Vollstreckungsgericht insoweit aufzuheben, als diese Einkünfte für den Schuldner zur laufenden Unterhaltung des Grundstücks, zur Vornahme notwendiger Instandsetzungsarbeiten und zur Befriedigung von Ansprüchen unentbehrlich sind, die bei einer Zwangsvollstreckung in das Grundstück dem Anspruch des Gläubigers nach § 10 des Gesetzes über die Zwangsversteigerung und die Zwangsverwaltung vorgehen würden. ²Das Gleiche gilt von der Pfändung von Barmitteln und Guthaben, die aus Miet- oder Pachtzahlungen herrühren und zu den in Satz 1 bezeichneten Zwecken unentbehrlich sind.

(2) ¹Wird der Antrag nicht binnen einer Frist von zwei Wochen gestellt, so ist er ohne sachliche Prüfung zurückzuweisen, wenn das Vollstreckungsgericht der Überzeugung ist, dass der Schuldner den Antrag in der Absicht der Verschleppung oder aus grober Nachlässigkeit nicht früher gestellt hat. ²Die Frist beginnt mit der Pfändung.

(3) Anordnungen nach Absatz 1 können mehrmals ergehen und, soweit es nach Lage der Verhältnisse geboten ist, auf Antrag aufgehoben oder abgeändert werden.

(4) ¹Vor den in den Absätzen 1 und 3 bezeichneten Entscheidungen ist, soweit dies ohne erhebliche Verzögerung möglich ist, der Gläubiger zu hören. ²Die für die Entscheidung wesentlichen tatsächlichen Verhältnisse sind glaubhaft zu machen. ³Die Pfändung soll unterbleiben, wenn offenkundig ist, dass die Voraussetzungen für die Aufhebung der Zwangsvollstreckung nach Absatz 1 vorliegen.

§ 77 GVGA

I. Allgemeines... 1	IV. Pfändung von Barmitteln und Guthaben (Abs. 1 S. 2)... 13
II. Vermietung oder Verpachtung eines Grundstücks... 5	V. Befristeter Antrag und Antragserfordernisse (Abs. 2 S. 1)... 14
III. Unentbehrlichkeit des Miet- bzw Pachtzinses (Abs. 1 S. 1)... 8	VI. Unterbleiben der Pfändung (Abs. 2 S. 2)... 15
1. Laufende Unterhaltung des Grundstücks und Vornahme notwendiger Instandsetzungsarbeiten... 8	VII. Verfahren, Rechtsfolgen, Rechtsbehelfe... 16
2. Befriedigung von vorrangigen Ansprüchen iSd § 10 ZVG... 12	VIII. Kosten... 20

I. Allgemeines

Einkünfte aus Vermietung und Verpachtung sind kein Arbeitsentgelt, da es an der persönlichen Arbeitsleistung fehlt (s. § 850 Rn 39). §§ 850 ff, insb. § 850 c, finden also auf solche Einkünfte keine Anwendung, auch wenn sie wiederkehrender Art sind. Ansprüche wegen Vermietung oder Verpachtung fallen allerdings in den Anwendungsbereich des § 850 i (s. § 850 i Rn 10).[1] 1

Miet- und Pachtzinsforderungen werden von einer Pfändung grds. voll erfasst. Auf Antrag kann aber durch § 851 b Pfändungsschutz gewährt werden, so dass sie einer **vorgenommenen Pfändung wieder entzogen** werden (Abs. 1 S. 1). Auch 2

---

[1] Zur alten Rechtslage nach § 850i Abs. 2 aF, wonach entscheidend war, dass der Schuldner neben der Sachnutzungsgewährung persönliche Dienste erbringt, s. *Ernst*, JurBüro 2005, 231.

ein Schutz für Barmittel und Guthaben aus erfüllten Miet- und Pachtforderungen wird eingeräumt (Abs. 1 S. 2). Schließlich **unterbleibt** eine **Pfändung** von vornherein, wenn – unabhängig von einem Antrag – offenkundig ist, dass die Voraussetzungen für die Aufhebung gegeben sind (Abs. 4 S. 2). Zweck der Norm ist vornehmlich der **Erhalt des Grundstücks**. Der Vollstreckungszugriff wird dazu auf den (dem Schuldner selbst gebührenden) wirtschaftlichen Ertrag aus der Vermietung des Grundstücks beschränkt.[2] Entscheidend ist nicht die Existenzsicherung des Schuldners/Vermieters. Beim Pfändungsschutz wird also – anders als etwa bei § 851 a – nicht auf den notwendigen Unterhalt des Schuldners, sondern ausschließlich auf die laufende Unterhaltung des Grundstücks abgestellt. Ein den Unterhalt des Schuldners sichernder Pfändungsschutz wie für Arbeitseinkommen kann aber zusätzlich über § 850 i erreicht werden (s. § 850 i Rn 10). Beide Pfändungsschutzregeln gelten **nebeneinander**.

3 **Ansprüche auf Nebenkosten** werden bei einer Pfändung von Miet- oder Pachtforderungen wegen § 851 von vornherein nicht von dieser erfasst,[3] es sei denn, ein Anlassgläubiger pfändet (s. § 851 Rn 22). Ebenfalls ist zu beachten, ob die Einkünfte für Grundpfandrechte haften und deshalb der **Immobiliarvollstreckung** unterfallen (§ 865). Miet- und Pachtforderungen werden unter den Voraussetzungen und im Umfang der §§ 1123, 1124 BGB vom Hypothekenhaftungsverband und damit von der Beschlagnahme in der Immobiliarvollstreckung erfasst.

4 Außerhalb des von § 851 b (ggf § 850 i; s. dort Rn 10) umfassten Bereichs sind Einkünfte aus Vermietung und Verpachtung uneingeschränkt pfändbar, so dass für derartige Einkünfte weder ein Pfändungsschutzantrag nach § 765 a noch eine Analogie zum Pfändungsschutz für Arbeitseinkommen nach §§ 850 ff oder zu §§ 811 ff statthaft ist.[4]

II. Vermietung oder Verpachtung eines Grundstücks

5 Gemeint sind nur Einkünfte aus der Vermietung oder Verpachtung, einschließlich Leasing,[5] von (bebauten oder unbebauten) **Grundstücken oder Eigentumswohnungen**,[6] nicht jedoch von beweglichen Sachen oder Rechten. Das ergibt sich aus der Aufhebungsvoraussetzung „Unterhaltung des Grundstücks" und dem Bezug auf die Immobiliarvollstreckung in Abs. 1.[7] Auch ein Schuldner, der – als Miteigentümer des vermieteten Grundstücks – selbst die Teilungsversteigerung des Grundbesitzes betreibt, kann den Schutz in Anspruch nehmen,[8] da von seinem Mietertrag die von der Norm erfassten Kosten abgezogen werden.

6 **Untermietzinsen** sind nicht geschützt, da sie nicht der Unterhaltung und Instandhaltung des Grundstücks dienen und somit nicht unter den von § 851 b verfolgten Zweck fallen.[9] Etwas anderes gilt nur, wenn die Untermiete direkt an den Vermieter zu zahlen ist[10] und es sich somit um dessen Einkünfte handelt.

---

2 OLG Köln OLGZ 1992, 81.
3 OLG Celle NJW-RR 2000, 460; dazu *Lützenrath*, ZMR 1999, 699; Hk-ZPO/*Kemper*, § 851 b Rn 3; *Brox/Walker*, Zwangsvollstreckungsrecht, Rn 600.
4 BGHZ 161, 371; *Gieseler*, JR 2006, 26; krit. de lege ferenda im Hinblick auf der Altersversorgung dienende Mieteinnahmen: *Schuschke*, LMK 2005, 64.
5 Hk-ZPO/*Kemper*, § 851 b Rn 2.
6 Bei diesen für eine Ausweitung des Pfändungsschutzes plädierend: *M. J. Schmidt*, ZMR 2012, 85; *ders.*, ZfIR 2011, 733.
7 Schuschke/Walker/*Kessal-Wulf*, § 851 b Rn 1.
8 OLG Köln OLGZ 1992, 81.
9 Musielak/Voit/*Becker*, § 851 b Rn 2; Schuschke/Walker/*Kessal-Wulf*, § 851 b Rn 1 mwN; Zöller/*Stöber*, § 851 b Rn 2; aA Hk-ZPO/*Kemper*, § 851 b Rn 2.
10 Musielak/Voit/*Becker*, § 851 b Rn 2.

Soweit sie die Lasten des Grundstücks zu dessen Unterhaltung und notwendigen Instandsetzung tragen, werden neben den Grundstückseigentümern auch **Wohneigentümer**, Inhaber eines **Nießbrauchs** oder **dinglichen Wohnrechts** sowie **Erbbauberechtigte** geschützt.[11]

III. Unentbehrlichkeit des Miet- bzw Pachtzinses (Abs. 1 S. 1)

1. Laufende Unterhaltung des Grundstücks und Vornahme notwendiger Instandsetzungsarbeiten. Unter die **laufenden Unterhaltskosten** fallen vornehmlich die Grundsteuer, Gebäudeversicherungen (Prämien für Sach- und Haftpflichtversicherung), Kosten der Wasserversorgung und Abwassergebühren einschl. Regenwasser, Allgemeinstrom, Straßenreinigung und Müllabfuhr, Winterdienst, ggf Kosten für den Betrieb eines Aufzugs und einer Gemeinschaftsantenne, ggf Hausmeister und Gartenpflege. Nicht erfasst sind die Kosten der Hausverwaltung,[12] soweit sie nicht dem Grundstück oder Gebäude dient, sondern vorrangig der kaufmännischen Verwaltung des Mietgegenstandes.

Auch schon empfangene, aber noch nicht gezahlte Leistungen dieser Art haben für den Pfändungsschutz Bedeutung, es sei denn, es handelt sich um weit zurückliegende **Rückstände**.[13] Fehlt es nämlich an den zeitlichen Zusammenhang mit den zu schützenden Einkünften, liegt keine Unentbehrlichkeit (s. Rn 11) vor.[14]

Notwendige Instandsetzungsarbeiten sind insb. Reparaturen zum Erhalt des Grundstücks oder Gebäudes, nicht aber Nutzungsänderungen, Verbesserungen und Ähnliches, seien sie auch noch so nützlich.

Unentbehrlichkeit der Miet- oder Pachtzinsen für diese Kosten liegt nur dann vor, wenn dem Schuldner andere (eigene) Mittel für die notwendige Unterhaltung und Instandsetzung des Grundstücks nicht zur Verfügung stehen.[15] Der Schutz kann also nur dann eingreifen, wenn der Schuldner keine **Mietnebenkosten** gerade für die von der Norm geschützten Kosten des Grundstücks erhält; diese müsste er für den Grundstückserhalt verwenden und die Miete wäre nicht „unentbehrlich". Es kann nämlich nicht sein, dass Mietnebenkosten einerseits unpfändbar sind (s. Rn 3), andererseits ein Schutz des Mietzinses für den Grundstückserhalt trotz parallel gezahlter Mietnebenkosten eingreift. § 851 b dient nur der Herausrechnung nicht gesondert vereinbarter Mietnebenkosten.[16] Bei einer reinen Kostenmiete (s. §§ 8 ff WoBindG) ist allerdings indiziert, dass sie notwendig für die Zahlung der aufgeführten Kosten ist.[17]

2. Befriedigung von vorrangigen Ansprüchen iSd § 10 ZVG. Es geht um die Befriedigung solcher Ansprüche, die bei einer Zwangsvollstreckung in das Grundstück dem Anspruch des pfändenden Gläubigers vorgehen würden (vgl Abs. 1 S. 1 aE). Damit soll verhindert werden, dass dritte Gläubiger die Immobiliarvollstreckung betreiben, nur um ihren Vorrang vor dem die Miet- bzw Pachtzinsen pfändenden Gläubiger zu sichern.[18] Erfasst sind v.a. Gläubiger von Lasten und Kosten bei Wohnungseigentum, von öffentlichen Lasten des Grundstücks und Inhaber von vor[19] der Pfändung erlangten dinglichen Belastungen des Grundstücks (s. näher die Erl. zu § 10 ZVG). Sind die Miet- und Pachtzinsen zur Befriedigung

---

11 Musielak/Voit/*Becker*, § 851 b Rn 2; Schuschke/Walker/*Kessal-Wulf*, § 851 b Rn 1.
12 AG Schöneberg JurBüro 2001, 326.
13 MüKo-ZPO/*Smid*, § 851 b nF Rn 8; Musielak/Voit/*Becker*, § 851 b Rn 3.
14 Schuschke/Walker/*Kessal-Wulf*, § 851 b Rn 3.
15 LG Hagen 16.1.2008 – 3 T 377/07, 3 T 405/07 (betrifft Schuldner öffentliche Hand); Musielak/Voit/*Becker*, § 851 b Rn 3; dazu *Ernst*, JurBüro 2005, 231.
16 Vgl OLG Celle NJW-RR 2000, 460.
17 Baumbach/*Hartmann*, § 851 b Rn 3; PG/*Ahrens*, § 851 b Rn 5.
18 Schuschke/Walker/*Kessal-Wulf*, § 851 b Rn 4.
19 LG Berlin Rpfleger 1990, 377.

von Ansprüchen dieser Gläubiger **unentbehrlich**, weil dem Schuldner dafür keine anderen Mittel zur Verfügung stehen, wird die Pfändung insoweit aufgehoben.

IV. Pfändung von Barmitteln und Guthaben (Abs. 1 S. 2)

13 Geschützt werden auch die Barmittel und das Guthaben, die aus Miet- oder Pachtzahlungen herrühren. Kontopfändungsschutz für überwiesene Miete oder Pacht greift nur ein, wenn die Pacht oder Miete auf ein P-Konto überwiesen wird; dadurch erreicht der Schuldner unabhängig von § 851 b „automatischen" Pfändungsschutz nach § 850 k.

V. Befristeter Antrag und Antragserfordernisse (Abs. 2 S. 1)

14 Der **Antrag** ist ohne sachliche Prüfung zurückzuweisen, wenn er mehr als **zwei Wochen** nach der Pfändung gestellt wird und dem eine Verschleppung oder grobe Nachlässigkeit zugrunde liegt (Abs. 2). Bis zum vollständigen Inkrafttreten des Gesetzes zur Reform der Sachaufklärung in der Zwangsvollstreckung[20] am 1.1.2013 ergab sich dies aus einem Verweis auf § 813 b Abs. 2 aF. Die Aufhebung dieser Norm erforderte ergänzende Verfahrensvorschriften in § 851 b[21] (s. Rn 16 ff). Bedeutung hat die Frist vor allem deshalb, weil sie von den allgemeinen Regeln, dass ein Pfändungsschutzantrag unbefristet bis zur Beendigung der Zwangsvollstreckung gestellt werden kann (vgl § 851 a Rn 9), abweicht. Die Zwei-Wochen-Frist ist keine Notfrist, Wiedereinsetzung ist daher ausgeschlossen. Die Fristversäumung führt nicht zur Unzulässigkeit des Antrags, sondern zu seiner Zurückweisung. Von grober Nachlässigkeit ist auszugehen, wenn der Schuldner trotz Belehrung über die Möglichkeit eines Antrags die Frist versäumt hat und nichts zu seiner Entlastung vorbringt.[22]

Der Schuldner hat in seinem Antrag die die Voraussetzungen der Norm (Vermietung/Verpachtung, s. Rn 5; Unentbehrlichkeit, s. Rn 8) ausfüllenden wesentlichen Tatsachen darzulegen und glaubhaft (Abs. 4 S. 2) zu machen.

VI. Unterbleiben der Pfändung (Abs. 2 S. 2)

15 Sind die Voraussetzungen für die Aufhebung **offenkundig** gegeben, soll die Pfändung von vornherein unterbleiben (vgl § 851 a Rn 7 ff). Ein Antrag ist dafür nicht notwendig.[23]

VII. Verfahren, Rechtsfolgen, Rechtsbehelfe

16 Die Aufhebung der Pfändung erfolgt nur auf **Antrag** des Schuldners. Die Darlegungs- und **Beweis- bzw Glaubhaftmachungslast** für die Notwendigkeit der Kosten trägt der Schuldner.[24]

17 Auch eine nur **teilweise Aufhebung** ist möglich („insoweit", Abs. 1 S. 1). Enthält etwa ein Gebäude nicht lediglich vermietete oder verpachtete Geschäftsräume, sondern wird auch durch den Schuldner persönlich genutzt, können die Mietzahlungen für den Grundstücksunterhalt nur anteilig Berücksichtigung finden.[25] Sind die Mietzinsen nur zum Teil für den Unterhalt notwendig, weil ansonsten andere Mittel zur Verfügung stehen, kann es ebenfalls zu einer teilweisen Aufhebung kommen.

---

20 Vom 29.7.2009 (BGBl. I S. 2258).
21 BT-Drucks. 16/10069.
22 *Kindl* in der 1. Auflage 2010, § 813 b Rn 8.
23 Schuschke/Walker/*Kessal-Wulf*, § 851 b Rn 5.
24 Hk-ZPO/*Kemper*, § 851 b Rn 4.
25 LG Hagen 16.1.2008 – 3 T 377/07, 3 T 405/07.

Die gerichtliche Entscheidung kann geändert werden, wenn die „Lage der Verhältnisse" dies erfordert (Abs. 3). Der Gläubiger ist zu hören (Abs. 4 S. 1), und der Schuldner hat die für die Entscheidung wesentlichen Verhältnisse glaubhaft zu machen (Abs. 4 S. 2). Im Übrigen gelten für das Verfahren entsprechende Regeln wie bei § 851 a (s. § 851 a Rn 8 ff). 18

Die Norm gilt nicht in der **Insolvenz**, da es sich nicht um von vornherein unpfändbare Forderungen handelt (§ 36 Abs. 1 S. 1 InsO) und die entsprechende Anwendung der Norm auch nicht vorgesehen ist (§ 36 Abs. 1 S. 2 InsO). Die Mietforderungen können also nicht auf der Grundlage von § 851 b der Masse entzogen werden können; der Verwalter zieht sie ein. Ein Antrag nach § 850 i dürfte aber im Insolvenzverfahren möglich sein (s. § 850 i Rn 16).[26] Die Miet- und Pachtforderungen gehören zum **Hypothekenhaftungsverband** (§ 1123 BGB); Grundpfandgläubiger haben also ein Absonderungsrecht (§ 49 InsO). Durch Pfändung der Mietzinsen können sie dieses wegen § 89 InsO allerdings nicht realisieren.[27] Vielmehr müssen sie im Wege der Zwangsversteigerung oder Zwangsverwaltung vorgehen. Vorauspfändungen des Mietzinses unterfallen der Beschränkung des § 110 InsO. 19

VIII. Kosten

Gerichtskosten werden für den Antrag und die Entscheidung nicht erhoben. Gerichtsgebühren entstehen nur im Rechtsmittelverfahren (Nr. 2121, 2124 KV GKG), soweit ein Rechtsmittel verworfen oder zurückgewiesen wird. Wird ein Rechtsmittel nur teilweise verworfen oder zurückgewiesen, kann das Gericht die Gebühr nach billigem Ermessen auf die Hälfte ermäßigen oder bestimmen, dass eine Gebühr nicht zu erheben ist (Anm. zu Nr. 2121, Anm. zu Nr. 2124 KV GKG). 20

Für den erstmals in der Vollstreckung tätigen **Rechtsanwalt** des Schuldners entsteht durch den Antrag die Gebühr Nr. 3309 VV nebst Auslagen. Für den die Vollstreckung betreibenden Rechtsanwalt ist das Verfahren über den Antrag eine besondere Angelegenheit (§ 18 Abs. 1 Nr. 6 RVG), so dass die Gebühr Nr. 3309 VV RVG sowie Auslagen gesondert entstehen. Der Streitwert der Gebühr orientiert sich am Interesse an der Aufhebung der Vollstreckung; den vollen Betrag der titulierten Forderung kann der Streitwert nur ausnahmsweise erreichen.[28] 21

Die **Kosten eines Verfahrens** nach § 851 b können aus Billigkeitsgründen auch dem Gläubiger ganz oder teilweise auferlegt werden (§ 788 Abs. 4). 22

§ 851 c Pfändungsschutz bei Altersrenten

(1) Ansprüche auf Leistungen, die auf Grund von Verträgen gewährt werden, dürfen nur wie Arbeitseinkommen gepfändet werden, wenn

1. die Leistung in regelmäßigen Zeitabständen lebenslang und nicht vor Vollendung des 60. Lebensjahres oder nur bei Eintritt der Berufsunfähigkeit gewährt wird,
2. über die Ansprüche aus dem Vertrag nicht verfügt werden darf,
3. die Bestimmung von Dritten mit Ausnahme von Hinterbliebenen als Berechtigte ausgeschlossen ist und

---

26 AA LSG Halle NZS 2012, 632 sowie 7.6.2012 – L 5 AS 193/12 B ER.
27 BGHZ 168, 339; dazu *Matern*, DZWiR 2006, 517.
28 OLG Köln MDR 1980, 852.

4. die Zahlung einer Kapitalleistung, ausgenommen eine Zahlung für den Todesfall, nicht vereinbart wurde.

(2) ¹Um dem Schuldner den Aufbau einer angemessenen Alterssicherung zu ermöglichen, kann er unter Berücksichtigung der Entwicklung auf dem Kapitalmarkt, des Sterblichkeitsrisikos und der Höhe der Pfändungsfreigrenze, nach seinem Lebensalter gestaffelt, jährlich einen bestimmten Betrag unpfändbar auf der Grundlage eines in Absatz 1 bezeichneten Vertrags bis zu einer Gesamtsumme von 256.000 Euro ansammeln. ²Der Schuldner darf vom 18. bis zum vollendeten 29. Lebensjahr 2.000 Euro, vom 30. bis zum vollendeten 39. Lebensjahr 4.000 Euro, vom 40. bis zum vollendeten 47. Lebensjahr 4.500 Euro, vom 48. bis zum vollendeten 53. Lebensjahr 6.000 Euro, vom 54. bis zum vollendeten 59. Lebensjahr 8.000 Euro und vom 60. bis zum vollendeten 67. Lebensjahr 9.000 Euro jährlich ansammeln. ³Übersteigt der Rückkaufwert der Alterssicherung den unpfändbaren Betrag, sind drei Zehntel des überschießenden Betrags unpfändbar. ⁴Satz 3 gilt nicht für den Teil des Rückkaufwerts, der den dreifachen Wert des in Satz 1 genannten Betrags übersteigt.

(3) § 850 e Nr. 2 und 2 a gilt entsprechend.

I. Allgemeines 1
  1. Sinn und Zweck der Norm .. 1
  2. Überblick über die Altersvorsorgetypen und die Pfändbarkeit der Rentenzahlungen 2
  3. Überblick über die Altersvorsorgetypen und die Pfändbarkeit des angesammelten Vorsorgekapitals/der Anwartschaften 9
II. Voraussetzungen des Pfändungsschutzes 10
  1. Voraussetzungen für den Pfändungsschutz der Rentenleistungen (Abs. 1) 10
    a) Vertrag 10
    b) Enumerative Voraussetzungen für die Art der Leistung aus dem Vertrag 12
  2. Voraussetzungen für den Schutz des Vorsorgekapitals (Abs. 2) 17
III. Rechtsfolgen und Verfahren 19
IV. Bedeutung in der Insolvenz 25
V. Umwandlung und Kündigungsverbot nach VVG 27

I. Allgemeines

1. Sinn und Zweck der Norm. Die mit Wirkung vom 31.3.2007[1] eingeführte Norm gilt nur für ab diesem Datum erfolgte Pfändungen.[2] Sie soll die aus einer privaten Altersvorsorge erzielten Renten mit denjenigen aus einer gesetzlichen Rente im Hinblick auf die Pfändbarkeit gleichstellen.[3] Dies erschien insb. für die Altersvorsorge Selbständiger aus Gründen der Gleichbehandlung und des Sozialstaatsprinzips notwendig.[4] Die Rentenzahlungen aus der privaten Altersvorsorge sind aufgrund der Norm deshalb wie Arbeitseinkommen geschützt. Da bei der gesetzlichen Rente kein Kapital aufgebaut wird, erfordert die Gleichstellung von privater und gesetzlicher Rente darüber hinaus, dass sich der Schutz der privaten

---

1 Art. 1 Nr. 2 des Gesetzes zum Pfändungsschutz der Altersvorsorge vom 26.3.2007 (BGBl. I S. 368).
2 BGH ZIP 2012, 34 (sub II 1).
3 Gesetzentwurf der Bundesregierung vom 9.3.2006 (BT-Drucks. 16/886, S. 1 ff, 7 ff passim); Beschlussempfehlung und Bericht des Rechtsausschusses vom 13.12.2006 (BT-Drucks. 16/3844, S. 1 ff passim); *Stöber*, NJW 2007, 1242; *Wimmer*, ZInsO 2007, 281; *Tavakoli*, NJW 2008, 3259.
4 BT-Drucks. 16/886, S. 7; die grundrechtsbegründete Annahme einer rückwirkenden Geltung des § 851 c – so AG Lemgo ZVI 2007, 183 – ist aber abzulehnen.

Altersvorsorge auch auf das angesammelte Kapital erstreckt. Zweck der Norm ist neben dem Schutz des Existenzminimums des Selbständigen im Alter die Freistellung der Sozialhilfe von seiner Versorgung.[5]

2. Überblick über die Altersvorsorgetypen und die Pfändbarkeit der Rentenzahlungen.[6] a) Die **gesetzliche Rente** genießt den Schutz des § 54 Abs. 4 SGB I. Wie Arbeitseinkommen pfändbar sind deshalb die Ansprüche nach dem SGB VI auf die Altersrente (§§ 35 ff SGB VI), die Rente wegen Erwerbsminderung (§§ 43 ff SGB VI) und die Witwen-, Erziehungs- und Waisenrenten (§§ 46 ff SGB VI). 2

b) **Betriebliche Altersversorgung** genießt den Schutz des § 850 Abs. 2 (Betriebsrenten und Vorruhestandsgelder) und des § 850 Abs. 3 Buchst. b (Versicherungsrenten für vom Arbeitgeber zu Gunsten des Arbeitnehmers abgeschlossene Verträge). § 850 Abs. 3 Buchst. b findet aber auch auf vom Arbeitnehmer selbst abgeschlossene Verträge Anwendung (s. Rn 11). Pfändbarkeit besteht wie bei Arbeitseinkommen. 3

c) **Beamtenpensionen** sind wie Arbeitseinkommen pfändbar (§ 850 Abs. 2). 4

d) **Steuerlich geförderte Altersversorgung** („Riester-Rente"/„Rürup-Rente") fällt in den Anwendungsbereich von § 851 d, so dass Pfändbarkeit wie bei Arbeitseinkommen besteht. Bei Arbeitnehmern greift idR zusätzlich § 850 Abs. 3 Buchst. b (s. § 850 Rn 59, § 851 d Rn 1). 5

e) Rentenansprüche gegen **berufsständische Versorgungseinrichtungen** sind ebenfalls wie Arbeitseinkommen pfändbar[7] (s. näher § 850 Rn 60). 6

f) **Private Altersvorsorge Selbständiger** fällt nicht in den Anwendungsbereich des § 850 Abs. 3 Buchst. b, da es dort immer nur um Altersbezüge geht, die Arbeitnehmer oder Beamte (infolge geleisteter Arbeit) erhalten.[8] Sie ist aber von § 851 c erfasst und deshalb grds. wie Arbeitseinkommen pfändbar, wenn der private Versorgungsvertrag so gestaltet ist, dass die Leistungen tatsächlich regelmäßig und unwiderruflich bis zum Lebensende für die Altersversorgung zur Verfügung stehen (s. Rn 13). **Kapitalauszahlungen** (s. aber § 850 i Rn 11), zur Altersversorgung erworbene **Immobilien** und nicht lebenslange (s. aber Rn 13) Renten genießen danach grds. keinen Pfändungsschutz. 7

g) Renten wegen Verletzung des Körpers oder der Gesundheit (auch **Berufsunfähigkeits-, Unfall- und Invaliditätsrenten**)[9] sind nach § 850 b Abs. 1 Nr. 1 nur bei „Billigkeit" pfändbar. Das gilt auch für die Renten, Einkünfte und Bezüge Selbständiger.[10] § 851 c führt nicht dazu, dass Berufsunfähigkeitsrenten lediglich nach dieser Norm Pfändungsschutz genießen. Zum Verhältnis von § 851 c und § 850 b gilt vielmehr Folgendes: Greift kein Pfändungsschutz nach § 851 c, etwa weil die Berufsunfähigkeitsrente nicht lebenslang gezahlt wird, kann dennoch § 850 b greifen.[11] Ist die Berufsunfähigkeitsrente aber Teil einer lebenslangen Altersrente, richtet sich der Pfändungsschutz nach § 851 c (s. Rn 13). Bei sich über- 8

---

5 BT-Drucks. 16/886, S. 7, 9; letztlich auf Kosten der Vollstreckungsgläubiger: *Stöber*, NJW 2007, 1242, 1244; krit. zum „fiskalischen Tunnelblick" im Hinblick auf Unterhalt, Versorgungsausgleich und Zugewinnausgleich auch *Kogel*, FamRZ 2007, 870.
6 Ähnliche Übersichten bieten auch *Hasse*, VersR 2007, 870 und zuletzt *Könnecke*, DGVZ 2012, 17 (auch zur Frage, welche Angaben zu Versicherungsverträgen bei Abgabe der Vermögensauskunft i.S. § 807 – erfolgen müssen).
7 So in der Tendenz auch BGHZ 160, 197; BGH FamRZ 2007, 1012.
8 BFH 2.11.2007 – VII S 20/07; BFHE 218, 43; BGH DB 2008, 53; *Meller-Hannich*, WuB VI D. § 850 ZPO 1.08.
9 BGHZ 70, 206; Zöller/*Stöber*, § 850 b Rn 3.
10 BGH ZInsO 2010, 1485; anders noch BGH DB 2008, 53, dazu *Wollmann*, ZInsO 2009, 2319; LG Dortmund ZVI 2010, 395; LG Traunstein ZInsO 2010, 1939.
11 BGH ZInsO 2010, 1485; vgl auch BGH NZI 2009, 824.

schneidendem Pfändungsschutz ist ansonsten immer der für den Schuldner günstige anzuwenden (s. Rn 11).

9 **3. Überblick über die Altersvorsorgetypen und die Pfändbarkeit des angesammelten Vorsorgekapitals/der Anwartschaften.** Schon vor Auszahlung der Renten genießen das angesammelte Vorsorgekapital bzw die erworbenen Anwartschaften idR ebenfalls Pfändungsschutz. Für die **gesetzlichen Renten** und **Beamtenpensionen** sind Anwartschaften wegen § 851 Abs. 1 unpfändbar (s. § 850 Rn 60). Bei **berufsständischen Versorgungswerken** unterfallen sie ebenfalls dem Schutz des § 851 Abs. 1 (s. § 851 Rn 12), sind also unpfändbar. Dasselbe gilt wegen § 851 Abs. 1 iVm § 97 EStG für die **steuerlich geförderte Altersvorsorge** („Riester-Rente"). Bei **privater Altersvorsorge** ist das angesammelte Vorsorgekapital nur unter den Voraussetzungen des Abs. 2 unpfändbar, ansonsten vollständig dem Vollstreckungszugriff ausgeliefert. **Betriebliche Altersvorsorge** ist in der Ansparphase nach § 851 Abs. 1 iVm § 2 Abs. 2 S. 4 BetrAVG unpfändbar.[12] Der Anspruch des Arbeitnehmers auf Leistungen zur betrieblichen Altersvorsorge ist kein Arbeitsentgelt.[13] Zur Pfändung **zukünftiger Rentenleistungen** trotz unpfändbarer Anwartschaft s. § 850 Rn 18, 52.

II. Voraussetzungen des Pfändungsschutzes

10 **1. Voraussetzungen für den Pfändungsschutz der Rentenleistungen (Abs. 1). a) Vertrag.** Es muss sich um Leistungen auf Grund eines Vertrages handeln, womit nach der Systematik und dem Sinn und Zweck der Norm **private Altersvorsorgeverträge** (Kapitallebens- oder Rentenversicherungsvertrag, Bank- oder Fondssparplan) gemeint sind.

11 Obwohl die Norm vornehmlich auf den Schutz der Altersversorgung Selbständiger gerichtet ist, können auch **abhängig Beschäftigte und Beamte** derartige private Verträge mit Pfändungsschutz abschließen,[14] so dass nicht im Einzelfall geprüft wird, ob der Schuldner tatsächlich für seine Altersvorsorge existentiell auf die Leistung angewiesen ist.[15] Laufende Rentenansprüche aus einem von einem Arbeitnehmer zum Zwecke der Alters- oder Hinterbliebenenversorgung abgeschlossenen Versicherungsvertrag stellen aber Arbeitseinkommen iSd § 850 Abs. 3 Buchst. b dar und sind deshalb ohnehin nur nach Maßgabe der §§ 850 ff pfändbar (s. § 850 Rn 50).[16] Es finden insofern auf die privaten Vorsorgeverträge abhängig Beschäftigter grds. beide Regelungen Anwendung; bei Überschneidungen geht der jeweils weitreichendere Pfändungsschutz vor.[17]

12 **b) Enumerative Voraussetzungen für die Art der Leistung aus dem Vertrag.** Abs. 1 stellt darüber hinaus vier Voraussetzungen für den Pfändungsschutz auf (Nr. 1–4). Diese Voraussetzungen müssen grds. **kumulativ** im Zeitpunkt der Pfändung vorliegen. Wird allerdings der spätere Eintritt der Voraussetzungen durch eine vertragliche Bestimmung endgültig sichergestellt, greift der Pfändungsschutz immerhin ab diesem Zeitpunkt ein.[18]

13 **Nr. 1** fordert, dass die Leistung aus dem Vertrag in **regelmäßigen** Zeitabständen **lebenslang** gewährt wird. Schon hieraus ergibt sich, dass die Vereinbarung einer Kapitalauszahlung oder eines Kapitalwahlrechts den Pfändungsschutz ausschließt (s. noch Nr. 4). „Regelmäßig" meint eine periodische, nicht unbedingt

---

12 BGH NJW-RR 2011, 283.
13 BAGE 88, 28.
14 *Stöber*, NJW 2007, 1242, 1244.
15 AA wohl LG Bonn ZVI 2009, 214.
16 Schuschke/Walker/*Kessal-Wulf*, § 850 Rn 16; *Stürner*, NJW 2007, 1242, 1243.
17 Schuschke/Walker/*Kessal-Wulf*, § 851 c Rn 1.
18 BGH NJW-RR 2011, 493.

eine monatliche Leistung, wobei Letztere aber der übliche Fall sein wird. Schon aus der Syntax von Nr. 1 ergibt sich, dass auch die Berufsunfähigkeitsrentenleistungen lebenslang gewährt werden müssen.[19] Eine Ausnahme soll jedoch nach Ansicht des BGH für die Fälle gelten, in denen die zeitlich beschränkt zu erbringende Berufsunfähigkeitsrente Teil einer lebenslang zu erbringenden Rente ist, so dass mit dem Ende des Bezugs der Berufsunfähigkeitsrente der Bezug der Altersrente einsetzt, es sich also um eine „insgesamt lebenslange" Leistungserbringung handelt.[20] Schließlich darf die Rente wegen Nr. 1 **nicht vor Vollendung des 60. Lebensjahres** oder nur bei Eintritt der **Berufsunfähigkeit** gewährt werden.

Nr. 2 verlangt die Vereinbarung eines **Verfügungsverbotes** für die Rentenleistungen. Dies soll dazu dienen, dass die Leistungen tatsächlich dem Versicherten für die Altersversorgung zugutekommen. Sowohl Abtretung und Verpfändung, als auch vorzeitige Kündigung (s. Rn 27) des Vertrages müssen deshalb ausgeschlossen sein, zumindest soweit sie sich auf den unpfändbaren Teil beziehen.[21] Eine Vereinbarung, wonach eine Abtretung erst mit der schriftlichen Anzeige an den bisherigen Berechtigten wirksam wird, führt ohne weiteres nicht zur Unverfügbarkeit.[22] Ein vereinbartes Abtretungsverbot führt die *vollständige* Unpfändbarkeit nicht herbei (§ 851 Abs. 2, § 399 Alt. 2 BGB). 14

Nr. 3 schließt solche Altersvorsorgeverträge vom Pfändungsschutz der Rentenleistungen aus, bei denen die Leistung an einen Dritten erfolgen soll. **Dritte** dürfen aber als **Bezugsberechtigte** bestimmt werden, wenn es sich um Hinterbliebene handelt. Im Gesetzgebungsverfahren wurde die Bezugsberechtigung Dritter zunächst vollständig ausgeschlossen,[23] aber auch im weiteren Verfahren der **Hinterbliebenenbegriff** nicht eindeutig bestimmt; jedenfalls und zumindest seien Ehegatten und Kinder als Hinterbliebene zu bezeichnen.[24] Darüber hinaus müssen Stief- und Pflegekinder erfasst sein.[25] Die wohl hM sieht zudem und zu Recht Lebenspartner nach dem LPartG als Hinterbliebene im Sinne der Norm an.[26] Lebensgefährten einer nichtehelichen Lebensgemeinschaft werden vom Hinterbliebenenbegriff jedoch nicht erfasst.[27] Zum Pfändungsschutz bei Vollstreckung gegen die Hinterbliebenen s. Rn 16. 15

Nr. 4 schließt solche Verträge aus, bei denen die Zahlung einer **Kapitalleistung** vereinbart wurde. Schon die Vereinbarung eines Kapitalwahlrechts lässt den Pfändungsschutz entfallen.[28] Da der Eintritt der Voraussetzungen des Pfändungsschutzes bis zum Zeitpunkt der Pfändung genügt (s. Rn 12), ist ein Kapitalwahlrecht aber nicht schädlich, wenn es bis dahin entfallen ist.[29] (Zur Umwandlung einer auf Kapitalleistung gerichteten privaten Vorsorge in eine solche auf Rentenleistung s. Rn 27.) Wird nur für die Altersrente ein Kapitalwahlrecht gewährt, 16

---

19 OLG Hamm VersR 2010, 100.
20 BGH ZInsO 2010, 1485; *Ahrens*, VuR 2010, 445, 448; *ders.*, NJW-Spezial 2010, 597, 598; *Busch*, VuR 2011, 371, 373.
21 *Stürner*, NJW 2007, 1242, 1244.
22 Vgl BGH RuS 2009, 472.
23 BT-Drucks. 16/886, S. 10; zur Entwicklung im Verfahren s. *Wimmer*, ZInsO 2007, 281.
24 BT-Drucks. 16/3844, S. 12.
25 *Holzer*, ZVI 2007, 113, 115.
26 *Holzer*, ZVI 2007, 113; *Stöber*, NJW 2007, 1242, 1245; *Tavakoli*, NJW 2008, 3259, 3260; *Wimmer*, ZInsO 2007, 281; dafür sprechen auch die Entscheidungen des BVerfG zur Gleichstellung der Lebenspartnerschaften, etwa BVerfGE 124, 199 (betriebliche Altersversorgung), BVerfGE 105, 313 (Steuer- und Beamtenrecht) und BVerfGE 133, 377 (Splitting-Tarif); ausf. hierzu Vorauflage (2. Aufl. 2013, aaO) mwN.
27 BGH NJW-RR 2011, 493.
28 BGH ZIP 2012, 34 (sub II 1).
29 BGH WM 2012, 1870; *Busch*, VuR 2011, 371, 373.

entfällt auch der Pfändungsschutz für eine Berufsunfähigkeitsrente, wenn diese vor der Altersrente gewährt wird und beide zusammen der Existenzsicherung dienen.[30] Möglich sind aber gemischte Kapitallebensversicherungen, also die Vereinbarung einer Kapitalleistung (nur) für den Todesfall, die an die Erben erbracht wird.[31] Liegt eine gemischte Kapitallebensversicherung vor, bei der die Bezugsberechtigung eines Hinterbliebenen eingeräumt wird (Nr. 3), besteht allerdings kein Pfändungsschutz für eine Vollstreckung gegen die Hinterbliebenen. Diese erreichen den Schutz des § 851 c also nur, wenn ihre Bezugsberechtigung sich auf Renten richtet.[32] Ansonsten kommt Pfändungsschutz nach § 850 i in Betracht (s. § 850 i Rn 11).

17 **2. Voraussetzungen für den Schutz des Vorsorgekapitals (Abs. 2).** Auch der Schutz des Abs. 2 erfordert, dass der Vertrag den Voraussetzungen des Abs. 1 entspricht (Abs. 2 S. 1). Ein Ansparvorgang ist notwendig.[33]

18 Die zusätzlichen Vorgaben des Abs. 2 entziehen das angesammelte Vorsorgekapital dem Zugriff der Gläubiger insoweit, als es für die Erlangung einer Rente erforderlich ist, die in etwa dem unpfändbaren Arbeitseinkommen entspricht. **Maximal** können 238.000 € Rückkaufswert angesammelt werden (Abs. 2 S. 1). Freigestellt werden unterhalb dieses Maximums jährliche **Pauschalbeträge**, die vom Alter des Schuldners abhängig sind (Abs. 2 S. 2). Ein **den unpfändbaren Betrag übersteigender Rückkaufswert** der Versicherung ist in Anlehnung an § 850 c Abs. 2 in Höhe von drei Zehnteln unpfändbar, es sei denn, er übersteigt den dreifachen Wert der Maximalsumme (Abs. 2 S. 3 und 4). Die Beträge werden in Zukunft regelmäßig durch den Gesetzgeber überprüft und angepasst,[34] zuletzt wegen der Erhöhung der Regelaltersrentengrenze von 65 auf 67 Jahre.

III. Rechtsfolgen und Verfahren

19 1. Liegen die **Voraussetzungen des Abs. 1** vor, werden Leistungen aus der privaten Altersversorgung nur wie Arbeitseinkommen gepfändet. Für den Pfändungsantrag bestehen keine Besonderheiten.

20 Der Pfändungsschutz besteht ohne Antrag **von Amts wegen** („automatisch"); gepfändet wird durch **Blankettbeschluss**. Der **Drittschuldner** (Versicherung) muss also die Berechnung anhand der §§ 850 ff vornehmen und dabei insb. die Tabelle zu § 850 c beachten. Die Zusammenrechnung mehrerer Leistungen aus Vorsorgeverträgen oder einer solchen Leistung mit sonstigem Einkommen wird auf Antrag nach § 850 e Nr. 2 und 2 a vom Vollstreckungsgericht vorgenommen. Pfändungserweiternde oder -beschränkende Anträge (etwa nach §§ 850 d, 850 f etc.) sind nach der Rspr des BGH nicht möglich.[35]

21 Beantragt der Gläubiger die Pfändung ohne die für Arbeitseinkommen geltenden Pfändungsbeschränkungen, muss er im Antrag schlüssig darlegen, weshalb die Voraussetzungen des Abs. 1 nicht bestehen. Der Schuldner und der Drittschuldner können bei Pfändung unter Verstoß gegen § 851 c Erinnerung (§ 766) einlegen.

22 Werden die Leistungen auf ein **P-Konto** überwiesen, bleiben sie in Höhe des Pfändungsfreibetrages nach § 850 k vom Beschlag frei. Werden die Rentenleistungen auf ein **sonstiges Konto** überwiesen, genießen sie keinen Pfändungsschutz,

---

30 BGH ZInsO 2010, 1485.
31 *Stöber*, NJW 2007, 1242, 1244.
32 *Stöber*, NJW 2007, 1242, 1245.
33 *Wollmann*, ZInsO 2013, 902.
34 BT-Drucks. 16/886, S. 10.
35 BGH DB 2011, 1390; aA *Busch*, VuR 2011, 371, 374, 376 f; PG/*Ahrens*, § 851 c Rn 39.

da auch § 850 l nur noch auf P-Konten Anwendung findet (s. § 850 l Rn 1). Zum Verhältnis zu § 850 i s. § 850 i Rn 11.

2. Liegen die **Voraussetzungen des Abs. 1 und 2** vor, verbleibt dem Schuldner jährlich ein pauschalierter unpfändbarer Betrag des **Vorsorgekapitals** erhalten, maximal jedoch 256.000 €. Vom überschießenden Betrag bleiben ihm drei Zehntel erhalten, es sei denn, der Rückkaufswert übersteigt 768.000 € (3 x 256.000 €).

▶ Beantragt wird,[36] die Ansprüche auf Auszahlung bzw Vergütung des Rückkaufswertes aus dem Vertrag ... zu pfänden, soweit der Rückkaufswert durch 7/10 des Betrages aufgebaut worden ist, der über den pfändungsfreien jährlichen Einzahlungsbeträgen des § 851 c Abs. 2 S. 2 ZPO lag. ◀

3. Dem Schuldner bleiben nicht etwa monatliche Einkünfte unpfändbar erhalten, die er zur Ansammlung des geschützten Kapitals benötigt.[37] Die für den Aufbau der privaten Altersversorgung erforderlichen Beträge muss der Schuldner also **aus dem ihm pfändungsfrei verbleibenden Einkommen** bestreiten; andernfalls käme es zu doppeltem Pfändungsschutz.

Wandelt der Schuldner einen Anspruch auf Arbeitsentgelt nach der Pfändung in einen solchen auf eine Versorgungszusage um (**Entgeltumwandlung**), kann es zur Anwendung von § 850 h und damit zur Fiktion einer pfändbaren Vergütung kommen[38] (vgl § 850 h Rn 37).

IV. Bedeutung in der Insolvenz

Die Norm findet auch in der Insolvenz Anwendung (§ 36 Abs. 1 InsO), so dass die private Altersvorsorge in Höhe ihrer Unpfändbarkeit nicht zur Masse gehört.[39] Zuständig ist aber nicht das Insolvenzgericht, sondern das Prozessgericht[40] (s. auch § 850 Rn 26, 33).

Eine **Insolvenzanfechtung** zu Lasten von Sozialversicherungsträgern folgt den allgemeinen Regeln;[41] entgegen den ursprünglichen Plänen im Gesetzgebungsverfahren wurde auf eine Erschwerung der Anfechtung verzichtet.[42] Eine insolvenzrechtliche Anfechtung der Umwandlung (s. Rn 27) kommt – wenn ein Anfechtungstatbestand erfüllt ist – nach inzwischen wohl überwiegender Ansicht in Betracht.[43]

---

36 Vollständiges Muster s. *Brögelmann*, in: Saenger/Ullrich/Siebert, ZPO, Gesetzesformulare, Nr. 933.
37 BGH DB 2011, 1390; LG Lüneburg NZI 2011, 25; LG Bonn ZVI 2009, 214; LG Bonn 4.3.2009 – 6 T 221/08; LAG Hannover 19.8.2010 – 4 Sa 970/09 B; iE auch *Tavakoli*, NJW 2008, 3259; krit. de lege ferenda *Busch*, VuR 2011, 371, 375; anders aber für steuerlich geförderte Altersvorsorge wegen entsprechender Anwendung von § 97 EStG iVm § 851 Abs. 1: LAG Mainz VuR 2007, 395.
38 LAG Hannover 19.8.2010 – 4 Sa 970/09 B; gegen die Zulässigkeit einer solchen Umwandlung *Steuernagel*, öAT 2012, 54.
39 Einzelheiten s. *Flitsch*, ZVI 2007, 161; *Schwarz/Facius*, ZVI 2009, 188.
40 BGH ZInsO 2010, 1115.
41 Vgl BGH NJW 2002, 2568; BGHZ 155, 75; BGHZ 157, 242; BGH NJW-RR 2004, 342.
42 S. BT-Drucks. 16/886, S. 5, 8 f, 11 ff; BT-Drucks. 16/3844, S. 5, 11 f; *Wimmer*, ZInsO 2007, 281.
43 Zuletzt OLG Naumburg ZInsO 2011, 677 mwN; KG ZInsO 2012, 218 (aber keine unentgeltliche Leistung iSd § 134 InsO); aA etwa OLG Stuttgart DB 2012, 174; *Flitsch*, ZVI 2007, 161, 165.

V. Umwandlung und Kündigungsverbot nach VVG

27 Eine bestehende Lebensversicherung kann jederzeit für den Schluss der laufenden Versicherungsperiode auf Kosten des Versicherungsnehmers in eine solche, die den Anforderungen des Abs. 1 entspricht, **umgewandelt** werden (§ 167 VVG). Ist der Antrag auf Umwandlung unwiderruflich gestellt und wird dann vor Vollzug der Umwandlung gepfändet, gilt der Pfändungsschutz nicht erst ab Beginn der folgenden Versicherungsperiode, sondern schon mit Endgültigkeit der Widmung der Versicherungsleistungen für die Altersversorgung.[44] Zur Insolvenzanfechtung der Umwandlung s. Rn 26.

28 Die Umwandlung kann dazu führen, dass die Versicherung wegen ihrer Unpfändbarkeit dem **Zugewinnausgleich** entzogen wird,[45] dafür aber in den **Versorgungsausgleich** fällt.[46] Ein **Härtefall** iSd § 12 Abs. 3 S. 1 Nr. 6 Alt. 2 SGB II kann nicht schon deshalb abgelehnt werden, weil die Möglichkeit zur Umwandlung besteht.[47] Auch ohne Umwandlung kann deshalb die Altersvorsorge bei der Grundsicherung für Arbeitsuchende unberücksichtigt bleiben. Eine vorgenommene Umwandlung führt aber jedenfalls zum Verwertungsausschluss iSd § 12 Abs. 2 Nr. 3 SGB II,[48] wenn dessen Voraussetzungen auch ansonsten vorliegen.

29 Soweit Leistungen aus den Vorsorgeverträgen unpfändbar sind, kann der Vertrag nicht durch den Versicherungsnehmer gekündigt werden (s. Rn 14). Zu diesem Zweck hat § 168 Abs. 3 S. 2 VVG das **Kündigungsrecht kraft Gesetzes ausgeschlossen**. Der umgekehrte Schluss, vom Verwertungsausschluss gem. § 168 Abs. 3 VVG auf den Pfändungsschutz, ist hingegen nicht zwingend.[49]

§ 851 d Pfändungsschutz bei steuerlich gefördertem Altersvorsorgevermögen

Monatliche Leistungen in Form einer lebenslangen Rente oder monatlicher Ratenzahlungen im Rahmen eines Auszahlungsplans nach § 1 Abs. 1 Satz 1 Nr. 4 des Altersvorsorgeverträge-Zertifizierungsgesetzes aus steuerlich gefördertem Altersvorsorgevermögen sind wie Arbeitseinkommen pfändbar.

I. Allgemeines

1 **Steuerlich geförderte Altersvorsorge** erfüllt vielfach nicht die Voraussetzungen des § 851 c und eröffnet selbst bei abhängig Beschäftigten nicht immer den Anwendungsbereich des § 850 Abs. 3 Buchst. b.[1] Die verbleibende Lücke soll für Selbständige und abhängig Beschäftigte durch § 851 d geschlossen werden, wobei auch hier gilt, dass der für den Schuldner günstigste Pfändungsschutz greift, wenn eine Versicherung den Tatbestand mehrerer Normen zum Schutz der Altersvorsorge vor Pfändung erfüllt (s. § 851 c Rn 11).

---

44 BGH NJW-RR 2011, 493; OLG Naumburg ZInsO 2011, 677 mwN; Zöller/*Stöber*, § 851 c Rn 10; Looschelders/*Krause*, VVG, 2. Aufl. 2011, § 167 Rn 13; *Reiff*, in: Prölss/Martin, VVG, 28. Aufl. 2010, § 167 Rn 14; *Brambach*, in: Rüffer/Halbach/Schimikowski, VVG, 3. Aufl. 2015, § 167 Rn 14 ff; *Stöber*, NJW 2007, 1242, 1246 mwN; *Tavakoli*, NJW 2008, 3259; *Hasse*, VersR 2007, 870; eine gesetzgeberische Klarstellung ist insoweit nicht notwendig – so noch *Hasse*, VersR 2006, 145, 157.
45 Krit. *Kogel*, FamFR 2007, 870.
46 *Meller-Hannich*, in: Sethe/Höland (Hrsg.), Versorgungsausgleich, 2011, S. 15, 29.
47 BSGE 103, 146.
48 Vgl OVG Koblenz JAmt 2009, 143; BVerwG DVBl 2010, 860 (Rn 19).
49 KG ZInsO 2012, 218.
1 *Stöber*, NJW 2007, 1242, 1246.

Die Voraussetzungen der steuerlichen Förderung ergeben sich aus den §§ 10, 10 a und 79 ff EStG, wonach bestimmte Vorsorgeaufwendungen als Sonderausgaben abzugsfähig sind und ggf Anspruch auf eine Altersvorsorgezulage geben. Das zitierte **Gesetz über die Zertifizierung von Altersvorsorge- und Basisrentenverträgen** (AltZertG) selbst trifft keine Aussage über die steuerliche Förderung; auf die Zertifizierung wird aber in § 10 Abs. 2 S. 2 Nr. 1 EStG verwiesen, so dass die steuerliche Förderung – und damit der Pfändungsschutz – von der Zertifizierung nach dem AltZertG abhängen kann. Eine Rolle spielt die Zertifizierung für den Pfändungsschutz auch dann, wenn die Leistungen aus der Altersvorsorge nicht lebenslang, sondern im Rahmen eines Auszahlungsplans nach dem AltZertG gewährt werden (s. Rn 5).

II. Geschützte Vorsorgetypen

1. Steuerlich gefördertes Altersvorsorgevermögen. Steuerlich gefördert ist nach §§ 10 a, 79 ff EStG die „**Riester-Rente**" in Form einer Rentenversicherung oder eines Bank- oder Fondssparplans. Ebenfalls steuerlich gefördert ist nach § 10 Abs. 1 Nr. 2 Buchst. b EStG die „**Rürup-Rente**", eine Basisrentenversicherung, die ausschließlich Ansprüche auf Rentenzahlung begründet.

2. Art der Leistungen. Pfändungsschutz genießen die Ansprüche auf monatliche Leistungen in Form einer **lebenslangen Rente**. Schon das Wahlrecht einer Kapitalabfindung schließt die steuerliche Förderung und damit den Pfändungsschutz aus.[2]

Geschützt sind auch monatliche Raten im Rahmen eines **Auszahlungsplans** iSd § 1 Abs. 1 Nr. 4 AltZertG. Hier kann der Auszahlungsplan auch eine Sammelzahlung mit einer späteren Teilkapitalverrentung vorsehen.

III. Rechtsfolge

1. Schutz der Leistungen wie bei Arbeitsentgelt. Die Ansprüche auf Rentenleistungen sind im Falle der Pfändung wie Arbeitseinkommen geschützt, so dass insb. die Freibeträge des § 850 c gelten.

2. Schutz des Vorsorgekapitals und der laufenden Beiträge. Durch die Norm selbst wird ein Kapitalstock nicht geschützt. Bei der „Riester-Rente" ergibt sich dessen Unpfändbarkeit aber aus §§ 10 a, 79 ff, 97 EStG iVm § 851 Abs. 1.[3] Bei der „Rürup-Rente" gilt zwar § 97 EStG nicht; es ist aber keine Kündigung der Verträge möglich (§ 168 Abs. 3 S. 1 VVG), so dass das Kündigungsrecht auch nicht gepfändet werden darf und es dadurch zur Unpfändbarkeit des angesammelten Kapitals kommt.[4] Dass die Ansprüche nicht übertragbar ausgestaltet sein dürfen (§ 10 Abs. 1 Nr. 2 Buchst. b EStG), genügt – wegen § 851 Abs. 2 – allein wohl nicht, um die Pfändbarkeit auszuschließen.[5]

Aber auch die **laufenden Beiträge** genießen – anders als bei § 851 c (s. Rn 24) – Pfändungsschutz nach § 97 EStG iVm § 851, dh sie erhöhen den Pfändungsfreibetrag, so dass es letztlich zur Gleichstellung mit der gesetzlichen Rente, bei der Entsprechendes über § 850 e Nr. 1 bewirkt wird, kommt.[6] Systematisch ist die Regelung des § 97 EStG allerdings misslungen, weil es sich bei den Beiträgen nicht um Forderungen des Schuldners handelt und die hier teleologisch abgeleitete Erhöhung des Pfändungsfreibetrages nicht ausdrücklich angeordnet wird, so

---

2 BGH ZIP 2012, 34 (sub II 1).
3 LAG Mainz VuR 2007, 395.
4 *Stöber*, NJW 2007, 1242, 1246; Schuschke/Walker/*Kessal-Wulf*, § 851 d Rn 2.
5 AA *Kohte/Busch*, jurisPR-ArbR 40/2007 Anm. 4.
6 LAG Mainz VuR 2007, 395; anders LAG Rostock NZA-RR 2011, 484 (iE aber offen gelassen).

dass dieses Ergebnis umstritten[7] und eine gesetzgeberische Klarstellung vonnöten ist.

IV. Bedeutung in der Insolvenz

9 Sowohl in der **Insolvenz** als auch bei **Überweisungen auf Konten** gilt Entsprechendes wie bei Ansprüchen iSd § 851 c (s. § 851 c Rn 25). Aufgrund des erhöhten Pfändungsfreibetrages auch für die Beiträge (s. Rn 8) ist auch der Insolvenzbeschlag entsprechend eingeschränkt.

§ 852 Beschränkt pfändbare Forderungen

(1) Der Pflichtteilsanspruch ist der Pfändung nur unterworfen, wenn er durch Vertrag anerkannt oder rechtshängig geworden ist.

(2) Das Gleiche gilt für den nach § 528 des Bürgerlichen Gesetzbuchs dem Schenker zustehenden Anspruch auf Herausgabe des Geschenkes sowie für den Anspruch eines Ehegatten auf den Ausgleich des Zugewinns.

I. Allgemeines 1	1. Vertragliches Anerkenntnis 8
II. Geschützte Forderungen 2	2. Rechtshängigkeit 9
1. Der Pflichtteilsanspruch 2	3. Einzelheiten 10
2. Der Anspruch auf Ausgleich des Zugewinns 3	IV. Verfahren 15
3. Der Rückforderungsanspruch des verarmten Schenkers 5	V. Pfändung des in der Verwertbarkeit aufschiebend bedingten Anspruchs 16
4. Analogiefähigkeit und Verhältnis zu § 851 und § 400 BGB 6	VI. Bedeutung in der Insolvenz 23
III. Vertragliches Anerkenntnis oder Rechtshängigkeit 7	VII. Sonstige Folgen der Pfändungsbeschränkung 24

I. Allgemeines

1 Es handelt sich um Forderungen, die auf einer familiären oder persönlichen Bindung beruhen. Die Pfändbarkeit wird eingeschränkt, um dem Berechtigten selbst die Entscheidung darüber zu belassen, ob er seinen Anspruch geltend macht oder nicht.[1] Gläubiger sollen diese Entscheidung nicht durch Pfändung an sich ziehen können. Die Forderungen selbst sind keine höchstpersönlichen, wohl aber ist die Entscheidung über ihre Geltendmachung an die Person des Berechtigten gebunden.

II. Geschützte Forderungen

2 **1. Der Pflichtteilsanspruch.** Der **Pflichtteilsanspruch** entsteht bei den Abkömmlingen, Eltern und dem Ehegatten sowie Lebenspartner eines Erblassers mit dem Erbfall und richtet sich gegen die testamentarisch eingesetzten Erben. Er ist Ausfluss und Ersatz des gesetzlichen Erbrechts der nächsten Angehörigen.[2] Entstehungsgrund des Pflichtteilsanspruchs ist also eine familienrechtliche Bindung zwischen Erblasser und Pflichtteilsberechtigtem, die sich im Verhältnis zwischen

---

7 S. auch LAG Rostock NZA-RR 2011, 484 mwN.
1 *Hannich*, Die Pfändungsbeschränkung des § 852 ZPO, 1998.
2 Palandt/*Weidlich*, § 2303 BGB Rn 1; zu den Funktionen des Pflichtteilsrechts zuletzt *Dutta*, AcP 209 (2009), 760.

dem Erben und dem Pflichtteilsberechtigten fortsetzt und ausdrückt. Auf diese materiellrechtlichen Aspekte nimmt die Pfändungsbeschränkung Rücksicht, indem sie die Freiheit des Pflichtteilsberechtigten, selbst über die Geltendmachung seines Anspruchs zu entscheiden, gewährleistet. Erfasst sind neben dem Anspruch aus § 2303 BGB auch der Zusatzpflichtteil (**Pflichtteilsrestanspruch**) nach §§ 2305–2307 BGB und der **Pflichtteilsergänzungsanspruch**[3] nach §§ 2325 ff BGB. Der Anspruch ist übertragbar und vererblich (§ 2317 Abs. 2 BGB).

2. Der Anspruch auf Ausgleich des Zugewinns. Die Ausgleichsforderung entsteht mit Beendigung des Güterstands, § 1378 Abs. 3 S. 1 BGB (vornehmlich durch Scheidung, aber auch bei Eheaufhebung, vorzeitigem Zugewinnausgleich oder Vereinbarung eines anderen Güterstandes, §§ 1372 ff BGB; zur Beendigung des Güterstands durch Tod s. Rn 4). Der Zugewinnausgleich stellt zwar eher als der Pflichtteilsanspruch auf einen wirtschaftlichen Ausgleich tatsächlich erbrachter Arbeits- oder sonstiger Leistungen ab, ist aber ebenso wie dieser Folge enger familiärer Beziehungen. Auch bei ihm ist deshalb der Zugriff Dritter erst dann zugelassen, wenn der anspruchsberechtigte Ehegatte von sich aus den Drittschuldner in Anspruch zu nehmen beabsichtigt. Der Anspruch ist ab Entstehung übertragbar und erlischt nicht mit dem Tod des Berechtigten, sondern geht auf dessen Erben über (§ 1378 Abs. 3 S. 1 BGB). 3

Endet der Güterstand durch Tod und tritt gesetzliche Erbfolge ein, kommt es zur Erhöhung des gesetzlichen Erbteils des Ehegatten (§ 1371 Abs. 1 BGB), und § 852 findet mangels Anspruchs keine Anwendung, wohl aber kann der Erbteil nach § 859 gepfändet werden.[4] Ist der Ehegatte enterbt oder schlägt er eine Erbschaft aus, entsteht neben dem Zugewinnausgleichsanspruch gegen die Erben (§§ 1371 Abs. 2, 1373 ff, 1967 BGB) der „kleine" Pflichtteilsanspruch (§§ 2303 Abs. 2, 1371 Abs. 2, 1967 BGB). Nur für Ersteren gilt Abs. 2, für Letzteren aber Abs. 1, was jedoch in den Rechtsfolgen keinen Unterschied macht. 4

3. Der Rückforderungsanspruch des verarmten Schenkers. Der Anspruch aus § 528 S. 1 BGB entsteht mit Eintritt des Notbedarfs[5] und verpflichtet den Beschenkten, ein Geschenk bei nicht vorwerfbar herbeigeführter Bedürftigkeit des Schenkers an diesen zurückzugewähren. Maßgeblich ist die Erwägung, dass die Rechtsordnung kein Interesse daran haben kann, den einen (den Schenker) in die Notlage zu stürzen, um den anderen (den beschenkten Drittschuldner) ihr zu entreißen.[6] Die besondere praktische Bedeutung des Anspruchs liegt darin, dass er nach § 33 SGB II und § 93 SGB XII auf den Sozialhilfe- bzw Grundsicherungsträger übergeleitet werden kann, der ansonsten für den Unterhalt des Schuldners aufkommt. Obwohl die Norm auch dem finanziellen Bedarf des Schenkers dient, erhebt sie letztlich eine sittliche Verpflichtung zur Rechtspflicht und ist deshalb eine Billigkeitsregelung.[7] Auch hier ist es deshalb sachgerecht, der persönlichen Beziehung zwischen Schenker und Beschenktem entsprechend, die Entscheidung darüber, ob der Anspruch geltend gemacht werden soll, dem Schenker zu überlassen.[8] Der Anspruch ist jedenfalls im Rahmen seiner Zweckbindung (§ 399 Alt. 1 BGB) abtretbar.[9] Grundsätzlich erlischt der Anspruch mit dem Tod des 5

---

3 Vgl LG Hildesheim FamRZ 2009, 1440.
4 Stein/Jonas/*Brehm*, § 852 Rn 2.
5 BGHZ 169, 320, auch wenn die Schenkung dann noch nicht vollzogen ist.
6 OLG Düsseldorf FamRZ 1984, 887.
7 Für die entsprechende vor Schenkungsvollzug geltende Regelung des § 519 BGB: Palandt/*Weidenkaff*, § 519 BGB Rn 1.
8 Hahn/Mugdan, VIII, S. 159.
9 BGHZ 127, 354; BGHZ 169, 320; *Wüllenkemper*, JR 1988, 353.

Schenkers,[10] es sei denn, er wurde bereits vorher übergeleitet[11] oder geltend gemacht.[12]

4. Analogiefähigkeit und Verhältnis zu § 851 und § 400 BGB. Die Norm bezieht sich ausschließlich auf die in ihr genannten Forderungen und gibt keinen allgemeinen Grundsatz für Rechte vor, auf die der Zugriff von Gläubigerseite nur durch eine in der freien Entscheidung des Schuldners liegende Gestaltung möglich ist.[13] Unter Umständen kann bei solchen Ansprüchen § 851 iVm § 399 Alt. 1 BGB eingreifen. Umgekehrt ist bei Ansprüchen, die § 852 unterfallen, § 851 nicht anwendbar, da § 852 insoweit eine „besondere Vorschrift" ist.[14] Das Abtretungsverbot des § 400 findet keine Anwendung.[15]

III. Vertragliches Anerkenntnis oder Rechtshängigkeit

Dadurch, dass der Schuldner einen Anerkenntnisvertrag schließt oder seine Forderung rechtshängig macht, zeigt er in eindeutiger Weise, dass er sich entschieden hat, den Anspruch geltend zu machen. Bis dahin ist er – auch gegenüber seinen Unterhaltsgläubigern – nicht verpflichtet zur Geltendmachung (s. Rn 26).

1. Vertragliches Anerkenntnis. Dieses muss zwischen dem verpflichteten Erben, Beschenkten, Ehegatten (Drittschuldner) und dem Schuldner geschlossen werden. Es bedarf nicht der Vorgaben des § 781 BGB. Schriftform ist nicht erforderlich; schlüssige Handlungen genügen. Erfasst ist jedes Rechtsgeschäft, das auf Feststellung des Anspruchs, auf ein Einverständnis über dessen Bestehen zielt.[16]

2. Rechtshängigkeit. Sie muss zum Zeitpunkt der Pfändung fortdauern oder der Anspruch muss bereits tituliert sein.[17] Bei Klagerücknahme vor Wirksamkeit der Pfändung entfällt die Pfändungsvoraussetzung der Rechtshängigkeit. Ist allerdings eine wirksame Pfändung vollzogen, kann eine spätere Klagerücknahme diese nicht mehr beseitigen.[18] Auch die Erhebung einer Teilklage[19] oder einer Feststellungsklage ist ausreichend, ebenso die nicht bestrittene Eintragung in die Insolvenztabelle.[20] Rechtshängigkeit im Mahnverfahren tritt entweder nach §§ 696 Abs. 3, 700 Abs. 2 mit Zustellung des Mahnbescheids oder – falls nicht alsbald an das Prozessgericht abgegeben wird – mit Abgabe der Verfahrensakten ein.[21]

3. Einzelheiten. Einklagen bzw den Anerkenntnisvertrag abschließen muss jedenfalls der **Schuldner selbst**, nicht etwa der Gläubiger,[22] auch wenn ihm der Anspruch (fälschlicherweise, s. Rn 15, 21) überwiesen wurde.

Wurde der Anspruch bereits **abgetreten**, kann er nur beim Zessionar, dort jedoch uneingeschränkt, gepfändet werden, denn die Abtretung lässt den Anspruch ebenso wie ein Anerkenntnis oder eine Rechtshängigkeit aus der geschützten Ent-

---

10 BGHZ 96, 380; BGHZ 147, 288; OLG Frankfurt NJW 1994, 1805; Palandt/*Weidenkaff*, § 528 BGB Rn 4.
11 BGHZ 96, 380.
12 BGHZ 147, 288.
13 Vgl OLG München Rpfleger 2010, 495; OLG München Rpfleger 2009, 500 (evtl. analoge Anwendung auf ehebezogene Zuwendungen).
14 BGHZ 169, 320.
15 *Hannich*, Die Pfändungsbeschränkung des § 852 ZPO, S. 148 ff.
16 Zöller/*Stöber*, § 852 Rn 2; vgl BGH NJW 1973, 620 (für § 847 BGB aF); OLG Düsseldorf FamRZ 2000, 367; Schuschke/Walker/*Kessal-Wulf*, § 852 Rn 2.
17 Schuschke/Walker/*Kessal-Wulf*, § 852 Rn 3.
18 *Stöber*, Forderungspfändung, Rn 270.
19 *Wax*, LM § 852 ZPO Nr. 1; aA *Stöber*, Forderungspfändung, Rn 270.
20 *Stöber*, Forderungspfändung, Rn 270.
21 BGHZ 179, 329.
22 OLG Düsseldorf FamRZ 2000, 367; LG Hildesheim FamRZ 2009, 1440; s. auch *Peters*, VersR 1976, 1005 (für § 847 BGB aF).

schließungssphäre des Schuldners heraustreten.[23] Anders sollte es aber im Falle des **vererbten** und bis dahin vom ursprünglich Berechtigten nicht geltend gemachten Pflichtteils- (s. Rn 2 aE) oder Zugewinnausgleichsanspruchs (s. Rn 3 aE) aussehen. Der Berechtigte hat seine Entscheidungsfreiheit nicht ausgeübt und die Gläubiger des Erben können über die Geltendmachung nicht entscheiden. Der Anspruch gehört also zum Nachlass und kann beim Erben nur gepfändet und verwertet werden, wenn der neue Berechtigte ihn geltend macht. Der Normzweck, die persönliche Entscheidungsfreiheit des Berechtigten zu schützen, entfällt – entgegen anders lautender Rspr – mit dessen Tod also nicht.[24]

Auch **Verpfändung** sowie ein **Vergleich** oder **Teilverzicht** (s. Rn 20) stehen der Rechtshängigkeit bzw dem Anerkenntnis gleich. 12

Erfolgen das Anerkenntnis oder die Rechtshängigkeit erst **nach einer Pfändung**, wird der bisherige Mangel ex nunc geheilt (s. aber Rn 16: Heilung nur im Hinblick auf Verwertungsvoraussetzungen erforderlich). 13

Eine Modifizierung der Voraussetzungen des § 852 anhand derjenigen des § 850 d für den Fall der **Pfändung durch einen Unterhaltsberechtigten** ist nicht zulässig.[25] 14

IV. Verfahren

Es gelten die allgemeinen Regeln der §§ 829 ff. Der Gläubiger muss für den Erlass eines Pfändungs- *und* Überweisungsbeschlusses schlüssig das Anerkenntnis bzw die Rechtshängigkeit darlegen.[26] Liegen Anerkenntnis oder Rechtshängigkeit **(noch) nicht** vor, kann *nur* ein **Pfändungs-, nicht aber ein Überweisungsbeschluss** erlassen werden[27] und es gilt ansonsten Folgendes: 15

V. Pfändung des in der Verwertbarkeit aufschiebend bedingten Anspruchs

Dem Gläubiger ist es möglich, schon vor Anerkenntnis oder Rechtshängigkeit den entstandenen[28] (zum Entstehungszeitpunkt s. Rn 2 f, 5) Anspruch als einen in seiner Verwertbarkeit aufschiebend bedingten Anspruch zu pfänden[29] und sich so die Befriedigung für den späteren Fall des Anerkenntnisses bzw Einklagens zu sichern. § 852 ist somit **nicht als Pfändungs-, sondern als Verwertungsbeschränkung**[30] zu verstehen. Der Zweck der Norm verbietet lediglich eine Vollstreckung, die zur umfassenden, die Entscheidungsfreiheit ausschaltenden Verwertung des Anspruchs zu Gunsten des Gläubigers führt, nicht aber die Sicherung einer derzeit unverwertbaren Forderung. Ist ein Recht nicht verwertbar, so kann auch eine 16

---

23 *Kuchinke*, NJW 1994, 1769; *Hannich*, Die Pfändungsbeschränkung des § 852 ZPO, S. 161 ff; aA für das Erbschaftsteuerrecht FG Kassel EFG 1990, 587.
24 Anders aber OLG Brandenburg ErbR 2011, 248.
25 OLG Celle OLGR 2004, 414.
26 Schuschke/Walker/*Kessal-Wulf*, § 852 Rn 5.
27 BGH NJW-RR 2009, 997; *Kuchinke*, NJW 1994, 1796; *Hannich*, Die Pfändungsbeschränkung des § 852 ZPO, S. 110 ff; aA LG Münster NJW-RR 2006, 1020.
28 Keine Pfändung vor Entstehung: LG Leipzig jurisPR extra 2005, 34; Stein/Jonas/ *Brehm*, § 852 Rn 2. Bei Rechtshängigkeit eines Scheidungsverfahrens, in dem parallel auch der Zugewinnausgleich eingeklagt wird (Eintritt der Verwertungsvoraussetzungen vor Entstehung des Anspruchs!), ist der zukünftige Zugewinnausgleichsanspruch allerdings im einstweiligen Rechtsschutz sicherbar, *Meller-Hannich*, ZZP 2002, 161, 176 ff (aber str).
29 BGHZ 123, 183; anders vorher KG JW 1935, 2485; ebenso schon OLG Naumburg OLGE 40, 154.
30 *Hannich*, Die Pfändungsbeschränkung des § 852 ZPO, S. 74.

Pfändung keine darüber hinausgehende Wirkung haben.[31] Die Voraussetzungen und Wirkungen einer solchen Pfändung orientieren sich an der Wahrung der Entscheidungsfreiheit des Schuldners und der inhaltlichen Beschränkung der Forderung in ihrer Verwertbarkeit:

17 Der **Pfändungsantrag** lautet auf:

▶ Pfändung des Anspruchs ... mit der Maßgabe, dass der Anspruch ... rechtshängig ist oder rechtshängig werden wird oder dass er durch Vertrag zwischen Schuldner und Drittschuldner anerkannt ist oder anerkannt werden wird.[32] ◀

18 Unerheblich ist dabei, wie hoch die Wahrscheinlichkeit ist, dass der Schuldner tatsächlich die Voraussetzungen für eine unbeschränkte Pfändbarkeit schafft. Schlüssiger Vortrag zum Anerkenntnis oder zur Rechtshängigkeit im Antrag ist nicht notwendig, da der Beschluss unabhängig davon ergehen kann und die Pfändung den Anspruch je nach seinem Inhalt (verwertbar oder unverwertbar) erfasst.[33] Allerdings empfiehlt es sich für die Vollstreckungsgerichte, in den **Pfändungsbeschluss** einen Hinweis aufzunehmen, dass die Verwertung des gepfändeten Pflichtteilsanspruchs erst erfolgen darf, wenn der Anspruch durch Vertrag anerkannt oder rechtshängig geworden ist.[34] Notwendig ist dies aber nicht und die oben vorgeschlagene Formulierung (s. Rn 17) reicht auch für den Beschluss jedenfalls aus.

19 Auch bei erfolgter Pfändung muss eine **Klage des Schuldners**, die zur Rechtshängigkeit führt, nicht sofort auf Leistung an den Vollstreckungsgläubiger gerichtet werden; sie richtet sich vor Überweisung des Anspruchs nach wie vor gegen den Drittschuldner.

20 Vor Eintritt der Verwertungsvoraussetzungen darf der Schuldner auch bei schon erfolgter Pfändung einen **Erlassvertrag** oder einen **Vergleich** schließen und damit ganz oder teilweise auf den Anspruch **verzichten**;[35] Teilerlass oder Erlass gegen Abfindung[36] und Vergleich führen jedoch zum Eintritt der Verwertungsmöglichkeit,[37] nicht aber ein vollständiger Verzicht.[38]

21 Mit Zustellung des Pfändungsbeschlusses entsteht ein **Pfandrecht mit Rang im Zeitpunkt der Pfändung**, beschränkt sich allerdings inhaltlich auf seine Sicherungsfunktion und erreicht noch keine Verwertungsfunktion.[39] Ein **Überweisungsbeschluss** ist bis zum Eintritt der Verwertungsvoraussetzungen ausgeschlossen (s. Rn 15). Der Gläubiger kann in entsprechender Anwendung von § 836 Abs. 3 insoweit Auskunft vom Schuldner verlangen; Schuldner und Drittschuldner können gegen einen Überweisungsbeschluss mit der **Erinnerung** (§ 766) geltend machen, dass die Voraussetzungen der Rechtshängigkeit bzw des Anerkenntnisses für die Überweisung nicht vorliegen.[40]

22 Obwohl der Verstoß gegen Pfändungsbeschränkungen ansonsten nicht im **Einziehungsprozess** überprüft werden darf (s. § 850 Rn 28), ist es dem Drittschuldner

---

31 *Kuchinke*, NJW 1994, 1769; *Hannich*, Die Pfändungsbeschränkung des § 852 ZPO, S. 48 f, 59 ff.
32 *Kuchinke*, NJW 1994, 1769; *Behr*, JurBüro 1996, 65.
33 BGH NJW-RR 2009, 997; *Hannich*, Die Pfändungsbeschränkung des § 852 ZPO, S. 69, 73 ff.
34 BGH NJW-RR 2009, 997.
35 Vgl LG Tübingen ZVI 2008, 450.
36 OLG Düsseldorf FamRZ 2000, 367.
37 *Hannich*, Die Pfändungsbeschränkung des § 852 ZPO, S. 86.
38 Vgl VG München 6.3.2000 – M 10 S 00.257 und M 10 S 00.277.
39 *Hannich*, Die Pfändungsbeschränkung des § 852 ZPO, S. 97 ff.
40 BGH NJW-RR 2009, 997.

aufgrund des materiellrechtlichen Gehalts der Norm (s. Rn 1 ff) zusätzlich zur Erinnerung gestattet, sich im Einziehungsprozess auf die fehlende Verwertbarkeit zu berufen.

VI. Bedeutung in der Insolvenz

Da die Ansprüche bereits mit Entstehung pfändbar sind (s. Rn 16), gehören sie ab Entstehung zur Masse (§ 36 Abs. 1 InsO).[41] Sie können allerdings durch den Verwalter oder Treuhänder vor Anerkenntnis oder Rechtshängigkeit noch nicht verwertet werden.[42] Bei Eintritt der Verwertbarkeitsvoraussetzungen während des Insolvenzverfahrens kann die Verwertung stattfinden. Treten die Verwertbarkeitsvoraussetzungen erst nach dem Schlusstermin oder sogar nach Verfahrensaufhebung ein, kommt eine Nachtragsverteilung (§ 203 InsO) in Betracht.[43] Einen Neuerwerb in der Wohlverhaltensperiode stellen die Ansprüche nicht dar.[44] Dass der Schuldner den Anspruch nicht rechtshängig macht oder ein Anerkenntnis abschließt, ist kein Grund für die Versagung der Restschuldbefreiung.[45]

VII. Sonstige Folgen der Pfändungsbeschränkung

Im Falle der **Verfahrens- oder Prozesskostenhilfe** sind die Ansprüche nicht als verwertbares Vermögen anzusetzen, wenn sie noch nicht geltend gemacht wurden, denn eben diese Herstellung der Verwertbarkeit soll in den Händen des Berechtigten liegen.[46] Solange der Pflichtteilsanspruch nicht geltend gemacht wurde, fällt keine **Erbschaftsteuer** an.[47]

Schon vor Eintritt der Verwertbarkeitsvoraussetzungen ist eine **Einzelgläubigeranfechtung** nach dem AnfG bei Abtretung der von der Norm erfassten Ansprüche möglich.[48] Die Befriedigung beim Anfechtungsgegner ist auch schon vor Einklagen oder Anerkenntnis durch den Schuldner möglich, denn die Abtretung führt zum Eintritt der Verwertbarkeitsvoraussetzungen (s. Rn 11). Das Unterlassen der Geltendmachung selbst führt aber nicht zur Gläubigerbenachteiligung im Sinne des Anfechtungsrechts, selbst wenn es in kollusivem Zusammenwirken zwischen Schuldner und Drittschuldner geschieht.[49]

Ein Sozialhilfeträger, der einen der von der Norm erfassten Ansprüche nach § 33 SGB II oder § 93 SGB XII (s. Rn 5) auf sich **übergeleitet** hat, kann ihn auch gegen den Willen des Berechtigten geltend machen.[50] Eine **Pflicht des unterhaltsverpflichteten Anspruchsinhabers zur Geltendmachung** des Anspruchs zwecks Herbeiführung der Verwertbarkeit ist angesichts des Wortlauts und des Sinn und Zwecks der Norm (freie Entscheidung, Rn 1) abzulehnen; eine Leistungsfähigkeitsfiktion kommt jedoch in Betracht.[51]

---

41 BGH NJW 2011, 1448; *Hannich*, Die Pfändungsbeschränkung des § 852 ZPO, S. 170.
42 BGH NJW 2011, 1448; BGH NJW-RR 2009, 632; OLG Brandenburg FamRZ 1999, 1436; LG Münster NZI 2009, 657; LG Göttingen NZI 2009, 896; *Enzensberger/ W. Roth*, NJW-Spezial 2009, 253; *Haas/Vogel*, KTS 2011, 387; *Hannich*, Die Pfändungsbeschränkung des § 852 ZPO, S. 170 ff.
43 BGH NJW 2011, 1448; LG Münster NZI 2009, 657; *Haas/Vogel*, KTS 2011, 387.
44 BGHZ 179, 1.
45 BGH NJW-RR 2010, 121; LG Tübingen ZVI 2008, 450; *Floeth*, FamRZ 2010, 460.
46 AA LG Koblenz ZVI 2005, 37.
47 BFHE 229, 374.
48 BGHZ 123, 183; *Hannich*, Die Pfändungsbeschränkung des § 852 ZPO, S. 160 f.
49 BGH NJW 1997, 2384; vgl auch OLG Hamm KKZ 1996, 56; *Enzensberger/W. Roth*, NJW-Spezial 2009, 263; *Gerhardt*, EWiR 1997, 683.
50 BGH FamRZ 2006, 194 (auch bei Pflichtteilsstrafklausel); OLG Frankfurt ZEV 2004, 24 (nicht bei Pflichtteilsstrafklausel); *van de Loo*, NJW 1990, 2856.
51 BGH NJW 2013, 530; anders (Pflicht zur Geltendmachung) wohl *Maurer*, FamRZ 2013, 281; *Löhnig*, JA 2013, 310.

§ 853 Mehrfache Pfändung einer Geldforderung

Ist eine Geldforderung für mehrere Gläubiger gepfändet, so ist der Drittschuldner berechtigt und auf Verlangen eines Gläubigers, dem die Forderung überwiesen wurde, verpflichtet, unter Anzeige der Sachlage und unter Aushändigung der ihm zugestellten Beschlüsse an das Amtsgericht, dessen Beschluss ihm zuerst zugestellt ist, den Schuldbetrag zu hinterlegen.

I. Allgemeines

1 Eine Anschlusspfändung kennt das Zwangsvollstreckungsrecht bei der Forderungspfändung nicht. Eine Forderung steht aber ohnehin auch nach Pfändung und Überweisung noch dem Schuldner zu. Sie kann deshalb jeweils **nach allgemeinen Regeln für mehrere Gläubiger nacheinander gepfändet** und ihnen überwiesen werden. Der Rang der Gläubiger bei der Befriedigung richtet sich nach der Reihenfolge der **Entstehung der Pfändungspfandrechte** (§ 804 Abs. 3). Es kommt also auf den Zeitpunkt der Zustellung (§ 829 Abs. 3) an, wenn ansonsten die Voraussetzungen für die Entstehung des Pfändungspfandrechts vorliegen (s. dazu § 804). Der nachrangige Pfändungsgläubiger wird in der Drittschuldnererklärung (§ 840) über eine vorrangige Pfändung informiert.

2 Um dem Drittschuldner die Unsicherheit zu nehmen, an welchen Gläubiger er zu zahlen hat, und gleichzeitig ihn und die Gläubiger vor etwaigen Rückzahlungspflichten (§§ 812 ff BGB)[1] zu schützen, gewährt § 853 dem Drittschuldner die **Möglichkeit, den Schuldbetrag zu hinterlegen**; auf Verlangen eines Gläubigers ist er dazu sogar verpflichtet. Mit der Hinterlegung scheidet der Schuldbetrag aus dem Vermögen des Drittschuldners aus.[2]

3 Jeder Gläubiger kann seine aus § 853 erwachsenden Rechte durch die Klage nach § 856 gegen den Drittschuldner geltend machen, wobei die Gläubiger in notwendiger Streitgenossenschaft stehen. Es handelt sich hier um eine besondere Form des **Einziehungsprozesses**.[3]

II. Hinterlegungsbefugnis für den Drittschuldner

4 **1. Voraussetzungen.** Eine **Mehrfachpfändung** liegt ab Wirksamkeit eines zweiten Pfändungsbeschlusses vor. Eine Überweisung muss noch nicht stattgefunden haben, so dass auch Sicherungsvollstreckung und Arrestvollzug zur Hinterlegung berechtigen.[4]

5 Auch bei Unklarheit über die Wirksamkeit der Pfändungsmaßnahme oder die Person des Drittschuldners darf der Drittschuldner – über § 853 hinaus – hinterlegen.[5] § 853 selbst setzt jedoch immer eine wirksame Pfändung voraus, so dass diese Fälle sich allein nach §§ 372 ff BGB richten werden; eine schuldbefreiende Wirkung (s. Rn 9) tritt deshalb nur bei Verzicht auf die Rücknahme ein (§ 378 BGB).[6] Eine **Hinterlegung nach §§ 372 ff BGB** und nicht nach § 853 ist auch bei der Konkurrenz zwischen einer Abtretung und einer Pfändung vorzunehmen.[7] Dasselbe gilt bei mehrfacher Verpfändung.

---

1 BGHZ 82, 28; OLG Köln OLGR 1998, 38.
2 *Seebach*, JR 2010, 1, 2.
3 OLG München WM 2007, 760; Schuschke/Walker/*Kessal-Wulf*, § 856 Rn 1.
4 Zöller/*Stöber*, § 853 Rn 2.
5 OLG Frankfurt OLGR 2004, 250; OLG Köln OLGR 1998, 302; PG/*Ahrens*, § 853 Rn 1.
6 OLG Köln OLGR 1998, 302; zur Abgrenzung auch *Hintzen*, EWiR 1998, 877; *Stoffregen*, JuS 2009, 421.
7 RGZ 144, 391; *Seebach*, JR 2010, 1.

Eine **analoge Anwendung** wurde durch die Rspr vorgesehen für den Fall der Beschlagnahme von Bankguthaben nach §§ 111 b Abs. 1, 3, 111 c Abs. 3 S. 2 StPO, wenn die Vollstreckung durch mehrere Tatopfer in Betracht kommt; der Drittschuldner hat die Möglichkeit der Hinterlegung, um nicht mehrfach zahlen zu müssen.[8]

2. Verfahren bei Hinterlegung. Hinterlegt wird bei dem **Amtsgericht des Leistungsortes** der gepfändeten Forderung entsprechend § 374 Abs. 1 BGB.[9] Der Drittschuldner muss dabei dem **Amtsgericht, dessen Beschluss zuerst zugestellt wurde** (§ 829 Abs. 3), die Sachlage **anzeigen**[10] und die ihm zugestellten Beschlüsse vorlegen.

Funktional zuständig ist der Rechtspfleger. Wird die Hinterlegung oder die Entgegennahme der Anzeige durch ihn abgelehnt, können der Drittschuldner und jeder Gläubiger dagegen mit der sofortigen Beschwerde vorgehen (§ 793, § 11 Abs. 1 RPflG).[11]

Die Hinterlegung nach § 853 führt zur **Schuldbefreiung** – auch ohne Verzicht auf die Rücknahme[12] (anders für Hinterlegung nach §§ 372 ff BGB, s. Rn 5) – für den Drittschuldner gegenüber allen mit ihrer Forderung in der Anzeige genannten[13] Gläubigern und dem Schuldner. Das kann vom Drittschuldner auch gegen einen schon vorhandenen Titel aus einem Einziehungsprozess im Wege der Vollstreckungsgegenklage (§ 767) geltend gemacht werden. An die Stelle der gepfändeten Forderung tritt – nach Überweisung – der **Auszahlungsanspruch gegen die Hinterlegungsstelle**, an dem sich **Verstrickung und Pfändungspfandrecht fortsetzen**.

Das erstpfändende Vollstreckungsgericht ordnet die **Auszahlung an die beteiligten Gläubiger** oder aber die **Einleitung des Verteilungsverfahrens** an.[14] Ausgezahlt wird durch die Hinterlegungsstelle, soweit alle Pfandgläubiger und auch der Schuldner – falls auch der unpfändbare Anteil der Forderung hinterlegt wurde – befriedigt werden können oder die Berechtigten die Auszahlung gegenseitig bewilligen (§ 22 HintG der Länder).[15] Falls dies nicht der Fall ist, ist von Amts wegen das Verteilungsverfahren nach §§ 872 ff durchzuführen.[16] Sachliche Mängel des Verteilungsplans kann der betroffene Gläubiger mit der Widerspruchsklage (§ 878 Abs. 1), nicht aber mit der Drittwiderspruchsklage nach § 771 geltend machen.[17]

---

8 OLG Düsseldorf WM 1992, 377.
9 OLG München WM 2007, 760.
10 Musteranzeige s. *Brögelmann*, in: Saenger/Ullrich/Siebert, ZPO, Gesetzesformulare, Nr. 938.
11 Stein/Jonas/*Brehm*, § 853 Rn 7.
12 PG/*Ahrens*, § 853 Rn 8.
13 OLG Köln OLGR 1998, 38.
14 *Schilken*, in: Gaul/Schilken/Becker-Eberhard, § 54 Rn 65.
15 Die HintO als Bundesrecht wurde aufgehoben durch Gesetz vom 23.11.2007 (BGBl. I S. 2614) mWv 1.12.2010 und durch die HintG der Bundesländer ersetzt, die größtenteils unveränderte Verfahrensregeln enthalten. In folgenden Bundesländern ist der Herausgabe nicht in § 22 HintG geregelt: Bayern (Art. 20), Berlin (§ 17), Brandenburg (§ 21), Niedersachsen (§ 16), Rheinland-Pfalz (§ 18), Thüringen (§ 21).
16 *Schilken*, in: Gaul/Schilken/Becker-Eberhard, § 59 Rn 1; *Stoffregen*, JuS 2009, 421, 423.
17 *Seebach*, JR 2010, 1, 2.

III. Hinterlegungsverpflichtung für den Drittschuldner

11 Liegt eine Mehrfachpfändung vor und ist die Forderung schon überwiesen, ist der Drittschuldner zur Hinterlegung verpflichtet, wenn ein Gläubiger, dem die Forderung überwiesen wurde, dies verlangt.[18]

12 Jedem Gläubiger steht gegen eine Verweigerung durch den Drittschuldner die **Klage auf Hinterlegung** nach § 856 zu. Er kann aber auch auf Zahlung an sich selbst im regulären Einziehungsprozess klagen.[19] Da der Drittschuldner nur auf Verlangen eines Gläubigers hinterlegen muss, sollte der Gläubiger ihn vor der Klage auffordern zu hinterlegen, um nicht nach § 93 die Kostenlast des Prozesses tragen zu müssen. Der Klage eines Gläubigers gegen den Drittschuldner steht die Rechtshängigkeit einer früheren Klage eines Gläubigers, für den derselbe Zahlungsanspruch gepfändet und überwiesen wurde, entgegen.[20] Dasselbe gilt für mehrere Klagen nach § 865 (s. dort); zur Verfügung steht nur der Anschluss als Streitgenosse (vgl Rn 1).[21]

13 Das Verfahren läuft ansonsten ebenso wie bei der Hinterlegung allein auf Veranlassung des Drittschuldners (s. Rn 7).

IV. Kosten

14 Die Kosten der Hinterlegung richten sich nach landesrechtlichen Bestimmungen.[22] Sie sind als Kosten der Zwangsvollstreckung iSv § 788 vom Schuldner zu tragen und können vom Drittschuldner vorab vom zu hinterlegenden Betrag abgezogen oder nachträglich im Verteilungsverfahren geltend gemacht werden.[23]

§ 854 Mehrfache Pfändung eines Anspruchs auf bewegliche Sachen

(1) ¹Ist ein Anspruch, der eine bewegliche körperliche Sache betrifft, für mehrere Gläubiger gepfändet, so ist der Drittschuldner berechtigt und auf Verlangen eines Gläubigers, dem der Anspruch überwiesen wurde, verpflichtet, die Sache unter Anzeige der Sachlage und unter Aushändigung der ihm zugestellten Beschlüsse dem Gerichtsvollzieher herauszugeben, der nach dem ihm zuerst zugestellten Beschluss zur Empfangnahme der Sache ermächtigt ist. ²Hat der Gläubiger einen solchen Gerichtsvollzieher nicht bezeichnet, so wird dieser auf Antrag des Drittschuldners von dem Amtsgericht des Ortes ernannt, wo die Sache herauszugeben ist.

(2) ¹Ist der Erlös zur Deckung der Forderungen nicht ausreichend und verlangt der Gläubiger, für den die zweite oder eine spätere Pfändung erfolgt ist, ohne Zustimmung der übrigen beteiligten Gläubiger eine andere Verteilung als nach der Reihenfolge der Pfändungen, so hat der Gerichtsvollzieher die Sachlage unter Hinterlegung des Erlöses dem Amtsgericht anzuzeigen, dessen Beschluss dem Drittschuldner zuerst zugestellt ist. ²Dieser Anzeige sind die Dokumente beizufügen, die sich auf das Verfahren beziehen.

---

18 Musteranschreiben des Gläubigers an den Drittschuldner s. *Brögelmann*, in: Saenger/Ullrich/Siebert, ZPO, Gesetzesformulare, Nr. 937.
19 LAG Berlin BB 1991, 144; Zöller/*Stöber*, § 853 Rn 3.
20 OLG München WM 2007, 760; dazu *Walker/Hebel*, WuB VI D. § 853 ZPO 1.07.
21 Schuschke/Walker/*Kessal-Wulf*, § 856 Rn 2.
22 Die HintO als Bundesrecht wurde aufgehoben durch Gesetz vom 23.11.2007 (BGBl. I S. 2614) mWv 1.12.2010 und durch die HintG der Bundesländer ersetzt (s. § 853 Rn 10 Fn 15).
23 LAG Bremen 30.8.2007 – 3 Sa 75/07; Hk-ZPO/*Kemper*, § 853 Rn 12; Musielak/Voit/*Lackmann*, § 788 Rn 12; PG/*Ahrens*, § 853 Rn 8.

(3) In gleicher Weise ist zu verfahren, wenn die Pfändung für mehrere Gläubiger gleichzeitig bewirkt ist.

§ 155 GVGA

I. Allgemeines

Geregelt ist das Verfahren bei mehrfacher **Pfändung einer Forderung auf Herausgabe oder Leistung einer beweglichen Sache** (§§ 846 ff, 829 ff). Anders als bei mehrfacher Pfändung der beweglichen Sache selbst, gibt es hier keine Anschlusspfändung; gepfändet wird vielmehr für jeden Gläubiger durch Pfändungs- und Überweisungsbeschluss nach den allgemeinen Regeln. Die Sache wird gem. §§ 847 Abs. 2, 814 von einem Gerichtsvollzieher versteigert und der Erlös ausgekehrt. Bei einer Mehrfachpfändung ist sie wegen § 854 an den Gerichtsvollzieher herauszugeben, der in dem dem Drittschuldner zuerst zugestellten Beschluss benannt ist.

Der **Normzweck** entspricht dem des § 853: Der Drittschuldner soll vor dem Risiko der Leistung der Sache an den falschen Gläubiger geschützt werden; die Gläubigerrechte sollen gesichert werden, falls der Drittschuldner nicht herausgibt. Der Zweck wird erreicht, indem der Drittschuldner berechtigt oder gar verpflichtet wird, die Sache an den Gerichtsvollzieher herauszugeben, der sie verwertet und den Erlös verteilt. Nach Überweisung des Anspruchs kann gegen den Drittschuldner Klage nach § 856 auf Erfüllung der ihm nach § 854 obliegenden Pflichten erhoben werden.

II. Herausgabebefugnis für den Drittschuldner

1. Voraussetzungen. Erforderlich ist eine Mehrfachpfändung (s. § 853 Rn 4) nach den Vorschriften der §§ 846 ff, 829 ff. Der Drittschuldner hat dann das Recht, die zu leistende oder herauszugebende Sache an den Gerichtsvollzieher herauszugeben. Eine Überweisung muss noch nicht stattgefunden haben, so dass auch Sicherungsvollstreckung und Arrestvollziehung zur Hinterlegung berechtigen.[1]

2. Verfahren bei Herausgabe. Herausgegeben wird **an den Gerichtsvollzieher**, der nach dem ersten Pfändungsbeschluss zur Empfangnahme ermächtigt ist. Zur Empfangnahme ist der Gerichtsvollzieher ermächtigt, den der Gläubiger nach § 846 bezeichnet hat. Ist er nicht bezeichnet, so benennt ihn auf Antrag des Drittschuldners das Amtsgericht des Ortes, an dem die Sache herauszugeben ist (**Abs. 1 S. 2**). Der Drittschuldner muss dabei die Sachlage anzeigen und die ihm zugestellten Beschlüsse vorlegen. Die Herausgabe führt zur **Schuldbefreiung für den Drittschuldner** gegenüber allen Gläubigern und dem Schuldner. An der Sache entsteht ein Pfandrecht in der Rangfolge der Forderungspfändungen.[2] Die Kosten der Übernahme durch den Gerichtsvollzieher sind als **Kosten der Zwangsvollstreckung** vom Schuldner zu tragen.

Verwertet wird durch den Gerichtsvollzieher nach den allgemeinen Regeln der §§ 814 ff (Versteigerung oder andere Art der Verwertung). Der Gerichtsvollzieher **verteilt den Erlös nach der Rangfolge der Gläubiger**, soweit alle Pfandgläubiger befriedigt werden können. Falls dies nicht der Fall ist, wird das Verfahren des **Abs. 2** durchgeführt: Der Erlös wird **beim Amtsgericht hinterlegt** und anschließend in der Reihenfolge der Pfandrechte in dem Verteilungsverfahren nach §§ 872 ff verteilt.

---

1 Zöller/*Stöber*, § 853 Rn 2.
2 Schuschke/Walker/*Kessal-Wulf*, § 854, Rn 2; PG/*Ahrens*, § 854 Rn 5.

6 Das gleiche Verfahren gilt nach Abs. 3 bei **gleichzeitiger Zustellung** mehrerer Pfändungsbeschlüsse (vgl § 827 Abs. 3).

III. Herausgabeverpflichtung für den Drittschuldner

7 Liegt eine Mehrfachpfändung vor und ist die Forderung schon überwiesen, ist der Drittschuldner zur Hinterlegung verpflichtet, wenn der Gläubiger, dem die Forderung überwiesen wurde, dies verlangt. Das Verfahren läuft ebenso wie bei der Herausgabe allein auf Veranlassung des Drittschuldners (s. Rn 4).

IV. Kosten

8 **Gerichtskosten** werden für die Benennung eines Gerichtsvollziehers (Abs. 1 S. 2) nicht erhoben. Die Kosten der Hinterlegung (Abs. 2 S. 1) richten sich nach landesrechtlichen Bestimmungen, da die bundesgesetzlichen Bestimmungen der §§ 24–26 HintO durch das Gesetz zur Änderung der BRAGO vom 20.8.1990[3] aufgehoben wurden. Die Kosten sind notwendige Kosten iSv § 788.[4]

9 Für den **Rechtsanwalt** des Gläubigers handelt es sich nicht um eine besondere Angelegenheit (§§ 18 Abs. 1 Nr. 1, 19 Abs. 2 Nr. 3 RVG). Stellt für den Drittschuldner ein Rechtsanwalt den Antrag, entsteht diesem die Gebühr Nr. 3309 VV RVG nebst Auslagen.

10 Beim **Gerichtsvollzieher** entsteht eine besondere Gebühr Nr. 206 KV GvKostG („Übernahme beweglicher Sachen zum Zwecke der Verwertung") nebst Auslagen.

§ 855 Mehrfache Pfändung eines Anspruchs auf eine unbewegliche Sache

Betrifft der Anspruch eine unbewegliche Sache, so ist der Drittschuldner berechtigt und auf Verlangen eines Gläubigers, dem der Anspruch überwiesen wurde, verpflichtet, die Sache unter Anzeige der Sachlage und unter Aushändigung der ihm zugestellten Beschlüsse an den von dem Amtsgericht der belegenen Sache ernannten oder auf seinen Antrag zu ernennenden Sequester herauszugeben.

I. Allgemeines

1 Der Zweck der Norm entspricht demjenigen des § 853. Er betrifft eine mehrfache Pfändung eines Anspruchs auf eine **unbewegliche Sache** nach § 848 (Anspruch auf Besitzherausgabe oder auf Eigentumsübertragung). Die Herausgabe muss bei einem Grundstück an einen **Sequester** erfolgen. Der Drittschuldner wird durch § 855 berechtigt und ggf verpflichtet, die Herausgabe vorzunehmen, wenn Unsicherheit über den „richtigen" Gläubiger besteht. Jeder Gläubiger kann seine aus § 855 erwachsenden Rechte durch die **Klage** nach § 856 gegen den Drittschuldner geltend machen.

II. Herausgabebefugnis für den Drittschuldner

2 **1. Voraussetzungen.** Eine Mehrfachpfändung liegt ab Wirksamkeit eines zweiten Pfändungsbeschlusses vor. Eine Überweisung muss noch nicht stattgefunden haben.

---

3 BGBl. I S. 1765.
4 Hk-ZPO/*Kemper*, § 854 Rn 11.

2. Verfahren bei Herausgabe. Herausgegeben wird an den vom Amtsgericht der belegenen Sache im Rahmen von § 848 bestellten oder einen auf Antrag des Drittschuldners zu ernennenden Sequester. Der Drittschuldner muss dabei die Sachlage anzeigen und die ihm zugestellten Beschlüsse vorlegen. Die Herausgabe führt zur **Schuldbefreiung** für den Drittschuldner gegenüber allen Gläubigern. Das Pfandrecht setzt sich an dem Herausgabeanspruch gegen den Sequester und der Sache selbst fort. 3

Die Kosten der Sequestration sind als **Kosten der Zwangsvollstreckung** vom Schuldner zu tragen (§ 788).[1] 4

III. Herausgabeverpflichtung für den Drittschuldner

Wenn ein Gläubiger, dem die Forderung überwiesen wurde, dies verlangt, ist der Drittschuldner zur Herausgabe an den Sequester verpflichtet. Das Verfahren läuft ebenso wie bei der Herausgabe allein auf Veranlassung des Drittschuldners (s. Rn 3). 5

IV. Kosten

Gerichtskosten werden für die Benennung eines Sequesters nicht erhoben. Für den **Rechtsanwalt** des Gläubigers handelt es sich nicht um eine besondere Angelegenheit (§§ 18 Abs. 1 Nr. 1, 19 Abs. 2 Nr. 3 RVG). 6

§ 855 a Mehrfache Pfändung eines Anspruchs auf ein Schiff

(1) Betrifft der Anspruch ein eingetragenes Schiff, so ist der Drittschuldner berechtigt und auf Verlangen eines Gläubigers, dem der Anspruch überwiesen wurde, verpflichtet, das Schiff unter Anzeige der Sachlage und unter Aushändigung der Beschlüsse dem Treuhänder herauszugeben, der in dem ihm zuerst zugestellten Beschluss bestellt ist.

(2) Absatz 1 gilt sinngemäß, wenn der Anspruch ein Schiffsbauwerk betrifft, das im Schiffsbauregister eingetragen ist oder in dieses Register eingetragen werden kann.

Registrierte Schiffe werden nach § 847 a verwertet. § 855 a gilt auch für registrierte Schiffsbauwerke (Abs. 2; vgl § 847 a Abs. 4) und in der Luftfahrzeugrolle eingetragene Luftfahrzeuge (§ 99 LuftFzgG), nicht aber für nicht eingetragene Wasserfahrzeuge und Luftfahrzeuge. Das Verfahren entspricht demjenigen des § 855 mit der Abweichung, dass an den Treuhänder herauszugeben ist, der im zuerst zugestellten Beschluss bestellt ist. 1

§ 856 Klage bei mehrfacher Pfändung

(1) Jeder Gläubiger, dem der Anspruch überwiesen wurde, ist berechtigt, gegen den Drittschuldner Klage auf Erfüllung der nach den Vorschriften der §§ 853 bis 855 diesem obliegenden Verpflichtungen zu erheben.

(2) Jeder Gläubiger, für den der Anspruch gepfändet ist, kann sich dem Kläger in jeder Lage des Rechtsstreits als Streitgenosse anschließen.

---

1 Vgl BGH NJW-RR 2005, 1283.

(3) Der Drittschuldner hat bei dem Prozessgericht zu beantragen, dass die Gläubiger, welche die Klage nicht erhoben und dem Kläger sich nicht angeschlossen haben, zum Termin zur mündlichen Verhandlung geladen werden.

(4) Die Entscheidung, die in dem Rechtsstreit über den in der Klage erhobenen Anspruch erlassen wird, ist für und gegen sämtliche Gläubiger wirksam.

(5) Der Drittschuldner kann sich gegenüber einem Gläubiger auf die ihm günstige Entscheidung nicht berufen, wenn der Gläubiger zum Termin zur mündlichen Verhandlung nicht geladen worden ist.

I. Allgemeines

1 Jeder Gläubiger, dem der Anspruch zur Einziehung überwiesen wurde, ist berechtigt, gegen den Drittschuldner Klage auf Hinterlegung des geschuldeten Betrages (§ 853), Herausgabe an den Gerichtsvollzieher (§ 854), Sequester (§ 855) oder Treuhänder (§ 855 a) zu erheben (Abs. 1) und damit die Verpflichtungen des Drittschuldners aus den §§ 853–855 a durchzusetzen. Durch die Möglichkeiten zum Anschluss als Streitgenosse (Abs. 2), die Beiladung (Abs. 3) und die Rechtskraftwirkung gegenüber sämtlichen beteiligten Gläubigern (Abs. 4) führt § 856 dazu, dass **mehrfache selbständige Klagen ausgeschlossen** werden.

II. Anwendungsbereich

2 Die Norm ist anwendbar, wenn der Drittschuldner die Pflichten aus §§ 853–855 a (s. jew. dort) nicht erfüllt.

III. Verfahren

3 Es handelt sich um eine **besondere Form des Einziehungsprozesses.** Dem Schuldner ist wegen § 841 der **Streit zu verkünden.**

4 ▶ Beantragt wird,[1] den Beklagten (Drittschuldner) zu verurteilen, ... € unter Anzeige der Sachlage und unter Aushändigung der Pfändungs- und Überweisungsbeschlüsse ... (Az) des Amtsgerichts ... beim Amtsgericht ... zu hinterlegen/an den ... herauszugeben. Zugleich wird dem ... (Schuldner) der Streit verkündet mit der Aufforderung, dem Rechtsstreit auf Seiten des Klägers beizutreten. ◀

5 Einzuschlagen ist – wie bei der „normalen" Einziehungsklage – der **Rechtsweg,** der auch für eine Klage des Schuldners zulässig wäre, bei Pfändung von Arbeitsentgelt also das Arbeitsgericht.[2] Die sachliche **Zuständigkeit** richtet sich wie allgemein nach dem Streitwert, die örtliche nach den §§ 12 ff. Auch die Klage nach § 856 erfordert – wie jede Leistungsklage – die Bezifferung der zu hinterlegenden Klagesumme.[3]

6 Hat bereits ein Gläubiger Klage erhoben, können sich die anderen als **Streitgenossen anschließen (Abs. 2).** Auch eine gemeinsame streitgenössische Klage (§ 62) ist möglich. Eine weitere selbständige Klage eines Gläubigers ist wegen § 261 Abs. 3 Nr. 1 unzulässig.[4] Für den Anschluss genügt bereits die Pfändung; es muss – so etwa bei Sicherungsvollstreckung oder im einstweiligen Rechtsschutz (s. § 853 Rn 4) – nicht überwiesen worden sein. §§ 261 Abs. 2, 70 Abs. 1, 496 finden für die Form der Anschließung entsprechende Anwendung.[5]

---

1 Vollständiges Muster s. *Brögelmann,* in: Saenger/Ullrich/Siebert, ZPO, Gesetzesformulare, Nr. 943.
2 OLG Stuttgart OLGR 1999, 242.
3 ArbG Wiesbaden ARST 1982, 77.
4 OLG Brandenburg 8.11.2011 – 6 U 102/09.
5 Stein/Jonas/*Brehm,* § 856 Rn 2.

Der Drittschuldner muss die **Beiladung** der nicht klagenden und sich nicht anschließenden Gläubiger beantragen (**Abs. 3**). Durch eine Beiladung der anderen Gläubiger wird eine auf alle Gläubiger erweiterte **Rechtskraftwirkung** herbeigeführt (**Abs. 4 und 5**).[6] Zu Lasten der Gläubiger wirkt die Entscheidung nur im Falle ihrer Beiladung; zu Gunsten gegenüber allen Gläubigern.[7] Wird erst nach Klageerhebung durch weitere Gläubiger gepfändet, ist ebenfalls beizuladen.[8]

Hat sich ein Gläubiger an der Drittschuldnerklage nicht beteiligt, kann er wegen Abs. 4 iVm § 727 die **Umschreibung des in der Drittschuldnerklage erlassenen Titels** zum Zwecke der Zwangsvollstreckung gegen den Drittschuldner verlangen.[9]

Ein Gläubiger kann auch statt auf Hinterlegung auf Leistung an sich klagen (s. § 853 Rn 12). Dann ist die gleichzeitige oder nachfolgende Klage eines weiteren Gläubigers ebenfalls (s. Rn 6) wegen entgegenstehender Rechtshängigkeit unzulässig.[10] Der Antrag muss auf Vornahme der Hinterlegung umgestellt werden (§ 264 Nr. 2) und die Gläubiger sind notwendige Streitgenossen.

In dem Prozess kann sich der **Drittschuldner** damit **verteidigen**, dass ein einzelner Gläubiger nicht wirksam gepfändet habe. Zur Abweisung der Klage führt dies jedoch nur dann, wenn durch den Wegfall des Gläubigers auch die Mehrfachpfändung entfällt.[11] Im Übrigen kann der Drittschuldner – wie in jedem Einziehungsprozess – geltend machen, die gepfändete Forderung bestehe nicht.

IV. Kosten

Die **Gerichtskosten** folgen den Bestimmungen für das Prozessverfahren des ersten Rechtszuges (Nr. 1210 ff KV GKG). Auch für den **Rechtsanwalt** entstehen die Gebühren für das Verfahren im ersten Rechtszug (Nr. 3100 ff VV RVG).

§ 857 Zwangsvollstreckung in andere Vermögensrechte

(1) Für die Zwangsvollstreckung in andere Vermögensrechte, die nicht Gegenstand der Zwangsvollstreckung in das unbewegliche Vermögen sind, gelten die vorstehenden Vorschriften entsprechend.

(2) Ist ein Drittschuldner nicht vorhanden, so ist die Pfändung mit dem Zeitpunkt als bewirkt anzusehen, in welchem dem Schuldner das Gebot, sich jeder Verfügung über das Recht zu enthalten, zugestellt ist.

(3) Ein unveräußerliches Recht ist in Ermangelung besonderer Vorschriften der Pfändung insoweit unterworfen, als die Ausübung einem anderen überlassen werden kann.

(4) ¹Das Gericht kann bei der Zwangsvollstreckung in unveräußerliche Rechte, deren Ausübung einem anderen überlassen werden kann, besondere Anordnungen erlassen. ²Es kann insbesondere bei der Zwangsvollstreckung in Nutzungsrechte eine Verwaltung anordnen; in diesem Fall wird die Pfändung durch Übergabe der zu benutzenden Sache an den Verwalter bewirkt, sofern sie nicht durch Zustellung des Beschlusses bereits vorher bewirkt ist.

---

6 *Schilken*, in: Gaul/Schilken/Becker-Eberhard, § 54 Rn 66.
7 Schuschke/Walker/*Kessal-Wulf*, § 856 Rn 5.
8 Stein/Jonas/*Brehm*, § 856 Rn 3.
9 OLG Saarbrücken NJW-RR 1990, 1472; *Brox/Walker*, Zwangsvollstreckungsrecht, Rn 642.
10 OLG München WM 2007, 760.
11 Stein/Jonas/*Brehm*, § 856 Rn 5.

(5) Ist die Veräußerung des Rechts selbst zulässig, so kann auch diese Veräußerung von dem Gericht angeordnet werden.

(6) Auf die Zwangsvollstreckung in eine Reallast, eine Grundschuld oder eine Rentenschuld sind die Vorschriften über die Zwangsvollstreckung in eine Forderung, für die eine Hypothek besteht, entsprechend anzuwenden.

(7) Die Vorschrift des § 845 Abs. 1 Satz 2 ist nicht anzuwenden.

§ 121 GVGA

Literatur:
Banke, Das Anwartschaftsrecht aus Eigentumsvorbehalt in der Einzelzwangsvollstreckung, 1991; *Berger*, Zwangsvollstreckung in urheberrechtliche Vergütungsansprüche, NJW 2003, 853; *Blomeyer*, Neue Vorschläge zur Vollstreckung in die unter Eigentumsvorbehalt gelieferte Sache, ein Beispiel sinnvoller Rechtsrückbildung?, JR 1978, 271; *Brox*, Das Anwartschaftsrecht des Vorbehaltskäufers, JuS 1984, 657; *Eickmann*, Zur Pfändung der Nutzungsrechte in Abteilung II des Grundbuchs, NotBZ 2008, 257; *Hübner*, Zur dogmatischen Einordnung der Rechtsposition des Vorbehaltskäufers, NJW 1980, 729; *Kleespies*, Die Domain als selbständiger Vermögensgegenstand in der Einzelzwangsvollstreckung, GRUR 2002, 764; *Medicus*, Das Anwartschaftsrecht des Auflassungsempfängers, DNotZ 1990, 275; *Paulus*, Software in Vollstreckung und Insolvenz, ZIP 1996, 2; *Stöber*, Pfändung einer Grundschuld und der durch sie gesicherten Forderung, BB 1964, 1457; *ders.*, Zweifelsfragen bei Pfändung von Eigentümergrundschulden und Eigentümerhypotheken, Rpfleger 1958, 251; *Strutz*, Pfändung der Eigentumsanwartschaft bei einer beweglichen Sache und Zustellung an den Drittschuldner, NJW 1969, 831; *ders.*, Probleme bei der Pfändung eines Grundstücksnießbrauchs, Rpfleger 1968, 145; *Teubner/Lelley*, Die Pfändbarkeit und Verwertung von leasingvertraglichen Nutzungsrechten und Kaufoptionen, ZMR 1999, 151; *Vortmann*, Pfändung von Kontovollmachten, NJW 1991, 1038.

I. Normzweck 1	f) Bruchteilsgemeinschaften 34
II. Zwangsvollstreckung in andere Vermögensrechte (Abs. 1) 2	aa) Miteigentum an beweglicher Sache .. 34
1. Gegenstand der Pfändung ... 2	bb) Miteigentum an Grundstücken, Anspruch auf Aufhebung der Gemeinschaft 35
a) Selbständig pfändbare Rechte 3	
b) Nicht selbständig pfändbare Rechte 4	
2. Pfändungsverfahren 6	
3. Verwertung 7	g) Grundschuld, Rentenschuld, Reallast 36
4. Einzelfälle 8	h) Sonstige Rechte 37
a) Anwartschaftsrechte an beweglichen Sachen 8	aa) Dauerwohnrecht 37
b) Die Anwartschaft des Auflassungsempfängers .. 16	bb) Anspruch auf Zuschlag 38
c) Schutzrechte und Urheberrechte 19	cc) Erlösanspruch 39
aa) Patente 19	III. Zustellung bei Fehlen eines Drittschuldners (Abs. 2) 42
bb) Gebrauchsmusterrechte und Rechte aus eingetragenem Design 24	IV. Unveräußerliche Rechte (Abs. 3) 43
	1. Allgemeines 43
	2. Nießbrauch 44
cc) Marken 25	3. Beschränkte persönliche Dienstbarkeit 46
dd) Urheberrechte 26	
ee) Computersoftware .. 30	4. Miet- und Pachtrecht, Anspruch des Leasingnehmers 47
d) Internet-Domain 31	
e) Gesetzlich unveräußerliche Rechte 33	5. Sondernutzungsrecht 48
	V. Besondere Anordnungen (Abs. 4) 49

VI. Anordnung der Veräußerung des Rechts (Abs. 5) 50	f) Vorläufige Eigentümergrundschuld 59
VII. Reallast, Grundschuld und Rentenschuld (Abs. 6) 51	g) Höchstbetragshypothek 60
1. Grundschuld 52	h) Eigentümerhypothek 61
a) Fremdgrundschuld 52	i) Verwertung 62
b) Eigentümergrundschuld 55	2. Rentenschuld 63
c) Teilgrundschuld 56	3. Reallast 64
d) Verdeckte Eigentümergrundschuld 57	VIII. Vorpfändung (Abs. 7) 65
e) Künftige Eigentümergrundschuld 58	IX. Kosten 66

I. Normzweck

Die Zwangsvollstreckung wegen Geldforderungen in bewegliche Sachen (§§ 808 ff), Forderungen (§§ 828 ff), Herausgabeansprüche (§§ 846 ff) und andere Vermögensrechte (§§ 857 ff) ist in §§ 803 ff geregelt. § 857 verweist für die Vollstreckung in andere Vermögensrechte auf §§ 828 ff, Sonderregelungen enthalten §§ 858–863. Systematisch handelt es sich bei § 857 um eine Sammel- und Auffangvorschrift.[1]

II. Zwangsvollstreckung in andere Vermögensrechte (Abs. 1)

1. Gegenstand der Pfändung. Vermögensrechte iSv § 857 sind diejenigen, die nicht Geldforderungen oder Herausgabeansprüche sind und nicht der Vollstreckung in das unbewegliche Vermögen (§§ 864 ff) unterliegen. Das Recht muss einen **Vermögenswert** derart verkörpern, dass die Pfandverwertung zur Befriedigung des Geldanspruchs des Gläubigers führen kann.[2]

a) Selbständig pfändbare Rechte. Solche Vermögensrechte sind zB das Anwartschaftsrecht, das konkrete Bezugsrecht des Aktionärs,[3] das Dauerwohnrecht (§§ 31 ff WEG), beschränkte persönliche Dienstbarkeiten, das Droschkennummernrecht, Fondsanteile, Gebrauchsmuster, Gesamtgutanteile (beachte § 860 Abs. 2), Gesellschaftsanteile an einer GbR (s. § 859 Rn 4 ff), OHG und KG,[4] Geschäftsanteile an einer GmbH,[5] Geschäftsguthaben an einer Genossenschaft,[6] Lizenzen an einem Patent, Marken (§ 29 Abs. 1 Nr. 2 MarkenG) und sonstige Warenzeichen, die Miteigentumsanteile an den zum Sammelbestand des Verwahrers gehörenden Wertpapieren (§ 6 Abs. 1 DepotG),[7] das Nutzungsrecht des Leasingnehmers, das Recht aus dem Meistgebot in der Zwangsversteigerung,[8] das Nacherbenrecht, der (schuldrechtliche) Rückgewähranspruch des Sicherungsgebers bei einer Sicherungsgrundschuld, Unterlassungsansprüche, der vertragliche Anspruch auf Herstellung des versprochenen Werks (§ 631 Abs. 1 Hs 1 BGB), das Wiederkaufsrecht, grds. die einem Landwirt nach der VO (EG) Nr. 1782/2003 des Rates vom 29.9.2003 zugewiesenen Zahlungsansprüche[9] und die einem Milcherzeuger zustehende Anlieferungs-Referenzmenge nach der Milchabgabenverordnung.[10]

---

1 Wieczorek/Schütze/*Lüke*, § 857 Rn 1; Baumbach/*Hartmann*, § 857 Rn 2.
2 BGH NJW 2005, 3353.
3 S. Schwerpunktbeitrag 4 „Zwangsvollstreckung in Gesellschaftsanteile" Rn 27.
4 S. Schwerpunktbeitrag 4 „Zwangsvollstreckung in Gesellschaftsanteile" Rn 11 ff.
5 S. Schwerpunktbeitrag 4 „Zwangsvollstreckung in Gesellschaftsanteile" Rn 18 ff.
6 S. Schwerpunktbeitrag 4 „Zwangsvollstreckung in Gesellschaftsanteile" Rn 29 f.
7 BGH NJW-RR 2008, 494, 495.
8 BGHZ 111, 14, 16 = NJW 1990, 3141.
9 BGH NJW-RR 2009, 411 ff; s. dort auch zu den Ausnahmen.
10 BGH NJW-RR 2007, 1219.

4 **b) Nicht selbständig pfändbare Rechte.** Der Pfändung nach § 857 unterliegen nicht solche Rechte, die **keinen Vermögenswert** besitzen, zB Persönlichkeitsrechte, Familienrechte sowie bloße Befugnisse wie die Einziehungsermächtigung[11] oder Vollmachten.[12] Ebenfalls sind tatsächliche Verhältnisse[13] (etwa die Stellung als Alleinerbe),[14] das Unternehmen als solches,[15] der Gewinn des Kaufmanns,[16] der Kundenstamm,[17] der an den Betrieb geknüpfte Unterlassungsanspruch nach UWG und Mitgliedschaftsrechte in einem Idealverein unpfändbar.[18] Auch die Ansprüche auf Erteilung von Renteninformationen und Rentenauskünften (§ 109 SGB VI) sind nicht pfändbar.[19]

5 Darüber hinaus sind **unselbständige Nebenrechte** unpfändbar, da sie schon von der Pfändung des (Haupt-)Rechts erfasst sind.[20] Sie sind mit dem Hauptrecht derart verbunden, dass sie dessen Schicksal teilen. Solche Nebenrechte sind zB Bürgschaft, Vormerkung und Pfandrecht[21] als akzessorische Rechte, Kündigungs-,[22] Rücktritts- und Anfechtungsrechte als Gestaltungsrechte sowie der Anspruch auf Grundbuchberichtigung[23] oder Briefherausgabe als begleitende Berechtigungen, hingegen nicht Ansprüche aus § 51a GmbHG (eine Pfändbarkeit dieser Ansprüche ist auch nach Abs. 3 zu verneinen)[24] oder die Ansprüche auf Erteilung von Renteninformationen und Rentenauskünften (§ 109 SGB VI; es handelt sich zwar um selbständige Ansprüche, die allerdings mangels Verkörperung eines Vermögenswertes nicht gesondert gepfändet werden können).[25] Auch öffentlich-rechtliche Befugnisse (zB die Arzneimittelzulassung: nur zusammen mit privatrechtlicher Befugnis) sind als Hilfsrechte nicht isoliert pfändbar.[26] Allerdings kann auf diese Rechte, wenn dies zur Durchsetzung des Hauptrechts erforderlich ist, im Wege der **Hilfspfändung** zugegriffen werden.[27] So kann der Anspruch auf Herausgabe des Hypothekenbriefes gegen einen Dritten oder der Grundbuchberichtigungsanspruch (§ 894 BGB) gepfändet werden, um die Voreintragung des Schuldners (§ 39 GBO) zu bewirken. Die Pfändung wird in der Form durchgeführt, in der eine Pfändung als Hauptrecht vorgenommen würde.

6 **2. Pfändungsverfahren. Abs. 1** verweist auf §§ 828–856. Der **Pfändungsbeschluss** wird gem. § 828 vom Vollstreckungsgericht (Zuständigkeit des Rechtspflegers, § 20 Abs. 1 Nr. 17 RPflG) erlassen (im Einzelnen s. § 829 Rn 84 ff). Wirksam wird die Pfändung mit **Zustellung** des Beschlusses an den Drittschuldner (Abs. 1 iVm § 829 Abs. 3; im Einzelnen s. § 829 Rn 89). **Drittschuldner** iSv

---

11 BAG MDR 1980, 522, 523.
12 Stein/Jonas/*Brehm*, § 857 Rn 3; MüKo-ZPO/*Smid*, § 857 Rn 10; anders, wenn sie einem Vermögenserwerb des Bevollmächtigten dient: BayObLG Rpfleger 1978, 372.
13 Musielak/*Becker*, § 857 Rn 2.
14 BGH DNotZ 1968, 358.
15 BGH MDR 1963, 308.
16 Stein/Jonas/*Brehm*, § 857 Rn 2.
17 OLG Frankfurt BB 1980, 179.
18 Musielak/*Becker*, § 857 Rn 2; Schuschke/Walker/*Walker*, § 857 Rn 2.
19 BGH WM 2012, 514 f.
20 Zöller/*Stöber*, § 857 Rn 3; Musielak/*Becker*, § 857 Rn 3.
21 BGHZ 82, 323, 326 = NJW 1982, 875, 876.
22 BGHZ 45, 162, 168 = NJW 1966, 1071, 1073.
23 BGHZ 33, 76, 83 = NJW 1960, 2093, 2094.
24 BGH NZG 2013, 665, 666.
25 BGH WM 2012, 514 f.
26 BGH NJW 1990, 2931; Zöller/*Stöber*, § 857 Rn 3; Wieczorek/Schütze/*Lüke*, § 857 Rn 11.
27 BGHZ 33, 76, 83; Musielak/*Becker*, § 857 Rn 3; *Gottwald*, § 857 Rn 3; Schuschke/Walker/*Walker*, § 857 Rn 4.

§ 857 ist jeder, dessen Rechte durch die Pfändung berührt werden.[28] Auf Verlangen des Gläubigers ist der Drittschuldner zu den Erklärungen nach § 840 verpflichtet. Eine Vorpfändung ist möglich (Abs. 1 iVm § 845);[29] zu den Besonderheiten s. Rn 65.

3. Verwertung. Die Verwertung erfolgt grds. nach §§ 835, 844. Dabei ist zu berücksichtigen, dass eine **Überweisung zur Einziehung** nur möglich ist, wenn der Gläubiger die Vermögensrechte an Stelle des Schuldners ausüben kann. Eine **Überweisung an Zahlungs statt** kommt in Betracht, wenn das Recht einen Nennwert hat (zB nicht bei Abhängigkeit von einer Gegenleistung) und es auf den Gläubiger übertragbar ist.[30] Eine **andere Art der Verwertung** (§ 844) kann der Verkauf oder die öffentliche Versteigerung des Rechts sein. Zur Verwertung von unveräußerlichen, aber pfändbaren Rechten s. Rn 43 ff. 7

4. Einzelfälle. a) Anwartschaftsrechte an beweglichen Sachen. Pfändbar ist das Anwartschaftsrecht des Vorbehaltskäufers, das dem Erwerber einer unter einer aufschiebenden Bedingung übertragenen beweglichen Sache zusteht (§§ 929 S. 1, 158 Abs. 1 BGB),[31] bzw des Sicherungsgebers bei auflösend bedingter Übereignung (§§ 929 S. 1, 930, 158 Abs. 2 BGB).[32] Eine Einschränkung ergibt sich freilich daraus, dass das Anwartschaftsrecht nur pfändbar ist, wenn die Sache selbst pfändbar ist. §§ 811 ff sind entsprechend zu berücksichtigen.[33] Problematisch ist, wie die Pfändung des Anwartschaftsrechts zu erfolgen hat. Ausgangspunkt der Überlegungen muss dabei sein, dass der Vollstreckungsgläubiger über die Pfändung des Anwartschaftsrechts letztlich auf die Sache selbst zugreifen möchte. 8

Nach hM[34] erfolgt eine **Doppelpfändung** des Rechts und der Sache. Auf das Anwartschaftsrecht wird im Wege der Forderungspfändung und auf die Sache im Wege der Sachpfändung zugegriffen. Die Pfändung des Anwartschaftsrechts erfolgt durch die **Zustellung** des Pfändungsbeschlusses an den Veräußerer bzw Sicherungsnehmer als **Drittschuldner**. Durch die **Zustellung** wird der Pfändungsbeschluss wirksam (§ 829 Abs. 3). Der Vollstreckungsschuldner unterliegt damit in Bezug auf das Anwartschaftsrecht einer (relativen) Verfügungsbeschränkung zugunsten des Gläubigers. Der Schuldner hat daher alle Handlungen zu unterlassen, die das Pfändungspfandrecht des Gläubigers beeinträchtigen. Da seit der Entscheidung BGHZ 49, 197 unsicher ist, ob der BGH Abs. 1 iVm § 829 Abs. 2 anwenden würde oder doch Abs. 2, sollte in der Praxis, um den sicheren Weg zu gehen, auch dem Schuldner zugestellt werden.[35] 9

Um zu gewährleisten, dass sich das Pfandrecht nach Bedingungseintritt an der Sache fortsetzt, muss die **Sache** durch den **Gerichtsvollzieher** gepfändet werden. Dabei ist unbeachtlich, ob die Pfändung der Sache nach, gleichzeitig mit oder vor der Rechtspfändung erfolgt. Entscheidend für die Frage, ob das Pfandrecht an 10

---

28 BGHZ 49, 197, 204 = NJW 1968, 493, 495; Musielak/*Becker*, § 857 Rn 5; Zöller/*Stöber*, § 857 Rn 4.
29 MüKo-ZPO/*Smid*, § 857 Rn 6; Zöller/*Stöber*, § 857 Rn 4; aA Thomas/Putzo/*Seiler*, § 857 Rn 15.
30 Schuschke/Walker/*Walker*, § 857 Rn 12; *Gottwald*, § 857 Rn 9.
31 BGH NJW 1954, 1325, 1326.
32 Musielak/*Becker*, § 857 Rn 7; Zöller/*Stöber*, § 857 Rn 6; zur Sicherungsübereignung unter einer aufschiebenden Bedingung Hk-BGB/*Schulte-Nölke*, § 930 Rn 17.
33 LG Berlin DGVZ 1965, 91; Stein/Jonas/*Brehm*, § 857 Rn 85; Hk-ZPO/*Kemper*, § 857 Rn 2; *Stöber*, Forderungspfändung, Rn 1487; diff. Schuschke/Walker/*Walker*, § 857 Rn 19.
34 BGH NJW 1954, 1325 ff; Musielak/*Becker*, § 857 Rn 7; Zöller/*Stöber*, § 857 Rn 6; *Gottwald*, § 857 Rn 12; MüKo-ZPO/*Smid*, § 857 Rn 22; Stein/Jonas/*Brehm*, § 857 Rn 87; Wieczorek/Schütze/*Lüke*, § 857 Rn 52.
35 Stein/Jonas/*Brehm*, § 857 Rn 85 Fn 330; *Strutz*, NJW 1969, 831.

der Sache entsteht, ist das Bestehen der Sachpfändung im Zeitpunkt des Bedingungseintritts.

11 Anders als bei einer reinen Sachpfändung (s. Rn 13) steht dem Eigentümer bei einer Doppelpfändung des Rechts und der Sache ein **Drittwiderspruchsrecht** nach § 771 nicht zu. In sein Eigentumsrecht wird nicht eingegriffen, da die Sachpfändung lediglich der Wahrung der Publizität dient. Der Eigentümer könnte auch ohne die Pfändung die Sache nicht herausverlangen, wenn der Schuldner seine Pflichten erfüllt.[36] Der Vollstreckungsschuldner kann einer Leistung durch den Gläubiger nicht nach § 267 Abs. 2 BGB widersprechen.[37] Dies wäre eine Verfügung zum Nachteil des Gläubigers, die aufgrund der Pfändung des Anwartschaftsrechts unwirksam ist (§ 829 Abs. 1 S. 2). Für den **Rang des Pfandrechts** an der Sache ist der Zeitpunkt der Pfändung des Rechts maßgeblich.[38] Zahlt der Gläubiger den Restkaufpreis an den Drittschuldner, handelt es sich um Kosten der Zwangsvollstreckung nach § 788. Die **Verwertung** richtet sich nach §§ 814 ff.

12 Gegen das Erfordernis einer Doppelpfändung wendet sich die **Theorie der Rechtspfändung**.[39] Danach soll die Pfändung des Anwartschaftsrechts nach §§ 857, 828 ff erfolgen. Mit Bedingungseintritt setze sich das Pfandrecht am Anwartschaftsrecht analog § 1287 BGB, § 847 ZPO an der Sache fort. Dagegen spricht, dass die Verwertung mit einer Rechtspfändung des Anwartschaftsrechts nicht sichergestellt ist. Das Anwartschaftsrecht an sich hat keinen verwertbaren Inhalt. Darüber hinaus erlischt es mit Bedingungseintritt, denn der Vollstreckungsschuldner erwirbt dann das Volleigentum. Das Pfandrecht am Anwartschaftsrecht setzt sich am Eigentum nicht fort. § 1287 BGB, § 847 ZPO sind nicht passend,[40] denn es fehlt an einem die Publizität wahrenden Akt, zB einer Inbesitznahme oder Kenntlichmachung.[41]

13 Diesem Hindernis wiederum versucht die **Theorie von der reinen Sachpfändung** entgegenzutreten, indem sie eine Vollstreckung in das Anwartschaftsrecht durch eine Pfändung der Sache selbst nach § 808 befürwortet.[42] Begründet wird diese Auffassung damit, dass das Anwartschaftsrecht wie das Vollrecht übertragen werde und die Vollstreckung wie beim Vollrecht zu erfolgen habe. Gegen eine reine Sachpfändung ist jedoch einzuwenden, dass – vor Bedingungseintritt – eine Vollstreckung in eine schuldnerfremde Sache vorliegt und auf dem Boden der gemischten Theorie[43] ein Pfändungspfandrecht nicht erworben werden kann (s. § 804 Rn 2). Außerdem kann der Vorbehaltsverkäufer bzw Sicherungsnehmer, der Eigentümer der Sache ist, Drittwiderspruchsklage nach § 771 erheben.[44]

14 Eine Vereinfachung schlagen die Vertreter der **Theorie der Rechtspfändung in Form der Sachpfändung**[45] vor. Nach dieser Theorie soll die Pfändung des An-

---

36 Musielak/*Becker*, § 857 Rn 7; Schuschke/Walker/*Walker*, § 857 Rn 18; aA Zöller/*Stöber*, § 857 Rn 6.
37 Stein/Jonas/*Brehm*, § 857 Rn 85; *Lackmann*, Zwangsvollstreckungsrecht, Rn 371.
38 Musielak/*Becker*, § 857 Rn 7; Schuschke/Walker/*Walker*, § 857 Rn 16; diff. Stein/Jonas/*Brehm*, § 857 Rn 89 (richtet sich nach der Sachpfändung, wenn diese der Anwartschaftspfändung vorausgeht); aA Zöller/*Stöber*, § 857 Rn 6.
39 *Baur/Stürner/Bruns*, Zwangsvollstreckungsrecht, Rn 32.17; *Flume*, AcP 1962, 385, 404.
40 BGHZ 125, 334, 340 f = NJW 1994, 3099, 3101; BGH NJW 1954, 1325, 1327.
41 Musielak/*Becker*, § 857 Rn 7; Schuschke/Walker/*Walker*, § 857 Rn 14.
42 *Raiser*, Dingliche Anwartschaften, 1961, S. 91 ff; *Hübner*, NJW 1980, 729, 733 f; *Liermann*, JZ 1962, 658, 659 f.
43 BGHZ 56, 339, 351.
44 BGHZ 54, 214, 218; MüKo-ZPO/*Smid*, § 857 Rn 18; nach aA kann nur die Klage auf vorzugsweise Befriedigung erhoben werden: *Raiser*, Dingliche Anwartschaften, 1961, S. 91; *Hübner*, NJW 1980, 729, 733.
45 Schuschke/Walker/*Walker*, § 857 Rn 17; Brox/Walker, Rn 812 ff.

wartschafts*rechts* (und nicht der *Sache*) nach den Regeln der Sachpfändung erfolgen, § 808. Damit wird jedoch gegen die im Gesetz vorgesehene Trennung von Sach- und Rechtspfändung verstoßen.

Weder die Theorie von der Rechtspfändung noch die Theorie der reinen Sachpfändung können überzeugen. Die Doppelpfändung des Rechts und der Sache führt hingegen zu sachgerechten Ergebnissen. Der **Rang** des Pfandrechts wird bereits durch die Pfändung des Rechts gesichert, die **Publizität** wird durch die Pfändung der Sache gewahrt. Zuzugeben ist, dass die Doppelpfändung in der praktischen Anwendung umständlich sein kann. De lege lata kann jedoch nur sie dogmatisch überzeugen. Die Vereinfachung, die die Vertreter der **Theorie der Rechtspfändung in Form der Sachpfändung** vorschlagen, ist mit den gesetzlichen Grundlagen nicht in Einklang zu bringen.[46]

b) Die Anwartschaft des Auflassungsempfängers. Nach Auflassung und Eintragungsantrag des Schuldners (§ 17 GBO) oder Eintragung einer Auflassungsvormerkung steht dem Erwerber eine Anwartschaft auf den Erwerb des Eigentums an dem Grundstück zu. Dabei handelt es sich um ein selbständiges Vermögensrecht, welches der Pfändung nach § 857 unterliegt. Eine solche Anwartschaft ist allerdings noch nicht entstanden, wenn der Eintragungsantrag vom Grundbuchamt zurückgewiesen wurde (und keine Auflassungsvormerkung eingetragen wurde) oder wenn lediglich der Veräußerer den Eintragungsantrag gestellt hat.[47] Es besteht in diesen Fällen noch keine gesicherte Rechtsposition des Schuldners.

Die **Pfändung des Anwartschaftsrechts** erfolgt durch Zustellung des Beschlusses an den Schuldner, dh den Auflassungsempfänger (Abs. 2).[48] Eine Zustellung an den Veräußerer nach Abs. 1 iVm § 829 scheidet aus, da er kein Drittschuldner ist. Er hat seine Verpflichtungen schon erfüllt. Aus dem gleichen Grund fehlt es an der Notwendigkeit der Bestellung eines Sequesters (anders bei Pfändung des Übereignungsanspruchs, § 848). Die Eintragung des Eigentümers führt zu einer Sicherungshypothek zugunsten des Gläubigers nach Abs. 1 iVm § 848 Abs. 2 S. 2. Rechte, die der Veräußerer als Eigentümer noch bewilligt hatte, und Rechte, die der Schuldner (zugunsten des Veräußerers oder eines Dritten) in Erfüllung einer Verpflichtung aus dem Erwerbsvertrag bestellt hat, die mit dem Eigentumsübergang einzutragen sind (§ 16 Abs. 2 GBO), gehen der Sicherungshypothek vor. Hingegen geht die Sicherungshypothek solchen Rechten vor, die der Schuldner vor Pfändung und Eintragung bewilligt hatte, wozu er aber nach dem zugrunde liegenden Vertrag nicht verpflichtet war.[49] Hinsichtlich nach der Pfändung durch den Schuldner bestellter Rechte kann sich ein Rangproblem nicht ergeben. Die Bestellung ist gegenüber dem Gläubiger unwirksam.[50]

Von der Pfändung des Anwartschaftsrechts zu unterscheiden ist die Pfändung des **Anspruchs auf Übereignung des Grundstücks** (s. § 848 Rn 6). Für die Praxis ist zu empfehlen, sowohl das Anwartschaftsrecht als auch den Übereignungsanspruch zu pfänden, was parallel erfolgen kann.[51] Das Anwartschaftsrecht erlischt nämlich zB, wenn der Eintragungsantrag zurückgewiesen wird. Für diesen Fall ist auf den gepfändeten Übereignungsanspruch zurückzugreifen.

---

46 MüKo-ZPO/*Smid*, § 857 Rn 22; *Lackmann*, Zwangsvollstreckungsrecht, Rn 371; für eine solche Pfändungsform de lege ferenda Stein/Jonas/*Brehm*, § 857 Rn 88.
47 BGH WM 1975, 255; MüKo-ZPO/*Smid*, § 857 Rn 28; *Stöber*, Forderungspfändung, Rn 2066; aA Stein/Jonas/*Brehm*, § 857 Rn 93.
48 BGHZ 49, 197 ff; Schuschke/Walker/*Walker*, § 857 Rn 20.
49 *Gottwald*, § 857 Rn 18; *Stöber*, Forderungspfändung, Rn 2059.
50 Stein/Jonas/*Brehm*, § 857 Rn 93 („jedenfalls dann, wenn der Erwerber durch Vormerkung gesichert war").
51 Zöller/*Stöber*, § 848 Rn 15; Hk-ZPO/*Kemper*, § 848 Rn 16; MüKo-ZPO/*Smid*, § 848 Rn 10.

19 **c) Schutzrechte und Urheberrechte. aa) Patente.** Je nach Stadium sind pfändbar das Recht auf das Patent (§ 6 PatG), der durch die Anmeldung (s. §§ 7, 34 ff PatG) begründete Anspruch auf Erteilung des Patents oder das Recht aus dem Patent (arg. e § 15 PatG). Die Pfändung erfolgt durch die Zustellung des Pfändungsbeschlusses an den Schuldner (Abs. 2). Das Patentamt ist kein Drittschuldner. Allerdings ist der Nachweis der Pfändung ihm gegenüber zu empfehlen (durch Vorlage des Pfändungsbeschlusses), denn zum einen darf der Schuldner die Anmeldung dann nicht mehr zurücknehmen (§ 829 Abs. 1 S. 2), zum anderen muss das Patentamt das Patent auf den Namen des Anmelders und des Gläubigers gemeinsam erteilen.[52]

20 Das **Recht auf das Patent**, welches vor der Anmeldung besteht, kann nur gepfändet werden, wenn die Erfindung im Wesentlichen abgeschlossen ist und der Erfinder seinen Verwertungswillen kundgetan hat.[53] Den Verwertungswillen des Erfinders muss der Gläubiger darlegen.[54] Infolge der Pfändung kann der Gläubiger die Patentanmeldung betreiben.

21 Die Pfändung des nach der Anmeldung bestehenden **Anspruchs auf Erteilung des Patents** umfasst die gesamte dadurch begründete Rechtsposition, wobei es nicht darauf ankommt, ob man das gepfändete Recht als Anwartschaftsrecht einordnet.[55] Nach Erteilung des Patents setzt sich das so begründete Pfandrecht an diesem fort. Offenkundigkeit wird insoweit nicht verlangt.

22 Das **Recht aus dem Patent** ist die Befugnis, die patentierte Erfindung zu benutzen (s. im Einzelnen § 9 PatG). Auch wenn das Recht gepfändet ist, bleibt der Schuldner Patentinhaber.[56] Daher obliegt es weiterhin dem Schuldner, die Jahresgebühren zu zahlen. Um ein Erlöschen des Patents zu verhindern, ist freilich der Gläubiger als Dritter (§ 267 Abs. 1 BGB) zur Zahlung berechtigt.[57] Die Verwertung erfolgt durch Verwaltung oder Veräußerung (Abs. 4 und 5).

23 Von der Pfändung des „Patents" ist das Zugreifen auf **Geldforderungen** zu unterscheiden, die dem Patentinhaber aufgrund vergebener Lizenzen oder aus Patentverletzung (§ 139 Abs. 2 PatG) zustehen. Diese Forderungen sind selbständig nach §§ 829 ff pfändbar.

24 **bb) Gebrauchsmusterrechte und Rechte aus eingetragenem Design.** Da diese Rechte übertragbar sind (§ 22 GebrMG, § 29 Abs. 1 DesignG), können sie gepfändet werden (§ 851 Abs. 1, s. auch § 30 Abs. 1 Nr. 2 DesignG).[58] Das Verfügungsverbot ist dem Schuldner zuzustellen (Abs. 2). Hinsichtlich Verfahren und Verwertung gelten die Erläuterungen zu den Patenten entsprechend (vgl § 13 GebrMG; s. Rn 19 ff).

25 **cc) Marken.** Das MarkenG schützt Marken, geschäftliche Bezeichnungen und geographische Herkunftsangaben (§ 1 MarkenG). **Markenschutz** entsteht durch die Eintragung eines Zeichens als Marke in das vom Patentamt geführte Register, die Benutzung eines Zeichens im geschäftlichen Verkehr oder die notorische Bekanntheit einer Marke (§ 4 MarkenG). Das so begründete Recht kann ebenso

---

52 Musielak/*Becker*, § 857 Rn 12; *Stöber*, Forderungspfändung, Rn 1721.
53 BGHZ 16, 172, 175 = NJW 1955, 628, 629; aA *Zimmermann*, GRUR 1999, 121, 125 ff, die eine Pfändbarkeit schon vor Kundgabe des Verwertungswillens befürwortet, wenn nur der Erfindergedanke verlautbart ist.
54 Stein/Jonas/*Brehm*, § 857 Rn 20; *Stöber*, Forderungspfändung, Rn 1720.
55 BGHZ 125, 334, 338 = NJW 1994, 3099, 3100; *Stöber*, Forderungspfändung, Rn 1721.
56 BGHZ 125, 334, 342 = NJW 1994, 3099, 3100; *Stöber*, Forderungspfändung, Rn 1722.
57 Musielak/*Becker*, § 857 Rn 12.
58 Im Einzelnen *Stöber*, Forderungspfändung, Rn 1541, 1551 ff; *Gottwald*, § 857 Rn 43; *Göttlich*, MDR 1957, 11 ff.

Gegenstand von Maßnahmen der Zwangsvollstreckung sein (§ 29 Abs. 1 Nr. 2 MarkenG) wie die durch die Anmeldung begründeten Rechte (§ 31 MarkenG). Da die Markenrechte nach § 4 Nr. 1–3 MarkenG parallel vorhanden sein können, sollte in der Praxis darauf geachtet werden, dass der Pfändungsbeschluss alle Markenrechte erfasst. Die Pfändung erfolgt durch das Vollstreckungsgericht nach Abs. 2.[59] Wird sie dem Patentamt nachgewiesen, erfolgt die Eintragung in das Register (§ 29 Abs. 2 MarkenG). Im Einzelnen kann auf die Ausführungen zur Vollstreckung in Patente verwiesen werden (s. Rn 19 ff). Die Verwertung erfolgt gem. Abs. 5. Besonderheiten sind zu beachten bei geschäftlichen Bezeichnungen. So kann zB die kaufmännische Firma nicht gepfändet werden, weil eine Veräußerung der Firma (§ 17 Abs. 1 HGB) nicht ohne das Handelsgeschäft möglich ist (§ 23 HGB).[60]

dd) Urheberrechte. Die Zulässigkeit der Zwangsvollstreckung gegen den Urheber (§§ 1 ff UrhG) sowie gegen den Verfasser wissenschaftlicher Ausgaben und Lichtbildner (§ 118 UrhG) richtet sich grds. nach den allgemeinen Vorschriften, wobei jedoch die Besonderheiten der §§ 113 bis 119 UrhG zu beachten sind (§ 112 UrhG). Aus §§ 113, 115 UrhG ergibt sich zunächst die Einschränkung, dass die Zwangsvollstreckung wegen Geldforderungen in das Urheberrecht nur möglich ist, soweit Nutzungsrechte eingeräumt werden können (§ 31 UrhG). Unpfändbar sind das **Urheberpersönlichkeitsrecht** (§§ 12–14 UrhG) und der **Erhöhungsanspruch** des § 32 Abs. 1 S. 3 UrhG, denn sie sind jeweils nicht übertragbar.[61] Pfändbar sind hingegen die **Verwertungsrechte** iSv §§ 15 ff UrhG, worunter die Rechte zur Vervielfältigung, Verbreitung, Ausstellung und Wiedergabe des Werks fallen. Nach §§ 113, 115 UrhG kann die Zwangsvollstreckung allerdings nur mit **Einwilligung** des Urhebers oder Rechtsnachfolgers (beachte § 115 S. 2 UrhG) erfolgen. Der Gesetzgeber hat das Einwilligungserfordernis angeordnet, weil die Verwertung eine höchstpersönliche Entscheidung des Urhebers darstellt. Die persönliche Bindung des Urhebers zu seinem Werk wird damit über die Vermögensinteressen des Gläubigers gestellt.[62]

26

Ein Drittschuldner ist nicht vorhanden, so dass die Pfändung der Verwertungsrechte durch Zustellung des Pfändungsbeschlusses an den Schuldner, dh Urheber bzw Rechtsnachfolger, durchgeführt wird (Abs. 2). Die Verwertung kann nicht nach § 835 erfolgen. Eine Überweisung an Zahlungs statt scheidet aus, da das Verwertungsrecht keinen Nennwert hat. Eine Überweisung zur Einziehung scheitert daran, dass keine Forderungen gegen Dritte bestehen, die eingezogen werden können.[63] Die Verwertung erfolgt durch Anordnung der Veräußerung oder Verwaltung (Abs. 4 und 5, § 844).

27

Von der Vollstreckung in die Nutzungsrechte ist die Vollstreckung in **Geldforderungen** zu trennen, die dem Urheber aus der Verwertung entstanden sind (Honorare, Tantiemen), sowie in Schadensersatz- und Bereicherungsansprüche. Die Vollstreckung richtet sich nicht nach § 857, sondern unmittelbar nach §§ 829 ff (mit der Einschränkung des § 850 i). Eine Überweisung zur Einziehung oder an Zahlungs statt ist möglich (§ 835 Abs. 1). Nach § 829 gepfändet werden kann auch der durch eine Vertragsänderung entstandene Anspruch auf erhöhte Vergütung (zur Pfändung künftiger Forderungen s. § 829 Rn 16 ff).[64]

28

---

59 LG Düsseldorf Rpfleger 1998, 356; *Stöber*, Forderungspfändung, Rn 1651 a.
60 BGH NJW 1993, 921, 922; Zöller/*Stöber*, § 857 Rn 10; Stein/Jonas/*Brehm*, § 857 Rn 26.
61 Zur Unpfändbarkeit des Erhöhungsanspruchs ausf. *Berger*, NJW 2003, 853, 854.
62 Schuschke/Walker/*Walker*, § 857 Rn 44; *Stöber*, Forderungspfändung, Rn 1762.
63 Schuschke/Walker/*Walker*, § 857 Rn 45; aA *Stöber*, Forderungspfändung, Rn 1764.
64 Musielak/*Becker*, § 857 Rn 11; ausf. dazu *Berger*, NJW 2003, 853, 855.

29 Zu unterscheiden ist schließlich die Vollstreckung in **Nutzungsrechte**, die einem **Dritten** zustehen. Die Vollstreckung richtet sich nach § 857. Vollstreckungsgegner ist zwar der nutzungsberechtigte Dritte, vollstreckt werden kann in die Nutzungsrechte jedoch nur, wenn der Urheber zustimmt, weil die Zustimmung Voraussetzung für eine Übertragung ist (§ 34 UrhG; anders § 90 UrhG). Die Zustimmung ist entbehrlich, wenn die Zulässigkeit der Übertragung vertraglich vorgesehen ist oder die Anwendbarkeit von § 34 UrhG gem. § 90 UrhG ausgeschlossen ist.[65]

30 **ee) Computersoftware.** In das **Urheberrecht an Computerprogrammen** (§§ 2 Abs. 1 Nr. 1, 69 a UrhG) kann ebenfalls nach § 857 vollstreckt werden. Die Einwilligung (s. Rn 26) ist entbehrlich, wenn die Verwertungsabsicht kundgetan wurde. Darüber hinaus wird die Verweigerung der Einwilligung regelmäßig treuwidrig sein. Das Einwilligungserfordernis dient dem Schutz des Urheberpersönlichkeitsrechts und dies wird bei Computersoftware nicht im Vordergrund stehen.[66] Die Vollstreckung in ein Exemplar der **Software**, dh den Datenträger an sich, erfolgt nach §§ 808 ff (Sachpfändung).[67] In die **Nutzungsrechte**, die einem Dritten zustehen, wird nach § 857 vollstreckt. Die Zustimmung des Urhebers (§§ 34, 35 UrhG) zur Vollstreckung ist auch hier idR entbehrlich (s. Rn 29).

31 **d) Internet-Domain.** Pfändbar ist nicht die Internet-Domain als solche, denn diese stellt kein Vermögensrecht iSv Abs. 1 dar.[68] Gepfändet werden kann jedoch die **Gesamtheit der schuldrechtlichen Ansprüche**, die dem Inhaber der Domain gegenüber der Vergabestelle aus dem der Domainregistrierung zugrunde liegenden Vertragsverhältnis zustehen.[69] Diese Ansprüche sind übertragbar (§ 6 Abs. 1 DENIC-Domainbedingungen). Wird im Pfändungsbeschluss die Internet-Domain als solche als Pfändungsgegenstand angegeben, ist dies dahingehend auszulegen, dass die Gesamtheit der schuldrechtlichen Ansprüche als Pfändungsgegenstand umfasst ist.[70] Der Pfändungsbeschluss ist der DENIC eG, die die zentrale Registrierungsstelle für alle Domains unterhalb der Top-Level-Domain.de ist, als Drittschuldnerin zuzustellen (§ 829 Abs. 2).[71] § 811 Abs. 1 Nr. 5 ist analog anwendbar,[72] wird aber nur ausnahmsweise zu einem Pfändungsverbot führen.

32 Die **Verwertung** der gepfändeten Ansprüche des Domaininhabers gegen die Vergabestelle erfolgt grds. durch Überweisung an Zahlungs statt zu einem Schätzwert (Abs. 1 iVm § 844).[73] Zulässige Verwertungsmöglichkeit ist aber auch die Versteigerung im Internet oder freihändige Veräußerung nach Abs. 5 iVm § 844.[74] Nach der Übertragung hat die DENIC den Erwerber zu registrieren (§ 6

---

65 *Stöber*, Forderungspfändung, Rn 1772; *Brox/Walker*, Rn 837.
66 Stein/Jonas/*Brehm*, § 857 Rn 24; *Breidenbach*, CR 1989, 971, 972 ff.
67 Schuschke/Walker/*Walker*, § 857 Rn 45; Stein/Jonas/*Brehm*, § 857 Rn 23.
68 BGH NJW 2005, 3353; LG Mönchengladbach NJW-RR 2005, 439.
69 BGH NJW 2005, 3353; Stein/Jonas/*Brehm*, § 857 Rn 80; *Berger*, Rpfleger 2002, 181, 182; *Hanloser*, Rpfleger 2000, 525, 528; *Welzel*, MMR 2001, 131, 132 f; ausf. zur Vollstreckung und Verwertung *Boecker*, MMR 2007, 1234 ff.
70 Zöller/*Stöber*, § 857 Rn 12 c; ähnl. Musielak/*Becker*, § 857 Rn 13 a („kann es genügen, verkürzt die Domain als Pfändungsgegenstand anzugeben"), nach dem jedoch die Angabe der Ansprüche als Pfändungsgegenstand zu empfehlen ist.
71 LG Zwickau Rpfleger 2010, 34 f; Musielak/*Becker*, § 857 Rn 13 a; *Stadler*, MMR 2007, 71 ff; *Plaß*, WRP 2000, 1077, 1084; aA *Viefhues*, MMR 2000, 286, 289; *Welzel*, MMR 2001, 131, 136 f.
72 LG Mönchengladbach NJW-RR 2005, 439; *Berger*, Rpfleger 2002, 181, 185.
73 BGH NJW 2005, 3353, 3354; *Berger*, Rpfleger 2002, 181, 185; *Welzel*, MMR 2001, 131, 138.
74 LG Mönchengladbach NJW-RR 2005, 439; Zöller/*Stöber*, § 857 Rn 12 c; *Welzel*, MMR 2001, 131, 136.

Abs. 2 S. 1 DENIC-Domainbedingungen).[75] Wegen der beschränkten Prüfungspflicht der Gerichte stehen **Namens- und Markenrechte Dritter** der Pfändung nicht entgegen; etwas anderes gilt nur bei offenkundigem Rechtsverstoß.[76] Allerdings können Rechte Dritter, die durch den Schuldner verletzt worden sind, Unterlassungs- und Löschungsansprüche begründen, die auch gegen den Pfandgläubiger wirken.[77]

e) Gesetzlich unveräußerliche Rechte. Siehe dazu Rn 43 ff. 33

f) Bruchteilsgemeinschaften. aa) Miteigentum an beweglicher Sache. Der Miteigentumsanteil an einer beweglichen Sache ist übertragbar (§ 747 S. 1 BGB) und unterliegt somit der Pfändung nach § 857.[78] Nach Zustellung des Beschlusses an die Miteigentümer als Drittschuldner (Abs. 1 iVm § 829 Abs. 3) und Überweisung zur Einziehung (Abs. 1 iVm § 835) kann der Vollstreckungsgläubiger Aufhebung der Gemeinschaft verlangen, sofern der Titel nicht bloß vorläufig vollstreckbar ist (§ 751 S. 2 BGB). Zur Pfändung von Wertpapieren in Sammelverwahrung s. § 808 Rn 2.[79] 34

bb) Miteigentum an Grundstücken, Anspruch auf Aufhebung der Gemeinschaft. Der Miteigentumsanteil an Grundstücken ist Gegenstand der Immobiliarvollstreckung (§§ 864 Abs. 2, 866) und kann auch daher nicht nach Abs. 1 iVm § 829 gepfändet werden. Auch der Anspruch des Miteigentümers eines Grundstücks (§§ 1008, 741 ff BGB) auf Aufhebung der Gemeinschaft kann nicht isoliert gepfändet werden (Abs. 1 iVm § 851 Abs. 1), denn er ist ohne den entsprechenden Miteigentumsanteil nicht abtretbar.[80] Allerdings kann der Anspruch auf Auseinandersetzung demjenigen zur Ausübung überlassen werden, dem auch das übertragbare künftige Recht auf den dem Miteigentumsanteil entsprechenden Teil des Versteigerungserlöses abgetreten worden ist. Deshalb kann der **Aufhebungsanspruch** (Versteigerung des ganzen Grundstücks) zusammen mit dem künftigen Anspruch auf eine den Anteilen entsprechende Teilung und Auskehrung des Versteigerungserlöses gepfändet (Abs. 1 iVm § 829) und überwiesen (Abs. 1 iVm § 835) werden.[81] Der Vollstreckungsgläubiger kann sodann die Versteigerung des ganzen Grundstücks betreiben (§§ 180 ff ZVG). § 1365 BGB steht dem Zugriff auf das Vermögen des Ehegatten nicht entgegen.[82] In Wohnungseigentumsgemeinschaften besteht nach § 11 WEG kein Anspruch auf Aufhebung der Gemeinschaft. Eine Veräußerungsbeschränkung in Form eines Zustimmungserfordernisses (§ 12 Abs. 1 WEG) wirkt auch bei einer Veräußerung im Wege der Zwangsvollstreckung (§ 12 Abs. 3 S. 2 WEG). Im Falle der Zwangsversteigerung kann der Anspruch auf Zustimmung, die lediglich aus wichtigem Grund versagt werden darf (§ 12 Abs. 2 WEG), unmittelbar von dem betreibenden Gläubiger geltend gemacht werden.[83] 35

g) Grundschuld, Rentenschuld, Reallast. Siehe dazu Rn 51 ff. 36

---

75 Musielak/*Becker*, § 857 Rn 13 a; *Berger*, Rpfleger 2002, 181, 186.
76 LG Mönchengladbach NJW-RR 2005, 439; *Kleespies*, GRUR 2002, 764, 772; *Berger*, Rpfleger 2002, 181, 184; *Lwowski/Dahm*, WM 2001, 1135, 1140 ff.
77 Musielak/*Becker*, § 857 Rn 13 a; Zöller/*Stöber*, § 857 Rn 12 c; *Renck*, NJW 1999, 3587, 3588 ff.
78 BGH NJW 1993, 935, 937.
79 Rspr dazu: BGH NJW-RR 2008, 494.
80 BGHZ 90, 207, 215 = NJW 1984, 1968, 1970; BGH NJW-RR 2010, 1098; *Gottwald*, § 857 Rn 19; Staudinger/*Langhein*, § 749 Rn 54.
81 BGHZ 90, 207, 215 = NJW 1984, 1968, 1970; BGH NJW 2006, 849, 850; *Stöber*, Forderungspfändung, Rn 1544.
82 BGH NJW 2006, 849, 850; BGHZ 143, 356, 361 f = NJW 2000, 1947, 1948.
83 Bärmann/*Klein*, WEG, 12. Aufl. 2013, § 12 Rn 41; s. auch BGHZ 100, 107 = NJW 1987, 1942, 1943 (zu § 7 Abs. 1 ErbbauRG); zur Zwangsvollstreckung in das Wohnungseigentum im Überblick *Schmid*, ZfIR 2011, 733, 735.

37 **h) Sonstige Rechte. aa) Dauerwohnrecht.** Das Dauerwohnrecht (§§ 31 ff WEG) als veräußerliches Recht (§ 33 Abs. 1 S. 1 WEG) wird entsprechend Abs. 6 in der Form des § 830 gepfändet,[84] dh Eintragung im Grundbuch ist Wirksamkeitsvoraussetzung der Pfändung. Die Verwertung erfolgt nach Abs. 5 iVm § 844. Veräußerungsbeschränkungen (§ 35 WEG) sind bei der Verwertung zu berücksichtigen.[85]

38 **bb) Anspruch auf Zuschlag.** Der Anspruch auf Erteilung des Zuschlags ist abtretbar (§ 81 Abs. 1 und 2 ZVG) und damit – bis zur Verkündung bzw Zustellung des Beschlusses (§ 104 ZVG) – pfändbar.[86] Die Pfändung erfolgt durch Zustellung des Pfändungsbeschlusses an den Meistbietenden als Schuldner (Abs. 2). Der Vollstreckungsgläubiger erlangt mit Zuschlag eine Sicherungshypothek im Rang nach den bestehen bleibenden Rechten (s. § 848 Rn 17).[87]

39 **cc) Erlösanspruch.** Hypothek und Grundschuld können grds. nur bis zur Erteilung des Zuschlags gepfändet werden; nach diesem Zeitpunkt lediglich dann, wenn sie ausnahmsweise bestehen geblieben sind.[88] Erlischt die Hypothek oder Grundschuld – wie es idR der Fall sein wird (§ 91 ZVG) –, tritt an ihre Stelle das Recht auf Befriedigung aus dem Erlös (Surrogation).[89] Das (Ersatz-)Recht auf Befriedigung aus dem Erlös ist nicht mehr ein Recht am Grundstück und die für die Pfändung solcher Rechte geltenden besonderen Vorschriften (Abs. 6 iVm § 830) finden keine Anwendung. Der Anspruch ist vielmehr nach § 829 iVm Abs. 1 und 2 zu pfänden.[90]

40 Die Zustellung des Pfändungsbeschlusses erfolgt bei Eigentümergrundschulden an den Schuldner als bisherigen Eigentümer (Abs. 2). Der Grundstückseigentümer ist bei Fremdgrundschulden und nach hM[91] auch bei Hypotheken Drittschuldner (nach aA[92] ist der persönliche Schuldner Drittschuldner). Gleichwohl sollte in der Praxis als Vorsichtsmaßnahme auch dem persönlichen Schuldner zugestellt werden. Eine Zustellung an den Ersteher als Schuldner des Erlöses ist weder erforderlich noch ausreichend. Der Ersteher ist nicht als Drittschuldner zu behandeln. Hat das Vollstreckungsgericht den Erlösanteil wegen des Widerspruchs eines Beteiligten gegen den Teilungsplan gem. §§ 124 Abs. 2, 120 ZVG für den Zuteilungsberechtigten und den Widersprechenden hinterlegt, ist der Pfändungsbeschluss gem. § 829 Abs. 3 der Hinterlegungsstelle als Drittschuldnerin zuzustellen.[93]

41 Solange das Grundpfandrecht besteht, kann ein Anspruch auf den ihm zuzuteilenden Anteil am Versteigerungserlös nicht, auch nicht bedingt, abgetreten werden und unterliegt damit nicht der Pfändung.[94] Da der Zuschlag vor Rechtskraft noch aufgehoben werden kann (§ 90 Abs. 1 ZVG), sollte als Vorsichtsmaßnahme neben dem Recht (§§ 857, 830) auch der Erlösanspruch (§ 829) im Wege der Eventualpfändung gepfändet werden.[95] Wird der Pfändungsbeschluss nachträg-

---

84 Schuschke/Walker/*Walker*, § 857 Rn 36; Stein/Jonas/*Brehm*, § 857 Rn 101.
85 *Gottwald*, § 857 Rn 22; *Stöber*, Forderungspfändung, Rn 1525.
86 BGHZ 111, 14, 16 = NJW 1990, 3141; Stein/Jonas/*Brehm*, § 857 Rn 8; *Stöber*, Forderungspfändung, Rn 1794.
87 Musielak/*Becker*, § 857 Rn 20; *Stöber*, Forderungspfändung, Rn 1794; *Krammer/Riedel*, Rpfleger 1989, 144, 145.
88 Zöller/*Stöber*, § 857 Rn 30.
89 BGHZ 108, 237, 239 = NJW 1989, 2536, 2537; BGHZ 58, 298, 301 = NJW 1972, 1135.
90 BGHZ 58, 298, 301, 302 = NJW 1972, 1135.
91 RGZ 40, 395, 397; Musielak/*Becker*, § 857 Rn 21; Stein/Jonas/*Brehm*, § 857 Rn 53.
92 *Stöber*, Rpfleger 1958, 251, 253; *Tempel*, JuS 1967, 75, 77.
93 BGHZ 58, 298, 303 f = NJW 1972, 1135, 1136.
94 BGH NJW 1964, 813.
95 *Stöber*, Forderungspfändung, Rn 1988.

lich umgedeutet, sind die Formerfordernisse einzuhalten.[96] Die auf den Berechtigten übertragene Forderung (nach Ausführung des Teilungsplans) ist gem. § 829 zu pfänden, nach Eintragung einer Sicherungshypothek (§ 128 ZVG) gem. § 830.

III. Zustellung bei Fehlen eines Drittschuldners (Abs. 2)

Ist ein Drittschuldner nicht vorhanden, wird die Pfändung wirksam durch **Zustellung** des Gebots an den Schuldner, sich jeder Verfügung über das Recht, insb. ihrer Einziehung, zu enthalten (Abs. 2). Ein Drittschuldner ist etwa bei **Schutz- und Urheberrechten** nicht vorhanden. Da die Zustellung an den Schuldner diejenige an den Drittschuldner ersetzt, gelten die Anforderungen an eine Zustellung iSv § 829 Abs. 3 entsprechend. Wird die Pfändung sonst mit Zustellung des Beschlusses an den Drittschuldner wirksam, ist hier die Zustellung an den Schuldner wesentliche Wirksamkeitsvoraussetzung. Die Zustellung kann daher nicht durch Aufgabe zur Post erfolgen; § 829 Abs. 2 S. 3 findet keine Anwendung.[97] Auch wenn ein Drittschuldner im eigentlichen Sinne nicht vorhanden ist, kann eine Zustellung an Dritte sinnvoll sein, und zwar, wenn von ihnen Leistungen an den Schuldner zu befürchten sind oder sie (für den Gläubiger nachteilig) auf das gepfändete Recht Einfluss nehmen können (daher zB Pfändungsmitteilung an das Patentamt oder den Vorerben).[98]   42

IV. Unveräußerliche Rechte (Abs. 3)

1. Allgemeines. Wenn nichts anderes bestimmt ist, sind unveräußerliche Rechte pfändbar, soweit die Ausübung einem anderen überlassen werden kann (Abs. 3). Zur Unpfändbarkeit von Forderungen wegen fehlender Übertragbarkeit, etwa höchstpersönlicher Dienstleistungen,[99] s. § 851 Rn 5 ff.   43

2. Nießbrauch. Nach § 1059 S. 2 BGB kann die Ausübung des Nießbrauchs einem anderen überlassen werden. Der Nießbrauch unterliegt damit der Pfändung als anderes Vermögensrecht (Abs. 1). Wird zwischen dem Nießbraucher und Eigentümer die Überlassung des Nießbrauchs vertraglich ausgeschlossen (§ 1059 S. 2 BGB), ist der Nießbrauch gleichwohl der Pfändung unterworfen (Abs. 1 iVm § 851 Abs. 2).[100] Gepfändet wird der Nießbrauch selbst, nicht ein obligatorischer Anspruch auf seine Ausübung.[101] Dies ergibt sich aus dem Wortlaut des Abs. 3, wonach das Recht der Pfändung unterworfen ist. Die Zustellung des Pfändungsbeschlusses erfolgt an den Eigentümer als Drittschuldner (§§ 857, 829 Abs. 3). Eine wirksame Pfändung setzt eine Eintragung im Grundbuch nicht voraus,[102] ist wegen des öffentlichen Glaubens des Grundbuchs (§§ 892, 893 BGB) aber sinnvoll.   44

Die **Löschung** des Nießbrauchs kann nur mit Bewilligung des Nießbrauchers und des Pfandgläubigers erfolgen. Der Nießbrauch ist nach der Zustellung des Pfändungsbeschlusses der Verfügung (Verzicht oder Aufhebung) des Berechtigten entzogen (§ 829 Abs. 1 S. 2). Verfügungen sind gegenüber dem Vollstreckungsgläubiger unwirksam (§§ 135, 136 BGB).[103] Auch in der Zwangsvollstreckung behält   45

---

96 Stein/Jonas/*Brehm*, § 857 Rn 55.
97 MüKo-ZPO/*Smid*, § 857 Rn 6; Stein/Jonas/*Brehm*, § 857 Rn 99.
98 Stein/Jonas/*Brehm*, § 857 Rn 100.
99 Dazu BGH WM 2013, 572, 573.
100 BGHZ 95, 99, 101 f = NJW 1985, 2827 f; *Gottwald*, § 857 Rn 39; *Brox/Walker*, Rn 763; *Eickmann*, NotBZ 2008, 257, 258.
101 BGHZ 166, 1, 3 = BGH NJW 2006, 1124; BGHZ 62, 133, 136 = NJW 1974, 796.
102 BGHZ 62, 133, 139 = NJW 1974, 796, 797; *Stöber*, Forderungspfändung, Rn 1524.
103 BGHZ 62, 133, 139 = NJW 1974, 796, 797; Musielak/*Becker*, § 857 Rn 14; Zöller/*Stöber*, § 857 Rn 12.

der Nießbrauch seinen Charakter als unveräußerliches Recht, so dass zum Zwecke der **Befriedigung** eine Verwertung ausscheidet; der Vollstreckungsgläubiger darf sich durch Ausübung befriedigen. Die Anordnung der Verwaltung kann durch das Gericht erfolgen (Abs. 4). Aus der Pfändung des Nießbrauchs ergibt sich kein Anspruch auf Räumung und Herausgabe des Grundstücks.[104]

46 **3. Beschränkte persönliche Dienstbarkeit.** Die Ausübung der Dienstbarkeit und damit auch des **Wohnungsrechts** (§ 1093 BGB) kann einem anderen nur überlassen werden, wenn dies gestattet ist (§ 1092 Abs. 1 S. 2 BGB). Notwendig ist dafür eine Einigung zwischen Eigentümer und Berechtigtem.[105] Nicht erforderlich ist die Eintragung im Grundbuch; diese hat nur Bedeutung für die Wirkung gegen einen Rechtsnachfolger des Eigentümers.[106] Liegt eine Überlassungsvereinbarung vor, gelten die Ausführungen zur Pfändbarkeit des Nießbrauchs entsprechend.

47 **4. Miet- und Pachtrecht, Anspruch des Leasingnehmers.** Das **Nutzungsrecht** des Mieters oder Pächters ist pfändbar, wenn die Überlassung an einen anderen gestattet ist.[107] Die Gestattung darf jedoch nicht auf einen bestimmten Dritten beschränkt, sondern muss generell erteilt worden sein.[108] Diese Maßgabe gilt auch, wenn der Vermieter oder Verpächter vollstrecken möchte, denn ansonsten könnte er durch eine auf ihn bezogene Erlaubnis die Pfändbarkeit herbeiführen.[109] Die Verwertung kann durch Vermietung oder Verpachtung erfolgen (Abs. 4 iVm § 844). Die Ausführungen gelten entsprechend für das Nutzungsrecht des Leasingnehmers, wenn das Verhältnis mietähnlich ausgestaltet ist.[110] Ebenfalls ist das Nutzungsrecht des Schuldners an einem sicherungsübereigneten Gegenstand (zB Pkw) pfändbar, wenn der Gegenstand einem anderen überlassen werden darf.[111]

48 **5. Sondernutzungsrecht.** Das Sondereigentum kann ohne den Miteigentumsanteil nicht veräußert oder belastet werden (§ 6 Abs. 1 WEG). Aus diesem Grunde handelt es sich bei dem Sondernutzungsrecht (zB Kfz-Stellplatz) um ein selbständiges Vermögensrecht, welches zwar der Pfändung innerhalb der Wohnungseigentümergemeinschaft unterliegt, nicht aber der durch Dritte.[112] Auch das durch die Teilungserklärung begründete Recht, Sondernutzungsrechte durch Zuweisung an einzelne Miteigentümer zu begründen, ist unpfändbar.[113] Pfändbar sind jedoch die Ansprüche aus einem Treuhandverhältnis betreffend die Sondernutzungsrechte auf Herausgabe oder Übertragung der Sondernutzungsrechte sowie auf Verwaltung der Sondernutzungsrechte, insb. auf Vermietung, Verpachtung oder sonstige Nutzungsüberlassung an Dritte, Einzug der Miete oder sonstigen Entgelts für die Nutzungsüberlassung. Insoweit sind Pfändungsgegenstand näm-

---

104 BGHZ 166, 1, 4 = BGH NJW 2006, 1124, 1125.
105 BGH NJW 1963, 2319; Musielak/*Becker*, § 857 Rn 15.
106 BGH ZIP 2006, 2321, 2322; Musielak/*Becker*, § 857 Rn 15; aA KG NJW 1968, 1882, 1883; Zöller/*Stöber*, § 857 Rn 12.
107 OLG Düsseldorf NJW 1988, 1676; MüKo-ZPO/*Smid*, § 857 Rn 17; Stein/Jonas/*Brehm*, § 857 Rn 30; *Stöber*, Forderungspfändung, Rn 262; *Schwab*, NZM 2003, 50, 51.
108 Musielak/*Becker*, § 857 Rn 15.
109 Stein/Jonas/*Brehm*, § 857 Rn 30; Wieczorek/Schütze/*Lüke*, § 857 Rn 68.
110 Stein/Jonas/*Brehm*, § 857 Rn 31; nach *Teubner/Lelley*, ZMR 1999, 151 f uneingeschränkt pfändbar, dh auf die Gestattung der Überlassung an einen anderen kommt es nicht an.
111 Zöller/*Stöber*, § 857 Rn 12.
112 BGHZ 73, 145, 149 = NJW 1979, 548, 549; Musielak/*Becker*, § 857 Rn 19.
113 OLG Stuttgart Rpfleger 2002, 576; MüKo-ZPO/*Smid*, § 857 Rn 17.

V. Besondere Anordnungen (Abs. 4)

Bei der Zwangsvollstreckung in **unveräußerliche Rechte**, die pfändbar sind, weil die Ausübung einem anderen überlassen werden kann (Abs. 3), darf das Gericht besondere Anordnungen erlassen (Abs. 4). Davon umfasst ist insb. die Anordnung einer Verwaltung, zB bei Nutzungsrechten (Nutzungsrecht des Mieters oder Nießbrauch). Es bietet sich die Anlehnung an die Vorschriften des ZVG über die Zwangsverwaltung an.[115] Voraussetzung für die Verwaltung des Grundstücks ist der unmittelbare oder mittelbare Besitz des Schuldners. Ist die Eintragung des Nießbrauchs nachgewiesen, prüft das Gericht die Besitzverhältnisse allerdings nicht, es sei denn, dem Vollstreckungsgericht ist der fehlende Besitz des Schuldners bekannt.[116] Die Anordnung der Verwaltung hat die Herausgabe der Sache an den Verwalter zu umfassen (zu den Einzelheiten der Herausgabe s. § 150 ZVG Rn 23 ff). Erfolgt die Herausgabe an den Verwalter vor Zustellung des Beschlusses an den Drittschuldner, wird die Pfändung schon dadurch bewirkt (Abs. 4 S. 2 Hs 2).

49

VI. Anordnung der Veräußerung des Rechts (Abs. 5)

Abs. 5 stellt klar, dass bei veräußerlichen Rechten die Veräußerung desselben eine zulässige Verwertungsart ist.

50

VII. Reallast, Grundschuld und Rentenschuld (Abs. 6)

Die Vorschriften über die Zwangsvollstreckung in eine Forderung, für die eine Hypothek besteht, sind entsprechend anzuwenden (Abs. 6). Für die Pfändung gelten §§ 829, 830, für die Verwertung §§ 835, 837.

51

1. Grundschuld. a) Fremdgrundschuld. Die Pfändung einer Fremdgrundschuld setzt neben dem Pfändungsbeschluss die Übergabe des Briefes an den Gläubiger voraus (§ 830 Abs. 1 S. 1); bei Ausschluss der Erteilung des Briefes ist die Eintragung im Grundbuch erforderlich (§ 830 Abs. 1 S. 3). Nach der Überweisung der Grundschuld (§ 837) kann der Gläubiger Einziehungsklage erheben und einen Titel auf Duldung der Zwangsvollstreckung erwirken, den er zur Vollstreckung in das Grundstück benötigt.[117]

52

Handelt es sich bei der Grundschuld um eine **Sicherungsgrundschuld**, wird nicht anders verfahren, denn letztlich handelt es sich um eine Grundschuld iSv § 1191 BGB. Die Forderung, für die die Grundschuld nach dem Sicherungsvertrag haftet, muss selbständig gepfändet werden.[118] In der Praxis sollte die Pfändung beides umfassen (dies kann äußerlich zusammengefasst sein), denn ansonsten besteht die Gefahr, dass der Drittschuldner auf die Forderung, die vom Arrestatorium bei der Pfändung nur der Grundschuld nicht umfasst ist, leistet und er die Einrede aus dem Sicherungsvertrag dem Vollstreckungsgläubiger entgegenhält

53

---

114 BGH NJW 2010, 2346, 2347.
115 BGHZ 166, 1, 5 = NJW 2006, 1124, 1125; *Stöber*, Forderungspfändung, Rn 1712 a.
116 BGH NJW 2011, 1009, 1010.
117 Musielak/*Becker*, § 857 Rn 16; Schuschke/Walker/*Walker*, § 857 Rn 25; *Stöber*, Rpfleger 1958, 341.
118 Zöller/*Stöber*, § 857 Rn 15; *Gottwald*, § 857 Rn 29.

(§§ 1192 Abs. 1, 1157 S. 1 BGB; nach § 1192 Abs. 1 a BGB[119] ist ein gutgläubig einredefreier Erwerb einer Sicherungsgrundschuld nicht mehr möglich).[120]

54 Der **schuldrechtliche Rückgewähranspruch** gegen den Grundschuldgläubiger (aus dem Sicherungsvertrag oder aus Bereicherungsrecht) ist abtretbar und unterliegt der Pfändung gem. Abs. 1 iVm § 829.[121] Der Rückgewähranspruch gelangt mit Abschluss des Sicherungsvertrages zur **Entstehung**, aufschiebend bedingt durch die Tilgung der gesicherten Forderung, und ist ab diesem Zeitpunkt pfändbar.[122] Da Pfandobjekt nicht die Grundschuld selbst ist, muss der Grundschuldbrief nicht mitgepfändet und kann die Pfändung nicht im Grundbuch vermerkt werden.[123] Der Gegenstand der Zwangsvollstreckung muss bei verständiger Auslegung unzweifelhaft feststehen, dh der Pfändungsbeschluss muss den fraglichen Rückgewähranspruch und die entsprechende Grundschuld hinreichend bestimmt bezeichnen. Aus dem Sicherungsvertrag ergibt sich idR eine **Auskunftspflicht** des Sicherungsnehmers darüber, in welcher Höhe die gesicherte Forderung (noch) besteht. Als Nebenrecht ist dieser Anspruch von der Pfändung des Rückgewähranspruchs erfasst. Eine selbständige Pfändung scheidet aus.[124] Erfasst wird auch eine **Vormerkung** (§ 883 BGB) zur Sicherung des Rückgewähranspruchs. Die Pfändung kann daher bei der Vormerkung im Grundbuch eingetragen werden.[125] Ist eine Vormerkung noch nicht eingetragen, kann der Vollstreckungsgläubiger aufgrund der Pfändung diese und die Eintragung der Pfändung verlangen.[126] Die Zustellung des Pfändungsbeschlusses erfolgt an den zur Rückgewähr Verpflichteten als Drittschuldner. Die Pfändung des Rückgewähranspruchs hindert nicht die Abtretung der Grundschuld durch den Gläubiger.[127] Es handelt sich nämlich nicht um die Erfüllung des Rückgewähranspruchs, die dem Drittschuldner nach § 829 Abs. 1 S. 1 verboten ist. Die Verwertung des Pfandrechts setzt die Überweisung des Anspruchs zur Einziehung voraus.[128] Erfüllung kann der Vollstreckungsgläubiger mit Fälligkeit verlangen. Wird der Rückübertragungsanspruch durch Abtretung der Grundschuld an den Schuldner erfüllt, setzt sich das Pfandrecht kraft Surrogation an der Grundschuld fort (§ 1287 BGB analog).[129]

55 **b) Eigentümergrundschuld.** Auf die Eigentümergrundschuld ist Abs. 6 ebenfalls anwendbar, dh die Zustellung an den Schuldner nach Abs. 2 ist nicht ausreichend, sondern **Briefübergabe** oder **Eintragung** nach § 830 ist erforderlich.[130] Insoweit dürfen keine geringeren Anforderungen gestellt werden als bei einer

---

119 Eingefügt durch das Gesetz zur Begrenzung der mit Finanzinvestitionen verbundenen Risiken (Risikobegrenzungsgesetz) vom 12.8.2008 (BGBl. I S. 1666); s. dazu *Koch*, ZBB 2008, 232, 235 f.
120 Musielak/*Becker*, § 857 Rn 16; Schuschke/Walker/*Walker*, § 857 Rn 25; *Stöber*, Forderungspfändung, Rn 1879, 1885; *Huber*, BB 1965, 609.
121 BGHZ 108, 237, 243 = NJW 1989, 2536, 2537 f; Zöller/*Stöber*, § 857 Rn 15; Schuschke/Walker/*Walker*, § 857 Rn 29.
122 BGH NJW 1991, 1821; Musielak/*Becker*, § 857 Rn 22; Schuschke/Walker/*Walker*, § 857 Rn 29.
123 BGH NJW-RR 1991, 1197, 1198.
124 Schuschke/Walker/*Walker*, § 857 Rn 29; *Stöber*, Forderungspfändung, Rn 1890 a; aA AG Dorsten Rpfleger 1984, 424 f.
125 KG HRR 37 Nr. 246.
126 *Stöber*, Forderungspfändung, Rn 1900.
127 OLG Hamburg NJW-RR 1999, 600, 601; Zöller/*Stöber*, § 857 Rn 15.
128 Musielak/*Becker*, § 857 Rn 22; *Stöber*, Rpfleger 1959, 88.
129 OLG Hamm ZIP 1983, 806, 807; Schuschke/Walker/*Walker*, § 857 Rn 29.
130 BGH NJW-RR 1989, 636, 637; BGH NJW 1979, 2045; BGH NJW 1961, 601; Musielak/*Becker*, § 857 Rn 17; Zöller/*Stöber*, § 857 Rn 20; Schuschke/Walker/*Walker*, § 857 Rn 27; wohl auch MüKo-ZPO/*Smid*, § 857 Rn 33 f; mit Bedenken Stein/Jonas/*Brehm*, § 857 Rn 62; aA *Baur/Stürner/Bruns*, Zwangsvollstreckungsrecht, Rn 32.19 f; *Gaul/Schilken/Becker-Eberhard*, § 58 Rn 16 f.

rechtsgeschäftlichen Übertragung bzw Verpfändung (§§ 1291, 1274, 1192, 1154, 873 BGB). In dem Pfändungsbeschluss wird dem Eigentümer aufgegeben, sich jeder Verfügung über die Grundschuld zu enthalten. Das Pfandrecht entsteht mit Briefübergabe bzw Eintragung, so dass die Zustellung des Pfändungsbeschlusses zwar nicht wesentlich, aber für die Praxis gleichwohl zu empfehlen ist (s. § 830 Rn 13). Der Zeitpunkt der Pfändung hat Bedeutung für den Rang des Pfandrechts (§ 804 Abs. 3).

c) **Teilgrundschuld.** Eine Eigentümergrundschuld kann nur zum Teil erworben worden sein, während der andere Teil einem Dritten als Fremdgrundpfandrecht zusteht. Nach hM[131] muss der Gläubiger pfänden und sich überweisen lassen: (1) Das Miteigentum des Eigentümers an dem Brief (§§ 1008, 952 BGB), (2) den Anspruch auf Aufhebung der Gemeinschaft am Brief (§ 749 BGB),[132] (3) den Anspruch auf Berichtigung des Grundbuchs (§ 894 BGB), (4) den Anspruch auf Vorlage des Briefes beim Grundbuchamt oder Notar zur Bildung eines Teilbriefes (§§ 1145, 1152 BGB) und (5) den Anspruch gegen das Grundbuchamt auf Aushändigung des so entstandenen Teilbriefes. Die Pfändung der Eigentümergrundschuld ist bewirkt mit der Übergabe des Teilbriefes an den Pfändungsgläubiger.

d) **Verdeckte Eigentümergrundschuld.** Bei einer Buchhypothek kommt es zu Schwierigkeiten, wenn die Eigentümergrundschuld nicht eingetragen ist, es sich mithin um eine verdeckte Eigentümergrundschuld handelt. Obwohl damit die Voreintragung des Schuldners (§ 39 GBO) fehlt, kann gleichwohl der Pfändungsbeschluss ergehen. Die **Eintragung** der Pfändung im Grundbuch setzt voraus, dass der **urkundliche Nachweis** (§ 29 GBO) der Entstehung der (Teil-)Eigentümergrundschuld geführt wird.[133] Der Gläubiger muss den Anspruch auf Berichtigung des Grundbuchs, der dem Schuldner gegen den eingetragenen Hypothekengläubiger zusteht, pfänden und sich überweisen lassen.[134] Dadurch kann der Gläubiger die Herausgabe der Urkunden, die für die Grundbuchberichtigung erforderlich sind (vor allem: löschungsfähige Quittung), von dem Schuldner erzwingen oder gegen einen dritten Besitzer auf Herausgabe dieser Urkunden klagen (§ 836 Abs. 3).[135] Im Wege der einstweiligen Verfügung kann der Gläubiger darüber hinaus Widerspruch gegen die Richtigkeit des Grundbuchs eintragen lassen. Durch die beschriebene Vorgehensweise kann die Eintragung der Pfändung im Grundbuch erreicht werden, ohne dass vorher der Eigentümer eingetragen war.[136]

e) **Künftige Eigentümergrundschuld.** Die künftige Eigentümergrundschuld, die erst durch das zukünftige Erlöschen der Hypothekenforderung entsteht, kann gepfändet werden. Der Gegenstand der Zwangsvollstreckung ist in diesem Fall hinreichend bestimmbar. Wirksam wird die Pfändung erst nach Entstehen der Grundschuld mit Briefübergabe oder Eintragung.[137] Geschieht die Briefübergabe

---

131 RGZ 59, 318; Musielak/*Becker*, § 857 Rn 17; Zöller/*Stöber*, § 857 Rn 23; Schuschke/Walker/*Walker*, § 857 Rn 27; aA *Baur/Stürner/Bruns*, Zwangsvollstreckungsrecht, Rn 32.19 f.
132 Nach Stein/Jonas/*Brehm*, § 857 Rn 64 unnötig, da es von (1) umfasst sei.
133 OLG Hamburg Rpfleger 1976, 371; OLG Köln NJW 1961, 368; *Tempel*, JuS 1967, 215, 216.
134 Zöller/*Stöber*, § 857 Rn 24; Stein/Jonas/*Brehm*, § 857 Rn 62.
135 Nach Musielak/*Becker*, § 857 Rn 17 soll der Gerichtsvollzieher die Urkunden beim Gläubiger bereits aufgrund des Pfändungsbeschlusses nach § 836 Abs. 3 S. 2 wegnehmen können; dies steht entgegen, dass dies eine gültige Pfändung voraussetzt, die aber hier gerade erst erfolgen soll; Stein/Jonas/*Brehm*, § 857 Rn 66.
136 BGH NJW 1968, 1674; OLG Hamburg Rpfleger 1976, 371; OLG Köln NJW 1961, 368; Zöller/*Stöber*, § 857 Rn 24; Stein/Jonas/*Brehm*, § 857 Rn 66; aA Musielak/*Becker*, § 857 Rn 17.
137 BGHZ 53, 60, 63 = NJW 1970, 322; Stein/Jonas/*Brehm*, § 857 Rn 65.

freiwillig zuvor, entsteht das Pfandrecht gleichzeitig mit der Eigentümergrundschuld. In dem Pfändungsbeschluss ist deutlich zu machen, dass eine künftige Eigentümergrundschuld gepfändet wird.

59 **f) Vorläufige Eigentümergrundschuld.** Ist die zu sichernde Forderung noch nicht entstanden, kann sie aber noch entstehen, handelt es sich um eine vorläufige Eigentümergrundschuld.[138] Sie ist bei einer Briefgrundschuld pfändbar, wenn der Schuldner den Brief besitzt und dieser erlangt werden kann.[139] Hingegen scheitert die Entstehung eines Pfändungspfandrechts bei einer Buchgrundschuld, weil die Pfändung wegen der auflösenden Bedingung der Valutierung nicht eingetragen werden kann.[140]

60 **g) Höchstbetragshypothek.** Die nicht valutierte Höchstbetragshypothek führt zu einer auflösend bedingten Eigentümergrundschuld.[141] Während der Schwebezeit kann eine Eintragung der Pfändung nicht erfolgen, sondern erst nach Eintragung der Eigentümergrundschuld. In der Zwischenzeit vollendete Pfändungen Dritter gehen vor.[142] Wird die Pfändung entgegen § 39 GBO eingetragen, ist sie wirksam. Entscheidend ist nämlich die materiellrechtliche Möglichkeit der Eintragung und nicht die Einhaltung des Verfahrensrechts.[143]

61 **h) Eigentümerhypothek.** Eine Eigentümerhypothek entsteht, wenn sich die Hypothek mit dem Eigentum in einer Person vereinigt und dem Eigentümer auch die Forderung zusteht (§ 1177 Abs. 2 BGB). § 830 ist unmittelbar anwendbar, denn Gegenstand der Pfändung ist die Forderung, von deren Pfändung die Eigentümerhypothek als Sicherungsmittel umfasst ist.[144] Der Schuldner der persönlichen Forderung ist der Drittschuldner.

62 **i) Verwertung.** Der Gläubiger unterliegt nicht den Beschränkungen des § 1197 Abs. 1 BGB.[145] Zinsen kann der Gläubiger, wie der Eigentümer, nur in der Zwangsverwaltung geltend machen (§ 1197 Abs. 2 BGB).

63 **2. Rentenschuld.** Als Unterart der Grundschuld ist die Rentenschuld (§ 1199 BGB) gleichfalls nach Abs. 6 pfändbar;[146] die Ausführungen zur Pfändung der Fremdgrundschuld gelten entsprechend (s. Rn 52). Die Pfändung des Anspruchs auf die einzelnen Leistungen erfolgt hingegen entsprechend den Vorschriften über die Hypothekenzinsen (§ 1200 Abs. 1 BGB). Rückständige Leistungen werden wie gewöhnliche Forderungen gepfändet, dh durch Zustellung des Pfändungsbeschlusses an den Drittschuldner (§ 829 Abs. 3).

64 **3. Reallast.** Die subjektiv-dingliche Reallast (§ 1105 Abs. 1 BGB) ist nicht übertragbar (§§ 1105, 1110 BGB) und somit nicht der Pfändung unterworfen (§ 851 Abs. 1). Die einzelnen Leistungen können gepfändet werden, denn es finden die für die Zinsen einer Hypothekenforderung geltenden Vorschriften entsprechende Anwendung (§ 1107 BGB). Die subjektiv-persönliche Reallast (§§ 1105 Abs. 2, 1111 BGB) ist pfändbar, soweit die einzelnen Leistungen übertragbar sind; die

---

138 Hk-BGB/*Staudinger*, § 1163 Rn 3.
139 BGHZ 53, 60, 63 = NJW 1970, 322; Musielak/*Becker*, § 857 Rn 17.
140 RGZ 120, 110, 112; OLG Karlsruhe Rpfleger 2006, 182; *Stöber*, Forderungspfändung, Rn 1950.
141 RGZ 49, 162, 165; 55, 217, 220; 75, 245, 249 ff; *Baur/Stürner*, § 42 Rn 25; str, Darstellung der unterschiedlichen Ansichten bei Stein/Jonas/*Brehm*, § 857 Rn 70.
142 MüKo-ZPO/*Smid*, § 857 Rn 40; Stein/Jonas/*Brehm*, § 857 Rn 70; aA RGZ 97, 223, 228.
143 MüKo-ZPO/*Smid*, § 857 Rn 41.
144 Zöller/*Stöber*, § 857 Rn 27; Musielak/*Becker*, § 857 Rn 18; Stein/Jonas/*Brehm*, § 857 Rn 60.
145 BGHZ 103, 30, 37 = NJW 1988, 1026, 1027; Zöller/*Stöber*, § 857 Rn 29.
146 Musielak/*Becker*, § 857 Rn 19; MüKo-ZPO/*Smid*, § 857 Rn 31; Schuschke/Walker/*Walker*, § 857 Rn 24.

Pfändung entspricht der einer Buchhypothek (Abs. 3 iVm § 830). Sind die einzelnen Leistungen nicht übertragbar, ist auch die Reallast als Ganzes unpfändbar (§ 851 Abs. 1).

VIII. Vorpfändung (Abs. 7)

Für die zulässige Vorpfändung eines anderen Vermögensrechts regelt Abs. 7, dass der Gerichtsvollzieher – anders als sonst nach § 845 Abs. 1 S. 2 – nicht verpflichtet ist, die Benachrichtigung mit den Aufforderungen iSv § 845 Abs. 1 S. 1 selbst anzufertigen. 65

IX. Kosten

Es entsteht für das Verfahren über einen Antrag auf eine gerichtliche Handlung der Zwangsvollstreckung gem. § 857 eine **Gerichtsgebühr** nach Nr. 2111 KV GKG iHv 20,00 €. Für den **Rechtsanwalt** handelt es sich zunächst bis zur Pfändung um eine Maßnahme der Zwangsvollstreckung (§ 18 Abs. 1 Nr. 1 RVG) mit Gebühr Nr. 3309 VV RVG sowie Auslagen. Eine besondere Angelegenheit ist dann jedoch die Anordnung der Verwaltung nach Abs. 4 (§ 18 Abs. 1 Nr. 9 RVG).[147] Der Gegenstandswert richtet sich nach dem Wert der zu vollstreckenden Forderung bzw dem Wert des zu verwaltenden Vermögensrechts (§ 25 Abs. 1 Nr. 1 S. Hs 1 und 2 RVG).[148] 66

Erfolgt eine Pfändung und Verwertung durch den **Gerichtsvollzieher** (Doppelpfändung), entstehen die Gebühren für Pfändung, Entfernung aus dem Gewahrsam, ggf Verwertung usw bzw bei Nichterledigung Gebühren nach dem 6. Abschnitt des Kostenverzeichnisses zum GvKostG sowie ggf anfallende Auslagen. Da Abs. 7 die Anwendung von § 845 Abs. 1 S. 2 ausschließt, können bei dem Gerichtsvollzieher durch eine Vorpfändung nach § 845 Abs. 1 S. 1 nur Zustellungsgebühren (Nr. 100, 101 KV GvKostG) nebst Auslagen entstehen. 67

§ 858 Zwangsvollstreckung in Schiffspart

(1) Für die Zwangsvollstreckung in die Schiffspart (§§ 489 ff. des Handelsgesetzbuchs) gilt § 857 mit folgenden Abweichungen.

(2) Als Vollstreckungsgericht ist das Amtsgericht zuständig, bei dem das Register für das Schiff geführt wird.

(3) ¹Die Pfändung bedarf der Eintragung in das Schiffsregister; die Eintragung erfolgt auf Grund des Pfändungsbeschlusses. ²Der Pfändungsbeschluss soll dem Korrespondentreeder zugestellt werden; wird der Beschluss diesem vor der Eintragung zugestellt, so gilt die Pfändung ihm gegenüber mit der Zustellung als bewirkt.

(4) ¹Verwertet wird die gepfändete Schiffspart im Wege der Veräußerung. ²Dem Antrag auf Anordnung der Veräußerung ist ein Auszug aus dem Schiffsregister beizufügen, der alle das Schiff und die Schiffspart betreffenden Eintragungen enthält; der Auszug darf nicht älter als eine Woche sein.

(5) ¹Ergibt der Auszug aus dem Schiffsregister, dass die Schiffspart mit einem Pfandrecht belastet ist, das einem anderen als dem betreibenden Gläubiger zusteht, so ist die Hinterlegung des Erlöses anzuordnen. ²Der Erlös wird in diesem Fall nach den Vorschriften der §§ 873 bis 882 verteilt; Forderungen, für die ein

---

147 AnwK-RVG/*Wolf/Volpert/Mock/Thiel/N. Schneider*, § 18 Rn 94.
148 AnwK-RVG/*Wolf/Volpert/Mock/Thiel/N. Schneider*, § 18 Rn 95.

Pfandrecht an der Schiffspart eingetragen ist, sind nach dem Inhalt des Schiffsregisters in den Teilungsplan aufzunehmen.

Literatur:
Quardt, Schiffsparten in der Zwangsvollstreckung, JurBüro 1961, 271; *Röder,* Pfändungsmaßnahmen in eine Schiffspart im zivilrechtlichen und öffentlich-rechtlichen Vollstreckungsverfahren, DGVZ 2002, 17.

I. Normzweck

1 Die Vorschrift regelt die Zwangsvollstreckung in die Schiffspart. Als Schiffspart wird der **Anteil eines Mitreeders** an einer Reederei (§§ 489 ff HGB) bezeichnet; allein das Miteigentum an Binnenschiffen begründet keine Schiffspart.[1] Die Schiffspart unterliegt den Vorschriften über die Zwangsvollstreckung in das bewegliche Vermögen (Abs. 1). Davon zu unterscheiden ist die Zwangsvollstreckung in die im Schiffsregister eingetragenen Schiffe, welche Gegenstand der Immobiliarvollstreckung sind (§§ 864, 870 a).

II. Verweis auf § 857 mit Modifikationen (Abs. 1)

2 Abs. 1 verweist für die Zwangsvollstreckung in die Schiffspart grds. auf die Regelung des § 857; in den folgenden Absätzen werden lediglich einige Modifikationen festgelegt.

III. Zuständigkeit des Amtsgerichts (Abs. 2)

3 Für das Schiff wird bei einem Amtsgericht ein Register geführt (**Schiffsregister** des Heimathafens oder Heimatorts; § 480 HGB, § 4 SchRegO). Abs. 2 erklärt dieses Gericht zum (ausschließlich) zuständigen **Vollstreckungsgericht** (Zuständigkeit des Rechtspflegers, § 20 Abs. 1 Nr. 17 RPflG).

IV. Pfändung (Abs. 3)

4 Für die Pfändung ist nicht nur der **Pfändungsbeschluss**, sondern auch dessen **Eintragung** in das Schiffsregister erforderlich. Erst dadurch wird die Pfändung wirksam (Abs. 3 S. 1). Ein Drittschuldner ist nicht vorhanden.[2] Der Pfändungsbeschluss muss nicht an den Schuldner zugestellt werden. Die **Zustellung** an den Korrespondentreeder (Schiffsdirektor, Schiffsdisponent; § 492 Abs. 1 HGB) ersetzt die Eintragung nicht, denn Abs. 3 S. 2 Hs 1 stellt lediglich eine Ordnungsvorschrift dar („soll"). Erfolgt die Zustellung an den Korrespondentreeder vor Eintragung des Pfändungsbeschlusses, gilt die Pfändung ihm gegenüber allerdings schon zu diesem Zeitpunkt als bewirkt (Abs. 3 S. 2 Hs 2). Aus diesem Grund sollte in der Praxis auch an den Korrespondentreeder zugestellt werden. Die Gewinnanteile (§ 502 HGB) können selbständig gepfändet werden. Notwendig ist dies allerdings nicht, denn sie sind von der Pfändung der Schiffspart erfasst.[3]

V. Verwertung (Abs. 4)

5 Die Verwertung erfolgt im Wege der **Veräußerung** (Abs. 4). Dem Antrag auf Anordnung der Veräußerung, der gleichzeitig mit dem Pfändungsantrag gestellt wer-

---

1 LG Würzburg JurBüro 1977, 1289; MüKo-ZPO/*Smid,* § 858 Rn 2; *Stöber,* Forderungspfändung, Rn 1745.
2 Zöller/*Stöber,* § 858 Rn 3; *Gottwald,* § 858 Rn 2; aA (Korrespondentreeder oder, falls ein solcher fehlt, die Mitreeder): Musielak/*Becker,* § 858 Rn 2; Schuschke/Walker/*Walker,* § 858 Rn 2.
3 Musielak/*Becker,* § 858 Rn 2; Stein/Jonas/*Brehm,* § 858 Rn 2; *Stöber,* Forderungspfändung, Rn 1750; *Röder,* DGVZ 2002, 17, 18; aA *Gottwald,* § 858 Rn 2.

den kann, ist ein aktueller Auszug (nicht älter als eine Woche) aus dem Schiffsregister beizufügen. Ist das Amtsgericht gleichzeitig Register- und Vollstreckungsgericht, reicht, auch wenn der Wortlaut des Abs. 4 S. 2 Hs 1 diese Möglichkeit nicht vorsieht, eine **Bezugnahme** auf die Eintragungen im Schiffsregister aus (arg. e § 17 Abs. 2 ZVG).[4] Die Veräußerung kann durch freihändigen Verkauf oder Versteigerung durch den Gerichtsvollzieher erfolgen (§§ 814 ff, 844).[5] Dadurch erlöschen die Rechte an der Schiffspart. Es besteht auch die Möglichkeit der Anordnung der **Verwaltung**.[6] Eine Überweisung der Schiffspart kommt hingegen nicht in Betracht, da es an einem Nennwert fehlt. Lediglich in Bezug auf die **Gewinnanteile** kommt eine Überweisung zur Einziehung oder an Zahlungs statt in Frage.[7]

VI. Hinterlegung (Abs. 5)

Ergibt sich aus dem beizufügenden Auszug (Abs. 4) die Belastung der Schiffspart mit dem **Pfandrecht** eines Dritten, ist die Hinterlegung des Erlöses anzuordnen (Abs. 5 S. 1). Die **Verteilung** erfolgt sodann nach §§ 873–882. In den Teilungsplan sind abweichend von § 874 Abs. 3 auch solche Forderungen nach dem Inhalt des Schiffsregisters aufzunehmen, die noch nicht nach § 873 berechnet sind, für die aber ein Pfandrecht an der Schiffspart eingetragen ist (Abs. 5 S. 2). 6

VII. Kosten

Es entsteht für das Verfahren über einen Antrag auf eine gerichtliche Handlung der Zwangsvollstreckung gem. § 858 eine **Gerichtsgebühr** nach Nr. 2111 KV GKG iHv 20,00 €. Wird ein Verteilungsverfahren nach §§ 873 ff notwendig (Abs. 5), entsteht eine 0,5-Gebühr für das Verteilungsverfahren (Nr. 2117 KV GKG). Wert ist dabei die zu verteilende Masse ohne Zinsen und die vorweg zu entnehmenden Kosten.[8] 7

Für den **Rechtsanwalt** fällt zunächst die Gebühr Nr. 3309 VV RVG nebst Auslagen an (§ 18 Abs. 1 Nr. 1 RVG). Die Vertretung im Verteilungsverfahren (Abs. 5) ist eine besondere Angelegenheit (§ 18 Abs. 1 Nr. 10 RVG), das wiederum Gebühren nach Nr. 3309, 3310 VV RVG auslöst. Nr. 3333 VV RVG (Verfahrensgebühr für ein Verteilungsverfahren außerhalb der Zwangsversteigerung und der Zwangsverwaltung) gilt nicht.[9] 8

§ 859 Pfändung von Gesamthandanteilen

(1) ¹Der Anteil eines Gesellschafters an dem Gesellschaftsvermögen einer nach § 705 des Bürgerlichen Gesetzbuchs eingegangenen Gesellschaft ist der Pfändung unterworfen. ²Der Anteil eines Gesellschafters an den einzelnen zu dem Gesellschaftsvermögen gehörenden Gegenständen ist der Pfändung nicht unterworfen.

---

4 MüKo-ZPO/*Smid*, § 858 Rn 6; Stein/Jonas/*Brehm*, § 858 Rn 6; aA Zöller/*Stöber*, § 858 Rn 4: „klarer Wortlaut".
5 Musielak/*Becker*, § 858 Rn 3; Zöller/*Stöber*, § 858 Rn 4; *Röder*, DGVZ 2002, 17.
6 Zöller/*Stöber*, § 858 Rn 4; MüKo-ZPO/*Smid*, § 858 Rn 6; Wieczorek/Schütze/*Lüke*, § 858 Rn 6; aA *Gottwald*, § 858 Rn 5; Schuschke/Walker/*Walker*, § 858 Rn 3.
7 Zöller/*Stöber*, § 858 Rn 4; *Röder*, DGVZ 2002, 17.
8 NK-GK/*Volpert*, Nr. 2117 KV GKG Rn 7.
9 AnwK-RVG/Wolf/*Volpert*, VV 3333 Rn 4; Hk-RVG/*Gierl*, Nr. 3333 VV Rn 3; Hartung/Schons/*Enders*, Nr. 3333 VV RVG Rn 4; aA zB Gerold/Schmidt/*Müller-Rabe*, Nr. 3333 VV RVG Rn 3.

(2) Die gleichen Vorschriften gelten für den Anteil eines Miterben an dem Nachlass und an den einzelnen Nachlassgegenständen.

Literatur:

Zwangsvollstreckung in Gesellschaftsanteile einer BGB-Gesellschaft: *Behr*, Die Vollstreckung in Personengesellschaften – Aktuelle Hinweise für den Praktiker, NJW 2000, 1137; *Flume*, Die Rechtsnachfolge in die Mitgliedschaft in einer Personengesellschaft durch Übertragung der Mitgliedschaft, FS Larenz, 1973, S. 769; *Furtner*, Pfändung der Mitgliedsrechte bei Personengesellschaften, MDR 1965, 613; *Roth*, Pfändung und Verpfändung von Gesellschaftsanteilen, ZGR 2000, 187; *Rupp/Fleischmann*, Probleme bei der Pfändung von Gesellschaftsanteilen, Rpfleger 1984, 223; *Schmidt, K.*, Der unveräußerliche Gesamthandsanteil – ein Vollstreckungsgegenstand?, JR 1977, 177; *ders.*, Die BGB-Außengesellschaft: rechts- und parteifähig, NJW 2001, 993; *ders.*, Zur Vermögensordnung der Gesamthands-BGB-Gesellschaft, JZ 1985, 909; *Smid*, Probleme der Pfändung von Anteilen an Personengesellschaften (§ 859 Abs. 1 ZPO), JuS 1988, 613; *Wertenbruch*, Die BGB-Gesellschaft in der Zwangsvollstreckung, DGVZ 2001, 97; *ders.*, Die Haftung von Gesellschaften und Gesellschaftsanteilen in der Zwangsvollstreckung, 2000.

Zwangsvollstreckung in Miterbenanteile: *Behr*, Pfändung und Verwertung des Miterbenanteils, JurBüro 1995, 233; *ders.*, Zwangsvollstreckung in den Nachlass, Rpfleger 2002, 2; *Eickmann*, Die Versteigerung eines Erbanteils durch den Gerichtsvollzieher, DGVZ 1984, 65; *Liermann*, Zweifelsfragen bei der Verwertung eines gepfändeten Miterbenanteils, NJW 1962, 2189; *Mümmler*, Pfändung eines Miterbenanteils, JurBüro 1983, 817; *Ripfel*, Das Pfändungspfandrecht am Erbteil, NJW 1958, 692.

I. Regelungsbereich 1	3. Pfändung von Einzelansprüchen 18
II. Pfändbarkeit des Anteils am Gesellschaftsvermögen und Unpfändbarkeit des Anteils an einzelnen Gegenständen (Abs. 1) 2	4. Unpfändbarkeit des Anteils an einzelnen zu dem Gesellschaftsvermögen gehörenden Gegenständen 19
1. Abgrenzung und Bedeutung 2	5. Innengesellschaften 20
2. Pfändung des Anteils am Gesellschaftsvermögen 4	III. Pfändbarkeit des Miterbenanteils und Unpfändbarkeit des Anteils an einzelnen Gegenständen (Abs. 2) 21
a) Pfändungsgegenstand 4	1. Pfändung eines Miterbenanteils 21
b) Verfahren 5	a) Voraussetzungen 21
c) Wirkung 8	b) Verfahren 22
aa) Pfändungspfandrecht 8	c) Wirkung 23
bb) Keine Gesellschafterstellung oder -rechte 9	d) Verwertung 27
cc) Kündigungsrecht 10	2. Unpfändbarkeit des Anteils an den einzelnen Nachlassgegenständen 30
dd) Folgen der Kündigung 13	
ee) Gewinnanteil 16	
d) Verwertung 17	

I. Regelungsbereich

1 Die Vorschrift regelt die Zulässigkeit der Zwangsvollstreckung in **Gesamthandanteile**, und zwar zum einen die Pfändung des Anteils eines Gesellschafters einer GbR (§§ 705 ff BGB), zum anderen die Pfändung des Anteils eines Miterben (§§ 2032 ff BGB). Über die BGB-Gesellschaft hinaus ist Abs. 1 anwendbar auf den Anteil eines Gesellschafters einer OHG, KG, EWIV und eines Partners einer Partnerschaftsgesellschaft.[1]

---

1 S. dazu sowie zur Vollstreckung in Anteile an Kapitalgesellschaften den Schwerpunktbeitrag 4 „Zwangsvollstreckung in Gesellschaftsanteile" Rn 11 ff.

II. Pfändbarkeit des Anteils am Gesellschaftsvermögen und Unpfändbarkeit des Anteils an einzelnen Gegenständen (Abs. 1)

1. Abgrenzung und Bedeutung. Abs. 1 S. 1 lässt die Pfändung des Anteils an dem Gesellschaftsvermögen zu, wobei darunter aus heutiger Sicht die Pfändung der **Mitgliedschaft** (des Gesellschaftsanteils als solchem) zu verstehen ist.[2] Ist die freie Übertragbarkeit im Gesellschaftsvertrag vereinbart,[3] folgt die Pfändbarkeit bereits aus § 857 Abs. 1, ohne dass es eines Rückgriffs auf Abs. 1 S. 1 bedarf.[4]

Von der Vollstreckung in den Anteil eines Gesellschafters ist die Vollstreckung in das Gesellschaftsvermögen der BGB-Gesellschaft zu unterscheiden. Nach Anerkennung der Rechts- und Parteifähigkeit der Außengesellschaft bürgerlichen Rechts mit eigenem Gesamthandvermögen kann die BGB-Gesellschaft durch die Teilnahme am Rechtsverkehr eigene Rechte und Pflichten begründen.[5] Mit einem Titel gegen die Gesellschaft kann in das Gesellschaftsvermögen vollstreckt werden, darüber hinaus auch mit einem Titel gegen alle Gesellschafter. Aus § 736 ergibt sich, dass ein Titel gegen alle Gesellschafter ausreichend ist.[6] Gleichwohl ist die Vollstreckung in den Anteil des Schuldners an der Gesellschaft nicht überflüssig geworden. Eine Vollstreckung in das Gesellschaftsvermögen durch Privatgläubiger, die lediglich über einen Titel gegen einen oder einzelne Gesellschafter verfügen, ist nicht möglich.[7] Die Vollstreckung in den Anteil eines Gesellschafters kann daher vor allem für persönliche Gläubiger eines (einzelnen) Gesellschafters wirtschaftlich notwendig sein. Für Gläubiger, die zugleich einen Anspruch gegen die Gesellschaft haben, wird eine Pfändung des Anteils hingegen nicht zweckmäßig sein, weil ihnen nach hM das Kündigungsrecht aus § 725 Abs. 1 BGB nicht zusteht (s. Rn 10).

2. Pfändung des Anteils am Gesellschaftsvermögen. a) Pfändungsgegenstand. Der Anteil des Gesellschafters am Gesellschaftsvermögen ist Pfändungsgegenstand (Abs. 1 S. 1). Dieser Begriff umfasst nicht lediglich die Summe aller verwertbaren Einzelansprüche des Gesellschafters[8] oder das Wertrecht, das die zum Gesellschaftsanteil gehörenden Vermögensrechte repräsentiert,[9] sondern mit der mittlerweile hM die **Mitgliedschaft als Inbegriff aller Rechte und Pflichten** aus dem Gesellschaftsverhältnis.[10] Formulierung eines entsprechenden Antrags zur Pfändung des Gesellschaftsanteils:[11]

---

2 Die dogmatische Einordnung des § 859 Abs. 1 S. 1 ist im Einzelnen umstr. Dies folgt schon aus dem Streit um die genaue Bedeutung des § 719 Abs. 1 BGB; MüKo-BGB/*Schäfer*, § 719 Rn 3 ff und § 725 Rn 10; *K. Schmidt*, GesR, § 45 III 2 und § 45 IV 2; *Wertenbruch*, S. 487 ff; *Wössner*, S. 22 ff; grundl. *Flume*, Personengesellschaft, § 17 I, III.
3 Zu dessen Zulässigkeit *K. Schmidt*, GesR, § 45 III 2.
4 Stein/Jonas/*Brehm*, § 859 Rn 2 Fn 4; MüKo-ZPO/*Smid*, § 859 Rn 3; *Rupp/Fleischmann*, Rpfleger 1984, 223, 224.
5 BGHZ 146, 341 = NJW 2001, 1056.
6 S. im Einzelnen Schwerpunktbeitrag 4 „Zwangsvollstreckung in Gesellschaftsanteile" Rn 3; BGH NJW 2004, 3632, 3634; s. auch schon *K. Schmidt*, NJW 2001, 993, 1000.
7 BGHZ 146, 341, 353 = NJW 2001, 1056, 1059; ausf. *Wertenbruch*, S. 122 ff.
8 So noch *K. Schmidt*, JR 1977, 177.
9 So noch BGHZ 97, 392, 394 = NJW 1986, 1991; Stein/Jonas/*Brehm*, § 859 Rn 3; Wieczorek/Schütze/*Lüke*, § 859 Rn 4.
10 Musielak/*Becker*, § 859 Rn 2; MüKo-BGB/*Schäfer*, § 725 Rn 10; MüKo-ZPO/*Smid*, § 859 Rn 5; Hk-ZPO/*Kemper*, § 859 Rn 3; Thomas/Putzo/*Seiler*, § 859 Rn 1; *Wertenbruch*, S. 487 ff.
11 Bezüglich der Einzelheiten, wem zuzustellen ist oder welche Ansprüche genannt werden sollten, ist jeweils auf die folgenden Ausführungen zu rekurrieren. Die Formulierungen sind zu ergänzen um genaue Bezeichnungen etwa des Gläubigers, des Schuldners, des Drittschuldners samt Vertretungsberechtigung oder des Vollstreckungstitels.

▶ Gepfändet wird der angebliche Anteil des Schuldners als Gesellschafter an dem Vermögen der aus dem Schuldner und ... (Nennung der weiteren Gesellschafter mit Anschrift) bestehenden BGB-Gesellschaft

– als Gesamthand Drittschuldnerin –

sowie der Anspruch des Schuldners gegen diese Drittschuldnerin auf Zahlung des aus der Geschäftsführung entstandenen und zukünftig entstehenden Entgelts.[12] ◀

5 **b) Verfahren.** Die Art und Weise der Pfändung ist nicht in § 859 geregelt. Insoweit ist auf § 857 Abs. 1 abzustellen, der für die Zwangsvollstreckung in Vermögensrechte, die nicht Gegenstand der Zwangsvollstreckung in das unbewegliche Vermögen sind, auf §§ 828 ff verweist. Dies gilt auch, wenn das Gesellschaftsvermögen Grundstücke umfasst.

6 Die Pfändung des Gesellschaftsanteils erfolgt durch einen **Pfändungsbeschluss** (§ 829 Abs. 1). Dabei ist darauf zu achten, dass sich dieser auf den Gesellschaftsanteil bezieht und nicht lediglich auf einzelne pfändbare Ansprüche iSv § 717 S. 2 BGB (zur Pfändung der Einzelansprüche s. Rn 18). Die Gesellschaft muss genau bezeichnet werden, insb. wenn der Schuldner an mehreren Gesellschaften beteiligt ist.[13]

7 **Drittschuldner** ist die Gesellschaft als Gesamthand,[14] nicht die von der Pfändung betroffenen Mitgesellschafter.[15] Erst mit der **Zustellung** an die Gesellschaft ist die Pfändung bewirkt (§ 829 Abs. 3). In dem Pfändungsbeschluss müssen die Namen der Gesellschafter nicht einzeln aufgeführt werden.[16] Umstritten ist, ob die Zustellung lediglich an den geschäftsführenden Gesellschafter oder an alle (Mit-)Gesellschafter zu erfolgen hat. Nach der Rspr des BGH genügt die Zustellung an den geschäftsführenden Gesellschafter.[17] Dem ist jedenfalls nach der Anerkennung der Rechts- und Parteifähigkeit der BGB-Gesellschaft[18] zuzustimmen. Die Entgegennahme der Zustellung ist als Geschäftsführungsmaßnahme anzusehen. Besteht gemeinschaftliche Geschäftsführung aller Gesellschafter bzw mehrerer Gesellschafter unter Ausschluss der übrigen Gesellschafter, reicht die Zustellung an einen geschäftsführenden Gesellschafter (§ 170 Abs. 3 entspr.).[19] Ist die Geschäftsführungsbefugnis unklar, sollte als Vorsichtsmaßnahme an alle Gesellschafter zugestellt werden, denn dadurch wird die Pfändung in jedem Fall bewirkt.[20]

8 **c) Wirkung. aa) Pfändungspfandrecht.** Die Pfändung der Mitgliedschaft als Inbegriff aller Rechte und Pflichten aus dem Gesellschaftsverhältnis umfasst konsequenterweise alle pfändbaren Gesellschafterrechte, somit insb. den Anspruch auf

---

12 Die Ansprüche auf den Gewinnanteil und das Auseinandersetzungsguthaben sind mitgepfändet, so dass sie nicht im Einzelnen genannt werden müssen; freilich schadet eine Klarstellung nicht.
13 BGH MDR 1961, 408: „sachgerechte Auslegung" des Pfändungsbeschlusses.
14 BGHZ 97, 392, 394 f = NJW 1986, 1991, 1992; zust. Musielak/*Becker*, § 859 Rn 3; Baumbach/*Hartmann*, § 859 Rn 3; Hk-ZPO/*Kemper*, § 859 Rn 4; MüKo-ZPO/*Smid*, § 859 Rn 7; Schuschke/Walker/*Walker*, § 859 Rn 3.
15 So aber Stein/Jonas/*Brehm*, § 859 Rn 3; Zöller/*Stöber*, § 859 Rn 3.
16 Musielak/*Becker*, § 859 Rn 3; aA MüKo-ZPO/*Smid*, § 859 Rn 8.
17 BGHZ 97, 392, 394 f = NJW 1986, 1991, 1992; zust. Musielak/*Becker*, § 859 Rn 3; Zöller/*Stöber*, § 859 Rn 3; Hk-ZPO/*Kemper*, § 859 Rn 4; MüKo-ZPO/*Smid*, § 859 Rn 9; Schuschke/Walker/*Walker*, § 859 Rn 3.
18 BGHZ 146, 341 = NJW 2001, 1056.
19 BGH NJW 2007, 995, 996; BGH NJW 2006, 2191, 2192; BGH NJW 2006, 2189, 2190; Musielak/*Becker*, § 859 Rn 3; Zöller/*Stöber*, § 859 Rn 3; *Roth*, ZGR 2000, 187, 195; *Wertenbruch*, DGVZ 2001, 97, 98.
20 BGHZ 97, 392, 394 f = NJW 1986, 1991, 1992; Zöller/*Stöber*, § 859 Rn 3; *Gottwald*, § 859 Rn 4; Stein/Jonas/*Brehm*, § 859 Rn 3 Fn 13.

den **Gewinnanteil** (§§ 721 f BGB) und auf das **Auseinandersetzungsguthaben** (§ 734 BGB). Das Pfändungspfandrecht erstreckt sich hingegen nicht auf die **Verwaltungsrechte** (Stimm-, Widerspruchs- und Auskunftsrecht), die bei dem Gesellschafter verbleiben.[21] Die Verwaltungsrechte sind nämlich Ausdruck gegenseitigen persönlichen Vertrauens der Gesellschafter.[22]

bb) Keine Gesellschafterstellung oder -rechte. Der Gläubiger wird nicht Gesellschafter, er erhält weder Gesellschafterrechte noch -pflichten. Das Pfandrecht bezieht sich nicht auf die einzelnen Gegenstände des Gesellschaftsvermögens. Die Gesellschafter können weiter über die zum Gesellschaftsvermögen gehörenden Gegenstände verfügen.[23] Eine **Eintragung** der Pfändung in das Grundbuch scheidet aus.[24] Obwohl der Gläubiger nicht Gesellschafter wird, kann die Pfändung des Anteils aber sinnvoll sein, denn der wirtschaftliche Anreiz zur Pfändung besteht vor allem in dem Zugriff auf den Gewinnanteil und das Auseinandersetzungsguthaben (s. Rn 8), woraus die Befriedigung des Gläubigers erfolgen kann.

cc) Kündigungsrecht. Schon allein die Pfändung des Gesellschaftsanteils verleiht bei der BGB-Gesellschaft die Befugnis zur Kündigung der Gesellschaft, vorausgesetzt, der Gläubiger verfügt über einen nicht nur vorläufig vollstreckbaren Schuldtitel (§ 725 Abs. 1 BGB). Es bedarf keiner Überweisung der Mitgliedschaft (anders bei den Personenhandelsgesellschaften[25]).[26] Die Notwendigkeit des Kündigungsrechts ergibt sich daraus, dass eine unmittelbare Befriedigung aus dem gepfändeten Anteil nicht möglich ist. Die weiteren Gesellschafter können eine Kündigung und eine damit in der Folge verbundene Auflösung der Gesellschaft verhindern, indem sie den Gläubiger befriedigen (§§ 1249, 1273 Abs. 2, 268 BGB).[27] Dem Gläubiger steht ein **Widerspruchsrecht** nicht zu. Gläubiger, deren Anspruch auf der persönlichen Gesellschafterhaftung beruht, haben nach hM zwar das Recht zur Anteilspfändung, nicht aber das Kündigungsrecht des § 725 Abs. 1 BGB.[28] Als Gesellschaftsgläubiger können sie auf das Gesellschaftsvermögen zugreifen, so dass sie des Kündigungsrechts nicht bedürfen. Daher ist eine teleologisch-restriktive Auslegung des § 725 Abs. 1 BGB geboten.[29] Freilich bleibt davon unberührt, dass sie die dem Gesellschafter zustehenden übertragbaren Vermögensrechte pfänden und sich zur Einziehung überweisen lassen können.

Das Kündigungsrecht besteht nicht, wenn der Gläubiger lediglich über einen vorläufig vollstreckbaren Schuldtitel verfügt. Dies wäre mit dem **Fortsetzungsinteresse** der Gesellschafter nicht zu vereinbaren. Daher ist auch ein rechtskräftiges

---

21 BGHZ 116, 222, 229 = NJW 1992, 830, 832; Musielak/*Becker*, § 859 Rn 4; Zöller/*Stöber*, § 859 Rn 4; MüKo-ZPO/*Smid*, § 859 Rn 3.
22 Hk-BGB/*Saenger*, § 725 Rn 1.
23 BayObLG NJW-RR 1991, 361, 362; OLG Hamm WM 1987, 972, 973; Musielak/*Becker*, § 859 Rn 4; Zöller/*Stöber*, § 859 Rn 4; einschr. *Rupp/Fleischmann*, Rpfleger 1984, 223, 225.
24 OLG Düsseldorf NJW-RR 2004, 1111; OLG Hamm NJW-RR 1987, 723; Musielak/*Becker*, § 859 Rn 4; MüKo-ZPO/*Smid*, § 859 Rn 10.
25 S. Schwerpunktbeitrag 4 „Zwangsvollstreckung in Gesellschaftsanteile" Rn 13.
26 MüKo-ZPO/*Smid*, § 859 Rn 11; Schuschke/Walker/*Walker*, § 859 Rn 6; Stein/Jonas/*Brehm*, § 859 Rn 5; aA Wieczorek/Schütze/*Lüke*, § 859 Rn 8; *Stöber*, Forderungspfändung, Rn 1566.
27 Musielak/*Becker*, § 859 Rn 4; Zöller/*Stöber*, § 859 Rn 4.
28 Bamberger/Roth/*Schöne*, § 725 BGB Rn 6; MüKo-BGB/*Schäfer*, § 725 Rn 16; Palandt/*Sprau*, § 725 BGB Rn 1; Musielak/*Becker*, § 859 Rn 1; *Stöber*, Forderungspfändung, Rn 1565; *Roth*, ZGR 2000, 187, 194; aA *Noack*, MDR 1974, 811, 813; im Einzelnen zu den unterschiedlichen Auffassungen *Behr*, NJW 2000, 1137, 1138.
29 MüKo-BGB/*Schäfer*, § 725 Rn 16; *Roth*, ZGR 2000, 187, 194.

Vorbehaltsurteil, solange das Nachverfahren noch anhängig ist, nicht ausreichend. Es handelt sich lediglich um ein auflösend bedingtes Endurteil.[30]

12 Die Kündigung muss, vorbehaltlich anderer gesellschaftsvertraglicher Regelungen,[31] gegenüber allen Gesellschaftern erklärt werden (auch gegenüber dem Schuldner) und nicht nur gegenüber einem geschäftsführenden Gesellschafter. Nach der Rspr ist es allerdings ausreichend, wenn von der gegenüber einem oder mehreren Gesellschaftern erklärten Kündigung auch die darüber hinaus vorhandenen Gesellschafter Kenntnis erhalten.[32] Die Forderung auf Auszahlung des Auseinandersetzungsguthabens ist als Kündigungserklärung auszulegen. Der Gläubiger kann ohne Einhaltung einer Frist kündigen. Dies gilt auch, wenn im Gesellschaftsvertrag eine Kündigungsfrist vorgesehen ist,[33] denn für den Fall der Kündigung durch einen Privatgläubiger geht die Regelung des § 725 Abs. 1 BGB der vertraglichen Vereinbarung vor. Sieht der Gesellschaftsvertrag für die Kündigung bestimmte Formerfordernisse vor, muss auch die Kündigung des Gläubigers diesen Anforderungen genügen. § 725 Abs. 1 BGB suspendiert bestehende Formerfordernisse nicht.

13 **dd) Folgen der Kündigung.** Die Kündigung führt zur **Auflösung** der Gesellschaft, wenn im Gesellschaftsvertrag nicht eine Fortsetzung unter den übrigen Gesellschaftern vereinbart ist (§ 736 Abs. 1 BGB). Folge der Auflösung der Gesellschaft ist die Auseinandersetzung unter den Gesellschaftern (§§ 730 ff BGB). Nach der Überweisung kann der Gläubiger die Auseinandersetzung betreiben (s. Rn 17).[34] Der Pfändungsgläubiger hat gegen die übrigen Gesellschafter einen schuldrechtlichen Anspruch auf Durchführung der Auseinandersetzung, der im Wege der Klage geltend gemacht werden kann.[35] Er ist nicht darauf beschränkt, gegen seinen Schuldner vorzugehen. Der Schuldner muss dem Gläubiger nach § 836 Abs. 3 Auskunft erteilen und vorhandene Urkunden herausgeben.[36] Über dieses Recht kann der Gläubiger bewertungsrelevante Informationen erlangen. Der Auskunftsanspruch wird nach § 836 Abs. 3 S. 2 durchgesetzt. Die Vollstreckung erfolgt nach §§ 802 e ff (s. § 836 Abs. 3 S. 4). Gibt der Schuldner die Urkunden nicht freiwillig heraus, kann eine Vollstreckung im Wege der Herausgabevollstreckung erfolgen (§ 836 Abs. 3 S. 5 iVm §§ 883, 886), wobei der Überweisungsbeschluss selbst Vollstreckungstitel ist (s. § 836 Rn 21). Die Drittschuldnererklärung nach § 840 hat für den Gläubiger wenig Informationsgehalt, denn sie führt im Wesentlichen lediglich zu einer Auskunft über das Bestehen des Anteils. Zielführender ist es für ihn, die geschäftsführenden Gesellschafter auf Auskunft und Rechnungslegung in Anspruch zu nehmen. Insoweit muss ihm das Recht des Gesellschafters/Schuldners gewährt werden.[37] Die Vollstreckung erfolgt, weil es sich um unvertretbare Handlungen handelt, nach § 888. Wird die Auseinandersetzung schuldhaft verzögert, kann der Gläubiger Schadensersatz vom Schuldner verlangen und dessen Ansprüche gegen die Mitgesellschafter pfänden.[38]

---

30 LG Lübeck NJW-RR 1986, 836; *Stöber*, Forderungspfändung, Rn 1566; *Furtner*, MDR 1965, 613, 614; aA Staudinger/*Keßler*, § 725 BGB Rn 7.
31 Stein/Jonas/*Brehm*, § 859 Rn 5; Wieczorek/Schütze/*Lüke*, § 859 Rn 9.
32 BGH NJW 1993, 1002.
33 MüKo-BGB/*Schäfer*, § 725 Rn 18; Schuschke/Walker/*Walker*, § 859 Rn 7.
34 BGHZ 116, 222, 229 = NJW 1992, 830, 832; Musielak/*Becker*, § 859 Rn 4; Zöller/ *Stöber*, § 859 Rn 4.
35 BGHZ 116, 222, 228 f = NJW 1992, 830, 832; Musielak/*Becker*, § 859 Rn 4; Wieczorek/Schütze/*Lüke*, § 859 Rn 10; Vollstreckung nach § 888: Schuschke/Walker/*Walker*, § 859 Rn 6; *Behr*, NJW 2000, 1137, 1140.
36 *Roth*, ZGR 2000, 187, 198.
37 MüKo-BGB/*Schäfer*, § 725 Rn 20; *Roth*, ZGR 2000, 187, 198; nach MüKo-HGB/ *K. Schmidt*, § 135 Rn 29 beruht der Anspruch auf § 810 BGB.
38 Musielak/*Becker*, § 859 Rn 4; Stein/Jonas/*Brehm*, § 859 Rn 7.

Darüber hinaus ist umstritten, welche Rechte dem Gläubiger zustehen, insb. ob 14
er **konkrete Auseinandersetzungsmaßnahmen** verlangen oder sogar darauf gerichtete **Anträge** selbst stellen kann. Richtigerweise ist Zurückhaltung geboten, weil der Gläubiger gerade nicht an die Stelle des Gesellschafters tritt. Bestehen für die Gesellschafter unterschiedliche Entscheidungsmöglichkeiten bei der Auseinandersetzung, kann der Gläubiger konkrete Maßnahmen nicht verlangen. Verringert sich das Liquidationsermessen auf eine bestimmte Maßnahme, kann der Gläubiger diese einfordern.[39] Es erscheint sogar sachgerecht, ihm selbst die Befugnis für einen entspr. Antrag zu geben. Demzufolge kann der Gläubiger, wenn alleiniger Gesellschaftszweck das Halten eines Grundstücks ist, selbst den Antrag nach § 180 ZVG stellen, jedenfalls wenn die anderen Gesellschafter keine (günstigere) Verwertung anbieten und sich der Auseinandersetzung widersetzen.[40]

Enthält der Gesellschaftsvertrag eine **Fortsetzungsklausel** (§ 736 Abs. 1 BGB), 15
findet eine partielle Auseinandersetzung nach § 738 BGB statt. Der Abfindungsanspruch des Ausscheidenden ist zu ermitteln. Das Pfandrecht am Gesellschaftsanteil setzt sich am Anspruch auf das Abfindungsguthaben fort.[41] Zu beachten ist, dass sich (rechtmäßige) Abfindungsbeschränkungen zum Nachteil des Gläubigers eines Gesellschafters auswirken können. Freilich sind Vereinbarungen, die den Abfindungsanspruch nur für den Fall der Gläubigerkündigung ausschließen oder beschränken, wegen Gläubigerbenachteiligung nichtig.[42]

ee) Gewinnanteil. Der Gläubiger hat die Wahl: Er kann die Kündigungsmöglich- 16
keit nutzen, muss dies aber nicht tun. Er kann sich auch damit begnügen, den jeweiligen Gewinnanteil des Schuldners geltend zu machen (§ 725 Abs. 2 BGB).

d) Verwertung. Die Verwertung des gepfändeten Anteils kann erst nach **Über-** 17
weisung zur Einziehung erfolgen (§ 835). Der Gläubiger ist dann berechtigt, die Auseinandersetzung durchzuführen und das Auseinandersetzungsguthaben bzw den Gewinnanteil zu fordern. Die Geltendmachung des Auseinandersetzungsguthabens ist abhängig von der Kündigung, während der Gewinnanteil unabhängig davon gefordert werden kann (§ 725 Abs. 2 BGB). Ist die Veräußerung des Anteils an der Gesellschaft nach dem Gesellschaftsvertrag ohne Zustimmung der übrigen Gesellschafter möglich, kann das Gericht die Veräußerung des Anteils anordnen (§ 857 Abs. 5).[43]

3. Pfändung von Einzelansprüchen. Da der Anspruch auf den **Gewinn** (§§ 721 f 18
BGB), das (künftige) **Auseinandersetzungsguthaben** (§ 734 BGB) und die dem Gesellschafter aus seiner **Geschäftsführung** zustehenden Ansprüche (soweit diese vor der Auseinandersetzung verlangt werden können; zB Aufwendungsersatzansprüche, für die aber uU Pfändungsschutz eingreift, §§ 850 ff) übertragbar sind (§ 717 S. 2 BGB), ist ihre selbständige Pfändung möglich (§ 829). Erst die Überweisung des gepfändeten künftigen Auseinandersetzungsguthabens gibt das

---

39 BGHZ 116, 222, 228 f = NJW 1992, 830, 832; Musielak/*Becker*, § 859 Rn 4; Schuschke/Walker/*Walker*, § 859 Rn 6; Wieczorek/Schütze/*Lüke*, § 859 Rn 10.
40 LG Hamburg Rpfleger 2002, 532; LG Konstanz NJW-RR 1987, 1023; Musielak/*Becker*, § 859 Rn 4; Zöller/*Stöber*, § 859 Rn 4; Wieczorek/Schütze/*Lüke*, § 859 Rn 10; *Behr*, Rpfleger 1983, 35, 36; *Hintzen*, Rpfleger 1992, 262, 264; aA LG Lübeck NJW-RR 1986, 836 f; Schuschke/Walker/*Walker*, § 859 Rn 6; Stein/Jonas/*Brehm*, § 859 Rn 7; *Mümmler*, JurBüro 1990, 308, 310; offen gelassen von BGHZ 116, 222, 229 = NJW 1992, 830, 832.
41 Zöller/*Stöber*, § 859 Rn 4; MüKo-ZPO/*Smid*, § 859 Rn 12.
42 BGHZ 144, 365, 366 f = NJW 2000, 2819, 2820; MüKo-BGB/*Schäfer*, § 738 Rn 47 f; tendenziell ebenfalls Staudinger/*Habermeier*, § 738 BGB Rn 24; aA *Rittstieg*, DB 1985, 2285, 2288: Gläubigeranfechtung nach § 133 Abs. 1 InsO, § 3 Abs. 1 AnfG vorrangig.
43 Musielak/*Becker*, § 859 Rn 5; MüKo-ZPO/*Smid*, § 859 Rn 14; *Furtner*, MDR 1965, 613, 614.

Recht zur Kündigung, um sodann die Auseinandersetzung zu betreiben.[44] Für den **Rang** des Pfandrechts ist es unerheblich, ob der Gesellschaftsanteil oder Einzelansprüche gepfändet werden (Prioritätsgrundsatz). Zu berücksichtigen ist, dass die Pfändung des Anteils der Pfändung oder Abtretung künftiger Ansprüche (auf Gewinn, Auseinandersetzungsguthaben oder Abfindung) vorgeht.[45] Die Pfändung des Anteils wird nämlich sofort wirksam. Bezüglich der Einzelrechte kann ein Antrag lauten:

▶ Gepfändet werden die angeblichen bestehenden und zukünftig entstehenden Ansprüche des Schuldners als Gesellschafter der aus dem Schuldner und ... (Nennung der weiteren Gesellschafter mit Anschrift) bestehenden BGB-Gesellschaft

– als Gesamthand Drittschuldnerin –

gegen diese Drittschuldnerin auf Auszahlung des ihm für die Geschäftsführung zustehenden Entgelts, auf fortlaufende Zahlung des Gewinnanteils und auf das Auseinandersetzungsguthaben. ◀

19 **4. Unpfändbarkeit des Anteils an einzelnen zu dem Gesellschaftsvermögen gehörenden Gegenständen.** Ein Gesellschafter kann über seinen Anteil an den einzelnen zu dem Gesellschaftsvermögen gehörenden Gegenständen nicht verfügen. Dem entspricht die in **Abs. 1 S. 2** angeordnete Unpfändbarkeit, von der keine Ausnahme zugelassen ist.

20 **5. Innengesellschaften.** Bei der Innengesellschaft können nur der Gewinnanteil und das künftige Auseinandersetzungsguthaben nach § 829 gepfändet werden.[46] Zur stillen Gesellschaft (§ 230 HGB) s. den Schwerpunktbeitrag 4 „Zwangsvollstreckung in Gesellschaftsanteile" Rn 17.

III. Pfändbarkeit des Miterbenanteils und Unpfändbarkeit des Anteils an einzelnen Gegenständen (Abs. 2)

21 **1. Pfändung eines Miterbenanteils. a) Voraussetzungen.** Über den Anteil eines Miterben an dem Nachlass kann dieser schon **vor Teilung** verfügen (§§ 2032, 2033 Abs. 1 S. 1 BGB). Nach Abs. 2 iVm Abs. 1 ist dieser Anteil konsequenterweise als Vermögensrecht pfändbar, ebenfalls der Anteil eines **Vor- oder Nacherben**. Voraussetzung für die Pfändbarkeit ist der Eintritt des Erbfalls, denn die bloße Erwartung einer Erbschaft begründet noch kein Anwartschaftsrecht.[47] Mit **Nachlassteilung** ist ein Miterbenanteil nicht mehr vorhanden, so dass ab diesem Zeitpunkt eine Pfändung ausscheidet.[48]

22 **b) Verfahren.** Die Art und Weise der Pfändung richtet sich nach §§ 857, 829, und zwar auch dann, wenn Grundstücke zum Nachlass gehören.[49] Der Pfändungsbeschluss ist den Miterben bzw Nachmiterben als **Drittschuldner** zuzustel-

---

44 Musielak/*Becker*, § 859 Rn 6 Fn 31; *Smid*, JuS 1988, 613, 615; aA Stein/Jonas/*Brehm*, § 859 Rn 9; *Stöber*, Forderungspfändung, Rn 1576; *K. Schmidt*, JR 1977, 177, 181 (schon mit der Pfändung besteht das Recht zur Kündigung).
45 BGHZ 97, 392, 394 = NJW 1986, 1991, 1992; BGH NJW-RR 1987, 989 (für Pfändung des KG-Anteils); BGHZ 88, 205 = NJW 1984, 492 = ZIP 1983, 1326 (für die Übertragung des GmbH-Anteils); BGHZ 104, 351 = NJW 1989, 458 (für den Abfindungsanspruch bei einer GmbH); BGH NZG 2010, 356, 357; *Wertenbruch*, S. 638; *Armbrüster*, NJW 1991, 606, 607.
46 Musielak/*Becker*, § 859 Rn 7; Stein/Jonas/*Brehm*, § 859 Rn 2.
47 RGZ 67, 425, 428; Zöller/*Stöber*, § 859 Rn 15; MüKo-ZPO/*Smid*, § 859 Rn 17.
48 Musielak/*Becker*, § 859 Rn 19; *Behr*, Rpfleger 2002, 2, 7 ff.
49 BGHZ 52, 99, 102 = NJW 1969, 1347 f; Musielak/*Becker*, § 859 Rn 20; Zöller/*Stöber*, § 859 Rn 16.

len; erst mit der letzten Zustellung wird die Pfändung wirksam (§ 829 Abs. 3).[50] Gibt es einen Testamentsvollstrecker, Nachlassverwalter oder -pfleger, ist dieser Drittschuldner.[51] Hat ein Miterbe über seinen Anteil an dem Nachlass verfügt (§ 2033 Abs. 1 BGB), tritt der Erwerber in die Rechtsposition des verfügenden Miterben ein und ist als Drittschuldner anzusehen.[52]

c) **Wirkung.** Es entsteht ein **Pfandrecht** an dem Miterbenanteil, nicht an den einzelnen Nachlassgegenständen.[53] Durch die Pfändung kann der Gläubiger die dem Schuldner als Miterbe zustehenden Rechte ausüben, ausgenommen die höchstpersönlichen Rechte. Zu den ausübbaren Rechten gehören insb. das **Verwaltungs- und Verfügungsrecht** (§§ 2038 ff BGB) sowie das Recht zur Mitwirkung bei der Auseinandersetzung (§ 2042 BGB). Darüber hinaus erwirbt er den Anspruch auf Auskunft und Rechnungslegung (§§ 2027, 2028, 2215, 2057 BGB) sowie den Anspruch auf anteiligen Erlös (§§ 2047, 1258 Abs. 3 BGB). Deren selbständige Pfändung ist zwar ausgeschlossen, die ausdrückliche Mitpfändung hingegen zulässig.[54] 23

Da der Schuldner trotz der Pfändung die Stellung eines Miterben behält, können die weiteren Miterben weiterhin nur in Gemeinschaft mit ihm über Nachlassgegenstände verfügen (§ 2040 Abs. 1 BGB) und die Auseinandersetzung betreiben (§ 2042 BGB). Notwendig ist dazu jedoch die **Zustimmung** des Gläubigers.[55] Fehlt diese, sind Auseinandersetzung und Verfügung dem Gläubiger gegenüber (relativ) unwirksam (§ 136 BGB).[56] Möglich ist allerdings ein **gutgläubiger Erwerb** durch einen Dritten, wenn alle Miterben ohne Mitwirkung des Gläubigers über Gegenstände verfügen (§§ 892, 932, 936, 1032, 1207 BGB).[57] Um diesen bei zum Nachlass gehörenden Grundstücken bzw grundstücksgleichen Rechten auszuschließen, sollte die Verfügungsbeschränkung in das Grundbuch eingetragen werden. Es handelt sich dabei um eine **Grundbuchberichtigung**,[58] die einen Antrag des Gläubigers (§ 13 GBO), den Nachweis der wirksamen Pfändung (§ 22 GBO; Zustellung des Pfändungsbeschlusses an die Drittschuldner) sowie die Voreintragung der Miterben erfordert (§ 39 GBO). Die Voreintragung der Miterben kann und muss der Gläubiger uU erst herbeiführen (§§ 13 Abs. 1 S. 2, 35 GBO).[59] Bei Hypotheken, Grund- und Rentenschulden ist der Brief vorzulegen (§§ 41 f GBO). Eine Grundbuchsperre tritt durch die Eintragung nicht ein. Nachlassrechte können allerdings nicht gelöscht werden.[60] 24

Die **Verfügung** des Schuldners über seinen Anteil (§ 2033 Abs. 1 BGB) führt nicht zum Untergang des Pfandrechts. Da ein vom Pfandrecht freier gutgläubiger Erwerb nicht möglich ist, erhält der Erwerber den Anteil mit dem Pfandrecht belastet.[61] Die Befugnisse eines **Testamentsvollstreckers** (Verwaltung des Nachlasses 25

---

50 Musielak/*Becker*, § 859 Rn 20; Zöller/*Stöber*, § 859 Rn 16.
51 MüKo-ZPO/*Smid*, § 859 Rn 18; *Stöber*, Forderungspfändung, Rn 1670; aA LG Kassel MDR 1997, 1032: bei Nachlasspflegschaft dem Nachlasspfleger und den Miterben.
52 Zöller/*Stöber*, § 859 Rn 16; *Gottwald*, § 859 Rn 17.
53 BGH NJW 1967, 200, 201.
54 Musielak/*Becker*, § 859 Rn 21; Zöller/*Stöber*, § 859 Rn 15, 17.
55 Schuschke/Walker/*Walker*, § 859 Rn 18; Stein/Jonas/*Brehm*, § 859 Rn 32.
56 BGH MDR 1968, 913 = NJW 1968, 2059; BayObLGZ 59, 50 = NJW 1959, 1780, 1781; Musielak/*Becker*, § 859 Rn 21.
57 *Stöber*, Forderungspfändung, Rn 1681; *Ripfel*, NJW 1958, 692, 693.
58 OLG Frankfurt Rpfleger 1979, 205; Zöller/*Stöber*, § 859 Rn 18.
59 Musielak/*Becker*, § 859 Rn 21; Zöller/*Stöber*, § 859 Rn 18; im Einzelnen *Brox/Walker*, Rn 789.
60 OLG Hamm Rpfleger 1961, 201, 202; BayObLGZ 59, 50 = NJW 1959, 1780, 1781; Zöller/*Stöber*, § 859 Rn 18.
61 Zöller/*Stöber*, § 859 Rn 17; *Gottwald*, § 859 Rn 17.

und Verfügungsbefugnis, § 2205 BGB) werden durch die Anteilspfändung nicht beschränkt.[62]

26 Die Pfändung ist zwar vor Annahme der Erbschaft (§ 1943 BGB) zulässig, der Miterbe kann aber weiterhin die Erbschaft ausschlagen (§§ 1942 ff BGB). Ihm werden seine Rechte durch die Pfändung nicht genommen.[63] Die **Ausschlagung** hat die Unwirksamkeit der Pfändung des Miterbenanteils zur Folge, ein Pfandrecht entsteht auch nicht am Miterbenanteil des nun Berufenen (§ 1953 Abs. 2 BGB).

27 **d) Verwertung.** Die Verwertung des gepfändeten Miterbenanteils kann durch **Überweisung** zur Einziehung (§§ 857 Abs. 1, 835) oder durch Anordnung der **Veräußerung** erfolgen (§§ 857 Abs. 5, 844). Nach der Überweisung kann der Gläubiger die Rechte des Schuldners im Rahmen der Auseinandersetzung geltend machen (§ 2042 Abs. 1 BGB), dh Aufhebung der Gemeinschaft verlangen. Er ist befugt, den Antrag auf Auseinandersetzung zu stellen (§ 363 FamFG) und Teilungsversteigerung zu beantragen (§ 181 ZVG).[64] Liegen die Voraussetzungen des § 2044 Abs. 1 BGB vor, darf der Titel nicht nur vorläufig vollstreckbar sein.[65] Der Gläubiger ist nicht befugt, nach der Pfändung einzelne Gegenstände des Nachlasses gemeinsam mit den anderen Miterben ohne Mitwirkung des Schuldners zu veräußern.[66]

28 Das Pfandrecht an dem Miterbenanteil setzt sich als **Surrogat** an den Forderungen fort, die dem Schuldner im Rahmen der Auseinandersetzung zugeteilt werden.[67] Für bewegliche körperliche Sachen gilt dies allerdings nur, wenn eine Anordnung gem. § 847 vorliegt und die Sache entsprechend an den Gerichtsvollzieher herausgegeben wird, da es ansonsten an einer wirksamen Beschlagnahme fehlt.[68] Sind Immobilien betroffen, ist die Anordnung und Durchführung der Sequestration nach § 848 zu bewirken.[69] Werden in der Auseinandersetzung einzelne Nachlassgegenstände veräußert, setzt sich das Pfandrecht des Gläubigers am Anspruch des Schuldners auf Auszahlung des Erlösanteils fort.[70] Ältere Vertragspfandrechte am Miterbenanteil des Schuldners bleiben auch am Auseinandersetzungserlös vorrangig.[71]

29 Die Veräußerung der Erbschaft als Ganzes oder des Miterbenanteils erfolgt auch dann durch freihändigen Verkauf oder Versteigerung (§§ 857 Abs. 5, 844), wenn zum Nachlass ein Grundstück gehört, denn Gegenstand der Veräußerung sind die Erbschaft bzw der Anteil, nicht das Grundstück an sich.[72]

30 **2. Unpfändbarkeit des Anteils an den einzelnen Nachlassgegenständen.** Weder die einzelnen zum Nachlass gehörenden Gegenstände noch der Anteil daran ist

---

62 BayObLGZ 82, 459 = Rpfleger 1983, 112; Musielak/*Becker*, § 859 Rn 21; Zöller/*Stöber*, § 859 Rn 17.
63 Zöller/*Stöber*, § 859 Rn 17; Stein/Jonas/*Brehm*, § 859 Rn 31; Wieczorek/Schütze/*Lüke*, § 859 Rn 22.
64 BGH NJW-RR 1999, 504; Musielak/*Becker*, § 859 Rn 22; *Stöber*, ZVG, § 180 Rn 11.10.
65 Stein/Jonas/*Brehm*, § 859 Rn 33; aA Baumbach/*Hartmann*, § 859 Rn 7.
66 OLG Köln NJW-RR 2014, 1415, 1416.
67 BGHZ 52, 99, 105 = NJW 1969, 1347, 1348; Musielak/*Becker*, § 859 Rn 22; aA (Anspruch auf Bestellung eines Pfandrechts) *Stöber*, Forderungspfändung, Rn 1693.
68 Musielak/*Becker*, § 859 Rn 22; MüKo-ZPO/*Smid*, § 859 Rn 22; Schuschke/Walker/*Walker*, § 859 Rn 19; Stein/Jonas/*Brehm*, § 859 Rn 34; Wieczorek/Schütze/*Lüke*, § 859 Rn 25; aA *Liermann*, NJW 1962, 2189; Gaul/Schilken/Becker-Eberhard, § 58 Rn 34.
69 MüKo-ZPO/*Smid*, § 859 Rn 22; Stein/Jonas/*Brehm*, § 859 Rn 34.
70 Schuschke/Walker/*Walker*, § 859 Rn 18.
71 BGHZ 52, 99, 107 f = NJW 1969, 1347, 1349; Musielak/*Becker*, § 859 Rn 22; Baumbach/*Hartmann*, § 859 Rn 8.
72 Musielak/*Becker*, § 859 Rn 22; *Eickmann*, DGVZ 1984, 65, 71.

der Pfändung unterworfen (Abs. 2 iVm Abs. 1 S. 2). Dies entspricht der materiellrechtlichen Regelung, wonach ein Miterbe über seinen Anteil an einzelnen Nachlassgegenständen nicht verfügen kann (§ 2033 Abs. 2 BGB). Die Verfügungsbefugnis steht den Miterben nur gemeinschaftlich zu (§ 2040 Abs. 1 BGB).

§ 860 Pfändung von Gesamtgutanteilen

(1) ¹Bei dem Güterstand der Gütergemeinschaft ist der Anteil eines Ehegatten an dem Gesamtgut und an den einzelnen dazu gehörenden Gegenständen der Pfändung nicht unterworfen. ²Das gleiche gilt bei der fortgesetzten Gütergemeinschaft von den Anteilen des überlebenden Ehegatten und der Abkömmlinge.

(2) Nach der Beendigung der Gemeinschaft ist der Anteil an dem Gesamtgut zugunsten der Gläubiger des Anteilsberechtigten der Pfändung unterworfen.

I. Normzweck

Durch die Vereinbarung der Gütergemeinschaft (§ 1415 BGB) werden das Vermögen des Mannes und das Vermögen der Frau **gemeinschaftliches Vermögen** beider Ehegatten (Gesamtgut; § 1416 BGB). § 860 regelt die Pfändung des Anteils eines Ehegatten an dem Gesamtgut und an den einzelnen dazugehörenden Gegenständen. Abs. 1 ist Konsequenz der §§ 1419 Abs. 1, 1487 Abs. 1 BGB, wonach über den Anteil am Gesamtgut und an den einzelnen Gegenständen, die zum Gesamtgut gehören, nicht verfügt werden kann. Von der Unpfändbarkeit nicht übertragbarer Rechte (§ 851 Abs. 1) bildet Abs. 2 eine Ausnahme.

II. Gütergemeinschaft und fortgesetzte Gütergemeinschaft (Abs. 1)

Während des **Bestehens der Gütergemeinschaft** ist der Anteil eines Ehegatten nicht pfändbar (Abs. 1 S. 1), und zwar weder der Anteil an dem Gesamtgut noch an den einzelnen Gegenständen. Nach Abs. 1 S. 2 gilt das Gleiche bei der **fortgesetzten Gütergemeinschaft** von den Anteilen des überlebenden Ehegatten und der Abkömmlinge. Die fortgesetzte Gütergemeinschaft tritt ein, wenn die Ehegatten diese durch Ehevertrag vereinbart hatten (§ 1483 BGB). Hintergrund für die Anordnung der Unpfändbarkeit selbst ist, dass Gläubiger in das Gesamtgut vollstrecken können (§§ 740, 745); eine darüber hinausgehende Vollstreckung auch in den Anteil am Gesamtgut hat der Gesetzgeber als nicht notwendig erachtet. Während des Bestehens der (fortgesetzten) Gütergemeinschaft sind auch der Anspruch auf **Aufhebung** der Gemeinschaft[1] und auf das künftige **Auseinandersetzungsguthaben**[2] unpfändbar. Ebenfalls scheidet zu diesem Zeitpunkt eine aufschiebend bedingte Pfändung des Anteils aus.[3]

III. Beendigung der Gütergemeinschaft (Abs. 2)

Hingegen ist der Anteil an dem Gesamtgut nach der **Beendigung** der Gütergemeinschaft pfändbar (Abs. 2). Die Gütergemeinschaft endet aufgrund einer entsprechenden Vereinbarung durch Ehevertrag (§ 1408 BGB), bei einfacher Gütergemeinschaft durch Auflösung der Ehe oder Tod eines Ehegatten, bei fortgesetzter Gütergemeinschaft durch den Tod des überlebenden Ehegatten (§ 1494 BGB)

---

1 LG Frankenthal Rpfleger 1981, 241; MüKo-ZPO/*Smid*, § 860 Rn 2 („Anspruch spezifisch eherechtlicher Natur"); Musielak/*Becker*, § 860 Rn 2.
2 Zöller/*Stöber*, § 860 Rn 1; Stein/Jonas/*Brehm*, § 860 Rn 1; aA MüKo-ZPO/*Smid*, § 860 Rn 1.
3 OLG München NJW-RR 2013, 527, 528; Musielak/*Becker*, § 860 Rn 2; Schuschke/Walker/*Walker*, § 860 Rn 4.

oder dessen Wiederverheiratung bzw der Begründung einer Lebenspartnerschaft durch ihn (§ 1493 BGB), schließlich durch Aufhebung oder richterliche Aufhebungsentscheidung (§§ 1447–1449, 1469 f, 1492, 1495 f BGB). Durch Abs. 2 werden diejenigen Gläubiger geschützt, die keinen Titel gegen beide Ehegatten haben und daher während der Liquidationsphase nicht in das Gesamtgut vollstrecken können (§ 743; s. § 743 Rn 3).

4 Da insoweit keine Sondervorschriften bestehen, richtet sich die Pfändung nach §§ 857, 829. **Drittschuldner** iSd § 829 ist der andere Ehegatte; bei einer fortgesetzten Gütergemeinschaft sind es die Abkömmlinge. Die Pfändung kann berichtigend im **Grundbuch** eingetragen werden. Dadurch wird das Verfügungsverbot gesichert. Der Vollstreckungsgläubiger kann die Auseinandersetzung des Gesamtguts (§§ 1471 ff, 1497 BGB) durch einen Antrag auf Vermittlung beim Notar betreiben (§§ 373 Abs. 1, 363 Abs. 2 FamFG).[4] Die Verwertung geschieht durch **Überweisung** zur Einziehung (§§ 857 Abs. 1, 835); die **Veräußerung** (§ 844) ist nicht zulässig (arg. e §§ 1471 Abs. 2, 1419 BGB).[5]

IV. Entsprechende Anwendung

5 § 860 ist entsprechend anwendbar auf **Lebenspartner** (§ 7 LPartG) sowie auf Ehegatten, die im **Güterstand der Eigentums- und Vermögensgemeinschaft** nach dem Familiengesetzbuch der DDR leben (Art. 234 § 4 Abs. 2 EGBGB iVm § 744 a).

§§ 861 und 862 (weggefallen)

§ 863 Pfändungsbeschränkungen bei Erbschaftsnutzungen

(1) ¹Ist der Schuldner als Erbe nach § 2338 des Bürgerlichen Gesetzbuchs durch die Einsetzung eines Nacherben beschränkt, so sind die Nutzungen der Erbschaft der Pfändung nicht unterworfen, soweit sie zur Erfüllung der dem Schuldner seinem Ehegatten, seinem früheren Ehegatten, seinem Lebenspartner, einem früheren Lebenspartner oder seinen Verwandten gegenüber gesetzlich obliegenden Unterhaltspflicht und zur Bestreitung seines standesmäßigen Unterhalts erforderlich sind. ²Das Gleiche gilt, wenn der Schuldner nach § 2338 des Bürgerlichen Gesetzbuchs durch die Ernennung eines Testamentsvollstreckers beschränkt ist, für seinen Anspruch auf den jährlichen Reinertrag.

(2) Die Pfändung ist unbeschränkt zulässig, wenn der Anspruch eines Nachlassgläubigers oder ein auch dem Nacherben oder dem Testamentsvollstrecker gegenüber wirksames Recht geltend gemacht wird.

(3) Diese Vorschriften gelten entsprechend, wenn der Anteil eines Abkömmlings an dem Gesamtgut der fortgesetzten Gütergemeinschaft nach § 1513 Abs. 2 des Bürgerlichen Gesetzbuchs einer Beschränkung der im Absatz 1 bezeichneten Art unterliegt.

I. Normzweck

1 Der Erblasser kann das Pflichtteilsrecht des Abkömmlings wegen Verschwendung oder Überschuldung durch die **Anordnung** der **Nacherbschaft** oder der Testamentsvollstreckung in guter Absicht beschränken (§ 2338 BGB). Die Anordnung erfolgt im wohlverstandenen Interesse des Abkömmlings (Schutz vor sich

---

4 Musielak/*Becker*, § 860 Rn 3; Zöller/*Stöber*, § 860 Rn 2; MüKo-ZPO/*Smid*, § 860 Rn 3; nunmehr auch Schuschke/Walker/*Walker*, § 860 Rn 5.
5 Musielak/*Becker*, § 860 Rn 3; *Stöber*, Forderungspfändung, Rn 1643.

selbst) und soll das Familienvermögen vor der Gefahr des Verlusts schützen.[1] § 863 wiederum schränkt die Vollstreckung in die Nutzungen der Erbschaft ein. Die Zulässigkeit der Vollstreckung an sich folgt aus §§ 778 ff (Alleinerbe) bzw aus § 859 Abs. 2 (Miterbe). Aus dem Zusammenspiel von § 2338 BGB und § 863 ergibt sich ein Schutz des Familienvermögens und des Erben. Voraussetzung für die Anwendbarkeit des § 863 ist, dass der Grund, dh die gute Absicht, aus der Verfügung von Todes wegen hervorgeht. Die Angabe muss nicht ausdrücklich erfolgt sein.[2]

II. Unpfändbarkeit von Erbschaftsnutzungen (Abs. 1)

Die **Nutzungen** der Erbschaft (Abs. 1 S. 1) bzw der dem Schuldner zustehende Anspruch auf den jährlichen **Reinertrag** (Abs. 1 S. 2) sind nicht pfändbar, soweit sie der Schuldner zur Erfüllung bestimmter ihm gesetzlich obliegender Unterhaltspflichten oder zur Bestreitung seines standesmäßigen Unterhalts benötigt. Erfasst von Abs. 1 S. 1 sind **gesetzliche Unterhaltspflichten** gegenüber dem (früheren) Ehegatten (§§ 1360 ff, 1570 ff BGB), dem (früheren) Lebenspartner (§§ 5, 12, 16 LPartG) und Verwandten (§ 1601 ff BGB). Nach dem Wortlaut nicht einbezogen ist der Unterhaltsanspruch der (nichtehelichen) Mutter und des (nichtehelichen) Vaters aus Anlass der Geburt gem. § 1615 l BGB. Richtigerweise wird insoweit eine entsprechende Anwendung befürwortet, denn ein sachlicher Grund für eine unterschiedliche Behandlung besteht nicht.[3] Im Hinblick auf die **Angemessenheit** des Unterhalts bietet sich eine Orientierung an der Regelung des § 850 d an.[4]

III. Zulässigkeit der Pfändung (Abs. 2)

Unbeschränkt zulässig ist die Pfändung zum einen durch den **Nachlassgläubiger** (§§ 1967–1969 BGB), zum anderen, wenn ein auch dem Nacherben (§ 326 Abs. 2) oder dem Testamentsvollstrecker (§ 2213 BGB, § 327 ZPO) gegenüber wirksames Recht geltend gemacht wird (Abs. 2). Die Pfändungsbeschränkungen wirken sich daher (regelmäßig) nur gegenüber dem persönlichen Gläubiger aus.

IV. Fortgesetzte Gütergemeinschaft (Abs. 3)

Abs. 1 und 2 gelten entsprechend, wenn der Anteil eines Abkömmlings am Gesamtgut einer fortgesetzten Gütergemeinschaft in guter Absicht beschränkt wurde (Abs. 3).

V. Weitere praktische Hinweise

Die Anordnungen des § 863 sind **von Amts wegen** zu beachten.[5] Sowohl der Schuldner als auch der Testamentsvollstrecker können die Beschränkungen des Abs. 1 mit der **Erinnerung** nach § 766 geltend machen. Sie tragen dann die **Beweislast** für die Beschränkungen.[6]

---

1 Palandt/*Weidlich*, § 2338 BGB Rn 1; Hk-BGB/*Hoeren*, § 2338 Rn 1; *Baumann*, ZEV 1996, 121, 122.
2 OLG Bremen FamRZ 1984, 213; Musielak/*Becker*, § 863 Rn 1; Baumbach/*Hartmann*, § 863 Rn 2.
3 Hk-ZPO/*Kemper*, § 863 Rn 3.
4 Schuschke/Walker/*Walker*, § 863 Rn 1; Stein/Jonas/*Brehm*, § 863 Rn 2.
5 Musielak/*Becker*, § 863 Rn 1; *Gottwald*, § 863 Rn 1.
6 OLG Bremen FamRZ 1984, 213; Musielak/*Becker*, § 863 Rn 1; MüKo-ZPO/*Smid*, § 863 Rn 4; Stein/Jonas/*Brehm*, § 863 Rn 5; Wieczorek/Schütze/*Lüke*, § 863 Rn 5.

Titel 3
Zwangsvollstreckung in das unbewegliche Vermögen

§ 864 Gegenstand der Immobiliarvollstreckung

(1) Der Zwangsvollstreckung in das unbewegliche Vermögen unterliegen außer den Grundstücken die Berechtigungen, für welche die sich auf Grundstücke beziehenden Vorschriften gelten, die im Schiffsregister eingetragenen Schiffe und die Schiffsbauwerke, die im Schiffsbauregister eingetragen sind oder in dieses Register eingetragen werden können.

(2) Die Zwangsvollstreckung in den Bruchteil eines Grundstücks, einer Berechtigung der im Absatz 1 bezeichneten Art oder eines Schiffes oder Schiffsbauwerks ist nur zulässig, wenn der Bruchteil in dem Anteil eines Miteigentümers besteht oder wenn sich der Anspruch des Gläubigers auf ein Recht gründet, mit dem der Bruchteil als solcher belastet ist.

I. Allgemeines

1 Die Zwangsvollstreckung in das unbewegliche Vermögen ist im Gesetzestext der ZPO nur unvollständig geregelt. Wesentliche Vorschriften betreffend **Zwangsversteigerung** und **Zwangsverwaltung** finden sich im ZVG (vgl § 869). Einen maßgebenden Regelungsgehalt weist die ZPO selbst nur für die **Zwangshypothek** auf (§§ 866 Abs. 3, 867 f), die Vorschriften der GBO sind ergänzend heranzuziehen. Keine Anwendung finden die §§ 864 ff auf Grundpfandrechte (vgl §§ 830, 857 Abs. 6).

2 **Abs. 1** bestimmt (iVm § 865), ob ein Gegenstand der Immobiliarvollstreckung iSd § 866 Abs. 1 unterliegt oder der Pfändung nach den §§ 808 ff, 829 ff unterworfen ist. **Abs. 2** erweitert die Vollstreckung auf Miteigentumsbruchteile in Abgrenzung zu den §§ 857 ff.

II. Gegenstand der Immobiliarvollstreckung (Abs. 1)

3 **1. Grundstück.** Gegenstand der Zwangsvollstreckung in das unbewegliche Vermögen ist nach Abs. 1 zunächst ein **Grundstück** im rechtlichen Sinne, dh ein durch amtliche Vermessung räumlich abgegrenzter Teil der Erdoberfläche, der als rechtliche Einheit im Grundbuch auf einem besonderen Grundbuchblatt/Datenspeicher oder unter einer besonderen Nummer auf einem gemeinsamen Grundbuchblatt/Datenspeicher eingetragen ist (§§ 3 Abs. 1, 4 Abs. 1, 126 GBO).[1] Ein Grundstück kann aus mehreren tatsächlichen Teilflächen (= realen Grundstücksteilen, vgl auch § 7 GBO) und/oder Flurstücken (= Grundstück im vermessungstechnischen Sinn) bestehen, die selbst grds. nicht Gegenstand der Zwangsvollstreckung sein können. Ausnahmsweise kann eine tatsächliche Teilfläche Gegenstand der Zwangsvollstreckung sein, wenn sie als Einzelgrundstück zuvor selbstständig belastet war und erst später mit einem anderen Grundstück vereinigt oder diesem als Bestandteil zugeschrieben worden ist (§ 890 BGB).[2]

4 **2. Wesentlicher Bestandteil; Scheinbestandteil.** Zum unbeweglichen Vermögen iSv Abs. 1 zählt auch ein **wesentlicher Bestandteil** eines Grundstücks. Wesentlicher Bestandteil einer Sache ist derjenige, dessen Trennung von der Sache ihn selbst oder die ganze Sache zerstören oder in ihrem Wesen verändern würde (§ 93 BGB). In Anknüpfung hieran sind nach § 94 Abs. 1 BGB wesentliche Be-

---

[1] RGZ 84, 265; MüKo-ZPO/*Eickmann*, § 864 Rn 2.
[2] Ausf. *Stöber*, ZVG, Einl. Rn 11.2 ff; vgl auch MüKo-BGB/*Wacke*, § 890 Rn 13, 14.

standteile eines Grundstücks die mit dem Grund und Boden fest verbundenen Sachen, insb. Gebäude. Die Definition erweiternd bestimmt § 94 Abs. 2 BGB, dass auch die zur Herstellung eines Gebäudes eingefügten, aber nicht notwendigerweise fest verbundenen Sachen wesentliche Bestandteile sind. Zur Herstellung eines Gebäudes – auch anlässlich eines Umbaus oder einer Renovierung[3] – eingefügt sind alle jene Teile, ohne die das Gebäude nach der maßgebenden Verkehrsauffassung noch nicht fertiggestellt ist.[4] Wesentlicher Bestandteil ist ferner ein Gegenstand, dessen Einbringung dem Gebäude erst eine besondere Eigenart oder ein bestimmtes Gepräge gibt oder der dem Baukörper besonders angepasst ist und deswegen mit ihm eine Einheit bildet.[5] Wesentliche Bestandteile sind nicht sonderrechtsfähig (§ 93 BGB) und können nicht Gegenstand der Mobiliarvollstreckung sein; Eigentum an dem gepfändeten Gegenstand kann – unabhängig davon, ob die dennoch erfolgte Pfändung nichtig[6] oder nur anfechtbar[7] ist – weder nach § 817 noch nach § 825 erworben werden.[8] **Beispiele** für wesentliche Bestandteile sind: fest verbundene Fertighäuser,[9] Gebäudehälften, wenn das Gebäude nicht wesentlicher Bestandteil ist,[10] (zentrale) Heizungsanlagen[11] mit Öltanks (außerhalb des Wohngebäudes),[12] besonders eingepasste Einbauküchen (str),[13] idR Fertiggaragen,[14] idR vom Grundstück ausgehende Bootsstege,[15] in Wohngebäuden Beleuchtungsanlagen,[16] besonders angepasste Heizkörperverkleidungen.[17]

Der Zwangsvollstreckung in das **bewegliche Vermögen** nach §§ 803 ff unterliegen 5 hingegen **Scheinbestandteile**, also Sachen, die nur zu einem vorübergehenden Zweck oder in Ausübung eines dinglichen Rechts oder einer öffentlichen Befugnis mit dem Grund und Boden verbunden sind (§ 95 Abs. 1 BGB), sowie Sachen, die nur zu einem vorübergehenden Zweck in ein Gebäude eingefügt sind (§ 95 Abs. 2 BGB). Die Festigkeit der Verbindung und die Massivität der verbundenen Sache sind dabei ohne Bedeutung.[18] Die Verbindung erfolgt nur zu einem vorübergehenden Zweck, wenn von Anfang an beabsichtigt ist, die Verbindung später wieder aufzuheben, wofür insb. bei einer Verbindung durch einen Mieter, Pächter oder ähnlich Berechtigten eine tatsächliche Vermutung besteht.[19] **Beispiele** für Scheinbestandteile sind: vom Pächter errichtete Gebäude,[20] zum Verkauf bestimmte Pflanzen,[21] vom Mieter eingefügte Gegenstände, zB ein Teppichbo-

---

3 BGH NJW-RR 2013, 652; BGHZ 53, 324 = NJW 1970, 895.
4 BGH NJW 1979, 712; BGH NJW 1984, 2277.
5 BGH NJW-RR 2013, 652; BGH NJW-RR 1990, 586.
6 OLG Bamberg JR 1955, 25; OLG München MDR 1957, 428; *Stöber*, ZVG, Einl. Rn 17.1.
7 *Gaul*, NJW 1989, 2509 mwN; s. auch MüKo-ZPO/*Eickmann*, § 865 Rn 61; Stein/Jonas/*Münzberg*, § 865 Rn 36 (jeweils betreffend Zubehör).
8 BGHZ 104, 298 = NJW 1988, 2789; aA *Gaul*, NJW 1989, 2509.
9 RG JW 1908, 295.
10 BGH LM § 93 BGB Nr. 14.
11 RGZ 73, 333; BGH NJW 1953, 1180; BGHZ 53, 324 = NJW 1970, 895.
12 BGH NJW-RR 2013, 652.
13 BGH NJW 1984, 2277; BGH NJW-RR 1990, 914; vgl auch *Holch*, DGVZ 1998, 65.
14 BFH NJW 1979, 392; BayObLG WuM 1989, 93 (LS); OLG Düsseldorf BauR 1982, 164.
15 BGH LM § 891 BGB Nr. 3.
16 RG Gruchot 46, 85.
17 OLG Hamburg OLGE 32, 338.
18 BGHZ 8, 1 = NJW 1953, 137; BGHZ 10, 171 = NJW 1953, 1466.
19 RGZ 55, 281; BGHZ 8, 1 = NJW 1953, 137; BGHZ 10, 171 = NJW 1953, 1466; BGH NJW 1959, 1487.
20 RGZ 59, 19.
21 RGZ 66, 88; 105, 213.

den[22] oder eine Einbauküche[23] (s. aber Rn 4), idR Grabsteine,[24] Mobilheime auf Campingplätzen,[25] Gebäude und Anlagen eines Tankstellenbetriebs,[26] (auch massive) Gartenhäuser,[27] Gewächshäuser,[28] landwirtschaftliche Maschinenhallen,[29] Wohnbaracken[30] sowie ggf Photovoltaikanlagen auf fremden Grundstücken.[31]

6 **Rechte**, die mit dem Eigentum am Grundstück verbunden sind (§ 96 BGB), sind sonderrechtsunfähige wesentliche Bestandteile, wenn sie nicht vom Eigentum am Grundstück getrennt werden können, was für dingliche Rechte wie Grunddienstbarkeiten (§ 1018 BGB), zugunsten des Eigentümers eines Grundstücks bestellte Reallasten und dingliche Vorkaufsrechte (§§ 1105 Abs. 2, 1094 Abs. 2 BGB), entsprechende Anwartschaftsrechte sowie für das Jagdrecht (§ 3 Abs. 1 S. 2 BJagdG), das Recht auf Duldung eines Überbaus oder Notwegs (§§ 912, 917 BGB) und Heimfallansprüche (§ 3 ErbbauRG, § 36 WEG) gilt.[32]

7 **3. Wohnungs- und Teileigentum/Wohnungs- und Teilerbbaurecht.** Jedenfalls Gegenstand der Immobiliarvollstreckung ist auch das **Wohnungs- und Teileigentum** (§ 1 WEG), das nach einer Auffassung eine besondere Art des Bruchteileigentums (Abs. 2),[33] nach aA grundstücksgleiches Recht (Abs. 1)[34] ist. Nichts anderes gilt für **Wohnungs- oder Teilerbbaurechte** (§ 30 WEG).

8 **4. Grundstücksgleiche Rechte. Grundstücksgleiche Rechte**, zB Erbbaurechte (§ 11 ErbbauRG), Bergwerkseigentum (§ 9 Abs. 1 BBergG) oder Realgewerbeberechtigungen (Art. 67 ff EGBGB iVm Landesrecht), unterfallen der Immobiliarzwangsvollstreckung nach Abs. 1.

9 **5. Gebäudeeigentum in den neuen Ländern.** In den neuen Ländern noch bestehendes sonderrechtsfähiges **Gebäudeeigentum** (Art. 231 § 5, Art. 233 §§ 2 b, 4 EGBGB), für welches die sich auf Grundstücke beziehenden Vorschriften des BGB gelten (Art. 233 § 4 Abs. 1 und 7 EGBGB), unterliegt der Immobiliarzwangsvollstreckung. Auf den in der ehemaligen DDR für kleingärtnerische Zwecke, zur Erholung und/oder Freizeitgestaltung überlassenen Flächen errichtete Gebäude sind als bewegliche Sachen nach §§ 808 f BGB pfändbar (Art. 232 § 4, Art. 231 § 5 EGBGB iVm §§ 312, 313 Abs. 2, 296 Abs. 1 ZGB-DDR).

10 **6. Schiffe und Schiffsbauwerke; Luftfahrzeuge.** Im Schiffsregister eingetragene Schiffe und Schiffsbauwerke, die im Schiffsregister eingetragen sind oder in dieses Register eingetragen werden können, unterliegen nach Abs. 1 der Immobiliarzwangsvollstreckung (s. § 870 a und §§ 162 ff ZVG). Das Gleiche gilt aufgrund des Verweises in § 99 Abs. 1 LuftFzgRG für in der Luftfahrzeugrolle eingetragene Luftfahrzeuge (s. §§ 171 a ff ZVG).

---

22 AG Karlsruhe NJW 1978, 2602.
23 OLG Celle NJW-RR 1989, 913; vgl auch BGH NJW 2009, 1078; *Regenfus*, LMK 278041.
24 BGH JR 1977, 367 f; OLG Köln DGVZ 1992, 116 = JuS 1993, 514.
25 OLG Koblenz MDR 1999, 1059.
26 LG Braunschweig DGVZ 1972, 169.
27 BGH NJW 1987, 774.
28 RG Recht 1921 Nr. 2537.
29 OLG Celle RdL 2005, 37.
30 BGHZ 92, 70 = NJW 1984, 2878.
31 *Kappler*, ZNotP 2007, 257; *Reymann*, DNotZ 2010, 84.
32 MüKo-BGB/*Holch*, § 96 Rn 6.
33 OLG Düsseldorf MittBayNot 1963, 327; OLG Frankfurt Rpfleger 1979, 149; OLG Hamm Rpfleger 1980, 468; *Sauren*, NJW 1985, 180; Stein/Jonas/*Münzberg*, § 864 Rn 16; *Stöber*, ZVG, Einl. Rn 12.8; Zöller/*Stöber*, § 864 Rn 1 aE.
34 OLG Neustadt NJW 1960, 295; MüKo-ZPO/*Eickmann*, § 864 Rn 19.

III. Vollstreckung in einen Bruchteil (Abs. 2)

1. Eingetragener Miteigentumsanteil (Abs. 2 Alt. 1). In Bruchteile der unter Abs. 1 genannten Vollstreckungsobjekte kann nach § 866 vollstreckt werden, wenn der Bruchteil zugleich der eingetragene[35] Anteil eines Miteigentümers (§§ 1008, 741 ff BGB) ist, auch wenn der **Miteigentumsanteil** erst nach Belastung des Grundstücks entstanden ist.[36] Ausnahmsweise (s. Rn 13) ist die Vollstreckung in ein nach § 3 Abs. 6, 5 GBO gebuchtes Grundstück eines (noch) Alleineigentümers möglich.[37] Von besonderem Interesse ist für den Gläubiger die **Teilungsversteigerung** des gesamten Grundstücks: Nach hM ist wegen § 857 Abs. 3 die Pfändung und Überweisung (§§ 857, 829, 835) des Anspruchs auf Aufhebung der Gemeinschaft am Grundstück (§ 749 BGB, vgl weiter § 753 Abs. 1 BGB) zusammen mit dem künftigen Anspruch auf (Zustimmung zur) Teilung und Auskehrung des Erlöses zulässig.[38] Nach dogmatisch richtiger aA ist der Anspruch auf Aufhebung als unselbstständiges Hilfsrecht wegen §§ 857 Abs. 1, 851 Abs. 1 unpfändbar, die Aufhebung kann der Gläubiger über § 751 S. 2 BGB erwirken.[39] In **Gesamthandsanteile** ist mit Rücksicht auf das Anteilsverfügungsverbot eine Vollstreckung nach §§ 859, 860 (betreffend Personengesellschaften, Erben- und Gütergemeinschaften) möglich.[40]

11

2. Fiktion des Fortbestands eines Miteigentumsanteils (Abs. 2 Alt. 2). In einen Bruchteil kann auch vollstreckt werden, wenn der Bruchteil zwar nicht (mehr) in dem Anteil eines Miteigentümers besteht, das dem Vollstreckungsgläubiger zustehende Recht aber den Bruchteil als solchen noch belastet. Zur Verwirklichung des **dinglichen Anspruchs**[41] des Gläubigers wird der Fortbestand des belasteten Miteigentumsanteils fingiert. Im Übrigen ist die originäre Belastung nur eines Bruchteils grds. unzulässig und nichtig.[42]

12

Ein Fall der Alt. 2 ist gegeben, wenn ein Miteigentumsanteil belastet worden ist, das Bruchteilsmiteigentum jedoch später wegfällt, weil der Miteigentümer Alleineigentümer geworden ist.[43] Der Fortbestand wird ferner fingiert, wenn ein Vorerbe einen weiteren Bruchteil erworben hat, aber nur den früheren Miteigentumsanteil belastet hatte,[44] ebenso wenn nach Zuschlag an einen früheren Bruchteilsmiteigentümer eine Sicherungshypothek nach § 128 ZVG an dem versteigerten Miteigentumsanteil einzutragen ist[45] und auch, wenn mit einer Gesamtgrundschuld belastete Grundstücksmiteigentumsanteile nunmehr im Alleineigentum stehen und die der Grundschuld zugrunde liegende Sicherungsabrede betreffend vereinzelte (frühere) Miteigentümer nichtig ist.[46] Abs. 2 Alt. 2 ist zudem nach dem allgemeinen Grundsatz, dass ein früherer Miteigentumsanteil in der Zwangsvollstreckung als fortbestehend fingiert wird, wenn die Haftung des jetzigen Alleineigentümers auf den früheren Miteigentumsanteil beschränkt ist, ent-

13

---

35 Stein/Jonas/*Münzberg*, § 864 Rn 16.
36 Musielak/Voit/*Becker*, § 864 Rn 5; Zöller/*Stöber*, § 864 Rn 6.
37 LG Nürnberg-Fürth Rpfleger 1971, 223.
38 BGHZ 90, 207 = NJW 1984, 1968; BGH NJW 2006, 849; Stein/Jonas/*Münzberg*, § 864 Rn 14.
39 MüKo-ZPO/*Eickmann*, § 864 Rn 28 mwN; Staudinger/*Langhein*, § 749 BGB Rn 58; ausf. MüKo-BGB/*Schmidt*, § 749 Rn 23 ff.
40 OLG Düsseldorf FGPrax 2013, 12; Hk-ZPO/*Kindl*, § 864 Rn 9; Stein/Jonas/*Münzberg*, § 864 Rn 16.
41 *Stöber*, ZVG, Einl. Rn 12.3. b).
42 BGH NJW 2013, 3786; MüKo-ZPO/*Eickmann*, § 864 Rn 31.
43 BayObLG Rpfleger 1971, 316.
44 BayObLG NJW 1968, 1431.
45 RGZ 94, 154; KG JW 33, 626.
46 BGHZ 106, 19 = NJW 1989, 831; BGH NJW 2002, 2710.

sprechend anzuwenden,[47] wenn der Eigentümer eines Grundstücksbruchteils den Rest des Grundstücks in nach § 7 AnfG anfechtbarer Weise hinzuerworben hat,[48] wenn der Alleineigentümer des Grundstücks als Erbe des Schuldners verurteilt worden ist und nur mit einem aus dem Nachlass stammenden Miteigentumsanteil[49] oder wegen eines Pflichtteilsanspruchs nur mit diesem haftet.[50]

14 Die Zwangsvollstreckung in einen Bruchteil ist hingegen **ausgeschlossen**, wenn der nunmehrige Alleineigentümer die Belastung des Miteigentumsanteils auf das gesamte Grundstück erweitert hat.[51]

§ 865 Verhältnis zur Mobiliarvollstreckung

(1) Die Zwangsvollstreckung in das unbewegliche Vermögen umfasst auch die Gegenstände, auf die sich bei Grundstücken und Berechtigungen die Hypothek, bei Schiffen oder Schiffsbauwerken die Schiffshypothek erstreckt.

(2) ¹Diese Gegenstände können, soweit sie Zubehör sind, nicht gepfändet werden. ²Im Übrigen unterliegen sie der Zwangsvollstreckung in das bewegliche Vermögen, solange nicht ihre Beschlagnahme im Wege der Zwangsvollstreckung in das unbewegliche Vermögen erfolgt ist.

§ 78 GVGA

I. Allgemeines 1	III. Pfändungsverbot für Zubehör
II. Erstreckung der Immobiliarvoll-	(Abs. 2 S. 1) bzw ab Beschlag-
streckung (Abs. 1) 3	nahme (Abs. 2 S. 2) 13
1. Erzeugnisse und sonstige	IV. Rechtsfolgen eines Verstoßes
Bestandteile 3	gegen Abs. 2, Anfechtbarkeit.... 15
2. Zubehör 6	
3. Miet- und Pachtforderungen	
usw., §§ 1123 ff BGB 12	

I. Allgemeines

1 Um die Interessen des Gläubigers an einem einheitlichen Verfahren zu wahren und einen angemessenen Erlös aus der Zwangsvollstreckung zu erzielen, umfasst die Vollstreckung in das unbewegliche Vermögen nach **Abs. 1** auch die Gegenstände, auf die sich eine (fingierte) Hypothek erstreckt (sog. **wirtschaftlicher Zusammenhang**).[1] Von besonderer Wichtigkeit für Gläubiger ist die Erstreckung auf – wirtschaftlich meist wertvolles – **Zubehör**; dieses kann gemäß **Abs. 2 S. 1** nicht gepfändet werden, wird also vom Gesetzgeber ausschließlich der Immobiliarvollstreckung zugewiesen.[2]

2 Auf in der Luftfahrzeugrolle eingetragene Luftfahrzeuge ist § 865 sinngemäß anzuwenden (§ 99 Abs. 1 S. 1 LuftFzgRG); zum Haftungsumfang vgl §§ 31, 68, 105 f LuftFzgRG. Zum Recht der Schiffe bzw Schiffsbauwerke s. § 870 a.

---

47 BGH NJW 2013, 3786.
48 BGH NJW 2013, 3786; BGHZ 90, 207 = NJW 1984, 1968.
49 OLG Schleswig FGPrax 2011, 69 unter Verweis auf die Zulässigkeit der Vollstreckung nach Vermögensübernahme gem. § 419 BGB aF, hierzu OLG Jena JW 1935, 3647.
50 BGH NJW 2013, 3786.
51 *Stöber*, ZVG, Einl. Rn 12.3. b).
1 Vgl schon RGZ 135, 159.
2 MüKo-ZPO/*Eickmann*, § 865 Rn 2.

II. Erstreckung der Immobiliarvollstreckung (Abs. 1)

1. Erzeugnisse und sonstige Bestandteile. Eine Hypothek (vgl §§ 1120 ff BGB) und damit die Immobiliarzwangsvollstreckung (vgl § 20 Abs. 2 ZVG) erstreckt sich zunächst auf vom Grundstück getrennte **Erzeugnisse** und **sonstige Bestandteile**, solange das Eigentum an diesen nicht nach §§ 950, 954–957 BGB auf einen anderen als den Grundstückseigentümer bzw -eigenbesitzer (zB Nießbraucher oder Pächter) übergangen ist und diese nicht nach §§ 1121, 1122 BGB enthaftet sind. 3

Die Haftung erlischt (**Enthaftung**) mit der Trennung und dem Übergang auf einen schuldrechtlich oder dinglich Nutzungsberechtigten nach §§ 954 ff BGB auch dann, wenn das Recht des Nutzungsberechtigten dem Recht des Hypothekars im Rang nachgeht.[3] Wird ein Gegenstand vor der **Beschlagnahme** nach §§ 929 ff BGB **veräußert und entfernt**, also aufgrund der Veräußerung tatsächlich und auf Dauer angelegt vom Grundstück weggeschafft,[4] wird er von der Haftung frei (§ 1121 Abs. 1 BGB). Erfolgt die **Entfernung nach Beschlagnahme und Veräußerung** (§ 1121 Abs. 2 S. 1 BGB), kommt eine Enthaftung nur in Betracht, wenn der Erwerber zum Zeitpunkt der Entfernung in Ansehung der Beschlagnahme gutgläubig ist (§§ 1121 Abs. 2 S. 2, 932 Abs. 2 BGB), wobei es nach § 23 Abs. 2 ZVG auf die Kenntnis bzw grobfahrlässige Unkenntnis des Versteigerungsantrags bzw die Eintragung des Versteigerungsvermerks ankommt. Erfolgt die **Veräußerung nach Beschlagnahme und Entfernung**, muss der Erwerber mit Rücksicht auf die nach § 23 Abs. 1 ZVG ein (relatives) Veräußerungsverbot bewirkende Beschlagnahme zum Zeitpunkt der Veräußerung hinsichtlich der Beschlagnahme gutgläubig sein (§§ 135 Abs. 2, 136, 932 Abs. 2 BGB). Die Gutgläubigkeit betreffend die Zugehörigkeit zum Haftungsverband ermöglicht hingegen nach zutr. Auffassung keinen lastenfreien Dritterwerb.[5] Im Übrigen kommt eine Enthaftung von Erzeugnissen und sonstigen Bestandteilen **ohne Veräußerung** in Betracht, wenn diese innerhalb der Grenzen einer ordnungsgemäßen Wirtschaft vom Grundstück getrennt werden und die **Entfernung vor der Beschlagnahme** und nicht nur zu einem vorübergehenden Zweck erfolgt (§ 1122 Abs. 1 BGB). 4

Ungetrennte **Früchte** (§ 99 BGB) „auf dem Halm" unterliegen der Mobiliarvollstreckung nach Maßgabe des § 810. 5

2. Zubehör. Der Haftungsverband der Hypothek erstreckt sich auch auf das **Zubehör** (§ 97 BGB), dh bewegliche Sachen, die dem wirtschaftlichen Zweck der Hauptsache nicht vorübergehend (§ 97 Abs. 2 S. 1 BGB) zu dienen bestimmt sind (vgl die Beispiele in § 98 BGB) und in einem der Bestimmung entsprechenden engen räumlichen Verhältnis zur Hauptsache stehen (§ 97 Abs. 1 S. 1 BGB), jedoch nur, wenn das Zubehör in das **Eigentum des Grundstückseigentümers** gelangt ist (§ 1120 BGB aE). Unter **Eigentumsvorbehalt** erworbenes Zubehör fällt deswegen nicht in den Haftungsverband, wohl aber das entsprechende **Anwartschaftsrecht**.[6] Gegenstand der Versteigerung und des Erwerbs durch den Ersteher kann im Eigentum Dritter stehendes Zubehör dennoch sein, §§ 55 Abs. 2, 90 Abs. 2 ZVG, wenn nicht der Dritte rechtzeitig sein Recht nach § 37 Nr. 5 ZVG geltend macht; gegen den Willen der betreibenden Gläubiger kann er die Einstellung nur über §§ 771, 769 bewirken.[7] 6

---

3 MüKo-BGB/*Eickmann*, § 1120 BGB Rn 23 ff mwN; Stein/Jonas/*Münzberg*, § 865 Rn 2.
4 BGHZ 60, 267 = NJW 1973, 997; Stein/Jonas/*Münzberg*, § 865 Rn 3.
5 MüKo-BGB/*Eickmann*, § 1121 BGB Rn 33; aA Palandt/*Bassenge*, § 1121 BGB Rn 6 mwN.
6 BGHZ 35, 85 = NJW 1961, 1349.
7 *Stöber*, ZVG, § 37 Rn 6.3.

7 Eine Sache ist nicht Zubehör, wenn sie nach der allgemeinen Verkehrsanschauung nicht als Zubehör angesehen wird (§ 97 Abs. 1 S. 2 BGB).

8 Für die **Enthaftung** von Zubehör (auch eines Anwartschaftsrechts) gelten die Ausführungen in Rn 4 entsprechend. Ferner kommt (auch betreffend ein Anwartschaftsrecht) eine Enthaftung durch **Aufhebung der Zubehöreigenschaft** innerhalb der Grenzen einer ordnungsgemäßen Wirtschaft vor Beschlagnahme in Betracht (§ 1122 Abs. 2 BGB). Die Zubehöreigenschaft ist aufgehoben, wenn der Gegenstand nicht mehr dem Zweck des Grundstücks zu dienen bestimmt ist (zB bei einer Veränderung der Nutzung des Grundstücks).[8] Nach dem BGH geht die Zubehöreigenschaft auch dann verloren, wenn das (vormalige) Zubehör nach dem Willen des Bestimmenden nur noch vorübergehend zum Zwecke der Hauptsache genutzt werden soll.[9] Zu Recht weist *Eickmann*[10] aber auf die sich ergebenden Manipulationsmöglichkeiten hin, wenngleich die Darlegungs- und Beweislast denjenigen trifft, der die nur noch vorübergehende Nutzung behauptet.[11]

9 Eine Veräußerung nach § 930 BGB führt mangels Entfernung der Sache vom Grundstück weder zur Enthaftung nach § 1121 Abs. 1 BGB noch zur Enthaftung nach § 1122 Abs. 2 BGB, weil die (bloße) Veräußerung die Zubehöreigenschaft nicht aufhebt.[12]

10 Ein **Anwartschaftsrecht** wird nach dem BGH auch enthaftet, wenn seine Aufhebung zwischen dem Vorbehaltsverkäufer und dem Grundstückseigentümer vereinbart wird.[13] Nach aA ist zum Schutze des Gläubigers § 1276 Abs. 1 BGB entsprechend anzuwenden.[14]

11 **Beispiele** für Zubehör: das Baumaterial auf dem Baugrundstück;[15] der Kohle- und Heizölvorrat eines Wohnhauses;[16] die Materialreserve[17] sowie die Maschine einer Fabrik, auch, wenn sie als Ersatz auf das Grundstück verbracht wird;[18] der Fahrzeugpark eines Handelsunternehmens;[19] die Kühlanlage[20] und die Bierausschankanlage[21] einer Gaststätte; eine Einbauküche[22] und ein Bodenbelag, soweit nicht Bestandteil iSv § 93 BGB; die Alarmanlage einer Eigentumswohnung;[23] die Fernleitung eines öffentlichen Versorgungsunternehmens, soweit sie über oder durch fremde Grundstücke führen, zu dem Werksgrundstück;[24] eine fest installierte Satellitenempfangsanlage zu einem Wohngrundstück.[25]

12 **3. Miet- und Pachtforderungen usw., §§ 1123 ff BGB.** Die Immobiliarzwangsvollstreckung erstreckt sich ferner auf bestimmte **Forderungen** des Grundstücks-

---

8 MüKo-ZPO/*Eickmann*, § 865 Rn 22.
9 BGH NJW 1969, 2135.
10 MüKo-BGB/*Eickmann*, § 1122 Rn 18.
11 Stein/Jonas/*Münzberg*, § 865 Rn 8 (Fn 37 mwN).
12 BGH NJW 1979, 2514.
13 BGHZ 92, 280 = NJW 1985, 376.
14 *Kollhosser*, JZ 1985, 370; *Marotzke*, AcP 186, 490; *Reinicke*, JuS 1986, 957; *Tiedtke*, NJW 1985, 1305; *ders.*, NJW 1988, 28.
15 BGHZ 58, 309 = NJW 1972, 1187.
16 OLG Düsseldorf NJW 1966, 1714; LG Braunschweig ZMR 1986, 120; LG Braunschweig ZMR 1990, 61.
17 RGZ 66, 356; 86, 326.
18 RGZ 51, 272.
19 BGHZ 85, 234 = NJW 1983, 746.
20 OLG Hamm NJW-RR 1996, 376.
21 OLG Celle OLGZ 1980, 13.
22 Vgl BGH NJW 2009, 1078; *Regenfus*, LMK 278041.
23 OLG München MDR 1979, 934.
24 BGHZ 37, 353 = NJW 1962, 1817; RGZ 87, 43.
25 LG Nürnberg-Fürth iVm AG Nürnberg DGVZ 1996, 123.

eigentümers oder -eigenbesitzers (§§ 1123 ff BGB). Die Haftung erstreckt sich gem. § 1123 Abs. 1 BGB auf **Miet- und Pachtforderungen** (unabhängig davon, wer das Grundstück vermietet hat)[26] unter Berücksichtigung der Einschränkungen des § 1123 Abs. 2 S. 1 und S. 2 BGB. Bei Forderungen aus gemischten Verträgen fällt nur der Miet-/Pachtzinsanteil in den Haftungsverband.[27] Die Haftungserstreckung nach § 1123 BGB gilt auch für einen Anspruch auf **Nutzungsentschädigung** aus §§ 546 a, 584 b BGB,[28] nicht aber für einen Anspruch auf Ersatz schuldhaft nicht gezogener Nutzungen.[29] Die Wirksamkeit einer Vorausverfügung über die Miete/Pacht (zB Abtretung, aber auch Maßnahmen der Zwangsvollstreckung)[30] bestimmt sich nach § 1124 BGB, die Aufrechnung gegen die Miete/Pacht nach § 1125 BGB. Ist mit dem Grundstück ein Recht auf **wiederkehrende Leistungen** verbunden (Reallasten, Erbbauzinsen, Überbau- und Notwegrenten, vgl auch § 96 BGB), erstreckt sich die Haftung auf die Ansprüche auf diese Leistungen (§ 1126 S. 1 BGB). Schließlich sind **Versicherungsforderungen** des Grundstückseigentümers als Surrogat für Gegenstände, die dem Haftungsverband unterfallen, tauglicher Gegenstand der Immobiliarzwangsvollstreckung (§ 1127 Abs. 1 BGB); Einzelheiten für die Gebäude- und sonstige Schadensversicherung ergeben sich aus §§ 1128 ff BGB. Als Ausnahmevorschrift ist § 1127 Abs. 1 BGB nicht analog auf andere Schadensersatzforderungen anwendbar.[31]

III. Pfändungsverbot für Zubehör (Abs. 2 S. 1) bzw ab Beschlagnahme (Abs. 2 S. 2)

Nach **Abs. 2 S. 1** kann dem Haftungsverband unterfallendes, nicht enthaftetes (s. Rn 8) **Zubehör** aus den bereits genannten Gründen (s. Rn 6) nicht gepfändet werden. Dieses Verbot gilt auch für dingliche Gläubiger[32] (beachte aber § 65 ZVG) und für Zubehör eines lastenfreien Grundstücks.[33]   13

Andere Gegenstände können gem. **Abs. 2 S. 2** ab Beschlagnahme nicht mehr gepfändet werden; eine Herausgabevollstreckung nach § 883 hingegen ist zulässig.[34] Die Beschlagnahme kann durch die Anordnung der Zwangsversteigerung (§ 21 ZVG) oder der Zwangsverwaltung (§ 148 ZVG) erfolgen, zeitlich sind §§ 22, 151 ZVG maßgebend. Vom Boden getrennte land- und forstwirtschaftliche Erzeugnisse, Forderungen aus der Versicherung solcher Erzeugnisse sowie Miet- und Pachtforderungen und Ansprüche auf wiederkehrende Leistungen aus einem Recht am Grundstück sind bei der **Zwangsverwaltung** von der Beschlagnahme umfasst (§§ 21 Abs. 1 und 2, 148 Abs. 1 S. 1 ZVG).   14

IV. Rechtsfolgen eines Verstoßes gegen Abs. 2, Anfechtbarkeit

Eine nach Abs. 2 S. 1 unzulässige Pfändung von **Zubehör** ist trotz des mit der Pfändung verbundenen Verstoßes gegen die funktionale Zuständigkeit nicht   15

---

26 Staudinger/*Wolfsteiner*, § 1123 BGB Rn 8.
27 MüKo-BGB/*Eickmann*, § 1123 Rn 6; aA (weitergehend) LG Karlsruhe Rpfleger 1975, 175.
28 BGH NZI 2003, 562; BGH NJW-RR 2007, 265; OLG München ZMR 1991, 106; OLG Rostock ZfIR 2000, 655; Staudinger/*Wolfsteiner*, § 1123 BGB Rn 6.
29 BGH NJW-RR 2007, 265.
30 MüKo-ZPO/*Eickmann*, § 865 Rn 32 mit weiteren Beispielen; Staudinger/*Wolfsteiner*, § 1124 BGB Rn 9 (betr. Zwangsvollstreckung).
31 BGHZ 107, 255 = NJW 1989, 2123; krit. *Gaberdiel*, EWiR 1989, 775.
32 Musielak/Voit/Voit/*Becker*, § 865 Rn 8.
33 OLG München DGVZ 1956, 56; Hk-ZPO/*Kindl*, § 865 Rn 6; MüKo-ZPO/*Eickmann*, § 865 Rn 25; Musielak/Voit/Voit/*Becker*, § 865 Rn 8; Stein/Jonas/*Münzberg*, § 865 Rn 20; Zöller/*Stöber*, § 865 Rn 9.
34 Stein/Jonas/*Münzberg*, § 865 Rn 20 (Fn 111).

nichtig,[35] sondern nur **anfechtbar**, denn sowohl der Gerichtsvollzieher als auch das Vollstreckungsgericht sind grds. zur Pfändung befugt.[36] Die Anfechtung kann nach allgM im Wege der Erinnerung gem. § 766 erfolgen. Nach hM kann der Realgläubiger auch Drittwiderspruchsklage entsprechend § 771 erheben.[37] Zwar ist ein Grundpfandrecht kein „die Veräußerung hinderndes Recht" ieS und eine Überprüfung der amtsgerichtlichen Entscheidung nach § 793 möglich. Jedoch ist der Instanzenzug einer Klage nach § 771 mit Rücksicht auf die gewöhnlich betroffenen erheblichen Vermögenswerte vorzuziehen; darüber hinaus ist die unterschiedliche Wirkung der Entscheidungen beachtenswert. Der Beschlagnahmegläubiger kann gegen eine unzulässige Pfändung nach §§ 772, 771 vorgehen.[38] Dem rangbesseren Realgläubiger steht die Klage auf vorzugsweise Befriedigung nach § 805 zu.[39]

§ 866 Arten der Vollstreckung

(1) Die Zwangsvollstreckung in ein Grundstück erfolgt durch Eintragung einer Sicherungshypothek für die Forderung, durch Zwangsversteigerung und durch Zwangsverwaltung.

(2) Der Gläubiger kann verlangen, dass eine dieser Maßregeln allein oder neben den übrigen ausgeführt werde.

(3) ¹Eine Sicherungshypothek (Absatz 1) darf nur für einen Betrag von mehr als 750 Euro eingetragen werden; Zinsen bleiben dabei unberücksichtigt, soweit sie als Nebenforderung geltend gemacht sind. ²Auf Grund mehrerer demselben Gläubiger zustehender Schuldtitel kann eine einheitliche Sicherungshypothek eingetragen werden.

I. Zulässige Maßnahmen der Immobiliarvollstreckung (Abs. 1)

1 Die Vollstreckung in ein Grundstück, grundstücksgleiches Recht (§ 870) oder einen Bruchteil eines Grundstücks/eines Rechts (§ 864 Abs. 2) kann gem. **Abs. 1** erfolgen durch

- **Zwangsversteigerung**, mit Hilfe derer der Gläubiger Befriedigung aus dem Erlös der Verwertung der Immobilie und der mithaftenden Gegenstände erlangen will,

- **Zwangsverwaltung**, mit der der Gläubiger Befriedigung aus den Erträgen des Grundstücks begehrt, und/oder

- Eintragung einer **Sicherungshypothek** (vgl § 867, § 1184 BGB), mit der der Gläubiger sich zwecks (dinglicher) Sicherung einen Rang (§ 879 BGB, §§ 10 Nr. 4, 11 Abs. 1 ZVG) verschaffen will, ohne den Schuldner bereits durch eine vermögensschmälernde Vollstreckung zu beanspruchen.

---

35 AA (Nichtigkeit bejahend): OLG München MDR 1957, 428; Zöller/*Stöber*, § 865 Rn 11.
36 *Gaul*, Rpfleger 1971, 81; Hk-ZPO/*Kindl*, § 865 Rn 6; Musielak/Voit/Voit/*Becker*, § 865 Rn 10; MüKo-ZPO/*Eickmann*, § 865 Rn 61.
37 BGH NJW 1987, 1266; Musielak/Voit/Voit/*Becker*, § 865 Rn 11; Zöller/*Stöber*, § 865 Rn 12; aA Hk-ZPO/*Kindl*, § 865 Rn 11; MüKo-ZPO/*Eickmann*, § 865 Rn 63; Stein/Jonas/*Münzberg*, § 865 Rn 36.
38 Zöller/*Stöber*, § 865 Rn 12; aA Stein/Jonas/*Münzberg*, § 865 Rn 33, 36 f mwN.
39 Zöller/*Stöber*, § 865 Rn 12; aA Stein/Jonas/*Münzberg*, § 865 Rn 33, 36 f mwN.

II. Wahlrecht des Gläubigers (Abs. 2)

Der Gläubiger kann nach Abs. 2 zwischen den Arten der Vollstreckung **frei wählen**, diese allein, gleichzeitig oder nacheinander betreiben,[1] was sich insb. durch die unterschiedlichen Ziele und Wirkungen der Maßnahmen rechtfertigt (zB den Umfang der Beschlagnahme; vgl § 865 Rn 3 ff). 2

Der Gläubiger ist trotz der Belastung des besonders schützenswerten Immobiliarvermögens des Schuldners berechtigt, die Immobiliarvollstreckung auch dann durchzuführen, wenn noch nicht sämtliche Maßnahmen der Mobiliarvollstreckung (zB das Verfahren auf Abgabe einer eidesstattlichen Versicherung) ausgeschöpft sind.[2] Dies gilt auch für Bagatellforderungen von Privatgläubigern.[3] Das Verbot der zwecklosen Pfändung (§ 803 Abs. 2) ist auf das Immobiliarvollstreckungsrecht grds. nicht zu übertragen.[4] Finanzbehörden müssen hingegen mit Rücksicht auf Art. 14 GG zunächst die Mobiliarvollstreckung erfolglos betreiben (§§ 322 Abs. 4, 412 Abs. 2 AO).[5] Bei einer Sicherungsvollstreckung kann nur eine Sicherungshypothek eingetragen werden (§ 720 a Abs. 1 S. 1 Buchst. b), die Vollziehung eines Arrestes in ein Grundstück erfolgt durch Eintragung einer besonderen Regelungen unterliegenden Sicherungshypothek (§ 932, Arresthypothek). 3

III. Wertgrenze bei Sicherungshypothek (Abs. 3)

Zur Entlastung des Grundbuchs darf eine Sicherungshypothek nur für einen **Betrag von mehr als 750 €** eingetragen werden. Wird diese nicht auf andere Sicherungshypotheken (§ 848 Abs. 2, § 128 Abs. 1, 2 ZVG, Verurteilung nach § 232 BGB oder aufgrund § 648 BGB) entsprechend anwendbare Wertgrenze von 750,01 € unterschritten, ist die Zwangshypothek nichtig und von Amts wegen zu löschen.[6] 4

Für die **Berechnung des Mindestbetrages** gilt: Hat **ein Gläubiger** (oder eine Gläubigermehrheit, §§ 428, 432 BGB) mehrere titulierte Forderungen, so sind diese zusammenzurechnen (**Abs. 3 S. 2**). Mehrere Forderungen **verschiedener Gläubiger** können hingegen nicht zusammengerechnet werden, auch nicht, wenn sie Gegenstand eines gemeinsamen Titels sind.[7] Grundsätzlich gilt dies auch für die Verwaltungsvollstreckung (§ 322 Abs. 1 S. 2 AO iVm dem entsprechenden VwVG). Im Anwendungsbereich von § 252 AO (Steuerforderungen von Bund und Land) hilft allerdings dessen verfahrensrechtliche Gläubigerfiktion, die die Eintragung einer einheitlichen Sicherungshypothek unter Zusammenrechnung mehrerer Steuerforderungen von Bund und Land auf Antrag des Finanzamts ermöglicht.[8] Wird die Belastung auf mehrere Grundstücke verteilt, gilt die Wertgrenze gemäß § 867 Abs. 2 S. 2 Hs 2 auch für die einzelnen Teile (s. § 867 Rn 4). 5

Nebenforderungen (§ 4) sind bei der Berechnung grds. zu berücksichtigen; als Nebenforderung geltend gemachte **Zinsen** jedoch nicht, wie **Abs. 3 S. 1 Hs 2** ausdrücklich regelt. **Kapitalisierte Zinsen**, die als Hauptforderung geltend gemacht 6

---

1 BGH NJW-RR 2003, 1076; MüKo-ZPO/*Eickmann*, § 866 Rn 6 f.
2 Hk-ZPO/*Kindl*, § 866 Rn 3; MüKo-ZPO/*Eickmann*, § 866 Rn 9; Musielak/Voit/*Becker*, § 866 Rn 3; Stein/Jonas/*Münzberg*, Vor § 864 Rn 5.
3 LG Oldenburg ZIP 1981, 1139; aA LG Frankenthal Rpfleger 1979, 433; vgl auch *Kirchner*, Rpfleger 2004, 395; *Götte*, ZZP 100 (1987), 412.
4 BGH NZM 2004, 347.
5 S. auch VG Gelsenkirchen 10.1.2011 – 5 L 1304/10, juris.
6 RGZ 60, 279; BayObLG WM 1976, 489; MüKo-ZPO/*Eickmann*, § 866 Rn 14; Zöller/*Stöber*, § 866 Rn 5 aE.
7 Hk-ZPO/*Kindl*, § 866 Rn 5; MüKo-ZPO/*Eickmann*, § 866 Rn 11; Musielak/Voit/*Becker*, § 866 Rn 4; Stein/Jonas/*Münzberg*, § 866 Rn 7; Zöller/*Stöber*, § 866 Rn 5.
8 *Zimmermann*, KKZ 2002, 117.

werden, sind hingegen zu berücksichtigen, auch wenn sie erstmals in der Vollstreckung betragsmäßig beziffert werden,[9] nach hM muss die kapitalisierte Zinsforderung bereits tituliert sein.[10] Hingegen ist aufgrund des klaren Wortlauts von Abs. 3 S. 1 die Eintragung einer Zwangshypothek für nur als Nebenforderung verlangte Zinsen nicht möglich, auch wenn diese im Eintragungsantrag nur vergessen wurden.[11] Nach aA ist § 1119 Abs. 1 BGB entsprechend anzuwenden.[12]

7 Eine Erhöhung der Zwangshypothek ist nur unter (erneuter) Beachtung der Betragsgrenze von 750 € möglich.[13] Nicht zu beachten ist Abs. 1 S. 1 bei einem aufgrund einer Beschwerdeentscheidung einzutragenden Teilbetrag (zB restliche Vollstreckungskosten).[14]

IV. Kosten

8 Die **gerichtlichen Kosten** richten sich nach der Art der gewählten Vollstreckung (s. Rn 1):

- Für die Eintragung von **Sicherungshypotheken** entstehen Gebühren nach dem GNotKG (Vorbem. 1.4.1.2 KV GNotKG, Nr. 14121 KV GNotKG). Der Wert richtet sich nach dem Nennbetrag der Schuld (§ 53 Abs. 1 S. 1 GNotKG).[15]

- Bei der **Zwangsversteigerung** richten sich die Gebühren nach Nr. 2210 ff KV GKG, wobei Vorschusspflicht nach § 15 Abs. 1 GKG besteht. Der Streitwert der Gebühren wird nach § 54 GKG bestimmt.

- Im Rahmen der **Zwangsverwaltung** entstehen Gebühren nach Nr. 2220, 2221 KV GKG. Der Streitwert folgt aus § 55 GKG.

9 Die Eintragung einer Sicherungshypothek ist für den **Rechtsanwalt** eine besondere Angelegenheit im Rahmen der Zwangsvollstreckung (§ 18 Abs. 1 Nr. 11 RVG). Damit finden auch die gebührenrechtlichen Bestimmungen für die Zwangsvollstreckung Anwendung (Vorbem. 3.3.3 S. 2 VV RVG; Nr. 3309, 3310 VV RVG). Der Gegenstandswert ist in § 25 RVG geregelt. Tätigkeiten in der Zwangsversteigerung und der Zwangsverwaltung lassen Gebühren nach Nr. 3311 ff VV RVG entstehen, wobei sich der Wert nach § 26 RVG richtet.

§ 867 Zwangshypothek

(1) ¹Die Sicherungshypothek wird auf Antrag des Gläubigers in das Grundbuch eingetragen; die Eintragung ist auf dem vollstreckbaren Titel zu vermerken. ²Mit der Eintragung entsteht die Hypothek. ³Das Grundstück haftet auch für die dem Schuldner zur Last fallenden Kosten der Eintragung.

---

9 LG Bonn Rpfleger 1982, 75; MüKo-ZPO/*Eickmann*, § 866 Rn 10; *Stöber*, ZVG, Einl. Rn 66.2; Zöller/*Stöber*, § 866 Rn 5.
10 OLG Hamm Rpfleger 2009, 447; OLG München Rpfleger 2012, 138; OLG Nürnberg Rpfleger 2014, 585; OLG Schleswig JurBüro 1982, 913; *Hintzen*, ZIP 1991, 475; Hk-ZPO/*Kindl*, § 866 Rn 5; Musielak/Voit/*Becker*, § 866 Rn 4; Stein/Jonas/*Münzberg*, § 866 Rn 6; zu § 4 ZPO vgl BGH 18.3.2009 – IX ZR 188/08, juris.
11 OLG Celle FGPrax 2013, 103; AG Pinneberg Rpfleger 1969, 171; Zöller/*Stöber*, § 866 Rn 5.
12 Stein/Jonas/*Münzberg*, § 866 Rn 6.
13 OLG Celle FGPrax 2013, 103; *Stöber*, ZVG, Einl. Rn 68.10.
14 LG Ellwangen BWNotZ 1982, 67.
15 NK-GK/*Drempetic*, Nr. 14120–14125 KV GNotKG Rn 9; OLG Zweibrücken Rpfleger 2003, 271 (zu § 23 Abs. 2 KostO).

(2) ¹Sollen mehrere Grundstücke des Schuldners mit der Hypothek belastet werden, so ist der Betrag der Forderung auf die einzelnen Grundstücke zu verteilen. ²Die Größe der Teile bestimmt der Gläubiger; für die Teile gilt § 866 Abs. 3 Satz 1 entsprechend.

(3) Zur Befriedigung aus dem Grundstück durch Zwangsversteigerung genügt der vollstreckbare Titel, auf dem die Eintragung vermerkt ist.

I. Allgemeines 1	cc) Zinsen 30
II. Voraussetzungen der Eintragung 6	dd) Andere Nebenleistungen 32
1. Antrag des Gläubigers 6	
2. Voraussetzungen der Zwangsvollstreckung 9	IV. Wirkung der Eintragung 34
	1. Entstehung der Sicherungshypothek (Abs. 1 S. 2); Rang 34
3. Grundbuchrechtliche Voraussetzungen 12	
4. Eintragungshindernisse 14	2. Fehlerhafte Eintragung 37
III. Eintragung 17	a) Nichtigkeit der Sicherungshypothek 38
1. Zuständigkeit und Verfahren 17	
a) Vollstreckungsrechtlicher Antragsmangel 18	b) Anfechtbarkeit der Sicherungshypothek/Heilung 40
	V. Rechtsbehelfe 42
b) Grundbuchrechtliches Erfordernis 19	1. Gläubiger 42
	2. Schuldner/Grundstückseigentümer 44
c) Doppelmangel 20	
2. Inhalt der Eintragung 21	3. Dritte 46
a) Bezeichnung der Sicherungshypothek 21	VI. Belastung mehrerer Grundstücke (Abs. 2) 47
	1. Verbot der Gesamthypothek 47
b) Notwendiger Inhalt der Eintragung, § 1115 Abs. 1 BGB 22	2. Verteilung der Forderung (Abs. 2 S. 1) 49
	VII. Vollstreckung des dinglichen Anspruchs (Abs. 3) 51
aa) Gläubiger 23	
bb) Geldbetrag der Forderung 28	VIII. Kosten 53

I. Allgemeines

Die Eintragung einer Sicherungshypothek (s. § 1184 BGB) ist nach ganz überwiegender Auffassung sowohl **Zwangsvollstreckungsmaßnahme** als auch **Grundbuchgeschäft** (sog. Doppelnatur).[1] Das für die Eintragung zuständige Grundbuchamt handelt zugleich als Vollstreckungsorgan, es hat sowohl die **Vollstreckungsvoraussetzungen** (s. Rn 9 ff) als auch die **Eintragungsvoraussetzungen der GBO** (s. Rn 12 ff) von Amts wegen zu prüfen.[2] Vollstreckungs- und grundbuchrechtliche Verfahrensmängel haben unterschiedliche Wirkungen, insb. hinsichtlich der Rangwahrung (s. Rn 18 f). 1

Nach **Abs. 1 S. 1 Hs 1** ist allein der Vollstreckungsgläubiger zu dem erforderlichen **Antrag** befugt, hingegen nicht der von der Eintragung betroffene Schuldner (s. § 13 Abs. 1 S. 2 Alt. 1 GBO).[3] Die Eintragung der Sicherungshypothek auf der 2

---

1 BGHZ 27, 310 = NJW 1958, 1090; Hk-ZPO/*Kindl*, § 867 Rn 2; Musielak/Voit/*Becker*, § 867 Rn 2; Stein/Jonas/*Münzberg*, § 867 Rn 1; Zöller/*Stöber*, § 867 Rn 1; aA *Habermeier*, Die Zwangshypotheken der ZPO, 1988, S. 23 ff, 43; krit. MüKo-ZPO/*Eickmann*, § 867 Rn 5.

2 BGHZ 27, 130 = NJW 1958, 1090; BGHZ 148, 392 = NJW 2001, 3627; BGH NJW 2013, 3786; BayObLG JurBüro 1983, 116; OLG Frankfurt NJW 2007, 3138 (LS) = NJW-RR 2007, 1248.

3 OLG Frankfurt 2.2.2010 – 20 W 16/10, juris; Musielak/Voit/*Becker*, § 867 Rn 2; Stein/Jonas/*Münzberg*, § 867 Rn 23 (Fn 129 mwN).

vollstreckbaren Ausfertigung (**Abs. 1 S. 1 Hs 2**) dient der späteren Zwangsversteigerung nach Abs. 3, aber zugleich auch dem Schutz vor unzulässigen Mehrfacheintragungen.[4]

3 Die Sicherungshypothek entsteht nach **Abs. 1 S. 2** mit ihrer **Eintragung** (vgl §§ 44 Abs. 1, 129 Abs. 1 S. 1 GBO). Die **Kosten** der Eintragung fallen nach **Abs. 1 S. 3** dem Schuldner zur Last.

4 Zur Abwendung der mit einer Vollstreckung einer Gesamthypothek verbundenen Schwierigkeiten, zum Schutze des Schuldners vor der übermäßigen Belastung seines Grundbesitzes und zur Vermeidung der Benachteiligung rangschlechterer Gläubiger ist nach **Abs. 2 S. 1** die Eintragung einer **Gesamthypothek** auf mehreren Grundstücken des Schuldners – eine Doppelsicherung – **nicht zulässig**, der Betrag der Forderung ist vielmehr nach Bestimmung des Gläubigers auf die einzelnen Grundstücke zu verteilen.[5] Für die einzelnen Teile gilt nach **Abs. 2 S. 2 Hs 2** die Wertgrenze des § 866 Abs. 3 S. 1 entsprechend.

5 Für die Vollstreckung des dinglichen Anspruchs genügt nach **Abs. 3** der vollstreckbare Titel, auf der die Eintragung der Sicherungshypothek vermerkt ist; ein gesonderter **Duldungstitel** ist ebenso wenig erforderlich wie die erneute Zustellung des um die Eintragung ergänzten Titels.

II. Voraussetzungen der Eintragung

6 **1. Antrag des Gläubigers.** Nach § 13 Abs. 1 S. 1 GBO, § 867 Abs. 1 ist ein Antrag des Gläubigers notwendig. Die Erledigung des Antrags darf nicht an einen Vorbehalt geknüpft werden (§ 16 Abs. 1 GBO), eingetragen werden darf aber eine durch das Nichteingreifen des Vorrangs nach § 10 Abs. 1 Nr. 2 ZVG **bedingte Zwangshypothek** zur Sicherung von titulierten Hausgeldforderungen.[6] Der Antrag muss schon wegen § 13 Abs. 1 S. 1 GBO schriftlich vorgelegt werden, nicht aber den Erfordernissen des § 29 Abs. 1 S. 1 GBO genügen. Der Antrag kann gem. § 13 Abs. 2 S. 3 GBO zur Niederschrift des Grundbuchamtes gestellt werden, (deswegen) besteht kein Anwaltszwang (§ 78 Abs. 5, § 13 Abs. 3 S. 1 GBO).

7 Der Gläubiger kann sich nach allgM vertreten lassen. Die Wirksamkeit der **Vertretung** ist nach Vollstreckungsrecht zu beurteilen.[7] Deswegen muss – wenn dies nach § 88 (Mangel der Vollmacht) erforderlich ist – die Bevollmächtigung gem. § 80 Abs. 1 durch Vorlage einer schriftlichen **Vollmacht** nachgewiesen werden,[8] die zu den Grundakten zu nehmen ist (§ 10 Abs. 1 GBO). Die Bezeichnung eines Bevollmächtigten im gerichtlichen Vollstreckungstitel genügt, weil die Vollmacht nach § 81 die Zwangsvollstreckung umfasst und diese nur bei nichtanwaltlichen Bevollmächtigten schriftlich nachzuweisen ist (§§ 88 Abs. 2, 80).[9] Anderes gilt (deswegen) bei einem im Vollstreckungsbescheid genannten nichtanwaltlichen

---

4 Stein/Jonas/*Münzberg*, § 867 Rn 32.
5 OLG Düsseldorf Rpfleger 1990, 60; MüKo-ZPO/*Eickmann*, § 867 Rn 4; Musielak/Voit/*Becker*, § 867 Rn 1; Zöller/*Stöber*, § 867 Rn 15.
6 BGH ZWE 2011, 401 m. zust. Anm. *Schneider*. Die Eintragung einer unbedingten Zwangssicherungshypothek (trotz § 10 Abs. 1 Nr. 2 ZVG zulässig nach OLG Frankfurt ZMR 2011, 401 und OLG Stuttgart Rpfleger 2011, 267) ist nicht erforderlich.
7 Stein/Jonas/*Münzberg*, § 867 Rn 24; Zöller/*Stöber*, § 867 Rn 2; aA OLG Zweibrücken Rpfleger 2001, 174 (§ 13 FGG).
8 Stein/Jonas/*Münzberg*, § 867 Rn 24; Zöller/*Stöber*, § 867 Rn 2; aA OLG Zweibrücken Rpfleger 2001, 174 (§ 13 FGG).
9 Für die (spätere) Löschung zutreffend anders KG Berlin FGPrax 2014, 5.

Bevollmächtigten (vgl § 703).[10] Zu nichtanwaltlichen Bevollmächtigten vgl zudem § 15 Abs. 1 S. 1 GBO, § 10 Abs. 2 FamFG.[11]

Der Antrag kann bis zur Eintragung im Grundbuch oder der Aufnahme in den Datenspeicher (§§ 44, 129 Abs. 1 GBO) **zurückgenommen** werden, aber – auch die Vollmacht betreffend – nur in öffentlicher oder öffentlich beglaubigter Form (§§ 29 Abs. 1 S. 1, 31 S. 1 GBO);[12] eine bereits erteilte Vollmacht kann nur in dieser Form widerrufen werden (§ 31 S. 3 GBO). 8

2. Voraussetzungen der Zwangsvollstreckung. Zu prüfen hat das Grundbuchamt zunächst die allgemeinen und besonderen Zwangsvollstreckungsvoraussetzungen (zur Anhörung des Schuldners vgl § 834 Rn 2). Erforderlich ist ein hinreichend bestimmter und vollstreckungsfähiger **Vollstreckungstitel** (§§ 704, 794) des Gläubigers gegen den Schuldner (§ 750 Abs. 1), der auf die Zahlung von Geld oder Duldung der Vollstreckung[13] lautet. Es muss grds. eine **Vollstreckungsklausel** erteilt (§§ 724, 725; anders: § 796) und die **Zustellung** nachgewiesen sein (§ 750). 9

Die Vollstreckungsforderung muss bereits **fällig** sein (§ 751 Abs. 1). Für künftige Forderungen kann eine Zwangshypothek nicht eingetragen werden;[14] in Betracht kommt aber eine Arresthypothek nach § 932.[15] Einer Eintragung laufender **Zinsen** steht § 751 Abs. 1 nicht entgegen (s. auch Rn 30 f).[16] Eine geforderte Sicherheitsleistung muss erbracht worden sein (§ 751 Abs. 2). Da die Eintragung einer Sicherungshypothek der **Sicherungsvollstreckung** unterfällt (§ 720 a Abs. 1 S. 2 Buchst. b), hat der Nachweis der Sicherheitsleistung jedoch keine praktische Relevanz. 10

Zu beachten ist aber die **Wartefrist** des § 750 Abs. 3: Titel und Vollstreckungsklausel – Letztere aber nur im Falle des § 750 Abs. 2[17] – müssen zwei Wochen vor Eintragung zugestellt sein; eine verfrühte Eintragung wird jedoch nach Ablauf der Wartefrist (rückwirkend) geheilt (s. Rn 40). Bei einem Zug-um-Zug-Titel muss die Gegenleistung des Gläubigers oder der Annahmeverzug des Schuldners nachgewiesen sein (§ 765).[18] 11

3. Grundbuchrechtliche Voraussetzungen. Das Amtsgericht als Grundbuchamt muss weiterhin die Eintragungsvoraussetzungen nach der GBO von Amts wegen beachten. Der **Antrag** des Gläubigers muss eine den Anforderungen des § 28 S. 1 GBO genügende **Grundstücksbezeichnung** enthalten und nach § 28 S. 2 Hs 1 GBO den einzutragenden **Geldbetrag** angeben; der Geldbetrag kann auch in bestimmten Fremdwährungen angegeben werden (§ 28 S. 2 Hs 2 GBO iVm der entsprechenden Rechtsverordnung).[19] 12

Nach § 39 Abs. 1 GBO ist ferner die **Voreintragung** des **Schuldners** als Grundstückseigentümer erforderlich; eine Berichtigung des Grundbuchs kann der Gläubiger nach § 14 GBO beantragen, von Dritten zu erteilende Urkunden kann er über § 792 beschaffen (zB einen Erbschein, vgl § 35 GBO). Bei einem vollstreck- 13

---

10 MüKo-ZPO/*Eickmann*, § 867 Rn 19; Musielak/Voit/*Becker*, § 867 Rn 2; *Stöber*, ZVG, Einl. Rn 63.2 und 50.3; Stein/Jonas/*Münzberg*, § 867 Rn 24; Zöller/*Stöber*, § 867 Rn 2.
11 OLG München Rpfleger 2012, 619, hierzu *Demharter*, Rpfleger 2012, 620.
12 OLG Düsseldorf Rpfleger 2000, 62; OLG Hamm Rpfleger 1985, 231; Zöller/*Stöber*, § 867 Rn 2.
13 BGH NJW 2013, 3786.
14 MüKo-ZPO/*Eickmann*, § 867 Rn 7; Musielak/Voit/*Becker*, § 867 Rn 3; Stein/Jonas/*Münzberg*, § 867 Rn 5; Zöller/*Stöber*, § 867 Rn 2.
15 Musielak/Voit/*Becker*, § 867 Rn 3.
16 MüKo-ZPO/*Eickmann*, § 867 Rn 7; Musielak/Voit/*Becker*, § 867 Rn 3; Stein/Jonas/*Münzberg*, § 867 Rn 5; Zöller/*Stöber*, § 867 Rn 2.
17 BGH Rpfleger 2005, 547 = WM 2005, 1995.
18 OLG München Rpfleger 2014, 369.
19 Rechtsverordnung vom 30.10.1997 (BGBl. I 1997 S. 2683; 1998 S. 4023).

baren Titel gegen einen Nachlasspfleger, Nachlass(insolvenz-)verwalter oder Testamentsverwalter ist die Voreintragung des **Erben** bei einer Vollstreckung (in den Nachlass) nicht erforderlich (§ 40 GBO). Wird eine bereits vor dem Tod des Schuldners begonnene Vollstreckung in seinen Nachlass fortgesetzt (§ 779), ist auf Antrag ausnahmsweise der Verstorbene in das Grundbuch einzutragen, um den Voraussetzungen des § 39 GBO zu genügen.[20] Auf Antrag des Gläubigers eines **Vorerben** kann eine Sicherungshypothek auf das mit dem Nacherbenvermerk (§ 51 GBO) versehene Grundstück eingetragen werden, auch wenn der Schuldner nicht befreiter Vorerbe ist.[21] Hat ein Schuldner ein Grundstück im Rahmen der Zwangsversteigerung erstanden, wartet das Grundbuchamt den Eingang des Eintragungsersuchens nach § 130 Abs. 1 ZVG ab, bevor auf Antrag des Gläubigers eine Sicherungshypothek auf das erstandene Grundstück eingetragen wird.[22]

14 **4. Eintragungshindernisse.** Auch das Vorliegen von **Vollstreckungshindernissen** hat das Grundbuchamt zu beachten. Die **Einstellung** der Zwangsvollstreckung hindert die Eintragung der Sicherungshypothek (vgl §§ 707, 719, 732, 766, 769, 771 Abs. 3, 785 f, 795); dies gilt aber nicht für die bloße Anordnung der Nachlassverwaltung.[23] Ist die Sicherungshypothek bereits eingetragen, gilt (abweichend von § 776) § 868 Abs. 1 und 2 (s. § 868 Rn 4). Als Vollstreckungsorgan ist das Grundbuchamt zur Einstellung der Zwangsvollstreckung nach § 775 Nr. 4 und 5 befugt.[24]

15 **Materiell-rechtliche Einwendungen** gegen den titulierten Anspruch oder Einwendungen Dritter gegen die Vollstreckung sind nach allgM nicht zu berücksichtigen (auch nicht bei Ersuchen des Finanzamts).[25] Die Eintragung der Sicherungshypothek hat ferner bei einem **insolvenzrechtlichen Hindernis** zu unterbleiben (§§ 89 f InsO; zu § 88 InsO s. § 868 Rn 5). Die Eintragung darf nicht wegen mangelnder **Befriedigungsaussicht** abgelehnt werden;[26] § 803 Abs. 2 ist nicht entsprechend anwendbar.[27]

16 Ein Belastungsverbot nach § 5 Abs. 2 ErbbauRG hindert die Eintragung einer Sicherungshypothek auf einem **Erbbaurecht** (§ 8 ErbbauRG). Sie darf erst erfolgen, wenn die Zustimmung des Grundstückseigentümers nachgewiesen ist (§ 15 ErbbauRG; Form: § 29 GBO); dies gilt auch bei einem Eigentümererbbaurecht.[28] Den dem Erbbauberechtigten zustehenden Anspruch auf Zustimmung des Eigentümers (§ 7 Abs. 2 ErbbauRG) kann der Gläubiger nach § 857 Abs. 3 pfänden und sich zur Einziehung (Ausübung) überweisen lassen.[29] Jedenfalls dann kann (auch) der Gläubiger einen Antrag auf Ersetzung der Zustimmung stellen (§ 7 Abs. 3 ErbbauRG); nach zutr., aber gerichtlich bislang nicht geteilter Auffassung kann der die Eintragung einer Sicherungshypothek begehrende Gläubiger – ebenso wie der die Zwangsversteigerung eines Erbbaurechts betreibende Gläubiger[30]

---

20 *Hagena*, Rpfleger 1975, 389; MüKo-ZPO/*Eickmann*, § 867 Rn 27; Zöller/*Stöber*, § 867 Rn 3; aA KG Rpfleger 1975, 133.
21 *Stöber*, ZVG, Einl. Rn 64.6.
22 LG Lahn-Gießen Rpfleger 1979, 352 m. zust. Anm. *Schiffhauer*; *Meyer-Stolte*, Rpfleger 1983, 240; MüKo-ZPO/*Eickmann*, § 867 Rn 35; Stein/Jonas/*Münzberg*, § 867 Rn 30; Zöller/*Stöber*, § 867 Rn 3.
23 OLG Frankfurt NJW-RR 1998, 160.
24 OLG Köln Rpfleger 1991, 149 (obiter dictum); MüKo-ZPO/*Eickmann*, § 867 Rn 14; Stein/Jonas/*Münzberg*, § 867 Rn 11 (Fn 60 mwN).
25 OLG München FGPrax 2008, 235.
26 LG Marburg Rpfleger 1984, 406.
27 Vgl BGH NZM 2004, 347 (zur Zwangsversteigerung); BGHZ 151, 384 = NJW 2002, 3178 (zur Zwangsverwaltung); BFH/NV 2007, 2060 (zu § 281 Abs. 2 AO).
28 BayObLG NJW-RR 1996, 975; OLG Hamm Rpfleger 1985, 233.
29 BGHZ 33, 76 = NJW 1960, 2093; OLG Hamm Rpfleger 1993, 334.
30 Vgl BGHZ 100, 107 = NJW 1987, 1942.

– den Antrag aber auch ohne vorherige Pfändung stellen.[31] Eine Genehmigung nach dem BauGB (§§ 51, 144, 169) ist weder im Umlegungsverfahren[32] noch in Sanierungsgebieten[33] oder Entwicklungsbereichen erforderlich, selbst wenn damit das Verbot einer rechtsgeschäftlichen Bestellung eines Grundpfandrechts umgangen werden soll.[34] Das nach § 47 GBO einzutragende Gemeinschaftsverhältnis der Gläubiger muss sich dem Titel zumindest durch Auslegung eindeutig entnehmen lassen.[35] Andernfalls können die Gläubiger das Gemeinschaftsverhältnis im Eintragungsantrag nachträglich einseitig bestimmen.[36] Diese Klarstellung ist formbedürftig (§ 29 GBO),[37] nach aA ist eine derartige Titelergänzung überhaupt nicht möglich.[38]

III. Eintragung

1. Zuständigkeit und Verfahren. Über die Eintragung der Sicherungshypothek in das Grundbuch entscheidet der **Rechtspfleger** bei dem vom Amtsgericht geführten Grundbuchamt (§ 3 Nr. 1 Buchst. h RPflG). Weist der Antrag vollstreckungsrechtliche Antragsmängel auf oder liegen grundbuchrechtliche Erfordernisse nicht vor, ist hinsichtlich des Verfahrens wie folgt zu unterscheiden: 17

a) Vollstreckungsrechtlicher Antragsmangel. Dem Gläubiger ist grds. mit Hilfe einer **Aufklärungsverfügung** entsprechend § 139 Gelegenheit zur Behebung des Mangels zu geben;[39] eine sofortige Zurückweisung kommt bei behebbaren Mängeln nicht in Betracht.[40] Ein mit einem vollstreckungsrechtlichen Mangel behafteter Antrag hat **keine rangwahrende Wirkung**; für die Eintragungsreihenfolge nach § 17 GBO ist nach allgM der Zeitpunkt der Behebung des Mangels maßgebend. Dies gilt auch, wenn eine vollstreckungsrechtliche Voraussetzung zwar behauptet, aber noch nicht nachgewiesen ist; für eine **Zwischenverfügung** nach § 18 Abs. 1 S. 1 Alt. 2 GBO ist auch dann kein Raum, weil ein Antrag im Zwangsvollstreckungsrecht keinen Rang wahrt.[41] Bei einem Mangel, der einen abgrenzbaren Teil des Antrags betrifft (zB Kosten), kann der nicht vom Mangel betroffene Teil rangwahrend eingetragen werden, sofern die Wertgrenze des § 866 Abs. 3 S. 1 erreicht ist.[42] Sind Wartefristen (§§ 750 Abs. 3, 751 Abs. 1) noch nicht abgelaufen, kommt ein Abwarten des Grundbuchamtes bis zum Fristablauf in Betracht;[43] hinsichtlich § 751 Abs. 1 gilt dies aber nur, wenn der Kalendertag unmittelbar bevorsteht.[44] 18

---

31 *Stöber*, ZVG, Einl. Rn 64.5; *Streuer*, Rpfleger 1994, 59; Zöller/*Stöber*, ZVG, § 867 Rn 6; aA OLG Hamm Rpfleger 1993, 334.
32 AG Eschweiler Rpfleger 1978, 187.
33 OLG Oldenburg NJW-RR 1998, 1239; LG Regensburg Rpfleger 1977, 224.
34 LG Regensburg Rpfleger 1977, 224; MüKo-ZPO/*Eickmann*, § 867 Rn 16; aA OLG Oldenburg NJW-RR 1998, 1239; *Stöber*, ZVG, Einl. Rn 64.6; Zöller/*Stöber*, § 867 Rn 6.
35 Hierzu LG Saarbrücken Rpfleger 2003, 498.
36 OLG Köln Rpfleger 1986, 91; Zöller/*Stöber*, § 867 Rn 3.
37 Zöller/*Stöber*, § 867 Rn 3; aA OLG Köln Rpfleger 1986, 91.
38 MüKo-ZPO/*Eickmann*, § 867 Rn 23.
39 BayObLG DNotZ 2005, 614; OLG Frankfurt 13.4.2011 – 20 W 128/11, juris; OLG Jena Rpfleger 2002, 355; MüKo-ZPO/*Eickmann*, § 867 Rn 32; Musielak/Voit/*Becker*, § 867 Rn 5; Stein/Jonas/*Münzberg*, § 867 Rn 34; Zöller/*Stöber*, § 867 Rn 4.
40 So aber früher: BGHZ 27, 310 = NJW 1958, 1090; wohl nur missverständlich OLG München NJW 2009, 1358.
41 BayObLG DNotZ 2005, 614; BayObLG NJW-RR 1996, 80; OLG München NJW 2009, 1358; OLG München ZfIR 2012, 40; *Stöber*, ZVG, Einl. Rn 65.1; Zöller/*Stöber*, § 867 Rn 4; aA Hk-ZPO/*Kindl*, § 867 Rn 13; MüKo-ZPO/*Eickmann*, § 867 Rn 31; Stein/Jonas/*Münzberg*, § 867 Rn 34.
42 MüKo-ZPO/*Eickmann*, § 867 Rn 33; Zöller/*Stöber*, § 867 Rn 4.
43 MüKo-ZPO/*Eickmann*, § 867 Rn 34; Stein/Jonas/*Münzberg*, § 867 Rn 35.
44 Stein/Jonas/*Münzberg*, § 867 Rn 35 (Fn 181).

19 **b) Grundbuchrechtliches Erfordernis.** Nach § 18 Abs. 1 S. 1 GBO ist entweder der Antrag zurückzuweisen oder bei (rückwirkend) behebbaren Hindernissen[45] dem Antragsteller eine Frist zur Behebung zu setzen (sog. **Zwischenverfügung** – auch nach Inkrafttreten des FamFG).[46] Der **Rang** des Antrags wird bei einer Zwischenverfügung durch Eintragung einer Vormerkung/eines Widerspruchs gewahrt (§§ 18 Abs. 2 S. 1, 17 GBO).[47] Eine Zurückweisung des Antrags führt unabhängig von ihrer Berechtigung zum Rangverlust.[48]

20 **c) Doppelmangel.** Ist sowohl ein vollstreckungsrechtlicher Antragsmangel (s. Rn 18, 9 ff) zu beklagen als auch ein grundbuchrechtliches Erfordernis (s. Rn 19, 12 f) nicht erfüllt, kommt eine rangwahrende Zwischenverfügung (§ 18 Abs. 1 S. 1 GBO) erst nach Behebung des vollstreckungsrechtlichen Mangels in Betracht. Deswegen ist dem Gläubiger zunächst insgesamt im Wege der Aufklärungsverfügung nach § 139 Gelegenheit zur Behebung des vollstreckungsrechtlichen Mangels zu geben.[49]

21 **2. Inhalt der Eintragung. a) Bezeichnung der Sicherungshypothek.** Wegen § 1184 Abs. 2 BGB ist die **Sicherungshypothek** im Grundbuch als solche zu bezeichnen. Dass die Eintragung aufgrund Zwangsvollstreckung erfolgt, ist nach allgM mit Rücksicht auf die in § 868 geregelten Besonderheiten zu vermerken; das Fehlen eines entsprechenden Vermerks ist jedoch kein Unwirksamkeitsgrund.[50] Zusammenfassend reicht die Bezeichnung als „**Zwangssicherungshypothek**".[51] In dem Falle, dass die Eintragung im Wege der Sicherungsvollstreckung (§ 720 a) erfolgt, sollte ein entsprechender Hinweis zwar aufgenommen werden; entgegen hM ist dies mangels sachlichen Grundes aber nicht zwingend.[52]

22 **b) Notwendiger Inhalt der Eintragung, § 1115 Abs. 1 BGB.** Der Inhalt der Eintragung in das Grundbuch richtet sich nach § 1115 Abs. 1 BGB.

23 **aa) Gläubiger.** Einzutragen ist der im Vollstreckungstitel ausgewiesene[53] **Gläubiger** mit den nach § 15 GBV erforderlichen Angaben: als **natürliche Person** mit Familien- und Vornamen, Beruf, Wohnort und nötigenfalls Geburtsdatum; als **juristische Person, Partnerschafts- oder Handelsgesellschaft** (auch als Europäische wirtschaftliche Interessenvereinigung, § 1 EWIVAG) mit dem Namen oder der Firma und dem Sitz. Ein **Einzelkaufmann** ist mit seinem bürgerlichen Namen, nicht mit seiner Firmenbezeichnung aufzunehmen, auch wenn im Vollstreckungstitel zulässigerweise die Firma aufgeführt ist (§ 17 Abs. 2 HGB).[54] Lässt sich der bürgerliche Name des mit seiner Firma bezeichneten Einzelkaufmanns dem Vollstreckungstitel/Antrag entnehmen oder ist dieser dem Grundbuchamt aufgrund einer bei einfacher Zugänglichkeit gebotenen Einsichtnahme in das Handelsregis-

---

45 OLG Schleswig Rpfleger 2011, 23; anders wenn eine Rangwahrung nicht in Betracht kommt: OLG Hamm FGPrax 2010, 226 m. abl. Anm. *Lorbacher*.
46 *Böhringer*, BWNotZ 2010, 2.
47 OLG Köln NotBZ 2009, 180; LG Ellwangen BWNotZ 1982, 67; MüKo-ZPO/*Eickmann*, § 867 Rn 28; Musielak/Voit/*Becker*, § 867 Rn 5; Stein/Jonas/*Münzberg*, § 867 Rn 33; aA *Habermeier*, Die Zwangshypothek der ZPO, 1988, S. 62 f.
48 BayObLG Rpfleger 1983, 101 m. zust. Anm. *Meyer-Stolte*; Stein/Jonas/*Münzberg*, § 867 Rn 33, 34.
49 *Stöber*, ZVG, Einl. Rn 65.3.
50 Zöller/*Stöber*, § 867 Rn 7.
51 Musielak/Voit/*Becker*, § 867 Rn 6.
52 Zöller/*Stöber*, § 867 Rn 7; aA *Brehm*, ZZP 103 (1990), 372; Hk-ZPO/*Kindl*, § 867 Rn 14; MüKo-ZPO/*Eickmann*, § 867 Rn 37; Musielak/Voit/*Becker*, § 867 Rn 6; wohl auch Stein/Jonas/*Münzberg*, § 867 Rn 32.
53 OLG München NJW-RR 2010, 744; OLG München ZIP 2010, 2371; BGHZ 148, 392 = NJW 2001, 3627.
54 BayObLG NJW-RR 1988, 980.

ter bekannt, darf das Grundbuchamt die richtige Bezeichnung eintragen;[55] eine Zwischenverfügung ist unnötig, eine Zurückweisung des Antrags entgegen aA[56] erst recht nicht geboten.

Soll eine Zwangshypothek für **mehrere Gläubiger** eingetragen werden, sind die Gläubiger und deren jeweiliger Bruchteilsanteil oder das Gemeinschaftsverhältnis hinreichend konkret einzutragen (§ 47 GBO). Dies kann bei einer Vielzahl von Gläubigern zu praktischen Schwierigkeiten führen. 24

Den Streit um die „**Grundbuchfähigkeit**" der Gesellschaft bürgerlichen Rechts haben der BGH[57] und der Gesetzgeber entschieden, nämlich geklärt, dass die rechtsfähige[58] (Außen-)GbR Eigentümerin eines Grundstücks sein kann[59] und damit „grundbuchfähig" ist; geklärt sind auch praktische (Nachweis-)Schwierigkeiten, nämlich dadurch, dass auch die Gesellschafter im Grundbuch einzutragen sind, wenn eine GbR als Berechtigte im Grundbuch einzutragen ist, während die Eintragung einer GbR alleine unter ihrem Namen unzulässig ist (§ 47 Abs. 2 GBO, § 899 a BGB).[60] Die GbR wird daher nunmehr als „GbR bestehend aus" und den Namen der Gesellschafter eingetragen.[61] Beinhaltet der Vollstreckungstitel als Gläubigerin eine GbR, ohne auch ihre Gesellschafter auszuweisen, eignet sich dieser nicht zur Eintragung einer Zwangshypothek;[62] eine Berichtigung im Wege des § 319 Abs. 1 ist meistens nicht möglich.[63] Die Vertretungsverhältnisse hingegen können auch mit dem zu vollstreckenden Urteil nachgewiesen (§ 29 GBO) werden.[64] Veränderungen im Gesellschafterbestand sind durch eine Rechtsnachfolgeklausel analog § 727 nachzuweisen.[65] 25

Die nach § 10 Abs. 6 WEG teilrechtsfähige **Wohnungseigentümergemeinschaft**, deren Zusammensetzung sich dem Grundbuch entnehmen lässt, kann unter ihrer (Kurz-)Bezeichnung (ohne Bezugnahme auf die Eigentümerliste)[66] als Gläubigerin im Grundbuch eingetragen werden.[67] Die Wohnungseigentümergemeinschaft muss bereits im Vollstreckungstitel als Gläubigerin bezeichnet sein (§ 750 Abs. 1 S. 1);[68] ein Titel der übrigen Wohnungseigentümer (gegen den weiteren Eigentümer) genügt nicht. [69] 26

---

55 *Stöber*, ZVG, § 15 Rn 25.11; Zöller/*Stöber*, § 867 Rn 8.
56 BayObLG NJW-RR 1988, 980.
57 BGHZ 179, 102 = NJW 2009, 594 m. zahlr. Nachw. zum (früheren) Streitstand.
58 BGH NJW 2001, 1056; BGH NJW 2002, 1207; vgl auch BFHE 198, 101 = NZG 2002, 741; BAGE 113, 50 = NJW 2005, 1004; BPatGE 48, 242.
59 BGH NJW 2006, 3716.
60 Vgl BT-Drucks. 16/13437, S. 23 f; vgl *Lautner*, DNotZ 2009, 650; auch *Scherer*, NJW 2009, 3063, die entgegen der ausdrücklichen Gesetzesbegründung die Rechtsfähigkeit der GbR in Frage gestellt sieht; grds. krit. *Bestelmeyer*, Rpfleger 2010, 169 sowie *Krüger*, NZG 2010, 801.
61 BGHZ 179, 102 = NJW 2009, 594.
62 BGHZ 187, 344 = NJW 2011, 615; BGH NJW-RR 2012, 532; OLG München MDR 2011, 1381; BT-Drucks. 16/13437, S. 27 f.
63 *Krüger*, NZG 2010, 801 (es sind nur die Vertreter der Gesellschaft, nicht aber sämtliche Gesellschafter im Rubrum zu bezeichnen); aA wohl OLG München MDR 2011, 1381.
64 BGH NJW-RR 2012, 532 (bei einem Löschungsantrag); sehr krit. hierzu *Bestelmeyer*, Rpfleger 2012, 63; auch *Demharter*, FGPrax 2012, 6.
65 BGHZ 187, 344 = NJW 2011, 615.
66 LG Bremen NZM 2007, 453.
67 BGH NJW 2005, 2061; *Hügel*, DNotZ 2005, 753; Musielak/Voit/*Becker*, § 867 Rn 6.
68 BGH NJW 2010, 1007; OLG München NJW-RR 2010, 744; *Demharter*, Rpfleger 2006, 120; Zöller/*Stöber*, § 867 Rn 8 a; aA LG Hamburg Rpfleger 2006, 10; Hk-ZPO/ *Kindl*, § 867 Rn 15.
69 OLG München NJW-RR 2014, 134.

27 Bei einem titulierten Anspruch auf Zahlung an einen nicht forderungsberechtigten **Dritten** sind der Titelgläubiger sowie der Dritte als Zahlungsempfänger einzutragen.[70] Bei der nicht von Amts wegen, sondern durch die Partei als Gläubiger zu betreibenden Vollstreckung von Zwangsgeld (§ 888 Abs. 1) ist neben dem Titelgläubiger die Gerichtskasse als Zahlungsempfänger zu vermerken.[71] Bei **Prozessstandschaft** ist der im Vollstreckungstitel genannte Gläubiger einzutragen, also der Prozessstandschafter.[72] So ist der im Vollstreckungstitel als Gläubiger bezeichnete **Wohnungseigentumsverwalter**, der in – nach der Änderung der WEG-Vorschriften zum 1.7.2007 angezweifelter[73] – gewillkürter Prozessstandschaft für die Wohnungseigentümergemeinschaft geklagt hat, als Berechtigter im Grundbuch einzutragen.[74] Ist der Verwalter selbst Forderungsinhaber (zB aufgrund Abtretung), wird er ohnehin eingetragen.[75] Eine Eintragung der Wohnungseigentümergemeinschaft selbst kommt in diesen Fällen nur nach Erteilung einer „Rechtsnachfolgeklausel" entsprechend § 727 in Betracht.[76] Einzutragende Prozessstandschafter sind ferner das Elternteil, welches gem. § 1629 Abs. 3 BGB Unterhaltsansprüche für das Kind geltend gemacht hat,[77] sowie der Gesellschafter einer GbR, der im Rahmen einer **actio pro socio** einen Titel erstritten hat.[78]

28 **bb) Geldbetrag der Forderung.** Einzutragen ist weiterhin der **Geldbetrag** der durch den Vollstreckungsantrag bestimmten Forderung. Der Betrag der Vollstreckungsforderung kann sich aus mehreren Einzelansprüchen (auch aus mehreren Schuldtiteln, § 866 Abs. 3 S. 2) zusammensetzen, nämlich aus der Hauptforderung, den kapitalisierten Zinsen, den titulierten Nebenforderungen und den Prozesskosten, wenn ein Kostenfestsetzungsbeschluss ergangen ist (§ 794 Abs. 1 Nr. 2). Frühere Zwangsvollstreckungskosten werden ohne Festsetzung eingetragen, wenn sie glaubhaft gemacht worden sind (vgl § 104 Abs. 2); ein Nachweis in der Form des § 29 Abs. 1 S. 2 GBO ist nicht erforderlich.[79]

29 Möglich ist auch eine Eintragung in bestimmten **Fremdwährungen** (s. Rn 12). Ist die Fremdwährung nicht eintragungsfähig, kommt die Eintragung einer Höchstbetragshypothek in Betracht.[80]

30 **cc) Zinsen.** Bei verzinslichen Forderungen sind auch die Zinsen eintragungsfähig, die als Nebenforderungen geltend gemacht werden. Einzutragen ist der **Zinssatz** (§ 1115 Abs. 1 BGB), hinsichtlich des Anfangszeitpunkts kann auf den Schuldtitel Bezug genommen werden (§ 874 BGB).[81] Bei variablen Zinssätzen (vgl §§ 288, 497 Abs. 1 S. 2, 247 BGB: „x Prozentpunkte über dem Basiszinssatz") ist trotz des Bestimmtheitsgebots die Eintragung eines Höchstzinssatzes entgegen früherer Auffassung[82] nicht erforderlich.[83]

---

70 BayObLG NJW-RR 2005, 665; OLG Karlsruhe Rpfleger 1998, 158; Zöller/*Stöber*, § 867 Rn 8; aA Hk-ZPO/*Kindl*, § 867 Rn 15.
71 AG Hamburg Rpfleger 1982, 31.
72 BGHZ 148, 392 = NJW 2001, 3627; OLG München FGPrax 2012, 154 (Insolvenzverwalter); Stein/Jonas/*Münzberg*, § 867 Rn 13.
73 Timme/*Elzer*, § 43 WEG Rn 79; Bärmann/*Wenzel*, § 43 WEG Rn 147 ff.
74 BGHZ 148, 392 = NJW 2001, 3627 mwN (auch zur aA).
75 Musielak/Voit/*Becker*, § 867 Rn 6.
76 Zöller/*Stöber*, § 867 Rn 8 b.
77 LG Konstanz NJW-RR 2002, 6.
78 OLG Frankfurt OLGR 2005, 73.
79 LG Regensburg Rpfleger 1979, 147; aA OLG Celle NJW 1972, 1902.
80 LG Osnabrück Rpfleger 1968, 122; K. Schmidt, ZZP 98 (1985), 32; MüKo-ZPO/*Eickmann*, § 867 Rn 42.
81 BGH WM 1961, 800; MüKo-ZPO/*Eickmann*, § 867 Rn 43; Zöller/*Stöber*, § 867 Rn 10.
82 Nachweise in BGH NJW 2006, 1341.
83 BGH NJW 2006, 1341; aA weiterhin MüKo-ZPO/*Eickmann*, § 867 Rn 44.

Strittig ist, ob die Eintragung von (titulierten) **gesetzlichen** (**Verzugs-**)**Zinsen** (zB 31
§§ 288–291, 641 Abs. 4 BGB, §§ 352, 353 HGB) angesichts § 1118 BGB notwendig ist[84] oder nicht.[85] Da gesetzliche Prozess- und Verzugszinsen dem Anwendungsbereich des § 1118 BGB unterfallen,[86] ist eine Eintragung entbehrlich. Bei einer rechtsgeschäftlich bestellten Sicherungshypothek ist eine Eintragung nach § 1118 BGB nicht nötig.[87] Weshalb die Eintragung bei einer Zwangshypothek dennoch erforderlich sein sollte, erschließt sich nicht.[88] Insbesondere sind bei einer Vollstreckung nach Abs. 3 auch im Grundbuch nicht eingetragene und deswegen auf dem Vollstreckungstitel nicht als eingetragen vermerkte Zinsen mit Rücksicht auf § 1118 BGB im Rahmen der Zwangsversteigerung (nach Anmeldung) zu berücksichtigen.[89] Wird die Eintragung trotzdem beantragt, darf das Grundbuchamt wie bei einem Antrag auf Eintragung der Kosten der Eintragung der Zwangshypothek verfahren (Mitteilung der Absetzung genügt).[90]

dd) Andere Nebenleistungen. Andere Nebenforderungen (zB **Säumniszuschläge**) 32
sind als solche einzutragen. Nebenforderungen der Hauptsache (zB Vollstreckungskosten) sind hingegen beim einzutragenden Geldbetrag der Vollstreckungsforderung zu berücksichtigen (s. Rn 28).

Die **Kosten für die Eintragung der Sicherungshypothek** (Antragskosten, Gerichts- 33
kosten, nicht aber Vorbereitungskosten) sind nicht einzutragen, weil das Grundstück für diese kraft Gesetzes haftet (**Abs. 1 S. 3**). Das Grundbuchamt muss den hierauf gerichteten Antrag nicht (teilweise) zurückweisen, sondern lediglich die Absetzung mitteilen.[91]

IV. Wirkung der Eintragung

1. Entstehung der Sicherungshypothek (Abs. 1 S. 2); Rang. Mit der Eintragung 34
in das Grundbuch entsteht eine Sicherungshypothek (**Abs. 1 S. 2**). Dies ist jedoch dann nicht der Fall, wenn der im Grundbuch eingetragene Titelschuldner in Wahrheit nicht der Eigentümer ist; ein **gutgläubiger Erwerb** nach § 892 BGB kommt nach ganz überwiegender Auffassung mangels rechtsgeschäftlicher Verfügung nicht in Betracht.[92] Die eingetragene Sicherungshypothek kann aber von einem Dritten nach § 892 BGB gutgläubig erworben werden, wenn die gesicherte Forderung besteht, da gem. § 1185 Abs. 2 BGB die Vorschrift des § 1138 BGB bei der Sicherungshypothek nicht anwendbar ist.[93]

Der **Rang** der Sicherungshypothek bestimmt sich nach der Reihenfolge der Ein- 35
tragungen (§ 879 Abs. 1 BGB), diese wiederum nach der Reihenfolge des Eingangs der Eintragungsanträge (§§ 17, 45 GBO; s. Rn 18 f). Die Einräumung eines **Rangvorbehalts** (§ 881 BGB) schafft ein schützenswertes Vertrauensverhältnis zwischen dem zurücktretenden Gläubiger und dem Grundstückeigentümer und

---

84 Zöller/*Stöber*, § 867 Rn 10.
85 *Wagner*, Rpfleger 2006, 314; *Klawikowski*, Rpfleger 2007, 388; wohl auch MüKo-ZPO/*Eickmann*, § 867 Rn 45.
86 Vgl MüKo-BGB/*Eickmann*, § 1118 Rn 3, der § 1118 BGB allerdings nicht auf Verzugszinsen anwenden will.
87 BGH NJW 2006, 1341 (zur Grundschuld).
88 *Wagner*, Rpfleger 2006, 314; *Klawikowski*, Rpfleger 2007, 388; aA Zöller/*Stöber*, § 867 Rn 10.
89 *Klawikowski*, Rpfleger 2007, 388; *Stöber*, ZVG, Einl. Rn 67.3.
90 *Wagner*, Rpfleger 2006, 314.
91 *Stöber*, ZVG, Einl. Rn 70.2.
92 BGH WM 1963, 219; OLG Schleswig NJW-RR 1988, 700; MüKo-ZPO/*Eickmann*, § 867 Rn 49 mwN; Stein/Jonas/*Münzberg*, § 867 Rn 45 mwN (Fn 232).
93 BGHZ 64, 194 = NJW 1975, 1282; OLG Nürnberg 15.3.2012 – 15 W 300/12, juris.

ist mit der Person des Grundstückseigentümers verknüpft.[94] Deswegen ist ein Rangvorbehalt unpfändbar. Der Vollstreckungsgläubiger kann ihn nur mit Zustimmung des Zurücktretenden ausnutzen.[95]

36 Nach Eintragung stehen dem Vollstreckungsgläubiger die – modifizierten – Rechte eines (Sicherungs-)Hypothekengläubigers nach dem BGB zu, auch der gesetzliche Löschungsanspruch gegenüber Eigentümerrechten gem. § 1179 a BGB.

37 **2. Fehlerhafte Eintragung.** Bei einer aufgrund eines Verstoßes gegen vollstreckungs- oder grundbuchrechtliche Vorschriften fehlerhaften Eintragung ist zu unterscheiden:

38 **a) Nichtigkeit der Sicherungshypothek.** Eine eingetragene Zwangshypothek ist – weil sie jedenfalls auch Zwangsvollstreckungsmaßnahme ist (Doppelnatur; s. Rn 1) – nur ausnahmsweise nichtig, nämlich dann, wenn der sie betreffende Mangel offenkundig, besonders schwer ist und deswegen unheilbar ist.[96] Nichtig ist die Zwangshypothek zB, wenn die Mindestgrenze des § 866 Abs. 3 S. 1 unterschritten[97] oder wenn trotz Abs. 2 (s. Rn 47) eine **Gesamthypothek** eingetragen worden ist.[98] Nach BGH[99] ist eine Vollstreckungsmaßnahme auch nichtig, wenn ihr kein wirksamer Vollstreckungstitel zugrunde liegt; daran ist entgegen *Stöber*[100] und dem BFH, der allerdings im entschiedenen Fall die Offenkundigkeit des Mangels verneint hat,[101] mit der vom BGH ausgeführten Begründung jedenfalls bei Offenkundigkeit festzuhalten.[102]

39 Gemäß § 53 Abs. 1 S. 2 GBO sind nach ihrem Inhalt unzulässige Eintragungen von Amts wegen zu **löschen**, wenn die Unzulässigkeit aus dem Grundbuch oder aus der zulässigerweise in Bezug genommenen Eintragungsbewilligung ersichtlich ist.[103]

40 **b) Anfechtbarkeit der Sicherungshypothek/Heilung.** Im Übrigen ist die Eintragung nur anfechtbar. Zugleich kann der Mangel nach ganz hM nachträglich geheilt werden.[104] So kann die Zustellung (§ 750 Abs. 1) nachgeholt, die Forderung erst nach Eintragung der Hypothek fällig (§ 751 Abs. 1) oder die – ohnehin kaum praxisrelevante – Sicherheitsleistung erst nach Eintragung erbracht werden (§ 751 Abs. 2). Im Falle der Sicherungsvollstreckung (§ 720 a) kann die Wartefrist (§ 750 Abs. 3) erst nach Eintragung ablaufen.

41 Nach zutr. hM[105] ist die Zwangshypothek bis zur Behebung des Mangels **vorläufig unwirksam**, nach aA[106] durch die Aufhebung auflösend bedingt wirksam. Gleichwohl bestimmt sich auch nach der hM der **Rang** der erst mit der Behebung

---

94 BGH NJW 1954, 954.
95 BGH NJW 1954, 954; krit. Stein/Jonas/*Münzberg*, § 867 Rn 47.
96 BGHZ 121, 98 = NJW 1993, 735; OLG Hamm NJW-RR 1998, 87; OLG Hamm FGPrax 2005, 192; OLG Schleswig NJW-RR 1988, 700; Stein/Jonas/*Münzberg*, § 867 Rn 18; Zöller/*Stöber*, § 867 Rn 25.
97 BayObLGZ WM 1976, 489.
98 BayObLGZ WM 1976, 489; OLG Stuttgart NJW 1971, 898.
99 BGHZ 103, 30 = NJW 1988, 1026; BGHZ 112, 356 = NJW 1991, 496; BGHZ 121, 98 = NJW 1993, 735.
100 *Stöber*, ZVG, Einl. Rn 71.2; Zöller/*Stöber*, Vor § 704 Rn 34.
101 BFH NJW 2003, 1070.
102 BGHZ 121, 98 = NJW 1993, 735.
103 RGZ 113, 223; BayObLG WM 1976, 489; KG NJW-RR 1998 447; aA LG Heilbronn Rpfleger 1991, 108.
104 Stein/Jonas/*Münzberg*, § 867 Rn 18 (Fn 111 mwN) (auch zur aA).
105 OLG Schleswig NJW-RR 1988, 700; MüKo-ZPO/*Eickmann*, § 867 Rn 51; Musielak/Voit/*Becker*, § 867 Rn 7; Stein/Jonas/*Münzberg*, § 867 Rn 18 (s. aber auch Rn 20); *Streuer*, Rpfleger 1988, 513.
106 *Dümig*, Rpfleger 2004, 1; Zöller/*Stöber*, § 867 Rn 25.

des Mangels entstandenen Zwangshypothek im Wege einer entsprechenden Anwendung des § 879 Abs. 2 BGB nach dem Zeitpunkt der Eintragung.[107]

V. Rechtsbehelfe

1. Gläubiger. Der Gläubiger kann gegen die Zurückweisung seines Antrags auf Eintragung der Zwangshypothek **Beschwerde** einlegen (§ 71 Abs. 1 GBO). Wird die Zurückweisung des Antrags auf die Beschwerde hin aufgehoben, leben dessen Wirkungen wieder auf (§§ 13, 17 GBO). Auf zwischenzeitlich eingetragene Rechte hat die Aufhebung jedoch keinen Einfluss, diese bleiben in ihrem Rang unberührt.[108] **42**

Eine Zwischenverfügung (§ 18 GBO) ist mit der Beschwerde nach § 71 Abs. 1 GBO selbstständig anfechtbar,[109] eine Aufklärungsverfügung (§ 139) hingegen nicht, solange diese – was regelmäßig nicht der Fall sein wird – nicht unmittelbar in erheblichem Maße in die Rechte eines Beteiligten eingreift.[110] **43**

2. Schuldner/Grundstückseigentümer. Nach **Eintragung** steht dem Schuldner die **Beschwerde** nach § 71 Abs. 1 GBO zu. Obwohl die Eintragung einer Zwangshypothek auch Vollstreckungsakt ist, kann der Schuldner aufgrund der grundbuchrechtlichen Besonderheiten und wegen der Zuweisung zum Verfahrensrecht der GBO nach ganz hM nicht im Wege der §§ 766, 793 vorgehen.[111] Die Beschwerde gegen die Eintragung selbst ist mit Rücksicht auf die Möglichkeit eines gutgläubigen Erwerbs der Hypothek unzulässig (§ 71 Abs. 2 S. 1 GBO). Der Schuldner kann nur – wenn die Eintragung unter Verstoß gegen gesetzliche Vorschriften erfolgt ist (§ 53 Abs. 1 S. 1 GBO)[112] – die Eintragung eines Amtswiderspruchs oder die Löschung einer inhaltlich unzulässigen Eintragung verlangen (§ 71 Abs. 2 S. 1 GBO). Ausnahmsweise kann (mittels Beschwerde) die Löschung einer inhaltlich zulässigen Eintragung begehrt werden, wenn ein gutgläubiger Erwerb der Hypothek ausgeschlossen ist.[113] **44**

Der Schuldner muss Vollstreckungsgegenklage nach § 767 erheben, wenn er **materiell-rechtliche Einwendungen** gegen die titulierte Forderung (§§ 1137, 1184 Abs. 1 BGB) erheben will. Zu beachten sind die Präklusionsvorschriften (§§ 767 Abs. 2, 3, 796 Abs. 2). Derart **präkludierte Einwendungen** kann auch der Eigentümer, der das Grundstück nach Eintragung der Zwangshypothek vom Schuldner erwirbt, nicht mehr mit Erfolg geltend machen.[114] **45**

3. Dritte. Behauptet ein Dritter, Eigentümer des Grundstücks zu sein, kann er diesen Einwand im Wege der Drittwiderspruchsklage (§ 771) auch noch nach Eintragung geltend machen, denn die Zwangsvollstreckung dauert an.[115] **46**

---

107 BayObLG WM 1976, 489; OLG Schleswig NJW-RR 1988, 700; *Hagemann*, Rpfleger 1982, 165; MüKo-ZPO/*Eickmann*, § 867 Rn 51; Musielak/Voit/*Becker*, § 867 Rn 8; Stein/Jonas/*Münzberg*, § 867 Rn 18.
108 BayObLG Rpfleger 1983, 101 m. zust. Anm. Meyer-Stolte.
109 MüKo-ZPO/*Eickmann*, § 867 Rn 72; Stein/Jonas/*Münzberg*, § 867 Rn 36.
110 BayObLG FGPrax 2005, 57; OLG München Rpfleger 2010, 578; OLG München FGPrax 2012, 59; aA wohl MüKo-ZPO/*Eickmann*, § 867 Rn 72.
111 BayObLG WM 1976, 489; BayObLG JurBüro 1991, 1565; Stein/Jonas/*Münzberg*, § 867 Rn 36 mwN; s. auch OLG Köln FGPrax 2008, 193.
112 Zöller/*Stöber*, § 867 Rn 24; *Münzberg*, Rpfleger 1990, 253; aA OLG Celle Rpfleger 1990, 112.
113 BGHZ 64, 194 = NJW 1975, 1282.
114 BGH NJW 1988, 828; *Batsch*, ZZP 87 (1972), 1; *Huber*, JuS 1972, 621; MüKo-ZPO/*Eickmann*, § 867 Rn 54; Musielak/Voit/*Becker*, § 868 Rn 6; Zöller/*Stöber*, § 867 Rn 20; aA Stein/Jonas/*Münzberg*, § 867 Rn 44.
115 BGH NJW 1988, 828; Hk-ZPO/*Kindl*, § 867 Rn 25; Musielak/Voit/*Becker*, § 867 Rn 12.

VI. Belastung mehrerer Grundstücke (Abs. 2)

47 **1. Verbot der Gesamthypothek.** Über das Verbot der Bestellung einer weiteren Hypothek zu Lasten desselben Grundstücks (**Verbot der Doppelsicherung**)[116] hinaus ist die Eintragung einer **Gesamthypothek** an mehreren Grundstücken, grundstücksgleichen Rechten (§ 864 Abs. 1) oder mehreren Bruchteilen (§ 864 Abs. 2) im Wege der Zwangsvollstreckung nicht zulässig (vgl **Abs. 2 S. 1**). Eine derartige Eintragung ist wegen inhaltlicher Unzulässigkeit von Amts wegen zu **löschen** (§ 53 Abs. 1 S. 2 GBO).[117] Mehrere Grundstücke dürfen auch nicht nacheinander aufgrund derselben Forderung belastet werden,[118] auch nicht mit einer bedingten Zwangshypothek für den Fall, dass die Zwangshypothek, die zu Lasten eines anderen Grundstücks eingetragen ist, bei der Zwangsversteigerung des Grundstücks ganz oder teilweise ausfällt (sog. **Ausfallzwangshypothek**).[119] Die Wirksamkeit der zuerst eingetragenen Sicherungshypothek wird allerdings nicht berührt.[120] Die Eintragung einer zweiten Zwangshypothek ist nur dann von Amts wegen zu löschen (§ 53 Abs. 1 S. 2 GBO), wenn sich ihre inhaltliche Unzulässigkeit aus dem Grundbuchblatt des zweiten Grundstücks ersehen lässt.[121]

48 Zulässig ist nach hM die (spätere) Eintragung einer Zwangshypothek wegen einer Forderung, für die bereits eine **rechtsgeschäftlich bestellte Hypothek** auf dem zu belastenden Grundstück eingetragen ist.[122] Nichts anderes gilt für eine bereits eingetragene **Grundschuld**.[123] Die **nachträgliche Teilung eines Grundstücks** berührt die Wirksamkeit einer bereits eingetragenen Zwangshypothek nicht (es entsteht eine ausnahmsweise zulässige Gesamthypothek).[124] Bei einem Vollstreckungstitel gegen **Gesamtschuldner** kann eine Sicherungshypothek für die gesamte Vollstreckungsforderung auf dem Grundstück oder Miteigentumsanteil (§ 864 Abs. 2) jedes Gesamtschuldners – mit einem Hinweis auf die gesamtschuldnerische Haftung – eingetragen werden.[125] Eine Gesamthypothek ist schließlich ausnahmsweise an im Eigentum einer Person stehenden Grundstücks- und sonderrechtsfähigem Gebäudeeigentum zulässig.[126]

49 **2. Verteilung der Forderung (Abs. 2 S. 1).** Soll eine Zwanghypothek auf mehreren Grundstücken des Schuldners eingetragen werden, ist nach **Abs. 2 S. 1** der Betrag der Forderung auf die einzelnen Grundstücke zu verteilen. Die vom Gläubiger im schriftlichen Antrag zu bestimmenden Teilbeträge (**Abs. 2 S. 2 Hs 1**) – ein Rangverhältnis muss nicht angegeben werden[127] – müssen 750 € übersteigen (**Abs. 2 S. 2 Hs 2 iVm § 866 Abs. 3 S. 1**). Bei einer Vollstreckung mehrerer Forderungen ist anzugeben, welcher Teilbetrag aus welchem Vollstreckungstitel auf welchem Grundstück eingetragen werden soll.[128] Die Verteilung der Forderung

---

116 Zum Verbot der Doppelsicherung s. MüKo-BGB/*Eickmann*, § 1113 Rn 66 mwN.
117 BayObLGZ WM 1976, 489; OLG Düsseldorf Rpfleger 1990, 60; OLG Stuttgart NJW 1971, 898; MüKo-ZPO/*Eickmann*, § 867 Rn 63.
118 OLG Düsseldorf Rpfleger 1990, 60.
119 OLG Stuttgart NJW 1971, 898; LG Hechingen Rpfleger 1993, 169.
120 BayObLG Rpfleger 1986, 372.
121 BayObLG Rpfleger 1986, 372; MüKo-ZPO/*Eickmann*, § 867 Rn 65; aA *Dümig*, Rpfleger 2004, 1.
122 BayObLG Rpfleger 1991, 53; Musielak/Voit/*Becker*, § 867 Rn 10; Stein/Jonas/*Münzberg*, § 867 Rn 54; Zöller/*Stöber*, § 867 Rn 17; aA MüKo-ZPO/*Eickmann*, § 867 Rn 71.
123 BayObLG NJW-RR 1996, 80.
124 BayObLG NJW-RR 1996, 1041.
125 LG Duisburg JurBüro 1981, 624; vgl auch OLG Düsseldorf FGPrax 2003, 249.
126 OLG Brandenburg FGPrax 1997, 9; OLG Jena FGPrax 1997, 208.
127 BGH NJW 1991, 2022.
128 OLG Zweibrücken NJOZ 2001, 2200.

auf die Grundstücke ist ein **vollstreckungsrechtliches Erfordernis**, so dass bei einem Mangel eine nicht rangwahrende Aufklärungsverfügung (§ 139) ergeht (s. Rn 18).[129] Auf den Hinweis hin kann der Gläubiger die Angaben zur Verteilung nachholen, ohne der Form des § 29 GBO genügen zu müssen.[130]

Mit der Eintragung entsprechend der (beantragten) Verteilung entstehen **Einzelhypotheken**. Als Nebenforderung geltend gemachte Zinsen sind bei jeder Teilforderung, nicht nur bei einer Teilforderung einzutragen.[131]

VII. Vollstreckung des dinglichen Anspruchs (Abs. 3)

Der Inhaber einer Sicherungshypothek kann den mit ihr verbundenen dinglichen Anspruch auf Befriedigung aus dem Grundstück (§ 1147 BGB) im Wege der Zwangsversteigerung oder Zwangsverwaltung vollstrecken. Nach Abs. 3 kann der Vollstreckungsgläubiger, zu dessen Gunsten eine Zwangshypothek eingetragen worden ist, die **Zwangsversteigerung** ohne (zusätzlichen) **Duldungstitel** betreiben. Es genügt der vollstreckbare Titel, auf dem die Eintragung der Zwangshypothek entsprechend Abs. 1 S. 1 Hs 2 vermerkt ist;[132] eine (erneute) Zustellung des mit der Eintragung versehenen Vollstreckungstitels ist nicht erforderlich.[133] Einen gesonderten Duldungstitel braucht der Gläubiger auch bei einer Vollstreckung gegen den Erben oder sonstigen Gesamtrechtsnachfolger des eingetragenen Schuldners nicht.[134] Es genügt die Umschreibung des Titels gemäß § 727,[135] die nach aA bei der Vollstreckung gegen den Erben nicht erforderlich ist.[136]

Ist nach der Eintragung der Zwangshypothek ein **Dritter** Eigentümer des Grundstücks geworden, ist hingegen ein Duldungstitel gegen diesen erforderlich (§ 17 Abs. 1 ZVG).[137] Klagt der Gläubiger gegen den Dritten auf Duldung, müsste der Gläubiger grds. darlegen und beweisen, dass ihm die Forderung zusteht, denn die Vermutung der §§ 1138, 891 BGB gilt nicht (§§ 1184, 1185 Abs. 2 BGB). Jedoch muss der Gläubiger die gesicherte Forderung nicht darlegen und beweisen, wenn der Vollstreckungstitel rechtskräftig ist.[138] Der neue Eigentümer kann materiellrechtliche Einwendungen gegen den Vollstreckungstitel erheben, die indes an §§ 767 Abs. 2, 3, 797 Abs. 2 gemessen werden (str, s. Rn 45). Will der Gläubiger aus der Zwangshypothek die **Zwangsverwaltung** betreiben oder mit Hilfe dieser zum Haftungsverband der Hypothek gehörende Mietforderungen (dinglich) pfänden, um – was auf diese Weise möglich ist[139] – die Wirkung des § 1124 Abs. 2 BGB zu erzielen, braucht er einen zusätzlichen Duldungstitel. Angesichts

---

129 OLG Frankfurt 13.4.2011 – 20 W 128/11, juris; MüKo-ZPO/*Eickmann*, § 867 Rn 62.
130 MüKo-ZPO/*Eickmann*, § 867 Rn 62; Zöller/*Stöber*, § 867 Rn 15; aA *Haegele*, BWNotZ 1972, 108.
131 *Stöber*, ZVG, Einl. Rn 68.1.
132 Musielak/Voit/*Becker*, § 867 Rn 11; Zöller/*Stöber*, § 867 Rn 20.
133 Stein/Jonas/*Münzberg*, § 867 Rn 50; Zöller/*Stöber*, § 867 Rn 20.
134 Zöller/*Stöber*, § 867 Rn 20; s. auch *Alff*, Rpfleger 2001, 385; *Dümig*, Rpfleger 2004, 1.
135 *Alff*, Rpfleger 2001, 385; Zöller/*Stöber*, § 867 Rn 20.
136 Hk-ZPO/*Kindl*, § 867 Rn 24; Stein/Jonas/*Münzberg*, § 867 Rn 49.
137 LG Kassel 27.10.2009 – 3 T 518/09, juris; LG Lüneburg 31.1.2011 – 4 T 93/10, juris; Hk-ZPO/*Kindl*, § 867 Rn 24; Musielak/Voit/*Becker*, § 867 Rn 11; MüKo-ZPO/*Eickmann*, § 867 Rn 57; Stein/Jonas/*Münzberg*, § 867 Rn 49 (Fn 243); Zöller/*Stöber*, § 867 Rn 20; aA *Alff*, Rpfleger 2001, 385; *Dümig*, Rpfleger 2004, 1.
138 BGH NJW 1988, 828; noch weiter OLG Karlsruhe InVo 2000, 355 (zum Prozessvergleich).
139 BGHZ 163, 201 = NJW-RR 2005, 1466.

des klaren Wortlauts von Abs. 3 kommt dessen entsprechende Anwendung nicht in Betracht.[140]

VIII. Kosten

53 Für die Eintragung von Sicherungshypotheken entstehen **Gerichtsgebühren** nach dem GNotKG (Nr. 14121 KV GNotKG).[141] Der Wert richtet sich nach dem Nennbetrag der Schuld (§ 53 Abs. 1 S. 1 GNotKG).[142] Kostenschuldner sind der Antragsteller (§ 22 Abs. 1 GNotKG) sowie der Verpflichtete (Vollstreckungsschuldner) für die (notwendigen) Kosten der Zwangsvollstreckung (§ 27 Nr. 4 GNotKG). Im Einzelfall kann die Eintragung von der Zahlung eines Vorschusses abhängig gemacht werden (§ 13 S. 1 GNotKG), in Grundbuchsachen gem. § 13 S. 2 GNotKG allerdings nur, wenn dies im Einzelfall zur Sicherung des Eingangs der Gebühr erforderlich erscheint. Sollen mehrere Grundstücke des Schuldners mit der Hypothek belastet werden, so ist der Betrag der Forderung gem. Abs. 2 S. 1 auf die einzelnen Grundstücke zu verteilen. Da somit mehrere Einzelrechte eingetragen werden, entsteht gem. § 55 Abs. 2 GNotKG für jede Eintragung eine Gebühr nach Nr. 14121 KV GNotKG; Nr. 14122 KV GNotKG ist nicht anwendbar.[143]

54 Die Eintragung einer Sicherungshypothek ist für den **Rechtsanwalt** eine besondere Angelegenheit im Rahmen der Zwangsvollstreckung (§ 18 Abs. 1 Nr. 11 RVG). Damit finden auch die gebührenrechtlichen Bestimmungen für die Zwangsvollstreckung Anwendung (Vorbem. 3.3.3 S. 2 VV RVG, Nr. 3309, 3310 VV RVG).

55 Die Kosten der Eintragung einer Sicherungshypothek als Maßnahme der Zwangsvollstreckung[144] gehören zu den notwendigen Kosten iSv § 788.[145]

56 Äußerst str ist die Frage, ob für die Eintragung einer Sicherungshypothek **Verfahrenskostenhilfe** bewilligt und ein Anwalt beigeordnet werden kann. Während zT davon ausgegangen wird, dass wegen vielfach auftretender tatsächlicher und rechtlicher Schwierigkeiten im Vollstreckungsverfahren eine Anwaltsbeiordnung regelmäßig in Betracht kommt,[146] will eine aA bei einfachen Maßnahmen keinen Anwalt beiordnen, wozu auch die Eintragung einer Sicherungshypothek zählen soll.[147] Zutreffend wird mE davon ausgegangen, dass diese Frage nicht generell beantwortet werden kann. Vielmehr hängt die Notwendigkeit der Beiordnung einerseits von der Schwierigkeit der im konkreten Fall zu bewältigenden Rechtsmaterie und andererseits von den persönlichen Fähigkeiten und Kenntnissen gerade des Antragstellers ab.[148] Ggf ist dann zB in Unterhaltsangelegenheiten wegen der Schwierigkeit der Berechnung der zu vollstreckenden Beträge[149] die Beiordnung eines Anwalts als notwendig anzusehen. Vertreten wird auch, dass der

---

140 BGH NJW 2008, 1599 m. zust. Anm. *Zimmer*.
141 NK-GK/*Drempetic*, Nr. 14120–14125 KV GNotKG Rn 9.
142 OLG Zweibrücken Rpfleger 2003, 271.
143 NK-GK/*Drempetic*, Nr. 14120–14125 KV GNotKG Rn 9; *Gutfried*, in: Bormann/Diehn/Sommerfeldt, GNotKG, Nr. 14121 KV Rn 7; BT-Drucks. 17/11471, S. 207.
144 BGH Rpfleger 2002, 17.
145 OLG Düsseldorf Rpfleger 1975, 355; Baumbach/*Hartmann*, § 788 Rn 23.
146 OLG Brandenburg FamRZ 2007, 57
147 Schleswig-Holsteinisches OLG Rpfleger 2010, 492; LG Zweibrücken FamRZ 2009, 1613; LG Stade FamRZ 2008, 2292; LG Detmold Rpfleger 2005, 33; LG Dessau 28.6.2006 – 7 T 255/06, juris.
148 BGH FamRZ 2010, 288; BGH NJW 2003, 3136; FamRZ 2003, 1921; BGH FamRZ 2006, 481; OLG Zweibrücken NJW 2010, 1212.
149 OLG Stuttgart FamRZ 2011, 128.

Gläubiger **Beratungshilfe** in Anspruch nehmen kann, wenn vor Einleitung der Vollstreckung eine Beratung erforderlich erscheint.[150]

§ 868 Erwerb der Zwangshypothek durch den Eigentümer

(1) Wird durch eine vollstreckbare Entscheidung die zu vollstreckende Entscheidung oder ihre vorläufige Vollstreckbarkeit aufgehoben oder die Zwangsvollstreckung für unzulässig erklärt oder deren Einstellung angeordnet, so erwirbt der Eigentümer des Grundstücks die Hypothek.

(2) Das Gleiche gilt, wenn durch eine gerichtliche Entscheidung die einstweilige Einstellung der Vollstreckung und zugleich die Aufhebung der erfolgten Vollstreckungsmaßregeln angeordnet wird oder wenn die zur Abwendung der Vollstreckung nachgelassene Sicherheitsleistung oder Hinterlegung erfolgt.

I. Allgemeines

Anders als in § 776 vorgesehen, wird die (Vollstreckungsmaßnahme) Zwangshypothek wegen des mit ihr verbundenen Ranges (Grundsatz der festen Rangstelle)[1] nicht aufgehoben, wenn der zugrunde liegende Vollstreckungstitel oder dessen Vollstreckbarkeit **nach Eintragung** wegfällt. Vielmehr erwirbt der Eigentümer in den in Abs. 1 und 2 beschriebenen Fällen in Anlehnung an § 1163 Abs. 1 S. 2 BGB die Hypothek, die hierdurch zur **Eigentümergrundschuld** wird (§ 1177 Abs. 1 BGB). Die Norm schafft mithin **gesetzliche Erwerbstatbestände**, die neben diejenigen des BGB treten. 1

II. Erwerb der Eigentümergrundschuld nach dem BGB

Neben § 868 sind auf die Zwangshypothek die für die rechtsgeschäftlich bestellte Hypothek geltenden Erwerbsvorschriften anzuwenden.[2] Deswegen erwirbt der Eigentümer die eingetragene Zwangshypothek als **Eigentümergrundschuld**, wenn der Gläubiger auf diese verzichtet (§§ 1168 Abs. 1, 1177 Abs. 1 BGB). Das Grundbuch wird unrichtig, der Eigentümer kann eine Berichtigung unschwer über § 22 GBO durch Nachweis des Verzichts in der Form des § 29 GBO bewirken. Die bürgerlich-rechtlichen Vorschriften bestimmen ferner, dass eine eingetragene Zwangshypothek dem Eigentümer als Eigentümergrundschuld zufällt, wenn die **gesicherte Forderung nicht oder nicht mehr** besteht (vgl §§ 1163 Abs. 1 S. 1 und S. 2, 1177 Abs. 1 BGB). 2

Die gesicherte Forderung ist jedoch (rechtskräftig) tituliert. **Einwendungen** gegen eine titulierte Forderung können nach **vollstreckungsrechtlichen Grundsätzen** nur unter Beachtung der §§ 767 Abs. 2, 3, 796 Abs. 2 geltend gemacht werden. Eine Berichtigung des Grundbuchs nach § 22 GBO oder § 894 BGB kommt deswegen nur in Betracht, wenn die auf das Nichtbestehen der gesicherten Forderung gerichteten materiell-rechtlichen Einwendungen nicht zum Schutz der Rechtskraft nach den genannten Vorschriften präkludiert sind. Eine Berichtigung nach § 22 GBO setzt daher voraus, dass das Nichtbestehen der titulierten Forderung durch Vorlage eines nach §§ 767, 868 Abs. 1 ergangenen Urteils nachgewiesen wird,[3] wodurch zugleich die Form des § 29 GBO gewahrt wird. Der Eigentümer kann 3

---

150 Schleswig-Holsteinisches OLG Rpfleger 2010, 492.
1 MüKo-BGB/*Eickmann*, § 1163 Rn 1.
2 BGH NJW-RR 2012, 532; Hk-ZPO/*Kindl*, § 868 Rn 1; MüKo-ZPO/*Eickmann*, § 868 Rn 1; Musielak/Voit/*Becker*, § 868 Rn 5; Stein/Jonas/*Münzberg*, § 868 Rn 7.
3 MüKo-ZPO/*Eickmann*, § 868 Rn 11, 22; Musielak/Voit/*Becker*, § 868 Rn 6; Stein/Jonas/*Münzberg*, § 868 Rn 7.

die Berichtigung auch allein über § 894 BGB begehren, weil die §§ 767 Abs. 2, 3, 797 Abs. 2 vom Prozessgericht auch in der Berichtigungsklage entsprechend berücksichtigt werden können. Die hM verlangt hingegen, dass zugleich eine Vollstreckungsgegenklage nach § 767 erhoben wird.[4] *Münzberg*[5] meint, eine Klage nach § 894 BGB habe nur dann Erfolg, wenn die Hypothek aufgrund Nichtigkeit oder noch nicht geheilter Vollstreckungsmängel überhaupt nicht entstanden ist. Letzteres kann ohnehin nur gelten, wenn man der hM zur vorläufigen Unwirksamkeit folgt (s. § 867 Rn 41). Materiell-rechtlich ist das Grundbuch in den Fällen des § 1163 Abs. 1 BGB jedenfalls unrichtig.[6]

III. Erwerb nach Abs. 1 und 2

4 Der Eigentümer des Grundstücks erwirbt die wirksam für den Gläubiger entstandene Hypothek, wenn

- der Vollstreckungstitel durch eine **gerichtliche Entscheidung aufgehoben** wird. Eine Aufhebung durch **Prozessvergleich** genügt hingegen nicht.[7] Ein Vergleich kann jedoch eine vollstreckungshindernde Vereinbarung sein, eine dauernde Einrede gegen die Zwangsvollstreckung begründen oder gar als Verzicht auf die Sicherungshypothek (§ 1168 Abs. 1 BGB) ausgelegt werden.[8]

- die **vorläufige Vollstreckbarkeit** eines Vollstreckungstitels **aufgehoben** wird (§ 718).

- die **Zwangsvollstreckung** aus einem Titel für **unzulässig** erklärt wird (vgl §§ 732 Abs. 1, 767, 768, 771 ff).

- die **Einstellung** der Zwangsvollstreckung **und** die **Aufhebung** der erfolgten Vollstreckungsmaßregeln angeordnet wird (§§ 707, 709, 719, 769, 771 Abs. 3). Die §§ 766, 793 scheiden als Einstellungsgrundlage aus (s. § 867 Rn 44); die Nr. 4 und 5 des § 775 sind nach Eintragung nicht mehr anwendbar.[9]

- der Schuldner nach Eintragung zur Abwendung der Vollstreckung **Sicherheit** leistet oder **Hinterlegung** erfolgt (§§ 711, 712 Abs. 1 S. 1, 720 a Abs. 3).

- die Vollstreckung kraft Gesetzes aufgehoben, nachträglich unzulässig oder materiell unwirksam wird (zB ein Kostenfestsetzungsbeschluss wird durch Wegfall der Kostengrundentscheidung wirkungslos).[10]

5 Eine von der **Rückschlagsperre** des § 88 InsO[11] betroffene Zwangshypothek ist unwirksam. Gleichwohl lehnt der BGH eine (entsprechende) Anwendung von § 868 ab, so dass die Hypothek nicht zur Eigentümergrundschuld werden kann.[12] Vielmehr soll, wenn das Insolvenzverfahren vor Grundstücksverwertung endet oder das Grundstück aus der Masse freigegeben wird, nach Auffassung des BGH die noch eingetragene Zwangshypothek entsprechend § 185 BGB wieder aufleben, andernfalls habe der Insolvenzverwalter dem Gläubiger eine Siche-

---

4 BGH NJW 1995, 1162 (obiter dictum); Musielak/Voit/*Becker*, § 868 Rn 6; Stein/Jonas/*Münzberg*, § 868 Rn 7.
5 Stein/Jonas/*Münzberg*, § 868 Rn 7.
6 MüKo-ZPO/*Eickmann*, § 868 Rn 11; Musielak/Voit/*Becker*, § 868 Rn 5; Stein/Jonas/*Münzberg*, § 868 Rn 7; aA BGH NJW 1995, 1162 (obiter dictum).
7 BayObLG NJW-RR 1999, 506.
8 BayObLG NJW-RR 1999, 506.
9 MüKo-ZPO/*Eickmann*, § 867 Rn 5.
10 Stein/Jonas/*Bork*, § 104 Rn 69.
11 Zu § 321 InsO s. MüKo-ZPO/*Eickmann*, § 868 Rn 10 mwN.
12 BGHZ 166, 74 = NJW 2006, 1286; BGHZ 194, 60 = NJW 2012, 3574; zust. OLG Brandenburg ZInsO 2010, 2097; Zöller/*Stöber*, § 868 Rn 2. Zur berechtigten Kritik hieran s. 2. Aufl. 2013, aaO.

rungshypothek einzuräumen.[13] Der Insolvenzverwalter kann vor Beendigung des Insolvenzverfahrens oder Freigabe des belasteten Grundstücks die Löschung der Zwangshypothek verlangen; die Zustimmung des Gläubigers (§ 19 GBO) oder der Unrichtigkeitsnachweis gem. § 22 GBO genügt, eine Bescheinigung des Insolvenzgerichts über den Zeitpunkt des Eingangs des Antrags, aufgrund dessen das Insolvenzverfahren eröffnet wurde, hingegen nicht.[14]

Die **Berichtigung** des Grundbuchs kann der Eigentümer über § 22 Abs. 1 GBO erreichen, indem er die Voraussetzungen einer der Alternativen des § 868 in Form des § 29 Abs. 1 GBO nachweist.[15] Ist Letzteres möglich, ist eine Klage nach § 894 BGB mangels Rechtsschutzbedürfnisses unzulässig.[16]

IV. Erwerber, Rechtsfolgen

Nach § 868 wird die Zwangshypothek **kraft Gesetzes** zu dem Zeitpunkt erworben, zu dem die in Abs. 1 und 2 genannten Voraussetzungen vorliegen.[17] Es erwirbt nur der **tatsächliche Grundstückseigentümer**.[18] Ein **gutgläubiger Erwerb** durch den Buchberechtigten ist ausgeschlossen, zumal der gute Glaube an ein eigenes Recht nicht geschützt ist.[19] Wird das Grundstück veräußert, bleibt der ursprüngliche Eigentümer Inhaber der (dann Fremd-)Grundschuld.[20]

Aufgrund der gesetzlichen Anordnung ist der Erwerb nach allgM zugleich **endgültig**, so dass ein Rückerwerb des Gläubigers ausgeschlossen ist, wenn die gerichtliche Entscheidung nachträglich abgeändert wird oder die Voraussetzungen des Abs. 2 entfallen.[21] Eine auf die Sicherheitsleistung des Schuldners nach §§ 711, 720 a folgende Sicherheitsleistung des Gläubigers ist deswegen ohne Sinn.[22] Dem Gläubiger steht weder ein bereicherungsrechtlicher Anspruch[23] noch ein Schadensersatzanspruch nach § 717 Abs. 3[24] zu. Der Gläubiger kann die Eigentümergrundschuld pfänden (§ 857).[25]

Ist aufgrund einer Vollstreckung gegen **Gesamtschuldner** eine Gesamtzwangshypothek auf Grundstücken mehrerer Eigentümer eingetragen worden (s. § 867 Rn 48), erwerben die Eigentümer die Hypothek als Gesamtrecht.[26] Ist eine der Varianten des § 868 nur für einen der Gesamtschuldner zu bejahen, so geht analog § 1175 Abs. 1 S. 2 BGB nur die Hypothek an seinem Grundstück auf ihn über.[27] Ebenso geht nur der Teil der Zwangshypothek über, bezüglich dessen eine der Varianten des § 868 vorliegt (§ 1176 BGB analog).[28]

---

13 BGHZ 166, 74 = NJW 2006, 1286; BGHZ 194, 60 = NJW 2012, 3574.
14 BGHZ 194, 60 = NJW 2012, 3574.
15 OLG Köln FGPrax 2008, 193; MüKo-ZPO/*Eickmann*, § 868 Rn 21.
16 OLG Zweibrücken MDR 1967, 840; Zöller/*Stöber*, § 868 Rn 3.
17 Stein/Jonas/*Münzberg*, § 867 Rn 3.
18 BGHZ 179, 146 = NJW 2009, 847.
19 MüKo-ZPO/*Eickmann*, § 868 Rn 15.
20 OLG Frankfurt JurBüro 2009, 660.
21 BGHZ 166, 74 = NJW 2006, 1286; Hk-ZPO/*Kindl*, § 868 Rn 4; MüKo-ZPO/*Eickmann*, § 868 Rn 19; Musielak/Voit/*Becker*, § 868 Rn 2; Stein/Jonas/*Münzberg*, § 868 Rn 3; Zöller/*Stöber*, § 868 Rn 3.
22 Stein/Jonas/*Münzberg*, § 868 Rn 3 (Fn 11).
23 BGH NJW 1977, 48.
24 BGH WM 1971, 864.
25 Musielak/Voit/*Becker*, § 868 Rn 2; Zöller/*Stöber*, § 868 Rn 3.
26 BGHZ 179, 146 = NJW 2009, 847; Zöller/*Stöber*, § 868 Rn 2.
27 *Deimann*, Rpfleger 2000, 193.
28 Hk-ZPO/*Kindl*, § 868 Rn 4; MüKo-ZPO/*Eickmann*, § 868 Rn 17.

§ 869 Zwangsversteigerung und Zwangsverwaltung

Die Zwangsversteigerung und die Zwangsverwaltung werden durch ein besonderes Gesetz geregelt.

1 Gemeint ist das „Gesetz über die Zwangsversteigerung und die Zwangsverwaltung" (ZVG). Der Verweis in § 869 stellt klar, dass die Regelungen des ZVG ein Teil der ZPO sind. Zugleich kommen deswegen die Vorschriften der ZPO auch im Zwangsversteigerungs- und im Zwangsverwaltungsverfahren zur Anwendung (zB §§ 114 ff), soweit das ZVG nicht entgegensteht.

2 Die **Gerichtsgebühren** für die Zwangsversteigerung und Zwangsverwaltung richten sich gem. § 1 Abs. 1 S. 1 Nr. 4 GKG nach dem GKG. Die Gebühren sind für die Zwangsversteigerung in Nr. 2210–2216 KV GKG geregelt und für die Zwangsverwaltung in Nr. 2220, 2221 KV GKG. Der Wert bestimmt sich nach §§ 54 ff GKG.

3 Die Gebühren des **Rechtsanwalts** ergeben sich aus Nr. 3311, 3312 VV RVG. Der Gegenstandswert für die Anwaltsgebühren richtet sich nach §§ 26, 27 RVG.

§ 870 Grundstücksgleiche Rechte

Auf die Zwangsvollstreckung in eine Berechtigung, für welche die sich auf Grundstücke beziehenden Vorschriften gelten, sind die Vorschriften über die Zwangsvollstreckung in Grundstücke entsprechend anzuwenden.

1 Die für die Zwangsvollstreckung in Grundstücke geltenden Vorschriften sind auch bei der Zwangsvollstreckung in grundstücksgleiche Rechte anzuwenden. Grundstücksgleiche Berechtigungen unterliegen also der Immobiliarzwangsvollstreckung. Zu den einzelnen Berechtigungen s. § 864 Rn 8.

§ 870 a Zwangsvollstreckung in ein Schiff oder Schiffsbauwerk

(1) ¹Die Zwangsvollstreckung in ein eingetragenes Schiff oder in ein Schiffsbauwerk, das im Schiffsbauregister eingetragen ist oder in dieses Register eingetragen werden kann, erfolgt durch Eintragung einer Schiffshypothek für die Forderung oder durch Zwangsversteigerung. ²Die Anordnung einer Zwangsversteigerung eines Seeschiffs ist unzulässig, wenn sich das Schiff auf der Reise befindet und nicht in einem Hafen liegt.

(2) § 866 Abs. 2, 3, § 867 gelten entsprechend.

(3) ¹Wird durch eine vollstreckbare Entscheidung die zu vollstreckende Entscheidung oder ihre vorläufige Vollstreckbarkeit aufgehoben oder die Zwangsvollstreckung für unzulässig erklärt oder deren Einstellung angeordnet, so erlischt die Schiffshypothek; § 57 Abs. 3 des Gesetzes über Rechte an eingetragenen Schiffen und Schiffsbauwerken vom 15. November 1940 (RGBl. I S. 1499) ist anzuwenden. ²Das Gleiche gilt, wenn durch eine gerichtliche Entscheidung die einstweilige Einstellung der Zwangsvollstreckung und zugleich die Aufhebung der erfolgten Vollstreckungsmaßregeln angeordnet wird oder wenn die zur Abwendung der Vollstreckung nachgelassene Sicherheitsleistung oder Hinterlegung erfolgt.

§ 84 GVGA

I. Allgemeines

Die § 864 ergänzende Vorschrift regelt Besonderheiten der Zwangsvollstreckung 1
in eingetragene Schiffe und in eingetragene oder eintragungsfähige Schiffsbauwerke sowie in deren Miteigentumsbruchteile (§ 864 Abs. 2). **Zulässige Vollstreckungsmaßnahmen** sind gem. **Abs. 1 S. 1** nur die Zwangsversteigerung und die Zwangseintragung einer Schiffshypothek, nicht aber die Zwangsverwaltung.[1] Die durch **Abs. 1 S. 2** eingeschränkte[2] Zwangsversteigerung bestimmt sich nach den §§ 162 ff ZVG. Die Eintragung einer Zwangsschiffshypothek ist in **Abs. 2** iVm § 867 und in **Abs. 3** geregelt.

Nicht eingetragene oder gelöschte Schiffe können im Wege der Mobiliarvollstre- 2
ckung gepfändet werden.[3] Für die Arrestvollziehung in eingetragene Schiffe oder Schiffsbauwerke gilt abweichend § 931. Nach § 99 Abs. 1 S. 1 LuftFzgRG gilt § 870 a mit Ausnahme von Abs. 3 S. 1 Hs 2 auch für Luftfahrzeuge.

II. Eingetragenes Schiff/eintragungsfähiges Schiffsbauwerk (Abs. 1)

Schiffe (See- oder Binnenschiffe)[4] müssen im See- bzw Binnenschiffsregister ein- 3
getragen sein (§ 3 Abs. 2, 3 SchRegO), um Gegenstand der Immobiliarvollstreckung sein zu können. Nicht erfasst werden jedoch ausländische Schiffe, bei denen die Eintragung einer Schiffshypothek nicht in Betracht kommt;[5] bei diesen richtet sich die Zwangsversteigerung nach § 171 ZVG. **Schiffsbauwerke** sind im Bau befindliche Schiffe (vgl § 76 SchRegO).[6] **Schwimmdocks**[7] werden wie Schiffsbauwerke behandelt (vgl Art. 3 Abs. 1 SchRGÄndG, § 81 a SchRG, §§ 73 a, 73 b SchRegO).[8]

Nach den Regelungen der §§ 864 ff umfasst die **Beschlagnahme** das Schiff bzw 4
das Schiffsbauwerk nebst Bestandteilen sowie das Zubehör des Schiffseigentümers. Darüber hinaus fallen Versicherungsforderungen (§§ 32–38 SchRG) und Entschädigungsansprüche gem. Art. 53 a, 52 f EGBGB in den Haftungsverband, nicht aber Ansprüche aus Vermietung oder Verpachtung (§§ 162, 21 Abs. 2 ZVG).

III. Schiffshypothek (Abs. 2, 3)

Abs. 2 ordnet die entsprechende Anwendung der Vorschriften zur Zwangshypo- 5
thek (§ 866 Abs. 2, 3, § 867) an. Anders als eine Zwangshypothek wird die Schiffshypothek nicht zu einer dem Schiffsrecht unbekannten Eigentümerhypothek, wenn die Voraussetzungen des § 868 oder materiellrechtliche Erlöschensgründe (Wegfall der gesicherten Forderung, §§ 57 Abs. 1 S. 1, 59 SchRG; Verzicht des Gläubigers, § 57 Abs. 1 SchRG; Konsolidation, § 64 SchRG; Ausschlussurteil, §§ 66 f SchRG) vorliegen, sondern **erlischt** (**Abs. 3**). Dem Eigentümer steht bis zur Löschung der Schiffshypothek die Befugnis zu, eine ranggleiche neue Schiffshypothek bis zur Höhe des bisherigen Betrages zu bestellen (§ 57 Abs. 3 SchRG).

---

1 Hierzu sowie allgemein siehe *Schalast/Walter*, BB 2012, 1301.
2 Eingefügt mWz 25.4.2013 durch Art. 7 Nr. 5 des Gesetzes zur Reform des Seehandelsrechts vom 20.4.2013 (BGBl. I S. 831, 865).
3 MüKo-ZPO/*Eickmann*, § 870 a Rn 2 f.
4 Vgl BGH NJW 1952, 1135.
5 LG Hamburg MDR 1978, 764.
6 *Stöber*, ZVG, § 162 Rn 3.3.
7 Zum Begriff s. *Hornung*, Rpfleger 2003, 232.
8 *Hornung*, Rpfleger 2003, 232.

IV. Kosten

6 Für die Eintragung von Schiffshypotheken entstehen **Gerichtsgebühren** nach dem GNotKG (Nr. 14220 KV GNotKG).[9] Der Wert richtet sich nach dem Nennbetrag der Schuld (§ 53 Abs. 1 S. 1 GNotKG).[10] Kostenschuldner sind der Antragsteller (§ 22 Abs. 1 GNotKG) sowie der Verpflichtete (Vollstreckungsschuldner) für die (notwendigen) Kosten der Zwangsvollstreckung (§ 27 Nr. 4 GNotKG). Im Einzelfall kann die Eintragung von der Zahlung eines Vorschusses abhängig gemacht werden (§ 13 S. 1 GNotKG). Sollen mehrere Schiffe oder Schiffsbauwerke des Schuldners mit der Hypothek belastet werden, so ist der Betrag der Forderung gem. §§ 870 a Abs. 2, 867 Abs. 2 S. 1 auf die einzelnen Schiffe oder Schiffsbauwerke zu verteilen. Da somit mehrere Einzelrechte eingetragen werden, entsteht gem. § 55 Abs. 2 GNotKG für jede Eintragung eine Gebühr nach Nr. 14220 KV GNotKG.[11]

7 Die Eintragung einer Sicherungshypothek ist für den **Rechtsanwalt** eine besondere Angelegenheit im Rahmen der Zwangsvollstreckung (§ 18 Abs. 1 Nr. 11 RVG). Damit finden auch die gebührenrechtlichen Bestimmungen für die Zwangsvollstreckung Anwendung (Vorbem. 3.3.3 S. 2 VV RVG; Nr. 3309, 3310 VV RVG).

8 Die Kosten der Eintragung als Maßnahme der Zwangsvollstreckung gehören zu den notwendigen Kosten iSv § 788.

9 Für die **Zwangsversteigerung** eines Schiffs oder Schiffsbauwerks fallen Gerichtsgebühren nach dem GKG an (Nr. 2210–2216 KV GKG; Wert: § 56 GKG). Die Gebühren des Rechtsanwalts ergeben sich aus Nr. 3311, 3312 VV RVG.

§ 871 Landesrechtlicher Vorbehalt bei Eisenbahnen

Unberührt bleiben die landesgesetzlichen Vorschriften, nach denen, wenn ein anderer als der Eigentümer einer Eisenbahn oder Kleinbahn den Betrieb der Bahn kraft eigenen Nutzungsrechts ausübt, das Nutzungsrecht sowie dem Betriebe gewidmete Gegenstände in Ansehung der Zwangsvollstreckung zum unbeweglichen Vermögen gehören und die Zwangsvollstreckung abweichend von den Vorschriften des Bundesrechts geregelt ist.

1 Vgl zunächst den auch für die Zwangsvollstreckung geltenden Vorbehalt in Art. 112 EGBGB.[1] Die praktische Bedeutung des dortigen Vorbehalts ist gering, zumal er für die der Gesetzgebungskompetenz des Bundes unterfallende Deutsche Bahn AG nicht gilt (vgl Art. 73 Nr. 6 a GG).

2 Die Vorschrift des § 871 erweitert den Vorbehalt auf Nutzungsrechte an einer einem Dritten gehörenden Eisen- oder Kleinbahn und (bestimmten) dem Betrieb gewidmeten Gegenständen, die nach Landesrecht der Zwangsvollstreckung in unbewegliches Vermögen und besonderen Vollstreckungsregeln unterliegen.

---

9 NK-GK/*Drempetic*, Nr. 14220–14222 KV GNotKG Rn 4.
10 OLG Zweibrücken Rpfleger 2003, 271.
11 Vgl NK-GK/*Drempetic*, Nr. 14120–14125 KV GNotKG Rn 9 (zur Zwangshypothek gem. § 867).
1 Umfassend Staudinger/*Hönle*, Art. 112 EGBGB Rn 1 ff.

Titel 4
Verteilungsverfahren

§ 872 Voraussetzungen

Das Verteilungsverfahren tritt ein, wenn bei der Zwangsvollstreckung in das bewegliche Vermögen ein Geldbetrag hinterlegt ist, der zur Befriedigung der beteiligten Gläubiger nicht hinreicht.

I. Zweck 1	(1) Hinterlegung nach BGB 13
II. Anwendungsbereich 4	(2) Hinterlegung nach § 853 16
III. Voraussetzungen 5	(3) Abgrenzung der Hinterlegungsarten 17
1. Hinterlegung eines Geldbetrages 5	e) Interventionsstreit; Arrestpfändung; belasteter Schiffspart 19
a) Allgemeines 5	2. Unzureichende Hinterlegungsmasse 21
b) Hinterlegung bei mehrfacher Pfändung einer beweglichen Sache 7	3. Beteiligte Gläubiger 23
c) Hinterlegung bei mehrfacher Pfändung des Anspruchs auf Herausgabe oder Leistung einer beweglichen Sache 9	4. Fehlende Einigung über Verteilung 24
d) Hinterlegung bei mehrfacher Pfändung einer Geldforderung 10	IV. Folgen 25
	V. Rechtsbehelfe 30
aa) Pfändung einer Geldforderung 10	VI. Kosten 35
	1. Gemeinschaftliche Kosten des Verteilungsverfahrens ... 35
bb) Hinterlegung aufgrund Pfändung 13	2. Gerichtskosten 36
	3. Rechtsanwaltsgebühren 37

I. Zweck

Derselbe Gegenstand (Sache, Recht) kann von verschiedenen Gläubigern gepfändet werden (zur Sachpfändung s. Rn 7; zur Forderungspfändung s. Rn 10). Reicht der Versteigerungserlös der gepfändeten Sache bzw der Wert der gepfändeten Forderung nicht aus, die verschiedenen Gläubiger zu befriedigen, kann zwischen den Gläubigern Streit über den Rang ihrer Pfandrechte entstehen. Dann ist der Betrag vom Gerichtsvollzieher bzw Drittschuldner zu hinterlegen. Der Streit um den Rang der Pfandrechte setzt sich am hinterlegten Betrag fort. 1

Dieser Streit muss in einem gerichtlichen Verfahren entschieden werden. Dazu dient das Verteilungsverfahren. Der **Zweck des Verteilungsverfahrens** nach §§ 872 ff besteht also darin, im Falle der Versteigerung einer Sache den erzielten Versteigerungserlös, der nicht ausreicht, die Forderungen aller beteiligten Gläubiger zu befriedigen, entsprechend ihrem Rang richtig zu verteilen. Im Falle der Hinterlegung des geschuldeten Betrages einer mehrfach gepfändeten Forderung durch den Drittschuldner besteht der Zweck des Verteilungsverfahrens in der Durchsetzung des vorrangigen Pfandrechts. 2

In seinem Anwendungsbereich schließt das Verteilungsverfahren andere Verfahren, Klagen und Rechtsbehelfe aus (zu anderen Verfahren s. Rn 12, 26, 27). 3

II. Anwendungsbereich

Das Verteilungsverfahren gem. §§ 872 ff betrifft nur die Zwangsvollstreckung in **bewegliches** Vermögen, also Sachen, Forderungen und Rechte (§§ 803–863). Die 4

Verteilung des Erlöses aus einer Zwangsvollstreckung in unbewegliches Vermögen erfolgt hingegen gem. §§ 105 ff, 156 ff ZVG.

III. Voraussetzungen

1. Hinterlegung eines Geldbetrages. a) Allgemeines. Es muss eine Hinterlegung nach vorangegangener Sach- oder Rechtspfändung unter **Anzeige** des dies begründenden Sachverhalts[1] erfolgt sein. Der Anzeige über die Sachlage sind die Pfändungs- und Überweisungsbeschlüsse und der Hinterlegungsnachweis beizufügen.[2]

Für das Verteilungsverfahren werden zumeist **drei Fallgruppen** genannt,[3] wobei in den ersten beiden Fällen (s. Rn 7 und 9) der Gerichtsvollzieher, in der dritten Fallgruppe (s. Rn 10 ff) der Drittschuldner einen Geldbetrag hinterlegt hat.

b) Hinterlegung bei mehrfacher Pfändung einer beweglichen Sache. Pfändet der Gerichtsvollzieher eine **bewegliche Sache**, so erwirbt der Vollstreckungsgläubiger daran ein Pfandrecht (Pfändungspfandrecht). Dieses Pfandrecht erstreckt sich unabhängig von der Höhe der geschuldeten Forderung auf die ganze Sache. Dieselbe Sache kann nacheinander oder auch gleichzeitig von mehreren Gläubigern gepfändet werden, §§ 804, 826, 827. Dann entstehen mehrere Pfandrechte an dieser Sache. Können nach der Versteigerung der Sache nicht alle Gläubiger befriedigt werden, weil der Erlös nicht ausreicht, so ist entscheidend für die Verteilung des Erlöses der Rang der Pfandrechte. Das **Rangverhältnis der Pfändungspfandrechte** ergibt sich aus der Rechtsordnung. Grundsätzlich gilt das Prioritätsprinzip (für die Pfändung beweglicher Sachen nach § 804 Abs. 3), doch kann ausnahmsweise auch die spätere Pfändung der früheren vorgehen, etwa wenn die Pfändung aufgrund einer Forderung erfolgt, für die der Gläubiger an der gepfändeten Sache bereits ein dingliches Recht hat.

Besteht zwischen den Pfändungsgläubigern Streit über das Rangverhältnis (und damit über die Frage, wem der Versteigerungserlös zusteht), so muss der **Gerichtsvollzieher** gem. § 827 Abs. 2 das gepfändete Geld bzw den Erlös aus der Versteigerung der gepfändeten Sache, wenn dieselbe Sache für mehrere Gläubiger nacheinander oder gleichzeitig durch denselben Gerichtsvollzieher gepfändet worden ist, hinterlegen.

c) Hinterlegung bei mehrfacher Pfändung des Anspruchs auf Herausgabe oder Leistung einer beweglichen Sache. In dieselbe Lage wie bei der Pfändung einer beweglichen Sache für mehrere Gläubiger kommt der Gerichtsvollzieher, wenn die Sache aufgrund eines mehrfach gepfändeten **Herausgabeanspruchs** an ihn übergeben und von ihm sodann versteigert wird. Mit der Herausgabe der Sache an ihn wandelt sich das durch die Anspruchspfändung begründete Pfandrecht in ein Pfandrecht an der geleisteten Sache (s. § 847 Rn 9). Wenn also bei einer nacheinander oder gleichzeitig erfolgten Pfändung des Anspruchs auf eine bewegliche körperliche Sache durch mehrere Gläubiger der Drittschuldner dem Gerichtsvollzieher die Sache unter Anzeige der Sachlage und unter Aushändigung der ihm zugestellten Beschlüsse herausgegeben und der **Gerichtsvollzieher** diese sodann versteigert hat, hat er diesen Erlös gem. § 854 Abs. 2 zu hinterlegen.

d) Hinterlegung bei mehrfacher Pfändung einer Geldforderung. aa) Pfändung einer Geldforderung. Zudem kann genau so wie eine bewegliche Sache auch eine **Forderung** von mehreren Gläubigern gepfändet werden. Für die Anwendung des Verteilungsverfahrens ist die **Pfändung im Wege der Zwangsvollstreckung** not-

---

1 LG Berlin Rpfleger 1981, 453.
2 PG/*Zempel*, § 873 Rn 3.
3 *Brox/Walker*, Rn 477.

wendige, aber auch hinreichende Voraussetzung. Da für die Rangfolge des § 804 allein die Pfändung maßgeblich ist, setzt das Verteilungsverfahren auch bei der Forderungspfändung **keine Überweisung** voraus. Das ergibt sich zudem auch aus §§ 853, 854, 856 und 930 Abs. 2.[4] Daher sind Beteiligte eines Verteilungsverfahrens auch Gläubiger, deren Pfandrecht auf einem Arrest, einer Vorpfändung oder einer Sicherungsvollstreckung beruht.

Ohne Bedeutung ist die Wirksamkeit der Pfändung, weil deren Überprüfung im Rahmen des Verteilungsverfahrens erfolgt. Hinreichend ist daher der äußere Pfändungsvorgang, der zumindest den Anschein der Wirksamkeit erweckt.[5] **11**

Bei einem Streit zwischen Pfändungsgläubiger einerseits und dem Inhaber eines **gesetzlichen oder vertraglichen Pfandrechts** bzw eines **Vorzugsrechts** andererseits finden nicht die §§ 872 ff, sondern § 771 (Drittwiderspruchsklage) bzw § 805 (Klage auf vorzugsweise Befriedigung) Anwendung. **12**

bb) Hinterlegung aufgrund Pfändung. (1) Hinterlegung nach BGB. Der (Dritt-)Schuldner kann den von ihm geschuldeten Betrag auch gem. § 372 BGB hinterlegen. In den Fällen der Hinterlegung nach § 372 BGB findet das Verteilungsverfahren nach §§ 872 ff keine Anwendung. Das **Verfahren** der Auszahlung richtet sich dort nach Aufhebung[6] der §§ 12, 13 HinterlO nach den ihnen entsprechenden landesrechtlichen Nachfolgeregelungen. **Materiell-rechtlich** hat der wahre Gläubiger gegen die übrigen Prätendenten einen ggf einzuklagenden Anspruch auf Aufgabe der „Sperrstellung" nach § 812 Abs. 1 S. 1, 2. Fall BGB. **13**

Voraussetzung für die Hinterlegung nach § 372 BGB ist Annahmeverzug des Gläubigers, Unsicherheit der Erfüllung aus in der Person des Gläubigers liegenden Gründen oder Ungewissheit über die Person des Gläubigers. **14**

Eine zur Hinterlegung berechtigende Ungewissheit iSd § 372 S. 2 BGB liegt auch vor bei Zweifeln über das Rangverhältnis von Pfändung und Abtretung.[7] In Betracht kommt allerdings eine Hinterlegung sowohl gem. § 372 BGB als auch gem. §§ 827 Abs. 2, 853, 854, 858 Abs. 5 (s. Rn 18). **15**

(2) Hinterlegung nach § 853. Der **Drittschuldner** kann bei der Pfändung einer Geldforderung für mehrere Gläubiger gem. § 853 unter Anzeige der Sachlage und unter Aushändigung der ihm zugestellten Beschlüsse an das Amtsgericht, dessen Beschluss ihm zuerst zugestellt worden ist, den Schuldbetrag hinterlegen; auf Verlangen eines der beteiligten Gläubiger, dem die Forderung überwiesen wurde, ist er dazu sogar verpflichtet. **16**

(3) Abgrenzung der Hinterlegungsarten. Wurde die Forderung abgetreten und gepfändet, stellt sich die Frage, in welchem Verhältnis das Verteilungsverfahren der §§ 872 ff zum Auszahlungsverfahren nach der Hinterlegung nach dem bürgerlichen Recht steht. **17**

Dem Verteilungsverfahren vorangegangen sein muss eine Sach- oder Rechtspfändung. Das Verteilungsverfahren betrifft nur den Streit zwischen mehreren, also mindestens zwei **Pfändungsgläubigern**. Das Verteilungsverfahren scheidet aus, wenn nur ein einziger Pfändungsgläubiger und ein **Abtretungsgläubiger** vorhanden sind, weil das Verteilungsverfahren nur den Streit zwischen mehreren Pfändungsgläubiger betrifft. Im Übrigen ist die Sachlage bei einem Zusammentreffen **18**

---

4 Stein/Jonas/*Münzberg*, § 872 Rn 1.
5 Strenger Stein/Jonas/*Münzberg*, § 872 Rn 2, der eine „formell wirksame" Pfändung verlangt.
6 Aufgehoben mit Wirkung vom 1.12.2010 durch Art. 17 Abs. 2 Nr. 1 des Zweiten Gesetzes über die Bereinigung von Bundesrecht im Zuständigkeitsbereich des Bundesministeriums der Justiz vom 23.11.2007 (BGBl. I S. 2614, 2616).
7 HM, vgl RGZ 144, 391; LG Münster Rpfleger 1995, 78; Stein/Jonas/*Münzberg*, § 872 Rn 5.

zwischen Abtretungs- und Pfändungsgläubigern nach wie vor problematisch. Richtigerweise wird man danach unterscheiden müssen, zu wessen Gunsten die Hinterlegung erfolgt ist: Ist nur zugunsten des Zessionars hinterlegt, liegt nur eine Hinterlegung gem. § 372 BGB vor. Da es an der notwendigen Hinterlegung gem. § 853 im Hinblick auf konkurrierende Pfändungsgläubiger fehlt, scheidet das Verteilungsverfahren aus.[8] Ist nur zugunsten der Pfändungsgläubiger hinterlegt, findet das Verteilungsverfahren hinsichtlich des vollen hinterlegten Betrages statt, und zwar nur unter ihnen. Ein die Forderung beanspruchender Abtretungsgläubiger muss seine Rechte gem. §§ 771, 805 gegenüber den Pfändungsgläubigern geltend machen. Wird sowohl gem. § 372 BGB als auch gem. §§ 827 Abs. 2, 853, 854, 858 Abs. 5 hinterlegt, beschränkt sich das Verteilungsverfahren auf den Betrag, der von der Abtretung nicht erfasst wird,[9] und zwar unabhängig davon, ob nach der Hinterlegungsanzeige die Abtretung früher oder später als die Pfändungen erfolgt ist.[10] Den Pfändungsgläubigern ist es unbenommen, wegen des von der Abtretung erfassten restlichen hinterlegten Betrages gegen den Zessionar klageweise vorzugehen.

19 e) **Interventionsstreit; Arrestpfändung; belasteter Schiffspart.** § 872 betrifft auch einen ursprünglich im Rahmen eines Interventionsstreits gem. § 769 iVm § 805 Abs. 4 bzw § 771 Abs. 3 hinterlegten Betrag, wenn nach Ende eines solchen Prozesses dieser noch ganz oder teilweise zur Verfügung steht und über die Berechtigung daran Streit zwischen mehreren Pfändungsgläubigern besteht. Der Betrag muss nicht erst ausgezahlt und dann wieder neu hinterlegt werden, wohl aber muss, soweit noch nicht geschehen, die entsprechende Anzeige erfolgen.[11]

20 Ferner fällt unter § 872 auch die Hinterlegung im Rahmen eines Arrestes gem. § 930 Abs. 2 sowie bei der Vollstreckung in einen Anteil eines Mitreeders an einer Reederei (Schiffspart) gem. § 858 Abs. 5, wenn dieser mit einem Pfandrecht eines anderen als des betreibenden Gläubigers belastet ist.

21 **2. Unzureichende Hinterlegungsmasse.** Die Verteilung nach den §§ 873 ff setzt des Weiteren voraus, dass der **Verteilungserlös** zur Befriedigung aller beteiligten Gläubiger **nicht ausreicht**. Das ist auch dann der Fall, wenn der hinterlegte Erlös nach Festlegung der Reihenfolge an nur einen einzigen Gläubiger ausgekehrt wird. Reicht der Erlös hingegen aus, weil bspw ein Gläubiger wegfällt oder der vom Drittschuldner hinterlegte Betrag auch so ausreicht, findet ein Verteilungsverfahren gem. §§ 873 ff im eigentlichen Sinne nicht (mehr) statt, sondern das Gericht prüft in einem sog. **vereinfachten Verfahren** die Wirksamkeit der Pfändungen und veranlasst die Auszahlung durch den Gerichtsvollzieher bzw die Hinterlegungsstelle an die jeweiligen Gläubiger, soweit und sobald sie Erfüllung verlangen können (also nur, wenn auch ein Überweisungsbeschluss vorliegt und damit nicht in den Fällen der bloßen Pfändung gem. §§ 720 a, 930 Abs. 2 sowie vorbehaltlich der Erfüllung der in § 845 Abs. 2 genannten Voraussetzungen). Der noch nicht zuteilungsreife Betrag bleibt unter Hinweis auf das der Auskehr entgegenstehende Hindernis hinterlegt; ein etwaig verbleibender Übererlös ist an den Schuldner auszukehren.[12]

---

8 Wohl hM, vgl RGZ 144, 391; LG Münster Rpfleger 1995, 78; Stein/Jonas/*Münzberg*, § 872 Rn 5.
9 LG Gießen NJW 1967, 1138; Zöller/*Stöber*, § 872 Rn 2; Stein/Jonas/*Münzberg*, § 872 Rn 5; Musielak/Voit/*Becker*, § 872 Rn 4; Thomas/Putzo/*Seiler*, § 872 Rn 3; Hk-ZPO/*Kindl*, § 872 Rn 4.
10 Insoweit aA Musielak/Voit/*Becker*, § 872 Rn 4; MüKo-ZPO/*Eickmann*, § 872 Rn 6.
11 Stein/Jonas/*Münzberg*, § 872 Rn 4 und 5; MüKo-ZPO/*Eickmann*, § 872 Rn 3.
12 Vgl MüKo-ZPO/*Eickmann*, § 872 Rn 10 f.

Erfolgt eine Hinterlegung nicht, obwohl die Voraussetzungen vorliegen, können 22
die Gläubiger dazu den Gerichtsvollzieher über die Vollstreckungserinnerung
gem. § 766 veranlassen und gegen den Drittschuldner Klage gem. § 856 erheben.

3. Beteiligte Gläubiger. Beteiligte des Verteilungsverfahrens sind alle Pfändungs- 23
gläubiger, wobei der Anschein der Pfändung ausreichend ist (s. Rn 11). Teilweise
wird für die Beteiligteneigenschaft eine formell wirksame Pfändung verlangt,[13]
doch kann auch ein Streit über das Vorliegen einer formell wirksamen Pfändung
im Verteilungsverfahren ausgetragen werden. Ausreichend für die Beteiligteneigenschaft ist daher, dass für den Pfändungsgläubiger eine Pfändung stattgefunden
hat, gleich ob diese wirksam ist oder nicht[14] (zum Umfang der gerichtlichen Prüfungsberechtigung s. § 874 Rn 7; zur Nichtigkeit der Pfändung s. § 878 Rn 22).

4. Fehlende Einigung über Verteilung. Das Verteilungsverfahren ist bzw wird un- 24
zulässig, wenn zwar der Erlös zur Befriedigung aller beteiligten Gläubiger nicht
ausreicht, sich diese und der Schuldner aber über die Verteilung des Erlöses einigen. Das Versteigerungsgericht hat dann ohne weitere Prüfung die Auszahlung zu
veranlassen.

IV. Folgen

Hat das Gericht durch die Anzeige (s. Rn 5) Kenntnis von den genannten Voraus- 25
setzungen erhalten, wird das in den §§ 873 ff näher geregelte Verteilungsverfahren **von Amts wegen** betrieben.

Da das Verteilungsverfahren als spezialrechtliche Norm der Klärung des Rang- 26
verhältnisses zwischen den Pfändungsgläubigern dient (s. Rn 2 f), sind während
dieses Verfahrens Klagen der an dem Verteilungsverfahren beteiligten Gläubiger,
die demselben Ziel dienen, unzulässig und beeinflussen das Verfahren nicht. Dazu gehört die Klage auf Einwilligung in die Auszahlung des hinterlegten Betrages
oder auf Verzicht der durch die Hinterlegung erlangten Sperrposition.[15]

Str ist, ob beteiligte **Gläubiger** nach Beginn des Verteilungsverfahrens und bis 27
zum Ende des Verteilungstermins (§ 875) eine **Vollstreckungserinnerung** (§ 766)
oder eine **sofortige Beschwerde** (§ 793) erheben können, die bei Erfolg gem.
§§ 775 Nr. 1, 776 zur Aufhebung des Pfändungspfandrechts führen würde. Da
im Verteilungsverfahren auch lediglich anfechtbare Pfändungen zu berücksichtigen sind (s. § 874 Rn 6, § 878 Rn 24), bejaht die wohl hM[16] aus verfahrensökonomischen Gründen die Zulässigkeit der Vollstreckungserinnerung, mutet dem
Gläubiger also nicht zu, das Verteilungsverfahren weiter laufen zu lassen und den
Weg über den Widerspruch und ggf die Widerspruchsklage gem. § 878 zu gehen,
zumal das Klageverfahren im Zweifel langwieriger und teurer ist. Lässt man andererseits die Vollstreckungsrechtsbehelfe zu, könnte dies hinsichtlich desselben
geltend gemachten Mangels ggf zu widersprechenden Entscheidungen führen, zB
in Fällen der Pfändung durch das Vollstreckungsgericht und durch das davon
verschiedene Arrestgericht, weil diese auch jeweils über die Vollstreckungserinnerung entscheiden, oder auch dann, wenn verschiedene Gläubiger nacheinander
denselben Mangel rügen. Dieses Problem kann sich allerdings auch bei einer Entscheidung des allein für den Widerspruch zuständigen Versteigerungsgerichts
(§ 879) stellen, nämlich dann, wenn ein Widerspruchsverfahren bereits abgeschlossen ist und danach ein anderer Gläubiger noch vor Ausführung des Plans

---

13 Stein/Jonas/*Münzberg*, § 872 Rn 2.
14 Zöller/*Stöber*, § 872 Rn 6.
15 AllgM, vgl Zöller/*Stöber*, § 872 Rn 5; Stein/Jonas/*Münzberg*, § 872 Rn 8, jew. mwN.
16 Vgl MüKo-ZPO/*Eickmann*, § 872 Rn 16; Stein/Jonas/*Münzberg*, § 872 Rn 9; Musielak/
Voit/*Becker*, § 872 Rn 8, jew. mwN; aA OLG Koblenz DGVZ 1984, 58; Zöller/*Stöber*,
§ 872 Rn 5.

mit derselben Begründung der Unwirksamkeit der ihm vorgehenden Pfändung klagt. Der hM ist daher zuzustimmen. Unproblematisch ist, dass der Schuldner oder an dem Verteilungsverfahren nicht beteiligte Dritte auch während des Verteilungsverfahrens mit dem Ziel der Aufhebung der Pfändung gem. §§ 732, 766, 767, 768, 771, 805 vorgehen können.

28 Das für den Rechtsbehelfsführer positive Ergebnis hat entsprechende **Folgen auf das Verteilungsverfahren**. Wird die Pfändung eines einzelnen beteiligten Gläubigers aufgehoben oder für unzulässig erklärt, nimmt dieser nicht mehr an dem Verfahren teil, hinsichtlich der Übrigen wird es fortgesetzt. Werden sämtliche Pfändungen in den Gegenstand für unzulässig erklärt oder aufgehoben, hat sich das Verteilungsverfahren erledigt und der Erlös ist an den Rechtsbehelfsführer oder den Schuldner auszukehren. Eine lediglich einstweilige Einstellung der Vollstreckung in den vom Verteilungsverfahren betroffenen Gegenstand führt dazu, dass in dem Umfang der Einstellung das Verteilungsverfahren nicht weitergeführt wird. Daher wird das gesamte Verteilungsverfahren einstweilen nicht weiter fortgeführt, wenn die Einstellung die gesamte Vollstreckung in den Gegenstand betrifft. Betrifft sie nur die Vollstreckung durch einzelne Gläubiger, nehmen diese am weiteren Verfahren vorläufig nicht mehr teil, der auf sie entfallende Anteil bleibt bis zur endgültigen Entscheidung über den Rechtsbehelf hinterlegt. Das Verteilungsverfahren im Übrigen läuft weiter.[17]

29 Der Abschluss der Verteilung durch Erlösauskehr hindert eine auf ein besseres Recht gestützte Bereicherungsklage eines Pfändungsgläubigers oder eines Dritten nicht (s. § 878 Rn 32 f).[18]

V. Rechtsbehelfe

30 Gegen die Ablehnung der Anzeige steht dem Drittschuldner sowie den beteiligten Pfändungsgläubigern die sofortige Beschwerde gem. § 11 Abs. 1 RPflG iVm § 793 zu.[19]

31 Nimmt das Versteigerungsgericht die Anzeige entgegen, lehnt es aber ein weiteres Tätigwerden ab, steht dagegen allen beteiligten Gläubigern die sofortige Beschwerde gem. § 793 zu, ebenso dem Drittschuldner, soweit ihm Kosten entstanden sind, die gem. § 874 Abs. 2 in dem Verteilungsverfahren angemeldet werden könnten (s. § 874 Rn 9). Da der Drittschuldner durch die Hinterlegung befreit wird, stehen ihm im Übrigen hinsichtlich des weiteren Versteigerungsverfahrens mangels Beschwer keine Rechtsbehelfe zu.[20]

32 Etwaige im Rahmen des Versteigerungsverfahrens begangene Verfahrensfehler können von den beteiligten Gläubigern gem. § 766 gerügt werden bzw gem. § 11 Abs. 1 RPflG iVm § 793, soweit sie vor der Handlung angehört worden sind.

33 Einwendungen gegen den Verteilungsplan sind vor oder im Verteilungstermin vorzubringen. Werden sie nicht anerkannt oder kann keine Einigung erzielt werden, kann der widersprechende Gläubiger Widerspruchsklage gem. § 878 erheben.

34 Dem Schuldner oder am Verteilungsverfahren nicht beteiligten Dritten steht weder gegen die Entgegennahme der Anzeige durch das Versteigerungsgericht noch das anschließende Tätigwerden ein Rechtsbehelf zu. Unbenommen ist es ihnen

---

17 Vgl MüKo-ZPO/*Eickmann*, § 872 Rn 16 ff; Stein/Jonas/*Münzberg*, § 872 Rn 9 f; Hk-ZPO/*Kindl*, § 872 Rn 9.
18 HM, vgl MüKo-ZPO/*Eickmann*, § 872 Rn 31.
19 AllgM, vgl Musielak/Voit/*Becker*, § 872 Rn 8.
20 OLG Frankfurt Rpfleger 1977, 184; Zöller/*Stöber*, § 872 Rn 7.

natürlich, gegen die dem Verteilungsverfahren zugrunde liegenden Pfändungen selbst vorzugehen, zB gem. §§ 732, 766, 767, 768, 771, 793, 805.

VI. Kosten

1. Gemeinschaftliche Kosten des Verteilungsverfahrens. Die gemeinschaftlichen Kosten des Verteilungsverfahrens (Gerichtsgebühren und Auslagen, Kosten für Versteigerung und Hinterlegung; s. § 874 Rn 9) sind Kosten der Zwangsvollstreckung, § 788. Sie sind gem. § 874 Abs. 2 von dem Bestand der Masse vorweg in Abzug zu bringen. Die Kosten, die den beteiligten Gläubigern durch die Teilnahme am Verfahren entstehen, werden mit dem Rang ihrer angemeldeten Forderung berücksichtigt. 35

2. Gerichtskosten. Es fallen für das gesamte Verteilungsverfahren eine 0,5-Gerichtsgebühr gem. Nr. 2117 KV GKG (Wert: die zu verteilende Masse ohne Zinsen und die vorweg zu entnehmenden Kosten[21]) an sowie Auslagen. Kostenschuldner ist der Vollstreckungsschuldner, § 29 Nr. 4 GKG. Nur wenn eine Beschwerde im Verteilungsverfahren verworfen oder zurückgewiesen wird, fällt gem. Nr. 2120 KV GKG eine Gebühr von 1,0 an; wird ihr stattgegeben, ist dies kostenfrei. In Verfahren über die Rechtsbeschwerde im Verteilungsverfahren fallen Gebühren wie folgt an: gem. Nr. 2122 KV GKG eine Gebühr von 2,0 nur, soweit die Rechtsbeschwerde verworfen oder zurückgewiesen wird; gem. Nr. 2123 KV GKG eine solche von 1,0, soweit sie zurückgenommen oder das Verfahren durch anderweitige Erledigung beendet wird. Wird der Beschwerde stattgegeben, entstehen keine Kosten. 36

3. Rechtsanwaltsgebühren. Für den Rechtsanwalt stellt die Tätigkeit im Verteilungsverfahren eine besondere Angelegenheit dar, § 18 Abs. 1 Nr. 10 RVG. Dafür fallen Gebühren nach Nr. 3309, 3310 VV RVG an,[22] nicht nach Nr. 3333 VV RVG.[23] In Beschwerdeverfahren entstehen Gebühren nach Nr. 3500, 3513 VV RVG. Der Gegenstandswert richtet sich nach § 25 Abs. 1 Nr. 1 Hs 4 RVG. 37

§ 873 Aufforderung des Verteilungsgerichts

Das zuständige Amtsgericht (§§ 827, 853, 854) hat nach Eingang der Anzeige über die Sachlage an jeden der beteiligten Gläubiger die Aufforderung zu erlassen, binnen zwei Wochen eine Berechnung der Forderung an Kapital, Zinsen, Kosten und sonstigen Nebenforderungen einzureichen.

I. Allgemeines

Durch die **Anzeige** des Gerichtsvollziehers bzw Drittschuldners beginnt das Verteilungsverfahren, ohne dass es dazu eines gesonderten Beschlusses bedarf. Um den erforderlichen Teilungsplan zutreffend aufstellen zu können, müssen die am Verfahren beteiligten Gläubiger eine aktualisierte Aufstellung der ihrer jeweiligen Pfändung zugrunde liegenden Forderungen dem Verteilungsgericht mitteilen, weil sich diese durch Teilzahlungen oder weitere Vollstreckungskosten geändert haben können. 1

---

21 NK-KG/*Volpert*, Nr. 2117 KV GKG Rn 7.
22 AnwK-RVG/*Wolf/Volpert*, VV Vorb. 3.3.3, VV 3309-3310 Rn 64 f.
23 AnwK-RVG/*Wolf/Volpert*, VV 3333 Rn 4; Hk-RVG/*Gierl*, Nr. 3333 VV RVG Rn 3; Zöller/*Stöber*, § 872 Rn 8; aA zB Gerold/Schmidt/*Müller-Rabe*, RVG, Nr. 3333 VV Rn 3.

II. Zuständigkeit

2 Ausschließlich (§ 802) sachlich zuständig ist das Amtsgericht als Vollstreckungsgericht, örtlich das Amtsgericht, an das die Anzeige gem. §§ 827 Abs. 2, 853, 854 zu richten war; bei einer Schiffspart ist es das gem. § 858 Abs. 2 zuständige Gericht. Funktionell zuständig ist der Rechtspfleger (§ 20 Abs. 1 Nr. 17 RPflG). War die Hinterlegung gem. §§ 769, 805 Abs. 4, 771 Abs. 3 erfolgt (s. § 872 Rn 19), ist das Gericht des ersten Vollstreckungsaktes zuständig.[1]

III. Aufforderung

3 Die Aufforderung zur Einreichung einer Berechnung der Forderung an Kapital, Zinsen, Kosten und sonstigen Nebenforderungen hat an alle noch am Verfahren beteiligten Gläubiger zu erfolgen, also auch an solche, bezüglich derer die Vollstreckung einstweilen eingestellt worden ist (s. § 872 Rn 28). Die Aufforderung muss gem. § 329 Abs. 2 S. 2 zugestellt werden.

4 Die **Berechnung** der Frist von zwei Wochen erfolgt gem. §§ 221 ff. Die Frist beginnt mit der Zustellung an den jeweiligen Gläubiger. Ein **Hinweis auf die Folgen der Fristversäumung** ist nicht vorgeschrieben. Daher beginnt der Lauf der Frist auch dann, wenn nicht darauf hingewiesen worden ist. Ein Hinweis sollte aber erfolgen. Die Frist kann weder verlängert noch verkürzt werden (§ 224 Abs. 2). Eine Wiedereinsetzung in den vorigen Stand scheidet aus, weil es sich nicht um eine Notfrist handelt. Bei der Zwei-Wochen-Frist handelt es sich auch nicht um eine Ausschlussfrist. Die Einreichung der aktualisierten Aufstellung kann daher folgenlos nachgeholt werden, bis das Versteigerungsgericht den Teilungsplan angefertigt hat (vgl § 874 Abs. 3).

5 Die Forderungsaufstellung kann **schriftlich** oder zur Niederschrift des Urkundsbeamten der Geschäftsstelle erfolgen.

6 Erfolgt die Aufforderung versehentlich an einen nicht beteiligten Gläubiger (s. § 872 Rn 10, 23), steht diesem dagegen kein **Rechtsbehelf** zur Verfügung, weil er durch die Aufforderung nicht beschwert ist.[2] Denn die Nichtbeachtung der Aufforderung hat für sich genommen weder kostenmäßige noch materiell-rechtliche Folgen. Hat ein solcher Gläubiger im Hinblick auf die Aufforderung außergerichtlich anwaltlichen Rat eingeholt, kann er diese Kosten allenfalls im Wege der Amtshaftung ersetzt verlangen.

§ 874 Teilungsplan

(1) Nach Ablauf der zweiwöchigen Fristen wird von dem Gericht ein Teilungsplan angefertigt.

(2) Der Betrag der Kosten des Verfahrens ist von dem Bestand der Masse vorweg in Abzug zu bringen.

(3) [1]Die Forderung eines Gläubigers, der bis zur Anfertigung des Teilungsplanes der an ihn gerichteten Aufforderung nicht nachgekommen ist, wird nach der Anzeige und deren Unterlagen berechnet. [2]Eine nachträgliche Ergänzung der Forderung findet nicht statt.

---

1 Stein/Jonas/*Münzberg*, § 872 Rn 1.
2 Stein/Jonas/*Münzberg*, § 872 Rn 5; aA Baumbach/Lauterbach/*Hartmann*, § 872 Rn 5.

I. Allgemeines

Der Teilungsplan ist Grundlage für den Verteilungstermin und bereitet die Erlösverteilung vor. Da der Teilungsplan durch Anerkennung von Widersprüchen, Einigung der beteiligten Gläubiger oder aufgrund einer erfolgreichen Widerspruchsklage noch abgeändert werden kann, handelt es sich dabei nur um eine vorläufige Entscheidung des Versteigerungsgerichts.

II. Teilungsplan (Abs. 1)

1. Erstellung und Mitteilung. Nach Ablauf der zweiwöchigen Anmeldefrist (s. § 873 Rn 5) erstellt der Rechtspfleger von Amts wegen und ohne mündliche Verhandlung den Teilungsplan. Grundlage sind die Anzeige sowie die von den Gläubigern eingereichten Berechnungen und die dazu vorgelegten Urkunden. Von der Existenz des Plans erfahren die beteiligten Gläubiger durch die ihnen bekannt gemachte Bestimmung des Versteigerungstermins. Der Plan muss spätestens drei Tage vor dem Termin auf der Geschäftsstelle zur Einsicht der Beteiligten vorliegen (§ 875 Abs. 1 S. 2). Eine Übersendung des Plans erfolgt nur auf entsprechenden Antrag hin.

2. Inhalt. In dem Plan[1] ist zunächst die zur Verteilung anstehende **Masse** anzugeben, also der Betrag, der zulässigerweise (vgl § 872 Rn 18) hinterlegt worden ist, abzüglich der gemeinschaftlichen Kosten (s. Rn 9) und zzgl der **Hinterlegungszinsen**. Diese stehen den Gläubigern entsprechend ihrem Rang bzw im Verhältnis ihrer Ansprüche auf die Hinterlegungsmasse zu, wobei der jeweilige Zinsanspruch der Gläubiger mit der Hinterlegung entsprechend § 379 Abs. 2 BGB endet.[2] Bleibt ein restlicher Betrag weiterhin – zB wegen eines erhobenen Widerspruchs – hinterlegt und wird dieser daher weiter verzinst, stehen diese Zinsen dem Gläubiger zu, für den der Betrag hinterlegt bleibt, wenn sich der Widerspruch letztlich als unrichtig erweist, ansonsten dem rangnächsten Gläubiger.[3]

Sind **fortlaufende Bezüge** (§ 832) gepfändet, sind entsprechend §§ 156, 159 ZVG in den Plan auch die erst zukünftig eingehenden Beträge aufzunehmen, mit der Folge, dass in dem Plan die aktuelle Teilungsmasse angegeben wird und die zukünftig zu erwartenden Hinterlegungsbeträge sowie die Schulden. Das Gericht ordnet an, dass nach Eingang der zukünftig hinterlegten Beträge diese entsprechend der Reihenfolge im Plan an die Gläubiger auszuzahlen sind.

Sodann sind alle **Gläubiger** aufzunehmen, die ihre Forderungen angemeldet haben. Dazu gehören auch diejenigen, deren Zwangsvollstreckung einstweilen eingestellt ist, weil bis zur Verteilung die einstweilige Einstellung noch wegfallen kann. Ergibt sich aus der zur Verteilung anstehenden Masse und der Höhe der Forderungen der rangbesten Gläubiger, dass nur der erste oder die nächsten Gläubiger mit einer Erlöszuteilung rechnen können, sind gleichwohl auch alle anderen Gläubiger noch in den Plan aufzunehmen, weil sich an dieser Reihenfolge durch Rücknahme, anerkannten Widerspruch, durch Einigung der Gläubiger oder durch eine erfolgreiche Widerspruchsklage noch etwas ändern kann, und es daher notwendig ist, die Reihenfolge aller beteiligten Gläubiger festzustellen.

Die Reihenfolge stellt das Gericht anhand der sich aus den Unterlagen ergebenden Zeitpunkte der Wirksamkeit der Pfändungen und damit der **Rangfolge** (§ 804 Abs. 3) fest. Pfändungen aufgrund Arrestes (§ 930) sowie der Sicherungs-

---

1 Muster bei Zöller/*Stöber*, § 874 Rn 6.
2 OLG Karlsruhe OLGR 2006, 943; aA (Zinsen bis zur Planausführung) Zöller/*Stöber*, § 872 Rn 2 a.
3 OLG Karlsruhe OLGR 2006, 943; Zöller/*Stöber*, § 872 Rn 2 a; aA MüKo-ZPO/*Eickmann*, § 872 Rn 5; Musielak/Voit/*Becker*, § 872 Rn 3 (stets Auszahlung an den letzten nicht voll berücksichtigten Gläubiger).

vollstreckung (§ 720 a) werden voll berücksichtigt, der entsprechende Betrag jedoch hinterlegt. Nach einer verbreiteten Meinung[4] soll, wenn die Pfändung wegen einer Forderung, für die der Gläubiger bereits ein vertragliches oder gesetzliches Pfandrecht hat, das Pfändungspfandrecht – abweichend von § 804 Abs. 3 – mit dem Rang des vertraglichen bzw gesetzlichen Pfandrechts entstehen (vgl § 804 Rn 14). Macht ein Gläubiger diesen besseren Rang geltend, kann er damit im Teilungsplan nicht berücksichtigt werden. Denn die Hinterlegung erfolgte allein im Hinblick auf die Pfändungen und nur zur Klärung dieser Rangfolgen ist das Verteilungsverfahren geschaffen. Daher ist es ihm eher als den anderen Gläubigern zuzumuten, Widerspruch gegen seinem bloßen Pfändungspfandrecht vorgehende, aber seinem vertraglichen oder gesetzlichen Pfandrecht nachgehenden Pfandrechte zu erheben und ggf durch Klage gem. § 878 dies klären zu lassen, oder auch außerhalb des Verteilungsverfahrens mit einer Klage gem. §§ 771, 805.[5]

7 Der Umfang der **Prüfungsberechtigung** ist im Einzelnen streitig.[6] Unstreitig darf das Gericht weder die Berechtigung der dem Titel und damit der Pfändung zugrunde liegenden Forderung prüfen noch die Forderung, in die vollstreckt worden ist. Nach zutreffender Auffassung ist die Wirksamkeit der Pfändung nur daraufhin zu prüfen, dass sie nicht nichtig ist. Ergibt die Prüfung eine bloße Anfechtbarkeit der Pfändungen, muss sie in den Teilungsplan aufgenommen werden, weil die Pfändung noch bis zur Aufhebung wirksam ist.[7]

8 Im Plan **berücksichtigt** werden nur Forderungen, wegen derer die Pfändung ausweislich der vorgelegten Unterlagen erfolgt ist, also die Hauptforderung und – nur wenn und soweit auch wegen dieser vollstreckt wurde – Zinsen bis zur Hinterlegung[8] (s. Rn 3) und Kosten der Zwangsvollstreckung, deren Notwendigkeit iSv § 788 das Versteigerungsgericht überprüft. Da von der Pfändung nicht miterfasst, fallen die den Gläubigern im Versteigerungsverfahren im Hinblick auf ihre eigenen Interessen entstandenen Kosten (insb. Anwaltskosten) sowie die Kosten der Pfändung, die zur Hinterlegung geführt hat, nicht darunter, sondern müssen, wenn sie im Plan berücksichtigt werden sollen, gesondert und rechtzeitig angemeldet werden.[9] Einem Gläubiger steht es frei, auch weniger anzumelden; in diesem Fall findet aber auf den nicht angemeldeten Teil Abs. 3 Anwendung.

III. Abzug der Kosten (Abs. 2)

9 Von dem Bestand der Masse sind die Kosten des Verfahrens vorab abzuziehen (Abs. 2). Zu diesen Kosten gehören die Gerichtskosten des Verteilungsverfahrens (s. § 872 Rn 36), die Kosten der Hinterlegung, die landesgesetzlich geregelt sind, und die Kosten der Versteigerung der vom Gerichtsvollzieher gepfändeten Sachen, soweit er diese nicht bereits vor der Hinterlegung des Erlöses gem. § 6 GvKostG entnommen hat. Ferner zählen hierzu auch solche Kosten, die ein einzelner Gläubiger im Interesse aller auf die gepfändete Sache aufgewandt hat,[10]

---

4 Str; so Brox/*Walker*, Rn 377; Musielak/Voit/*Becker*, § 804 Rn 15; wohl auch Stein/Jonas/*Münzberg*, § 804 Rn 39; einschr. Zöller/*Stöber*, § 804 Rn 5; MüKo-ZPO/*Eickmann*, § 872 Rn 12; aA MüKo-ZPO/*Gruber*, § 804 Rn 37.
5 So auch Stein/Jonas/*Münzberg*, § 872 Rn 2; Hk-ZPO/*Kindl*, § 874 Rn 3; aA MüKo-ZPO/*Eickmann*, § 874 Rn 11; Musielak/Voit/*Becker*, § 874 Rn 4.
6 Vgl Stein/Jonas/*Münzberg*, § 872 Rn 2 einerseits und MüKo-ZPO/*Eickmann*, § 872 Rn 7 andererseits.
7 Stein/Jonas/*Münzberg*, § 872 Rn 2; Zöller/*Stöber*, § 872 Rn 3; Musielak/Voit/*Becker*, § 872 Rn 4; Hk-ZPO/*Kindl*, § 872 Rn 3; Schuschke/Walker/*Walker*, § 874 Rn 4.
8 OLG Karlsruhe OLGR 2006, 943; aA (Zinsen bis zur Planausführung) Zöller/*Stöber*, § 872 Rn 2 a; MüKo-ZPO/*Eickmann*, § 874 Rn 10.
9 HM, vgl Musielak/Voit/*Becker*, § 874 Rn 4; MüKo-ZPO/*Eickmann*, § 874 Rn 3.
10 Schuschke/Walker/*Walker*, § 874 Rn 2; Musielak/Voit/*Becker*, § 874 Rn 3.

wie etwa Aufwendungen zur Ablösung eines Eigentumsvorbehalts, damit die gepfändete Sache überhaupt versteigert werden konnte,[11] Erhaltungskosten oder die Kosten für die Versteigerung an einem anderen Ort (§ 825),[12] um einen höheren Erlös zu erzielen.

IV. Folgen der Versäumung der Frist zur Vorlage der Berechnung

Da die Frist des § 873 keine Ausschlussfrist ist, kann der Gläubiger seine Berechnung auch noch nachreichen. Geschieht dies, bevor der Teilungsplan angefertigt ist, wird die Forderung noch in den Teilungsplan aufgenommen. Mit dem Merkmal „Anfertigung des Teilungsplans" ist der Zeitpunkt der Niederlegung des Teilungsplans auf der Geschäftsstelle gem. § 875 Abs. 1 S. 2 gemeint.[13] Selbst wenn bis zu diesem Zeitpunkt keine Berechnung vorgelegt worden ist, führt dies nach **Abs. 3 S. 1** nicht zu einer vollständigen Nichtberücksichtigung dieses Gläubigers, weil aus der Hinterlegungsanzeige sein Pfandrecht ja bekannt ist. Folge der Fristversäumung ist dann aber, dass die Forderung solcher Gläubiger nur insoweit in den Teilungsplan aufgenommen wird, als sich diese aus der Hinterlegungsanzeige und den damit eingereichten Unterlagen ergibt. Legt der Gläubiger nach dem vorgenannten Termin noch eine Berechnung oder Unterlagen vor, dürfen diese nicht mehr berücksichtigt werden (**Abs. 3 S. 2**). Da Abs. 3 S. 2 generell eine Ergänzung der Forderung ausschließt, gehört dazu auch etwaiger Vortrag zu der in Anspruch genommenen Rangfolge.[14]

10

Hat ein Gläubiger die Frist versäumt und führt die Berücksichtigung aufgrund der Hinterlegungsanzeige für ihn zu einem Nachteil, bleibt ihm lediglich zu versuchen, im Verteilungstermin eine Änderung des Teilungsplans durch Einigung aller Gläubiger zu erzielen. Unbenommen ist jedem Gläubiger, seine Anmeldung zurückzuziehen oder zu ermäßigen. Das Verteilungsgericht ändert den Plan dann entsprechend schon vor dem Verteilungstermin. Hiervon sollten die übrigen Beteiligten unterrichtet werden.

11

§ 875 Terminsbestimmung

(1) ¹Das Gericht hat zur Erklärung über den Teilungsplan sowie zur Ausführung der Verteilung einen Termin zu bestimmen. ²Der Teilungsplan muss spätestens drei Tage vor dem Termin auf der Geschäftsstelle zur Einsicht der Beteiligten niedergelegt werden.

(2) Die Ladung des Schuldners zu dem Termin ist nicht erforderlich, wenn sie durch Zustellung im Ausland oder durch öffentliche Zustellung erfolgen müsste.

I. Allgemeines

Unklarheiten und Probleme, die sich bei der Beteiligung mehrerer konkurrierender Gläubiger ergeben, lassen sich am ehesten im Rahmen einer mündlichen Verhandlung klären und ggf auch lösen. Hierzu dient die zwingend vorgesehene mündliche Verhandlung. Diese ist nicht öffentlich.[1] **Teilnahmeberechtigt** sind die

1

---

11 LG Aachen Rpfleger 1968, 60.
12 LG Hamburg MDR 1953, 433.
13 HM, vgl MüKo-ZPO/*Eickmann*, § 874 Rn 14; Schuschke/Walker/*Walker*, § 874 Rn 5; aA Baumbach/Lauterbach/*Hartmann*, § 874 Rn 7 (Zeitpunkt der Hinausgabe).
14 MüKo-ZPO/*Eickmann*, § 874 Rn 16; Musielak/Voit/*Becker*, § 874 Rn 5; Hk-ZPO/*Kindl*, § 874 Rn 5; aA Stein/Jonas/*Münzberg*, § 873 Rn 3.
1 AllgM, vgl Hk-ZPO/*Kindl*, § 875 Rn 2.

beteiligten Gläubiger (s. § 872 Rn 10, 23), der Schuldner sowie der hinterlegende Drittschuldner.

II. Terminsbestimmung und Ladung

2 Die **Bestimmung des Termins** zur Erklärung über den Teilungsplan erfolgt von Amts wegen.[2] Sie kann bereits vor Erstellung des Teilungsplans erfolgen, doch muss der Teilungsplan spätestens drei Tage vor dem Termin erstellt und auf der Geschäftsstelle zur Einsicht der Beteiligten niedergelegt werden (Anfertigung iSv § 874), damit sich die beteiligten Gläubiger rechtzeitig über den Inhalt des Teilungsplans informieren können.

3 Die **Ladungen** zum Termin erfolgt von Amts wegen mit einer Ladungsfrist von drei Tagen (§ 217). Geladen werden die beteiligten Gläubiger (s. § 872 Rn 10, 23) sowie der Schuldner, und zwar gem. § 329 Abs. 2 S. 2 durch Zustellung. Die Ladung des Schuldners ist entbehrlich, wenn die Zustellung im Ausland oder durch öffentliche Zustellung erfolgen müsste (**Abs. 2**). Grund dafür ist, dass der Zweck des Verteilungsverfahrens auch ohne Anwesenheit des Schuldners erreicht werden kann und in den genannten Fällen das Verfahren nur unnötig verzögert würde. Zwar muss der Teilungsplan nicht mit der Ladung übersandt werden, doch muss sie, wenn dies nicht geschieht, einen Hinweis darauf enthalten, dass in den drei Tagen vor dem Termin in den Plan Einsicht auf der Geschäftsstelle genommen werden kann, weil nur so das rechtliche Gehör ausreichend gewahrt ist. Eines Hinweises auf die Säumnisfolgen gem. § 877 muss die Ladung im Hinblick auf § 231 nicht enthalten.

4 Wurde die Ladungsfrist oder die Frist für die Niederlegung **nicht eingehalten**, muss von Amts wegen vertagt werden, weil die Fristen der ausreichenden Gewährung rechtlichen Gehörs dienen. Diese Vertagung sollte allerdings erst im Termin erfolgen, weil sie nicht notwendig ist, wenn alle beteiligten Gläubiger mit der Nichteinhaltung der Fristen einverstanden sind, wobei dieses Einverständnis auch in einer rügelosen Einlassung (§ 295) der im Termin erschienenen Beteiligten oder der vor dem Termin nicht erhobenen Rüge der nicht erschienenen Beteiligten liegen kann.

5 Die Terminsbestimmung ist unanfechtbar. Wird trotz Nichteinhaltung der Fristen und entsprechender Rüge nicht vertagt, kann dagegen sofortige Beschwerde gem. § 11 Abs. 1 RPflG, § 793 erhoben werden.

§ 876 Termin zur Erklärung und Ausführung

[1]Wird in dem Termin ein Widerspruch gegen den Plan nicht erhoben, so ist dieser zur Ausführung zu bringen. [2]Erfolgt ein Widerspruch, so hat sich jeder dabei beteiligte Gläubiger sofort zu erklären. [3]Wird der Widerspruch von den Beteiligten als begründet anerkannt oder kommt anderweit eine Einigung zustande, so ist der Plan demgemäß zu berichten. [4]Wenn ein Widerspruch sich nicht erledigt, so wird der Plan insoweit ausgeführt, als er durch den Widerspruch nicht betroffen wird.

I. Allgemeines 1	IV. Rechtsbehelfe und ihre Folgen .. 14
II. Kein Widerspruch (S. 1) 2	
III. Verfahren bei Widerspruch (S. 2–4) 4	

---

2 Muster bei Zöller/*Stöber*, § 875 Rn 2.

I. Allgemeines

Das Verteilungsverfahren soll möglichst zügig erledigt werden. Dazu dient der Termin, in dem die beteiligten Gläubiger, der Schuldner sowie ggf der Drittschuldner zu dem vom Gericht erstellten vorläufigen Verteilungsplan Stellung nehmen können. Wird kein Widerspruch erhoben oder einigen sich die Beteiligten über einen eingelegten Widerspruch, kann die Auszahlung entsprechend vom Gericht angeordnet werden. Wird ein solcher Widerspruch erhoben und einigen sich die Parteien nicht darüber, bleibt dem Widersprechenden nur die Widerspruchsklage gem. § 878.

II. Kein Widerspruch (S. 1)

Ist sowohl im Termin als auch vor dem Termin (vgl § 877 Abs. 1) kein Widerspruch gegen den Plan erhoben worden, wird der **Plan zur Ausführung gebracht** (S. 1), dh der Rechtspfleger weist die Beträge zur Auszahlung an, soweit die Gläubiger zu der Zeit aufgrund der ausgebrachten Pfändung bereits Auszahlung verlangen können, und teilt dies der Hinterlegungsstelle mit, die dann entsprechend die Auszahlung vornimmt (nach den landesrechtlichen Nachfolgeregelungen der §§ 13, 15 HintO, vgl § 872 Rn 13). Können Pfändungsgläubiger noch keine Zahlung verlangen, wie zB Gläubiger eines Arrestpfandrechts (§ 930 Abs. 2), einer Sicherungsvollstreckung (§ 720 a), bei der Vorpfändung (§ 845 Abs. 2) oder wenn nur ein Pfändungs-, aber noch kein Überweisungsbeschluss vorliegt, bleibt der auf sie entfallende Betrag weiterhin hinterlegt, bis Auszahlungsreife eingetreten und nachgewiesen ist.[1]

Gläubiger, die vor dem Termin keinen Widerspruch erhoben haben und im Termin **nicht erschienen** sind, werden so behandelt, als ob sie mit der Ausführung des Plans einverstanden sind (§ 877 Abs. 1). Die Säumnis eines vom Widerspruch betroffenen, im Termin nicht erschienenen Gläubigers schadet diesem nicht, weil gem. § 877 Abs. 2 angenommen wird, dass er den Widerspruch nicht anerkennt (vgl Rn 12 und § 877 Rn 5 f).

III. Verfahren bei Widerspruch (S. 2–4)

Einwendungen gegen den Rang oder die Höhe der angemeldeten Forderungen der übrigen Gläubiger können ausschließlich durch Widerspruch – und ggf nachfolgend die Widerspruchsklage – erhoben werden. Gleiches gilt nach zutreffender hM,[2] wenn ein beteiligter Gläubiger erreichen will, dass seine eigene Forderung überhaupt, mit einem höheren Betrag oder/und mit besserem Rang in den Plan aufgenommen wird. Denn beides lässt sich idR nicht voneinander trennen. Zu sonstigen Einwendungen und deren Geltendmachung s. Rn 16.

Widerspruchsberechtigt sind allein die beteiligten **Gläubiger**. Das sind all diejenigen, die einen Titel gegen den Schuldner haben und aufgrund eines solchen in den Gegenstand haben pfänden lassen. Es scheiden daher sowohl Gläubiger aus, die lediglich eine titulierte Forderung gegen den Schuldner haben, als auch diejenigen, denen der Schuldner den Anspruch abgetreten hat (s. auch § 872 Rn 18).

Nicht zum Widerspruch berechtigt ist der **Schuldner**. Hat er Einwendungen gegen Rang oder Höhe des im Plan festgestellten Anspruchs oder das der Pfändung zugrunde liegende Verfahren, muss er diese außerhalb des Verteilungsverfahrens mit den entsprechenden Rechtsbehelfen der ZPO geltend machen (zB gem. §§ 732, 766, 767, 768). Grundsätzlich kann er auch nur aufgrund solcher Ver-

---

1 Stein/Jonas/*Münzberg*, § 876 Rn 12; Musielak/Voit/*Becker*, § 876 Rn 8.
2 Stein/Jonas/*Münzberg*, § 876 Rn 2; MüKo-ZPO/*Eickmann*, § 876 Rn 3; Hk-ZPO/*Kindl*, § 876 Rn 2.

fahren eine einstweilige Einstellung der Vollstreckung jener Forderung erreichen und damit auch insoweit die Ausführung des Plans verhindern. Zu prüfen ist jedoch jeweils, ob der Widerspruch des Schuldners nicht als Antrag an das Verteilungsgericht als Vollstreckungsgericht auf einstweilige Einstellung der Vollstreckung gem. § 769 Abs. 2 auszulegen ist.[3]

7 Entsprechendes gilt auch für ggf zum Termin geladene Drittschuldner oder sonstige **Dritte**. Auch sie können nur mit Rechtsbehelfen außerhalb des Verteilungsverfahrens, zB gem. §§ 766, 771, 805, versuchen, ihre Rechte zu wahren.

8 **Zeitlich** muss der Widerspruch – wie sich aus § 877 Abs. 1 ergibt – entweder vor dem Termin oder nach Beginn und vor Beendigung des Verteilungstermins erfolgen. Ein nach dem Verteilungstermin gegenüber dem Versteigerungsgericht oder der Hinterlegungsstelle eingelegter Widerspruch ist grds. unzulässig. Etwas anderes gilt jedoch hinsichtlich solcher Beträge, die erst nach dem Termin hinterlegt werden, wie es bei der Pfändung fortlaufender Bezüge der Fall ist (s. § 874 Rn 4). In diesem Fall kann der beteiligte Gläubiger mit dem Widerspruch noch eine Änderung des Plans für die Zukunft erreichen.[4]

9 Die **Form** des Widerspruchs kann schriftlich sein, als elektronisches Dokument (§ 130 a) oder zu Protokoll der Geschäftsstelle erfolgen. Das Wort „Widerspruch" muss nicht zwingend verwendet werden, doch muss hinreichend klar zum Ausdruck gebracht werden, dass und in welcher Weise sowie mit welchem Ziel der Gläubiger mit dem Plan nicht einverstanden ist. Es muss also deutlich werden, welche Forderung und welcher Gläubiger betroffen ist und inwieweit sich dadurch die Situation des Widersprechenden verbessert. Eine **Begründung** im Übrigen ist nicht erforderlich, erleichtert jedoch die Möglichkeit einer Einigung mit den übrigen Gläubigern über den Widerspruch.

10 Wird zwar Widerspruch eingelegt, betrifft dieser jedoch nur einen **Teil des Plans**, wird dieser ausgeführt, soweit er durch den Widerspruch nicht betroffen ist (**S. 4**). Hat beispielsweise bei insgesamt vier Pfändungsgläubigern der letztrangige Gläubiger Widerspruch gegen die Berücksichtigung des unmittelbar vor ihm im Range stehenden dritten Gläubigers erhoben, steht der Planausführung hinsichtlich der ersten zwei Gläubiger nichts im Wege. Entsprechendes gilt, wenn ein eingelegter Widerspruch **zurückgenommen** worden ist, was jederzeit zulässig ist.

11 Mangels **Rechtsschutzinteresses** ist der Widerspruch unzulässig, wenn er im Erfolgsfall nicht dazu führen würde, dass auf den Widersprechenden eine Zuteilung erfolgt. Das ist beispielsweise der Fall, wenn der im Rang Vierte mit dem Widerspruch geltend macht, die Pfändung des Rangzweiten sei später erfolgt als die des Rangdritten, oder er sich gegen die Berücksichtigung nachrangiger Pfändungsgläubiger wendet. Letzteres ist jedoch zulässig, wenn der Nachrangige seinerseits Widerspruch gegen den ihm im Rang vorgehenden widersprechenden Gläubiger eingelegt hat. Denn wenn aufgrund des Widerspruchs des rangbesseren Pfändungsgläubigers der widersprechende rangschlechtere Pfändungsgläubiger wegfällt, fällt auch dessen Widerspruch weg und kommt ihm daher zugute.

12 Ist der Widerspruch zulässig, müssen sich diejenigen beteiligten Gläubiger, die anwesend sind und zu deren Lasten der Widerspruch gehen würde, sofort zu dem Widerspruch **erklären**. Die Säumnis eines vom Widerspruch betroffenen, im Termin nicht erschienenen Gläubigers schadet diesem nicht, weil gem. § 877 Abs. 2 angenommen wird, dass er den Widerspruch nicht anerkennt. Wird der Widerspruch von allen Beteiligten anerkannt oder einigen sich die beteiligten Gläubiger anderweitig (zB durch (Teil-)Rücknahme, Anerkennung, Vergleich), ist der Plan entsprechend zu berichtigen und auszuführen (**S. 3**). Eine Abänderung

---
3 Zöller/*Stöber*, § 876 Rn 4.
4 Stein/Jonas/*Münzberg*, § 876 Rn 15; Zöller/*Stöber*, § 874 Rn 8.

kann noch bis zur Erlösverteilung erfolgen.[5] Im Übrigen hat der zulässige Widerspruch im Umfang seiner Einlegung aufschiebende Wirkung mit der Folge, dass die davon betroffenen Beträge einstweilen nicht ausgezahlt werden.

Sobald und soweit eine der nachfolgenden Voraussetzungen vorliegt, wird der Plan ausgeführt (S. 4):[6] 13

- Es ist kein Widerspruch erfolgt.
- Ein Widerspruch ist zwar erfolgt und nicht anderweitig erledigt, er betrifft aber die Ausführung des Plans im Übrigen nicht.
- Der Widerspruch ist nach dem Termin zurückgenommen worden.
- Eine Widerspruchsklage ist nicht innerhalb der Frist des § 878 erhoben.
- Eine erhobene Widerspruchsklage ist rechtskräftig verworfen, zurückgewiesen oder für zurückgenommen erklärt worden.

IV. Rechtsbehelfe und ihre Folgen

Materielle Einwendungen der beteiligten Gläubiger (s. § 872 Rn 10, 23) können nur mit dem Widerspruch gegen den Plan geltend gemacht werden. Wird Widerspruch erhoben, darf das Verteilungsgericht nicht darüber entscheiden, ob der Widerspruch sachlich begründet ist. Dies muss vielmehr im Rahmen einer von dem Widersprechenden gegen die betroffenen Gläubiger zu erhebenden Klage (§§ 878 ff) geklärt werden. Gleiches gilt nach streitiger Auffassung,[7] wenn der Rechtspfleger unberechtigt über die materielle Wirksamkeit des Widerspruchs entschieden haben sollte. Angesichts des Meinungsstreits und der Tatsache, dass die sofortige Beschwerde innerhalb von zwei Wochen zu erheben ist, die Frist für die Widerspruchsklage aber einen Monat beträgt, kann einem Widersprechenden nur empfohlen werden, in jedem Fall sofortige Beschwerde einzulegen und, wenn über diese nicht innerhalb der Monatsfrist rechtskräftig entschieden worden ist, zusätzlich Widerspruchsklage zu erheben. Nur so kann er vermeiden, mit seinem Widerspruch nicht schon aus formalen Gründen zu scheitern. 14

Der Rechtspfleger muss allerdings prüfen, ob der Widerspruch **form- und fristgerecht** und von einem zum Widerspruch **Berechtigten** erhoben worden ist.[8] Weist er den Widerspruch zurück, weil es an der notwendigen Form fehlt, die Frist nicht eingehalten worden ist (Widerspruch nach Terminsende) oder der Widersprechende zum Widerspruch nicht berechtigt ist (zB der Schuldner oder ein Abtretungsgläubiger), so entscheidet er damit nicht über die sachliche Begründetheit des Widerspruchs, sondern er trifft eine das Verfahren als solche betreffende Entscheidung. Da ein Widerspruch erfolgt ist und damit eine Tätigkeit des Gerichts beantragt wird, muss ein solcher Antrag auch beschieden werden.[9] Hiergegen steht dem Widersprechenden die sofortige Beschwerde (§ 793) zu. 15

Andere **Verstöße gegen Verfahrensvorschriften** – wie zB die Ablehnung der Durchführung des Verteilungsverfahrens, die Rüge der Unzuständigkeit des Gerichts, die verzögerte oder dem Plan widersprechende Auskehrung des Erlöses, die Nichtberücksichtigung eines erhobenen Widerspruchs, Rechenfehler – sind mit der Vollstreckungserinnerung (§ 766) oder – im Falle der vorhergehenden 16

---

5 OLG Köln MDR 1969, 401.
6 Beispiele dazu bei MüKo-ZPO/*Eickmann*, § 876 Rn 15 ff.
7 BGH NJW-RR 2007, 782; aA die hM in der Literatur: Schuschke/Walker/*Walker*, § 876 Rn 7; Stein/Jonas/*Münzberg*, § 876 Rn 4; Hk-ZPO/*Kindl*, § 876 Rn 1.
8 BGH NJW-RR 2007, 782.
9 Musielak/Voit/*Becker*, § 876 Rn 4; MüKo-ZPO/*Eickmann*, § 876 Rn 6; nach aA soll ein solcher Widerspruch unbeachtet bleiben: Zöller/*Stöber*, § 876 Rn 4; Hk-ZPO/*Kindl*, § 876 Rn 3.

Gewährung rechtlichen Gehörs oder bei Ablehnung eines Antrags – der sofortigen Beschwerde (§ 793) geltend zu machen.[10]

17 Die Erhebung der Vollstreckungserinnerung bzw sofortigen Beschwerde hat keine aufschiebende Wirkung. Die vorläufige Verhinderung der weiteren Ausführung des Plans kann der Gläubiger durch eine **einstweilige Anordnung** gem. § 766 Abs. 1 S. 2 bzw gem. §§ 793, 572 Abs. 2 oder 3 erreichen.

18 Hinsichtlich der Folgen einer **Einstellung der Zwangsvollstreckung** muss unterschieden werden, ob es sich um eine nur einstweilige Einstellung oder um eine endgültige, mit der Aufhebung der Zwangsvollstreckungsmaßnahme verbundene Einstellung handelt, und ob sie an den Verteilungsverfahren beteiligten Gläubiger betrifft oder nur einen Teil von ihnen. Ist die Zwangsvollstreckung nur **einstweilen eingestellt**, bleibt die Wirksamkeit der ausgebrachten Pfändungen zunächst erhalten. Die Folge ist daher, dass das Verteilungsverfahren hinsichtlich derjenigen Gläubiger, die von der einstweiligen Einstellung betroffen sind, nicht weiter fortgeführt wird und die entsprechenden Beträge hinterlegt bleiben. Ist das der Pfändung zugrunde liegende Urteil oder dessen Vollstreckbarkeit aufgehoben, die Zwangsvollstreckung für unzulässig erklärt oder dauerhaft eingestellt und sind gem. § 776 die entsprechenden Vollstreckungsmaßregeln aufgehoben worden, scheidet der Pfändungsgläubiger, den dies betrifft, aus dem Verteilungsverfahren aus; im Hinblick auf die übrigen Gläubiger wird es fortgesetzt, wobei der Plan hinsichtlich des ausgeschiedenen Gläubigers zu korrigieren ist. Betrifft dies alle am Verteilungsverfahren beteiligten Gläubiger, hat dieses damit sein Ende gefunden und die Masse ist an den Schuldner bzw einen Drittberechtigten auszuzahlen.[11]

§ 877 Säumnisfolgen

(1) Gegen einen Gläubiger, der in dem Termin weder erschienen ist noch vor dem Termin bei dem Gericht Widerspruch erhoben hat, wird angenommen, dass er mit der Ausführung des Planes einverstanden sei.

(2) Ist ein in dem Termin nicht erschienener Gläubiger bei dem Widerspruch beteiligt, den ein anderer Gläubiger erhoben hat, so wird angenommen, dass er diesen Widerspruch nicht als begründet anerkenne.

I. Allgemeines

1 Die Vorschrift regelt die Folgen bezüglich solcher Gläubiger, die keinen Widerspruch eingelegt haben, und enthält zwei unwiderlegliche Vermutungen, einerseits hinsichtlich des eigenen nicht erhobenen Widerspruchs, und andererseits der Folgen eines Widerspruchs, der von einem anderen Gläubiger erhoben worden ist und den säumigen Gläubiger betrifft.

II. Folgen der eigenen Säumnis ohne Widerspruch anderer Gläubiger (Abs. 1)

2 Hat ein beteiligter Gläubiger vor dem Verteilungstermin keinen Widerspruch erhoben und ist er im Termin nicht erschienen oder ist er zwar erschienen, hat aber keinen Widerspruch erhoben,[1] wird unwiderleglich vermutet, dass er mit der

---

10 HM, vgl Musielak/Voit/*Becker*, § 876 Rn 3; aA Zöller/*Stöber*, § 876 Rn 12.
11 Zöller/*Stöber*, § 876 Rn 10; Musielak/Voit/*Becker*, § 876 Rn 11.

1 Diese Variante fällt nach Sinn und Zweck der Vorschrift ebenfalls unter § 876, vgl RGZ 125, 137 und allgM.

Ausführung des Plans einverstanden ist. Ein erst nach dem Termin gegen den niedergelegten Plan erhobener Widerspruch ist daher unzulässig, für eine Widerspruchsklage gem. § 878 fehlt die Aktivlegitimation. Ist der Plan erst im Termin geändert worden, so dass der säumige Gläubiger von dem geänderten Plan keine Kenntnis hat, greift die Vermutung des Abs. 1 nicht,[2] weil Vermutungsgrundlage der niedergelegte Plan ist, was sich im Übrigen auch mittelbar aus Abs. 2 ergibt.

Die Versäumung des Widerspruchs bzw der Widerspruchsklage schließt Ansprüche aus materiellem Recht gegen die oder den anderen beteiligten Gläubiger nicht aus (vgl § 878). 3

Ist es zur Säumnis des Gläubigers durch einen Verfahrensfehler des Gerichts gekommen (zB fehlende Ladung des Gläubigers), kann dieser über die Einlegung des entsprechenden Rechtsbehelfs (s. § 876 Rn 16) wegen dieses Verfahrensfehlers eine Aufhebung des Verteilungsplans erreichen. 4

III. Folgen der Säumnis bei Widerspruch eines anderen Gläubigers (Abs. 2)

Anders als im Erkenntnisverfahren der ZPO gehen die Folgen der Säumnis nicht zu Lasten des Säumigen, wenn und soweit er von dem Widerspruch eines anderen betroffen ist. Betroffen ist er, wenn bei einem Erfolg des Widerspruchs er ganz oder teilweise mit seiner Forderung ausfallen würde. Erscheint der Gläubiger im Termin nicht oder ist er zwar erschienen, hat jedoch keine Erklärung zu dem Widerspruch abgegeben, wird unwiderleglich vermutet, dass dieser Gläubiger den Widerspruch nicht als begründet anerkennt. Es wird also ein Widerspruch unterstellt. Folge davon ist, dass der widersprechende Gläubiger allein wegen dieses säumigen Gläubigers und, wenn daneben andere Gläubiger ausdrücklich widersprochen haben, auch wegen dieser anderen Gläubiger gezwungen ist, Widerspruchsklage gem. § 878 zu erheben, wenn er mit seinem Widerspruch durchdringen will. 5

Der säumige Gläubiger kann nachträglich sein Einverständnis mit dem Widerspruch erklären, auch noch im Rahmen der Widerspruchsklage. In letzterem Fall findet zwar die Vorschrift des § 93 über die kostenrechtlichen Wirkungen eines sofortigen Anerkenntnisses grds. Anwendung, doch scheitert die Auferlegung der Kosten auf den widersprechenden Gläubiger nach streitiger, aber zutreffender Auffassung[3] daran, dass er durch den fiktiven Widerspruch, den er durch sein Verhalten erst herbeigeführt hat, Anlass zur Klage gegeben hat. Im Hinblick auf den Meinungsstreit sollte der widersprechende Gläubiger aus Gründen der Vorsicht den säumigen Gläubiger vor Erhebung der Klage auffordern, mitzuteilen, ob er den Widerspruch anerkenne. 6

§ 878 Widerspruchsklage

(1) ¹Der widersprechende Gläubiger muss ohne vorherige Aufforderung binnen einer Frist von einem Monat, die mit dem Terminstag beginnt, dem Gericht nachweisen, dass er gegen die beteiligten Gläubiger Klage erhoben habe. ²Nach fruchtlosem Ablauf dieser Frist wird die Ausführung des Planes ohne Rücksicht auf den Widerspruch angeordnet.

(2) Die Befugnis des Gläubigers, der dem Plan widersprochen hat, ein besseres Recht gegen den Gläubiger, der einen Geldbetrag nach dem Plan erhalten hat, im

---

2 Stein/Jonas/*Münzberg*, § 877 Rn 1.
3 Schuschke/Walker/*Walker*, § 877 Rn 2; Musielak/Voit/*Becker*, § 877 Rn 2; MüKo-ZPO/*Eickmann*, § 877 Rn 4; aA Zöller/*Stöber*, § 877 Rn 2; Stein/Jonas/*Münzberg*, § 877 Rn 2; Hk-ZPO/*Kindl*, § 877 Rn 3.

I. Allgemeines	1	2. Begründetheit	17
II. Folgen rechtzeitigen Widerspruchs und rechtzeitigen Klagenachweises (Abs. 1)	4	IV. Folgen des nicht rechtzeitigen Widerspruchs bzw nicht rechtzeitigen Klagenachweises (Abs. 2)	31
III. Die Widerspruchsklage im Einzelnen	9	V. Kosten	34
1. Zulässigkeit	9		

I. Allgemeines

1 Die Entscheidung über das mit Widerspruch geltend gemachte bessere Recht[1] des Widersprechenden an dem Erlös ist dem Richter vorbehalten, der darüber in einem außerhalb des eigentlichen Verteilungsverfahrens zu führenden Rechtsstreit entscheidet. Durch die Regelung in Abs. 1 wird verhindert, dass das Ergebnis dieses Prozesses unterlaufen wird, indem zwischenzeitlich der Teilungsplan ausgeführt worden ist. Die Klage kann auch noch nach Fristablauf erhoben werden, hat dann allerdings keine aufschiebende Wirkung mehr.

2 Die Einzelheiten der Klage sind in den §§ 878–882 nur unvollständig geregelt, so dass ergänzend die allgemeinen Vorschriften über die Klage heranzuziehen sind.

3 Die Folgen, die ein nicht rechtzeitig erhobener Widerspruch bzw ein zwar rechtzeitig erhobener Widerspruch, aber ein nicht rechtzeitiger Klagenachweis hat, ergeben sich aus Abs. 2.

II. Folgen rechtzeitigen Widerspruchs und rechtzeitigen Klagenachweises (Abs. 1)

4 Die Ausführung des Teilungsplans kann wegen materieller Einwendungen nur durch die rechtzeitige Erhebung des Widerspruchs (§ 877) und den ebenfalls rechtzeitigen Nachweis der Erhebung der Widerspruchsklage (Abs. 1) verhindert werden. Der nicht rechtzeitige Widerspruch hindert die Ausführung des Teilungsplans ebenso wenig wie der nicht rechtzeitige Nachweis der Klageerhebung. Der rechtzeitige Widerspruch hat daher nur innerhalb der Monatsfrist des Abs. 1 **aufschiebende Wirkung**, die bei rechtzeitigem Nachweis der Klageerhebung bis zur Rechtskraft des Urteils, Klagerücknahme oder sonstiger Beendigung des Prozesses bestehen bleibt.

5 Der rechtzeitige Nachweis der Klageerhebung hat nur insoweit aufschiebende Wirkung, als sie mit dem Widerspruch inhaltlich **identisch** ist. Richtete sich der Widerspruch gegen alle Gläubiger, hat der Widersprechende aber nur gegen einen Teil von ihnen Klage erhoben, so wird das Verfahren hinsichtlich der anderen fortgeführt. Entsprechendes gilt hinsichtlich des Umfangs des angeblich besseren Rechts des Widersprechenden.

6 Der **rechtzeitige Nachweis der Klageerhebung** iSv Abs. 1 ist nicht erst mit dem Nachweis der Zustellung der Klage (§§ 253, 261) gegeben, sondern bereits dann, wenn der Widersprechende fristgerecht nachweist, alles in seiner Macht Stehende getan zu haben, damit die Klage rechtshängig wird, weil anders als früher die Zustellung einer Klage nunmehr von Amts wegen geschieht. Die Klage muss daher bis Fristablauf anhängig und der Kostenvorschuss gezahlt oder ein Prozesskostenhilfegesuch einschließlich der erforderlichen Unterlagen (§ 117) eingereicht

---

[1] Vgl BGH NJW 2001, 2477 = Rpfleger 2001, 44.

sein.² Auch die demnächstige Zustellung der Klage muss der Widersprechende entsprechend § 167 nachweisen, allerdings nicht innerhalb der Monatsfrist.³ Die aufschiebende Wirkung tritt daher zunächst ein, entfällt aber wieder, wenn der Nachweis der Zustellung nicht alsbald erfolgt, oder sich ergibt, dass eine Zustellung nicht mehr im Sinne dieser Vorschrift „demnächst" erfolgt ist und dies aus Gründen, die der Widersprechende zu vertreten hat (zB Angabe einer falschen Adresse). Soweit dem entgegengehalten wird, es müsse bereits bei Fristablauf Klarheit herrschen, ist dem mit dieser Verfahrensweise Genüge getan. Andererseits ist nicht einzusehen, dass eine auf einer schuldhaft unzutreffenden Angabe der Anschrift eines Gläubigers beruhende und daher nicht mehr als demnächst geltende Zustellung gleichwohl die aufschiebende Wirkung – ggf für längere Zeit – aufrechterhalten soll.

Die **Frist** beginnt nach dem ausdrücklichen Wortlaut des Abs. 1 mit dem Terminstag, so dass dieser mitzählt; § 187 Abs. 1 BGB gilt daher nicht.⁴ Wurde der Widerspruch erst aufgrund eines Rechtsbehelfs anerkannt, beginnt die Frist mit der Zustellung der Entscheidung.⁵ Die Frist kann weder verkürzt noch verlängert werden. Da sie keine Notfrist ist, findet Wiedereinsetzung in den vorigen Stand nicht statt. 7

Der **Nachweis** ist schriftlich, durch elektronisches Dokument (§ 130 a) oder zu Protokoll der Geschäftsstelle zu führen, wobei die entsprechenden Urkunden beizufügen sind. Ist das Versteigerungsgericht auch das Prozessgericht, genügt eine Bezugnahme auf die Akten mit Angabe des genauen Aktenzeichens. 8

III. Die Widerspruchsklage im Einzelnen

1. Zulässigkeit. Die Widerspruchsklage ist nur **statthaft**, wenn mit ihr materiellrechtliche Einwendungen gegen die im Teilungsplan vorgesehene Erlösverteilung geltend gemacht werden, nicht jedoch für die Geltendmachung von Verfahrensverstößen. Solche können nur gem. § 766 oder § 793 geltend gemacht werden (s. § 876 Rn 16 f). 9

Ziel der Widerspruchsklage ist nicht lediglich die Feststellung des besseren materiellen Rechts, sondern auch die dementsprechende Anordnung der Erlösauszahlung. Es handelt sich daher um eine **prozessuale Gestaltungsklage**, was insb. bei der Fassung des Klageantrags zu berücksichtigen ist (s. Rn 16).⁶ 10

Ausschließlich **zuständig** ist das Verteilungsgericht oder das übergeordnete Landgericht, § 879. Wegen der Einzelheiten wird auf die dortige Kommentierung verwiesen. 11

Richtiger **Kläger** kann nur derjenige Gläubiger sein, der vor oder im Termin Widerspruch erhoben hat. Haben mehrere Gläubiger aus demselben Grund Widerspruch erhoben, können sie als Streitgenossen gemeinsam klagen. 12

Richtiger **Beklagter** ist der oder sind die anderen Gläubiger, die den Widerspruch nicht anerkannt und sich auch sonst nicht mit dem Widersprechenden geeinigt haben. Dazu gehören auch diejenigen Gläubiger, die vom Widerspruch betroffen sind, aber im Termin nicht erschienen waren und auch nicht nachträglich den 13

---

2 HM, vgl Zöller/*Stöber*, § 878 Rn 6; Hk-ZPO/*Kindl*, § 878 Rn 3.
3 OLG Bremen MDR 1982, 762; Schuschke/Walker/*Walker*, § 878 Rn 8; Baumbach/Lauterbach/*Hartmann*, § 878 Rn 4; aA OLG Hamm NJW 1965, 825; Stein/Jonas/*Münzberg*, § 878 Rn 3; Musielak/Voit/*Becker*, § 878 Rn 2.
4 HM, vgl Hk-ZPO/*Kindl*, § 878 Rn 3 mwN; aA Stein/Jonas/*Münzberg*, § 878 Rn 5.
5 Stein/Jonas/*Münzberg*, § 878 Rn 5; MüKo-ZPO/*Eickmann*, § 878 Rn 9; Musielak/Voit/*Becker*, § 878 Rn 2; aA Baumbach/Lauterbach/*Hartmann*, § 878 Rn 4.
6 BGH NJW 2001, 2477 = Rpfleger 2001, 443.

Widerspruch anerkannt haben (§ 877 Abs. 2). Mehrere beklagte Gläubiger sind einfache Streitgenossen (§ 61).

14 Das notwendige **Rechtsschutzinteresse** besteht ab dem Ende des Verteilungstermins, in dem keine Einigung über den Widerspruch erzielt werden konnte, bis zur vollständigen Ausführung des Teilungsplans.[7] Wird die Verteilungsmasse während des Prozesses ausgekehrt, bleibt dem Kläger nur die Rücknahme der Klage, die Erklärung der Erledigung des Rechtsstreits in der Hauptsache oder die Klageänderung auf Auszahlung des Erlöses aufgrund ungerechtfertigter Bereicherung. In Letzterem liegt keine Klageänderung (§ 264 Nr. 3).[8]

15 Der ungenutzte Ablauf der Frist gem. Abs. 1 hat lediglich die Anordnung der Planausführung zur Folge. Da es sich bei der **Frist** um keine Ausschlussfrist handelt, hindert der Fristablauf einen Gläubiger, der rechtzeitig widersprochen hat, nicht an der Erhebung der Widerspruchsklage. Diese hat allerdings keine aufschiebende Wirkung mehr.

16 Als **Klageantrag**[9] bietet sich unter Berücksichtigung der Klageart (Gestaltungsklage) sowie des verfolgten Zieles (vorrangige Erlösauskehrung) folgende Formulierung an:

▶ Der Kläger ist in dem Verteilungsverfahren ... (Az) mit seiner Forderung in Höhe von ... € vor der Forderung des Beklagten in Höhe von ... € (ggf mehrere Beklagte mit den jeweiligen Forderungen) zu befriedigen. ◀

17 **2. Begründetheit.** Die Widerspruchsklage ist begründet, wenn dem Kläger gegenüber dem bzw den Beklagten ein **besseres Recht** an dem Erlös zusteht, als es der Plan ausweist, und er demzufolge überhaupt erst etwas oder mehr von dem Erlös erhält, als nach dem Plan vorgesehen. Das kann auf der Unwirksamkeit des Pfändungspfandrechts des/der Beklagten beruhen, so dass dieses nicht mehr vorrangig ist. Das bessere Recht kann sich aber auch trotz formal-rechtlicher Wirksamkeit des eigentlich vorrangigen Pfändungspfandrechts aufgrund materiell-rechtlicher Einwendungen sowie aus Gründen der materiellen Gerechtigkeit ergeben.

18 Nach wohl hM[10] können im Rahmen der Widerspruchsklage nur solche Tatsachen berücksichtigt werden, die im **Zeitpunkt der Beendigung des Verteilungstermins** (§ 876) vorgelegen haben, wobei es nicht auf eine Kenntnis dieser Tatsachen ankommt. Dies wird damit begründet, dass mit der Widerspruchsklage lediglich darüber entschieden wird, ob der vom Kläger im Verteilungstermin erhobene Widerspruch gerechtfertigt war oder nicht, und ansonsten für Gläubiger ein Anreiz bestehen könnte, im Hinblick auf künftige mögliche Entwicklungen vorsorglich Widerspruch einzulegen. Soweit dagegen eingewendet wird, damit würden ggf unrichtige Urteile und anschließende Bereicherungsklagen in Kauf genommen, ist das zwar richtig, aber auch nicht anders als in den Fällen des Abs. 2. Dem Kläger ist es in solchen Fällen zudem unbenommen, es erst gar nicht zu einem „unrichtigen" Urteil kommen zu lassen, indem er sogleich Bereicherungsklage erhebt.

19 Die **Darlegungs- und Beweislast** für die Tatsachen, die zu einer vorrangigen Befriedigung des Klägers führen sollen, obliegt dem dem Verteilungsplan widersprechenden Kläger.

---

7 BGH NJW-RR 1987, 890, 891.
8 BGH NJW 2001, 2477 = Rpfleger 2001, 443.
9 Vgl BGH NJW 2001, 2477 = Rpfleger 2001, 443; Zöller/*Stöber*, § 878 Rn 2.
10 BGH NJW 1991, 1063; BGH NJW 2006, 2408; Musielak/Voit/*Becker*, § 878 Rn 5; Zöller/*Stöber*, § 878 Rn 14; Schuschke/Walker/*Walker*, § 878 Rn 9; aA Stein/Jonas/ *Münzberg*, § 878 Rn 35; Hk-ZPO/*Kindl*, § 878 Rn 4.

Das gegenüber dem/den Beklagten bessere Recht des Klägers am Erlös kann sich 20
aus dem besseren **Rang des Pfändungspfandrechts** ergeben. Dies kann schlicht
auf einer unrichtigen Rechtsansicht des Verteilungsgerichts beruhen, aber auch
darauf, dass der Kläger zu Recht geltend macht, der Rang ergebe sich ausnahmsweise nicht aufgrund der zeitlichen Abfolge der Pfändungen, sondern das Pfändungspfandrecht teile den Rang mit dem von ihm bereits erworbenen früheren
gesetzlichen oder vertraglichen Pfandrecht (vgl dazu § 804 Rn 14 und § 874
Rn 6). Hierzu zählen auch die Fälle der Konkurrenz mehrerer Unterhaltsgläubiger, weil jedenfalls im Vorrechtsbereich des § 850 d die Rangfolge nach § 850 d
Abs. 2 als lex specialis die des § 804 Abs. 3 verdrängt.[11]

Ein besserer Rang kann auch auf **Mängeln des Pfändungspfandrechts** des Beklag- 21
ten beruhen.

War die Pfändung **nichtig**, ist weder eine Verstrickung noch ein wirksames Pfän- 22
dungspfandrecht entstanden. Dies kommt allerdings nur bei offenkundigen,
schwerwiegenden Mängeln und daher eher selten in Betracht (zB bei einem mangels Bestimmtheit unwirksamen Vollstreckungstitel, einer nicht ausreichenden
Bezeichnung der gepfändeten Forderung, fehlender Kenntlichmachung der gepfändeten Sache). Eine rückwirkende Heilung scheidet in diesen Fällen aus.

Weist das Pfändungsverfahren **Mängel** auf, die die Wirksamkeit des Pfandrechts 23
zunächst nicht berühren, weil sie nur zur Anfechtung berechtigen, so ist dies erst
dann von Bedeutung, wenn die Pfändung bis zum Ende des Verteilungstermins
(§ 876) auf eine Anfechtung hin aufgehoben worden ist (§§ 775 Nr. 1 und 3, 776
S. 1). Eine nach Beendigung des Verteilungstermins erfolgte Aufhebung muss außer Betracht bleiben, weil sie erst nach dem maßgeblichen Zeitpunkt erfolgt ist
(s. § 876 Rn 8). Dies führt nicht zu unbilligen Ergebnissen, weil der Wegfall des
Pfandrechts dazu führt, dass das Verteilungsgericht, wenn es davon Kenntnis erlangt, den Teilungsplan entsprechend abändern muss, so dass der Kläger auch
ohne Bereicherungsklage den Erlös erhält. Soweit die Möglichkeit der Anfechtung durch den Gläubiger während des Verteilungsverfahrens verneint wird, bejaht man die Möglichkeit, diesen Einwand im Rahmen des § 878 geltend zu machen.[12] Dies ist aber nur dann problemlos möglich, wenn man nicht die Sachund Rechtslage im Zeitpunkt der Beendigung des Verteilungstermins für maßgeblich hält (s. Rn 18), sondern die der letzten mündlichen Tatsachenverhandlung, weil eine bloße Anfechtbarkeit die Wirksamkeit der Pfändung nicht beeinträchtigt.

Ist der ursprünglich bestehende, zur Anfechtung berechtigende **Mangel geheilt** 24
worden, bevor der Kläger ein wirksames Pfändungspfandrecht erlangt hat, ist die
Klage unbegründet. Hat der Kläger sein wirksames Pfändungspfandrecht an dem
Gegenstand erst nach der anfechtbaren Pfändung durch den Beklagten, aber vor
der Heilung des Mangels erlangt, ist man sich im Ergebnis weitgehend einig, dass
dann der Kläger das bessere Recht hat. Dies ergibt sich auf der Grundlage der
wohl herrschenden gemischt privat-öffentlich-rechtlichen Theorie[13] problemlos,
weil danach eine Heilung von Mängeln immer nur bezogen auf den Zeitpunkt
der Beseitigung des Mangels erfolgt (ex nunc). Da nach der öffentlich-rechtlichen

---

11 LG Aurich NJW-RR 1990, 844; *Stöber*, Forderungspfändung, Rn 1271 ff; Musielak/
Voit/*Becker*, § 850 d Rn 21; MüKo-ZPO/*Smid*, § 850 d Rn 18; aA (Durchbrechung
auch im Bereich des § 850 c) LG Bamberg MDR 1986, 245; LG Mannheim NJW 1970,
56.
12 Schuschke/Walker/*Walker*, § 878 Rn 13.
13 RGZ 156, 395, 398; BGHZ 23, 299; BGH NJW 1971, 1938, 1941; OLG Saarbrücken
InVo 2005, 66; Musielak/Voit/*Becker*, § 804 Rn 2; MüKo-ZPO/*Gruber*, § 804 Rn 11
mwN; Hintzen/Wolf/*Wolf*, Zwangsvollstreckung, -versteigerung, -verwaltung,
Rn 4.229. Dazu neigend, aber offen gelassen: BGH NJW 1992, 2573.

Theorie[14] (s. auch § 804 Rn 4) das Pfandrecht bereits mit der wirksamen Verstrickung entstanden ist, die spätere Heilung des Mangels also nur zum Bestehenbleiben führt, könnte der Kläger hierauf seine Klage nicht erfolgreich stützen. Da das Ergebnis aber unbillig sein kann, unterscheiden die Vertreter dieser Theorie noch danach, ob der Beklagte für den Mangel verantwortlich war (zB Vollstreckung ohne die notwendige Klausel, vor dem bestimmten Kalendertag) oder nicht (Zustellungsmangel). Nur in ersterem Fall soll eine Heilung erst im Zeitpunkt der Mängelbeseitigung erfolgen, so dass der Kläger nur in diesem Fall ein besseres Recht hätte.[15] Bei einer Anfechtbarkeit sowohl der Pfändung des Klägers wie der des Beklagten soll die Schwere des Mangels ausschlaggebend sein.[16]

25 Die Pfändung einer **schuldnerfremden Sache** führt regelmäßig nicht zur Begründetheit der Klage, wenn dies auch auf die Pfändung des Klägers zutrifft, weil dann nach der gemischt privat-öffentlich-rechtlichen Theorie gar kein Pfandrecht entstanden ist und nach der öffentlich-rechtlichen Theorie jedenfalls kein Verwertungsrecht besteht, um das es im Rahmen des § 878 allein geht. Hat der Schuldner das Eigentum nach der letzten Pfändung erworben, ist nach beiden Theorien – mit unterschiedlichen Begründungen, aber im Ergebnis übereinstimmend – die frühere Pfändung ausschlaggebend.[17] Die Genehmigung der Pfändung durch den wahren Eigentümer führt rückwirkend zum Entstehen des Pfändungspfandrechts (§ 185 Abs. 2 S. 1 Fall 1, § 184 Abs. 1 BGB).[18] Genehmigt der Eigentümer beide Pfändungen, geht die frühere der späteren vor; genehmigt er nur eine, so wirkt sich dies nur zugunsten dieses Pfändenden aus.

26 Der Kläger kann gegenüber dem Beklagten auch **materiell-rechtliche Einwendungen des Schuldners** gegen den titulierten Anspruch des Beklagten geltend machen (zB Erfüllung), allerdings mit Ausnahme vom Schuldner bislang nicht erhobener Einreden oder nicht ausgeübter Gestaltungsrechte.[19] Das gilt jedenfalls insoweit, als der Schuldner diese Einwendungen noch, zB durch einen Rechtsbehelf oder die Vollstreckungsgegenklage, geltend machen könnte, mit letzterer also nicht gem. § 767 Abs. 2 präkludiert ist. Streitig ist aber, ob der Kläger weitergehend als der Schuldner es könnte, das Bestehen der Forderung bestreiten darf, zB selbst dann, wenn der Beklagte aus einem vorläufig vollstreckbaren oder sogar rechtskräftigen Urteil vollstreckt. Die wohl hM[20] verneint dies mit unterschiedlichen Begründungen,[21] die alle nicht zwingend sind.[22]

27 Die Begründetheit der Klage kann sich schließlich daraus ergeben, dass
- der gepfändete Gegenstand zwar dem Kläger haftet, nicht aber dem Beklagten. Das kommt in Betracht bei der Vollstreckung gegen einen Ehegatten (§ 739) durch Widerlegung der Vermutung des § 1362 BGB bezüglich der Pfändung des Beklagten oder der Vollstreckung in Forderungen aus einem

---

14 Zöller/*Stöber*, § 804 Rn 2 f; Baumbach/Lauterbach/*Hartmann*, Übers. v. § 803 Rn 8; Thomas/Putzo/*Seiler*, § 804 Rn 2.
15 So Zöller/*Stöber*, § 878 Rn 11; MüKo-ZPO/*Eickmann*, § 878 Rn 18; Hk-ZPO/*Kindl*, § 878 Rn 5.
16 Hk-ZPO/*Kindl*, § 878 Rn 5.
17 Musielak/Voit/*Becker*, § 878 Rn 7.
18 Wohl hM, vgl MüKo-ZPO/*Gruber*, § 804 Rn 22; Schuschke/Walker/*Walker*, Vor §§ 803, 804 Rn 14; offen: Stein/Jonas/*Münzberg*, § 804 Rn 15.
19 BGHZ 61, 63 = NJW 1974, 2284; Zöller/*Stöber*, § 878 Rn 12; Stein/Jonas/*Münzberg*, § 878 Rn 27.
20 BGHZ 61, 63 = NJW 1974, 2284; Zöller/*Stöber*, § 878 Rn 12; Stein/Jonas/*Münzberg*, § 878 Rn 27; Musielak/Voit/*Becker*, § 878 Rn 6; MüKo-ZPO/*Eickmann*, § 878 Rn 22.
21 Vgl dazu ausf. Stein/Jonas/*Münzberg*, § 878 Rn 28–31; MüKo-ZPO/*Eickmann*, § 878 Rn 22.
22 Stein/Jonas/*Münzberg*, § 878 Rn 28–31; Hk-ZPO/*Kindl*, § 878 Rn 6.

Kommissionsgeschäft, die gem. § 392 Abs. 2 HGB für die Gläubiger des Kommissionärs als Forderungen des Kommittenten gelten;[23]

- dem Kläger der Vorrang gebührt, weil der Beklagte sein rangbesseres Recht anfechtbar iSd AnfG erworben hat,[24] er und der Beklagte eine Vereinbarung über die Einräumung des Vorrangs[25] oder der Erlösverteilung getroffen haben[26] oder die bessere Rangposition des Beklagten auf einer von ihm begangenen unerlaubten Handlung[27] oder einem unredlichen Verhalten des Beklagten beruht,[28] so dass der Einwand der unzulässigen Rechtsausübung entgegensteht.

Die **Verteidigung des Beklagten** gegen die Klage kann im bloßen Bestreiten der Behauptungen des Klägers liegen, er kann aber seinerseits ebenfalls Einwendungen der gleichen Art vorbringen, wie sie auch der Kläger geltend machen kann. Eine Aufrechnung oder die Geltendmachung eines Zurückbehaltungsrechts scheidet aus, weil es sich nicht um eine Leistungsklage, sondern um eine prozessuale Gestaltungsklage handelt.[29]

Wird im Laufe der Widerspruchsklage der Erlös an den Beklagten ausgezahlt, kann der Kläger seine Klage nunmehr auf ungerechtfertigte Bereicherung stützen und den Antrag auf Herausgabe des Erlöses **umstellen**. Darin liegt keine Klageänderung (§ 264 Nr. 3); die Zuständigkeit des Gerichts bleibt bestehen.[30]

Die **Entscheidung** über die Widerspruchsklage erfolgt durch Urteil, §§ 880, 881. Kann der Kläger sein besseres Recht nicht beweisen, wird die Klage als unbegründet abgewiesen, nicht als unzulässig.[31] Das Verteilungsverfahren wird nach Rechtskraft des Urteils fortgesetzt, § 882.

IV. Folgen des nicht rechtzeitigen Widerspruchs bzw nicht rechtzeitigen Klagenachweises (Abs. 2)

Abs. 2 regelt den speziellen Fall, dass der Pfändungsgläubiger zwar rechtzeitig Widerspruch eingelegt, jedoch die Klagefrist des § 878 Abs. 1 versäumt hat. Er stellt klar, dass ein solcher Gläubiger trotz Beendigung des Verteilungsverfahrens durch Ausführung des Plans seine materiellen Rechte nicht verloren hat, sondern diese im Wege der Bereicherungsklage gegen den oder die Pfändungsgläubiger geltend machen kann, die aufgrund des Verteilungsplans Geld erhalten haben.[32] Durch eine solche Klage wird das Verteilungsverfahren nicht aufgehalten.

Dies gilt über den Wortlaut von Abs. 2 hinaus aber auch für solche Gläubiger, die schon am Verteilungsverfahren nicht teilgenommen,[33] die Widerspruchsfrist gegen den Teilungsplan versäumt,[34] den eingelegten Widerspruch zurückgenommen haben oder deren Widerspruchsklage durch Versäumnisurteil abgewiesen worden ist, so dass der Widerspruch als zurückgenommen gilt (§ 881); es gilt ferner für diejenigen, die ihre Einwendungen mit der Widerspruchsklage nicht geltend machen konnten, weil diese erst nach Ende des Verteilungstermins entstanden

---

23 Vgl Stein/Jonas/*Münzberg*, § 878 Rn 32 f; Hk-ZPO/*Kindl*, § 878 Rn 7; MüKo-ZPO/*Eickmann*, § 878 Rn 23.
24 Schuschke/Walker/*Walker*, § 878 Rn 14.
25 RGZ 71, 424, 426; Zöller/*Stöber*, § 878 Rn 13.
26 BGH NJW 2002, 1578; Hk-ZPO/*Kindl*, § 878 Rn 7.
27 RG JW 1902, 170; Zöller/*Stöber*, § 878 Rn 13.
28 BGH NJW 1971, 2226 (erschlichene öffentliche Zustellung).
29 BGH BB 1966, 602; Schuschke/Walker/*Walker*, § 878 Rn 16.
30 BGH NJW 2001, 2477.
31 BGH NJW 1969, 1428.
32 BGH NJW 2001, 2477.
33 BGHZ 39, 242 = NJW 1963, 1497; Schuschke/Walker/*Walker*, § 878 Rn 18.
34 BGH NJW 1994, 3299; Hk-ZPO/*Kindl*, § 878 Rn 9.

sind (s. Rn 18), und schließlich auch für Dritte, die ihr Recht iSv §§ 771, 805 nicht im Rahmen des Verteilungsverfahrens geltend machen konnten, wie etwa Abtretungsgläubiger (s. § 872 Rn 18).[35]

33 Sie alle gehen ihrer Rechte nicht verloren, sondern sie können sie lediglich nur noch außerhalb des Verteilungsverfahrens mit der **Bereicherungsklage** (§ 812 Abs. 1 S. 1 Alt. 1 BGB) gegen den oder die Pfändungsgläubiger geltend machen, die im Verteilungsverfahren bereits berücksichtigt worden sind oder noch mit einer Berücksichtigung rechnen können. Ist das Verteilungsverfahren noch nicht beendet, geht der **Klageantrag** auf Zustimmung der Auskehrung des Erlöses an den Kläger, nach Auskehrung des Erlöses auf Herausgabe der Beträge, die seinem Recht am Erlös entsprechen. Die Zuständigkeit für eine Bereicherungsklage richtet sich nach den allgemeinen Vorschriften, nicht nach § 879.

V. Kosten

34 Für die Widerspruchsklage wie für die Bereicherungsklage fallen **Gerichtsgebühren** nach Nr. 1210 ff KV GKG an. Die **Rechtsanwaltsgebühren** ergeben sich aus Nr. 3100 ff VV RVG. Auf diese werden im Verteilungsverfahren erwachsene Gebühren nicht angerechnet, weil das Verteilungsverfahren eine besondere Angelegenheit darstellt (vgl § 18 Abs. 1 Nr. 10 RVG) und keine gesetzliche Anrechnungsregelung vorhanden ist. Zum **Streitwert** s. § 879 Rn 6.

§ 879 Zuständigkeit für die Widerspruchsklage

(1) Die Klage ist bei dem Verteilungsgericht und, wenn der Streitgegenstand zur Zuständigkeit der Amtsgerichte nicht gehört, bei dem Landgericht zu erheben, in dessen Bezirk das Verteilungsgericht seinen Sitz hat.

(2) Das Landgericht ist für sämtliche Klagen zuständig, wenn seine Zuständigkeit nach dem Inhalt der erhobenen und in dem Termin nicht zur Erledigung gelangten Widersprüche auch nur bei einer Klage begründet ist, sofern nicht die sämtlichen beteiligten Gläubiger vereinbaren, dass das Verteilungsgericht über alle Widersprüche entscheiden solle.

I. Allgemeines

1 Zweck der Vorschrift ist es, durch die spezielle Zuständigkeitsregelung nach Möglichkeit sich widersprechende Entscheidungen, insb. wenn die Klage mehrerer Gläubiger mit demselben Mangel begründet wird, zu vermeiden. Die Vorschrift findet nur Anwendung auf die Widerspruchsklage gem. § 878, also insb. nicht auf eine Bereicherungsklage. Wird eine erhobene Widerspruchsklage wegen zwischenzeitlicher Auszahlung des Erlöses auf eine Bereicherungsklage umgestellt, bleibt die einmal begründete Zuständigkeit erhalten.[1]

II. Zuständigkeit bei nur einem einzigen im Termin nicht erledigten Widerspruch

2 Ausschließlich (§ 802) zuständig gem. **Abs. 1** ist das Verteilungsgericht, also das gem. § 872 zuständige Amtsgericht, bei dem das Verteilungsverfahren anhängig ist. Dies gilt auch dann, wenn es seine Zuständigkeit zu Unrecht angenommen

---

35 RGZ 58, 156; Zöller/*Stöber*, § 878 Rn 16; Musielak/Voit/*Becker*, § 878 Rn 9.
1 BGH NJW 2001, 2477; Hk-ZPO/*Kindl*, § 879 Rn 1.

hat.² Das Landgericht, in dem das Verteilungsgericht seinen Sitz hat, ist zuständig, wenn die Wertgrenze von derzeit 5.000 € (§ 23 Nr. 1 GVG) überschritten ist.

III. Zuständigkeit bei mehreren im Termin unerledigten Widersprüchen

Sind bis zum Ende des Verteilungstermins mehrere Widersprüche nicht erledigt worden, ist zu unterscheiden: Übersteigt der Wert keines der Widersprüche die Wertgrenze von 5.000 €, so ist das Verteilungsgericht (AG) zuständig. Ohne Belang ist es dabei, ob die Summe aller einzelnen, jeweils 5.000 € nicht übersteigender Streitwerte insgesamt den Wert von 5.000 € übersteigt.

Übersteigt auch nur der Wert eines einzigen bis Terminsende unerledigten Widerspruchs die Wertgrenze von 5.000 €, so ist nach **Abs. 2 Hs 1** statt des Verteilungsgerichts das übergeordnete Landgericht – nie die Kammer für Handelssachen – zuständig, selbst wenn der Widerspruch nach Terminsende zurückgenommen worden ist. Dies gilt auch dann, wenn nur wegen eines einzigen Widerspruchs tatsächlich Klage erhoben wird und der Wert dieser Klage unter 5.000 € liegt. Durch diese Regelung soll die Möglichkeit sich widersprechender Entscheidungen vermieden werden, die sich ergäbe, wenn hinsichtlich desselben Verteilungsverfahrens wegen unterschiedlicher Streitwerte sowohl das Amtsgericht als auch das Landgericht zuständig sein würden.

Davon abweichend können sämtliche Gläubiger, die an einem am Ende des Verteilungstermins nicht erledigten Widerspruch aktiv oder passiv beteiligt waren, vereinbaren, dass statt des Landgerichts das Verteilungsgericht für die Entscheidung über alle Widerspruchsklagen zuständig ist (**Abs. 2 Hs 2**). Nach einer weit verbreiteten Auffassung³ können sämtliche im vorgenannten Sinn beteiligte Gläubiger auch umgekehrt vereinbaren, dass das Landgericht statt des Amtsgerichts zuständig sein soll. Eine solche gem. §§ 40 Abs. 2, 802 eigentlich unzulässige Gerichtsstandsvereinbarung soll gleichwohl zulässig sein, weil der Zweck der Regelung des Abs. 2 – die Herbeiführung einer einheitlichen Entscheidung – auch dabei gewahrt bleibe.

IV. Streitwert

Streitwert der Widerspruchsklage: Maßgeblich ist das Interesse des Klägers an der vorrangigen Befriedigung, also der Betrag, den der Kläger nach seiner Vorstellung im Falle des Erfolgs seiner Klage erhalten wird. Daraus ergibt sich, dass der Wert nie höher sein kann als der zu verteilende Erlös.⁴ **Streitwert der Bereicherungsklage:** der verlangte Betrag.

§ 880 Inhalt des Urteils

¹In dem Urteil, durch das über einen erhobenen Widerspruch entschieden wird, ist zugleich zu bestimmen, an welche Gläubiger und in welchen Beträgen der streitige Teil der Masse auszuzahlen sei. ²Wird dies nicht für angemessen erachtet, so ist die Anfertigung eines neuen Planes und ein anderweites Verteilungsverfahren in dem Urteil anzuordnen.

---

2 RGZ 52, 312; Stein/Jonas/*Münzberg*, § 879 Rn 3.
3 Hk-ZPO/*Kindl*, § 879 Rn 4; Musielak/Voit/*Becker*, § 879 Rn 3; Stein/Jonas/*Münzberg*, § 879 Rn 4; MüKo-ZPO/*Eickmann*, § 879 Rn 5; aA Schuschke/Walker/*Walker*, § 879 Rn 2.
4 Schuschke/Walker/*Walker*, § 878 Rn 21; Hk-ZPO/*Kindl*, § 879 Rn 2.

I. Allgemeines

1 Die Vorschrift betrifft die Auswirkungen des Urteils im Widerspruchsprozess auf das weitere Verteilungsverfahren.

II. Urteil

2 **1. Wirkungen.** Das Verteilungsgericht ist an die Entscheidung über die Widerspruchsklage gebunden und muss sie dem weiteren Verfahren zugrunde legen. Da es sich um eine Gestaltungsklage handelt, ist das Urteil erst mit Rechtskraft vollstreckbar. Im Hinblick darauf, dass eine Kostenfestsetzung gem. § 103 nur aufgrund eines zur Zwangsvollstreckung geeigneten Titels möglich ist, muss das Urteil wegen der Kosten für vorläufig vollstreckbar erklärt werden. Rechtskraft entfaltet das Urteil nur zwischen den Parteien. Wird die Klage als unbegründet abgewiesen oder der Beklagte verurteilt (Sachurteil), wirkt sich die Rechtskraft auch auf eine spätere Bereicherungsklage aus.[1] Das Urteil wird von Amts wegen den beteiligten Parteien zugestellt.

3 **2. Klageabweisung.** Unabhängig davon, ob die Klage als unzulässig oder unbegründet abgewiesen wird, führt dies dazu, dass das Verteilungsverfahren fortzuführen ist. Da dies selbstverständlich ist, muss der Tenor entgegen dem überschießenden Wortlaut des S. 1 nach heute allgM keinen entsprechenden Ausspruch enthalten.

4 **3. Verurteilung.** Ist die Widerspruchsklage begründet, kann das Gericht nach seinem Ermessen in zweifacher Weise entscheiden. Entsprechend S. 1 bestimmt es im Tenor, an welchen Gläubiger in Höhe welcher Beträge der streitige Teil des Erlöses vom Verteilungsgericht auszuzahlen ist. Beispiel:

▶ Der Kläger ist in dem Verteilungsverfahren ... (Az) mit seiner Forderung in Höhe von ... € vor der Forderung des Beklagten in Höhe von ... € [bei mehreren Beklagten: vor der Forderung des Beklagten zu 1) in Höhe von ... €, vor der Forderung des Beklagten zu 2) in Höhe von ... € und vor der Forderung des Beklagten zu 3) in Höhe von ... €)] zu befriedigen. ◀

5 Eine solche Tenorierung ist beispielsweise nicht angemessen, wenn mehrere Widerspruchsklagen anhängig sind, sich im selben Prozess auf Kläger- oder Beklagtenseite mehrere Personen gegenüberstehen und der Rechtsstreit nicht bezüglich aller gleichzeitig entscheidungsreif ist, wenn wegen bereits entschiedener Widerspruchsklagen Rechtsmittel eingelegt worden sind oder wenn die Anordnung eines neuen Verteilungsplans schlicht sachgerechter erscheint. Dann kann das Gericht gem. S. 2 die Herstellung eines neuen Verteilungsplans und dessen Ausführung anordnen. Dies gilt allerdings aufgrund der Regelung in § 124 Abs. 1 ZVG nicht für Verteilungsverfahren nach dem ZVG.[2]

III. Anschließendes Verfahren durch das Verteilungsgericht

6 Wie das weitere Verfahren vor dem Verteilungsgericht abläuft, ergibt sich aus § 882.

---

1 Stein/Jonas/*Münzberg*, § 878 Rn 42; MüKo-ZPO/*Eickmann*, § 880 Rn 3 f; Musielak/Voit/*Becker*, § 880 Rn 4.
2 BGH NJW 1987, 131, 132.

§ 881 Versäumnisurteil

Das Versäumnisurteil gegen einen widersprechenden Gläubiger ist dahin zu erlassen, dass der Widerspruch als zurückgenommen anzusehen sei.

Ist der Widerspruchskläger im Termin säumig, ergeht gegen ihn Versäumnisurteil. Abweichend von § 330 lautet der Tenor nicht auf Klageabweisung, sondern dahin: 1

▶ Der Widerspruch des Klägers gegen den in dem Verteilungsverfahren ... (Az) am ... niedergelegten Verteilungsplan ist als zurückgenommen anzusehen. ◀

Die Folge ist, dass der Kläger so behandelt wird, als ob er nie Widerspruch erhoben hätte. Diese Regelung ist für den Kläger deshalb von Vorteil gegenüber einem die Klage abweisenden Versäumnisurteil (Sachurteil), weil ein Versäumnisurteils gem. § 881 gerade nicht in der Sache selbst entscheidet, sondern mit dessen Rechtskraft der Widerspruch lediglich als zurückgenommen gilt und die Rechtskraft dieses Versäumnisurteils damit einer späteren Bereicherungsklage gem. § 878 Abs. 2 nicht entgegensteht.[1] Die Vorschriften des Säumnisverfahrens im Übrigen (§§ 331–347) finden Anwendung. 2

§ 882 Verfahren nach dem Urteil

Auf Grund des erlassenen Urteils wird die Auszahlung oder das anderweite Verteilungsverfahren von dem Verteilungsgericht angeordnet.

Das Verteilungsgericht ist an die auf die Widerspruchsklage hin ergangene Entscheidung gebunden. Es führt das Verfahren weiter, sobald ihm die Rechtskraft des Urteils nachgewiesen wird. Wurde die **Widerspruchsklage abgewiesen**, führt das Verteilungsgericht das alte Verteilungsverfahren zu Ende und kehrt die bislang noch hinterlegten Beträge entsprechend dem alten Verteilungsplan aus. 1

Ist der Widerspruchsklage **stattgegeben** worden und vom Gericht gem. § 880 S. 1 festgelegt worden, in welcher Höhe die Forderung des Klägers vor der Forderung des/der Beklagten zu befriedigen ist, so kehrt das Verteilungsgericht dementsprechend den hinterlegten Erlös aus. 2

Hat das Gericht gem. § 880 S. 2 ein neues Verteilungsverfahren angeordnet, so erstellt das Verteilungsgericht hinsichtlich der von der Klage erfassten Teile des Erlöses zunächst einen neuen Verteilungsplan anhand der in den Gründen des Urteils aufgeführten Kriterien. An dem neuen Verteilungsverfahren sind nur die Parteien der Widerspruchsklage beteiligt, also nicht die Gläubiger, die keinen Widerspruch eingelegt hatten oder deren Widerspruch in einem anderen Verfahren zurückgewiesen worden ist. Da das Verteilungsgericht an das Urteil gebunden ist und die beteiligten Parteien das Urteil durch die Zustellung kennen, bedarf es keiner neuen Aufforderung gem. § 873. Sodann ist gem. §§ 875–877 zu verfahren. In dem neuen Verteilungstermin kann Widerspruch gegen den neuen Plan erhoben werden. Dieser kann allerdings nur darauf gestützt werden, der Plan entspreche nicht den Maßgaben des Urteils. Es können daher weder andere neue Einwendungen vorgebracht noch die früheren wiederholt werden. 3

---

1 HM, vgl Stein/Jonas/*Münzberg*, § 881 Rn 1; MüKo-ZPO/*Eickmann*, § 881 Rn 3; Hk-ZPO/*Kindl*, § 881 Rn 1; Musielak/Voit/*Becker*, § 881 Rn 1; aA Zöller/*Stöber*, § 881 Rn 1; Baumbach/Lauterbach/*Hartmann*, § 881 Rn 2.

4 Auf einen im Rahmen der Widerspruchsklage geschlossenen Vergleich findet § 882 entsprechende Anwendung.

Titel 5
Zwangsvollstreckung gegen juristische Personen des öffentlichen Rechts

§ 882 a Zwangsvollstreckung wegen einer Geldforderung

(1) ¹Die Zwangsvollstreckung gegen den Bund oder ein Land wegen einer Geldforderung darf, soweit nicht dingliche Rechte verfolgt werden, erst vier Wochen nach dem Zeitpunkt beginnen, in dem der Gläubiger seine Absicht, die Zwangsvollstreckung zu betreiben, der zur Vertretung des Schuldners berufenen Behörde und, sofern die Zwangsvollstreckung in ein von einer anderen Behörde verwaltetes Vermögen erfolgen soll, auch dem zuständigen Minister der Finanzen angezeigt hat. ²Dem Gläubiger ist auf Verlangen der Empfang der Anzeige zu bescheinigen. ³Soweit in solchen Fällen die Zwangsvollstreckung durch den Gerichtsvollzieher zu erfolgen hat, ist der Gerichtsvollzieher auf Antrag des Gläubigers vom Vollstreckungsgericht zu bestimmen.

(2) ¹Die Zwangsvollstreckung ist unzulässig in Sachen, die für die Erfüllung öffentlicher Aufgaben des Schuldners unentbehrlich sind oder deren Veräußerung ein öffentliches Interesse entgegensteht. ²Darüber, ob die Voraussetzungen des Satzes 1 vorliegen, ist im Streitfall nach § 766 zu entscheiden. ³Vor der Entscheidung ist der zuständige Minister zu hören.

(3) ¹Die Vorschriften der Absätze 1 und 2 sind auf die Zwangsvollstreckung gegen Körperschaften, Anstalten und Stiftungen des öffentlichen Rechtes mit der Maßgabe anzuwenden, dass an die Stelle der Behörde im Sinne des Absatzes 1 die gesetzlichen Vertreter treten. ²Für öffentlich-rechtliche Bank- und Kreditanstalten gelten die Beschränkungen der Absätze 1 und 2 nicht.

(4) (weggefallen)

(5) Der Ankündigung der Zwangsvollstreckung und der Einhaltung einer Wartefrist nach Maßgabe der Absätze 1 und 3 bedarf es nicht, wenn es sich um den Vollzug einer einstweiligen Verfügung handelt.

§ 50 GVGA

I. Anwendungsbereich 1	5. Unpfändbare Sachen (Abs. 2) 12
II. Verfahren 5	6. Prüfung der vorgenannten Voraussetzungen vor der Vollstreckung 16
1. Anzeige der Vollstreckungsabsicht (Abs. 1 und 3) 5	
2. Wartefrist (Abs. 1 und 3) 9	
3. Ausnahme: Vollzug einer einstweiligen Verfügung (Abs. 5) 10	III. Kosten 17
	1. Gerichtskosten 17
	2. Rechtsanwaltsgebühren 18
4. Bestimmung des Gerichtsvollziehers (Abs. 1 S. 3) 11	

I. Anwendungsbereich

1 Auch der Staat (Bund oder ein Land) kann Schuldner sein und verklagt werden. Zahlt der Staat nicht, kann der Gläubiger gegen ihn im Wege der Zwangsvollstreckung vorgehen. Dafür gelten die allgemeinen Vorschriften, soweit sich nicht

aufgrund der öffentlich-rechtlichen Widmung bestimmter Gegenstände[1] oder des § 882 a („**Fiskusprivileg**") etwas anderes ergibt. Dieser enthält einige Sonderregelungen, die sich daraus ergeben, dass dem Staat im Interesse der Allgemeinheit durch die Pfändung bestimmter Sachen weder die Erfüllung öffentlicher Aufgaben unmöglich gemacht wird noch die Vollstreckung öffentlichen Interessen entgegenstehen darf. Hinzu kommt, dass die Möglichkeit des Verlustes eines Prozesses zwar für die öffentliche Hand genauso wenig überraschend sein kann wie für Private, die öffentliche Hand infolge ihrer Verwaltungsstruktur und der Haushaltsgesetze aber nicht immer so schnell reagieren kann, wie es von einem Privaten erwartet wird, so dass eine gewisse Wartefrist bis zur Vollstreckung angemessen ist.

Die Vorschrift betrifft nur **Titel der Zivil- und Arbeitsgerichtsbarkeit**. Aufgrund der Verweisung des § 95 FamFG findet die Vorschrift auch Anwendung auf die Vollstreckung von Titeln nach dem **FamFG**, soweit der Staat dort überhaupt passiv legitimiert sein kann, was etwa infolge eines Erbgangs und dem damit verbundenen Übergang der Passivlegitimation denkbar ist. Die anderen Fachgerichtsbarkeiten enthalten eigene Bestimmungen (§ 170 VwGO) oder erklären ganz oder teilweise das 8. Buch der Zivilprozessordnung für anwendbar (§ 198 Abs. 1 SGG, § 151 FGO). 2

§ 882 a gilt nur für die Vollstreckung von **Geldforderungen**, §§ 803 ff. Dazu gehören auch die Vollstreckung eines Kostenvorschusses gem. § 887 Abs. 2 sowie die Vollstreckung von Zwangsgeldern im Rahmen des § 888. Für die Vollstreckung der **Herausgabe** bestimmter Sachen gegenüber einer juristischen Person des öffentlichen Rechts ist § 883 anwendbar (s. § 883 Rn 3). Von den Bestimmungen des Abs. 1 und 3 – also nicht des Abs. 2 betreffend die Unpfändbarkeit bestimmter Sachen – ausgenommen sind die Vollstreckung aufgrund eines dinglichen Titels (zB §§ 1147 1192, 1233 Abs. 2, 1277 BGB) sowie der Vollzug einer einstweiligen Verfügung; auf den Arrest findet § 882 a hingegen uneingeschränkt Anwendung.

§ 882 a gilt nur für die Vollstreckung gegen den **Bund**, ein **Land** oder **Körperschaften, Anstalten und Stiftungen des öffentlichen Rechts**. Zu Letzteren gehören u.a. als Körperschaft des öffentlichen Rechts die Bundesagentur für Arbeit (BA, vormals Bundesanstalt für Arbeit), die Industrie- und Handelskammern, die Handwerkskammern, Deutschlandradio, die Rentenversicherungsträger, die Träger der gesetzlichen Krankenversicherung (zB AOK, BKK), die Kassenärztlichen und Kassenzahnärztlichen Vereinigungen, öffentlich-rechtlich organisierte Rundfunkanstalten sowie alle als Körperschaft des öffentlichen Rechts organisierte **Kirchen**, auch deren Organisationen, soweit diese nicht rein privatrechtlich organisiert sind. Auch die selbständigen Sondervermögen von Bund und Land werden vom Anwendungsbereich der Norm erfasst, soweit diese nicht privatrechtlich – wie etwa die Nachfolgeunternehmen der Deutschen Bundespost als Aktiengesellschaften – organisiert sind.[2] 3

Nicht anwendbar ist § 882 a auf **Gemeinden** und **Gemeindeverbände**. Zwar handelt es sich auch bei ihnen um öffentlich-rechtliche Körperschaften, doch ergibt sich die Ausnahme aus § 15 Nr. 3 EGZPO. Danach können die Länder hinsichtlich der Gemeindeverbände und Gemeinden eigene Vorschriften erlassen, wovon diese auch Gebrauch gemacht haben. Die Ländergesetze stimmen im Wesentlichen mit § 882 a überein, doch wird die Vorschrift des Abs. 2 weitgehend nicht 4

---

1 Dazu *Gundlach/Frenzel/Schmidt*, Die Zwangsvollstreckung gegen die öffentliche Hand, InVo 2001, 227, 230.
2 PG/*Zempel*, § 882 a Rn 6.

auf Sachen beschränkt, sondern umfasst auch entsprechende Rechte.³ Die Beschränkungen des § 882 a gelten ebenfalls nicht für öffentlich-rechtliche **Bank- und Kreditinstitute (Abs. 3 S. 2)** sowie für die Deutsche Bahn AG, weil die frühere Beschränkung in Abs. 4 weggefallen ist und das Allgemeine Eisenbahngesetz keine entsprechenden Bestimmungen enthält.

II. Verfahren

5 **1. Anzeige der Vollstreckungsabsicht (Abs. 1 und 3).** Der Zwangsvollstreckung muss nach **Abs. 1 S. 1** die **Anzeige der Vollstreckungsabsicht** vorausgehen. Dabei handelt es sich um eine Prozesshandlung, die formfrei und ohne Anwaltszwang vorgenommen werden kann. Sowohl bei der Anzeige als auch bei der Einhaltung der Wartefrist handelt es sich jeweils um eine besondere Voraussetzung der Zwangsvollstreckung. Deren Erfüllung muss dem Vollstreckungsorgan nachgewiesen werden. Daraus ergibt sich für den Gläubiger praktisch zwingend, die Schriftform zu wählen und stets gem. **Abs. 1 S. 2** die Bestätigung des Empfangs der Anzeige zu verlangen. Erfolgt nicht alsbald eine **Eingangsbestätigung**, sollte die Anzeige nochmals mit Einschreiben und Rückschein wiederholt werden.

6 **Adressat** der Anzeige ist stets die zur Vertretung des Schuldners berufene Behörde (**Abs. 1 S. 1**), bei Körperschaften, Anstalten und Stiftungen des öffentlichen Rechts der jeweilige gesetzliche Vertreter (**Abs. 3 S. 1**); bei mehreren Vertretern genügt die Zustellung an einen von ihnen (§ 170 Abs. 3). Ausreichend ist auch die Anzeige an den jeweiligen Prozessbevollmächtigten (§ 81). Soll in Vermögen des Schuldners vollstreckt werden, das durch eine andere Behörde verwaltet wird, ist die Anzeige **zusätzlich** an den zuständigen **Minister der Finanzen** (Bund, Land) zu richten.

7 **Inhalt** der Anzeige ist die Bekanntgabe, die Vollstreckung durchführen zu wollen, wobei der Titel (Gericht mit Aktenzeichen), Gläubiger, Schuldner sowie die Forderung, wegen der vollstreckt werden soll, anzugeben sind.⁴ Sinnvollerweise wird man daher der Anzeige eine Kopie des Titels (Rubrum einschließlich Tenor) beifügen. Ist aus dem Titel nicht ersichtlich, dass der Anzeigende der nunmehr berechtigte Gläubiger ist (Fall der Rechtsnachfolge), wird er seine Berechtigung entsprechend darlegen müssen.⁵ Einzelheiten hinsichtlich der beabsichtigten Vollstreckung (Ort, Zeit, Art) muss die Anzeige nicht enthalten.

8 Im Einzelnen ist str, ob und welche **Vollstreckungsvoraussetzungen** im Zeitpunkt der Anzeige vorliegen müssen, damit diese wirksam ist. Die von der wohl hM⁶ befürwortete Notwendigkeit der Erfüllung aller Vollstreckungsvoraussetzungen ergibt sich weder aus dem Wortlaut des § 882 a noch vom Gesetzeszweck her. Die Absicht des Gläubigers, vollstrecken zu wollen, kann zwar erst umgesetzt werden, wenn die Vollstreckungsvoraussetzungen vorliegen. Das sollte einer Behörde auch so bekannt sein. Was sie nicht wissen kann, ist, ob der Gläubiger auch tatsächlich vollstrecken will, wenn die notwendigen Voraussetzungen erfüllt sind. Nur dazu dient die Anzeige und sie allein reicht aus, dass der Schuldner sich darauf einstellen kann, der titulierten und idR bereits fälligen Zahlungsver-

---

3 Vgl *Gundlach/Frenzel/Schmidt*, InVo 2001, 227 ff m. Nachw.; Schuschke/Walker/*Walker*, § 882 a Rn 2.
4 Stein/Jonas/*Münzberg*, § 882 a Rn 9; Musielak/Voit/*Becker*, § 882 a Rn 3.
5 MüKo-ZPO/*Eickmann*, § 882 a Rn 8.
6 OLG Frankfurt Rpfleger 1981, 158; Thomas/Putzo/*Seiler*, § 882 a Rn 3; Baumbach/Lauterbach/*Hartmann*, § 882 a Rn 7; Zöller/*Stöber*, § 882 a Rn 4 (jedoch nicht die Zustellung); einschränkend (nicht erforderlich: Zustellung, einfache Klausel, Annahmeverzug, im Übrigen teilweise weiter differenzierend): Musielak/Voit/*Becker*, § 882 a Rn 3; MüKo-ZPO/*Eickmann*, § 882 a Rn 7–9; Stein/Jonas/*Münzberg*, § 882 a Rn 9; Hk-ZPO/*Kindl*, § 882 a Rn 2; *Gundlach/Frenzel/Schmidt*, InVo 2001, 227, 229.

pflichtung nunmehr binnen vier Wochen auch nachzukommen. Die hM führt im Ergebnis dazu, die Anzeige, obwohl sie die Zwangsvollstreckung erst vorbereitet, bereits als Zwangsvollstreckung zu behandeln mit dem Ergebnis, dass die Wartefrist gesetzwidrig verlängert wird und zudem dem Gläubiger die Möglichkeit einer Vorpfändung, die gerade nicht die Erfüllung aller Vollstreckungsvoraussetzungen vorsieht, praktisch abgeschnitten wird. Da aber die wohl hM dies anders sieht, sollte ein Gläubiger den sicheren Weg gehen und schnellstmöglich die Vollstreckungsvoraussetzungen erfüllen, um jedenfalls dann die Anzeige wirksam vornehmen zu können. Einigkeit besteht jedenfalls dahin, dass der Gläubiger den Schuldner nicht auf dessen leistungsverzögernde Bearbeitungsfehler hinweisen muss.[7]

2. Wartefrist (Abs. 1 und 3). Die Berechnung der **vierwöchigen Frist** erfolgt gem. § 222. Muss die Anzeige nicht nur an die zur Vertretung des Schuldners zuständige Behörde, sondern auch an den zuständigen Finanzminister erfolgen (s. Rn 6), beginnt die Frist erst mit dem Zugang der letzten der erforderlichen Anzeigen.

3. Ausnahme: Vollzug einer einstweiligen Verfügung (Abs. 5). Der Erlass einer einstweiligen Verfügung setzt ein gewisses Eilbedürfnis voraus. Bereits damit verträgt sich eine Wartefrist wie die des § 882 a nicht. Hinzu kommt, dass für einstweilige Verfügungen eine Vollziehungsfrist von einem Monat besteht, die gem. § 929 Abs. 2 und 3 mit der Verkündung der Entscheidung bzw der Zustellung an den Antragsteller beginnt. Bei Geltung der Wartefrist wären einstweilige Verfügungen daher praktisch nicht vollstreckbar. Abs. 5 bestimmt daher, dass bei der Vollziehung einer einstweiligen Verfügung weder eine Anzeige erfolgen noch die Wartefrist eingehalten sein muss. Die Bestimmung des zuständigen Gerichtsvollziehers gem. Abs. 1 S. 3 ist hingegen auch bei der Vollziehung einer einstweiligen Verfügung notwendig. Ebenso gelten auch die Pfändungsverbote des Abs. 2.

4. Bestimmung des Gerichtsvollziehers (Abs. 1 S. 3). Die Art und Weise der Vollstreckung bestimmt der Gläubiger (Sachpfändung, Forderungspfändung, Zwangsversteigerung, Zwangsverwaltung, Eintragung einer Zwangshypothek). Dafür gelten die allgemeinen Vorschriften. Will der Gläubiger allerdings einen Gerichtsvollzieher mit der Vollstreckung beauftragen, muss[8] (vgl § 50 Abs. 1 S. 1 GVGA) er einen Antrag an das Vollstreckungsgericht (§§ 764 Abs. 2, 802; funktionell der Rechtspfleger, § 20 Abs. 1 Nr. 17 RPflG) auf Bestimmung des zuständigen Gerichtsvollziehers stellen. Das kann auch schon vor Ablauf der Wartefrist geschehen.

5. Unpfändbare Sachen (Abs. 2). Kommt es zur Vollstreckung, sind bestimmte Sachen im öffentlichen Interesse von der Vollstreckung ausgenommen. Unter **Sachen** sind bewegliche körperliche Gegenstände (§ 90 BGB, §§ 808, 847) zu verstehen, also keine Forderungen oder sonstigen Vermögensrechte.[9] Das in der Kasse liegende Geld könnte daher unpfändbar sein, das Bankguthaben ist es nicht.[10] Die Norm ergänzt die Pfändungsschutzvorschrift des § 811, welche neben § 882 a anwendbar bleibt.[11]

---

7 OLG Zweibrücken Rpfleger 1973, 68; Musielak/Voit/*Becker*, § 882 a Rn 3.
8 Wieczorek/*Schütze*, § 882 a Rn 7; *Miedtank*, Die Zwangsvollstreckung gegen Bund, Länder, Gemeinden und andere juristische Personen des öffentlichen Rechts, 1964, S. 50 f.
9 BVerfG NJW 1983, 2766; Schuschke/Walker/*Walker*, § 882 a Rn 8; MüKo-ZPO/*Eickmann*, § 882 a Rn 16.
10 Zöller/*Stöber*, § 882 a Rn 6; *Gundlach/Frenzel/Schmidt*, InVo 2001, 227, 229; aA für Geld Wieczorek/Schütze/*Schütze*, § 882 a Rn 56.
11 PG/*Zempel*, § 882 a Rn 11.

13 Für die Frage der Pfändbarkeit sollte weniger darauf abgestellt werden, ob es sich um Finanzvermögen oder Verwaltungsvermögen handelt,[12] weil diese aus dem staatlichen Haushaltsrecht stammende Unterscheidung für die Frage der Pfändbarkeit nicht zwingend zutrifft.[13] Entscheidend muss vielmehr sein, ob die Sache für die Erfüllung öffentlicher Aufgaben **unentbehrlich** ist oder deren Veräußerung ein **öffentliches Interesse entgegensteht**. Unentbehrlich sind Sachen, wenn ohne sie bestimmte öffentliche Aufgaben nicht erfüllt werden könnten. Das trifft etwa zu auf die Ausrüstung der Polizei und Bundeswehr, das Inventar der Job-Center der Bundesagentur für Arbeit, die Sendeanlagen des Deutschlandradios und der öffentlich-rechtlichen Rundfunkanstalten. Einer von mehreren Dienstwagen ist hingegen im Zweifel entbehrlich. Der Veräußerung im öffentlichen Interesse können entgegenstehen zB Kunstgegenstände, jedenfalls soweit sie von geschichtlichem Wert sind, Archive und Bibliotheken. Maßgebend kann immer nur der konkrete Einzelfall sein, wobei ein strenger Maßstab anzulegen ist.

14 In diesem Sinne sind bei öffentlich-rechtlich organisierten **Kirchen** nicht nur die zum Kernbereich (Lehre, Seelsorge, Gottesdienst, Sakramentenspendung) gehörenden, dringend erforderlichen Sachen unpfändbar, sondern auch diejenigen, die die Kirchen benötigen, um ihrem Selbstverständnis entsprechend ein Stück Auftrag der Kirche in dieser Welt wahrzunehmen und zu erfüllen (zB karitative Einrichtungen wie ein Krankenhospital).[14]

15 Ist streitig, ob eine Sache im vorgenannten Sinn unpfändbar ist, entscheidet darüber auf Antrag des Gläubigers bzw der juristischen Person im Wege der **Vollstreckungserinnerung** der zuständige Richter des Vollstreckungsgerichts (Abs. 2 S. 2 iVm §§ 766, 764 Abs. 2, § 20 Abs. 1 Nr. 17 RPflG). Vor der Entscheidung des Vollstreckungsgerichts hat dieses demjenigen Minister Gelegenheit zum rechtlichen Gehör zu gewähren, zu dessen Zuständigkeitsbereich die Sache gehört, in die vollstreckt werden soll.

16 **6. Prüfung der vorgenannten Voraussetzungen vor der Vollstreckung.** Die Erfüllung der vorgenannten Voraussetzungen – Anzeige, Wartefrist, keine unpfändbare Sachen – prüfen die Vollstreckungsorgane **von Amts wegen**.

III. Kosten

17 **1. Gerichtskosten.** Die Bestimmung des Gerichtsvollziehers ist ebenso **gerichtsgebührenfrei** wie das Verfahren über die Vollstreckungserinnerung gem. § 766.

18 **2. Rechtsanwaltsgebühren.** Die Anzeige stellt gebührenrechtlich bereits den Beginn der Zwangsvollstreckung dar, so dass für den Rechtsanwalt Gebühren nach Nr. 3309, 3310 VV RVG anfallen.[15] Diese entfallen nicht, wenn sich keine Vollstreckung anschließt.[16] Folgt eine Zwangsvollstreckung nach, stellt dies keine neue Angelegenheit dar (§ 18 Abs. 1 Nr. 1, § 19 Abs. 2 Nr. 4 RVG), soweit nicht einer der Fälle des § 18 Abs. 1 Nr. 3–21 RVG vorliegt.[17]

19 Hinsichtlich des **Erinnerungsverfahrens** ist zu unterscheiden: a) War der Rechtsanwalt bereits mit der nunmehr angefochtenen Vollstreckungsmaßnahme befasst, stellen die angegriffene Vollstreckungsmaßnahme sowie die dagegen eingelegte

---

12 So aber BVerfG NJW 1983, 2766 (obiter dictum); LG Mainz Rpfleger 1974, 166; Musielak/Voit/*Becker*, § 882 a Rn 6; Hk-ZPO/*Kindl*, § 882 a Rn 5.
13 *Gundlach/Frenzel/Schmidt*, InVo 2001, 227, 229; Stein/Jonas/*Münzberg*, § 882 a Rn 19.
14 BVerfGE 66, 1 = NJW 1984, 2401; BVerfGE 46, 73 = NJW 1978, 581; Musielak/Voit/*Becker*, § 882 a Rn 6.
15 AnwK-RVG/*Wolf/Volpert*, Nr. 3309–3310 VV RVG Rn 24.
16 KG JurBüro 1970, 155.
17 AnwK-RVG/*Wolf/Volpert*, § 19 Rn 174.

Vollstreckungserinnerung gebührenrechtlich dieselbe Angelegenheit dar (§ 19 Abs. 2 Nr. 2 RVG). Der Rechtsanwalt erhält daher keine zusätzliche Gebühr.[18]
b) Wird der Rechtsanwalt durch die Befassung mit der Vollstreckungserinnerung erstmalig im Rahmen der Zwangsvollstreckung tätig, war also bisher nicht mit der angefochtenen Vollstreckungsmaßnahme befasst, entsteht für ihn eine 0,5-Verfahrens- und eine 0,5-Terminsgebühr nach Nr. 3500, 3513 VV RVG. Er erhält jedoch im Hinblick auf § 15 Nr. 6 RVG nicht die in Nr. 3500 VV RVG vorgesehene 0,5-Gebühr, sondern lediglich eine 0,3-Gebühr nach Nr. 3309, 3310 VV RVG, weil er nicht mehr erhalten soll als der mit der gesamten Vollstreckungsangelegenheit befasste Rechtsanwalt (s. § 766 Rn 69).[19]

Titel 6
Schuldnerverzeichnis

Vorbemerkung zu §§ 882 b–882 h

Literatur:

Bruns, Vom Forderungseinzug zum Forderungsmanagement – Neue Aufgaben für den Gerichtsvollzieher?, DGVZ 2009, 24; *Fischer*, Welche prozessualen und materiellen Neuregelungen zur Vermeidung und Verminderung von Mietausfällen sind rechtsstaatlich sinnvoll?, WuM 2007, 239 und DGVZ 2007, 111; *ders.*, Die Reform der Sachaufklärung im Lichte der Vollstreckungsmodernisierung, DGVZ 2010, 113; *Gaul*, Grundüberlegungen zur Neukonzipierung und Verbesserung der Sachaufklärung in der Zwangsvollstreckung, ZZP 108 (1995), 3; *Gietmann*, Die neuen Reformgesetze in der Zwangsvollstreckung, DGVZ 2009, 157; *Hagemann*, Die Umsetzung der Reform der Sachaufklärung in der Zwangsvollstreckung bei den kommunalen Vollstreckungsbehörden, KKZ 2012, 49; *Hergenröder*, Vom Forderungseinzug zum Forderungsmanagement – Zwangsvollstreckung im 21. Jahrhundert und soziale Wirklichkeit, DGVZ 2010, 201; *Hess*, Rechtspolitische Perspektiven der Zwangsvollstreckung, DGVZ 2010, 201; *Jäger/Schatz*, Etwas Licht und viel Schatten – Der Entwurf eines Gesetzes zur Reform der Sachaufklärung in der Zwangsvollstreckung, ZVI 2008, 143; *Jungbauer*, Zentrale Vollstreckungsgerichte und Auskunft aus dem Schuldnerverzeichnis ab 1.1.2013, JurBüro 2012, 629; *Mroß*, Grundzüge der Reform der Sachaufklärung, DGVZ 2010, 181; *Schilken*, Zur Reform der Sachaufklärung in der Zwangsvollstreckung, Rpfleger 2006, 629; *Schmidt*, Die Reform der Sachaufklärung in der Zwangsvollstreckung – Umsetzung und Folgen, ZVI 2007, 57; *Schwörer/Heßler*, Vom Offenbarungseide zur nachprüfbaren Schuldnerauskunft, ZVI 2007, 589; *Seip*, Zum Entwurf eines Gesetzes zur Reform der Sachaufklärung in der Zwangsvollstreckung, DGVZ 2006, 1; *ders.*, Anmerkungen zum Gesetzesentwurf zur Sachaufklärung in der Zwangsvollstreckung, JurBüro 2006, 567; *ders.*, Vermögensoffenbarung und Minderung des Schuldnerschutzes, ZRP 2007, 23; *ders.*, Zur geplanten Reform der Sachaufklärung in der Zwangsvollstreckung – Eine Betrachtung zum gegenwärtigen Sachstand, DGVZ 2008, 38; *Sternal*, § 6 Die neue Sachaufklärung in der Zwangsvollstreckung, in: Wolf u.a., Zwangsvollstreckungsrecht aktuell, 2010; *Würdinger*, Die Sachaufklärung in der Einzelzwangsvollstreckung, JZ 2011, 177.

I. Allgemeines

Mit der Modernisierung des Verfahrens zur Abnahme der Vermögensauskunft geht die **Neukonzeption des Schuldnerverzeichnisses** (§§ 882 b–882 h) einher. Diese Regelungen sollen zum einen dem öffentlichen Interesse an einem redlichen Geschäftsverkehr sowie an einem Schutz vor zahlungsunwilligen oder zahlungs-

1

---

18 BGH JurBüro 2010, 325 = RVGreport 2010, 144; BGH AGS 2010, 227 = RVGreport 2010, 256 = Rpfleger 2010, 233.
19 BGH JurBüro 2010, 325 = RVGreport 2010, 144.

unfähigen Geschäftspartnern Rechnung tragen[1] und zum anderen dem Grundrecht des Schuldners auf informationelle Selbstbestimmung genügen. Zudem verfolgen die §§ 882 b ff durch den Einsatz der modernen Informationstechnologie den Zweck, die Justiz zu entlasten und den Schutz des Rechtsverkehrs zu verbessern.[2] Anstelle des früher bei den örtlich zuständigen Vollstreckungsgerichten (§ 915 Abs. 1 aF)[3] geführten dezentralen Schuldnerverzeichnisses wird nunmehr ein zentrales Verzeichnis bei einem für jedes Land **zentralen Vollstreckungsgericht** geführt (§ 882 h Abs. 1 S. 1).

2 Der **Inhalt** des Schuldnerverzeichnisses kann über eine zentrale und länderübergreifende Abfrage im **Internet** eingesehen werden (§ 882 h Abs. 1 S. 2). Die Einsicht ist jedem gestattet, der ein **berechtigtes Interesse** darlegt. Bei der Führung des Schuldnerverzeichnisses handelt es sich nicht um einen Akt der Rechtsprechung, sondern um eine Justizverwaltungsangelegenheit, wie § 882 h Abs. 2 S. 2 ausdrücklich klarstellt.

3 Weitere Regelungen zur Führung und Verwaltung des Verzeichnisses finden sich in den §§ 882 d–882 h. Einzelheiten über die Führung des Schuldnerverzeichnisses sind in der auf der Grundlage von § 882 h Abs. 3 erlassenen Verordnung über die Führung des Schuldnerverzeichnisses (**Schuldnerverzeichnisführungsverordnung – SchuFV**) vom 26.7.2012[4] bestimmt (abgedr. bei § 882 h Rn 6). Einzelheiten über den Bezug von Abdrucken werden in der auf der Grundlage von § 882 g Abs. 8 erlassenen Verordnung über den Bezug von Abdrucken aus dem Schuldnerverzeichnis (**Schuldnerverzeichnisabdruckverordnung – SchuVAbdrV**) vom 26.7.2012[5] geregelt (abgedr. bei § 882 g Rn 16). Weitere Details zu dem zunächst noch fortzuführenden früheren Schuldnerverzeichnis enthält die Verordnung über das Schuldnerverzeichnis (**Schuldverzeichnisverordnung – SchuVVO**) vom 15.12.1994,[6] die zum 31.12.2017 außer Kraft tritt (§ 13 Abs. 2 SchuFV).

II. Überblick: Schuldnerverzeichnis/Vermögensverzeichnis

4
	Vermögensverzeichnis	Schuldnerverzeichnis
Vorschriften	▪ § 802 f Abs. 6; § 802 k ▪ Vermögensverzeichnisverordnung (VermVV)	▪ §§ 882 b ff ▪ Schuldnerverzeichnisführungsverordnung (SchuFV) ▪ Schuldnerverzeichnisabdruckverordnung (SchuVAbdrV)
Zuständiges Gericht	zentrales Vollstreckungsgericht (§ 802 k Abs. 1, 3)	zentrales Vollstreckungsgericht (§ 882 h Abs. 1 S. 1)
Inhalt	▪ Vermögensauskunft nach § 802 c ▪ erneute Vermögensauskunft nach § 802 d	▪ Name, Vorname, Geburtsname (§ 882 b Abs. 2 Nr. 1) ▪ Geburtsdatum, Geburtsort (§ 882 b Abs. 2 Nr. 2)

---

1 LG Arnsberg DGVZ 1994, 6; LG Freiburg Rpfleger 1986, 187; jew. noch zu §§ 915 ff aF.
2 Wieczorek/*Schreiber*, § 882 b Rn 1.
3 Siehe 1. Aufl. 2010, § 915 Rn 5.
4 BGBl. I S. 1654.
5 BGBl. I S. 1658.
6 BGBl. I S. 3822.

	Vermögensverzeichnis	Schuldnerverzeichnis
		- Firma, Handelsregister-Nummer (§ 882 b Abs. 2 Nr. 1)
- Wohn-/Geschäftssitz des Schuldners (§ 882 b Abs. 2 Nr. 3)
- Gericht/Vollstreckungsbehörde, Aktenzeichen (§ 882 b Abs. 3 Nr. 1)
- Datum der Eintragungsanordnung (§ 882 b Abs. 3 Nr. 2–4)
- Eintragungsgrund (§ 882 b Abs. 3 Nr. 2–4)
Eintragungsvoraussetzungen	- abgegebene Vermögensauskunft (§ 802 f Abs. 6)	- Nichtabgabe der Vermögensauskunft (§§ 882 b Abs. 1 Nr. 1, 882 c Abs. 1 Nr. 1)
- Vollstreckung nach dem Inhalt des Vermögensverzeichnisses wäre offensichtlich nicht geeignet, zu einer vollständigen Befriedigung des antragstellenden Gläubigers zu führen (§§ 882 b Abs. 1 Nr. 1, 882 c Abs. 1 Nr. 2)
- fehlender Nachweis der vollständigen Befriedigung des antragstellenden Gläubigers innerhalb eines Monats nach Abgabe der Vermögensauskunft (§§ 882 b Abs. 1 Nr. 1, 882 c Abs. 1 Nr. 3)
- Anordnung der Verwaltungsbehörde nach Maßgabe des § 284 Abs. 9 AO (§ 882 b Abs. 1 Nr. 2)
- Anordnung des Insolvenzgerichts nach § 26 Abs. 2 InsO oder § 303 a InsO
Einsichtsmöglichkeit	- über ein spezielles Portal (§ 802 k Abs. 4 iVm der Vermögensverzeichnisverordnung)	- über das Internet über eine zentrale und länderübergreifende Abfrage (§ 882 h Abs. 1 S. 2) – www.vollstreckungsportal.de

	Vermögensverzeichnis	Schuldnerverzeichnis
Einsichtsberechtigte	■ Nur bestimmte staatliche Stellen: – Gerichtsvollzieher (§ 802 k Abs. 2 S. 1) – Vollstreckungsbehörden (§ 802 k Abs. 2 S. 2) – Vollstreckungsgerichte, Insolvenzgerichte, Registergerichte und Strafverfolgungsbehörden (§ 802 k Abs. 2 S. 3) ■ nicht: Privatpersonen bzw Gläubiger	■ jeder, der ein berechtigtes Interesse iSd § 882 f Abs. 1 darlegt ■ jeder, der die Voraussetzungen des § 882 g erfüllt, kann (laufende) Abdrucke erhalten
Löschung	2 Jahre (§ 802 k Abs. 1 S. 4)	3 Jahre (§ 882 e Abs. 1)

III. Übergangsregelung

5 Für Vollstreckungsaufträge, die **vor dem 1.1.2013** beim Gerichtsvollzieher bzw beim Vollziehungsbeamten eingegangen sind, gelten weiterhin die Vorschriften der ZPO bzw der Vollstreckungsgesetze in der bis zum 31.12.2012 geltenden Fassung. Somit richtet sich die Vollstreckung insgesamt nach dem alten Recht. Auch die Eintragungen im Schuldnerverzeichnis erfolgen noch nach § 915 ZPO aF (§ 39 Nr. 1–3 EGZPO; abgedr. Vor §§ 802 a–802 l Rn 13). Das bisherige Schuldnerverzeichnis wird hinsichtlich der nach dem alten Verfahrensrecht erfolgten Eintragungen fortgeführt, bis der letzte Schuldner gelöscht ist. Bei der Eintragung eines Schuldners in das neue Schuldnerverzeichnis erfolgt eine Löschung der Eintragung im alten Verzeichnis (§ 39 Nr. 5 EGZPO).

6 Treffen mehrere Aufträge (zB am 29.12.2012 ein Antrag auf Abgabe der eidesstattlichen Versicherung und am 2.1.2013 auf Abnahme der Vermögensauskunft) zeitnah zusammen, so richtet sich das maßgebliche Recht danach, wann der Auftrag bei dem Gerichtsvollzieher oder der Gerichtsvollzieherverteilerstelle eingegangen ist. Dies führt bei dem vorliegenden Beispiel dazu, dass auch im Falle einer gemeinsamen Erledigung für den ersten Auftrag die eidesstattliche Versicherung abzunehmen und der Schuldner in das bisherige Schuldnerverzeichnis einzutragen ist (§ 39 Nr. 5 S. 1 EGZPO). Der zweite Auftrag führt zur Abnahme der Vermögensauskunft und Eintragung in das neue Schuldnerverzeichnis; gleichzeitig wird die Eintragung in das alte Verzeichnis wieder gelöscht (§ 39 Nr. 5 S. 3 EGZPO). Dies mag zwar im Einzelfall sinnwidrig erscheinen, ist indes Folge der gesetzgeberischen Intention, das Schuldnerverzeichnis in der bis zum 31.12.2012 bestehenden Form möglichst bald auslaufen zu lassen. Insoweit macht es auch keinen Unterschied, ob Anträge nach alten oder neuen Recht gemeinsam oder gesondert erledigt werden.

7 Zu den maßgeblichen **Kostenregelungen** s. die Erl. zu § 18 GvKostG.

§ 882 b Inhalt des Schuldnerverzeichnisses

(1) Das zentrale Vollstreckungsgericht nach § 882 h Abs. 1 führt ein Verzeichnis (Schuldnerverzeichnis) derjenigen Personen,

1. deren Eintragung der Gerichtsvollzieher nach Maßgabe des § 882 c angeordnet hat;
2. deren Eintragung die Vollstreckungsbehörde nach Maßgabe des § 284 Abs. 9 der Abgabenordnung angeordnet hat; einer Eintragungsanordnung nach § 284 Abs. 9 der Abgabenordnung steht die Anordnung der Eintragung in das Schuldnerverzeichnis durch eine Vollstreckungsbehörde gleich, die auf Grund einer gleichwertigen Regelung durch Bundesgesetz oder durch Landesgesetz ergangen ist;
3. deren Eintragung das Insolvenzgericht nach Maßgabe des § 26 Absatz 2 oder des § 303 a der Insolvenzordnung angeordnet hat.

(2) Im Schuldnerverzeichnis werden angegeben:

1. Name, Vorname und Geburtsname des Schuldners sowie die Firma und deren Nummer des Registerblatts im Handelsregister,
2. Geburtsdatum und Geburtsort des Schuldners,
3. Wohnsitze des Schuldners oder Sitz des Schuldners,

einschließlich abweichender Personendaten.

(3) Im Schuldnerverzeichnis werden weiter angegeben:

1. Aktenzeichen und Gericht oder Vollstreckungsbehörde der Vollstreckungssache oder des Insolvenzverfahrens,
2. im Fall des Absatzes 1 Nr. 1 das Datum der Eintragungsanordnung und der gemäß § 882 c zur Eintragung führende Grund,
3. im Fall des Absatzes 1 Nr. 2 das Datum der Eintragungsanordnung und der gemäß § 284 Abs. 9 der Abgabenordnung oder einer gleichwertigen Regelung im Sinne von Absatz 1 Nr. 2 Halbsatz 2 zur Eintragung führende Grund,
4. im Fall des Absatzes 1 Nummer 3 das Datum der Eintragungsanordnung sowie die Feststellung, dass ein Antrag auf Eröffnung des Insolvenzverfahrens über das Vermögen des Schuldners mangels Masse gemäß § 26 Absatz 1 Satz 1 der Insolvenzordnung abgewiesen wurde, oder bei einer Eintragung gemäß § 303 a der Insolvenzordnung der zur Eintragung führende Grund und das Datum der Entscheidung des Insolvenzgerichts.

§ 151 GVGA; §§ 1 ff SchuFV

Literatur:
Jungbauer, Zentrale Vollstreckungsgerichte und Auskunft aus dem Schuldnerverzeichnis ab 1.1.2013, Jurbüro 2012, 629. Siehe auch die Literaturhinweise zu Vor §§ 882 b–882 h.

I. Normzweck; Allgemeines	1	IV. Rechtsbehelf	12
II. Eintragungsgründe (Abs. 1)	2	V. Weitere praktische Hinweise	13
III. Inhalt des Schuldnerverzeichnisses (Abs. 2, 3)	6	VI. Kosten	14

I. Normzweck; Allgemeines

Die Vorschrift regelt in **Abs. 1** die drei Verfahren, die zur Eintragung des Schuldners in das Schuldnerverzeichnis führen können. Es wird dabei der Begriff des Schuldnerverzeichnisses aus § 915 aF übernommen. Durch die Eintragung soll die Öffentlichkeit auf die Kreditunwürdigkeit des Schuldners hingewiesen werden. Die Fassung des Abs. 1 Nr. 2 trägt den unterschiedlichen Gestaltungen des Verwaltungsvollstreckungsrechts und damit der Entscheidung über die Anordnung der Eintragung in das Schuldnerverzeichnis Rechnung.[1] Abs. 1 Nr. 3 sieht auch die Eintragung solcher Schuldner in das zentrale Schuldnerverzeichnis vor, über deren Vermögen der Antrag auf Eröffnung des Insolvenzverfahrens mangels Masse abgewiesen wurde. Damit wird im Interesse der Effizienz der Vollstreckung die früher bestehende Unterscheidung der Schuldnerverzeichnisse nach § 915 aF (am Ort des Vollstreckungsgerichts) sowie nach § 26 Abs. 2 InsO aF (am Ort des Insolvenzgerichts) aufgegeben. **Abs. 2 und 3** bestimmen in Anlehnung an § 1 SchuVVO aF die in das Schuldnerverzeichnis aufzunehmenden Daten. Aus datenschutzrechtlichen Gründen hielt der Gesetzgeber es für geboten, die Einzelheiten gesetzlich und nicht durch Rechtsverordnung zu regeln.[2]

Zum **Übergangsrecht** s. Vor §§ 882 b–882 h Rn 5 f.

II. Eintragungsgründe (Abs. 1)

2 In dem **zentralen Schuldnerverzeichnis** werden diejenigen Personen von Amts wegen aufgenommen, deren Eintragung

- der Gerichtsvollzieher in einem Zwangsvollstreckungsverfahren nach Maßgabe des § 882 c (**Abs. 1 Nr. 1**),
- die Vollstreckungsbehörde in einem Verwaltungsvollstreckungsverfahren nach Maßgabe des § 284 Abs. 9 AO (**Abs. 1 Nr. 2**) oder
- das Insolvenzgericht bei Ablehnung der Eröffnung des Insolvenzverfahrens mangels Masse nach Maßgabe des § 26 Abs. 2 InsO oder gem. § 303 a InsO wegen der Versagung der Restschuldbefreiung nach den §§ 290, 296, 297, 297 a oder § 300 Abs. 2 InsO bzw wegen des Widerrufs der erteilten Restschuldbefreiung[3] (**Abs. 1 Nr. 3**)

angeordnet haben. Das zentrale Vollstreckungsgericht hat in den in Abs. 1 geregelten Fällen die Eintragung vorzunehmen, wobei es die Richtigkeit der Anordnung überprüfen darf. Die Eintragung steht auch nicht zur Disposition des Gläubigers oder des Schuldners.[4] Unberührt von der Eintragung nach Abs. 1 Nr. 3 bleibt die öffentliche Bekanntmachung des Abweisungsbeschlusses nach § 26 Abs. 1 S. 3 InsO.[5]

3 Die Führung des Schuldnerverzeichnis ist Angelegenheit der Justizverwaltung (§ 882 h Abs. 2 S. 3). **Zuständig** ist das **zentrale Vollstreckungsgericht** (§ 882 h Abs. 1). Die Aufgabe wird in Ausübung öffentlicher Gewalt wahrgenommen,[6] so dass Fehler eine Amtshaftung gem. § 839 BGB iVm Art. 34 GG begründen können.[7] Die Eintragung oder deren Ablehnung kann im Wege eines Antrags nach §§ 23 ff EGGVG gerichtlich überprüft werden.

4 Der in Bezug genommene § 284 AO lautet:

§ 284 AO Vermögensauskunft des Vollstreckungsschuldners

(1) [1]Der Vollstreckungsschuldner muss der Vollstreckungsbehörde auf deren Verlangen für die Vollstreckung einer Forderung Auskunft über sein Vermögen nach Maßgabe der folgenden Vorschriften erteilen, wenn er die Forderung nicht binnen zwei Wochen be-

---

1 BT-Drucks. 16/10069, S. 36.
2 BT-Drucks. 16/10069, S. 36.
3 S. dazu Uhlenbruck/*Sternal*, § 303 a InsO Rn 2 ff.
4 Wieczorek/*Schreiber*, § 882 b Rn 6.
5 BT-Drucks. 16/10069, S. 36.
6 RGZ 118, 243.
7 Vgl RGZ 140, 153; Kreft/*Kirchhof*, § 26 InsO Rn 38.

gleicht, nachdem ihn die Vollstreckungsbehörde unter Hinweis auf die Verpflichtung zur Abgabe der Vermögensauskunft zur Zahlung aufgefordert hat. ²Zusätzlich hat er seinen Geburtsnamen, sein Geburtsdatum und seinen Geburtsort anzugeben. ³Handelt es sich bei dem Vollstreckungsschuldner um eine juristische Person oder um eine Personenvereinigung, so hat er seine Firma, die Nummer des Registerblatts im Handelsregister und seinen Sitz anzugeben.

(2) ¹Zur Auskunftserteilung hat der Vollstreckungsschuldner alle ihm gehörenden Vermögensgegenstände anzugeben. ²Bei Forderungen sind Grund und Beweismittel zu bezeichnen. ³Ferner sind anzugeben:

1. die entgeltlichen Veräußerungen des Vollstreckungsschuldners an eine nahestehende Person (§ 138 der Insolvenzordnung), die dieser in den letzten zwei Jahren vor dem Termin nach Absatz 7 und bis zur Abgabe der Vermögensauskunft vorgenommen hat;

2. die unentgeltlichen Leistungen des Vollstreckungsschuldners, die dieser in den letzten vier Jahren vor dem Termin nach Absatz 7 und bis zur Abgabe der Vermögensauskunft vorgenommen hat, sofern sie sich nicht auf gebräuchliche Gelegenheitsgeschenke geringen Werts richteten.

⁴Sachen, die nach § 811 Abs. 1 Nr. 1 und 2 der Zivilprozessordnung der Pfändung offensichtlich nicht unterworfen sind, brauchen nicht angegeben zu werden, es sei denn, dass eine Austauschpfändung in Betracht kommt.

(3) ¹Der Vollstreckungsschuldner hat zu Protokoll an Eides statt zu versichern, dass er die Angaben nach den Absätzen 1 und 2 nach bestem Wissen und Gewissen richtig und vollständig gemacht habe. ²Vor Abnahme der eidesstattlichen Versicherung ist der Vollstreckungsschuldner über die Bedeutung der eidesstattlichen Versicherung, insbesondere über die strafrechtlichen Folgen einer unrichtigen oder unvollständigen eidesstattlichen Versicherung, zu belehren.

(4) ¹Ein Vollstreckungsschuldner, der die in dieser Vorschrift oder die in § 802 c der Zivilprozessordnung bezeichnete Vermögensauskunft innerhalb der letzten zwei Jahre abgegeben hat, ist zur erneuten Abgabe nur verpflichtet, wenn anzunehmen ist, dass sich seine Vermögensverhältnisse wesentlich geändert haben. ²Die Vollstreckungsbehörde hat von Amts wegen festzustellen, ob beim zentralen Vollstreckungsgericht nach § 802 k Abs. 1 der Zivilprozessordnung in den letzten zwei Jahren ein auf Grund einer Vermögensauskunft des Schuldners erstelltes Vermögensverzeichnis hinterlegt wurde.

(5) ¹Für die Abnahme der Vermögensauskunft ist die Vollstreckungsbehörde zuständig, in deren Bezirk sich der Wohnsitz oder der Aufenthaltsort des Vollstreckungsschuldners befindet. ²Liegen diese Voraussetzungen bei der Vollstreckungsbehörde, die die Vollstreckung betreibt, nicht vor, so kann sie die Vermögensauskunft abnehmen, wenn der Vollstreckungsschuldner zu ihrer Abgabe bereit ist.

(6) ¹Die Ladung zu dem Termin zur Abgabe der Vermögensauskunft ist dem Vollstreckungsschuldner selbst zuzustellen; sie kann mit der Fristsetzung nach Absatz 1 Satz 1 verbunden werden. ²Der Termin zur Abgabe der Vermögensauskunft soll nicht vor Ablauf eines Monats nach Zustellung der Ladung bestimmt werden. ³Ein Rechtsbehelf gegen die Anordnung der Abgabe der Vermögensauskunft hat keine aufschiebende Wirkung. ⁴Der Vollstreckungsschuldner hat die zur Vermögensauskunft erforderlichen Unterlagen im Termin vorzulegen. ⁵Hierüber und über seine Rechte und Pflichten nach den Absätzen 2 und 3, über die Folgen einer unentschuldigten Terminssäumnis oder einer Verletzung seiner Auskunftspflichten sowie über die Möglichkeit der Eintragung in das Schuldnerverzeichnis bei Abgabe der Vermögensauskunft ist der Vollstreckungsschuldner bei der Ladung zu belehren.

(7) ¹Im Termin zur Abgabe der Vermögensauskunft erstellt die Vollstreckungsbehörde ein elektronisches Dokument mit den nach den Absätzen 1 und 2 erforderlichen Angaben (Vermögensverzeichnis). ²Diese Angaben sind dem Vollstreckungsschuldner vor Ab-

gabe der Versicherung nach Absatz 3 vorzulesen oder zur Durchsicht auf einem Bildschirm wiederzugeben. ³Ihm ist auf Verlangen ein Ausdruck zu erteilen. ⁴Die Vollstreckungsbehörde hinterlegt das Vermögensverzeichnis bei dem zentralen Vollstreckungsgericht nach § 802 k Abs. 1 der Zivilprozessordnung. ⁵Form, Aufnahme und Übermittlung des Vermögensverzeichnisses haben den Vorgaben der Verordnung nach § 802 k Abs. 4 der Zivilprozessordnung zu entsprechen.

(8) ¹Ist der Vollstreckungsschuldner ohne ausreichende Entschuldigung in dem zur Abgabe der Vermögensauskunft anberaumten Termin vor der in Absatz 5 Satz 1 bezeichneten Vollstreckungsbehörde nicht erschienen oder verweigert er ohne Grund die Abgabe der Vermögensauskunft, so kann die Vollstreckungsbehörde, die die Vollstreckung betreibt, die Anordnung der Haft zur Erzwingung der Abgabe beantragen. ²Zuständig für die Anordnung der Haft ist das Amtsgericht, in dessen Bezirk der Vollstreckungsschuldner im Zeitpunkt der Fristsetzung nach Absatz 1 Satz 1 seinen Wohnsitz oder in Ermangelung eines solchen seinen Aufenthaltsort hat. ³Die §§ 802 g bis 802 j der Zivilprozessordnung sind entsprechend anzuwenden. ⁴Die Verhaftung des Vollstreckungsschuldners erfolgt durch einen Gerichtsvollzieher. ⁵§ 292 dieses Gesetzes gilt entsprechend. ⁶Nach der Verhaftung des Vollstreckungsschuldners kann die Vermögensauskunft von dem nach § 802 i der Zivilprozessordnung zuständigen Gerichtsvollzieher abgenommen werden, wenn sich der Sitz der in Absatz 5 bezeichneten Vollstreckungsbehörde nicht im Bezirk des für den Gerichtsvollzieher zuständigen Amtsgerichts befindet oder wenn die Abnahme der Vermögensauskunft durch die Vollstreckungsbehörde nicht möglich ist. ⁷Der Beschluss des Amtsgerichts, mit dem der Antrag der Vollstreckungsbehörde auf Anordnung der Haft abgelehnt wird, unterliegt der Beschwerde nach den §§ 567 bis 577 der Zivilprozessordnung.

(9) ¹Die Vollstreckungsbehörde kann die Eintragung des Vollstreckungsschuldners in das Schuldnerverzeichnis nach § 882 h Abs. 1 der Zivilprozessordnung anordnen, wenn

1. der Vollstreckungsschuldner seiner Pflicht zur Abgabe der Vermögensauskunft nicht nachgekommen ist,

2. eine Vollstreckung nach dem Inhalt des Vermögensverzeichnisses offensichtlich nicht geeignet wäre, zu einer vollständigen Befriedigung der Forderung zu führen, wegen der die Vermögensauskunft verlangt wurde oder wegen der die Vollstreckungsbehörde vorbehaltlich der Fristsetzung nach Absatz 1 Satz 1 und der Sperrwirkung nach Absatz 4 eine Vermögensauskunft verlangen könnte, oder

3. der Vollstreckungsschuldner nicht innerhalb eines Monats nach Abgabe der Vermögensauskunft die Forderung, wegen der die Vermögensauskunft verlangt wurde, vollständig befriedigt. Gleiches gilt, wenn die Vollstreckungsbehörde vorbehaltlich der Fristsetzung nach Absatz 1 Satz 1 und der Sperrwirkung nach Absatz 4 eine Vermögensauskunft verlangen kann, sofern der Vollstreckungsschuldner die Forderung nicht innerhalb eines Monats befriedigt, nachdem er auf die Möglichkeit der Eintragung in das Schuldnerverzeichnis hingewiesen wurde.

²Die Eintragungsanordnung soll kurz begründet werden. ³Sie ist dem Vollstreckungsschuldner zuzustellen. ⁴§ 882 c Abs. 3 der Zivilprozessordnung gilt entsprechend.

(10) ¹Ein Rechtsbehelf gegen die Eintragungsanordnung nach Absatz 9 hat keine aufschiebende Wirkung. ²Nach Ablauf eines Monats seit der Zustellung hat die Vollstreckungsbehörde die Eintragungsanordnung dem zentralen Vollstreckungsgericht nach § 882 h Abs. 1 der Zivilprozessordnung mit den in § 882 b Abs. 2 und 3 der Zivilprozessordnung genannten Daten elektronisch zu übermitteln. ³Dies gilt nicht, wenn Anträge auf Gewährung einer Aussetzung der Vollziehung der Eintragungsanordnung nach § 381 dieses Gesetzes oder § 69 der Finanzgerichtsordnung anhängig sind, die Aussicht auf Erfolg haben.

(11) ¹Ist die Eintragung in das Schuldnerverzeichnis nach § 882 h Abs. 1 der Zivilprozessordnung erfolgt, sind Entscheidungen über Rechtsbehelfe des Vollstreckungsschuldners

gegen die Eintragungsanordnung durch die Vollstreckungsbehörde oder durch das Gericht dem zentralen Vollstreckungsgericht nach § 882 h Abs. 1 der Zivilprozessordnung elektronisch zu übermitteln. ²Form und Übermittlung der Eintragungsanordnung nach Absatz 10 Satz 1 und 2 sowie der Entscheidung nach Satz 1 haben den Vorgaben der Verordnung nach § 882 h Abs. 3 der Zivilprozessordnung zu entsprechen.

Der in Abs. 1 Nr. 3 in Bezug genommene § 26 Abs. 2 InsO lautet: 5

§ 26 InsO Abweisung mangels Masse

(1) ...

(2) ¹Das Gericht ordnet die Eintragung des Schuldners, bei dem der Eröffnungsantrag mangels Masse abgewiesen worden ist, in das Schuldnerverzeichnis nach § 882 b der Zivilprozessordnung an und übermittelt die Anordnung unverzüglich elektronisch dem zentralen Vollstreckungsgericht nach § 882 h Abs. 1 der Zivilprozessordnung. ²§ 882 c Abs. 3 der Zivilprozessordnung gilt entsprechend.

(3) ...

Der in Abs. 1 Nr. 3 ebenfalls in Bezug genommene § 303 a InsO lautet: 5a

§ 303 a InsO Eintragung in das Schuldnerverzeichnis

¹Das Insolvenzgericht ordnet die Eintragung in das Schuldnerverzeichnis nach § 882 b der Zivilprozessordnung an. ²Eingetragen werden Schuldner,

denen die Restschuldbefreiung nach den §§ 290, 296, 297 oder § 297 a oder auf Antrag eines Insolvenzgläubigers nach § 300 Absatz 2 versagt worden ist.

deren Restschuldbefreiung widerrufen worden ist.

³Es übermittelt die Anordnung unverzüglich elektronisch dem zentralen Vollstreckungsgericht nach § 882 h Absatz 1 der Zivilprozessordnung. ⁴§ 882 c Absatz 2 und 3 der Zivilprozessordnung gilt entsprechend.

III. Inhalt des Schuldnerverzeichnisses (Abs. 2, 3)

Der **Inhalt der Eintragung** bestimmt sich nach Abs. 2 und 3. Eine inhaltliche 6 Überprüfung der zum Zwecke der Eintragung gemachten Angaben erfolgt nicht; eine Ausnahme besteht bei einer offensichtlichen Unrichtigkeit.[8] Einzutragen sind:

- nach **Abs. 2 Nr. 1:** der **Schuldner**. In der Regel werden natürliche Personen 7 mit **Vor- und Nachnamen** sowie **Geburtsnamen** und eventuell abweichende Namen (zB ehemaliger Familiennamen Geschiedener, Aliasnamen, Künstlernamen) sowie Namenszusätze[9] (Adelsbezeichnungen, Titel oder akademische Grade) aufgenommen. Juristische Personen werden mit der **Firma und deren Nummer des Registerblatts** im Handelsregister bezeichnet. Eingetragen wird immer der Schuldner (zB die Gesellschaft, der Verein, der Minderjährige) persönlich, **nicht** sein **gesetzlicher Vertreter** (zB der Geschäftsführer, der Vorstand, die Eltern)[10] oder sein Prozess- bzw Verfahrensbevollmächtigter. Diese dürfen auch nicht zusätzlich vermerkt werden.[11] Die Eintragung ist hinsichtlich der Angaben zu dem Schuldner nicht an seine Bezeichnung im Titel gebunden, der dem Vollstreckungsverfahrens zugrunde liegt. Da sich im

---

8 Wieczorek/*Schreiber*, § 882 b Rn 12.
9 BT-Drucks. 16/10069, S. 36.
10 BT-Drucks. 16/10069, S. 36; vgl auch § 1 Abs. 4 SchuVVO.
11 BT-Drucks. 16/10069; vgl auch LG Braunschweig NdsRpfl 1982, 139; LG Frankenthal Rpfleger 1987, 380; LG Frankfurt Rpfleger 1988, 528; MüKo-ZPO/*Eickmann*, § 915 Rn 7.

Schuldnerverzeichnis mehrere Eintragungen überlagern können, sind bei der Eintragung ausschließlich die als richtig festgestellten Daten einzutragen.[12]

8 ▪ nach **Abs. 2 Nr. 2**: das **Geburtsdatum** und der **Geburtsort des Schuldners**, soweit diese zB durch Angabe im Vermögensverzeichnis (§ 802 c) oder im Vollstreckungstitel bzw durch Mitteilung der Vollstreckungsbehörde bekannt sind.[13] Sind dem Gerichtsvollzieher diese Angaben nicht aufgrund der abgegebenen Vermögensauskunft oder ansonsten bekannt, dann hat er bereits im Rahmen der Eintragungsanordnung von Amts wegen nach § 882 c Abs. 3 S. 2 die erforderlichen Daten zu beschaffen (vgl § 882 c Rn 12). Die Eintragung des Geburtsdatums kann nachgeholt werden;

9 ▪ nach **Abs. 2 Nr. 3**: der **Wohnsitz** – bzw bei mehreren Wohnsitzen, sämtliche Wohnsitze – **des Schuldners** (vgl §§ 7–11 BGB) und bei **juristischen Personen und Handelsgesellschaften** als Schuldner deren Sitz. Weichen die Wohnsitzangaben bei mehreren Eintragungen derselben Person aufgrund verschiedener Vollstreckungsvorgänge ab, sind im Hinblick auf die Warn- und Informationsfunktion des Schuldnerverzeichnisses alle Daten einzutragen.[14] Das zentrale Vollstreckungsgericht ist indes nicht verpflichtet, die Anschrift des Schuldners zu aktualisieren.[15]

10 ▪ nach **Abs. 3 Nr. 1**: das **Aktenzeichen der Vollstreckungssache** nebst Angabe des Vollstreckungsgerichts, das Aktenzeichen der Vollstreckungssache nebst Angabe der Vollstreckungsbehörde bzw das Aktenzeichen des Insolvenzverfahrens nebst Angabe des Insolvenzgerichts. Liegen der Eintragungsanordnung mehrere Vollstreckungsvorgänge zugrunde, so sind sämtliche Verfahren mit Aktenzeichen aufzuführen.[16] Der oder die Gläubiger werden nicht eingetragen;[17]

11 ▪ nach **Abs. 3 Nr. 2–4**: das **Datum der Eintragungsanordnung** und der jeweils **zur Eintragung führende Grund** (§ 882 c, § 284 Abs. 9 AO oder § 26 Abs. 2 InsO bzw § 303 a InsO).

IV. Rechtsbehelf

12 Da es sich bei der Führung des Schuldnerverzeichnisses um eine Angelegenheit der Justizverwaltung (§ 882 h Abs. 2 S. 3) handelt, kann die Eintragung durch das zentrale Vollstreckungsgericht oder deren Ablehnung nur im Wege eines **Antrags nach §§ 23 ff EGGVG** überprüft werden (vgl § 12 SchuFV). Die Einlegung einer Erinnerung (§ 573) oder einer sofortigen Beschwerde (§ 793) scheiden aus. Zur Anfechtbarkeit der Eintragungsanordnung s. § 882 c Rn 17.

V. Weitere praktische Hinweise

13 Zur Möglichkeit der **Einsichtnahme in das zentrale Schuldnerverzeichnis** s. die Erl. zu § 882 f. Daneben besteht für bestimmte Stellen die Möglichkeit, Abdrucke aus dem Schuldnerverzeichnis zum laufenden Bezug zu erhalten; zu den näheren Einzelheiten s. die Erl. zu § 882 g. Diese Stellen dürfen Einzelauskünfte an Dritte erteilen bzw die Abdrucke zu Listen verarbeiten und diese an Dritte zum laufenden Bezug überlassen; s. dazu die Erl. zu § 882 g.

---

12 BT-Drucks. 16/10069, S. 36.
13 BT-Drucks. 16/10069, S. 36.
14 BT-Drucks. 16/10069, S. 36.
15 BT-Drucks. 16/10069, S. 36.
16 BT-Drucks. 16/10069, S. 37; vgl auch LG Arnsberg DGVZ 1994, 6; MüKo-ZPO/*Eickmann*, § 915 Rn 6; Musielak/*Voit*, § 882 b Rn 8.
17 BT-Drucks. 16/10069, S. 37.

VI. Kosten

Für die Eintragung im Schuldnerverzeichnis werden Kosten bei Gericht nicht erhoben. 14

§ 882 c Eintragungsanordnung

(1) Der zuständige Gerichtsvollzieher ordnet von Amts wegen die Eintragung des Schuldners in das Schuldnerverzeichnis an, wenn

1. der Schuldner seiner Pflicht zur Abgabe der Vermögensauskunft nicht nachgekommen ist;
2. eine Vollstreckung nach dem Inhalt des Vermögensverzeichnisses offensichtlich nicht geeignet wäre, zu einer vollständigen Befriedigung des Gläubigers zu führen, auf dessen Antrag die Vermögensauskunft erteilt oder dem die erteilte Auskunft zugeleitet wurde, oder
3. der Schuldner dem Gerichtsvollzieher nicht innerhalb eines Monats nach Abgabe der Vermögensauskunft oder Bekanntgabe der Zuleitung nach § 802 d Abs. 1 Satz 2 die vollständige Befriedigung des Gläubigers nachweist, auf dessen Antrag die Vermögensauskunft erteilt oder dem die erteilte Auskunft zugeleitet wurde. Dies gilt nicht, solange ein Zahlungsplan nach § 802 b festgesetzt und nicht hinfällig ist.

(2) ¹Die Eintragungsanordnung soll kurz begründet werden. ²*Sie ist dem Schuldner zuzustellen, soweit sie ihm nicht mündlich bekannt gegeben und in das Protokoll aufgenommen wird (§ 763).*[1]

(3) ¹Die Eintragungsanordnung hat die in § 882 b Abs. 2 und 3 genannten Daten zu enthalten. ²Sind dem Gerichtsvollzieher die nach § 882 b Abs. 2 Nr. 1 bis 3 im Schuldnerverzeichnis anzugebenden Daten nicht bekannt, holt er Auskünfte bei den in § 755 Abs. 1 und 2 Satz 1 Nr. 1 genannten Stellen ein oder sieht das Handelsregister ein, um die erforderlichen Daten zu beschaffen. ³*Hat der Gerichtsvollzieher Anhaltspunkte dafür, dass zugunsten des Schuldners nach melderechtlichen Bestimmungen eine Auskunftssperre eingetragen oder ein bedingter Sperrvermerk eingerichtet wurde, hat der Gerichtsvollzieher den Schuldner auf die Möglichkeit eines Vorgehens nach § 882 f Absatz 2 hinzuweisen.*[2]

§ 151 GVGA; §§ 2 ff SchuFV [abgedr. bei § 882 h Rn 6]

---

1 *Kursive Hervorhebung*: Geltende Fassung. – Geplante Änderung durch RefE vom 9.12.2014 – „Entwurf eines Gesetzes zur Durchführung der Verordnung (EU) Nr. 655/2014 sowie zur Änderung sonstiger zivilprozessualer Vorschriften (**EuKoPfVODG**)", Art. 1 Nr. 13 Buchst. a) wie folgt: Abs. 2 Satz 2 soll durch die folgenden Sätze ersetzt werden: „*Der Gerichtsvollzieher stellt sie dem Schuldner von Amts wegen zu, soweit sie ihm nicht mündlich bekannt gegeben und in das Protokoll aufgenommen wird (§ 763 Absatz 1). Über die Bewilligung der öffentlichen Zustellung entscheidet der Gerichtsvollzieher.*" – Geplantes Inkrafttreten: am Tag nach der Verkündung (Art. 10 Abs. 2). – Siehe dazu Rn 14 und 14 a.
2 *Kursive Hervorhebung*: Geplante Ergänzung des Absatzes 3 um den Satz 3 durch RefE zum **EuKoPfVODG** (s. Fn 1), Art. 1 Nr. 13 Buchst. b). Geplantes Inkrafttreten dieser Änderung: am Tag nach der Verkündung (Art. 10 Abs. 2). – Weitere geplante Änderung: Die Wörter „nach melderechtlichen Bestimmungen eine Auskunftssperre eingetragen oder ein bedingter Sperrvermerk" sollen durch die Wörter „eine Auskunftssperre gemäß § 51 des Bundesmeldegesetzes eingetragen oder ein bedingter Sperrvermerk gemäß § 52 des Bundesmeldegesetzes" ersetzt werden. Geplantes Inkrafttreten dieser Änderung: 1.11.2015 (Art. 10 Abs. 4). – Siehe dazu Rn 12 a.

Literatur:

Büttner, Ist der Gerichtsvollzieher Prozessgericht im Sinne des § 186 Abs. 1 ZPO? – Die Problematik der öffentlichen Zustellung im Rahmen der Eintragungsanordnung nach § 882 c ZPO, DGVZ 2013, 123; *ders.*, Die Bewilligung der öffentlichen Zustellung im Rahmen der Eintragungsanordnung nach § 882 c ZPO durch den Gerichtsvollzieher und andere Probleme, DGVZ 2013, 222; *Jungbauer*, Zentrale Vollstreckungsgerichte und Auskunft aus dem Schuldnerverzeichnis ab 1.1.2013, JurBüro 2012, 630. Siehe auch die Literaturhinweise zu Vor §§ 882 b–882 h.

I. Normzweck 1	III. Verfahren 10
II. Eintragungsgründe (Abs. 1) 2	IV. Rechtsbehelfe; Rechtsschutz-
1. Grundsatz 2	möglichkeiten 17
2. Verletzung der Pflicht zur Abgabe der Vermögensauskunft (Abs. 1 Nr. 1) 4	V. Kosten 18
	1. Zustellung der Eintragungsanordnung 18
3. Unzureichendes Vermögen zur vollständigen Befriedigung des Gläubigers (Abs. 1 Nr. 2) 6	2. Einholung von Auskünften, Einsichtnahme ins Handelsregister 19
4. Unvollständige Befriedigung des Gläubigers innerhalb eines Monats (Abs. 1 Nr. 3) 7	

I. Normzweck

1 Nach § 915 Abs. 1 S. 1 aF erfolgte die Eintragung ins Schuldnerverzeichnis automatisch bei Abgabe der eidesstattlichen Versicherung nach § 807 aF oder bei Anordnung der Erzwingungshaft nach § 901 aF.[3] Eine Offenbarungspflicht des Schuldners bestand bei der Aussichts- oder Erfolglosigkeit der Pfändung (§ 807 Abs. 1 S. 1 Nr. 1 und 2 aF)[4] bzw der vermuteten Vermögenslosigkeit des Schuldners (§ 807 Abs. 1 S. 1 Nr. 3 und 4 aF).[5] § 882 c regelt nunmehr die Voraussetzungen für die Eintragung des Schuldners in das zentral geführte Schuldnerregister neu. Allein die Abgabe der Vermögensauskunft (§ 802 c) reicht nicht mehr aus,[6] da dies als reine Maßnahme der Sachaufklärung noch nichts über die Kreditwürdigkeit des Schuldners aussagt, sondern nur belegt, dass gegen ihn die Zwangsvollstreckung eingeleitet wurde. Der Gesetzgeber knüpft vielmehr die Eintragung an die in Abs. 1 genannten Fälle an, nämlich die Verletzung der Pflicht zur Vermögensauskunft, die nach dem Inhalt des Vermögensverzeichnisses von Anfang an bestehende Aussichtslosigkeit der Zwangsvollstreckung oder die fehlende zeitnahe Befriedigung des Gläubigers.

Zum **Übergangsrecht** s. Vor §§ 882 b–882 h Rn 5 f.

II. Eintragungsgründe (Abs. 1)

2 **1. Grundsatz.** Die Eintragung des Schuldners in das Schuldnerverzeichnis kann in drei Fällen von dem Gerichtsvollzieher angeordnet werden, in denen der Gesetzgeber von einer Zahlungsunfähigkeit und damit Kreditunwürdigkeit des Schuldners ausgeht. Dies ist nach **Abs. 1** der Fall, wenn

- der Schuldner seiner Pflicht zur Abgabe der Vermögensauskunft nicht nachgekommen ist (**Nr. 1;** s. Rn 4 f),

---

3 Siehe dazu 1. Aufl. 2010, § 915 Rn 4 ff.
4 Siehe 1. Aufl. 2010, § 807 Rn 5 ff, 8.
5 Siehe 1. Aufl. 2010, § 807 Rn 9 ff.
6 BT-Drucks. 16/10069, S. 37.

- eine Vollstreckung nach dem Inhalt des Vermögensverzeichnisses offensichtlich nicht geeignet ist, zu einer vollständigen Befriedigung des Gläubigers zu führen, auf dessen Antrag die Vermögensauskunft erteilt oder dem die erteilte Auskunft zugeleitet wurde (**Nr. 2**; s. Rn 6), oder

- der Schuldner dem Gerichtsvollzieher nicht innerhalb eines Monats nach Abgabe der Vermögensauskunft oder Bekanntgabe der Übersendung eines bereits vorliegenden Vermögensverzeichnisses die vollständige Befriedigung des Gläubigers, auf dessen Antrag die Vermögensauskunft erteilt oder dem die erteilte Auskunft zugeleitet wurde, nachweist (**Nr. 3**; s. Rn 7 ff).

Diese Eintragungsgründe stehen **selbständig nebeneinander**. In derselben Sache kann indes nur eine Eintragung erfolgen.[7] Mehrfacheintragungen sind bei entsprechenden Anträgen von Folgegläubigern möglich.

Nr. 1 kommt nur bei bestehender Auskunftspflicht des Schuldners in Betracht, während eine Eintragung nach Nr. 2 und 3 auch im Hinblick auf ein Vollstreckungsverfahren von Folgegläubigern möglich ist, die innerhalb der Sperrfrist des § 802 d die Zwangsvollstreckung betreiben.[8] Die Eintragungsanordnung ist – im Gegensatz zur eigentlichen Eintragung (vgl § 882 h Abs. 2 S. 1) – kein Geschäft der Justizverwaltung, sondern Akt der Gerichtsbarkeit.[9] Eine Eintragung kann auch im Falle einer Sicherungsvollstreckung (§ 720 a) erfolgen.[10] Die Eröffnung des Insolvenzverfahrens über das Vermögen des Schuldners steht der Vollziehung der Eintragung ins Schuldnerverzeichnis nicht entgegen, da es sich hierbei nicht um eine Vollstreckungsmaßnahme handelt.[11]

2. Verletzung der Pflicht zur Abgabe der Vermögensauskunft (Abs. 1 Nr. 1). Die Verletzung der Pflicht zur Selbstauskunft durch den Schuldner rechtfertigt die Eintragung in das Schuldnerverzeichnis. Das Druckmittel der Eintragung greift in allen Fällen, in denen es wegen eines pflichtwidrigen Verhaltens des Schuldners **nicht zur Abnahme der Vermögensauskunft** kommt.[12] Erfasst wird das unentschuldigte Fernbleiben zum angeordneten Termin oder die grundlose Verweigerung der Abgabe der Vermögensauskunft bzw deren eidesstattlichen Bekräftigung; eine spätere Zahlungsvereinbarung stellt kein Eintragungshindernis dar.[13] Eine Eintragung ist auch möglich, wenn der Schuldner die Abnahme der Vermögensauskunft durch Nichtvorlage der erforderlichen Unterlagen (vgl § 802 f Abs. 1 S. 3) vereitelt; eine Haftanordnung ist nicht erforderlich (§ 802 g). Nicht ausreichend ist eine nach Ansicht des Gläubigers falsche Auskunft;[14] insoweit kann der Gläubiger strafrechtliche Maßnahme ergreifen. Anders ist es, wenn der Gerichtsvollzieher die schuldnerischen Angaben für falsch oder unvollständig hält. In diesem Fall ordnet der Gerichtsvollzieher die Eintragung an, da der Schuldner seiner Pflicht zur vollständigen und richtigen Vermögensauskunft (§ 802 c Abs. 3 S. 1) nicht nachgekommen ist.[15]

Die Verweigerung der Auskunft besagt indes nichts über die tatsächliche Vermögenslage sowie die Kreditwürdigkeit des Schuldners. Da der betreffende Schuldner es in der Hand hat, durch Erteilung der Auskunft die Eintragung in das Schuldnerverzeichnis zu vermeiden, bestehen keine grundsätzlichen Bedenken ge-

---

7 Wieczorek/*Schreiber*, § 882 c Rn 15; *Harnacke/Bungardt*, DGVZ 2013, 1, 10.
8 BT-Drucks. 16/10069, S. 37.
9 BT-Drucks. 16/13432, S. 46.
10 Thomas/Putzo/*Seiler*, § 882 c Rn 1; *Wasserl*, DGVZ 2013, 85, 91.
11 Thomas/Putzo/*Seiler*, § 882 c Rn 1; *Wasserl*, DGVZ 2013, 85, 91.
12 BT-Drucks. 16/10069, S. 37.
13 LG Arnsberg DGVZ 2014, 43.
14 Musielak/*Voit*, § 882 c Rn 2; Schuschke/Walker/*Schuschke*, § 882 c Rn 2; Wieczorek/*Schreiber*, § 882 c Rn 5.
15 Wieczorek/*Schreiber*, § 882 c Rn 5.

gen die Regelung in Abs. 1 Nr. 1.[16] Unabhängig von der Eintragung ins Schuldnerregister besteht – sofern die Voraussetzungen vorliegen – weiterhin die Möglichkeit, gegen den Schuldner zur Erzwingung der Abgabe der Vermögensauskunft die **Haft anzuordnen** (§ 802 g) oder **Fremdauskünfte einzuholen** (§ 802 l).[17]

6 **3. Unzureichendes Vermögen zur vollständigen Befriedigung des Gläubigers (Abs. 1 Nr. 2).** Eine Eintragung des Schuldners in das Schuldnerverzeichnis erfolgt zudem, wenn nach dem Inhalt des Vermögensverzeichnisses von vornherein klar ist, dass eine Vollstreckung in die dort aufgeführten Gegenstände **nicht zu einer vollständigen Befriedigung des Gläubigers** führt. Abs. 1 Nr. 2 erfasst sowohl die Fälle, bei denen das Vermögensverzeichnis keine pfändbaren Vermögenswerte ausweist, als auch diejenigen, bei denen die aufgeführten Werte nicht zur vollständigen Befriedigung ausreichen. Im letzteren Fall muss der Gerichtsvollzieher eine **Prognoseentscheidung** treffen, obwohl er die Gegenstände möglicherweise noch nicht persönlich gesehen hat. Diese Prognosekompetenz bleibt auf eindeutige Fälle beschränkt, um umfangreiche Ermittlungen über die in der Vermögensauskunft angegebenen Vermögenswerte und deren Verwertbarkeit zu vermeiden. Im Zweifel muss der Gläubiger bei der Angabe von pfändbaren Gegenständen zunächst die **Vollstreckung versuchen**.

7 **4. Unvollständige Befriedigung des Gläubigers innerhalb eines Monats (Abs. 1 Nr. 3).** Schließlich rechtfertigt auch die unvollständige Befriedigung des Gläubigers **innerhalb eines Monats** eine Eintragung in das Schuldnerverzeichnis. Erfasst werden hiervon die Fälle, in denen nach Inhalt der Vermögensauskunft die Befriedigung des Gläubigers nicht von vornherein aussichtslos erscheint, weil vollstreckbare Vermögenswerte aufgeführt worden sind. Der Schuldner kann nicht auf die Einhaltung der Monatsfrist verzichten, weil allein hierdurch die Möglichkeit einer Befriedigung innerhalb dieser Frist noch nicht ausgeschlossen ist.[18] Sind hingegen in dem Vermögensverzeichnis keine oder nach der Prognoseentscheidung des Gerichtsvollziehers nicht zur Befriedigung des Gläubiger genügend liquide Vermögenswerte aufgeführt, dann liegen die Eintragungsvoraussetzungen nach Abs. 1 Nr. 2 vor, so dass es nicht der Einhaltung der Monatsfrist bedarf.

8 Abs. 1 Nr. 3 stellt insoweit eine Vermutung für die (derzeitige) Zahlungsunfähigkeit des Schuldners auf. Angeknüpft wird dabei nicht an den Vollstreckungserfolg, sondern an die **materiellrechtliche Befriedigung des Gläubigers**.[19] Gläubiger sind sowohl der Erstgläubiger als auch die Folgegläubiger, denen die bereits erteilte Vermögensauskunft zugeleitet wurde (§ 802 d Abs. 1).[20] Der Schuldner muss innerhalb einer Monatsfrist die titulierten Forderungen vollständig ausgleichen.[21] Unerheblich ist es, ob dem Schuldner hinsichtlich der fehlenden Leistungsfähigkeit ein Verschulden trifft.[22] Die **Frist beginnt** mit der **Abgabe der Vermögensauskunft** durch den Schuldner bzw bei einem Folgeantrag mit der Bekanntgabe der Zuleitung nach § 802 d Abs. 1 S. 2. Eine Verlängerung der Frist durch den Gläubiger ist nicht möglich; ebenso wenig kann der Schuldner auf diese Frist verzichten.[23] Zahlung an den Gerichtsvollzieher genügt in analoger Anwendung des § 815 Abs. 3, so dass ein Eintragungshindernis nach § 775 Nr. 5

---

16 So auch *Schilken*, Rpfleger 2006, 629, 639.
17 Thomas/Putzo/*Seiler*, § 882 c Rn 2.
18 Musielak/*Voit*, § 882 c Rn 4.
19 BT-Drucks. 16/10069, S. 37.
20 BT-Drucks. 16/10069, S. 37; Thomas/Putzo/*Seiler*, § 882 c Rn 4; Wieczorek/*Schreiber*, § 882 c Rn 11.
21 Krit. hinsichtlich der kurzen Frist: Schuschke/Walker/*Schuschke*, § 882 c Rn 4.
22 AA anscheinend *Wasserl*, DGVZ 2013, 85, 88.
23 Wieczorek/*Schreiber*, § 882 c Rn 11; *Harnacke/Bungardt*, DGVZ 2013, 1, 11; aA *Mroß*, DGVZ 2012, 169, 175.

vorliegt.[24] Die Darlegungs- und Beweislast für den vollständigen Ausgleich der Forderung obliegt dem Schuldner.[25] Eine Amtsermittlung erfolgt nicht. Der Schuldner ist indes nicht auf die Beweismittel der ZPO beschränkt; vielmehr kann er den Nachweis gegenüber dem Gerichtsvollzieher durch alle geeigneten Mitteln führen, zB durch Vorlage einer Zahlungsquittung oder sonstiger geeigneter Dokumente oder durch das Erbringen telefonischer Auskünfte.

Die Eintragung in das Schuldnerverzeichnis erfolgt nicht, wenn eine **Zahlungsvereinbarung nach § 802 b** getroffen worden ist (**Abs. 1 Nr. 3 S. 2**). Der damit verbundene Vollstreckungsaufschub hindert eine Eintragung, solange der Zahlungsplan nicht hinfällig ist, zB wegen Widerspruchs des Gläubigers nach § 802 b Abs. 3 S. 2 oder aufgrund eines Zahlungsrückstands des Schuldners nach § 802 b Abs. 3 S. 3. Dieses Eintragungshindernis besteht nur für die Verbindlichkeit, für die die Zahlungsvereinbarung getroffen worden ist. Ein Eintragungshindernis besteht ebenfalls, wenn der Schuldner unmittelbar **mit den Gläubigern eine Ratenzahlungsvereinbarung** trifft; dieser kommt die Wirkung einer Stundung iSd § 775 Nr. 4 zu.[26]

III. Verfahren

Die Eintragung erfolgt nicht von Amts wegen, sondern auf Anordnung des für die Vollstreckungsmaßnahme **zuständigen Gerichtsvollziehers**.[27] Im Falle der Abgabe einer Vermögensauskunft kann der Gerichtsvollzieher die Entscheidung über die Aussichtslosigkeit der vollständigen Befriedigung des Gläubigers (Abs. 1 Nr. 2) im Termin treffen.

Die Eintragungsanordnung ist schriftlich abzufassen oder in das Vollstreckungsprotokoll (§ 763) aufzunehmen und **kurz zu begründen** (**Abs. 2 S. 1**); dies kann im Einzelfall formularmäßig geschehen.[28] Einer einzelfallbezogenen Begründung[29] bedarf es indes stets hinsichtlich der Umstände, bei deren Feststellung dem Gerichtsvollzieher ein Ermessen eingeräumt ist. So sind zB nähere Angaben dazu notwendig, warum die in dem Vermögensverzeichnis mitgeteilten Vermögenswerte offensichtlich nicht zur vollständigen Befriedigung ausreichen oder warum der Schuldner die erforderlichen Unterlagen iSd § 802 f Abs. 1 S. 3 nicht beigebracht hat. Ansonsten ist eine Überprüfung der Eintragungsanordnung im Rahmen eines Widerspruchs des Schuldners (vgl § 882 d) nicht möglich. Die Eintragungsanordnung und der mögliche Widerspruch des Schuldners rechtfertigen keine Zurückstellung der Vorlage eines Haftbefehlsantrags an das Vollstreckungsgericht (s. dazu § 802 g Rn 12).

Die Anordnung hat die in § 882 b Abs. 2 und 3 zur sicheren Identifizierung des Schuldners genannten Daten zu enthalten (**Abs. 3 S. 1**). Sind dem Gerichtsvollzieher diese Angaben nicht aufgrund der abgegebenen Vermögensauskunft oder ansonsten bekannt, dann hat der Gerichtsvollzieher die erforderlichen Daten von Amts wegen selbst zu beschaffen (**Abs. 3 S. 2**). Dabei darf er hinsichtlich des Namens, Vornamens, Geburtsnamens, Geburtstags, Geburtsortes und Wohnsitzes

---

24 Vgl Thomas/Putzo/*Seiler*, § 882 c Rn 4; Wieczorek/*Schreiber*, § 882 c Rn 12; *Wasserl*, DGVZ 2013, 85, 89.
25 BT-Drucks. 16/10069, S. 37.
26 LG Berlin DGVZ 2013, 213.
27 AG Leipzig DGVZ 2013, 138.
28 BT-Drucks. 16/10069, S. 37; Thomas/Putzo/*Seiler*, § 882 c Rn 5; krit. Schuschke/Walker/*Schuschke*, § 882 c Rn 6.
29 So auch Hk-ZPO/*Rathmann*, § 882 c Rn 5; Wieczorek/*Schreiber*, § 882 c Rn 16; aA die Gesetzesmaterialien (BT-Drucks. 16/10069, S. 37) und Musielak/*Voit*, § 882 c Rn 6, die grds. von der Möglichkeit einer formularmäßigen Begründung ausgehen; krit. dazu auch Schuschke/Walker/*Schuscke*, § 882 c Rn 6.

des Schuldners erforderlichenfalls **Auskünfte beim Melderegister** oder beim **Ausländerzentralregister** einholen (§ 755 Abs. 1, Abs. 2 S. 1 Nr. 1). Dagegen sieht das Gesetz insoweit nicht die Möglichkeit der Einholung der Auskünfte beim Rentenversicherungsträger (§ 755 Abs. 2 S. 1 Nr. 2) oder beim Kraftfahrt-Bundesamt (§ 755 Abs. 2 S. 1 Nr. 3) vor.[30]

12a Für die Fälle, in denen Anhaltspunkte dafür bestehen, dass zugunsten des Schuldners nach melderechtlichen Bestimmungen eine **Auskunftssperre** eingetragen oder ein **bedingter Sperrvermerk** eingerichtet wurde, beabsichtigt der RefE des BMJV zum EuKoPfVODG mit dem neu anzufügenden Abs. 3 S. 3,[31] eine **Hinweispflicht des Gerichtsvollziehers** einzuführen. Dieser habe den Schuldner auf die Möglichkeit eines Vorgehens nach § 882 f Abs. 2 hinzuweisen, wonach die Einsichtnahme Dritter in das Schuldnerverzeichnis bezüglich des Wohnsitzes des Schuldners beschränkt werden könne.[32]

13 Zur sicheren Identifizierung einer **Firma** und zur Feststellung der **Nummer des Handelsregisterblatts** darf der Gerichtsvollzieher nach § 9 Abs. 1 S. 1 HGB das Handelsregister einsehen, wobei die Einsichtnahme auch im Wege des elektronischen Abrufverfahrens erfolgen kann (§ 9 Abs. 1 S. 2 HGB). Soweit der Gerichtsvollzieher nicht alle Angaben ermitteln kann, sind in die Eintragungsanordnung nur die bekannten Daten aufzunehmen.[33]

14 Die Eintragungsanordnung ist dem **Schuldner bekanntzugeben**. Dies muss im Wege einer Zustellung der Anordnung an den Schuldner von Amts wegen[34] erfolgen (**Abs. 2 S. 2 Alt. 1**). Nach dem RefE des BMJV vom 9.12.2014 zum EuKoPfVODG soll durch eine Neufassung des Abs. 2 S. 2[35] nunmehr ausdrücklich klargestellt werden, dass es sich bei der Zustellung der Eintragungsanordnung nicht um eine Parteizustellung, sondern um eine Zustellung „von Amts wegen" handelt. Das Eintragungsverfahren stehe nicht zur Disposition des Gläubigers.[36]

Die Notwendigkeit der Zustellung besteht nicht, wenn dem Schuldner die Anordnung nebst Begründung mündlich bekannt gegeben worden ist (**Abs. 2 S. 2 Alt. 2**), er also bei der Eintragungsordnung durch den Gerichtsvollzieher anwesend war, zB bei der Abgabeverweigerung nach Abs. 1 Nr. 1 oder der Abnahme der Vermögensauskunft nach Abs. 1 Nr. 2. Bei einer mündlichen Bekanntgabe sind die Eintragungsanordnung sowie deren Begründung in das Vollstreckungsprotokoll (§§ 762, 763) aufzunehmen (vgl Abs. 2 S. 2).[37] Mit der schriftlichen oder mündliche Bekanntgabe der Eintragungsanordnung ist der Schuldner zugleich über sein Widerspruchsrecht nach § 882 d Abs. 1, über die hierbei zu beachtende Frist sowie die Möglichkeit des Antrags nach § 882 d Abs. 2 auf einstweilige Aussetzung der Eintragung zu **belehren** (§ 882 d Abs. 3 S. 1).

14a Die Eintragungsanordnung kann dem Schuldner auch im Wege der öffentlichen Zustellung bekannt gemacht werden. Für die Anordnung einer **öffentlichen Zustellung** (§ 186) ist der Gerichtsvollzieher wegen seiner funktionellen Zuständig-

---

30 Schuschke/Walker/*Schuschke*, § 882 c Rn 5 und Wieczorek/*Schreiber*, § 882 c Rn 20 sprechen sich mit dem Hinweis, es handele sich um ein gesetzgeberisches Versehen, auch für diese Möglichkeit aus.
31 Siehe Fn 2.
32 Begr. RefE EuKoPfVODG, S. 26.
33 BT-Drucks. 16/10069, S. 37.
34 AG Mannheim DGVZ 2014, 152; Wieczorek/*Schreiber*, § 882 c Rn 17; *Schlaak* DGVZ 2014, 154; unentschieden: AG Bretten DGVZ 2014, 153; AG Solingen DAVZ 2014, 178; aA Parteibetrieb: AG Darmstadt DGVZ 2014, 73; Zöller/*Stöber*, § 882 c Rn 6.
35 Siehe dazu Fn 1.
36 Begr. RefE EuKoPfVODG, S. 25.
37 IdF der geplanten Änderung durch RefE zum EuKoPfVODG (s. Fn 1).

keit für die Anordnung der Eintragung zuständig,[38] wie der durch den RefE des BMJV vom 9.12.2014 zum **EuKoPfVODG** geplante **Abs. 2 S. 3**[39] nunmehr ausdrücklich klarstellen soll. Die funktionelle Zuständigkeit des Vollstreckungsgerichts würde das Verfahren unnötig in die Länge ziehen, da die anschließende Übermittlung der Eintragungsanordnung an das zentrale Vollstreckungsgericht wieder vom Gerichtsvollzieher vorzunehmen wäre, so dass es zu einem mehrfachen Zuständigkeitswechsel in dem Verfahren käme.[40]

Betreiben **mehrere Gläubiger** die Zwangsvollstreckung, kann es zur mehrfachen Eintragung desselben Schuldners in das Schuldnerverzeichnis kommen, zB wenn sich bei einem Vollstreckungsantrag innerhalb der Sperrfrist des § 802 d die Vollstreckungsmasse als offensichtlich unzulänglich erweist.[41] In diesem Fall erfolgt für jeden Gläubiger eine eigene Eintragung mit dem entsprechenden Aktenzeichen (vgl § 882 b Abs. 3 Nr. 1). Jede Eintragung ist dann rechtlich selbständig – insb. hinsichtlich der Löschung (§ 882 e) – zu behandeln.

Für die **Eintragungsanordnung der Verwaltungsbehörde** bzw **des Insolvenzgerichts** enthalten § 284 Abs. 9 S. 2–4 AO bzw § 26 Abs. 2 S. 2 InsO entsprechende Regelungen. Die Eintragungsanordnung ist von dem Gerichtsvollzieher bzw der Vollstreckungsbehörde bzw dem Insolvenzgericht dem zentralen Vollstreckungsgericht **elektronisch** zu **übermitteln** (§ 2 Abs. 1 S. 2 SchuFV). Hierbei sind durch technische und organisatorische Maßnahmen der Datenschutz und die Datensicherheit zu gewährleisten; zu den Einzelheiten s. § 2 SchuFV.

IV. Rechtsbehelfe; Rechtsschutzmöglichkeiten

Gegen die Eintragungsanordnung als Akt der Gerichtsbarkeit[42] steht dem **Schuldner** die Möglichkeit des Widerspruchs nach § 882 d zu. In Ausnahmefällen kann er gegen die Eintragung einen Antrag nach § 765 zu stellen, sofern besondere Umstände vorliegen, die die Eintragung in das Verzeichnis unter voller Würdigung des Schutzbedürfnisses des Gläubigers für den Schuldner eine Härte bedeuten, die mit den guten Sitten nicht vereinbar ist. Der **Gläubiger** kann gegen die Ablehnung des Erlasses einer Eintragungsanordnung durch den Gerichtsvollzieher mit der Erinnerung (§ 766 Abs. 2 1. Alt.) vorgehen.[43]

V. Kosten

1. Zustellung der Eintragungsanordnung. Die Eintragungsanordnung (Abs. 1, 2) ist dem Schuldner durch den Gerichtsvollzieher von Amts wegen zuzustellen, wenn sie nicht mündlich bekannt gegeben und in das Protokoll aufgenommen wird (vgl § 763). Für die Amtszustellung kann keine Gebühr in Ansatz gebracht werden.[44] Eine Parteizustellung nach dem 1. Abschnitt des Kostenverzeichnisses

---

38 LG Berlin DGVZ 2014, 19; AG Leipzig DGVZ 2013, 138; Thomas/Putzo/*Seiler*, § 882 c Rn 5; *Büttner*, DGVZ 2013, 123, 125; aA Zuständigkeit des Vollstreckungsgerichts: *Mroß*, DGVZ 2012, 169, 176; *Wasserl*, DGVZ 2013, 83, 90; aA es gibt keine öffentlichen Zustellung: LG Kempten 25.4.2013 – 43 T 620/13, juris; LG Paderborn DGVZ 2013, 213; LG Rottweil DGVZ 2014, 44; Wieczorek/*Schütze*, § 882 c Rn 18; zweifelnd Hk-ZPO/*Rathmann*, § 882 c Rn 5.
39 Siehe Fn 1.
40 Begr. RefE EuKoPfVODG vom 9.12.2014, S. 26.
41 BT-Drucks. 16/10069, S. 37.
42 BT-Drucks. 16/13432, S. 46.
43 Thomas/Putzo/*Seiler*, § 882 c Rn 7.
44 OLG Düsseldorf 3.2.2015 – I-10 W 16/15, juris; NK-GK/*Kessel*, Nr. 100–102 KV GvKostG Rn 1; vgl auch Nr. 10 der Durchführungsbestimmungen zum Gerichtsvollzieherkostengesetz (DB-GvKostG), in NRW AV d. JM vom 25. Mai 2001 (5653 - I B. 7) - JMBl. NRW S. 149 - idF vom 20.12.2013 (5653 - Z. 7).

des GvKostG liegt nicht vor, denn die Zustellung hängt nicht von einem Antrag des Gläubigers ab, sondern ist vom Gerichtsvollzieher bei Abwesenheit des Schuldners in jedem Fall vorzunehmen, so dass eine Amtszustellung gegeben ist.[45] Amtszustellungen hat der Gerichtsvollzieher vorzunehmen, soweit sie ihm durch Gesetz, Rechtsverordnung oder Verwaltungsanordnung übertragen sind (§ 9 Abs. 2 S. 1 GVGA). Diese Übertragung ist in Abs. 2 S. 2 vorgenommen worden. In Abs. 2 der Vorbem. 1 KV GvKostG ist für den Fall des § 882 c Abs. 2 S. 2 auch keine Ausnahmeregelung geschaffen.

19 **2. Einholung von Auskünften, Einsichtnahme ins Handelsregister.** Für die Einholung von Auskünften bzw die Einsichtnahme in das Handelsregister (Abs. 3 S. 2) kann der Gerichtsvollzieher keine Gebühren erheben (Anm. zu Nr. 440 KV GvKostG). Da die Einholung von Auskünften bzw die Einsichtnahme nicht auf Antrag des Gläubigers, sondern von Amts wegen erfolgt, wird durch die Anmerkung zum Gebührentatbestand in diesem Fall die Erhebung von Gebühren ausgeschlossen.[46] Hat der Gerichtsvollzieher bei den Auskunftsstellen Gebühren zu zahlen, können diese als Auslagen des Gerichtsvollziehers (Nr. 708 KV GvKostG) erhoben werden; die Erhebung von Auslagen ist nicht ausgeschlossen.

§ 882 d Vollziehung der Eintragungsanordnung

(1) ¹Gegen die Eintragungsanordnung nach § 882 c kann der Schuldner binnen zwei Wochen seit Bekanntgabe Widerspruch beim zuständigen Vollstreckungsgericht einlegen. ²Der Widerspruch hemmt nicht die Vollziehung. ³Nach Ablauf der Frist des Satzes 1 übermittelt der Gerichtsvollzieher die Anordnung unverzüglich elektronisch dem zentralen Vollstreckungsgericht nach § 882 h Abs. 1. ⁴Dieses veranlasst die Eintragung des Schuldners. *⁵Wird dem Gerichtsvollzieher vor der Übermittlung der Anordnung nach Satz 3 bekannt, dass die Voraussetzungen für die Eintragung nicht oder nicht mehr vorliegen, hebt er die Anordnung auf und unterrichtet den Schuldner hierüber.*[1]

(2) ¹Auf Antrag des Schuldners kann das Vollstreckungsgericht anordnen, dass die Eintragung einstweilen ausgesetzt wird. ²Das zentrale Vollstreckungsgericht nach § 882 h Abs. 1 hat von einer Eintragung abzusehen, wenn ihm die Ausfertigung einer vollstreckbaren Entscheidung vorgelegt wird, aus der sich ergibt, dass die Eintragungsanordnung einstweilen ausgesetzt ist.

(3) ¹Über die Rechtsbehelfe nach den Absätzen 1 und 2 ist der Schuldner mit der Bekanntgabe der Eintragungsanordnung zu belehren. ²Das Gericht, das über die Rechtsbehelfe entschieden hat, übermittelt seine Entscheidung dem zentralen Vollstreckungsgericht nach § 882 h Abs. 1 elektronisch.

§ 151 GVGA; §§ 3, 4 SchuFV [abgedr. bei § 882 h Rn 6]

Literatur:
Siehe die Literaturhinweise zu Vor §§ 882 b–882 h.

---

45 OLG Düsseldorf 3.2.2015 – I-10 W 16/15, juris; vgl NK-GK/*Kessel*, Nr. 100–102 KV GvKostG Rn 1.
46 BT-Drucks. 16/10069, S. 39.
1 *Kursive Hervorhebung:* Geplante Anfügung des neuen Satzes 5 durch RefE vom 9.12.2014 – „Entwurf eines Gesetzes zur Durchführung der Verordnung (EU) Nr. 655/2014 sowie zur Änderung sonstiger zivilprozessualer Vorschriften (**EuKoPfVODG**)", Art. 1 Nr. 14. Geplantes Inkrafttreten: am Tag nach der Verkündung (Art. 10 Abs. 2). – Siehe dazu Rn 1 und 8.

I. Normzweck	1	b) Verwerfung/Zurückweisung des Widerspruchs	13
II. Widerspruch des Schuldners	2	c) Stattgabe des Widerspruchs	16
1. Widerspruchsrecht; Widerspruchsfrist; Form (Abs. 1)	2	III. Belehrungspflicht (Abs. 3)	18
2. Einstweilige Aussetzung der Eintragung (Abs. 2)	9	IV. Rechtsmittel	19
3. Entscheidung über den Widerspruch	10	V. Weitere praktische Hinweise	20
a) Grundsatz	10	VI. Kosten	21

I. Normzweck

Die Vorschrift greift den früher gegen die Verpflichtung zur Abgabe der Offenbarungsversicherung bestehenden Rechtsbehelf nach § 900 Abs. 4 aF auf und räumt dem Schuldner zum Schutz vor unberechtigten Eintragungen in das Schuldnerverzeichnis eine Widerspruchsmöglichkeit gegen die Eintragungsanordnung des Gerichtsvollziehers ein. Zudem ist beabsichtigt, mit dem neuen Abs. 1 S. 5[2] ein Abhilferecht des Gerichtsvollziehers einzuführen (s. Rn 8). Hierdurch sollen die mit dem Widerspruchsverfahren befassten Gerichte entlastet werden.[3] 1

Zum Übergangsrecht s. Vor §§ 882 b–882 h Rn 5 f.

II. Widerspruch des Schuldners

1. Widerspruchsrecht; Widerspruchsfrist; Form (Abs. 1). Dem **Schuldner** steht 2
gem. **Abs. 1 S. 1** gegen die Eintragungsanordnung nach § 882 c ein **Widerspruchsrecht** zu. Mit diesem Rechtsbehelf kann der Schuldner geltend machen,

- es fehle der erforderliche Eintragungsgrund,
- es liege ein Eintragungshindernis vor oder
- der Inhalt der angeordneten Eintragung sei falsch.

Der Widerspruch soll auch einem **Dritten** zustehen, wenn dieser durch die Eintragungsanordnung unmittelbar belastet, zB durch die falsche Angaben der Personalien und dadurch bedingte falsche Bezeichnung des Schuldners.[4] Der eindeutige Wortlaut der Vorschrift und das verfassungsrechtliche Postulat der Rechtsmittelklarheit[5] sprechen indes gegen eine analoge Anwendung. Der Dritte ist vielmehr auf den Antrag nach §§ 23 ff EGGVG zu verweisen. 3

(Materielle) Einwendungen des Schuldners gegen den titulierten Anspruch sind hingegen in dem Verfahren nach § 767 zu verfolgen; eine Überprüfung der erteilten Vollstreckungsklausel erfolgt aufgrund der insoweit statthaften Rechtsbehelfe (zB §§ 732, 768). 4

Der Schuldner kann auf den Rechtsbehelf des Widerspruchs verzichten. Die Verzichtserklärung kann indes nicht im Rahmen der Vermögensauskunft gegenüber dem Gerichtsvollzieher abgegeben werden, da für die Entgegennahme der **Verzichtserklärung** ausschließlich das Vollstreckungsgericht zuständig ist.[6] 5

Die **Frist** zur Erhebung des Widerspruchs beträgt **zwei Wochen** und beginnt mit der Bekanntgabe der Anordnung nach § 882 c Abs. 2 S. 2. Dies ist bei einer mündlichen Bekanntgabe der Termin, an dem der Schuldner teilgenommen hat. 6

---

2 Siehe Fn 1.
3 Begr. RefE EuKoPfVODG, S. 26.
4 BeckOK-ZPO/*Utermark*, § 882 d Rn 1; Wieczorek/*Schreiber*, § 882 d Rn 2.
5 Vgl BVerfGE 107, 395 = NJW 2003, 1924.
6 Thomas/Putzo/*Seiler*, § 882 d Rn 2; *Mroß*, DGVZ 2012, 169, 175; *Wasserl*, DGVZ 2013, 85, 90; aA zuständig ist (auch) der Gerichtsvollzieher: Wieczorek/*Schreiber*, § 882 d Rn 3; *Harnacke/Bungardt*, DGVZ 2013, 1, 11; *Mroß*, DGVZ 2012, 169, 175 f.

Bei einer schriftlichen Bekanntgabe läuft die Frist ab dem Zeitpunkt der Zustellung. Ein Verstoß gegen die Belehrungspflicht nach Abs. 3 hat keinen Einfluss auf den Fristlauf (s. Rn 18). Zur Fristberechnung s. § 222 iVm §§ 187 ff BGB. Während dieser Widerspruchsfrist hat der Schuldner noch Gelegenheit, die Eintragung durch Befriedigung des Gläubigers oder durch eine Ratenzahlungsvereinbarung nach § 802 b abzuwenden.[7] In diesem Fall kommt es in Anwendung des Rechtsgedankens des § 882 e Abs. 3 Nr. 1 bzw 3 nicht zu einer Eintragung.

7 Der Widerspruch ist **schriftlich oder zu Protokoll der Geschäftsstelle** bei dem gem. § 764 Abs. 2 zuständigen Vollstreckungsgericht und nicht bei dem zentralen Vollstreckungsgericht einzulegen. Der Widerspruch entfaltet grds. **keine aufschiebende Wirkung (Abs. 1 S. 2)**. Der Gerichtsvollzieher hat vielmehr unabhängig von der Einlegung eines Widerspruchs stets unverzüglich, dh ohne schuldhaftes Zögern (§ 121 Abs. 1 S. 1 BGB), nach Ablauf der Zwei-Wochen-Frist die Eintragungsanordnung elektronisch an das zentrale Vollstreckungsgericht (§ 882 h Abs. 1) zu übermitteln **(Abs. 1 S. 3)**. Dieses veranlasst ohne inhaltliche Prüfung die Eintragung des Schuldners in das zentrale Schuldnerverzeichnis **(Abs. 1 S. 4)**. Zu den Einzelheiten der Vollziehung der Eintragungsanordnung durch das zentrale Vollstreckungsgericht s. § 3 SchuFV. Ebenfalls hat ein Widerspruch keinen Einfluss auf die Notwendigkeit der unverzüglichen Vorlage eines Haftbefehlsantrags des Gläubigers an das Vollstreckungsgericht (s. dazu § 802 g Rn 12).

8 Der RefE des BMJV vom 9.12.2014 zum **EuKoPfVODG** beabsichtigt, eine **Abhilfemöglichkeit des Gerichtsvollziehers** einzuführen **(Abs. 1 S. 5)**.[8] Wird dem Gerichtsvollzieher vor der Übermittlung der Eintragungsanordnung nach Abs. 1 S. 3 bekannt, dass die Voraussetzungen für die Eintragung nicht oder nicht mehr vorliegen, so hat er nach der geplanten Neuregelung die Eintragungsanordnung aufzuheben. Allerdings besteht aufgrund dieser beabsichtigten Regelung weiterhin nicht die Möglichkeit, einen Widerspruch unmittelbar beim Gerichtsvollzieher einzulegen.[9] Dieser ist ausschließlich bei dem zuständigen Vollstreckungsgericht zu erheben (s. Rn 7).

9 **2. Einstweilige Aussetzung der Eintragung (Abs. 2).** Auf **Antrag des Schuldners** kann das für die Entscheidung über den Widerspruch zuständige örtliche Vollstreckungsgericht (§ 764 Abs. 2) anordnen, dass die Eintragung **einstweilen ausgesetzt** wird **(Abs. 2 S. 1)**. Der Einstellungsantrag entfaltet noch keine aufschiebende Wirkung. Für den Antrag sieht Abs. 2 S. 1 keine Frist vor, insb. wird nicht auf die Zweiwochenfrist des Abs. 1 S. 1 verwiesen. Daher kann auch nach Ablauf dieser Frist während des laufenden Widerspruchsverfahrens der Antrag gestellt werden.[10] Bei einer Stattgabe des Antrags des Schuldners hat das zentrale Vollstreckungsgericht (§ 882 h Abs. 1) von einer Eintragung abzusehen oder – um den Suspensiveffekt des Widerspruch herzustellen – in Anwendung des § 882 e Abs. 3 S. 3 eine bereits erfolgte Eintragung (wieder) zu löschen. Voraussetzung ist, dass dem zentralen Vollstreckungsgericht eine Ausfertigung der vollstreckbaren Einstellungsentscheidung vorgelegt wird **(Abs. 2 S. 2)**. Das örtlich zuständige Vollstreckungsgericht hat seine Aussetzungsentscheidung dem zentralen Vollstreckungsgericht (§ 882 h Abs. 1) elektronisch zu übermitteln (Abs. 3 S. 2). Die einstweilige Aussetzung verliert automatisch mit der Entscheidung über den Widerspruch ihre Wirkung.

10 **3. Entscheidung über den Widerspruch. a) Grundsatz.** Über den Widerspruch hat das **örtlich zuständige Vollstreckungsgericht** (§ 764 Abs. 2) durch zu begrün-

---

7 BT-Drucks. 16/10069, S. 39.
8 Siehe Fn 1.
9 Begr. RefE EuKoPfVODG, S. 26.
10 AA MüKo-ZPO/*Eickmann*, § 882 d Rn 7 und Wieczorek/*Schreiber*, § 882 d Rn 9, die an die Frist des Widerspruchs anknüpfen.

denden **Beschluss** (§ 764 Abs. 3) zu befinden. Funktionell zuständig für die Entscheidung ist der **Rechtspfleger** (vgl § 20 Abs. 1 Nr. 17 RPflG),[11] da es sich bei der Entscheidung über den Widerspruch um ein gerichtliches Verfahren der Zwangsvollstreckung handelt.[12] Bei seiner Entscheidung ist der Rechtspfleger unabhängig. Er kann in eigener Zuständigkeit über den Widerspruch befinden, wobei er regelmäßig verpflichtet ist, die Vollstreckungsakten des Gerichtsvollziehers beizuziehen.[13] Eine Abhilfemöglichkeit durch den Gerichtsvollzieher sieht das Gesetz nicht vor.[14]

Bei der Entscheidung ist auf den **Zeitpunkt** der **Beschlussfassung über den Widerspruch** abzustellen. Daher sind neu hinzugetretene Umstände zu berücksichtigen,[15] wie zB die zwischenzeitlich erfolgte vollständige Befriedigung des Gläubigers oder eine mittlerweile getroffene Ratenzahlungsvereinbarung nach § 802 b Abs. 2. Auch eine erfolgte Abgabe der Vermögensauskunft kann den Eintragungsgrund nach § 882 c Abs. 1 Nr. 1 entfallen lassen. In diesem Fall hat der Rechtspfleger zu prüfen, ob nicht nunmehr der Eintragungsgrund des § 882 c Abs. 1 Nr. 2 gegeben ist (s. Rn 15).

Die Widerspruchsentscheidung kann ohne mündliche Verhandlung ergehen. Sofern eine mündliche Verhandlung stattfindet, ist der Beschluss nach § 329 Abs. 1 S. 1 zu verkünden; ansonsten bedarf es der Zustellung von Amts wegen an den Gläubiger und Schuldner (§ 329 Abs. 3). Zudem ist das Gericht nach Abs. 3 S. 2 verpflichtet, seine Entscheidung über den Widerspruch in **elektronischer Form dem zentralen Vollstreckungsgericht** (§ 882 h Abs. 1) zu übermitteln.

b) Verwerfung/Zurückweisung des Widerspruchs. Der Widerspruch ist zu verwerfen, wenn er **unzulässig** ist, zB bei entgegenstehender Rechtskraft einer vorangegangenen Entscheidung. Hingegen ist der Widerspruch zurückzuweisen, wenn er **unbegründet** ist, also die Voraussetzungen für die Abgabe der Vermögensauskunft vorliegen.

Nach rechtskräftigem Abschluss des Widerspruchsverfahrens stehen die Voraussetzungen für die Eintragung des Schuldners in das Schuldnerverzeichnis fest. Das zentrale Vollstreckungsgericht (§ 882 h Abs. 1) hat die Eintragung vorzunehmen, sofern dies noch nicht geschehen ist. Zu den Einzelheiten der Vollziehung der Eintragung s. § 3 SchuFV. In einem zeitlich späteren Widerspruchsverfahren gegen die Anordndung der Eintragung auf der Grundlage einer weiteren Vollstreckung (s. § 882 c Rn 15) kann der Schuldner nicht mehr mit Einwendungen gegen die frühere Eintragung gehört werden.

Im Falle vom Gerichtsvollzieher bejahten Eintragungsgrundes nach § 882 c Abs. 1 Nr. 1 kann der Rechtspfleger trotz einer mittlerweile erfolgten Abgabe der Vermögensauskunft die Eintragungsanordnung auf der Grundlage des § 882 c Abs. 1 Nr. 2 aufrechterhalten, sofern seine Prognoseentscheidung ergibt, dass nach dem Inhalt des Vermögensverzeichnisses offensichtlich keine vollständige Befriedigung des Gläubigers zu erwarten ist.

c) Stattgabe des Widerspruchs. Der Widerspruch hat Erfolg, wenn

- die Voraussetzungen für die **Anordnung der Eintragung** des Schuldners in das zentrale Schuldnerverzeichnis nach § 882 c Abs. 1 **nicht** erfüllt sind; zB

---

11 BT-Drucks. 16/10069, S. 39; BT-Drucks. 16/13432, S. 46.
12 So auch BT-Drucks. 16/10069, S. 39.
13 BT-Drucks. 16/10069, S. 39.
14 AA für die Möglichkeit einer Abhilfe aus prozessökonomischen Gründen: Wieczorek/*Schreiber*, § 882 d Rn 5; Zöller/*Stöber*, § 882 d Rn 3.
15 Thomas/Putzo/*Seiler*, § 882 d Rn 6; *Büttner*, DGVZ 2013, 222, 234.

- der Schuldner seiner Pflicht zur Abgabe der Vermögensauskunft nachgekommen ist;
- das in dem Vermögensverzeichnis angeführte Vermögen möglicherweise zur vollständigen Befriedigung des Gläubigers ausreicht;
- der Schuldner den Nachweis führt, dass er die Forderungen des Gläubigers innerhalb eines Monats vollständig ausgeglichen hat bzw dass der vereinbarte Zahlungsplan nicht hinfällig ist;
- ein **Eintragungshindernis** vorliegt, zB eine getroffene Ratenzahlungsvereinbarung[16] bzw eine mittlerweile erfolgte vollständige Befriedigung des Gläubigers;
- der **Inhalt der Eintragung falsch** ist, zB hinsichtlich der Identifikationsmerkmale des Schuldners.[17]

17 In Fall der Stattgabe des Widerspruchs hat der **Rechtspfleger** die **Eintragungsanordnung aufzuheben** und dies im Tenor der Entscheidung auszusprechen. Die Entscheidung ist dem zentralen Vollstreckungsgericht elektronisch zu übermitteln (§ 882 c Abs. 3 S. 2); dieses hat eine bereits vorgenommene Eintragung nach § 882 e Abs. 3 Nr. 2 zu löschen. Zudem kann der **Schuldner** durch Vorlage der Aufhebungsentscheidung beim zentralen Vollstreckungsgericht die Löschung seiner Eintragung erreichen (§ 882 e Abs. 3 Nr. 3). Zu den Einzelheiten der Löschung von Eintragungen s. § 4 SchuFV. Soweit der **Gläubiger** noch nicht vollständig befriedigt ist, kann er – sofern kein Vollstreckungsaufschub besteht – auch bei einer Aufhebung der Eintragungsanordnung die Zwangsvollstreckung fortsetzen, zB durch den Antrag auf Einholung von Drittauskünften (§ 802 l).

III. Belehrungspflicht (Abs. 3)

18 Mit der schriftlichen oder mündliche Bekanntgabe der Eintragungsanordnung ist der Schuldner zugleich über sein Widerspruchsrecht nach § 882 d Abs. 1, über die hierbei zu beachtende Frist sowie die Möglichkeit des Antrags nach § 882 d Abs. 2 auf einstweilige Aussetzung der Eintragung zu belehren (**Abs. 3 S. 1**). Die Belehrung kann formularmäßig erfolgen.[18] Ein Verstoß gegen die Belehrungspflicht oder eine fehlerhafte Belehrung hat auf den Lauf der zweiwöchigen Widerspruchsfrist keinen Einfluss.[19] Dem Schuldner kann indes Wiedereinsetzung in den vorigen Stand (§§ 233 ff) gewährt werden.[20] Insoweit wird gem. § 233 S. 2 ein Fehlen des Verschuldens vermutet wird, wenn die Rechtsbehelfsbelehrung unterblieben oder fehlerhaft ist.

IV. Rechtsmittel

19 Gegen die Entscheidung des Rechtspflegers des Vollstreckungsgerichts über den Widerspruch findet die **sofortige Beschwerde** nach § 793 statt.[21] Ist mittlerweile die Eintragung vollzogen worden, kann das Rechtsmittel mit dem Ziel der Löschung (vgl § 882 e Abs. 3 Nr. 3) eingelegt werden. Die Entscheidung des Rechtspflegers über die Aussetzung der Vollziehung ist mit der **sofortigen Erinnerung** (§ 11 Abs. 2 S. 1 RPflG) überprüfbar.

---

16 LG Darmstadt 30.10.2013 – 5 T 352/13, juris; Hk-ZPO/*Rathmann*, § 882 d Rn 4.
17 BT-Drucks. 16/10069, S. 39.
18 BT-Drucks. 16/10069, S. 39.
19 Schuschke/Walker/*Schuschke*, § 882 d Rn 2; Thomas/Putzo/*Seiler*, § 882 d Rn 5; Wieczorek/*Schreiber*, § 882 d Rn 4; aA BeckOK-ZPO/*Utermark*, § 882 d Rn 4.
20 So auch Schuschke/Walker/*Schuschke*, § 882 d Rn 2; Wieczorek/*Schreiber*, § 882 d Rn 4.
21 Vgl BT-Drucks. 16/10069, S. 39; BT-Drucks. 16/13432, S. 46; LG Berlin DGVZ 2013, 213.

V. Weitere praktische Hinweise

Formulierungsvorschlag für einen **Widerspruch des Schuldners gegen die Anordnung der Eintragung:**[22] 20

▶ In der Zwangsvollstreckungssache ... (Bezeichnung des Gläubigers sowie des Schuldners) lege ich namens und in Vollmacht des Schuldners

Widerspruch

gegen die Eintragungsanordnung des Gerichtsvollziehers vom... ein. Die Voraussetzungen für eine Eintragung liegen nicht vor, da ... (nähere Begründung entsprechend Rn 2).

Zugleich beantrage ich,

die Eintragung des Schuldners in das Schuldnerverzeichnis einstweilen bis zur Entscheidung über den Widerspruch auszusetzen. ◀

VI. Kosten

Für das Verfahren über den Widerspruch des Schuldners gegen die Vollziehung 21
der Eintragungsanordnung (Abs. 1) und für das Verfahren über den Antrag des Schuldners auf Aussetzung der Eintragung in das Schuldnerverzeichnis (Abs. 2) werden **Gerichtsgebühren** nicht erhoben.[23]

§ 882 e Löschung

(1) Eine Eintragung im Schuldnerverzeichnis wird nach Ablauf von drei Jahren seit dem Tag der Eintragungsanordnung von dem zentralen Vollstreckungsgericht nach § 882 h Abs. 1 gelöscht.

(2) ¹Über Einwendungen gegen die Löschung nach Absatz 1 oder ihre Versagung entscheidet der Urkundsbeamte der Geschäftsstelle. ²Gegen seine Entscheidung findet die Erinnerung nach § 573 statt.

(3) Abweichend von Absatz 1 wird eine Eintragung auf Anordnung des zentralen Vollstreckungsgerichts nach § 882 h Abs. 1 gelöscht, wenn diesem

1. die vollständige Befriedigung des Gläubigers nachgewiesen worden ist;
2. das Fehlen oder der Wegfall des Eintragungsgrundes bekannt geworden ist oder
3. die Ausfertigung einer vollstreckbaren Entscheidung vorgelegt wird, aus der sich ergibt, dass die Eintragungsanordnung aufgehoben oder einstweilen ausgesetzt ist.

(4) ¹Wird dem zentralen Vollstreckungsgericht nach § 882 h Abs. 1 bekannt, dass der Inhalt einer Eintragung von Beginn an fehlerhaft war, wird die Eintragung durch den Urkundsbeamten der Geschäftsstelle geändert. ²Wird der Schuldner oder ein Dritter durch die Änderung der Eintragung beschwert, findet die Erinnerung nach § 573 statt.

§ 151 GVGA; § 4 SchuFV [abgedr. bei § 882 h Rn 6]

---

22 S. dazu auch Hasselblatt/Sternal/*Knabben*, Form. A.V.15.
23 Vgl Stellungnahme der Bundesregierung zum Gesetzentwurf des Bundesrates (Anlage 2 zur BT-Drucks. 16/10069, S. 56).

Literatur:
Siehe die Literaturhinweise zu Vor §§ 882 b–882 h.

I. Normzweck	1	4. Aufhebung oder Aussetzung der Eintragungsanordnung (Abs. 3 Nr. 3)	14
II. Löschung wegen Fristablaufs (Abs. 1, 2)	2	IV. Korrektur der Eintragung (Abs. 4)	15
III. Vorzeitige Löschung (Abs. 3)	6	V. Rechtsbehelfe	16
1. Grundsatz	6	VI. Weitere praktische Hinweise	19
2. Vollständige Befriedigung (Abs. 3 Nr. 1)	9	VII. Kosten	21
3. Wegfall des Eintragungsgrundes (Abs. 3 Nr. 2)	12		

I. Normzweck

1 Die Vorschrift bestimmt die Dauer der Eintragungen im Schuldnerverzeichnis und regelt die Voraussetzungen für deren Löschung oder Änderung. Hierbei wird differenziert zwischen der **regelmäßigen Löschung** nach Ablauf der **Drei-Jahres-Frist** (**Abs. 1**) sowie der **vorzeitigen Löschung** bei Vorliegen besonderer gesetzlich geregelter Löschungsgründe (**Abs. 3**). Die ursprünglich in Abs. 1 S. 2 geregelte gesonderte 5-jährige Löschungsfrist für die Eintragung nach § 882 b Abs. 1 Nr. 3 ist mit Wirkung vom 1.7.2014 durch das Gesetz zur Verkürzung des Restschuldbefreiungsverfahrens und zur Stärkung der Gläubigerrechte vom 15.7.2013[1] aufgehoben worden; die regelmäßige Löschungsfrist beträgt nunmehr einheitlich 3 Jahre. Hinsichtlich der regelmäßigen Löschung knüpft der Gesetzgeber an die früher in § 915 a Abs. 1 S. 1 aF sowie § 26 Abs. 2 S. 2 Hs 2 InsO aF bestimmten Fristen an. Daneben können nach **Abs. 4** von Anfang an unzulässige Eintragungen unabhängig von den Voraussetzungen des Abs. 1 bzw Abs. 3 jederzeit durch das zentrale Vollstreckungsgericht von Amts wegen gelöscht werden.

Zum **Übergangsrecht** s. Vor §§ 882 b–882 h Rn 5 f.

II. Löschung wegen Fristablaufs (Abs. 1, 2)

2 In den Fällen einer Eintragung im Schuldnerverzeichnis auf Anordnung des Gerichtsvollziehers (§ 882 b Abs. 1 Nr. 1) oder einer Vollstreckungsbehörde (§ 882 b Abs. 1 Nr. 2) wird diese nach **Ablauf von drei Jahren** gelöscht (**Abs. 1 S. 1**). Damit unterscheidet sich diese Frist von der zweijährigen Sperrfrist des § 802 d Abs. 1 S. 1 sowie von der Frist für die Speicherung der Vermögensverzeichnisse nach § 802 k Abs. 1 S. 3. Die Löschung einer Eintragung auf Veranlassung des Insolvenzgerichts (§ 882 b Abs. 1 Nr. 3) erfolgt seit dem 1.7.2014 ebenfalls nach drei Jahren (s. Rn 1). Für die Löschung in **Abdrucken, Listen und Aufzeichnungen** nach Ablauf der Eintragungsfrist verweist § 882 g Abs. 6 S. 1 auf § 882 e Abs. 1; ergänzende Regelungen sind in § 882 e Abs. 6 S. 3 und 4 enthalten.

3 Die Frist **beginnt** jeweils mit dem **Tag der Eintragungsanordnung** (vgl § 4 Abs. 1 SchuFV).

4 Die Löschung bezieht sich nur auf die **durch Fristablauf** erledigte Eintragungsanordnung. Weitere Eintragungsanordnungen (vgl dazu § 882 c Rn 15) bleiben hiervon unberührt, da jede Anordnung ein eigenständiges Verfahren darstellt. Insoweit müssen die Löschungsvoraussetzungen gesondert vorliegen. Auch die Löschung einer Vermögensauskunft nach § 802 k Abs. 1 S. 3 hat keinen Einfluss auf die Löschung einer Eintragung im Schuldnerverzeichnis.

---

1 BGBl. I S. 2379.

Die Löschung erfolgt **von Amts wegen**[2] durch das zentrale Vollstreckungsgericht (§ 882 h Abs. 1; § 4 Abs. 1 SchuFV); ein entsprechender Antrag des Schuldners ist nur als Anregung zu behandeln. **Zuständig** für die Löschung ist der Urkundsbeamte der Geschäftsstelle. Dieser hat, sofern die Voraussetzungen vorliegen, die Löschung vorzunehmen, ohne dass es einer entsprechenden Löschungsanordnung des Gerichtsvollziehers, der Vollstreckungsbehörde bzw des Insolvenzgerichts bedarf. Vor Durchführung der Löschung ist dem Schuldner und dem Gläubiger **rechtliches Gehör** zu gewähren.[3] Zu den möglichen Rechtsbehelfen s. Rn 16 ff.

III. Vorzeitige Löschung (Abs. 3)

1. Grundsatz. Zudem besteht – wie nach dem früheren Recht (§ 915 a Abs. 2 aF) – nach Abs. 3 (vgl auch § 4 Abs. 2 SchuFV) die Möglichkeit einer vorzeitigen Löschung nach Abs. 3, wenn

- die vollständige Befriedigung des Gläubigers nachgewiesen worden ist (Nr. 1),[4]
- das Fehlen oder der Wegfall des Eintragungsgrundes bekannt geworden ist (Nr. 2)[5] oder
- die Ausfertigung einer vollstreckbaren Entscheidung vorgelegt wird, aus der sich ergibt, dass die Eintragungsanordnung aufgehoben oder einstweilen ausgesetzt ist (Nr. 3).

Die Aufzählung in Abs. 3 ist abschließend. Eine vorzeitige Löschung ist nur hinsichtlich der Eintragungen möglich, bei denen die Voraussetzungen des Abs. 3 vorliegen. Aus anderen Gründen kommt eine Löschung selbst dann nicht in Betracht, wenn der Gläubiger damit einverstanden ist. Weitere Eintragungsanordnungen (vgl dazu § 882 c Rn 15) bleiben von einer Löschung unberührt, da jede Eintragungsanordnung ein eigenständiges Verfahren darstellt. Für die vorzeitige Löschung in **Abdrucken, Listen und Aufzeichnungen** enthält § 882 g Abs. 6 S. 2–4 weitere Regelungen.

Die vorzeitige Löschung erfolgt bei Vorliegen der Voraussetzungen **von Amts wegen**; ein Löschungsantrag des Schuldners ist als Anregung anzusehen.[6] **Zuständig** für die Vornahme der vorzeitigen Löschung ist der Urkundsbeamte. Es bedarf jedoch zuvor einer **ausdrücklichen Anordnung seitens des Rechtspflegers** (§ 20 Abs. 1 Nr. 17 RPflG) des zentralen Vollstreckungsgerichts (§ 882 h Abs. 1).[7] Dieser hat vor seiner Entscheidung dem Gläubiger **rechtliches Gehör** zu gewähren. Der Schuldner ist zumindest im Falle einer Löschung nach Abs. 3 Nr. 2 anzuhören.[8] Die Entscheidung ergeht durch Beschluss, der wegen der Möglichkeit der Erhebung eines Rechtsbehelfs (s. Rn 17) dem Gläubiger und dem Schuldner zuzustellen ist (§ 329 Abs. 2 S. 2).

2. Vollständige Befriedigung (Abs. 3 Nr. 1). Erforderlich ist eine vollständige Befriedigung der Forderung, wegen der die Eintragungsanordnung ergangen ist.[9]

---

2 BT-Drucks. 16/10069, S. 40.
3 Schuscke/Walker/*Schuschke*, § 882 e Rn 2.
4 Vgl zum früheren Recht 1. Aufl. 2010, § 915 a Rn 6 f.
5 Vgl zum früheren Recht 1. Aufl. 2010, § 915 a Rn 8.
6 BT-Drucks. 16/10069, S. 40.
7 BT-Drucks. 16/10069, S. 40.
8 So auch Schuschke/Walker/*Schuschke*, § 882 e Rn 3.
9 BT-Drucks. 16/10069, S. 40.

Die Befriedigung kann zB durch Erfüllung, Erlass,[10] Verzicht[11] oder Aufrechnung erfolgen. Nicht ausreichend ist eine Stundung[12] oder das bloße Einverständnis des Gläubigers zur Löschung;[13] wegen der auch im Drittinteresse liegenden Eintragung im Schuldnerverzeichnis steht diese nicht zur Disposition des Gläubigers.[14] Ist nur wegen eines Teilbetrages der titulierten Forderungen die Eintragung angeordnet worden, reicht die Zahlung dieses Teilbetrages aus.

10 Eine Löschung erfolgt nur hinsichtlich des durch die Befriedigung erledigten Vollstreckungsverfahrens. Im Falle **mehrfacher Eintragungen** (s. § 882 c Rn 15) kann eine vollständige Löschung aller Eintragungen nur erfolgen, wenn die Befriedigung aller Gläubiger nachgewiesen wird. Bei der Eintragung in das Schuldnerverzeichnis nach **§ 26 Abs. 2 S. 1 InsO** ist eine Löschung im Falle einer Befriedigung der dem früheren Insolvenzantrag zugrunde liegenden Forderung nicht möglich, da die Eintragung ausschließlich wegen des Umstands erfolgt, dass der Eröffnungsantrag mangels Masse abgewiesen ist.[15] Zudem kommt eine Löschung wegen einer vollständigen Befriedigung aller Gläubiger schon deshalb nicht Betracht, weil die sämtlichen Gläubiger des Schuldners nicht bekannt sind und diesem kaum der Nachweis der Befriedigung aller seiner Gläubiger gelingen wird.

11 Der Schuldner muss die vollständige Befriedigung des Gläubigers **nachweisen**; eine Glaubhaftmachung genügt nicht. Der Nachweis kann durch Vorlage entsprechender Urkunden geführt werden, zB durch Vorlage der vollstreckbaren Ausfertigung des Schuldtitels (§ 757 Abs. 1) oder einer Quittung des Gerichtsvollziehers (§ 757 Abs. 1) bzw des Gläubigers (§ 757 Abs. 2). Allein die Vorlage eines Überweisungsauftrags reicht idR nicht, weil der Schuldner auch noch andere Verbindlichkeiten bei dem Gläubiger haben kann.[16]

12 **3. Wegfall des Eintragungsgrundes (Abs. 3 Nr. 2).** Zudem reicht für die Löschung der Eintragung, wenn das zentrale Vollstreckungsgericht (§ 882 h Abs. 1) Kenntnis vom Fehlen oder Wegfall des Eintragungsgrundes erhält (Abs. 3 Nr. 2; § 4 Abs. 2 Nr. 2 SchuFV). Dies kann zB der Fall sein, wenn

- der Vollstreckungstitel aufgehoben wird;[17]
- die vorläufige Vollstreckbarkeit eines Titels aufgehoben wird;[18]
- die Zwangsvollstreckung aus einem Vollstreckungstitel für unzulässig erklärt oder endgültig eingestellt wird;[19]
- das Fehlen eines Eintragungsgrundes oder des Bestehens eines Eintragungshindernisses im Widerspruchsverfahren (§ 882 d Abs. 1 S. 1) festgestellt wird;[20]

---

10 LG Hannover Rpfleger 1970, 442.
11 Der Verzicht kann in einem Verbraucherinsolvenzverfahren auch in der Übergabe eines Titels nach Annahme eines Schuldenbereinigungsplans durch den Gläubiger liegen, AG Tübingen, Beschl. v. 5.3.2002 – 1 M 1033/99, juris.
12 LG Tübingen Rpfleger 1986, 24.
13 BT-Drucks. 16/10069, S. 30; Schuschke/Walker/*Schuschke*, § 882 e Rn 3; vgl auch LG Freiburg Rpfleger 1986, 187; LG Tübingen Rpfleger 1986, 24; jew. zu § 915 a aF.
14 BT-Drucks. 16/10069, S. 40.
15 BT-Drucks. 16/10069, S. 40; Musielak/*Voit*, § 882 e Rn 5; vgl auch schon AG Duisburg NZI 2001, 437; AG Köln NJW-RR 2003, 1421.
16 MüKo-ZPO/*Eickmann*, § 882 e Rn 6.
17 BT-Drucks. 16/10069, S. 40; OLG Stuttgart NJW 1980, 1698.
18 BT-Drucks. 16/10069, S. 40.
19 BT-Drucks. 16/10069, S. 40; vgl LG Münster Rpfleger 1996, 168.
20 BT-Drucks. 16/10069, S. 40.

- die Entscheidung des Insolvenzgerichts über die Abweisung des Eröffnungsantrags mangels Masse (§ 26 Abs. 1 InsO) bzw über die Versagung oder den Widerruf der Restschuldbefreiung (§§ 290, 296, 297, 297 a, 300 Abs. 2, 303 InsO) aufgehoben worden ist;
- die Eintragung aus sonstigen Gründen zu Unrecht erfolgt ist.

Die Voraussetzungen für das Fehlen oder für den Wegfall des Eintragungsgrundes müssen dem zentralen Vollstreckungsgericht in sicherer Form bekannt werden, dh idR durch öffentliche Urkunde.[21] Eine vorzeitige Löschung kann indes nicht darauf gestützt werden, dass die Zwangsvollstreckung in einem Verbraucherinsolvenzverfahren wegen der Annahme eines Schuldenbereinigungsplans (vgl § 308 InsO) unzulässig geworden ist, sofern dies nicht ausdrücklich oder konkludent vereinbart worden ist.[22] Ebenfalls genügt nicht die nachträgliche Vereinbarung eines Zahlungsplans im Verhaftungsverfahren.[23]

4. Aufhebung oder Aussetzung der Eintragungsanordnung (Abs. 3 Nr. 3). Zudem ist eine vorzeitige Löschung der Eintragung im Schuldnerverzeichnis möglich, wenn die Ausfertigung einer vollstreckbaren Entscheidung (zB einer Entscheidung über einen nach § 882 d Abs. 2 S. 1 gestellten einstweiligen Aussetzungsantrag oder einer Widerspruchsentscheidung) vorgelegt wird, aus der sich ergibt, dass

- die **Eintragungsanordnung aufgehoben** ist, wenn also ein nach § 882 d Abs. 1 erhobener Widerspruch für begründet erklärt wird, oder
- die **Eintragungsanordnung einstweilen ausgesetzt** wird (Abs. 3 Nr. 3; § 4 Abs. 2 Nr. 3 SchuFV).

IV. Korrektur der Eintragung (Abs. 4)

Das zentrale Vollstreckungsgericht kann zudem eine Eintragung korrigieren, wenn bekannt wird, dass der Inhalt der Eintragung **von Beginn an fehlerhaft** war (**Abs. 4 S. 1**). Insoweit besteht für das Gericht die Möglichkeit, die Eintragung sowohl inhaltlich zu ändern als auch diese vollständig zu löschen. Voraussetzung ist, dass der Fehler bereits bei der Eintragung vorlag. Wird eine Eintragung nachträglich unrichtig, zB weil der Schuldner seinen Wohnsitz wechselt,[24] dann scheidet eine Änderung nach Abs. 4 aus. Insoweit ist das zentrale Vollstreckungsgericht auch nicht zu einer Aktualisierung der Eintragung verpflichtet.[25] **Zuständig** für die Änderung ist der Urkundsbeamte der Geschäftsstelle.[26]

V. Rechtsbehelfe

Über **Einwendungen gegen die Löschung nach Abs. 1** oder deren Versagung entscheidet zunächst der Urkundsbeamte (Abs. 2 S. 1) des zentralen Vollstreckungsgerichts. Gegen seine Entscheidung findet die **befristete Erinnerung** nach § 573 statt (Abs. 2 S. 2). Form und Frist der Erinnerung bestimmen sich nach § 573 Abs. 1. Die Entscheidung über die Erinnerung obliegt dem Rechtspfleger (§ 20 Abs. 1 Nr. 17 RPflG) des zentralen Vollstreckungsgerichts.[27] Gegen die Entscheidung des Rechtspflegers ist die **sofortige Beschwerde** nach § 793 statthaft,[28] da es sich hierbei – entgegen der missverständlichen Regelung in § 882 h Abs. 2 S. 3 –

---

21 BT-Drucks. 16/10069, S. 40.
22 AG Tübingen, Beschl. v. 5.3.2002 – 1 M 1033/99, juris.
23 LG Karlsruhe DGVZ 2013, 211.
24 BT-Drucks. 16/10069, S. 40.
25 BT-Drucks. 16/10069, S. 40.
26 BT-Drucks. 16/13432, S. 40.
27 BT-Drucks. 16/10069, S. 40.
28 BT-Drucks. 16/10069, S. 40; BT-Drucks. 16/13432, S. 54; Zöller/*Stöber*, § 882 e Rn 4.

nicht um eine Angelegenheit der Justizverwaltung, sondern um einen Akt der Gerichtsbarkeit handelt.[29] Gegen die Beschwerdeentscheidung ist die Rechtsbeschwerde unter den Voraussetzungen des § 574 statthaft.

17 Der Beschluss, durch den der Rechtspfleger des zentralen Vollstreckungsgerichts (§ 882 h Abs. 1) nach **Abs. 3** die **vorzeitige Löschung anordnet oder ablehnt**, ist mit der **sofortigen Beschwerde** gem. § 793 anfechtbar;[30] es handelt sich um ein gerichtliches Verfahren der Zwangsvollstreckung.[31] Im Gegensatz zur früheren Regelung in § 915 c aF ist die Möglichkeit der Einlegung der Beschwerde auch nicht mehr ausdrücklich gesetzlich ausgeschlossen. Gegen die Beschwerdeentscheidung ist die Rechtsbeschwerde unter den Voraussetzungen des § 574 statthaft. Soweit der Urkundsbeamte die vorzeitige Löschung ohne entsprechende Anordnung des Rechtspflegers vornimmt, ist in entsprechender Anwendung des Abs. 2 die **Erinnerung** nach § 573 statthaft;[32] hierüber befindet der Rechtspfleger (s. Rn 16).

18 Wird der Schuldner oder ein Dritter durch die **Änderung der Eintragung nach Abs. 4 S. 1** beschwert, findet die **Erinnerung** nach § 573 statt (Abs. 4 S. 2), über die der Rechtspfleger (§ 20 Abs. 1 Nr. 17 RPflG) zu entscheiden hat. Gegen dessen Entscheidung ist die **sofortige Beschwerde** nach § 793 statthaft. Gegen die Beschwerdeentscheidung ist unter den Voraussetzungen des § 574 eine Rechtsbeschwerde möglich.

VI. Weitere praktische Hinweise

19 Die **vorzeitige Löschung** erfolgt zwar von Amts wegen. Jedoch ist das Gericht nicht verpflichtet, das Vorliegen eines Löschungsgrundes von Amts wegen zu ermitteln.[33] In der Regel wird das Gericht nur bei Bestehen konkreter Anhaltspunkte für den Wegfall tätig. Daher sollte der Schuldner, wenn die Voraussetzungen für eine vorzeitige Löschung vorliegen, eine Löschung unter Beifügung der erforderlichen Nachweise anregen.

20 Formulierungsvorschlag für eine **Anregung des Schuldners auf vorzeitige Löschung:**[34]

▶ In der Zwangsvollstreckungssache ... (Bezeichnung des Gläubigers sowie des Schuldners) wird die Löschung des Schuldners im zentralen Schuldnerverzeichnis beantragt.

Die Eintragung ist zu löschen, da ... [alternativ]:

– seit der Eintragungsanordnung die Drei-Jahres-Frist abgelaufen ist.

– der Gläubiger ausweislich der beigefügten Quittung vollständig befriedigt ist.

– mittlerweile das Fehlen oder der Wegfall des Eintragungsgrundes bekannt geworden ist.

– eine Ausfertigung einer vollstreckbaren Entscheidung vorgelegt werden kann, aus der sich ergibt, dass die Eintragungsanordnung aufgehoben/einstweilen ausgesetzt ist.

... (entsprechende Begründung gemäß den Ausführungen in Rn 6 ff). ◀

---

29 BT-Drucks. 16/13432, S. 54.
30 MüKo-ZPO/*Eickmann*, § 882 e Rn 11, Zöller/*Stöber*, § 882 e Rn 5; unklar Schuschke/Walker/*Schuschke*, § 882 e Rn 4.
31 Vgl auch BT-Drucks. 16/13432, S. 54.
32 Schuschke/Walker/*Schuschke*, § 882 e Rn 4.
33 Stein/Jonas/*Münzberg*, § 915 a Rn 5 (noch zu § 915 a aF).
34 S. dazu auch Hasselblatt/Sternal/*Knabben*, Form. A.V.17.

VII. Kosten

Gerichtskosten entstehen für die Löschung nicht. Für den **Anwalt** ist das Verfahren auf Löschung der Eintragung im Schuldnerverzeichnis eine besondere Angelegenheit (§ 18 Abs. 1 Nr. 17 RVG). Im Regelfall wird sie dem Anwalt des Schuldners entstehen, sie kann aber auch bei dem Anwalt des Gläubigers anfallen, wenn dieser im Verfahren über die Löschung tätig wird (zB durch Gewährung rechtlichen Gehörs).[35] Dabei reicht jedoch die Erteilung nur einer Löschungsbewilligung nicht aus, da insoweit kein Antrag auf Löschung gegeben ist.[36] Der Wert bestimmt sich gem. § 25 Abs. 2 RVG nach dem Interesse des Schuldners an der Löschung.[37]

21

§ 882 f Einsicht in das Schuldnerverzeichnis

(1)[1] [1]Die Einsicht in das Schuldnerverzeichnis ist jedem gestattet, der darlegt, Angaben nach § 882 b zu benötigen:
1. *für Zwecke der Zwangsvollstreckung;*
2. *um gesetzliche Pflichten zur Prüfung der wirtschaftlichen Zuverlässigkeit zu erfüllen;*
3. *um Voraussetzungen für die Gewährung von öffentlichen Leistungen zu prüfen;*
4. *um wirtschaftliche Nachteile abzuwenden, die daraus entstehen können, dass Schuldner ihren Zahlungsverpflichtungen nicht nachkommen;*
5. *für Zwecke der Strafverfolgung und der Strafvollstreckung;*
6. *zur Auskunft über ihn selbst betreffende Eintragungen.*

[2]*Die Informationen dürfen nur für den Zweck verwendet werden, für den sie übermittelt worden sind; sie sind nach Zweckerreichung zu löschen.* [3]*Nichtöffentliche Stellen sind darauf bei der Übermittlung hinzuweisen.*

(2) [1]Das Recht auf Einsichtnahme durch Dritte erstreckt sich nicht auf Angaben nach § 882 b Absatz 2 Nummer 3, wenn zugunsten des Schuldners nach melderechtlichen Bestimmungen eine Auskunftssperre eingetragen oder ein bedingter Sperrvermerk eingerichtet wurde. [2]*Der Schuldner hat das Bestehen einer solchen Auskunftssperre oder eines solchen Sperrvermerks auf Verlangen des Gerichtsvollziehers gegenüber diesem glaubhaft zu machen.* [3]*Satz 2 gilt entsprechend gegenüber dem zentralen Vollstreckungsgericht, wenn die Eintragungsanordnung an dieses gemäß § 882 d Absatz 1 Satz 3 übermittelt worden ist.* [4]*Satz 1 ist nicht anzuwenden auf die Einsichtnahme in das Schuldnerverzeichnis durch Gerichte*

---

35 AnwK-RVG/*Wolf/Volpert/Mock/Thiel/N. Schneider*, § 18 Rn 159.
36 AnwK-RVG/*Wolf/Volpert/Mock/Thiel/N. Schneider*, § 18 Rn 159; *Enders*, JurBüro 1999, 4.
37 AnwK-RVG/*Wolf/Volpert*, § 25 Rn 49 ff.
1 *Kursive Hervorhebung:* Der frühere Wortlaut des § 882 f wird Absatz 1. Geplante Änderung durch RefE vom 9.12.2014 – „Entwurf eines Gesetzes zur Durchführung der Verordnung (EU) Nr. 655/2014 sowie zur Änderung sonstiger zivilprozessualer Vorschriften (**EuKoPfVODG**)", Art. 1 Nr. 15 Buchst. a). Geplantes Inkrafttreten: am Tag nach der Verkündung (Art. 10 Abs. 2).

und Behörden für die in Absatz 1 Satz 1 Nummer 2 und 5 bezeichneten Zwecke.[2]

§ 151 GVGA; §§ 5 ff SchuFV [abgedr. bei § 882 h Rn 6]

Literatur:
Siehe die Literaturhinweise zu Vor §§ 882 b–882 h.

I. Normzweck

1 Die Vorschrift regelt die Voraussetzungen für die Einsicht in das Schuldnerverzeichnis. Um seiner Warn- und Informationsfunktion gerecht zu werden, ist das Schuldnerverzeichnis grds. – entsprechend der früheren Rechtslage – für jedermann einsehbar, sofern der Nutzer einen der in S. 1[3] aufgezählten legitimen Zwecke aufzeigt.[4] Diese entsprechen im Wesentlichen den früher in § 915 Abs. 3 S. 1 aF aufgeführten Verwendungszwecken. Die geplante Neuregelung des Abs. 2[5] soll den Interessen des Schuldners bei Vorliegen einer melderechtlichen Auskunftssperre bzw bei Einrichtung eines bedingten Sperrvermerks Rechnung tragen, indem er die Einsichtsmöglichkeiten Dritter für diese Fälle beschränkt (s. Rn 9).

Zum Übergangsrecht s. Vor §§ 882 b–882 h Rn 5 f.

II. Einsicht in das Schuldnerverzeichnis

2 **1. Grundsatz.** Der Kreis der Einsichtsberechtigten ist in S. 1 zwar sehr weit gefasst; eine **allgemeine Einsicht** in das Schuldnerverzeichnis ist aber nicht möglich.[6] Vielmehr dürfen aus Gründen des Datenschutzes personenbezogene Informationen aus dem Schuldnerverzeichnis nur unter den in **S. 2** näher normierten Voraussetzungen (s. Rn 4) verwendet und damit auch bekannt gegeben werden. Ein Einsichtsrecht besteht, wenn der Nutzer bei der Abfrage darlegt, dass er die Auskunft für einen der in S. 1 genannten Verwendungszwecke benötigt. Der Schuldner kann jederzeit ohne weitere Darlegung nach S. 1 Nr. 6 Auskunft über die ihn betreffenden Daten im Schuldnerverzeichnis verlangen. An die Darlegung werden keine besonderen Anforderungen gestellt; insb. ist keine Glaubhaftmachung (§ 294) oder Beweisführung erforderlich.[7] Der nichtöffentliche Verwender ist bei der Übermittlung der Information auf die Beschränkung der Verwendungsmöglichkeiten hinzuweisen (**S. 3**). Ein Verstoß gegen die Beschränkungen kann bestraft werden (§ 43 BDSG).[8] Eine Überprüfung beschränkt sich letztlich auf eine Missbrauchskontrolle. Weiterhin besteht die Möglichkeit der Erteilung von Abdrucken aus dem Schuldnerverzeichnis (§ 882 g).

---

2 *Kursive Hervorhebung:* Geplante Anfügung des neuen Absatzes 2 durch RefE zum **EuKoPfVODG** vom 9.12.2014 (s. Fn 1), Art. 1 Nr. 15 Buchst. b). – Weitere geplante Änderung: In Absatz 2 Satz 1 sollen die Wörter „nach melderechtlichen Bestimmungen eine Auskunftssperre eingetragen oder ein bedingter Sperrvermerk" durch die Wörter „eine Auskunftssperre gemäß § 51 des Bundesmeldegesetzes eingetragen oder ein bedingter Sperrvermerk gemäß § 52 des Bundesmeldegesetzes" ersetzt werden. Geplantes Inkrafttreten dieser Änderung: 1.11.2015 (Art. 10 Abs. 4). – Siehe dazu Rn 1 und 9.
3 Red. Anm.: Trotz des beabsichtigten neu anzufügenden Absatzes 2 wird bei der Zitation der Vorschrift des § 882 f vom derzeit geltenden Regelungsgehalt ausgegangen, es erfolgt also insoweit keine Ausweisung als „Absatz 1".
4 BT-Drucks. 16/10069, S. 41.
5 Siehe Fn 2.
6 BT-Drucks. 12/193, S. 8.
7 MüKo-ZPO/*Eickmann*, § 882 f Rn 2; Wieczorek/*Schreiber*, § 882 f Rn 2.
8 Unklar Wieczorek/*Schreiber*, § 882 b Rn 1, der nur von der Möglichkeit des Ausschlusses des einsichtsnehmenden Nutzers von der Einsichtnahme ausgeht.

2. Berechtigter Personenkreis, Einsichtszwecke (S. 1).

Einsicht in das Schuldnerverzeichnis darf nur zur Erfüllung folgender Zwecke genommen werden (S. 1):

- zum Zwecke der **Zwangsvollstreckung** (Nr. 1; § 5 Abs. 1 Nr. 1 SchuFV); hierzu zählen auch Verwaltungszwangsverfahren.[9] Das Zwangsvollstreckungsverfahren muss noch nicht eingeleitet worden sein; vielmehr reicht es aus, wenn die Information der Entscheidung des Gläubigers dienen soll, ob überhaupt eine konkrete Vollstreckungsmaßnahme ergriffen werden soll. Der Antragsteller muss indes ein aktuelles und konkretes vollstreckungsbedingtes Interesse haben;
- um gesetzliche Pflichten zur **Prüfung der wirtschaftlichen Zuverlässigkeit** zu erfüllen (Nr. 2; § 5 Abs. 1 Nr. 2 SchuFV), zB nach der GewO, nach dem StBerG, nach der InsO oder nach dem KWG. Notwendig ist eine gesetzliche Prüfungspflicht, nicht nur eine Prüfungsbefugnis. Sie muss sich insb. auf die Zahlungswilligkeit und -fähigkeit des eingetragenen Schuldners beziehen;[10]
- zur Prüfung der Voraussetzungen für die **Gewährung von öffentlichen Leistungen** (Nr. 3; § 5 Abs. 1 Nr. 3 SchuFV), zB für den Bezug von Sozialleistungen; das Einsichtsrecht besteht insb. für Sozialleistungsträger, für die Agentur für Arbeit sowie für Träger der Insolvenzsicherung;[11]
- zur **Sicherung des redlichen Geschäftsverkehrs** (Nr. 4; § 5 Abs. 1 Nr. 4 SchuFV). Bei der Möglichkeit der Verwendung der Auskünfte zur Abwendung von wirtschaftlichen Nachteilen, die daraus entstehen, dass der Schuldner seinen Zahlungsverpflichtungen nicht nachkommt, handelt es sich um eine Generalklausel, bei der eine einzelfallbezogene Abwägung der Interessen möglicher Gläubiger mit denjenigen des Schuldners am Datenschutz zu erfolgen hat. Darunter fallen zB die Anfragen von kreditgewährenden Banken, von Lieferanten, von Vermietern oder von Leasinggesellschaften;
- zur **Verfolgung von Straftaten** (Nr. 5; § 5 Abs. 1 Nr. 5 SchuFV) sowie für Zwecke der Strafvollstreckung;
- zur **Auskunft über den Inhalt von den Antragsteller selbst betreffenden Eintragungen** (Nr. 6; § 5 Abs. 1 Nr. 6 SchuFV).
- Die Aufzählung ist abschließend. Für die Auslegung können die von der Rechtsprechung zu § 915 Abs. 3 aF aufgestellten Grundsätze herangezogen werden.[12]

3. Verwendungsbeschränkung (S. 2, 3).

Die aus dem Schuldnerverzeichnis erhaltenen Informationen darf der Empfänger nur für den Zweck verwenden, für den er diese erhalten hat (S. 2 Hs 1). Ist der mit der Information verfolgte Zweck erreicht, müssen die Daten gelöscht werden (S. 2 Hs 2). Über diese Beschränkungen und Notwendigkeiten sind nichtöffentliche Stelle bei der Übermittlung hinzuweisen (S. 3). Die Angaben müssen indes nicht das einzige oder letzte Mittel zur Erreichung des Zwecks sein.[13]

4. Verfahren.

Der Inhalt des Schuldnerverzeichnisses kann über eine **zentrale und länderübergreifende Abfrage im Internet** (§ 882 h Abs. 1 S. 2) bei dem zentralen Vollstreckungsgericht eingesehen werden. Die Einsicht wird nur registrierten Nutzern gewährt (§ 6 Abs. 2 SchuFV). In der Praxis sieht die auf der Webseite „www.vollstreckungsportal.de" angebotene Abfragemaske für den Anfragenden

---

9 BT-Drucks. 16/10069, S. 41; vgl auch MüKo-ZPO/*Eickmann*, § 882 f Rn 4; Wieczorek/*Schreiber*, § 882 f Rn 8.
10 BT-Drucks. 16/10069, S. 41.
11 Wieczorek/*Schreiber*, § 882 f Rn 10.
12 Wieczorek/*Schreiber*, § 882 f Rn 7.
13 BT-Drucks. 16/10069, S. 41.

die sechs Einsichtszwecke durch vorgegebene elektronische Textfelder oder Schlüsselzahlen zur Auswahl vor.[14] Der Anfragende hat vor dem Abruf durch Auswahl eines Textfeldes oder einer Schüsselzahl das Vorliegen eines bestimmten Einsichtszwecks der Datenverarbeitungsanlage anzuzeigen.[15] Weitere Anforderungen an die Darlegung der in S. 1 genannten Verwendungszwecke werden bei der Internetanfrage nicht gestellt. Eine Entscheidung über die Gewährung der Einsicht im Einzelfall findet nicht statt. Die vorgeschriebene Registrierung der Nutzer (§§ 6 Abs. 2, 7 SchuFV) und Protokollierung des Abrufvorgangs (vgl § 882 h Abs. 3 S. 2 Nr. 4; § 6 Abs. 3, 4 SchuFV) soll die Möglichkeit der Prüfung der Rechtmäßigkeit einzelner Abrufe eröffnen. Zu den weiteren Einzelheiten der Einsichtnahme und der Registrierung s. §§ 5–11 SchuFV.

6 Soweit kein Zugriff auf das Internet besteht, schließt jedenfalls der offene Wortlaut des § 882 h Abs. 1 S. 2 („der Inhalt kann ... eingesehen werden") nicht die Möglichkeit eines **schriftlichen Antrags** beim zentralen Vollstreckungsgericht aus.[16] In diesem Falle muss der Antragsteller die Voraussetzungen der in S. 1 aufgezeigten Gründe näher darlegen. Liegen die Voraussetzungen vor, muss das zentrale Vollstreckungsgericht dem Einsichtsberechtigten einen Ausdruck der Datenabfrage übersenden. Ob die weiterhin bestehende Möglichkeit einer schriftlichen Anfrage tatsächlich im Sinne des Gesetzgebers ist, werden in Zukunft die Praxis sowie die Rechtsprechung zeigen.

7 Daneben sieht § 11 Abs. 1 iVm Abs. 2 S. 1 SchuFV vor, dass jeder nach § 5 SchuFV Einsichtsberechtigte bei jedem Amtsgericht eine **Registrierung** veranlassen und dort als **registrierter Nutzer** Einsicht in das elektronische Schuldnerverzeichnis nehmen kann. Auf Wunsch ist dem Einsichtsberechtigten ein Ausdruck seiner Datenabfrage zu überlassen (§ 11 Abs. 2 S. 2 SchuFV).

8 **5. Einsicht in das Vermögensverzeichnis und die Vollstreckungsakten.** § 882 f regelt **nicht** die **Einsicht in das Vermögensverzeichnis** und die **Vollstreckungsakten.** Hinsichtlich des ebenfalls beim zentralen Vollstreckungsgericht hinterlegten Vermögensverzeichnisses besteht kein allgemeines Einsichtsrecht. Eine entsprechende Auskunft erhält nur der die Zwangsvollstreckung betreibende Gläubiger über den Gerichtsvollzieher nach § 802 d Abs. 1 S. 2 (s. dazu § 802 d Rn 13) bzw § 802 f Abs. 6 S. 1 Hs 2 (s. dazu § 802 f Rn 29). Im Übrigen sind zur Einsicht nur die in § 802 k Abs. 2 genannten Personen und Stellen berechtigt (s. dazu § 802 k Rn 11 ff). Das Recht zur Einsicht in die Vollstreckungsakten bestimmt sich nach § 299.

9 **6. Beschränkung des Rechts zur Einsichtnahme durch Abs. 2 (idF RefE EuKoPfVODG).** Der RefE des BMJV vom 9.12.2014 zum **EuKoPfVODG** beabsichtigt, die Vorschrift des § 882 f durch einen neuen Absatz 2 zu ergänzen.[17] Auch bei Bestehen einer melderechtlichen Auskunftssperre oder eines bedingten Sperrvermerks erfolge grds. bei Vorliegen der Vorsetzungen die Eintragung des Schuldners in das Schuldnerverzeichnis. Anderenfalls könne der Warn- und Informationsfunktion des Schuldnerverzeichnisses in diesen Fällen nicht entsprochen werden.[18] Dem Zweck der Sperre soll nun dadurch Rechnung getragen werden, dass der nach § 882 b Abs. 2 einzutragende Wohnsitz des Schuldners im Rahmen des § 882 f nicht bekannt gegeben werden soll (**Abs. 2 S. 1**). Insoweit hat der Schuldner auf Verlangen glaubhaft zu machen (§ 294), dass eine entsprechende Aus-

---

14 Hierzu krit Wieczorek/*Schreiber*, § 882 f Rn 3 f.
15 BT-Drucks. 16/10069, S. 41.
16 So auch Thomas/Putzo/*Seiler*, § 882 f Rn 8; aA Wieczorek/*Schreiber*, § 882 f Rn 5 (neben Internetabfrage nur die Möglichkeit, bei jedem Amtsgericht Einsicht in das elektronische Schuldnerverzeichnis zu nehmen).
17 Siehe Fn 2.
18 Begr. RefE EuKoPfVODG, S. 27.

kunftssperre oder ein Sperrvermerk vorliegt (**Abs. 2 S. 2**). Die Glaubhaftmachung hat bis zur Übermittlung der Eintragungsanordnung an das zentrale Vollstreckungsgericht gegenüber dem Gerichtsvollzieher zu erfolgen. In diesem Fall hat der Gerichtsvollzieher die Eintragungsanordnung mit einem entsprechenden Hinweis zu übermitteln. Nach Übermittlung der Eintragungsanordnung (§ 882 d Abs. 1 S. 3) kann der Schuldner die Sperre gegenüber dem zentralen Vollstreckungsgericht geltend machen (**Abs. 2 S. 3**). Eine Überwachung der Auskunftssperre oder des Sperrvermerks durch das zentrale Vollstreckungsgericht erfolgt nicht.

Die Einschränkungen nach dem geplanten Abs. 2 S. 1 sollen aber nicht für die **Einsichtnahme** in das Schuldnerverzeichnis **durch Gerichte und Behörden** (**Abs. 2 S. 4**) gelten. Insoweit habe der Zweck des Schuldnerverzeichnisses Vorrang, zumal eine Gefährdung des Schuldners ausgeschlossen werden könne.[19]

III. Rechtsmittel

Bei einer Interneteinsicht ergeht im Einzelfall keine Entscheidung des zentralen Vollstreckungsgerichts über die Einsichtsgewährung, so dass es auch kein Rechtsmittel gibt. Gegen Entscheidungen des zentralen Vollstreckungsgerichts über die generelle Einsichtsgewährung kann ein Antrag nach §§ 23 ff EGGVG gestellt werden (§ 12 SchuFV).[20]

IV. Kosten

1. Gerichtskosten. Für die Einsicht in das Schuldnerverzeichnis können Gebühren erhoben werden. Den Ländern ist die Möglichkeit eröffnet, den Aufwand für den Betrieb der Schuldnerverzeichnisse durch die Erhebung einer Gebühr für die Einsichtnahme in das Schuldnerverzeichnis abzudecken, indem klargestellt wird (§ 882 h Abs. 2 S. 3), dass es sich insoweit um eine Justizverwaltungsangelegenheit handelt (vgl auch § 882 h Abs. 1 S. 3).[21] In NRW wird zB gem. § 124 S. 3, Anlage 2 (Gebührenverzeichnis) des Gesetzes über die Justiz im Land Nordrhein-Westfalen (Justizgesetz Nordrhein-Westfalen – JustG NRW) vom 26.1.2010[22] für die Einsicht in das Schuldnerverzeichnis (§ 882 f) je übermitteltem Datensatz eine Gebühr iHv 4,50 € erhoben.

2. Rechtsanwaltsgebühren. Die Einsichtnahme in das Schuldnerverzeichnis ist bereits eine Vorbereitungshandlung iSv § 18 Abs. 1 Nr. 1 RVG und lässt die Gebühr Nr. 3309 VV RVG entstehen. Kommt es im Anschluss jedoch zur Durchführung des Verfahrens zur Abnahme der Vermögensauskunft, dann bilden Einsichtnahme und Abnahme der Vermögensauskunft eine einzige Angelegenheit.[23] Insbesondere entsteht keine besondere Gebühr für eine außergerichtliche Tätigkeit.[24]

§ 882 g Erteilung von Abdrucken

(1) ¹Aus dem Schuldnerverzeichnis können auf Antrag Abdrucke zum laufenden Bezug erteilt werden, auch durch Übermittlung in einer nur maschinell lesbaren Form. ²Bei der Übermittlung in einer nur maschinell lesbaren Form gelten die

---

19 Begr. RefE EuKoPfVODG, S. 27.
20 So auch Thomas/Putzo/*Seiler*, § 882 f Rn 8.
21 BT-Drucks. 16/10069, S. 21.
22 GV. NRW. S. 30.
23 AnwK-RVG/*Wolf/Volpert/Mock/Thiel/N. Schneider*, § 18 Rn 162.
24 BGH NJW 2004, 1101.

von der Landesjustizverwaltung festgelegten Datenübertragungsregeln. ³*Liegen die Voraussetzungen des § 882 f Absatz 2 vor, dürfen Abdrucke insoweit nicht erteilt werden.*[1]

(2) Abdrucke erhalten:

1. Industrie- und Handelskammern sowie Körperschaften des öffentlichen Rechts, in denen Angehörige eines Berufes kraft Gesetzes zusammengeschlossen sind (Kammern),
2. Antragsteller, die Abdrucke zur Errichtung und Führung nichtöffentlicher zentraler Schuldnerverzeichnisse verwenden, oder
3. Antragsteller, deren berechtigtem Interesse durch Einzeleinsicht in die Länderschuldnerverzeichnisse oder durch den Bezug von Listen nach Absatz 5 nicht hinreichend Rechnung getragen werden kann.

(3) ¹Die Abdrucke sind vertraulich zu behandeln und dürfen Dritten nicht zugänglich gemacht werden. ²Nach der Beendigung des laufenden Bezugs sind die Abdrucke unverzüglich zu vernichten; Auskünfte dürfen nicht mehr erteilt werden.

(4) ¹Die Kammern dürfen ihren Mitgliedern oder den Mitgliedern einer anderen Kammer Auskünfte erteilen. ²Andere Bezieher von Abdrucken dürfen Auskünfte erteilen, soweit dies zu ihrer ordnungsgemäßen Tätigkeit gehört. ³Absatz 3 gilt entsprechend. ⁴Die Auskünfte dürfen auch im automatisierten Abrufverfahren erteilt werden, soweit dieses Verfahren unter Berücksichtigung der schutzwürdigen Interessen der Betroffenen und der Geschäftszwecke der zum Abruf berechtigten Stellen angemessen ist.

(5) ¹Die Kammern dürfen die Abdrucke in Listen zusammenfassen oder hiermit Dritte beauftragen; sie haben diese bei der Durchführung des Auftrags zu beaufsichtigen. ²Die Listen dürfen den Mitgliedern von Kammern auf Antrag zum laufenden Bezug überlassen werden. ³Für den Bezug der Listen gelten Absatz 2 Nr. 3 und Absatz 3 entsprechend. ⁴Die Bezieher der Listen dürfen Auskünfte nur jemandem erteilen, dessen Belange sie kraft Gesetzes oder Vertrages wahrzunehmen haben.

(6) ¹Für Abdrucke, Listen und Aufzeichnungen über eine Eintragung im Schuldnerverzeichnis, die auf der Verarbeitung von Abdrucken oder Listen oder auf Auskünften über Eintragungen im Schuldnerverzeichnis beruhen, gilt § 882 e Abs. 1 entsprechend. ²Über vorzeitige Löschungen (§ 882 e Abs. 3) sind die Bezieher von Abdrucken innerhalb eines Monats zu unterrichten. ³Sie unterrichten unverzüglich die Bezieher von Listen (Absatz 5 Satz 2). ⁴In den auf Grund der Abdrucke und Listen erstellten Aufzeichnungen sind die Eintragungen unverzüglich zu löschen. ⁵Listen sind auch unverzüglich zu vernichten, soweit sie durch neue ersetzt werden.

(7) ¹In den Fällen des Absatzes 2 Nr. 2 und 3 sowie des Absatzes 5 gilt für nichtöffentliche Stellen § 38 des Bundesdatenschutzgesetzes mit der Maßgabe, dass die Aufsichtsbehörde auch die Verarbeitung und Nutzung dieser personenbezogenen Daten in oder aus Akten überwacht. ²Entsprechendes gilt für nichtöffentliche Stellen, die von den in Absatz 2 genannten Stellen Auskünfte erhalten haben.

(8) Das Bundesministerium der Justiz wird ermächtigt, durch Rechtsverordnung mit Zustimmung des Bundesrates

---

[1] *Kursive Hervorhebung:* Geplante Ergänzung des Absatzes 1 um den neuen Satz 3 durch RefE vom 9.12.2014 – „Entwurf eines Gesetzes zur Durchführung der Verordnung (EU) Nr. 655/2014 sowie zur Änderung sonstiger zivilprozessualer Vorschriften (EuKoPfVODG)", Art. 1 Nr. 16. Geplantes Inkrafttreten: am Tag nach der Verkündung (Art. 10 Abs. 2). – Siehe dazu Rn 2 a.

1. Vorschriften über den Bezug von Abdrucken nach den Absätzen 1 und 2 und das Bewilligungsverfahren sowie den Bezug von Listen nach Absatz 5 zu erlassen;
2. Einzelheiten der Einrichtung und Ausgestaltung automatisierter Abrufverfahren nach Absatz 4 Satz 4, insbesondere der Protokollierung der Abrufe für Zwecke der Datenschutzkontrolle, zu regeln;
3. die Erteilung und Aufbewahrung von Abdrucken aus dem Schuldnerverzeichnis, die Anfertigung, Verwendung und Weitergabe von Listen, die Mitteilung und den Vollzug von Löschungen und den Ausschluss vom Bezug von Abdrucken und Listen näher zu regeln, um die ordnungsgemäße Behandlung der Mitteilungen, den Schutz vor unbefugter Verwendung und die rechtzeitige Löschung von Eintragungen sicherzustellen;
4. zur Durchsetzung der Vernichtungs- und Löschungspflichten im Fall des Widerrufs der Bewilligung die Verhängung von Zwangsgeldern vorzusehen; das einzelne Zwangsgeld darf den Betrag von 25.000 Euro nicht übersteigen.

§ 151 GVGA; §§ 1 ff SchuVAbdrV [abgedr. bei Rn 16]

Literatur:
Siehe die Literaturhinweise zu Vor §§ 882 b–882 h.

I. Normzweck; Allgemeines 1	VIII. Löschung (Abs. 6) 10
II. Erteilung von Abdrucken (Abs. 1) 2	1. Regellöschung 10
	2. Vorzeitige Löschung 11
III. Kreis der Bezieher (Abs. 2) 3	IX. Datenschutz (Abs. 7) 12
IV. Datenschutz (Abs. 3) 5	X. Verordnungsermächtigung (Abs. 8) 13
V. Weitergabe der Informationen (Abs. 4) 6	XI. Rechtsmittel 14
1. Allgemeines 6	XII. Kosten 15
2. Erteilung der Informationen 7	XIII. Anhang: Schuldnerverzeichnis- abdruckverordnung (SchuVAbdrV) 16
VI. Bearbeitung und Weitergabe der Listen (Abs. 5 S. 1–3) 8	
VII. Erteilung von Auskünften (Abs. 5 S. 4) 9	

I. Normzweck; Allgemeines

Die Vorschrift fasst die früher in §§ 915 d–915 g aF mit textlichen Anpassungen an §§ 10, 38 BDSG enthaltenen Bestimmungen zusammen[2] und regelt die allgemeinen Voraussetzungen für die **Erteilung von Abdrucken zum laufenden Bezug**. Die Vorschrift trägt sowohl den Interessen des Schuldners an der Einhaltung des Datenschutzes als auch den Informationsinteressen des redlichen Geschäftsverkehrs Rechnung. Auf Antrag können die in Abs. 2 näher bestimmten Personen oder Stellen weiterhin **Abdrucke (= vollständige Reproduktion des gesamten Verzeichnisses)** aus dem Schuldnerverzeichnis laufend beziehen. Mittelfristig will der Gesetzgeber prüfen, ob für die Erteilung von Abdrucken noch ein Bedürfnis besteht.[3] Zudem wird den Beziehern die Möglichkeit zur **Erteilung von Auskünften** und zur **Erstellung von Listen** eingeräumt. Außerdem enthält die Vorschrift Regelungen zum Datenschutz sowie zur Löschung von Eintragungen in Abdrucken, Listen und Aufzeichnungen. Es soll gewährleistet werden, dass die Informationen in gleichem Umfang und zur gleichen Zeit gelöscht werden wie im Schuldnerver-

---

2 Thomas/Putzo/*Seiler*, § 882 g Rn 1.
3 BT-Drucks. 16/10069, S. 41.

zeichnis. Eine weitere Speicherung ist nach § 43 BDSG strafbar. Zu den weiteren Einzelheiten des Bewilligungsverfahrens s. §§ 1 ff SchuVAbdrV.

Zum Übergangsrecht s. Vor §§ 882 b–882 h Rn 5 f.

II. Erteilung von Abdrucken (Abs. 1)

2 Voraussetzung für den laufenden Bezug von Abdrucken ist das Vorliegen einer entsprechenden **Bewilligung** (zum Kreis der Bewilligungsberechtigen s. Rn 3). Bei den **Abdrucken** handelt es sich um jede Art der Vervielfältigung des Inhalts des Schuldnerverzeichnisses.[4] Die Einzelheiten zum Antrag auf Erteilung von Abdrucken sind in § 3 SchuVAbdrV geregelt. Zum Bewilligungsverfahren s. §§ 1 ff SchuVAbdrV. Über die Berechtigung zum laufenden Bezug von Abdrucken aus dem Schuldnerverzeichnis ist mit dem Antrag auf tatsächlichen Bezug zu entscheiden. Ein isoliertes vorgelagertes Bewilligungsverfahren unabhängig von dem tatsächlichen Bezug von Abdrucken ist hingegen gesetzlich nicht vorgesehen.[5] Über den Antrag entscheidet der Leiter des Amtsgerichts, bei dem das zentrale Schuldnerverzeichnis geführt wird (vgl § 2 SchuVAbdrV).[6] Die Entscheidung über die Erteilung der Abdrucke ist eine gebundene Entscheidung; liegen die Voraussetzungen für eine Erteilung der Bewilligung vor, so ist diese zu erteilen.[7] Die Bewilligung wird jeweils für ein bis sechs Jahre erteilt (§ 6 Abs. 1 SchuVAbdrV). Die Voraussetzungen für den Abdruckbezug ergeben sich aus Abs. 2.[8]

2a Kein Abdruck darf hinsichtlich bereits gelöschter (vgl § 882 e) Eintragungen erteilt werden. Darüber hinaus sieht die durch den RefE vom 9.12.2014 zum **EuKoPfVODG** geplante Neuregelung des § 882 f Abs. 2 vor, dass sich das Recht auf Einsichtnahme durch Dritte nicht auf Angaben nach § 882 b Abs. 2 Nr. 3 erstreckt, wenn zugunsten des Schuldners eine Auskunftssperre oder ein bedingter Sperrvermerk eingerichtet ist (s. § 882 f Fn 2 und Rn 9). Entsprechend bestimmt die geplante Neuregelung des S. 3,[9] dass sich in diesen Fällen auch das Recht, einen Abdruck aus dem Schuldnerverzeichnis zu erhalten, nicht auf Angaben zum Wohnsitz des Schuldners erstreckt.

III. Kreis der Bezieher (Abs. 2)

3 Wer Inhaber einer Bewilligung ist, kann Abdrucke aus dem Schuldnerverzeichnis laufend beziehen. Eine entsprechende Bewilligung können auf ihren Antrag erhalten:

- die **berufsständigen Selbstverwaltungskörperschaften** (Kammern) (**Nr. 1**). Hierzu zählen zB die Industrie-, Handels-, Handwerks-, Architekten-, Landwirtschafts-, Ärzte-, Apotheker-, Rechtsanwalts- und Steuerberaterkammern;
- **Private**, die die Abdrucke zur Errichtung und Führung zentraler bundesweiter oder regionaler Schuldnerverzeichnisse verwenden (**Nr. 2**), zB die Schufa;
- **Antragsteller** (= natürliche oder juristische Personen des privaten oder öffentlichen Rechts)[10] (**Nr. 3**). Zu diesem Kreis können Banken, Gewerbeaufsichts-

---

4 Baumbach/*Hartmann*, § 882 g Rn 2.
5 BGH ZInsO 2015, 419; BGH 28.1.2015 – IV AR (VZ) 2/14.
6 BGH ZInsO 2015, 419; BGH 28.1.2015 – IV AR (VZ) 2/14.
7 BGH ZInsO 2015, 419; BGH 28.1.2015 – IV AR (VZ) 2/14; OLG Brandenburg Rpfleger 2003, 201; MüKo-ZPO/*Eickmann*, § 882 g Rn 3.
8 BGH ZInsO 2015, 419; BGH 28.1.2015 – IV AR (VZ) 2/14.
9 Siehe Fn 1.
10 MüKo-ZPO/*Eickmann*, § 882 g Rn 6.

ämter, Handelsauskunftsdateien, Finanzämter[11] oder auch sonstige Verwaltungsbehörden[12] gehören.

Insoweit lässt Nr. 2 die Errichtung und Führung zentraler bundesweiter oder regionaler, nicht öffentlicher Schuldnerverzeichnisse durch Private zu und stellt klar, dass grds. die zentrale Führung und Zusammenfassung von Schuldnerverzeichnissen durch private Unternehmen zulässig ist.[13] Während die unter Nr. 1 und 2 fallenden Berechtigten die Voraussetzungen eines **berechtigten Interesses** nicht aufzeigen müssen, trifft diese Verpflichtung die unter Nr. 3 fallenden Antragsteller. Sie müssen darlegen, dass ihren berechtigten Interessen durch Einzeleinsicht in die Länderschuldnerverzeichnisse oder durch den Bezug von Listen (Abs. 5) nicht hinreichend Rechnung getragen wird. So kann zB einem Kreditinstitut, das über die Möglichkeit verfügt, im automatisierten Abrufverfahren Einzelauskünfte bei einem gewerblichen Schuldnerverzeichnis zu erhalten, der Bezug von Abdrucken nicht bewilligt werden.[14]

IV. Datenschutz (Abs. 3)

Die bezogenen Abdrucke sind zum Schutz der Persönlichkeitssphäre des Schuldners[15] **vertraulich** zu behandeln und dürfen Dritten **nicht zugänglich gemacht** werden (**Abs. 3 S. 1**). Im Falle der Beendigung des laufenden Bezugs sind alle Abdrucke unverzüglich, dh ohne schuldhaftes Zögern (§ 121 Abs. 1 S. 1 BGB), zu vernichten und es dürfen keine Auskünfte daraus mehr erteilt werden (**Abs. 3 S. 1**). Die Beendigung des Bezugs kann durch Kündigung oder durch Widerruf bzw Rücknahme der Bewilligung (s. dazu § 7 SchuVAbdrV) eintreten.

V. Weitergabe der Informationen (Abs. 4)

1. Allgemeines. Die **Kammern** (vgl Abs. 2 Nr. 1) dürfen ihren Mitgliedern sowie den Mitgliedern einer anderen Kammer Auskünfte erteilen (**Abs. 4 S. 1**), soweit die Zweckbindung beachtet wird. Die **anderen Bezieher von Abdrucken** (Abs. 2 Nr. 2 und 3) sind zur Erteilung von Auskünften unter Beachtung der Zweckbindung berechtigt, wenn dies zu ihrer ordnungsgemäßen Tätigkeit gehört (**Abs. 4 S. 2**). Auch diese Auskünfte sind vertraulich zu behandeln (**Abs. 4 S. 3 iVm Abs. 3**). Die Auskünfte dürfen auch im automatisierten Abrufverfahren erteilt werden, soweit dieses Verfahren unter Berücksichtigung der schutzwürdigen Interessen der Betroffenen und der Geschäftszwecke der zum Abruf berechtigten Stellen angemessen ist (**Abs. 4 S. 4**).

2. Erteilung der Informationen. Grundsätzlich können die Empfänger von Abdrucken entsprechende Einzelauskünfte erteilen. Dies kann auch durch Übermittlung in maschinell lesbarer Form geschehen. Daneben besteht die Möglichkeit der Erteilung von Einzelauskünften im Wege des automatisierten Abrufverfahrens (Abs. 4 S. 4), soweit diese Form der Datenübermittlung unter Berücksichtigung der schutzwürdigen Interessen der Betroffenen und der Geschäftszwecke der zum Abruf berechtigten Stellen angemessen ist (Abs. 4 S. 4). Die Einzelheiten des Verfahrens sind in §§ 16 ff SchuVAbdrV geregelt.

VI. Bearbeitung und Weitergabe der Listen (Abs. 5 S. 1–3)

Die Kammern (Abs. 2 Nr. 1) sind berechtigt, die erhaltenen Abdrucke **in Listen zusammenzufassen** bzw mit dieser Tätigkeit Dritte (zB eine zentrale Datenverar-

---

11 OLG Stuttgart Justiz 1995, 227.
12 BT-Drucks. 16/10069, S. 42.
13 BGH ZInsO 2015, 419; BGH 28.1.2015 – IV AR (VZ) 2/14.
14 OLG Hamm Rpfleger 2006, 481.
15 BT-Drucks. 12/193, S. 11.

beitungsstelle), die zu beaufsichtigen sind, zu beauftragen (**Abs. 5 S. 1**). Die so erstellten Listen dürfen auf Antrag an die Kammermitglieder laufend überlassen werden (**Abs. 5 S. 2**). Voraussetzung ist, dass die Mitglieder ein **berechtigtes Interesse** am Bezug besitzen (**Abs. 5 S. 3** iVm Abs. 2 Nr. 3) und die Einzeleinsicht in die Länderschuldnerregister nicht ausreicht. Über den Antrag der Mitglieder entscheidet eigenverantwortlich die Kammer; es bedarf keiner gesonderten Bewilligung. Die Listen können auch in maschinell lesbarer Form übermittelt werden. Die Bezieher der Listen müssen diese **vertraulich** behandeln (Abs. 5 S. 3 iVm Abs. 3). Nach Überlassung einer neuen Liste muss die veraltete Liste unverzüglich vernichtet werden (Abs. 6 S. 5).

VII. Erteilung von Auskünften (Abs. 5 S. 4)

9 Die Listenbezieher dürfen ihrerseits Dritten aus den Listen Einzelauskünfte erteilen, wenn sie deren Belange kraft Gesetzes oder Vertrages wahrzunehmen haben (zB ein Rechtsanwalt als Mitglied der Kammer darf dem Mandanten, der Geldbeträge einklagen will, aus der Liste eine Einzelauskunft erteilen).[16] Nicht ausreichend ist, dass die Informationen über die Zahlungsunfähigkeit von Schuldnern Gegenstand der vertraglichen Vereinbarung ist; dies muss sich vielmehr aus dem übrigen Zweck der Vereinbarung ergeben.[17] Die Erteilung der Auskünfte muss zudem im Rahmen des Zweckkataloges des § 882 f S. 1 erfolgen.[18]

VIII. Löschung (Abs. 6)

10 **1. Regellöschung.** Nach Ablauf der **dreijährigen Frist** (die ursprünglich in § 882 e Abs. 1 S. 2 geregelte gesonderte fünfjährige Frist für die Eintragung nach § 882 b Abs. 1 Nr. 3 ist mit Wirkung vom 1.7.2014 durch das Gesetz zur Verkürzung des Restschuldbefreiungsverfahrens und zur Stärkung der Gläubigerrechte vom 15.7.2013[19] aufgehoben worden) sind alle Eintragungen in Abdrucken, Listen und den hieraus erstellten Aufzeichnungen zu löschen (**Abs. 6 S. 1** iVm § 882 e Abs. 1). Verantwortlich hierfür sind die Bezieher (vgl § 14 SchuVAbdrV). Eintragungen, die vor Fristablauf gelöscht worden sind, dürfen nicht mehr neu in eine Datei aufgenommen werden.

11 **2. Vorzeitige Löschung.** Im Falle einer vorzeitigen Löschung (§ 882 e Abs. 3) sind die Bezieher von Abdrucken durch das Gericht innerhalb eines Monats zu benachrichtigen (**Abs. 6 S. 2**). Diese wiederum müssen unverzüglich, dh ohne schuldhaftes Verschulden (§ 121 Abs. 1 S. 1 BGB), ihrerseits die Bezieher der Listen informieren (**Abs. 6 S. 3**). Sie haben dafür Sorge zu tragen, dass die vorzeitige Löschung in den aufgrund der Abdrucke und Listen erstellten Aufzeichnungen unverzüglich vollzogen wird (**Abs. 6 S. 4**). Zu den näheren Einzelheiten der Durchführung der Löschung s. auch § 15 SchuVAbdrV.

IX. Datenschutz (Abs. 7)

12 Um den Datenschutz zu gewährleisten, unterliegen nichtöffentliche Stellen (s. dazu § 2 Abs. 4 BDSG) der Kontrolle nach § 38 BDSG.

X. Verordnungsermächtigung (Abs. 8)

13 Abs. 8 ermächtigt das Bundesministerium der Justiz, durch Rechtsverordnung mit Zustimmung des Bundesrates

---

16 BT-Drucks. 12/193, S. 12.
17 Stein/Jonas/*Münzberg*, § 915 f Rn 5.
18 MüKo-ZPO/*Eickmann*, § 882 g Rn 16.
19 BGBl. I S. 2379.

- den Bezug von Abdrucken nach Abs. 1 und 2 sowie den Bezug von Listen nach Abs. 5 (**Nr. 1**),
- die Einrichtung und Ausgestaltung des automatisierten Abrufverfahrens nach Abs. 4 S. 4 (**Nr. 2**) und
- die Erteilung und Aufbewahrung von Abdrucken aus dem Schuldnerverzeichnis (**Nr. 3**) sowie
- die zwangsweise Durchsetzung der Vernichtungs- und Löschungspflichten (**Nr. 4**)

näher zu regeln.

Aufgrund dieser Ermächtigung hat das Bundesministerium der Justiz die Verordnung über den Bezug von Abdrucken aus dem Schuldnerverzeichnis (**Schuldnerverzeichnisabdruckverordnung – SchuVAbdrV**) vom 26.7.2012[20] erlassen, die am 1.1.2013 in Kraft trat. Die Verordnung ist in Rn 16 abgedruckt.

XI. Rechtsmittel

Die Entscheidungen des Leiters des zentralen Vollstreckungsgerichts sind als Justizverwaltungsakte nach §§ 23 ff EGGVG anfechtbar (§ 19 SchuVAbdrV).[21]

XII. Kosten

Der laufende Bezug von Abdrucken aus dem Schuldnerverzeichnis löst Kosten aus. Grundlage der Kosten sind die Landesjustizkostengesetze[22] der einzelnen Bundesländer.[23]

XIII. Anhang: Schuldnerverzeichnisabdruckverordnung (SchuVAbdrV)

Verordnung über den Bezug von Abdrucken aus dem Schuldnerverzeichnis (Schuldnerverzeichnisabdruckverordnung – SchuVAbdrV)

Vom 26.7.2012 (BGBl. I S. 1658)

Abschnitt 1
Bewilligungsverfahren

§ 1 Bewilligung des Bezugs von Abdrucken

(1) Abdrucke aus Schuldnerverzeichnissen dürfen nur Inhabern einer Bewilligung nach den Vorschriften dieses Abschnitts erteilt werden.

(2) Die Bewilligung ist zu erteilen, wenn die Voraussetzungen der §§ 882 f und 882 g Absatz 1 und 2 der Zivilprozessordnung und dieser Verordnung erfüllt sind.

---

20 BGBl. I S. 1658.
21 Vgl auch BGH ZInsO 2015, 419; BGH 28.1.2015 – IV AR (VZ) 2/14; OLG Frankfurt 27.3.2014 – 20 VA 6/13; OLG Frankfurt 27.3.2014 – 20 VA 7/13.
22 *Hornung*, Rpfleger 1995, 233.
23 Vgl zB für NRW § 124 S. 3 des Gesetzes über die Justiz im Land Nordrhein-Westfalen (Justizgesetz Nordrhein-Westfalen – JustG NRW) vom 26.1.2010 (GV. NRW. S. 30).

(3) Die Bewilligung ist zu versagen, wenn
1. der Antragsteller schuldhaft unrichtige Angaben macht,
2. die Voraussetzungen vorliegen, unter denen die Bewilligung gemäß § 7 Absatz 1 widerrufen werden könnte,
3. Tatsachen vorliegen, welche die Unzuverlässigkeit des Antragstellers in Bezug auf die Verarbeitung und Nutzung personenbezogener Daten begründen, oder
4. dem Antragsteller oder einer Person, die im Auftrag des Antragstellers die aus dem Schuldnerverzeichnis zu beziehenden Daten verarbeitet oder nutzt, der Betrieb eines Gewerbes untersagt ist.

(4) Die Bewilligung des Bezugs von Abdrucken berechtigt Kammern,
1. die Abdrucke in Listen zusammenzufassen oder hiermit Dritte zu beauftragen und
2. die Listen ihren Mitgliedern oder Mitgliedern anderer Kammern auf Antrag zum laufenden Bezug zu überlassen.

Die Überlassung von Listen ist unzulässig, wenn bei den Listenbeziehern die Voraussetzungen der §§ 882 f und 882 g Absatz 1 und 2 der Zivilprozessordnung nicht erfüllt sind oder Versagungsgründe entsprechend Absatz 3 vorliegen.

§ 2 Zuständigkeit

Über Anträge nach § 882 g Absatz 1 Satz 1 der Zivilprozessordnung entscheidet der Leiter oder die Leiterin des zentralen Vollstreckungsgerichts nach § 882 h Absatz 1 der Zivilprozessordnung, bei dem das Schuldnerverzeichnis geführt wird.

§ 3 Antrag

(1) Der Antrag ist schriftlich bei dem nach § 2 zuständigen Leiter oder der zuständigen Leiterin des zentralen Vollstreckungsgerichts zu stellen. Die zur Entscheidung über den Antrag erforderlichen Angaben sind auf Verlangen glaubhaft zu machen.

(2) Der Antrag muss die Angaben enthalten, aus denen sich das Vorliegen der in den §§ 882 f und 882 g Absatz 2 der Zivilprozessordnung geforderten Voraussetzungen ergibt. Darüber hinaus muss er enthalten:
1. die Angabe von Wohn- oder Geschäftssitz des Antragstellers; die Angabe von Gewerbe- oder Handelsregistereintragung oder des ausgeübten Berufs;
2. die Angabe der elektronischen Kontaktdaten für die Übermittlung der Abdrucke nach § 9 Absatz 1 Satz 1;
3. die Angabe, ob, wann, bei welchem Gericht und mit welchem Ergebnis bereits Anträge im Sinne dieses Abschnitts gestellt wurden;
4. die Erklärung, in welcher der dem Gericht möglichen Formen die Abdrucke erteilt werden sollen;
5. die Angabe, ob Listen gefertigt werden sollen;
6. die Angabe, von wem die Listen gefertigt und an wen diese weitergegeben werden sollen;
7. die Angabe, ob Einzelauskünfte im automatisierten Abrufverfahren erteilt werden sollen.

§ 4 Speicherung von Daten des Antragstellers

(1) Für die Bewilligung des Bezugs von Abdrucken sowie die Einrichtung und Ausgestaltung des Abrufverfahrens von Abdrucken können personenbezogene Daten des Antragstellers, insbesondere der Name des Antragstellers, das Datum des Antrags sowie die Angaben des Antragstellers nach § 3 Absatz 2 von dem zentralen Vollstreckungsgericht oder

der nach § 882 h Absatz 1 Satz 3 der Zivilprozessordnung zuständigen Stelle erhoben und verarbeitet werden.

(2) Im Fall der Ablehnung oder Rücknahme des Antrags werden der Name des Antragstellers, das Datum des Antrags sowie die Angaben des Antragstellers nach § 3 Absatz 2 Nummer 1 und 2 von dem zentralen Vollstreckungsgericht oder der nach § 882 h Absatz 1 Satz 3 der Zivilprozessordnung zuständigen Stelle erfasst und gespeichert. Diese Angaben dürfen nur dazu erhoben, verarbeitet und genutzt werden, um Mehrfachanträge und Bewilligungshindernisse zu erkennen.

(3) Die Frist für die Aufbewahrung oder Speicherung beträgt sechs Jahre ab dem Ende des Jahres, in dem der Antrag gestellt wurde. Nach Ablauf der Frist nach Satz 1 oder mit dem Fristablauf der Bewilligung nach § 5 Absatz 2 in Verbindung mit § 6 Absatz 1 sind die Angaben zu löschen.

§ 5 Bewilligung

(1) Die Bewilligung ist nur gegenüber dem Antragsteller wirksam. Sie ist nicht übertragbar.

(2) Gegenstand der Bewilligung sind

1. die Entscheidung über den Antrag,

2. Bedingungen,

3. Auflagen, Befristungen und der Vorbehalt des Widerrufs.

(3) Die Bewilligung enthält die Belehrung über die vom Begünstigten zu beachtenden datenschutzrechtlichen Vorschriften, insbesondere der Zivilprozessordnung und dieser Verordnung. In den Fällen des § 9 Absatz 1 Satz 2 ist ferner über die anzuwendenden Datenübermittlungsregeln zu belehren. Auf § 7 ist gesondert hinzuweisen. Der Bewilligung ist eine Rechtsmittelbelehrung beizufügen.

(4) Die Bewilligung wird der Stelle mitgeteilt, die nach den jeweils maßgeblichen datenschutzrechtlichen Vorschriften für die Kontrolle des Beziehers der Abdrucke zuständig ist.

§ 6 Befristungen, Auflagen und Bedingungen

(1) Die Bewilligung ist auf mindestens ein Jahr und höchstens sechs Jahre zu befristen.

(2) Zum Zweck der Einhaltung der Vorschriften der §§ 882 e bis 882 h der Zivilprozessordnung, der anzuwendenden Vorschriften der Datenschutzgesetze und dieser Verordnung kann die Bewilligung ergehen mit Bestimmungen,

1. durch die dem Begünstigten ein Tun, Dulden oder Unterlassen vorgeschrieben wird (Auflagen) und

2. nach denen der Eintritt oder der Wegfall einer Vergünstigung oder Belastung von dem ungewissen Eintritt eines zukünftigen Ereignisses abhängt (Bedingung).

§ 7 Widerruf und Rücknahme von Bewilligungen

(1) Für den Widerruf von Bewilligungen gilt § 49 Absatz 2, 3 und 6 Satz 1 und 2 des Verwaltungsverfahrensgesetzes entsprechend.

(2) Für die Rücknahme von Bewilligungen gilt § 48 Absatz 1, 3 und 4 des Verwaltungsverfahrensgesetzes entsprechend.

(3) Über Widerruf und Rücknahme von Bewilligungen entscheidet die nach § 2 zuständige Stelle. Wenn die Bewilligung widerrufen oder zurückgenommen wird, ist die Entscheidung

1. dem Inhaber der Bewilligung mit Rechtsmittelbelehrung zuzustellen und
2. den Leitern oder Leiterinnen der zentralen Vollstreckungsgerichte mitzuteilen, bei denen weitere Anträge auf Erteilung einer Bewilligung zugunsten des ehemaligen Inhabers der Bewilligung gestellt wurden.

Sind aus den Abdrucken Listen gefertigt und weitergegeben worden, so ist die rechtskräftige Entscheidung den Beziehern der Listen unter Hinweis auf ihre Pflichten nach Absatz 4 bekannt zu geben. Betrifft die Entscheidung eine Kammer, erfolgen die Mitteilungen nach Satz 2 Nummer 2 durch diese, im Übrigen durch das entscheidende Gericht. Benachrichtigungen nach Satz 3 erfolgen durch die betroffene Kammer.

(4) Ist eine Bewilligung rechtskräftig widerrufen oder zurückgenommen, so sind Abdrucke sowie daraus gefertigte Dateien, Listen und sonstige Aufzeichnungen unverzüglich und ordnungsgemäß zu löschen oder zu vernichten. Bezieher der Abdrucke und Inhaber von Listen können dazu durch Zwangsgeld angehalten werden. Das einzelne Zwangsgeld darf den Betrag von 25.000 Euro nicht übersteigen. Ist die Verhängung von Zwangsgeld untunlich oder erfolglos, so ist die Ersatzvornahme anzuordnen.

Abschnitt 2
Abdrucke und Listen

§ 8 Inhalt von Abdrucken

(1) Abdrucke werden als Vollabdruck oder als Teilabdruck erteilt. Der Vollabdruck enthält alle Eintragungen im Schuldnerverzeichnis. Der Teilabdruck enthält nur die seit der letzten Abdruckerstellung eingetretenen Änderungen.

(2) An gut sichtbarer Stelle ist auf die Pflichten hinzuweisen, die sich für den Inhaber von Abdrucken aus § 882 g der Zivilprozessordnung ergeben. Der Hinweis kann den Abdrucken auch in Form eines Merkblattes beigefügt werden.

(3) Die Abdrucke dürfen keine weiteren Mitteilungen enthalten.

§ 9 Erteilung und Aufbewahrung von Abdrucken

(1) Abdrucke gemäß § 882 g Absatz 1 der Zivilprozessordnung werden grundsätzlich in elektronischer Form übermittelt. Es gelten die Datenübermittlungsregeln der Landesjustizverwaltung des Landes, in dem das Schuldnerverzeichnis geführt wird. Die elektronische Übermittlung der Daten erfolgt bundesweit einheitlich durch ein geeignetes Transportprotokoll sowie in einheitlich strukturierten Datensätzen.

(2) Bei der Datenübermittlung sind geeignete Maßnahmen zur Sicherstellung von Datenschutz und Datensicherheit zu treffen, die insbesondere gewährleisten, dass
1. nur Befugte personenbezogene Daten zur Kenntnis nehmen können (Vertraulichkeit),
2. personenbezogene Daten während der Verarbeitung unversehrt, vollständig und aktuell bleiben (Integrität),
3. personenbezogene Daten zeitgerecht zur Verfügung stehen und ordnungsgemäß verarbeitet werden können (Verfügbarkeit),
4. personenbezogene Daten jederzeit ihrem Ursprung zugeordnet werden können (Authentizität),
5. festgestellt werden kann, wer wann welche personenbezogenen Daten in welcher Weise verarbeitet hat (Revisionsfähigkeit), und
6. die Verfahrensweisen bei der Verarbeitung personenbezogener Daten vollständig, aktuell und in einer Weise dokumentiert sind, dass sie in zumutbarer Zeit nachvollzogen werden können (Transparenz).

Werden zur Übermittlung öffentliche Telekommunikationsnetze genutzt, ist ein geeignetes Verschlüsselungsverfahren zu verwenden.

(3) Die Abdrucke können dem Bezieher im Einzelfall auch in einem verschlossenen Umschlag gegen Empfangsnachweis zugestellt werden. Die Abdrucke dürfen, außer mit dem Merkblatt nach § 8 Absatz 2 Satz 2, nicht mit anderen Druckerzeugnissen verbunden werden. Ausgeschlossen sind

1. die Ersatzzustellung nach § 178 der Zivilprozessordnung,
2. die Zustellung bei verweigerter Annahme nach § 179 der Zivilprozessordnung sowie
3. die öffentliche Zustellung nach § 185 der Zivilprozessordnung.

(4) Der Empfänger der Daten nach Absatz 1 hat durch geeignete Vorkehrungen sicherzustellen, dass die Anforderungen des Absatzes 2 auch bezüglich der übermittelten Daten erfüllt werden. Der Inhaber der Bewilligung hat dafür Sorge zu tragen, dass ihm überlassene Abdrucke

1. gesondert aufbewahrt werden,
2. bis zu ihrer Vernichtung jederzeit auffindbar sind und
3. gegen unbefugten Zugriff gesichert sind.

Satz 2 gilt auch für Vervielfältigungen und jede andere Form der Bearbeitung der Abdrucke, insbesondere zum Zweck ihrer Maschinenlesbarkeit.

§ 10 Einstweiliger Ausschluss vom Bezug von Abdrucken

(1) Der Inhaber einer Bewilligung kann von dem Bezug von Abdrucken einstweilen ausgeschlossen werden, wenn Tatsachen bekannt werden, die eine hinreichende Wahrscheinlichkeit begründen, dass die Bewilligung alsbald widerrufen oder zurückgenommen wird.

(2) Über den einstweiligen Ausschluss entscheidet die nach § 2 zuständige Stelle. Die Entscheidung ist mit einer Rechtsmittelbelehrung zu versehen und zuzustellen; § 7 Absatz 3 Satz 2 Nummer 2 und Satz 4 gilt entsprechend. Die Wirksamkeit der Entscheidung entfällt, wenn nicht binnen eines Monats ab Zustellung eine Entscheidung nach § 7 ergeht.

(3) Ein nach Absatz 2 Satz 3 unwirksam gewordener oder alsbald unwirksam werdender einstweiliger Ausschluss kann wiederholt erlassen werden, wenn während des Zeitraums, in dem der zuerst erlassene einstweilige Ausschluss wirksam war, ein Verfahren mit dem Ziel des Widerrufs oder der Rücknahme der Bewilligung gemäß § 7 zwar eingeleitet, aber noch nicht abgeschlossen wurde. Die Gesamtdauer des einstweiligen Ausschlusses darf in einem Verfahren nicht mehr als drei Monate betragen. Für den wiederholten einstweiligen Ausschluss gelten im Übrigen die Absätze 1 und 2.

§ 11 Inhalt von Listen

(1) Listen sind Zusammenstellungen von Angaben aus einem oder mehreren Abdrucken. Die Aufnahme anderer Angaben als solchen aus rechtmäßig bezogenen Abdrucken oder die Verknüpfung mit anderen Angaben ist unzulässig.

(2) Die Zusammenstellung der Angaben erfolgt

1. aufgrund von gemeinsamen Merkmalen, nach denen die Angaben aus den Abdrucken ausgewählt werden können (Auswahlmerkmale), sowie
2. aufgrund von Sortieranweisungen, nach denen die Angaben in den Listen zu ordnen sind (Ordnungsmerkmale).

Auswahlmerkmale dürfen sich nur auf Eintragungen nach § 882 b Absatz 2 und 3 der Zivilprozessordnung beziehen.

(3) Listen müssen das Datum ihrer Erstellung tragen, den Ersteller benennen und mit Quellenangaben versehen sein. In den Listen ist an gut sichtbarer Stelle auf die Pflichten

hinzuweisen, die sich für den Bezieher von Listen aus § 882 g der Zivilprozessordnung ergeben. § 8 Absatz 2 Satz 2 ist anzuwenden.

(4) Die Listen dürfen keine weiteren Mitteilungen enthalten.

§ 12 Anfertigung, Erteilung und Verwendung von Listen

Listen sind unverzüglich nach dem Eingang der Abdrucke zu erstellen und den Beziehern zu überlassen. § 9 gilt entsprechend.

§ 13 Ausschluss vom Bezug von Listen

(1) Die Kammern sind verpflichtet, einen Bezieher von Listen künftig vom Bezug auszuschließen, wenn ihm die Bewilligung zum Bezug von Abdrucken zu versagen wäre. Diesen Ausschluss teilen die Kammern ihren Aufsichtsbehörden mit.

(2) Die Aufsichtsbehörden der Kammern teilen Verstöße gegen Absatz 1 den Leitern oder Leiterinnen der zentralen Vollstreckungsgerichte mit, die den Kammern die Bewilligung zum Bezug von Abdrucken erteilt haben.

(3) Bei Verstößen gegen Absatz 1 kann die Bewilligung zum Bezug von Abdrucken gemäß § 7 widerrufen werden.

§ 14 Löschung in Abdrucken und Listen

(1) Löschungen gemäß § 882 g Absatz 6 der Zivilprozessordnung führen die Bezieher von Abdrucken und Listen sowie die Inhaber sonstiger Aufzeichnungen im Sinne des § 882 g Absatz 6 Satz 1 der Zivilprozessordnung eigenverantwortlich durch.

(2) Löschungsmitteilungen gemäß § 882 g Absatz 6 Satz 2 der Zivilprozessordnung werden in der gleichen Weise wie die zugrunde liegenden Abdrucke übermittelt. § 8 Absatz 3 und § 9 sind entsprechend anzuwenden.

(3) Die Kammern unterrichten die zur Umsetzung der Löschungsmitteilungen verpflichteten Listenbezieher in der Form, in der die zugrunde liegenden Listen erteilt werden. Kammern oder von ihnen gemäß § 882 g Absatz 5 Satz 1 der Zivilprozessordnung beauftragte Dritte, die Listen nicht durch automatisierte Datenverarbeitung erstellen, dürfen alle unterrichten, die zu diesem Zeitpunkt Listen beziehen. Listenbezieher, von denen die Kammer oder der beauftragte Dritte ohne unverhältnismäßigen Aufwand feststellen können, dass ihnen die zu löschende Eintragung bis zu diesem Zeitpunkt nicht durch eine Liste oder eine Auskunft der Kammer bekannt geworden ist, müssen nicht unterrichtet werden.

(4) Löschungsmitteilungen nach Absatz 2 sind unverzüglich nach Zugang umzusetzen. Sie sind zu vernichten oder zu löschen, sobald sie umgesetzt sind. Es ist durch geeignete technische Maßnahmen sicherzustellen, dass gelöschte Datensätze nicht wiederhergestellt werden können. Die Sätze 1 bis 3 gelten entsprechend für die Mitteilungen an die Listenbezieher nach Absatz 3.

§ 15 Kontrolle von Löschungen in Abdrucken und Listen

Werden öffentlichen Stellen Tatsachen bekannt, die die Annahme rechtfertigen, dass einer Löschungspflicht nach § 882 g Absatz 6 der Zivilprozessordnung nicht nachgekommen wurde, haben sie diese Tatsachen dem Leiter oder der Leiterin des zentralen Vollstreckungsgerichts nach § 882 h Absatz 1 der Zivilprozessordnung mitzuteilen, bei dem das Schuldnerverzeichnis geführt wird, dem die zu löschende Eintragung entnommen wurde. Die zuständige Stelle nach § 2 ergreift die Maßnahmen nach dieser Verordnung und benachrichtigt die für die Kontrolle über die Einhaltung der Datenschutzvorschriften zuständigen Stellen.

Abschnitt 3
Automatisiertes Abrufverfahren

§ 16 Einrichtung

(1) Bezieher von Abdrucken dürfen unter den Voraussetzungen des § 882 g Absatz 4 der Zivilprozessordnung im automatisierten Abrufverfahren Einzelauskünfte aus den Abdrucken nach Maßgabe der Vorschriften dieses Abschnitts erteilen.

(2) Im automatisierten Abrufverfahren dürfen nur die nach § 882 b Absatz 2 und 3 der Zivilprozessordnung in das Schuldnerverzeichnis aufzunehmenden Eintragungen übermittelt werden. Die Verknüpfung zu übermittelnder Daten mit anderen Daten ist nur zulässig, wenn

1. die Verknüpfung für die Zwecke des § 882 f der Zivilprozessordnung notwendig ist,
2. die Daten, mit denen die Daten aus dem Schuldnerverzeichnis verknüpft werden sollen, rechtmäßig und ausschließlich zu den in § 882 f der Zivilprozessordnung genannten Zwecken erhoben, verarbeitet und genutzt werden,
3. der Bezieher der Abdrucke die Herkunft der Daten nachweisen kann und
4. der Bezieher der Abdrucke sicherstellt, dass der Empfänger der Auskunft im Wege des Abrufs von Daten, die mit Daten aus dem Schuldnerverzeichnis verknüpft sind, nur dann Kenntnis von verknüpften Daten aus Schuldnerverzeichnissen erhält, wenn er dazu berechtigt ist oder wenn dies für die Zwecke des § 882 f der Zivilprozessordnung notwendig ist.

(3) Für Anfragen im automatisierten Abrufverfahren dürfen nur Angaben verwendet werden, deren Eintragung in das Schuldnerverzeichnis nach § 882 b Absatz 2 und 3 der Zivilprozessordnung zu erfolgen hätte.

§ 17 Ausgestaltung elektronischer Abrufverfahren

Der Bezieher von Abdrucken, der Einzelauskünfte im automatisierten Abrufverfahren erteilt (Auskunftsstelle), hat die geeigneten technischen und organisatorischen Maßnahmen zu treffen, die erforderlich sind, um die Ausführung der Vorschriften des Bundesdatenschutzgesetzes oder der entsprechenden landesrechtlichen Regelungen zu gewährleisten. § 9 Absatz 2 gilt entsprechend.

§ 18 Ausschluss von der Abrufberechtigung

(1) Die Auskunftsstelle ist verpflichtet, den Abrufberechtigten vom Abrufverfahren auszuschließen, wenn ihr Tatsachen bekannt werden, die erkennen lassen, dass

1. die abgerufenen Daten vom Abrufberechtigten nicht zu den in § 882 f der Zivilprozessordnung genannten Zwecken verwendet werden,
2. kein berechtigtes Interesse nach § 882 g Absatz 2 Nummer 3 der Zivilprozessordnung bei dem Abrufberechtigten vorliegt und dennoch wiederholt Daten abgerufen wurden,
3. die abgerufenen Daten vom Abrufberechtigten in unzulässiger Weise genutzt, insbesondere weitergegeben werden,
4. der Abrufberechtigte seinen Pflichten nach § 17 nicht oder nicht hinreichend nachkommt oder
5. die Unzuverlässigkeit in Bezug auf die Verarbeitung und Nutzung personenbezogener Daten bei dem Abrufberechtigten aus sonstigen Gründen begründet ist.

Die Auskunftsstelle teilt der für die Kontrolle der datenschutzrechtlichen Vorschriften zuständigen Stelle den Ausschluss mit.

(2) Die Aufsichtsbehörde teilt Verstöße gegen Absatz 1 den Leitern oder Leiterinnen der zentralen Vollstreckungsgerichte nach § 882 h Absatz 1 der Zivilprozessordnung mit, die die Bewilligungen zum Bezug von Abdrucken zugunsten der Auskunftsstelle erteilt haben.

(3) Bei Verstößen gegen Absatz 1 kann die Bewilligung gemäß § 7 widerrufen werden.

Abschnitt 4
Schlussvorschriften

§ 19 Rechtsweg

Auf Entscheidungen des Leiters oder der Leiterin des zentralen Vollstreckungsgerichts nach § 882 h Absatz 1 der Zivilprozessordnung nach dieser Verordnung sind die §§ 23 bis 30 des Einführungsgesetzes zum Gerichtsverfassungsgesetz anzuwenden.

§ 20 Inkrafttreten

Diese Verordnung tritt am 1. Januar 2013 in Kraft.

§ 882 h Zuständigkeit; Ausgestaltung des Schuldnerverzeichnisses

(1) ¹Das Schuldnerverzeichnis wird für jedes Land von einem zentralen Vollstreckungsgericht geführt. ²Der Inhalt des Schuldnerverzeichnisses kann über eine zentrale und länderübergreifende Abfrage im Internet eingesehen werden. ³Die Länder können Einzug und Verteilung der Gebühren sowie weitere Abwicklungsaufgaben im Zusammenhang mit der Abfrage nach Satz 2 auf die zuständige Stelle eines Landes übertragen.

(2) ¹Die Landesregierungen bestimmen durch Rechtsverordnung, welches Gericht die Aufgaben des zentralen Vollstreckungsgerichts nach Absatz 1 wahrzunehmen hat. ²§ 802 k Abs. 3 Satz 2 und 3 gilt entsprechend. ³Die Führung des Schuldnerverzeichnisses stellt eine Angelegenheit der Justizverwaltung dar.

(3) ¹Das Bundesministerium der Justiz wird ermächtigt, durch Rechtsverordnung mit Zustimmung des Bundesrates die Einzelheiten zu Form und Übermittlung der Eintragungsanordnungen nach § 882 b Abs. 1 und der Entscheidungen nach § 882 d Abs. 3 Satz 2 dieses Gesetzes und § 284 Abs. 10 Satz 2 der Abgabenordnung oder gleichwertigen Regelungen im Sinne von § 882 b Abs. 1 Nr. 2 Halbsatz 2 dieses Gesetzes sowie zum Inhalt des Schuldnerverzeichnisses und zur Ausgestaltung der Einsicht insbesondere durch ein automatisiertes Abrufverfahren zu regeln. ²Die Rechtsverordnung hat geeignete Regelungen zur Sicherung des Datenschutzes und der Datensicherheit vorzusehen. ³Insbesondere ist sicherzustellen, dass die Daten
1. bei der elektronischen Übermittlung an das zentrale Vollstreckungsgericht nach Absatz 1 sowie bei der Weitergabe an eine andere Stelle nach Absatz 2 Satz 2 gegen unbefugte Kenntnisnahme geschützt sind,
2. unversehrt und vollständig wiedergegeben werden,
3. jederzeit ihrem Ursprung nach zugeordnet werden können und
4. nur von registrierten Nutzern nach Angabe des Verwendungszwecks abgerufen werden können, jeder Abrufvorgang protokolliert wird und Nutzer im Fall des missbräuchlichen Datenabrufs oder einer missbräuchlichen Datenverwendung von der Einsichtnahme ausgeschlossen werden können.

[4]Die Daten der Nutzer dürfen nur für die in Satz 3 Nr. 4 genannten Zwecke verwendet werden.

§ 151 GVGA; §§ 1 ff SchuFV [abgedr. bei Rn 6]

Literatur:
Jungbauer, Zentrale Vollstreckungsgerichte und Auskunft aus dem Schuldnerverzeichnis ab 1.1.2013, JurBüro 2012. Siehe auch die Literaturhinweise zu Vor §§ 882 b–882 h.

I. Normzweck

Die Vorschrift regelt nähere Einzelheiten über die **Zuständigkeit und Ausgestaltung des Schuldnerverzeichnisses**. In Abs. 2 S. 3 ordnet das Gesetz zudem an,[1] dass es sich – abweichend von der früheren allgemeinen Meinung in Rechtsprechung[2] und Literatur[3] – bei der Führung des Schuldnerverzeichnisses nicht um einen Akt der Gerichtsbarkeit handelt. 1

Zum **Übergangsrecht** s. Vor §§ 882 b–882 h Rn 5 f.

II. Zuständiges Gericht (Abs. 1, 2)

Die Verwaltung des Schuldnerverzeichnisses obliegt in Abweichung des früheren Rechts nicht mehr dem jeweiligen Vollstreckungsgericht (§ 915 Abs. 1 S. 1 aF), sondern landesweit einem **zentralen Vollstreckungsgericht** (**Abs. 1 S. 1**). Dieses Gericht ist nach § 802 k Abs. 1 S. 1 ebenfalls für die Verwaltung des hinterlegten Vermögensverzeichnisses zuständig (zu den Einzelheiten s. § 802 k Rn 2). Der Inhalt des Schuldnerverzeichnisses kann über eine **zentrale und länderübergreifende Abfrage im Internet** eingesehen werden (**Abs. 1 S. 2**; § 6 SchuFV). Die Einsicht ist jedem gestattet, der ein **berechtigtes Interesse** nach § 882 f S. 1 darlegt (zu den Einzelheiten s. § 882 f Rn 2 ff). 2

Das jeweils landesweit zuständige zentrale Vollstreckungsgericht wird durch Rechtsverordnung von der jeweiligen Landesregierung (**Abs. 2 S. 1**) bzw bei einer entsprechenden Delegierung durch die jeweilige Landesjustizverwaltung (**Abs. 2 S. 2**) bestimmt. Es sind folgende **zentrale Vollstreckungsgericht** bestimmt worden: 3

- Baden-Württemberg: AG Karlsruhe, Schlossplatz 23, 76131 Karlsruhe;
- Bayern: AG Hof, Berliner Platz 1, 95030 Hof;
- Berlin: AG Berlin-Mitte, Littenstraße 12-17, 10179 Berlin;
- Brandenburg: AG Nauen, Paul-Jerchel-Str. 9, 14641 Nauen;
- Bremen: AG Bremerhaven, Nordstraße 10, 27580 Bremerhaven;
- Hamburg: AG Hamburg-Mitte, Sievekingplatz 1, 20355 Hamburg;
- Hessen: AG Hünfeld, Hauptstraße 24, 36088 Hünfeld;
- Mecklenburg-Vorpommern: AG Neubrandenburg, Friedrich-Engels-Ring 16-18, 17033 Neubrandenburg;
- Niedersachsen: AG Goslar, Hoher Weg 9, 38640 Goslar;
- Nordrhein-Westfalen: AG Hagen, Heinitzstraße 42, 58097 Hagen;
- Rheinland-Pfalz: AG Kaiserslautern, Bahnhofstraße 24, 67655 Kaiserslautern;

---

1 BT-Drucks. 16/10069, S. 42 spricht fälschlich von einer „Klarstellung".
2 ZB KG MDR 1971, 309; OLG Hamm NJW 1961, 737.
3 Vgl die Ausführungen und Nachweise in der 1. Aufl. 2010, § 915 Rn 4.

- Saarland: AG Saarbrücken, Franz-Josef-Röder-Straße 13, 66119 Saarbrücken;
- Sachsen: AG Zwickau, Platz der Deutschen Einheit 1, 08056 Zwickau;
- Sachsen-Anhalt: AG Dessau-Roßlau, Willy-Lohmann-Straße 29, 06844 Dessau-Roßlau;
- Schleswig-Holstein: AG Schleswig, Lollfuß 78, 24837 Schleswig;
- Thüringen: AG Meiningen, Lindenallee 15, 98617 Meiningen.

Die Telefon- und Faxnummern sowie die E-Mail-Adressen der zentralen Vollstreckungsgerichte können unter der Adresse **www.vollstreckungsportal.de** aufgerufen werden.

4 Bei der Führung des Schuldnerverzeichnisses handelt es sich um eine **Aufgabe der Justizverwaltung (Abs. 2 S. 3)**, die von der **Geschäftsstelle des zentralen Vollstreckungsgerichts** wahrgenommen wird. Dagegen stellen die Eintragungsanordnung hinsichtlich des einzelnen Schuldners sowie die im Rahmen der Eintragung bzw deren Löschung ergehenden Entscheidungen des Rechtspflegers keine Aufgabe der Justizverwaltung dar, vielmehr handelt es sich um eine Angelegenheit der Gerichtsbarkeit.[4]

III. Verordnungsermächtigung (Abs. 3)

5 Abs. 3 S. 1 ermächtigt das Bundesministerium der Justiz, durch Rechtsverordnung mit Zustimmung des Bundesrates die Einzelheiten zu Form und Übermittlung der Eintragungsanordnungen nach § 882 b Abs. 1 und der Entscheidungen nach § 882 d Abs. 3 S. 2 sowie zum Inhalt des Schuldnerverzeichnisses und zur Ausgestaltung der Einsicht insb. durch ein automatisiertes Abrufverfahren zu regeln. Aufgrund dieser Ermächtigung hat das Bundesministerium der Justiz die Verordnung über die Führung des Schuldnerverzeichnisses (**Schuldnerverzeichnisführungsverordnung – SchuFV**) vom 26.7.2012[5] erlassen, die am 1.1.2013 in Kraft getreten ist. Die Verordnung ist in Rn 6 abgedruckt. Ergänzend haben die Länder eigene Verwaltungsvorschriften bekanntgegeben, so zB die Datenübertragungsregeln für die Datenübermittlung aus dem und zu dem zentralen Vollstreckungsgericht des Landes Nordrhein-Westfalen vom 26.11.2012,[6] die am 1.1.2013 in Kraft getreten ist.

---

[4] Vgl BT-Drucks. 16/13432, S. 46.
[5] BGBl. I S. 1654.
[6] JMBl. NW S. 318.

IV. Anhang: Schuldnerverzeichnisführungsverordnung (SchuFV)

Verordnung über die Führung des Schuldnerverzeichnisses (Schuldnerverzeichnisführungsverordnung – SchuFV)

Vom 26.7.2012 (BGBl. I S. 1654)

zuletzt geändert durch Art. 1 der Verordnung zur Änderung der Schuldnerverzeichnisführungsverordnung vom 27.7.2015 (BGBl. I S. 1412)

Abschnitt 1
Das Schuldnerverzeichnis

§ 1 Inhalt des Schuldnerverzeichnisses

(1) In das Schuldnerverzeichnis werden die in § 882 b Absatz 2 und 3 der Zivilprozessordnung angegebenen Daten eingetragen.

(2) Offenbare Unrichtigkeiten der Bezeichnung des Schuldners in den Eintragungsanordnungen nach § 882 b Absatz 3 Nummer 2 bis 4 der Zivilprozessordnung können bei Eintragung im Schuldnerverzeichnis berichtigt werden. Ist dem zentralen Vollstreckungsgericht bekannt, dass die Eintragungsanordnung fehlerbehaftet ist, berichtigt es den Inhalt der Eintragung von Amts wegen und benachrichtigt den Einsender von der Berichtigung. Im Übrigen nimmt das zentrale Vollstreckungsgericht die Eintragung ohne inhaltliche Überprüfung vor.

Abschnitt 2
Form und Übermittlung von Eintragungsanordnungen und Entscheidungen

§ 2 Übermittlung von Eintragungsanordnungen und Entscheidungen

(1) Die Eintragungsanordnung erfolgt durch die in § 882 b Absatz 1 Nummer 1 bis 3 der Zivilprozessordnung genannten Stellen. Die Eintragungsanordnung ist dem zentralen Vollstreckungsgericht elektronisch zu übermitteln. Die Übermittlung der Daten erfolgt bundesweit einheitlich durch ein geeignetes Transportprotokoll sowie in einheitlich strukturierten Datensätzen.

(2) Bei der Datenübermittlung an das zentrale Vollstreckungsgericht und bei der Weitergabe an eine andere Stelle im Sinne des § 882 h Absatz 2 der Zivilprozessordnung sind geeignete technische und organisatorische Maßnahmen zur Sicherstellung von Datenschutz und Datensicherheit zu treffen, die insbesondere gewährleisten, dass

1. nur Befugte personenbezogene Daten zur Kenntnis nehmen können (Vertraulichkeit),
2. personenbezogene Daten während der Verarbeitung unversehrt, vollständig und aktuell bleiben (Integrität),
3. personenbezogene Daten zeitgerecht zur Verfügung stehen und ordnungsgemäß verarbeitet werden können (Verfügbarkeit),
4. personenbezogene Daten jederzeit ihrem Ursprung zugeordnet werden können (Authentizität),
5. festgestellt werden kann, wer wann welche personenbezogenen Daten in welcher Weise verarbeitet hat (Revisionsfähigkeit), und
6. die Verfahrensweisen bei der Verarbeitung personenbezogener Daten vollständig, aktuell und in einer Weise dokumentiert sind, dass sie in zumutbarer Zeit nachvollzogen werden können (Transparenz).

Werden zur Übermittlung öffentliche Telekommunikationsnetze genutzt, ist ein geeignetes Verschlüsselungsverfahren zu verwenden.

(3) Vor der elektronischen Übermittlung von Eintragungsanordnungen ist durch geeignete technische Maßnahmen zu gewährleisten, dass überprüfbar ist, wer die Daten übermittelt und empfängt.

(4) Absatz 1 Satz 2 und 3 sowie die Absätze 2 und 3 gelten entsprechend für die elektronische Übermittlung von Entscheidungen im Sinne des § 882 h Absatz 3 Satz 1 der Zivilprozessordnung.

§ 3 Vollziehung von Eintragungsanordnungen

(1) Das zentrale Vollstreckungsgericht prüft elektronisch übermittelte Eintragungsanordnungen daraufhin, ob die elektronische Übermittlung die Anforderungen des § 2 Absatz 2 und 3 erfüllt. Das Ergebnis der Prüfung ist zu protokollieren.

(2) Erfüllt die elektronische Übermittlung der Eintragungsanordnung die Anforderungen des § 2 Absatz 2 und 3, trägt das zentrale Vollstreckungsgericht die in § 882 b Absatz 2 und 3 der Zivilprozessordnung angegebenen Daten in das Schuldnerverzeichnis ein. Das zentrale Vollstreckungsgericht informiert den Einsender unverzüglich über die Eintragung.

(3) Erfüllt die elektronische Übermittlung der Eintragungsanordnung die Anforderungen des § 2 Absatz 2 und 3 nicht, trägt das zentrale Vollstreckungsgericht die in § 882 b Absatz 2 und 3 der Zivilprozessordnung angegebenen Daten nicht in das Schuldnerverzeichnis ein und teilt dem Einsender dies unter Angabe der Gründe mit. Der Einsender veranlasst eine erneute elektronische Übermittlung einer Eintragungsanordnung, die den Anforderungen des § 2 Absatz 2 und 3 entspricht.

(4) Die Absätze 1 bis 3 gelten entsprechend für die elektronische Übermittlung von Entscheidungen im Sinne des § 882 h Absatz 3 Satz 1 der Zivilprozessordnung.

§ 4 Löschung von Eintragungen

(1) Das zentrale Vollstreckungsgericht löscht eine Eintragung im Schuldnerverzeichnis nach dem Ablauf von drei Jahren seit dem Tag der Eintragungsanordnung.

(2) Das zentrale Vollstreckungsgericht löscht eine Eintragung im Schuldnerverzeichnis außerdem, wenn

1. die vollständige Befriedigung des Gläubigers nachgewiesen ist,
2. das Fehlen oder der Wegfall des Eintragungsgrundes bekannt ist oder
3. die Ausfertigung einer vollstreckbaren Entscheidung vorgelegt wird, aus der sich ergibt, dass die Eintragungsanordnung aufgehoben oder einstweilen ausgesetzt ist.

Abschnitt 3
Einsicht in das Schuldnerverzeichnis

§ 5 Einsichtsberechtigung

(1) Einsichtsberechtigt ist jeder, der darlegt, Angaben nach § 882 b der Zivilprozessordnung zu benötigen

1. für Zwecke der Zwangsvollstreckung;
2. um gesetzliche Pflichten zur Prüfung der wirtschaftlichen Zuverlässigkeit zu erfüllen;
3. um Voraussetzungen für die Gewährung von öffentlichen Leistungen zu prüfen;
4. um wirtschaftliche Nachteile abzuwenden, die daraus entstehen können, dass Schuldner ihren Zahlungsverpflichtungen nicht nachkommen;

5. für Zwecke der Strafverfolgung und der Strafvollstreckung oder

6. zur Auskunft über ihn selbst betreffende Eintragungen.

§ 6 Einsichtnahme

(1) Die Einsichtnahme in das Schuldnerverzeichnis erfolgt über ein zentrales und länderübergreifendes elektronisches Informations- und Kommunikationssystem der Länder im Internet.

(2) Die Einsichtnahme in das Schuldnerverzeichnis wird nur registrierten Nutzern gewährt. Die jeweilige Einsichtnahme ist erst nach Darlegung des Verwendungszwecks nach § 5 Nummer 1 bis 6 zu ermöglichen.

(3) Bei jeder Einsichtnahme ist der Abrufvorgang so zu protokollieren, dass feststellbar ist, ob das Datenverarbeitungssystem befugt genutzt worden ist. Zu protokollieren sind:

1. die zur Abfrage verwendeten Daten nach Absatz 2 Satz 2,

2. das Datum und die Uhrzeit der Einsichtnahme,

3. die Identität der abfragenden Person,

4. welche Datensätze nach § 3 Absatz 2 betroffen sind.

Die protokollierten Daten nach Satz 2 dürfen nur zu Datenschutzzwecken, für gerichtliche Verfahren oder Strafverfahren verwendet werden.

(4) Die gespeicherten Abrufprotokolle werden nach sechs Monaten gelöscht. Ausgenommen von der Löschung nach sechs Monaten sind gespeicherte Daten, die in einem eingeleiteten Verfahren zur Datenschutzkontrolle, einem gerichtlichen Verfahren oder Strafverfahren benötigt werden. Diese Daten sind nach dem endgültigen Abschluss dieser Verfahren zu löschen.

§ 7 Registrierung

(1) Die Identifikation der Nutzungsberechtigten ist durch geeignete Registrierungsverfahren sicherzustellen. Sie erfolgt durch das für den Wohnsitz oder Sitz des Einsichtsberechtigten zuständige zentrale Vollstreckungsgericht oder über die nach § 802 k Absatz 3 Satz 3 in Verbindung mit § 882 h Absatz 2 der Zivilprozessordnung beauftragte Stelle. Hat ein Nutzungsberechtigter im Inland keinen Wohnsitz oder Sitz, erfolgt die Registrierung durch ein zentrales Vollstreckungsgericht nach Wahl des Nutzungsberechtigten. Juristische Personen werden zusammen mit den für sie handelnden natürlichen Personen registriert. Bei der Registrierung von natürlichen Personen nach Satz 4 ist das Identifikationsmerkmal der juristischen Person zu ergänzen. Behörden und Gerichte können gesondert registriert werden.

(2) Das elektronische Registrierungsverfahren hat insbesondere die Identifikationsmöglichkeit durch Angabe und Überprüfung der Personendaten mittels elektronischen Identitätsnachweises nach § 18 des Personalausweisgesetzes bereitzustellen.

(3) Die Registrierung erfolgt nur, wenn der Nutzungsberechtigte zuvor sein Einverständnis erklärt hat, dass sämtliche Abrufvorgänge gemäß § 6 Absatz 3 gespeichert und verwendet werden dürfen. Satz 1 gilt nicht für Behörden und Gerichte. Die Registrierung ist abgeschlossen, wenn das zentrale Vollstreckungsgericht dem Nutzungsberechtigten die Zugangsdaten für das zentrale und länderübergreifende elektronische Informations- und Kommunikationssystem nach § 6 Absatz 1 übermittelt.

(4) Das Registrierungsverfahren für die nach § 5 Nutzungsberechtigten kann über ein zentrales und länderübergreifendes elektronisches Informations- und Kommunikationssystem im Internet oder ein anderes System, das die Identifikation des Nutzungsberechtigten sicherstellt, erfolgen. Die zentralen Vollstreckungsgerichte veröffentlichen, unter welcher elektronischen Adresse das zentrale länderübergreifende elektronische Informations- und Kommunikationssystem zur Verfügung steht.

(5) Ist es dem Nutzungsberechtigten nicht möglich, ein elektronisches Registrierungsverfahren nach Absatz 4 zu nutzen, kann die Registrierung durch ein geeignetes nichtelektronisches Registrierungsverfahren bei dem zuständigen zentralen Vollstreckungsgericht erfolgen.

§ 8 Abfragedatenübermittlung

(1) Bei der Einsichtnahme in das Schuldnerverzeichnis erfolgt die elektronische Übermittlung der Daten bundesweit einheitlich durch ein geeignetes Transportprotokoll sowie in einheitlich strukturierten Datensätzen. Bei der elektronischen Übermittlung sind durch geeignete technische und organisatorische Maßnahmen der Datenschutz und die Datensicherheit zu gewährleisten. § 2 Absatz 2 und 3 gilt entsprechend.

(2) Eine Übermittlung von Daten an den Nutzer erfolgt, wenn dieser mindestens folgende Suchkriterien angibt:

1. den Namen und Vornamen des Schuldners oder die Firma des Schuldners und

2. den Wohnsitz des Schuldners oder den Ort, an dem der Schuldner seinen Sitz hat.

Vorbehaltlich der Absätze 3 und 4 wird nicht mehr als ein Datensatz übermittelt. Der Datensatz enthält die in § 882 b Absatz 2 und 3 der Zivilprozessordnung angegebenen personenbezogenen Daten des Schuldners.

(3) Sind zu einer Abfrage gemäß Absatz 2 mehrere Datensätze vorhanden, hat der Nutzer zusätzlich das Geburtsdatum des Schuldners einzugeben. Sind dann weiterhin mehrere Treffer vorhanden, sind diese gemeinsam zu übermitteln (übermittelter Datensatz).

(4) Kann der Nutzer abweichend von der Abfrage gemäß den Absätzen 2 und 3 Familiennamen, Vornamen und Geburtsdatum des Schuldners sofort angeben, werden ihm sämtliche zu einem Schuldner vorhandene Datensätze übermittelt. Das Gleiche gilt, wenn der Schuldner keine natürliche Person ist und bei der Abfrage Name oder Firma und Sitz des Schuldners angegeben werden.

(5) Die Absätze 2 bis 4 sind nicht anzuwenden auf die Einsichtnahme in das Schuldnerverzeichnis durch Gerichte und Behörden aus den Mitgliedstaaten der Europäischen Union.

§ 9 Informationsverwendung

(1) Die Daten aus der Einsichtnahme in das Schuldnerverzeichnis dürfen nur zu dem Zweck verwendet werden, für den sie übermittelt werden. Die Zweckbestimmung richtet sich nach § 5 in Verbindung mit § 6 Absatz 2 Satz 2.

(2) Die Daten aus der Einsichtnahme in das Schuldnerverzeichnis sind zu löschen, sobald der Zweck erreicht wurde. Nichtöffentliche Stellen sind darauf bei der Übermittlung hinzuweisen.

§ 10 Ausschluss von der Einsichtnahme

(1) Ein nach § 7 registrierter Nutzer kann bei missbräuchlicher Datenverwendung oder missbräuchlichen Datenabrufen von der Einsichtnahme in das Schuldnerverzeichnis ganz oder bis zu drei Jahre ausgeschlossen werden.

(2) Handelt es sich bei dem nach § 7 registrierten Nutzer um eine juristische Person, für die nach § 7 Absatz 1 Satz 4 und 5 mehrere natürliche Personen registriert sind, können bei missbräuchlicher Datenverwendung oder missbräuchlichen Datenabrufen alle nach § 7 Absatz 1 Satz 4 und 5 für die juristische Person handelnden Personen von der Einsichtnahme in das Schuldnerportal ganz oder bis zu drei Jahre ausgeschlossen werden.

(3) Auf den Ausschluss von der Einsichtnahme sind § 49 Absatz 2, 3 und 6 Satz 1 und 2 sowie § 48 Absatz 1, 3 und 4 des Verwaltungsverfahrensgesetzes entsprechend anzuwenden.

(4) Mit dem Ausschluss von der Einsichtnahme bestimmt die zuständige Stelle den Zeitraum, für den der Nutzer keine neue Registrierung erhalten kann. Zuständig für die Entscheidung ist die Stelle, die die Registrierung nach § 7 vorgenommen hat. Die Entscheidung ist dem ehemaligen Inhaber der Registrierung mit Rechtsmittelbelehrung zuzustellen. Die zuständige Stelle veranlasst die Sperrung der nach § 7 Absatz 3 Satz 3 übermittelten Zugangsdaten.

(5) Die Sperrfrist für eine erneute Registrierung des Nutzers nach Absatz 4 Satz 1 darf zur Registrierungsverwaltung nach den §§ 6 und 7 gespeichert und an andere zentrale Vollstreckungsgerichte übermittelt werden. Die gespeicherten Daten sind mit dem Ablauf der Sperrfrist zu löschen.

§ 11 Zugang zur Einsicht In das Schuldnerverzeichnis

(1) Die Landesregierungen stellen sicher, dass nach § 5 Einsichtsberechtigte eine Registrierung nach § 7 Absatz 5 bei jedem Amtsgericht veranlassen können.

(2) Die Landesregierungen ermöglichen durch geeignete technische und organisatorische Maßnahmen, dass registrierte Nutzer in jedem Amtsgericht Einsicht in das elektronische Schuldnerverzeichnis nehmen können. Die Einsichtsberechtigten können verlangen, dass ihnen ein Ausdruck ihrer Datenabfrage überlassen wird.

Abschnitt 4
Schlussvorschriften

§ 12 Rechtsweg

Auf Entscheidungen des zentralen Vollstreckungsgerichts sind, soweit es sich um Angelegenheiten der Justizverwaltungen im Sinne des § 882 h Absatz 2 Satz 3 der Zivilprozessordnung handelt, die §§ 23 bis 30 des Einführungsgesetzes zum Gerichtsverfassungsgesetz anzuwenden.

§ 12 a Evaluierung

Die in § 8 Absatz 2 bis 4 festgesetzten Suchkriterien zur Übermittlung von Datensätzen sind drei Jahre nach dem 1. Oktober 2015 durch das Bundesministerium der Justiz und für Verbraucherschutz im Zusammenwirken mit den Landesjustizverwaltungen sowie der Bundesbeauftragten für den Datenschutz und die Informationsfreiheit zu überprüfen.

§ 13 Inkrafttreten, Außerkrafttreten

(1) Diese Verordnung tritt am 1. Januar 2013 in Kraft.

(2) Die Schuldnerverzeichnisverordnung vom 15. Dezember 1994 (BGBl. I S. 3822), die zuletzt durch Artikel 3 des Gesetzes vom 13. Dezember 2001 (BGBl. I S. 3638) geändert worden ist, tritt am 31. Dezember 2017 außer Kraft.

Abschnitt 3
Zwangsvollstreckung zur Erwirkung der Herausgabe von Sachen und zur Erwirkung von Handlungen oder Unterlassungen

§ 883 Herausgabe bestimmter beweglicher Sachen

(1) Hat der Schuldner eine bewegliche Sache oder eine Menge bestimmter beweglicher Sachen herauszugeben, so sind sie von dem Gerichtsvollzieher ihm wegzunehmen und dem Gläubiger zu übergeben.

(2) ¹Wird die herauszugebende Sache nicht vorgefunden, so ist der Schuldner verpflichtet, auf Antrag des Gläubigers zu Protokoll an Eides statt zu versichern, dass er die Sache nicht besitze, auch nicht wisse, wo die Sache sich befinde. ²Der gemäß § 802 e zuständige Gerichtsvollzieher lädt den Schuldner zur Abgabe der eidesstattlichen Versicherung. ³Die Vorschriften der §§ 478 bis 480, 483, 802 f Abs. 4, §§ 802 g bis 802 i und 802 j Abs. 1 und 2 gelten entsprechend.

(3) Das Gericht kann eine der Sachlage entsprechende Änderung der eidesstattlichen Versicherung beschließen.

§§ 30, 67, 127, 144 GVGA; § 22 GVO

I. Allgemeines ... 1	c) Wegnahme ... 24
II. Voraussetzungen (Abs. 1) ... 4	d) Übergabe ... 25
1. Herausgabetitel ... 4	e) Vollstreckung von weiteren Handlungen ... 27
a) Titelinhalt ... 4	aa) Zur Herausgabe notwendige Handlungen ... 28
b) Titelauslegung ... 5	bb) Sachbezogene Handlungsverpflichtungen ... 31
c) Bezeichnung der Sache im Titel ... 6	(1) Herausgabe einer noch herzustellenden Sache ... 32
d) Weitere Titel ... 8	(a) Erfüllte Handlungspflichten ... 33
2. Herausgabegegenstand ... 9	(b) Noch nicht erfüllte Handlungspflichten ... 34
a) Sachbegriff ... 9	(2) Herausgabe zur Einsicht ... 36
b) Herausgabe bei Gattungs- und Wahlschulden ... 10	2. Wirkung der Herausgabe ... 37
c) Herausgabe bei unbeschränkter Gattungsschuld ... 12	3. Herausgabe und Pfändung ... 39
d) Herausgabe von Software ... 14	IV. Eidesstattliche Versicherung (Abs. 2) ... 40
e) Herausgabe von Personen und deren Sachen ... 16	V. Änderung der eidesstattlichen Versicherung (Abs. 3) ... 45
III. Herausgabe ... 17	VI. Rechtsbehelfe ... 46
1. Vollzug der Herausgabe ... 17	VII. Kosten ... 47
a) Verfahren ... 17	1. Rechtsanwaltsgebühren ... 47
aa) Zuständigkeit ... 17	2. Gerichtsvollzieherkosten ... 48
bb) Vollstreckungsvoraussetzungen ... 18	
cc) Wohnungsdurchsuchung ... 20	
dd) Pfändungsschutz ... 22	
b) Herausgabe der Sache ... 23	

I. Allgemeines

1 Die Vorschrift regelt die Verwirklichung eines Titels, der auf **Herausgabe** einer **beweglichen** Sache gerichtet ist. Der Gläubiger soll sein Leistungsinteresse auf

eine vom Schuldner geschuldete bestimmte oder zumindest bestimmbare Sache **befriedigen** können. Die Herausgabe unbeweglicher Sachen (Grundstücke) wird nach § 885 vollstreckt.

Wenn die herauszugebende Sache beim Schuldner nicht vorgefunden wird, kann ihr Verbleib nach Abs. 2 durch Abgabe der **Offenbarungsversicherung** geklärt werden, damit der Gläubiger entweder **Zugriff** auf die Sache erhält oder sich für die Geltendmachung von **Ersatzansprüchen** entscheiden kann. Zur Neuregelung (Einfügung des Abs. 2 S. 2, 3; Abschaffung des Abs. 4) aufgrund des Gesetzes zur Reform der Sachaufklärung in der Zwangsvollstreckung vom 29.7.2009[1] s. Rn 40. Das **Übergangsrecht** betreffend Abs. 2 richtet sich nach § 39 Nr. 1 EGZPO (s. dazu Vor §§ 802 a–802 l Rn 9 ff). 2

Die Vorschrift ist ohne Einschränkung anwendbar, wenn die Herausgabe gegenüber einer **juristischen Person des öffentlichen Rechts** vollstreckt werden soll.[2] 3

II. Voraussetzungen (Abs. 1)

1. Herausgabetitel. a) Titelinhalt. Die Vorschrift ist anwendbar, wenn ein Titel auf die **Herausgabe** einer beweglichen Sache oder einer Menge bestimmter beweglicher Sachen vollstreckt werden soll. Die Vorschrift gilt auch für Titel, die auf Herausgabe einer Sache **an einen Dritten** (etwa an einen Sequester, s. § 938 Rn 14) oder **auf Hinterlegung** lauten. 4

b) Titelauslegung. Das Vollstreckungsgericht hat in **eigener Zuständigkeit** zu prüfen, nach welchen Bestimmungen die Zwangsvollstreckung durchzuführen ist.[3] Maßgebend ist allein der sachliche Inhalt der dem Schuldner auferlegten Verpflichtung. Ob Herausgabe geschuldet ist, richtet sich nicht primär nach dem Wortlaut des Titels, sondern danach, ob sich aus dem (titulierten) **Anspruchsinhalt** ggf durch **Auslegung** eine Herausgabepflicht des Schuldners ergibt. Daher ist auch nicht allein entscheidend, dass dem Schuldner bereits im Titel ein Ordnungsmittel iSd § 890 Abs. 2 angedroht wurde.[4] Die Gegenauffassung[5] übersieht, dass sich die Bindungswirkung des § 318 nur auf den die Sache entscheidenden Tenor bezieht, nicht auf Vollstreckungsmaßnahmen. Die Androhung ist nicht Teil des Vollstreckungstitels, sondern Teil der Vollstreckung.[6] 5

c) Bezeichnung der Sache im Titel. Die herauszugebende Sache muss im Titel so bezeichnet werden, dass sie von anderen Sachen **unterschieden** werden kann. Andernfalls ist der Titel nicht vollstreckungsfähig. Maßgebend ist – auch im Beschwerdeverfahren – stets die Sichtweise des **Gerichtsvollziehers**. Er kann zur Herausgabevollstreckung in schwierigen Fällen auch die Hilfe eines Sachverständigen in Anspruch nehmen, dessen Kosten ggf nach § 788 dem Schuldner zur Last fallen.[7] 6

Besondere Probleme bestehen bei der Herausgabe von **Sachgesamtheiten** (zB „Bibliothek"). Der Titel muss ihren Umfang eindeutig begrenzen. Soweit danach **Zweifel** bestehen, darf der Gerichtsvollzieher die Wegnahme **ablehnen**. Er kann sie allerdings dennoch wegnehmen und ist dann zur **Aufbewahrung** der weggenommenen Sache bis zur Entscheidung des Erinnerungsgerichts befugt. 7

d) Weitere Titel. Der **Eröffnungsbeschluss** im Insolvenzverfahren ist Vollstreckungstitel auf Herausgabe (§ 148 Abs. 2 S. 1 InsO). Wenn der Insolvenzverwal- 8

---

1 BGBl. I S. 2258.
2 Schuschke/Walker/*Walker*, Vor §§ 883–898 Rn 3.
3 OLG Hamm NJW 1974, 653.
4 OLG Hamm NJW 1974, 653.
5 AG Aachen DGVZ 1979, 95.
6 So zur Androhung bei § 888 OLG Köln FamRZ 1983, 1231.
7 Schuschke/Walker/*Walker*, § 883 Rn 7.

ter aus diesem Beschluss gegen den Gemeinschuldner die Herausgabe von Gegenständen vollstrecken will, so genügt es, wenn er den Besitz des Schuldners hinsichtlich der herauszugebenden Gegenstände gegenüber dem Gerichtsvollzieher behauptet.[8] Einer Bezeichnung der Gegenstände wie in einem Titel bedarf es in diesem Fall also nicht. Der Beschluss über die Anordnung der **Zwangsverwaltung** nach § 150 Abs. 2 ZVG stellt zusammen mit der Ermächtigung des Zwangsverwalters zur Besitzergreifung gleichfalls einen Vollstreckungstitel dar, aufgrund dessen wegen dieses Anspruchs nach § 883 vollstreckt werden kann[9] (zur Notwendigkeit einer gesonderten richterlichen Durchsuchungsanordnung s. Rn 20). Auch die nach **Pfändung** bestehende Herausgabeverpflichtung des Hypothekenbriefs nach § 830 bzw Verpflichtung zur Herausgabe von Urkunden nach § 836 Abs. 3 S. 3 wird nach § 883 vollstreckt (s. § 830 Rn 15, § 836 Rn 18).

9 **2. Herausgabegegenstand. a) Sachbegriff.** Gegenstand der Herausgabevollstreckung ist zunächst eine bestimmte, **existierende** (zur Herausgabe noch herzustellender Sachen s. Rn 31 ff) bewegliche Sache (**Abs. 1 Alt. 1**), die sich im Gewahrsam des Schuldners befindet. Bei den **beweglichen Sachen** kann es sich um eine bestimmte Menge vertretbarer (§ 884) und um unvertretbare Sachen handeln, gleichfalls um **Sachgesamtheiten** (zur Bestimmtheit s. Rn 6) sowie um solche, die zur Herausgabe erst **beweglich gemacht** werden. Befindet sich die Sache im EU-**Ausland**, ist § 883 gleichfalls anwendbar.[10] Auch **Geld** kann Gegenstand einer Herausgabevollstreckung nach § 883 sein.[11] Die Herausgabe von **Dokumenten** richtet sich, soweit keine Sonderregelungen eingreifen (insb. nach dem FamFG), gleichfalls nach § 883.[12]

10 **b) Herausgabe bei Gattungs- und Wahlschulden.** Die Vorschrift des **Abs. 1 Alt. 2** regelt die Vollstreckung eines Titels, der auf Herausgabe einer Menge **aus einer Gesamtheit** bestimmter beweglicher Sachen (beschränkte Gattungsschuld, „**Vorratsschuld**") gerichtet ist. Bei der **beschränkten Gattungsschuld** wird eine Anzahl von Stücken oder eine nach Gewicht oder anderweitig zu bestimmende Menge aus einem näher bezeichneten, vorhandenen oder erwarteten **Vorrat** geschuldet (zB eine Anzahl gleichwertiger Gegenstände aus einem Lager des Schuldners). Bei der Herausgabe im Falle einer beschränkten Gattungsschuld ist es ohne Bedeutung, ob es sich um **vertretbare** oder **unvertretbare** Sachen iSd § 91 BGB handelt.

11 Die Vorschrift ist auch bei der Vollstreckung der **Wahlschuld** (§ 262 BGB) anwendbar. Steht dem Gläubiger die Wahl zu, kann er Herausgabe der von ihm bestimmten Sache verlangen. Steht dem Schuldner die Wahl zu und übt er sie vor Beginn der Zwangsvollstreckung nicht aus, so steht es dem Gläubiger frei, in welche Sachen er vollstreckt.

12 **c) Herausgabe bei unbeschränkter Gattungsschuld.** Die Vollstreckung auf Leistung einer bestimmten Menge **vertretbarer Sachen** wird nach § 884 vollstreckt.

13 Bei der Vollstreckung von Gattungsschulden über **unvertretbare Sachen** (zB nach Sorte, Lage und Jahrgang bestimmter Qualitätswein) soll der Gläubiger nach hM[13] nur nach § 893 (Klage auf Leistung des Interesses) vorgehen können. Die angeführten und meist auf den Willen des historischen Gesetzgebers abstellenden Argumente überzeugen nicht ohne weiteres, weil maßgebend nach §§ 883, 884

---

8 Schuschke/Walker/*Walker*, § 883 Rn 7.
9 BGH MDR 2005, 1012, 1013.
10 OLG Celle OLGR 1995, 77, 78.
11 Barkaution: BGH MDR 2005, 1012 f; BGH NJW 2008, 1598.
12 LAG Rheinland-Pfalz JurBüro 2010, 51 (Verpflichtung zur Herausgabe eines Sozialversicherungsausweises); LG Wiesbaden DGVZ 2011, 70, 71 (Herausgabe von Wertpapieren).
13 *Schilken*, DGVZ 1988, 49, 51 f; Zöller/*Stöber*, § 883 Rn 3; Musielak/Voit/*Lackmann*, § 883 Rn 3; Stein/Jonas/*Brehm*, § 884 Rn 4.

nur der Gewahrsam des Schuldners an den im Titel genannten Gegenständen ist. Auch die Herausgabe vertretbarer Sachen nach § 884 setzt voraus, dass der Schuldner im Besitz dieser vertretbaren Sachen ist, was vom Gerichtsvollzieher überprüft werden muss. Dass der Gerichtsvollzieher bei der Gattungsschuld vertretbarer Sachen aus einem Vorrat eigenständig Gegenstände mittlerer Art und Güte soll aussuchen dürfen, er bei unvertretbaren Sachen einer Gattungsschuld hingegen überfordert sein soll,[14] überzeugt nicht.

d) Herausgabe von Software. Bei der Herausgabeverpflichtung von Software ist 14 § 883 analog dahingehend anzuwenden, dass der **Datenträger** herauszugeben ist. Dabei ist der Datenträger zu **individualisieren**, nicht der Inhalt des Datenträgers. Andernfalls ist die Herausgabeklage wegen fehlender Bestimmtheit unzulässig, ein Titel wäre nicht vollstreckbar.[15] Die Verurteilung zur Herausgabe von Software-Kopien ist nicht vollstreckungsfähig. Vielmehr müssen die Kopien identifizierbar beschrieben werden.[16]

Der Anspruch auf **Herstellung** einer Kopie und (und ggf Löschung des Originals) 15 ist nach § 887 zu vollstrecken.[17] Die Gegenansicht, welche § 883 analog anwendet,[18] überzeugt nicht, weil der Inhalt des Datenträgers nicht sichtbar ist und bei der Vollstreckung nach § 883 keine Rechtsgrundlage dafür besteht, dass der Schuldner den Datenträger zur Verfügung zu stellen oder den Inhalt des Datenträgers aufzurufen hat.

e) Herausgabe von Personen und deren Sachen. Die Herausgabe von **Personen**, 16 insb. von Kindern, wird nach §§ 89 Abs. 1, 90, 94, 95 FamFG vollstreckt. Über § 95 Abs. 1 Nr. 2, Abs. 2 FamFG iVm § 883 wird dem Gericht durch einen nach § 86 Abs. 1 Nr. 1 FamFG vollstreckbaren Beschluss die Möglichkeit eröffnet, unmittelbar die Herausgabe der zum **persönlichen** Gebrauch des Kindes bestimmten **Sachen** anzuordnen.

III. Herausgabe

1. Vollzug der Herausgabe. a) Verfahren. aa) Zuständigkeit. Die Herausgabe 17 wird durch den **Gerichtsvollzieher** als funktionell zuständigem Vollstreckungsorgan durchgeführt. Örtlich zuständig ist der Gerichtsvollzieher des Bezirks, in dem die **Herausgabehandlung** erfolgen muss. Gemäß § 753 Abs. 2 S. 1 kann der Gläubiger wegen der Erteilung des Auftrags zur Zwangsvollstreckung die Mitwirkung der Geschäftsstelle in Anspruch nehmen. Der Gläubiger kann also die Geschäftsstelle des Amtsgerichts in ihrer Eigenschaft als „**Gerichtsvollzieherverteilungsstelle**" zur Auftragserteilung in Anspruch nehmen.

bb) Vollstreckungsvoraussetzungen. Der Gerichtsvollzieher wird nur auf (auch 18 formlos möglichen) **Antrag** des Gläubigers tätig, der ihm eine vollstreckbare Ausfertigung des Titels (§ 754) sowie die nach § 169 Abs. 1 erteilte Zustellbescheinigung beifügen muss (§ 750), solange die vorherige Zustellung nicht entbehrlich ist oder gleichzeitig erfolgt (§ 750 Abs. 1 S. 1 Alt. 2). Auch wenn es im letztgenannten Fall ausreichend ist, den Titel gleichzeitig mit Vollstreckungsbeginn zuzustellen, sollte der Gläubiger darauf achten, dass dem Schuldner regelmäßig eine angemessene Frist zur freiwilligen Leistung einzuräumen ist, andernfalls die Vollstreckungskosten nicht als „notwendig" iSd § 788 Abs. 1 S. 1 anerkannt werden (s. § 788 Rn 13). Die **Wartefrist** richtet sich nach den Umständen des Einzel-

---

14 *Schilken*, DGVZ 1988, 49, 52.
15 LG Düsseldorf CR 1995, 220 f.
16 AG Offenbach NJW-RR 1989, 445 f; LG Düsseldorf CR 1995, 220 f.
17 Zöller/*Stöber*, § 887 Rn 2.
18 Stein/Jonas/*Brehm*, § 883 Rn 11.

falls.[19] In der Regel reichen zwei Wochen aus (Rechtsgedanke des § 798). Für den **Beginn** der Wartefrist ist die Zustellung einer vollstreckbaren Ausfertigung nicht erforderlich.[20]

19 Der **Antrag** ist auf **Durchführung** der Herausgabe zu richten, der zweckmäßigerweise Hinweise auf Aufbewahrungsort und Transporthindernisse enthalten sollte. Er kann zudem mit dem nach Abs. 2 erforderlichen Antrag auf Abgabe der eidesstattlichen Versicherung **verbunden** werden (s. Rn 40). Gleichzeitig kann unter Beifügung des Kostenfestsetzungsbeschlusses beantragt werden, titulierte Kosten sowie die von § 788 erfassten Kosten der Zwangsvollstreckung (s. Rn 47 ff) zu vollstrecken.

20 cc) **Wohnungsdurchsuchung.** Muss der Gerichtsvollzieher die **Wohnung** des Schuldners betreten, um die Sache **wegzunehmen**, so ist ein **richterlicher Beschluss** nach § 758 a notwendig. Streitig ist, ob ein solcher Beschluss auch dann notwendig ist, wenn sich **bereits** aus einem zu vollstreckenden richterlichen **Titel** die **Notwendigkeit** ergibt, die Räume des Schuldners zu betreten und der Standort der wegzunehmenden Sache infolge fester Installation (insb. **Gas- und Stromzähler**) unveränderlich ist.[21] Dies ist zu verneinen. Gegen die Notwendigkeit eines Beschlusses spricht, dass § 758 a nur für Durchsuchungen gilt. Eine Durchsuchung liegt dann vor, wenn ein Betreten der ziel- und zweckgerichteten Suche nach Personen oder Sachen oder zur Ermittlung eines nicht bereits offenkundigen Sachverhalts, dh dem Aufspüren dessen dient, was der Wohnungsinhaber von sich aus nicht herausgeben oder offenlegen will.[22] Der **Zutritt** zu einer Wohnung, um die Gasversorgung zu sperren, stellt nach Auffassung des BGH keine Durchsuchung iSd Art. 13 Abs. 2 GG, §§ 758, 758 a dar.[23] Nichts anderes kann gelten, wenn zur Sperrung die Wegnahme einer fest installierten Sache gehört. Auch ist dem Richtervorbehalt nach Art. 13 Abs. 2 GG unter den oben genannten Voraussetzungen eines ermächtigenden Titels Genüge getan. Der Beschluss über die Anordnung der **Zwangsverwaltung** mit der darin enthaltenen **Ermächtigung** des Zwangsverwalters nach § 150 Abs. 2 ZVG, sich den Besitz an dem Verwaltungsobjekt zu verschaffen, ist Vollstreckungstitel (s. Rn 8) und reicht als solcher aus, den Schuldner mit Hilfe des Gerichtsvollziehers ohne gesonderte richterliche Durchsuchungsanordnung aus dem Besitz zu setzen und den Zwangsverwalter in den Besitz einzusetzen; dies sogar dann, wenn es sich um Wohnräume des Schuldners handelt (s. § 150 ZVG Rn 25).[24]

21 Zum **Betreten** der Wohnung ist der **Gerichtsvollzieher** berechtigt. Der Durchsuchungsbeschluss nach § 758 a bewirkt **kein Anwesenheitsrecht des Gläubigers** bei der Durchsuchung. Ob der Gläubiger gem. § 759 als Zeuge hinzugezogen werden darf, ist streitig. Als Zeugen sollen idR unbeteiligte Personen ausgewählt werden (s. § 759 Rn 3).

22 dd) **Pfändungsschutz.** Da der Gläubiger sein Leistungsinteresse auf eine vom Schuldner geschuldete bestimmte oder zumindest bestimmbare Sache befriedigen können soll (s. Rn 1), greifen die zugunsten des Schuldners bestehenden **Pfändungsschutzvorschriften** (§§ 811 f) nicht ein.

---

19 BGH NJW-RR 2003, 1581; BGH FamRZ 2004, 101.
20 BGH NJW-RR 2003, 1581.
21 Dafür bei Demontage eines Stromzählers: LG Chemnitz DGVZ 2005, 170; LG München I DGVZ 2011, 18, 19. Dagegen: MüKo-ZPO/*Heßler*, § 758 a Rn 46; LG Potsdam und LG Dessau DGVZ 2006, 59 f.
22 BVerfGE 51, 97, 106 f; BVerfGE NJW 2000, 943, 944.
23 BGH NJW 2006, 3352, 3353.
24 BGH NJW-RR 2011, 1095 = MDR 2011, 631; anders die Vorinstanz LG Bonn ZMR 2011, 637 f.

b) Herausgabe der Sache. Herausgabe bedeutet körperliche Übergabe. Der 23
Schuldner oder ein zur Herausgabe bereiter Dritter muss die Sache in Gewahrsam haben. Hat ein **Dritter** (Mit-)Gewahrsam und ist er zur Herausgabe nicht bereit, kann der Gläubiger nur nach § 886 vollstrecken. Etwas anderes gilt gem. § 739 bei Gewahrsam von Ehe- oder Lebenspartnern. Dort gilt unter den Voraussetzungen des § 1362 BGB bzw § 8 Abs. 1 LPartG nur der Schuldner als Gewahrsamsinhaber und Besitzer.

c) Wegnahme. Durch die Wegnahme geht der **Gewahrsam** auf den Gerichtsvollzieher über. Sie bewirkt staatliche **Beschlagnahme** nach § 136 Abs. 1 StGB. Der Wegnahme steht die freiwillige Übergabe durch den Schuldner an den Gerichtsvollzieher gleich. 24

d) Übergabe. Der Gerichtsvollzieher hat die Sache nach der Wegnahme dem 25
Gläubiger zu **übergeben**. Solange sich aus dem Titel nichts anderes ergibt, ist **Ort** der Übergabe derjenige, an dem sich die Sache befindet.[25] Der Gerichtsvollzieher hat dem Gläubiger Zeit und Ort der beabsichtigten Vollstreckung mitzuteilen, um ihm die **Empfangnahme** zu ermöglichen (§ 127 Abs. 2 S. 3 GVGA). Erscheint der Gläubiger nicht, ist die Versendung der Sache gleichwohl Amtspflicht des Gerichtsvollziehers, der nach § 4 Abs. 1 GvKostG vom Gläubiger für die Versendungskosten einen Vorschuss verlangen kann.

Die Zwangsvollstreckung aus einem Titel, der auf Herausgabe einer beweglichen 26
Sache gerichtet ist, hat grds. auch dann nach § 883 und nicht nach § 888 zu erfolgen, wenn nach dem Tenor des Urteils der Schuldner die Sache dem **Gläubiger** an dessen **Wohnsitz** zu übergeben hat.[26] Dagegen wird eingewandt, die Überführung der Sache könne wegen § 887 Abs. 3 nicht vollstreckt werden. Mit der Wegnahme sei die Vollstreckung für den Schuldner nach § 883 abgeschlossen.[27] Gegen diese Auffassung spricht, dass § 883 dem Gerichtsvollzieher die Aufgabe zuweist, die Sache dem Gläubiger zu übergeben. Die Übergabe gehört damit noch zur Vollstreckung. Versandkosten sind gem. § 788 Abs. 1 vom Schuldner zu tragen, wenn nach dem Titel die Übergabe am Sitz des Gläubigers erfolgen soll (s. Rn 28 f). Ist der Gerichtsvollzieher befugt, die Sache auf Kosten des Schuldners an den Gläubiger zu versenden, ist kein Grund ersichtlich, warum er den Transport nicht selbst durchführen darf.

e) Vollstreckung von weiteren Handlungen. Eine erfolgreiche Herausgabe erfordert häufig **weitere Handlungen** des Schuldners oder Gerichtsvollziehers. 27

aa) Zur Herausgabe notwendige Handlungen. Unselbständige Handlungen, die 28
im Zusammenhang mit der Herausgabe stehen und ohne besondere Schwierigkeiten durchgeführt werden können, sind vom Gerichtsvollzieher auch dann vorzunehmen, wenn sie im Titel nicht ausdrücklich aufgeführt sind (insb. leichter **Ausbau, Verpackung, Versendung** an den Gläubiger, § 127 Abs. 2 GVGA). Die Kosten trägt der Schuldner allerdings nur dann nach § 788 Abs. 1, wenn sich die Verpflichtung des Schuldners zu diesen Leistungen aus dem Titel ergibt.[28]

Darüber hinausgehende Handlungen kann der Gerichtsvollzieher nur durchführen, wenn sich dem **Titel** eine solche Verpflichtung entnehmen lässt.[29] Die **Abgrenzung** erfolgt danach, ob die Handlung noch der Gewahrsamsübertragung oder einem darüber hinausgehenden Erfolg dient. Leicht vorzunehmende Handlungen werden idR von § 883 mit erfasst. 29

---

25 OLG Düsseldorf DGVZ 1995, 86.
26 Zur Überführungsfahrt OLG Frankfurt NJW 1983, 1685 f.
27 *Schneider*, MDR 1983, 287.
28 Zum Transport vgl OLG Düsseldorf DGVZ 1995, 86 f.
29 BGH DGVZ 2003, 88, 89 = ZMR 2004, 734, 735.

30 Wurde eine über die Herausgabe **hinausgehende** Verpflichtung des Schuldners tituliert, ist diese nach § 887 zu vollstrecken (Aufbau, Einbau, Einweisung). Ist sie nicht tituliert, wird sie vom Vollstreckungsschuldner auch dann nicht geschuldet, wenn ohne sie die Herausgabe nicht erfolgen kann. Die Sache kann zwar aufgrund des Titels demontiert werden. Dem Gläubiger entstehende Kosten sind dann aber von ihm zu tragen und können nicht nach § 788 Abs. 1 geltend gemacht werden.[30]

31 **bb) Sachbezogene Handlungsverpflichtungen.** Aus dem Titel können sich über die Herausgabe der Sache hinaus Handlungspflichten des Schuldners ergeben, insb. die herauszugebende Sache erst **herzustellen** oder anderweitig zu **beschaffen**.

32 **(1) Herausgabe einer noch herzustellenden Sache.** Aus dem Titel kann sich ergeben, dass die Herausgabe einer noch herzustellenden Sache geschuldet wird (Werklieferungsvertrag nach § 651 BGB).

33 **(a) Erfüllte Handlungspflichten.** Hat der Schuldner seine **Handlungspflichten erfüllt**, so erfolgt die Vollstreckung bei der Herstellungs- bzw Beschaffungsverpflichtung **nicht vertretbarer Sachen** nach § 883, bei der geschuldeten Herstellung bzw Beschaffung **vertretbarer Sachen** nach § 884.[31] Ist die Herausgabevollstreckung erfolglos, bleibt dem Gläubiger in beiden Fällen nur der Weg über § 893 (Klage auf Leistung des Interesses).

34 **(b) Noch nicht erfüllte Handlungspflichten.** Hat der Schuldner seine **Handlungspflichten nicht erfüllt**, so kann er nach der zutreffenden hM nach §§ 887, 888 zur Herstellung oder Beschaffung der geschuldeten Sache gezwungen werden.[32] Da die persönliche Arbeitsleistung des Schuldners im Vordergrund stehe und die Ersatzbeschaffung nach § 893 das Interesse des Gläubigers nicht notwendig ausgleiche, könne dieser auch nach § 887 vorgehen. § 887 Abs. 3, nach welchem § 887 Abs. 1 und 2 zur Erwirkung der Herausgabe oder Leistung von Sachen nicht anwendbar ist, stehe dem nicht entgegen. § 887 Abs. 3 beziehe sich nur auf Herausgabeansprüche, nicht auf Herstellungs- oder Beschaffungspflichten der dann herauszugebenden Sache.[33] Nach der Gegenauffassung ist die Handlungsvollstreckung generell auszuschließen, ohne zwischen vertretbaren und unvertretbaren Sachen zu unterscheiden, weil über den Bestand und Höhe sachlicher Ansprüche in einem Erkenntnisverfahren und nicht in einem Vollstreckungsverfahren zu entscheiden sei.[34] Dies überzeugt nicht, weil bei der Handlungsvollstreckung auch im Vollstreckungsverfahren sachliche Einwendungen, die dem Bestand des Anspruchs entgegenstehen, geltend gemacht werden können (für die Erfüllung s. § 887 Rn 38, § 888 Rn 22).

35 Werden §§ 887, 888 bei Nichterfüllung der Handlungs- oder Beschaffungspflicht für anwendbar gehalten, soll es nur auf die Vertretbarkeit oder Unvertretbarkeit der Handlung, nicht auf die Vertretbarkeit oder Unvertretbarkeit der herzustellenden oder zu beschaffenden Sache ankommen.[35] Diese Auffassung ist dogmatisch richtig, weil §§ 887, 888 nach der Art der Handlungen – vertretbar oder nicht vertretbar – unterscheiden und Handlungspflichten nicht allein nach § 883 vollstreckt werden können. Bei **vertretbaren** Leistungshandlungen sieht § 887 als Folge der Nichterfüllung der geschuldeten Leistungspflicht allerdings lediglich

---

30 OLG Koblenz NJW-RR 1990, 1152 zur technisch aufwendigen Demontage der herauszugebenden Sache (verschraubte Regale).
31 Zöller/*Stöber*, § 883 Rn 9; Musielak/Voit/*Lackmann*, § 883 Rn 4 mwN.
32 Zöller/*Stöber*, § 883 Rn 9, Musielak/Voit/*Lackmann*, § 883 Rn 4.
33 Zöller/*Stöber*, § 883 Rn 9.
34 *Brox*/*Walker*, Rn 1068 mwN.
35 Zöller/*Stöber*, § 883 Rn 9 aE; Stein/Jonas/*Brehm*, § 883 Rn 7.

Kostenersatz vor. Bei der Verpflichtung zur Herausgabe eines noch mit **unvertretbaren** Leistungshandlungen herzustellenden Werks greift § 888 ohnehin ein.

(2) Herausgabe zur Einsicht. Herausgabe ist auch die nur **vorübergehende Überlassung**, weshalb nach § 883 auch die titulierte Pflicht zur **Einsichtnahme** in Urkunden vollstreckt wird.[36] Ist die Vorlage von Urkunden hingegen nur Nebenpflicht einer umfassenden Auskunftspflicht, richtet sich die Vollstreckung nach § 888.[37]

2. Wirkung der Herausgabe. Mit der Wegnahme durch den Gerichtsvollzieher ist der Schuldner von seiner Herausgabepflicht befreit. Bei Gattungsschulden tritt **Konkretisierung** nach § 243 Abs. 2 BGB ein. Der Gerichtsvollzieher vermittelt ab dem Zeitpunkt der Wegnahme bzw Übergabe den **Besitz** für den Gläubiger. Es kann Eigen-, Fremd- und Mitbesitz begründet und auch Herausgabe an einen Dritten vollstreckt werden. Mit Wegnahme geht die **Gefahr** auf den Gläubiger über.

Oft wird gesagt, dass mit der **Übergabe** an den Gläubiger die Zwangsvollstreckung **beendet** und der Titel **verbraucht** ist.[38] Das ist richtig, soweit damit der Herausgabetitel gemeint ist.[39] Gelangt der Schuldner erneut in den Besitz der Sache, muss der Gläubiger erneut einen Titel gegen den Schuldner erwirken. Dies ändert jedoch nichts daran, dass auch nach Wegnahme der Sache durch den Gerichtsvollzieher noch Kosten entstehen können, welche trotz „Beendigung" der Zwangsvollstreckung ggf vom Schuldner zu tragen sind (s. Rn 28).

3. Herausgabe und Pfändung. Hat der Gerichtsvollzieher neben der Herausgabe **gleichzeitig** einen Pfändungsauftrag durchzuführen, so behält der Gerichtsvollzieher die Sache in Besitz. Die Zwangsvollstreckung in diese Sachen darf er erst fortsetzen, sobald sie der eine Gläubiger von dem Recht des anderen befreit hat (§ 127 Abs. 5 GVGA).

IV. Eidesstattliche Versicherung (Abs. 2)

Wird die Sache beim Schuldner **nicht vorgefunden**, ist der Schuldner gem. Abs. 2 S. 1 auf **Antrag** des Gläubigers zur eidesstattlichen Versicherung verpflichtet. Der neue[40] Abs. 2 S. 2 soll die Zuständigkeit des Gerichtsvollziehers durch Bezugnahme auf § 802 e regeln und trifft Anordnungen zur Ladung des Schuldners zur Protokollierung und **eidesstattlichen Versicherung** der Aussage über den **Verbleib** der Sache. Der neue Abs. 2 S. 3 erklärt die Vorschriften über die Zustellung der Terminsladung und über die **Erzwingungshaft** für entsprechend anwendbar. Der Antrag kann mit demjenigen auf Vollstreckung der Herausgabe **verbunden** werden. Die vormals geltende Frist des § 900 Abs. 2 S. 4 aF wurde abgeschafft, weshalb die Ladung ohne Einhaltung einer bestimmten Frist erfolgen kann. Der **Antrag** kann folgendermaßen lauten:

▶ Sollte die Sache nicht gefunden werden, bitte ich, dem Schuldner sogleich die eidesstattliche Versicherung abzunehmen, ihn andernfalls zur Abgabe der Offenbarungsversicherung zu laden. ◀

---

36 OLG Hamm NJW 1974, 653; OLG Frankfurt MDR 2002, 478 f; aA (§ 888) OLG Jena InVo 2002, 66.
37 Zöller/Stöber, § 883 Rn 2; Musielak/Voit/*Lackmann*, § 883 Rn 3 und 7; OLG Hamm NJW 1974, 653; OLG Köln NJW-RR 1996, 382; LAG Nürnberg DB 2012, 1216 (Ls).
38 Zöller/Stöber, § 883 Rn 10.
39 Präziser daher Schuschke/Walker/*Walker*, § 883 Rn 15.
40 Eingefügt durch Art. 1 Nr. 18 des Gesetzes zur Reform der Sachaufklärung in der Zwangsvollstreckung vom 29.7.2009 (BGBl. I S. 2258, 2266). Darüber hinaus wurde § 883 Abs. 4, der die Anwendung der bisher geltenden Normen der Abnahme von Eiden und Bekräftigungen nach §§ 478–480, 483 anordnete, aufgehoben.

41 Der **nachträgliche Antrag** setzt lediglich voraus, dass ausweislich des vom Gerichtsvollzieher gefertigten Protokolls die Sache beim Schuldner nicht vorgefunden wurde. Abs. 2 ist auch anwendbar, wenn nur ein Teil der titulierten Forderung vollstreckt werden konnte. Der Schuldner hat über die ihm erinnerlichen Wahrnehmungen und Mitteilungen sowie über angestellte Nachforschungen alles anzugeben, was geeignet ist, den Verbleib der herauszugebenden Sache aufzuklären. Im Gegensatz zu § 426 ist eine eigene **Nachforschungspflicht** des Schuldners nicht geregelt.

42 Wenn die eidesstattliche Versicherung abgegeben worden ist, kann der Gläubiger grds. nur die sich daraus möglicherweise ergebenden Vollstreckungsmöglichkeiten nutzen, einen etwa bestehenden Schadensersatzanspruch gem. § 893 geltend machen oder strafrechtliche Ermittlungen wegen falscher eidesstattlicher Versicherung veranlassen. Eine **erneute** eidesstattliche Versicherung kann er nur ausnahmsweise dann verlangen, wenn er gem. § 294 glaubhaft macht, dass der Schuldner nach der Abgabe der ersten eidesstattlichen Versicherung in den Besitz der Sache gelangt ist oder Kenntnis von deren Verbleib erlangt hat.[41]

43 Ein **gesetzlicher Vertreter** des Schuldners hat sich über eigene Handlungen und über die des Vertretenen zu erklären.

44 Das **Verfahren** richtet sich nach §§ 802 c ff. Weitere Zwangsmittel (insb. §§ 888, 890) sind nicht zulässig.

V. Änderung der eidesstattlichen Versicherung (Abs. 3)

45 Der Gläubiger kann gem. Abs. 3 beantragen, eine der Sachlage entsprechende Änderung der eidesstattlichen Versicherung zu beschließen. Zuständig ist der Rechtspfleger (§ 764 Abs. 2 iVm § 20 Abs. 1 Nr. 17 RPflG). Auch der Gerichtsvollzieher kann die Formel der eidesstattlichen Erklärung der Sachlage anpassen. Insbesondere kann er die Fassung wählen, dass der Schuldner lediglich seine persönliche Überzeugung zu versichern hat.

VI. Rechtsbehelfe

46 Verfahrensfehler des Gerichtsvollziehers können mit der Erinnerung nach § 766 gerügt werden. Gleiches gilt für die Weigerung des Gerichtsvollziehers, die Vollstreckung ganz oder teilweise durchzuführen. Der Schuldner kann Erinnerung einlegen, wenn er der Auffassung ist, der Gerichtsvollzieher habe eine andere als die geschuldete Sache weggenommen. Wird der Gewahrsam eines Dritten verletzt, kann auch er die Erinnerung einlegen. Wenn Dritten ein die Veräußerung hinderndes Recht zusteht, ist für sie Klage nach § 771 statthaft. Wenn für den Gläubiger die Leistung nicht zu verwirklichen ist, kann er Klage auf Leistung nach § 893 erheben. Der Schuldner kann Einwendungen gegen die Verpflichtung zur Abgabe der eidesstattlichen Versicherung im Wege der Erinnerung nach § 766 geltend machen. Der nach der bisherigen Rechtslage bestehende Rechtsbehelf des Widerspruchs nach § 900 Abs. 4 wurde abgeschafft.

VII. Kosten

47 **1. Rechtsanwaltsgebühren.** Der Auftrag zur Wegnahme (Abs. 1) lässt beim Rechtsanwalt die Verfahrensgebühr Nr. 3309 VV RVG entstehen. Ob das sich ggf anschließende Verfahren auf Abnahme der eidesstattlichen Versicherung (Abs. 2) eine besondere Angelegenheit ist, kann in Zweifel gezogen werden, weil § 18 Abs. 1 Nr. 16 RVG seit dem 1.1.2013 (Inkrafttreten der Reform der Sachaufklärung) nur noch das Verfahren zur Abnahme der Vermögensauskunft

---

41 Zuletzt BGH NJW 2008, 1598 f.

(§§ 802 f und 802 g) und nicht mehr auf Abnahme der eidesstattlichen Versicherung als besondere Angelegenheit aufführt. Im Ergebnis erscheint aber eine analoge Anwendung auch auf das Verfahren zur Abnahme der eidesstattlichen Versicherung nach Abs. 2 zutreffend.[42] Der Wert für den Auftrag zur Wegnahme richtet sich nach dem Wert der herauszugebenden Sachen (§ 25 Abs. 1 Nr. 2 RVG). Dieser Wert ist auch im Verfahren zur Abnahme der eidesstattlichen Versicherung anzusetzen.[43] § 25 Abs. 1 Nr. 4 RVG ist nicht heranzuziehen, da dort nur auf § 807 verwiesen wird, der wiederum bei der Herausgabevollstreckung keine Anwendung findet.[44]

2. Gerichtsvollzieherkosten. Für die Wegnahme (Abs. 1) durch den Gerichtsvollzieher (§ 899 Abs. 1) entstehen Gebühren (Nr. 221 KV GvKostG) und Auslagen (Nr. 700 ff KV GvKostG). Da auch die Entgegennahme der Sache durch den Gerichtsvollzieher zur Erfüllung des Gebührentatbestands ausreicht, löst auch die freiwillige Aushändigung der Sache an den Gerichtsvollzieher die Gebühr aus.[45] 48

Die ggf erforderliche Abnahme der eidesstattlichen Versicherung durch den Gerichtsvollzieher, die einen besonderen Auftrag darstellt,[46] löst eine Gebühr nach Nr. 262 KV GvKostG iHv 38,00 € aus. 49

Werden wegzunehmende Gegenstände dem Gläubiger übersandt (§ 127 Abs. 2 GVGA), können **Auslagen** entstehen, die nach hM nur dann zu den notwendigen Kosten (§ 788) gehören, wenn sich die Verpflichtung aus dem Titel ergibt.[47] Gleiches gilt für Abbau- und Demontageaufwendungen.[48] 50

§ 884 Leistung einer bestimmten Menge vertretbarer Sachen

Hat der Schuldner eine bestimmte Menge vertretbarer Sachen oder Wertpapiere zu leisten, so gilt die Vorschrift des § 883 Abs. 1 entsprechend.

§§ 30, 65, 127 GVGA

I. Anwendungsbereich

Für die Herausgabe von vertretbaren Sachen (§ 91 BGB) und von Wertpapieren (§ 821) ist § 883 entsprechend anwendbar. Allerdings gilt nur § 883 Abs. 1 (Wegnahme durch den Gerichtsvollzieher und Aushändigung an den Gläubiger) entsprechend, nicht jedoch Abs. 2. Der Schuldner ist also nicht entsprechend Abs. 2 zur Abgabe der Versicherung an Eides statt verpflichtet. 1

II. Besitz des Schuldners

Der Schuldner muss die vertretbaren Sachen besitzen. Andernfalls kann der Gläubiger lediglich Schadensersatz verlangen (§ 893). Besitzt der Schuldner mehr vertretbare Sachen, als herauszugeben sind, hat der Gerichtsvollzieher solche mittlerer Art und Güte auszuwählen. Bei Gattungsschulden tritt Konkretisierung ein (s. § 883 Rn 37). 2

---

42 AnwK-RVG/*Wolf/Volpert/Mock/Thiel/N. Schneider*, § 18 Rn 157; Zöller/*Stöber*, § 883 Rn 19.
43 Hk-ZPO/*Pukall*, § 883 Rn 11; AnwK-RVG/*Wolf/Volpert*, § 25 Rn 47.
44 Hk-ZPO/*Kemper*, § 807 Rn 4; Thomas/Putzo/*Seiler*, § 807 Rn 2.
45 Schröder-Kay/*Winter*, Nr. 221 KV GvKostG Rn 10.
46 Schröder-Kay/*Winter*, Nr. 221 KV GvKostG Rn 4.
47 OLG Koblenz NJW-RR 1990, 1152.
48 OLG München MDR 1997, 882; OLG Koblenz NJW-RR 1990, 1152.

3   Die Vorschrift ist auf sammelverwahrte Aktien anwendbar.[1]

§ 885 Herausgabe von Grundstücken oder Schiffen

(1) ¹Hat der Schuldner eine unbewegliche Sache oder ein eingetragenes Schiff oder Schiffsbauwerk herauszugeben, zu überlassen oder zu räumen, so hat der Gerichtsvollzieher den Schuldner aus dem Besitz zu setzen und den Gläubiger in den Besitz einzuweisen. ²Der Gerichtsvollzieher hat den Schuldner aufzufordern, eine Anschrift zum Zweck von Zustellungen oder einen Zustellungsbevollmächtigten zu benennen.

(2) Bewegliche Sachen, die nicht Gegenstand der Zwangsvollstreckung sind, werden von dem Gerichtsvollzieher weggeschafft und dem Schuldner oder, wenn dieser abwesend ist, einem Bevollmächtigten des Schuldners, einem erwachsenen Familienangehörigen, einer in der Familie beschäftigten Person oder einem erwachsenen ständigen Mitbewohner übergeben oder zur Verfügung gestellt.

(3) ¹Ist weder der Schuldner noch eine der bezeichneten Personen anwesend oder wird die Entgegennahme verweigert, hat der Gerichtsvollzieher die in Absatz 2 bezeichneten Sachen auf Kosten des Schuldners in die Pfandkammer zu schaffen oder anderweitig in Verwahrung zu bringen. ²Bewegliche Sachen, an deren Aufbewahrung offensichtlich kein Interesse besteht, sollen unverzüglich vernichtet werden.

(4) ¹Fordert der Schuldner die Sachen nicht binnen einer Frist von einem Monat nach der Räumung ab, veräußert der Gerichtsvollzieher die Sachen und hinterlegt den Erlös. ²Der Gerichtsvollzieher veräußert die Sachen und hinterlegt den Erlös auch dann, wenn der Schuldner die Sachen binnen einer Frist von einem Monat abfordert, ohne binnen einer Frist von zwei Monaten nach der Räumung die Kosten zu zahlen. ³Die §§ 806, 814 und 817 sind entsprechend anzuwenden. ⁴Sachen, die nicht verwertet werden können, sollen vernichtet werden.

(5) Unpfändbare Sachen und solche Sachen, bei denen ein Verwertungserlös nicht zu erwarten ist, sind auf Verlangen des Schuldners jederzeit ohne Weiteres herauszugeben.

§§ 30, 128, 130, 155 GVGA

I. Allgemeines	1
II. Voraussetzungen (Abs. 1)	4
1. Leistungsinhalt des Titels	4
a) Titel	5
b) Herausgabeverpflichtung	6
2. Zur Räumung verpflichtete Personen	10
a) Titel gegen jeden Gewahrsamsinhaber	10
aa) Allgemeines	10
bb) Mieter	13
cc) Sonstige Personen	15
(1) Zum Mieter gehörige Personen	16
(a) Allgemeines	16
(b) Ehegatte	17
(c) Kinder	18
(d) Angehörige	19
(e) Nichteheliche Lebensgemeinschaft	21
(f) Bedienstete	22
(2) Zum Mieter nicht zugehörige Personen	23
(a) Hausbesetzer	23
(b) Heimbewohner	24
b) Freiwillige Räumung	25
3. Prozessuale Voraussetzungen	26
a) Antrag	26
b) Räumungsfrist	31

---

1 BGHZ 160, 121, 125 = NJW 2004, 3340, 3341.

c) Durchsuchungsanordnung	32
III. Herausgabe	33
1. Grundstücksherausgabe	34
a) Räumungsmitteilung	34
b) Reichweite und Umfang der Besitzbeseitigung	36
c) Räumung und Schuldnerinsolvenz	40
d) Obdachlosigkeit des Schuldners	41
e) Aufforderung zur Anschriftenmitteilung (Abs. 1 S. 2)	43
f) Mehrfacher Vollzug des Titels	44
g) Besitzeinräumung	46
2. Beseitigung von beweglichen Sachen (Abs. 2–5)	49
a) Unbeschränkter Vollstreckungsauftrag	49
b) Herausgabe an anwesenden Schuldner (Abs. 2)	50
c) Übergabehindernis (Abs. 3 S. 1)	51
aa) Abwesenheit und Weigerung	51
bb) Beauftragung eines Spediteurs/Eigenleistung des Gläubigers	53
cc) Verwahrung; Belassen der Sachen in den Räumlichkeiten („Hamburger Modell")	55
dd) Tiere als bewegliche Sachen	57
d) Unrat und Müll (Abs. 3 S. 2)	58
e) Herausgabeanspruch des Schuldners	59
f) Verkauf der nicht abgeholten Sachen (Abs. 4 S. 1); unverwertbare Sachen (Abs. 4 S. 4)	64
aa) Ermessensentscheidung	64
bb) Kein Herausgabeverlangen	66
cc) Verkauf nach Wartefrist, unverwertbare Sachen	67
dd) Hinterlegung des Restbetrags	72
g) Vermieterpfandrecht	73
h) Pfändung zugunsten anderer Gläubiger	75
IV. Umfang der Kostenhaftung, § 788	76
1. Kostenhaftung	76
2. Vorschusspflicht des Gläubigers	77
3. Kosten der Verwahrung	78
4. Kosten der Vernichtung	81
V. Rechtsbehelfe	82
VI. Kosten	84
1. Rechtsanwaltsgebühren	84
2. Gerichtsvollzieherkosten	85

I. Allgemeines

Bei § 885 handelt es sich wie bei § 883 um eine **Herausgabevollstreckung**. Die 1 Vorschrift regelt die Herausgabe, Überlassung des Besitzes oder Mitbesitzes und die Räumung einer unbeweglichen Sache oder von Teilen davon. Unbewegliche Sachen sind insb. Wohn- und Geschäftsräume, bebaute und unbebaute Grundstücke. Herausgegeben werden nach Abs. 1 nur **unbeweglichen** Sache, weshalb bewegliche Sachen nach Abs. 2 weggeschafft werden, soweit es sich nicht um Zubehör iSd § 97 BGB handelt, welches beim Grundstück verbleibt und dem Gläubiger anlässlich der Räumung gleichfalls übergeben wird.[1] Die Norm wurde zuletzt durch das „Gesetz über die energetische Modernisierung von vermietetem Wohnraum und über die vereinfachte Durchsetzung von Räumungstiteln (**Mietrechtsänderungsgesetz – MietRÄndG)**"[2] mWz 1.5.2013 geändert.

Die Vorschrift ist entsprechend anzuwenden, wenn **bewegliche** Sachen zu **räumen** 2 sind, insb. Scheinbestandteile iSd § 95 BGB, Wohnwagen, Container oder bewohnte Schiffe. Eingetragene Schiffe (nach § 3 SchRegO, vgl § 870 a) werden ausdrücklich von § 885 erfasst, nicht eingetragene Schiffe sind nach § 883 wegzunehmen.

---

1 BGH DGVZ 2003, 88, 89 = ZMR 2004, 734.
2 Gesetz vom 11.3.2013 (BGBl. I S. 434).

3 Soll nur der Besitz an beweglichen Räumlichkeiten aufgegeben werden, ohne ihren Standort zu verändern (zB Wohnwagen), ist § 885 entsprechend anwendbar.[3]

II. Voraussetzungen (Abs. 1)

4 **1. Leistungsinhalt des Titels.** Voraussetzung ist ein Titel, der das Grundstück bezeichnet und eindeutig auf **Herausgabe, Überlassung oder Räumung** gerichtet sein muss.

5 **a) Titel.** Auch Zuschlags- oder **Räumungsbeschlüsse** nach §§ 93 Abs. 1, 149 Abs. 2 ZVG sind Herausgabetitel, gleichfalls ein **Insolvenzeröffnungsbeschluss** nach § 148 Abs. 2 InsO. Ein Titel auf Herausgabe kann in einer **einstweiligen Anordnung** nach §§ 49, 51, 119 FamFG oder in einem **Prozessvergleich** enthalten sein. Beruht der Besitz auf einem Mietverhältnis, reicht bei der Herausgabe von Wohnraum eine vollstreckbare Urkunde nach § 794 Abs. 1 Nr. 5 (also insb. notarielle Urkunde) nicht aus.

6 **b) Herausgabeverpflichtung.** Dem Titel muss die **Besitzaufgabepflicht** deutlich entnommen werden können. Die Rspr. stellt daran teilweise übertrieben hohe Anforderungen. Nicht ausreichend soll sein die Verpflichtung in Vergleichen, bis zu einem bestimmten Zeitpunkt **auszuziehen**[4] oder zu **räumen**.[5] Wenn einer Entscheidung auf Zuweisung der Ehewohnung an einen Ehepartner die **Aufforderung zur Räumung** fehlt, fehlt dem Titel ein vollstreckungsfähiger Inhalt und ist daher nicht vollstreckbar.[6]

7 Der Titel muss sich auf die Entfernung des Schuldners vom Grundstück nebst seiner Habe richten. Geht es darum, **nur die Person**, nicht jedoch deren Gegenstände aus der Ehewohnung zu entfernen, wird diese Verpflichtung nicht nach § 885, sondern nach § 888 vollstreckt, weil nur die Person selbst und nicht die Sache Ziel der Zwangsvollstreckung ist.[7] Davon zu unterscheiden ist die Herausgabe der Wohnräume ohne Wegschaffung der beweglichen Sachen wegen Geltendmachung eines Vermieterpfandrechts an diesen Sachen (s. Rn 26, 73).

8 Ist Gegenstand der Zwangsvollstreckung ausschließlich die Herausgabe und Räumung einer unbeweglichen Sache, richtet sich die Zwangsvollstreckung nur nach §§ 885, 886 und nicht, auch nicht ergänzend, nach § 888.[8]

9 Über die Räumung hinausgehende Handlungen sind nach § 887 zu vollstrecken (s. Rn 36, 58).

10 **2. Zur Räumung verpflichtete Personen. a) Titel gegen jeden Gewahrsamsinhaber. aa) Allgemeines.** Der Titel muss gegen **jeden** Gewahrsamsinhaber gerichtet sein. Nur gegen im Titel **namentlich genannte** Gewahrsamsinhaber kann vollstreckt werden. Die Räumungsvollstreckung darf nicht betrieben werden, wenn ein Dritter im Besitz der Mietsache ist, der weder im Vollstreckungstitel noch in der diesem beigefügten Vollstreckungsklausel namentlich bezeichnet ist. Dies gilt selbst dann, wenn der Verdacht besteht, dem Dritten sei der Besitz nur eingeräumt worden, um die Zwangsräumung zu **vereiteln**.[9] Eine Entschärfung dieser

---

3 Stein/Jonas/*Brehm*, § 885 Rn 3.
4 AG Bensheim DGVZ 1978, 122.
5 LG Karlsruhe DGVZ 1978, 120, 121 (sehr zweifelhaft; dagegen zu Recht Stein/Jonas/ *Brehm*, § 885 Rn 1 Fn 11).
6 OLG Stuttgart FamRZ 2002, 559; aA OLG Saarbrücken FuR 2005, 574.
7 OLG Köln FamRZ 1983, 1231; aA OLG Saarbrücken FuR 2005, 574; Schuschke/ Walker/*Walker*, § 885 Rn 2, der bei einem Auszug nebst Betretungsverbot allein § 890 anwenden will.
8 BGH NJW-RR 2007, 1091 = MDR 2007, 1159; BGH NJW 2012, 2889, 2890.
9 BGH NJW 2008, 3287, 3288; aA noch Schuschke/Walker/*Walker*, § 885 Rn 16 mwN.

Rechtslage ist durch Einfügung des § 940 a Abs. 2 durch das Mietrechtsänderungsgesetz[10] eingetreten, nach welchem die Räumung unter den dort genannten Voraussetzungen auch gegen nicht im Räumungstitel genannte Dritte angeordnet werden kann.

Allerdings kann die Räumung auch ohne eine Anordnung nach § 940 a Abs. 2 gegenüber im Titel nicht genannten Personen erfolgen, wenn sie sich zwar in den Räumlichkeiten aufhalten, aber keine Gewahrsamsinhaber sind. Der Gerichtsvollzieher hat dabei nicht das behauptete Recht zum Besitz, sondern allein die tatsächlichen Besitzverhältnisse zu beurteilen, gleich wie der Besitz erlangt ist. Die Frage, wem gegenüber die Räumung vollstreckt werden kann, entscheidet sich damit beim Gewahrsamsbegriff. **11**

Der Gewahrsam wird teils rechtlich, teils aufgrund der tatsächlichen Verhältnisse bestimmt. **Gewahrsamsinhaber** ist, wer **äußerlich erkennbar** Sachherrschaft ausübt. Nicht äußerlich erkennbare Besitzrechte müssen im Rechtsbehelfsverfahren geltend gemacht werden (§ 766 bzw § 771).[11] **12**

bb) Mieter. Der Mieter ist stets Gewahrsamsinhaber, bei mehreren Mietern jeder **Mitmieter** und damit auch jedes Mitglied einer **Wohngemeinschaft**. Gegen den **Untermieter** ist, ohne Rücksicht auf die materielle Rechtslage, ebenfalls ein eigener Titel notwendig.[12] Da es für die Besitzverhältnisse nicht auf die Entgeltlichkeit des Untermietvertrages ankommt, ist auch für den Fall der **unentgeltlichen Aufnahme** einer Person ein Räumungstitel gegen diese erforderlich. **13**

Juristische Personen üben ihren Besitz unmittelbar durch ihre satzungsmäßigen **Organe** aus; diese selbst sind weder Besitzer noch Besitzmittler noch Besitzdiener.[13] Dies führt aber nicht umgekehrt dazu, dass die juristische Person an allen Sachen, die sich in der tatsächlichen Gewalt ihres Organs befinden, auch Besitz erwirbt, der Organwalter mithin jeder eigenen besitzrechtlichen Stellung beraubt wird. Entscheidend ist vielmehr, ob er die tatsächliche Gewalt über die Sache nicht als Eigenbesitz (§ 872 BGB), sondern für eine nach objektiven Kriterien identifizierbare bestimmte juristische Person erlangt hat und ausüben wollte.[14] Für die Räumungsvollstreckung gegen eine GmbH ist daher auch ein Räumungstitel gegen den Geschäftsführer erforderlich, wenn dieser **persönlichen Mitbesitz** an der zu räumenden Gewerbefläche begründet hat.[15] **14**

cc) Sonstige Personen. Bei anderen als den genannten (s. Rn 13 f) Personen ist entscheidend, ob sie aufgrund rechtlich beachtlichen Willensentschlusses tatsächliche Herrschaft über die Räumlichkeiten begründet haben und damit (Mit-)Gewahrsamsinhaber geworden sind. **15**

(1) Zum Mieter gehörige Personen. (a) Allgemeines. Zugehörige Personen, die nicht Mitbesitzer sind und die keinen eigenen Gewahrsam haben (insb. Besucher,[16] Gäste, auch Kinder des Mieters), können aufgrund des Titels gegen den Besitzer der Wohnung gleichfalls aus der Wohnung gesetzt werden. Dies gilt nur so lange, wie gegen den Schuldner vollstreckt wird. Ist die Zwangsvollstreckung gegen ihn eingestellt, so kann auch gegen zugehörige Personen nicht weiter vollstreckt werden.[17] Hat der Schuldner den Besitz verloren und verbleiben zugehörige Personen in den Räumlichkeiten, bedarf es sodann eines eigenen Titels gegen **16**

---

10 Gesetz vom 11.3.2013 (BGBl. I S. 434).
11 Vgl BVerfG NJW-RR 1991, 1101.
12 BGH NJW-RR 2003, 1450, 1451 = MDR 2004, 53 f.
13 BGHZ 56, 73, 77 = NJW 1971, 1358; BGHZ 57, 166, 168 = NJW 1972, 43.
14 OLG Düsseldorf NJW-RR 2001, 542.
15 LG Köln GuT 2008, 368 f.
16 BGH NJW 2008, 3287, 3288.
17 LG Münster DGVZ 1988, 76, 77.

sie.[18] Haben diese Personen den Besitz nach Rechtshängigkeit erlangt, kann der gegen den Schuldner ergangene Titel allerdings ggf gem. §§ 727, 325 gegen sie umgeschrieben werden.[19]

17 **(b) Ehegatte.** Der Titel gegen einen Mieter rechtfertigt nicht die Räumung gegen den **mitbesitzenden Ehegatten** des Vollstreckungsschuldners.[20] Gegen ihn muss daher gleichfalls ein Räumungstitel vorliegen. Dies gilt auch nach Aufhebung der Ehe.

18 **(c) Kinder. Minderjährige Kinder** teilen gem. §§ 8, 11 BGB den Wohnsitz der Eltern. Sie sind weder Besitzer noch Mitbesitzer, weshalb sich die Räumung gegen sie allein nach dem Titel gegen ihre Eltern richtet. Dies gilt auch bei **volljährigen Kindern**, die in der Wohnung verbleiben, weil Eintritt der Volljährigkeit an den Besitzverhältnissen nichts ändert.[21] Für volljährige Kinder, die (wieder) zu ihren Eltern ziehen, gelten die Ausführungen zu Angehörigen[22] (s. Rn 19).

19 **(d) Angehörige.** Angehörige, die mit Erlaubnis des Vermieters in die Wohnräume aufgenommen sind (§ 553 Abs. 1 BGB), haben **Mitbesitz**. Die Räumung erfordert daher auch einen Titel gegen sie. Werden sie hingegen ohne Erlaubnis des Vermieters aufgenommen, liegt idR **Mitbenutzung** ohne eigenen Besitzwillen vor. Eines eigenen Räumungstitels bedarf es dann nicht.[23] Im Einzelfall kann allerdings Mitbesitz iSd § 866 begründet worden sein. Dieser wird erworben, indem der bisherige Alleinbesitzer einem anderen den Mitbesitz **einräumt**. Eine Übertragung von selbständigen Besitzrechten vom Mieter auf seinen Angehörigen setzt eine entsprechende nach außen erkennbare Manifestierung voraus.[24]

20 Als Mitbesitzer einer Wohnung sind neben Ehegatten regelmäßig auch andere Personen anzusehen, die im Rahmen einer auf Dauer angelegten Gemeinschaft gemeinsam eine Wohnung bewohnen. In solchen Fällen ist anzunehmen, dass jeder der Partner einer solchen Gemeinschaft die tatsächliche Herrschaft über die Wohnung als eigene ausübt. Dann ist ein eigener Räumungstitel gegen den Mitbesitzer notwendig.[25]

21 **(e) Nichteheliche Lebensgemeinschaft.** Hat der Mieter in der Mietwohnung einen nichtehelichen Lebensgefährten aufgenommen und hat dieser Mitbesitz an der Wohnung begründet, ist für die Räumungsvollstreckung ein Vollstreckungstitel auch gegen ihn erforderlich.[26] Entscheidend sind die Umstände des Einzelfalls. Eine kurze oder vorübergehende Aufnahme ohne Erlaubnis des Vermieters begründet keinen Mitbesitz. Die Erlaubnis des Vermieters nach § 553 Abs. 1 BGB

---

18 OLG Düsseldorf MDR 1960, 234; LG Stuttgart DGVZ 2003, 121, 122; aA noch LG Frankfurt DGVZ 1991, 11; LG Mönchengladbach DGVZ 2000, 118, 119.
19 LG Mannheim NJW 1962, 815, 816 für getrennt lebende Ehegatten.
20 BGHZ 159, 383, 384 f = NJW 2004, 3041.
21 BGH NJW 2008, 1959 = MDR 2008, 824; vgl BVerfG NJW-RR 1991, 1101 (Bestätigung einer entsprechenden Entscheidung des OLG Hamburg NJW-RR 1991, 909 f); besonders falsch daher die anderslautende Entscheidung des AG Hamburg 21.10.2010 – 40 a M 72/10, welches auch noch auf die Kenntnis des Vermieters abstellt, was jedoch mit Besitz nichts zu tun hat.
22 Anders AG Wuppertal JurBüro 2011, 319 f, welches auf die behördliche Meldung des volljährigen Kindes abstellt. Allein dadurch wird jedoch Besitz nicht begründet. Anders auch LG Berlin Grundeigentum 2011, 1555: zwischenzeitlicher Auszug und späterer Rückzug ändern nichts an der Änderung der Besitzverhältnisse.
23 Zöller/*Stöber*, § 885 Rn 8.
24 AG Wuppertal DGVZ 2010, 158; LG Berlin Grundeigentum 2011, 1555 (bei Rückkehr des volljährigen Kindes).
25 AG Tettnang 22.4.2008 – 2 M 1024/08; AG Wuppertal DGVZ 2010, 158 (Mutter des Räumungsschuldners); so auch Zöller/*Stöber*, § 885 Rn 8.
26 BGH NJW 2008, 1959 = MDR 2008, 824; aA (überholt) LG Lübeck JurBüro 1992, 196.

oder langjähriges Zusammenleben begründet Mitbesitz. Hat der Gerichtsvollzieher nach den erkennbaren Umständen vom Alleinbesitz des Schuldners auszugehen, reicht ein Titel gegen ihn zur Räumung auch gegen den nichtehelichen Lebenspartner aus.[27]

(f) Bedienstete. Bedienstete sind **Besitzdiener** iSd § 855 BGB und daher nicht selbst Besitzer.[28]

(2) Zum Mieter nicht zugehörige Personen. (a) Hausbesetzer. Ein Titel ist auch gegen den erforderlich, der **ohne Wissen und Willen** des Eigentümers Besitz erlangt und diesen danach **nicht offengelegt** hat (s. Rn 10).[29] Bei der **Hausbesetzung** ist ein Räumungstitel gegen alle Hausbesetzer notwendig.[30] Wird ein Grundstück von unbekannten Personen besetzt, besteht zunächst das Problem der **Klagezustellung.** Eine Klage gegen mehrere Personen mit unbestimmter Personenangabe ist nicht zulässig, wenn der dadurch bezeichnete Personenkreis ständig wechselt.[31] Wenn eine Personengruppe nach räumlichen Kriterien und zeitlich vorübergehend feststeht, sollen hingegen eine entsprechende Bezeichnung in der Klage sowie ihre Zustellung möglich sein.[32] Da die Räumungsvollstreckung nicht betrieben werden darf, wenn ein Dritter, der weder im Vollstreckungstitel noch in der diesem beigefügten Vollstreckungsklausel namentlich bezeichnet ist, im Besitz der Mietsache ist,[33] sind bisherige Bemühungen der Rspr, eine Räumung gegen unbekannte Besitzer zu ermöglichen, obsolet. Eine Räumung gegenüber Hausbesetzern kann daher nur nach dem Polizei- und Ordnungsrecht erfolgen.

(b) Heimbewohner. Die Anwesenheit von Bewohnern eines **Alten-** oder **Pflegeheims** hindert dessen Räumung nicht. Der Räumungstitel gibt dem Gläubiger allerdings keine Handhabe, gegen die Bewohner vorzugehen.[34]

b) Freiwillige Räumung. Fehlt ein Titel gegen einen (Mit-)Besitzer, kann die Räumung dennoch durchgeführt werden, wenn der Besitzer der Räumung nicht widerspricht (§§ 809, 886 analog). Die Herausgabebereitschaft ist vom Gerichtsvollzieher im Protokoll zu vermerken.

3. Prozessuale Voraussetzungen. a) Antrag. Neben den allgemeinen Voraussetzungen der Zwangsvollstreckung (s. § 704 Rn 3) muss der Gläubiger die Räumung **beantragen**. Der Gläubiger konnte bereits vor Einführung des § 885 a den Räumungsauftrag dahin gehend **beschränken**, dass bewegliche Sachen, die nicht Gegenstand der Räumungsvollstreckung sind, sondern dem Schuldner ausgehändigt werden müssten, zwecks Geltendmachung seines **Vermieterpfandrechts** auf dem Grundstück verbleiben („**Berliner Modell**").[35] Der Auftrag an den Gerichtsvollzieher kann auch dahin gehend lauten, zunächst den Schuldner aus den Besitz zu setzen und die Räumung später durchzuführen, um Verwahrkosten zu vermeiden („**Hamburger Modell**"; s. Rn 56). Schließlich kann der Gläubiger aus Gründen der Kostenersparnis anbieten, Räumung und Lagerung der Sachen des Schuldners selbst durchzuführen („**Frankfurter Modell**"). Zu den einzelnen Maßnahmen s. Rn 53 f und § 885 a. Auch die Beschränkung des Räumungsauftrags

---

27 LG Wuppertal DGVZ 2007, 39; aA Schuschke/Walker/*Walker*, § 885 Rn 19.
28 BGH NJW 2008, 3287, 3288.
29 AA OLG Hamburg NJW 1992, 3308 = MDR 1993, 274.
30 MüKo-ZPO/*Gruber*, § 885 Rn 5.
31 OLG Köln NJW 1982, 1888; aA Schuschke/Walker/*Walker*, § 885 Rn 12; vgl auch Baumbach/Lauterbach/*Hartmann*, § 253 Rn 27; Zöller/*Vollkommer*, § 935 Rn 4.
32 OLG Oldenburg NJW-RR 1995, 1164.
33 BGH NJW 2008, 3287.
34 BGH DGVZ 2003, 88, 89 = ZMR 2004, 734, 735.
35 BGH NJW 2006, 3273.

auf **Teilbereiche** eines Objekts ist möglich, soweit die Beschränkung hinreichend bestimmt ist.[36]

27 Der Antrag kann nach Rücknahme durch den Gläubiger **erneut** gestellt werden, etwa wenn er sich durch Zahlung rückständiger Miete zur Antragsrücknahme hat bewegen lassen und der Mieter erneut in Rückstand gerät.[37] Nach jahrelanger Entgegennahme der Mietzahlung kann der Räumungstitel **verwirkt** sein.[38]

28 Dem **Antrag** an den Gerichtsvollzieher, die Zwangsvollstreckung durch Räumung der im Titel bezeichneten Räumlichkeiten durchzuführen, ist der **vollstreckbare Räumungstitel** nebst **Zustellbescheinigung** beizufügen.

29 **Neben** dem Antrag auf Räumung kann der Gläubiger weiter beantragen, gleichfalls titulierte Zahlungsansprüche, soweit sie vollstreckbar sind, sowie titulierte, also bereits festgesetzte, Verfahrenskosten und Kosten dieses Vollstreckungsverfahrens durch **Mobiliarpfändung** zu vollstrecken.

30 Der Gerichtsvollzieher kann gebeten werden, den **Räumungstermin** auf einen Zeitpunkt sofort nach Ablauf der (im Urteil gewährten) Räumungsfrist festzusetzen. Die Mitteilung des Räumungstermins muss nicht beantragt werden. Hierzu ist der Gerichtsvollzieher von Amts wegen verpflichtet (§ 128 Abs. 2 GVGA).

31 b) **Räumungsfrist.** Die Räumungsfrist der §§ 721, 794 a muss abgelaufen sein.

32 c) **Durchsuchungsanordnung.** Eine weitere richterliche Durchsuchungsanordnung ist nicht erforderlich (§ 758 a Abs. 2). Die Räumung ist keine Durchsuchung iSd Art. 13 Abs. 2 GG.

III. Herausgabe

33 Die Herausgabe wird dadurch vollzogen, dass der Gerichtsvollzieher den Schuldner aus dem Besitz setzt und den Gläubiger in den Besitz einweist.

34 **1. Grundstücksherausgabe. a) Räumungsmitteilung.** Die Räumungsmitteilung an Gläubiger und Schuldner erfolgt durch den **Gerichtsvollzieher.** Sie enthält den Räumungstermin und den Hinweis auf die Rechtsfolgen der Abs. 2–4 und soll dem Schuldner zum Nachweis des Zugangs zugestellt werden (§ 128 Abs. 2 S. 2 GVGA). Bei der Terminsbestimmung muss die Frist des § 765 a Abs. 3 berücksichtigt werden. Zudem müssen zwischen dem Tag der Zustellung der Mitteilung und dem Tag des Vollstreckungstermins wenigstens drei Wochen liegen (§ 128 Abs. 2 S. 5 GVGA). Der Räumungstermin kann vor Ablauf der Räumungsfrist anberaumt werden.

35 Die Anberaumung eines Räumungstermins kann von einer **Vorschusszahlung** des Gläubigers abhängig gemacht werden (§ 4 GvKostG). Zur Kostenminimierung kann der Gläubiger **Eigenleistungen** anbieten (eigene Beauftragung einer Spedition, s. Rn 53).

36 b) **Reichweite und Umfang der Besitzbeseitigung.** Die Personen, gegen welche die Räumung vollstreckt wird, werden durch den Gerichtsvollzieher notfalls mit Gewalt (§ 758 Abs. 3) **aus dem Besitz** gesetzt, so dass der Gläubiger die tatsächliche Gewalt über das Grundstück oder die Wohnung ausüben kann. Die Wohnungseinrichtung muss entfernt werden. Hingegen richtet sich die **Beseitigung** bzw **Entfernung** von Aufschüttungen, Bauwerken und Anpflanzungen nach

---

36 LG Kleve DGVZ 2010, 215 (Wohnbereich einer Lagerhalle).
37 LG Hannover MDR 1979, 495; aA AG München DGVZ 2006, 123, 124 (Verwirkung nach sechs Beauftragungen).
38 AG Dorsten DGVZ 2007, 142; AG Kronach DGVZ 2005, 187, 188 (zwei dreiviertel Jahre Entgegennahme von Mietzahlungen).

§ 887,[39] ebenso die Beseitigung einer das übliche Maß überschreitenden Menge Abfall,[40] wenn dem zu vollstreckenden Titel ein Anspruch des Gläubigers auf Beseitigung entnommen werden kann.

Die bei der Herausgabe stets bestehende Pflicht des Schuldners zur **Schlüsselherausgabe** wird nach § 883 vollstreckt oder es wird ein neues Schloss eingebaut. 37

Die Verpflichtung zur **Beseitigung** eines Gebäudes oder zu sonstigen Eingriffen in die Substanz wird nach § 887 vollstreckt. Kann eine solche Verpflichtung dem Titel auch durch Auslegung nicht entnommen werden, muss der Gläubiger ggf eine titelergänzende Klage erheben. 38

Der Titel auf **Herausgabe** eines Grundstücks rechtfertigt die **Räumung** darauf befindlicher Gebäude.[41] 39

c) **Räumung und Schuldnerinsolvenz.** § 89 Abs. 1 InsO steht der Räumung der Schuldnerwohnung nicht entgegen. Besitzt der **Insolvenzverwalter** (§ 148 Abs. 1 InsO), hindert dies die Vollstreckung gegen den Schuldner. 40

d) **Obdachlosigkeit des Schuldners.** Drohende Obdachlosigkeit des Schuldners hindert die Räumung nicht. Aufschub durch den Gerichtsvollzieher erfolgt nur nach § 765 a Abs. 2. Durch **behördliche Einweisung** wird die Vollstreckung **gehemmt**; sie verbraucht den Titel nicht. Die Vollstreckung kann nach Wirkungslosigkeit der Einweisung (Aufhebung, Zeitablauf) weiterbetrieben werden. 41

Bei drohender Obdachlosigkeit hat der Gerichtsvollzieher unverzüglich die zuständige Behörde über die Räumung zu verständigen (§ 130 Abs. 3 GVGA). 42

e) **Aufforderung zur Anschriftenmitteilung (Abs. 1 S. 2).** Der Gerichtsvollzieher hat den Räumungsschuldner aufzufordern, die **neue Anschrift** mitzuteilen (Abs. 1 S. 2). Steht die neue Anschrift noch nicht fest, ist die Benennung eines Zustellungsbevollmächtigten (§ 184) geboten. Der Schuldner kann zur Mitteilung nicht gezwungen werden. 43

f) **Mehrfacher Vollzug des Titels.** Bei einer einstweiligen Anordnung in Gewaltschutzsachen ist mehrfacher Vollzug bei Räumungstiteln möglich (§ 96 Abs. 2 FamFG). Der Räumungsgläubiger kann denselben Titel **wiederholt** vollstrecken, wenn der andere Ehegatte oder Beteiligte in die Wohnung eindringt oder wieder aufgenommen wurde. Erneute Zustellung des Titels ist nicht notwendig. Hat der Räumungsgläubiger den Schuldner **freiwillig** wieder aufgenommen, ist die wiederholte Vollstreckung aus demselben Titel anlässlich eines neuen Zerwürfnisses nicht sachgerecht und kann vom Schuldner durch einen Aufhebungsantrag, verbunden mit dem Antrag auf Aussetzung der Vollziehung der einstweiligen Anordnung, verhindert werden.[42] Eine entsprechende Anwendung des § 96 Abs. 2 FamFG auf andere Fälle ist nicht möglich. 44

Wurde die Zwangsvollstreckung **vollständig** durchgeführt, ist der Räumungstitel **verbraucht**. Eine unvollständige Räumung verbraucht den Titel hingegen nicht.[43] Erlangt der Schuldner außerhalb der Einweisung durch die Behörde zur Vermeidung der Obdachlosigkeit erneut Besitz, ist zur Räumung ein neuer Räumungstitel notwendig. 45

---

39 BGH NJW-RR 2005, 212, 213 = MDR 2004, 1021; zuletzt AG Forchheim DGVZ 2010, 218 (Anpflanzungen).
40 BGH DGVZ 2005, 70 f.
41 Str; wie hier OLG Hamm NJW 1965, 2207 f; OLG Celle NJW 1962, 595 (für eine bewohnte Baracke); aA OLG Düsseldorf MDR 1959, 215 f; OLG Düsseldorf JZ 1961, 293.
42 Schuschke/Walker/*Walker*, § 885 Rn 5.
43 LG Darmstadt DGVZ 1989, 24.

46 **g) Besitzeinräumung.** Der Gläubiger wird durch eine die Übergabe enthaltende Erklärung des Gerichtsvollziehers nebst Übergabe aller Schlüssel **in den Besitz eingewiesen.** Sind die **Wohnungsschlüssel** nicht vollständig zu erlangen, so sind die Schlösser auszuwechseln.

47 Die **Anwesenheit des Gläubigers** bei der Räumung ist für seine Besitzeinweisung nicht erforderlich. Nach § 854 Abs. 1 BGB wird Besitz allerdings grds. durch die Erlangung der tatsächlichen Gewalt über die Sache erworben. Für den Erwerb des Besitzes ist jedoch nach § 854 Abs. 2 BGB die Einigung des bisherigen Besitzers und des Erwerbers ausreichend, wenn der Erwerber in der Lage ist, die Gewalt über die Sache auszuüben.[44]

48 Soll der Gläubiger in den Besitz eines **brachliegenden Grundstücks**, auf dem sich auch keine Gegenstände des Schuldners befinden, eingewiesen werden und ist der Schuldner nicht anwesend, so ist eine Räumung im eigentlichen Sinne nicht erforderlich. Dann reicht es aus, wenn der Gerichtsvollzieher an Ort und Stelle – dh dort, wo er beurteilen kann, ob eine Räumung erforderlich ist oder nicht – zu Protokoll (§ 762) erklärt, dass er den Schuldner aus dem Besitz setzt und den Gläubiger in den Besitz einweist. Auch bei der Besitzeinweisung nach Abs. 1 S. 1 kann die Erlangung der tatsächlichen Gewalt durch **Protokollerklärung** ersetzt werden, wenn der Gläubiger in der Lage ist, die tatsächliche Gewalt über das Grundstück auszuüben.[45]

49 **2. Beseitigung von beweglichen Sachen (Abs. 2–5). a) Unbeschränkter Vollstreckungsauftrag.** Abs. 1 regelt lediglich die Herausgabe der unbeweglichen Sache selbst. Der Vollstreckungsauftrag kann auf die Maßnahme nach Abs. 1 **beschränkt** werden. Die Folgen der Beschränkung regelt dann § 885 a. Wird der Vollstreckungsauftrag hingegen vom Gläubiger **nicht beschränkt** erteilt, regeln Abs. 2–5 die Behandlung derjenigen **beweglichen Sachen,** welche nicht Gegenstand der Herausgabevollstreckung sind, die jedoch entfernt werden müssen, um dem Gläubiger die unbewegliche Sache unbelastet vom Verbleib ihm nicht gehörender beweglicher Sachen übergeben zu können. Bewegliche Sachen hat der Gerichtsvollzieher wegzuschaffen (Abs. 2–5). Dies erfolgt durch Herausgabe, (zeitlich befristete) Verwahrung oder Vernichtung.

50 **b) Herausgabe an anwesenden Schuldner (Abs. 2).** Ist der Räumungsschuldner **anwesend** und **bereit,** die beweglichen Sachen entgegenzunehmen, so sind ihm diese Gegenstände vom Gerichtsvollzieher auszuhändigen. Durch die Änderung des Abs. 2 durch das MietRÄndG (s. Rn 1) mWz 1.5.2013 wurde der Kreis der **Empfangsberechtigten** erweitert. Dadurch soll – ähnlich wie die durch die Reform des Zustellungsrechts[46] bewirkte Änderung des § 178 Abs. 1 Nr. 1 – der gesellschaftlichen Entwicklung Rechnung getragen werden, wonach das Merkmal des gemeinsamen Zusammenwohnens ein besonderes Vertrauensverhältnis dokumentiert. Zudem soll es dem Gerichtsvollzieher auch bei Wohngemeinschaften künftig möglich sein, einem zur Übernahme der Gegenstände bereiten volljährigen Mitbewohner die beweglichen Sachen des Räumungsschuldners zu übergeben oder zur Verfügung zu stellen.

51 **c) Übergabehindernis (Abs. 3 S. 1). aa) Abwesenheit und Weigerung.** Die Änderung des **Abs. 3 S. 1,** mit der Abwesenheit und Annahmeverweigerung gleichgestellt werden, bewirkt keine inhaltliche Änderung der bisherigen Rechtslage. Be-

---

44 BGH NJW-RR 2009, 445, 446.
45 BGH NJW-RR 2009, 445, 446; dem folgend OLG Naumburg 9.9.2010 – 2 U 153/08: insoweit nicht abgedruckt in JurBüro 2011, 330; enger – Gläubiger (bzw sein Vertreter) muss anwesend sein – noch LG Trier DGVZ 1972, 93, 94.
46 Gesetz zur Reform des Verfahrens bei Zustellungen im gerichtlichen Verfahren (Zustellungsreformgesetz – ZustRG) vom 25.6.2001 (BGBl. I S. 1206).

reits aufgrund der früheren Rechtslage bestand kein Unterschied darin, ob der Schuldner **abwesend** ist oder sich **lediglich weigert**, die Sachen entgegenzunehmen.

Weiter wird durch die Neufassung klargestellt, dass nur solche Gegenstände in die Verwahrung zu nehmen sind, die nicht in sonstiger Weise gleichzeitig der Zwangsvollstreckung unterfallen. Zu **Unrat** und **Müll** s. Rn 58. 52

bb) Beauftragung eines Spediteurs/Eigenleistung des Gläubigers. Die Sachen sind dem Schuldner oder den in Abs. 2 benannten Personen auszuhändigen, falls diese zur Übernahme bereit sind. Der Gerichtsvollzieher darf die Sachen an die **neue Adresse** des Schuldners **schicken**. Er muss alle Möglichkeiten der Übergabe ausschöpfen, bevor er die Sachen des Schuldners verwahrt. 53

Können die Sachen an den Schuldner nicht übergeben werden, müssen sie vom Gerichtsvollzieher fortgeschafft und **verwahrt** werden. Gleiches gilt, wenn sich der Schuldner weigert, die Sachen entgegenzunehmen (**Abs. 3 S. 1**). Der Gerichtsvollzieher hat den **Spediteur** auszuwählen und zu beauftragen. Der Auftrag ist wie der Verwahrvertrag (s. Rn 55) privatrechtlicher Natur. Bei der Durchführung der Wegschaffung ist der Gerichtsvollzieher an **Weisungen** des Gläubigers nicht gebunden. Teilweise wird der **Transport durch den Gläubiger** als grds. ihm obliegend,[47] teilweise als idR ausgeschlossen angesehen.[48] Da Abs. 2 davon spricht, dass der Gerichtsvollzieher die Sachen wegzuschaffen hat, fällt die Beauftragung eines Spediteurs in seinen Aufgabenbereich. Es liegt in seinem pflichtgemäßen Ermessen, den Transport dem Gläubiger zu überlassen. Eine Verpflichtung des Gerichtsvollziehers, Hilfe des Gläubigers anzunehmen, besteht nicht.[49] 54

cc) Verwahrung; Belassen der Sachen in den Räumlichkeiten ("Hamburger Modell"). Der Gerichtsvollzieher schließt als Bevollmächtigter des Justizfiskus[50] mit dem Lagerhalter einen privatrechtlichen Verwahrvertrag.[51] Die **Verwahrung** kann auch durch Belassen in den herauszugebenden Räumen oder mittels Verwahrung durch den Gläubiger erfolgen. Die Verwahrbefugnis des Gläubigers ist nunmehr in § 885 a Abs. 3 S. 1 geregelt. 55

Verwahrkosten können ggf durch das Modell der "**Hamburger Räumung**" gespart werden. Dabei setzt der Gerichtsvollzieher den Schuldner in Anwesenheit des Umzugsunternehmens durch **Schlüsselübergabe** oder -austausch aus dem Besitz. Die Schlüssel erhält der Umzugsunternehmer. Zeigt der Schuldner innerhalb einer gewissen Frist (zwei Wochen)[52] dem Gerichtsvollzieher eine neue Wohnung an, wird der Umzugsunternehmer vom Gerichtsvollzieher beauftragt, die Sachen des Schuldners direkt dorthin zu verbringen. Andernfalls wird die Räumungsvollstreckung fortgesetzt. Nach Vollendung der Räumung erhält der Vermieter die Schlüssel, wodurch er dann (erst) unmittelbarer Besitzer wird. Neben den Kostenvorteilen birgt diese Art der Räumung die Gefahr für den Gläubiger, dass die Räumung erst mit Schlüsselübergabe an ihn beendet ist und dem Schuldner damit bis zu diesem Zeitpunkt die Möglichkeit offensteht, Vollstreckungsschutz nach § 765 a zu beantragen. Soweit für den Schuldner die Gefahr gesehen wird, dass sich bei einer zeitlich gestreckten Räumung die Gefahr des Verlusts von Sachen und damit verbunden ein Haftungsrisiko für den Gerichtsvollzieher ergeben 56

---

47 AG Bayreuth DGVZ 1967, 44 wegen „Ortsüblichkeit".
48 AG Hannover DGVZ 1975, 124, 125 wegen Parteistellung des Vollstreckungsgläubigers.
49 AA LG Frankenthal 27.10.2008 – 1 T 219/08 (aus Gründen der Kostenminimierung) sowie (bei Haftungsübernahmeerklärung des Gläubigers) AG Frankfurt NZM 2004, 359 („Frankfurter Modell").
50 BGHZ 142, 77, 83 = NJW 1999, 2597, 2598.
51 BGHZ 89, 82, 84 = NJW 1984, 1759 f.
52 *Gileßen*, DGVZ 2006, 165, 173.

kann,[53] lässt sich dies durch eine sorgfältige **Protokollierung** vermeiden. Im Übrigen dürfte sich das durch eine Räumung ohnehin bestehende Verlustrisiko durch eine zeitlich gestreckte Durchführung nicht nochmals wesentlich erhöhen, selbst wenn der Gerichtsvollzieher bei der Räumung nicht anwesend ist, wie es seinen Amtspflichten entsprechen würde.

57 **dd) Tiere als bewegliche Sachen.** Tiere sind zu versorgen und wie bewegliche Sachen nach Abs. 2–5 zu behandeln. Sie sind also dem Schuldner nach Abs. 2 auszuhändigen und, wenn dies nicht möglich ist, nach Abs. 3 S. 1 zu verwahren und nach Abs. 4 zu verwerten. Die gegenteilige Auffassung, wonach Tiere keine beweglichen Sachen seien, weshalb der Gerichtsvollzieher nicht zuständig sei und auf ein Einschreiten der Ordnungs- und Polizeibehörden zu warten habe,[54] ist zu Recht auf Ablehnung gestoßen.[55] Es ist kein Grund ersichtlich, warum Tiere nicht nach Abs. 4 durch den Gerichtsvollzieher verkauft werden dürften. Die Zwangsvollstreckung einzustellen, um auf staatliche Hilfe zu warten, dient nicht den Interessen des Vollstreckungsgläubigers, zumal es seiner Entscheidung überlassen bleibt, einen geforderten Vorschuss zu leisten oder nicht. Können die in Verwahrung genommenen Tiere nicht veräußert werden, hat der Gläubiger für die Kosten einer weiteren Verwahrung der Tiere nicht mehr aufzukommen. Für die dauerhafte Unterbringung und Verwahrung hat dann die Allgemeinheit aufzukommen.[56] Abs. 3 S. 2 und Abs. 4 S. 4 (Vernichtung) sind bei Tieren nicht anwendbar.

58 **d) Unrat und Müll (Abs. 3 S. 2).** Unrat und Müll konnten bereits nach früherer Rechtslage beseitigt werden. Eine sachliche Erweiterung dieser Befugnis ist durch die Neuregelung des **Abs. 3 S. 2** nicht beabsichtigt. Unrat und Müll sind nur im üblichen Maße zu beseitigen. Der Gerichtsvollzieher ist nicht verpflichtet, eine geräumte Wohnung besenrein zu übergeben.[57] Dem Gerichtsvollzieher steht ein Ermessen zu, in Ausnahmefällen von der **Vernichtung** abzusehen, etwa wenn der Schuldner sein Interesse an der Aushändigung der Sachen im Vorfeld der Räumung substantiiert dargelegt hat. Die Beseitigung großer Mengen gelagerten **Abfalls** ist nach § 887 zu vollstrecken (s. Rn 36). Bei der Einordnung von Sachen als Müll ist Vorsicht geboten, weil nach Abs. 5 auch wertlose Sachen verwahrt werden sollen.

59 **e) Herausgabeanspruch des Schuldners.** Der Schuldner hat gegen den Gerichtsvollzieher (nicht gegen den Gläubiger oder den Verwahrer) einen **Herausgabeanspruch**. Dieser wird teilweise aus § 985 BGB oder § 1007 BGB,[58] teilweise aus einem mit Wegnahme begründeten öffentlich-rechtlichen Verwahrungsverhältnis[59] hergeleitet. Der Schuldner kann nach **Abs. 5** vom Gerichtsvollzieher sofortige **Herausgabe** unpfändbarer und wertloser Sachen verlangen. Im Übrigen (**Abs. 2**) steht dem Gerichtsvollzieher als Vertreter des Justizfiskus gegen den Herausgabeanspruch auch dann ein **Zurückbehaltungsrecht** an pfändbaren Sachen wegen offener Transport- und Verwahrkosten (wegen Abs. 3 S. 1 nicht jedoch der Räumungskosten)[60] zu, wenn diese Kosten durch einen **Vorschuss des Gläubigers** gedeckt waren, denn der Vorschuss des Gläubigers bewirkt nicht das Erlö-

---

53 *Riecke*, DGVZ 2005, 81, 85.
54 OLG Karlsruhe NJW 1997, 1789 f.
55 Stein/Jonas/*Brehm*, § 885 Rn 33; Zöller/*Stöber*, § 885 Rn 19; nunmehr auch BGH NJW 2012, 2889.
56 BGH NJW 2012, 2889, 2890.
57 LG Berlin DGVZ 1980, 154, 156.
58 Thomas/Putzo/*Seiler*, § 885 Rn 18.
59 *Brox*/*Walker*, Rn 1057.
60 LG Berlin DGVZ 1990, 71 f; dem folgend Zöller/*Stöber*, § 885 Rn 23. Räumungskosten werden allerdings von § 128 Abs. 5 GVGA erfasst.

schen des Anspruchs des Gerichtsvollziehers gegenüber dem Schuldner nach Abs. 4.[61] Darauf, dass das Räumungsgut nicht Gegenstand der Zwangsvollstreckung ist,[62] kommt es nicht an, weil die Ausübung eines Zurückbehaltungsrechts durch den Gerichtsvollzieher kein Akt der Zwangsvollstreckung ist. Auch wenn die Versteigerungsmöglichkeit des Abs. 4 nicht der Deckung von Kosten, sondern der Beendigung der Verwahrung dienen soll,[63] ist der Gerichtsvollzieher gem. § 128 Abs. 7 S. 3 GVGA befugt, vor Hinterlegung des Erlöses seine noch offenen, durch einen Vorschuss des Gläubigers nicht gedeckten Kosten für Räumung, Einlagerung und Verkauf unmittelbar abzuziehen. Wenn der Gerichtsvollzieher nach Veräußerung zur Verrechnung befugt ist, spricht nichts dagegen, ihm vor Veräußerung ein Zurückbehaltungsrecht zuzugestehen.

Der Herausgabeanspruch begründet keinen **Versendungsanspruch**, so dass der Schuldner die Sachen selbst **abholen** muss.[64] Das Verlangen kann formlos erhoben werden und ist vom Gerichtsvollzieher im Protokoll zu vermerken (§ 762). **60**

Die Gegenstände können auch an einen **Dritten herausgegeben** werden. Der Schuldner muss dazu gehört werden. Verweigert der Schuldner ausdrücklich sein Einverständnis, so muss der Eigentümer den Schuldner auf Zustimmung verklagen.[65] Der Gerichtsvollzieher ist als Organ der Zwangsvollstreckung zur Prüfung der materiellen Rechtslage nicht befugt und kann daher vom Eigentümer nicht auf Herausgabe verklagt werden.[66] **61**

Im Übrigen ist streitig, ob der Schuldner der Herausgabe zustimmen muss[67] oder ob Gegenstände vom Gerichtsvollzieher herausgegeben werden dürfen, wenn das Eigentum daran hinreichend dargetan wird und der Schuldner nicht widerspricht.[68] Letztgenannte Meinung ist vorzugswürdig, weil durch die Herausgabe an Dritte Lagerkosten minimiert werden können und der Schuldner durch seine Anhörung hinreichend geschützt ist. **62**

Ist die Sache einem **Dritten** herauszugeben, steht dem Gerichtsvollzieher auch diesem gegenüber das Zurückbehaltungsrecht wegen anteiliger offener Transport- und Verwahrkosten zu.[69] **63**

f) Verkauf der nicht abgeholten Sachen (Abs. 4 S. 1); unverwertbare Sachen (Abs. 4 S. 4). aa) Ermessensentscheidung. Beim Verkauf des verwahrten Räumungsgutes nach Abs. 4 S. 1 handelt der Gerichtsvollzieher von Amts wegen. **64**

Der Verkauf steht im pflichtgemäßen **Ermessen** des Gerichtsvollziehers, wobei Lagerkosten, erwarteter Erlös und Wiederbeschaffungswert zu berücksichtigen sind. **65**

bb) Kein Herausgabeverlangen. Der Schuldner darf die Sachen nicht herausverlangt (**Abs. 4 S. 1**) bzw trotz Herausgabeverlangens die Verwahrkosten nicht gezahlt haben (**Abs. 4 S. 2**). **66**

---

61 KG MDR 1975, 235; KG Rpfleger 1986, 439, 440; Zöller/*Stöber*, § 885 Rn 23; aA LG Essen DGVZ 1989, 153, 154; Stein/Jonas/*Brehm*, § 885 Rn 40; Schuschke/Walker/*Walker*, § 885 Rn 29.
62 Ein Zurückbehaltungsrecht des Gerichtsvollziehers daher verneinend LG Berlin MDR 1972, 249, 250.
63 Ein Zurückbehaltungsrecht des Gerichtsvollziehers daher verneinend LG Essen DGVZ 1989, 153, 154.
64 LG Wuppertal DGVZ 1990, 189.
65 LG Koblenz DGVZ 87, 11, 12 spricht von Herausgabeklage.
66 Zöller/*Stöber*, § 885 Rn 23 a.
67 So AG Essen DGVZ 2000, 125 f.
68 AG Hannover DGVZ 1971, 14; AG Siegburg DGVZ 1998, 190 f.
69 Zöller/*Stöber*, § 885 Rn 23 a.

67 **cc) Verkauf nach Wartefrist, unverwertbare Sachen.** Nach Ablauf der **Wartefrist von einem Monat ab Räumung** (Berechnung nach § 222; der Tag der Räumung wird nicht mitgezählt) sollen die verwahrten Sachen veräußert werden (**Abs. 4 S. 1**). Durch das MietRÄndG (s. Rn 1) wurde mWz 1.5.2013 die Wartefrist von zwei Monaten auf einen Monat reduziert.

68 Die **Veräußerung** hat unter entsprechender Anwendung der Vorschriften über die Pfandverwertung (§§ 806, 814, 817) zu erfolgen (**Abs. 4 S. 3**). In der Gesetzesbegründung zum MietRÄndG (s. Rn 1) heißt es dazu: „Dadurch wird die Liquidation des Räumungsguts freilich nicht zur echten Pfandverwertung. Wie im geltenden Recht sind verwahrte Sachen (sofern sie nicht zugleich wegen einer Geldforderung für den Gläubiger gepfändet sind) nicht Gegenstand der Zwangsvollstreckung. Vollstreckungsschutzbestimmungen (§ 803 Abs. 2, §§ 811, 812, 813 a, 813 b, 16, 817 a) greifen grundsätzlich nicht ein. ... Der für die Pfandverwertung vorgesehene Gewährleistungsausschluss soll für die hoheitliche Liquidation von Räumungsgut entsprechend anwendbar sein, um Haftungsrisiken für die öffentliche Hand bei der Veräußerung zu begrenzen." Behauptete Rechte Dritter hindern den Verkauf nicht.

69 **Unverwertbare Sachen** können vernichtet oder in Ausnahmefällen weiter verwahrt werden (vgl **Abs. 4 S. 4**). Ob eine Sache unverwertbar ist, beurteilt der Gerichtsvollzieher. Ein Verkauf muss nicht erfolglos versucht worden sein. Die Norm des Abs. 4 S. 4 eröffnet dem Gerichtsvollzieher ein Ermessen ("soll"), von der Vernichtung unverwertbarer Sachen, wie zB persönlichen Papieren, Urkunden, Fotografien, abzusehen.

70 Die Verwertung soll ohne Verzögerung erfolgen. Die längere Verwahrung kann unrichtige Sachbehandlung sein, die einen Kostenanspruch des Gerichtsvollziehers ausschließt.[70] Dies gilt auch dann, wenn Aufbewahrungspflichten nach § 257 HGB, § 147 AO bestehen. Die Aufbewahrungspflicht trifft den Schuldner.

71 Nach **Abs. 5** sind unpfändbare Sachen und solche Sachen, bei denen ein Verwertungserlös nicht zu erwarten ist, auf Verlangen des Schuldners jederzeit ohne Weiteres herauszugeben. Die Regelung entspricht im Wesentlichen dem früheren Abs. 3 S. 2.

72 **dd) Hinterlegung des Restbetrags.** Nach Abzug der durch den Gläubiger nicht gedeckten regulär entstandenen Kosten von Räumung, Verwahrung und Verkauf wird der **Restbetrag** für den Schuldner **hinterlegt** (**Abs. 4 S. 1 aE**). Die Hinterlegung dient nicht dem Schutz des Schuldners, weshalb der Erlös vor Hinterlegung gepfändet werden kann.[71] Der Räumungsgläubiger kann seine Räumungskosten als Vollstreckungskosten festsetzen lassen und den Erlös sodann pfänden und sich überweisen lassen.

73 **g) Vermieterpfandrecht.** Behauptet der Gläubiger das Bestehen eines Vermieterpfandrechts, so hat der Gerichtsvollzieher nicht zu prüfen, welche Sachen hierunter fallen und ob sie unpfändbar wären, sondern hat sie auch bei Bestreiten durch den Schuldner auf dem Grundstück zu **belassen**. Eines Vollstreckungstitels hinsichtlich dieser Sachen bedarf es nicht. Diese Sachen werden vom Gläubiger, nicht vom Gerichtsvollzieher verwahrt.[72] Der Schuldner wird durch § 765 a S. 1 geschützt; Erinnerung nach § 766 kann er nicht einlegen. Zum Verhältnis zur Vorschrift des § 885 a s. § 885 a Rn 20.

---

70 LG Berlin DGVZ 2004, 140; nunmehr auch BGH NJW-RR 2008, 1166, 1167.
71 Einzelheiten: Stein/Jonas/*Brehm*, § 885 Rn 45.
72 BGH NJW 2006, 848, 849 = MDR 2006, 836 und BGH NJW 2006, 3273 f = MDR 2007, 238.

Verzichtet der Gläubiger **nachträglich** auf sein Pfandrecht, kann er nicht nachträglich Beseitigung der Sachen durch den Gerichtsvollzieher verlangen. 74

h) **Pfändung zugunsten anderer Gläubiger.** Der Gerichtsvollzieher darf aufgrund eines weiteren Zahlungstitels des Räumungsgläubigers Sachen des Schuldners auch ohne Durchsuchungsanordnung iSd § 758 a pfänden. Hingegen darf er gegen den Willen des Schuldners nicht anlässlich der Räumung dessen Sachen zugunsten anderer Vollstreckungsgläubiger pfänden, die keine Durchsuchungsanordnung nach § 758 a erwirkt haben.[73] 75

IV. Umfang der Kostenhaftung, § 788

1. Kostenhaftung. Die Kosten der Vollstreckung sind von § 788 erfasst. Ein Gläubiger, der zur Durchsetzung seines Räumungsbegehrens die Hilfe des Gerichtsvollziehers in Anspruch nimmt, haftet als Auftraggeber gem. § 13 Abs. 1 Nr. 1 GvKostG grds. für alle Kosten, die durch eine ordnungsgemäße und zweckmäßige Durchführung des Auftrags notwendigerweise entstehen. Der Gerichtsvollzieher ist verpflichtet, die Räumung so günstig wie möglich durchzuführen. Wegen der zumeist erheblichen Kosten einer Räumung werden teilweise Eigenleistungen des Gläubigers für zulässig erachtet (s. Rn 26, 53 f). Der Gläubiger haftet auch bei einer erfolglosen Räumung. Macht der Vermieter von seinem Vermieterpfandrecht Gebrauch (Räumung nach dem „Berliner Modell", s. Rn 26), so sind Kosten des Räumungsgläubigers für Transport, Einlagerung oder Entsorgung von Räumungsgut nicht über § 788 zu erstatten, sondern müssen ggf gesondert gerichtlich geltend gemacht werden.[74] 76

2. Vorschusspflicht des Gläubigers. Der Gläubiger ist für die Kosten der **Räumung** gegenüber dem Gerichtsvollzieher **vorschusspflichtig** (§ 4 GvKostG). 77

3. Kosten der Verwahrung. Für die Kosten der **Verwahrung** haftet der Gläubiger dem Gerichtsvollzieher für alle notwendigen Folgekosten (**Transport, Einlagerung** für angemessene Dauer). Eine Haftung des Gläubigers für die Transportkosten in die neue Wohnung des Schuldners wurde verneint.[75] Dies erscheint zweifelhaft. Zwar ist der Gläubiger zur Zahlung der Umzugskosten nicht verpflichtet, diese dürften jedoch idR geringer ausfallen als der Transport der Sachen in ein Lagerhaus. Ein direkter Umzug dürfte daher die kostengünstigste Möglichkeit der Räumung sein.[76] 78

Ob den Gläubiger die Kostenhaftung für Kosten der **Tiere** trifft, die der Schuldner nicht mitnehmen kann oder will, ist streitig. Dies ist entgegen der wohl vorherrschenden Meinung[77] (s. Rn 57) zu bejahen.[78] Eine ausschließliche Verpflichtung des Ordnungsamtes anzunehmen würde die Verwahrkosten der Allgemeinheit aufbürden. Hohe Verwahrkosten können insb. im gewerblichen Bereich auch bei anderen Sachen anfallen, etwa bei der Lagerung von Großmaschinen, Chemikalien, bei bestimmten Temperaturen zu lagernden Lebensmittel etc. Aus § 885 ergibt sich nicht die Verpflichtung der öffentlichen Hand, die Räumung zu erleichtern, wenn sie mit **hohen Kosten** verbunden ist.[79] 79

---

73 Schuschke/Walker/*Walker*, § 885 Rn 14.
74 AG Hannover NJW-RR 2011, 288.
75 LG Essen MDR 1974, 762 f; dem teilweise folgend Thomas/Putzo/*Seiler*, § 885 Rn 17.
76 LG Bochum DGVZ 1968, 85; eine Haftung nur für Mehrkosten verneinend auch Zöller/*Stöber*, § 885 Rn 31.
77 Schuschke/Walker/*Walker*, § 885 Rn 8; Thomas/Putzo/*Seiler*, § 885 Rn 17; LG Oldenburg DGVZ 1995, 44 f.
78 *Ferst*, DGVZ 1997, 177, 178 f.
79 So grds. auch BGH NJW 2012, 2889, 2890 (Ausnahme aber bei Tieren im Falle fehlgeschlagener Veräußerung mangels Vernichtungsmöglichkeit nach Abs. 4 S. 4).

80 Bei den Kosten, die **nach Ablauf der einmonatigen Aufbewahrungsfrist** des Abs. 4 S. 1 für die weitere Einlagerung der dem Vollstreckungsschuldner gehörenden Sachen entstehen, handelt es sich nicht um notwendige Zwangsvollstreckungskosten iSv § 788, für die der Vollstreckungsgläubiger nach § 13 Abs. 1 Nr. 1 GvKostG als Kostenschuldner einzustehen hat.[80] Dies gilt auch für Geschäftsunterlagen, die der Schuldner aufzubewahren hat (s. Rn 70).

81 4. Kosten der Vernichtung. Bei den Kosten der in Abs. 4 S. 4 angeordneten, die Verwahrung beendenden **Vernichtung** handelt es sich um notwendige Kosten der Zwangsvollstreckung iSv § 788, für die der Gläubiger vorschusspflichtig ist.[81]

V. Rechtsbehelfe

82 Gegen das Verfahren des Gerichtsvollziehers (Räumung, Ablehnung der Räumung, Forderung des Kostenvorschusses, Verkauf nach Abs. 4) findet Erinnerung gem. § 766 statt. Dies gilt auch für Dritte, die von der Räumung betroffen sind. Wendet ein Dritter Eigentum an den Gegenständen ein, die entfernt und eingelagert werden, kann die Erinnerung nach § 766 keinen Erfolg haben, weil das Dritteigentum vom Gerichtsvollzieher bei der Räumung nicht beachtet werden muss. Die Klage nach § 771 ist nicht statthaft,[82] weil es sich um eine Vollstreckungstätigkeit des Gerichtsvollziehers im Rahmen einer Räumung handelt, nicht um eine Vollstreckung zugunsten eines Gläubigers. Dem Eigentümer bleibt nur Klage auf Zustimmung gegen den Schuldner.[83] Der Eigentümer kann, um die Herausgabe an den Schuldner oder die Verwertung durch den Gerichtsvollzieher zu verhindern, beim Prozessgericht den Erlass einer einstweiligen Verfügung auf Herausgabe zur Verwahrung erwirken.

83 Der Gerichtsvollzieher schließt als **Vertreter des Justizfiskus**, als dessen Bediensteter er die hoheitliche Aufgabe der Zwangsvollstreckung durchführt,[84] Verträge mit Spediteur und Lagerhalter (s. Rn 53 f). Der Justizfiskus ist daher Schuldner des vertraglichen Zahlungsanspruchs.

VI. Kosten

84 1. Rechtsanwaltsgebühren. Für den Rechtsanwalt handelt es sich um eine besondere Angelegenheit (§ 18 Abs. 1 Nr. 1 RVG), die die Verfahrensgebühr Nr. 3309 VV RVG sowie die Auslagen besonders auslöst. Der Wert dieser Gebühr richtet sich nach dem Wert der herauszugebenden oder zu leistenden Sachen; der Gegenstandswert darf jedoch den Wert nicht übersteigen, mit dem der Herausgabe- oder Räumungsanspruch nach den für die Berechnung von Gerichtskosten maßgeblichen Vorschriften zu bewerten ist (§ 25 Abs. 1 Nr. 2 RVG). Dies ist der für die Dauer eines Jahres zu entrichtende Miet-/Pachtzins (§ 41 Abs. 2 GKG). Dies gilt jedoch ausdrücklich nur, wenn die Herausgabe wegen Beendigung eines Miet-/Pacht- oder ähnlichen Verhältnisses verlangt wird.[85] Wird ein Herausgabeanspruch für ein Grundstück auf andere Rechtsgründe (zB Eigentum) gestützt, ist

---

80 LG Bochum Rpfleger 1968, 127 f; LG Frankfurt DGVZ 1972, 136, 137 (übermäßige Transportkosten); LG Berlin DGVZ 1975, 42, 43 (durch Verzögerung entstandene Lagerkosten).
81 LG Frankenthal 27.10.2008 – 1 T 219/08; LG Koblenz MDR 2006, 1433 f; wohl auch LG Hamburg DGVZ 1983, 122, 124; aA LG Duisburg NZM 1998, 303; unklar LG Frankfurt DGVZ 2002, 76, 77.
82 Schuschke/Walker/*Walker*, § 885 Rn 33; aA Hk-ZPO/*Pukall*, § 885 Rn 19.
83 Zöller/*Stöber*, § 885 Rn 23 a; für Erinnerung nach Räumung Schuschke/Walker/*Walker*, § 885 Rn 33.
84 BGH Rpfleger 1999, 498.
85 AnwK-RVG/*Wolf/Volpert*, § 25 Rn 32; *Enders*, JurBüro 1998, 225.

für die Bestimmung des Gegenstandswertes der Verkehrswert maßgebend.[86] Die Vollstreckung gegen mehrere Schuldner stellt mehrere Angelegenheiten dar.[87]

2. Gerichtsvollzieherkosten. Für den Gerichtsvollzieher entstehen – im Rahmen eines Auftrags (§ 3 Abs. 1 S. 1 GvKostG) – Gebühren für die Herausgabevollstreckung sowie ggf für die Verwertung (Abs. 4). Daneben fallen **Auslagen** (Nr. 700 ff KV GvKostG) an. Als Auslagen des Gerichtsvollziehers werden auch die Kosten Dritter (**Transportkosten**,[88] **Lagerkosten**,[89] insb. auch **Vernichtungskosten**)[90] erhoben (s. auch Rn 81). Auch **Bereitstellungskosten** bei einer ausgefallenen Räumung gehören zu den Auslagen des Gerichtsvollziehers.[91] Gegenüber dem Vollstreckungsschuldner (§ 13 Abs. 1 Nr. 2 GvKostG) können die Bereitstellungskosten nur geltend gemacht werden, wenn die verspätete Abbestellung der Spedition nicht auf einem Verschulden des Gläubigers oder des Gerichtsvollziehers[92] beruht.

Die Auswahl der zur Durchführung einer Räumungsvollstreckung hinzuzuziehenden **Fremdfirmen** liegt im pflichtgemäßen Ermessen des Gerichtsvollziehers.[93] Der Gerichtsvollzieher hat jedoch die in Ansatz gebrachten Kosten auf ihre Angemessenheit zu überprüfen.[94]

Für Kosten, die **nach Ablauf der einmonatigen Aufbewahrungsfrist** (Abs. 4 S. 1) für die weitere Einlagerung von aufbewahrungspflichtigen Geschäftsunterlagen entstehen, haftet der Vollstreckungsgläubiger nicht mehr als Auftraggeber (§ 13 Abs. 1 Nr. 1 GvKostG; vgl auch Rn 80).[95]

Die Auslagen werden im Regelfall aus einem vom Gläubiger zu zahlenden **Vorschuss** (§ 4 GvKostG) entnommen, dessen Höhe im Regelfall im Ermessen des Gerichtsvollziehers steht.[96]

Ein Räumungsgläubiger hat aus Haftungsgründen[97] keinen Anspruch darauf, die Räumung selbst durchzuführen und das Räumungsgut selbst zu verwahren.[98] Es ist jedoch ggf ein geltend gemachtes Vermieterpfandrecht zu berücksichtigen.[99]

Die erforderliche Zustellung der Benachrichtigung über den Zeitpunkt der beabsichtigten Räumung an den Schuldner (§ 128 Abs. 2 S. 2 GVGA) lässt keine Zustellungsgebühren entstehen, da diese nur für Parteizustellungen und im Einzelnen besonders genannte Zustellungen zu erheben ist sind (Abschnitt 1 KV GvKostG, Vorbemerkung Abs. 2). Bei der Zustellung nach § 128 Abs. 2 S. 2 GVGA handelt es sich aber um eine Amtszustellung.[100]

---

86 LG Augsburg DGVZ 2005, 95.
87 BGH AGS 2007, 71 = JurBüro 2007, 156; OLG Düsseldorf JurBüro 1987, 72 m. abl. Anm. *Schroeder* u. *Mümmler*; AnwK-RVG/*Wolf/Volpert/Mock/Thiel/N. Schneider*, § 18 Rn 46 mwN; aA LG Frankfurt AnwBl 1992, 287; LG Münster Rpfleger 2001, 49; LG Tübingen MDR 2001, 1193.
88 LG Koblenz DGVZ 1994, 92.
89 LG Koblenz DGVZ 1995, 90.
90 LG Koblenz JurBüro 2006, 493; LG Koblenz DGVZ 1992, 30.
91 LG Kassel DGVZ 2003, 140; AG Geldern DGVZ 2003, 77; AG Ettlingen DGVZ 1998, 15.
92 AG Bochum DGVZ 2006, 125.
93 AG Hamburg-St. Georg DGVZ 2004, 189; AG Rastatt DGVZ 2002, 46; LG Stuttgart DGVZ 1990, 172.
94 OLG Hamburg MDR 2000, 602; LG Stuttgart DGVZ 1990, 172.
95 BGH Rpfleger 2008, 431.
96 AG Villingen-Schwenningen DGVZ 2000, 15; LG Konstanz DGVZ 2001, 45.
97 AG Mönchengladbach NVwZ-RR 2003, 405.
98 AG Lörrach DGVZ 2005, 109.
99 BGH Rpfleger 2006, 143; BGH DGVZ 2006, 178.
100 Str, *Winterstein*, DGVZ 2004, 54; *Kessel*, DGVZ 2007, 134; *ders.*, DGVZ 2004, 51; aA AG Köln DGVZ 2004, 175; *Heinze*, DGVZ 2004, 164; *Hornung*, DGVZ 2007, 58.

§ 885 a Beschränkter Vollstreckungsauftrag

(1) Der Vollstreckungsauftrag kann auf die Maßnahmen nach § 885 Absatz 1 beschränkt werden.

(2) ¹Der Gerichtsvollzieher hat in dem Protokoll (§ 762) die frei ersichtlichen beweglichen Sachen zu dokumentieren, die er bei der Vornahme der Vollstreckungshandlung vorfindet. ²Er kann bei der Dokumentation Bildaufnahmen in elektronischer Form herstellen.

(3) ¹Der Gläubiger kann bewegliche Sachen, die nicht Gegenstand der Zwangsvollstreckung sind, jederzeit wegschaffen und hat sie zu verwahren. ²Bewegliche Sachen, an deren Aufbewahrung offensichtlich kein Interesse besteht, kann er jederzeit vernichten. ³Der Gläubiger hat hinsichtlich der Maßnahmen nach den Sätzen 1 und 2 nur Vorsatz und grobe Fahrlässigkeit zu vertreten.

(4) ¹Fordert der Schuldner die Sachen beim Gläubiger nicht binnen einer Frist von einem Monat nach der Einweisung des Gläubigers in den Besitz ab, kann der Gläubiger die Sachen verwerten. ²Die §§ 372 bis 380, 382, 383 und 385 des Bürgerlichen Gesetzbuchs sind entsprechend anzuwenden. ³Eine Androhung der Versteigerung findet nicht statt. ⁴Sachen, die nicht verwertet werden können, können vernichtet werden.

(5) Unpfändbare Sachen und solche Sachen, bei denen ein Verwertungserlös nicht zu erwarten ist, sind auf Verlangen des Schuldners jederzeit ohne Weiteres herauszugeben.

(6) Mit der Mitteilung des Räumungstermins weist der Gerichtsvollzieher den Gläubiger und den Schuldner auf die Bestimmungen der Absätze 2 bis 5 hin.

(7) Die Kosten nach den Absätzen 3 und 4 gelten als Kosten der Zwangsvollstreckung.

I. Anwendungsbereich und Voraussetzungen des „Berliner Modells" 1	1. Allgemeines 13
II. Auftragsbeschränkung (Abs. 1) .. 3	2. Verwertungsbefugnis nach Fristablauf (Abs. 4 S. 1) 14
III. Dokumentation (Abs. 2) 5	3. Verwertungsverfahren 15
1. Protokollierungspflicht (Abs. 2 S. 1) 5	a) Verwertung aufgrund Vermieterpfandrechts 15
2. Dokumentation durch digitale Fotografie (Abs. 2 S. 2) 7	b) Verwertung aufgrund Räumung (Abs. 4 S. 2) ... 16
IV. Behandlung verbliebener Sachen (Abs. 3) 9	c) Entbehrlichkeit der Androhung (Abs. 4 S. 3) .. 18
1. Allgemeines 9	d) Vernichtung nicht verwertbarer Sachen (Abs. 4 S. 4) 19
2. Verwahrungspflicht (Abs. 3 S. 1) 10	
3. Vernichtungsbefugnis (Abs. 3 S. 2) 11	e) Verhältnis zwischen Vermieterpfandrecht und Verwertungsbefugnis 20
4. Haftung des Vermieters (Abs. 3 S. 3) 12	VI. Hinweispflicht (Abs. 6) 21
V. Verwertungsbefugnis (Abs. 4) ... 13	VII. Kostenerstattung (Abs. 7) 22

I. Anwendungsbereich und Voraussetzungen des „Berliner Modells"

1 Die Vorschrift wurde durch das „Gesetz über die energetische Modernisierung von vermietetem Wohnraum und über die vereinfachte Durchsetzung von Räumungstiteln (Mietrechtsänderungsgesetz – MietRÄndG)"[1] mit Wirkung zum

---
1 Art. 4 Nr. 7 des Gesetzes vom 11.3.2013 (BGBl. I S. 434, 438).

1.5.2013 eingeführt. Gleichzeitig wurde § 885 neugefasst und auch § 940 a eingeführt. Durch die Reform sollen Räumungsverfahren effizienter und kostengünstiger gestaltet und die **"Berliner Räumung"** (s. § 885 Rn 26, 76) auf eine gesetzliche Grundlage gestellt werden.

Die Räumung nach dem „Berliner Modell" setzte voraus, dass dem Räumungsgläubiger ein Vermieterpfandrecht zustand, weshalb sie nicht vom Gläubiger betrieben werden konnte, der das Grundstück im Wege der Zwangsversteigerung erworben hat (s. § 885 Rn 26). Nunmehr ist die Räumung unter Belassung der Sachen in den Räumlichkeiten mit der Möglichkeit der späteren Verwertung auch ohne Ausübung eines Vermieterpfandrechts möglich (s. Rn 4, 16). Die Norm ist also auch anwendbar, wenn der Vollstreckungsgläubiger die Räumlichkeiten **ersteigert** hat und mit dem Vollstreckungsschuldner nicht durch einen zuvor geschlossenen Mietvertrag verbunden ist, der ein Vermieterpfandrecht an den eingebrachten Sachen hätte begründen können. Ist das Bestehen eines Vermieterpfandrechts nicht mehr Voraussetzung für die Räumung einschließlich nachträglicher Verwertung zurückgelassener Sachen, so muss die Norm gleichfalls anwendbar sein, wenn auch der Schuldner seinen Besitz ohne Mietvertrag erlangt hat wie etwa im Falle einer **Hausbesetzung**. Gleiches muss gelten, wenn der Besitz **anders** als durch **Mietvertrag** begründet worden ist. 2

II. Auftragsbeschränkung (Abs. 1)

Die Zwangsvollstreckung wird vom Gläubiger betrieben. Das Zwangsvollstreckungsverfahren ist **Antragsverfahren**. Die Zwangsvollstreckung beginnt noch nicht mit der Erteilung des Vollstreckungsauftrags, sondern erst mit einer gegen den Schuldner gerichteten Handlung des funktionell zuständigen Vollstreckungsorgans. Der Gerichtsvollzieher handelt bei der ihm zugewiesenen Zwangsvollstreckung nach der Auftragserteilung durch den Gläubiger **selbständig**. Dennoch hatte er bereits nach früherer Rechtslage **Weisungen** des Gläubigers insoweit zu berücksichtigen, als sie mit den Gesetzen oder den Verwaltungsbestimmungen nicht in Widerspruch stehen (s. § 753 Rn 8).[2] Mit der Erteilung eines beschränkten Auftrags ermöglicht Abs. 1 die **Bindung des Gerichtsvollziehers** bereits **vor Beginn** der Zwangsvollstreckung. 3

Früher konnte der Gläubiger die Zwangsvollstreckung nach § 885 auf eine Herausgabe der Wohnung beschränken, wenn er an sämtlichen in den Räumen befindlichen Gegenständen ein Vermieterpfandrecht geltend macht.[3] Die Regelung des § 885 a ermöglicht nunmehr die vereinfachte Räumung durch den Vermieter, **ohne** dass er ein bestehendes **Vermieterpfandrecht** ausüben muss (s. Rn 2, 16). Der Gerichtsvollzieher ist an diese Antragsbeschränkung gebunden und darf weder ein Vermieterpfandrecht prüfen noch Unpfändbarkeit nach § 811 berücksichtigen.[4] 4

---

[2] Nach *Schuschke*, NZM 2011, 685, 688 war deshalb auch nach der bisherigen Rechtslage der Gläubiger nicht daran gehindert, ohne sich auf ein Vermieterpfandrecht berufen zu müssen, den Gerichtsvollzieher mit allein den in § 885 Abs. 1 vorgesehenen Handlungen beschränkt zu beauftragen.
[3] BGH NJW 2006, 848 = MDR 2006, 836.
[4] Zur früheren Antragsbeschränkung im Rahmen des § 885: BGH NJW 2006, 3273 f; BGH NJW-RR 2009, 1384, 1385 = NZM 2009, 660 f.

4a Der **Antrag** kann wie folgt lauten:

▶ Antrag auf Räumung gem. § 885 a ZPO (Berliner Modell)
In der Zwangsvollstreckungssache ... / ...
wird beantragt, die Räumung der Wohnung
... (genaue Bezeichnung der zu räumenden Wohnung), Straße ... des oben bezeichneten Schuldners nach dem sogenannten „Berliner Modell" dergestalt vorzunehmen, als der Schuldner im Wege der Zwangsvollstreckung lediglich aus dem Besitz der Wohnung zu weisen ist und ggf ein Austausch der Schlösser der vorgenannten Wohnung zu erfolgen hat.

Es wird bezüglich sämtlicher in der Wohnung befindlichen Gegenstände das Vermieterpfandrecht wegen der titulierten Forderung geltend gemacht und dem Abtransport der Sachen widersprochen. Der Auftrag beschränkt sich also ausschließlich auf die Herausgabe der Wohnung. ◀

III. Dokumentation (Abs. 2)

5 1. **Protokollierungspflicht** (Abs. 2 S. 1). Gemäß § 762 hat der Gerichtsvollzieher über jede Vollstreckungshandlung ein **Protokoll** zu errichten. Im Falle einer Räumung nach dem „Berliner Modell", in welcher die Räumung auf die bloße Besitzverschaffung gerichtet ist und Sachen des Schuldners in der Wohnung verbleiben, besteht die erhöhte Gefahr von Meinungsverschiedenheiten zwischen Vermieter und Mieter, welche Sachen zum Zeitpunkt der Räumung vorhanden waren und in welchem Zustand diese sich befunden haben. Durch die Erweiterung der ohnehin nach § 762 bestehenden Dokumentierungspflicht soll im Streitfall die Beweisführung über den **wesentlichen Bestand** und Zustand der vom Schuldner in die Räume eingebrachten beweglichen Sachen erleichtert werden. Eine vollständige **Inventarisierung** wird nicht gefordert, weshalb sich die Dokumentation auf die **frei ersichtlichen** beweglichen Sachen beschränken darf.

6 Auch ohne die Einführung dieser gesonderten Dokumentationspflicht ist eine sorgfältige Protokollierung der Räumungsvorgänge ratsam. Zur Protokollierung bei der „Hamburger Räumung" s. § 885 Rn 56 aE.

7 2. **Dokumentation durch digitale Fotografie** (Abs. 2 S. 2). Bei umfangreichen Räumungen soll dem Gerichtsvollzieher durch Abs. 2 S. 2 ermöglicht werden, durch **digitale Fotografie** die wesentlichen Tatsachen über Bestand und Zustand der vom Schuldner in die Räume eingebrachten Gegenstände zu sichern. Auch die herkömmliche analoge Bildaufzeichnung ist möglich. Ob und wie eine fotografische Dokumentation erstellt wird, steht im pflichtgemäßen Ermessen des Gerichtsvollziehers.

8 Nach § 760 S. 2 erstreckt sich das Akteneinsichtsrecht auch auf die Bildaufzeichnungen. Im Streitfall sind für das Gericht die Bilddateien gem. § 371 im Rahmen des Augenscheinbeweises verwertbar.

IV. Behandlung verbliebener Sachen (Abs. 3)

9 1. **Allgemeines.** Abs. 3 bestimmt, wie mit den in der Wohnung vorgefundenen beweglichen Sachen unmittelbar im Anschluss an die Vollstreckungsmaßnahme weiter zu **verfahren** ist und nach welchem **Maßstab** der Vollstreckungsgläubiger gegenüber dem Eigentümer ggf **haftet**.

10 2. **Verwahrungspflicht** (Abs. 3 S. 1). Bereits nach den pfandrechtlichen Regeln besteht eine **Verwahrpflicht** (s. § 885 Rn 73). Die Verwahrungspflicht wird durch Abs. 3 S. 1 zusätzlich begründet und erfasst auch die Fälle, in denen kein Pfandrecht und damit auch keine darauf begründete Verwahrpflicht besteht. Verwahrt der Vermieter entsprechend seiner Pflicht die Sachen, so stellt Abs. 3 S. 1 klar, dass er die Sachen an ihrem Ort belassen oder anderweitig verwahren kann.

3. Vernichtungsbefugnis (Abs. 3 S. 2). Der Gerichtsvollzieher darf bei der klassischen Räumung Unrat und Müll beseitigen, ist andererseits jedoch verpflichtet, zunächst auch wertlose Sachen zu verwahren (s. § 885 Rn 58). Nach der Neufassung des § 885 Abs. 3 S. 2 sollen Sachen **unverzüglich vernichtet** werden, wenn an deren Aufbewahrung **offensichtlich kein Interesse** besteht. Diese Befugnis steht nach Abs. 3 S. 2 auch dem Vermieter zu. Eine sachliche Erweiterung der zu entsorgenden Sachen war damit nicht beabsichtigt, so dass nach wie vor nur **Unrat** und **Müll** beseitigt werden dürfen, wertlose oder im gegenwärtigen Zustand nicht gebrauchsfähige Sachen hingegen zunächst zu verwahren sind. 11

4. Haftung des Vermieters (Abs. 3 S. 3). Verbleiben Sachen des Mieters (zu schuldnerfremden Sachen s. Rn 17) in der im Übrigen geräumten Wohnung, kann sich der Vermieter gegenüber dem Mieter im Falle der Verschlechterung der Sachen nach allgemeinen Regeln **schadensersatzpflichtig** machen. Die Anwendung der allgemeinen Regeln soll der besonderen Situation nach Durchführung eines beschränkten Vollstreckungsauftrags nicht gerecht werden, weshalb eine **Haftungsminderung** zugunsten des Vermieters dahin gehend vorgesehen ist, dass der Gläubiger im Hinblick auf die Sonderung und Vernichtung sowie das Wegschaffen und Verwahren der vorgefundenen beweglichen Sachen ähnlich § 300 BGB nur **Vorsatz** und **grobe Fahrlässigkeit** zu vertreten hat. 12

V. Verwertungsbefugnis (Abs. 4)

1. Allgemeines. Während Abs. 3 die Pflicht des Räumungsgläubigers zur Aufbewahrung sowie seine Befugnis zur Vernichtung derjenigen Sachen, an deren Aufbewahrung offensichtlich kein Interesse besteht, bestimmt Abs. 4 das weitere **Verfahren zur Verwertung** der im Vollstreckungstermin vorgefundenen beweglichen Gegenstände. 13

2. Verwertungsbefugnis nach Fristablauf (Abs. 4 S. 1). Der Gläubiger hat die beweglichen Sachen zu verwahren (s. Rn 10). 14

Die einzige Voraussetzung für die Verwertung der bei der Vollstreckung vorgefundenen beweglichen Sachen besteht darin, dass sie vom Schuldner (zu schuldnerfremden Sachen s. Rn 17) binnen einer Frist von **einem Monat** nach der Einweisung des Gläubigers in den Besitz nicht abgefordert werden. Für die Fristberechnung gelten §§ 186 ff BGB. Die Abforderung ist geschäftsähnliche Handlung.

3. Verwertungsverfahren. a) Verwertung aufgrund Vermieterpfandrechts. Dem Vermieter steht gem. § 562 Abs. 1 S. 1 BGB für seine Forderungen aus dem Mietverhältnis ein gesetzliches, besitzloses Pfandrecht („**Vermieterpfandrecht**") an den eingebrachten Sachen des Mieters zu. Dieses Vermieterpfandrecht bewirkt über §§ 1257, 1228 Abs. 2 BGB ein Recht des Vermieters auf Herausgabe der Sachen zwecks Verwertung durch Versteigerung und begründet damit sein Recht zum Besitz daran auch schon vor dem Auszug des Mieters.[5] 15

b) Verwertung aufgrund Räumung (Abs. 4 S. 2). Abs. 4 S. 2 regelt hingegen, dass der Gläubiger die zurückgelassenen Sachen des Räumungsschuldners in entsprechender Anwendung der Vorschriften über die Hinterlegung, Versteigerung und den Verkauf gemäß den §§ 372 ff BGB verwerten kann (zum Verhältnis zwischen Pfandrechtsverwertung und Hinterlegung s. Rn 20). Nach § 372 Abs. 1 S. 1 BGB können Geld, Wertpapiere, Urkunden sowie Kostbarkeiten hinterlegt werden. 16

---

[5] Palandt/*Weidenkaff*, § 562 BGB Rn 19.

Bei den vom Mieter in der Wohnung zurückgelassenen Gegenständen handelt es sich jedoch häufig um nicht hinterlegungsfähige Sachen. Vorrangig wird daher eine öffentliche **Versteigerung** durch den Gerichtsvollzieher (oder eine sonst dazu befugte Person) nach § 383 BGB erfolgen.

17 Abs. 3 S. 1 spricht von beweglichen Sachen, die nicht Gegenstand der Zwangsvollstreckung sind. Damit sind nur die dem Vollstreckungsschuldner gehörenden Sachen gemeint. Voraussetzung einer jeglichen Zwangsvollstreckungsmaßnahme ist das Bestehen eines gegen den Schuldner gerichteten Titels. **Schuldnerfremde Sachen** dürfen nicht vernichtet oder verwertet werden. Auch die Haftungsmilderung des Abs. 3 S. 3 gilt dort nicht.

18 c) **Entbehrlichkeit der Androhung (Abs. 4 S. 3).** Nach Abs. 4 S. 3 findet abweichend von § 384 BGB **keine Androhung** der Versteigerung statt. Ein weiterer Schutz des Schuldners ist aufgrund der mit der vorangegangenen Durchführung des Erkenntnisverfahrens sowie der anschließenden Durchführung von Vollstreckungsmaßnahmen verbundenen erheblichen Warnfunktion nicht mehr geboten.

19 d) **Vernichtung nicht verwertbarer Sachen (Abs. 4 S. 4).** Abs. 4 S. 4 bestimmt, dass die Sachen, die nicht verwertet werden können, vernichtet werden können. Dies betrifft nur die Sachen, welche dem **Gerichtsvollzieher** vom Vollstreckungsgläubiger zwecks Versteigerung zuvor **ausgehändigt** worden sind. Die Norm berechtigt also nicht den Vollstreckungsgläubiger zur Vernichtung nicht verwertbarer Gegenstände. Die Vorschrift entspricht § 885 Abs. 4 S. 4; zu den Voraussetzungen s. daher § 885 Rn 64 ff.

20 e) **Verhältnis zwischen Vermieterpfandrecht und Verwertungsbefugnis.** Ein bestehendes Vermieterpfandrecht wird durch die in dieser Norm geregelten Befugnisse des Räumungsgläubigers nicht berührt. Ihm steht daher ein **Wahlrecht** zu. Macht der Gläubiger sein Vermieterpfandrecht geltend, sind die Regeln über die Verwahrung und den Verkauf dieser Sachen unverändert nach den Vorschriften über das Pfandrecht an beweglichen Sachen (§§ 1204 ff, 1257 BGB) anzuwenden.

VI. Hinweispflicht (Abs. 6)

21 Der Gerichtsvollzieher hat **Gläubiger und Schuldner** mit der Mitteilung des Räumungstermins auf die Vorschriften über die ordnungsgemäße Sonderung, Verwahrung und Liquidierung hinzuweisen. Der Hinweis hat zugunsten des Vermieters beratende, im Hinblick auf den Mieter warnende Funktion.

VII. Kostenerstattung (Abs. 7)

22 Kosten der Vernichtung, Lagerung und Verwertung gelten als solche der Zwangsvollstreckung, fallen daher (in teilweiser Abänderung des § 386 BGB, nach welchem die Kosten der Versteigerung oder des freihändigen Verkaufs grds. dem Gläubiger zur Last fallen) dem Schuldner zur Last und können von diesem nach § 788 Abs. 1 S. 1 **beigetrieben** werden.

§ 886 Herausgabe bei Gewahrsam eines Dritten

Befindet sich eine herauszugebende Sache im Gewahrsam eines Dritten, so ist dem Gläubiger auf dessen Antrag der Anspruch des Schuldners auf Herausgabe der Sache nach den Vorschriften zu überweisen, welche die Pfändung und Überweisung einer Geldforderung betreffen.

I. Normzweck

Die Vorschrift ergänzt die **Herausgabevollstreckung**, wenn der Schuldner nicht unmittelbarer Alleinbesitzer der herauszugebenden Sache ist. Im Gegensatz dazu dienen die §§ 846–848 der Vollstreckung **von Geldforderungen in Herausgabeansprüche**.

Der Titel auf **Herausgabe** einer beweglichen oder unbeweglichen Sache rechtfertigt nur die Vollstreckung gegen den dort bezeichneten Schuldner. Befindet sich die herauszugebende Sache im Allein- oder Mitgewahrsam eines Dritten, der nicht zur Herausgabe bereit ist, kann das Herausgabeurteil nicht vollstreckt werden, es sei denn, das Urteil kann gegen den besitzenden Dritten vollstreckbar ausgefertigt werden (§§ 727 ff, 325, 265). Ist der Dritte zur Herausgabe bereit, kann der Gerichtsvollzieher die Sache in Empfang nehmen bzw das Grundstück räumen (s. § 885 Rn 25).

Um die Herausgabe auch gegenüber dem besitzenden Dritten erzwingen zu können, kann der Gläubiger den Herausgabeanspruch des Schuldners **pfänden** und ihn sich zur Einziehung **überweisen** lassen.

Für die Übertragung von Aktien in Sammelverwahrung gilt § 886 entsprechend.[1]

II. Herausgabeanspruch

Der Herausgabeanspruch braucht nicht **fällig** zu sein. Auch ein **zukünftiger** Herausgabeanspruch ist pfändbar. § 886 findet auch bei **unbeweglichen Sachen** Anwendung, weshalb auch Ansprüche wegen Räumung gepfändet werden können.

III. Geltendmachung

Nach Pfändung und Überweisung muss der Dritte die Sache aufgrund des Herausgabeanspruchs an den Gläubiger **herausgeben**. Dieser Anspruch muss ggf **eingeklagt** werden. Im Einziehungsprozess kann der Gläubiger den Herausgabeanspruch des Schuldners gegen den Dritten im eigenen Namen und auf Leistung an sich titulieren lassen.[2] Für die Pfändung und Überweisung sind die §§ 828 ff anwendbar, soweit sie auf die Herausgabeverpflichtung passen. Die Überweisung erfolgt nur zur Einziehung, nicht an Zahlung statt.

§ 886 gilt auch für Ansprüche auf **Verschaffung** einer Sache, weshalb auch Ansprüche auf Abgabe von Übereignungserklärungen nach § 886 gepfändet werden können.[3]

Die **Vorpfändung** nach § 845 ist auch im Rahmen des § 886 möglich.

IV. Rechtsmittel

Wird der Antrag des Gläubigers abgelehnt, kann er sich dagegen mit der sofortigen Beschwerde nach § 793 wehren. Der Schuldner kann gegen den Pfändungs- und Überweisungsbeschluss Erinnerung nach § 766 einlegen. Nimmt der Gerichtsvollzieher die Sache dem nicht herausgabebereiten Dritten weg, obwohl die Voraussetzungen des § 886 nicht vorliegen, kann der Dritte gleichfalls Erinnerung nach § 766 einlegen. Dritten, die sich auf die Verletzung ihres Eigentums berufen, steht die Drittwiderspruchsklage nach § 771 zu.

---

1 BGHZ 160, 121, 125 = NJW 2004, 3340, 3341.
2 Schuschke/Walker/*Walker*, § 886 Rn 4.
3 KG JW 1937, 1445.

V. Kosten

10 Für das Verfahren über den Antrag nach §§ 829, 835 entsteht im **gerichtlichen Verfahren** eine Festgebühr iHv 20,00 € (Nr. 2111 KV GKG).

11 Für den **Rechtsanwalt** handelt es sich um eine besondere Angelegenheit (§ 18 Abs. 1 Nr. 1 RVG), die die Verfahrensgebühr Nr. 3309 VV RVG auslöst. Auslagen fallen ebenfalls an.

§ 887 Vertretbare Handlungen

(1) Erfüllt der Schuldner die Verpflichtung nicht, eine Handlung vorzunehmen, deren Vornahme durch einen Dritten erfolgen kann, so ist der Gläubiger von dem Prozessgericht des ersten Rechtszuges auf Antrag zu ermächtigen, auf Kosten des Schuldners die Handlung vornehmen zu lassen.

(2) Der Gläubiger kann zugleich beantragen, den Schuldner zur Vorauszahlung der Kosten zu verurteilen, die durch die Vornahme der Handlung entstehen werden, unbeschadet des Rechts auf eine Nachforderung, wenn die Vornahme der Handlung einen größeren Kostenaufwand verursacht.

(3) Auf die Zwangsvollstreckung zur Erwirkung der Herausgabe oder Leistung von Sachen sind die vorstehenden Vorschriften nicht anzuwenden.

§§ 30, 36, D. vor § 133 GVGA

I. Anwendungsbereich	1
1. Allgemeines	1
2. Handlungs- und Unterlassungspflichten	3
a) Dauerverpflichtung	4
b) Unterlassung	7
II. Vertretbare Handlung	8
1. Leistungsinteresse des Gläubigers	9
2. Einzelfälle	11
a) Tathandlungen	12
b) Abrechnung und Auskunft	15
c) Freistellungsansprüche, zahlungsähnliche Ansprüche	17
d) Rechtshandlungen des Schuldners	18
III. Voraussetzungen	20
1. Prozessuale Voraussetzungen	20
a) Zuständigkeit	20
aa) Zivilgerichtsbarkeit	20
bb) Arbeitsgerichtsbarkeit	22
cc) Familien- und fG-Sachen	23
dd) Notarielle Urkunden	25
ee) Ausländische Urteile	26
b) Antrag, Umdeutung, Anwaltszwang	27
c) Verfahren	36
2. Materielle Voraussetzungen	37
a) Handlungsverweigerung	37
b) Einwendungen des Schuldners	38
aa) Erfüllung	38
bb) Unzumutbarkeit, Unmöglichkeit	40
cc) Mitwirkung Dritter	42
dd) Verbotene Handlungen	44
(1) Allgemein verbotene Handlungen	44
(2) Genehmigungsbedürftige Handlungen	45
3. Alternative Vorgehensweise nach § 893	46
4. Auslandsbezug	47
IV. Beschluss	48
1. Überblick	48
2. Erfolgsherbeiführung	49
3. Ermächtigung	50
4. Beauftragung Dritter	51
5. Durchführung	52
6. Neuer Antrag	53
V. Verurteilung zur Kostenvorauszahlung (Abs. 2)	54
VI. Kosten der Durchführung	57

VII. Rechtsbehelfe 60
VIII. Kosten 61
 1. Gerichtskosten 61
 2. Rechtsanwaltsgebühren 62
 3. Gerichtsvollzieherkosten 64

I. Anwendungsbereich

1. Allgemeines. Ein Titel, der die Verpflichtung des Schuldners auf Vornahme einer **vertretbaren** Handlung zum Inhalt hat, wird nach § 887 vollstreckt. Die Vorschrift ist gem. Abs. 3 nicht anwendbar auf die Zwangsvollstreckung zur Erwirkung der Herausgabe oder Leistung von Sachen, welche nach §§ 883–886 erfolgt. Nicht anwendbar ist § 887 ferner, wenn die geschuldete Handlung in Zahlung von Geld besteht, ferner bei der Abgabe einer Willenserklärung, die nach §§ 894–897 vollstreckt wird. Die Verpflichtung zur Unterlassung oder – als Unterfall der Unterlassung – zur Duldung einer Handlung wird nach § 890 vollstreckt. 1

Ob eine Handlung nach § 887 oder nach § 888 zu vollstrecken ist, kann sich uU erst im Laufe des Vollstreckungsverfahrens herausstellen (s. Rn 42). 2

2. Handlungs- und Unterlassungspflichten. In einigen Fällen können nur **Handlungen und Unterlassungen** des Schuldners das Vollstreckungsziel erreichen. Hierbei sind zwei Fallgruppen zu unterscheiden: 3

a) Dauerverpflichtung. Bei der **Verurteilung zu einer Handlung** kann es notwendig sein, dass es der Schuldner unterlässt, den eingetretenen Erfolg wieder zu vereiteln. Als Beispiel wird die Vollstreckung von **Dauerverpflichtungen** genannt wie etwa die Verurteilung zur Schaffung bestimmter Raumtemperaturen[1] oder der Betrieb eines Fahrstuhls.[2] Dort stellt sich die Frage, ob sich die entsprechende Unterlassungsverpflichtung stets aus dem Titel ergibt, was zur Folge hätte, dass der Gläubiger den Verstoß gegen die Unterlassungspflicht nach § 890 vollstrecken kann. 4

Nach einer Meinung können Handlungen, die **wiederholt, anhaltend oder fortlaufend** vorzunehmen sind, nur nach § 890 vollstreckt werden.[3] Wenn der Titel so auszulegen ist, dass der Schuldner den Zustand auf Dauer oder für bestimmte Zeiträume nicht mehr verändern darf, soll seine Unterlassungspflicht, den alten Zustand wiederherzustellen, nach § 890 vollstreckbar sein, falls eine Ersatzmaßnahme zu unzumutbaren **Verzögerungen** führen würde oder der Schuldner nach Durchführung der Maßnahme den alten Zustand immer **wieder herstellt**, was der Gläubiger zu beweisen hätte.[4] Nach aA muss sich die Unterlassungspflicht aus dem Titel ergeben.[5] Bei einem nur auf die Vornahme einer Handlung gerichteten Titel sei eine Vollstreckung nach §§ 888, 890 auch dann nicht zulässig, wenn der Schuldner den eingetretenen Erfolg durch eine weitere Handlung wieder **vereitelt**.[6] Dies gilt erst recht, wenn der vorangegangene Zustand durch Naturereignisse wieder hergestellt wird.[7] Diese Auffassung ist vorzugswürdig, weil der Verstoß gegen eine Unterlassungsverpflichtung nach § 890 strafbewehrt ist, während bei einem Verstoß gegen die Handlungspflicht die nicht strafbewehrte Ersatzvornahme vorgesehen ist. Im Übrigen hat es der Gläubiger in der Hand, seinen Kla- 5

---

1 Musielak/Voit/*Lackmann*, § 887 Rn 6.
2 Stein/Jonas/*Brehm*, § 887 Rn 11.
3 LG Koblenz NJW-RR 1986, 506, 507 (Beheizung): Abgrenzung nach Praktikabilitätsgründen.
4 Stein/Jonas/*Brehm*, § 887 Rn 11.
5 OLG Köln MDR 1995, 95 (Beheizung); OLG Schleswig NJW-RR 2011, 1695, 1696 = MDR 2011, 1204 (Schneefegen: Vollstreckung nach §§ 887, 888 und nicht nach § 890); Musielak/Voit/*Lackmann*, § 887 Rn 6 mwN.
6 Musielak/Voit/*Lackmann*, § 887 Rn 6.
7 Vgl OLG Schleswig NJW-RR 2011, 1695, 1696 = MDR 2011, 1204 (Schneefall).

geantrag so zu formulieren, dass die Unterlassungsverpflichtung des Schuldners hinreichend deutlich tenoriert wird.

6 Wird der Gläubiger bei einer **Dauerverpflichtung** zur **Ersatzvornahme** ermächtigt, muss diese **zeitlich begrenzt** werden, weil die Dauer der Handlungsverweigerung durch den Schuldner nicht vorhersehbar ist und ihm die Möglichkeit erhalten bleiben muss, freiwillig zu erfüllen. Eine Dauerermächtigung des Gläubigers kann daher unverhältnismäßig sein.

7 b) **Unterlassung.** Bei der **Verurteilung zu einer Unterlassung** kann es notwendig sein, dass der Schuldner Handlungen vornimmt, um die bereits eingetretene Störung zu beseitigen (s. § 890 Rn 15 ff).

II. Vertretbare Handlung

8 Die Vorschrift des § 887 umfasst solche Handlungen, die von einem Dritten **an Stelle** des Schuldners und **ohne dessen Mitwirkung** vorgenommen werden können. Eine Ersatzvornahme durch den Gläubiger setzt voraus, dass es auch vom Standpunkt des Schuldners aus rechtlich zulässig ist, wenn ein anderer die geschuldete Handlung bewirkt.[8]

9 1. **Leistungsinteresse des Gläubigers.** Für den Gläubiger muss es im Ergebnis gleich sein, ob der Schuldner oder ein Dritter die Leistung erbringt.[9] Dass der Schuldner zur Leistung **besonders befähigt** ist, ändert den Charakter einer vertretbaren Handlung nicht. Zumeist wird eine **wirtschaftliche Betrachtungsweise** zugrunde gelegt: Vom Standpunkt des Gläubigers aus soll es wirtschaftlich gleichgültig sein, durch wen die Handlung vorgenommen wird.[10] Dies erscheint ungenau, weil auch Interessen des Gläubigers schutzwürdig sind, die Handlung von einem bestimmten Schuldner vornehmen zu lassen, selbst wenn sie von einem wirtschaftlichen Standpunkt aus gesehen im Ergebnis ersetzbar ist.

10 Die Vollstreckung richtet sich hingegen nach § 888, wenn die Leistung gerade durch den Schuldner **Vertragsgegenstand** geworden ist, was durch Auslegung der Verpflichtungsgrundlage zu ermitteln ist (zB besonderes Vertrauensverhältnis zum Schuldner, medizinische Behandlung durch erfahrenen Spezialisten, künstlerische Arbeiten, architektonische Leistungen).[11] Nach der Gegenansicht[12] wäre etwa die Verpflichtung eines Künstlers, ein Porträt anzufertigen, nie vollstreckbar (zu Handlungspflichten bei Herausgabeansprüchen s. § 883 Rn 15, 26, 30, 34 f).

11 2. **Einzelfälle.** Vertretbare Handlungen iSv Abs. 1 sind:

12 a) **Tathandlungen.** Zu den vertretbaren Handlungen fallen sämtliche Handlungen **tatsächlicher** Art, also rein mechanische Tätigkeiten, auch wenn die Durchführung eine gewisse Sachkunde voraussetzt und nicht von jedem durchgeführt werden kann. Dazu gehören sämtliche Handlungen, die Gegenstand eines **Werk-** oder **Dienstvertrages** sein können (handwerkliche Leistungen jeder Art, Reparaturen, Renovierung, Errichtung und Beseitigung eines Bauwerkes, Abwehr von Feuchtigkeit, Entfernung von Sachen, Sperrung einer Zufahrt).

---

8 Verneinend für die Vollstreckung der Verurteilung zur Erteilung einer Prozessvollmacht BGH NJW 1995, 463, 464.
9 Zuletzt BGH NJW-RR 2009, 443.
10 Stein/Jonas/*Brehm*, § 887 Rn 6; Musielak/Voit/*Lackmann*, § 887 Rn 8 („rechtlich geschütztes Interesse").
11 Vgl MüKo-ZPO/*Gruber*, § 888 Rn 2; Thomas/Putzo/*Seiler*, § 888 Rn 1.
12 Stein/Jonas/*Brehm*, § 888 Rn 16.

Die Verpflichtung, geeignete Maßnahmen zur Verhinderung von **Immissionen** zu treffen, wird auch dann von § 887 erfasst, wenn der Titel eine Unterlassungsverpflichtung ausspricht. Entscheidend soll sein, ob in der Sache ein Gebot zum Handeln oder Unterlassen ausgesprochen worden ist und ob im Falle einer Wahlmöglichkeit der Gläubiger im Erkenntnisverfahren eine Handlung oder Unterlassung gewählt hat.[13]

Zur Anwendung des Abs. 3 bei Werklieferungsverträgen s. § 883 Rn 32 ff.

b) Abrechnung und Auskunft. Zu den vertretbaren Handlungen iSv Abs. 1 zählt auch die **Abrechnung**, wenn sie ohne Mitwirkung des Schuldners erstellt werden kann (bei notwendiger Mitwirkung des Schuldners hingegen Vollstreckung nach § 888),[14] die **Lohnabrechnung**,[15] die Erstellung (oder Ergänzung) eines **Buchauszugs** jedenfalls dann, wenn dieser aufgrund vorhandener Unterlagen nicht nur vom Schuldner, sondern auch von einem Dritten erstellt werden kann,[16] die Rechnungslegung durch **Jahresabrechnung** des **Verwalters** gem. § 28 Abs. 3 WEG[17] (zu § 28 Abs. 4 WEG s. § 888 Rn 5), die **Provisionsabrechnung**, nicht jedoch die Verurteilung eines Vermieters, eine **Betriebskostenabrechnung** zu erstellen,[18] im Einzelfall auch die **Wertermittlung** bei Beendigung des Güterstandes,[19] die Verpflichtung, ein **Wertgutachten** vorzulegen,[20] die Erstellung einer **Bilanz**, wenn ein Sachverständiger sie anhand der Geschäftspapiere selbständig erstellen kann,[21] oder die Erstellung der von der Gesellschaft bei Ausscheiden eines Gesellschafters geschuldeten **Auseinandersetzungsbilanz**.[22]

Wer einen Anspruch auf Erstattung von Einkommensteuer gepfändet und zur Einziehung überwiesen erhalten hat, kann aufgrund des Pfändungs- und Überweisungsbeschlusses weder einen Anspruch auf Vornahme von Verfahrenshandlungen im **Steuerfestsetzungsverfahren** gem. § 888 durch Haftantrag gegen den Schuldner vollstrecken noch nach § 887 ermächtigt werden, Verfahrenshandlungen des Schuldners im Steuerfestsetzungsverfahren selbst vorzunehmen.[23] Zur Pfändung von **Steuererstattungsansprüchen** s. § 829 Rn 150 ff.

c) Freistellungsansprüche, zahlungsähnliche Ansprüche. Eine vertretbare Handlung iSv Abs. 1 wird ferner bei der **Freistellung** von Verbindlichkeiten angenommen.[24] Eine vertretbare Handlung besteht auch in Ansprüchen, die Geldzahlungen gleichkommen, wie etwa der Pflicht, eine **Bürgschaft** zu stellen,[25] eine **Bauhandwerkersicherung** zu leisten,[26] oder in der Verpflichtung, die **Freigabe** einer

---

13 OLG Saarbrücken MDR 2000, 784 = NJW-RR 2001, 163 f.
14 BGH NJW 2006, 2706, 2707 = MDR 2007, 81 (Betriebskostenabrechnung durch Vermieter); LAG Rheinland-Pfalz 26.2.2008 – 7 Ta 18/08.
15 LAG Frankfurt JurBüro 2009, 212 sowie LAG Frankfurt 12.3.2009 – 12 Ta 380/08.
16 BGH NJW-RR 2007, 1475, 1476; BGH JurBüro 2009, 662 f; BGH NJW-RR 2011, 470; OLG Düsseldorf NJW-RR 2000, 1298, 1299; OLG Bamberg NJW-RR 2008, 1422, 1423.
17 OLG Hamm OLGZ 1975, 157, 160; OLG Düsseldorf NZM 1999, 842 f.
18 BGH NJW 2006, 2706, 2707 = MDR 2007, 81.
19 OLG Bamberg NJW-RR 1999, 577.
20 OLG Hamm ZEV 2011, 383, 384.
21 Zöller/*Stöber*, § 888 Rn 3 mwN.
22 OLG Köln NJW-RR 2003, 33; BGH NJW 2009, 431, 432 f.
23 BGHZ 176, 79 = NJW 2008, 1675 unter Aufgabe von BGHZ 157, 195, 200 = NJW 2004, 954, 955.
24 OLG Hamburg FamRZ 1983, 212, 213 (Unterhaltsverpflichtungen); zuletzt KG 22.9.2010 – 14 W 63/10 (auch zur Vorschusszahlung nach Abs. 2).
25 OLG Zweibrücken MDR 1986, 1034; OLG Köln MDR 1989, 169; OLG Karlsruhe MDR 1991, 454; OLG Frankfurt OLGR 2008, 602, 603; LAG Hamm 23.3.2011 – 1 Ta 62/11.
26 LG Hagen BauR 2011, 569 (LS) und 728.

als Sicherheit für ein Konto des Schuldners dienenden Lebensversicherung zu bewirken.[27]

18 **d) Rechtshandlungen des Schuldners.** Nicht erfüllte vertretbare Handlungen können auch **Rechtshandlungen** sein, wie zB der Kauf einer Sache oder die Beseitigung eines Grundpfandrechts, wenn der Grundpfandgläubiger zur Löschung gezwungen werden kann.

19 Nicht durch § 887 vollstreckt werden Handlungen, die eine **Vollmacht** des Schuldners **voraussetzen**, weil die Ermächtigung der Vornahme nicht die Befugnis zur Vertretung des Schuldners bewirkt.[28]

III. Voraussetzungen

20 **1. Prozessuale Voraussetzungen. a) Zuständigkeit. aa) Zivilgerichtsbarkeit.** Zuständig für die Ermächtigung – und damit Adressat des Antrags – ist ausschließlich das **Prozessgericht erster Instanz**. Das Gericht erster Instanz ist auch zuständig, wenn der Rechtsstreit in der **Rechtsmittelinstanz** anhängig ist oder war.[29]

21 Bei **einstweiligen Verfügungen** ist das Gericht der Hauptsache zuständig, auch für den Fall, dass das Amtsgericht eine einstweilige Verfügung nach § 942 Abs. 1 erlassen hat. Hat die **Kammer** im Eilverfahren als Kollegium eine einstweilige Verfügung erlassen, so bleibt sie zuständig, auch wenn der Einzelrichter für die Hauptsache originär zuständig ist oder sie ihm nach § 348 a als Einzelrichter übertragen wurde.[30]

22 **bb) Arbeitsgerichtsbarkeit.** Bei Vollstreckungstiteln in arbeitsgerichtlichen Verfahren ist das **Arbeitsgericht** zuständig.

23 **cc) Familien- und fG-Sachen.** In Familienstreitsachen (früher: Familiensachen) hat sich durch das FamFG an der Zuständigkeit nichts geändert. Gemäß § 95 Abs. 1 Nr. 3 FamFG sind auf die Vollstreckung zur Vornahme einer vertretbaren Handlung die Vorschriften der Zivilprozessordnung über die Zwangsvollstreckung entsprechend anzuwenden. In Ehesachen und Familienstreitsachen nach § 112 FamFG findet § 95 FamFG zwar keine Anwendung (§ 113 Abs. 1 S. 1 FamFG). Die Vollstreckung in Ehesachen und Familienstreitsachen erfolgt jedoch über § 120 Abs. 1 FamFG gleichfalls nach den Vorschriften der Zivilprozessordnung über die Zwangsvollstreckung. Im Falle der Anwendbarkeit der Zivilprozessordnung ist also das **Familiengericht** für die Vollstreckung nach Abs. 1 zuständig. Wechselt in der Zeit zwischen der Entscheidung im Erkenntnisverfahren und der Einleitung des Vollstreckungsverfahrens die Zuständigkeit der mit den Familiensachen befassten Gerichte, so bleibt für das Vollstreckungsverfahren der Spruchkörper des erkennenden Gerichts zuständig.[31]

24 Davon ist die Vollstreckung von Anordnungen nach § 35 FamFG zu unterscheiden, der den früheren § 33 FGG ersetzt. § 35 FamFG regelt die Durchsetzung von gerichtlichen Anordnungen, die verfahrensleitenden Charakter haben, also von **Zwischenentscheidungen**. Die §§ 86 ff FamFG regeln die Vollstreckung verfahrensabschließender Entscheidungen. Soweit Verfahren nach dem FamFG gerichtliche Anordnungen mit vollstreckbarem Inhalt auf Vornahme oder Unterlas-

---

27 OLG Stuttgart MDR 2010, 1491 = VersR 2010, 1521; anders OLG Schleswig 26.10.2011 – 16 W 120/11 bei der geschuldeten Anweisung an einen Treuhänder, den hinterlegten Betrag auszuzahlen (zweifelhaft).
28 OLG Hamm NJW 1956, 918; OLG Hamm MDR 1965, 584; OLG Bamberg MDR 1983, 499.
29 BGH NJW 2002, 754, 755 = MDR 2002, 292, 293.
30 OLG Koblenz NJW-RR 2002, 1724, 1725.
31 OLG Hamm NJW 2010, 2066, 2067 = FamRZ 2010, 920, 921 (Zuständigkeitswechsel für Gewaltschutzsachen durch das FamFG).

sung bestimmter Handlungen vorsehen, können diese vom Gericht mit den in § 35 FamFG genannten Mitteln durchgesetzt werden. Ist die Verpflichtung zur Vornahme einer vertretbaren Handlung zu vollstrecken, so kann das Gericht nach § 35 Abs. 4 S. 1 FamFG durch Beschluss neben oder anstelle einer Maßnahme nach § 35 Abs. 1, 2 FamFG die in § 887 vorgesehenen Maßnahmen anordnen. Wegen der Einzelheiten vgl die Erläuterungen zum FamFG Rn 33, 47 ff, 190 ff, 202 ff.

dd) Notarielle Urkunden. Bei notariellen Urkunden ist das Gericht zuständig, in 25 dessen Bezirk der Notar seinen Sitz hat, § 797 Abs. 3, 6.

ee) Ausländische Urteile. Bei ausländischen Urteilen ist das Gericht zuständig, 26 welches die Vollstreckbarerklärung ausgesprochen hat.

b) Antrag, Umdeutung, Anwaltszwang. Die Ermächtigung nach Abs. 1 setzt 27 einen **Antrag** des Gläubigers voraus. Streitig ist, ob der Gläubiger in seinem Antrag die **begehrte Handlung** genauer **bezeichnen** muss, als dies im zu vollstreckenden Titel notwendig ist. Da der Schuldner die Wahl hat, wie er den Titel zu erfüllen gedenkt, wird vertreten, dass der Gläubiger die zu ergreifenden Maßnahmen bestimmt bezeichnen muss, um dem Schuldner nochmals die Möglichkeit zur freiwilligen Erfüllung zu geben (s. Rn 6, 49, 53).[32] Eine Aufgliederung in zahlreiche Einzelhandlungen ist jedenfalls nicht notwendig.[33]

Ist der Schuldner etwa verurteilt worden, wegen der von seinem Grundstück aus- 28 gehenden **Feuchtigkeitsimmissionen** geeignete Maßnahmen zu treffen, die das weitere Eindringen dieser Immissionen verhindern, sollte der **Antrag** dahingehend lauten,

▶ den Gläubiger zu ermächtigen, selbst oder durch Dritte die ... (im Einzelnen aufzuführenden Maßnahmen) zur Abwehr der Feuchtigkeitsimmissionen zu ergreifen, die vom Grundstück des Schuldners ausgehen.[34] ◀

Ist zur Durchführung der Maßnahme das **Betreten** der Wohnung oder des 29 Grundstücks des Schuldners notwendig, sollte zugleich beantragt werden, dem Gläubiger zu gestatten, das Grundstück des Schuldners zur Vornahme der beschriebenen Maßnahmen zu betreten oder betreten zu lassen. Gleichzeitig kann beantragt werden, den Schuldner zu verurteilen, an den Gläubiger für die genannten Arbeiten einen **Kostenvorschuss** zu zahlen, wobei die Höhe des Vorschusses beziffert werden muss.

Gleichzeitig kann die Erteilung einer vollstreckbaren **Ausfertigung des Beschlus-** 30 **ses** mit **Zustellbescheinigung** beantragt werden.

Die **allgemeinen Zwangsvollstreckungsvoraussetzungen** müssen vorliegen und 31 dem Gericht nachgewiesen werden. Der Gläubiger muss seinem Antrag also die vollstreckbare Ausfertigung des Urteils nebst Zustellbescheinigung beifügen. Wird über das Vermögen des Schuldners das **Insolvenzverfahren** eröffnet und handelt es sich bei dem zu vollstreckenden Anspruch um eine Insolvenzforderung, ist die Zwangsvollstreckung nach § 89 InsO unzulässig. Der Antrag nach § 887 ist dann als derzeit unbegründet zurückzuweisen.[35]

---

32 Zum Streitstand vgl OLG Bamberg NJW-RR 2000, 358, 359.
33 OLG Hamm MDR 1984, 591 (Trockenlegung eines Kellers); VG Würzburg 19.3.2008 – W 2 V 07.1584 (Errichtung eines Ballfangzaunes); strenger OLG Koblenz NJW-RR 1998, 1770 (Nachbesserungsmaßnahme).
34 Beispiel nach Saenger/Ullrich/Siebert/*Pukall*, ZPO, Gesetzesformulare, § 887 Rn 1, 8.
35 OLG Stuttgart NJW-RR 2011, 1589, 1590.

32 Der Antrag sollte **begründet** werden, um das **Rechtsschutzinteresse** darzulegen. Auch die begehrte Höhe des Vorschusses sollte belegt werden, etwa mit einem Kostenvoranschlag. Der titulierte Anspruch auf Erteilung eines Buchauszugs kann unabhängig davon vollstreckt werden, ob der Gläubiger bereits auf Bucheinsicht nach § 87 c Abs. 4 HGB klagen könnte.[36]

33 Die **Umdeutung** eines Vollstreckungsantrages nach § 887 in einen solchen nach § 888 ist jedenfalls dann unzulässig, wenn dem Vortrag des Gläubigers dafür keine Anhaltspunkte zu entnehmen sind (s. § 888 Rn 16).[37]

34 Für den Antrag besteht **Anwaltszwang** nach Maßgabe des § 78.

35 Der Antrag kann bis zur Rechtskraft des Beschlusses **zurückgenommen** werden. Dann wird der Ermächtigungsbeschluss entsprechend § 269 Abs. 3 wirkungslos.

36 c) **Verfahren. Gehör des Schuldners** ist zwingend (§ 891 S. 2). Das Gericht entscheidet durch Beschluss nach freigestellter mündlicher Verhandlung (§ 128 Abs. 4). Nach Erlass des Beschlusses sendet das Gericht die vollstreckbare Ausfertigung des Titels an den Gläubiger zurück.

37 2. **Materielle Voraussetzungen. a) Handlungsverweigerung.** Voraussetzung für die Ermächtigung der Ersatzvornahme ist die **Verweigerung** der Handlung durch den Schuldner. Dem steht gleich, dass die Handlung **nicht erfüllungsgemäß** erbracht wurde.

38 b) **Einwendungen des Schuldners. aa) Erfüllung.** Der Schuldner kann **Erfüllung** einwenden, wenn er dadurch nicht verweigert. Er ist nicht auf § 767 beschränkt.[38] Gegebenenfalls ist im Verfahren nach § 887 Beweis darüber zu erheben, ob der Schuldner die titulierte Forderung erfüllt hat. Der Schuldner trägt dafür die **Beweislast**.[39]

39 Der Anspruch auf Erteilung eines **Buchauszugs** ist erfüllt, wenn der erteilte Buchauszug formal den Anforderungen des Urteilsausspruchs entspricht, insb. wenn er sämtliche in den Büchern verzeichneten Geschäfte, die unter den Urteilsausspruch fallen, mit den in den Büchern enthaltenen Angaben erfasst. Zweifel an der inhaltlichen Richtigkeit des Buchauszugs ändern daran nichts.[40] Sofern die Aufstellung der Schuldnerseite den formalen Anforderungen an einen Buchauszug im Grundsatz entspricht, kann der Gläubiger nicht auf der Neuerteilung eines Auszugs bestehen, sondern nur die Ergänzung des erteilten Auszugs wegen bestimmter – von ihm konkret zu bezeichnender – Mängel verlangen.[41]

40 bb) **Unzumutbarkeit, Unmöglichkeit.** Auf die **Unzumutbarkeit** der Handlung oder deren **Erfolglosigkeit** kann sich der Schuldner hingegen nicht berufen.[42] Insoweit kann er sich gegen die Vollstreckung nur mit der Vollstreckungsabwehrklage nach § 767 wehren.[43]

---

36 BGH NJW-RR 2007, 1475, 1477.
37 OLG Hamm JurBüro 1983, 1726 f.
38 BGHZ 161, 67, 71 = NJW 2005, 367, 369.
39 BGHZ 161, 67, 72 = NJW 2005, 367, 369; BGH NJW-RR 2007, 1475, 1477; Stein/Jonas/*Brehm*, § 887 Rn 26 mwN; vgl auch Musielak/Voit/*Lackmann*, § 887 Rn 19.
40 BGH NJW-RR 2007, 1475, 1476; BGH JurBüro 2009, 662 f.
41 OLG Bamberg NJW-RR 2008, 1422, 1423.
42 BGH NJW-RR 2006, 202, 203 = MDR 2005, 1314, 1315.
43 BGH NJW-RR 2006, 202, 203 = MDR 2005, 1314, 1315.

Ist die Leistung **unmöglich**, so ist der Antrag abzulehnen. Behauptet der Schuldner Unmöglichkeit, trägt der Gläubiger die **Beweislast** für das Gegenteil.[44] 41

cc) Mitwirkung Dritter. Hängt die Vornahme der geschuldeten Handlung von der **Mitwirkung** eines **Dritten (Duldung, Zustimmung, Mithilfe)** ab, kann die Vollstreckung nach § 887 nur erfolgen, wenn der Dritte sein Einverständnis mit der durchzuführenden Maßnahme erklärt oder der Vollstreckungsgläubiger einen eigenen Duldungstitel gegen ihn erwirkt hat. Verweigert dieser die notwendige Mitwirkung oder widerruft er eine einmal erteilte Zustimmung, kann die Ermächtigung nicht erteilt werden.[45] Die Ersatzvornahme rechtfertigt keinen Eingriff gegen Dritte. Die geschuldete vertretbare Handlung wird zu einer unvertretbaren Handlung iSv § 888 Abs. 1, wenn deren Vornahme die Mitwirkung oder Zustimmung von dritten Personen erfordert und diese dazu nicht bereit sind[46] (s. auch § 888 Rn 26). Hat in diesen Fällen der Schuldner gegen den Dritten einen durchsetzbaren Anspruch auf Duldung oder Mitwirkung, ist § 888 anzuwenden.[47] Es ist Sache des Schuldners darzulegen, dass und aus welchen Gründen ihm die Vornahme der titulierten Handlung unmöglich ist. Solange nicht feststeht, dass eine an sich vertretbare Handlung nicht nach Abs. 1 vollstreckt werden kann, ist für die Anwendung des § 888 Abs. 1 kein Raum.[48] 42

Die notwendige **Zustimmung des Dritten** muss bei Erlass des Ermächtigungsbeschlusses vorliegen.[49] Die **Beweislast** für das Vorliegen der Zustimmung des Dritten trägt der Gläubiger.[50] Zum weiteren Verfahren s. § 888 Rn 26. 43

dd) Verbotene Handlungen. (1) Allgemein verbotene Handlungen. Eine dem Schuldner **verbotene** Handlung darf nicht vollstreckt werden.[51] 44

(2) Genehmigungsbedürftige Handlungen. Das Fehlen einer **öffentlich-rechtlichen Genehmigung** steht der Ermächtigung nicht entgegen. Ist die Handlung öffentlich-rechtlich genehmigungsbedürftig, hat vor der Ersatzvornahme der Schuldner, nach Ersatzvornahme der Gläubiger diese Genehmigung herbeizuführen.[52] Kann die Genehmigung nur vom Schuldner erlangt werden, ist § 888 anwendbar.[53] Ist die Genehmigung bereits bestandskräftig versagt, scheidet eine Ermächtigung gleichfalls aus.[54] Dabei ist zu beachten, dass die Versagung gegenüber dem Schuldner den Gläubiger nicht bindet. Die Versagung der öffentlich-rechtlichen Genehmigung gegenüber dem Schuldner hindert die Ermächtigung des Gläubigers daher nicht.[55] 45

3. Alternative Vorgehensweise nach § 893. Der Gläubiger kann auch nach § 893 vorgehen und auf Leistung des Interesses klagen. 46

4. Auslandsbezug. Wenn die geschuldete Handlung im **Ausland** vorzunehmen ist, kann der Gläubiger nach einer verbreiteten Meinung nur dann nach § 887 er- 47

---

44 OLG Düsseldorf OLGR 2000, 112; OLG Celle OLGR 1999, 214 (Darlegungslast Schuldner, Beweislast Gläubiger); OLG Köln MDR 1975, 586 („bei klarer Sachlage"); BayObLG NJW 1975, 740, 741 (Bemühen des Schuldners erforderlich); aA (Beweislast Schuldner) Stein/Jonas/*Brehm*, § 887 Rn 23.
45 OLG Zweibrücken NJW-RR 1998, 1767, 1768; aA OLG Düsseldorf MDR 1991, 260 f (Einwand muss nach § 767 geltend gemacht werden).
46 BGH NJW-RR 2009, 443, 444.
47 BGH NJW-RR 2009, 443, 444; Stein/Jonas/*Brehm*, § 888 Rn 13 ff.
48 BGH NJW-RR 2009, 443, 444.
49 OLG Frankfurt MDR 1983, 141; ausdr. aA OLG Düsseldorf MDR 1991, 260 f.
50 OLG Frankfurt MDR 1983, 141.
51 Stein/Jonas/*Brehm*, § 887 Rn 8.
52 OLG Hamburg MDR 1958, 340; OLG Düsseldorf MDR 2002, 1394, 1395.
53 RGZ 39, 418, 419; Stein/Jonas/*Brehm*, § 887 Rn 10.
54 OLG Düsseldorf MDR 2002, 1394, 1395; OLG Frankfurt OLGR 1997, 86.
55 OLG Frankfurt OLGR 1997, 86.

mächtigt werden, die Handlung vorzunehmen, wenn die Durchsetzung am Handlungsort ohne Zwang erfolgen kann.[56] Ist die Vollstreckung auf eine im Ausland vorzunehmende Handlung gerichtet, so soll der Vollstreckungsgläubiger auch hinsichtlich an sich vertretbarer Handlungen nach § 888 vorgehen dürfen, weil eine Vollstreckung nach § 887 in nicht zumutbarer Weise zu einer Erschwerung und Verzögerung der Vollstreckung führe.[57] Diese Auffassung überzeugt nicht. Die Vollstreckung eines Zwangsgeldes nach § 888 im Ausland[58] begegnet denselben Bedenken. Die Vollstreckung der Kosten der Ersatzvornahme nach § 887 ist im Ergebnis nicht beschwerlicher oder zeitaufwändiger als die Vollstreckung eines Zwangsgeldes nach § 888. Sind Vollstreckungsmaßnahmen im Ausland durchzuführen, hat der Gläubiger dies bei den zuständigen ausländischen Stellen zu beantragen (zur Vollstreckung der Herausgabe im EU-Ausland s. § 883 Rn 9),[59] weshalb auch bei § 887 keine Besonderheiten wegen des Auslandsbezugs bestehen.[60]

IV. Beschluss

48 **1. Überblick.** Der **Inhalt** des Beschlusses besteht in der **Ermächtigung** des Gläubigers, selbst oder durch Dritte **geeignete Maßnahmen** zur Erfüllung der titulierten Handlungspflicht vorzunehmen oder vornehmen zu lassen. Im Beschluss kann dem Gläubiger gestattet werden, das Grundstück des Schuldners zur Vornahme der Maßnahmen zu **betreten** oder betreten zu lassen. Gleichzeitig wird der Schuldner – wenn die Voraussetzungen vorliegen – im Beschlusswege verurteilt, an den Gläubiger für die genannten Arbeiten einen **Kostenvorschuss** zu zahlen. Die Höhe des Vorschusses muss tenoriert werden. Das Gericht hat von Amts wegen eine Kostenentscheidung über das Verfahren zu treffen (§ 891 S. 3).

49 **2. Erfolgsherbeiführung.** Lautet der Titel auf Herbeiführung eines **Erfolges** (insb. Abwehr von Immissionen), so kann der Antrag (s. Rn 27 f) und dementsprechend der Beschluss gleichfalls die Ermächtigung zur Herbeiführung des Erfolges beinhalten. Eine **Konkretisierung** der für die Herbeiführung des Erfolges notwendigen **Handlungen** ist nicht erforderlich.[61] Die Gegenauffassung[62] vermag nicht zu überzeugen. Wenn ein Erfolg geschuldet wird, verbleibt zunächst dem Schuldner die Wahl, wie er den Erfolg herbeiführt. Geht diese Befugnis (trotz bestehen bleibender Erfüllungsmöglichkeit des Schuldners, s. Rn 52) auf den Gläubiger über, muss ihm die Wahl der Mittel erhalten bleiben. Es besteht auch kein Grund dafür, warum der Gläubiger sich schon im Antrag auf eine bestimmte Beseitigungshandlung festlegen sollte, zumal er oftmals erst mit Beauftragung eines Dritten und daher nach dem Erlass des Ermächtigungsbeschlusses Kenntnis von den einzelnen Handlungsmöglichkeiten erlangt. Dem Schuldner anhand des beantragten Ermächtigungsbeschlusses die Überprüfungsmöglichkeit einräumen zu wollen, ob er den Titel aus Kostengründen doch selbst erfüllt,[63] ist verfehlt. Der Schuldner soll leisten, nicht prüfen. Ein Nachteil entsteht ihm dadurch nicht. Das Über-

---

56 Stein/Jonas/*Brehm*, § 887 Rn 29 mwN.
57 OLG Köln IPRax 2003, 446.
58 OLG Köln IPRax 2003, 446, 447.
59 MüKo-ZPO/*Gruber*, § 887 Rn 10.
60 BGH NJW-RR 2010, 279, 280 = MDR 2010, 51 ff.
61 OLG Hamm MDR 1983, 850 (Beseitigung bestimmter Immissionen); OLG Hamm OLGZ 1984, 254 (Trockenlegung eines Kellers); OLG Düsseldorf OLGZ 1976, 376, 378.
62 OLG Frankfurt JurBüro 1988, 259 (Verhinderung von Wasserschäden); offen gelassen OLG Bamberg NJW-RR 2000, 358, 359.
63 OLG Frankfurt JurBüro 1988, 259; so auch OLG Bamberg NJW-RR 2000, 358, 359.

schreiten notwendiger Kosten ist im Rahmen des § 788 Abs. 1 zu berücksichtigen.[64]

3. Ermächtigung. Ermächtigt wird ausschließlich der **Gläubiger**, mag der Gläubiger auch berechtigt sein, seinerseits Dritte zu beauftragen. Wird im Beschluss ein Dritter genannt, der die Handlung durchführen soll, ist der Gläubiger daran gebunden.

4. Beauftragung Dritter. Wird ein **Dritter beauftragt**, bestehen Rechtsverhältnisse nur im Verhältnis zwischen Gläubiger und Dritten. Insbesondere entstehen zwischen Gläubiger und Schuldner keine weiteren Rechtsverhältnisse, weshalb der Gläubiger dem Schuldner bei Verletzungshandlungen des beauftragten Dritten nur nach §§ 823, 831 BGB haftet.

5. Durchführung. Nach Ermächtigung ist die Vornahme dem Gläubiger überlassen, der dafür geeignete Personen beauftragen kann. Dem Schuldner steht trotz des Beschlusses noch die Befugnis zu, zu erfüllen.[65] Bislang entstandene Kosten des Gläubigers hat er zu ersetzen. Er hat alle erforderlichen Handlungen zu dulden und kann dazu nach § 892 gezwungen werden.

6. Neuer Antrag. Beschlüsse nach § 887 sind der **Rechtskraft** fähig. Da dem Schuldner die Wahl der freiwilligen Erfüllung verbleibt (s. Rn 6, 27, 49), ist der Gläubiger an die von ihm einmal getroffene Wahl der Handlung nicht gebunden. Wenn sich der geschuldete Erfolg durch die Leistungshandlung, für die er sich entschieden hat, wider Erwarten nicht erzielen lässt, kann der Gläubiger einen **neuen Antrag** gem. Abs. 1 stellen, mit dem er um die Ermächtigung zur Vornahme einer anderen Leistungshandlung nachsucht.[66]

V. Verurteilung zur Kostenvorauszahlung (Abs. 2)

Der Gläubiger kann mit dem Antrag auf Ermächtigung der Ersatzvornahme zugleich beantragen, den Schuldner zur **Kostenvorauszahlung** zu verurteilen (Abs. 2). Die Höhe der Kostenvorauszahlung steht im Ermessen des Gerichts. Die voraussichtliche Höhe der Kosten ist vom Gläubiger substantiiert darzulegen und vom Gericht bei Streit unter Heranziehung eines Sachverständigen zu **schätzen**.[67] Die Höhe kann sich auch aus einem **Kostenvoranschlag** ergeben.[68] Zu einer „Ausschreibung" zwecks Ermittlung des günstigsten Preises ist der Gläubiger nicht verpflichtet.[69] Fällt für die voraussichtliche Maßnahme **Umsatzsteuer** an, ist diese vom Vorschussanspruch erfasst. Der Vorschussanspruch ist auch insoweit nach Vornahme der Handlung abzurechnen.[70] Entscheidend sind die Kosten zum Zeitpunkt der Antragstellung, so dass durch Zeitablauf entstandene **Mehrkosten** vom Schuldner zu tragen sind.[71] Gegenforderungen des Schuldners wer-

---

64 OLG Hamm OLGZ 1984, 254, 255; unrichtig daher die enge Auffassung des OLG Koblenz NJW-RR 1998, 1770.
65 BGH NJW 1995, 3189 f = MDR 1995, 1060 f.
66 BGH NJW 1995, 3189, 3190 = MDR 1995, 1060 f.
67 BGH NJW 1993, 1394, 1395 = MDR 1993, 272, 273; BGHZ 161, 67, 72 = NJW 2005, 367, 369.
68 LAG Rheinland-Pfalz 18.1.2010 – 7 Ta 288/09 (Buchauszug); OLG Saarbrücken BauR 2011, 1869 (LS) (Altbausanierung).
69 LG Berlin 19.4.2010 – 52 S 69/09.
70 OLG Stuttgart NJW-RR 2011, 1589, 1591 (Vorschussanspruch bei Baumängelbeseitigung).
71 OLG Stuttgart NJW-RR 2011, 1589, 1590 f (nach Abnahme entstandene Mehrkosten aufgrund gestiegener gesetzlicher oder technischer Anforderungen an das Werk bei bestehender Gewährleistungspflicht).

den bei der Höhe der Kostenvorauszahlung richtigerweise nicht berücksichtigt.[72] Der Schuldner hat kein Recht, den Kostenvorschuss zu hinterlegen oder an den Sachverständigen direkt überweisen zu dürfen, um eine Direktauszahlung an den Gläubiger zu hindern.[73]

55 Der Beschluss enthält eine eigene Kostenentscheidung (§ 891 S. 3), ist gem. § 794 Nr. 3 sofort vollstreckbar und wird nach §§ 803 ff vollstreckt. Eine Nachforderung kann mit Antrag nach Abs. 2 auf Erhöhung der Kostenvorauszahlung geltend gemacht werden, allerdings nur, wenn die Arbeiten noch nicht abgeschlossen sind. Andernfalls handelt es sich um Vollstreckungskosten gem. § 788.[74]

56 Wird ein Titel vollstreckt, nach welchem der Schuldner zur Sicherheitsleistung verurteilt wurde, muss im Beschluss angeordnet werden, dass der Vollstreckungserlös zugunsten der im Haupttitel genannten Person zu hinterlegen ist.[75]

VI. Kosten der Durchführung

57 Kosten der Durchführung sind solche des § 788, weshalb ohne Berücksichtigung der Kostenentscheidung des Beschlusses die Notwendigkeit der Ersatzvornahme Voraussetzung der Erstattung ist. Im Festsetzungsverfahren ist die Notwendigkeit der Kosten zu prüfen.

58 Wird die Ersatzvornahme ohne Ermächtigung durchgeführt, werden diese nicht von § 788 erfasst. Der Gläubiger muss diese Kosten ggf erneut einklagen.

59 Nicht verbrauchte Kosten sind nach § 812 BGB vom Gläubiger an den Schuldner zurückzuzahlen.

VII. Rechtsbehelfe

60 Gegen die Entscheidung des Gerichts (Ermächtigung zur Ersatzvornahme sowie Kostenvorauszahlung) findet die sofortige Beschwerde nach § 793 statt. Gegen das Verfahren des Gerichtsvollziehers (bei Beseitigung des vom Schuldner geleisteten Widerstandes nach § 892) ist die Erinnerung nach § 766 statthaft. Behauptet der Schuldner **nach** Erlass des Beschlusses Erfüllung der Handlungs- oder Vorschusspflicht, kann er nur Vollstreckungsabwehrklage nach § 767 erheben.

VIII. Kosten

61 **1. Gerichtskosten.** Für das Verfahren über die Anträge nach Abs. 1 und 2 entsteht im gerichtlichen Verfahren eine Festgebühr Nr. 2111 KV GKG iHv 20,00 €. Werden Anträge nach Abs. 1 und 2 zu unterschiedlichen Zeiten gestellt, entsteht nach der Anm. zu Nr. 2111 KV GKG nur eine Gebühr, da mehrere Verfahren innerhalb eines Rechtszuges als ein Verfahren gelten, sofern sie denselben Anspruch und denselben Gegenstand betreffen. Auch die Nachforderung nach Abs. 2 Hs 2 löst keine weitere Gebühr aus.[76] Wird im Rahmen der Vollstreckung des Kostenbetrags nach Abs. 2 der Erlass eines Pfändungs- und Überweisungsbeschlusses beantragt, entsteht hierfür eine weitere Gebühr Nr. 2111 KV GKG.[77] Neben der Gebühr können Auslagen anfallen, insb. für Sachverständige zu Er-

---

72 Vgl OLG Hamm OLGZ 1984, 254, 255; aA OLG Rostock OLGR 2004, 346 (Aufrechnungsbefugnis bei unstreitiger Gegenforderung); vgl auch BGHZ 90, 354, 360 = NJW 1984, 1679, 1680 (Berücksichtigung bei doppelter Zug-um-Zug-Verurteilung).
73 OLG Rostock OLGR 2009, 511, 512 f.
74 OLG Hamm OLGZ 72, 311, 312.
75 Stein/Jonas/*Brehm*, § 887 Rn 48.
76 NK-GK/*Volpert*, Nr. 2111 KV GKG Rn 17.
77 NK-GK/*Volpert*, Nr. 2111 KV GKG Rn 17.

mittlungen im Rahmen des Abs. 2.[78] Hinsichtlich der Gerichtskosten besteht Vorauszahlungspflicht (§ 12 Abs. 6 GKG).

2. Rechtsanwaltsgebühren. Anträge nach Abs. 1 und 2 lassen für den Rechtsanwalt die Verfahrensgebühr Nr. 3309 VV RVG anfallen. Das Ermächtigungsverfahren nach Abs. 1 und das Verfahren zur Verurteilung des Schuldners nach Abs. 2 zur Vorauszahlung der Kosten bilden dabei aber eine Angelegenheit (§ 18 Abs. 1 Nr. 1 RVG).[79] Der Wert der Gebühr richtet sich nach § 25 Abs. 1 Nr. 3 RVG und entspricht im Regelfall dem Wert der Hauptsache.[80]

62

Eine besondere Angelegenheit (§ 18 Abs. 1 Nr. 12 RVG) ist hingegen die Vollstreckung wegen des **Kostenvorschusses** (Abs. 2). Ob in diesem Rahmen wiederum mehrere Angelegenheiten vorliegen, richtet sich danach, ob die vorzunehmenden Vollstreckungshandlungen wiederum besondere Angelegenheiten darstellen (§ 18 Abs. 1 Nr. 12 RVG und § 18 Abs. 1 Nr. 16 RVG).[81] Der Gegenstandswert dieser Gebühren ist der Betrag des beizutreibenden Kostenvorschusses.[82]

63

3. Gerichtsvollzieherkosten. Wird der Gerichtsvollzieher zugezogen (§ 892), entstehen Gebühren für die Zuziehung zur Beseitigung des Widerstandes sowie Auslagen. Gebührentatbestand ist dabei die **Zuziehung** des Gerichtsvollziehers (Nr. 250 KV GvKostG).[83] Ob tatsächlich Widerstand geleistet wird, ist für den Anfall der Gebühr nicht ausschlaggebend.

64

§ 888 Nicht vertretbare Handlungen

(1) ¹Kann eine Handlung durch einen Dritten nicht vorgenommen werden, so ist, wenn sie ausschließlich von dem Willen des Schuldners abhängt, auf Antrag von dem Prozessgericht des ersten Rechtszuges zu erkennen, dass der Schuldner zur Vornahme der Handlung durch Zwangsgeld und für den Fall, dass dieses nicht beigetrieben werden kann, durch Zwangshaft oder durch Zwangshaft anzuhalten sei. ²Das einzelne Zwangsgeld darf den Betrag von 25.000 Euro nicht übersteigen. ³Für die Zwangshaft gelten die Vorschriften des Zweiten Abschnitts über die Haft entsprechend.

(2) Eine Androhung der Zwangsmittel findet nicht statt.

(3) Diese Vorschriften kommen im Falle der Verurteilung zur Leistung von Diensten aus einem Dienstvertrag nicht zur Anwendung.

§§ 144, 196 GVGA

I. Anwendungsbereich	1	II. Unvertretbare Handlungen (Abs. 1)	4
1. Allgemeines	1	1. Handlungen	5
2. Aktives Tun	2	2. Abgabe einer Willenserklärung	6
3. Dienstvertrag (Abs. 3); entsprechende Anwendung von Abs. 3	3	III. Voraussetzungen	7

---

78 Hk-ZPO/*Pukall*, § 887 Rn 12.
79 AnwK-RVG/*Wolf/Volpert/Mock/Thiel/N. Schneider*, § 18 Rn 104; Hk-ZPO/*Pukall*, § 887 Rn 18.
80 OLG Saarbrücken AGS 2012, 82; OLG Karlsruhe MDR 2000, 229; AnwK-RVG/*Wolf/Volpert*, § 25 Rn 37.
81 AnwK-RVG/*Wolf/Volpert/Mock/Thiel/N. Schneider*, § 18 Rn 105.
82 AnwK-RVG/*Wolf/Volpert*, § 25 Rn 37; *N. Schneider*, AGS 2010, 469, 471.
83 *Winterstein*, Gerichtsvollzieherkostenrecht, Nr. 250 KV GvKostG.

1. Prozessuale Voraussetzungen ... 7
   a) Zuständigkeit ... 7
      aa) Zivilgerichtsbarkeit ... 7
      bb) Arbeitsgerichtsbarkeit ... 9
      cc) Familien- und fG-Sachen ... 10
      dd) Notarielle Urkunden ... 12
      ee) Ausländische Urteile ... 13
   b) Antrag, Umdeutung, Anwaltszwang ... 14
   c) Verfahren ... 19
2. Materielle Voraussetzung ... 20
   a) Verweigerung ... 20
   b) Einwendungen des Schuldners ... 21
      aa) Präklusion ... 21
      bb) Erfüllung ... 22
      cc) Unmöglichkeit ... 24
      dd) Mitwirkung Dritter ... 26
      c) Verschulden ... 29
      d) Auslandsbezug ... 30
      e) Insolvenz des Schuldners ... 31
IV. Beschluss ... 32
   1. Beschlussinhalt ... 32
   2. Beschussadressat ... 34
      a) Juristische Personen ... 35
      b) Prozessunfähige natürliche Personen ... 36
V. Vollstreckung des Beschlusses ... 37
   1. Allgemeines; Erfüllungseinwand ... 37
   2. Vollstreckung von Zwangsgeld ... 38
   3. Vollstreckung von Zwangshaft ... 40
   4. Vollstreckungsverjährung ... 42
VI. Rechtsbehelfe ... 43
VII. Kosten ... 44
   1. Gerichtskosten ... 44
   2. Rechtsanwaltsgebühren ... 45

I. Anwendungsbereich

1 **1. Allgemeines.** Nach § 888 werden Handlungen des Schuldners vollstreckt, die ein Dritter **nicht vornehmen kann oder darf**. Die Handlung muss **ausschließlich** vom Willen des Schuldners abhängen und darf nicht unter Abs. 3 fallen. Die Verhängung von Beugezwang bezweckt ausschließlich die Durchsetzung der Handlungspflicht und hat keinerlei Strafcharakter.

2 **2. Aktives Tun.** Die unvertretbare Handlung muss in einem **aktiven Tun** bestehen, andernfalls ist § 890 anwendbar. Die Unterlassung oder Duldung wird auch dann nach § 890 vollstreckt, wenn der Titel die Unterlassung oder Duldung als nicht vertretbare Handlungspflicht formuliert.[1] Zum Verhältnis zu § 890, wenn für ein Unterlassen bestimmte Handlungen notwendig sind, s. § 890 Rn 15 ff.

3 **3. Dienstvertrag (Abs. 3); entsprechende Anwendung von Abs. 3.** Dem in Abs. 3 erwähnten **Dienstvertrag** (§ 611 BGB) stehen **Geschäftsbesorgung** (§ 675 BGB) und **Auftrag** (§ 662 BGB) gleich. Entsprechend angewendet wird Abs. 3 auf den Abschluss eines **Erbvertrages**,[2] aber nicht auf die Auskunft des Kindes gegen die Mutter über den **Vater** eines nichtehelichen **Kindes**.[3]

II. Unvertretbare Handlungen (Abs. 1)

4 Die Vorschrift umfasst Handlungen, die nur der Schuldner vornehmen kann.

5 **1. Handlungen.** Unvertretbare Handlungen iSv Abs. 1 sind die **Auskunftserteilung**, solange sie nur vom Schuldner oder nur mit seiner Mitwirkung erteilt werden kann,[4] die **Zeugniserstellung**,[5] die Erstellung eines **Nachlassverzeichnisses**,[6]

---

1 BGH NJW 1982, 440.
2 OLG Frankfurt Rpfleger 1980, 117, 118.
3 OLG Bremen NJW 2000, 963, 964; OLG Hamm NJW 2001, 1870, 1871.
4 OLG München NJW-RR 1992, 704; BGH NJW 2008, 2919, 2920 (Nennung des Vaters des nichtehelichen Kindes).
5 LAG Frankfurt NZA 1990, 192.
6 Zuletzt OLG Saarbrücken FamRZ 2011, 1258, 1259.

die **Rechnungslegung** nach § 28 Abs. 4 WEG[7] (zu § 28 Abs. 3 WEG s. § 887 Rn 15), die Verpflichtung zur Erteilung von **Lohn- und Gehaltsabrechnungen**,[8] die Mitwirkung bei der **Steuererklärung** zwecks gemeinsamer Veranlagung[9] (zur Vollstreckung von Erklärungen im Rahmen von Steuererklärungen s. § 887 Rn 16), die **Unterschriftsleistung**,[10] das Abdrucken einer **Gegendarstellung**, die Abgabe von Erklärungen **tatsächlichen** Inhalts, der **Widerruf** einer Behauptung,[11] **geistige, künstlerische** und **wissenschaftliche Leistungen**, die Erfüllung einer Betriebspflicht,[12] die **Dokumentation** ärztlichen Handelns, die **Beschäftigung** eines Arbeitnehmers, die **Entfernung** von Personen aus einer Wohnung, die **Zutrittsgewährung**, die Verurteilung des Vermieters, eine **Betriebskostenabrechnung** zu erteilen,[13] oder das Erstellen einer **Bilanz**, wenn die Mithilfe des Schuldners unerlässlich ist.[14] Zur Vollstreckung einer Pflicht zur Einsichtnahme in Urkunden s. § 883 Rn 36.

2. Abgabe einer Willenserklärung. Die Vollstreckung der Abgabe einer **Willenserklärung** erfolgt nur nach § 894 und nicht nach § 888.[15] Ist der Inhalt einer solchen geschuldeten Willenserklärung nicht **bestimmbar**, so ist der Titel nicht vollstreckungsfähig. Dieser Mangel kann auch nicht nachträglich im Verfahren nach § 888 geheilt werden.[16]

III. Voraussetzungen

1. Prozessuale Voraussetzungen. a) Zuständigkeit. aa) Zivilgerichtsbarkeit. Zuständig für die Ermächtigung – und damit Adressat des Antrags – ist wie bei § 887 (s. § 887 Rn 20) ausschließlich das **Prozessgericht erster Instanz**. Das Gericht erster Instanz ist auch zuständig, wenn der Rechtsstreit in der **Rechtsmittelinstanz** anhängig ist oder war.[17]

Auch **einstweilige Verfügungen** nach § 935 können einen nach § 888 zu vollstreckenden Inhalt haben.[18] Bei einstweiligen Verfügungen ist das Gericht der Hauptsache zuständig, auch für den Fall, dass das Amtsgericht eine einstweilige Verfügung nach § 942 Abs. 1 erlassen hat. Hat die **Kammer** im Eilverfahren als Kollegium eine einstweilige Verfügung erlassen, so bleibt sie zuständig, auch wenn der Einzelrichter für die Hauptsache originär zuständig ist oder sie ihm nach § 348 a als Einzelrichter übertragen wurde.[19]

bb) Arbeitsgerichtsbarkeit. Bei Vollstreckungstiteln in arbeitsgerichtlichen Verfahren ist das **Arbeitsgericht** zuständig.

---

7 KG NJW 1972, 2093, 2094; OLG Stuttgart Rpfleger 1973, 311; BayObLG NJW-RR 2002, 1381, 1382; aA OLG Düsseldorf NZM 1999, 842; OLG Hamm OLGZ 1975, 157, 160.
8 BAG NZA 2010, 61, 62 = DB 2009, 2719.
9 KG FamRZ 1984, 1122, 1123; OLG Düsseldorf FamRZ 1983, 73 (speziell zur Unterschriftsleistung).
10 OLG Koblenz 18.12.2009 – 10 W 814/09 und BauR 2010, 1981 (LS) (jeweils Ausfüllung der Sachverständigen-Bescheinigung eines Energieberaters).
11 BGHZ 37, 187, 190; krit. Stein/Jonas/*Brehm*, § 888 Rn 5, 6.
12 OLG Frankfurt ZMR 2009, 446.
13 BGH NJW 2006, 2706, 2707 = MDR 2007, 81.
14 OLG Frankfurt OLGR 2003, 190.
15 BGH NJW 2011, 3161, 3162 = MDR 2011, 1008; aA OLG Karlsruhe Rpfleger 2005, 95 und Vorauflage (2. Aufl. 2013), aaO.
16 BGHZ 190, 1, 4 f = NJW 2011, 3161, 3162 f.
17 BGH NJW 2002, 754, 755 = MDR 2002, 292, 293.
18 OLG Frankfurt ZMR 2009, 446.
19 OLG Koblenz NJW-RR 2002, 1724, 1725.

10 cc) **Familien- und fG-Sachen.** In Familienstreitsachen hat sich durch das FamFG an der Zuständigkeit nichts geändert. Gemäß § 95 Abs. 1 Nr. 3 FamFG sind auf die Vollstreckung zur Vornahme einer nicht vertretbaren Handlung die Vorschriften der Zivilprozessordnung über die Zwangsvollstreckung entsprechend anzuwenden. In Ehesachen und Familienstreitsachen nach § 112 FamFG findet § 95 FamFG zwar keine Anwendung (§ 113 Abs. 1 S. 1 FamFG). Die Vollstreckung in Ehesachen und Familienstreitsachen erfolgt jedoch über § 120 Abs. 1 FamFG gleichfalls nach den Vorschriften der Zivilprozessordnung über die Zwangsvollstreckung. Im Falle der Anwendbarkeit der Zivilprozessordnung ist also das **Familiengericht** für die Vollstreckung nach Abs. 1 zuständig.

11 Davon ist die Vollstreckung von Anordnungen nach § 35 FamFG zu unterscheiden, der den früheren § 33 FGG ersetzt. Soweit Verfahren nach dem FamFG gerichtliche Anordnungen mit vollstreckbarem Inhalt auf Vornahme oder Unterlassung bestimmter Handlungen vorsehen, können diese vom Gericht mit den in § 35 FamFG genannten Mitteln durchgesetzt werden. Unvertretbare Handlungen, für deren Durchsetzung nach § 35 FamFG Zwangsgeld verhängt werden kann, sind etwa die Auskunftspflicht in Versorgungsausgleichssachen (§ 220 FamFG), die Ablieferungspflicht von Testamenten (§ 358 FamFG) und die Zwangsberichtigung des Grundbuchs (§ 82 GBO). Wegen der Einzelheiten vgl die Erläuterungen zum FamFG Rn 33, 47 ff, 190 ff, 202 ff.

12 **dd) Notarielle Urkunden.** Bei notariellen Urkunden ist das Gericht zuständig, in dessen Bezirk der Notar seinen Sitz hat, § 797 Abs. 3, 6.

13 **ee) Ausländische Urteile.** Bei ausländischen Urteilen ist das Gericht zuständig, welches die Vollstreckbarerklärung ausgesprochen hat.

14 **b) Antrag, Umdeutung, Anwaltszwang.** Der Gläubiger muss das Zwangsmittel **beantragen.** Im Antrag muss die Handlung bestimmt, zumindest **bestimmbar** bezeichnet werden. Der Gläubiger muss in seinem Antrag das Zwangsmittel oder dessen Höhe nicht bezeichnen. Soweit vertreten wird, dass das Gericht über den Antrag des Gläubigers nicht hinausgehen darf,[20] überzeugt dies nicht. Das Beugemittel dient der Verwirklichung des Titels. Mit welchen Mitteln die Verwirklichung herbeigeführt wird, liegt im Ermessen des Gerichts. § 308 (Bindung an die Parteianträge) gilt nicht, weil die Verwirklichung der titulierten Forderung vom Gläubiger uneingeschränkt gewollt ist. Ein in seiner Höhe beschränkter Antrag ist als Anregung zu verstehen (s. § 890 Rn 31, 61).[21]

15 Dem Antrag ist eine vollstreckbare Ausfertigung des Urteils mit **Zustellbescheinigung** beizufügen. Der **Antrag** des Gläubigers kann wie nachfolgend dargestellt lauten. Er sollte kurz **begründet** werden, um das Rechtsschutzinteresse darzulegen.

▶ Gegen den Schuldner wird ein Zwangsgeld von 25.000 € und für den Fall, dass dieses nicht beigetrieben werden kann, ersatzweise Zwangshaft von sechs Monaten verhängt, wenn der Schuldner nicht bis zum ... ein Verzeichnis der vom Erblasser ... bei seinem Tode hinterlassenen Gegenstände (Nachlassverzeichnis) erstellt.

Nach Beschlussfassung bitte ich um Rückgabe des Titels und um eine vollstreckbare Ausfertigung des Beschlusses mit Zustellbescheinigung.

Begründung: ... ◀

---

20 MüKo-ZPO/*Gruber*, § 888 Rn 18; Stein/Jonas/*Brehm*, § 888 Rn 23.
21 OLG München NJW-RR 1992, 704.

Die **Umdeutung** eines Vollstreckungsantrags nach § 888 in einen solchen nach § 887 ist jedenfalls dann unzulässig, wenn dem Vortrag des Gläubigers dafür keine Anhaltspunkte zu entnehmen sind (s. § 887 Rn 33).[22] 16

Für den Antrag besteht **Anwaltszwang** nach Maßgabe des § 78. 17

Der Antrag kann bis zur Rechtskraft des Beschlusses **zurückgenommen** werden. Dann wird der Zwangsgeldbeschluss entsprechend § 269 Abs. 3 wirkungslos.[23] Wird im Verfahren nach § 888 die Hauptsache **übereinstimmend** für **erledigt** erklärt, richten sich Kostenentscheidung und Rechtsmittel nach § 91 a.[24] Auch die **einseitige Erledigungserklärung** ist im Vollstreckungsverfahren möglich.[25] 18

c) **Verfahren.** Eine **Androhung** der Zwangsmittel ist nach Abs. 2 unzulässig. Dem Schuldner ist vor Entscheidung über den Antrag zwingend **rechtliches Gehör** zu gewähren (§ 891 S. 2). Das Gericht entscheidet durch Beschluss nach freigestellter mündlicher Verhandlung (§ 128 Abs. 4). Nach Erlass des Beschlusses sendet das Gericht die vollstreckbare Ausfertigung des Titels an den Gläubiger zurück. 19

2. Materielle Voraussetzung. a) Verweigerung. Der Schuldner muss die Handlung **verweigern**. 20

b) Einwendungen des Schuldners. aa) Präklusion. Einwendungen dürfen nicht präkludiert sein. Im Verfahren der Zwangsvollstreckung kann das Bestehen eines Anspruchs aus materiell-rechtlichen Gründen nicht in Abrede gestellt werden. Einwendungen, die der Entscheidung im Erkenntnisverfahren nicht zugrunde gelegt werden konnten, weil der Schuldner sie erstmals im Zwangsvollstreckungsverfahren geltend gemacht hat, sind im Verfahren nach § 888 nicht zu berücksichtigen.[26] 21

bb) Erfüllung. Der Schuldner kann **Erfüllung** einwenden.[27] Die **Beweislast** für den Einwand, der titulierte Anspruch sei erfüllt, trägt nach allgemeinen Regeln der Schuldner.[28] 22

Zweifeln an der **Richtigkeit** einer erteilten **Auskunft** muss im Verfahren auf Abgabe der eidesstattlichen Versicherung gem. § 260 BGB nachgegangen werden. Ein Zwangsmittel kann nicht festgesetzt werden. Anders ist es jedoch, wenn **erkennbare Lücken** vorliegen und bereits unmittelbar aus der Erklärung des Schuldners deutlich wird, dass die dem Gläubiger überlassenen Informationen nicht erschöpfend („nicht ernst gemeint, unvollständig oder von vornherein unglaubhaft") sind.[29] Auch hier muss jedoch im Rahmen einer **Verhältnismäßigkeitsprüfung** der effektive Gewinn an Rechtsschutz auf Seiten des Antragstellers durch die Zwangsgeldfestsetzung berücksichtigt werden, wenn der Verpflichtete die Auskunft als vollständig und richtig bezeichnet, so dass die Zwangsgeldfestsetzung unzulässig sein kann und Zweifel an der vollständigen Erfüllung der Auskunftspflicht durch Abgabe der eidesstattlichen Versicherung beseitigt werden müssen.[30] Die Abgabe einer eidesstattlichen Versicherung wird gegenüber 23

---

22 OLG Hamm NJW 1985, 274, 275.
23 OLG Köln OLGR 2004, 79, 80 (Auslegung einer Erledigungserklärung); zuletzt OLG Koblenz 9.2.2009 – 1 W 721/08.
24 BayObLG NJW-RR 1997, 489 – insoweit nicht abgedruckt in MDR 1996, 740; OLG Karlsruhe FamRZ 2010, 1839 f.
25 OLG Stuttgart MDR 2010, 1078.
26 OLG Saarbrücken FamRZ 2009, 1003 f.
27 BGHZ 161, 67, 71 = NJW 2005, 367, 369; für § 888 ausdr. BGH ZEV 2009, 246, 247 aE; so auch OLG Hamm 7.6.2010 – 7 W 13/10; OLG Frankfurt 10.12.2010 – 13 Sch 1/10.
28 BGH NJW-RR 2007, 1475, 1477; OLG Naumburg 12.1.2010 – 8 WF 2/10.
29 BGHZ 125, 322, 326 = NJW 1994, 1958, 1959; 148, 26, 36 – insoweit nicht abgedr. in MDR 2002, 228; OLG Koblenz NJW-RR 2005, 160, 161 mwN.
30 BVerfG 28.10.2010 – 2 BvR 535/10, teilw. abgedr. in GRURPrax 2011, 45.

der Festsetzung eines Zwangsmittels daher als milderes Mittel angesehen.[31] Für den Einwand der Erfüllung nach **Rechtskraft** des Beschlusses kann der Schuldner nur Vollstreckungsabwehrklage gem. § 767 erheben.[32]

24 cc) **Unmöglichkeit.** Die Vornahme muss dem Schuldner zur Zeit der Festsetzung noch **möglich** sein.[33] Die Verhängung eines Zwangsgeldes nach Abs. 1 setzt voraus, dass es sich um eine nicht vertretbare Handlung handelt, die ausschließlich vom Willen des Schuldners abhängt. Daraus ergibt sich, dass die objektive oder subjektive **Unmöglichkeit** der Handlung die Anordnung eines Zwangsgeldes ausschließt.[34] Solange die **Unmöglichkeit** feststeht, dürfen Zwangsmaßnahmen nicht verhängt werden,[35] und zwar auch dann nicht, wenn er die Unmöglichkeit **zu vertreten** hat.[36] Wenn aufgrund des Vortrags des Schuldners begründete Zweifel an der Möglichkeit der Leistung bestehen, trifft den Gläubiger die **Beweislast**, denn der Gläubiger muss darlegen und beweisen, dass es dem Schuldner möglich ist, die geschuldete Handlung vorzunehmen.[37]

25 Der Schuldner muss zur Erfüllung der Handlungspflicht **alles Zumutbare** unternommen haben.[38] Er kann sich also nicht auf sein Unvermögen berufen, zB wenn er sich die für eine Auskunft erforderliche Information nicht verschafft, obwohl ihm dies möglich gewesen wäre. Benötigt der Schuldner für die Erfüllung seiner Handlungspflicht Geld, Sachen oder Rechte, so muss er sich darum mit allen ihm zur Verfügung stehenden Mitteln **bemühen.** Im Einzelfall kann zweifelhaft sein, ob sich der Schuldner **noch bemüht oder schon verweigert.** Insbesondere bei umfangreichen Erklärungen, wie etwa die Erstellung eines Nachlassverzeichnisses, wird dem Schuldner ein den Umständen nach angemessener Zeitraum zur Erfüllung seiner Pflichten zuzubilligen sein. Ihm obliegt dabei zumindest die sekundäre Darlegungslast seiner Bemühungen. Zur Abgrenzung können die zivilrechtlichen Wertungen übertragen werden. Befindet sich der Schuldner in Verzug oder lässt sein Verhalten erkennen, sich nicht hinreichend um die Erfüllung seiner Pflichten zu bemühen, wird eine Verweigerung anzunehmen sein.

26 dd) **Mitwirkung Dritter.** Die Zwangsvollstreckung wegen einer nicht vertretbaren Handlung iSv Abs. 1 ist grds. nicht schon dann ausgeschlossen, wenn ein **Dritter** an der Handlung **mitwirken** muss. Die Festsetzung von Zwangsgeld oder Zwangshaft ist nur dann nicht möglich, wenn eindeutig feststeht, dass der Vollstreckungsschuldner – erfolglos – alle zumutbaren Maßnahmen einschließlich eines gerichtlichen Vorgehens unternommen hat, um den Dritten zur Duldung der vorzunehmenden Handlung zu veranlassen. Kann der Schuldner die Handlung nur vornehmen, wenn **andere Personen** zustimmen oder mitwirken, muss er solche Personen zur Mitwirkung **veranlassen** oder dies zumindest versuchen[39] (s. auch § 887 Rn 42). Ist der **Dritte** zur Zustimmung oder Mitwirkung **verpflichtet**, muss der Schuldner im Falle der Weigerung auch eine Aussicht auf Erfolg versprechende Klage auf Zustimmung oder Mitwirkung des Dritten erheben (s. § 887 Rn 42). § 888 ist ausgeschlossen, wenn der Schuldner vorher mit der gebotenen Intensität **versucht** hat, die Handlung vorzunehmen. Die Voraussetzungen für diesen Ausnahmetatbestand hat der Vollstreckungsschuldner im Ein-

---

31 OLG Düsseldorf InstGE 13, 113.
32 OLG Karlsruhe FamRZ 2006, 284 f; LAG Rheinland-Pfalz 3.2.2010 – 5 Ta 285/09.
33 OLG Köln MDR 2003, 114.
34 BGH NJW-RR 2009, 443, 444.
35 OLG Saarbrücken OLGZ 1991, 225 f.
36 OLG Hamm NJW-RR 1988, 1087, 1088.
37 OLG Hamm NJW-RR 1988, 1087, 1088.
38 OLG Brandenburg FamRZ 2007, 63, 64.
39 BayObLG NJW-RR 1989, 462, 463; BGH NJW 2009, 2308, 2309 f (Auskunft gegen Konzernunternehmen); LG Saarbrücken ZMR 2010, 402, 403 (Auskunftsverpflichtung nach Übergabe der Unterlagen an neuen Wohnungseigentumsverwalter).

zelnen darzulegen. Dem Gläubiger bleibt § 893, so dass er nur noch Klage auf Leistung des Interesses erheben kann.

Aus Abs. 1 ergibt sich nicht die Verpflichtung des Schuldners, dem Gläubiger die Namen und Anschriften von Personen mitzuteilen, damit diese von dem Gläubiger selbst auf Duldung einer gebotenen Vollstreckungsmaßnahme oder Mitwirkung daran in Anspruch genommen werden können.[40] 27

Kann die Leistung nur von **mehreren** Schuldnern erbracht werden, kann ein Zwangsmittel gegen einen Schuldner nicht festgesetzt werden, wenn seine Handlung die Gesamtleistung nicht bewirken kann. 28

c) Verschulden. Zweck der Verhängung der Zwangsmittel ist die Willensbeugung. Sie ist kein Straf- oder Ordnungsmittel. Auf ein **Verschulden** kommt es unbeschadet des Unvermögens zur Leistung daher nicht an.[41] 29

d) Auslandsbezug. Die Handlung kann nach § 888 auch durchgesetzt werden, wenn sie im **Ausland** stattzufinden hat, weil der Zwang im Inland erfolgt.[42] 30

e) Insolvenz des Schuldners. Der Zwangsvollstreckung steht zunächst die Eröffnung des Insolvenzverfahrens über das Vermögen des Schuldners nicht entgegen. Das Vollstreckungsverbot des § 89 InsO kommt nicht zur Anwendung. Ansprüche auf Vornahme einer unvertretbaren Handlung bleiben gegen den Schuldner selbst durchsetzbar, da sie keine Insolvenzforderungen sind.[43] 31

IV. Beschluss

1. Beschlussinhalt. Die vorzunehmenden Handlungen müssen (wegen der Vollstreckung, s. Rn 37) im Beschluss **bestimmt** sein, gleichfalls die Höhe des **Zwangsgeldes**, welches **verhältnismäßig** sein muss und gem. Art. 6 Abs. 1 EGStGB mindestens 5 €, nach Abs. 1 S. 2 höchstens 25.000 € beträgt. Die Höhe der Haft ist hingegen unbestimmt. Zwangsgeld und Zwangshaft sind nur alternativ anordenbar. Für weiteres Nichtbefolgen können sie wiederholt angeordnet werden, aber erst bei Vollstreckung aus dem vorangegangenen Zwangsmittel. Es ist von **vornherein** für den Fall, dass Zwangsgeld nicht beigetrieben werden kann, Zwangshaft anzuordnen. Im Gegensatz zur originären Zwangshaft muss bei der Zwangshaft **als Ersatzhaft** im Falle der Nichtbeitreibbarkeit des Zwangsgeldes die Dauer der Ersatzhaft im Verhältnis zur Höhe des festgesetzten Zwangsgeldes angegeben werden (zB pro 50 € Zwangsgeld ein Tag Zwangshaft).[44] 32

Der Beschluss enthält eine eigene Kostenentscheidung (§ 891 S. 3) und ist gem. § 794 Nr. 3 sofort vollstreckbar (s. Rn 38, 43). 33

2. Beschussadressat. Der Beschluss ist gegen den Schuldner zu erlassen. Besonderheiten ergeben sich bei prozessunfähigen Personen. 34

a) Juristische Personen. Gegen die **Organe** einer juristischen Person kann Beugezwang verhängt werden. Die Organwalter müssen **namentlich** benannt sein. Die Zwangsmittel dürfen nur gegen **amtierende** Vertreter angeordnet werden. Die Verhängung von Beugezwang gegen die juristische Person als Schuldner und **gleichzeitig** gegen das (namentlich zu benennende) Organ der juristischen Person 35

---

40 BGH NJW-RR 2009, 443, 444.
41 OLG Köln MDR 1981, 505, 506; OLG Köln 1982, 589; OLG Hamm NJW 1973, 1135, 1136.
42 OLG Köln IPRax 2003, 446, 447.
43 KG NZI 2000, 228, 229; dem folgend MüKo-InsO/*Breuer*, § 89 Rn 31 mwN.
44 LAG Rheinland-Pfalz DB 2012, 240 (LS); OLG Saarbrücken 29.8.2011 – 5 W 197/11.

wird als zulässig erachtet.[45] **Wechselt** der Organwalter, muss ein neuer Beschluss erlassen werden.

36 **b) Prozessunfähige natürliche Personen.** Das Zwangsgeld kann je nachdem, wessen Wille gebeugt werden soll, gegen die prozessunfähige Partei und gegen ihren Vertreter verhängt werden. Die Prozessunfähigkeit des Schuldners hindert die Anordnung der Haft nicht. Abzustellen ist auf die **Einsichtsfähigkeit** des Schuldners. Soll der Wille des **Vertreters** gebeugt werden, bedarf es eines Titels gegen ihn nicht. Der Beschluss bedarf dann der Vollstreckungsklausel (s. im Übrigen Rn 38).

V. Vollstreckung des Beschlusses

37 **1. Allgemeines; Erfüllungseinwand.** Der Beschluss ist **Vollstreckungstitel** nach § 794 Abs. 1 Nr. 3. Daher muss der Beschluss den Anforderungen des § 750 Abs. 1 genügen.[46] Die Vollstreckung aus dem Beschluss wird nur auf **Antrag** des Gläubigers eingeleitet.[47] Die Vollstreckung ist nicht mehr zulässig, wenn der Schuldner die Handlung vorgenommen hat oder die Zwangsvollstreckung eingestellt worden ist. Ist der Beschluss nach § 888 rechtskräftig, kann der Schuldner den **Erfüllungseinwand** nur mit der **Vollstreckungsabwehrklage** gem. § 767 geltend machen.[48] Die Erfüllung der Handlungspflicht kann der Schuldner weder gegen die das Zwangsgeld vollstreckenden Organe einwenden noch kann er mit dieser Behauptung aus der Beugehaft entlassen werden. Jedoch kann der Schuldner befristet aus der Haft **entlassen** werden, um die geschuldete Handlung zu vollziehen.[49]

38 **2. Vollstreckung von Zwangsgeld.** Das Zwangsgeld wird nach den allgemeinen Regeln des Vollstreckungsrechts beigetrieben.[50] Der Zwangsgeldbeschluss bedarf nicht der **Vollstreckungsklausel** (§§ 795, 724).[51] Die gegenteilige Auffassung[52] überzeugt nicht. Vollstreckbar ausgefertigt sein muss gem. § 724 Abs. 1 das Urteil, aus dem die Zwangsvollstreckung betrieben wird. Der Beschluss nach § 888 ist eine Maßnahme zur Durchsetzung eines Titels, aus dem die Zwangsvollstreckung betrieben wird. Die Vollstreckbarkeit des Titels selbst wird bereits bei Erlass des Beschlusses geprüft.[53]

39 Das beigetriebene Geld ist vom Vollstreckungsorgan unmittelbar an die **Staatskasse** zu leiten. Der Schuldner kann es gem. § 812 BGB zurückfordern, wenn der Zwangsgeldbeschluss aufgehoben wird oder der Gläubiger auf seine Rechte verzichtet.[54] Ein solcher Anspruch besteht auch, wenn die Vollstreckung aus einem **vorläufig** vollstreckbaren Titel betrieben und dieser Titel nach Zahlung des Zwangsgeldes von der nächsten Instanz abgeändert wird oder wenn das Zwangsgeld nach Vornahme der geschuldeten Handlung und damit **nach Erfüllung** beigetrieben wurde und die Vollstreckungsabwehrklage des Schuldners (s. Rn 37) erfolgreich war.

40 **3. Vollstreckung von Zwangshaft.** Zwangshaft wird gem. §§ 901–913 durch einen **Haftbefehl** des Vollstreckungsgerichts vollstreckt. Der Gläubiger ist für die

---

45 Stein/Jonas/*Brehm*, § 888 Rn 43 mwN; OLG Frankfurt 9.4.2015 – 6 W 32/15.
46 OLG Köln OLGR 2008, 644.
47 BGH NJW 1983, 1859 f = MDR 1983, 739.
48 BGH ZEV 2009, 246, 247; OLG Zweibrücken FamRZ 1998, 384.
49 OLG Nürnberg OLGR 2001, 329.
50 BGH NJW 1983, 1859 f = MDR 1983, 739.
51 LG Kiel DGVZ 1983, 155, 156; AG Lindau DGVZ 1997, 44, 45.
52 AG Arnsberg DGVZ 1994, 79; LAG Köln 13.4.2010 – 11 Ta 51/10; Zöller/*Stöber*, § 888 Rn 13.
53 So richtig LG Kiel DGVZ 1983, 155, 156.
54 BAG NJW 1990, 2579 f.

voraussichtlichen Haftkosten vorschusspflichtig (§ 4 GvKostG). Auch bei rechtskräftiger Anordnung der Zwangshaft ist vor Erlass eines Haftbefehls zu prüfen, ob die Zwangshaft **verhältnismäßig** ist.[55]

Gegen Mitglieder der NATO-Streitkräfte darf Haft nicht verhängt werden (Art. 34 Abs. 2 des Zusatzabkommens zum Truppenstatut). Gemäß Art. 34 Abs. 1 dieses Abkommens gewähren die Militärbehörden bei der Durchsetzung vollstreckbarer Titel in nichtstraflichen Verfahren deutschen Gerichten und Behörden „alle in ihrer Macht liegende Unterstützung".[56] 41

4. Vollstreckungsverjährung. Für Zwangsgeld und Zwangshaft gibt es keine Vollstreckungsverjährung. Art. 9 EGStGB ist nicht anwendbar. Zeitliche Grenze ist die Verjährung der titulierten Forderung. Diese ist vom Schuldner im Verfahren nach § 767 geltend zu machen.[57] 42

VI. Rechtsbehelfe

Gegen die Entscheidung des Gerichts findet (für den Schuldner bei Anordnung, für den Gläubiger bei Ablehnung) die **sofortige Beschwerde** nach § 793 statt. Sie hat aufschiebende Wirkung zugunsten des Schuldners.[58] Bei der Vollstreckung des Zwangsmittelbeschlusses durch den Gerichtsvollzieher ist die **Erinnerung** nach § 766 statthaft, über welche gem. § 764 das Vollstreckungsgericht entscheidet. Handlungen des Rechtspflegers anlässlich der **Beitreibung** des Zwangsgeldes sind nach den allgemeinen Regeln (§ 766 bzw § 793 iVm § 11 Abs. 1 RPflG) anfechtbar. 43

VII. Kosten

1. Gerichtskosten. Für das Verfahren über den Antrag entsteht im gerichtlichen Verfahren eine Festgebühr Nr. 2111 KV GKG iHv 20,00 €. Hinsichtlich der Gerichtskosten besteht Vorauszahlungspflicht (§ 12 Abs. 6 GKG). Daneben können Auslagen anfallen, im Falle einer Zwangshaft entstehen insb. auch Haftkosten (Nr. 9010 KV GKG).[59] 44

2. Rechtsanwaltsgebühren. Für den Rechtsanwalt stellt das Verfahren eine besondere Angelegenheit dar (§ 18 Abs. 1 Nr. 13 RVG), einschließlich der Vollstreckung des Zwangsgeldes.[60] Der Wert der Gebühr richtet sich nach § 25 Abs. 1 Nr. 3 RVG und orientiert sich insb. am Interesse des Gläubigers an der Durchsetzung der titulierten Forderung. Einen Anhaltspunkt für das Vollstreckungsinteresse bildet dabei der Streitwert des Hauptsacheverfahrens.[61] 45

---

55 LAG Nürnberg 9.6.2011 – 7 Ta 15/11.
56 BGBl. II 1961 S. 1218, 1246.
57 Stein/Jonas/*Brehm*, § 888 Rn 34.
58 BGH NJW 2011, 3791, 3792 = MDR 2011, 1503, 1504 gegen die bislang hM: OLG Köln NJW-RR 2003, 716 f; Zöller/*Stöber*, § 888 Rn 15; Schuschke/Walker/*Walker*, § 888 Rn 51; Stein/Jonas/*Brehm*, § 888 Rn 48; anders auch Vorauf. (1. Aufl. 2010), a.a.O.; wie der BGH bereits OLG Frankfurt InstGE 9, 301 f; Hk-ZPO/*Kayser*, § 570 Rn 3.
59 NK-GK/*Volpert*, Nr. 9010 KV GKG Rn 2; *Oestreich/Winter/Hellstab*, GKG, Nr. 9010 KV Rn 2.
60 AnwK-RVG/*Wolf/Volpert/Mock/Thiel/N. Schneider*, § 18 Rn 111; Hk-ZPO/*Pukall*, § 888 Rn 19; Musielak/Voit/*Lackmann*, § 888 Rn 16.
61 OLG Köln OLGR 2005, 259; OLG Karlsruhe MDR 2000, 229; AnwK-RVG/*Wolf/ Volpert*, § 25 Rn 38; Hk-ZPO/*Pukall*, § 888 Rn 19.

§ 888 a Keine Handlungsvollstreckung bei Entschädigungspflicht

Ist im Falle des § 510 b der Beklagte zur Zahlung einer Entschädigung verurteilt, so ist die Zwangsvollstreckung auf Grund der Vorschriften der §§ 887, 888 ausgeschlossen.

1 Im Falle des § 510 b wird der Schuldner zur Vornahme einer Handlung und für den Fall der Nichtvornahme binnen einer zu bestimmenden Frist zugleich zur Zahlung einer Entschädigung verurteilt. Eine Vollstreckung nach §§ 887, 888 ist nicht notwendig. Ein entsprechender Antrag ist abzulehnen, gegen einen dennoch erlassenen Beschluss ist die sofortige Beschwerde gem. § 793 statthafter Rechtsbehelf. Für Arbeitsgerichte s. § 61 Abs. 2 S. 1, 2 ArbGG.

§ 889 Eidesstattliche Versicherung nach bürgerlichem Recht

(1) ¹Ist der Schuldner auf Grund der Vorschriften des bürgerlichen Rechts zur Abgabe einer eidesstattlichen Versicherung verurteilt, so wird die Versicherung vor dem Amtsgericht als Vollstreckungsgericht abgegeben, in dessen Bezirk der Schuldner im Inland seinen Wohnsitz oder in Ermangelung eines solchen seinen Aufenthaltsort hat, sonst vor dem Amtsgericht als Vollstreckungsgericht, in dessen Bezirk das Prozessgericht des ersten Rechtszuges seinen Sitz hat. ²Die Vorschriften der §§ 478 bis 480, 483 gelten entsprechend.

(2) Erscheint der Schuldner in dem zur Abgabe der eidesstattlichen Versicherung bestimmten Termin nicht oder verweigert er die Abgabe der eidesstattlichen Versicherung, so verfährt das Vollstreckungsgericht nach § 888.

§ 144 GVGA

I. Anwendungsbereich 1	1. Vollstreckungsverfahren 11
II. Durchführung der Abgabe (Abs. 1) 4	2. Funktionelle Zuständigkeit 13
1. Prozessuales 4	3. Jederzeitige Erfüllungsmöglichkeit 14
a) Freiwilligkeit der Abgabe 4	4. Vollstreckbarkeit, Erfüllung 16
b) Zuständigkeit 5	IV. Rechtsbehelfe 17
c) Antrag; kein Anwaltszwang 6	V. Kosten 18
2. Erfüllung der Verpflichtung 10	1. Gerichtskosten 18
III. Vollstreckung der Abgabepflicht (Abs. 2) 11	2. Rechtsanwaltsgebühren 19
	3. Wertermittlung 20
	4. Notwendige Kosten der Zwangsvollstreckung, § 788 21

I. Anwendungsbereich

1 Die Vorschrift regelt die Abgabe der eidesstattlichen Versicherung, zu welcher der Schuldner **verpflichtet** ist. Die Abgabe der eidesstattlichen Versicherung ist eine unvertretbare Handlung. Die **Pflicht** zur Abgabe einer eidesstattlichen Versicherung ist in §§ 259 Abs. 2, 260 Abs. 2, 2028 Abs. 2 und 2057 S. 2 BGB geregelt und ist von der nach §§ 807, 883 Abs. 2 und 836 Abs. 3 S. 2 zu unterscheiden. **Ohne Titel freiwillig** erfüllt wird sie vor dem Gericht der freiwilligen Gerichtsbarkeit, § 261 BGB sowie §§ 361, 410 Nr. 1, 412, 413 FamFG. Die Abgabe vor einem Notar reicht für die freiwillige Erfüllung nicht.[1]

---

1 Schuschke/Walker/*Walker*, § 889 Rn 1; aA für den Fall, dass der Berechtigte bei der Beurkundung anwesend war oder geladen wurde, OLG Zweibrücken MDR 1979, 492 f.

Hat der Gläubiger einen **Titel** auf Abgabe der eidesstattlichen Versicherung, richtet sich auch die freiwillige Abgabe nach dieser Vorschrift und nicht nach § 361 FamFG. Nach der Gegenauffassung können sich die Parteien auf das Verfahren nach dem FamFG einigen.[2] Dagegen spricht, dass Verfahrensrecht als öffentliches Recht der Disposition der Parteien entzogen ist.   2

Für die Kosten gilt § 261 Abs. 2 BGB.   3

II. Durchführung der Abgabe (Abs. 1)

1. Prozessuales. a) Freiwilligkeit der Abgabe. Das Verfahren nach Abs. 1 gehört **nicht zum Vollstreckungsverfahren**. Vielmehr soll dem Schuldner auf diese Weise Gelegenheit zur freiwilligen Erfüllung seiner urteilsmäßigen Verpflichtung gegeben werden.[3] Die Zulässigkeit der Zwangsvollstreckung wird vom Gericht daher nicht geprüft.[4] Die Gegenauffassung[5] überzeugt nicht, weil zunächst die freiwillige Erfüllung der Verpflichtung in Rede steht und erst im Falle des Vorgehens nach Abs. 2 vom Gläubiger die Vollstreckungsvoraussetzungen dargetan werden müssen.[6]   4

b) Zuständigkeit. Ausschließlich zuständig ist das Vollstreckungsgericht (§§ 764 Abs. 1, 802), daher auch für Urteile eines Familien- oder Arbeitsgerichts. Funktionell zuständig ist der Rechtspfleger (§ 20 Abs. 1 Nr. 17 RPflG). Die örtliche Zuständigkeit ergibt sich aus Abs. 1 S. 1. Hat der Schuldner keinen Wohnsitz im Inland und hält er sich im Ausland auf, ist das Vollstreckungsgericht im Bezirk des Prozessgerichts erster Instanz zuständig.   5

c) Antrag; kein Anwaltszwang. Der Termin zur Abgabe der eidesstattlichen Versicherung wird auf Antrag bestimmt. Obwohl nach der hier vertretenen Auffassung die Zulässigkeit der Zwangsvollstreckung vom Gericht nicht geprüft zu werden braucht (s. Rn 4), ist es sinnvoll, dem Antrag auf Bestimmung eines Termins zur Abgabe der eidesstattlichen Versicherung durch den Schuldner die vollstreckbare Ausfertigung des Urteils mit Zustellbescheinigung beizufügen.   6

Der Antrag sollte wegen des erforderlichen Rechtsschutzbedürfnisses kurz damit **begründet** werden, dass der Schuldner seiner Verpflichtung zur Abgabe der eidesstattlichen Versicherung trotz Aufforderung und Gelegenheit hierzu nicht nachgekommen ist.   7

Der Gläubiger ist vom Termin zu benachrichtigen. Es besteht **kein Anwaltszwang**. Ist der Schuldner anwaltlich vertreten, so ist sein Anwalt gleichfalls vom Termin zu benachrichtigen. Es gelten §§ 217–220.   8

Der Inhalt der Versicherung richtet sich nach dem Tenor des Urteils. §§ 478–480, 483 sind entsprechend anwendbar.   9

2. Erfüllung der Verpflichtung. Der Schuldner erfüllt seine Verpflichtung, wenn er **entsprechend dem Tenor** des Urteils die eidesstattliche Versicherung abgibt. Soweit erforderlich, hat der Schuldner sich die für die Auskunft notwendigen Kenntnisse und Unterlagen auch bei Dritten zu beschaffen.[7] Das Vollstreckungsgericht kann die vom Prozessgericht festgelegte Formel im Beschlusswege **ändern**, wenn die Abgabe mit dem durch das Prozessgericht festgelegten Inhalt den Schuldner zu einer inhaltlich falschen Erklärung zwingen würde. Das Vollstreckungsgericht kann dann gem. § 261 Abs. 1 BGB eine den Umständen entspre-   10

---

2 Wieczorek/Schütze/*Schütze*, § 889 Rn 2; Zöller/*Stöber*, § 889 Rn 1.
3 OLG Düsseldorf MDR 1994, 306.
4 Stein/Jonas/*Brehm*, § 889 Rn 4.
5 OLG Frankfurt FamRZ 2004, 129; Zöller/*Stöber*, § 889 Rn 2.
6 So richtig MüKo-ZPO/*Gruber*, § 889 Rn 7.
7 BGH NJW-RR 2015, 58, 59.

chende Änderung der eidesstattlichen Versicherung beschließen und anordnen, dass der Schuldner seine bisher unvollständige Auskunft nachbessert und die vollständige Auskunft an Eides statt versichert.[8]

III. Vollstreckung der Abgabepflicht (Abs. 2)

11 **1. Vollstreckungsverfahren.** Das Verfahren nach Abs. 2 ist ein **Vollstreckungsverfahren** und wird auf **Antrag** des Gläubigers betrieben, der auch im nach Abs. 1 bestimmten Termin gestellt werden kann.

12 Erforderlich ist, dass der Schuldner im Termin **nicht erscheint** oder die Abgabe der Versicherung **verweigert**. Ist der Schuldner an der Wahrnehmung des Termins gehindert und ist der Verhinderungsgrund iSd § 227 Abs. 2 glaubhaft gemacht, ist von Maßnahmen nach Abs. 2 iVm § 888 abzusehen. Der Termin zur Abgabe der eidesstattlichen Versicherung findet außerhalb der Vollstreckung statt. War dem Schuldner ein Erscheinen unmöglich oder hat er sich ausreichend entschuldigt, steht sein Ausbleiben nicht einer Verweigerung der Abgabe der eidesstattlichen Versicherung nach Abs. 2 gleich. Es fehlt deshalb an einer hinreichenden Grundlage für die Einleitung der Zwangsvollstreckung nach § 888.[9]

13 **2. Funktionelle Zuständigkeit.** Das Verfahren ist gem. § 888 vom Richter des Vollstreckungsgerichts durchzuführen, weil Zwangshaft angeordnet werden kann (§ 4 Abs. 2 Nr. 2 RPflG).

14 **3. Jederzeitige Erfüllungsmöglichkeit.** Im Falle der Verhaftung kann der Schuldner jederzeit vor dem Amtsgericht des Haftortes die eidesstattliche Versicherung abgeben und dadurch seine Entlassung herbeiführen (§ 902).

15 Die Vollstreckung erfolgt auch gegenüber **prozessunfähigen** Schuldnern. Dort hat der gesetzliche Vertreter die eidesstattliche Versicherung abzugeben. Gegen ihn finden die gesetzlichen Zwangsmittel statt. Einer Klauselumschreibung des Titels gegen ihn bedarf es nicht.

16 **4. Vollstreckbarkeit, Erfüllung.** Verweigert der Schuldner die Abgabe der eidesstattlichen Versicherung, ist das Verfahren nach § 888 nur zulässig, wenn die Verweigerung **ungerechtfertigt** ist.[10] Wurde der Schuldner zur Abgabe einer Versicherung verurteilt, wendet er jedoch ein, die zu versichernden Tatsachen seien **unrichtig**, so hat er seine Auskunft zu **berichtigen** und dann zu **versichern**.[11] Wendet er fehlende Vollstreckbarkeit oder Unmöglichkeit der Erfüllung infolge Gedächtnisverlusts ein, hat das Gericht im Verfahren darüber zu entscheiden. Bestreitet er hingegen die Verpflichtung selbst, muss er nach § 767 klagen.

IV. Rechtsbehelfe

17 Gegen die Entscheidung des Gerichts findet (für den Schuldner bei Anordnung, für den Gläubiger bei Ablehnung) die **sofortige Beschwerde** nach § 793 statt. Sie hat keine aufschiebende Wirkung zugunsten des Schuldners.[12] Der Schuldner kann gegen seine Verpflichtung zur Abgabe der eidesstattlichen Versicherung im Zwangsmittelfestsetzungsverfahren **Einwendungen** erheben. Gegen die Entscheidung des Gerichts hinsichtlich des Zwangsmittelbeschlusses ist die **Erinnerung** nach § 766 statthaft, über welche gem. § 764 das Vollstreckungsgericht entscheidet. Handlungen des Rechtspflegers anlässlich der **Beitreibung** des Zwangsgeldes

---

8 Vgl BGH NJW-RR 2005, 221 f = MDR 2004, 1444 f; BGH NJW-RR 2015, 58, 59.
9 OLG Düsseldorf MDR 1994, 306 f.
10 LG Köln NJW-RR 1986, 360.
11 LG Köln NJW-RR 1986, 360; OLG Düsseldorf FamRZ 1997, 1495, 1496.
12 OLG Köln NJW-RR 2004, 716 f.

sind nach den allgemeinen Regeln (§ 766 bzw § 793 iVm § 11 Abs. 1 RPflG) anfechtbar.

V. Kosten

1. Gerichtskosten. Das gerichtliche Verfahren wird unabhängig von Umfang und Schwierigkeit mit einer Festgebühr (Nr. 2114 KV GKG) iHv 35,00 € abgegolten. Daneben können Auslagen anfallen, insb. auch Haftkosten (Nr. 9010 KV GKG), wenn es zur Haft kommt (Abs. 2 iVm § 888 Abs. 1 S. 1).[13]

2. Rechtsanwaltsgebühren. Für den Rechtsanwalt handelt es sich um eine besondere Angelegenheit (§ 18 Abs. 1 Nr. 13 RVG), für die er eine Verfahrensgebühr Nr. 3309 VV RVG erhält.[14] Im Rahmen dieser besonderen Angelegenheit werden jedoch alle notwendigen Tätigkeiten durch die Gebühr abgegolten.[15] Nimmt der Rechtsanwalt am Termin zur Abnahme der eidesstattlichen Versicherung teil, fällt die Terminsgebühr Nr. 3310 VV RVG an.

3. Wertermittlung. Der Wert ist nach § 3 unter Berücksichtigung des Interesses des Klägers an der Abgabe der eidesstattlichen Versicherung zu ermitteln.[16] Grundlage der Ermittlung ist der Mehrbetrag, den der Kläger aufgrund der durch die eidesstattliche Versicherung erworbenen Kenntnisse zu erlangen hofft.[17] Anzuwenden sind bei der Bewertung die Grundsätze des Auskunftsverfahrens.[18] Dabei wird der Streitwertbestimmung ein Bruchteil des eigentlichen Anspruchs zugrunde gelegt.[19]

4. Notwendige Kosten der Zwangsvollstreckung, § 788. Bei den Kosten handelt es sich um notwendige Kosten der Zwangsvollstreckung iSv § 788.[20]

§ 890 Erzwingung von Unterlassungen und Duldungen

(1) ¹Handelt der Schuldner der Verpflichtung zuwider, eine Handlung zu unterlassen oder die Vornahme einer Handlung zu dulden, so ist er wegen einer jeden Zuwiderhandlung auf Antrag des Gläubigers von dem Prozessgericht des ersten Rechtszuges zu einem Ordnungsgeld und für den Fall, dass dieses nicht beigetrieben werden kann, zur Ordnungshaft oder zur Ordnungshaft bis zu sechs Monaten zu verurteilen. ²Das einzelne Ordnungsgeld darf den Betrag von 250.000 Euro, die Ordnungshaft insgesamt zwei Jahre nicht übersteigen.

(2) Der Verurteilung muss eine entsprechende Androhung vorausgehen, die, wenn sie in dem die Verpflichtung aussprechenden Urteil nicht enthalten ist, auf Antrag von dem Prozessgericht des ersten Rechtszuges erlassen wird.

(3) Auch kann der Schuldner auf Antrag des Gläubigers zur Bestellung einer Sicherheit für den durch fernere Zuwiderhandlungen entstehenden Schaden auf bestimmte Zeit verurteilt werden.

§ 30, D. vor § 133 GVGA

---

13 NK-GK/*Volpert*, Nr. 9010 KV GKG Rn 2; *Oestreich/Winter/Hellstab*, GKG, Nr. 9010 KV Rn 2.
14 AnwK-RVG/*Wolf/Volpert/Mock/Thiel/N. Schneider*, § 18 Rn 112.
15 OLG Hamm Rpfleger 1984, 117.
16 OLG Bamberg FamRZ 1997, 40.
17 BGH NJW-RR 1991, 1467.
18 BGH NJW-RR 1991, 1467; BGH NJW 1991, 1833.
19 OLG Bamberg FamRZ 1997, 40; OLG Bremen OLGR 2000, 162.
20 BGH MDR 2000, 907.

§ 890

I. Normzweck ... 1
II. Anwendungsbereich ... 3
III. Voraussetzungen ... 4
  1. Prozessuales ... 5
    a) Zuständigkeit ... 5
    b) Antrag ... 6
      aa) Anwaltszwang ... 6
      bb) Inhalt ... 7
    c) Statthaftigkeit ... 10
      aa) Allgemeines ... 10
      bb) Verständlichkeit des Titels ... 12
      cc) Handlungsanweisung ... 13
        (1) Allgemeines ... 13
        (2) Reines Unterlassen ... 14
        (3) Positive Handlungspflichten ... 15
        (4) Erfüllung durch Handeln oder Unterlassen ... 18
        (5) Handlungs- und Unterlassungspflichten ... 19
      dd) Dulden ... 20
    d) Rechtsschutzbedürfnis ... 21
  2. Androhung ... 22
    a) Allgemeines ... 22
    b) Bezeichnung des Vollstreckungsschuldners ... 23
      aa) Juristische Personen ... 25
      bb) Kinder, Minderjährige; Betreuter ... 26
    c) Androhungsinhalt ... 29
    d) Rechtsschutzbedürfnis ... 33
    e) Wiederholte Verhängung von Ordnungsmitteln ... 34
    f) Androhung im gesonderten Beschluss (Abs. 2) ... 35
  3. Zuwiderhandlung des Schuldners gegen Unterlassungsgebot ... 37
    a) Person des Zuwiderhandelnden ... 38
    b) Zeitlicher Geltungsbereich des Unterlassungsgebots ... 42
      aa) Beginn der Unterlassungsverpflichtung ... 42
      bb) Aufhebung des zu vollstreckenden Titels ... 46
    c) Verstoß, gleichwertige Verletzungshandlung ... 47
      aa) Umfang des Unterlassungstitels ... 47
      bb) Abgeschlossene Zuwiderhandlung ... 48
      cc) Pflichtenkollision ... 49
      dd) Mehrfacher Verstoß ... 50
      ee) Nachweis des Verstoßes, Beweislast ... 51
      ff) Schadenseintritt ... 53
    d) Verschulden des Schuldners ... 54
  4. Verfolgungsverjährung ... 58
IV. Ordnungsmittelbeschluss ... 59
  1. Namentliche Benennung ... 59
  2. Inhalt ... 61
V. Vollzug des Ordnungsmittelbeschlusses ... 64
  1. Vollstreckungsverfahren ... 64
  2. Ausscheidender Organwalter ... 66
  3. Mehrere Beschlüsse ... 67
  4. Zahlungserleichterungen ... 68
  5. Weitere Entscheidungen ... 69
  6. Aufhebung von Ordnungsmittelbeschlüssen, Wegfall der Vollstreckbarkeit ... 70
  7. Vollstreckungsverjährung ... 71
VI. Verfahren nach Abs. 3 ... 72
VII. Rechtsmittel ... 73
VIII. Kosten ... 76
  1. Gerichtskosten ... 76
  2. Rechtsanwaltsgebühren ... 77
  3. Kosten der Zwangsvollstreckung, § 788 ... 78

I. Normzweck

1 Die Vorschrift des § 890 regelt die Voraussetzungen, unter denen gegen den Schuldner, der einer titulierten Unterlassungs- oder Duldungspflicht nicht nachkommt, **Ordnungsmittel** (Ordnungsgeld und Ordnungshaft) verhängt werden können. Unterlassungsgebote können nicht durch unmittelbaren Zwang durchgesetzt werden, weil die Anordnungen nur durch Wohlverhalten erfüllt oder durch Nichtbeachtung verletzt werden, weshalb sich Unterlassungspflichten „von selbst" vollstrecken. Durch die Verhängung von Ordnungsmitteln soll versucht werden, **künftiges Wohlverhalten** zu erzwingen.[1] § 890 regelt also genau

---

1 BGHZ 120, 73, 78 = NJW 1993, 1076, 1077.

genommen nicht die Vollstreckung der Unterlassung, sondern die **Reaktion auf einen Verstoß gegen ein Unterlassungsgebot**.

Ordnungsmittel haben neben der Beugefunktion auch **Strafcharakter**.[2] Dies wirkt sich auch auf die Anwendbarkeit strafrechtlicher Grundsätze, Voraussetzungen und Folgen der Ordnungsmittel aus (s. Rn 54, 62).

II. Anwendungsbereich

Vollstreckt werden durch § 890 hauptsächlich titulierte Ansprüche aus §§ 906, 1004 und 1227 BGB, aber auch Unterlassungsansprüche aus Verstößen gegen das Wettbewerbs-, Urheber- und Patentrecht. Im Gegensatz zu § 889 spricht § 890 von „Verpflichtung" und nicht von „Verurteilung". Daher können nach § 890 auch vollstreckbare Beschlüsse, notarielle Urkunden und Prozessvergleiche vollstreckt werden.

III. Voraussetzungen

Die Voraussetzungen eines Ordnungsmittelbeschlusses sind **von Amts wegen** zu prüfen. Der Schuldner muss einer titulierten Verpflichtung zum Unterlassen oder Dulden zuwidergehandelt haben, obwohl ihm zuvor für den Fall der Zuwiderhandlung Ordnungsmittel angedroht worden sind.

1. Prozessuales. a) Zuständigkeit. Zuständig für die **Verhängung** von Ordnungsmitteln ist das Prozessgericht erster Instanz (s. § 887 Rn 20 f). Es entscheidet nach **Anhörung** des Schuldners durch Beschluss gem. § 891 S. 1, 2 bei freigestellter mündlicher Verhandlung (§ 124 Abs. 4); zum Beschluss s. Rn 59. Das Ordnungsmittelverfahren bereitet die eigentliche Zwangsvollstreckung lediglich vor und unterfällt daher nicht dem ausschließlichen Gerichtsstand des Art. 24 Nr. 5 Brüssel Ia-VO.[3] Zur Vollstreckung im Ausland s. Rn 65. Zivilgerichte bleiben trotz der Überleitungsvorschrift des Art. 111 Abs. 1 S. 1 FGG-RG für die Vollstreckung zivilgerichtlicher Titel auch zuständig, wenn es zum Zeitpunkt der Einleitung des Vollstreckungsverfahrens um Familiensachen handelt (s. § 887 Rn 23).[4]

b) Antrag. aa) Anwaltszwang. Für den Antrag des **Gläubigers** auf Verhängung eines Ordnungsmittels besteht Anwaltszwang nach Maßgabe des § 78. Anwaltszwang nach Maßgabe des § 78 besteht im Ordnungsmittelverfahren auch für den **Schuldner**. Privatschriftliche Eingaben des Schuldners können deshalb nicht berücksichtigt werden,[5] auch dann nicht, wenn es sich bei dem Titel, aus dem vollstreckt wird, um eine ohne vorherige mündliche Verhandlung im Beschlusswege ergangene einstweilige Verfügung handelt, weil §§ 920 Abs. 3, 936, 78 Abs. 2 nur die Anbringung des Gesuchs um Erlass einer einstweiligen Verfügung privilegiert.[6]

bb) Inhalt. Der Antrag muss die Zuwiderhandlung des Schuldners konkret bezeichnen. Welches Ordnungsmittel verhängt wird und wie hoch dieses ist, liegt im Ermessen des Gerichts. Die Angabe des zu verhängenden **Ordnungsmittels** oder deren **Höhe** ist im Antrag daher **nicht** erforderlich. Ob eine solche Angabe eine Begrenzung des richterlichen Ermessens bewirkt, ist streitig (s. Rn 31, 61). Der **Antrag** kann lauten:

---

2 BVerfGE 58, 159, 162 = NJW 1981, 2457; BGHZ 156, 335, 345 f = NJW 2004, 506, 509; aA Schuschke/Walker/*Walker*, § 890 Rn 6.
3 LG Berlin Magazindienst 2008, 822 (zu Art. 22 Nr. 5 EuGVVO aF).
4 OLG Hamm NJW 2010, 2066, 2067 = FamRZ 2010, 920, 921 (Zuständigkeitswechsel in Gewaltschutzsachen durch das FamFG).
5 OLG Hamm GRUR 1985, 235 f; aA MüKo-ZPO/*Gruber*, § 891 Rn 4.
6 OLG Düsseldorf JurBüro 1987, 942.

▶ Dem Schuldner wird bei Meidung eines Ordnungsgeldes bis zu 250.000 € für jeden Fall der Zuwiderhandlung und für den Fall, dass dieses nicht beigetrieben werden kann, ersatzweise einer am Schuldner zu vollziehenden Ordnungshaft, oder zu einer am Schuldner zu vollziehenden Ordnungshaft bis zu sechs Monaten untersagt, ... (genaue Beschreibung der zu unterlassenen Handlung, wie sie sich aus dem Unterlassungstitel ergibt). ◀

8   Der Antrag muss **begründet** werden, um dem Gericht die Prüfung der Voraussetzungen zu ermöglichen.

9   Ein Ordnungsmittelantrag kann bis zur Rechtskraft des Ordnungsmittelbeschlusses **zurückgenommen** werden. In entsprechender Anwendung des § 269 Abs. 3, 4 trifft im Umfang der Antragsrücknahme den Gläubiger die Kostenlast. Durch Beschluss ist die Wirkungslosigkeit des Ordnungsmittelbeschlusses festzustellen.[7]

10 c) **Statthaftigkeit. aa) Allgemeines.** Der Antrag nach § 890 ist statthaft, wenn eine Verpflichtung zur Unterlassung bzw Duldung vollstreckt werden soll. Bei einer **Handlungsverpflichtung** zur Herbeiführung eines aufrechtzuerhaltenden Zustands ist nach § 887 oder § 888 und nicht (wahlweise) nach § 890 zu vollstrecken.[8] Zu Unterlassungspflichten im Rahmen einer Handlungsvollstreckung s. § 887 Rn 5, 7.

11 Ein **Veräußerungsverbot** beinhaltet der Sache nach eine Unterlassungsverpflichtung. Allerdings sind verbotswidrige Verfügungen nach §§ 135, 136 BGB unwirksam, weshalb die Vollstreckung eines Veräußerungsverbots nach § 890 nur dann in Betracht kommt, wenn schon die **Veräußerungshandlung** unterlassen werden soll.

12 bb) **Verständlichkeit des Titels.** Der Titel muss aus sich heraus so **verständlich** und bestimmt sein, dass aus ihm die zu unterlassende Handlung für jeden Dritten erkennbar ist. **Verallgemeinerungen** sind bei der Weite der möglichen Verletzungshandlungen hinzunehmen, wenn im Titel das Charakteristische des konkreten Verletzungstatbestandes zum Ausdruck kommt.[9] Die bloße Wiederholung eines gesetzlichen Verbotstatbestandes reicht nicht.[10] Besteht **Streit** über den **Umfang** der Unterlassungs- oder Duldungspflicht, können die Parteien des Vollstreckungsverfahrens **Klage** auf Feststellung des Titelinhalts erheben, und zwar auch dann, wenn das Verfahren nach § 890 vom Gläubiger nicht betrieben wird.

13 cc) **Handlungsanweisung. (1) Allgemeines.** Die **Verpflichtung** zum **Unterlassen** muss sich aus dem zu vollstreckenden Titel ergeben. Der Titel muss auf Unterlassung bzw Duldung gerichtet sein. Ob eine Handlungspflicht (Vollstreckung nach §§ 887 f) oder eine Unterlassungs- bzw Duldungspflicht tituliert wurde (Vollstreckung nach § 890), ist durch Auslegung des Tenors zu ermitteln und kann im Einzelfall schwierig zu beurteilen sein. Aus einem Unterlassungstitel können sich auch weitergehende Pflichten ergeben, die neben der Anwendung des § 890 den Anwendungsbereich der §§ 887 f eröffnen.

14 (2) **Reines Unterlassen.** Eine Unterlassungsverpflichtung kann sich zunächst **ausschließlich** in einem Verhalten erschöpfen, einen Kausalverlauf nicht zu beeinflussen („**passives Nichtstun**"). Dann erfolgt die Vollstreckung auch ausschließlich nach § 890.

15 (3) **Positive Handlungspflichten.** Für ein Unterlassen kann neben passivem Verhalten auch ein **positives Tun**, etwa die Verhinderung einer zu unterlassenden

---

7 OLG Düsseldorf InstGE 9, 56 f.
8 OLG Köln MDR 1995, 95.
9 BGHZ 126, 287, 295 f = NJW 1994, 2820, 2822.
10 OLG Düsseldorf MDR 1986, 328; aA bei einem Vergleich wegen § 242 BGB LAG Rheinland-Pfalz ArbR 2015, 161.

oder Beseitigung einer bereits eingetretenen Störung, **notwendig** sein. Dann erschöpft sich die Unterlassungsverpflichtung nicht im bloßen Nichtstun. Sie **umfasst** vielmehr auch die **Vornahme** von Handlungen zur **Beseitigung** eines zuvor geschaffenen Störungszustandes, wenn allein dadurch dem Unterlassungsgebot Folge geleistet werden kann.[11] Ein Verstoß gegen eine Unterlassungspflicht kann in diesen Fällen also auch in einem **Unterlassen** liegen, die zur Störungsbeseitigung **notwendige Handlung vorzunehmen** und durch Nichtstun die Rechtsverletzung fortbestehen zu lassen, zB ein verbotenes Namensschild nicht zu entfernen,[12] bereits erteilte Anzeigenaufträge mit verbotenem Werbetext nicht zu widerrufen[13] oder auch das Handeln Dritter nicht zu überwachen oder zu hindern. So muss ein Schuldner, dem der Vertrieb eines bestimmten Produkts untersagt worden ist, durch „eindringliche Bitten" seine Handelspartner davon abhalten, dass von ihm bereits veräußerte, aber von seinen Abnehmern noch nicht abgesetzte Vertriebsstücke vom Markt genommen werden.[14]

Für diese Handlungsverpflichtung zur Beseitigung des Erfolges ist kein neuer Titel erforderlich.[15] Für die Anwendung des § 890 auf die Durchsetzung von Handlungspflichten zur Beseitigung einer Störung kommt es auch nicht darauf an, ob die Zuwiderhandlung zeitlich nach der Titulierung den titelwidrigen Erfolg verursachte.[16] Folgt aus dem Unterlassungsgebot die **Beseitigung** eines zuvor geschaffenen Störungszustandes,[17] kann es für die Anwendung des § 890 keinen Unterschied machen, wann die Zuwiderhandlung erfolgt ist, denn von der Vollstreckung nach § 890 werden auch **alle zukünftigen** Zuwiderhandlungen erfasst.[18] Ergibt sich aus dem zu vollstreckenden Titel die Handlungspflicht, den rechtswidrigen Zustand zu beseitigen, und umfasst § 890 daher auch die Vollstreckung von Handlungen zur Beseitigung dieser Störung, so begründet der Titel auch die Beseitigungspflicht von Störungen, die durch zeitlich nachfolgende Verstöße gegen das Unterlassungsgebot verursacht wurden. Es begegnet daher keinen Bedenken, die Zwangsmittel bei jedem Verstoß gegen die Verweigerung der Störungsbeseitigung anzuwenden, mag auch die Störung erst nach Titulierung der Unterlassungsverpflichtung eingetreten sein. Wurde etwa dem Schuldner verboten, einen Namen zu führen, kann die Beseitigungsverpflichtung auch dann nach § 890 vollstreckt werden, wenn der Schuldner nach seiner Verurteilung zur Unterlassung ein entsprechendes Namensschild benutzt. 16

Ergeben sich aus einem nach § 890 zu vollstreckenden Unterlassungstitel Handlungspflichten, so ist streitig, ob diese Handlungspflichten nur nach § 890 vollstreckt werden können oder ob dem Gläubiger ein **Wahlrecht** zusteht, diese Handlungspflichten auch nach §§ 887 f zu vollstrecken.[19] Für diese Auffassung spricht, dass Handlungspflichten nach §§ 887 f vollstreckt werden und, soweit 17

---

11 BGHZ 120, 73, 76 f = NJW 1993, 1076, 1077.
12 Stein/Jonas/*Brehm*, § 890 Rn 5.
13 OLG Frankfurt OLGR 2009, 78.
14 OLG Köln OLGR 2008, 434.
15 AA Rosenberg/Gaul/*Schilken*, § 73 I.
16 AA Stein/Jonas/*Brehm*, § 890 Rn 5.
17 BGHZ 120, 73, 76 f = NJW 1993, 1076, 1077.
18 Dies unterscheidet die nach § 890 durchzusetzende Unterlassungsverpflichtung von der Pflicht, einen durch eine Handlung herbeigeführten *Erfolg* nicht wieder zu vereiteln, die nach § 887 vollstreckt wird (s. § 887 Rn 5). Während bei der Vollstreckung nach § 887 der Gläubiger neben der Herbeiführung des Erfolgs zugleich die Unterlassung der nachträglichen Vereitelung tenorieren lassen kann, wäre die Titulierung einer Beseitigungspflicht erst nach Verstoß gegen die Unterlassungsverpflichtung denkbar, so dass der Gläubiger nach jedem Verstoß des Schuldners einen neuen Prozess zur Beseitigung der jeweiligen Störung führen müsste.
19 Dafür: Stein/Jonas/*Brehm*, § 890 Rn 5. Dagegen: Schuschke/Walker/*Walker*, § 890 Rn 3 aE.

sich aus dem Titel eine Handlungspflicht ergibt, diese nach §§ 887 f vollstreckt wird. Die Vollstreckung einer Handlungspflicht nach §§ 887 f kann nicht deshalb ausgeschlossen werden, weil dem Schuldner darüber hinaus verboten wurde, die zur Störung führende Handlung in Zukunft zu unterlassen.

18 **(4) Erfüllung durch Handeln oder Unterlassen.** Davon zu unterscheiden sind die Fälle, in denen der Schuldner eine titulierte Handlungspflicht auch durch Unterlassen erfüllen kann, etwa bei der Abwehr von Immissionen. Ob der Gläubiger dann die **Wahl** hat, an Stelle der Handlung nach §§ 887, 888 die zur Erfüllung gleichfalls taugliche Unterlassung nach § 890 zu vollstrecken, ist streitig.[20] Ein solches Wahrecht ist jedoch abzulehnen. Im Gegensatz zur Vollstreckung von Handlungspflichten im Rahmen einer Unterlassungsverurteilung (s. Rn 5) ergibt die Auslegung des Titels hier keine Handlungs- und Unterlassungsverpflichtung. Maßgebend für die Statthaftigkeit des von einem Gläubiger gewählten Vollstreckungsantrages nach §§ 887, 888 einerseits, nach § 890 andererseits ist – auch wenn von ihr zunächst auszugehen ist – nicht die positive oder negative Formulierung des Urteilsausspruchs, sondern ob – bei verständiger Auslegung des Titels – in der Sache ein Gebot zum Unterlassen oder ein Gebot zum Handeln ausgesprochen worden ist.[21] Kann eine Beeinträchtigung sowohl durch ein Handeln als auch durch ein Unterlassen beseitigt werden, so hat der Gläubiger im Falle eines Unterlassungsanspruchs nach § 1004 Abs. 1 S. 2 BGB die Wahl, ob er den Schuldner auf Unterlassen der störenden Handlung oder auf Vornahme von Maßnahmen in Anspruch nimmt, welche die Störung verhindern. An seine im Erkenntnisverfahren getroffene Wahl ist er im Rahmen des Vollstreckungsverfahrens gebunden.[22] Kann eine Beeinträchtigung sowohl durch ein Handeln als auch durch ein Unterlassen beseitigt werden, kann der Störer regelmäßig zwischen zur Abhilfe geeigneten Maßnahmen wählen.[23] Es bleibt grds. ihm überlassen, auf welchem Weg er die Störung beseitigt.[24] Dies hat seinen Grund in der Überlegung, dass die Rechte des Störers nicht weitergehend eingeschränkt werden sollen, als dies der Schutz des Berechtigten vor Beeinträchtigungen seines Eigentums erfordert.[25] Der Urteilsausspruch kann daher idR nur allgemein auf Unterlassung von Störungen bestimmter Art lauten. Nichts anderes kann im Vollstreckungsverfahren gelten.

19 **(5) Handlungs- und Unterlassungspflichten.** Schließlich kann ein Titel sowohl Handlungs- als auch Unterlassungs- bzw Duldungspflichten aussprechen. Der Gläubiger kann etwa einen Unterlassungs- und einen Beseitigungsanspruch von vornherein aufspalten und gesondert titulieren lassen.[26] In diesen Fällen sind §§ 887 f einerseits, § 890 andererseits für die jeweils zu erfüllende Pflicht anwendbar.

20 **dd) Dulden.** Dulden ist ein Unterfall des Unterlassens und bedeutet, die **Vornahme einer Handlung nicht zu behindern.** Zumeist wird der Schuldner beim Dulden verpflichtet sein, Eingriffe durch den Gläubiger oder von ihm beauftragter Personen in seine Sphäre hinzunehmen. Auch für ein Dulden können wie beim Unterlassen **Mitwirkungshandlungen** des Schuldners notwendig sein, die es etwa dem Gläubiger ermöglichen, auf die Sphäre des Schuldners Zugriff zu nehmen.

---

20 Dafür: Stein/Jonas/*Brehm*, § 890 Rn 6. Dagegen: Schuschke/Walker/*Walker*, § 890 Rn 3 aE.
21 OLG Saarbrücken NJW-RR 2001, 163 f; Schuschke/Walker/*Walker*, § 890 Rn 3 aE.
22 OLG Saarbrücken NJW-RR 2001, 163, 164.
23 BGH NJW 2004, 1035, 1037 = MDR 2004, 503.
24 BVerfG NJW 2010, 220, 222 = NZM 2010, 44, 46; vgl BGHZ 120, 239, 246 = NJW 1993, 925, 926.
25 BGHZ 67, 252, 253 = NJW 1977, 146.
26 Schuschke/Walker/*Walker*, § 890 Rn 3.

Die Unterscheidung zwischen reinem Unterlassen und Dulden wirkt sich bei der Vollstreckung nach § 892 aus. Beim Unterlassen wird eine andauernde oder zumindest zeitweise Passivität geschuldet. Im Falle der Zuwiderhandlung kann die Erfüllung der Unterlassungspflicht nicht durch Anwendung unmittelbaren Zwangs herbeigeführt werden. Hingegen erlaubt § 892 das Brechen eines dem Dulden entgegengebrachten aktiven oder passiven Widerstands des Schuldners.

d) Rechtsschutzbedürfnis. Das Rechtsschutzbedürfnis für die Verhängung von Ordnungsmitteln muss nur zur Zeit der Zuwiderhandlung bestehen. Es entfällt nicht, wenn eine weitere Zuwiderhandlung ausgeschlossen ist[27] oder der Titel nur bis zu einem bestimmten, inzwischen abgelaufenen Zeitpunkt die Unterlassung gebot[28] oder die Hauptsache für die Zeit **nach** der Zuwiderhandlung übereinstimmend für erledigt erklärt wird.[29] Auch weitere aufgrund der Zuwiderhandlung verhängte Sanktionen (einschließlich einer Vertragsstrafe)[30] schließen das Rechtsschutzbedürfnis für die Verhängung von Ordnungsmitteln nicht aus. Im Ergebnis bedeutet dies, dass ein Rechtsschutzbedürfnis für die Verhängung von Ordnungsmitteln im Falle der Zuwiderhandlung des Schuldners gegen den Titel stets gegeben ist.

2. Androhung. a) Allgemeines. Ordnungsmittel müssen dem Schuldner vor der Zuwiderhandlung entweder bereits im Urteil oder auf Antrag des Gläubigers in einem gesondert zu erlassenden Beschluss **angedroht** worden sein. Ein **Vergleich** kann eine wirksame Androhung von Ordnungsgeld nicht enthalten,[31] allerdings kann die im Vergleich vereinbarte Androhung vom protokollierenden Gericht **genehmigt** und dadurch wirksam werden.[32] Eine bereits erfolgte Androhung kann auch durch nachträglichen Beschluss **geändert** werden, etwa um ein ausgesprochenes Höchstmaß zu erweitern.

b) Bezeichnung des Vollstreckungsschuldners. Aus dem Androhungsbeschluss muss erkennbar sein, **gegen wen** Ordnungsmittel angedroht werden. Ordnungsmittel sind grds. dem im Titel genannten Schuldner anzudrohen.

Die Androhung ist bei prozessunfähigen Schuldnern (auch) an den gesetzlichen Vertreter zu richten, falls Ordnungsmittel gegen sie verhängt werden können.

aa) Juristische Personen. Eine **namentliche Bezeichnung** der **Organe** bei juristischen Person ist im Rahmen der **Androhung** nicht notwendig (anders bei der **Verhängung** des Ordnungsmittels, s. Rn 59 ff). Bei der Androhung von Ersatzordnungshaft gegen eine juristische Person ist es ausreichend, wenn sie an einem (nicht namentlich benannten) organschaftlichen Vertreter zu vollziehen ist. Dies gilt auch dann, wenn **mehrere** Vertreter vorhanden sind.[33] Voraussetzung einer Androhung ist auch nicht, dass das Organ, dem das Ordnungsmittel angedroht wird, auch für die begangene Verletzungshandlung verantwortlich ist. Es genügt, dass es für künftige Zuwiderhandlungen als verantwortlich in Betracht kommen kann.[34] Die Prüfung der Verantwortlichkeit erfolgt im Vollstreckungsverfahren. Wird hingegen bereits bei der Androhung ein organschaftlicher Vertreter namentlich benannt, ist die Verhängung von Ersatzordnungshaft nur gegen diesen zulässig.

---

27 OLG Hamm NJW-RR 1990, 1086 f; LG Berlin WuM 2010, 99, 100.
28 OLG Brandenburg 28.11.2007 – 7 W 72/07 und 7 W 73/07.
29 BGHZ 156, 335, 344 = NJW 2004, 506, 508 f.
30 Zum Verhältnis des § 890 zur Vertragsstrafe BGHZ 138, 67 = NJW 1998, 1138.
31 Zuletzt OLG Schleswig SchlHA 2011, 244, 245.
32 OLG Frankfurt NJW-RR 2006, 1441.
33 BGH NJW 1992, 749, 750 = BB 1991, 1446.
34 BGH NJW 1992, 749, 750 = BB 1991, 1446.

26 **bb) Kinder, Minderjährige; Betreuter.** Personen unter 14 Jahren können nicht auf Unterlassung in Anspruch genommen werden, weil eine Vollstreckung nach § 890 mangels Verschulden (§ 19 StGB) ausgeschlossen ist (zum Verschulden s. Rn 54 ff).[35] Eine solche Klage ist mangels Rechtsschutzbedürfnisses bereits **unzulässig**. Ein solches Urteil wäre nicht vollstreckbar.

27 Ist ein schuldfähiger Minderjähriger zu einer Unterlassungs- bzw Duldungspflicht verurteilt worden, so ist streitig, ob der gegen ihn gerichtete Titel auch gegen seinen gesetzlichen **Vertreter** vollstreckt werden kann oder ob es eines eigenen Titels gegen diesen bedarf. Für die Unterlassung von tatsächlichen Handlungen bedarf es nach einer Auffassung[36] eines zusätzlichen, gegen den gesetzlichen Vertreter gerichteten Titels, weil in diesen Fällen der Minderjährige selbst dem Verbot zuwiderhandelt und es keines Zutuns des gesetzlichen Vertreters bedarf. Nach wohl hM[37] entsteht die nach materiellem Recht nur gegenüber dem Schuldner bestehende Unterlassungspflicht kraft der Regelung des § 890 auch gegenüber dem Vertreter als Träger des Willens des prozessunfähigen Schuldners. Dieser Auffassung ist zuzustimmen. Es ist Aufgabe des Vertreters, die Pflichten des Vertretenen zu erfüllen. Der Vertreter erfüllt durch sein Handeln die Pflicht des durch ihn Vertretenen. Eines eigenen Titels bedarf es so wenig wie bei der Vollstreckung gegenüber dem Vertreter einer juristischen Person oder eines Gesellschafters einer Personenhandelsgesellschaft.

28 Voraussetzung für eine Vollstreckung ist daher lediglich, dass der Vertreter in der Lage ist, die vom Vertretenen geschuldete Unterlassungsleistung zu erbringen. Daher kann die Androhung sowohl gegenüber dem Minderjährigen als auch gegenüber dem gesetzlichen Vertreter erfolgen. Gleiches gilt für den **Betreuten** und seinen **Betreuer**.

29 **c) Androhungsinhalt.** Es ist alternativ Ordnungsgeld nebst Ersatzhaft **oder** Ordnungshaft anzudrohen. Werden beide kumulativ angedroht, ist die Androhung dennoch wirksam, so dass auf ihrer Grundlage ein Ordnungsmittelbeschluss ergehen kann.[38]

30 Der Androhungsbeschluss muss die geschuldete Unterlassungs- bzw Duldungspflicht **bezeichnen**, für dessen Zuwiderhandlung das Ordnungsmittel verhängt werden soll.

31 Der Beschluss muss ein **Höchstmaß** der entsprechenden Ordnungsmittel **androhen**. Regelmäßig ist der gesetzliche Ordnungsmittelrahmen anzudrohen.[39] Das Gericht ist an eine im Antrag des Gläubigers bestimmte Grenze nicht gebunden (zur Bindung bei der Verhängung des Ordnungsmittels s. Rn 61 sowie § 888 Rn 14).

32 Ein Antrag auf Festsetzung eines noch nicht angedrohten Ordnungsmittels kann in einen Antrag auf Androhung **umgedeutet** werden, wenn dies dem erkennbaren Willen des Vollstreckungsgläubigers entspricht.[40]

33 **d) Rechtsschutzbedürfnis.** Der Androhung muss ein Rechtsschutzbedürfnis zugrunde liegen.[41] Die Anforderungen an das Rechtsschutzbedürfnis sind jedoch sehr gering. Es setzt nicht voraus, dass die Verletzungshandlung bereits erfolgt ist.[42] Das Rechtsschutzbedürfnis für die Androhung von Ordnungsmaßnahmen

---

35 LG Bonn FamRZ 2006, 1290; OLG Düsseldorf NJW-RR 1996, 211.
36 OLG Düsseldorf NJW-RR 1996, 211.
37 Stein/Jonas/*Brehm*, § 890 Rn 59, 60 mwN.
38 BGHZ 156, 335, 340 f = NJW 2004, 506, 507.
39 OLG Hamm NJW-RR 1988, 960.
40 OLG Saarbrücken OLGR 2004, 640, 641 mwN.
41 KG NJW-RR 1987, 507; OLG Zweibrücken OLGZ 1990, 213, 214 f.
42 BayObLG KTS 1999, 410, 411.

durch das Prozessgericht gem. Abs. 2 ergibt sich regelmäßig schon aus dem titulierten Unterlassungsanspruch und der ständigen Möglichkeit einer Zuwiderhandlung.[43]

e) **Wiederholte Verhängung von Ordnungsmitteln.** Die einmalige Androhung rechtfertigt bei wiederholten Verstößen auch die **wiederholte** Verhängung von Ordnungsmitteln. Einer erneuten Androhung bedarf es daher nicht.

f) **Androhung im gesonderten Beschluss (Abs. 2).** Fehlt die Androhung im Urteil, ist sie nachträglich vom Prozessgericht erster Instanz auf Antrag des Gläubigers durch Beschluss auszusprechen (Abs. 2). Auch für diesen Antrag besteht **Anwaltszwang** nach Maßgabe des § 78. Der Androhungsbeschluss ist dem Schuldner von Amts wegen zuzustellen (§ 329 Abs. 3).

Die Androhung durch nachträglichen Beschluss ist – im Gegensatz zur Androhung im Urteil (s. Rn 22) – ein Akt der **Zwangsvollstreckung**.[44] Sie setzt daher einen auf eine Unterlassung oder Duldung gerichteten **vollstreckbaren Titel** voraus. Im Falle einer Rechtsnachfolge gem. § 727 Abs. 1 kann eine vollstreckbare Ausfertigung des gegenüber dem Rechtsvorgänger ergangenen Androhungsbeschlusses nicht erteilt werden. Vielmehr ist gegen den Rechtsnachfolger ein neuer Androhungsbeschluss zu erwirken und zuzustellen.[45]

3. Zuwiderhandlung des Schuldners gegen Unterlassungsgebot. Voraussetzung für die Verhängung eines Ordnungsmittels ist, dass der Schuldner zum Zeitpunkt der Wirksamkeit des Unterlassungsgebots eine Verletzungshandlung schuldhaft begangen hat.

a) **Person des Zuwiderhandelnden.** Der **Schuldner** muss einem Unterlassungsgebot zuwidergehandelt haben. Gegen den durch **Verschmelzung** entstandenen Rechtsnachfolger können keine Vollstreckungsmaßnahmen iSd § 890 verhängt werden, wenn nur einer seiner Rechtsvorgänger gegen ein ihn betreffendes gerichtliches Verbot zuwidergehandelt hat.[46] Ist der spätere **Insolvenzverwalter** durch ein vollstreckbares Urteil wegen eines Wettbewerbsverstoßes zu einer Unterlassung verurteilt worden und wird nach einer zeitlich späteren Insolvenzeröffnung bei Fortführung des Betriebes durch den Insolvenzverwalter gegen das Unterlassungsgebot zuwidergehandelt, kann gegen den Insolvenzverwalter nur dann ein Ordnungsmittel nach § 890 festgesetzt werden, wenn der Unterlassungstitel vor der Zuwiderhandlung auf ihn als Rechtsnachfolger gem. § 727 umgeschrieben worden ist.[47]

Der Schuldner hat Unterlassungsansprüche auch während seiner Insolvenz zu beachten. Die Eröffnung des Insolvenzverfahrens steht Ordnungsmittelanträgen nicht entgegen, denn sie betreffen nicht die Insolvenzmasse oder das sonstige Vermögen des Schuldners iSd § 89 Abs. 1 InsO.[48]

Eine Zuwiderhandlung des Schuldners liegt auch vor, wenn **Handlungen Dritter** dem Schuldner **zugerechnet** werden und ihn ein Verschulden trifft, insb. wenn Angestellte oder weisungsabhängige Personen von Zuwiderhandlungen nicht abgehalten werden. Der Schuldner muss **Vorkehrungen** treffen, Zuwiderhandlungen solcher Personen zu verhindern.[49] Denn auch derjenige verstößt gegen eine Unterlassungsverpflichtung, der es zulässt, dass von ihm abhängige dritte Perso-

---

43 KG NJW-RR 1987, 507; OLG Zweibrücken OLGZ 1990, 213, 214 f.
44 BGH NJW 1979, 217 = MDR 1979, 116 f.
45 LAG Rheinland-Pfalz 22.1.2010 – 9 Ta 296/09.
46 OLG Köln OLGR 2009, 408, 409 f.
47 OLG Frankfurt ZIP 2009, 784 (LS).
48 Schuschke/Walker/*Walker*, § 890 Rn 22.
49 Zuwiderhandlungen von Kooperationspartnern: OLG Köln MMR 2008, 120 f; Überwachung der Korrektur von Telefonverzeichnissen: OLG Frankfurt OLGR 2009, 78 f.

nen dem gerichtlichen Verbot zuwiderhandeln.[50] Eine Mitverantwortlichkeit soll für das wettbewerbswidrige Handeln einer Drittfirma bestehen, wenn das Handeln der Drittfirma in tatsächlicher und rechtlicher Hinsicht im Einflussbereich des Unternehmens liegt und das Handeln der Drittfirma für das Unternehmen vorteilhaft ist.[51] Der Inhaber einer Domain hat dafür Sorge zu tragen, dass gerichtlich verbotene Inhalte von der unter seiner Domain abrufbaren Website entfernt werden.[52]

41 Das Verbot umfasst auch solche Handlungen, die der Schuldner als **Vertreter** eines Dritten vornimmt. Gegen eine zur Unterlassung verurteilte Einzelperson ist auch dann ein Ordnungsmittel zu verhängen, wenn sie nunmehr als Organ einer Handelsgesellschaft oder juristischen Person einen Verstoß gegen das gerichtliche Verbot verübt, weil er auch als Organ der juristischen Person auf Unterlassung hätte in Anspruch genommen werden können.[53]

42 **b) Zeitlicher Geltungsbereich des Unterlassungsgebots. aa) Beginn der Unterlassungsverpflichtung.** Streitig ist, ab welchem **Zeitpunkt** die Unterlassungsverpflichtung sanktionsbewehrt ist, insb. ob Klauselerteilung und Zustellung notwendig sind. Eine durch Urteil erlassene Verbotsverfügung wird bereits mit der Verkündung wirksam und ist vom Schuldner ab diesem Zeitpunkt zu beachten. Die Zustellung ist zwar Vollziehungsvoraussetzung,[54] aber keine Wirksamkeitsvoraussetzung für den Titel, weshalb der Schuldner auch vor Zustellung gegen den Titel sanktionsbewehrt verstoßen kann.[55] Eine Zuwiderhandlung nach der Verkündung einschließlich der erforderlichen Ordnungsmittelandrohung, aber vor Klauselerteilung oder Zustellung, reicht aus.[56] Die allgemeinen Voraussetzungen der Zwangsvollstreckung müssen erst im Zeitpunkt der Stellung des Antrags des Gläubigers auf Festsetzung des Ordnungsmittels nach Abs. 1 gegeben sein.

43 Nicht verkündete Beschlüsse (§ 329 Abs. 2 S. 2, Abs. 3) müssen dem Schuldner zugestellt worden sein.[57]

44 Ist das Urteil nur gegen **Sicherheitsleistung** vollstreckbar, muss der Gläubiger sie erbracht haben und dies dem Schuldner in formalisierter Form nachweisen.[58] Ein Ordnungsmittel nach § 890 darf nur verhängt werden, wenn der Gläubiger in dem Zeitpunkt bereits Sicherheit geleistet hatte, in dem der Schuldner den Verstoß gegen das ihm auferlegte Verbot begangen hat.[59] Die Verhängung von Ordnungsmitteln setzt weiter voraus, dass der Schuldner im Zeitpunkt der Zuwiderhandlung bereits über die Leistung der Sicherheit unterrichtet war und daher wusste, dass er mit Ordnungsmitteln rechnen musste, wenn er sich weiterhin nicht an das gegen ihn erlassene Gebot hält. Bei einer Sicherheitsleistung durch **Prozessbürgschaft** ist der Nachweis der Sicherheitsleistung gegenüber dem Schuldner erbracht, wenn der Gerichtsvollzieher ihm die Bürgschaftsurkunde zu-

---

50 Störungen durch Kinder: OLG München NJW-RR 1986, 638.
51 LG Stuttgart WRP 2008, 1396.
52 OLG Hamburg ZUM-RD 2008, 527.
53 OLG Hamm GRUR 1979, 807, 808.
54 BGH NJW 1990, 122, 124.
55 OLG Hamm JurBüro 2008, 50 f; bestätigt durch BGHZ 180, 72, 75 f = MDR 2009, 1072.
56 OLG Hamm JurBüro 2008, 50 f; bestätigt durch BGHZ 180, 72, 75 f = MDR 2009, 1072; OLG Stuttgart OLGZ 1994, 364, 365; aA Hk-ZPO/*Pukall*, § 890 Rn 9; unklar BGHZ 131, 233, 235 ff = NJW 1996, 397, 398.
57 OLG Hamm NJW-RR 1986, 679, 680.
58 BGHZ 131, 233, 236 f = NJW 1996, 397, 398.
59 BGHZ 131, 233, 235 f.

gestellt hat; ein Nachweis der Bürgschaftsbestellung gegenüber dem Prozessbevollmächtigten des Schuldners ist nicht erforderlich.[60]

Leistet der Schuldner seinerseits Sicherheit (§ 712 Abs. 1 S. 1), ist die Zwangsvollstreckung unzulässig. 45

bb) Aufhebung des zu vollstreckenden Titels. Ist der Titel **aufgehoben** worden, kann ein Ordnungsmittel nicht mehr verhängt werden. Bleibt der Titel jedoch bis zu einem bestimmten Zeitpunkt aufrechterhalten, so können in diesen Zeitraum fallende Verstöße auch dann mit Ordnungsmitteln belegt werden, wenn der Titel im Übrigen aufgehoben wird (zur Erledigung und zur Aufhebung des Titels nach Verhängung des Ordnungsmittelbeschlusses s. Rn 70). Wird eine einstweilige Verfügung nach Widerspruch aufgehoben, kann ein Ordnungsgeld für einen in der Vergangenheit liegenden Verstoß nur verhängt werden, wenn sich aus dem Urteil zweifelsfrei ergibt, dass die einstweilige Verfügung für die Vergangenheit bestätigt werden sollte.[61] Wird im Erkenntnisverfahren der Rechtsstreit ohne Einschränkung übereinstimmend für erledigt erklärt, kann aus einer vorangegangenen einstweiligen Verfügung nicht mehr vollstreckt werden, so dass ein Antrag nach § 890 unzulässig ist bzw wird.[62] 46

c) Verstoß, gleichwertige Verletzungshandlung. aa) Umfang des Unterlassungstitels. Ob der Schuldner gegen das Unterlassungsgebot verstoßen hat, richtet sich nach dem Schutzumfang des Unterlassungstitels. Eine Zuwiderhandlung liegt auch vor, wenn der Schuldner eine Handlung vornimmt, die der verbotenen Handlung nach der Verkehrsanschauung **gleichwertig** ist und deren Abweichung den Kern der Verletzungshandlung unberührt lässt (**Kerntheorie**).[63] Vom Schutzumfang des Unterlassungstitels werden alle Handlungen erfasst, die mit der im Tenor beschriebenen Handlung oder Behauptung im Kern übereinstimmen, dh die mit der verbotenen Verletzungshandlung zwar nicht identisch sind, die aber lediglich solche Abweichungen aufweisen, dass sie den Kern der verbotenen Handlung unberührt lassen und deshalb als gleichwertig angesehen werden. Zur Auslegung des Unterlassungstitels sowie zur Ermittlung des Kerns der konkreten Verletzungshandlung sind die Entscheidungsgründe heranzuziehen.[64] 47

bb) Abgeschlossene Zuwiderhandlung. Die Zuwiderhandlung muss abgeschlossen sein. Ein **Versuch** rechtfertigt nur dann ein Ordnungsmittel, wenn sich aus dem Titel ergibt, dass auch der Versuch unterlassen werden soll. 48

cc) Pflichtenkollision. Die verfahrensrechtliche Aussagepflicht eines **Zeugen** geht einem titulierten Äußerungsverbot vor.[65] 49

dd) Mehrfacher Verstoß. Durch den Ordnungsmittelbeschluss können mehrere Verstöße zugleich geahndet werden. Mehrere Verstöße können auch als Einzelakte eines Verstoßes angesehen werden. Auch wenn ein **Fortsetzungszusammen-** 50

---

60 BGH NJW 2008, 3220, 3221.
61 OLG Frankfurt NJW-RR 2011, 1290 f.
62 OLG Frankfurt MittdtschPatAnw 2010, 321. Die Begründung des Beschlusses ist inkonsequent. Zunächst wird in der Antragstellung nach § 890 ein Umstand gesehen, der für eine Teilerledigungserklärung spricht. Sodann wird bemängelt, der Titelinhaber habe nicht zu erkennen gegeben, dass er die Fortsetzung des Rechtsstreits wünscht. Im Übrigen hat der Kläger ausweislich des Leitsatzes der Entscheidung den Rechtsstreit lediglich für den Zeitraum ab der Unterwerfungserklärung für erledigt erklärt.
63 BGHZ 126, 287, 295 f = NJW 1994, 2820, 2822; zum Verhältnis zum Streitgegenstand BGHZ 166, 253, 258 = NJW-RR 2006, 1118, 119.
64 KGReport Berlin 2008, 65 mwN; zum Umfang der Auslegung des Titels generell OLG Schleswig OLGR 2009, 581 f.
65 OLG Frankfurt NJW-RR 2001, 1364 f.

hang als Rechtsbegriff keine Bedeutung mehr hat,[66] können Rechtsgedanken, wie sie bisher unter Berufung auf den Rechtsbegriff des Fortsetzungszusammenhangs angewandt worden sind, Bedeutung gewinnen.[67] Die Zustellung eines Ordnungsmittelbeschlusses bewirkt eine Zäsur mit der Folge, dass Verstöße gegen das Unterlassungs- oder Duldungsgebot stets als neuer Verstoß anzusehen sind.[68]

51 ee) **Nachweis des Verstoßes, Beweislast.** Die Zuwiderhandlung muss unstreitig oder bewiesen sein. Der Gläubiger trägt die Beweislast für die schuldhafte Zuwiderhandlung des Schuldners während eines strafbewehrten Zeitpunkts. Zur Feststellung des Verschuldens ist **Anscheinsbeweis** zulässig.[69]

52 Auch bei einem Unterlassungsgebot aufgrund einstweiliger Verfügung genügt die Glaubhaftmachung eines Verstoßes nicht.[70] Die Beweislast für fehlendes Verschulden trägt der Schuldner[71] (s. Rn 54).

53 ff) **Schadenseintritt.** Verhindert werden soll ein zu einer Beeinträchtigung führendes Verhalten, weshalb der Eintritt eines **Schadens** nicht notwendig ist.

54 d) **Verschulden des Schuldners.** Der Schuldner muss gegen das titulierte Verbot **schuldhaft**[72] im strafrechtlichen Sinne[73] gehandelt haben (s. Rn 26, 56); Fahrlässigkeit genügt. Fehlendes Verschulden muss vom Schuldner dargelegt werden.[74] Mit dem Hinweis auf einen ihm erteilten anwaltlichen Rat kann sich ein Vollstreckungsschuldner nur entlasten, wenn er, gestützt auf den anwaltlichen Rat, ohne Verschulden geirrt hat.[75] Hohe finanzielle Verluste bei Befolgung des Unterlassungsgebots sollen ein Verschulden ausschließen.[76] Die eingeschränkte Schuldfähigkeit des Schuldners ist bei der Bemessung des Ordnungsmittels zu berücksichtigen.[77]

55 Bei **juristischen Personen** ist Verschulden der für sie handelnden Personen, bei Gesellschaften das Verschulden der für diese handelnden Gesellschafter erforderlich, aber auch ausreichend. Das Verschulden kann auch auf einem schuldhaften Organisationsmangel und in einem schuldhaften Verhalten bei Auswahl und Überwachung Dritter liegen.[78] Sind sowohl eine juristische Person als auch ihr Organ aus einem Vollstreckungstitel zur Unterlassung verpflichtet und handelt das Organ im Rahmen der geschäftlichen Tätigkeit für die juristische Person dem Verbot zuwider, ist nur gegen die juristische Person ein Ordnungsgeld nach § 890 festzusetzen.[79] Angesichts des Sanktionscharakters des Ordnungsgeldes ist für die

---

66 BGHZ 146, 318, 324 = NJW 2001, 2622, 2624 gegen BGHZ 121, 13, 15 f = NJW 1993, 721 f; BGH NJW 2009, 921, 922.
67 BGHZ 146, 318, 325 = NJW 2001, 2622, 2624; einen Fortsetzungszusammenhang generell ablehnend auch OLG Nürnberg NJW-RR 1999, 723, 724 f; aA (weiterhin anwendbar) noch OLG Celle NJW-RR 1996, 902 f; s. zuletzt LG Berlin 20.4.2006 – 57 T 12/06.
68 OLG Frankfurt NJW 1995, 2567.
69 BVerfGE 84, 82, 87 f = NJW 1991, 3139 f.
70 Str; LG Landau NJW-RR 2002, 214; OLG Hamm FamRZ 2011, 830 (LS) (für einstweilige Anordnung nach dem GewSchG); OLG Saarbrücken 8.6.2011 – 6 WF 60/11; OLG München Magazindienst 2015, 501; aA OLG Bremen MDR 2003, 233.
71 Schuschke/Walker/*Walker*, § 890 Rn 29 mwN.
72 BVerfGE 58, 159, 162 = NJW 1981, 2457.
73 LG Bonn FamRZ 2006, 1290.
74 LG Hamburg 9.3.2010 – 308 O 536/09 (verspätete Löschung von Daten auf einer Website).
75 OLG Frankfurt OLGR 2001, 122, 123.
76 LG Köln ZUM 2011, 87, 88 (Eingang der Untersagungsverfügung vor Auslieferung bereits gedruckter Zeitschriften; in der Begründung zweifelhaft).
77 OLG Bremen 15.4.2015 – 4 UF 10/15 (zu § 95 Abs. 1 Nr. 4 FamFG).
78 BVerfG NJW-RR 2007, 860, 861.
79 BGH WM 2012, 414.

Verhängung eines Ordnungsmittels gegen das Organ ein den eigenen Rechtskreis betreffendes vorwerfbares Verhalten unverzichtbar.[80] Die Verhängung eines gesonderten Ordnungsmittels gegen das Organ beschränkt sich damit auf die Fälle, in denen das Handeln des Organs der juristischen Person nicht nach § 31 BGB zurechenbar ist, weil es sich aus Sicht eines Außenstehenden so weit vom organschaftlichen Aufgabenbereich entfernt, dass der allgemeine Rahmen der ihm übertragenen Obliegenheiten überschritten erscheint.[81]

Bei **Minderjährigen** ist **Schuldfähigkeit** im **strafrechtlichen** Sinne erforderlich. Ordnungsmittel werden gegen einen Minderjährigen verhängt, wenn er in seiner geistigen Entwicklung reif genug ist, das Unrecht einzusehen. 56

Nach Versterben des Schuldners wird das Ordnungsmittelverfahren nicht gegen die **Erben** fortgesetzt, weil diese nicht schuldhaft gegen das titulierte Unterlassungsgebot verstoßen haben und zudem nicht deren Wille gebeugt werden soll. Das Vollstreckungsverfahren ist dann in der Hauptsache erledigt.[82] 57

4. Verfolgungsverjährung. Die Frist für die Verfolgungsverjährung beträgt zwei Jahre (Art. 9 Abs. 1 S. 1 EGStGB) und **beginnt** bei jeder einzelnen Zuwiderhandlung, sobald diese beendet ist.[83] Ist der Schuldner neben dem Unterlassen auch zu einer Handlung verpflichtet, beginnt die Verjährung nicht, solange diese Pflichtensituation fortbesteht und der Schuldner pflichtwidrig untätig bleibt.[84] Hinsichtlich der Verjährung des Anspruchs des Gläubigers, aufgrund des Vollstreckungstitels einen Vollstreckungsantrag nach § 890 zu stellen, bestimmt Abs. 1, dass die idR zweijährige Verjährungsfrist beginnt, sobald die Handlung beendet ist, und dass die Verjährung die Festsetzung von Ordnungsgeld und Ordnungshaft ausschließt. Die Verfolgungsverjährung kann nicht mehr eintreten, wenn das Prozessgericht als Vollstreckungsgericht auf den Antrag des Gläubigers ein Ordnungsmittel bereits festgesetzt hat.[85] Der Eintritt der Verfolgungsverjährung ist **von Amts wegen** zu berücksichtigen. 58

IV. Ordnungsmittelbeschluss

1. Namentliche Benennung. Das Vollstreckungsgericht entscheidet durch Beschluss (§ 891 S. 1). Derjenige, gegen den der Ordnungsmittelbeschluss erlassen wird, ist stets namentlich zu benennen. Bei **prozessunfähigen** Schuldnern wird die Zwangsvollstreckung gegen den oder die gesetzlichen **Vertreter** betrieben, bei juristischen Personen gegen die **Organe**.[86] 59

Die Androhung von Ersatzordnungshaft gegen eine zur Unterlassung verurteilte GmbH mit der Maßgabe, dass die Haft an einem der Geschäftsführer zu vollziehen sei, ist – auch wenn die GmbH mehrere Geschäftsführer hat – zulässig (s. Rn 25). Bei einer schuldhaften Zuwiderhandlung gegen ein Unterlassungsgebot ist das **Ordnungsgeld** gegen die juristische Person und die **ersatzweise** bestimmte **Ordnungshaft** gegen das Organmitglied festzusetzen, das schuldhaft gegen das Verbot verstoßen hat.[87] Originäre **Ordnungshaft** wird gegen einen namentlich zu benennenden Vertreter festgesetzt. Im Vollstreckungsverfahren prüft das Gericht, ob das Organ, gegen das die Verhängung eines Ordnungsmittels be- 60

---

80 OLG Hamburg OLGR 2008, 627, 628; dem folgend Schuschke/Walker/*Walker*, § 890 Rn 45.
81 BGH WM 2012, 414 f.
82 OLG Hamm MDR 1986, 156.
83 BGHZ 161, 60, 63 = NJW 2005, 509.
84 BGH NJW-RR 2007, 863, 864.
85 BGHZ 161, 60, 63 = NJW 2005, 509, 510.
86 AA OLG Düsseldorf NJW-RR 1996, 211 (eigener Titel erforderlich).
87 BGH WM 2012, 414.

gehrt wird, schuldhaft gehandelt hat, was voraussetzt, dass die Handlung, die entgegen dem Unterlassungsgebot begangen worden ist, in den **Verantwortungsbereich** des Organs fällt. Trifft dies für mehrere Organe zu, so kommt eine Anordnung von Ordnungshaft gegen mehrere, erst dann konkret namentlich zu benennende Organwalter in Betracht.[88] Wird gegen eine juristische Person vollstreckt, ist also in dem Beschluss der Name des vertretungsberechtigten **Organs** zu benennen, wird gegen eine Handelsgesellschaft vollstreckt, ist der **vertretungsberechtigte Gesellschafter** namentlich zu benennen. Gegen andere für die juristische Person Handelnden kommt Ordnungshaft nicht in Betracht.[89]

61 2. **Inhalt.** Nach Art. 6 EGStGB beträgt das **Mindestmaß** des Ordnungsgeldes bzw der Ordnungshaft 5 € bzw einen Tag und das **Höchstmaß** 250.000 € bzw sechs Monate, zwei Jahre insgesamt (Art. 6 Abs. 1 S. 2 EGStGB). Der Beschluss muss die Höhe des Ordnungsgeldes bzw der Ordnungshaft genau bestimmen, bei Ordnungshaft nach Tagen (Art. 6 Abs. 2 S. 2 EGStGB). Für eine Zuwiderhandlung kann nur Ordnungsgeld oder Ordnungshaft angeordnet werden. Wahl und Höhe des Ordnungsmittels liegen im Ermessen des Gerichts, welches durch die zuvor erfolgte Androhung begrenzt wird. Bei der Verurteilung darf die angedrohte Höchstgrenze nicht überschritten und auch nicht auf ein anderes Ordnungsmittel als angedroht erkannt werden.[90] Die hM nimmt eine Bindung an den Antrag des Gläubigers nach § 308 Abs. 1 an.[91]

62 Bei der **Bemessung** sind Art, Umfang und Dauer der Verletzungshandlung zu berücksichtigen.[92] Vom Schuldner durch den Verstoß gewonnene Vorteile können genauso berücksichtigt werden wie nachteilige Folgen der Verletzungshandlung (Vertragsstrafe). Bei geringfügigen Verstößen oder geringem Verschulden kann das Gericht auch von einer Verurteilung absehen.[93] Der Beschluss muss eine Begründung enthalten, die eine Überprüfung des Ermessens zulässt.

63 Bei **wiederholten** Verstößen kann das Gericht mehrfach den Höchstbetrag von 250.000 € und auch mehrfach Ordnungshaft verhängen, letztere darf jedoch insgesamt höchstens zwei Jahre betragen. Zu einer Handlung, die gegen mehrere Unterlassungstitel verstößt, s. Rn 67.

V. Vollzug des Ordnungsmittelbeschlusses

64 1. **Vollstreckungsverfahren.** Die Vollstreckung aus dem Ordnungsmittelbeschluss erfolgt **von Amts wegen** nach der JBeitrO. Zu den Ansprüchen nach der JBeitrO gehören Ordnungs- und Zwangsgelder (§ 1 Abs. 1 Nr. 3 JBeitrO).[94] Der Ordnungsmittelbeschluss ist gem. § 794 Abs. 1 Nr. 3 sofort vollstreckbar. Ordnungshaft wird nicht nach den Bestimmungen der Strafvollstreckungsordnung vollstreckt.[95] Vollstreckungsbehörde ist diejenige Behörde oder Dienststelle der Behörde, die auf die Verpflichtung zur Zahlung des Geldbetrages erkannt hat, oder, soweit es sich um eine kollegiale Behörde oder Dienststelle handelt, deren Vorsitzende oder Vorsitzender (§ 2 Einforderungs- und Beitreibungsanordnung).[96] Vollstreckungsbehörde ist also der Vorsitzende des Prozessgerichts. Funktionell zuständig für die Vollstreckung von Ordnungsmitteln ist der Rechtspfleger (§§ 31 Abs. 3, 4 Abs. 2 Nr. 2 Buchst. a RPflG).

---

88 BGH NJW 1992, 749, 750 = MDR 1992, 41, 42.
89 OLG München OLGR 2002, 193 (Generalbevollmächtigter).
90 Zöller/*Stöber*, § 890 Rn 12 b.
91 Zöller/*Stöber*, § 890 Rn 17.
92 BGHZ 156, 335, 349 = NJW 2004, 506, 510.
93 OLG Hamburg MDR 1968, 1019, 1020 (§ 153 StPO entsprechend).
94 S. näher NK-GK/*Giers*, § 1 JBeitrO Rn 7.
95 OLG München NJW-RR 1988, 1407.
96 Vom 23.3.2001, BAnz. Nr. 87 S. 9157.

Die JBeitrO gilt nur im Bereich der Bundesrepublik Deutschland. Wenn sich der 65
Schuldner im Ausland aufhält und kein Zugriff auf inländisches Vermögen möglich ist, kann der „Anspruch" nicht nach der JBeitrO beigetrieben werden. Der Ordnungsgeldanspruch ist aber eine vom Gläubiger geltend zu machende Forderung iSd Art. 4 Nr. 2, Art. 6 Abs. 1 EuVTVO.[97] Bei der Durchsetzung eines nach § 890 verhängten Ordnungsgeldes und bei den Kosten der Vollstreckbarerklärung handelt es sich jeweils um eine „Zivil- und Handelssache" nach der Brüssel Ia-VO.[98]

2. Ausscheidender Organwalter. Wenn eine GmbH durch eine ihr zurechenbare 66
Handlung gegen ein Unterlassungsgebot verstoßen hat und deshalb gegen sie ein Ordnungsgeld und ersatzweise Ordnungshaft festgesetzt worden sind, ist die Ordnungshaft regelmäßig auch dann an ihrem ehemaligen Geschäftsführer zu vollziehen, wenn dieser nach der Festsetzung aus der GmbH **ausgeschieden** ist.[99] Der Verhängung von Ordnungsmitteln gegen den gegenwärtigen Geschäftsführer soll nicht entgegenstehen, dass der Vorgänger gegen das Unterlassungsgebot verstoßen und sodann ein Wechsel des Geschäftsführers stattgefunden hat.[100] Dies ist mit dem Erfordernis eines schuldhaften Verstoßes gegen das Unterlassungsgebot nicht vereinbar. Gegen den Geschäftsführer einer GmbH kann keine Ordnungshaft vollstreckt werden, wenn sein Vorgänger einem Verbot zuwidergehandelt hat. Die Möglichkeit des neuen Organs, die von ihm vertretene Gesellschaft zur Zahlung des Ordnungsgeldes zu bewegen,[101] ändert nichts daran, dass sich die Vollstreckung gegen das Organ richtet und dem Organwalter kein Verschulden für Verstöße seines Vorgängers angelastet werden kann.

3. Mehrere Beschlüsse. Verstößt der Schuldner mit einer Handlung gegen **mehre-** 67
re Titel unterschiedlicher Gläubiger, so können alle Vollstreckungsgläubiger jeweils ein Ordnungsmittelverfahren gegen den Schuldner betreiben. Der Schuldner ist jedoch nur verpflichtet, insgesamt ein schuldangemessenes Ordnungsgeld zu zahlen. Er kann deshalb die Vollstreckbarkeit aus einem nachfolgenden Ahndungsbeschluss in Höhe des Ordnungsgeldes abwenden, welches er aufgrund des Ordnungsmittelantrags eines anderen Vollstreckungsgläubigers für diese Zuwiderhandlung bereits bezahlt hat.[102]

4. Zahlungserleichterungen. Das Gericht kann nach Art. 7 EGStGB Zahlungs- 68
fristen und Ratenzahlung bewilligen. Die Vollstreckung der Ersatzordnungshaft an Stelle des Ordnungsgeldes kann unterbleiben, wenn sie für den Schuldner eine unbillige Härte wäre (Art. 8 Abs. 2 EGStGB).

5. Weitere Entscheidungen. Für den Fall, dass Ordnungsgeld nicht beigetrieben 69
werden kann, ist Ordnungshaft festzusetzen. Dies kann auch nachträglich ausgesprochen werden (Art. 8 EGStGB). Dafür ist der Rechtspfleger zuständig (§ 4 Abs. 2 Nr. 2 Buchst. a RPflG). Das Verhältnis von Geld zu Haft steht gleichfalls im Ermessen des Gerichts.

6. Aufhebung von Ordnungsmittelbeschlüssen, Wegfall der Vollstreckbar- 70
keit. Bestandskräftige Ordnungsmittelbeschlüsse können nicht aufgehoben werden (Ausnahme: § 587 entsprechend). Sie werden jedoch nicht mehr vollstreckt,

---

97 BGHZ 185, 124, 127 ff = BGH NJW 2010, 1883, 1884 f – in der Begründung gegen OLG München OLGR 2009, 152 f.
98 EuGH NJW 2011, 3568, 3569 = ZIP 2012, 344, 345 (zur EuGVVO aF).
99 OLG Nürnberg MDR 2003, 293; Stein/Jonas/*Brehm*, § 890 Rn 63.
100 OLG Zweibrücken BB 1988, 859 f = DB 1988, 328 (bei Wechsel des Geschäftsführers der Komplementär-GmbH einer GmbH & Co. KG); Schuschke/Walker/*Walker*, § 890 Rn 46; Zöller/*Stöber*, § 890 Rn 6. Die dort zitierten Entscheidungen betreffen lediglich die Androhung.
101 Schuschke/Walker/*Walker*, § 890 Rn 46.
102 OLG Frankfurt JurBüro 1983, 1905.

wenn die Zwangsvollstreckung **unzulässig** wird oder wenn der Titel wegfällt oder gegenstandslos wird (zum Titelwegfall vor Erlass oder Bestandskraft eines Ordnungsmittelbeschlusses s. Rn 46). Wird die Hauptsache übereinstimmend und uneingeschränkt nicht nur für die Zukunft für **erledigt** erklärt, ist der Beschluss nicht mehr vollstreckbar.[103] Ansonsten kommt es darauf an, ob der Titel rückwirkend wegfällt.[104]

71 **7. Vollstreckungsverjährung.** Die Frist für die **Vollstreckungsverjährung** beträgt zwei Jahre (Art. 9 Abs. 2 EGStGB) und beginnt mit dem Erlass des Beschlusses. Das Ruhen der Verjährung ist in Art. 9 Abs. 2 S. 4 EGStGB geregelt. Die Verjährung ist von Amts wegen zu berücksichtigen.

VI. Verfahren nach Abs. 3

72 Das Gericht kann auf Antrag des Gläubigers den Schuldner zur Bestellung einer Sicherheit für den durch fernere Zuwiderhandlungen entstehenden Schaden auf bestimmte Zeit verurteilen (Abs. 3). Diese Verurteilung muss dem Schuldner nicht angedroht worden sein. Sie setzt auch nicht voraus, dass ein Ordnungsmittel festgesetzt wurde. Voraussetzung ist allerdings, dass der Schuldner bereits gegen das Unterlassungsgebot zuwidergehandelt hat. Eine Anordnung auf Verdacht ist unzulässig. Die Anordnung liegt im Ermessen des Gerichts. Der Beschluss ist zu begründen und muss den Zeitraum angeben, für welche die Festsetzung erfolgt. Die Anordnung kann vom Gläubiger nach § 887 vollstreckt werden.

VII. Rechtsmittel

73 Gegen Beschlüsse, die Ordnungsmittel androhen, verhängen oder den Antrag zurückweisen, ist die sofortige Beschwerde nach § 793 statthaft. Dies gilt auch, wenn die sofortige Beschwerde lediglich die Änderung der Höhe des Ordnungsmittels zum Ziel hat. Sie hat aufschiebende Wirkung.[105] Auch der Gläubiger kann sofortige Beschwerde einlegen, wenn er das festgesetzte Ordnungsmittel für zu niedrig hält.[106]

74 Ist das Ordnungsmittel bereits im Urteil angedroht werden, kann diese Androhung nur mit dem gegen das Urteil zulässigen Rechtsmittel angefochten werden.

75 Gegen die Art und Weise der Durchführung der Vollstreckung ist die Erinnerung gem. § 766 statthaft.

VIII. Kosten

76 **1. Gerichtskosten.** Für das Verfahren über den Antrag entsteht im gerichtlichen Verfahren eine Festgebühr Nr. 2111 KV GKG iHv 20,00 €. Die Festgebühr umfasst die Androhung (Abs. 2) und gilt auch die nachfolgende Verhängung von Ordnungsmitteln ab.[107] Es fällt auch dann nur eine Gebühr an, wenn innerhalb

---

103 BGHZ 156, 335, 344 = NJW 2004, 506, 508 mwN.
104 So OLG Hamm MDR 1989, 1001; OLGR Frankfurt 1994, 70 f (übereinstimmende Erledigungserklärung der Hauptsache); anders OLG Frankfurt OLGR 2000, 320 f (bei übereinstimmender Erledigungserklärung entfällt Vollstreckbarkeit des Ordnungsbeschlusses immer); anders wiederum OLG Frankfurt Rpfleger 1980, 199 (Aufhebung des Unterlassungsanspruchs nach Verstoß gegen Unterlassungsgebot hindert nicht die Vollstreckung rechtskräftig festgesetzten Ordnungsgeldes).
105 BGH NJW 2011, 3791, 3792 = MDR 2011, 1503, 1504 gegen die bislang hM: Zöller/*Heßler*, § 570 Rn 2; OLG Köln NJW-RR 2004, 716 f; anders auch 1. Aufl. 2010, aaO; wie der BGH bereits OLG Frankfurt 12.6.2009 – 6 W 81/09; Hk-ZPO/ *Kayser*, § 570 Rn 3.
106 OLG Düsseldorf VuR 2015, 71 ff.
107 Hk-ZPO/*Pukall*, § 890 Rn 17.

desselben Rechtszugs mehrfach ein Ordnungsmittel festgesetzt wird.[108] Daneben können Auslagen anfallen, insb. auch Haftkosten (Nr. 9010 KV GKG), wenn es zur Haft kommt (Abs. 1 S. 1).[109] Hinsichtlich der Gerichtskosten besteht Vorauszahlungspflicht (§ 12 Abs. 6 GKG).

2. Rechtsanwaltsgebühren. Für den Rechtsanwalt stellt jede Verurteilung zu einem Ordnungsgeld eine besondere Angelegenheit dar (§ 18 Abs. 1 Nr. 14 RVG). Die gesonderte – nicht in der Grundentscheidung enthaltene – Androhung lässt die Vollstreckungsgebühr entstehen,[110] da es sich insoweit bereits um den Beginn der Zwangsvollstreckung handelt.[111] Dabei stellen die nachträgliche Androhung und Verhängung nur eine Angelegenheit dar (§ 18 Abs. 1 Nr. 1, § 19 Abs. 2 Nr. 5 RVG).[112] Kommt es zu weiteren Ordnungsmittelverfahren aufgrund weiterer Zuwiderhandlungen, entsteht die Gebühr Nr. 3309 VV RVG (ggf Nr. 3310 VV RVG) grds. erneut, wenn es zu mehreren Verurteilungen kommt.[113] Hat das Gericht hingegen wegen mehrfacher Verstöße nur ein einziges Ordnungsmittel verhängt, weil es von einer natürlichen Handlungseinheit ausgegangen ist, erhält der Anwalt die Gebühren nur einmal.[114]

3. Kosten der Zwangsvollstreckung, § 788. Wird ein Antrag zurückgenommen, hat die in diesem Verfahren entstandenen Kosten der Gläubiger zu tragen, wenn die Notwendigkeit (§ 788) für das Verfahren nicht gegeben war.[115]

§ 891 Verfahren; Anhörung des Schuldners; Kostenentscheidung

¹Die nach den §§ 887 bis 890 zu erlassenden Entscheidungen ergehen durch Beschluss. ²Vor der Entscheidung ist der Schuldner zu hören. ³Für die Kostenentscheidung gelten die §§ 91 bis 93, 95 bis 100, 106, 107 entsprechend.

I. Anwendungsbereich (S. 1)

Aus S. 1 folgt der Anwendungsbereich der Bestimmung, der sich auf die nach §§ 887–890 erfolgenden Entscheidungen bezieht, die durch das Prozessgericht als Vollstreckungsorgan getroffen werden. Die Entscheidungen müssen eine Kostengrundentscheidung enthalten. Die Bestimmung schließt in den genannten Fällen die Anwendung des § 788 aus.[1] § 788 wiederum bleibt jedoch dann anwendbar, wenn Vollstreckungsmaßnahmen aus Entscheidungen nach §§ 877 ff entstehen. In Verfahren nach dem FamFG gilt § 891 entsprechend (§ 35 Abs. 4 S. 2 FamFG).

---

108 NK-GK/*Volpert*, Nr. 2111 KV GKG Rn 20.
109 NK-GK/*Volpert*, Nr. 9010 KV GKG Rn 2; *Oestreich/Winter/Hellstab*, GKG, Nr. 9010 KV Rn 2.
110 Gerold/Schmidt/*Müller-Rabe*, Nr. 3309 VV RVG Rn 355; AnwK-RVG/*Wolf/Volpert/Mock/Thiel/N. Schneider*, § 18 Rn 114.
111 BGH MDR 1979, 116 = NJW 1979, 217.
112 AnwK-RVG/*Wolf/Volpert/Mock/Thiel/N. Schneider*, § 18 Rn 115, § 19 Rn 175.
113 AnwK-RVG/*Wolf/Volpert/Mock/Thiel/N. Schneider*, § 18 Rn 119.
114 OLG München OLGReport 2005, 599 = GRUR-RR 2006, 68; AnwK-RVG/*Wolf/Volpert/Mock/Thiel/N. Schneider*, § 18 Rn 119; Gerold/Schmidt/*Müller-Rabe*, Nr. 3309 VV RVG Rn 359; OLG Koblenz JurBüro 2000, 325; OLG Hamburg JurBüro 1993, 96; OLG Bamberg JurBüro 1992, 607.
115 OLG Oldenburg JurBüro 1991, 557.
1 BayObLG NZM 2002, 489.

II. Verfahren (S. 2)

2 Dem Schuldner ist **rechtliches Gehör** zu gewähren (S. 2).[2] Die Anhörung erfolgt schriftlich durch Zustellung des Antrags[3] oder in einer mündlichen Verhandlung, die in das Ermessen des Gerichts gestellt ist (S. 1 iVm § 128 Abs. 4). Zu einem Termin wird der Schuldner geladen (§ 214). Entscheidungen ergehen immer durch Beschluss (S. 1), sind zuzustellen (§ 329 Abs. 3) und bedürfen einer Begründung.[4] Im Verfahren besteht Anwaltszwang unter Berücksichtigung von § 78 Abs. 1, 2.[5] Die Verletzung von Unterlassungs- und Duldungspflichten ist zu beweisen, eine Glaubhaftmachung ist nicht ausreichend.[6] § 138 Abs. 3 ist anwendbar.[7]

III. Kostengrundentscheidung (S. 3)

3 Bei Entscheidungen nach §§ 887, 888 und 890 ist auch über die Kosten zu entscheiden, wobei nach S. 3 die §§ 91–93, 95–100, 106, 107 heranzuziehen sind. Danach kommt eine Kostenquotelung in Betracht, wenn dem Gläubigerantrag nur teilweise gefolgt wird (§ 92), ebenso wie eine Kostenentscheidung nach § 91 a, wenn die Hauptsache erledigt wird[8] oder bei unberechtigtem Vollstreckungsantrag,[9] wenn also das Verfahren nicht dem Gläubigerantrag entsprechend entschieden wird.[10] Damit können die Fälle angemessen Berücksichtigung finden, in denen Anträge eines Gläubigers erfolglos oder nur teilweise erfolgreich sind.[11] Bei Rücknahme eines Antrags ist § 269 Abs. 2 S. 2, 3 anzuwenden.[12] Die Kostenentscheidung ist vom Prozessgericht nach materiellen Gesichtspunkten zu treffen.[13] Sie ist Grundlage der sich anschließenden Kostenfestsetzung.[14] Das Gericht entscheidet in der Besetzung, in der der zu vollstreckende Titel ergangen ist.[15] In den Fällen der §§ 794 Abs. 1 Nr. 4 a, 796 b ist dies das Gericht, das die Vollstreckung zugelassen hat.[16]

IV. Rechtsmittel

4 Gegen die Entscheidungen des Prozessgerichts nach S. 1 ist die sofortige Beschwerde gegeben (§§ 567 Abs. 1, 793).[17] Für die Verfahren des FamFG verweist § 87 Abs. 4 FamFG auf eine entsprechende Anwendung der §§ 567 ff. Wurde dem Vollstreckungsantrag entsprochen, kommt eine isolierte Anfechtung der Kostenentscheidung nicht in Betracht.[18]

---

2 OLG Bremen NJW-RR 2007, 662; Hk-ZPO/*Pukall*, § 891 Rn 2.
3 OLG Düsseldorf NJW-RR 1991, 1088; Hk-ZPO/*Pukall*, § 891 Rn 3.
4 BGH FamRZ 2006, 1030; OLG Düsseldorf FamRZ 2002, 249; BayObLGZ 1983, 18; Hk-ZPO/*Pukall*, § 891 Rn 6.
5 OLG Köln FamRZ 1995, 312; OLG Hamm MDR 1985, 242; Hk-ZPO/*Pukall*, § 891 Rn 2; MüKo-ZPO/*Gruber*, § 891 Rn 3.
6 OLG Schleswig NZM 2000, 557.
7 AG Aachen JurBüro 2005, 498; OLG Düsseldorf NJW-RR 1991, 1088; Hk-ZPO/*Pukall*, § 891 Rn 3; Musielak/*Lackmann*, § 891 Rn 2; aA Zöller/*Stöber*, § 891 Rn 1.
8 KGR Berlin 2006, 828.
9 OLG München MDR 1991, 357; OLG Zweibrücken MDR 1990, 258.
10 OLG Koblenz 18.1.2011 – 6 W 754/10, juris; ThürOLG InVo 1996, 111; OLG Zweibrücken OLGZ 90, 226.
11 BGH 19.2.2015 – I ZB 55/13.
12 OLG Köln OLGR 2004, 79.
13 KGR Berlin 2006, 828.
14 MüKo-ZPO/*Gruber*, § 891 Rn 5.
15 Hk-ZPO/*Pukall*, § 891 Rn 2.
16 Hk-ZPO/*Pukall*, § 891 Rn 2.
17 Hk-ZPO/*Pukall*, § 891 Rn 6.
18 OLG Zweibrücken JurBüro 2002, 552.

§ 892 Widerstand des Schuldners

Leistet der Schuldner Widerstand gegen die Vornahme einer Handlung, die er nach den Vorschriften der §§ 887, 890 zu dulden hat, so kann der Gläubiger zur Beseitigung des Widerstandes einen Gerichtsvollzieher zuziehen, der nach den Vorschriften des § 758 Abs. 3 und des § 759 zu verfahren hat.

§ 30, D. vor § 133, § 134 GVGA

I. Widerstand

Widerstand ist das auf die Verhinderung eines bestimmten Erfolges gerichtete vorsätzliche Verhalten. Widerstand kann auch in einem **Unterlassen** liegen, etwa das Nichtöffnen der Wohnungstür trotz Terminsmitteilung des Gerichtsvollziehers.[1]

II. Anwendungsbereich

Die Vorschrift ist nur anwendbar bei der Ersatzvornahme durch den Gläubiger nach § 887 sowie bei der Vollstreckung der Duldungsverpflichtung nach § 890. Sie ist daher insb. nicht anwendbar, wenn der Schuldner bei anderen Vollstreckungsmaßnahmen Widerstand leistet, etwa bei der Herausgabevollstreckung nach § 883.

Der Gläubiger hat im Falle der Vollstreckung der Duldungsverpflichtung nach § 890 die **Wahl**, ob er das dort geregelte Zwangsverfahren betreibt oder nach § 892 vorgeht.

III. Gewaltanwendung durch Gerichtsvollzieher

Der Gerichtsvollzieher wird vom Gläubiger beauftragt, nicht vom Prozessgericht. Der Gerichtsvollzieher hat zu prüfen, ob die Zwangsvollstreckung zulässig ist. Er darf vom Gläubiger nicht den Nachweis verlangen, dass der Schuldner Widerstand zu leisten beabsichtigt.[2] Kosten einer überflüssigen Hinzuziehung des Gerichtsvollziehers können nicht nach § 788 geltend gemacht werden.[3]

Bei der Zwangsanwendung in der Wohnung des Schuldners wird eine richterliche Durchsuchungsanordnung nach § 758 a für erforderlich gehalten.[4] Richtigerweise bedarf es eines gesonderten Beschlusses nach § 758 a nicht, wenn sich aus dem zu vollstreckenden Titel die Notwendigkeit eines Betretens der Wohnung ergibt, um den Widerstand zu beseitigen.[5] Die Vornahme titelgemäßer Handlungen in der Wohnung des Schuldners ist keine Durchsuchung.[6]

Der Gerichtsvollzieher hat Zeugen hinzuzuziehen (§ 759) sowie ein Protokoll aufzunehmen (§ 134 GVGA).

---

1 LG Weiden DGVZ 2008, 120, 121 (Duldung der Sperrung eines Stromanschlusses); LG Paderborn 24.2.2009 – 5 T 329/08 (Duldung des Ausbaus des Gaszählers); AG Bühl DGVZ 2010, 61, 62 (Duldung der Unterbrechung der Gasversorgung).
2 LG Braunschweig DGVZ 1988, 140, 141; AG Münster DGVZ 1979, 28, 29; LG Paderborn 24.2.2009 – 5 T 329/08; etwas strenger AG Bühl DGVZ 2010, 61, 62: Darlegung konkreter Umstände für die erwartete Widerstandsleistung.
3 LG Braunschweig DGVZ 1988, 140, 141; AG Münster DGVZ 1979, 28, 29.
4 AG Neuruppin WuM 2006, 106 (Duldung der Gaszählersperrung); Zöller/*Stöber*, § 892 Rn 1.
5 LG Berlin DGVZ 1991, 155 f; LG Braunschweig DGVZ 1988, 140, 141; LG Weiden DGVZ 2008, 120 f; LG Paderborn 24.2.2009 – 5 T 329/08; auf den Willen des erkennenden Gerichts abstellend OLG Köln NJW-RR 1988, 832.
6 Stein/Jonas/*Brehm*, § 892 Rn 2; MüKo-ZPO/*Gruber*, § 892 Rn 3.

IV. Rechtsmittel

7 Sowohl gegen Handlungen des Gerichtsvollziehers als auch gegen dessen Weigerung ist die Erinnerung nach § 766 statthafter Rechtsbehelf.

V. Kosten

8 Wird der Gerichtsvollzieher zugezogen, entstehen eine Gebühr für die Zuziehung zur Beseitigung des Widerstandes sowie Auslagen. Gebührentatbestand ist dabei die **Zuziehung** des Gerichtsvollziehers (Nr. 250 KV GvKostG).[7] Ob tatsächlich Widerstand geleistet wird, ist für den Anfall der Gebühr nicht ausschlaggebend.[8] Die Kosten der Zuziehung des Gerichtsvollziehers gehören zu den notwendigen Kosten nach § 788.[9]

§ 892a (weggefallen)

1 Die Vorschrift ist durch das am 1.9.2009 in Kraft getretene FGG-Reformgesetz vom 17.12.2008 aufgehoben[1] und durch § 96 Abs. 1 FamFG ersetzt worden.

§ 893 Klage auf Leistung des Interesses

(1) Durch die Vorschriften dieses Abschnitts wird das Recht des Gläubigers nicht berührt, die Leistung des Interesses zu verlangen.

(2) Den Anspruch auf Leistung des Interesses hat der Gläubiger im Wege der Klage bei dem Prozessgericht des ersten Rechtszuges geltend zu machen.

I. Anwendungsbereich

1 Die Vorschrift des § 893 gestattet verfahrensrechtlich die Geltendmachung von **Schadensersatz trotz** bereits erstrittenen **Leistungstitels**. Die vollstreckungsrechtlichen Bestimmungen der §§ 883–892 lassen das evtl bestehende Recht des Gläubigers unberührt, **statt** der **titulierten**, nicht auf Schadensersatz gerichteten Leistung Schadensersatz geltend zu machen. Ob ein solches Recht besteht, richtet sich ausschließlich nach materiellem Recht.

2 Für § 894 gilt § 893 nicht, weil Urteile nach § 894 durch die Fiktion der Abgabe der Willenserklärung stets bereits vollstreckt sind.

II. Inhalt und Voraussetzungen

3 Die Klage nach § 893 leitet einen neuen Rechtsstreit ein. Sachlich und örtlich **zuständig** ist **ausschließlich** (§ 802) das Gericht erster Instanz, bei dem das frühere Verfahren anhängig war. Besteht also bereits ein gerichtlicher Titel auf Vornahme einer Handlung, Herausgabe etc., so regelt Abs. 2 die Zuständigkeit des Prozessgerichts unabhängig davon, ob dieses Gericht nach den allgemeinen Gerichtsstandsregeln sachlich oder örtlich zuständig wäre. Zuständig kann also auch ein Familiengericht sein, obwohl der Anspruch auf Leistung des Interesses keine Fa-

---

7 *Winterstein*, Gerichtsvollzieherkostenrecht, Nr. 250 KV GvKostG.
8 NK-GK/*Kessel*, Nr. 250 KV GvKostG Rn 2.
9 Hk-ZPO/*Pukall*, § 892 Rn 4.
1 BGBl. I S. 2586, 2702.

miliensache ist. Aus der Anordnung der ausschließlichen Zuständigkeit folgt auch die internationale Zuständigkeit des Prozessgerichts erster Instanz.[1]

Die ausschließliche Zuständigkeit hindert nicht die Aufrechnung mit dieser Forderung in einem Rechtsstreit vor einem anderen Gericht, steht dort jedoch einer Widerklage entgegen (§§ 33 Abs. 2, 40 Abs. 2 S. 1 Nr. 2).[2] 4

Der Gläubiger muss vor Erhebung seiner Klage keinen Vollstreckungsversuch unternommen haben. 5

III. Folgen

Die Klage ist begründet, wenn dem Gläubiger nach materiellem Recht ein Anspruch auf Schadensersatz neben oder statt der Leistung zusteht. 6

§ 894 Fiktion der Abgabe einer Willenserklärung

¹Ist der Schuldner zur Abgabe einer Willenserklärung verurteilt, so gilt die Erklärung als abgegeben, sobald das Urteil die Rechtskraft erlangt hat. ²Ist die Willenserklärung von einer Gegenleistung abhängig gemacht, so tritt diese Wirkung ein, sobald nach den Vorschriften der §§ 726, 730 eine vollstreckbare Ausfertigung des rechtskräftigen Urteils erteilt ist.

I. Allgemeines 1	2. Genehmigungsbedürftigkeit der Willenserklärung 13
II. Anwendungsbereich 2	3. Umfang der Fiktion 15
1. Gerichtlicher Titel 2	4. Zeitpunkt der Fiktion 16
2. Vollstreckung bei Verpflichtung im Vergleich 6	V. Rechtsbehelfe 18
3. Vollstreckung von Beschlüssen 7	VI. Kosten 19
III. Willenserklärung 10	1. Rechtsanwaltsgebühren 19
IV. Reichweite der Fiktion 12	2. Gerichtsvollzieherkosten 20
1. Abgabe der Willenserklärung 12	

I. Allgemeines

Die Verurteilung zur Abgabe einer Willenserklärung ist **Leistungsurteil**. Durch die Vorschrift des § 894 wird mit **Rechtskraft** eines Urteils, in welchem der Schuldner zur Abgabe einer Willenserklärung verurteilt wurde, deren Abgabe **fingiert** und damit vollstreckt. Die Norm enthält eine spezielle Vollstreckungsregelung, die in ihrem Anwendungsbereich keinen Rückgriff auf die allgemeinen Vorschriften der §§ 887, 888 zulässt, und zwar unabhängig davon, ob die Fiktionswirkung eintritt oder nicht eintritt.[1] 1

II. Anwendungsbereich

1. Gerichtlicher Titel. Die rechtskräftige Verurteilung muss **unbedingt** und **vorbehaltlos** sein. Enthält das Urteil einen Vorbehalt nach § 780 (beschränkte Erbenhaftung), ist § 894 nicht anwendbar.[2] Die Vollstreckung erfolgt dann nach § 888. 2

---

1 BGH NJW 1997, 2245 f.
2 Schuschke/Walker/*Walker*, § 893 Rn 3.
1 BGH NJW 2011, 3161, 3162 = MDR 2011, 1008.
2 RGZ 49, 415, 417 f.

3 § 894 gilt auch für **ausländische** Urteile. Voraussetzung ist dann die Rechtskraft des Vollstreckungsurteils nach § 722, in welchem die Zulässigkeit der Zwangsvollstreckung des ausländischen Urteils ausgesprochen werden muss.

4 Soll umgekehrt die Erklärung **im Ausland** zugehen oder abgegeben werden, richtet sich die Vollstreckung gegen den inländischen Schuldner nach § 888, wenn das zu vollstreckende Urteil dort nicht anerkannt wird.[3] Der Auslandsaufenthalt des Schuldners hindert die Anwendung des § 894 nicht.[4]

5 Zur Vollstreckung einer Willenserklärung nach § 888 s. auch § 888 Rn 6.

6 **2. Vollstreckung bei Verpflichtung im Vergleich.** Die Vorschrift gilt nur für Urteile, nicht für **Vergleiche**. Verpflichtet sich in einem Vergleich eine Partei zur Abgabe einer Willenserklärung (und hat er sie dort nicht bereits erklärt, vgl § 127 a BGB), kann der Gläubiger nach § 888 vollstrecken[5] oder Klage auf Abgabe der Willenserklärung erheben,[6] deren Vollstreckung sodann durch § 894 erfolgt.

7 **3. Vollstreckung von Beschlüssen.** Die Vorschrift gilt auch bei Beschlüssen. Als Beispiel werden genannt der Beschluss des Familiengerichts auf Übertragung von Vermögensgegenständen im Rahmen des Zugewinnausgleichs nach § 1383 BGB, Schiedssprüche und Anwaltsvergleiche in Verbindung mit der gerichtlichen Vollstreckbarerklärung[7] sowie hauptsächlich die durch Beschluss ergangene einstweilige Verfügung.[8] Bei **einstweiligen Verfügungen** ist im Einzelnen streitig, ob § 894 anwendbar ist und wann die Willenserklärung als abgegeben gilt.

8 Nach nunmehr ganz hM kann auch im Rahmen einer einstweiligen Verfügungen zur Abgabe einer Willenserklärung verurteilt werden.[9] Soweit die Gefahr besteht, dass die **Hauptsache vorweggenommen** und endgültig entschieden wird,[10] ist dies ein Problem der Anordnung der einstweiligen Verfügung, nicht der Vollstreckung, und muss daher dort entsprechend sorgfältig beachtet werden. Im Rahmen einer einstweiligen Verfügung ist die Vorwegnahme der Hauptsache auch in anderen Einzelfällen möglich.

9 Streitig ist auch, **wann** die Willenserklärung als abgegeben gilt. Soweit ein Beschluss der formellen Rechtskraft fähig ist, wird für die Fiktionswirkung des § 894 – wie es sein Wortlaut verlangt – **Rechtskraft** der Entscheidung zu verlangen sein. Eine **Ausnahme** gilt im einstweiligen Verfügungsverfahren beim **Anordnungsbeschluss** nach §§ 936, 937 Abs. 2 iVm § 922 Abs. 1 S. 1, der nicht formell rechtskräftig wird, denn der dagegen statthafte Widerspruch nach § 924 Abs. 1 ist nicht fristgebunden. Dennoch wird teilweise auch im einstweiligen Verfügungsverfahren für die Abgabefiktion des § 894 formelle Rechtskraft verlangt,[11] was die Durchführung eines mit einem Urteil endenden Rechtsbehelfsverfahrens voraussetzt. Der Eintritt der Fiktionswirkung wird jedoch auch ohne nachfolgendes und mit einem rechtskräftigen Urteil endenden Rechtsbehelfsverfahrens anzunehmen sein, weil ohne Eintritt der Fiktionswirkung die Anordnung auf Abga-

---

3 OLG Karlsruhe Rpfleger 2005, 95.
4 Vgl BGH NJW 2004, 954, 957 mwN.
5 OLG Hamm NJW 1956, 918; OLG Frankfurt JurBüro 2008, 104.
6 BGHZ 98, 127, 129 = NJW 1986, 2704, 2705.
7 Schuschke/Walker/*Walker*, § 894 Rn 1. Die Vollstreckbarerklärung des Anwaltsvergleichs findet allerdings gem. § 796 a Abs. 2 keine Anwendung, wenn der Vergleich auf die Abgabe einer Willenserklärung gerichtet ist.
8 MüKo-ZPO/*Gruber*, § 894 Rn 6; Musielak/Voit/*Lackmann*, § 894 Rn 7.
9 Stein/Jonas/*Grunsky*, Vor § 935 Rn 50; MüKo-ZPO/*Gruber*, § 894 Rn 6; Wieczorek/Schütze/*Storz*, § 894 Rn 4; Musielak/Voit/*Lackmann*, § 894 Rn 7; LG Düsseldorf InstGE 2, 131; OLG Köln NJW-RR 1997, 59 f; krit. Zöller/*Vollkommer*, § 938 Rn 5.
10 Einschr. daher Stein/Jonas/*Grunsky*, Vor § 935 Rn 50; MüKo-ZPO/*Gruber*, § 894 Rn 6; Wieczorek/Schütze/*Storz*, § 894 Rn 4.
11 So ausdr. OLG Stuttgart NJW 1973, 908 und OLG Köln NJW-RR 1997, 59, 60.

be einer Willenserklärung durch einstweilige Verfügung leer liefe. Die Fiktionswirkung wird daher bereits mit **Erlass** der einstweiligen Verfügung anzunehmen sein.[12] Die Zustellung der einstweiligen Verfügung im Parteibetrieb innerhalb der Frist des § 929 Abs. 2 als Betätigung des Vollstreckungswillens ist für den Eintritt der Fiktionswirkung des § 894 nicht notwendig.[13]

III. Willenserklärung

Der Begriff der Willenserklärung wird weit gefasst. Darunter fallen **Erklärungen** mit schuldrechtlichem und dinglichem Inhalt (Einigung, Auflassung), Zustimmungserklärungen, auch höchstpersönliche Erklärungen,[14] einseitige oder empfangsbedürftige Willenserklärungen sowie **rechtsgeschäftsähnliche** Erklärungen. Bei dem Empfänger der Erklärung kann es sich auch um einen **Dritten** handeln. Erfasst werden auch Erklärungen, die sich im öffentlichen Recht, Strafrecht (Rücknahme eines Strafantrages), Steuerrecht, Arbeitsrecht, Familienrecht etc. auswirken. Unter § 894 fallen auch **Prozesshandlungen** (zB Klagerücknahme). 10

Erklärungen nur **tatsächlichen** Inhalts fallen nicht unter § 894, sondern werden durch § 888 vollstreckt (eidesstattliche Versicherung). Gleiches gilt für den **Widerruf** derartiger Erklärungen.[15] Die Gegenmeinung[16] vermag nicht zu überzeugen. Wurde der Schuldner zur Abgabe eines Widerrufs verurteilt, so hat er sich diesem zu beugen. Die Vollstreckung zur Schonung des Schuldners als mit Rechtskraft des Urteils erledigt anzusehen, genügt dem Wiederherstellungsinteresse des Gläubigers nicht. 11

IV. Reichweite der Fiktion

1. Abgabe der Willenserklärung. § 894 fingiert nur die **Abgabe** der Willenserklärung. Wird danach die Abgabe einer empfangsbedürftigen Willenserklärung fingiert, wird diese erst nach Zugang wirksam (§ 130 BGB). Die Abgabe der Willenserklärung durch die Fiktion des § 894 **ersetzt** die Form. Auf die **Annahme** hat § 894 keinen Einfluss, so dass die Annahmeerklärung ggf beurkundet werden muss. Der Formvorschrift des § 925 Abs. 1 S. 1 BGB (gleichzeitige Anwesenheit beider Vertragsteile bei Abgabe der Einigungserklärungen) ist nicht genügt, wenn der Gläubiger des Auflassungsanspruchs erst nach seiner Auflassungserklärung ein rechtskräftiges Urteil gegen den Schuldner auf Abgabe von dessen Auflassungserklärung erwirkt.[17] 12

2. Genehmigungsbedürftigkeit der Willenserklärung. Bei einer notwendigen **Genehmigung** des Familiengerichts (früher: Vormundschaftsgericht) zur **Abgabe** der Willenserklärung werden die notwendigen Voraussetzungen durch das Prozessgericht geprüft und ggf durch die Verurteilung zur Abgabe der Willenserklärung ersetzt.[18] Die Gegenauffassung[19] weist darauf hin, dass die Ersetzung der Erklärung nicht weiter reichen kann als die Abgabe der Erklärung selbst. Entscheidend ist jedoch, dass dem Familienrichter eine Überprüfung des rechtskräftigen Urteils 13

---

12 Stein/Jonas/*Grunsky*, Vor § 935 Rn 50; Wieczorek/Schütze/*Storz*, § 894 Rn 4.
13 OLG Köln NJW-RR 1997, 59, 60; aA Schuschke/Walker/*Walker*, § 894 Rn 7 für den Fall der Verurteilung zur Abgabe von Willenserklärungen, denn es handelt sich letztlich um die Erlangung einer Geldleistung geht, sowie Vorauflage (1. Aufl. 2010).
14 LG München I FamRZ 2000, 1168, 1169 (Erklärung zum Ehenamen nach § 1355 BGB).
15 BGHZ 37, 187, 190 = NJW 1962, 1438; OLG Frankfurt MDR 1998, 986, 987.
16 OLG Hamm NJW-RR 1992, 634, 635 mwN; Zöller/*Stöber*, § 894 Rn 2 mwN.
17 BayObLG 1983, 181, 185 = Rpfleger 1983, 390 f.
18 BayObLG 1953, 111, 116 f = MDR 1953, 561; Zöller/*Stöber*, § 894 Rn 7.
19 Stein/Jonas/*Brehm*, § 894 Rn 24; MüKo-ZPO/*Gruber*, § 894 Rn 16.

nicht zusteht und der festgestellten Verpflichtung zur Abgabe der Willenserklärung Rechnung zu tragen hat.[20]

14 Andere **Zustimmungserfordernisse** Dritter können vom Prozessgericht nicht geprüft und daher auch nicht ersetzt werden.

15 3. Umfang der Fiktion. Der Umfang der Erklärung ergibt sich aus dem Tenor, der mittels der Gründe ausgelegt werden kann. Zur Ermittlung des Inhalts einer auslegungsbedürftigen Urteilsformel sind Tatbestand, Entscheidungsgründe und auch der Parteivortrag im Prozess samt Antrag heranzuziehen, soweit im Urteil darauf Bezug genommen wurde.[21] Genügt der Tenor nicht dem Bestimmtheitserfordernis des § 253 Abs. 2 Nr. 2, so ist er nicht vollstreckungsfähig. Dieser Mangel kann nicht nachträglich im Verfahren nach § 888 geheilt werden.[22] Die Fiktion der Abgabe einer Auflassungserklärung schließt die Eintragungsbewilligung mit ein.[23]

16 4. Zeitpunkt der Fiktion. Ist das Urteil nicht rechtskräftig, aber **vorläufig vollstreckbar**, sind § 895 ZPO, § 16 HGB anwendbar. Die vorläufige Vollstreckbarkeit – unabhängig, ob mit oder ohne Sicherheitsleistung – bewirkt den Eintritt der Fiktion des § 894 nicht. Erforderlich ist stets der Eintritt der Rechtskraft. Der Zeitpunkt der **Wirkung** der Fiktion ist vom **Inhalt** der ersetzten Erklärung zu unterscheiden und kann davon in zeitlicher Hinsicht abweichen. Zu welchem Zeitpunkt die fingierte Abgabe der Erklärung wirkt, beurteilt sich nach materiellem Recht. Die Auslegung (s. Rn 15) der ersetzten Erklärung kann ergeben, dass deren Wirkung vor Rechtskraft der sie ersetzenden Entscheidung gelten soll.[24] Ist das Urteil rechtskräftig und ist die Erklärung ohne Gegenleistung abzugeben, treten die Folgen des § 894 ohne Vollstreckungsklausel und Zustellung ein. Zum Nachweis der Rechtskraft kann der Gläubiger von der Geschäftsstelle des Gerichts das Rechtskraftzeugnis beantragen (§ 706).

17 Ist die Abgabe der Willenserklärung nach dem Tenor von einer **Gegenleistung** abhängig, so muss **zusätzlich zur Rechtskraft** eine vollstreckbare Ausfertigung (§ 724) erteilt sein. Die vollstreckbare Ausfertigung wird unter den Voraussetzungen der §§ 726, 730 erteilt (**S. 2**). Der Gläubiger muss also dem die Klausel erteilenden Rechtspfleger durch öffentliche oder öffentlich beglaubigte Urkunden nachweisen, dass der Gegenleistungsanspruch des Schuldners befriedigt ist oder er sich im Annahmeverzug befindet. Die Willenserklärung gilt dann erst mit Zustellung der Klausel und den zu ihrer Erteilung notwendigen Urkunden (§ 750 Abs. 2) als abgegeben.[25]

V. Rechtsbehelfe

18 Die Fiktionswirkung des § 894 ist Akt der Zwangsvollstreckung. Dennoch sind vollstreckungsrechtliche Rechtsbehelfe nicht möglich, weil kein Vollstreckungsorgan handelt.

---

20 BayObLG 1953, 111, 116 f = MDR 1953, 561, 562.
21 BGH NJW-RR 2011, 1382 = MDR 2011, 839; BGH NJW 2011, 3161, 3162 = MDR 2011, 1008 f.
22 BGH NJW 2011, 3161, 3162 = MDR 2011, 1008 f.
23 BayObLG 1953, 111, 117 = MDR 1953, 561, 562.
24 BGH NJW-RR 2011, 1382 = MDR 2011, 839 (Zeitpunkt der Wirkung einer durch § 894 ersetzten Zustimmung zur Mieterhöhung); BAGE 134, 223, 227 = NJW 2010, 3180, 3181; BAG DB 2011, 1584 sowie BAG 19.10.2011 – 7 AZR 33/11 (rückwirkende Begründung eines Arbeitsverhältnisses).
25 Zöller/*Stöber*, § 894 Rn 8; aA Schuschke/Walker/*Walker*, § 894 Rn 8 (Abgabe der vollstreckbaren Ausfertigung zur Absendung in den Geschäftsgang oder Aushändigung an den Gläubiger).

VI. Kosten

1. Rechtsanwaltsgebühren. Erfolgt aufgrund des § 894 eine Eintragung in das Grundbuch, stellt der Eintragungsantrag beim Grundbuchamt keine Tätigkeit im Rahmen der Vollstreckung mehr dar. Die Zwangsvollstreckung ist bereits mit der durch das Urteil fingierten Abgabe der Willenserklärung beendet.[26] Es fällt statt der Verfahrensgebühr Nr. 3309 VV RVG eine Geschäftsgebühr Nr. 2300 VV RVG an.[27] 19

2. Gerichtsvollzieherkosten. Gehört zur Erfüllung eines Rechtsgeschäfts auch die Übergabe einer Sache (§ 897 Abs. 1), können Gerichtsvollzieherkosten entstehen. Es entstehen eine Gebühr für die Wegnahme oder Entgegennahme beweglicher Sachen durch den zur Vollstreckung erschienenen Gerichtsvollzieher (Nr. 221 KV GvKostG) sowie Auslagen. Da auch den Entgegennahme beweglicher Sachen durch den Gerichtsvollzieher zur Erfüllung des Gebührentatbestandes ausreicht, reicht auch die freiwillige Aushändigung an den Gerichtsvollzieher aus, um den Gebührentatbestand zu erfüllen. 20

§ 895 Willenserklärung zwecks Eintragung bei vorläufig vollstreckbarem Urteil

¹Ist durch ein vorläufig vollstreckbares Urteil der Schuldner zur Abgabe einer Willenserklärung verurteilt, auf Grund deren eine Eintragung in das Grundbuch, das Schiffsregister oder das Schiffsbauregister erfolgen soll, so gilt die Eintragung einer Vormerkung oder eines Widerspruchs als bewilligt. ²Die Vormerkung oder der Widerspruch erlischt, wenn das Urteil durch eine vollstreckbare Entscheidung aufgehoben wird.

I. Normzweck

Wird der Schuldner aufgrund eines vorläufig vollstreckbaren Urteils zur Abgabe einer Willenserklärung verurteilt, durch welche eine Eintragung in das Grundbuch erfolgen soll, so **fingiert** § 895 die für eine **Vormerkung** (§ 883 BGB) oder einen **Widerspruch** (§ 899 BGB) notwendige **Bewilligung** (§ 19 GBO). Eine Vormerkung ist einzutragen, wenn ein dingliches Recht einzuräumen ist, ein Widerspruch, wenn zur Bewilligung der Grundbuchberichtigung verurteilt worden ist. 1

Während durch § 894 die für die endgültige Eintragung notwendigen Erklärungen fingiert werden, ist nach § 895 nur die Eintragung von Sicherungsmitteln möglich. Dadurch sollen Nachteile vermieden werden, die sich aus Eintragungen zwischen Verurteilung zur Abgabe der Erklärung und Rechtskraft des Urteils ergeben können. Die Vorschrift des § 895 schützt damit auch gegen Verzögerungen des Rechtskrafteintritts, die sich aus einer Rechtsmitteleinlegung des Schuldners gegen ein Urteil nach § 894 ergeben können. 2

II. Anwendungsbereich

Die Vorschrift ist auch anwendbar bei Eintragungen in das Schiffsregister oder Schiffsbauregister. Sie ist entsprechend anwendbar auf Register, die eine der Vormerkung oder dem Widerspruch entsprechende Regelung kennen (§ 99 Abs. 1 LuftRG). 3

---

26 OLG Köln JurBüro 1987, 763; OLG Celle JurBüro 1968, 179.
27 AnwK-RVG/*Wolf/Volpert*, VV Vorb. 3.3.3, VV 3309–3310 Rn 87; Musielak/Voit/*Lackmann*, § 894 Rn 14; aA OLG Hamm JurBüro 2002, 588 = AGS 2002, 284; OLG Köln JurBüro 1998, 639.

4 § 895 ist nicht anwendbar, wenn der Beklagte aufgrund eines vorläufig vollstreckbaren Urteils nur zur Bewilligung einer **Vormerkung** verurteilt worden ist.[1]

III. Voraussetzungen (S. 1)

5 Notwendig ist ein **Urteil**; § 895 gilt nicht für Vergleiche und vollstreckbare Urkunden. Der Schuldner muss zur Abgabe einer Willenserklärung verurteilt worden sein, aufgrund derer eine Eintragung oder Löschung in die genannten Bücher oder Register erfolgen soll.

6 Die Durchführung der Eintragung ist **keine Zwangsvollstreckung**. Sie erfolgt auf **Antrag** des Gläubigers nach der GBO beim Grundbuchamt. Aus dem Antrag muss sich das betreffende Grundstück ergeben. Der Antrag lautet auf Eintragung einer Vormerkung zur Sicherung des sich aus dem Titel ergebenden Anspruchs des Gläubigers. Zur Begründung des Antrags reicht es aus, dass der Schuldner zur Abgabe der Erklärung verurteilt wurde, dieser jedoch nicht nachgekommen ist. Eine dem Antrag beizufügende Urteilsausfertigung des vorläufig vollstreckbaren Urteils reicht für die Eintragung aus.[2] Klauselerteilung und Zustellung des Titels sind also nicht erforderlich.

7 Ist die vorläufige Vollstreckbarkeit der Eintragung nur **gegen Sicherheitsleistung des Gläubigers** zulässig, muss diese erbracht und dem Grundbuchamt nachgewiesen werden. Wenn das Prozessgericht in dem nicht rechtskräftigen Urteil nur hinsichtlich der Vollstreckung wegen der Kosten eine Sicherheitsleistung angeordnet hat (Anordnung einer Sicherheitsleistung in Höhe von „120% des jeweils zu vollstreckenden Betrages"), muss die Erbringung der Sicherheitsleistung auch nur für die Vollstreckung aus der Kostenentscheidung nachgewiesen werden.[3]

8 Ist das Urteil für den Gläubiger **ohne Sicherheitsleistung** vorläufig vollstreckbar und ist der Schuldner gem. §§ 711, 712 befugt, die Vollstreckung des Gläubigers durch Sicherheitsleistung **abzuwenden**, entfällt die Fiktion des § 895 mit Leistung dieser Sicherheit durch den Schuldner und tritt wieder ein mit Leistung der Sicherheit durch den Gläubiger.

9 Eine erfolgte Eintragung kann durch Leistung der Sicherheit durch den Schuldner nicht rückgängig gemacht werden.

IV. Bestand bzw Aufhebung des Urteils (S. 2)

10 Vormerkung bzw Widerspruch erlöschen von selbst, sobald das Urteil oder seine vorläufige Vollstreckbarkeit aufgehoben sind (S. 2). Im Grundbuch wird auf Antrag des Schuldners dann berichtigend gelöscht (§ 25 S. 2 GBO). Vormerkung bzw Widerspruch leben nicht wieder auf, wenn die aufhebende Entscheidung ihrerseits abgeändert und der ursprüngliche Titel wiederhergestellt wird.[4] Wird das Urteil hingegen rechtskräftig, kann der Gläubiger die endgültige Eintragung oder Löschung bewirken.

V. Rechtsmittel

11 Rechtsmittel gegen die Eintragung oder deren Ablehnung richten sich nach §§ 71 ff GBO.

---

1 BayObLG NJW-RR 1997, 1445, 1446.
2 BGH Rpfleger 1969, 425.
3 OLG Schleswig NJW-RR 2010, 1103 = Rpfleger 2010, 264, 265.
4 Schuschke/Walker/*Walker*, § 895 Rn 10.

VI. Kosten

Der Rechtsanwalt, der den Antrag auf Eintragung einer solchen Vormerkung oder eines solchen Widerspruchs stellt, wird nicht mehr im Rahmen der Vollstreckung tätig, weil diese mit der fingierten Bewilligung abgeschlossen ist.[5] Es fällt statt der Verfahrensgebühr Nr. 3309 VV RVG eine Geschäftsgebühr Nr. 2300 VV RVG an.[6] 12

Kosten der Grundbucheintragung hat der Gläubiger vorzuschießen. Da die Eintragung von Vormerkung oder Widerspruch keine Zwangsvollstreckung mehr ist, fallen die Kosten der Eintragung nicht unter § 788.[7] 13

§ 896 Erteilung von Urkunden an Gläubiger

Soll auf Grund eines Urteils, das eine Willenserklärung des Schuldners ersetzt, eine Eintragung in ein öffentliches Buch oder Register vorgenommen werden, so kann der Gläubiger an Stelle des Schuldners die Erteilung der im § 792 bezeichneten Urkunden verlangen, soweit er dieser Urkunden zur Herbeiführung der Eintragung bedarf.

Die Vorschrift bezieht sich auf die vorangegangenen §§ 894 und 895 mit ihren entsprechenden Fiktionswirkungen. Da die Eintragung keine Vollstreckungsmaßnahme ist, wird in § 896 die Vorschrift des § 792 wiederholt. Ist für die Eintragung in ein öffentliches Buch oder Register eine Urkunde der in § 792 bezeichneten Art erforderlich, so kann der Gläubiger deren Erteilung also selbst beantragen. Die Vorschrift gewährt dem Gläubiger einen eigenen Anspruch auf Erteilung dieser Urkunden und schließt Klagen und Zwangsmaßnahmen gegen den Schuldner zur Beschaffung darauf aus. 1

Öffentliche Bücher und Register sind hauptsächlich Grundbuch, Handelsregister und Register gewerblicher Schutzrechte (zB Patentrolle). § 896 greift zumeist dann ein, wenn der Verurteilte in den öffentlichen Büchern oder Registern nicht eingetragen ist. 2

Die Kosten der Beschaffung der Urkunden trägt der Gläubiger. Die Eintragung in ein öffentliches Buch oder Register ist kein Akt der Zwangsvollstreckung. Das Verfahren zur Erlangung der Urkunden richtet sich nach dem FamFG. 3

§ 897 Übereignung; Verschaffung von Grundpfandrechten

(1) Ist der Schuldner zur Übertragung des Eigentums oder zur Bestellung eines Rechts an einer beweglichen Sache verurteilt, so gilt die Übergabe der Sache als erfolgt, wenn der Gerichtsvollzieher die Sache zum Zwecke der Ablieferung an den Gläubiger wegnimmt.

(2) Das Gleiche gilt, wenn der Schuldner zur Bestellung einer Hypothek, Grundschuld oder Rentenschuld oder zur Abtretung oder Belastung einer Hypotheken-

---

5 Musielak/Voit/*Lackmann*, § 895 Rn 3.
6 AnwK-RVG/*Wolf/Volpert*, VV Vorb. 3.3.3, VV 3309–3310 Rn 87; Musielak/Voit/*Lackmann*, § 895 Rn 5; aA OLG Hamm JurBüro 2002, 588 = AGS 2002, 284; OLG Köln JurBüro 1998, 639.
7 OLG Celle NJW 1968, 2246, 2247; aA OLG Köln JurBüro 1998, 639.

forderung, Grundschuld oder Rentenschuld verurteilt ist, für die Übergabe des Hypotheken-, Grundschuld- oder Rentenschuldbriefs.

§ 127 GVGA

I. Fiktion der Übergabe bei Übereignung beweglicher Sachen (Abs. 1)

1 Die Übereignung beweglicher Sachen erfolgt durch **Einigung** und **Übergabe** (§ 929 BGB). Während die zur Übereignung notwendige Einigung durch § 894 ersetzt wird, ersetzt § 897 die zur Eigentumsverschaffung notwendige Übergabe durch die Wegnahme der Sache durch den Gerichtsvollzieher nach § 883. Die freiwillige Herausgabe an den Gerichtsvollzieher steht der Wegnahme durch ihn gleich.

2 Der Eigentumsübergang setzt die **Rechtskraft** des die Einigung ersetzenden Urteils voraus, weil die Ersetzung der Willenserklärung nach § 894 nicht vorläufig vollstreckbar ist. Die vorläufige Vollstreckbarkeit einer solchen Entscheidung bewirkt nicht den Eintritt der Fiktionswirkung (s. § 894 Rn 16).

3 Wenn die Entscheidung nach § 894, welche die Einigung ersetzt, rechtskräftig ist, erwirbt der Gläubiger bei Wegnahme der Sache durch den Gerichtsvollzieher (oder die freiwillige Herausgabe an ihn) Eigentum daran. Die Gefahr der Verschlechterung bzw des Untergangs der Sache trägt ab diesem Zeitpunkt der Gläubiger.

4 Auch **vor** Rechtskraft des die Einigung ersetzenden Urteils ist § 897 anwendbar. Ist das Urteil vorläufig vollstreckbar, darf der Gerichtsvollzieher nach § 897 vorgehen, die Sache wegnehmen und dem Gläubiger aushändigen, der die Sache dann ohne dingliches Recht daran besitzt.[1] Der Eigentumsübergang erfordert Eintritt der Rechtskraft.

5 Die Vorschrift gilt entsprechend bei Nießbrauchsbestellung und Verpfändung (§§ 1032, 1205 BGB).

II. Wegnahme von Grundpfandbriefen (Abs. 2)

6 Abs. 2 ist nur anwendbar bei Briefrechten, deren Erwerb auch die **Briefübergabe** erfordert (§§ 1117 Abs. 1, 1154 Abs. 1, 1192 Abs. 1, 1199, 1274 Abs. 1 BGB). Der Brief wird vom Gerichtsvollzieher nach § 883 weggenommen. Die Vorschrift gilt entsprechend, wenn der Schuldner zur Zustimmung der Löschung einer Briefgrundschuld verurteilt worden ist.[2]

7 Ist der Schuldner auch nach § 1117 Abs. 2 BGB zur Einwilligung der Aushändigung des Briefes an den Gläubiger verurteilt worden, bedarf es weder einer Übergabe noch einer Wegnahme. Das Recht wird mit Eintragung erworben.

III. Kosten

8 Es entstehen eine Gebühr für die Wegnahme oder Entgegennahme beweglicher Sachen durch den zur Vollstreckung erschienenen Gerichtsvollzieher (Nr. 221 KV GvKostG) sowie Auslagen. Da auch die Entgegennahme beweglicher Sachen durch den Gerichtsvollzieher zur Erfüllung des Gebührentatbestandes ausreicht, reicht auch die freiwillige Aushändigung an den Gerichtsvollzieher aus, um den Gebührentatbestand zu erfüllen.

---

1 Stein/Jonas/*Brehm*, § 897 Rn 5.
2 Schuschke/Walker/*Walker*, § 897 Rn 3.

§ 898 Gutgläubiger Erwerb

Auf einen Erwerb, der sich nach den §§ 894, 897 vollzieht, sind die Vorschriften des bürgerlichen Rechts zugunsten derjenigen, die Rechte von einem Nichtberechtigten herleiten, anzuwenden.

Der Erwerb nach §§ 894, 897 ist kein gesetzlicher, sondern **rechtsgeschäftlicher** 1 Natur. Der Gläubiger kann daher nach den entsprechenden zivilrechtlichen Vorschriften (§§ 892, 893, 932–936, 1244 BGB, § 366 HGB) gutgläubig erwerben, wenn die dortigen Voraussetzungen zum Zeitpunkt des Erwerbs vorliegen.

Die Anwendung des § 898 auf § 895 (gutgläubiger Erwerb einer Vormerkung) 2 wird überwiegend[1] bejaht. Die hM verneint die Anwendbarkeit des § 898 dagegen bei der aufgrund einer **einstweiligen Verfügung** eingetragenen Vormerkung.[2] Dagegen wird eingewandt, die einstweilige Verfügung diene im Gegensatz zum Arrest nicht der Vollstreckung von Geldforderungen, bei der es keinen Vertrauensschutz auf Rechtsscheinsbestände gebe. Vielmehr sicherten auch verfügte Vormerkungen Individualansprüche und müssten deshalb am Redlichkeitsschutz ebenso wie bewilligte Vormerkungen teilnehmen.[3] Dagegen spricht jedoch, dass es an dem notwendigen rechtsgeschäftlichen Anknüpfungspunkt für die Begründung des durch die Vormerkung zu sichernden Anspruchs mangelt.[4]

Maßgebend ist die **Gutgläubigkeit** des erwerbenden **Gläubigers**. Auf den guten 3 Glauben des Gerichtsvollziehers im Falle der Wegnahme kommt es nicht an; § 166 BGB ist insoweit nicht anwendbar.

Abschnitt 4
(aufgehoben)

§§ 899–915 h (aufgehoben)

---

1 MüKo-ZPO/*Gruber*, § 898 Rn 3 mwN; Schuschke/Walker/*Walker*, § 898 Rn 2 mwN; Musielak/Voit/*Lackmann*, § 898 Rn 1.
2 Schuschke/Walker/*Walker*, § 898 Rn 2 mwN; Zöller/*Stöber*, § 898 Rn 1.
3 MüKo-BGB/*Kohler*, § 883 Rn 77.
4 Schuschke/Walker/*Walker*, § 898 Rn 2 mwN.

Abschnitt 5
Arrest und einstweilige Verfügung

Vorbemerkung zu §§ 916–945 b

Literatur zu §§ 916–945 b:

Addicks, Welche Anforderungen gibt es bei der Zustellung und Vollziehung von einstweiligen Verfügungen?, MDR 1994, 225; *Ahrens*, Der Schadensersatzanspruch nach § 945 ZPO im Streit der Zivilsenate, in: Erdmann/Gloy/Herber (Hrsg.), Festschrift für Henning Piper, 1996, S. 31; *Bandel*, Einstweiliger Rechtsschutz im Schiedsverfahren, 2000; *Baur*, Studien zum einstweiligen Rechtsschutz, 1967; *Berger* (Hrsg.), Einstweiliger Rechtsschutz im Zivilrecht, 2006; *Bernaerts*, Zulässigkeit der Verweisung von Arrestverfahren, MDR 1979, 97; *Bernreuther*, Der negative Feststellungsantrag im einstweiligen Verfügungsverfahren, WRP 2010, 1191; *Bettermann*, Zivilgerichtlich verfolgbarer Schadensersatzanspruch bei unberechtigter Verwaltungsvollstreckung?, JZ 1960, 335; *Bittmann*, Nochmals: Arrestvollziehung und richterliche Durchsuchungsanordnung, NJW 1982, 2421; *Bongen/Renaud*, Zur materiellen Rechtskraft antragsabweisender Beschlüsse und Urteile im Arrestverfahren, NJW 1991, 2886; *Borck*, Das rechtliche Gehör im Verfahren auf Erlaß einer einstweiligen Verfügung, MDR 1988, 908; *ders.*, „Vollziehung": Zustellung oder Zwangsvollstreckung?, MDR 1983, 180; *Bornhorst*, Die einstweilige Verfügung zur Sicherung von Herausgabeansprüchen, WM 1998, 1668; *Börstinghaus*, Die neue „Sicherungsanordnung" im Mietprozess, NJW 2013, 3265; *Bruns*, Schadensersatz und Rechtskraftfragen des § 945 ZPO, ZZP 65 (1952), 67; *Buciek*, Gläubigerkonkurrenz als Arrestgrund?, NJW 1987, 1063; *Burgard/Fresemann*, In welchen Fällen kann ein Aufhebungsantrag gemäß § 927 ZPO auf Umstände gestützt werden, die bereits bei Erlass der einstweiligen Verfügung oder des Arrestes vorlagen?, DRiZ 2000, 195; *Christmann*, Arrestvollziehung gegen Sicherheitsleistung, DGVZ 1993, 109; *Dahm*, Vollbeweis oder Glaubhaftmachung bei Vollstreckung einstweiliger Unterlassungsverfügungen?, MDR 1996, 1100; *Deutsch*, Die Schutzschrift in Theorie und Praxis, GRUR 1990, 327; *Dittmar*, Der Arrestgrund der Auslandsvollstreckung, NJW 1978, 1720; *Ditzen*, Sicherung des Zugewinnausgleichs durch Arrest?, NJW 1987, 1806; *Dötsch*, Besonderheiten im Berufungsverfahren bei Arrest und einstweiliger Verfügung, MDR 2010, 1429; *Everts*, Sicherung anwaltlicher Honorarforderungen durch Arrest?, NJW 2002, 3136; *Fenn*, Schadenshaftung aus unberechtigter Klage oder Rechtfertigungsgrund der Inanspruchnahme eines gesetzlich eingerichteten und geregelten Verfahrens?, ZHR 132 (1969), 344; *Finger*, Die Arrestpfändung trotz Fristablaufs nach § 929 Abs. 2 ZPO, NJW 1971, 1242; *Fischer*, Straftaten und Vertragsverletzungen als Arrestgrund nach § 917 I ZPO, MDR 1995, 988; *Fischer*, Hat das im einstweiligen Rechtsschutz ergangene rechtskräftige Urteil Bedeutung für den Schadensersatzanspruch aus § 945 ZPO?, in: Gerhardt/Henckel/Kilger/Kreft (Hrsg.), Festschrift für Franz Merz, 1992, S. 81; *Flatow*, Mietrechtsänderungsgesetz 2013, NJW 2013, 1185; *Fohrer/Mattil*, Der grenzüberschreitende dingliche Arrest im Anwendungsbereich des EuGVÜ, WM 2002, 840; *Fritsche*, Einstweiliger Rechtsschutz im Mietrecht – eine Übersicht zur Rechtsprechung, Rpfleger 2005, 637; *Furtner*, Sicherung des Anspruchs auf Ausgleich des Zugewinns, NJW 1965, 373; *Gaul*, Die Haftung aus dem Vollstreckungszugriff, ZZP 110 (1997), 3; *Gehrlein*, Schadensersatz aus § 945 ZPO in Wettbewerbssachen – Erleichterungen und Schwierigkeiten bei der Verfolgung des Anspruchs, MDR 2000, 687; *Gleußner*, Die Vollziehung von Arrest und einstweiliger Verfügung in ihren zeitlichen Grenzen, 1999; *dies.*, Schadensersatz nach § 945 ZPO bei Unterlassungsverfügungen auch ohne Vollziehung?, MDR 1996, 451; *dies.*, Die Sequestration gemäß § 938 Abs. 2 ZPO und ihre Vergütung, DGVZ 1996, 33; *dies.*, Zur Wahrung der Vollziehungsfrist bei Arrestverfahren, Rpfleger 1995, 294; *Göppinger*, Erledigung des Eilverfahrens infolge Entscheidung des Hauptprozesses und Probleme des § 890 ZPO, NJW 1967, 177; *Götz*, Zivilrechtliche Ersatzansprüche bei schädigender Rechtsverfolgung, 1989; *Grau*, Die Bedeutung der §§ 894, 895 ZPO für die Vollstreckung von Willenserklärungen, 2001; *Grieser*, Die Notfristählichkeit der Vollziehungsfrist, § 929 Abs. 2 ZPO, 1999; *Grunsky*, Konkurrenz anderer Gläubiger als Arrestgrund, NJW 1976, 553; *Haertlein*, Ausländische Parteien im Bankprozess, in: Mitglieder der Juristenfakultät (Hrsg.), Festschrift der Juristenfakultät zum 600jährigen Bestehen der Universität Leipzig, 2009, S. 453; *ders.*, Aktionärsrechtsschutz gegen Rekapitalisierungsmaßnahmen aufgrund des Finanzmarktstabilisierungsgesetzes, NZG 2009, 576; *ders.*, Exekutionsintervention und Haftung, 2008; *Hees*, Erstattung der Kosten des Eilverfahrens nach Obsiegen in der Hauptsache,

MDR 1994, 438; *Hees/Albeck*, Der Zulassungsbeschluss nach § 111 g Abs. 2 StPO, ZIP 2000, 871; *Heinze*, Der einstweilige Rechtsschutz im Zahlungsverkehr der Banken, 1984; *Heistermann*, Die Vollziehungsfrist des § 929 Abs. 2 ZPO – Eine Regressfalle für den Anwalt im Einstweiligen Verfügungsverfahren?, MDR 2001, 792; *Herdegen*, Arrestvollziehung und richterliche Durchsuchungsanordnung, NJW 1982, 368; *Herr*, Keine Begründungspflicht für Arrest oder Einstweilige Verfügung anordnende Beschlüsse, NJW 1993, 2287; *Heydrich*, Das einstweilige Erwerbsverbot an Grundstücken in der Praxis, MDR 1997, 796; *Hirtz*, Darlegungs- und Glaubhaftmachungslast im einstweiligen Rechtsschutz, NJW 1986, 110; *Hopt*, Schadensersatz aus unberechtigter Verfahrenseinleitung, 1968; *Huber/Savini*, Analoge Anwendung des § 111 g Abs. 2 StPO auf arrestiertes Vermögen im Rahmen der Rückgewinnungshilfe?, ZIP 2003, 549; *Jacobs*, Probleme des Rechtfertigungsverfahrens nach § 942 ZPO, NJW 1988, 1365; *Jauernig*, Einstweilige Verfügung gegen ein Bezugsverbot?, NJW 1973, 1671; *Kannowski*, Arrest und einstweilige Verfügung (§§ 916 f ZPO) neben einem bereits vorliegenden Titel, JuS 2001, 482; *Kleier*, Sicherung von Herausgabeansprüchen, MDR 1984, 370; *Klute*, Strategische Prozessführung im Verfügungsverfahren, GRUR 2003, 34; *Koch*, Zur Vorlagepflicht nationaler Gerichte an den EuGH in Verfahren des vorläufigen Rechtsschutzes, NJW 1995, 2331; *Köper*, Auswirkungen der strafprozessualen Rückgewinnungshilfe auf den zivilprozessualen Arrestgrund, NJW 2004, 2485; *Kohler*, Die beschleunigte Sicherung des Zugewinnausgleichs, FamRZ 1989, 797; *Kolbenschlag*, Zur Arrestvollziehung in ein Sparguthaben, MDR 1959, 18; *Lehmann-Richter*, Possessorische Besitzschutzansprüche und petitorische Einwendungen im einstweiligen Rechtsschutz, NJW 2003, 1717; *Leible*, Ausländersicherheit und einstweiliger Rechtsschutz, NJW 1995, 2817; *Leipold*, Grundlagen des einstweiligen Rechtsschutzes im zivil-, verwaltungs- und verfassungsgerichtlichen Verfahren, 1971; *Lempp*, Zweifelsfragen zur Zuständigkeit des Amtsgerichts nach § 942 ZPO, NJW 1988, 1920; *Leue*, Sicherungsansprüche nach materiellem Recht und einstweiliger Rechtsschutz – OLG Frankfurt, NJW 1983, 1129, JuS 1985, 176; *Lindacher*, Praxis und Dogmatik der wettbewerbsrechtlichen Abschlusserklärung, BB 1984, 639; *Lindemann*, Die Haftung des Gläubigers für die ungerechtfertigte Einleitung eines gerichtlichen Verfahrens, 2002; *Lippold*, Nochmals – Begründungspflicht für Arrest oder einstweilige Verfügung anordnende Beschlüsse, NJW 1994, 1110; *Lisken*, Räumungstitel gegen „Unbekannt"?, NJW 1982, 1136; *Littbarski*, Einstweiliger Rechtsschutz im Gesellschaftsrecht, 1996; *Löhnig*, Die Sicherung künftiger familienrechtlicher Ansprüche, FamRZ 2004, 503; *Mädrich*, Das Verhältnis der Rechtsbehelfe des Antragsgegners im einstweiligen Verfügungsverfahren, 1980 (dazu *Baur*, NJW 1981, 970); *Majer*, Räumungsvollstreckung nach den Plänen zur Mietrechtsänderung, NZM 2012, 67; *Mankowski*, Der Arrestgrund der Auslandsvollstreckung und das Europäische Gemeinschaftsrecht, NJW 1995, 306; *Marly*, Akteneinsicht in arbeitsgerichtlichen Schutzschriften vor Anhängigkeit eines Verfahrens, BB 1989, 770; *Mathäser*, Der Arrestgrund – Eine Einführung, JuS 1995, 442; *Meller-Hannich*, Die Sicherung der Zwangsvollstreckung durch Arrest wegen künftiger Forderungen, ZZP 115 (2002), 161; *Menne*, Die Sicherung von Unterhaltsansprüchen durch dinglichen Arrest, FamRZ 2004, 6; *Müller-Wüsten*, Zur analogen Anwendung der StPO § 111 g Abs. 2 bei Anordnung des dinglichen Arrestes nach StPO § 111 d, ZIP 2003, 689; *Nägele*, Muß der Arrest oder eine einstweilige Verfügung anordnende Beschluß begründet werden?, NJW 1993, 1045; *Nies*, Die zwangsweise Durchsetzung von Herausgabeansprüchen aus Eilentscheidungen, MDR 1994, 877; ders., Einstweilige Sicherung von Ansprüchen auf Herausgabe, MDR 1993, 937; *Noack*, Arrestierung eingetragener deutscher und in Deutschland eintragungspflichtiger ausländischer Seeschiffe, JurBüro 1982, 165; *Ostler*, Wichtige prozessuale Fragen des Eilverfahrens der ZPO, MDR 1968, 713; *Otte*, Beschränkte Nachprüfbarkeit internationaler Zuständigkeit im Arrestverfahren, ZIP 1991, 1048; *Podehl*, Einstweiliger Rechtsschutz bei Doppelverkäufen, BB 2006, 2482; *Pohlmann*, Wann ist ein Titel im Sinne von § 929 Abs. 2 ZPO und § 945 ZPO vollzogen?, WM 1994, 1277; *Rabback*, Die entsprechende Anwendbarkeit des den §§ 945, 717 Abs. 2, 641 g, 302 Abs. 4 S. 3, 600 Abs. 2, 1041 Abs. 1 S. 1 zugrunde liegenden Rechtsgedankens auf die einstweiligen Anordnungen in der ZPO, 1999; *Raeschke-Kessler*, Einstweilige Verfügung gegen Unbekannt – ein Mittel gegen Hausbesetzer?, NJW 1981, 663; *Saenger*, Macht und Ohnmacht der Gerichte bei der eiligen Durchsetzung von Herausgabeansprüchen, JZ 1999, 970; ders., Zur Schadensersatzpflicht bei vorzeitigen Vollstreckungsmaßnahmen des materiell berechtigten Gläubigers, JZ 1997, 222; *Schäfer*, Über die Zurückweisung des Antrags auf Erlaß einer einstweiligen Verfügung durch Beschluß, MDR 1986, 979; *Schilken*, Gläubigerkonkurrenz als Arrestgrund?, in: Stürner/Matsumoto/Lüke/Deguchi (Hrsg.), Festschrift für Dieter Leipold, 2009, S. 159; ders., Grundfragen zum Schadensersatzanspruch nach § 945 ZPO in der Rechtsprechung des Bundesgerichtshofs, in: Canaris/Heldrich/Hopt/Roxin/Schmidt/Widmaier (Hrsg.), 50 Jahre Bundesgerichtshof, Festgabe aus der Wissenschaft, Band III, 2000, S. 593; *ders.*, Die Befriedigungsverfügung, 1976; *Schmidhuber/Haberer*, Rücknahme und Neueinreichung des Verfügungsantrags, WRP 2013, 436; *Schmidt*, Die Kosten der durch einstweilige Verfügung angeordneten Sequestration, NJW 1961, 2342; *Schmidt-von Rhein*, Die Vollziehung der auf Unterlassung gerichteten einstweiligen Verfügungen, NJW 1976, 792; *ders.*, Die Zustellung der auf Unterlassung gerichteten einstweiligen Verfügungen, DGVZ 1978, 134; *E. Schneider*, Problemfälle aus der Prozesspraxis – Verspätungsrecht im Eilverfahren, MDR 1988, 1024; *ders.*, Antrag auf Prozeßkostenhilfe statt Klageerhebung nach § 926 ZPO, MDR 1982, 721; *ders.*, Problemfälle aus der Prozeßpraxis – Die Wahrung der Arrestvollziehungsfrist, MDR 1985, 113; *T. Schneider*, Das Arrestverfahren im Pflichtteilsprozess, NJW 2010, 3401; *Schultes*, Zur Nichtigkeit des den Arrest vollziehenden Überweisungsbeschlusses, JR 1995, 136; *Schuschke*, Aktuelle Probleme zur Räumungsvollstreckung, NZM 2012, 209; *ders.*, Der Vollzug des persönlichen Sicherheitsarrests, DGVZ 1999, 129; *Schwerdtner*, Bindungswirkungen im Arrestprozeß, NJW 1970, 597; *ders.*, Zur Dogmatik des Arrestprozesses, NJW 1970, 222; *Spiecker*, Zwangsweise Wohnungsräumung bei Gefahr für Leib und Leben der Vermieterin, NJW 1984, 852; *Steinbeck*, Ist die negative Feststellungsklage Hauptsache i.S. von § 937 I ZPO?, NJW 2007, 1783; *Stolz*, Einstweiliger Rechtsschutz und Schadensersatzpflicht, 1989; *Stürner*, Zur Rechtskraftfähigkeit von Entscheidungen im einstweiligen Rechtsschutzverfahren, ZZP 125 (2012), 3; *Teplitzky*, Rücknahme und Neueinreichung des Verfügungsantrags, WRP 2013, 839; *ders.*, Zur Bindungswirkung gerichtlicher Vorentscheidungen im Schadensersatzprozeß nach § 945 ZPO, NJW 1984, 850; *ders.*, Die „Schutzschrift" als vorbeugendes Verteidigungsmittel gegen einstweilige Verfügungen, NJW 1980, 1667; *ders.*, Arrest und einstweilige Verfügung, JuS 1980, 882, JuS 1981, 122, 352, 435; *Thümmel*, Einstweiliger Rechtsschutz im Auslandsrechtsverkehr, NJW 1996, 1930; *ders.*, Zum Gerichtsstand im Arrestverfahren, NJW 1985, 472; *Treffer*, Zur Vollziehungsfrist gemäß § 929 Abs. 2 ZPO, MDR 1998, 951; *van Els*, Die Schutzschrift in Verfahren vor dem Familiengericht, FamRZ 1996, 651; *Vogg*, Einstweilige Feststellungsverfügung?, NJW 1993, 1357; *Vohwinkel*, Neuer Vollziehungsbegriff für § 945 ZPO – Auswirkungen auf § 929 II ZPO?, GRUR 2010, 977; *Vollkommer*, Erstattung der Kosten des Verfügungsverfahrens nach Klageabweisung in der Hauptsache, WM 1994, 51; *von Pechstaedt*, Zivilrechtliche Abwehrmaßnahmen gegen Stalking, NJW 2007, 1233; *Walker*, Der einstweilige Rechtsschutz im Zivilprozeß und im arbeitsgerichtlichen Verfahren, 1993; *Weber*, Die Vollziehung einstweiliger Verfügungen auf Unterlassung, DB 1981, 877; *Wehlau/Kalbfus*, Die Schutzschrift im elektronischen Rechtsverkehr, ZRP 2013, 101; *Welter*, Zwangsvollstreckung und Arrest in Forderungen – insbesondere Kontenpfändung – in Fällen mit Auslandsberührung, 1988; *Wenzel*, Grundlinien des Arrestprozesses, MDR 1967, 889; *Wittmann*, Löschung und Neueintragung der Arresthypothek bei Versäumung der Zustellungsfrist nach § 929 III ZPO, MDR 1979, 549; *Wüstenberg*, Zur Vollziehung aus Unterlassungsverfügungsurteilen, WRP 2010, 1237.

I. Gegenstand, Grund und Zweck der Vorschriften über Arrest und einstweilige Verfügung	1
1. Regelungsgegenstand	1
2. Regelungsgrund	2
3. Regelungszwecke	4
II. Praktische Bedeutung, OLG-Rechtsprechung	5
1. Praktische Bedeutung	5
2. OLG-Rechtsprechung	6
III. Abgrenzung der Verfahrensarten	7
1. Arrest und einstweilige Verfügung	7
a) Alternativität	8
b) Übergang zwischen Arrest und einstweiliger Verfügung	9
2. Arrestarten	10
a) Dinglicher und persönlicher Arrest	10
b) Subsidiarität	11
3. Arten einstweiliger Verfügungen	12
IV. Verhältnis zu anderen Verfahren	13
1. Hauptsacheverfahren	13
2. Einstweilige Anordnungen	20
a) Allgemeines	20
b) Insb. einstweilige Anordnungen nach dem Familienverfahrensrecht	21
aa) Rechtszustand bis zum 1.9.2009	21
bb) FamFG	22
3. Vorläufige Vollstreckbarkeit	24
4. Selbständiges Beweisverfahren	25
5. Insolvenz	26

V. Sondervorschriften über Arrest und einstweilige Verfügung 27	b) Beteiligung Dritter 48
1. Arrest 27	aa) Hauptintervention .. 48
2. Einstweilige Verfügung 28	bb) Streithilfe und Streitverkündung 49
VI. Verfahren 29	6. Sachentscheidungsvoraussetzungen 50
1. Allgemeines 29	7. Prozesshandlungen 51
2. Antrag 30	a) Rücknahme 51
3. Streitgegenstand 31	b) Anerkenntnis und Verzicht 52
4. Rechtshängigkeit 32	c) Erledigung 55
a) Überblick 32	d) Vergleich 57
b) Prozessrechtliche Wirkungen 34	aa) Im Hauptsacheverfahren 57
aa) Rechtshängigkeitssperre 34	bb) Im Eilverfahren 58
bb) Perpetuatio fori 35	cc) Vollstreckung 60
c) Hemmung der Verjährung 36	e) Schutzschrift 61
aa) § 204 Abs. 1 Nr. 9 Alt. 1 BGB 37	8. Aussetzung und Vorlage 65
	a) Aussetzung 65
bb) § 204 Abs. 1 Nr. 9 Alt. 2 BGB 38	b) Vorlage 66
cc) Dauer der Hemmung 39	9. Rechtsbehelfe 67
	VII. Vorwegnahmeverbot 68
5. Parteien, Beteiligung Dritter 44	VIII. Risikohaftung wegen prozessualer Veranlassung 69
a) Parteien 44	

I. Gegenstand, Grund und Zweck der Vorschriften über Arrest und einstweilige Verfügung

1. Regelungsgegenstand. Die Vorschriften des Fünften Abschnitts im 8. Buch der ZPO normieren die **Regelverfahren des einstweiligen Rechtsschutzes im Zivilrecht,** Arrest und einstweilige Verfügung (zu anderen zivilprozessualen einstweiligen Verfahren s. Rn 20 ff und Vor §§ 935–945 b Rn 4 ff). Die gesetzliche **Regelungssystematik** setzt in den **§§ 916–934** beim **Arrest** an. Dieser findet statt zur Sicherung der Zwangsvollstreckung in das bewegliche und unbewegliche Vermögen wegen einer Geldforderung oder wegen eines Anspruchs, der in eine Geldforderung übergehen kann (§ 916 Abs. 1). **Einstweilige Verfügungen** (§§ 935–942) sind zulässig, wenn eine Veränderung des bestehenden Zustandes die Verwirklichung eines (anderen als durch Arrest zu sichernden) Rechts zu vereiteln oder wesentlich zu erschweren droht (§ 935) oder wenn die Regelung eines einstweiligen Zustandes in Bezug auf ein streitiges Rechtsverhältnis nötig erscheint (§ 940). § 936 verweist für die Anordnung einstweiliger Verfügungen und das Verfahren auf die Vorschriften über die Arrestanordnung und das Arrestverfahren, die grds. entsprechend anzuwenden sind. §§ 943–945 b schließlich gelten unmittelbar für **beide Rechtsschutzverfahren.**

1

2. Regelungsgrund. Dem **staatlichen Gewaltmonopol** korrespondiert ein umfassendes Gewaltverbot für Private, das nur eng umrissene, staatlich zugelassene Ausnahmen kennt. Gläubigern ist es daher grds. untersagt, Ansprüche im Wege der Selbsthilfe durchzusetzen. Private haben sich körperlicher Gewalt zu enthalten und Konflikte in den Bahnen des Rechts in staatlichen Rechtsprechungsverfahren (staatliches **Rechtsprechungsmonopol**)[1] und Vollstreckungsverfahren (staatliches **Vollstreckungsmonopol**)[2] auszutragen. Korrelat der Friedenspflicht

2

---

1 *Schilken,* Gerichtsverfassungsrecht, 4. Aufl. 2007, Rn 32 ff.
2 BGHZ 146, 17 = NJW 2001, 434 = WM 2001, 153.

der Bürger ist die Schutzpflicht des Staates.³ Aus ihr resultiert der **Justizanspruch** als rechtsstaatlicher Ausgleich für das Verbot, Richter in eigener Sache zu sein.⁴ Die Vorhaltung qualifizierter Verfahren verbindlicher staatlicher Streitentscheidung und effektiver Rechtsdurchsetzung (**Vollstreckungsanspruch**), die für Streitigkeiten unter Privaten in der Zivilrechtspflege ausgeprägt sind, bilden als staatliche Pflicht und subjektives öffentliches Recht die Kehrseite des staatlichen Gewaltmonopols, der bürgerlichen Friedenspflicht und des Selbsthilfeverbotes.⁵ Der Justizanspruch richtet sich gegen den Staat als Inhaber des Rechtsprechungsmonopols, und zwar gegen sämtliche Teile der Staatsgewalt, deren Mitwirkung zur Justizgewährung erforderlich ist.⁶

3 Die Inanspruchnahme staatlicher Vollstreckungsgewalt zur Rechtsdurchsetzung setzt einen Vollstreckungstitel voraus (§§ 704, 794), der idR im ordentlichen Klageverfahren erstritten werden muss. Zeitablauf und äußere Umstände können die Rechtsdurchsetzung erschweren, gefährden oder vereiteln, wenn zuvor ein Klageverfahren durchzuführen ist. Der Justizanspruch, der das staatliche Gewaltmonopol im zivilrechtlichen Bereich sichert, gebietet es, effektiven Rechtsschutz auch für solche Fälle zur Verfügung zu stellen, in denen Rechtsschutz durch das ordentliche Klageverfahren infolge der Verfahrensdauer gefährdet ist. Der Gläubiger muss vor Nachteilen durch Zeitablauf und sonstige Umstände, insb. vereitelndes Schuldnerverhalten, geschützt werden. Daher bedarf es Verfahren des einstweiligen Rechtsschutzes, die es ermöglichen, die **Entscheidungsfähigkeit** im ordentlichen Klageverfahren (**Hauptsacheverfahren**) und die **Durchsetzbarkeit der Hauptsachentscheidung** durch sichernde und regelnde einstweilige Maßnahmen zu **erhalten**.⁷

4 **3. Regelungszwecke.** Die Verfahren des einstweiligen Rechtsschutzes sollen die **Effektivität** des ordentlichen Klageverfahrens (**Hauptsacheverfahren**) **absichern**, indem dem Gläubiger bei zeitlicher Dringlichkeit in einem **beschleunigten Verfahren** (**Eilrechtsschutz**) und bei Vereitelungsgefahr in einem den Schuldner **überraschenden Verfahren** (ohne Anhörung)⁸ einstweiliger Rechtsschutz gewährt wird. Einstweiliger Rechtsschutz hat folglich eine **dienende Funktion** gegenüber dem Hauptsacherechtsschutz und bezweckt damit mittelbar die **Verwirklichung des materiellen Rechts**.⁹

II. Praktische Bedeutung, OLG-Rechtsprechung

5 **1. Praktische Bedeutung.** Entgegen der Gesetzessystematik (s. Rn 1) dominiert in der Praxis die einstweilige Verfügung den einstweiligen Rechtsschutz nach den §§ 916 ff. Zudem ersetzt bzw erledigt der einstweilige Rechtsschutz weiten Teils

---

3 S. *Hobbes*, Leviathan, S. 208 (zit. nach English Works, Vol. III, 1839): *„The obligation of subjects to the sovereign, is understood to last as long, and no longer than the power lasteth, by which he is able to protect them."*
4 *Isensee*, in: Isensee/Kirchhof, Handbuch des Staatsrechts der Bundesrepublik Deutschland, Band II, Verfassungsstaat, 3. Aufl. 2004, § 15 Rn 93; *Schilken*, Gerichtsverfassungsrecht, Rn 87; *Scholz*, in: GS Grabitz, 1995, S. 725, 727 ff.
5 *Schmidt-Aßmann*, in: Isensee/Kirchhof, Handbuch des Staatsrechts der Bundesrepublik Deutschland, Band II, Verfassungsstaat, 3. Aufl. 2004, § 26 Rn 70 ff.
6 *Schilken*, Gerichtsverfassungsrecht, Rn 88, 90 ff.
7 Zu Grund und Funktion des einstweiligen Rechtsschutzes s. ferner MüKo-ZPO/*Drescher*, Vor §§ 916 ff Rn 1 ff, 7, § 916 Rn 1 f; Musielak/*Huber*, § 916 Rn 1; *Schilken*, in: Gaul/Schilken/Becker-Eberhard, § 74 Rn 1 ff; Schuschke/Walker/*Walker*, Vor § 916 Rn 1 ff.
8 Zur Vereinbarkeit mit dem rechtlichen Gehör (Art. 103 Abs. 1 GG) Stein/Jonas/*Grunsky*, Vor § 916 Rn 38; Schuschke/Walker/*Walker*, § 916 Rn 1; Zöller/*Vollkommer*, Vor § 916 Rn 1 a.
9 *Walker*, Rn 65; Schuschke/Walker/*Walker*, Vor § 916 Rn 2 f.

das Hauptsacheverfahren. Denn das Hauptsacheverfahren käme nicht selten zu spät, ein Hauptsacheverfahren zur Klärung etwaiger Schadensersatzansprüche wegen unbegründeter Inanspruchnahme des Eilverfahrens (§ 945) ist zwecklos, wenn der Arrest- oder Verfügungsgläubiger nicht leistungsfähig ist, und die Parteien meiden nach der Durchführung des Eilverfahrens häufig die Kosten für das Hauptsacheverfahren.[10]

2. OLG-Rechtsprechung. Arrest- und Verfügungsurteile sind nicht revisionsfähig (§ 542 Abs. 2 S. 1) und gegen Beschlüsse im Arrest- und Verfügungsverfahren ist die Rechtsbeschwerde zum BGH nicht statthaft (§ 574 Abs. 1 S. 2). Daher ist die Rspr zu Arrest und einstweiliger Verfügung **nicht höchstrichterlich vereinheitlicht**, sondern in besonderem Maß für die einzelnen OLG-Bezirke vom zuständigen OLG geprägt.[11] Die Rspr der OLG weicht häufig voneinander ab.

III. Abgrenzung der Verfahrensarten

1. Arrest und einstweilige Verfügung. Der **Arrest** dient der Sicherung der Zwangsvollstreckung wegen einer **Geldforderung** oder eines Anspruchs, der in eine Geldforderung übergehen kann (§ 916 Abs. 1), während die **einstweilige Verfügung** die Durchsetzung eines **Individualanspruchs** gegen Gefährdungen durch Zustandsveränderungen sichert (§ 935) oder der **vorläufigen Regelung** eines streitigen Rechtsverhältnisses (§ 940) dient. Zur **Befriedigungsverfügung** s. § 935 Rn 34 ff.

a) Alternativität. Arrest und einstweilige Verfügung sichern **unterschiedliche Ansprüche** und schließen einander grds. aus.[12] Nur wenn der Gläubiger den Individualanspruch (einstweilige Verfügung) und den sekundären Geldanspruch wegen Leistungsstörung (Arrest, § 916 Abs. 1 Alt. 2) sichern möchte, sind beide Verfahren (alternativ oder kumulativ) statthaft (s. § 916 Rn 7).

b) Übergang zwischen Arrest und einstweiliger Verfügung. Ein **Arrest- oder Verfügungsantrag**, der nach Maßgabe des über die Statthaftigkeit entscheidenden Anspruchs **falsch gewählt** ist, bindet das Gericht und ist unzulässig.[13] Unschädlich ist aber eine Falschbezeichnung. Ferner kann eine Umdeutung in Betracht kommen.[14] Der Übergang vom Arrest- in ein Verfügungsverfahren und umgekehrt (ggf nach Hinweis gem. § 139 Abs. 1) ist nur unter den Voraussetzungen der Zulässigkeit einer **Klageänderung** möglich.[15] Die Klageänderung ist sachdienlich (§§ 263 Alt. 2, 533 Nr. 1 Alt. 2), wenn der Sachverhalt unverändert bleibt und beide Anträge auf die vorläufige Sicherung des Anspruchs ausgerichtet sind bzw waren.[16]

---

10 Stein/Jonas/*Grunsky*, Vor § 916 Rn 3 f; Schuschke/Walker/*Walker*, Vor § 916 Rn 6.
11 Berger/*Berger*, Kap. 1 Rn 3.
12 Stein/Jonas/*Grunsky*, Vor § 916 Rn 46, 50 ff; Musielak/*Huber*, § 916 Rn 5; Thomas/Putzo/*Reichold*, Vorbem. § 916 Rn 8; Zöller/*Vollkommer*, Vor § 916 Rn 1; Schuschke/Walker/*Walker*, Vor § 916 Rn 9.
13 OLG Düsseldorf NJW 1977, 1828; Thomas/Putzo/*Reichold*, Vorbem. § 916 Rn 8.
14 OLG Köln NJW 1970, 1883; Baumbach/*Hartmann*, Grundz § 916 Rn 3; Thomas/Putzo/*Reichold*, Vorbem. § 916 Rn 8; aA Schuschke/Walker/*Schuschke*, Vor § 935 Rn 2.
15 OLG Düsseldorf NJW 1991, 2028; *Schilken*, in: Gaul/Schilken/Becker-Eberhard, § 79 Rn 15. AA (ohne Weiteres möglich) KG NJW 1961, 1978; MüKo-ZPO/*Drescher*, Vor §§ 916 ff Rn 38; Stein/Jonas/*Grunsky*, Vor § 916 Rn 54; Musielak/*Huber*, § 916 Rn 5, § 920 Rn 3; *Heinze*, Der einstweilige Rechtsschutz im Zahlungsverkehr der Banken, 1984, S. 44; Zöller/*Vollkommer*, Vor § 916 Rn 3; Schuschke/Walker/*Walker*, Vor § 916 Rn 32.
16 OLG Düsseldorf NJW 1991, 2028; weitergehend Musielak/*Huber*, § 916 Rn 5: stets sachdienlich.

10 **2. Arrestarten. a) Dinglicher und persönlicher Arrest.** Zu unterscheiden sind der dingliche Arrest (§ 917) und der persönliche Sicherheitsarrest (§ 918). Der dingliche Arrest wird bewirkt durch Pfändung des beweglichen Vermögens (§§ 930, 931) oder durch Eintragung einer Arresthypothek (§ 932). Der persönliche Sicherheitsarrest ist durch Haft oder sonstige Beschränkungen der persönlichen Freiheit des Schuldners zu vollziehen (vgl § 933). Wenn aus dem Arrestgesuch nicht ersichtlich ist, ob dinglicher oder persönlicher Arrest beantragt ist, ist im Zweifel nur dinglicher Arrest beantragt.[17] Ist nur dinglicher Arrest beantragt, darf das Gericht keinen persönlichen Arrest erlassen, es ist aber gehalten, einen Hinweis zu geben (§ 139 Abs. 1).[18]

11 **b) Subsidiarität.** Der **persönliche Sicherheitsarrest** ist nur statthaft, wenn er erforderlich ist, um die gefährdete Zwangsvollstreckung in das Schuldnervermögen zu sichern (§ 918). Er ist demnach **subsidiär** gegenüber dem **dinglichen Arrest**. Soweit der Gläubiger durch einen dinglichen Arrest ausreichend gesichert ist, darf der persönliche Sicherheitsarrest nicht angeordnet werden.[19]

12 **3. Arten einstweiliger Verfügungen.** Das Gesetz unterscheidet die Sicherungs- (§ 935) und die Regelungsverfügung (§ 940). Ferner ist die vorwegnehmende Befriedigungsverfügung anerkannt, welche zu einer (vorläufigen) Befriedigung des Gläubigers führen kann (s. § 935 Rn 34 ff). S. näher zu den Verfügungsarten und ihrer Abgrenzung § 935 Rn 3 ff. Zweifelhaft ist, ob und mit welchen Konsequenzen Feststellungsverfügungen anzuerkennen sind (s. § 935 Rn 46).

IV. Verhältnis zu anderen Verfahren

13 **1. Hauptsacheverfahren.** Ziele und Zwecke des Hauptsacheverfahrens einerseits und der einstweiligen Rechtsschutzverfahren andererseits unterscheiden sich grundlegend. Der einstweilige Rechtsschutz bezweckt die Sicherung der Durchsetzbarkeit des Hauptsacheanspruchs (s. Rn 3). Hingegen wird im Hauptsacheverfahren über den Anspruch selbst entschieden. Beide Verfahren sind **nebeneinander**[20] (kumulativ oder alternativ) zulässig (zum Rechtsschutzinteresse im Verfügungsverfahren nach vorläufig vollstreckbarer Hauptsachentscheidung s. § 935 Rn 14; zum Arrestgrund s. § 917 Rn 14). Für die Entscheidung im Verfahren des einstweiligen Rechtsschutzes ist zu beachten, dass die Hauptsache grds. nicht vorweggenommen werden darf (**Vorwegnahmeverbot**, s. Rn 68).

14 Die **Rechtshängigkeit** eines Verfahrens des einstweiligen Rechtsschutzes (s. Rn 32 ff) bewirkt nicht die Rechtshängigkeit des Hauptsacheanspruchs,[21] und es besteht keine Sperrwirkung iSd § 261 Abs. 3 Nr. 1 gegenüber dem Hauptsacheverfahren.[22]

15 Der Arrest- oder Verfügungsschuldner kann den Gläubiger **zur Erhebung der Hauptsacheklage zwingen** (§§ 926, 936). Andererseits soll die **gleichzeitige Klageerhebung missbräuchlich** sein können, wenn bereits die Eilentscheidung zur

---

17 Stein/Jonas/*Grunsky*, § 918 Rn 8; *Schilken*, in: Gaul/Schilken/Becker-Eberhard, § 77 Rn 11; Zöller/*Vollkommer*, § 920 Rn 3; Schuschke/Walker/*Walker*, § 920 Rn 6.
18 MüKo-ZPO/*Drescher*, § 918 Rn 6, § 920 Rn 6; Stein/Jonas/*Grunsky*, § 918 Rn 8; Zöller/*Vollkommer*, § 920 Rn 3.
19 MüKo-ZPO/*Drescher*, § 918 Rn 1; Hk-ZPO/*Kemper*, § 918 Rn 1; *Schilken*, in: Gaul/Schilken/Becker-Eberhard, § 75 Rn 3; Schuschke/Walker/*Walker*, Vor § 916 Rn 10.
20 OLG Hamm NJW-RR 1991, 1335; Musielak/*Huber*, § 916 Rn 4; *Schilken*, in: Gaul/Schilken/Becker-Eberhard, § 76 Rn 44 f; Zöller/*Vollkommer*, Vor § 916 Rn 1 b; Schuschke/Walker/*Walker*, Vor § 916 Rn 15.
21 Stein/Jonas/*Grunsky*, Vor § 916 Rn 9; Baumbach/*Hartmann*, Grundz § 916 Rn 11; Musielak/*Huber*, § 916 Rn 3; Schuschke/Walker/*Walker*, § 920 Rn 8.
22 MüKo-ZPO/*Drescher*, Vor §§ 916 ff Rn 15; Stein/Jonas/*Grunsky*, Vor § 916 Rn 9, Vor § 935 Rn 12 f; Schuschke/Walker/*Walker*, Vor § 916 Rn 15, § 920 Rn 9.

endgültigen Beilegung des Streits führen kann und der Kläger nicht abwartet, ob sich der Antragsgegner nach Erlass der einstweiligen Regelung noch streitig stellt.[23] – Die hierzu ergangenen Urteile des BGH betrafen die Sondervorschrift § 13 Abs. 5 UWG aF (§ 8 Abs. 4 UWG nF), wonach die Geltendmachung wettbewerbsrechtlicher Unterlassungsansprüche unzulässig ist, wenn sie missbräuchlich ist, insb. wenn sie in erster Linie dazu dient, den Unterlassungsschuldner mit Kosten der Rechtsverfolgung zu belasten.[24] Inwieweit diese Bewertung **außerhalb des Wettbewerbsrechts** Gültigkeit beansprucht, ist zweifelhaft.[25] Zwar ist der Rechtsgedanke von Treu und Glauben (§ 242 BGB), der die Bewertungsgrundlage bildet, auch im Verfahrensrecht anzuwenden[26] (prozessuales Missbrauchsverbot).[27] Es ist aber zu beachten, dass das **Rechtsschutzinteresse** nur in besonderen Ausnahmefällen fehlt.[28] Daher darf der Rechtsschutz wegen einer günstigen Eilentscheidung allenfalls[29] dann verweigert werden, wenn der Kläger durch die Eilentscheidung in gleicher Weise gesichert ist wie bei einem Hauptsacheurteil.[30] Der Verzicht auf das Antragsrecht nach § 926 Abs. 1 reicht nicht aus, um das Rechtsschutzinteresse entfallen zu lassen; denn die Eilentscheidung kann auch dann noch gem. § 927 unter leichteren Bedingungen als ein Hauptsacheurteil aufgehoben werden.[31]

Aufgrund der Verschiedenheit der Streitgegenstände von Eilverfahren und Hauptsacheprozess ist ein **Übergang vom Eilverfahren in das Hauptsacheverfahren** stets unzulässig[32] (nach aA ist der Übergang unter den Voraussetzungen einer Klageänderung[33] oder bei Zustimmung aller Beteiligten[34] zulässig; ferner soll im Verfügungsverfahren das Gericht im Rahmen der Entscheidung über die Abhilfe vom Beschwerde- zum Erkenntnisverfahren wechseln und aufgrund mündlicher Verhandlung durch Endurteil entscheiden können[35]). Unzulässig ist ferner die **Verbindung** (§ 147) eines Arrest- oder Verfügungsverfahrens mit dem Hauptsacheprozess.[36]

16

Die Entscheidung des Gerichts im Verfahren des einstweiligen Rechtsschutzes über den zu sichernden Anspruch **bindet** das Gericht der Hauptsache **in keiner Weise**.[37]

17

---

23 BGHZ 144, 166 = NJW 2000, 3566; BGH NJW-RR 2000, 1644.
24 Näher Berger/*Berger*, Kap. 3 Rn 87.
25 Einschr. MüKo-Lauterkeitsrecht/*Fritzsche*, § 8 UWG Rn 448.
26 Palandt/*Grüneberg*, § 242 BGB Rn 82.
27 Zöller/*Vollkommer*, Einl. Rn 57.
28 Zöller/*Greger*, Vor § 253 Rn 18; Stein/Jonas/*Roth*, Vor § 253 Rn 133.
29 Gegen Einschränkungen des Rechtsschutzinteresses in der Hauptsache durch Eilverfahren: MüKo-ZPO/*Drescher*, Vor §§ 916 ff Rn 15; Stein/Jonas/*Grunsky*, Vor § 916 Rn 9.
30 Vgl BGH NJW-RR 1989, 426; BGH BB 1964, 195; Thomas/Putzo/*Reichold*, § 926 Rn 7.
31 BGH NJW-RR 1989, 426 = MDR 1989, 426.
32 OLG Hamm NJW 1971, 387; MüKo-ZPO/*Drescher*, § 920 Rn 8; Stein/Jonas/*Grunsky*, § 920 Rn 3; Musielak/*Huber*, § 920 Rn 4; Hk-ZPO/*Kemper*, § 920 Rn 7; Thomas/Putzo/*Reichold*, § 920 Rn 3; *Schilken*, in: Gaul/Schilken/Becker-Eberhard, § 76 Rn 44, § 79 Rn 15; Zöller/*Vollkommer*, Vor § 916 Rn 1 b, 3, § 920 Rn 14; Schuschke/Walker/*Walker*, Vor § 916 Rn 15.
33 Baumbach/*Hartmann*, Grundz § 916 Rn 5: wie Klageänderung.
34 OLG Frankfurt FamRZ 1989, 296.
35 LG Arnsberg MDR 2011, 891.
36 OLG Koblenz NJW-RR 2002, 1724, 1725.
37 Stein/Jonas/*Grunsky*, Vor § 916 Rn 13, § 920 Rn 3.

18 In einem Hauptsacheverfahren kann die **Vollziehung** eines Arrestes oder einer einstweiligen Verfügung in entsprechender Anwendung der §§ 924 Abs. 3, 707 **eingestellt** werden.[38]

19 Bei **Wahlgerichtsständen** (§ 35) übt der Arrest- oder Verfügungsgläubiger seine Wahl für die Hauptsache noch nicht aus, wenn er einen Arrest- oder Verfügungsantrag stellt. Er kann die Hauptsache vor einem anderen als dem im Verfahren des einstweiligen Rechtsschutzes angerufenen Gericht anhängig machen.[39]

20 **2. Einstweilige Anordnungen. a) Allgemeines.** Als Verfahren des einstweiligen Rechtsschutzes enthält die ZPO neben Arrest und einstweiliger Verfügung verschiedentlich einstweilige Anordnungen. Vor allem im **Vollstreckungsrecht** (§§ 707, 719, 732 Abs. 2, 769, 771 Abs. 3)[40] sowie in Verfahren in **Familiensachen** (§§ 49 ff FamFG) kommt dieses spezielle Eilverfahren zur Anwendung. Ferner enthält § 283 a Bestimmungen über eine **Sicherungsanordnung** im Mietprozess[41] (s. dazu auch § 940 a Abs. 3). Neben oder anstelle statthafter solcher Anordnungen sind die **Regelverfahren der §§ 916 ff unstatthaft**.

21 **b) Insb. einstweilige Anordnungen nach dem Familienverfahrensrecht. aa) Rechtszustand bis zum 1.9.2009.** Der einstweilige Rechtsschutz in Familiensachen war weiten Teils durch einstweilige Anordnungen geregelt (§§ 127 a, 620–620 g, 621 f, 621 g, 641 d–641 g, 644 aF), neben denen einstweilige Verfügungen grds. ausgeschlossen waren.

22 **bb) FamFG.** Das Familienverfahrensrecht wurde grundlegend neu konzipiert mit dem Gesetz zur Reform des Verfahrens in Familiensachen und in den Angelegenheiten der freiwilligen Gerichtsbarkeit (**FGG-Reformgesetz – FGG-RG**),[42] das am 1.9.2009 in Kraft getreten ist. Das Familienverfahrensrecht ist seither nicht mehr in der ZPO, sondern im **Gesetz über das Verfahren in Familiensachen und in den Angelegenheiten der freiwilligen Gerichtsbarkeit (FamFG)** kodifiziert. Eine einstweilige Anordnung kann gem. § 49 FamFG auch ohne Anhängigkeit der Hauptsache und ohne Einreichung eines PKH-Antrags ergehen.[43] Da einstweilige Anordnungen nach § 49 FamFG auch den vorprozessualen Bereich der Hauptsache umfassen, können und müssen im Familienverfahrensrecht keine ergänzenden einstweiligen Verfügungen ergehen.[44]

23 Anders verhält es sich mit **Arresten**. Nach § 119 Abs. 2 S. 1 FamFG kann der Arrest in Familienstreitsachen (§ 112 FamFG), namentlich in Unterhalts- (§ 112 Nr. 1 FamFG) und Güterrechtssachen (§ 112 Nr. 2 FamFG), angeordnet werden. Dies entspricht der früheren Rechtslage.[45] Die §§ 916–934 und §§ 943–945 gelten nach § 119 Abs. 2 S. 2 FamFG entsprechend.

24 **3. Vorläufige Vollstreckbarkeit.** Der grundlegende Unterschied zwischen einstweiligem Rechtsschutz und vorläufiger Vollstreckbarkeit (§§ 708 ff) liegt weniger in der Beständigkeit der Entscheidung über die Zulässigkeit von Durchsetzungsmaßnahmen (vgl §§ 926 f einerseits, §§ 718 f andererseits), sondern vielmehr in der **Reichweite der Durchsetzbarkeit**. Während der einstweilige Rechtsschutz grds. nur sichernde Maßnahmen erlaubt (Ausnahme: Befriedigungsverfügung),

---

[38] Vgl OLG Frankfurt FamRZ 1985, 723 (betr. ein nach § 926 erzwungenes Hauptsacheverfahren bei einstweiliger Verfügung).
[39] Zöller/*Vollkommer*, § 926 Rn 29; Schuschke/Walker/*Walker*, § 926 Rn 16.
[40] Zum Verhältnis einstweilige Verfügungen zu den einstweiligen Anordnungen des Vollstreckungsrechts eingehend Schuschke/Walker/*Schuschke*, Vor § 935 Rn 7 f.
[41] *Börstinghaus*, NJW 2013, 3265; *Flatow*, NJW 2013, 1185, 1190.
[42] Vom 17.12.2008 (BGBl. I S. 2586).
[43] BT-Drucks. 16/6308, S. 199.
[44] BT-Drucks. 16/6308, S. 226.
[45] BT-Drucks. 16/6308, S. 226.

führt die vorläufige Vollstreckung grds. zur vollständigen Befriedigung (Ausnahme zB § 720 a). Beim einstweiligen Rechtsschutz bezieht sich mithin die **Einstweiligkeit** auf den **Inhalt zulässiger Maßnahmen**; hingegen ist die **vorläufige Vollstreckbarkeit** vorläufig, weil sie unter dem **Vorbehalt der Aufhebung** steht.[46] Zur Zulässigkeit von Arresten und einstweiligen Verfügungen, wenn bereits ein vollstreckbarer Hauptsachetitel vorliegt, s. § 917 Rn 14 und § 935 Rn 14.

4. Selbständiges Beweisverfahren. Verfolgt eine Partei das Ziel, die Veränderung eines Zustandes im Hinblick auf eine spätere Beweisaufnahme zu verhindern, dann ist eine einstweilige Verfügung unstatthaft, wenn und soweit dieses Ziel mit einem **selbständigen Beweisverfahren** (§§ 485 ff) erreicht werden kann.[47]

5. Insolvenz. Das Insolvenzverfahren als Gesamtvollstreckung verdrängt die Einzelvollstreckung und damit auch Arrest und einstweilige Verfügung gem. §§ 916 ff.[48] Arrest und einstweilige Verfügung sind **unzulässige Maßnahmen der Einzelvollstreckung** (§ 89 Abs. 1 InsO). Die **Rückschlagsperre** (§ 88 InsO) gilt auch bei Vollziehungs-, dh Vollstreckungsmaßnahmen (s. § 928 Rn 1) aufgrund von Arrest und einstweiliger Verfügung.[49]

V. Sondervorschriften über Arrest und einstweilige Verfügung

1. Arrest. Im arbeitsgerichtlichen Urteilsverfahren gelten die Arrestvorschriften entsprechend (§ 62 Abs. 2 ArbGG). Für das Beschlussverfahren verweist § 85 Abs. 2 ArbGG zwar nur auf die einstweilige Verfügung; dennoch sind auch im arbeitsgerichtlichen Beschlussverfahren Arreste statthaft.[50] Im sozialgerichtlichen Verfahren verweist § 86 b Abs. 2 S. 4 SGG auf die §§ 920 ff. Zum FamFG s. Rn 23. Zum Verhältnis von Arrest und **schiedsgerichtlichen Maßnahmen des einstweiligen Rechtsschutzes** (§§ 1033, 1041)[51] gelten die Ausführungen bei Vor §§ 935–945 b Rn 7 entsprechend. Im schiedsgerichtlichen Eilverfahren kann wegen des Richtervorbehalts gem. Art. 104 Abs. 2 S. 1 GG kein persönlicher Arrest verhängt werden. Zum Verhältnis zwischen strafprozessualer Rückgewinnungshilfe und Arrest des Verletzten wegen Ansprüchen aus einer Straftat s. § 73 Abs. 1 S. 2 StGB, §§ 111 b ff StPO.[52]

2. Einstweilige Verfügung. Siehe Vor §§ 935–945 b Rn 8.

VI. Verfahren

1. Allgemeines. Das Arrest- und das Verfügungsverfahren sind **zweigliedrige Verfahren**, die jeweils in ein summarisches **Erkenntnisverfahren** und ein **Vollziehungsverfahren** unterteilt sind. Das Erkenntnisverfahren ist in den §§ 916 ff nur lückenhaft geregelt.[53] Zur Lückenfüllung ist auf die für den Hauptsacheprozess geltenden Vorschriften (§§ 253 ff) und Grundsätze zurückzugreifen, soweit die §§ 916 ff oder die besondere Eilbedürftigkeit des einstweiligen Rechtsschutzver-

---

[46] S. MüKo-ZPO/*Drescher*, Vor §§ 916 ff Rn 6, 9; *Schilken*, in: Gaul/Schilken/Becker-Eberhard, § 74 Rn 6.
[47] *Schilken*, in: Gaul/Schilken/Becker-Eberhard, § 76 Rn 40; Schuschke/Walker/*Schuschke*, Vor § 935 Rn 9.
[48] Einzelheiten zum Verhältnis von Arrest und Insolvenzverfahren bei Stein/Jonas/*Grunsky*, § 917 Rn 11, § 924 Rn 15.
[49] Einzelheiten BGHZ 142, 208 = NJW 1999, 3122; LG Berlin ZIP 2001, 2293; LG Meiningen ZIP 2000, 416.
[50] MüKo-ZPO/*Drescher*, § 916 Rn 11; Schuschke/Walker/*Walker*, § 916 Rn 10.
[51] S. dazu eingehend *Bandel*, passim; Stein/Jonas/*Grunsky*, Vor § 916 Rn 30 f; ferner Zöller/*Vollkommer*, Vor § 916 Rn 4; Schuschke/Walker/*Walker*, Vor § 916 Rn 24.
[52] OLG Bamberg MDR 2013, 57; *Köper*, NJW 2004, 2485.
[53] MüKo-ZPO/*Drescher*, Vor §§ 916 ff Rn 10; Stein/Jonas/*Grunsky*, Vor § 916 Rn 6; Schuschke/Walker/*Walker*, Vor § 916 Rn 32.

fahrens nicht etwas anderes gebieten⁵⁴ (s. ferner Vor §§ 935–945 b Rn 10 zum Verfügungsprozess).⁵⁵ Die allgemeinen Vorschriften (§§ 1–252) gelten unmittelbar. Die Arrestvollziehung ist in den §§ 928–934 geregelt, einstweilige Verfügungen sind so zu vollziehen, wie ein inhaltsgleicher Hauptsachtitel zu vollstrecken wäre.

30 **2. Antrag.** Das Arrest- und das Verfügungsverfahren werden nicht von Amts wegen in Gang gesetzt, sondern nur auf ein Arrest- oder Verfügungsgesuch (§§ 920, 936) hin, das einen Antrag enthalten muss. Grundsätzlich ist im Arrest- und Verfügungsverfahren **kein bestimmter Antrag** iSd § 253 Abs. 2 Nr. 2 erforderlich; ausreichend ist es, wenn der Antrag das **Rechtsschutzziel** erkennen lässt.⁵⁶ Zum Verfügungsantrag und zur Bestimmtheit eines Antrags auf Befriedigungsverfügung s. § 935 Rn 6 f. Zu § 253 Abs. 2 Nr. 1 s. § 920 Rn 4.

31 **3. Streitgegenstand.** Die Bestimmung des Streitgegenstandes von Arrest- und Verfügungsverfahren bereitet Schwierigkeiten und wird im Schrifttum⁵⁷ mit guten Gründen als überflüssig angesehen. Einigkeit besteht darüber, dass sich der Streitgegenstand der einstweiligen Rechtsschutzverfahren und des jeweiligen Hauptsacheverfahrens unterscheiden.⁵⁸ Im Hauptsacheverfahren ist Streitgegenstand der materielle Anspruch, auf den antragsgemäß erkannt werden soll. Im Verfahren des einstweiligen Rechtsschutzes ist nicht über den Hauptsacheanspruch zu entscheiden, sondern über die Sicherung der Durchsetzung dieses Anspruchs im Hauptsacheverfahren. Daher soll Streitgegenstand im Verfahren des einstweiligen Rechtsschutzes der **Anspruch des Gläubigers gegen den Schuldner auf Sicherung der Zwangsvollstreckung** sein.⁵⁹ Zum Verfügungsverfahren s. Vor §§ 935–945 b Rn 9.

32 **4. Rechtshängigkeit. a) Überblick.** Verfahren des einstweiligen Rechtsschutzes werden abweichend von §§ 261 Abs. 1, 253 Abs. 1 bereits mit Eingang des Antrags bei Gericht rechtshängig,⁶⁰ weil das Verfahren ohne Zustellung durchgeführt werden kann (§§ 922, 937 Abs. 2; zum Verfügungsverfahren s. Vor §§ 935–945 b Rn 11). Die prozessualen Wirkungen der Rechtshängigkeit sind entsprechend § 261 Abs. 3 zu beurteilen. Materiell-rechtlich ergeben sich Wirkungen aus § 204 Abs. 1 Nr. 9 BGB (Hemmung der Verjährung).

33 Bei **notwendiger Streitgenossenschaft aus materiell-rechtlichen Gründen** (§ 62 Abs. 1 Alt. 2) müssen alle Streitgenossen den Antrag gemeinschaftlich stellen. Fehlt es an der Mitwirkung einzelner notwendiger Streitgenossen, dann können die beteiligten Streitgenossen analog § 89 Abs. 1 S. 1 zum Verfahren zugelassen

---

54 Stein/Jonas/*Grunsky*, Vor § 916 Rn 6; Baumbach/*Hartmann*, Grundz § 916 Rn 12; Musielak/*Huber*, § 916 Rn 9; Zöller/*Vollkommer*, Vor § 916 Rn 3; Schuschke/Walker/*Walker*, Vor § 916 Rn 32.
55 Zum Verfahrensrecht im Erkenntnisverfahren des einstweiligen Rechtsschutzes, insb. zu den ungeschriebenen verfahrensrechtlichen Besonderheiten s. Schuschke/Walker/*Walker*, Vor § 916 Rn 32 ff.
56 MüKo-ZPO/*Drescher*, Vor §§ 916 ff Rn 11.
57 MüKo-ZPO/*Drescher*, Vor §§ 916 ff Rn 13; Stein/Jonas/*Grunsky*, Vor § 916 Rn 8; Wieczorek/Schütze/*Thümmel*, Vor § 916 Rn 14.
58 BGH NJW 1980, 191; OLG Frankfurt FamRZ 1989, 296; MüKo-ZPO/*Drescher*, Vor §§ 916 ff Rn 12; Stein/Jonas/*Grunsky*, Vor § 916 Rn 8; Baumbach/*Hartmann*, Grundz § 916 Rn 11; Hk-ZPO/*Kemper*, § 920 Rn 7; Schuschke/Walker/*Walker*, Vor § 916 Rn 15, § 920 Rn 8.
59 Stein/Jonas/*Grunsky*, Vor § 916 Rn 8; Baumbach/*Hartmann*, Grundz § 916 Rn 11; Musielak/*Huber*, § 916 Rn 3; Thomas/Putzo/*Reichold*, Vorbem. § 916 Rn 2; Zöller/*Vollkommer*, Vor § 916 Rn 5.
60 OLG Hamburg MDR 2000, 786; OLG Düsseldorf JZ 1995, 315; OLG München NJW 1993, 1604; OLG Düsseldorf NJW 1981, 2824; OLG München NJW 1955, 1803. Aus dem Schrifttum zB *Schilken*, in: Gaul/Schilken/Becker-Eberhard, § 74 Rn 14.

werden, sofern sie glaubhaft machen, dass die abwesenden Streitgenossen dem eingeleiteten Verfahren nicht widersprechen.[61]

b) Prozessrechtliche Wirkungen. aa) Rechtshängigkeitssperre. § 261 Abs. 3 Nr. 1 34
gilt in den Eilverfahren entsprechend.[62] Folglich kann während der Rechtshängigkeit eines Verfahrens des einstweiligen Rechtsschutzes kein weiteres solches Verfahren **mit gleichem Streitgegenstand** (s. Rn 31) anhängig gemacht werden. Die Sperre steht Verfahren mit unterschiedlichen Streitgegenständen nicht entgegen.[63] Daher ist zwischen dinglichem und persönlichem Arrest der Rechtshängigkeitseinwand ausgeschlossen;[64] beide Arrestformen können nebeneinander angeordnet werden. Ferner kann eine Befriedigungsverfügung (s. § 935 Rn 34 ff) neben einem Arrest oder einer Sicherungs- oder Regelungsverfügung beantragt werden.[65] Ein zweites Gesuch um gleichartigen einstweiligen Rechtsschutz (zB nach Rücknahme) ist unzulässig, wenn seit dem ersten Versuch keine Veränderung eingetreten ist.[66] Zum Verhältnis zwischen Eilverfahren und Hauptsacheverfahren s. Rn 13 ff. Zur **Wiederholung eines Eilantrags nach rechtskräftiger Eilentscheidung** im Arrestprozess gelten die Ausführungen in Vor §§ 935–945 b Rn 11 entsprechend.

bb) Perpetuatio fori. Die Zuständigkeit des Gerichts nach Rechtshängigkeit wird 35
durch eine Veränderung der die Zuständigkeit begründenden Umstände entsprechend § 261 Abs. 3 Nr. 2 nicht berührt (s. § 919 Rn 11, 15).[67]

c) Hemmung der Verjährung. Die Verjährung des Hauptsacheanspruchs[68] wird 36
mit der Wirkung des § 209 BGB gehemmt durch die Zustellung des Antrags auf Erlass eines Arrestes oder einer einstweiligen Verfügung, oder, wenn der Antrag nicht zugestellt wird, durch Antragseinreichung, wenn der Arrestbefehl oder die einstweilige Verfügung innerhalb eines Monats seit Verkündung oder Zustellung an den Gläubiger dem Schuldner zugestellt wird (§ 204 Abs. 1 Nr. 9 BGB). Dies gilt nicht, wenn der Antrag ohne Zustellung an den Schuldner zurückgewiesen oder zurückgenommen wird.[69]

aa) § 204 Abs. 1 Nr. 9 Alt. 1 BGB. Die Hemmung tritt gem. § 204 Abs. 1 Nr. 9 37
Alt. 1 BGB grds. nicht bereits mit Rechtshängigkeit des Eilverfahrens (s. Rn 32) ein, sondern erst mit **Zustellung des Antrags**. Dies soll sicherstellen, dass der Schuldner von der Hemmung Kenntnis erlangt.[70] Allerdings entsteht gem. § 167 die Hemmung rückwirkend bereits mit Eingang des Antrages, wenn die **Zustellung demnächst**[71] erfolgt. Auch unzulässige oder unbegründete Anträge hemmen die Verjährung.[72] Etwas anderes soll gelten, wenn ein offensichtlich unbegründe-

---

61 Stein/Jonas/*Grunsky*, § 916 Rn 15, Vor § 935 Rn 23.
62 OLG Frankfurt NJW 1968, 2112; MüKo-ZPO/*Drescher*, Vor §§ 916 ff Rn 16, § 920 Rn 8; Stein/Jonas/*Grunsky*, Vor § 916 Rn 11; Zöller/*Vollkommer*, Vor § 916 Rn 5; Schuschke/Walker/*Walker*, Vor § 916 Rn 22.
63 *Schilken*, in: Gaul/Schilken/Becker-Eberhard, § 74 Rn 14.
64 MüKo-ZPO/*Drescher*, § 918 Rn 6; Stein/Jonas/*Grunsky*, Vor § 916 Rn 11, § 918 Rn 6; *Walker*, Rn 157.
65 Stein/Jonas/*Grunsky*, Vor § 935 Rn 14; *Walker*, Rn 160.
66 OLG Frankfurt NJW 2005, 3222.
67 Musielak/*Huber*, § 920 Rn 3.
68 MüKo-ZPO/*Drescher*, § 920 Rn 9; Palandt/*Ellenberger*, § 204 BGB Rn 24; *Mansel*, NJW 2002, 89, 98; Zöller/*Vollkommer*, Vor § 916 Rn 5 a.
69 MüKo-ZPO/*Drescher*, § 920 Rn 9; Palandt/*Ellenberger*, § 204 BGB Rn 24.
70 BT-Drucks. 14/6040, S. 115.
71 S. dazu Hk-ZPO/*Eichele*, § 167 Rn 6.
72 MüKo-ZPO/*Drescher*, § 920 Rn 9; Palandt/*Ellenberger*, § 204 BGB Rn 24; *Mansel*, NJW 2002, 89, 98.

tes Gesuch (§ 920) allein zur Hemmung der Verjährung eingereicht wird.[73] Dem kann nicht gefolgt werden, weil erhebliche Rechtsunsicherheit entstehen würde.

38 **bb) § 204 Abs. 1 Nr. 9 Alt. 2 BGB.** Sofern der **Antrag nicht zugestellt** wird (§§ 922, 937 Abs. 2), wird die Verjährung rückwirkend mit Einreichung des Antrags gehemmt, falls die Maßnahme des einstweiligen Rechtsschutzes angeordnet und innerhalb eines Monats seit Verkündung oder Zustellung an den Gläubiger dem Schuldner zugestellt wird (§ 204 Abs. 1 Nr. 9 Alt. 2 BGB). Für die Monatsfrist gelten die §§ 206, 210, 211 BGB entsprechend (§ 204 Abs. 3 BGB).

39 **cc) Dauer der Hemmung.** Die Hemmung (§ 209 BGB) **endet** grds. sechs Monate nach der rechtskräftigen Entscheidung oder anderweitigen Beendigung des Verfahrens (§ 204 Abs. 2 S. 1 BGB).

40 In § 204 Abs. 2 S. 1 Alt. 1 BGB ist die **formelle Rechtskraft** (§ 705) gemeint. Für die Bestimmung des Fristbeginns ist danach zu **unterscheiden**, ob die Entscheidung als Urteil oder als Beschluss ergeht (s. §§ 922 Abs. 1 S. 1, 936), und ob ein Beschluss stattgebend oder abweisend ist. Arrest- und Verfügungsurteile werden mit Ablauf der Rechtsmittelfrist (§§ 338 f, §§ 511, 517 f) bzw mit Erlass eines Berufungsurteils (§ 542 Abs. 2 S. 1) formell rechtskräftig. Bei Beschlüssen ist weiter zu unterscheiden: Gegen abweisende Beschlüsse ist die sofortige Beschwerde gem. § 567 Abs. 1 Nr. 2 statthaft. Formelle Rechtskraft tritt ein mit Ablauf der Beschwerdefrist (§ 569 Abs. 1 S. 1) oder durch eine Beschwerdeentscheidung (§§ 542 Abs. 2 S. 1, 574 Abs. 1 S. 2). Hingegen ist gegen anordnende Beschlüsse unbefristet der Widerspruch gem. §§ 924, 936 statthaft. Anordnende Beschlüsse in Arrest- und Verfügungsverfahren werden daher nicht formell rechtskräftig,[74] so dass die Hemmung nicht nach § 204 Abs. 2 S. 1 Alt. 1 BGB enden kann (s. aber Rn 42).

41 **Anderweitige Beendigungstatbestände** (§ 204 Abs. 2 S. 1 Alt. 2 BGB) sind Rücknahme des Gesuchs, Erledigung sowie Vergleich.[75]

42 Gerät das Verfahren vor seiner Beendigung zum **Stillstand**, weil die Parteien es nicht betreiben, dann tritt für den Fristbeginn an die Stelle der Verfahrensbeendigung die letzte Verfahrenshandlung der Parteien oder des Gerichts (§ 204 Abs. 2 S. 2 BGB). Demnach kommt es bei anordnenden Beschlüssen (s. Rn 40) auf die Zustellung oder formlose Übergabe (vgl § 173) an den Gläubiger an,[76] wenn nicht der Schuldner Widerspruch einlegt. Vollziehungsmaßnahmen, die der Gläubiger betreibt, sind keine zum Erkenntnisverfahren gehörenden Verfahrenshandlungen iSd § 204 Abs. 2 S. 2 BGB (s. aber § 212 Abs. 1 Nr. 2 BGB).[77]

43 Im Falle des Stillstands (§ 204 Abs. 2 S. 3 BGB) entsteht eine **erneute Hemmung**, wenn eine der Parteien das **Verfahren weiter betreibt** (§ 204 Abs. 2 S. 3 BGB). Wenn also der Schuldner gegen einen anordnenden Beschluss Widerspruch gem. §§ 924, 936 einlegt, dann ist die Verjährung wieder gehemmt. Die Hemmung endet gem. § 204 Abs. 2 S. 1 Alt. 1 BGB sechs Monate nach Eintritt der formellen Rechtskraft des Widerspruchsurteils (§ 925).

44 **5. Parteien, Beteiligung Dritter. a) Parteien.** Arrest- und Verfügungsverfahren sind **Zweiparteienverfahren**. Als Parteien beteiligt sind der Antragsteller, der um Eilrechtsschutz nachsucht, und der Antragsgegner, gegen den sich der Eilantrag richtet (formeller Parteibegriff). **Eingangs des Verfahrens** wird der Antragsteller als **Arrest- oder Verfügungsgläubiger** bezeichnet, der Antragsgegner wird **Arrest- oder Verfügungsschuldner** genannt. Wenn eine **mündliche Verhandlung** stattfin-

---

73 So Palandt/*Ellenberger*, § 204 BGB Rn 24; *Mansel*, NJW 2002, 89, 98.
74 Berger/*Heiderhoff*, Kap. 7 Rn 40.
75 Palandt/*Ellenberger*, § 204 BGB Rn 41.
76 IE ebenso Palandt/*Ellenberger*, § 204 BGB Rn 41.
77 Palandt/*Ellenberger*, § 204 BGB Rn 41.

det (auf die hin dann durch Urteil zu entscheiden ist, §§ 922 Abs. 1 S. 1, 936), werden die Parteien **Arrest- oder Verfügungskläger und -beklagter** genannt.

Es ist str, ob der **Antragsgegner** seine **Parteistellung** bereits mit der vorgezogenen Rechtshängigkeit des Verfahrens (s. Rn 32) erlangt[78] oder erst mit seiner tatsächlichen Verfahrensbeteiligung.[79] Hatte der Antragsgegner allerdings zuvor eine Schutzschrift (s. Rn 61 ff) eingereicht, dann ist er von Anfang an am Verfahren beteiligt.[80] 45

Die Vorschriften über die **Streitgenossenschaft** (§§ 59 ff) gelten auch im Arrest- und im Verfügungsverfahren[81] (zur notwendigen Streitgenossenschaft s. Rn 33). Gesetzliche und gewillkürte **Prozessstandschaft** ist unter den allgemeinen Voraussetzungen zulässig;[82] § 265 ist entsprechend anwendbar.[83] Ferner kommt in den Verfahren des einstweiligen Rechtsschutzes ein gesetzlicher **Parteiwechsel**[84] (§§ 239, 240, 250, 266) ebenso in Betracht wie eine subjektive Klageänderung. 46

Bei der **Ausländersicherheit** (§ 110) kommt es darauf an, ob eine mündliche Verhandlung stattfindet. Im Verfahren ohne mündliche Verhandlung ist § 110 nicht anzuwenden, im Verfahren mit mündlicher Verhandlung ist die Einrede des § 110 gegeben.[85] 47

b) Beteiligung Dritter. aa) Hauptintervention. Eine Hauptintervention (§§ 64 f) scheidet in den Verfahren des einstweiligen Rechtsschutzes aus, weil der zu sichernde Anspruch nicht rechtshängig wird.[86] 48

bb) Streithilfe und Streitverkündung. Im Arrest- und Verfügungsverfahren sind Streithilfe und Streitverkündung (§§ 66 ff) **zulässig**.[87] Streithilfe und Streitverkündung sind unbefristet möglich, wenn eine Entscheidung durch Beschluss (vgl §§ 922 Abs. 1 S. 1, 936) gegen den Arrest- oder Verfügungsschuldner ergangen ist und dieser nichts unternimmt. Denn der Widerspruch (§§ 924, 936) ist unbefristet, so dass auch der Rechtsstreit anhängig bleibt.[88] Eine Interventionswirkung (§ 68) wird im Schrifttum verneint.[89] Dies ist sicher zutreffend, was die Tatsachenfeststellungen angeht, die im Eilverfahren nur auf Glaubhaftmachung beruhen (oder nicht einmal dies, § 921). 49

6. Sachentscheidungsvoraussetzungen. Ein Arrest- oder Verfügungsantrag ist zulässig, wenn die allgemeinen Prozessvoraussetzungen vorliegen und ein Arrest- bzw Verfügungsanspruch und -grund behauptet wird.[90] Partei- und Prozessfähigkeit richten sich nach den §§ 50 ff. Für die Postulationsfähigkeit und die Prozess- 50

---

78 So OLG Düsseldorf JZ 1995, 315; MüKo-ZPO/*Drescher*, Vor §§ 916 ff Rn 18.
79 So OLG München NJW 1993, 1604; OLG Frankfurt Rpfleger 1980, 396; Musielak/*Huber*, § 920 Rn 3; *Lent*, NJW 1955, 1194; Zöller/*Vollkommer*, Vor § 916 Rn 5 b.
80 OLG München NJW 1993, 1604; Zöller/*Vollkommer*, Vor § 916 Rn 5 b; s. auch OLG Düsseldorf JZ 1995, 315.
81 MüKo-ZPO/*Drescher*, Vor §§ 916 ff Rn 18; Stein/Jonas/*Grunsky*, Vor § 916 Rn 37, § 916 Rn 15.
82 MüKo-ZPO/*Drescher*, Vor §§ 916 ff Rn 18; Stein/Jonas/*Grunsky*, Vor § 916 Rn 37, Vor § 935 Rn 24.
83 Stein/Jonas/*Grunsky*, Vor § 916 Rn 11; *Schilken*, in: Gaul/Schilken/Becker-Eberhard, § 74 Rn 15.
84 MüKo-ZPO/*Drescher*, Vor §§ 916 ff Rn 18; Stein/Jonas/*Grunsky*, Vor § 916 Rn 37.
85 *Haertlein*, in: FS Juristenfakultät Leipzig, S. 453, 465 f; *Leible*, NJW 1995, 2817.
86 Stein/Jonas/*Bork*, § 64 Rn 4 c, § 66 Rn 6 a.
87 OLG Düsseldorf NJW 1958, 794 m. zust. Anm. *Lent*, NJW 1958, 794; Stein/Jonas/*Bork*, § 66 Rn 6 a; Thomas/Putzo/*Hüßtege*, § 66 Rn 2, § 72 Rn 3; MüKo-ZPO/*Schultes*, § 66 Rn 2, § 72 Rn 2; Zöller/*Vollkommer*, § 66 Rn 2, § 72 Rn 3; Musielak/*Weth*, § 66 Rn 3, § 72 Rn 2.
88 *Lent*, NJW 1958, 794.
89 S. Berger/*Skamel*, Kap. 6 Rn 66.
90 Thomas/Putzo/*Reichold*, § 916 Rn 2.

vertretung gelten die §§ 78 ff.[91] Unter den Voraussetzungen des § 78 Abs. 1 besteht **Anwaltszwang**. Allerdings kann die Antragsschrift auch beim Landgericht ohne anwaltliche Vertretung eingereicht werden (§§ 78 Abs. 3, 936, 920 Abs. 3).[92] Eine Vollmacht für das Hauptverfahren gilt auch für Verfahren des einstweiligen Rechtsschutzes (§ 82). Zur Prozessstandschaft s. Rn 46.

51 **7. Prozesshandlungen. a) Rücknahme.** Das Gesuch (§ 920) kann jederzeit ohne Zustimmung des Antragsgegners zurückgenommen werden, auch noch in der Rechtsmittelinstanz und ohne die Einschränkung des § 269 Abs. 1.[93] Bei Rücknahme des Antrags entsteht der Kostenerstattungsanspruch des Antragsgegners (entsprechend § 269 Abs. 3) unabhängig davon, ob er durch förmliche Zustellung oder sonst wie vom Verfahren Kenntnis erlangt hat (str);[94] Bedeutung erlangt dies, wenn der Antragsgegner durch einen Rechtsanwalt eine Schutzschrift einreichen ließ. Eine Antragsrücknahme ist nicht mehr zulässig nach einer Entscheidung, gegen die der Antragsteller nicht (mehr) vorgehen kann, zB nach einer stattgebenden Entscheidung, wenn die Vollziehungsfrist (§§ 929 Abs. 2, 936) verstrichen ist und der Arrest- oder Verfügungsgläubiger eine neue Entscheidung benötigt (s. aber Vor §§ 935–945 b Rn 11).

52 **b) Anerkenntnis und Verzicht.** In den Verfahren des einstweiligen Rechtsschutzes können Anerkenntnis- und Verzichtsentscheidungen ergehen (§§ 306, 307) (s. Vor §§ 935–945 b Rn 12). Dabei ist vom Anerkenntnis, das sich auf den prozessualen Anspruch des Antragstellers auf Sicherung der Zwangsvollstreckung bezieht, das Geständnis zu unterscheiden, das auf Elemente des prozessualen Anspruchs beschränkt ist (zB den Verfügungsanspruch), und dessen Folgen sich nach den §§ 288, 290 richten.[95]

53 Verzicht und Anerkenntnis, die im Eilverfahren erklärt werden, beziehen sich allein auf das Eilverfahren und nicht auch auf den Hauptsacheprozess, und zwar gleichgültig, ob die Hauptsache bereits anhängig ist oder nicht. Ein im Eilverfahren erklärtes Anerkenntnis der zu sichernden Forderung oder ein Verzicht kann allerdings materiell-rechtlich wirksam sein und damit zur Begründetheit der Hauptsacheklage führen.[96]

54 Werden Verzicht und Anerkenntnis im Hauptsacheverfahren erklärt, dann führt dies jeweils zur Unbegründetheit eines parallel geführten Eilverfahrens. Durch den Verzicht entfällt der Arrest- bzw Verfügungsanspruch, und das Anerkenntnis lässt den Arrest- oder Verfügungsgrund entfallen, weil nun ein vollstreckbares Hauptsacheurteil ergehen kann.[97] Anders kann es im persönlichen Arrestverfahren sein, bei dem der Arrestgrund trotz Anerkenntnisurteils fortbestehen kann.

---

91 MüKo-ZPO/*Drescher*, Vor §§ 916 ff Rn 18; Stein/Jonas/*Grunsky*, Vor § 916 Rn 37.
92 Zu Einzelheiten s. zB OLG Frankfurt MDR 1999, 186; OLG Hamm NJW-RR 1997, 763; OLG Hamm MDR 1996, 1182; OLG Karlsruhe MDR 1993, 902.
93 OLG Düsseldorf NJW 1982, 2452; MüKo-ZPO/*Drescher*, § 920 Rn 11; Stein/Jonas/ *Grunsky*, § 920 Rn 4; Hk-ZPO/*Kemper*, § 920 Rn 8; Thomas/Putzo/*Reichold*, § 920 Rn 2; Wieczorek/Schütze/*Thümmel*, § 920 Rn 8; Zöller/*Vollkommer*, § 920 Rn 13; krit. Baur/Stürner/*Bruns*, Rn 51.12 Fn 54.
94 BGH NJW-RR 2007, 1575; BGH NJW 2003, 1257; OLG Hamburg MDR 2000, 786; OLG Düsseldorf JZ 1995, 315; OLG München NJW 1993, 1604; OLG Düsseldorf FamRZ 1992, 961; OLG Düsseldorf NJW 1981, 2824; Zöller/*Vollkommer*, Vor § 916 Rn 5 b, § 920 Rn 13. AA OLG München NJW 1955, 1803; OLG Frankfurt NJW 1955, 1194 m. Anm. *Lent*, NJW 1955, 1194; MüKo-ZPO/*Drescher*, § 920 Rn 11.
95 Berger/*Skamel*, Kap. 6 Rn 46.
96 Stein/Jonas/*Grunsky*, Vor § 916 Rn 23 f.
97 MüKo-ZPO/*Drescher*, Vor §§ 916 ff Rn 21.

c) Erledigung. § 91 a über die verfahrensbeendende **übereinstimmende** Erledigt- 55
erklärung gilt unmittelbar.[98] Die Erledigungserklärung bezieht sich nur auf das
Verfahren, in dem sie ausgesprochen ist. Erklären die Parteien im Verfahren des
einstweiligen Rechtsschutzes die Erledigung, dann beendet dies nur dieses Verfahren und nicht auch ein parallel betriebenes Hauptsacheverfahren. „Hauptsache" iSd § 91 a bedeutet nicht „Hauptsacheprozess des Eilverfahrens", sondern
„Streitgegenstand des Verfahrens, in dem die Erledigung erklärt wird".[99]

Ferner sind die Grundsätze über die **einseitige** Erledigungserklärung anzuwen- 56
den, nach denen durch Feststellungsurteil darüber zu entscheiden ist, ob der Antrag zum Zeitpunkt des erledigenden Ereignisses zulässig und begründet war und
nachträglich Erledigung eingetreten ist.[100] War der Antragsgegner z.Zt der Erledigungserklärung noch nicht beteiligt, dann hat das Gericht ihm den Arrest- oder
Verfügungsantrag und die Erledigungserklärung zuzustellen, und der Antragsgegner kann entscheiden, ob er sich anschließt. Es ist str, ob bei Zustimmung eine
mündliche Verhandlung grds. stattfinden (gem. §§ 937 Abs. 2, 128 Abs. 2) oder
unterbleiben (gem. §§ 91 Abs. 1 S. 1, 128 Abs. 4) soll.[101]

d) Vergleich. aa) Im Hauptsacheverfahren. Wenn im Hauptsacheverfahren ein 57
Prozessvergleich geschlossen wird, entfällt für das Verfahren des einstweiligen
Rechtsschutzes idR der Sicherungsgrund, da ein vollstreckbarer Titel (§ 794
Abs. 1 Nr. 1) geschaffen wurde (Ausnahme: persönlicher Arrest).[102] Ob der Vergleich im Hauptsacheprozess auch iÜ das Verfahren des einstweiligen Rechtsschutzes beenden soll, ist durch Auslegung der Prozesshandlungen (entsprechend
§§ 133, 157 BGB) zu ermitteln.[103] Wird danach das Eilverfahren nicht unmittelbar beendet, muss der Antragsteller im Eilverfahren zur Vermeidung der Kostenfolge des § 91 Erledigung erklären.

bb) Im Eilverfahren. Im Verfahren des einstweiligen Rechtsschutzes kann ein 58
Prozessvergleich **auch über den Hauptsacheanspruch** geschlossen werden.[104] Prozessbeendigend wirkt ein solches Vergleich für das Eilverfahren und ggf für das
anhängige Hauptsacheverfahren.[105] Ein Streit über die Wirksamkeit und den Inhalt des Prozessvergleichs ist keine Fortsetzung des Eilverfahrens, sondern in
einem neuen Hauptsacheverfahren auszutragen.[106] Die Frage, ob ein im Eilverfahren geschlossener Prozessvergleich sich auch auf den Streitgegenstand des
Hauptsacheverfahrens bezieht, ist durch Auslegung zu ermitteln.[107] Entscheidend
ist, ob die Parteien des Prozessvergleichs eine vorläufige oder eine endgültige Regelung erzielen wollten.

Schließlich kann im Eilverfahren ein Prozessvergleich geschlossen werden, der 59
nur Regelungen über die Sicherung des geltend gemachten Anspruchs enthält
und den Hauptsacheanspruch nicht betrifft.[108] Ein solcher **Zwischenvergleich** beendet das Verfahren des einstweiligen Rechtsschutzes, hat aber keinen Einfluss

---

98 OLG Frankfurt NJW 1960, 251; iE ebenso MüKo-ZPO/*Drescher*, Vor §§ 916 ff
Rn 26.
99 Musielak/*Huber*, § 916 Rn 3; Schuschke/Walker/*Walker*, Vor § 916 Rn 35.
100 MüKo-ZPO/*Drescher*, Vor §§ 916 ff Rn 26; Schuschke/Walker/*Walker*, Vor § 916
Rn 35.
101 Einzelheiten mwN bei Berger/*Skamel*, Kap. 6 Rn 62 f.
102 MüKo-ZPO/*Drescher*, Vor §§ 916 ff Rn 23.
103 Vgl Zöller/*Greger*, Vor § 128 Rn 25.
104 OLG Köln FamRZ 1983, 1122; MüKo-ZPO/*Drescher*, Vor §§ 916 ff Rn 24; Stein/
Jonas/*Grunsky*, Vor § 916 Rn 25, 27; Musielak/*Huber*, § 916 Rn 3; Schuschke/
Walker/*Walker*, Vor § 916 Rn 34.
105 Stein/Jonas/*Grunsky*, Vor § 916 Rn 25.
106 MüKo-ZPO/*Drescher*, Vor §§ 916 ff Rn 24; Stein/Jonas/*Grunsky*, Vor § 916 Rn 25.
107 Zöller/*Vollkommer*, § 935 Rn 4.
108 MüKo-ZPO/*Drescher*, Vor §§ 916 ff Rn 25; Stein/Jonas/*Grunsky*, Vor § 916 Rn 26.

auf den Hauptsacheprozess.[109] Bei einem Streit über die Wirksamkeit des auf das Eilverfahren beschränkten Prozessvergleichs ist das Eilverfahren auf Antrag fortzusetzen.[110] Ob der Vergleich einem erneuten Eilantrag entgegensteht, ist durch Auslegung zu ermitteln (str).[111]

60 cc) **Vollstreckung.** Vergleiche aus Verfahren des einstweiligen Rechtsschutzes sind durchweg **Vollstreckungstitel gem. § 794 Abs. 1 Nr. 1**, die gem. §§ 704 ff **vollstreckt** werden. Die Beschränkungen der §§ 916 ff, zB Vollziehungsfrist (§ 929 Abs. 2), Pfändung ohne Verwertung (§ 930), gelten nicht.[112]

61 e) **Schutzschrift.** Die Schutzschrift des (künftigen) Antragsgegners ist ein insb. im Wettbewerbsrecht bedeutsames (aber auch außerhalb des Wettbewerbsrechts zulässiges), gesetzlich nicht geregeltes **Instrument zur Abwehr von Eilentscheidungen.**[113] Wenn die Verfahrenseinleitung droht, ist eine Schutzschrift veranlasst, weil in den Verfahren des einstweiligen Rechtsschutzes stattgebende Entscheidungen ohne Beteiligung des Arrest- oder Verfügungsschuldners ergehen können (§§ 922, 937 Abs. 2). Eine Schutzschrift kann der (künftige) Antragsgegner bereits vor der Verfahrenseinleitung beim zuständigen Gericht hinterlegen, um seine Rechtsverteidigung vorzutragen und sich so in dem späteren Verfahren Gehör zu verschaffen.

61a Schutzschriften sind demnach Schriftsätze, die für den Fall der drohenden Verfahrenseinleitung die Zurückweisung des Eilgesuchs oder wenigstens die Anberaumung einer mündlichen Verhandlung erwirken sollen,[114] bzw – nach der Legaldefinition des am 1.1.2016 in Kraft tretenden § 945 a Abs. 1 S. 2[115] – **vorbeugende Verteidigungsschriftsätze gegen erwartete Anträge auf Arrest oder einstweilige Verfügung.** Sie können Sach- und Rechtsvortrag sowie Glaubhaftmachungsmittel enthalten,[116] aber keinen Sachantrag (Anträge in Schutzschriften sind Anregungen an das Gericht).[117]

61b Schutzschriften sind tunlichst bei allen zuständigen Gerichten zu hinterlegen,[118] um die Beachtung der Schutzschrift im konkreten Verfahren sicherzustellen. Zwar existiert ein **zentrales Schutzschriftenregister** (www.schutzschriftenregister.de), zu dessen Abfrage die Gerichte allerdings nicht gesetzlich verpflichtet sind; zweifelhaft ist, ob der Hinweis an ein Gericht ausreicht, dass eine Schutzschrift beim zentralen Schutzschriftenregister hinterlegt ist. Ferner ist es geboten, Schutzschriften bei verschiedenen zuständigen Kammern desselben Gerichts (Zivilkammer, Kammer für Handelssachen) zu hinterlegen, wenn bei dem Gericht kein Schutzschriftregister für das gesamte Gericht geführt wird. Diese Situation wird § 945 a, der am 1.1.2016 in Kraft treten wird, ändern. Danach haben die Länder ein zentrales, länderübergreifendes Schutzschriftenregister zu führen (§ 945 a Abs. 1 S. 1), auf das die Gerichte über ein automatisiertes Abrufverfahren Zugriff erhalten werden (§ 945 a Abs. 3 S. 1); mit der Einstellung in das

---

109 MüKo-ZPO/*Drescher*, Vor §§ 916 ff Rn 25.
110 Stein/Jonas/*Grunsky*, Vor § 916 Rn 26; Schuschke/Walker/*Walker*, Vor § 916 Rn 34.
111 MüKo-ZPO/*Drescher*, Vor §§ 916 ff Rn 25; aA Stein/Jonas/*Grunsky*, Vor § 916 Rn 26: zulässig, wenn die vergleichsweise getroffene Regelung unzureichend ist.
112 Berger/*Skamel*, Kap. 6 Rn 54.
113 *Deutsch*, GRUR 1990, 327; MüKo-ZPO/*Drescher*, § 937 Rn 9; MüKo-Lauterkeitsrecht/*Schlingloff*, § 12 UWG Rn 406; Schuschke/Walker/*Walker*, § 937 Rn 13.
114 Schuschke/Walker/*Schmukle*, Anh. zu § 935 B Rn 2.
115 § 945 a ZPO eingefügt durch Art. 1 Nr. 26 des Gesetzes zur Förderung des elektronischen Rechtsverkehrs mit den Gerichten vom 10.10.2013 (BGBl. I S. 3786).
116 MüKo-Lauterkeitsrecht/*Schlingloff*, § 12 UWG Rn 408.
117 BGH NJW 2003, 1257; MüKo-ZPO/*Drescher*, § 937 Rn 10.
118 MüKo-Lauterkeitsrecht/*Schlingloff*, § 12 UWG Rn 407; Schuschke/Walker/*Schmukle*, Anh. zu § 935 B Rn 2.

Schutzschriftenregister gilt eine Schutzschrift als bei allen ordentlichen Gerichten der Länder eingereicht (§ 945 a Abs. 2 S. 1).[119]

Ein potentieller Antragsteller ist nicht von Amts wegen über den Eingang einer Schutzschrift zu unterrichten.[120] Er vermag sich aber durch Einsichtnahme in die bei den Gerichten geführten Register zu vergewissern, ob der potentielle Antragsgegner eine Schutzschrift eingereicht hat. Nach zweifelhafter hM haben potentielle Antragsteller allerdings keinen Anspruch darauf, eine Schutzschrift einzusehen, solange nicht Arrest- oder Verfügungsantrag gestellt ist; § 299 sei bis dahin nicht anwendbar.[121] 62

Wenn der erwartete Arrest- oder Verfügungsantrag sodann gestellt ist, muss dem Antragsteller eine Schutzschrift von Amts wegen mitgeteilt werden.[122] Ferner ist ein Gericht, dem eine Schutzschrift vorliegt, dazu verpflichtet, diese inhaltlich **zur Kenntnis** zu nehmen und bei seiner Entscheidung zu verwerten (Art. 103 Abs. 1 GG).[123] Der Erlass einer stattgebenden Entscheidung ohne mündliche Verhandlung ist allerdings nicht ausgeschlossen, die Einreichung einer Schutzschrift begründet keine Pflicht des Gerichts, mündliche Verhandlung anzuberaumen.[124] Andererseits darf der Antrag nicht aufgrund des Inhalts einer Schutzschrift (wohl aber unabhängig vom Inhalt der Schutzschrift) zurückgewiesen werden, ohne dass der Antragsteller Gelegenheit hatte, sich zur Schutzschrift zu äußern (Art. 103 Abs. 1 GG).[125] Wenn die Schutzschrift durch einen Rechtsanwalt eingereicht wurde, der sich in ihr zum Prozessbevollmächtigten für das Eilverfahren bestellt, sind **Zustellungen** an diesen zu bewirken (§ 172).[126] 63

Kosten einer Schutzschrift[127] sind erstattungsfähig, wenn ein Arrest- oder Verfügungsantrag gestellt wird, dem die Schutzschrift zuzuordnen ist. Es ist nach Maßgabe der §§ 91 ff zu entscheiden. Wurde mündlich verhandelt, gehen die Kosten der Schutzschrift in der Verfahrensgebühr auf. Zur Kostenerstattungspflicht analog § 269 Abs. 3 s. Rn 51. Ist der erwartete Antrag ausgeblieben, dann kann (nur) ein materiell-rechtlicher Kostenerstattungsanspruch bestehen. 64

8. Aussetzung und Vorlage. a) Aussetzung. Eine Aussetzung gem. § 148 kommt wegen der Eilbedürftigkeit des Verfahrens des einstweiligen Rechtsschutzes grds. 65

---

119 Einzelheiten BT-Drucks. 17/12634, S. 11, 35 ff; *Wehlau/Kalbfus*, ZRP 2013, 101.
120 Schuschke/Walker/*Walker*, § 937 Rn 16.
121 MüKo-ZPO/*Drescher*, § 937 Rn 10; Zöller/*Greger*, § 299 Rn 6 c; Schuschke/Walker/*Walker*, § 937 Rn 16; aA *Marly*, BB 1989, 770.
122 Zöller/*Vollkommer*, § 937 Rn 4; Schuschke/Walker/*Walker*, § 937 Rn 16.
123 MüKo-ZPO/*Drescher*, § 937 Rn 9; MüKo-Lauterkeitsrecht/*Schlingloff*, § 12 UWG Rn 406; Schuschke/Walker/*Schmukle*, Anh. zu § 935 B Rn 4; Zöller/*Vollkommer*, § 937 Rn 4; offen gelassen OLG Köln MDR 1998, 432, 433 m. abl. Anm. *Schneider*, MDR 1998, 433.
124 Stein/Jonas/*Grunsky*, § 937 Rn 7; MüKo-Lauterkeitsrecht/*Schlingloff*, § 12 UWG Rn 409; Schuschke/Walker/*Schmukle*, Anh. zu § 935 B Rn 5.
125 Musielak/*Huber*, § 937 Rn 5; MüKo-Lauterkeitsrecht/*Schlingloff*, § 12 UWG Rn 410; Schuschke/Walker/*Schmukle*, Anh. zu § 935 B Rn 5.
126 Einzelheiten bei Schuschke/Walker/*Schmukle*, Anh. zu § 935 B Rn 7.
127 Zu Einzelheiten s. BGH NJW-RR 2007, 1575; BGH NJW 2003, 1257; MüKo-Lauterkeitsrecht/*Schlingloff*, § 12 UWG Rn 412 ff; Schuschke/Walker/*Schmukle*, Anh. zu § 935 B Rn 8 ff; ferner OLG Hamburg Rpfleger 1979, 28.

nicht in Betracht.[128] Etwas anderes gilt nur im Aufhebungsverfahren nach § 927.[129] Unzulässig ist die Aussetzung auch in den Fällen des § 153.[130]

66 **b) Vorlage.** Hält ein Gericht eine für seine Entscheidung im Verfahren des einstweiligen Rechtsschutzes maßgebliche Gesetzesnorm für verfassungswidrig, so ist es durch Art. 100 Abs. 1 GG nicht gehindert, vor der im Hauptsacheverfahren einzuholenden Entscheidung des BVerfG vorläufigen Rechtsschutz zu gewähren, wenn dies im Interesse eines effektiven Rechtsschutzes geboten erscheint und die Hauptsache dadurch nicht vorweggenommen wird.[131] Ob Entsprechendes für die Vorlagepflicht iSd Art. 100 Abs. 2 GG (Regeln des Völkerrechts) gilt, ist str.[132] Die Vorlagepflicht gem. Art. 267 Abs. 3 AEUV (ex-Art. 234 Abs. 3 EG bzw ex-Art. 177 Abs. 3 EGV) schließlich gilt nur für das Hauptsachverfahren und noch nicht für die Verfahren des einstweiligen Rechtsschutzes (str).[133]

67 **9. Rechtsbehelfe.** Siehe § 924 Rn 3.

VII. Vorwegnahmeverbot

68 Die Verfahren des einstweiligen Rechtsschutzes sind lediglich als Sicherungsmittel konzipiert (s. Rn 3 f) und weisen nicht den Hauptsacheanspruch als Streitgegenstand auf (s. Rn 31). Daher dürfen Arrestentscheidungen und einstweilige Verfügung die **Entscheidung in der Hauptsache nicht vorwegnehmen**[134] (s. § 935 Rn 33). Eine Ausnahme gilt unter besonderen Voraussetzungen bei der Befriedigungsverfügung (s. § 935 Rn 34 ff), deren Ziel die vorläufige Befriedigung des Antragstellers ist.[135]

VIII. Risikohaftung wegen prozessualer Veranlassung

69 Wenn die Anordnung eines Arrestes oder einer einstweiligen Verfügung sich als von Anfang an ungerechtfertigt erweist oder wenn die Entscheidung wegen Fristversäumnis (§§ 926 Abs. 2, 942 Abs. 3) aufgehoben wird, dann ist der Arrest- oder Verfügungsgläubiger dem Arrest- bzw Verfügungsschuldner **unabhängig von Rechtswidrigkeit und Verschulden** zum Ersatz des Schadens verpflichtet, den dieser erleidet, weil die Entscheidung vollzogen wird oder weil er gem. §§ 923, 925 Abs. 2, 927, 934 Abs. 1, 939 Sicherheit leistet, um die Vollziehung abzuwenden oder die Aufhebung der Entscheidung zu erwirken (§ 945).

---

128 OLG München MDR 1986, 681; MüKo-ZPO/*Drescher*, Vor §§ 916 ff Rn 19; Zöller/*Greger*, § 148 Rn 4; Musielak/*Huber*, § 916 Rn 9; Thomas/Putzo/*Reichold*, § 148 Rn 6; *Thümmel*, NJW 1996, 1930, 1932; Zöller/*Vollkommer*, Vor § 916 Rn 7; Schuschke/Walker/*Walker*, Vor § 916 Rn 42; Hk-ZPO/*Wöstmann*, § 148 Rn 3.
129 Zöller/*Greger*, § 148 Rn 4; Hk-ZPO/*Wöstmann*, § 148 Rn 3; aA Zöller/*Vollkommer*, Vor § 916 Rn 7.
130 Zöller/*Greger*, § 153 Rn 2; Musielak/*Stadler*, § 153 Rn 2; Schuschke/Walker/*Walker*, Vor § 916 Rn 44.
131 BVerfGE 86, 382 = NJW 1992, 2749; MüKo-ZPO/*Drescher*, Vor §§ 916 ff Rn 19; Stein/Jonas/*Grunsky*, Vor § 916 Rn 35; *Haertlein*, NZG 2009, 576; *Thümmel*, NJW 1996, 1930, 1932; Zöller/*Vollkommer*, Vor § 916 Rn 9. AA Schuschke/Walker/*Walker*, Vor § 916 Rn 44: Zurückweisung des Gesuchs ohne Vorlage.
132 Für Vorlagepflicht OLG Frankfurt NJW 2003, 2688. Grds. aA MüKo-ZPO/*Drescher*, Vor §§ 916 ff Rn 19; Zöller/*Vollkommer*, Vor § 916 Rn 9.
133 EuGH NJW 1983, 2751 – Morson; EuGH NJW 1977, 1585 – Hoffmann-La Roche/Centrafarm; MüKo-ZPO/*Drescher*, Vor §§ 916 ff Rn 19; Stein/Jonas/*Grunsky*, Vor § 916 Rn 34; *Thümmel*, NJW 1996, 1930, 1932 f; Zöller/*Vollkommer*, Vor § 916 Rn 7; Schuschke/Walker/*Walker*, Vor § 916 Rn 46; aA *Koch*, NJW 1995, 2331, 2332.
134 Vgl BGHZ 68, 289, 292 f.
135 Berger/*Berger*, Kap. 2 Rn 27.

§ 916 Arrestanspruch

(1) Der Arrest findet zur Sicherung der Zwangsvollstreckung in das bewegliche oder unbewegliche Vermögen wegen einer Geldforderung oder wegen eines Anspruchs statt, der in eine Geldforderung übergehen kann.

(2) Die Zulässigkeit des Arrestes wird nicht dadurch ausgeschlossen, dass der Anspruch betagt oder bedingt ist, es sei denn, dass der bedingte Anspruch wegen der entfernten Möglichkeit des Eintritts der Bedingung einen gegenwärtigen Vermögenswert nicht hat.

§ 152 GVGA

I. Allgemeines 1	3. Betagte und bedingte
II. Arrestanspruch 2	Ansprüche (Abs. 2) 9
1. Rechtsweg 2	a) Betagte Ansprüche 10
2. Geldforderung oder	b) Bedingte Ansprüche 11
Anspruch, der in eine Geld-	4. Künftige Ansprüche 12
forderung übergehen kann	III. Kosten 14
(Abs. 1) 3	1. Gerichtskosten 14
a) Geldforderung	2. Rechtsanwaltsgebühren 18
(Abs. 1 Alt. 1) 4	
b) Anspruch, der in eine	
Geldforderung überge-	
hen kann (Abs. 1 Alt. 2) 7	

I. Allgemeines

Ein Arrestgesuch (§ 920) ist begründet, wenn ein Arrestanspruch (§ 916) und ein Arrestgrund (§§ 917, 918) schlüssig vorgetragen[1] (s. Vor §§ 935–945 b Rn 9) und glaubhaft gemacht (§§ 920 Abs. 2, 294 – Ausnahme § 921 S. 1) ist. Der **Arrestanspruch** ist der materiell-rechtliche Anspruch, der gesichert werden soll. Abs. 1 regelt, welche Ansprüche durch Arrest gesichert werden[2] können. Abs. 2 trifft Bestimmungen über betagte und bedingte Ansprüche. Zur Befriedigungsverfügung bei Zahlungsansprüchen s. § 935 Rn 34.   **1**

II. Arrestanspruch

1. Rechtsweg. Der Arrestprozess ist statthaft für Ansprüche, bei denen das Hauptsachverfahren in der ordentlichen Gerichtsbarkeit im streitigen Verfahren durchzuführen ist; bei Unzulässigkeit des **Rechtswegs** ist von Amts wegen zu verweisen (§ 17 a Abs. 2 GVG).[3] Das Adressatgericht hat den Eilrechtsstreit in dem nach der anwendbaren Verfahrensordnung statthaften Eilverfahren durchzuführen.[4] Gegen den Verweisungsbeschluss ist die sofortige Beschwerde (§ 17 a Abs. 4 S. 3 GVG) statthaft (nach aA[5] ist die Verweisung wegen der Eilbedürftigkeit unanfechtbar).[6] Bei Zulässigkeit des Rechtswegs kann eine Vorabentscheidung gem. § 17 a Abs. 3 S. 2 GVG nicht ergehen, vielmehr ist wegen der Eilbedürftigkeit über die Zulässigkeit des Rechtswegs stets in der Sachentscheidung zu befinden.[7]   **2**

---

1 Stein/Jonas/*Grunsky*, § 916 Rn 4.
2 Zum Sicherungszweck des Arrestes s. MüKo-ZPO/*Drescher*, § 916 Rn 1 ff.
3 Zur Anwendbarkeit von § 17 a GVG im Arrestverfahren BGH NJW-RR 2005, 142.
4 Stein/Jonas/*Grunsky*, Vor § 916 Rn 28.
5 Stein/Jonas/*Grunsky*, Vor § 916 Rn 29; *Walker*, Rn 350 ff.
6 MüKo-ZPO/*Drescher*, § 919 Rn 2; Zöller/*Vollkommer*, Vor § 916 Rn 4.
7 MüKo-ZPO/*Drescher*, § 919 Rn 2; Stein/Jonas/*Grunsky*, Vor § 916 Rn 36; *Walker*, Rn 360. AA offenbar die Praxis, vgl BGH NJW 1999, 3785 betr. einstweilige Verfügung; BGH NJW 2003, 1192 betr. Widerspruchsverfahren bei einstweiliger Verfügung.

3 2. **Geldforderung oder Anspruch, der in eine Geldforderung übergehen kann (Abs. 1).** Nach Abs. 1 findet der Arrest wegen einer Geldforderung oder wegen eines Anspruchs statt, der in eine Geldforderung übergehen kann.

4 a) **Geldforderung (Abs. 1 Alt. 1).** Der Begriff der Geldforderung in Abs. 1 deckt sich mit dem Begriff der Geldforderung in der Überschrift des Zweiten Abschnitts des 8. Buches der ZPO.[8] Der Arrest kann also grds. ergehen zur Sicherung solcher Ansprüche, wegen derer die **Zwangsvollstreckung nach den §§ 803 ff** stattfindet.[9]

5 Geldforderungen iSd Abs. 1 Alt. 1 sind Ansprüche, die auf Zahlung einer bestimmten (vgl § 920 Abs. 1) Geldsumme gerichtet sind.[10] Dazu zählen auch Ansprüche, deren Betrag in ausländischer Währung angegeben ist (Fremdwährungs- oder Valutaschulden, vgl § 244 BGB), im Gegensatz zu Geldsorten- oder Geldstückforderungen (vgl § 245 BGB), die nach den §§ 883 ff zu vollstrecken und durch einstweilige Verfügung zu sichern sind.[11] Als Geldforderung iSd Abs. 1 gelten auch der Anspruch auf Hinterlegung einer bestimmten Geldsumme sowie der Anspruch auf Sicherheitsleistung (§ 1585 a BGB).[12] Auch Haftungs- und Duldungsansprüche (zB gem. §§ 1147, 1192 Abs. 1, 2213 Abs. 3 BGB) sind als Geldforderungen iSd Abs. 1 zu verstehen (hM),[13] weil sie in der Hauptsache gem. §§ 803 ff zu vollstrecken sind; nach aA[14] sind solche Ansprüche im Wege der einstweiligen Verfügung durch Verfügungsverbot gem. § 938 Abs. 2 zu sichern. Ein praktischer Unterschied besteht darin, dass bei der Anordnung eines Arrestes für den dinglichen Duldungsanspruch eines Hypotheken- oder Grundschuldgläubigers Gegenstände des Haftungsverbandes (§§ 1120 ff BGB) zur Sicherung gepfändet werden müssen; ein Verfügungsverbot wirkt dagegen ipso iure, aber mit der Schwäche des § 135 Abs. 2 BGB (gegen gutgläubigen lastenfreier Erwerb einer gepfändeten Sache[15] schützt die Publizität der Pfändung, § 808). Zu differenzieren ist bei Anfechtungsansprüchen gem. § 11 AnfG: Der Primäranspruch (§ 11 Abs. 1 S. 1 AnfG) auf Zurverfügungstellung ist durch einstweilige Verfügung zu sichern.[16] Wenn aber der anfechtbar erlangte Gegenstand nicht zurückgewährt werden kann und daher der sekundäre Wertersatzanspruch entsteht (§ 11 Abs. 1 S. 2 AnfG, §§ 819 Abs. 1, 818 Abs. 4, 292 Abs. 1, 989, 990 BGB), dann ist der Arrest statthaft.[17] Freistellungsansprüche sind zunächst Individualansprüche, können aber in Zahlungsansprüche übergehen, die unter Abs. 1 Alt. 2 fallen.[18]

---

8 Berger/*Skamel*, Kap. 4 Rn 2.
9 MüKo-ZPO/*Drescher*, § 916 Rn 3; Stein/Jonas/*Grunsky*, § 916 Rn 3; Zöller/*Vollkommer*, § 916 Rn 2; Schuschke/Walker/*Walker*, § 916 Rn 1.
10 Musielak/*Huber*, § 916 Rn 12; Zöller/*Vollkommer*, § 916 Rn 4; Schuschke/Walker/*Walker*, § 916 Rn 2.
11 Vgl BGHZ 104, 268, 274; RGZ 106, 74; OLG Düsseldorf NJW 1988, 2185; *Maier-Reimer*, NJW 1985, 2049, 2053; Zöller/*Stöber*, Vor § 803 Rn 3.
12 MüKo-ZPO/*Drescher*, § 916 Rn 5.
13 MüKo-ZPO/*Drescher*, § 916 Rn 6; Stein/Jonas/*Grunsky*, § 916 Rn 12 f; Baumbach/*Hartmann*, § 916 Rn 6; Musielak/*Huber*, § 916 Rn 12; *Schilken*, in: Gaul/Schilken/Becker-Eberhard, § 75 Rn 4; Wieczorek/Schütze/*Thümmel*, § 916 Rn 9; Zöller/*Vollkommer*, § 916 Rn 6; Schuschke/Walker/*Walker*, § 916 Rn 2.
14 So *Huber*, AnfG, § 2 Rn 41; Musielak/*Huber*, § 916 Rn 13.
15 Stein/Jonas/*Münzberg*, § 804 Rn 43.
16 OLG Düsseldorf NJW 1977, 1828; MüKo-ZPO/*Drescher*, § 916 Rn 5; Baumbach/*Hartmann*, § 916 Rn 5; *Huber*, AnfG, § 2 Rn 41 ff; Musielak/*Huber*, § 916 Rn 13; Zöller/*Vollkommer*, § 916 Rn 6; aA Schuschke/Walker/*Walker*, § 916 Rn 2.
17 Baumbach/*Hartmann*, § 916 Rn 5; *Huber*, AnfG, § 2 Rn 44; Musielak/*Huber*, § 916 Rn 13; Zöller/*Vollkommer*, § 916 Rn 5.
18 MüKo-ZPO/*Drescher*, § 916 Rn 5; Wieczorek/Schütze/*Thümmel*, § 916 Rn 9.

Bei einredebehafteten Geldforderungen ist zu unterscheiden: Wenn der Schuldner 6
eine peremptorische (dauernde) Einrede (zB gem. § 214 Abs. 1 BGB) bereits erhoben hat, darf kein Arrest mehr ergehen, da die Klage in der Hauptsache abzuweisen wäre.[19] Ist die Geldforderung dagegen mit der vorübergehenden (dilatorischen) Einrede des nichterfüllten Vertrages (§ 320 BGB) behaftet, hindert dies die Anordnung eines Arrestes nicht, und zwar unabhängig davon, ob der Arrestgläubiger die Gegenleistung erbracht oder angeboten (vgl § 322 BGB, §§ 756, 765) hat.[20] Damit kann der Gläubiger, sofern ein Arrestgrund gem. § 917 besteht, zur Rangsicherung die Arrestvollziehung (§§ 928 ff) ohne die Einschränkungen der §§ 756, 765 betreiben.[21]

b) Anspruch, der in eine Geldforderung übergehen kann (Abs. 1 Alt. 2). Nach 7
Abs. 1 Alt. 2 kann der Arrest auch wegen eines (Individual-)Anspruchs ergehen, der in eine Geldforderung übergehen kann. Der Gesetzeswortlaut ist missverständlich. Der **primäre Individualanspruch** kann (nur) durch **einstweilige Verfügung** gesichert werden; nur für den künftigen auf Zahlung gerichteten **Sekundäranspruch** ist der **Arrest** statthaft.[22] Zur Sicherung des Individualanspruchs und des sekundären Geldanspruchs sind beide Sicherungsmittel (alternativ oder kumulativ) statthaft.[23]

Alle vermögensrechtlichen Individualansprüche können in eine Geldforderung 8
übergehen, zB aufgrund Leistungsstörung (§ 280 Abs. 1 BGB) oder beim Vindikationsanspruch (§§ 985 f BGB) gem. §§ 989, 990 BGB, ferner wenn Herausgabe durch Wertersatz abgelöst wird (zB gem. §§ 346 Abs. 2, 818 Abs. 2 BGB), in den Fällen der §§ 887, 893 Abs. 2[24] und bei der Umwandlung eines Befreiungsanspruchs in einen Zahlungsanspruch (s. Rn 5).[25] Der Anwendungsbereich des Abs. 1 Alt. 2 ist auch bei **nichtvermögensrechtlichen Rechtspositionen** eröffnet, bei denen die Verletzung des Unterlassungsanspruchs einen auf Zahlung gerichteten Schadensersatzanspruch auslöst (zB bei Persönlichkeitsrechtsverletzung).[26]

3. Betagte und bedingte Ansprüche (Abs. 2). Nach Abs. 2 wird die Zulässigkeit 9
eines Arrestes nicht dadurch ausgeschlossen, dass der Anspruch betagt oder bedingt ist, es sei denn, der bedingte Anspruch hat wegen der entfernten Möglichkeit des Eintritts der Bedingung keinen gegenwärtigen Vermögenswert.

a) Betagte Ansprüche. Betagt ist ein Anspruch, dessen Fälligkeit erst noch durch 10
Ablauf einer kalendermäßig festgelegten Frist oder infolge Kündigung eintreten wird,[27] zB Ansprüche auf künftige Raten.[28] Bei betagten Ansprüchen kann ein Arrest auch dann angeordnet werden, wenn der Gläubiger bereits über einen Ti-

---

19 Stein/Jonas/*Grunsky*, § 916 Rn 2.
20 RGZ 54, 162; MüKo-ZPO/*Drescher*, § 916 Rn 5; Baumbach/*Hartmann*, § 916 Rn 5; Zöller/*Vollkommer*, § 916 Rn 5; Schuschke/Walker/*Walker*, § 916 Rn 2.
21 Berger/*Skamel*, Kap. 4 Rn 2.
22 Stein/Jonas/*Grunsky*, Vor § 916 Rn 53; Musielak/*Huber*, § 916 Rn 14; Zöller/*Vollkommer*, Vor § 916 Rn 1, § 916 Rn 2; Schuschke/Walker/*Walker*, Vor § 916 Rn 8.
23 MüKo-ZPO/*Drescher*, Vor §§ 916 ff Rn 36 f, § 916 Rn 4; Stein/Jonas/*Grunsky*, Vor § 916 Rn 53; Musielak/*Huber*, § 916 Rn 5, 14; Thomas/Putzo/*Reichold*, Vorbem. § 916 Rn 8; Zöller/*Vollkommer*, Vor § 916 Rn 1, § 916 Rn 2; Schuschke/Walker/*Walker*, Vor § 916 Rn 9, 23, § 920 Rn 11.
24 BGHZ 131, 95, 105 = NJW 1996, 321, 324.
25 Überblick bei Stein/Jonas/*Grunsky*, § 916 Rn 2 f; Musielak/*Huber*, § 916 Rn 14; Thomas/Putzo/*Reichold*, § 916 Rn 4; Schuschke/Walker/*Walker*, § 916 Rn 3.
26 MüKo-ZPO/*Drescher*, Vor §§ 916 ff Rn 35, § 916 Rn 4; Stein/Jonas/*Grunsky*, § 916 Rn 51, § 916 Rn 2; Zöller/*Vollkommer*, § 916 Rn 4.
27 Vgl Baumbach/*Hartmann*, § 916 Rn 7; Musielak/*Huber*, § 916 Rn 15; Zöller/*Vollkommer*, § 916 Rn 7; Schuschke/Walker/*Walker*, § 916 Rn 5.
28 MüKo-ZPO/*Drescher*, § 916 Rn 8; Stein/Jonas/*Grunsky*, § 916 Rn 7.

tel verfügt (vgl §§ 257 ff), aus dem aber gem. §§ 726 Abs. 1, 751 Abs. 1 noch nicht vollstreckt werden kann.[29]

11 **b) Bedingte Ansprüche.** Bedingte Ansprüche (§ 158 BGB) können grds. ebenfalls durch Arrest gesichert werden. Ausnahmsweise ist ein (gem. § 259 klagbarer)[30] aufschiebend (§ 158 Abs. 1 BGB) bedingter Anspruch nicht sicherungsfähig, und zwar, wenn die Möglichkeit des Bedingungseintritts so entfernt ist, dass der Anspruch keinen gegenwärtigen Vermögenswert aufweist (Abs. 2 Hs 2). Gleiches gilt bei auflösend (§ 158 Abs. 2 BGB) bedingten Ansprüchen, wenn der Bedingungseintritt sehr wahrscheinlich ist (str).[31] Die Umstände, derentwegen der Anspruch keinen Vermögenswert hat, sind vom Arrestschuldner vorzutragen und glaubhaft zu machen.[32]

12 **4. Künftige Ansprüche.** Für künftige Ansprüche ist **grds. kein Arrest zulässig.** Allerdings ist eine dogmatisch überzeugende Abgrenzung zwischen betagten oder bedingten und künftigen Ansprüchen kaum möglich.[33] Daher darf die terminologische Einordnung nicht über die Sicherungsfähigkeit entscheiden. Künftige Ansprüche können demnach durch Arrest gesichert werden, wenn sie bereits Gegenstand einer Feststellungsklage oder einer Klage auf künftige Leistung (§§ 257 ff) sein können.[34] Ein über den Arrestgrund hinausgehendes Interesse an der Sicherung ist nicht zu fordern.[35] Zulässig ist ein Arrest jedenfalls zur Sicherung eines Zahlungsanspruchs, der aus einer in einem Hauptsacheverfahren vorzunehmenden richterlichen Gestaltung resultieren kann (zB nach § 319 Abs. 1 S. 2 BGB oder der Anspruch auf das Auseinandersetzungsguthaben nach Auflösung einer OHG gem. § 133 HGB).[36]

13 Ferner können zB folgende künftige Ansprüche durch Arrest gesichert werden:[37] der Anspruch auf den beim Tode des Versicherungsnehmers fällig werdenden Lebensversicherungsbetrag zu Lebzeiten des Versicherungsnehmers, der Anspruch auf Prozesskostenerstattung vor Erlass des Urteils, Ansprüche des Kindes gegen die Eltern auf künftigen Unterhalt (§§ 1601, 1612 Abs. 1 S. 1 BGB),[38] der künftige Anspruch auf Trennungsunterhalt und der künftige Unterhaltsanspruch des geschiedenen Ehegatten (§§ 1569 ff BGB) bei Rechtshängigkeit des Scheidungsantrags[39] sowie der Anspruch des Ehegatten auf zukünftigen Zugewinnausgleich

---

29 Baumbach/*Hartmann*, § 916 Rn 7; Musielak/*Huber*, § 916 Rn 15; Zöller/*Vollkommer*, § 916 Rn 7; Schuschke/Walker/*Walker*, § 916 Rn 5.
30 BGHZ 5, 342, 344; Hk-ZPO/*Saenger*, § 259 Rn 2.
31 MüKo-ZPO/*Drescher*, § 916 Rn 9; Stein/Jonas/*Grunsky*, § 916 Rn 8. AA (Arrest stets zulässig) Musielak/*Huber*, § 916 Rn 15; Baumbach/*Hartmann*, § 916 Rn 8; Zöller/*Vollkommer*, § 916 Rn 7.
32 MüKo-ZPO/*Drescher*, § 916 Rn 9; Stein/Jonas/*Grunsky*, § 916 Rn 8; Baumbach/*Hartmann*, § 916 Rn 8; Thomas/Putzo/*Reichold*, § 916 Rn 4; Zöller/*Vollkommer*, § 916 Rn 7; Schuschke/Walker/*Walker*, § 916 Rn 6.
33 Stein/Jonas/*Grunsky*, § 916 Rn 6, 9; MüKo-ZPO/*Drescher*, § 916 Rn 7; *Meller-Hannich*, ZZP 115 (2002), 161; *Ullmann*, NJW 1971, 1294, 1295 f.
34 Baur/Stürner/*Bruns*, Rn 51.2; MüKo-ZPO/*Drescher*, § 916 Rn 10; Musielak/*Huber*, § 916 Rn 16; *Meller-Hannich*, ZZP 115 (2002), 161; Thomas/Putzo/*Reichold*, § 916 Rn 5; *Schilken*, in: Gaul/Schilken/Becker-Eberhard, § 75 Rn 4; Schuschke/Walker/*Walker*, § 916 Rn 7; krit. Stein/Jonas/*Grunsky*, § 916 Rn 9.
35 AA Stein/Jonas/*Grunsky*, § 916 Rn 10; Zöller/*Vollkommer*, § 916 Rn 8.
36 Stein/Jonas/*Grunsky*, § 916 Rn 11; *Meller-Hannich*, ZZP 115 (2002), 161.
37 Übersicht mwN bei MüKo-ZPO/*Drescher*, § 916 Rn 10; Stein/Jonas/*Grunsky*, § 916 Rn 11; *Meller-Hannich*, ZZP 115 (2002), 161; Schuschke/Walker/*Walker*, § 916 Rn 7; Zöller/*Vollkommer*, § 916 Rn 8.
38 KG FamRZ 1985, 730.
39 OLG Hamm FamRZ 1995, 1427.

ab Rechtshängigkeit des Scheidungsverfahrens[40] (str) oder unter den Voraussetzungen der §§ 1385 f BGB. Nicht arrestfähig sind künftige Unterhaltsansprüche vor wirksamer Anerkennung oder Feststellung der Vaterschaft sowie erbrechtliche Ansprüche vor dem Erbfall.

III. Kosten

1. **Gerichtskosten.** Die gerichtlichen Kosten richten sich in der ersten Instanz nach Nr. 1410 ff KV GKG, die mit Eingang des Antrags anfallen.[41] Ausgehend von einer 1,5-fachen Gebühr kann sich diese auf eine 3,0-fache Gebühr erhöhen (Nr. 1412 KV GKG), wenn durch Urteil entschieden wird oder ein Beschluss nach § 91 a[42] oder § 269 Abs. 3 S. 3 ergeht.[43] Der Streitwert der Nr. 1412 KV GKG richtet sich nach dem Wert, auf den sich die Entscheidung bezieht, wobei zu berücksichtigen ist, dass es sich um eine einstweilige Regelung handelt.[44] Eine Ermäßigung der Verfahrensgebühr auf einen Satz von 1,0 tritt ein, wenn Ermäßigungstatbestände erfüllt werden (Nr. 1411 KV GKG). Die Rücknahme des Widerspruchs löst keine Ermäßigung aus.[45] 14

Im Verfahren über den Antrag auf Aufhebung oder Abänderung (§ 926 Abs. 2, §§ 927, 936) werden die Gebühren jeweils gesondert erhoben (Vorbem. 1.4 S. 1 KV GKG). Im Fall des § 942 gilt das Verfahren vor dem Amtsgericht und dem Gericht der Hauptsache als ein Rechtsstreit (Vorbem. 1.4 S. 2 KV GKG). 15

Im Berufungsverfahren entsteht eine 4,0-Verfahrensgebühr (Nr. 1420 KV GKG), die sich bei Eintritt bestimmter Voraussetzungen gestaffelt ermäßigen kann (Nr. 1421–1423 KV GKG). 16

Im Verfahren über die Beschwerde gegen die Zurückweisung eines Antrags auf Anordnung eines Arrestes entsteht die 1,5-Gebühr Nr. 1430 KV GKG, die sich bei Beendigung des gesamten Verfahrens durch Zurücknahme der Beschwerde wiederum auf einen Satz von 1,0 ermäßigt (Nr. 1431 KV GKG). 17

2. **Rechtsanwaltsgebühren.** Im Verfahren über die Anordnung entstehen dem Rechtsanwalt Gebühren nach Nr. 3100 ff VV RVG. Das Verfahren in der Hauptsache und ein Verfahren über einen Antrag auf Anordnung eines Arrestes sind verschiedene Angelegenheiten (§ 17 Nr. 4 Buchst. a RVG). In diesem Rahmen wiederum stellen das Verfahren über einen Antrag auf Anordnung eines Arrestes und jedes Verfahren auf Abänderung oder Aufhebung dieselbe Angelegenheit dar (§ 16 Nr. 5 RVG).[46] Im Falle einer Einigung kann auch eine Einigungsgebühr (Nr. 1000 ff VV RVG) anfallen.[47] 18

---

40 OLG München FamRZ 2007, 1101; OLG Karlsruhe FamRZ 2007, 408; OLG Karlsruhe NJW 1997, 1017; OLG Karlsruhe FamRZ 1995, 822. AA BayObLG NJW 1975, 833, 835; OLG Karlsruhe FamRZ 2007, 410; OLG Koblenz FamRZ 1999, 97; OLG Stuttgart FamRZ 1995, 1427; OLG Hamburg FamRZ 1988, 964; Palandt/*Brudermüller*, § 1378 BGB Rn 19 (nur § 1389 BGB); *Ullmann*, NJW 1971, 1294 (einstweilige Verfügung).
41 OLG München MDR 1998, 63; NK-GK/*Kreutz*, Nr. 1410 KV GKG Rn 7.
42 Hans. OLG Hamburg MDR 1997, 890.
43 NK-GK/*Kreutz*, Nr. 1412 KV GKG Rn 7.
44 Hans. OLG Hamburg MDR 1996, 102; Hans. OLG Hamburg MDR 1997, 890; NK-GK/*Kreutz*, Nr. 1412 KV GKG Rn 8 ff.
45 OLG Köln AGS 2010, 99 = MDR 2009, 1419 = RVGreport 2010, 280; NK-GK/*Kreutz*, Nr. 1411 KV GKG Rn 7; aA – allerdings noch zur Rechtslage vor Inkrafttreten des 1. KostRMoG zum 1.7.2004 – OLG Koblenz MDR 1996, 425; OLG Rostock MDR 1997, 1066; Hans. OLG Hamburg MDR 2005, 418.
46 OLG Dresden JurBüro 2000, 138; OLG Braunschweig JurBüro 1995, 642.
47 AnwK-RVG/*Onderka/Schafhausen/N. Schneider/Thiel*, Nr. 1000 VV RVG Rn 14.

19 Die Einreichung einer Schutzschrift löst ebenfalls die Gebühr Nr. 3100 VV RVG aus,[48] die jedoch auch die ggf nachfolgende Tätigkeit im Anordnungsverfahren abgilt (§ 15 Abs. 5 RVG).[49]

20 Vollziehungsmaßnahmen bei der Vollziehung eines Arrestes, die sich nicht auf die Zustellung beschränken, sind besondere Angelegenheiten (§ 18 Abs. 1 Nr. 2 RVG) und lösen die Gebühren Nr. 3309 ff VV RVG aus.[50] Die Zustellung stellt noch keine Vollziehung dar (§§ 18 Abs. 1 Nr. 2, 19 Abs. 1 S. 2 Nr. 16 RVG).[51]

21 Im Berufungsverfahren entstehen die Gebühren Nr. 3200 ff VV RVG.

22 Ein Beschwerdeverfahren, das eine besondere Angelegenheit ist (§§ 15 Abs. 2, 17 Nr. 1, 18 Abs. 1 Nr. 3 RVG), lässt die Gebühren Nr. 3500 ff VV RVG entstehen. Dabei kann ggf eine 0,5-Terminsgebühr anfallen (Nr. 3513 VV RVG), die sich noch erhöht (1,2), wenn das Beschwerdegericht über eine Beschwerde gegen die Zurückweisung des Antrags auf Anordnung eines Arrestes durch Urteil entscheidet (Nr. 3514 VV RVG).[52]

§ 917 Arrestgrund bei dinglichem Arrest

(1) Der dingliche Arrest findet statt, wenn zu besorgen ist, dass ohne dessen Verhängung die Vollstreckung des Urteils vereitelt oder wesentlich erschwert werden würde.

(2) ¹Als ein zureichender Arrestgrund ist es anzusehen, wenn das Urteil im Ausland vollstreckt werden müsste und die Gegenseitigkeit nicht verbürgt ist. ²Eines Arrestgrundes bedarf es nicht, wenn der Arrest nur zur Sicherung der Zwangsvollstreckung in ein Schiff stattfindet.

I. Allgemeines ... 1	1. Allgemeines ... 10
II. Besorgnis der Vereitelung oder Erschwerung (Abs. 1) ... 2	2. Erfordernis der Auslandsvollstreckung ... 11
1. Überblick ... 2	3. Gegenseitigkeit ... 12
2. Schuldnerverhalten ... 4	IV. Anderweitige Gläubigersicherung ... 14
3. Umstände außerhalb des Einflussbereichs des Schuldners ... 8	V. Erleichterter Arrest bei Zwangsvollstreckung in ein Schiff (Abs. 2 S. 2) ... 16
III. Auslandsvollstreckung (Abs. 2 S. 1) ... 10	

I. Allgemeines

1 § 917 regelt den **Arrestgrund des dinglichen Arrestes** (persönlicher Arrest: § 918). Er besteht, wenn objektiv (vom Standpunkt eines verständigen Dritten aus) eine **Gefährdung** des Arrestgläubigers im Hinblick auf die Rechtsverwirklichung durch das Erkenntnis- und das Vollstreckungsverfahren in der Hauptsache besteht (Abs. 1).[1] Auf die persönliche Ansicht des Gläubigers kommt es nicht an.[2]

---

48 OLG Nürnberg MDR 2005, 318.
49 LG Bamberg AGS 2003, 537; AnwK-RVG/N. *Schneider*, § 15 Rn 159; Musielak/*Huber*, § 922 Rn 16.
50 AnwK-RVG/*Wolf/Volpert*, VV Vorb. 3.3, VV 3309–3310 Rn 49 ff.
51 AnwK-RVG/*Wolf/Volpert*, VV Vorb. 3.3, VV 3309–3310 Rn 53.
52 AnwK-RVG/N. *Schneider*, Nr. 3514 VV RVG Rn 6.
1 OLG Rostock NJW-RR 2012, 222; MüKo-ZPO/*Drescher*, § 917 Rn 1, 3; Stein/Jonas/*Grunsky*, § 917 Rn 4; *Menne*, FamRZ 2004, 6, 8.
2 OLG Rostock NJW-RR 2012, 222.

Abs. 2 S. 1 enthält eine unwiderlegliche Vermutung.³ Die **Streitfrage**, ob der Arrestgrund als Sonderform des Rechtsschutzinteresses eine **Zulässigkeitsvoraussetzung** für eine Sachentscheidung ist oder ob er die **Begründetheit** eines Arrestantrags betrifft,⁴ wirkt sich praktisch nicht aus. Denn jedenfalls ist der Arrestgläubiger gehalten, die Tatsachen, aus denen der Arrestgrund resultiert, darzulegen (§ 920 Abs. 1) und glaubhaft zu machen (§§ 920 Abs. 2, 294; Ausnahme: § 921 S. 1), und kann das Gericht den Arrestgrund offenlassen, wenn dem Antrag bereits wegen des fehlenden Arrestanspruchs nicht stattzugeben ist.⁵ Abs. 2 S. 2⁶ erklärt einen Arrestgrund für entbehrlich, wenn der Arrest ausschließlich die Zwangsvollstreckung in ein Schiff sichert.

II. Besorgnis der Vereitelung oder Erschwerung (Abs. 1)

1. Überblick. Arrestgrund des Abs. 1 ist die Besorgnis, dass ohne Arrestverhängung die Vollstreckung eines Hauptsachetitels⁷ vereitelt oder wesentlich erschwert werden würde. Die Vorschrift enthält konkretisierungsbedürftige unbestimmte Rechtsbegriffe, bei deren Anwendung ein gerichtlicher **Beurteilungsspielraum** besteht.⁸ Für den Arrestgrund ist es gleichgültig, welche Ursachen die Besorgnis hat und auf welche Person sie zurückzuführen sind (str).⁹ 2

Für den Arrestgrund des Abs. 1 reicht Ungewissheit über die Vermögenslage oder eine schlechte Vermögenslage des Schuldners nicht aus.¹⁰ Vielmehr muss eine **Verschlechterung der Vermögensverhältnisse** drohen.¹¹ Unerheblich ist, ob dem Gläubiger die Verschlechterung von Anfang an bekannt oder zunächst unbekannt ist.¹² Auch ohne Verschlechterung der Vermögenslage kann ein Arrestgrund bestehen, wenn der Schuldner seine **Vermögensverhältnisse verschleiert**.¹³ 3

2. Schuldnerverhalten. Die Besorgnis einer Verschlechterung der Vermögensverhältnisse kann aus Gefährdungshandlungen des Schuldners resultieren. Gleichgültig ist dabei, ob das Schuldnerverhalten rechtmäßig, rechtswidrig oder schuldhaft ist.¹⁴ 4

Demnach kann – unter besonderer Berücksichtigung der **Einzelfallumstände** – insb. dann ein Arrestgrund bestehen, wenn der Schuldner **Vermögen verschleudert** oder **beiseite schafft**.¹⁵ Die Gefährdung kann sich ergeben aus Verschwendung,¹⁶ Spielsucht,¹⁷ unstetem Aufenthalt und Wohnsitzaufgabe,¹⁸ Absetzen ins 5

---

3 MüKo-ZPO/*Drescher*, § 917 Rn 10; Schuschke/Walker/*Walker*, § 917 Rn 6.
4 MüKo-ZPO/*Drescher*, § 917 Rn 2; Stein/Jonas/*Grunsky*, § 917 Rn 2 f; *Mathäser*, JuS 1995, 442 f; Schuschke/Walker/*Walker*, Vor § 916 Rn 28, § 917 Rn 1.
5 Stein/Jonas/*Grunsky*, § 917 Rn 18; *Mathäser*, JuS 1995, 442, 443.
6 Eingefügt durch Art. 7 Nr. 6 des Gesetzes zur Reform des Seehandelsrechts v. 12.7.2012 (BGBl. I S 831) mWv 25.4.2013.
7 Stein/Jonas/*Grunsky*, § 917 Rn 14.
8 OLG Koblenz NJW-RR 2002, 575.
9 MüKo-ZPO/*Drescher*, § 917 Rn 3; Stein/Jonas/*Grunsky*, § 917 Rn 1, 4. AA *Schwerdtner*, NJW 1970, 222: nur Schuldnerverhalten.
10 Musielak/*Huber*, § 917 Rn 4. AA Berger/*Skamel*, Kap. 4 Rn 15.
11 BGHZ 131, 95, 105 = NJW 1996, 321, 324.
12 MüKo-ZPO/*Drescher*, § 917 Rn 4; Stein/Jonas/*Grunsky*, § 917 Rn 5; *Schwerdtner*, NJW 1970, 222.
13 MüKo-ZPO/*Drescher*, § 917 Rn 5; Stein/Jonas/*Grunsky*, § 917 Rn 7; Musielak/*Huber*, § 917 Rn 3.
14 OLG Karlsruhe NJW 1997, 1017.
15 OLG Düsseldorf MDR 2005, 1140.
16 MüKo-ZPO/*Drescher*, § 917 Rn 5.
17 AG Warendorf FamRZ 2000, 965.
18 OLG Karlsruhe FamRZ 1985, 507, 508.

Ausland,[19] sofern kein inländisches Grundvermögen vorhanden ist oder Hinweise für den Verkauf des Immobilienvermögens vorliegen[20] (dann ggf auch Abs. 2 S. 1). Auch die **Belastung** von Vermögensbestandteilen kann einen Arrestgrund begründen.[21] Eine Meldestellenauskunft, wonach der Schuldner unbekannt verzogen war, deutet indes nicht auf ständigen Wohnungswechsel hin und reicht nicht für einen Arrestgrund, sofern der Schuldner inzwischen eine Meldeadresse hat.[22] Wenn Vermögenswerte veräußert werden, kann ein Arrestgrund bestehen, wenn keine wesentlichen Gegenwerte für das Schuldnervermögen erlöst werden oder die Vollstreckung in den Erlös erschwert ist[23] und das verbleibende Schuldnervermögen nicht zur Befriedigung wegen der Arrestforderung ausreicht.[24] In solchen Fällen reicht für den Arrestgrund bereits die Veräußerungsabsicht aus.[25]

6 **Verschleierung** kann vorliegen, wenn der Schuldner gegenüber dem Gläubiger wissentlich grob **falsche Angaben** macht, um diesen davon abzuhalten, Ansprüche geltend zu machen.[26] Allein die Verweigerung von Auskünften reicht nicht aus,[27] und erst recht nicht die Tatsache, dass der Schuldner Anrufe des Gläubigers nicht beantwortet.[28] Ob erhebliche absichtliche **Leistungsverzögerung** und -verschleppung in einem Arrestgrund resultieren können, ist str.[29] Jedenfalls kann ein Arrestgrund nicht daraus hergeleitet werden, dass der Schuldner sich mit rechtlichen Mitteln gegen die Inanspruchnahme aus dem Arrestanspruch zur Wehr setzt, über den zur Zeit der Arrestentscheidung schließlich noch nicht rechtskräftig in einem ordentlichen Klageverfahren entschieden ist; dies gilt auch, wenn das Verhalten des Schuldners als **Prozessverschleppung** zu bewerten ist (str).[30] Andererseits kann falscher Sachvortrag im Hauptsacheprozess die Besorgnis iSd Abs. 1 begründen.[31]

7 Für die Besorgnis der Vereitelung oder wesentlichen Erschwerung der Vollstreckung genügt grds. nicht allein die Tatsache, dass der Schuldner sich (vorsätzlich) **vertragswidrig** verhalten[32] oder sogar **strafbar** gemacht[33] hat (str). Es kommt vielmehr darauf an, ob im Einzelfall das Schuldnerverhalten die ernsthafte, auf konkrete Anhaltspunkte gestützte Befürchtung einer Wiederholung vertragswidriger und betrügerischer Maßnahmen rechtfertigt.[34] Für einen Arrestgrund spricht es, wenn der Schuldner durch strafbare Handlungen, die sich über einen

---

19 KG FamRZ 1985, 730, 731; vgl ferner OLG Zweibrücken FamRZ 2000, 966; *Menne*, FamRZ 2004, 6, 9 mwN.
20 OLG Dresden NJW-RR 2007, 659; OLG Stuttgart NJW-RR 1996, 775.
21 Berger/*Skamel*, Kap. 4 Rn 12.
22 OLG Koblenz NJW-RR 2002, 575.
23 OLG Karlsruhe NJW 1997, 1017.
24 MüKo-ZPO/*Drescher*, § 917 Rn 5; Stein/Jonas/*Grunsky*, § 917 Rn 7.
25 OLG Karlsruhe NJW 1997, 1017.
26 OLG Frankfurt FamRZ 1996, 747.
27 MüKo-ZPO/*Drescher*, § 917 Rn 5; *Menne*, FamRZ 2004, 6, 10.
28 OLG Koblenz NJW-RR 2002, 575.
29 Dafür OLG München MDR 2004, 1383; Schuschke/Walker/*Walker*, § 917 Rn 3. Dagegen MüKo-ZPO/*Drescher*, § 917 Rn 5; Stein/Jonas/*Grunsky*, § 917 Rn 8.
30 MüKo-ZPO/*Drescher*, § 917 Rn 6; Stein/Jonas/*Grunsky*, § 917 Rn 9. AA Berger/*Skamel*, Kap. 4 Rn 13.
31 MüKo-ZPO/*Drescher*, § 917 Rn 6; Stein/Jonas/*Grunsky*, § 917 Rn 9.
32 Musielak/*Huber*, § 917 Rn 4.
33 OLG Bamberg WM 2013, 649 m. Anm. *Walker/Schmitt-Kästner*, WuB VI D. § 930 ZPO 1.13; OLG Köln NStZ 2011, 174; OLG Hamm NJW-RR 2007, 388. AA Stein/Jonas/*Grunsky*, § 917 Rn 8.
34 BGH VersR 1975, 763; OLG Köln NStZ 2011, 174; OLG Koblenz NJW-RR 2002, 575; OLG Köln NJW-RR 2000, 69; OLG Düsseldorf NJW-RR 1999, 1592; OLG Saarbrücken NJW-RR 1999, 143; OLG Koblenz WM 1987, 313; OLG Düsseldorf NJW-RR 1986, 1192; OLG Köln MDR 1986, 595; OLG Schleswig MDR 1983, 141.

längeren Zeitraum erstrecken, vorsätzlich das Vermögen des Gläubigers geschädigt hat.[35] Ferner soll idR ein Arrestgrund vorliegen, wenn vorsätzliches vertragswidriges Verhalten des Schuldners mit einer gegen den Gläubiger gerichteten strafbaren Handlung zusammenfällt.[36] Außerdem soll bei bestimmten Straftaten (Veruntreuung von Firmengeldern, Täuschung des Arbeitgebers nach der Annahme von Schmiergeldern, Kapitalanlagebetrug) die Begehungsart einen Arrestgrund indizieren.[37] Ein Arrestgrund liegt schließlich nahe, wenn der Schuldner den Gläubiger vorsätzlich und sittenwidrig geschädigt hat (§ 826 BGB).[38] Gegen einen Arrestgrund sprechen Wiedergutmachungsmaßnahmen oder ein Anerkenntnis des Schuldners.[39]

3. Umstände außerhalb des Einflussbereichs des Schuldners. Ein Arrestgrund kann sich aus **Handlungen Dritter** und sonstigen, den Schuldner und sein Vermögen betreffenden Umständen ergeben,[40] zB Naturkatastrophe, Feuer, Seuche, Krankheit, Haft,[41] Streik oder Boykott. Auch ungewisse Berufsaussichten und **Arbeitslosigkeit** können für einen Arrestgrund ausreichen (str),[42] ebenso die hundertprozentige Zugehörigkeit des Schuldners zu einem in Zahlungsschwierigkeiten befindlichen **Konzern**, wenn die Gefahr besteht, dass die Konzernleitung Vermögenswerte des Schuldners benutzt, um die Liquiditätslage anderer Konzerngesellschaften zu verbessern.[43] Allein die Insolvenz der Konzernmutter des Schuldnerunternehmens reicht aber nicht für einen Arrestgrund aus.[44]

8

Es ist str, ob **Gläubigerkonkurrenz** ein Arrestgrund ist.[45] Dafür spricht, dass ein Gläubiger durch die Konkurrenz anderer Gläubiger Gefahr läuft, eine hinreichende Haftungsgrundlage beim Schuldner zu verlieren. Gläubigerkonkurrenz ist damit zwanglos unter den Wortlaut von Abs. 1 zu subsumieren, der nicht auf die Gründe der Besorgnis abstellt. Ferner ist ein Arrest wegen Gläubigerkonkurrenz systemkonform, weil das die Einzelzwangsvollstreckung beherrschende Prioritätsprinzip (vgl § 804 Abs. 3) auch im Arrestverfahren gilt (vgl § 930 Abs. 1 S. 2). Dagegen wird vorgebracht, der Wortlaut von Abs. 1 beruhe auf Zufälligkeiten, ein Arrest bei Gläubigerkonkurrenz werde den Interessen der Beteiligten, vor allem denen des Schuldners, nicht gerecht, und der Grundsatz der Gleichbehandlung der Gläubiger stehe einem Arrest bei Gläubigerkonkurrenz entgegen.

9

---

35 LAG Frankfurt NJW 1965, 989.
36 BGH WM 1983, 614. AA OLG Hamm NJW-RR 2007, 388; OLG Düsseldorf VersR 1980, 50.
37 OLG Frankfurt ZIP 2004, 1317; OLG Dresden MDR 1998, 795.
38 OLG Hamburg WM 1998, 522, 523 m. Anm. *Borges*, WuB I G 8 – Prospekthaftung 1.98.
39 MüKo-ZPO/*Drescher*, § 917 Rn 6.
40 MüKo-ZPO/*Drescher*, § 917 Rn 7; Stein/Jonas/*Grunsky*, § 917 Rn 10; Musielak/*Huber*, § 917 Rn 3; Schuschke/Walker/*Walker*, § 917 Rn 4; aA *Schwerdtner*, NJW 1970, 222.
41 Zurückhaltend OLG Köln MDR 1986, 595.
42 *Menne*, FamRZ 2004, 6, 10; aA OLG Düsseldorf FamRZ 1980, 1116.
43 OLG München ZIP 1983, 222.
44 OLG Frankfurt ZIP 2004, 777 m. Anm. *Ferslev*, EWiR 2004, 679; MüKo-ZPO/*Drescher*, § 917 Rn 7; Musielak/*Huber*, § 917 Rn 4; Schuschke/Walker/*Walker*, § 917 Rn 4.
45 Dafür Stein/Jonas/*Grunsky*, § 917 Rn 1; *ders.*, NJW 1976, 553; *Mathäser*, JuS 1995, 442, 445; Schuschke/Walker/*Walker*, § 917 Rn 5. AA BGHZ 131, 95 = NJW 1996, 321; OLG Bamberg WM 2013, 649 m. abl. Anm. *Walker/Schmitt-Kästner*, WuB VI D. § 930 ZPO 1.13; OLG Karlsruhe FamRZ 1985, 507; LG Augsburg NJW 1975, 2350; Baur/Stürner/*Bruns*, Rn 51.3; *Buciek*, NJW 1987, 1063; MüKo-ZPO/*Drescher*, § 917 Rn 5; *Henckel*, JZ 1992, 645, 656; Musielak/*Huber*, § 917 Rn 4; *Schilken*, in: Gaul/Schilken/Becker-Eberhard, § 75 Rn 8; *ders.*, in: FS Leipold, S. 159 ff.

Dem ist zu entgegnen, dass ein solcher Gleichbehandlungsgrundsatz in der Einzelzwangsvollstreckung nicht gilt und dass eine über die §§ 21 Abs. 2 Nr. 3, 88, 129 ff InsO hinausgehende Vorwirkung des Insolvenzverfahrens in der insolvenznahen Phase besorgniserregender Gläubigerkonkurrenz nicht anzuerkennen ist. Bedenkenswert ist freilich die gesetzessystematische Erwägung, dass der einstweilige Rechtsschutz gegenüber dem regulären Vollstreckungszugriff Ausnahmecharakter hat, und Gläubigerkonkurrenz bei der Geltendmachung von Geldansprüchen gerade keine Ausnahmesituation darstellt, so dass der Gläubigerwettlauf auch nicht in den einstweiligen Rechtsschutz verlagert werden sollte.[46]

III. Auslandsvollstreckung (Abs. 2 S. 1)

10 1. **Allgemeines.** Abs. 2 S. 1 enthält die unwiderlegliche Vermutung eines Arrestgrundes[47] für den Fall, dass das deutsche oder bei fehlendem inländischem Gerichtsstand gem. § 328 Abs. 1 anerkennungsfähige ausländische[48] Hauptsacheurteil im Ausland vollstreckt werden müsste und die Gegenseitigkeit nicht verbürgt ist. Abs. 2 S. 1 setzt nicht voraus, dass die Durchsetzung konkret gefährdet wird.[49] Indes kann ein Arrestgrund gem. Abs. 1 vorliegen, wenn bei einer Auslandsvollstreckung zwar die Gegenseitigkeit verbürgt ist, aber dennoch mit nicht unerheblichen tatsächlichen Vollstreckungsschwierigkeiten zu rechnen ist.[50]

11 2. **Erfordernis der Auslandsvollstreckung.** Das Hauptsacheurteil muss im Ausland vollstreckt werden, wenn der Schuldner **zur Zeit der voraussichtlichen Vollstreckung des Hauptsachurteils kein Inlandsvermögen** (mehr) besitzt, in das zur vollständigen Befriedigung aus dem Titel vollstreckt werden kann, er aber entweder über **Auslandsvermögen**[51] verfügt oder sich selbst dauerhaft im Ausland aufhält. Unerheblich ist es, wenn der Schuldner zur Zeit der Arrestentscheidung (noch) über hinreichendes Inlandsvermögen verfügt; denn die Gefährdung besteht idR gerade darin, dass der Schuldner Vermögen rechtzeitig ins Ausland schafft, und der dingliche Arrest ist nur sinnvoll, wenn der Schuldner vorläufig noch Inlandsvermögen besitzt.[52] Dem Arrestgrund des Abs. 2 S. 1 steht jedoch entgegen, wenn das Inlandsvermögen nicht ins Ausland verbracht werden kann oder kein Anhaltspunkt besteht, dass Inlandsvermögen ins Ausland geschafft werden wird.[53] Ferner wird das Urteil nicht im Ausland zu vollstrecken sein, wenn weitgehend sicher ist, dass der Schuldner immer wieder Vermögensgegenstände ins Inland bringen wird (zB Fluggesellschaft oder Linienreeder mit regelmäßiger Verkehrsverbindung nach Deutschland).[54] Auslandsbeziehungen des Vollstreckungsgegenstandes reichen für Abs. 2 S. 1 nicht aus, wenn die Vollstreckung in den Gegenstand im Inland stattfindet (zB Forderung gegen Drittschuld-

---

46 *Schilken*, in: Gaul/Schilken/Becker-Eberhard, § 75 Rn 8; *ders.*, in: FS Leipold, S. 159 ff.
47 MüKo-ZPO/*Drescher*, § 917 Rn 10; Musielak/*Huber*, § 917 Rn 5; Schuschke/Walker/*Walker*, § 917 Rn 6.
48 Stein/Jonas/*Grunsky*, § 917 Rn 17; Musielak/*Huber*, § 917 Rn 7. Einzelheiten zur Vollstreckung von Auslandstiteln bei § 917 Abs. 2 str, vgl Baur/Stürner/*Bruns*, Rn 51.3.
49 OLG München NJW 1983, 2778; MüKo-ZPO/*Drescher*, § 917 Rn 10; *Menne*, FamRZ 2004, 6, 9; Musielak/*Huber*, § 917 Rn 5; Schuschke/Walker/*Walker*, § 917 Rn 6.
50 OLG Dresden NJW-RR 2007, 659.
51 MüKo-ZPO/*Drescher*, § 917 Rn 10.
52 MüKo-ZPO/*Drescher*, § 917 Rn 10; Stein/Jonas/*Grunsky*, § 917 Rn 19.
53 OLG München NJW 1983, 2778.
54 OLG München NJW 1983, 2778, 2779; Stein/Jonas/*Grunsky*, § 917 Rn 19; Hk-ZPO/*Kemper*, § 917 Rn 8; Schuschke/Walker/*Walker*, § 917 Rn 6; s. aber auch AG Hamburg VersR 987, 1237; s. ferner *Braun*, VersR 1988, 878 zu den Schwierigkeiten beim dinglichen Arrest in durchreisende Lkw.

ner mit Auslandssitz).[55] Die **Staatsangehörigkeiten** der Beteiligten haben für Abs. 2 S. 1 keine Bedeutung.[56] Abs. 2 S. 1 gilt nicht für die Vollstreckung ausländischer Urteile in Deutschland (vgl §§ 722, 723).[57] Der Arrestgrund des Abs. 2 S. 1 besteht nicht nur bei inländischen Urteilen,[58] sondern auch bei anerkennungs- und vollstreckungsfähigen (§§ 328, 722 f) **ausländischen Urteilen** (insb. aus Mitgliedstaaten der EuGVVO[59] bzw inzwischen der Brüssel Ia-VO[60]), wenn sie im Ausland zu vollstrecken sein werden. Ferner ist am 17.7.2014 die Verordnung (EU) Nr. 655/2014 des Europäischen Parlaments und des Rates vom 15.5.2014 zur Einführung eines Verfahrens für einen Europäischen Beschluss zur vorläufigen Kontenpfändung im Hinblick auf die Erleichterung der grenzüberschreitenden Eintreibung von Forderungen in Zivil- und Handelssachen (**European Account Preservation Order – EAPO**) in Kraft getreten.[61] Die EAPO sieht für grenzüberschreitende Angelegenheiten einen sichernden EU-Kontenpfändungsbeschluss vor, der in den Mitgliedstaaten keiner besonderes Anerkennungsverfahren oder Vollstreckbarerklärung bedarf; die Verordnung **gilt ab dem 18.1.2017.**

3. Gegenseitigkeit. Kein Arrestgrund gem. Abs. 2 S. 1 besteht, wenn die Gegenseitigkeit verbürgt ist. **Gegenseitigkeit** bedeutet, dass Entscheidungen des Auslandsstaates in Deutschland anerkannt werden (s. § 328) und **deutsche Entscheidungen von dem Auslandsstaat als bindend behandelt** werden. Die Gegenseitigkeit ist **verbürgt**, wenn das beiderseitige Anerkennungsrecht und die Anerkennungspraxis bei einer Gesamtwürdigung **im Wesentlichen gleichwertige Bedingungen** für die Vollstreckung eines Urteils gleicher Art im Ausland schaffen.[62] Wenn in föderalen Staaten die Anerkennung nach dem Recht der Teilstaaten zu beurteilen ist, ist auf die anzuwendende Teilrechtsordnung abzustellen.[63] Die Verbürgung der Gegenseitigkeit ist gem. § 293 von Amts wegen zu ermitteln. Kann infolge unklarer Rechtslage nicht festgestellt werden, ob die Gegenseitigkeit verbürgt ist, geht dies zu Lasten des Arrestgläubigers.

Die Möglichkeit zur Vollstreckbarerklärung gem. Art. 39 ff Brüssel Ia-VO (Art. 38 ff EuGVVO) lässt für Urteile, die im örtlichen Anwendungsbereich der **Brüssel Ia-VO** zu vollstrecken sein werden, den Arrestgrund des Abs. 2 S. 1 entfallen.[64] Gleiches gilt bei Titeln, die als **Europäische Vollstreckungstitel** nach der Verordnung (EG) Nr. 805/2004 bestätigt werden können (§§ 1079 ff).

IV. Anderweitige Gläubigersicherung

Ein Arrestgrund fehlt, wenn dem Gläubiger Sicherheiten eingeräumt sind, die seinen Anspruch ausreichend decken (vgl § 777).[65] In Betracht kommen **Real- und**

---

55 OLG Frankfurt MDR 1976, 321; Stein/Jonas/*Grunsky*, § 917 Rn 14; Musielak/*Huber*, § 917 Rn 5; Hk-ZPO/*Kemper*, § 917 Rn 7; Schuschke/Walker/*Walker*, § 917 Rn 6.
56 MüKo-ZPO/*Drescher*, § 917 Rn 10; Stein/Jonas/*Grunsky*, § 917 Rn 16; Hk-ZPO/*Kemper*, § 917 Rn 7.
57 Stein/Jonas/*Grunsky*, § 917 Rn 14.
58 So aber OLG München NJW-RR 1988, 1023.
59 Vgl OLG Düsseldorf NJW 1977, 2034.
60 Verordnung (EU) Nr. 1215/2012 des Europäischen Parlaments und des Rates vom 12.12.2012 über die gerichtliche Zuständigkeit und die Anerkennung und Vollstreckung von Entscheidungen in Zivil- und Handelssachen (Neufassung), ABl. EU L 351 vom 20.12.2012, S. 1; in Kraft seit dem 10.1.2015. – „Brüssel Ia-VO".
61 ABl. EU L 189 vom 27.6.2014, S. 59.
62 BGH NJW 2001, 524; BGHZ 141, 286, 299; BGHZ 59, 116, 121; BGHZ 42, 194, 196 f.
63 Vgl BGHZ 141, 286, 299; Hk-ZPO/*Dörner*, § 328 Rn 61.
64 Vgl Berger/*Skamel*, Kap. 4 Rn 36; s. auch *Menne*, FamRZ 2004, 6, 9.
65 BGH NJW 1972, 1044; LG Augsburg NJW 1975, 2350.

Personalsicherheiten. Daher darf grds. kein dinglicher Arrest ergehen, wenn der Gläubiger durch ein Pfandrecht gesichert ist (Ausnahme: besitzloses Vermieterpfandrecht, §§ 562 ff BGB).[66] Entscheidend ist, ob die Sicherheit nach ihrem wirtschaftlichen Wert, ihrer Art und Befriedigungsmöglichkeit (Rang) gleichwertig sichert wie ein Arrest.[67] Unsicherheiten bei der Bewertung vor allem von Personalsicherheiten und sicherungszedierten Forderungen (Einreden, Bonität) gehen zu Lasten des Arrestschuldners. Ein Arrestgrund fehlt auch, wenn der Gläubiger wegen der Arrestforderung bereits einen **dinglichen Arrest** erwirkt hat, der vollzogen oder vollziehbar ist.[68] Am Arrestgrund fehlt es hingegen nicht allein dadurch, dass bei einer **Gesamtschuld** die Forderung gegen einen anderen Gesamtschuldner ohne Weiteres durchgesetzt werden kann (str).[69] Hat der Gläubiger bereits einen **vollstreckbaren Titel gegen den Schuldner** erwirkt, dann entfällt dadurch idR der Arrestgrund für einen dinglichen Arrest.[70] Dies gilt auch, wenn künftig fällig werdende Unterhaltsansprüche tituliert sind und eine Vorratspfändung (§ 850 d Abs. 3) möglich und für die Abdeckung des laufenden Unterhalts ausreichend ist.[71] Wenn keine Vorratspfändung möglich ist, hilft ein Titel über künftigen Unterhalt dem Arrestgrund wegen §§ 726, 751 Abs. 1 nicht ab.[72] Schließlich entfällt, anders als bei einstweiliger Verfügung (s. § 935 Rn 14), der Arrestgrund, wenn das Urteil nur gegen Sicherheitsleistung vollstreckbar ist, denn der Gläubiger kann jedenfalls die Sicherungsvollstreckung gem. § 720 a betreiben.[73]

15 **Hinterlegt** der Schuldner unter Verzicht auf das Recht zur Rücknahme (§ 376 Abs. 2 Nr. 1 BGB), dann ist zu unterscheiden: Liegen die Voraussetzungen des § 372 BGB vor oder beruht die Hinterlegung auf einer entsprechenden Vereinbarung (rechtmäßige Hinterlegung) und war der Arrestgläubiger als Empfangsberechtigter benannt,[74] dann fehlt es am Arrestanspruch (§ 378 BGB). War die Hinterlegung unrechtmäßig, dann besteht die Arrestforderung fort, es fehlt aber ein Arrestgrund, weil der Gläubiger sich den Hinterlegungsbetrag ungefährdet mithilfe eines rechtskräftigen Hauptsacheurteils verschaffen kann (zB § 22 Abs. 3 S. 1 Nr. 2 HintG BW/MV/NRW/LSA/SächsHintG/HambHintG, Art. 20 Abs. 1 Nr. 3 BayHintG, § 17 Abs. 3 S. 1 Nr. 2 BerlHintG, § 21 Abs. 3 S. 1 Nr. 2 BbgHintG, § 22 Abs. 2 S. 1 Nr. 2 HessHintG). Hatte der Schuldner bei der Hinterlegung nicht auf die Rücknahme verzichtet, dann kann jeder benannte Gläubiger die Rücknahme ausschließen, indem er der Hinterlegungsstelle die Annahme erklärt (§ 376 Abs. 2 Nr. 2 BGB). Die Annahme führt gleichzeitig die Hinterlegungswirkung gem. § 378 BGB herbei,[75] so dass kein Arrestanspruch mehr besteht. Hat der Arrestschuldner nicht auch zugunsten des Arrestgläubigers hinterlegt, dann hat die Hinterlegung keine Auswirkungen auf Arrestanspruch und -grund.

---

66 LG Augsburg NJW 1975, 2350; MüKo-ZPO/*Drescher*, § 917 Rn 13; Stein/Jonas/*Grunsky*, § 917 Rn 22; Musielak/*Huber*, § 917 Rn 8; Schuschke/Walker/*Walker*, § 917 Rn 7.
67 BGH NJW 1992, 1044.
68 MüKo-ZPO/*Drescher*, § 917 Rn 14; Schuschke/Walker/*Walker*, § 917 Rn 8.
69 Berger/*Skamel*, Kap. 4 Rn 33. AA MüKo-ZPO/*Drescher*, § 917 Rn 13; Stein/Jonas/*Grunsky*, § 917 Rn 22.
70 MüKo-ZPO/*Drescher*, § 917 Rn 15; Stein/Jonas/*Grunsky*, § 917 Rn 25; *Schilken*, in: Gaul/Schilken/Becker-Eberhard, § 75 Rn 6; Schuschke/Walker/*Walker*, § 917 Rn 8.
71 AG Ludwigslust FamRZ 2006, 284.
72 OLG Düsseldorf NJW-RR 1994, 450; OLG Hamm FamRZ 1980, 391; *Kannowski*, JuS 2001, 482, 483; *Menne*, FamRZ 2004, 6, 9.
73 Baur/Stürner/*Bruns*, Rn 51.5; MüKo-ZPO/*Drescher*, § 917 Rn 15; *Menne*, FamRZ 2004, 6, 8; *Schilken*, in: Gaul/Schilken/Becker-Eberhard, § 75 Rn 6; Schuschke/Walker/*Walker*, § 917 Rn 8.
74 Vgl BGH NJW-RR 2005, 712; Palandt/*Grüneberg*, § 378 BGB Rn 1.
75 BGH NJW 1993, 55; Palandt/*Grüneberg*, § 378 BGB Rn 2.

V. Erleichterter Arrest bei Zwangsvollstreckung in ein Schiff (Abs. 2 S. 2)

Abs. 2 S. 2, wonach der Arrest zur Sicherung der Zwangsvollstreckung in ein Schiff (gleichgültig, ob See- oder Binnenschiff) keines Arrestgrundes bedarf, ist nur anwendbar, wenn der Antrag auf Arrestanordnung auf die Beschlagnahme eines Schiffes beschränkt ist („Arrest nur ... in ein Schiff"). Wird ein Arrest beantragt, der zur Beschlagnahme von Vermögenswerten aller Art berechtigt, so ist weiterhin ein Arrestgrund nötig.[76] 16

Eine solche Beschränkung des Arrests zur Sicherung der Vollstreckung „in ein Schiff" verdeutlicht, dass der Arrestanspruch auf Befriedigung „aus dem Schiff" (§ 601 HGB) gerichtet sein muss. Solche Ansprüche sind die der mit einem gesetzlichen Pfandrecht versehenen Schiffsgläubiger (§§ 596–598 HGB) gegen den Schiffseigentümer (§ 601 Abs. 2 HGB).[77] 17

§ 918 Arrestgrund bei persönlichem Arrest

Der persönliche Sicherheitsarrest findet nur statt, wenn er erforderlich ist, um die gefährdete Zwangsvollstreckung in das Vermögen des Schuldners zu sichern.

I. Allgemeines

Die Vorschrift regelt die Voraussetzungen des persönlichen Arrestes und sein Verhältnis zum dinglichen Arrest. Der freiheitsbeschränkende (§ 933) persönliche Sicherheitsarrest ist als **ultima ratio** nur zulässig, wenn die Durchsetzung eines arrestfähigen Anspruchs nicht anders, insb. nicht durch dinglichen Arrest, gesichert werden kann. Der persönliche Arrest ist damit **zweifach subsidiär**, und zwar gegenüber dem dinglichen Arrest (s. Vor §§ 916–945 b Rn 11) und (wie dieser) gegenüber anderweitiger Gläubigersicherung (s. § 917 Rn 14 f).[1] 1

Persönlicher Sicherheitsarrest ist ein Sicherungs- und **kein Beugemittel**. Er darf nicht eingesetzt werden, um einen Schuldner zur aktiven Förderung der Zwangsvollstreckung anzuhalten.[2] Der persönliche Arrest dient nicht dazu, einen Schuldner, dessen Vermögen unauffindbar ist, zur Zahlung zu zwingen (zB durch Herbeischaffen von Auslandsvermögen).[3] Unzulässig ist auch ein persönlicher Arrest, der einen Schuldner dazu bringen soll, sich Einkommensquellen zu erhalten oder zu erschließen, damit der Gläubiger eine bislang noch nicht vorhandene Zugriffsmasse erlangt.[4] 2

Der persönliche Arrest kann auch angeordnet und vollzogen werden, wenn der Gläubiger bereits einen **vorläufig vollstreckbaren oder rechtskräftigen Titel über den Arrestanspruch** besitzt. Denn der Zahlungstitel hilft dem Rechtsschutzinteresse des Gläubigers nicht ab, den Schuldner von der Vereitelung der Vollstreckung abzuhalten. Persönlicher Arrest kann auch wegen des gleichen Anspruchs neben dinglichem Arrest angeordnet werden (s. Vor §§ 916–945 b Rn 34). 3

---

76 BT-Drucks. 17/10309, S. 143.
77 Zöller/*Vollkommer*, § 917 Rn 19.
1 MüKo-ZPO/*Drescher*, § 918 Rn 1; Musielak/*Huber*, § 918 Rn 2; *Schilken*, in: Gaul/Schilken/Becker-Eberhard, § 75 Rn 10.
2 Hk-ZPO/*Kemper*, § 918 Rn 2.
3 MüKo-ZPO/*Drescher*, § 918 Rn 2; Stein/Jonas/*Grunsky*, § 918 Rn 1; Musielak/*Huber*, § 918 Rn 4; *Schilken*, in: Gaul/Schilken/Becker-Eberhard, § 75 Rn 11; *Schuschke*, DGVZ 1999, 129, 130; Schuschke/Walker/*Walker*, § 918 Rn 1.
4 MüKo-ZPO/*Drescher*, § 918 Rn 2; Stein/Jonas/*Grunsky*, § 918 Rn 1; Musielak/*Huber*, § 918 Rn 4; Schuschke/Walker/*Walker*, § 918 Rn 1.

II. Arrestschuldner

4 Die Staatsangehörigkeit des Arrestschuldners ist gleichgültig.[5] Wenn der Arrestschuldner eine **juristische Person** ist, dann kann der persönliche Arrest gegen die geschäftsführungs- und vertretungsberechtigten Organe verhängt werden. Ist der Arrestschuldner **prozessunfähig**, kann persönlicher Arrest gegen den gesetzlichen Vertreter ergehen, wenn sich die Gefährdung der Anspruchsdurchsetzung aus dessen Verhalten ergibt.[6]

III. Arrestgrund

5 Der Schuldner muss über **Vermögen** verfügen, das der Vollstreckung für den Anspruch des Gläubigers unterliegen kann.[7] Ferner muss eine Besorgnis der Vereitelung oder Erschwerung der Anspruchsdurchsetzung bestehen. Diese kann sich daraus ergeben, dass der Schuldner beabsichtigt, Vermögen **beiseite zu schaffen** oder zu verschleudern, sich dauerhaft ins Ausland außerhalb des Geltungsbereichs der Brüssel Ia-VO/EuGVVO abzusetzen, oder dass er den Verbleib von Vermögen verschleiert oder verheimlicht (**Verdunkelung**).[8] Jedenfalls darf kein Zugriff auf das Vermögen möglich sein, weil sonst dinglicher Arrest ausreichend und persönlicher Arrest nicht **erforderlich** wäre.[9] Der persönliche Arrest dient damit im Wesentlichen dazu, dem Gläubiger die Möglichkeit zu geben, nach Schuldnervermögen zu suchen.[10] Zum Arrestgrund bei Straf- oder Untersuchungshaft s. § 929 Rn 8.

6 Als Arrestgrund ist auch die **Sicherung der Abgabe der eidesstattlichen Versicherung** gem. § 807 anerkannt, wenn der Schuldner befürchten lässt, dass er sich dem Termin entziehen werde.[11]

IV. Verfahren, Entscheidung, Vollzug

7 **1. Verfahren.** Für den persönlichen Sicherheitsarrest gelten grds. die §§ 919 ff. Jedoch kann entgegen § 921 S. 1 der Arrestgläubiger beim persönlichen Sicherheitsarrest nicht die Glaubhaftmachung durch Sicherheitsleistung ersetzen.[12]

8 **2. Entscheidung.** Das Gericht muss in seiner Entscheidung die Art der angeordneten **Arrestmaßnahme** (s. § 933 Rn 3) bezeichnen,[13] wobei für die Entscheidung über die anzuordnenden Maßnahmen in besonderem Maß der **Grundsatz der Verhältnismäßigkeit** zu beachten ist. Die Verhältnismäßigkeit bezieht sich dabei allerdings nur auf die Wahl der Maßnahme (mildestes Mittel, insb. Subsidiarität der Haft gegenüber anderen freiheitsbeschränkenden Maßnahmen); es ist **keine Angemessenheitsprüfung** vorzunehmen, bei der der Betrag des Arrestanspruchs

---

5 MüKo-ZPO/*Drescher*, § 918 Rn 5; Stein/Jonas/*Grunsky*, § 918 Rn 9; Musielak/*Huber*, § 918 Rn 2; Schuschke/Walker/*Walker*, § 918 Rn 1.
6 Stein/Jonas/*Grunsky*, § 918 Rn 10; Schuschke/Walker/*Walker*, § 918 Rn 3.
7 OLG Karlsruhe NJW-RR 1997, 450; MüKo-ZPO/*Drescher*, § 918 Rn 2; Stein/Jonas/ *Grunsky*, § 918 Rn 4; *Schuschke*, DGVZ 1999, 129, 130; Schuschke/Walker/*Walker*, § 918 Rn 2.
8 OLG Karlsruhe NJW-RR 1997, 450; MüKo-ZPO/*Drescher*, § 918 Rn 3; *Schuschke*, DGVZ 1999, 129, 130.
9 OLG Karlsruhe NJW-RR 1997, 450, 451; MüKo-ZPO/*Drescher*, § 918 Rn 3; Stein/ Jonas/*Grunsky*, § 918 Rn 7; Musielak/*Huber*, § 918 Rn 2; Schuschke/Walker/*Walker*, § 918 Rn 3.
10 OLG Karlsruhe NJW-RR 1997, 450, 451.
11 MüKo-ZPO/*Drescher*, § 918 Rn 4; Stein/Jonas/*Grunsky*, § 918 Rn 7; Musielak/*Huber*, § 918 Rn 3; *Schuschke*, DGVZ 1999, 129, 130; Schuschke/Walker/*Walker*, § 918 Rn 3.
12 MüKo-ZPO/*Drescher*, § 918 Rn 6; Schuschke/Walker/*Walker*, § 918 Rn 4.
13 MüKo-ZPO/*Drescher*, § 933 Rn 1; *Schuschke*, DGVZ 1999, 129, 130 f.

ins Verhältnis zur erforderlichen Arrestmaßnahme zu setzen ist (str).[14] Fehlt die genaue Angabe der Arrestmaßnahme, ist die Entscheidung nicht vollziehbar; die Arrestentscheidung ist entsprechend § 321 um die Angabe zu ergänzen.[15]

3. Vollzug. Zur Vollziehung des persönlichen Sicherheitsarrestes s. § 933. 9

§ 919 Arrestgericht

Für die Anordnung des Arrestes ist sowohl das Gericht der Hauptsache als das Amtsgericht zuständig, in dessen Bezirk der mit Arrest zu belegende Gegenstand oder die in ihrer persönlichen Freiheit zu beschränkende Person sich befindet.

I. Allgemeines 1	1. Hauptsache 6
1. Umfang der Zuständigkeit im Arrestverfahren 1	a) Hauptsache anhängig... 7
	aa) Erster Rechtszug.... 7
2. Gerichtsstandsvereinbarungen, rügelose Einlassung.... 2	bb) Verweisung und Abgabe 10
3. Beschwerde- und Vollstreckungsgericht, einstweilige Verfügungen 3	cc) Berufung 11
	b) Hauptsache nicht anhängig 13
4. Verweisung, Zuständigkeitsbestimmung 4	2. Einzelheiten 14
	III. Amtsgericht 15
5. Internationale Zuständigkeit 5	1. Zuständigkeit 15
	2. Entscheidung 16
II. Gericht der Hauptsache 6	

I. Allgemeines

1. Umfang der Zuständigkeit im Arrestverfahren. § 919 regelt die **ausschließliche** (§ 802) **Zuständigkeit** für die **Arrestanordnung** und das **weitere Verfahren** (Widerspruch und Aufhebung gem. §§ 924–927).[1] Die Zuständigkeit gem. § 919 umfasst auch das Verfahren zur Erteilung der Vollstreckungsklausel gem. § 929 Abs. 1,[2] Pfändungen gem. §§ 930 Abs. 1 S. 3, 931 Abs. 3 sowie die besonderen Anordnungen gem. § 933 S. 1, hingegen nicht die übrige Arrestvollziehung und das Aufhebungsverfahren gem. § 934, es sei denn, eine Forderungspfändung (§ 930 Abs. 1) sei aufzuheben.[3] Arrestgericht ist nach **Wahl des Arrestgläubigers** (§ 35) das Hauptsachegericht (§ 943 Abs. 1) oder das Amtsgericht, in dessen Bezirk sich der mit Arrest zu belegende Gegenstand oder der persönliche Arrestschuldner befindet. Anders ist es gem. § 927 Abs. 2 für die Aufhebung und gem. § 943 Abs. 2 für die nach § 109 zu treffenden Anordnungen, für die stets das Hauptsachegericht zuständig ist, wenn die Hauptsache anhängig ist oder war. 1

2. Gerichtsstandsvereinbarungen, rügelose Einlassung. Gerichtsstandsvereinbarungen für die Durchführung eines Arrestverfahrens vor einem nicht nach § 919 zuständigem Gericht sind unzulässig (§ 40 Abs. 2 S. 1 Nr. 2). Anders ist es, wenn 2

---

14 MüKo-ZPO/*Drescher*, § 918 Rn 7; *Schilken*, in: Gaul/Schilken/Becker-Eberhard, § 75 Rn 11. AA Stein/Jonas/*Grunsky*, § 918 Rn 6; Musielak/*Huber*, § 918 Rn 4; Zöller/*Vollkommer*, § 918 Rn 2; Schuschke/Walker/*Walker*, § 918 Rn 4.
15 Stein/Jonas/*Grunsky*, § 918 Rn 6; *Schuschke*, DGVZ 1999, 129, 130 f.
1 MüKo-ZPO/*Drescher*, § 919 Rn 1 f; Musielak/*Huber*, § 919 Rn 1; Hk-ZPO/*Kemper*, § 919 Rn 1.
2 MüKo-ZPO/*Drescher*, § 919 Rn 1; Stein/Jonas/*Grunsky*, § 919 Rn 15; Musielak/*Huber*, § 919 Rn 1; *Schilken*, in: Gaul/Schilken/Becker-Eberhard, § 77 Rn 7.
3 Hk-ZPO/*Kemper*, § 934 Rn 4; *Schilken*, in: Gaul/Schilken/Becker-Eberhard, § 77 Rn 7; Zöller/*Vollkommer*, § 934 Rn 1.

wirksam ein Gerichtsstand für die Hauptsache vereinbart ist; dieses Hauptsachegericht ist dann auch Arrestgericht gem. §§ 919 Alt. 1, 943 Abs. 1.[4] Rügelose Einlassung begründet keine Zuständigkeit (§ 40 Abs. 2 S. 2).

3. Beschwerde- und Vollstreckungsgericht, einstweilige Verfügungen. Hat nicht das Eingangs-, sondern das Beschwerdegericht den Arrest erlassen, dann ist nicht dieses, sondern das Eingangsgericht das Arrestgericht.[5] Wenn nicht das Arrestgericht zuständig ist, ist das **Vollstreckungsgericht** zuständig (§§ 764, 930 Abs. 3, 934 Abs. 2). Für **einstweilige Verfügungen** enthalten §§ 937, 942 Sondervorschriften.

4. Verweisung, Zuständigkeitsbestimmung. Wurde ein örtlich oder sachlich unzuständiges Gericht mit einem Arrestgesuch angerufen, ist ggf gem. § 281 zu verweisen.[6] Ferner kommt eine Zuständigkeitsbestimmung gem. § 36 in Betracht.[7] Zu § 17 a GVG s. § 916 Rn 2.

5. Internationale Zuständigkeit. Bei inlandsbelegenem Vermögen ausländischer Schuldner ohne Wohnsitz in Deutschland wird die internationale Zuständigkeit im Arrestverfahren ausschließlich entsprechend den deutschen Vorschriften über die örtliche Zuständigkeit (§§ 802, 919, 23) bestimmt (str für den Geltungsbereich der Brüssel Ia-VO/EuGVVO).[8] Das Gericht des Vermögensgerichtsstands ist also als Gericht der Hauptsache iSd §§ 919 Alt. 1, 943 Abs. 1 für das Arrestverfahren örtlich und **international zuständig**.[9]

II. Gericht der Hauptsache

1. Hauptsache. Hauptsache ist der Rechtsstreit, den Gläubiger und Schuldner des Eilverfahrens im ordentlichen Klageverfahren über den Arrestanspruch führen oder führen könnten. **Gericht der Hauptsache** iSd § 919 ist das Gericht des ersten Rechtszugs und, wenn die Hauptsache in der Berufungsinstanz anhängig ist, das Berufungsgericht (§ 943 Abs. 1). Es ist zu unterscheiden.

a) Hauptsache anhängig. aa) Erster Rechtszug. Die Hauptsache ist anhängig, wenn zur Zeit des Eingangs des Arrestgesuchs eine (Wider-)Klage eingereicht ist, die den Arrestanspruch zum Gegenstand hat. Der **Antrag auf PKH-Bewilligung** steht gleich.[10] Wenn ein **Mahnbescheid** über den Arrestanspruch beantragt ist, dann ist das Amtsgericht des Mahnverfahrens Hauptsachegericht, solange die Angelegenheit nicht in das streitige Verfahren abgegeben (§§ 696, 700) ist.[11] Für die Zuständigkeit nach Alt. 1 iVm § 943 Abs. 1 ist es grds. unerheblich, ob das Gericht, bei dem die Hauptsache anhängig ist, für diese zuständig oder unzustän-

---

4 MüKo-ZPO/*Drescher*, § 919 Rn 2; Stein/Jonas/*Grunsky*, § 919 Rn 1; *Schilken*, in: Gaul/Schilken/Becker-Eberhard, § 77 Rn 6; Schuschke/Walker/*Walker*, § 919 Rn 1.
5 *Schilken*, in: Gaul/Schilken/Becker-Eberhard, § 77 Rn 8.
6 MüKo-ZPO/*Drescher*, § 919 Rn 2; Stein/Jonas/*Grunsky*, § 919 Rn 1; *Schilken*, in: Gaul/Schilken/Becker-Eberhard, § 77 Rn 6; Schuschke/Walker/*Walker*, § 919 Rn 1.
7 MüKo-ZPO/*Drescher*, § 919 Rn 2.
8 Einzelheiten bei Musielak/*Huber*, § 919 Rn 2.
9 OLG Karlsruhe MDR 2002, 231 zur Rechtslage bei Anwendbarkeit des LugÜ. Eingehend zur internationalen Zuständigkeit MüKo-ZPO/*Drescher*, § 919 Rn 3; Stein/Jonas/ *Grunsky*, § 919 Rn 2; Schuschke/Walker/*Walker*, § 919 Rn 3.
10 MüKo-ZPO/*Drescher*, § 919 Rn 5.
11 Stein/Jonas/*Grunsky*, § 919 Rn 4; Schuschke/Walker/*Walker*, § 919 Rn 5.

dig ist.[12] Zu beachten sind aber die Zulässigkeit des **Rechtswegs**[13] und die **internationale Zuständigkeit**[14] (Letzteres str). Wenn die Hauptsacheklage rechtskräftig wegen Unzuständigkeit abgewiesen wird, ist damit das Hauptsachegericht auch für das Arrestverfahren unzuständig; bis dahin getroffene Arrestentscheidungen bleiben wirksam.[15]

Das mit der Klage angerufene Gericht ist für den Erlass von Entscheidungen des einstweiligen Rechtsschutzes allein zuständig. Eine zuvor bestehende **Wahlmöglichkeit unter mehreren Hauptsachegerichten entfällt**. Dies gilt auch, wenn der Gläubiger bei einem anderen Gericht eine zweite Klage erhebt, der der Einwand der Rechtshängigkeit entgegensteht.[16]

Anhängig wird der Anspruch, der den Streitgegenstand der Hauptsacheklage bildet. Bei einer Klage auf Sicherungsübereignung oder Bestellung eines (Grund-)Pfandrechts wird der Anspruch auf Verschaffung des dinglichen Rechts und nicht die zu besichernde Forderung anhängig.[17] Auch eine vom Beklagten zur **Aufrechnung** gestellte Forderung wird nicht anhängig.[18] Bei der **Stufenklage** (§ 254) ist das angerufene Gericht für einen Arrest wegen des Zahlungsanspruchs des Hauptantrags zuständig, auch wenn sich das Verfahren der Stufenklage noch in der Auskunftsstufe befindet.[19]

bb) Verweisung und Abgabe. Bei Verweisung (§§ 281, 506) und Abgabe (§§ 696, 700) wird das Adressatgericht anstelle des Abgabegerichts zum Gericht der Hauptsache.[20] Zuvor getroffene Entscheidungen des Abgabegerichts bleiben wirksam.[21]

cc) Berufung. Das Hauptsachegericht des ersten Rechtszugs bleibt für das Arrestverfahren zuständig gem. Alt. 1 iVm § 943 Abs. 1, bis Berufung gegen sein Urteil eingelegt ist.[22] Mit der Berufungseinlegung wird das Berufungsgericht Hauptsachegericht. Wenn das Berufungsurteil rechtskräftig wird oder Revision oder Nichtzulassungsbeschwerde eingelegt ist, wird wieder das Gericht des ersten Rechtszugs zuständig.[23] Das Revisionsgericht ist niemals für das Arrestverfahren zuständig.[24] Der **mehrfache Zuständigkeitswechsel** ist zu beachten, wenn ein Ar-

---

12 LG Frankfurt NJW 1990, 652; MüKo-ZPO/*Drescher*, § 919 Rn 5; Stein/Jonas/*Grunsky*, § 919 Rn 5; Hk-ZPO/*Kemper*, § 919 Rn 4; *Schilken*, in: Gaul/Schilken/Becker-Eberhard, § 77 Rn 3; Schuschke/Walker/*Walker*, § 919 Rn 5.
13 BAG NJW 2000, 2524 (zu § 937 Abs. 1); MüKo-ZPO/*Drescher*, § 919 Rn 5; Stein/Jonas/*Grunsky*, § 919 Rn 5; Hk-ZPO/*Kemper*, § 919 Rn 4; Schuschke/Walker/*Walker*, § 919 Rn 5.
14 OLG Koblenz ZIP 1991, 1098; MüKo-ZPO/*Drescher*, § 919 Rn 5; Stein/Jonas/*Grunsky*, § 919 Rn 5; Musielak/*Huber*, § 943 Rn 4; Hk-ZPO/*Kemper*, § 919 Rn 4. AA LG Frankfurt NJW 1990, 652; *Otte*, ZIP 1991, 1048; *Schilken*, in: Gaul/Schilken/Becker-Eberhard, § 77 Rn 3.
15 MüKo-ZPO/*Drescher*, § 919 Rn 5; Stein/Jonas/*Grunsky*, § 919 Rn 5; Musielak/*Huber*, § 943 Rn 5; Schuschke/Walker/*Walker*, § 919 Rn 5.
16 OLG Hamburg MDR 1981, 1027 (zu § 937 Abs. 1).
17 LG Stuttgart MDR 1977, 676.
18 MüKo-ZPO/*Drescher*, § 919 Rn 4; Schuschke/Walker/*Walker*, § 919 Rn 5.
19 Stein/Jonas/*Grunsky*, § 919 Rn 3.
20 MüKo-ZPO/*Drescher*, § 919 Rn 5; Stein/Jonas/*Grunsky*, § 919 Rn 5.
21 LAG Niedersachsen MDR 2006, 592; MüKo-ZPO/*Drescher*, § 919 Rn 5; Stein/Jonas/*Grunsky*, § 919 Rn 5; Schuschke/Walker/*Walker*, § 919 Rn 1.
22 MüKo-ZPO/*Drescher*, § 919 Rn 6; Stein/Jonas/*Grunsky*, § 919 Rn 6; Musielak/*Huber*, § 943 Rn 6; *Schilken*, in: Gaul/Schilken/Becker-Eberhard, § 77 Rn 2; Schuschke/Walker/*Walker*, § 919 Rn 6.
23 BGH Rpfleger 1976, 178.
24 MüKo-ZPO/*Drescher*, § 919 Rn 6; Stein/Jonas/*Grunsky*, § 919 Rn 6; Musielak/*Huber*, § 943 Rn 6; Schuschke/Walker/*Walker*, § 919 Rn 6.

restgesuch anhängig gemacht wird, er wirkt sich aber nicht auf rechtshängige Arrestverfahren aus (§ 261 Abs. 3 Nr. 2).[25]

12 Wenn nach einem **Vorbehaltsurteil** (§ 302) das Verfahren über die Klageforderung in der Berufung fortgeführt wird, ist nach Wahl des Gläubigers das Gericht des ersten oder des zweiten Rechtszugs zuständig gem. Alt. 1 iVm § 943 Abs. 1 (str).[26] Anders ist es, wenn ein **Zwischenurteil** über den Grund (§ 304) oder über die Zulässigkeit der Klage (§ 280) mit der Berufung angefochten und über Höhe bzw Begründetheit weiter im ersten Rechtszug gestritten wird; die Zuständigkeit für das Arrestverfahren bleibt allein beim Gericht des ersten Rechtszugs (str).[27] Zu differenzieren ist bei **Teilurteilen**:[28] Soll Arrest wegen eines abgrenzbaren Teils der Klageforderung ergehen, dann kommt es für die Zuständigkeit gem. Alt. 1 iVm § 943 Abs. 1 darauf an, ob dieser Teil noch im ersten oder bereits im zweiten Rechtszug anhängig ist. Betrifft der Arrest hingegen mehr als einen zuordenbaren Teil, dann hat der Gläubiger die Wahl.

13 b) **Hauptsache nicht anhängig.** Ist die Hauptsache zur Zeit des Arrestantrags noch nicht anhängig, dann ist das zuständige Hauptsachegericht nach §§ 23 ff, 71 GVG, §§ 12 ff zu bestimmen.[29] Bei Wahlgerichtsständen hat der Gläubiger auch im Rahmen der Alt. 1 iVm § 943 Abs. 1 die Wahl.[30] Wenn der Gläubiger bei einem Wahlgerichtsstand Arrestantrag stellt und anschließend bei einem anderen Wahlgerichtsstand die Hauptsache anhängig macht, bleibt die Zuständigkeit des angerufenen Arrestgerichts unberührt (§ 261 Abs. 3 Nr. 2).

14 **2. Einzelheiten.** Ein Arrestbefehl ist **Familiensache**, wenn das Hauptsacheverfahren Familiensache ist (hM).[31] **Einzelrichtersachen** sind auch im Arrestverfahren Einzelrichtersachen;[32] **Kammersachen** sind im Arrestverfahren Kammersachen, s. aber § 944. Kann die Hauptsache vor der **Kammer für Handelssachen** (§§ 93 ff GVG) verhandelt werden, dann gilt dies auch für das Arrestverfahren.[33] Bei **schiedsgerichtlicher Hauptsachezuständigkeit** gelten die §§ 1033, 1041 (s. Vor §§ 916–945 b Rn 27). Die Zuständigkeit des staatlichen Gerichts richtet sich bei § 1033 nach § 919.[34] Sachlich zuständiges Gericht der Hauptsache ist danach das Gericht, das gem. §§ 23 ff, 71 GVG ohne Schiedsvereinbarung zuständig wä-

---

25 Stein/Jonas/*Grunsky*, § 919 Rn 6 f.
26 MüKo-ZPO/*Drescher*, § 919 Rn 6; Musielak/*Huber*, § 943 Rn 6; Schuschke/Walker/*Walker*, § 919 Rn 7. AA Stein/Jonas/*Grunsky*, § 919 Rn 6.
27 Wie hier MüKo-ZPO/*Drescher*, § 919 Rn 6 (betr. § 280); Stein/Jonas/*Grunsky*, § 919 Rn 6; *Schilken*, in: Gaul/Schilken/Becker-Eberhard, § 77 Rn 4; Schuschke/Walker/*Walker*, § 919 Rn 7 (betr. § 280). AA MüKo-ZPO/*Drescher*, § 919 Rn 6 (betr. § 304); Musielak/*Huber*, § 943 Rn 6; Schuschke/Walker/*Walker*, § 919 Rn 7 (betr. § 304): nach Wahl des Gläubigers.
28 MüKo-ZPO/*Drescher*, § 919 Rn 6; Musielak/*Huber*, § 943 Rn 6; Stein/Jonas/*Grunsky*, § 919 Rn 6.
29 MüKo-ZPO/*Drescher*, § 919 Rn 7; Stein/Jonas/*Grunsky*, § 919 Rn 9; Schuschke/Walker/*Walker*, § 919 Rn 8.
30 MüKo-ZPO/*Drescher*, § 919 Rn 7; Stein/Jonas/*Grunsky*, § 919 Rn 9; Musielak/*Huber*, § 943 Rn 7; Schuschke/Walker/*Walker*, § 919 Rn 8.
31 BGH NJW 1980, 191; OLG Frankfurt NJW 1978, 1012; MüKo-ZPO/*Drescher*, § 919 Rn 4; Stein/Jonas/*Grunsky*, § 919 Rn 3; Musielak/*Huber*, § 943 Rn 2; Hk-ZPO/*Kemper*, § 919 Rn 5; Schuschke/Walker/*Walker*, § 919 Rn 4. AA OLG Hamm NJW 1978, 57.
32 MüKo-ZPO/*Drescher*, § 919 Rn 2; Musielak/*Huber*, § 943 Rn 3.
33 MüKo-ZPO/*Drescher*, § 919 Rn 2; Stein/Jonas/*Grunsky*, § 919 Rn 9; Musielak/*Huber*, § 943 Rn 2; Schuschke/Walker/*Walker*, § 919 Rn 4.
34 Hk-ZPO/*Saenger*, § 1033 Rn 3; Schuschke/Walker/*Walker*, § 919 Rn 4 a.

re[35] (nach aA[36] das Gericht, das für die Vollstreckbarerklärung des Schiedsspruchs in der Hauptsache zuständig wäre). Örtlich zuständig ist das Gericht am vereinbarten Schiedsort,[37] ohne Schiedsortvereinbarung das nach §§ 12 ff zuständige Gericht.

III. Amtsgericht

1. Zuständigkeit. Anstelle des Gerichts der Hauptsache (§ 943 Abs. 1) ist nach Wahl des Gläubigers (§ 35) das Amtsgericht zuständig, in dessen Bezirk der mit Arrest zu belegende Gegenstand oder die in ihrer persönlichen Freiheit zu beschränkende Person sich befindet (Alt. 2). Anders als bei § 942 ist es unerheblich, ob die Angelegenheit dringlich ist. Das Amtsgericht ist zuständig, wenn zur Zeit der Einbringung des Arrestgesuchs der Gegenstand oder die Person sich in seinem Bezirk befindet. Es wird zuständig, wenn der Gegenstand oder die Person nach Antragstellung in seinen Bezirk gelangt. Wenn sich der Gegenstand oder die Person ab Antragstellung (Rechtshängigkeit der Arrestsache, s. Vor §§ 916–945 b Rn 32) einmal im Amtsgerichtsbezirk befunden hat, dann bleibt das Amtsgericht zuständig, auch wenn der Gegenstand oder die Person den Bezirk anschließend wieder verlässt (§ 261 Abs. 3 Nr. 2). Eine unverbriefte Forderung befindet sich am (Wohn-)Sitz des Drittschuldners (§ 23 S. 2 Alt. 1); ist für die Forderung eine Sache (gleich, ob Fahrnis oder Liegenschaft) als Sicherheit bestellt, dann befindet sich die Forderung außerdem dort, wo sich das Sicherungsgut befindet. 15

2. Entscheidung. Arrestentscheidungen gem. Alt. 2 zuständiger Amtsgerichte gelten im gesamten Geltungsbereich der ZPO und für das gesamte Vermögen des Schuldners.[38] Es reicht daher aus, wenn im Arrestgesuch (§ 920) (irgend-)ein Gegenstand aus dem Schuldnervermögen angegeben wird (vgl § 920 Rn 8), der sich im Amtsgerichtsbezirk befindet.[39] 16

§ 920 Arrestgesuch

(1) Das Gesuch soll die Bezeichnung des Anspruchs unter Angabe des Geldbetrages oder des Geldwertes sowie die Bezeichnung des Arrestgrundes enthalten.

(2) Der Anspruch und der Arrestgrund sind glaubhaft zu machen.

(3) Das Gesuch kann vor der Geschäftsstelle zu Protokoll erklärt werden.

I. Allgemeines	1	d) Arrestanspruch	6
II. Form und Inhalt des Arrestgesuchs	2	e) Arrestgrund	7
		f) Schuldnervermögen	8
1. Form	2	g) Vollziehungsantrag	9
2. Inhalt (Abs. 1)	3	III. Anbringung eines Arrestgesuchs, Rücknahme	10
a) Sollvorschrift	3		
b) Parteien	4	1. Rechtshängigkeit	10
c) Antrag	5	2. Rücknahme	11

---

35 MüKo-ZPO/*Drescher*, § 919 Rn 4; Musielak/*Huber*, § 943 Rn 2; Schuschke/Walker/*Walker*, § 919 Rn 4 a; iE ebenso Hk-ZPO/*Saenger*, § 1033 Rn 3.
36 OLG Hamburg NJW 1997, 749 (zum Schiedsrecht aF).
37 OLG Hamburg NJW 1997, 749; Hk-ZPO/*Saenger*, § 1033 Rn 3. AA MüKo-ZPO/*Drescher*, § 919 Rn 4.
38 MüKo-ZPO/*Drescher*, § 919 Rn 9; Stein/Jonas/*Grunsky*, § 919 Rn 13, § 920 Rn 16; Musielak/*Huber*, § 919 Rn 4; Hk-ZPO/*Kemper*, § 919 Rn 8; *Thümmel*, NJW 1985, 472; Schuschke/Walker/*Walker*, § 919 Rn 11.
39 Stein/Jonas/*Grunsky*, § 919 Rn 13.

IV. Schlüssigkeit, Glaubhaftmachungslast, Glaubhaftmachung (Abs. 2) 12
1. Schlüssigkeit 12
2. Glaubhaftmachungslast 13
3. Glaubhaftmachung 14
    a) Voraussetzungen und Gegenstand 14
    b) Maß und Art 15
       aa) Beweismaß 16
       bb) Art der Beweisführung 17

I. Allgemeines

1 § 920 regelt die förmlichen und **inhaltlichen Anforderungen** an das Arrestgesuch (Abs. 1, 3) und die **Beweisanforderungen** im Arrestverfahren (Abs. 2).

II. Form und Inhalt des Arrestgesuchs

2 **1. Form.** Der Gläubiger ist gehalten, sein Begehren nach einstweiligem Rechtsschutz mit einem Gesuch beim zuständigen Gericht (§ 919) zur Geltung zu bringen. Das Arrestgesuch kann schriftlich (auch iVm der Klageschrift in der Hauptsache),[1] als elektronisches Dokument (§ 130 a)[2] oder mündlich zu Protokoll der Geschäftsstelle (**Abs. 3**) angebracht werden, nicht aber mündlich im Verhandlungstermin über die Hauptsache.[3] Es besteht kein Anwaltszwang (Abs. 3 iVm § 78 Abs. 3).

3 **2. Inhalt (Abs. 1). a) Sollvorschrift.** Abs. 1 ist eine Sollvorschrift. Gleichwohl bestehen bestimmte **inhaltliche Mindestvoraussetzungen** für das Arrestgesuch.[4] Allerdings sind **nachträgliche Ergänzungen und Korrekturen**, auch noch in der mündlichen Verhandlung oder nach Widerspruch (§ 924), möglich.[5] Ferner hat das Arrestgericht auf Mängel hinzuweisen (§ 139),[6] auch im Hinblick auf die Glaubhaftmachung (Abs. 2 iVm § 294).[7] Nur wenn es der Arrestgläubiger trotz **richterlichen Hinweises** versäumt, die unverzichtbaren inhaltlichen Voraussetzungen herzustellen, darf und muss das Arrestgericht ein Arrestgesuch als **unzulässig** zurückweisen.[8]

4 **b) Parteien.** Arrestgläubiger und -schuldner sind nach den zu **§ 253 Abs. 2 Nr. 1** geltenden Grundsätzen bestimmt zu bezeichnen.[9] Zur Ordnungsmäßigkeit des Gesuchs gehört, dass der **Antragsteller** seine **ladungsfähige Anschrift** angibt. Andernfalls ist das Gesuch unzulässig.[10]

5 **c) Antrag.** Das Gesuch muss einen bestimmten Antrag enthalten.

6 **d) Arrestanspruch.** Das Gesuch muss den Arrestanspruch (§ 916) mit der Angabe seines Gegenstandes (**Geldbetrag oder -wert**, Abs. 1, vgl § 923) und seiner **tatsächlichen Grundlagen** konkret bezeichnen. Dies ist bereits deshalb erforderlich, weil der Arrest nur bestimmte Forderungen sichern kann und das Gericht im-

---

1 Stein/Jonas/*Grunsky*, § 920 Rn 1; Schuschke/Walker/*Walker*, § 920 Rn 1.
2 MüKo-ZPO/*Drescher*, § 920 Rn 2.
3 Stein/Jonas/*Grunsky*, § 920 Rn 1; Schuschke/Walker/*Walker*, § 920 Rn 2.
4 MüKo-ZPO/*Drescher*, § 920 Rn 1; Musielak/*Huber*, § 920 Rn 1; Schuschke/Walker/*Walker*, § 920 Rn 3.
5 MüKo-ZPO/*Drescher*, § 920 Rn 1; Stein/Jonas/*Grunsky*, § 920 Rn 6; Musielak/*Huber*, § 920 Rn 1; Schuschke/Walker/*Walker*, § 920 Rn 3.
6 Vgl OLG Stuttgart NJW 2001, 1145.
7 Schuschke/Walker/*Walker*, § 920 Rn 20.
8 MüKo-ZPO/*Drescher*, § 920 Rn 7; Stein/Jonas/*Grunsky*, § 920 Rn 6; Schuschke/Walker/*Walker*, § 920 Rn 3.
9 MüKo-ZPO/*Drescher*, § 920 Rn 3; Musielak/*Huber*, § 920 Rn 6; Schuschke/Walker/*Walker*, § 920 Rn 4.
10 OLG Frankfurt NJW 1992, 1178; Musielak/*Huber*, § 920 Rn 6.

stande sein muss, Statthaftigkeit (§ 916) und Schlüssigkeit zu prüfen.[11] Die Angabe des Arrestanspruchs bindet das Gericht gem. § 308.[12]

e) **Arrestgrund.** Die Tatsachen, aus denen der Arrestgrund (§§ 917, 918) resultiert, müssen im Gesuch vorgetragen werden.[13] § 921 S. 1 hilft nicht über fehlenden Tatsachenvortrag hinweg (s. § 921 Rn 2).[14]

f) **Schuldnervermögen.** Schuldnervermögen braucht der Arrestschuldner grds. nicht anzugeben. Ausnahmen gelten im Fall des § 919 Alt. 2 zum Zweck der Zuständigkeitsbestimmung[15] (s. § 919 Rn 15) sowie beim persönlichen Arrest, bei dem der Arrestgrund pfändbares Schuldnervermögen voraussetzt[16] (s. § 918 Rn 5).

g) **Vollziehungsantrag.** In das Arrestgesuch kann ein Antrag auf Arrestvollziehung aufgenommen werden. Der Vollziehungsantrag ist dann aufschiebend bedingt durch den Erlass des Arrestes und in seiner rechtlichen Bewertung von diesem zu unterscheiden.[17]

III. Anbringung eines Arrestgesuchs, Rücknahme

1. Rechtshängigkeit. Zur Rechtshängigkeit eines Arrestverfahrens s. Vor §§ 916–945 b Rn 32 f. Zu den **prozessrechtlichen Wirkungen** (Rechtshängigkeitssperre, perpetuatio fori, § 261 Abs. 3) s. Vor §§ 916–945 b Rn 34 f. Zur **Hemmung der Verjährung des Hauptsacheanspruchs** (§§ 204 Abs. 1 Nr. 9, 209 BGB) s. Vor §§ 916–945 b Rn 36 ff.

2. Rücknahme. Zur Rücknahme des Gesuchs s. Vor §§ 916–945 b Rn 51.

IV. Schlüssigkeit, Glaubhaftmachungslast, Glaubhaftmachung (Abs. 2)

1. Schlüssigkeit. Das Arrestverfahren ist zwar ein summarisches Erkenntnisverfahren, das Gericht hat aber grds.[18] eine **vollständige Schlüssigkeitsprüfung** des Gesuchs auch im Hinblick auf den Arrestanspruch anzustellen;[19] die Rechtsprüfung ist durch die Verringerung des Beweismaßes auf Glaubhaftmachung (§§ 920 Abs. 2, 294) und die Eilbedürftigkeit unbeeinflusst (str, vgl Vor §§ 935–945 b Rn 9). Wenn der Arrestanspruch nicht schlüssig vorgetragen ist, dann ist das Gesuch (unabhängig vom Arrestgrund, s. § 917 Rn 1) als unbegründet zurückzuweisen.[20] Gleiches gilt, wenn die vorgetragenen Tatsachen nicht als Arrestgrund zu bewerten sind. Besonderheiten gelten bei der **Sicherung anwaltlicher Honorar- und Gebührenforderungen** durch Arrest. Nach zweifelhafter Rechtsauffassung ist ein Rechtsanwalt nicht befugt, zur Begründung des Arrestgrundes Tatsachen vorzutragen, die ihm im Mandatsverhältnis anvertraut wurden und die im Hauptsacheprozess zur Substantiierung der Honorar- und Gebührenansprüche nicht vorgetragen werden müssen (weil sie nicht den Anspruch, sondern nur dessen Ge-

---

11 MüKo-ZPO/*Drescher*, § 920 Rn 4; Stein/Jonas/*Grunsky*, § 920 Rn 7; Schuschke/Walker/*Walker*, § 920 Rn 4.
12 OLG Celle NJW-RR 2003, 1661, 1662.
13 MüKo-ZPO/*Drescher*, § 920 Rn 6; Stein/Jonas/*Grunsky*, § 920 Rn 7; Musielak/*Huber*, § 920 Rn 8.
14 Schuschke/Walker/*Walker*, § 920 Rn 4.
15 MüKo-ZPO/*Drescher*, § 920 Rn 6; Stein/Jonas/*Grunsky*, § 920 Rn 16.
16 Stein/Jonas/*Grunsky*, § 920 Rn 16; Schuschke/Walker/*Walker*, § 920 Rn 18.
17 Stein/Jonas/*Grunsky*, § 920 Rn 17; Schuschke/Walker/*Walker*, § 920 Rn 3.
18 Zu den Ausnahmen bei der Feststellung ausländischen Rechts s. MüKo-ZPO/*Drescher*, § 920 Rn 13; Stein/Jonas/*Grunsky*, § 920 Rn 8.
19 OLG Koblenz NJW 2001, 1364.
20 MüKo-ZPO/*Drescher*, § 920 Rn 10.

fährdung betreffen).[21] Die Verwertung demnach unbefugten Vortrags soll wegen Verletzung des Persönlichkeitsrechts (Art. 1, 2 GG) des Arrestschuldners nicht zulässig sein.[22]

13 **2. Glaubhaftmachungslast.** Im Arrestverfahren orientiert sich die Glaubhaftmachungslast an der Beweislast im Hauptsacheverfahren.[23] Der Gläubiger ist gehalten, die Voraussetzungen des Arrestanspruchs schlüssig darzulegen und glaubhaft zu machen (Abs. 2). Vortrag und Glaubhaftmachung von Einwendungen und Einreden obliegen dem Schuldner, wenn er zum Verfahren zugezogen wurde (str).[24] Auch wenn dem Schuldner keine Gelegenheit zur Äußerung gegeben wurde, ist der Gläubiger grds. nicht mit der Glaubhaftmachung der Einwendungs- und Einredefreiheit des Arrestanspruchs belastet. Anders ist es nur, wenn sein eigener Vortrag Hinweise auf Einwendungen und erhobene Einreden enthält[25] oder wenn sich solche aus einer Schutzschrift (s. Vor §§ 916–945 b Rn 61 ff) ergeben. Für die Umstände, aus denen sich der Arrestgrund ergibt, trägt der Gläubiger die Behauptungs- und Glaubhaftmachungslast (Abs. 2).

14 **3. Glaubhaftmachung. a) Voraussetzungen und Gegenstand.** Arrestanspruch und -grund sind vom Gläubiger glaubhaft zu machen (Abs. 2). Ausnahmen gelten in den Fällen des § 921 S. 1, bei offenkundigen Tatsachen (§ 291) und gesetzlichen Vermutungen (§ 292), und – wenn der Schuldner zum Verfahren zugezogen ist – gem. §§ 138 Abs. 3, 288, 290,[26] 331 Abs. 1.[27] Die Glaubhaftmachung (§ 294) ist auch über Abs. 2 hinaus die Beweisart und das Beweismaß des Verfahrens des einstweiligen Rechtsschutzes,[28] also auch im Hinblick auf die **Sachentscheidungsvoraussetzungen**,[29] die **Anhängigkeit der Hauptsache** (§ 926 Abs. 1),[30] den **Vortrag des Arrestschuldners**[31] und für die Kostenentscheidung nach § 93 ZPO im Eilverfahren.[32] Die **Vollziehungsvoraussetzungen gem. §§ 887–890** bedürfen hingegen des **Vollbeweises**.[33]

15 **b) Maß und Art.** Glaubhaftmachung (§ 294) ist eine besondere Art der Beweisführung mit einem geringeren Maß des Beweises, das im Gegensatz steht zum Vollbeweis des § 286.

16 **aa) Beweismaß.** An die Stelle richterlicher Überzeugung (§ 286 Abs. 1 S. 1) von der Wahrheit tritt die **überwiegende Wahrscheinlichkeit**.[34] Für die Glaubhaftmachung des **Arrestanspruchs** bedeutet dies, dass das Rechtsschutzbegehren des Ar-

---

21 So KG NJW 1994, 462; *Everts*, NJW 2002, 3136. AA MüKo-ZPO/*Drescher*, § 917 Rn 4.
22 KG NJW 1994, 462.
23 MüKo-ZPO/*Drescher*, § 920 Rn 21; Stein/Jonas/*Grunsky*, § 920 Rn 10; Musielak/*Huber*, § 920 Rn 5; Schuschke/Walker/*Walker*, § 920 Rn 21.
24 MüKo-ZPO/*Drescher*, § 920 Rn 21 mwN; Stein/Jonas/*Grunsky*, § 920 Rn 11; Schuschke/Walker/*Walker*, § 920 Rn 21 f mwN.
25 MüKo-ZPO/*Drescher*, § 920 Rn 21; Stein/Jonas/*Grunsky*, § 920 Rn 11; Musielak/*Huber*, § 920 Rn 5; Schuschke/Walker/*Walker*, § 920 Rn 22.
26 OLG Brandenburg ZIP 2000, 1541.
27 MüKo-ZPO/*Drescher*, § 922 Rn 23.
28 OLG Frankfurt MDR 1981, 237.
29 MüKo-ZPO/*Drescher*, § 920 Rn 12; Stein/Jonas/*Grunsky*, § 920 Rn 15; Hk-ZPO/*Kemper*, § 920 Rn 4; Schuschke/Walker/*Walker*, § 920 Rn 18.
30 OLG Frankfurt MDR 1981, 237.
31 Vgl MüKo-ZPO/*Drescher*, § 920 Rn 21.
32 OLG Hamburg NJW-RR 2012, 1210.
33 Zöller/*Stöber*, § 891 Rn 1; Wieczorek/Schütze/*Storz*, § 890 Rn 80. AA betr. § 890 OLG Bremen MDR 2003, 233; *Dahm*, MDR 1996, 1100.
34 BGH VersR 1986, 59; KG NJW 2007, 705, 706; OLG Köln NJW-RR 2000, 1299, 1301; OLG Köln MDR 2000, 1274.

restgläubigers in der Hauptsache wahrscheinlich Erfolg haben wird.[35] Die Erfolgswahrscheinlichkeit muss die Wahrscheinlichkeit zu unterliegen grds. überwiegen.[36] Gleichgroße Wahrscheinlichkeit kann ausreichen, wenn die drohenden Nachteile des Gläubigers bei Abweisung des Arrestgesuchs die Nachteile des Schuldners bei Stattgabe erheblich überwiegen.[37] Andererseits nähert sich das Maß der Glaubhaftmachung dem Vollbeweis, wenn der Arrestanspruch im ersten Rechtszug des Hauptsacheverfahrens bereits abgewiesen wurde.[38] Nach rechtskräftiger Abweisung in der Hauptsache kommt eine Glaubhaftmachung des Arrestanspruchs nicht mehr in Betracht.[39] Für den **Arrestgrund** muss die Gefährdung der Anspruchsdurchsetzung mindestens möglich[40] und mit einer gewissen Wahrscheinlichkeit zu erwarten sein.

bb) Art der Beweisführung. Wer im Arrestverfahren eine tatsächliche Behauptung glaubhaft zu machen hat, kann sich aller Beweismittel (nicht nur der Strengbeweismittel gem. §§ 373 ff) bedienen (**Freibeweis**)[41] und auch zur Versicherung an Eides statt zugelassen werden (§ 294 Abs. 1). Allerdings ist eine Beweisaufnahme unstatthaft, wenn sie nicht sofort erfolgen kann (§ 294 Abs. 2). So kann zur Glaubhaftmachung des Arrestanspruchs zB auf Akten und Entscheidungen des Hauptsacheverfahrens Bezug genommen werden.[42] Ebenso kann auf Straf- oder Ermittlungsakten Bezug genommen werden;[43] die bloße Tatsache, dass ein Ermittlungs- oder Strafverfahren durchgeführt wird, macht aber den Arrestanspruch oder -grund noch nicht glaubhaft.[44] Eine große praktische Rolle spielen **eidesstattliche Versicherungen** (§ 294 Abs. 1 Hs 2), die dem Arrestgesuch als **präsente Beweismittel** (§ 294 Abs. 2) beigefügt werden und funktional den Zeugen- und Parteibeweis ersetzen. Zulässig ist auch die **anwaltliche Versicherung** über Vorgänge, die der Rechtsanwalt in seiner Berufstätigkeit wahrgenommen hat, unter Berufung auf die standesrechtlichen Berufspflichten eines Rechtsanwalts,[45] ferner schriftliche Zeugenaussagen[46] und Parteigutachten.[47] Die Parteien können sich aller Strengbeweismittel nur bedienen, wenn sie nur präsent sind (§ 294 Abs. 2), dh spätestens in der mündlichen Verhandlung dargeboten werden. Erbringt eine Partei mit einem Strengbeweismittel den Vollbeweis einer Tatsache, dann kann der Gegenbeweis nur als Vollbeweis mit einem Strengbeweismittel geführt werden.[48]

§ 921 Entscheidung über das Arrestgesuch

¹Das Gericht kann, auch wenn der Anspruch oder der Arrestgrund nicht glaubhaft gemacht ist, den Arrest anordnen, sofern wegen der dem Gegner drohenden

---

35 MüKo-ZPO/*Drescher*, § 920 Rn 14.
36 MüKo-ZPO/*Drescher*, § 920 Rn 15 f; Musielak/*Huber*, § 920 Rn 9.
37 MüKo-ZPO/*Drescher*, § 920 Rn 15 f.
38 Stein/Jonas/*Grunsky*, § 920 Rn 8.
39 MüKo-ZPO/*Drescher*, § 920 Rn 19.
40 MüKo-ZPO/*Drescher*, § 920 Rn 17 f.
41 Zum Freibeweis s. Hk-ZPO/*Saenger*, § 284 Rn 20 ff.
42 MüKo-ZPO/*Drescher*, § 920 Rn 19; Stein/Jonas/*Grunsky*, § 920 Rn 8; Musielak/*Huber*, § 920 Rn 10; Schuschke/Walker/*Walker*, § 920 Rn 16.
43 OLG Bamberg MDR 2013, 57.
44 MüKo-ZPO/*Drescher*, § 920 Rn 19.
45 OLG Köln MDR 1986, 152; OLG Koblenz Rpfleger 1986, 71; OLG München Rpfleger 1985, 457; LG Dortmund Rpfleger 1986, 321.
46 Musielak/*Huber*, § 920 Rn 10; Schuschke/Walker/*Walker*, § 920 Rn 16.
47 Schuschke/Walker/*Walker*, § 920 Rn 16.
48 MüKo-ZPO/*Drescher*, § 920 Rn 20.

Nachteile Sicherheit geleistet wird. ²Es kann die Anordnung des Arrestes von einer Sicherheitsleistung abhängig machen, selbst wenn der Anspruch und der Arrestgrund glaubhaft gemacht sind.

I. Allgemeines

1 Die Vorschrift stellt es in das **Ermessen des Gerichts**, Arrest gegen **Sicherheitsleistung des Arrestgläubigers** anzuordnen, wenn dieser seiner Glaubhaftmachungslast (§ 920 Abs. 2) nicht nachgekommen ist (S. 1) oder wenn dies trotz hinreichender Glaubhaftmachung angezeigt ist (S. 2).

II. Ermessensentscheidung

2 1. **Mangelhafte Glaubhaftmachung (S. 1).** Wenn der Gläubiger den Arrestanspruch oder -grund (oder beides)[1] entgegen § 920 Abs. 2 nicht glaubhaft gemacht hat, steht es im Ermessen des Gerichts, den Arrest gleichwohl anzuordnen, sofern der Gläubiger wegen der dem Schuldner drohenden Nachteile (s. Rn 6) Sicherheit leistet. S. 1 ist **nicht anwendbar**, wenn der Gläubiger seiner **Behauptungslast** nicht genügt hat; Arrestanspruch und -grund müssen (schlüssig) vorgetragen sein.[2] Unanwendbar ist S. 1 auch, wenn Vortrag zwar nicht glaubhaft gemacht ist, aber auch **nicht glaubhaft zu machen** (s. § 920 Rn 14) ist. Andererseits kann beim **persönlichen Arrest** kein Glaubhaftmachungsmangel durch Anwendung von S. 1 überbrückt werden.[3] Ferner erlaubt es S. 1 nicht, einen Arrest anzuordnen, wenn keinerlei Wahrscheinlichkeit für Arrestanspruch oder -grund spricht.[4] Ermessensleitend hat vielmehr die Erwägung zu sein, dass es dem Gläubiger wohl zunächst (wegen der Eile) noch nicht gelungen ist, Anspruch und/oder Grund im hinreichenden Maß (s. § 920 Rn 16) glaubhaft zu machen, dass ihm dies nach Sachlage aber noch gelingen könne.[5] Die Anordnung der Sicherheitsleistung hat damit für die Glaubhaftmachung nicht schlechthin ersetzende, sondern **ergänzende Funktion**.[6]

3 Über seinen Wortlaut hinaus gilt S. 1 (wie § 920 Abs. 2) auch für die **Sachentscheidungsvoraussetzungen**.[7]

4 Wenn das Entschließungsermessen gem. S. 1 eröffnet ist, hat das Gericht die Ermessenserwägungen **ohne Antrag oder Anregung des Gläubigers** anzustellen.[8] Andernfalls ist eine abweisende Entscheidung ermessensfehlerhaft (Ermessensausfall).

5 2. **Hinreichende Glaubhaftmachung (S. 2).** Trotz Glaubhaftmachung kann das Gericht im Interesse des Schuldners den Arrest nur gegen Gläubigersicherheit anordnen, wenn dies geboten ist. Die Anordnung von Sicherheitsleistung kann insb. geboten sein, wenn die **Vermögensverhältnisse des Gläubigers** die Sorge begründen, dass etwaige Schadensersatzansprüche des Schuldners nicht zu verwirkli-

---

1 MüKo-ZPO/*Drescher*, § 921 Rn 2; Stein/Jonas/*Grunsky*, § 921 Rn 5; Musielak/*Huber*, § 921 Rn 7; Schuschke/Walker/*Walker*, § 921 Rn 11.
2 OLG Frankfurt Rpfleger 1995, 468; OLG Düsseldorf VersR 1980, 50; MüKo-ZPO/*Drescher*, § 921 Rn 2; Musielak/*Huber*, § 921 Rn 7; Schuschke/Walker/*Walker*, § 921 Rn 11; differenzierend Stein/Jonas/*Grunsky*, § 921 Rn 6.
3 MüKo-ZPO/*Drescher*, § 921 Rn 2; Musielak/*Huber*, § 921 Rn 7; Hk-ZPO/*Kemper*, § 921 Rn 3; Schuschke/Walker/*Walker*, § 921 Rn 12.
4 MüKo-ZPO/*Drescher*, § 921 Rn 2.
5 MüKo-ZPO/*Drescher*, § 921 Rn 2; Schuschke/Walker/*Walker*, § 921 Rn 12.
6 Stein/Jonas/*Grunsky*, § 921 Rn 5.
7 MüKo-ZPO/*Drescher*, § 921 Rn 2; Stein/Jonas/*Grunsky*, § 921 Rn 5; Schuschke/Walker/*Walker*, § 921 Rn 11.
8 MüKo-ZPO/*Drescher*, § 921 Rn 3; Stein/Jonas/*Grunsky*, § 921 Rn 6; Schuschke/Walker/*Walker*, § 921 Rn 14.

chen sein werden.⁹ Gleiches gilt, wenn die Rechtslage zweifelhaft oder die Glaubhaftmachung nur knapp gelungen ist.¹⁰

3. Dem Gegner drohende Nachteile. Sicherheitsleistung gem. S. 1 kann „wegen der dem Gegner drohenden Nachteile" angeordnet werden. Der Gesetzeswortlaut ist **zu weit**. Sicherheitsleistung gem. S. 1 soll nur den **Schadensersatzanspruch aus § 945** sichern¹¹ und nicht schlechthin – anspruchsunabhängig – Nachteile. Gleiches gilt für die Sicherheitsleistung gem. S. 2.¹²   6

4. Leistungsfähigkeit des Gläubigers. Die Entscheidung kann von einer Sicherheitsleistung abhängig gemacht werden, auch wenn der Antragsteller Sicherheit nicht leisten und deshalb den Titel nicht vollstrecken kann; § 710 ist nicht entsprechend anwendbar.¹³   7

III. Entscheidungsinhalt

Der Wortlaut von S. 1 legt es nahe, dass der Arrest erst nach Leistung der Sicherheit zu erlassen ist. Indes ist es auch zulässig und üblich, den Arrest unabhängig von der Leistung der Sicherheit zu erlassen und erst die **Vollziehung von der Sicherheitsleistung abhängig** zu machen (§§ 928, 751 Abs. 2).¹⁴ Das Gericht hat **Art und Höhe** der Sicherheit nach freiem Ermessen zu bestimmen (§ 108 Abs. 1 S. 1). Ermessensleitend für die Höhe der Sicherheit dürfte die zu erwartende Höhe eines möglichen Schadensersatzanspruchs des Arrestschuldners gegen den Gläubiger aus § 945 zu sein.¹⁵ Zur Entscheidung über die **Rückgabe der Sicherheit** (§ 109) s. § 943 Rn 3 ff.   8

IV. Form der Entscheidung und Rechtsmittel

1. Form. Die Sicherheitsleistung kann **in der Arrestentscheidung** oder durch gesonderten Beschluss angeordnet werden,¹⁶ der dem Schuldner nicht mitzuteilen ist (§ 922 Abs. 3).   9

2. Rechtsmittel. Allgemein zu den Rechtsmitteln s. § 922 Rn 15 ff. Für die Anfechtung der Entscheidung über die Sicherheitsleistung gilt Folgendes:¹⁷ Wenn der **Gläubiger** Arrest ohne Sicherheitsleistung beantragt oder sich zur Sicherheitsleistung nicht geäußert hat, dann ist gegen die Anordnung der Sicherheitsleistung die **sofortige Beschwerde** zulässig. Hatte der Gläubiger hingegen Arrest gegen Sicherheitsleistung beantragt oder sich zur Leistung einer Sicherheit bereit erklärt, dann fehlt es im Hinblick auf die Anordnung der Sicherheit an einer Beschwer. Die sofortige Beschwerde kann sich aber gegen die Höhe der Sicherheit richten. Der **Schuldner** kann gegen eine Arrestentscheidung, die keine Sicherheitsleistung   10

---

9 MüKo-ZPO/*Drescher*, § 921 Rn 4; Stein/Jonas/*Grunsky*, § 921 Rn 7; Musielak/*Huber*, § 921 Rn 7; Schuschke/Walker/*Walker*, § 921 Rn 20.
10 MüKo-ZPO/*Drescher*, § 921 Rn 4; Schuschke/Walker/*Walker*, § 921 Rn 20.
11 Vgl MüKo-ZPO/*Drescher*, § 921 Rn 6; Stein/Jonas/*Grunsky*, § 921 Rn 7, 10; Wieczorek/Schütze/*Thümmel*, § 921 Rn 8; Schuschke/Walker/*Walker*, § 921 Rn 13, 19 f.
12 Stein/Jonas/*Grunsky*, § 921 Rn 7; Schuschke/Walker/*Walker*, § 921 Rn 11.
13 So OLG Köln MDR 1989, 920 betr. einstweilige Verfügung; krit. Schuschke/Walker/*Walker*, § 921 Rn 21.
14 OLG Hamm GRUR 1984, 603; MüKo-ZPO/*Drescher*, § 921 Rn 5; Stein/Jonas/*Grunsky*, § 921 Rn 10; Musielak/*Huber*, § 921 Rn 8; Hk-ZPO/*Kemper*, § 921 Rn 4; Schuschke/Walker/*Walker*, § 921 Rn 14.
15 Schuschke/Walker/*Walker*, § 921 Rn 13; einschränkend MüKo-ZPO/*Drescher*, § 921 Rn 6.
16 MüKo-ZPO/*Drescher*, § 921 Rn 5; Stein/Jonas/*Grunsky*, § 921 Rn 10.
17 MüKo-ZPO/*Drescher*, § 921 Rn 7; Stein/Jonas/*Grunsky*, § 921 Rn 11; Musielak/*Huber*, § 921 Rn 8; Schuschke/Walker/*Walker*, § 921 Rn 15.

vorsieht, **Widerspruch** erheben bzw **Berufung** einlegen, jeweils mit dem Ziel, dass Sicherheitsleistung angeordnet werde.

§ 922 Arresturteil und Arrestbeschluss

(1) ¹Die Entscheidung über das Gesuch ergeht im Falle einer mündlichen Verhandlung durch Endurteil, andernfalls durch Beschluss. ²Die Entscheidung, durch die der Arrest angeordnet wird, ist zu begründen, wenn sie im Ausland geltend gemacht werden soll.

(2) Den Beschluss, durch den ein Arrest angeordnet wird, hat die Partei, die den Arrest erwirkt hat, zustellen zu lassen.

(3) Der Beschluss, durch den das Arrestgesuch zurückgewiesen oder vorherige Sicherheitsleistung für erforderlich erklärt wird, ist dem Gegner nicht mitzuteilen.

§ 36 Abs. 1 Nr. 2 GVGA

I. Allgemeines 1	III. Zustellung und Mitteilung (Abs. 2, 3) 12
II. Mündliche Verhandlung (Abs. 1) 2	1. Arresturteil 12
1. Ermessensentscheidung 2	2. Beschluss 13
2. Verfahren mit mündlicher Verhandlung 6	IV. Rechtsbehelfe 15
a) Mündliche Verhandlung ... 6	1. Arresturteile 16
b) Entscheidung 7	2. Beschlüsse 17
3. Verfahren ohne mündliche Verhandlung 8	3. Meistbegünstigung 18
a) Stellungnahme 8	4. Aufhebung gem. §§ 926 Abs. 2, 927 19
b) Entscheidung 9	V. Spruchrichterprivileg 20

I. Allgemeines

1 § 922 regelt dreierlei. Abs. 1 besagt, dass die Entscheidung entweder nach mündlicher Verhandlung durch Urteil oder ohne mündliche Verhandlung als Beschluss ergeht. Abs. 2 ordnet an, dass der Gläubiger einen Arrest, der ohne mündliche Verhandlung erlassen wurde, dem Schuldner zuzustellen lassen hat. Abs. 3 schließlich bezweckt es, das Überraschungsmoment einer Arrestentscheidung zu erhalten, die erst auf Beschwerde ergeht.

II. Mündliche Verhandlung (Abs. 1)

2 **1. Ermessensentscheidung.** Das Gericht entscheidet über das Arrestgesuch entweder nach mündlicher Verhandlung (**Urteilsverfahren**) oder ohne mündliche Verhandlung (**Beschlussverfahren**). Dies war bis 2002 in § 921 Abs. 1 aF ausdrücklich bestimmt und wird nun in Abs. 1 S. 1 vorausgesetzt (s. auch § 128 Abs. 4 sowie § 937 Abs. 2 zur einstweiligen Verfügung). Die Entscheidung zwischen Urteils- und Beschlussverfahren liegt im **Ermessen des Gerichts**[1] oder des Vorsitzenden (§ 944) und ist **unanfechtbar**.[2]

3 Das Gericht hat nach Eingang eines Arrestgesuchs folgende **Entscheidungsmöglichkeiten:** Es kann ohne mündliche Verhandlung einen Arrest erlassen (ggf gegen Sicherheitsleistung, § 921), den Arrestantrag als unzulässig oder unbegründet zu-

---

1 OLG Zweibrücken NJW-RR 1987, 1199; Hk-ZPO/*Kemper*, § 922 Rn 3.
2 MüKo-ZPO/*Drescher*, § 922 Rn 1; Musielak/*Huber*, § 921 Rn 5. Differenzierend Stein/Jonas/*Grunsky*, § 921 Rn 3; Schuschke/Walker/*Walker*, § 921 Rn 1.

rückweisen, dem Arrestschuldner Gelegenheit zur schriftlichen oder fernmündlichen Äußerung geben[3] oder mündliche Verhandlung anordnen.

Schon wegen des Anspruchs des Schuldners auf rechtliches Gehör (Art. 103 Abs. 1 GG) ist **mündlich zu verhandeln**,[4] wenn nicht (dem Arrestgesuch nach zu urteilen) die **Eile** oder die gebotene **Überraschung des Schuldners** es veranlassen, von einer mündlichen Verhandlung abzusehen.[5] Bewirkt eine mündliche Verhandlung keine zusätzliche Gefährdung des Gläubigers, ist sie durchzuführen; dies gilt umso mehr, je unklarer die Sachlage ist.[6] Wenn die Entscheidung im Geltungsbereich der Brüssel Ia-VO/EuGVVO zu vollstrecken sein wird und einer Entscheidung, die ohne rechtliches Gehör des Schuldners ergangen ist, die Anerkennung versagt zu werden droht, kann mündliche Verhandlung im Gläubigerinteresse geboten sein.[7] Andererseits kann von einer mündlichen Verhandlung abgesehen werden, wenn das Gesuch als unzulässig oder unbegründet zurückgewiesen werden soll.[8] Von mündlicher Verhandlung kann eher abgesehen werden, wenn der Schuldner eine Schutzschrift (s. Vor §§ 916–945 b Rn 61 ff) hinterlegt hat, die keinen erheblichen Vortrag gegen das (erwartete) Arrestgesuch enthält (str).[9]

Nicht selten machen **Arrestgläubiger** im Arrestgesuch deutlich, dass **mündliche Verhandlung unter allen Umständen vermieden** werden soll. Ein solches Ansinnen engt das richterliche Ermessen bei der Entscheidung über die Anordnung mündlicher Verhandlung nicht ein.[10] Zweifelhaft ist, ob der Arrestantrag als für den Fall bedingt verstanden werden kann, dass ohne mündliche Verhandlung entschieden wird.[11] Nach aA ist der Vorbehalt eine bedingte Rücknahmeerklärung für den Fall, dass mündliche Verhandlung anzuordnen ist.[12] Nach zutreffender Auffassung verpflichtet der Vorbehalt das Gericht dazu, den Gläubiger darauf hinzuweisen, dass eine Entscheidung nicht ohne mündliche Verhandlung ergehen kann (§ 139).[13] Es liegt dann beim Gläubiger, ob er seinen Antrag zurücknimmt. Der Hinweis ist dem Gegner nicht mitzuteilen;[14] denn damit würde gerade der Zweck vereitelt, dem das Anliegen des Antragstellers dient.

2. Verfahren mit mündlicher Verhandlung. a) Mündliche Verhandlung. Ordnet das Gericht (von Amts wegen und gem. §§ 10, 12 GKG **ohne Vorschuss**) mündliche Verhandlung an, gelten die Vorschriften und Grundsätze über die notwendige mündliche Verhandlung (§§ 128 ff).[15] Die **Ladungsfrist** (§ 217) kann bis auf wenige Stunden abgekürzt werden (§ 216).[16] Mit der Ladung ist dem Schuldner

---

3 MüKo-ZPO/*Drescher*, § 922 Rn 4; Schuschke/Walker/*Walker*, § 921 Rn 6.
4 OLG Zweibrücken NJW-RR 1987, 1199; OLG Hamm Rpfleger 1973, 29; zum rechtlichen Gehör im Arrestverfahren s. auch BVerfG NJW 2004, 2443.
5 Musielak/*Huber*, § 921 Rn 2; Schuschke/Walker/*Walker*, § 921 Rn 5, § 922 Rn 1.
6 MüKo-ZPO/*Drescher*, § 922 Rn 2; Stein/Jonas/*Grunsky*, § 921 Rn 1.
7 MüKo-ZPO/*Drescher*, § 922 Rn 2.
8 Differenzierend Schuschke/Walker/*Walker*, § 921 Rn 7.
9 MüKo-ZPO/*Drescher*, § 922 Rn 2. AA Berger/*Skamel*, Kap. 6 Rn 7.
10 MüKo-ZPO/*Drescher*, § 922 Rn 3; Stein/Jonas/*Grunsky*, § 921 Rn 2.
11 So *Schilken*, in: Gaul/Schilken/Becker-Eberhard, § 77 Rn 14; dagegen MüKo-ZPO/*Drescher*, § 922 Rn 3.
12 Dafür Stein/Jonas/*Grunsky*, § 921 Rn 2; Schuschke/Walker/*Walker*, § 921 Rn 8; dagegen MüKo-ZPO/*Drescher*, § 922 Rn 3.
13 MüKo-ZPO/*Drescher*, § 922 Rn 3; Musielak/*Huber*, § 921 Rn 4; Schuschke/Walker/*Walker*, § 921 Rn 8.
14 So aber Zöller/*Vollkommer*, § 937 Rn 2 b.
15 MüKo-ZPO/*Drescher*, § 922 Rn 20; Stein/Jonas/*Grunsky*, § 922 Rn 20; Musielak/*Huber*, § 921 Rn 5; Schuschke/Walker/*Walker*, § 921 Rn 2.
16 MüKo-ZPO/*Drescher*, § 922 Rn 20; Stein/Jonas/*Grunsky*, § 922 Rn 21.

das **Arrestgesuch zuzustellen**.[17] Die **Einlassungsfrist** (§ 274 Abs. 3) gilt nicht,[18] ebenso wenig § 132. Für die mündliche Verhandlung vor dem Landgericht besteht **Anwaltszwang**. **Zwischenfeststellungs-** und **Widerklage** sind im Arrestverfahren unstatthaft.[19] Der mündlichen Verhandlung hat eine **Güteverhandlung** (§ 278) unmittelbar voranzugehen.[20] **Neue Angriffs- und Beweismittel** können bis zum Schluss der mündlichen Verhandlung einschränkungslos (entgegen § 296, str) vorgebracht werden.[21] § 283 ist nur anzuwenden zugunsten des Arrestgläubigers, wenn andernfalls zurückzuweisen wäre[22] (aA[23] unanwendbar). Zu den **Beweismitteln** s. §§ 920 Abs. 2, 294. Bei **Säumnis** gelten die §§ 330 ff.[24]

7 b) **Entscheidung.** Nach mündlicher Verhandlung ist (tunlichst am Ende der mündlichen Verhandlung) durch **Endurteil** zu entscheiden. Das stattgebende Urteil bedarf keiner vorläufigen Vollstreckbarkeitserklärung,[25] wohl aber das zurückweisende (§ 708 Nr. 6). Das Urteil ist grds. zu begründen (§ 313 Abs. 1 Nr. 6, Abs. 3; Ausnahmen: §§ 313 a, 313 b); Abs. 1 S. 2 betrifft nur Arrestbeschlüsse.[26]

8 3. **Verfahren ohne mündliche Verhandlung.** a) **Stellungnahme.** Das Gericht kann dem **Schuldner Gelegenheit zur schriftlichen Stellungnahme** geben (str).[27] Ergibt dessen Äußerung neue Gesichtspunkte, derentwegen der Arrestantrag zurückzuweisen wäre, dann muss der Gläubiger Gelegenheit zur Stellungnahme erhalten oder es muss mündliche Verhandlung angeordnet werden.[28]

9 b) **Entscheidung.** Der **Beschluss**, mit dem ein Arrest angeordnet wird, muss ein **Vollrubrum** enthalten.[29] Zu **tenorieren** sind die Sache und die Kosten (§§ 91 ff),[30] ggf die Sicherheitsleistung (§ 921) und die Klagefrist (§ 926 Abs. 1), nicht aber die Vollstreckbarkeit.[31] Der Sachtenor hat den Forderungsbetrag, die Arrestart und die Lösungssumme (§ 923) zu benennen. Fehlt die Anspruchsbezeichnung oder die Arrestart, dann ist die Entscheidung unwirksam.[32] Anders, wenn die Lösungssumme fehlt.[33] **Dinglicher Arrest** kann auf bestimmte Gegenstände be-

---

17 MüKo-ZPO/*Drescher*, § 922 Rn 21; Stein/Jonas/*Grunsky*, § 922 Rn 21.
18 MüKo-ZPO/*Drescher*, § 922 Rn 20; Stein/Jonas/*Grunsky*, § 922 Rn 21; Schuschke/Walker/*Walker*, § 921 Rn 2.
19 MüKo-ZPO/*Drescher*, § 922 Rn 21; Stein/Jonas/*Grunsky*, § 922 Rn 24; Hk-ZPO/*Kemper*, § 922 Rn 4.
20 MüKo-ZPO/*Drescher*, § 922 Rn 22; Musielak/*Huber*, § 921 Rn 5.
21 OLG Hamburg NJW-RR 1987, 36; MüKo-ZPO/*Drescher*, § 922 Rn 22. AA LG Aachen NJW-RR 1997, 380; *Schneider*, MDR 1988, 1024. Differenzierend OLG Koblenz NJW-RR 1987, 509; Stein/Jonas/*Grunsky*, § 922 Rn 23; Schuschke/Walker/*Walker*, § 922 Rn 4.
22 MüKo-ZPO/*Drescher*, § 922 Rn 22; Stein/Jonas/*Grunsky*, § 922 Rn 23.
23 Hk-ZPO/*Saenger*, § 283 Rn 2.
24 MüKo-ZPO/*Drescher*, § 922 Rn 23; Stein/Jonas/*Grunsky*, § 922 Rn 20, 28 f; Schuschke/Walker/*Walker*, § 922 Rn 2; vgl auch LG Ravensburg NJW 1987, 139.
25 MüKo-ZPO/*Drescher*, § 922 Rn 24; Schuschke/Walker/*Walker*, § 922 Rn 9.
26 MüKo-ZPO/*Drescher*, § 922 Rn 24; Stein/Jonas/*Grunsky*, § 922 Rn 26; Schuschke/Walker/*Walker*, § 922 Rn 12.
27 AA Musielak/*Huber*, § 921 Rn 6.
28 MüKo-ZPO/*Drescher*, § 922 Rn 4.
29 MüKo-ZPO/*Drescher*, § 922 Rn 6; Musielak/*Huber*, § 922 Rn 4.
30 MüKo-ZPO/*Drescher*, § 922 Rn 6, 7 f; Schuschke/Walker/*Walker*, § 922 Rn 8.
31 MüKo-ZPO/*Drescher*, § 922 Rn 9; Stein/Jonas/*Grunsky*, § 922 Rn 19; Schuschke/Walker/*Walker*, § 922 Rn 9.
32 MüKo-ZPO/*Drescher*, § 922 Rn 6; Stein/Jonas/*Grunsky*, § 922 Rn 31; Schuschke/Walker/*Walker*, § 922 Rn 8.
33 MüKo-ZPO/*Drescher*, § 922 Rn 6, § 923 Rn 2; Stein/Jonas/*Grunsky*, § 922 Rn 31, § 923 Rn 3; Hk-ZPO/*Kemper*, § 923 Rn 5; Schuschke/Walker/*Walker*, § 922 Rn 8, § 923 Rn 3.

schränkt werden (str).³⁴ Ferner ist bei Haftungsbeschränkung (zB des Erben) das haftende Vermögen zu bezeichnen.³⁵ Zum **persönlichen Arrest** s. § 918 Rn 8.

Rubrum und Entscheidungsformel müssen unmittelbar aus dem Text der vom Gericht unterzeichneten Urschrift selbst ersichtlich sein. Wird dem entgegen in der Urschrift auf einen bestimmten, eindeutig bezeichneten Teil der Akten verwiesen, ist der Beschluss fehlerhaft, aber dennoch wirksam, und bildet einen Vollstreckungstitel.³⁶

Ein **anordnender Beschluss** bedarf einer **Begründung** nur, wenn er im Ausland geltend gemacht werden soll (**Abs. 1 S. 2**). Dies gilt auch, wenn dem Gericht eine Schutzschrift (s. Vor §§ 916–945 b Rn 61 ff) vorgelegen hat.³⁷ Im anordnenden Beschluss ist stets über die Möglichkeit des Widerspruchs zu **belehren** (§ 232 S. 2). Ein **zurückweisender Beschluss** ist zu **begründen**.³⁸

III. Zustellung und Mitteilung (Abs. 2, 3)

1. Arresturteil. Das Arresturteil ist beiden Parteien von Amts wegen zuzustellen (§ 317). Darin liegt keine iSd § 929 Abs. 2 fristwahrende Vollziehung (str).³⁹

2. Beschluss. Bei Beschlüssen ist zu unterscheiden: Ein **stattgebender Beschluss** ist dem Gläubiger zuzustellen (§ 329 Abs. 2 S. 2 und Abs. 3); mit der Zustellung beginnt die Vollziehungsfrist gem. § 929 Abs. 2 zu laufen.⁴⁰ Der Gläubiger ist gehalten, dem Schuldner im Parteibetrieb (§§ 191 ff) eine Ausfertigung oder beglaubigte Abschrift durch den Gerichtsvollzieher (§§ 192 ff)⁴¹ oder von Anwalt zu Anwalt (§ 195) zuzustellen (**Abs. 2**). Vorsorglich sollte eine Abschrift des Gesuchs mit zugestellt werden.⁴² Hat der Schuldner im Arrestverfahren einen Prozessbevollmächtigten, sind Zustellungen an diesen zu richten (§ 172).⁴³ Ist der Schuldner zwar nicht im Arrestverfahren, aber im anhängigen Hauptsacheprozess durch einen Prozessbevollmächtigten vertreten, so kann der Arrestbefehl zur Wahrung der Vollziehungsfrist sowohl dem Schuldner wie auch dem für das Hauptsacheverfahren bestellten Prozessbevollmächtigten zugestellt werden;⁴⁴ s. auch § 929 Rn 14. Die öffentliche Zustellung (§ 185) ist grds. auch in Eilverfahren statthaft; jedoch ergibt sich aus dem Gebot der Zustellung im Parteibetrieb (Abs. 2), dass die öffentliche Zustellung eines Arrestbeschlusses wegen **unbekannten Aufenthalts** des Schuldners (§ 185 Nr. 1) ausschließlich auf Antrag vorzunehmen ist; ferner kann das Gericht seine Bewilligung (§ 186 Abs. 1) davon abhängig machen, dass der Gläubiger die sachlichen Bewilligungsvoraussetzungen vollständig dargetan hat.⁴⁵

---

34 AA MüKo-ZPO/*Drescher*, § 922 Rn 6; Stein/Jonas/*Grunsky*, § 922 Rn 31; Schuschke/Walker/*Walker*, § 922 Rn 8.
35 Schuschke/Walker/*Walker*, § 922 Rn 8.
36 BGH NJW 2003, 3136 = MDR 2003, 1316.
37 OLG Köln MDR 1998, 432 m. abl. Anm. *Schneider*, MDR 1998, 433.
38 MüKo-ZPO/*Drescher*, § 922 Rn 10; Stein/Jonas/*Grunsky*, § 922 Rn 7; Musielak/*Huber*, § 922 Rn 4; Hk-ZPO/*Kemper*, § 922 Rn 7; Schuschke/Walker/*Walker*, § 922 Rn 12.
39 MüKo-ZPO/*Drescher*, § 922 Rn 24; Stein/Jonas/*Grunsky*, § 922 Rn 26; Musielak/*Huber*, § 922 Rn 9; Schuschke/Walker/*Walker*, § 922 Rn 2, 14. AA OLG Düsseldorf MDR 2010, 652.
40 KG NJW-RR 1999, 71.
41 OLG Dresden NJW-RR 2003, 1721.
42 Vgl OLG Düsseldorf MDR 2010, 652; OLG München NJW-RR 2003, 1722.
43 Einzelheiten und Zweifelsfälle zur anwaltlichen Vertretung und Zustellung bei MüKo-ZPO/*Drescher*, § 922 Rn 12; Stein/Jonas/*Grunsky*, § 922 Rn 5 a; Schuschke/Walker/*Walker*, § 922 Rn 15.
44 OLG Frankfurt MDR 1984, 58.
45 OLG Bamberg NJW-RR 2013, 1279 = MDR 2013, 672.

14 Ein Beschluss, der das **Arrestgesuch zurückweist** oder vorherige **Sicherheitsleistung** für erforderlich erklärt und gegen den folglich die sofortige Beschwerde zulässig ist (Ausnahme: Sicherheitsleistung bei Einverständnis des Gläubigers, s. § 921 Rn 10), ist dem Gläubiger gem. § 329 Abs. 3 zuzustellen (str).[46] Dem Schuldner ist keine Mitteilung zu machen (**Abs. 3**). Da Abs. 3 nur eine Warnung des Schuldners vor einem Arrest vermeiden will, der womöglich im Beschwerderechtszug oder auf ein erneutes Arrestgesuch hin noch erlassen wird, ist einem Schuldner, der ohnehin Kenntnis vom Arrestverfahren hat (zB weil ihn das Gericht zur Stellungnahme aufgefordert hat), der Beschluss formlos mitzuteilen.[47]

IV. Rechtsbehelfe

15 Die Statthaftigkeit der Rechtsbehelfe hängt weitgehend davon ab, ob die Arrestentscheidung als Urteil oder als Beschluss ergangen ist und ob ein Beschluss stattgebend oder abweisend ist.

16 **1. Arresturteile.** Arresturteile können mit der **Berufung** (§§ 511 ff) oder dem **Einspruch** (§§ 338 ff) angefochten werden. Im Berufungsverfahren gelten die Einschränkungen der §§ 529, 531 nicht.[48] Das Berufungsgericht muss in der Sache entscheiden; Zurückverweisung (§ 538) ist nicht zulässig.[49] Revision und Nichtzulassungsbeschwerde zum BGH sind nicht statthaft (§ 542 Abs. 2 S. 1).

17 **2. Beschlüsse.** Gegen abweisende Beschlüsse, die im ersten Rechtszug ergangen sind, ist sofortige Beschwerde gem. § 567 Abs. 1 Nr. 2 statthaft (nach umstrittener Auffassung aber nur, wenn gem. § 511 Abs. 2 Nr. 1 gegen ein Urteil gleichen Inhalts die Berufung zulässig wäre).[50] Das Arrestgericht kann der Beschwerde ohne mündliche Verhandlung[51] abhelfen (§ 572 Abs. 1). Das Beschwerdegericht muss in der Sache entscheiden; Zurückverweisung (§ 572 Abs. 3) kommt nicht in Betracht (str).[52] Gegen beschwerdeabweisende Entscheidungen in Beschlussform (§ 572 Abs. 4) sind sofortige Beschwerde und Rechtsbeschwerde unstatthaft (§ 574 Abs. 1 S. 2). Ergeht die beschwerdeabweisende Entscheidung als (End-)Urteil (nach mündlicher Verhandlung vor dem Beschwerdegericht), ist keine Revision statthaft (§ 542 Abs. 2 S. 1). Gegen **anordnende Beschlüsse** (des Eingangs- oder Beschwerdegerichts) ist als einziger Rechtsbehelf unbefristet der Widerspruch (§ 924) statthaft.

18 **3. Meistbegünstigung.** Hat das Arrestgericht fehlerhaft nach mündlicher Verhandlung durch Beschluss oder ohne mündliche Verhandlung durch Urteil entschieden, dann ist jeweils wahlweise Berufung oder der gegen den Beschluss zu richtende Rechtsbehelf statthaft[53] (nach aA[54] nur Berufung, wenn nach mündlicher Verhandlung durch Beschluss entscheiden wurde).

---

46 MüKo-ZPO/*Drescher*, § 922 Rn 14; Musielak/*Huber*, § 922 Rn 9. AA Stein/Jonas/*Grunsky*, § 922 Rn 6; Schuschke/Walker/*Walker*, § 922 Rn 3, 16: formlose Bekanntgabe.
47 MüKo-ZPO/*Drescher*, § 922 Rn 14; Stein/Jonas/*Grunsky*, § 922 Rn 1, 6; Schuschke/Walker/*Walker*, § 922 Rn 16.
48 MüKo-ZPO/*Drescher*, § 922 Rn 25.
49 MüKo-ZPO/*Drescher*, § 922 Rn 25; Schuschke/Walker/*Walker*, § 922 Rn 18.
50 Dafür LG Köln MDR 2003, 831. AA Zöller/*Vollkommer*, § 922 Rn 13.
51 Nach durchaus zweifelhafter Auffassung des OLG Hamburg (MDR 2013, 1122; ebenso LG Arnsberg MDR 2011, 891) kann im Verfügungsverfahren das Gericht im Rahmen der Entscheidung über die Abhilfe vom Beschwerde- zum Erkenntnisverfahren wechseln und aufgrund mündlicher Verhandlung durch Endurteil entscheiden.
52 Schuschke/Walker/*Walker*, § 922 Rn 21. AA Stein/Jonas/*Grunsky*, § 922 Rn 11.
53 MüKo-ZPO/*Drescher*, § 922 Rn 14, 25; Stein/Jonas/*Grunsky*, § 922 Rn 5 a, 11, 30; Schuschke/Walker/*Walker*, § 922 Rn 22; vgl auch BGHZ 98, 362 = NJW 1987, 442 m. zust. Anm. *Rimmelspacher*, JR 1987, 194.
54 OLG Karlsruhe NJW 1987, 509.

4. Aufhebung gem. §§ 926 Abs. 2, 927. Die Rechtsbehelfe gem. §§ 926 Abs. 2, 927 sind gegen arrestanordnende Urteile und Beschlüsse statthaft,[55] und zwar grds. unbeeinflusst durch die weiteren gegen solche Entscheidungen statthaften Rechtsbehelfe.[56]

V. Spruchrichterprivileg

Arrest- und Verfügungsentscheidungen, die in Beschlussform ergehen, zählen zu den „**urteilsvertretenden Erkenntnissen**" und fallen damit ebenso wie Entscheidungen in Urteilsform unter das amtshaftungsrechtliche Spruchrichterprivileg gem. § 839 Abs. 2 BGB.[57]

§ 923 Abwendungsbefugnis

In dem Arrestbefehl ist ein Geldbetrag festzustellen, durch dessen Hinterlegung die Vollziehung des Arrestes gehemmt und der Schuldner zu dem Antrag auf Aufhebung des vollzogenen Arrestes berechtigt wird.

I. Allgemeines

Das Gericht hat von Amts wegen eine **Lösungssumme** festzusetzen. Der Arrestschuldner hat die Wahl, ob er den Arrest und seine Vollziehung hinnimmt oder ob er die Lösungssumme hinterlegt. Dogmatisch ergänzt § 923 den § 917. Wird die Lösungssumme geleistet, **entfällt der Arrestgrund**.[1]

II. Festsetzung der Lösungssumme

1. Höhe. Die festzusetzende Lösungssumme setzt sich zusammen aus dem Betrag der **Arrestforderung** und einer **Kostenpauschale** wegen Zinsen und Kosten des Hauptsacheverfahrens (nicht auch des Arrestverfahrens).[2] Die Lösungssumme mindert sich um den Wert der Pfandgegenstände, wenn bereits Arrestpfändungen durchgeführt sind (str).[3] Zu den Besonderheiten, wenn für den Teil einer Arrestforderung eine Arresthypothek eingetragen ist, s. § 932 Rn 2. Gegen die Höhe der Lösungssumme können beide Parteien Rechtsbehelfe geltend machen.[4] Fehlt die Lösungssumme (s. § 922 Rn 9), kann der Arrestbefehl entsprechend § 321 ergänzt werden.[5]

2. Art. Entgegen dem Wortlaut von § 923 kommt für die Lösungssumme nicht nur Hinterlegung eines Geldbetrages in Betracht, sondern **jede Leistung, die den Gläubiger gleichwertig sichert** (wie § 108, zB Bankbürgschaft, Hinterlegung von Wertpapieren).[6]

---

55 Stein/Jonas/*Grunsky*, § 924 Rn 2, 3.
56 Stein/Jonas/*Grunsky*, § 924 Rn 4; Schuschke/Walker/*Walker*, § 924 Rn 4; s. aber auch Stein/Jonas/*Grunsky*, § 924 Rn 5 f; Schuschke/Walker/*Walker*, § 924 Rn 5 (zum Verhältnis bei Einlegung mehrerer Rechtsbehelfe).
57 BGHZ 161, 298 = MDR 2005, 570.
1 Schuschke/Walker/*Walker*, § 923 Rn 1.
2 MüKo-ZPO/*Drescher*, § 923 Rn 2; Stein/Jonas/*Grunsky*, § 923 Rn 1; Musielak/*Huber*, § 923 Rn 2; Schuschke/Walker/*Walker*, § 923 Rn 4.
3 MüKo-ZPO/*Drescher*, § 923 Rn 2. AA Stein/Jonas/*Grunsky*, § 923 Rn 5.
4 MüKo-ZPO/*Drescher*, § 923 Rn 2; Stein/Jonas/*Grunsky*, § 923 Rn 2; Schuschke/Walker/*Walker*, § 923 Rn 4.
5 MüKo-ZPO/*Drescher*, § 923 Rn 2; Stein/Jonas/*Grunsky*, § 923 Rn 3; Musielak/*Huber*, § 923 Rn 2; Hk-ZPO/*Kemper*, § 923 Rn 5; Schuschke/Walker/*Walker*, § 923 Rn 4.
6 MüKo-ZPO/*Drescher*, § 923 Rn 3; Stein/Jonas/*Grunsky*, § 923 Rn 6; Musielak/*Huber*, § 923 Rn 2; Schuschke/Walker/*Walker*, § 923 Rn 3.

III. Leistung der Lösungssumme

4 Die Leistung der Lösungssumme durch Hinterlegung richtet sich nach den HintG der Länder. Hinterlegtes Geld geht in das Eigentum des Landes über (zB § 11 Abs. 1 HintG BW/MV/NRW/BgbHintG/SächsHintG, § 12 Abs. 1 BerlHintG). Wenn die Arrestforderung besteht, erlangt ein Arrestgläubiger, zu dessen Gunsten hinterlegt ist, ein Pfandrecht an der Rückerstattungsforderung des Arrestschuldners (§ 233 BGB). Mit Eintritt des Sicherungsfalles ist der Arrestgläubiger als Pfandgläubiger zur Einziehung der Rückerstattungsforderung berechtigt (§§ 1257, 1282 Abs. 1 BGB). Er kann von der Hinterlegungsstelle Auszahlung in Höhe seiner Forderung verlangen. Hierzu bedarf es einer Herausgabeanordnung (zB § 21 Abs. 1 HintG BW/MV/NRW, § 20 Abs. 1 BbgHintG, § 16 Abs. 1 BerlHintG, § 21 SächsHintG), die nur ergeht, wenn der Sicherungsnehmer seine Berechtigung (durch Bewilligung des Schuldners oder rechtskräftige Entscheidung gegen den Schuldner) nachgewiesen hat (zB § 22 Abs. 1 HintG BW/MV/NRW, § 21 Abs. 1 BbgHintG, § 17 Abs. 1 BerlHintG, § 22 Abs. 1 SächsHintG). § 923 ist auch Genüge getan, wenn ein **Dritter** die Lösungssumme leistet oder anbietet (unabhängig von den §§ 267, 268 BGB).[7] Übergibt der Schuldner dem Gerichtsvollzieher die Hinterlegungsstücke, muss dieser idR von der Vollziehung absehen und hinterlegen (§§ 153 Abs. 6, 155 GVGA). Solange der Arrestbefehl wirksam ist, darf der hinterlegte Betrag nur an Gläubiger und Schuldner gemeinsam herausgegeben werden.[8]

IV. Wirkung der Leistung

5 Nach der Leistung der Lösungssumme wird gegenüber den Vollstreckungsorganen die **Vollziehung ausgeschlossen** (§§ 928, 775 Nr. 3);[9] wird dennoch vollzogen, ist die Erinnerung (§ 766) begründet.[10] Ist der Arrest bereits vollzogen, kann der Schuldner gem. § 934 **Aufhebung der Vollziehung** beantragen. Ferner begründet die Leistung der Lösungssumme einen auf Aufhebung der Arrestentscheidung gerichteten Antrag gem. § 927[11] oder Widerspruch nach § 924. Eine gem. § 923 geleistete Lösungssumme wird für den Schuldner frei, wenn der Arrestbefehl aufgehoben wird (es sei denn, er wird gerade deshalb aufgehoben, weil die Lösungssumme geleistet wurde, s. § 943 Rn 11).[12] § 109 ist entsprechend anzuwenden.[13]

§ 924 Widerspruch

(1) Gegen den Beschluss, durch den ein Arrest angeordnet wird, findet Widerspruch statt.

(2) ¹Die widersprechende Partei hat in dem Widerspruch die Gründe darzulegen, die sie für die Aufhebung des Arrestes geltend machen will. ²Das Gericht hat Termin zur mündlichen Verhandlung von Amts wegen zu bestimmen. ³Ist das Arrestgericht ein Amtsgericht, so ist der Widerspruch unter Angabe der Gründe, die

---

7 Vgl MüKo-ZPO/*Drescher*, § 923 Rn 3; Stein/Jonas/*Grunsky*, § 923 Rn 7; Schuschke/Walker/*Walker*, § 923 Rn 5.
8 MüKo-ZPO/*Drescher*, § 923 Rn 4; Stein/Jonas/*Grunsky*, § 923 Rn 4; Schuschke/Walker/*Walker*, § 923 Rn 6.
9 OLG Karlsruhe MDR 1983, 677.
10 Hk-ZPO/*Kemper*, § 923 Rn 4.
11 Musielak/*Huber*, § 923 Rn 3; Schuschke/Walker/*Walker*, § 927 Rn 19.
12 OLG Düsseldorf NJW-RR 1987, 511.
13 Schuschke/Walker/*Walker*, § 923 Rn 6.

für die Aufhebung des Arrestes geltend gemacht werden sollen, schriftlich oder zu Protokoll der Geschäftsstelle zu erheben.
(3) Durch Erhebung des Widerspruchs wird die Vollziehung des Arrestes nicht gehemmt. Das Gericht kann aber eine einstweilige Anordnung nach § 707 treffen; § 707 Abs. 1 Satz 2 ist nicht anzuwenden.

I. Allgemeines	1	a) Frist	8
II. Widerspruch	4	b) Verzicht	9
1. Rechtsschutzbegehren (Abs. 1)	4	c) Verwirkung	11
		5. Rücknahme	12
2. Widerspruchsberechtigung, Form (Abs. 2 S. 1, 3)	5	6. Wirkungen	13
a) Widerspruchsberechtigung	5	a) Mündliche Verhandlung (Abs. 2 S. 2)	13
b) Form	6	b) Arrestvollziehung (Abs. 3)	14
3. Zuständiges Gericht	7	7. Entscheidung	15
4. Frist, Verzicht, Verwirkung	8	III. Kosten	16

I. Allgemeines

§ 924 regelt den **Rechtsbehelf des Arrestschuldners gegen** Arrestbeschlüsse, dh gegen **Arrest anordnende Entscheidungen**, die ohne mündliche Verhandlung ergangen sind (vgl § 922 Abs. 1 S. 1; zur Meistbegünstigung s. § 922 Rn 18). Die Vorschrift normiert Art (**Widerspruch**, Abs. 1), Form (Abs. 2 S. 1, 3) und Wirkungen (Abs. 2 S. 2, Abs. 3) des Rechtsbehelfs. 1

In erster Linie bezweckt der Widerspruch, dass die bis dahin unterbliebene **mündliche Verhandlung durchgeführt** (Abs. 2 S. 2) und damit das **rechtliche Gehör** (Art. 103 Abs. 1 GG) des Schuldners **nachgeholt** wird.[1] Die ursprünglichen **Parteirollen** bleiben im Widerspruchsverfahren erhalten, was vor allem für die Säumnis und § 93 zu beachten ist; der Arrestgläubiger ist Arrestkläger, der Arrestschuldner, der Widerspruch eingelegt hat, ist Arrestbeklagter. 2

Widerspruch gem. § 924 und die Antragsbefugnisse gem. §§ 926, 927 schließen die sofortige Beschwerde gegen die Anordnung des Arrestes, die Vollstreckungsgegenklage (§ 767)[2] und die Abänderungsklage (§ 323)[3] aus. Neben dem Widerspruch bleiben Aufhebungsanträge gem. §§ 926 Abs. 2, 927 statthaft[4] (zum Verhältnis s. § 927 Rn 2); gegen die Vollziehung kann der Schuldner sich gem. §§ 766, 934 zur Wehr setzen.[5] 3

II. Widerspruch

1. Rechtsschutzbegehren (Abs. 1). Der Widerspruch ist auf **Aufhebung oder Abänderung** (zB durch Anordnung von Gläubigersicherheit) der **Arrestanordnung oder Lösungssumme**[6] oder nur auf eine Änderung der Kostenentscheidung (Kos- 4

---

1 OLG München NJW 1972, 954.
2 MüKo-ZPO/*Drescher*, § 924 Rn 2; Stein/Jonas/*Grunsky*, § 924 Rn 8, 14; Hk-ZPO/*Kemper*, § 924 Rn 5; Schuschke/Walker/*Walker*, § 924 Rn 3.
3 Musielak/*Huber*, § 924 Rn 2.
4 OLG Düsseldorf NJW 1971, 812, 813.
5 Hk-ZPO/*Kemper*, § 924 Rn 3, 5; Musielak/*Huber*, § 924 Rn 2.
6 MüKo-ZPO/*Drescher*, § 924 Rn 7; Stein/Jonas/*Grunsky*, § 924 Rn 9.

tenwiderspruch, insb. wegen § 93)[7] zu richten. Beschränkungen müssen aus dem Widerspruch eindeutig erkennbar sein; andernfalls ist der Widerspruch umfassend gegen die Arrestentscheidung gerichtet (**Vollwiderspruch**).[8]

5 **2. Widerspruchsberechtigung, Form (Abs. 2 S. 1, 3). a) Widerspruchsberechtigung.** Widerspruch können der Schuldner, sein Rechtsnachfolger oder der Insolvenzverwalter über das Schuldnervermögen einlegen (nicht aber Dritte, zB konkurrierende Gläubiger).[9]

6 **b) Form.** Widerspruch kann vor dem **Amtsgericht** schriftlich oder zu Protokoll der Geschäftsstelle erhoben werden (Abs. 2 S. 3). Der Widerspruch gegen den Arrestbeschluss eines **Landgerichts** ist schriftlich zu erheben, und es besteht **Anwaltszwang** (§ 78).[10] Der Widerspruch muss das **Rechtsschutzbegehren** (s. Rn 4) erkennen lassen[11] und eine **Begründung** enthalten (Abs. 2 S. 1, 3). Die Begründung kann allerdings jederzeit erweitert und ergänzt werden. Nach zweifelhafter, mit dem Wortlaut von Abs. 2 S. 1, 3 kaum vereinbarer hM[12] können Gründe bei der Einlegung des Widerspruchs sogar gänzlich fehlen. Der Widerspruch kann – früher oder später – damit begründet werden, dass der Arrest von Anfang an nicht erlassen werden durfte oder dass er infolge nach Erlass entstandener Umstände ungerechtfertigt geworden ist (s. § 925 Rn 3).

7 **3. Zuständiges Gericht.** Für die Entscheidung über den Widerspruch ist das Gericht sachlich und örtlich ausschließlich (§ 802) zuständig, das den **Arrestbeschluss erlassen** hat, und zwar unabhängig davon, ob und in welchem Rechtszug die Hauptsache betrieben wird.[13] Hat allerdings das **Beschwerdegericht** den Arrestbefehl erlassen, dann ist das **Eingangsgericht** des Arrestverfahrens im Widerspruchsverfahren zuständig (str).[14] Nach aA ist das Beschwerdegericht für die Entscheidung über den Widerspruch jedenfalls dann zuständig, wenn ausschließlich Rechtsfragen zu entscheiden sind.[15] Diese Auffassung ist fragwürdig. Denn der Arrestgläubiger kann in der mündlichen Verhandlung des Widerspruchsverfahrens jederzeit neue Tatsachen vorbringen (s. § 922 Rn 6); es ist daher eingangs des Verfahrens völlig unklar, welche Fragen zu entscheiden sein werden. Bei **Unzuständigkeit** ist zu unterscheiden: Stellt sich im Widerspruchsverfahren heraus, dass der Arrestbeschluss von einem unzuständigen Gericht erlassen wurde, ist die Angelegenheit (ggf nach Hinweis, § 139) auf Antrag an das zuständige Gericht

---

7 BGH NJW-RR 2003, 1293; OLG Brandenburg MDR 1994, 404; OLG Hamburg MDR 1989, 1002; OLG Koblenz NJW-RR 1987, 893; OLG Koblenz Rpfleger 1986, 407; KG MDR 1985, 770; OLG Frankfurt BB 1984, 1323; OLG München NJW 1972, 954; OLG Hamburg MDR 1960, 850; s. aber auch OLG Hamburg NJW-RR 2002, 215 zu § 93 bei Vollwiderspruch.
8 OLG Hamburg MDR 1989, 1002; OLG Hamm MDR 1989, 1001.
9 MüKo-ZPO/*Drescher*, § 924 Rn 8; Stein/Jonas/*Grunsky*, § 924 Rn 15 f; Musielak/*Huber*, § 924 Rn 5; Schuschke/Walker/*Walker*, § 924 Rn 7.
10 MüKo-ZPO/*Drescher*, § 924 Rn 9; Stein/Jonas/*Grunsky*, § 924 Rn 20; Musielak/*Huber*, § 924 Rn 5; Hk-ZPO/*Kemper*, § 924 Rn 6.
11 MüKo-ZPO/*Drescher*, § 924 Rn 9; Stein/Jonas/*Grunsky*, § 924 Rn 20; Schuschke/Walker/*Walker*, § 924 Rn 12.
12 MüKo-ZPO/*Drescher*, § 924 Rn 9; Stein/Jonas/*Grunsky*, § 924 Rn 21; Schuschke/Walker/*Walker*, § 924 Rn 12.
13 OLG Karlsruhe NJW 1973, 1509.
14 KG NJW-RR 2008, 520; OLG Hamm MDR 1987, 593; OLG Düsseldorf MDR 1984, 324; MüKo-ZPO/*Drescher*, § 924 Rn 10; Musielak/*Huber*, § 924 Rn 6; Hk-ZPO/*Kemper*, § 924 Rn 7. Krit. Stein/Jonas/*Grunsky*, § 924 Rn 18; Schuschke/Walker/*Walker*, § 924 Rn 9.
15 KG NJW-RR 2004, 1665.

zu verweisen (§§ 281, 506)[16] (nach aA[17] wird das ursprünglich unzuständige Gericht im Widerspruchsverfahren zuständig). Der Arrest ist nicht schon deshalb aufzuheben, weil ihn ein unzuständiges Gericht erlassen hatte.[18] Ist das mit dem Widerspruch angerufene Gericht für den Widerspruch unzuständig (zB Widerspruchseinlegung beim Beschwerdegericht), ist analog § 281 zu verfahren.[19] Bei fehlender Rechtswegzuständigkeit gilt § 17 a Abs. 2 GVG.

4. Frist, Verzicht, Verwirkung. a) Frist. Widerspruch kann unabhängig vom Stand des Hauptsacheverfahrens erhoben werden, solange der Arrestbeschluss besteht.[20] Es gilt keine Frist.[21]

b) Verzicht. Der Schuldner kann auf den Widerspruch verzichten, mit der Folge, dass **anschließend eingelegter Widerspruch unzulässig ist**.[22] Möglich ist auch ein **Teilverzicht**.[23] In der Erhebung eines Kostenwiderspruchs (s. Rn 4) liegt ein konkludenter Verzicht auf den Vollwiderspruch.[24] Allerdings ist auch ein **beschränkter Widerspruch** möglich, mit dem **kein Verzicht** auf den Widerspruch gegen den nicht angegriffenen Teil einhergeht. Nach einem beschränkten Widerspruch kann der zunächst nicht angegriffene Teil noch nachträglich durch Widerspruch zur Überprüfung gestellt werden.[25]

Verzicht auf den Widerspruch lässt grds. nicht das Rechtsschutzinteresse im Hauptsacheprozess entfallen.[26] Ferner ist mit einem Widerspruchsverzicht nicht ohne Weiteres ein Verzicht auf die Rechtsbehelfe gem. §§ 926, 927 verbunden.[27]

c) Verwirkung. Die Widerspruchsmöglichkeit kann verwirkt werden;[28] ein anschließend eingelegter Widerspruch ist rechtsmissbräuchlich und unzulässig.[29] Dazu muss seit Erlass des Arrestbeschlusses ein längerer Zeitraum verstrichen sein (**Zeitmoment**), und es bedarf zusätzlicher Umstände, infolge derer der Gläubiger in schutzwürdiger Weise darauf vertrauen durfte, dass die Entscheidung nicht mehr mit einem Widerspruch angegriffen werden wird (**Umstandsmoment**).[30] Solange der Hauptsacheprozess läuft, muss der Gläubiger grds. mit einem Widerspruch rechnen.[31] Ferner ist ein Widerspruch, der zunächst zurückgenommen (s. Rn 12) und sodann erneut eingelegt wird, jedenfalls dann nicht

---

16 LAG Niedersachsen MDR 2006, 592; MüKo-ZPO/*Drescher*, § 924 Rn 10; Stein/Jonas/*Grunsky*, § 924 Rn 19; Hk-ZPO/*Kemper*, § 925 Rn 3.
17 Schuschke/Walker/*Walker*, § 925 Rn 8.
18 LAG Niedersachsen MDR 2006, 592; MüKo-ZPO/*Drescher*, § 924 Rn 10. AA Schuschke/Walker/*Walker*, § 924 Rn 10, § 925 Rn 8, 10.
19 Stein/Jonas/*Grunsky*, § 924 Rn 19.
20 MüKo-ZPO/*Drescher*, § 924 Rn 11; Stein/Jonas/*Grunsky*, § 924 Rn 10; Schuschke/Walker/*Walker*, § 924 Rn 13.
21 BGH NJW 1992, 2297, 2298.
22 OLG Hamburg NJW-RR 2000, 1238.
23 MüKo-ZPO/*Drescher*, § 924 Rn 12; Schuschke/Walker/*Walker*, § 924 Rn 15.
24 OLG Hamburg NJW-RR 2000, 1238; OLG Koblenz Rpfleger 1986, 407; vgl ferner BGH NJW-RR 2003, 1293.
25 OLG Düsseldorf NJW 1970, 618.
26 MüKo-ZPO/*Drescher*, § 924 Rn 12; Hk-ZPO/*Kemper*, § 924 Rn 9.
27 MüKo-ZPO/*Drescher*, § 924 Rn 12; Stein/Jonas/*Grunsky*, § 924 Rn 12; Musielak/*Huber*, § 924 Rn 4; Schuschke/Walker/*Walker*, § 924 Rn 15.
28 MüKo-ZPO/*Drescher*, § 924 Rn 11; Stein/Jonas/*Grunsky*, § 924 Rn 11; Musielak/*Huber*, § 924 Rn 5; *Schilken*, in: Gaul/Schilken/Becker-Eberhard, § 77 Rn 23; Schuschke/Walker/*Walker*, § 924 Rn 14.
29 BGH NJW 1992, 2297, 2298; Stein/Jonas/*Grunsky*, § 924 Rn 11.
30 MüKo-ZPO/*Drescher*, § 924 Rn 11; Stein/Jonas/*Grunsky*, § 924 Rn 11; Schuschke/Walker/*Walker*, § 924 Rn 14.
31 BGH NJW 1992, 2297, 2298; Musielak/*Huber*, § 924 Rn 5.

rechtsmissbräuchlich, wenn mit dem neuen Widerspruch neue Glaubhaftmachungsmittel angekündigt werden.[32]

12 **5. Rücknahme.** Der Schuldner kann den Widerspruch **jederzeit** bis zur formellen Rechtskraft des im Widerspruchsverfahren ergehenden Arresturteils (§ 925) und **ohne Zustimmung des Gläubigers** zurücknehmen.[33] Der Schuldner kann **jederzeit** (bis zur Verwirkung, s. Rn 11) **erneut Widerspruch** einlegen.[34]

13 **6. Wirkungen. a) Mündliche Verhandlung (Abs. 2 S. 2).** Nach Widerspruch hat das Gericht von Amts wegen Termin zur Güteverhandlung[35] (§ 278) und zur mündlichen Verhandlung zu bestimmen (Abs. 2 S. 2). Zum Verfahren s. § 922 Rn 6. Es ist über den Arrestbeschluss zu verhandeln; Einwendungen gegen die Vollziehung sowie Schadensersatz- und Erstattungsansprüche sind nicht Widerspruchs- und Verhandlungsgegenstand.[36] Bei Kostenwiderspruch gilt § 128 Abs. 3.[37]

14 **b) Arrestvollziehung (Abs. 3).** Der Widerspruch hat **keine aufschiebende Wirkung**, dh keinen Einfluss auf Arrestvollziehung (Abs. 3 S. 1), Kostenfestsetzung und bestehende Vollziehungsmaßnahmen.[38] Allerdings kann das Gericht gem. Abs. 3 S. 2 Hs 1 iVm § 707 **einstweilige Anordnungen** treffen. Die Einschränkung des § 707 Abs. 1 S. 2 für eine Einstellung ohne Sicherheitsleistung gilt nicht (Abs. 3 S. 2 Hs 2). Bedeutung erlangt Abs. 3 vor allem bei einstweiligen Verfügungen (§ 936). Im **Arrestverfahren** sind die Möglichkeiten des Schuldners, die Lösungssumme zu hinterlegen (§ 923), und des Gerichts, Gläubigersicherheit anzuordnen (§ 921 S. 2), grds. vorrangig; eine Einstellung der Vollziehung ist daher nur **in eng umgrenzten Ausnahmefällen** möglich.[39] Dies vorausgeschickt gilt, dass der Vollziehungsschutz gem. Abs. 2 S. 2 iVm § 707 auf die **Vollstreckung des Kostenfestsetzungsbeschlusses** erstreckt oder beschränkt werden kann, der auf Grundlage der Kostenentscheidung des Arrestbeschlusses ergangen ist,[40] und dass die Vollziehungsfrist des § 929 Abs. 2 im Umfang des einstweiligen Vollziehungsschutzes gehemmt ist.[41] Eine einstweilige Verfügung braucht nicht erneut vollzogen zu werden, wenn das Berufungsgericht gem. Abs. 3 durch einstweilige Anordnung Gläubigersicherheit verfügt.[42]

15 **7. Entscheidung.** Die Entscheidung nach Widerspruch regelt § 925.

III. Kosten

16 Das Widerspruchsverfahren wird bei den **Gerichtsgebühren** durch die Gebühr Nr. 1410 KV GKG mit abgegolten.[43] Es stellt auch für den **Rechtsanwalt** dieselbe

---

32 OLG Frankfurt NJW-RR 2013, 703 = MDR 2013, 114.
33 OLG Frankfurt NJW-RR 2013, 703 = MDR 2013, 114; MüKo-ZPO/*Drescher*, § 924 Rn 13; Stein/Jonas/*Grunsky*, § 924 Rn 13; Musielak/*Huber*, § 924 Rn 5; Schuschke/Walker/*Walker*, § 924 Rn 16.
34 OLG München NJW-RR 1998, 936; OLG Koblenz MDR 1996, 425, 426.
35 MüKo-ZPO/*Drescher*, § 924 Rn 14; Stein/Jonas/*Grunsky*, § 924 Rn 22; Musielak/*Huber*, § 924 Rn 7.
36 MüKo-ZPO/*Drescher*, § 925 Rn 2; Stein/Jonas/*Grunsky*, § 925 Rn 3; Musielak/*Huber*, § 924 Rn 8; Schuschke/Walker/*Walker*, § 925 Rn 3.
37 OLG Frankfurt NJW-RR 2007, 360.
38 MüKo-ZPO/*Drescher*, § 924 Rn 15; Musielak/*Huber*, § 924 Rn 10.
39 OLG Frankfurt NJW 2003, 2688 betr. Arrest; OLG Brandenburg MDR 2002, 53 betr. einstweilige Verfügung.
40 MüKo-ZPO/*Drescher*, § 924 Rn 15; Stein/Jonas/*Grunsky*, § 924 Rn 25.
41 IE ebenso MüKo-ZPO/*Drescher*, § 924 Rn 15; Stein/Jonas/*Grunsky*, § 924 Rn 25; Schuschke/Walker/*Walker*, § 924 Rn 19.
42 KG NJW-RR 1986, 1127.
43 NK-GK/*Kreutz*, Nr. 1410 KV GKG Rn 2.

Angelegenheit dar (§ 16 Nr. 5 RVG), so dass Gebühren nur einmal erhoben werden können (§ 15 Abs. 2 RVG).[44]

§ 925 Entscheidung nach Widerspruch

(1) Wird Widerspruch erhoben, so ist über die Rechtmäßigkeit des Arrestes durch Endurteil zu entscheiden.

(2) Das Gericht kann den Arrest ganz oder teilweise bestätigen, abändern oder aufheben, auch die Bestätigung, Abänderung oder Aufhebung von einer Sicherheitsleistung abhängig machen.

I. Allgemeines

§ 925 trifft Bestimmungen über Form (Abs. 1) und Inhalte (Abs. 2) der Widerspruchsentscheidung. 1

II. Widerspruchsurteil

1. Entscheidungsform (Abs. 1). Abs. 1 spricht für den Vollwiderspruch aus, was sich bereits anderweitig aus dem Gesetz ergibt. Der Widerspruch bewirkt, dass über den Arrest mündlich zu verhandeln (§ 924 Abs. 2 S. 2) und daher durch **Endurteil** zu entscheiden (§ 922 Abs. 1 S. 1) ist. Über einen Kostenwiderspruch muss nicht mündlich verhandelt (§ 128 Abs. 3), aber stets durch Endurteil entscheiden (Abs. 1) werden. 2

2. Entscheidungsumfang und -grundlage. Das Gericht hat **alle Voraussetzungen für den Arresterlass** umfassend und ohne Bindung an den Arrestbeschluss zu prüfen und am Ende der mündlichen Verhandlung (tunlichst keine Bestimmung eines Verkündungstermins) auf der Grundlage des **bei Schluss der mündlichen Verhandlung bestehenden Sach- und Streitstandes** zu entscheiden (über die ursprüngliche Begründetheit des Arrestes ist nur bei Erledigungserklärung oder im Folgeprozess über den Anspruch aus § 945 Alt. 1 zu befinden).[1] Ein zulässiger **Vollwiderspruch** ist demnach erfolgreich, wenn der Schuldner vorbringt (durch Bestreiten, Einreden oder Rechtsausführungen) und ggf glaubhaft macht (s. § 920 Rn 14), dass der Arrest von Anfang an nicht erlassen werden durfte oder infolge nach Erlass entstandener Umstände ungerechtfertigt geworden ist.[2] Dem Gläubiger ist im ersten Fall zu raten, das Arrestgesuch zurückzunehmen, im zweiten Fall sollte er Erledigung erklären.[3] Allerdings ist auch der Gläubiger nicht an den im Arrestgesuch enthaltenen Vortrag gebunden, sondern er kann im Widerspruchstermin neue Tatsachen (zB einen neuen Arrestgrund)[4] vorbringen und neue Mittel der Glaubhaftmachung in das Verfahren einführen (zB um zu erreichen, dass ein Arrest, der gem. § 921 S. 1 gegen Gläubigersicherheit angeord- 3

---

44 OLG Dresden JurBüro 2000, 139; OLG Braunschweig JurBüro 1995, 642; AnwK-RVG/*Wahlen/Mock/Fölsch/N. Schneider/Thiel*, § 17 Rn 161 ff.
1 BFH NJW 2004, 2184, 2185; OLG Brandenburg NJW-RR 2000, 325; OLG Brandenburg NJW-RR 2000, 326, 327; MüKo-ZPO/*Drescher*, § 925 Rn 3, 5; Stein/Jonas/*Grunsky*, § 925 Rn 3 f, 11; Musielak/*Huber*, § 925 Rn 1; *Schilken*, in: Gaul/Schilken/Becker-Eberhard, § 77 Rn 25; Schuschke/Walker/*Walker*, § 925 Rn 4.
2 MüKo-ZPO/*Drescher*, § 925 Rn 3; Stein/Jonas/*Grunsky*, § 925 Rn 5 ff; Schuschke/Walker/*Walker*, § 925 Rn 5.
3 MüKo-ZPO/*Drescher*, § 925 Rn 4, 7; Stein/Jonas/*Grunsky*, § 925 Rn 9; *Schilken*, in: Gaul/Schilken/Becker-Eberhard, § 77 Rn 26; Schuschke/Walker/*Walker*, § 925 Rn 6.
4 Musielak/*Huber*, § 925 Rn 2; *Schilken*, in: Gaul/Schilken/Becker-Eberhard, § 77 Rn 25.

net wurde, ohne Sicherheit bestätigt wird).[5] Der Arrestanspruch kann im Widerspruchsverfahren nur unter den Voraussetzungen der §§ 263 ff ausgewechselt werden; der erlassene Arrest fällt dann analog § 269 Abs. 3 S. 1 weg, Vollziehungsmaßnahmen sind aufzuheben, und es bedarf erneuter Vollziehung.[6] Ein **Kostenwiderspruch** ist begründet, wenn der Schuldner die Voraussetzungen des § 93 darlegt und glaubhaft macht.

4 **3. Entscheidungsinhalt (Abs. 2).** Gemäß Abs. 2 kann der Arrest ganz oder teilweise und gegen oder ohne Sicherheitsleistung bestätigt, abgeändert oder aufgehoben werden. Im Umfang einer Aufhebung ist der **Arrestantrag zurückzuweisen**.[7] Soweit der Arrest gegen **Sicherheitsleistung** des Gläubigers bestätigt wird, ist wegen §§ 775 Nr. 2 aE, 776 S. 2 darüber zu befinden, ob und mit welcher Schonfrist für die Leistung der Sicherheit Vollziehungsmaßregeln bei Vorlage einer Urteilsausfertigung aufzuheben sind;[8] die Aufhebung von Vollziehungsmaßnahmen durch das Urteil kommt aber nicht in Frage.[9] Ein **unzulässiger Widerspruch** ist analog § 341 Abs. 1 S. 2 zu **verwerfen**.[10] Über die **Kosten** – bei Bestätigung sind dies die weiteren Kosten des Verfahrens, bei Aufhebung die gesamten Verfahrenskosten – ist nach Maßgabe der §§ 91 ff zu entscheiden (§ 308 Abs. 2).[11] Wird der **Arrest** (ganz oder teilweise) **aufgehoben**, dann ist das Urteil für **vorläufig vollstreckbar** zu erklären (§ 708 Nr. 6). Ein arrestbestätigendes Widerspruchsurteil ist ebenso wenig wie ein stattgebendes Arresturteil (s. § 922 Rn 7) für vorläufig vollstreckbar zu erklären.[12] Zur Entscheidung bei **Unzuständigkeit** s. § 924 Rn 7.

5 **4. Urteilswirkungen. a) Arrestaufhebung.** Mit der Verkündung (nicht erst mit Rechtskraft) eines arrestaufhebenden Widerspruchsurteils fallen die Arrestwirkungen und mit ihnen der Vollstreckungstitel des Gläubigers fort, als wäre der Arrest nie angeordnet worden.[13] Vollziehungsmaßnahmen dürfen nicht mehr ergriffen werden (widrigenfalls Erinnerung, § 766).[14] Eine Arresthypothek wird ipso iure zur Eigentümergrundschuld (§§ 932 Abs. 2, 868 Abs. 1), andere bestehende Vollziehungsmaßnahmen sind auf Vorlage einer Urteilsausfertigung hin aufzuheben (§§ 775 Nr. 1, 776 S. 1).[15] Wird der Arrest **gegen Sicherheitsleistung des Schuldners** aufgehoben, sind bis zur Leistung der Sicherheit weitere Vollziehungsmaßnahmen zulässig, bestehende Maßregeln sind aufrecht zu erhalten. Nach Sicherheitsleistung dürfen keine weiteren Vollziehungsmaßnahmen unter-

---

5 MüKo-ZPO/*Drescher*, § 925 Rn 4; Stein/Jonas/*Grunsky*, § 925 Rn 10; Schuschke/Walker/*Walker*, § 925 Rn 7.
6 OLG Frankfurt NJW-RR 1988, 319; MüKo-ZPO/*Drescher*, § 925 Rn 4; Stein/Jonas/*Grunsky*, § 925 Rn 7; Schuschke/Walker/*Walker*, § 925 Rn 7, 9.
7 MüKo-ZPO/*Drescher*, § 925 Rn 8; Musielak/*Huber*, § 925 Rn 6; Hk-ZPO/*Kemper*, § 925 Rn 5; Schuschke/Walker/*Walker*, § 925 Rn 10.
8 Vgl OLG Karlsruhe Rpfleger 1997, 16 zur Tenorierung eines Aufschubs der Aufhebung von Vollstreckungsmaßnahmen; vgl ferner KG NJW-RR 1986, 1127 zur Fristbestimmung für eine Gläubigersicherheit gem. § 924 Abs. 3.
9 MüKo-ZPO/*Drescher*, § 925 Rn 10; Stein/Jonas/*Grunsky*, § 925 Rn 20; Schuschke/Walker/*Walker*, § 925 Rn 11.
10 MüKo-ZPO/*Drescher*, § 925 Rn 8; Musielak/*Huber*, § 925 Rn 4; Hk-ZPO/*Kemper*, § 925 Rn 4; Schuschke/Walker/*Walker*, § 925 Rn 8.
11 MüKo-ZPO/*Drescher*, § 925 Rn 9; Schuschke/Walker/*Walker*, § 925 Rn 8.
12 MüKo-ZPO/*Drescher*, § 925 Rn 11; Stein/Jonas/*Grunsky*, § 925 Rn 21; Musielak/*Huber*, § 925 Rn 4; Schuschke/Walker/*Walker*, § 925 Rn 8.
13 OLG München Rpfleger 2013, 444; OLG Köln MDR 2003, 352; OLG Düsseldorf NJW-RR 2000, 68; KG NJW-RR 1996, 1088; s. auch OLG Hamburg MDR 1997, 394 zum rückwirkenden Wegfall einer einstweiligen Verfügung nach Aufhebung im Widerspruchsverfahren.
14 MüKo-ZPO/*Drescher*, § 925 Rn 10; Schuschke/Walker/*Walker*, § 925 Rn 11.
15 OLG Düsseldorf NJW-RR 2000, 68.

nommen werden (sonst § 766), bestehende Maßregeln sind auf Nachweis aufzuheben (§§ 775 Nr. 3, 776 S. 1).

Die Gestaltungswirkung eines arrestaufhebenden Widerspruchsurteils kann nicht beseitigt werden, auch nicht, indem das Berufungsgericht die Vollstreckung aus dem aufhebenden Urteil (analog §§ 707, 719) einstellt (str).[16] Das Berufungsgericht kann den aufgehobenen Arrest nicht bestätigen, sondern nur einen neuen Arrest erlassen (str),[17] auf den aber keine bis dahin vorgenommenen Vollziehungsmaßnahmen gestützt werden können (str).[18] 6

b) **Bestätigung.** Ein arrestbestätigendes Widerspruchsurteil hat die gleichen Wirkungen wie ein Arresturteil. Wurde der Arrest **gegen Sicherheitsleistung des Gläubigers** bestätigt, dürfen keine weiteren Vollziehungsmaßnahmen unternommen werden, solange die Sicherheit nicht geleistet ist (andernfalls § 766). Bestehende Vollziehungsmaßnahmen sind auf Vorlage einer Urteilsausfertigung hin aufzuheben, wenn dies im Urteil so angeordnet ist (s. Rn 4) (§§ 775 Nr. 2, 776 S. 2) (aA[19] Aufhebung nach Erinnerung, § 766, solange die Sicherheit nicht geleistet ist). 7

5. **Rechtsmittel.** Bei **Vollwiderspruch** sind gegen ein Widerspruchsurteil Rechtsmittel nach gleicher Maßgabe statthaft wie gegen ein stattgebendes oder abweisendes Arresturteil (s. § 922 Rn 16). Gegen ein Urteil auf **Kostenwiderspruch** ist die sofortige Beschwerde analog § 99 Abs. 2 statthaft.[20] Revision, Nichtzulassungsbeschwerde und Rechtsbeschwerde sind durchweg unstatthaft (§§ 542 Abs. 2 S. 1, 574 Abs. 1 S. 2). 8

§ 926 Anordnung der Klageerhebung

(1) Ist die Hauptsache nicht anhängig, so hat das Arrestgericht auf Antrag ohne mündliche Verhandlung anzuordnen, dass die Partei, die den Arrestbefehl erwirkt hat, binnen einer zu bestimmenden Frist Klage zu erheben habe.

(2) Wird dieser Anordnung nicht Folge geleistet, so ist auf Antrag die Aufhebung des Arrestes durch Endurteil auszusprechen.

I. Allgemeines 1	a) Antrag 4
1. Zweck 1	b) Zuständigkeit 5
2. Anwendungsbereich und Konkurrenzen 2	aa) Bestehender Arrest .. 5
3. Feststellungs- und Unterlassungsklage des Arrestschuldners 3	bb) Bevorstehender Arrest 6
II. Anordnung der Klageerhebung in der Hauptsache (Abs. 1) 4	c) Keine Anhängigkeit und Rechtskraft der Hauptsache, kein Vollstreckungstitel 7
1. Voraussetzungen 4	d) Rechtsschutzinteresse 9

---

16 OLG Köln MDR 2003, 352; OLG Düsseldorf NJW-RR 2002, 138; OLG Düsseldorf NJW-RR 1987, 511; Musielak/*Huber*, § 925 Rn 10. AA KG MDR 1994, 727.
17 OLG Karlsruhe GRUR-RR 2014, 362; Musielak/*Huber*, § 925 Rn 10. AA OLG Celle NJW-RR 1987, 64.
18 OLG Köln MDR 2003, 352; OLG Düsseldorf NJW-RR 2002, 138; OLG Bremen MDR 1998, 677; KG NJW-RR 1996, 1088; MüKo-ZPO/*Drescher*, § 925 Rn 13; Schuschke/Walker/*Walker*, § 925 Rn 13, 15. AA KG MDR 1994, 727; Stein/Jonas/*Grunsky*, § 925 Rn 19.
19 MüKo-ZPO/*Drescher*, § 925 Rn 10; Stein/Jonas/*Grunsky*, § 925 Rn 20; Schuschke/Walker/*Walker*, § 925 Rn 9.
20 OLG Koblenz NJW-RR 1997, 893; OLG Brandenburg MDR 1994, 404.

2. Entscheidung.................. 12	1. Antrag...................... 21
3. Rechtsbehelfe................ 13	2. Anordnung der Klageerhebung................... 22
a) Gläubiger................ 13	
b) Schuldner................ 14	3. Nichteinhaltung der Klagefrist...................... 23
III. Hauptsacheklage................ 15	
1. Partei, die den Arrestbefehl erwirkt hat.................... 15	4. Verfahren................... 25
	5. Urteil....................... 26
2. Verfahrens- und Klageart... 16	a) Inhalt................... 27
3. Umfang der Klageerhebung, Sachentscheidung............ 17	b) Wirkung................ 28
	c) Rechtsbehelfe........... 29
4. Verfahrensbetrieb.......... 18	V. Kosten......................... 30
5. Fristwahrung............... 19	1. Gerichtskosten............. 30
IV. Aufhebung (Abs. 2)............. 20	2. Rechtsanwaltsgebühren..... 32

I. Allgemeines

1 **1. Zweck.** Der Arrestschuldner kann den Gläubiger dazu anhalten lassen, das Hauptsacheverfahren in Gang zu setzen (Abs. 1), widrigenfalls der Arrest aufzuheben ist (Abs. 2). § 926 verdeutlicht zum einen die dienende Funktion des Arrestes gegenüber dem Hauptsacheverfahren und gleicht zum anderen aus, dass ein arrestgesicherter Gläubiger keine Eile mit der Hauptsache, der arrestbelastete Schuldner aber ein anerkennenswertes Interesse an profunder und endgültiger gerichtlicher Klärung des Arrestanspruchs hat.[1]

2 **2. Anwendungsbereich und Konkurrenzen.** Der Anwendungsbereich von § 926 erstreckt sich auf alle Arrest- und Verfügungsverfahren. Für den presserechtlichen Gegendarstellungsanspruch, der in den Landespressegesetzen geregelt ist (s. Vor §§ 935–945 b Rn 8), ist zumeist das Hauptsacheverfahren und damit auch § 926 ausgeschlossen.[2] Der Schuldner kann neben oder anstelle von § 926 die Rechtsbehelfe der §§ 924, 927 nutzen[3] (nach aA[4] nur §§ 924, 927, wenn der Arrestanspruch nach Arrestanordnung untergegangen ist; s. Rn 9).

3 **3. Feststellungs- und Unterlassungsklage des Arrestschuldners.** Mittelbar vermag auch der Arrestschuldner die Hauptsache eines Arrestverfahrens zum Gegenstand eines Klageverfahrens zu machen. Er kann **Klage auf Feststellung** (§ 256) erheben, dass der Arrestanspruch nicht besteht (und sodann mit einem stattgebenden Feststellungsurteil Arrestaufhebung gem. § 927 betreiben).[5] § 926 steht der Zulässigkeit einer solchen negativen Feststellungsklage grds. nicht entgegen.[6] Es ist str, ob eine **Unterlassungsklage** des Arrestschuldners mit dem Ziel, dem Gläubiger zu verbieten, von dem Arrest Gebrauch zu machen, zulässig und begründet ist.[7] Im Allgemeinen lehnt die Rspr es (mit wenig überzeugender Begründung)[8] ab, prozessual in andere Prozesse oder prozessual erlangte Befugnisse einzugreifen, weil die Verfahrensvervielfachung im Konflikt stehe mit den Funkti-

---

1 Vgl MüKo-ZPO/*Drescher*, § 926 Rn 1; Musielak/*Huber*, § 926 Rn 1 f; Schuschke/Walker/*Walker*, § 926 Rn 1.
2 S. ferner OLG Frankfurt NJW-RR 2002, 1474 zu § 10 LPG Hess, der § 926 nicht ausschließt.
3 MüKo-ZPO/*Drescher*, § 926 Rn 2.
4 Musielak/*Huber*, § 926 Rn 3; Schuschke/Walker/*Walker*, § 926 Rn 2; Zöller/*Vollkommer*, § 926 Rn 3.
5 BVerfG NJW-RR 2007, 1684; OLG Frankfurt FamRZ 1985, 723.
6 OLG Hamburg MDR 2002, 965; einschränkend BGH JZ 1961, 294 m. Anm. *Dunz*, JZ 1961, 295.
7 Dafür MüKo-ZPO/*Drescher*, § 926 Rn 2; Zöller/*Vollkommer*, § 926 Rn 3, jew. betr. einstweilige Verfügung. AA (betr. einstweilige Verfügung) BGH LM ZPO § 926 Nr. 1; Staudinger/*Gursky*, § 1004 Rn 191: unbegründet.
8 Vgl *Haertlein*, Exekutionsintervention und Haftung, S. 371 ff.

onserfordernissen und der gesetzlich geordneten Kompetenzverteilung der Rechtspflege; auf solche Eingriffe gerichtete Klagen seien unzulässig[9] oder unbegründet.[10] Richtig ist, dass die Unterlassungsklage des Arrestschuldners wegen der §§ 926, 927 als unstatthaft abzuweisen ist, weil sie mittelbar die Aufhebung des Arrestes zum Gegenstand hat.[11]

II. Anordnung der Klageerhebung in der Hauptsache (Abs. 1)

1. Voraussetzungen. a) Antrag. Die Anordnung der Verfahrenseinleitung ergeht nur auf Antrag des Schuldners (Abs. 1), der (ohne Anwaltszwang, § 78 Abs. 3, § 13 RPflG) **schriftlich oder zu Protokoll** des Urkundsbeamten der Geschäftsstelle (§ 496) oder des Rechtspflegers (§§ 24 Abs. 2 Nr. 3, 26 RPflG)[12] gestellt werden kann. Der Antrag kann bereits **vor Arresterlass** vorsorglich für den Fall des Arresterlasses gestellt werden.[13] Er kann gestellt werden, **solange ein Arrest besteht oder noch ergehen kann**; nach rechtskräftiger Abweisung oder Aufhebung des Arrest(-antrag)s oder Erledigung ist der Fristsetzungsantrag unzulässig.[14] Ferner darf der Schuldner auf den Antrag **nicht verzichtet** haben.[15]

b) Zuständigkeit. aa) Bestehender Arrest. Besteht ein Arrest, dann ist für die Anordnung gem. Abs. 1 grds. das Gericht zuständig, das den Arrest erlassen hat,[16] auch, wenn das Arrestverfahren sich inzwischen im höheren Rechtszug befindet. Hat ein Gericht des höheren Rechtszugs den Arrest erlassen, dann ist das Gericht des ersten Rechtszugs zuständig.[17] Funktionell ist der Rechtspfleger zuständig (§ 20 Abs. 1 Nr. 14 RPflG), der durch Beschluss zu entscheiden hat.

bb) Bevorstehender Arrest. Ist noch kein Arrest erlassen, dann ist das mit der Arrestentscheidung befasste Gericht für die Anordnung gem. Abs. 1 zuständig. Funktionell liegt die Zuständigkeit beim Richter (§ 6 RPflG), der gleichzeitig mit dem Arresterlass über die Anordnung gem. Abs. 1 zu entscheiden hat.[18]

c) Keine Anhängigkeit und Rechtskraft der Hauptsache, kein Vollstreckungstitel. Die Anordnung gem. Abs. 1 darf nur ergehen, wenn die **Hauptsache nicht anhängig** ist. Die Hauptsache ist nicht anhängig, wenn noch keine Klageschrift und kein Mahn- oder PKH-Antrag bei Gericht eingereicht ist, ferner, wenn Klage oder PKH-Antrag zurückgenommen, die Klage als unzulässig oder der PKH-Antrag als unzulässig oder unbegründet[19] zurückgewiesen ist.[20] Einer Fristsetzung

---

9 Vgl BGHZ 164, 1, 7; BGH NJW 1986, 2502, 2503.
10 Vgl BGH Rpfleger 2005, 135; BGH NJW 1977, 1681; BGH DB 1973, 813; BGH NJW 1971, 1749; BGH NJW 1971, 284; BGH NJW 1969, 463; BGH NJW 1965, 1803; BGH NJW 1962, 243.
11 Vgl RGZ 81, 288; *Schilken*, in: Gaul/Schilken/Becker-Eberhard, § 79 Rn 22.
12 MüKo-ZPO/*Drescher*, § 926 Rn 3; Musielak/*Huber*, § 926 Rn 4; Zöller/*Vollkommer*, § 926 Rn 8; Schuschke/Walker/*Walker*, § 926 Rn 4.
13 MüKo-ZPO/*Drescher*, § 926 Rn 3; Stein/Jonas/*Grunsky*, § 926 Rn 3; Zöller/*Vollkommer*, § 926 Rn 9; Schuschke/Walker/*Walker*, § 926 Rn 4.
14 MüKo-ZPO/*Drescher*, § 926 Rn 3; Stein/Jonas/*Grunsky*, § 926 Rn 3; Musielak/*Huber*, § 926 Rn 6; Zöller/*Vollkommer*, § 926 Rn 13; Schuschke/Walker/*Walker*, § 926 Rn 6.
15 Stein/Jonas/*Grunsky*, § 926 Rn 7; Musielak/*Huber*, § 926 Rn 4; Zöller/*Vollkommer*, § 926 Rn 13; Schuschke/Walker/*Walker*, § 926 Rn 5.
16 MüKo-ZPO/*Drescher*, § 926 Rn 4; Stein/Jonas/*Grunsky*, § 926 Rn 5; Zöller/*Vollkommer*, § 926 Rn 6; Schuschke/Walker/*Walker*, § 926 Rn 9.
17 OLG Karlsruhe NJW 1973, 1509; MüKo-ZPO/*Drescher*, § 926 Rn 4; Zöller/*Vollkommer*, § 926 Rn 6. Differenzierend Stein/Jonas/*Grunsky*, § 926 Rn 5; Schuschke/Walker/*Walker*, § 926 Rn 9.
18 MüKo-ZPO/*Drescher*, § 926 Rn 4; Stein/Jonas/*Grunsky*, § 926 Rn 3; Schuschke/Walker/*Walker*, § 926 Rn 4.
19 OLG Frankfurt MDR 1989, 272.
20 Zöller/*Vollkommer*, § 926 Rn 10.

nach Abs. 1 steht auch die Anhängigkeit im Ausland entgegen, wenn das ausländische Urteil im Inland anzuerkennen ist (§ 328).[21] Die Prozessvoraussetzungen des Hauptsacheverfahrens sind im Rahmen von Abs. 1 nicht zu prüfen.[22] Es obliegt dem Arrestgläubiger, die Anhängigkeit der Hauptsache einzuwenden und glaubhaft zu machen.[23] Bereits deshalb darf die Anordnung gem. Abs. 1 nur nach (schriftlicher) **Anhörung des Gläubigers** ergehen (str).[24]

8 Der Antrag ist unzulässig, wenn der Gläubiger einen **Vollstreckungstitel in der Hauptsache** besitzt[25] und deshalb für die Hauptsacheklage das Rechtsschutzinteresse fehlt. Gleiches gilt, wenn in der Hauptsache bereits rechtskräftig entschieden ist.[26]

9 d) **Rechtsschutzinteresse.** Es ist str, unter welchen Voraussetzungen das Rechtsschutzinteresse des Arrestschuldners für den Fristsetzungsantrag entfällt. Das Rechtsschutzinteresse soll fehlen, wenn für den Schuldner **keine Gefahr mehr von dem Arrest ausgeht** oder wenn die **Aufhebung des Arrestes auf einfacherem Weg** als über ein Hauptsacheverfahren möglich ist.[27] Dies soll der Fall sein, wenn der Gläubiger den Schuldner vor jeder Inanspruchnahme sichergestellt[28] oder auf die Arrestvollziehung verzichtet[29] hat oder wenn die begrenzte Geltungsdauer der Entscheidung abgelaufen ist.[30] Das Rechtsschutzinteresse soll sogar fehlen, wenn der Arrestanspruch untergegangen ist (dann nur §§ 924, 927),[31] wenn er verjährt ist[32] und die Verjährungseinrede erhoben wurde[33] oder wenn die Hauptsache aus anderen Gründen erledigt ist.[34] Nach aA soll der Schuldner nicht unter dem Blickwinkel des Rechtsschutzinteresses auf die Rechtsbehelfe der §§ 924, 927 verwiesen werden.[35] Danach steht **offenkundige Unbegründetheit der Hauptsacheklage** der Anordnung gem. Abs. 1 nicht entgegen.[36]

10 Die Streitfrage um die Zulässigkeit des Antrags nach Abs. 1 steht vor dem Hintergrund der §§ 945 Alt. 2, 926 Abs. 2, wonach der Gläubiger ohne Rücksicht auf Rechtswidrigkeit und Verschulden auf Schadensersatz haftet, wenn er nicht rechtzeitig Klage erhebt und der Arrest deshalb aufgehoben wird: Der Gläubiger soll nicht zur Erhebung einer offensichtlich sinnlosen Klage gezwungen werden, nur um die Folge der §§ 945 Alt. 2, 926 Abs. 2 zu vermeiden. Dennoch ist ein

---

21 OLG Frankfurt MDR 1981, 237; Stein/Jonas/*Grunsky*, § 926 Rn 7; Musielak/*Huber*, § 926 Rn 7; Hk-ZPO/*Kemper*, § 926 Rn 3; Schuschke/Walker/*Walker*, § 926 Rn 7.
22 OLG Frankfurt MDR 1981, 237, 238; Musielak/*Huber*, § 926 Rn 10.
23 OLG Frankfurt MDR 1981, 237, 238; MüKo-ZPO/*Drescher*, § 926 Rn 6; Stein/Jonas/*Grunsky*, § 926 Rn 7; Musielak/*Huber*, § 926 Rn 7; Schuschke/Walker/*Walker*, § 926 Rn 7.
24 MüKo-ZPO/*Drescher*, § 926 Rn 4; Musielak/*Huber*, § 926 Rn 10. AA Stein/Jonas/*Grunsky*, § 926 Rn 5; Hk-ZPO/*Kemper*, § 926 Rn 6; Zöller/*Vollkommer*, § 926 Rn 5, 15; Schuschke/Walker/*Walker*, § 926 Rn 9.
25 MüKo-ZPO/*Drescher*, § 926 Rn 6; Stein/Jonas/*Grunsky*, § 926 Rn 7; Zöller/*Vollkommer*, § 926 Rn 11; Schuschke/Walker/*Walker*, § 926 Rn 8.
26 Hk-ZPO/*Kemper*, § 926 Rn 4.
27 Zöller/*Vollkommer*, § 926 Rn 12.
28 BGH NJW 1974, 503; LG Freiburg MDR 1988, 64.
29 Zöller/*Vollkommer*, § 926 Rn 12. AA OLG Frankfurt NJW 1972, 1330.
30 OLG Hamm MDR 1986, 418.
31 BGH NJW 1974, 503; OLG Hamburg MDR 1970, 935; LG Göttingen Rpfleger 1993, 439, 440; LG Mainz NJW 1973, 2294; Stein/Jonas/*Grunsky*, § 926 Rn 7; Hk-ZPO/*Kemper*, § 926 Rn 4; Zöller/*Vollkommer*, § 926 Rn 12; Schuschke/Walker/*Walker*, § 926 Rn 8. AA OLG Köln Rpfleger 1981, 26; AG Lauenburg MDR 1995, 747.
32 OLG Frankfurt NJW-RR 2002, 1474.
33 OLG Frankfurt MDR 2002, 778.
34 LG Freiburg MDR 1988, 64.
35 MüKo-ZPO/*Drescher*, § 926 Rn 7.
36 OLG Köln Rpfleger 1981, 26.

Rechtsschutzinteresse des Schuldners für einen Fristsetzungsantrag kaum zu leugnen, denn der Weg über § 926 ist für ihn idR bequemer als derjenige über die §§ 924, 927 (er braucht nichts zur Begründetheit des Arrestes vorzutragen). Anordnung und Aufhebung gem. § 926 sind daher auch bei offensichtlich sinnloser Hauptsacheklage zulässig. Allenfalls ist für solche Fälle eine teleologische Reduktion von § 945 in Betracht zu ziehen.

Keinesfalls steht die **Entrichtung der Lösungssumme** (§ 923)[37] oder die **Leistung zur Abwendung der Vollstreckung**[38] einer Anordnung gem. Abs. 1 entgegen. 11

2. Entscheidung. Die Entscheidung über den Fristsetzungsantrag hat **ohne** 12 **mündliche Verhandlung durch Beschluss** zu ergehen. In einem **stattgebenden Beschluss** ist die **Klageerhebung** anzuordnen und die **Frist** zur Klageerhebung in der Hauptsache zu bestimmen. Die Länge der Frist liegt im **Ermessen des Gerichts**. Nach dem Rechtsgedanken der §§ 276 Abs. 1, 277 Abs. 3 muss die Frist **mindestens zwei Wochen** betragen.[39] IdR sind vier Wochen oder ein Monat hinreichend, wenn nicht besondere Umstände vorliegen.[40] Die Frist ist gem. § 222 zu berechnen und **beginnt mit Zustellung** des Beschlusses **an den Gläubiger** (§ 329 Abs. 2 S. 2) zu laufen.[41] Sie läuft auch dann weiter, wenn der Arrest im Widerspruchsverfahren aufgehoben wird und der Gläubiger dagegen Berufung eingelegt hat.[42] Die Frist kann gem. §§ 224 Abs. 2, 3; 225 **verlängert** werden. Zweifelhaft ist, ob der Beschluss eine Belehrung über die Folgen des Abs. 2 enthalten[43] muss (§ 231 Abs. 1). Wenn die Fristsetzung anfechtbar ist (s. Rn 13), ist der Beschluss auch dem Schuldner zuzustellen (§ 329 Abs. 3) (aA[44] formlose Mitteilung, § 329 Abs. 2 S. 1). Ein **zurückweisender Beschluss** ist dem Schuldner gem. § 329 Abs. 3 zuzustellen (aA[45] formlose Mitteilung, § 329 Abs. 2 S. 1).

3. Rechtsbehelfe. a) Gläubiger. Gegen einen stattgebenden Beschluss des Richters ist kein Rechtsbehelf des Gläubigers statthaft.[46] Er kann aber im Aufhebungsverfahren (Abs. 2) alle Einwände geltend machen (s. Rn 22). Hatte der Rechtspfleger dem Antrag stattgegeben, findet für den Gläubiger die Erinnerung gem. § 11 Abs. 2 S. 1 RPflG statt,[47] ebenso bei verweigerter Fristverlängerung (str) (§ 11 Abs. 2 S. 1 RPflG, § 225 Abs. 3).[48] 13

b) Schuldner. Dem Schuldner steht gegen einen zurückweisenden Beschluss und bei Stattgabe (gegen die Länge der Frist) die sofortige Beschwerde (§ 567 Abs. 1 Nr. 2, § 11 Abs. 1 RPflG) zu.[49] 14

---

37 Stein/Jonas/*Grunsky*, § 926 Rn 3; Schuschke/Walker/*Walker*, § 926 Rn 6.
38 MüKo-ZPO/*Drescher*, § 926 Rn 7.
39 MüKo-ZPO/*Drescher*, § 926 Rn 9; Stein/Jonas/*Grunsky*, § 926 Rn 9; Zöller/*Vollkommer*, § 926 Rn 16; Schuschke/Walker/*Walker*, § 926 Rn 11.
40 MüKo-ZPO/*Drescher*, § 926 Rn 9; Stein/Jonas/*Grunsky*, § 926 Rn 9.
41 MüKo-ZPO/*Drescher*, § 926 Rn 9; Stein/Jonas/*Grunsky*, § 926 Rn 9; Zöller/*Vollkommer*, § 926 Rn 17; Schuschke/Walker/*Walker*, § 926 Rn 10.
42 LG Arnsberg MDR 1986, 328; Stein/Jonas/*Grunsky*, § 926 Rn 9; Schuschke/Walker/*Walker*, § 926 Rn 11.
43 S. Zöller/*Vollkommer*, § 926 Rn 16; Schuschke/Walker/*Walker*, § 926 Rn 11.
44 Zöller/*Vollkommer*, § 926 Rn 17; Schuschke/Walker/*Walker*, § 926 Rn 10.
45 Schuschke/Walker/*Walker*, § 926 Rn 10.
46 LG Göttingen Rpfleger 1993, 439, 440.
47 BGH MDR 1987, 492, 493 = NJW-RR 1987, 683 m. Anm. *Grunsky*, KG NJW-RR 2012, 446, 447; EWiR 1987, 145; OLG Köln Rpfleger 1990, 452; LG Göttingen Rpfleger 1993, 439, 440.
48 Zöller/*Vollkommer*, § 926 Rn 19; aA Schuschke/Walker/*Walker*, § 926 Rn 12.
49 MüKo-ZPO/*Drescher*, § 926 Rn 10; Stein/Jonas/*Grunsky*, § 926 Rn 10; Zöller/*Vollkommer*, § 926 Rn 21; Schuschke/Walker/*Walker*, § 926 Rn 12.

III. Hauptsacheklage

15 **1. Partei, die den Arrestbefehl erwirkt hat.** Die Anordnung gem. Abs. 1 richtet sich an den **Arrestgläubiger**, der gehalten ist, sie durch Erhebung der Hauptsacheklage zu befolgen.[50] Hinreichend ist es aber auch, wenn ein **Prozessstandschafter** oder der **Rechtsnachfolger** des Arrestgläubigers (kein Fall von § 265) die Hauptsacheklage erhebt; hatte ein Prozessstandschafter den Arrest erwirkt, dann kann auch der Rechtsinhaber oder sein Rechtsnachfolger die Klage erheben.[51] Die Klage ist gegen den Arrestschuldner, seinen Rechtsnachfolger oder einen gesetzlichen Prozessstandschafter zu richten.[52]

16 **2. Verfahrens- und Klageart.** Um die Anordnung der Verfahrenseinleitung zu befolgen, muss der Arrestgläubiger **Klage oder Widerklage** erheben (§ 253 Abs. 1) **auf Leistung** aus dem Arrestanspruch (auch im Urkundenprozess) oder **auf Feststellung** des Bestehens des Arrestanspruchs.[53] Hinreichend ist nicht auch die Einleitung des **Mahnverfahrens**[54] oder ein **PKH-Antrag**,[55] wenn er nicht mangels Mittellosigkeit abgewiesen wird (nach aA[56] nur bei Bewilligung von PKH – zweifelhaft: Warum soll die arme Partei im Rahmen von § 926 die Folgen unzureichender Erfolgsaussichten der Klage tragen?). Bei obligatorischem **Schlichtungsverfahren** (vgl § 15 a EGZPO) reicht zunächst (s. Rn 18) ein Antrag bei der Gütestelle aus.[57] Fällt der Arrestanspruch unter eine Schiedsvereinbarung, dann genügt die Einleitung des **Schiedsverfahrens**. Hinreichend ist auch die **Klageerhebung vor einem ausländischen Gericht**, wenn dessen Urteil anerkennungsfähig (§ 328) sein wird.[58] **Prozessaufrechnung** mit dem Arrestanspruch genügt nicht.[59]

17 **3. Umfang der Klageerhebung, Sachentscheidung.** Das Hauptsacheverfahren muss den **Arrestanspruch** (und nicht einen anderen, nur im Zusammenhang mit dem Arrestanspruch stehenden Anspruch, str)[60] **im gesicherten Umfang** zum Gegenstand haben.[61] Umfasst das Verfahren nur einen Teil des Arrestanspruchs, dann ist der Arrest auf Antrag (Abs. 2) teilweise aufzuheben, soweit die Hauptsache nicht anhängig gemacht ist.[62] Ferner muss im Hauptsacheverfahren eine Ent-

---

50 MüKo-ZPO/*Drescher*, § 926 Rn 15; Stein/Jonas/*Grunsky*, § 926 Rn 15.
51 MüKo-ZPO/*Drescher*, § 926 Rn 15; Stein/Jonas/*Grunsky*, § 926 Rn 15; Schuschke/Walker/*Walker*, § 926 Rn 13.
52 Schuschke/Walker/*Walker*, § 926 Rn 13.
53 MüKo-ZPO/*Drescher*, § 926 Rn 12; Musielak/*Huber*, § 926 Rn 13; Zöller/*Vollkommer*, § 926 Rn 29; Schuschke/Walker/*Walker*, § 926 Rn 14; vgl auch OLG Düsseldorf MDR 1988, 976 = BB 1988, 2270.
54 MüKo-ZPO/*Drescher*, § 926 Rn 12; Stein/Jonas/*Grunsky*, § 926 Rn 11; Hk-ZPO/*Kemper*, § 926 Rn 10; Zöller/*Vollkommer*, § 926 Rn 32; Schuschke/Walker/*Walker*, § 926 Rn 14.
55 Stein/Jonas/*Grunsky*, § 926 Rn 11. AA OLG Düsseldorf MDR 1987, 771; Hk-ZPO/*Kemper*, § 926 Rn 10; Schuschke/Walker/*Walker*, § 926 Rn 14.
56 MüKo-ZPO/*Drescher*, § 926 Rn 12; Zöller/*Vollkommer*, § 926 Rn 32; vgl auch OLG Frankfurt MDR 1989, 272.
57 MüKo-ZPO/*Drescher*, § 926 Rn 12.
58 MüKo-ZPO/*Drescher*, § 926 Rn 12; Stein/Jonas/*Grunsky*, § 926 Rn 11; Zöller/*Vollkommer*, § 926 Rn 29, 32; Schuschke/Walker/*Walker*, § 926 Rn 14.
59 MüKo-ZPO/*Drescher*, § 926 Rn 12.
60 Wie hier betr. einstweilige Verfügung OLG Celle NJW-RR 2003, 1529; OLG Düsseldorf NJW-RR 1986, 322; OLG Frankfurt NJW 1983, 1129, jew. zum Verhältnis zwischen dem Anspruch auf Einräumung einer Sicherungshypothek und dem Werklohnanspruch. AA zur gleichen Frage OLG Frankfurt MDR 2003, 23; *Leue*, JuS 1985, 176; Zöller/*Vollkommer*, § 926 Rn 30.
61 MüKo-ZPO/*Drescher*, § 926 Rn 13; Musielak/*Huber*, § 926 Rn 14; Schuschke/Walker/*Walker*, § 926 Rn 15.
62 MüKo-ZPO/*Drescher*, § 926 Rn 13; Stein/Jonas/*Grunsky*, § 926 Rn 16; Zöller/*Vollkommer*, § 926 Rn 29; Schuschke/Walker/*Walker*, § 926 Rn 15.

scheidung zur Sache möglich sein; ist die Klage als unzulässig zurückzuweisen, entsprach die Klageerhebung nicht der Anordnung gem. Abs. 1[63] (anders, solange noch nicht zurückgewiesen ist).[64] Dies gilt auch für eine Feststellungsklage, der das Feststellungsinteresse (§ 256 Abs. 1) fehlt.[65] In den Fällen des Abs. 1 besteht das Feststellungsinteresse, auch wenn eine Leistungsklage möglich wäre; es resultiert gerade aus der Anordnung der Klageerhebung (str).[66] Unzulässig ist aber eine Feststellungsklage, die auf Feststellung der ursprünglichen Begründetheit des Arrestes oder des Arrestanspruchs gerichtet ist.[67]

4. Verfahrensbetrieb. Der Arrestgläubiger muss nach Kräften **auf eine Sachentscheidung in der Hauptsache hinwirken**.[68] Ein Schlichtungsverfahren muss zügig betrieben werden,[69] und die Klageerhebung muss sich unverzüglich anschließen. Ferner gilt § 167 (nach aA[70] muss die Klage zugestellt sein). Danach hat der Arrestgläubiger dafür zu sorgen, dass die Klage zugestellt wird, insb. ist der Kostenvorschuss zu entrichten.[71] Wurde die Hauptsacheklage bei einem unzuständigen Gericht erhoben, muss der Kläger Verweisung beantragen (§§ 281, 506, § 17a GVG), nach aA[72] genügt die Verweisungsmöglichkeit. Schließlich darf der Arrestgläubiger die Hauptsacheklage grds. nicht zurücknehmen.[73]

5. Fristwahrung. Die Fristwahrung ist (unter Berücksichtigung von § 167, s. Rn 18) zur Zeit des **Schlusses der mündlichen Verhandlung im Aufhebungsverfahren des ersten Rechtszuges** zu beurteilen (§§ 231 Abs. 2, 926 Abs. 2).[74] Erhebt der Arrestgläubiger Klage, nachdem das Aufhebungsverfahren eingeleitet ist, dann ist dem Schuldner die Erledigungserklärung anzuraten, damit dem Gläubiger die Kosten des Aufhebungsverfahrens auferlegt werden.[75]

IV. Aufhebung (Abs. 2)

Der Arrest ist gem. Abs. 2 auf Antrag des Schuldners aufzuheben, wenn ordnungsgemäß Klageerhebung angeordnet (Abs. 1) war und der Gläubiger nicht rechtzeitig Klage erhoben hat.

1. Antrag. Der Aufhebungsantrag ist beim Landgericht schriftlich und mit Anwaltszwang,[76] beim Amtsgericht auch zu Protokoll der Geschäftsstelle (§ 496) zu stellen. Für die Antragstellung gilt keine Frist, der Arrest muss aber noch beste-

---

63 MüKo-ZPO/*Drescher*, § 926 Rn 14; Musielak/*Huber*, § 926 Rn 13; Zöller/*Vollkommer*, § 926 Rn 31.
64 OLG Düsseldorf JurBüro 1986, 625; OLG Frankfurt MDR 1981, 237.
65 S. Hk-ZPO/*Saenger*, § 256 Rn 16.
66 MüKo-ZPO/*Drescher*, § 926 Rn 14. AA Stein/Jonas/*Grunsky*, § 926 Rn 11.
67 Schuschke/Walker/*Walker*, § 926 Rn 16.
68 MüKo-ZPO/*Drescher*, § 926 Rn 16; Stein/Jonas/*Grunsky*, § 926 Rn 13.
69 MüKo-ZPO/*Drescher*, § 926 Rn 12.
70 OLG Koblenz NJW-RR 1995, 443 (zu § 270 Abs. 3 aF) m. abl. Anm. *Schmid*, WRP 1995, 418; OLG Hamburg MDR 1977, 237; Musielak/*Huber*, § 926 Rn 15.
71 KG BauR 2004, 122; KG NJW-RR 1986, 1127; OLG München MDR 1976, 761; MüKo-ZPO/*Drescher*, § 926 Rn 16; Stein/Jonas/*Grunsky*, § 926 Rn 12; Zöller/*Vollkommer*, § 926 Rn 32; Schuschke/Walker/*Walker*, § 926 Rn 17.
72 MüKo-ZPO/*Drescher*, § 926 Rn 12; Stein/Jonas/*Grunsky*, § 926 Rn 7; Stein/Jonas/*Grunsky*, § 926 Rn 14; Schuschke/Walker/*Walker*, § 926 Rn 16.
73 MüKo-ZPO/*Drescher*, § 926 Rn 16; Stein/Jonas/*Grunsky*, § 926 Rn 13.
74 OLG Koblenz NJW-RR 1995, 443; OLG Frankfurt MDR 1982, 328.
75 *Schilken*, in: Gaul/Schilken/Becker-Eberhard, § 77 Rn 33.
76 *Bergerfurth*, Rpfleger 1978, 205; MüKo-ZPO/*Drescher*, § 926 Rn 19; Stein/Jonas/*Grunsky*, § 926 Rn 17; Musielak/*Huber*, § 926 Rn 19; Zöller/*Vollkommer*, § 926 Rn 22; Schuschke/Walker/*Walker*, § 926 Rn 20.

hen.[77] Der Antrag kann nicht bereits zusammen mit dem Fristsetzungsantrag gestellt werden.[78]

22 **2. Anordnung der Klageerhebung.** Die Klageerhebung in der Hauptsache muss ordnungsgemäß angeordnet (Abs. 1) worden sein. Die Anordnungsvoraussetzungen (s. Rn 4 ff) müssen noch zur Zeit der Aufhebung bestehen und sind daher im Aufhebungsverfahren zu überprüfen.[79] Der Gläubiger kann im Aufhebungsverfahren alle Einwendungen gegen die Anordnung vorbringen.[80]

23 **3. Nichteinhaltung der Klagefrist.** Der Aufhebungsantrag ist begründet, wenn der Arrestgläubiger (s. Rn 15) nicht rechtzeitig (s. Rn 19) Hauptsacheklage erhoben (s. Rn 16 f) hat. Mit Vortrag und Glaubhaftmachung der Klageerhebung ist der Arrestgläubiger belastet,[81] Klagerücknahme (s. Rn 18) und Klageabweisung durch Prozessurteil (s. Rn 17) sind vom Arrestschuldner[82] zur Geltung zu bringen. Gerichtsbekannte Umstände sind vorzutragen, bedürfen aber keiner Glaubhaftmachung (§ 291)[83] (nach aA[84] sind sie von Amts wegen zu berücksichtigen).

24 Auf andere Umstände als die Nichteinhaltung der Klagefrist kann der Schuldner seinen Antrag im Verfahren nach Abs. 2 nicht stützen. Andere Aufhebungsgründe kann er im Verfahren nach § 927 geltend machen (ohne Schadensersatzanspruch nach § 945).[85]

25 **4. Verfahren.** Das Aufhebungsverfahren ist ein (summarisches) **Urteilsverfahren** mit notwendiger mündlicher Verhandlung und gegenüber dem Arrestverfahren **umgekehrten Parteirollen.** **Zuständig** ist das Gericht, das die Anordnung gem. Abs. 1 getroffen hat, auch wenn das Arrestverfahren sich in einem anderen Rechtszug befindet[86] (aA Gericht, das den Arrest erlassen hat[87] oder bei dem das Arrestverfahren anhängig ist).[88] Allerdings ist das Gericht der Hauptsache zuständig, wenn eine einstweilige Verfügung gem. § 942 Abs. 2 vom Amtsgericht erlassen wurde.[89] §§ 924 Abs. 3, 707 sind entsprechend anzuwenden (str).[90]

26 **5. Urteil.** Es ist durch **Endurteil** zu entscheiden (Abs. 2 iVm § 300).

27 **a) Inhalt.** Bei Stattgabe ist der Arrest aufzuheben und der Arrestantrag zurückzuweisen.[91] Über die Kosten der Arrestanordnung und -aufhebung ist einheitlich

---

77 MüKo-ZPO/*Drescher*, § 926 Rn 18; Musielak/*Huber*, § 926 Rn 19; Zöller/*Vollkommer*, § 926 Rn 23; Schuschke/Walker/*Walker*, § 926 Rn 21.
78 MüKo-ZPO/*Drescher*, § 926 Rn 19; Stein/Jonas/*Grunsky*, § 926 Rn 17.
79 MüKo-ZPO/*Drescher*, § 926 Rn 18; Zöller/*Vollkommer*, § 926 Rn 23; Schuschke/Walker/*Walker*, § 926 Rn 21.
80 MüKo-ZPO/*Drescher*, § 926 Rn 10; Stein/Jonas/*Grunsky*, § 926 Rn 8; Zöller/*Vollkommer*, § 926 Rn 20.
81 OLG Frankfurt MDR 1981, 237.
82 MüKo-ZPO/*Drescher*, § 926 Rn 20; Musielak/*Huber*, § 926 Rn 20; Schuschke/Walker/*Walker*, § 926 Rn 22.
83 Schuschke/Walker/*Walker*, § 926 Rn 22.
84 MüKo-ZPO/*Drescher*, § 926 Rn 20; Zöller/*Vollkommer*, § 926 Rn 24.
85 MüKo-ZPO/*Drescher*, § 926 Rn 20; Stein/Jonas/*Grunsky*, § 926 Rn 16; Schuschke/Walker/*Walker*, § 926 Rn 19.
86 MüKo-ZPO/*Drescher*, § 926 Rn 19; Stein/Jonas/*Grunsky*, § 926 Rn 16; Musielak/*Huber*, § 926 Rn 21; Zöller/*Vollkommer*, § 926 Rn 22; Schuschke/Walker/*Walker*, § 926 Rn 20.
87 Vgl OLG Koblenz NJW-RR 1995, 443, 444; OLG Karlsruhe NJW 1973, 1509.
88 Vgl OLG Koblenz NJW-RR 1995, 443, 444.
89 OLG Schleswig NJW-RR 1997, 829.
90 OLG Frankfurt FamRZ 1985, 723; OLG Düsseldorf NJW 1970, 254. AA MüKo-ZPO/*Drescher*, § 926 Rn 21; Stein/Jonas/*Grunsky*, § 926 Rn 17; Zöller/*Vollkommer*, § 926 Rn 28; Schuschke/Walker/*Walker*, § 926 Rn 23.
91 MüKo-ZPO/*Drescher*, § 926 Rn 22; Musielak/*Huber*, § 926 Rn 22.

gem. §§ 91 ff zu entscheiden. Bei Aufhebung trägt folglich der Gläubiger die gesamten Prozesskosten, auch wenn der Arrest ursprünglich begründet war.[92] Das arrestaufhebende Urteil ist für vorläufig vollstreckbar zu erklären (§ 708 Nr. 6). Wenn nicht aufzuheben ist, dann ist der **Aufhebungsantrag zurückzuweisen**. Es ist dann nur über die Kosten des Aufhebungsverfahrens zu entscheiden,[93] ebenso bei Erledigungserklärung.[94] Die Erklärung der vorläufigen Vollstreckbarkeit richtet sich nach §§ 708 Nr. 11, 709.

b) **Wirkung.** Die Aufhebung hat **Rückwirkung** auf den Zeitpunkt der Arrestanordnung;[95] Vollziehungsmaßnahmen sind daher aufzuheben. Ein **erneuter Arrestantrag** ist zulässig, wenn er auf neue Tatsachen gestützt wird.[96] 28

c) **Rechtsbehelfe.** Gegen das Urteil sind Einspruch (§§ 338 ff) bzw Berufung (§§ 511 ff) statthaft. Revision und Nichtzulassungsbeschwerde sind ausgeschlossen (§ 542 Abs. 2 S. 1). 29

V. Kosten

1. Gerichtskosten. Das Verfahren nach Abs. 1 ist durch die im gerichtlichen Anordnungsverfahren entstandenen Gebühren (Nr. 1410, 1411 KV GKG) abgegolten. Im Rahmen der fristgerechten Klagerhebung entstehen dann wiederum die Gebühren des erstinstanzlichen Verfahrens. 30

Nach Vorbem. 1.4 S. 1 KV GKG werden die Gebühren im Verfahren nach Abs. 2 des § 926 gesondert erhoben. Über die Kosten ist nach § 91 zu entscheiden, wenn der Anordnung nach Abs. 1 keine Folge geleistet wurde. Dies kann zu einer Kostenschuldnerschaft des Antragstellers gem. § 29 Nr. 1 GKG führen.[97] 31

2. Rechtsanwaltsgebühren. Ein Abänderungsverfahren stellt für den Rechtsanwalt des Gläubigers dieselbe Angelegenheit dar (§ 16 Nr. 5 RVG), so dass Gebühren nur einmal erhoben werden können (§ 15 Abs. 2 RVG). Davon wird auch § 926 umfasst.[98] Wird dagegen der Rechtsanwalt des Schuldners erstmals im Rahmen des § 926 tätig (Antrag nach Abs. 1), entstehen ihm dann Gebühren nach Nr. 3100 ff VV RVG.[99] 32

§ 927 Aufhebung wegen veränderter Umstände

(1) Auch nach Bestätigung des Arrestes kann wegen veränderter Umstände, insbesondere wegen Erledigung des Arrestgrundes oder auf Grund des Erbietens zur Sicherheitsleistung die Aufhebung des Arrestes beantragt werden.

(2) Die Entscheidung ist durch Endurteil zu erlassen; sie ergeht durch das Gericht, das den Arrest angeordnet hat, und wenn die Hauptsache anhängig ist, durch das Gericht der Hauptsache.

---

92 OLG München NJW-RR 1997, 832; OLG Karlsruhe MDR 1989, 826.
93 MüKo-ZPO/*Drescher*, § 926 Rn 22; Stein/Jonas/*Grunsky*, § 926 Rn 18; Musielak/*Huber*, § 926 Rn 22; Schuschke/Walker/*Walker*, § 926 Rn 24.
94 OLG Frankfurt Rpfleger 1986, 281.
95 Musielak/*Huber*, § 926 Rn 22; Schuschke/Walker/*Walker*, § 926 Rn 24.
96 MüKo-ZPO/*Drescher*, § 926 Rn 23; Stein/Jonas/*Grunsky*, § 926 Rn 19.
97 NK-GK/*Kreutz*, Nr. 1410 KV GKG Rn 10.
98 OLG Dresden JurBüro 2000, 139; AnwK-RVG/*Wahlen/Volpert/Fölsch/Mock/N. Schneider/Thiel*, § 16 Rn 104 ff; Hk-ZPO/*Kemper*, § 926 Rn 19.
99 AnwK-RVG/*Wahlen/Volpert/Fölsch/Mock/N. Schneider/Thiel*, § 16 Rn 109; OLG Saarbrücken JurBüro 1989, 68.

I. Allgemeines	1	III. Verfahren und Entscheidung (Abs. 2)	8
1. Zweck	1	1. Aufhebungsverfahren	8
2. Konkurrenzen	2	a) Antrag	8
II. Aufhebungsgründe (Abs. 1)	3	b) Zuständigkeit	11
1. Veränderte Umstände	3	c) Rechtsschutzinteresse	12
2. Veränderungen des Arrestanspruchs	5	d) Verweisung, Aussetzung	13
3. Erledigung des Arrestgrundes	6	2. Entscheidung	14
		IV. Kosten	17
4. Erbieten zur Sicherheitsleistung	7	1. Gerichtskosten	17
		2. Rechtsanwaltsgebühren	18

I. Allgemeines

1 **1. Zweck.** Die Vorschrift ermöglicht es dem Arrestschuldner, einen Arrest mit Wirkung für die Zukunft aufheben zu lassen, der zwar begründet war, bei dem aber zwischenzeitlich eine Voraussetzung entfallen ist, so dass er keinen Sicherungszweck mehr erfüllt (Abs. 1). Dies gilt auch, wenn der Arrest als Anerkenntnisurteil ergangen ist.[1] Das Aufhebungsverfahren ist ein **Urteilsverfahren** (Abs. 2) **mit** (gegenüber dem Arrestverfahren) **umgekehrten Parteirollen** (zu beachten für die Säumnis sowie für § 93 und die einseitige Erledigungserklärung).

2 **2. Konkurrenzen.** Der Rechtsbehelf des § 927 schließt die **Abänderungs-** (§ 323) und die **Vollstreckungsgegenklage** (§ 767) des Schuldners aus (Ausnahme s. § 928 Rn 5).[2] Zwischen den **Verfahren nach § 926 Abs. 2** und § 927 hat der Schuldner die Wahl. Er kann beide Verfahren nebeneinander betreiben.[3] Das Aufhebungsverfahren nach § 927 setzt kein vorangegangenes **Widerspruchsverfahren** voraus. Die Verfahren nach §§ 924, 925 und § 927 stehen zur Wahl.[4] Ein Aufhebungsantrag gem. § 927 ist auch unabhängig davon statthaft, ob der Arrest rechtskräftig ist oder noch mit **Rechtsmitteln** angefochten werden kann.[5] Wenn aber bereits Widerspruch oder Berufung eingelegt sind, hat der Schuldner kein Rechtsschutzinteresse für ein daneben betriebenes Aufhebungsverfahren gem. § 927, weil er alles, was er in diesem Verfahren zur Geltung bringen kann, auch im Widerspruchs- bzw Berufungsverfahren vorzubringen vermag, und zwar mit weitergehender Wirkung.[6] Daher nimmt die Tatsache, dass bereits ein Aufhebungsverfahren anhängig ist, einem Arrestschuldner nicht das Rechtsschutzbedürfnis für eine Berufung oder einen Widerspruch.[7] Allerdings wird durch die Einlegung der Berufung oder die Erhebung des Widerspruchs das Aufhebungsverfahren nach § 927 unzulässig.[8] Bei **einstweiligen Verfügungen** geht die Aufhebung mangels

---

1 Vgl OLG München MDR 1986, 681 betr. einstweilige Verfügung.
2 OLG München FamRZ 1993, 1101; MüKo-ZPO/*Drescher*, § 927 Rn 2; Musielak/*Huber*, § 927 Rn 3; Schuschke/Walker/*Walker*, § 927 Rn 4.
3 Musielak/*Huber*, § 927 Rn 3. AA Schuschke/Walker/*Walker*, § 927 Rn 4.
4 MüKo-ZPO/*Drescher*, § 927 Rn 2; Stein/Jonas/*Grunsky*, § 927 Rn 1; Zöller/*Vollkommer*, § 927 Rn 2; Schuschke/Walker/*Walker*, § 927 Rn 2.
5 MüKo-ZPO/*Drescher*, § 927 Rn 2; Stein/Jonas/*Grunsky*, § 927 Rn 1; Schuschke/Walker/*Walker*, § 927 Rn 3.
6 MüKo-ZPO/*Drescher*, § 927 Rn 3; Stein/Jonas/*Grunsky*, § 927 Rn 1; Musielak/*Huber*, § 927 Rn 2; Hk-ZPO/*Kemper*, § 927 Rn 4; Schuschke/Walker/*Walker*, § 927 Rn 2 f, 10; iE ebenso Zöller/*Vollkommer*, § 927 Rn 2.
7 MüKo-ZPO/*Drescher*, § 927 Rn 3; Stein/Jonas/*Grunsky*, § 927 Rn 1; Zöller/*Vollkommer*, § 927 Rn 2; ebenso OLG Düsseldorf NJW-RR 1988, 188 betr. Berufung gegen ein Verfügungsurteil.
8 MüKo-ZPO/*Drescher*, § 927 Rn 3; Stein/Jonas/*Grunsky*, § 927 Rn 1; Musielak/*Huber*, § 927 Rn 2; Schuschke/Walker/*Walker*, § 927 Rn 2 f, 10. Ebenso OLG Hamm FamRZ 1995, 824; OLG Düsseldorf NJW-RR 1988, 188, jew. betr. Berufung gegen ein Verfügungsurteil.

fristgerechter Einleitung des Rechtfertigungsverfahrens (§ 942 Abs. 3) dem Aufhebungsverfahren gem. § 927 vor.[9]

II. Aufhebungsgründe (Abs. 1)

1. Veränderte Umstände. Veränderte Umstände bestehen, wenn seit Anordnung des Arrestes eine rechtliche oder tatsächliche **Arrestvoraussetzung entfallen** ist.[10] Daher verhilft Vortrag, wonach der Arrest von Anfang an ungerechtfertigt war, dem Schuldner im Verfahren nach § 927 nicht zum Erfolg (anders bei Widerspruch und Berufung).[11] Als veränderte Umstände gelten indes auch Tatsachen, die zwar bei Arresterlass bereits vorlagen, dem Schuldner aber erst nachträglich bekannt geworden sind.[12] Gleiches gilt, wenn der Schuldner für Tatsachen, die er bereits kannte, nachträglich Beweismittel erlangt.[13] Zu den veränderten Umständen zählen ferner Gesetzesänderungen und Änderungen der höchstrichterlichen Rspr, soweit sie die rechtliche Beurteilung des Arrestes ändern.[14] Das Tatbestandsmerkmal „veränderter Umstände" ist **weit auszulegen**.[15] Es soll nur verhindert werden, dass der Arrestschuldner fortwährend Aufhebungsanträge mit gleicher untauglicher Begründung stellt; nicht aber soll der Aufhebung eines unbegründeten Arrestes entgegenstehen, dass der Aufhebungsgrund objektiv bereits der Anordnung entgegenstand. 3

Die **Glaubhaftmachungslast** für die veränderten Umstände trägt der Schuldner und Aufhebungskläger.[16] 4

2. Veränderungen des Arrestanspruchs. Ein Aufhebungsgrund iSd Abs. 1 besteht, wenn der gesicherte Anspruch **untergegangen** ist.[17] Gleiches gilt, wenn der Anspruch zwar fortbesteht, aber **nicht mehr durchsetzbar** ist.[18] Ferner ist die **Nichtigerklärung** der einzigen Anspruchsgrundlage durch das BVerfG ein veränderter Umstand.[19] Zum Erfolg verhilft einem Antrag gem. § 927 auch, wenn die **Hauptsacheklage** durch Sachurteil **rechtskräftig abgewiesen** ist[20] oder wenn das klageabweisende Urteil zwar noch nicht rechtskräftig, aber nach den im Aufhebungsverfahren zu bewertenden Umständen des Einzelfalles nicht damit zu rechnen ist, dass das Rechtsmittel gegen das Urteil erfolgreich sein wird.[21] Gleiches gilt mit umkehrten Vorzeichen, wenn der Schuldner mit einer negativen Feststellungsklage (s. § 926 Rn 3) die Initiative ergriffen hatte. Wurde die Hauptsacheklage als unzulässig abgewiesen, kommt es darauf an, ob der Gläubiger eine erneute Klage 5

---

9 Schuschke/Walker/*Walker*, § 927 Rn 27.
10 MüKo-ZPO/*Drescher*, § 927 Rn 4; Stein/Jonas/*Grunsky*, § 927 Rn 3.
11 MüKo-ZPO/*Drescher*, § 927 Rn 4; Stein/Jonas/*Grunsky*, § 927 Rn 3; vgl auch OLG München Rpfleger 1987, 336, 337.
12 MüKo-ZPO/*Drescher*, § 927 Rn 4; Stein/Jonas/*Grunsky*, § 927 Rn 3; Musielak/*Huber*, § 927 Rn 6; *Schilken*, in: Gaul/Schilken/Becker-Eberhard, § 77 Rn 28; Schuschke/Walker/*Walker*, § 927 Rn 11.
13 *Burgard/Fresemann*, DRiZ 2000, 195; MüKo-ZPO/*Drescher*, § 927 Rn 4; Stein/Jonas/*Grunsky*, § 927 Rn 5; Musielak/*Huber*, § 927 Rn 6; *Schilken*, in: Gaul/Schilken/Becker-Eberhard, § 77 Rn 28; Zöller/*Vollkommer*, § 927 Rn 4; Schuschke/Walker/*Walker*, § 927 Rn 11.
14 MüKo-ZPO/*Drescher*, § 927 Rn 4; Zöller/*Vollkommer*, § 927 Rn 4; Schuschke/Walker/*Walker*, § 927 Rn 14.
15 *Burgard/Fresemann*, DRiZ 2000, 195; Stein/Jonas/*Grunsky*, § 927 Rn 3.
16 OLG Frankfurt NJW-RR 2000, 1236; *Burgard/Fresemann*, DRiZ 2000, 195.
17 OLG Karlsruhe NJW-RR 1988, 1469, 1470.
18 OLG Hamm BB 1978, 574.
19 BGH NJW 1989, 106, 107.
20 MüKo-ZPO/*Drescher*, § 927 Rn 5; Stein/Jonas/*Grunsky*, § 927 Rn 6; Musielak/*Huber*, § 927 Rn 9; *Vollkommer*, WM 1994, 51; Zöller/*Vollkommer*, § 927 Rn 4; Schuschke/Walker/*Walker*, § 927 Rn 13.
21 OLG München MDR 1986, 681.

mit Erfolgsaussicht einreichen können wird.[22] Haben die Parteien sich in der Hauptsache verglichen, dann ist der Arrestanspruch untergegangen und durch den Anspruch des Gläubigers aus dem Vergleich ersetzt. In einem solchen Fall ist der Arrest aufzuheben, weil ein **Austausch des Arrestanspruchs nicht möglich** ist.[23] Der Gläubiger kann aber einen **Widerantrag** auf Erlass eines neuen Arrestbefehls stellen.[24]

6 **3. Erledigung des Arrestgrundes.** Der Arrestgrund eines dinglichen Arrestes (§ 917) ist erledigt, wenn ein **stattgebendes Hauptsacheurteil rechtskräftig** wird;[25] für künftige Zugriffe bedarf der Gläubiger keines Arresttitels mehr, und bestehende Arrestpfändungen bewahren für die Vollstreckung des Hauptsacheurteils den Rang. Keine Erledigung bewirken idR ein vorläufig vollstreckbares stattgebendes Hauptsacheurteil, ein Vorbehaltsurteil (§§ 302, 599) in der Hauptsache oder ein Feststellungsurteil.[26] Der Arrestgrund des § 917 Abs. 2 S. 1 ist erledigt, wenn das Erfordernis **Auslandsvollstreckung** nicht mehr besteht oder nunmehr die Gegenseitigkeit verbürgt ist. In den Fällen des § 917 Abs. 2 S. 2 bedarf es keines Arrestgrundes, so dass Erledigung insoweit nicht in Betracht kommt (dem Schuldner bleibt nur die Entrichtung der Lösungssumme oder das Erbieten zur Sicherheitsleistung). Der Arrestgrund eines persönlichen Arrestes (§ 918) ist erledigt, wenn der Schuldner die **eidesstattliche Offenbarungsversicherung** abgegeben hat[27] und damit glaubhaft macht, dass er vermögenslos ist bzw vorhandenes Vermögen dem Gläubigerzugriff preisgibt. Ferner ist ein Arrestgrund erledigt, wenn die **Frist zur Klageerhebung** (§ 926 Abs. 1)[28] oder die **Vollziehungsfrist** (§ 929 Abs. 2)[29] ungenutzt verstrichen ist oder wenn der Gläubiger eine gem. § 921 angeordnete **Sicherheit**[30] nicht leistet. Ist im Aufhebungsverfahren streitig, ob der Arrest rechtzeitig iSd § 929 Abs. 2 vollzogen wurde, dann obliegt es dem Schuldner, den Vortrag des Gläubigers zu widerlegen, dies sei rechtzeitig geschehen.[31] Die Eröffnung der **Insolvenz** über das Schuldnervermögen erledigt den Arrestgrund eines noch nicht vollzogenen Arrestes, weil eine Vollziehung und damit die Einhaltung der Frist des § 929 Abs. 2 nicht mehr in Betracht kommt (§ 89 InsO)[32] – anders, wenn infolge Pfändungen im Insolvenzverfahren Absonderungsrechte entstanden sind.[33] Zweifelhaft ist es, ob bei einer **Befriedigungsverfügung** der Verfügungsgrund erledigt ist, wenn der Schuldner die Befriedigungsverfügung freiwillig befolgt.[34] Zur **Lösungssumme** s. § 923 Rn 1.

---

22 MüKo-ZPO/*Drescher*, § 927 Rn 5; Stein/Jonas/*Grunsky*, § 927 Rn 6; Musielak/*Huber*, § 927 Rn 9; Schuschke/Walker/*Walker*, § 927 Rn 13.
23 MüKo-ZPO/*Drescher*, § 927 Rn 5; weitere Fälle bei Stein/Jonas/*Grunsky*, § 927 Rn 6.
24 Stein/Jonas/*Grunsky*, § 927 Rn 14.
25 MüKo-ZPO/*Drescher*, § 927 Rn 6; Stein/Jonas/*Grunsky*, § 927 Rn 8; Musielak/*Huber*, § 927 Rn 7; Zöller/*Vollkommer*, § 927 Rn 6; Schuschke/Walker/*Walker*, § 927 Rn 16.
26 MüKo-ZPO/*Drescher*, § 927 Rn 7; Stein/Jonas/*Grunsky*, § 927 Rn 8; Musielak/*Huber*, § 927 Rn 7; Hk-ZPO/*Kemper*, § 927 Rn 9; Zöller/*Vollkommer*, § 927 Rn 7; Schuschke/Walker/*Walker*, § 927 Rn 16.
27 MüKo-ZPO/*Drescher*, § 927 Rn 6; Zöller/*Vollkommer*, § 927 Rn 6; Schuschke/Walker/*Walker*, § 927 Rn 15.
28 MüKo-ZPO/*Drescher*, § 927 Rn 6; Stein/Jonas/*Grunsky*, § 927 Rn 8; Musielak/*Huber*, § 927 Rn 7; Schuschke/Walker/*Walker*, § 927 Rn 17.
29 OLG Frankfurt NJW-RR 2002, 1080; OLG Frankfurt NJW-RR 2000, 1236; OLG Düsseldorf NJW-RR 2000, 68; OLG Schleswig NJW-RR 1995, 896; OLG Hamm NJW-RR 1990, 1214; OLG Köln FamRZ 1985, 1062.
30 MüKo-ZPO/*Drescher*, § 927 Rn 6; Stein/Jonas/*Grunsky*, § 927 Rn 8; Zöller/*Vollkommer*, § 927 Rn 6; Schuschke/Walker/*Walker*, § 927 Rn 17.
31 OLG Frankfurt NJW-RR 2000, 1236.
32 KG NJW 2005, 3734; OLG Köln ZIP 2004, 2013, 2014.
33 BFH NJW 2004, 2183, 2184; OLG Köln ZIP 2004, 2013, 2014 f.
34 So aber OLG Zweibrücken FamRZ 1983, 414; MüKo-ZPO/*Drescher*, § 927 Rn 6; Zöller/*Vollkommer*, § 927 Rn 6; Schuschke/Walker/*Walker*, § 927 Rn 27.

4. Erbieten zur Sicherheitsleistung. Wenn der **Schuldner Sicherheit anbietet**, ist der Arrest gem. § 927 aufzuheben. Gleichgültig ist, ob der Gläubiger die Sicherheit annimmt oder ablehnt.[35] Lehnt der Gläubiger die angebotene Sicherheit ab, ist der Arrest alsbald aufzuheben; nimmt er das Angebot an, dann ist der Arrest aufzuheben, sobald die Sicherheit geleistet ist.[36] Hat der Gläubiger das Angebot angenommen, der Schuldner die Sicherheit aber noch nicht erbracht, dann kann das Aufhebungsurteil dahin lauten, dass seine Vollstreckung (§§ 775 Nr. 1, 776 S. 1) von der Leistung der Sicherheit abhängig (§ 775 Nr. 3) ist.[37] Der Schuldner braucht keine bestimmte **Art und Höhe** der Sicherheit anzubieten, sondern kann es dem Gericht anheimgeben, im Aufhebungsverfahren über Art und Höhe zu bestimmen (§ 108).[38] Im **Verfügungsverfahren** führt die Sicherheit nur unter den Voraussetzungen des § 939 zur Aufhebung.[39]

III. Verfahren und Entscheidung (Abs. 2)

1. Aufhebungsverfahren. a) Antrag. Das Aufhebungsverfahren findet statt auf Antrag des Schuldners (seines Rechtsnachfolgers oder Prozessstandschafters, nicht aber eines Dritten, zB eines konkurrierenden Gläubigers),[40] der vor dem Amtsgericht schriftlich oder zu Protokoll der Geschäftsstelle (§ 496), beim Landgericht schriftlich und durch einen Anwalt zu stellen ist. Ferner kann der Antrag **widerklagend im Termin zur mündlichen Verhandlung der Hauptsache**[41] gestellt werden (str[42]), auch im Berufungsrechtszug.[43] **Fristen** sind nicht zu beachten. Der Antrag ist nur zulässig, wenn der Schuldner nicht auf den Rechtsbehelf des § 927 **verzichtet**[44] hat.

Der Aufhebungsantrag kann inhaltlich auf einen Teil des Arrestes **beschränkt** werden; das Gericht ist daran gebunden (§ 308).[45] Ein Aufhebungsantrag, der auf die Kostenentscheidung beschränkt ist, ist unzulässig,[46] es sei denn, der Gläubiger hat auf die Rechte aus dem Arrest mit Ausnahme der Kosten verzichtet.[47]

Der Schuldner kann einen Aufhebungsantrag jederzeit mit der Folge entsprechend § 269 Abs. 3 **zurücknehmen**.[48]

b) Zuständigkeit. Ausschließlich zuständig (§ 802) ist das **Gericht, das den Arrest angeordnet** hat, es sei denn, zur Zeit der Antragstellung (danach § 261 Abs. 3 Nr. 2) ist die Hauptsache anhängig; dann ist das **Gericht der Hauptsache**

---

35 MüKo-ZPO/*Drescher*, § 927 Rn 8; Stein/Jonas/*Grunsky*, § 927 Rn 9.
36 Stein/Jonas/*Grunsky*, § 927 Rn 9; Musielak/*Huber*, § 927 Rn 8; Zöller/*Vollkommer*, § 927 Rn 8.
37 Stein/Jonas/*Grunsky*, § 927 Rn 9.
38 MüKo-ZPO/*Drescher*, § 927 Rn 8; Stein/Jonas/*Grunsky*, § 927 Rn 9; Musielak/*Huber*, § 927 Rn 8.
39 Schuschke/Walker/*Walker*, § 927 Rn 27.
40 MüKo-ZPO/*Drescher*, § 927 Rn 9; Stein/Jonas/*Grunsky*, § 927 Rn 10; Zöller/*Vollkommer*, § 927 Rn 9; Schuschke/Walker/*Walker*, § 927 Rn 5.
41 OLG Hamburg NJW-RR 2007, 40, 42; MüKo-ZPO/*Drescher*, § 927 Rn 9; Zöller/*Vollkommer*, § 927 Rn 9.
42 AA OLG Karlsruhe GRUR-RR 2014, 362.
43 MüKo-ZPO/*Drescher*, § 927 Rn 9.
44 Eingehend dazu MüKo-ZPO/*Drescher*, § 927 Rn 13; Stein/Jonas/*Grunsky*, § 927 Rn 11; Schuschke/Walker/*Walker*, § 927 Rn 6.
45 MüKo-ZPO/*Drescher*, § 927 Rn 12; Stein/Jonas/*Grunsky*, § 927 Rn 11; Zöller/*Vollkommer*, § 927 Rn 9 b; Schuschke/Walker/*Walker*, § 927 Rn 7.
46 OLG München OLGZ 1986, 452, 455 ff; Stein/Jonas/*Grunsky*, § 927 Rn 11; Schuschke/Walker/*Walker*, § 927 Rn 7. AA OLG Schleswig NJW-RR 1995, 896.
47 MüKo-ZPO/*Drescher*, § 927 Rn 12.
48 MüKo-ZPO/*Drescher*, § 927 Rn 12; Stein/Jonas/*Grunsky*, § 927 Rn 11; Zöller/*Vollkommer*, § 927 Rn 9 b.

(§ 943) ausschließlich zuständig (Abs. 2 Hs 2). Folgende **Besonderheiten** sind zu beachten: Gericht der Hauptsache ist das Gericht, das zur Zeit der Antragstellung mit der Hauptsache befasst ist, ggf also das Berufungsgericht,[49] niemals aber das Revisionsgericht. Anstelle des Revisionsgerichts ist das Hauptsachegericht des ersten Rechtszugs zuständig.[50] Wenn die Hauptsache vor einem ausländischen Gericht anhängig ist, dann ist das Gericht zuständig, das den Arrest erlassen hat[51] (aA[52] Arrestgericht gem. § 919). Ist die Hauptsache vor einem Schiedsgericht anhängig, dann ist das Gericht zuständig, das den Arrest angeordnet hat[53] (nach aA[54] das Schiedsgericht). Ist zur Zeit der Antragstellung die Hauptsache noch nicht oder nicht mehr (also auch nach rechtskräftigem Abschluss des Hauptsacheverfahrens)[55] anhängig, dann ist das Gericht zuständig, „das den Arrest angeordnet hat". Demnach gilt: Hat das Berufungsgericht, vor dem ein Hauptsacheprozess anhängig ist, als Hauptsachegericht (§ 943) und erstmalig mit dem Arrestgesuch befasstes Gericht den Arrest erlassen, dann ist es für dessen Aufhebung auch nach rechtskräftiger Entscheidung in der Hauptsache zuständig.[56] Abweichend vom Gesetzeswortlaut ist aber nach hM das Arrestgericht des ersten Rechtszugs zuständig, wenn der Arrest erst im zweiten Rechtszug des Arrestverfahrens erlassen wurde.[57]

12 c) **Rechtsschutzinteresse.** Nach zweifelhafter Rechtsauffassung soll das Rechtsschutzinteresse für einen Aufhebungsantrag nach § 927 fehlen, wenn dem Schuldner keine Nachteile mehr drohen, weil er bereits geleistet hat,[58] oder wenn der Gläubiger auf seine Rechte aus der Entscheidung verzichtet und die Ausfertigung dem Schuldner ausgehändigt hat.[59] Richtig ist, dass es der Aufhebung bedarf, um die materielle Rechtskraft der Entscheidung zu beseitigen[60] und ggf um das Kosteninteresse des Schuldners zu befriedigen.[61]

13 d) **Verweisung, Aussetzung.** Wurde der Aufhebungsantrag vor einem unzuständigen Gericht gestellt, kann gem. § 281 **verwiesen** werden.[62] Das Aufhebungsverfahren kann grds. nicht bis zur rechtskräftigen Entscheidung der Hauptsache **ausgesetzt** werden (str).[63] Anders ist es, wenn der Gläubiger erklärt, er werde auf

---

49 MüKo-ZPO/*Drescher*, § 927 Rn 10; Stein/Jonas/*Grunsky*, § 927 Rn 12; Hk-ZPO/*Kemper*, § 927 Rn 5; Zöller/*Vollkommer*, § 927 Rn 10.
50 MüKo-ZPO/*Drescher*, § 927 Rn 10; Musielak/*Huber*, § 927 Rn 10; Schuschke/Walker/*Walker*, § 927 Rn 9.
51 Stein/Jonas/*Grunsky*, § 927 Rn 12.
52 MüKo-ZPO/*Drescher*, § 927 Rn 10.
53 Zöller/*Vollkommer*, § 927 Rn 10; Schuschke/Walker/*Walker*, § 927 Rn 9.
54 MüKo-ZPO/*Drescher*, § 927 Rn 10; Stein/Jonas/*Grunsky*, § 927 Rn 12.
55 OLG Hamm MDR 1992, 302. AA MüKo-ZPO/*Drescher*, § 927 Rn 10; Schuschke/Walker/*Walker*, § 927 Rn 9.
56 OLG Hamm MDR 1992, 302; Zöller/*Vollkommer*, § 927 Rn 10; Schuschke/Walker/*Walker*, § 927 Rn 9.
57 So OLG Hamm MDR 1987, 593; OLG Düsseldorf MDR 1984, 324; MüKo-ZPO/*Drescher*, § 927 Rn 10; Stein/Jonas/*Grunsky*, § 927 Rn 13; Hk-ZPO/*Kemper*, § 927 Rn 5; Schuschke/Walker/*Walker*, § 927 Rn 9.
58 OLG Hamburg MDR 1960, 59; MüKo-ZPO/*Drescher*, § 927 Rn 11; Schuschke/Walker/*Walker*, § 927 Rn 10.
59 OLG Hamburg NJW-RR 2007, 40, 42; OLG Düsseldorf NJW-RR 1988, 696; OLG Frankfurt NJW 1968, 2112, 2114; MüKo-ZPO/*Drescher*, § 927 Rn 11; Stein/Jonas/*Grunsky*, § 927 Rn 2; Musielak/*Huber*, § 927 Rn 5; Zöller/*Vollkommer*, § 927 Rn 3.
60 OLG München OLGZ 1986, 452, 454 f.
61 Musielak/*Huber*, § 927 Rn 5.
62 Stein/Jonas/*Grunsky*, § 927 Rn 12.
63 OLG München MDR 1986, 681; Stein/Jonas/*Grunsky*, § 927 Rn 6. AA Zöller/*Vollkommer*, § 927 Rn 9 c.

den gesicherten Anspruch unter Herausgabe des Titels verzichten, sollte er in der Hauptsache unterliegen.[64]

2. Entscheidung. Zu entscheiden ist durch **Endurteil** nach mündlicher Verhandlung (Abs. 2 Hs 1). Neben der **Entscheidung in der Sache** ist nur über die **Kosten** des Aufhebungsverfahrens gem. §§ 91 ff zu entscheiden.[65] Die Kosten eines übereinstimmend für erledigt erklärten Aufhebungsverfahrens können dem Schuldner auferlegt werden, wenn der Gläubiger sofort auf die Rechte aus dem angeordneten Arrest verzichtet und keinen Anlass zu einer Antragstellung nach § 927 ZPO gegeben hat. Letzteres ist idR der Fall, wenn der Schuldner den Gläubiger nicht zuvor zum Verzicht aufgefordert hatte.[66] Eine einheitliche, das Aufhebungs- und (ausdrücklich)[67] das Anordnungsverfahren umfassende Kostenentscheidung hat zu ergehen, wenn der Arrest aufgehoben wurde, weil die Hauptsacheklage rechtskräftig als von Anfang an unbegründet abgewiesen wurde,[68] oder wenn die Frist des § 926 Abs. 1[69] oder des § 929 Abs. 2[70] versäumt wurde. Ein aufhebendes Urteil ist für vorläufig **vollstreckbar** zu erklären (§ 708 Nr. 6). Weitere Vollziehungsmaßnahmen sind damit ausgeschlossen.[71] Der Schuldner kann ferner mithilfe einer Ausfertigung des vorläufig vollstreckbaren Urteils bestehende Vollziehungsmaßnahmen aufheben lassen (§§ 776 S. 1, 775 Nr. 1, 708 Nr. 6),[72] nach aA[73] grds. erst mit Rechtskraft der Aufhebungsentscheidung. Entgegen hM[74] kann das Gericht nicht analog §§ 707, 924 Abs. 3 **einstweilige Anordnungen** erlassen. Weist das Urteil den Aufhebungsantrag zurück, ist es für vorläufig vollstreckbar zu erklären (§ 708 Nr. 11 oder § 709 S. 1).

Sind das Gericht, das über den Aufhebungsantrag entscheidet, und das Arrestgericht verschiedene Gerichte, dann bindet die rechtliche Bewertung durch das Arrestgericht nicht das Gericht, das über die Aufhebung zu entscheiden hat.[75]

Gegen das Urteil ist Einspruch oder Berufung statthaft, nicht aber die Revision (§ 542 Abs. 2 S. 1). Das Berufungsgericht hat gem. §§ 719, 707 die Möglichkeit, die Vollstreckung eines stattgebenden Aufhebungsurteils einzustellen, dh, der Arrest kann wieder vollzogen werden und bestehende Vollziehungsmaßnahmen

---

64 OLG Hamburg NJW-RR 2007, 40, 42.
65 BGH NJW 1989, 106, 107; OLG München Rpfleger 1987, 336; *Vollkommer*, WM 1994, 51.
66 OLG Nürnberg WM 2011, 1666.
67 MüKo-ZPO/*Drescher*, § 927 Rn 17; Stein/Jonas/*Grunsky*, § 927 Rn 16; Schuschke/Walker/*Walker*, § 927 Rn 22.
68 BGHZ 122, 172; OLG Schleswig NJW-RR 1995, 896; OLG Düsseldorf NJW-RR 1988, 696, 697; *Vollkommer*, WM 1994, 51, 53.
69 MüKo-ZPO/*Drescher*, § 927 Rn 17; Stein/Jonas/*Grunsky*, § 927 Rn 16; Musielak/*Huber*, § 927 Rn 12; Schuschke/Walker/*Walker*, § 927 Rn 22.
70 OLG Frankfurt NJW-RR 2002, 1080; OLG Düsseldorf NJW-RR 2000, 68; OLG Schleswig NJW-RR 1995, 896; OLG Hamm NJW-RR 1990, 1214; OLG Karlsruhe NJW-RR 1988, 1469, 1470 f; OLG Düsseldorf NJW-RR 1988, 696, 697; MüKo-ZPO/*Drescher*, § 927 Rn 17; Stein/Jonas/*Grunsky*, § 927 Rn 16. AA OLG München OLGZ 1986, 452, 457; Musielak/*Huber*, § 927 Rn 12; Schuschke/Walker/*Walker*, § 927 Rn 22.
71 Wieczorek/Schütze/*Thümmel*, § 927 Rn 16; Zöller/*Vollkommer*, § 927 Rn 14; Schuschke/Walker/*Walker*, § 927 Rn 24.
72 Wieczorek/Schütze/*Thümmel*, § 927 Rn 16.
73 MüKo-ZPO/*Drescher*, § 927 Rn 18; Stein/Jonas/*Grunsky*, § 927 Rn 18; Zöller/*Vollkommer*, § 927 Rn 14; Schuschke/Walker/*Walker*, § 927 Rn 25.
74 OLG Braunschweig MDR 1956, 557; MüKo-ZPO/*Drescher*, § 927 Rn 15; Stein/Jonas/*Grunsky*, § 927 Rn 15; Musielak/*Huber*, § 927 Rn 11; Hk-ZPO/*Kemper*, § 927 Rn 12; Zöller/*Vollkommer*, § 927 Rn 9 c; Schuschke/Walker/*Walker*, § 927 Rn 20.
75 MüKo-ZPO/*Drescher*, § 927 Rn 5; Stein/Jonas/*Grunsky*, § 927 Rn 6.

dürfen nicht aufgehoben werden.[76] Es bedarf keines neuerlichen Erlasses der gem. § 927 aufgehobenen Arrestentscheidung (anders im Widerspruchsverfahren gem. § 924 f).[77]

IV. Kosten

17 **1. Gerichtskosten.** Das gerichtliche Verfahren nach § 927 ist kostenrechtlich ein besonderes Verfahren, das die Gebühren Nr. 1410 ff KV GKG gesondert anfallen lässt (Vorbem. 1.4 S. 1 KV GKG). Über die Kosten ist nach § 91 zu entscheiden, wenn der Anordnung nach Abs. 1 keine Folge geleistet wurde. Dies kann zu einer Kostenschuldnerschaft des Antragstellers gem. § 29 Nr. 1 GKG führen.[78] Die Kostenentscheidung bezieht sich dann jedoch nur auf die Kosten des Aufhebungsverfahrens.[79]

18 **2. Rechtsanwaltsgebühren.** Ein Abänderungsverfahren stellt für den Rechtsanwalt des Gläubigers dieselbe Angelegenheit dar (§ 16 Nr. 5 RVG), so dass Gebühren nur einmal erhoben werden können (§ 15 Abs. 2 RVG). Davon wird auch § 927 umfasst.[80] Wird dagegen der Rechtsanwalt des Schuldners erstmals im Rahmen des § 927 tätig (Antrag nach Abs. 1), entstehen ihm die Gebühren nach Nr. 3100 ff VV RVG.[81]

§ 928 Vollziehung des Arrestes

Auf die Vollziehung des Arrestes sind die Vorschriften über die Zwangsvollstreckung entsprechend anzuwenden, soweit nicht die nachfolgenden Paragraphen abweichende Vorschriften enthalten.

§ 36 GVGA

I. Allgemeines ... 1	c) Kosten; Auslandsvollziehung ... 7
II. Anwendbare und nicht anwendbare Vorschriften ... 3	2. Arrestvollziehung ... 8
1. Allgemeine Vorschriften über die Zwangsvollstreckung ... 3	a) Dinglicher Arrest ... 8
	b) Persönlicher Arrest ... 10
a) Vollstreckungsvoraussetzungen ... 3	3. Vollziehung einstweiliger Verfügungen ... 11
b) Rechtsbehelfe, Einstellung und Aufhebung der Vollziehung ... 5	III. Kosten ... 18
	1. Gerichtskosten ... 18
	2. Rechtsanwaltsgebühren ... 19

I. Allgemeines

1 Die §§ 916–927 regeln die Verfahren der Anordnung und Aufhebung der Arrestentscheidung. Die §§ 928–934 betreffen die Vollziehung der Arrestentscheidung. §§ 916–927 und §§ 928–934 verhalten sich zueinander für den Arrest so wie die Vorschriften über das Erkenntnisverfahren und die Regelungen der **Zwangsvoll-**

---

76 IE ebenso Wieczorek/Schütze/*Thümmel*, § 927 Rn 16.
77 OLG Karlsruhe GRUR-RR 2014, 362.
78 NK-GK/*Kreutz*, Nr. 1410 KV GKG Rn 10.
79 Hk-ZPO/*Kemper*, § 927 Rn 15.
80 AnwK-RVG/*Wahlen/Volpert/Fölsch/Mock/N. Schneider/Thiel*, § 16 Rn 104 ff; OLG Dresden JurBüro 2000, 139; Hk-ZPO/*Kemper*, § 926 Rn 19.
81 AnwK-RVG/*Wahlen/Volpert/Fölsch/Mock/N. Schneider/Thiel*, § 16 Rn 109; OLG Saarbrücken JurBüro 1989, 68.

streckung beim ordentlichen Klageverfahren. Die terminologische Unterscheidung zwischen „Vollziehung" und „Vollstreckung" hat keine Bedeutung.[1]

§ 928 erklärt für die Arrestvollziehung die Vorschriften über die Zwangsvollstreckung (§§ 704–898) für entsprechend anwendbar, sofern nicht die §§ 929–934, die das **besondere Vollstreckungsrecht des Arrestes** bilden, Abweichendes bestimmen. Abweichungen ergeben sich vor allem daraus, dass die Arrestvollziehung nicht befriedigende, sondern nur **sichernde Funktion** hat.[2] Für die Vollziehung von Entscheidungen des einstweiligen Rechtsschutzes ist **Gläubigerinitiative** erforderlich.[3] Passivität führt keine Vollziehungswirkungen herbei (Ausnahme: § 941), setzt den Gläubiger aber auch nicht dem Schadensersatzrisiko gem. § 945 aus.

II. Anwendbare und nicht anwendbare Vorschriften

1. Allgemeine Vorschriften über die Zwangsvollstreckung. a) Vollstreckungsvoraussetzungen. Anzuwenden sind die Vorschriften über die **allgemeinen Vollstreckungsvoraussetzungen**,[4] namentlich § 727[5] sowie die §§ 735 ff[6] und die Vorschriften über die Durchsuchung (§§ 758 ff).[7] Auch bei der Vollziehung von Arresten, auch solcher, die ohne mündliche Verhandlung ergangen sind, ist eine richterliche Durchsuchungsanordnung erforderlich[8] (nach aA[9] besteht stets Gefahr im Verzug, § 758 a Abs. 1 S. 2, oder die Durchsuchungsanordnung soll in der Arrestentscheidung unausgesprochen enthalten sein). Zu Klausel und Zustellung s. die Abweichungen in § 929 Abs. 1, 3 (s. § 929 Rn 2, 23 ff).

Arreste sind sofort vollstreckbar und bedürfen keiner Erklärung der vorläufigen Vollstreckbarkeit (§§ 708 f), auch nicht, wenn sie in Urteilsform ergangen sind. Enthält das Urteil dennoch einen Ausspruch der vorläufigen Vollstreckbarkeit, dann ist dieser wirksam und beachtlich.[10] Wird dem Schuldner in einem Arrest- oder Verfügungsurteil gestattet, die Zwangsvollstreckung durch Sicherheitsleistung abzuwenden, und leistet er die Sicherheit, kommt folglich eine Vollziehung der Entscheidung nicht mehr in Betracht.[11]

b) Rechtsbehelfe, Einstellung und Aufhebung der Vollziehung. In Arrest- und Verfügungsverfahren sind die Erinnerung gem. § 766[12] und die sofortige Beschwerde[13] (§ 793) sowie die Drittwiderspruchsklage[14] (§ 771) und die Klage auf

---

1 BGHZ 142, 208, 209; BGHZ 131, 141, 143; BGHZ 120, 73, 77; BGHZ 112, 356, 361; *Borck*, MDR 1983, 180, 181.
2 MüKo-ZPO/*Drescher*, § 928 Rn 1.
3 BGHZ 131, 141; BGHZ 120, 73 = NJW 1993, 1076; OLG Hamburg FamRZ 1988, 521, 522; OLG Köln FamRZ 1985, 1062; OLG Bamberg FamRZ 1985, 509, 510; OLG Koblenz NJW 1980, 948, 949; *Borck*, MDR 1983, 180.
4 MüKo-ZPO/*Drescher*, § 928 Rn 3; Stein/Jonas/*Grunsky*, § 928 Rn 2.
5 Musielak/*Huber*, § 928 Rn 2.
6 MüKo-ZPO/*Drescher*, § 928 Rn 3; Stein/Jonas/*Grunsky*, § 928 Rn 2.
7 Schuschke/Walker/*Schuschke*, § 928 Rn 5.
8 OLG Karlsruhe DGVZ 1983, 139; *Bittmann*, NJW 1982, 2421; MüKo-ZPO/*Drescher*, § 930 Rn 2; Stein/Jonas/*Grunsky*, § 930 Rn 1; Schuschke/Walker/*Schuschke*, § 928 Rn 5, § 930 Rn 2.
9 *Behr*, NJW 1992, 2125, 2128; *Herdegen*, NJW 1982, 368; Musielak/*Huber*, § 930 Rn 2.
10 MüKo-ZPO/*Drescher*, § 929 Rn 2; Stein/Jonas/*Grunsky*, § 929 Rn 1; Schuschke/Walker/*Schuschke*, § 929 Rn 2.
11 OLG Karlsruhe MDR 1983, 677.
12 MüKo-ZPO/*Drescher*, § 928 Rn 4; Stein/Jonas/*Grunsky*, § 928 Rn 3; Schuschke/Walker/*Schuschke*, § 928 Rn 18 ff.
13 MüKo-ZPO/*Drescher*, § 928 Rn 4; Schuschke/Walker/*Schuschke*, § 928 Rn 18 f.
14 OLG Naumburg Rpfleger 2004, 733; OLG Hamburg NJW-RR 2003, 715.

vorzugsweise Befriedigung[15] (§ 805; das Arrestpfand ist zwar kein Verwertungspfandrecht, es kann aber zum Vollstreckungspfand werden, s. § 930 Rn 7) statthaft. Die **Vollstreckungsgegenklage** (§ 767) und die Abänderungsklage (§ 323) sind hingegen durch § 927 ausgeschlossen (s. § 927 Rn 2). Es ist str, ob dies auch gilt, wenn der Schuldner auf eine einstweilige Verfügung geleistet hat, die auf Zahlung gerichtet ist. Die Klage nach § 767 muss jedenfalls dann statthaft sein, wenn der Aufhebungsantrag gem. § 927 nach Erledigung der Verfügung durch Zahlung nicht mehr zulässig ist (s. § 927 Rn 6).[16]

6 Die Vollziehung kann gem. § 775 **eingestellt** und Vollziehungsmaßnahmen können gem. § 776 **aufgehoben** werden (zB wenn im Berufungsverfahren eine Entscheidung gem. §§ 719, 707 ergangen ist). Zur Aufhebung der Arrestvollziehung s. auch § 934.

7 c) **Kosten; Auslandsvollziehung.** Die **Kosten** betreffend gilt § 788.[17] Für die **Auslandsvollziehung** ist die **Brüssel Ia-VO** (EuGVVO[18]) anwendbar.

8 2. **Arrestvollziehung.** a) **Dinglicher Arrest.** Bei der Arrestvollziehung sind grds. die Vorschriften über die Zwangsvollstreckung wegen Geldforderungen (§§ 803–882 a) entsprechend anwendbar. Vor allem sind die Vorschriften über die Pfändung[19] (§§ 803 ff, 829 ff) einschließlich der Pfändungsbeschränkungen[20] (§§ 811 ff, 850 ff) und der Vermögensauskunft[21] (§§ 802 c ff, 807; im Verfügungsverfahren eidesstattliche Versicherung gem. § 883) entsprechend anzuwenden (vgl § 930 Abs. 1 S. 1, 2). Eine Vorpfändung (§ 845) ist auch im Rahmen der Arrestvollziehung möglich.[22] Nicht anzuwenden sind die Vorschriften über die Verwertung[23] (§§ 814 ff, vgl § 930 Abs. 2, 3) und die Überweisung[24] (§§ 835 ff). Auf Antrag des Gläubigers hat aber das Vollstreckungsgericht die Versteigerung einer aufgrund eines dinglichen Arrestes gepfändeten Sache sowie Hinterlegung des Veräußerungserlöses anzuordnen, wenn die weitere Aufbewahrung der Sache im Verhältnis zu ihrem Wert (s. § 930 Rn 12) unverhältnismäßige Kosten verursachen würde (§ 930 Abs. 3). Arrestgläubiger nehmen am Verteilungsverfahren (§§ 872 ff) teil,[25] auf sie entfallende Anteile sind aber nicht auszuzahlen, sondern zu hinterlegen (§ 930 Abs. 2). § 764 über das Vollstreckungsgericht ist entsprechend anwendbar mit der Maßgabe, dass § 930 Abs. 1 S. 3 das Arrestgericht als Vollstreckungsgericht für Forderungspfändungen bestimmt. Die Vorschriften über die Zwangsvollstreckung in das unbewegliche Vermögen (§§ 864 ff sowie §§ 1 ff ZVG) sind nicht anzuwenden; an ihrer statt gelten die §§ 931 f.

---

15 MüKo-ZPO/*Drescher*, § 928 Rn 4; Stein/Jonas/*Grunsky*, § 928 Rn 4; Schuschke/Walker/*Schuschke*, § 928 Rn 20.
16 OLG Hamburg MDR 1960, 59; *Schilken*, in: Gaul/Schilken/Becker-Eberhard, § 79 Rn 30; dagegen Schuschke/Walker/*Schuschke*, § 928 Rn 19.
17 MüKo-ZPO/*Drescher*, § 928 Rn 4; Stein/Jonas/*Grunsky*, § 928 Rn 9; Musielak/*Huber*, § 928 Rn 2; Schuschke/Walker/*Schuschke*, § 928 Rn 21.
18 MüKo-ZPO/*Drescher*, § 928 Rn 4; eingehend *Fohrer/Mattil*, WM 2002, 840.
19 MüKo-ZPO/*Drescher*, § 928 Rn 3; Stein/Jonas/*Grunsky*, § 928 Rn 5.
20 MüKo-ZPO/*Drescher*, § 928 Rn 3; Stein/Jonas/*Grunsky*, § 928 Rn 5; Musielak/*Huber*, § 928 Rn 2; Schuschke/Walker/*Schuschke*, § 928 Rn 7.
21 MüKo-ZPO/*Drescher*, § 928 Rn 3; Stein/Jonas/*Grunsky*, § 928 Rn 5; Musielak/*Huber*, § 928 Rn 2; Schuschke/Walker/*Schuschke*, § 928 Rn 8.
22 Schuschke/Walker/*Schuschke*, § 928 Rn 7.
23 MüKo-ZPO/*Drescher*, § 928 Rn 3, 5; Stein/Jonas/*Grunsky*, § 928 Rn 1.
24 MüKo-ZPO/*Drescher*, § 928 Rn 3; *Schilken*, in: Gaul/Schilken/Becker-Eberhard, § 78 Rn 10.
25 MüKo-ZPO/*Drescher*, § 928 Rn 3; Stein/Jonas/*Grunsky*, § 928 Rn 5.

Für die Arrestvollziehung in **Luftfahrzeuge** gelten Besonderheiten.[26] Gemäß § 99 Abs. 2 LuftFzgG wird die Vollziehung des Arrestes in ein inländisches Luftfahrzeug, das in der Luftfahrzeugrolle oder im Register für Pfandrechte an Luftfahrzeugen eingetragen ist, dadurch bewirkt, dass der Gerichtsvollzieher das Luftfahrzeug in Bewachung und Verwahrung nimmt und ein Registerpfandrecht für die Forderung eingetragen wird; Bewachung und Verwahrung unterbleiben, soweit nach den Vorschriften des Gesetzes über die Unzulässigkeit der Sicherungsbeschlagnahme von Luftfahrzeugen[27] eine Pfändung unzulässig ist. In der Eintragung des Registerpfandrechts ist der nach § 923 festgestellte Geldbetrag als Höchstbetrag zu bezeichnen, für den das Luftfahrzeug haftet. §§ 867 Abs. 1, 2, 870 a Abs. 3 S. 1 Hs 1, S. 2 gelten sinngemäß. Der Antrag auf Eintragung des Registerpfandrechts gilt iSd § 929 Abs. 2, 3 als Vollziehung des Arrestbefehls. Für ausländische Luftfahrzeuge sieht § 106 Abs. 2 LuftFzgG weitere Einschränkungen vor.

b) Persönlicher Arrest. Siehe § 933.

3. Vollziehung einstweiliger Verfügungen. Für die Vollziehung einstweiliger Verfügungen gelten gem. §§ 936, 928 grds. die Vorschriften über die **Zwangsvollstreckung zur Erwirkung der Herausgabe von Sachen und zur Erwirkung von Handlungen oder Unterlassungen** (§§ 883–898). Für die konkrete Art der Vollziehung ist das tenorierte Gebot maßgeblich.[28]

Bei einer **Unterlassungsverfügung** kann im Verfahren des § 890 ein Ordnungsmittel gegen den Schuldner erst dann festgesetzt werden, wenn ihm zuvor Titel und Androhung (§ 890 Abs. 2) zugestellt wurden. Enthält ein Verfügungsurteil eine Ordnungsmittelandrohung, dann ist Amtszustellung (§ 317) hinreichend.[29] Zur Wahrung der Vollziehungsfrist des § 929 Abs. 2 s. § 929 Rn 14.

Einstweilige Verfügungen auf **Abgabe einer Willenserklärung** (s. § 935 Rn 45) sind gem. § 888 zu vollziehen.[30] Nach aA gilt § 894,[31] nach wiederum aA[32] gilt die Willenserklärung als abgegeben, wenn die einstweilige Verfügung dem Verfügungsschuldner bekanntgegeben und damit vollzogen ist.

Zu einstweiligen Verfügungen, aufgrund derer eine **Eintragung in das Grundbuch** oder Schiffsregister vorzunehmen ist, s. § 941.

Auf **Zahlung** gerichtete einstweilige Verfügungen sind im Wege der Geldvollstreckung (§§ 803–882 a) zu vollziehen. Dabei sind (anders als bei dinglichem Arrest, s. Rn 8) auch die Vorschriften über die Verwertung bzw Überweisung (§§ 814 ff, 835 ff) anzuwenden.[33]

Einstweilige Verfügungen, die auf **Herausgabe beweglicher Sachen** gerichtet sind, sind gem. §§ 883–886 zu vollziehen. In der Praxis werden Herausgabeansprüche allerdings häufig so tituliert, dass es dem Schuldner aufgegeben wird, eine bestimmte Sache herauszugeben, und dass ihm für Zuwiderhandlungen Geld- oder Haftstrafe angedroht wird. Ein solcher Titel kann nur gem. §§ 887–890 vollzo-

---

26 S. dazu eingehend MüKo-ZPO/*Drescher*, § 931 Rn 6; Stein/Jonas/*Grunsky*, § 928 Rn 6 ff; Schuschke/Walker/*Schuschke*, § 931 Rn 6.
27 RGBl. 1935 I S. 385.
28 *Schilken*, in: Gaul/Schilken/Becker-Eberhard, § 79 Rn 29; Schuschke/Walker/*Schuschke*, § 928 Rn 11.
29 Schuschke/Walker/*Schuschke*, § 928 Rn 12.
30 *Grau*, S. 522 ff.
31 OLG Köln NJW-RR 1997, 59; OLG Hamburg NJW-RR 1991, 382; OLG Stuttgart NJW 1973, 908; MüKo-ZPO/*Drescher*, § 938 Rn 47.
32 *Jauernig*, NJW 1973, 1671; Schuschke/Walker/*Schuschke*, § 928 Rn 13.
33 *Schilken*, in: Gaul/Schilken/Becker-Eberhard, § 79 Rn 29; Schuschke/Walker/*Schuschke*, § 928 Rn 15.

gen werden; die wirkungsvollere Herausgabevollziehung durch Wegnahme gem. §§ 883 ff kommt dann nicht in Betracht.[34]

17 Ansprüche, welche die Sperrung bzw Wegnahme eines Gas-, Wasser- oder Stromzählers betreffen, sind als **Duldungsansprüche** zu titulieren und nicht als Ansprüche auf Vornahme. Denn dem Schuldner sind Arbeiten an einem solchen Zähler vertraglich untersagt, so dass ein Herausgabetitel auf eine unmögliche Leistung gerichtet wäre. Der Duldungstitel ist gem. §§ 890 ff zu vollziehen.[35]

III. Kosten

18 **1. Gerichtskosten.** Für die einzelnen Maßnahmen der Zwangsvollstreckung werden Gerichtskosten erhoben. Dass ein Arrest Grundlage der Vollstreckung ist, führt nicht zu besonderen Gebühren. Je nach Vollstreckungsmaßnahme fällt neben den Gebühren für das Arrestverfahren (Nr. 1410 ff KV GKG) die Festgebühr für das Verfahren auf gerichtliche Handlungen der Zwangsvollstreckung (Nr. 2111 KV GKG) an, insb. auch dann, wenn Anordnung des Arrestes und zB Pfändung in einem Beschluss ausgesprochen werden.[36]

19 **2. Rechtsanwaltsgebühren.** Anordnungs- und Vollziehungsverfahren stellen für den Rechtsanwalt jeweils besondere Angelegenheiten dar (§ 18 Abs. 1 Nr. 2 RVG), so dass neben den Gebühren für das Anordnungsverfahren (Nr. 3100 VV RVG) die 0,3-Verfahrensgebühr Nr. 3309 VV RVG für die Vollziehung anfällt.[37]

§ 929 Vollstreckungsklausel; Vollziehungsfrist

(1) Arrestbefehle bedürfen der Vollstreckungsklausel nur, wenn die Vollziehung für einen anderen als den in dem Befehl bezeichneten Gläubiger oder gegen einen anderen als den in dem Befehl bezeichneten Schuldner erfolgen soll.

(2) Die Vollziehung des Arrestbefehls ist unstatthaft, wenn seit dem Tag, an dem der Befehl verkündet oder der Partei, auf deren Gesuch er erging, zugestellt ist, ein Monat verstrichen ist.

(3) ¹Die Vollziehung ist vor der Zustellung des Arrestbefehls an den Schuldner zulässig. ²Sie ist jedoch ohne Wirkung, wenn die Zustellung nicht innerhalb einer Woche nach der Vollziehung und vor Ablauf der für diese im vorhergehenden Absatz bestimmten Frist erfolgt.

§ 35 Abs. 4 GVGA

I. Allgemeines 1	cc) Grundbuch 10
II. Vollstreckungsklausel (Abs. 1) ... 2	dd) Sicherheitsleistung .. 11
III. Vollziehungsfrist (Abs. 2) 3	c) Andere Vollziehungs-
1. Anwendungsbereich 3	maßnahmen nach Frist-
2. Vollziehung 4	ablauf 12
a) Antrag 4	d) Einstweilige Verfügun-
b) Verzögerungen 5	gen 13
aa) Durchsuchung 6	aa) Wiederkehrende
bb) Arresthaft 7	Leistungen 13

---

34 *Nies*, MDR 1994, 877.
35 *Nies*, MDR 1994, 877, 878.
36 NK-GK/*Volpert*, Nr. 2111 KV GKG Rn 2; Zöller/*Vollkommer*, § 929 Rn 9; Musielak/ *Huber*, § 929 Rn 4.
37 AnwK-RVG/*Wolf/Volpert*, Vorb. 3.3.3, VV 3309–3310 Rn 51 f; Zöller/*Vollkommer*, § 929 Rn 9.

bb) Unterlassungsverfügungen 14	c) Neuerlicher Arrest 22
cc) Unvertretbare Handlungen 15	IV. Zustellung (Abs. 3) 23
3. Frist 16	1. Vollziehung vor Zustellung (S. 1) 23
4. Fristversäumung 20	2. Zustellungsfrist (S. 2) 24
a) Folgen 20	a) Frist 25
b) Rechtsbehelfe 21	b) Folgen der Fristversäumung 28

I. Allgemeines

§ 929 regelt für die Arrestvollziehung dreierlei: Besonderheiten für die **Klausel** 1 (Abs. 1, entgegen § 724), eine **Vollziehungsfrist** (Abs. 2) sowie Besonderheiten für die **Zustellung** (Abs. 3, entgegen § 750). In § 929 kommt mit unterschiedlichen Stoßrichtungen der Eilcharakter des einstweiligen Rechtsschutzes auch bei der Vollziehung zum Ausdruck. **Abs. 1 und 3** erleichtern und beschleunigen im **Gläubigerinteresse** die Arrestvollziehung. Dagegen ist **Abs. 2** eine Vorschrift zum **Schutz des Schuldners**.[1] Sie bewirkt eine zeitliche Begrenzung des dem Gläubiger gewährten Rechtsschutzes[2] und soll verhindern, dass aufgrund eines summarischen Eilverfahrens erlassene Entscheidungen über längere Zeit und trotz möglicherweise maßgeblich veränderter Verhältnisse vollziehbar bleiben.[3] Abs. 2 soll sicherstellen, dass der Arrestgrund zur Zeit der Vollziehung noch besteht.[4] Ein weiterer Zweck der Vorschrift besteht darin zu verhindern, dass Arrestverfahren höchstvorsorglich in Anspruch genommen und Arrestentscheidungen bevorratet werden.[5]

II. Vollstreckungsklausel (Abs. 1)

Die gerichtliche Ausfertigung eines Arrestes, mit der die Vollziehung zu betreiben 2 ist (oder eine vom Gerichtsvollzieher beglaubigte Abschrift),[6] bedarf keiner einfachen Vollstreckungsklausel (Ausnahme: Arreste, deren Vollziehung in einem anderen Mitgliedstaat der EU betrieben werden soll, § 31 AVAG). Erforderlich sind hingegen **qualifizierte titelumschreibende Klauseln** in den Fällen der §§ 727, 728 f, 738, 742, 744 ff und 749.

III. Vollziehungsfrist (Abs. 2)

1. Anwendungsbereich. Die Frist des Abs. 2 gilt für die **Vollziehung des Sachaus-** 3 **spruchs**. Die Kostenentscheidung kann auch nach Ablauf der Monatsfrist vollstreckt werden.[7] Ferner ist Abs. 2 bei der Arrestpfändung des durch eine Straftat Verletzten in einen von der Staatsanwaltschaft gem. § 111 b StPO beschlagnahmten Vermögensgegenstand des Täters nicht auf die Zulassung gem. § 111 g Abs. 2 S. 1 StPO anzuwenden.[8]

2. Vollziehung. a) Antrag. Um den Fristablauf und dessen Folgen gem. Abs. 2 zu 4 verhindern, muss der Gläubiger rechtzeitig die Vollziehung des Arrestbefehls betreiben. Nach der ratio des Abs. 2 (s. Rn 1) reicht es aus, wenn er innerhalb der

---

1 BVerfG NJW 1988, 3141.
2 BGHZ 112, 356, 361; OLG Zweibrücken NJW-RR 2002, 1657, 1658.
3 BVerfG NJW 1988, 3141; BGHZ 112, 356, 361 = NJW 1991, 496; OLG Zweibrücken NJW-RR 2002, 1657, 1658; *Schilken*, in: Gaul/Schilken/Becker-Eberhard, § 78 Rn 2.
4 MüKo-ZPO/*Drescher*, § 929 Rn 1; Schuschke/Walker/*Schuschke*, § 929 Rn 6.
5 BVerfG NJW 1988, 3141; MüKo-ZPO/*Drescher*, § 929 Rn 1; *Schilken*, in: Gaul/Schilken/Becker-Eberhard, § 78 Rn 2.
6 Schuschke/Walker/*Schuschke*, § 929 Rn 1; s. auch OLG Hamburg DGVZ 2003, 137.
7 OLG Hamm JurBüro 1997, 151.
8 BGHZ 144, 185 = MDR 2000, 906.

Vollziehungsfrist eine **Vollziehungsmaßnahme beantragt**[9] (vgl auch § 932 Abs. 3), zB die Festsetzung von Ordnungsmitteln gegen den Schuldner, und damit von der Entscheidung Gebrauch macht.[10] Dementsprechend ist die Vollziehungsfrist gewahrt, wenn der Gläubiger die Pfändung innerhalb der Monatsfrist bei der zuständigen Stelle beantragt.[11] Auch eine Vorpfändung (§ 845) reicht aus.[12] Nicht hinreichend ist es allerdings, wenn der Gläubiger die Erteilung einer titelumschreibenden Klausel (Abs. 1) oder bei Auslandsvollstreckung die Anerkennung und Vollstreckbarerklärung (§§ 328, 722) beantragt hat.[13] Ebenso wenig reicht eine bloße Leistungsaufforderung des Gläubigers unter Bezugnahme auf den Titel[14] aus. Strittig ist, ob beim Arrest die bloße **Zustellung des Titels** an den Schuldner für die Vollziehung hinreicht.[15] Die Zustellung im Parteibetrieb genügt jedenfalls bei Verfügungsentscheidungen, bei denen zunächst keine anderweitige Vollziehungsmaßnahme in Betracht kommt,[16] wie etwa bei Unterlassungsverfügungen (s. Rn 14), oder wenn der Schuldner sich freiwillig verfügungskonform verhält.[17]

5 b) **Verzögerungen.** Unschädlich ist es, wenn die rechtzeitig beantragte Vollstreckungsmaßnahme nach Fristablauf vorgenommen wird, es darf aber **keine vom Gläubiger zu verantwortende Verzögerung** eingetreten sein (wie Zustellung „demnächst" bei § 167).[18]

6 aa) **Durchsuchung.** Die Vollziehungsfrist ist gewahrt, wenn die Gerichtsvollziehervollstreckung innerhalb der Frist beantragt, wegen Durchsuchungsverweigerung des Schuldners ausgesetzt, aber nach Erteilung der Durchsuchungsanordnung alsbald fortgesetzt wurde.[19]

7 bb) **Arresthaft.** Ein ursprünglich rechtzeitig beantragter **Vollzug eines persönlichen Sicherheitsarrestes durch Haft** (s. § 933 Rn 5 ff) soll auch nach Ablauf der gesetzlichen Vollziehungsfrist wiederhergestellt werden können, wenn der Schuldner aufgrund gerichtlicher Entscheidung aus der Haft entlassen wurde und diese Entscheidung später aufgehoben wird.[20] Ferner soll der Gläubiger die innerhalb der Frist des Abs. 2 eingeleitete Vollstreckung eines persönlichen Arrestes nach Entlassung des Schuldners aus Straf- oder Untersuchungshaft durch erneute Beauftragung des Gerichtsvollziehers zu Ende führen dürfen. Denn die vor Frist-

---

9 BGH NJW 2006, 1290; OLG Frankfurt NJW-RR 1999, 1446; OLG Celle DGVZ 1999, 73; OLG Celle InVo 1997, 23; OLG Hamm FamRZ 1994, 1540; OLG Hamm NJW-RR 1993, 959; OLG Hamm NJW-RR 1990, 1536; LG Berlin MDR 1988, 327; MüKo-ZPO/*Drescher*, § 929 Rn 9; Stein/Jonas/*Grunsky*, § 929 Rn 12 f; Musielak/*Huber*, § 929 Rn 6; Hk-ZPO/*Kemper*, § 929 Rn 6; *Schilken*, in: Gaul/Schilken/Becker-Eberhard, § 78 Rn 3; Schuschke/Walker/*Schuschke*, § 929 Rn 19, 22.
10 BGHZ 112, 356 = NJW 1991, 496.
11 BGHZ 112, 356 = NJW 1991, 496; LG Berlin MDR 1988, 327.
12 MüKo-ZPO/*Drescher*, § 929 Rn 11; *Schilken*, in: Gaul/Schilken/Becker-Eberhard, § 78 Rn 4.
13 MüKo-ZPO/*Drescher*, § 929 Rn 9.
14 BGHZ 120, 73 = NJW 1993, 1076.
15 Dafür bei Parteizustellung (nicht aber bei Amtszustellung) eines Arresturteils OLG Düsseldorf MDR 2010, 652. AA Schuschke/Walker/*Schuschke*, § 929 Rn 19.
16 OLG Hamm NJW 2010, 3380; OLG Hamm NJW-RR 1994, 521; OLG Hamburg FamRZ 1988, 521; *Addicks*, MDR 1994, 225, 228; Schuschke/Walker/*Schuschke*, § 938 Rn 37.
17 *Addicks*, MDR 1994, 225, 228.
18 BGHZ 112, 356 = NJW 1991, 496; OLG Hamm FamRZ 1994, 1540; LG Berlin MDR 1988, 327.
19 LG Kassel DGVZ 1985, 141.
20 OLG Celle DGVZ 1999, 73. Zustimmend MüKo-ZPO/*Drescher*, § 929 Rn 9; Schuschke/Walker/*Schuschke*, § 933 Rn 5.

ablauf und die nach Fristablauf getroffenen Maßnahmen sollen noch eine Einheit bilden.

Diese Rechtsauffassung ist zweifelhaft. Zwar hat der Gläubiger die Unterbrechung der Arresthaft nicht zu vertreten, wenn eine gerichtliche Entscheidung den Arrestbefehl kassiert oder Aufhebung des Vollzugs anordnet. Auch die Verzögerung der Arrestverhaftung durch Straf- oder Untersuchungshaft des Schuldners hat der Gläubiger nicht zu vertreten, weil während Straf- und Untersuchungshaft keine Nachverhaftung stattfindet (vgl § 146 Abs. 3 GVGA). Es besteht aber kein Arrestgrund für einen persönlichen Arrest (mehr), solange der Schuldner in Straf- oder Untersuchungshaft ist. Denn der Zweck des persönlichen Arrestes (s. § 918 Rn 5) wird bei Straf- oder Untersuchungshaft des Schuldners gleichermaßen verwirklicht wie bei Arresthaft.[21] Das Sicherungsinteresse des Gläubigers kann zwar wiederentstehen, sobald der Schuldner aus der Straf- oder Untersuchungshaft entlassen wird. Da die Dauer zumindest der Untersuchungshaft ungewiss ist, liegt auch eine Bevorratung mit Arrestbefehlen im Gläubigerinteresse. Eine solche Bevorratung ist aber rechtlich höchst zweifelhaft. Zum einen will Abs. 2 dies gerade verhindern (s. Rn 1). Zweitens stellt die Verbringung des Schuldners aus der Straf- oder Untersuchungshaft in neuerliche Arresthaft nicht die Wiederherstellung der ursprünglichen Arresthaft dar, sondern sie ist eine andere, auf einem anderen Vollstreckungsauftrag beruhende Vollstreckungsmaßnahme als die erste Inhaftierung,[22] und daher gem. Abs. 2 unzulässig (s. Rn 12). Die beiden Maßnahmen bilden auch keine Einheit, was evident ist, wenn der Schuldner sich zwischen den beiden Arrestverhaftungen auf freiem Fuß befand. Drittens ist das Sicherungsinteresse des Gläubigers an einer Inhaftierung des Schuldners gesetzlich für höchstens sechs Monate anerkannt (§§ 933 S. 1, 802 j Abs. 1). Dies ist auch zu beachten, wenn ein Schuldner wieder in Arresthaft genommen werden soll, der zuvor schon zuerst in Arrest- und sodann in Straf- oder Untersuchungshaft war. Andernfalls liefe der persönliche Arrest Gefahr, vom Sicherungs- zum unzulässigen (s. § 918 Rn 2) Beugemittel umfunktioniert zu werden.

Eine andere Frage ist es, ob es zur Vollziehung eines persönlichen Arrestbefehls eines Antrags auf Vollziehung des Haftbefehls bedarf[23] oder ob der Arrest nicht bereits mit dem Antrag auf Erlass eines Haftbefehls (§§ 933 S. 1, 802 g Abs. 1 S. 1) iSd Abs. 2 vollzogen ist. In diesem Fall könnte allerdings der Gläubiger sich stets für bis zu zwei Jahre mit einem Arresthaftbefehl bevorraten (§§ 933, 802 h Abs. 1), was aus den dargelegten Gründen allzu bedenklich ist.

cc) Grundbuch. Bei der Arrestpfändung von **Buchrechten** genügt entsprechend § 932 Abs. 3 der Eingang des Eintragungsantrags beim Grundbuchamt.[24] Ferner wahrt bei einstweiligen Verfügungen das Eintragungsersuchen gem. § 941 die Vollziehungsfrist iSd Abs. 2, 3 (entsprechend § 932 Abs. 3).[25]

dd) Sicherheitsleistung. Wird die Arrestvollziehung von einer Sicherheitsleistung abhängig gemacht, muss innerhalb der Vollziehungsfrist der Nachweis der Sicherheitsleistung geführt werden.[26]

c) Andere Vollziehungsmaßnahmen nach Fristablauf. Abs. 2 steht einer neuen, nach Ablauf der Vollziehungsfrist beantragten Vollstreckung entgegen, auch wenn die Vollziehungsfrist durch den Antrag auf eine bestimmte **andere Vollstre-**

---

21 *Schuschke*, DGVZ 1999, 129, 132.
22 *Schuschke*, DGVZ 1999, 129, 133.
23 So zutreffend *Schuschke*, DGVZ 1999, 129, 132 f.
24 *Schöner/Stöber*, Grundbuchrecht, Rn 2458.
25 OLG Celle InVo 2001, 108.
26 OLG München NJW-RR 1988, 1466; Stein/Jonas/*Grunsky*, § 929 Rn 15; *Schilken*, in: Gaul/Schilken/Becker-Eberhard, § 78 Rn 4.

ckungsmaßnahme gewahrt war[27] (nach aA[28] genügt ein fristgerechter Antrag auch für andere, erst nach Fristablauf beantragte Vollstreckungsmaßnahmen). Eine erneute Vollstreckung sollte indes jedenfalls in solchen Fällen zulässig sein, in denen der zunächst beantragte Vollstreckungsversuch erfolglos geblieben ist.[29]

13 **d) Einstweilige Verfügungen. aa) Wiederkehrende Leistungen.** Versäumt der Gläubiger bei einer einstweiligen Verfügung, die auf wiederkehrende Leistungen gerichtet ist, die Vollziehungsfrist hinsichtlich der **ersten Teilleistung**, ist die Vollziehung nicht insgesamt ausgeschlossen. Soweit innerhalb eines Monats nach Fälligkeit einzelner Teilleistungen mit der Vollstreckung begonnen worden ist, ist sie in Bezug auf diese Teilleistungen statthaft (str).[30] Umgekehrt ist es für die Vollziehung einer einstweiligen Verfügung auf wiederkehrende Leistungen zur Fristwahrung im Hinblick auf **künftige Teilleistungen** nicht ausreichend, wenn die Vollziehung wegen der ersten Teilleistung rechtzeitig beantragt wurde. Vielmehr muss der Gläubiger jeweils innerhalb eines Monats ab Fälligkeit der konkreten Teilleistung mit der Vollstreckung beginnen. Im Umfang einer **Vorratspfändung** nach § 850 d Abs. 3 ist die Verfügung allerdings als vollzogen anzusehen.[31]

14 **bb) Unterlassungsverfügungen.** Unterlassungsverfügungen bedürfen der Vollziehung **durch den Gläubiger**[32] (nach aA[33] wird ein Unterlassungsurteil, das eine Ordnungsmittelandrohung enthält, mit seiner Verkündung vollzogen iSd Abs. 2). Die Amtszustellung eines Verfügungsurteils, das ein Unterlassungsgebot enthält, ist nicht hinreichend (str).[34] Denn die Vollziehung iSd Abs. 2 (die sich bei Unterlassungsverfügungen von der Vollziehung gem. § 945 unterscheidet)[35] bedarf einer Tätigkeit des Gläubigers, die ein Gebrauchmachen vom Titel zum Ausdruck bringt. Daran fehlt es bei der Zustellung von Amts wegen und der Urteilsverkündung. Deshalb muss die Vollziehungsfrist für eine Unterlassungsverfügung durch **Zustellung im Parteibetrieb** gewahrt werden.[36] Dies gilt auch, wenn der Schuldner sich (zunächst) an das Unterlassungsgebot hält. Zuzustellen ist eine Ausfertigung der Entscheidung; die Zustellung eines Urteilsentwurfs ist wirkungslos.[37] Wurde in der Verfügungsentscheidung auf den Verfügungsantrag Be-

---

27 BGHZ 112, 356 = NJW 1991, 496; OLG Düsseldorf MDR 1983, 239; Stein/Jonas/Grunsky, § 929 Rn 14; Hk-ZPO/Kemper, § 929 Rn 6; Schuschke/Walker/Schuschke, § 929 Rn 20.
28 MüKo-ZPO/Drescher, § 929 Rn 10; Schneider, MDR 1985, 113.
29 Schilken, in: Gaul/Schilken/Becker-Eberhard, § 78 Rn 4.
30 OLG Hamm FamRZ 1991, 583; OLG Bamberg FamRZ 1985, 509; OLG Koblenz FamRZ 1980, 909. AA OLG Hamm FamRZ 1997, 1496; OLG Köln FamRZ 1985, 1063; OLG Köln FamRZ 1985, 508; OLG Celle FamRZ 1984, 1248; MüKo-ZPO/Drescher, § 938 Rn 53; Hk-ZPO/Kemper, § 936 Rn 11; Schuschke/Walker/Schuschke, § 929 Rn 32.
31 OLG Hamm FamRZ 1980, 1144.
32 BGHZ 120, 73 = NJW 1993, 1076; OLG Düsseldorf WRP 2001, 53; OLG Frankfurt WRP 2000, 411; OLG Köln InVo 1998, 295; Schuschke/Walker/Schuschke, § 929 Rn 17.
33 OLG Stuttgart NJWE-WettbR 1997, 43.
34 AA OLG Stuttgart NJW-RR 1998, 622; OLG Oldenburg MDR 1992, 903 (aufgegeben, OLG Oldenburg WRP 2011, 508); OLG Celle NJW-RR 1990, 1088.
35 S. einerseits BGHZ 120, 73 = NJW 1993, 1076 (zu § 929), andererseits BGHZ 131, 141 (zu § 945).
36 OLG Karlsruhe DGVZ 2014, 127; OLG Oldenburg WRP 2011, 508; OLG Hamburg OLGR 2006, 572; OLG Frankfurt WRP 2000, 411; OLG Hamburg WRP 1997, 53; OLG Köln NJW-RR 1987, 575; OLG Karlsruhe FamRZ 1979, 733; Schuschke/Walker/Schuschke, § 929 Rn 27 ff. AA LAG Thüringen MDR 2001, 699: Antrag auf Ordnungsmittelandrohung.
37 OLG Düsseldorf NJW-RR 2003, 354.

zug genommen (s. § 922 Rn 10), dann ist dieser Bestandteil der Entscheidung und muss mit zugestellt werden.[38] Es genügt, wenn der **Zustellungsantrag** an den zuständigen Gerichtsvollzieher innerhalb der Monatsfrist erfolgt, die Zustellung selbst aber erst „demnächst" vorgenommen wird.[39] Bei **Zustellungsmängeln** gilt § 189.[40] Es kann von Anwalt zu Anwalt per Telefax zugestellt werden (§§ 195, 174 Abs. 2 S. 1).[41] Ist der Schuldner im Verfügungsverfahren anwaltlich vertreten, kann nur an den **Rechtsanwalt**[42] (§ 172 Abs. 1 S. 1) zugestellt werden. Gleiches gilt, wenn ein Anwalt sich gegenüber dem Gläubiger vorprozessual als für den Schuldner im Verfügungsverfahren prozessbevollmächtigt legitimiert hat; andererseits ist eine Zustellung an einen Rechtsanwalt wirkungslos, der den Schuldner vorprozessual vertreten hat, ohne Prozessvollmacht zu behaupten.[43] Legitimiert sich der Rechtsanwalt des Schuldners vorprozessual nicht zweifelsfrei auch für das Verfügungsverfahren, dann kann der Verfügungsgläubiger an den Schuldner persönlich zustellen (weil § 172 Abs. 1 S. 1 im Hinblick auf das Verfügungsverfahren nicht erfüllt ist und § 172 Abs. 1 S. 2 das Verfügungsverfahren nicht erwähnt), er kann aber nach dem Rechtsgedanken des § 82 auch wirksam an den Rechtsanwalt zustellen.[44] Im Zweifel empfiehlt sich eine Doppelzustellung an den Verfahrensgegner und den Rechtsanwalt.

cc) Unvertretbare Handlungen. Zur Vollziehung einstweiliger Verfügungen auf Vornahme unvertretbarer Handlungen (zB Veröffentlichung einer Gegendarstellung, Auskunftserteilung) reicht Parteizustellung aus. Ein zusätzlicher Antrag auf Zwangsmittelfestsetzung gem. § 888 ist nicht erforderlich (str, s. auch § 938 Rn 25).[45]

3. Frist. Für den **Beginn** der Monatsfrist ist zu unterscheiden, ob die Entscheidung als Beschluss oder als Urteil ergangen ist. Bei **Beschlüssen** beginnt die Frist mit der **Zustellung** der Ausfertigung an den Gläubiger bzw dem tatsächlichen Zugang beim Gläubiger (§ 189). Bei **Urteilen** beginnt die Frist bereits mit der **Verkündung** (bzw Zustellung, § 310 Abs. 3). Die anschließende Zustellung (§ 317) setzt keine neue Frist in Gang.[46] Die Frist läuft auch, wenn das Urteil wegen offenbarer Unrichtigkeit nicht vollziehbar ist; ein Berichtigungsbeschluss (§ 319) hat auf den Fristenlauf keinen Einfluss.[47] Die Frist läuft selbst, wenn der Gläubiger nicht rechtzeitig eine (abgekürzte, §§ 315 Abs. 2 S. 2, 317 Abs. 2) Urteilsausfertigung zu erlangen und daher die Frist nicht einzuhalten vermag.[48] Er ist dann gehalten, erneut eine Eilentscheidung gleichen Inhalts zu erwirken.[49]

---

38 OLG München NJW-RR 2003, 1722.
39 OLG Düsseldorf WRP 2001, 53; OLG Frankfurt NJW-RR 2000, 1236. AA Schuschke/Walker/*Schuschke*, § 929 Rn 31.
40 Zu Einzelheiten s. OLG Karlsruhe DGVZ 2014, 127; OLG Hamburg OLGR 2006, 572; OLG München MDR 2005, 1244; KG KGR Berlin 2005, 788; OLG Karlsruhe Rpfleger 2004, 641; OLG Dresden NJW-RR 2003, 1721; OLG Brandenburg NJW-RR 2000, 325; OLG Köln NJW-RR 1987, 575. AA OLG Karlsruhe OLGR 2003, 410.
41 KG KGR Berlin 2005, 788.
42 OLG Karlsruhe DGVZ 2014, 127; OLG Schleswig MDR 2001, 231.
43 OLG Hamburg MDR 2006, 1183.
44 OLG Oldenburg MDR 2002, 290; OLG Nürnberg MDR 2002, 232, jew. zu §§ 176, 178 aF.
45 OLG München MDR 2003, 53; OLG Frankfurt NJW-RR 1998, 1007. AA OLG Rostock MDR 2006, 1425; OLG Hamm NJW-RR 1993, 959 (betr. § 887).
46 MüKo-ZPO/*Drescher*, § 929 Rn 5; Schuschke/Walker/*Schuschke*, § 929 Rn 9.
47 OLG Düsseldorf ZIP 1981, 540; Musielak/*Huber*, § 929 Rn 4. AA Schuschke/Walker/*Schuschke*, § 929 Rn 11 betr. „Umgestaltung durch Klarstellung".
48 BVerfG NJW 1988, 3141; OLG Düsseldorf NJW-RR 1987, 763.
49 MüKo-ZPO/*Drescher*, § 929 Rn 5.

17 **Widerspruch** (§ 924) oder **Berufung** des Schuldners hat auf den Lauf der Frist keinen Einfluss.[50] Die einstweilige **Einstellung der Vollstreckung** (§§ 924 Abs. 3 S. 2, 719, 707) unterbricht die Vollziehungsfrist.[51] Ferner beginnt die Vollziehungsfrist neu zu laufen, wenn nach Widerspruch oder Berufung ein **bestätigendes Urteil** verkündet wird[52] (nach aA[53] nur bei wesentlicher inhaltlicher Veränderung). Damit wird eine Vollziehung erneut möglich, aber grds. nicht notwendig, wenn bereits vollzogen wurde.[54] Hingegen bedarf es erneuter Vollziehung (innerhalb neuer Frist) einer einstweiligen Verfügung, die im Widerspruchsverfahren erweitert oder inhaltlich nicht nur unwesentlich[55] geändert worden ist.[56] Neuer Vollziehung bedarf es nicht, wenn die Verfügung nur inhaltlich beschränkt wird (str).[57] Nach vereinzelter Schrifttumsauffassung[58] ist nach Widerspruchs- oder Berufungsurteil eine erneute Vollziehung stets möglich, aber nicht erforderlich, es sei denn, das angefochtene Urteil sei durch ein inhaltliches aliud ersetzt. Wird die Entscheidung bestätigt, dabei aber erstmals eine **Sicherheitsleistung** angeordnet, so beginnt eine neue Vollziehungsfrist ab Urteilsverkündung, innerhalb derer die Entscheidung (erneut) zu vollziehen und zudem Sicherheit zu leisten ist.[59] Wird Arrest gegen Sicherheitsleistung angeordnet und im Widerspruchs- oder Berufungsurteil ohne Sicherheitsleistung aufrechterhalten, beginnt die Vollziehungsfrist ebenfalls neu,[60] wenn sie nicht bereits abgelaufen war, als der Rechtsbehelf erhoben wurde. Ein Arrest, der auf Widerspruch aufgehoben und sodann **in der Berufung bestätigt** (dh neu erlassen)[61] wurde, muss binnen neuer Frist neu vollzogen werden.[62]

18 Stellt der Schuldner einen **Aufhebungsantrag** (§ 927), darf der Gläubiger mit der Vollziehung bis zum Abschluss des Aufhebungsverfahrens abwarten. War die Vollziehungsfrist bei Stellung des Aufhebungsantrags noch nicht abgelaufen, wird eine neue Frist in Gang gesetzt, sobald der Aufhebungsantrag abgewiesen wird. Gleiches gilt, wenn dem Aufhebungsantrag stattgegeben wird, der Arrest in der Rechtsmittelinstanz aber bestätigt wird.[63] War bereits vollzogen, muss nicht erneut vollzogen werden.[64]

---

50 MüKo-ZPO/*Drescher*, § 929 Rn 6; Stein/Jonas/*Grunsky*, § 929 Rn 4; Musielak/*Huber*, § 929 Rn 4; Schuschke/Walker/*Schuschke*, § 929 Rn 10.
51 MüKo-ZPO/*Drescher*, § 929 Rn 6; Stein/Jonas/*Grunsky*, § 929 Rn 7; Musielak/*Huber*, § 929 Rn 4; Schuschke/Walker/*Schuschke*, § 929 Rn 5, 10.
52 OLG Frankfurt NJW-RR 1986, 64; Hk-ZPO/*Kemper*, § 929 Rn 5; Schuschke/Walker/*Schuschke*, § 929 Rn 11 f.
53 OLG Schleswig NJW-RR 1986, 1128.
54 OLG Zweibrücken NJW-RR 2002, 1657; OLG Köln InVo 2002, 471; OLG Hamm NJW-RR 1999, 631; OLG Hamburg NJW-RR 1995, 1053.
55 OLG Karlsruhe OLGR 2003, 410; OLG Celle OLGR 2002, 172; OLG Hamm NJW-RR 2000, 971; KG KGR Berlin 2000, 216; OLG Hamm Rpfleger 1995, 467; OLG Karlsruhe WRP 1986, 232; OLG Schleswig NJW-RR 1986, 1128.
56 OLG Naumburg AfP 2005, 281; OLG Hamburg OLGR 2002, 407; OLG Köln InVo 1998, 295; OLG Düsseldorf OLGR 1994, 261; OLG Köln ZIP 1986, 538; Stein/Jonas/*Grunsky*, § 929 Rn 5; Schuschke/Walker/*Schuschke*, § 929 Rn 11.
57 OLG Köln InVo 2002, 471; OLG Köln WRP 1982, 669. AA Stein/Jonas/*Grunsky*, § 929 Rn 5.
58 MüKo-ZPO/*Drescher*, § 929 Rn 7.
59 OLG Oldenburg InVo 2000, 253; OLG Düsseldorf OLGR 1994, 261; OLG Frankfurt WRP 180, 423.
60 MüKo-ZPO/*Drescher*, § 929 Rn 7; Stein/Jonas/*Grunsky*, § 929 Rn 7.
61 OLG Düsseldorf NJW-RR 2002, 138; Stein/Jonas/*Grunsky*, § 929 Rn 6.
62 OLG Zweibrücken NJW-RR 2002, 1657; OLG Frankfurt NJW-RR 2002, 1080; OLG Düsseldorf NJW-RR 2000, 68; OLG Celle GRUR 1989, 541; KG Rpfleger 1981, 119; LG Dortmund Rpfleger 1982, 276. AA OLG Celle NJW-RR 1987, 64.
63 MüKo-ZPO/*Drescher*, § 929 Rn 6; Stein/Jonas/*Grunsky*, § 929 Rn 4, 6.
64 Stein/Jonas/*Grunsky*, § 929 Rn 6.

Der **Fristablauf** ist nach § 222 Abs. 1 iVm §§ 187 Abs. 1, 188 Abs. 2, 3 BGB und § 222 Abs. 2 zu berechnen. Die Vollziehungsfrist ist der **Disposition der Parteien und des Gerichts** weitestgehend entzogen.[65] Auf die Einhaltung der Frist kann nicht verzichtet werden,[66] und die Frist kann nicht verlängert,[67] aber durch Parteivereinbarung abgekürzt (§ 224 Abs. 1, str)[68] werden. Das Gericht muss zwar nicht von Amts wegen ermitteln, ob die Vollziehungsfrist eingehalten ist, es hat aber begründete Anhaltspunkte für die Fristversäumung, die sich aus dem Parteivortrag oder sonstigem Prozessstoff ergeben, von Amts wegen zu berücksichtigen.[69] Bei Versäumung gibt es **keine Wiedereinsetzung in den vorigen Stand**[70] (§§ 233, 224 Abs. 2 S. 2) und auch sonst keine Heilungsmöglichkeit.[71]

4. Fristversäumung. a) Folgen. Nach Fristablauf sind Vollziehungsmaßnahmen unzulässig, die nicht rechtzeitig durch den Gläubiger eingeleitet wurden. Eine **Vollstreckungsmaßnahme**, die nach Ablauf der Frist beantragt und entgegen Abs. 2 vorgenommen wurde, ist **unwirksam**.[72] Ferner kann die Staatskasse den Schuldner nicht mehr auf Zahlung der **Gerichtskosten** in Anspruch nehmen, wenn feststeht, dass die Vollziehungsfrist verstrichen ist.[73]

b) Rechtsbehelfe. Gegen **Vollstreckungsmaßnahmen und -entscheidungen**, die Abs. 2 widersprechen, ist Erinnerung (§ 766) bzw sofortige Beschwerde (§ 793) statthaft. Ferner kann der Schuldner die **Arrestaufhebung** betreiben, wenn die Vollziehungsfrist verstrichen ist. Gegen einen Beschluss ist Widerspruch (§ 924) statthaft, gegen ein Urteil kann Berufung statthaft sein; gegen beide Entscheidungsformen kann Antrag gem. § 927 gerichtet werden. Die Rechtsbehelfe sind allein wegen Verstreichens der Vollziehungsfrist begründet; auf die Begründetheit der aufzuhebenden Entscheidung kommt es nicht an.[74]

c) Neuerlicher Arrest. Wenn die Vollziehungsfrist des Abs. 2 verstrichen ist, vermag der Gläubiger auf der Stelle neuerlich einen Arrest in gleicher Sache zu erwirken, sofern dessen Voraussetzungen gegeben sind.[75] Die in der Rspr[76] vertretene Auffassung, in einem wiederholten Eilverfahren müsse der Verfügungsgrund stärkeres Gewicht haben als für den Erlass der Erstentscheidung, ist zweifelhaft. Einer neuerlichen Entscheidung steht es nicht entgegen, wenn über die Aufhebung der ersten Entscheidung noch nicht entschieden ist.[77] Funktionell zuständig für den Neuerlass ist grds. das erstinstanzliche Gericht. Das Berufungsgericht ist nur als Rechtsmittelgericht (dh nach Zurückweisung des Antrags durch das Gericht des ersten Rechtszugs) oder als bereits mit der Hauptsache befasstes Gericht zum Erlass einer einstweiligen Verfügung befugt. Daher ist im Berufungsverfah-

---

65 BGHZ 120, 73 = NJW 1993, 1076.
66 OLG Köln NJW-RR 1987, 575; *Demharter*, GBO, Anh. zu § 26 Rn 41; MüKo-ZPO/ *Drescher*, § 929 Rn 8; *Schilken*, in: Gaul/Schilken/Becker-Eberhard, § 78 Rn 1.
67 BGHZ 120, 73 = NJW 1993, 1076.
68 MüKo-ZPO/*Drescher*, § 929 Rn 8; Stein/Jonas/*Grunsky*, § 929 Rn 8; Musielak/*Huber*, § 929 Rn 3; Schuschke/Walker/*Schuschke*, § 929 Rn 7. AA (begründungslos) BGHZ 120, 73 = NJW 1993, 1076.
69 OLG Zweibrücken MDR 1998, 123; OLG München FamRZ 1993, 1101.
70 BGHZ 120, 73 = NJW 1993, 1076.
71 OLG Köln NJW-RR 1987, 575.
72 BGHZ 112, 356 = NJW 1991, 496; *Demharter*, GBO, Anh. zu § 26 Rn 41; Stein/Jonas/ *Grunsky*, § 929 Rn 17; Musielak/*Huber*, § 929 Rn 2, 7; Hk-ZPO/*Kemper*, § 929 Rn 7; *Schilken*, in: Gaul/Schilken/Becker-Eberhard, § 78 Rn 1; Schuschke/Walker/*Schuschke*, § 929 Rn 34.
73 OLG Koblenz NJW-RR 2000, 732.
74 OLG Düsseldorf OLGR 2004, 477; OLG Koblenz NJW-RR 2000, 732; OLG Schleswig NJW 1972, 1056.
75 OLG Köln NJW 2004, 2397.
76 KG NJW-RR 1992, 318.
77 OLG Frankfurt Rpfleger 1983, 120.

ren des Schuldners gegen die erste Verfügung ein Antrag des Gläubigers auf Erlass einer erneuten einstweiligen Verfügung (im Wege der Anschlussberufung) unzulässig.[78] Andernfalls würden die zwingenden (Art. 101 Abs. 1 S. 2 GG) Zuständigkeitsregelungen der §§ 919, 937, 943 umgangen. Zugleich würde dem Schuldner ohne triftigen Grund eine Rechtsmittelmöglichkeit genommen, und zwar ausgerechnet in Fällen, in denen der Gläubiger von dem ihm bereits gewährten Rechtsschutz aufgrund eigener Obliegenheitsverletzung keinen Gebrauch gemacht hatte. Die Gegenansicht, wonach es aus Gründen der Prozesswirtschaftlichkeit und des Eilcharakters des Verfahrens zulässig ist, im Wege der Anschlussberufung Antrag auf Erlass einer neuen einstweiligen Verfügung zu stellen[79] oder dem Berufungsantrag des Schuldners verteidigungsweise den Einwand entgegenzuhalten, die Voraussetzungen für einen Erlass lägen noch vor,[80] ist daher abzulehnen.

IV. Zustellung (Abs. 3)

23 **1. Vollziehung vor Zustellung (S. 1).** Die Arrestvollziehung ist entgegen § 750 Abs. 1 **vor der Zustellung zulässig** (S. 1); die Vorschrift ist auch auf den Nachweis der **Sicherheitsleistung** (§ 751 Abs. 2) anzuwenden, dh die Sicherheit muss zwar erbracht, der Nachweis muss aber nicht zugestellt sein. Andere Zustellungen, zB nach § 829 Abs. 2, erfasst Abs. 3 nicht.[81]

24 **2. Zustellungsfrist (S. 2).** Die Zustellung muss binnen einer Woche nach Vollziehung und vor Ablauf der Vollziehungsfrist (Abs. 2) nachgeholt werden, sonst ist die Vollziehung wirkungslos (S. 2).

25 **a) Frist.** Der für den **Fristbeginn** gem. Abs. 3 S. 2 maßgebliche Begriff der Vollziehung ist nach zutreffender hM anders zu verstehen als in Abs. 2, da Abs. 2 und Abs. 3 unterschiedliche Normzwecke aufweisen (s. Rn 1). Abs. 3 bezweckt, den besonderen Gläubigerschutz, der das Eilverfahren rechtfertigt, nicht leerlaufen zu lassen. Dazu ist angezeigt, dem Gläubiger Zugriff auf das Schuldnervermögen zu ermöglichen, bevor der Schuldner vom Titel Kenntnis hat. Dies beugt Vereitelungshandlungen des Schuldners vor. Andererseits muss die Ausnahmevorschrift zeitlich eng begrenzt sein, damit die Verteidigung des Schuldners so wenig wie möglich beschränkt ist. Deshalb hat der Gläubiger nur eine Woche Zeit, um die notwendige Zustellung des Titels nachzuholen. Aus dem Normzweck von Abs. 3 und dem Zusammenspiel von S. 1 und S. 2 resultiert, dass hier erst der **Zugriff auf das Schuldnervermögen** (und nicht wie in Abs. 2 bereits der Antrag) die Frist in Lauf setzt.[82] Würde bei Abs. 3 die Wochenfrist bereits mit dem Antrag auf Arrestpfändung beginnen, hätte dies zur Konsequenz, dass jede anschließende Verzögerung zu Lasten des Gläubigers geht, auch wenn er sie nicht veranlasst hat und auf sie keinen Einfluss nehmen kann. Der Gläubiger müsste dem Schuldner den Arrestbefehl binnen Wochenfrist zustellen lassen, auch wenn die Pfändung noch nicht bewirkt ist. Damit wäre der Zweck von Abs. 3 S. 1 durchkreuzt. Bei der Forderungspfändung beginnt die Frist folglich mit Zustellung des Pfändungsbeschlusses an den Drittschuldner (§§ 930, 829 Abs. 3).

---

78 OLG Düsseldorf OLGR 2004, 477; OLG Brandenburg MDR 1999, 1219; OLG Frankfurt MDR 1986, 768; OLG Frankfurt Rpfleger 1983, 120; OLG Koblenz GRUR 1981, 91; OLG Hamm MDR 1972, 615.
79 LG Wuppertal NJW-RR 1992, 319.
80 Stein/Jonas/*Grunsky*, § 929 Rn 18.
81 Stein/Jonas/*Grunsky*, § 929 Rn 20; Musielak/*Huber*, § 929 Rn 8.
82 OLG Frankfurt NJW-RR 1999, 1446; MüKo-ZPO/*Drescher*, § 929 Rn 18; Stein/Jonas/*Grunsky*, § 929 Rn 21; Musielak/*Huber*, § 929 Rn 10. AA Schuschke/Walker/*Schuschke*, § 929 Rn 44.

Anders ist es bei Arrestvollziehung durch Eintragung einer **Arresthypothek** 26
(§ 932). Hier beginnt die Frist mit dem Eintragungsantrag (§ 932 Abs. 3). Dies widerspricht nicht dem Zweck von Abs. 3 S. 1, denn nach Antragstellung beim Grundbuchamt vermag der Schuldner die Eintragung nicht mehr zu vereiteln.[83]

Zum zwingenden Charakter der Frist gilt das bei Abs. 2 Gesagte entsprechend 27
(s. Rn 19). Die Rechtsfolge des Abs. 3 S. 2 tritt nur ein, wenn bis zum Ablauf der Wochenfrist jegliche (auch eine mit Mängeln behaftete) Zustellung des Arrestbefehls unterblieben ist.[84]

b) **Folgen der Fristversäumung.** Ist die Frist des Abs. 3 S. 2 versäumt, dann wird 28
die vorgenommene **Vollstreckungsmaßnahme unwirksam.**[85] Dies kann mit der **Erinnerung** (§ 766) geltend gemacht werden.[86] Der Arrestbefehl selbst bleibt von alldem unberührt und kann ggf **erneut vollzogen** werden. – Zur Folge der Fristversäumung bei Eintragung einer Arresthypothek s. § 932 Rn 4.

§ 930 Vollziehung in bewegliches Vermögen und Forderungen

(1) [1]Die Vollziehung des Arrestes in bewegliches Vermögen wird durch Pfändung bewirkt. [2]Die Pfändung erfolgt nach denselben Grundsätzen wie jede andere Pfändung und begründet ein Pfandrecht mit den in § 804 bestimmten Wirkungen. [3]Für die Pfändung einer Forderung ist das Arrestgericht als Vollstreckungsgericht zuständig.

(2) Gepfändetes Geld und ein im Verteilungsverfahren auf den Gläubiger fallender Betrag des Erlöses werden hinterlegt.

(3) Das Vollstreckungsgericht kann auf Antrag anordnen, dass eine bewegliche körperliche Sache, wenn sie der Gefahr einer beträchtlichen Wertverringerung ausgesetzt ist oder wenn ihre Aufbewahrung unverhältnismäßige Kosten verursachen würde, versteigert und der Erlös hinterlegt werde.

(4) Die Vollziehung des Arrestes in ein nicht eingetragenes Seeschiff ist unzulässig, wenn sich das Schiff auf der Reise befindet und nicht in einem Hafen liegt.

§§ 49, 155 GVGA

I. Allgemeines	1	d) Übergang in ein Vollstreckungspfandrecht	7
II. Arrestvollziehung (Abs. 1)	2	III. Verwertung, Hinterlegung und Versteigerung (Abs. 2, 3)	9
1. Bewegliche Sachen	2	IV. Vollziehung des Arrests in nicht eingetragene Seeschiffe (Abs. 4)	13
2. Forderungen und andere Vermögensrechte	3	V. Kosten	14
3. Pfändungswirkungen	4	1. Gerichtskosten	14
a) Bewegliche Sachen	4	2. Rechtsanwaltsgebühren	15
b) Forderungen	5	3. Gerichtsvollzieherkosten	16
c) Erlöschen des Arrestpfandrechts	6		

---

83 MüKo-ZPO/*Drescher*, § 932 Rn 7.
84 LG Aachen NJW-RR 1990, 1344; Stein/Jonas/*Grunsky*, § 929 Rn 20.
85 BGH NJW 1999, 3494; *Demharter*, GBO, Anh. zu § 26 Rn 42; MüKo-ZPO/*Drescher*, § 929 Rn 19; Musielak/*Huber*, § 929 Rn 11; Hk-ZPO/*Kemper*, § 929 Rn 9; Schuschke/Walker/*Schuschke*, § 929 Rn 46.
86 BGH NJW-RR 1989, 636; OLG Frankfurt NJW-RR 1999, 1446.

I. Allgemeines

1 § 930 regelt die Arrestvollziehung in das bewegliche Vermögen und in Forderungen sowie andere Vermögensrechte. Abs. 4 betrifft die Vollziehung in nicht eingetragene Seeschiffe; die Vollziehung in eingetragene Schiffe und Schiffsbauwerke ist in § 931 geregelt. Zu Luftfahrzeugen s. § 928 Rn 9.

II. Arrestvollziehung (Abs. 1)

2 **1. Bewegliche Sachen.** Auf bewegliche Sachen ist durch **Pfändung** zuzugreifen (Abs. 1 S. 1), die nach den allgemeinen Vorschriften über die Sachpfändung (§§ 803 ff, 808 ff) zu bewirken ist (Abs. 1 S. 2). Zur Wohnungsdurchsuchung (§§ 758 ff) s. § 928 Rn 3.

3 **2. Forderungen und andere Vermögensrechte.** Forderungen und andere Vermögensrechte sind grds. nach den allgemeinen Vorschriften über die Geldvollstreckung in Forderungen (§§ 828 ff) zu **pfänden** (Abs. 1 S. 1, 2). Als Vollstreckungsgericht ist abweichend von § 828 Abs. 2 das Arrestgericht (§ 919, dort der Rechtspfleger, § 20 Abs. 1 Nr. 16 RPflG) ausschließlich (§ 802) zuständig (Abs. 1 S. 3). Der Antrag auf Erlass eines Arrestbefehls kann mit dem Antrag auf Pfändung einer Forderung (§ 829 Abs. 1) **verbunden** werden. Der Pfändungsbeschluss wird dann vom Richter erlassen (vgl §§ 6, 8 Abs. 1 RPflG).[1] In einem solchen Fall kann auch das Rechtsmittelgericht gleichzeitig den Arrest anordnen und den Pfändungsbeschluss erlassen[2] (nach aA[3] bleibt für den Pfändungsbeschluss das Gericht des ersten Rechtszugs gem. § 919 allein zuständig). Die Verbindung ist nur äußerlich, die Entscheidungen bleiben rechtlich unabhängig und sind jeweils nach eigenen Regeln anfechtbar:[4] Widerspruch (§ 924) bzw Berufung gegen den Arrest, Erinnerung (§ 766) gegen die Pfändung, sofortige Beschwerde (§ 793) gegen ihre Ablehnung. Die Verbindung ist unzulässig, wenn die Arrestvollziehung von einer Sicherheit abhängig gemacht (§ 921) wird.[5]

4 **3. Pfändungswirkungen. a) Bewegliche Sachen.** Sachpfändung bewirkt die **Verstrickung** und ggf ein **Pfändungspfandrecht (Arrestpfand)** gem. § 804 (Abs. 1 S. 2).

5 **b) Forderungen.** Mit der Zustellung des Pfändungsbeschlusses an den Drittschuldner ist die Pfändung bewirkt (§ 829 Abs. 3), so dass die Forderung **verstrickt** wird und ein **Pfändungspfandrecht** gem. § 804 als **Arrestpfand** entsteht (Abs. 1 S. 2). Der Drittschuldner ist zur Abgabe der **Drittschuldnererklärung** verpflichtet (§ 840 Abs. 1), dem Arrestgläubiger fehlt aber das Rechtsschutzbedürfnis für eine Auskunftsklage auf Abgabe der Drittschuldnererklärung.[6] Der Drittschuldner kann befreiend nur noch an den Arrestschuldner und den Arrestpfändungsgläubiger gemeinschaftlich leisten.[7]

---

[1] OLG Düsseldorf Rpfleger 1984, 161; OLG Frankfurt Rpfleger 1980, 485.
[2] OLG München MDR 2004, 1383; *Walker/Schmitt-Kästner*, WuB VI D. § 930 ZPO 1.13.
[3] OLG Bamberg WM 2013, 649 m. abl. Anm. *Walker/Schmitt-Kästner*, WuB VI D. § 930 ZPO 1.13; MüKo-ZPO/*Drescher*, § 930 Rn 3; Stein/Jonas/*Grunsky*, § 930 Rn 2.
[4] BayObLG Rpfleger 1985, 58; OLG Zweibrücken FamRZ 2000, 966.
[5] OLG Düsseldorf Rpfleger 1984, 161; MüKo-ZPO/*Drescher*, § 930 Rn 4; Stein/Jonas/ *Grunsky*, § 930 Rn 5.
[6] BGHZ 68, 289; Schuschke/Walker/*Schuschke*, § 930 Rn 9.
[7] MüKo-ZPO/*Drescher*, § 930 Rn 6; Musielak/*Huber*, § 930 Rn 4; Schuschke/Walker/ *Schuschke*, § 930 Rn 9.

c) **Erlöschen des Arrestpfandrechts.** Das Arrestpfand erlischt, wenn die Pfändung aufgehoben wird[8] oder der Arrestbefehl und die auf ihm beruhenden Vollziehungsmaßnahmen aufgehoben werden (§§ 927, 775, 776).[9]

d) **Übergang in ein Vollstreckungspfandrecht.** Erlangt der Gläubiger gegen den Schuldner einen **Hauptsachetitel**, dann wird das Arrestpfand ohne abermalige Pfändung zu einem **Vollstreckungspfandrecht** mit dem Rang (§ 804 Abs. 3) des Arrestpfandes,[10] sobald die Vollstreckungsvoraussetzungen für den Hauptsachetitel vorliegen. Das Vollstreckungspfandrecht ist ein **Verwertungspfandrecht**[11] und entsteht bis zur Höhe des Arrestbetrages.[12] Auf der Grundlage des Hauptsachetitels kann der Gläubiger die Verwertung beantragen, zB die Überweisung einer gepfändeten Forderung (Zuständigkeit nunmehr gem. §§ 828 Abs. 2, 764).[13] Macht der Schuldner Gebrauch von einer Abwendungsbefugnis gegen die Vollstreckung des Hauptsachetitels (zB gem. §§ 711, 712) oder wird die Vollstreckung aus dem Hauptsachetitel für unzulässig erklärt oder eingestellt (zB gem. §§ 767, 769), entfällt die Verwertungsfunktion des Pfandrechts. Es bleibt aber auf Grundlage des Arrestes als Sicherungspfandrecht bestehen.[14]

Wenn das Arrest- in ein Verwertungspfandrecht übergegangen ist und sodann der **Arrest und seine Vollziehung** (nicht aber der Hauptsachetitel) **aufgehoben** werden, dann bleibt das Verwertungspfandrecht bestehen.[15] Es verliert aber den Rang des Arrestpfandrechts und erhält den Rang, den es gem. § 804 Abs. 3 erlangt hätte, wenn zu der Zeit gepfändet worden wäre, zu der die Vollstreckungsvoraussetzungen für den Hauptsachetitel vorlagen (also zur Zeit des Übergangs vom Arrest- zum Verwertungspfandrecht).[16] Wurde der Arrest nur deshalb aufgehoben, weil der Hauptsachetitel den Arrestgrund entfallen ließ, dann behält das Pfandrecht seinen Rang.[17]

III. Verwertung, Hinterlegung und Versteigerung (Abs. 2, 3)

Der Arrest ist ein Sicherungsmittel (§ 916). Daher sind bei der Arrestvollziehung die Vorschriften über die Pfandverwertung nicht anzuwenden. Eine **Pfandverwertung ist unzulässig**.[18] Gepfändete Sachen haben in der Obhut des Gerichtsvollziehers zu verbleiben.[19] Gepfändete Forderungen sind nicht zu überweisen,[20] ein **Überweisungsbeschluss** ist nichtig, der Drittschuldner genießt keinen Vertrauensschutz gem. § 836 Abs. 2.[21] **Gepfändetes Geld** und ein im Verteilungsverfahren (§§ 872 ff) erzielter Erlös, der auf den Arrestgläubiger entfällt, sind zu hinterle-

---

8 BGHZ 66, 394.
9 MüKo-ZPO/*Drescher*, § 930 Rn 12; Stein/Jonas/*Grunsky*, § 930 Rn 15.
10 Stein/Jonas/*Grunsky*, § 930 Rn 12; *Schilken*, in: Gaul/Schilken/Becker-Eberhard, § 78 Rn 16; Schuschke/Walker/*Schuschke*, § 930 Rn 12.
11 LG Köln Rpfleger 1974, 121; MüKo-ZPO/*Drescher*, § 930 Rn 10; Stein/Jonas/*Grunsky*, § 930 Rn 11; *Schilken*, in: Gaul/Schilken/Becker-Eberhard, § 78 Rn 16; Schuschke/Walker/*Schuschke*, § 930 Rn 12.
12 Musielak/*Huber*, § 930 Rn 8.
13 MüKo-ZPO/*Drescher*, § 930 Rn 10.
14 Stein/Jonas/*Grunsky*, § 930 Rn 11; Schuschke/Walker/*Schuschke*, § 930 Rn 13.
15 MüKo-ZPO/*Drescher*, § 930 Rn 11; Schuschke/Walker/*Schuschke*, § 930 Rn 14.
16 MüKo-ZPO/*Drescher*, § 930 Rn 11; Stein/Jonas/*Grunsky*, § 930 Rn 12; Musielak/*Huber*, § 930 Rn 8; Schuschke/Walker/*Schuschke*, § 930 Rn 14.
17 MüKo-ZPO/*Drescher*, § 930 Rn 11; Stein/Jonas/*Grunsky*, § 930 Rn 12; *Schilken*, in: Gaul/Schilken/Becker-Eberhard, § 78 Rn 16.
18 MüKo-ZPO/*Drescher*, § 930 Rn 5; Hk-ZPO/*Kemper*, § 930 Rn 2; Schuschke/Walker/*Schuschke*, § 930 Rn 1.
19 Vgl BGHZ 89, 82.
20 BGHZ 68, 289; BayObLG Rpfleger 1985, 58.
21 BGHZ 121, 98. AA *Schultes*, JR 1995, 136.

gen (Abs. 2). **Urkunden** über die Forderung oder über Sicherungsrechte (zB Sparbuch, Hypothekenbrief, vgl § 830) sind an einen Gerichtsvollzieher als Sequester herauszugeben (widrigenfalls Hilfspfändung), wenn der Arrestgläubiger dies beantragt. Grundlage des Antrags und des Herausgabebeschlusses ist der Arrestpfändungsbeschluss[22] (nach aA[23] ist zur Herausgabe eines Hypothekenbriefs ein Überweisungsbeschluss erforderlich, nach wiederum aA[24] sind Sparbücher gegen Sicherheitsleistung an den Arrestgläubiger herauszugeben).

10 Ist ein **Herausgabeanspruch** gepfändet (§§ 846 ff), hat die Herausgabe an einen auf Antrag des Gläubigers gerichtlich zu bestimmenden Gerichtsvollzieher oder Sequester zu erfolgen, der die Sache zu verwahren hat.[25] Mit der Herausgabe erwirbt der Arrestgläubiger ein Arrestpfandrecht an der Sache.[26] Verweigert der Dritte die Herausgabe, dann ist der Gläubiger gehalten, den Dritten auf Herausgabe an den Gerichtsvollzieher bzw Sequester zu verklagen. Hierzu ist der Gläubiger bereits durch die Herausgabeanordnung (§ 847 Abs. 1) legitimiert; eine Überweisung ist weder nötig noch zulässig.[27]

11 Die Arrestpfändung eines **Geschäftsanteils** (§ 857) gibt dem Arrestgläubiger nicht das Recht, den Anteil zu kündigen[28] oder Auszahlung oder Hinterlegung des dem Schuldner zustehenden Anteils am Jahresüberschuss zu verlangen.[29] Die Gesellschaft kann befreiend nur an den Arrestgläubiger und den -schuldner gemeinsam zu leisten.[30]

12 Ist eine bewegliche Sache der Gefahr beträchtlicher Wertverringerung ausgesetzt (zB verderbliche Ware, Saisonware, Wertpapiere) oder würde ihre Aufbewahrung unverhältnismäßige Kosten verursachen (zB Pkw, Tiere, Kühlwaren), kann (Ermessen)[31] das Vollstreckungsgericht (Rechtspfleger, § 20 Abs. 1 Nr. 17 RPflG) auf Antrag des Gläubigers oder des Schuldners durch Beschluss anordnen, dass die Sache zu versteigern (§§ 814 ff) und der Erlös sodann zu **hinterlegen** ist (Abs. 3). Das Wertverhältnis ist bei der Aufbewahrung anhand des voraussichtlich zu erzielenden Versteigerungserlöses zu bemessen[32] (aA[33] Wert des Gegenstandes). Der Gerichtsvollzieher ist nicht antragsberechtigt.[34]

IV. Vollziehung des Arrests in nicht eingetragene Seeschiffe (Abs. 4)

13 Die Vollziehung des Arrests in ein nicht eingetragenes Seeschiff, welches sich auf Reisen befindet, ist unzulässig (dagegen § 766). Abs. 4 entspricht der bisherigen Regelung in § 482 HGB aF. Eine dem Abs. 4 entsprechende Regelung für eingetragene Seeschiffe enthält § 931 Abs. 7.

V. Kosten

14 **1. Gerichtskosten.** Im Fall des Abs. 1 S. 3 entstehen Gerichtskosten nach Nr. 2111 KV GKG, weil hinsichtlich der Vollziehung des Arrestes auf §§ 808 ff,

---

22 Stein/Jonas/*Grunsky*, § 930 Rn 9; Musielak/*Huber*, § 930 Rn 4; Schuschke/Walker/*Schuschke*, § 930 Rn 9.
23 MüKo-ZPO/*Drescher*, § 930 Rn 6; Stein/Jonas/*Grunsky*, § 930 Rn 9.
24 *Kolbenschlag*, MDR 1959, 18, 19.
25 BayObLG Rpfleger 1985, 58.
26 Schuschke/Walker/*Schuschke*, § 930 Rn 5.
27 Schuschke/Walker/*Schuschke*, § 930 Rn 5.
28 MüKo-ZPO/*Drescher*, § 930 Rn 7; Schuschke/Walker/*Schuschke*, § 930 Rn 10.
29 Schuschke/Walker/*Schuschke*, § 930 Rn 10.
30 Schuschke/Walker/*Schuschke*, § 930 Rn 10.
31 MüKo-ZPO/*Drescher*, § 930 Rn 9.
32 LG Mönchengladbach DGVZ 2003, 141.
33 Hk-ZPO/*Kemper*, § 929 Rn 7.
34 BGHZ 89, 82.

829 ff, 846 ff, 857 ff verwiesen wird,[35] die wiederum in Nr. 2111 KV GKG geregelt sind. Für eine Entscheidung des Gerichts nach Abs. 3 entstehen keine besonderen Gebühren.

2. Rechtsanwaltsgebühren. Dem Rechtsanwalt entstehen für die Vollziehung die Verfahrensgebühr Nr. 3309 VV RVG sowie Auslagen gesondert (§ 18 Abs. 1 Nr. 2 RVG). Ein Antrag nach Abs. 3 bzw eine Tätigkeit im Rahmen eines derartigen Antrags ist keine besondere Angelegenheit, sondern wird mit der Gebühr Nr. 3309 VV RVG abgegolten (§ 18 Abs. 1 Nr. 1 RVG).[36]

3. Gerichtsvollzieherkosten. Für die Tätigkeit des Gerichtsvollziehers nach Abs. 1 S. 1 fallen Gebühren nach dem GvKostG an, die sich am Ausgang der Vollstreckung orientieren. Daneben werden Auslagen in Ansatz gebracht. Besondere Kosten entstehen für die Verwertung nach Abs. 3 durch den Gerichtsvollzieher.

§ 931 Vollziehung in eingetragenes Schiff oder Schiffsbauwerk

(1) Die Vollziehung des Arrestes in ein eingetragenes Schiff oder Schiffsbauwerk wird durch Pfändung nach den Vorschriften über die Pfändung beweglicher Sachen mit folgenden Abweichungen bewirkt.

(2) Die Pfändung begründet ein Pfandrecht an dem gepfändeten Schiff oder Schiffsbauwerk; das Pfandrecht gewährt dem Gläubiger im Verhältnis zu anderen Rechten dieselben Rechte wie eine Schiffshypothek.

(3) Die Pfändung wird auf Antrag des Gläubigers vom Arrestgericht als Vollstreckungsgericht angeordnet; das Gericht hat zugleich das Registergericht um die Eintragung einer Vormerkung zur Sicherung des Arrestpfandrechts in das Schiffsregister oder Schiffsbauregister zu ersuchen; die Vormerkung erlischt, wenn die Vollziehung des Arrestes unstatthaft wird.

(4) Der Gerichtsvollzieher hat bei der Vornahme der Pfändung das Schiff oder Schiffsbauwerk in Bewachung und Verwahrung zu nehmen.

(5) Ist zur Zeit der Arrestvollziehung die Zwangsversteigerung des Schiffes oder Schiffsbauwerks eingeleitet, so gilt die in diesem Verfahren erfolgte Beschlagnahme des Schiffes oder Schiffsbauwerks als erste Pfändung im Sinne des § 826; die Abschrift des Pfändungsprotokolls ist dem Vollstreckungsgericht einzureichen.

(6) [1]Das Arrestpfandrecht wird auf Antrag des Gläubigers in das Schiffsregister oder Schiffsbauregister eingetragen; der nach § 923 festgestellte Geldbetrag ist als der Höchstbetrag zu bezeichnen, für den das Schiff oder Schiffsbauwerk haftet. [2]Im Übrigen gelten die § 867 Abs. 1 und 2 und der § 870a Abs. 3 entsprechend, soweit nicht vorstehend etwas anderes bestimmt ist.

(7) Die Vollziehung des Arrestes in ein eingetragenes Seeschiff ist unzulässig, wenn sich das Schiff auf der Reise befindet und nicht in einem Hafen liegt.

§ 84 GVGA

---

35 NK-GK/*Volpert*, Nr. 2111 KV GKG Rn 2; Hk-ZPO/*Kemper*, § 929 Rn 7.
36 Zöller/*Vollkommer*, § 930 Rn 8.

I. Allgemeines

1 § 931 regelt die Arrestvollziehung in Schiffe und Schiffsbauwerke, die in einem inländischen Schiffs- oder Schiffsbauregister eingetragen sind. Nicht eingetragene und ausländische Schiffe werden nach § 930 gepfändet und verwertet.[1]

2 Eingetragene Schiffe und Schiffsbauwerke sind Gegenstand der Geldvollstreckung in Liegenschaften (§ 864). Für die Arrestvollziehung unterwirft Abs. 1 sie grds. den Regeln über die Geldvollstreckung in bewegliche Sachen, allerdings mit Abweichungen.

II. Arrestvollziehung, Voraussetzungen und Wirkungen

3 **1. Voraussetzungen. a) Anordnung des Arrestgerichts (Abs. 3).** Pfändungsvoraussetzung ist eine **Pfändungsanordnung des Arrestgerichts** (Rechtspfleger, § 20 Abs. 1 Nr. 16 RPflG, wenn nicht die Anordnung bereits mit dem Arrestbefehl ausgesprochen wird). Das Arrestgericht hat das Registergericht um die **Eintragung einer Vormerkung** zur Sicherung des Arrestpfandrechts in das Register zu ersuchen. Der Gläubiger erhält eine **Ausfertigung der Anordnung** zur Vorlage beim Gerichtsvollzieher. Die Anordnung ist dem Schuldner **zuzustellen**.[2]

4 Wenn die Vormerkung gem. Abs. 3 aE **erlischt,** ist sie von Amts wegen im Wege der Registerberichtigung zu löschen.[3]

5 **b) Pfändung (Abs. 4 und 5).** Die Pfändung wird bewirkt, indem der **Gerichtsvollzieher** das Schiff oder Schiffsbauwerk in **Bewachung und Verwahrung** nimmt (s. näher § 84 GVGA). Der Gerichtsvollzieher ist auch für eine Versteigerung gem. § 930 Abs. 3 zuständig.[4]

6 Abweichend von § 865 Abs. 2 S. 2 macht die zur Zeit der Pfändung vorgenommene **Einleitung der Zwangsversteigerung** (§ 870 a Abs. 1, §§ 162, 15 ff ZVG) die Arrestvollziehung in das Schiff oder Schiffsbauwerk nicht unzulässig. Vielmehr ist die Arrestpfändung wie eine **Anschlusspfändung** (§ 826) zu behandeln. Die Beschlagnahme gilt in der Zwangsversteigerung (§§ 162, 20, 22 ZVG) als erste Pfändung (Abs. 5 Hs 1). Die (Anschluss-)Pfändung bedarf zu ihrer Wirksamkeit der Übermittlung einer Protokollabschrift an das Vollstreckungsgericht (Abs. 5 Hs 2).

7 **c) Unzulässigkeit der Arrestvollziehung. aa) Abs. 7.** Gemäß Abs. 7 ist die Vollziehung des Arrestes in ein eingetragenes Seeschiff unzulässig (dagegen § 766), wenn sich das **Schiff auf der Reise** befindet und **nicht in einem Hafen** liegt. Eine dem Abs. 7 entsprechende Regelung für nicht eingetragene Seeschiffe findet sich in § 930 Abs. 4.

8 **bb) § 929 Abs. 2.** Für die Einhaltung der Vollziehungsfrist des § 929 Abs. 2 ist der Antrag des Gläubigers auf Erlass der Pfändungsanordnung durch das Vollstreckungsgericht (Abs. 3) maßgeblich (aA[5] Pfändungsantrag an den Gerichtsvollzieher, Abs. 4).

9 **2. Pfändungswirkungen (Abs. 2).** Mit der Pfändung (Abs. 4) entsteht ein **Arrestpfandrecht** (Abs. 2 Hs 1). Die Pfändungsanordnung (Abs. 3) reicht dafür noch nicht aus, Eintragung (Abs. 6) ist nicht erforderlich. Der Rang bestimmt sich nach § 804 (Abs. 1 iVm § 930 Abs. 1 S. 1). Das Pfandrecht gewährt dem Gläubiger im Verhältnis zu anderen Rechten dieselben Rechte wie eine Schiffshypothek

---

1 MüKo-ZPO/*Drescher*, § 931 Rn 1; Stein/Jonas/*Grunsky*, § 931 Rn 1; Musielak/*Huber*, § 931 Rn 1; Zöller/*Vollkommer*, § 931 Rn 1.
2 MüKo-ZPO/*Drescher*, § 931 Rn 2.
3 MüKo-ZPO/*Drescher*, § 931 Rn 2; Stein/Jonas/*Grunsky*, § 931 Rn 2.
4 MüKo-ZPO/*Drescher*, § 931 Rn 3; Zöller/*Vollkommer*, § 931 Rn 1.
5 So MüKo-ZPO/*Drescher*, § 931 Rn 3; Stein/Jonas/*Grunsky*, § 931 Rn 3.

(Abs. 2 Hs 2). Im **Zwangsversteigerungsverfahren** ist der Arrestgläubiger **Beteiligter** (§ 9 ZVG).[6] Auf Antrag des Gläubigers ist das Arrestpfandrecht **in das Schiffs- oder Schiffsbauregister einzutragen** (Verfahren: § 23 SchiffsRegO); die Lösungssumme (§ 923) ist als Höchstbetrag einzutragen, für den das Schiff oder Schiffsbauwerk haftet (Abs. 6). Das Interesse des Gläubigers an der Eintragung ergibt sich aus dem öffentlichen Glauben des Schiffsregisters (§ 16 SchiffsRegG) und der Möglichkeit Dritter zu gutgläubigem lastenfreien Erwerb.

III. Kosten

Der Vollzug einer Anordnung nach Abs. 3 durch den Gerichtsvollzieher (Abs. 4) löst Kosten nach dem GvKostG aus, insb. können neben der **Pfändungsgebühr** und den Auslagen des Gerichtsvollziehers selbst auch Auslagen geeigneter Maßnahmen zur **Bewachung und Verwahrung,** für die der Gerichtsvollzieher zu sorgen hat (§ 153 Abs. 4 GVGA), anfallen. 10

§ 932 Arresthypothek

(1) ¹Die Vollziehung des Arrestes in ein Grundstück oder in eine Berechtigung, für welche die sich auf Grundstücke beziehenden Vorschriften gelten, erfolgt durch Eintragung einer Sicherungshypothek für die Forderung; der nach § 923 festgestellte Geldbetrag ist als der Höchstbetrag zu bezeichnen, für den das Grundstück oder die Berechtigung haftet. ²Ein Anspruch nach § 1179 a oder § 1179 b des Bürgerlichen Gesetzbuchs steht dem Gläubiger oder im Grundbuch eingetragenen Gläubiger der Sicherungshypothek nicht zu.

(2) Im Übrigen gelten die Vorschriften des § 866 Abs. 3 Satz 1, des § 867 Abs. 1 und 2 und des § 868.

(3) Der Antrag auf Eintragung der Hypothek gilt im Sinne des § 929 Abs. 2, 3 als Vollziehung des Arrestbefehls.

I. Allgemeines 1	III. Inhalt 10
II. Eintragung 2	1. Höchstbetragssicherungshypothek 10
1. Voraussetzungen 2	2. Verwertungsfunktion 11
a) Antrag 2	3. Umwandlung und Rangwahrung 12
b) Frist 3	IV. Erwerb durch den Eigentümer .. 13
c) Eintragungshindernisse .. 4	V. Rechtsbehelfe 14
d) Zustellung 5	VI. Kosten 15
e) Sicherheit 6	1. Gerichtskosten 15
f) Mindestbetrag 7	2. Rechtsanwaltsgebühren 16
g) Gesamtschaftsgrundstücke 8	
2. Folgen 9	

I. Allgemeines

Die Vorschrift beschränkt die Arrestvollziehung in ein Grundstück und Grundstücksrechte dem Sicherungszweck des Arrestes entsprechend auf die Eintragung einer Sicherungshypothek. Zwangsversteigerung und Zwangsverwaltung sind ausgeschlossen. 1

---

6 Zöller/*Vollkommer*, § 931 Rn 2.

II. Eintragung

2 **1. Voraussetzungen. a) Antrag.** Die Sicherungshypothek wird auf **Antrag des Gläubigers** an das Grundbuchamt[1] in das Grundbuch eingetragen. Das grundbuchrechtliche Konsensprinzip (§§ 19, 29 GBO) gilt nicht. Vielmehr ist der Titel vorzulegen, der die **Bewilligung ersetzt.** Daher ist dem Gläubiger zu raten, sich zur Liegenschaftsvollstreckung zwei Arrestausfertigungen erteilen zu lassen, eine für das Grundbuchamt, eine für die Zustellung gem. § 929. Die Eintragung ist auf dem Titel zu vermerken. Mit der Eintragung entsteht die Hypothek (§§ 932 Abs. 2, 867 Abs. 1 S. 1, 2). Der Arrestschuldner muss eingetragener **Grundstückseigentümer** sein.[2] Sollen **mehrere Grundstücke** des Schuldners mit der Hypothek belastet werden, so ist der Forderungsbetrag auf die Grundstücke zu verteilen; die Eintragung einer Gesamthypothek (§ 1132 BGB) ist unzulässig.[3] Die Größe der Teile bestimmt der Gläubiger; der **Mindestbetrag** (§ 866 Abs. 3) gilt je für die einzelnen Teile (§§ 932 Abs. 2, 867 Abs. 2). Wurden mehrere Grundstücke derart mit Arresthypotheken belastet, dann gelten als Lösungssummen (§ 923) die jeweils im Grundbuch eingetragenen Höchstbeträge. Der Schuldner braucht nicht die gesamte im Arrestbefehl festgelegte Lösungssumme zu leisten.[4] Bei der Leistung einer **Teillösungssumme** hat der Schuldner eine Bestimmung zu treffen, für welchen Forderungsteil er hinterlegt.

3 **b) Frist.** Der Eintragungsantrag gilt iSd § 929 Abs. 2, 3 als Vollziehung des Arrestbefehls (Abs. 3). Die **Frist zur Arrestvollziehung** durch Eintragung einer Sicherungshypothek ist gewahrt, wenn der Eintragungsantrag fristgemäß bei dem Amtsgericht eingeht, zu dem das für die Eintragung zuständige Grundbuchamt gehört; nicht erforderlich ist, dass er innerhalb der Vollziehungsfrist dem zuständigen Mitarbeiter des Grundbuchamts vorgelegt wird.[5]

4 **c) Eintragungshindernisse.** Es ist zu unterscheiden zwischen grundbuch- und vollstreckungsrechtlichen Eintragungshindernissen. **Grundbuchrechtliche** Hindernisse sind mit einer Zwischenverfügung (§ 18 GBO) zu beanstanden. Für eine Eintragung muss der Mangel beseitigt werden, er braucht aber nicht in der Vollziehungsfrist (§ 929 Abs. 2) beseitigt zu werden.[6] Den Rang wahrt bereits der Eintragungsantrag[7] (aA[8] Zwischenverfügung); das Grundbuchamt hat ggf von Amts wegen eine Vormerkung für die Arresthypothek einzutragen (§ 18 Abs. 2 GBO).[9] **Vollstreckungsrechtliche** Hindernisse müssen hingegen in der Frist des § 929 Abs. 2 beseitigt werden; andernfalls wahrt der Antrag den Rang nicht, und er ist zurückzuweisen[10] (nach aA[11] wahrt der Eintragungsantrag Frist und Rang, wenn die Beseitigung des Eintragungshindernisses allein in der Macht des zuständigen Grundbuchamtes liegt).

5 **d) Zustellung.** Eine Arresthypothek kann bereits vor der **Zustellung** des Titels eingetragen werden (§ 929 Abs. 3 S. 1). Allerdings muss die Zustellung rechtzei-

---

1 Einzelheiten bei Schuschke/Walker/*Schuschke*, § 932 Rn 2 ff.
2 MüKo-ZPO/*Drescher*, § 932 Rn 3.
3 LG Hechingen Rpfleger 1993, 169.
4 LG Bremen Rpfleger 1994, 163; Musielak/*Huber*, § 932 Rn 2.
5 BGHZ 146, 361 = NJW 2001, 1134; *Demharter*, GBO, Anh. zu § 26 Rn 43; MüKo-ZPO/*Drescher*, § 932 Rn 4; Stein/Jonas/*Grunsky*, § 932 Rn 7; Schuschke/Walker/*Schuschke*, § 932 Rn 6. AA OLG Düsseldorf NJW-RR 1997, 781; OLG Düsseldorf NJW-RR 1994, 1024; LG Lübeck Rpfleger 1995, 66.
6 MüKo-ZPO/*Drescher*, § 932 Rn 4; Schuschke/Walker/*Schuschke*, § 932 Rn 7.
7 BGHZ 146, 361 = NJW 2001, 361; MüKo-ZPO/*Drescher*, § 932 Rn 4.
8 Musielak/*Huber*, § 932 Rn 3; Schuschke/Walker/*Schuschke*, § 932 Rn 5, 7.
9 MüKo-ZPO/*Drescher*, § 932 Rn 4; Schuschke/Walker/*Schuschke*, § 932 Rn 7.
10 BGHZ 146, 361 = NJW 2001, 1134; MüKo-ZPO/*Drescher*, § 932 Rn 4; Musielak/*Huber*, § 932 Rn 3; Schuschke/Walker/*Schuschke*, § 932 Rn 6.
11 OLG Karlsruhe NJW-RR 1998, 523.

tig nachgeholt werden (§ 929 Abs. 3 S. 2). Zur Zustellungsfrist s. § 929 Rn 26. Bei Fristversäumung ist die Eintragung unwirksam.[12] Der Schuldner ist gehalten, dies beim Grundbuchamt geltend zu machen (vgl § 22 GBO) und zunächst einen Antrag auf Eintragung eines Widerspruchs zu stellen. Das Grundbuchamt prüft die Frist nicht und trägt auch keinen Widerspruch von Amts wegen ein.[13] Soll der Arrest innerhalb der Frist des § 929 Abs. 2 erneut durch Eintragung einer Arresthypothek vollzogen werden, muss zuvor die Eintragung der wegen Versäumung der Frist des § 929 Abs. 3 S. 2 unwirksamen Arresthypothek gelöscht werden.[14]

e) **Sicherheit.** Ist bei Eintragung der Hypothek eine **Gläubigersicherheit** noch nicht erbracht, dann ist der Vollstreckungsakt mangelhaft. Der Mangel soll aber bis zur Entscheidung des Beschwerdegerichts (zweifelhaft, s. § 929 Rn 23) geheilt werden können.[15]

6

f) **Mindestbetrag.** Eine Arresthypothek darf nur für einen Betrag von mehr als 750 € (**Mindestbetrag**) eingetragen werden (Abs. 2, § 866 Abs. 3 S. 1). Folglich muss die Lösungssumme (§ 923), die bei der Arresthypothek als Höchstbetrag zu bezeichnen ist (§ 932 Abs. 1 S. 1), oder der Teil der Lösungssumme, für den die Arresthypothek eingetragen werden soll, mindestens 750,01 € betragen; der Arrestanspruch kann geringer sein.[16] Aus Arresten mit einer Lösungssumme von bis zu 750 € findet folglich überhaupt keine Vollziehung in Grundstücke statt, da Zwangsversteigerung und -verwaltung ausgeschlossen sind und § 866 Abs. 3 S. 2 bei der Arresthypothek nicht anwendbar ist (§ 932 Abs. 2).

7

g) **Gesandtschaftsgrundstücke.** Von Völkerrechts wegen darf bei Maßnahmen der Zwangsvollstreckung gegen einen fremden Staat nicht auf Gegenstände zugegriffen werden, die seiner **diplomatischen Vertretung** zur Wahrnehmung ihrer amtlichen Funktion dienen, sofern dadurch die Erfüllung der diplomatischen Aufgaben beeinträchtigt werden könnte.[17] Generell unverletzlich sind diplomatischen und konsularischen Missionen dienende Gegenstände, insb. Gesandtschaftsgrundstücke (Art. 22 ff Wiener Übereinkommen über diplomatische Beziehungen,[18] Art. 31 Wiener Übereinkommen über konsularische Beziehungen).[19] Der völkerrechtliche Schutz soll gewährleisten, dass die Vertretung ihre diplomatischen Aufgaben ungehindert erfüllen kann.[20] Allerdings werden die diplomatische Tätigkeit und die diplomatische Immunität eines hoheitlich genutzten Grundstücks nicht schon dadurch beeinträchtigt, dass in das Grundbuch eine Arresthypothek eingetragen wird.[21] Denn die Eintragung einer Arrestsicherungshypothek beschränkt die Rechte und Nutzungsmöglichkeiten des Grundstückeigentümers nicht. Beeinträchtigungen entstehen erst bei anschließenden Maßnahmen, die aber weiterer gerichtlicher Verfahren bedürfen, in denen der Immunitätsschutz gewahrt wird. Die Eintragung einer Arresthypothek auf einem diplomatisch genutzten Grundstück ist daher nicht völkerrechtswidrig. Dem Gläubiger fehlt auch nicht das Rechtsschutzbedürfnis für die Eintragung. Zwar kann er aus der Hypothek einstweilen keine Rechte herleiten. Die Arresthypothek wahrt aber den Rang, falls die diplomatische Nutzung aufgegeben werden sollte.[22]

8

---

12 BayObLG Rpfleger 1993, 397.
13 MüKo-ZPO/*Drescher*, § 932 Rn 7; Stein/Jonas/*Grunsky*, § 932 Rn 10.
14 Schuschke/Walker/*Schuschke*, § 932 Rn 6.
15 BayObLG NJW-RR 2003, 1668; MüKo-ZPO/*Drescher*, § 932 Rn 6.
16 MüKo-ZPO/*Drescher*, § 932 Rn 9.
17 BVerfGE 46, 342, 394 f; OLG Köln Rpfleger 2004, 478.
18 BGBl. 1964 II S. 959, 971 ff.
19 BGBl. 1969 II S. 1585, 1619.
20 Vgl BVerfGE 46, 342, 397; BGH NJW-RR 2003, 1218.
21 OLG Köln Rpfleger 2004, 478; s. dazu auch BVerfG WM 2006, 2084.
22 OLG Köln Rpfleger 2004, 478.

9 **2. Folgen.** Die **Arresthypothek** entsteht mit der Eintragung (§ 867). Wurde die Vollziehungsfrist (§ 929 Abs. 2) versäumt, entsteht kein Grundpfandrecht (auch kein Eigentümergrundpfandrecht).[23] Der Eigentümer kann Grundbuchberichtigung verlangen (§ 894 BGB, § 22 GBO). Ferner kann von Amts wegen (§ 53 GBO) oder auf Beschwerde (§ 71 GBO) ein Widerspruch eingetragen werden.[24]

III. Inhalt

10 **1. Höchstbetragssicherungshypothek.** Die Arresthypothek ist eine Sicherungs- (Abs. 1 S. 1, §§ 1184 ff BGB) und Höchstbetragshypothek (§ 1190 BGB). Höchstbetrag ist die Lösungssumme (§ 923) oder ein Teil der Lösungssumme (Abs. 1 S. 1). Die Arrestforderung kann nach den für die Übertragung von Forderungen geltenden allgemeinen Vorschriften (§§ 398 ff BGB) übertragen und gepfändet (§ 837 Abs. 3) werden; die Arresthypothek wird dann aber nicht mit übertragen (§ 1190 Abs. 4 BGB).

11 **2. Verwertungsfunktion.** Anders als dem Arrestpfandrecht (s. § 930 Rn 4 ff) kommt der Arresthypothek eine **latente Verwertungsfunktion** zu. Der Gläubiger vermag die Verwertung einer Arresthypothek zu betreiben, indem er die **Duldungsklage** aus § 1147 BGB erhebt[25] (§ 867 Abs. 3 ist nicht anwendbar, Abs. 2). Im Duldungsprozess ist im ordentlichen Klageverfahren über den Arrestanspruch zu entscheiden (§ 1184 Abs. 1 BGB), so dass eine Befriedigung des Gläubigers auf der vorläufigen und unsicheren Grundlage des Arrestes nicht zu befürchten ist.[26] Mithilfe des erstrittenen Duldungstitels vermag der Gläubiger die Vollstreckung in das Grundstück durch Zwangsversteigerung oder -verwaltung zu betreiben. Die Beschränkung der Arresthypothek auf ein Sicherungsmittel kommt in § 932 Abs. 1 S. 2 zum Ausdruck. Danach steht dem Gläubiger (anders als dem Gläubiger einer Sicherungshypothek nach §§ 866 ff) kein Anspruch auf Aufhebung eines dem Eigentümer zufallenden gleich- oder vorrangigen Grundpfandrechts (§ 1179 a BGB) und kein Löschungsanspruch am eigenen Recht (§ 1179 b BGB) zu.

12 **3. Umwandlung und Rangwahrung.** Hat der Arrestgläubiger einen (vorläufig vollstreckbaren)[27] Titel über die gesicherte Forderung iHv mindestens 750,01 € (§ 866 Abs. 3 S. 1) erwirkt, kann er seine Arresthypothek in eine **Zwangshypothek** (§ 867) mit dem Rang der Arresthypothek umwandeln lassen. Die Umwandlung vollzieht sich durch Eintragung in das Grundbuch, entweder aufgrund Einigung mit dem Schuldner oder dessen Rechtsnachfolger im Grundeigentum (§§ 877, 1186 BGB) oder im Vollstreckungswege (vgl §§ 867 Abs. 1, 932 Abs. 2) auf Antrag gegenüber dem Grundbuchamt unter Vorlage des Schuldtitels, der die Einigung und Eintragungsbewilligung des Grundeigentümers ersetzt.[28] Die Arresthypothek wandelt sich (anders als das Arrestpfandrecht, s. § 930 Rn 7) nicht von allein in eine Zwangshypothek gem. § 867 um.[29]

---

23 *Demharter*, GBO, Anh. zu § 26 Rn 44; MüKo-ZPO/*Drescher*, § 932 Rn 6; Stein/Jonas/*Grunsky*, § 932 Rn 9; Musielak/*Huber*, § 932 Rn 5.
24 MüKo-ZPO/*Drescher*, § 932 Rn 6; Stein/Jonas/*Grunsky*, § 932 Rn 9.
25 BGH NJW 1997, 3230.
26 BGH NJW 1997, 3230, 3233; MüKo-ZPO/*Drescher*, § 932 Rn 11; Stein/Jonas/*Grunsky*, § 932 Rn 3; Musielak/*Huber*, § 932 Rn 4; *Schilken*, in: Gaul/Schilken/Becker-Eberhard, § 78 Rn 21.
27 MüKo-ZPO/*Drescher*, § 932 Rn 13; Stein/Jonas/*Grunsky*, § 932 Rn 14; Schuschke/Walker/*Walker*, § 868 Rn 17.
28 BGH NJW 1997, 3230, 3233.
29 MüKo-ZPO/*Drescher*, § 932 Rn 12; Musielak/*Huber*, § 932 Rn 6.

IV. Erwerb durch den Eigentümer

Nach Abs. 2 iVm § 868 erwirbt der Grundstückseigentümer die entstandene[30] Hypothek und damit regelmäßig eine **Eigentümergrundschuld** (§ 1177 BGB), wenn durch eine (vorläufig)[31] vollstreckbare Entscheidung der Arrest aufgehoben wird oder wenn die Vollziehung für unzulässig erklärt oder ihre Einstellung angeordnet wird (§ 868 Abs. 1). Gleiches gilt bei einstweiliger Einstellung der Vollziehung und Aufhebung bestehender Vollziehungsmaßregeln durch einstweilige Anordnung gem. § 924 Abs. 3 S. 2[32] oder §§ 771 Abs. 3, 769[33] sowie bei Aufhebung der Vollziehung gem. § 934.[34] Die Zwangshypothek wird mit dem Wirksamwerden der Entscheidung zur Eigentümergrundschuld.[35] Es bedarf keiner Mitteilung an das Grundbuchamt und keiner Grundbucheintragung. Die Umwandlung ist endgültig, bei Außerkrafttreten der zugrunde liegenden Entscheidung erwirbt der Gläubiger keine Hypothek zurück. Der Eigentümer erwirbt die Hypothek auch, wenn die Lösungssumme (§ 923)[36] geleistet wird.

V. Rechtsbehelfe

Die Eintragung einer Arresthypothek stellt sowohl ein **Grundbuchgeschäft** als auch eine Vollstreckungsmaßnahme dar. Wegen des Schutzzwecks des § 71 Abs. 2 GBO sind die Rechtsbehelfe der §§ 766, 793 nicht gegeben, sondern nur die **Beschwerde gem.** § 71 GBO und die **weitere Beschwerde gem.** § 78 GBO sind statthaft.[37]

VI. Kosten

1. **Gerichtskosten.** Für die Eintragung von Sicherungshypotheken entstehen Gebühren nach dem GNotKG (vgl § 867 Rn 53 ff).
2. **Rechtsanwaltsgebühren.** Nach Abs. 3 gilt der Antrag auf Eintragung der Hypothek als Vollziehung des Arrestbefehls und damit als besondere Angelegenheit (§ 18 Abs. 1 Nr. 2 RVG). Er lässt damit dem Rechtsanwalt die Verfahrensgebühr Nr. 3309 VV RVG sowie Auslagen entstehen.[38]

§ 933 Vollziehung des persönlichen Arrestes

¹Die Vollziehung des persönlichen Sicherheitsarrestes richtet sich, wenn sie durch Haft erfolgt, nach den Vorschriften der §§ 802 g, 802 h und 802 j Abs. 1 und 2 und, wenn sie durch sonstige Beschränkung der persönlichen Freiheit erfolgt, nach den vom Arrestgericht zu treffenden besonderen Anordnungen, für welche die Beschränkungen der Haft maßgebend sind. ²In den Haftbefehl ist der nach § 923 festgestellte Geldbetrag aufzunehmen.

---

30 Stein/Jonas/*Grunsky*, § 932 Rn 15; Musielak/*Huber*, § 932 Rn 7; Schuschke/Walker/*Walker*, § 868 Rn 17.
31 OLG Düsseldorf NJW-RR 2000, 68.
32 Schuschke/Walker/*Walker*, § 868 Rn 14.
33 Stein/Jonas/*Münzberg*, § 868 Rn 5.
34 *Schilken*, in: Gaul/Schilken/Becker-Eberhard, § 78 Rn 29 f.
35 Schuschke/Walker/*Walker*, § 868 Rn 6.
36 Stein/Jonas/*Grunsky*, § 932 Rn 16.
37 OLG Köln Rpfleger 2004, 478; OLG Zweibrücken Rpfleger 2001, 174; OLG Köln Rpfleger 1996, 189; KG NJW-RR 1987, 592.
38 OLG Köln InVo 1999, 96 = JurBüro 1998, 639; AnwK-RVG/*Wolf/Volpert*, VV Vorb. 3.3.3, VV 3309–3310 Rn 60.

I. Allgemeines	1	3. Mehrere persönliche Arreste und Arresthaftbefehle	7
II. Vollziehung durch andere Freiheitsbeschränkung als Haft	3	4. Arresthaft und Straf- oder Untersuchungshaft	10
III. Vollziehung durch Haft	5	IV. Rechtsbehelfe	12
1. Haftbefehl und Verhaftung	5	V. Kosten	15
2. Haftvollzug und Entlassung	6		

I. Allgemeines

1 § 933 regelt die Vollziehung des persönlichen Sicherheitsarrestes durch **Haft** oder **sonstige Freiheitsbeschränkungen**. Die zulässigen Freiheitsbeschränkungen sind im Arrestbefehl anzugeben (s. § 918 Rn 8). Den Rahmen für die zulässigen Maßnahmen steckt die **Erforderlichkeit** zur Erreichung des Sicherungszwecks ab (s. § 918 Rn 8). In diesem Rahmen liegt die Wahl im **Ermessen** des Arrestgerichts.[1]

2 Zur Vollziehung iSd § 929 Abs. 2 s. § 929 Rn 7 ff.

II. Vollziehung durch andere Freiheitsbeschränkung als Haft

3 Andere (mildere) Freiheitsbeschränkungen als Haft können zB sein:[2] Beschlagnahme von Ausweispapieren und das Verbot, das Land zu verlassen, Meldepflicht, Hausarrest oder das Verbot, einen bestimmten räumlichen Umkreis zu verlassen. Zuständiges Vollstreckungsorgan ist grds. (s. aber Rn 4) der Gerichtsvollzieher,[3] und zwar auch für eine Meldepflicht.[4] Neben den Anordnungen des Arrestgerichts sind die Beschränkungen zu beachten, die gem. §§ §§ 802 g, 802 h und 802 j Abs. 1 und 2 für die Haft gelten. So sind zB beschlagnahmte Ausweispapiere nach Ablauf von sechs Monaten von Amts wegen zurückzugeben (§ 802 j Abs. 1).

4 Die Wegnahme von Ausweispapieren ist vom Gerichtsvollzieher nach Maßgabe von § 883 und § 127 GVGA auf Antrag des Gläubigers zu bewirken, Hausarrest und Reiseverbote sind nach Maßgabe von § 890 durch das Arrestgericht zu vollziehen.[5]

III. Vollziehung durch Haft

5 **1. Haftbefehl und Verhaftung.** Wenn im Arrestbefehl Haft angeordnet ist, hat das Arrestgericht auf Antrag des Gläubigers einen **Haftbefehl** zu erlassen (S. 1 iVm § 802 g Abs. 1 S. 1). Der Haftbefehl kann bereits in den Arrestbefehl aufgenommen werden.[6] Bei einem gesonderten Haftbefehl ist die Lösungssumme (§ 923) ausdrücklich auszuweisen (S. 2). Die **Verhaftung** ist nur auf Antrag des Gläubigers vorzunehmen. Zuständig ist der **Gerichtsvollzieher** (S. 1 iVm § 802 g Abs. 2 S. 1), der dem Schuldner bei der Verhaftung eine beglaubigte Abschrift des Haftbefehls zu übergeben hat (S. 1 iVm § 802 g Abs. 2 S. 2). Für die Verhaftung, die in den §§ 144, 145 GVGA geregelt ist, ist iÜ keine bestimmte Form gesetzlich vorgeschrieben. Im Anschluss an die Verhaftung ist der Schuldner in die Justizvollzugsanstalt einzuliefern. In den Fällen der §§ 802 h, 802 j Abs. 2 ist die Haft unstatthaft bzw aufzuschieben (S. 1).

---

1 MüKo-ZPO/*Drescher*, § 933 Rn 1; Schuschke/Walker/*Schuschke*, § 933 Rn 1.
2 MüKo-ZPO/*Drescher*, § 933 Rn 1; Stein/Jonas/*Grunsky*, § 933 Rn 1; Musielak/*Huber*, § 933 Rn 1; *Schuschke*, DGVZ 1999, 129, 132.
3 MüKo-ZPO/*Drescher*, § 933 Rn 2; Schuschke/Walker/*Schuschke*, § 933 Rn 2.
4 *Schuschke*, DGVZ 1999, 129, 132.
5 *Schuschke*, DGVZ 1999, 129, 132.
6 Stein/Jonas/*Grunsky*, § 933 Rn 1; *Schuschke*, DGVZ 1999, 129, 131.

2. Haftvollzug und Entlassung. Der Haftvollzug richtet sich nach den §§ 171– 175 StVollzG. Der Schuldner ist zu entlassen, wenn die **Lösungssumme** (§ 923) hinterlegt oder dem Gerichtsvollzieher übergeben (vgl § 155 GVGA) ist und entweder die Leistung nachgewiesen (§§ 775 Nr. 3, 776) oder der Arrestvollzug aufgehoben (§ 934 Abs. 1) wird. Die Abgabe der **eidesstattlichen Versicherung** bewahrt den Schuldner nicht verlässlich vor Haft; § 802 i ist gem. S. 1 beim persönlichen Arrest nicht anzuwenden. Es kommt vielmehr darauf an, ob infolge der eidesstattlichen Versicherung, insb. deren Glaubhaftigkeit,[7] der Arrestgrund entfallen ist. Jedenfalls ist der Schuldner nach Ablauf von sechs Monaten aus der Haft zu entlassen (§ 802 j Abs. 1 S. 2; s. dazu auch Rn 7 ff).

3. Mehrere persönliche Arreste und Arresthaftbefehle. Wenn der Schuldner sich in **Vollziehung mehrerer Arresthaftbefehle** in Haft befindet (zur Nachverhaftung s. § 146 GVGA), dann läuft die jeweils sechsmonatige Haftdauer (S. 1 iVm § 802 j Abs. 1) für alle in Vollzug befindlichen Haftbefehle **gleichzeitig**, soweit sie sich deckt. Das Gesetz anerkennt das Interesse eines Arrestgläubigers, den Schuldner durch Haft zu hindern, Vermögen beiseite zu schaffen, für längstens sechs Monate (S. 1 iVm § 802 j Abs. 1). Das Gläubigerinteresse, davon zu profitieren, dass der Schuldner sich auch für andere Arrestgläubiger in Haft befindet, ist gesetzlich nicht geschützt. Daher ist dem Gläubigerinteresse Genüge getan, wenn die Frist des § 802 j Abs. 1 mit der Verhaftung für den betreffenden Arrestgläubiger beginnt, auch wenn der Schuldner gleichzeitig für einen anderen Gläubiger verhaftet ist.[8]

Nach aA[9] (zur bis Ende des Jahres 2012 geltenden Rechtslage nach § 933 aF, der auf die bis dahin geltenden §§ 901, 904–913 [aF] – letzter Vorschrift stimmt mit § 802 j Abs. 1 überein – verwies) bezieht sich § 913 [aF] (nunmehr § 802 j Abs. 1) nur auf die Haftverbüßung aufgrund desselben Haftbefehls. Bei einer Mehrheit von Schuldtiteln komme dagegen sukzessive zu vollziehende Haft von sechs Monaten für jeden Haftbefehl in Betracht. Begründet wurde diese Rechtsauffassung damit, dass § 914 aF (betr. wiederholte Verhaftung, entspricht § 802 j Abs. 3) für die Arrestvollziehung nicht anwendbar ist (so, wie nunmehr § 802 j Abs. 3 auf die Arresthaft nicht anzuwenden ist, § 933 S. 1). Ferner würde ein Gläubiger, wenn überlappende Vollziehungsfristen gleichzeitig laufen, unangemessen schlechter stehen als Gläubiger, deren Vollziehungsfrist jeweils erst nach Ablauf der für einen anderen Gläubiger geltenden Haftdauer läuft. Schließlich sei der Schuldner gegenüber sukzessive zu vollziehender Arresthaft nicht schutzlos, weil er die Haft abwenden kann, indem er die Lösungssumme leistet oder nachweist, dass er über kein pfändbares Vermögen verfügt. Angesichts dessen sei jedenfalls die nacheinander vorzunehmende Vollziehung von insgesamt fünf Haftbefehlen unter jeweiliger Ausnutzung der sechsmonatigen Frist noch nicht absolut unzumutbar. Ähnlich entschied das KG,[10] dass neuerliche Inhaftierung aufgrund Arrestbefehls im unmittelbaren Anschluss an sechzehnmonatige Arrest- und Untersuchungshaft nicht unverhältnismäßig sei; die Verhältnismäßigkeit hänge dabei auch von der Höhe des Arrestanspruchs ab.

Die Rechtsmeinung zur sukzessiven Haftvollziehung vermag nicht zu überzeugen. Aus der Unanwendbarkeit von § 914 aF/§ 802 j Abs. 3 beim persönlichen Arrest folgt nur, dass mehrere Haftbefehle gleichzeitig vollstreckt werden können, aber nicht, wie die Vollziehungsfristen zu staffeln sind. Mit der weiteren Er-

---

7 OLG Celle DGVZ 1999, 73. Ebenso KG DGVZ 2000, 59; AG Lüneburg DGVZ 1999, 43; MüKo-ZPO/*Drescher*, § 933 Rn 2; *Schuschke*, DGVZ 1999, 129, 133.
8 LG Lüneburg DGVZ 1999, 43 (betr. den bis Ende 2012 geltenden § 913 [aF], s. dazu Rn 8).
9 OLG Celle DGVZ 1999, 73, 74 f.
10 KG DGVZ 2000, 59.

wägung, ein Gläubiger solle durch gleichzeitigen Fristlauf im Umfang überlappender Vollziehung nicht schlechter stehen als ein Gläubiger, dessen Vollziehungsfrist sich mit anderen Haftbefehlen nicht überlappt, werden die Verhältnisse auf den Kopf gestellt: Die Frage ist doch, ob es einen Grund gibt, einem Gläubiger mehr als die sechs Monate zu geben, die ihm das Gesetz für seinen Arrestbefehl zuerkennt. Ein Gläubiger profitiert von der Vollziehung mehrerer Arrestbefehle desto stärker, je weniger die Sechs-Monats-Fristen sich decken. Darauf hat er aber keinen Anspruch. Schließlich zeigt der Hinweis, der Schuldner habe es selbst in der Hand, die Haft zu beenden, dass die Arresthaft durch die Verlängerung bei nacheinander laufender Vollziehung vom Sicherungs- zum unzulässigen Beugemittel (s. § 918 Rn 2) gemacht wird. Zu bedenken ist auch, dass die Anzahl der Arreste durch Teilabtretungen oder eine andere Aufspaltung der Arrestforderung nahezu beliebig vervielfacht werden kann.

10 **4. Arresthaft und Straf- oder Untersuchungshaft.** Befindet sich der **Arrestschuldner in Straf- oder Untersuchungshaft**, so findet **keine Nachverhaftung** wegen eines Arresthaftbefehls statt (vgl § 146 Abs. 3 GVGA);[11] zur Vollziehung eines Arresthaftbefehls im Anschluss an Untersuchungshaft s. § 929 Rn 7 ff. Umgekehrt kann gegen einen **Schuldner**, der sich **in Arresthaft** befindet, Straf- oder Untersuchungshaft als **Überhaft** auf dem Vollstreckungsblatt der Vollzugsanstalt notiert werden.[12]

11 Persönlicher Sicherheitsarrest, der gegen den Schuldner durch Haft vollzogen worden ist, ist gem. § 51 Abs. 1 S. 1 StGB auf eine Freiheitsstrafe **anzurechnen**.[13] Voraussetzung ist, dass der Schuldner den persönlichen Sicherheitsarrest „aus Anlass" der Tat erlitten hat, die Gegenstand des Strafverfahrens gewesen ist. Dies ist der Fall, wenn zwischen der die Arresthaft auslösenden Tat und der Tat, der Verurteilung zu Freiheitsstrafe zugrunde liegt, ein Zusammenhang besteht. Ein solcher Zusammenhang besteht, wenn sich die Arresthaft auf das Strafverfahren konkret ausgewirkt hat, insb. wenn für das Strafverfahren nur deshalb die Untersuchungshaft nicht vollzogen, sondern lediglich Überhaft notiert worden ist, weil gegen den Täter bereits Arresthaft vollzogen wurde. Die Arresthaft ersetzt dann den Vollzug des Untersuchungshaftbefehls und wirkt auf diese Weise zugleich als Maßnahme der Sicherung des Ermittlungsverfahrens.

IV. Rechtsbehelfe

12 Wird ein persönlicher Arrest erlassen, der dem **Gläubiger** nicht weit genug geht (zB Hausarrest statt Haft), dann steht diesem kein Rechtsbehelf zur Verfügung.[14] Dem **Schuldner** stehen gegen den **Erlass** eines persönlichen Arrestes die auch sonst statthaften Rechtsbehelfe zu, also insb. Widerspruch oder Berufung, die er darauf beschränken kann, dass die angeordnete Maßnahme übermäßig ist.

13 Gegen die Art und Weise der **Arrestvollziehung** ist für den Gläubiger und den Schuldner die **Erinnerung** (§ 766) statthaft, über die das Vollstreckungs- und nicht das Arrestgericht zu entscheiden hat.[15]

---

11 OLG Celle DGVZ 1999, 73. AA AG Tiergarten DGVZ 2000, 63; *Schuschke*, DGVZ 1999, 129, 131 f. Ebenso betr. Erzwingungshaft nach §§ 901 ff OLG München NJW-RR 2008, 1743; LG Essen DGVZ 1995, 89; LG Berlin DGVZ 1994, 11; AG Essen DGVZ 1995, 28; AG Charlottenburg DGVZ 1994, 11.
12 Vgl KG NStZ-RR 2005, 388.
13 KG NStZ-RR 2005, 388. AA MüKo-ZPO/*Drescher*, § 933 Rn 2.
14 Musielak/*Huber*, § 933 Rn 3; *Schuschke*, DGVZ 1999, 129, 134.
15 LG Hamburg MDR 1982, 605; MüKo-ZPO/*Drescher*, § 933 Rn 2; Stein/Jonas/*Grunsky*, § 933 Rn 2; Musielak/*Huber*, § 933 Rn 3; *Schuschke*, DGVZ 1999, 129, 134.

Nach Auffassung des KG[16] hat ein Schuldner, der sich wegen mehrerer Arrestbe- 14
schlüsse in Haft befindet, keinen Anspruch darauf, dass die Freiheitsentziehung
nach sechs Monaten überprüft wird; dies gelte auch dann, wenn die Arresthaft
durch Untersuchungshaft unterbrochen wird, nach deren Beendigung dem
Schuldner erneut Sicherheitsarrest droht (s. § 929 Rn 7). Der Schuldner kann allerdings jederzeit Antrag nach § 927 stellen. Ferner ist er nach Ablauf der Haftdauer gem. §§ 933, 802 j Abs. 1 S. 2 von Amts wegen aus der Haft zu entlassen;
wird dies versäumt, ist die Erinnerung (§ 766) begründet.

V. Kosten

Der Erlass eines Haftbefehls (§ 802 g Abs. 1) durch das Gericht löst die gerichtli- 15
che Gebühr Nr. 2113 KV GKG iHv 20,00 € aus. Es können auch Auslagen anfallen, insb. auch Haftkosten (Nr. 9010 KV GKG), wenn es zur Haft kommt, die
nicht als Auslagen des Gerichtsvollziehers, sondern als Auslagen des Gerichts erhoben werden, da sie ausdrücklich als Auslagen des Gerichts in das Kostenverzeichnis aufgenommen wurden.[17]

Bei einer Verhaftung bzw einer Nichterledigung der Verhaftung durch den Ge- 16
richtsvollzieher entstehen Gebühren und Auslagen nach dem GvKostG, deren
Höhe sich wiederum nach der Erledigung des Auftrags richtet. Neben der Verhaftungsgebühr können ggf ein Zeitzuschlag anfallen sowie eine Erhöhung der
Gebühr, wenn die Verhaftung am Sonnabend, Sonn- oder Feiertag erfolgt.

§ 934 Aufhebung der Arrestvollziehung

(1) Wird der in dem Arrestbefehl festgestellte Geldbetrag hinterlegt, so wird der vollzogene Arrest von dem Vollstreckungsgericht aufgehoben.

(2) Das Vollstreckungsgericht kann die Aufhebung des Arrestes auch anordnen, wenn die Fortdauer besondere Aufwendungen erfordert und die Partei, auf deren Gesuch der Arrest verhängt wurde, den nötigen Geldbetrag nicht vorschießt.

(3) Die in diesem Paragraphen erwähnten Entscheidungen ergehen durch Beschluss.

(4) Gegen den Beschluss, durch den der Arrest aufgehoben wird, findet sofortige Beschwerde statt.

I. Allgemeines

Die Vorschrift betrifft die Aufhebung der **Arrestvollziehung** und nicht, wie der 1
Wortlaut von Abs. 1, 2 und 4 nahelegt, die Aufhebung des Arrestbefehls,[1] die
Gegenstand der §§ 924–927 ist. Nach einer Aufhebung gem. § 934 besteht der
Arrestbefehl weiter, der Schuldner kann aber die Aufhebung des Arrestbefehls
nach den dafür geltenden Vorschriften betreiben,[2] zB um die Kostenentscheidung
zu beseitigen oder in den Fällen des Abs. 2 einer erneuten Vollziehung vorzubeugen.

---

16 KG DGVZ 2000, 59.
17 NK-GK/*Volpert*, Nr. 9010 KV GKG Rn 2; *Oestreich/Winter/Hellstab*, GKG, Nr. 9010 KV Rn 2.

1 MüKo-ZPO/*Drescher*, § 934 Rn 1, 2; Stein/Jonas/*Grunsky*, § 934 Rn 1; Musielak/*Huber*, § 934 Rn 1; Schuschke/Walker/*Schuschke*, § 934 Rn 1.
2 MüKo-ZPO/*Drescher*, § 934 Rn 2; Stein/Jonas/*Grunsky*, § 934 Rn 1.

II. Aufhebungsgründe (Abs. 1, 2)

2 **1. Hinterlegung der Lösungssumme (Abs. 1).** Gemäß Abs. 1 ist die Arrestvollziehung aufzuheben, wenn die Lösungssumme (§ 923) hinterlegt wurde (zur Arresthypothek s. § 932 Rn 13). Die Arrestvollziehung ist nicht mehr notwendig, weil der Gläubiger gesichert ist.

3 **2. Vorschuss (Abs. 2).** Erfordert die Fortdauer der Arrestvollziehung besondere Aufwendungen und leistet der Arrestgläubiger dafür nicht Vorschuss, kann das Vollstreckungsgericht die Aufhebung der Arrestvollziehung anordnen (Abs. 2). Die Vorschrift schützt den Justizfiskus, den die Aufwendungen treffen.[3] Solche Aufwendungen können zB Haft- oder Lagerungskosten, Fütterung, Wartung oder Instandhaltung betreffen.

III. Verfahren (Abs. 3)

4 Das ausschließlich zuständige (§ 802) Vollstreckungsgericht (§ 764, in den Fällen des § 930 Abs. 1 S. 3 das Arrestgericht)[4] entscheidet im Fall des Abs. 1 nur auf den in § 923 angesprochenen Antrag (**Aufhebungsgesuch**) des Schuldners (ohne Anwaltszwang), in den Fällen des Abs. 2 **von Amts wegen**, ggf auf Anregung des Schuldners.[5] Die Entscheidung über die Aufhebung gem. Abs. 1 ist dem Rechtspfleger übertragen (§ 20 Abs. 1 Nr. 15 RPflG); im Fall des Abs. 2 hat der Richter zu entscheiden, und zwar nach Ermessen. Der **Aufhebungsbeschluss** (Abs. 3) ist dem Gläubiger von Amts wegen **zuzustellen** (§ 329 Abs. 3), dem Schuldner kann formlos eine Ausfertigung übermittelt werden. Eine ablehnende Entscheidung ist dem Schuldner von Amts wegen zuzustellen (§ 329 Abs. 3).

5 Eine Arresthypothek wird zur Eigentümergrundschuld (s. § 932 Rn 13), Sachpfändungen können gem. §§ 775, 776 beseitigt werden.

IV. Rechtsbehelfe (Abs. 4)

6 Gegen die **Ablehnung** eines Aufhebungsgesuchs in den Fällen des **Abs. 1** ist die **sofortige Beschwerde** des Schuldners statthaft (§ 567 Abs. 1 Nr. 2, ggf iVm § 11 RPflG). In den Fällen des **Abs. 2** ist **kein Rechtsbehelf** des Schuldners gegen eine Ablehnung der Aufhebung der Vollziehung statthaft (str). Denn die Entscheidung ergeht nicht auf Antrag (vgl § 567 Abs. 1 Nr. 2) und Abs. 2 bezweckt nicht den Schutz von Schuldnerbelangen, sondern ausschließlich des öffentlichen Interesses.[6] Gegen den Beschluss, durch den die **Arrestvollziehung aufgehoben** wird, ist die **sofortige Beschwerde** des Gläubigers statthaft (Abs. 4).

V. Kosten

7 **1. Gerichtskosten.** Anträge nach Abs. 1 und Verfahren nach Abs. 2 sind gerichtsgebührenfrei. Die Beschwerde (Abs. 4) lässt die Gebühr Nr. 1812 KV GKG anfallen, wenn die Beschwerde zurückgewiesen oder verworfen wird.

8 **2. Rechtsanwaltsgebühren.** Der bereits bei der Vollziehung des Arrestes tätige Rechtsanwalt erhält keine Vergütung, da insoweit die Tätigkeit durch die Gebühr im Rahmen der Vollziehung umfasst wird (§§ 18 Abs. 1 Nr. 1, 19 Nr. 11 RVG). Für den ggf mit der Angelegenheit vorher noch nicht betrauten Rechtsan-

---

[3] MüKo-ZPO/*Drescher*, § 934 Rn 1.
[4] MüKo-ZPO/*Drescher*, § 934 Rn 3; Stein/Jonas/*Grunsky*, § 934 Rn 3; Musielak/*Huber*, § 934 Rn 1; Schuschke/Walker/*Schuschke*, § 934 Rn 2.
[5] MüKo-ZPO/*Drescher*, § 934 Rn 3; Stein/Jonas/*Grunsky*, § 934 Rn 4; Musielak/*Huber*, § 934 Rn 1; Schuschke/Walker/*Schuschke*, § 934 Rn 4.
[6] Schuschke/Walker/*Schuschke*, § 934 Rn 5. AA MüKo-ZPO/*Drescher*, § 934 Rn 3; Stein/Jonas/*Grunsky*, § 934 Rn 6.

walt entstehen mit dem Antrag auf Aufhebung die Verfahrensgebühr Nr. 3309 VV RVG sowie Auslagen.[7]

Vorbemerkung zu §§ 935–945 b

Literatur:
Siehe Vor §§ 916–945 b.

I. Überblick	1	1. Summarisches Erkenntnisverfahren	9
II. Statthaftigkeit, Sondervorschriften	3	2. Verfahren	10
1. Statthaftigkeit	3	3. Rechtshängigkeit und Rechtskraft	11
a) Vorrangige Mittel des Eilrechtsschutzes	4	4. Verfahrensgrundsätze	12
b) Familienrechtlicher Eilrechtsschutz	5	a) Dispositionsgrundsatz	12
		b) Beibringungsgrundsatz	13
c) Arbeitsgerichtliche Verfahren; WEG	6	5. Behauptungs- und Glaubhaftmachungslast	14
d) Schiedsvereinbarung	7	IV. Vollziehung	15
2. Sondervorschriften	8	V. Risikohaftung wegen prozessualer Veranlassung	16
III. Verfügungsprozess	9		

I. Überblick

Als **Mittel des Eilrechtsschutzes** sollen einstweilige Verfügungen die Zwangsvollstreckung wegen Ansprüchen sichern, die nicht auf Geldleistung gerichtet sind (**Sicherungsverfügung**, § 935), (komplexe) Rechtsverhältnisse durch einstweilige Gestaltung regeln (**Regelungsverfügung**, § 940) und Gefahren für den Verfügungsgläubiger abwenden, die eine Vorwegnahme (einstweilige Durchsetzung) erfordern (**Befriedigungsverfügung**) (s. § 935 Rn 34 ff). Zur **Feststellungsverfügung** s. § 935 Rn 46. Einstweilige Verfügungen sind gesetzessystematisch ein Anhängsel zu den Arrestvorschriften (vgl § 936). In der Praxis ist es andersherum; dort spielen einstweilige Verfügungen eine erheblich größere Rolle als der Arrest. 1

Wie beim Arrest sind auch bei der einstweiligen Verfügung das Erkenntnisverfahren (**Verfügungsprozess**; Rn 9 ff) und die **Vollziehung** der Verfügungsentscheidung (s. Rn 15) zu unterscheiden. 2

II. Statthaftigkeit, Sondervorschriften

1. Statthaftigkeit. Einstweilige Verfügungen sind zulässig in Bezug auf einen Streitgegenstand zur Anspruchssicherung (§ 935) sowie zum Zwecke der Regelung eines einstweiligen Zustandes in Bezug auf ein streitiges Rechtsverhältnis (§ 940). 3

a) Vorrangige Mittel des Eilrechtsschutzes. Einstweilige Verfügungen können nicht ergehen, wenn und soweit **andere Mittel des Eilrechtsschutzes** vorrangig sind. Im Anwendungsbereich des Arrestes (§ 916) sind daher einstweilige Verfügungen ebenso ausgeschlossen,[1] wie wenn ein Antrag auf Einstellung der Zwangsvollstreckung gem. § 707 oder § 719 zulässig ist.[2] Gleiches gilt, wenn 4

---

7 OLG Karlsruhe JurBüro 1997, 193; OLG München Rpfleger 1994, 128; AnwK-RVG/ *Wolf/Volpert*, VV Vorb. 3.3.3, VV 3309–3310 Rn 62.
1 Hk-ZPO/*Kemper*, § 935 Rn 5.
2 MüKo-ZPO/*Drescher*, § 935 Rn 10; Musielak/*Huber*, § 935 Rn 3; Hk-ZPO/*Kemper*, § 935 Rn 6.

einstweilige Anordnungen gem. § 732 Abs. 2,[3] § 769[4] bzw §§ 771 Abs. 3, 769[5] oder Maßnahmen nach § 28 ZVG ergehen können.

5 **b) Familienrechtlicher Eilrechtsschutz.** Im Anwendungsbereich des am 1.9.2009 in Kraft getretenen **FamFG** (s. Vor §§ 916–945 b Rn 22) sind einstweilige Verfügungen neben einstweiligen Anordnungen (§ 49 FamFG) unstatthaft.

6 **c) Arbeitsgerichtliche Verfahren; WEG.** In arbeitsgerichtlichen Urteils- und Beschlussverfahren können einstweilige Verfügungen ergehen (§§ 62 Abs. 2, 85 Abs. 2 ArbGG). Gleiches gilt in Streitigkeiten nach dem WEG.[6]

7 **d) Schiedsvereinbarung.** Eine Schiedsvereinbarung schließt nicht aus, dass vor oder nach Beginn des schiedsrichterlichen Verfahrens eine einstweilige Verfügung in Bezug auf den Streitgegenstand des schiedsrichterlichen Verfahrens beantragt werden und ergehen kann (§ 1033).[7] Die Schiedseinrede (§ 1032) besteht demnach nicht gegenüber Verfügungsverfahren. Vielmehr ist die Vollziehbarkeitserklärung für schiedsgerichtliche Maßnahmen des einstweiligen Rechtsschutzes (§ 1041 Abs. 1) unzulässig, wenn eine entsprechende einstweilige Verfügung bei Gericht beantragt worden ist (§ 1041 Abs. 2 S. 1). In den Fällen des § 1033 hat das Gericht auf Antrag gem. § 926 anzuordnen, dass das schiedsrichterliche Verfahren einzuleiten (§ 1044) ist.[8]

8 **2. Sondervorschriften.** Sondervorschriften, nach denen **einstweilige Verfügungen in besonderen Konstellationen** teilweise unter erleichterten Voraussetzungen zulässig sind, finden sich in verschiedenen Gesetzen. Gemäß §§ 885, 899 BGB können Vormerkung oder Widerspruch ohne Glaubhaftmachung eines Verfügungsgrundes eingetragen werden. Gemäß § 12 Abs. 2 UWG können lauterkeitsrechtliche Unterlassungsansprüche ohne Darlegung und Glaubhaftmachung eines Verfügungsgrundes gesichert werden. § 5 UKlaG verweist auf § 12 Abs. 2 UWG. § 85 PatG betrifft die Gestattung der Erfindungsbenutzung durch einstweilige Verfügung im Verfahren auf Erteilung einer Zwangslizenz. § 16 Abs. 3 UrhWG schließt das Schiedsstellenverfahren für einstweilige Verfügungen in Urheberrechtswahrnehmungsstreitigkeiten aus. § 101 a Abs. 3 UrhG regelt einstweilige Verfügungen auf Auskunftserteilung bei offensichtlicher Rechtsverletzung. Sonderbestimmungen über das Eilverfahren enthalten zumeist auch die Vorschriften der Landespressegesetze über den **presserechtlichen Gegendarstellungsanspruch**[9] (§ 11 LPG BW/Bre/Hbg/Nds/NRW/RP/SH/Thür, Art. 10 LPG Bay, § 10 LPG Bln/Hess/MV/Saarl/Sachs/SachsAnh, § 12 LPG Brb).

III. Verfügungsprozess

9 **1. Summarisches Erkenntnisverfahren.** Der Verfügungsprozess ist ein besonderes Erkenntnisverfahren der streitigen Zivilgerichtsbarkeit,[10] in dem ein Vollstre-

---

3 MüKo-ZPO/*Drescher*, § 935 Rn 10; Musielak/*Huber*, § 935 Rn 3.
4 Baumbach/*Hartmann*, § 769 Rn 7; MüKo-ZPO/*Drescher*, § 935 Rn 10; Zöller/*Herget*, § 769 Rn 2; Musielak/*Huber*, § 935 Rn 3; Hk-ZPO/*Kemper*, § 935 Rn 6; *Schilken*, in: Gaul/Schilken/Becker-Eberhard, § 76 Rn 40; MüKo-ZPO/*Schmidt*, § 769 Rn 8; s. aber auch OLG Düsseldorf OLGZ 1985, 493.
5 Baumbach/*Hartmann*, § 771 Rn 13; MüKo-ZPO/*Drescher*, § 935 Rn 10; Zöller/*Herget*, § 771 Rn 21; Musielak/*Huber*, § 935 Rn 3; Stein/Jonas/*Münzberg*, Vor § 704 Rn 96 f; *Münzberg*, in: FS Schneider, 1997, S. 223, 226; *Schilken*, in: Gaul/Schilken/Becker-Eberhard, § 76 Rn 40; Schuschke/Walker/*Schuschke*, § 771 Rn 45.
6 *Bärmann/Pick*, WEG, 19. Aufl. 2010, Vor § 43 Rn 24.
7 S. zB OLG Frankfurt NJW-RR 2003, 498; ferner Schuschke/Walker/*Schuschke*, Vor § 935 Rn 31 ff.
8 MüKo-ZPO/*Drescher*, Vor §§ 916 ff Rn 17.
9 Einzelheiten bei Schuschke/Walker/*Schuschke*, Vor § 935 Rn 21.
10 *Schilken*, in: Gaul/Schilken/Becker-Eberhard, § 74 Rn 12 mwN auch zur Gegenansicht.

ckungstitel geschaffen werden kann, bevor die Hauptsache (der zu sichernde Anspruch) im ordentlichen Klageverfahren rechtshängig ist (vgl §§ 936, 926 Abs. 2). **Streitgegenstand** des Verfügungsverfahrens (s. Vor §§ 916–945 b Rn 31) ist nicht der zu sichernde Anspruch[11] oder das zu regelnde Rechtsverhältnis,[12] sondern der prozessuale Anspruch auf Sicherung des Verfügungsgläubigers.[13] Dieser Anspruch ist nicht zu verwechseln mit materiell-rechtlichen Ansprüchen auf Sicherheitsleistung, zB gem. §§ 648 a, 843 Abs. 2 S. 2, 1051, 1067 Abs. 2, 2128 BGB, oder auf vorläufige Zustandsregelung, zB gem. § 1134 Abs. 2 BGB. Ein solcher Anspruch ist für die Zulässigkeit und Begründetheit eines Verfügungsverfahrens weder erforderlich noch schädlich.[14] Das Verfügungsverfahren ist ein **summarisches Verfahren**. Ein Verfügungsantrag ist begründet, wenn der Verfügungsgläubiger einen **Verfügungsanspruch** und einen **Verfügungsgrund glaubhaft macht** (§§ 936, 920 Abs. 2). Ferner hat das Gericht grds. das Verbot einer Vorwegnahme der Hauptsache (**Vorwegnahmeverbot**) zu beachten (s. § 935 Rn 33). **Summarisch** ist das Verfahren, weil anstelle der Überzeugung des Gerichts (§ 286) Glaubhaftmachung (§ 294) ausreicht. Die Glaubhaftmachung bezieht sich nur auf Tatsachen und nicht auch auf deren **rechtliche Bewertung**. Nur im Anwendungsbereich von § 293 ist das Verfügungsverfahren auch im Hinblick auf Rechtsfragen summarisch. Ansonsten hat das Gericht auch im Verfügungsverfahren stets eine vollständige fachkundige Rechtsprüfung vorzunehmen (str).[15] Nach aA kommt eine eingeschränkte bzw summarische Schlüssigkeitsprüfung bei schwierigen Rechtsfragen in Betracht.[16] Eine Übertragung der Grundsätze, die das BVerfG in sog. offenen Eilentscheidungen anwendet (Abwägung der Folgen, die eintreten würden, wenn die Eilentscheidung nicht ergänge, der Hauptsacheprozess aber erfolgreich wäre, gegenüber den Nachteilen, die entstünden, wenn die Eilentscheidung erlassen würde, die Hauptsache aber erfolglos bliebe),[17] auf einstweilige Verfügungen ist jedenfalls abzulehnen.[18] Zur Glaubhaftmachung s. § 935 Rn 30 ff.

2. Verfahren. Im Verfügungsverfahren ist grds. aufgrund **mündlicher Verhandlung** zu entscheiden; bei Dringlichkeit oder wenn der Verfügungsantrag zurückzuweisen ist, kann die Entscheidung ohne mündliche Verhandlung ergehen (§ 937 Abs. 2). Nach mündlicher Verhandlung ist durch Urteil zu entscheiden, ohne mündliche Verhandlung durch Beschluss (§§ 936, 922 Abs. 1 S. 1; Ausnahme: § 942 Abs. 4). Ansonsten sind im Verfügungsprozess grds. die **Regelungen des ordentlichen Klageverfahrens** anwendbar,[19] namentlich die Vorschriften über die Klagerücknahme (§ 269 einschl. Abs. 3 S. 3),[20] wobei der Gläubiger den Antrag entgegen § 269 Abs. 1 auch noch nach mündlicher Verhandlung des Verfügungsschuldners ohne dessen Einwilligung zurücknehmen kann (s. Vor §§ 916–

10

---

11 OLG Düsseldorf NJW 1981, 2824; *Schilken*, in: Gaul/Schilken/Becker-Eberhard, § 74 Rn 14.
12 Stein/Jonas/*Grunsky*, Vor § 935 Rn 9.
13 Hk-ZPO/*Kemper*, Vor §§ 916–945 Rn 1.
14 OLG Karlsruhe NJW 1997, 1017 (betr. § 1389 BGB und Arrest); MüKo-ZPO/ *Drescher*, Vor §§ 916 ff Rn 8; Stein/Jonas/*Grunsky*, Vor § 916 Rn 48, Vor § 935 Rn 4.
15 MüKo-ZPO/*Drescher*, § 935 Rn 13; *Schilken*, in: Gaul/Schilken/Becker-Eberhard, § 74 Rn 9; *ders.*, Befriedigungsverfügung, S. 116 ff; Zöller/*Vollkommer*, Vor § 916 Rn 10.
16 So Stein/Jonas/*Grunsky*, § 916 Rn 4 (betr. Arrest), § 935 Rn 6, 10; *Leipold*, S. 62 ff; Zöller/*Vollkommer*, § 922 Rn 6; differenzierend Baur/Stürner/*Bruns*, Rn 53.7, 53.17, 53.24.
17 S. zB BVerfG NJW 2003, 2598; BVerfGE 88, 185, 186.
18 Stein/Jonas/*Grunsky*, § 916 Rn 4 (betr. Arrest), § 935 Rn 7 f; *Schilken*, Befriedigungsverfügung, S. 116 ff. AA *Leipold*, S. 83 ff.
19 Stein/Jonas/*Grunsky*, Vor § 935 Rn 8; Hk-ZPO/*Kemper*, § 935 Rn 8.
20 OLG Stuttgart NJW-RR 2007, 527.

945 b Rn 51); ferner §§ 265, 325, 727 (Rechtsnachfolge)[21] sowie § 91 a und die ergänzenden Grundsätze über die Erledigungserklärung[22] (s. auch Vor §§ 916–945 b Rn 55 f). Auch die Vorschriften über die Streitgenossenschaft (§§ 59 ff) sowie über die Streithilfe und Streitverkündung (§§ 66 ff) gelten im Verfügungsverfahren.[23] Prozessstandschaft ist nach allgemeinen Regeln zulässig;[24] ebenso können nach §§ 1–4 a UKlaG anspruchsberechtigte Stellen ihre Unterlassungsansprüche im Verfügungsverfahren sichern lassen (§ 5 UKlaG).[25] Widerklagend (§ 33) kann der Schuldner einen Gegenantrag auf Erlass einer einstweiligen Verfügung gegen den Verfügungsgläubiger stellen.[26] Unzulässig ist es, im Verfügungsverfahren widerklagend die Hauptsacheklage zu erheben.[27] Zur Partei- und Prozessfähigkeit (§§ 50 ff) sowie zur Vertretung im Verfügungsverfahren (§§ 78 ff) s. § 935 Rn 13. Zu § 253 Abs. 2 und § 308 Abs. 1 s. § 935 Rn 6 ff.

11 **3. Rechtshängigkeit und Rechtskraft.** Das Verfügungsbegehren wird **rechtshängig** mit Eingang des Verfügungsantrags bei Gericht (abweichend von §§ 261 Abs. 1, 253 Abs. 1, weil das Verfügungsverfahren auch ohne Zustellung durchgeführt werden kann, § 937 Abs. 2).[28] Ein zweiter Verfügungsantrag während der Rechtshängigkeit des ersten Gesuchs ist unzulässig (§ 261 Abs. 3 Nr. 1), es sei denn, der Gläubiger versieht den Antrag mit neuer Begründung[29] oder beantragt andere Sicherungsmaßnahmen als mit dem ersten Antrag[30] und ändert damit den Streitgegenstand. Verfügungsentscheidungen sind der **Rechtskraft** fähig.[31] Nach rechtskräftiger Abweisung ist die Wiederholung eines Verfügungsantrags zulässig, wenn er auf neue Tatsachen gestützt wird oder wenn unveränderte Tatsachen besser als zuvor glaubhaft gemacht werden (zur Rechtshängigkeitssperre s. Vor §§ 916–945 b Rn 34).[32] Im Verhältnis zum Hauptsacheprozess entfalten Rechtshängigkeit eines Verfügungsverfahrens und Rechtskraft einer Verfügungsentscheidung keine Wirkungen (s. Vor §§ 916–945 b Rn 14, 17).[33] Ferner kann ein Gläubiger, wenn eine einstweilige Verfügung nach **Ablauf der Vollziehungsfrist** (§ 929 Abs. 2) nicht mehr vollzogen werden kann, eine zweite Verfügung mit gleichem Inhalt beantragen, sofern Verfügungsanspruch und -grund fortbestehen (s. § 929 Rn 22). Im zweiten Verfahren bindet die materielle Rechtskraft der ersten Entscheidung das Gericht, vorbehaltlich einer Veränderung der Umstände.[34]

12 **4. Verfahrensgrundsätze. a) Dispositionsgrundsatz.** Im Verfügungsverfahren gilt der **Dispositionsgrundsatz**.[35] Es können Anerkenntnis- und Verzichtsentscheidungen ergehen (§§ 306, 307),[36] der Gläubiger kann seinen Antrag zurückneh-

---

21 *Schilken*, in: Gaul/Schilken/Becker-Eberhard, § 74 Rn 15.
22 OLG Frankfurt NJW 1960, 251.
23 Stein/Jonas/*Grunsky*, Vor § 935 Rn 23.
24 Stein/Jonas/*Grunsky*, Vor § 935 Rn 24.
25 Palandt/*Bassenge*, § 5 UKlaG Rn 9.
26 Stein/Jonas/*Grunsky*, Vor § 935 Rn 27; Zöller/*Vollkommer*, § 935 Rn 4.
27 Stein/Jonas/*Grunsky*, Vor § 935 Rn 27.
28 OLG Hamburg MDR 2000, 786; OLG Düsseldorf FamRZ 1992, 961; OLG Düsseldorf NJW 1981, 2824.
29 OLG Zweibrücken FamRZ 1982, 413.
30 OLG Stuttgart NJW 1969, 1791.
31 OLG Frankfurt NJW 1968, 2112.
32 RGZ 33, 415; OLG Zweibrücken FamRZ 1982, 413.
33 Stein/Jonas/*Grunsky*, Vor § 935 Rn 12 f.
34 OLG Frankfurt NJW 1968, 2112; MüKo-ZPO/*Drescher*, Vor §§ 916 ff Rn 32; Schuschke/Walker/*Walker*, Vor § 916 Rn 21; grds. bestätigend BVerfG NJW 1988, 3141.
35 Stein/Jonas/*Grunsky*, Vor § 935 Rn 19.
36 Stein/Jonas/*Grunsky*, Vor § 935 Rn 19; *Schilken*, in: Gaul/Schilken/Becker-Eberhard, § 74 Rn 16; vgl auch OLG München MDR 1986, 681 betr. Anerkenntnis.

men (§ 269; s. Rn 10), und die Parteien können einen Prozessvergleich schließen (s. Vor §§ 916–945 b Rn 57 ff).[37]

b) Beibringungsgrundsatz. Es besteht kein hinreichendes öffentliches Interesse, dass einstweilige Verfügungen nur dann ergehen sollen, wenn ihre Voraussetzungen vorliegen. Daher ist nicht nach dem Untersuchungs-, sondern nach dem **Beibringungsgrundsatz** zu verfahren. Folglich darf das Gericht nur vorgetragene Tatsachen seiner Entscheidung zugrunde legen, und es ist an Geständnisse (§§ 288, 290) und Nichtbestreiten (§ 138 Abs. 3) gebunden.[38] 13

5. Behauptungs- und Glaubhaftmachungslast. Im Verfügungsverfahren gelten für die Behauptungs- und Glaubhaftmachungslast die gleichen Grundsätze wie im Hauptsacheverfahren für die Darlegungs- und die Beweislast (str).[39] Folglich ist der Gläubiger im Verfahren auf Erlass einer Sicherungsverfügung gehalten, die Voraussetzungen des Verfügungsanspruchs schlüssig darzulegen und glaubhaft zu machen.[40] Auch für die Umstände, aus denen sich die Dringlichkeit (Verfügungsgrund) ergibt, trägt der Gläubiger die Behauptungs- und Glaubhaftmachungslast.[41] 14

IV. Vollziehung

Auf die Vollziehung von Verfügungsentscheidungen sind grds. die Vorschriften über die Zwangsvollstreckung entsprechend anzuwenden (§§ 936, 928), wobei sich die Art der Vollstreckung nach dem Verfügungsinhalt richtet. 15

V. Risikohaftung wegen prozessualer Veranlassung

Wenn die Anordnung einer einstweiligen Verfügung sich als von Anfang an ungerechtfertigt erweist oder wenn die Entscheidung wegen Fristversäumnis (§§ 926 Abs. 2, 942 Abs. 3) aufgehoben wird, dann ist der Verfügungsgläubiger ohne Rücksicht auf Rechtswidrigkeit und Verschulden zum Ersatz des Schadens verpflichtet, den der Verfügungsschuldner erleidet, weil die Verfügungsentscheidung vollzogen wird oder weil er gem. § 939 Sicherheit leistet, um die Aufhebung der Entscheidung zu erwirken (§ 945). 16

§ 935 Einstweilige Verfügung bezüglich Streitgegenstand

Einstweilige Verfügungen in Bezug auf den Streitgegenstand sind zulässig, wenn zu besorgen ist, dass durch eine Veränderung des bestehenden Zustandes die Verwirklichung des Rechts einer Partei vereitelt oder wesentlich erschwert werden könnte.

§ 154 GVGA

I. Allgemeines	1	a) Bestimmtheit	7
II. Arten einstweiliger Verfügungen	3	b) Bindung des Gerichts	8
III. Voraussetzungen einstweiliger Verfügungen nach § 935	6	2. Statthaftigkeit	9
1. Antrag	6	3. Allgemeine Sachentscheidungsvoraussetzungen	12

---

37 Stein/Jonas/*Grunsky*, Vor § 935 Rn 19.
38 Stein/Jonas/*Grunsky*, Vor § 935 Rn 19 f.
39 Stein/Jonas/*Grunsky*, Vor § 935 Rn 37, 61. AA *Hirtz*, NJW 1986, 110; differenzierend Schuschke/Walker/*Walker*, Vor § 916 Rn 49 mwN zum Meinungsstand.
40 MüKo-ZPO/*Drescher*, § 935 Rn 20; Stein/Jonas/*Grunsky*, § 935 Rn 6.
41 MüKo-ZPO/*Drescher*, § 935 Rn 20.

4.	Verfügungsanspruch	15	dd) Forum-Shopping	27
5.	Verfügungsgrund	19	d) Beurteilungsspielraum des Gerichts	28
	a) Dringlichkeit	19	e) Sonderregelungen	29
	b) Einzelfälle	20	6. Glaubhaftmachung	30
	aa) Sachansprüche	20	a) Gegenstand	30
	bb) Unterlassungsansprüche	21	b) Voraussetzungen	31
	cc) Vornahme einer Handlung	22	c) Abwägung	32
	c) Fehlende Dringlichkeit	23	7. Vorwegnahmeverbot, Befriedigungsverfügung	33
	aa) Entscheidung in anderen Verfügungsverfahren	23	a) Vorwegnahmeverbot	33
			b) Befriedigungsverfügung	34
	bb) Selbstwiderlegung	24	aa) Zulässigkeit	34
	cc) Aktualitätsgrenze, Unverzüglichkeitsgebot	26	bb) Voraussetzungen	35
			cc) Anspruchsziele, Feststellungsverfügung	38

I. Allgemeines

1 Die Vorschrift enthält die Voraussetzungen für den Erlass einstweiliger Verfügungen zur Sicherung von Individualansprüchen, dh von Ansprüchen, die nicht Zahlungsansprüche sind (**Sicherungsverfügung**). Voraussetzung für den Erlass einer Sicherungsverfügung ist, dass durch eine Zustandsveränderung die Anspruchsverwirklichung vereitelt oder wesentlich erschwert werden könnte. § 935 bezweckt die **Sicherung der Anspruchsdurchsetzung vor nachteiligen Veränderungen**.

2 Ferner soll die Sicherungsverfügung die **Effektivität des Hauptsacheverfahrens absichern**. Auch in dieser dienenden Funktion gegenüber dem Rechtsschutz in der Hauptsache fördert die Sicherungsverfügung mittelbar die Verwirklichung des materiellen Rechts.[1]

II. Arten einstweiliger Verfügungen

3 Zu unterscheiden sind die **Sicherungs-** (§ 935), die **Regelungs-** (§ 940) sowie die **Befriedigungsverfügung** (Leistungsverfügung). Ferner sind Feststellungsverfügungen in der Diskussion (s. Rn 46).

4 Die Sicherungsverfügung ist das allgemeine Mittel des Eilrechtsschutzes zur **Sicherung der Anspruchsdurchsetzung** (außer bei Geldansprüchen, § 916 Abs. 1). Regelungsverfügungen (§ 940) werden erlassen, wenn dies notwendig ist, um einen einstweiligen Zustand in Bezug auf ein **streitiges Rechtsverhältnis** (außer bei Ansprüchen, §§ 916 Abs. 1, 935) zu regeln. Befriedigungsverfügungen schließlich ordnen eine **Leistung des Schuldners** an, wenn das Hauptsacheverfahren nicht durchgeführt werden kann, ohne dass der Gläubiger bis dahin durch die Vorenthaltung einen unverhältnismäßig großen, irreparablen Schaden erleiden würde.

5 Das Verhältnis von der Sicherungs- zur Regelungsverfügung ist str,[2] ebenso die dogmatische Einordnung der Befriedigungsverfügung.[3] Praktisch bedeutsam ist allein die Unterscheidung zwischen Sicherungs- und Regelungsverfügungen einer-

---

1 MüKo-ZPO/*Drescher*, § 935 Rn 3; *Walker*, Rn 65.
2 S. nur Berger/*Boemke*, Kap. 5 Rn 10 ff; Musielak/*Huber*, § 935 Rn 2.
3 S. Schuschke/Walker/*Walker*, Vor § 916 Rn 8.

seits,[4] bei denen das Vorwegnahmeverbot gilt, und der Befriedigungsverfügung andererseits, die das Vorwegnahmeverbot überwindet (s. Rn 34 ff).

III. Voraussetzungen einstweiliger Verfügungen nach § 935

1. Antrag. Einstweilige Verfügungen dürfen nicht ohne **Antrag des Verfügungsgläubigers** ergehen. **Besonderheiten** gelten im Hinblick auf die Bestimmtheit des Antrags (vgl § 253 Abs. 2 Nr. 2) und die Bindung des Gerichts an den Antrag (vgl § 308 Abs. 1). 6

a) Bestimmtheit. Im Verfügungsverfahren ist ein **bestimmter Antrag** iSd § 253 Abs. 2 Nr. 2 grds. **nicht** erforderlich. Vielmehr bestimmt das Gericht den Inhalt der Entscheidung nach freiem Ermessen (§ 938). Es ist daher nur zu fordern, dass der Verfügungsgläubiger sein **Rechtsschutzziel** angibt (**Rahmenantrag**).[5] Anders ist es, wenn eine **Befriedigungsverfügung** beantragt wird, deren Antrag an den **Voraussetzungen des § 253 Abs. 2 Nr. 2** zu messen ist.[6] Ferner ist ein Gläubiger gehalten, die Sachen zu bezeichnen, für die er dem Schuldner ein Veräußerungs- oder Verbringungsverbot auferlegen lassen will. Wenn ein Vermieter ein aus dem Vermieterpfandrecht abgeleitetes Verbringungsverbot erstrebt, ist allerdings zu bedenken, dass er die Pfandsachen mangels Kenntnis idR nicht konkret beschreiben kann; folglich sind an die Bestimmtheit des Antrags keine hohen Anforderungen zu stellen.[7] Keine Besonderheiten gelten im Hinblick auf die **Bestimmtheit der Parteibezeichnung** (§ 253 Abs. 2 Nr. 1; s. § 920 Rn 4).[8] So ist eine einstweilige Verfügung gegen nach Anzahl und Identität unbekannte Personen, die sich zur Zeit der Zustellung in einem bestimmten Haus aufhalten, das sie besetzt halten (**Antrag gegen Unbekannt**), mangels hinreichender Bezeichnung der Antragsgegner unzulässig.[9] 7

b) Bindung des Gerichts. Die Bindung des Gerichts an den Antrag gem. § 308 Abs. 1 geht nur so weit wie die inhaltliche Bestimmtheit des Antrags. Gibt der Gläubiger nur das Rechtsschutzziel vor, dann ist das Gericht gem. § 938 frei in der Entscheidung darüber, wie dieses Ziel erreicht werden soll. Wenn aber der Verfügungsgläubiger einen bestimmten Antrag stellt, dann darf das Gericht nur das Beantragte oder weniger, nicht aber etwas anderes oder mehr zusprechen (§ 308 Abs. 1).[10] Die Bindung durch § 308 Abs. 1 in Verfügungsverfahren, in denen ein Rahmenantrag ausreichen würde, ist str. Es wird vertreten, das Gericht könne in solchen Fällen ungeachtet des Antrags jede Entscheidung erlassen, die nur in die gleiche Richtung geht wie die beantragte.[11] Nach aA ist nur eine „fallbezogene Konkretisierung iSd § 938"[12] oder eine lediglich redaktionellen Abwei- 8

---

4 Zur Unnötigkeit und bisweilen Unmöglichkeit genauer Unterscheidung zwischen Sicherungs- und Regelungsverfügung s. Stein/Jonas/*Grunsky*, Vor § 935 Rn 30; Hk-ZPO/*Kemper*, § 935 Rn 2.
5 MüKo-ZPO/*Drescher*, § 938 Rn 6; Stein/Jonas/*Grunsky*, Vor § 935 Rn 10; Musielak/*Huber*, § 938 Rn 3; Schuschke/Walker/*Schuschke*, § 938 Rn 1, 3.
6 Stein/Jonas/*Grunsky*, Vor § 935 Rn 10; Musielak/*Huber*, § 938 Rn 3; Schuschke/Walker/*Schuschke*, § 938 Rn 1, 4.
7 OLG Hamm MDR 2000, 386.
8 Stein/Jonas/*Grunsky*, Vor § 935 Rn 23.
9 OLG Köln NJW 1982, 1888. Ferner LG Krefeld NJW 1982, 289; LG Hannover NJW 1981, 1455; *Raeschke-Kessler*, NJW 1981, 663; *Schilken*, in: Gaul/Schilken/Becker-Eberhard, § 79 Rn 8. AA Baur/Stürner/*Bruns*, Rn 53.28. S. ferner Hk-ZPO/*Kemper*, § 940 Rn 5; *Lisken*, NJW 1982, 1136; Schuschke/Walker/*Walker*, § 920 Rn 13.
10 OLG Hamburg NJW-RR 2005, 188, 189.
11 MüKo-ZPO/*Drescher*, § 938 Rn 6 f; Schuschke/Walker/*Walker*, § 920 Rn 13.
12 So OLG Hamburg NJW-RR 2005, 188, 189.

chung[13] zulässig. Die praktische Bedeutung dieses Streitpunktes ist gering, weil das Gericht auf sachdienliche Anträge hinzuwirken hat (§ 139 Abs. 1 S. 2).[14]

9 **2. Statthaftigkeit.** Sicherungsverfügungen sind statthaft zur Sicherung von Ansprüchen, die nicht Zahlungsansprüche sind (**Individualansprüche**) und daher nicht durch Arrest (§ 916 Abs. 1) gesichert werden können. Für den Verfügungsanspruch muss der **Rechtsweg** zur ordentlichen Gerichtsbarkeit offenstehen (zum Verfahren bei Unzulässigkeit des Rechtswegs s. § 916 Rn 2).[15] Ist der Anspruch der freiwilligen Gerichtsbarkeit zugewiesen (zB das Begehren gegen den Notar auf Vornahme einer Amtshandlung als Notarbeschwerde, § 15 Abs. 2 BNotO), ist die Streitigkeit entsprechend § 17 a Abs. 2 GVG an das Gericht der freiwilligen Gerichtsbarkeit zu verweisen.[16]

10 Im Insolvenzverfahren sind einstweilige Verfügungen gegen den Insolvenzverwalter statthaft, die der Sicherung von Aussonderungs- und Absonderungsrechten sowie von Masseansprüchen dienen.[17]

11 Zu **Konkurrenzen** und **Sondervorschriften** s. Vor §§ 935–945 b Rn 4 ff.

12 **3. Allgemeine Sachentscheidungsvoraussetzungen.** Vorbehaltlich von Sonderregelungen in den §§ 937 ff, 936, 916 ff gelten im Verfügungsverfahren die allgemeinen Prozessvoraussetzungen und -hindernisse.

13 Sachliche und örtliche **Zuständigkeit** sind in den §§ 937, 942 geregelt. Die Vorschriften über die **Partei- und Prozessfähigkeit** (§§ 50 ff) gelten auch im Verfügungsverfahren. Zur **Prozessvertretung** (§§ 78 ff) s. Vor §§ 916–945 b Rn 50.

14 Fragen des **Rechtsschutzinteresses** spielen in Verfügungsverfahren eine untergeordnete Rolle, weil der Verfügungsgrund weitestgehend das Rechtsschutzinteresse einschließt.[18] Zweifelhaft kann das Rechtsschutzinteresse indes sein, wenn der Verfügungsgläubiger bereits über einen **vollstreckbaren Hauptsachetitel** verfügt (niemals aber umgekehrt, auch nicht bei der Befriedigungsverfügung).[19] Das Rechtsschutzinteresse an einer Verfügungsentscheidung besteht in solchen Fällen jedenfalls dann, wenn der Hauptsachetitel nur gegen Sicherheitsleistung vollstreckbar ist[20] (auch, wenn der Gläubiger imstande ist, die Sicherheit zu stellen,[21] str) oder wenn der Schuldner die vorläufige Vollstreckung des Hauptsachetitels durch Sicherheitsleistung abgewendet hat.[22] Andererseits soll dem Gläubiger das Rechtsschutzinteresse fehlen, wenn alle in Betracht kommenden Maßnahmen nach Sachlage von vornherein zwecklos erscheinen.[23] Dem kann allenfalls für ganz und gar eindeutige Fälle zugestimmt werden; wenn auch nur eine geringe Aussicht besteht, dass wenigstens ein Teil der Verfügungsmaßnahmen mit einem

---

13 So OLG Köln NJW-RR 2000, 1151.
14 Stein/Jonas/*Grunsky*, Vor § 935 Rn 11.
15 MüKo-ZPO/*Drescher*, § 935 Rn 11; Stein/Jonas/*Grunsky*, § 935 Rn 3; Musielak/*Huber*, § 935 Rn 12; *Schilken*, in: Gaul/Schilken/Becker-Eberhard, § 76 Rn 42; Schuschke/Walker/*Schuschke*, § 935 Rn 5.
16 BGH NJW 2001, 2181.
17 Musielak/*Huber*, § 935 Rn 3; *Schilken*, in: Gaul/Schilken/Becker-Eberhard, § 76 Rn 43.
18 *Schilken*, in: Gaul/Schilken/Becker-Eberhard, § 76 Rn 42; Schuschke/Walker/*Walker*, Vor § 916 Rn 27; s. auch OLG Frankfurt NJW 2005, 3222: Verfügungsgrund als Sonderform des Rechtsschutzinteresses; ebenso Stein/Jonas/*Grunsky*, Vor § 916 Rn 20 zur Parallelfrage beim Arrest.
19 Stein/Jonas/*Grunsky*, Vor § 935 Rn 18, 33.
20 OLG Hamm NJW-RR 1990, 1536; OLG Celle MDR 1964, 333; s. ferner OLG Nürnberg NJW 1967, 205.
21 AA OLG Karlsruhe NJW-RR 1996, 960; Musielak/*Huber*, § 916 Rn 6.
22 MüKo-ZPO/*Drescher*, § 935 Rn 18.
23 So Stein/Jonas/*Grunsky*, § 935 Rn 15.

Teilerfolg durchgesetzt werden kann, darf dem Gläubiger das Rechtsschutzinteresse nicht abgesprochen werden.

4. **Verfügungsanspruch.** Durch Sicherungsverfügung können Ansprüche auf Individualleistungen gesichert werden (**Individualansprüche**).[24] 15

Der Anspruch muss nicht fällig, aber **klag-** und **vollstreckbar** sein.[25] Keine einstweilige Verfügung kann daher ergehen zur Sicherung der Erfüllung unselbständiger Nebenpflichten.[26] 16

Der Verfügungsanspruch kann **befristet, bedingt** oder **betagt** sein.[27] **Künftige Ansprüche** können gesichert werden, wenn im Einzelfall ein anerkennenswertes Sicherungsinteresse besteht, das nach den gleichen Kriterien zu beurteilen ist wie bei der Feststellungsklage.[28] Ansprüche, die erst noch aus richterlichem Gestaltungsakt entstehen (zB nach § 319 Abs. 1 BGB), sind bereits zuvor sicherungsfähig. Hingegen können erbrechtliche Ansprüche vor dem Erbfall grds. nicht durch einstweilige Verfügung gesichert werden.[29] 17

Als Verfügungsanspruch einer Sicherungsverfügung kommen zB in Betracht:[30] Ansprüche auf Herausgabe oder Eigentumsverschaffung von Sachen, insb. des Käufers gegen den Verkäufer bei Doppelverkauf;[31] Ansprüche auf Hinterlegung von Sachen (bei Hinterlegung von Geld: Arrest); Ansprüche auf Vorlegung von Sachen und Urkunden (§§ 809 ff BGB); Ansprüche auf Eintragung einer Vormerkung (§ 885 BGB) (zB gem. § 648 BGB) oder eines Widerspruchs (§ 899 BGB); der Anspruch des Vermieters gegen den Mieter, eingebrachte Sachen nicht zu entfernen (§§ 562 ff BGB); Ansprüche gegen den Grundeigentümer, Gegenstände des Haftungsverbandes (§§ 1120 ff BGB) nicht zu entfernen. Zu Ansprüchen auf Duldung der Zwangsvollstreckung (zB aus § 1147 BGB) s. § 916 Rn 5. Zum Verfügungsanspruch einer **Befriedigungsverfügung** s. Rn 38 ff. 18

5. **Verfügungsgrund.** a) **Dringlichkeit.** Ein Verfügungsgrund für eine Sicherungsverfügung (**Dringlichkeit** gem. § 935) besteht, wenn eine Zustandsveränderung die **begründete objektive Gefahr für die Rechtsverwirklichung** mit den Mitteln einer Hauptsacheentscheidung entstehen lässt.[32] Zur abweichenden Dringlichkeit iSd § 937 Abs. 2 und § 942 Abs. 1 s. § 937 Rn 8 f und § 942 Rn 2. 19

b) **Einzelfälle. aa) Sachansprüche.** Dringlichkeit ist bei Sachansprüchen gegeben, wenn die zu verschaffende Sache von anderen Gläubigern des Verfügungsschuldners entzogen zu werden droht[33] (str. zur Gläubigerkonkurrenz beim Arrest s. § 917 Rn 9), oder wenn droht, dass der Schuldner die Sache veräußert, belastet oder beiseite schafft.[34] Bei **Doppelvermietung** kann der Besitzüberlassungsan- 20

---

24 MüKo-ZPO/*Drescher*, § 935 Rn 7; Stein/Jonas/*Grunsky*, § 935 Rn 2; Hk-ZPO/*Kemper*, § 935 Rn 11.
25 Stein/Jonas/*Grunsky*, § 935 Rn 2; Hk-ZPO/*Kemper*, § 935 Rn 12; Schuschke/Walker/*Walker*, Vor § 916 Rn 30.
26 Stein/Jonas/*Grunsky*, § 935 Rn 2; *Walker*, Rn 224 ff.
27 MüKo-ZPO/*Drescher*, § 935 Rn 12; Stein/Jonas/*Grunsky*, § 935 Rn 4; Hk-ZPO/*Kemper*, § 935 Rn 12.
28 Baur/Stürner/*Bruns*, Rn 53.6; MüKo-ZPO/*Drescher*, § 935 Rn 12; Stein/Jonas/*Grunsky*, § 935 Rn 4.
29 MüKo-ZPO/*Drescher*, § 935 Rn 12; Stein/Jonas/*Grunsky*, § 935 Rn 5.
30 Überblick bei MüKo-ZPO/*Drescher*, § 935 Rn 8; Stein/Jonas/*Grunsky*, § 935 Rn 2; Musielak/*Huber*, § 935 Rn 12; *Schilken*, in: Gaul/Schilken/Becker-Eberhard, § 76 Rn 4.
31 *Podehl*, BB 2006, 2484.
32 OLG Dresden NJW 2005, 1871; MüKo-ZPO/*Drescher*, § 935 Rn 16; Stein/Jonas/*Grunsky*, § 935 Rn 11.
33 Stein/Jonas/*Grunsky*, § 935 Rn 12. AA Musielak/*Huber*, § 935 Rn 14.
34 Stein/Jonas/*Grunsky*, § 935 Rn 12; Musielak/*Huber*, § 935 Rn 13; Schuschke/Walker/*Schuschke*, § 935 Rn 15.

spruch eines Mieters gegen den Vermieter durch einstweilige Verfügung gesichert werden (str).[35] Die entgegenstehende Rspr[36] ist verfehlt. Ihr Hauptargument ist der Schutz der Privatautonomie des Schuldners, dem die Wahl überlassen bleiben müsse, an welchen Mieter er leistet und wem er sich schadensersatzpflichtig macht. Mit diesem Argument kann freilich die Durchsetzung jeglicher vertraglicher Leistungsverpflichtung verneint werden. Richtig ist vielmehr, dass der Vermieter sich vertraglich gebunden und damit von seiner Privatautonomie Gebrauch gemacht hat. Dann gilt, wohlgemerkt für jedes einzelne Vertragsverhältnis, *„pacta sunt servanda"*, auch wenn mehr Verträge geschlossen wurden als Leistungsmöglichkeiten bestehen. Ein Verfügungsgrund besteht ferner, wenn Zerstörung, Verschlechterung oder Veränderung droht, namentlich durch Benutzung, Vernachlässigung, Verbrauch oder Verarbeitung.[37] Allerdings soll nach zweifelhafter Rechtsauffassung die Weiterbenutzung einer **mietweise überlassenen Sache** im Rahmen des bestimmungsgemäßen Gebrauchs nach Beendigung des Mietverhältnisses keinen Verfügungsgrund darstellen.[38] Demgegenüber wird bei der Rückforderung **unter Eigentumsvorbehalt verkaufter Gebrauchsgüter** nach Rücktritt vom Kaufvertrag (§§ 985, 449 Abs. 2 BGB) und nach beendetem Leasingverhältnis ein Verfügungsgrund anerkannt, wenn die Gefahr besteht, dass der Schuldner die Sachen weiter benutzt.[39]

21 **bb) Unterlassungsansprüche.** Bei Unterlassungsansprüchen liegt der Verfügungsgrund im **drohenden Verstoß**.[40] Der Verstoß muss in Kürze zu befürchten sein, so dass ein Hauptsachverfahren nicht rechtzeitig durchgeführt werden kann.[41] Eine ausreichende **Unterlassungsverpflichtungserklärung** beseitigt bereits die Wiederholungsgefahr und mit ihr den Unterlassungsanspruch (nicht erst den Verfügungsgrund); dies gilt auch, wenn der Unterlassungsgläubiger die Erklärung nicht angenommen hat.[42]

22 **cc) Vornahme einer Handlung.** Bei Ansprüchen auf Vornahme einer Handlung besteht Dringlichkeit bei **Vereitelungsgefahr**, die aus Zeitablauf und Untätigkeit resultieren kann.

23 **c) Fehlende Dringlichkeit. aa) Entscheidung in anderen Verfügungsverfahren.** Erlässt ein **anderes Gericht auf Antrag eines Dritten** eine einstweilige Verfügung, die dem Schuldner diejenige Maßnahme gebietet, die der Gläubiger im anhängigen Verfahren erstrebt, dann kann nach den Umständen des Einzelfalles im anhängigen Verfügungsverfahren die Dringlichkeit entfallen.[43]

24 **bb) Selbstwiderlegung.** Einen Sonderfall bildet die im Wettbewerbsrecht entwickelte, als allgemeiner Grundsatz auch im allgemeinen Zivilprozessrecht zu beachtende[44] **Selbstwiderlegung**. Danach fehlt trotz ursprünglich bestehenden Sicherungsbedürfnisses ein Verfügungsgrund, wenn der Gläubiger **zu lange zuge-**

---

35 OLG Düsseldorf NJW-RR 1991, 137; *Podehl*, BB 2006, 2484, 2485.
36 KG NJW-RR 2007, 1167; OLG Hamm NJW-RR 2004, 521; OLG Schleswig MDR 2000, 1428.
37 MüKo-ZPO/*Drescher*, § 935 Rn 18; Stein/Jonas/*Grunsky*, § 935 Rn 12; Musielak/*Huber*, § 935 Rn 13; Hk-ZPO/*Kemper*, § 935 Rn 13.
38 OLG Düsseldorf MDR 2004, 1291; OLG Brandenburg NJW-RR 2002, 879; OLG Düsseldorf MDR 1995, 635.
39 OLG Düsseldorf MDR 1984, 411; LG Braunschweig MDR 1993, 757; KreisG Arnstadt MDR 1993, 757; *Kleier*, MDR 1984, 370; *Bornhorst* WM 1998, 1668. AA OLG Dresden WM 1998, 1678.
40 MüKo-ZPO/*Drescher*, § 935 Rn 18; Stein/Jonas/*Grunsky*, § 935 Rn 12.
41 OLG Dresden NJW 2005, 1871.
42 OLG München NJW-RR 2003, 1487.
43 LG Dresden NJW-RR 2005, 411.
44 KG NJW-RR 2001, 1201.

wartet hat, bevor er eine einstweilige Verfügung beantragt.[45] Voraussetzung ist, dass der Gläubiger positive Kenntnis des Verfügungsanspruchs (bei Unternehmen Zurechnung gem. § 166 Abs. 1 BGB)[46] hat (vom Schuldner glaubhaft zu machen)[47] und sich im Besitz erfolgversprechender Glaubhaftmachungsmittel befindet.[48] Wie lange er von da an Zeit hat, kann nicht allgemein beurteilt werden, sondern hängt von der Art des Anspruchs und von der Übung des Gerichts ab. Selbstwiderlegung wurde zB angenommen nach acht Monaten bei urheberrechtlichem Anspruch,[49] nach vier Monaten bei Ansprüchen aus Gewerbemietvertrag,[50] nach zwei bis drei Monaten bei urheberrechtlichen Unterlassungsansprüchen,[51] nach mehr als einem Monat gegenüber der Dringlichkeitsvermutung des § 25 UWG aF (§ 12 UWG nF)[52] sowie nach zwei Jahren gegenüber der Vermutung des § 885 BGB.[53] Einer Selbstwiderlegung steht es entgegen, wenn die Verhältnisse sich kurz vor dem Verfügungsantrag wesentlich geändert haben[54] und eine stärkere Dringlichkeit als zuvor aufweisen.[55] Als Selbstwiderlegung ist es auch zu werten, wenn der Gläubiger das **Verfahren nicht zügig betreibt**,[56] zB indem er Verlängerung von Rechtsmittel- oder Schriftsatzfristen[57] oder Terminverlegung beantragt, oder wenn er im Termin säumig[58] ist. Ein Verfügungsgrund kann schließlich abzulehnen sein, wenn der Gläubiger in der Vergangenheit **gleichartige Verstöße hingenommen** hat.[59] Die Dringlichkeit geht nicht allein dadurch verloren, dass in einer Handelssache eine allgemeine Zivilkammer angerufen wird, auch wenn mit einer Rüge des Antragsgegners und damit mit einer Verfahrensverzögerung zu rechnen ist.

Bei Selbstwiderlegung fehlt es, genau genommen, nicht an der Dringlichkeit. Im Gegenteil kann gerade langes Zuwarten Dringlichkeit bewirken. Dennoch sind die Grundsätze der Selbstwiderlegung als richtige und angemessene Rechtsfortbildung anzuerkennen. 25

cc) Aktualitätsgrenze, Unverzüglichkeitsgebot. Der presserechtliche Anspruch auf Veröffentlichung einer **Gegendarstellung** muss nach der Rspr in **einigen Bundesländern** (zB Bayern) so rechtzeitig gerichtlich geltend gemacht worden sein, dass er vom Erstgericht bei der gebotenen zügigen Terminierung noch innerhalb der **Aktualitätsgrenze** verhandelt und entschieden werden kann. Die Aktualitätsgrenze ist danach zu bestimmen, ob die angegriffenen Tatsachenbehauptungen beim durchschnittlichen Leser noch so im Gedächtnis sind, dass ihm die Gegendarstellung eine korrigierende Information liefern kann. Diese Grenze ist bei Ta- 26

---

45 KG NJW-RR 2004, 1415, 1417; KG NJW-RR 2003, 1126; KG NJW-RR 2001, 1201; MüKo-ZPO/*Drescher*, § 935 Rn 19; Schuschke/Walker/*Schuschke*, § 935 Rn 18; Zöller/*Vollkommer*, § 940 Rn 4; iE ebenso LAG Köln MDR 2001, 282. AA OLG Hamm NJW-RR 2007, 388.
46 OLG Frankfurt NJW 2000, 1961.
47 OLG Hamburg MDR 2002, 1026.
48 KG NJW-RR 2004, 1415, 1417.
49 KG NJW-RR 2001, 1201.
50 OLG Bremen MDR 2004, 50.
51 OLG Stuttgart NZBau 2010, 639.
52 OLG Nürnberg MDR 2002, 533; ebenso OLG Hamburg NJW-RR 2002, 550 nach mehr als sechs Monaten.
53 OLG Düsseldorf NJW-RR 2013, 798; OLG Düsseldorf NJW-RR 2000, 825; ähnl. OLG Hamm NJW-RR 2004, 379.
54 MüKo-ZPO/*Drescher*, § 935 Rn 19.
55 Vgl OLG Koblenz MDR 2007, 1307; OLG Hamm NJW-RR 2004, 379.
56 MüKo-ZPO/*Drescher*, § 935 Rn 19; Musielak/*Huber*, § 935 Rn 14; Schuschke/Walker/*Schuschke*, § 935 Rn 18.
57 OLG Frankfurt MDR 2002, 229.
58 OLG Hamm NJW-RR 2007, 108.
59 MüKo-ZPO/*Drescher*, § 935 Rn 18.

geszeitungen nach etwa vier Wochen erreicht, sofern es um Behauptungen durchschnittlicher Bedeutung geht; bei Wochenzeitschriften sind vier bis sechs Wochen anzusetzen.[60] In anderen Ländern (zB Brandenburg) gilt das **Unverzüglichkeitsgebot**.[61]

27 **dd) Forum-Shopping.** Häufig hat ein Gläubiger eine Vielzahl von Gerichtsständen zur Wahl, vor allem in Wettbewerbssachen, presserechtlichen Streitigkeiten und Streitigkeiten, bei denen ein Internetauftritt des Gegners inmitten steht (**fliegender Gerichtsstand**, § 32, § 14 Abs. 2 UWG). Ein Antragsteller hat auch die Möglichkeit, einen Verfügungsantrag zurückzunehmen und ihn ohne wesentliche Änderungen erneut bei einem anderen Gericht zu stellen. Ein solches **Forum-Shopping** ist in der Praxis verbreitet, insb. wenn das Gericht nicht ohne mündliche Verhandlung entscheiden wird. Dies ist nicht ohne Weiteres zu beanstanden.[62] Kommt aber zum Ausdruck, dass dem Antragsteller nicht in erster Linie an zeitnaher Klärung des Streits gelegen ist, dann **fehlt** es an einem **Verfügungsgrund** und kann die Dringlichkeitsvermutung des § 12 Abs. 2 UWG widerlegt sein.[63] Ferner kommt **missbräuchliche Gerichtsstandswahl** (§ 8 Abs. 4 UWG) in Betracht, wenn ein Kläger das Gericht gem. § 14 Abs. 2 S. 1 UWG allein so auswählt, dass es vom Sitz des Gegners weit entfernt liegt.[64] Wenn der Antragsteller nach Zurückweisung seines Antrags diesen zurücknimmt und bei einem anderen Gericht erneut stellt, kann dies als Selbstwiderlegung (s. Rn 24 f) zu werten sein.[65]

28 **d) Beurteilungsspielraum des Gerichts.** Ob glaubhaft gemachte Umstände als hinreichende Gefahr zu bewerten sind, hat das Gericht aus der Position eines objektiven, vernünftigen Dritten zu beurteilen.[66] Dabei besteht ein **Beurteilungsspielraum** (nicht: Ermessen), der vom Rechtsmittelgericht aber voll überprüft werden kann.[67]

29 **e) Sonderregelungen.** Kraft besonderer gesetzlicher Anordnung ist **keine** (Darlegung und) **Glaubhaftmachung des Verfügungsgrundes** erforderlich in den Fällen der §§ 885, 899 BGB, § 12 Abs. 2 UWG, § 5 UKlaG. Gleichwohl kann auch in solchen Fällen die Dringlichkeit wegen Selbstwiderlegung (s. Rn 24 f) verneint werden.

30 **6. Glaubhaftmachung. a) Gegenstand.** Siehe § 920 Rn 14.

31 **b) Voraussetzungen.** Glaubhaftmachung (§ 294) ist eine Beweisführung mit freierer Beweisaufnahme, die nur zu einem geringeren Maß richterlicher Überzeugungsbildung führen muss. Erforderlich ist grds. **überwiegende Wahrscheinlichkeit** für die Wahrheit des glaubhaft zu machenden Tatsachenvortrags (s. § 920 Rn 16).[68]

32 **c) Abwägung.** Drohen dem Schuldner bei Verfügungserlass weit stärkere Nachteile als dem Gläubiger beim Unterbleiben einer Verfügung, dann sind die Anforderungen an die Glaubhaftmachung des Verfügungsanspruchs schärfer. Allgemein muss die Wahrscheinlichkeit der anspruchsbegründenden Tatsachen umso größer sein, je tiefer der Eingriff in die Belange des Schuldners ist und je näher

---

60 OLG München NJW-RR 2001, 832.
61 Vgl OLG Brandenburg NJW-RR 2000, 326.
62 *Schmidhuber/Haberer*, WRP 2013, 436. AA *Teplitzky*, WRP 2013, 839; Zöller/*Vollkommer*, § 935 Rn 5.
63 OLG Hamburg NJW-RR 2007, 763.
64 KG KGR 2008, 470.
65 OLG Frankfurt NJW 2005, 3222; OLG Frankfurt MDR 2001, 764.
66 Hk-ZPO/*Kemper*, § 935 Rn 12.
67 MüKo-ZPO/*Drescher*, § 935 Rn 21; Stein/Jonas/*Grunsky*, § 935 Rn 14.
68 MüKo-ZPO/*Drescher*, § 935 Rn 15; Hk-ZPO/*Kemper*, § 935 Rn 14; Schuschke/Walker/*Schuschke*, § 935 Rn 9.

die Sicherung der Erfüllung steht. Andererseits können die Anforderungen an die Glaubhaftmachung abzuschwächen sein, wenn der Gläubiger auf die Maßnahme besonders dringend angewiesen ist[69] oder die Verwirklichung des Verfügungsgrundes unmittelbar bevorsteht.[70]

7. Vorwegnahmeverbot, Befriedigungsverfügung. a) Vorwegnahmeverbot. Einstweilige Verfügungen bezwecken die Sicherung einer späteren Befriedigung des Gläubigers und nicht die Befriedigung selbst. Es soll nur Veränderungen entgegengewirkt werden, derentwegen eine spätere, nach Durchführung des Hauptsachverfahrens zu bewirkende Befriedigung des Gläubigers nicht mehr möglich ist. Die darin liegende Einstweiligkeit kommt im **Verbot der Vorwegnahme der Hauptsache** zum Ausdruck, das zweierlei enthält: Die Verfügungsentscheidung soll die in der Hauptsache zu treffende Entscheidung nicht ersetzen, sondern inhaltlich hinter ihr zurückbleiben, und es sollen keine irreversiblen Maßnahmen angeordnet werden.[71] 33

b) Befriedigungsverfügung. aa) Zulässigkeit. Bisweilen liegen die Dinge so, dass mit sichernden Maßnahmen dem Rechtsschutzinteresse des Gläubigers nicht abgeholfen werden kann, dieser vielmehr kurzfristiger Befriedigung bedarf, wenn nicht ein großer und irreparabler Schaden eintreten soll, der mit einer Anspruchsdurchsetzung im Hauptsachverfahren nicht mehr restituiert werden kann. In solchen Fällen steht nur zur Wahl, ob das Vorwegnahmeverbot beachtet und dem Gläubiger Rechtsschutz verwehrt wird oder ob diesem **unter Vorwegnahme der Hauptsache Eilrechtsschutz** gewährt wird. Der verfassungsrechtlich verbürgte Anspruch auf Gewährung effektiven Rechtsschutzes gebietet, dass auch im Verfahren des einstweiligen Rechtsschutzes vorwegnehmende Maßnahmen angeordnet werden, wenn der Gläubiger andernfalls rechtsschutzlos wäre.[72] Die Zulässigkeit von **Befriedigungsverfügungen** bezeugen auch § 12 Abs. 2 UWG, § 5 UKlaG und §§ 85, 140 b Abs. 7 PatG. 34

bb) Voraussetzungen. Eine Befriedigungsverfügung kann nur im Hinblick auf einen **fälligen Anspruch** ergehen.[73] Ferner muss idR eine **irreparable Schädigung** des Verfügungsgläubigers drohen, oder dieser muss sich in einer **besonderen Notlage** befinden (im Gegensatz zum bloßen Nachteil),[74] die ohne Vorwegnahme nicht abgewendet bzw behoben werden kann.[75] Aber auch andere besondere Gründe vermögen eine vorwegnehmende Verfügung zu rechtfertigen (zu Besitzschutzansprüchen s. Rn 40).[76] 35

Befriedigungsverfügungen führen einen endgültigen Zustand herbei, der auch für den Schuldner irreparable Schädigungen bewirken kann (zB wenn etwaige Rückforderungs- oder Schadensersatzansprüche gegen den Verfügungsgläubiger nicht durchsetzbar sein werden), ohne dass er die Möglichkeit hatte, sich mit den Mitteln des ordentlichen Klageverfahrens gegen die Inanspruchnahme zu verteidigen. Daher ist eine **Abwägung** zwischen den Belangen des Gläubigers und des Schuldners vorzunehmen. Dabei sind vor allem die Dringlichkeit für den Gläubiger, die auf Seiten der Beteiligten zu erwartenden irreversiblen Schäden und die Erfolgs- 36

---

69 MüKo-ZPO/*Drescher*, § 935 Rn 15; Stein/Jonas/*Grunsky*, § 935 Rn 9; Schuschke/Walker/*Schuschke*, § 935 Rn 9.
70 Schuschke/Walker/*Schuschke*, § 935 Rn 20.
71 Zur Einstweiligkeit s. MüKo-ZPO/*Drescher*, § 938 Rn 9 ff.
72 Vgl BVerfG NJW 2005, 1105, 1106.
73 Schuschke/Walker/*Walker*, § 916 Rn 9.
74 OLG Saarbrücken NJW-RR 2007, 1406; OLG Frankfurt NJW 2007, 851; OLG Köln MDR 2005, 290; Sächsisches LAG MDR 2001, 882. AA – höchst zweifelhaft – LAG Hamburg MDR 2007, 284.
75 MüKo-ZPO/*Drescher*, § 938 Rn 20, 23; Stein/Jonas/*Grunsky*, Vor § 935 Rn 39 f.
76 Stein/Jonas/*Grunsky*, Vor § 935 Rn 32.

aussichten in der Hauptsache zu gewichten.[77] Ferner sind Befriedigungsverfügungen möglichst zu **befristen**.[78]

37 Insgesamt muss die Befriedigungsverfügung **Ausnahmecharakter** haben.[79] Aus § 938 Abs. 2 folgt nichts Gegenteiliges. Die Vorschrift erwähnt zwar ausdrücklich einstweilige Verfügungen, die eine Handlung oder Unterlassung gebieten. Gemeint sind aber nur Handlungen oder Unterlassungen, die einen auf andere Leistung gerichteten Anspruch sichern und folglich keine Vorwegnahme der Hauptsache bewirken. Nicht gemeint sind Handlungen und Unterlassungen, die Gegenstand des Verfügungsanspruchs sind.[80]

38 cc) **Anspruchsziele, Feststellungsverfügung.** Befriedigungsverfügungen können insb. bei folgenden Ansprüchen angeordnet werden:

39 **Zahlungsansprüche**[81] können Gegenstand einer Befriedigungsverfügung sein, zB Ersatzansprüche gem. §§ 842–844 BGB, § 13 StVG.[82] Allerdings kann der Verfügungsgrund einer auf Zahlung gerichteten Befriedigungsverfügung zu verneinen sein, wenn der Gläubiger die Notlage dadurch (mit-)verursacht hat, dass er es schuldhaft unterlassen hat, seine **Ansprüche rechtzeitig einzuklagen**.[83] Andererseits kann einer Befriedigungsverfügung entgegenstehen, dass der Gläubiger bereits über einen **vollstreckbaren Hauptsachetitel** verfügt, es sei denn, der Schuldner hat die Möglichkeit, durch Sicherheitsleistung die Vollstreckung abzuwenden, und macht von ihr Gebrauch.[84] Eine Befriedigungsverfügung kommt grds. nicht in Betracht, wenn die Möglichkeit besteht, der Notlage durch **Inanspruchnahme staatlicher Sozialleistungen** zu begegnen.[85]

40 **Besitzschutzansprüche** (§§ 861 ff BGB) können eine Herausgabeverfügung begründen.[86] Vorwegnahme ist hier **auch ohne Notlage des Gläubigers** zulässig, weil das Gesetz die Erfüllung von Besitzschutzansprüchen von vornherein als besonders dringlich bewertet (vgl § 863 BGB).[87] Die in der Praxis bedeutsame Frage, ob die Einstellung von **Leistungen der Daseinsvorsorge** verbotene Eigenmacht (§ 858 BGB) ist, wird in der Rspr uneinheitlich beurteilt. Einerseits soll ein Vermieter keine Besitzstörung gem. § 858 BGB begehen, wenn er nach wirksamer Beendigung des Mietverhältnisses wegen Zahlungsverzugs das **Wasser abdreht**.[88] Andererseits soll die Unterbrechung der Wasserversorgung verbotene Eigenmacht

---

77 OLG Frankfurt MDR 2004, 1019; OLG Rostock MDR 1996, 1183; MüKo-ZPO/*Drescher*, § 938 Rn 19 f, 29, 38; Stein/Jonas/*Grunsky*, Vor § 935 Rn 49; Schuschke/Walker/*Walker*, Vor § 916 Rn 31.
78 S. OLG Köln MDR 2005, 290; OLG Frankfurt ZIP 2002, 803; OLG Dresden NJW 2001, 1433; OLG Rostock MDR 1996, 1183; OLG Köln FamRZ 1983, 410; OLG Köln FamRZ 1980, 349; LG Frankfurt NJW-RR 2002, 124, 125; LG Leipzig ZIP 2000, 1977, 1980.
79 OLG Köln MDR 2005, 290; OLG München NJW-RR 2000, 681, 682; MüKo-ZPO/*Drescher*, § 938 Rn 15; Stein/Jonas/*Grunsky*, Vor § 935 Rn 32.
80 MüKo-ZPO/*Drescher*, § 938 Rn 36, 44, 47; Stein/Jonas/*Grunsky*, Vor § 935 Rn 47.
81 MüKo-ZPO/*Drescher*, § 938 Rn 22, 24; Stein/Jonas/*Grunsky*, Vor § 935 Rn 38, 41; Schuschke/Walker/*Schuschke*, Vor § 935 Rn 26 ff.
82 OLG Frankfurt NJW 2007, 851; OLG Hamm MDR 2000, 847.
83 OLG Frankfurt NJW 2007, 851; OLG Köln FamRZ 1983, 410.
84 MüKo-ZPO/*Drescher*, § 938 Rn 23.
85 OLG Hamm MDR 2000, 847; OLG Koblenz FamRZ 1988, 189; MüKo-ZPO/*Drescher*, § 938 Rn 23; Hk-ZPO/*Kemper*, § 940 Rn 11; Schuschke/Walker/*Schuschke*, Vor § 935 Rn 26.
86 OLG Köln MDR 2000, 152; OLG Köln MDR 1995, 1215; AG Rostock NJW-RR 2005, 1533.
87 OLG Köln MDR 2000, 152; MüKo-ZPO/*Drescher*, § 938 Rn 28; Stein/Jonas/*Grunsky*, Vor § 935 Rn 44; Schuschke/Walker/*Schuschke*, Vor § 935 Rn 20; einschränkend *Lehmann-Richter*, NJW 2003, 1717.
88 KG NJW-RR 2004, 1665.

sein, wenn der Vermieter nach fristloser Kündigung bereits ein Räumungsurteil erwirkt hat, das aber noch nicht rechtskräftig ist; die Unterbrechung der Wasserzufuhr sei als unzulässige Selbstvollstreckung des Räumungstitels zu bewerten[89] – sehr zweifelhaft. Ferner soll ein Gas- oder Stromversorger verbotene Eigenmacht gegenüber einem Wohnungsmieter als Endabnehmer begehen, wenn er das **Gas bzw den Strom sperrt**, weil der mit dem Endabnehmer nicht identische Vertragspartner des Versorgers (Vermieter des Endabnehmers) sich in Zahlungsrückstand befindet.[90] Rechtswidrig soll aber auch ein Vermieter handeln, der Vertragspartner des Versorgers ist, wenn er nach Beendigung des Mietverhältnisses die Stromversorgung des Mieters unterbricht.[91] Verbotene Eigenmacht kann auch vorliegen, wenn der Störer zur Besitzentziehung **staatliche Organe** (Polizei) einschaltet.[92]

Wegen sonstiger **Herausgabeansprüche** (zB gem. §§ 667, 985, 812 BGB) kann eine Befriedigungsverfügung nur ergehen, wenn der Gläubiger auf die Sache dringend angewiesen ist, um seinen Lebensunterhalt zu bestreiten[93] (zB Arbeitsmaterialien, die benötigt werden, um gegenüber einem Dritten rechtzeitig Werkleistungen zu erbringen und damit eine Vertragsstrafe zu vermeiden;[94] Steuerdaten, die der Insolvenzverwalter zur Erfassung und Sicherung des Schuldnervermögens braucht).[95] Zur Räumung von Wohnraum s. § 940 a. Zur Vollziehung s. § 938 Rn 11. 41

Vorwegnahme kommt in Betracht bei den naturgemäß in besonderem Maße zeitgebundenen **Unterlassungsansprüchen**,[96] vor allem in **wettbewerbsrechtlichen Streitigkeiten**, im Zusammenhang mit gewerblichen Schutzrechten (s. auch § 12 Abs. 2 UWG, § 5 UKlaG) und bei Persönlichkeitsrechtsverletzungen.[97] Bei drohenden nicht unerheblichen **Persönlichkeitsrechtsverletzungen** ist idR ohne Weiteres ein irreparabler Schaden anzunehmen.[98] Außerhalb des Anwendungsbereichs des UWG setzt eine Unterlassungsverfügung bei drohenden wirtschaftlichen Schäden grds. voraus, dass dem Gläubiger ohne Verfügungserlass erhebliche wirtschaftliche Nachteile entstünden, die durch die Geltendmachung von Schadensersatzansprüchen nicht ausgeglichen würden.[99] 42

Eine besondere Konstellation besteht bei **kollidierenden Unterlassungsverfügungen**. Wenn zB ein Vermieter Räume zur gewerblichen Nutzung vermietet, dabei Konkurrenzschutz für die übrigen Mieteinheiten zusichert und sodann weitere Räume an einen Konkurrenten des Erstmieters vermietet, dann konkurrieren die Vermieterpflichten aus der Konkurrenzklausel und dem zweiten Mietvertrag. Der Erstmieter könnte eine einstweilige Verfügung erwirken, die es dem Vermieter untersagt, die Räume an den Zweitmieter zu überlassen, während der Zweitmieter eine Verfügung erwirkt, die dem Vermieter verbietet, den Zweitmieter an der Nutzung der Räume zu hindern. Der Schuldner müsste dann zwei sich direkt wi- 43

---

[89] OLG Celle NJW-RR 2005, 1383.
[90] LG Cottbus NJW-RR 2001, 777; s. auch LG Aachen NJW-RR 1988, 1522.
[91] OLG Rostock MDR 2007, 1249.
[92] OLG Saarbrücken NJW-RR 2003, 1717.
[93] MüKo-ZPO/*Drescher*, § 938 Rn 29; Stein/Jonas/*Grunsky*, Vor § 935 Rn 45; Schuschke/Walker/*Schuschke*, Vor § 935 Rn 19.
[94] KG NJW-RR 2003, 1528.
[95] LG Berlin ZIP 2006, 962.
[96] OLG Frankfurt ZIP 2002, 303, 304; LG Frankfurt NJW-RR 2002, 124, 125.
[97] MüKo-ZPO/*Drescher*, § 938 Rn 34 ff; Stein/Jonas/*Grunsky*, Vor § 935 Rn 46, 48; Schuschke/Walker/*Schuschke*, Vor § 935 Rn 18.
[98] OLG München NJW-RR 2001, 765; MüKo-ZPO/*Drescher*, § 938 Rn 34 ff; Stein/Jonas/*Grunsky*, Vor § 935 Rn 46, 48.
[99] OLG Frankfurt MDR 2004, 1019; Einzelheiten bei MüKo-ZPO/*Drescher*, § 938 Rn 95 ff.

dersprechende Entscheidungen befolgen. In einem solchen Fall soll nach zweifelhafter Rechtsauffassung die zweite Verfügung nicht ergehen dürfen, weil die erste Entscheidung nachträgliches Unvermögen des Schuldners im Hinblick auf die mit dem zweiten Gesuch begehrte Unterlassung bewirkt; werden dennoch kollidierende Verfügungen erlassen, soll keine der beiden Entscheidungen vollstreckbar sein.[100]

44 Befriedigungsverfügungen können auch wegen **Duldungs- und Gestattungsansprüchen** ergehen, zB wegen eines Besichtigungsanspruchs (§ 809 BGB),[101] der darauf gerichtet ist, dass der Antragsgegner im selbständigen Beweisverfahren dem Sachverständigen zur Durchführung von Untersuchungen das Betreten eines Grundstücks ermöglicht.[102]

45 Wegen **Ansprüchen auf Abgabe einer Willenserklärung** können Befriedigungsverfügungen ergehen, wenn der Gläubiger auf die Willenserklärung dringend angewiesen ist (zB Zustimmung zur Herausgabe hinterlegten Geldes, zB gem. § 22 Abs. 3 S. 1 Nr. 1 HintG BW/MV/NRW/SächsHintG, § 17 Abs. 3 S. 1 Nr. 1 BerlHintG, § 21 Abs. 3 S. 1 Nr. 1 BbgHintG), oder wenn die Abgabe der Willenserklärung besonders zeitgebunden ist und eine Zurückweisung des Antrags einer Rechtsverweigerung gleichkäme.[103] S. ferner §§ 885, 899 BGB. Zur Vollziehung s. § 938 Rn 27.

46 Mitunter wird im Verfügungsverfahren die Zusage oder das Einverständnis des Schuldners hinsichtlich einer vom Gläubiger vorzunehmenden Maßnahme begehrt, zB die Zusage des Versicherers zu einer Heilbehandlung. Es geht dabei weniger um die Herbeiführung eines rechtlichen Erfolges durch die Willenserklärung als darum, dass dem Gläubiger in einem streitigen Rechtsverhältnis durch gerichtliche Eilentscheidung Rechtssicherheit verschafft wird. Solche einstweiligen Verfügungen, deren Zulässigkeit in der Rspr abgelehnt wird,[104] stehen in engem Zusammenhang mit den gesetzlich nicht geregelten **feststellenden einstweiligen Verfügungen**,[105] zB auf die Feststellung, dass ein Käufer oder Mieter zur Mängelbeseitigung berechtigt ist, ohne seine Gewährleistungsrechte zu verlieren. Die Frage nach Zulässigkeit und Wirkungen von Feststellungsverfügungen hat anzusetzen beim Streitgegenstand und der materiellen Rechtskraft. Streitgegenstand eines Verfügungsverfahrens ist nicht die Hauptsache, sondern der prozessuale Anspruch auf Sicherung (s. Vor §§ 935–945 b Rn 9). Weiter geht auch die materielle Rechtskraft einer Verfügungsentscheidung nicht. Erst in der Hauptsache können rechtskräftige Feststellungen über das streitige Rechtsverhältnis selbst getroffen werden. Folglich verschafft eine feststellende Verfügung dem Gläubiger keine Rechtssicherheit.[106] Das Gesuch ist daher mangels Rechtsschutzinteresse unzulässig. Anders wäre es nur, wenn die Feststellungsverfügung das Hauptsacheverfahren ausschließt. Dies kann allenfalls in extremen Ausnahmefällen unter dem Aspekt des Justizgewährungsanspruchs angenommen werden,

---

100 KG MDR 2003, 955.
101 OLG Frankfurt NJW-RR 2006, 1344; KG NJW 2001, 233; s. auch LG Duisburg NJW-RR 2007, 85 (Besichtigungsrecht des Vermieters).
102 OLG Karlsruhe NJW-RR 2002, 951.
103 OLG Köln NJW-RR 1997, 59; LAG Rheinland-Pfalz MDR 2002, 1130; Stein/Jonas/*Grunsky*, Vor § 935 Rn 50. AA OLG Hamburg NJW-RR 1991, 382; MüKo-ZPO/*Drescher*, § 938 Rn 47 unter Hinweis auf § 894.
104 OLG Koblenz VersR 2005, 392.
105 Zu ihnen MüKo-ZPO/*Drescher*, § 938 Rn 48; Stein/Jonas/*Grunsky*, Vor § 935 Rn 60; *Vogg*, NJW 1993, 1357.
106 LAG Baden-Württemberg MDR 2006, 1001; Schuschke/Walker/*Walker*, Vor § 916 Rn 11.

wenn es schlechthin unzumutbar ist, den Verfügungsgläubiger auf das zu spät kommende Hauptsacheverfahren zu verweisen.[107]

Befriedigungsverfügungen, die einen **Widerruf** ehrenrühriger Behauptungen erzwingen, sind grds. unzulässig.[108] Stattdessen kann eine Unterlassungsverfügung erlassen werden, wonach der Schuldner die Behauptung einstweilen nicht wiederholen darf.[109] Zu den Sondervorschriften für die **presserechtliche Gegendarstellung** s. Vor §§ 935–945 b Rn 8. 47

Auf Erteilung von **Auskunft** oder **Rechnungslegung** gerichtete Befriedigungsverfügungen sind grds. unzulässig (str),[110] wenn nicht ein gesetzlicher Sonderfall (§ 140 b Abs. 7 PatG, § 101 a Abs. 3 UrhG) gegeben ist. Ein Kreditnehmer, der die Herausgabe einer Bestandsliste zu einer Globalzession verweigert, kann mit einer einstweiligen Verfügung zur Auskunft angehalten werden.[111] Ferner ist in engen Grenzen die Anordnung einer Auskunft über Bezieher von Waren zulässig, die der Schuldner unter Eigentumsvorbehalt gekauft und sodann weiterverkauft hat.[112] Ebenso ist eine Verfügungsentscheidung zulässig, wonach ein Mieter, der dem Vermieterpfandrecht unterliegende Sachen unbefugt aus den Mieträumen weggeschafft hat, Auskunft über den Verbleib zu geben hat.[113] 48

Einstweilige Verfügungen zur Durchsetzung von Ansprüchen auf **Vornahme sonstiger Handlungen** sind grds. unzulässig, zumal bei vertretbaren Handlungen.[114] Sie werden in der Praxis aber nicht selten erlassen.[115] Ausnahmen gelten vor allem bei Fixgeschäften (zB Zulassung zur Teilnahme an einer Messe und Zuweisung eines Messestandes),[116] bei Leistungen der Daseinsvorsorge,[117] wenn der Gläubiger in besonderem Maße auf die Vornahme der Handlung angewiesen ist (zB bei der Nutzung einer Internet-Domain, Netzzugang, Belieferung mit Strom, Gas, Wasser,[118] Durchleitung oder Beseitigung),[119] oder wenn Gesundheitsschäden drohen.[120] 49

§ 936 Anwendung der Arrestvorschriften

Auf die Anordnung einstweiliger Verfügungen und das weitere Verfahren sind die Vorschriften über die Anordnung von Arresten und über das Arrestverfahren ent-

---

107 LAG Baden-Württemberg MDR 2006, 1001; Stein/Jonas/*Grunsky*, Vor § 935 Rn 60; ähnl. MüKo-ZPO/*Drescher*, § 938 Rn 48; abl. Berger/*Berger*, Kap. 2 Rn 19.
108 Stein/Jonas/*Grunsky*, Vor § 935 Rn 52.
109 Schuschke/Walker/*Schuschke*, Vor § 935 Rn 23.
110 Stein/Jonas/*Grunsky*, Vor § 935 Rn 53; Schuschke/Walker/*Schuschke*, Vor § 935 Rn 22. AA MüKo-ZPO/*Drescher*, § 938 Rn 45. S. auch LG Berlin ZIP 2006, 962.
111 OLG Brandenburg MDR 2005, 950; OLG Rostock WM 1998, 1530 m. Anm. *Cartano*, WuB I F 4 – Sicherungsabtretung 5.98.
112 OLG Karlsruhe NJW 1984, 1905.
113 OLG Rostock MDR 2004, 1109.
114 MüKo-ZPO/*Drescher*, § 938 Rn 42 f.
115 S. zB KG MDR 2004, 84; LG Mainz NJW-RR 2001, 637 (jew. Pflicht zum Betrieb eines Ladenlokals); OLG Dresden NJW 2001, 1433; LG Berlin WM 2008, 1825 m. Anm. *Haertlein/Primaczenko*, WuB I C 1. – 1.09; LG Leipzig ZIP 2000, 1977 (jew. Führung eines Girokontos).
116 OLG Düsseldorf NJW-RR 1996, 123.
117 MüKo-ZPO/*Drescher*, § 938 Rn 43; Schuschke/Walker/*Schuschke*, Vor § 935 Rn 24.
118 OLG München NJW-RR, 681, 682; LG Rostock ZIP 2007, 2379.
119 S. Schuschke/Walker/*Schuschke*, Vor § 935 Rn 24 a f, 25.
120 Vgl OLG Frankfurt NJW-RR 1987, 1166.

sprechend anzuwenden, soweit nicht die nachfolgenden Paragraphen abweichende Vorschriften enthalten.

§§ 35 Abs. 4, 36 Abs. 1 Nr. 2 GVGA

I. Allgemeines

1 Von den Vorschriften des Fünften Abschnitts (§§ 916–945 b) regeln die §§ 916–934 den Arrest und die §§ 935–942 die einstweilige Verfügung; §§ 943–945 b gelten für beide Verfahren. § 936 verweist für die **Anordnung** einstweiliger Verfügungen und das **weitere Verfahren** auf die Arrestvorschriften, soweit nicht die §§ 937–942 (und § 935) abweichende Regelungen enthalten. Bei der entsprechenden Anwendung der Arrestvorschriften sind Besonderheiten zu beachten, die sich aus Art und Inhalt der zu sichernden Ansprüche sowie den unterschiedlichen Sicherheitserfordernissen und Verfahrenszielen ergeben können.

II. Entsprechende Anwendung der Arrestvorschriften

2 § 916 Abs. 1 ist nicht anzuwenden (stattdessen §§ 935, 940), § 916 Abs. 2 ist entsprechend anzuwenden.

3 § 917 Abs. 1 ist nicht anzuwenden (stattdessen §§ 935, 940). § 917 Abs. 2 S. 1 ist entsprechend anzuwenden.[1]

4 § 918 ist nicht anzuwenden (stattdessen §§ 935, 940),[2] nach aA[3] richten sich die Voraussetzungen für die Anordnung von Freiheitsbeschränkungen in einstweiligen Verfügungen nach § 918.

5 § 919 ist nicht anzuwenden (stattdessen §§ 937, 942).

6 §§ 920 und 921 sind entsprechend anzuwenden.

7 § 922 ist entsprechend anzuwenden; abweichend von § 922 Abs. 1 entscheidet das Gericht in den Fällen des § 942 auch nach mündlicher Verhandlung durch Beschluss (§ 942 Abs. 4).

8 § 923 ist nicht anzuwenden (stattdessen § 939).

9 § 924 ist grds. entsprechend anzuwenden; eine Ausnahme besteht in den Fällen des § 942, in denen das Rechtfertigungsverfahren (§ 942) an die Stelle des Widerspruchs tritt.

10 § 925 ist entsprechend anzuwenden (sofern nicht der Widerspruch durch das Rechtfertigungsverfahren verdrängt ist, § 942). Bei § 925 Abs. 2 ist § 939 zu beachten. Die einstweilige Verfügung kann iÜ gem. § 925 Abs. 2 **gegen Sicherheit bestätigt** werden. Der dagegen gerichtete Hinweis auf § 939[4] überzeugt nicht, weil es bei der Bestätigung nicht um die in § 939 geregelte Schuldnersicherheit geht, sondern um die gem. § 921 zulässige **Gläubigersicherheit**.

11 § 926 ist entsprechend anzuwenden.

12 § 927 ist entsprechend anzuwenden; bei § 927 Abs. 1 ist § 939 zu beachten.

13 §§ 928[5] und 929 sind entsprechend anzuwenden.

---

1 MüKo-ZPO/*Drescher*, § 936 Rn 4; Stein/Jonas/*Grunsky*, § 936 Rn 2; Schuschke/Walker/*Schuschke*, § 936 Rn 2. AA Hk-ZPO/*Kemper*, § 936 Rn 4; Zöller/*Vollkommer*, § 917 Rn 18.
2 Hk-ZPO/*Kemper*, § 936 Rn 4; Schuschke/Walker/*Schuschke*, § 936 Rn 2; Zöller/*Vollkommer*, § 918 Rn 3.
3 Stein/Jonas/*Grunsky*, § 936 Rn 2.
4 Stein/Jonas/*Grunsky*, § 939 Rn 2.
5 BGHZ 131, 141; BGHZ 120, 73.

§ 930 ist nicht anzuwenden (stattdessen § 928).[6] 14

§ 931 Abs. 3 Teilsatz 1, Abs. 4 ist entsprechend anzuwenden, wenn eine einstweilige Verfügung die Sequestrierung eines Schiffes anordnet; iÜ ist § 931 nicht anzuwenden.[7] 15

§ 932 Abs. 1, 2 ist nicht anzuwenden (stattdessen §§ 928, 864 ff); § 932 Abs. 3 ist entsprechend anzuwenden, wenn eine Eintragung im Grundbuch vorzunehmen ist (beachte auch § 941). 16

§ 933 ist nicht anzuwenden (gegenstandslos);[8] nach aA[9] ist die Haftanordnung bei einstweiligen Verfügungen als äußerstes Sicherungsmittel zulässig, ihr Vollzug richtet sich dann nach § 933. 17

§ 934 Abs. 1 ist nicht anzuwenden; § 934 Abs. 2–4 ist entsprechend anzuwenden. 18

§ 937 Zuständiges Gericht

(1) Für den Erlass einstweiliger Verfügungen ist das Gericht der Hauptsache zuständig.
(2) Die Entscheidung kann in dringenden Fällen sowie dann, wenn der Antrag auf Erlass einer einstweiligen Verfügung zurückzuweisen ist, ohne mündliche Verhandlung ergehen.

I. Allgemeines

§ 937 enthält zwei Regelungen, die von den Bestimmungen des Arrestes abweichen. **Abs. 1** legt fest, dass nur das Gericht der Hauptsache für den Erlass einstweiliger Verfügungen **zuständig** ist (anders § 919), wobei allerdings die besonderen Zuständigkeitsregelungen § 942 Abs. 1, 2 und §§ 13, 14 UWG zu beachten sind. **Abs. 2** betrifft die **Notwendigkeit einer mündlichen Verhandlung**. Im Arrestverfahren ist über die Durchführung einer mündlichen Verhandlung nach richterlichem Ermessen zu entscheiden (s. § 922 Rn 2 ff). Demgegenüber bestimmt Abs. 2, dass nur in dringenden Fällen oder wenn der Verfügungsantrag zurückzuweisen ist, ohne mündliche Verhandlung entschieden werden kann. 1

II. Zuständigkeit (Abs. 1)

1. Ausschließliche Zuständigkeit, Konkurrenzen. Das Gericht der Hauptsache ist für den Erlass (nicht: die Vollziehung) einstweiliger Verfügungen örtlich, sachlich und international[1] **ausschließlich** (§ 802) **zuständig**. Anders als gem. § 919 im Arrestverfahren besteht grds. keine **konkurrierende Zuständigkeit** des Gerichts der Hauptsache und des Amtsgerichts; nur in den Fällen des § 942 Abs. 1, 2 ist neben dem Gericht der Hauptsache[2] das Amtsgericht zuständig. §§ 937, 942 werden im Anwendungsbereich des § 12 UWG **verdrängt** durch §§ 13, 14 UWG.[3] 2

2. Hauptsache. Hauptsache ist wie bei § 919 der Anspruch, dessen Verwirklichung oder Durchsetzung gesichert werden soll. Als Hauptsacheklage ist auch eine negative Feststellungsklage des Schuldners gegen den Gläubiger anzusehen 3

---

6 Schuschke/Walker/*Schuschke*, § 936 Rn 2 (auch zu Ausnahmen).
7 Schuschke/Walker/*Schuschke*, § 936 Rn 2; weitergehend Zöller/*Vollkommer*, § 931 Rn 3.
8 Musielak/*Huber*, § 936 Rn 7; Schuschke/Walker/*Schuschke*, § 936 Rn 2.
9 MüKo-ZPO/*Drescher*, § 936 Rn 5, 15; Stein/Jonas/*Grunsky*, § 936 Rn 2.
1 MüKo-ZPO/*Drescher*, § 937 Rn 2; Musielak/*Huber*, § 937 Rn 2; Schuschke/Walker/*Walker*, § 937 Rn 1.
2 MüKo-ZPO/*Drescher*, § 937 Rn 2.
3 Schuschke/Walker/*Walker*, § 937 Rn 3.

(str.).[4] Ein Gericht, bei dem Klage auf Feststellung des Nichtbestehens eines Anspruchs anhängig ist, für den eine vollstreckbare Urkunde (§ 794 Abs. 1 Nr. 5) errichtet wurde, ist auch für den Erlass einer einstweiligen Verfügung zuständig, mit der die einstweilige Einstellung der Zwangsvollstreckung aus der Urkunde angeordnet wird.[5]

4 **3. Anhängigkeit der Hauptsache.** Wenn die Hauptsache **anhängig ist**, dann ist das **mit der Hauptsache befasste Gericht** (ggf das Berufungsgericht, § 943 Abs. 1) für den Verfügungserlass zuständig, auch wenn es für die Hauptsache unzuständig ist.[6] Allerdings bindet die Anrufung eines Gerichts in der Hauptsache für einstweilige Verfügungen nicht, wenn der Rechtsweg unzulässig ist oder die internationale Zuständigkeit fehlt.[7] Wird ein Anspruch bei zwei verschiedenen Gerichten eingeklagt, so dass die zweite Klage wegen anderweitiger Rechtshängigkeit unzulässig ist, dann ist allein das zuerst angerufene Gericht für den Verfügungserlass zuständig.[8] Ein Verfügungsantrag bei der Kammer für Handelssachen ist unzulässig, wenn die Hauptsache bereits bei einer Zivilkammer anhängig ist.[9]

5 **4. Keine Anhängigkeit der Hauptsache.** Ist die Hauptsache **nicht anhängig**, hat der Gläubiger für seinen Verfügungsantrag die **Wahl** unter mehreren zuständigen Gerichten (§ 35) des ersten Rechtszuges (§ 943 Abs. 1). Mit dem Verfügungsantrag verbraucht der Gläubiger nicht sein Wahlrecht für das Hauptsacheverfahren; er kann die Hauptsacheklage bei einem anderen Gericht erheben.[10]

III. Mündliche Verhandlung (Abs. 2)

6 **1. Grundsatz.** Über den Verfügungserlass ist **nach mündlicher Verhandlung** durch Urteil (§§ 936, 922 Abs. 1 S. 1) zu entscheiden.

7 **2. Ausnahmen.** Die Entscheidung muss (s. Rn 9) **in dringenden Fällen** ohne mündliche Entscheidung ergehen; ist der **Verfügungsantrag zurückzuweisen**, kann **ohne mündliche Verhandlung** entschieden werden (Abs. 2). Ferner kann in den Fällen des § 942 ohne mündliche Verhandlung entschieden werden (§§ 942 Abs. 4, 128 Abs. 4). Zur **Schutzschrift** s. Vor §§ 916–945 b Rn 61 ff.

8 **a) Dringende Fälle.** Dringende Fälle iSd Abs. 2 zeichnen sich durch **besondere Dringlichkeit** aus. Diejenige Dringlichkeit, derer es bereits für einen Verfügungsgrund bedarf, ist nicht hinreichend.[11] Gesetzliche Dringlichkeitsvermutungen (zB §§ 885 Abs. 1 S. 2, 899 Abs. 2 S. 2 BGB, § 12 Abs. 2 UWG) betreffen nur den Verfügungsgrund und reichen nicht für Abs. 2 aus.[12] Vielmehr liegt die an Gegenstand und Zweck von Abs. 2 zu bemessende besondere Dringlichkeit nur dann vor, wenn eine Entscheidung (und ihre Vollziehung) nach mündlicher Verhandlung wahrscheinlich zu spät käme (**Eilbedürftigkeit**) oder wenn es geboten

---

4 MüKo-ZPO/*Drescher*, § 937 Rn 3; Musielak/*Huber*, § 937 Rn 3; Schuschke/Walker/*Walker*, § 937 Rn 2. AA OLG Hamburg NJW-RR 2000, 494; *Steinbeck*, NJW 2007, 1783.
5 OLG Düsseldorf OLGZ 1985, 493 (auch zum Rechtsschutz gem. § 769).
6 MüKo-ZPO/*Drescher*, § 937 Rn 2; Stein/Jonas/*Grunsky*, § 937 Rn 3; Musielak/*Huber*, § 943 Rn 3; Zöller/*Vollkommer*, § 937 Rn 1; Schuschke/Walker/*Walker*, § 937 Rn 1.
7 BAG NJW 2000, 2524 (betr. Rechtsweg); MüKo-ZPO/*Drescher*, § 937 Rn 2; Musielak/*Huber*, § 943 Rn 3 f. AA Stein/Jonas/*Grunsky*, § 937 Rn 3 (betr. Rechtsweg).
8 OLG Hamburg MDR 1981, 1027.
9 OLG Zweibrücken MDR 1989, 272.
10 OLG Karlsruhe NJW 1973, 1509.
11 OLG Karlsruhe NJW-RR 1987, 1206.
12 MüKo-ZPO/*Drescher*, § 937 Rn 5; Hk-ZPO/*Kemper*, § 937 Rn 5; Schuschke/Walker/*Walker*, § 937 Rn 6.

ist, den Antragsgegner mit der Vollziehung zu überraschen (**Vereitelungsgefahr**).[13]

Der Antragsteller ist gehalten, die besondere Dringlichkeit **glaubhaft zu machen** (§ 294), wenn er eine Entscheidung ohne mündliche Verhandlung erstrebt.[14] Nach gelungener Glaubhaftmachung ist das richterliche **Ermessen über die Wahl der Verfahrensart auf Null reduziert**, es muss ohne mündliche Verhandlung entschieden werden[15] – denn mündliche Verhandlung wäre wahrscheinlich sinnlos oder sogar schädlich. Die Frage, ob man es nicht doch auf eine mündliche Verhandlung und die damit verbundene Verzögerung bzw. Warnung ankommen lassen soll, betrifft nicht die Ermessensentscheidung nach Glaubhaftmachung, sondern die Wahrscheinlichkeitsprognose bei der Glaubhaftmachung. Bei besonderer Eilbedürftigkeit hat das Gericht alle Möglichkeiten auszuschöpfen, dem Antragsgegner, ggf unter Verzicht auf alle Förmlichkeiten, Gelegenheit zur Stellungnahme zu geben. Bei Vereitelungsgefahr verbietet sich jede Kontaktaufnahme mit dem Antragsgegner.[16]

b) Zurückweisung des Antrags. Ein unzulässiger oder unbegründeter Verfügungsantrag kann ohne mündliche Verhandlung zurückgewiesen werden. Auf die Dringlichkeit kommt es dabei nicht an.[17] Es liegt im **Ermessen** des Gerichts, ob es mündliche Verhandlung anberaumt. Ermessensleitend hat zu sein, ob es dem Antragsteller gelingen kann, ggf nach richterlichem Hinweis seinen Vortrag zu korrigieren oder zu ergänzen.[18] Gleichzeitig ist zu bedenken, dass der Antragsteller jederzeit ein neues Gesuch mit korrigierten Anträgen, vertiefter Begründung und verbesserter Glaubhaftmachung stellen kann, so dass ihm eher an einer Zurückweisung ohne mündliche Verhandlung gelegen sein kann, die dem Gegner nicht mitgeteilt wird (§§ 936, 922 Abs. 3), als an einem Erfolg nach mündlicher Verhandlung, durch deren Ansetzung der Gegner gewarnt wird.[19] Zur Ermessensentscheidung s. ferner § 922 Rn 2 ff.

3. Rechtsbehelfe gegen die Wahl der Verfahrensart. Gegen die Entschließung des Gerichts, ob eine mündliche Verhandlung stattfindet, ist kein Rechtsbehelf gegeben.[20]

§ 938 Inhalt der einstweiligen Verfügung

(1) Das Gericht bestimmt nach freiem Ermessen, welche Anordnungen zur Erreichung des Zweckes erforderlich sind.

(2) Die einstweilige Verfügung kann auch in einer Sequestration sowie darin bestehen, dass dem Gegner eine Handlung geboten oder verboten, insbesondere die

---

13 OLG Karlsruhe NJW-RR 1987, 1206; MüKo-ZPO/*Drescher*, § 937 Rn 5; Schuschke/Walker/*Walker*, § 937 Rn 6.
14 Stein/Jonas/*Grunsky*, § 937 Rn 6; Schuschke/Walker/*Walker*, § 937 Rn 6.
15 MüKo-ZPO/*Drescher*, § 937 Rn 6; Stein/Jonas/*Grunsky*, § 937 Rn 6; Schuschke/Walker/*Walker*, § 937 Rn 6.
16 MüKo-ZPO/*Drescher*, § 937 Rn 6; Schuschke/Walker/*Walker*, § 937 Rn 6.
17 MüKo-ZPO/*Drescher*, § 937 Rn 7; Schuschke/Walker/*Walker*, § 937 Rn 7.
18 KG NJW-RR 1992, 576; MüKo-ZPO/*Drescher*, § 937 Rn 7; *Hansens*, NJW 1991, 953, 955; Zöller/*Vollkommer*, § 937 Rn 2 a.
19 Stein/Jonas/*Grunsky*, § 937 Rn 8; *Hansens*, NJW 1991, 953, 955; Schuschke/Walker/*Walker*, § 937 Rn 7.
20 MüKo-ZPO/*Drescher*, § 937 Rn 8; Stein/Jonas/*Grunsky*, § 937 Rn 9; Zöller/*Vollkommer*, § 937 Rn 3; Schuschke/Walker/*Walker*, § 937 Rn 5.

§ 154 GVGA

- I. Allgemeines 1
- II. Richterliches Ermessen (Abs. 1) .. 2
  - 1. Zulässigkeit und Inhalt einstweiliger Verfügungen ... 2
  - 2. Erforderlichkeit 3
  - 3. Freies Ermessen 4
  - 4. Verfügungsantrag 5
- III. Anordnungsinhalte (Abs. 2) und Vollziehung 6
  - 1. Allgemeines 6
    - a) Anordnungsinhalte 6
    - b) Vollziehung 7
  - 2. Geldzahlung 9
  - 3. Herausgabe, Sequestration, Zwangsverwaltung 11
    - a) Herausgabe 11
      - aa) Herausgabe an den Gläubiger 11
      - bb) Herausgabe an den Gerichtsvollzieher ... 12
      - cc) Vollziehung 13
    - b) Sequestration 14
    - c) Zwangsverwaltung 17
  - 4. Unterlassung 18
  - 5. Veräußerungs- und Verfügungsverbote 20
  - 6. Erwerbsverbote 22
  - 7. Rechtshängigkeitsvermerk .. 23
  - 8. Vornahme von Handlungen 24
    - a) Anordnung 24
    - b) Vollziehung 25
  - 9. Abgabe einer Willenserklärung 26
    - a) Anordnung 26
    - b) Vollziehung 27
  - 10. Haft 28
  - 11. Rechtsgestaltende Verfügungen, einstweiliger Rechtsschutz im Gesellschaftsrecht 29

I. Allgemeines

1 Abs. 1 stellt es in das richterliche Ermessen, welche Anordnungen in einer stattgebenden Verfügungsentscheidung tenoriert werden. Ermessensleitend ist die Erforderlichkeit zur Erreichung des Sicherungs- oder Regelungszwecks. Abs. 2 zählt einzelne Anordnungen auf, ohne damit in Frage zu stellen, dass die möglichen Anordnungen nicht abschließend bestimmt werden und aus ihnen resultierende Maßnahmen denkbar vielfältig sein können.[1]

II. Richterliches Ermessen (Abs. 1)

2 **1. Zulässigkeit und Inhalt einstweiliger Verfügungen.** Eine einstweilige Verfügung kann ergehen, wenn eine Vereitelung oder Erschwerung der Rechtsdurchsetzung „zu besorgen ist" (§ 935) oder wenn die einstweilige Verfügung „nötig erscheint" (§ 940). Damit ist jeweils der **Verfügungsgrund** angesprochen und mit ihm die Frage, **ob** eine einstweilige Verfügung ergehen darf. Abs. 1 und das in ihm enthaltene Merkmal der Erforderlichkeit betreffen indes die Frage, welchen **Inhalt** die dem Grunde nach zulässige einstweilige Verfügung haben soll, also das „Wie" der stattgebenden Entscheidung. Allerdings hängen der Verfügungsgrund als Voraussetzung einer einstweiligen Verfügung und die Erforderlichkeit als Maßstab für Art, Inhalt und Reichweite der Verfügungsentscheidung auf das Engste miteinander zusammen. Denn die Umstände, aus denen der Verfügungsgrund und seine Intensität resultieren, beeinflussen erheblich Art und Maß dessen, was zur Sicherung oder Regelung erforderlich ist.[2]

3 **2. Erforderlichkeit.** Es sind diejenigen Maßnahmen anzuordnen, die erforderlich sind, um den konkreten Sicherungs- oder Regelungszweck zu erreichen. Erforderlichkeit bedeutet, dass die Anordnung zur beabsichtigten Sicherung oder Rege-

---

[1] MüKo-ZPO/*Drescher*, § 938 Rn 2; Schuschke/Walker/*Schuschke*, § 938 Rn 19.
[2] MüKo-ZPO/*Drescher*, § 938 Rn 2.

lung **geeignet** sein muss und dass es sich bei ihr um das **mildeste Mittel** zur Zweckerreichung handeln muss. Nach im Schrifttum[3] vertretener Auffassung sind vor der Auswahl des mildesten Mittels die Interessen von Gläubiger und Schuldner abzuwägen, dh, es sind die Nachteile, die dem Gläubiger beim Unterbleiben der Anordnung drohen, ins Verhältnis zu setzen mit der Eingriffstiefe der Anordnung beim Schuldner. Ggf soll einstweiliger Rechtsschutz wegen Unverhältnismäßigkeit zu verweigern sein.[4] Es trifft zwar zu, dass die Geeignetheit einer Anordnung mit Blick auf die Gläubigerinteressen festzustellen und bei der Wahl des mildesten Mittels auf die Schuldnerbelange abzustellen ist. Es überzeugt aber nicht, dass eine Maßnahme unzulässig sein kann, weil sie den Schuldner wesentlich schwerer trifft, als sie den Gläubiger bevorteilt. An einer solchen Verhältnismäßigkeit ieS (Angemessenheit) ist die Maßnahme – außer im Sonderfall des § 940 a – nicht zu messen (s. Vor §§ 935–945 b Rn 9 zu offenen Eilentscheidungen). Schuldnerschutz wird stattdessen bewirkt durch die Beschränkung auf das mildeste Mittel, durch das **Vorwegnahmeverbot** (s. § 935 Rn 33) sowie auf der Sekundärebene durch Gläubigersicherheit (§§ 936, 921) und den Schadensersatzanspruch aus § 945.

3. Freies Ermessen. Abs. 1 stellt die Wahl der Mittel in das **freie richterliche Ermessen**. Frei ist dieses Ermessen insoweit, als das Gericht **nicht auf bestimmte Anordnungsinhalte beschränkt** ist. Abgesehen davon handelt es sich um **pflichtgemäßes Ermessen** (aA[5] richterlicher Beurteilungsspielraum): Ermessensleitender Gesichtspunkt ist die **Erforderlichkeit zur Zweckerreichung**. Dabei ist die gebotene **inhaltliche Einstweiligkeit** des Sicherungs- oder Regelungszwecks zu beachten, derentwegen grds. eine Erfüllung des geltend gemachten Anspruchs des Gläubigers ausgeschlossen ist (s. § 935 Rn 33);[6] nur der Gefährdung darf abgeholfen werden. 4

4. Verfügungsantrag. Zur notwendigen Bestimmtheit des Verfügungsantrags (§ 253 Abs. 2 Nr. 2) s. § 935 Rn 7. Die **Bindung des Gerichts** an den Verfügungsantrag gem. § 308 Abs. 1 (s. § 935 Rn 8) begrenzt das richterliche Ermessen bei der Entscheidung über den Verfügungsinhalt. 5

III. Anordnungsinhalte (Abs. 2) und Vollziehung

1. Allgemeines. a) Anordnungsinhalte. Für die möglichen **Anordnungsinhalte** besteht **kein numerus clausus**. Abs. 2 zählt beispielhaft einige mögliche Verfügungsinhalte auf. Gleichwohl ist eine Typisierung und Kategorisierung möglich. Im (Arrest- und) Verfügungsprozess können Maßnahmen angeordnet werden, auf die der Gläubiger nach materiellem Recht keinen Anspruch hat;[7] solche Maßnahmen dürfen aber nicht über eine Hilfsfunktion für die Sicherung des Verfügungsanspruchs hinausgehen.[8] Im Rahmen umfassender Regelungen (zB bei Miet- oder Nachbarschaftsverhältnissen) sollen auch dem Verfügungsgläubiger (Handlungs- und Duldungs-)Pflichten auferlegt werden können, ohne dass es eines Gegenantrags des Schuldners bedarf.[9] Dies birgt Ungereimtheiten. Vom Erfordernis eines Antrags des Schuldners auf Erlass einer **einstweiligen Gegenverfü-** 6

---

[3] MüKo-ZPO/*Drescher*, § 938 Rn 3 f; Schuschke/Walker/*Schuschke*, § 938 Rn 14.
[4] Hk-ZPO/*Kemper*, § 938 Rn 4; Schuschke/Walker/*Schuschke*, § 938 Rn 16; differenzierend *Schilken*, in: Gaul/Schilken/Becker-Eberhard, § 76 Rn 7, 12.
[5] MüKo-ZPO/*Drescher*, § 938 Rn 5; Stein/Jonas/*Grunsky*, § 938 Rn 1.
[6] MüKo-ZPO/*Drescher*, § 938 Rn 9 ff.
[7] Stein/Jonas/*Grunsky*, § 938 Rn 9; *Wenzel*, MDR 1967, 889, 892.
[8] Stein/Jonas/*Grunsky*, § 938 Rn 18.
[9] Stein/Jonas/*Grunsky*, § 938 Rn 13.

gung, der im Verfügungsverfahren an die Stelle der Widerklage tritt,[10] sollte daher nicht abgesehen werden.

7 **b) Vollziehung.** Einstweilige Verfügungen sind nach Maßgabe der §§ 936, 928, 929, 931 Abs. 3 Teilsatz 1, Abs. 4, 932 Abs. 3, 933, 934 Abs. 2–4, 941 zu vollziehen. Sie bedürfen gem. § 929 Abs. 1 grds. keiner Vollstreckungsklausel. Die Vollziehungs- und Zustellungsfristen (§§ 929 Abs. 2, 3, 932 Abs. 3) sind zu beachten (zu Unterlassungsverfügungen s. § 929 Rn 14).

8 Die Tenorierung einstweiliger Verfügungen muss dem **Bestimmtheitserfordernis** für Vollstreckungstitel entsprechen.[11] Andernfalls ist der Titel nicht vollziehbar. Dies ist vor allem bei Unterlassungsverfügungen zu beachten, bei denen die Verbotsbeschreibung häufig Schwierigkeiten bereitet, weil eine zu enge Fassung dem Sicherungsbedürfnis nicht abhilft, während eine zu weite Fassung zu unbestimmt sein kann. Ferner muss aus dem Ausspruch klar werden, welche Vollstreckungsart anzuwenden ist (praktisch bisweilen schwierig bei der Abgrenzung von § 888 und § 890).[12]

9 **2. Geldzahlung.** Zahlungsansprüche sind durch **Arrest** zu sichern (§ 916). Dennoch kommen auf Zahlung gerichtete einstweilige Verfügungen in Betracht, und zwar als **Befriedigungsverfügungen** (s. § 935 Rn 34 ff). Der Verfügungszweck besteht in der **Abhilfe einer gegenwärtigen und künftigen existenziellen Notlage** des Gläubigers. Daher darf Zahlung nur bis zu der Höhe angeordnet werden, die zur Abhilfe erforderlich ist. Außer Betracht hat zu bleiben, ob die Notlage bereits vor dem Zeitpunkt der Entscheidung (aA[13] des Verfügungsantrags) bestanden hat.[14] Ferner können Zahlungsansprüche, die in der Vergangenheit aufgelaufen sind, nicht zu einer Erhöhung des anzuordnenden Zahlungsbetrags führen. Schließlich darf mit der Zahlungsverfügung kein Betrag zugesprochen werden, der höher ist als der nach dem Verfügungsanspruch geschuldete Betrag.[15] Die Anordnung muss **befristet** werden,[16] wobei die Länge nach den Gegebenheiten zu bestimmen ist.[17] Nach Fristablauf kann eine erneute Befriedigungsverfügung ergehen, es sei denn, der Gläubiger habe versäumt, rechtzeitig (§§ 936, 926) Klage in der Hauptsache zu erheben.[18]

10 Zahlungsverfügungen sind im Wege der **Geldvollstreckung** (§§ 803 ff) zu vollziehen (§§ 936, 928). Für § 929 Abs. 2 reicht die Zustellung nicht.[19] Der Gläubiger ist gehalten, in der Monatsfrist eine Zugriffsmaßnahme zu beantragen,[20] wenn nicht der Schuldner freiwillig leistet. Zu Verfügungen auf wiederkehrende Leistungen s. § 929 Rn 13.

---

10 Vgl LG Köln MDR 1959, 40; *Schilken*, in: Gaul/Schilken/Becker-Eberhard, § 79 Rn 9.
11 Hk-ZPO/*Kemper*, § 938 Rn 4, 7; Zöller/*Vollkommer*, § 938 Rn 4.
12 Schuschke/Walker/*Schuschke*, § 938 Rn 17.
13 OLG Rostock MDR 1996, 1183; OLG Karlsruhe FamRZ 1989, 80; OLG Koblenz FamRZ 1988, 189; OLG Köln FamRZ 1983, 410; differenzierend MüKo-ZPO/*Drescher*, § 938 Rn 26.
14 OLG Celle NJW-RR 1996, 257; OLG Hamm FamRZ 1988, 527; OLG Düsseldorf FamRZ 1987, 611; OLG Köln FamRZ 1986, 919; OLG Celle FamRZ 1979, 802.
15 Schuschke/Walker/*Schuschke*, § 938 Rn 11.
16 OLG Köln MDR 2005, 290; OLG Rostock MDR 1996, 1183; OLG Köln FamRZ 1983, 410; OLG Köln FamRZ 1980, 349; MüKo-ZPO/*Drescher*, § 938 Rn 27; einschränkend Schuschke/Walker/*Schuschke*, § 938 Rn 13.
17 OLG Köln FamRZ 1980, 349. AA OLG Köln FamRZ 1983, 410 (Notunterhalt für höchstens sechs Monate).
18 MüKo-ZPO/*Drescher*, § 938 Rn 27.
19 AA OLG Hamm FamRZ 1983, 1254, 1255.
20 OLG Oldenburg FamRZ 1983, 1256, 1257; *Addicks*, MDR 1994, 225, 228; MüKo-ZPO/*Drescher*, § 938 Rn 53.

3. Herausgabe, Sequestration, Zwangsverwaltung. a) Herausgabe. aa) Herausgabe an den Gläubiger. Eine auf Herausgabe an den Gläubiger gerichtete Verfügung kann als Befriedigungsverfügung ergehen, wobei sich die Voraussetzungen unterscheiden, je nachdem, ob es sich beim Verfügungsanspruch um einen Besitzschutz- oder um einen sonstigen Herausgabeanspruch handelt (s. § 935 Rn 40 f). Ferner ist die Anordnung der Herausgabe zum Zwecke der Aufbewahrung an den Gläubiger zulässig, wenn dieser über geeignete Lagerräume verfügt, eine Verwahrung bei einem Dritten erhebliche Kosten verursachen würde und der Gläubiger Sicherheit leistet.[21] Zur Räumung von Wohnraum s. § 940 a.

bb) Herausgabe an den Gerichtsvollzieher. Liegen die Voraussetzungen für die Anordnung der Herausgabe an den Gläubiger nicht vor, dann ist zur Sicherung eines Herausgabeanspruchs anzuordnen, dass die Sache **an einen Verwahrer herauszugeben** ist (**Sicherstellungsverfügung**).[22] Die der Herausgabevollstreckung zugehörige Verwahrung ist grds. dem **Gerichtsvollzieher** als Vollstreckungsorgan anheim zu geben (vgl § 154 Abs. 2 S. 2 GVGA).[23]

cc) Vollziehung. Herausgabeverfügungen sind gem. §§ 936, 928 im Wege der **Herausgabevollstreckung** (§§ 883 ff) zu vollziehen, wobei ggf an die Stelle der Übergabe an den Gläubiger die Verwahrung durch den Gerichtsvollzieher tritt. Für die Rechtzeitigkeit (§ 929 Abs. 2) kommt es auf den Vollstreckungsantrag an.[24]

b) Sequestration. Wenn die bloße Sicherstellung und **Verwahrung des Gegenstandes nicht ausreicht**, dann ist Sequestration anzuordnen.[25] Sequestration bedeutet, dass eine Sache oder ein Unternehmen **durch einen Treuhänder in Verwahrung zu nehmen und zu verwalten** ist.[26] Auch Forderungen und sonstige Vermögensrechte (zB Patente)[27] können sequestriert werden.[28] Die Tätigkeit als Sequester ist nicht den Gerichtsvollziehern als Vollstreckungsorganen zugewiesen. Sie können Sequestrationen aber als freiwillige genehmigungspflichtige Nebentätigkeiten[29] übernehmen.[30] Das Prozessgericht hat in der Anordnung der Sequestration oder in einem gesonderten Beschluss über die Person des Sequesters und seinen Aufgabenbereich Bestimmung zu treffen.[31] Die Auswahl des Sequesters kann dem Vollstreckungsgericht überlassen werden.[32]

Ein **Sequester** wird **privatrechtlich** tätig.[33] Er ist als solcher kein Vollstreckungsorgan und hat keine staatlichen Zwangsbefugnisse gegenüber dem Schuldner. Die Wegnahme des zu sequestrierenden Gegenstandes zählt zu den Aufgaben des Ge-

---

21 OLG Düsseldorf MDR 1984, 411; *Kleier*, MDR 1984, 370.
22 MüKo-ZPO/*Drescher*, § 938 Rn 29.
23 MüKo-ZPO/*Drescher*, § 938 Rn 29 f; Stein/Jonas/*Grunsky*, § 938 Rn 21; Zöller/*Vollkommer*, § 938 Rn 8.
24 Stein/Jonas/*Grunsky*, § 938 Rn 31 f.
25 OLG München MDR 1984, 62; MüKo-ZPO/*Drescher*, § 938 Rn 29; Schuschke/Walker/*Schuschke*, § 938 Rn 20.
26 OLG München MDR 1984, 62; MüKo-ZPO/*Drescher*, § 938 Rn 30; *Gleußner*, DGVZ 1996, 33; Musielak/*Huber*, § 938 Rn 7; Schuschke/Walker/*Schuschke*, § 938 Rn 20; Zöller/*Vollkommer*, § 938 Rn 7.
27 BGHZ 172, 98 = NJW-RR 2008, 487.
28 Musielak/*Huber*, § 938 Rn 7; Zöller/*Vollkommer*, § 938 Rn 7.
29 *Nies*, MDR 1993, 937; Schuschke/Walker/*Schuschke*, § 938 Rn 22.
30 BGHZ 146, 17, 20.
31 OLG München MDR 1984, 62; MüKo-ZPO/*Drescher*, § 938 Rn 31; Stein/Jonas/*Grunsky*, § 938 Rn 22; Musielak/*Huber*, § 938 Rn 7; Zöller/*Vollkommer*, § 938 Rn 9.
32 Dafür OLG München MDR 1984, 62; *Schmidt*, NJW 1961, 2342.
33 BGHZ 146, 17, 20; BGH NJW-RR 2005, 1283; KG NJW-RR 1987, 574; *Schmidt*, NJW 1961, 2342.

richtsvollziehers, der dabei als Vollstreckungsorgan handelt[34] und **Herausgabevollstreckung** (§§ 936, 928, 883 ff) betreibt. Er hat den Gegenstand sodann dem Sequester zu übergeben, der ihn von da an zu verwahren und zu verwalten hat.[35] Der Sequester handelt bei Erledigung seiner Aufgaben im eigenen Namen. Er ist im Verhältnis zu den Parteien des Verfügungsrechtsstreits nicht weisungsgebunden, steht aber unter der Aufsicht des Gerichts, das die Sequestration angeordnet hat[36] (aA[37] Vollstreckungsgericht). Einwendungen gegen die Art und Weise der Sequestration sind beim aufsichtsführenden Gericht[38] (aA analog § 766 beim Vollstreckungsgericht)[39] geltend zu machen. Die Sequestration ist nur auf Recht- und nicht auch auf Zweckmäßigkeit zu kontrollieren.[40] Der Sequester kann sein Amt niederlegen, zB wenn er keinen Vorschuss erhält.[41]

16 Die **Vergütung** des Sequesters ist vom anordnenden Gericht (aA[42] entsprechend § 153 ZVG durch das Vollstreckungsgericht), und zwar durch den Richter, durch privatrechtsgestaltenden Hoheitsakt festzusetzen.[43] Die Höhe der Vergütung kann zwischen Sequester und Verfügungsgläubiger vereinbart werden.[44] Wenn nichts vereinbart wurde, ist die übliche Vergütung (§§ 675, 612 Abs. 2, 632 Abs. 2 BGB) festzusetzen, die entsprechend §§ 17 ff ZwVwV zu bemessen ist.[45] Ausnahmsweise, wenn der Aufgabenbereich des Sequesters stärker dem eines Insolvenzverwalters ähnelt, ist nach der InsVV zu vergüten.[46] Hat es das Gericht versäumt, eine Vergütung festzusetzen, kann dies auf Antrag durch Beschluss nachgeholt werden. Gegen die Festsetzung der Vergütung ist die sofortige Beschwerde (analog § 793, §§ 153, 146, 95 ZVG) einer Partei oder des Sequesters statthaft.[47] Vergütungs- und Vorschussschuldner des Sequesters ist nur der Verfügungsgläubiger[48] (nicht der Schuldner); die gerichtliche Festsetzung der Vergütung ist ein Vollstreckungstitel des Sequesters gegen den Gläubiger (§ 794 Abs. 1 Nr. 3).[49] Die **Kosten der Sequestration** (Vergütung und Auslagen) kann der Verfügungsgläubiger sodann im Kostenfestsetzungsverfahren (§ 104) aufgrund der Kostenentscheidung des Verfügungsverfahrens gegen den Verfügungsschuldner festsetzen lassen[50] (nach aA[51] besteht allenfalls ein untitulierter materiell-rechtlicher Ersatzanspruch des Gläubigers gegen den Schuldner). Die Kosten der Sequestration zählen nicht zu den Kosten der Zwangsvollstreckung (§ 788), weil die Vollziehung der Verfügung beendet ist, sobald der Gerichtsvollzieher den Gegen-

---

34 BGHZ 146, 17, 20; MüKo-ZPO/*Drescher*, § 938 Rn 30.
35 BGHZ 146, 17, 20; MüKo-ZPO/*Drescher*, § 938 Rn 31.
36 MüKo-ZPO/*Drescher*, § 938 Rn 31; Musielak/*Huber*, § 938 Rn 7; Schuschke/Walker/*Schuschke*, § 938 Rn 21; Zöller/*Vollkommer*, § 938 Rn 11.
37 *Schmidt*, NJW 1961, 2342.
38 MüKo-ZPO/*Drescher*, § 938 Rn 31; Schuschke/Walker/*Schuschke*, § 938 Rn 23.
39 *Noack*, JurBüro 1981, 1123.
40 Schuschke/Walker/*Schuschke*, § 938 Rn 23.
41 LG Saarbrücken DGVZ 1995, 189.
42 *Schmidt*, NJW 1961, 2342.
43 OLG Frankfurt NJW-RR 1987, 63; OLG Köln Rpfleger 1986, 268; LG Hagen DGVZ 2003, 139; LG Saarbrücken DGVZ 1995, 189; LG Saarbrücken DGVZ 1995, 187; iE ebenso BGH NJW-RR 2005, 1283 (betr. § 848 Abs. 2).
44 BGH NJW-RR 2005, 1283; OLG Koblenz MDR 1981, 855.
45 BGH NJW-RR 2005, 1283; OLG München MDR 1985, 855.
46 OLG Köln MDR 1997, 690; OLG München MDR 1985, 855; LG Hagen DGVZ 2003, 139; LG Heilbronn DGVZ 1995, 74.
47 OLG München MDR 1985, 855; MüKo-ZPO/*Drescher*, § 938 Rn 32; Musielak/*Huber*, § 938 Rn 7; Schuschke/Walker/*Schuschke*, § 938 Rn 26.
48 MüKo-ZPO/*Drescher*, § 938 Rn 32; *Schmidt*, NJW 1961, 2342.
49 OLG München MDR 1985, 855.
50 BGH NJW 2006, 3010; MüKo-ZPO/*Drescher*, § 938 Rn 32; Stein/Jonas/*Grunsky*, § 938 Rn 22; Schuschke/Walker/*Schuschke*, § 938 Rn 25.
51 OLG Koblenz Rpfleger 1991, 523; OLG Koblenz MDR 1981, 855.

stand dem Sequester übergeben hat.[52] Die **Kosten der Wegnahme und der Übergabe** (zB Transport) durch den Gerichtsvollzieher sind dagegen Kosten der Zwangsvollstreckung.[53]

c) **Zwangsverwaltung.** Zur Sicherung eines Hypothekengläubigers gem. § 1134 Abs. 2 BGB kann die Zwangsverwaltung eines Grundstücks (§§ 146 ff ZVG) durch einstweilige Verfügung angeordnet werden.[54]

4. **Unterlassung.** Einstweilige Verfügungen können auf Unterlassung gerichtet sein. Erhebliche Bedeutung haben Unterlassungsverfügungen in den Bereichen des Wettbewerbsrechts und des Persönlichkeitsschutzes, aber auch in anderen Gebieten. So kann dem Begünstigten einer Garantie verboten werden, den Garanten aus der Garantie in Anspruch zu nehmen;[55] ferner kann einem Vermieter verboten werden, die in einem verpfändeten Kautionssparbuch verbriefte Forderung gegen die Bank einzuziehen, solange die Pfandreife nicht unstreitig oder rechtskräftig festgestellt ist.[56] Bei einer Unterlassungsverfügung handelt es sich um eine – nach Möglichkeit zu befristende[57] – **Befriedigungsverfügung** (s. § 935 Rn 42 f), wenn der Verfügungsanspruch selbst ein Unterlassungsanspruch ist und das angeordnete Unterlassen diesen Anspruch teil- oder zeitweise erfüllt (was nicht der Fall sein muss).[58] Dagegen ist der Anwendungsbereich der Befriedigungsverfügung nicht berührt, wenn der Verfügungsanspruch nicht auf Unterlassen gerichtet ist und die angeordnete Unterlassung nur die Durchsetzung des anderen Anspruchsziels sichern soll (zB wenn einem Herausgabeschuldner die Benutzung verboten wird).[59]

Unterlassungsverfügungen sind gem. §§ 936, 928, 890 zu **vollziehen** (s. auch § 929 Rn 14). Vollzogen ist die Entscheidung erst, wenn der Gläubiger von ihr Gebrauch gemacht und damit zum Ausdruck gebracht hat, dass er eine Nichtbeachtung nicht hinnehmen wird. Eine von Amts wegen vorgenommene Zustellung kann daher nicht als Vollziehung gewertet werden. Beschlussverfügungen sind dem Schuldner gem. §§ 936, 922 Abs. 2 im Parteibetrieb zuzustellen; damit werden sie wirksam und iSd § 929 Abs. 2 vollzogen. Die Vollziehung einer durch Urteil ergangenen Unterlassungsverfügung wird idR ebenfalls durch **Zustellung „zum Zwecke der Zwangsvollstreckung"** im Parteibetrieb (nicht aber durch Amtszustellung)[60] bewirkt.[61] Der Gläubiger kann anstatt zuzustellen von der Verfügung auch Gebrauch machen, indem er den Antrag gem. § 890 stellt; auch dann ist die Verfügung vollzogen iSv § 929 Abs. 2.[62] **Duldungsverfügungen** kön-

---

52 OLG Koblenz Rpfleger 1991, 523; OLG Koblenz MDR 1981, 855; MüKo-ZPO/*Drescher*, § 938 Rn 32; Zöller/*Vollkommer*, § 938 Rn 9. AA Schuschke/Walker/*Schuschke*, § 938 Rn 25 (wahlweise § 104 oder § 788).
53 OLG Koblenz Rpfleger 1991, 523; MüKo-ZPO/*Drescher*, § 938 Rn 32; Zöller/*Vollkommer*, § 938 Rn 9.
54 MüKo-ZPO/*Drescher*, § 938 Rn 33; Stein/Jonas/*Grunsky*, § 938 Rn 24.
55 Vgl BGH NJW 2001, 282. Zur Geltendmachung einer Garantie im Inland, wenn dem Garanten die Auszahlung durch ausländische einstweilige Verfügung untersagt ist, s. OLG Frankfurt NJW 2001, 2480. Zur Anerkennung und Vollstreckbarerklärung von Entscheidungen der Gerichte anderer Mitgliedstaaten der EuGVVO im Verfahren des einstweiligen Rechtsschutzes s. BGH NJW-RR 2007, 1573 m. Anm. *Geimer*, LMK 2/2007 (212640).
56 LG Wuppertal NJW-RR 2004, 1309.
57 Vgl LG Frankfurt NJW-RR 2002, 124, 127.
58 MüKo-ZPO/*Drescher*, § 935 Rn 105, § 938 Rn 37.
59 MüKo-ZPO/*Drescher*, § 938 Rn 34.
60 AA OLG Celle NJW-RR 1999, 1088; OLG Stuttgart WRP 1997, 350; OLG Oldenburg JurBüro 1992, 495; OLG Stuttgart WRP 1981, 291; Hk-ZPO/*Kemper*, § 936 Rn 12.
61 BGHZ 120, 73; *Addicks*, MDR 1994, 225; MüKo-ZPO/*Drescher*, § 938 Rn 50 f; Stein/Jonas/*Grunsky*, § 938 Rn 30.
62 OLG Karlsruhe NJW-RR 2002, 951.

nen auch nach § 892 vollzogen werden.[63] Bei einer Unterlassungsverfügung gegen Gläubigersicherheit muss dem Schuldner auch der Nachweis der Sicherheitsleistung (§ 751 Abs. 2) rechtzeitig (§ 929 Abs. 2) zugestellt sein.[64]

20   **5. Veräußerungs- und Verfügungsverbote.** Einem Schuldner kann verboten werden, über Forderungen, bewegliche Sachen, Grundstücke oder Rechte an Grundstücken zu verfügen,[65] zB zur Sicherung eines Verschaffungsanspruchs, eines Anspruchs auf Duldung der Zwangsvollstreckung, Rückgewähr gem. § 11 Abs. 1 AnfG,[66] eines Herausgabeanspruchs nach Widerruf einer Schenkung wegen groben Undanks (§§ 812 ff, 530, 531)[67] oder eines Pfändungspfandrechts an einer Briefgrundschuld.[68] Verbotswidrige Verfügungen sind dann gem. §§ 136, 135 BGB dem Gläubiger gegenüber relativ unwirksam.[69] Ferner kann dem Schuldner verboten werden, eine Forderung einzuziehen.[70] Für einen Sicherungszessionar, der befürchtet, dass der Sicherungszedent still abgetretene Forderungen einziehen wird, kann auch eine einstweilige Verfügung ausreichen, die den Zedenten verpflichtet, Auskunft über die Drittschuldner zu erteilen.[71] Nach der Auskunft kann eine Mitteilung an die Drittschuldner gerichtet werden, die eine befreiende Leistung an den Zedenten (§ 407 Abs. 1 BGB) ausschließt. Bei einem Grundstück ist ein Verfügungsverbot nur dann erforderlich, wenn nicht eine **Vormerkung** (§§ 883 ff BGB) oder ein **Widerspruch** (§ 899 BGB) eingetragen werden kann,[72] zB ein Widerspruch gegen eine Auflassungsvormerkung, wenn streitig ist, ob der Auflassungsanspruch besteht,[73] oder eine Vormerkung zur Sicherung des anfechtungsrechtlichen Anspruchs auf Duldung der Zwangsvollstreckung in ein Grundstück.[74]

21   Ein Veräußerungs- oder Verfügungsverbot wird **wirksam**, sobald die Verfügung **dem Schuldner im Parteibetrieb zugestellt** und damit **vollzogen** ist[75] (aA[76] bei Urteilsverfügungen bereits Urteilsverkündung). Verbote, die Grundstücksrechte betreffen, können und sollten tunlichst im **Grundbuch** eingetragen werden (vgl § 892 Abs. 1 S. 2 BGB),[77] um gutgläubigen Erwerb (§§ 136, 135 Abs. 2 BGB) auszuschließen. Eintragungsantrag bzw -ersuchen (§ 941) sind fristwahrend iSv § 929 Abs. 2 (str).[78] Bei beweglichen Sachen bewirkt ein Veräußerungsverbot idR nur dann eine hinreichende Sicherung, wenn die Möglichkeit gutgläubigen Erwerbs (§§ 136, 135 Abs. 2, 932 ff BGB) durch **Siegelung**[79] verlässlich ausgeschos-

---

63 MüKo-ZPO/*Drescher*, § 938 Rn 50.
64 Stein/Jonas/*Grunsky*, § 938 Rn 30.
65 MüKo-ZPO/*Drescher*, § 938 Rn 40; Stein/Jonas/*Grunsky*, § 938 Rn 25.
66 BGHZ 172, 360 = NJW 2008, 376.
67 OLG Köln NJW-RR 2002, 1595.
68 Vgl OLG Düsseldorf NJW-RR 1988, 266.
69 BGHZ 172, 360 = NJW 2008, 376.
70 MüKo-ZPO/*Drescher*, § 938 Rn 40.
71 OLG Brandenburg MDR 2005, 950; OLG Rostock WM 1998, 1530 m. Anm. *Cartano*, WuB I F 4 – Sicherungsabtretung 5.98.
72 MüKo-ZPO/*Drescher*, § 938 Rn 40; Stein/Jonas/*Grunsky*, § 938 Rn 25; Schuschke/Walker/*Schuschke*, § 938 Rn 29.
73 KG MDR 1977, 500.
74 BGHZ 172, 360 = NJW 2008, 376.
75 BayObLG NJW-RR 2004, 736; Palandt/*Bassenge*, § 888 BGB Rn 10; MüKo-ZPO/*Drescher*, § 938 Rn 40.
76 Schuschke/Walker/*Schuschke*, § 938 Rn 31.
77 BayObLG NJW-RR 2004, 736; Palandt/*Bassenge*, § 888 BGB Rn 10; MüKo-ZPO/*Drescher*, § 938 Rn 40; Stein/Jonas/*Grunsky*, § 938 Rn 25; Schuschke/Walker/*Schuschke*, § 938 Rn 31.
78 Schuschke/Walker/*Schuschke*, § 938 Rn 32. AA Musielak/*Huber*, § 938 Rn 8.
79 S. dazu *Nies*, MDR 1993, 937, 938.

sen werden kann. Andernfalls ist drohender Veräußerung durch Anordnung der Verwahrung oder Hinterlegung vorzubeugen.[80]

6. Erwerbsverbote. Einem Schuldner, dem eine bindende (§ 873 Abs. 2 BGB) Auflassung und eine formgerechte Eintragungsbewilligung (§§ 19, 29 GBO) erteilt sind, kann verboten werden, beim Grundbuchamt den Antrag auf Eintragung des Eigentumserwerbs zu stellen (vor allem, um eine Heilung nach § 311 b Abs. 1 S. 2 BGB zu verhindern).[81] Die Verfügung ist durch Zustellung an den Schuldner im Parteibetrieb zu **vollziehen**.[82] Das Erwerbsverbot kann grds.[83] nicht im Grundbuch eingetragen werden.[84] Ein durch einstweilige Verfügung ausgesprochenes Erwerbsverbot ist ein vom Grundbuchamt von Amts wegen zu beachtendes Eintragungshindernis (§ 18 Abs. 1 GBO).[85] § 878 BGB ist auf Erwerbsverbote nicht anwendbar.[86] § 941 ist nicht anwendbar, der Gläubiger ist gehalten, dem Grundbuchamt das Erwerbsverbot zur Kenntnis zu bringen.[87] Trägt das Grundbuchamt den Schuldner verbotswidrig ein, dann ist der Eigentumserwerb dem Gläubiger gegenüber relativ unwirksam (analog §§ 136, 135 BGB),[88] es tritt keine Heilung gem. § 311 b Abs. 2 S. 2 BGB ein.[89]

7. Rechtshängigkeitsvermerk. Die Rechtshängigkeit ist eine im Grundbuch eintragungsfähige Tatsache (**Rechtshängigkeitsvermerk**), wenn die Gefahr besteht, dass eine Prozesspartei die Wirkungen eines obsiegenden Urteils in einem Rechtsstreit über ein Grundstücksrecht (nicht: über einen Verschaffungsanspruch)[90] durch gutgläubigen Erwerb verliert, weil ein Rechtsnachfolger des Prozessgegners die Rechtshängigkeit nicht gekannt hat (vgl § 325 Abs. 2).[91] Nach hM kann die Eintragung des Rechtshängigkeitsvermerks aufgrund urkundlichen Nachweises gem. §§ 22, 29 GBO erreicht werden,[92] ohne dass dafür der Erlass einer einstweiligen Verfügung notwendig ist.[93] Nach aA[94] bedarf es einer einstweiligen Verfügung. Nach vermittelnder Auffassung kann eine einstweilige Verfügung ergehen, obwohl der Weg über die §§ 22, 29 GBO offensteht.[95]

8. Vornahme von Handlungen. a) Anordnung. Bei einstweiligen Verfügungen, die den Schuldner zur Vornahme einer Handlung verpflichten, ist wie bei Unterlassungsverfügungen zu unterscheiden, ob die Handlung Gegenstand des geltend gemachten Verfügungsanspruchs ist oder ob die Handlung der Sicherung eines anderen Anspruchsziels dient. In jenem Fall darf die einstweilige Verfügung nur unter den Voraussetzungen einer Befriedigungsverfügung (s. § 935 Rn 48 f) erlas-

---

80 MüKo-ZPO/*Drescher*, § 938 Rn 40; Stein/Jonas/*Grunsky*, § 938 Rn 25.
81 OLG Hamm NJW-RR 2001, 1086; BayObLG NJW-RR 1997, 913.
82 *Heydrich*, MDR 1997, 796.
83 Zu Ausnahmen s. *Heydrich*, MDR 1997, 796.
84 BayObLG NJW-RR 1997, 913; MüKo-ZPO/*Drescher*, § 938 Rn 41; Schuschke/Walker/*Schuschke*, § 938 Rn 33.
85 BayObLG NJW-RR 1997, 913; MüKo-ZPO/*Drescher*, § 938 Rn 41; Stein/Jonas/*Grunsky*, § 938 Rn 26; *Heydrich*, MDR 1997, 796.
86 BayObLG NJW-RR 1997, 913.
87 *Heydrich*, MDR 1997, 796.
88 *Heydrich*, MDR 1997, 796.
89 Hk-BGB/*Schulze*, § 311 b Rn 21.
90 OLG Stuttgart Rpfleger 1997, 15.
91 OLG Zweibrücken MDR 1989, 748; Zöller/*Vollkommer*, § 325 Rn 50; ebenso betr. das Register für Pfandrechte an Luftfahrzeugen OLG Braunschweig NJW-RR 2005, 1099.
92 OLG Braunschweig NJW-RR 2005, 1099; OLG Schleswig NJW-RR 1994, 1498; OLG Zweibrücken MDR 1989, 748.
93 OLG München MDR 2000, 782.
94 OLG München NJW 1966, 1030 m. Anm. *Wächer*, NJW 1966, 1366.
95 Zöller/*Vollkommer*, § 325 Rn 50.

sen werden.[96] Als besonderes Handlungsgebot regelt das Presserecht die Gegendarstellung (s. Vor §§ 935–945 b Rn 8).

25 **b) Vollziehung.** Die Vollziehung richtet sich gem. §§ 936, 928 idR nach den §§ 887, 888 sowie nach § 929. Wie bei Unterlassungsverfügungen reicht bei Vornahmeverfügungen Amtszustellung für § 929 Abs. 2 nicht aus. Hinreichend ist eine **Zustellung im Parteibetrieb** oder ein **Antrag auf Ermächtigung oder Vorschuss** (§ 887) bzw **Zwangsmittelfestsetzung** gem. § 888. Es ist aber nicht erforderlich, dass zusätzlich zur Parteizustellung ein solcher Antrag gestellt wird (str).[97] Eine Verfügungsentscheidung, die den Schuldner zur **Einsichtsgewährung** in bestimmte Unterlagen verurteilt, ist entsprechend § 883 durch den Gerichtsvollzieher zu vollstrecken. Bei der **Vorlagevollstreckung** tritt an die Stelle der Ablieferung der weggenommenen Sache die Vorlage an den Schuldner zur Einsichtnahme.[98]

26 **9. Abgabe einer Willenserklärung. a) Anordnung.** Zur Zulässigkeit auf Abgabe einer Willenserklärung gerichteter Befriedigungsverfügungen s. § 935 Rn 45 f sowie §§ 885, 899 BGB. Ansonsten kann eine einstweilige Verfügung auf Abgabe einer Willenserklärung lauten, wenn nicht der Verfügungsanspruch auf Abgabe dieser Willenserklärung gerichtet ist, sondern die Willenserklärung nur der Sicherung eines Verfügungsanspruchs anderen Inhalts dient.[99]

27 **b) Vollziehung.** Einstweilige Verfügungen auf Abgabe einer Willenserklärung sind gem. § 888 (§§ 936, 928) mittels indirekten Zwangs zu **vollziehen** (s. § 928 Rn 13). Zwangsgeld oder -haft (§ 888 Abs. 1) sind auf Antrag des Gläubigers ohne vorherige Androhung (§ 888 Abs. 2) festzusetzen. Dem Schuldner kann eine Frist zur Vornahme gesetzt werden. Zwangsgeld ist auf Antrag gem. §§ 803 ff zugunsten der Staatskasse beizutreiben. Gibt der Schuldner die titulierte Erklärung ab, ist die Zwangsmittelvollstreckung sofort zu beenden.

28 **10. Haft.** Nach umstrittener Rechtsauffassung im Schrifttum ist als äußerstes Sicherungsmittel einer einstweiligen Verfügung die Haftanordnung zulässig,[100] deren Vollzug sich nach § 933 richtet.

29 **11. Rechtsgestaltende Verfügungen, einstweiliger Rechtsschutz im Gesellschaftsrecht.** Rechtsgestaltende Verfügungen, vor allem zur Regelung von Gesellschafts- und anderen komplexen Rechtsverhältnissen (§ 940), sind grds. unzulässig.[101] Die Rspr ist uneinheitlich. So entschied der II. ZS des BGH, dass in einem **Ausschließungsprozess** gegen den einzigen geschäftsführungs- und vertretungsberechtigten Gesellschafter einer OHG zwar eine Ausschließung durch einstweilige Verfügung unzulässig sei, dass aber die Geschäftsführungs- und Vertretungsbefugnis entzogen und einem Dritten übertragen werden können.[102] In einem späteren Urteil entschied der II. ZS, dass dem einzigen persönlich haftenden Gesellschafter einer KG zwar die Geschäftsführungs-, aber nicht die Vertretungsbefugnis entzogen werden könne.[103]

---

96 MüKo-ZPO/*Drescher*, § 938 Rn 42.
97 OLG München MDR 2003, 53; OLG Frankfurt NJW-RR 1998, 1007. AA OLG Rostock MDR 2006, 1425; OLG Hamm NJW-RR 1993, 959. Differenzierend Stein/Jonas/*Grunsky*, § 938 Rn 30.
98 Vgl OLG Frankfurt NJW-RR 1992, 171.
99 MüKo-ZPO/*Drescher*, § 938 Rn 47.
100 MüKo-ZPO/*Drescher*, § 936 Rn 5, 15; Stein/Jonas/*Grunsky*, § 936 Rn 2. AA Schuschke/Walker/*Schuschke*, § 936 Rn 2.
101 Einzelheiten Stein/Jonas/*Grunsky*, § 938 Rn 6 ff; *Littbarski*, Einstweiliger Rechtsschutz im Gesellschaftsrecht, 1996, passim.
102 BGHZ 33, 105.
103 BGH BB 1969, 245.

Eine einstweilige Verfügung, die einen GmbH-Gesellschafter dazu anhält, sein **Stimmrecht** in bestimmter Weise auszuüben, kommt in Betracht, wenn eine Stimmbindung besteht oder der Gesellschafter gesellschaftsvertraglich oder aufgrund der Treuepflicht zu einem bestimmten Stimmverhalten verpflichtet ist.[104] Andererseits rechtfertigt ein drohender Beschluss der Gesellschafterversammlung den Erlass einer einstweiligen Verfügung nur, wenn die Rechtslage eindeutig oder der betroffene Gesellschafter besonders schutzwürdig ist; idR ist der Gesellschafter auf die Beschlussanfechtung zu verweisen.[105] Dementsprechend kann Aktionären ein bestimmtes Abstimmungsverhalten in der Hauptversammlung nicht durch einstweilige Verfügung untersagt werden, wenn wirksame Mittel gegen den Vollzug des befürchteten Beschlusses bestehen, zB die Untersagung der Handelsregistereintragung oder die Verpflichtung zur Rücknahme eines Eintragungsantrags im Wege der einstweiligen Verfügung gegen den Vorstand.[106]

Gegen einen mehrheitlich beteiligten GmbH-Gesellschafter-Geschäftsführer, der **aus wichtigem Grund als Geschäftsführer abberufen** werden (§ 38 GmbHG) soll, ist eine einstweilige Verfügung zur Sicherung der Abberufung zulässig.[107] Antragsbefugt ist jeder Gesellschafter und die Gesellschaft,[108] für die ein Prozessvertreter (§ 46 Nr. 8 GmbHG) zu bestellen ist.[109] Bei der Bestellung des Prozessvertreters darf der betroffene Gesellschafter-Geschäftsführer nicht mitstimmen. Dem Geschäftsführer können Geschäftsführungsmaßnahmen und die Vertretung der Gesellschaft bis zur endgültigen Klärung der Hauptsache untersagt werden.[110] Reicht ein Tätigkeitsverbot nicht aus, kommt auch die vorläufige Abberufung in Betracht.[111] Besonderheiten bestehen bei Zweipersonen-GmbH.[112]

Ein GmbH-Gesellschafter-Geschäftsführer kann sich gegen den Vollzug seiner **Abberufung als Geschäftsführer** wehren.[113] Eine einstweilige Verfügung kann dem Geschäftsführer Zugang zu Geschäftsräumen, Einblick in Unterlagen und die Fortführung von Tätigkeiten ermöglichen.[114] Ferner kann die Anmeldung zur Handelsregistereintragung vorläufig untersagt bzw Wiederanmeldung angeordnet werden.[115] Ein GmbH-Gesellschafter, dessen **Geschäftsanteil eingezogen** werden soll, kann Mitgesellschaftern untersagen lassen, den Einziehungsbeschluss durchzuführen.[116]

---

104 OLG Hamburg NJW 1992, 186. AA OLG Koblenz NJW 1991, 1119.
105 OLG Stuttgart NJW 1987, 2449.
106 OLG München ZIP 2006, 2334.
107 Scholz/*Schneider*, GmbHG, § 38 Rn 74 e; Hachenburg/*Stein*, GmbHG, § 38 Rn 118.
108 OLG Karlsruhe GmbHR 1993, 154, 155; enger Michalski/*Terlau/Schäfers*, GmbHG, § 38 Rn 77.
109 OLG Karlsruhe GmbHR 1993, 154, 155.
110 OLG Jena NZG 1998, 992, 993; OLG Karlsruhe GmbHR 1993, 154, 155.
111 Roth/Altmeppen/*Altmeppen*, GmbHG, § 38 Rn 68; *Vorwerk*, GmbHR 1995, 266, 269; einschränkend Lutter/Hommelhoff/*Lutter/Hommelhoff*, GmbHG, § 38 Rn 37.
112 BGHZ 86, 177, 183; BayObLG ZIP 1986, 93, 94; OLG Karlsruhe GmbHR 1993, 154, 155; Lutter/Hommelhoff/*Lutter/Hommelhoff*, GmbHG, § 38 Rn 38; *Oppenländer*, DStR 1996, 922, 926; *Fleck*, GmbHR 1970, 221, 229; *Wolf*, ZGR 1998, 92, 113.
113 OLG Frankfurt GmbHR 1982, 237; Lutter/Hommelhoff/*Lutter/Hommelhoff*, GmbHG, § 38 Rn 36; Hachenburg/*Stein*, GmbHG, § 38 Rn 126.
114 OLG Celle GmbHR 1981, 264, 265.
115 Lutter/Hommelhoff/*Lutter/Hommelhoff*, GmbHG, § 38 Rn 37; Baumbach/Hueck/Zöllner/Noack, GmbHG, § 38 Rn 71.
116 OLG Hamm NJW-RR 2001, 105.

§ 939 Aufhebung gegen Sicherheitsleistung

Nur unter besonderen Umständen kann die Aufhebung einer einstweiligen Verfügung gegen Sicherheitsleistung gestattet werden.

I. Allgemeines

1 § 939 beruht darauf, dass der Verfügungsgläubiger (anders als der Arrestgläubiger, vgl § 923) nicht nur ein finanzielles **Sicherungsinteresse** hat. Sein Interesse geht in die Richtung des **Verfügungsanspruchs**, der eben **kein Zahlungsanspruch** ist. Der Schuldner soll sich grds. nicht durch Sicherheitsleistung für den aus der Nichterfüllung oder verspäteter Erfüllung des Verfügungsanspruchs resultierenden Schadensersatzanspruch von der Anordnung befreien können.[1] Daher kann nur ausnahmsweise die Aufhebung einer einstweiligen Verfügung gegen Sicherheitsleistung gestattet werden.

2 Die Sicherheit des § 939 sichert den Schadensersatzanspruch des Gläubigers gegen den Schuldner wegen Pflichtverletzung im Rahmen des Verfügungsanspruchs. Art und Höhe der Sicherheit richten sich nach § 108. Zu §§ 925 Abs. 2, 927 Abs. 1 s. § 936 Rn 10, 12.

II. Besondere Umstände

3 Besondere Umstände iSd § 939 liegen nur vor, wenn die Sicherheit dem **Rechtsschutzinteresse des Verfügungsgläubigers voll abhilft**.[2] Dies ist etwa der Fall, wenn die einstweilige Verfügung einen Anspruch auf Eintragung einer Sicherungshypothek sichert;[3] denn die Hypothek bewirkt ihrerseits einzig die Sicherung eines Zahlungsanspruchs und es besteht kein anerkennenswertes Interesse des Gläubigers, dass der Zahlungsanspruch gerade durch eine Hypothek und nicht durch gleichwertige andere Sicherheit besichert wird. Allgemein gilt: Dem Gläubigerinteresse an der **Sicherung eines Sicherungsrechts** kann durch gleichwertige Sicherheit abgeholfen werden (**Sicherheitenaustausch**).[4] Ob Bankbürgschaft einer Hypothek gleichwertig ist (str),[5] lässt sich nicht allgemein beantworten. Ohne Belang ist, ob die einstweilige Verfügung zu Recht ergangen ist, ob Aufhebungsgründe bestehen[6] oder ob die Vollziehung den Schuldner in besonderem Maß beeinträchtigt.[7] **Ausgeschlossen** ist die Aufhebung einer **Befriedigungsverfügung** gegen Sicherheit, weil der Sicherheit nicht die gebotene Vorwegnahme zukommt.[8]

III. Verfahren

4 Über die Gestattung der Aufhebung gegen Sicherheit hat das mit dem Verfügungsverfahren befasste Gericht zu entscheiden.[9] Nach rechtskräftigem Ab-

---

1 Musielak/*Huber*, § 939 Rn 1; Zöller/*Vollkommer*, § 939 Rn 1; Schuschke/Walker/*Walker*, § 939 Rn 1.
2 OLG Köln NJW 1975, 454; OVG Koblenz NJW 1972, 303; LG Aachen VersR 1992, 338.
3 OLG Köln NJW 1975, 454; LG Aachen VersR 1992, 338.
4 MüKo-ZPO/*Drescher*, § 939 Rn 2; Stein/Jonas/*Grunsky*, § 939 Rn 1; Zöller/*Vollkommer*, § 939 Rn 1; Schuschke/Walker/*Walker*, § 939 Rn 2.
5 Dafür KG MDR 2009, 139; OLG Köln NJW 1975, 454; LG Aachen VersR 1992, 338. AA LG Hamburg MDR 1971, 851.
6 MüKo-ZPO/*Drescher*, § 939 Rn 3.
7 Musielak/*Huber*, § 939 Rn 2; Schuschke/Walker/*Walker*, § 939 Rn 2. AA Stein/Jonas/*Grunsky*, § 939 Rn 1; Hk-ZPO/*Kemper*, § 939 Rn 5.
8 OLG Köln NJW 1975, 454; OVG Koblenz NJW 1972, 303.
9 OLG Frankfurt MDR 1983, 585; OLG Köln NJW 1975, 454.

schluss des Verfügungsverfahrens ist das Gericht **zuständig**, bei dem die Hauptsache anhängig ist, andernfalls das Gericht, das die Verfügung erlassen hat (aA[10] keine Entscheidung nach § 939 mehr möglich). Die Entscheidung ist zu **begründen**.[11] Der Schuldner muss die Sicherheit nicht bereits geleistet haben; es ist nur die Gestattung der Aufhebung für den Fall der Sicherheitsleistung auszusprechen. Solange der Schuldner nicht Sicherheit leistet, bleibt die Verfügungsentscheidung in Kraft. Sobald **Sicherheit geleistet** ist, tritt sie von alleine **außer Kraft**, ohne dass es erneuter Entscheidung bedarf.[12] Einstellung der Vollziehung und Aufhebung von Vollziehungsmaßnahmen ermöglichen §§ 775 Nr. 3, 776.[13] Ferner kann der Schuldner Aufhebung der Entscheidung gem. §§ 924 f, 927 verlangen[14] und mithilfe der Aufhebungsentscheidung eine Löschung im Grundbuch gem. § 25 GBO bewirken.

§ 940 Einstweilige Verfügung zur Regelung eines einstweiligen Zustandes

Einstweilige Verfügungen sind auch zum Zwecke der Regelung eines einstweiligen Zustandes in Bezug auf ein streitiges Rechtsverhältnis zulässig, sofern diese Regelung, insbesondere bei dauernden Rechtsverhältnissen zur Abwendung wesentlicher Nachteile oder zur Verhinderung drohender Gewalt oder aus anderen Gründen nötig erscheint.

§ 154 GVGA

I. Allgemeines

§ 940 stellt die Voraussetzungen für den Erlass einer **Regelungsverfügung** auf. Es ist str, ob und inwieweit die Regelungsverfügung weitestgehend nur begrifflich[1] oder auch dogmatisch[2] von der Sicherungsverfügung (§ 935) **abzugrenzen** ist. Für die Rechtsanwendung hat die Frage kaum Bedeutung. Denn auch Regelungsverfügungen bedürfen wie Sicherungsverfügungen eines Verfügungsanspruchs (aus dem streitigen Rechtsverhältnis) und eines Verfügungsgrundes – die Verfügung muss „nötig erschein(en)", was der Fall ist, wenn ein Hauptsacheverfahren dem Rechtsschutzbedürfnis des Gläubigers nicht abzuhelfen vermag. Keine Spezifika der Regelungsverfügung sind ferner, dass eine Anordnung erteilt werden kann, auf die der Gläubiger materiell-rechtlich keinen Anspruch hat (s. § 938 Rn 6),[3] und dass das Vorwegnahmeverbot bisweilen überwunden werden muss. Die Voraussetzungen der Sicherungsverfügung § 935 (s. § 935 Rn 6 ff) gelten folglich mutatis mutandis auch für Regelungsverfügungen.

1

---

10 Musielak/*Huber*, § 939 Rn 3.
11 MüKo-ZPO/*Drescher*, § 939 Rn 3.
12 OLG Köln NJW 1975, 454.
13 MüKo-ZPO/*Drescher*, § 939 Rn 5; Stein/Jonas/*Grunsky*, § 939 Rn 4; Musielak/*Huber*, § 939 Rn 3; Zöller/*Vollkommer*, § 939 Rn 2; Schuschke/Walker/*Walker*, § 939 Rn 4.
14 MüKo-ZPO/*Drescher*, § 939 Rn 3, 5; Zöller/*Vollkommer*, § 939 Rn 2.
1 MüKo-ZPO/*Drescher*, § 940 Rn 1; Stein/Jonas/*Grunsky*, § 940 Rn 1; Musielak/*Huber*, § 940 Rn 2; Schuschke/Walker/*Schuschke*, § 940 Rn 1.
2 Dafür Baur/Stürner/*Bruns*, Rn 53.1; *Schilken*, in: Gaul/Schilken/Becker-Eberhard, § 76 Rn 1 ff.
3 Zöller/*Vollkommer*, § 938 Rn 2.

II. Streitiges Rechtsverhältnis

2 **1. Rechtsverhältnis.** Das Merkmal „Rechtsverhältnis" ist in § 940 (wie in § 256) weit zu verstehen.[4] Rechtsverhältnisse iSd § 940 können sich aus **allen Bereichen des Privatrechts** ergeben, sofern nur die ordentlichen Gerichte zuständig sind (s. § 935 Rn 9) und keine vorrangigen Sondervorschriften des einstweiligen Rechtsschutzes für das betreffende Rechtsverhältnis bestehen (s. Vor §§ 935–945 b Rn 4 f).[5] Das Rechtsverhältnis muss so beschaffen sein, dass sich aus ihm ein **Anspruch** des Verfügungsgläubigers gegen den Verfügungsschuldner **ergeben kann** (zB Abwehransprüche gem. § 1004 BGB).[6]

3 **2. Streitigkeit.** Das Rechtsverhältnis muss **zwischen den Parteien des Verfügungsverfahrens** bestehen und zwischen ihnen streitig sein.[7] Die Streitigkeit kann sich daraus ergeben, dass eine Berechtigung durch Worte, Taten oder Untätigkeit aberkannt, geschmälert oder verletzt wird oder zu werden droht.[8]

III. Notwendigkeit

4 Der **Verfügungsgrund** für eine Regelungsverfügung besteht, wenn die Regelung „nötig erscheint". **Nötig erscheint** eine Regelungsverfügung nur, wenn andernfalls die **Rechtsverwirklichung des Antragstellers im Hauptsacheverfahren** wahrscheinlich (§§ 936, 920 Abs. 2, 294) vereitelt oder erschwert wird.[9] Den in § 940 beispielhaft aufgeführten Fällen der Notwendigkeit „bei dauernden Rechtsverhältnissen zur Abwendung wesentlicher Nachteile oder zur Verhinderung drohender Gewalt" ist daneben keine eigenständige Bedeutung beizumessen.[10] In den Fällen des § 940 a Abs. 1 besteht stets ein Verfügungsgrund,[11] und es ist keine Räumungsfrist zu gewähren.[12]

§ 940 a Räumung von Wohnraum

(1) Die Räumung von Wohnraum darf durch einstweilige Verfügung nur wegen verbotener Eigenmacht oder bei einer konkreten Gefahr für Leib oder Leben angeordnet werden.

(2) Die Räumung von Wohnraum darf durch einstweilige Verfügung auch gegen einen Dritten angeordnet werden, der im Besitz der Mietsache ist, wenn gegen den Mieter ein vollstreckbarer Räumungstitel vorliegt und der Vermieter vom Besitzerwerb des Dritten erst nach dem Schluss der mündlichen Verhandlung Kenntnis erlangt hat.

(3) Ist Räumungsklage wegen Zahlungsverzugs erhoben, darf die Räumung von Wohnraum durch einstweilige Verfügung auch angeordnet werden, wenn der Be-

---

4 MüKo-ZPO/*Drescher*, § 940 Rn 5; Stein/Jonas/*Grunsky*, § 940 Rn 4; Musielak/*Huber*, § 940 Rn 3.
5 MüKo-ZPO/*Drescher*, § 940 Rn 5; Stein/Jonas/*Grunsky*, § 940 Rn 4.
6 Stein/Jonas/*Grunsky*, § 940 Rn 2; Musielak/*Huber*, § 940 Rn 3; Hk-ZPO/*Kemper*, § 940 Rn 3; Schuschke/Walker/*Schuschke*, § 940 Rn 2, 5; Zöller/*Vollkommer*, § 940 Rn 2.
7 MüKo-ZPO/*Drescher*, § 940 Rn 7.
8 MüKo-ZPO/*Drescher*, § 940 Rn 6; Schuschke/Walker/*Schuschke*, § 940 Rn 4.
9 MüKo-ZPO/*Drescher*, § 940 Rn 9 f; Stein/Jonas/*Grunsky*, § 940 Rn 7.
10 Schuschke/Walker/*Schuschke*, § 940 Rn 9.
11 MüKo-ZPO/*Drescher*, § 940 a Rn 5; Stein/Jonas/*Grunsky*, § 940 a Rn 2; Musielak/*Huber*, § 940 a Rn 2; Schuschke/Walker/*Schuschke*, § 940 a Rn 7. AA LG Frankfurt NJW 1980, 1758 m. abl. Anm. *Wolf*, NJW 1980, 1758.
12 Stein/Jonas/*Grunsky*, § 940 a Rn 2.

klagte einer Sicherungsanordnung (§ 283 a) im Hauptsacheverfahren nicht Folge leistet.

(4) In den Fällen der Absätze 2 und 3 hat das Gericht den Gegner vor Erlass einer Räumungsverfügung anzuhören.

I. Allgemeines	1	1. Normzweck	10
1. Abs. 1	1	2. Verfügungsanspruch	11
2. Abs. 2–4	3	3. Dritter Mitbesitzer	12
II. Räumung von Wohnraum (Abs. 1)	4	4. Kenntnis vom Besitzerwerb nach Schluss der mündlichen Verhandlung	13
1. Wohnraum	4		
2. Verbotene Eigenmacht (Alt. 1)	5	5. Gewerberäume	16
		IV. Räumungsverfügung nach Sicherungsanordnung (Abs. 3)	17
3. Gefahr für Leib oder Leben (Alt. 2)	9	V. Anhörung des Gegners (Abs. 4)	20
III. Räumungsverfügung gegen mitbesitzende Dritte (Abs. 2)	10		

I. Allgemeines

1. Abs. 1. Für die Räumung von Wohnraum enthält Abs. 1 eine Einschränkung 1
von § 938, eine Bekräftigung des Vorwegnahmeverbots und eine Hürde für Befriedigungsverfügungen bei Räumungsansprüchen (zB reicht eine existenzielle Notlage des Gläubigers wegen Eigenbedarfs nicht für eine Räumungsverfügung aus). Gesetzgeberischer Grund (nicht Tatbestandsvoraussetzung) der Regelung ist, dass **Wohnraum** für den Verfügungsschuldner häufig **existenzielle Bedeutung** hat und die Räumung daher für ihn eine existenzielle Bedrohung ist.[1] Eine solch tief greifende Maßnahme soll daher grds. nur aufgrund eines Hauptsachetitels möglich sein.

Eine Räumungsverfügung gem. § 940 a kann nicht ergehen, wenn eine einstweili- 2
ge Anordnung nach § 214 FamFG iVm §§ 1, 2 GewSchG in Betracht kommt.

2. Abs. 2–4. Die Absätze 2–4 wurden eingefügt durch das Mietrechtsänderungs- 3
gesetz (MietRÄndG) vom 11.3.2013[2] und sind seit dem 1.5.2013 in Kraft. Abs. 2 ermöglicht Räumungsverfügungen gegen **Mitbewohner titulierter Räumungsschuldner**, Abs. 3 lässt eine Räumungsverfügung gegen einen verklagten Bewohner zu, der einer **Sicherungsanordnung** (§ 283 a) nicht Folge leistet. Abs. 4 ordnet an, dass der Gegner in den Fällen der Absätze 2 und 3 **zwingend anzuhören** ist.

II. Räumung von Wohnraum (Abs. 1)

1. Wohnraum. § 940 a gilt nur bei **Wohnraum**, nicht bei anderen Räumlichkeiten 4
und dem Außenbereich eines Grundstücks.[3] Sie gilt auch nicht für die Regelung der Benutzung oder Aufteilung von Wohnräumen, die nicht mit einer **Räumung** verbunden ist. Wohnraum sind nicht nur Miet- und Eigentumswohnungen und Eigenheime, sondern auch dauerhaft bewohnte Hotelzimmer.[4] Allein maßgeblich soll iÜ sein, dass Räume **als Wohnräume genutzt** werden, unabhängig von der Rechtsgrundlage der Besitzerlangung[5] und der Vertragswidrigkeit der Nutzung.[6]

---

1 MüKo-ZPO/*Drescher*, § 940 a Rn 1.
2 BGBl. I S. 434.
3 Vgl OLG Dresden NJW-RR 2005, 456.
4 AG Neuss NJW-RR 1991, 1168.
5 MüKo-ZPO/*Drescher*, § 940 a Rn 3; Schuschke/Walker/*Schuschke*, § 940 a Rn 2.
6 Stein/Jonas/*Grunsky*, § 940 a Rn 3.

Andererseits soll die Anordnung der Räumung von Wohnraum durch einstweilige Verfügung zulässig sein, wenn die Räume zu einer Gaststättenpächterwohnung gehören und im Pachtvertrag vereinbart ist, dass für Wohnraum geltende Schutzbestimmungen nicht anzuwenden sind.[7] Allgemein soll es nach einer in der Rspr und im Schrifttum vertretenen Ansicht zur Abgrenzung zwischen Wohn- und Gewerberaummiete bei **Mischmietverhältnissen** nicht auf die tatsächliche Nutzung, sondern auf die vertraglich getroffene Zweckbestimmung ankommen.[8] Für diese Auffassung wird auf ein Urteil des BGH[9] verwiesen, in dem es allerdings um die Miethöhe und nicht um Räumung ging. Unter dem Blickwinkel des Gesetzeszwecks von Abs. 1 (s. Rn 1) ist es höchst zweifelhaft, wenn auf die vertragliche Vereinbarung abgestellt wird und nicht auf die tatsächlichen Gegebenheiten, aus denen sich das potenziell existenzielle Bedürfnis des Schuldners ergibt.

5 **2. Verbotene Eigenmacht (Alt. 1).** Der Gläubiger muss glaubhaft machen, dass der Wohnraumbesitz durch **verbotene Eigenmacht** erlangt ist. Verbotene Eigenmacht begeht, wer ohne besondere gesetzliche Gestattung dem unmittelbaren Besitzer ohne dessen Willen den Besitz entzieht oder ihn im Besitz stört (§ 858 **Abs. 1 BGB**); Verschulden(-sfähigkeit) und das Bewusstsein, fremden Besitz zu beeinträchtigen oder des fehlenden Einverständnisses des Besitzers sind nicht erforderlich.[10] Gibt ein Besitzdiener die Sache weg, ohne eigenen Besitz begründet zu haben, dann begeht auch der Besitzerwerber verbotene Eigenmacht; ferner begeht jeder verbotene Eigenmacht, der sich (nicht unbedingt eigenhändig) an der Beeinträchtigung beteiligt.[11] Wer aber nur eigenen Besitz fortsetzt, begeht auch dann keine verbotene Eigenmacht, wenn er herausgabepflichtig ist.[12] Ein Räumungsschuldner begeht also nicht schon verbotene Eigenmacht, wenn er nicht räumt.

6 Eine **tatsächliche Zustimmung** des Besitzers erlaubt die Besitzbeeinträchtigung. Die Zustimmung ist kein Rechtsgeschäft, sondern beruht auf einem natürlichen Willen. Die Regeln der Rechtsgeschäftslehre über Willenserklärungen sind grds. nicht anzuwenden, insb. lässt Täuschung die Wirksamkeit der Zustimmung nicht entfallen.[13] Es nützt einem Vermieter also nichts, wenn er glaubhaft macht, dass der Mieter bereits bei Einzug vorhatte, keine Miete zu bezahlen. Die Zustimmung kann aber von bestimmten Voraussetzungen abhängig gemacht werden, namentlich von einer Zahlung.[14] Eine Zustimmung des Vermieters wird unterstellt, wenn ein Obdachloser vom Sozialamt eingewiesen wird, welches zunächst die Kosten trägt.[15]

7 Die Zustimmung muss **vom beeinträchtigten Besitzer** erteilt sein. Wenn ein Ehepartner, der alleiniger Mieter der gemeinsamen Ehewohnung ist, ohne Wissen des anderen Ehepartners Teile der Wohnung untervermietet, dann begeht der Untermieter, wenn er einzieht, verbotene Eigenmacht gegen den Besitz des anderen Ehepartners.[16]

---

7 LG Wiesbaden NJW-RR 1993, 1293; dagegen Schuschke/Walker/*Schuschke*, § 940 a Rn 2.
8 So LG Karlsruhe ZMR 2005, 869; Musielak/*Huber*, § 940 a Rn 2.
9 BGH NJW-RR 1986, 877.
10 MüKo-BGB/*Joost*, § 858 Rn 2.
11 MüKo-BGB/*Joost*, § 858 Rn 2.
12 MüKo-BGB/*Joost*, § 858 Rn 3.
13 MüKo-BGB/*Joost*, § 858 Rn 7.
14 MüKo-BGB/*Joost*, § 858 Rn 7.
15 AG Neuss NJW-RR 1991, 1168.
16 LG Freiburg FamRZ 2005, 1252.

§ 940 a erlaubt bei verbotener Eigenmacht zwar eine Räumungsverfügung. Die Vorschrift enthebt den Antragsteller aber nicht vom Erfordernis einer **bestimmten Parteibezeichnung** (§ 253 Abs. 2 Nr. 1) auch gegen Hausbesetzer (s. § 935 Rn 7).

3. **Gefahr für Leib oder Leben (Alt. 2).** Es ist glaubhaft zu machen, dass eine Gefahr für Leib und Leben sich daraus ergibt, dass der Schuldner die Räume bewohnt oder sich in ihnen aufhält.[17] Die Gefahr muss **nicht vom Räumungsschuldner persönlich ausgehen** (str),[18] und sie muss sich nicht gegen den Gläubiger richten. Hinreichend ist es, wenn die Gefahr sich außerhalb der Wohnräume zu verwirklichen droht.[19] Drohung mit schwerer Sachbeschädigung reicht nicht aus.[20]

III. Räumungsverfügung gegen mitbesitzende Dritte (Abs. 2)

1. **Normzweck.** Grds. kann die Räumungsvollstreckung (§ 885) nur durchgeführt werden, wenn Vollstreckungstitel (bzw -klauseln) gegen alle Mitbesitzer vorliegen,[21] sogar, wenn der Verdacht besteht, der Mitbesitz sei nur eingeräumt worden, um die Zwangsräumung zu vereiteln.[22] Folglich ist ein Vermieter grds. gezwungen, weitere Räumungsverfahren gegen ihm bisher unbekannte Mitbesitzer zu führen, wenn sich später (womöglich erst beim Räumungsversuch gegen den titulierten Schuldner) herausstellt, dass der titulierte Schuldner Mitbewohner beherbergt. Um demgegenüber eine effektive Räuming sicherzustellen, darf gem. Abs. 2 die Räumung von Wohnraum durch einstweilige Verfügung gegen einen Dritten angeordnet werden, der im (Mit-)Besitz der Mietsache ist, wenn gegen den Mieter (irgend-)ein (zumindest vorläufig) vollstreckbarer Räumungstitel vorliegt und der Vermieter vom Besitzerwerb des Dritten erst nach dem Schluss der mündlichen Verhandlung Kenntnis erlangt hat. So soll mithilfe des Eilverfahrens – anstelle eines weiteren kosten- und zeitaufwendigen Hauptsacheverfahrens – gegen den Mitbesitzer die Räumung kurzfristig durchgesetzt werden können,[23] und zwar insb. (aber nicht nur) in Fällen rechtsmissbräuchlichen Handelns zur Vollstreckungsvereitelung.

2. **Verfügungsanspruch.** Der Verfügungsanspruch gegen den Mitbesitzer resultiert aus § 546 Abs. 2 BGB oder aus § 985 BGB.[24] Die Räumungsverfügung nach Abs. 2 wird im Schrifttum als vereinfachte Erstreckung der Vollstreckbarkeit des gegen den Mieter ergangenen Titels auf den Dritten verstanden, **nicht als Befriedigungsverfügung**.[25] Es ist freilich nicht zu verkennen, dass die Verfügung nach Abs. 2 faktisch einer Befriedigungsverfügung entspricht, da nach der Räumung die Befriedigung des Vermieters erreicht ist und damit der Zweck des Hauptsacheverfahrens entfällt.[26] Ebenso klar ist es aber, dass die besonderen Voraussetzungen einer Befriedigungsverfügung für die Verfügung nach Abs. 2 nicht vorzuliegen brauchen. Im Gegenteil hängt diese Verfügung nicht von der Glaubhaft-

---

17 MüKo-ZPO/*Drescher*, § 940 a Rn 4.
18 Stein/Jonas/*Grunsky*, § 940 a Rn 4. AA MüKo-ZPO/*Drescher*, § 940 a Rn 4.
19 MüKo-ZPO/*Drescher*, § 940 a Rn 4.
20 OLG Rostock NJW-RR 2007, 661.
21 BGHZ 159, 383 = NJW 2004, 3041; BGH NJW 2008, 3287.
22 BGH NJW 2008, 3287.
23 BT-Drucks. 17/10485, S. 34.
24 Schmidt-Futterer/*Streyl*, MietR, 11. Aufl. 2013, § 940 a ZPO Rn 17 ff.
25 Musielak/*Huber*, § 940 a Rn 5; Zöller/*Vollkommer*, § 940 a Rn 6.
26 Schmidt-Futterer/*Streyl*, MietR, 11. Aufl. 2013, § 940 a ZPO Rn 20.

machung eines besonderen Verfügungsgrundes ab; Abs. 2 enthält vielmehr einen typisierten **Verfügungsgrund**.[27]

12 **3. Dritter Mitbesitzer.** Dritter ist jeder, der nicht im Vollstreckungstitel genannt wird. Mitbesitzer einer Wohnung oder eines Teils der Wohnung ist jeder, der nicht nur vorübergehend in die Räumlichkeiten aufgenommen ist.[28] Dazu zählen zB der in der Mietwohnung lebende Ehegatte[29] oder nichteheliche Lebensgefährte[30] des Mieters sowie Untermieter.[31] Dagegen haben minderjährige Kinder, die mit ihren Eltern zusammenleben, grds. keinen Mitbesitz an der gemeinsam genutzten Wohnung, und zwar auch nicht, wenn die Kinder nach Erreichen der Volljährigkeit mit ihren Eltern weiter zusammenleben; in solchen Fällen reicht für eine Räumungsvollstreckung ein Vollstreckungstitel gegen die Eltern aus.[32]

13 **4. Kenntnis vom Besitzerwerb nach Schluss der mündlichen Verhandlung.** Der Gläubiger ist gehalten, glaubhaft zu machen, dass er bis zum Schluss der mündlichen Verhandlung keine positive Kenntnis vom Mitbesitz des Dritten erlangt hatte; fahrlässige oder grobfahrlässige Unkenntnis schadet nicht.[33] Gleichgültig ist es auch, ob der Gläubiger seinerseits dazu verpflichtet gewesen wäre, der Besitzbegründung durch den Dritten (zB als Untermieter) zuzustimmen.[34]

14 Wenn der Vermieter vor dem Schluss der mündlichen Verhandlung Kenntnis erlangt hat vom Mitbesitz des Dritten, kann er diesen – zu Beginn des Prozesses oder im Lauf des Prozesses durch Erstreckung der Klage – mitverklagen, so dass die Misslichkeit, der Abs. 2 abhelfen soll, nicht besteht. Aus dieser Erwägung ergibt sich gleichzeitig, dass die mündliche Verhandlung iSd Abs. 2 die **mündliche Verhandlung des ersten Rechtszugs** im Prozess gegen den Mieter ist.[35] Denn nur im ersten Rechtszug ist eine Parteierweiterung (die hier zumeist als sachdienlich zu bewerten sein wird) unproblematisch möglich, während im höheren Rechtszug regelmäßig die Zustimmung des weiteren Beklagten (bzw Rechtsmissbräuchlichkeit der Zustimmungsverweigerung) erforderlich ist.[36] Folglich droht einem Vermieter, der erst im höheren Rechtszug des Räumungsprozesses gegen den Mieter vom Mitbesitz des Dritten Kenntnis erlangt, dass er ein vollständig neues Verfahren gegen den Dritten führen muss, so dass Abhilfe durch Abs. 2 geboten ist.

15 Der Gläubiger kann vor der Situation stehen, dass er bzw der Gerichtsvollzieher bei dem gegen den titulierten Räumungsschuldner gerichteten Räumungsversuch mit einem Mitbewohner des Räumungsschuldners konfrontiert wird, der ihm unbekannt und der nicht bereit ist, seinen **Namen** zu nennen. Gegen eine Person, deren Namen er nicht kennt, vermag der Vermieter aber keinen Verfügungsantrag zu stellen.[37] Die Entwurfsbegründung vom 25.5.2012[38] und vom 15.8.2012[39] sahen hier folgende Abhilfe vor: „Nennt die in der Wohnung angetroffene Person ihren Namen nicht, kann es rechtmäßig sein, die Räumung fort-

---

27 Schmidt-Futterer/*Streyl*, MietR, 11. Aufl. 2013, § 940 a ZPO Rn 20. Ähnlich Musielak/*Huber*, § 940 a Rn 5; Zöller/*Vollkommer*, § 940 a Rn 5.
28 BR-Drucks. 313/12, S. 47.
29 BGHZ 159, 383 = NJW 2004, 3041.
30 BGH NJW 2008, 1959.
31 BGH NJW-RR 2003, 1450.
32 BGH NJW 2008, 1959.
33 Schmidt-Futterer/*Streyl*, MietR, 11. Aufl. 2013, § 940 a ZPO Rn 26.
34 BT-Drucks. 17/11894, S. 25.
35 Schmidt-Futterer/*Streyl*, MietR, 11. Aufl. 2013, § 940 a ZPO Rn 27.
36 Einzelheiten und wN zur Rspr zur Parteierweiterung MüKo-ZPO/*Becker-Eberhard*, § 263 Rn 84.
37 Eingehend zur Problematik *Majer*, NZM 2012, 67, 69.
38 BR-Drucks. 313/12, S. 48.
39 BT-Drucks. 17/10485, S. 34.

zusetzen. Die Rechtsprechung sieht in den im Räumungstermin vorgebrachten Einwänden, die im Kern dazu dienen, die Räumung zu verhindern, eine unzulässige Rechtsausübung (§ 242 BGB). Wenn etwa bei der Räumungsvollstreckung ein kollusives Zusammenwirken des angeblichen Besitzers/Untermieters mit dem Hauptmieter im Sinne einer Vollstreckungsvereitelung vorliegt, ist es rechtsmissbräuchlich, wenn sich der angebliche Besitzer darauf beruft, dass er im Räumungstitel nicht genannt ist (...).[40] Dieser Rechtsgedanke ist auf die Konstellation übertragbar, in der der Untermieter seinen Namen nicht nennt. Die Weigerung, den eigenen Namen zu nennen, ist ein Anhaltspunkt, dass die Person im kollusiven Zusammenwirken mit dem Mieter verhindern will, dass die Wohnung geräumt wird. Die Räumung darf in diesem Fall fortgesetzt werden." Hierzu ist anzumerken, dass der Beschluss des LG Lübeck, der als einzige Quelle für die Herleitung der ausgeführten Rechtsauffassung angeführt ist,[41] vom BGH[42] aufgehoben wurde mit der Begründung, dass die Räumungsvollstreckung auch dann nicht gegen nicht titulierte Mitbesitzer betrieben werden darf, wenn Grund zur Annahme besteht, dass der Mitbesitz nur eingeräumt wurde, um die Zwangsräumung zu vereiteln. Wenn demnach also eine titellose Vollstreckung aus § 242 BGB – völlig zu Recht – abzulehnen ist, muss dem Malaise anders beigekommen werden. Im Schrifttum[43] wird für den Fall, in dem eine Identitätsfeststellung durch den Gerichtsvollzieher scheitert, eine **einstweilige Verfügung gegen den Mieter auf Auskunftserteilung** über den Namen des Mitbewohners als zulässige Befriedigungsverfügung befürwortet. Freilich gewinnt der titulierte Mieter damit Zeit, um sich womöglich einen neuen Mitbewohner zu suchen, mit dem das Spiel dann von vorne beginnt.[44] Jedoch scheint die bestehende Rechtslage weitergehende Möglichkeiten nicht zuzulassen.

5. **Gewerberäume.** Str. ist, ob Abs. 2 auf **Gewerberäume** entsprechend anwendbar ist. Wenn schon beim besonders schutzwürigen Wohnraum eine erleichterte Räumungsverfügung gem. Abs. 2 zulässig ist, dann sollte dies erst recht bei Gewerberäumen gelten.[45] Jedoch ist angesichts des insofern eindeutigen Wortlauts der Norm und der Gesetzesmaterialien **keine Analogie** möglich.[46]

IV. Räumungsverfügung nach Sicherungsanordnung (Abs. 3)

Eine Räumungsverfügung wegen Widersetzlichkeit gegen eine Sicherungsanordnung (Abs. 3) kann ergehen, wenn **Räumungsklage wegen Zahlungsverzugs** (also nicht wegen anderer Pflichtverletzungen, zB Verstößen gegen die Hausordnung, Bedrohung oder Tätlichkeit) erhoben ist und der Beklagte einer **Sicherungsanordnung (§ 283 a) im Hauptsacheverfahren nicht Folge** leistet.

Nach § 283 a kann das Prozessgericht anordnen, dass der Beklagte wegen der Geldforderungen, die nach Rechtshängigkeit der Klage fällig geworden sind (also nicht wegen bereits aufgelaufener Rückstände), Sicherheit zu leisten hat, soweit die Klage auf diese Forderungen hohe Aussicht auf Erfolg hat und die Anordnung nach Abwägung der beiderseitigen Interessen zur Abwendung besonderer Nachteile für den Kläger gerechtfertigt ist (§ 283 a Abs. 1 S. 1). Der Beklagte hat

---

40 Unter Hinweis auf LG Lübeck DGVZ 2008, 172.
41 Weitere Nachw. aus der Instanzrspr bei Schmidt-Futterer/*Streyl*, MietR, 11. Aufl. 2013, § 940 a ZPO Rn 5.
42 BGH NJW 2008, 3287.
43 Schmidt-Futterer/*Streyl*, MietR, 11. Aufl. 2013, § 940 a ZPO Rn 28.
44 Schmidt-Futterer/*Streyl*, MietR, 11. Aufl. 2013, § 940 a ZPO Rn 5 bewertet diese Gefahr als theoretisch.
45 So LG Hamburg, NJW 2013, 3666; Schmidt-Futterer/*Streyl*, MietR, 11. Aufl. 2013, § 940 a ZPO Rn 57.
46 KG NJW 2013, 3588; LG Köln NJW 2013, 3589.

die Sicherheitsleistung binnen einer vom Gericht zu bestimmenden Frist nachzuweisen (§ 283 a Abs. 2). Die Sicherungsanordnung soll dem Schutz des Vermieters dienen, der über die Dauer des Räumungsverfahrens seine Leistung erbringen muss, ohne die Gegenleistung zu erhalten.[47]

19 **Verfügungsanspruch** einer Räumungsverfügung nach Abs. 3 ist der Räumungsanspruch des Vermieters. **Typisierter Verfügungsgrund** ist der Verstoß gegen die Sicherungsanordnung.[48] Ein darüber hinausgehender Verfügungsgrund braucht nicht glaubhaft gemacht zu werden,[49] ebenso wenig müssen die besonderen Voraussetzungen einer Befriedigungsverfügung für die Verfügung nach Abs. 3 vorliegen[50] (str.).

V. Anhörung des Gegners (Abs. 4)

20 In den Fällen der Abs. 2 und 3 hat das Gericht den Gegner vor Erlass einer Räumungsverfügung zwingend anzuhören. Das heißt nicht, dass zwingend eine mündliche Verhandlung durchzuführen ist; schriftliche oder fernmündliche Anhörung kann (unter den Voraussetzungen von § 937 Abs. 2) ausreichen.

§ 941 Ersuchen um Eintragungen im Grundbuch usw.

Hat auf Grund der einstweiligen Verfügung eine Eintragung in das Grundbuch, das Schiffsregister oder das Schiffsbauregister zu erfolgen, so ist das Gericht befugt, das Grundbuchamt oder die Registerbehörde um die Eintragung zu ersuchen.

I. Allgemeines

1 Eintragungen im Grundbuch oder Schiffsregister setzen grds. einen Antrag des Betroffenen oder des Begünstigten voraus (§ 13 Abs. 1 GBO, § 23 SchRegO). Es wäre demnach Sache des Gläubigers, die Umsetzung einer einstweiligen Verfügung durch Grundbuch- oder Registereintragung zu betreiben. § 941 stellt es demgegenüber in das Ermessen des anordnenden Gerichts, das Grundbuchamt oder die Schiffs- oder Schiffsbauregisterbehörde um die Eintragung zu ersuchen, wenn aufgrund einstweiliger Verfügung eine Eintragung vorzunehmen ist. Regelungszweck ist Beschleunigung. Die Antragsbefugnis des Gläubigers bleibt unberührt.

2 § 941 gilt bei Eintragungen in das Register für Pfandrechte an **Luftfahrzeugen** entsprechend (§ 99 Abs. 1 LuftFzgG), nicht aber bei Eintragungen in andere Register (zB Handelsregister).[1]

II. Eintragung aufgrund einstweiliger Verfügung

3 Aufgrund einstweiliger Verfügung erfolgt eine Eintragung, wenn die Eintragung einer Vormerkung (zB zur Sicherung des Anspruchs auf eine Bauhandwerkersicherungshypothek[2] gem. § 648 BGB) (§§ 883, 885 BGB) oder eines Widerspruchs (§ 899 BGB) angeordnet ist. Gleiches gilt, wenn ein Verfügungsverbot er-

---

47 BT-Drucks. 17/10485, S. 34.
48 BT-Drucks. 17/10485, S. 34.
49 Schmidt-Futterer/*Streyl*, MietR, 11. Aufl. 2013, § 940 a ZPO Rn 33.
50 AA Zöller/*Vollkommer*, § 940 a Rn 9.
1 Stein/Jonas/*Grunsky*, § 941 Rn 2.
2 OLG Celle InVo 2001, 108.

lassen (s. § 938 Rn 20 f) wurde oder nach Aufhebung einer einstweiligen Verfügung eine Löschung vorzunehmen[3] ist.

III. Verfahren

Für das Ersuchen ist das Gericht zuständig, das die einstweilige Verfügung erlassen hat.[4] Das Ersuchen liegt im **Ermessen** des Gerichts und ergeht **von Amts wegen**. Die Entscheidung, ob das Grundbuchamt bzw um Eintragung ersucht wird, ist dem Gläubiger stets **mitzuteilen**,[5] damit dieser erfährt, ob er gehalten ist, selbst Eintragungsantrag zu stellen oder ob er die Zustellungsfrist (§ 929 Abs. 3 S. 2) zu beachten (s. Rn 5) hat. Gegen das Ersuchen und sein Unterbleiben ist **kein Rechtsbehelf** statthaft.[6]

4

IV. Wirkungen des Ersuchens

Der Eingang des Eintragungsersuchens gilt als Vollziehung iSd § 929 Abs. 2, 3 (entsprechend § 932 Abs. 3).[7] Das Ersuchen wahrt also die **Vollziehungsfrist** des § 929 Abs. 2, setzt aber gleichzeitig die **Zustellungsfrist** gem. §§ 936, 929 Abs. 3 S. 2 in Gang.[8]

5

Grundbuch- und registerrechtlich ersetzt das Ersuchen den Antrag (§ 38 GBO, § 45 SchRegO), nicht aber die weiteren Eintragungsvoraussetzungen. Andererseits ist es nicht Angelegenheit des Grundbuchamtes, die Einhaltung der Zustellungsfrist (§ 929 Abs. 3 S. 2) zu prüfen.

6

Lehnt das Grundbuchamt das Eintragungsersuchen ab, dann ist die **Beschwerde** des Gläubigers gem. § 71 GBO, § 75 SchRegO statthaft.[9] Das ersuchende Gericht ist nicht beschwerdeberechtigt (str).[10]

7

Die **Rückschlagsperre** (§ 88 InsO) entsteht auch in den Fällen des § 941.[11]

8

§ 942 Zuständigkeit des Amtsgerichts der belegenen Sache

(1) In dringenden Fällen kann das Amtsgericht, in dessen Bezirk sich der Streitgegenstand befindet, eine einstweilige Verfügung erlassen unter Bestimmung einer Frist, innerhalb der die Ladung des Gegners zur mündlichen Verhandlung über die Rechtmäßigkeit der einstweiligen Verfügung bei dem Gericht der Hauptsache zu beantragen ist.

(2) ¹Die einstweilige Verfügung, auf Grund deren eine Vormerkung oder ein Widerspruch gegen die Richtigkeit des Grundbuchs, des Schiffsregisters oder des Schiffsbauregisters eingetragen werden soll, kann von dem Amtsgericht erlassen werden, in dessen Bezirk das Grundstück belegen ist oder der Heimathafen oder der Heimatort des Schiffes oder der Bauort des Schiffsbauwerks sich befindet, auch wenn der Fall nicht für dringlich erachtet wird; liegt der Heimathafen des Schiffes nicht im Inland, so kann die einstweilige Verfügung vom Amtsgericht in

---

3 OLG Celle NJW-RR 2000, 387; Stein/Jonas/*Grunsky*, § 941 Rn 2.
4 MüKo-ZPO/*Drescher*, § 941 Rn 3; Stein/Jonas/*Grunsky*, § 941 Rn 3.
5 MüKo-ZPO/*Drescher*, § 941 Rn 3.
6 MüKo-ZPO/*Drescher*, § 941 Rn 3.
7 OLG Celle InVo 2001, 108; OLG Frankfurt InVo 2000, 389.
8 OLG Frankfurt InVo 2000, 389.
9 MüKo-ZPO/*Drescher*, § 941 Rn 5; Stein/Jonas/*Grunsky*, § 941 Rn 5.
10 MüKo-ZPO/*Drescher*, § 941 Rn 5; Musielak/*Huber*, § 941 Rn 2. AA Stein/Jonas/*Grunsky*, § 941 Rn 5; Schuschke/Walker/*Schuschke*, § 941 Rn 5.
11 MüKo-ZPO/*Drescher*, § 941 Rn 4.

Hamburg erlassen werden. ²Die Bestimmung der im Absatz 1 bezeichneten Frist hat nur auf Antrag des Gegners zu erfolgen.

(3) Nach fruchtlosem Ablauf der Frist hat das Amtsgericht auf Antrag die erlassene Verfügung aufzuheben.

(4) Die in diesem Paragraphen erwähnten Entscheidungen des Amtsgerichts ergehen durch Beschluss.

I. Allgemeines	1	1. Zuständigkeit	8
II. Notzuständigkeit (Abs. 1)	2	2. Verfahren	10
1. Besondere Dringlichkeit	2	IV. Aufhebung durch das Amtsgericht (Abs. 3)	11
2. Verfahren vor dem Amtsgericht	4	V. Rechtfertigungsverfahren	15
III. Vormerkung und Widerspruch (Abs. 2)	8	1. Einleitung	15
		2. Durchführung	17

I. Allgemeines

1 § 942 regelt Zuständigkeiten für den Verfügungserlass, die neben die Zuständigkeit gem. § 937 Abs. 1 treten. In dringenden Fällen kann das Amtsgericht, in dessen Bezirk sich der Streitgegenstand befindet, eine einstweilige Verfügung erlassen (**Notzuständigkeit, Abs. 1**). Das weitere Verfahren ist dann vor dem Gericht der Hauptsache durchzuführen (**Rechtfertigungsverfahren**). **Abs. 2** begründet eine zusätzliche Zuständigkeit, wenn aufgrund einstweiliger Verfügung eine **Vormerkung** oder ein **Widerspruch** gegen die Richtigkeit des Grundbuchs oder des Schiffs- oder Schiffsbauregisters eingetragen werden soll.

II. Notzuständigkeit (Abs. 1)

2 **1. Besondere Dringlichkeit.** Die Notzuständigkeit des Amtsgerichts, in dessen Bezirk sich der Streitgegenstand befindet, besteht bei **besonderer Dringlichkeit**. Dafür reicht nicht diejenige Dringlichkeit aus, derer es bereits für einen Verfügungsgrund bedarf. Vielmehr müssen die Dinge so liegen, dass wegen der **Verzögerung** die **Anrufung des** in erster Linie zuständigen **Hauptsachegerichts** (§ 937 Abs. 1) **ohne zusätzliche Gefährdung** des Rechtsschutzes des Antragstellers **nicht möglich** ist.[1] Die Notzuständigkeit gem. Abs. 1 ist **subsidiär** gegenüber der Zuständigkeit des Hauptsachegerichts gem. § 937 Abs. 1.[2] Besondere Dringlichkeit besteht typischerweise außerhalb der üblichen Dienstzeiten, wenn nur beim Amtsgericht ein Bereitschaftsdienst eingerichtet ist und die Entscheidung nicht bis zum nächsten Gerichtsarbeitstag warten kann.

3 Der **Streitgegenstand** befindet sich dort, wo Maßnahmen zur Sicherung des Verfügungsanspruchs oder eine Handlung des Antragsgegners vorzunehmen sein werden (Beurteilungszeitpunkt: Antragstellung).[3] Wenn die Bezirke mehrerer Amtsgerichte betroffen sind, besteht die Notzuständigkeit jedes dieser Amtsgerichte nach Wahl des Antragstellers.[4]

4 **2. Verfahren vor dem Amtsgericht.** Der Antragsteller ist gehalten, die besondere Dringlichkeit iSd Abs. 1 **glaubhaft zu machen**. Fehlt besondere Dringlichkeit,

---

1 MüKo-ZPO/*Drescher*, § 942 Rn 4; Stein/Jonas/*Grunsky*, § 942 Rn 2; Musielak/*Huber*, § 942 Rn 2; *Jacobs*, NJW 1988, 1365; *Lempp*, NJW 1975, 1920; *Schilken*, in: Gaul/Schilken/Becker-Eberhard, § 79 Rn 4; Schuschke/Walker/*Walker*, § 942 Rn 3.
2 MüKo-ZPO/*Drescher*, § 942 Rn 2.
3 MüKo-ZPO/*Drescher*, § 942 Rn 3, 6; Stein/Jonas/*Grunsky*, § 942 Rn 3; Schuschke/Walker/*Walker*, § 942 Rn 2.
4 MüKo-ZPO/*Drescher*, § 942 Rn 3; Stein/Jonas/*Grunsky*, § 942 Rn 3; Schuschke/Walker/*Walker*, § 942 Rn 2.

dann ist der Verfügungsantrag als unzulässig zurückzuweisen oder auf Antrag an das zuständige Hauptsachegericht zu verweisen[5] – für den Antragsteller kann Rücknahme und erneute Antragstellung beim Gericht der Hauptsache empfehlenswert sein. Wenn ohne die Angelegenheit zur Zeit der Antragstellung nicht besonders dringlich war, aber durch die Anrufung des unzuständigen Amtsgerichts und den damit verbundenen Zeitablauf dringlich geworden ist, dann ist das Amtsgericht notzuständig geworden.[6] Eine einstweilige Verfügung, die trotz fehlender besonderer Dringlichkeit vom unzuständigen Amtsgericht erlassen wurde, ist wirksam.[7]

Besondere Dringlichkeit iSd Abs. 1 schließt eine **mündliche Verhandlung** über den Erlass der einstweiligen Verfügung nicht aus (Abs. 4, § 128 Abs. 4), denn das Verfahren mit mündlicher Verhandlung vor dem Amtsgericht kann kürzer sein als das Verfahren vor dem Gericht der Hauptsache ohne mündliche Verhandlung (§§ 937 Abs. 2, 944).[8] Typischerweise wird aber mündliche Verhandlung nicht in Betracht kommen. Das Amtsgericht entscheidet **stets durch Beschluss** (Abs. 4),[9] nach aA[10] bei Zurückweisung des Verfügungsantrags nach mündlicher Verhandlung durch Endurteil.

In der einstweiligen Verfügung ist eine **Frist** zu bestimmen, in der die **Ladung des Gegners zur mündlichen Verhandlung** über die Rechtmäßigkeit der einstweiligen Verfügung **bei dem Gericht der Hauptsache** zu beantragen ist (Abs. 1). Wenn die Fristsetzung unterblieben ist, dann ist die einstweilige Verfügung wirksam,[11] die Fristsetzung ist aber zu ergänzen (entsprechend § 321).[12] Fristsetzung wird überflüssig, wenn der Schuldner beim Gericht der Hauptsache „Widerspruch" gegen die einstweilige Verfügung eingelegt und damit das Rechtfertigungsverfahren eingeleitet[13] hat (s. Rn 16). Gleiches gilt, wenn der Gläubiger das Rechtfertigungsverfahren einleitet.[14]

Die **Länge der Frist** ist angemessen kurz (idR höchstens eine Woche) zu bemessen.[15] Verlängerung kann auf Antrag gewährt werden, wenn der Gläubiger erhebliche Gründe glaubhaft macht (§ 224 Abs. 2). Der Lauf der Frist beginnt mit der Zustellung der einstweiligen Verfügung an den Antragsteller (§ 221).

III. Vormerkung und Widerspruch (Abs. 2)

1. Zuständigkeit. In den Fällen des Abs. 2 hängt die Zuständigkeit des Amtsgerichts nicht von der besonderen Dringlichkeit ab. Missverständlich ist der Gesetzeswortlaut, wonach das Amtsgericht die einstweilige Verfügung erlassen „kann". Damit wird dem Gericht nicht ein Ermessen darüber eingeräumt, ob es

---

5 MüKo-ZPO/*Drescher*, § 942 Rn 5; Stein/Jonas/*Grunsky*, § 942 Rn 2; *Jacobs*, NJW 1988, 1365; *Lempp*, NJW 1975, 1920; *Schilken*, in: Gaul/Schilken/Becker-Eberhard, § 79 Rn 4; Schuschke/Walker/*Walker*, § 942 Rn 3.
6 MüKo-ZPO/*Drescher*, § 942 Rn 5; Stein/Jonas/*Grunsky*, § 942 Rn 2.
7 MüKo-ZPO/*Drescher*, § 942 Rn 6; Stein/Jonas/*Grunsky*, § 942 Rn 2.
8 MüKo-ZPO/*Drescher*, § 942 Rn 9; Stein/Jonas/*Grunsky*, § 942 Rn 6; *Lempp*, NJW 1975, 1920.
9 MüKo-ZPO/*Drescher*, § 942 Rn 9; Stein/Jonas/*Grunsky*, § 942 Rn 6; Schuschke/Walker/*Walker*, § 942 Rn 6.
10 *Lempp*, NJW 1975, 1920, 1921.
11 OLG München MDR 1960, 681; *Schilken*, in: Gaul/Schilken/Becker-Eberhard, § 79 Rn 19.
12 MüKo-ZPO/*Drescher*, § 942 Rn 10; Stein/Jonas/*Grunsky*, § 942 Rn 8; *Schilken*, in: Gaul/Schilken/Becker-Eberhard, § 79 Rn 19.
13 OLG München MDR 1960, 681.
14 MüKo-ZPO/*Drescher*, § 942 Rn 10.
15 MüKo-ZPO/*Drescher*, § 942 Rn 11; Stein/Jonas/*Grunsky*, § 942 Rn 8; *Schilken*, in: Gaul/Schilken/Becker-Eberhard, § 79 Rn 19; Schuschke/Walker/*Walker*, § 942 Rn 7.

sich für zuständig halten mag, sondern es soll nur zum Ausdruck gebracht werden, dass neben die Zuständigkeit gem. § 937 Abs. 1 die weitere Zuständigkeit gem. Abs. 2 nach Wahl des Antragstellers tritt.[16]

9 Zuständig ist das Amtsgericht, in dessen Bezirk das Grundstück belegen ist oder sich der Heimathafen (Hafen, von welchem aus die Seefahrt mit dem Schiff betrieben wird, vgl § 480 HGB aF) oder der Heimatort (§ 6 BinnSchG) des Schiffes oder der Bauort des Schiffsbauwerks befindet. Liegt der Heimathafen des Schiffes nicht im Inland, dann ist das Amtsgericht Hamburg zuständig. Wenn in das Register für Pfandrechte an **Luftfahrzeugen** eine Vormerkung oder ein Widerspruch eingetragen werden soll, dann ist das Amtsgericht Braunschweig zuständig, in dessen Bezirk das Luftfahrt-Bundesamt seinen Sitz hat (§ 99 Abs. 3 LuftFzgG).

10 **2. Verfahren.** Zum Verfahren gelten die Ausführungen in Rn 4 ff mit folgenden Abweichungen: Eine mündliche Verhandlung wird in den Fällen des Abs. 2 häufiger in Betracht kommen als in den Fällen des Abs. 1. Besondere Dringlichkeit iSd § 937 Abs. 2 ist glaubhaft zu machen. Frist zur Einleitung des Rechtfertigungsverfahrens ist nur auf Antrag des Gegners zu setzen (Abs. 2 S. 2). Der Antragsgegner kann den Antrag stellen, solange er sich nicht zur Hauptsache eingelassen hat (Rechtsgedanke des § 39).[17]

IV. Aufhebung durch das Amtsgericht (Abs. 3)

11 Nach fruchtlosem Ablauf der Frist zur Einleitung des Rechtfertigungsverfahrens hat das Amtsgericht auf Antrag und idR nach mündlicher Verhandlung[18] die Verfügung aufzuheben (Abs. 3). **Aufhebungsantrag** kann gestellt werden, sobald die Frist gesetzt und solange die einstweilige Verfügung noch nicht aufgehoben ist.

12 Der Gläubiger kann den Antrag auf Einleitung des Rechtfertigungsverfahrens auch noch nach Ablauf der gem. Abs. 1, 2 S. 2 gesetzten Frist stellen, und zwar bis zum Schluss der mündlichen Verhandlung über den Aufhebungsantrag (§ 231 Abs. 2) bzw, wenn ohne mündliche Verhandlung entschieden wird, bis zur Entscheidung über den Aufhebungsantrag.[19]

13 Das Gericht entscheidet über den Aufhebungsantrag durch **Beschluss** (Abs. 4), gegen den die sofortige Beschwerde des Schuldners (§ 567 Abs. 1 Nr. 2) oder Gläubigers (analog § 934 Abs. 4)[20] statthaft ist. Aus anderen Gründen als Fristablauf darf das Amtsgericht die Verfügung nicht aufheben.[21]

14 Die Aufhebung gem. Abs. 3 führt zur **Schadensersatzpflicht** des Verfügungsgläubigers gem. § 945.

V. Rechtfertigungsverfahren

15 **1. Einleitung.** Wenn Frist bestimmt ist (Abs. 1, 2 S. 2), dann ist der **Gläubiger** gehalten, das **Rechtfertigungsverfahren einzuleiten** (andernfalls Aufhebung, Abs. 3; s. Rn 11 ff). **Zuständig** ist das Gericht, bei dem die Hauptsache anhängig ist, andernfalls nach Wahl des Gläubigers jedes Gericht, welches zur Zeit der An-

---

16 MüKo-ZPO/*Drescher*, § 942 Rn 7; Stein/Jonas/*Grunsky*, § 942 Rn 5; *Jacobs*, NJW 1988, 1365; Schuschke/Walker/*Walker*, § 942 Rn 4.
17 *Lempp*, NJW 1975, 1920, 1921.
18 MüKo-ZPO/*Drescher*, § 942 Rn 17; Stein/Jonas/*Grunsky*, § 942 Rn 16; Schuschke/Walker/*Walker*, § 942 Rn 14.
19 OLG Hamm MDR 1965, 305.
20 Musielak/*Huber*, § 942 Rn 9; Stein/Jonas/*Grunsky*, § 942 Rn 18; *Schilken*, in: Gaul/Schilken/Becker-Eberhard, § 79 Rn 24.
21 Stein/Jonas/*Grunsky*, § 942 Rn 19.

tragstellung für die Hauptsache zuständig wäre. Im Rahmen des § 942 ist das Amtsgericht nur für die Entscheidungen über den Erlass der einstweiligen Verfügung (Abs. 1, 2) und den Aufhebungsantrag gem. Abs. 3 sowie das Ersuchen gem. § 941[22] zuständig.[23]

Widerspruch und **Beschwerde** des Schuldners gegen die einstweilige Verfügung sind **unstatthaft**.[24] Anträge gem. §§ 926, 927 sind statthaft. Der **Schuldner** kann aber das Rechtfertigungsverfahren selbst einleiten (aA[25] kein Initiativrecht des Schuldners). Ein „Widerspruch" des Schuldners ist dementsprechend auszulegen,[26] ggf auch als Antrag gem. Abs. 2 S. 2.[27] Hat der Schuldner „Widerspruch" oder dgl. beim unzuständigen (s. Rn 15) Amtsgericht eingereicht, das die Verfügung erlassen hat, ist nach Hinweis (§ 139 Abs. 1) das Verfahren entsprechend § 281 auf Antrag an das Hauptsachegericht zu verweisen.[28] 16

2. Durchführung. Das Gericht der Hauptsache hat Verhandlungstermin zu bestimmen und die Parteien von Amts wegen zu laden. Das Verfahren ist sodann entsprechend §§ 924, 925 durchzuführen.[29] Für die **Entscheidung** ist maßgeblich, ob die einstweilige Verfügung zur Zeit der Entscheidung gerechtfertigt ist und ob die Vollziehungsfrist (§ 929 Abs. 2) noch nicht abgelaufen ist. Über die Voraussetzungen der Zuständigkeit des Amtsgerichts gem. Abs. 1, 2 und die Einhaltung der Frist zur Einleitung des Rechtfertigungsverfahrens ist nicht zu befinden.[30] 17

§ 943 Gericht der Hauptsache

(1) Als Gericht der Hauptsache im Sinne der Vorschriften dieses Abschnitts ist das Gericht des ersten Rechtszuges und, wenn die Hauptsache in der Berufungsinstanz anhängig ist, das Berufungsgericht anzusehen.

(2) Das Gericht der Hauptsache ist für die nach § 109 zu treffenden Anordnungen ausschließlich zuständig, wenn die Hauptsache anhängig ist oder anhängig gewesen ist.

I. Allgemeines

§ 943, der unmittelbar für Arrest und einstweilige Verfügung gilt, **definiert** in Abs. 1 das Gericht der Hauptsache, das in den Fällen der §§ 919, 927 Abs. 2, 937 Abs. 1, 942 Abs. 1 und 943 Abs. 2 zuständig ist. **Abs. 2** ordnet an, wann das Gericht der Hauptsache für Anordnungen ausschließlich zuständig ist, die im Zusammenhang mit der **Rückgabe einer Sicherheit** (§ 109) zu treffen sind. 1

II. Gericht der Hauptsache (Abs. 1)

Hauptsache ist der Rechtsstreit um den Arrest- oder Verfügungsanspruch (s. § 937 Rn 3). 2

---

22 Schuschke/Walker/*Walker*, § 942 Rn 1.
23 Musielak/*Huber*, § 942 Rn 1; *Jacobs*, NJW 1988, 1365.
24 MüKo-ZPO/*Drescher*, § 942 Rn 17; Stein/Jonas/*Grunsky*, § 942 Rn 10.
25 *Lempp*, NJW 1975, 1920, 1921 f.
26 OLG München MDR 1960, 681.
27 *Jacobs*, NJW 1988, 1365, 1366.
28 LG Frankfurt NJW 1975, 1932; AG Düsseldorf MDR 1985, 151.
29 MüKo-ZPO/*Drescher*, § 942 Rn 13; Musielak/*Huber*, § 942 Rn 8; Schuschke/Walker/*Walker*, § 942 Rn 11.
30 MüKo-ZPO/*Drescher*, § 942 Rn 15; Stein/Jonas/*Grunsky*, § 942 Rn 13; Schuschke/Walker/*Walker*, § 942 Rn 12.

III. Rückgabe der Sicherheit (Abs. 2)

3 Gemäß § 109 Abs. 1 hat das Gericht, wenn die Veranlassung für eine Sicherheitsleistung weggefallen ist, auf Antrag eine Frist zu bestimmen, binnen derer die Partei, zu deren Gunsten die **Sicherheit geleistet** ist, die Einwilligung in die **Rückgabe** der Sicherheit zu erklären oder die Erhebung der Klage wegen ihrer Ansprüche nachzuweisen hat.

4 **1. Anhängigkeit der Hauptsache.** Ist oder war die Hauptsache anhängig, dann ist das Gericht der Hauptsache (Abs. 1) ausschließlich zuständig (§ 802) für Anordnungen, die gem. § 109 zu treffen sind. Andernfalls ist für das Verfahren nach § 109 das Gericht zuständig, das die Bestellung der Sicherheit bzw Lösungssumme angeordnet oder zugelassen hat, ggf also das Amtsgericht, das gem. §§ 919, 942 den Arrest oder die Verfügung angeordnet hat. Für die Zuständigkeit im Verfahren nach § 109 bestimmt § 109 die Regel und Abs. 2 die Ausnahme. Folglich hat diejenige Partei die Anhängigkeit vorzutragen und glaubhaft zu machen, die sich auf sie beruft. Dies ist der Antragsteller, wenn er das Gericht der Hauptsache anruft, und der Antragsgegner, wenn er geltend macht, das angerufene Amtsgericht sei wegen Abs. 2 unzuständig.[1] Nach aA[2] ist die Anhängigkeit der Hauptsache von Amts wegen zu prüfen.

5 **2. Wegfall der Veranlassung für eine Sicherheitsleistung. a) Sicherheitsleistung.** Sicherheitsleistung ist bei Arrest und einstweiliger Verfügung vorgesehen in den §§ 921, 925 Abs. 2, 927 Abs. 1 und 939. Ferner ist Abs. 2 iVm § 109 anzuwenden, wenn die **Lösungssumme** (§ 923) hinterlegt wurde.[3]

6 **b) Veranlassung für eine Sicherheitsleistung.** Die Veranlassung einer Sicherheitsleistung bzw Lösungssumme besteht darin, dass bestimmte Ansprüche, Risiken oder Nachteile des Sicherungsnehmers gesichert werden sollen.

7 **Gläubigersicherheit** gem. §§ **921, 925 Abs. 2** sichert den Schadensersatzanspruch des Arrestschuldners aus § 945 (s. § 921 Rn 6).

8 **Schuldnersicherheit** gem. § **925 Abs. 2** sichert den Arrestanspruch. Die Schuldnersicherheit gem. § **927 Abs. 1** ist eine vertragliche Sicherheit,[4] über deren Zweck Arrestgläubiger und -schuldner Bestimmung treffen. Wurde keine ausdrückliche Vereinbarung getroffen, ist der Arrestanspruch gesichert. Die Schuldnersicherheit gem. § 939 tritt an die Stelle einer Sicherheit, deren Bestellung Gegenstand des Verfügungsanspruchs ist (s. § 939 Rn 2). Die **Lösungssumme** (§ 923) haftet für die Arrestforderung und den Kostenerstattungsanspruch des Gläubigers im Hauptsacheverfahren (s. § 923 Rn 2).

9 **c) Wegfall der Veranlassung.** Die Veranlassung der Sicherheitsleistung bzw Lösungssumme entfällt, soweit die gesicherten Ansprüche nicht (mehr) bestehen und nicht mehr entstehen können.

10 **aa) Gläubigersicherheit.** Bei Gläubigersicherheit fällt die Veranlassung weg, wenn der Arrest oder die Verfügung **nicht vollzogen** ist und nicht mehr vollzogen werden kann und der Schuldner **keine Abwendungsleistung** iSd § 945 (s. § 945 Rn 14) erbracht hat. Denn dann steht fest, dass ein Vollziehungs- oder Abwendungsschaden und damit ein Anspruch aus § 945 nicht entstanden ist und nicht mehr entstehen kann. Schwieriger zu beurteilen ist der Fall, in dem die **Entscheidung vollzogen** ist oder der Schuldner eine **Abwendungsleistung** erbracht hat. Soweit nicht die **Bindungswirkung einer stattgebenden Hauptsachentscheidung**

---

1 Schuschke/Walker/*Walker*, § 943 Rn 3. IE ebenso MüKo-ZPO/*Drescher*, § 943 Rn 2; Stein/Jonas/*Grunsky*, § 943 Rn 2.
2 Zöller/*Vollkommer*, § 943 Rn 2.
3 MüKo-ZPO/*Drescher*, § 943 Rn 2; Schuschke/Walker/*Walker*, § 943 Rn 4.
4 Stein/Jonas/*Grunsky*, § 927 Rn 9.

einen Schadensersatzanspruch aus § 945 Alt. 1 ausschließt (s. § 945 Rn 11), muss dauerhaft in Betracht gezogen werden, dass sich die Anordnung des Arrestes oder der Verfügung noch als von Anfang an ungerechtfertigt erweist und folglich ein Anspruch aus § 945 Alt. 1 besteht.[5] Es ist str, wie der Gläubiger vermeiden kann, dass die Sicherheit dauerhaft eingefroren wird. Für § 109 kann es als hinreichend angesehen werden, wenn dem Schuldner anscheinend kein Schaden entstanden und ein Zeitraum vergangen ist, in dem der Schuldner einen Schadensersatzanspruch zwischenzeitlich hätte geltend machen können.[6] Nach aA ist es im Rahmen von § 109 ausreichend, wenn der **Sicherungsgeber behauptet**, der Sicherungsnehmer habe keinen gesicherten Schadensersatzanspruch. Klärung verschafft dann der Schadensersatzprozess des Sicherungsnehmers gegen den Sicherungsgeber, zu dessen Einleitung die Frist gem. § 109 Abs. 1 gesetzt wird.[7] Schließlich ist eine Klage des Gläubigers gegen den Schuldner auf Einwilligung in die Rückgabe der Sicherheit in Betracht zu ziehen. Die Klage ist zulässig, weil das Verfahren nach § 109 nicht zweifelsfrei zur Verfügung steht.[8]

bb) Schuldnersicherheit. Die Veranlassung für eine Schuldnersicherheit (§§ 925 Abs. 2, 927 Abs. 1, 939) oder die Lösungssumme (§ 923) ist entfallen, wenn die **Hauptsacheklage** über den Arrest- oder Verfügungsanspruch **rechtskräftig abgewiesen**[9] oder der **Gläubiger befriedigt**[10] ist. Ferner ist das Verfahren gem. § 109 für den Schuldner als Sicherungsgeber eröffnet, wenn der Arrest oder die Verfügung gem. § 926 Abs. 2 oder § 927 aufgehoben wurde.[11] Gleiches gilt im Falle der Aufhebung im Widerspruchs- oder Rechtsmittelverfahren.[12] Trotz Aufhebung von Arrest oder Verfügung bleibt selbstverständlich die Veranlassung für die Sicherheitsleistung bzw Lösungssumme bestehen, wenn die Aufhebung gerade darauf beruht, dass der Schuldner Sicherheit geleistet oder die Lösungssumme hinterlegt hat.

11

§ 944 Entscheidung des Vorsitzenden bei Dringlichkeit

In dringenden Fällen kann der Vorsitzende über die in diesem Abschnitt erwähnten Gesuche, sofern deren Erledigung eine mündliche Verhandlung nicht erfordert, anstatt des Gerichts entscheiden.

I. Allgemeines

§ 944 grenzt bei Kollegialgerichten die Zuständigkeit des Spruchkörpers und des Vorsitzenden ab.

1

II. Voraussetzungen

1. Mündliche Verhandlung nicht erforderlich. Eine Alleinentscheidung des Vorsitzenden kommt nicht in Betracht, wenn mündliche Verhandlung **gesetzlich vorgeschrieben** ist (§§ 924, 925, 926 Abs. 2, 927, 942 Abs. 1, 2 S. 2).

2

---

5 MüKo-ZPO/*Drescher*, § 943 Rn 3.
6 Zöller/*Vollkommer*, § 943 Rn 4. Dagegen MüKo-ZPO/*Drescher*, § 943 Rn 4; Musielak/*Huber*, § 943 Rn 10.
7 Stein/Jonas/*Bork*, § 109 Rn 12; Stein/Jonas/*Grunsky*, § 943 Rn 3.
8 Vgl BGH NJW 1994, 1351; Stein/Jonas/*Bork*, § 109 Rn 4; Zöller/*Herget*, § 109 Rn 1.
9 OLG München BB 1975, 764.
10 MüKo-ZPO/*Drescher*, § 943 Rn 5; Zöller/*Vollkommer*, § 943 Rn 6; Schuschke/Walker/*Walker*, § 943 Rn 6.
11 MüKo-ZPO/*Drescher*, § 943 Rn 6; Stein/Jonas/*Grunsky*, § 943 Rn 4; Musielak/*Huber*, § 943 Rn 10; Zöller/*Vollkommer*, § 943 Rn 7.
12 OLG Düsseldorf NJW-RR 1987, 511.

3 **2. Dringender Fall.** Dringend ist ein Fall, wenn das Zusammentreten des Kollegialgerichtes zu einer Verzögerung führen würde, die das Sicherungsinteresse des Antragstellers gefährdete (praktisch insb. bei Kammern für Handelssachen). Diejenige Dringlichkeit, die den Arrest- oder Verfügungsgrund ausmacht, reicht für § 944 nicht.[1]

III. Alleinentscheidung des Vorsitzenden

4 Unter den Voraussetzungen des § 944 muss der **Vorsitzende allein entscheiden**. Die Entscheidung kann stattgebend oder abweisend sein.[2] Ohne mündliche Verhandlung ist durch Beschluss zu entscheiden, nach mündlicher Verhandlung durch Endurteil. Der Vorsitzende ist in den Fällen des § 944 nicht schlechthin daran gehindert, eine **mündliche Verhandlung** vor sich durchzuführen.[3] Denn das Merkmal, wonach die „Erledigung eine mündliche Verhandlung nicht erfordert", ist nicht auf den Einzelfall zu beziehen. Gemeint ist, dass nicht das Gesetz eine mündliche Verhandlung zwingend vorschreibt. Dringlichkeit iSd § 944 besteht auch bei mündlicher Verhandlung vor dem Vorsitzenden, wenn der Zusammentritt der Kammer entscheidend länger dauern würde als die Durchführung der Verhandlung vor dem Vorsitzenden.

5 Gegen die Alleinentscheidung sind die gleichen **Rechtsbehelfe** statthaft wie gegen eine Entscheidung des Kollegialgerichts.[4]

§ 945 Schadensersatzpflicht

Erweist sich die Anordnung eines Arrestes oder einer einstweiligen Verfügung als von Anfang an ungerechtfertigt oder wird die angeordnete Maßregel auf Grund des § 926 Abs. 2 oder des § 942 Abs. 3 aufgehoben, so ist die Partei, welche die Anordnung erwirkt hat, verpflichtet, dem Gegner den Schaden zu ersetzen, der ihm aus der Vollziehung der angeordneten Maßregel oder dadurch entsteht, dass er Sicherheit leistet, um die Vollziehung abzuwenden oder die Aufhebung der Maßregel zu erwirken.

I. Allgemeines 1	bb) Beweislast, Bindung im Schadensersatzprozess 11
II. Anspruchsvoraussetzungen 4	
1. Erlass eines Arrestes oder einer einstweiligen Verfügung 5	b) Aufhebung gem. § 926 Abs. 2 (Var. 2) und § 942 Abs. 3 (Var. 3) 12
2. Anordnung ungerechtfertigt oder Entscheidung aufgehoben 6	3. Prozessuale Veranlassung ... 14
	III. Rechtsfolge Schadensersatz 16
a) Anordnung von Anfang an ungerechtfertigt (Var. 1) 7	1. Überblick 16
	2. Vollziehungs- und Abwendungsschaden 17
aa) Zeitpunkt und Voraussetzungen des Erlasses 8	3. Sicherheitsleistung und Lösungssumme 22
	4. Mitverschulden 23

---

1 MüKo-ZPO/*Drescher*, § 944 Rn 3; Stein/Jonas/*Grunsky*, § 944 Rn 2; Musielak/*Huber*, § 944 Rn 1; Schuschke/Walker/*Walker*, § 944 Rn 3.
2 LG Zweibrücken NJW-RR 1986, 715.
3 AA MüKo-ZPO/*Drescher*, § 944 Rn 4; Stein/Jonas/*Grunsky*, § 944 Rn 4; Schuschke/Walker/*Walker*, § 944 Rn 4.
4 MüKo-ZPO/*Drescher*, § 944 Rn 4; Stein/Jonas/*Grunsky*, § 944 Rn 5; Musielak/*Huber*, § 944 Rn 2; Schuschke/Walker/*Walker*, § 944 Rn 4.

a) Veranlassung der Anordnung	24
b) Standhaftigkeit	25
c) Unzulängliche Rechtsverteidigung	27
d) Anderweitige Erwerbsmöglichkeiten	28
e) Hinweisobliegenheit	29
f) Zwangs- und Ordnungsmittel	30
g) Unterbliebene Sicherheitsleistung	31
IV. Verjährung	32
V. Geltendmachung	33
VI. Entsprechende Anwendung	34
1. Analogiefähigkeit	34
2. Ungeregelte Fälle	35
a) Keine Analogie zugunsten des Arrest- oder Verfügungsgläubigers	35
b) Einstweilige Anordnungen gem. §§ 769, 770, 771 Abs. 3	36
c) Ablauf der Vollziehungs- und Zustellungsfrist gem. § 929 Abs. 2, 3	37

I. Allgemeines

Die **materiell-rechtliche Norm** begründet einen **Schadensersatzanspruch** des Arrest- oder Verfügungsschuldners gegen den Gläubiger, der von Rechtswidrigkeit und Verschulden unabhängig ist. Die Regelung beruht auf folgendem Grundgedanken: Wer aus einer Entscheidung vorgeht oder vorzugehen droht, deren Fortbestand von vornherein unsicher ist, soll die Gefahr der sachlich-rechtlichen Unbegründetheit seines Rechtsschutzbegehrens tragen und dem Gegner ersatzpflichtig sein, wenn sich die Entscheidung als unbeständig erweist[1] (**Risikohaftung aus prozessualer Veranlassung**).[2] **1**

Eine „verfassungsteleologische Restriktion" von § 945, wie sie im Schrifttum[3] vereinzelt mit der Begründung vertreten wird, die drohende Schadensersatzpflicht behindere die Rechtsdurchsetzung, ist nicht begründet.[4] **2**

Schuldner des Anspruchs aus § 945 ist der Arrest- oder Verfügungsgläubiger, **Schadensersatzgläubiger** ist der Arrest- oder Verfügungsschuldner, niemals umgekehrt.[5] **Dritte**, die nicht Antragsgegner sind, können Gläubiger des Anspruchs aus § 945 sein, wenn (verfahrensfehlerhaft) gegen sie eine Anordnung ergangen ist.[6] Dritte, auf deren Vermögen bei Vollziehung einer gegen den Schuldner gerichteten Maßnahme zugegriffen wird, erwerben keinen Anspruch aus § 945. Auch der Schuldner kann den Drittschaden nicht liquidieren.[7] Bei der **Vollstreckung in schuldnerfremde Gegenstände** kommen nur Ansprüche gem. §§ 823 ff BGB,[8] vor allem wegen verspäteter Freigabe, in Betracht. Andere mittelbar betroffene Dritte können unter den Voraussetzungen der §§ 844, 845 BGB eigene Ansprüche aus § 945 erwerben.[9] **3**

II. Anspruchsvoraussetzungen

Der Anspruch setzt voraus, dass ein **Arrest oder** eine **einstweilige Verfügung** erlassen wurde. Ferner muss die Anordnung sich als **von Anfang an ungerechtfer-** **4**

---

1 *Gaul*, ZZP 100 (1997), 3, 9.
2 BGHZ 131, 141, 143.
3 *Paschke/Busch*, NJW 2004, 1620, 1626 f.
4 Vgl *Fenn*, ZHR 132 (1969), 344, 358; *Götz*, S. 98 ff; *Hopt*, S. 193; *Lindemann*, S. 87.
5 BGHZ 45, 251, 252 f.
6 MüKo-ZPO/*Drescher*, § 945 Rn 20; Stein/Jonas/*Grunsky*, § 945 Rn 12; Schuschke/Walker/*Walker*, § 945 Rn 28.
7 Stein/Jonas/*Grunsky*, § 945 Rn 13; Schuschke/Walker/*Walker*, § 945 Rn 29.
8 S. dazu BGHZ 118, 201; BGHZ 67, 378; BGHZ 58, 207 m. Anm. *Henckel*, JZ 1973, 32; BGHZ 55, 20; BGH WM 1965, 863; RGZ 156, 395; RGZ 61, 430; LG Berlin NJW 1972, 1675.
9 MüKo-ZPO/*Drescher*, § 945 Rn 20; Stein/Jonas/*Grunsky*, § 945 Rn 14; Schuschke/Walker/*Walker*, § 945 Rn 28.

tigt erweisen (Var. 1) oder gem. § 926 Abs. 2 (Var. 2) oder gem. § 942 Abs. 3 (Var. 3) **aufgehoben** worden sein. Schließlich muss die Entscheidung vollzogen oder es muss vom Schuldner eine Abwendungsleistung erbracht sein (**prozessuale Veranlassung**).

5 **1. Erlass eines Arrestes oder einer einstweiligen Verfügung.** § 945 setzt voraus, dass ein staatliches inländisches[10] Gericht einen Arrest oder eine einstweilige Verfügung erlassen hat (zu schiedsgerichtlichen Maßnahmen s. § 1041 Abs. 4). Beugt sich der potentielle Arrest- oder Verfügungsschuldner unter dem Druck einer bevorstehenden Arrest- oder Verfügungsentscheidung, dann ist der daraus resultierende Schaden nicht ersatzfähig gem. § 945 (zB wenn der Schuldner sich vor Erlass einer stattgebenden Entscheidung auf einen Vergleich einlässt;[11] anders bei vertraglicher Unterlassungsverpflichtung nach Verfügungserlass).[12] Ansprüche der Risikohaftung aus prozessualer Veranlassung sind auch ausgeschlossen, wenn ein Titel nicht vollziehbar ist[13] oder keiner Vollziehung bedarf (Fälle des § 868[14] bei Entscheidungen gem. §§ 769, 771 Abs. 3; s. Rn 36). In all solchen Fällen kommt nur eine Verschuldenshaftung wegen unbegründeter Geltendmachung von Ansprüchen in Betracht.

6 **2. Anordnung ungerechtfertigt oder Entscheidung aufgehoben.** § 945 sieht drei Varianten vor: Entweder muss sich die Anordnung des Arrestes oder der einstweiligen Verfügung als von Anfang an ungerechtfertigt erweisen (Var. 1), oder die Entscheidung muss nach Maßgabe des § 926 Abs. 2 (Var. 2) oder des § 942 Abs. 3 (Var. 3) aufgehoben worden sein.

7 **a) Anordnung von Anfang an ungerechtfertigt (Var. 1).** Die Anordnung des Arrestes oder der einstweiligen Verfügung muss sich als von Anfang an ungerechtfertigt erweisen (§ 945 Var. 1).

8 **aa) Zeitpunkt und Voraussetzungen des Erlasses.** Die Anordnung ist von Anfang an ungerechtfertigt, wenn **zur Zeit des Erlasses** nicht alle erforderlichen Voraussetzungen für den Erlass vorlagen.[15] Dies ist der Fall, wenn von vornherein der **Arrest- oder Verfügungsanspruch fehlt** (oder der Arrest- bzw Verfügungsgläubiger die Voraussetzungen nicht beweisen kann).[16] Es kommt allein auf die **objektive Rechtslage** an, nicht auf deren Ersichtlichkeit zur Zeit des Erlasses.[17] Folglich ist eine Unterlassungsverfügung wegen vermeintlicher Patentverletzung von Anfang an ungerechtfertigt, wenn später das Patent rückwirkend für nichtig erklärt wird.[18] Gleiches gilt, wenn die dem Anspruch zugrunde gelegte Norm vom BVerfG für verfassungswidrig und nichtig erklärt wird.[19] Wenn der Schuldner zur Zeit des Erlasses ein **Gestaltungsrecht** oder eine **Einrede** hatte, vor Erlass aber das Gestaltungsrecht nicht ausgeübt bzw die Einrede nicht erhoben hat,

---

10 MüKo-ZPO/*Drescher*, § 945 Rn 5; Stein/Jonas/*Grunsky*, § 945 Rn 4; Schuschke/Walker/*Walker*, § 945 Rn 1; krit. Stein/Jonas/*Grunsky*, § 945 Rn 4.
11 LG Kiel MDR 1958, 928; Berger/*Becker-Eberhard*, Kap. 10 Rn 13; Stein/Jonas/*Grunsky*, § 945 Rn 3. AA OLG Frankfurt FamRZ 1988, 88.
12 BGHZ 168, 352 = NJW 2006, 2767. AA OLG Karlsruhe NJW-RR 2003, 1708 (Vorinstanz zu BGHZ 168, 352).
13 Vgl BAG JZ 1990, 194 m. zust. Anm. *Münzberg*, JZ 1990, 194 f.
14 Vgl BGH MDR 1971, 378; Wieczorek/Schütze/*Heß*, § 717 Rn 28; Stein/Jonas/*Münzberg*, § 717 Rn 30, 53.
15 MüKo-ZPO/*Drescher*, § 945 Rn 8; Stein/Jonas/*Grunsky*, § 945 Rn 17.
16 BGH NJW-RR 1989, 1401; BGH NJW 1988, 3268, 3269; *Saenger*, JZ 1997, 222, 226.
17 BGH NJW 1988, 3268, 3269.
18 BGHZ 165, 311, 316 = NJW-RR 2006, 621 m. Anm. *Haedicke*, JZ 2006, 578. AA Stein/Jonas/*Grunsky*, § 945 Rn 19.
19 BGHZ 54, 76; OLG Düsseldorf NJW-RR 1987, 1205; Einzelheiten bei Schuschke/Walker/*Walker*, § 945 Rn 8.

dann soll dies wie das Fehlen des Arrest- oder Verfügungsanspruchs zu beurteilen sein, wenn der Schuldner bis zum Erlass am Verfahren nicht beteiligt und daher an der Ausübung gehindert war[20] (zweifelhaft, denn der Schuldner kann sein Gestaltungsrecht unabhängig vom Arrest- oder Verfügungsverfahren ausüben). Die Anordnung ist auch von Anfang an ungerechtfertigt, wenn zur Zeit des Erlasses nur der **Arrest- oder Verfügungsgrund** fehlte (str).[21] Einen Schuldner, der auf einen fälligen und einredefreien Anspruch nicht leistet und sich dadurch Eilmaßnahmen einhandelt, trifft aber an der Schadensentstehung ein bei weitem überwiegendes **Mitverschulden** (§ 254 BGB), auch wenn die Eilmaßnahme mangels Dringlichkeit nicht veranlasst war.

Nicht ausreichend ist es, wenn nur eine **Prozessvoraussetzung** fehlte (Einzelheiten str).[22] Auch unzureichende **Glaubhaftmachung** vermag allein nicht einen Anspruch aus Var. 1 zu begründen. Im Schadensersatzprozess ist der beklagte Arrest- oder Verfügungsgläubiger nicht darauf beschränkt darzulegen, dass die im Eilverfahren vorgebrachten und glaubhaft gemachten Tatsachen den Erlass als gerechtfertigt erscheinen ließen. Vielmehr steht es ihm frei, zur Darlegung der im Eilverfahren verfolgten Rechte den Vortrag zu erweitern und über die Mittel der Glaubhaftmachung hinaus neue Beweise anzutreten.[23]

Wenn die Anordnung **inhaltlich** zu weit ging und damit **teilweise** ungerechtfertigt und teilweise gerechtfertigt war, dann kann für den ungerechtfertigten Teil ein Schadensersatzanspruch gem. Var. 1 entstehen.[24] Demgegenüber kommt grds. kein Anspruch **nach Zeitabschnitten** in Betracht. Nachträglich eintretende Umstände, die eine anfangs begründete Maßnahme später ungerechtfertigt machen, reichen für die Schadensersatzpflicht nach Var. 1 nicht aus. Ein Schadensersatzanspruch entsteht dann auch nicht vom Zeitpunkt der nachträglichen Unbegründetheit an[25] (nach aA[26] ist § 945 nach unzutreffender Abweisung eines begründeten Aufhebungsantrags gem. § 927 anzuwenden). Andererseits ist bei einer ursprünglich unbegründeten Anordnung, die infolge späterer Umstände gerechtfertigt wird, der Schadensersatzanspruch nur nach dem Zeitraum zu bemessen, in dem die Anordnungsvoraussetzungen nicht vorlagen.[27]

bb) Beweislast, Bindung im Schadensersatzprozess. Im Schadensersatzprozess ist der beklagte vormalige Arrest- oder Verfügungsgläubiger mit **Darlegung und Beweis** derjenigen Tatsachen belastet, aus denen sich die anfängliche Begründetheit der Entscheidung ergibt.[28] Es ist str, ob und in welchem Umfang das **Gericht des Schadensersatzprozesses** im Rahmen von Var. 1 **an Entscheidungen im Arrest- bzw Verfügungs- oder Hauptsacheverfahren gebunden** ist. In Rspr und Schrift-

---

20 MüKo-ZPO/*Drescher*, § 945 Rn 9; Stein/Jonas/*Grunsky*, § 945 Rn 19; Schuschke/Walker/*Walker*, § 945 Rn 7.
21 Dafür OLG Karlsruhe BB 1984, 1389, 1391 m. zust. Anm. *Unger*, BB 1984, 1392; MüKo-ZPO/*Drescher*, § 945 Rn 10; *Saenger*, JZ 1997, 222, 226 ff. AA KG NJW-RR 1987, 448. IE auch BGHZ 126, 368, 374 f; Berger/*Becker-Eberhard*, Kap. 10 Rn 36; Schuschke/Walker/*Walker*, § 945 Rn 10. Differenzierend Stein/Jonas/*Grunsky*, § 945 Rn 20.
22 OLG Karlsruhe BB 1984, 1389, 1390 f m. zust. Anm. *Unger*, BB 1984, 1392; OLG Düsseldorf MDR 1961, 606; Berger/*Becker-Eberhard*, Kap. 10 Rn 39 f; MüKo-ZPO/*Drescher*, § 945 Rn 12; Stein/Jonas/*Grunsky*, § 945 Rn 21; Schuschke/Walker/*Walker*, § 945 Rn 12.
23 BGH NJW-RR 1992, 998; OLG Düsseldorf MDR 1961, 606.
24 BGH NJW 1981, 2579; MüKo-ZPO/*Drescher*, § 945 Rn 9; *Gehrlein*, MDR 2000, 687, 688 f; *Schilken*, in: Gaul/Schilken/Becker-Eberhard, § 80 Rn 11.
25 MüKo-ZPO/*Drescher*, § 945 Rn 13.
26 Stein/Jonas/*Grunsky*, § 945 Rn 17.
27 *Schilken*, in: Gaul/Schilken/Becker-Eberhard, § 80 Rn 11.
28 BGH NJW 1988, 3268, 3269.

tum wird die Meinung vertreten, die anfängliche Ungerechtfertigtheit der Maßnahme müsse sich bereits oder könne sich jedenfalls bindend im Verfügungs- oder Hauptsacheverfahren erwiesen haben. Es bestehe gem. Var. 1 im Schadensersatzprozess eine Bindung an rechtskräftige aufhebende[29] und bestätigende[30] Arrest- und Verfügungsurteile sowie an rechtskräftige stattgebende[31] und abweisende[32] Hauptsacheentscheidungen. Im Schrifttum[33] herrscht dagegen die auch vom I. ZS des BGH[34] geteilte zutreffende Meinung vor, dass bei Var. 1 im Schadensersatzprozess **keine Bindung an Entscheidungen im Arrest- oder Verfügungsverfahren** besteht, eine Bindung vielmehr nur über die **materielle Rechtskraft von Hauptsacheentscheidungen** eintritt (**Präjudizialität**).[35]

12 b) **Aufhebung gem. § 926 Abs. 2 (Var. 2) und § 942 Abs. 3 (Var. 3).** Im Rahmen von Var. 2 und 3 kommt es allein auf die Aufhebung gem. § 926 Abs. 2 oder § 942 Abs. 3 an und nicht darauf, ob der Arrest oder die einstweilige Verfügung gerechtfertigt war oder geblieben ist.[36] Die Aufhebung entfaltet **Tatbestandswirkung.** Wenn aufgrund des § 926 Abs. 2 oder des § 942 Abs. 3 aufgehoben wurde, dann ist der Tatbestand von Var. 2 bzw 3 erfüllt, ohne dass es darauf ankommt, ob die Aufhebungsentscheidung begründet ist.[37] Fehlt es andererseits an einer auf § 926 Abs. 2 oder § 942 Abs. 3 gestützten Aufhebungsentscheidung (zB weil der Gläubiger auf alle Rechte aus der Anordnung verzichtet oder der Schuldner das Aufhebungsverfahren gem. § 927 betrieben hat), dann ist Var. 2 bzw 3 nicht erfüllt, auch wenn die Voraussetzungen für eine Aufhebung nach § 926 Abs. 2 oder § 942 Abs. 3 vorlagen.[38] Dazu passt es freilich nicht, dass die hM dem Schuldner das Verfahren nach § 926 verwehrt, wenn keine Nachteile aus der Anordnung mehr drohen (s. § 926 Rn 9 f).

13 Der Anspruch gem. Var. 2, 3 **entsteht** mit der Aufhebung der Maßregel durch Urteil gem. § 926 Abs. 2 oder durch Beschluss (§ 942 Abs. 4) gem. § 942 Abs. 3. Er **erlischt,** wenn das aufhebende Urteil im Berufungsverfahren oder der aufhebende Beschluss im Verfahren der sofortigen Beschwerde (analog § 934 Abs. 4) aufgehoben wird.

14 **3. Prozessuale Veranlassung.** Die Risikohaftung darf dem Titelgläubiger nicht aufgedrängt werden. Er muss das Haftungsrisiko durch Passivität vermeiden

---

29 BGH NJW 1992, 2297, 2298; BGHZ 75, 1, 5; BGH VersR 1985, 335; RGZ 157, 14, 19; RGZ 143, 118, 120; RGZ 59, 355, 359 f; RGZ 58, 236, 237 ff; *Fischer,* in: FS Franz Merz, 1992, S. 81, 84 ff; Hk-ZPO/*Kemper,* § 945 Rn 9; *Lindemann,* S. 100 ff; ferner BGHZ 62, 7, 10 f betr. presserechtliche Gegendarstellung. AA KG NJW-RR 1987, 448.
30 RGZ 157, 14, 19; ferner BGHZ 62, 7, 10 f betr. presserechtliche Gegendarstellung.
31 RGZ 157, 14, 19; *Stolz,* S. 82 ff.
32 BGHZ 75, 1, 5; RGZ 157, 14, 19.
33 *Baur,* S. 105 ff; Baur/Stürner/*Bruns,* Rn 52.26; *Bruns,* ZZP 65 (1952), 67, 69 ff; MüKo-ZPO/*Drescher,* § 945 Rn 14 ff; Stein/Jonas/*Grunsky,* § 945 Rn 25 ff; *Schilken,* in: Gaul/Schilken/Becker-Eberhard, § 80 Rn 6 f; *Unger,* BB 1984, 1392; Schuschke/Walker/*Walker,* § 945 Rn 15 ff.
34 BGHZ 122, 172, 175; BGH NJW-RR 1992, 998, 999; BGH NJW 1989, 106; BGH NJW 1988, 3268; ferner OLG Karlsruhe BB 1984, 1389 m. Anm. *Unger,* BB 1984, 1392.
35 Eingehend *Ahrens,* in: FS Henning Piper, 1996, S. 31, 34 ff; *Schilken,* in: 50 Jahre BGH, Band III, 2000, S. 593, 599 ff, 609 ff.
36 Berger/*Becker-Eberhard,* Kap. 10 Rn 54; MüKo-ZPO/*Drescher,* § 945 Rn 18; Stein/Jonas/*Grunsky,* § 945 Rn 33; *Teplitzky,* NJW 1984, 850, 852. AA *Stolz,* S. 89 ff; Schuschke/Walker/*Walker,* § 945 Rn 21, 23 für den Fall, dass der Gläubiger in der Hauptsache rechtskräftig obsiegt.
37 Berger/*Becker-Eberhard,* Kap. 10 Rn 54. AA Stein/Jonas/*Grunsky,* § 945 Rn 35; Schuschke/Walker/*Walker,* § 945 Rn 22.
38 BGH NJW-RR 1992, 998.

können.[39] Daher muss er grds. eine **über die Erwirkung des Titels hinausgehende Veranlassung** zur Schädigung des Titelschuldners geben, indem er die **Vollziehung** betreibt. Nur **ausnahmsweise** reicht bei § 945 **Passivität** des Titelgläubigers zur Haftung hin, und zwar dann, wenn der Schuldner gem. §§ 923, 934 Abs. 1 die **Lösungssumme hinterlegt** oder gem. §§ 925 Abs. 2, 927 Abs. 1, 939 **Sicherheit leistet**.[40] § 945 erwähnt im Gegensatz zu § 717 Abs. 2 keine andere Abwendungsleistung als Sicherheitsleistung. Die Vorschrift ist damit zu eng. Sie ist im Wege der teleologischen Extension dahin zu erweitern, dass ein Schuldner unter Vollziehungsdruck auch dann geschützt ist, wenn er anders als durch Sicherheitsleistung abwendend leistet.[41] **Andere Abwendungsleistung als Sicherheitsleistung** ist aber nicht wie Sicherheitsleistung von vornherein prozessual veranlasst, sondern setzt, wie bei § 717 Abs. 2, voraus, dass die Vollziehung auf aktive Veranlassung des Titelgläubigers hin wenigstens derart droht, dass sie jederzeit durchgeführt werden kann (**Vollziehungsdruck**),[42] dh, es müssen **sämtliche Vollstreckungsvoraussetzungen** vorliegen. Eine erforderliche Gläubigersicherheit muss bereits geleistet sein.[43] Zudem darf nicht verlässlich ersichtlich sein, dass der Titelgläubiger keine Vollziehung beabsichtigt.[44]

Unter welchen Voraussetzungen die **Befolgung eines durch einstweilige Verfügung ausgesprochenen Handlungsgebots oder -verbots** prozessual veranlasst ist, ist str. So soll für § 945 bereits die Verkündung einer Gebots- oder Verbotsverfügung in Urteilsform hinreichen.[45] Dem kann nicht zugestimmt werden. Vielmehr ist ein **auf die Vollziehung** durch Zwangs- oder Ordnungsmitteldruck auf den Schuldner (§§ 936, 928, 888, 890) **gerichtetes Gläubigerhandeln** erforderlich. Dementsprechend sah der BGH die Zustellung einer Unterlassungsverfügung im Parteibetrieb bei einer Beschlussverfügung nur dann als ausreichend an, wenn in dem Titel bereits die Ordnungsmittelandrohung enthalten ist.[46] Mit Beschluss v. 22.1.2009 entschied der BGH[47] indes nunmehr, dass eine durch Urteil erlassene Verbotsverfügung mit der Urteilsverkündung wirksam wird und vom Schuldner von da an zu beachten ist, wenn sie eine Ordnungsmittelandrohung enthält (insoweit zutr.). Von diesem Zeitpunkt an (unabhängig von einer Parteizustellung) sei der Schuldner durch den Schadensersatzanspruch des § 945 ZPO dagegen geschützt, dass sich die Verbotsverfügung nachträglich als unberechtigt erweist (insoweit zweifelhaft). Bei einem gesonderten Androhungsbeschluss entsteht die Haftung von der Zustellung an.[48] Die Vollziehung gem. § 888 beginnt mit der vom Verfügungsgläubiger durch Festsetzungsantrag veranlassten Festsetzung von Zwangsmitteln, die den Schuldner bei Strafe der Zwangsmittelvollstreckung auf die titulierte Handlung festlegt.

---

39 Vgl BGHZ 131, 233, 235; OLG Saarbrücken NJW-RR 1998, 1039.
40 Vgl *Walker*, Rn 488.
41 IE ebenso *Bandel*, S. 245; *Baur*, S. 107 f; MüKo-ZPO/*Drescher*, § 945 Rn 7; *Gleußner*, S. 139 ff; *dies.*, MDR 1996, 453, 454; Schuschke/Walker/*Walker*, § 945 Rn 35; *Walker*, Rn 486 f.
42 Schuschke/Walker/*Walker*, § 945 Rn 36.
43 BGHZ 131, 233, 235 ff m. zust. Anm. *Walker*, EWiR 1996, 237. AA Stein/Jonas/*Münzberg*, § 717 Rn 31.
44 Vgl *Baur*, S. 116; Stein/Jonas/*Münzberg*, § 717 Rn 31.
45 OLG Koblenz NJW 1980, 948; MüKo-ZPO/*Drescher*, § 945 Rn 7; Schuschke/Walker/*Walker*, § 945 Rn 38 mwN auch zur Gegenmeinung.
46 BGHZ 168, 352 = NJW 2006, 2767; BGHZ 131, 141; BGHZ 120, 73; BGH MDR 1996, 451 m. Anm. *Gleußner*, MDR 1996, 453. AA OLG München MDR 1995, 1167 (auch ohne Androhung); OLG Stuttgart MDR 1962, 995 (Ordnungsmittelfestsetzung).
47 BGHZ 180, 72.
48 BayObLG InVo 1996, 216; *Brox/Walker*, Rn 1098.

III. Rechtsfolge Schadensersatz

16 **1. Überblick.** Der Titelgläubiger ist verpflichtet, dem Gegner den **Schaden zu ersetzen**, der ihm aus der Vollziehung der angeordneten Maßregel entsteht (**Vollziehungsschaden**), oder dadurch, dass er gem. §§ 923, 934 Abs. 1 die **Lösungssumme** hinterlegt, gem. §§ 925 Abs. 2, 927 Abs. 1, 939 **Sicherheit** leistet oder eine andere Abwendungsleistung (s. Rn 14) erbringt (**Abwendungsschaden**). Von § 945 nicht umfasst ist der Schaden, der sich bereits durch die Einleitung des Arrest- oder Verfügungsverfahrens oder die Anordnung der Maßregel (**Anordnungsschaden**) ergibt.[49] Zum Anordnungsschaden zählen insb. der durch das Bekanntwerden der Anordnung entstehende **Kreditschaden** sowie die **Verfahrenskosten**.[50]

17 **2. Vollziehungs- und Abwendungsschaden.** Der Vollziehungs- und Abwendungsschaden ist gem. § 249 Abs. 1 BGB zu bestimmen, dh der Schadensersatzgläubiger ist so zu stellen, wie er stünde, wenn der Titel nicht vollzogen oder nicht abwendend geleistet worden wäre. Dabei sind die Grundsätze über die **Vorteilsausgleichung** zu beachten (zB wenn ein mit einem Veräußerungsverbot belegtes Grundstück inzwischen eine Wertsteigerung erfahren hat).[51] Ferner sind, vor allem bei Unterlassungsverfügungen, § 252 BGB sowie § 287[52] anzuwenden. Der Verfügungsgläubiger kann gegen die Vermutung des § 252 S. 2 BGB einwenden, der im **Verlust einer Erwerbsmöglichkeit** liegende Schaden hätte sich auch ohne die Unterlassungsverfügung verwirklicht. Für die **Reserveursache** ist der Verfügungskläger darlegungs- und beweisbelastet, allerdings mit der Beweiserleichterung des § 287.[53] War eine Anordnung teilweise begründet und **teilweise ungerechtfertigt**, dann sind nur diejenigen Nachteile zu ersetzen, die durch die zu weite Fassung der Anordnung entstanden sind.[54] Ob bei einer zu weit gehenden Anordnung Schaden vermieden worden wäre, wenn die Anordnung enger gefasst worden wäre, ist aufgrund der real gegebenen oder hypothetisch ex post zu bestimmenden Möglichkeiten zu beurteilen; es ist nicht allein auf die Behauptungen des Verfügungsschuldners abzustellen, wie er sich verhalten hätte, wenn die Anordnung von vornherein enger gefasst worden wäre.[55] Zum Vollziehungs- oder Abwendungsschaden zählen auch **Aufwendungen**, die erforderlich waren, **um die Schadensfolgen** einer zu Unrecht erlassenen Anordnung **abzuwenden oder zu mindern**, zB Kosten für besondere Werbemaßnahmen, Produktions- oder Vertriebsumstellungen.[56] Unterlässt ein Verfügungsschuldner Handlungen, die vom Unterlassungsgebot nicht erfasst waren, dann ist der daraus resultierende Schaden nicht ersatzfähig.[57]

18 Die Ersatzfähigkeit von Schäden durch die **Vollstreckung von Ordnungsmitteln**[58] **und Zwangsmitteln**[59] (§§ 888, 890) im Rahmen der Risikohaftung ist str. Nach allgemeinen schadensrechtlichen Grundsätzen sind Ordnungs- und Zwangsmittelschäden zu ersetzen. Ein Rückzahlungsanspruch gegen die Staatskasse mindert

---

49 BGHZ 122, 172; BGH NJW 1988, 3268; OLG Saarbrücken NJW-RR 1998, 1039; *Gehrlein*, MDR 2000, 687, 688.
50 Insoweit aA Stein/Jonas/*Grunsky*, § 945 Rn 6.
51 BGHZ 77, 151; OLG Hamburg VersR 1987, 356.
52 BGH NJW-RR 1989, 1401.
53 BGHZ 168, 352 = NJW 2006, 2767; BGH MDR 1985, 911 f.
54 BGH NJW 1981, 2579.
55 BGH MDR 1985, 911.
56 BGHZ 111, 172.
57 OLG Hamm MDR 1989, 466.
58 Dafür Stein/Jonas/*Münzberg*, § 717 Rn 30. AA KG GRUR 1987, 571; MüKo-ZPO/*Drescher*, § 945 Rn 25; Wieczorek/Schütze/*Heß*, § 717 Rn 20.
59 Dafür Wieczorek/Schütze/*Heß*, § 717 Rn 19; Stein/Jonas/*Münzberg*, § 717 Rn 30.

den Schaden (**Vorrang öffentlich-rechtlicher Erstattung**).[60] Allerdings ist Zwangs- und Ordnungsgeld von der Staatskasse nur dann zurückzuzahlen, wenn der Zwangs- oder Ordnungsmittelbeschluss aufgehoben wird[61] und nicht nur der vollstreckte Titel.[62]

Allgemein zählt zum Abwendungs- oder Vollziehungsschaden auch der Schaden, der durch **titelkonforme Selbstschädigung des Titelschuldners** entsteht, die dieser unter Vollziehungsdruck unternimmt. Es reicht nicht hin, wenn ein Schaden zwar nach Entstehung des Vollziehungsdrucks eintritt, aber vorher vom Titelschuldner verursacht wurde. Ebenso begründet Selbstschädigung, die unabhängig vom Vollziehungsdruck vorgenommen wird, keinen Vollziehungs- oder Abwendungsschaden. Der Titelschuldner als Schadensersatzgläubiger ist mit Darlegung und Beweis belastet, dass sein Verhalten durch die laufende oder drohende Vollziehung veranlasst war. Dabei spricht eine Vermutung dafür, dass ein Titelschuldner sich gerade wegen der Vollziehung titelkonform verhält. Denn ein Titelgläubiger, der die Vollziehung veranlasst, macht deutlich, dass er dies für angezeigt hält, um den Titelschuldner von einer Zuwiderhandlung abzuhalten. Stellt er sich später auf den Standpunkt, der Titelschuldner sei dem Gebot ohne Weiteres nachgekommen, dann obliegt es ihm, diese Meinungsänderung zu begründen und zu belegen. 19

Kreditschaden, der entsteht, weil die Vollziehung bekannt wird, ist Vollziehungsschaden. Anders als bei Kreditschaden, der bereits entsteht, weil die Anordnung bekannt wird, steht der Haftung des Titelgläubigers gem. § 945 in solchen Fällen nicht entgegen, dass der Schaden nicht auf der Vollziehung beruht. Die Rspr und ein Teil des Schrifttums stehen der Risikohaftung aus prozessualer Veranlassung in solchen Fällen allerdings ablehnend gegenüber. Der BGH[63] verneint eine Haftung aus der Parallelvorschrift § 717 Abs. 2, da Kreditschäden, die entstehen, weil die Vollstreckung bekannt wird, unter dem Gesichtspunkt des Schutzzwecks der Haftungsnorm nicht zurechenbar seien. Andernfalls würde das Haftungsrisiko des Gläubigers ins Unabsehbare gesteigert werden. Ferner wird argumentiert, aus § 945 sei vollziehungsbedingter Kreditschaden nicht zu ersetzen, wenn derselbe Schaden bereits durch die bloße Kenntnis von der Anordnung einer einstweiligen Verfügung entstanden wäre, wie dies idR anzunehmen sei.[64] Dazu ist zu sagen, dass vollziehungsverursachte Kreditschäden sowohl nach dem Wortlaut von § 945 als auch nach allgemeinem Schadensrecht ersatzfähig sind. Die dagegen vorgebrachten Argumente sind zweifelhaft.[65] Die besseren Gründe sprechen daher dafür, vollziehungsbedingten Kreditschaden in die Risikohaftung aus prozessualer Veranlassung einzubeziehen. 20

Unter den Voraussetzungen von § 253 Abs. 2 BGB kann ein Schmerzensgeldanspruch entstehen,[66] zB bei der Vollziehung eines persönlichen Arrestes. 21

3. Sicherheitsleistung und Lösungssumme. Ein Schuldner, der die Lösungssumme hinterlegt oder Sicherheit leistet, ist um die Kosten (Beschaffungsaufwand, Zinsen, Kursverlust bei Wertpapieren) geschädigt sowie um den Gewinn, der ihm entgeht, weil er die Sicherheit nicht anderweitig verwenden kann. 22

---

60 Wieczorek/Schütze/*Heß*, § 717 Rn 20.
61 *Brox/Walker*, Rn 1108; Zöller/*Stöber*, § 890 Rn 26.
62 *Baur*, JZ 1967, 763, 764. AA BAG NJW 1990, 2579, 2580; OLG Köln JZ 1967, 762, 763.
63 BGHZ 85, 110, 113 ff. Zustimmend *Brehm*, JZ 1983, 644; *Gaul*, ZZP 110 (1997), 3, 9 f. Ferner *Stolz*, S. 107 betr. § 945 ZPO.
64 *Gerhardt*, JR 1983, 247, 248 f; *Stolz*, S. 105 f; *ders.*, JZ 1988, 979, 980.
65 Einzelheiten bei *Haertlein*, Exekutionsintervention und Haftung, S. 271 ff; *Münzberg*, in: FS Hermann Lange, 1992, S. 599.
66 MüKo-ZPO/*Drescher*, § 945 Rn 25; Schuschke/Walker/*Walker*, § 945 Rn 25.

23 **4. Mitverschulden.** Dem Gläubiger des Anspruchs aus § 945 obliegt es, bei der Schadensentstehung und -entwicklung die Gebote des eigenen Interesses zu beachten, damit nicht der Anspruch wegen **Mitverschuldens** zu kürzen ist (§ 254 BGB).[67] Er hat die Sorgfalt zu beachten, die ein verständiger Mensch aufwendet, um sich vor Schaden zu bewahren. Maßgeblich sind die Verkehrsanschauung[68] und die Umstände des Einzelfalles.[69] Zu berücksichtigen ist auch, ob den Arrest- oder Verfügungsgläubiger ein Verschulden trifft.[70]

24 a) **Veranlassung der Anordnung.** Den Arrest- oder Verfügungsschuldner soll ein Mitverschulden treffen können, wenn er durch schuldhaftes Verhalten Anlass gegeben hat, den Arrest oder die einstweilige Verfügung zu erwirken[71] (**provozierte Anordnung**).[72] Dieser Gesichtspunkt ist zweifelhaft und allenfalls dann anzuerkennen, wenn der Schuldner aktiv vorspiegelt, die tatsächlichen Voraussetzungen eines Arrest- oder Verfügungsanspruchs würden bestehen (nach aA[73] auch durch unterlassene Aufklärung des Gläubigers über anspruchsausschließende Umstände). Wenn aber die Rechtslage im Hinblick auf den Arrest- oder Verfügungsanspruch zweifelhaft ist und sich das Verhalten des Schuldners dann als erlaubt herausstellt, kann ihm nicht angelastet werden, dass er sein Verhalten an dem für ihn günstigen Rechtsstandpunkt ausgerichtet hat, der sich schließlich als zutreffend erwiesen hat.[74] Ferner reicht es nicht aus, wenn ein vom Arrest- oder Verfügungsschuldner, gegen den kein Arrest- oder Verfügungsanspruch bestand, sich „verdächtig" verhalten (zB vorsorglich Vermögensverschiebungen vorgenommen) hatte.[75]

25 b) **Standhaftigkeit.** § 945 verlangt dem Schadensersatzgläubiger grds. Standhaftigkeit ab, bis die Vollziehung unmittelbar bevorsteht. Bei titelkonformem Verhalten im weiteren Vollziehungsvorfeld, das bei der Verschuldenshaftung als Mitverschulden (voreilige Selbstschädigung) in Betracht zu ziehen ist, scheidet die Risikohaftung mangels hinreichender prozessualer Veranlassung bereits dem Grunde nach aus. Hat der Titelschuldner dagegen bis zur prozessualen Veranlassung standgehalten, kann ihm nicht mangelnde Standhaftigkeit als Mitverschulden angelastet werden, zumal neben dem Vollziehungsdruck ein Haftungsdruck (Schadensersatz bei Zuwiderhandlung gegen das titulierte Gebot) besteht, der ernst zu nehmen ist, nachdem ein Gericht das Begehr des Titelgläubigers für begründet erklärt hat. Zudem scheidet Mitverschulden idR aus, wenn der Geschädigte zu seinem Verhalten verpflichtet ist.[76]

26 Keine Standhaftigkeit wird einem Arrest- oder Verfügungsschuldner abverlangt, der gem. §§ 923, 934 Abs. 1 die **Lösungssumme hinterlegen** oder gem. §§ 925 Abs. 2, 927 Abs. 1, 939 **Sicherheit leisten** kann. In diesen Fällen ist der Schadensersatzanspruch wegen Mitverschuldens an der Schadensentstehung (§ 254 BGB) zu kürzen, wenn Sicherheit geleistet oder die Lösungssumme hinterlegt wird, obwohl ersichtlich nicht mit Vollziehung zu rechnen ist.

27 c) **Unzulängliche Rechtsverteidigung.** Den Titelschuldner kann Mitverschulden treffen, wenn er seine Rechte in dem Verfahren, das zum Erlass des Titels geführt

---

67 BGHZ 168, 352 = NJW 2006, 2767; BGH NJW 2006, 2557.
68 MüKo-BGB/*Oetker*, § 254 Rn 30.
69 *Lange*, in: Lange/Schiemann, Schadensersatz, 3. Aufl. 2003, S. 563.
70 BGH NJW 1990, 2689.
71 So BGHZ 168, 352 = NJW 2006, 2767.
72 BGH NJW 1990, 2689; OLG Hamburg VersR 1987, 356.
73 BGH NJW 2006, 2557.
74 So auch BGHZ 168, 352 = NJW 2006, 2767.
75 AA BGH NJW 2006, 2557.
76 MüKo-BGB/*Oetker*, § 254 Rn 30.

hat, unzulänglich verteidigt hat[77] oder wenn er von erfolgversprechenden Rechtsbehelfen nicht oder nicht rechtzeitig Gebrauch gemacht hat.[78]

d) Anderweitige Erwerbsmöglichkeiten. Dem Schuldner einer Verbotsverfügung obliegt es, Erwerbsmöglichkeiten zu nutzen, die ihm bei Beachtung des Verbots verblieben sind. Die Darlegungs- und Beweislast für Umstände des Mitverschuldens liegt zwar beim Schadensersatzschuldner. Der Geschädigte ist aber gehalten, an der Beweisführung mitzuwirken, soweit Umstände in seiner Sphäre liegen (sekundäre Behauptungslast). Behauptet der Schadensersatzschuldner allgemein, der Geschädigte habe Erwerbsmöglichkeiten ungenutzt gelassen, ist es folglich dessen Sache darzulegen, welche Anstrengungen er unternommen hat.[79] 28

e) Hinweisobliegenheit. Der Titelschuldner ist gehalten, den Titelgläubiger auf die Gefahr eines ungewöhnlich hohen Schadens aufmerksam zu machen, die dieser weder kennt noch kennen muss (§ 254 Abs. 2 S. 1 Alt. 1 BGB),[80] zB auf drohende Erwerbs- und Kreditschäden, Betriebseinstellung und Insolvenz aus Umständen, in die der Gläubiger keinen Einblick hat. 29

f) Zwangs- und Ordnungsmittel. Verstößt der Verfügungsschuldner gegen ein Gebot, dessen Beachtung mit Zwangs- oder Ordnungsmitteln bewehrt ist (§§ 888, 890), trifft ihn idR ein bei weitem überwiegendes Mitverschulden.[81] Dies gilt jedenfalls, wenn der Verfügungsschuldner die Heranziehung durch einen Hinweis auf ungewöhnlich hohe Schäden oder mit Rechtsbehelfen vermeiden konnte. Stand der Verfügungsschuldner vor der Wahl der Befolgung oder der Missachtung der einstweiligen Verfügung, dann überwiegt sein Mitverschulden durch die Missachtung maßgeblich, es sei denn, die Missachtung habe den Eintritt eines Schadens verhindert, der außer Verhältnis zu dem Schaden steht, der durch die Heranziehung zum Zwangs- oder Ordnungsmittel eingetreten ist. 30

g) Unterbliebene Sicherheitsleistung. Nach hM[82] ist ein Titelschuldner zur Vermeidung von Mitverschulden gehalten, Abwendungssicherheit zu leisten, um Vollziehungsschäden zu verhindern, die den Schaden übersteigen, der infolge der Sicherheitsleistung entstanden wäre (§ 254 Abs. 2 S. 1 Alt. 2, 3 BGB). Diese Rechtsauffassung ist zweifelhaft. Denn es obliegt dem Geschädigten nur in Ausnahmefällen, eigene Mittel zur Schadensminderung einzusetzen.[83] Eine Obliegenheit zur Sicherheitsleistung besteht demnach allenfalls, wenn ein unverhältnismäßig großer Schaden droht und die Sicherheit ohne Weiteres aus liquiden Mitteln gestellt werden kann. Aber auch dann ist das Mitverschulden durch unterlassene Sicherheitsleistung gering. Ist die Gefahr eines unverhältnismäßig großen Schadens für den Titelgläubiger ersichtlich, ist es in erster Linie dessen Angelegenheit zu entscheiden, ob er die Vollziehung gleichwohl betreiben oder den Schaden vermeiden will. Ist dem Titelgläubiger die Gefahr eines unverhältnismäßig großen Schadens nicht ersichtlich, obliegt dem Titelschuldner ein Hinweis (s. Rn 29). 31

---

77 Berger/Becker-Eberhard, Kap. 10 Rn 72; Wieczorek/Schütze/Heß, § 717 Rn 22; Stein/Jonas/Münzberg, § 717 Rn 36; krit. Schuschke/Walker/Walker, § 945 Rn 26.
78 BGH NJW 2006, 2557; Wieczorek/Schütze/Heß, § 717 Rn 22; Münzberg, JZ 1990, 194, 195. AA Wieczorek/Schütze/Paulus, Vor § 704 Rn 74.
79 BGHZ 168, 352 = NJW 2006, 2767.
80 OLG Hamburg VersR 1987, 356; Berger/Becker-Eberhard, Kap. 10 Rn 72; Stein/Jonas/Grunsky, § 945 Rn 9; Schilken, in: Gaul/Schilken/Becker-Eberhard, § 80 Rn 10. AA MüKo-ZPO/Drescher, § 945 Rn 26.
81 AA Stein/Jonas/Münzberg, § 717 Rn 36.
82 BGHZ 120, 261, 271; BGH VersR 1957, 753, 754 f; Wieczorek/Schütze/Heß, § 717 Rn 22; Stein/Jonas/Münzberg, § 717 Rn 36; Schuschke/Walker/Walker, § 945 Rn 26.
83 Lange, in: Lange/Schiemann, Schadensersatz, 3. Aufl. 2003, S. 587; MüKo-BGB/Oetker, § 254 Rn 97 ff.

Das Mitverschulden knüpft dann an die Verletzung der Hinweisobliegenheit an, nicht an das Ausbleiben der Abwendungssicherheit.

IV. Verjährung

32 Der Anspruch aus § 945 resultiert aus einer unerlaubten Handlung iwS[84] und unterliegt damit wie andere deliktsrechtliche Ansprüche der **Regelverjährung** gem. §§ 195, 199 BGB.[85] Der Anspruch verjährt (§ 214 BGB) mithin mit einer **Frist von drei Jahren**, beginnend mit dem **Schluss des Jahres**, in dem der **Anspruch entstanden** und der **Gläubiger** von den anspruchsbegründenden Umständen und der Person des Schuldners **Kenntnis** erlangt oder ohne grobe Fahrlässigkeit erlangen musste. Die Person des Schadensersatzschuldners ist in den Fällen des § 945 stets bekannt. Verlässliche **Kenntnis von den anspruchsbegründenden Umständen** kann der Arrest- oder Verfügungsschuldner idR nicht vor Abschluss des Eilverfahrens erlangen.[86] Wird das Hauptsachverfahren betrieben, dann beginnt für einen Anspruch aus Var. 1 die Verjährung grds. erst zum Jahreswechsel nach rechtskräftigem Abschluss der Hauptsache zu laufen.[87] Anders ist es, wenn der Arrest oder die Verfügung aufgehoben ist und in der Hauptsache ein für den Arrest- oder Verfügungsschuldner günstiges Urteil ergeht, das nach Sachlage in hohem Maß dafür spricht, dass die Anordnung von Anfang an nicht gerechtfertigt war.[88]

V. Geltendmachung

33 Der Anspruch aus § 945 ist im **ordentlichen Klageverfahren** oder im Mahnverfahren geltend zu machen. Er kann nicht in dem Arrest- oder Verfügungsverfahren erhoben werden, das dem Anspruch zugrunde liegt[89] (nach aA[90] kann Rückzahlung von Befriedigungsleistungen im Verfügungsverfahren geltend gemacht werden – zweifelhaft). Im Hauptsacheverfahren um den Arrest- oder Verfügungsanspruch kann **Widerklage** auf Schadensersatz erhoben werden.[91] Der **Rechtsweg** zu den ordentlichen Gerichten ist auch eröffnet, wenn der Anspruch aus § 123 Abs. 3 VwGO iVm § 945 resultiert,[92] ebenso bei Steuerarresten gem. § 324 AO.[93] Aus § 945 ergibt sich auch die **internationale Zuständigkeit**.[94] Wurde ein Arrest oder eine einstweilige Verfügung wegen einer Forderung erwirkt, derentwegen die Angelegenheit **Handelssache** (§ 95 GVG) ist, dann ist die Kammer für Handelssachen auch für den Schadensersatzprozess aus § 945 zuständig.[95] Die örtliche Zuständigkeit kann sich aus § 32 ergeben. Bei einer **Aufrechnung** mit dem Anspruch aus § 945 gegen Unterhaltsansprüche des Schadensersatzschuldners steht § 394 BGB nicht entgegen, wenn die Unterhaltsansprüche vergangene Zeiträume betreffen.[96] Behauptet der Arrest- oder Verfügungsschuldner einen

---

84 BGHZ 78, 127, 129; BGHZ 30, 123, 127; OLG Schleswig FamRZ 1986, 707.
85 MüKo-ZPO/*Drescher*, § 945 Rn 27; Palandt/*Ellenberger*, § 199 BGB Rn 17; Schuschke/Walker/*Walker*, § 945 Rn 27.
86 BGHZ 75, 1.
87 Vgl BGH NJW 1993, 863; BGH NJW 1992, 2297.
88 BGH NJW 2003, 2610; ferner BGH NJW 2006, 2557.
89 Baur/Stürner/*Bruns*, Rn 52.29; MüKo-ZPO/*Drescher*, § 945 Rn 30.
90 Stein/Jonas/*Grunsky*, § 945 Rn 36; Hk-ZPO/*Kemper*, § 945 Rn 17; Schuschke/Walker/*Walker*, § 945 Rn 39.
91 MüKo-ZPO/*Drescher*, § 945 Rn 30.
92 BGHZ 78, 127. AA BVerwGE 18, 72.
93 BGHZ 30, 123. Dagegen *Bettermann*, JZ 1960, 335.
94 MüKo-ZPO/*Drescher*, § 945 Rn 31.
95 LG Oldenburg NJW-RR 2002, 1724.
96 OLG Schleswig FamRZ 1986, 707.

Anspruch aus § 945, kann der Arrest- oder Verfügungsgläubiger **Klage auf Feststellung des Nichtbestehens** dieses Anspruchs erheben.[97]

VI. Entsprechende Anwendung

1. Analogiefähigkeit. In engen Grenzen ist eine Analogie zu § 945 zulässig.[98] 34

2. Ungeregelte Fälle. a) Keine Analogie zugunsten des Arrest- oder Verfügungsgläubigers. § 945 ist nicht entsprechend anzuwenden, wenn eine **Anordnung zu Unrecht abgelehnt** wurde.[99] Der Arrest- oder Verfügungsgläubiger erwirbt auch keinen Anspruch auf Erstattung der Verfahrenskosten entsprechend § 945, wenn eine begründete Anordnung ergangen ist, der Gläubiger aber im Widerspruchsverfahren den Antrag zurücknimmt, weil die Vollziehungsfrist des § 929 Abs. 2 abgelaufen ist.[100] 35

b) Einstweilige Anordnungen gem. §§ 769, 770, 771 Abs. 3. Einstweilige Anordnungen gem. §§ 769, 770, 771 Abs. 3 fallen nicht unter § 945.[101] Es ist str, ob den Anordnungsgläubiger die Risikohaftung aus prozessualer Veranlassung treffen kann, wenn eine Anordnung sich als von Anfang an ungerechtfertigt erweist oder aufgehoben wird. Nach zutreffender Rechtsauffassung ist bei **einstweiligen Anordnungen vor Urteilserlass** (§§ 769, 771 Abs. 3) § 945 entsprechend anzuwenden,[102] nach aA[103] § 717 Abs. 2 analog, nach hM[104] besteht keine Risikohaftung. Bei der gebotenen Analogie zu § 945 sind die Tatbestandsvarianten zu unterscheiden: Var. 1 ist analog anwendbar, wenn sich eine einstweilige Anordnung als von Anfang an ungerechtfertigt erweist. Var. 2 und 3 sind entsprechend anzuwenden, wenn der Anordnungsgläubiger einer befristeten Anordnung des Vollstreckungsgerichts (§§ 769 Abs. 2, 771 Abs. 3) die Frist zur Beibringung der Entscheidung des Prozessgerichts verstreichen lässt.[105] Bei **Urteilsanordnungen** gem. §§ 770, 771 Abs. 3 ist **§ 717 Abs. 2, 3 analog** anzuwenden.[106] 36

c) Ablauf der Vollziehungs- und Zustellungsfrist gem. § 929 Abs. 2, 3. Var. 2 und 3 sind nicht entsprechend anzuwenden, wenn die Vollziehung gem. § 929 Abs. 2, 3 unwirksam geworden ist.[107] 37

---

97 BGHZ 126, 368.
98 Vgl BGHZ 95, 10, 13 f m. zust. Anm. *Gerhardt*, JR 1985, 511; BGHZ 30, 123, 128 ff m. zust. Anm. *Pagendarm*, LM ZPO § 945 Nr. 3; *Baumann/Brehm*, Zwangsvollstreckung, 2. Aufl. 1982, S. 145; Wieczorek/Schütze/*Heß*, § 717 Rn 47; *Lindemann*, Die Haftung des Gläubigers für die ungerechtfertigte Einleitung eines gerichtlichen Verfahrens, 2002, S. 63; Stein/Jonas/*Münzberg*, § 717 Rn 59.
99 BGHZ 45, 251.
100 BGH NJW-RR 1995, 495.
101 BGHZ 95, 10, 13.
102 *Haertlein*, Exekutionsintervention und Haftung, S. 232 ff. IE ebenso Stein/Jonas/*Grunsky*, § 945 Rn 15; *Häsemeyer*, NJW 1986, 1028.
103 LG Frankfurt MDR 1980, 409.
104 BGHZ 95, 10, 13 m. zust. Anm. *Gerhardt*, JR 1985, 511; *Messer*, WuB VI E. – 1.85; OLG München NJW-RR 1989, 1471, 1472; Baur/Stürner/*Bruns*, Rn 46.23, 52.30; Berger/*Becker-Eberhard*, Kap. 10 Rn 12; MüKo-ZPO/*Drescher*, § 945 Rn 4; Stein/Jonas/*Münzberg*, § 717 Rn 71, § 769 Rn 21, § 771 Rn 55; *Rabback*, S. 172 ff; *Schilken* in: Gaul/Schilken/Becker-Eberhard, § 80 Rn 2; *Stolz*, S. 129 f; Wieczorek/Schütze/*Thümmel*, § 945 Rn 5.
105 *Haertlein*, Exekutionsintervention und Haftung, S. 252.
106 *Haertlein*, Exekutionsintervention und Haftung, S. 252 ff. AA Baur/Stürner/*Bruns*, Rn 46.23; Wieczorek/Schütze/*Heß*, § 717 Rn 48; Stein/Jonas/*Münzberg*, § 717 Rn 71; Wieczorek/Schütze/*Salzmann*, § 771 Rn 78.
107 BGH MDR 1964, 224; Berger/*Becker-Eberhard*, Kap. 10 Rn 60; MüKo-ZPO/*Drescher*, § 945 Rn 19; *Schilken*, in: Gaul/Schilken/Becker-Eberhard, § 80 Rn 8; Zöller/*Vollkommer*, § 945 Rn 12. AA Stein/Jonas/*Grunsky*, § 945 Rn 34.

§ 945 a Einreichung von Schutzschriften [ab 1.1.2016]

(1) ¹Die Länder führen ein zentrales, länderübergreifendes elektronisches Register für Schutzschriften (Schutzschriftenregister). ²Schutzschriften sind vorbeugende Verteidigungsschriftsätze gegen erwartete Anträge auf Arrest oder einstweilige Verfügung.

(2) ¹Eine Schutzschrift gilt als bei allen ordentlichen Gerichten der Länder eingereicht, sobald sie in das Schutzschriftenregister eingestellt ist. ²Schutzschriften sind sechs Monate nach ihrer Einstellung zu löschen.

(3) ¹Die Gerichte erhalten Zugriff auf das Register über ein automatisiertes Abrufverfahren. ²Die Verwendung der Daten ist auf das für die Erfüllung der gesetzlichen Aufgaben Erforderliche zu beschränken. ³Abrufvorgänge sind zu protokollieren.

1 Die Norm ist mWv 1.1.2016 durch das Gesetz zur Förderung des elektronischen Rechtsverkehrs mit den Gerichten vom 10.10.2013[1] eingefügt. Zu Schutzschriften s. Vor §§ 916–945 b Rn 61 ff.

§ 945 b Verordnungsermächtigung

Das Bundesministerium der Justiz hat durch Rechtsverordnung mit Zustimmung des Bundesrates die näheren Bestimmungen über die Einrichtung und Führung des Registers, über die Einreichung von Schutzschriften zum Register, über den Abruf von Schutzschriften aus dem Register, über die Erhebung von Gebühren sowie über die Einzelheiten der Datenübermittlung und -speicherung sowie der Datensicherheit und der Barrierefreiheit zu treffen.

1 Wie § 945 a ist auch § 945 b durch das Gesetz zur Förderung des elektronischen Rechtsverkehrs mit den Gerichten vom 10.10.2013[1] eingefügt worden, jedoch bereits mit Wirkung vom 1.7.2014 in Kraft getreten. Mit der Verordnungsermächtigung für das Bundesministerium der Justiz sollen für das ab dem 1.1.2016 zu führende zentrale und länderübergreifende Schutzschriftenregister (§ 945 a) die gebotenen einheitlichen Rahmenbedingungen ermöglicht werden.[2]

---

1 BGBl. I S. 3786.
1 BGBl. I S. 3786.
2 BT-Drucks. 17/12634, S. 36.

Buch 11
Justizielle Zusammenarbeit in der Europäischen Union

Abschnitt 1–3
(nicht abgedruckt)

Abschnitt 4
Europäische Vollstreckungstitel nach der Verordnung (EG) Nr. 805/2004

§§ 1079–1086

[Kommentierung der §§ 1079–1086 im Anhang zur EuVTVO]

Abschnitt 5
Europäisches Mahnverfahren nach der Verordnung (EG) Nr. 1896/2006

§§ 1087–1096

[Kommentierung der §§ 1087–1096 im Anhang zur EuMahnVO]

Abschnitt 6
Europäisches Verfahren für geringfügige Forderungen nach der Verordnung (EG) Nr. 861/2007

§§ 1097–1109

[Kommentierung der §§ 1097–1109 im Anhang zur EuBagatellVO]

Abschnitt 7
Anerkennung und Vollstreckung nach der Verordnung (EU) Nr. 1215/2012

§§ 1110–1117

[Kommentierung der §§ 1110–1117 im Anhang zur Brüssel Ia-VO]

Buch D)
Inoffizielle Zusammenarbeit in der Europäischen Union

Abschnitt 1-3
(nicht angeführt)

Abschnitt 4:
Europäische Vollstreckungstitel, nach der Verordnung (EG) Nr.805/2004

§§ 1079-1086

(Europäisches .... Verfahren aus ihrem .... Verfahren)

Abschnitt 5
Eurpäisches Mahnverfahren nach der Verordnung (EG) Nr. 1896/2006

§§ 1087-1096

(Europäisches ... § 1087-1096 verfahren auf Einführung)

Abschnitt 6:
Europäisches Verfahren für geringfügige Forderungen nach der Verordnung (EG) Nr. 861/2007

§§ 1097-1109

(Europäisches Verfahren für .... Europäisch ...)

Abschnitt 7
Anerkennung und Vollstreckung nach der Verordnung (EU) Nr. 1215/2012

§§ 1110-1117

(Europäische .... (EU) .... für ... Nr. 4/2009)

Gesetz über die Zwangsversteigerung und die Zwangsverwaltung

In der Fassung der Bekanntmachung vom 20. Mai 1898
(RGBl. S. 369, 713) (BGBl. III 310-14)

zuletzt geändert durch Art. 6 des Gesetzes zur weiteren Erleichterung der Sanierung von Unternehmen vom 7. Dezember 2011
(BGBl. I S. 2582, 2589)

Vorbemerkung zu §§ 1 ff

Das Gesetz über die Zwangsversteigerung und die Zwangsverwaltung (ZVG) regelt die **Zwangsvollstreckung** wegen einer **Geldforderung** in das **unbewegliche Vermögen** und ist ein Teil des Zwangsvollstreckungsrechts der ZPO (vgl § 869 ZPO Rn 1). Soweit im ZVG nichts Abweichendes geregelt ist, sind die Vorschriften der ZPO anzuwenden.[1] 1

Die Immobiliarvollstreckung erfasst Grundstücke und grundstücksgleiche Rechte, eingetragene Schiffe und Luftfahrtzeuge, Miteigentumsanteile am unbeweglichen Vermögen (vgl § 864 ZPO Rn 3) sowie vom Hypothekenhaftungsverband erfasste Gegenstände des beweglichen Vermögens (vgl § 865 ZPO Rn 1). 2

Soweit zur **Durchsetzung von Rechten** und nicht wegen einer Geldforderung vollstreckt wird, werden die Vorschriften des Ersten Abschnitts für anwendbar erklärt. Zu diesen besonderen Verfahren zählen die Zwangsversteigerung zum Zwecke der Aufhebung der Gemeinschaft (Teilungsversteigerung, §§ 180 ff), die Nachlassversteigerung (§§ 175 ff), die Insolvenzverwalterversteigerung (§§ 172 ff) und das Verfahren zur „zwangsweisen Veräußerung" des Wohnungseigentums (s. § 10 Rn 57 ff). 3

Erster Abschnitt
Zwangsversteigerung und Zwangsverwaltung von Grundstücken im Wege der Zwangsvollstreckung

Erster Titel
Allgemeine Vorschriften

§ 1 [Zuständiges Gericht]

(1) Für die Zwangsversteigerung und die Zwangsverwaltung eines Grundstücks ist als Vollstreckungsgericht das Amtsgericht zuständig, in dessen Bezirk das Grundstück belegen ist.

(2) ¹Die Landesregierungen werden ermächtigt, durch Rechtsverordnung die Zwangsversteigerungs- und Zwangsverwaltungssachen einem Amtsgericht für die Bezirke mehrerer Amtsgerichte zuzuweisen, sofern die Zusammenfassung für eine sachdienliche Förderung und schnellere Erledigung der Verfahren erforderlich ist. ²Die Landesregierungen können die Ermächtigung auf die Landesjustizverwaltungen übertragen.

---

1 BGH NJW 2011, 929 = Rpfleger 2011, 339.

I. Sachliche Zuständigkeit

1 Für die Zwangsversteigerung und Zwangsverwaltung des unbeweglichen Vermögens (s. § 864 ZPO Rn 3 ff) ist das **Amtsgericht** als Vollstreckungsgericht (§ 764 ZPO Rn 1) sachlich zuständig. Die Zuständigkeit ist **ausschließlich** (§§ 802, 866 ZPO). Die Regelung betrifft auch die Zwangsversteigerungen von Schiffen und Schiffsbauwerken (§§ 162 ff), von Luftfahrzeugen (§§ 171 a ff), die besonderen Verfahren nach §§ 172 ff (Insolvenzverwalter-, Nachlass- und Teilungsversteigerung) und das Verfahren zur „zwangsweisen Veräußerung" des Wohnungseigentums (s. § 10 Rn 57 ff).

II. Örtliche Zuständigkeit

2 Örtlich zuständig ist das Amtsgericht, in dessen Gerichtsbezirk das Grundstück liegt. Entscheidend ist nur die tatsächliche Lage, nicht der Ort der grundbuchlichen Erfassung; diese kann, insb. bei Teilzentralisierungen der Grundbuchämter (§ 1 Abs. 3 GBO), davon abweichend sein. Die Zuständigkeit ist **ausschließlich** (§§ 802, 866 ZPO).

3 Abs. 2 ermächtigt die Landesregierungen, durch Rechtsverordnung die Zuständigkeit im Interesse einer sachdienlichen und schnelleren Bearbeitung zu zentralisieren. Von dieser Möglichkeit haben bisher die Bundesländer Baden-Württemberg, Bayern, Brandenburg, Nordrhein-Westfalen, Rheinland-Pfalz, Sachsen, Schleswig-Holstein und Thüringen Gebrauch gemacht.

4 Einen schnellen und aktuellen Überblick über sämtliche **Zwangsversteigerungsgerichte** bietet innerhalb des Justizportals des Bundes und der Länder die Internetseite http://www.zvg-portal.de. Über die Suchmaske kann mit der Ortsangabe oder Postleitzahl das örtlich zuständige Gericht ermittelt werden.

5 Die örtliche Zuständigkeit für Schiffsversteigerungen ist abweichend in § 163 geregelt (s. §§ 162–171 Rn 5). Die Zwangsversteigerungen von Luftfahrzeugen werden gem. § 171 b ausschließlich vom Amtsgericht Braunschweig durchgeführt (§§ 171a–171 n Rn 5).

III. Funktionelle Zuständigkeit

6 Für die Durchführung der Zwangsversteigerungs- und Zwangsverwaltungsverfahren ist der **Rechtspfleger** (§ 3 Nr. 1 Buchst. i RPflG), einschließlich der einschlägigen Entscheidungen des Vollstreckungsgerichts aus dem 8. Buch der ZPO, uneingeschränkt funktionell zuständig. Ausgenommen sind lediglich die Entscheidungen über die Vollstreckungserinnerung (§ 766 ZPO, § 20 Abs. 1 Nr. 17 RPflG) und die Vereidigung von Dolmetschern im Termin (§ 4 Abs. 2 Nr. 1 RPflG).

§ 2 [Bestellung des zuständigen Gerichts]

(1) Ist das Grundstück in den Bezirken verschiedener Amtsgerichte belegen oder ist es mit Rücksicht auf die Grenzen der Bezirke ungewiß, welches Gericht zuständig ist, so hat das zunächst höhere Gericht eines der Amtsgerichte zum Vollstreckungsgericht zu bestellen; § 36 Abs. 2 und 3 und § 37 der Zivilprozeßordnung finden entsprechende Anwendung.

(2) [1]Die gleiche Anordnung kann getroffen werden, wenn die Zwangsversteigerung oder die Zwangsverwaltung mehrerer Grundstücke in demselben Verfahren zulässig ist und die Grundstücke in den Bezirken verschiedener Amtsgerichte be-

legen sind. ²Von der Anordnung soll das zum Vollstreckungsgericht bestellte Gericht die übrigen Gerichte in Kenntnis setzen.

I. Normzweck und Anwendungsbereich

Lässt sich über § 1 Abs. 1 die örtliche Zuständigkeit nicht zweifelsfrei bestimmen oder sind in einem Verfahren mehrere Grundstücke aus verschiedenen Gerichtsbezirken betroffen, wird das zuständige Amtsgericht von dem nächsthöheren Gericht bestimmt. Die Vorschrift betrifft sämtliche Verfahren nach dem ZVG mit Ausnahme der Schiffsversteigerung (§§ 162–171 Rn 5) und der Zwangsversteigerung von Luftschiffen (§§ 171 a–171 n Rn 5). 1

II. Bestimmung des örtlich zuständigen Vollstreckungsgerichts

1. Voraussetzungen. Das Verfahren zur Bestellung des zuständigen Vollstreckungsgerichts kann eingeleitet werden, wenn 2

- das Grundstück zugleich in den Bezirken verschiedener Amtsgerichte liegt (Abs. 1 Hs 1 Alt. 1). Bedeutsam ist dieser Fall nur nach der Vereinigung von Grundstücken (§ 890 Abs. 1 BGB, § 5 GBO) oder nach einer Bestandteilszuschreibung (§ 890 Abs. 2 BGB, § 6 GBO); oder

- mit Rücksicht auf die unklaren Grenzen der Bezirke ungewiss ist, welches Gericht zuständig ist (Abs. 1 Hs 1 Alt. 2). Diese Alternative hat heute keine Bedeutung mehr; oder

- die Zwangsversteigerung oder Zwangsverwaltung mehrerer Grundstücke, die nicht in demselben Amtsgerichtbezirk liegen, in einem gemeinsamen Verfahren (§ 18) durchgeführt werden soll (Abs. 2). Dies wird insb. dann notwendig sein, wenn ein gemeinsamer Versteigerungstermin mit einem Gesamtausgebot (s. § 63 Rn 12 ff) angestrebt wird. Für die Entscheidung ist es unerheblich, ob bereits eines oder mehrere dieser Verfahren angeordnet sind oder ob diese erst angeordnet werden sollen.

2. Verfahren. Das nähere Verfahren wird über Abs. 1 Hs 2 in § 36 Abs. 2 und 3 und § 37 ZPO geregelt.[1] Grundsätzlich ist ein **Gesuch** (Antrag) erforderlich (§ 37 ZPO). Antragsberechtigt sind alle Beteiligten iSd § 9. Der Antrag kann schriftlich oder zu Protokoll der Geschäftsstelle erklärt werden und unterliegt nicht dem Anwaltszwang. 3

Hält eines der beteiligten Amtsgerichte eine **Verfahrensverbindung** nach § 18 für sinnvoll (s. § 18 Rn 4 ff), kann die Entscheidung auch ohne Gesuch auf Anregung des Amtsgerichts[2] erfolgen. 4

Für die gerichtliche Bestimmung ist das zunächst höhere (gemeinschaftliche) Gericht zuständig. Sofern dies der Bundesgerichtshof ist, entscheidet gem. § 36 Abs. 2 ZPO das Oberlandesgericht, zu dessen Bezirk das zuerst mit der Sache befasste Vollstreckungsgericht gehört. 5

Das nächsthöhere Gericht entscheidet durch **Beschluss** ohne vorherige Anhörung der übrigen Beteiligten oder des Schuldners.[3] Die Vollstreckungsunterlagen müssen nicht vorgelegt werden und sind (vom nächsthöheren Gericht) nicht zu prüfen. 6

Der Beschluss ist **unanfechtbar** (§ 37 Abs. 2 ZPO). Die Bindungswirkung besteht für die gesamte Verfahrensdauer und für sämtliche Anordnungs- und Beitrittsgläubiger, und zwar unabhängig davon, ob sie vor oder nach der Entscheidung 7

---

1 S. dazu Hk-ZPO/*Bendtsen*, § 36 ZPO Rn 3 ff und § 37 ZPO Rn 1 ff.
2 BGH NJW 1984, 2166 = MDR 1985, 52 = Rpfleger 1984, 363.
3 BGH MDR 1985, 52 = NJW 1984, 2166 = ZIP 1984, 886.

dem Verfahren beigetreten sind. Dasselbe gilt auch für die übrigen Beteiligten (vgl § 9), auch solchen gegenüber, die erst später ihre Beteiligtenstellung erwerben. Selbst wenn einzelne Grundstücke durch Antragsrücknahme oder Versteigerung aus dem Verfahren austreten, ändert sich die Zuständigkeit nicht mehr. Lediglich dann, wenn das Vollstreckungsgericht ein weiteres Grundstück, das in einem anderen Gerichtsbezirk liegt, über § 18 in das Zwangsversteigerungsverfahren einbeziehen möchte, kann erneut das zunächst höhere gemeinschaftliche Gericht angerufen werden.

III. Kosten

8   Für den **Rechtsanwalt** gehört die Tätigkeit zum Verfahren und wird nicht gesondert vergütet (§ 19 Abs. 1 S. 2 Nr. 3 RVG). **Gerichtskosten** werden nicht erhoben.

§ 3 [Zustellungen von Amts wegen]

¹Die Zustellungen erfolgen von Amts wegen. ²Sie können durch Einschreiben mit Rückschein erfolgen. ³Zum Nachweis der Zustellung genügt der Rückschein.

I. Normzweck

1   Das ZVG sieht keine eigenständige Regelung des Zustellungsverfahrens vor und verweist mit § 3 auf die §§ 166–190 ZPO (Zustellungen von Amts wegen). Im Interesse eines möglichst verzögerungsfreien Verfahrens sieht das ZVG jedoch in den §§ 4–7 für bestimmte Fälle Zustellungserleichterungen vor. Welche Schriftstücke (Beschlüsse und Belehrungen) zuzustellen sind, wird grds. in § 329 Abs. 2 S. 2, Abs. 3 ZPO geregelt: Entscheidungen, die Frist in Gang setzen, einen Vollstreckungstitel bilden oder der sofortigen Beschwerde unterliegen. Das ZVG ergänzt die ZPO und bestimmt weitere Fälle, die eine Zustellung erfordern.

II. Zustellungsarten

2   Die Zustellung kann bewirkt werden durch **Aushändigung des Schriftstücks an der Amtsstelle** (§ 173 ZPO). Als Amtsstelle wird jeder Raum angesehen, in dem eine gerichtliche Tätigkeit ausgeübt wird. In der Regel wird es das Zimmer der Serviceeinheit bzw der Geschäftsstelle sein. Die Zustellung wird auf dem zuzustellenden Schriftstück und in den Akten vermerkt.

3   Die Zustellung kann ferner bewirkt werden **gegen Empfangsbekenntnis** (§ 174 ZPO). Dieses Verfahren ist zulässig bei Zustellungen an Rechtsanwälte, Notare, Gerichtsvollzieher, Steuerberater oder an sonstige „zuverlässige" Personen. Die Empfänger müssen das Empfangsbekenntnis ausgefüllt an das Gericht zurücksenden, wozu auch das Fax genutzt werden darf.

4   Weiteres Zustellverfahren ist das **Einschreiben mit Rückschein** (§ 175 ZPO). Dieses Verfahren ist nur mit Übergabe des Schreibens an den Empfänger oder eines annahmebereiten, erwachsenen Mitbewohners wirksam. Wird die Annahme der Postsendung verweigert oder der Empfänger nicht angetroffen und die Postsendung nicht anschließend bei der Poststelle abgeholt, ist die Zustellung gescheitert. Die Zustellung durch Zustellungsauftrag (§ 176 ZPO) ist preiswerter und sicherer.

5   Der **Zustellungsauftrag** an die Post oder einen zu Zustellungen gem. § 33 PostG befugten Lizenznehmer (§ 176 ZPO) ist neben der Zustellung gegen Empfangsbekenntnis die gebräuchlichste Zustellart.

Über die Zustellung fertigt der Bedienstete der Post (bzw des befugten Lizenzneh- 6
mers) eine Zustellungsurkunde auf dem hierfür vorgesehenen Formular (§ 182
ZPO).

Wegen der **Zustellung durch Aufgabe zur Post mit Einschreiben** s. § 4 Rn 1 ff. 7

Die Zustellung kann auch durch öffentliche Bekanntmachung (**öffentliche Zu-** 8
stellung, § 185 ZPO) vorgenommen werden. § 185 benennt die Fälle, in denen
öffentliche Zustellung möglich ist. § 185 sichert die Funktionsfähigkeit des Verfahrens unter Berücksichtigung der Interessen des Adressaten in den Fällen ab, in
denen eine Zustellung nach anderen Vorschriften nicht ausführbar ist.[1]

§ 183 ZPO regelt das förmliche **Ersuchen um Zustellung im Ausland**. 9

III. Form der zuzustellenden Schriftstücke

Zugestellt wird eine vollständige, beglaubigte Kopie des abgefassten Beschlusses 10
(vgl § 317 ZPO). Mehrseitige Beschlüsse sind mit Heftklammern zu verbinden.[2]
Eine lose Verbindung mit Büroklammern ist nicht ausreichend. Eine besondere
Verbindung durch Knicken und Siegeln der Verbindung ist nicht erforderlich.
Eine bestimmte Form ist für den Beglaubigungsvermerk nicht vorgeschrieben,
ebenfalls nicht ein bestimmter Wortlaut oder die Angabe des Datums. Gemäß
§ 169 ZPO ist die Kopie anstelle der handschriftlichen Unterzeichnung mit dem
Gerichtssiegel zu versehen. Dasselbe gilt, wenn eine Abschrift per Fax zugestellt
wird. Die Beglaubigung kann auch durch maschinelle Bearbeitung erfolgen.

Für die Zustellung eines nach § 130 b ZPO errichteten gerichtlichen elektroni- 11
schen Dokuments oder die Zustellung in beglaubigter elektronischer Abschrift
gelten weitere Erleichterungen (§ 169 Abs. 4 und 5 ZPO).

Ergänzende bzw einschränkende Verwaltungsbestimmungen der Justizbehörden 12
haben keinen Einfluss auf die Wirksamkeit der Zustellung. Wenn die Zustellung
nicht erforderlich ist (s. Rn 1), werden einfache Kopien ohne Beglaubigungsvermerk oder Siegelabdruck übersandt.

IV. Zuständigkeit für das Zustellungsverfahren

Das Zustellungsverfahren obliegt eigenverantwortlich[3] der Geschäftsstelle (§ 168 13
Abs. 1 ZPO) und dem dort zuständigen Urkundsbeamten (§ 153 GVG). Dieser
wählt selbständig unter den möglichen Zustellverfahren das zweckmäßigste aus
und überwacht das weitere Verfahren.

Soweit der zuständige Rechtspfleger Weisungen erteilt (zB „Zustellung nicht ge- 14
gen Empfangsbekenntnis"), ist der Urkundsbeamte daran gebunden.[4]

§ 4 [Zustellung durch Aufgabe zur Post]

[1]Wohnt derjenige, welchem zugestellt werden soll, weder am Ort noch im Bezirk
des Vollstreckungsgerichts, so kann die Zustellung durch Aufgabe zur Post erfolgen, solange nicht die Bestellung eines daselbst wohnhaften Prozeßbevollmächtigten oder Zustellungsbevollmächtigten dem Gericht angezeigt ist. [2]Die Postsendung muß mit der Bezeichnung „Einschreiben" versehen werden.

---

1 S. dazu Hk-ZPO/*Eichele*, § 185 ZPO Rn 1 ff.
2 BGH NJW 1974, 1383.
3 BGH NJW 1956, 1878.
4 BGH NJW-RR 1993, 1213.

1 Das Verfahren zur Zustellung durch Aufgabe zur Post wird in § 184 ZPO geregelt. § 4 modifiziert die ZPO-Regelung und setzt die Anforderungen an die Voraussetzungen herab: Während nach der ZPO der Zustellungsadressat vorher erfolglos aufgefordert werden muss, einen Zustellungsbevollmächtigten zu benennen, ist das im Verfahren nach dem ZVG nicht erforderlich. Stattdessen muss die Postsendung als „**Einschreiben**" auf den Postweg gegeben werden. Das Angebot der Post „Einschreiben Einwurf" ist nicht ausreichend[1] und ein „Rückbrief" nicht notwendig.

2 Von dieser Zustellungserleichterung nimmt jedoch die Regelung des § 8 ausdrücklich die Zustellung von Anordnungs- und Beitrittsbeschlüssen an den Schuldner aus.

3 Die Vorschrift hat nur **geringe praktische Bedeutung**. Die Zustellung mit Zustellungsauftrag (§ 182 ZPO) ist sicherer und mit der Zustellungsurkunde liegt eine öffentliche Urkunde mit Beweiskraft vor (§§ 182 Abs. 1, 418 ZPO).

§ 5 [Bestellung eines Zustellungsbevollmächtigten]

Die Bestellung eines Zustellungsbevollmächtigten bei dem Grundbuchamt gilt auch für das Verfahren des Vollstreckungsgerichts, sofern sie diesem bekannt geworden ist.

1 Wenn dem Grundbuchamt gegenüber ein Beteiligter einen Zustellungsbevollmächtigten benannt hat, können auch die Zustellungen des Vollstreckungsgerichts an den Bevollmächtigten erfolgen. Dem Versteigerungsgericht wird die Zustellungsvollmacht idR durch die in § 19 Abs. 2 vorgesehene Mitteilung des Grundbuchamtes bekannt gemacht. Aber auch durch Einsichtnahme in die Grundakten kann das Vollstreckungsgericht von der Zustellungsvollmacht Kenntnis erlangen. Die Tatsache, dass der Bevollmächtigte ermächtigt ist, Zustellungen für den Beteiligten wirksam in Empfang zu nehmen, berechtigt ihn nicht zur sonstigen Vertretung im Verfahren (s. § 15 Rn 7 ff).

2 Die Vorschrift findet keine Anwendung auf die an den Schuldner zu bewirkenden Zustellungen der Anordnungs- und Beitrittsbeschlüsse (§ 8).

§ 6 [Gerichtliche Bestellung eines Zustellungsvertreters]

(1) Ist der Aufenthalt desjenigen, welchem zugestellt werden soll, und der Aufenthalt seines Zustellungsbevollmächtigten dem Vollstreckungsgericht nicht bekannt oder sind die Voraussetzungen für eine öffentliche Zustellung aus sonstigen Gründen (§ 185 der Zivilprozeßordnung) gegeben, so hat das Gericht für denjenigen, welchem zugestellt werden soll, einen Zustellungsvertreter zu bestellen.

(2) [1]Das gleiche gilt, wenn im Falle der Zustellung durch Aufgabe zur Post die Postsendung als unbestellbar zurückkommt. [2]Die zurückgekommene Sendung soll dem Zustellungsvertreter ausgehändigt werden.

(3) Statt der Bestellung eines Vertreters genügt es, wenn die Zustellung für nicht prozeßfähige Personen an die Vormundschaftsbehörde, für juristische Personen oder für Vereine, die als solche klagen und verklagt werden können, an die Aufsichtsbehörde angeordnet wird.

---

1 Dassler/Schiffhauer/*Rellermeyer*, § 4 Rn 9; Löhnig/*Huber*, § 4 Rn 4.

I. Anwendungsbereich

Sofern der **Aufenthalt** eines Zustellungsadressaten **nicht bekannt** ist, muss das Gericht für ihn einen **Zustellungsvertreter** benennen. Dies gilt auch, wenn der Adressat als solcher – also auch sein **Name** – unbekannt ist, eine notwendige Zustellung im Ausland nicht möglich ist oder keinen Erfolg (aber ohne Rücksicht auf den Zeitbedarf!) verspricht (§ 185 ZPO). Das Verfahren nach § 6 ist v.a. bei unbekannten Berechtigten aus sehr alten Grundbucheinträgen oder bei unbekannten Erben von Bedeutung. 1

Für die Zustellung an einen **nicht prozessfähigen** Beteiligten (§§ 51, 52 ZPO) kann statt der Bestellung eines Zustellungsvertreters wahlweise die Zustellung an die Vormundschaftsbehörde bzw die Aufsichtsbehörde erfolgen (**Abs. 3**). Die Vorschrift hat keine praktische Bedeutung: Die Bestellung eines Vertreters ist einfacher und praktikabler. 2

Die Bestellung eines Zustellungsvertreters ist nicht möglich, wenn Anordnungs- und Beitrittsbeschlüsse zugestellt werden müssen (§ 8). 3

II. Verfahren

Der Zustellungsvertreter wird von Amts wegen vom Vollstreckungsgericht durch Beschluss bestellt. Die Auswahl erfolgt nach pflichtgemäßem Ermessen. Es bestehen keine Bedenken, einen annahmebereiten, nicht mit dem Verfahren befassten Justizbediensteten einzusetzen. Die Aufgaben und die Vergütung des Zustellungsvertreters werden in § 7 geregelt. Der Zustellungsvertreter ist zur weiter gehenden Vertretung im Verfahren nicht berufen. 4

III. Weitere praktische Hinweise

Wenn eine im Grundbuch als **Eigentümerin** eingetragene **GmbH** zwischenzeitlich im Handelsregister gelöscht wurde, hat sie damit ihre **Parteifähigkeit** (§ 50 ZPO) nicht verloren.[1] Der frühere Geschäftsführer bzw Liquidator hat allerdings seine gesetzliche Vertretungsmacht verloren, Zustellungen an ihn sind unwirksam. Vor dem Beginn der Vollstreckung muss die Gesellschaft im Handelsregister wieder eingetragen und ein Nachtragsliquidator bestellt werden (§ 66 Abs. 5 GmbHG). Die Kosten für die Eintragung und für den Notliquidator trägt der antragstellende Gläubiger. Ist die gelöscht GmbH lediglich als Berechtigte eines im Grundbuch eingetragenen Rechts (zB Hypothek oder Grundschuld) zu beteiligen, genügt die Bestellung eines Zustellungsvertreters nach § 6 iVm § 185 Nr. 2 ZPO. 5

Die **Gesellschaft bürgerlichen Rechts (GbR)** wird im Regelfall von sämtlichen Gesellschaftern gemeinschaftlich vertreten, also einheitlich (§ 709 Abs. 1 BGB). Grundsätzlich gilt dann im zivilgerichtlichen Verfahren die passive Einzelvertretung (§ 170 Abs. 3 ZPO). Es genügt daher, wenn der Beschluss einem der eingetragenen Gesellschafter zugestellt wird.[2] Ist in dem Gesellschaftsvertrag die Führung der Geschäfte einem Gesellschafter oder mehreren Gesellschaftern übertragen, so sind die übrigen Gesellschafter von der Geschäftsführung ausgeschlossen (§ 710 BGB). In diesem Fall kann die Zustellung wirksam nur an diesen geschäftsführenden Gesellschafter erfolgen. Verlässliche Informationen, wer zum Zeitpunkt der Anordnung geschäftsführender Gesellschafter ist, kann dem Grundbuch nicht entnommen werden, da das Grundbuch nicht den Charakter eines amtlichen Registers hat. Ältere Informationen, zB aus einem Gesellschaftsvertrag in den Grundakten, genießen keinen Vertrauensschutz und können schon lange überholt sein. Insoweit greift § 899 a BGB nicht. Im Zweifel wird daher 6

---

1 BGH NJW-RR 1994, 542 = GmbHR 1994, 260 = KTS 1994, 359.
2 Vgl BGH NJW 2006, 2191 = MDR 2006, 1254 = Rpfleger 2006, 478.

das Gericht die Zustellung an alle im Grundbuch vermerkten Gesellschafter anordnen.

7 Ist die im Grundbuch als **Eigentümerin oder Berechtigte** eingetragene **Handelsgesellschaft** (KG oder oHG) bereits im Handelsregister gelöscht worden, bleibt sie partei- und prozessfähig.[3] Sie wird dann weiterhin aktiv und passiv von den früheren Gesellschaftern vertreten[4] (vgl Rn 6).

8 Sollen **Anordnungs- und Beitrittsbeschlüsse** an den Schuldner zugestellt werden, dessen Aufenthalt unbekannt ist, kann nur die öffentliche Zustellung (§ 185 ZPO) erfolgen.

9 Hat der Schuldner gegenüber dem Gläubiger rechtsgeschäftlich einen Zustellungsvertreter benannt, zB in der Grundschuldbestellungsurkunde, und dies dem Vollstreckungsgericht angezeigt, kann in diesem Fall auch die Zustellung des Anordnungs- bzw Beitrittsbeschlusses an den Vertreter erfolgen.

10 Die Verpflichtung des Gerichts, die Beschlüsse von Amts wegen zuzustellen, entfällt nicht deshalb, weil ein Beteiligter während des Verfahrens umzieht und es unterlässt, seine **neue Anschrift** mitzuteilen bzw einen **Nachsendeantrag** zu stellen. Dieser verletzt hierdurch weder eine Rechtspflicht noch kann aus diesem Verhalten allein der Schluss gezogen werden, er versuche, Zustellungen zu vereiteln. Darum muss das Vollstreckungsgericht einen Zustellungsvertreter bestellen und diesem das Schriftstück zustellen (s. aber Rn 7), wenn der Aufenthalt eines Verfahrensbeteiligten unbekannt ist.[5]

11 Die Bestellung eines Zustellungsvertreters ist ausgeschlossen, wenn dem Gericht die **Postfachadresse** des Empfängers bekannt ist.[6] Es ist dann unerheblich, dass das Gericht die Wohnanschrift nicht kennt.

§ 7 [Aufgaben und Vergütung des Zustellungsvertreters]

(1) An den Zustellungsvertreter erfolgen die Zustellungen, solange derjenige, welchem zugestellt werden soll, nicht ermittelt ist.

(2) [1]Der Zustellungsvertreter ist zur Ermittlung und Benachrichtigung des Vertretenen verpflichtet. [2]Er kann von diesem eine Vergütung für seine Tätigkeit und Ersatz seiner Auslagen fordern. [3]Über die Vergütung und die Erstattung der Auslagen entscheidet das Vollstreckungsgericht.

(3) Für die Erstattung der Auslagen haftet der Gläubiger, soweit der Zustellungsvertreter von dem Vertretenen Ersatz nicht zu erlangen vermag; die dem Gläubiger zur Last fallenden Auslagen gehören zu den Kosten der die Befriedigung aus dem Grundstück bezweckenden Rechtsverfolgung.

I. Aufgaben des Zustellungsvertreters (Abs. 1, Abs. 2 S. 1)

1 Wenn das Gericht für einen Beteiligten einen Zustellungsvertreter nach § 6 bestellt, nimmt dieser alle Schriftstücke für den Vertretenen, mit Ausnahme von Beitrittsbeschlüssen (§ 8), entgegen (**Abs. 1**). Zur weiter gehenden Vertretung im Verfahren ist er nicht berechtigt.

2 Zusätzlich ist der Zustellungsvertreter zur Ermittlung der Anschrift bzw der Person des Vertretenen verpflichtet (**Abs. 2 S. 1**). Wenn er insoweit erfolgreich war,

---

3 Vgl BayObLG 3.6.2002 – 2 Z BR 36/02, juris.
4 OLG Düsseldorf DB 2014, 1006 = NZG 2014, 583 = GmbHR 2014, 658.
5 BGH MDR 2011, 130 = NJW-RR 2011, 233 = Rpfleger 2011, 171.
6 BGH NJW-RR 2012, 1012 = WM 2012, 1497.

informiert er den Vertretenen und leitet die entgegengenommenen Schriftstücke an ihn weiter. Zusätzlich informiert er das Vollstreckungsgericht, das daraufhin den Bestellungsbeschluss nach § 6 aufhebt.

Unterlässt der Zustellungsvertreter die notwendigen Ermittlungen, führt dies nicht zur Unwirksamkeit der an ihn erfolgten Zustellungen. Es kann jedoch eine Schadensersatzpflicht ausgelöst werden. 3

II. Vergütung des Zustellungsvertreters (Abs. 2 S. 2 und 3, Abs. 3)

Dem Zustellungsvertreter stehen nach **Abs. 2 S. 2** eine Vergütung sowie der Ersatz seiner Auslagen zu. Über die Höhe der Vergütung und die Auslagen entscheidet das Vollstreckungsgericht nach freiem Ermessen (**Abs. 2 S. 3**). Dabei ist insb. der (zeitliche) Umfang der Tätigkeit zu berücksichtigen. 4

Die Vergütung sowie der Auslagenersatz sind von dem Vertretenen zu tragen. Der Zustellungsvertreter hat insoweit weder einen Anspruch auf Erstattung aus dem Versteigerungserlös noch aus der Staatskasse. Lediglich für seine Auslagen besteht eine Zweitschuldnerhaftung des betreibenden Gläubigers (**Abs. 3**). Soweit der Gläubiger aus dieser Verpflichtung heraus dem Zustellungsvertreter die Auslagen ersetzt hat, kann er diese als Kosten der dinglichen Rechtsverfolgung (§ 10 Abs. 2) im Range seines Anspruchs geltend machen. 5

In vielen Fällen bestellt das Gericht einen annahmebereiten, nicht mit dem Verfahren befassten Justizbediensteten, der diese Tätigkeiten unentgeltlich im Nebenamt wahrnimmt. 6

§ 8 [Ausnahmen von den Zustellungsvorschriften]

Die Vorschriften der §§ 4 bis 7 finden auf die an den Schuldner zu bewirkende Zustellung des Beschlusses, durch welchen die Zwangsvollstreckung angeordnet oder der Beitritt eines Gläubigers zugelassen wird, keine Anwendung.

Das Zustellungsverfahren wird gem. § 3 nach den Vorschriften der ZPO über die Zustellungen von Amts wegen (§§ 166 ff ZPO) geregelt. Im Interesse eines möglichst verzögerungsfreien Verfahrens sieht das ZVG in den §§ 4–7 **Zustellungserleichterungen** vor. Diese Erleichterungen stoßen an ihre Grenzen, wenn es um elementare Schuldnerbelange geht. Aus diesem Grund darf der **Anordnungsbeschluss** (§ 15) dem Schuldner ausschließlich nach den §§ 166 ff ZPO zugestellt werden. 1

Dies gilt auch nach der Anordnung des Versteigerungsverfahrens für jeden weiteren **Beitrittsbeschluss** (§ 27), da dadurch für den jeweiligen Gläubiger ein eigenes Verfahren mit einer eigenen Beschlagnahme in Gang gesetzt wird (§§ 20, 22 Abs. 1). 2

§ 9 [Verfahrensbeteiligte]

In dem Verfahren gelten als Beteiligte, außer dem Gläubiger und dem Schuldner:
1. **diejenigen, für welche zur Zeit der Eintragung des Vollstreckungsvermerks ein Recht im Grundbuch eingetragen oder durch Eintragung gesichert ist;**
2. **diejenigen, welche ein der Zwangsvollstreckung entgegenstehendes Recht, ein Recht an dem Grundstück oder an einem das Grundstück belastenden Recht, einen Anspruch mit dem Recht auf Befriedigung aus dem Grundstück oder**

ein Miet- oder Pachtrecht, auf Grund dessen ihnen das Grundstück überlassen ist, bei dem Vollstreckungsgericht anmelden und auf Verlangen des Gerichts oder eines Beteiligten glaubhaft machen.

I. Normzweck	1	1. Anmeldung	13
II. Gläubiger und Schuldner	2	2. Glaubhaftmachung	15
III. Beteiligte aufgrund Grundbucheintragung (Nr. 1)	5	3. Der Zwangsvollstreckung entgegenstehende Rechte	17
1. Maßgeblicher Zeitpunkt	5	4. Rechte am Grundstück oder einem Grundstücksrecht	18
2. Rechte iSv Nr. 1	6	5. Ansprüche mit Recht auf Befriedigung aus dem Grundstück	20
3. Formelle Grundbuchlage	7		
4. Belastung des Versteigerungsgegenstands	8		
5. Miteigentumsanteil, Erbbaurecht und Wohnungseigentum	9	6. Mieter und Pächter	21
		V. Mitteilungen in Zivilsachen (MiZi)	22
IV. Beteiligte aufgrund Anmeldung (Nr. 2)	13	VI. Rechtsgeschäftliche Vertretung	24

I. Normzweck

1 Die Vorschrift des § 9 regelt, welche Personen in den Zwangsversteigerungs- und Zwangsverwaltungsverfahren nach Maßgabe einzelner Vorschriften zu beteiligen sind, damit diese ihre Rechte wahren können. So ist es zB nur Beteiligten gestattet, im Versteigerungstermin ein abweichendes Ausgebot zu beantragen (§ 59), Sicherheitsleistung zu verlangen (§ 67) oder eine Beschwerde gegen den Zuschlag einzulegen (§ 97). Außerdem ist die Einbeziehung der Beteiligten vielfach zwingend vorgeschrieben (zB §§ 41, 63 Abs. 4, 74); eine unterlassene Beteiligung kann zur Aufhebung der entsprechenden Verfahrenshandlung und zur Zuschlagsversagung führen (zB § 43 Abs. 2 iVm § 83 Nr. 1). Für die besonderen Verfahren nach §§ 162 ff gelten teilweise abweichende und ergänzende Bestimmungen.

II. Gläubiger und Schuldner

2 Mit dem Begriff „**Gläubiger**" ist im ZVG generell ein das Verfahren **betreibender Gläubiger** gemeint, also ein Gläubiger, der die Zwangsvollstreckung betreibt und für den ein Anordnungs- oder Beitrittsbeschluss ergangen ist.[1] Davon abzugrenzen sind die im Grundbuch eingetragenen Berechtigten, die selber nicht das Verfahren betreiben. Die Beteiligtenstellung bleibt dem Gläubiger auch dann erhalten, wenn das für ihn angeordnete Verfahren einstweilen eingestellt ist; sie endet für einen konkreten, nur persönlich betreibenden Gläubiger (vgl § 10 Abs. 1 Nr. 5) mit der Aufhebung des Verfahrens (zB § 29). Ein Rechtsnachfolger eines (betreibenden) Gläubigers wird Beteiligter mit seiner Anmeldung[2] und ggf nach Glaubhaftmachung.

3 Der „**Schuldner**" ist der Gegner der Zwangsvollstreckung, der Eigentümer. Also derjenige, gegen den das Verfahren angeordnet worden ist, oder sein Erbe, wenn die Vollstreckung nach § 779 ZPO fortgesetzt wird.

4 Die Schuldnerposition geht nicht mit dem Wechsel des Eigentums am Versteigerungsobjekt verloren. Da die Veräußerung des beschlagnahmten Grundstücks den (betreibenden) Gläubigern gegenüber gem. § 23 Abs. 1 S. 1 idR (relativ) un-

---

1 OLG Nürnberg MDR 1976, 234.
2 BGH MDR 2007, 426 = NJW-RR 2007, 165 = Rpfleger 2007, 93; *Stöber*, § 15 Rn 20.21.

wirksam ist, bleibt der bisherige Schuldner für die bereits betreibenden Gläubiger weiterhin Schuldner; ohne Anmeldung ist der neue Eigentümer nicht einmal Beteiligter. Die Berechtigten, die zeitlich nach dem Eigentumswechsel dem Verfahren beitreten (§ 27), müssen ihre Vollstreckungsunterlagen auf den Erwerber umschreiben und zustellen lassen (§§ 727, 750 ZPO) und dann in demselben Verfahren gegen den neuen Eigentümer vorgehen. In einer solchen Situation sind in dem Verfahren dann zwei verschiedene Schuldner zu beteiligen.

III. Beteiligte aufgrund Grundbucheintragung (Nr. 1)

1. Maßgeblicher Zeitpunkt. Das Vollstreckungsgericht beteiligt von Amts wegen alle, für die zum Zeitpunkt der Eintragung des Vollstreckungsvermerks (§ 19) ein Recht im Grundbuch eingetragen ist. Maßgeblich ist nicht der Zeitpunkt der (ersten) Beschlagnahme (vgl § 22 Rn 8 ff), sondern der **öffentlich erkennbare Zeitpunkt der Eintragung** des Verfahrens im Grundbuch. Alle Berechtigten, deren Rechte erst danach in das Grundbuch eingetragen werden, sind (ohne Anmeldung, s. Rn 13) nicht am Verfahren zu beteiligen.

2. Rechte iSv Nr. 1. Rechte iSv Nr. 1 sind ausnahmslos alle in Abteilung II und III des Grundbuchs eingetragenen Belastungen und Vermerke, wie zB Dienstbarkeiten und Reallasten (Abteilung II) sowie Grundschulden und Hypotheken (Abteilung III). Erfasst werden ferner auch Rechte, die als Belastungen an einem anderen eingetragenen Recht vermerkt sind, wie zB die Pfändung einer Grundschuld. Zu den Beteiligten durch Grundbucheintragungen gehören auch diejenigen, zu deren Gunsten ein Widerspruch, eine Vormerkung, eine Verfügungsbeschränkung oder ein Vollstreckungsverbot eingetragen ist. Die Verfügungsbeschränkungen und Vollstreckungsverbote sind vom Gericht immer, auch ohne Anmeldung, zu beachten (vgl § 28 Rn 27 ff).

3. Formelle Grundbuchlage. Für die Beteiligtenstellung ist **nicht** von Bedeutung, ob die Eintragung im Grundbuch auch **materiell richtig** ist. Maßgeblich ist allein die Tatsache der **Eintragung als solche**. Ein nicht im Grundbuch eingetragener Berechtigter erwirbt erst mit Anmeldung eine Beteiligtenstellung.

4. Belastung des Versteigerungsgegenstands. Als weitere, nicht ausdrücklich normierte, da selbstverständliche Voraussetzung muss beachtet werden, dass die Rechte **auf dem Versteigerungsgegenstand lasten** müssen.

Beispiel: Im Grundbuch sind die Grundstücke lfd. Nr. 1 und 2 eingetragen. Die Zwangsversteigerung erfasst nur das Grundstück Nr. 1. – Der Versteigerungsvermerk gem. § 19 ist daher nur als Belastung des Grundstücks Nr. 1 eingetragen. Der Berechtigte des Wegerechts II/1, lastend (nur) auf dem Grundstück Nr. 2, ist nicht am Verfahren beteiligt.

5. Miteigentumsanteil, Erbbaurecht und Wohnungseigentum. Bezieht sich das Verfahren nicht auf das ganze Grundstück, sondern nur auf einen **Miteigentumsanteil (Grundstücksbruchteil)**, sind die anderen Miteigentümer nicht am Verfahren beteiligt, da für diese kein Recht am Versteigerungsobjekt (dem Miteigentumsanteil) eingetragen ist. Dies gilt sowohl im Fall der Anteilszuschreibung (§ 3 Abs. 4 und 5 GBO), bei der die Miteigentumsanteile an dem dienenden Grundstück in den Grundbüchern der herrschenden Grundstücke zugebucht wurden, als auch für den Fall, in dem der Schuldner des Verfahrens nur einer von mehreren, im Grundbuch eingetragenen Miteigentümern ist.[3] Etwas anderes gilt nur, wenn für die weiteren Miteigentümer ein Recht auf dem zu versteigernden Mitei-

---

3 *Sievers*, Rpfleger 1990, 335; *Schneider*, ZfIR 2012, 613; aA Dassler/Schiffhauer/*Rellermeyer*, § 9 Rn 11; *Stöber*, § 9 Rn 3.19.

gentumsanteil eingetragen ist (zB der Vermerk nach § 1010 BGB – Sondernachfolger eines Miteigentümers) oder angemeldet wird.

10 Auch in den Verfahren zur Zwangsversteigerung einer Eigentumswohnung sind weder die **Wohnungseigentümergemeinschaft** noch die anderen Wohnungseigentümer von Amts wegen an dem Verfahren zu beteiligen.[4] Etwas anderes gilt nur, wenn für die Wohnungseigentümergemeinschaft im Grundbuch ein Recht, zB eine Zwangssicherungshypothek oder eine Miteigentümerregelung nach § 1010 BGB, eingetragen ist. Wenn die Gemeinschaft zu beteiligen ist, genügt gem. § 27 Abs. 2 Nr. 1 und Abs. 3 Nr. 1 WEG die Zustellung an den Verwalter.

11 Gemäß § 24 ErbbauRG ist bei der Versteigerung eines Erbbaurechts der **Erbbaurechtsausgeber** immer am Verfahren zu beteiligen, selbst dann, wenn für ihn in Abteilung II keine Rechte (zB eine Erbbauzinsreallast) eingetragen ist.

12 Aufgrund eines eingetragenen Insolvenzvermerks ist auch der **Insolvenzverwalter** zu beteiligen. Dieser ist zwar nicht grundbuchersichtlich, aber der Übergang der Verfügungsmacht auf ihn ist von Amts wegen zu beachten (vgl § 28 Rn 20). Die (rein) informatorische Beteiligung des Insolvenzgerichts ist tunlich, aber gesetzlich nicht vorgeschrieben. Entsprechendes gilt auch für die **Testamentsvollstreckung** und die **Nachlassverwaltung**.

IV. Beteiligte aufgrund Anmeldung (Nr. 2)

13 **1. Anmeldung.** Die in Nr. 2 genannten Berechtigten werden nicht von Amts wegen, sondern erst nach **Anmeldung** ihrer Rechte am Verfahren beteiligt. Die Anmeldung ist formfrei[5] und muss regelmäßig Rechtsgrund, Rang und ggf Betrag des Anspruchs beinhalten.[6] Ein spätester Zeitpunkt ist für die Anmeldung nicht vorgesehen. Im Rahmen einer Zuschlagsbeschwerde kann die Anmeldung sogar noch bei dem Beschwerdegericht erfolgen (§ 97 Abs. 2). **Verspätete** Anmeldungen können allerdings zu einem Rangverlust führen (s. § 110 Rn 9 ff). Die Ansprüche der (betreibenden) Gläubiger gelten als angemeldet, soweit sie sich aus dem Vollstreckungsantrag ergeben (s. § 114 Rn 2).

14 Auch ohne Anmeldung sind die nach dem Versteigerungsvermerk eingetragenen oder dem Gericht aus anderem Grund bekannt gewordenen Verfügungsbeschränkungen (zB ein Insolvenzverfahren) stets zu beachten (vgl § 28 Rn 27 ff).

15 **2. Glaubhaftmachung.** Auf Verlangen des Gerichts oder eines anderen Beteiligten muss der Antragsteller seinen **Anspruch glaubhaft** machen (§ 294 ZPO). Das Verlangen ist jederzeit, nicht nur zeitnah nach der Antragstellung möglich. Wird der Anspruch nicht glaubhaft gemacht, erwirbt der Antragsteller keinen Beteiligtenstatus.[7] Gleichwohl ist ihm die Bestimmung für den Versteigerungstermin (§ 41 Abs. 3) und den Verteilungstermin (§ 105 Abs. 2 S. 2) zuzustellen. Gemäß § 115 Abs. 2 ist die nicht berücksichtigte Anmeldung dann als Widerspruch gegen den Teilungsplan anzusehen.

16 Auch eine **Behörde** oder andere öffentlich-rechtliche Stellen müssen auf Verlangen ihren Anspruch glaubhaft machen,[8] sofern das Begehren nicht willkürlich und offensichtlich unnötig erscheint. Werden zB von der Gemeindekasse Steuern und Abgaben unter Berufung auf Landesrecht und Kommunalsatzung in bevorrechtigter Rangklasse 3 (vgl § 10 Rn 30 ff) geltend gemacht, muss die Kasse auf

---

4 LG Bielefeld ZfIR 2012, 659; *Schneider*, ZfIR 2012, 613.
5 BGHZ 21, 30 = WM 1956, 1023.
6 BGH MDR 2007, 426 = NJW-RR 2007, 165 = Rpfleger 2007, 93.
7 BGH MDR 2013, 934 = NJW-RR 2014, 61 = Rpfleger 2013, 692.
8 LG Lüneburg Rpfleger 1976, 68; Dassler/Schiffhauer/*Rellermeyer*, § 9 Rn 23.

Verlangen eine spezifizierte Forderungsaufstellung, die einschlägige Ortssatzung und den Feststellungsbescheid vorlegen.

3. Der Zwangsvollstreckung entgegenstehende Rechte. Die Inhaber von Rechten, die der Zwangsvollstreckung entgegenstehen, deren Rechte aber nicht aus dem Grundbuch ersichtlich sind, werden erst nach der Anmeldung beteiligt. Dies können insb. sein: 17

- ein nicht im Grundbuch eingetragener Eigentümer;
- der Eigentümer des von der Versteigerung erfassten Zubehörs (vgl § 55 Rn 2 ff), zB wenn das Zubehör unter Eigentumsvorbehalt geliefert worden ist oder eine Sicherungsübereignung erfolgte;
- Nacherben (wenn nicht bereits ein Nacherbenvermerk im Grundbuch eingetragen ist; dann liegt ein Fall der Nr. 1 vor);
- Inhaber von Verfügungsverboten (§§ 135 und 136 BGB), soweit sie nicht im Grundbuch gesichert worden sind.

4. Rechte am Grundstück oder einem Grundstücksrecht. Diejenigen dinglichen Berechtigten, deren Recht erst nach der Eintragung des Versteigerungsvermerks im Grundbuch eingetragen worden ist oder die ihr Recht außerhalb des Grundbuchs erworben haben, erhalten ihre Beteiligtenstellung erst mit der Anmeldung. Hier kommen insb. in Betracht: 18

- ein nach dem Versteigerungsvermerk neu eingetragener Eigentümer;
- der Gläubiger eines nach dem Versteigerungsvermerk eingetragenen, neuen Rechts (zB einer Zwangssicherungshypothek);
- Berechtigte aus zu Unrecht gelöschten Rechten; ist bereits ein Widerspruch gegen die Löschung eingetragen worden, handelt es sich um einen Beteiligten iSv Nr. 1;
- die Berechtigten aus nicht eingetragenen Rechten (zB Überbaurecht und Überbaurente (§§ 912 f BGB), Notwegerecht und Notwegerente (§ 917 BGB), Sicherungshypotheken nach § 1287 S. 2 BGB oder § 848 Abs. 2 S. 2 ZPO;
- der noch nicht im Grundbuch eingetragene Erwerber einer Briefgrundschuld.

Ebenfalls werden diejenigen nur durch Anmeldung zu Beteiligten, denen ein **Recht an einem** Grundstücksrecht zusteht, wie zB der Pfändungsgläubiger einer Briefhypothek. 19

5. Ansprüche mit Recht auf Befriedigung aus dem Grundstück. Beteiligte aufgrund Anmeldung werden auch die Berechtigten, die einen Anspruch auf Befriedigung aus dem Grundstück haben. Hierunter fallen insb.: 20

- der die Zwangsverwaltung betreibende Gläubiger mit seinem Instandsetzungskostenvorschuss – Rangklasse 1 (vgl § 10 Rn 5 ff);
- der Insolvenzverwalter mit seinen Feststellungskosten – Rangklasse 1 a (vgl § 10 Rn 10);
- der Verwalter der Wohnungseigentümergemeinschaft mit den bevorrechtigten Hausgeldansprüchen – Rangklasse 2 (vgl § 10 Rn 11 ff);
- die Behörden mit ihren öffentlichen Grundstücksansprüchen – Rangklasse 3 (vgl § 10 Rn 30 ff).

6. Mieter und Pächter. Die Mieter und Pächter sind zu beteiligen, wenn sie ihr Miet- oder Pachtrecht anmelden und ihnen das Grundstück aufgrund ihrer Rechte überlassen worden ist. Dazu gehört nicht der Untermieter, weil dieser kein Rechtsverhältnis zum Schuldner hat. Ebenso auch nicht der Mieter, der zwischenzeitlich die Wohnung geräumt hat. Eventuelle Zahlungsansprüche aus dem 21

Mietverhältnis (Vorschusserstattung, Schadensersatz) kann der Mieter nur durch Beitritt zum Verfahren (Rangklasse 5; s. § 10 Rn 45 ff) geltend machen.

V. Mitteilungen in Zivilsachen (MiZi)

22 Aufgrund der (gleichlautenden) landesrechtlichen Verwaltungsbestimmungen über **Mitteilungen in Zivilsachen (MiZi)** sind einzelne Entscheidungen an bestimmte Behörden zu versenden, so zB

- die Terminsbestimmung (§ 39) an die Gemeindeverwaltung und an andere Stellen, die öffentliche Lasten einziehen (VII. Nr. 1 MiZi);
- die Zuschlagsentscheidung an die für die Grunderwerbsteuer zuständige Finanzverwaltung (VII. Nr. 2 MiZi);
- die Zuschlagsentscheidung für die Kaufpreissammlung (§ 195 BauGB) an den Gutachterausschuss (VII. Nr. 3 MiZi);
- den Vollstreckungsantrag nebst Entscheidung, wenn der Schuldner Angehöriger eines rechtsberatenden oder steuerberatenden Berufes ist (XXIII. und XXIV. MiZi). Die Mitteilung ist bei Rechtsanwälten an die zuständige Rechtsanwaltskammer, bei Notaren an die zuständigen Notarkammer sowie den Präsidenten des Landgerichts und bei Steuerberatern und Wirtschaftsprüfern an die Steuerberatungs- bzw Wirtschaftprüfungskammer zu richten.

23 Diese Behörden sind im Übrigen nur am Verfahren zu beteiligen, wenn sie Forderungen zum Verfahren anmelden bzw einen eigenen Beitrittsantrag stellen.

VI. Rechtsgeschäftliche Vertretung

24 Zur rechtsgeschäftlichen Vertretung der Beteiligten in Zwangsversteigerungs- und Zwangsverwaltungsverfahren s. § 15 Rn 7 ff.

§ 10 [Rangordnung der Rechte]

(1) Ein Recht auf Befriedigung aus dem Grundstück gewähren nach folgender Rangordnung, bei gleichem Rang nach dem Verhältnis ihrer Beträge:

1. der Anspruch eines die Zwangsverwaltung betreibenden Gläubigers auf Ersatz seiner Ausgaben zur Erhaltung oder nötigen Verbesserung des Grundstücks, im Falle der Zwangsversteigerung jedoch nur, wenn die Verwaltung bis zum Zuschlag fortdauert und die Ausgaben nicht aus den Nutzungen des Grundstücks erstattet werden können;

1a. im Falle einer Zwangsversteigerung, bei der das Insolvenzverfahren über das Vermögen des Schuldners eröffnet ist, die zur Insolvenzmasse gehörenden Ansprüche auf Ersatz der Kosten der Feststellung der beweglichen Gegenstände, auf die sich die Versteigerung erstreckt; diese Kosten sind nur zu erheben, wenn ein Insolvenzverwalter bestellt ist, und pauschal mit vier vom Hundert des Wertes anzusetzen, der nach § 74 a Abs. 5 Satz 2 festgesetzt worden ist;

2. bei Vollstreckung in ein Wohnungseigentum die daraus fälligen Ansprüche auf Zahlung der Beiträge zu den Lasten und Kosten des gemeinschaftlichen Eigentums oder des Sondereigentums, die nach § 16 Abs. 2, § 28 Abs. 2 und 5 des Wohnungseigentumsgesetzes geschuldet werden, einschließlich der Vorschüsse und Rückstellungen sowie der Rückgriffsansprüche einzelner Wohnungseigentümer. Das Vorrecht erfasst die laufenden und die rückständigen Beträge aus dem Jahr der Beschlagnahme und den letzten zwei Jahren. Das Vorrecht einschließlich aller Nebenleistungen ist begrenzt auf

Beträge in Höhe von nicht mehr als 5 vom Hundert des nach § 74 a Abs. 5 festgesetzten Wertes. Die Anmeldung erfolgt durch die Gemeinschaft der Wohnungseigentümer. Rückgriffsansprüche einzelner Wohnungseigentümer werden von diesen angemeldet;

3. die Ansprüche auf Entrichtung der öffentlichen Lasten des Grundstücks wegen der aus den letzten vier Jahren rückständigen Beträge; wiederkehrende Leistungen, insbesondere Grundsteuern, Zinsen, Zuschläge oder Rentenleistungen, sowie Beträge, die zur allmählichen Tilgung einer Schuld als Zuschlag zu den Zinsen zu entrichten sind, genießen dieses Vorrecht nur für die laufenden Beträge und für die Rückstände aus den letzten zwei Jahren. Untereinander stehen öffentliche Grundstückslasten, gleichviel ob sie auf Bundes- oder Landesrecht beruhen, im Range gleich. Die Vorschriften des § 112 Abs. 1 und der §§ 113 und 116 des Gesetzes über den Lastenausgleich vom 14. August 1952 (Bundesgesetzbl. I S. 446)[1] bleiben unberührt;

4. die Ansprüche aus Rechten an dem Grundstück, soweit sie nicht infolge der Beschlagnahme dem Gläubiger gegenüber unwirksam sind, einschließlich der Ansprüche auf Beträge, die zur allmählichen Tilgung einer Schuld als Zuschlag zu den Zinsen zu entrichten sind; Ansprüche auf wiederkehrende Leistungen, insbesondere Zinsen, Zuschläge, Verwaltungskosten oder Rentenleistungen, genießen das Vorrecht dieser Klasse nur wegen der laufenden und der aus den letzten zwei Jahren rückständigen Beträge;

5. der Anspruch des Gläubigers, soweit er nicht in einer der vorhergehenden Klassen zu befriedigen ist;

6. die Ansprüche der vierten Klasse, soweit sie infolge der Beschlagnahme dem Gläubiger gegenüber unwirksam sind;

7. die Ansprüche der dritten Klasse wegen der älteren Rückstände;

8. die Ansprüche der vierten Klasse wegen der älteren Rückstände.

(2) Das Recht auf Befriedigung aus dem Grundstück besteht auch für die Kosten der Kündigung und der die Befriedigung aus dem Grundstück bezweckenden Rechtsverfolgung.

(3) ¹Zur Vollstreckung mit dem Range nach Absatz 1 Nr. 2 müssen die dort genannten Beträge die Höhe des Verzugsbetrages nach § 18 Abs. 2 Nr. 2 des Wohnungseigentumsgesetzes übersteigen; liegt ein vollstreckbarer Titel vor, so steht § 30 der Abgabenordnung einer Mitteilung des Einheitswerts an die in Absatz 1 Nr. 2 genannten Gläubiger nicht entgegen. ²Für die Vollstreckung genügt ein Titel, aus dem die Verpflichtung des Schuldners zur Zahlung, die Art und der Bezugszeitraum des Anspruchs sowie seine Fälligkeit zu erkennen sind. ³Soweit die Art und der Bezugszeitraum des Anspruchs sowie seine Fälligkeit nicht aus dem Titel zu erkennen sind, sind sie in sonst geeigneter Weise glaubhaft zu machen.

I. Normzweck und Anwendungsbereich 1	3. Rangklasse 1 a (Feststellungskosten) 10
II. Die einzelnen Rangklassen (Abs. 1) 2	4. Rangklasse 2 (Hausgeld) 11
1. „Rangklasse 0" (Kosten) 2	a) Anwendungsbereich 11
2. Rangklasse 1 (Verwaltungskostenvorschuss) 5	b) Anmeldung von Hausgeldansprüchen 12
	aa) Hausgelder 12

---

1 Red. Anm.: Gesetz über den Lastenausgleich (Lastenausgleichsgesetz – LAG) idF der Bekanntmachung vom 2.6.1993 (BGBl. I S. 845; 1995 I S. 248), zuletzt geändert durch Art. 5 des Gesetzes vom 22.12.2014 (BGBl. I S. 2411, 2413).

bb)	Anspruchsberechtigte	15	
cc)	Rechtsnatur	16	
dd)	Fälligkeit	17	
ee)	Nebenansprüche	18	
ff)	Zeitliche Begrenzung	19	
gg)	5-Prozent-Kappungsgrenze	20	
hh)	Befriedigungsreihenfolge	21	
ii)	Widerspruch	22	
c) Vollstreckung wegen Hausgeldansprüchen (Abs. 3)		23	
5. Rangklasse 3 (öffentliche Grundstückslasten)		30	
a) Öffentliche Grundstückslast		30	
b) Anmeldung		31	
c) Zeitliche Begrenzung		32	
d) Beispiele für öffentliche Grundstückslasten		34	
6. Rangklasse 4 (dingliche Rechte)		41	
7. Rangklasse 5 (sonstige Vollstreckungsansprüche)		45	
8. Rangklasse 6 (relativer Nachrang)		48	
9. Rangklasse 7 (ältere Ansprüche der Rangklasse 3)		49	
10. Rangklasse 8 (ältere Ansprüche der Rangklasse 4)		50	
11. „Rangklasse 9" (verspätete Anmeldungen)		51	
III. Kosten der Kündigung und der dinglichen Rechtsverfolgung (Abs. 2)		53	
IV. „Zwangsweise Veräußerung" des Wohnungseigentums, §§ 18, 19 WEG		57	

I. Normzweck und Anwendungsbereich

1 Die Vorschrift regelt, in welcher **Reihenfolge** die berechtigten Ansprüche zu berücksichtigen sind. Diese Reihenfolge ist zwingend und maßgeblich für die Feststellung des geringsten Gebots (§§ 44 ff), für die Verteilung des Versteigerungserlöses (§§ 109 ff) bzw für die Verteilung der Überschüsse in der Zwangsverwaltung (§§ 155 ff). Die Erfolgsaussichten in der Zwangsversteigerung und Zwangsverwaltung werden ganz maßgeblich von der Rangposition bestimmt, denn ein Anspruch wird erst dann befriedigt, wenn sämtliche Ansprüche der vorgehenden Rangklassen vollständig bedient sind. Das Verhältnis mehrerer Ansprüche untereinander innerhalb der Rangklassen 4, 5, 6 und 8 wird in § 11 geregelt. Innerhalb der Rangklassen 1 bis 3 bestimmt sich das Verhältnis nach ihren Bruttoansprüchen. Die Rangfolge der Teilansprüche innerhalb eines Rechts wird nach § 12 geregelt.

II. Die einzelnen Rangklassen (Abs. 1)

2 **1. „Rangklasse 0" (Kosten).** Die **Gerichts- und Verfahrenskosten** sind vorrangig zu entnehmen (s. § 109 Rn 2 ff bzw § 155 Rn 3) und daher vor allen anderen Ansprüchen in der sog. „Rangklasse 0" einzuordnen.

3 Soweit Gläubiger **Kostenvorschüsse** an das Gericht geleistet haben, sind ihre Erstattungsansprüche ebenfalls in der Rangklasse 0 zu berücksichtigen. Diese Ansprüche sind gleichrangig mit dem restlichen Anspruch der Staatskasse.[2]

4 Nicht zu den vorrangig zu befriedigenden Kosten des Verfahrens gehören die von dem jeweiligen Gläubiger zu tragenden Anordnungs- bzw Beitrittskosten. Diese können jedoch nach Abs. 2 als Kosten der dinglichen Rechtsverfolgung im Range des Vollstreckungsanspruchs geltend gemacht werden. Auch die Kosten für die Erteilung des Zuschlags gehören nicht zu den Verfahrenskosten; sie sind vom Ersteher zu tragen.

5 **2. Rangklasse 1 (Verwaltungskostenvorschuss).** In der Rangklasse 1 sind die Vorschüsse eines Gläubigers nach § 161 Abs. 3 aus einem gleichzeitigen Zwangsverwaltungsverfahren zu erstatten.

---

[2] Dassler/Schiffhauer/*Hintzen*, § 109 Rn 8; aA *Stöber*, § 109 Rn 2.4.

Der **Verwaltungskostenvorschuss** genießt nur dann Vorrang vor Grundpfandrechten, soweit die vom Vorschuss beglichenen Ausgaben im konkreten Fall unmittelbar objekterhaltende oder -verbessernde Wirkung hatten. Dies gilt auch für die Zahlungen der Hausgelder an die Wohnungseigentümergemeinschaft. Diese Voraussetzung ist vom antragstellenden Gläubiger darzulegen und zu beweisen. Soweit eine Ausgabe nur mittelbar objekterhaltende oder -verbessernde Wirkung hat, steht ihr kein Vorrang zu.[3]

Beispiel: Der Gläubiger hat im Zwangsverwaltungsverfahren auf Anordnung des Gerichts nach § 161 Abs. 3 einen Vorschuss iHv 1.000 € geleistet. Der Zwangsverwalter zahlt davon 100 € für die Gebäudefeuerversicherung, 300 € für den Ersatz defekter Sanitäranlagen und 600 € für die laufenden Verwaltungskosten (zB Kontogebühren, Gerichtskostenvorschuss, Kosten für eine Zeitungsanzeige). – Der Erstattungsanspruch des Gläubigers kann in der Zwangsversteigerung iHv 400 € in der Rangklasse 1 geltend gemacht werden.

Weitere Voraussetzungen für den Vorrang sind, dass die Zwangsverwaltung bis zum Zuschlag angedauert hat und eine Erstattung mangels ausreichender Einnahmen im Zwangsverwaltungsverfahren nicht erfolgen konnte. Nicht notwendig ist, dass der Berechtigte dieses Anspruchs selbst die Zwangsversteigerung betreibt. Denn auch derjenige, der ausschließlich die Zwangsverwaltung betreibt, kann diesen Anspruch im Zwangsversteigerungsverfahren vorrangig vor allen anderen Gläubigern geltend machen.

Soweit eine Vorschusszahlung nicht vorrangig geltend gemacht werden kann, weil sie entweder nicht der Instandsetzung oder Objektverbesserung diente oder die Zwangsverwaltung bereits vor dem Zuschlag – zB durch Antragsrücknahme – beendet worden ist, kann der Gläubiger seinen Anspruch als Kosten der dinglichen Rechtsverfolgung (s. Rn 53 ff) geltend machen.

Der Anspruch wird nicht von Amts wegen berücksichtigt, er bedarf der rechtzeitigen **Anmeldung**. Dasselbe gilt für den Verzinsungsanspruch nach § 155 Abs. 3 (0,5 % über den Zinssatz der Spitzenrefinanzierungsfazilität der Europäischen Zentralbank, SRF-Zinssatz).

3. Rangklasse 1 a (Feststellungskosten). Nach §§ 55 Abs. 1, 20 Abs. 2, § 1120 BGB unterliegen alle zum **Hypothekenhaftungsverband** gehörenden Gegenstände der Versteigerung, so zB auch das Zubehör, das im Eigentum des Schuldners steht. Die Kosten, die durch die Feststellung entstehen, dass es sich bei diesen Gegenständen nicht um freie Insolvenzmasse, sondern um beschlagnahmtes Grundstückszubehör handelt, können vom Insolvenzverwalter angemeldet werden (§§ 37 Nr. 4, 45 Abs. 1, 110, 114 Abs. 1) und werden pauschal mit 4 % des für das Zubehör festgesetzten Verkehrswertes angesetzt und zwar unabhängig davon, wie hoch tatsächlich der Erlös in der Versteigerung ausfällt (s. § 107 Rn 2 ff). Es ist nicht erforderlich, dass der Insolvenzverwalter besondere Aufwendungen vollbracht hat.[4] Wenn der Insolvenzverwalter das Grundstück und das Zubehör aus dem Insolvenzbeschlag freigegeben hat, kann er die Feststellungskosten nicht mehr geltend machen.

4. Rangklasse 2 (Hausgeld). a) Anwendungsbereich. In der Zwangsvollstreckung in ein Wohnungseigentum kann der Anspruch der anderen Wohnungseigentümer gegen den Schuldner (Miteigentümer) auf Zahlung von Kosten und Lasten des gemeinschaftlichen Eigentums (**Hausgeld**) mit Vorrang geltend gemacht werden. Das Vorrecht gilt auch im Zwangsverwaltungsverfahren[5] (wegen

---

3 BGHZ 154, 387 = NJW 2003, 2162 = Rpfleger 2003, 454 = MDR 2003, 1074.
4 BGH NJW 2003, 3475 = Rpfleger 2002, 646 = ZInsO 2002, 826.
5 BGH NJW 2009, 598 = ZInsO 2009, 205 = Rpfleger 2009, 163 = WM 2009, 414 = NZM 2009, 129.

der Besonderheiten s. § 156 Rn 2 ff) und in den Verfahren, die Teileigentum, Wohnungserbbaurecht und Teilerbbaurecht betreffen (§§ 1 Abs. 6, 30 Abs. 3 S. 2 WEG).

12 **b) Anmeldung von Hausgeldansprüchen. aa) Hausgelder.** Zu den bevorrechtigten Hausgeldansprüchen[6] gehören nach §§ 16 Abs. 2, 21 Abs. 5 Nr. 4, 28 Abs. 2 WEG:

- die anteiligen Lasten und Kosten des gemeinschaftlichen Eigentums (zB Grundbesitzabgaben, Instandhaltungskosten, Verwaltungsausgaben, Kosten eines Rechtsstreits oder einer Zwangsvollstreckung, Hausmeisterkosten) entsprechend dem Miteigentumsanteil des Schuldners (§ 16 Abs. 2, 7 WEG);
- Kosten des Sondereigentums, soweit sie über die Gemeinschaft abgerechnet werden;
- die gemäß Wirtschaftsplan festgelegten laufenden Vorschusszahlungen;
- die Zahlungen auf die Instandhaltungsrücklage;
- die Zahlungen der von der Gemeinschaft beschlossenen Sonderumlagen.

13 Die Hausgeldansprüche sind nicht aus dem Grundbuch ersichtlich und bedürfen der rechtzeitigen Anmeldung (§§ 37 Nr. 4, 45 Abs. 1, 110, 114 Abs. 1) und Glaubhaftmachung (§ 45 Abs. 3; für die Vollstreckung: § 10 Abs. 3 S. 3). Die **Glaubhaftmachung** kann durch die Niederschrift der Beschlüsse der Wohnungseigentümer einschließlich ihrer Anlagen oder in sonst geeigneter Weise erfolgen. Aus dem Vorbringen müssen sich die Zahlungspflicht, die Art und der Bezugszeitraum des Anspruchs sowie seine Fälligkeit ergeben. In der Praxis erweist sich die Glaubhaftmachung aus formalen Gründen häufig als sehr **schwierig**, weil zB

- die Formvorschriften (vgl § 24 WEG) nicht beachtet worden sind;
- die Hausgeld-Jahresgesamtabrechnung nicht als Anlage zur Niederschrift genommen wurde und sich somit aus der Einzelrechnung für den Schuldner kein Bezug zur Beschlussfassung der WE-Gemeinschaft herstellen lässt;
- die Ansprüche gegen einen Schuldner nach Wirtschaftseinheiten zusammengefasst wurden, obwohl sie rechtlich selbstständig sind (s. Rn 17).

In diesen Fällen kann der Verwalter unvollständige Informationen nachtragen und die Richtigkeit seiner Angaben an Eides statt versichern (§ 294 ZPO).

14 Die Ansprüche können alternativ auch durch Vollstreckung in der Rangklasse 2 geltend gemacht werden (vgl Rn 23 ff).

15 **bb) Anspruchsberechtigte. Berechtigte** der Ansprüche ist die beschränkt parteifähige **Wohnungseigentümergemeinschaft** (§ 10 Abs. 6 WEG), die gesetzlich von ihrem Wohnungsverwalter vertreten wird. Der Verwalter kann den Umfang seiner Vertretungsmacht durch eine Vollmachts- und Ermächtigungsurkunde nachweisen (§ 27 Abs. 6 WEG). Fehlt ein Verwalter, so vertreten alle Wohnungseigentümer gemeinschaftlich. Soweit ein Miteigentümer (zB in einer Zweiergemeinschaft) für die Beträge in Vorlage getreten ist, kann er seinen Rückgriffsanspruch ebenfalls in der Rangklasse 2 geltend machen.

16 **cc) Rechtsnatur.** Bei den Hausgeldansprüchen in der Rangklasse 2 handelt es sich nicht um einen dinglichen, sondern um einen privilegierten schuldrechtlicher Anspruch.[7]

17 **dd) Fälligkeit.** Die Beträge müssen durch Beschluss oder gültigen Wirtschaftplan **fällig** gestellt sein. Daher kann eine geplante, aber noch nicht beschlossene Jahresabrechnungszahlung nicht geltend gemacht werden. Die Beträge müssen sich

---

6 Vgl BT-Drucks. 16/887, S. 44 ff.
7 BGH MDR 2013, 1309 = WM 2013, 1949 = ZInsO 2013, 2056 = ZIP 2013, 2122.

ausdrücklich ("die daraus fälligen Ansprüche") auf das zur Vollstreckung stehende Wohnungseigentum beziehen, nicht etwa auf andere Wohnungen oder Teileigentumseinheiten (zB auf eine rechtlich selbstständige Garage) desselben Schuldners (keine Gesamthaftung).[8]

ee) Nebenansprüche. Neben den Hausgeldansprüchen sind auch die **Kosten der dinglichen Rechtsverfolgung** (Abs. 2, s. Rn 53 ff) und die **Säumniszinsen** (§§ 286, 288 BGB) in der Rangklasse 2 anzusetzen. Da für die Vollstreckung ein **Zahlungstitel genügt** (Abs. 3 S. 2), gehören auch die Kosten für die Beschaffung dieses Titels zu den Kosten der „dinglichen" Rechtsverfolgung.[9] Auch diese Beträge sind nicht grundbuchersichtlich und müssen daher ausdrücklich angemeldet werden. Das Gericht muss die Zinsberechnung nachprüfen, sie aber nicht selber aufstellen. Bei der Berechnung der gesetzlichen Säumniszinsen ist zu beachten, dass die einzelnen monatlichen Vorauszahlungen rechtlich eigenständige Teilansprüche sind. Der Zinsbeginn ist für jeden Teilanspruch gesondert zu bestimmen und die Zinsen einzeln zu berechnen. Die Zinshöhe bestimmt sich nach § 288 BGB und beträgt 5 Punkte bzw 8 Punkte über den Basiszinssatz. Innerhalb eines jeden Teilanspruchs ist § 12 zu beachten, also zunächst die Kosten, dann einmaligen Nebenleistungen, danach die wiederkehrenden Leistungen (Zinsen) und schließlich die Hauptforderung (s. § 12 Rn 3 ff).

ff) Zeitliche Begrenzung. Das Vorrecht ist **zeitlich begrenzt** auf die laufenden und die rückständigen Beträge aus dem Jahr der (ersten) Beschlagnahme (s. § 22 Rn 8 ff)[10] und aus den letzten zwei Kalenderjahren. Die Abgrenzung der laufenden Beträge zu den rückständigen erfolgt gem. § 13 (s. § 13 Rn 7 ff).

Beispiel: Im März 2014 beschließt die Wohnungseigentümergemeinschaft die Jahresabrechnungen für die Jahre 2011 bis 2013 mit den entsprechenden Nachzahlungen sowie die Zahlung eines monatlichen, im Voraus zu erbringenden Vorschusses. Der Tag der ersten Beschlagnahme (vgl § 22 Rn 8 ff) war der 13.11.2014. – Ergebnis: Die laufenden Leistungen umfassen den am 1.11.2014 für den November fällig gewordenen Vorschuss und alle späteren, bis zum Versteigerungstermin bzw zum Erlösverteilungstermin jeweils fällig gewordenen Vorschüsse. Die rückständigen Leistungen erfassen die (übrigen) Beträge aus 2014 (Jahr der Beschlagnahme) und die Ansprüche aus den Jahresabrechnungen für die Jahre 2012 und 2013. Der Abrechnungsbetrag für 2011 ist zwar erst im März 2014 durch Beschluss fällig geworden, stammt aber nicht *aus* den beiden letzten Kalenderjahren.

gg) 5-Prozent-Kappungsgrenze. Die Summe sämtlicher Ansprüche der Rangklasse 2 einschließlich Zinsen und Rechtsverfolgungskosten ist betragsmäßig beschränkt auf **5 % des Verkehrswertes** nach § 74 a Abs. 5. Dabei ist es ohne Bedeutung, ob die Ansprüche mit einer Anmeldung oder mit mehreren Anmeldungen, von einem oder von mehreren Berechtigten (vgl Rn 15), mit Anmeldung oder durch Vollstreckung (Abs. 3, s. Rn 23 ff) geltend gemacht worden sind. Weitergehende (titulierte) Ansprüche können nur mit einem Vollstreckungsantrag (Anordnung bzw Beitritt) in der Rangklasse 5 anhängig gemacht werden.

hh) Befriedigungsreihenfolge. In der Zwangsversteigerung und Zwangsverwaltung haben sämtliche Teilansprüche untereinander Gleichrang (Abs. 1 Hs 2) und sind im geringsten Gebot bzw in der Erlöszuteilung im Verhältnis ihrer Bruttogesamtbeträge zu berücksichtigen. Außerhalb der Zwangsversteigerung gilt gem. § 366 Abs. 2 BGB (Anrechnung der Leistung auf mehrere Forderungen) eine andere Befriedigungsreihenfolge.

---

8 BT-Drucks. 16/887, S. 45; BGH NJW 2009, 598 = NZM 2009, 129.
9 *Schneider*, ZMR 2011, 421–423; aA AG Bonn ZMR 2011, 421.
10 BGH WM 2010, 2121 = Rpfleger 2011, 40 = NJW 2011, 528.

22 ii) **Widerspruch.** Soweit ein angemeldeter Anspruch in der Rangklasse 2 wegen der Kappung auf 5 % des Verkehrswertes (s. Rn 20) nicht in voller Höhe im Teilungsplan aufgenommen werden kann, gilt die Anmeldung gem. § 115 Abs. 2 als **Widerspruch.**

23 c) **Vollstreckung wegen Hausgeldansprüchen (Abs. 3).** Zusätzlich zur Anmeldung (s. Rn 12 ff) kann wegen der bevorrechtigten Hausgeldansprüche auch vollstreckt werden, also die Anordnung bzw der Beitritt beantragt werden. Abs. 3 ergänzt und modifiziert die allgemeinen Vollstreckungsvoraussetzungen der ZPO. Wie die Gläubiger einer persönlichen Forderung aus der Rangklasse 5 erhält die Gemeinschaft der Wohnungseigentümer mit der Beschlagnahme ein **dingliches Befriedigungsrecht** (vgl § 20).

24 Gemäß **Abs. 3 S. 2** muss ein Zahlungstitel vorliegen, in dem die **Zahlungspflicht,** die **Art der Schuld,** der **Bezugszeitraum** und die **Fälligkeit** erkennbar sind. Die erste Voraussetzung muss sich unmittelbar aus dem Titel ergeben, die drei letzten Voraussetzungen können dagegen auch glaubhaft gemacht werden (**Abs. 3 S. 3**), etwa durch Vorlage einer Kopie der Klageschrift[11] (s. auch Rn 13). Mahnbescheide werden daher in aller Regel nicht ausreichend sein, da sich insb. die Art der Schuld (einschließlich der genauen Angaben, welche Wohnung betroffen ist) nicht nachweisen lässt. Ältere Zahlungstitel weisen den Wohnungsverwalter unmittelbar als Gläubiger aus, weil dieser in gewillkürter Prozessstandschaft den Anspruch der Gemeinschaft der Wohnungseigentümer im eigenen Namen eingeklagt hat. In diesem Fall muss auch in dem Vollstreckungsantrag und dem Anordnungs- bzw Beitrittsbeschluss der Verwalter als Gläubiger ausgewiesen werden. Die Anordnung kann in diesem Fall auch für den Wohnungsverwalter in der Rangklasse 2 erfolgen.

25 Die Vollstreckung ist nach **Abs. 3 S. 1** nur zulässig, wenn der Gesamtanspruch den Verzugsbetrag des § 18 Abs. 2 Nr. 2 WEG überschreitet, also mehr beträgt als **3% des steuerlichen Einheitswertes** (vgl §§ 19 ff BewG). Die Grenze muss zum Zeitpunkt der Beschlussfassung über die Anordnung bzw zum Beitritt überschritten werden. Zahlt der Schuldner im Laufe des Verfahrens einen Teilbetrag, so dass der Anspruch unter 3% fällt, ist der Beschluss nicht aufzuheben. Für einen weiteren Vollstreckungsantrag muss auch die neue Forderung die 3%-Grenze übersteigen.

26 Der **Nachweis des Einheitswertes** ist eine **besondere Vollstreckungsvoraussetzung** und muss mit dem Antrag von der Gläubigerin (idR die Gemeinschaft der Wohnungseigentümer) urkundlich nachgewiesen werden (vgl § 16 Abs. 2). Das Vorliegen kann weder unterstellt noch auf andere Weise glaubhaft gemacht werden. Die Gläubigerin kann unter Bezug auf Abs. 3 S. 1 Hs 2 und unter Vorlage eines vollstreckbaren Titels beim Finanzamt eine Bescheinigung über den Einheitswert beantragen. Die weiteren Voraussetzungen für eine Vollstreckung in der Rangklasse 2 (Abs. 3 S. 2 und 3) sind gegenüber der Finanzverwaltung nicht nachzuweisen.[12] Das Erreichen der Wertgrenze kann die Gläubigerin auch dadurch beweisen, dass die Forderung, wegen der der Beitritt beantragt wird, 3% des rechtskräftig festgesetzten Verkehrswertes des Versteigerungsobjekts übersteigt.[13]

27 Wird ein **Nachweis nicht** erbracht, kann keine Anordnung (bzw Beitritt) in der Rangklasse 2 erfolgen; stattdessen ist nur die Anordnung aus der Rangklasse 5 (nicht bevorrechtigter, persönlicher Anspruch) möglich.[14] Wird der Einheitswert zu einem **späteren Zeitpunkt** nachgereicht, kann die Gläubigerin einen Beitritts-

---

11 BT-Drucks. 16/887, S. 46.
12 AA Rechtsausschuss des Bundestages, BT-Drucks. 16/12714, S. 23.
13 BGH NJW 2009, 1888 = Rpfleger 2009, 399.
14 BGH NJW 2008, 1956 = Rpfleger 2008, 375 = MDR 2008, 829.

beschluss im Sinne eines Ergänzungsbeschlusses beantragen, um so klarstellen zu lassen, dass die in der Rangklasse 5 angeordneten Beträge tatsächlich der Rangklasse 2 zuzuordnen sind.[15] Da es sich in diesem Fall zwar um dieselbe Forderung gegen denselben Schuldner handelt, aber nunmehr der dingliche Anspruch vollstreckt wird, erfolgt für die Gläubigerin auch eine neue (weitere) Beschlagnahme. Für die Fristberechnung des § 44 Abs. 2 (s. § 44 Rn 22) ist auf die Zustellung des Ergänzungsbeschlusses abzustellen. Nach §§ 30 a, 30 b ist der Schuldner auch erneut zu belehren.

Die **Rangklasse** gehört zur „Art des Anspruchs" und muss daher nach § 16 Abs. 1 im Anordnungsbeschluss bezeichnet werden. Das Vollstreckungsgericht kann daher in der Anordnung der Zwangsversteigerung die Rangklasse, in welcher die Versteigerung erfolgen soll, nicht offen lassen.[16] Wegen der Kappung auf 5% des Verkehrswertes (s. Rn 20) ist es aber nicht möglich, die Höhe des Betrages, der in der Rangklasse 2 berücksichtigt werden kann, zu beziffern. Denn zu Beginn des Verfahrens liegt der Verkehrswert (§ 74 a Abs. 5) noch nicht vor. Selbst wenn er zum Zeitpunkt des Beitritts vorliegen sollte, steht die Gesamtsumme aller Ansprüche der Rangklasse 2 noch nicht fest, da Anmeldungen noch bis zur Aufforderung zur Abgabe von Geboten möglich sind (§ 37 Nr. 4). Demzufolge kann das Gericht im Anordnungs- bzw Beitrittsbeschluss die Rangklasse nur dem Grunde nach festlegen. Ein **Formulierungsvorschlag** für einen **Beitrittsbeschluss in der Rangklasse 2** kann wie folgt lauten: 28

▶ „... wird wegen eines Hausgeldanspruchs in Höhe von ... € (Betrag)

a) in der Rangklasse 2 des § 10 ZVG bis zum Betrag aller Ansprüche in Höhe von 5 % des festgesetzten Verkehrswertes

b) im Übrigen in der Rangklasse 5 des § 10 ZVG

der Beitritt der Gläubigerin zu der angeordneten Zwangsversteigerung ... (genaues Rubrum) zugelassen." ◀

Befriedigt ein nachrangiger Grundpfandrechtsgläubiger als ablöseberechtigter Dritter (§ 268 Abs. 1 S. 1 BGB) die vorrangige Hausgeldforderung der WE-Gemeinschaft in voller Höhe (5 % des Verkehrswertes), kann die WE-Gemeinschaft das Vorrecht der Rangklasse 2 in demselben Zwangsversteigerungsverfahren nicht nochmals ausüben.[17] Wird die vorrangige Hausgeldforderung von einem Ablöseberechtigten beglichen, kann dieser die auf ihn übergegangene Forderung (§§ 268 Abs. 3 S. 1, 401, 412 BGB) ebenfalls mit Vorrang geltend machen.[18] 29

5. Rangklasse 3 (öffentliche Grundstückslasten). a) Öffentliche Grundstückslast. Eine öffentliche Grundstückslast ist eine Abgabenverpflichtung, welche auf öffentlichem Recht beruht. Sie ist durch wiederkehrende oder einmalige Geldleistung zu erfüllen und setzt nicht nur die persönliche Haftung des Schuldners, sondern auch die dingliche Haftung des Grundstücks voraus.[19] Eine öffentliche Abgabe ist nur dann eine Grundstückslast und in der Rangklasse 3 zu berücksichtigen, wenn sie in dem für die Abgaben maßgeblichen Bundes- oder Landesgesetz als **öffentliche Last des Grundstücks bezeichnet** ist oder aus der gesetzlichen Regelung eindeutig hervorgeht, dass die Abgabenschuld auf dem Grundstück lastet und folglich nicht nur eine persönliche Haftung des Abgabenschuldners, sondern 30

---

15 BGH NJW 2008, 1956 = Rpfleger 2008, 375 = MDR 2008, 829.
16 BGH NJW 2008, 1956 = Rpfleger 2008, 375 = MDR 2008, 829; aA Dassler/Schiffhauer/Rellermeyer, § 10 Rn 83.
17 BGH MDR 2012, 1251 = Rpfleger 2012, 701 = NJW-Spezial 2012, 610.
18 BGH Rpfleger 2010, 333 = JurBüro 2010, 327 = NJW 2010, 3169.
19 BGH NJW 1981, 2127 = MDR 1981, 1002 = Rpfleger 1981, 349; Dassler/Schiffhauer/Rellermeyer, § 10 Rn 30; Stöber, § 10 Rn 6.1.

auch die dingliche Haftung des Grundstücks besteht.[20] Ob eine Abgabe dinglicher Natur ist, kann sich idR nur aus der jeweiligen Rechtsvorschrift, auf der die Abgabe beruht, nicht aber aus dem ZVG ergeben.[21]

31 **b) Anmeldung.** Die Ansprüche der Rangklasse 3 sind nicht grundbuchersichtlich und müssen rechtzeitig **angemeldet** werden (§§ 45 Abs. 1, 114 Abs. 1, 37 Nr. 4). Zusätzlich ist auch eine Vollstreckung durch Anordnung bzw Beitritt möglich. Die Vollstreckungsvoraussetzungen sind in den Verwaltungsvollstreckungsbestimmungen des Bundes und der Länder geregelt.

32 **c) Zeitliche Begrenzung.** Die Ansprüche in der Rangklasse 3 sind zeitlich limitiert. **Wiederkehrende Leistungen** (s. § 13 Rn 2 ff) genießen das Vorrecht nur für die laufenden Ansprüche (s. § 13 Rn 7 ff) und für die zwei Jahre rückständigen Beträge. Bei den **einmaligen Leistungen** (s. § 12 Nr. 2 Alt. 2; s. § 13 Rn 6) gilt in der Rangklasse 3 eine zeitliche Grenze von vier Jahren. Der Berechnungszeitpunkt für die einmalige Leistung bestimmt sich nach dem Eingangsdatum der Anmeldung bzw des Anordnungs- oder Beitrittsantrags.[22] Maßgeblich ist der Fälligkeitstermin innerhalb von vier Jahren vor diesem Tag. Ältere Ansprüche fallen in die Rangklasse 7.

Beispiel: Eingang der Anmeldung im Verfahren: 29.5.2014. – Die Erschließungskosten für eine Straßenbaumaßnahme aus dem Jahre 2008 wurde gegenüber den Anliegern am 2.6.2010 abgerechnet und fällig gestellt: Die Ansprüche sind keine vier Jahre alt und werden somit bevorrechtigt in der Rangklasse 3 berücksichtigt.

33 Der Vorrang der Rangklasse 3 bleibt auch dann erhalten, wenn der Anspruch – zB infolge einer Ablösung gem. § 268 BGB durch einen nachrangigen Gläubiger – nicht mehr einer öffentlich-rechtlichen Einrichtung, sondern einer Privatperson zusteht.

34 **d) Beispiele für öffentliche Grundstückslasten.** Als die wichtigsten öffentlichen Grundstückslasten lassen sich folgende benennen:

35 - **Anschluss- und Erschließungsbeiträge** können nach dem KAG einiger Länder bevorrechtigte einmalige Leistungen sein.

36 - **Erschließungsbeiträge** nach § 134 BauGB.

37 - **Grundbesitzabgaben** nach dem KAG einiger Länder: Ein Sammelbegriff für Benutzungsgebühren für Straßenreinigung, Entwässerung und Abfallbeseitigung, die in einigen Ländern bei entsprechenden Ortsatzungen als bevorrechtigte wiederkehrende Leistung ausgestaltet sein können. Voraussetzung ist jeweils, dass die Benutzungsgebühr grundstücksbezogen erhoben wird. Allein aus dem Anschluss- und Benutzungszwang kann eine Grundstücksbezogenheit nicht abgeleitet werden. Wenn nicht vorrangig auf die Existenz des Grundstücks an sich, sondern auf dessen konkrete Nutzung oder die Anzahl der Bewohner abgestellt wird, spricht vieles gegen eine „Grundstücksbezogenheit".[23] Wird die Grundgebühr für die Abfallentsorgung verbrauchsunabhängig, zB nach der Größe der Grundfläche, erhoben, kann ein Grundstücksbezug vorliegen.[24] Je nach Ausgestaltung des KAG können auf einer Eigen-

---

20 BGH NJW 1989, 107 = MDR 1989, 60 = Rpfleger 1988, 541; Dassler/Schiffhauer/*Rellermeyer*, § 10 Rn 30.
21 *Steenbock*, KStZ 1977, 209.
22 BGH Rpfleger 2008, 213 = WM 2008, 740.
23 OLG Zweibrücken WM 2008, 179 = Rpfleger 2008, 218; LG Zweibrücken Rpfleger 2007, 492; AG Dortmund 26.6.2008 – 275 K 010/03, juris = AbfallR 2008, 261 = BeckRS 2008, 18199.
24 VGH Baden-Württemberg DÖV 2011, 573 = DVBl. 2011, 920.

tumswohnung die Benutzungsgebühren des gesamten Hauses als vorrangige Gesamtbelastung zu berücksichtigen sein.[25]

- **Grundsteuern** lasten gem. § 12 GrStG auf dem steuerlichen Gegenstand. Das ist nach § 2 GrStG und § 70 Abs. 1 BewG jede wirtschaftliche Einheit des Grundvermögens. Die Grundsteuer wird vierteljährlich zur Mitte eines Quartals fällig. 38

- **Kosten einer vorangegangenen Mobiliarvollstreckung** können nicht in der Rangklasse 3 berücksichtigt werden. Dies gilt auch dann, wenn die Kommunalkasse nach Landesrecht oder interner Verwaltungsanordnung die Immobiliarvollstreckung erst nach einer ergebnislosen Mobiliarvollstreckung betreiben darf.[26] Die Kosten der dinglichen Rechtsverfolgung (Abs. 2) können geltend gemacht werden. 39

Zinsen auf Ansprüche, die auf der AO beruhen, nehmen als Nebenleistung (§ 3 Abs. 4 AO) am Vorrang des Hauptanspruchs teil. Dies gilt auch für die **Säumniszuschläge** nach § 240 AO.[27] 40

6. Rangklasse 4 (dingliche Rechte). In die Rangklasse 4 gehören alle im Grundbuch eingetragenen Rechte der Abteilung II (zB **Reallasten**, **Dienstbarkeiten**) und Abteilung III (**Grundschulden** und **Hypotheken**). Auch **Vormerkungen** (zB zur Sicherung einer Auflassung) sind wie Rechte der Rangklasse 4 zu behandeln.[28] 41

Zu beachten ist aber auch die Rangklasse 6 (relativer Nachrang; s. Rn 48). 42

Die Rangverhältnisse der Rechte untereinander bestimmen sich nach § 11. Es wird auf die dortigen Ausführungen verwiesen. 43

Neben dem Hauptanspruch (Kapital) kommen in die Rangklasse 4: 44

- Kosten der dinglichen Rechtsverfolgung (Abs. 2; s. Rn 53 ff);

- einmalige Nebenleistungen (ohne zeitliche Limitierung);

- die laufenden Beträge für Zinsen und andere wiederkehrende Leistungen sowie Rückstände für zwei Jahre. Maßgeblich für die Abgrenzung ist § 13 (s. § 13 Rn 7 ff). Ältere Beträge fallen in die Rangklasse 8. Wenn auch deswegen das Verfahren betrieben wird, fallen sie in die Rangklasse 5.

Zur Rangfolge innerhalb der Teilansprüche s. § 12 Rn 3 ff.

7. Rangklasse 5 (sonstige Vollstreckungsansprüche). In der Rangklasse 5 werden die (betreibenden) Gläubiger mit folgenden Ansprüchen aufgenommen: 45

- der Zahlungsanspruch eines **persönlichen Gläubigers** in voller Höhe;

- die älteren öffentlich-rechtlichen Grundstückslasten (vgl Rn 32);

- die älteren wiederkehrenden Leistungen aus den dinglichen Rechten der Rangklasse 4 (vgl Rn 44).

In jedem Fall ist ein Anordnungs- oder Beitrittsbeschluss erforderlich, der auch die Höhe des Anspruchs festlegt. Lediglich durch eine Anmeldung kann ein Berechtigter keinen Anspruch der Rangklasse 5 erlangen. Weitere Ansprüche desselben Gläubigers können daher nur berücksichtigt werden, wenn er deshalb dem Verfahren beigetreten ist. Die Berücksichtigung erfolgt nach dem Beitritt an der Rangstelle der neuen Beschlagnahme. 46

---

25 BGH ZfIR 2010, 696 = Rpfleger 2010, 683 = WM 2010, 1715 = WuM 2010, 594 = NZM 2010, 672 = ZWE 2010, 364 = KKZ 2010, 274 = ZMR 2011, 143.
26 LG Dortmund Rpfleger 2007, 677 = KKZ 2008, 63.
27 Für NRW: BGH Rpfleger 2010, 225 = MDR 2010, 411 = NJW-RR 2010, 671.
28 BGH MDR 2014, 988 = ZInsO 2014, 1573 = NJW 2014, 2445 = NZM 2014, 518.

47 Innerhalb der Rangklasse 5 bestimmt sich das Rangverhältnis der verschiedenen Ansprüche nach der Reihenfolge ihrer Beschlagnahme (§ 11 Abs. 2).

48 **8. Rangklasse 6 (relativer Nachrang).** Dingliche Ansprüche, die nach der Beschlagnahme im Grundbuch eingetragen worden sind und daher dem (betreibenden) Gläubiger aus der Rangklasse 5 gegenüber relativ unwirksam sind (§ 23), gehören aus der Sicht dieses Gläubigers in die Rangklasse 6 (**relativer Nachrang**), im Verhältnis zu anderen Gläubigern und Berechtigten in die Rangklasse 4.

49 **9. Rangklasse 7 (ältere Ansprüche der Rangklasse 3).** Meldet eine Behörde einen älteren Anspruch aus einer öffentlich-rechtlichen Grundstückslast an (s. Rn 30), der wegen seines Alters nicht mehr in der Rangklasse 3 aufgenommen werden kann (s. Rn 32), erfolgt eine Berücksichtigung in der Rangklasse 7. Wird deswegen vollstreckt, gehört der Anspruch in die Rangklasse 5.

50 **10. Rangklasse 8 (ältere Ansprüche der Rangklasse 4).** Werden von einem im Grundbuch eingetragenen Berechtigten wiederkehrende Leistungen angemeldet, die wegen ihres Alters nicht mehr in der Rangklasse 4 aufgenommen werden können (s. Rn 44), erfolgt eine Zuordnung zur Rangklasse 9. Wird deswegen vollstreckt, gehört der Anspruch in die Rangklasse 5.

51 **11. „Rangklasse 9" (verspätete Anmeldungen).** Ansprüche, die für eine Berücksichtigung angemeldet werden müssen (s. § 110 Rn 2) und erst nach Aufforderung zur Abgabe von Geboten im Versteigerungstermin, also verspätet, angemeldet worden sind, erleiden gem. § 110 einen **Rangverlust** und gehen allen übrigen Ansprüchen im Range nach (s. § 110 Rn 9). Dasselbe gilt, wenn die notwendige Glaubhaftmachung nicht rechtzeitig erfolgt (§§ 45 Abs. 3, 110).

52 Werden mehrere Ansprüche verspätet angemeldet, bleibt zwischen ihnen innerhalb der Rangklasse 9 das untereinander bestehende Rangverhältnis bestehen. Auf den Zeitpunkt der (verspäteten) Anmeldung kommt es nicht an (s. § 110 Rn 11).

III. Kosten der Kündigung und der dinglichen Rechtsverfolgung (Abs. 2)

53 Im Range des jeweiligen Anspruchs – also in der Rangklasse 2 bis 6 – sind auch die Kosten der Kündigung und die der dinglichen Rechtsverfolgung, also die zur Befriedigung aus dem Grundstück erforderlichen Vollstreckungskosten, zu berücksichtigen (für Grundschulden und Hypotheken vgl auch § 1118 BGB). Im Übrigen gilt hinsichtlich der Vollstreckungskosten für alle Ansprüche § 788 Abs. 1 ZPO iVm § 91 ZPO. Hiernach fallen die notwendigen Vollstreckungskosten dem Schuldner zur Last.

54 Ein Gläubiger, der auf ihn durch Ablösung übergegangene Ansprüche (§ 268 Abs. 3 BGB) geltend macht, kann auch die von ihm verauslagten Verfahrenskosten im Range des Hauptanspruchs anmelden.[29]

55 Sind dem Gläubiger darüber hinaus weitere Vollstreckungskosten – zB wegen einer vorangegangenen Mobiliarzwangsvollstreckung – entstanden, können diese in der Zwangsversteigerung nur in der Rangklasse 5 (vgl auch Rn 45) geltend gemacht werden, wenn ihretwegen das Verfahren ausdrücklich auch betrieben wird.

56 Die Kosten der Befriedigung aus dem Grundstück bezweckenden Rechtsverfolgung sind die durch Zwangsversteigerung, Zwangsverwaltung oder Zwangssicherungshypothek veranlassten notwendigen Aufwendungen. Dies können sein:

- Kosten der dinglichen Klage;
- Kosten der Anordnung bzw des Beitritts;

---

29 BGH Rpfleger 2014, 93 = WM 2013, 2072 = MDR 2013, 1490 = NJW-RR 2014, 82.

- Kosten der anwaltlichen Vertretung im Versteigerungsverfahren;
- Kosten eines Grundbuchauszugs;
- Kosten eines erforderlichen Erbscheins;
- Vorschüsse einer Zwangsverwaltung (§ 161 Abs. 3), die nicht in der Rangklasse 1 eingeordnet werden können (s. Rn 6).

IV. „Zwangsweise Veräußerung" des Wohnungseigentums, §§ 18, 19 WEG

Hat ein Wohnungseigentümer sich einer so schweren Verletzung der ihm gegenüber anderen Wohnungseigentümern obliegenden Verpflichtungen schuldig gemacht, dass diesen die Fortsetzung der Gemeinschaft mit ihm nicht mehr zugemutet werden kann, so können die anderen Wohnungseigentümer von ihm die Veräußerung seines Wohnungseigentums verlangen (§ 18 Abs. 1 S. 1 WEG). Unter den Voraussetzungen des § 18 WEG kann der „störende" Miteigentümer zur Veräußerung seines Wohnungseigentums verurteilt werden. Die zwangsweise Durchsetzung erfolgt nach § 19 Abs. 1 S. 1 WEG entsprechend den Vorschriften des Ersten Abschnitts des ZVG. Weder im WEG noch im ZVG ist dieses Verfahren konkret geregelt worden. In den Begründungen zum Gesetzesentwurf wurde dazu lediglich ausgeführt, dass dieser Titel wohl im Rang des § 10 Abs. 1 Nr. 5 ZVG vollstreckt werden kann.[30] Diese Annahme ist allerdings fehlerhaft: Wie aus dem Wortlaut des Einleitungssatzes des Abs. 1 hervorgeht, normiert Abs. 1 die Rangordnung der **Rechte auf Befriedigung** aus dem Wohnungseigentum. Demzufolge gehört in die Rangklasse 5 nur der (Zahlungs-)**Anspruch eines Gläubigers**, soweit er nicht in einer der vorgehenden Klassen zu befriedigen ist; hierzu gehört der **Entziehungsanspruch** der übrigen Wohnungseigentümer unstreitig nicht. Er gewährt keinen aus dem Erlös zu befriedigenden Zahlungsanspruch. Ein verbleibender Erlösüberschuss gebührt daher dem bisherigen Wohnungseigentümer.[31] Eine Einordnung eines Entziehungsanspruchs in die Rangklasse 5 ist daher ausgeschlossen.[32] 57

Das ZVG regelt in erster Linie die Zwangsvollstreckung wegen einer Geldforderung in ein Grundstück durch Zwangsversteigerung und Zwangsverwaltung (§§ 866, 869 ZPO). Das ZVG ist wie ein Teil des 8. Buches, 2. Abschnitt der ZPO („Zwangsvollstreckung wegen Geldforderungen") anzusehen. Soweit nicht wegen einer Geldforderung vollstreckt wird, sondern zur **Durchsetzung von Rechten**, werden die Vorschriften des Ersten Abschnitts für anwendbar erklärt. Zu diesen besonderen Verfahren zählen die Teilungsversteigerung (§§ 180 ff), die Nachlassversteigerung (§§ 175 ff) und die Insolvenzverwalterversteigerung (§§ 172 ff). Diese besonderen Verfahren zur Durchsetzung von Ansprüchen, die nicht auf Zahlung gerichtet sind, können nicht mit einem Verfahren „zur Zwangsvollstreckung wegen Geldforderung" zu einem gemeinsamen Verfahren verbunden werden. Sie können immer nur nebeneinander laufen.[33] Dasselbe gilt auch für die Zwangsvollstreckung zur Durchsetzung des Veräußerungsanspruchs. Auch dieses Verfahren ist **eigenständig** und immer unabhängig von einer parallelen Vollstreckungsversteigerung durchzuführen.[34] 58

---

30 BT-Drucks. 16/887, S. 26 f.
31 Dassler/Schiffhauer/*Rellermeyer*, § 10 Rn 71.
32 Bärmann/Seuß/*Bonifacio*, Praxis des Wohnungseigentums, 5. Aufl. 2010, F. 421; *Schneider*, NZM 2014, 498 mwN; *Stöber*, ZVG, 20. Aufl., Einl Rn 3.
33 *Stöber*, § 172 Rn 7; Dassler/Schiffhauer/*Hintzen*, § 180 Rn 166.
34 Löhnig/*Stenzel*, § 19 WEG Rn 6; aA Dassler/Schiffhauer/*Rellermeyer*, § 10 Rn 72 (die Durchsetzung des Veräußerungsanspruchs erfolgt im Rahmen der Vollstreckungsversteigerung, aber im Rang nach sämtlichen Rechten, also noch hinter der „Rangklasse 9", vgl oben Rn 51).

59 In der Versteigerung werden sämtliche im Grundbuch eingetragenen Rechte in das geringste Gebot aufgenommen, auch die Ansprüche aus den Rangklassen 6, 7 und 8.[35] Deshalb sind die Erfolgsaussichten für ein derartiges Verfahren in aller Regel sehr gering. Wenn der störende Wohnungseigentümer noch Zahlungsrückstände gegenüber der Wohnungseigentümergemeinschaft hat, wäre es sinnvoller, die normale Vollstreckungsversteigerung, vorzugsweise aus der Rangklasse 2, zu betreiben.

§ 11 [Rangverhältnis verschiedener Rechte derselben Klasse]

(1) Sind Ansprüche aus verschiedenen Rechten nach § 10 Nr. 4, 6 oder 8 in derselben Klasse zu befriedigen, so ist für sie das Rangverhältnis maßgebend, welches unter den Rechten besteht.

(2) In der fünften Klasse geht unter mehreren Ansprüchen derjenige vor, für welchen die Beschlagnahme früher erfolgt ist.

I. Normzweck

1 Die Norm regelt die **Rangverhältnisse** der Ansprüche aus verschiedenen Rechten, die nach § 10 Abs. 1 in **derselben Rangklasse** einzuordnen sind. Die Rangfolge innerhalb eines Rechts wird in § 12 geregelt.

II. Rangverhältnisse in den Rangklassen 1 bis 3

2 Gemäß dem Einleitungssatz im § 10 Abs. 1 sind innerhalb der Rangklassen 1 bis 3 die Ansprüche aus verschiedenen Rechten oder von verschiedenen Berechtigten (zB in der Rangklasse 3: Grundsteueransprüche und Grundbesitzabgaben) im Gleichrang und daher bei unzureichender Teilungsmasse im Verhältnis ihrer Bruttobeträge zu berücksichtigen.

III. Rangverhältnisse in den Rangklassen 4, 6 und 8

3 **1. Regelfall.** Innerhalb der Rangklassen 4, 6 und 8 (im Grundbuch eingetragene dingliche Rechte) bestimmen sich die Rangfolgen nach §§ 879, 880 BGB. Die Rangfolge der Rechte in derselben Abteilung des Grundbuchs wird bestimmt durch die Reihenfolge ihrer Eintragung im Grundbuch (**Lokus-Prinzip**). Zwischen Rechten, die in verschiedenen Abteilungen eingetragen sind, ist das **Eintragungsdatum** maßgeblich. Ob die Berechtigten die Vollstreckung betreiben oder nur anmelden, ist ohne Einfluss auf das Rangverhältnis.

4 **Beispiel 1:** In der Abteilung III werden am selben Tag die Grundschulden III/1 und III/2 eingetragen. – Das Recht III/1 hat Rang vor dem Recht III/2.

5 **Beispiel 2:** Am selben Tag werden in Abteilung II die Dienstbarkeit II/1 und in Abteilung III die Hypothek III/3 eingetragen. – Die Rechte haben denselben Rang (Gleichrang).

6 Sind die Rechte nachträglich durch Eintragungen in den Veränderungsspalten erweitert worden (zB in Bezug auf die Zinshöhe), haben diese Erweiterungen denselben Rang wie das Hauptrecht in der Hauptspalte.[1]

7 Wird bei den Eintragungen ein abweichendes Rangverhältnis vermerkt, ist dieses maßgebend.

---

35 Dassler/Schiffhauer/*Rellermeyer*, § 10 Rn 71.
1 OLG Hamm Rpfleger 1985, 144.

2. Rangänderungen. Ein Recht kann einem nachrangigen Recht unmittelbar bei 8
dessen Eintragung (§ 897 BGB), aber auch zu jedem späteren Zeitpunkt (§ 880
Abs. 1 BGB) den Vorrang einräumen. Die Rangänderung bedarf der Eintragung
im Grundbuch und setzt eine Einigung der beteiligten Rechtsinhaber sowie uU
auch die Zustimmung des Eigentümers voraus (§ 880 Abs. 2 BGB).

Zwischenrechte werden durch die Rangänderung nicht berührt, dh weder beein- 9
trächtigt noch begünstigt (§ 880 Abs. 5 BGB). Dies kann, wenn die beteiligten
Rechte unterschiedlich hoch sind, zur Teilung eines Rechts führen, ohne dass die
Teilung im Grundbuch direkt ersichtlich wird!

Beispiel 1: Im Grundbuch wird vermerkt, dass III/1 dem Recht III/3 den Vorrang 10
einräumt.

Rang	Eingetragene Rechte	Rangstatus
1	III/1 – 10.000 €	III/3 – 10.000 € (1. Teil)
2	III/2 – 11.000 €	III/2 – 11.000 €
3	III/3 – 12.000 €	III/3 – 2.000 € (2. Teil)
4		III/1 – 10.000 €

Beispiel 2: Im Grundbuch wird vermerkt, dass III/1 dem Recht III/3 den Vorrang 11
einräumt.

Rang	Eingetragene Rechte	Rangstatus
1	III/1 – 12.000 €	III/3 – 10.000 €
2	III/2 – 11.000 €	III/1 – 2.000 € (1. Teil)
3	III/3 – 10.000 €	III/2 – 11.000 €
4		III/1 – 10.000 € (2. Teil)

IV. Rangverhältnisse in der Rangklasse 5

Innerhalb der Rangklasse 5 richtet sich die Rangfolge der betreibenden Gläubi- 12
ger nach dem Datum ihrer Beschlagnahme (§ 22).

§ 12 [Rangordnung von Ansprüchen aus demselben Recht]

Die Ansprüche aus einem und demselben Recht haben untereinander folgende
Rangordnung:

1. die Ansprüche auf Ersatz der im § 10 Abs. 2 bezeichneten Kosten;
2. die Ansprüche auf wiederkehrende Leistungen und andere Nebenleistungen;
3. der Hauptanspruch.

I. Normzweck

Die Vorschrift des § 12 regelt die **Rangverhältnisse** der Teilansprüche **innerhalb** 1
eines Rechts. Sie basiert auf der materiell-rechtlichen Grundlage des § 367 Abs. 1
BGB. Die Rangfolge im Verhältnis zu anderen Rechten wird in den §§ 10 und 11
geregelt.

II. Änderung der Befriedigungsreihenfolge

2 Durch eine **Vereinbarung** zwischen dem Gläubiger und dem Schuldner kann eine **andere Befriedigungsreihenfolge** bestimmt werden.[1] Eine einseitige Bestimmung des Schuldners, die Befriedigungsreihenfolge abweichend zu regeln, ist nicht möglich. Dem Gläubiger hingegen ist es durch taktisches Vorgehen durchaus möglich, die Befriedigungsreihenfolge auch einseitig zu ändern, indem er Zinsen ganz oder teilweise nicht anmeldet oder durch eine Minderanmeldung in der Zwangsversteigerung eine Reduzierung der Zinszuteilung bewirkt und stattdessen die restliche Teilungsmasse auf den Kapitalanspruch erhält. Ein solches Vorgehen kann sinnvoll sein, um in der Zwangsverwaltung eine weitere Ausschüttung auf die laufenden Zinsen zu erlangen (vgl § 155 Rn 10).

III. Einzelheiten

3 Innerhalb eines Rechts gilt folgende Rangordnung:

4 **1. Kosten der dinglichen Rechtsverfolgung.** Nur die durch Zwangsversteigerung, Zwangsverwaltung oder Zwangssicherungshypothek veranlassten notwendigen Aufwendungen sind Kosten der dinglichen Rechtsverfolgung iSv § 10 Abs. 2 (vgl § 10 Rn 53 ff).

5 **2. Nebenleistungen.** Nebenleistungen sind von der Hauptforderung abhängig und teilen deren Schicksal.[2] Sie können nach Erlöschen der Hauptforderung nicht mehr entstehen.

6 Das ZVG unterscheidet zwischen wiederkehrenden und einmaligen Leistungen („andere"). Zur Unterscheidung s. § 13 Rn 2. Zu den wiederkehrenden Leistungen gehören insb. Zinsen, aber auch Raten aus einer Reallast (zB einer Erbbauzinsreallast). Typische einmalige Nebenleistungen sind Bearbeitungsgebühren, Kostenpauschalen und Vorfälligkeitsentschädigungen.

7 Das ZVG lässt offen, ob einmalige und wiederkehrende Nebenleistungen in einem Rangverhältnis zueinander stehen. Da eine einmalige Nebenleistung in aller Regel sofort fällig wird und somit älter ist als die später (laufend) fällig werdenden Zinsraten, muss in entsprechender Anwendung des § 366 Abs. 2 Alt. 1 BGB die einmalige Nebenleistung im Rang vor den wiederkehrenden Leistungen eingeordnet werden.[3]

8 **3. Hauptanspruch.** Das Kapital bei Grundschulden und Hypotheken bzw die Hauptforderung im Urteil wird zuletzt berücksichtigt und bleibt dem Gläubiger ganz oder teilweise erhalten, wenn der Versteigerungserlös nicht zur vollständigen Befriedigung ausreicht. Der Gläubiger könnte später im Rahmen einer weiteren Zwangsvollstreckung neue Zinsen aus seinem verbleibenden Restkapital gegenüber dem Schuldner geltend machen.

9 Bei Rechten in der Abteilung II des Grundbuchs, die nicht auf Zahlung eines Kapitals gerichtet sind (zB Reallast, Dienstbarkeit), entspricht der Wertersatz dem Hauptanspruch (vgl § 92 Rn 4 ff, § 14 Rn 1).

---

1 BGHZ 156, 274.
2 OLG Düsseldorf BB 1995, 2607, 2608 = Rpfleger 1996, 61 = NJW-RR 1996, 111.
3 *Stöber*, § 12 Rn 3.5; Steiner/*Hagemann*, § 12 Rn 6; Dassler/Schiffhauer/*Rellermeyer*, § 12 Rn 4.

§ 13 [Wiederkehrende Leistungen]

(1) ¹Laufende Beträge wiederkehrender Leistungen sind der letzte vor der Beschlagnahme fällig gewordene Betrag sowie die später fällig werdenden Beträge. ²Die älteren Beträge sind Rückstände.

(2) Absatz 1 ist anzuwenden, gleichviel ob die Ansprüche auf wiederkehrende Leistungen auf öffentlichem oder privatem Recht oder ob sie auf Bundes- oder Landesrecht beruhen oder ob die gesetzlichen Vorschriften andere als die in § 10 Abs. 1 Nr. 3 und 4 bestimmten Fristen festsetzen; kürzere Fristen als die in § 10 Abs. 1 Nr. 3 und 4 bestimmten werden stets vom letzten Fälligkeitstag vor der Beschlagnahme zurückgerechnet.

(3) Fehlt es innerhalb der letzten zwei Jahre an einem Fälligkeitstermin, so entscheidet der Zeitpunkt der Beschlagnahme.

(4) ¹Liegen mehrere Beschlagnahmen vor, so ist die erste maßgebend. ²Bei der Zwangsversteigerung gilt, wenn bis zur Beschlagnahme eine Zwangsverwaltung fortgedauert hat, die für diese bewirkte Beschlagnahme als die erste.

I. Normzweck

Die Vorschrift des § 13 regelt die Unterscheidung zwischen laufenden und rückständigen wiederkehrenden Leistungen. Sie ist auf Nebenleistungen (vgl § 12 Rn 5) und auf wiederkehrende öffentliche Leistungen (Abs. 2) anzuwenden. 1

II. Abgrenzung der „wiederkehrenden Leistungen" von den „einmaligen Leistungen"

Das ZVG unterscheidet zwischen **wiederkehrenden Leistungen** und **einmaligen Leistungen** (vgl § 12: „andere"). Die Begriffe werden in einem etwas anderem Sinne verwandt als in § 1115 BGB, wo zwischen „Zinsen und anderen Nebenleistungen" unterschieden wird. 2

Die Unterscheidung ist wichtig für die zeitliche Limitierung der Ansprüche in den Rangklassen 3 (s. § 10 Rn 32) und 4 (s. § 10 Rn 44), ferner für die Überschussverteilung in der Zwangsverwaltung (s. § 155 Rn 10) und für die Frage, welche Raten von Amts wegen oder nur auf Anmeldung zu berücksichtigen sind (§§ 45 Abs. 2, 114 Abs. 2). 3

Eine Leistung ist **wiederkehrend**, wenn nach dem Inhalt der Anspruchsgrundlage (Vertrag, Urteil, Beschluss, Feststellungsbescheid) die Zahlung in Raten fällig wird. Es ist nicht erforderlich, dass die Zahlungsverpflichtung auf unbestimmte Zeit besteht. 4

Zu den **wiederkehrenden Leistungen** gehören insb. vereinbarte Zinsen, gesetzliche Zinsen (zB Säumniszinsen), Raten aus einer Reallast (zB einer Erbbauzinsreallast), Grundsteuern und Grundbesitzabgaben, die jährlich festgesetzt und in vier Quartalsraten zu begleichen sind, sowie die von der Wohnungseigentümergemeinschaft gemäß Wirtschaftsplan für ein Jahr festgelegten monatlichen Vorschusszahlungen. 5

Einmalige Bearbeitungsgebühren, Kostenpauschalen und Vorfälligkeitsentschädigungen sind typische **einmalige Leistungen**. Zu den einmaligen Leistungen gehören auch Kanalanschlussgebühren der Kommune, die von der Wohnungseigentümergemeinschaft beschlossene Sonderumlage sowie die zum Jahresende beschlossene Nachzahlung aufgrund einer abgenommenen Jahresabrechnung. Auch wenn solche Nachzahlungsbeschlüsse regelmäßig jährlich erfolgen, begründen diese Beschlüsse jeweils eine selbständige Anspruchsgrundlage mit einer Verpflichtung zur Zahlung in einem Betrag (= einmalige Leistung). 6

III. Laufende (wiederkehrende) Leistungen (Abs. 1)

7 Für die Bestimmung der laufenden (wiederkehrenden) Leistungen wird gem. Abs. 1 auf die letzte Fälligkeit vor der Beschlagnahme abgestellt. Dabei ist für alle am Versteigerungsverfahren beteiligten Berechtigten die sog. **erste Beschlagnahme** (s. § 22 Rn 8 ff) maßgeblich. Es kommt also nicht auf die für den jeweiligen Gläubiger erwirkte Beschlagnahme an, sondern es ist für alle – betreibenden und nicht betreibenden – Beteiligten einheitlich auf die erste Beschlagnahme abzustellen.

8 Fehlt es innerhalb der letzten zwei Jahre vor der Beschlagnahme an einem Fälligkeitstermin, so ist für die Abgrenzung zwischen den laufenden und rückständigen Zinsen der Tag der Beschlagnahme entscheidend (Abs. 3). Dieser Fall tritt ein, wenn die erste Fälligkeit erst nach der Beschlagnahme gegeben ist oder wenn (sehr selten) bei der Eintragung einer Grundschuld keine Aussage zur Fälligkeit getroffen wird. Auch bei einer **Zwangssicherungshypothek** oder bei **Säumniszinsen** ergibt sich die Fälligkeit nicht aus der Grundbucheintragung, so dass Abs. 3 anzuwenden ist. Die laufende Verzinsung beginnt daher am Tag der Beschlagnahme.[1]

9 Beispiel: Tag der ersten Beschlagnahme im Verfahren: 29.5.2014.

Für III/1: 10 % Zinsen, fällig jeweils kalenderjährlich, nachträglich am 31.12. = Letzter Fälligkeitstermin vor der Beschlagnahme war am 31.12.2013 für die Zinsen ab dem 1.1.2013 = Beginn der laufenden Leistungen.

Für III/2: 12 % Zinsen, fällig jeweils kalendervierteljährlich im Voraus = Letzter Fälligkeitstermin vor der Beschlagnahme war am 1.4.2014 für die Zinsen ab dem 1.4.2014 = Beginn der laufenden Leistungen.

Für III/3 (Zwangssicherungshypothek): 8,25% Zinsen = Beginn der laufenden Leistungen am 29.5.2014 (Abs. 3).

Für III/4: 15% Zinsen ab dem 1.6.2014 (Tag der Eintragung von III/4), fällig jeweils vierteljährlich nachträglich = Beginn der laufenden Leistungen am 29.5.2014 (Abs. 3).

§ 14 [Ansprüche unbestimmten Betrags]

Ansprüche von unbestimmtem Betrag gelten als aufschiebend bedingt durch die Feststellung des Betrags.

1 Rechte, die nicht auf Zahlung gerichtet sind (zB Wohnrecht) und durch den Zuschlag erloschen sind (§ 52 Abs. 1), nehmen an der Erlösverteilung mit einem angemessenen Wertersatz (s. § 92 Rn 4 ff) teil. Die Festsetzung des Wertersatzes erfolgt durch das Gericht auf der Grundlage einer Anmeldung des Berechtigten (§ 114 Abs. 1). Das bedeutet jedoch nicht, dass der festgesetzte Betrag auch ohne Weiteres zugeteilt und ausgezahlt werden darf.

2 Die Feststellung erfolgt durch übereinstimmende Erklärungen des Berechtigten und des Schuldners oder durch ein gerichtliches Feststellungsurteil.[1] Solange eine Feststellung des Betrages nicht erfolgt bzw dem Vollstreckungsgericht gegenüber nicht nachgewiesen ist, gilt der Anspruch als aufschiebend bedingt. Im Teilungsplan wird der Betrag dem Berechtigten bedingt zugeteilt und zugleich festgestellt, wie der Betrag anderweitig zu verteilen ist, wenn die Bedingung nicht eintritt (s. §§ 119, 120).

---

1 Dassler/Schiffhauer/*Rellermeyer*, § 13 Rn 5; *Stöber*, § 13 Rn 2.4.
1 S. Hk-ZPO/*Saenger*, § 256 ZPO Rn 32 f.

Von § 14 sind erfasst: 3

- wiederkehrende Leistungen, die nicht auf Geldzahlung gerichtet sind (zB aus Nießbrauch, Reallasten oder Altenteile mit Naturalleistungsansprüchen, vgl § 46);
- Ansprüche, die zwar auf Geldleistung gerichtet sind, deren Höhe aber noch nicht feststeht (Ersatzwert nach § 92 für ein erloschenes, nicht auf Zahlung gerichtetes Recht, zB Wohnrechte, Wegerechte).

Kein Fall von § 14 liegt vor, 4
- wenn der Berechtigte unbekannt ist;
- bei Fremdwährungsrechten, die nach dem Tageskurs umgerechnet werden können;
- bei wertgesicherten Beträgen, die ohne Weiteres nach einem bestimmten Index (zB Lebenshaltungsindex) ermittelt werden können;
- bei Rechten mit unbestimmter Zeitdauer;
- bei Höchstbetragshypotheken (die Höhe der Grundstücksbelastung ist bekannt, ungewiss ist nur, ob das Recht dem eingetragenen Gläubiger oder dem Eigentümer als Eigentümergrundschuld zusteht).

Zweiter Titel
Zwangsversteigerung

Übersicht: Ablauf eines Zwangsversteigerungsverfahrens

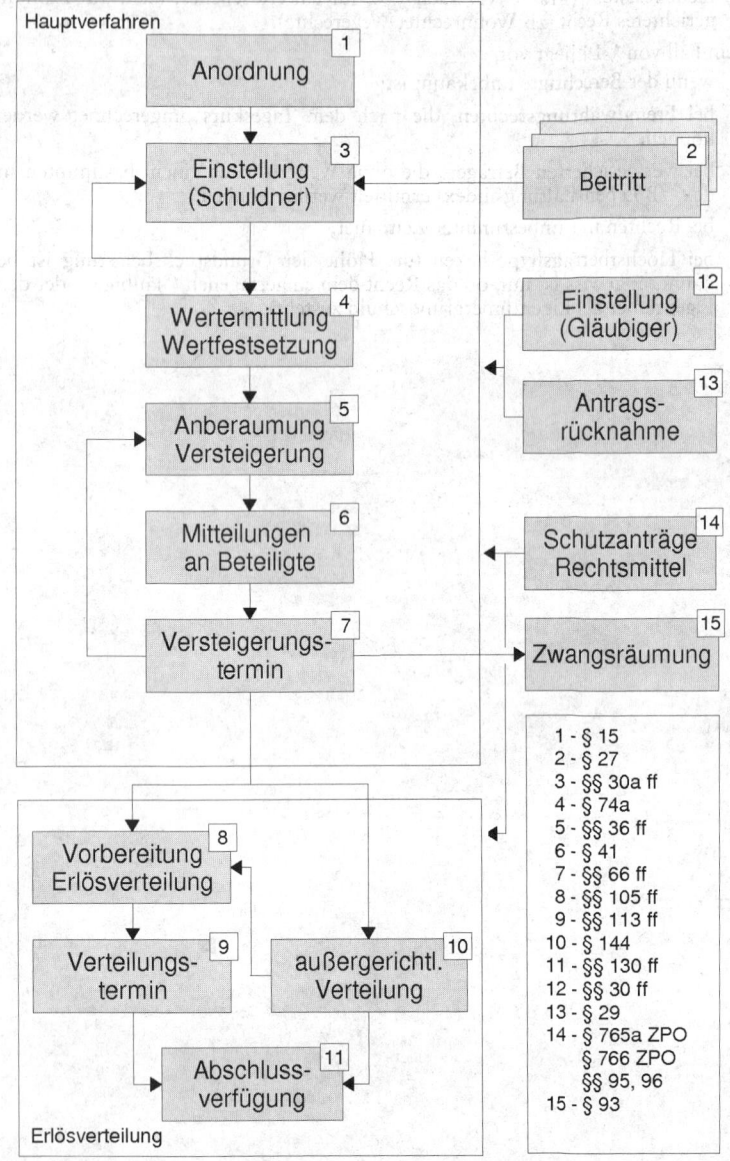

I. Anordnung der Versteigerung

§ 15 [Anordnung auf Antrag]

Die Zwangsversteigerung eines Grundstücks wird von dem Vollstreckungsgericht auf Antrag angeordnet.

I. Normzweck 1	4. Besondere Vollstreckungs-
II. Vollstreckungsvoraussetzungen	voraussetzungen 34
nach der ZPO 2	5. Rechtsschutzbedürfnis 37
1. Partei- und Prozessfähigkeit,	6. Keine Vollstreckungshinder-
Prozessführungsbefugnis 2	nisse 38
a) Parteifähigkeit 2	III. Verfahrensanordnung/Anord-
b) Prozessfähigkeit 6	nungsbeschluss 40
c) Prozessführungsbefugnis,	IV. Kosten und Prozesskostenhilfe .. 45
Vertretung und Beistand-	1. Gerichtskosten 45
schaft 7	2. Rechtsanwaltsvergütung 46
2. Vollstreckungstitel 22	3. Prozesskostenhilfe und Bei-
3. Vollstreckungsklausel und	ordnung 49
Zustellung 27	

I. Normzweck

Die Einleitung des Zwangsversteigerungsverfahrens erfolgt auf Antrag des Gläubigers durch Anordnungsbeschluss des Vollstreckungsgerichts. Der Inhalt des Antrags ist in § 16 normiert. Das zuständige Vollstreckungsgericht wird gem. §§ 1 und 2 bestimmt. Wie bei jeder Zwangsvollstreckungsmaßnahme sind die allgemeinen und die besonderen Vollstreckungsvoraussetzungen der ZPO zu beachten. Ergänzend zu den nachfolgend dargestellten wesentlichen Grundlagen wird auf die Erläuterungen in § 704 ZPO Rn 3 ff verwiesen.

1

II. Vollstreckungsvoraussetzungen nach der ZPO

1. Partei- und Prozessfähigkeit, Prozessführungsbefugnis. a) Parteifähigkeit. Das Vollstreckungsgericht hat die Parteifähigkeit (§ 50 ZPO) des Vollstreckungsschuldners in jeder Lage des Verfahrens zu prüfen. Wird bereits bei der Anordnung des Verfahrens festgestellt, dass der Vollstreckungsschuldner nicht (mehr) parteifähig ist, muss das Verfahren **abgelehnt** werden.[1] Wird nachträglich festgestellt, dass der Schuldner bereits zu Beginn des Verfahrens nicht parteifähig war, muss das Verfahren aufgehoben werden.[2] Zum Umgang mit **gelöschten Gesellschaften** s. § 6 Rn 5 ff.

2

Die **Wohnungseigentümergemeinschaft** ist im Rahmen der gesamten Verwaltung des gemeinschaftlichen Eigentums parteifähig (§ 10 Abs. 6 WEG) und wird gesetzlich von ihrem Verwalter vertreten (§ 27 WEG).[3] Die Gemeinschaft ist verpflichtet, die Bezeichnung „Wohnungseigentümergemeinschaft", gefolgt von der bestimmten Angabe des gemeinschaftlichen Grundstücks, zu führen. Der Verwalter kann von den Wohnungseigentümern die Ausstellung einer Vollmachts- und Ermächtigungsurkunde verlangen, aus der der Umfang seiner Vertretungsmacht ersichtlich ist (§ 27 Abs. 6 WEG). Soweit die Verwaltereigenschaft durch eine öffentlich beglaubigte Urkunde nachgewiesen werden muss, genügt die Vorlage

3

---

1 OLG Hamm OLGZ 1990, 209 = Rpfleger 1990, 131 = JurBüro 1990, 530.
2 BGH NJW-RR 1986, 157.
3 OLG Celle OLGR 2008, 350 = NJW 2008, 1537 = ZMR 2008, 210 (Grundbesitzerwerb durch Wohnungseigentümergemeinschaft).

einer Niederschrift über den Bestellungsbeschluss, in der die Unterschriften der in § 24 Abs. 6 WEG bezeichneten Personen öffentlich beglaubigt sind (§ 26 Abs. 3 WEG).

4 Die **Gesellschaft bürgerlichen Rechts (GbR)** besitzt Rechtsfähigkeit, soweit sie durch Teilnahme am Rechtsverkehr eigene Rechte und Pflichten begründet. In diesem Rahmen ist sie im Zivilprozess zugleich aktiv und passiv parteifähig.[4] Wegen der Besonderheiten der Vollstreckung in das Grundstück einer GbR s. Rn 31 f.

5 Die Parteifähigkeit einer **ausländischen Gesellschaft** bestimmt sich nach dem Recht des Ortes, an dem die Gesellschaft ihren tatsächlichen oder effektiven Sitz der Hauptverwaltung hat (Sitztheorie).[5]

6 **b) Prozessfähigkeit.** Auch die Prozessfähigkeit (§§ 51–53 ZPO) ist vom Vollstreckungsgericht in jeder Phase des Verfahrens zu prüfen.[6]

7 **c) Prozessführungsbefugnis, Vertretung und Beistandschaft.** Die prozessfähigen **natürlichen Personen** können im Verfahren selbst auftreten (Umkehrschluss aus § 78 ZPO).

8 Das ZVG enthält keine allgemeinen Regelungen über die Zulässigkeit der **Vertretung**. Lediglich für den Nachweis der Vertretungsmacht im Versteigerungstermin sind besondere Vorschriften normiert (§ 71 Abs. 2, § 81 Abs. 3 ZVG). Die Frage, wer grds. zur rechtsgeschäftlichen Vertretung eines Beteiligten (s. § 9) im Zwangsversteigerungs- oder Zwangsverwaltungsverfahren befugt ist, muss daher gem. § 79 ZPO beantwortet werden.[7]

9 Daher sind zB **Immobilienmakler** nicht befugt, einen Beteiligten in einem gerichtlichen Zwangsversteigerungsverfahren zu vertreten.[8] Dasselbe gilt auch für einen Bürovorsteher eines Rechtsanwalts oder einen freien Mitarbeiter einer Gläubigerin.

10 Die Regelung des § 79 ZPO über die Zulässigkeit der rechtsgeschäftlichen Vertretung ist abschließend und bezieht sich sowohl auf die Vertretung in den mündlichen Verhandlungen als auch auf die Vertretung im sonstigen, schriftlichen Verfahren. Nach Feststellung des BVerfG ist die Regelung verfassungsrechtlich unbedenklich.[9]

11 **Bieter** zählen nicht zu den Beteiligten. Dementsprechend beurteilt sich die Wirksamkeit ihrer Vertretung im Zwangsversteigerungstermin nach den §§ 164 ff BGB und nicht nach § 79 ZPO. Ein Bieter kann sich daher von jeder bevollmächtigten natürlichen oder juristischen Person vertreten lassen.[10]

12 Die prozessfähigen **natürlichen Personen** können sich durch einen **Rechtsanwalt** als Bevollmächtigten vertreten lassen (§ 79 Abs. 2 S. 1 ZPO). Der Rechtsanwalt kann zur Vertretung in der Verhandlung einen **Referendar** bevollmächtigen, wenn dieser im Vorbereitungsdienst bei ihm beschäftigt ist (§ 157 ZPO).

13 Auch ist eine Vertretung durch volljährige Familienangehörige, Personen mit Befähigung zum Richteramt und Streitgenossen möglich, wenn die Vertretung unentgeltlich erfolgt (§ 79 Abs. 2 S. 2 Nr. 2 ZPO).

---

4 BGHZ 146, 341 = ZIP 2001, 330 = DGVZ 2001, 59 = Rpfleger 2001, 246.
5 LG Mainz Rpfleger 1997, 178 = JurBüro 1997, 261 = KTS 1997, 473.
6 OLG Stuttgart Rpfleger 1996, 36.
7 BGH MDR 2011, 387 = NJW 2011, 929 = WM 2011, 461.
8 BGH MDR 2011, 387 = NJW 2011, 929 = WM 2011, 461.
9 BVerfG WM 2011, 989.
10 BGH MDR 2011, 387 = NJW 2011, 929 = WM 2011, 461.

Juristische Personen und **Personenhandelsgesellschaften** können rechtsgeschäftlich außer durch Rechtsanwälte nur durch ihre Beschäftigten (Angestellte, keine freien Mitarbeiter) oder durch Beschäftigte eines mit ihr iSd § 15 AktG **verbundenen Unternehmens** vertreten werden (§ 79 Abs. 2 S. 2 Nr. 1 Hs 1 ZPO). Der Verweis auf das AktG ist rechtsformneutral zu verstehen. Der Begriff „verbundene Unternehmen" umfasst neben rein aktienrechtlichen Konzernen auch solche, an denen GmbH und Personengesellschaften beteiligt sind. Stehen mehrere Unternehmen unter einer einheitlichen Leitung, so wird vermutet, dass es sich um ein verbundenes Konzernunternehmen handelt (§ 18 Abs. 1 S. 3 AktG). In diesem Fall genügt als Nachweis eine schriftlich Prozessvollmacht (§ 80 ZPO), aus der sich ergibt, dass der Vertreter für ein verbundenes Unternehmen iSd § 15 AktG auftritt.[11] Dagegen ist die Vertretung durch eine beauftragte **Verwertungsgesellschaft** ausgeschlossen. 14

Behörden und **juristische Personen des öffentlichen Rechts** können sich auch durch Beschäftigte anderer Behörden oder juristischer Personen des öffentlichen Rechts vertreten lassen. Dasselbe gilt auch für die Vertretung von und durch Zusammenschlüsse, die zur Erfüllung der öffentlichen Aufgaben gebildeten werden (§ 79 Abs. 2 S. 2 Nr. 1 Hs 2 ZPO). Der häufigste Fall im ZVG-Verfahren wird hier die Vertretung einer **Sparkasse** durch eine andere Sparkasse sein. 15

Eine Person, die eine fremde oder ihr zum Zweck der Einziehung auf fremde Rechnung abgetretene Geldforderung geltend macht, muss sich durch einen Rechtsanwalt als Bevollmächtigten vertreten lassen. Ausnahmen gelten nur, soweit sie mit der Gläubigerin iSd § 15 AktG verbunden ist (s. Rn 14) oder wenn eine Forderung einzuziehen ist, die ursprünglich der Person zustand (§ 79 Abs. 1 S. 2 ZPO). 16

In sämtlichen Fällen muss die Vollmacht **schriftlich** nachgewiesen werden (§ 80 ZPO). Wenn kein Rechtsanwalt als Vertreter auftritt, ist die Vollmacht vom Vollstreckungsgericht von Amts wegen zu prüfen (§ 88 ZPO). 17

Liegen die **Voraussetzungen** für eine **Vertretung nicht** vor, weist das Gericht den Vertreter durch unanfechtbaren Beschluss zurück (§ 79 Abs. 3 S. 1 ZPO). Bis zu dieser Entscheidung sind die Erklärungen des „Vertreters" wirksam (§ 79 Abs. 3 S. 2 ZPO). 18

Fehlt es bei einer nicht prozessfähigen Schuldnerin an einem gesetzlichen Vertreter (weil zB der Geschäftsführer einer GmbH wirksam sein Amt niedergelegt hat), kann in Eilfällen auch die Bestellung eines **Verfahrensvertreters** nach § 57 ZPO in Betracht kommen. 19

In der Verhandlung kann sich der Beteiligte (s. § 9) von einem **Beistand** begleiten lassen (§ 90 ZPO). Sofern der Beistand nicht zur Vertretung nach § 79 ZPO befugt ist, kann das Gericht ihn zulassen, wenn dies sachdienlich ist und im Einzelfall dazu ein Bedürfnis besteht.[12] Das von dem Beistand Vorgetragene gilt als von dem Beteiligten vorgetragen, sofern dieser nicht widerspricht. Zu dieser Vorschrift wird in den Materialien des Gesetzgebers[13] ausgeführt: 20

„Grundsätzlich sollen als Beistände nur Personen auftreten dürfen, die im Parteiprozess auch Vertreter sein könnten. Die Beschränkung der Vertretungsbefugnis in § 79 Abs. 2 [ZPO] soll aber in eng umgrenzten Ausnahmefällen dadurch ausgeglichen werden, dass das Gericht andere Personen als Beistand in der Verhandlung zulassen kann. Hierdurch wird einerseits gewährleistet, dass die Rechtsfigur des Beistands nicht zur Umgehung der Einschränkungen des § 79 Abs. 2 [ZPO]

---

[11] BT-Drucks. 16/3655, S. 87.
[12] AG Gelsenkirchen 27.1.2014 – 005 K 181/08, ZfIR 2014, 266.
[13] BT-Drucks. 16/3655, S. 91 (zu § 90 ZPO).

genutzt werden kann. Andererseits wird dem im Ausnahmefall berechtigten Anliegen einer Naturalpartei, vor Gericht mit einer vertrauten oder besonders sachkundigen Person erscheinen zu dürfen und dieser den Vortrag in der Verhandlung zu überlassen, durch die vorgesehene Regelung Rechnung getragen. Dabei sind die Voraussetzungen, unter denen das Gericht eine nicht vertretungsbefugte Person als Beistand zulassen kann, bewusst eng ausgestaltet.

Danach muss die Beistandszulassung objektiv sachdienlich sein und einem besonderen Bedürfnis der Partei entsprechen, gerade diese Person als Beistand zu wählen (...). Dies ist etwa dann der Fall, wenn der Beistand, ohne zu den nach § 79 Abs. 2 Satz 2 Nr. 2 [ZPO] vertretungsbefugten Familienangehörigen zu gehören, aufgrund eines besonderen Näheverhältnisses zu der Partei deren Vertrauen genießt.

Allein das Vorliegen besonderer juristischer Kenntnisse in der Person des Beistands genügt demgegenüber für eine Zulassung nicht, da die Partei sich hierfür auch eines Rechtsanwalts bedienen kann."

21 Erscheint im Termin ein Beteiligter mit einem Beistand, muss der **Beteiligte** die Voraussetzungen glaubhaft darlegen. Wenn dies nicht geschieht, weist das Gericht den Beistand durch unanfechtbaren Beschluss zurück (§§ 90 Abs. 1 S. 3, 79 Abs. 3 S. 1 ZPO).

22 **2. Vollstreckungstitel.** Soll die Zwangsversteigerung aus einem eingetragenen dinglichen Recht erfolgen (Rangklasse 4; s. § 10 Rn 41 ff), benötigt der Gläubiger einen dinglichen **Duldungstitel** gegen den Eigentümer. Dies kann ein Urteil, eine vollstreckbare Urkunde (§§ 800 Abs. 1, 794 Abs. 1 ZPO), ein Vergleich (§ 794 Abs. 1 ZPO) oder ein vollstreckbarer Schiedsspruch (§ 794 Abs. 1 ZPO) sein. Neben dem Kapital (§ 1113 BGB) ist die Titulierung der vereinbarten Nebenleistungen (§ 1115 BGB) und der gesetzlichen Nebenforderungen (§§ 1118, 1146 BGB) erforderlich, falls derwegen die Zwangsversteigerung betrieben werden soll. Die wichtigste und häufigste Titelart in der Zwangsversteigerung ist die **dingliche Vollstreckungsunterwerfung in einer notariellen Grundschuldbestellungsurkunde. Muster** eines Duldungstitels nach §§ 800 Abs. 1, 794 Abs. 1 ZPO:

▶ Wegen der Ansprüche … (nach Kapital und Nebenforderungen aufgeschlüsselt) unterwirft sich der Schuldner der sofortigen Zwangsvollstreckung in das … (genau bezeichnete) Grundstück in der Weise, dass die Zwangsvollstreckung aus dieser Urkunde gegen den jeweiligen Eigentümer zulässig ist. ◀

23 Soll aus einer **Zwangssicherungshypothek** vollstreckt werden, ist wegen § 867 Abs. 3 ZPO (s. § 867 ZPO Rn 51) kein Duldungstitel erforderlich. Dies gilt nicht für die **Arresthypothek**, da nach § 932 Abs. 2 ZPO die Anwendung von § 867 Abs. 3 ZPO ausgeschlossen ist.

24 Aus einem Zahlungstitel kann nur in der Rangklasse 2 (Hausgeld, s. § 10 Rn 23 ff) und der Rangklasse 5 (Zahlungsansprüche, s. § 10 Rn 45 ff) vollstreckt werden.

25 Der Titel muss in einer **vollstreckbaren Ausfertigung** vorliegen (s. § 724 ZPO Rn 1).

26 **Öffentlich-rechtliche Forderungen** (zB **Grundsteuer**) werden nach dem Verwaltungsvollstreckungsrecht vollstreckt. Dazu bestätigt die zuständige Vollstreckungsbehörde des Bundes, des Landes oder der Kommune die Vollstreckbarkeit und beantragt die Zwangsversteigerung, ohne dass ein zivilrechtlicher Titel vorgelegt werden muss.

27 **3. Vollstreckungsklausel und Zustellung.** Die Zwangsvollstreckung darf grds. erst nach der Zustellung des Urteils an den Schuldner erfolgen (s. § 750 ZPO

Rn 13 ff). Ferner muss Parteiidentität vorliegen, dh der antragstellende Gläubiger und der Schuldner, gegen den sich der Antrag richtet, müssen als solche im Titel ausgewiesen sein.

28 Ist auf der Gläubiger- oder Schuldnerseite ein Personenwechsel eingetreten, so ist die vollstreckbare Ausfertigung des Titels auf den **Rechtsnachfolger** umzuschreiben (s. § 727 ZPO Rn 4 ff). Eine neue Klausel kann auch in anderen Fällen erforderlich sein, zB bei der Eröffnung des Insolvenzverfahrens über das Vermögen des Schuldners.[14] In diesen Fällen bedarf es im Regelfall auch einer Zustellung der Klausel sowie der Urkunden über die Rechtsnachfolge (s. § 750 ZPO Rn 22).

29 Hat ein **Vertreter** die Unterwerfung des Schuldners unter die sofortige Zwangsvollstreckung aus einer Urkunde erklärt, ist die Zwangsvollstreckung nur zulässig, wenn die Vollmacht des Vertreters oder – bei vollmachtlosem Handeln – die Genehmigung von dessen Erklärungen seitens des Vertretenen durch öffentlich oder öffentlich beglaubigte Urkunde dem Schuldner **zugestellt** worden ist.[15] Ein Verstoß muss aber nicht zwingend zur Zuschlagsversagung führen. Eine spätere Heilung ist möglich, wenn dadurch die Rechte von Beteiligten nicht beeinträchtigt werden.[16]

30 Ist die vollstreckbare Ausfertigung einem **Rechtsnachfolger** unter Bezug auf die Eintragung im Handelsregister erteilt worden (§ 727 ZPO), muss neben der Vollstreckungsklausel auch ein Auszug aus dem Register zugestellt wird.[17]

31 Ist im Grundbuch eine **Gesellschaft bürgerlichen Rechts (GbR)** in Abteilung I als Eigentümerin oder in den Abteilungen II bzw III als Gläubigerin vermerkt, greift die gesetzliche **Vermutung des § 899 a BGB:** In Ansehung des dinglichen Rechts der GbR (Eigentum, Reallast, Nießbrauch, Dienstbarkeit oder Grundpfandrecht) wird vermutet, dass diejenigen Personen Gesellschafter sind, die nach § 47 Abs. 2 S. 1 GBO im Grundbuch eingetragen sind, und dass darüber hinaus keine weiteren Gesellschafter vorhanden sind. Die durch § 899 a S. 1 BGB begründete Vermutung ist – wie die des § 891 BGB – im Zwangsversteigerungsverfahren widerlegbar. Gemäß § 292 ZPO bedarf es hierzu des vollen Beweises des Gegenteils. Beweispflichtig ist derjenige, der die Vermutung widerlegen will, also im Zweifel die GbR als Schuldnerin selbst.

32 Steht das Grundstück im Eigentum einer Gesellschaft bürgerlichen Rechts, müssen sämtliche Gesellschafter im **Vollstreckungstitel** benannt werden und mit den im Grundbuch eingetragenen Gesellschaftern übereinstimmen. Veränderungen im Gesellschafterbestand müssen durch eine Rechtsnachfolgeklausel nachgewiesen werden (§ 727 ZPO analog).[18]

33 Hat der Schuldner das **Eigentum an seinem Grundstück aufgegeben** (§ 928 Abs. 1 BGB) und sich der Fiskus des Landes das Grundstück noch nicht angeeignet (§ 928 Abs. 2 BGB), vollzieht sich die Vollstreckung nach Maßgabe des § 787 ZPO.

34 **4. Besondere Vollstreckungsvoraussetzungen.** In besonderen Fällen ist vor der Zwangsvollstreckung auch noch eine **Wartefrist** von zwei Wochen einzuhalten (s. § 798 ZPO Rn 1). Unter Umständen kann die Vollstreckung vom Ablauf eines Kalendertages oder von dem Nachweis einer Sicherheitsleistung abhängig sein (s. § 751 ZPO Rn 2 ff, 8 ff).

---

14 BGH WM 2005, 1324 = Rpfleger 2006, 423 = KTS 2006, 465.
15 BGH WM 2006, 2266 = DGVZ 2006, 198 = Rpfleger 2007, 37.
16 BGH MDR 2008, 820 = NJW-RR 2008, 1018 = NZM 2008, 541.
17 BGHZ 195, 292 = MDR 2013, 173 = JurBüro 2013, 213.
18 BGH Rpfleger 2011, 285 = NJW 2011, 615; BGH NJW 2011, 1449 = Rpfleger 2011, 337.

35 Ist die Fälligkeit des Kapitalanspruchs aus einer **Grundschuld** von der vorherigen **Kündigung** und dem Ablauf der Kündigungsfrist abhängig (vgl § 1192 Abs. 1 BGB), muss dies grds. im Verfahren zur Erteilung der Vollstreckungsklausel, also idR vor dem Notar, bewiesen werden (vgl § 726 ZPO). Das Vollstreckungsgericht hat insoweit keine Prüfungspflicht. Allerdings muss dem Vollstreckungsgericht nachgewiesen werden, dass die Vollstreckungsklausel und die schriftliche Kündigung zugestellt worden sind (vgl § 750 Abs. 2 ZPO; s. dazu § 750 ZPO Rn 22). In der Regel verzichtet allerdings der Schuldner bei der Bestellung der Grundschuld gegenüber dem Notar auf den Nachweis der Kündigung, so dass der Notar die vollstreckbare Ausfertigung auch ohne entsprechende Prüfung erteilen kann.[19] Das Vollstreckungsgericht wird dann auch keinen Zustellungsnachweis in Bezug auf das Kündigungsschreiben verlangen.

36 Beantragt die **Wohnungseigentümergemeinschaft** die Zwangsversteigerung wegen eines bevorrechtigten Hausgeldanspruchs, ist als besondere Vollstreckungsvoraussetzung der steuerliche Einheitswert nachzuweisen (s. § 10 Rn 25 ff).

37 **5. Rechtsschutzbedürfnis.** Auch dem Gläubiger einer **Bagatellforderung** darf die Möglichkeit einer Zwangsversteigerung nicht verwehrt sein.[20] Es gibt keinen allgemeinen Grundsatz des Inhalts, dass die Zwangsversteigerung nicht wegen einer nur verhältnismäßig geringen Forderung betrieben werden dürfe. Auch die Tatsache, dass die Versteigerung zur Zeit des Anordnungsantrags zB wegen zu hoher Vorbelastungen **aussichtslos erscheint**, stellt keinen Grund für eine Verweigerung des Rechtsschutzinteresses dar. § 803 Abs. 2 ZPO (Verbot der zwecklosen Pfändung) findet im Zwangsversteigerungsverfahren keine Anwendung.[21] Allenfalls kann das Gericht in solchen Fällen auf Antrag im Rahmen des § 765 a ZPO tätig werden (vgl § 765 a ZPO Rn 34, 39).

38 **6. Keine Vollstreckungshindernisse.** Bei Anordnung dürfen keine der Zwangsvollstreckung entgegenstehenden Rechte vorhanden sein, die dazu führen würden, dass das Verfahren einzustellen oder aufzuheben ist (s. § 28 Rn 27 ff). Liegt ein solches Recht vor, darf die Anordnung nicht erfolgen.

39 Der Eigentümer darf aus einer **Eigentümergrundschuld** die Zwangsversteigerung nicht betreiben (§ 1197 Abs. 1 BGB). Dieser Ausschluss beschränkt die Rechtsstellung des Eigentümers als Grundschuldgläubiger nur persönlich.[22] Daher kann ein Gläubiger, der die Eigentümergrundschuld gepfändet hat, den Duldungstitel auf sich umschreiben lassen und dann die Zwangsversteigerung beantragen. Das nur gegen den Eigentümer persönlich wirkende Zinsverbot kann dem Pfändungsgläubiger nicht entgegengehalten werden; ihm gebühren die Grundschuldzinsen, soweit sein Recht reicht.[23]

III. Verfahrensanordnung/Anordnungsbeschluss

40 Über den Antrag entscheidet das Vollstreckungsgericht durch **Beschluss**. Der Schuldner wird vorher **nicht angehört**.[24] Eine Begründung erfolgt bei stattgebenden Anträgen nicht.

41 Der Beschluss muss die in § 16 Abs. 1 bezeichneten **Angaben** enthalten. Üblicherweise wird klarstellend folgender Zusatz hinzugesetzt:

---

19 OLG Schleswig NotBZ 2014, 273.
20 OLG Schleswig Rpfleger 1979, 470; LG Oldenburg Rpfleger 1981, 492.
21 BGH Rpfleger 2004, 302.
22 BGH NJW 1975, 1356.
23 BGHZ 103, 30 = NJW 1988, 1026 = Rpfleger 1988, 181.
24 BVerfGE 57, 346 = NJW 1981, 2111 = DGVZ 1981, 149.

▶ Dieser Beschluss gilt zugunsten der Gläubigerin als Beschlagnahme des Versteigerungsobjektes. ◀

Zusätzlich ist anzugeben, ob aus einem dinglichen oder persönlichen Anspruch angeordnet wird. Wird aus den bevorrechtigten Rangklassen 1 bis 3 vollstreckt, muss auch die Rangklasse benannt werden.[25]

Soweit von einem Antrag **mehrere Grundstücke** (oder Eigentumswohnungen) des Schuldners betroffen sind, ist über diesen Antrag einheitlich mit einem Beschluss zu entscheiden. Dies ist auch dann der Fall, wenn das Gericht beabsichtigt, das Verfahren sofort nach § 18 aufzuteilen und in getrennten Einzelverfahren durchzuführen.

Der Anordnungsbeschluss wird dem Schuldner **zugestellt** (§ 22 Abs. 1 S. 1). Die Zustellungserleichterungen der §§ 4 bis 7 können dabei nicht angewendet werden (§ 8). Gleichzeitig wird der Schuldner über seine Rechte nach § 30 a (einstweilige Einstellung auf Antrag des Schuldners) **belehrt** (s. § 30 b Rn 9).

Falls der Schuldner vor der Anordnung nicht angehört wurde (Regelfall), kann er den Beschluss mit der unbefristeten **Erinnerung** nach § 766 Abs. 1 ZPO angreifen. Wurde der Schuldner ausnahmsweise vorher angehört, kommt nur die **sofortige befristete Beschwerde** (§ 11 Abs. 1 RPflG, §§ 793, 567 ZPO) in Betracht. Der Gläubiger kann im Fall einer (auch teilweisen) Zurückweisung seines Antrags ebenfalls die sofortige befristete Beschwerde einlegen. Wegen der weiteren Einzelheiten zu den Rechtsbehelfen s. § 95 Rn 6 ff.

IV. Kosten und Prozesskostenhilfe

1. Gerichtskosten. Für die Entscheidung über den Antrag wird eine Gebühr iHv 100 € (Nr. 2210 KV GKG) erhoben. Da die Gebühr pro Antrag erhoben wird, ist es gleichgültig, ob er von mehreren Gesamtgläubigern gestellt wird, sich gegen mehrere Miteigentümer richtet oder mehrere Grundstücke betrifft. Die Festgebühr wird mit der Entscheidung fällig (§ 7 Abs. 1 S. 1 GKG). Sie wird vom Antragsteller als Kostenschuldner erhoben (§ 26 Abs. 1 GKG). Soweit dieser Gebührenbefreiung genießt, wird der Schuldner in Anspruch genommen (§ 29 Nr. 4 GKG). Die Kosten der Zustellung an den Schuldner gehören bereits zum allgemeinen Verfahren und sind damit Teil der Verfahrenskosten (vgl § 109 Rn 3 ff).[26] Sie können daher nicht vom Gläubiger erhoben werden.

2. Rechtsanwaltsvergütung. Der Rechtsanwalt erhält für die Vertretung eines Beteiligten (s. § 9 Rn 2 ff; für die Vertretung eines Bieters s. § 71 Rn 2) Gebühren nach dem RVG (vgl § 788 ZPO Rn 73 ff):

- 0,4-Verfahrensgebühr bis zur Einleitung des Verteilungsverfahrens (einschließlich eines Vollstreckungsschutzverfahrens) nach Anm. Nr. 1 zu Nr. 3311 VV RVG;
- 0,4-Terminsgebühr für die Vertretung im Versteigerungstermin nach Anm. Nr. 3 zu Nr. 3311 VV RVG. Auch bei mehreren Terminen wird die Gebühr nur einmal fällig. Die erstmalige Vertretung im Versteigerungstermin löst zusätzlich auch die Verfahrensgebühr nach Anm. Nr. 1 zu Nr. 3311 VV RVG aus;
- 0,4-Verfahrensgebühr für die Tätigkeit im Verteilungsverfahren nach Anm. Nr. 2 zu Nr. 3311 VV RVG;

---

25 BGH (mwN zu den Gegenmeinungen) NJW 2008, 1956 = Rpfleger 2008, 375 = NZM 2008, 450 = ZMR 2008, 724.
26 *Stöber*, Einl. Rn 77.2; aA Dassler/Schiffhauer/*Hintzen*, § 15 Rn 25.

- 0,4-Verfahrensgebühr für die Tätigkeit im Verfahren über Anträge auf einstweilige Einstellung sowie für Verhandlungen zwischen Gläubiger und Schuldner mit dem Ziel der Verfahrensaufhebung nach Anm. Nr. 6 zu Nr. 3311 VV RVG.

47 Der **Gegenstandswert** bestimmt sich nach § 26 RVG: Bei einer Gläubigervertretung bestimmt sich der Gegenstandswert nach der Bruttoforderung, höchstens aber nach dem Verkehrswert gem. § 74 a (vgl § 26 Nr. 1 RVG), und für eine Schuldnervertretung immer nach dem Verkehrswert (vgl § 26 Nr. 2 RVG). Wird im Termin ein Bietinteressent vertreten, wird der Wert nach dem höchsten abgegebenen Gebot bestimmt, wird kein Gebot abgegeben, ist der Verkehreswert maßgebend (§ 26 Nr. 3 RVG).

48 Ist im Zwangsversteigerungsverfahren die Festsetzung des Verkehrswertes (§ 74 a Abs. 5) nicht erfolgt, so ist für die Rechtsanwaltsvergütung – anders als für die Gerichtsgebühren – nicht ersatzweise der Einheitswert zugrunde zu legen, sondern es bleibt der Verkehrswert maßgeblich.[27]

49 **3. Prozesskostenhilfe und Beiordnung.** Die Vorschriften über die **Prozesskostenhilfe** sind auch im Zwangsversteigerungsverfahren anzuwenden. Die Prozesskostenhilfe muss für das Vollstreckungsverfahren besonders bewilligt werden (vgl § 119 Abs. 1 S. 1 ZPO); die für das vorherige Klageverfahren bewilligte Prozesskostenhilfe ist nicht ausreichend.[28]

50 Auch die **Beiordnung** eines Rechtsanwalts ist nach § 121 Abs. 2 ZPO möglich. Jedoch setzt die vom Schuldner im Zwangsversteigerungsverfahren beantragte Beiordnung eines Rechtsanwalts voraus, dass die beabsichtigte Rechtsverfolgung hinreichende Aussicht auf Erfolg hat. Die Erfolgsaussicht lässt sich nur beurteilen, wenn der Schuldner darlegt, gegen welche vollstreckungsgerichtliche Maßnahme er sich im Einzelnen wenden oder wie er sich sonst konkret am Verfahren beteiligen möchte; die pauschale Bewilligung von Prozesskostenhilfe für das Verfahren insgesamt kommt nicht in Betracht.[29]

§ 16 [Inhalt des Antrags]

(1) Der Antrag soll das Grundstück, den Eigentümer, den Anspruch und den vollstreckbaren Titel bezeichnen.

(2) Die für den Beginn der Zwangsvollstreckung erforderlichen Urkunden sind dem Antrag beizufügen.

I. Normzweck

1 Die Vorschrift bezieht sich auf § 15 (Anordnungsbeschluss) und auf § 27 (Beitrittsbeschluss). Sie bestimmt, wie der Antrag ordnungsgemäß gestellt wird und welche Anlagen beizufügen sind.

II. Form und Inhalt des Antrags (Abs. 1)

2 Der Antrag kann schriftlich oder zu Protokoll der Geschäftsstelle (§ 129 a ZPO) erklärt werden. Elektronische Übermittlungswege (vgl § 130 a ZPO) sind wegen

---

27 LG Zweibrücken JurBüro 2006, 382.
28 LG Frankenthal Rpfleger 1982, 235 = MDR 1982, 585; LG Stuttgart Rpfleger 1982, 309.
29 BGH WM 2003, 2432 = Rpfleger 2004, 174 = NJW-RR 2004, 787 = KTS 2004, 460.

der notwendigerweise beizufügenden Anlagen nicht praktikabel. Der Antrag ist handschriftlich zu unterzeichnen (§ 130 Nr. 6 ZPO).[1]

Im Antrag ist das **Grundstück**, in das vollstreckt werden soll, so zu bezeichnen, dass es eindeutig identifizierbar ist. Jede Art der Bezeichnung, die das Grundstück zweifelsfrei feststellen lässt, ist zulässig. Sinnvoll ist die Angabe des Grundbuchblattes, der laufenden Nummer des Bestandsverzeichnisses und die Bezeichnung der Gemarkung, der Flur- und Flurstücksnummer.

Passend zu den Angaben in der vollstreckbaren Ausfertigung des Titels muss auch der Schuldner eindeutig identifizierbar sein. In der Regel wird er auch **Eigentümer** des Grundstücks sein (vgl § 17). Sind Schuldner und Eigentümer nicht identisch, sind beide zu bezeichnen.

Der **Vollstreckungsanspruch** ist genau zu bezeichnen. In den Verfahren nach dem Ersten Abschnitt (§§ 1–161) muss es sich um eine Geldforderung handeln. Hierbei kann es sich um eine rein persönliche Zahlungsforderung (vgl § 10 Rn 45 ff) oder auch um ein dingliches Recht (vgl § 10 Rn 41 ff), insb. eine Grundschuld, handeln. In dem Anspruch ist nach Hauptforderung, wiederkehrenden Nebenleistungen, einmaligen Nebenleistungen und Kosten zu differenzieren. Bei wiederkehrenden Leistungen (zum Begriff s. § 13 Rn 2 ff) genügt die Angabe des bereits ausgerechneten Betrages nicht. Wegen der zeitlichen Limitierung in der Rangklasse 4 (s. § 10 Rn 44) muss sowohl die Zinshöhe als auch der Zinsbeginn mitgeteilt werden. Erfolgte Teilzahlungen sind ordnungsgemäß zu verrechnen und anzugeben. Die Anmeldung eines Teilbetrages ist jedoch auch möglich.

Zusätzlich ist anzugeben, ob aus einem dinglichen und/oder persönlichen Anspruch angeordnet werden soll. Wird aus einer bevorrechtigten Rangklasse vollstreckt, muss auch diese Rangklasse benannt werden.[2]

Die als Anlage beizufügende **vollstreckbare Ausfertigung des Titels** (vgl § 15 Rn 25) ist im Antrag genau zu bezeichnen.

Muster eines Anordnungsantrags:

▶ ... übersenden wir die vollstreckbare Ausfertigung der Grundschuldbestellungsurkunde des Notars ... (Name) vom 13.5.2013, UR-Nr. 123/13 und beantragen die Anordnung der

Zwangsversteigerung

des im Grundbuch von Dortmund Blatt 10000 eingetragenen Grundbesitzes BV-Nr. 1, Gemarkung Westheide, Flur 1, Flurstück 100 [optional: Gebäude- und Freifläche, Wohnen Westheiderstraße 11, Größe 550 m²]

Eigentümer: ... (Name, genaue Adresse)

aus der fälligen Grundschuld III/1 wegen der folgenden dinglichen [zusätzlich oder alternativ: und persönlichen] Forderungen:

a) 100.000 € Kapital,

b) 15% Zinsen hieraus seit dem 1.1.2013 [oder: 18 % Zinsen hieraus für den Zeitraum vom 1.1.2014 bis 31.12.2014, mit einem Teilbetrag iHv 15.500 €]

c) 10.000 € einmalige Nebenleistung,

d) 100 € Kosten der bisherigen dinglichen Vollstreckung. ◀

---

1 Vgl BGHZ 101, 34 = NJW 1987, 2588 = MDR 1987, 930 = Rpfleger 1987, 422.
2 BGH (mwN zu den Gegenmeinungen) BGHReport 2008, 876 = NJW 2008, 1956 = MDR 2008, 929 = Rpfleger 2008, 375.

III. Anlagen (Abs. 2)

9 Welche Urkunden dem Antrag beizufügen sind, richtet sich nach dem Einzelfall. In Betracht kommen die vollstreckbare Ausfertigung des **Vollstreckungstitels** mit **Zustellungsnachweisen** und **Vollmachturkunden** (s. § 15 Rn 22 f), aber auch Erbscheine (s. § 17 Rn 5), Abtretungsurkunden, bisherige Vollstreckungsunterlagen (zum Nachweis der bisherigen Kosten), Basiszinstabellen (bei gleitenden Zinssätzen nach § 288 BGB) und steuerliche Einheitswertbescheide (s. § 10 Rn 26). Unter Umständen ist auch ein beglaubigter Grundbuchauszug beizufügen (s. § 17 Rn 10).

10 Nach der Anordnung kann das Gericht die eingereichten Unterlagen dem Gläubiger für andere Vollstreckungsversuche wieder überlassen. Spätestens zur Zuschlagsentscheidung müssen die Unterlagen dem Gericht jedoch wieder vorliegen (vgl § 83 Nr. 6).[3]

11 Grundschuld- und Hypothekenbriefe müssen nicht mit vorgelegt werden. Die Vorlage ist nur in der Erlösverteilung erforderlich, und auch nur dann, wenn eine Kapitalzuteilung erfolgen kann (s. § 126 Rn 2).

§ 17 [Eintragung des Schuldners im Grundbuch]

(1) Die Zwangsversteigerung darf nur angeordnet werden, wenn der Schuldner als Eigentümer des Grundstücks eingetragen oder wenn er Erbe des eingetragenen Eigentümers ist.

(2) ¹Die Eintragung ist durch ein Zeugnis des Grundbuchamts nachzuweisen. ²Gehören Vollstreckungsgericht und Grundbuchamt demselben Amtsgericht an, so genügt statt des Zeugnisses die Bezugnahme auf das Grundbuch.

(3) Die Erbfolge ist durch Urkunden glaubhaft zu machen, sofern sie nicht bei dem Gericht offenkundig ist.

I. Normzweck	1	a) Erbfall	5
II. Eintragung im Grundbuch (Abs. 1)	2	b) Wiederversteigerung	8
1. Schuldner ist als Eigentümer eingetragen	2	c) Eigentumsverzicht	9
2. Ausnahmen vom Eintragungsgebot	5	III. Nachweis der Eintragung (Abs. 2)	10

I. Normzweck

1 Die Vorschrift ergänzt die §§ 15 und 16 und gewährleistet, dass die Anordnung der Zwangsversteigerung nur erfolgt, wenn der im Antrag und im Vollstreckungstitel bezeichnete Schuldner auch als Eigentümer im Grundbuch eingetragen ist. Zugleich werden die Ausnahmen und die zu erbringenden Nachweise geregelt.

II. Eintragung im Grundbuch (Abs. 1)

2 **1. Schuldner ist als Eigentümer eingetragen.** Die Anordnung der Zwangsversteigerung darf nur erfolgen, wenn der aus den Vollstreckungsunterlagen ausgewiesene Schuldner auch als Eigentümer im Grundbuch eingetragen ist (**Abs. 1 Alt. 1**). Das ZVG stellt dabei auf die formelle Grundbucheintragung ab (vgl § 28

---

3 BGH NJW-RR 2004, 1366 = Rpfleger 2004, 368.

Rn 6). Auf die tatsächlichen materiellen Eigentumsverhältnisse kommt es nicht an. Im Gegenteil, selbst wenn das Gericht Anhaltspunkte für eine andere als im Grundbuch ausgewiesene Rechtslage hat, ist es an die gesetzliche Vermutung des § 891 BGB gebunden.

Erfolgt die Anordnung, obwohl der Schuldner nicht (mehr) als Eigentümer im Grundbuch eingetragen ist, muss das Verfahren wieder aufgehoben werden. Selbst wenn auch ein Anspruch gegen den neuen Eigentümer besteht, wie es v.a. bei dinglichen Ansprüchen grds. der Fall sein wird, kann das Verfahren nicht gegen den neuen Eigentümer fortgesetzt werden. **3**

Ist der Schuldner zwar materiell-rechtlich Eigentümer, aber als solcher im Grundbuch (noch) nicht eingetragen, muss vor einer Anordnung die Grundbuchberechtigung herbeigeführt werden. Gemäß § 14 GBO ist der Gläubiger berechtigt, das Berichtigungsverfahren beim Grundbuchamt zu beantragen. **4**

2. Ausnahmen vom Eintragungsgebot. a) Erbfall. Für den wichtigsten Fall des außergrundbuchlichen Eigentumserwerbs, den **Erbfall**, sieht das ZVG in **Abs. 1 Alt. 2** eine Ausnahme vor: Hat der Schuldner das Grundstück geerbt, ist die Voreintragung des Schuldners entbehrlich. In diesem Fall muss lediglich der Erblasser im Grundbuch als Eigentümer eingetragen sein und die Erbfolge muss durch Urkunden glaubhaft gemacht werden; die Grundbuchberichtigung (§ 22 GBO) selbst ist nicht erforderlich. **5**

Das Vollstreckungsgericht wird dabei dieselben **Urkunden** verlangen, mit denen auch dem Grundbuchamt gegenüber der Nachweis der Erbfolge geführt wird. Dies ist nach § 35 Abs. 1 S. 1 GBO grds. der **Erbschein** (§§ 2353 ff BGB). Im Fall einer in einer öffentlichen Urkunde enthaltenen Verfügung von Todes wegen – also bei einem öffentlichen Testament (§ 2232 BGB) oder Erbvertrag (§ 2376 BGB) – kann die Vorlage einer beglaubigten Abschrift der „Verfügung von Todes wegen" zusammen mit dem Eröffnungsprotokoll (§ 2260 BGB) genügen. Hat das Vollstreckungsgericht allerdings Zweifel, ob die Erbfolge durch diese Urkunden nachgewiesen ist (zB bei auslegungsbedürftigen Verfügungen), kann die Vorlage eines Erbscheins verlangt werden (§ 35 Abs. 1 S. 2 Hs 2 GBO analog). Ein öffentliches Testament oder ein Erbvertrag genießt im Gegensatz zum Erbschein keinen öffentlichen Glauben. Das Gericht muss sich daher – so wie das Grundbuchamt – nicht mit ihnen begnügen. **6**

Andere Beweismittel als Urkunden können entgegen § 294 ZPO nicht herangezogen werden; das ZVG schließt dies in Abs. 3 ausdrücklich aus. **7**

b) Wiederversteigerung. In § 133 (s. § 133 Rn 6) wird als weitere Ausnahme bestimmt, dass die Wiederversteigerung (**Zwangsversteigerung gegen den Ersteher**) bereits erfolgen kann, obwohl der neue Ersteher noch nicht im Grundbuch eingetragen ist. **8**

c) Eigentumsverzicht. Hat der Eigentümer auf sein Eigentum verzichtet (**Dereliktion**, § 928 Abs. 1 BGB) und ist der Verzicht im Grundbuch eingetragen, können die dinglichen Gläubiger weiterhin vollstrecken. Solange das Bundesland sich das herrenlose Grundstück noch nicht angeeignet hat, kann das Vollstreckungsgericht auf Antrag des dinglichen Gläubigers einen Verfahrensvertreter bestellen (s. § 787 ZPO Rn 2) und das Verfahren einleiten. Eine Eintragung des Verfahrenspflegers im Grundbuch ist nicht erforderlich. **9**

III. Nachweis der Eintragung (Abs. 2)

Der Nachweis der Eintragung des Schuldners als Eigentümer ist nach Abs. 2 S. 2 entbehrlich, wenn sich Grundbuchamt und Zwangsversteigerungsgericht bei demselben Amtsgericht befinden (Regelfall; s. § 1 Rn 2). Die Vorschrift hat daher bei den meisten Gerichten nur geringe praktische Bedeutung. **10**

11 In den Fällen von Teilzentralisierungen (s. § 1 Rn 3) oder der Bestimmung eines zuständigen Zwangsversteigerungsgerichts (s. § 2 Rn 2) ist der Nachweis erforderlich, wenn das zuständige Grundbuchamt zu einem anderen Amtsgericht gehört.[1] Sind die Grundbuchämter nicht bei den Amtsgerichten untergebracht, ist das Zeugnis immer zu erbringen.

12 Wenn die Vollstreckungsgerichte an das **elektronische Grundbuch (SOLUM)** angeschlossen sind und jederzeit den aktuellen Stand der Grundbucheintragungen abfragen können, ist die Vorlage eines besonderen Zeugnisses entbehrlich.

13 Das **Zeugnis** muss vom Gläubiger vorgelegt werden. Es wird vom Grundbuchamt erstellt. Inhalt und Form sind vom Gesetz nicht geregelt. In den meisten Fällen wird ein **beglaubigter Grundbuchausdruck** statt eines solchen Zeugnisses vorgelegt.

14 Das Zeugnis bzw der Grundbuchausdruck darf nicht zu alt sein, da sie dann keine Aussagekraft über die Eigentumsverhältnisse zum Zeitpunkt der Anordnung hätte. Welchen Zeitraum das Versteigerungsgericht noch für akzeptabel hält, entscheidet es nach pflichtgemäßem Ermessen. In der Praxis hat sich die Frist von **vier Wochen** durchgesetzt.

15 Sollte sich nach der Anordnung herausstellen, dass die Voraussetzungen des Abs. 1 zur Zeit der Anordnung tatsächlich nicht vorgelegen haben, ist nach § 28 zu verfahren und das Verfahren aufzuheben.

§ 18 [Zwangsversteigerung mehrerer Grundstücke]

Die Zwangsversteigerung mehrerer Grundstücke kann in demselben Verfahren erfolgen, wenn sie entweder wegen einer Forderung gegen denselben Schuldner oder wegen eines an jedem der Grundstücke bestehenden Rechts oder wegen einer Forderung, für welche die Eigentümer gesamtschuldnerisch haften, betrieben wird.

I. Normzweck und Anwendungsbereich 1	IV. Verfahrenstrennung 16
II. Voraussetzung für eine Verfahrensverbindung 4	V. Rechtsbehelf 17
III. Entscheidung des Gerichts 9	VI. Zeitgleiche Durchführung mehrerer Zwangsversteigerungen 18
1. Beschluss 9	VII. Kosten 19
2. Gründe 13	1. Gerichtskosten 19
3. Folgen 15	2. Rechtsanwaltsvergütung 21

I. Normzweck und Anwendungsbereich

1 Die Vorschrift des § 18 eröffnet die Möglichkeit, mehrere Einzelverfahren zu einem gemeinsamen Verfahren zu verbinden. Ziel ist es, die verschiedenen Grundstücke in einem gemeinsamen Versteigerungstermin anzubieten. Insbesondere dann, wenn die Grundstücke eine wirtschaftliche Einheit bilden, wäre eine Einzelvollstreckung wenig Erfolg versprechend.

2 Besonders deutlich wird die Notwendigkeit einer Verfahrensverbindung in der Versteigerung eines Einfamilienhauses, das Eheleuten zu je einem halben Miteigentumsanteil gehört. Hier müsste ohne die Möglichkeit einer Verfahrensverbindung jeder Miteigentumsanteil einzeln versteigert werden; das Interesse, einen

---

1 Dassler/Schiffhauer/*Hintzen*, § 17 Rn 10; aA *Stöber*, § 17 Rn 5.5.b (es reicht aus, wenn das Grundbuchamt zum Bezirk des zentralen Versteigerungsgerichts gehört).

ideellen Miteigentumsanteil zu erwerben und dann mit dem anderen Ehegatten eine Miteigentümergemeinschaft zu bilden, dürfte verschwindend gering sein.

Die Norm findet für alle Verfahren des ZVG Anwendung. Sie kann aber immer nur innerhalb derselben Verfahrensart (zB Teilungsversteigerung mit Teilungsversteigerung) angewendet werden.[1] Wegen der Besonderheiten im Zwangsverwaltungsverfahren s. § 146 Rn 6 ff.

II. Voraussetzung für eine Verfahrensverbindung

Eine Verfahrensverbindung kommt nur unter den in § 18 aufgelisteten Voraussetzungen in Betracht. Liegt keine dieser Voraussetzungen vor, ist eine Verfahrensverbindung unzulässig, auch wenn ein praktisches und wirtschaftliches Bedürfnis gesehen wird; hier gibt es für das Versteigerungsgericht keinen Ermessensspielraum.

1. Variante: Wird aus **einer** persönlichen **Forderung** gegen **einen Schuldner** vollstreckt, dem mehrere Grundstücke gehören, können diese Verfahren verbunden werden. Es muss sich tatsächlich um ein und dieselbe Forderung handeln, da sonst eine Verfahrensverbindung nicht zulässig ist. Betreibt der Gläubiger oder betreiben unterschiedliche Gläubiger wegen verschiedener Forderungen die Zwangsversteigerung in die einzelnen Grundstücke des Schuldners, müssen diese Verfahren getrennt voneinander durchgeführt werden.

2. Variante: Vollstreckt der Gläubiger aus einem dinglichen **Gesamtrecht** (zB aus einer Gesamtgrundschuld), können die Verfahren ebenfalls verbunden werden. Das gilt auch dann, wenn die belasteten Grundstücke verschiedenen Eigentümern gehören und in verschiedenen Grundbüchern eingetragen sind.

Da die Eintragung von Gesamt-Zwangssicherungshypotheken unzulässig ist (s. § 867 ZPO Rn 47), wird die Forderung im Eintragungsverfahren aufgeteilt und jeweils mit Einzelrechten eingetragen. In den anschließenden Zwangsversteigerungen ist eine Verfahrensverbindung aus diesen Einzelrechten nicht möglich. Strebt der Gläubiger eine Verbindung der Verfahren an, muss er sowohl dinglich aus den Zwangssicherungshypotheken vollstrecken als auch aus dem zugrunde liegenden (einheitlichen) persönlichen Anspruch (vgl Rn 5).

3. Variante: Eine Verfahrensverbindung ist auch dann möglich, wenn aus einer persönlichen Forderung gegen mehrere Eigentümer vollstreckt werden soll, die für diese Forderung **gesamtschuldnerisch** haften. Diese Variante wird zB relevant, wenn aus einer Forderung gegen gesamtschuldnerisch haftende Eheleute in das gemeinsame, im Grundbuch zu je einem halben Anteil eingetragene Einfamilienhaus vollstreckt werden soll.

III. Entscheidung des Gerichts

1. Beschluss. Liegen eine oder mehrere der drei genannten Voraussetzungen vor, liegt es im **Ermessen** des Versteigerungsgerichts, ob es die Verbindung der Verfahren anordnet. Die Verbindung kann auf Antrag eines Beteiligten oder von Amts wegen erfolgen. Die Entscheidung ergeht ohne vorherige Anhörung der Beteiligten[2] durch Beschluss und wird idR nicht begründet. Wird allerdings mit dem Beschluss ein Antrag eines Beteiligten abgelehnt oder sind die Gründe nicht ohne weiteres erkennbar, muss der Beschluss begründet werden.

Wird die Versteigerung mehrerer Grundstücke gleichzeitig beantragt (idR mit einem Gesamtantrag), kann die Verbindung nach § 18 durchgeführt werden, indem die Anordnung der Versteigerung durch einen einheitlichen Beschluss er-

---

1 BayObLG Rpfleger 1998, 79.
2 BGH Rpfleger 1984, 363 = ZIP 1984, 886.

folgt. In diesem Fall ist eine ausdrückliche Verfahrensverbindung entbehrlich, da sich diese schlüssig aus dem Anordnungsbeschluss ergibt, indem die Versteigerung mehrerer Grundstücke angeordnet wird.

11 Sind die Verfahren, deren Verbindung erfolgen soll, bereits anhängig, können sie jederzeit durch einen nachträglichen Beschluss gem. § 18 miteinander verbunden werden.

12 Soll ein neu anzuordnendes Verfahren mit einem bereits anhängigen Verfahren verbunden werden, ist in dem Anordnungsbeschluss hinsichtlich des neuen Verfahrens zugleich anzuordnen, dass dieses mit dem bereits laufenden Verfahren verbunden wird.

13 **2. Gründe.** Für eine Verfahrensverbindung ist es für das Gericht entscheidend, ob die Verbindung im Hinblick auf eine derzeitige oder künftig mögliche wirtschaftliche Einheit **zweckmäßig** ist.[3] Diese Frage hängt eng mit der Überlegung zusammen, ob die Versteigerung in einem Gesamtausgebot (s. § 63 Rn 12 f) sinnvoll ist oder nicht. Eine Verfahrensverbindung ist immer dann geboten, wenn zum Versteigerungstermin mit hinreichender Wahrscheinlichkeit ein mögliches Interesse an einem Gesamterwerb zu erwarten ist. Ermessensfehler können ansonsten in der Versteigerung zur Zuschlagsversagung nach § 83 Nr. 6 (s. § 83 Rn 7) führen.[4]

14 **Beispiele:** Miteigentumsanteile einer Eigentümergemeinschaft (zB die halben Anteile der Eheleute). Ein Einfamilienhaus, das rechtlich aus einem Haus-, einem Stellplatzgrundstück und einer Zufahrt besteht.[5] Grundstücke mit einer einheitlichen gewerblichen Nutzung.[6] Landwirtschaftlich genutzte Flächen, die eine wirtschaftliche Einheit bilden,[7] und zwar auch dann, wenn sie in verschiedenen benachbarten Gemeinden liegen.[8] Grundstücke, die einen Eigenjagdbezirk bilden.[9] Mehrere Grundstücke (auch Erbbaurechte), die infolge des Zuschnitts der belasteten Grundstücke und der Bebauung mit Gebäudekomplexen eine wirtschaftliche Einheit bilden.[10] Eine aus mehreren Grundstücken bestehenden Hoffläche.[11] Zwei nebeneinanderliegende Eigentumswohnungen, die durch Zuschnitt und Lage, evtl nach baulicher Verbindung, auch gemeinsam genutzt werden können.

15 **3. Folgen.** Die Verfahrensverbindung bewirkt zunächst, dass die Versteigerungen der Grundstücke unter einem Aktenzeichen in einem einheitlichen Verfahren durchgeführt werden. Als weitere Folge sind die Grundstücke in einem gemeinsamen Versteigerungstermin anzubieten. Damit besteht die Möglichkeit, nach Maßgabe der §§ 63, 64 ein **Gesamtausgebot** zu bilden.

IV. Verfahrenstrennung

16 Ebenso wie die Verfahrensverbindung jederzeit und v.a. zweckmäßigkeitsorientiert erfolgen kann, ist auch jederzeit die Aufhebung der Verbindung (**Verfahrenstrennung**) möglich, wenn die Verbindung sich nicht als zweckmäßig erweist.[12]

---

3 BGH 4.7.1991 – IX ARZ 7/91, juris.
4 LG Bonn 10.6.2013 – 6 T 111/13, juris.
5 OLG Hamm Rpfleger 1987, 467 = NJW-RR 1988, 320.
6 BGH Rpfleger 1987, 29 = NJW-RR 1986, 1383.
7 BayObLG KTS 1998, 624 = Rpfleger 1998, 438 = JurBüro 1999, 438.
8 BGH WM 1986, 1421.
9 BGH WM 1985, 840.
10 OLG Hamm Rpfleger 1989, 249.
11 LG Oldenburg Rpfleger 1985, 451.
12 OLG Hamm Rpfleger 1989, 249.

V. Rechtsbehelf

Erfolgt die Verfahrensverbindung oder -trennung von Amts wegen, kann diese Entscheidung als Vollstreckungsmaßnahme mit der Erinnerung nach § 766 ZPO angegriffen werden. Soweit das Gericht mit dem Beschluss einen Antrag eines Beteiligten (s. § 9 Rn 2 ff) zurückgewiesen hat bzw wenn die Entscheidung nach vorheriger Anhörung erfolgt, kann die Entscheidung mit der sofortigen Beschwerde (§§ 567 ff iVm § 793 ZPO) gerügt werden.[13] § 95 (Ausschluss der Beschwerde) steht dem nicht entgegen, da eine Verfahrensverbindung bzw -trennung nicht der Vorbereitung des Zuschlags dient (s. § 95 Rn 8). 17

VI. Zeitgleiche Durchführung mehrerer Zwangsversteigerungen

Soweit Verfahren nicht miteinander verbunden werden, ist es grds. möglich, sie zeitgleich in einem Gerichtssaal durchzuführen. Sollten in einem der Verfahren unvorhersehbare Schwierigkeiten auftreten, muss der Rechtspfleger darauf bedacht sein, seine Aufmerksamkeit auch weiterhin auf die anderen Verfahren zu richten. Für die Beteiligten wie auch für die Bietinteressenten muss bei einer zeitgleichen Versteigerung immer erkennbar sein, welche Hinweise des Gerichts gerade das sie interessierende Grundstück betreffen. Der Rechtspfleger ist daher verpflichtet, mehrere kompliziert werdende Sachen nicht zur selben Zeit durchzuführen. Falls die Schwierigkeiten erst in einem Termin auftreten, obliegt es ihm, die einzelnen Verfahren zu unterbrechen und die Versteigerungen nacheinander fortzuführen und zu erledigen.[14] 18

VII. Kosten

1. Gerichtskosten. Wird mit der Anordnung der Zwangsversteigerung zugleich konkludent eine Verfahrensverbindung beschlossen, entstehen die Gerichtsgebühren jeweils nur einmal nach den zusammengerechneten Werten (vgl § 109 Rn 4). 19

Erfolgt die Verfahrensverbindung erst zu einem späteren Zeitpunkt, sind die bereits vorher entstandenen Gerichtsgebühren in die nunmehr zu erstellende gemeinsame Kostenrechnung aufzunehmen und bleiben nebeneinander stehen. Soweit Gebühren (zB für die Terminsbestimmung) erst nach der Verbindung entstehen, sind die Gebühren nur einmal und nach den zusammengerechneten Werten zu erheben. 20

2. Rechtsanwaltsvergütung. Für die Vergütung des Rechtsanwalts gilt Entsprechendes (vgl Rn 19 f): Erfolgt die Verfahrensverbindung nicht sofort mit der Anordnung, sondern erst zu einem späteren Zeitpunkt, sind die bereits vorher entstandenen Verfahrensgebühren einzeln anzusetzen. Werden die Verfahren erst nach den ersten Versteigerungsterminen verbunden, sind auch die bereits entstandenen Gebühren für die Terminsvertretung weiterhin getrennt zu berechnen. 21

§ 19 [Eintragung der Anordnung in das Grundbuch]

(1) Ordnet das Gericht die Zwangsversteigerung an, so hat es zugleich das Grundbuchamt um Eintragung dieser Anordnung in das Grundbuch zu ersuchen.

(2) ¹Das Grundbuchamt hat nach der Eintragung des Versteigerungsvermerks dem Gericht eine beglaubigte Abschrift des Grundbuchblatts und der Urkunden, auf welche im Grundbuch Bezug genommen wird, zu erteilen, die bei ihm bestell-

---

13 OLG Hamm OLGZ 1987, 449 = JurBüro 1987, 1880 = Rpfleger 1987, 467.
14 BGH Info M 2007, 332 (red. LS) = GuT 2007, 164 (red. LS).

ten Zustellungsbevollmächtigten zu bezeichnen und Nachricht zu geben, was ihm über Wohnort und Wohnung der eingetragenen Beteiligten und deren Vertreter bekannt ist. ²Statt der Erteilung einer beglaubigten Abschrift der Urkunden genügt die Beifügung der Grundakten oder der Urkunden.

(3) Eintragungen im Grundbuch, die nach der Eintragung des Vermerks über die Anordnung der Zwangsversteigerung erfolgen, soll das Grundbuchamt dem Gericht mitteilen.

I. Normzweck und Anwendungsbereich 1	III. Mitteilungen des Grundbuchamtes (Abs. 2) 12
II. Zwangsversteigerungsvermerk .. 2	1. Abschrift des Grundbuchblattes 12
1. Ersuchen des Vollstreckungsgerichts (Abs. 1) 2	2. Urkunden 13
2. Eingang beim Grundbuchamt 5	3. Zustellungsempfänger, Vertreter und Beteiligtenlisten .. 15
3. Eintragung der Anordnung 6	4. Weitere Benachrichtigungspflicht des Grundbuchamtes (Abs. 3) 17
4. Rechtsfolgen 9	
a) Verhinderung gutgläubiger Verfügungen 9	
b) Zäsur zur Berücksichtigung von Beteiligten und Ansprüchen 11	

I. Normzweck und Anwendungsbereich

1 Gleichzeitig mit dem Anordnungsbeschluss (s. § 15 Rn 38) hat das Versteigerungsgericht das Grundbuchamt zu ersuchen, den sog. **Zwangsversteigerungsvermerk** (auch **ZV-Vermerk** genannt) einzutragen. Er dient dazu, die Wirksamkeit gutgläubiger Verfügungen zu verhindern und zieht eine zeitliche Grenze für die Berücksichtigung von Beteiligten und Ansprüchen. Der Vermerk wird nur mit der Anordnung der Zwangsversteigerung eingetragen und nicht bei Beitritten weiterer Gläubiger wiederholt (vgl § 27). Die Vorschrift des § 19 findet Anwendung für sämtliche Verfahren des ZVG.

II. Zwangsversteigerungsvermerk

2 **1. Ersuchen des Vollstreckungsgerichts (Abs. 1).** Die Eintragung der Anordnung der Zwangsversteigerung erfolgt ausschließlich aufgrund eines **förmlichen Ersuchens** des Zwangsversteigerungsgerichts an das Grundbuchamt (vgl Abs. 1).

3 In dem Ersuchen ist das Grundstück ordnungsgemäß zu bezeichnen (§ 28 GBO) und der Inhalt klar zum Ausdruck zu bringen:

▶ ... wird ersucht, auf dem Grundstück ... (genaue Grundbuchbezeichnung) die Anordnung der Zwangsversteigerung des Amtsgerichts ..., Aktenzeichen ..., zu vermerken. ◀

Das Ersuchen wird vom Rechtspfleger eigenhändig unterschrieben und mit dem Landessiegel beglaubigt (§ 29 Abs. 3 GBO).

4 Das Ersuchen wird frühestmöglich gefertigt, idR zusammen mit dem Erlass des Anordnungsbeschlusses. Die Zustellung des Anordnungsbeschlusses an den Schuldner ist nicht abzuwarten (vgl § 22 Abs. 1 S. 2).

5 **2. Eingang beim Grundbuchamt.** Der genaue Zeitpunkt des Eingangs des Ersuchens wird vom Grundbuchamt protokolliert und dem Vollstreckungsgericht mitgeteilt. Erfolgt die Zustellung des Anordnungsbeschlusses an den Schuldner erst zu einem späteren Zeitpunkt, wird die Beschlagnahme bereits vorher mit

dem Eingang des Eintragungsersuchens beim Grundbuchamt wirksam (s. § 22 Rn 5).

3. Eintragung der Anordnung. Das Grundbuchamt prüft das Ersuchen des Versteigerungsgerichts nur hinsichtlich der Form und der Grundbuchbezeichnung.[1] Zu einer weiter gehenden Prüfung ist das Grundbuchamt nicht befugt; es prüft auch nicht die Voreintragung des Schuldners als Eigentümer (vgl § 17 Rn 2 ff).

Der ZV-Vermerk wird in Abteilung II des Grundbuchs eingetragen. Inhaltlich besagt er nur, dass die Zwangsversteigerung angeordnet worden ist, und verweist unter Angabe des Aktenzeichens auf das zuständige Vollstreckungsgericht. Er gibt keine Auskünfte darüber, für welchen Gläubiger bzw wegen welcher Ansprüche das Verfahren angeordnet ist.

Das Vollstreckungsgericht überwacht den Vollzug.[2] Nach der Eintragung und dem Eingang der Mitteilungen und Urkunden wird der Tag der ersten Beschlagnahme bestimmt (s. § 22 Rn 8 ff) und geprüft, ob sich aus den Mitteilungen Vollstreckungshindernisse ergeben (vgl § 28). Zur Löschung des Zwangsversteigerungsvermerks im Fall der Verfahrensaufhebung s. § 34 Rn 2 und im Fall der Versteigerung s. § 130 Rn 2.

4. Rechtsfolgen. a) Verhinderung gutgläubiger Verfügungen. Der (betreibende) Gläubiger ist vor beeinträchtigenden Verfügungen des Schuldners gem. § 23 Abs. 1 durch die Beschlagnahme (§§ 20, 22) geschützt. Allerdings sind die nach der Beschlagnahme erfolgten Verfügungen (zB Veräußerung, Belastung) dem Gläubiger gegenüber wirksam, wenn der **Begünstigte gutgläubig** war, also die Beschlagnahme und die damit eingetretene Verfügungsbeschränkung des Schuldners nicht kannte und sie sich auch nicht aus dem Grundbuch ergab (§ 23 Abs. 2, § 892 Abs. 1 S. 2 BGB). Der ZV-Vermerk ist daher in erster Linie die nach § 892 BGB erforderliche, aus dem Grundbuch ersichtliche **Verlautbarung der Verfügungsbeschränkung.**

Ein Notar muss bei der Beurkundung eines Grundstückskaufvertrages auf einen eingetragenen ZV-Vermerk hinweisen.[3]

b) Zäsur zur Berücksichtigung von Beteiligten und Ansprüchen. Darüber hinaus stellt die Eintragung des Zwangsversteigerungsvermerks eine Zäsur im Versteigerungsverfahren dar: Anspruchsberechtigte, die ihr Recht erst nach Eintragung des Zwangsversteigerungsvermerks erwerben, werden vom Versteigerungsgericht nur auf ausdrückliche Anmeldung berücksichtigt (s. § 9 Rn 13). Dabei ist es unerheblich, ob dem Versteigerungsgericht diese nachträglich eingetragenen Rechte, zB durch Mitteilung nach § 19 Abs. 3, tatsächlich bekannt sind. Ohne Anmeldung kann das Recht nicht in das geringste Gebot aufgenommen werden, selbst wenn es dem Recht des betreibenden Gläubigers vorgeht (§§ 45 Abs. 1, 37 Nr. 4). Auch im Teilungsplan bleibt das Recht unberücksichtigt (§ 114).

III. Mitteilungen des Grundbuchamtes (Abs. 2)

1. Abschrift des Grundbuchblattes. Das Grundbuchamt hat dem Vollstreckungsgericht nach der Eintragung des Zwangsversteigerungsvermerks eine **beglaubigte Abschrift des Grundbuchblattes** zu übersenden (**Abs. 2 S. 1**). Diese kann nicht durch Übersendung der Grundbuchakten oder durch einen Verweis auf das elektronische Grundbuch ersetzt werden.

---

1 LG Heidelberg BWNotZ 1974, 135.
2 KG Berlin JR 1954, 465.
3 OLG Frankfurt OLGR 1995, 107; OLG Düsseldorf VersR 1991, 1297; OLG Hamm VersR 1987, 1019.

13 **2. Urkunden.** Ferner sind nach Abs. 2 S. 1 von allen Urkunden, auf die im Grundbuch Bezug genommen wird, beglaubigte Kopien zu fertigen und dem Vollstreckungsgericht zuzusenden. Die **Bezugnahme** ist bei der Eintragung eines Rechts im Grundbuch gem. §§ 874, 885, 1115 Abs. 1 S. 2, 1192 Abs. 1 BGB zur näheren Bezeichnung des Inhalts möglich und allgemein üblich. Der Inhalt der Bezugnahme gilt für die Bestimmung der rechtlichen Ausgestaltung des Rechts als „mit eingetragen".

14 Die Übersendung der beglaubigten Abschriften dieser Urkunden kann gem. **Abs. 2 S. 2** durch **Übersendung der Grundakten** ersetzt werden.

15 **3. Zustellungsempfänger, Vertreter und Beteiligtenlisten.** Das Grundbuchamt informiert das Versteigerungsgericht über die gegenüber dem Grundbuchamt bestellten Zustellungsbevollmächtigten (vgl § 5 Rn 1).

16 Schließlich hat das Grundbuchamt dem Versteigerungsgericht die bekannten Anschriften der im Grundbuch eingetragenen Berechtigten und deren Vertreter mitzuteilen. Sofern das Grundbuchamt ein Wohnungsblatt führt, kann eine beglaubigte Abschrift des Wohnungsblattes übersandt werden.

17 **4. Weitere Benachrichtigungspflicht des Grundbuchamtes (Abs. 3).** Der ZV-Vermerk stellt keine Grundbuchsperre dar. Auch nach seiner Eintragung können weitere Eintragungen im Grundbuch vorgenommen werden. Das Grundbuchamt ist aber verpflichtet, das Versteigerungsgericht von jeder nachträglich erfolgten Eintragung zu informieren.

§ 20 [Beschlagnahme des Grundstücks]

(1) Der Beschluß, durch welchen die Zwangsversteigerung angeordnet wird, gilt zugunsten des Gläubigers als Beschlagnahme des Grundstücks.

(2) Die Beschlagnahme umfaßt auch diejenigen Gegenstände, auf welche sich bei einem Grundstück die Hypothek erstreckt.

I. Normzweck und Geltungsbereich

1 Die Vorschrift sichert im Interesse des (betreibenden) Gläubigers mit der Beschlagnahme den Erfolg des Verfahrens. Gleichzeitig wird dem Grunde nach der Umfang der Beschlagnahme bestimmt. Die Norm gilt nicht für die Insolvenzverwalter- und Nachlassversteigerung (§§ 173, 176).

II. Rechtswirkungen (Abs. 1)

2 Der Beschluss über die Anordnung der Zwangsversteigerung (§ 15) bewirkt eine **Beschlagnahme** des Versteigerungsobjektes. Sie wird wirksam nach Maßgabe des § 22 (s. § 22 Rn 2).

3 Die Beschlagnahme erfolgt **zugunsten des betreibenden Gläubigers**. Spätere Beitrittsgläubiger erwerben eine eigene Beschlagnahme (s. § 27 Rn 6).

4 Die Beschlagnahme bewirkt ein **relatives Veräußerungsverbot** zugunsten des jeweiligen Beschlagnahmegläubigers. Beeinträchtigende Verfügungen (zB durch den Schuldner) sind aus Sicht des Gläubigers unwirksam (s. § 23 Rn 2).

5 Betreibt der Gläubiger wegen einer persönlichen Forderung aus der Rangklasse 5 (s. § 10 Rn 45), erhält er mit der Beschlagnahme ein **dingliches Befriedigungsrecht**.

III. Umfang der Beschlagnahme (Abs. 2)

Der Umfang der Beschlagnahme umfasst das Grundstück mit seinen Bestandteilen und diejenigen beweglichen Gegenstände, auf die sich die Hypothekenhaftung (§§ 1120 ff BGB) erstreckt (**Abs. 2**). Der Umfang der Beschlagnahme wird nach Maßgabe des § 21 eingeschränkt. Wegen der Besonderheiten in der Zwangsverwaltung s. § 148 Rn 3.

Im Laufe des Verfahrens kann sich der Umfang der Beschlagnahme vergrößern (zB durch neu erworbene Zubehörstücke) oder auch verkleinern (zB durch Verfügungen im Rahmen einer ordnungsgemäßen Wirtschaft, § 23 Abs. 1 S. 2).

Soweit die Beschlagnahme zum Zeitpunkt der Versteigerung wirksam ist, bestimmt sie den Umfang der Versteigerung (§ 55 Abs. 1) und den Umfang des Eigentumserwerbs durch den Ersteher (§ 90).

Der Hypothekenhaftungsverband und der Gegenstand der Beschlagnahme werden umfänglich in § 55 erläutert; auf die diesbezüglichen Ausführungen wird verwiesen.

§ 21 [Umfang der Beschlagnahme]

(1) Die Beschlagnahme umfaßt land- und forstwirtschaftliche Erzeugnisse des Grundstücks sowie die Forderung aus einer Versicherung solcher Erzeugnisse nur, soweit die Erzeugnisse noch mit dem Boden verbunden oder soweit sie Zubehör des Grundstücks sind.

(2) Die Beschlagnahme umfaßt nicht die Miet- und Pachtforderungen sowie die Ansprüche aus einem mit dem Eigentum an dem Grundstück verbundenen Recht auf wiederkehrende Leistungen.

(3) Das Recht eines Pächters auf den Fruchtgenuß wird von der Beschlagnahme nicht berührt.

I. Normzweck

Gemäß § 20 erfasst die Beschlagnahme das Grundstück mit seinen Bestandteilen und diejenigen beweglichen Gegenstände, auf die sich die Hypothekenhaftung erstreckt (§§ 1120 ff BGB). Der Hypothekenhaftungsverband und der Gegenstand der Beschlagnahme werden ausführlich in § 55 Rn 2 ff erläutert; auf die diesbezüglichen Ausführungen wird verwiesen.

§ 21 normiert die **Ausnahmen** der Beschlagnahme. Trotz grundsätzlicher Zugehörigkeit zum Hypothekenhaftungsverband werden hiernach

- getrennte land- und forstwirtschaftliche Erzeugnisse (Abs. 1),
- Miet- und Pachtforderungen (Abs. 2 Alt. 1) und
- wiederkehrende Leistungen (Abs. 2 Alt. 2)

von der Beschlagnahme in der Zwangsversteigerung nicht erfasst. Zur Besonderheit in der Zwangsverwaltung s. § 148 Rn 3.

II. Ausnahmen von der Beschlagnahme

1. Getrennte land- und forstwirtschaftliche Erzeugnisse (**Abs. 1**). Land- und forstwirtschaftliche Erzeugnisse sind nur dann von der Beschlagnahme erfasst, wenn sie zum Zeitpunkt der Beschlagnahme noch mit dem Boden verbunden sind.

Beispiel: Die Äpfel an den Bäumen einer Obstplantage sind für die Gläubiger in der Zwangsversteigerung beschlagnahmt; die bereits vor der Beschlagnahme geernteten Äpfel sind dagegen frei.

Die Erzeugnisse können allerdings Zubehör geworden sein (zB als Saatgut) und aus diesem Grund weiterhin beschlagnahmt sein (s. § 55 Rn 2).

4 Erfolgt die Trennung erst nach der Beschlagnahme, bleibt die Beschlagnahme der Erzeugnisse bestehen. Der Schuldner darf sie aber in den Grenzen einer ordnungsgemäßen Wirtschaft nutzen, also zB die Apfelernte verkaufen (s. § 24 Rn 10).

5 **2. Miet- und Pachtforderungen (Abs. 2 Alt. 1).** Gemäß § 1123 Abs. 1 BGB gehören auch die Miet- und Pachtforderungen zum Hypothekenhaftungsverband. Gleichwohl werden diese Forderungen in der Zwangsversteigerung nicht von der Beschlagnahme erfasst. Möchte der Gläubiger bei einem vermieteten Objekt auch auf die Mieten zugreifen, kann es sich anbieten, parallel zur Zwangsversteigerung auch die Zwangsverwaltung zu beantragen (s. § 148 Rn 9).

6 **3. Wiederkehrende Leistungen (Abs. 2 Alt. 2).** Die zum Hypothekenhaftungsverband gehörenden subjektiv-dinglichen Ansprüche auf wiederkehrende Leistungen, wie zB

- Erbbauzinsen (§ 9 ErbbauRG),
- Reallasten (§ 1105 Abs. 2 BGB),
- Notwegrente (§ 917 Abs. 2 BGB),
- Überbaurente (§ 912 Abs. 2 BGB),

werden ebenfalls nicht von der Beschlagnahme in der Zwangsversteigerung erfasst. Die Ansprüche können nur in der Zwangsverwaltung beschlagnahmt werden (s. § 148 Rn 10).

III. Rechte des Pächters (Abs. 3)

7 Ist der land- oder forstwirtschaftliche Betrieb verpachtet und stehen dem Pächter die Ansprüche aus den Erzeugnissen zu (Fruchtgenuss, § 581 BGB), sind die Erzeugnisse selbst dann nicht von der Beschlagnahme erfasst, wenn sie noch mit dem Boden verbunden sind.

§ 22 [Wirksamwerden der Beschlagnahme; Zahlungsverbot]

(1) ¹Die Beschlagnahme des Grundstücks wird mit dem Zeitpunkt wirksam, in welchem der Beschluß, durch den die Zwangsversteigerung angeordnet ist, dem Schuldner zugestellt wird. ²Sie wird auch wirksam mit dem Zeitpunkt, in welchem das Ersuchen um Eintragung des Versteigerungsvermerks dem Grundbuchamt zugeht, sofern auf das Ersuchen die Eintragung demnächst erfolgt.

(2) ¹Erstreckt sich die Beschlagnahme auf eine Forderung, so hat das Gericht auf Antrag des Gläubigers dem Drittschuldner zu verbieten, an den Schuldner zu zahlen. ²Die Beschlagnahme wird dem Drittschuldner gegenüber erst mit dem Zeitpunkt wirksam, in welchem sie ihm bekannt oder das Zahlungsverbot ihm zugestellt wird. ³Die Vorschriften des § 845 der Zivilprozeßordnung finden entsprechende Anwendung.

I. Normzweck

1 Gemäß §§ 20, 27 bewirken Anordnungs- und Beitrittsbeschlüsse jeweils eine Beschlagnahme des Versteigerungsobjektes und damit relative Veräußerungsverbote

zugunsten der betreibenden Gläubigers. Beeinträchtigende Verfügungen (zB durch den Schuldner) sind aus Sicht der Gläubiger unwirksam (s. § 23 Rn 2). Wann und wie die Beschlagnahme genau wirksam wird, regelt die Vorschrift des § 22.

II. Wirksamwerden der Beschlagnahme für den Anordnungsgläubiger (Abs. 1)

Für einen **Anordnungsgläubiger** (vgl § 15) gibt es zwei Möglichkeiten, wie die Beschlagnahme wirksam werden kann. Mit der Erfüllung des zeitlich ersten Tatbestandes ist die Beschlagnahme wirksam geworden; für die Bestimmung des Zeitpunktes der Beschlagnahme kommt es auf die Erfüllung des zweiten Merkmals nicht mehr an.

Abs. 1 S. 1: Grundsätzlich wird die Beschlagnahme mit der ordnungsgemäßen Zustellung des Anordnungsbeschlusses an den Schuldner (s. § 8 Rn 1), der zu diesem Zeitpunkt auch als Eigentümer im Grundbuch eingetragen sein muss (s. § 17 Rn 2), wirksam.

Richtet sich das Verfahren gegen mehrere Miteigentümer (**Bruchteilseigentum**, zB Eheleute zu je einem halben Anteil), wird die Beschlagnahme jeden Anteils gesondert bewirkt. Steht das Grundstück im Eigentum einer **Gesamthandsgemeinschaft** (zB Erbengemeinschaft), ist für die Wirksamkeit der Beschlagnahme die letzte Zustellung maßgeblich. In Bezug auf die Zustellung an eine Gesellschaft bürgerlichen Rechts (GbR) s. § 6 Rn 6.

Abs. 1 S. 2: Neben der Zustellung des Anordnungsbeschlusses an den Schuldner kann die Beschlagnahme auch dadurch bewirkt werden, dass dem Grundbuchamt das Ersuchen des Versteigerungsgerichts auf Eintragung des Zwangsversteigerungsvermerks (s. § 19 Rn 7) zugeht; auf den Zeitpunkt der Eintragung des Zwangsversteigerungsvermerks kommt es nicht an, denn es ist der Zeitpunkt des **Eingangs** beim Grundbuchamt maßgebend. Es ist allerdings erforderlich, dass die Eintragung anschließend auch tatsächlich erfolgt.

Beispiel 1 (Eigentümer A)

Eingang des Ersuchens beim Grundbuchamt:	12.5.2015
Zustellung an A:	27.5.2015
Tag der Beschlagnahme gegenüber A:	12.5.2015

Beispiel 2 (Eheleute B und C zu je einem halben Anteil)

Zustellung an B:	6.6.2015
Eingang des Ersuchens beim Grundbuchamt:	8.6.2015
Zustellung an C:	15.6.2015
Tag der Beschlagnahme gegenüber B:	6.6.2015
Tag der Beschlagnahme gegenüber C:	8.6.2015

Beispiel 3 (Erbengemeinschaft mit D, E und F)

Zustellung an D:	14.7.2015
Zustellung an E:	16.7.2015
Eingang des Ersuchens beim Grundbuchamt:	19.7.2015
Zustellung an F:	22.7.2015
Tag der Beschlagnahme gegenüber D, E und F:	19.7.2015

III. Wirksamwerden der Beschlagnahme für den Beitrittsgläubiger

Die Beschlagnahme erfolgt für jeden betreibenden Gläubiger getrennt (vgl § 20 Abs. 1); alle Beitrittsgläubiger erwerben eine eigene Beschlagnahme (s. § 27 Rn 6). Während für den Anordnungsgläubiger die Beschlagnahme auch durch

Eingang des Ersuchens beim Grundbuchamt wirksam werden kann (s. Rn 2), kann sie für die nachfolgenden Beitrittsgläubiger nur noch durch Zustellung an den oder die Schuldner wirksam werden (s. Rn 3 f).

IV. Tag der „ersten Beschlagnahme" im Verfahren

8 Gemäß § 13 wird für die betragsmäßige Bestimmung der laufenden (wiederkehrenden) Leistungen auf die letzte Fälligkeit vor der Beschlagnahme abgestellt. Dabei ist für sämtliche am Versteigerungsverfahren beteiligten Berechtigten die sog. **erste Beschlagnahme** maßgeblich. Es kommt also nicht auf die für den jeweiligen Gläubiger erwirkte Beschlagnahme an (s. § 13 Rn 7), sondern es ist für alle – betreibende und nicht betreibende – Beteiligten einheitlich auf die erste Beschlagnahme abzustellen. Dabei ist weder die Rangfolge (vgl § 10) der betreibenden Gläubiger noch die Reihenfolge der Vollstreckungsanträge und auch nicht die Reihenfolge der Anordnungs- und Beitrittsbeschlüsse maßgeblich, sondern nur die **zeitlich** erste Beschlagnahme.

9 Die Beschlagnahme für den zeitlich ersten Gläubiger ist auch dann weiter maßgeblich, wenn das Verfahren für diesen Gläubiger einstweilen eingestellt worden ist (zB nach §§ 30, 30 a). Selbst eine Aufhebung dieses Verfahrens ist unschädlich, wenn vor der Aufhebung eine weitere Beschlagnahme für einen Beitrittsgläubiger (§ 17) erfolgt ist. Es kommt lediglich darauf an, dass seit der Beschlagnahme für den ersten Gläubiger eine **ununterbrochene Kette von Beschlagnahmen** vorgelegen hat.

10 Ist dagegen das Verfahren für den ersten Gläubiger aufgehoben worden, bevor die Beschlagnahme für den nächsten Gläubiger wirksam wurde, ist die Beschlagnahmekette unterbrochen. In diesem Fall beginnt deshalb ein neues, eigenständiges Verfahren. Die ehemalige Beschlagnahme für den ersten Gläubiger ist für das Folgeverfahren ohne Bedeutung.

11 Wenn in einem parallelen **Zwangsverwaltungsverfahren** die Beschlagnahme zu einem früheren Zeitpunkt erfolgte, ist dieser Termin auch in der Zwangsversteigerung maßgeblich (§ 13 Abs. 4 S. 2). Voraussetzung ist jedoch, dass die Zwangsverwaltung zur Zeit der ersten im Versteigerungsverfahren erfolgten Beschlagnahme noch anhängig war. Zur Beschlagnahme in der Zwangsverwaltung s. § 151 Rn 3.

V. Zahlungsverbot (Abs. 2)

12 Gegenüber dem Schuldner einer von der Beschlagnahme erfassten Forderung (zB aus Miet- und Pachtverträgen) wird die Beschlagnahme wirksam, wenn sie ihm (dem Drittschuldner) bekannt wird. Zur Beschleunigung und sicheren Feststellung der Rechtslage kann das Gericht dem **Drittschuldner** gegenüber ein **Zahlungsverbot** aussprechen. Der Erlass des Zahlungsverbots setzt einen Antrag des betreibenden Gläubigers voraus. Die Vorschrift des Abs. 2 ist wegen § 21 Abs. 2 im Wesentlichen nur in der Zwangsverwaltung von Bedeutung.

§ 23 [Veräußerungsverbot]

(1) ¹Die Beschlagnahme hat die Wirkung eines Veräußerungsverbots. ²Der Schuldner kann jedoch, wenn sich die Beschlagnahme auf bewegliche Sachen erstreckt, über einzelne Stücke innerhalb der Grenzen einer ordnungsmäßigen Wirtschaft auch dem Gläubiger gegenüber wirksam verfügen.

(2) ¹Kommt es bei einer gegen die Beschlagnahme verstoßenden Verfügung nach § 135 Abs. 2 des Bürgerlichen Gesetzbuchs darauf an, ob derjenige, zu dessen

Gunsten verfügt wurde, die Beschlagnahme kannte, so steht die Kenntnis des Versteigerungsantrags einer Kenntnis der Beschlagnahme gleich. ²Die Beschlagnahme gilt auch in Ansehung der mithaftenden beweglichen Sachen als bekannt, sobald der Versteigerungsvermerk eingetragen ist.

I. Normzweck

Gemäß §§ 20, 27 bewirken die Anordnungs- und Beitrittsbeschlüsse eine Beschlagnahme des Versteigerungsobjektes zugunsten der betreibenden Gläubiger. In § 22 wird geregelt, wann und wie die Beschlagnahme genau wirksam wird. In § 23 wird bestimmt, dass mit der Wirksamkeit der Beschlagnahme (s. § 22 Rn 2, 7) zugunsten des jeweiligen betreibenden Gläubigers ein Veräußerungsverbot greift und somit nach der Beschlagnahme alle beeinträchtigenden Verfügungen über das Grundstück ihm gegenüber unwirksam sind. 1

II. Wirkung des Veräußerungsverbotes

Sobald ein Gläubiger eine wirksame Beschlagnahme erlangt hat, ist er durch das Veräußerungsverbot vor allen Verfügungen des Eigentümers geschützt, die seine Befriedigungsaussichten verringern oder vereiteln können. Das Veräußerungsverbot wirkt relativ (§§ 135, 136 BGB), also nur für den betreibenden Gläubiger. Andere Berechtigte können sich dagegen nicht auf die Unwirksamkeit berufen. Auch späteren Beschlagnahmegläubigern gegenüber ist die Verfügung in vollem Umfang wirksam. 2

Beispiel: 3

Anordnung mit Beschlagnahme für B, den Gläubiger der Grundschuld III/2: 17.5.2015
Veräußerung des gesamten Zubehörs unter Wert an einen Freund und Entfernung vom Grundstück: 18.5.2015
Beitritt mit Beschlagnahme für A, den Gläubiger der Hypothek III/1: 19.5.2015

Die Entfernung des Zubehörs ist für B (III/2) unwirksam, während A (III/1) dies hinnehmen muss. Das Zubehör wird für B (III/2) versteigert und der anteilige Erlös nicht an den erstrangigen A (III/1), sondern an B (III/2) zugeteilt.

III. Einzelne Verfügungen

1. Veräußerung des Grundstücks. Eine während des Verfahrens erfolgte Veräußerung des Grundstücks (Auflassung und Eintragung, § 925 BGB) ist gegenüber den betreibenden Gläubigern, die bereits eine Beschlagnahme erwirkt haben, relativ unwirksam. Sie werden so gestellt, als sei der Eigentumsübergang nicht erfolgt. Das Verfahren wird für diese Gläubiger gegen den bisherigen Eigentümer fortgesetzt, dieser bleibt insoweit Schuldner des Verfahrens. Die Berechtigten, die zeitlich nach dem Eigentumswechsel dem Verfahren beitreten (§ 27), müssen ihre Vollstreckungsunterlagen auf den Erwerber umschreiben und zustellen lassen (§§ 727, 750 ZPO) und dann in demselben Verfahren gegen den neuen Eigentümer vorgehen. In einer solchen Situation sind in dem Verfahren dann zwei verschiedene Schuldner zu beteiligen. 4

2. Belastung des Grundstücks. Belastet der Schuldner das Grundstück nach einer Beschlagnahme mit einem weiteren Recht (zB Grundschuld), wird das neue Recht nach seiner Anmeldung (vgl § 9 Rn 13) grds. in der Rangklasse 4 des § 10 eingeordnet. Gegenüber einem persönlich betreibenden Gläubiger (Rangklasse 5), für den bereits vorher die Beschlagnahme wirksam geworden ist, ist die Neubelastung relativ unwirksam; aus seiner Sicht wird das neue Recht in der Rangklasse 6 eingeordnet. 5

6 **3. Veränderungen.** Auch Veränderungen im Bestand des Grundstücks durch Teilung,[1] Vereinigung, Zinserhöhungen bei eingetragenen Rechten (auch innerhalb der 5-Prozent-Grenze des § 1197 BGB)[2] oder die Teilung nach dem WEG[3] sind als störende Verfügungen den Beschlagnahmegläubigern gegenüber unwirksam.

7 Keine verbotenen Verfügungen iSd § 23 sind Verfügungen über eingetragene Eigentümergrundschulden.

8 **4. Verfügungen über bewegliche Gegenstände.** Nach der Beschlagnahme kann der Schuldner über die beweglichen Gegenstände, die gem. § 20 Abs. 2 von der Beschlagnahme in der Zwangsversteigerung und Zwangsverwaltung mit erfasst worden sind (s. § 55 Rn 2), nur noch einzeln und im Rahmen einer ordnungsgemäßen Wirtschaft verfügen (Abs. 1). Zur **ordnungsgemäßen Wirtschaft** gehören alle Maßnahmen, die nach wirtschaftlichen Überlegungen sinnvoll und vernünftig erscheinen. So sind zB die Ernte reifer Früchte und der Verkauf an einen Händler gegenüber Gläubigern in der Zwangsversteigerung wirksam und zulässig.[4]

IV. Gutgläubiger Erwerb

9 Ist die beeinträchtigende Verfügung zwar nach der Beschlagnahme, aber vor der Eintragung des Zwangsversteigerungsvermerks erfolgt, ist sie gem. § 892 Abs. 1 S. 2 BGB dennoch wirksam, wenn die Verfügungsbeschränkung dem Begünstigten nicht bekannt war. Ein gutgläubige Erwerb des Grundstücks ist nach der Beschlagnahme durch einen eingetragenen Gläubiger ausgeschlossen (s. § 26).

§ 24 [Verwaltung und Benutzung des Grundstücks durch Schuldner]

Die Verwaltung und Benutzung des Grundstücks verbleibt dem Schuldner nur innerhalb der Grenzen einer ordnungsmäßigen Wirtschaft.

I. Normzweck und Anwendungsbereich

1 Durch die Anordnung der Zwangsversteigerung wird dem Schuldner das Recht zur Nutzung des Grundstücks nicht entzogen. Allerdings bestimmt § 24, dass sich die Verwaltung und die Nutzung nur innerhalb der Grenzen einer ordnungsgemäßen Wirtschaft bewegen dürfen. Diese Norm korrespondiert mit § 1122 BGB.

2 Die Vorschrift gilt zwar für alle Zwangsversteigerungsverfahren, aber nicht in dem Verfahren zur Zwangsverwaltung (s. § 148 Rn 14).

II. Ordnungsgemäße Wirtschaft

3 Zur ordnungsgemäßen Wirtschaft gehören alle Maßnahmen, die nach wirtschaftlichen Überlegungen sinnvoll und vernünftig erscheinen. Es hängt ganz von den Einzelheiten ab, ob der Schuldner die Grenzen einer ordnungsgemäßen Wirtschaft überschreitet. Allgemeingültige Regeln lassen sich hier nicht aufstellen.[1]

---

1 BayObLGZ 1996, 41 = Rpfleger 1996, 333 = DNotZ 1997, 391; BGH WM 2014, 1584 = ZfIR 2014, 612.
2 *Stöber*, § 23 Rn 2.2.
3 BGH 29.3.2012 – V ZB 103/11; *Stöber*, § 23 Rn 2.2 b); LG Würzburg Rpfleger 1989, 117; Dassler/Schiffhauer/*Hintzen*, § 23 Rn 16; aA OLG Frankfurt OLGZ 1987, 266; LG Essen Rpfleger 1989, 116.
4 BGHZ 120, 268 = NJW 1993, 1791.
1 *Stöber*, § 23 Rn 3.2.

III. Benutzung

Der Schuldner kann das Versteigerungsobjekt auch während des laufenden Ver- 4
steigerungsverfahrens benutzen. Somit darf er insb. das Haus weiterhin bewohnen.

Möchte der Sachverständige im Rahmen der Wertermittlung (s. § 74 a Rn 29 ff) 5
das Objekt besichtigen, kann der Schuldner den **Zutritt verweigern** und damit die
Bewertung erheblich erschweren. Hierdurch werden die Grenzen einer ordnungsgemäßen Wirtschaft jedoch nicht überschritten.

Überschreitet der Schuldner bei der Benutzung die Grenzen der ordnungsgemä- 6
ßen Wirtschaft, kann das Gericht auf Antrag des Gläubigers geeignete Maßnahmen anordnen (s. § 25 Rn 5).

Sofern das Versteigerungsobjekt vermietet ist, stehen dem Schuldner die **Mietein-** 7
nahmen zu (vgl § 21 Rn 5).

IV. Verwaltung

Das Verwaltungsrecht umfasst alle tatsächlichen Handlungen und Verfügungen. 8
Auch hier sind die Grenzen der ordnungsgemäßen Wirtschaft und die Folgen der
Beschlagnahme zu beachten (vgl § 23). Der Schuldner ist zB zum Abschluss neuer schuldrechtlicher Verträge, insb. also auch zum Abschluss von Mietverträgen,
berechtigt.

Die **Verwaltungsaufwendungen**, zB für die Erhaltung des Grundstücks, hat der 9
Schuldner selbst zu tragen. Sie dürfen dem Versteigerungserlös nicht entnommen
werden.

Über die beweglichen Gegenstände, die gem. § 20 Abs. 2 von der Beschlagnahme 10
in der Zwangsversteigerung und Zwangsverwaltung mit erfasst werden (s. § 55
Rn 2), kann der Schuldner einzeln und im Rahmen einer ordnungsgemäßen Wirtschaft verfügen (s. § 23 Rn 8). Beispielsweise sind die Ernte reifer Früchte und
der Verkauf an den Händler gegenüber Gläubigern in der Zwangsversteigerung
wirksam und zulässig.[2]

Überschreitet der Schuldner bei der Verwaltung die Grenzen der ordnungsgemä- 11
ßen Wirtschaft, kann das Gericht auf Antrag eines Gläubigers geeignete Maßnahmen anordnen (s. § 25 Rn 4). Soweit der Schuldner mit seinen Verfügungen
gegen die Beschlagnahme verstößt, sind sie den Gläubigern gegenüber unwirksam (s. § 23).

Der Schuldner darf das Grundstück verwalten und nutzen, er ist aber nicht dazu 12
verpflichtet. Ist zu befürchten, dass das Versteigerungsobjekt **verwahrlost** oder
sich sonst wirtschaftlich verschlechtert, sollte der Gläubiger einen Antrag auf
Zwangsverwaltung stellen.

§ 25 [Sicherungsmaßregeln]

¹Ist zu besorgen, daß durch das Verhalten des Schuldners die ordnungsmäßige
Wirtschaft gefährdet wird, so hat das Vollstreckungsgericht auf Antrag des Gläubigers die zur Abwendung der Gefährdung erforderlichen Maßregeln anzuordnen. ²Das Gericht kann die Maßregeln aufheben, wenn der zu deren Fortsetzung
erforderliche Geldbetrag nicht vorgeschossen wird.

---

2 BGHZ 120, 268 = NJW 1993, 1791.

I. Normzweck

1 Gemäß § 24 darf der Schuldner das Objekt in den Grenzen einer ordnungsgemäßen Wirtschaft nutzen und verwalten. Überschreitet der Schuldner diese Grenze oder droht eine Verwahrlosung des Objektes, ermöglicht § 25 dem Gläubiger, beim Vollstreckungsgericht die Anordnung von Sicherungsmaßnahmen zu beantragen.

2 Die Möglichkeiten der Norm werden in der Praxis von den Gläubigern kaum genutzt. In der Regel wird ein Gläubiger bei einer Gefährdung des Objektes eher einen Antrag auf Anordnung der Zwangsverwaltung stellen. Der Zwangsverwalter wird dann die notwendigen Maßnahmen ergreifen und den Erhalt des Grundstücks sichern.

II. Verhalten des Schuldners

3 Der Erlass von Sicherungsmaßnahmen setzt ein Verhalten des Schuldners voraus, das eine Gefährdung des Objektes befürchten lässt. Das Verhalten muss nicht schuldhaft sein; auch bloße Untätigkeit, Abwesenheit oder Krankheit kann ein entsprechendes Verhalten iSd § 25 sein. Es muss eine konkrete Objektgefährdung vorliegen. Verweigert der Schuldner lediglich die Mitwirkung bei der Verkehrswertermittlung und untersagt dem Sachverständigen den Zugang, liegt keine Objektgefährdung vor.

III. Verfahren

4 Die Anordnung von Maßregeln nach § 25 setzt einen Antrag eines betreibenden Gläubigers voraus. Das Vollstreckungsgericht wird nicht von Amts wegen tätig.

5 Als Maßregeln kommen alle Anordnungen in Betracht, die das Vollstreckungsgericht für angemessen und sinnvoll hält, um der Gefährdung zu begegnen. Das können zB sein:

- Gebote an den Schuldner, bestimmte Handlungen zu unterlassen;
- Verbote, die dem Schuldner gegenüber ausgesprochen werden;
- Einschränkung oder Entziehung des Verwaltungsrechts des Schuldners; und insb.
- die Bestellung eines Verwalters oder Sequesters.

6 Sofern die Maßnahmen mit **Kosten** verbunden sind, ist der Gläubiger, der den Antrag gestellt hat, hierfür vorschusspflichtig.

IV. Alternative Sicherungsmaßnahme

7 In der Regel ist es für die Gläubiger sinnvoller, statt einer Sicherungsmaßnahme eine **Zwangsverwaltung** zu beantragen. Die Möglichkeiten des Zwangsverwalters sind umfassender (s. § 152 Rn 2 ff) und zusätzlich können überschüssige Einnahmen gemäß Teilungsplan an die Berechtigten ausgeschüttet werden.

§ 26 [Veräußerung des Grundstücks nach Beschlagnahme]

Ist die Zwangsversteigerung wegen des Anspruchs aus einem eingetragenen Recht angeordnet, so hat eine nach der Beschlagnahme bewirkte Veräußerung des Grundstücks auf den Fortgang des Verfahrens gegen den Schuldner keinen Einfluß.

Gemäß § 23 Abs. 2 ist eine Veräußerung des Grundstücks nach der Beschlagnahme (s. § 22 Rn 2), aber vor der Eintragung des Zwangsversteigerungsvermerks wirksam, wenn der Erwerber die Beschlagnahme nicht kannte. Dieser mögliche gutgläubige Erwerb ist gem. § 26 ausgeschlossen, wenn die **Beschlagnahme für einen im Grundbuch eingetragenen dinglichen Gläubiger** erfolgte. § 26 betrifft also den seltenen Fall, dass der dingliche Rechtsübergang des Grundstücks nach der Beschlagname und vor der Eintragung des Zwangsversteigerungsvermerks im Grundbuch erfolgte. 1

Der gutgläubige Erwerb ist sogar dann ausgeschlossen, wenn der Grundstückserwerber bereits vor der Beschlagnahme durch eine **Auflassungsvormerkung** abgesichert worden ist und der Gläubiger die Zwangsvollstreckung aus einem dinglichen Recht betreibt, das der Vormerkung im Rang vorgeht.[1] 2

Die Einschränkung des Gutglaubensschutzes nach § 23 Abs. 2 gilt nicht, wenn der betreibende Gläubiger aus einem persönlichen Anspruch der Rangklasse 5 des § 10 vollstreckt. Ist der Eigentumsübergang bereits vor dem Wirksamwerden der Beschlagnahme vollzogen worden, wird der dingliche Gläubiger nicht über § 26 geschützt. Dieser Gläubiger kann aber seinen dinglichen Anspruch auch gegen einen neuen Eigentümer durchsetzen und seinen Vollstreckungstitel gegen ihn umschreiben lassen (§ 727 ZPO). 3

§ 27 [Beitritt weiterer Gläubiger]

(1) ¹Wird nach der Anordnung der Zwangsversteigerung ein weiterer Antrag auf Zwangsversteigerung des Grundstücks gestellt, so erfolgt statt des Versteigerungsbeschlusses die Anordnung, daß der Beitritt des Antragstellers zu dem Verfahren zugelassen wird. ²Eine Eintragung dieser Anordnung in das Grundbuch findet nicht statt.

(2) Der Gläubiger, dessen Beitritt zugelassen ist, hat dieselben Rechte, wie wenn auf seinen Antrag die Versteigerung angeordnet wäre.

I. Normzweck und Anwendungsbereich

Sollte die Versteigerung von mehreren Gläubigern aus verschiedenen Rechten und Ansprüchen beantragt werden, wird das gesamte Verfahren (Wertfestsetzug, Terminsbestimmung, Versteigerungstermin, Erlösverteilung) gemeinsam durchgeführt, da mehrere parallele Vollstreckungsverfahren über denselben Gegenstand ausgeschlossen sind. Soweit es allerdings um Beschlagnahme, einstweilige Einstellungen, Rechtsbehelfe/Rechtskraft oder Antragsberechtigung geht, sind die Verfahren der einzelnen Gläubiger voneinander unabhängig. Ist die Zwangsversteigerung bereits anhängig (s. § 15), erfolgt für alle weiteren Gläubiger die Vollstreckung in das Grundstücke durch Beitritt zu dem anhängigen Verfahren. § 27 gilt – mit Ausnahme der Insolvenzverwalterversteigerung – für sämtliche ZVG-Verfahren. 1

Wegen der weiteren Einzelheiten (Vollstreckungsvoraussetzungen, Antragsinhalt, Verfahren, Belehrungen, Kosten) wird auf die Ausführungen zu §§ 15–17 verwiesen. 2

II. Antrag eines weiteren Gläubigers

In vielen Fallen hat der Antragsteller keine genauen Informationen, ob bereits ein anderer Gläubiger das Verfahren beantragt hat oder ob ein früherer Anord- 3

---

1 BGHZ 170, 378 = NJW 2007, 2993 = Rpfleger 2007, 333 = WM 2007, 947.

nungsantrag zwischenzeitlich zurückgenommen worden ist. Es ist ohne Bedeutung, ob ein Gläubiger einen Antrag auf Anordnung des Verfahrens stellt oder seinen Antrag als **Beitrittsantrag** bezeichnet. Ein Anordnungsantrag ist automatisch als Beitrittsantrag zu behandeln, wenn bereits ein Versteigerungsverfahren anhängig ist.

4 Ein Beitritt liegt auch vor, wenn ein bereits betreibender Gläubiger wegen einer anderen Forderung erneut die Zwangsversteigerung beantragt. Es kann sich dabei um vollständig unterschiedliche Forderungen handeln oder um verschiedene Teile derselben Forderung.

5 Hat ein Gläubiger zunächst eine Anordnung/einen Beitritt in der Rangklasse 5 erwirkt und weist er später nach, dass die Voraussetzungen für einen Vorrang (zB für Hausgelder in der Rangklasse 2) vorliegen, kann der Gläubiger einen Beitrittsbeschluss im Sinne eines **Ergänzungsbeschlusses** beantragen, um klarstellen zu lassen, dass die in der Rangklasse 5 angeordneten Beträge tatsächlich der vorrangige Rangklasse zuzuordnen sind.[1] Da es sich in diesem Fall um dieselbe Forderung gegen denselben Schuldner handelt, dürfte eine einheitliche Beschlagnahme vorliegen, die sich nach dem früheren Beschluss richtet. Für die Fristberechnung nach § 44 Abs. 2 ist auf die Zustellung des Ergänzungsbeschlusses an den Schuldner abzustellen.

III. Beschlagnahme für den Beitrittsgläubiger

6 Gemäß § 22 wird die Beschlagnahme mit der ordnungsgemäßen Zustellung des Beitrittsbeschlusses an den Schuldner (vgl § 8 Rn 1), der zu diesem Zeitpunkt auch als Eigentümer im Grundbuch eingetragen sein muss (s. § 17 Rn 2), wirksam. Richtet sich das Verfahren gegen mehrere Miteigentümer (Bruchteilseigentum, zB Eheleute zu je einem halben Anteil), wird die Beschlagnahme jeden Anteils gesondert bewirkt. Steht das Grundstück im Eigentum einer Gesamthandsgemeinschaft (zB Erbengemeinschaft), ist für die Wirksamkeit der Beschlagnahme die letzte Zustellung maßgeblich. In Bezug auf die Zustellung an eine Gesellschaft bürgerlichen Rechts (GbR) s. § 6 Rn 6.

7 Der Eingang des Ersuchens um Eintragung des Zwangsversteigerungsvermerks beim Grundbuchamt kann nur beim Anordnungsgläubiger eine Beschlagnahme bewirken (vgl § 22 Rn 5), nicht aber bei einem Beitritt, da in diesem Fall kein weiterer Zwangsversteigerungsvermerk eingetragen wird.

8 Jeder betreibende Gläubiger erwirkt eine eigenständige Beschlagnahme und ein eigenes relatives Veräußerungsverbot gegenüber dem Schuldner (vgl § 20).

Beispiel:
Anordnung mit Beschlagnahme für B, den Gläubiger der Grundschuld III/2: 17.5.2015
Veräußerung des gesamten Zubehörs unter Wert an einen Freund und Entfernung vom Grundstück: 18.5.2015
Beitritt mit Beschlagnahme für A, den Gläubiger der Hypothek III/1: 19.5.2015

Die Entfernung des Zubehörs ist für B (III/2) unwirksam (s. § 23 Rn 2), während A (III/1) dies hinnehmen muss. Das Zubehör wird für B (III/2) versteigert und der anteilige Erlös nicht an den erstrangigen A (III/1), sondern an B (III/2) zugeteilt.

Zum „Tag der ersten Beschlagnahme" s. § 22 Rn 8.

---

1 BGH Rpfleger 2008, 375 m. Anm. *Hintzen/Alff*.

IV. Verfahrensgang nach Beitritt

Wird das Verfahren von mehreren Gläubigern betrieben, hat die Verfahrensaufhebung für einen Gläubiger auf den allgemeinen Verfahrensfortgang keinen Einfluss. Solange noch ein betreibender Gläubiger vorhanden ist, wird für diesen das Verfahren weitergeführt, selbst wenn dieser Gläubiger das Verfahren erst relativ kurze Zeit betreibt und dieses daher für ihn selbst ein derart fortgeschrittenes Stadium noch gar nicht hätte erreicht haben können. In Bezug auf den Versteigerungstermin ist die Vier-Wochen-Frist des § 44 (s. § 44 Rn 22) zu beachten. Auch auf die Feststellung des „Tages der ersten Beschlagnahme" hat die Verfahrensaufhebung bezüglich eines einzelnen Gläubigers keinen Einfluss (s. § 22 Rn 9).

9

II.
Aufhebung und einstweilige Einstellung des Verfahrens

§ 28 [Entgegenstehende grundbuchmäßige Rechte]

(1) ¹Wird dem Vollstreckungsgericht ein aus dem Grundbuch ersichtliches Recht bekannt, welches der Zwangsversteigerung oder der Fortsetzung des Verfahrens entgegensteht, so hat das Gericht das Verfahren entweder sofort aufzuheben oder unter Bestimmung einer Frist, binnen welcher der Gläubiger die Hebung des Hindernisses nachzuweisen hat, einstweilen einzustellen. ²Im letzteren Fall ist das Verfahren nach dem Ablauf der Frist aufzuheben, wenn nicht inzwischen der Nachweis erbracht ist.

(2) Wird dem Vollstreckungsgericht eine Verfügungsbeschränkung oder ein Vollstreckungsmangel bekannt, ist Absatz 1 entsprechend anzuwenden.

I. Allgemeines	1	1. Allgemeines	27
II. Entgegenstehende Rechte	5	2. Verfügungsbeschränkungen	28
1. Dritteigentum und Auflassungsvormerkung	6	3. Vollstreckungsmängel	31
a) Dritteigentum	6	V. Aufhebung oder Einstellung durch Beschluss	32
b) Auflassungsvormerkung	8	1. Vorrangige Einstellung	32
2. Weitere Rechte	9	2. Wirkung der Entscheidung	34
a) Verfahrenshindernde Rechte	9	3. Fortsetzung des Verfahrens nach Einstellung	35
b) Keine verfahrenshindernde Rechte	14	4. Beschluss	36
III. Grundbuchersichtlichkeit (Abs. 1)	26	5. Zustellung	37
IV. Verfügungsbeschränkung und Vollstreckungsmangel (Abs. 2)	27	VI. Rechtsbehelfe	38

I. Allgemeines

Die §§ 28–34 enthalten Regelungen zur Aufhebung und einstweiligen Einstellung des Verfahrens. Aufhebung und Einstellung unterscheiden sich insb. durch den Wegfall der Beschlagnahme bei Aufhebung (s. § 34). Weitere Aufhebungs- und/oder Einstellungsmöglichkeiten des Vollstreckungsgerichts ergeben sich aus §§ 75–77, 86, §§ 765 a, 775 ZPO sowie aus §§ 732 Abs. 2, 769 Abs. 2 ZPO.

1

Zweck des § 28 ist, das Verfahren hindernde Rechte zu wahren. Diese führen zur Aufhebung oder Einstellung **von Amts wegen**, wenn sie aus dem **Grundbuch** er-

2

sichtlich sind und dem Vollstreckungsgericht bekannt werden (Abs. 1), andernfalls muss der Berechtigte sein Recht im Rechtsweg geltend machen (§ 37 Nr. 5).[1]

3 **Verfügungsbeschränkungen** und **Vollstreckungsmängel**, die dem Verfahren oder dessen Fortsetzung entgegenstehen,[2] hat das Vollstreckungsgericht grds. von Amts wegen zu berücksichtigen (Abs. 2).

4 Anwendbar ist § 28 auf die Vollstreckungsversteigerung sowie in den Verfahren nach §§ 172 ff (Insolvenzverwalterversteigerung), §§ 175 ff (Nachlassversteigerung) und §§ 180 ff (Teilungsversteigerung), dort jedoch nur eingeschränkt.[3]

II. Entgegenstehende Rechte

5 Dem Verfahren steht ein **Recht** eines **Dritten** (auch des Schuldners)[4] entgegen, wenn (1) das Recht durch die (Fortsetzung der) Vollstreckung beeinträchtigt wird und (2) der Dritte (der Schuldner) die Beeinträchtigung gegenüber dem vollstreckenden Gläubiger nicht dulden muss.[5]

6 **1. Dritteigentum und Auflassungsvormerkung. a) Dritteigentum.** Das schon **vor Beschlagnahme** erworbene Eigentum eines Dritten am Grundstück hindert das Verfahren, ist aber ohnehin bei der Anordnung nach § 17 Abs. 1 zu berücksichtigen, wenn es aus dem Grundbuch ersichtlich ist. Abs. 1 ist anzuwenden, sobald dem Vollstreckungsgericht die Eintragung bekannt wird. Dem dinglichen Gläubiger ist durch Einstellung des Verfahrens Gelegenheit zu geben, nach § 727 ZPO eine Klausel gegen den neuen Eigentümer (als Rechtsnachfolger)[6] zu erwirken und diese zuzustellen (§ 750 Abs. 2 ZPO).[7] Auch den persönlichen Gläubiger betreffend kommt eine Einstellung (aA sofortige Aufhebung)[8] in Betracht.[9] Der Eigentumserwerb eines Dritten **nach Beschlagnahme** ist aufgrund des mit der Beschlagnahme verbundenen **Veräußerungsverbots** (§ 23 Abs. 1 S. 1) dem vollstreckenden Gläubiger gegenüber grds. unwirksam, §§ 135 Abs. 1, 136 BGB. Selbst bei einem **beschlagnahmefreien** Erwerb nach §§ 135 Abs. 2, 892 BGB oder § 878 BGB ist Abs. 1 nicht anzuwenden.

7 Wird die Zwangsversteigerung durch den Gläubiger eines eingetragenen Rechts betrieben, gilt bezüglich der Veräußerung des Grundstücks § 26.[10] Im Übrigen sind Maßnahmen nach Abs. 1 nicht veranlasst, weil das Dritteigentum nicht grundbuchersichtlich ist; der Dritte muss sein Recht (über § 771 ZPO) geltend machen.[11]

8 **b) Auflassungsvormerkung.** Die Auflassungsvormerkung ist nach ganz hM kein der Zwangsversteigerung entgegenstehendes Recht.[12] Die vor Beschlagnahme ins Grundbuch eingetragene Auflassungsvormerkung ermöglicht jedoch einen Eigen-

---

1 BGH ZMR 2012, 638.
2 OLG Karlsruhe Rpfleger 2000, 405.
3 *Stöber*, § 28 Rn 2.2; zur Zwangsverwaltung vgl *Schmidberger*, ZfIR 2009, 276; vgl auch BGH NJW-RR 2010, 1098.
4 *Böttcher*, § 28 Rn 1; Dassler/Schiffhauer/*Hintzen*, § 28 Rn 8; Steiner/*Eickmann*, § 28 Rn 7; wohl aA *Stöber*, § 28 Rn 3.
5 RGZ 116, 363; 127, 8; *Böttcher*, § 28 Rn 2; Dassler/Schiffhauer/*Hintzen*, § 28 Rn 8, § 9 Rn 14; Steiner/*Eickmann*, § 28 Rn 10; *Stöber*, § 28 Rn 3.
6 OLG Hamm NJW 1999, 1038.
7 Steiner/*Eickmann*, § 28 Rn 18.
8 Steiner/*Eickmann*, § 28 Rn 18.
9 *Stöber*, § 28 Rn 4.7 a).
10 Steiner/*Eickmann*, § 28 Rn 19; *Stöber*, § 28 Rn 4.5.
11 Dassler/Schiffhauer/*Hintzen*, § 26 Rn 5; *Stöber*, § 28 Rn 4.5; diff. *Böttcher*, § 26 Rn 5; Steiner/*Eickmann*, § 28 Rn 20.
12 BGHZ 46, 124; BGH NJW 1996, 3147; BGH ZWE 2014, 422; aA *Streuer*, Rpfleger 2000, 357; ausf. Staudinger/*Gursky*, § 883 BGB Rn 297 ff mwN.

tumserwerb des Vorgemerkten **nach Beschlagnahme**, weil die Beschlagnahme als vormerkungswidrige Verfügung dem Vorgemerkten gegenüber unwirksam ist, § 883 Abs. 2 BGB. Das aufgrund einer Vormerkung wirksam erworbene und eingetragene (Dritt-)Eigentum nötigt nach hM deswegen zur Aufhebung (aA Einstellung)[13] des wegen eines persönlichen Anspruchs betriebenen Verfahrens nach Abs. 1.[14] Dasselbe gilt, wenn die Zwangsversteigerung aufgrund eines nach der Vormerkung eingetragenen dinglichen Rechts betrieben wird.[15] Die mit dem Eigentumserwerb bewilligte Löschung der Vormerkung ändert hieran nichts.[16] Geht das der Vollstreckung zugrunde liegende **dingliche Recht** hingegen der Vormerkung im **Rang** vor,[17] ist die Vollstreckung nach § 26 gegen den Grundstückseigentümer zum Zeitpunkt der Beschlagnahme fortzusetzen, weil die Geltendmachung des vorrangigen Rechts nicht vormerkungswidrig ist.[18] Die Fortsetzung gegenüber dem im Grundbuch eingetragenen neuen Eigentümer ist ohne Klauselumschreibung und -zustellung (§§ 727, 750 Abs. 2 ZPO) möglich.[19]

2. Weitere Rechte

a) Verfahrenshindernde Rechte

- Ein vor Eintragung eines dinglichen Rechts (auch: vor Beschlagnahme seitens eines persönlichen Gläubigers)[20] eingetragenes Veräußerungsverbot nach § 75 Abs. 1 **BVG** begründet ein verfahrenshinderndes Recht. Das Verfahren ist nach Abs. 1 einzustellen, bis die erforderliche Genehmigung der zuständigen Verwaltungsbehörde erteilt ist.[21] Nach aA muss die Genehmigung erst bei Zuschlagserteilung vorliegen.[22] Ist die Eintragung des dinglichen Rechts von der Verwaltungsbehörde genehmigt worden, darf die Zwangsversteigerung jedoch aus dem Recht betrieben werden.[23]

- Ein verfahrenshinderndes Recht begründet auch ein zur Herrenlosigkeit führender **Eigentumsverzicht** (§ 928 Abs. 1 BGB) vor Beschlagnahme, der zur Aufhebung des Verfahrens nach Abs. 1 zwingt.[24] Erfolgt der Verzicht nach Beschlagnahme, steht dieser der Fortsetzung auch bei einem persönlichen Anspruch nicht entgegen; das Vollstreckungsgericht hat einen Vertreter nach § 787 ZPO zu bestellen.[25] Wird später ein neuer Eigentümer (zB der Fiskus,

---

13 *Stöber*, § 28 Rn 4.8 a).
14 LG Frankenthal Rpfleger 1985, 371; LG Trier Rpfleger 2000, 286; *Böttcher*, § 28 Rn 7; Dassler/Schiffhauer/*Hintzen*, § 28 Rn 15; MüKo-BGB/*Wacke*, § 883 BGB Rn 51; Steiner/*Eickmann*, § 28 Rn 16; mit beachtlichen Argumenten aA *Kesseler*, DNotZ 2010, 404 (§ 771 ZPO).
15 Steiner/*Eickmann*, § 28 Rn 16; auch *Stöber*, § 28 Rn 4.8 a).
16 *Böttcher*, § 28 Rn 6; *Stöber*, § 28 Rn 4.8 b); aA LG Stade DNotZ 1968, 636; vgl auch *Kesseler*, DNotZ 2010, 404.
17 Zur Einordnung der Auflassungsvormerkung in § 10 Abs. 1 s. BGH NJW 2014, 2445.
18 BGHZ 170, 378 = NJW 2007, 2993 mwN; iE auch *Stöber*, § 28 Rn 4.8 c); krit. zur Begr. *Stöber*, BGHReport 2007, 580; aA OLG Hamm WM 1984, 1378; *Böttcher*, § 28 Rn 9.
19 Dassler/Schiffhauer/*Hintzen*, § 28 Rn 15; aA OLG Hamm WM 1984, 1378; *Böttcher*, § 28 Rn 9; *ders.*, ZfIR 2007, 551 (Anm.).
20 *Böttcher*, § 28 Rn 27; aA Steiner/*Eickmann*, § 28 Rn 62.
21 *Böttcher*, § 28 Rn 27; Steiner/*Eickmann*, § 28 Rn 61; *Stöber*, § 15 Rn 7.3, 7.4.
22 Dassler/Schiffhauer/*Hintzen*, § 28 Rn 14; *Wolber*, Rpfleger 1982, 210.
23 Dassler/Schiffhauer/*Hintzen*, § 28 Rn 14; Steiner/*Eickmann*, § 28 Rn 61; *Stöber*, § 15 Rn 7.4.
24 *Böttcher*, § 28 Rn 13; Dassler/Schiffhauer/*Hintzen*, § 28 Rn 20; Steiner/*Eickmann*, § 28 Rn 27; *Stöber*, § 15 Rn 22.3.
25 *Böttcher*, § 28 Rn 13; Dassler/Schiffhauer/*Hintzen*, § 28 Rn 20; Steiner/*Eickmann*, § 28 Rn 27; *Stöber*, § 15 Rn 22.3.

§ 928 Abs. 2 BGB) eingetragen, ist § 26 entsprechend anzuwenden, bei einem persönlichen Anspruch aber nur, wenn die Beschlagnahme vor Eigentumsaufgabe erfolgt ist.[26]

11 ■ Ein verfahrenshinderndes Recht stellt auch ein aufgrund einer **einstweiligen Verfügung** eingetragenes **Veräußerungsverbot** ein Grundstück betreffend (§§ 938 Abs. 2, 941 ZPO) dar, wenn dessen Beschlagnahme durch den persönlichen Gläubiger nach der Wirksamkeit des Verfügungsverbots erfolgt oder das der Vollstreckung zugrunde liegende dingliche Recht nach diesem Zeitpunkt entstanden ist.[27] Die Anordnung des Verfahrens (Beitrittszulassung) ist allerdings nicht ausgeschlossen.[28] Das Verfahren ist nach Abs. 2 zwecks Einholung der Zustimmung oder Vorlage eines Duldungstitels einzustellen,[29] nach aA ist § 772 ZPO anzuwenden.[30] Gleiches gilt für ein Belastungsverbot (§ 938 Abs. 2 ZPO).[31] Zum Widerspruch (§ 899 Abs. 1 S. 1 BGB) und zur Vormerkung (§ 885 Abs. 1 BGB) s. jeweils dort.

12 ■ Das **Nacherbenrecht** begründet wegen § 2115 S. 1 BGB, § 773 ZPO ein verfahrenshinderndes Recht, wenn die Vollstreckung nicht von einem Nachlassgläubiger betrieben wird oder sie dem Nacherben gegenüber wirksam ist, § 2115 S. 2 BGB.[32] Letzteres hat das Vollstreckungsgericht auf Nachweis des Gläubigers zu prüfen, § 773 S. 1 ZPO.[33] Dem Nacherben steht die Widerspruchsklage nach §§ 773 S. 2, 771 ZPO zu. Wird das Verfahren nicht aus einer Nachlassverbindlichkeit oder aus einem dem Nacherben gegenüber wirksamen Recht betrieben, darf zwar mit Rücksicht auf das Verwertungsverbot des § 773 ZPO die Zwangsversteigerung angeordnet werden.[34] Das Vollstreckungsgericht kann jedoch nicht bis zur Zuschlagserteilung zuwarten,[35] sondern hat das Veräußerungsverfahren nach Abs. 2 einzustellen.[36] Nach aA ist § 773 ZPO (direkt) anzuwenden.[37] Die bloße Eintragung eines **Nacherbenvermerks** ist nach allgM kein Hindernis iSd Abs. 1.

13 ■ Ein verfahrenshinderndes Recht begründet schließlich ein eingetragenes **Pfandrecht** an einem Miterbenanteil (oder anderen Gesamthandsanteil) als Verfügungsbeschränkung für sämtliche Miterben, bis die Zustimmung des Pfandrechtsgläubigers oder ein Duldungstitel gegen diesen vorliegt, es sei denn, das der Vollstreckung zugrunde liegende dingliche Recht ist vor der (Ver-)Pfändung eingetragen worden.[38]

---

26 Steiner/Eickmann, § 28 Rn 27; Stöber, § 15 Rn 22.3.
27 OLG Köln Rpfleger 1983, 450; Böttcher, § 28 Rn 28; Dassler/Schiffhauer/Hintzen, § 28 Rn 16; Stöber, § 15 Rn 36.1.
28 Böttcher, § 28 Rn 28; Stöber, § 15 Rn 36.1; unklar wegen des Verweises auf Stöber in Fn 24: Dassler/Schiffhauer/Hintzen, § 28 Rn 16.
29 Böttcher, § 28 Rn 28.
30 Stöber, § 15 Rn 36.1 u. § 28 Rn 8.4.
31 Stöber, § 28 Rn 5.6.
32 Dassler/Schiffhauer/Hintzen, § 28 Rn 29; Böttcher, § 28 Rn 22; Stöber, § 15 Rn 30.8 und 30.10.
33 Stöber, § 15 Rn 30.8.
34 LG Berlin Rpfleger 1987, 457; Böttcher, § 28 Rn 22; Hofmann, Rpfleger 1999, 317; Stöber, § 15 Rn 30.11; aA OLG Nürnberg MDR 1961, 63.
35 So aber BayObLG Rpfleger 1968, 221.
36 LG Berlin Rpfleger 1987, 457; Böttcher, § 28 Rn 22; Hofmann, Rpfleger 1999, 317; Steiner/Eickmann, § 28 Rn 40.
37 Stöber, § 15 Rn 30.11.
38 BayObLG NJW 1959, 1780; Böttcher, § 28 Rn 25; Steiner/Eickmann, § 28 Rn 50; Stöber, § 15 Rn 27.1.

b) Keine verfahrenshindernde Rechte

- Kein verfahrenshinderndes Recht begründen ein Enteignungsverfahren (§§ 85–122 BauGB),[39] ein (vereinfachtes) Umlegungsverfahren (§§ 45–79, 80–84 BauGB)[40] oder städtebauliche Sanierungs- und Entwicklungsmaßnahmen (§§ 136–164 b, §§ 165–171 BauGB).[41]

- Eine während des Verfahrens ablaufende **Befristung** des der Vollstreckung zugrunde liegenden Grundpfandrechts begründet ebenfalls kein verfahrenshinderndes Recht.[42]

- Auch eine **Beschlagnahme** nach §§ 290, 443 StPO (Zustellung an Pfleger, s. § 292 Abs. 2 S. 2 StPO)[43] oder ein **Bodenschutzlastvermerk**[44] stellt kein verfahrenshinderndes Recht dar.

- Ein verfahrenshinderndes Recht wird ebenfalls nicht bei einer Verfügungsbeschränkung unter **Ehegatten** nach § 1365 BGB hinsichtlich des von einem Dritten betriebenen Verfahrens angenommen.[45] Bei der von einem Ehegatten betriebenen Teilungsversteigerung hingegen ist Abs. 2 entsprechend anzuwenden, wenn die Verfügungsbeschränkung unstreitig ist.[46]

- Kein verfahrenshinderndes Recht begründet auch eine Verfügungsbeschränkung aus dem **Erbbaurecht** (Zustimmungspflicht nach § 5 Abs. 1, 2 ErbbauRG betreffend Veräußerung und/oder Belastung). Die Zustimmungspflicht nach § 5 Abs. 1 ErbbauRG hindert die Anordnung der Zwangsversteigerung (die Zulassung des Beitritts) nicht, die Zustimmung muss erst zum Zuschlag vorliegen oder ersetzt sein.[47] Wird die Zwangsversteigerung aufgrund eines ohne Zustimmung eingetragenen Rechts betrieben, nötigt dies ebenfalls nicht zur Einstellung nach § 28; der Grundstückseigentümer muss nach § 771 ZPO vorgehen.[48] Ist nur die Belastung zustimmungspflichtig, kann das Versteigerungsverfahren ohne weitere Zustimmung angeordnet (aA betreffend persönliche Gläubiger wegen § 128)[49] und zugeschlagen werden.[50]

- Auch bei einem **Flurbereinigungsverfahren** (FlurbG) handelt es sich nicht um ein verfahrenshinderndes Recht.[51] Das bei Abfindung des Grundstückeigentümers eingetragene Veräußerungsverbot (§ 52 Abs. 3 FlurbG) hindert die Zwangsversteigerung aufgrund eines zeitlich vorgehenden dinglichen Rechts nicht. Dasselbe gilt für einen persönlichen Anspruch, wenn die Beschlagnahme vor Eintragung des Veräußerungsverbots erfolgt ist. Nur bei einem der Eintragung nachgehenden dinglichen Recht und einer zeitlich nachgehenden Beschlagnahme ist das Veräußerungsverbot als Hindernis gem. Abs. 1,[52] nach aA im Wege der Einstellung nach § 772 ZPO zu berücksichtigen.[53]

---

39 *Stöber*, § 15 Rn 6.1.
40 *Steiner/Eickmann*, § 28 Rn 55; *Stöber*, § 15 Rn 6.2, 6.4.
41 *Stöber*, § 15 Rn 6.3.
42 LG Tübingen Rpfleger 1984, 156; *Böttcher*, § 28 Rn 11.
43 *Böttcher*, § 28 Rn 33; *Steiner/Eickmann*, § 28 Rn 73.
44 *Dassler/Schiffhauer/Hintzen*, § 28 Rn 13.
45 *Stöber*, § 15 Rn 10.1; *Zimmer/Pieper*, NJW 2007, 3104.
46 BGH NJW 2007, 3124; AG Karlsruhe FamRZ 2008, 1641.
47 BGHZ 33, 76 = NJW 1960, 2093; BayObLG DNotZ 1961, 266; *Dassler/Schiffhauer/Hintzen*, § 28 Rn 39; *Stöber*, § 15 Rn 13.8.
48 *Böttcher*, § 28 Rn 30; *Muth*, Rpfleger 1991, 441; *Stöber*, § 15 Rn 13.5.c); aA *Steiner/Eickmann*, § 28 Rn 66.
49 *Böttcher*, § 28 Rn 31; *Reinke*, Rpfleger 1990, 498; *Steiner/Eickmann*, § 28 Rn 68.
50 *Muth*, Rpfleger 1991, 441; *Stöber*, § 15 Rn 13.5 c).
51 OLG Hamm Rpfleger 1987, 258; OLG Oldenburg KTS 1975, 239.
52 *Böttcher*, § 28 Rn 14; *Ebeling*, Rpfleger 1987, 232.
53 *Stöber*, § 15 Rn 17.3.

20 ■ Ein verfahrenshinderndes Recht begründet auch nicht das für die Immobiliarvollstreckung bedeutungslose (vgl § 21 Abs. 2 Nr. 3 InsO, aber auch § 30 d Abs. 4) **Insolvenzeröffnungsverfahren** (§§ 11–34 InsO).[54] Die Vollstreckung findet gegen den Schuldner statt und hat (auch bei Bestellung eines „starken" vorläufigen Insolvenzverwalters (§§ 21 Abs. 2 Nr. 1, 2, 22 Abs. 1 InsO) auf diesen zu lauten.[55] Die Eröffnung des **Insolvenzverfahrens** hindert die Zwangsversteigerung nicht, wenn das Verfahren von einem dinglichen Gläubiger (§ 10 Abs. 1 Nr. 4, 6, 8) betrieben wird, weil dieser nach § 49 InsO absonderungsberechtigt ist.[56] Wird die Zwangsversteigerung nach Insolvenzeröffnung beantragt, ist die Klauselumschreibung auf und die Zustellung an den Insolvenzverwalter erforderlich, §§ 727, 750 Abs. 2 ZPO.[57] Ein bereits angeordnetes Verfahren ist zu diesem Zweck nach Abs. 2 einzustellen. Dasselbe gilt, wenn der Titel gegen den Insolvenzverwalter auf den Schuldner umgeschrieben werden muss, zB bei Freigabe des Grundstücks oder Beendigung des Insolvenzverfahrens.[58] Ist das Verfahren (nach Titelumschreibung und Zustellung) gegen den Insolvenzverwalter angeordnet worden, ist nach Freigabe eine (erneute) Umschreibung auf den Schuldner und eine Zustellung an ihn nicht mehr erforderlich.[59] Bei Insolvenzeröffnung nach Beschlagnahme sind weder Umschreibung noch Zustellung erforderlich; der Insolvenzverwalter nimmt die Rechte des Schuldners an dessen Stelle wahr.[60] Letzteres gilt auch, wenn das Verfahren von einem persönlichen Gläubiger (§ 10 Abs. 1 Nr. 5) betrieben wird.[61] Nach Eröffnung des Insolvenzverfahrens kann für solche (Insolvenz-)Gläubiger die Zwangsversteigerung nicht mehr angeordnet werden (Vollstreckungsverbot, § 89 Abs. 1 InsO, welches auch nach Freigabe des Grundstücks gilt.[62] Die Zwangsversteigerung ist nach Abs. 2 aufzuheben, wenn die Beschlagnahme innerhalb der letzten Monats (§ 88 InsO) oder der letzten drei Monate (§ 312 InsO) vor dem Insolvenzantrag erfolgt ist (sog. **Rückschlagsperre**; zu deren Wirkung auf die Zwangshypothek s. § 868 ZPO Rn 5). Nach Insolvenzeröffnung ist die Verfahrensanordnung ausgeschlossen, § 89 Abs. 1 InsO. Das trotzdem angeordnete Verfahren ist nach Abs. 2 aufzuheben.[63] Zur einstweiligen Einstellung der Zwangsversteigerung im Falle des Insolvenzeröffnungsverfahrens und der Eröffnung des Insolvenzverfahrens s. §§ 30 d–30 f.

21 ■ Auch bei einer Anordnung der **Nachlassverwaltung** nach Beschlagnahme handelt es sich nicht um ein verfahrenshinderndes Recht.[64] Das Verfahren ist ohne Titelumschreibung gegen den Nachlassverwalter fortzusetzen. Der Nachlassverwalter kann aber die Aufhebung der von einem privaten Gläubiger des Erben betriebenen Zwangsversteigerung eines Nachlassgrundstücks im Wege der §§ 784 Abs. 2, 785 ZPO verlangen (s. § 1984 Abs. 1, 2 BGB).

---

54 *Böttcher*, § 28 Rn 20; Dassler/Schiffhauer/*Hintzen*, § 28 Rn 27; *Stöber*, § 15 Rn 23.1 a).
55 LG Halle Rpfleger 2002, 89 (zur Zwangsverwaltung); *Böttcher*, § 28 Rn 20; *Stöber*, § 15 Rn 23.1 b); aA LG Cottbus NZI 2000, 183; *Bachmann*, Rpfleger 2001, 105; *Hintzen*, EWiR 2001, 1151; *Alff*, Rpfleger 2002, 90.
56 *Böttcher*, § 28 Rn 16; *Stöber*, § 15 Rn 23.4.
57 BGH DNotZ 2005, 840; OLG Hamm Rpfleger 1985, 310.
58 OLG Hamm Rpfleger 1985, 310; *Böttcher*, § 28 Rn 17; *Stöber*, § 15 Rn 23.10.
59 BGH DNotZ 2005, 840.
60 *Stöber*, § 15 Rn 23.11.
61 *Vallender*, Rpfleger 1997, 353; *Böttcher*, § 28 Rn 18; *Stöber*, § 15 Rn 23.11.
62 BGH NJW-RR 2009, 923.
63 AG Neubrandenburg 30.5.2013 – 611 K 26/12, juris; OLG Hamm Rpfleger 1966, 24; *Böttcher*, § 28 Rn 18; *Hintzen*, Rpfleger 1999, 256; *Stöber*, § 15 Rn 23.8.
64 *Böttcher*, § 28 Rn 23; *Stöber*, § 15 Rn 30.7 c); aA Steiner/*Eickmann*, § 28 Rn 42; unklar Dassler/Schiffhauer/*Hintzen*, § 28 Rn 31.

War die Nachlassverwaltung hingegen schon vor Beschlagnahme angeordnet, ist das Verfahren mangels Titel gegen den Nachlassverwalter gem. Abs. 2 einzustellen bzw aufzuheben.[65]

- Die Eintragung eines **Nießbrauchs**, auch nicht hinsichtlich des Besitzrechts des Nießbrauchers, stellt ebenfalls kein verfahrenshinderndes Recht dar.[66] 22

- Auch bei einem Erbfall mit **Testamentsvollstreckung** nach Beschlagnahme handelt es sich nicht um ein verfahrenshinderndes Recht; das Verfahren wird ohne Titelumschreibung gegen den Testamentsvollstrecker fortgesetzt (§ 779 ZPO). Bei Testamentsvollstreckung vor Beschlagnahme gilt Abs. 2.[67] 23

- Auch bei einem **Vor-** oder **Wiederkaufsrecht**[68] handelt es sich nicht um ein verfahrenshinderndes Recht, ebenfalls nicht bei einem **Widerspruch** gegen die Richtigkeit des Grundbuchs das Eigentum des Schuldners betreffend, § 899 Abs. 1 BGB.[69] 24

- Schließlich stellt auch eine (vereinbarte) Verfügungsbeschränkung bei **Wohnungseigentum** (§ 12 Abs. 1, 3 WEG) kein veräußerungshinderndes Recht dar. Die erforderliche Zustimmung oder deren Ersetzung muss erst zum Zuschlag vorliegen.[70] 25

III. Grundbuchersichtlichkeit (Abs. 1)

Ist ein das Verfahren hinderndes Recht im **Grundbuch eingetragen**, hat das Vollstreckungsgericht unabhängig von der Eintragungsreihenfolge nach Abs. 1 zu verfahren, wenn ihm die Grundbucheintragung – gleichgültig auf welche Weise – bekannt wird.[71] 26

IV. Verfügungsbeschränkung und Vollstreckungsmangel (Abs. 2)

1. Allgemeines. Verfahrenshindernde[72] Verfügungsbeschränkungen und Vollstreckungsmängel sind unabhängig von ihrer Grundbucheintragung vom Vollstreckungsgericht von Amts wegen zu berücksichtigen. Sonstige nicht grundbuchersichtliche Rechte muss der Berechtigte mit den (materiell-rechtlichen) Rechtsbehelfen des Vollstreckungsrechts (§§ 771, 767, 768 ZPO) geltend machen. 27

2. Verfügungsbeschränkungen. Die **Verfügungsbefugnis** kann beschränkt sein im Fall des § 1365 BGB (s. Rn 17), des § 12 Abs. 1, 3 WEG (s. Rn 25) und des § 5 ErbbauRG (s. Rn 18). 28

„Verfügungsbeschränkung" iSv Abs. 2 (= Verfügungsbeeinträchtigung) ist auch die **Entziehung der Verfügungsbefugnis** wie im Fall der Eröffnung des Insolvenzverfahrens (s. Rn 20), der Testamentsvollstreckung (s. Rn 23) und der Nachlassverwaltung (s. Rn 21). 29

Abs. 2 ist darüber hinaus anzuwenden bei **Verfügungsverboten** und sonstigen Verfügungsbeeinträchtigungen aufgrund einstweiliger Verfügung (s. Rn 11) und Nacherbenrechts (s. Rn 12). 30

---

[65] *Böttcher*, § 28 Rn 23; *Stöber*, § 15 Rn 30.7 c).
[66] Ausf. Steiner/*Eickmann*, § 28 Rn 47; *Stöber*, § 15 Rn 26; anders für die Zwangsverwaltung, vgl BGH NJW 2003, 2164.
[67] *Stöber*, § 15 Rn 30.7 e).
[68] Steiner/*Eickmann*, § 28 Rn 74, 77; *Stöber*, § 15 Rn 42.1, 42.3.
[69] Steiner/*Eickmann*, § 28 Rn 76; *Stöber*, § 28 Rn 5.15.
[70] *Böttcher*, § 28 Rn 32; Dassler/Schiffhauer/*Hintzen*, § 28 Rn 39; Steiner/*Eickmann*, § 28 Rn 69; *Stöber*, § 15 Rn 45.7.
[71] Steiner/*Eickmann*, § 28 Rn 12 f; *Stöber*, § 28 Rn 6.2.
[72] OLG Karlsruhe Rpfleger 2000, 405.

31 **3. Vollstreckungsmängel.** Fehlt eine allgemeine oder besondere Zwangsvollstreckungsvoraussetzung, ist das Verfahren nach Abs. 2 aufzuheben oder einstweilen einzustellen, wenn der Mangel dem Vollstreckungsgericht bekannt wird.[73] Eigene Ermittlungen muss das Vollstreckungsgericht nicht vornehmen, der Einwendende ist zur Anfechtung nach §§ 766, 793 ZPO gehalten.[74] Vorliegen müssen die Zwangsvollstreckungsvoraussetzungen auch für einen (Gesamt-)Rechtsnachfolger des Gläubigers, der das Verfahren weiterbetreiben will; andernfalls ist das Verfahren nach Abs. 2 einzustellen.[75]

V. Aufhebung oder Einstellung durch Beschluss

32 **1. Vorrangige Einstellung.** Das Vollstreckungsgericht darf das Verfahren nur **aufheben**, wenn eine Behebung des Hindernisses **auf Dauer** (aA wenn Behebung des Mangels aufgrund Rechtsstreits ungewiss)[76] nicht möglich ist (zB bei ausnahmsweiser Nichtigkeit der Vollstreckungsmaßnahme, Abs. 2).[77] Ob das Vollstreckungsgericht aufhebt oder einstellt, steht nicht in dessen **Ermessen**.[78] Schon aufgrund der Wirkungen der Aufhebung (Wegfall der Beschlagnahme) ist die Einstellung des Verfahrens geboten, wenn eine Behebung des Hindernisses denkbar ist.[79]

33 Dem Gläubiger ist mit der Einstellung eine im Lichte der Interessen der Beteiligten angemessene Frist zur Beseitigung des Mangels zu setzen. Jedenfalls (auch im Falle der Aufhebung) ist dem Gläubiger vor der Entscheidung Gelegenheit zur Stellungnahme zu geben; es kann dahinstehen, ob diese Verpflichtung aus Art. 103 Abs. 1 GG (rechtliches Gehör) oder dem Grundsatz des fairen Verfahrens (s. hierzu § 30 b Rn 15) folgt.

34 **2. Wirkung der Entscheidung.** Eingestellt bzw aufgehoben wird grds. nur das vom Hindernis betroffene **Einzelverfahren** des betreibenden Gläubigers; nicht selten werden aber sämtliche betreibende Gläubiger und Verfahren betroffen sein. Im Falle der Einstellung bleibt die Beschlagnahme bestehen, bei Aufhebung wird das Verfahren des betroffenen Gläubigers beendet und die Beschlagnahme fällt weg (§ 34).

35 **3. Fortsetzung des Verfahrens nach Einstellung.** Nach **Behebung** des Hindernisses durch den Gläubiger wird das Verfahren **von Amts wegen** fortgesetzt.[80] Ein **Fortsetzungsbeschluss** ist gesetzlich nicht vorgeschrieben, aber sinnvoll.[81] Erst nach erfolglosem Ablauf der (verlängerbaren)[82] Frist ist das Verfahren aufzuheben, wenn die Beseitigung des Hindernisses nicht nachgewiesen ist. Der Nachweis ist auch nach Fristablauf noch bis zum Erlass des Aufhebungsbeschlusses möglich.[83]

36 **4. Beschluss.** Das Vollstreckungsgericht entscheidet durch Beschluss. Im Falle der Aufhebung ist es angesichts deren unmittelbarer Wirkung auf die Beschlagnahme regelmäßig geboten, die Wirksamkeit der Entscheidung bis zum Eintritt

---

73 BGH NJW 2007, 3357.
74 *Stöber*, § 28 Rn 9.2; vgl LG Saarbrücken FamRZ 2010, 587.
75 BGH NJW 2007, 3357.
76 LG Trier Rpfleger 2000, 286.
77 Dassler/Schiffhauer/*Hintzen*, § 28 Rn 44; *Stöber*, § 28 Rn 7.2.
78 *Böttcher*, § 28 Rn 37; Steiner/*Eickmann*, § 28 Rn 78; *Stöber*, § 28 Rn 7.2.
79 Steiner/*Eickmann*, § 28 Rn 78.
80 Dassler/Schiffhauer/*Hintzen*, § 28 Rn 45; *Böttcher*, § 28 Rn 40; *Stöber*, § 28 Rn 7.6 a).
81 *Stöber*, § 28 Rn 7.6 b).
82 *Böttcher*, § 28 Rn 40; *Stöber*, § 28 Rn 7.5.
83 Dassler/Schiffhauer/*Hintzen*, § 28 Rn 45; *Böttcher*, § 28 Rn 40; Steiner/*Eickmann*, § 28 Rn 84; *Stöber*, § 28 Rn 7.5.

der Rechtskraft hinauszuschieben.[84] Nach dem **Schluss der Versteigerung** (§ 73 Abs. 2) ist die Einstellung oder Aufhebung durch Versagung des Zuschlags zu beschließen, § 33 (zu Ausnahmen s. § 33 Rn 3; zum Vorgehen bei mehreren Gläubigern s. § 33 Rn 5 ff). Nach **Zuschlagserteilung** ist eine Überprüfung nur noch im Rahmen der Zuschlagsbeschwerde möglich, §§ 96, 100 Abs. 3, 83 Nr. 6, § 793 ZPO.[85]

5. Zustellung. Der aufhebende oder einstellende Beschluss ist dem betreibenden Gläubiger und dem Schuldner sowie dem antragstellenden Dritten zuzustellen, § 32. Für den ablehnenden Beschluss gilt § 329 (Abs. 3) ZPO.[86]

VI. Rechtsbehelfe

Unterbleibt eine die Aufhebung oder Einstellung anordnende Entscheidung, steht dem Schuldner (dessen Vertreter) sowie dem nach § 9 beteiligten Dritten die Erinnerung nach § 766 ZPO zu, nach Entscheidung über die Erinnerung ist sofortige Beschwerde möglich, § 95, § 793 ZPO.[87] Die die Aufhebung oder Einstellung anordnende Entscheidung kann vom angehörten Gläubiger nach § 95, § 793 ZPO, ansonsten nach § 766 ZPO angefochten werden. Eine Zuschlagsentscheidung ist mit der sofortigen Beschwerde nach § 793 ZPO iVm § 96 anzufechten.

37

38

§ 29 [Antragsrücknahme]

Das Verfahren ist aufzuheben, wenn der Versteigerungsantrag von dem Gläubiger zurückgenommen wird.

I. Allgemeines

Vollstreckungsverfahren werden auf Gläubigerantrag betrieben (Antragsgrundsatz, vgl auch §§ 15, 146 Abs. 1, 180 Abs. 1). Dem Gläubiger als „Herr des Verfahrens" ist es (deswegen) auch überlassen, das Verfahren durch Rücknahme des Antrags zu beenden.[1] Zur Kenntnis der Beteiligten gelangt die Rücknahme durch den Aufhebungsbeschluss.

1

Die Vorschrift des § 29 gilt für sämtliche Versteigerungsarten und ist auf die Zwangsverwaltung entsprechend anzuwenden, § 161 Abs. 4.[2]

2

II. Rücknahme

1. Berechtigung. Die Rücknahme erfolgt durch Erklärung des **Gläubigers** (oder dessen Vertreters) gegenüber dem Vollstreckungsgericht. Zurücknehmen kann auch (nur)[3] der Rechtsnachfolger des Gläubigers (Erbe, Zessionar, Ablösender), wenn er sein Recht angemeldet und nachgewiesen hat; die vorherige Umschreibung und Zustellung des Vollstreckungstitels ist nicht erforderlich.[4]

3

---

84 KG MDR 1966, 515; OLG Hamm Rpfleger 1959, 283; *Böttcher*, § 28 Rn 39; Steiner/*Eickmann*, § 28 Rn 80; *Stöber*, § 28 Rn 7.2.
85 *Stöber*, § 28 Rn 7.3.
86 *Stöber*, § 28 Rn 7.3.
87 BGH ZMR 2012, 638.
1 Steiner/*Storz*, § 29 Rn 1.
2 Steiner/*Storz*, § 29 Rn 6.
3 Dassler/Schiffhauer/*Hintzen*, § 29 Rn 4; Steiner/*Storz*, § 29 Rn 26; aA OLG Düsseldorf NJW-RR 1987, 247; OLG Bremen Rpfleger 1987, 381.
4 BGH NJW-RR 2007, 165 (zu § 30); KG JW 1931, 546; Dassler/Schiffhauer/*Hintzen*, § 29 Rn 4; *Stöber*, § 15 Rn 20.23; Steiner/*Storz*, § 29 Rn 26; aA *Böttcher*, ZfIR 2007, 204 (Anm.) mwN.

4 **2. Form.** Eine besondere Form ist nicht vorgeschrieben, so dass die Rücknahme auch mündlich erklärt werden kann (Besonderheiten bei Rücknahme in elektronischer Form, § 130 a ZPO). Das Vollstreckungsgericht hat aber sicherzustellen, dass die Rücknahme gewollt ist und die Erklärung vom Gläubiger stammt (zB durch Rückruf bei telefonischer Rücknahme). Die Rücknahmeerklärung ist Prozesshandlung und als solche **bedingungsfeindlich**.[5]

5 **3. Genehmigung.** Die Antragsrücknahme erfordert nach allgM grds. keine familiengerichtliche **Genehmigung**. Wird das Verfahren von einem persönlichen Gläubiger betrieben, bedürfen Vormund oder Pfleger allerdings der Genehmigung nach § 1822 Nr. 13 BGB (iVm § 1915 Abs. 1 S. 1 BGB).[6] Zwar ist die Rücknahme als Prozesshandlung kein Rechtsgeschäft, sie ist aufgrund ihrer Wirkung (Verlust des durch die Beschlagnahme entstandenen Vorzugsrechts) aber nicht anders zu behandeln als zB der Verzicht auf eine Sicherheit.[7]

6 **4. Zeitpunkt der Rücknahme.** Die Rücknahme ist nach Anordnung des Verfahrens **bis zur Verkündung** des Zuschlags **zulässig**. Nach Schluss der Versteigerung (§ 73 Abs. 2) gilt § 33 (s. § 33 Rn 3). Ist wirksam zugeschlagen worden, kann der Antrag im Beschwerdeverfahren über die Zuschlagsentscheidung nicht mehr zurückgenommen werden.[8] Ist der Zuschlag versagt worden oder wäre dieser auf die Beschwerde hin ohnehin aufzuheben, ist eine Rücknahme noch im Beschwerdeverfahren möglich.[9] Ein Verstoß gegen § 100 Abs. 1 wegen Berücksichtigung neuer Tatsachen liegt hierin nicht.[10]

7 **5. Rücknahme der Antragsrücknahme.** Obwohl die Rücknahme Prozesshandlung ist, kann sie entgegen hM[11] wegen der konstitutiven Wirkung des Aufhebungsbeschlusses (s. Rn 8) **bis** zu dessen **Erlass** zurückgenommen werden.[12]

III. Aufhebungsbeschluss, Wirkung

8 Nicht die Rücknahme (der Eingang der Erklärung), sondern erst der gerichtliche **Aufhebungsbeschluss** beendet die **Beschlagnahme**, so der BGH ausdrücklich für den Fall der Zwangsverwaltung.[13] Die – auch für die Zwangsversteigerung geltende – Begründung der Entscheidung des BGH überzeugt, soweit auf die andernfalls bestehende Rechtsunsicherheit und den öffentlich-rechtlichen Charakter der Beschlagnahme verwiesen wird.[14]

9 Auf die (wirksame) Rücknahme hat das Vollstreckungsgericht durch Beschluss die **Aufhebung** des Verfahrens **zwingend** auszusprechen. Mit dem Aufhebungsbeschluss entfällt die Wirkung der Beschlagnahme nur für den oder die zurücknehmenden, nicht aber für weitere betreibende Gläubiger, für die das Verfahren fort-

---

5 Siehe aber bei Zwangsverwaltung LG Bielefeld ZInsO 2014, 2292 m. Anm. *Knees*.
6 *Böttcher*, § 29 Rn 4; *Brüggemann*, FamRZ 1990, 124; *Eickmann*, Rpfleger 1983, 199; aA Dassler/Schiffhauer/*Hintzen*, § 29 Rn 3; *Stöber*, § 29 Rn 2.4.
7 Vgl MüKo-BGB/*Wagenitz*, § 1822 BGB Rn 73.
8 *Stöber*, § 29 Rn 2.7.
9 LG Aachen Rpfleger 1985, 452; *Böttcher*, § 29 Rn 8; *Stöber*, § 29 Rn 2.7; aA wohl Dassler/Schiffhauer/*Hintzen*, § 29 Rn 11, s. aber *ders.*, § 33 Rn 6.
10 Hierzu OLG Frankfurt Rpfleger 1991, 380.
11 AG Bamberg Rpfleger 1969, 99; AG Euskirchen Rpfleger 1973, 149; Steiner/*Storz*, § 29 Rn 30; *Stöber*, § 29 Rn 2.3, 2.5.
12 *Böttcher*, § 29 Rn 7.
13 BGHZ 177, 218 = NJW 2008, 3067 m. zust. Anm. *Depre*, ZflR 2008, 841; s. auch *Hintzen*, Rpfleger 2009, 68, der (mit guten Gründen) meint, erst die Zustellung an den Schuldner bewirke die Aufhebung.
14 Schon vorher: *Böttcher*, § 29 Rn 6; Dassler/Schiffhauer/*Hintzen*, § 29 Rn 8; *Eickmann*, ZflR 2003, 1021.

gesetzt wird.[15] Im Falle einer **Rücknahme durch** den **bestrangig betreibenden Gläubiger** ist hinsichtlich der im übrigen weiterbetriebenen Einzelverfahren Folgendes zu beachten (s. auch § 30 Rn 15 ff): Nach §§ 43 Abs. 2, 44 Abs. 2 kann eine Verlegung des Versteigerungstermins erforderlich sein.[16] Nach Beginn der Bietzeit ist das geringste Gebot neu zu berechnen und die Bietzeit neu einzuhalten.[17] Bei Rücknahme nach dem Schluss der Versteigerung, aber vor Zuschlagsverkündung, gilt das in § 33 Rn 6 ff Ausgeführte. Zu einem möglichen **Rechtsmissbrauch** durch Rücknahme s. § 30 Rn 18.

Der Aufhebungsbeschluss ist an den Gläubiger, den Schuldner und den die Aufhebung beantragenden Dritten zuzustellen (s. § 32). 10

IV. Teilrücknahme

Der betreibende Gläubiger kann den Vollstreckungsantrag teilweise zurücknehmen, indem er seinen Antrag auf einzelne Grundstücke oder selbständige (nicht reale) Grundstücksteile beschränkt.[18] Eine Rücknahme ist ferner durch **Freigabe** einzelner **Zubehörstücke** möglich. Das Vollstreckungsgericht hat das Verfahren dann teilweise aufzuheben. Das Vollstreckungsgericht darf nicht prüfen, ob es sich tatsächlich um Zubehör handelt, eine Anhörung der nicht betreibenden Gläubiger ist (deswegen) nicht erforderlich.[19] Keine Teilrücknahme, sondern nur eine Beschränkung der Anmeldung ist die Ermäßigung einer Vollstreckungsforderung.[20] Die teilweise Aufhebung ist aber festzustellen, wenn von mehreren Ansprüchen einer vollständig zurückgenommen wird.[21] 11

Die Unterrichtung des Schuldners ist in jedem Fall ratsam, schon um diesen nicht zu einem materiell-rechtlichen Rechtsbehelf zu veranlassen.[22] 12

V. Rechtsbehelfe

Der Aufhebungsbeschluss ist mittels **sofortiger Beschwerde** anfechtbar (§ 95, § 793 ZPO). Schuldner und Gläubiger werden jedoch idR nicht beschwert sein.[23] Wird eine Erklärung des Gläubigers entgegen dessen Auffassung als Rücknahme ausgelegt, kommt allerdings eine Beschwerde seinerseits gegen den Aufhebungsbeschluss in Betracht. Wenn die Wirksamkeit des Aufhebungsbeschlusses nicht bis zu dessen Rechtskraft aufgeschoben wird, kann mit der Beschwerde allerdings nicht die Fortsetzung des Verfahrens erreicht werden.[24] 13

§ 30 [Einstweilige Einstellung mit Bewilligung des Gläubigers]

(1) ¹Das Verfahren ist einstweilen einzustellen, wenn der Gläubiger die Einstellung bewilligt. ²Die Einstellung kann wiederholt bewilligt werden. ³Ist das Verfahren auf Grund einer Bewilligung des Gläubigers bereits zweimal eingestellt, so

---

15 *Böttcher*, § 29 Rn 9; Dassler/Schiffhauer/*Hintzen*, § 29 Rn 8; Steiner/*Storz*, § 29 Rn 35 ff; *Stöber*, § 29 Rn 2.9.
16 Steiner/*Storz*, § 29 Rn 39.
17 *Böttcher*, § 29 Rn 9; Steiner/*Storz*, § 29 Rn 40.
18 Steiner/*Storz*, § 29 Rn 15 ff.
19 BGH NJW-RR 2007, 194; OLG Düsseldorf NJW 1955, 188; *Böttcher*, § 29 Rn 11; Steiner/*Storz*, § 29 Rn 18; *Stöber*, § 29 Rn 4.2.
20 *Böttcher*, § 29 Rn 11; Steiner/*Storz*, § 29 Rn 19 f.
21 Steiner/*Storz*, § 29 Rn 19 f; *Stöber*, § 29 Rn 4.4.
22 So zu Recht *Stöber*, § 29 Rn 4.4.
23 LG Neubrandenburg ZfIR 2013, 659.
24 *Böttcher*, § 29 Rn 15.

gilt eine erneute Einstellungsbewilligung als Rücknahme des Versteigerungsantrags.

(2) Der Bewilligung der Einstellung steht es gleich, wenn der Gläubiger die Aufhebung des Versteigerungstermins bewilligt.

I. Allgemeines 1	3. Inhalt 19
II. Bewilligungsvoraussetzungen ... 3	4. Zustellung 20
1. Bewilligungsberechtigung... 3	IV. Teilbewilligung 21
2. Form 4	V. Mehrfache Bewilligung, Aufhebungsbeschluss (Abs. 1 S. 1, 2).. 22
3. Erklärungsinhalt 5	
4. Genehmigung 10	1. Bewilligung 22
5. Antragszeitpunkt 11	2. Berechnung 23
6. Rücknahme 12	3. Rechtsmissbrauch 24
III. Einstellungsbeschluss, Wirkung 13	VI. Rechtsbehelfe 25
1. Allgemeines 13	VII. Verhältnis zu anderen Einstellungsvorschriften 26
2. Wirkung 14	
a) Konstitutiver Beschluss.. 14	1. Verhältnis zu § 28 26
b) Bewilligung durch sämtliche betreibende Gläubiger 15	2. Verhältnis zu § 30 a (§ 180 Abs. 2, 3), §§ 30 b, 30 c und 30 d 27
c) Bewilligung durch einen von mehreren Gläubigern 16	3. Verhältnis zu § 77 28
	4. Verhältnis zu § 765 a ZPO .. 29
d) Rechtsmissbrauch 18	5. Verhältnis zu §§ 732 Abs. 2, 769, 775 ZPO 30

I. Allgemeines

1 Der betreibende Gläubiger als „Herr des Verfahrens" kann nicht nur durch Antragsrücknahme nach § 29 die Beendigung des Verfahrens herbeiführen, sondern dessen Fortgang durch Bewilligung der einstweiligen Einstellung auch zeitweise hemmen (Abs. 1 S. 1, 2, Abs. 2). Insbesondere mit Rücksicht auf das Anwachsen von Ansprüchen auf fortlaufende Leistungen (§§ 10 Abs. 1 Nr. 2–4, 13) ist der Einstellungszeitraum im Interesse anderer Berechtigter begrenzt (Abs. 1 S. 2 und 3).

2 Die Vorschrift des § 30 gilt für sämtliche Versteigerungsverfahren, nicht aber für die Zwangsverwaltung (s. § 146).[1]

II. Bewilligungsvoraussetzungen

3 **1. Bewilligungsberechtigung.** Die Einstellung bewilligen kann der (betreibende) **Gläubiger** oder dessen Vertreter. Die Eintragung bewilligen kann auch (nur)[2] der Rechtsnachfolger des Gläubigers (Erbe, Zessionar, Ablösender), wenn er sein Recht angemeldet und nachgewiesen hat; die vorherige Umschreibung und Zustellung des Vollstreckungstitels ist nicht erforderlich.[3]

4 **2. Form.** Eine besondere Form ist für die Erklärung des Gläubigers nicht vorgeschrieben, so dass die Bewilligung auch mündlich erklärt werden kann (Besonderheiten bei Bewilligung in elektronischer Form, § 130 a ZPO). Das Vollstreckungsgericht hat aber sicherzustellen, dass die Bewilligung gewollt ist und die Erklärung vom Gläubiger stammt (zB durch Rückruf bei telefonischer Bewilligung).

---

1 *Stöber*, § 30 Rn 1.2.
2 *Dassler/Schiffhauer/Hintzen*, § 29 Rn 4; *Steiner/Storz*, § 30 Rn 31 (§ 29 Rn 26); aA OLG Düsseldorf NJW-RR 1987, 247; OLG Bremen Rpfleger 1987, 381.
3 BGH NJW-RR 2007, 165; *Dassler/Schiffhauer/Hintzen*, § 30 Rn 7; *Steiner/Storz*, § 30 Rn 31; *Stöber*, § 15 Rn 20.23; aA *Böttcher*, ZfIR 2007, 204 (Anm.) mwN.

3. Erklärungsinhalt. Die Erklärung des Gläubigers muss erkennen lassen, dass dieser das Verfahren einstweilen nicht fortsetzen will.[4] Bloß passives Verhalten (zB Nichtäußerung auf Anfrage) reicht nicht aus.[5] Von Gesetzes wegen steht die Bewilligung der Aufhebung (oder Verlegung) des Versteigerungstermins der ausdrücklichen Bewilligung der Einstellung gleich (Abs. 2). Nicht gemeint ist allerdings ein Antrag auf Terminsaufhebung oder -verlegung aus verfahrensrechtlichen Gründen (zB Verhinderung).[6]

Die **Auslegung** oder **Umdeutung** einer Erklärung des Gläubigers in eine Einstellungsbewilligung kommt in Betracht, wenn der Gläubiger beispielsweise

- das Ruhen des Verfahrens beantragt,[7]
- eine Stundung bewilligt und dies dem Gericht mitteilt,[8]
- seine Zustimmung zur Einstellungsbewilligung eines anderen Gläubigers erklärt,[9]
- einen Fortsetzungsantrag zurücknimmt[10] oder
- dem Zuschlag widerspricht, wenn §§ 85 a, 74 a nicht anwendbar sind.[11]

Der Gläubiger bewilligt die Einstellung hingegen nicht, wenn er

- sich mit einer Terminsverlegung nach § 227 ZPO einverstanden erklärt,[12]
- eine Verschiebung der Terminsveröffentlichung im Amtsblatt anregt oder gestattet,[13]
- einer Einstellung nach §§ 30 a, 30 c zustimmt,[14]
- seine Zustimmung zur Einstellung nach § 765 a ZPO erklärt[15] oder
- einen Antrag auf Zuschlagsversagung nach § 74 a stellt.[16]

Im Zweifelsfall ist eine Nachfrage beim Gläubiger geboten.[17]

Die Bewilligung ist Prozesshandlung und als solche **bedingungsfeindlich**. Die Bewilligungserklärung (außergerichtliche Vereinbarungen bleiben selbstverständlich möglich) kann deswegen nicht mit einer **Bedingung** oder einer **Auflage** (zB Ratenzahlung) verbunden werden.[18] Entsprechende Erklärungen veranlassen zur Aufklärung nach § 139 ZPO. Der Gläubiger kann eine Einstellungsfrist nicht

---

4 BGH NJW-RR 2010, 1314.
5 Steiner/*Storz*, § 30 Rn 29; *Stöber*, § 30 Rn 2.3.
6 *Böttcher*, § 30 Rn 2; Dassler/Schiffhauer/*Hintzen*, § 30 Rn 5; Steiner/*Storz*, § 30 Rn 29; *Stöber*, § 30 Rn 2.3.
7 *Stöber*, § 30 Rn 2.3.
8 *Böttcher*, § 30 Rn 2; Dassler/Schiffhauer/*Hintzen*, § 30 Rn 4; Steiner/*Storz*, § 30 Rn 27; *Stöber*, § 30 Rn 2.3.
9 *Böttcher*, § 30 Rn 2; Dassler/Schiffhauer/*Hintzen*, § 30 Rn 4; Steiner/*Storz*, § 30 Rn 27.
10 *Böttcher*, § 30 Rn 2; *Stöber*, § 30 Rn 2.3; aA Steiner/*Storz*, § 30 Rn 28; auch Dassler/Schiffhauer/*Hintzen*, § 30 Rn 6 (Nachfrage erforderlich).
11 *Böttcher*, § 30 Rn 2; Dassler/Schiffhauer/*Hintzen*, § 30 Rn 4.
12 KG JW 1933, 1899; *Böttcher*, § 30 Rn 2; Dassler/Schiffhauer/*Hintzen*, § 30 Rn 5; Steiner/*Storz*, § 30 Rn 29; *Stöber*, § 30 Rn 2.6.
13 *Böttcher*, § 30 Rn 2; *Stöber*, § 30 Rn 2.6.
14 *Böttcher*, § 30 Rn 2; Dassler/Schiffhauer/*Hintzen*, § 30 Rn 5; Steiner/*Storz*, § 30 Rn 29; *Stöber*, § 30 Rn 2.6.
15 *Böttcher*, § 30 Rn 2; Dassler/Schiffhauer/*Hintzen*, § 30 Rn 5; Steiner/*Storz*, § 30 Rn 29; aA *Stöber*, § 30 Rn 2.3 (aber Rückfrage erforderlich).
16 *Böttcher*, § 30 Rn 2; Dassler/Schiffhauer/*Hintzen*, § 30 Rn 5; Steiner/*Storz*, § 30 Rn 29; *Stöber*, § 30 Rn 2.16.
17 *Böttcher*, § 30 Rn 2.
18 *Böttcher*, § 30 Rn 2; Dassler/Schiffhauer/*Hintzen*, § 30 Rn 11; Steiner/*Storz*, § 30 Rn 34; *Stöber*, § 30 Rn 2.4.

vorgeben.¹⁹ Eine derartige Erklärung des Gläubigers ist unbeachtlich. Es ist unbefristet einzustellen, wenn die Vorgabe nicht als (unzulässige) Bedingung zu verstehen ist.²⁰ Mit der Einstellungsbewilligung kann allerdings zugleich der (befristete) Antrag auf Fortsetzung des Verfahrens verbunden werden (s. § 31 Rn 6).

10 4. **Genehmigung.** Eine familiengerichtliche **Genehmigung** ist nicht erforderlich (s. auch § 29 Rn 5).

11 5. **Antragszeitpunkt.** Die Bewilligung ist nach Anordnung des Verfahrens **bis zur Verkündung des Zuschlags** zulässig; die bereits vor Anordnung oder Beitritt bewilligte Einstellung bleibt zunächst unberücksichtigt.²¹ Nach Schluss der Versteigerung (§ 73 Abs. 2) gilt § 33 (s. § 33 Rn 3).²² Ist wirksam zugeschlagen worden, kann die Einstellung nicht mehr bewilligt werden.²³ Hinsichtlich der Berücksichtigung im Beschwerdeverfahren gelten die Ausführungen zu § 29 Rn 6 entsprechend.

12 6. **Rücknahme.** Obwohl die Bewilligung Prozesshandlung und damit grds. unwiderruflich ist, ist ihre Rücknahme noch **bis** zum **Erlass** des konstitutiven (s. Rn 14) Einstellungsbeschlusses möglich.²⁴ Eine verspätete Rücknahme der Bewilligung ist ein Fortsetzungsantrag.²⁵ Ist die Einstellung der Versteigerung nach § 30 bewilligt worden, der (konstitutive) Einstellungsbeschluss aber noch nicht erlassen, ist Fortsetzungsantrag als Rücknahme der Bewilligung anzusehen.²⁶

III. Einstellungsbeschluss, Wirkung

13 1. **Allgemeines.** Auf die (wirksame) Bewilligung ist die Einstellung des betroffenen **Einzelverfahrens** zwingend durch **Einstellungsbeschluss** auszusprechen.

14 2. **Wirkung.** a) **Konstitutiver Beschluss.** Nicht schon die wirksame Bewilligung (der Eingang der Erklärung bei Gericht), sondern erst der (konstitutive) Beschluss bewirkt den Verfahrensstillstand.²⁷ Weitere Verfahrenshandlungen für den (nicht mehr betreibenden) Gläubiger sind zu unterlassen. Die **Beschlagnahme** bleibt jedoch bestehen, der Zwangsversteigerungsvermerk wird nicht gelöscht.²⁸

15 b) **Bewilligung durch sämtliche betreibende Gläubiger.** Bewilligt der allein betreibende oder bewilligen sämtliche betreibende Gläubiger die Einstellung, ist der schon bestimmte Versteigerungstermin aufzuheben oder eine bereits begonnene Bietzeit abzubrechen; für schon abgegebene Gebote gilt § 72 Abs. 3.²⁹ Nach dem Schluss der Versteigerung (§ 73 Abs. 2) ist nach § 33 zu versagen, es sei denn, es ist kein Gebot abgegeben worden.³⁰

16 c) **Bewilligung durch einen von mehreren Gläubigern.** Es gilt der Grundsatz der Selbständigkeit der Einzelverfahren: Die Bewilligung bezieht sich nur auf das (be-

---

19 *Böttcher*, § 30 Rn 2; Steiner/*Storz*, § 30 Rn 34; *Stöber*, § 30 Rn 2.5.
20 LG Traunstein Rpfleger 1989, 35; *Böttcher*, § 30 Rn 2; Dassler/Schiffhauer/*Hintzen*, § 30 Rn 11; Steiner/*Storz*, § 30 Rn 35; *Stöber*, § 30 Rn 2.5.
21 *Böttcher*, § 30 Rn 5; *Stöber*, § 30 Rn 2.13; aA *Ordemann*, AcP 157, 470.
22 BGH, NJW-RR 2007, 1005.
23 *Stöber*, § 30 Rn 2.12.
24 LG Magdeburg 28.11.2013 – 11 T 456/13, juris; AG Bamberg Rpfleger 1969, 99; *Böttcher*, § 30 Rn 4.
25 AG Bamberg Rpfleger 1969, 99; *Böttcher*, § 30 Rn 4; *Stöber*, § 30 Rn 2.7.
26 *Böttcher*, § 31 Rn 3; *Stöber*, § 30 Rn 2.7.
27 OLG Nürnberg MDR 1976, 234; *Böttcher*, § 30 Rn 11; Dassler/Schiffhauer/*Hintzen*, § 30 Rn 9; Steiner/*Storz*, § 30 Rn 32; *Stöber*, § 30 Rn 2.7.
28 *Böttcher*, § 30 Rn 11.
29 *Böttcher*, § 30 Rn 12; Dassler/Schiffhauer/*Hintzen*, § 30 Rn 16, 17; Steiner/*Storz*, § 30 Rn 43.
30 Steiner/*Storz*, § 30 Rn 43; *Stöber*, § 30 Rn 2.12.

troffene) Einzelverfahren des jeweiligen Gläubigers.[31] Wird das Verfahren eines **nachrangigen Gläubigers** eingestellt, hat dies auf das fortzuführende Verfahren des bestrangig betreibenden Gläubigers (das Gesamtverfahren) keinen Einfluss.[32]

Wird das Verfahren des **bestrangig betreibenden Gläubigers** eingestellt, ist hinsichtlich des weiterbetriebenen Verfahrens Folgendes zu beachten: Nach §§ 43 Abs. 2, 44 Abs. 2 kann eine Verlegung des Versteigerungstermins erforderlich sein.[33] Erfolgt die Bewilligung nach Beginn der Bietzeit, ist das geringste Gebot neu zu berechnen und die Bietzeit neu einzuhalten.[34] Bei Rücknahme nach dem Schluss der Versteigerung, aber vor Zuschlagsverkündung, gilt das in § 33 Rn 6 Ausgeführte. 17

d) Rechtsmissbrauch. Die Bewilligung der Einstellung ist regelmäßig weder rechtsmissbräuchlich (§§ 242, 138 BGB) noch Schikane (§ 226 BGB), auch wenn nachrangige Gläubiger beeinträchtigt werden.[35] Das dem Gläubiger von Gesetzes wegen zustehende Recht der Einstellungsbewilligung – das für den Schuldner von Vorteil ist[36] – darf er grds. nutzen.[37] Nur im Ausnahmefall kann ihm dies verwehrt werden: Hat der bestrangig betreibende Gläubiger ein Meistgebot abgegeben, welches sämtliche Gläubiger deckt, bewilligt er dann aber kurz vor Ende der Bietzeit die Einstellung, betreibt jedoch das Verfahren aus einem rangschlechteren Recht weiter, um nach Neuberechnung des geringsten Gebotes (als einzig Anwesender) nur noch dieses auszubieten, ist sein Gesamtverhalten als sittenwidriger Missbrauch einer formalen Rechtsstellung zu qualifizieren und der Zuschlag zu versagen.[38] 18

3. Inhalt. Im Einstellungsbeschluss ist – schon wegen § 31 – der **Grund** der Einstellung anzugeben.[39] Ist die Aufhebung eines Versteigerungstermins erforderlich, kann dies zusammen mit dem Einstellungsbeschluss geschehen. Auflagen, Bedingungen und Befristungen sind nicht zulässig (s. Rn 9), können aber außergerichtlich vereinbart werden. 19

4. Zustellung. Der Einstellungsbeschluss ist an den Gläubiger und den Schuldner zuzustellen (s. § 32). 20

IV. Teilbewilligung

Der (betreibende) Gläubiger kann die Einstellungsbewilligung auf einzelne Grundstücke oder selbständige (nicht reale) Grundstücksteile beschränken.[40] Auch bezüglich einzelner **Zubehörstücke** ist eine (Teil-)Bewilligung möglich.[41] In diesen Fällen ist eine Teileinstellung geboten. Bewilligt der Gläubiger die Einstellung hinsichtlich einzelner Gegenstände, hat das Vollstreckungsgericht nicht zu prüfen, ob es sich tatsächlich um Zubehör handelt; einer Anhörung der nicht be- 21

---

31 BGH NJW-RR 2010, 1314; NJW 2009, 81; Steiner/*Storz*, § 30 Rn 5, 41.
32 *Böttcher*, § 30 Rn 13; Steiner/*Storz*, § 30 Rn 44.
33 *Böttcher*, § 30 Rn 14; Steiner/*Storz*, § 30 Rn 46.
34 BGH NJW-RR 2010, 1314; *Böttcher*, § 30 Rn 14; Dassler/Schiffhauer/*Hintzen*, § 30 Rn 17; Steiner/*Storz*, § 30 Rn 47.
35 *Böttcher*, § 30 Rn 14; Dassler/Schiffhauer/*Hintzen*, § 30 Rn 12; Steiner/*Storz*, § 30 Rn 7, § 29 Rn 5; *Stöber*, § 30 Rn 2.15.
36 OLG Schleswig KTS 1973, 272; *Drischler*, KTS 1975, 283.
37 BGH NJW-RR 2010, 1314.
38 *Stöber*, ZIP 1981, 944; auch *Böttcher*, § 30 Rn 14; *Vollkommer*, Rpfleger 1982, 1; krit. *Storz*, ZIP 1982, 416; Steiner/*Storz*, § 30 Rn 7; aA *Drischler*, KTS 1975, 283; s. auch BGH NJW-RR 2010, 1314.
39 Steiner/*Storz*, § 30 Rn 54; *Stöber*, § 30 Rn 2.9.
40 Steiner/*Storz*, § 30 Rn 21; *Stöber*, § 30 Rn 5.1.
41 Steiner/*Storz*, § 30 Rn 21; *Stöber*, § 30 Rn 5.1.

treibenden Gläubiger bedarf es nicht.[42] Betreibt ein Gläubiger das Verfahren aus mehreren selbständigen Ansprüchen, die Gegenstand mehrerer Beschlagnahmebeschlüsse oder einer gemeinsamen Beschlagnahme sind, kann er die Einstellungsbewilligung auf einen selbständigen Anspruch beschränken.[43] Die Beschränkung der Bewilligung auf unselbständige Teile einer Vollstreckungsforderung kommt hingegen nicht in Betracht.[44]

V. Mehrfache Bewilligung, Aufhebungsbeschluss (Abs. 1 S. 1, 2)

22 **1. Bewilligung.** Der Gläubiger kann die Einstellung nach Fortsetzung des Verfahrens (§ 31), aber auch während der vorangegangenen Einstellungszeit erneut bewilligen.[45] Der Einstellungsantrag kann mit einem Fortsetzungsantrag verbunden werden.[46] Die dritte Einstellungsbewilligung gilt nach Abs. 1 S. 3 als Rücknahme des Versteigerungsantrags, so dass nach § 29 zu verfahren ist.

23 **2. Berechnung.** Die Zahl der vorangegangenen Einstellungen nach § 30 – Einstellungen aus anderen Gründen zählen nicht[47] – ist für jeden betreibenden Gläubiger und jedes **Einzelverfahren** gesondert zu berechnen.[48] Nimmt ein Gläubiger seinen Versteigerungsantrag zurück und tritt dann später wegen desselben Anspruchs dem von einem anderen Gläubiger weiterbetriebenen Verfahren erneut bei, sind vor der Rücknahme bewilligte Einstellungen deswegen grds. nicht mitzurechnen.[49] Auch wenn ein Gläubiger wegen erst später fällig werdender Zinsen (mehrfach) beitritt, bleiben grds. die hierdurch entstehenden Einzelverfahren maßgebend.[50]

24 **3. Rechtsmissbrauch.** Es ist allerdings nicht auszuschließen, dass ein Gläubiger dies missbraucht, um ohne ernsthafte Versteigerungsabsicht mit Hilfe des (verlängerten) Verfahrens Druck auf den Schuldner auszuüben. In einem solchen Fall kann die erneute Bewilligungserklärung entsprechend Abs. 3 S. 1 als Aufhebung gelten oder die Aufhebung nach allgemeinen Grundsätzen geboten sein.[51] Als Beispiel mag das mehrjährige stufenweise Betreiben eines Verfahrens wegen laufender Zinsen und eines Kapitalbetrages dienen.[52]

VI. Rechtsbehelfe

25 Der (Einstellungs-)Beschluss ist mit mittels **sofortiger Beschwerde** anfechtbar (§ 95, § 793 ZPO). Schuldner und Gläubiger werden jedoch idR nicht beschwert sein.

---

42 OLG Düsseldorf NJW 1955, 188; *Stöber*, § 30 Rn 5.2.
43 OLG Düsseldorf Rpfleger 1991, 28; *Böttcher*, § 30 Rn 8, 9; Steiner/*Storz*, § 30 Rn 21; *Stöber*, § 30 Rn 5.4, 5.5.
44 *Böttcher*, § 30 Rn 9; Steiner/*Storz*, § 30 Rn 21; *Stöber*, § 30 Rn 5.5.
45 *Stöber*, § 30 Rn 3.1.
46 Dassler/Schiffhauer/*Hintzen*, § 30 Rn 20; *Stöber*, § 30 Rn 3.1.
47 Dassler/Schiffhauer/*Hintzen*, § 30 Rn 21; *Stöber*, § 30 Rn 3.2.
48 BGH 26.1.2012 – V ZB 220/11, juris; OLG Düsseldorf Rpfleger 1991, 28; *Böttcher*, § 30 Rn 17; Dassler/Schiffhauer/*Hintzen*, § 30 Rn 21; *Stöber*, § 30 Rn 3.1.
49 *Stöber*, § 30 Rn 3.2; aA LG Bonn Rpfleger 1990, 433.
50 BGH 26.1.2012 – V ZB 220/11, juris; OLG Düsseldorf Rpfleger 1991, 28; Dassler/Schiffhauer/*Hintzen*, § 30 Rn 25; *Stöber*, § 30 Rn 3.2.
51 BGH 26.1.2012 – V ZB 220/11, juris; OLG Düsseldorf Rpfleger 1991, 28; Dassler/Schiffhauer/*Hintzen*, § 30 Rn 26; wohl auch *Stöber*, § 30 Rn 5.4.
52 LG Bonn Rpfleger 2001, 365; Dassler/Schiffhauer/*Hintzen*, § 30 Rn 26; s. auch LG Erfurt Rpfleger 2005, 375 und LG Koblenz ZVI 2012, 426.

VII. Verhältnis zu anderen Einstellungsvorschriften

1. Verhältnis zu § 28. Die Einstellung (Aufhebung) nach § 28 hat Vorrang.[53] Die Gegenauffassung führt zur Begründung an, der Gläubiger sei „Herr des Verfahrens" und die Rechte Dritter seien durch die Anwendung des § 28 nach Fortsetzungsantrag gewahrt.[54] Dabei wird übersehen, dass ein Dritter als Inhaber eines entgegenstehenden Rechts die Fortdauer der Beschlagnahme über einen längeren Zeitraum hinnehmen müsste.[55] Darüber hinaus kann § 28 zur Aufhebung führen. Eine Einstellung nach § 30 scheidet also aus, wenn bereits nach § 28 eingestellt ist. Ist umgekehrt nach § 30 eingestellt, ist § 28 trotzdem anzuwenden.[56]

2. Verhältnis zu § 30 a (§ 180 Abs. 2, 3), §§ 30 b, 30 c und 30 d. Die Einstellung nach § 30 hat Vorrang, solange die Einstellung noch nicht rechtskräftig – § 30 ist vom Beschwerdegericht zu berücksichtigen[57] – erfolgt ist.[58] Hiernach ist eine Einstellung nach § 30 nicht mehr möglich. Über einen während der Zeit der Einstellung nach § 30 gestellten Antrag auf Einstellung nach § 30 a (§ 180 Abs. 2, 3), §§ 30 b, 30 c, 30 d entscheidet das Vollstreckungsgericht nach Verfahrensfortsetzung.[59]

3. Verhältnis zu § 77. Die Einstellungsbewilligung nach § 30 geht der Einstellung nach § 77 Abs. 1 und der Aufhebung nach § 77 Abs. 2 vor.[60] Der Gläubiger kann bis zur Verkündung der Entscheidung die Einstellung bewilligen, eine frühere zeitliche Grenze (aA)[61] sieht das Gesetz nicht vor.[62]

4. Verhältnis zu § 765 a ZPO. § 30 hat Vorrang (vgl Rn 27).[63]

5. Verhältnis zu §§ 732 Abs. 2, 769, 775 ZPO. Auch insoweit hat § 30 Vorrang (vgl Rn 27).[64]

§ 30 a [Einstweilige Einstellung auf Antrag des Schuldners]

(1) Das Verfahren ist auf Antrag des Schuldners einstweilen auf die Dauer von höchstens sechs Monaten einzustellen, wenn Aussicht besteht, daß durch die Einstellung die Versteigerung vermieden wird, und wenn die Einstellung nach den persönlichen und wirtschaftlichen Verhältnissen des Schuldners sowie nach der Art der Schuld der Billigkeit entspricht.

(2) Der Antrag ist abzulehnen, wenn die einstweilige Einstellung dem betreibenden Gläubiger unter Berücksichtigung seiner wirtschaftlichen Verhältnisse nicht zuzumuten ist, insbesondere ihm einen unverhältnismäßigen Nachteil bringen würde, oder wenn mit Rücksicht auf die Beschaffenheit oder die sonstigen Ver-

---

53 *Böttcher*, § 30 Rn 18; *Stöber*, § 30 Rn 6.1.
54 Dassler/Schiffhauer/*Hintzen*, § 30 Rn 33; Steiner/*Storz*, § 30 Rn 13; *Wangemann*, NJW 1961, 105.
55 *Stöber*, § 30 Rn 6.1.
56 *Böttcher*, § 30 Rn 18; *Stöber*, § 30 Rn 6.1.
57 *Böttcher*, § 30 Rn 19; *Stöber*, § 30 Rn 6.4.
58 LG Aachen 20.10.2008 – 3 T 304/08, juris; *Böttcher*, § 30 Rn 19; Dassler/Schiffhauer/*Hintzen*, § 30 Rn 34; Steiner/*Storz*, § 30 Rn 11; *Stöber*, § 30 Rn 6.2, 6.6, 6.7, 6.8.
59 LG Aachen 20.10.2008 – 3 T 304/08, juris; *Böttcher*, § 30 Rn 19; *Stöber*, § 30 Rn 6.5.
60 *Böttcher*, § 30 Rn 22; Dassler/Schiffhauer/*Hintzen*, § 30 Rn 36; Steiner/*Storz*, § 30 Rn 11; *Stöber*, § 77 Rn 2.1.
61 LG Mainz Rpfleger 1988, 376.
62 *Böttcher*, § 30 Rn 22; Dassler/Schiffhauer/*Hintzen*, § 30 Rn 36.
63 *Böttcher*, § 30 Rn 20; Dassler/Schiffhauer/*Hintzen*, § 30 Rn 35; Steiner/*Storz*, § 30 Rn 12; *Stöber*, § 30 Rn 6.9.
64 *Böttcher*, § 30 Rn 21; Dassler/Schiffhauer/*Hintzen*, § 30 Rn 37; Steiner/*Storz*, § 30 Rn 13; *Stöber*, § 30 Rn 6.10.

hältnisse des Grundstücks anzunehmen ist, daß die Versteigerung zu einem späteren Zeitpunkt einen wesentlich geringeren Erlös bringen würde.

(3) [1]Die einstweilige Einstellung kann auch mit der Maßgabe angeordnet werden, daß sie außer Kraft tritt, wenn der Schuldner die während der Einstellung fällig werdenden wiederkehrenden Leistungen nicht binnen zwei Wochen nach Eintritt der Fälligkeit bewirkt. [2]Wird die Zwangsversteigerung von einem Gläubiger betrieben, dessen Hypothek oder Grundschuld innerhalb der ersten sieben Zehntel des Grundstückswertes steht, so darf das Gericht von einer solchen Anordnung nur insoweit absehen, als dies nach den besonderen Umständen des Falles zur Wiederherstellung einer geordneten wirtschaftlichen Lage des Schuldners geboten und dem Gläubiger unter Berücksichtigung seiner gesamten wirtschaftlichen Verhältnisse, insbesondere seiner eigenen Zinsverpflichtungen, zuzumuten ist.

(4) Das Gericht kann ferner anordnen, daß der Schuldner Zahlungen auf Rückstände wiederkehrender Leistungen zu bestimmten Terminen zu bewirken hat.

(5) Das Gericht kann schließlich die einstweilige Einstellung von sonstigen Auflagen mit der Maßgabe abhängig machen, daß die einstweilige Einstellung des Verfahrens bei Nichterfüllung dieser Auflagen außer Kraft tritt.

I. Allgemeines 1	3. Rückständige wiederkehrende Leistungen (Abs. 4) ... 20
II. Einstellungsvoraussetzungen (Abs. 1) 4	4. Sonstige Auflagen (Abs. 5) .. 21
1. Antrag 4	5. Nichterfüllung der Auflage .. 22
2. Sanierungsfähigkeit 6	V. Verzicht auf Schuldnerschutz 24
3. Schutzwürdigkeit des Schuldners 9	VI. Rechtsbehelfe 25
	VII. Praxishinweis 26
4. Zumutbarkeit für den Gläubiger (Abs. 2) 13	VIII. Verhältnis zu anderen Einstellungsvorschriften 27
III. Einstellungsbeschluss, § 30 b 16	1. Verhältnis zu § 30 27
IV. Auflagen 17	2. Verhältnis zu § 765 a ZPO .. 28
1. Ermessen 17	
2. Nach Einstellung fällig werdende wiederkehrende Leistungen (Abs. 3) 18	

I. Allgemeines

1 Die Vorschrift des § 30 a gewährt dem Schuldner **sozialen Schutz im Versteigerungsverfahren**. Das Verfahren kann zeitweilig eingestellt werden, um dem Schuldner zu ermöglichen, die Zwangsversteigerung seines grundgesetzlich geschützten Eigentums (Art. 14 GG) abzuwenden, wenn seine (schutzwürdigen) Interessen dies erfordern und Belange des Gläubigers nicht entgegenstehen (Abs. 1 und 2). Die Vorschrift beinhaltet ferner Vorgaben zu (möglichen) Schuldnerauflagen (Abs. 3–5). Eine weitere Einstellung ist nach § 30 c zu behandeln.

2 Mit § 30 a ist die Gefahr einer nicht unwesentlichen **Verschleppung des Verfahrens** verbunden, wenn der Schuldner sämtliche Verfahrensrechte extensiv ausschöpft.[1] Eine gesetzliche Neuregelung macht dies nicht erforderlich, wohl aber eine restriktive Handhabung der Norm unter besonderer Berücksichtigung der Gläubigerinteressen.[2]

3 Die Vorschrift des § 30 a gilt ausschließlich für die **Vollstreckungsversteigerung** (auch in Form der Wiederversteigerung nach § 133). In der Teilungsversteigerung

---

1 Dassler/Schiffhauer/*Hintzen*, § 30 a Rn 4.
2 Dassler/Schiffhauer/*Hintzen*, § 30 a Rn 4.

gilt nur § 180 Abs. 2 und 3. In der Insolvenzverwalter- und Nachlassversteigerung sowie im Zwangsverwaltungsverfahren ist § 30 a nicht anwendbar.[3]

II. Einstellungsvoraussetzungen (Abs. 1)

1. **Antrag.** Eine Einstellung kommt nur auf **Antrag** des Vollstreckungsschuldners (Grundstückseigentümers) in Betracht. Hinsichtlich der (gemeinsamen) formalen Antragsvoraussetzungen, insb. der einzuhaltenden Frist, s. im Übrigen § 30 b Rn 5 ff.

Die Einstellung setzt in sachlicher Hinsicht – für jedes Einzelverfahren[4] (s. auch § 30 b Rn 22) – nach Abs. 1 und 2 **kumulativ**[5] voraus, dass

- **Aussicht auf Vermeidung der Zwangsversteigerung** besteht,
- der **Schuldner schutzwürdig** ist und
- die Einstellung für den **Gläubiger nicht unzumutbar** ist.

2. **Sanierungsfähigkeit.** Die wesentliche Voraussetzung der Einstellung zum Schutze des Schuldners ist die sog. Sanierungsfähigkeit: Durch die Einstellung muss die Versteigerung voraussichtlich vermieden werden können. Dem Schuldner muss es möglich sein, das **Verfahren** des betreibenden Gläubigers – idR durch dessen Befriedigung – **abzuwenden**. Nicht erforderlich ist eine Sanierung der wirtschaftlichen Lage des Schuldners überhaupt oder eine Befriedigung sämtlicher Gläubiger.[6] Maßgebend ist vielmehr das jeweilige Einzelverfahren (s. aber zum freihändigen Verkauf Rn 7).[7] In zeitlicher Hinsicht ist erforderlich, dass begründete Aussicht auf Abwendung **innerhalb** des längstmöglichen Einstellungszeitraums besteht; unter Berücksichtigung von § 30 c Abs. 1 S. 1 muss also eine Abwendung innerhalb **von zwölf Monaten** möglich sein.[8]

Erforderlich ist eine sämtliche Umstände des Einzelfalls berücksichtigende, hinreichend sichere **Prognose** des Vollstreckungsgerichts, an die strenge Anforderungen zu stellen sind.[9] Die die Sanierungsfähigkeit begründenden Tatsachen hat der Schuldner vorzutragen und – erst nach Aufforderung durch das Vollstreckungsgericht[10] (s. aber auch § 30 b Rn 14) – glaubhaft zu machen (§ 30 b Abs. 2).[11] Unzureichend ist die bloße Behauptung, das Objekt könne **freihändig veräußert** werden.[12] Legt der Schuldner dar, einen Makler mit dem freihändigen Verkauf beauftragt zu haben, vermag dies eine Sanierungsfähigkeit nicht zu begründen, solange nicht dargetan ist, dass ein Vertragsschluss (unmittelbar) bevorsteht.[13] Ebenso wenig genügt es, wenn der Schuldner ohne jede Konkretisierung behauptet, sich um eine **Umschuldung** bemühen zu wollen.[14] Legt der Schuldner Verhandlungen über eine Umschuldung dar, belegt dies die Sanierungsfähigkeit nur

---

3 *Stöber*, § 30 a Rn 1.2.
4 BGH NJW-RR 2009, 1429.
5 *Stöber*, § 30 a Rn 5.4.
6 *Böttcher*, § 30 a Rn 10; Dassler/Schiffhauer/*Hintzen*, § 30 a Rn 6; *Stöber*, § 30 a Rn 3.2 b); unklar Steiner/*Storz*, § 30 a Rn 35.
7 Dassler/Schiffhauer/*Hintzen*, § 30 a Rn 6; *Stöber*, § 30 a Rn 3.2 b), § 30 b Rn 6; insoweit auch Steiner/*Storz*, § 30 a Rn 36; s. aber auch BGH NJW-RR 2009, 1429 zu § 30 b Abs. 4 (Schutzwürdigkeit des Schuldners).
8 LG Dortmund 2.7.2014 – 9 T 383/13, juris; Dassler/Schiffhauer/*Hintzen*, § 30 a Rn 6.
9 LG Dortmund 2.7.2014 – 9 T 383/13, juris; Dassler/Schiffhauer/*Hintzen*, § 30 a Rn 6.
10 LG Rostock InVo 2003, 343.
11 LG Dortmund 2.7.2014 – 9 T 383/13, juris.
12 Dassler/Schiffhauer/*Hintzen*, § 30 a Rn 6.
13 LG Rostock InVo 2003, 379.
14 Dassler/Schiffhauer/*Hintzen*, § 30 a Rn 6; *Stöber*, § 30 a Rn 3.2 c).

dann, wenn er zugleich die begründete Aussicht auf einen Erfolg der Verhandlungen nachweist.[15]

8 Eine **Einstellung** ist ferner **nicht geboten**,
- wenn mittels der sich anbahnenden freihändigen Veräußerung voraussichtlich nicht sämtliche betreibenden Gläubiger befriedigt werden können (die betroffenen Gläubiger werden der Veräußerung nicht zustimmen),[16] auch wenn ein höherer Erlös erzielt werden kann,[17]
- wenn die Aussicht besteht, dass sich das Versteigerungsergebnis bei Hinausschieben des Versteigerungstermins verbessert (die Versteigerung wird nicht vermieden),[18] oder
- um dem Schuldner vorübergehend seine Wohnung oder das Existenzminimum zu erhalten (die Versteigerung wird nicht notwendigerweise vermieden).[19]

9 **3. Schutzwürdigkeit des Schuldners.** Die Einstellung muss ferner nach den persönlichen und wirtschaftlichen Verhältnissen des Schuldners sowie der Art der Schuld der **Billigkeit** entsprechen. Diese eher unscharfen Kriterien sollen eine Prüfung der Schutzwürdigkeit des Schuldners ermöglichen. Die ihn betreffenden Umstände hat der Schuldner darzulegen und (nach Aufforderung) glaubhaft zu machen, § 30 b Abs. 2 (s. hierzu aber auch § 30 b Rn 14 ff). Das Vollstreckungsgericht hat eine umfassende Würdigung sämtlicher Umstände des Einzelfalls vorzunehmen. Ob die Umstände vorübergehend oder auf Dauer angelegt sind, ist nicht maßgebend.[20]

10 Die **persönlichen Verhältnisse** des Schuldners können beispielsweise durch Arbeitslosigkeit, Krankheit und familiäre Schwierigkeiten (zB Todesfall in der Familie) bestimmt sein. Auch die persönliche Zuverlässigkeit des Schuldners kann eine Rolle spielen.

11 Die **wirtschaftlichen Verhältnisse** des Schuldners können auf allgemeinen wirtschaftlichen Umständen ebenso wie auf individuellen Gegebenheiten beruhen. Ist der Schuldner aufgrund allgemeiner wirtschaftlicher Umstände in eine Schieflage geraten, wird er regelmäßig schutzwürdig sein. Allgemeine wirtschaftliche Umstände sind beispielsweise eine Wirtschafts- und Bankenkrise, (hiermit verbundene) Kredit-, Binnenmarkt- oder Exportschwierigkeiten oder Zinserhöhungen. Allein den Schuldner betreffende Umstände können ebenfalls berücksichtigt werden, so zB nur für eine Bevölkerungsgruppe bestehende oder örtlich begrenzte wirtschaftliche Schwierigkeiten (zB Naturkatastrophen, Viehseuchen) sowie eine unverschuldete, nur vorübergehende wirtschaftliche Bedrängnis des Schuldners selbst (Arbeitslosigkeit, Insolvenzverluste), hingegen nicht zu unwirtschaftliches Fehlverhalten bzw zu unwirtschaftliche Fehlentscheidungen.[21]

12 Maßgebend ist schließlich die **Art der Schuld**, vor allem deren Bedeutung für Gläubiger und Schuldner sowie ihr Zustandekommen. Weniger schutzwürdig ist zB ein Schuldner, gegen den eine Forderung aus unerlaubter Handlung oder wegen einer Unterhaltspflicht vollstreckt wird oder der ein Darlehen zwecks An-

---

15 LG Dessau 19.1.2006 – 7 T 24/06, juris.
16 *Böttcher*, § 30 a Rn 10.
17 *Steiner/Storz*, § 30 a Rn 36; aA *Stöber*, § 30 a Rn 3.2 b).
18 *Stöber*, § 30 a Rn 3.2 b).
19 *Steiner/Storz*, § 30 a Rn 37; *Stöber*, § 30 a Rn 3.2 b).
20 *Stöber*, § 30 a Rn 3.3 c).
21 *Stöber*, § 30 a Rn 3.3 b).

schaffung in Anbetracht seiner wirtschaftlichen Verhältnisse nicht angemessener Luxusgegenstände aufgenommen hat (s. hierzu auch Rn 13 f).[22]

4. Zumutbarkeit für den Gläubiger (Abs. 2). Wenn die Einstellung der Vollstreckung für den Gläubiger unzumutbar ist, insb. einen **unverhältnismäßigen Nachteil** für ihn bedeutet, ist der Einstellungsantrag nach dem Ausschlusstatbestand des Abs. 2 abzulehnen. Zu berücksichtigen ist das von ihm darzulegende und – erst nur nach Aufforderung – glaubhaft zu machende (§ 30 b Abs. 2) wirtschaftliche Interesse des Gläubigers an einer unverzüglichen Vollstreckung, wie zB dessen dringender Geldbedarf, das Anwachsen von Zinsrückständen beim Schuldner ohne Aussicht auf Ausgleich (zB durch Auflagen)[23] oder eine zu erwartende Verringerung der Sicherheit. Unverhältnismäßig ist der Nachteil für den Gläubiger, wenn dieser auch im Lichte der Interessen des Schuldners nicht zu rechtfertigen ist.

13

Das Vollstreckungsgericht hat die Interessen von Gläubiger und Schuldner nach den (maßgebenden) **Umständen des Einzelfalls abzuwägen**.[24] *Stöber* meint zwar, eine „Abwägung nach Billigkeitsgesichtspunkten" sei nicht gerechtfertigt.[25] Zum einen gibt aber Abs. 1 selbst den Terminus „Billigkeit" vor. Zum anderen erfordert eine Verhältnismäßigkeitsprüfung – wie in Abs. 2 angeordnet – immer eine Abwägung. Von Bedeutung sind sämtliche in Abs. 1 aufgeführten Umstände den Schuldner betreffend sowie die wirtschaftlichen Interessen des Gläubigers. Maßgebend kann ein Verschulden der Beteiligten (ihre Verantwortlichkeit) sein. So ist dem Gläubiger die Einstellung der Vollstreckung aus einer unerlaubten Handlung regelmäßig nicht zuzumuten (s. hierzu auch Rn 12). Gegen eine Einstellung spricht auch ein unlauteres Handeln des Schuldners im Prozess oder in der Vollstreckung. Ebenso ist das leichtfertige Herbeiführen der wirtschaftlichen Schwierigkeiten negativ zu berücksichtigen.[26] Spiegelbildlich ist dem Gläubiger eine Einstellung eher zuzumuten, wenn er dem Schuldner in Kenntnis dessen schlechter wirtschaftlicher Situation einen Kredit gewährt hat.[27] Bei einer **Vollstreckung durch Banken, Versicherungen** oder ähnliche Institute wird die Annahme eines unzumutbaren Nachteils im Regelfall nicht möglich sein.[28]

14

Eine Einstellung ist gem. Abs. 2 insb. abzulehnen, wenn anzunehmen ist, dass die Versteigerung zu einem späteren Zeitpunkt (nach zeitweiliger Einstellung) einen **wesentlich geringeren Erlös** bringt, also eine Verschlechterung des wirtschaftlichen Werts der Immobilie zu besorgen ist (zB dadurch, dass diese verfällt). Dies gilt allerdings nicht, wenn die Erlösminderung für den von der Einstellung betroffenen Gläubiger aufgrund dessen Rangstelle keinen Nachteil begründet.[29] Das (bloße) Anwachsen der eigenen Forderung oder bevorrechtigter Forderungen reicht für dieses Tatbestandsmerkmal nicht aus.[30]

15

III. Einstellungsbeschluss, § 30 b

Die Entscheidung über den Antrag ergeht durch Beschluss, § 30 b. Im Beschluss ist die **Einstellungsfrist** möglichst genau – am besten durch konkretes Datum – zu

16

---

22 *Böttcher*, § 30 a Rn 14; Dassler/Schiffhauer/*Hintzen*, § 30 a Rn 10; *Stöber*, § 30 a Rn 3.3 d).
23 *Böttcher*, § 30 a Rn 15; Dassler/Schiffhauer/*Hintzen*, § 30 a Rn 13; *Stöber*, § 30 a Rn 5.
24 *Böttcher*, § 30 a Rn 17.
25 *Stöber*, § 30 a Rn 5.2.
26 *Stöber*, § 30 a Rn 5.2.
27 *Stöber*, § 30 a Rn 3.3 d).
28 Dassler/Schiffhauer/*Hintzen*, § 30 a Rn 13.
29 *Stöber*, § 30 a Rn 5.3.
30 *Böttcher*, § 30 a Rn 16; Dassler/Schiffhauer/*Hintzen*, § 30 a Rn 14 (nur in seltenen Ausnahmefällen); aA Steiner/*Storz*, § 30 a Rn 49; *Stöber*, § 30 a Rn 5.3.

bestimmen. Die Einstellung kann für maximal **sechs Monate** angeordnet werden, was in der Praxis zugleich der Regelfall der Einstellungsdauer ist. Wurde im Einstellungsbeschluss fehlerhaft keine Einstellungsfrist bestimmt, ist von einer Einstellung für sechs Monate – berechnet ab dem Erlass des Einstellungsbeschlusses – auszugehen.[31] Verfahrensfragen (zB fakultative mündliche Verhandlung) sind in § 30 b geregelt.

IV. Auflagen

17 **1. Ermessen.** Der Einstellungsbeschluss (§ 30 b) kann mit Auflagen verbunden werden, was im Lichte der Gläubigerinteressen auch angebracht ist. Das Vollstreckungsgericht entscheidet nach pflichtgemäßem **Ermessen** unter Abwägung der Belange des Gläubigers und der Schutzwürdigkeit des Schuldners.[32] Im Fall des Abs. 3 S. 2 hingegen darf das Vollstreckungsgericht nur im Ausnahmefall von einer Zahlungsauflage absehen. Lehnt der Gläubiger eine Auflage ausdrücklich ab, darf das Vollstreckungsgericht entsprechend § 308 Abs. 1 ZPO keine Auflage anordnen.[33] Kann der Schuldner eine unabdingbare Auflage nicht erfüllen, darf nicht eingestellt werden.[34]

18 **2. Nach Einstellung fällig werdende wiederkehrende Leistungen (Abs. 3).** Dem Schuldner kann aufgegeben werden, wiederkehrende Leistungen zwei Wochen nach deren Fälligkeit (teilweise) auszugleichen (**Abs. 3 S. 1**). Die Einstellung ist dann mit der Maßgabe anzuordnen, dass sie im Falle der Nichtzahlung außer Kraft tritt. Gemeint sind nur wiederkehrende Leistungen, die innerhalb des Einstellungszeitraums fällig werden (s. auch Abs. 4) und aus dem Recht stammen, aus dem das Verfahren betrieben wird.[35]

19 Wenn die Versteigerung von einem Gläubiger betrieben wird, dessen Hypothek oder Grundschuld innerhalb von **7/10 des Grundstückswerts** steht, kann das Gericht von einer Zahlungsauflage hinsichtlich wiederkehrender Leistungen aus diesem Recht nur im Ausnahmefall absehen (**Abs. 3 S. 2**). Maßgebend für die Berechnung ist der nach § 74 a Abs. 5 festgesetzte Wert, wenn – was selten der Fall ist – ein entsprechender Beschluss bereits ergangen ist, andernfalls die **Schätzung** des Vollstreckungsgerichts nach Anhörung des betreibenden Gläubigers und des Schuldners.[36] Ohne Auflage darf nur eingestellt werden, wenn das Gericht nach einer Abwägung zu dem Ergebnis gelangt, dass eine Einstellung ohne Auflage angesichts der wirtschaftlichen Situation des Schuldners geboten und dies dem Gläubiger zuzumuten ist, zB wenn zunächst höhere Steuerrückstände zu tilgen sind.[37]

20 **3. Rückständige wiederkehrende Leistungen (Abs. 4).** Das Vollstreckungsgericht kann dem Schuldner zur Auflage machen, (Teil-)Zahlungen auf rückständige wiederkehrende Leistungen zu erbringen, die bereits vor der Einstellung fällig geworden sind. Die Ausführungen in Rn 18 gelten entsprechend, das Vollstreckungsgericht muss jedoch den Zeitpunkt der Zahlungen bestimmen.

21 **4. Sonstige Auflagen (Abs. 5).** Schließlich kann das Vollstreckungsgericht dem Schuldner sonstige (Zahlungs-)Auflagen machen und im Einstellungsbeschluss

---

31 *Böttcher*, § 30 a Rn 19; *Stöber*, § 30 a Rn 4.2.
32 *Böttcher*, § 30 a Rn 20; Dassler/Schiffhauer/*Hintzen*, § 30 a Rn 15; *Stöber*, § 30 a Rn 6.1.
33 *Böttcher*, § 30 a Rn 20; *Stöber*, § 30 a Rn 6.1.
34 *Böttcher*, § 30 a Rn 22; *Stöber*, § 30 a Rn 6.1.
35 *Stöber*, § 30 a Rn 6.2.
36 *Böttcher*, § 30 a Rn 22; Dassler/Schiffhauer/*Hintzen*, § 30 a Rn 16; Steiner/*Storz*, § 30 a Rn 55; *Stöber*, § 30 a Rn 6.3 mwN zur (älteren) Gegenauffassung.
37 *Stöber*, § 30 a Rn 6.1.

bestimmen, dass die Einstellung im Falle der Nichterfüllung außer Kraft tritt. Denkbar sind Zahlungen auf das Kapital, öffentliche Lasten, Steuern, Versicherungen, nicht gesicherte Zinsen oder Zinsen vorrangiger Gläubiger. Nicht möglich ist die Anordnung einer Zahlung auf eine gesicherte persönliche Forderung wegen der hiermit verbundenen Besserstellung im Vergleich zur Versteigerung.[38]

5. Nichterfüllung der Auflage. Wird die Auflage nicht fristgerecht erfüllt, hat das Vollstreckungsgericht von Amts wegen festzustellen, dass die **Einstellung außer Kraft** getreten ist. Fortgesetzt wird das Verfahren (erst) auf **Antrag** des Gläubigers, § 31.[39] Aus welchem Grund der Schuldner die Auflage nicht erfüllt hat, ist ohne Belang (keine Verschuldensprüfung), ebenso wie eine verspätete Erfüllung nicht zu berücksichtigen ist.[40]

Die Erfüllung der Auflagen hat der Schuldner substantiiert darzulegen. Der Gläubiger muss dann beweisen, dass der Schuldner die Auflagen nicht erfüllt hat (negative Tatsache).[41] Bei der Entscheidung über den Fortsetzungsantrag gelten die allgemeinen Grundsätze der Darlegungs- und Beweislast (s. § 31 Rn 15).

V. Verzicht auf Schuldnerschutz

Der Schuldner kann auf den Schutz des § 30 a verzichten, indem er keinen Schuldnerschutzantrag stellt oder diesen zurücknimmt. Vor Erhalt der Vollstreckungsschutzbelehrung (aA vor Beginn der Vollstreckung)[42] ist ein einseitiger oder vertraglicher Verzicht hingegen ausgeschlossen, weil die Schutzvorschrift des § 30 a im öffentlichen Interesse liegt.[43] Den Umfang und die Wirkung eines Verzichts wird der Schuldner idR erst nach Erhalt der Belehrung beurteilen können.[44]

VI. Rechtsbehelfe

Es wird auf die Erläuterungen in § 30 b Rn 21 verwiesen.

VII. Praxishinweis

Nicht wenige Schuldner nutzen die Schutzvorschriften und das mit ihnen verbundene (Rechtsmittel-)Verfahren zur **Vollstreckungsverschleppung**, teilweise unter Zuhilfenahme so bezeichneter „Versteigerungsverhinderer".[45] Ob einem solchen Verhalten mit dem Vorschlag von *Hintzen*[46] beizukommen ist, der Gläubigern rät, der Einstellung unter Auflagen zuzustimmen, darf allerdings bezweifelt werden. Zum einen werden nur gewichtige Auflagen den Schuldner zu einer Nichteinhaltung veranlassen. Im Übrigen kann auch die Erteilung von Auflagen angefochten werden.

---

38 *Böttcher*, § 30 a Rn 24; *Stöber*, § 30 a Rn 6.5; aA Steiner/*Storz*, § 30 a Rn 58; wohl auch Dassler/Schiffhauer/*Hintzen*, § 30 a Rn 18.
39 *Böttcher*, § 30 a Rn 20; Dassler/Schiffhauer/*Hintzen*, § 30 a Rn 19; *Stöber*, § 30 a Rn 6.6.
40 *Böttcher*, § 30 a Rn 20; Dassler/Schiffhauer/*Hintzen*, § 30 a Rn 19; *Stöber*, § 30 a Rn 6.6.
41 AA zur Darlegungslast wohl *Stöber*, § 31 Rn 5.3.
42 *Bartels*, Rpfleger 2008, 397; Dassler/Schiffhauer/*Hintzen*, § 30 b Rn 5; Steiner/*Storz*, § 30 a Rn 34.
43 *Böttcher*, § 30 a Rn 1; *Stöber*, § 30 a Rn 8 mwN.
44 AA Dassler/Schiffhauer/*Hintzen*, § 30 b Rn 5.
45 Hierzu *Ertle*, Rpfleger 2003, 14.
46 Dassler/Schiffhauer/*Hintzen*, § 30 b Rn 15, 16; wohl auch *Hellwich*, JurBüro 2010, 343.

VIII. Verhältnis zu anderen Einstellungsvorschriften

27 1. Verhältnis zu § 30. Die Einstellung nach § 30 hat Vorrang, solange die Einstellung noch nicht rechtskräftig – § 30 ist vom Beschwerdegericht zu berücksichtigen[47] – erfolgt ist.[48] Hiernach ist eine Einstellung nach § 30 nicht mehr möglich. Über einen während der Zeit der Einstellung nach § 30 gestellten Antrag auf Einstellung nach § 30 a (§ 180 Abs. 2, 3), §§ 30 b, 30 c, 30 d entscheidet das Vollstreckungsgericht nach Verfahrensfortsetzung.[49]

28 2. Verhältnis zu § 765 a ZPO. § 765 a ZPO gilt grds. neben den vollstreckungsrechtlichen Schutzvorschriften.[50] Die Vorschrift kommt aber nur zur Anwendung, wenn der Schuldner nach anderen Vorschriften (auch nach § 30 a) nicht ausreichend geschützt ist oder geschützt werden kann (Subsidiarität).[51] Liegt ein Antrag nach § 30 a vor, hat das Vollstreckungsgericht auch die Voraussetzungen des § 765 a ZPO zu prüfen.[52]

§ 30 b [Antrag auf einstweilige Einstellung; Entscheidung]

(1) ¹Die einstweilige Einstellung ist binnen einer Notfrist von zwei Wochen zu beantragen. ²Die Frist beginnt mit der Zustellung der Verfügung, in welcher der Schuldner auf das Recht zur Stellung des Einstellungsantrages, den Fristbeginn und die Rechtsfolgen eines fruchtlosen Fristablaufs hingewiesen wird. ³Der Hinweis ist möglichst zugleich mit dem Beschluß, durch den die Zwangsversteigerung angeordnet wird, zuzustellen.

(2) ¹Die Entscheidung über den Antrag auf einstweilige Einstellung des Verfahrens ergeht durch Beschluß. ²Vor der Entscheidung sind der Schuldner und der betreibende Gläubiger zu hören; in geeigneten Fällen kann das Gericht mündliche Verhandlung anberaumen. ³Der Schuldner und der betreibende Gläubiger haben ihre Angaben auf Verlangen des Gerichts glaubhaft zu machen.

(3) Gegen die Entscheidung ist die sofortige Beschwerde zulässig; vor der Entscheidung ist der Gegner zu hören.

(4) Der Versteigerungstermin soll erst nach Rechtskraft des die einstweilige Einstellung ablehnenden Beschlusses bekanntgegeben werden.

I. Allgemeines 1	2. Anhörung 15
II. Antrag und Zulässigkeit	3. Mündliche Verhandlung 16
(Abs. 1) 4	IV. Einstellungsbeschluss, Wirkung 17
1. Antragsberechtigung 4	1. Allgemeines 17
2. Form und Inhalt 5	2. Wirkung 18
3. Frist, Belehrung des Schuldners 8	3. Inhalt 19
4. Rücknahme 10	4. Zustellung 20
5. Wiederholung von Anträgen 11	V. Rechtsbehelfe 21
III. Verfahren (Abs. 2) 12	VI. Bekanntgabe des Versteigerungstermins (Abs. 4) 22
1. Darlegungs- und Beweislast 13	

---

47 *Böttcher*, § 30 Rn 19; *Stöber*, § 30 Rn 6.4.
48 LG Aachen 20.10.2008 – 3 T 304/08, juris; *Böttcher*, § 30 Rn 19; Dassler/Schiffhauer/*Hintzen*, § 30 Rn 34; Steiner/*Storz*, § 30 Rn 11; *Stöber*, § 30 Rn 6.2, 6.6, 6.7, 6.8.
49 LG Aachen 20.10.2008 – 3 T 304/08, juris; *Böttcher*, § 30 Rn 19; *Stöber*, § 30 Rn 6.5.
50 BGH NJW 2007, 2703; OLG Nürnberg Rpfleger 2001, 361; Stein/Jonas/*Münzberg*, § 765 a ZPO Rn 39; aA MüKo-ZPO/*Heßler*, § 765 a Rn 13 mwN.
51 BGH NJW 2007, 2703; BGH NJW 2008, 1678; OLG Zweibrücken NJW-RR 2002, 1664; Dassler/Schiffhauer/*Hintzen*, § 30 a Rn 20; iE auch Hk-ZPO/*Kindl*, § 765 a ZPO Rn 3; *Stöber*, Einl. Rn 61.2 mwN.
52 *Böttcher*, § 30 a Rn 3.

I. Allgemeines

Die Vorschrift regelt das Verfahren zu §§ 30 a und 30 c (s. auch § 30 d Abs. 3). Wesentlich ist die Fristbestimmung des Abs. 1 zum Schutz der Interessen des betreibenden Gläubigers und zur Begrenzung der Verschleppungsmöglichkeiten.

§ 30 b gilt ausschließlich für die Vollstreckungsversteigerung; die entsprechende Geltung für § 180 Abs. 2, 3 ist ausdrücklich angeordnet.

Einstweilige Anordnungen sind überflüssig, weil das Verfahren während der Entscheidung über den Einstellungsantrag ohnehin nicht betrieben wird.[1]

II. Antrag und Zulässigkeit (Abs. 1)

1. Antragsberechtigung. Antragsberechtigt ist der Grundstückseigentümer als **Vollstreckungsschuldner** (oder dessen Vertreter). Bei mehreren Vollstreckungsschuldnern ist jeder zur Antragstellung berechtigt.[2] Im Falle der Gütergemeinschaft ist auch der nicht verwaltende und nicht im Vollstreckungstitel als Schuldner ausgewiesene Ehegatte antragsberechtigt.[3] Bei Bruchteilseigentum ist eine Einstellung für einen Bruchteil möglich, bei Gesamthandseigentum (zB Miterben) betrifft die Einstellung das gesamte Verfahren.[4]

2. Form und Inhalt. Eine besondere Form ist nicht vorgeschrieben (s. auch § 29 Rn 4). Deswegen ist auch ein mündlicher Antrag zu bescheiden. Die vom Vollstreckungsgericht großzügig auszulegende Erklärung des Schuldners muss lediglich erkennen lassen, dass der Schuldner Vollstreckungsschutz (nach § 30 a) begehrt.

Der Antrag muss keine Einstellungsfrist vorgeben (dann sind sechs Monate begehrt).[5] Wird ausdrücklich eine kürzere Frist beantragt, ist dies entsprechend § 308 Abs. 1 ZPO zu beachten.[6]

Der Antrag ist auch ohne Begründung – zB zur Fristwahrung – zulässig, die Darlegungslast des Schuldners (s. Rn 14) nötigt aber jedenfalls zur Nachholung einer solchen, was auch nach Fristablauf noch möglich ist.[7]

3. Frist, Belehrung des Schuldners. Der Antrag muss beim zuständigen[8] Vollstreckungsgericht **binnen zweier Wochen** nach Zustellung der (ordnungsgemäßen) Belehrung (s. Rn 9) eingehen (**Abs. 1 S. 1**). Diese Notfrist kann weder verkürzt noch verlängert werden, § 224 Abs. 1, 2 ZPO. Nach Fristablauf kommt nur eine Wiedereinsetzung in den vorigen Stand in Betracht (§§ 223 ff ZPO), die bei ordnungsgemäßer Belehrung allerdings nicht mit unverschuldeter Rechtsunkenntnis begründet werden kann.[9] Ist der Schuldner nicht (ordnungsgemäß) belehrt worden, beginnt die Frist nicht zu laufen und ein Antrag kann noch bis zur (vollständigen) Zuschlagsverkündung gestellt werden.[10]

Erforderlich ist eine **Belehrung** des Schuldners über sein Antragsrecht, die Antragsfrist und die Folgen der Fristversäumung (**Abs. 1 S. 2**). Zugleich muss der

---

1 *Böttcher*, § 30 b Rn 8; *Stöber*, § 30 b Rn 4.6.
2 *Böttcher*, § 30 a Rn 8; Dassler/Schiffhauer/*Hintzen*, § 30 b Rn 3; *Stöber*, § 30 b Rn 3.1.
3 *Böttcher*, § 30 a Rn 8; *Stöber*, § 30 b Rn 3.1; mit Einschränkungen auch LG Zweibrücken Rpfleger 1995, 222; Dassler/Schiffhauer/*Hintzen*, § 30 b Rn 3.
4 *Stöber*, § 30 b Rn 3.1.
5 *Stöber*, § 30 b Rn 3.2.
6 *Stöber*, § 30 b Rn 3.2.
7 *Böttcher*, § 30 b Rn 2; *Stöber*, § 30 b Rn 3.5.
8 *Böttcher*, § 30 b Rn 3; Dassler/Schiffhauer/*Hintzen*, § 30 b Rn 3; *Stöber*, § 30 b Rn 3.3, 3.4.
9 *Böttcher*, § 30 b Rn 2; *Stöber*, § 30 b Rn 3.4.
10 Dassler/Schiffhauer/*Hintzen*, § 30 b Rn 2; *Stöber*, § 30 b Rn 2.4 a).

Schuldner darüber belehrt werden, welches Vollstreckungsgericht entscheidet (an wen der Antrag zu richten ist) und welches (Einzel-)Verfahren betroffen ist. Die in der Praxis üblichen formularmäßigen Belehrungen sind nicht zu beanstanden, wenn sie die vorgenannten Hinweise enthalten; eine besondere Form ist nicht vorgeschrieben.[11] Die Belehrung ist dem Schuldner – möglichst zusammen mit dem Anordnungsbeschluss – von Amts wegen (§ 3) förmlich zuzustellen. Eine gesonderte Belehrung ist hinsichtlich jedes Vollstreckungsschuldners, jedes weiteren Beitrittsbeschlusses (= jedes Einzelverfahren) und auch – falls ein Antrag noch möglich ist – bei einem Fortsetzungsbeschluss (§ 31) erforderlich.[12]

10 **4. Rücknahme.** Der Antrag kann bis zur rechtskräftigen Entscheidung über diesen zurückgenommen werden.[13]

11 **5. Wiederholung von Anträgen.** Ein rechtskräftig abgelehnter Antrag kann nicht wiederholt werden, ein (weiterer) Antrag nach Ablauf der Frist des Abs. 1 nicht gestellt werden, auch wenn er auf neue (innerhalb der Frist des Abs. 1 nicht vorzubringende) Tatsachen gestützt wird.[14] Zu einem (weiteren) Einstellungsantrag nach vorheriger Einstellung (aus anderem Grund als § 30 a) und Fortsetzung des Verfahrens s. § 30 c Rn 2 ff.

III. Verfahren (Abs. 2)

12 Es gelten die allgemeinen Grundsätze der Zivilprozessordnung, § 869 ZPO.[15]

13 **1. Darlegungs- und Beweislast.** Die Beteiligten haben die für sie günstigen Tatsachen **darzulegen**.[16] Von Amts wegen hat das Vollstreckungsgericht nicht zu ermitteln.[17] Es gelten §§ 138, 288, 291 ZPO.

14 Die Beteiligten haben bestrittene Tatsachen erst **auf Verlangen** des Gerichts **glaubhaft zu machen** (Abs. 2 S. 3).[18] Muss der Schuldner bei einem Einstellungsantrag allerdings damit rechnen, dass dem Gericht keine Zeit für eine Aufforderung zur Glaubhaftmachung bleibt (bei einem Antrag unmittelbar vor bzw im Versteigerungstermin), hat die Glaubhaftmachung unmittelbar zu erfolgen.[19] Zur Glaubhaftmachung kann sich der Beteiligte sämtlicher Beweismittel, v.a. der Strengbeweismittel (§§ 371 ff ZPO) sowie der eidesstattlichen oder anwaltlichen Versicherung bedienen, § 294 ZPO. Die Beibringung der Beweismittel obliegt den Beteiligten. Das (förmliche) Strengbeweisverfahren muss das Vollstreckungsgericht nicht beachten.[20] Es entscheidet ohne Beweiserhebung nach freier Überzeugung (§ 286 ZPO), wenn es eine Glaubhaftmachung nicht gefordert hat.[21]

15 **2. Anhörung.** Gläubiger und Schuldner sind vor der Entscheidung anzuhören (**Abs. 2 S. 2 Hs 1**). Ihnen muss die Möglichkeit gegeben werden, vor einer Entscheidung, die ihre Rechte betrifft, zu Wort zu kommen, um Einfluss auf das Ver-

---

11 *Böttcher*, § 30 b Rn 3; Dassler/Schiffhauer/*Hintzen*, § 30 b Rn 2; *Stöber*, § 30 b Rn 2.2.
12 Dassler/Schiffhauer/*Hintzen*, § 30 b Rn 2; *Stöber*, § 30 b Rn 2.1.
13 *Böttcher*, § 30 a Rn 9; Dassler/Schiffhauer/*Hintzen*, § 30 b Rn 4; *Stöber*, § 30 b Rn 4.7.
14 LG Münster NJOZ 2010, 1803; LG Aachen 20.10.2008 – 3 T 304/08, juris (unter Aufgabe der Entscheidung MDR 1987, 683); LG Heidelberg NJW 1963, 1929; *Böttcher*, § 30 c Rn 15; grds. auch Dassler/Schiffhauer/*Hintzen*, § 30 c Rn 4; Steiner/*Storz*, § 30 b Rn 47; *Stöber*, § 30 b Rn 12 mwN; aA OLG Koblenz NJW 1955, 148.
15 Anders noch Steiner/*Storz*, § 30 b Rn 5 (Amtsverfahren).
16 Dassler/Schiffhauer/*Hintzen*, § 30 b Rn 6; Steiner/*Storz*, § 30 b Rn 5; *Stöber*, § 30 b Rn 4.1.
17 Dassler/Schiffhauer/*Hintzen*, § 30 b Rn 6; *Stöber*, § 30 b Rn 4.1.
18 LG Rostock InVo 2003, 343.
19 OLG Koblenz NJW 1955, 148; *Böttcher*, § 30 b Rn 5; *Stöber*, § 30 b Rn 4.1 a).
20 *Böttcher*, § 30 b Rn 5.
21 *Stöber*, § 30 b Rn 4.1 a).

fahren und dessen Ergebnis nehmen zu können.[22] Ob dies aus Art. 103 Abs. 1 GG[23] oder dem Recht auf ein faires Verfahren[24] folgt, kann dahinstehen. Eine (weitere) Anhörung ist erforderlich, wenn der Gegner erstmals neue erhebliche Tatsachen oder Beweismittel vorbringt.[25]

3. Mündliche Verhandlung. Eine mündliche Verhandlung ist **nicht erforderlich**, kann aber „in geeigneten Fällen" angeordnet werden (**Abs. 2 S. 2 Hs 2**). In der Praxis wird regelmäßig ohne mündliche Verhandlung entschieden, was auf die Vielzahl unbegründeter Anträge zurückzuführen ist. Eine mündliche Verhandlung wird aufgrund der klaren Interessenlage (anderweitige Einigungsmöglichkeiten werden idR vorher gesucht) nur in den wenigsten Fällen erforderlich sein.[26] Bei unklarem oder unvollständigem Vortrag oder zur Herbeiführung sachdienlicher Anträge genügt regelmäßig ein – dann auch gebotener – schriftlicher Hinweis nach § 139 ZPO.[27] Wird eine mündliche Verhandlung anberaumt, kann das Gericht das persönliche Erscheinen anordnen (§ 141 ZPO), eine Güteverhandlung durchführen (§ 278 ZPO) und es hat ein Protokoll zu erstellen (entspr. §§ 159 ff ZPO).[28] Die Sitzung ist nicht öffentlich. 16

IV. Einstellungsbeschluss, Wirkung

1. Allgemeines. Das Vollstreckungsgericht hat bei Entscheidungsreife **unverzüglich** durch Beschluss über die Einstellung zu entscheiden; es kann nicht bis zur Zuschlagsentscheidung zugewartet werden.[29] Bei Verfristung oder sonstigen Antragsmängeln ist der Antrag als unzulässig, bei Fehlen sachlicher Voraussetzungen als unbegründet zurückzuweisen. Nach dem Schluss der Versteigerung (§ 73 Abs. 2) ist grds. durch Versagung des Zuschlags über die Einstellung zu entscheiden, § 33 (zu Ausnahmen s. § 33 Rn 6). Zur Entscheidung bei mehreren betreibenden Gläubigern s. § 33 Rn 18 ff. 17

2. Wirkung. Betroffen von der Einstellung ist nur das eingestellte **Einzelverfahren**, Verfahren anderer betreibender Gläubiger werden nicht berührt.[30] Der Schuldner muss Vollstreckungsschutzanträge für jedes Einzelverfahren stellen. Eine großzügige Auslegung des Schuldnerantrags ist allerdings geboten. Der (betreibende) Gläubiger, dessen Einzelverfahren eingestellt ist, kann ein weiteres Einzelverfahren ungehindert weiterbetreiben.[31] An einer Vollstreckung in andere Vermögenswerte ist er nicht gehindert. Zur Wirkung der Einstellung und zum weiteren Verfahren, insb. bei mehreren Gläubigern, s. im Übrigen § 30 Rn 15 ff. 18

3. Inhalt. Der die Einstellung anordnende oder ablehnende Beschluss ist schon wegen der möglichen Anfechtung zu **begründen**.[32] Eine Rechtsbehelfsbelehrung ist nicht erforderlich.[33] Der einstellende Beschluss hat den Einstellungsgrund zu 19

---

22 BVerfGE 101, 397 = NJW 2000, 1709.
23 S. nur *Mielke*, BayVBl 2004, 520; *Eickmann/Sonnenfeld/Dümig*, Rpfleger 2000, 245; *Stöber*, § 30 b Rn 4.2, Einl. 46 jeweils mwN.
24 BVerfGE 101, 397 = NJW 2000, 1709.
25 *Böttcher*, § 30 b Rn 6; Dassler/Schiffhauer/*Hintzen*, § 30 b Rn 7; *Stöber*, § 30 b Rn 4.2.
26 AA wohl *Stöber*, § 30 b Rn 4.4.
27 AA wohl *Böttcher*, § 30 b Rn 7.
28 *Stöber*, § 30 b Rn 4.5.
29 BVerfGE 49, 220 = NJW 1979, 534.
30 *Böttcher*, § 30 b Rn 14; Dassler/Schiffhauer/*Hintzen*, § 30 b Rn 12; *Stöber*, § 30 b Rn 5.4, auch Rn 6 f.
31 Steiner/Storz, § 30 b Rn 43; *Stöber*, § 30 b Rn 5.4.
32 OLG Celle Rpfleger 1967, 20; *Böttcher*, § 30 b Rn 10; Dassler/Schiffhauer/*Hintzen*, § 30 b Rn 10; *Stöber*, § 30 b Rn 5.1.
33 *Stöber*, § 30 b Rn 8.5.

nennen und etwaige Auflagen festzulegen. Eine Kostenentscheidung ist nicht erforderlich.[34]

20 **4. Zustellung.** Der Einstellungsbeschluss ist dem Vollstreckungsschuldner und den betroffenen Gläubigern zuzustellen, § 32. Der ablehnende Beschluss muss nur dem Schuldner förmlich zugestellt werden, § 329 Abs. 3 ZPO. Im Übrigen wird auf die Erläuterungen zu § 32 verwiesen.

V. Rechtsbehelfe

21 Mit **sofortiger Beschwerde** anzufechten ist der Einstellungsbeschluss (**Abs. 3 S. 1**), ebenso der die Einstellung ablehnende Beschluss, § 95, § 793 ZPO. Beschwerdeberechtigt sind die Beteiligten auch hinsichtlich der (Nicht-)Erteilung von Auflagen. Mit Rücksicht auf die Wirkung der Belehrung (Fristbeginn) kann der Gläubiger im Wege der Erinnerung nach § 766 ZPO rügen, dass die Belehrung nicht oder nicht ordnungsgemäß erteilt (zugestellt) wurde (§ 95).[35]

VI. Bekanntgabe des Versteigerungstermins (Abs. 4)

22 Abs. 4 bestimmt, dass der Versteigerungstermin erst nach Rechtskraft des die einstweilige Einstellung ablehnenden Beschlusses bekanntgegeben werden, mithin die Versteigerung nicht vorher stattfinden soll. Die Ausgestaltung als **Soll-Vorschrift** bedeutet, dass nur im Ausnahmefall von ihr abgewichen werden darf, zumal mit den §§ 30 a ff die grundgesetzlichen Rechte des Schuldners gewahrt werden sollen.[36] Von der Anwendung des Abs. 4 kann aber abgesehen werden, wenn sich die **Versteigerung** des Schuldnereigentums **nicht mehr vermeiden** lässt. Obwohl die Einstellung für jedes selbständige Einzelverfahren zu prüfen ist, kann der Schutzweck der §§ 30 a ff nicht mehr zum Tragen kommen, wenn nach den konkreten Umständen davon auszugehen ist, dass das Grundstück des Schuldners ohnehin versteigert wird.[37] Ein **Verstoß** gegen Abs. 4 begründet keinen Zuschlagsversagungsgrund.[38] Die Terminsbestimmung bleibt wirksam.[39]

§ 30 c [Erneute Einstellung auf Antrag]

¹War das Verfahren gemäß § 30 a einstweilen eingestellt, so kann es auf Grund des § 30 a einmal erneut eingestellt werden, es sei denn, daß die Einstellung dem Gläubiger unter Berücksichtigung seiner gesamten wirtschaftlichen Verhältnisse nicht zuzumuten ist. ²§ 30 b gilt entsprechend.

I. Allgemeines

1 Im Interesse des betreibenden Gläubigers und der sonstigen Inhaber von Rechten am Grundstück begrenzt die Vorschrift des § 30 c den Einstellungszeitraum mit dem Ziel der Vermeidung einer Verfahrensverschleppung auf einen längstmöglichen Zeitraum von 12 Monaten. Der Anwendungsbereich entspricht dem des § 30 a (s. § 30 a Rn 3).

---

34 *Böttcher*, § 30 b Rn 11; *Stöber*, § 30 b Rn 5.2.
35 *Böttcher*, § 30 b Rn 16; Dassler/Schiffhauer/*Hintzen*, § 30 b Rn 17; *Stöber*, § 30 b Rn 9.1.
36 BGH NJW-RR 2009, 1429; BVerfGE 49, 220 = NJW 1979, 534.
37 BGH NJW-RR 2009, 1429.
38 BGH NJW-RR 2009, 1429.
39 *Stöber*, Rpfleger 1969, 221.

II. Erneuter Antrag

1. Vorherige Einstellung nach § 30 a. Nach S. 1 kann das Verfahren nach Fortsetzung (§ 31) noch ein weiteres Mal nach § 30 a eingestellt werden. Ob bereits ein Mal nach § 30 a eingestellt war, ist für jeden betreibenden Gläubiger und jedes Einzelverfahren gesondert zu bestimmen.[1] Ein weiterer Antrag nach § 30 a ist nur dann ausgeschlossen, wenn bereits zwei Mal nach dieser Vorschrift eingestellt worden ist, S. 1.[2] Dies gilt auch dann, wenn eine Einstellung durch Zuschlagsversagung nach §§ 33, 86 erfolgt ist.[3] Ob der Einstellungszeitraum vollständig ausgeschöpft wurde, ist für die Berechnung nicht maßgebend.[4] Einstellungen aus anderen Gründen sind nicht zu berücksichtigen.[5] Wird das Verfahren (die Beschlagnahme) aufgehoben, sind frühere Einstellungen nach § 30 a nicht mitzurechnen.[6]

2. Verfristung oder Abweisung eines Antrags nach § 30 a. Eine (erneute) Einstellung nach S. 1 kommt nicht in Betracht, wenn die Frist des § 30 b Abs. 1 abgelaufen oder ein Antrag rechtskräftig zurückgewiesen worden ist, auch wenn der Schuldner neue Tatsachen vorträgt (s. § 30 b Rn 11).

3. Vorherige Einstellung aus anderen Gründen. Eine erneute Einstellung kommt auch nicht in Betracht, wenn das Verfahren zwischenzeitlich aus einem anderen Grund – insb. nach § 30 oder § 765 a ZPO – eingestellt worden war und auf Antrag nach § 31 fortgesetzt wird.[7] Eine Einstellung nach § 30 a iVm § 30 c ist angesichts des klaren Wortlauts des S. 1 nur möglich, wenn bereits ein Mal nach § 30 a eingestellt worden ist. Es ist nicht Zweck des S. 1, dem Schuldner grds. die Möglichkeit zweimaligen Vollstreckungsschutzes einzuräumen. Die Interessen des Schuldners werden gewahrt, weil sein fristgerechter Schuldnerschutzantrag nach § 30 a bei einer Einstellung des Verfahrens aus anderem Grund nicht gegenstandslos wird, sondern über diesen nach Fortsetzung des Verfahrens zu entscheiden ist.[8]

4. Antrag nach § 765 a ZPO. Ein Vollstreckungsschutzantrag nach § 765 a ZPO kann gestellt werden, auch wenn auf der Grundlage des § 30 c bereits zwei Mal nach § 30 a eingestellt worden ist. Der heftig kritisierte, seinem Wortlaut nach einen Antrag nach § 765 a ZPO ausschließende Abs. 2 ist durch das 2. Justizmodernisierungsgesetz vom 22.12.2006[9] aufgehoben worden.

III. Einstellungsvoraussetzungen

1. Antrag. Erforderlich ist ein Antrag des Vollstreckungsschuldners (s. § 30 a Rn 4).

---

1 *Böttcher*, § 30 c Rn 1; Dassler/Schiffhauer/*Hintzen*, § 30 c Rn 2; *Stöber*, § 30 b Rn 2.2.
2 *Stöber*, § 30 b Rn 2.2.
3 OLG Bamberg NJW 1956, 429; *Böttcher*, § 30 c Rn 4; *Stöber*, § 30 b Rn 2.2 d.
4 *Böttcher*, § 30 c Rn 1; *Stöber*, § 30 b Rn 2.2 b).
5 *Böttcher*, § 30 c Rn 1; *Stöber*, § 30 b Rn 2.1.
6 *Stöber*, § 30 b Rn 2.2 b).
7 LG Aachen 20.10.2008 – 3 T 304/08, juris (unter Aufgabe der Entscheidung MDR 1987, 683); LG Münster JurBüro 2010, 496; LG Nürnberg-Fürth Rpfleger 1983, 256; *Böttcher*, § 30 c Rn 15; *Stöber*, § 30 c Rn 2.3; aA Dassler/Schiffhauer/*Hintzen*, § 30 c Rn 4 ff; *Hornung*, Rpfleger 1979, 321; Steiner/*Storz*, § 30 d (aF) Rn 15 f; *Schiffhauer*, Rpfleger 1983, 256 (Anm.).
8 LG Aachen 20.10.2008 – 3 T 304/08, juris; *Böttcher*, § 30 Rn 19; *Stöber*, § 30 c Rn 2.5; insoweit auch Dassler/Schiffhauer/*Hintzen*, § 30 b Rn 12.
9 BGBl. I S. 3416, 3421.

7 **2. Fortsetzung des Verfahrens.** Eine erneute Einstellung kommt nur in Betracht, wenn das Verfahren fortgesetzt wird. Ein Fortsetzungsbeschluss ist nicht vorgeschrieben, zur Unterrichtung der Beteiligten aber sinnvoll.[10]

8 **3. Voraussetzungen des § 30 b.** Aufgrund der Anordnung in S. 2 sind die Voraussetzungen des § 30 b einzuhalten (s. dort). Zu nennen ist insb. die Einhaltung der Zwei-Wochen-Frist nach Zustellung der auch hier erforderlichen Belehrung, § 30 b Abs. 1 S. 1, 2. Deren Zustellung sollte entsprechend § 30 b Abs. 1 S. 3 möglichst mit dem Fortsetzungsbeschluss erfolgen. Für die Form der Belehrung gelten die Ausführungen zu § 30 b Abs. 1 S. 2 entsprechend (s. § 30 b Rn 9).

9 **4. Sachliche Voraussetzungen des § 30 a.** Eine erneute Einstellung nach S. 1 iVm § 30 a setzt voraus, dass die sachlichen Einstellungsvoraussetzungen des § 30 a gegeben sind (s. hierzu § 30 a Rn 4 ff). Die Wiederholung des Zumutbarkeitserfordernisses in Abs. 2 kann nur eine Verstärkung dieses Erfordernisses bedeuten, so dass die (wirtschaftlichen) Interessen des Gläubigers (noch) deutlicher zu berücksichtigen sind.[11]

IV. Verfahren

10 § 30 b Abs. 2 gilt aufgrund der ausdrücklichen Anordnung in S. 2 entsprechend. Insoweit wird auf § 30 b Rn 12 ff verwiesen.

V. Entscheidung und Rechtsbehelfe

11 Die zu treffende Entscheidung entspricht der nach § 30 a (s. § 30 a Rn 16). Auch die möglichen Rechtsbehelfe stimmen überein, so dass auf die dortigen Ausführungen verwiesen wird (s. § 30 b Rn 21 ff).

§ 30 d [Einstweilige Einstellung bei Insolvenzverfahren]

(1) ¹Ist über das Vermögen des Schuldners ein Insolvenzverfahren eröffnet, so ist auf Antrag des Insolvenzverwalters die Zwangsversteigerung einstweilen einzustellen, wenn

1. im Insolvenzverfahren der Berichtstermin nach § 29 Abs. 1 Nr. 1 der Insolvenzordnung noch bevorsteht,
2. das Grundstück nach dem Ergebnis des Berichtstermins nach § 29 Abs. 1 Nr. 1 der Insolvenzordnung im Insolvenzverfahren für eine Fortführung des Unternehmens oder für die Vorbereitung der Veräußerung eines Betriebs oder einer anderen Gesamtheit von Gegenständen benötigt wird,
3. durch die Versteigerung die Durchführung eines vorgelegten Insolvenzplans gefährdet würde oder
4. in sonstiger Weise durch die Versteigerung die angemessene Verwertung der Insolvenzmasse wesentlich erschwert würde.

²Der Antrag ist abzulehnen, wenn die einstweilige Einstellung dem Gläubiger unter Berücksichtigung seiner wirtschaftlichen Verhältnisse nicht zuzumuten ist.

(2) Hat der Schuldner einen Insolvenzplan vorgelegt und ist dieser nicht nach § 231 der Insolvenzordnung zurückgewiesen worden, so ist die Zwangsversteigerung auf Antrag des Schuldners unter den Voraussetzungen des Absatzes 1 Satz 1 Nr. 3, Satz 2 einstweilen einzustellen.

---

10 *Böttcher*, § 30 c Rn 18; *Stöber*, § 30 c Rn 4.2.
11 *Böttcher*, § 30 c Rn 17; Steiner/*Storz*, § 30 d (aF) Rn 21; *Stöber*, § 30 c Rn 3.3; zweifelnd Dassler/Schiffhauer/*Hintzen*, § 30 c Rn 8.

(3) § 30 b Abs. 2 bis 4 gilt entsprechend mit der Maßgabe, daß an die Stelle des Schuldners der Insolvenzverwalter tritt, wenn dieser den Antrag gestellt hat, und daß die Zwangsversteigerung eingestellt wird, wenn die Voraussetzungen für die Einstellung glaubhaft gemacht sind.

(4) ¹Ist vor der Eröffnung des Insolvenzverfahrens ein vorläufiger Verwalter bestellt, so ist auf dessen Antrag die Zwangsversteigerung einstweilen einzustellen, wenn glaubhaft gemacht wird, daß die einstweilige Einstellung zur Verhütung nachteiliger Veränderungen in der Vermögenslage des Schuldners erforderlich ist. ²Ist ein vorläufiger Sachwalter bestellt, so steht dieses Antragsrecht dem Schuldner zu.

I. Allgemeines

Die Vorschrift des § 30 d soll eine **Zerschlagung von Verbundwerten** durch ein von absonderungsberechtigten Gläubigern parallel zum Insolvenzverfahren betriebenes Zwangsversteigerungsverfahren verhindern, um die bestmögliche Verwertung der Insolvenzmasse zu ermöglichen.[1] § 30 d unterscheidet zwischen der Einstellung vor (Abs. 4) und nach Eröffnung des Insolvenzverfahrens (Abs. 1, 2). Nicht maßgebend ist hingegen, ob die Insolvenzeröffnung vor oder nach **Beschlagnahme** erfolgt ist.[2]

Die Vorschrift ist wie § 30 a auf die Vollstreckungsversteigerung (Wiederversteigerung), nicht aber auf die Insolvenzverwalter-, Nachlass- oder Teilungsversteigerung anzuwenden. Zur Zwangsverwaltung s. § 153 b. § 30 d ist nach zutreffender Ansicht auf das Verbraucherinsolvenzverfahren (§§ 304 ff InsO) entsprechend anzuwenden.[3]

II. Gemeinsame Einstellungsvoraussetzung: Antrag

1. Antragsberechtigung. Antragsberechtigt ist grds. nur der (vorläufige)[4] **Insolvenzverwalter**. Im Ausnahmefall des Abs. 2 ist der **Schuldner** antragsberechtigt. Der Schuldner ist ferner antragsberechtigt, wenn das Insolvenzgericht die Eigenverwaltung unter Aufsicht eines Sachwalters anordnet, § 270 InsO.[5] Mit dem – ab 1.3.2012 geltenden[6] – Satz 2 des Abs. 4 wird dem Schuldner das Recht gegeben, einen Antrag auf einstweilige Einstellung vor der Eröffnung des Insolvenzverfahrens zu stellen, wenn ein **vorläufiger Sachwalter** bestellt und damit der Weg in die Eigenverwaltung bereitet ist; der Schuldner wird damit dem vorläufigen Insolvenzverwalter gleichgestellt, um keine Rechtsschutzlücken entstehen zu lassen.[7] Im Verbraucherinsolvenzverfahren (s. Rn 2) ist (nur) der **Treuhänder** antragsberechtigt.[8]

---

1 *Mönning/Zimmermann*, NZI 2008, 134; Dassler/Schiffhauer/*Hintzen*, § 30 d Rn 1 f; MüKo-InsO/*Lwowski/Tetzlaff*, § 165 InsO Rn 87; *Stöber*, § 30 d Rn 1.1.
2 *Böttcher*, § 30 d Rn 2; Dassler/Schiffhauer/*Hintzen*, § 30 d Rn 3; *Stöber*, § 30 d Rn 2.2.
3 Dassler/Schiffhauer/*Hintzen*, § 30 d Rn 22 mwN; jetzt wohl auch MüKo-InsO/*Lwowski/Tetzlaff*, § 165 InsO Rn 271; Uhlenbruck/*Vallender*, § 313 InsO Rn 107 mwN; aA *Wenzel*, NZI 1999, 101.
4 Gleichgültig, ob „stark" oder „schwach" (§§ 21, 22 InsO): *Böttcher*, § 30 d Rn 15; Dassler/Schiffhauer/*Hintzen*, § 30 d Rn 18; *Lwowski/Tetzlaff*, WM 1999, 2336; *Stöber*, § 30 d Rn 6.1.
5 *Böttcher*, § 30 d Rn 1; Dassler/Schiffhauer/*Hintzen*, § 30 d Rn 29; *Stöber*, § 30 d Rn 8.
6 Art. 10 des Gesetzes zur weiteren Erleichterung der Sanierung von Unternehmen vom 7.12.2011 (BGBl. I S. 2582, 2591).
7 BR-Drucks. 127/11, 66.
8 AG Duisburg NZI 2009, 397; Dassler/Schiffhauer/*Hintzen*, § 30 d Rn 22 ff; *Stöber*, § 30 d Rn 2.1.

4 **2. Form und Frist, Antragsrücknahme.** Eine besondere Form ist nicht vorgeschrieben (s. auch § 29 Rn 4), zu beachten ist aber die Darlegungslast des Antragstellers (s. Rn 9 f).

5 Eine **Frist** ist nicht einzuhalten, § 30 b Abs. 1 gilt nicht. Der Antrag kann bis zur (vollständigen) Verkündung des Zuschlags gestellt werden.[9] Nach Zuschlagserteilung kann der Antrag nur noch gestellt werden, wenn der Zuschlag aus einem anderen Grund aufgehoben wird.[10] Eine **Rücknahme** ist bis zur rechtskräftigen Entscheidung über den Einstellungsantrag möglich.

III. Einstellung nach Eröffnung des Insolvenzverfahrens

6 **1. Einstellungsgrund (Abs. 1 S. 1).** Neben der Eröffnung des Insolvenzverfahrens ist nach Abs. 1 S. 1 erforderlich, dass **alternativ**[11]

- im Insolvenzverfahren ein **Berichtstermin** (§ 29 Abs. 1 Nr. 1 InsO) noch nicht stattgefunden hat (**Nr. 1**). Die Vorlage des Eröffnungsbeschlusses nebst Terminsbestimmung genügt zur Glaubhaftmachung;[12]

- das Grundstück nach dem Ergebnis des Berichtstermins nach § 29 Abs. 1 Nr. 1 InsO für eine **Fortführung eines Unternehmens** oder für die Vorbereitung der Veräußerung eines Betriebs oder einer anderen Gesamtheit von Gegenständen benötigt wird (**Nr. 2**). Das Grundstück muss zur Fortführung eines Unternehmens[13] benötigt werden und der Wille der Insolvenzgläubiger zur Fortführung des Unternehmens muss vorhanden sein, was durch einen Beschluss der Gläubigerversammlung zu dokumentieren ist;[14]

- durch die Versteigerung die **Durchführung** eines **Insolvenzplans** gefährdet würde (**Nr. 3**). Erforderlich ist ein nicht nach § 231 InsO zurückgewiesener Insolvenzplan (§§ 217 ff InsO, auch des Schuldners), der das zu versteigernde Grundstück einbezieht, so dass bei der Versteigerung des Grundstücks die Befriedigung der Insolvenzgläubiger beeinträchtigt wäre;[15]

- in sonstiger Weise durch die Versteigerung die **angemessene Verwertung** der **Insolvenzmasse** wesentlich **erschwert** würde (**Nr. 4**). Nicht die bestmögliche Verwertung der Immobilie, sondern die der Insolvenzmasse ist maßgebend.[16] Vermieden werden soll eine die Anreicherung der Insolvenzmasse erschwerende Versteigerung „zur Unzeit".[17] Es müssen aber konkrete Anhaltspunkte für eine wesentlich bessere Verwertbarkeit (zB durch freihändigen Verkauf) in absehbarer Zeit bestehen.[18]

7 **2. Zumutbarkeit für den Gläubiger (Abs. 1 S. 2).** Nach dem Ausschlusstatbestand des Abs. 1 S. 2 sind die wirtschaftlichen Interessen des betreibenden Gläubigers zu berücksichtigen, die gegen die Interessen der (übrigen) Insolvenzgläubi-

---

9 *Böttcher*, § 30 d Rn 3; Dassler/Schiffhauer/*Hintzen*, § 30 d Rn 11; *Stöber*, § 30 d Rn 5.1.
10 *Stöber*, § 30 b Rn 3.7.
11 *Böttcher*, § 30 d Rn 4; Dassler/Schiffhauer/*Hintzen*, § 30 d Rn 11; *Stöber*, § 30 d Rn 2.3.
12 *Böttcher*, § 30 d Rn 5; Dassler/Schiffhauer/*Hintzen*, § 30 d Rn 13; *ders.*, Rpfleger 1999, 256; *Stöber*, NZI 1998, 105; *Wenzel*, NZI 1999, 101.
13 HM, Dassler/Schiffhauer/*Hintzen*, § 30 d Rn 14; *ders.*, Rpfleger 1999, 256; *Stöber*, § 30 d Rn 2.3 b); krit. hierzu *Mönning/Zimmermann*, NZI 2008, 134.
14 *Böttcher*, § 30 d Rn 6; Dassler/Schiffhauer/*Hintzen*, § 30 d Rn 14; *ders.*, Rpfleger 1999, 256; *Mönning/Zimmermann*, NZI 2008, 134.
15 *Böttcher*, § 30 d Rn 7; Dassler/Schiffhauer/*Hintzen*, § 30 d Rn 15; *Mönning/Zimmermann*, NZI 2008, 134; MüKo-InsO/*Lwowski/Tetzlaff*, § 165 InsO Rn 96.
16 *Mönning/Zimmermann*, NZI 2008, 134.
17 MüKo-InsO/*Lwowski/Tetzlaff*, § 165 InsO Rn 98; *Stöber*, § 30 d Rn 2.3 d).
18 LG Düsseldorf KTS 1956, 62; LG Ulm ZIP 1980, 477; *Böttcher*, § 30 d Rn 8; Dassler/Schiffhauer/*Hintzen*, § 30 d Rn 16; MüKo-InsO/*Lwowski/Tetzlaff*, § 165 InsO Rn 99; *Stöber*, § 30 d Rn 2.3 d).

ger (nicht des Schuldners) abzuwägen sind.[19] Hinsichtlich der zu berücksichtigenden Gläubigerinteressen kann auf § 30 a Rn 13 verwiesen werden. Regelmäßig haben die Interessen der **Insolvenzgläubiger** größeres Gewicht, insb. wenn die Versteigerung von Banken oder Versicherungen betrieben wird.[20] Im Fall einer ernsthaften eigenen Krise des Gläubigers ist aber Unzumutbarkeit anzunehmen.[21] Wird ein Einstellungsantrag erst kurz vor oder im Versteigerungstermin gestellt, ist dies zu Gunsten des betreibenden Gläubigers zu berücksichtigen (zB wenn bereits aussichtsreiche Gebote abgegeben wurden).[22]

IV. Einstellung während des Insolvenzeröffnungsverfahrens (Abs. 4)

Schon vor Insolvenzeröffnung kann das Versteigerungsverfahren (auch eines späteren Insolvenzgläubigers)[23] eingestellt werden, um ein Auseinanderreißen des Schuldnervermögens und eine Schmälerung der Insolvenzmasse („Nachteile in der Vermögenslage des Schuldners") zu vermeiden.[24] Der Einstellungsgrund ist weit gefasst, insb. müssen die (engeren) Voraussetzungen des Abs. 1 S. 1 Nr. 2 nicht vorliegen.[25] Erforderlich ist eine sorgsame **Abwägung** der Interessen der (übrigen) Insolvenzgläubiger und des betreibenden Gläubigers; bei Unzumutbarkeit kommt eine Einstellung nicht in Betracht (Abs. 1 S. 2 analog).[26]

8

V. Verfahren, Einstellungsbeschluss, Wirkung, Rechtsbehelfe

Aufgrund der Anordnung in Abs. 3 gelten die Abs. 2–4 des § 30 b entsprechend, so dass auf die dortige Kommentierung (s. Rn 12 ff) verwiesen wird. Der **Insolvenzverwalter** tritt – mit Ausnahme des Abs. 2 – an die Stelle des Schuldners.

9

Ergänzend ist auf Folgendes hinzuweisen: Die **Glaubhaftmachung** streitiger Tatsachen ist nach Abs. 3 (Abs. 4) **stets erforderlich**, ohne dass das Vollstreckungsgericht hierzu auffordern müsste.[27] Die Voraussetzungen der Einstellung müssen zum Zeitpunkt der Beschlussfassung vorliegen.[28] Ein Einstellungsgrund genügt. Fällt ein Grund weg (zB Abs. 1 S. 1 Nr. 1), sind die übrigen Einstellungsgründe ohne neuerlichen Antrag zu prüfen.[29] Die Einstellung ist durch Beschluss **ohne Fristbestimmung** anzuordnen (zur Aufhebung s. § 30 f). Die Einstellung betrifft nur das jeweilige Einzelverfahren. Zuzustellen ist an den antragstellenden Insolvenzverwalter (Abs. 2: Schuldner), der die Ablehnung des Antrags mittels sofortiger **Beschwerde** anfechten kann.[30]

10

---

19 *Böttcher*, § 30 d Rn 9; Dassler/Schiffhauer/*Hintzen*, § 30 d Rn 17; MüKo-InsO/*Lwowski/Tetzlaff*, § 165 InsO Rn 100; *Stöber*, § 30 d Rn 3.
20 OLG Braunschweig NJW 1968, 164; *Böttcher*, § 30 d Rn 9; Dassler/Schiffhauer/*Hintzen*, § 30 d Rn 17; *Mönning/Zimmermann*, NZI 2008, 134; *Stöber*, § 30 d Rn 3.
21 Dassler/Schiffhauer/*Hintzen*, § 30 d Rn 17; *Mönning/Zimmermann*, NZI 2008, 134; *Stöber*, § 30 d Rn 3.
22 Dassler/Schiffhauer/*Hintzen*, § 30 d Rn 17; *Knees*, ZIP 2001, 1568; *Stöber*, § 30 d Rn 3; *ders.*, NZI 1998, 105.
23 *Böttcher*, § 30 d Rn 15; *Stöber*, § 30 d Rn 6.3.
24 *Böttcher*, § 30 d Rn 15; Dassler/Schiffhauer/*Hintzen*, § 30 d Rn 21; MüKo-InsO/*Lwowski/Tetzlaff*, § 165 InsO Rn 88; *Stöber*, § 30 d Rn 6.2.
25 Dassler/Schiffhauer/*Hintzen*, § 30 d Rn 20.
26 *Böttcher*, § 30 d Rn 15; *Hintzen*, Rpfleger 1999, 256; *Stöber*, § 30 d Rn 6.2; *ders.*, NZI 1998, 105.
27 *Böttcher*, § 30 d Rn 12; Dassler/Schiffhauer/*Hintzen*, § 30 d Rn 7; MüKo-InsO/*Lwowski/Tetzlaff*, § 165 InsO Rn 101; *Stöber*, § 30 d Rn 5.5.
28 *Böttcher*, § 30 d Rn 14; Dassler/Schiffhauer/*Hintzen*, § 30 d Rn 8; MüKo-InsO/*Lwowski/Tetzlaff*, § 165 InsO Rn 100; *Stöber*, § 30 d Rn 5.6; *ders.*, NZI 1998, 105.
29 *Stöber*, § 30 d Rn 5.6; *ders.*, NZI 1998, 105; *ders.*, NZI 1999, 439; vgl auch *Böttcher*, § 30 d Rn 14 (Hinweis an Insolvenzverwalter).
30 Dassler/Schiffhauer/*Hintzen*, § 30 d Rn 30; *Stöber*, § 30 d Rn 5.8, 5.9.

VI. Verhältnis zu anderen Vorschriften

11 Eine Einstellung nach § 30 d ist nicht möglich, wenn das (Einzel-)Verfahren aus einem anderen Grund eingestellt ist (§§ 30, 30 a, § 765 a ZPO).[31] Erst nach Fortsetzung (§ 31), der der Insolvenzverwalter nicht zustimmen muss, kann nach § 30 d eingestellt werden.[32] Die vorherige Einstellung aus einem anderen Grund ist für die Einstellung nach § 30 d ohne Belang.[33]

VII. Schuldnerschutz gem. § 30 a bei Aufhebung der Einstellung

12 Nach **Beendigung** des Insolvenzverfahrens oder nach **Freigabe** des Grundstücks durch den Insolvenzverwalter ist der Schuldner (wieder) selbst Verfahrensbeteiligter.[34] Einen Schutzantrag nach § 30 a kann er aber nur stellen, wenn die Antragsfrist (§ 30 b Abs. 1) noch nicht abgelaufen und sein Antrag nicht bereits (rechtskräftig) abgelehnt worden ist. § 30 c vermittelt kein Recht zur (erneuten) Antragstellung ohne vorherige Einstellung nach § 30 a (s. § 30 c Rn 4). Wurde das Insolvenzverfahren allerdings vor Beschlagnahme oder vor Ablauf der Frist des § 30 b Abs. 1 eröffnet, kann der durch die Insolvenzeröffnung zunächst an der Antragstellung gehinderte Schuldner noch fristgerecht einen Antrag nach § 30 a stellen.[35] Hierauf ist der Schuldner nach Beendigung des Insolvenzverfahrens oder Freigabe des Grundstücks mit dem Aufhebungsbeschluss nach § 30 f (oder gesondert) hinzuweisen, § 30 b Abs. 1 S. 2.[36] Die Frist läuft ab Zustellung der Belehrung (erneut).[37]

§ 30 e [Auflagen zur Einstellung]

(1) ¹Die einstweilige Einstellung ist mit der Auflage anzuordnen, daß dem betreibenden Gläubiger für die Zeit nach dem Berichtstermin nach § 29 Abs. 1 Nr. 1 der Insolvenzordnung laufend die geschuldeten Zinsen binnen zwei Wochen nach Eintritt der Fälligkeit aus der Insolvenzmasse gezahlt werden. ²Ist das Versteigerungsverfahren schon vor der Eröffnung des Insolvenzverfahrens nach § 30 d Abs. 4 einstweilen eingestellt worden, so ist die Zahlung von Zinsen spätestens von dem Zeitpunkt an anzuordnen, der drei Monate nach der ersten einstweiligen Einstellung liegt.

(2) Wird das Grundstück für die Insolvenzmasse genutzt, so ordnet das Gericht auf Antrag des betreibenden Gläubigers weiter die Auflage an, daß der entstehende Wertverlust von der Einstellung des Versteigerungsverfahrens an durch laufende Zahlungen aus der Insolvenzmasse an den Gläubiger auszugleichen ist.

(3) Die Absätze 1 und 2 gelten nicht, soweit nach der Höhe der Forderung sowie dem Wert und der sonstigen Belastung des Grundstücks nicht mit einer Befriedigung des Gläubigers aus dem Versteigerungserlös zu rechnen ist.

---

31 *Böttcher*, § 30 d Rn 16; Dassler/Schiffhauer/*Hintzen*, § 30 d Rn 10; *Stöber*, § 30 d Rn 9.1.
32 *Böttcher*, § 30 d Rn 16; *Stöber*, § 30 d Rn 9.1, 9.2.
33 *Böttcher*, § 30 d Rn 16; Dassler/Schiffhauer/*Hintzen*, § 30 d Rn 10; *Stöber*, § 30 d Rn 9.3.
34 *Böttcher*, § 30 d Rn 17; *Stöber*, § 30 d Rn 10.1.
35 *Böttcher*, § 30 d Rn 17; *Stöber*, § 30 d Rn 10.3 b), c).
36 *Böttcher*, § 30 d Rn 17; *Stöber*, § 30 d Rn 10.4.
37 *Böttcher*, § 30 d Rn 17; *Stöber*, § 30 d Rn 10.3 b), c).

I. Allgemeines

Um den (betreibenden) Gläubiger vor wirtschaftlichem Schaden während der Einstellung zu schützen,[1] regelt die Vorschrift die mit der Einstellung verbundenen Auflagen. Von Amts wegen sind Zinsen aus der Insolvenzmasse zu zahlen (Abs. 1), auf Antrag ist zudem ein Wertverlust auszugleichen (Abs. 2). Ausgeschlossen sind Auflagen für voraussichtlich ausfallende Gläubiger (Abs. 3). 1

II. Zinszahlungsauflage (Abs. 1)

1. Muss-Vorschrift. Die Auflage ist von Amts wegen mit der Einstellung nach § 30 d zu verbinden. Der Gläubiger kann allerdings auf die Auflage ganz oder teilweise verzichten (§ 308 Abs. 1 ZPO entsprechend).[2] 2

2. (Betreibende) Gläubiger. Anzuordnen ist die Auflage nur zu Gunsten betreibender Gläubiger.[3] Persönliche Gläubiger (§ 10 Abs. 1 Nr. 5) müssen (auch) wegen der Zinsen die Zwangsversteigerung betreiben, bei dinglichen Gläubigern genügt ihr Betreiben aus der Hauptsache.[4] Wird die Zwangsvollstreckung nur wegen eines Teils des dinglichen Rechts betrieben, sind nur die Zinsen für diesen Teilbetrag zu berücksichtigen.[5] 3

3. Zinsen. Zu entrichten sind die **geschuldeten** Zinsen. Str. ist, ob die regelmäßig niedrigeren schuldrechtlich vereinbarten[6] oder die höheren dinglichen Zinsen[7] gemeint sind. Die gesetzgeberische Begründung[8] wie auch der Zweck der §§ 30 d, 30 e legen nahe, auch bei dinglichen Gläubigern (§ 10 Abs. 1 Nr. 4) nur die vertraglichen Zinsen zu berücksichtigen.[9] Zwar hat das Vollstreckungsgericht grds. keine materiell-rechtlichen Erwägungen anzustellen. Auch sind ihm die schuldrechtlichen Vereinbarungen regelmäßig unbekannt.[10] Völlig ausgeschlossen ist die Berücksichtigung von Vereinbarungen zwischen Gläubiger und Schuldner im Vollstreckungsverfahren aber nicht. So sind vollstreckungsbeschränkende Vereinbarungen uU durchaus zu berücksichtigen.[11] Die (materiell-rechtliche) Prüfung von (unstreitigen) schuldrechtlichen Zinsvereinbarungen ist auch nicht derart kompliziert, dass sie dem Vollstreckungsgericht nicht zugemutet werden könnte; die Berücksichtigung des gesetzgeberischen Willens und der Interessen der Insolvenzgläubiger hat deswegen Vorrang. 4

4. Zahlungszeitpunkt. Die Zahlung ist für die Zeit nach dem Berichtstermin (§ 29 Abs. 1 Nr. 1 InsO), bei einer Einstellung vor Insolvenzeröffnung (§ 30 d Abs. 4) nach dreimonatiger Einstellung anzuordnen. Wird erst nach den vorge- 5

---

1 *Böttcher*, § 30 e Rn 1; Dassler/Schiffhauer/*Hintzen*, § 30 e Rn 1; *Stöber*, § 30 e Rn 1; BT-Drucks. 12/2443, S. 176 (zu § 188 InsO-E).
2 Dassler/Schiffhauer/*Hintzen*, § 30 e Rn 7; *Stöber*, § 30 e Rn 2.5.
3 *Böttcher*, § 30 e Rn 1; Dassler/Schiffhauer/*Hintzen*, § 30 e Rn 3; *Stöber*, § 30 e Rn 2.1.
4 *Böttcher*, § 30 e Rn 2; Dassler/Schiffhauer/*Hintzen*, § 30 e Rn 3; *Stöber*, § 30 e Rn 2.2.
5 LG Göttingen NZI 2000, 186; *Böttcher*, § 30 e Rn 2; Dassler/Schiffhauer/*Hintzen*, § 30 e Rn 3; *Stöber*, § 30 e Rn 2.2.
6 LG Göttingen NZI 2000, 186; LG Stade Rpfleger 2002, 472; HK-InsO/*Eickmann*, § 165 InsO Rn 9; *Lwowski/Tetzlaff*, WM 1999, 2336; *Mönning/Zimmermann*, NZI 2008, 134; *Pape*, ZInsO 1999, 398; *Tetzlaff*, ZInsO 2004, 521; *Uhlenbruck*, InsO, § 165 Rn 19; *Wenzel*, NZI 1999, 101.
7 *Alff*, Rpfleger 2000, 228; *Böttcher*, § 30 e Rn 4; *Eickmann*, ZfIR 1999, 83; Dassler/Schiffhauer/*Hintzen*, § 30 e Rn 6 f; *Knees*, ZIP 2001, 1568; *Schmidt*, InVo 1999, 73; *Stöber*, § 30 e Rn 2.2.
8 BT-Drucks. 12/2443, S. 177 (zu § 188 InsO-E).
9 Ausf. *Mönning/Zimmermann*, NZI 2008, 134.
10 So zu Recht *Alff*, Rpfleger 2000, 228; Dassler/Schiffhauer/*Hintzen*, § 30 e Rn 7.
11 OLG Frankfurt JurBüro 1981, 461; OLG Hamm Rpfleger 1977, 178; OLG Karlsruhe NJW 1974, 2242; Musielak/Voit/*Lackmann*, Vor § 704 ZPO Rn 18 u. § 766 ZPO Rn 7; Zöller/*Stöber*, Vor § 704 ZPO Rn 25.

nannten Zeitpunkten eingestellt, kommt die Anordnung der Zahlung rückständiger Zinsen nicht in Betracht.[12] Die Zinsen sind laufend binnen zweier Wochen nach ihrer Fälligkeit (§ 13) zu zahlen. Ist ein Fälligkeitszeitpunkt nicht bestimmt, darf das Vollstreckungsgericht die Bestimmung (im Einstellungsbeschluss) nachholen.[13] Einstellungen aus §§ 30, 30 a und 30 c sind für die Fälligkeit nicht maßgebend (zum Verhältnis s. auch § 30 d Rn 11).[14]

III. Wertverlustausgleich (Abs. 2)

6 Auf Antrag betreibender Gläubiger ist (daneben) eine Auflage anzuordnen, die den Wertverlust der Immobilie durch deren weitere Nutzung ausgleicht. Durch die bestimmungsgemäße Nutzung eines Grundstücks wird dieses allerdings idR keinen Wertverlust erleiden.[15] Gemeint ist (deswegen) nur ein solcher Wertverlust, der sich aus der unmittelbaren Nutzung des Versteigerungsgegenstands (zB des beschlagnahmten Zubehörs)[16] ergibt, zB der Abbau des Grundstücks selbst oder die Fruchtziehung aus diesem.[17] Eine Nutzungspflicht besteht nicht, unterlassene Nutzungen sind nicht zu berücksichtigen.[18]

7 Zum Ausgleich des Wertverlustes sind laufende Zahlungen ab dem Zeitpunkt der Einstellung des Verfahrens (nur) zu Gunsten **betreibender Gläubiger** anzuordnen.[19] Wird der Antrag erst später gestellt, ist der Entscheidungszeitpunkt maßgebend; eine rückwirkende Anordnung kommt nicht in Betracht.[20]

8 Für das Verfahren gilt § 30 b Abs. 2 (wegen § 30 d Abs. 3). Der Gläubiger hat einen Wertverlust deswegen darzulegen und – nach Aufforderung durch das Vollstreckungsgericht – glaubhaft zu machen. Der Antrag ist nicht fristgebunden.[21]

IV. Ausschluss bei voraussichtlich ausfallendem Gläubiger (Abs. 3)

9 Ist bei einem Gläubiger – nach der Rangfolge des § 10 Abs. 1[22] – nicht mit einer Erlöszuteilung zu rechnen, darf eine Auflage nicht angeordnet werden (sog. **Schornsteinhypotheken**). Ist nur eine Teilbefriedigung zu erwarten, sind die Auflagen entsprechend anzupassen (Abs. 3: „soweit").[23] Das Vollstreckungsgericht muss den Versteigerungserlös prognostizieren. Der Insolvenzverwalter hat die Grundlagen der Prognose darzutun und – nach Aufforderung – glaubhaft zu machen.[24] Zu orientieren hat sich das Vollstreckungsgericht am festgesetzten Verkehrswert (§ 74 a Abs. 5).[25] Regelmäßig wird ein Erlös von 70% des Verkehrswertes zugrunde zu legen sein.[26] Ist der Verkehrswert noch nicht festgesetzt, ist

---

12 *Böttcher*, § 30 e Rn 3; Dassler/Schiffhauer/*Hintzen*, § 30 e Rn 4; *Stöber*, § 30 e Rn 2.4.
13 *Böttcher*, § 30 e Rn 6; Dassler/Schiffhauer/*Hintzen*, § 30 e Rn 5; *Stöber*, § 30 e Rn 2.3.
14 *Böttcher*, § 30 e Rn 3; Dassler/Schiffhauer/*Hintzen*, § 30 e Rn 4; *Stöber*, § 30 e Rn 2.1.
15 *Böttcher*, § 30 e Rn 7; *Eickmann*, ZfIR 1999, 81; Dassler/Schiffhauer/*Hintzen*, § 30 e Rn 12.
16 *Böttcher*, § 30 e Rn 7; *Eickmann*, ZfIR 1999, 81.
17 *Böttcher*, § 30 e Rn 7; Dassler/Schiffhauer/*Hintzen*, § 30 e Rn 12; *Stöber*, § 30 e Rn 3.1.
18 *Böttcher*, § 30 e Rn 7; Dassler/Schiffhauer/*Hintzen*, § 30 e Rn 12; *Stöber*, § 30 e Rn 3.1.
19 *Böttcher*, § 30 e Rn 7; Dassler/Schiffhauer/*Hintzen*, § 30 e Rn 10; *Stöber*, § 30 e Rn 3.1.
20 *Böttcher*, § 30 e Rn 7; Dassler/Schiffhauer/*Hintzen*, § 30 e Rn 11.
21 *Böttcher*, § 30 e Rn 7; Dassler/Schiffhauer/*Hintzen*, § 30 e Rn 11.
22 Dassler/Schiffhauer/*Hintzen*, § 30 e Rn 9; *Stöber*, § 30 e Rn 4.
23 *Böttcher*, § 30 e Rn 8; Dassler/Schiffhauer/*Hintzen*, § 30 e Rn 9; *Stöber*, § 30 e Rn 4.
24 *Böttcher*, § 30 e Rn 8; *Stöber*, § 30 e Rn 4.
25 Vgl BT-Drucks. 12/2443, S. 177 (zu § 188 InsO-E); Dassler/Schiffhauer/*Hintzen*, § 30 e Rn 9; *Stöber*, § 30 e Rn 4.
26 *Böttcher*, § 30 e Rn 8; Dassler/Schiffhauer/*Hintzen*, § 30 e Rn 9; *Mönning/Zimmermann*, NZI 2008, 134.

die Prognose schwierig bis unmöglich.[27] Ist Letzteres der Fall, kann mit Rücksicht auf die Darlegungs- und Beweislast des Insolvenzverwalters von Auflagen nicht ohne Weiteres abgesehen werden.[28] Eine zeitaufwändige und kostenintensive Verkehrswertfestsetzung mit dem Ziel des Absehens von Auflagen ist nicht gerechtfertigt.[29]

V. Mehrere Gläubiger

Ebenso wie bei der Einstellung selbst sind auch die Auflagen für jedes Einzelverfahren zu prüfen und zu bestimmen.[30] Wird die Zwangsversteigerung von mehreren Gläubigern betrieben, ist der Wertverlust (Abs. 2) nach der Rangfolge des § 10 Abs. 1 (nicht nach der Reihenfolge der Anträge, Einstellungen oder Beschlagnahmen) auszugleichen.[31] Wird das Verfahren eines später beigetretenen besserrangigen Gläubigers eingestellt, ist die Bestimmung nachträglich zu ändern.[32]   10

VI. Rechtsbehelf

Die (Nicht-)Anordnung von Auflagen kann mittels sofortiger Beschwerde angefochten werden, § 30 d Abs. 3 iVm § 30 b Abs. 3.   11

§ 30 f [Aufhebung der einstweiligen Einstellung]

(1) ¹Im Falle des § 30 d Abs. 1 bis 3 ist die einstweilige Einstellung auf Antrag des Gläubigers aufzuheben, wenn die Voraussetzungen für die Einstellung fortgefallen sind, wenn die Auflagen nach § 30 e nicht beachtet werden oder wenn der Insolvenzverwalter, im Falle des § 30 d Abs. 2 der Schuldner, der Aufhebung zustimmt. ²Auf Antrag des Gläubigers ist weiter die einstweilige Einstellung aufzuheben, wenn das Insolvenzverfahren beendet ist.

(2) ¹Die einstweilige Einstellung nach § 30 d Abs. 4 ist auf Antrag des Gläubigers aufzuheben, wenn der Antrag auf Eröffnung des Insolvenzverfahrens zurückgenommen oder abgewiesen wird. ²Im übrigen gilt Absatz 1 Satz 1 entsprechend.

(3) ¹Vor der Entscheidung des Gerichts ist der Insolvenzverwalter, im Falle des § 30 d Abs. 2 der Schuldner, zu hören. ²§ 30 b Abs. 3 gilt entsprechend.

I. Allgemeines

Die Einstellung des Verfahrens nach § 30 d ist auf Antrag des Gläubigers aufzuheben (also das Verfahren fortzusetzen), wenn das Insolvenzverfahren beendet ist oder die Interessen des Gläubigers eine Fortsetzung gebieten.   1

II. Aufhebungsantrag

Die Aufhebung der Einstellung (die Fortsetzung) des Verfahrens erfolgt nur auf Antrag des betreibenden Gläubigers. Zur Antragsberechtigung, Form und zu   2

---

27 *Böttcher*, § 30 e Rn 8; *Eickmann*, ZfIR 1999, 81; Dassler/Schiffhauer/*Hintzen*, § 30 e Rn 9.
28 *Stöber*, § 30 e Rn 4.
29 *Mönning/Zimmermann*, NZI 2008, 134; *Stöber*, § 30 e Rn 4; aA MüKo-InsO/*Lwowski/Tetzlaff*, § 165 InsO Rn 109; *Wenzel*, NZI 1999, 101.
30 *Böttcher*, § 30 e Rn 9; *Stöber*, § 30 e Rn 5.1.
31 *Böttcher*, § 30 e Rn 9; Dassler/Schiffhauer/*Hintzen*, § 30 e Rn 13; *Stöber*, § 30 e Rn 5.2.
32 *Stöber*, § 30 e Rn 5.2.

weiteren Voraussetzungen gelten die Ausführungen in § 31 Rn 4 ff entsprechend. Zur Antragsfrist s. § 31 Rn 8 ff.

3 Der Antrag kann auch nach rechtskräftiger Ablehnung **wiederholt** werden, wenn er auf neue Tatsachen gestützt wird.[1] Wird die Einstellung aufgehoben, kann der Insolvenzverwalter die Einstellung erneut beantragen, wenn er seinen Antrag auf neue Gründe stützt.[2]

III. Aufhebungsgründe

4 **1. Fortfall der Einstellungsvoraussetzungen (Abs. 1 S. 1).** Eine Aufhebung der Einstellung wegen Wegfalls der Einstellungsvoraussetzungen kommt nur in Betracht, wenn **sämtliche Einstellungsgründe** des § 30 d Abs. 1 S. 1 Nr. 1–4 nicht (mehr) gegeben sind.[3] Der Wegfall einer Einstellungsvoraussetzung reicht nicht aus, auch wenn (allein) diese Grundlage der Einstellung gewesen ist.[4] Die Einstellungsvoraussetzungen sind aber weggefallen, wenn die Einstellung dem Gläubiger nicht mehr zuzumuten ist, § 30 d Abs. 1 S. 2.[5]

5 **2. Nichterfüllung von Auflagen (Abs. 1 S. 1).** Die Einstellung ist auch aufzuheben, wenn nach § 30 e erteilte Auflagen nicht, nicht vollständig oder nicht rechtzeitig (eine verspätete Erfüllung hilft nicht mehr, vgl § 30 a Rn 20) erfüllt werden.

6 **3. Zustimmung des Berechtigten (Abs. 1 S. 1).** Stimmt der Insolvenzverwalter (oder im Fall des § 30 d Abs. 2 der Schuldner) einer Aufhebung zu, ist das Verfahren ebenfalls fortzusetzen.

7 **4. Beendigung des Insolvenzverfahrens (Abs. 1 S. 2).** Die Einstellung ist aufzuheben, wenn das Insolvenzverfahren beendet ist, zB durch Aufhebung (§ 200 InsO). Dem entspricht die Freigabe des Grundstücks durch den Insolvenzverwalter.[6] Ist das Verfahren (nach Titelumschreibung und Zustellung) gegen den Insolvenzverwalter angeordnet worden, ist nach Freigabe eine (erneute) Umschreibung auf den Schuldner und eine Zustellung an ihn nicht mehr erforderlich.[7]

8 **5. Aufhebung während des Eröffnungsverfahrens (Abs. 2).** Die während des Insolvenzeröffnungsverfahrens angeordnete Einstellung ist aufzuheben, wenn der Eröffnungsantrag zurückgenommen oder zurückgewiesen wird. Die Einstellung dauert fort, wenn das Insolvenzverfahren eröffnet wird; eine Aufhebung kommt nur in Betracht, wenn die Voraussetzungen des nach Abs. 2 S. 2 entsprechend geltenden Abs. 1 S. 1 vorliegen (also sämtliche Einstellungsgründe des § 30 d Abs. 1 S. 1 Nr. 1–4 nicht mehr gegeben sind).[8]

IV. Verfahren

9 Die **Anhörung** des Insolvenzverwalters (§ 30 d Abs. 2: des Schuldners) ist ausdrücklich angeordnet (**Abs. 3 S. 1**). Sie entfällt, wenn der Insolvenzverwalter nicht mehr im Amt ist.[9]

10 Es gelten die allgemeinen Grundsätze der **Darlegungs- und Beweislast** (s. § 31 Rn 15; s. auch § 30 b Rn 13 f) mit der Besonderheit, dass eine **Glaubhaftmachung**

---

1 *Stöber*, § 30 f Rn 6.
2 *Stöber*, § 30 f Rn 6.
3 LG Göttingen Rpfleger 2001, 193; *Böttcher*, § 30 f Rn 2; Dassler/Schiffhauer/*Hintzen*, § 30 f Rn 4; *Stöber*, § 30 f Rn 2.6.
4 *Stöber*, § 30 f Rn 2.6.
5 *Böttcher*, § 30 f Rn 2; *Stöber*, § 30 f Rn 2.5.
6 *Böttcher*, § 30 f Rn 5; Dassler/Schiffhauer/*Hintzen*, § 30 f Rn 8; *Stöber*, § 30 f Rn 2.7.
7 BGH DNotZ 2005, 840.
8 *Böttcher*, § 30 f Rn 6; Dassler/Schiffhauer/*Hintzen*, § 30 f Rn 9; *Stöber*, § 30 f Rn 2.6.
9 *Böttcher*, § 30 f Rn 7; Dassler/Schiffhauer/*Hintzen*, § 30 f Rn 3; *Stöber*, § 30 f Rn 3.1.

nicht genügt, weil § 30 f nicht auf § 30 b Abs. 2 verweist.[10] Der Gläubiger hat also die Voraussetzungen der Aufhebung der Einstellung darzulegen und zu beweisen.

V. Aufhebungsbeschluss, Wirkung

Über die Aufhebung der Einstellung entscheidet das Vollstreckungsgericht durch zu begründenden Beschluss.[11] Ein gesonderter Fortsetzungsbeschluss ist nicht mehr erforderlich. Wie bei der Einstellung ist jedes Einzelverfahren des einzelnen betreibenden Gläubigers gesondert zu beurteilen; der betreibende Gläubiger muss die Aufhebung der Einstellung jedes Einzelverfahrens beantragen (s. § 31 Rn 16).[12] Aufgehoben wird dementsprechend nur das betroffene Einzelverfahren.[13] 11

Zur Zustellung gelten die Ausführungen zu § 31 Rn 21 entsprechend (Zustellung an den Insolvenzverwalter anstelle des Schuldners während des Insolvenz(-eröffnungs-)Verfahrens; Ausnahme: § 30 d Abs. 2). 12

VI. Rechtsbehelfe

Wird der Aufhebungsantrag abgelehnt, kann der Gläubiger, wird die Aufhebung beschlossen, kann der Insolvenzverwalter (§ 30 d Abs. 2: der Schuldner) sofortige Beschwerde einlegen (**Abs. 3 S. 2** iVm § 30 b Abs. 3). 13

§ 31 [Fortsetzung des eingestellten Verfahrens]

(1) ¹Im Falle einer einstweiligen Einstellung darf das Verfahren, soweit sich nicht aus dem Gesetz etwas anderes ergibt, nur auf Antrag des Gläubigers fortgesetzt werden. ²Wird der Antrag nicht binnen sechs Monaten gestellt, so ist das Verfahren aufzuheben.

(2) Die Frist nach Absatz 1 Satz 2 beginnt

a) im Falle des § 30 mit der Einstellung des Verfahrens,

b) im Falle des § 30 a mit dem Zeitpunkt, bis zu dem die Einstellung angeordnet war,

c) im Falle des § 30 f Abs. 1 mit dem Ende des Insolvenzverfahrens, im Falle des § 30 f Abs. 2 mit der Rücknahme oder der Abweisung des Antrags auf Eröffnung des Insolvenzverfahrens,

d) wenn die Einstellung vom Prozeßgericht angeordnet war, mit der Wiederaufhebung der Anordnung oder mit einer sonstigen Erledigung der Einstellung.

(3) Das Vollstreckungsgericht soll den Gläubiger auf den Fristbeginn unter Bekanntgabe der Rechtsfolgen eines fruchtlosen Fristablaufs hinweisen; die Frist beginnt erst zu laufen, nachdem der Hinweis auf die Rechtsfolgen eines fruchtlosen Fristablaufs dem Gläubiger zugestellt worden ist.

I. Allgemeines	1	2. Form und Erklärungsinhalt	5
II. Fortsetzungsantrag	4	3. Antragszeitpunkt	6
1. Antragsberechtigung	4	4. Rücknahme	7

---

10 *Böttcher*, § 30 f Rn 7; *Stöber*, § 30 f Rn 3.1; aA LG Göttingen Rpfleger 2001, 193; Dassler/Schiffhauer/*Hintzen*, § 30 f Rn 2.
11 *Böttcher*, § 30 f Rn 7; *Stöber*, § 30 f Rn 3.2.
12 *Böttcher*, § 30 f Rn 9; Dassler/Schiffhauer/*Hintzen*, § 30 f Rn 2; *Stöber*, § 30 f Rn 4.
13 *Böttcher*, § 30 f Rn 9; *Stöber*, § 30 f Rn 4.

III. Besonderes Antragserfordernis: Frist	8	IV. Verfahren	14
1. Dauer (Abs. 1 S. 2)	8	V. Fortsetzung(-sbeschluss), Wirkung	17
2. Fristbeginn	9	VI. Beschränkter Fortsetzungsantrag	19
a) Einstellungsgrund (Abs. 2)	10	VII. Aufhebungsbeschluss (Abs. 1 S. 2)	20
b) Belehrung (Abs. 3)	12	VIII. Rechtsbehelfe	22
3. Fristberechnung	13		

I. Allgemeines

1 Der Gläubiger ist „Herr des Verfahrens". In dieser Eigenschaft überlässt ihm das Gesetz, durch einen entsprechenden **Antrag** für eine Fortsetzung des (jeweiligen Einzel-)Verfahrens zu sorgen (Abs. 1 S. 1).[1] Damit sich das Verfahren nicht auf Dauer in der Schwebe befindet, ist das Antragsrecht des Gläubigers zeitlich begrenzt (Abs. 1 S. 2, Abs. 2).

2 Anwendbar ist die Vorschrift in sämtlichen ZVG-Verfahren.[2]

3 **Von Amts wegen** fortgeführt wird das Verfahren hingegen im Falle einer Einstellung nach § 28, nach § 769 Abs. 2 ZPO (wenn Entscheidung nicht beigebracht wird), nach § 732 Abs. 2 ZPO oder nach § 570 Abs. 2, 3 ZPO (mit Entscheidung), weil „sich aus dem Gesetz etwas anderes ergibt", vgl Abs. 1 S. 1.[3] Die Fortsetzung des Verfahrens muss auch beantragt werden, wenn die Einstellung mangels Erfüllung von Auflagen außer Kraft getreten ist (§§ 30 a Abs. 3–5, 30 e).

II. Fortsetzungsantrag

4 **1. Antragsberechtigung.** Antragsberechtigt ist der Gläubiger des von der Einstellung betroffenen Einzelverfahrens. Ein Rechtsnachfolger des Gläubigers ist nach Titelumschreibung und -zustellung antragsberechtigt, §§ 727, 750 Abs. 2 ZPO (s. aber auch Rn 20).[4]

5 **2. Form und Erklärungsinhalt.** Für die Form gelten die Ausführungen zu § 29 Rn 4 entsprechend; zu beachten ist allerdings ein evtl Begründungserfordernis (s. Rn 15). Ein ausdrücklicher Antrag ist nicht erforderlich; es genügt jede Erklärung, die den Willen des Gläubigers zur Fortsetzung des Verfahrens zum Ausdruck bringt.[5] Als Prozesshandlung ist der Fortsetzungsantrag bedingungsfeindlich (s. aber auch Rn 6). Deswegen kann er nicht unter die Bedingung eines (gleichzeitigen) Antrags anderer Gläubiger gestellt oder mit einer Zahlungsauflage außerhalb des Verfahrens verknüpft werden.[6]

6 **3. Antragszeitpunkt.** Ein Fortsetzungsantrag kann nur gestellt werden, sobald und solange das (Einzel-)Verfahren eingestellt ist; eine Antragstellung kurz vor Ablauf der Einstellungszeit ist allerdings möglich;[7] im Übrigen dürfte bei einem verfrühten Antrag ein Hinweis an den Antragsteller geboten sein.[8] Der Fortsetzungsantrag kann mit einer (erneuten) Einstellungsbewilligung verbunden werden.[9] Umgekehrt kann auch eine Einstellungsbewilligung mit einem Fortset-

---

1 BGH NJW 2010, 2217; Steiner/*Storz*, § 31 Rn 10; *Stöber*, § 31 Rn 1.1.
2 Steiner/*Storz*, § 31 Rn 6.
3 Dassler/Schiffhauer/*Hintzen*, § 31 Rn 2; *Stöber*, § 31 Rn 1.2.
4 *Böttcher*, § 31 Rn 5; Dassler/Schiffhauer/*Hintzen*, § 31 Rn 3; Steiner/*Storz*, § 31 Rn 15.
5 BGH NJW 2010, 2217.
6 *Böttcher*, § 31 Rn 7; Dassler/Schiffhauer/*Hintzen*, § 31 Rn 6; Steiner/*Storz*, § 31 Rn 17; *Stöber*, § 31 Rn 4.5.
7 *Stöber*, § 31 Rn 4.2.
8 LG Aurich 22.7.2010 – 4 T 234/10, juris.
9 *Böttcher*, § 31 Rn 8; Dassler/Schiffhauer/*Hintzen*, § 31 Rn 6; Steiner/*Storz*, § 31 Rn 21; *Stöber*, § 31 Rn 4.4.

zungsantrag für die Zeit nach der Einstellung verbunden werden (die aA[10] ist unnötig formalistisch).[11] Dieser Fortsetzungsantrag kann allerdings nicht befristet werden, weil auf diese Weise eine unzulässige Einstellung auf Zeit (= bedingte Einstellung) bewilligt werden könnte.[12] Nach Aufhebung (Beendigung) des Verfahrens kann die Fortsetzung nicht mehr beantragt werden.[13] Nach Erteilung des Zuschlags ist eine Fortsetzung nur noch möglich, wenn der Zuschlag in der Beschwerdeinstanz aufgehoben wird.[14]

4. Rücknahme. Der Antrag kann **bis** zum **Erlass** des Fortsetzungsbeschlusses 7 (der anderweitigen Wiederaufnahme des Verfahrens) zurückgenommen werden.[15] Die Rücknahme des Fortsetzungsantrags vor Fortsetzung des Verfahrens ist nicht in eine (erneute) Einstellungsbewilligung umzudeuten (das Verfahren bleibt eingestellt), wohl aber die Rücknahme nach Erlass des Fortsetzungsbeschlusses (oder sonstiger Fortsetzung).[16]

III. Besonderes Antragserfordernis: Frist

1. Dauer (Abs. 1 S. 2). Das Antragsrecht des Gläubigers nach Abs. 1 S. 1 ist gem. 8 **Abs. 1 S. 2** an eine Frist von **sechs Monaten** (§ 76 Abs. 2: drei Monaten) gebunden. Diese Frist ist keine Notfrist (deswegen gibt es auch keine Wiedereinsetzung in den vorigen Stand).[17] Sie kann weder durch Parteivereinbarung noch durch das Vollstreckungsgericht – mittels Belehrung nach § 31 Abs. 3 – verlängert werden, § 224 Abs. 1, 2 ZPO.[18] Eine Verkürzung der Frist durch das Vollstreckungsgericht ist mangels besonderer Bestimmung nicht möglich, § 224 Abs. 2 ZPO.[19] Durch Parteivereinbarung kann die Frist hingegen abgekürzt werden, § 224 Abs. 1 ZPO.[20] Die diesbezüglichen Bedenken von *Stöber*[21] sind zwar berechtigt, die gesetzliche Regelung ist jedoch eindeutig.

2. Fristbeginn. Der Beginn der Frist ist an den **Einstellungsgrund** und die **Zustellung** 9 einer **Belehrung** (Ausnahme: § 76)[22] geknüpft.

a) Einstellungsgrund (Abs. 2). Die Frist beginnt gem. Abs. 2 im Falle der Einstellung 10

- gem. **§ 30** mit der Zustellung des Einstellungsbeschlusses, bei Zuschlagsversagung mit Rechtskraft des entsprechenden Beschlusses (**Buchst. a**);[23]

---

10 *Böttcher*, § 31 Rn 3; *Stöber*, § 31 Rn 4.4, s. aber auch Rn 4.2 (zulässig gegen Ende der Einstellungszeit).
11 Dassler/Schiffhauer/*Hintzen*, § 31 Rn 6; *Ordemann*, AcP 157, 470; Steiner/*Storz*, § 31 Rn 21.
12 LG Traunstein Rpfleger 1989, 35; *Böttcher*, § 31 Rn 3; *Stöber*, § 31 Rn 4.4; aA LG Frankfurt Rpfleger 1986, 231; Dassler/Schiffhauer/*Hintzen*, § 31 Rn 6.
13 *Böttcher*, § 31 Rn 3; Dassler/Schiffhauer/*Hintzen*, § 31 Rn 7.
14 *Böttcher*, § 31 Rn 21; *Stöber*, § 31 Rn 5.11 b).
15 *Böttcher*, § 31 Rn 8; Steiner/*Storz*, § 31 Rn 34.
16 *Böttcher*, § 31 Rn 8; Dassler/Schiffhauer/*Hintzen*, § 31 Rn 10 (Rückfrage erforderlich); Steiner/*Storz*, § 31 Rn 35; *Stöber*, § 31 Rn 4.6, 4.7.
17 *Böttcher*, § 31 Rn 9; Dassler/Schiffhauer/*Hintzen*, § 31 Rn 9; *Stöber*, § 31 Rn 3.11.
18 *Böttcher*, § 31 Rn 9; Dassler/Schiffhauer/*Hintzen*, § 31 Rn 8; Steiner/*Storz*, § 31 Rn 18; *Stöber*, § 31 Rn 3.11.
19 LG Frankenthal Rpfleger 1983, 120.
20 Dassler/Schiffhauer/*Hintzen*, § 31 Rn 8; wohl auch *Böttcher*, § 31 Rn 9; aA LG Frankenthal Rpfleger 1983, 120; Steiner/*Storz*, § 31 Rn 18; *Stöber*, § 31 Rn 3.11.
21 *Stöber*, § 31 Rn 3.11.
22 *Böttcher*, § 31 Rn 15; Steiner/*Storz*, § 31 Rn 27; *Stöber*, § 31 Rn 2.5; aA Dassler/Schiffhauer/*Hintzen*, § 31 Rn 24.
23 *Böttcher*, § 31 Rn 11; Dassler/Schiffhauer/*Hintzen*, § 31 Rn 13; *Stöber*, § 31 Rn 3.2.

- gem. § 30 a (§§ 30 c, 180 Abs. 2, 3) nach Ablauf der Einstellungsfrist (**Buchst. b**; s. hierzu auch § 30 a Rn 16).[24] Erfüllt der Schuldner Auflagen (§ 30 a Abs. 3–5) nicht, kann der Gläubiger zwar unmittelbar die Fortsetzung des Verfahrens verlangen, die Frist des Abs. 1 S. 2 beginnt aber gleichwohl erst mit dem vorgenannten Zeitpunkt;[25]
- gem. § 30 d mit dem Ende des Insolvenzverfahrens (maßgebend: öffentliche Bekanntmachung, s. die Zwei-Tages-Frist des § 9 Abs. 1 S. 3 InsO), wenn die Einstellung nach § 30 f Abs. 1 (§ 30 f Abs. 2 S. 2) aufgehoben worden ist, auch wenn die Voraussetzungen für eine frühere Fortsetzung nach § 30 f Abs. 1 S. 1 vorliegen (zB bei Nichteinhaltung von Auflagen).[26] Ist die Einstellung nach § 30 f **Abs. 2 S. 1** aufgehoben worden, beginnt die Frist mit der Rücknahme oder Abweisung des Antrags auf Insolvenzeröffnung (**Buchst. c**);[27]
- durch das **Prozessgericht** (§§ 707, 719, 769, 770 ZPO) mit der Aufhebung der Einstellung oder sonstiger Erledigung (**Buchst. d**);[28]

11 In den gesetzlich nicht geregelten Fällen gilt: Im Falle einer Einstellung

- gem. § 765 a ZPO findet Abs. 2 Buchst. b) entsprechende Anwendung, so dass die Frist nach Ablauf der angeordneten Einstellungsfrist beginnt;[29]
- gem. §§ 75, 77, 775 Nr. 4, 5 ZPO gibt es keine Einstellungsfrist, so dass die Frist mit der Zustellung der Belehrung nach Abs. 3 beginnt;[30]
- gem. § 76 beträgt die Fortsetzungsfrist nur drei Monate, § 76 Abs. 2 S. 2. Sie beginnt am Tag nach Versteigerungstermin unabhängig von einer (dort nicht erforderlichen) Belehrung.[31]

12 b) Belehrung (Abs. 3). Das Vollstreckungsgericht (auch: Beschwerdegericht)[32] hat den Gläubiger im Fall einer Einstellung nach den vorgenannten Vorschriften (außer § 76) über den Fristbeginn und die Folgen eines fruchtlosen Fristablaufs zu belehren (Abs. 3). Insbesondere der **Fristbeginn** ist möglichst genau zu bezeichnen. Im Übrigen gelten die Ausführungen zur Belehrung nach § 30 b Abs. 2 entsprechend (s. § 30 b Rn 9). Die Belehrung kann zusammen mit dem Einstellungsbeschluss (insb. bei § 30), aber auch getrennt von diesem zugestellt werden.[33] Verzögerungen des Fristbeginns nach Abs. 2 sind zu vermeiden.[34]

13 3. Fristberechnung. Die Berechnung der Frist richtet sich nach § 222 ZPO iVm §§ 186 ff, 193 BGB.

IV. Verfahren

14 Stellt der Gläubiger einen Fortsetzungsantrag, ist der **Schuldner** (schriftlich) **anzuhören**.[35] Dies gilt v.a. und insb., wenn der Gläubiger einen Fortsetzungsantrag

---

24 *Böttcher*, § 31 Rn 12; Dassler/Schiffhauer/*Hintzen*, § 31 Rn 14; *Stöber*, § 31 Rn 3.3, 3.5.
25 Dassler/Schiffhauer/*Hintzen*, § 31 Rn 14; *Stöber*, § 31 Rn 3.3.
26 *Böttcher*, § 31 Rn 13; Dassler/Schiffhauer/*Hintzen*, § 31 Rn 15; *Stöber*, § 31 Rn 3.4.
27 *Böttcher*, § 31 Rn 13; Dassler/Schiffhauer/*Hintzen*, § 31 Rn 17; *Stöber*, § 31 Rn 3.4.
28 BGH 13.2.2014 – V ZB 178/13, juris.
29 *Böttcher*, § 31 Rn 17, § 30 a Rn 56; Dassler/Schiffhauer/*Hintzen*, § 31 Rn 14; *Stöber*, § 31 Rn 3.7; aA *Drischler*, Rpfleger 1956, 91.
30 *Böttcher*, § 31 Rn 16; Dassler/Schiffhauer/*Hintzen*, § 31 Rn 23; *Stöber*, § 31 Rn 3.8.
31 *Böttcher*, § 31 Rn 15; Steiner/*Storz*, § 31 Rn 27; *Stöber*, § 31 Rn 2.5; aA Dassler/Schiffhauer/*Hintzen*, § 31 Rn 24.
32 *Böttcher*, § 31 Rn 18; Dassler/Schiffhauer/*Hintzen*, § 31 Rn 25; *Stöber*, § 31 Rn 2.2.
33 *Böttcher*, § 31 Rn 18; Dassler/Schiffhauer/*Hintzen*, § 31 Rn 25; *Stöber*, § 31 Rn 2.3.
34 Dassler/Schiffhauer/*Hintzen*, § 31 Rn 25; *Stöber*, § 31 Rn 2.3.
35 AA *Stöber*, § 31 Rn 5.2 (nicht nötig).

mit der Nichterfüllung von Auflagen begründet. Die (schriftliche) Anhörung kann in der Beschwerdeinstanz nachgeholt werden.

Es gelten die allgemeinen Grundsätze der **Darlegungs- und Beweislast** (s. hierzu § 30 b Rn 13 f). Im Hinblick auf die Auflagen folgt hieraus, dass der Schuldner deren rechtzeitige Erfüllung substantiiert darzulegen, der Gläubiger den **Negativbeweis** zu führen hat.[36] Im Übrigen hat der Gläubiger die eine Fortsetzung des Verfahrens rechtfertigenden Tatsachen darzulegen und zu beweisen (zB die Aufhebung einer Anordnung des Prozessgerichts), nicht nur glaubhaft zu machen.[37]

Das Vollstreckungsgericht hat – wie bei der Einstellung – die Voraussetzungen einer Fortsetzung für jedes **Einzelverfahren** und jeden betroffenen Gläubiger gesondert zu prüfen (Einstellung, Frist, Belehrung usw).[38] Zu prüfen ist auch, ob die Zwangsvollstreckungsvoraussetzungen (weiter) vorliegen.[39] Der betreibende Gläubiger muss die von ihm begehrte Fortsetzung hinsichtlich jedes Einzelverfahrens beantragen.[40]

V. Fortsetzung(-sbeschluss), Wirkung

Sind die Voraussetzungen für eine Fortsetzung des Einzelverfahrens erfüllt, erlässt das Vollstreckungsgericht einen – gesetzlich nicht vorgeschriebenen, aber üblichen und sinnvollen – **Fortsetzungsbeschluss**, der begründet werden sollte;[41] fehlt der Beschluss, begründet dies keinen Zuschlagsversagungsgrund.[42] Der die Fortsetzung feststellende Beschluss ist dem Schuldner nach § 329 Abs. 3 ZPO **zuzustellen**, dem Gläubiger nur formlos zu übermitteln, § 32 gilt nicht. Dem Gläubiger zuzustellen ist aber die Belehrung nach § 30 b Abs. 1 S. 2, falls ein Antrag auf einstweilige Einstellung noch möglich ist (vgl § 30 b Rn 9, § 30 c Rn 4).[43]

Ebenso wie bei der Einstellung nur das Einzelverfahren einzustellen ist, wird nur das von dem Fortsetzungsantrag betroffene **Einzelverfahren** des jeweiligen Gläubigers fortgesetzt.[44] Nach Zuschlagserteilung (auf Betreiben eines anderen Gläubigers) kann das Verfahren nicht mehr fortgesetzt werden, es sei denn, der Zuschlag wird auf Beschwerde hin aufgehoben.[45]

VI. Beschränkter Fortsetzungsantrag

Der Fortsetzungsantrag kann wie die Rücknahme oder die Einstellungsbewilligung beschränkt werden. Die Ausführungen in § 29 Rn 11 und § 30 Rn 21 gelten entsprechend.

VII. Aufhebungsbeschluss (Abs. 1 S. 2)

Geht ein Fortsetzungsantrag **nicht rechtzeitig** vor Ablauf der Sechs-Monats-Frist beim zuständigen[46] Vollstreckungsgericht ein, ist das betroffene Einzelverfahren von Amts wegen durch Beschluss aufzuheben (Abs. 1 S. 2).[47] Rechtzeitig einge-

---

36 AA zur Darlegungslast wohl *Stöber*, § 31 Rn 5.3.
37 *Stöber*, § 31 Rn 5.3.
38 *Stöber*, § 31 Rn 6.
39 *Stöber*, § 31 Rn 5.1.
40 *Böttcher*, § 31 Rn 1; *Stöber*, § 31 Rn 6, 7.
41 *Böttcher*, § 31 Rn 20, 22; Dassler/Schiffhauer/*Hintzen*, § 31 Rn 11; Steiner/*Storz*, § 31 Rn 42; *Stöber*, § 31 Rn 5.5.
42 BGH NJW 2010, 2217.
43 *Stöber*, § 31 Rn 5.8.
44 *Stöber*, § 31 Rn 6.
45 *Böttcher*, § 31 Rn 21; *Stöber*, § 31 Rn 5.11.
46 *Stöber*, § 31 Rn 4.2.
47 *Böttcher*, § 31 Rn 19; Dassler/Schiffhauer/*Hintzen*, § 31 Rn 9; *Stöber*, § 31 Rn 4.3.

hen muss nur der **Antrag**; die Voraussetzungen der Fortsetzung können – auf entsprechenden Hinweis des Gerichts (§ 139 ZPO) – noch nach Fristablauf nachgewiesen werden.[48] Ebenso wenig wie die Fortsetzung innerhalb der Frist beschlossen werden muss, müssen deren Voraussetzungen (zB die Vollstreckungsvoraussetzungen bei Rechtsnachfolge) bereits innerhalb der Frist erfüllt sein; maßgebend ist, ob neben dem rechtzeitigen Antrag die Voraussetzungen zum Zeitpunkt der Entscheidung über den Fortsetzungsantrag vorliegen.[49] Dies gilt auch für die Antragsberechtigung.[50] Das Verfahren ist jedoch nicht fortzusetzen, wenn der Fortsetzungsantrag nach Ablauf der Frist, aber noch vor der Aufhebungsentscheidung bei Gericht eingeht.[51]

21 Mit Rücksicht auf die Wirkung der Aufhebung (Wegfall der Beschlagnahme) sollte die Wirksamkeit des Beschluss bis zu seiner Rechtskraft aufgeschoben werden.[52] Der Beschluss ist dem Gläubiger nach § 329 Abs. 3 ZPO **zuzustellen**, dem Schuldner nur formlos zu übermitteln, § 32 gilt nicht.

VIII. Rechtsbehelfe

22 Dass eine **Belehrung** fehlt, nicht ordnungsgemäß gefasst oder nicht zugestellt ist, kann der Gläubiger mittels Erinnerung (§ 766 ZPO) rügen.[53]

23 Wurde der Schuldner vor Erlass des Fortsetzungsbeschlusses nicht angehört, kann er Erinnerung nach § 766 ZPO, nach ablehnender Entscheidung oder wenn er angehört wurde, sofortige Beschwerde einlegen, § 95, § 793 ZPO.[54] Gegen die Ablehnung der Fortsetzung oder gegen einen Aufhebungsbeschluss kann der Gläubiger sich mit der sofortigen Beschwerde wenden, § 95, § 793 ZPO.

§ 32 [Zustellung des Aufhebungs- oder Einstellungsbeschlusses]

Der Beschluss, durch welchen das Verfahren aufgehoben oder einstweilen eingestellt wird, ist dem Schuldner, dem Gläubiger und, wenn die Anordnung von einem Dritten beantragt war, auch diesem zuzustellen.

I. Allgemeines

1 Die für alle ZVG-Verfahren geltende Vorschrift des § 32 bestimmt, an wen Aufhebungs- und Einstellungsbeschlüsse zuzustellen sind. Einen Antrag ablehnende Beschlüsse sind gem. § 329 Abs. 3 ZPO an den beschwerdeberechtigten Antragsteller zuzustellen, im Übrigen nur formlos mitzuteilen.

II. Zustellung

2 Die Zustellung des Beschlusses erfolgt gem. § 3 **von Amts wegen**. Auf die Zustellung kann nicht verzichtet werden. Zuzustellen ist an
- den (Vollstreckungs-)**Schuldner**. An den nach Beschlagnahme eingetretenen Grundstückeigentümer ist nicht zuzustellen, dieser darf (sollte) aber benachrichtigt werden;

---

48 *Alff*, Rpfleger 2008, 148; *Stöber*, § 31 Rn 5.1; aA LG Detmold Rpfleger 2008, 148.
49 *Alff*, Rpfleger 2008, 148; *Stöber*, § 31 Rn 5.1; aA LG Detmold Rpfleger 2008, 148.
50 AA wohl *Alff*, Rpfleger 2008, 148 (rechtzeitige Titelumschreibung erforderlich).
51 *Böttcher*, § 31 Rn 19; *Stöber*, § 31 Rn 4.3.
52 *Böttcher*, § 31 Rn 19; Dassler/Schiffhauer/*Hintzen*, § 31 Rn 9; Steiner/Storz, § 31 Rn 53; *Stöber*, § 31 Rn 4.3.
53 *Böttcher*, § 31 Rn 26; Dassler/Schiffhauer/*Hintzen*, § 31 Rn 27; *Stöber*, § 31 Rn 9.1.
54 *Stöber*, § 31 Rn 9.1.

- den betreibenden **Gläubiger**, dessen Verfahren von der Einstellung oder Aufhebung betroffen ist (nur an diesen);
- einen **Dritten**, wenn dieser die Aufhebung oder Einstellung beantragt hat (zB bei § 28 oder § 769 Abs. 2 ZPO);
- einen **Bevollmächtigten** der vorgenannten Personen, insb. an den (im Vollstreckungstitel bezeichneten) bestellten Prozess- oder Verfahrensbevollmächtigten (§ 172 ZPO).[1]

Eine Zustellung an andere Beteiligte (§ 9) ist nicht geboten, eine formlose Mitteilung aber nicht ausgeschlossen (erforderlich zB bei gleichzeitiger Aufhebung des Versteigerungstermins).[2]   3

Auch ein verkündeter Beschluss ist nach § 32 zuzustellen, § 329 ZPO wird verdrängt.[3] § 32 gilt jedoch nicht, wenn ein Aufhebungs- oder Einstellungsbeschluss nach **Schluss der Versteigerung** (§ 73 Abs. 2) in der Form der Zuschlagsversagung ergeht, §§ 33, 86. Der Beschluss ist nur zu verkünden, § 87 Abs. 1, die Beschwerdefrist beginnt mit der Verkündung, § 98 S. 1.   4

§ 33 [Versagung des Zuschlags bei Aufhebungs- oder Einstellungsgründen]

Nach dem Schluß der Versteigerung darf, wenn ein Grund zur Aufhebung oder zur einstweiligen Einstellung des Verfahrens oder zur Aufhebung des Termins vorliegt, die Entscheidung nur durch Versagung des Zuschlags gegeben werden.

I. Allgemeines

Eine Aufhebung oder Einstellung des Verfahrens nach Schluss der Versteigerung   1
(§ 73 Abs. 2) durch Beschluss hätte ein rechtsmittelfestes Erlöschen der Gebote (§ 72 Abs. 3), insb. des Meistgebots, und – im Falle der sofortigen Aufhebung – der Beschlagnahme zur Folge. Um dies zu vermeiden, ordnet § 33 eine Entscheidung durch Versagung des Zuschlags an, denn der Versagungsbeschluss zeitigt die vorgenannten Wirkungen erst ab seiner Rechtskraft (§ 86).

Anzuwenden ist die Vorschrift auf alle Versteigerungsverfahren und – mit Ausnahme des § 77 – auf sämtliche Fälle der Aufhebung und Einstellung (s. hierzu § 28 Rn 1).[1] Ist kein Gebot abgegeben oder sind sämtliche Gebote erloschen (§ 77), ist durch Beschluss einzustellen oder aufzuheben. Kommt eine Entscheidung nach § 769 Abs. 2 ZPO in Betracht, hat das Vollstreckungsgericht den Zuschlagsverkündungstermin (§ 87) – ggf mehrfach[2] – hinauszuschieben und die Entscheidung des Prozessgerichts abzuwarten.[3]   2

II. Anwendungsvoraussetzungen

Zeitlich setzt § 33 voraus, dass nach dem Schluss der Versteigerung (§ 73 Abs. 2),   3
aber vor vollständiger[4] Verkündung des Zuschlags (§ 87), über eine Aufhebung oder Einstellung entschieden werden muss. Ohne Belang ist, ob der Aufhebungs-

---

1 *Stöber*, § 3 Rn 3.3.
2 *Böttcher*, § 32 Rn 3; *Stöber*, § 32 Rn 2.
3 *Böttcher*, § 32 Rn 2; Dassler/Schiffhauer/*Hintzen*, § 32 Rn 2; *Stöber*, § 32 Rn 1; Steiner/*Storz*, § 32 Rn 7.
1 Steiner/*Storz*, § 33 Rn 4; *Stöber*, § 33 Rn 2.1.
2 BGHZ 33, 76 = NJW 1960, 2093 (zu § 87).
3 Dassler/Schiffhauer/*Hintzen*, § 33 Rn 3; *Stöber*, § 33 Rn 2.3.
4 BGH NJW-RR 2007, 1005.

oder Einstellungsgrund schon vor dem Schluss der Versteigerung gegeben war (zB weil er übersehen wurde).[5] Wird die Entscheidung über den Zuschlag angefochten, hat das Rechtsmittelgericht übersehene Aufhebungs- oder Einstellungsgründe nach § 33 zu berücksichtigen.[6] Wenn der Grund für die Aufhebung oder Einstellung erst nach Erteilung des Zuschlags entstanden ist und nicht ausnahmsweise trotzdem (zB bei Aufhebung des Zuschlags aus sonstigem Grund)[7] vom Rechtsmittelgericht berücksichtigt werden darf, ist dem Rechtsmittelgericht eine Entscheidung nach § 33 verwehrt (s. auch § 29 Rn 6).

4 **Sachlich** ist ein Grund für eine Aufhebung oder Einstellung erforderlich. Ist ein solcher Grund auf einen Teil des Versteigerungsgegenstands (zB auf eines von mehreren Grundstücken, auf einen von mehreren Grundstücksbruchteilen bei zugelassenem Gesamtausgebot (§ 63)[8] oder auf einzelne Zubehörstücke) beschränkt, muss der Zuschlag insgesamt versagt werden, weil sich das Meistgebot auf den gesamten Versteigerungsgegenstand bezieht.[9] Ein (beschränkter) Zuschlag kann nur erteilt werden, wenn der Meistbietende der Beschränkung zustimmt.[10]

III. Mehrere (betreibende) Gläubiger[11]

5 **1. Vor dem Schluss der Versteigerung.** § 33 gilt nicht. Es ergeht ein Aufhebungs- oder Einstellungsbeschluss hinsichtlich des betroffenen (Einzel-)Verfahrens. Von der Aufhebung oder Einstellung nicht betroffene Verfahren betreibender Gläubiger werden fortgesetzt. Ist das Verfahren des bestrangig betreibenden Gläubigers betroffen, ist ggf das geringste Gebot neu zu berechnen, die Bietzeit zu wiederholen oder wegen §§ 43 Abs. 2, 44 Abs. 2 gar der Versteigerungstermin aufzuheben (s. auch § 30 Rn 17).[12]

6 **2. Nach Schluss der Versteigerung.** Es gilt der Grundsatz der Selbständigkeit der Einzelverfahren.[13] Es ist danach zu unterscheiden, bezüglich welcher Gläubiger und Verfahren ein Aufhebungs- oder Einstellungsgrund vorliegt:

a) Sind **sämtliche betreibende Gläubiger** (oder der einzige betreibende Gläubiger) von der Aufhebung oder Einstellung betroffen, ist gem. § 33 zu versagen.[14]

b) Sind nur **nachrangig betreibende Gläubiger** betroffen, sind deren Verfahren durch Beschluss aufzuheben oder einzustellen. Das Verfahren des bestrangig betreibenden Gläubigers wird (ohne Weiteres) fortgesetzt; § 33 gilt nicht.[15]

---

5 Steiner/*Storz*, § 33 Rn 5; *Stöber*, § 33 Rn 2.1.
6 *Böttcher*, § 33 Rn 3; Steiner/*Storz*, § 33 Rn 19; *Stöber*, § 33 Rn 2.5; aA KG Rpfleger 1966, 310.
7 *Stöber*, § 33 Rn 2.5; unklar Dassler/Schiffhauer/*Hintzen*, § 33 Rn 2 wegen § 29 Rn 9; Steiner/*Storz*, § 33 Rn 19.
8 *Böttcher*, § 33 Rn 2; *Stöber*, § 33 Rn 5.1; s. auch OLG Stuttgart Rpfleger 2002, 165.
9 *Böttcher*, § 33 Rn 2; Dassler/Schiffhauer/*Hintzen*, § 33 Rn 4; *Stöber*, § 33 Rn 5.1; aA *Dorn*, Rpfleger 1987, 143.
10 OLG Hamm MDR 1967, 773; *Böttcher*, § 33 Rn 2; Dassler/Schiffhauer/*Hintzen*, § 33 Rn 4; *Stöber*, § 33 Rn 5.2.
11 Umfassend mit instruktiven Beispielen *Hagemann*, RPflStud 1983, 25.
12 *Böttcher*, § 33 Rn 9; Steiner/*Storz*, § 33 Rn 8; *Stöber*, § 33 Rn 3.1, 3.2.
13 Steiner/*Storz*, § 33 Rn 9.
14 *Böttcher*, § 33 Rn 10; Dassler/Schiffhauer/*Hintzen*, § 33 Rn 7; *Stöber*, § 33 Rn 3.3.
15 *Böttcher*, § 33 Rn 11; Dassler/Schiffhauer/*Hintzen*, § 33 Rn 8; Steiner/*Storz*, § 33 Rn 10; *Stöber*, § 33 Rn 3.1.

c) Ist hingegen nur der **bestrangig betreibende Gläubiger** von der Aufhebung oder Einstellung betroffen, ist das weitere Verfahren streitig.[16] Das Problem besteht (allein) in der abweichenden Feststellung des **geringsten Gebots** (§ 44) und den hiermit verbundenen Wirkungen (§§ 49, 52).[17] Wird die Feststellung des geringsten Gebots mit dem Wegfall des bestrangig betreibenden Gläubigers unrichtig (ein neues geringstes Gebot nötig), besteht grds. der Zuschlagsversagungsgrund des § 83 Nr. 1.[18] Eine neue Bietzeit kann nach allgM wegen des andernfalls nicht genehmigungsfähigen Verstoßes gegen § 83 Nr. 7 (Bekanntmachung nach § 43 Abs. 1 fehlt) auch nicht im Einverständnis aller Beteiligten anberaumt werden. Der Zuschlag kann aber trotzdem erteilt werden, wenn Rechte der Beteiligten **nicht beeinträchtigt** sind[19] oder die beeinträchtigten Beteiligten das Verfahren **genehmigen**, § 84 Abs. 1.[20] Erforderlich ist eine umfassende Einzelfallprüfung.[21]

Die **Genehmigung** der Beeinträchtigten ist **erforderlich**, wenn der ursprünglich bestrangig betreibende Gläubiger das Verfahren aus der Rangklasse 4 betrieben hat und der nunmehr bestrangig betreibende Gläubiger ebenfalls aus der Klasse 4 betreibt, aber rangschlechter ist, oder aus der Klasse 5 betreibt. Die dem jetzt bestrangigen Anspruch vorhergehenden Rechte müssten im neuen geringsten Gebot berücksichtigt werden und würden nun diesem gem. §§ 49, 52 bestehen bleiben, was nach dem ursprünglichen geringsten Gebot nicht der Fall wäre.[22] Selbst wenn die Rechte der vorrangigen dinglichen Gläubiger durch das (bare) Meistgebot gedeckt sind, werden ihnen jedenfalls ihre eingetragenen Rechte genommen.[23] Aufgrund der nur schuldrechtlichen Löschungsverpflichtung ist eine Genehmigung entgegen aA[24] auch dann erforderlich, wenn das bestehenbleibende Recht (nur) eine Eigentümergrundschuld ist.[25] Das Vollstreckungsgericht hat die Beteiligten auf das Erfordernis einer Genehmigung hinzuweisen, § 139 ZPO.[26]

Ohne Genehmigung kann der Zuschlag mangels Beeinträchtigung erteilt werden, wenn

- der ursprünglich bestrangig betreibende Gläubiger aus den Klassen 2 oder 3 stammt, der nunmehr bestrangig betreibende Gläubiger aus eben diesen Klassen stammt oder Rangerster der Klasse 4 ist und zugleich das Meistgebot alle baren Ansprüche deckt;[27]

- der ursprünglich bestrangig betreibende Gläubiger ebenso wie der nunmehr bestrangig betreibende Gläubiger aus der Rangklasse 5 stammt und die Ansprüche entweder weggefallen oder durch das bare Gebot gedeckt sind.[28]

Zudem ist die **Genehmigung** des **Schuldners** erforderlich, wenn ein höheres Meistgebot oder die Abgabe keines Gebots (kein Zuschlag) und damit eine Be-

---

16 Übersicht bei *Hagemann*, RPflStud 1983, 25; Steiner/Storz, § 33 Rn 12 ff; *Stöber*, § 33 Rn 3.4 a).
17 *Hagemann*, RPflStud 1983, 25; *Böttcher*, § 33 Rn 12.
18 OLG Köln Rpfleger 1990, 176; *Stöber*, § 33 Rn 3.4 a); vgl auch BGH NJW-RR 2010, 1314.
19 LG Kassel Rpfleger 2000, 408; LG Mosbach Rpfleger 1992, 360.
20 Dassler/Schiffhauer/Hintzen, § 33 Rn 9; *Stöber*, § 33 Rn 3.4.
21 Übersicht mit Beispielen bei *Hagemann*, RPflStud 1983, 25.
22 *Böttcher*, § 33 Rn 12; Dassler/Schiffhauer/Hintzen, § 33 Rn 9; *Stöber*, § 33 Rn 3.5.
23 OLG Köln Rpfleger 1971, 326; *Böttcher*, § 33 Rn 12.
24 OLG Stuttgart Rpfleger 1997, 397.
25 Dassler/Schiffhauer/Hintzen, § 33 Rn 12; *Stöber*, § 33 Rn 3.4 d).
26 LG Waldshut-Tiengen Rpfleger 1986, 102; *Böttcher*, § 33 Rn 12.
27 OLG Köln Rpfleger 1990, 176; LG Kassel Rpfleger 2000, 408; LG Mosbach Rpfleger 1992, 360; *Stöber*, § 33 Rn 3.4 b; betreffend Rangklassen 2 und 3 auch Dassler/Schiffhauer/Hintzen, § 33 Rn 11.
28 *Stöber*, § 33 Rn 3.4 c); wohl auch *Böttcher*, § 33 Rn 12.

einträchtigung der Schuldnerrechte **ernsthaft möglich** ist.[29] Da dies regelmäßig der Fall sein wird und das Vollstreckungsgericht den Schuldner auf die Möglichkeit der Beeinträchtigung seiner Rechte hinweisen muss, wird der Zuschlag deswegen ganz überwiegend zu versagen sein.[30] Zur Frage der Unwirksamkeit der Einstellung wegen **Rechtsmissbrauchs** vgl § 30 Rn 18.

IV. Versagungsbeschluss

10 Die Entscheidung muss den Aufhebungs- oder Einstellungsgrund nennen.[31] Klargestellt werden sollte, dass der Beschluss (erst) **mit Eintritt der Rechtskraft** die Wirkung einer Aufhebung oder Einstellung hat (§ 86). Ausdrücklich aufgehoben oder eingestellt werden darf nicht, weil dies mit Rücksicht auf die Wirkungen eines Aufhebungs- oder Einstellungsbeschlusses (s. Rn 1) wenigstens missverständlich ist; selbst wenn aber – neben oder mit der Zuschlagsversagung – eine entsprechende Entscheidung ergeht, stellt dies nur einen Hinweis auf § 86 dar.[32]

11 Eine **Zustellung** des verkündeten Zuschlagsversagungsbeschlusses ist nicht erforderlich, § 87 Abs. 1. Die Belehrung nach § 31 muss allerdings zugestellt werden.[33]

V. Rechtsbehelfe

12 Zulässiges Rechtsmittel bei Versagung (wie bei Zuschlagserteilung) ist die sofortige Beschwerde, § 96, § 793 ZPO. Die Rechtsmittelfrist beginnt mit der Verkündung, § 98 S. 1. Nach dem Schluss der Versteigerung kann ein die Einstellung oder Aufhebung ablehnender Beschluss nicht mehr selbständig angefochten werden.[34] Ein bereits anhängiges Rechtsmittel wird mit Zuschlagserteilung gegenstandslos.[35]

§ 34 [Löschung des Versteigerungsvermerks bei Aufhebung]

Im Falle der Aufhebung des Verfahrens ist das Grundbuchamt um Löschung des Versteigerungsvermerks zu ersuchen.

I. Allgemeines

1 Die für alle ZVG-Verfahren geltende Vorschrift verpflichtet das Vollstreckungsgericht, den nach § 19 Abs. 1 im Grundbuch eingetragenen Zwangsversteigerungsvermerk im Falle der Aufhebung des Verfahrens löschen zu lassen.

II. Verfahrensaufhebung

2 Das Vollstreckungsgericht hat das Grundbuchamt um Löschung des Vermerks zu ersuchen, wenn das Verfahren hinsichtlich aller betreibenden Gläubiger aufgeho-

---

29 Dassler/Schiffhauer/*Hintzen*, § 33 Rn 11 (s. aber auch Rn 9); *Stöber*, § 33 Rn 3.5; auch *Böttcher*, § 33 Rn 12 und Steiner/*Storz*, § 33 Rn 15 (auch hinsichtlich nachfolgender Gläubiger).
30 *Hagemann*, RPflStud 1983, 25; Dassler/Schiffhauer/*Hintzen*, § 33 Rn 9; *Stöber*, § 33 Rn 3.5.
31 *Stöber*, § 33 Rn 2.7.
32 OLG Hamm NJW 1965, 2410; *Böttcher*, § 33 Rn 13; *Mohrbutter*, Rpfleger 1967, 102; *Stöber*, § 33 Rn 2.7; aA Dassler/Schiffhauer/*Hintzen*, § 33 Rn 15; Steiner/*Storz*, § 33 Rn 35.
33 *Stöber*, § 33 Rn 6; *Böttcher*, § 33 Rn 13.
34 KG Rpfleger 1966, 310.
35 BGHZ 44, 138 = NJW 1965, 2107.

ben oder anstelle der Aufhebung der Zuschlag versagt wird (§§ 33, 86). Ist die Aufhebung oder Zuschlagsversagung auf eines mehrerer Grundstücke oder einen mehrerer Grundstücksteile beschränkt, ist um entsprechend beschränkte Löschung zu ersuchen.

Das Ersuchen erfolgt **ab Zustellung oder Verkündung des Aufhebungsbeschlusses**, es sei denn, die Wirksamkeit des Aufhebungsbeschlusses ist bis zu seiner Rechtskraft aufgeschoben.[1] Wird trotz aufgeschobener Wirksamkeit um Löschung ersucht, ist die Löschung eines Vermerks bei erfolgreicher Beschwerde gegen die Aufhebung rückgängig zu machen.[2] Ist die Wirksamkeit nicht aufgeschoben, nützt auch eine erfolgreiche Beschwerde nichts: Die Beschlagnahme kann nicht rückwirkend wiederhergestellt werden. Das Verfahren muss neu angeordnet werden.[3] 3

Ein Löschungsersuchen ist entbehrlich, wenn der Antrag noch vor Erstellung des Ersuchens zurückgenommen wird (§ 29). Ist der Zwangsversteigerungsvermerk noch nicht eintragen, ist im Falle des durch eine Antragsrücknahme veranlassten Löschungsersuchens eine Eintragung des Vermerks entbehrlich. Ein Anspruch auf Umschreibung des Grundbuchblattes zwecks Entfernung des gelöschten Versteigerungsvermerks besteht nicht.[4] 4

III. Form; Prüfung durch das Grundbuchamt

Das Löschungsersuchen hat in der Form des § 29 Abs. 3 GBO zu erfolgen. Das Grundbuchamt hat nur die formelle, nicht aber die sachliche Richtigkeit des Ersuchens zu prüfen.[5] Das Ersuchen ist nämlich ein solches nach § 38 GBO (Ablehnung nur, wenn dem Ersuchen ersichtlich jede Rechtsgrundlage fehlt).[6] Gegen die Ablehnung der Löschung findet Beschwerde zum Landgericht (§ 72 GBO) statt, § 11 Abs. 1 RPflG, § 71 GBO. 5

III.
Bestimmung des Versteigerungstermins

§ 35 [Versteigerung durch Vollstreckungsgericht]

Die Versteigerung wird durch das Vollstreckungsgericht ausgeführt.

Bereits in § 1 ist die sachliche und örtliche Zuständigkeit des Amtsgerichts als Vollstreckungsgericht für das gesamte Verfahren bestimmt (s. § 1 Rn 1 ff). Zusätzlich wird in § 35 nochmals ausdrücklich die Zuständigkeit für die **Durchführung der Versteigerung** normiert. Sie gilt für alle Verfahrensarten des ZVG: Zwangsversteigerung, Zwangsverwaltung, Teilungsversteigerung gem. § 180, Schiffsversteigerung, Nachlassversteigerung, Insolvenzverwalterversteigerung sowie die Versteigerung zur „zwangsweisen Veräußerung" des Wohnungseigentums (s. § 10 Rn 56 ff). 1

Die Zuständigkeit ist eine **ausschließliche** (§§ 802, 869 ZPO). Abweichende Vereinbarungen der Verfahrensbeteiligten (s. § 9 Rn 2 ff) sind unzulässig. 2

---

1 Steiner/*Storz*, § 34 Rn 2.
2 *Stöber*, § 34 Rn 2.1.
3 *Stöber*, § 34 Rn 2.1.
4 BayObLG NJW-RR 1993, 475; OLG Düsseldorf NJW 1988, 975.
5 *Böttcher*, § 34 Rn 3; Steiner/*Storz*, § 34 Rn 11.
6 BGH NJW 1956, 463; KG Rpfleger 1997, 154.

3 Funktionell zuständig für das gesamte Verfahren ist der **Rechtspfleger** (s. § 1 Rn 6).

§ 36 [Zeitpunkt und Ort des Versteigerungstermins]

(1) Der Versteigerungstermin soll erst nach der Beschlagnahme des Grundstücks und nach dem Eingang der Mitteilungen des Grundbuchamts bestimmt werden.

(2) ¹Der Zeitraum zwischen der Anberaumung des Termins und dem Termin soll, wenn nicht besondere Gründe vorliegen, nicht mehr als sechs Monate betragen. ²War das Verfahren einstweilen eingestellt, so soll diese Frist nicht mehr als zwei Monate, muss aber mindestens einen Monat betragen.

(3) Der Termin kann nach dem Ermessen des Gerichts an der Gerichtsstelle oder an einem anderen Ort im Gerichtsbezirk abgehalten werden.

I. Normzweck und Anwendungsbereich

1 Die Vorschrift gilt für alle Versteigerungsverfahren des ZVG mit Besonderheiten für Schiffe (§§ 162–171) und Luftfahrzeuge (§§ 171a–171n). Sie regelt den frühestmöglichen Zeitpunkt für die Bestimmung des Versteigerungstermins und die Zeitspanne bis zum Termin. Die Bestimmung des Terminstages und der Uhrzeit ist in das **Ermessen** des zuständigen Rechtspflegers gestellt, der unter Abwägung aller Umstände zu entscheiden hat.

II. Zeitpunkt des Versteigerungstermins

2 **1. Frühester Zeitpunkt (Abs. 1).** Die Regelung, dass der Versteigerungstermin erst **nach** Wirksamwerden der Beschlagnahme (s. § 22 Rn 2 ff) und **nach** dem Eingang der Mitteilung des Grundbuchamtes über die Eintragung des Versteigerungsvermerks (§ 19 Abs. 1 und 2) bestimmt werden soll, hat nur eine geringe Bedeutung. Denn es handelt sich um eine **Ordnungsvorschrift**.

3 Außerdem ist in der Praxis diese kurze Mindestfrist bedeutungslos, weil sie immer deutlich überschritten wird. Denn vor der Terminsbestimmung muss der Verkehrswert nach § 74a Abs. 5 ermittelt werden. Dazu wird in aller Regel ein Sachverständiger beauftragt. Ferner muss vor der Festsetzung des Wertes den Beteiligten (s. § 9 Rn 2 ff) das rechtliche Gehör gewährt werden. Es muss damit idR von einer Zeitspanne von mindestens drei Monaten (in vielen Fällen auch erheblich länger) ausgegangen werden. Der Versteigerungstermin darf nicht zur „Unzeit" bestimmt werden.[1]

4 **2. Zeitraum zwischen Terminsbestimmung und Termin (Abs. 2).** Auch die Regelung des **Abs. 2 S. 1**, dass die Zeitspanne zwischen der Bestimmung des Termins und dem Termin **nicht über sechs Monate** liegen soll, ist eine **Soll-Vorschrift**. Eine gesetzliche Gewährleistung, dass das Vollstreckungsgericht den Termin innerhalb der Höchstfrist bestimmt, kommt nicht in Betracht. Das Gericht kann nur im Rahmen der ihm zur Verfügung gestellten personellen Vorgaben Termine anberaumen. Es ordnet daher grds. den Termin so zeitig wie möglich an.[2]

5 Das gilt auch für die in **Abs. 2 S. 2** weiter genannte Zeitspanne von **zwei Monaten**, die in den Fällen der einstweiligen Verfahrenseinstellung (§§ 30, 30a, 30d, 77, 86, 180 Abs. 2 und 3 ZVG; §§ 765a, 707, 719, 769 ZPO) nicht überschrit-

---

1 BVerfG Rpfleger 1988, 156.
2 Dassler/Schiffhauer/*Hintzen*, § 36 Rn 6.

ten werden soll. Der Fall der Zuschlagsversagung (§§ 33, 74 a, 85 a) ist keine Verfahrenseinstellung im vorgenannten Sinne.

Die in **Abs. 2 S. 2** weiter genannte Mindestfrist von **einem Monat** ist schon deshalb ohne Bedeutung, weil die Ladungsfrist nach § 43 Abs. 2 (s. § 43 Rn 5) zwingend eingehalten werden muss.

III. Ort der Versteigerung (Abs. 3)

Das Gericht wird den Termin idR in den Räumen des zuständigen Amtsgerichts (§ 1 Abs. 1) durchführen. Soweit Teilzentralisierungen erfolgt und mehrere Amtsgerichte zu einem gemeinsamen Vollstreckungsgericht (s. § 1 Rn 3) zusammengefasst sind oder bei der Bestimmung eines gemeinsamen Vollstreckungsgerichts in den Fällen, wo das Grundstück in verschiedenen Amtsgerichtsbezirken belegen ist (s. § 2 Rn 2), kann es sinnvoll sein, die Versteigerung im zugeordneten oder hauptsächlich betroffenen Amtsgericht abzuhalten.

Auch muss das Gericht den Andrang von Interessenten berücksichtigen und für eine **uneingeschränkte Teilnahmemöglichkeit** (s. § 66 Rn 2) sorgen. Wenn ein entsprechend großer Saal im Amtsgericht nicht zur Verfügung steht, muss die Anmietung eines größeren Saales erfolgen, und zwar unter Beachtung der Sicherheit des Verfahrens. Die Anmietung erfolgt durch das Versteigerungsgericht, und zwar aus dem jeweiligen Verfahren heraus. Die Kosten hierfür werden über Auslagen (Nr. 9006 Nr. 1 KV GKG) in dem jeweiligen Verfahren erhoben. Nur dann, wenn eine dauerhafte Anmietung erfolgt, weil dort regelmäßig Gerichtstermine abgehalten werden, ist die Zuständigkeit der Verwaltung des Gerichts gegeben. Dann könnten auch die Kosten hierfür nicht umgelegt werden.

IV. Rechtsmittel

Bei der Bestimmung des Versteigerungsortes nach Abs. 2 handelt es sich um eine Ermessensentscheidung des Gerichts, die grds. nicht angefochten werden kann. Sollte jedoch ein völlig ungeeigneter Ort gewählt sein, könnte dies mit der **Vollstreckungserinnerung** (§ 766 ZPO) angefochten werden. Auch muss der Saal so groß sein, dass jederzeit die Öffentlichkeit gewahrt ist (s. § 169 GVG). Sollte aufgrund eines zu kleinen Saales nicht jedermann zugelassen werden können, wäre ein Zuschlag mit der **Zuschlagsbeschwerde** (s. § 96 Rn 1 ff) anfechtbar.

V. Kosten

Mit der Terminsbestimmung wird ein **Vorschuss** in Höhe des Doppelten der für die Abhaltung des Versteigerungstermins anfallenden Gebühr Nr. 2213 KV GKG (= 0,5), somit eine 1,0-fache Gebühr, erhoben (§ 15 Abs. 1 GKG). Weiter wird wegen der Auslagen (insb. die der Zeitungsveröffentlichungen) ein **Auslagenvorschuss** in ausreichender Höhe verlangt (§ 17 GKG). Für die Kosten haften der Schuldner, Antragsteller sowie der betreibende Gläubiger (§ 26 Abs. 1 GKG).

Die Terminsbestimmung wird nicht von einer vorherigen Kostenzahlung abhängig gemacht. Die Kosteneinforderung erfolgt in der Vollstreckungsversteigerung vom betreibenden Gläubiger, in den übrigen Fällen vom Antragsteller. Bei Durchführung des Verfahrens werden die Kosten vorab der Teilungsmasse entnommen (s. § 109 Rn 8); gezahlte Vorschüsse werden erstattet.

§ 37 [Inhalt der Terminsbestimmung]

Die Terminsbestimmung muß enthalten:
1. die Bezeichnung des Grundstücks;
2. Zeit und Ort des Versteigerungstermins;
3. die Angabe, daß die Versteigerung im Wege der Zwangsvollstreckung erfolgt;
4. die Aufforderung, Rechte, soweit sie zur Zeit der Eintragung des Versteigerungsvermerks aus dem Grundbuch nicht ersichtlich waren, spätestens im Versteigerungstermin vor der Aufforderung zur Abgabe von Geboten anzumelden und, wenn der Gläubiger widerspricht, glaubhaft zu machen, widrigenfalls die Rechte bei der Feststellung des geringsten Gebots nicht berücksichtigt und bei der Verteilung des Versteigerungserlöses dem Anspruch des Gläubigers und den übrigen Rechten nachgesetzt werden würden;
5. die Aufforderung an diejenigen, welche ein der Versteigerung entgegenstehendes Recht haben, vor der Erteilung des Zuschlags die Aufhebung oder einstweilige Einstellung des Verfahrens herbeizuführen, widrigenfalls für das Recht der Versteigerungserlös an die Stelle des versteigerten Gegenstandes treten würde.

I. Normzweck und Anwendungsbereich 1	5. Aufforderung zur Geltendmachung entgegenstehender Rechte (Nr. 5) 9
II. Notwendiger Inhalt der Terminsbestimmung 2	III. Rangwahrende Berücksichtigung auch ohne Anmeldung 15
1. Grundstücksbezeichnung (Nr. 1) 2	1. Überbau- und Notwegerenten 15
2. Zeit und Ort des Versteigerungstermins (Nr. 2) 4	2. Altenteile 17
3. Art der Versteigerung (Nr. 3) 5	3. Eigentümerrechte 18
4. Aufforderung zur Anmeldung von Rechten (Nr. 4) ... 6	

I. Normzweck und Anwendungsbereich

1 Die Vorschrift des § 37 regelt den **Muss-Inhalt** der Terminsbestimmung für den Versteigerungstermin. Die genannten Erfordernisse sind zwingend und gelten für alle Versteigerungen nach dem ZVG. Bei Nichtbeachtung ist der Versteigerungstermin **aufzuheben** oder der Zuschlag zu **versagen** (s. § 83 Rn 8).

II. Notwendiger Inhalt der Terminsbestimmung

2 **1. Grundstücksbezeichnung (Nr. 1).** Eine Vorschrift, wie das Grundstück zu bezeichnen ist, existiert nicht. Jedoch muss die Bezeichnung so genau sein, dass nicht nur die Beteiligten (s. § 9 Rn 2 ff), sondern auch alle, an die sich die Aufforderungen zur Anmeldung richten, **zweifelsfrei** das Objekt erkennen können. Ferner muss die Bezeichnung ausreichend für die Bietinteressenten sein. In der Regel erfolgt die Bezeichnung des Grundstücks gemäß dem Bestandsverzeichnis im Grundbuch, dem Schiffsregister (§§ 162–171) oder der Luftfahrzeugrolle (§§ 171 a–171 n). Der Zuschlag ist bei **ungenauer** Bezeichnung des Grundstücks zu **versagen**.[1]

---

[1] OLG Hamm Rpfleger 2000, 172; OLG Koblenz Rpfleger 2000, 342; aA OLG Oldenburg Rpfleger 1980, 75.

Im Zweifel reicht aber die Beschreibung aus dem Grundbuch allein nicht aus. 3
Denn der im Bestandsverzeichnis aufgeführte Acker oder das Gartenland könnte
zwischenzeitlich bebaut sein. Dasselbe gilt auch bei der Bezeichnung „Gebäude-
und Freifläche", wenn das Grundstück mit einem Gebäude besonderer Art (Ho-
tel, Tankstelle, Bauernhof usw) bebaut ist. Ferner ist der Ortsname mit anzugeben, wenn die übrigen Angaben keine Rückschlüsse darauf zulassen.[2] Eine **unvollständige** Bekanntmachung bewirkt keine Einhaltung der Frist nach § 43
Abs. 1. Wird nach einer Zuschlagsentscheidung ein Rechtsmittel eingelegt, muss
das Beschwerdegericht von Amts wegen auch die Einhaltung dieser Bestimmung
prüfen (§§ 83 Nr. 7, 100 Abs. 3) und bei einer fehlerhaften Bekanntmachung den
Zuschlag versagen. Das gilt insb. dann, wenn die Terminsbestimmung derart fehlerhafte Angaben über das Versteigerungsobjekt enthält, dass von einer **Irreführung der Bieterkreise** auszugehen ist.[3] Die Bezeichnung „bebaut mit einem Einfamilienhaus" genügt den Anforderungen der Nr. 1 aber auch dann, wenn einige
Räume des Einfinahauses als Büro genutzt werden.[4] Das Unterlassen eines
Hinweises auf die Nutzungsart (zB Hotelbetrieb) kann **Amtshaftungsansprüche**
begründen, wenn der Zuschlagsbeschluss aus diesem Grund aufgehoben wird.[5]
Daher wird von den Gerichten in die Terminsbestimmung regelmäßig ein erläuternder Zusatz (zB „Laut Gutachten handelt es sich um ein ...") aufgenommen.
Mit dem Hinweis „Laut Gutachten" wird auch deutlich, dass die folgenden Ausführungen durch das Gericht nicht abschließend geprüft worden sind.[6] Außerdem kann die Anfechtung des Zuschlags wegen Irrtums (zB in dem Falle, dass
die Wohnfläche nur halb so groß ist, als im Gutachten angegeben) keinen Erfolg
haben, weil dieser Sachmangel im Zwangsversteigerungsverfahren (im Gegensatz
zum rechtsgeschäftlichen Erwerb) ausgeschlossen ist (s. § 56 Rn 16 ff).[7]

2. Zeit und Ort des Versteigerungstermins (Nr. 2). Der Beginn der Versteigerung 4
mit Jahr, Monat, Tag, Stunde und Minute muss in der Terminsbestimmung bezeichnet sein. Das gilt auch für den Ort der Versteigerung (Ort, Straße, Hausnummer, Gebäudeteil und Saalnummer), und zwar auch dann, wenn das Gericht
die Versteigerung an einem anderen Orte im Gerichtsbezirk abhält (§ 36 Abs. 3).
Sollte der Termin in einen anderen Saal des Gerichts verlegt werden müssen, ist
besondere Sorgfalt auf entsprechende Hinweise zu legen (zB entsprechender Hinweis am angekündigten Saal und ferner am Ausweichsaal).[8]

3. Art der Versteigerung (Nr. 3). Die **Verfahrensart** ist zwingend in der Termins- 5
bestimmung anzugeben. Es kommen folgende Verfahrensarten in Frage:

- Versteigerung im Wege der Zwangsvollstreckung,
- Zwangsversteigerung zum Zwecke der Aufhebung der Gemeinschaft (§§ 180 ff),
- Zwangsversteigerung auf Antrag des Insolvenzverwalters (§§ 172 ff),
- Zwangsversteigerung auf Antrag des Erben (§§ 175 ff),
- Zwangsversteigerung von Schiffen und Schiffsbauwerken (§§ 162 ff),
- Zwangsversteigerung von Luftfahrzeugen (§§ 171 a ff),

---

2 BGH MDR 2013, 425 = NJW-RR 2013, 915 = Rpfleger 2013, 403 = WM 2013, 379.
3 BGH MDR 2011, 69 = WM 2010, 2365 = Rpfleger 2011, 173 = WuM 2011, 133.
4 BGH 29.9.2011 – V ZB 65/11.
5 OLG Nürnberg Rpfleger 2006, 215 m. Anm. *Storz/Kiderlein*, Rpfleger 2006, 615.
6 OLG Hamm Rpfleger 2000, 172.
7 BGH Rpfleger 2008, 92 = MDR 2008, 168 = NJW-RR 2008, 222.
8 OLG Hamm MDR 1979, 151 = Rpfleger 1979, 29.

- Zwangsversteigerung zum Zwecke der Entziehung des Wohnungseigentums (§§ 18, 19 WEG; s. dazu § 10 Rn 57 ff).

Der Zuschlag ist bei **ungenauer** Bezeichnung der Verfahrensart zu **versagen**.[9]

6   **4. Aufforderung zur Anmeldung von Rechten (Nr. 4).** Rechte, die bei Eintragung des Versteigerungsvermerks nicht aus dem Grundbuch ersichtlich waren (s. § 9 Rn 13), müssen zur Wahrung dieser Rechte und des Ranges ausdrücklich **angemeldet** werden. Das betrifft auch Ansprüche, die nicht in das Grundbuch eingetragen werden (§ 10 Abs. 1 Nr. 1–3), sowie die Kosten der dinglichen Rechtsverfolgung (s. § 10 Rn 53 ff) und die Zinsrückstände eingetragener Rechte.

7   Die Anmeldung muss zur Vermeidung von **Rangverlusten** (s. § 110 Rn 6 ff) **spätestens** im Versteigerungstermin vor der Aufforderung zur Abgabe von Geboten erfolgen. Deshalb muss hierzu in der Terminsbestimmung zur Vermeidung von Rechtsnachteilen gerichtlich **aufgefordert** werden.

8   Der Anmeldende erreicht mit seiner Willenserklärung
- die Stellung als Beteiligter im Verfahren (s. § 9 Rn 13),
- die Berücksichtigung seiner Ansprüche und die Rangwahrung im geringsten Gebot (s. § 45 Rn 3 ff, § 110 Rn 6 ff),
- die Übernahme der persönlichen Schuld durch den Ersteher bei bestehen bleibender Grundschuld (§ 53 Abs. 2), und zwar auch hinsichtlich der Fälligkeit,
- die Übernahme der Fälligkeiten bei einer bestehen bleibenden Hypothek (§ 54) und
- die Aufnahme in den Teilungsplan (s. § 114 Rn 2 ff).

9   **5. Aufforderung zur Geltendmachung entgegenstehender Rechte (Nr. 5).** Zu den **entgegenstehenden Rechten** gehören insb. das **Eigentum**, v.a. am **Zubehör** (s. §§ 97, 98 BGB), die **Veräußerungsverbote** (zB aus Insolvenzverfahren) und das **Verwertungsverbot** bei einer nicht befreiten Nacherbschaft (§§ 2113, 2136 BGB). Diese Rechte an Gegenständen der Versteigerung hindern grds. die Versteigerung nur, wenn sie rechtzeitig geltend gemacht werden.

10 Die Terminsbestimmung muss deshalb die gerichtliche Aufforderung enthalten, für ein entgegenstehendes Recht vor der Erteilung des Zuschlags insoweit die Verfahrenseinstellung (s. § 30) oder die Verfahrensaufhebung (s. § 29) herbeizuführen. In der Praxis ist v.a. das **Zubehör** betroffen (s. § 55 Rn 6 ff), das auch **abgesondert** versteigert werden kann (s. § 65 Rn 2 ff).

11 Sind die Gläubiger nicht bereit, insoweit eine Einstellung oder Aufhebung zu bewilligen, muss der Berechtigte die **einstweilige Einstellung** über das **Prozessgericht** oder das **Vollstreckungsgericht** durchsetzen (§§ 769, 771 ZPO).

12 Auch in den Fällen, wo Unklarheit darüber besteht, ob es sich um Zubehör oder wesentliche Bestandteile (s. §§ 93, 94 BGB) handelt, muss im Zweifel die **einstweilige Einstellung** oder die **teilweise Aufhebung** erreicht werden. Denn dieser Streit ist nicht vor dem Vollstreckungsgericht, sondern vor dem **Prozessgericht** auszutragen.

13 Eine **Freigabe** von wesentlichen Bestandteilen oder auch entsprechende vollstreckungsgerichtliche Entscheidungen sind uU **ohne Wirkung**. Denn der Ersteher erwirbt auch dann an den wesentlichen Bestandteilen Eigentum, wenn Freigabeerklärungen der Gläubiger oder Anordnungen des Versteigerungsgerichts vorliegen. Es ist dann vor dem **Prozessgericht** zu klären, ob ein schuldrechtlicher An-

---

9   OLG Koblenz NJW 1959, 1833.

spruch gegen den Ersteigerer auf Trennung des Gegenstandes vom Grundstück besteht.[10]

Erfolgt keine rechtzeitige Freigabe oder teilweise Aufhebung, hat der Berechtigte einen anteiligen Anspruch an dem Versteigerungserlös (s. § 55 Rn 14). 14

III. Rangwahrende Berücksichtigung auch ohne Anmeldung

1. Überbau- und Notwegerenten. Überbau- und Notwegerenten (s. § 52 Rn 1, 11 ff) bleiben auch ohne Grundbucheintragung und Anmeldung bestehen. 15

Das gilt auch bzgl des **Erbbauzinses**, wenn nach § 9 Abs. 3 ErbbauRG das Bestehenbleiben des Erbbauzinses als Inhalt der Reallast vereinbart worden ist, und bzgl **Grunddienstbarkeiten** und **beschränkten persönlichen Dienstbarkeiten**, die auf dem Grundstück als Ganzem lasten, wenn in ein Wohnungseigentum wegen Hausgelder in der Rangklasse 2 (s. § 10 Rn 11 ff) vollstreckt wird und diesen kein anderes Recht der Rangklasse 4 vorgeht, aus dem die Versteigerung betrieben werden kann (s. § 52 Rn 16). 16

2. Altenteile. Soweit Altenteile über landesrechtliche Regelungen besonders geschützt sind (s. § 52 Rn 12 ff), werden sie ebenfalls von Amts wegen berücksichtigt. Weitere Voraussetzung ist, dass sich (bei Fehlen eines ausdrücklichen Hinweises „Altenteil") aus der im Grundbuch in Bezug genommenen Urkunde ergibt, dass das eingetragene **Wohnrecht** tatsächlich als **Altenteil** ausgestaltet ist. 17

3. Eigentümerrechte. Häufig sind aus früheren Fremdrechten **Eigentümergrundschulden** entstanden (s. §§ 1163, 1168, 1192 BGB). Auch diese Eigentümerrechte sind von Amts wegen zu berücksichtigen, auch wenn sie nicht im Grundbuch eingetragen sind. Einer ausdrücklichen Anmeldung von verdeckten Eigentümerrechten bedarf es nicht. 18

§ 38 [Ergänzende Angaben in der Terminsbestimmung]

(1) ¹Die Terminsbestimmung soll die Angabe des Grundbuchblatts, der Größe und des Verkehrswerts des Grundstücks enthalten. ²Ist in einem früheren Versteigerungstermin der Zuschlag aus den Gründen des § 74 a Abs. 1 oder des § 85 a Abs. 1 versagt worden, so soll auch diese Tatsache in der Terminsbestimmung angegeben werden.

(2) Das Gericht kann Wertgutachten und Abschätzungen in einem für das Gericht bestimmten elektronischen Informations- und Kommunikationssystem öffentlich bekannt machen.

I. Normzweck

Die Vorschrift bestimmt in Abs. 1 für den Versteigerungstermin den Soll-Inhalt der Terminsbestimmung; es handelt sich daher um eine **Soll-Vorschrift**. Die Nichtbeachtung dieser Norm führt deshalb nicht grds. zu einer Terminsaufhebung oder Versagung des Zuschlags; allerdings müssen die Vorgaben dieser Norm im Regelfall erfüllt sein. Der Gesetzgeber[1] hat außerdem klargestellt, dass Wertgutachten und Abschätzungen der Immobilie im Internet veröffentlicht werden können (Abs. 2). 1

---

10 RGZ 150, 22; OLG Hamm JurBüro 1967, 1025; OLG Koblenz Rpfleger 1988, 493.
1 Durch 2. Justizmodernisierungsgesetz vom 22.12.2006 (BGBl. I S. 3416, 3421).

II. Grundbuchbezeichnung, Grundstücksgröße und Verkehrswert (Abs. 1 S. 1)

2 Das **Grundbuch**, in dem das zur Versteigerung beantragte Objekt eingetragen ist, soll genau bezeichnet werden. Bei Erbbaurechten und Wohnungseigentum sind die besonderen Bezeichnungen (zB „Wohnungsgrundbuch von Dortmund Blatt 12345") hierzu aufzunehmen.

3 Die **Grundstücksgröße** soll angegeben werden, obwohl keine Gewähr für die Größenangaben besteht (s. § 56 Rn 16 ff).[2] Aus einer grob fahrlässigen falschen Angabe könnte sich jedoch eine Haftung ergeben.

4 Ebenfalls soll der **Verkehrswert** (s. § 74 a Nr. 5 ZVG) des oder der Objekte angegeben werden. Daraus kann aber nicht geschlossen werden, dass auf diese Angabe verzichtet werden könnte. Denn es handelt sich bei der Regelung des Abs. 1 S. 1 nicht um eine bloße Ordnungsvorschrift, deren Verletzung allenfalls zu Amtshaftungsansprüchen führen kann.[3]

5 Sollten auch **bewegliche Gegenstände** (§§ 97, 98 BGB) bewertet worden sein, sind auch diese Werte mit anzugeben.

6 Wenn mehrere Objekte in einem **verbundenen Verfahren** (s. § 18 Rn 4 ff) versteigert werden, sind die Verkehrswerte eines jeden Objektes und der festgesetzte Gesamtwert zu bezeichnen, soweit dieser nicht der Summe der Einzelwerte entspricht, was nicht zwingend ist.

7 Aus Gründen des Personenschutzes darf der **Name** des (im Grundbuch eingetragenen) Eigentümers nicht in der Terminsbestimmung und den Veröffentlichungen angegeben werden.

III. Angabe einer früheren Zuschlagsversagung (Abs. 1 S. 2)

8 Wenn in einem früheren Termin eine Zuschlagsversagung wegen Nichterreichens der **7/10-Grenze** (§ 74 a Rn 2 ff) oder der **5/10-Grenze** (§ 85 a Rn 2 ff) erfolgte, soll das ebenfalls angegeben werden. Der Hintergrund für die Regelung des Abs. 1 S. 2 liegt darin, dass eine erneute Zuschlagsversagung aus diesen Gründen nicht mehr möglich ist.

9 Professionelle oder mit den rechtlichen Bestimmungen Vertraute geben häufig Gebote unter diesen Grenzen ab und warten nach vermuteter (vorhersehbarer) Zuschlagsversagung einen zweiten Versteigerungstermin ab, um Objekte unter diesen **Mindestgrenzen** ersteigern zu können.

IV. Öffentliche Bekanntmachung im Internet (Abs. 2)

10 Sämtliche Bundesländer haben die übereinstimmende Entscheidung getroffen, dass in Zukunft alle Versteigerungsgerichte ihre Veröffentlichungen in einem gemeinsamen **Bundesportal** (www.zvg-portal.de) veröffentlichen.

11 Das Angebot ist aber noch nicht flächendeckend und es ist auch noch nicht klar, wann alle Länder mitmachen. Die Öffentlichkeit hat daher seit dem Sommer 2007 eine umfassende Informationsmöglichkeit. Dies wird noch dadurch verstärkt, dass neben den üblichen Veröffentlichungstexten dem Bürger auch **Gutachten**, ein **Exposee** und **Fotosammlungen** zum Download bereitgestellt werden sollen. Einige Bundesländer werden darüber hinaus auch umfangreiches **Kartenmaterial** und **Luftbildaufnahmen** zur Verfügung stellen. Auch soll über dieses Bundesportal zusätzlich die amtliche Bekanntmachung der Terminsbestimmung durchgeführt werden (s. § 39 Rn 2).

---

2 BGH MDR 2008, 168 = Rpfleger 2008, 92 = WM 2007, 2330 = InVo 2008, 29.
3 BGH MDR 2008, 1185 = Rpfleger 2008, 588.

§ 39 [Bekanntmachung der Terminsbestimmung]

(1) Die Terminsbestimmung muß durch einmalige Einrückung in das für Bekanntmachungen des Gerichts bestimmte Blatt oder in einem für das Gericht bestimmten elektronischen Informations- und Kommunikationssystem öffentlich bekanntgemacht werden.

(2) Hat das Grundstück nur einen geringen Wert, so kann das Gericht anordnen, daß die Einrückung oder Veröffentlichung nach Absatz 1 unterbleibt; in diesem Fall muß die Bekanntmachung dadurch erfolgen, daß die Terminsbestimmung in der Gemeinde, in deren Bezirk das Grundstück belegen ist, an die für amtliche Bekanntmachungen bestimmte Stelle angeheftet wird.

I. Normzweck und Anwendungsbereich

§ 39 regelt die amtliche Bekanntmachung der Terminsbestimmung im Amtsblatt oder in einem für das Gericht bestimmten elektronischen Informations- und Kommunikationssystem, die grds. zu erfolgen hat. Eine **fehlerhafte** oder **fehlende** Veröffentlichung führt idR zur **Terminsaufhebung** oder **Versagung des Zuschlags** (s. § 43 Rn 2 f, § 83 Rn 8, § 100 Rn 5 ff). Die Vorschrift gilt für alle Versteigerungsarten. Abs. 2 gilt jedoch nicht für Schiffsversteigerungen (§ 168 Abs. 3) und die Versteigerung von Luftfahrzeugen (§ 171 d Abs. 2).

II. Veröffentlichung der Terminsbestimmung

Im Interesse einer bestmöglichen Verwertung soll mit der Veröffentlichung eine möglichst breite Öffentlichkeit über den Versteigerungstermin unterrichtet werden. Auch ist es wichtig, alle diejenigen, deren Rechte von der Versteigerung betroffen sind, zur Wahrung ihrer Rechte zu veranlassen (s. § 37 Rn 10 ff). In Zukunft wird in allen Bundesländern die amtliche Bekanntmachung als Anlage zur Veröffentlichung im **Bundesportal** (www.zvg-portal.de) erfolgen (s. § 38 Rn 10 f). Eine Veröffentlichung im Internet ist auch dann ordnungsgemäß, wenn zur Gesamtschau das Bedienen weiterer „technischer Schritte" (Bedienung eines Links) erforderlich ist.[1] Die Umsetzung erfolgt durch Änderung der jeweiligen ZVG-Ausführungsgesetze bzw durch Erlass der Justizverwaltungen.

In den Fällen, wo die Veröffentlichung noch im Amtsblatt erfolgt, ist das jeweilige für das Versteigerungsgericht bestimmte **Veröffentlichungsblatt** maßgebend. Wird der Versteigerungstermin in mehreren zur Wahl gestellten Veröffentlichungsmedien bekanntgemacht, ist die Bekanntmachung auch dann ordnungsgemäß, wenn sie nur in einer der Medien vollständig erfolgte.[2] Dies gilt beim gemeinsamen Versteigerungsgericht (§ 1 Rn 3 f) ebenso wie im Falle der Bestimmung des Vollstreckungsgerichts (§ 2 Rn 2). Es ist zweckmäßig, entsprechend auch beim zugeteilten Gericht die Veröffentlichung vorzunehmen. Im Falle einer Gesamtausgabe und besonderer Regionalausgaben des Amtsblatts, wenn dort zu veröffentlichen ist, wird behördlich bestimmt, ob die Veröffentlichung in der Gesamtausgabe oder in der Regionalausgabe zu erfolgen hat. Eine Veröffentlichung in der Gesamtausgabe hat immer dann zu erfolgen, wenn es an einer Bestimmung fehlt. Immer gilt, dass eine ordnungsgemäße Veröffentlichung nur dann vorliegt, wenn sie rechtzeitig erfolgt ist (s. § 43 Rn 2 f).

---

1 BGH MDR 2014, 862 = NJW-RR 2014, 955 = Rpfleger 2014, 531 = ZflR 2014, 603.
2 BGH MDR 2013, 425 = NJW-RR 2013, 915 = Rpfleger 2013, 403 = WM 2013, 379.

III. Inhalt der Veröffentlichung

4 Die gesamte Terminsbestimmung muss sich aus der Veröffentlichung ergeben, und zwar der "**Mussinhalt**" (s. § 37 Rn 2 ff) und der "**Sollinhalt**" (s. § 38 Rn 2 ff), v.a. die Angabe, ob die 7/10-Grenze (§ 74 a Abs. 1) bzw die 5/10-Grenze (§ 85 a Abs. 1) noch zu beachten ist oder ob Gebote unterhalb dieser Grenzen zur Zuschlagserteilung führen können. Diese Kenntnis ist bedeutsam für die Verfahrensbeteiligten (s. § 9 Rn 2 ff) sowie für mögliche Interessenten. Gerade in wirtschaftlich schwierigen Zeiten versuchen potenzielle Interessenten, günstig Objekte in Zwangsversteigerungsverfahren zu ersteigern.

5 Sollte eine **Terminsverlegung** (an einen anderen Ort, in einen anderen Sitzungssaal) erforderlich sein, ist das ausreichend bekannt zu geben.[3]

IV. Verzicht auf öffentliche Bekanntmachung (Abs. 2)

6 Abs. 2 bietet die Möglichkeit, auf eine Bekanntmachung im Amtsblatt oder auf elektronischem Wege zur Kostenersparnis dann zu **verzichten**, wenn das Versteigerungsobjekt nur einen **geringen Wert** hat. Diese gesetzliche Möglichkeit wird in der Praxis nicht genutzt und hat daher keinerlei Bedeutung. Denn die Kosten der amtlichen Bekanntmachung sind relativ gering und v.a. ist eine Wertgrenze für diese Einordnung nirgends genannt. Insbesondere werden die Gerichte die Haftungsgefahr für den Fall scheuen, dass das Objekt doch von keinem geringen Wert ist.

§ 40 [Weitere Bekanntmachung und Veröffentlichung der Terminsbestimmung]

(1) ¹Die Terminsbestimmung soll an die Gerichtstafel angeheftet werden. ²Ist das Gericht nach § 2 Abs. 2 zum Vollstreckungsgericht bestellt, so soll die Anheftung auch bei den übrigen Gerichten bewirkt werden. ³Wird der Termin nach § 39 Abs. 1 durch Veröffentlichung in einem für das Gericht bestimmten elektronischen Informations- und Kommunikationssystem öffentlich bekannt gemacht, so kann die Anheftung an die Gerichtstafel unterbleiben.

(2) Das Gericht ist befugt, noch andere und wiederholte Veröffentlichungen zu veranlassen; bei der Ausübung dieser Befugnis ist insbesondere auf den Ortsgebrauch Rücksicht zu nehmen.

I. Normzweck und Anwendungsbereich

1 Wichtig ist die Befugnis des Gerichts, nach freiem Ermessen weitere Veröffentlichungen an geeigneter Stelle und in geeigneter Form zu veranlassen. Die Vorschrift gilt für alle Versteigerungsverfahren mit Besonderheiten für Schiffe (§ 168 Abs. 2) und Luftfahrzeuge (§ 171 l). Die Terminsbestimmung soll ferner durch das Gericht auch an der Gerichtstafel zum Aushang gebracht werden. Dies kann aber dann unterbleiben, wenn die Veröffentlichung in einem für das Gericht bestimmten elektronischen Informations- und Kommunikationssystem bekannt gemacht wird.

II. Veröffentlichung an der Gerichtstafel (Abs. 1)

2 Die Terminsbestimmung **soll** (vollständig) an die Gerichtstafel "**angeheftet**" werden (Abs. 1 S. 1). Eine Frist für den Aushang ist nicht vorgesehen. In der Praxis

---

3 OLG Hamm Rpfleger 1979, 29.

erfolgt der Aushang immer dann, wenn die Terminsbestimmung den Beteiligten (s. § 9 Rn 2 ff) zugestellt wird; die Abnahme erfolgt nach dem Terminstage. Im Falle des gemeinsamen Gerichts (s. § 1 Rn 2 f) und bei der Bestellung eines Obergerichts (s. § 2 Rn 2) soll auch bei den übrigen Gerichten der Aushang erfolgen (Abs. 1 S. 2). Da es sich um eine Ordnungsvorschrift handelt, führt die Nichtbeachtung nicht zur Terminsaufhebung oder Zuschlagsversagung.

Sollte die Veröffentlichung im Internet erfolgen, kann nach Abs. 1 S. 3 ganz von der Veröffentlichung an der Gerichtstafel abgesehen werden (s. § 39 Rn 2). 3

III. Weitere Veröffentlichungen (Abs. 2)

Die Versteigerungsgerichte machen von der Möglichkeit weiterer Veröffentlichungen in aller Regel Gebrauch. Denn die Interessenten werden neben den Veröffentlichungen im Amtsblatt oder in Zukunft durch die Veröffentlichung auf elektronischem Wege v.a. durch die Veröffentlichungen in **Tageszeitungen** am Orte des Versteigerungsgerichts erreicht. Häufig wird auch bei größeren oder besonderen Objekten in **überregionalen Zeitungen** oder in Fachverbandszeitschriften veröffentlicht. Grundsätzlich ist auf den **Ortsgebrauch** Rücksicht zu nehmen (Abs. 2 Hs 2). 4

Wenn regelmäßig in Tageszeitungen veröffentlicht wird, ist dies auch in jedem Verfahren vorzunehmen. Denn wenn schon versteigert werden muss, wird es regelmäßig der Wunsch aller Beteiligten sein, einen möglichst hohen Bekanntheitsgrad des Versteigerungstermins zu erreichen. In einem Verstoß hiergegen könnten Beteiligte eine Verletzung des effektiven Rechtsschutzes sehen, was im Einzelfall zu einer Zuschlagsversagung führen könnte (s. § 83 Rn 6). Ein Verzicht auf eine ortsübliche Veröffentlichung könnte deshalb im Einzelfall ein **Verfahrensfehler** sein.[1] Auf der anderen Seite kann eine fehlerhafte Bekanntmachung in einer Tageszeitung unschädlich sein.[2] 5

Ferner bleibt es dem Schuldner wie auch den anderen Beteiligten unbenommen, von sich aus den Termin in der Presse zu veröffentlichen, wobei allerdings der private Charakter der Anzeige erkennbar sein muss. 6

In Zukunft werden nach einer übereinstimmenden Entscheidung sämtlicher Bundesländer alle Versteigerungsgerichte ihre Veröffentlichungen in einem gemeinsamen Bundesportal (www.zvg-portal.de) vornehmen (s. § 38 Rn 10). 7

Die weiteren Veröffentlichungen nach Abs. 2 nehmen die Gerichte üblicherweise in den letzten **vier Wochen** vor dem Versteigerungstermin vor, und zwar regelmäßig mit der Mitteilung an die Beteiligten, auf wessen Antrag und wegen welcher Ansprüche die Versteigerung erfolgt (s. § 41 Rn 5 ff). Die Fristvorschriften der §§ 37 und 43 gelten hierbei nicht. 8

§ 41 [Zustellung der Terminsbestimmung an die Beteiligten; Mitteilungen]

(1) Die Terminsbestimmung ist den Beteiligten zuzustellen.

(2) Im Laufe der vierten Woche vor dem Termin soll den Beteiligten mitgeteilt werden, auf wessen Antrag und wegen welcher Ansprüche die Versteigerung erfolgt.

---

[1] OLG Celle Rpfleger 1979, 116.
[2] LG Göttingen Rpfleger 1998, 211.

(3) Als Beteiligte gelten auch diejenigen, welche das angemeldete Recht noch glaubhaft zu machen haben.

I. Normzweck

1 Die Vorschrift bestimmt in Abs. 1 die förmliche Zustellung der Terminsbestimmung an alle Beteiligten (s. § 9 Rn 2 ff). Die Bestimmung ist **zwingend** und führt bei Nichtbeachtung zur **Terminsaufhebung**, es sei denn, dass der Verfahrensfehler von dem betroffenen Beteiligten ausdrücklich **genehmigt** wird (s. § 43 Rn 4 f). Im Laufe der vierten Woche vor dem Termin soll außerdem den Beteiligten mitgeteilt werden, wer den Versteigerungstermin betreibt und wegen welcher Ansprüche (Abs. 2).

II. Zustellung der Terminsbestimmung (Abs. 1)

2 Innerhalb einer Frist von **vier Wochen** vor dem Termin muss allen zum Zeitpunkt der Terminszustellung dem Gericht bekannten Beteiligten die Terminsbestimmung zugestellt werden (s. § 43 Rn 5).[1] Für diese Zustellung ist abweichend von § 9 Abs. 2 der Kreis der Beteiligten um die Anmeldenden erweitert worden, die ihr angemeldetes Recht noch glaubhaft zu machen haben. Weil eine umfassende Unterrichtung und Rechtswahrung erfolgen soll, ist auch an die neu – nach der Terminsbestimmung – hinzugetretenen Beteiligten zuzustellen. Insoweit gilt allerdings nicht die Frist des § 43 Abs. 2.

3 Sollte die vorgenannte Frist für die dem Gericht bei Terminsbestimmung bereits bekannten Beteiligten nicht eingehalten worden sein, kann die **Heilung** nur über eine **Genehmigung** des Beeinträchtigten in der Form einer öffentlich beglaubigten Urkunde erfolgen (s. § 84 Rn 8 ff), wobei auch die Erklärung zu Protokoll des Vollstreckungsgerichts genügt.[2] Allerdings reicht eine Erklärung lediglich zur Niederschrift des Urkundsbeamten der Geschäftsstelle nicht aus. Im Übrigen wird die Frist in aller Regel schon deshalb eingehalten, weil die Zustellungen an die bekannten Beteiligten bereits zeitgleich mit der Bekanntmachung des Termins im Regierungsamtsblatt oder auf elektronischem Wege erfolgen.

4 Wenn nachträglich ein Beitritt oder eine Anmeldung zum Verfahren erst kurz vor dem Versteigerungstermin erfolgt, ist die Zustellung noch zu versuchen. Gelingt sie nicht mehr, hat dies keinen Einfluss auf die Durchführung des Verfahrens. Der Fall der **Rechtsnachfolge** in der Beteiligtenstellung nach Zustellung führt nur zur Berücksichtigung bei zukünftigen Zustellungen.

III. Mitteilung über die Betreibenden und ihre Ansprüche (Abs. 2)

5 Den Beteiligten soll in der **vierten Woche** vor dem Versteigerungstermin mitgeteilt werden, auf wessen Antrag und wegen welcher Ansprüche die Versteigerung erfolgt (Abs. 2). Dies gilt auch für die Beteiligten, die ihr angemeldetes Recht noch glaubhaft zu machen haben oder die erst nach der Terminsbestimmung bekannt werden.

6 Die Beteiligten sollen sich zuverlässig auf den Termin vorbereiten können. Deshalb muss sich aus der Mitteilung ergeben, ob die Versteigerung zB

- aus Ansprüchen der **öffentlichen Lasten** des Objektes (s. § 11 Rn 2) und/oder
- aus **dinglichen Ansprüchen** mit der Bezeichnung des oder der jeweiligen Rechte (s. § 11 Rn 3 ff) und/oder

---

1 BGH MDR 2001, 1350 = NJW-RR 2002, 307 = VersR 2002, 97 = WM 2002, 92.
2 RGZ 99, 65.

- aus **persönlichen Ansprüchen,** und zwar hier mit der Angabe des Beschlagnahmedatums wegen der Rangfolge (s. § 11 Rn 11)

erfolgt.[3] Dass sich bei mehreren betreibenden Gläubigern die Rangfolge bezüglich des bestrangig betreibenden Gläubigers (s. § 44 Rn 9 ff) zB durch eine Einstellungsbewilligung (§ 30) noch im Versteigerungstermin ändern kann, ist hierauf ohne Einfluss.

Die Mitteilung ergeht **formlos.** Denn es handelt sich um eine Sollbestimmung. Eine **fehlende** Mitteilung des Gerichts kann allerdings eine **Amtspflichtverletzung** darstellen, weil die Beteiligten aufgrund dieser Mitteilung in der Lage sein sollen zu beurteilen, ob ihr Recht (voraussichtlich) bestehen bleibt (s. § 52 Rn 3), in das Bargebot des geringsten Gebots fällt (s. § 44 Rn 3 ff, § 49 Rn 2 ff) oder im geringsten Gebot keine Berücksichtigung findet. 7

Bei der Mitteilung werden nur die Ansprüche der Gläubiger benannt, die das Verfahren **aktiv** betreiben (also keine einstweilige Einstellung bewilligt haben). Ferner ist Voraussetzung, dass die entsprechenden Beschlüsse dem Schuldner **vier Wochen** vor dem Versteigerungstermin zugestellt sind (s. § 44 Rn 22). Die Mitteilung stellt keine Rangfolge iSd § 10 für das Verfahren dar. Denn diese erfolgt durch das Versteigerungsgericht im Versteigerungstermin (s. § 66 Rn 13 ff) und später im Verteilungstermin (s. § 105 Rn 1). 8

Aufgrund der (gleichlautenden) landesrechtlichen Verwaltungsbestimmungen über **Mitteilungen in Zivilsachen** (XI. Nr. 1 MiZi) sind die Gemeinde- oder Stadtverwaltung und die Stellen, die öffentliche Lasten einziehen, formlos über die Terminsbestimmung zu informieren (s. § 9 Rn 22). 9

§ 42 [Allgemeines Einsichtsrecht]

(1) Die Einsicht der Mitteilungen des Grundbuchamts sowie der erfolgten Anmeldungen ist jedem gestattet.

(2) **Das gleiche gilt von anderen das Grundstück betreffenden Nachweisungen, welche ein Beteiligter einreicht, insbesondere von Abschätzungen.**

I. Normzweck

Die Vorschrift regelt die Akteneinsicht in Zwangsversteigerungsverfahren über das normale Einsichtsrecht hinaus. Hierdurch soll den Interessenten die Möglichkeit gegeben werden, als wichtige Entscheidungshilfe für die Versteigerung Einsicht in bestimmte Unterlagen zu nehmen. 1

II. Art und Umfang der Akteneinsicht

Das **Akteneinsichtsrecht** ist grds. über § 869 ZPO in § 299 ZPO geregelt. Danach können die **Beteiligten** (s. § 9 Rn 2 ff) die Versteigerungsakten **einsehen** und sich aus ihnen Ausfertigungen, Auszüge und Abschriften erteilen lassen (s. § 299 Abs. 1 ZPO). Diese Regelung gilt für die gesamte Dauer des Verfahrens. **Dritten** könnte allein nach den Bestimmungen der ZPO ohne Einwilligung der Beteiligten nur bei Glaubhaftmachung eines rechtlichen Interesses durch den Vorstand des Gerichts die Akteneinsicht gestattet werden (s. § 299 Abs. 2 ZPO). 2

Hierzu bringt diese Norm eine **Erweiterung,** wonach **Dritte ohne** Darlegung eines **rechtlichen Interesses** oder anderer Formalitäten, allerdings beschränkt im Sinne dieser rechtlichen Bestimmung, Einsicht in die Versteigerungsakten nehmen kön- 3

---

3 LG Traunstein Rpfleger 1982, 232.

nen. Der Grund dieser Regelung liegt darin, den Interessenten so weit Kenntnis geben, wie es zur Einschätzung für den Erwerb des Objektes erforderlich ist. Das Einsichtsrecht Dritter bezieht sich daher auf

- die **Mitteilungen des Grundbuchamtes** (Abschrift des Grundbuchblattes und der Urkunden, auf welche im Grundbuch Bezug genommen wird; s. § 19 Rn 12 ff),
- die **Anmeldungen** der Gläubiger, der Mieter und auf sonstige Anmeldungen in Bezug auf das zu versteigernde Grundstück,
- das für dieses Verfahren erstattete oder zur Verwertung vorgesehene **Verkehrswertgutachten** (s. § 74 a Rn 28 ff).

Sollte das Grundbuchamt keine Abschriften der in Bezug genommenen Urkunden erteilt haben (was die Regel ist), muss die **Einsicht** in die Grundakten, selbstverständlich beschränkt auf diese Urkunden, gewährt werden. In beigezogene Akten (zB des Bauordnungsamtes) kann auch für die Beteiligten die Einsicht nur mit Bewilligung der betroffenen Behörde gewährt werden. Das Akteneinsichtsrecht für Dritte gilt nur bis zum Schluss der Versteigerung (s. § 73 Rn 7 f). Deshalb kann auch an Dritte **nach** Zuschlagserteilung keine Auskunft erteilt werden.[1]

4 Ein Recht auf **Aushändigung** der Versteigerungsakten zur Einsicht für die Beteiligten besteht grds. nicht, und zwar auch nicht für einen bevollmächtigten Anwalt eines Beteiligten. Die Akteneinsicht soll grds. in den **Diensträumen** erfolgen.[2] Denn die Versteigerungsakten müssen für das Gericht jederzeit greifbar sein, um Anträge zu bescheiden, Beschlüsse zu fassen und Auskünfte erteilen zu können. Außerdem muss das Gericht für eine sichere Verwahrung sorgen. Das schließt nicht aus, dass der Rechtspfleger im Einzelfall aus besonderen Gründen und nach pflichtgemäßem Ermessen eine Aushändigung der Akten vornehmen kann.[3]

III. Beschränkung des Einsichtsrechts Dritter

5 Grundsätzlich sind bis auf die vorgenannten Mitteilungen und Nachweisungen und das Verkehrswertgutachten alle **anderen Aktenteile** für **Dritte nicht einsehbar**. Hierzu gehören insb. alle Anordnungs- und Beitrittsbeschlüsse (s. § 15 Rn 40 ff, § 27 Rn 3 ff) sowie die eingereichten Vollstreckungsunterlagen. Auch eingereichte Vollmachten, Zustellungsnachweise, Abtretungsurkunden etc. unterliegen nicht dem Einsichtsrecht. Der steuerliche Einheitswert, der zur Kostenerhebung nach § 54 GKG vom Finanzamt angefordert wurde, unterliegt dem Steuergeheimnis und wird nicht bekannt gemacht. Auch eine (beschränkte) Einsicht in Akten über ein aufgehobenes Verfahren kann Dritten nicht gewährt werden.[4]

IV. Kein Einsichtsrecht für Beteiligte und Dritte

6 Eine Einsicht in Urkunden über eine **Sicherheitsleistung** (§ 69) vor der Zuschlagserteilung kann in keinem Falle für Beteiligte und Dritte ermöglicht werden. Denn die Kenntnis von der Höhe der Sicherheitsleistung kann ein Anhaltspunkt dafür sein, bis zu welcher Höhe ein Interessent zu bieten bereit ist. Da aber nach Abschaffung des Bargeldes in Versteigerungsverfahren (s. § 69 Rn 11) die Sicherheit jetzt grds. in Höhe eines Zehntels des festgesetzten Verkehrswertes zu leisten ist

---

1 OLG Frankfurt Rpfleger 1992, 267.
2 OLG Köln Rpfleger 1983, 325.
3 LG Bonn Rpfleger 1993, 354.
4 OLG Köln KTS 1991, 204.

(s. § 68 Rn 2), ist dieses Problem der früher üblichen weiteren Sicherheitsleistungen weitgehend entschärft.

Hinsichtlich der Beteiligten bestehen aber keine Bedenken anzugeben, wer nach dem derzeitigen Stand **bestbetreibender** Gläubiger aus welchem Rang ist. Denn der Beteiligte hat zur Vorbereitung auf den Termin deshalb Anspruch auf diese Angabe, um zu erkennen, ob sein Recht zB voraussichtlich bestehen bleibt oder nicht. Diese Auskunft kann jedoch immer nur unter dem **Vorbehalt** erfolgen, dass die Versteigerungsbedingungen (s. § 66 Rn 13 ff) erst im Versteigerungstermin festgestellt werden. Denn auch insoweit könnte sich im Versteigerungstermin an der Stellung des bestbetreibenden Gläubigers noch etwas ändern. 7

§ 43 [Einzuhaltende Bekanntmachungs- und Zustellungsfristen]

(1) ¹Der Versteigerungstermin ist aufzuheben und von neuem zu bestimmen, wenn die Terminsbestimmung nicht sechs Wochen vor dem Termin bekanntgemacht ist. ²War das Verfahren einstweilen eingestellt, so reicht es aus, daß die Bekanntmachung der Terminsbestimmung zwei Wochen vor dem Termin bewirkt ist.

(2) Das gleiche gilt, wenn nicht vier Wochen vor dem Termin dem Schuldner ein Beschluß, auf Grund dessen die Versteigerung erfolgen kann, und allen Beteiligten, die schon zur Zeit der Anberaumung des Termins dem Gericht bekannt waren, die Terminsbestimmung zugestellt ist, es sei denn, daß derjenige, in Ansehung dessen die Frist nicht eingehalten ist, das Verfahren genehmigt.

I. Normzweck und Anwendungsbereich

Die Vorschrift bestimmt die Bekanntmachungs- und Zustellungsfristen, die für eine ordnungsgemäße Durchführung des Versteigerungstermins einzuhalten sind. Sie gilt für alle Versteigerungsverfahren mit Besonderheiten für Schiffsbauwerke (§ 170 a Abs. 2) und Luftfahrzeuge (§ 171 l Abs. 2). 1

II. Bekanntmachungsfrist

1. Terminsbestimmung ohne vorherige Einstellung (Abs. 1 S. 1). In der Muss-Bestimmung des Abs. 1 S. 1 ist geregelt, dass die Terminsbestimmung **sechs Wochen** vor dem Versteigerungstermin im Amtsblatt oder im gemeinsamen Bundesportal (www.zvg-portal.de) veröffentlicht (s. § 39 Rn 2 f) oder im Falle des geringen Wertes des Objektes (§ 39 Abs. 2; s. § 39 Rn 6) durch Anheftung an die Bekanntmachungsstelle der Gemeinde bekannt gemacht sein muss. Hin und wieder tritt der Fall ein, dass ein Gebäude nach Beschlagnahme des Grundstücks in Wohnungs-(teil-)Eigentum aufgeteilt wird. Diese Verfügung ist dem betreibenden Gläubiger gegenüber relativ unwirksam (§ 23). Sollte keine Genehmigung erfolgen, ist das Objekt ohne Rücksicht auf die Aufteilung zu versteigern mit den entsprechenden Angaben nach § 37. Nur im Falle der nachträglichen Genehmigung wäre alles auf den Jetztzustand abzustellen, allerdings mit neuer Wertfestsetzung.[1] Ein Verstoß hiergegen stellt einen **absoluten** und **nicht heilbaren** Versagungsgrund dar (s. § 83 Rn 8). Dies ist in jeder Verfahrenslage und insb. auch noch im Rechtsmittelverfahren von Amts wegen zu berücksichtigen (s. § 84 Rn 2, § 100 Rn 19). Denn die erfolgreiche Durchführung des Versteigerungstermins setzt voraus, dass die Beteiligten (s. § 9 Rn 2 ff) und Interessenten rechtzeitig hiervon erfahren und sich auf den Termin einstellen können. 2

---

1 BGH WM 2014, 1584 = ZfIR 2014, 612.

3 **2. Terminsbestimmung nach vorheriger Einstellung (Abs. 1 S. 2).** Bei vorheriger **Verfahrenseinstellung** muss die Bekanntmachung der Terminsbestimmung mindestens **zwei Wochen** vor dem Versteigerungstermin durch entsprechende Veröffentlichung (s. Rn 2) erfolgt sein. Auch hierbei handelt es sich um eine Muss-Bestimmung, deren Nichtbeachtung wegen des **absoluten** und **unheilbaren Verstoßes** wie im Falle der Sechs-Wochen-Frist des Abs. 1 S. 1 zur **Zuschlagsversagung** führt (s. § 83 Rn 8, § 100 Rn 19). In dem Falle, dass mehrere Gläubiger das Verfahren betreiben, besteht in der Literatur Streit darüber, ob es hinsichtlich der Einstellung auf den bestbetreibenden oder auf alle betreibenden Gläubiger ankommt. Da die Zustellungsfristen des § 43 Abs. 2, die vier Wochen betragen, grds. zu beachten sind, hat die verkürzte Zwei-Wochen-Frist des Abs. 1 S. 2 in der Praxis keine Bedeutung. Auch wird man im Zweifel zur Vermeidung von Haftungsgefahren immer auf **alle** betreibenden Gläubiger abstellen.

III. Beschluss- und Terminszustellungsfristen (Abs. 2)

4 **1. Beschlusszustellungsfrist.** Voraussetzung für die ordnungsgemäße Durchführung des Versteigerungstermins ist, dass dem Schuldner der Anordnungsbeschluss (s. § 15 Rn 40 ff) **vier Wochen** vorher zugestellt ist. Betreiben mehrere Gläubiger das Verfahren, gilt diese Frist grds. auch für den oder die Beitrittsbeschlüsse (s. § 27 Rn 3 ff). Die Frist gilt auch für die Fortsetzungsbeschlüsse (s. § 31 Rn 17 ff) in den Fällen der vorherigen Einstellung (§§ 30, 30 a, 30 c, 30 d), wenn der Anspruch des Gläubigers dem geringsten Gebot zugrunde gelegt werden soll (s. § 44 Rn 22 ff). Ferner gilt diese Frist für den Beschluss über die Aufhebung einer einstweiligen Einstellung im Falle des Insolvenzverfahrens (§§ 30 d und 30 f). Ein Verstoß hiergegen kann **geheilt** werden, wenn der Betroffene das Verfahren **genehmigt** (s. § 84 Rn 8 ff).

5 **2. Terminszustellungsfrist.** Ferner darf der Versteigerungstermin nur dann durchgeführt werden, wenn die Terminsbestimmung den Beteiligten, die zur Zeit der Anberaumung des Termins dem Gericht bekannt waren, **vier Wochen** vorher zugestellt war. Ein Verstoß hiergegen kann auch hier **geheilt** werden, wenn der Betroffene das Verfahren **genehmigt** (s. § 84 Rn 2 ff). Bei nachträglicher Anmeldung führt eine fehlende Ladung nicht zur Zuschlagsversagung.[2] Auch tritt eine Heilung des Verfahrensmangels dann ein, wenn der Betroffene nicht beeinträchtigt ist.[3]

6 Bei **gescheiterten Zustellungsversuchen** kann nicht allein daraus, dass ein Beteiligter umzieht, ohne dem Vollstreckungsgericht die neue Anschrift mitzuteilen oder einen Nachsendeantrag zu stellen, geschlossen werden, dass er beabsichtigt, Zustellungen arglistig zu verhindern. In diesem Falle muss ein **Zustellungsvertreter** bestellt und an diesen das Schriftstück zugestellt werden (§ 6 Abs. 1, § 7 Abs. 1).[4]

IV. Fristberechnung

7 Die Fristen des § 43 werden nach §§ 186–193 BGB, §§ 222, 869 ZPO berechnet (s. hierzu das Beispiel am Fall des § 69 Rn 2, und zwar unter Anwendung von § 193 BGB).

---

2 OLG Düsseldorf Rpfleger 1995, 373.
3 OLGR Celle 1995, 250.
4 BGH MDR 2011, 130 = NJW-RR 2011, 233 = Rpfleger 2011, 171.

V. Aufhebung und Neubestimmung des Versteigerungstermins

1. Aufhebung des Versteigerungstermins. Die **Aufhebung** des Versteigerungstermins ist bis spätestens vor Beginn des Termins durch das Versteigerungsgericht möglich. Hiervon sind all die Beteiligten zu unterrichten, denen die Terminsbestimmung zugestellt wurde (§§ 329 Abs. 2, 869 ZPO, § 41 Abs. 1); selbstverständlich nur dann, wenn dies noch zeitlich möglich ist. Eine Veröffentlichung der Aufhebung ist weder vorgeschrieben, noch erfolgt sie in der Praxis. Etwas anderes gilt nur für die Veröffentlichungen im Justizportal www.zvg-portal.de, da hier die Terminsaufhebung ebenfalls veröffentlicht wird. 8

2. Verlegung des Versteigerungstermins. Eine **Terminsverlegung** kann erforderlich sein, wenn besonders schwerwiegende Gründe vorliegen (s. §§ 227 Abs. 1, 869 ZPO). Bei dieser **Ermessensentscheidung** des Versteigerungsgerichts müssen die Rechte des Schuldners und die der Gläubiger in gleicher Weise gewahrt werden. Allein als effektiver Rechtsschutz für den Schuldner ist die Terminsverlegung abzulehnen.[5] Hiervon zu unterscheiden ist die Terminsverlegung aus zwingenden verfahrensmäßigen Gründen (zB Verhinderung des zuständigen Rechtspflegers). 9

3. Vertagung des Versteigerungstermins. Die **Vertagung** ist nur so lange möglich, als der Versteigerungstermin noch nicht beendet ist. Es wird dann der laufende Termin unter gleichzeitiger Bestimmung des neuen Termins vertagt. Auch für die Vertagung gilt, dass hierfür **besonders schwerwiegende Gründe** vorliegen müssen. Denn durch den im Termin zu verkündenden Terminsaufhebungsbeschluss erlöschen die bereits abgegebenen Gebote (s. § 72 Rn 11 f). 10

4. Unterbrechung des Versteigerungstermins. Die **Terminsunterbrechung** unterscheidet sich von der Verlegung oder Vertagung des Versteigerungstermins dadurch, dass lediglich der noch **nicht beendete** Versteigerungstermin für eine kürzere oder auch längere Zeit unterbrochen und dann als **einheitlicher** Termin fortgesetzt wird. Bei Vorliegen besonderer Gründe (erforderliche Änderungen des oder der geringsten Gebote, zB bei der Versteigerung mehrerer Grundstücke, s. § 44 Rn 22 f; rechtliche Probleme aufgrund von relativen Rangverhältnissen) kann die Unterbrechung auch einige Tage dauern. 11

5. Neubestimmung des Versteigerungstermins. Wenn eine Terminsaufhebung, -verlegung oder -vertagung erforderlich wurde, ist für den neuen Termin eine **vollständig neue Terminsbestimmung** zu fertigen. Dabei ist vorzugehen wie bei der ersten Terminsbestimmung, also unter Beachtung der Anforderungen von §§ 37 und 38 sowie der übrigen Bestimmungen für den Versteigerungstermin (s. §§ 36 Abs. 2, 39–41). 12

IV.
Geringstes Gebot
Versteigerungsbedingungen

§ 44 [Definition des geringsten Gebots mit Deckungsgrundsatz]

(1) Bei der Versteigerung wird nur ein solches Gebot zugelassen, durch welches die dem Anspruch des Gläubigers vorgehenden Rechte sowie die aus dem Versteigerungserlös zu entnehmenden Kosten des Verfahrens gedeckt werden (geringstes Gebot).

---

5 BVerfG Rpfleger 1988, 156.

(2) Wird das Verfahren wegen mehrerer Ansprüche von verschiedenem Rang betrieben, so darf der vorgehende Anspruch der Feststellung des geringsten Gebots nur dann zugrunde gelegt werden, wenn der wegen dieses Anspruchs ergangene Beschluß dem Schuldner vier Wochen vor dem Versteigerungstermin zugestellt ist.

I. Normzweck und Anwendungsbereich 1	IV. Sonderfälle des geringsten Gebots 17
II. Begriffsbezeichnungen für Gebote 2	1. Altenteil 17
1. Geringstes Gebot 2	2. Erbbaurecht 18
2. Geringstes Bargebot 3	3. Erbbauzins 19
3. Bargebot 4	4. Dienstbarkeiten (auf dem Grundstück als Ganzem lastend) 20
4. Bares Meistgebot 5	
5. Meistgebot 6	5. Rangvorbehalt 21
6. Mindestgebote 7	V. Mehrere betreibende Gläubiger 22
III. Das geringste Gebot 8	VI. Aufstellung des geringsten Gebots 23
1. Grundsätze des geringstes Gebots 8	VII. Heilung von Mängeln 24
2. Bestrangig betreibender Gläubiger 9	

I. Normzweck und Anwendungsbereich

1 Die Vorschrift regelt die Aufnahme aller Rechte und Ansprüche nebst entstandener Verfahrenskosten in das geringste Gebot, die dem bestrangig betreibenden Gläubiger vorgehen (**Deckungsgrundsatz**). Hierbei handelt es sich um eine gesetzliche Versteigerungsbedingung, die aber abänderbar ist. Wegen der formalen Bestimmungen des ZVG besteht hierfür auch ein Bedürfnis, um für alle Beteiligten (s. § 9 Rn 9 ff) ein zulässiges und vernünftiges Ergebnis zu erreichen (s. § 59 Rn 2 ff). Die Vorschrift gilt für alle Versteigerungsverfahren mit Besonderheiten für die Insolvenzverwalter-, die Nachlass- und die Teilungsversteigerung (s. §§ 174, 176, 182).

II. Begriffsbezeichnungen für Gebote

2 **1. Geringstes Gebot.** Das Gebot, das nicht unterschritten werden darf, um wirksam zu sein. Es müssen alle die dem Anspruch des betreibenden Gläubigers vorgehenden Rechte (s. Rn 8 ff) sowie die aus dem Versteigerungserlöse zu entnehmenden Kosten des Verfahrens gedeckt sein (s. Abs. 1). Es setzt sich zusammen aus dem geringsten Bargebot und den bestehen bleibenden, vom Ersteher zu übernehmenden Grundbuchbelastungen.

3 **2. Geringstes Bargebot.** Das „bare" Mindestgebot (s. § 49 Rn 2 ff). Der Betrag kann heute, nach Abschaffung der Barzahlungen in der Zwangsversteigerung, nur noch überwiesen werden.

4 **3. Bargebot.** Der Teil eines Gebots, der an das Gericht zu zahlen ist. Er besteht aus dem geringsten Bargebot und dem Mehrgebot. Die bestehen bleibende Belastungen sind darin nicht enthalten.

5 **4. Bares Meistgebot.** Das höchste Bargebot.

6 **5. Meistgebot.** Das höchste Gebot, das bis zum Schluss der Versteigerung wirksam abgegeben ist, bestehend aus dem barem Meistgebot und den bestehen bleibenden Belastungen (s. § 52 Rn 2 ff). Zu beachten ist dabei, dass im Termin bei der Gebotsabgabe nur das bare Meistgebot geboten wird. Die bestehen bleibenden Belastungen sind Bestandteil des geringsten Gebots und sind zusätzlich, ne-

ben dem Bargebot, zu übernehmen. Dem Meistgebot ist grds. der Zuschlag zu erteilen (s. § 81 Rn 2 ff).

6. Mindestgebote. Das 5/10-Mindestgebot (s. § 85 a Rn 2 ff) ist das absolute und das 7/10-Mindestgebot (s. § 74 a Rn 2 ff) das relative Mindestgebot für den ersten Versteigerungstermin. Das 5/10-Mindestgebot ist daher vom Versteigerungsgericht von Amts wegen und das 7/10-Mindestgebot nur dann zu beachten, wenn ein berechtigter Beteiligter bei Nichterreichen dieses Gebots einen Zuschlagsversagungsantrag stellt.

III. Das geringste Gebot

1. Grundsätze des geringstes Gebots. Die Vollstreckungsversteigerung darf nur durchgeführt werden, wenn die Verfahrenskosten (s. § 109 Rn 2 ff) gesichert und all die Rechte und Ansprüche gewahrt bleiben, die dem Anspruch des bestrangig betreibenden Gläubigers vorgehen. Das bedeutet, dass diese Ansprüche ausgeboten und (später) zum Verteilungstermin (s. § 105 Rn 7) „belegt" werden müssen, und zwar entweder durch Zahlung (s. § 49 Rn 10 ff) oder durch Übernahme von bestehen bleibenden Belastungen (s. § 52 Rn 2 f).

2. Bestrangig betreibender Gläubiger. Der Rang des bestrangig betreibenden Gläubigers ergibt sich aus §§ 10–12. Wenn mehrere dingliche Rechte auf dem Grundstück lasten (s. § 10 Abs. 1 Nr. 4, 6 und 8), bestimmt sich der Rang untereinander nach § 879 BGB (s. § 10 Rn 42 ff).

Zur Vollstreckung von **Hausgeldansprüchen** in ein Wohnungseigentum nach § 10 Abs. 3 aus der Rangklasse 2 des § 10 s. § 10 Rn 23 ff. In diesem (Sonder-)Fall kommen neben den Verfahrenskosten (§ 109) nur die Ansprüche der Rangklasse 1 des § 10 (s. § 10 Rn 5 ff) in das geringste Gebot.

Wird aus (dinglichen) Ansprüchen der Rangklasse 3 des § 10 (idR wegen **Grundsteuern**) die Zwangsversteigerung betrieben (s. § 10 Rn 31 ff), kommen nur die Verfahrenskosten und die Ansprüche der Rangklassen 1, 1 a und 2 des § 10 in das geringste Gebot (s. § 10 Rn 5 ff).

Betreibt ein (dinglicher) **Grundschuld- oder Hypothekengläubiger** aus der Rangklasse 4 des § 10 das Verfahren, kommen neben den zuvor genannten Ansprüchen (s. Rn 11) auch noch die der Rangklasse 3 und die Ansprüche in das geringste Gebot, die in der (dinglichen) Rangklasse 4 (s. hierzu Rn 9) dem betreibenden Gläubiger vorgehen.

Betreibt ein vorher am Grundstück nicht abgesicherter (**persönlicher**) **Gläubiger** das Verfahren, sind alle vorgenannten (s. Rn 11 f) Ansprüche, und zwar auch alle aus der (dinglichen) Rangklasse 4 des § 10, im geringsten Gebot zu berücksichtigen.

Wenn ein **dinglicher Gläubiger** nur wegen eines Teils seines Anspruchs (zB aus den Zinsen seines Rechts) das Verfahren betreibt, ist das immer einheitlich zu sehen mit der Folge, dass das Recht erlischt (s. § 52 Rn 4). Wenn allerdings dieser dingliche Gläubiger nur wegen seiner auch bestehenden **persönlichen** Forderung, also aus der Rangklasse 5 des § 10, das Verfahren betreibt, bleibt das dingliche Recht bestehen. Dies gilt auch im Falle einer Teilabtretung des Rechts mit Vorrang des Restes oder bei einer Teilablösung (s. § 268 BGB), wenn das Verfahren nur aus dem abgetretenen oder abgelösten – nachrangigen – Teil betrieben wird. Dann kommt der vorrangige, selbständig gewordene Teil in das geringste Gebot.

In dem Falle, dass **ein** Gläubiger aus Ansprüchen verschiedenen Ranges das Verfahren betreibt, ist das geringste Gebot immer nach seinem **bestrangigen** Anspruch auszurichten.

16 Bei betreibenden **persönlichen** Gläubigern (s. § 10 Rn 45 f) kommt es bezüglich des Ranges untereinander auf den Zeitpunkt der Beschlagnahme an (s. § 11 Rn 11, § 22 Rn 2 ff). Denn diese Ansprüche werden so behandelt, als ob in ihrem Beschlagnahmezeitpunkt (§ 22 Abs. 1) eine Hypothek oder Grundschuld an letzter Rangstelle für sie eingetragen wäre. Wird danach ein Recht der Rangklasse 4 des § 10 (ein **dingliches** Recht) in das Grundbuch eingetragen, so hat es Rang **nach** dem oder den (persönlichen) Beschlagnahmegläubigern.

IV. Sonderfälle des geringsten Gebots

17 1. Altenteil. Zur Absicherung der persönlichen Versorgung des Berechtigten kann ein Altenteil im Grundbuch eingetragen sein (§ 49 GBO), und zwar in Form einer Dienstbarkeit (§§ 1090–1093 BGB) oder auch einer Reallast (§§ 1105–1112 BGB). Das **Altenteil** bleibt grds. auch dann bestehen und ist im geringsten Gebot zu berücksichtigen, wenn es dem bestrangig betreibenden Gläubiger im Range gleichsteht oder nachgeht. Zu den Besonderheiten und v.a. unter welchen Bedingungen es als gleich- oder nachrangiges Recht nicht zu berücksichtigen ist, s. § 52 Rn 12 ff.

18 2. Erbbaurecht. Das **Erbbaurecht** muss auf dem belasteten Grundstück immer an erster Rangstelle eingetragen werden (§ 10 Abs. 1 S. 1 ErbbauRG), so dass es grds. im geringsten Gebot des zu versteigernden Grundstücks als bestehen bleibend zu berücksichtigen ist. Sollte das Verfahren in das Grundstück jedoch aus vorrangigen Ansprüchen, zB der Rangklasse 3 des § 10 aus Grundsteuern, betrieben werden, bleibt das Erbbaurecht außerhalb des geringsten Gebots bestehen (§ 25 ErbbauRG). Nur über einen Abänderungsantrag (s. § 59 Rn 9) kann mit Zustimmungen des Schuldner/Eigentümers, des Erbbauberechtigten sowie aller dinglich Berechtigten am Erbbaurecht ein Erlöschen erreicht werden. Dieser Fall tritt wohl nur dann ein, wenn der Erbbauberechtigte auch das damit belastete und zur Versteigerung beantragte Grundstück ersteigern und dann beides miteinander (unter Aufhebung des Erbbaurechts) vereinigen will.

19 3. Erbbauzins. Der Grundsatz des Bestehenbleibens gilt für **Erbbauzinsen** nur dann, wenn nach § 9 Abs. 3 ErbbauRG das Bestehenbleiben des Erbbauzinses als Inhalt der Reallast vereinbart worden ist (s. § 52 Rn 16 f).

20 4. **Dienstbarkeiten (auf dem Grundstück als Ganzem lastend).** Wird bei einem Wohnungseigentum aus der Rangklasse 2 des § 10 (Hausgelder) vollstreckt, bleibt auch eine im Grundbuch erstrangig eingetragene Grunddienstbarkeit oder beschränkte persönliche **Dienstbarkeit**, die auf dem Grundstück als **Ganzem** lastet, bestehen (s. § 52 Rn 18).

21 5. Rangvorbehalt. Der Eigentümer kann sich über einen **Rangvorbehalt** (s. § 881 BGB) die Möglichkeit offen halten, ein anderes Recht mit Vorrang vor dem zur Eintragung beantragten Recht eintragen zu lassen. Wird das den Vorrang ausnutzende Recht unmittelbar nach dem mit dem Vorbehalt belasteten Recht eingetragen, handelt es sich um eine unproblematische Rangänderung (s. § 880 BGB). Ganz erhebliche Schwierigkeiten ergeben sich aber in dem Fall, dass **vor** dem ausnutzenden Recht ein „**Zwischenrecht**" ohne entsprechenden Vorbehalt eingetragen wurde und aus einem dieser drei Rechte die Versteigerung betrieben wird (s. § 881 Abs. 4 BGB). Wie in einem solchen Fall das geringste Gebot aufzustellen ist, wird in der Lit. und Rspr unterschiedlich und sehr streitig beurteilt.[1]

---

1 OLG Hamm Rpfleger 1985, 246.

V. Mehrere betreibende Gläubiger

Für das geringste Gebot ist bei **mehreren** betreibenden Gläubigern auf den bestrangig Betreibenden abzustellen. Dies gilt aber nur dann, wenn dem Schuldner der diesen Anspruch betreffende Beschluss vier Wochen vor dem Versteigerungstermin zugestellt worden ist (s. Abs. 2). Auch darf wegen dieses Gläubigers keine einstweilige Einstellung nach §§ 30, 30 a, 30 c, 30 d erfolgt sein. Im Einstellungsfalle muss dann der Fortsetzungsbeschluss (s. § 31 Rn 17 ff) oder im Falle des § 30 d der Aufhebungsbeschluss (s. § 30 f Rn 11 f) ebenfalls unter der vorgenannten Vier-Wochen-Frist dem Schuldner zugestellt sein. 22

VI. Aufstellung des geringsten Gebots

Gemäß § 66 wird das geringste Gebot als Grundlage der Versteigerung im Versteigerungstermin aufgestellt. Das Gericht kann in schwierigen Fällen Erörterungen darüber schon in einem **Vortermin** vornehmen (s. § 62 Rn 2 f). In der Praxis wird von dieser Möglichkeit wenig Gebrauch gemacht, obwohl sich dies in Verfahren, in denen mit Schwierigkeiten zu rechnen ist, anbietet (vgl § 59 Rn 10 f). 23

VII. Heilung von Mängeln

Dem geringsten Gebot können dem Schuldner **verspätet zugestellte Beschlüsse** nur dann zugrunde gelegt werden, wenn der Schuldner oder auch sonst betroffene Beteiligte dies **genehmigen** (s. § 83 Rn 2, § 84 Rn 1 ff). Eine Heilung kann in Sonderfällen auch über abgeänderte Versteigerungsbedingungen erfolgen (s. § 59 Rn 2 ff). 24

§ 45 [Berücksichtigung im geringsten Gebot]

(1) Ein Recht ist bei der Feststellung des geringsten Gebots insoweit, als es zur Zeit der Eintragung des Versteigerungsvermerks aus dem Grundbuch ersichtlich war, nach dem Inhalt des Grundbuchs, im übrigen nur dann zu berücksichtigen, wenn es rechtzeitig angemeldet und, falls der Gläubiger widerspricht, glaubhaft gemacht wird.

(2) Von wiederkehrenden Leistungen, die nach dem Inhalt des Grundbuchs zu entrichten sind, brauchen die laufenden Beträge nicht angemeldet, die rückständigen nicht glaubhaft gemacht zu werden.

(3) [1]Ansprüche der Wohnungseigentümer nach § 10 Abs. 1 Nr. 2 sind bei der Anmeldung durch einen entsprechenden Titel oder durch die Niederschrift der Beschlüsse der Wohnungseigentümer einschließlich ihrer Anlagen oder in sonst geeigneter Weise glaubhaft zu machen. [2]Aus dem Vorbringen müssen sich die Zahlungspflicht, die Art und der Bezugszeitraum des Anspruchs sowie seine Fälligkeit ergeben.

I. Norm und Anwendungsbereich

Die Vorschrift bestimmt, unter welchen Voraussetzungen Rechte und Ansprüche im geringsten Gebot berücksichtigt werden können. Sie gilt für alle Versteigerungsverfahren mit Besonderheiten für Schiffe (§ 162), Luftfahrzeuge (§ 171 a), Insolvenzverwalter- (§ 172) und Nachlassversteigerungen (§ 176). 1

II. Anspruchsberücksichtigung im geringsten Gebot

1. **Grundbuchersichtliche Rechte (Abs. 1 Hs 1).** Ohne Anmeldung sind (dingliche) Ansprüche der Rangklasse 4 (s. § 10 Rn 41 ff) von Amts wegen dann im ge- 2

ringsten Gebot zu berücksichtigen, wenn sie zur Zeit der Eintragung des Versteigerungsvermerks aus dem Grundbuch **ersichtlich** waren und nach der Vorschrift des § 44 gedeckt sein müssen. Es handelt sich hierbei um dingliche Ansprüche, die dem bestrangig betreibenden Gläubiger **vorgehen**. Die Aufnahme in das geringste Gebot erfolgt grds. mit den laufenden Beträgen der wiederkehrenden Leistungen, so wie sie im Grundbuch eingetragen sind.

3 Der Gläubiger hat die Möglichkeit, durch eine **Minderanmeldung** seinen Anspruch zu begrenzen.[1] Dies wird (muss) er dann tun, wenn die im Grundbuch eingetragene Hypothek nicht mehr voll valutiert ist. Er könnte aber auch im Falle einer bestehen bleibenden Grundschuld (wo keine Akzessorietät wegen der Forderungsunabhängigkeit besteht) aus taktischen Gründen (etwa um eine Versteigerung überhaupt zu ermöglichen) zum Versteigerungstermin eine Minderanmeldung bezüglich der Zinsen vornehmen. Dies wird er natürlich nur dann tun, wenn er keine Rechtsnachteile durch nachrangige Gläubiger befürchten muss. Je nach erzieltem Erlös wäre er nicht gehindert, zum Verteilungstermin eine weitergehende Anmeldung vorzunehmen.[2]

4 **2. Nachträglich eingetragene oder nicht grundbuchersichtliche Rechte (Abs. 1 Hs 2).** Ansprüche, die **nicht** im Grundbuch eingetragen sind oder **nachträglich** eingetragen werden, bedürfen zur Berücksichtigung der rechtzeitigen **Anmeldung** (s. § 37 Rn 7 ff). Sollte durch den oder die (betreibenden) Gläubiger Widerspruch erhoben werden, sind die Ansprüche glaubhaft zu machen (s. § 294 ZPO). Ein nachträglich in das Grundbuch eingetragenes (dingliches) Recht ist auch dann anzumelden, wenn das Verfahren nur noch von einem Beitrittsgläubiger (s. § 27) betrieben wird, dessen Beschlagnahme zwar erst nach der Eintragung dieses Rechts wirksam wurde (s. § 22 Rn 7), der aber dem geringsten Gebot zugrunde gelegt werden soll.[3]

3. Beispiele mit Anmeldeerfordernis

5 ■ Ansprüche aus den **Rangklassen 1, 1 a und 2** des § 10
  – Ansprüche eines die **Zwangsverwaltung** betreibenden Gläubigers auf Ersatz seiner Ausgaben (s. § 10 Rn 5 ff)
  – Ansprüche auf Ersatz der **Feststellungskosten** der von der Versteigerung erfassten beweglichen Gegenstände im Rahmen eines Insolvenzverfahrens (s. § 10 Rn 10)
  – Hausgeldansprüche der Wohnungseigentümergemeinschaft in Verfahren zur Versteigerung von **Wohnungseigentum** (s. § 10 Rn 11 ff)

■ Ansprüche aus der **Rangklasse 3** des § 10, zB Grundsteuern (s. § 10 Rn 30 ff)

■ Ansprüche aus den Rechten der **Rangklasse 4** des § 10, zB rückständige wiederkehrende Leistungen oder nicht eingetragene gesetzliche Säumniszinsen (§§ 288 Abs. 1, 291, 1118 BGB) und die Kosten der dinglichen Rechtsverfolgung (s. § 10 Rn 44)

■ Ansprüche aus **nicht eintragbaren Rechten**, zB Überbaurente, Notwegrente, **altrechtliche** Dienstbarkeiten nach Landesrecht (§§ 8, 9 EGZVG; s. § 52 Rn 11 ff).

6 **4. Anordnungs- und Beitrittsgläubiger.** Ansprüche, die sich aus dem Anordnungs- oder aus den Beitrittsbeschlüssen (s. §§ 15, 27) ergeben, gelten als **rechtzeitig** angemeldet (s. §§ 37 Nr. 4, 110, 114 Abs. 1 S. 2). Sie sind im geringsten

---

1 OLG Oldenburg NdsRpfl 1988, 8.
2 LG Frankenthal Rpfleger 1986, 232.
3 BGHZ 21, 30.

Gebot zu berücksichtigen, wenn sie dem bestrangig betreibenden Gläubiger vorgehen.

5. Rang sowie wiederkehrende und rückständige Beträge der eingetragenen Rechte (Abs. 2). Der Rang der eingetragenen Rechte sowie die laufenden wiederkehrenden Leistungen hieraus brauchen nicht angemeldet zu werden. Insoweit erfolgt die Aufnahme nach dem Inhalt des Grundbuchs (s. Abs. 2). Dagegen sind nicht eingetragene gesetzliche Zinsen, die rückständigen wiederkehrenden Leistungen und die Kosten der Rechtsverfolgung (s. Rn 5) anzumelden. Eine Glaubhaftmachung (§ 294) von rückständigen wiederkehrenden Leistungen entfällt (s. Abs. 2).

III. Zeitpunkt der Anmeldung

Eine erforderliche Anmeldung muss spätestens im Versteigerungstermin, und zwar **vor** der Aufforderung zur Abgabe von Geboten, erfolgen (s. § 37 Rn 8, § 66 Rn 21).

IV. Erloschene oder nichtige Rechte

Ein auf Lebenszeit des Berechtigten beschränktes Recht (zB Nießbrauch oder Wohnungsrecht, §§ 1061 S. 1, 1093 Abs. 1 BGB) erlischt mit dem Tode des Berechtigten (§§ 1090 Abs. 2, 1061 BGB). Eine eingetragene Zwangshypothek ist bei zu geringer Höhe inhaltlich unzulässig und nicht zu berücksichtigen (s. § 866 ZPO Rn 4 f). Wenn bezüglich solcher löschungsreifen Rechte sämtliche für die Löschung erforderlichen Nachweise spätestens bis zur Aufforderung zur Abgabe von Geboten (s. § 66 Rn 22) vorliegen, werden sie nicht in das geringste Gebot aufgenommen.

V. Ansprüche der Wohnungseigentümer (Abs. 3)

Die Ansprüche der Wohnungseigentümer sind aus dem Grundbuch nicht ersichtlich und bedürfen daher der Anmeldung (s. Rn 5). Zur Vermeidung eines möglichen Missbrauchs und der sich daraus ergebenden Widersprüche verlangt die Vorschrift eine **Glaubhaftmachung** der angemeldeten vorrangigen Ansprüche. Dies kann erfolgen durch die Vorlage eines entsprechenden Titels, aus dem sich die Zahlungspflicht, die Art der Schuld, der Bezugszeitraum und die Fälligkeit ergeben, oder durch eine entsprechende Unterwerfungsurkunde des Schuldners (§ 794 Abs. 1 Nr. 5 ZPO; s. § 794 ZPO Rn 36 ff). Häufig wird die Wohnungseigentümergemeinschaft wegen der Kürze der Zeit nicht in der Lage sein, einen Titel zu erwirken. Deshalb reicht auch die Glaubhaftmachung in anderer Weise aus, etwa durch die Vorlage einer Kopie der Klageschrift. Mahnbescheide dürften jedoch nicht ausreichend sein, da sich daraus in aller Regel die Art der Schuld u.a. mit der genauen Angabe, welche Wohnung betroffen ist, nicht ergibt (s. § 10 Rn 24). Diese Voraussetzungen erfüllen aber die Niederschriften der insoweit maßgeblichen Beschlüsse oder auch andere entsprechende Schriftstücke der Wohnungseigentümergemeinschaft, so dass eine Glaubhaftmachung hier ausreichend gegeben ist.

Nach Inanspruchnahme in voller Höhe des Vorrechts zu der Rangklasse 2 des § 10 Abs. 1 steht der Wohnungseigentümergemeinschaft nach Ablösung ihrer Forderungen gem. § 268 BGB dieses Vorrecht in demselben Zwangsversteigerungsverfahren nicht nochmals zu.[4]

---

4 BGH NJW 2010, 3169 = NZM 2010, 324 = ZMR 2010, 383.

§ 46 [Wiederkehrende Naturalleistungen]

Für wiederkehrende Leistungen, die nicht in Geld bestehen, hat das Gericht einen Geldbetrag festzusetzen, auch wenn ein solcher nicht angemeldet ist.

I. Norm und Anwendungsbereich

1 § 46 verlangt in den Fällen, in denen die wiederkehrenden Leistungen nicht in Geld bestehen, dass diese auf einen ziffernmäßig in Geld bestimmten Betrag festgestellt werden müssen. Die Vorschrift gilt zur Berücksichtigung im geringsten Gebot, und zwar für alle Versteigerungsverfahren. Die Bestimmung hat in der Praxis eine geringe Bedeutung.

II. Wiederkehrende Leistungen ohne Geldbetrag

2 Bei den wiederkehrenden Ansprüchen kann es sich um **Altenteilsleistungen** nach Art. 96 EGBGB, § 9 EGZVG, zB um ein Wohnungsrecht nach § 1093 BGB, handeln (s. auch § 52 Rn 12 ff). Auch könnte es sich um Verpflichtungen öffentlich-rechtlicher Natur handeln, die als öffentliche Abgaben des Grundstücks anzusehen sind (s. § 10 Rn 30 ff) und ohne Geldbetrag zu erbringen sind. Auch sonstige Realleistungen nach § 1105 BGB, die nicht in Geld bestehen (Leistung von Diensten oder Lieferung von Erzeugnissen bestimmter Art und Menge), auf die aber die Vorschriften über Hypothekenzinsen anzuwenden sind (s. § 1107 BGB), gehören dazu. In diesen Fällen handelt es sich immer um Ansprüche von **unbestimmtem** Betrag (s. § 14 Rn 1 ff).

III. Festsetzung des Geldbetrages

3 **1. Festsetzung nur für bestimmte Leistungen.** Die dem bestrangig betreibenden Gläubiger vorgehenden Rechte sind im geringsten Gebot zu berücksichtigen und bleiben bestehen (s. § 52 Rn 4). Für die **wiederkehrenden** Leistungen hieraus ist aber immer ein Geldbetrag festzusetzen, und zwar auch dann, wenn er nicht angemeldet ist. Denn nach § 45 Abs. 2 sind die laufenden Beträge ohne Anmeldung zu berücksichtigen; angemeldet werden müssen nur Rückstände. Ferner bedarf es einer rechtzeitigen Anmeldung nach § 37 Nr. 4, wenn laufende und rückständige Beträge als wiederkehrende Leistungen nicht eingetragen sind. Es macht aber keinen Unterschied, ob die Leistungen regelmäßig wiederkehren oder nur je nach Bedürfnis.

4 **2. Kriterien der Festsetzung.** Festzusetzen ist der Geldbetrag, der **objektiv** dem Wert der zu berücksichtigenden wiederkehrenden Naturalleistungen entspricht. Das Versteigerungsgericht hat diesen Geldbetrag festzustellen, wobei die Entscheidung nach billigem Ermessen und im Zweifel nach Anhörung eines Sachverständigen zu treffen ist. Für den Endzeitpunkt gilt § 47. Sollte der Beteiligte (s. § 9 Rn 2 ff) selbst einen Geldbetrag anmelden, begrenzt dies den festzusetzenden Wert (§ 308 Abs. 1 ZPO). Das Gericht ist aber nicht an die Anmeldung gebunden.

IV. Bedeutung der Wertfestsetzung

5 Die Wertfestsetzung gilt nur für das **geringste Gebot**. Der festgesetzte Betrag wird im Range des Rechts im bar zu zahlenden Teil des geringsten Gebots (s. § 49 Rn 2 ff) berücksichtigt, und zwar nur dort. Die Festsetzung gilt damit nicht für die Verteilung des Erlöses und kann auch nicht den Berechnungen nach § 92 zugrunde gelegt werden. Es handelt sich allein um einen **rechnerischen Vorgang** für das geringste Gebot. Der festgesetzte Betrag gilt aber iSv § 114 Abs. 1 als angemeldet, so dass ein Rangverlust nicht eintreten kann. Sollte der Beteiligte für das

Verteilungsverfahren (s. § 114) keinen höheren Betrag anmelden, ist der festgesetzte Wert zugrunde zu legen. Auf der anderen Seite kann der Beteiligte aber auch noch im Verteilungstermin **ohne Rangverlust** entgegen seiner früheren Anmeldung das beanspruchen, was ihm in Wirklichkeit gebührt.

Die Festsetzung gem. § 46 ist von der Festsetzung des **Zuzahlungsbetrages** nach § 51 zu unterscheiden. Denn die Festsetzung nach § 51 bezieht sich auf das Recht selbst und nicht auf wiederkehrende Leistungen. 6

§ 47 [Berücksichtigungszeiten für wiederkehrende Leistungen]

¹Laufende Beträge regelmäßig wiederkehrender Leistungen sind für die Zeit bis zum Ablauf von zwei Wochen nach dem Versteigerungstermin zu decken. ²Nicht regelmäßig wiederkehrende Leistungen werden mit den Beträgen berücksichtigt, welche vor dem Ablauf dieser Frist zu entrichten sind.

I. Norm und Anwendungsbereich

Die Vorschrift bestimmt als **rechnerische Größe** für den Versteigerungstermin die Laufzeit wiederkehrender Leistungen. Sie gilt für alle Versteigerungsverfahren, hat aber als lediglich rechnerische Größe keine Auswirkung für den Verteilungstermin. 1

II. Ungewissheit über den Zeitpunkt der Zuschlagserteilung

Ab Zuschlag trägt der Ersteher die laufenden Beträge der wiederkehrenden Leistungen hinsichtlich der öffentlichen Lasten des Grundstücks und der bestehen bleibenden Rechte (s. § 56 S. 2).[1] 2

Für die Berechnungen des geringsten Gebots im Versteigerungstermin (s. § 66) liegt die Problematik aber in der **Ungewissheit** darüber, ob der Zuschlag bereits im Versteigerungstermin oder zu einem späteren Zeitpunkt erteilt wird. Denn die Verkündung des Zuschlags kann auch in einem späteren Termin erfolgen (s. § 87 Rn 6 ff). 3

Durch die pauschalierte, längere Berechnungszeit über den Versteigerungstermin hinaus wird erreicht, dass die Beteiligten (s. § 9 Rn 2 ff), deren Ansprüche gedeckt sein müssen (s. § 44 Rn 8), in dem Falle geschützt sind, dass der Zuschlag nicht bereits im Versteigerungstermin erteilt wird und ein Meistgebot nur in Höhe des geringsten Gebots abgegeben wurde. 4

Nun kann der Fall eintreten, dass der Zuschlag auch nicht innerhalb der Frist dieser Bestimmung des § 47, sondern erst zu einem **späteren Zeitpunkt** erteilt wird, zB im Falle der erforderlichen Zustimmung des Grundstückseigentümers zum Zuschlag in der Versteigerung eines Erbbaurechts (§ 5 Abs. 1 ErbbauRG) oder im Falle einer Zuschlagsbeschwerde (s. § 104 Rn 2 ff), wenn die Zuschlagserteilung in der Beschwerdeinstanz oder nach Aufhebung des Zuschlags erst in einem neuen Versteigerungstermin oder danach erfolgt. Wenn dann das Meistgebot nicht über das geringste Gebot hinausgeht, erleidet der letzte berücksichtigte Anspruch einen **Ausfall**. Das stellt jedoch keinen Grund für eine Zuschlagsversagung dar, weil das geringste Gebot (§§ 44, 47) richtig festgestellt wurde. Auf der anderen Seite ist auch kein Zuschlagsversagungsgrund gegeben, wenn zwar die Norm verletzt, jedoch das Meistgebot höher ist als das (richtig berechnete) geringste Gebot. Denn der Schutzgedanke dieser Norm ist erfüllt. 5

---

1 BVerwG NJW 1993, 871.

III. Berechnungszeit für regelmäßig wiederkehrende Leistungen (S. 1)

6 Die laufenden Beträge der wiederkehrenden Leistungen sind bis einschließlich des **vierzehnten Tages nach** dem Versteigerungstermin aufzunehmen. Hierbei handelt es sich idR um Grundsteuern, Grundstücksgebühren, Zinsen, Realleistungen, Altenteilsleistungen oder auch um Naturalleistungen, die nicht in Geld bestehen (s. § 46 Rn 3 f).

IV. Berechnung bei nicht regelmäßig wiederkehrenden Leistungen (S. 2)

7 Nicht regelmäßig wiederkehrende Leistungen werden mit den Beträgen eingesetzt, die **vor** dem Ablauf der in S. 1 bestimmten Frist zu entrichten sind (S. 2). Auch hierbei sind nicht in Geld bestehende Leistungen in Geld umzurechnen (s. § 46). Im Falle einer unrichtigen Berechnung kann der Zuschlag trotzdem erteilt werden, wenn keine Beeinträchtigung vorliegt.[2]

V. Sonderfall des persönlichen Gläubigers im geringsten Gebot

8 Wenn dem persönlichen Gläubiger gegenüber ein **nachrangiger** Gläubiger das Verfahren betreibt, ist der persönliche Gläubiger mit seinem gesamten Anspruch in das geringste Gebot (Bargebot) aufzunehmen (s. § 44 Rn 13, 16, § 49 Rn 4). Auch sind die wiederkehrenden Leistungen zu berechnen, aber hier über den Zeitpunkt dieser Norm hinaus. Denn der Ersteher trägt zwar grds. die wiederkehrenden Leistungen ab Zuschlag (s. § 56 Rn 9 ff), aber nur bezüglich der bestehen bleibenden Rechte (s. § 52 Rn 3).

9 Diese Problematik betrifft auch die aus einem vorangegangenen Verfahren heraus eingetragenen Sicherungshypotheken (s. § 128 Rn 1 ff) und die Zinsen der Zwangsverwaltungsvorschüsse (s. § 155 Rn 4). Denn diese Ansprüche sind nicht vom Ersteher zu tragen, sondern sie gehen zu Lasten der Gläubiger und des Schuldners und werden aus dem Meistgebot (s. § 44 Rn 6) bar berichtigt. Deshalb sind diese Ansprüche bis zur voraussichtlichen **Erlösverteilung** (§ 115) zu berechnen.

10 Auch hier ergibt sich das Problem, dass der Verteilungstermin (§ 115) zum Zeitpunkt des Versteigerungstermins noch nicht feststeht. Deshalb ist ein **mutmaßlicher** Verteilungstermin als Endzeitpunkt der Berechnung anzunehmen.

VI. Behandlung im Verteilungstermin

11 Die Berechnung für das geringste Gebot (§ 44) ist nach § 47 nur **vorläufig** vorgenommen (s. Rn 1, 4 und 6). Denn ab Zuschlag (erfolgt in der Praxis überwiegend am Tage des Versteigerungstermins) trägt der Ersteher grds. alle laufenden Lasten (s. § 56). Deshalb erfolgt die endgültige Berechnung zur Aufnahme in den Teilungsplan (§ 114) im Verteilungstermin (§ 115).

§ 48 [Bedingte Rechte, eingetragener Widerspruch und Vormerkung]

Bedingte Rechte sind wie unbedingte, Rechte, die durch Eintragung eines Widerspruchs oder einer Vormerkung gesichert sind, wie eingetragene Rechte zu berücksichtigen.

---

[2] LG Frankfurt NJW-RR 1988, 1276.

I. Normzweck und Anwendungsbereich 1
II. Bedingte Rechte 2
III. Durch Vormerkung gesicherte Rechte 8
IV. Durch Widerspruch gesicherte Rechte 12

I. Normzweck und Anwendungsbereich

Die Vorschrift sichert den **Deckungsgrundsatz** des geringsten Gebots (s. § 44) auch für die **bedingten Rechte** und die durch **Widerspruch** oder **Vormerkung** gesicherten Rechte. Sie gilt für alle Versteigerungsverfahren, hat aber wie § 47 nur Bedeutung für das geringste Gebot. Im Teilungsplan (§ 114) erfolgt die Behandlung nach §§ 119, 120.

II. Bedingte Rechte

Wenn das Entstehen oder der Fortbestand eines im Grundbuch eingetragenen Rechts von einem **zukünftigen ungewissen** Ereignis abhängig ist, handelt es sich um ein **bedingtes Recht** (§ 158 BGB). Das Recht kann **aufschiebend** oder **auflösend** bedingt sein. Die Bedingung ergibt sich daraus, dass die Fälligkeit von einem künftigen ungewissen Ereignis abhängt.

Beispiele: 1. Die Zahlung soll am 18. Geburtstag des noch nicht geborenen Kindes erfolgen = aufschiebend bedingt.

2. Die Zahlungen laufen bis zum 18. Geburtstag des Kindes = auflösend bedingt.

Das rechtzeitig eingetragene bedingte Recht wird von Amts wegen nach § 45 berücksichtigt. Sollte es erst **nach** dem Zwangsversteigerungsvermerk eingetragen sein, wird es nur auf Anmeldung berücksichtigt, wobei die rückständigen wiederkehrenden Leistungen glaubhaft zu machen sind (§ 45 Abs. 1 und 2).

Wenn das bedingte Recht **nichtig** eingetragen, **erloschen** oder **löschungsreif** ist, erfolgt keine Berücksichtigung. Das muss allerdings objektiv feststehen.

Hiervon zu trennen ist die Hypothek, die zur Sicherung einer **bedingten Forderung** eingetragen ist (§ 1113 Abs. 2 BGB). Denn wenn mit dem Ausfall oder Eintritt der Bedingung die Forderung nicht mehr entstehen wird oder erloschen ist, kommt das Recht als Eigentümergrundschuld (§§ 1163 Abs. 1, 1177 BGB) in das geringste Gebot.

Auch die **Höchstbetragshypothek** (§ 1190 BGB) fällt nicht unter § 48, weil es sich um eine bedingte Hypothek handelt. Wenn und soweit nämlich die Forderung des Gläubigers hinter dem Höchstbetrag zurückbleibt, steht sie dem Eigentümer zu. Damit ist lediglich die Person des daraus Berechtigten unbestimmt. Das Recht belastet als Sicherungshypothek das Grundstück **unbedingt** in Höhe des vollen eingetragenen Geldbetrages (§ 1190 Abs. 1, 3 BGB).

Wenn ein als bestehen bleibend berücksichtigtes **bedingtes** Recht nicht besteht oder wieder wegfällt, hat der Ersteher **Zuzahlung** zu leisten, und zwar auch dann, wenn dieser Fall **vor** Zuschlagserteilung eingetreten ist (s. § 50 Rn 11 f, § 51 Rn 2 ff).

III. Durch Vormerkung gesicherte Rechte

Die durch eine eingetragene **Vormerkung** gesicherten Rechte sind im geringsten Gebot wie eingetragene Rechte zu berücksichtigen (§ 883 BGB, §§ 18 Abs. 2, 76 Abs. 1 GBO). In der Regel handelt es sich um Vormerkungen für eine Grundschuld oder eine Grunddienstbarkeit, mit der diese dinglichen Rechte am Grundstück gesichert werden sollen. Wenn die Eintragung einer verzinslichen Grundschuld (oder Hypothek) vorgemerkt ist, sind auch die Zinsen vom vorgemerkten

Zinsbeginn an wie Zinsen eines eingetragenen Grundpfandrechts zu berücksichtigen.

9 Im Unterschied dazu und damit nicht zu berücksichtigen sind die Vormerkungen, die nur ein **Recht** an einem Grundstücksrecht, einen **Vorrang**, einen **Abtretungsanspruch** oder einen **Löschungsanspruch** sichern. Denn das vorgemerkte Recht muss eine **selbständige** Belastung bilden.[1]

10 Die **Auflassungsvormerkung** wird betragsmäßig mit dem festgesetzten Zuzahlungsbetrag (s. § 51 Rn 6) in das geringste Gebot aufgenommen, und zwar auch die Vormerkung, die einen aufschiebend bedingten Auflassungsanspruch sichert.[2] Eine Anmeldung ist nur dann erforderlich, wenn die Vormerkung bei Eintragung des Versteigerungsvermerks aus dem Grundbuch nicht ersichtlich war (s. § 45 Rn 4).

11 Der Berechtigte einer Auflassungsvormerkung kann einem nachträglich eingetragenen Grundpfandrecht seine **Zustimmung** erteilen (§§ 182 Abs. 1, 185 Abs. 1 BGB). In diesem Fall ist die vorrangig eingetragene Auflassungsvormerkung diesem Gläubiger gegenüber wirkungslos und im geringsten Gebot dann nicht zu berücksichtigen, wenn dieser Gläubiger das Verfahren bestrangig betreibt. Dies kann auch durch entsprechende Vermerke im Grundbuch bei beiden Rechten dargestellt werden.[3]

IV. Durch Widerspruch gesicherte Rechte

12 Die durch Eintragung eines **Widerspruchs** gegen die Richtigkeit des Grundbuchs (§ 899 BGB) gesicherten Rechte sind als nicht eingetragene Belastung des Grundstücks in das geringste Gebot aufzunehmen. Es sind folgende zwei Fälle möglich:
1. Widerspruch gegen die Löschung eines Rechts, die **zu Unrecht** erfolgt sein soll.
2. Widerspruch gegen das Nichteingetragensein eines Rechts, das zu seiner Entstehung der **Eintragung nicht bedarf**, zB der kraft Gesetzes entstehende Nießbrauch (§ 1075 Abs. 1 BGB) oder eine Sicherungshypothek nach § 1287 Abs. 2 BGB, § 848 Abs. 2 ZPO.

Das zu Unrecht gelöschte Recht besteht in seinem alten Range weiter. Das kraft Gesetzes entstandene Recht besteht – obwohl nicht eingetragen – in dem Range, der dem Zeitpunkt seiner Entstehung entspricht.

13 Keine Berücksichtigung findet der Widerspruch in folgenden Fällen:
- Widerspruch, der lediglich ein **Recht** an einem Grundstücksrecht oder einen Löschungsanspruch **sichert**.
- Widerspruch gegen den **Bestand** eines eingetragenen Rechts. Denn das Recht bleibt mit dem Widerspruch **bestehen**.
- Widerspruch gegen die **Person** des eingetragenen Berechtigten. Der Streit darüber, wem das Recht zusteht, ist vor dem Prozessgericht auszutragen.
- Widerspruch gegen das **Eigentum** des Schuldners. Der Widerspruch betrifft nur die **rechtsgeschäftliche** Verfügung zum Rechtserwerb, also kein dingliches Recht, das gesichert werden soll. Der (wahre) Eigentümer muss beim Prozessgericht die einstweilige Einstellung oder die Aufhebung des Verfahrens bis zum Zuschlag erwirken. Andernfalls geht das (gegen rechtsgeschäftliche Verfügungen) gesicherte nicht eingetragene Eigentum unter.

---

1 BGHZ 53, 47.
2 BGHZ 46, 124.
3 BGHZ 141, 169 = NJW 1999, 2275 = MDR 1999, 796 = DNotZ 1999, 1000.

Wenn der Widerspruch zu berücksichtigen ist und er bereits bei Eintragung des Versteigerungsvermerks im Grundbuch eingetragen war, erfolgt Aufnahme in das geringste Gebot. Sonst ist die rechtzeitige Anmeldung erforderlich (s. § 45 Rn 4). 14

Sollte der eingetragene Widerspruch nicht begründet sein, besteht die **Zuzahlungsverpflichtung** nach §§ 50, 51 (s. Rn 7). 15

§ 49 [Bargebot]

(1) Der Teil des geringsten Gebots, welcher zur Deckung der Kosten sowie der im § 10 Nr. 1 bis 3 und im § 12 Nr. 1, 2 bezeichneten Ansprüche bestimmt ist, desgleichen der das geringste Gebot übersteigende Betrag des Meistgebots ist von dem Ersteher vor dem Verteilungstermin zu berichtigen (Bargebot).

(2) Das Bargebot ist von dem Zuschlag an zu verzinsen.

(3) Das Bargebot ist so rechtzeitig durch Überweisung oder Einzahlung auf ein Konto der Gerichtskasse zu entrichten, dass der Betrag der Gerichtskasse vor dem Verteilungstermin gutgeschrieben ist und ein Nachweis hierüber im Termin vorliegt.

(4) Der Ersteher wird durch Hinterlegung von seiner Verbindlichkeit befreit, wenn die Hinterlegung und die Ausschließung der Rücknahme im Verteilungstermin nachgewiesen werden.

I. Normzweck und Anwendungsbereich

Die Vorschrift regelt, welchen Teil des **Meistgebots** der Ersteher gegenüber dem Verteilungstermin zu zahlen hat (Bargebot). Den weiteren Teil des Meistgebots hat der Ersteher nicht durch Zahlung, sondern durch **Übernahme** der im geringsten Gebot festgestellten bestehen bleibenden Rechte zu leisten (s. § 52). § 49 gilt für alle Versteigerungsverfahren mit Besonderheiten für Schiffe (§ 162) und Luftfahrzeuge (§ 171 a). 1

II. Aufteilung des Meistgebots

1. **Bargebot (Abs. 1).** Das geringste Gebot besteht dann allein aus dem **Bargebot**, wenn dem bestrangig betreibenden Gläubiger keine Rechte an dem Grundstück vorgehen. Es besteht dann aus dem geringsten Bargebot und dem übersteigenden Betrag (**Mehrgebot**) des Meistgebots (s. § 44 Rn 4, 8). Die Verwendung der Legaldefinition „Bargebot" ist trotz der Änderung ab 1.2.2007[1] (nur noch unbare Zahlung möglich = Abschaffung des Bargeldes) beibehalten worden, da dieser Begriff als Unterscheidung für den Teil des Meistgebots dient, der durch Zahlung zu entrichten ist. 2

Gedeckt sein müssen die dem **bestrangig betreibenden** Gläubiger **vorgehenden** Ansprüche, und zwar 3

- die **Kosten** des Verfahrens (s. § 109);
- die Ansprüche der Rangklassen 1–3 (s. § 10 Rn 5 ff), soweit nicht aus ihnen betrieben wird;
- die **Rechte** an dem Grundstück, die dem **bestrangig betreibenden Gläubiger vorgehen**. Im Einzelnen sind dann jeweils die Kosten der Rechtsverfolgung (§ 10 Abs. 2), die Zinsen und andere wiederkehrende Leistungen sowie ein-

---

[1] Durch 2. Justizmodernisierungsgesetz vom 22.12.2006 (BGBl. I S. 3416, 3421).

malige Nebenleistungen (vgl § 12 Nr. 1 und 2) im Bargebot zu berücksichtigen;
- sämtliche Ansprüche eines **persönlichen** Gläubigers (§ 10 Abs. 1 Nr. 5.), wenn ein nachrangiger Gläubiger bestrangig das Verfahren betreibt, da sie nicht bestehen bleiben können (s. § 52 Rn 2);
- **Sicherungshypotheken** nach § 128 Abs. 1, 2 aus einem Vorverfahren aufgrund Nichtzahlung, da auch diese Rechte nicht bestehen bleiben können (s. § 128 Abs. 4).

4 **2. Verzinsung des Bargebots (Abs. 2).** Das Bargebot, bestehend aus dem geringsten Bargebot und dem diesen übersteigenden Mehrgebot, ist ab Zuschlag zu verzinsen, und zwar nach § 246 BGB mit dem **gesetzlichen Zinssatz von jährlich 4 %**. Über abweichende Versteigerungsbedingungen könnte die Höhe der Verzinsung geändert werden (s. § 59 Rn 9). Zur Höhe der Verzinsung im Falle der **Nichtzahlung des Bargebots** und Übertragung der Forderung (§ 118 Abs. 1) bestehen in der Lit. und Rspr unterschiedliche Auffassungen (s. § 118 Rn 9 f).[2]

5 Grundsätzlich **endet** die Verzinsung mit dem Tage **vor** dem Verteilungstermin (§ 115). Denn die Überweisung des restlichen Gebots an die Gerichtskasse für den Verteilungstermin hat bis dahin nur die Qualität einer Verwahrung. Der Ersteher kann jedoch die Verzinsung ganz oder teilweise durch eine förmliche **Hinterlegung** bei einem Amtsgericht unter Ausschluss der Rücknahme abwenden (s. Rn 10). Denn nur dann entfällt die Verzinsungspflicht (entsprechend § 378 BGB) und der Ersteher kann den Betrag nicht mehr zurückfordern (§ 376 Abs. 2 BGB).

6 Soweit der Ersteher im Versteigerungstermin (§ 66) eine **Sicherheitsleistung** durch **Bundesbankschecks** oder **Verrechnungsschecks** erbracht hat, stellt dies für den Fall der Zuschlagserteilung an ihn eine Anrechnung auf seine zum Verteilungstermin (§ 115) zu erbringende Zahlungsverpflichtung dar. Es tritt insoweit eine Erfüllung gem. § 364 Abs. 1 BGB ein (s. § 107 Rn 7) und die Verzinsung entfällt. Denn der Gesetzgeber hat diese Sicherheitsleistung ausdrücklich als zulässige Leistung in § 69 Abs. 2 angeordnet, und die Zahlungspflicht gilt daher mit Übergabe des Schecks an das Vollstreckungsgericht insoweit als erfüllt, obwohl die Einlösung des oder der Schecks erst später erfolgt. Die Einlösung ist auch sicher, da es sich nicht um einen Scheck des Bieters, sondern um den seiner Bank und bezogen auf ein Konto im Inland handelt, was nach § 69 Abs. 2 vorgeschrieben ist.

7 Auch im Falle einer **außergerichtlichen** Befriedigung vor dem Verteilungstermin besteht die Zinspflicht (s. § 144 Rn 8).[3]

8 **3. Bestehen bleibende Rechte.** In dem Falle, dass dem bestrangig betreibenden Gläubiger Rechte an dem Grundstück vorgehen, besteht das geringste Gebot aus zwei Teilen: dem **Bargebot** und den **bestehen bleibenden Rechten** (s. § 44 Rn 6). Geboten wird nur auf das Bargebot (s. Abs. 1). Die bestehen bleibenden Rechte (s. § 52 Rn 3) werden im Bargebot nicht ausdrücklich genannt. Das bare Meistgebot und die bestehen bleibenden Belastungen ergeben zusammen das **Meistgebot** iSd § 81 Abs. 1 (s. auch § 44 Rn 6). Diese besondere Regelung ist den Bietern nicht immer bewusst. Das Versteigerungsgericht muss daher auch insoweit eine besondere Aufklärung vornehmen.

---

[2] LG Kiel Rpfleger 2010, 618; LG Verden NdsRpfl 2010, 357; aA AG Lüneburg 4.2.2010 – 23 K 13/09.
[3] LG Berlin Rpfleger 1978, 33.

III. Zahlung des Bargebots (Abs. 3 und 4)

Die Zahlung des Bargebots kann nach Abschaffung des Bargeldes in Zwangsversteigerungsverfahren im Versteigerungstermin (§ 66) oder im Verteilungstermin (§§ 107 Abs. 2, 115) nicht mehr „in bar" erfolgen. Vielmehr hat die Zahlung durch **Überweisung oder Einzahlung** auf das vom Vollstreckungsgericht angegebene Konto der zuständigen Gerichtskasse oder Gerichtszahlstelle zu erfolgen (**Abs. 3**). Dabei ist zu beachten, dass der Betrag **vor** dem Verteilungstermin dem Konto gutgeschrieben sein muss. Das führt in der Praxis immer wieder zu Schwierigkeiten, wenn sich die Gutschrift zum Termin nicht feststellen lässt, obwohl die Überweisung tatsächlich bereits veranlasst wurde. Hinzu kommt, dass die Ersteher in aller Regel zum Verteilungstermin nicht erscheinen. In diesem Falle kann das Versteigerungsgericht den Verteilungstermin unterbrechen, mit dem Ersteher Kontakt aufnehmen und nach der Klärung den Termin am selben Tage fortsetzen. Diese Handlungsweise liegt aber im freien Ermessen des Vollstreckungsgerichts. Wird die Zahlung nicht nachgewiesen, muss die **Übertragung der Forderungen** mit Eintragung von Sicherungshypotheken erfolgen (s. § 118 Rn 2 ff).

9

Die Zahlung kann auch durch **Hinterlegung** nach den Bestimmungen der Hinterlegungsgesetze der einzelnen Bundesländer erfolgen (**Abs. 4**). Hierzu ist der Antrag des Erstehers bei der Hinterlegungsstelle eines Amtsgerichts (eine örtliche Zuständigkeit ist nicht bestimmt) mit seinem Verzicht auf das Recht der Rücknahme und die Annahme durch die Hinterlegungsstelle erforderlich. Selbstverständlich muss die rechtzeitige Einzahlung erfolgt sein.

10

Die Befreiung des Erstehers von seiner Verbindlichkeit könnte auch über eine **abweichende** Versteigerungsbedingung (s. § 59 Rn 2 ff) durch eine **Bürgschaft** erfolgen.[4] Dieser Lösungsweg wird aber in der Praxis kaum verfolgt.

11

§ 50 [Zuzahlung für nicht bestehendes Grundpfandrecht]

(1) ¹Soweit eine bei der Feststellung des geringsten Gebots berücksichtigte Hypothek, Grundschuld oder Rentenschuld nicht besteht, hat der Ersteher außer dem Bargebot auch den Betrag des berücksichtigten Kapitals zu zahlen. ²In Ansehung der Verzinslichkeit, des Zinssatzes, der Zahlungszeit, der Kündigung und des Zahlungsorts bleiben die für das berücksichtigte Recht getroffenen Bestimmungen maßgebend.

(2) Das gleiche gilt:
1. wenn das Recht bedingt ist und die aufschiebende Bedingung ausfällt oder die auflösende Bedingung eintritt;
2. wenn das Recht noch an einem anderen Grundstück besteht und an dem versteigerten Grundstück nach den besonderen Vorschriften über die Gesamthypothek erlischt.

(3) Haftet der Ersteher im Falle des Absatzes 2 Nr. 2 zugleich persönlich, so ist die Erhöhung des zu zahlenden Betrags ausgeschlossen, soweit der Ersteher nicht bereichert ist.

---

4 LG Krefeld 24.4.1978 – 1 T 67/78, juris.

I. Normzweck und Anwendungsbereich 1	1. Bedingte Rechte (Nr. 1) 11
II. Zuzahlungsfälle bei der Hypothek, Grund- oder Rentenschuld (Abs. 1) 2	2. Fälle des Gesamtrechts (Nr. 2) 14
	IV. Zuzahlung 16
III. Bedingte Rechte und Fälle des Gesamtrechts (Abs. 2) 11	V. Keine Zuzahlung bei persönlicher Haftung (Abs. 3) 17

I. Normzweck und Anwendungsbereich

1 Die Vorschrift sichert die in der Erlösverteilung ausgefallenen Berechtigten (letztlich den Schuldner), wenn ein als bestehen bleibend berücksichtigtes Recht im Zeitpunkt des Zuschlags in Wirklichkeit nicht besteht. Sie verhindert damit durch **Zuzahlungspflicht** einen nichtberechtigten Vorteil für den Ersteher. In § 125 ist die weitere Abwicklung im Falle der Zuzahlung geregelt.

II. Zuzahlungsfälle bei der Hypothek, Grund- oder Rentenschuld (Abs. 1)

2 Der Ersteher ist verpflichtet, neben dem Bargebot (s. § 49 Rn 2 ff) das Kapital eines gemäß dem geringsten Gebot bestehen bleibenden Rechts zu zahlen, wenn das Recht (Hypothek, Grund- oder Rentenschuld) in Wirklichkeit nicht besteht.

3 Maßgeblicher Zeitpunkt für das Nichtbestehen ist das **Wirksamwerden des Zuschlags** (s. § 89 Rn 2 ff, § 104 Rn 2 ff). Das bedeutet, dass der Wegfall oder die Minderung des Rechts vor der Zuschlagserteilung eingetreten sein muss. Dabei ist es beliebig, ob der Fall zwischen der Abgabe des Gebots und der Zuschlagsentscheidung eingetreten ist oder diese Umstände schon vorher eingetreten sind, aber vom Vollstreckungsgericht nicht erkannt wurden. Denn der Meistbietende (und spätere Ersteher) würde sonst einen Vorteil erlangen, der ihm nicht zusteht. Tritt der Fall des Wegfalls oder die Minderung **nach** dem Zuschlag ein, kommt der Vorteil dem Ersteher zu Gute.

4 Ein Recht besteht zB dann nicht, wenn es an der erforderlichen **Einigung** fehlt, es **nichtig** ist (Eintragungsmängel) oder auch dann, wenn das Recht gem. § 1181 Abs. 1, 2 BGB aufgrund der Zahlung aus einem Zwangsverwaltungsverfahren (s. § 158 Abs. 1) **erloschen** ist.

5 Bei der **Hypothek** (§§ 1113–1190 BGB) kommt es deshalb allein darauf an, ob das Recht durch rechtswirksame Einigung und Eintragung entstanden ist, und zwar unabhängig davon, ob die Forderung besteht oder erloschen ist. Denn im Falle des Nichtbestehens oder Erlöschens der Forderung steht die Hypothek dem Eigentümer zu (§ 1163 BGB) und verwandelt sich in eine **Eigentümergrundschuld** (§ 1177 BGB), so dass kein Vorteil für den Ersteher und keine Zuzahlungspflicht besteht.

6 Auch bei der **Grundschuld** ist nur entscheidend, ob sie durch wirksame Einigung und Eintragung entstanden ist. Auch hier ergibt sich im Fall des Erlöschens oder Nichtentstehens der gesicherten Forderung kein Vorteil für den Ersteher und damit keine Zuzahlungspflicht, weil die Grundschuld abstrakt (von der Forderung gelöst) ist und eine tatsächlich bestehende Belastung darstellt. Der Ersteher hat daher keine Zuzahlung bei ganz oder nicht mehr voll valutierten Grundschulden zu leisten.[1]

7 Eine planwidrige Lücke des Gesetzes ergibt sich jedoch in dem Fall, wo dem Ersteher bereits im Zeitpunkt des Zuschlags **Löschungsbewilligungen** für eingetragene, aber nicht mehr valutierende Grundschulden vorliegen und der Ersteher nach seiner Eintragung als neuer Eigentümer die Löschung dieser Rechte bean-

---

[1] BGH NJW 1993, 1919 = MDR 1993, 755 = ZIP 1993, 664.

tragt. Dieser Fall kann im Rahmen von Teilungsversteigerungen (§§ 180–185) dann vorkommen, wenn der Ersteher kein beliebiger Dritter, sondern ein Mitglied der eingetragenen Eigentümergemeinschaft war und als solcher häufig derartige Urkunden verwahrt. Der Ersteher erreicht damit, dass er ohne Gegenleistung und Rechtfertigung (nachträglich) ein niedrigeres Meistgebot geleistet hat. Wegen der Vergleichbarkeit mit dem Fall des Eintritts einer auflösenden Bedingung (s. Rn 11) ist hier **Abs. 2 Nr. 1** entsprechend anzuwenden; der Ersteher hat also Zuzahlung zu leisten.[2] Dies steht auch nicht im Widerspruch zur Darstellung in Rn 6. Denn diese Ausführungen betreffen die Vorschrift des Abs. 1 S. 1, **nicht** den Abs. 2.

Ein anderer Fall ist dann gegeben, wenn die nicht mehr valutierte Grundschuld noch **nicht gelöscht** ist. Dann kann in dem Falle, wo ein Ehegatte das bis dahin gemeinsame Grundstück ersteigert, der weichende Ehegatte vom Ersteher nicht Zahlung des hälftigen Betrages einer in das geringste Gebot fallenden, nicht mehr valutierten Grundschuld verlangen. Der weichende Ehegatte ist beschränkt darauf, vom Ersteher die Mitwirkung bei der („Rück-")Übertragung und Teilung der Grundschuld zu verlangen und kann dann aus der ihm gebührenden Teilgrundschuld die Duldung der Zwangsvollstreckung in das Grundstück begehren (s. § 181 Rn 30).[3] 8

Ebenfalls ein Bedingungsfall von **Abs. 2 Nr. 1** mit Zuzahlungsverpflichtung ist gegeben, wenn bei einer nicht mehr valutierenden Grundschuld zugunsten eines nachrangigen Grundpfandrechts ein **Löschungsanspruch** über eine **Vormerkung** gesichert ist.[4] 9

Wenn eine bestehen gebliebene Hypothek (auch: **Höchstbetragshypothek**, § 1190 BGB; und **Tilgungshypothek**, § 1113 BGB) oder **Grundschuld** dem Eigentümer zusteht, ergibt sich keine Zuzahlungspflicht, weil das Recht besteht. Bei der Höchstbetrags- und Tilgungshypothek handelt es sich auch nicht um bedingte Rechte; bedingt sind nur die Ansprüche des eingetragenen Berechtigten. 10

III. Bedingte Rechte und Fälle des Gesamtrechts (Abs. 2)

1. Bedingte Rechte (Nr. 1). Bedingte Rechte werden im geringsten Gebot wie unbedingte Rechte und Rechte, die durch Eintragung eines Widerspruchs oder einer Vormerkung gesichert sind, wie eingetragene Rechte behandelt (s. § 48 Rn 2 ff). Deshalb werden die Bieter diese Rechte voll in ihre Gebote mit einrechnen, weil sie (falls nicht durch Zahlung zu decken) als bedingte oder als eingetragene Rechte bestehen bleiben (§ 52). Das Meistgebot (s. § 44 Rn 6) wird also um den Gegenwert geringer ausfallen. 11

Wenn die Rechte durch den Ausfall der aufschiebenden oder den Eintritt der auflösenden Bedingung (s. § 48 Rn 2) entfallen (§ 158 BGB), wäre der Ersteher ungerechtfertigt bereichert. Deshalb hat der Ersteher eine entsprechende Zuzahlung zu leisten. Anders als in den Fällen des Abs. 1 kommt es hier nicht auf den Zeitpunkt des Wegfalls an; die Zuzahlungspflicht besteht auch dann, wenn das Recht erst nach dem Zuschlag wegfällt. Denn die Unsicherheit des Bestands dieses Rechts ergibt sich aus der Grundbucheintragung. 12

Von den bedingten Rechten sind die **betagten** (befristeten) **Rechte** zu unterscheiden. Hier ist kein Zuzahlungsfall gegeben; die Bieter richten ihre Gebote danach ein. 13

---

[2] OLG Hamm MDR 2002, 1273.
[3] BGH NJW-RR 2011, 164 = MDR 2011, 24 = WM 2011, 90 = Rpfleger 2011, 169.
[4] OLGR Frankfurt 1999, 234.

14 2. **Fälle des Gesamtrechts (Nr. 2).** Ein Recht, das als **Gesamtrecht** auch an einem oder mehreren anderen Grundstücken besteht (§ 1132 BGB), wird in voller Höhe (ohne Rücksicht auf die weitere Haftung) im geringsten Gebot berücksichtigt. Dieses bestehen bleibende Recht kann jedoch nach den besonderen Vorschriften über die Gesamthypothek erlöschen, und zwar nach §§ 1173 Abs. 1, 1174 Abs. 1, 1175 Abs. 1 S. 2, 1181 Abs. 2 BGB. Wenn dieser Fall nach Zuschlagserteilung eintritt, ist der Ersteher um den Kapitalbetrag des Rechts, soweit dieses erlischt, bereichert. Denn der Gläubiger kann die Befriedigung nur einmal fordern und der Ersteher hat dieses Recht in voller Höhe in sein Gebot einbezogen. Er hat also immer dann zu zahlen, wenn er ohne Gegenleistung von einer Gesamtbelastung frei wird.

15 Wenn der Ersteher dagegen den Hypothekengläubiger befriedigt, erwirbt er zwar dadurch das Recht als Eigentümergrundschuld an seinem Grundstück, hat dafür aber auch die Forderung getilgt.

IV. Zuzahlung

16 Der Ersteher hat den Betrag des **Kapitals** zu zahlen, der sich durch Nichtbestehen, Wegfall oder Erlöschen ergibt. Hinsichtlich der Zahlungsbedingungen bleiben die für das berücksichtigte Recht geltenden Bestimmungen maßgebend.

V. Keine Zuzahlung bei persönlicher Haftung (Abs. 3)

17 Wenn im Falle des Erlöschens bei der Gesamthaft der Ersteher durch Übernahme der Schuld persönlich haftet (s. § 53), besteht keine Zuzahlungspflicht. Es muss aber noch hinzukommen, dass der Ersteher nicht bereichert ist. Das wäre nämlich dann der Fall, wenn der Gläubiger von einem anderen (mithaftenden) Schuldner befriedigt wird und dieser gegen den Ersteher keinen Ersatzanspruch hat.

§ 51 [Zuzahlung für ein nicht bestehendes Recht aus der Abteilung II des Grundbuchs]

(1) ¹Ist das berücksichtigte Recht nicht eine Hypothek, Grundschuld oder Rentenschuld, so finden die Vorschriften des § 50 entsprechende Anwendung. ²Der Ersteher hat statt des Kapitals den Betrag, um welchen sich der Wert des Grundstücks erhöht, drei Monate nach erfolgter Kündigung zu zahlen und von dem Zuschlag an zu verzinsen.

(2) Der Betrag soll von dem Gericht bei der Feststellung des geringsten Gebots bestimmt werden.

I. Normzweck und Anwendungsbereich	1	IV. Höhe des Zuzahlungsbetrages	14
II. Zuzahlungsfälle (Abs. 1)	2	V. Bestimmung des Zuzahlungsbetrages (Abs. 2)	16
III. Betroffene Rechte am Grundstück	5		

I. Normzweck und Anwendungsbereich

1 Die Vorschrift sichert, wie im Falle des § 50, die (teilweise) ausgefallenen Berechtigten und letztlich den Schuldner, wenn ein als bestehen bleibend berücksichtigtes „anderes" Recht in Wirklichkeit nicht besteht. Durch die Zuzahlungspflicht wird ein nicht berechtigter Vorteil für den Ersteher verhindert. Die weitere Regelung ergibt sich aus § 125. Die Bestimmung gilt für alle Versteigerungsverfahren.

II. Zuzahlungsfälle (Abs. 1)

Der Ersteher ist auch verpflichtet, eine Zuzahlung zu leisten, wenn es sich um ein anderes Recht als um eine Hypothek, Grund- oder Rentenschuld handelt, und dieses andere, im geringsten Gebot berücksichtigte Recht in Wirklichkeit **nicht besteht, bedingt ist** oder die **Gesamthaftregelung** des § 50 Abs. 2 Nr. 2 zur entsprechenden Anwendung kommt. Auch hier ist grds. auf den **Zeitpunkt** des Wirksamwerdens des Zuschlags abzustellen (s. §§ 89, 104). Zuzahlungspflicht besteht daher nicht, wenn das Ereignis nach der Zuschlagsverkündung eintritt (zB in dem Fall des Todes des Wohnungsberechtigten nach der Zuschlagsverkündung). 2

Etwas anderes gilt bei bedingten Rechten mit Ausfall oder Eintritt der Bedingung oder bei Erlöschen eines Rechts nach den besonderen Vorschriften über Gesamtrechte. In diesen Fällen besteht die Zuzahlungspflicht auch dann, wenn das Ereignis nach dem Zuschlag eintritt (s. § 50 Rn 3, 8, 11 f). 3

Die **Festsetzung eines Zuzahlungsbetrages** ist immer erforderlich, weil es sich um eine gesetzliche Versteigerungsbedingung handelt. Wenn das Versteigerungsgericht (versehentlich) keine Festsetzung vorgenommen hat, stellt das einen Zuschlagsversagungsgrund dar (s. § 83 Rn 2). Eine Heilung dieses Mangels ist aber über § 84 Abs. 1 möglich. 4

III. Betroffene Rechte am Grundstück

Die Vorschrift betrifft nur **Rechte am Grundstück**, zB Erbbaurechte, beschränkt persönliche Dienstbarkeiten, Grunddienstbarkeiten (zB Wegerechte), Nießbrauchsrechte, Reallasten oder Vorkaufsrechte. 5

Die **Auflassungsvormerkung** (§ 883 BGB) behindert grds. nicht die Zwangsversteigerung. Denn nur in dem Falle, dass der Vormerkungsberechtigte vor dem Zuschlag als Eigentümer eingetragen wird, könnte sich eine Verfahrensaufhebung ergeben (s. § 28 Rn 8). Gleichwohl ist für die Auflassungsvormerkung ein Zuzahlungsbetrag festzusetzen. 6

Im Falle des **Erbbaurechts** kann § 51 nur dann zur Anwendung kommen, wenn es nichtig ist. Denn das Erbbaurecht bleibt bei der Versteigerung des damit belasteten Grundstücks nach § 25 ErbbauRG immer bestehen, und zwar auch dann, wenn es nicht in das geringste Gebot aufgenommen wurde. 7

Bei einem **Altenteil** handelt es sich um eine beschränkt persönliche Dienstbarkeit und/oder Reallast, worauf die Sonderregelung des § 9 Abs. 1 EGZVG Anwendung findet (s. auch § 52 Rn 12 ff). Danach bleibt dieses Recht (soweit es landesrechtlich geschützt ist) grds. auch dann bestehen, wenn es dem bestbetreibenden Gläubiger gleich- oder nachsteht. Ein Zuzahlungsbetrag ist aber nur für den Fall des Vorrangs oder im Falle von abgeänderten Versteigerungsbedingungen (s. § 59 Rn 9) gegeben. Im anderen Falle ist das Altenteil nur über die vorgenannte Sonderregelung „außerhalb des geringsten Gebotes" und nicht nach den Feststellungen des geringsten Gebots bestehen geblieben. Deshalb entfällt hier die Feststellung eines Zuzahlungsbetrages. 8

Das **Wohnungsrecht** (§ 1093 BGB) ist ein häufiger Fall der beschränkt persönlichen Dienstbarkeit. Auch im Falle der Unwirksamkeit aus öffentlich-rechtlichen Gründen ist ein Ersatzbetrag festzusetzen.[1] 9

Mit einer **Grunddienstbarkeit** (§§ 1018–1029 BGB) können die verschiedensten Belastungen des Grundstücks abgesichert und geregelt werden (zB durch Wegerechte oder verschiedene Arten der Benutzung des Grundstücks). 10

---

[1] BGH NJW 1966, 154.

11 Der **Nießbrauch** am Grundstück (§§ 1030–1067 BGB) stellt idR wegen der vom Berechtigten beanspruchten Nutzungen eines umfassende Belastung des Grundstücks dar.

12 Wiederkehrende Leistungen aus dem Grundstück sind bei den **Reallasten** (§§ 1105–1112 BGB) zu erbringen. Wenn die Reallast auf mehreren Grundstücken eingetragen wurde, wäre der Fall einer entsprechenden Anwendung des § 50 Abs. 2 Nr. 2 gegeben. Da aber hier in jedem Falle ein Zuzahlungsbetrag festzusetzen ist, ergeben sich aus der entsprechenden Anwendung keine praktischen Auswirkungen.

13 Für die **Erbbauzinsreallast** (§ 9 Abs. 1 ErbbauRG) gilt grds. nicht die Regelung des Bestehenbleibens wie für das Erbbaurecht (s. § 52 Rn 16 f). Auch hier sind wiederkehrende Leistungen zu entrichten.

IV. Höhe des Zuzahlungsbetrages

14 Bei den von § 51 erfassten Rechten ist kein Betrag eines zu berücksichtigenden „Kapitals" gegeben. Deshalb ist der **Zuzahlungsbetrag** unter Berücksichtigung des Verhältnisses des Erstehers zu den am Erlös Berechtigten zu ermitteln und durch Beschluss festzusetzen.

15 Anzunehmen ist der Betrag, um den sich der Wert des Grundstücks nach objektiven Gesichtspunkten durch den **Wegfall des Rechts erhöht**, und nicht der Wert, den das Recht für den Berechtigten hat. Dabei kommt es immer auf den Einzelfall und auf die wirtschaftliche Situation zur Zeit des Versteigerungstermins an.

Beispiele: 1. Wenn infolge Erlöschens eines Wohnungsrechts in einem Mietobjekt Räume frei werden, ist als Wertgewinn der **Mietzins** anzunehmen, der jetzt erhoben werden kann.

2. Im Falle eines Einfamilienhauses wird der Ersteher frei gewordene Räume nicht vermieten, sondern selbst benutzen. Sein Wertgewinn liegt dann im Mehr an **Bequemlichkeit und Wohnkomfort**.

V. Bestimmung des Zuzahlungsbetrages (Abs. 2)

16 Das Versteigerungsgericht bestimmt den Wert nach **freiem Ermessen** und nach **Anhörung** der im Versteigerungstermin anwesenden Beteiligten (§§ 9, 66 Abs. 1). Häufig wird das Gericht auch einen Sachverständigen hinzuziehen.

17 In der Regel wird der **Grundstückssachverständige** (§ 74 a Abs. 5) beauftragt, sich gutachterlich zum Wert von eingetragenen Belastungen im vorgenannten Sinne zu äußern. Denn die richtige und objektive Festsetzung ist deshalb so bedeutsam, weil sie zum einen nicht allein, sondern nur über die Zuschlagsbeschwerde (s. §§ 95–104) angefochten und andererseits nach rechtskräftigem Zuschlag nicht mehr durch ein Zivilprozessverfahren verändert werden kann.

18 Die Bedeutung zeigt sich auch im Falle der von Amts wegen vorzunehmenden Prüfung einer möglichen Zuschlagsversagung nach § 85 a wegen Nichterreichens der 5/10-Grenze, wenn zB für eine Erbbauzinsreallast ein Zuzahlungsbetrag festzusetzen ist.[2]

---

2 LG Hamburg Rpfleger 2003, 142.

§ 52 [Bestehenbleibende Rechte]

(1) ¹Ein Recht bleibt insoweit bestehen, als es bei der Feststellung des geringsten Gebots berücksichtigt und nicht durch Zahlung zu decken ist. ²Im übrigen erlöschen die Rechte.

(2) ¹Das Recht auf eine der in den §§ 912 bis 917 des Bürgerlichen Gesetzbuchs bezeichneten Renten bleibt auch dann bestehen, wenn es bei der Feststellung des geringsten Gebots nicht berücksichtigt ist. ²Satz 1 ist entsprechend anzuwenden auf

a) den Erbbauzins, wenn nach § 9 Abs. 3 des Erbbaurechtsgesetzes das Bestehenbleiben des Erbbauzinses als Inhalt der Reallast vereinbart worden ist;
b) Grunddienstbarkeiten und beschränkte persönliche Dienstbarkeiten, die auf dem Grundstück als Ganzem lasten, wenn in ein Wohnungseigentum mit dem Rang nach § 10 Abs. 1 Nr. 2 vollstreckt wird und diesen kein anderes Recht der Rangklasse 4 vorgeht, aus dem die Versteigerung betrieben werden kann.

I. Normzweck und Anwendungsbereich 1	1. Überbau- und Notwegrenten (Abs. 2 S. 1) 11
II. Prinzip des Bestehenbleibens oder Erlöschens von Rechten (Abs. 1) 2	2. Altenteil, § 9 EGZVG 12
III. Besonderheiten bei bestehen bleibenden Rechten 6	3. Erbbauzinsreallast (Abs. 2 S. 2 Buchst. a) 16
IV. Ausnahmen von der Regel des Nichtbestehenbleibens (Abs. 2) .. 11	4. Grunddienstbarkeiten und beschränkte persönliche Dienstbarkeiten (Abs. 2 S. 2 Buchst. b) 18

I. Normzweck und Anwendungsbereich

Die Vorschrift bestimmt in Ausführung des Deckungsprinzips (s. § 44 Rn 8) in Abs. 1, welche Rechte **bestehen** bleiben und vom Ersteher zu übernehmen sind und welche Rechte **erlöschen**. Ferner wird in Abs. 2 bestimmt, dass **Überbau- und Notwegrenten** (§§ 912–917 BGB) sowie eine nachrangige **Erbbauzinsreallast** aufgrund einer Vereinbarung nach § 9 Abs. 3 Nr. 1 ErbbauRG auch dann bestehen bleiben, wenn sie nicht nach § 44 berücksichtigt sind. Die Regelung des Abs. 2 gilt seit dem 1.2.2007 auch im Falle der Versteigerung eines Wohnungseigentums in Bezug auf **Grunddienstbarkeiten und beschränkte persönliche Dienstbarkeiten**, die auf dem Grundstück als **Ganzem** lasten, wenn die Versteigerung aus dem Rang des § 10 Abs. 1 Nr. 2 erfolgt. Die Vorschrift des § 52 gilt für alle Versteigerungsverfahren mit Besonderheiten für Schiffe (§ 162) und Luftfahrzeuge (§ 171 a).

II. Prinzip des Bestehenbleibens oder Erlöschens von Rechten (Abs. 1)

Die im **geringsten Gebot** berücksichtigten Rechte, die nicht bestehen bleiben können, also **erlöschen**, sind dadurch gedeckt, dass ihre **Zahlung** sichergestellt ist (s. § 49 Rn 4). Es handelt sich im Wesentlichen um Verfahrenskosten, Grundstücksabgaben und v.a. um Zinsen und wiederkehrende Leistungen der dem (best-)betreibenden Gläubiger vorgehenden Ansprüche.

Alle weiteren im geringsten Gebot berücksichtigten Rechte (s. § 44 Rn 8 ff) bleiben nach den gesetzlichen Versteigerungsbedingungen dieser Bestimmung oder nach den abgeänderten Versteigerungsbedingungen (s. § 59 Rn 2 ff) **bestehen**. Der Ersteher muss bei Abgabe seines Meistgebots (§ 81) darauf vertrauen können, ob und ggf welche Rechte nach den Versteigerungsbedingungen als bestehen bleibend berücksichtigt wurden, so dass ein Recht auch dann nicht erlöschen kann, wenn es fehlerhaft aufgenommen und auch andererseits der Ersteher nicht damit belastet werden kann, wenn dies fehlerhaft unterblieben ist.

4 Die Rechte außerhalb des geringsten Gebots, also alle dem **bestrangig** betreibenden Gläubiger **gleich- oder nachstehenden Rechte, erlöschen** zusammen mit dem Recht des **bestrangig** betreibenden Gläubigers selbst. Eine Ausnahme ist nur möglich, wenn die gesetzlichen Versteigerungsbedingungen abgeändert wurden (s. Abs. 1; § 44 Rn 8 ff; § 59 Rn 2 ff). Diese Ansprüche setzen sich allein am Versteigerungserlös fort und sind daraus zu befriedigen, soweit der Erlös reicht. Der Ersteher übernimmt diese Rechte nicht.

5 Der Ersteher ist **nicht Rechtsnachfolger** des Schuldner/Eigentümers. Denn der Eigentumserwerb des Erstehers vollzieht sich durch **hoheitlichen Vollstreckungsakt** (s. § 90 Rn 2). Deshalb treffen ihn auch grds. keine schuldrechtlichen Verpflichtungen. Jedoch bleiben Rechte Dritter an der Belastung (zB Pfandrechte oder Verfügungsbeschränkungen) existent, soweit das Recht selbst mit seinem Inhalt unverändert bestehen bleibt. Zur Regelung der Schuldübernahme bei Grundpfandrechten s. § 53 Rn 6 ff. Im Falle der **Ablösung** einer in der Versteigerung übernommenen **Grundschuld** gilt: Will der Ersteher des Grundstücks eine in der Zwangs- oder Teilungsversteigerung bestehen gebliebene Grundschuld ablösen, ist der Grundschuldgläubiger aufgrund des durch die Sicherungsabrede begründeten Treuhandverhältnisses mit dem persönlichen Schuldner zur Verwertung der Grundschuld in der Weise verpflichtet, dass dieser von der persönlichen Schuld vollständig befreit wird; weitergehende Pflichten zumindest im Hinblick auf zur Zeit der Ablösung nicht valutierte Grundschuldzinsen treffen den Grundschuldgläubiger nicht.[1]

III. Besonderheiten bei bestehen bleibenden Rechten

6 Das **Erbbaurecht** bleibt bei der Versteigerung des belasteten Grundstücks des Erbbaurechtsausgebers nach § 25 ErbbauRG immer bestehen, und zwar auch dann, wenn es im geringsten Gebot nicht berücksichtigt wurde (s. § 44 Rn 18).

7 Diese Absicherung ist bei der Versteigerung des Erbbaurechts für eine **Erbbauzinsreallast** für den Erbbaurechtsausgebers nicht gegeben. Denn dieses Recht kann grds. nur dann bestehen bleiben, wenn es bei der Feststellung des geringsten Gebots – wie bei allen anderen vorrangigen Rechten auch – berücksichtigt wurde (s. Abs. 1; § 44 Rn 19).[2] Eine andere Regelung ergibt sich für den Fall der Vereinbarung nach Abs. 2 (s. Rn 16 f).

8 Ein **Rangvorbehalt** bleibt grds. dann bestehen, wenn das belastete Recht bestehen bleibt (s. § 44 Rn 21).

9 Soweit bei einer bestehen gebliebenen Hypothek oder Grundschuld ein **Eigentümerrecht** entstanden ist, bleibt auch diese Eigentümergrundschuld mit bestehen und verwandelt sich im Moment des Zuschlags in ein Fremdrecht für den Schuldner.

10 Ein **Gesamtrecht** (an mehreren Grundstücken bestehendes Recht) bleibt in voller Höhe bestehen (§ 1132 Abs. 1 BGB). Etwas anderes gilt nur für den Fall, dass das Gesamtrecht im Rahmen der Versteigerung verteilt wurde (s. § 64 Rn 13) oder wenn eine Befriedigung aus einem anderen mithaftenden Grundstück erfolgt ist (§ 1181 Abs. 2 BGB).

---

[1] BGH MDR 2011, 416 = NJW 2011, 1500 = WM 2011, 596 = Rpfleger 2011, 390.
[2] BGH NJW 1982, 234.

IV. Ausnahmen von der Regel des Nichtbestehenbleibens (Abs. 2)

1. Überbau- und Notwegrenten (Abs. 2 S. 1). Überbau- und Notwegrenten (§§ 912–917 BGB) werden nicht in das Grundbuch eingetragen, gehen aber allen anderen Rechten am Grundstück vor und bleiben **bestehen** (Abs. 2). In der Praxis spielen diese Überbau- und Notwegrenten kaum eine Rolle.

2. Altenteil, § 9 EGZVG. Etwas anderes gilt für das Altenteil (**Leibgedinge, Leibzucht, Auszug**; v.a. im ländlichen Raum vorkommend). Darunter versteht man Nutzungen und Leistungen (idR Wohnungsrecht und Reallast), die zu Versorgungszwecken gewährt werden und eine regelmäßig lebenslange Verbindung des Berechtigten mit dem Grundstück bezwecken. Eine im Grundbuch in Form einer Dienstbarkeit (§§ 1090–1093 BGB) oder Reallast (§§ 1105–1112 BGB) zur Versorgung des Berechtigten eingetragene Absicherung (§ 49 GBO) ist **nicht** immer **ausdrücklich** als Altenteil eingetragen. Es kann sich daher auch hinter einem eingetragenen Wohnungsrecht (§ 1093 BGB) unter Bezugnahme auf die zugrunde liegende Bewilligung ein Altenteil verbergen. Deshalb ist eine genaue Prüfung der Bewilligung im Versteigerungsverfahren unerlässlich.

Betreibt ein **nachrangiger** Gläubiger das Verfahren, bleibt dieses Altenteil schon nach § 44 Abs. 1 **bestehen**. Wird aus gleich- oder nachstehendem Rang betrieben, bleibt das Altenteil grds. nach § 9 Abs. 1 EGZVG bestehen, wenn dies nach den entsprechenden Landesgesetzen bestimmt ist. Nur dann ist ein Zuzahlungsbetrag nach § 51 für den Fall des Nichtbestehens des Rechts zu bestimmen.

Eine Abänderung ist aber über § 9 Abs. 2 EGZVG in der Form einer besonderen Versteigerungsbedingung (hiervon zu unterscheiden ist die mögliche Abänderung von Versteigerungsbedingungen nach § 59) dann möglich, wenn durch das Fortbestehen des Altenteils ein ihm **vorgehendes oder gleichstehendes Recht** beeinträchtigt werden würde. Dies kann nur über ein **Doppelausgebot** festgestellt werden. Nur wenn das vorgehende oder gleichstehende Recht nicht beeinträchtigt wird, kann das Altenteil bestehen bleiben. In der Praxis ist aber diese Beeinträchtigung in aller Regel festzustellen, weil der potentielle Ersteher das Altenteil nicht übernehmen will und daher nur auf die Ausgebotsform bietet, wonach das Altenteil erlischt. Dann ist der Berechtigte allein auf das Surrogat aus dem Erlös angewiesen, was häufig nach Befriedigung der vorrangigen Gläubiger nicht mehr (in ausreichender Höhe) zur Verfügung steht. Ein nicht an bester Rangstelle abgesichertes Altenteil ist daher immer in der Gefahr, auszufallen.

Sollte das Altenteil **außerhalb** des geringsten Gebots nach § 9 Abs. 1 EGZVG **bestehen** bleiben können, ist dies ausdrücklich im Zuschlagsbeschluss zu vermerken. Im Falle des **Erlöschens** des Altenteils ist dies ausdrücklich in die Versteigerungsbedingungen und in den Zuschlagsbeschluss aufzunehmen.[3]

3. Erbbauzinsreallast (Abs. 2 S. 2 Buchst. a). Im Falle der Erbbauzinsreallast ergibt sich ebenfalls eine besondere Problematik, wenn diese nicht erstrangig abgesichert ist. In der Praxis wurde für die Versteigerung eines Erbbaurechts ein besonderes Bedürfnis für den Grundstückseigentümer gesehen, ein Bestehenbleiben der Erbbauzinsreallast zu erreichen. Denn der **Erbbaurechtsausgeber** will, weil vom Gläubiger einer Hypothek oder Grundschuld gefordert, durch den Rangrücktritt seiner Erbbauzinsreallast den wirtschaftlichen Erfolg für den Erbbauberechtigten (Bebauung des Erbbaurechts) bei Erhalt des Erbbauzinses ermöglichen. Dies lässt sich nur dadurch erreichen, dass als Inhalt der Erbbauzinsreallast über § 9 Abs. 3 ErbbauRG ein Bestehenbleiben dieses Rechts auch für den Fall **vereinbart** wird, dass aus vorrangigem oder gleichstehendem Recht der Rangklasse 4 des § 10 die Versteigerung betrieben wird (Abs. 2 S. 2 Buchst. a). Diese

---

[3] BGH Rpfleger 1991, 329.

Vereinbarung muss als **Inhalt** des Rechts erfolgt sein. Die Grundbucheintragung hierzu kann auch durch Bezugnahme auf die Eintragungsbewilligung erfolgen (§ 874 BGB).

17 Die vorgenannte Absicherung ist aber nicht möglich gegenüber betreibenden Ansprüchen aus den Rangklassen 2 und 3 des § 10.

18 **4. Grunddienstbarkeiten und beschränkte persönliche Dienstbarkeiten (Abs. 2 S. 2 Buchst. b).** Die weitere Ausnahme besteht für eine auf dem Grundstück als **Ganzem** lastende Grunddienstbarkeit oder beschränkte persönliche Dienstbarkeit in dem Fall, dass in ein **Wohnungseigentum** aus der Rangklasse 2 des § 10 (Hausgeldansprüche) die Zwangsversteigerung betrieben wird. Dann bleiben diese Dienstbarkeiten bestehen, wenn kein vorrangiges Recht der Rangklasse 4 besteht, aus dem die Versteigerung betrieben werden kann (Abs. 2 S. 2 Buchst. b). Die Dienstbarkeiten genießen diesen Schutz also nur, wenn sie im Grundbuch erstrangig abgesichert sind.

19 Sollte jedoch gleichzeitig auch die Stadtkasse aus der Rangklasse 3 (Grundbesitzabgaben; s. § 10 Rn 30 f) das Verfahren betreiben, kann die Dienstbarkeit nicht bestehen bleiben. Denn die Regelung in Abs. 2 Nr. 2 Buchst. b stellt eine Ausnahme dar und gilt nur für den Fall des Betreibens aus der Rangklasse 2 (Hausgelder). Allerdings kann der Berechtigte der Dienstbarkeit durch eine Ablösung (§ 268 BGB) des Anspruchs der Rangklasse 3 und „insoweit" die Rücknahme des Versteigerungsantrags der Stadtkasse seine Dienstbarkeit erhalten. Der gezahlte Betrag wird dann nach Anmeldung für den Ablösenden im Rang der Rangklasse 3 im Bargebot berücksichtigt.

§ 53 [Schuldübernahme durch den Ersteher]

(1) Haftet bei einer Hypothek, die bestehenbleibt, der Schuldner zugleich persönlich, so übernimmt der Ersteher die Schuld in Höhe der Hypothek; die Vorschriften des § 416 des Bürgerlichen Gesetzbuchs finden mit der Maßgabe entsprechende Anwendung, daß als Veräußerer im Sinne dieser Vorschriften der Schuldner anzusehen ist.

(2) Das gleiche gilt, wenn bei einer Grundschuld oder Rentenschuld, die bestehenbleibt, der Schuldner zugleich persönlich haftet, sofern er spätestens im Versteigerungstermin vor der Aufforderung zur Abgabe von Geboten die gegen ihn bestehende Forderung unter Angabe ihres Betrags und Grundes angemeldet und auf Verlangen des Gerichts oder eines Beteiligten glaubhaft gemacht hat.

I. Normzweck und Anwendungsbereich 1	IV. Regelung der Schuldübernahme bei der Grund- oder Rentenschuld (Abs. 2) 9
II. Gründe für eine Schuldübernahme 2	V. Keine persönliche Haftung des Schuldners 15
III. Regelung der Schuldübernahme bei der Hypothek (Abs. 1) 6	

I. Normzweck und Anwendungsbereich

1 Die Vorschrift ergänzt den § 52 und regelt die Übernahme der persönlichen Schuld des Schuldners durch den Ersteher.

II. Gründe für eine Schuldübernahme

2 Wenn bei der Zwangsversteigerung Rechte nach §§ 44 Abs. 1, 52 vom Ersteher zu übernehmen sind, ist dies vergleichbar mit einem privatrechtlichen Kaufver-

trag, nach dem der Verkäufer entgegen den §§ 434, 439 Abs. 2 BGB die eingetragenen Hypotheken/Grund- oder Rentenschulden nicht beseitigen muss.

Soweit bei der Zwangsversteigerung Rechte nach §§ 44 Abs. 1, 52 vom Ersteher zu übernehmen sind, bewirkt das eine **gesetzliche Schuldübernahme** des Erstehers, die mit einer Vereinbarung nach § 415 BGB vergleichbar ist. Sie verpflichtet den Ersteher im Hinblick auf den Schuldner bis zur Genehmigung des Gläubigers (§§ 415 Abs. 1, 416 BGB) in Bezug auf die Schuldübernahme dazu, den Gläubiger rechtzeitig zu befriedigen (§ 415 Abs. 3 BGB). Denn erst wenn die Genehmigung erteilt (§ 415 BGB) oder fingiert werden kann (§ 416 BGB), tritt der Ersteher auch insoweit an die Stelle des Schuldners.

In der Regel ist der Schuldner/Eigentümer auch der **persönliche** Schuldner. Auch wenn eine Grund- oder Rentenschuld nicht vom Bestand einer Forderung abhängig ist, dient das Recht idR doch der Absicherung eines schuldrechtlichen Anspruchs.

Der Ersteher **übernimmt** damit wie bei einem Kaufvertrag als Anrechnung auf den Kaufpreis auch die **persönliche Schuld** in Höhe der Hypothek (Abs. 1). Bei der Grund- oder Rentenschuld erfolgt die Übernahme nach Maßgabe des Abs. 2. Der Schuldner/Eigentümer soll von seiner persönlichen Haftung befreit werden.

III. Regelung der Schuldübernahme bei der Hypothek (Abs. 1)

Kraft Gesetzes tritt durch den Zuschlag zunächst keine befreiende Schuldübernahme ein. Denn einem Gläubiger kann nicht gegen seinen Willen ein anderer persönlicher Schuldner aufgedrängt werden. Die **befreiende Schuldübernahme** ist erst dann erreicht, wenn der Gläubiger dem **zustimmt** oder infolge Schweigens auf eine entsprechende Mitteilung hin die Genehmigung als **erteilt gilt** (s. Rn 3).

Der Ersteher ist im Innenverhältnis zum Schuldner **verpflichtet**, den Gläubiger zu **befriedigen**, auch wenn der Gläubiger die Genehmigung zur Schuldübernahme nicht erteilt (s. Rn 3). Wenn der Schuldner den Gläubiger befriedigt, geht die Hypothek zur Sicherung seines Erstattungsanspruchs auf ihn über (§ 1164 Abs. 1 BGB).

Wenn der Ersteher vor Erteilung oder nach Verweigerung der Genehmigung an den Gläubiger **zahlt**, erwirbt er die Hypothek an seinem Grundstück als Eigentümergrundschuld (§§ 362 Abs. 1, 1163 Abs. 1 S. 2, 1177 Abs. 1 BGB).

IV. Regelung der Schuldübernahme bei der Grund- oder Rentenschuld (Abs. 2)

Im Gegensatz zur Hypothek besteht bei der Grundschuld das Problem, dass sie von der Forderung **unabhängig** ist. Deshalb verlangt Abs. 2 für eine Schuldübernahme, dass der Schuldner spätestens im Versteigerungstermin **vor** der Abgabe von Geboten die persönliche Forderung **anmeldet** und auf Verlangen glaubhaft macht. Allerdings tritt dieser Fall in der Praxis selten ein.

Auch hier bedarf es für eine **befreiende** Schuldübernahme der **Zustimmung** des Gläubigers oder der Ersetzung (§§ 414–416 BGB). Genehmigt der Gläubiger die Schuldübernahme und zahlt der Ersteher an diesen, erlischt die Forderung und der Ersteher erwirbt das Recht als Eigentümergrundschuld (§§ 1143 Abs. 1, 1192 Abs. 1 BGB).[1]

Genehmigt der Gläubiger die Schuldübernahme **nicht** und **zahlt** der Ersteher auf die Grundschuld, erwirbt er diese. Wegen der nicht bestehenden Forderungsabhängigkeit bleibt die Forderung gegen den Schuldner bestehen. Ein Anspruch

---

[1] OLGR Schleswig 2004, 43 = InVo 2004, 297.

hieraus lässt sich aber gegen diesen aus dem Grundsatz von Treu und Glauben heraus auch bei einer etwaigen Abtretung der Forderung nicht durchsetzen (§§ 242, 404 BGB).

12 Wurde eine Grundschuld einschließlich ihres nicht valutierten Teils vom Ersteher als bestehen bleibend übernommen und löst dieser die Grundschuld in voller Höhe ab, so steht dem Schuldner gegenüber dem Gläubiger der **Übererlös** zu. Etwas anderes gilt nur dann, wenn der Ersteher unter den Voraussetzungen des Abs. 2 die persönliche Schuld des Schuldners übernommen hat.[2]

13 In der Praxis meldet der Schuldner die gegen ihn bestehende persönliche Forderung idR nicht an. Dann kommt es wegen der Forderungsunabhängigkeit zu einer **Trennung** zwischen der **dinglichen** und **persönlichen** Schuld. Der Ersteher kann sich nicht auf das dem Recht zugrunde liegende schuldrechtliche Verhältnis zwischen Gläubiger und Schuldner berufen. Er kann deshalb auch **keine Einreden** aus dem Sicherungsvertrag bei dinglicher Inanspruchnahme erheben.[3]

14 Dem Schuldner verbleiben die Rechte aus dem Sicherungsvertrag gegenüber dem Gläubiger. Wird der Schuldner/Eigentümer von dem Gläubiger in Anspruch genommen, kann er von diesem die **Rückgewähr** der Sicherheit fordern und nach Abtretung der Grundschuld von dem Ersteher **Befriedigung** aus dem Grundstück verlangen.

V. Keine persönliche Haftung des Schuldners

15 Die Anwendung des § 53 entfällt, wenn es an einer persönlichen Haftung des Schuldners/Eigentümers fehlt. Damit scheidet auch eine persönliche Schuldübernahme des Erstehers aus. Befriedigt der Ersteher den Gläubiger, geht das Grundpfandrecht auf ihn über und im Falle der Hypothek auch die Forderung (§ 1143 Abs. 1 BGB).

16 Die Vorschrift des § 53 findet ebenfalls bei der **Reallast** aus § 1108 Abs. 1 BGB keine Anwendung. In diesem Fall haftet der Ersteher persönlich für die nach dem Zuschlag fällig werdenden Leistungen (s. § 56 Rn 14).

§ 54 [Kündigungsschutz für den Ersteher]

(1) Die von dem Gläubiger dem Eigentümer oder von diesem dem Gläubiger erklärte Kündigung einer Hypothek, einer Grundschuld oder einer Rentenschuld ist dem Ersteher gegenüber nur wirksam, wenn sie spätestens in dem Versteigerungstermin vor der Aufforderung zur Abgabe von Geboten erfolgt und bei dem Gericht angemeldet worden ist.

(2) Das gleiche gilt von einer aus dem Grundbuch nicht ersichtlichen Tatsache, in Folge deren der Anspruch vor der Zeit geltend gemacht werden kann.

I. Normzweck und Anwendungsbereich

1 Die Vorschrift sichert den Ersteher dahin ab, dass er grds. darauf vertrauen kann, dass die im Grundbuch eingetragenen oder durch wirksame Bezugnahme auf die in den zugrunde liegenden Urkunden angegebenen Kündigungsbedingungen auch für ihn gelten. Das bedeutet, dass der Ersteher zunächst **keine Zahlung** auf die bestehen bleibenden Rechte zu leisten, sondern (nur) zu **übernehmen** hat (§ 52 Abs. 1). Die Vorschrift des § 54 gilt für alle Versteigerungsverfahren.

---

2 OLGR Zweibrücken 2002, 450 = ZBB 2003, 128.
3 BGH NJW 2003, 2673 = MDR 2003, 943 = Rpfleger 2003, 522.

II. Anmeldepflicht bezüglich der Kündigung einer Hypothek, Grund- oder Rentenschuld (Abs. 1)

Ein rechtsgeschäftlicher Erwerber muss grds. eine wirksame, vom Gläubiger einer Hypothek oder einer Grund- oder Rentenschuld dem Eigentümer gegenüber ausgesprochene Kündigung (§§ 1141, 1193 BGB) gegen sich gelten lassen, und zwar auch dann, wenn er sie nicht kannte.

Im Rahmen des Versteigerungsverfahrens gilt die Ausnahme, dass eine ausgesprochene Kündigung dem Ersteher gegenüber nur dann wirkt, wenn sie **angemeldet** ist. Der Grund liegt in der erforderlichen Planungssicherheit für die Bieter. Denn sie müssen für die Erfüllung ihrer Verpflichtungen zum Verteilungstermin (§§ 105, 107, 115) wissen, ob sie (zunächst) von dem weiteren Bestehen der nach § 52 bestehen bleibenden Rechte ausgehen können oder ob sie sich für diese Ansprüche weitere Geldmittel „besorgen" müssen.

Die Anmeldung der Kündigung muss spätestens im Versteigerungstermin (§ 66) **vor** der Aufforderung zur Abgabe von Geboten erfolgt sein. Sie kann auch bereits **vorher schriftlich** zum Verfahren erfolgen, zu Protokoll der Geschäftsstelle oder zu Protokoll im Versteigerungstermin selbst vorgenommen werden.

Zur Anmeldung sind der Gläubiger des Rechts und der Schuldner **berechtigt**. Wenn ein rechtliches Interesse besteht, ist auch ein Dritter, zB ein Nießbraucher (§ 1030 BGB), anmeldeberechtigt.

III. Anmeldepflicht von Tatsachen (Abs. 2)

Eine Tatsache ist **grundbuchersichtlich**, wenn sie sich aus der Grundbucheintragung direkt oder aus der in Bezug genommenen Urkunde ergibt. Dabei kann es sich zB um die Bestimmung handeln, dass

- eine Hypothek bei Einleitung einer Zwangsversteigerung oder der Eröffnung eines Insolvenzverfahrens **sofort fällig** sein soll. Sind entsprechende Vermerke hierüber vor dem Versteigerungstermin in das Grundbuch eingetragen (§ 19 Abs. 1, § 32 Abs. 1 und 2 InsO), bedarf es keiner Anmeldung und der Ersteher muss dies gegen sich gelten lassen, auch wenn es ihm nicht bekannt war und wenn hierüber kein Hinweis durch das Versteigerungsgericht erfolgt ist;
- ferner bestimmt ist, dass die Geltendmachung eines Grundpfandrechts nach einem von vornherein **bestimmten Ereignis** (Alter oder Ableben einer Person usw) möglich ist. Auch hier ist die Anmeldung dieser Tatsache nicht erforderlich.

Ob der Gläubiger des Rechts im Falle der vorgenannten „ersichtlichen" Tatsachen von seinen ihm allein zustehenden Möglichkeiten Gebrauch machen will, ist seine Sache.

Wenn die Tatsache nicht grundbuchersichtlich ist, muss sie zur Geltendmachung gegenüber dem Ersteher rechtzeitig (s. Rn 4) **angemeldet** werden.

IV. Ergänzung der Bestimmung durch § 325 Abs. 3 ZPO

Ein **Urteil** betreffend einen Anspruch aus einer eingetragenen Reallast, Hypothek, Grund- oder Rentenschuld wirkt gegen den Ersteher im Rahmen eines Zwangsversteigerungsverfahrens nur dann, wenn die **Rechtshängigkeit** spätestens im Versteigerungstermin vor der Aufforderung zur Abgabe von Geboten **angemeldet** ist (§ 325 Abs. 3 S. 2 ZPO). Entsprechend dem Normzweck besteht eine Pflicht zur Anmeldung über den Wortlaut hinaus auch dann, wenn im Rechtsstreit um ein eingetragenes Recht bereits ein **rechtskräftiges Urteil** ergangen ist.[1]

---

1 Hk-ZPO/*Saenger*, § 325 ZPO Rn 34.

10 Für die Erteilung einer vollstreckbaren Ausfertigung des Titels gegen den Ersteher ist damit eine **rechtzeitige Anmeldung** erforderlich. Auf die Kenntnis des Gerichts oder des Erstehers von der Rechtshängigkeit kommt es nicht an.

V. Behandlung der Anmeldung durch das Versteigerungsgericht

11 Die rechtzeitig erfolgte Anmeldung (s. Rn 4) ist durch das Vollstreckungsgericht bekannt zu machen (§ 66 Abs. 1). Sollte dies versehentlich entgegen der gesetzlichen Verpflichtung unterbleiben, entfaltet die Anmeldung dennoch ihre Wirkung und eine erfolgte Kündigung ist wirksam.

12 Auf die Kenntnis der Kündigung allein in Bezug auf den Ersteher kommt es nicht an, sondern darauf, dass sie rechtzeitig angemeldet ist. Im Falle der nicht rechtzeitigen Anmeldung müsste die Kündigung nach dem Zuschlag ihm gegenüber erneut erklärt werden.

§ 55 [Umfang der Versteigerung]

(1) Die Versteigerung des Grundstücks erstreckt sich auf alle Gegenstände, deren Beschlagnahme noch wirksam ist.

(2) Auf Zubehörstücke, die sich im Besitze des Schuldners oder eines neu eingetretenen Eigentümers befinden, erstreckt sich die Versteigerung auch dann, wenn sie einem Dritten gehören, es sei denn, daß dieser sein Recht nach Maßgabe des § 37 Nr. 5 geltend gemacht hat.

I. Normzweck und Anwendungsbereich 1	III. Fremdzubehör (Abs. 2) 8
II. Umfang der noch wirksamen Beschlagnahme (Abs. 1) 2	IV. Aufhebungs- bzw Einstellungsantrag des Zubehöreigentümers (Abs. 2 aE) 11

I. Normzweck und Anwendungsbereich

1 Aus § 55 ergibt sich der **Umfang** der Versteigerung. Die Vorschrift korrespondiert mit § 20 (Umfang der Beschlagnahme) und § 90 (Umfang des Eigentumserwerbs durch den Ersteher).

II. Umfang der noch wirksamen Beschlagnahme (Abs. 1)

2 Der **Umfang** der Beschlagnahme ergibt sich aus § 20 Abs. 2 (s. § 20 Rn 6 ff) und § 21 (s. § 21 Rn 3 ff). Danach erstreckt sich die Beschlagnahme auch auf diejenigen Gegenstände, auf welche sich bei einem Grundstück die Hypothek erstreckt (§ 1120 BGB). Es handelt sich um die vom Grundstück **getrennten Erzeugnisse und sonstigen Bestandteile**, soweit nicht eine Trennung nach den §§ 954–957 BGB erfolgte (Erwerb des Eigentums durch einen Dritten), sowie um das **Zubehör** des Grundstücks, das im Eigentum des Grundstückseigentümers steht. Zur Behandlung des Zubehörs, das sich zwar im Besitz des Schuldners befindet, aber nicht in seinem Eigentum steht, s. Rn 8 ff.

3 Nicht immer einfach ist die Frage zu beantworten, ob es sich bei den getrennten Gegenständen um **Bestandteile** (§§ 93, 94 BGB), **Scheinbestandteile** (§ 95 BGB) oder um **Zubehör** (§ 97 BGB) handelt. Denn das Schicksal dieser Gegenstände ist unterschiedlich zu beurteilen (s. § 37 Rn 13; s. auch Rn 6, 9).

4 Gegenstände können aus der Beschlagnahme **ausscheiden**, wenn der Schuldner im Rahmen einer ordnungsgemäßen Wirtschaft hierüber verfügt hat, wenn sie vernichtet oder untergegangen sind oder gutgläubig durch einen Dritten erworben wurden (s. § 23 Rn 9). Es kann sich aber auch ein **Zuwachs**, zB durch eine Bestandteilszuschreibung (§ 890 Abs. 2 BGB), ergeben.

Maßgeblicher **Zeitpunkt** einer noch wirksamen Beschlagnahme ist die Versteigerung (§ 66) und nicht der Zuschlagsbeschluss (§ 87), da der Ersteher an zum Zeitpunkt der Versteigerung bereits entferntem Fremdzubehör kein Eigentum erwerben kann.[1]

Probleme zeigen sich in Versteigerungsverfahren dann, wenn

- sich ein ursprünglich **wesentlicher Bestandteil** in Zubehör verwandelt, zB bei einem Erdaushub, der nunmehr als Zubehör zu behandeln ist;[2]
- eine **Einbauküche** einzuordnen ist. Denn ein wesentlicher Bestandteil des Gebäudes kann sie nur sein, wenn sie als **Sonderanfertigung** und mit besonderem Gepräge eingebaut wurde;[3]
- **Gaststätteninventar** oder eine **Normküche** zu bewerten ist. Die Normküche wird überwiegend weder als wesentlicher Bestandteil noch als Zubehör angesehen.[4] Denn ein Mieter will die Küche in aller Regel beim Auszug wieder mitnehmen, er trifft also gerade keine Zweckbestimmung, dass die Einbauküche Zubehör werden soll. Allerdings kann die Verkehrsanschauung hierzu je nach Region unterschiedlich sein.[5] Beim Gaststätteninventar wird die Beurteilung, ob es sich um Zubehör handelt oder nicht, in den Regionen unterschiedlich vorgenommen.[6]

Zu den **Bestandteilen** des Grundstücks gehören auch **Rechte**, die dem Grundstückseigentümer zustehen (§ 96 BGB), also zB der Anspruch gegen die Feuerversicherung auf **Versicherungsleistung**. Allerdings besteht kein Anspruch des Erstehers auf Entschädigung, wenn der Eigentümer eine vorsätzliche Brandstiftung vorgenommen hat.[7] Im anderen Falle hat der Ersteher Anspruch auf die hinterlegte Brandversicherungssumme.[8]

III. Fremdzubehör (Abs. 2)

Zur Klarstellung hat der Gesetzgeber die Regelung getroffen, dass sich die Versteigerung auch auf die **Zubehörstücke** bezieht, die sich im **Besitz** (§ 854 BGB) des Schuldners oder eines neu eingetretenen Grundstückseigentümers befinden, aber einem Dritten gehören. Dies gilt selbst dann, wenn der Ersteher das Eigentum des Dritten gekannt hat. Der Dritte wird auf seinen dem Werte des Zubehörs entsprechenden Anteil am Erlös verwiesen. Der Gesetzgeber will die Bietinteressenten schützen, die das Grundstück besichtigen und dabei vom äußeren Anschein der Zugehörigkeit zur Haftungsmasse ausgehen. Denn sie haben grds. keine Möglichkeit, die Eigentumsverhältnisse zu überprüfen.

Voraussetzung ist aber immer, dass es sich tatsächlich um Zubehör iSd § 97 BGB handelt. Gegenstände, die vom Schuldner nur vorübergehend eingebracht worden sind (zB aufgrund eines Mietvertrages), können kein Zubehör sein und unterliegen damit niemals der Versteigerung. Der gute Glaube in die Zubehöreigen-

---

1 OLGR Rostock 2003, 223.
2 OLG Zweibrücken IBR 1998, 224.
3 OLG Zweibrücken NJW-RR 1989, 84 = MittRhNotK 1989, 113.
4 OLG Düsseldorf OLGR 1994, 111 = VersR 1995, 559 = NJW-RR 1994, 1039 = Rpfleger 1994, 374; OLG Zweibrücken Rpfleger 1993, 169.
5 BGH NJW 2009, 1078 = NZM 2009, 121 = Rpfleger 2009, 253 = WM 2009, 285.
6 OLG Schleswig Rpfleger 1988, 76.
7 LG Saarbrücken r+s 1995, 111.
8 OLG Frankfurt Rpfleger 1978, 325.

schaft wird also nicht ersetzt. Daher kann der Ersteher niemals das Eigentum an den vom Mieter eingebrachten Sachen erlangen.[9]

10 Der Ersteher erwirbt dagegen an unter **Eigentumsvorbehalt** stehenden Zubehörstücken auch dann Eigentum, wenn sie vom Grundstück nach der Versteigerung entfernt wurden.[10]

IV. Aufhebungs- bzw Einstellungsantrag des Zubehöreigentümers (Abs. 2 aE)

11 Der Eigentümer des Zubehörs kann die Versteigerung seines Zubehörs nur abwenden, wenn er die **Aufhebung bzw einstweilige Einstellung** des Verfahrens in Bezug auf sein Zubehör erreicht (§ 37 Nr. 5). Eine bloße Anmeldung ist nicht ausreichend. In der Regel wird aber eine Anmeldung dem oder den betreibenden Gläubigern durch das Gericht zur Kenntnis gebracht mit der Aufforderung, sich zur Frage der teilweisen Verfahrensaufhebung zu äußern. Sollte keine Erklärung abgegeben werden, wird der angebliche Zubehöreigentümer aufgefordert, eine entsprechende Entscheidung des Prozessgerichts vorzulegen (§§ 769, 771, 775, 776 ZPO). Ist das aus Zeitgründen vor dem Versteigerungstermin nicht mehr möglich, muss eine Entscheidung des Vollstreckungsgerichts beantragt werden (§ 771 Abs. 3 ZPO).

12 Wenn eine entsprechende Entscheidung über die teilweise Verfahrensaufhebung ergeht, scheidet das Zubehörstück kraft Gesetzes aus der Versteigerung aus.

13 Falls die Vorlage eines Aufhebungs- bzw Einstellungsbeschlusses erst während der **Bietzeit** (§ 66 Abs. 2) oder **nach der Versteigerung**, aber noch **vor** dem Zuschlag erfolgt, kann der Zuschlag nicht mehr vorgenommen werden. Denn er ist insgesamt zu **versagen**, weil das Zubehör tatsächlich mit versteigert wurde.

14 Wenn die Aufhebungs- bzw Einstellungsentscheidung erst **nach** der Zuschlagserteilung vorgelegt wird, kann nur noch eine dem Werte des Zubehörs entsprechende **anteilige** Geltendmachung im Verteilungstermin (§ 115) erfolgen.

15 Sollte die Versteigerung aufgrund einer Einstellungsentscheidung **ohne** das Zubehör erfolgt sein und diese Entscheidung vor Verfahrensende aufgehoben werden, kann der bei der Erlösverteilung nicht oder nicht voll befriedigte Gläubiger die **abgesonderte Verwertung** beantragen (§ 65). In dem Falle, dass das Zubehör aus der Beschlagnahme **freigegeben** wurde, kann **nach** einer Zuschlagserteilung keine abgesonderte Verwertung in diesem Verfahren mehr erfolgen (s. § 65 Rn 13).

16 In jedem Falle gilt: Handelt es sich bei dem angeblichen Zubehör **tatsächlich** um einen **wesentlichen Bestandteil**, erwirbt es der Ersteher (s. Rn 3).

§ 56 [Gefahrübergang, Übergang der Nutzungen und Ausschluss der Gewährleistung]

[1]Die Gefahr des zufälligen Unterganges geht in Ansehung des Grundstücks mit dem Zuschlag, in Ansehung der übrigen Gegenstände mit dem Schluß der Versteigerung auf den Ersteher über. [2]Von dem Zuschlag an gebühren dem Ersteher die Nutzungen und trägt er die Lasten. [3]Ein Anspruch auf Gewährleistung findet nicht statt.

---

9 OLG Düsseldorf 24.11.1993 – 11 U 46/93, juris; OLG Hamm OLGR 1992, 301.
10 BGHZ 58, 309 = WM 1972, 659.

I. Normzweck und Anwendungsbereich	1	IV. Kein Anspruch auf Gewährleistung (S. 3)	16
II. Gefahrübergang (S. 1)	2	V. Keine Anfechtung wegen Irrtums	19
III. Übergang der Nutzungen und Lasten (S. 2)	9		

I. Normzweck und Anwendungsbereich

Die Vorschrift regelt mit den gesetzlichen Versteigerungsbedingungen den Gefahrübergang (S. 1), den Anspruch auf die Nutzungen und die Lastentragung (S. 2) sowie die Ausschließung der Gewährleistung (S. 3). Sie gilt für alle Versteigerungsverfahren. 1

II. Gefahrübergang (S. 1)

Beim Kauf einer Sache geht grds. die **Gefahr** mit der Übergabe auf den Käufer über (§ 446 BGB). Sollte bei Grundstücken der Käufer bereits vor der Übergabe als Eigentümer eingetragen sein, geht die Gefahr mit der Eintragung über (§ 446 Abs. 2 BGB). 2

In der Zwangsversteigerung sind andere Regelungen getroffen: Bezüglich des Grundstücks ist der Zeitpunkt der **Verkündung des Zuschlags** (s. § 89 Rn 2 ff) oder bei einer Entscheidung in der Beschwerdeinstanz der Zeitpunkt der **Zustellung des Zuschlagsbeschlusses** an den Ersteher maßgebend für den Gefahrenübergang (s. § 104 Rn 2 ff). 3

Wenn weder der Schuldner noch der Ersteher oder ein anderer Beteiligter (s. § 9 Rn 2 ff) für den Untergang des Grundstücks verantwortlich ist, handelt es sich um einen **zufälligen Untergang**. 4

In der Praxis kommt der **vollständige** (tatsächliche) **Untergang** eines Grundstücks nur selten vor; durch den Anstieg des Meeresspiegels, ein Erdbeben oder einen Erdrutsch könnte ein solcher Fall eintreten. Der **rechtliche Untergang**, zB durch Enteignung, steht dem gleich. Aber auch der irreparable Wegfall der **bestimmungsgemäßen Gebrauchsmöglichkeit** (Vernichtung des auf dem Grundstück befindlichen Gebäudes) steht dem „Untergang" gleich. Wenn zB die Funktionstüchtigkeit eines Miethauses nur mit einem unverhältnismäßigen Aufwand möglich ist, kann von einem wirtschaftlichen Untergang gesprochen werden. 5

Auch ein bloß **teilweiser** Untergang wird von S. 1 erfasst, zB wenn ein nicht unwesentlicher Teil des Grundstücks im vorgenannten Sinne betroffen ist. Tritt dieser Fall vor Wirksamwerden des Zuschlags ein (s. § 87 Rn 2 ff), ist ein **unheilbarer Zuschlagsversagungsgrund** gegeben (s. § 83 Rn 7, § 84 Rn 2), so dass der Zuschlag zu versagen ist. Wurde der Zuschlag erteilt, kann der Ersteher durch eine Zuschlagsbeschwerde (§ 793 ZPO, § 11 Abs. 1 RPflG; s. auch § 96 Rn 1 ff) eine Korrektur erreichen. Wenn der Zuschlag rechtskräftig wird, hat der Ersteher die Verpflichtungen aus dem Meistgebot in vollem Umfang zu erfüllen. Ein Ausgleich könnte in dem auf ihn übergegangenen Anspruch aus einer Sachversicherung liegen. 6

Die bloße **Verschlechterung** des Grundstücks ist von dieser Bestimmung **nicht** gedeckt.[1] Allerdings ist die Abgrenzung zwischen teilweisem Untergang und bloßer Verschlechterung schwierig. Hier kommt es auf die Umstände des Einzelfalls an. Wenn mit einem vertretbaren Aufwand die Gebrauchsfähigkeit einer Sache wiederhergestellt werden kann oder die Sache grds. noch funktionstauglich ist, handelt es sich um eine bloße Verschlechterung. 7

---

1 LG Frankfurt Rpfleger 1989, 296.

8 Soweit die **übrigen Gegenstände** betroffen sind, geht die Gefahr des zufälligen Untergangs bereits mit dem **Schluss der Versteigerung** auf den zukünftigen Ersteher über. Das bedeutet, dass ein Untergang von beweglichen Sachen zwischen dem Schluss der Versteigerung (s. § 73 Rn 7 f) und dem Wirksamwerden des Zuschlags (s. § 89 Rn 2 ff, § 104 Rn 2 ff) nicht zu einer Verminderung des Meistgebots oder gar zu einer Zuschlagsversagung führen kann. Durch diese Regelung einer unterschiedlichen Behandlung zwischen dem Grundstück mit seinen wesentlichen Bestandteilen (§ 93 BGB) und den mitversteigerten Gegenständen (§§ 55, 20) soll verhindert werden, dass der Ersteher das Meistgebot **mindert**, weil zwischen dem Schluss der Versteigerung und dem Zuschlag mithaftende Gegenstände untergegangen sind.

III. Übergang der Nutzungen und Lasten (S. 2)

9 Mit dem Wirksamwerden des Zuschlags (s. Rn 6) gehen die Nutzungen und Lasten des Grundstücks auf den Ersteher über. Das gilt auch bezüglich der übrigen Gegenstände, weil erst mit diesem Zeitpunkt das Eigentum übergeht (s. § 90 Rn 2 ff).

10 Bei den **Nutzungen** handelt es sich um die Früchte des Grundstücks, also im Wesentlichen um **Miet- und Pachtzinsen**. Wenn der Schuldner für die Zeit nach dem Zuschlag den Miet- und Pachtzins eingezogen oder sonst wirksam im Verhältnis des Erstehers zu dem Mieter/Pächter über ihn verfügt hat, ergibt sich für den Ersteher dem Schuldner gegenüber ein Erstattungsanspruch. Sollte keine Zahlung erfolgen, berechtigt das nicht zu einem Abzug vom Meistgebot (§ 81). Zu den Besonderheiten bei Miet- und Pachtverhältnissen s. auch §§ 57–57 b.

11 Zu den **Lasten**, die der Ersteher ab dem Tage des Zuschlags zu tragen hat, gehören im Wesentlichen die **öffentlichen Lasten** des Grundstücks (Grundbesitzabgaben) sowie die **Zinsen und anderen wiederkehrenden Leistungen** aus bestehen bleibenden Rechten.

12 Der Ersteher in der Zwangsversteigerung haftet nicht für die vor Zuschlag fällig gewordene **Grundsteuer**. Die Regelung des § 11 Abs. 2 GrStG (persönliche Haftung des Erwerbers) ist im Vollstreckungsverfahren nicht einschlägig.[2]

13 Auch hier haftet der Ersteher nicht für einen **Kanalanschlussbeitrag**, wenn die sachliche Beitragspflicht vor und die persönliche Beitragspflicht nach dem Zuschlag entstanden und eine rechtzeitige Anmeldung zum Verfahren nicht erfolgt ist (s. § 45 Rn 4). Denn die öffentliche Last ist nach § 91 Abs. 1 mit dem Zuschlag erloschen (s. § 91 Rn 2 f).[3]

14 Der Ersteher haftet persönlich allein für die nach dem Zuschlag fällig werdenden Leistungen aus einer **Reallast**. Das bedeutet, dass der Ersteher bei einer bestehen bleibenden Reallast auch im Innenverhältnis zum ursprünglichen Rentenschuldner allein für die nach dem Zuschlag fällig werdenden Leistungen haftet.[4] Sollte der Schuldner gezahlt haben, kann er vom Ersteher Ausgleichung verlangen.

15 Beim **Wohnungseigentum** ergeben sich folgende Besonderheiten:
- Grundsätzlich haftet der Ersteher als Gesamtschuldner mit den übrigen Wohnungseigentümern gegenüber Dritten nur für die Verwaltungsschulden, die vom Zuschlag an entstanden sind.

---

[2] BVerwG NJW 1987, 2098; BayVGH DÖV 2011, 366 = NJW-RR 2011, 596.
[3] VG Aachen 22.1.2009 – 4 K 2328/05.
[4] BGHZ 123, 178 = NJW 1993, 2617 = Rpfleger 1993, 503.

- Im Innenverhältnis gegenüber den anderen Eigentümern können den Ersteher jedoch weiter gehende Ansprüche treffen:
  - Der Erwerber einer Eigentumswohnung haftet auch für Hausgeldansprüche des Rechtsvorgängers aus nach seinem Eintritt genehmigter Jahresabrechnung.[5]
  - Der Ersteher haftet auch für eine vor dem Versteigerungstermin beschlossene, aber erst nach dem Zuschlag fällig werdende Sonderumlage.[6]
  - Der Ersteher haftet aber nicht aus nach seinem Eintritt genehmigten Jahresabrechnungen für rückständige Beitragszahlungen des Rechtsvorgängers bei einer nicht ordnungsgemäßen Verwaltung.[7] Zur Frage der dinglichen Haftung s. § 10 Rn 16.

IV. Kein Anspruch auf Gewährleistung (S. 3)

Der Ersteher hat **keine Gewährleistungsansprüche**, und zwar weder in tatsächlicher noch in rechtlicher Beziehung. Er ersteigert auf eigenes Risiko, da er in vielen Fällen das Objekt nicht besichtigen konnte. 16

Er hat auch **keine Schadenersatzansprüche** aus §§ 823, 826 BGB gegenüber dem Schuldner, wenn dieser vor Zuschlag sein Eigentum beschädigt. 17

Der Ersteher hat ferner grds. keine Schadenersatzansprüche gegenüber dem **Verkehrswertgutachter**.[8] 18

V. Keine Anfechtung wegen Irrtums

Der Haftungsausschluss nach S. 3 hat ferner zur Folge, dass der Ersteher den Zuschlag auch nicht wegen Irrtums über eine verkehrswesentliche Eigenschaft nach § 119 Abs. 2 BGB anfechten kann, sofern das Fehlen der Eigenschaft einen Sachmangel begründet. Liegt ein Sachmangel vor, begründet das bei einem rechtsgeschäftlichen Erwerb Ansprüche des Käufers gegen den Verkäufer. Die Regelungen über kaufvertragliche Mängelhaftung sind bei der Zwangsversteigerung von Grundstücken jedoch nicht anwendbar. Dieser gesetzliche Gewährleistungsausschluss darf nicht durch eine Irrtumsanfechtung (§ 119 Abs. 2 BGB) unterlaufen werden.[9] 19

§ 57 [Rechte und Pflichten der Mieter oder Pächter]

Ist das Grundstück einem Mieter oder Pächter überlassen, so finden die Vorschriften der §§ 566, 566 a, 566 b Abs. 1, §§ 566 c und 566 d des Bürgerlichen Gesetzbuchs nach Maßgabe der §§ 57 a und 57 b entsprechende Anwendung.

I. Normzweck und Anwendungsbereich 1	IV. Schutz vor Räumung und Herausgabe der Mietsache bei Recht zum Besitz 9
II. „Kauf bricht nicht Miete" 2	
III. Voraussetzung für die Anwendung in der Zwangsversteigerung 4	V. Kündigungsschutz bei Versäumung des Sonderkündigungsrechts 12

---

5 OLGR Düsseldorf 1997, 156 = ZMR 1997, 250 = NJW-RR 1997, 714.
6 OLG Köln NZM 2002, 351.
7 OLG Düsseldorf NZM 2001, 432 = ZMR 2001, 55.
8 OLG Brandenburg MDR 2000, 1076 = BauR 2000, 1518 = WM 2001, 1920; OLG Frankfurt BauR 2000, 1521 = BauR 2001, 1286 (LS).
9 BGH Rpfleger 2008, 92 = MDR 2008, 168 = NJW-RR 2008, 222.

VI. Mietkaution 14   VII. Regelung bei Aufhebung des Zuschlags in der Beschwerdeinstanz 16

I. Normzweck und Anwendungsbereich

1 Die Vorschrift regelt mit den weiteren Bestimmungen der §§ 57 a und 57 b die Rechtsverhältnisse des Erstehers zu den Mietern und Pächtern. Sie gilt für die Vollstreckungsversteigerung, die Insolvenzversteigerung (§ 172) und Nachlassversteigerung (§ 175). Für die Teilungsversteigerung (§§ 182 ff) gilt die Vorschrift nach Maßgabe der Besonderheiten des § 183.

II. „Kauf bricht nicht Miete"

2 Der bei einem rechtsgeschäftlichen Erwerb eines Grundstücks bestehende Grundsatz, dass „Kauf nicht Miete bricht" (§§ 566, 578 BGB), gilt mit Besonderheiten auch für den Ersteher in der Zwangsversteigerung. Das bedeutet, dass der Ersteher grds. in ein bestehendes Miet- oder Pachtverhältnis eintritt.

3 Der Eintritt eines Erstehers einer vermieteten Wohnung als Vermieter in das Mietverhältnis kann auch durch konkludente Vertragsübernahme mit Zustimmung der Beteiligten nach einer Zwangsversteigerung erfolgen.[1]

III. Voraussetzung für die Anwendung in der Zwangsversteigerung

4 Voraussetzung für die Anwendung der in der Vorschrift des § 57 genannten BGB-Bestimmungen ist, dass dem Mieter der **Besitz** vor der Versteigerung **überlassen** war.[2] Hierzu reicht es aus, dass der Mieter in die Lage versetzt ist, die Räumlichkeiten in (unmittelbaren) Besitz zu nehmen. Miet- und Pachtverträge sind dabei gleich zu behandeln. Die folgenden Ausführungen geltend daher für beide Bereiche.

5 Die Besitzeinräumung muss im Hinblick auf das Mietverhältnis erfolgt sein. Denn es soll nur der zum Zeitpunkt des Zuschlags **bereits besitzende** Mieter vor einer nachfolgenden Räumung geschützt sein.

6 Geschützt wird damit nicht der Mieter, der zwar bereits vor Zuschlagserteilung einen Mietvertrag abgeschlossen, aber erst **nach Zuschlagserteilung** Besitz an der Mietsache erlangt hat. Der Schutz des § 566 BGB gilt aber für den Mieter, für den der Mietzeitraum erst nach dem Zuschlag beginnt, dem aber der Besitz vor Zuschlagserteilung eingeräumt wurde.

7 Wenn der bisherige Miteigentümer einer Gemeinschaft die Teilungsversteigerung selbst betrieben hat, wird seine bisherige Mieterstellung nicht geschützt, da er durch seine Antragstellung auf ein mögliches Mietrecht verzichtet hat.

8 Auch ein **Untermieter** wird bei Beendigung des Hauptmietverhältnisses nicht geschützt.[3]

IV. Schutz vor Räumung und Herausgabe der Mietsache bei Recht zum Besitz

9 Eine vollstreckbare Ausfertigung des Zuschlagsbeschlusses zum Zwecke der Räumung und Herausgabe (s. § 93 Rn 2 ff) darf gegen den Besitzer dann nicht erteilt werden, wenn dieser aufgrund eines nicht durch den Zuschlag erloschenen Rechts das Objekt „besitzt". Allerdings reicht allein die Berufung auf ein solches

---

1 BGH MDR 2010, 739 = NJW-RR 2010, 1095 = WuM 2010, 365.
2 BGH Rpfleger 2004, 368.
3 LG München I WuM 1989, 412.

Recht nicht aus. Das Besitzrecht muss durch darzulegende Anhaltspunkte wahrscheinlich sein.[4]

Wenn eine vollstreckbare Ausfertigung des Zuschlagsbeschlusses zum Zwecke der Räumung und Herausgabe gegen den Schuldner erteilt wird, ist der **Hausgenosse** des früheren Eigentümers bei behauptetem Mietvertrag ausdrücklich in der vollstreckbaren Ausfertigung zu bezeichnen.[5]

Wenn das Vollstreckungsgericht bei einem vorgelegten Mietvertrag zu der Auffassung kommt, dass dieser **fingiert** (vorgetäuscht) ist, gewährt dieser Vertrag keinen Schutz vor einer Klauselerteilung.[6] An einen für den Ersteigerer nachteiligen Mietvertrag unter Familienmitgliedern sind besondere Anforderungen zu stellen.[7]

V. Kündigungsschutz bei Versäumung des Sonderkündigungsrechts

Wenn der Ersteher sein **Sonderkündigungsrecht** (s. § 57 a Rn 3 ff) **nicht** oder **nicht rechtzeitig** geltend gemacht hat, hat er im Verhältnis zum rechtsgeschäftlichen Erwerber gegenüber dem Mieter keine verbesserte Rechtsposition.

Der Ersteher kann das Mietverhältnis nicht aus Gründen des **Eigenbedarfs** kündigen, wenn er das Objekt nachträglich innerhalb der Sperrfrist in Wohnungseigentum aufgeteilt hat.[8]

VI. Mietkaution

Die **Mietkaution** soll idR Ansprüche des Vermieters aus Rückständen des Mietzinses, Schäden an den Räumen, nicht durchgeführten Schönheitsreparaturen uÄ sichern. Die Kaution kann in bar oder in anderer Form geleistet werden. Die Sicherheit für Wohnräume ist nach § 551 Abs. 3 BGB sicher, getrennt und verzinslich anzulegen; die Zinsen stehen dem Mieter zu und erhöhen die Kaution.

Bei Beendigung des Mietverhältnisses

- ist die Kaution vom Schuldner herauszugeben. Dies jedoch nur dann und in der Höhe, soweit nicht Gegenansprüche abzudecken sind;

- geht auf den Ersteher die Verpflichtung zur Rückzahlung der Mietsicherheit an den Mieter kraft Gesetzes auch dann über, wenn der insolvent gewordene Voreigentümer die vom Mieter erhaltene Mietsicherheit nicht getrennt von seinem sonstigen Vermögen angelegt hatte;[9]

- hat der Ersteher eine noch nicht durchgeführte Abwicklung vorzunehmen und ist zur Auszahlung verpflichtet (§ 566 a BGB). Das gilt auch dann, wenn die Sicherheit dem Ersteher vom Schuldner nicht ausgehändigt wurde. Denn der Mieter muss nicht erneut eine Sicherheit leisten. Allerdings kann der Ersteher vom Schuldner Rückzahlung verlangen;

- ist die Rückzahlung der geleisteten Kaution durch den Zwangsverwalter vorzunehmen, wenn das Grundstück unter Zwangsverwaltung steht (§§ 146–161). Dies gilt auch dann, wenn der Zwangsverwalter die Kaution nicht eingezogen hat, denn die Verwaltungsmasse haftet für die Rückzahlung;[10]

---

4 BGH Rpfleger 2004, 368.
5 LG Köln WuM 1993, 747; LG Detmold Rpfleger 1987, 323.
6 OLG Köln WuM 1994, 285.
7 BGH MDR 2013, 1335 = NJW-RR 2014, 11 = MietRB 2013, 349 = FamRZ 2013, 1971.
8 AG Münster WuM 1990, 215.
9 BGH NJW 2012, 1353 = NZI 2012, 283 = WUM 2012, 278 = Grundeigentum 2012, 610.
10 BGH ZInsO 2003, 900; krit. *Alff/Hintzen*, Rpfleger 2003, 635.

- hat der Zwangsverwalter aber eine Mietsicherheit dann nicht zurückzugeben, wenn die Zwangsverwaltung vor Rechtshängigkeit der Streitsache aufgehoben wurde;[11]
- haftet der Schuldner dem Mieter gegenüber in dem Falle, wo der Ersteher die Rückzahlung nicht leisten kann (§ 566 a S. 2 BGB).

VII. Regelung bei Aufhebung des Zuschlags in der Beschwerdeinstanz

16 Der Gesetzgeber hat in § 90 Abs. 1 den **unmittelbaren Übergang des Eigentums** eines Grundstücks an den Ersteher geregelt, sofern nicht der Zuschlagsbeschluss im Beschwerdeverfahren rechtskräftig aufgehoben wird. Der Ersteher erwirbt das Eigentum originär (eigenständig) durch konstitutiven (das Wesen dieser Sache bestimmenden) staatlichen Hoheitsakt.[12] Das bedeutet, dass der Ersteher **kein Rechtsnachfolger** des Schuldners ist.

17 Wird der Zuschlag wieder **aufgehoben**, gelten die Wirkungen als nicht eingetreten. Einem Mieter entstehen aber dadurch bei Zahlung an den Ersteher keine Nachteile, da er im Vertrauen auf die Wirksamkeit des Zuschlags die Leistung mit befreiender Wirkung erbracht hat. Deshalb bleiben auch die Verfügungen des Erstehers wirksam (s. § 89 Rn 12).

§ 57 a [Außerordentliches Kündigungsrecht des Erstehers]

¹Der Ersteher ist berechtigt, das Miet- oder Pachtverhältnis unter Einhaltung der gesetzlichen Frist zu kündigen. ²Die Kündigung ist ausgeschlossen, wenn sie nicht für den ersten Termin erfolgt, für den sie zulässig ist.

I. Normzweck und Anwendungsbereich 1	VI. Abänderung des außerordentlichen Kündigungsrechts 12
II. Das außerordentliche Kündigungsrecht 2	VII. Schutz des Mieters von Wohnräumen 15
III. Voraussetzungen für die außerordentliche Kündigung 5	VIII. Wegfall des § 57 c (Beschränkung des außerordentlichen Kündigungsrechts) und § 57 d (Ermittlung der Mieter und Anmeldung) 18
IV. Frist und Form der Kündigung .. 10	
V. Frist zur Ausübung des Sonderkündigungsrechts (S. 2) 11	

I. Normzweck und Anwendungsbereich

1 Die Vorschrift des § 57 a regelt ein außerordentliches Kündigungsrecht für den Ersteher gegenüber dem Mieter/Pächter. Sie gilt insb. für die Vollstreckungsversteigerung, aber auch für die Insolvenzversteigerung (§ 172) und Nachlassversteigerung (§ 175). Für die Teilungsversteigerung (§§ 182 ff) findet die Bestimmung keine Anwendung (s. § 183 Rn 2 ff).

II. Das außerordentliche Kündigungsrecht

2 Der Ersteher tritt mit dem Zuschlag in alle Rechte und Pflichten des Vermieters ein und kann daher grds. auch das Miet- oder Pachtverhältnis nach **Maßgabe der vertraglichen Bedingungen** beenden. Alle folgenden Ausführungen zu Mietverträgen gelten gleichermaßen für Pachtverträge, da diese gleich zu behandeln sind.

---

11 LG Frankfurt 15.9.2006 – O 2-11 S 356/05, PE 2008, 216.
12 BGH NJW 1990, 2744 = Rpfleger 1990, 522.

Für die Zwangsversteigerung hat der Gesetzgeber unter Abwägung der Interessen der Realgläubiger und der Mieter darüber hinaus dem Ersteher ein **außerordentliches Kündigungsrecht** eingeräumt, um unangemessene Mietverträge vorzeitig kündigen zu können. Dies hat v.a. Auswirkungen bei gewerblich genutzten Räumen oder Objekten; hinsichtlich Wohnraum ist diese Möglichkeit allerdings erheblich eingeschränkt (s. Rn 15 ff).

Wenn der Vermieter infolge vorzeitiger Beendigung des Mietverhältnisses früher als vorgesehen in den Genuss des durch **Investitionen des Mieters** erhöhten Ertragswertes gelangt, ist bei einem Vermieterwechsel im Wege der Zwangsversteigerung nicht derjenige **Bereicherungsschuldner**, der im Zeitpunkt der Vornahme der Investitionen Vermieter war, sondern der Ersteigerer, der die Mietsache vorzeitig zurückerhält.[1]

III. Voraussetzungen für die außerordentliche Kündigung

Im Hinblick auf den Mietvertrag muss dem Mieter der Besitz vor der Versteigerung überlassen sein. Das bedeutet, dass er zumindest in die Lage versetzt wurde, die Räumlichkeiten in (unmittelbaren) Besitz zu nehmen.

Das vorzeitige (außerordentliche) Kündigungsrecht steht nur dem **Ersteher** zu. Allerdings geht das Recht dann über, wenn der Ersteher das Objekt so rechtzeitig veräußert, dass der Erwerber die gesetzten Fristen (s. Rn 10 f) noch einhalten kann.

Besonderheiten ergeben sich dann, wenn

- neben der Zwangsversteigerung auch noch die Zwangsverwaltung (s. §§ 146–161) anhängig ist oder
- im Versteigerungstermin bereits nach Abgabe eines Gebots oder bis spätestens zur Zahlung oder Hinterlegung des baren Meistgebots die gerichtliche Verwaltung (§ 94) angeordnet wurde.

Im Falle der **Zwangsverwaltung** werden dem Schuldner die Verwaltung und Benutzung des Grundstücks entzogen (s. § 148 Rn 14). Die Zwangsverwaltung wird allerdings erst aufgehoben, wenn der Zuschlagsbeschluss rechtskräftig geworden ist (dann aber mit Rückwirkung auf den Zuschlag selbst). Gleichwohl kann allein der Ersteher die Kündigung vornehmen.

Im Falle der **gerichtlichen Verwaltung** liegt der Fall anders. Denn hier sollen die Gläubiger und der Schuldner bis zur Zahlung oder Hinterlegung des Meistgebots vor tatsächlichen Verfügungen des Erstehers geschützt werden. Deshalb sind im Hinblick auf den gerichtlichen Verwalter die Rechte und Pflichten des Zwangsverwalters anzuwenden. Denn hier ist der Ersteher in seinen Verfügungen beschränkt. Deshalb muss der gerichtliche Verwalter kündigen, allerdings grds. in Abstimmung mit dem Ersteher, da diese Verwaltung auf seine Rechnung erfolgt.

IV. Frist und Form der Kündigung

Die gesetzliche Frist ist abhängig vom betroffenen Mietverhältnis, also davon, ob Wohnräume, Geschäftsräume, Grundstücke, bewegliche Sachen o.Ä. betroffen sind. Hier sind die Kündigungstermine und gesetzlichen Fristen im BGB jeweils gesondert geregelt (§§ 573 d Abs. 2, 580 a Abs. 4 BGB). Die Angabe eines Räumungstermins ist nicht erforderlich. Für die Kündigung von Wohnraum ist nach § 568 Abs. 1 BGB die schriftliche Form vorgeschrieben. Bei einer vorzeitigen

---

1 BGH MDR 2009, 920 = NJW 2009, 2374 = NZM 2009, 514 = Rpfleger 2009, 582.

Kündigung eines Pachtvertrages ist die Angabe eines Endtermins nicht zwingend erforderlich.[2]

V. Frist zur Ausübung des Sonderkündigungsrechts (S. 2)

11 Die Kündigung muss nach S. 2 zum **ersten Termin** erfolgen, für den sie zulässig ist. An den Begriff des „ersten zulässigen Termins" können jedoch keine überspannten Anforderungen gestellt werden. Wenn der Zuschlag etwa am ersten oder zweiten Werktag eines Monats erteilt wird, kann der Ersteher nicht gezwungen sein, sich innerhalb eines oder zweier Tage(n) über die Kündigung schlüssig zu werden (s. § 573 d Abs. 2 S. 1 BGB). Dem Ersteher muss schon eine angemessene Überlegungs- und Prüfungsfrist zugebilligt werden.[3] Es ist unter Berücksichtigung des Einzelfalls der Termin anzunehmen, zu dem die Kündigung dem Ersteher ohne schuldhaftes Zögern möglich ist.

VI. Abänderung des außerordentlichen Kündigungsrechts

12 Das außerordentliche Kündigungsrecht kann als gesetzliche Versteigerungsbedingung nicht durch eine entsprechende vertragliche Vereinbarung zwischen dem Schuldner und dem Mieter ausgeschlossen werden. Es ist aber möglich, einen **Ausschluss** des außerordentlichen Kündigungsrechts über die **Abänderung** dieser gesetzlichen **Versteigerungsbedingung** zu erreichen (s. § 59 Rn 9). Zu einer entsprechenden Antragstellung ist jeder Beteiligte und auch der Mieter, der sein Recht angemeldet und auf Verlangen glaubhaft gemacht hat, berechtigt (s. § 9 Rn 2 ff).

13 Wird ein solcher Antrag gestellt, ist durch das Versteigerungsgericht ein **Doppelausgebot** in der Weise zuzulassen, dass

1. auf die gesetzliche Ausgebotsform mit dem außerordentlichen Kündigungsrecht des Erstehers und
2. auf die abweichende Form, wonach der Ersteher bis zu einem bestimmten Zeitpunkt nicht kündigen darf,

geboten werden kann.

14 In aller Regel werden aber die Interessenten wegen der größeren Entscheidungsfreiheit regelmäßig nur auf die gesetzliche Ausgebotsform bieten. Wenn auf beide Ausgebotsformen geboten wird, kann ein Zuschlag auf das abgeänderte Gebot nur dann erfolgen, wenn es nicht geringer ist als das Meistgebot in der gesetzlichen Ausgebotsform.

VII. Schutz des Mieters von Wohnräumen

15 § 57 a gibt dem Ersteher nur die Möglichkeit, ein von den vertraglich vorgesehenen Kündigungsfristen unabhängiges Kündigungsrecht auszuüben. Das Kündigungsrecht steht daher unter dem Vorbehalt der Gesetzgebung zum **Kündigungsschutz**. Das bedeutet, dass der Ersteher ein **berechtigtes Interesse** an der Beendigung des Mietverhältnisses haben und die Gründe hierfür im Kündigungsschreiben darlegen muss (s. §§ 573 Abs. 1, 573 d Abs. 1, 575 a Abs. 1 BGB).[4] Dabei gilt, dass das berechtigte Interesse als Kündigungsvoraussetzung mit der Eigentumsgarantie vereinbar ist.[5]

---

2 BGH NJW-RR 1996, 144.
3 OLG Düsseldorf Rpfleger 1987, 513; OLG Oldenburg InVo 2002, 303; OLG Düsseldorf InVo 2003, 169.
4 LG Berlin NJW-RR 1988, 527.
5 BVerfG ZMR 1989, 410.

Der Mieter ist auch dann geschützt, wenn bei nachträglicher Begründung von Wohnungseigentum eine Sperrfrist gilt. Denn dann besteht innerhalb dieser Frist keine Kündigungsbefugnis. Auch eine vorzeitige Kündigung wegen Eigenbedarfs ist innerhalb der Wartefrist bei Wohnungseigentum eingeschränkt.[6]

Ein berechtigtes Interesse an der Kündigung des Mietverhältnisses besteht aber dann, wenn der Mieter seine Rechtsposition durch ein wegen Gläubigerbenachteiligung anfechtbares Rechtsgeschäft erlangt hat, bei Fortsetzung des Mietverhältnisses eine Verwertung des Grundstücks zu zumutbaren wirtschaftlichen Bedingungen nicht möglich ist und der Gläubiger dadurch erhebliche Nachteile erleiden würde.[7]

VIII. Wegfall des § 57 c (Beschränkung des außerordentlichen Kündigungsrechts) und § 57 d (Ermittlung der Mieter und Anmeldung)

Die Aufhebung der §§ 57 c und 57 d[8] hat mit ihrem Inkrafttreten (1.2.2007)[9] sofort Wirkung erlangt und ist deshalb auch im laufenden Verfahren zu berücksichtigen.[10]

§ 57 b [Vorausverfügungen über Miete oder Pacht]

(1) ¹Soweit nach den Vorschriften des § 566 b Abs. 1 und der §§ 566 c, 566 d des Bürgerlichen Gesetzbuchs für die Wirkung von Verfügungen und Rechtsgeschäften über die Miete oder Pacht der Übergang des Eigentums in Betracht kommt, ist an dessen Stelle die Beschlagnahme des Grundstücks maßgebend. ²Ist dem Mieter oder Pächter der Beschluß, durch den die Zwangsversteigerung angeordnet wird, zugestellt, so gilt mit der Zustellung die Beschlagnahme als dem Mieter oder Pächter bekannt; die Zustellung erfolgt auf Antrag des Gläubigers an die von ihm bezeichneten Personen. ³Dem Beschluß soll eine Belehrung über die Bedeutung der Beschlagnahme für den Mieter oder Pächter beigefügt werden. ⁴Das Gericht hat auf Antrag des Gläubigers zur Feststellung der Mieter und Pächter eines Grundstücks Ermittlungen zu veranlassen; es kann damit einen Gerichtsvollzieher oder einen sonstigen Beamten beauftragen, auch die zuständige örtliche Behörde um Mitteilung der ihr bekannten Mieter und Pächter ersuchen.

(2) ¹Der Beschlagnahme zum Zwecke der Zwangsversteigerung steht die Beschlagnahme zum Zwecke der Zwangsverwaltung gleich, wenn sie bis zum Zuschlag fortgedauert hat. ²Ist dem Mieter oder Pächter der Beschluß, durch den ihm verboten wird, an den Schuldner zu zahlen, zugestellt, so gilt mit der Zustellung die Beschlagnahme als dem Mieter oder Pächter bekannt.

(3) Auf Verfügungen und Rechtsgeschäfte des Zwangsverwalters finden diese Vorschriften keine Anwendung.

I. Normzweck und Anwendungsbereich

Die Vorschrift behandelt die Wirksamkeit von Vorausverfügungen und Rechtsgeschäften über die Miete/Pacht unter Anwendung der genannten Bestimmungen des BGB. Für die Wirkung von Verfügungen oder Rechtsgeschäften ist an die

---

6 BayObLG Rpfleger 1992, 531.
7 BGH NJW-RR 2008, 869 = WM 2008, 464.
8 Durch Art. 11 Nr. 5 des Zweiten Gesetzes zur Modernisierung der Justiz vom 22.12.2006 (BGBl. I S. 3416, 3421).
9 Art. 28 Abs. 2 Hs 1 des Zweiten Gesetzes zur Modernisierung der Justiz vom 22.12.2006 (BGBl. I S. 3416, 3438).
10 BGH WM 2009, 590 = ZfIR 2009, 884 = JurBüro 2010, 51.

Stelle des Eigentumsübergangs die **Beschlagnahme** des Grundstücks gesetzt. § 57 b gilt nur für die Vollstreckungsversteigerung.

II. Zeitpunkt der Beschlagnahme (Abs. 1 S. 1)

2 Der schwer verständliche S. 1 des Abs. 1 (Beschlagnahme statt Übergang des Eigentums) erlangt nur Bedeutung für die Wirkung einer Verfügung, soweit sie auf die Zeit der Berechtigung des **Erstehers** (also nach Zuschlag) entfällt; damit entsteht sie weit **nach der Zeit der Beschlagnahme** (s. Rn 8).

3 Die Beschlagnahme wird wirksam mit der Zustellung des Anordnungsbeschlusses an den Schuldner bzw mit Eingang des Eintragungsersuchens beim Grundbuchamt. Wenn die Zwangsverwaltung angeordnet ist (§§ 146–161) und bis zum Zuschlag in der Versteigerung andauert, ergibt sich eine frühere Beschlagnahme und damit eine mögliche Kenntnis davon (wegen der Einzelheiten s. § 22 Rn 11).

4 Für den Mieter/Pächter ist die **Kenntnis** von der **Beschlagnahme** maßgebend. Dabei reicht für die Kenntnis von der Beschlagnahme bereits die Kenntnis des Versteigerungs- oder Beitrittsantrags aus (s. § 23 Rn 12).

III. Mieter-/Pächterzustellung und Belehrung (Abs. 1 S. 2 und 3)

5 Ferner kann der betreibende Gläubiger des Zwangsversteigerungsverfahrens beantragen, dass der Anordnungsbeschluss den **Mietern/Pächtern zugestellt** wird (Abs. 1 S. 2). Hierzu muss das Versteigerungsgericht die Mieter ermitteln. Mit der Zustellung ist die unwiderlegbare Vermutung der Kenntnis erreicht. Eine **Belehrung** über die Bedeutung der Beschlagnahme für den Mieter/Pächter soll beigefügt werden (Abs. 1 S. 3). In der Regel wird allerdings von dieser Möglichkeit kein Gebrauch gemacht, weil eine Schädigung des Erstehers kaum eintritt (s. Rn 6 ff).

IV. Auswirkungen von Vorausverfügungen (Abs. 1 S. 1 und 2)

6 Dem Ersteher gebühren vom Zuschlag an die **Nutzungen** (s. § 56 Rn 9 ff). Wenn der Schuldner hierüber über den Zuschlag hinaus verfügt hat (insb. durch Abtretung und Verpfändung des Mietzinsanspruches), gilt das grds. nur, soweit die Miete für den Kalendermonat zur Zeit der Beschlagnahme betroffen ist. Liegt dieser Zeitpunkt nach dem fünfzehnten Tage des Monats, dann bezieht sich die Wirksamkeit auch auf den Folgemonat (s. §§ 566 b Abs. 1, 581 Abs. 2 BGB). Da dem Schuldner die Nutzungen bis zum Zuschlag zustehen, hat die Regelung des Abs. 1 nur die Bedeutung, dass ein berechtigter Dritter die Nutzungen nur bis zum Zuschlag ziehen kann, da eine Zuschlagserteilung im Beschlagnahmemonat oder im Monat darauf schon aufgrund der Bekanntmachungs- und Zustellungsfristen undenkbar ist (§ 43).

7 Im Falle der **Abtretung** des Anspruchs auf den Mietzins an einen bevorrechtigten Grundpfandrechtsgläubiger zeigt sich die Bedeutung des Haftungsverbandes besonders deutlich, und zwar dadurch, dass selbst im Falle der Beschlagnahme durch einen nachrangigen Grundpfandrechtsgläubiger die Abtretung diesem gegenüber unwirksam wird. Das gilt auch dann, wenn dieser Grundpfandgläubiger sein Grundpfandrecht erst nach der Abtretung begründet hat.[1] Über den Haftungsverband soll den Gläubigern nicht nur der rechtliche, sondern auch der wirtschaftliche Bestand der einzelnen Haftungsobjekte (Grundstück nebst Erzeugnissen, Bestandteile, Zubehör und Miet-/Pachtzinsforderungen) bis zur Verwirklichung ihrer Ansprüche erhalten bleiben (s. §§ 1120, 1123, 1126 BGB).

---

1 BGH ZInsO 2005, 764.

Dem Ersteher gegenüber ist ein Rechtsgeschäft des Schuldners über die Mietforderung nur wirksam, soweit es sich auf den Kalendermonat bezieht, in dem der Mieter **Kenntnis** von der **Beschlagnahme** erhält. Der Folgemonat könnte nur noch dann betroffen sein, wenn der Mieter nach dem fünfzehnten Tage die Kenntnis hat (§§ 566 c, 581 Abs. 2 BGB). Sollte das Rechtsgeschäft nach dem Zuschlag vorgenommen sein, ist es dann unwirksam, wenn der Mieter dabei Kenntnis von der Beschlagnahme hatte (§ 566 c BGB). 8

V. Aufrechnungsbefugnis des Mieters

Eine Aufrechnungsbefugnis gegenüber den Ansprüchen des Erstehers besteht für den Mieter nur dann, wenn und soweit die Zahlung der Miete an den Schuldner als Vermieter dem Ersteher gegenüber nach § 566 c BGB wirksam ist (§ 566 d S. 1 BGB). Ferner darf die Gegenforderung nicht erst nach Kenntnis von der Beschlagnahme erworben oder die Gegenforderung erst nach Erlangung der Kenntnis und später als der Mietzins fällig geworden sein (s. § 566 d S. 2 BGB iVm § 57 b Abs. 1 S. 1). 9

VI. Baukostenzuschuss

Wenn **Mietvorauszahlungen** in der Form eines **Baukostenzuschusses** geleistet wurden, muss dies der Ersteher grds. gegen sich gelten lassen. Dies können verschiedene Vereinbarungen zwischen dem Schuldner (Vermieter) und dem Mieter im Hinblick auf verlorene und anrechenbare, abwohnbare und nicht abwohnbare Leistungen sein. Hierbei kann eine Erstattung oder Verminderung des Mietzinses für eine bestimmte Zeit oder auch eine abwohnbare Mindestzeit vereinbart sein. 10

Die früheren Bestimmungen des § 57 c (Beschränkung des außerordentlichen Kündigungsrechts) und des § 57 d (Ermittlung und Aufforderung der Mieter zur Anmeldung) sind seit dem 1.2.2007 **entfallen**.[2] Das bedeutet, dass im Versteigerungstermin idR nicht mehr bekannt wird, ob ein Anspruch des Mieters im o.a. Sinne besteht. Zwar kann der Mieter im begründeten Falle das Mietverhältnis nun nicht mehr iSd früheren § 57 c fortsetzen, jedoch muss jetzt der potentielle Ersteher im Falle der außerordentlichen Kündigung nach § 57 a mit Erstattungsansprüchen des Mieters rechnen (§ 547 BGB). 11

Voraussetzung für die Wirksamkeit von Vorausverfügungen des Mieters betreffend einen Finanzierungsbeitrag zur Herstellung oder Instandsetzung von Wohnraum ist, dass 12

- die Vorleistungen zum **Aufbau** oder **Ausbau** bestimmt gewesen sind,
- der Betrag dem **Zweck entsprechend** verwendet worden ist und
- eine **Werterhöhung** bewirkt worden oder zu erwarten ist.

Ob eine Mietvorauszahlung oder ein erstattungsfähiger Baukostenzuschuss vorliegt, ergibt sich 13

- für die Mietvorauszahlung idR dann, wenn beabsichtigt ist, den Mieter bei einem ermäßigten Mietzins die Baukosten abwohnen zu lassen;[3]
- für den Baukostenzuschuss nur dann, wenn der gezahlte Betrag zumindest mittelbar zum Aufbau verwendet wurde;[4]

---

[2] Aufgehoben durch 2. Justizmodernisierungsgesetz vom 22.12.2006 (BGBl. I S. 3416, 3421).
[3] BGH WM 1958, 1307.
[4] BGH WM 1959, 120.

- aber auch, wenn die Vereinbarung betreffend einen Baukostenzuschuss als Rechtsgrund für die Leistung den künftigen Abschluss des Mietvertrages hat;[5]
- ferner auch, wenn der Mietvertragsabschluss mit der Leistung der Mietvorauszahlung oder mit der Abrede des bestimmungsmäßigen Aufbaus einhergeht.[6]

VII. Verfügungen und Rechtsgeschäfte des Zwangsverwalters (Abs. 3)

14 Auf Verfügungen und Rechtsgeschäfte des Zwangsverwalters findet § 57 b keine Anwendung (Abs. 3). Das bedeutet, dass für die Vorschriften des § 566 b Abs. 1 BGB und der §§ 566 c, 566 d BGB der Zeitpunkt des Eigentumsübergangs durch Zuschlag maßgebend ist. Diese Regelung führt zu einer ordnungsgemäßen Abwicklung der Zwangsverwaltung (keine Zurückhaltung der Miete oder Hinterlegung) und sichert den Mieter, bis er Kenntnis vom Zuschlag erlangt. Die Abrechnung der Zahlungen über den Zuschlag hinaus ist vom Verwalter mit dem Ersteher auf den Tag des Zuschlags bezogen vorzunehmen.

§§ 57 c und 57 d (aufgehoben)

§ 58 [Kostenhaftung für den Zuschlagsbeschluss]

Die Kosten des Beschlusses, durch welchen der Zuschlag erteilt wird, fallen dem Ersteher zur Last.

I. Normzweck und Anwendungsbereich

1 Die Vorschrift bestimmt, wer die Kosten für die Erteilung des Zuschlags zu tragen hat. Sie gilt für alle Versteigerungsarten nach dem ZVG.

II. Sonderbehandlung der Zuschlagskosten

2 Die Kosten für die Zuschlagserteilung (die Gebühr für den Zuschlag) hat grds. allein der Ersteher zu tragen. Sie gehören nicht zu den Verfahrenskosten und können deshalb nicht der Masse entnommen werden (vgl § 109 Rn 8). Der Ersteher kann wegen seiner alleinigen Kostenhaftung nicht das Meistgebot um diese Kosten kürzen. Bei der Vorschrift des § 58 handelt es sich um eine gesetzliche Versteigerungsbedingung.

3 Wenn der Ersteher seine Rechte aus dem Meistgebot abgetreten oder aber das Meistgebot in verdeckter Vollmacht abgegeben hat, haften sowohl der Meistbietende als auch der Ersteher als **Gesamtschuldner** (vgl § 81 Rn 6 ff).

4 Die Zuschlagsgebühr bestimmt sich nach dem Gebot ohne Zinsen. Die Kapitalwerte der bestehen bleibenden Rechte sind jedoch hinzuzurechnen. Das gilt auch in Bezug auf den Betrag, in dessen Höhe der Ersteher/Gläubiger nach § 114 a (s. § 114 a Rn 4 ff) als befriedigt gilt. Die Gebühr beträgt 0,5 nach Nr. 2214 KV GKG. Die Zuschlagsversagung ist in allen Fällen gebührenfrei.

5 Im Falle der **Teilungsversteigerung** vermindert sich der Wert um den Anteil des Erstehers/früheren Miteigentümers an dem Gegenstand des Verfahrens. Bei Gesamthandseigentum gilt das für jeden Mitberechtigten im Verhältnis seines Anteils.

---

[5] BGH NJW 1967, 555.
[6] LG Bonn WuM 1991, 556.

Wenn bei **Einzelausgeboten** der Zuschlag an verschiedene Ersteher erteilt wird, richtet sich die Gebühr nach dem Wert der jeweils zugeschlagenen Objekte (§ 54 Abs. 5 S. 1 GKG). Eine **Bietergemeinschaft** gilt als *ein* Ersteher (§ 54 Abs. 5 S. 2 GKG).

III. Zustellungsauslagen als Verfahrenskosten

Der Zuschlagsbeschluss muss an den Ersteher sowie an die Beteiligten zugestellt werden, die weder im Versteigerungs- noch im Verkündungstermin erschienen sind (s. § 88 Rn 2 ff). Zusätzlich muss der Beschluss an einen mithaftenden Bürgen (§ 69) erfolgen. Hat der Meistbietende seine Rechte aus dem Meistgebot abgetreten, wird der Beschluss nicht nur an den Ersteher, sondern auch an ihn zugestellt. Hinsichtlich der dafür entstehenden Zustellungsauslagen bestehen unterschiedliche Auffassungen darüber, wer diese zu tragen hat.

Vereinzelt wird der Ersteher als Kostenschuldner der Zustellungskosten gesehen.[1] Jedoch treffen nach dieser Norm den Ersteher nur die Kosten für die **Erteilung des Zuschlags** (also nur die Zuschlagsgebühr). Denn für den Eigentumsübergang ist allein der Zuschlag maßgebend (s. §§ 89, 90).

Die Zustellung des Zuschlagsbeschlusses hat nur Bedeutung für den Beginn der Beschwerdefrist (vgl § 98 Rn 10 ff). Die Zustellung gehört deshalb zum Verfahrensablauf, so dass die Auslagen hierfür zu den Verfahrenskosten zu rechnen sind (s. § 109 Rn 5). Das entspricht auch der Regelung des § 109, wonach u.a. die durch den Zuschlag entstehenden Kosten nicht als Verfahrenskosten vorweg aus der Masse zu entnehmen sind.

Als ein weiterer Grund für diese Ansicht kann angeführt werden, dass die Zustellungskosten dann nicht in Ansatz gebracht werden könnten, wenn der Zuschlagsbeschluss aufgehoben wurde, da nach Nr. 2214 KV GKG nur die Gebühr für die Erteilung des Zuschlags entfällt und der Antragsteller nicht für die Zuschlagskosten nach Verfahrensaufhebung haftet (§ 26 Abs. 2 S. 1 GKG). Auch bei einer Fortsetzung des Verfahrens mit dann rechtskräftigem Zuschlagsbeschluss könnten diese Zustellungskosten nicht der Masse entnommen werden.

§ 59 [Abweichende Feststellung des geringsten Gebots und der Versteigerungsbedingungen]

(1) ¹Jeder Beteiligte kann spätestens im Versteigerungstermin vor der Aufforderung zur Abgabe von Geboten eine von den gesetzlichen Vorschriften abweichende Feststellung des geringsten Gebots und der Versteigerungsbedingungen verlangen. ²Der Antrag kann spätestens zu dem in Satz 1 genannten Zeitpunkt zurückgenommen werden. ³Wird durch die Abweichung das Recht eines anderen Beteiligten beeinträchtigt, so ist dessen Zustimmung erforderlich.

(2) Sofern nicht feststeht, ob das Recht durch die Abweichung beeinträchtigt wird, ist das Grundstück mit der verlangten Abweichung und ohne sie auszubieten.

(3) Soll das Fortbestehen eines Rechts bestimmt werden, das nach § 52 erlöschen würde, so bedarf es nicht der Zustimmung eines nachstehenden Beteiligten.

---

1 LG Freiburg Rpfleger 1991, 382.

I. Normzweck und Anwendungsbereich	1	V. Missbrauchsfälle	10
II. Warum eine Abänderung und welche Bestimmungen können geändert werden?	2	VI. Behandlung von Abänderungsanträgen (Doppelausgebot) (Abs. 2)	12
III. Antragstellung (Abs. 1)	5	VII. Zustimmung zum Fortbestehen eines Rechts (Abs. 3)	21
IV. Abweichungsfälle	8		

I. Normzweck und Anwendungsbereich

1 Die Vorschrift ermöglicht ein **Abweichen** von den **gesetzlichen Versteigerungsbedingungen** und regelt die Voraussetzungen hierzu. Abweichungen sind für alle Versteigerungsarten zulässig. Bei der Insolvenzverwalterversteigerung ist jedoch das Recht des Insolvenzverwalters auf ein abweichendes geringstes Gebot gesondert zu berücksichtigen (s. § 174).

II. Warum eine Abänderung und welche Bestimmungen können geändert werden?

2 Sinn und Zweck dieser Regelung ist darin zu sehen, dass der Gesetzgeber eine Möglichkeit schaffen wollte, flexibel auf die Vorstellungen der Beteiligten (s. § 9 Rn 2 ff) und auf im jeweiligen Verfahren liegende Besonderheiten durch Abänderungen in zulässiger Weise zu reagieren, da das ZVG sehr formal ist. Durch eine Abänderung soll im Wesentlichen erreicht werden, dass die Bietkonkurrenz gefördert und damit ein höherer Erlös erzielt werden kann.

3 Das Gesetz überschreibt die §§ 44–65 mit „**Geringstes Gebot und Versteigerungsbedingungen**". Diese Formulierung wird in Abs. 1 des § 59 verwendet. Abweichungen können damit nur Vorschriften aus diesem Bereich betreffen. Eine weitere Auslegung des Begriffs „Versteigerungsbedingungen", die teilweise in der Literatur vertreten wird, ist abzulehnen.

4 Es können nur die Vorschriften der §§ 44–58 und der §§ 63–65 abgeändert werden (§ 59 ist die Abänderungsnorm, die §§ 60 und 61 sind weggefallen und § 62 behandelt nur vorbereitende Erörterungen). Eine Abänderung der **Verfahrensvorschriften** (zB §§ 35 ff) ist ausgeschlossen, da durch diese Bestimmungen ein ordnungsgemäßer Verfahrensablauf unter rechtsstaatlichen Bedingungen gesichert werden soll.

III. Antragstellung (Abs. 1)

5 Abweichungen erfolgen nur auf **Antrag** („verlangen", s. Abs. 1 S. 1) eines Beteiligten. Der Antrag kann vorher schriftlich, zu Protokoll der Geschäftsstelle oder (idR) im Versteigerungstermin **bis unmittelbar vor der Aufforderung zur Abgabe von Geboten** gestellt werden. Denn spätestens zu diesem Zeitpunkt muss klar sein, zu welchen festgestellten und verlesenen Versteigerungsbedingungen versteigert werden soll.

6 Der Antrag unterliegt als prozessuale Erwirkungshandlung den dafür geltenden allgemeinen Regeln; er kann damit auch wieder zurückgenommen werden. Dies aber spätestens wiederum nur bis unmittelbar vor der Aufforderung zur Abgabe von Geboten.

7 Häufig wird bei einer bestimmten Verfahrenskonstellation von den Beteiligten nicht erkannt, dass ein Abweichungsantrag das Verfahren fördern würde. Deshalb sollte das Gericht in diesen Fällen hierzu aufklären.

IV. Abweichungsfälle

Abweichungsanträge werden nicht sehr häufig gestellt. Denn überwiegend werden dadurch Rechte anderer Beteiligten betroffen, die dann zustimmen müssten (s. Rn 12 ff). Auch lösen Abänderungsanträge nicht selten bei den Bietinteressenten Verunsicherung aus, was den Erfolg der Versteigerung gefährden kann. Der Antragsteller wird deshalb immer ein besonderes Motiv haben, einen Abänderungsantrag zu stellen.

Gründe für Abweichungsanträge können darin bestehen, dass

- ein in Abteilung II des Grundbuchs **nachrangig** eingetragenes **Leitungsrecht** (Versorgungsrecht, Wegerecht) bestehen bleiben soll, um die Versorgung (Zugang) des Objektes weiterhin zu sichern;
- ein **Altenteil** erlöschen soll, obwohl es als bestehen bleibend zu berücksichtigen ist. Motivation: ein höherer Erlös und bessere Verwertungschancen;
- ein **Altenteil** bestehen bleiben soll, obwohl es im geringsten Gebot nicht zu berücksichtigen ist und die Antragstellung aus § 9 Abs. 2 EGZVG (s. hierzu § 52 Rn 12 ff) damit ausgeschaltet wird. Motivation: Das Recht soll für den Altenteiler erhalten bleiben;
- der in einem Anfechtungsprozess verurteilte Anfechtungsgegner es hinnehmen muss, dass sein dem nachrangigen Pfändungsgläubiger gegenüber vorrangiges Recht auf Antrag dieses Gläubigers abweichend von § 44 Abs. 1 nicht in das geringste Gebot aufgenommen wird. Es bedarf hierzu auch keiner Zustimmung des Anfechtungsgegners, da dieser von seinem Vorrang keinen Gebrauch machen darf;[1]
- im Falle der Grundstücksversteigerung das darauf lastende und grds. nicht erlöschende **Erbbaurecht** doch erlöschen soll (s. hierzu § 52 Rn 6). Motivation: Es soll ein insoweit unbelastetes Grundstück ersteigert werden können bei Wegfall des Erbbaurechts;
- eine erlöschende **Erbbauzinsreallast** bestehen bleiben soll (s. hierzu § 52 Rn 16 f). Motivation: Der Grundstückseigentümer will weiterhin den Erbbauzins erhalten;
- ein gleich- oder nachrangiges **Dauerwohnrecht** nach dem WEG, das nach den Versteigerungsbedingungen erlöschen würde, bestehen bleiben kann. Motivation: Erhalt des Dauerwohnrechts;
- ein **vorrangiges Recht**, das nach den Versteigerungsbedingungen grds. bestehen bleiben würde, gleichwohl erlöschen soll. Motivation: Der Inhaber des Rechts will seine vorrangige Rangstellung zwar nicht aufgeben, aber eine Versteigerung überhaupt erst ermöglichen (Kapitalbetrag liegt über dem Wert des Objektes). Der mögliche Erlös entfällt nach Abzug der weiter vorrangigen Rechte auf diesen Anspruch;
- ein **außerordentliches Kündigungsrecht** (s. § 57 a Rn 2 ff) ausgeschlossen wird. Motivation: Erhalt des Mietvertrages;
- die **gesetzlichen Zinsen** des Bargebots (4 %) **höher** sein sollen. Motivation: ein erhöhter Erlös in einer Hochzinsphase;
- ein nach den Versteigerungsbedingungen **erlöschendes Recht** gleichwohl bestehen bleiben soll. Motivation: Der Rechtsinhaber will kein Bargeld, sondern sein Recht weiter im Grundbuch abgesichert haben. Wenn dies von einem nachträglich Eingetragenen im Zusammenwirken mit dem Schuldner beantragt wird, kann ein Missbrauch vorliegen (s. Rn 10 f).

---

1 BGH NZI 2014, 116 = NZM 2014, 727 = WM 2013, 2229 = Rpfleger 2014, 96.

V. Missbrauchsfälle

10 Die Abläufe in einem Zwangsversteigerungsverfahren, insb. in einem Zwangsversteigerungstermin (hier befinden sich die Beteiligten wie auch die Interessenten in einer für sie sehr anstrengenden Situation), und die Bestimmungen des ZVG sowie das Verständnis der Zusammenhänge sind dem Laien kaum bekannt. Das wird nicht selten zum Schaden aller Beteiligten durch **Tricktäter** ausgenutzt.

11 So wird zB von diesen Tätern häufig beantragt, ein nachträglich in das Grundbuch an aussichtsloser Rangstelle eingetragenes oder abgetretenes Recht solle entgegen § 52 Abs. 1 bestehen bleiben. Hier wird gelegentlich angenommen, dass eine richtige Entscheidung über ein Doppelausgebot erreicht wird. Das ist aber dann nicht so, wenn von vornherein beabsichtigt ist, keine Zahlung zu leisten (s. §§ 118, 128). Wenn sich ein solcher Verdacht aufdrängt (zB ein zu vermutendes Zusammenwirken des nachträglich Eingetragenen und des Schuldners) und nach eingehender Befragung (wozu eine Verpflichtung des Versteigerungsgerichts wegen des Grundsatzes der Aufklärung besteht; s. § 66 Rn 19 f) nicht ausgeräumt werden kann, sollte das Gericht einen solchen Antrag als **rechtsmissbräuchlich** und Verstoß gegen den allgemeinen Grundsatz von **Treu und Glauben** (§ 242 BGB) **zurückweisen** (s. auch § 63 Rn 24 ff). Das Versteigerungsgericht kann eine Glaubhaftmachung im Hinblick auf einen gestellten Abänderungsantrag verlangen; es steht in seinem pflichtgemäßen Ermessen. Wenn eine Glaubhaftmachung nicht erfolgt, ist der Antragsteller nicht (mehr) als Beteiligter zu behandeln; der Antrag ist zurückzuweisen.[2]

VI. Behandlung von Abänderungsanträgen (Doppelausgebot) (Abs. 2)

12 Das Versteigerungsgericht muss prüfen, ob durch einen Abänderungsantrag das Recht eines Beteiligten **beeinträchtigt** wird. Wenn eine Beeinträchtigung festgestellt wird, muss die Zustimmung des betroffenen Beteiligten vorliegen oder im Versteigerungstermin erklärt werden. Fehlt die Zustimmung, muss der Antrag zwingend zurückgewiesen werden und es kann nur zu den gesetzlichen Versteigerungsbedingungen geboten werden.

13 Wird festgestellt, dass mit Sicherheit **keine Beeinträchtigung** vorliegen kann (zB im Falle des Erhalts eines nachträglich abgesicherten Versorgungsrechts), ist allein die Ausgebotsform mit der Abweichung maßgebend.

14 Nur wenn es **fraglich** ist, ob das Recht eines anderen Beteiligten und letztlich der Schuldner **beeinträchtigt** wird, muss über die doppelte Ausbietung zu den gesetzlichen und zu den abgeänderten Versteigerungsbedingungen ausgeboten werden (**Abs. 2**). Dabei hat die Ausbietung gleichzeitig zu erfolgen. Bei der Erteilung des Zuschlags steht dem Vollstreckungsgericht im Falle des § 9 EGZVG kein Ermessen zu.[3]

15 Wenn nach dem Schluss der Versteigerung **keine Beeinträchtigung** festgestellt werden kann, hat auf das Meistgebot mit der Abweichung der Zuschlag zu erfolgen.[4]

16 Im Falle einer doppelten Ausbietung ist es nicht erforderlich, dass auf beide Ausgebotsarten geboten wird. Allerdings kann der Zuschlag auf das alleinige Meistgebot zu den abgeänderten Versteigerungsbedingungen nur bei nicht feststellbarer Beeinträchtigung erteilt werden. Eines Beweises, dass eine Beeinträchtigung ausgeschlossen ist, bedarf es nicht.[5] Ein Beteiligter, der keine Aussicht auf Befrie-

---

2 BGH MDR 2013, 934 = NJW-RR 2014, 61= ZfIR 2013, 608 = Rpfleger 2013, 692.
3 BGH MDR 2012, 369 = NJW-RR 2012, 455 = ZfIR 2012, 369 = FamRZ 2012, 632.
4 LG Krefeld 24.4.1978 – 1 T 67/78, juris.
5 LG Berlin Rpfleger 2006, 93; BGH Rpfleger 2012, 336.

digung hat, kann keine Zuschlagsversagung beantragen, auch wenn § 59 verletzt wurde.[6]

Betrifft der Abweichungsantrag ein Recht, ist in jedem Falle die **Zustimmung** des **Berechtigten** erforderlich (wenn der Berechtigte selbst den Antrag stellt, liegt darin schlüssig seine Zustimmung). Deshalb muss zB der Altenteiler einem Erlöschen seines Rechts zustimmen.

Bei einem **erlöschenden Erbbaurecht** entgegen § 25 ErbbauRG (das Grundstück wird versteigert) müssen der Grundstückseigentümer, der Erbbauberechtigte sowie alle am Erbbaurecht dinglich gesicherten Berechtigten zustimmen. Dieser (seltene) Fall kommt zB dann vor, wenn sich das Erbbaurecht und das Grundstück in der Versteigerung befinden und ein Interessent beides ersteigern und das Erbbaurecht aufheben will. Dann wird – nach entsprechender Gestaltung durch das Vollstreckungsgericht – der Interessent zunächst das Grundstück ersteigern und dann seine Zustimmung hinsichtlich des Erbbaurechts erteilen.

Wenn die **Zinsen** des Bargebots **über** der gesetzlichen Höhe von 4 % liegen sollen (§ 246 BGB, § 49 Abs. 2), ist der Zeitpunkt der Zuschlagsentscheidung maßgebend für die Feststellung (Berechnung) des Meistgebots beim Doppelausgebot.[7]

Die Abänderung der Versteigerungsbedingungen dahin, dass **Übergebote** nur dann zulässig sind, wenn sie das vorher wirksam abgegebene Gebot um eine bestimmte Summe übersteigen,[8] wird in der Praxis als ein Verstoß gegen die nicht abänderbaren Verfahrensvorschriften (s. § 72 Abs. 1) und damit überwiegend für unzulässig gehalten.

VII. Zustimmung zum Fortbestehen eines Rechts (Abs. 3)

Der Gesetzgeber ist bei der Regelung des Abs. 3 davon ausgegangen, dass ein nachrangiger Beteiligter nicht beeinträchtigt wird, wenn ein Recht, das grds. nach § 52 nicht bestehen bleiben kann, nun durch eine Abänderung doch nicht erlöschen soll. Diese Annahme trifft aber nicht in jedem Falle zu, so dass diese Bestimmung in der Literatur teilweise als **verfassungswidrig** angesehen wird.[9]

Schon dann, wenn der nachrangige Wohnungsberechtigte, der sein Recht erhalten will, die vor- oder gleichrangigen Beteiligten sicherstellt und diese dann dem Abweichungsantrag zustimmen, ist die Gefahr groß, dass nur noch der Wohnungsberechtigte selbst bietet oder die Interessenten weniger bieten zum Nachteil der weiter nachrangigen Berechtigten und letztlich des Schuldners.

Eine Klärung kann hier nur über ein **Doppelausgebot** erfolgen und damit festgestellt werden, ob ein Beteiligter mit Rang nach dem Wohnungsrecht oder auch der Schuldner bei einem Zuschlag auf das Gebot zu den abgeänderten Versteigerungsbedingungen beeinträchtigt ist.

§§ 60 und 61 (aufgehoben)

§ 62 [Vorbereitungstermin bei schwierigen Rechtslagen]

Das Gericht kann schon vor dem Versteigerungstermin Erörterungen der Beteiligten über das geringste Gebot und die Versteigerungsbedingungen veranlassen, zu diesem Zweck auch einen besonderen Termin bestimmen.

---

6 OLG Stuttgart Rpfleger 1988, 200.
7 LG Münster Rpfleger 1982, 77.
8 OLG Oldenburg Rpfleger 1981, 315.
9 *Schiffhauer*, Rpfleger 1986, 326; *Muth*, Rpfleger 1987, 397.

I. Normzweck und Anwendungsbereich

1 Die Vorschrift gibt dem Versteigerungsgericht die Möglichkeit, die Beteiligten (s. § 9 Rn 2 ff) schon vor dem Versteigerungstermin auf besondere Probleme hinzuweisen und diese in einem **Vortermin** zu besprechen. Die Regelung gilt für alle Versteigerungsverfahren.

II. Was kann (sollte) vorab erörtert werden?

2 Die Erörterungen können **alle** Aspekte des Verfahrens betreffen. Hierfür besteht auch Bedarf bei **komplizierten Rechtslagen** oder auch in größeren Verfahren, wo vielfältige Interessenlagen aufeinander treffen. So könnte es zweckmäßig sein, Beteiligten Hinweise zu geben oder auch bestimmte Anträge (zB auf Abänderung der Versteigerungsbedingungen) anzuregen, um Problemlösungen zu erleichtern.

3 Selbstverständlich kann das Gericht auch schriftliche Anfragen an die Beteiligten halten, jedoch ist bei einer nicht einfachen Versteigerungssituation eine mündliche Erörterung immer besser. Denn wenn zB mehrere Grundstücke in einem Verfahren versteigert werden sollen, ist es von Vorteil zu erörtern, ob dies allein in einem Gesamtausgebot oder wegen der besonderen Konstellation der Grundstücke zueinander ein höherer Erfolg über Einzel- und/oder Gruppen- und schließlich weiter über ein Gesamtausgebot (s. hierzu § 63 Rn 7 ff) erzielt werden kann.

III. Der Vortermin

4 Die Besonderheiten eines Verfahrens und der sich daraus ableitenden nicht einfachen Terminsituation (falls vorab erkennbar) lassen sich in einem Vortermin immer besser darstellen und erörtern. Es ist in das **Ermessen** des Vollstreckungsgerichts gestellt, ob es einen solchen Vortermin anberaumen will.

5 Wenn sich das Gericht für eine Anberaumung entschließt, hat es die Beteiligten hierüber zu informieren. Das geschieht nicht durch eine offizielle Ladung, sondern lediglich durch eine **formlose Mitteilung**; der Termin ist nur für die Beteiligten bestimmt und **nicht öffentlich**.

6 Ob die Beteiligten an diesem Termin teilnehmen oder nicht, bleibt ihnen überlassen. Grundsätzlich können sie durch ihr Fernbleiben keine Rechtsnachteile erleiden, da eine bindende Wirkung für die Feststellung des geringsten Gebots nur dann entsteht, wenn die Beteiligten miteinander bindende Vereinbarungen treffen.

7 Wegen der grds. fehlenden Bindungswirkung haben vorbereitende Erörterungen oder der Vortermin selbst in der Praxis nur eine geringe Bedeutung. Gleichwohl sollte das Versteigerungsgericht von dieser Möglichkeit immer dann Gebrauch machen, wenn dies im Einzelfall sinnvoll erscheint oder wenn hierdurch eine **gütliche Einigung** ermöglicht werden kann. Gerade auch in **Teilungsversteigerungen** (§§ 180–185) kann das Gericht zum Rechtsfrieden beitragen und den Miteigentümern in einem solchen Termin auch andere Lösungsmöglichkeiten aufzeigen oder hierzu veranlassen, so dass sich uU das Verfahren erledigt.

8 Insbesondere könnte ein Vortermin dann sinnvoll sein, wenn sich **missbräuchliche Vorgehensweisen** andeuten. Anzeichen hierfür könnten sich zB dadurch ergeben, wenn allein deshalb eine Beteiligtenstellung angestrebt wurde (sei es durch die Ablösung eines Rechts oder durch eine nachträgliche Eintragung eines Rechts unter Mitwirkung des Schuldners). Wenn solche Anzeichen feststellbar sind, sollte die Terminsnachricht diesem neuen Beteiligten förmlich zugestellt werden mit der Aufforderung, den Termin wahrzunehmen. Zwar ist in einem Missbrauchsfalle gerade nicht mit einer Terminswahrnehmung zu rechnen, jedoch könnten Überraschungsanträge dieses Beteiligten im Versteigerungstermin leichter als

rechtsmissbräuchlich zu benennen und zurückzuweisen sein; das gilt auch für eine unzulässige Rechtsausübung iSv § 226 BGB (Schikaneverbot) (s. auch § 59 Rn 10 f, § 63 Rn 24 ff).[1]

§ 63 [Einzel-, Gruppen- und Gesamtausgebot]

(1) [1]Mehrere in demselben Verfahren zu versteigernde Grundstücke sind einzeln auszubieten. [2]Grundstücke, die mit einem einheitlichen Bauwerk überbaut sind, können auch gemeinsam ausgeboten werden.

(2) [1]Jeder Beteiligte kann spätestens im Versteigerungstermin vor der Aufforderung zur Abgabe von Geboten verlangen, daß neben dem Einzelausgebot alle Grundstücke zusammen ausgeboten werden (Gesamtausgebot). [2]Sofern einige Grundstücke mit einem und demselben Recht belastet sind, kann jeder Beteiligte auch verlangen, daß diese Grundstücke gemeinsam ausgeboten werden (Gruppenausgebot). [3]Auf Antrag kann das Gericht auch in anderen Fällen das Gesamtausgebot einiger der Grundstücke anordnen (Gruppenausgebot).

(3) [1]Wird bei dem Einzelausgebot auf eines der Grundstücke ein Meistgebot abgegeben, das mehr beträgt als das geringste Gebot für dieses Grundstück, so erhöht sich bei dem Gesamtausgebot das geringste Gebot um den Mehrbetrag. [2]Der Zuschlag wird auf Grund des Gesamtausgebots nur erteilt, wenn das Meistgebot höher ist als das Gesamtergebnis der Einzelausgebote.

(4) [1]Das Einzelausgebot unterbleibt, wenn die anwesenden Beteiligten, deren Rechte bei der Feststellung des geringsten Gebots nicht zu berücksichtigen sind, hierauf verzichtet haben. [2]Dieser Verzicht ist bis spätestens vor der Aufforderung zur Abgabe von Geboten zu erklären.

I. Normzweck und Anwendungsbereich ... 1	3. Das Gesamtausgebot (Abs. 3) ... 12
II. Der Grundsatz der Einzelversteigerung (Abs. 1); Verzicht auf Einzelausgebot (Abs. 4) ... 2	IV. Besonderheiten für die geringsten Gebote (Abs. 3 S. 1) ... 14
III. Die verschiedenen Ausgebotsformen ... 7	V. Die Zuschlagsentscheidung (Abs. 3 S. 2) ... 16
1. Das Einzelausgebot ... 7	VI. Rechtsmissbräuchliche Gebote und Anträge ... 24
2. Das Gruppenausgebot ... 8	

I. Normzweck und Anwendungsbereich

Die Vorschrift bestimmt, wie bei der Versteigerung mehrerer Grundstücke 1 (Grundstücksbruchteile) in einem Verfahren auszubieten ist. Durch die Möglichkeit der verschiedenen Ausgebotsformen ist auch geregelt, was bei der Zuschlagsentscheidung zu beachten ist. Die Bestimmung gilt für alle Versteigerungsarten, wobei für die Teilungsversteigerung (§§ 180–185) die Besonderheit besteht, dass die einzelnen Bruchteile einer Gemeinschaft an nur einem Grundstück ausschließlich nur insgesamt ausgeboten werden können. Denn das entspricht dem Zweck des Verfahrens, die Auseinandersetzung der Gemeinschaft herbeizuführen.[1]

---

1 LG Oldenburg Rpfleger 1976, 225.
1 BGH MDR 2009, 638 = NJW-RR 2009, 1026 = WM 2009, 1617 = Rpfleger 2009, 579.

II. Der Grundsatz der Einzelversteigerung (Abs. 1); Verzicht auf Einzelausgebot (Abs. 4)

2 Der Gesetzgeber hat grds. geregelt, dass **einzelne Grundstücke** (auch Grundstücksbruchteile, die wie einzelne Grundstücke zu behandeln sind) in **getrennten** Verfahren versteigert werden (Abs. 1 S. 1). Das ist jedoch in vielen Fällen nicht sinnvoll (die Grundstücke bilden oft eine wirtschaftliche Einheit) und in Einzelfällen praktisch nicht durchführbar, zB wenn verschiedene Grundstücke mit einem Gebäude überbaut sind.

3 Für diese Fälle hat der Gesetzgeber in Abs. 1 S. 2 und Abs. 2 die **Verbindung** mehrerer Verfahren ermöglicht, wenn die dafür genannten Voraussetzungen vorliegen (s. § 18 Rn 4 ff). Nach der Verbindung können dann die Grundstücke neben der Einzelversteigerung auch in Gruppen oder im Gesamtausgebot versteigert werden. Wenn das Gericht die Verbindung beabsichtigt, muss dieser Wille nach außen erkennbar sein.[2]

4 Aber auch im Falle der Verbindung bleibt es dabei, dass grds. mehrere in demselben Verfahren zu versteigernde Grundstücke (Grundstücksbruchteile) **einzeln** auszubieten sind.[3]

5 Wegen dieses Grundsatzes kann auf das Einzelausgebot nur **verzichtet** werden, wenn **alle** im Versteigerungstermin **anwesenden Beteiligten** (s. § 9 Rn 2 ff) **zustimmen**, die nicht durch das geringste Gebot sichergestellt (gedeckt) sind (**Abs. 4**). Hierzu zählen aber nicht die anmeldenden Mieter/Pächter, da sie in keinem Rangverhältnis zu den Grundstücken stehen. Die **Verzichtserklärung** muss ausdrücklich erfolgen und zwar spätestens vor der Aufforderung zur Abgabe von Geboten (s. § 66 Rn 21 f).[4] Sollte ein Beteiligter bei einer vorherigen Beschlussfassung über den Ausschluss von Einzelausgeboten nicht anwesend gewesen sein, aber noch vor der Aufforderung zur Abgabe von Geboten (Ausschlussfrist) erscheinen, muss auch dieser Beteiligte noch ausdrücklich den Verzicht erklären.[5] Die Erklärung und die Feststellung des Verzichts müssen protokolliert, aber nicht vorgelesen und genehmigt werden. Dabei kann der Verzicht auch durch ein positives Tun mit eindeutigem Erklärungsgehalt erfolgen.[6] Das Vollstreckungsgericht hat im Hinblick auf die Bedeutung des Verzichts auf Einzelausgebote trotz der Hinweispflicht nach § 139 ZPO keine Verpflichtung zu allgemeinen Ausführungen. Es gilt nur dann etwas anderes, wenn das Gericht Anlass zu der Annahme einer falschen Einschätzung der Rechtslage durch einen Beteiligten hat und ein Rechtsnachteil droht.[7]

6 Wenn ein Grundstück nach der Beschlagnahme (s. § 23) in Wohnungs- bzw Teileigentum aufgeteilt wird, ergibt sich die Frage der Zulässigkeit dahin, ob das nachträglich gebildete Raumeigentum Gegenstand der Versteigerung sein kann. Diese Frage wird in der Rspr unterschiedlich beurteilt, ist aber wegen des Verstoßes gegen das Veräußerungsverbot aus § 23 Abs. 1 S. 1, §§ 135, 136 BGB gegenüber dem betreibenden Gläubiger grds. unwirksam.[8] In der Praxis löst sich das Problem dadurch, dass regelmäßig der durch die Beschlagnahme geschützte Gläubiger der Aufteilung nachträglich zustimmt.

---

2 OLG Celle MDR 1986, 154.
3 OLG Saarbrücken Rpfleger 1992, 123.
4 BGH MDR 2009, 222 = NJW-RR 2009, 158 = Rpfleger 2009, 98.
5 BGH ZflR 2012, 252.
6 BGH MDR 2010, 1215 = NJW-RR 2010, 1458 = Rpfleger 2011, 41.
7 BGH NJW-RR 2014, 63 = NZI 2013, 1048 = Rpfleger 2014, 95.
8 BGH ZflR 2012, 441; LG Essen Rpfleger 1989, 116; aA LG Würzburg Rpfleger 1989, 117.

III. Die verschiedenen Ausgebotsformen

1. Das Einzelausgebot. Im geringsten Gebot (s. § 44) sind alle dort benannten Ansprüche zu berücksichtigen, die das **einzelne** Grundstück betreffen. Das bedeutet, dass auch Gesamtbelastungen (mehrere Grundstücke sind betroffen) bei jedem Grundstück **in voller Höhe** anzusetzen sind. Das betrifft auch die Verfahrenskosten. Die Ansprüche aus den Rangklassen 1 bis 3 des § 10 Abs. 1 betreffen grds. das jeweilige Grundstück und sind jeweils dort zu berücksichtigen.

2. Das Gruppenausgebot. Verschiedene Grundstücke können in einer oder auch in mehreren Gruppen ausgeboten werden. Nach **Abs. 1 S. 2** kann das Gericht bereits nach seinem Ermessen diejenigen Grundstücke gemeinsam ausbieten, die mit einem **einheitlichen Bauwerk überbaut** sind. Sonst bedarf es des Antrags eines Beteiligten, wozu das Gericht auch anregen kann.

In dem Falle, dass Grundstücke mit **demselben Recht** belastet sind, muss das Gericht dem Antrag entsprechen. Im anderen Falle liegt es im Ermessen des Gerichts, ob es dem Antrag auf ein Gruppenausgebot entspricht (**Abs. 2**).

Alle Beteiligten sind zur Antragstellung **berechtigt**, und zwar hier auch die anmeldenden Mieter/Pächter. Der Antrag kann bereits vor dem Versteigerungstermin schriftlich oder zu Protokoll der Geschäftsstelle erklärt werden. Die letzte Möglichkeit hierzu besteht im Versteigerungstermin, und zwar dann spätestens vor der Aufforderung zur Abgabe von Geboten (s. § 66 Abs. 2).

Zu berücksichtigen sind in dem geringsten Gruppenausgebot **alle** Ansprüche, die eines der zur Gruppe zusammengefassten Grundstücke belasten. Bestehen bleibende Gesamtrechte müssen daher auch hier jeweils **voll** eingesetzt werden. Hinsichtlich der Verfahrenskosten und der Ansprüche aus den Rangklassen 1 bis 3 s. Rn 7.

3. Das Gesamtausgebot (Abs. 3). Das Gesamtausgebot umfasst **alle** Grundstücke des einheitlichen Verfahrens (s. § 18). Die Antragsberechtigung hierfür entspricht der für das Gruppenausgebot (s. Rn 10). Gleiches gilt für den Zeitpunkt des Antrags (s. Rn 10). In einem Verzicht auf Einzelausgebote (vgl Abs. 4) ist bereits der Antrag für das Gesamtausgebot zu sehen.

Im geringsten Gesamtausgebot werden sämtliche Ansprüche des § 44 Abs. 1 in voller Höhe zu berücksichtigt.

IV. Besonderheiten für die geringsten Gebote (Abs. 3 S. 1)

Das ZVG schreibt nicht vor, in welcher **Reihenfolge** die Gebote abzugeben sind. Die verschiedenen Ausgebote müssen nur gleichzeitig vorgenommen werden und es darf kein vorzeitiger Schluss von Ausgebotsarten erfolgen; der Schluss ist nur einheitlich möglich, um bis dahin noch auf jede Ausgebotsart bieten zu können.[9]

Wenn auf ein Einzelausgebot ein höheres Gebot als das für das jeweilige Grundstück festgestellte geringste Gebot abgegeben wird, erhöht sich sofort das geringste Bargebot für ein Gruppenausgebot, in dem das Grundstück erfasst ist, sowie ferner das geringste Gebot für das Gesamtausgebot um den Mehrbetrag (Differenz zum geringsten Bargebot bzw zum vorherigen Gebot). Dasselbe gilt bei einem Gebot auf das Gruppenausgebot im Verhältnis zum Gesamtausgebot.

V. Die Zuschlagsentscheidung (Abs. 3 S. 2)

Wenn nur auf die Einzelausgebote oder allein auf das Gesamtausgebot geboten wurde, ist die Zuschlagsentscheidung insoweit unproblematisch.

---

9 BGH NJW 2003, 2753.

17 Wurden aber auf die verschiedenen Ausgebotsformen Gebote abgegeben, ist das Gesamtausgebot mit den Gruppen- und Einzelausgeboten zu vergleichen (**Abs. 3 S. 2**).

18 Der Zuschlag kann auf das Gesamtausgebot nur erfolgen, wenn es höher ist als das Gesamtergebnis der Einzelausgebote (dabei sind auch die jeweils bestehen bleibenden Rechte zu berücksichtigen) und ferner das eigene um den oder die Mehrbeträge erhöhte geringste Gebot übersteigt. So ist auch zu verfahren, wenn der Vergleich nur mit dem oder den Gruppenausgeboten möglich ist.

19 Für die Vergleichsrechnung Einzelausgebote/Gesamtausgebot werden die Grundstücke, auf die **nicht geboten** wurde bzw für die kein Einzelausgebot gebildet wurde, mit „**Null**" angesetzt.[10] Ferner kann, wenn mehrere Grundstücke in einem Termin versteigert wurden, das auf das Gesamtausgebot abgegebene Gesamtmeistgebot auch dann gem. Abs. 3 S. 2 höher sein als das Gesamtergebnis der Einzelausgebote, wenn die Beteiligten im Termin für einige Grundstücke auf Einzelausgebote **verzichtet** haben.[11]

20 Bei der Zuschlagsentscheidung sind immer auch die **Mindestgrenzen** nach § 85 a Abs. 1 (5/10-Grenze) und nach § 74 a Abs. 1 (7/10-Grenze) zu beachten. Hier gibt es in der Rspr unterschiedliche Entscheidungen in dem Fall, dass auf das Gesamtausgebot wegen Nichterreichens der 50%-Quote (§ 85 a Abs. 1) der Zuschlag nicht erteilt werden kann, dies aber bei Einzelausgeboten (weil die Quote erreicht wird) aus diesem Grunde den Zuschlag nicht hindern würde. In diesen Fällen wird eine Zuschlagsentscheidung für zulässig gehalten oder auch abgelehnt. Zuzustimmen ist der Ansicht, dass ein Zuschlag auf die Einzelausgebote erteilt werden kann, wo die 5/10-Grenze erreicht ist.[12]

21 Das Vollstreckungsgericht hat bei der Zuschlagsentscheidung ferner noch zu prüfen, ob nicht durch den Zuschlag auf das eine oder andere Grundstück die **Forderung** des (für diesen Versteigerungstermin aktiv) betreibenden Gläubigers bereits gedeckt ist. Dann wäre **ohne Rücksicht** auf ein uU höheres Gesamtausgebot (also ein besseres wirtschaftliches Ergebnis) der Zuschlag auf das oder die Einzelausgebote zu erteilen und bezüglich der anderen Grundstücke die einstweilige Einstellung vorzunehmen (s. hierzu § 76 Rn 4 ff).

22 Weitere Schwierigkeiten und eine (teilweise) unterschiedliche Rspr ergeben sich in dem Fall, dass bei der Versteigerung von mehreren Grundstücken **nach Schluss der Bietzeit** bezüglich einzelner Grundstücke die **einstweilige Einstellung** (s. § 30) bewilligt wurde. Dann soll der Zuschlag auf die von der Einstellungsbewilligung nicht betroffenen Einzelausgebote möglich sein, wenn die Summe aller Einzelausgebote höher lag als das Meistgebot im Gesamtausgebot.[13]

23 Auch die Frage des Zuschlags auf ein Einzelausgebot bei Bewilligung der einstweiligen Einstellung nach Ende der Bietzeit hinsichtlich der übrigen Grundstücke bei einem **höheren** Gesamtausgebot wird unterschiedlich beurteilt. Zuzustimmen ist hier der Versagung des Zuschlags auf das Einzelausgebot, weil sonst ein wirtschaftlich vernünftiges Ergebnis in Bezug auf alle Objekte verhindert werden könnte.[14]

---

10 OLG Frankfurt Rpfleger 1995, 512.
11 BGH Rpfleger 2007, 95.
12 OLG Frankfurt Rpfleger 1995, 512; aA OLG Hamm Rpfleger 1995, 34; BGH NJW-RR 2013, 17 = MDR 2013, 58 = NZM 2013, 591 = Rpfleger 2013, 106.
13 OLG Celle Rpfleger 1989, 471.
14 OLG Stuttgart Rpfleger 2002, 165; aA OLG Köln Rpfleger 1971, 326.

VI. Rechtsmissbräuchliche Gebote und Anträge

Über rechtsmissbräuchliche Anträge und Gebote wird immer wieder versucht, die komplizierten Regelungen des ZVG zum eigenen Vermögensvorteil und zum Schaden der anderen an der Versteigerung Beteiligten für sich auszunutzen.[15] 24

Gebote, die in der Absicht abgegeben werden, im Falle des Meistgebots hierauf keine Zahlungen leisten zu wollen, sind rechtsmissbräuchlich.[16] 25

Auch eine Versagung der Zustimmung zum Verzicht auf Einzelausgebote (vgl Abs. 4) kann rechtsmissbräuchlich sein.[17] 26

§ 64 [Verteilung des vorrangigen Gesamtrechts]

(1) ¹Werden mehrere Grundstücke, die mit einer dem Ansprüche des Gläubigers vorgehenden Gesamthypothek belastet sind, in demselben Verfahren versteigert, so ist auf Antrag die Gesamthypothek bei der Feststellung des geringsten Gebots für das einzelne Grundstück nur zu dem Teilbetrag zu berücksichtigen, der dem Verhältnis des Wertes des Grundstücks zu dem Wert der sämtlichen Grundstücke entspricht; der Wert wird unter Abzug der Belastungen berechnet, die der Gesamthypothek im Range vorgehen und bestehen bleiben. ²Antragsberechtigt sind der Gläubiger, der Eigentümer und jeder dem Hypothekengläubiger gleich- oder nachstehende Beteiligte.

(2) ¹Wird der im Absatz 1 bezeichnete Antrag gestellt, so kann der Hypothekengläubiger bis zum Schluß der Verhandlung im Versteigerungstermin verlangen, daß bei der Feststellung des geringsten Gebots für die Grundstücke nur die seinem Anspruch vorgehenden Rechte berücksichtigt werden; in diesem Fall sind die Grundstücke auch mit der verlangten Abweichung auszubieten. ²Erklärt sich nach erfolgtem Ausgebot der Hypothekengläubiger der Aufforderung des Gerichts ungeachtet nicht darüber, welches Ausgebot für die Erteilung des Zuschlags maßgebend sein soll, so verbleibt es bei der auf Grund des Absatzes 1 erfolgten Feststellung des geringsten Gebots.

(3) Diese Vorschriften finden entsprechende Anwendung, wenn die Grundstücke mit einer und derselben Grundschuld oder Rentenschuld belastet sind.

I. Normzweck und Anwendungsbereich 1	VI. Verteilung 11
II. Welche Ansprüche können verteilt werden? 2	VII. Erhöhungen des Gesamtausgebots sowie Vergleich zum Zuschlag 12
III. Die weiteren Voraussetzungen der Verteilung 4	VIII. Verlust der Gesamthaftung 13
IV. Antragstellung 6	IX. Die Rechte des betroffenen Gesamtgläubigers (Abs. 2) 14
V. Auswirkungen auf die Ausgebotsformen 10	X. Die Zuschlagsentscheidung 19
	XI. Rechtsmissbräuchliche Anträge 22

I. Normzweck und Anwendungsbereich

Die Vorschrift ermöglicht in Abs. 1 die Verteilung eines vorrangigen Gesamtrechts auf die einzelnen belasteten Grundstücke, wenn diese in demselben Verfahren versteigert werden (§ 18). Sie gibt ferner in Abs. 2 dem Gesamtgläubiger nach einem Verteilungsantrag das Recht, auch abgeänderte Ausgebote zu verlan- 1

---

15 S. hierzu anschaulich AG Dortmund Rpfleger 1994, 119 m. Anm.
16 OLG Hamm Rpfleger 1995, 34.
17 OLG Karlsruhe Rpfleger 1994, 376.

gen, die ihn dafür zum bestbetreibenden Gläubiger machen. Die Vorschrift gilt für alle Versteigerungsarten. Sie hat in der Praxis nur eine geringe Bedeutung.

II. Welche Ansprüche können verteilt werden?

2 Ein **Gesamtrecht** ist bei jedem betroffenen Grundstück im Falle des Einzelausgebots grds. **voll** zu berücksichtigen (s. § 63 Rn 7). Dabei besteht aber die Gefahr, dass durch diese volle Belastung die geringsten Gebote (s. § 44 Abs. 1) die jeweiligen Grundstückswerte übersteigen und daher Gebote hierauf kaum abgegeben werden. Deshalb kann die Verteilung des oder der vorrangigen Gesamtrecht(e) auf die einzelnen Grundstücke beantragt werden.

3 Nicht alle Gesamtrechte können verteilt werden, sondern nur eine **Gesamthypothek, Gesamtgrundschuld oder Gesamtrentenschuld** und die Ansprüche eines in alle (oder mehrere) Objekte betreibenden persönlichen Gläubigers, der die einstweilige Einstellung bewilligt hat und dadurch mit seinen Ansprüchen in das geringste **Bargebot** aufzunehmen ist, weil jetzt ein nachrangiger Gläubiger bestrangig das Verfahren betreibt. **Nicht** aufgeteilt werden kann dagegen eine **Gesamtreallast** (s. Abs. 3).

III. Die weiteren Voraussetzungen der Verteilung

4 Neben dem Gesamtausgebot (s. § 63 Rn 12 f) müssen Grundstücke (auch) **einzeln** versteigert werden. Denn wenn nur ein Gesamtausgebot erfolgen soll, ist (sind) dort das (die) Gesamtrecht(e) voll zu berücksichtigen.

5 Dem bestbetreibenden Gläubiger muss zumindest *ein* Gesamtrecht (das verteilt werden kann/soll) **vorgehen**.

IV. Antragstellung

6 Die Aufteilung erfolgt nicht von Amts wegen, sondern nur auf **Antrag**.

7 Einen entsprechenden Antrag kann jeder betreibende Gläubiger und jeder dem Gesamtrechtsgläubiger gleich- oder nachrangige Berechtigte stellen. Auch der Schuldner/Eigentümer ist hierzu berechtigt, nicht aber ein Mieter/Pächter, da dieser in keinem Rangverhältnis zum Gesamtrecht steht. Dem Gesamtrechtsgläubiger selbst steht kein Antragsrecht zu.

8 Wenn mehrere vorrangige Gesamtrechte bestehen, kann sich der Antrag auch auf mehrere oder auf alle Gesamtrechte beziehen.

9 Der Antrag kann bereits vor dem Versteigerungstermin, muss aber spätestens **vor** der Aufforderung zur Abgabe von Geboten gestellt sein (§ 66 Abs. 2).[1] Eine (teilweise) für möglich gehaltene Antragstellung auch noch **nach** Beginn der Bietzeit wird in der Praxis überwiegend als unzulässig angesehen.

V. Auswirkungen auf die Ausgebotsformen

10 Nach rechtzeitiger Antragstellung **verdrängen** die Einzelausgebote nach Abs. 1 die Einzelausgebote nach § 63 Abs. 1. Auf die weiteren Ausgebotsformen nach § 63 Abs. 2 (Gruppen- und/oder Gesamtausgebot) hat der Antrag keine Auswirkungen.

---

1 LG Krefeld Rpfleger 1987, 323.

VI. Verteilung

Die Gesamtrechte sind in den geringsten Geboten nur in **Teilbeträgen**, die nach dem Verhältnis der Grundstückswerte zu ermitteln sind, zu berücksichtigen. Die Berechnung und Verteilung hierzu geschieht wie folgt: 11

- Von dem einzelnen festgesetzten Grundstückswert (§ 74 a Abs. 5) sind die dem Gesamtrecht vorgehenden Belastungen (hier aber nur die Kapitalbeträge bzw Ablösesummen oder Werte nach § 51, also keine Kosten und Zinsen dieser Ansprüche) abzuziehen.
- Nach dem jeweils so ermittelten „Nettowert" werden die Gesamtrechte und im Bargebot (§ 49 Abs. 1) auch die Kosten und Zinsen dieser Gesamtrechte verteilt.
- Wenn mehrere Gesamtrechte zur Aufteilung beantragt werden, ist die Aufteilung – ausgehend von der besten Rangposition – nacheinander vorzunehmen.
- Für die Ermittlung der „Nettowerte" müssen mindestens zwei Grundstücke vorhanden sein, für die ein Anteil am Gesamtrecht errechnet werden kann. Andernfalls wäre ein Antrag unzulässig, weil keine Verteilung nach Abs. 1 möglich ist.

VII. Erhöhungen des Gesamtausgebots sowie Vergleich zum Zuschlag

Wenn neben den Einzelausgeboten nach Abs. 1 auch ein Gesamtausgebot nach § 63 Abs. 2 stattfindet, muss auch hier bei Abgabe eines Meistgebots, das über dem geringsten Gebot des jeweiligen Grundstücks liegt, eine Erhöhung um den Mehrbetrag beim Gesamtausgebot erfolgen. Danach ist auch hier der Vergleich der Meistgebote vorzunehmen (s. hierzu § 63 Rn 17 ff). 12

VIII. Verlust der Gesamthaftung

Mit dem „Verteilungsantrag" ist für den Gesamtgläubiger eine nicht unerhebliche Gefahr verbunden, nämlich dann, wenn nicht über die Versteigerung aller Objekte eine bestmögliche Befriedigung erreicht werden kann. Denn mit dem rechtskräftigen Zuschlag auf das **einzelne Objekt nach Verteilung** gem. Abs. 1 **erlischt** hinsichtlich des auf dieses Grundstück nicht verteilten Betrages die **Gesamthaftung**; es bleibt nur der verteilte Betrag als **Einzelgrundpfandrecht** bestehen. Die Gesamthaftung bleibt nur dann und insoweit erhalten, als nicht alle mitbelasteten Grundstücke in die Versteigerung gebracht worden sind. Dem Gesamtgläubiger bleibt nur der Gegenantrag aus Abs. 2 (s. Rn 14 ff). 13

IX. Die Rechte des betroffenen Gesamtgläubigers (Abs. 2)

Der **Gesamtrechtsgläubiger** kann selbst eine **Aufteilung** seines Rechts nach den §§ 1132, 875, 876 BGB vornehmen, muss aber den Nachweis darüber (erfolgte Grundbucheintragung) spätestens bis zur Aufforderung zur Abgabe von Geboten (§ 66 Abs. 2) im Versteigerungstermin führen. Ist das nicht erfolgt und wird der Verteilungsantrag gestellt, vermindert sich im Falle des rechtskräftigen Zuschlags die dingliche Sicherung des verteilten Gesamtrechts (s. Rn 13). 14

Wenn der Gesamtrechtsgläubiger dann den **Gegenantrag** nach Abs. 2 stellt, wird er zum „bestbetreibenden" Gläubiger mit der Folge, dass weitere geringste Gebote aufzustellen sind, in denen nur die seinem Gesamtrecht **vorgehenden** Ansprüche berücksichtigt werden können. Das bedeutet, dass **Doppelausgebote** erfolgen müssen, und zwar nach Abs. 1 und 2. 15

Der **Antrag** hierzu kann bereits vor dem Versteigerungstermin und muss spätestens bis unmittelbar vor Schluss der Versteigerung (§ 73 Abs. 2) gestellt werden. Dem Gesetzeswortlaut „bis zum Schluss der Verhandlung im Versteigerungster- 16 min" (Abs. 2 S. 1) kann nicht gefolgt werden. Denn der Schluss der Versteigerung liegt nach dem Schluss der Bietzeit (§ 74), so dass erneut mit dem Bietvorgang begonnen werden müsste, was allen gesetzlichen Regelungen hierzu widerspricht.

17 Auch für die Ausgebotsformen nach Abs. 2 gelten grds. die vorgenannten Regelungen bezüglich der **Erhöhung** und dem **Vergleich** der Meistgebote (s. Rn 12). Eine Erhöhung kann aber wegen der Besonderheit der verkürzten geringsten Gebote erst dann erfolgen, wenn auf eines der Grundstücke ein Gebot abgegeben wird, das mehr beträgt als das nach Abs. 1 festgestellte geringste Gebot.

18 Der Gesamtrechtsgläubiger **muss** sich nach Schluss der Versteigerung **erklären**, welche Ausgebote der Zuschlagserteilung zugrunde gelegt werden sollen. Wenn der Zuschlag auf die Ausgebote nach Abs. 2 erfolgen soll, muss er dies ausdrücklich beantragen. Tut er dies nicht oder gibt er keine Erklärung ab, erlöschen die Gebote nach Abs. 2, im anderen Falle nach Abs. 1 (Abs. 2 S. 2).

X. Die Zuschlagsentscheidung

19 Erst dann, wenn der Gesamtrechtsgläubiger sein Wahlrecht **ausgeübt** oder darauf **verzichtet** hat, kann ein Vergleich mit einem Gesamtausgebot (falls vorhanden) erfolgen.

20 Hat der Gesamtrechtsgläubiger die Ausgebote nach Abs. 2 gewählt und liegt der Gesamtbetrag daraus **höher** als das Gesamtmeistgebot, dann kann der Zuschlag auf die einzelnen Ausgebote nur erteilt werden, wenn hieraus das Gesamtrecht selbst und jedes ihm gleich- oder nachstehende Recht, das dem eigentlich bestrangig betreibenden Gläubiger vorgeht, gedeckt werden kann (s. § 83 Abs. 3). Der Deckungsgrundsatz des § 44 Abs. 1 ist nämlich nur dann gewahrt, wenn **alle** Ansprüche der Berechtigten gesichert sind, die dem betreibenden Gläubiger **vorgehen**, der den Ausgebotsformen nach § 63 als bestrangiger Gläubiger zugrunde gelegt wurde.

21 Wird dieses Ergebnis nicht erreicht, ist der Zuschlag zu **versagen**, da die Ausgebote nach Abs. 1 durch die Ausübung des Wahlrechts des Gesamtgläubigers **erloschen** sind.

XI. Rechtsmissbräuchliche Anträge

22 Auch über die Vorschrift des § 64 wird versucht, mittels rechtsmissbräuchlicher Anträge und Gebote zum Schaden der übrigen Beteiligten vorzugehen. Solche Vorgehensweisen sind sittenwidrig und als rechtsmissbräuchlich **zurückzuweisen**.[2]

§ 65 [Abgetrennte Versteigerung, andere Art der Verwertung]

(1) [1]Das Gericht kann auf Antrag anordnen, daß eine Forderung oder eine bewegliche Sache von der Versteigerung des Grundstücks ausgeschlossen und besonders versteigert werden soll. [2]Auf Antrag kann auch eine andere Art der Verwertung angeordnet, insbesondere zur Einziehung einer Forderung ein Vertreter bestellt oder die Forderung einem Beteiligten mit dessen Zustimmung an Zahlungs Statt überwiesen werden. [3]Die Vorschriften der §§ 817, 820,[1] 835 der Zivilprozeßordnung finden entsprechende Anwendung. [4]Der Erlös ist zu hinterlegen.

---

2 OLG Hamm Rpfleger 1995, 34.
1 § 820 ZPO wurde aufgehoben; der frühere Inhalt wurde in § 817a Abs. 3 ZPO aufgenommen (vgl Gesetz vom 20.8.1953, BGBl. I S. 952, 954).

(2) Die besondere Versteigerung oder die anderweitige Verwertung ist nur zulässig, wenn das geringste Gebot erreicht ist.

I. Normzweck und Anwendungsbereich 1	IV. Andere Art der Verwertung oder Versteigerung 11
II. Voraussetzungen für eine getrennte Abwicklung 2	V. Behandlung des Zubehörs nach Einstellung 13
III. Entscheidung des Vollstreckungsgerichts 7	VI. Kosten 15

I. Normzweck und Anwendungsbereich

Die Vorschrift lässt eine andere, vom übrigen Verfahren getrennte Abwicklung für Forderungen oder bewegliche Sachen (Zubehör) zu. Sie gilt für alle Versteigerungsverfahren, ist aber in der Praxis von nur geringer Bedeutung. 1

II. Voraussetzungen für eine getrennte Abwicklung

Grundsätzlich sind **Forderungen** oder **bewegliche Sachen** zusammen mit dem Grundstück zu versteigern (s. § 55 Rn 2 ff). Dies könnte aber aus dem Grunde einer (teilweisen) einstweiligen Einstellung nicht möglich oder auch nicht sinnvoll sein. Eine einstweilige Einstellung kann in dem Falle erreicht werden, wenn ein Dritter Eigentumsrechte an Zubehörstücken wirksam geltend macht (s. § 55 Rn 11 ff) mit der Folge, dass diese beweglichen Sachen nicht vom Zuschlag erfasst werden. 2

Auch könnte eine **Versicherungssumme** aus einem Brandschaden von der Versteigerung über diese Vorschrift ausgeschlossen und durch das Vollstreckungsgericht zur Teilungsmasse für das Verteilungsverfahren (§§ 105–145) genommen werden. 3

Grundsätzlich erfolgt die Anordnung der abgetrennten Verwertung nur auf **Antrag**. Dieser kann von jedem Verfahrensbeteiligten (s. § 9 Rn 2 ff) gestellt werden. Hiervon ausgenommen sind aber die anmeldenden Mieter/Pächter, da sie keinen Anspruch auf den Versteigerungserlös haben. 4

Der Antrag kann bereits vor dem Versteigerungstermin schriftlich oder zu Protokoll der Geschäftsstelle, in einem Vortermin (s. § 62) oder im Versteigerungstermin (spätestens bis zur Aufforderung zur Abgabe von Geboten) gestellt werden. 5

Der Antragsteller muss ferner angeben, wie er sich die „anderweitige Verwertung" vorstellt. Denn das Gericht ist bei entsprechender Anordnung an diese andere Verwertungsart gebunden. 6

III. Entscheidung des Vollstreckungsgerichts

Bei der Entscheidung des Gerichts handelt es sich um eine **Ermessensentscheidung**; das Gericht kann dem Antrag entsprechen, muss es aber nicht. Hierbei hat die Prüfung zu erfolgen, ob die beantragte Verwertungsart die voraussichtlich beste Verwertung ist oder ob nicht die Versteigerung mit dem Zubehör oder der Forderung einen besseren Erlös erwarten lässt. Ganz überwiegend wird das Letztere auch von den Beteiligten so gesehen, so dass es kaum zu entsprechenden Anträgen kommt. 7

Da es sich um eine Ermessensentscheidung handelt, soll ein **Rechtsmittel** gegen eine Ablehnung des Antrags nicht zulässig sein.[2] Dem kann nicht zugestimmt werden. Denn gerade Ermessensentscheidungen müssen durch ein Rechtsmittel 8

---

2 *Stöber*, § 65 Rn 5.

überprüfbar sein. In jedem Falle ist aber eine Anfechtung der Zuschlagsentscheidung (§§ 83 Nr. 1, 100 Abs. 1) zulässig.[3]

9 Wenn das Gericht jedoch dem Antrag folgt, kann diese Entscheidung mit der **Vollstreckungserinnerung** nach § 766 ZPO angefochten werden.[4] Wurde über die Erinnerung entschieden, ist dagegen kein Rechtsmittel mehr möglich (s. § 95), sondern allein die Anfechtung über eine Zuschlagsbeschwerde wegen einer angeblichen Verletzung der Vorschriften über die Feststellung des geringsten Gebots oder der Versteigerungsbedingungen (s. Rn 8).

10 Mit der Vollstreckungserinnerung nach § 766 ZPO kann der angebliche Eigentümer jedoch nicht die Zubehöreigenschaft der Gegenstände, deren abgesonderte Versteigerung angeordnet ist, angreifen. Ein Dritter kann seine Eigentumsrechte am Zubehör nur durch eine **Drittwiderspruchsklage** nach § 771 ZPO geltend machen.[5]

IV. Andere Art der Verwertung oder Versteigerung

11 Nach Abs. 2 kann die Anordnung nur ausgeführt werden, wenn das geringste Gebot durch ein erstes wirksames Gebot erreicht ist.

12 Die „andere Art der Verwertung" könnte durch eine Verwertung über den vom Versteigerungsgericht beauftragten **Gerichtsvollzieher** erfolgen (s. §§ 817, 817 a ZPO). Bei einer Forderung wäre auch eine **Überweisung an Zahlungs statt** möglich (§§ 825, 835 ZPO).

V. Behandlung des Zubehörs nach Einstellung

13 Der häufigste Fall im Rahmen dieser Vorschrift ist der, dass das Verfahren hinsichtlich des Zubehörs einstweilen eingestellt wurde (s. § 37 Rn 9 ff). Wenn der Einstellungsgrund entfallen ist, kann auf rechtzeitigen Antrag hin (§ 31) das Verfahren insoweit fortgesetzt und das Zubehör verwertet werden. Sollten alle betreibenden Gläubiger den Versteigerungsantrag hinsichtlich des Zubehörs zurückgenommen haben und sollte durch keinen weiteren Beitritt ein erneuter Beschlag erfolgt sein, kann nach Zuschlagserteilung keine abgesonderte Verwertung (zB im Wege der Mobiliarzwangsvollstreckung) mehr erfolgen.[6]

14 Der (hinterlegte) Erlös aus der getrennten Abwicklung ist Bestandteil der **Teilungsmasse** und wird grds. zusammen mit dem Grundstückserlös verteilt. Wenn aber noch eine Entscheidung des Prozessgerichts abgewartet werden muss, ist die gemeinsame Verteilung den Beteiligten nicht zuzumuten, da die Entscheidung des Prozessgerichts häufig erst nach vielen Monaten nach der Zuschlagsentscheidung vorliegt. Deshalb ist die Verteilung des Grundstückserlöses (§§ 105–145) vorab vorzunehmen. Später kann dann die Verteilung des Sondererlöses über eine **Nachtragsverteilung** erfolgen.

VI. Kosten

15 Für das Verfahren nach § 65 entstehen keine besonderen Gebühren. Nur dann, wenn ein Gerichtsvollzieher beauftragt wurde, sind dessen Gebühren und Auslagen vom Erlös abzuziehen.

---

3 Dassler/Schiffhauer/*Hintzen*, § 65 Rn 21.
4 LG Frankenthal Rpfleger 1986, 146.
5 LG Berlin Rpfleger 1978, 268.
6 OLG Hamm Rpfleger 1994, 176.

V.
Versteigerung

§ 66 [Ablauf des Versteigerungstermins bis zur Gebotsaufforderung]

(1) In dem Versteigerungstermin werden nach dem Aufruf der Sache die das Grundstück betreffenden Nachweisungen, die das Verfahren betreibenden Gläubiger, deren Ansprüche, die Zeit der Beschlagnahme, der vom Gericht festgesetzte Wert des Grundstücks und die erfolgten Anmeldungen bekanntgemacht, hierauf das geringste Gebot und die Versteigerungsbedingungen nach Anhörung der anwesenden Beteiligten, nötigenfalls mit Hilfe eines Rechnungsverständigen, unter Bezeichnung der einzelnen Rechte festgestellt und die erfolgten Feststellungen verlesen.

(2) Nachdem dies geschehen, hat das Gericht auf die bevorstehende Ausschließung weiterer Anmeldungen hinzuweisen und sodann zur Abgabe von Geboten aufzufordern.

I. Normzweck und Anwendungsbereich 1	V. Unterbrechung des Versteigerungstermins 17
II. Voraussetzungen für eine Terminsdurchführung 2	VI. Gerichtliche Aufklärungspflicht 19
III. Die Bekanntmachungen im Termin 9	VII. Anmeldungsausschluss und die Aufforderung zur Abgabe von Geboten (Abs. 2) 21
IV. Das geringste Gebot mit den Versteigerungsbedingungen 13	

I. Normzweck und Anwendungsbereich

Die Vorschrift bestimmt den Ablauf des Versteigerungstermins vom Aufruf der 1 Sache bis zur Aufforderung der Abgabe von Geboten. Sie gilt für alle Versteigerungsverfahren, jedoch mit Besonderheiten für Schiffe (§ 168 c Nr. 2) und Luftfahrzeuge (§ 171 e Nr. 2).

II. Voraussetzungen für eine Terminsdurchführung

Die Angaben in der Terminsbestimmung müssen grds. mit dem Ort und auch mit 2 dem Beginn der Versteigerung **identisch** sein. Das bedeutet, dass die Beteiligten (s. § 9 Rn 2 ff) und die Interessenten keine Nachteile erleiden dürfen, wenn sie sich rechtzeitig an der angegebenen Stelle einfinden. Ein **vorzeitiger** Beginn der Versteigerung ist unzulässig (§ 83 Nr. 6; s. § 83 Rn 7). Ein **verspäteter** Beginn ist unschädlich. Muss die Versteigerung zB aufgrund eines großen (unvorhergesehenen) Interesses in einen anderen (größeren) Sitzungssaal verlegt werden, sind die Vorkehrungen zur Bekanntgabe des neuen Versteigerungsortes zu treffen (Hinweis an beiden Türen der Sitzungssäle, Unterrichtung der Wachtmeisterei etc.).

Über den Versteigerungstermin ist ein **Protokoll** zu führen (s. § 78). Dort sind al- 3 le wesentlichen Vorgänge aufzunehmen. Hierzu gehören in jedem Falle

- der Aufruf der Sache,
- die Feststellung der erschienenen Beteiligten (uU auch mit Zeitangabe bei verspätetem Erscheinen),
- Angabe von (Biet-)Vollmachten,
- Angabe von Handelsregisterauszügen,
- die Darstellung der wesentlichen Teile des Termins mit allen Bekanntmachungen.

4 Das Gericht hat die **Beteiligtenstellung** (vgl § 9 Rn 5 ff), die **Prozessfähigkeit** und die **Vertretungsberechtigung** (vgl § 15 Rn 7 ff) genau zu prüfen.

- Die prozessfähigen, natürlichen Personen können im Verfahren selber auftreten (Umkehrschluss aus § 78 ZPO). Sie können sich aber auch durch einen Rechtsanwalt als Bevollmächtigten vertreten lassen. Der bevollmächtigte Rechtsanwalt kann zur Vertretung in der Verhandlung einen anderen Rechtsanwalt oder einen Referendar mit Untervollmacht entsenden, wenn dieser im Vorbereitungsdienst bei ihm beschäftigt ist (§ 157 ZPO). Zur Vergütung des Rechtsanwalts s. § 15 Rn 46 ff.
- Auch ist eine Vertretung durch volljährige Familienangehörige oder durch Personen mit Befähigung zum Richteramt möglich, wenn die Vertretung unentgeltlich erfolgt (§ 79 Abs. 2 Nr. 2 ZPO).
- Ferner kann eine Partei mit jeder prozessfähigen Person als **Beistand** erscheinen (§ 90 ZPO). Diese Person muss aber zu der Partei in einer ganz besonderen persönlichen Beziehung stehen (vgl § 15 Rn 20 f).
- **Juristische Personen** und **Personenhandelsgesellschaften** können außer durch Rechtsanwälte nur durch Beschäftigte (Angestellte, keine freien Mitarbeiter) oder eines mit den Beteiligten iSd § 15 AktG verbundenen Unternehmens vertreten werden (vgl § 15 Rn 14).
- Dagegen ist die Vertretung durch eine beauftragte **Verwertungsgesellschaft** ausgeschlossen. Dies gilt auch dann, wenn die Verwertungsgesellschaft ihrerseits einen Rechtsanwalt mit einer Untervollmacht beauftragt.
- **Behörden** und **juristische Personen des öffentlichen Rechts** können sich auch durch Beschäftigte anderer Behörden oder juristische Personen des öffentlichen Rechts vertreten lassen. Dasselbe gilt auch für die Vertretung von und durch Zusammenschlüsse, die zur Erfüllung der öffentlichen Aufgaben gebildeten werden (§ 79 Abs. 2 Nr. 1 ZPO). Der häufigste Fall in Zwangsversteigerungsverfahren wird hier die Vertretung einer Sparkasse durch eine andere Sparkasse sein.
- Eine Person, die eine fremde oder ihr zum Zweck der Einziehung auf fremde Rechnung abgetretene Geldforderung geltend macht, muss sich durch einen **Rechtsanwalt** vertreten lassen. Ausnahmen gelten nur, soweit sie mit der Gläubigerin iSd § 15 AktG verbunden ist oder wenn eine Forderung einzuziehen ist, die ursprünglich der Person zustand (§ 79 Abs. 1 S. 1 ZPO).
- Wenn kein Rechtsanwalt als Vertreter auftritt, ist die schriftliche Vollmacht (§ 80 ZPO) vom Vollstreckungsgericht von Amts wegen zu prüfen (§ 88 ZPO).
- Fehlt es bei einer nicht prozessfähigen Schuldnerin an einem gesetzlichen Vertreter (weil zB der Geschäftsführer einer GmbH wirksam sein Amt niedergelegt hat), kann in Eilfällen auch die Bestellung eines **Verfahrensvertreters** nach § 57 ZPO in Betracht kommen.
- **Bieter** zählen nicht zu den Beteiligten iSv § 9 (s. § 15 Rn 11). Dementsprechend beurteilt sich die Wirksamkeit ihrer Vertretung im Zwangsversteigerungstermin nach den §§ 164 ff BGB und nicht nach § 79 ZPO. Ein Bieter kann sich daher von jeder bevollmächtigten natürlichen oder juristischen Person vertreten lassen.[1]

5 Die **zeitgleiche Versteigerung mehrerer Grundstücke** durch das Vollstreckungsgericht ist auch dann zulässig, wenn die Voraussetzungen für eine Verbindung der Verfahren nach § 18 nicht vorliegen; diese Verfahrensweise widerspricht im Re-

---

1 BGH NJW 2011, 929 = WM 2011, 461 = ZflR 2011, 373 = JurBüro 2011, 275.

gelfall nicht dem verfassungsrechtlichen Gebot einer fairen Verfahrensgestaltung. Nur wenn im Einzelfall in einem der gleichzeitig durchgeführten Verfahren unvorhergesehene Schwierigkeiten auftauchen, so dass der Rechtspfleger seine Aufmerksamkeit nicht mehr auf die anderen Verfahren richten kann, oder wenn für die Verfahrensbeteiligten und für die Bietinteressenten nicht mehr zu erkennen ist, welche Hinweise des Gerichts gerade das sie interessierende Grundstück betreffen, darf der Rechtspfleger mehrere Versteigerungsverfahren nicht zur selben Zeit durchführen oder er muss – wenn solche Schwierigkeiten in dem Versteigerungstermin auftreten – einzelne Verfahren unterbrechen und die Versteigerungen nacheinander erledigen.[2]

Die Leitung des öffentlichen Versteigerungstermins (§ 169 GVG) hat der für das Verfahren zuständige **Rechtspfleger**. Lediglich die Verhängung einer **Ordnungshaft** oder eine **Beeidigung** kann er nicht vornehmen (§§ 175–183 GVG). Wenn ein Beteiligter den ordnungsgemäßen Verlauf eines Zwangsversteigerungstermins durch wiederholtes und ungebührliches Verhalten gegenüber dem das Verfahren leitenden Rechtspfleger stört (zB Verächtlichmachung und unsachliche Kritik bzgl seiner Tätigkeit), kann dies die mehrfache Verhängung eines **Ordnungsgeldes** durch den Rechtspfleger rechtfertigen.[3] 6

Sollte der Rechtspfleger wegen **Befangenheit** abgelehnt werden, kann er vor der weiteren Durchführung des Termins zunächst versuchen, eine Entscheidung des Vollstreckungsrichters einzuholen (§ 10 S. 2 RPflG), was aber den Richter zeitlich stark unter Druck setzt und die Terminsdurchführung empfindlich stört. Ist das nicht möglich oder wird dies wegen vorgenannter Gründe abgelehnt, hält die Praxis die (weitere) Durchführung des Termins selbst als unaufschiebbare Handlung für zulässig, weil eine Entscheidung über den Befangenheitsantrag noch vor Zuschlagserteilung erfolgen kann. Dies auch dann, wenn man in der Durchführung eines Versteigerungstermins keine unaufschiebbare Amtshandlung iSv § 47 ZPO sieht.[4] 7

Die Terminsdurchführung wird im Falle einer **rechtsmissbräuchlichen Ablehnung** nicht behindert, da über ein missbräuchlich gestelltes Ablehnungsgesuch der Rechtspfleger selbst entscheiden kann; § 47 ZPO gilt in diesem Falle nicht.[5] 8

III. Die Bekanntmachungen im Termin

Im Termin werden die Angaben über das Objekt, insb. der wesentliche Inhalt des Grundbuchs, bekannt gegeben. Auch über die nicht im Grundbuch eingetragenen Baulasten oder Altlasten ist zu informieren. Diese Lasten sind aber bereits grds. im Gutachten benannt und bewertet worden und haben damit Eingang in den Verkehrswert genommen. Eine unterbliebene Bekanntmachung einer mitgeteilten Bau- oder Altlast stellt idR eine Amtspflichtverletzung dar und löst eine Schadensersatzforderung gegen das Land aus.[6] 9

Der Tag der ersten Beschlagnahme (s. § 13 Rn 7 f) ist zu benennen und es ist ferner anzugeben, wer das Verfahren aus welchen Ansprüchen betreibt. 10

Alle dem Gericht vorliegenden oder im Termin erklärten Anmeldungen der Beteiligten sind zu verlesen. 11

---

2 BGH NJW 2007, 2995 = MDR 2007, 975 = Rpfleger 2007, 410.
3 OLG Koblenz Rpfleger 2013, 565
4 LG Konstanz Rpfleger 1983, 490.
5 BGH MDR 2005, 943 = NJW-RR 2005, 1226 = Rpfleger 2005, 415.
6 OLG Karlsruhe Rpfleger 2010, 688.

12 Weiter ist der vom Gericht festgesetzte Verkehrswert (bei mehreren Grundstücken oder Grundstücksbruchteilen gesondert mit der Benennung des Gesamtwertes) bekannt zu geben.

IV. Das geringste Gebot mit den Versteigerungsbedingungen

13 Das Gericht hat mit den anwesenden Beteiligten das geringste Gebot (§ 44) und die Versteigerungsbedingungen zu erörtern, festzustellen und danach zu verlesen. Alle Anwesenden müssen klar und unmissverständlich erkennen können, wie hoch der bar zu zahlende Teil des geringsten Gebots ist, ob und, wenn ja, in welcher Höhe Rechte bestehen bleiben. Denn diese Rechte sind bei der Abgabe von Geboten dem bar zu zahlenden Teil (in Gedanken) hinzuzurechnen.

14 Wenn auf rechtzeitigen Antrag eines Beteiligten (vor der Aufforderung zur Abgabe von Geboten) das geringste Gebot und die Versteigerungsbedingungen abgeändert wurden (s. § 59), ist auch dies mit den Anwesenden zu erörtern, festzustellen und zu verlesen. Ein verspätet gestellter Antrag führt zu keiner Änderung.

15 Das bereits festgestellte geringste Gebot kann dann **nachträglich unrichtig** werden, wenn der bestrangig betreibende Gläubiger seinen Versteigerungsantrag zurückgenommen oder die einstweilige Einstellung bewilligt hat (vgl §§ 29 und 30). In dem Falle müssen die Versteigerungsbedingungen nach dem dann bestrangig (weiter-)betreibenden Gläubiger neu aufgestellt und verlesen werden.[7] Wenn vorher bereits Gebote abgegeben worden sind, erlöschen diese und es muss erneut auf die bevorstehende Ausschließung weiterer Anmeldungen hingewiesen und neu zur Abgabe von Geboten aufgefordert werden, und zwar mit neuer Bietzeit.

16 Bei einer (**nachträglich festgestellten**) **falschen Berechnung** des geringsten Gebots muss ebenfalls ein Abbruch der Bietzeit erfolgen mit Neuberechnung und erneuter ausdrücklicher Feststellung der Versteigerungsbedingungen, die zu verlesen sind; der gesamte Vorgang ist zu protokollieren.[8]

V. Unterbrechung des Versteigerungstermins

17 Der Rechtspfleger kann nach pflichtgemäßem Ermessen jederzeit den Versteigerungstermin unterbrechen. Er hat dies unter Angabe der Zeit der geplanten Terminsfortsetzung zu verkünden; der gesamte Vorgang mit den Zeiten ist zu protokollieren. Dabei handelt es sich nicht um eine Vertagung, sondern lediglich um eine Pause im Versteigerungsvorgang. Die Unterbrechung kann aber auch so weit gehen, dass der zusammenhängende Versteigerungstermin erst am nächsten Tage oder erst nach weiteren Tagen fortgesetzt wird, und zwar direkt im Anschluss an die Verfahrenshandlung, die vor der Unterbrechung vorgenommen wurde.

18 Längere Unterbrechungszeiten sind selten, jedoch sind Unterbrechungen dann sinnvoll und auch erforderlich, wenn die Versteigerungsbedingungen neu festzustellen und das geringste Gebot neu zu berechnen ist. Dies v.a. in größeren Verfahren mit verschiedenen Ausgebotsformen. Auch ist bei einer längeren Terminsdauer und bei schwierigen Versteigerungskonstellationen an die Beteiligten und Bietinteressenten zu denken. Auch diese müssen ihre Situation in Ruhe prüfen können. Letztlich wird auch das Versteigerungsgericht diese Möglichkeit nutzen, um nicht vorhergesehene (weitere) Anträge ausreichend prüfen zu können.

VI. Gerichtliche Aufklärungspflicht

19 Das Gericht hat nach § 139 ZPO eine Aufklärungspflicht, um gesetzmäßige, richtige und auch gerechte Entscheidungen treffen zu können. Deshalb muss der

---

7 BGH MDR 2013, 1427 = WM 2013, 1867 = ZflR 2013, 747 = Rpfleger 2014, 36.
8 LG Köln Rpfleger 1989, 297.

Rechtspfleger im Versteigerungstermin auch dann aufklären, Hinweise geben, Fragen stellen oder Sachverhalte erörtern, wenn ein Anwesender (auch Bieter) Gefahr läuft, einen Rechtsverlust zu erleiden.

Das Gericht darf keine überraschenden Entscheidungen treffen und damit einen Beteiligten oder Interessenten überrumpeln. Daher ist die Bedeutung der 5/10- und 7/10-Grenzen (§ 85 a und § 74 a) zu erörtern, und zwar insb. auch § 85 a Abs. 3 (s. § 85 a Rn 17 ff). Für ein gerechtes Verfahren ist es unerlässlich, dass auch der nicht anwesende Schuldner in einer besonderen Situation über die Möglichkeit eines Vollstreckungsschutzantrags (§ 765 a ZPO) belehrt wird. Bei einem krassen Missverhältnis zwischen Meistgebot und Grundstückswert ist die Zuschlagsentscheidung zu vertagen.[9] Im Falle einer Zwangsmaßnahme gegen den Schuldner im Versteigerungstermin (Verhaftung) und damit zwangsweiser Entfernung aus dem Sitzungssaal kann es zur Gewährleistung des Eigentumsrechts als elementarem Grundrecht geboten sein, den Versteigerungstermin zu unterbrechen oder zu vertagen, um dem Schuldner ein faires Verfahren (Art. 14 Abs. 1 GG) zu ermöglichen.[10]

20

VII. Anmeldungsausschluss und die Aufforderung zur Abgabe von Geboten (Abs. 2)

Auf die bevorstehende Ausschließung weiterer Anmeldungen muss das Gericht ausdrücklich hinweisen, da zeitlich danach eingehende Anmeldungen einen Rechtsverlust erleiden (s. § 37 Rn 6 ff, § 45 Rn 4, § 110 Rn 9 f). Wurde dieser ausdrückliche Hinweis nicht gegeben, stellt das einen Zuschlagsversagungsgrund nach § 83 Nr. 4 dar.

21

Wenn dieser Hinweis gegeben wurde und keine weitere Anmeldung erfolgt ist, muss das Gericht ausdrücklich zur Abgabe von Geboten auffordern. Hierzu haben die Interessenten mindestens 30 Minuten Zeit (s. § 73 Rn 2 ff).

22

§ 67 [Verlangen von Sicherheitsleistung]

(1) ¹Ein Beteiligter, dessen Recht durch Nichterfüllung des Gebots beeinträchtigt werden würde, kann Sicherheitsleistung verlangen, jedoch nur sofort nach Abgabe des Gebots. ²Das Verlangen gilt auch für weitere Gebote desselben Bieters.

(2) ¹Steht dem Bieter eine durch das Gebot ganz oder teilweise gedeckte Hypothek, Grundschuld oder Rentenschuld zu, so braucht er Sicherheit nicht auf Verlangen des Gläubigers zu leisten. ²Auf Gebote des Schuldners oder eines neu eingetretenen Eigentümers findet diese Vorschrift keine Anwendung.

(3) Für ein Gebot des Bundes, der Deutschen Bundesbank, der Deutschen Genossenschaftsbank, der Deutschen Girozentrale (Deutsche Kommunalbank) oder eines Landes kann Sicherheitsleistung nicht verlangt werden.

I. Normzweck und Anwendungsbereich

§ 67 behandelt mit den Bestimmungen der §§ 68–70 die Sicherheitsleistung. Die Normierung einer solchen Bestimmung liegt in dem beabsichtigten Schutz der Beteiligten (s. § 9 Rn 2 ff) vor ungesicherten Geboten, da die Zahlung grds. erst zum Verteilungstermin (s. § 105) erfolgt. Die Vorschrift gilt für alle Versteigerungsarten, allerdings für die Teilungsversteigerung mit der Besonderheit, dass

1

---

9 BVerfGE 46, 325.
10 BVerfG ZflR 2012, 4.

ein Miteigentümer bei Vorliegen der Voraussetzungen des § 184 keine Sicherheit leisten muss.

II. Voraussetzungen für die Anordnung einer Sicherheitsleistung (Abs. 1)

2 Die Sicherheitsleistung muss **unmittelbar** nach Abgabe eines Gebots im Versteigerungstermin von einem Beteiligten (s. § 9 Rn 2 ff) **beantragt** werden. Ein (schriftlicher) Antrag vor dem Termin oder ein Antrag vor Gebotsabgabe im Termin ist nicht zulässig. Denn das Versteigerungsgericht muss unmittelbar nach Gebotsabgabe über die Wirksamkeit entscheiden (s. § 71 Rn 10 ff). Der Antrag gilt für alle weiteren Gebote desselben Bieters, bis der Beteiligte auf weitere Sicherheitsleistung verzichtet.

3 Voraussetzung ist weiterhin, dass der Beteiligte **durch** eine **Nichtzahlung** beeinträchtigt wäre, er also aus dem Gebot mit mindestens 0,01 € befriedigt werden könnte. Aber auch Berechtigte bestehen bleibender Rechte könnten dadurch beeinträchtigt sein, dass durch die Nichtzahlung die vorrangigen Ansprüche weiter anwachsen (s. §§ 118 und 128). Mieter und Pächter besitzen kein Antragsrecht, da sie keine Zahlungsansprüche haben.

4 Zu den **Antragsberechtigten** gehört in aller Regel auch der Schuldner. Zwar wird er seltener Zahlungsansprüche aus einem Eigentümerrecht haben oder seltener wird die Gefahr bestehen, dass dieses Recht durch Anwachsen vorrangiger Rechte, die durch die ausbleibende Zahlung nicht bedient werden können, beeinträchtigt wird. In aller Regel wird aber der Schuldner für die geltend gemachten Ansprüche auch persönlich haften und diese Haftung würde bei Nichtzahlung fortdauern und größer werden.[1] Abs. 1 entfaltet eben auch Schutzwirkung für den Schuldner.[2]

5 Bei **mehreren Ausgebotsformen** (Einzelausgebote, Gruppenausgebote, Gesamtausgebot) muss der Antrag für jedes Objekt und für jede Ausgebotsform gesondert gestellt werden.

III. Anordnung der Sicherheitsleistung

6 Nach Antragstellung besteht für das Gericht die Schwierigkeit darin, eine **Beeinträchtigung** festzustellen. Dazu ist es in komplizierten Fällen notwendig, einen **fiktiven Teilungsplan** mit allen bar zu zahlenden Ansprüchen bis zum (voraussichtlichen) Verteilungstermin unter Beachtung der bestehenden Rangfolge aufzustellen (vgl § 114).

7 Ist die Notwendigkeit eines fiktiven Teilungsplans bereits vor dem Termin absehbar, sollte das Gericht den Plan im Rahmen der Vorbereitung bereits aufstellen. So kann das Gericht eine mögliche Beeinträchtigung sofort feststellen und über den Antrag **sofort** entscheiden (s. § 70 Rn 2).

IV. Einschränkung des Sicherheitsverlangens (Abs. 2)

8 Steht einem Bieter eine Grundschuld (auch Hypothek, Zwangssicherungshypothek, Rentenschuld) zu, braucht er eine Sicherheit dann **nicht** leisten, wenn

- sein Recht nach den Versteigerungsbedingungen nicht bestehen bleibt und
- die Sicherheit nicht von einem das Verfahren betreibenden Gläubiger verlangt wird.

Die erste Voraussetzung wird deshalb angenommen, weil es sich um eine Absicherung gegen eine mögliche Nichtzahlung handelt. Denn ein bestehen bleiben-

---

1 OLG Düsseldorf Rpfleger 1989, 36.
2 BVerfG Rpfleger 1988, 156.

des Recht müsste der Ersteher übernehmen und der Bieter hätte insoweit keinerlei Risiko. Weil diese Einschränkung dem Gesetz aber nicht zu entnehmen ist, wird in der Literatur auch vertreten, dass es ausreiche, wenn Kosten und/oder Zinsen aus dem Bargebot zu decken sind – oder – noch weitergehend –, dass es auch hierauf nicht ankomme, wenn nur das Recht selbst bestehen bleibt.

Betreibender Gläubiger im Sinne der o.a. zweiten Voraussetzung ist nur der, der für das Verfahren und den Termin als **aktiv** Betreibender angesehen werden kann. Ein betreibender Gläubiger, der die einstweilige Einstellung bewilligt hat, zählt hierzu nicht. Ferner muss der Anordnungs- oder Beitrittsbeschluss dem Schuldner vier Wochen vor dem Termin zugestellt sein (§ 43 Abs. 2), wobei diese Frist auch für einen Fortsetzungsbeschluss nach vorangegangener einstweiliger Einstellung gilt. Denn nur dann gilt der Gläubiger für den Versteigerungstermin als aktiv Betreibender. 9

Das Versteigerungsgericht hat die Absicherung des Bieters durch Einsicht in die Grundbucheintragungen oder bei Abtretungen (auch Pfändungen, gesetzlicher Forderungsübertragung) durch Einsicht in die vorzulegenden Hypotheken- und Grundschuldbriefe nebst öffentlich beglaubigter Abtretungserklärungen (Überweisungsbeschlüsse, öffentlich beglaubigter Anerkenntnisse iSv § 1155 BGB) zu prüfen. 10

Eine Pflicht zur Sicherheitsleistung ergibt sich aber immer dann, wenn der Schuldner (oder ein neu eingetretener Eigentümer) Gebote abgibt. Hier muss bei jedem berechtigten Antrag Sicherheit in gesetzlicher Höhe geleistet werden. 11

V. Befreiung von der Sicherheitsleistung (Abs. 3)

Die Bundesrepublik Deutschland mit ihren Ländern, die Bundesbank, die DZ Bank AG (Deutsche Zentral-Genossenschaftsbank) und die DekaBank (Deutsche Girozentrale) sind von jeglicher Sicherheitsleistung befreit (Abs. 3). Die Befreiung gilt ferner für die nach § 10 Nr. 1 EGZVG landesrechtlich durch Gesetz bestimmten kommunalen Körperschaften, Kreditanstalten und Sparkassen. 12

§ 68 [Höhe der Sicherheitsleistung]

(1) ¹Die Sicherheit ist für ein Zehntel des in der Terminsbestimmung genannten, anderenfalls des festgesetzten Verkehrswerts zu leisten. ²Ist die Sicherheitsleistung durch Überweisung auf das Konto der Gerichtskasse bewirkt, ordnet das Gericht die Auszahlung des überschießenden Betrags an.

(2) Ein Beteiligter, dessen Recht nach § 52 bestehenbleibt, kann darüber hinausgehende Sicherheitsleistung bis zur Höhe des Betrags verlangen, welcher zur Deckung der seinem Rechte vorgehenden Ansprüche durch Zahlung zu berichtigen ist.

(3) Bietet der Schuldner oder ein neu eingetretener Eigentümer des Grundstücks, so kann der Gläubiger darüber hinausgehende Sicherheitsleistung bis zur Höhe des Betrags verlangen, welcher zur Deckung seines Anspruchs durch Zahlung zu berichtigen ist.

(4) Die erhöhte Sicherheitsleistung nach den Absätzen 2 und 3 ist spätestens bis zur Entscheidung über den Zuschlag zu erbringen.

I. Normzweck und Anwendungsbereich

Die Vorschrift behandelt mit den Bestimmungen der §§ 67, 69 und 70 die Sicherheitsleistung, und zwar hier die Höhe der Sicherheitsleistung. Sie gilt für alle Ver- 1 steigerungsarten, wobei für die Teilungsversteigerung die Besonderheit besteht, dass ein Miteigentümer bei Vorliegen der Voraussetzungen des § 184 keine Sicherheit leisten muss.

II. Grundsätzliche Höhe der Sicherheitsleistung (Abs. 1)

2 Wenn die Sicherheitsleistung vom Versteigerungsgericht angeordnet wurde, ist sie iHv 10 % des festgesetzten **Verkehrswertes** (§ 74 a Abs. 5) zu leisten. Der Verkehrswert ist den Beteiligten (§ 9 Rn 2 ff) durch die Zustellung des Wertfestsetzungsbeschlusses bereits bekannt und wird durch die Terminszustellung – der Wert soll in der Terminsbestimmung angegeben werden (s. § 39 Rn 2 ff, § 43 Abs. 2, ferner § 38 Rn 4) – nochmals benannt. Interessenten und potenzielle Bieter erfahren den Wert und weitere Einzelheiten durch die Veröffentlichung (s. § 40 Rn 4 ff). Auf diese Weise können sie sich auch insoweit auf den Versteigerungstermin vorbereiten.

3 Wurde der Verkehrswert noch im Versteigerungstermin abgeändert, hat das auf die Berechnung der Sicherheitsleistung keinen Einfluss. Dies gilt auch dann, wenn der Verkehrswert in der Terminsbestimmung (versehentlich) falsch angegeben wurde. Denn die Interessenten/Bieter müssen auf die veröffentlichten Angaben vertrauen können.

4 Das Gericht soll im Versteigerungstermin auf die Möglichkeit und Höhe einer zu erbringenden Sicherheitsleistung nochmals hinweisen (s. § 66 Rn 9 ff). Eine besondere Belehrungspflicht hinsichtlich der notwendigen Höhe einer Sicherheitsleistung in der laufenden Versteigerung besteht aber nicht.[1] Die vor dem 1.2.2007 bestandene Möglichkeit, noch in der Bietzeit eine fehlende Sicherheit zu beschaffen, wird jetzt kaum noch umgesetzt werden können, weil nur noch **unbare Zahlung** zulässig ist.

5 Das Verlangen auf Sicherheit kann **nachträglich beschränkt** oder es kann auch darauf **verzichtet** werden. Bei Anträgen verschiedener Beteiligter nützt das dem Bieter jedoch nur, wenn insgesamt die Beschränkung oder der Verzicht erklärt wird.

6 In der Praxis kann es vorkommen, dass Bieter glauben, nur iHv 10 % ihres Bargebots Sicherheit leisten zu müssen (gesetzliche Regelung bis 31.7.1998). Auch werden (seltener) andere Sicherheiten angeboten (Goldmünzen, Sparbücher usw). Es liegt dann allein bei den berechtigten (Sicherheit verlangenden) Beteiligten, diese andere Art der Sicherheitsleistung zu akzeptieren oder nicht. Denn nur ihrem Schutz dient die Sicherheitsleistung. Allerdings kann ein Bieter in keinem Falle auf eine Akzeptanz der Beteiligten vertrauen.

7 Eine besondere Problematik ergibt sich dann, wenn die erbrachte **Sicherheit über dem Bargebot** liegt. Dieser Fall kann dann eintreten, wenn aus nachrangigen Ansprüchen das Verfahren betrieben wird und der Ersteher Rechte zu übernehmen hat (s. § 52 Rn 3 f), die dem Wert des Objektes nahe kommen. Dann wird vielleicht nur das Bargebot selbst oder wenig darüber hinaus geboten. In dem Falle haben grds. eine (teilweise) Freigabe und eine (spätere) Auszahlungsanordnung an die Gerichtskasse zu erfolgen (**Abs. 1 S. 2**). Dies erfolgt erst frühestens nach Schluss der Versteigerung (§ 73). Wenn nicht (voll) benötigte Schecks überreicht wurden (s. § 69 Abs. 1), müssen diese erst zur Einlösung eingereicht werden, bevor eine (teilweise) Rückzahlung erfolgen kann. In aller Regel verzichten aber die Ersteher darauf, weil sie eine Verzinsung des Bargebots (insoweit) vermeiden wollen (s. § 49 Rn 5).

---

1 OLG Brandenburg Rpfleger 2001, 610.

III. Erhöhte Sicherheitsleistung (Abs. 2)

Mit der Regelung in Abs. 2 (erhöhte Sicherheitsleistung zugunsten von im 8 Grundbuch abgesicherten Beteiligten) will der Gesetzgeber Inhaber von bestehen bleibenden Rechten (s. § 52 Rn 3 f) davor schützen, dass die durch das Grundstück gewährte Sicherheit durch ein Anwachsen vorgehender Ansprüche aus weiter bestehen bleibenden Rechten wie Kosten, Zinsen und anderer wiederkehrender Leistungen verringert wird. Diese Grundpfandrechtsinhaber können eine Sicherheitsleistung bis zu der Höhe verlangen, die zur Abdeckung dieser vorgehenden Ansprüche benötigt wird. Inhaber von Rechten, die aufgrund abgeänderter Versteigerungsbedingungen, aufgrund einer Vereinbarung oder als nachrangige Altenteile bestehen bleiben (s. § 52 Rn 12 ff, § 59 Rn 9, § 91 Abs. 2), können diesen Schutz nicht beantragen.

Eine erhöhte Sicherheit muss **ausdrücklich** verlangt werden. Dann ist die Sicherheit in der Höhe zu leisten, die zur Befriedigung der dem bestehen bleibenden Recht vorgehenden Ansprüche erforderlich ist. Der konkrete Betrag kann nur mit Hilfe eines fiktiven Teilungsplans berechnet werden (vgl § 67 Rn 6). Sie ist aber in jedem Falle mindestens iHv 10 % vom Verkehrswert zu leisten, auch wenn der vorher berechnete Betrag geringer ist. Wenn eine mehrfache Berechtigung vorliegt, ist im Zweifel der Antrag auf alle Rechte auszudehnen. In der Praxis wird die erhöhte Sicherheit selten beantragt. 9

IV. Sicherheitsleistung des Schuldners oder neuen Eigentümers (Abs. 3)

Ein eher seltener Fall liegt dann vor, wenn der **Schuldner** oder ein nach der Beschlagnahmewirksamkeit (s. § 22 Rn 2 ff) **neu eingetragener Eigentümer** Gebote abgeben. Hier hat der Gesetzgeber dem (aktiv) betreibenden Gläubiger (s. § 67 Rn 9) die Möglichkeit eingeräumt, eine erhöhte Sicherheit bis zu dem Betrage zu beantragen, der zur Deckung seiner Ansprüche ausreicht; der Antrag muss aber ausdrücklich gestellt werden. Sollten mehrere Gläubiger das Verfahren (aktiv) betreiben und entsprechende Anträge stelle, so richtet sich die Höhe nach dem rangschlechtesten Anspruch, natürlich begrenzt bis zur Höhe des abgegebenen Bargebots. 10

Die Erhöhung kann aber dann nicht beantragt werden, wenn der Schuldner für einen Dritten oder als gesetzlicher Vertreter für seine Kinder bietet (s. § 71 Rn 8 f). So könnte der Schuldner seine Ehefrau zum Bieten veranlassen, so dass nur die (normale) Sicherheit iHv 10 % des festgesetzten Verkehrswertes gefordert werden kann. Hier besteht für die betreibenden Gläubiger nur die Möglichkeit, nach Schluss der Bietzeit die einstweilige Einstellung zu bewilligen, so dass der Zuschlag nach §§ 30, 33, 83 Nr. 6 zu versagen wäre. Weil nicht ausgeschlossen werden kann, dass für ein solches Gebot doch die Bonität (Zahlungsfähigkeit) besteht, sollte nach Schluss der Bietzeit ein Verkündungstermin (s. § 87) beantragt werden, um in der Zwischenzeit die Zahlungsbereitschaft prüfen zu können. Sollte sie bestehen, steht einem Zuschlag aus diesem Grunde nichts entgegen. 11

V. Nachträglich zu erbringende Sicherheitsleistung (Abs. 4)

Ein besonderes Problem ergibt sich für die Praxis jetzt dadurch, dass der Gesetzgeber mit Wirkung vom 16.2.2007 das **Bargeld** aus dem Bietgeschäft verbannt hat.[2] Denn früher konnte eine erhöhte Sicherheitsleistung noch in der Bietzeit durch Barzahlung bewirkt werden. Nun musste eine Möglichkeit zur Erbringung einer erhöhten Sicherheitsleistung nach Abs. 2 und 3 geschaffen werden. Die (un- 12

---

2 Durch 2. Justizmodernisierungsgesetz vom 22.12.2006 (BGBl. I S. 3416, 3422).

vollständige) Lösung findet sich in Abs. 4, wonach die erhöhte Sicherheitsleistung noch bis zur Entscheidung über den Zuschlag erbracht werden kann. Hierbei hat der Gesetzgeber offensichtlich die Erlöschenstatbestände im Bietgeschäft nicht ausreichend beachtet und die Zulassungsvoraussetzungen für weitere Gebote sehr missverständlich und teilweise unvollständig gelöst (s. § 72 Rn 15 ff).

§ 69 [Art der Sicherheitsleistung]

(1) Eine Sicherheitsleistung durch Barzahlung ist ausgeschlossen.

(2) ¹Zur Sicherheitsleistung sind Bundesbankschecks und Verrechnungsschecks geeignet, die frühestens am dritten Werktag vor dem Versteigerungstermin ausgestellt worden sind. ²Dies gilt nur, wenn sie von einem im Geltungsbereich dieses Gesetzes zum Betreiben von Bankgeschäften berechtigten Kreditinstitut oder der Bundesbank ausgestellt und im Inland zahlbar sind. ³Als berechtigt im Sinne dieser Vorschrift gelten Kreditinstitute, die in der Liste der zugelassenen Kreditinstitute gemäß Artikel 3 Abs. 7 und Artikel 10 Abs. 2 der Richtlinie 77/780/EWG des Rates vom 12. Dezember 1977 zur Koordinierung der Rechts- und Verwaltungsvorschriften über die Aufnahme und Ausübung der Tätigkeit der Kreditinstitute (ABl. EG Nr. L 322 S. 30) aufgeführt sind.

(3) ¹Als Sicherheitsleistung ist eine unbefristete, unbedingte und selbstschuldnerische Bürgschaft eines Kreditinstituts im Sinne des Absatzes 2 zuzulassen, wenn die Verpflichtung aus der Bürgschaft im Inland zu erfüllen ist. ²Dies gilt nicht für Gebote des Schuldners oder eines neu eingetretenen Eigentümers.

(4) Die Sicherheitsleistung kann durch Überweisung auf ein Konto der Gerichtskasse bewirkt werden, wenn der Betrag der Gerichtskasse vor dem Versteigerungstermin gutgeschrieben ist und ein Nachweis hierüber im Termin vorliegt.

I. Normzweck und Anwendungsbereich 1	IV. Sicherheitsleistung durch Überweisung (Abs. 4) 8
II. Sicherheitsleistung durch Scheck (Abs. 2) 2	V. Akzeptierte andere Art der Sicherheitsleistung 14
III. Sicherheitsleistung durch Bankbürgschaft (Abs. 3) 6	

I. Normzweck und Anwendungsbereich

1 Die Vorschrift behandelt mit den Bestimmungen der §§ 67, 68 und 70 die Sicherheitsleistung, und zwar hier die Art, wie die Sicherheitsleistung erbracht werden kann. Sie gilt für alle Versteigerungsarten.

II. Sicherheitsleistung durch Scheck (Abs. 2)

2 Die Sicherheitsleistung kann erbracht werden durch

- einen **Bundesbankscheck** unter folgenden weiteren Voraussetzungen:
  - Der Scheck kann von einem berechtigten Kreditinstitut ausgestellt werden, das bei der Bundesbank ein Konto unterhält.
  - Der Scheck darf frühestens am dritten Werktag vor dem Versteigerungstermin ausgestellt werden.

    Beispiel (Frist „dritter Werktag"): Findet der Termin am Montag statt, darf der Scheck frühestens am Donnerstag der vorherigen Woche ausgestellt werden (= Donnerstag, Freitag, Samstag; der Samstag ist iSd BGB ein Werktag).

Für den Termin am Dienstag darf die Ausstellung erst am Freitag der vorherigen Woche vorgenommen werden.

Für den Termin am Mittwoch stellt sich das Problem, dass der Ausstellungstag auf den Samstag davor fallen würde. Hierbei handelt es sich jedoch um einen Fall von § 193 BGB (Fristablauf am Sonn- und Feiertage; Sonnabende), wonach sich die Frist um den Tag davor, also auf den Freitag, verlängert. Nach aA soll § 193 BGB nicht einschlägig sein, was bedeuten würde, dass im vorgenannten Beispiel (Versteigerungstermin am Mittwoch) ein bereits am Freitag ausgestellter Scheck nicht zugelassen werden könnte.[1]

Hiervon unabhängig gilt die Fristverlängerung auch für den Sonntag oder gesetzlichen Feiertag. Findet der Termin am Dienstag statt und handelt es sich bei dem Freitag der vorigen Woche um einen Feiertag, verlängert sich die Frist auf den Donnerstag.

- Der Scheck kann auch als Barscheck ausgestellt werden, darf aber von der Gerichtskasse nur wie ein Verrechnungsscheck eingezogen werden.

■ einen **Verrechnungsscheck** unter folgenden weiteren Voraussetzungen:
  - Der Scheck kann von einem berechtigten Kreditinstitut ausgestellt werden (grds. alle Banken innerhalb der EU).
  - Der Scheck muss von einem in Deutschland ansässigen Kreditinstitut stammen („im Inland zahlbar").
  - Ausstellendes Kreditinstitut und bezogenes Kreditinstitut dürfen nicht identisch sein (Art. 6 Abs. 3 ScheckG).
  - Der Scheck darf frühestens am dritten Werktag vor dem Versteigerungstermin ausgestellt werden (s. hierzu das vorherige Beispiel).

Bei **Bundesbankschecks** wird die Deutsche Bundesbank mit ihren Hauptverwaltungen dem Inhaber, aber auch dem Aussteller und dem Indossanten gegenüber zur Einlösung verpflichtet. Diese Verpflichtung besteht auch dann, wenn über das Vermögen des Ausstellers das Insolvenzverfahren eröffnet wurde. Allerdings erlischt die Verpflichtung aus der Bestätigung dann, wenn der Scheck nicht binnen acht Tagen nach der Ausstellung zur Zahlung vorgelegt wird (§ 23 Abs. 1–3 BBankG). Da diese rechtzeitig vorgelegten Schecks wie Bargeld anzusehen sind, wird eine Bestätigung nur dem ausstellenden Kreditinstitut erteilt, das bei der Deutschen Bundesbank ein Guthaben unterhält.

Verrechnungsschecks werden unter obigen Voraussetzungen als Sicherheitsleistung anerkannt. Die Vorlegungsfrist beträgt auch hier acht Tage (Art. 29 ScheckG). Fällt das Ende der Frist auf einen gesetzlichen Feiertag oder Sonnabend, dann ist die Frist bis zum nächsten Werktag verlängert (Art. 55 ScheckG).

Der Bieter kann mittels eines Schecks **mehrfach Sicherheit** leisten, wenn im Versteigerungstermin ohne weiteres festgestellt werden kann, dass der Scheck den gesetzlichen Anforderungen entspricht und einen unverbrauchten Wert in ausreichender Höhe verkörpert.[2]

---

1 *Rellermeyer*, Rpfleger 2012, 181.
2 BGH MDR 2008, 944 = NJW-RR 2008, 1597 = Rpfleger 2008, 515.

III. Sicherheitsleistung durch Bankbürgschaft (Abs. 3)

6 Die Sicherheit kann auch durch eine **Bankbürgschaft** geleistet werden unter folgenden Voraussetzungen (**Abs. 3 S. 1**):

- Die Bürgschaft muss unbefristet, unbedingt und selbstschuldnerisch sein und damit das Kreditinstitut selbst verpflichten (§§ 777, 158 und 773 Abs. 1 Nr. 1 BGB).
- Die Bürgschaft muss von einem Kreditinstitut, das zum Betreiben von Bankgeschäften berechtigt ist, übernommen werden.
- Die Verpflichtung aus der Bürgschaft muss im Inland zu erfüllen sein.

Diese Form der Sicherheitsleistung ist nicht für Gebote des Schuldners bzw eines nach Beschlagnahmewirkung (§ 22 Abs. 1) eingetragenen neuen Eigentümers zulässig (**Abs. 3 S. 2**).

7 Die Bürgschaftserklärung kann schriftlich übergeben oder im Termin zu Protokoll des Versteigerungsgerichts erklärt werden. Im letzteren Fall hat das Gericht die Legitimation der Vertreter des Kreditinstituts zu prüfen. Die Schriftform kann auch durch eine notarielle Beurkundung nach § 126 Abs. 3 BGB ersetzt werden. Auch die notarielle Bürgschaftserklärung ist dem Gericht zu übergeben und bis zur Zahlung bei den Gerichtsakten zu verwahren. Diese Form der Sicherheitsleistung wird in der Praxis kaum noch gewählt.

IV. Sicherheitsleistung durch Überweisung (Abs. 4)

8 Bei der vorherigen Überweisung der Sicherheit auf ein Konto der zuständigen Gerichtskasse müssen angegeben sein:

- der Name des Amtsgerichts,
- das Aktenzeichen des Verfahrens,
- das Stichwort „Sicherheit",
- der Tag des Versteigerungstermins.

9 Bei dieser Art der Sicherheitsleistung durch vorherige Überweisung muss der Bietinteressent aber darauf achten, dass die Überweisung von seinem Konto (nicht zB vom Konto der Ehefrau/oder des Geschäftsbetriebs) erfolgt. Denn sonst ist für den Rechtspfleger nicht erkennbar, dass der Zahlungseingang die Gebote des vor ihm stehenden Bieters deckt.

10 Eine förmliche Hinterlegung entfällt. Denn seit der Neufassung von Abs. 3[3] des § 107 wird ein Geldbetrag, der zur Sicherheit für das Gebot des Erstehers bei der Gerichtskasse einbezahlt ist, auf die vom Ersteher zum Verteilungstermin zu leistende Zahlung angerechnet (§ 107 Abs. 2).

11 Auch in einem **Eilfall** soll es dem Bietinteressenten jetzt nicht mehr möglich sein, die Zahlung in bar an der Gerichtskasse vor seiner Gebotsabgabe vorzunehmen und mit einem entsprechenden Nachweis zu bieten. In welchen Fällen die Barzahlungen an der Gerichtskasse abgeschafft werden kann, wird durch das **Gesetz über den Zahlungsverkehr mit Gerichten und Justizbehörden (ZahlVGJG)** vom 22.12.2006[4] geregelt. Danach können die Landesregierungen durch Rechtsverordnung bestimmen, in welchen Fällen Zahlungen an die Justizbehörden der Länder unbar zu leisten sind. Dabei müssen aber auch für Eilfälle Ausnahmen zugelassen werden und es hat insoweit eine Regelung zu erfolgen.

---

[3] Durch 2. Justizmodernisierungsgesetz vom 22.12.2006 (BGBl. I S. 3416, 3422).
[4] BGBl. I S. 3416.

Zwischenzeitlich ist auf der Grundlage der Ermächtigung in § 1 Abs. 1 ZahlVG-JG in mehreren Bundesländern durch eine Rechtsverordnung generell die Barzahlung der Sicherheitsleistung an den Gerichtskassen abgeschafft und **ausschließlich** der **unbare Zahlungsweg** vorgeschrieben worden. 12

Nach einer ersten (bekannt gewordenen) Entscheidung zu dieser Problematik[5] muss die Justizkasse in begründeten **Ausnahmefällen** die Barzahlung akzeptieren. Einen entsprechenden Nachweis hierüber habe auch das Versteigerungsgericht zu akzeptieren. Der BGH hat die Streitfrage dahin entschieden, dass die Sicherheitsleistung durch eine vorherige Bareinzahlung auf ein Konto der Gerichtskasse möglich ist und ferner dann, wenn die Gerichtskasse – ohne hierzu verpflichtet zu sein – eine **Bareinzahlung** entgegennimmt.[6] 13

V. Akzeptierte andere Art der Sicherheitsleistung

Der die Sicherheit verlangende Beteiligte kann auch andere bargeldlose Arten von Sicherheiten (Wertpapiere, Gold, Schmuck, Münzen, Hypotheken- und Grundschuldbriefe, andere Währungen, Sparkassenbücher etc.) akzeptieren (s. § 68 Rn 5), muss aber dann idR seinen Antrag zurücknehmen. Denn es kann nicht damit gerechnet werden, dass das Gericht hierbei mitwirkt. 14

Denn das Gericht müsste im Protokoll genau festhalten, welche andere Art der Sicherheitsleistung erbracht und akzeptiert wird. Bezüglich der übergebenen Sicherheiten sollte auch ausdrücklich vereinbart und im Protokoll festgehalten werden, wie das Gericht die Sicherheiten bei Nichtzahlung zum Verteilungstermin (s. § 105 Abs. 1) verwerten soll. Bezüglich eines **Sparbuches** müsste die Justiz ermächtigt werden, zum Verteilungstermin den Sicherheitsbetrag abzuheben. Denkbar wäre auch eine Verpfändung mit schriftlicher Anzeige des Kontoinhabers an die Sparkasse nach §§ 1280–1296 BGB (auch diese Anzeige ist dem Gericht zu übergeben). Wegen dieser Schwierigkeiten wird in diesen Ausnahmefällen in der Praxis nur die **Antragsrücknahme** des verlangenden Beteiligten möglich sein. 15

§ 70 [Sofortige Entscheidung über die Sicherheitsleistung]

(1) Das Gericht hat über die Sicherheitsleistung sofort zu entscheiden.

(2) ¹Erklärt das Gericht die Sicherheit für erforderlich, so ist sie sofort zu leisten. ²Die Sicherheitsleistung durch Überweisung auf ein Konto der Gerichtskasse muss bereits vor dem Versteigerungstermin erfolgen. ³Unterbleibt die Leistung, so ist das Gebot zurückzuweisen.

(3) Wird das Gebot ohne Sicherheitsleistung zugelassen und von dem Beteiligten, welcher die Sicherheit verlangt hat, nicht sofort Widerspruch erhoben, so gilt das Verlangen als zurückgenommen.

I. Normzweck und Anwendungsbereich 1	IV. Zulassung des Gebots ohne Sicherheitsleistung (Abs. 3) 10
II. Sofortige Entscheidung über die Sicherheitsleistung (Abs. 1) 2	V. Behandlung der nicht (mehr) benötigten Sicherheiten 11
III. Sofortige Leistung der Sicherheit (Abs. 2) 5	VI. Rechtsbehelfe und Belehrung ... 14

---

5 LG Berlin Rpfleger 2008, 660.
6 BGH MDR 2013, 874 = WM 2013, 922 = Rpfleger 2013, 560.

I. Normzweck und Anwendungsbereich

1 Die Vorschrift behandelt mit den Bestimmungen der §§ 67–69 die Sicherheitsleistung, und zwar hier die Entscheidung über die Sicherheitsleistung. Sie gilt für alle Versteigerungsarten.

II. Sofortige Entscheidung über die Sicherheitsleistung (Abs. 1)

2 Das Vollstreckungsgericht hat bei einem Antrag auf Sicherheitsleistung, der sofort nach wirksamer Gebotsabgabe gestellt werden muss (s. § 67 Rn 2), sofort zu prüfen, ob der Beteiligte (s. § 9 Rn 2 ff) zu dieser Antragstellung berechtigt ist (s. § 67 Rn 3 f). Wenn das Gericht dies bejaht, hat es **sofort** die Sicherheitsleistung anzuordnen. Einen Ermessensspielraum hat es nicht, auch wenn es den Bieter für zahlungsfähig hält.

3 Anträge auf Sicherheitsleistung können von verschiedenen Beteiligten gestellt werden. Das Gericht sollte über jeden Antrag gesondert entscheiden, und zwar in der **Reihenfolge** der Gebotsabgabe. Das wird dadurch erreicht, dass das Gericht ein weiteres Gebot erst dann entgegennimmt, nachdem das vorherige zugelassen oder zurückgewiesen wurde. Zwar erlischt nach § 72 Abs. 1 ein Gebot durch die Zulassung eines Übergebots, jedoch könnte das Übergebot wirksam angefochten werden, wenn sich der Bieter in einem Inhaltsirrtum oder in einem Erklärungsirrtum nach § 119 Abs. 1 BGB befunden hat (s. § 71 Rn 3 ff). Damit wäre wieder das vorherige Gebot im Hinblick auf einen möglichen Zuschlag zu prüfen, falls keine weiteren Gebote abgegeben wurden.

4 Auch deshalb ist es für alle Beteiligten von großer Bedeutung, dass gerade der Bietvorgang ohne jede Eile durchgeführt wird. Denn die Bietzeit von 30 Minuten (§ 73 Abs. 1) stellt nur eine Mindestzeit dar. Tatsächlich sind die Fälle nicht selten, wo der Bietvorgang einen erheblich größeren Zeitraum benötigt, was bei verschiedenen Ausgebotsformen bis hin zu mehreren Stunden gehen kann. Unter Umständen könnte auch die Unterbrechung des Versteigerungstermin ratsam oder nötig sein (s. § 66 Rn 17 f).

III. Sofortige Leistung der Sicherheit (Abs. 2)

5 Ordnet das Versteigerungsgericht die Sicherheitsleistung an, ist diese grds. **sofort** zu leisten (**Abs. 2 S. 1**). Das bedeutet aber nicht, dass der Bieter mit seiner Sicherheit „auf dem Sprung" sein muss. Eine kurze Frist für die Beibringung der Sicherheit ist einzuräumen. Eine „sofortige Sicherheitsleistung" ist gegeben, wenn die Sicherheit innerhalb einer kurzen Frist beigebracht werden kann (s. Rn 6).[1]

6 Sollte ein Bieter nicht mit einer zu erbringenden Sicherheitsleistung rechnen oder aber glauben, diese in anderer Form leisten zu können, könnte das Gericht die Möglichkeit einräumen, **Bargeld** zu beschaffen, wenn hierdurch der Verfahrensgang nur unwesentlich aufgehalten wird.[2] Dieses Bargeld müsste aber dann noch bei der Gerichtskasse eingezahlt werden (s. § 69 Rn 11 ff). Eine Verpflichtung zur Einräumung dieser Möglichkeit besteht für das Gericht jedoch nicht.[3] Denn nach der Änderung der gesetzlichen Bestimmungen hinsichtlich der Leistung der Sicherheit und der Verkürzung der Mindestzeit zur Abgabe von Geboten ist es mit dem Gesetz grds. nicht vereinbar, einem Bieter, der seiner Obliegenheit zur Beschaffung einer geeigneten Sicherheit vor dem Termin nicht nachgekommen ist, im Termin noch Gelegenheit zu geben, diese während der Bietzeit zu beschaffen und – falls dafür erforderlich – die Frist zur Abgabe von Geboten zu verlängern.

---

1 BGH NJW 2000, 2810.
2 OLG Zweibrücken Rpfleger 1978, 107.
3 BGH Rpfleger 2006, 211.

Wenn das Gericht im Einzelfall die Bietzeit unwesentlich verlängert, so geschieht das zB deshalb, um überhaupt ein zuschlagsfähiges Gebot zu erhalten. Dann könnte der Bieter – auf welche Weise auch immer – die Zeit nutzen und den Beteiligten zur Rücknahme seines Sicherheitsverlangens bewegen. 7

Für die **Leistung der Sicherheit** gilt § 69; sie kann bereits vorher durch Überweisung auf ein Konto der Gerichtskasse erfolgen (s. § 69 Rn 2 ff). 8

Sollte die Sicherheit trotz Anordnung nicht geleistet werden, ist das Gebot durch das Versteigerungsgericht zurückzuweisen (**Abs. 2 S. 3**). Das Gebot erlischt aber erst dann, wenn dagegen kein Widerspruch erhoben wird (s. § 72 Rn 7 ff).[4] 9

IV. Zulassung des Gebots ohne Sicherheitsleistung (Abs. 3)

Wird eine angeordnete Sicherheit nicht geleistet und gleichwohl das Gebot zugelassen, bleibt es bestehen (s. § 72 Rn 8). Wenn danach ein (wirksames) Übergebot abgegeben würde, hätte das die Folge, dass das vorherige Gebot nach § 72 Abs. 1 erloschen wäre. In dem Falle, dass der vorherige Bieter erneut ein Gebot abgeben würde, müsste ein Antrag auf Sicherheitsleistung neu gestellt werden. Denn nach Abs. 3 **gilt** das vorherige Verlangen durch den nicht erhobenen Widerspruch **als zurückgenommen**. 10

V. Behandlung der nicht (mehr) benötigten Sicherheiten

Sicherheiten, die nicht mehr benötigt werden, sind zurückzugeben. Das geschieht aber in der Praxis, falls nicht ausdrücklich verlangt, nicht sofort nach Zulassung eines (wirksamen) Übergebots, sondern erst nach Schluss der Versteigerung (§ 73). Denn es könnten noch Gebote dieses (überbotenen) Bieters abgegeben werden. 11

Hinsichtlich der zurückzuhaltenden Sicherheit des Meistbietenden wird im Falle des Zuschlags diese auf die Zahlungsverpflichtung des Erstehers angerechnet, so dass insoweit eine Erfüllung gem. § 364 Abs. 1 BGB eintritt. Eine Hinterlegung oder ausdrückliche Erklärungen im Versteigerungstermin sind insoweit nicht vonnöten (s. § 107 Rn 7). 12

Im Falle einer Zuschlagsversagung erfolgt die Rückzahlung der Sicherheit des Meistbietenden erst an diesen nach Rechtskraft der Zuschlagsentscheidung. 13

VI. Rechtsbehelfe und Belehrung

Im Rahmen der **Gebotsabgabe im Versteigerungstermin** sind verschiedene Fälle denkbar, in denen ein Rechtsbehelf (hier **Widerspruch**) eingelegt werden könnte und über den das Gericht entsprechend zu **belehren** hat (§ 232 ZPO). 14

Wenn das Versteigerungsgericht trotz des Verlangens nach einer **Sicherheitsleistung** (§ 67 Abs. 1), die nicht erbracht wurde, das Gebot zugelassen hatte, dann gilt das Verlangen als zurückgenommen, falls nicht sofort Widerspruch erhoben wurde (s. Abs. 3). Über diese Rechtsfolge hat das Gericht mündlich zu belehren. Der Vorgang muss **protokolliert** werden (§ 160 Abs. 2 ZPO). 15

Keine Entscheidung iSv § 232 ZPO liegt vor, wenn das Gericht ein **Übergebot** zugelassen hatte mit der Rechtsfolge, dass dadurch das vorherige Gebot erlischt (§ 72 Abs. 1). Denn das Gericht hat insoweit keine streitige Sachentscheidung getroffen. Daher ist kein Raum für ein Rechtsmittel; eine Belehrung entfällt. 16

Wenn aber das Gericht ein Gebot zurückgewiesen hat mit der Rechtsfolge, dass es erlischt, falls nicht sofort widersprochen wird, ist der Widerspruch gegeben (§ 72 Abs. 2). Darüber ist der Bieter zu belehren (s. auch Rn 9 und 15). 17

---

4 BGH MDR 2008, 944 = NJW-RR 2008, 1597 = Rpfleger 2008, 515.

§ 71 [Zurückweisung eines unwirksamen Gebots]

(1) Ein unwirksames Gebot ist zurückzuweisen.

(2) Ist die Wirksamkeit eines Gebots von der Vertretungsmacht desjenigen, welcher das Gebot für den Bieter abgegeben hat, oder von der Zustimmung eines anderen oder einer Behörde abhängig, so erfolgt die Zurückweisung, sofern nicht die Vertretungsmacht oder die Zustimmung bei dem Gericht offenkundig ist oder durch eine öffentlich beglaubigte Urkunde sofort nachgewiesen wird.

I. Normzweck und Anwendungsbereich 1	IV. Wer kann Gebote abgeben? 8
II. Gebot im Versteigerungsverfahren 2	V. Die Prüfung des Gebots 9
III. Anfechtung eines Gebots 3	VI. Zurückweisung unwirksamer Gebote 12

I. Normzweck und Anwendungsbereich

1   Die Vorschrift verlangt die sofortige Prüfung von abgegebenen Geboten auf ihre Wirksamkeit. Unwirksame Gebote sind zurückzuweisen. Die Norm gilt für alle Versteigerungsverfahren.

II. Gebot im Versteigerungsverfahren

2   Für ein Gebot in Zwangsversteigerungsverfahren gilt Folgendes:
- Durch eine Willenserklärung nach bürgerlich-rechtlichen Vorschriften soll mittels eines Zuschlags als staatlichem Hoheitsakt der Erwerb eines Objektes (Grundstück, Wohnungs- oder Teileigentum, Erbbaurecht, Bruchteil eines Objektes o.Ä., uU auch von/mit Zubehör) erreicht werden.
- Hierfür muss das Gebot mündlich im Versteigerungstermin abgegeben werden. Daher ist eine schriftliche Gebotsabgabe vor oder auch im Termin grds. nicht zulässig. Eine Ausnahme ist nur dann möglich, wenn ein Taubstummer ein Gebot abgeben will, was er dann ja nur schriftlich im Termin tun kann. In diesem Falle wird die Mündlichkeit dadurch hergestellt, dass das Gericht das schriftlich abgegebene Gebot mündlich zu verkünden hat.
- Das Gebot muss mindestens die Höhe des geringsten Gebots haben (§ 44 Abs. 1).
- Außerdem muss es über einem schon vorliegenden wirksamen Gebot liegen (§ 72 Abs. 1).
- Das wirksam im Versteigerungstermin abgegebene Gebot ist bindend bis zu seinem Erlöschen (§ 72); eine Rücknahme ist nicht möglich.

III. Anfechtung eines Gebots

3   Derjenige, der bei der Abgabe seiner Willenserklärung über deren Inhalt im Irrtum war (**Inhaltsirrtum**) oder eine Erklärung dieses Inhalts überhaupt nicht abgeben wollte (**Erklärungsirrtum**), kann die Erklärung dann anfechten, wenn anzunehmen ist, dass er sie bei Kenntnis der Sachlage und bei verständiger Würdigung des Falls nicht abgegeben hätte (§ 119 Abs. 1 BGB). Nicht anfechtbar sind dagegen Erklärungen, die auf einen im Stadium der Willensbildung unterlaufenen Irrtum im Beweggrund (**Motivirrtum**) oder auf einer Fehlvorstellung über die Rechtsfolgen beruhen, die sich nicht aus dem Inhalt der Erklärung ergeben, sondern kraft Gesetzes eintreten (**Rechtsfolgenirrtum**).[1]

---

1 BGHZ 177, 62 = NJW 2008, 2442 = DNotZ 2008, 917 = Rpfleger 2008, 515.

Die Fehlvorstellung des Bieters bei der Abgabe des Gebots, dass das Grundstück nach den Versteigerungsbedingungen **lastenfrei** zu erwerben sei, ist danach **kein Irrtum** über den **Inhalt des Gebots** und berechtigt **nicht** zur **Anfechtung**. 4

Das widerspricht allerdings der bisher hM in Rspr und Literatur. Der **Inhaltsirrtum** wurde in diesen Fällen bejaht, weil der Inhalt des Gebots den Willen des Bieters zum Ausdruck bringe, welchen „Preis" er für den Erwerb des Objektes zu zahlen bereit sei. Der BGH hat sich jedoch der im Schrifttum vertretenen Auffassung angeschlossen, nach der ein Irrtum des Bieters über die von ihm zu übernehmenden Rechte allein die Rechtsfolgen des in §§ 44 Abs. 1, 52 Abs. 1 S. 1 angeordneten Deckungs- und Erhaltungsprinzips betreffe. Die Fehlvorstellung des Bieters habe das der Gebotsabgabe vorausgehende Stadium der Willensbildung über die Höhe seines Gebots beeinflusst. Der Bieter habe sich daher bei der Abgabe des Gebots in einem **unbeachtlichen Motivirrtum** befunden, der nicht den Inhalt der Erklärung betreffe, sondern die der Erklärung vorausgehende Kalkulation über die Höhe seines Gebots entscheidend beeinflusst habe.[2] 5

Ein **Erklärungsirrtum** kommt in einem Zwangsversteigerungsverfahren kaum vor, weil der Interessent ein Gebot abgeben will. 6

Wird ein Anfechtungsgrund erst neun Tage nach Kenntniserlangung von dem Irrtum geltend gemacht, ist die Anfechtung **verspätet**.[3] 7

IV. Wer kann Gebote abgeben?

Voraussetzung für den Eigentumserwerb eines Grundstücks in der Zwangsversteigerung ist die Abgabe eines wirksamen Gebots, worauf der Zuschlag erteilt werden kann (s. § 81 Rn 2 ff, § 90 Rn 2 ff). 8

- Gebote kann jede **natürliche Person** abgeben, die prozessfähig ist (§ 52 ZPO).
- Das Gebot eines **Geschäftsunfähigen** ist nichtig (§ 105 Abs. 1 BGB).
- Bei Geboten eines **beschränkt Geschäftsfähigen** müssen die Einwilligung des gesetzlichen Vertreters und die Genehmigung des Familien- oder Vormundschaftsgerichts vorliegen (§§ 106, 107, 1626, 1629 BGB).
- **Eltern** können für ihr Kind nur gemeinschaftlich bieten (§ 1629 Abs. 1 S. 2 BGB), es sei denn, es ist nur ein Elternteil sorgeberechtigt oder hat das Entscheidungsrecht nach §§ 1628, 1629 Abs. 1 S. 3 BGB (§§ 1671–1675, 1678, 1680, 1681 BGB). Es muss ferner die Genehmigung des Familiengerichts vorliegen (§§ 1643 Abs. 1, 1821 Nr. 5 BGB).
- Der **Betreuer** (wenn dies zu seinem Aufgabenkreis gehört, § 1902 BGB) sowie ein **Vormund** können nur mit vorheriger Zustimmung des Betreuungs- bzw Familiengerichts bieten (§§ 1908 i Abs. 1 S. 1, 1821 Abs. 1 Nr. 5 BGB). Ist die Betreuung lediglich aus anderen Gründen angeordnet worden, kann allein der **Betreute** Gebote abgeben (§ 1896 BGB).
- Für eine **OHG, KG, GmbH** oder **andere Handelsgesellschaften** kann nur durch ordnungsgemäße/gesetzliche oder auch durch rechtsgeschäftliche Vertreter geboten werden. Dies gilt auch für **Partnerschaften** oder **Vereine**.
- Soll für eine **Gesellschaft bürgerlichen Rechts (GbR)** im Zwangsversteigerungstermin ein Gebot abgegeben werden, reicht es aus, wenn sämtliche Gesellschafter im Termin erscheinen und der Name der GbR und ihre Gesellschafter bei der Gebotsabgabe benannt werden (§ 47 Abs. 2 GBO). Ferner müssen die Gesellschafter erklären, dass sie die alleinigen Gesellschafter der GbR sind. Weitere Nachweise der Existenz, der Identität und der Vertre-

---

2 BGHZ 177, 62 = NJW 2008, 2442 = DNotZ 2008, 917 = Rpfleger 2008, 515.
3 LG Krefeld Rpfleger 1989, 166.

tungsverhältnisse dieser GbR bedarf es gegenüber dem Vollstreckungsgericht nicht.[4]

- Personen, die mit dem Zwangsversteigerungsverfahren befasst sind (**Rechtspfleger, Protokollführer** oder auch **Sachverständige**), dürfen weder für sich selbst noch als Vertreter eines anderen bieten (vgl § 450 Abs. 1 BGB).

V. Die Prüfung des Gebots

9 Bei der Gebotsabgabe muss das Vollstreckungsgericht

- zunächst feststellen, ob der Erklärende das Gebot allein für sich oder auch für eine weitere Person oder als Vertreter abgeben will;
- die näheren Angaben zur Person des Bieters feststellen, prüfen (Personalausweis/Reisepass) und protokollieren;
- nicht prüfen, ob der Bieter verheiratet ist und, falls ja, in welchem Güterstand er lebt. Denn jeder Ehegatte kann grds. allein bieten, auch wenn die Voraussetzungen des § 1365 BGB vorliegen sollten. Auch bei einer Gütergemeinschaft wäre der Zuschlag an den allein Bietenden wirksam; es könnte nur der andere Ehegatte die Berichtigung des Grundbuchs verlangen;
- prüfen, ob alle Beteiligten einer Bietergemeinschaft anwesend sind und in welchem Verhältnis sie zueinander das Objekt erwerben wollen. Ersatzweise muss eine notarielle Bietungsvollmacht vorgelegt werden, die das Gebot inhaltlich abdeckt. In diesem Falle ist das Beteiligungsverhältnis in Bruchteilen oder das zwischen ihnen bestehende Gesamthandsverhältnis anzugeben;
- prüfen, ob bei Gebotsabgabe durch einen Vertreter für einen nicht Erschienenen eine notarielle Bietungsvollmacht, eine öffentlich beglaubigte oder beurkundete Generalvollmacht oder eine öffentliche Urkunde nach §§ 415, 417, 418 ZPO[5] vorliegt. Dabei hat das Vollstreckungsgericht Beschränkungen in der Vollmacht zu beachten. Die Urkunde muss in Urschrift oder Ausfertigung sofort bei Gebotsabgabe vorgelegt werden. Es könnte auch die Bietvollmacht bei Gericht offenkundig sein (zB bei Banken oder größeren Unternehmen durch Hinterlegung einer allgemeinen, auch diesen Vorgang umfassenden Vollmacht bei der Verwaltungsabteilung des Vollstreckungsgerichts);
- sich vergewissern, dass die Bietvollmacht durch den Bevollmächtigten nicht handschriftlich geändert wurde. Ansonsten sind dessen Gebote zurückzuweisen;[6]
- bei Geboten für eine OHG, KG, Partnerschaft, GmbH, Aktien- oder Aktienkommanditgesellschaft die Vertretungsmacht sofort durch ein entsprechendes beglaubigtes Zeugnis neuesten Datums des Registergerichts (§ 9 Abs. 2 und 3 HGB) prüfen. Bei der Prüfung der vorgelegten Urkunden kommt es allein auf die formelle Beweiskraft der vorgelegten Urkunden an, die sich nach den Vorschriften der §§ 415 ff ZPO bestimmt, also darauf, dass die beurkundete Erklärung von der in der Niederschrift benannten Person abgegeben worden ist, nicht aber auf die inhaltliche Richtigkeit der Erklärung.[7] Entsprechendes gilt auch beim eingetragenen Verein (§ 69 BGB) oder einer Genossenschaft (§ 156 Abs. 1 GenG iVm § 9 HGB);[8]

---

4 BGH (in Bezug auf das Grundbuch): MDR 2011, 781 = NJW 2011, 1958 = WM 2011, 1145 = ZfIR 2011, 487.
5 BGH MDR 2011, 811 = WM 2011, 1024.
6 LG Lüneburg Rpfleger 1988, 112.
7 BGH MDR 2012, 546 = WM 2012, 812 = NSW ZVG, § 71.
8 LG Mainz Rpfleger 2000, 287.

- bei Geboten für eine Gemeinde das Vertretungsrecht nach der Gemeindeordnung prüfen.

Bei **Nachweisen aus dem Handelsregister** tritt nicht selten das Problem auf, dass diese älteren Datums sind. Sollte der Nachweis vor mehr als sechs Monaten vor dem Versteigerungstermin erstellt sein, ist dieser nicht geeignet, das Bestehen der Vertretungsmacht nachzuweisen.[9] In diesem Falle müsste das Gebot zurückgewiesen werden. Es muss dann dem Bieter überlassen bleiben, noch innerhalb der Bietzeit den **fehlenden Nachweis** zu erbringen. Denn der durch ein Zeugnis des Registergerichts oder eine Notarbescheinigung zu führende Nachweis einer Vertretungsberechtigung oder der Rechtsnachfolge einer GmbH ist nicht durch die Einführung des gemeinsamen Registerportals der Länder entbehrlich geworden. Das Versteigerungsgericht ist nicht verpflichtet und kann nicht verpflichtet sein, sich durch Einsichtnahme in dieses Register selbst die für erforderlich angesehenen Unterlagen beizuziehen. Denn es besteht im Zwangsvollstreckungsrecht kein Amtsermittlungsgrundsatz; die erforderlichen Voraussetzungen für ein wirksames Gebot müssen die Bietinteressenten selbst schaffen. Eine Einsichtnahme durch das Versteigerungsgericht kann die geforderte öffentlich beglaubigte Urkunde nicht ersetzen, weil es an der Offenkundigkeit im Sinne dieser Bestimmung fehlt; die Offenkundigkeit kann auch bei Einsichtnahme durch das Gericht nicht hergestellt werden. Denn Offenkundigkeit kann nur dann vorliegen, wenn die Tatsachen tatsächlich bekannt sind. Auf weitere Ablehnungsgründe, wie zB Störungen im Bietgeschäft, ggf Schadensersatzansprüche bei technischen Problemen des Registergerichts oder Verstoß gegen den Gleichbehandlungsgrundsatz, soll daher nicht näher eingegangen werden.

Bedarf es der **Zustimmung** der Mitgliederversammlung eines Vereins zur Abgabe von Geboten, muss neben der Bietungsvollmacht auch die Zustimmung in notariell beglaubigter Form nachgewiesen werden.[10]

VI. Zurückweisung unwirksamer Gebote

Ein Gebot ist sofort (Abs. 1) als unwirksam zurückzuweisen, wenn es

- nicht den aufgestellten Versteigerungsbedingungen entspricht,
- nicht mindestens das geringste Gebot erreicht,
- nicht bei einem bereits abgegebenen Gebot dieses überbietet,
- bei einem beschränkt Geschäftsfähigen an der Einwilligung des gesetzlichen Vertreters und der Genehmigung des Familien- bzw Betreuungsgerichts fehlt,
- nicht durch eine erforderliche ausreichende Vollmacht gedeckt ist,
- an einer erforderlichen Genehmigung mangelt; diese also nicht sofort vorgelegt werden kann.

Eine **einstweilige Zulassung** des Gebots ist **ausgeschlossen**.

Die Prüfung auf Wirksamkeit und damit Zulässigkeit hat sofort bei jeder Gebotsabgabe zu erfolgen; unwirksame oder unzulässige Gebote sind sofort zurückzuweisen (Abs. 1). Die Entscheidung des Gerichts muss ausdrücklich und nachvollziehbar erfolgen.

Rechtsmissbräuchliche (sittenwidrige) Gebote sind ebenfalls sofort zurückzuweisen. In der Rspr und Lit. bestehen verschiedene Auffassungen darüber, ob hierunter auch Gebote eines Gläubigervertreters zu fassen sind, wo das Eigengebot nicht aus eigenem Interesse, sondern nur deshalb abgegeben wird, damit in

---

9 LG Magdeburg 1.10.2003 – 3 T 584/03, 3 T 584/03 (414), juris.
10 OLG Hamm NJW 1988, 73.

einem weiteren Versteigerungstermin einem anderen der Zuschlag auf ein Gebot unter 7/10 oder unter der Hälfte des Verkehrswertes (§§ 74 a, 85 a) erteilt werden kann.[11] Der BGH hat in einer weiteren Entscheidung die grundsätzliche Unwirksamkeit eines solchen Gebots bekräftigt, jedoch die Begründung dahin abgeändert, dass eine solche Gebotsabgabe rechtsmissbräuchlich und deshalb nichtig sei.[12]

15 Muss aufgrund der Umstände davon ausgegangen werden, dass der Bieter das abgegebene Gebot nicht erfüllen kann oder will, ist sein Gebot wegen Sittenwidrigkeit unwirksam und als rechtsmissbräuchlich zurückzuweisen.[13]

16 Sittenwidrigkeit liegt auch bei einem **negativen Bietabkommen** (damit sollen Bietinteressenten vom Bieten abgehalten werden, um einem anderen einen möglichst günstigen Erwerb zu ermöglichen) vor. Das Gebot ist damit nichtig, wenn dadurch Rechte nicht eingeweihter vorrangiger Grundpfandrechtsgläubiger verkürzt oder geschmälert werden.[14]

17 Eine **Ausbietungsgarantie** ist nicht sittenwidrig, da hier nicht der Kreis der Bieter beschränkt wird (wie bei einem negativen Bietabkommen), sondern sie dient idR der Erzielung eines möglichst hohen Erlöses und/oder soll vor einem Ausfallverlust schützen.

18 Auch Gebote eines **Strohmannes** sind nicht sittenwidrig. Denn die Beteiligten haben keinen Anspruch darauf zu erfahren, wer tatsächlich ein Gebot abgeben will. In Teilungsversteigerungsverfahren wird manchmal dieser Weg gewählt, um irrationale Verhaltensweisen der anderen Miteigentümer zu vermeiden.

§ 72 [Erlöschenstatbestände von Geboten, Übergebot]

(1) ¹Ein Gebot erlischt, wenn ein Übergebot zugelassen wird und ein Beteiligter der Zulassung nicht sofort widerspricht. ²Das Übergebot gilt als zugelassen, wenn es nicht sofort zurückgewiesen wird.

(2) Ein Gebot erlischt auch dann, wenn es zurückgewiesen wird und der Bieter oder ein Beteiligter der Zurückweisung nicht sofort widerspricht.

(3) Das gleiche gilt, wenn das Verfahren einstweilen eingestellt oder der Termin aufgehoben wird.

(4) Ein Gebot erlischt nicht, wenn für ein zugelassenes Übergebot die nach § 68 Abs. 2 und 3 zu erbringende Sicherheitsleistung nicht bis zur Entscheidung über den Zuschlag geleistet worden ist.

I. Normzweck und Anwendungsbereich 1	durch Terminsaufhebung (Abs. 3) 11
II. Erlöschen eines Gebots durch Übergebot (Abs. 1) 2	V. Fall der Einstellungs- oder Aufhebungsbewilligung nach Schluss der Versteigerung 13
III. Erlöschen eines Gebots durch Zurückweisung (Abs. 2) 8	VI. Erlöschen eines Gebots bei erhöhten Sicherheitsleistungen (Abs. 4) 15
IV. Erlöschen eines Gebots durch Verfahrenseinstellung oder	

---

11 BGH NJW 2006, 1355 = MDR 2006, 708 = NZM 2006, 194 = Rpfleger 2006, 144; AG Stade Rpfleger 2006, 275; LG Detmold Rpfleger 2006, 491.
12 BGH NJW 2007, 3279 = MDR 2007, 1453 = Rpfleger 2007, 483.
13 OLG Hamm Rpfleger 1995, 34; OLG Nürnberg Rpfleger 1999, 87; LG Mainz JurBüro 2001, 214.
14 OLG Koblenz EWiR 1987, 1251 = ZIP 1987, 1531 = NJW-RR 1988, 690.

VII. Besonderheiten bei verschiedenen Ausgebotsformen nach Verfahrenseinstellung 20

I. Normzweck und Anwendungsbereich

Die Vorschrift regelt das Erlöschen von Geboten, was durch die Zulassung von 1
Übergeboten (Abs. 1), durch die Zurückweisung des Gebots (Abs. 2), durch eine einstweilige Verfahrenseinstellung oder Terminsaufhebung (Abs. 3) erfolgen kann. Ferner ist das Nichterlöschen eines Gebots geregelt, wenn für ein zugelassenes Übergebot die Sicherheitsleistung noch zu erbringen ist (Abs. 4). Der Bieter soll Klarheit darüber haben, wann er an sein Gebot nicht mehr gebunden ist.
§ 72 gilt für alle Versteigerungsverfahren.

II. Erlöschen eines Gebots durch Übergebot (Abs. 1)

Die häufigste Form des Erlöschens eines Gebots ergibt sich dann, wenn ein Über- 2
gebot zugelassen und der Zulassung nicht widersprochen wird (Abs. 1 S. 1). Jeder Beteiligte (s. § 9 Rn 2 ff) kann Widerspruch erheben, jedoch nicht der Bieter des erlöschenden Gebots. Das Übergebot selbst gilt als zugelassen, wenn nicht sofortige Zurückweisung erfolgt (Abs. 1 S. 2).

Im Falle eines Widerspruchs sollte das Vollstreckungsgericht **sofort** darüber ent- 3
scheiden. Denn jedes zugelassene Übergebot bringt das zuvor abgegebene Gebot zum Erlöschen, und zwar unabhängig davon, ob der Widerspruch begründet und zulässig ist. Der Erlöschenstatbestand gilt auch, wenn das erloschene Gebot überhaupt nicht wirksam oder sonst unzulässig war. Auch kommt es nicht darauf an, dass sich das **zugelassene Übergebot** nachträglich als unzulässig erweist; das **vorherige Gebot ist erloschen.**

Wegen dieser Systematik hat das Gericht eine **Hinweispflicht** (§ 139 ZPO). Denn 4
das Gericht muss, wenn es nicht sofort über den Widerspruch entscheidet, darauf hinweisen, dass weitere Übergebote das Gebot, gegen das sich der Widerspruch richtet, unabhängig von seiner Wirksamkeit und Zulässigkeit zum Erlöschen bringen. Dieser Hinweis ist allein schon zur Vermeidung eines Amtshaftungsanspruchs des sich selbst überbietenden Bieters/Erwerbers erforderlich.[1]

Wenn für ein Übergebot eine **Sicherheitsleistung** angeordnet wird, tritt der Erlö- 5
schenstatbestand erst **nach** der Leistung der Sicherheit ein (§ 70 Abs. 2 S. 3). Etwas anders gilt nur für den Fall, dass das Übergebot ohne Sicherheitsleistung zugelassen und dagegen kein Widerspruch erhoben wurde (§ 70 Abs. 3). Bezüglich der erhöhten Sicherheitsleistung bei Geboten des Schuldners s. Rn 16 ff.

Ein wirksames Gebot kann nicht zurückgenommen, sondern allenfalls **angefoch-** 6
ten werden (s. § 71 Rn 2 ff). Im Falle der Anfechtung muss das Gericht sofort entscheiden, ob es die Anfechtung für wirksam hält, und das abgegebene Gebot als unwirksam zurückweisen. Im anderen Falle muss es die Anfechtung selbst zurückweisen mit der Folge, dass das abgegebene Gebot wirksam ist. Denn erst dann besteht die erforderliche Klarheit für die Zulassung weiterer Gebote.

Ficht der Meistbietende, dem der Zuschlag erteilt worden ist, sein Gebot wegen 7
Irrtums an und wird auf seine sofortige Beschwerde der Zuschlag versagt, so hat er einem anderen Beteiligten, der auf die Wirksamkeit des Meistgebots vertraut und diesem deshalb nicht widersprochen hat, den Vertrauensschaden zu ersetzen.[2]

---

1 OLG Frankfurt InVo 2004, 203.
2 BGH NJW 1984, 1950 = Rpfleger 1984, 243.

III. Erlöschen eines Gebots durch Zurückweisung (Abs. 2)

8 Das abgegebene Gebot erlischt auch dann, wenn das Versteigerungsgericht das Gebot zurückweist und der Bieter oder ein Beteiligter nicht sofort widerspricht (Abs. 2).

9 Die Zurückweisung eines Gebots **muss** erfolgen, wenn das Gebot **unwirksam** ist; die Prüfung hierüber muss das Gericht immer vornehmen (s. § 71 Rn 9 ff). Der häufigste Fall ist der, dass eine verlangte Sicherheit, die das Gericht für erforderlich hält, nicht erbracht ist. Im Falle des zurückgewiesenen Übergebots war und ist das zuvor abgegebene Gebot nicht erloschen.

10 Das Gebot ist auch dann nicht erloschen, wenn gegen die **Zurückweisung** des Gebots ein **Widerspruch** erhoben wird. Jedoch kann durch einen Widerspruch ein unwirksames Gebot nicht zuschlagsfähig gemacht werden. Deshalb kann auch das Nachreichen einer fehlenden Bietvollmacht im Zuschlagsverkündungstermin bei Widerspruch gegen die Zurückweisung des Gebots nicht zu dessen Wirksamkeit führen.[3]

IV. Erlöschen eines Gebots durch Verfahrenseinstellung oder durch Terminsaufhebung (Abs. 3)

11 Wenn während der Bietzeit (s. § 73 Rn 2 ff) ein betreibender Gläubiger den Versteigerungsantrag zurücknimmt (§ 29) oder die einstweilige Einstellung bewilligt (§ 30), hat das auf den weiteren Versteigerungsverlauf nur dann Auswirkungen, wenn es sich um den **bestrangig betreibenden** oder **allein betreibenden** Gläubiger handelt. In diesem Falle erlöschen alle abgegebenen Gebote (Abs. 3). Sind dann noch (weitere) betreibende Gläubiger vorhanden, muss ein neues geringstes Gebot aufgestellt und neu zur Abgabe von Geboten mit neuer Bietzeit aufgefordert werden.

12 Hat der **allein betreibende** Gläubiger den Verfahrensantrag zurückgenommen, ist der Termin wie auch das gesamte Verfahren aufzuheben. Wurde nur die einstweilige Einstellung bewilligt, führt das (zunächst) lediglich zur Aufhebung des Versteigerungstermins. So ist auch zu verfahren, wenn die Verfahrenseinstellung auf Schuldnerantrag (§§ 30 a, 75), auf Antrag des Insolvenzverwalters (§ 30 d) oder in dem seltenen Fall, dass der Anspruch des betreibenden Gläubigers durch die Versteigerung eines (von mehreren) Grundstücken bereits befriedigt werden kann (s. § 76 Rn 6 ff), erfolgt.

V. Fall der Einstellungs- oder Aufhebungsbewilligung nach Schluss der Versteigerung

13 Wenn diese Einstellungs- oder Aufhebungsbewilligung nach Schluss der Versteigerung (§ 73 Abs. 2) durch den bestrangig betreibenden Gläubiger erfolgt, ist der Zuschlag grds. zu versagen (s. § 33 Rn 6 ff), wodurch alle Gebote erlöschen. Denn das geringste Gebot (§ 44) war nach diesem Gläubiger ausgerichtet und kann nachträglich nicht mehr geändert werden.

14 Jedoch muss es nicht in allen Fällen zu einer Zuschlagsversagung kommen. Denn der oder die betroffenen Gläubiger könnten den Zuschlag **genehmigen** (s. § 84 Rn 8 ff) oder das Gericht könnte auch zu der Auffassung gelangen, dass ein Zuschlag doch zulässig ist. Beispielsweise führt die Ablösung des bestrangig betreibenden Gläubigers nach Schluss der Bietzeit dann nicht zur Zuschlagsversagung, wenn keiner der Beteiligten in seinen Rechten beeinträchtigt ist.[4]

---

3 OLG Koblenz EWiR 1987, 1251.
4 LG Mosbach Rpfleger 1992, 360.

VI. Erlöschen eines Gebots bei erhöhten Sicherheitsleistungen (Abs. 4)

Der Gesetzgeber hat mit seiner Regelung, das Bargeld aus dem Versteigerungsverfahren zu verbannen, den Versteigerungsgerichten nicht unerhebliche Schwierigkeiten eingebracht (s. hierzu § 69 Rn 11 ff). Aus Gründen der Sicherheit ist das zwar verständlich, aber schon problematisch für den Fall, dass sich ein Interessent kurzfristig entscheidet, ein Gebot abzugeben und wenn dann Sicherheit verlangt wird. Bisher konnte in diesen Fällen der Bieter die Sicherheit unproblematisch bar erbringen, was jetzt nicht mehr möglich ist. Da während der Bietzeit auch kein Verrechnungsscheck mehr besorgt werden kann und eine Einzahlung bei der Gerichtskasse grds. ausgeschlossen sein soll, muss das Gebot zurückgewiesen werden, wenn nicht der Antragsteller sein Sicherheitsbegehren beschränkt (s. § 69 Rn 11 ff). 15

Außerdem hat der Gesetzgeber bei den zu diesem Zweck erforderlichen Abänderungen des Zwangsversteigerungsrechts offensichtlich die Erlöschenstatbestände und die Zulassungsvoraussetzungen für weitere Gebote sehr missverständlich und teilweise nicht im Einklang mit den weiter bestehenden gesetzlichen Regelungen gebracht. Denn wenn ein Dritter ein wirksames Gebot abgegeben hat und dann durch den Schuldner überboten wird, muss dieser die erhöhte Sicherheit erst zum Zuschlagsverkündungstermin leisten. Obwohl das Gebot sofort zugelassen wird, erlischt das vorherige Gebot (noch) nicht (**Abs. 4**) und bleibt zuschlagsfähig, wenn der Schuldner die geforderte Sicherheit nicht rechtzeitig erbringt. 16

Nicht geregelt ist aber der Fall, dass der Schuldner zunächst ein im Hinblick auf den tatsächlichen Wert des Objektes **völlig überhöhtes** Gebot abgibt, die „normale" Sicherheit (10 %) sofort leistet und die Zahlung der erhöhten Sicherheitsleistung zum Zuschlagstermin zusichert. Auch in diesem Fall ist das Gebot nach Abs. 4 sofort zuzulassen mit der Folge, dass ein Dritter kein Übergebot mehr abgibt und die ordnungsgemäße Versteigerung blockiert wäre. Denn ein „vernünftiges" Gebot eines Dritten müsste, weil unter dem Gebot des Schuldners liegend, zurückgewiesen werden. 17

Ob sich eine Lösung über einen **Widerspruch** des Dritten gegen die Zurückweisung seines Gebots mit der Folge, dass deshalb sein Gebot nicht erlischt und weiterhin wirksam bleibt (Abs. 2), erreichen lässt, muss in der Rspr noch geklärt werden. Wenn dann der Zuschlag auf das Gebot des Schuldners wegen der Nichtzahlung der erhöhten Sicherheit versagt wird, könnte auf das niedrigere und noch wirksame Gebot des Dritten zugeschlagen werden. 18

Bedenken gegen diese Lösung bestehen deshalb, weil das Gebot des Schuldners zu Recht zugelassen wurde. Es lag also keine Fehlentscheidung des Gerichts vor und das Gebot des Schuldners ist auch nicht rückwirkend erloschen oder unwirksam geworden; es ist allein nicht zuschlagsfähig. Die Regelung des Abs. 2 berücksichtigt aber den Fall einer **fehlerhaften** Zurückweisung eines Gebots, was im Rechtsmittelverfahren „gerettet" werden soll. 19

VII. Besonderheiten bei verschiedenen Ausgebotsformen nach Verfahrenseinstellung

Eine Verfahrenseinstellung bringt immer dann besondere Probleme mit sich, wenn in einem Verfahren **verschiedene Grundstücke** versteigert werden sollen (§ 18), Gebote nicht nur auf **einzelne** Grundstücke, sondern auch auf **Gruppen-** oder auch auf ein **Gesamtausgebot** abgegeben wurden, und dann eine Aufhebungs- oder Einstellungsbewilligung hinsichtlich einzelner Objekte durch den bestrangig betreibenden Gläubiger nach Schluss der Bietzeit erfolgt. Denn dann ist ein Zuschlag auf dieses Gesamtausgebot nicht mehr möglich und es stellt sich die 20

Frage, ob ein Zuschlag auf die Einzel- oder das Gruppenausgebot, die nicht von der Aufhebungs- oder Einstellungsbewilligung betroffen sind, zulässig ist.

21 Diese Frage wird in der Praxis und Rspr unterschiedlich beurteilt, und zwar dahingehend, dass
- nach Bewilligung einer einstweiligen Einstellung des bestbetreibenden Gläubigers nach Schluss der Bietzeit auf ein von der Einstellung nicht betroffenes Einzelausgebot kein Zuschlag erfolgen kann,[5] und andererseits
- zwar kein Zuschlag auf das Gesamtausgebot, aber auf die bestehen gebliebenen Einzelausgebote möglich ist.[6]

22 Die unterschiedlichen Entscheidungen erklären sich daraus, dass durch rechtsmissbräuchliche Taktiken, die nicht so ohne weiteres erkennbar sind, versucht wird, zunächst das „Filetstück" aus den verschiedenen Grundstücken zu ersteigern (dafür muss in aller Regel wirtschaftlich vernünftigere Gesamtausgebot verhindert werden), um dann „billiger" die restlichen Grundstücke „erwerben" zu können. Ein Zuschlag auf einzelne Objekte lässt sich allenfalls dann vertreten, wenn eine gezielte Steuerung vorgenannter Art nicht erkennbar und das Ergebnis auch im Hinblick auf eine Gesamtbetrachtung der einzelnen Grundstücke zueinander wirtschaftlich vertretbar ist.

§ 73 [Dauer der Bietzeit; Schluss der Versteigerung]

(1) [1]Zwischen der Aufforderung zur Abgabe von Geboten und dem Zeitpunkt, in welchem bezüglich sämtlicher zu versteigernder Grundstücke die Versteigerung geschlossen wird, müssen 30 Minuten liegen. [2]Die Versteigerung muß so lange fortgesetzt werden, bis der Aufforderung des Gerichts ungeachtet ein Gebot nicht mehr abgegeben wird.

(2) [1]Das Gericht hat das letzte Gebot und den Schluß der Versteigerung zu verkünden. [2]Die Verkündung des letzten Gebots soll mittels dreimaligen Aufrufs erfolgen.

I. Normzweck und Anwendungsbereich

1 Die Vorschrift regelt die Dauer und den Abschluss des Zeitraums, in dem Gebote abgegeben werden können. Mit der Mindestzeit soll erreicht werden, dass die Beteiligten und die Bietinteressenten ausreichende Überlegenszeit bei Vermeidung von übereilten Entscheidungen haben. § 73 gilt für alle Versteigerungsverfahren.

II. Bietzeit (Abs. 1)

2 Der Gesetzgeber hat für die eigentliche Versteigerung (ab der Aufforderung zur Abgabe von Geboten bis zum Schluss der Bietzeit) eine **Mindestzeit von 30 Minuten** bestimmt. Diese Zeit muss für den **reinen Bietvorgang** zur Verfügung stehen. Daher muss bereits die Aufforderung zur Gebotsabgabe, aber auch die Verkündung über den Schluss der Versteigerung außerhalb dieser Zeit liegen. Alle Terminsteilnehmer werden durch das Gericht auf diese Mindestzeit für den Bietvorgang hingewiesen. Das Gericht sollte zur Vermeidung von Missverständnissen die „amtliche" Uhrzeit benennen.

3 Die wesentlichen Vorgänge im Versteigerungstermin sind zu protokollieren (§§ 78, 80), so dass sich der **Anfangszeitpunkt** und das **Ende** der Bietzeit eindeu-

---

5 OLG Hamm Rpfleger 1972, 149; OLG Stuttgart Rpfleger 2002, 165.
6 OLG Köln Rpfleger 1971, 326.

tig aus dem Protokoll entnehmen lassen müssen. Eine nicht eingehaltene Bietzeit stellt einen **nicht heilbaren** Zuschlagsversagungsgrund nach § 83 Nr. 7 dar. Dies ist bei einer Zuschlagsanfechtung von Amts wegen zu prüfen und würde zutreffendenfalls zu einer Aufhebung des Zuschlags führen (§§ 84 Abs. 1, 100 Abs. 1 und 3).

Die vorgeschriebene Bietzeit ist ein **Mindestzeitraum**; sie kann länger dauern bis hin zu einigen Stunden (s. § 66 Rn 17 f). Hierauf sollten sich alle Beteiligten (s. § 9 Rn 2 ff) und das Gericht einstellen. Das Gericht darf nicht aus Gründen der Prozessökonomie und zu Lasten einer optimalen Verwertung auf eine schnellstmögliche Verfahrensabwicklung drängen. 4

Bei der Versteigerung mehrerer Grundstücke oder auch Grundstücksbruchteile in einem **verbundenen Verfahren** (§ 864 Abs. 2 ZPO, § 18) muss die Mindestbietzeit für **jedes** Objekt eingehalten sein. Das Gesetz schreibt nicht vor, in welcher Reihenfolge hierauf Gebote abgegeben werden können. Es muss nur für alle Ausgebotsformen (s. § 63 Rn 7 ff) gleichzeitig die Bietzeit begonnen werden. Dann bleibt es dem Versteigerungsgeschäft überlassen, in welcher Reihenfolge Gebote auf die verschiedenen Ausgebotsformen abgegeben werden. Sichergestellt sein muss jedoch, dass für jeden Bieter alle Ausgebotsarten bis zum Schluss der Versteigerung offen gehalten sind.[1] 5

Wenn **mehrere** Zwangsversteigerungsverfahren in einem **gemeinsamen Termin** durchgeführt werden, es sich also nicht um ein nach § 18 verbundenes Verfahren handelt, besteht die Gefahr, dass der Rechtspfleger durch seine Tätigkeit in dem einen oder anderen Verfahren an der Entgegennahme von Geboten **gehindert** ist (s. § 66 Rn 5), was eine Nichteinhaltung der Bietzeit bedeuten könnte. Auf der anderen Seite verlängert sich die Bietzeit in dem Verfahren, in welchem Gebote abgegeben werden, nicht, wenn in demselben Zeitraum in den anderen Verfahren nichts passiert.[2] Grundsätzlich ist eine solche gemeinsame Durchführung nur in Ausnahmefällen sinnvoll, schon um die potenziellen Ersteher nicht zu verwirren und um die erforderliche Klarheit in den Abläufen zu erhalten. 6

III. Schluss der Versteigerung (Abs. 2)

Das Versteigerungsgericht muss das letzte Gebot **dreimal** verkünden (Abs. 2 S. 2). Zweckmäßig wird nicht nur das Gebot, sondern auch der Name des Bieters aufgerufen. Bei mehreren Ausgebotsformen muss der Aufruf für jedes Ausgebot gesondert erfolgen. Auch danach besteht noch die Möglichkeit, weitere Gebote abzugeben, da der Schluss der Versteigerung durch das Gericht ausdrücklich verkündet werden muss (Abs. 2 S. 1). Erst danach sind keine weiteren Gebote mehr möglich. 7

Mit dem verkündeten Schluss der Versteigerung ist nicht gleichbedeutend der Schluss des Versteigerungstermins gegeben (vgl § 74). 8

§ 74 [Anhörung der Beteiligten über den Zuschlag]

Nach dem Schlusse der Versteigerung sind die anwesenden Beteiligten über den Zuschlag zu hören.

---

1 BGH NJW 2003, 2753 = MDR 2003, 1074 = Rpfleger 2003, 452.
2 BGH Rpfleger 2009, 95.

I. Normzweck und Anwendungsbereich ... 1
II. Rechtliches Gehör ... 2
III. Einzelne Anträge zur Zuschlagserteilung oder Zuschlagsversagung ... 10

I. Normzweck und Anwendungsbereich

1 Mit der Regelung des § 74 wird allen im Versteigerungstermin anwesenden Beteiligten und dem Meistbietenden das rechtliche Gehör im Hinblick auf die Zuschlagsentscheidung und damit Gelegenheit zur Äußerung und Antragstellung gegeben. Die Vorschrift gilt für alle Versteigerungsverfahren.

II. Rechtliches Gehör

2 Mit dem Schluss der Versteigerung ist der Versteigerungstermin noch nicht beendet. Denn es soll jetzt Gelegenheit gegeben werden, sich zum bisherigen Ergebnis des Terminverlaufs zu äußern oder auch Anträge zur Zuschlagsentscheidung bzw. zur Zuschlagsversagung zu stellen.

3 Auch in dieser Verfahrenssituation hat das Gericht eine allgemeine **Aufklärungspflicht** (§ 139 ZPO) und muss im Einzelfall auf die Folgen einer sofortigen Zuschlagserteilung unter Bekanntgabe möglicher Verhinderungsanträge hinweisen, da die Beteiligten (s. § 9 Rn 2 ff) nicht immer die konkret gegebene rechtliche Situation übersehen und möglicherweise von einem völlig anderen Ergebnis ausgehen.

4 Deshalb hat der Rechtspfleger, wenn sich in der Verhandlung über den Zuschlag die Vermutung aufdrängt, dass einer der Beteiligten die für ihn nachteiligen Folgen der Zuschlagserteilung nicht erkennt, auf die Rechtsfolgen hinzuweisen und Anträge nach §§ 74 a und 30 anzuregen (s. auch § 66 Rn 19 f).[1]

5 Ein solcher Fall ist zB dann gegeben, wenn einem Antragsteller in der Teilungsversteigerung (§§ 180–185) der Hinweis zu geben ist, dass er bei einem geringen Versteigerungsergebnis durch seine Einstellungsbewilligung (§ 30) oder Antragsrücknahme (§ 29) eine Zuschlagsversagung erreichen kann. Das gilt gleichermaßen auch für den bestrangig oder allein betreibenden Gläubiger in der Vollstreckungsversteigerung.

6 Eine besondere Situation ergibt sich dann, wenn der bestrangig betreibende Gläubiger – aus welchen Gründen auch immer (zB wegen eines Unfalls) – am Versteigerungstermin nicht teilnimmt und das Meistgebot von einem nachrangigen Gläubiger in sehr geringer Höhe abgegeben wurde, aber wegen § 85 a Abs. 3 (s. § 85 a Rn 17 ff) grds. zuschlagsfähig wäre und somit vorrangige Gläubiger mit ihren Ansprüchen ausfallen würden. Dieses für den/die vorrangigen Gläubiger wirtschaftlich schlechte Ergebnis entspräche nicht der Rangordnung des Grundbuchs und wäre daher **unbillig**. Deshalb darf der Zuschlag nicht sofort erteilt werden. Vorher sind der/die vorrangigen Gläubiger über das Versteigerungsergebnis zu informieren. Dann hätten es diese Gläubiger noch in der Hand, eine Zuschlagsversagung durch eine einstweilige Einstellung zu erreichen (s. § 72 Rn 10 f).

7 Auch dem Schuldner gegenüber könnte bei einem unbefriedigenden Versteigerungsergebnis der Hinweis angebracht sein, einen Antrag auf einen späteren **Verkündungstermin** (§ 87) zu stellen, um in der Zwischenzeit noch eine andere Lösungsmöglichkeit zu suchen oder anwaltlichen Rat einzuholen. Auch könnte es hinsichtlich des nicht anwesenden Schuldners bei einem krassen Missverhältnis zwischen Meistgebot und Grundstückswert erforderlich sein, diesen auf **Vollstreckungsschutzanträge** (§ 765 a ZPO) hinzuweisen. Denn wenn die Erteilung des

---

1 BVerfG Rpfleger 1993, 32.

Zuschlags zu einer **Verschleuderung** des Grundbesitzes führt, ist das Vollstreckungsgericht idR verpflichtet, einen Zuschlagsverkündungstermin anzuberaumen.[2]

Das Gericht könnte außerdem in schwierigen Fällen die Verhandlung über den Zuschlag dazu nutzen, sich von den anwesenden Beteiligten das bisherige Verfahren **genehmigen** zu lassen und dies im Protokoll festzuhalten (§ 80). Denn damit haben diese Beteiligten die ihnen bekannten Verfahrensmängel genehmigt.

Nicht selten sind die Versteigerungsergebnisse und die Folgen daraus unter den anwesenden Beteiligten so geläufig, dass die Verhandlung nach dieser Vorschrift „untergeht". Das stellt aber dann keinen Zuschlagsversagungsgrund (§ 83) dar, wenn keine Beeinträchtigung eines Beteiligten gegeben ist, da es sich bei § 74 nur um eine Ordnungsvorschrift handelt.

III. Einzelne Anträge zur Zuschlagserteilung oder Zuschlagsversagung

Die Zuschlagserteilung könnte von Beteiligten auch dann beantragt werden, wenn ein **heilbarer** Zuschlagsversagungsgrund vorliegt (§§ 83 Nr. 1–5, 84 Abs. 1), verbunden mit dem weiteren Antrag, einen **Zuschlagsverkündungstermin** anzuberaumen. Bis zu diesem Termin könnte dann versucht werden, den betroffenen Beteiligten zu einer Genehmigung zu bewegen. Auch im Falle einer rechtsfehlerhaften Fortsetzung des Verfahrens kann der Zuschlag durch das Vollstreckungsgericht von Amts wegen erteilt werden, wenn der betreibende Gläubiger bei der Anhörung über den Zuschlag das Verfahren genehmigt (s. auch § 83 Rn 7).[3]

Häufig wird ein Zuschlagsverkündungstermin in den Fällen beantragt, wo die **7/10-Grenze** des § 74 a Abs. 1 (s. hierzu § 74 a Rn 2 ff) nicht erreicht wird, möglicherweise der betroffene Gläubiger einen Versagungsantrag aber nicht stellen will, weil er sich auch in naher Zukunft kein besseres Ergebnis erhoffen kann. Hier soll noch Zeit zur Überlegung gewonnen werden, um uU noch über eine Einstellungsbewilligung eine Zuschlagsversagung möglich zu machen.

Den drohenden Eigentumsverlust kann der Schuldner immer dann abwenden, wenn er nach Schluss der Versteigerung den betreibenden Gläubiger befriedigt. Dann könnte er einen Zuschlagsversagungsantrag nach § 75 stellen.

Eine Zuschlagsversagung kann in Ausnahmefällen auch bei bestehender **Suizidgefahr** gem. § 765 a ZPO beantragt werden. Sogar eine erst **nach** Zuschlagsbeschluss beim Schuldner eingetretene **akute** Suizidgefahr kann die Aufhebung des Zuschlags gebieten.[4] In diesen Fällen ist auch eine befristete Einstellung ohne Auflagen zulässig; zB dann, wenn als Auflage eine Therapie beabsichtigt ist, aber der Schuldner selbst keine Krankheitseinsicht hat und eine solche Auflage gegen seinen Willen nicht angezeigt ist.[5] Nach Eintritt der Rechtskraft des Zuschlagsbeschlusses ist ein Vollstreckungsschutzantrag nach § 765 a ZPO unzulässig.[6] Auch wenn über das Vermögen des Schuldners das Insolvenzverfahren eröffnet wurde und das zur Versteigerung beantragte Grundstück zur Masse gehört, ist der Schuldner befugt, wegen einer Suizidgefahr für sich oder einen nahen Angehörigen einen Antrag nach § 765 a ZPO zu stellen.[7]

---

2 BGH MDR 2005, 353 = NZI 2005, 181 = Rpfleger 2005, 151.
3 BGH MDR 2010, 171 = ZfIR 2010, 84.
4 BGH NJW 2006, 505 = Rpfleger 2006, 147.
5 BGH NJW 2015, 8 = ZfIR 2015, 77 = Rpfleger 2015, 217.
6 BGH NZM 2009, 878 = NZI 2010, 38 = Rpfleger 2010, 101; BVerfG WM 2010, 767 = FamRZ 2010, 795.
7 BGH NJW 2009, 1283 = MDR 2009, 348 = NZI 2009, 163 = NZM 2009, 171.

14 Eine selten vorkommende Einstellungsvariante ergibt sich aus § 76 in dem Falle, dass bei der Versteigerung mehrerer Grundstücke in einem Einzelausgebot so viel geboten wird, dass die Ansprüche der betreibenden Gläubiger **gedeckt** werden können. Dann wäre nach Zuschlagserteilung auf das vom Einzelausgebot betroffene Grundstück oder einige Grundstücke das Verfahren wegen der zur Deckung nicht „benötigten" Grundstücke **einstweilen einzustellen**. Dies hat das Gericht ohne besonderen Antrag von Amts wegen zu beachten, da dem Schuldner so viel wie möglich von seinem Eigentum erhalten bleiben soll.

15 Diese dargestellte Möglichkeit (s. Rn 14) wird aber leider auch als „Einfallstor" von **Tricktätern** in der Weise genutzt, dass **gezielt** auf **ein** Grundstück ein **weit überhöhtes** Gebot abgegeben wird, wobei dies vorher genau berechnet ist. Denn der Erlös hieraus müsste reichen, um den/die betreibenden Gläubiger zu befriedigen. Hierbei ist von vornherein beabsichtigt, keine Zahlung auf das Meistgebot des betreffenden Grundstücks zu leisten (hierauf soll nur der Zuschlag erfolgen) und ein wirtschaftlich erheblich günstigeres Gesamtausgebot zu **verhindern** mit der Folge, dass die Grundstücke, soweit eingestellt wurde, erheblich an Wert verlieren und später günstig durch den Tricktäter „erworben" werden können (s. § 63 Rn 24 ff).

§ 74 a [7/10-Grenze und Verkehrswertfestsetzung]

(1) [1]Bleibt das abgegebene Meistgebot einschließlich des Kapitalwertes der nach den Versteigerungsbedingungen bestehenbleibenden Rechte unter sieben Zehnteilen des Grundstückswertes, so kann ein Berechtigter, dessen Anspruch ganz oder teilweise durch das Meistgebot nicht gedeckt ist, aber bei einem Gebot in der genannten Höhe voraussichtlich gedeckt sein würde, die Versagung des Zuschlags beantragen. [2]Der Antrag ist abzulehnen, wenn der betreibende Gläubiger widerspricht und glaubhaft macht, daß ihm durch die Versagung des Zuschlags ein unverhältnismäßiger Nachteil erwachsen würde.

(2) Der Antrag auf Versagung des Zuschlags kann nur bis zum Schluß der Verhandlung über den Zuschlag gestellt werden; das gleiche gilt von der Erklärung des Widerspruchs.

(3) [1]Wird der Zuschlag gemäß Absatz 1 versagt, so ist von Amts wegen ein neuer Versteigerungstermin zu bestimmen. [2]Der Zeitraum zwischen den beiden Terminen soll, sofern nicht nach den besonderen Verhältnissen des Einzelfalles etwas anderes geboten ist, mindestens drei Monate betragen, darf aber sechs Monate nicht übersteigen.

(4) In dem neuen Versteigerungstermin darf der Zuschlag weder aus den Gründen des Absatzes 1 noch aus denen des § 85 a Abs. 1 versagt werden.

(5) [1]Der Grundstückswert (Verkehrswert) wird vom Vollstreckungsgericht, nötigenfalls nach Anhörung von Sachverständigen, festgesetzt. [2]Der Wert der beweglichen Gegenstände, auf die sich die Versteigerung erstreckt, ist unter Würdigung aller Verhältnisse frei zu schätzen. [3]Der Beschluß über die Festsetzung des Grundstückswertes ist mit der sofortigen Beschwerde anfechtbar. [4]Der Zuschlag oder die Versagung des Zuschlags können mit der Begründung, daß der Grundstückswert unrichtig festgesetzt sei, nicht angefochten werden.

I. Normzweck und Anwendungsbereich	1	Bestimmung eines neuen Versteigerungstermins (Abs. 3)	22
II. Wann kann der Antrag auf Zuschlagsversagung gestellt werden? (Abs. 1)	2	VIII. Grundsatz der Einmaligkeit der Antragstellung/Verhältnis zu § 85 a (Abs. 4)	25
III. Antragsberechtigung	5	IX. Wertfestsetzung (Abs. 5 S. 1 und 2)	28
IV. Frist zur Antragstellung (Abs. 2)	12	1. Allgemeines	28
V. Besonderheiten bei der Versteigerung mehrerer Grundstücke	16	2. Ablauf der Wertermittlung	29
VI. Widerspruch gegen eine Zuschlagsversagung (Abs. 1 S. 2)	20	3. Wertfestsetzung durch das Gericht	36
VII. Entscheidung über den Zuschlagsversagungsantrag mit		X. Die lediglich formelle Rechtskraft des Wertfestsetzungsbeschlusses (Abs. 5 S. 3 und 4)	37

I. Normzweck und Anwendungsbereich

Bei der Vorschrift des § 74 a handelt es sich – im Gegensatz zu § 85 a – zunächst um eine Gläubigerschutzbestimmung. Weiterhin wird in Abs. 5 auch das Verfahren zur Festsetzung des Verkehrswertes als einem der wichtigsten Bereiche des Verfahrens geregelt. Die Vorschrift ist grds. für alle Versteigerungsverfahren anwendbar. 1

II. Wann kann der Antrag auf Zuschlagsversagung gestellt werden? (Abs. 1)

Der Antrag auf Zuschlagsversagung kann in der Vollstreckungsversteigerung grds. immer dann gestellt werden, wenn das Meistgebot (s. § 81 Rn 2 f) einschließlich des Kapitalwertes der nach den Versteigerungsbedingungen bestehen bleibenden Rechte (s. § 52 Rn 2 f) die **7/10-Grenze** des vom Gericht festgesetzten Grundstückswertes nicht erreicht (Abs. 1). Der bestbetreibende Gläubiger könnte aber ein Interesse daran haben, diesen Antrag nicht zu stellen, weil sonst in einem „echten" zweiten Termin (s. Rn 25 f) ein Versagungsantrag (auch hinsichtlich der 5/10-Grenze des § 85 a) nicht mehr gestellt werden kann. Diese Gefahr kann er dadurch vermeiden, dass er nach Schluss der Bietzeit die einstweilige Einstellung bewilligt und dadurch erreicht, dass der Zuschlag auf das abgegebene Meistgebot versagt werden muss (s. hierzu § 30 Rn 17, § 33 Rn 6 ff). 2

In der Teilungsversteigerung ist die Bestimmung entsprechend anzuwenden (§ 180 Abs. 1; s. hierzu Rn 10). 3

Für die Insolvenzverwalterversteigerung (§§ 172–174 a) sowie für die Nachlassversteigerung (§§ 175–179) kommt ebenfalls eine entsprechende Anwendung in Betracht, hat aber in der Praxis deshalb kaum Bedeutung, weil diese Verfahren sehr selten beantragt werden (s. im Übrigen Rn 11). 4

III. Antragsberechtigung

In der **Vollstreckungsversteigerung** kann jeder Berechtigte und damit auch jeder betreibende Gläubiger, dessen Anspruch ganz oder teilweise durch das Meistgebot nicht gedeckt ist, der aber bei einem Gebot iHv 7/10 des festgesetzten Wertes mindestens 0,01 € erhalten würde, einen Versagungsantrag stellen. Zur rechnerischen Feststellung dieses Anspruchs (Aufstellung eines fiktiven Teilungsplans) s. Rn 23. Wenn der Antrag von einem **vollmachtlosen** Vertreter eines Berechtigten gestellt wurde und nicht bereits wegen des Vollmachtmangels zurückgewiesen worden ist, kann auch noch nach dem Schluss der Verhandlung über den Zuschlag der Antrag mit rückwirkender Kraft genehmigt werden.[1] 5

---

1 BGH MDR 2013, 810 = ZfIR 2013, 656 = Rpfleger 2013, 632.

6 Eine Einschränkung (kein Antragsrecht) ergibt sich aus § 74 b für den Berechtigten, der selbst das Meistgebot abgegeben hat und wenn die 7/10-Grenze innerhalb seines Rechts liegt.

7 Für das Gericht kann sich aus der **Aufklärungspflicht** (§ 139 ZPO) die Verpflichtung eines **Hinweises** ergeben. Wenn ein bestrangig betreibender Gläubiger mit seinem Recht bei Nichterreichen der 7/10-Grenze auszufallen droht, hat das Gericht auf die Möglichkeit eines sachlich gebotenen Antrags zur Zuschlagsversagung hinzuweisen.[2] Dies auch dann, wenn ein nachträglich eingetragenes Recht noch nicht angemeldet wurde. Dann ist der bisher lediglich „Berechtigte" auf das Anmeldeerfordernis seines Rechts hinzuweisen, damit die Beteiligtenstellung erreicht wird. Denn dann ist auf jeden Fall die Antragsberechtigung gegeben, wenn man annimmt, dass für die Stellung eines Zuschlagsversagungsantrags die Beteiligtenstellung erforderlich ist, was die Norm nicht ausdrücklich verlangt.[3]

8 Der Vollstreckungsschuldner hat im vorgenannten Rahmen das Antragsrecht nur dann, wenn ihm eine **Eigentümergrundschuld** zusteht (§§ 1177, 1196 Abs. 1 BGB).

9 Ein dinglicher Berechtigter, der grds. ein Antragsrecht hätte, könnte den Zuschlagsversagungsantrag dann nicht stellen, wenn er Meistbietender ist. Denn seinem Zuschlagsanspruch aus § 81 Abs. 1 stünde der Versagungsantrag entgegen.

10 In der **Teilungsversteigerung** ergibt sich ein Antragsrecht nur bei einer ungleichen Belastung der einzelnen Anteile in einer Bruchteilsgemeinschaft (§ 182). Denn nur dann kann der Fall eintreten, dass eingetragene Rechte nicht bestehen bleiben. Ein Antragsrecht haben damit nur die dinglichen Berechtigten, deren Rechte erlöschen. Antragsteller und Antragsgegner als Miteigentümer sowie die Pfändungsgläubiger des Anteils des Antragsgegners haben kein Antragsrecht. Denn diese Betroffenen haben keinen aus dem Meistgebot zu befriedigenden Anspruch bzw die Forderung eines Pfändungsgläubigers stellt keine Belastung und kein Recht am Grundstück dar.

11 In der **Insolvenzverwalter- und der Nachlassversteigerung** bleiben grds. alle Belastungen bestehen. Eine Ausnahme ergibt sich nur dann, wenn in der Insolvenzverwalterversteigerung ein Gläubiger oder in der Nachlassversteigerung der Antragsteller einen Antrag auf Doppelausgebot nach § 174 bzw iVm § 176 (Berücksichtigung nur der seinem Anspruch vorgehenden Rechte im geringsten Gebot, § 44) stellen, oder der Insolvenzverwalter über § 174 a ein Erlöschen aller eingetragenen Belastungen erreicht. Nur in diesen Fällen erlöschen dingliche Rechte, so dass sich für die Berechtigten daraus ein Antragsrecht ergeben kann.

IV. Frist zur Antragstellung (Abs. 2)

12 Der Antrag kann nur mündlich oder auch schriftlich im **Versteigerungstermin** gestellt werden, und zwar frühestens nach Abgabe eines Gebots und spätestens bis zum Schluss der Verhandlung über den Zuschlag.

13 Da ein Antrag unmittelbar nach Gebotsabgabe nur dieses Gebot betrifft, sollte für die Antragstellung der Schluss der Bietzeit abgewartet werden; dann richtet sich dieser Antrag gegen das Meistgebot.

14 Erfahrene Gläubiger kündigen in der Anmeldung ihres Anspruchs an, dass sie am Versteigerungstermin teilnehmen wollen, und bitten für den Fall des Nichterscheinens um die Anberaumung eines Verkündungstermins (§ 87). Zwar kann in diesem Termin kein Versagungsantrag nach § 74 a mehr gestellt werden, jedoch

---

2 BVerfG NJW 1993, 1699 = Rpfleger 1993, 32.
3 BVerfG NJW-RR 2012, 302 = ZflR 2012, 185 = Rpfleger 2012, 217.

hat der Gläubiger dann noch die Möglichkeit, zB über eine Einstellungsbewilligung eine Zuschlagsversagung zu erreichen (§§ 30, 33).

Erstaunlicherweise wird wenig von der Möglichkeit Gebrauch gemacht, sich bei dem zuständigen Rechtspfleger über den voraussichtlichen Verlauf des betreffenden Verfahrens (soweit das zu dem jeweiligen Zeitpunkt möglich ist) zu informieren, und zwar vor allem für eine optimale Vorbereitung auf den Versteigerungstermin. 15

V. Besonderheiten bei der Versteigerung mehrerer Grundstücke

Bei der Versteigerung **mehrerer** Grundstücke sind diese grds. **einzeln** auszubieten (§ 63 Abs. 1 S. 1). Es sind aber auch daneben Gruppenausgebote oder ein Gesamtausgebot aller Objekte möglich (§ 63 Abs. 1 S. 2, Abs. 2). 16

Wenn auf die unterschiedlichen Ausgebotsformen Gebote abgegeben wurden, ist die Prüfung des Versagungsantrags für jedes Gebot **gesondert** vorzunehmen. Wurde auf Einzel-, Gruppenausgebote und auf das Gesamtausgebot geboten, ist **zunächst** der Vergleich nach § 63 Abs. 3 S. 2 in der Weise anzustellen, dass die Einzelausgebote mit den dazugehörigen Gruppenausgeboten und **dann** die höheren Gebote mit dem Gesamtausgebot verglichen werden (s. § 63 Rn 17 ff), da der Zuschlag auf das Gesamtausgebot nur erteilt werden kann, wenn das Meistgebot **höher** ist als das Gesamtergebnis der Einzelausgebote.[4] 17

Sollten die Grundstücke im Gesamtausgebot verschieden belastet sein, muss zur Prüfung der Antragsberechtigung vorab die **Verteilung** des Erlöses rechnerisch ermittelt werden (s. hierzu § 112 Rn 5 ff). Ergibt sich dabei, dass ein Berechtigter einen Ausfall erleidet, steht ihm bei Nichterreichen der 7/10-Grenze ein Antragsrecht zu. Sollte die Grenze aber erreicht und der Gläubiger gleichwohl einen Ausfall haben, steht ihm kein Antragsrecht zu, auch wenn sein Ausfall bei den Einzelausgeboten geringer oder nicht gegeben sein sollte. Denn hier geht das **Gesamtinteresse** am höheren Gesamtausgebot dem Einzelinteresse vor. 18

Wenn das Ergebnis im Gesamtausgebot die 7/10-Grenze nicht erreicht und ein zulässiger Versagungsantrag gestellt wurde, kann der Zuschlag hierauf nicht erfolgen (Abs. 1 S. 1). Es wird aber dann ein Zuschlag auf die Einzelausgebote, die die 7/10-Grenze erreichen, überwiegend für zulässig gehalten. 19

VI. Widerspruch gegen eine Zuschlagsversagung (Abs. 1 S. 2)

Ein Widerspruchsrecht gegen eine Zuschlagsversagung hat nur der **betreibende** Gläubiger, und zwar auch dann, wenn er selbst das Meistgebot abgegeben hat. Denn er muss ja glaubhaft machen, dass ihm durch die Versagung ein unverhältnismäßiger Nachteil entstehen würde (§ 294 ZPO). 20

Die durch das Versteigerungsgericht vorzunehmende **Interessenabwägung** betrifft nur den betreibenden widersprechenden Gläubiger und den Berechtigten, der die Zuschlagsversagung beantragt hat. Der unverhältnismäßige Nachteil (Abs. 1 S. 2) muss ganz erheblich sein. Diese strenge Anforderung wird regelmäßig nicht erfüllt, so dass in der Praxis ein solcher Widerspruch kaum vorkommt. 21

VII. Entscheidung über den Zuschlagsversagungsantrag mit Bestimmung eines neuen Versteigerungstermins (Abs. 3)

Das Versteigerungsgericht hat über den Versagungsantrag und einen möglichen Widerspruch durch **Erteilung** oder **Versagung** des Zuschlags zu entscheiden. Es handelt sich nicht um eine Ermessensentscheidung, sondern das Gericht hat fest- 22

---

4 OLG Frankfurt Rpfleger 1995, 512.

zustellen, ob der jeweilige Antrag zulässig und begründet oder ob das Gegenteil der Fall ist.

23 Die Entscheidung ist im Zweifelsfalle nur möglich, wenn das Gericht hierzu einen **fiktiven Teilungsplan** nach § 113 (eine Kontrollberechnung) erstellt. Denn nur dann lässt sich feststellen, ob der antragstellende Berechtigte bei Erreichen der 7/10-Grenze zumindest mit 0,01 € befriedigt werden könnte. In den fiktiven Teilungsplan ist eine Grundschuld mit ihrem **Nominalbetrag** (Kapital nebst Zinsen und anderen Nebenleistungen) einzustellen.[5] Will das Gericht den Zuschlag versagen, muss im Widerspruchsfalle die vorgenannte (s. Rn 20 f) Interessenabwägung erfolgen.

24 Bei einer Zuschlagsversagung ist von Amts wegen ein **neuer Versteigerungstermin** zu bestimmen (**Abs. 3 S. 1**). Hierbei sind alle Vorschriften wie bei der ersten Terminsbestimmung zu beachten (§§ 37–41). Bezüglich der Fristen zwischen beiden Terminen (**Abs. 3 S. 2**) handelt es sich lediglich um Ordnungsvorschriften. In der Praxis können sie wegen der starken Belastung der Versteigerungsgerichte häufig nicht eingehalten werden.

VIII. Grundsatz der Einmaligkeit der Antragstellung/Verhältnis zu § 85 a (Abs. 4)

25 Die Gläubigerschutzbestimmung des § 74 a wie auch die Schuldnerschutzbestimmung des § 85 a Abs. 1 kann nur **einmal** im Verfahren genutzt werden (§ 85 a Abs. 2 S. 2). Eine Zuschlagsversagung wegen Nichterreichens der 7/10-Grenze schließt also im zweiten Termin eine Zuschlagsversagung wegen Nichterreichens der 5/10-Grenze aus und umgekehrt.

26 Um einen zweiten Termin im Sinne dieser Bestimmungen handelt es sich aber nur dann, wenn in einem vorherigen Termin aus vorgenannten Gründen (s. Rn 22 ff) der Zuschlag versagt wurde. Damit ist weiter die Zuschlagsversagung aus Gründen der einstweiligen Einstellung nach §§ 30, 33 oder die einstweilige Einstellung bei Nichtabgabe von Geboten nach § 77 Abs. 1 möglich.

27 Wird der Zuschlag wegen Nichterreichens der 7/10-Grenze versagt, fehlt im weiteren Verfahren das **Rechtsschutzinteresse** für eine Anpassung des festgesetzten Grundstückswertes an veränderte Umstände (s. Rn 35).[6]

IX. Wertfestsetzung (Abs. 5 S. 1 und 2)

28 **1. Allgemeines.** Für die Feststellung der 7/10-Grenze (Abs. 1) sowie der 5/10-Grenze (§ 85 a Abs. 1), für die Verteilung von Gesamtgrundpfandrechten (§§ 64 und 112), für die erweiterte Befriedigungswirkung aus § 114 a, für die Kostenberechnung und aus noch weiteren Gründen ist der **Verkehrswert** des Versteigerungsobjektes vom Vollstreckungsgericht **festzusetzen** (Abs. 5). Sind mehrere Grundstücke oder einzelne Zubehörteile betroffen, sind die Werte für jedes einzelne Objekt festzusetzen.

29 **2. Ablauf der Wertermittlung.** In der Praxis ist es allgemein üblich und den Gerichten auch dringend anzuraten, mit der Wertermittlung zunächst einen Sachverständigen zu beauftragen. Üblicherweise handelt es sich hierbei um **Bausachverständige** mit entsprechender Erfahrung; häufig auch von der zuständigen Industrie- und Handelskammer als **öffentlich vereidigte Sachverständige** oder auch von einer Architektenkammer als **zertifizierte Sachverständige** bestellt.

---

5 BGH ZfIR 2004, 566; BGH NJW 2004, 1803 = MDR 2004, 771 = Rpfleger 2004, 432.
6 BGH MDR 2004, 294 = NJW-RR 2004, 302 = Rpfleger 2004, 172.

Zwar können grds. auch bereits erstellte private Gutachten oder Wertermittlungen von Banken berücksichtigt werden, jedoch ist davon eher abzuraten. Denn es soll für die Gerichte eine sichere Grundlage für die Wertfestsetzung geschaffen werden. Dies liegt im Interesse aller Beteiligten, des Gerichts und auch des späteren Erstehers. 30

Für das Gericht besteht keine **Amtshaftung** für Fehler eines gerichtlich bestellten Gutachters.[7] Auch ist die Auswahl und Beauftragung eines Sachverständigen durch das Vollstreckungsgericht vom Schuldner nicht mit der Erinnerung nach § 766 ZPO gesondert anfechtbar.[8] Eine Amtshaftung kann aber dann eintreten, wenn das Gericht im Termin eine nicht im Grundbuch eingetragene, aber dem Gericht bekannte Bau- oder Altlast nicht bekannt gibt und auch nicht sachverständig bewerten lässt.[9] Mit der Frage der **Haftung** des gerichtlichen Sachverständigen hat sich der BGH in seiner nachstehenden Entscheidung eingehend befasst und auf die Besonderheiten verwiesen.[10] 31

Von der Gutachtenbeauftragung sollte das Gericht alle Beteiligten **informieren**, damit etwaige Ablehnungsanträge sofort gestellt und geprüft werden können. Die Beauftragung des Sachverständigen durch das Gericht hat die Qualität eines Beweisbeschlusses (§§ 402 ff ZPO). Beim Gutachtenauftrag ist eine Fristsetzung erforderlich (§ 411 Abs. 1 ZPO). 32

Der Sachverständige hat alle für das Gutachten benötigten Unterlagen einzuholen und alle erforderlichen weiteren Prüfungen anzustellen. Dabei hat er auch Aussagen zu treffen zu den voraussichtlichen Kosten, wenn diese erkennbar außer Verhältnis zum Wertgegenstand des Objektes stehen oder einen angeforderten Kostenvorschuss erheblich übersteigen (§ 407 a Abs. 3 ZPO). Dieser Fall kann insb. dann eintreten, wenn Prüfungen anzustellen sind über Altlasten (Bodenverunreinigungen), Bergschäden, Bombenfunde etc., da zu den Bewertungen dieser Bereiche idR durch das Gericht auf entsprechenden Hinweis des beauftragten Sachverständigen ein weiterer „Sonder"-Sachverständiger zu bestellen ist. Wegen der damit verbundenen erheblichen weiteren Kosten muss der Antragsteller durch das Gericht entsprechend informiert und ihm Gelegenheit gegeben werden, seinen Antrag zurückzunehmen.[11] 33

Der Sachverständige hat nach Abschluss der Vorermittlungen einen **Besichtigungstermin** zu bestimmen und hiervon das Gericht, die Gläubiger und den Schuldner zu informieren, auch damit sie an dem Termin teilnehmen können. Allerdings kann das Gericht den Zutritt für ein bebautes Objekt weder für sich, noch für den Sachverständigen und die Gläubiger erzwingen. Verweigert der Schuldner den Zutritt, wird er vom Gericht darauf hingewiesen, dass das Gutachten dann aufgrund der vorliegenden Unterlagen und nach dem äußeren Anschein mit einem Sicherheitsabschlag für mögliche unbekannte Risiken bewertet wird. Grundsätzlich ist ein **Risikoabschlag** nicht zulässig, sondern nur in dem Falle, wo sich eine andere (vertretbare) Lösung nicht anbietet (hier könnte sonst der Schuldner eine Wertfestsetzung verhindern).[12] Außerdem erfolgt eine Belehrung dahin, dass er später nicht mehr mit Gründen gehört werden könne, die sich aus dem inneren Bauzustand des Objektes ergeben. 34

---

7 OLG Frankfurt MDR 2005, 1051.
8 OLG Stuttgart Rpfleger 2000, 227.
9 OLG Karlsruhe Rpfleger 2010, 688.
10 BGHZ 198, 265 = NJW-RR 2014, 90 = ZfBR 2014, 133 = JurBüro 2014, 164.
11 BGH MDR 2007, 110 = NJW-RR 2006, 1389 = Rpfleger 2006, 554.
12 BGH MDR 2007, 110 = NJW-RR 2006, 1389 = Rpfleger 2006, 554; LG Dortmund Rpfleger 2000, 466; LG Göttingen Rpfleger 1998, 213.

35 Nach Vorlage des Gutachtens ist allen Beteiligten das **rechtliche Gehör** zu gewähren mit einer Angabe dahin, welchen Wert das Gericht festzusetzen beabsichtigt. In der Praxis hat es sich bewährt, dabei eine Zusammenfassung (Exposé) des Gutachtens in einer verkürzten Übersicht mit **Sachwert, Ertrags-** und möglicherweise auch **Vergleichswert** zu benennen. Allein die Angabe des vom Sachverständigen ermittelten Wertes stellt kein rechtliches Gehör dar und reicht deshalb nicht aus. Sollten Gegenvorstellungen erfolgen, muss das Gericht diese prüfen; regelmäßig auch durch eine Anhörung des Sachverständigen. Sollte das Sachverständigengutachten keine tragfähige Grundlage für alle den Grundstückswert beeinflussenden Umstände in tatsächlicher und rechtlicher Art bilden, muss ein neues Sachverständigengutachten eingeholt werden.[13] Wenn die technischen Voraussetzungen vorliegen, wird das Gutachten dem Gericht in digitaler Form zur Verfügung gestellt. Da aus Datenschutzgründen (hier u.a. Eigentümerangaben, Namen der Beteiligten) und Urheberrechtsgründen (hier zB geschützte Behördeninformationen) nicht alle zur Gutachtenerstellung herangezogenen Unterlagen veröffentlicht werden dürfen, diese aber dennoch dem Gericht zur Einsichtnahme zur Verfügung stehen müssen, werden diese Unterlagen dem Gericht in einfacher Ausfertigung übersandt.

36 **3. Wertfestsetzung durch das Gericht.** Nach Anhörung und Prüfung aller Umstände hat das **Gericht** die **Wertfestsetzung vorzunehmen** und zu **begründen**. Der Beschluss darüber ist allen Beteiligten **zuzustellen** (§ 329 Abs. 3 ZPO), und zwar auch an alle später im Verfahren auftretende Beteiligte. Erst danach sollte der Versteigerungstermin bestimmt werden, damit noch möglicherweise vorher eine obergerichtliche Entscheidung ergehen kann. Die Zustellung des Wertfestsetzungsbeschlusses darf bei Vermeidung des Verstoßes gegen die Amtspflicht des Versteigerungsgerichts auch nicht fehlerhaft sein, da sonst ein Schadensersatzanspruch drohen kann.[14] Die Amtspflicht des Versteigerungsgerichts zur Einhaltung der gesetzlichen Vorschriften schützt auch den Meistbietenden; er ist Dritter iSd § 839 BGB. Dieser Schutzzweck umfasst jedoch nicht den entgangenen Gewinn, wenn der Zuschlagsbeschluss wegen eines Zustellungsfehlers wieder aufgehoben wird.[15]

X. Die lediglich formelle Rechtskraft des Wertfestsetzungsbeschlusses (Abs. 5 S. 3 und 4)

37 Der Wertfestsetzungsbeschluss entfaltet keine materielle, sondern lediglich eine **formelle Rechtskraft**, und zwar auch nur gegenüber den einzelnen Verfahrensbeteiligten. Sollten neue Tatsachen zB durch Beschädigungen, wertsteigernde Maßnahmen, Änderung der Bodenbewertung etc. in erheblichem Umfang bekannt werden, muss die Wertfestsetzung insoweit geändert werden, und zwar uU noch im Versteigerungstermin. Ändert das Vollstreckungsgericht den mitgeteilten Verkehrswert, so muss der geänderte Wert rechtzeitig vor dem Versteigerungstermin bekannt gemacht werden (§ 43); davon darf lediglich abgesehen werden, wenn der neue Wert nur unwesentlich von dem bekannt gemachten abweicht.[16] Denn das Gericht hat eine Prüfung und Anpassung der Wertfestsetzung bei Veränderung wertbildender Umstände vorzunehmen.[17] Es muss sich aber um eine **wesentliche Änderung** handeln, wovon bei einer Abweichung von weniger als 10 % vom festgesetzten Wert jedoch nicht ausgegangen werden kann.[18]

---

13 LG Berlin WM 2010, 1990.
14 BGH NJW-RR 2009, 601 = WM 2009, 613 = Rpfleger 2009, 335.
15 BGH MDR 2001, 1350 = NJW-RR 2002, 307 = Rpfleger 2002, 38.
16 BGH MDR 2008, 1185 = Rpfleger 2008, 588.
17 OLG Düsseldorf InVo 2000, 437 = KTS 2001, 137; OLG Köln Rpfleger 1993, 258.
18 BGH MDR 2008, 1185 = Rpfleger 2008, 588.

Der Wertfestsetzungsbeschluss kann von allen Beteiligten (hierzu zählen nicht anmeldende Mieter/Pächter, da sie kein Befriedigungsrecht haben) mit der **sofortigen Beschwerde angefochten** werden (**Abs. 5 S. 3**); eine weitere Beschwerde findet grds. nicht statt.[19] Die Beschwerdeentscheidung kann aber dann mit der **Rechtsbeschwerde** zum Bundesgerichtshof angefochten werden, wenn sie durch das entscheidende Gericht zugelassen wurde (§ 574 Abs. 1 S. 1 Nr. 2 ZPO).[20] Der Schuldner kann auch mit dem Ziel, eine Herabsetzung des Verkehrswertes zu erreichen, eine sofortige Beschwerde einlegen, wenn daran im Einzelfall ein Rechtsschutzbedürfnis besteht.[21]

38

Mit der Zustellung des Beschlusses muss die **Belehrung** erfolgen: Die Beschwerde ist einzulegen binnen einer **Notfrist** von 2 Wochen (nicht verlängerbare Frist, § 224 ZPO). Die Frist beginnt mit der Zustellung des Beschlusses. Es muss erkennbar sein, gegen welche Entscheidung ein Rechtsmittel eingelegt wird (§ 569 Abs. 2 ZPO). Die Beschwerde ist beim Gericht der Entscheidung oder bei dem Beschwerdegericht – genaue Angabe – einzulegen (§ 569 Abs. 1 ZPO). Ferner ist der Hinweis zu geben, dass unter bestimmten Voraussetzungen auch zu **Protokoll der Geschäftsstelle** eine entsprechende Erklärung abgegeben werden kann (§ 569 Abs. 3 ZPO), und zwar bei jedem Amtsgericht (§ 129 a Abs. 1 ZPO).

39

Weil das Wertfestsetzungsverfahren mit einem eigenen Rechtsmittelzug ausgestaltet ist, müssen alle evtl Einwände dort geltend gemacht werden. Deshalb kann später der Zuschlag nicht mit der Begründung angefochten werden, der Wert sei unrichtig festgesetzt (**Abs. 5 S. 4**); der Zuschlag ist insoweit unanfechtbar.[22]

40

§ 74 b [Ausnahme von § 74a]

Ist das Meistgebot von einem zur Befriedigung aus dem Grundstück Berechtigten abgegeben worden, so findet § 74 a keine Anwendung, wenn das Gebot einschließlich des Kapitalwertes der nach den Versteigerungsbedingungen bestehenbleibenden Rechte zusammen mit dem Betrage, mit dem der Meistbietende bei der Verteilung des Erlöses ausfallen würde, sieben Zehnteilen des Grundstückswertes erreicht und dieser Betrag im Range unmittelbar hinter dem letzten Betrage steht, der durch das Gebot noch gedeckt ist.

I. Normzweck und Anwendungsbereich

Die Vorschrift stellt eine Einschränkung zu § 74 a dar. Sie ist grds. für alle Versteigerungsarten anwendbar, hat aber in der Praxis kaum eine Bedeutung, weil sie nur für den Fall des **Gleichrangs** eine Klarstellung ergibt.

1

II. Die grundsätzliche Regelung zum Versagungsantrag nach § 74 a

Ein Versagungsantrag aus § 74 a kann nur dann gestellt werden, wenn die dort benannte 7/10-Grenze vom festgesetzten Verkehrswert nicht erreicht wird und der Antragsteller bei Erreichen der Grenze einen Erlösanteil erhalten würde. Zur Frage des Zeitpunkts der Antragstellung und der Berechtigung hierzu s. § 74 a Rn 2 ff.

2

---

19 OLG Bremen 6.9.2000 – 2 W 99 und 100/2000, OLGR 2000, 476.
20 Hk-ZPO/*Koch*, § 574 ZPO Rn 4 ff.
21 BGH MDR 2004, 1023 = NZM 2004, 479 = WM 2004, 1040.
22 BVerfG 9.7.1993 – 2 BvR 1171/92, juris; BGHReport 2003, 463 = InVo 2003, 209.

3 Wenn die 7/10-Grenze **innerhalb** des Rechts des Meistbietenden liegt, kann kein Versagungsantrag gestellt werden, da nur der Meistbietende selbst in diesem Bereich liegt und zu dieser Grenze hin einen Ausfall erleiden würde.

4 Ein auf dem Objekt abgesicherter Gläubiger (dinglicher Berechtigter) oder ein persönlich betreibender Gläubiger (§ 10, Rangklasse 5) will seine Rechte wahren und einen Ausfall seines Anspruchs vermeiden. Deshalb wird er uU gezwungen sein, selbst Gebote abzugeben. Dabei wird er aber immer nur an die untere Grenze seines Rechts heranbieten und nur dann weitere Gebote abgeben, wenn er überboten wird.

III. Der Fall der Einschränkung

5 Eine Problematik zur Berechnung des Anspruchs des Meistbietenden (er will nur an die untere Grenze seines Rechts heranbieten, s. Rn 4) zur 7/10-Grenze hin ergibt sich dann, wenn sich dieser Berechtigte **mit anderen Gläubigern im Gleichrang** befindet (§ 879 Abs. 1 S. 2 BGB); die Norm ist auch in diesem Falle anwendbar.[1] Denn der Versagungsantrag kann dann nicht gestellt werden, wenn der Meistbietende mit seinem Anspruch (teilweise) ausfallen würde und der sonst ausfallende Betrag unmittelbar hinter dem letzten noch gedeckten Anspruch steht. Bei der Ausfallberechnung sind deshalb die Ansprüche der gleichrangigen Berechtigten nicht zu berücksichtigen. Deshalb gilt: Ist das Grundstück mit mehreren gleichrangigen Rechten belastet, so ist dem Gebot einschließlich des Kapitalwertes der nach den Versteigerungsbedingungen bestehen bleibenden Rechte nur der Ausfall des betreibenden Gläubigers hinzuzurechnen, der Meistbietender geblieben ist.[2]

§ 75 [Einstellung bei Gläubigerbefriedigung im Termin]

Das Verfahren wird eingestellt, wenn der Schuldner im Versteigerungstermin einen Einzahlungs- oder Überweisungsnachweis einer Bank oder Sparkasse oder eine öffentliche Urkunde vorlegt, aus der sich ergibt, dass der Schuldner oder ein Dritter, der berechtigt ist, den Gläubiger zu befriedigen, den zur Befriedigung und zur Deckung der Kosten erforderlichen Betrag an die Gerichtskasse gezahlt hat.

I. Normzweck und Anwendungsbereich ... 1	Beginn des Versteigerungstermins ... 7
II. Berechtigung zum Zahlungsnachweis ... 2	V. Zahlung an den Gläubiger bzw Zahlungsnachweis nach Schluss der Versteigerung ... 10
III. Zahlung an den Gläubiger oder Zahlungsnachweis vor dem Versteigerungstermin ... 6	VI. Entscheidung des Vollstreckungsgerichts ... 11
IV. Zahlung an den Gläubiger oder Zahlungsnachweis nach dem	VII. Zahlung oder Zahlungsnachweis nach Zuschlagsverkündung ... 16

I. Normzweck und Anwendungsbereich

1 Die Vorschrift regelt die Möglichkeit, durch entsprechenden Nachweis des Schuldners die Versteigerung (zunächst) bei Vermeidung eines Rechtsverlusts abzuwenden. Wegen der Änderungen der Vorschriften hinsichtlich einer Barzahlung

---

1 BGH NJW-RR 2012, 533 = NSW ZVG § 74 b = WM 2012, 811.
2 BGHZ 46, 107 = NJW 1966, 2403 = MDR 1967, 34; BGH NJW-RR 2012, 533 = WM 2012, 811.

an das Vollstreckungsgericht (s. § 49 Rn 9 ff) musste auch die Vorschrift des § 75 entsprechend geändert werden,[1] wobei sich die Neufassung an §§ 775 Nr. 5 und 776 ZPO orientiert. Der Schuldner soll bis zur Verkündung des Zuschlags die Möglichkeit haben, seine Schuld zu zahlen. § 75 gilt für das Vollstreckungsverfahren, aber nicht für die Versteigerung auf Antrag des Erben (§§ 175–179) und grds. nicht für die Insolvenzverwalterversteigerung (§§ 172–174 a) sowie die Teilungsversteigerung (§§ 180–185).

II. Berechtigung zum Zahlungsnachweis

In erster Linie ist der **Schuldner** berechtigt, einen Zahlungsnachweis zu führen. Das gilt aber auch für den **ablösungsberechtigten Dritten**, der ein eigenes Interesse an einer Verfahrenseinstellung haben kann. Bei der Neuregelung dieser Vorschrift hat sich der Gesetzgeber an den §§ 775 Nr. 5 und 776 ZPO orientiert und dabei den ablösungsberechtigten Dritten „übersehen". Hierbei handelt es sich aber allein um ein redaktionelles Versehen. Die Zahlung durch den ablösungsberechtigten Dritten ist auch in der neuen Fassung dieser Norm Grund für eine Einstellung des Verfahrens.[2] 2

Ein Dritter kann nur bei einer **Ablösungsberechtigung** eine Einstellung erreichen. Diese ist dann gegeben, wenn ihm durch die Versteigerung der Nachteil droht, ein Recht oder den Besitz an dem Grundstück zu verlieren (§§ 268 und 1150 BGB). Nur wenn der Verlust eines dinglichen Rechts am Grundstück im Falle der Zwangsvollstreckung droht, ist neben dem Fall des Besitzes an einem Grundstück ein Ablösungsrecht gegeben. Ein lediglich schuldrechtlicher Anspruch reicht hierzu nicht aus. Auch mit der Abtretung eines schuldrechtlichen Rückgewähranspruchs entsteht kein Pfandrecht an der Grundschuld und berechtigt nicht zur Ablösung iSd § 75.[3] 3

Im Falle eines Ablösungsrechts muss der Gläubiger dem Vollstreckungsgericht gegenüber auch dann Auskunft über die Höhe der persönlichen Forderung geben, wenn es sich um eine **Grundschuld** handelt. Der Grundsatz des effektiven Rechtsschutzes erfordert nämlich die Verpflichtung des Grundschuldgläubigers, gegenüber dem Vollstreckungsgericht Auskunft über die Höhe der persönlichen Forderung zu geben, damit der Eigentümer, der nicht persönlicher Schuldner ist, in die Lage versetzt wird, von seinem Ablösungsrecht Gebrauch zu machen.[4] 4

Nach dem Wortlaut des § 75 sollen jetzt (nach der Abschaffung des Bargeldes im Versteigerungsverfahren) nur noch **Einzahlungs- oder Überweisungsnachweise** eines Kreditinstituts oder eine öffentliche Urkunde als Beleg ausreichend sein. Das kann aber dann nicht zutreffen, wenn zB für die Ablösung ein bestätigter Scheck (s. insoweit § 69 Rn 2 ff) dem Vollstreckungsgericht – unbar – übergeben wird. 5

III. Zahlung an den Gläubiger oder Zahlungsnachweis vor dem Versteigerungstermin

Das Versteigerungsgericht hat das Verfahren hinsichtlich des betreibenden Gläubigers einstweilen einzustellen, für den der Schuldner oder der ablösungsberechtigte Dritte den Zahlungsnachweis (Einzahlungs- oder Überweisungsnachweis mit Ausführungsbestätigung eines Kreditinstituts oder eine öffentliche Urkunde) vor Beginn des Versteigerungstermins führt (§ 775 Nr. 4 und 5 ZPO). Wenn kein weiterer Gläubiger das Verfahren betreibt, führt die einstweilige Einstellung auch zur Aufhebung des Versteigerungstermins. Bei Eingang mehrerer zur einstweili- 6

---

1 Durch 2. Justizmodernisierungsgesetz vom 22.12.2006 (BGBl. I S. 3416, 3422).
2 BGH NJW 2009, 81 = Rpfleger 2009, 96.
3 OLG Köln Rpfleger 1988, 324.
4 OLG Karlsruhe Rpfleger 1981, 407.

gen Einstellung des Verfahrens führenden Ablösungszahlungen ist die zuerst eingegangene ordnungsgemäße – durch die erforderlichen Nachweise belegte – Zahlung Grundlage der Einstellung.[5]

IV. Zahlung an den Gläubiger oder Zahlungsnachweis nach dem Beginn des Versteigerungstermins

7 Wenn der **betreibende** Gläubiger im Versteigerungstermin anwesend ist, kann auch noch nach Beginn des Termins (§ 66 Abs. 1) Zahlung mit den o.a. Folgen (s. Rn 6) geleistet werden. Diese Zahlung kann jedoch nur dann den gewünschten Erfolg haben, wenn **alle** betreibenden Gläubiger in einer Weise befriedigt werden, dass eine weitere Terminsdurchführung entbehrlich wird. Da seit dem 16.2.2007 keine Barzahlung an das Gericht mehr möglich ist,[6] muss diese – was auch durch das Gericht angeregt wird – an den/die Gläubiger erfolgen. Dies auch deshalb, weil dann der/die Gläubiger es in der Hand hat/haben, eine einstweilige Einstellung zu bewilligen, auch wenn nicht alle geltend gemachten Ansprüche voll befriedigt werden.

8 Das ist dann anders, wenn der Zahlungsnachweis gegenüber dem **Gericht** geführt werden muss. Denn dann müssen **alle** aus dem Anordnungs- bzw aus den Beitrittsbeschlüssen (§§ 15 und 27) ersichtlichen Beträge wie Hauptforderung, Zinsen, Kosten, die Kosten der Rechtsverfolgung sowie die Verfahrenskosten (§ 109 Abs. 1) gezahlt worden sein. Die Einstellung erfolgt dann bezüglich jedes einzelnen Anspruchs. Dies auch dann, wenn ein Gläubiger wegen verschiedener Ansprüche aus verschiedenen Rangklassen das Verfahren betreibt.

9 Sollte Zahlung allein an den **bestrangig** betreibenden Gläubiger bzw der Zahlungsnachweis insoweit gegenüber dem Gericht in dem Zeitraum bis in die Bietzeit hinein erfolgen, was unklug wäre (s. Rn 10), müsste bei **weiteren** betreibenden Gläubigern ein **neues** geringstes Gebot (§ 44) aufgestellt werden, das sich nun an dem **jetzt** bestrangig betreibenden Gläubiger ausrichtet. Voraussetzung wäre allerdings, dass auch für diesen Gläubiger die Frist des § 43 Abs. 2 gewahrt ist. Der Anspruch des befriedigten/abgelösten Gläubigers wäre dann in das geringste Bargebot aufzunehmen. Dieser Fall der Zahlung (des Zahlungsnachweises) zur „Unzeit" bei mehreren betreibenden Gläubigern kommt in der Praxis so gut wie nicht vor, da die Zahlung ja die weitere Terminsdurchführung verhindern soll.

V. Zahlung an den Gläubiger bzw Zahlungsnachweis nach Schluss der Versteigerung

10 Schon eher tritt der Fall ein, dass der Schuldner oder der Dritte eine beabsichtigte Zahlung bzw einen Zahlungsnachweis dann vornimmt, wenn die Bietzeit **beendet** ist und **kein** neues geringstes Gebot mehr aufgestellt werden kann. Denn durch die Zahlung oder den Zahlungsnachweis zu diesem Zeitpunkt wird davon ausgegangen, dass das Vollstreckungsgericht die Einstellung durch Versagung des Zuschlags vornehmen muss (§ 33). Hinsichtlich des Erlöschens von Geboten durch Verfahrenseinstellung oder durch Terminsaufhebung s. § 72 Rn 12 f.

VI. Entscheidung des Vollstreckungsgerichts

11 Erfolgt der ausreichende Zahlungsnachweis betreffend nur **einen** betreibenden Gläubiger an das Versteigerungsgericht nach Schluss der Versteigerung, hat das

---

5 BGH NJW-RR 2012, 442 = MDR 2011, 1502 = WM 2012, 80 = Rpfleger 2012, 160 = NSW ZVG § 75.
6 Durch 2. Justizmodernisierungsgesetz vom 22.12.2006 (BGBl. I S. 3416, 3422).

Gericht die Einstellung des Verfahrens durch **Zuschlagsversagung** vorzunehmen. Sollte die Befriedigung des betreibenden Gläubigers im Termin durch Barzahlung erfolgen, ist das nur möglich, wenn der betreibende Gläubiger anwesend ist. Denn nur dann kann (nach Abschaffung des Bargeldes im Versteigerungsverfahren) direkt bare Zahlung an den Gläubiger erfolgen (zuzüglich der Gerichtskosten, die der Gläubiger noch zu zahlen hat), und zwar gegen Aushändigung der Löschungsunterlagen (bei einem Briefrecht auch des Briefes, § 1144 BGB).

Wird das Verfahren noch von **einem** oder **weiteren** Gläubigern betrieben, hat das Versteigerungsgericht zu prüfen, ob nicht doch der Zuschlag erteilt werden kann (muss).[7] Wenn nämlich das Recht eines Beteiligten durch den Zuschlag nicht beeinträchtigt wird oder wenn der beeinträchtigte Beteiligte einen Zuschlag genehmigt (§ 84 Abs. 1), steht einer Zuschlagserteilung nichts entgegen. 12

Der Fall der Nichtbeeinträchtigung ist zB dann gegeben, wenn (ein häufiger Fall) die **Stadtkasse** mit **bevorrechtigten** Grundsteueransprüchen (§ 10 Abs. 1 Nr. 3) **bestrangig** das Verfahren betreibt. Wenn nun dieser Anspruch befriedigt wird und weiter der bestrangige dingliche Gläubiger (§ 10 Abs. 1 Nr. 4) auch das Verfahren betreibt, würde sich unter Zugrundelegung dieses dinglichen Anspruchs (könnte das geringste Gebot neu aufgestellt werden) nichts an der Tatsache ändern, dass kein Recht bestehen bleiben kann. Beeinträchtigt wäre allein der Schuldner, der dies aber als eine generelle Folge des Verfahrens hinnehmen müsste. 13

Der Zuschlag müsste selbst dann erteilt werden, wenn durch eine Ablösung des bestrangigen Gläubigers nach Schluss der Bietzeit für den Schuldner eine **Eigentümergrundschuld** bei einem berichtigten (neuen) geringsten Gebot entstanden, der Schuldner aber den nachrangigen Gläubigern zur Löschung des Rechts verpflichtet wäre. Denn dann hätte der Ersteher einen entsprechenden Betrag **nachzahlen** müssen (§ 50).[8] 14

Eine Zuschlagsversagung kann der davon betroffene betreibende Gläubiger und eine Zuschlagserteilung der Schuldner sowie der ablösungsberechtigte Dritte mit der **sofortigen Beschwerde** (§ 793 ZPO) anfechten. 15

VII. Zahlung oder Zahlungsnachweis nach Zuschlagsverkündung

Eine Zahlung oder Ablösung **nach** Zuschlagsverkündung ändert an dem Zuschlagsbeschluss und seinen Rechtsfolgen (§ 90) nichts mehr. Deshalb kann der Zuschlagsbeschluss auch nicht mit einer solchen Begründung angefochten werden. Selbst ein Verzicht des Erstehers auf seine Rechte aus dem Zuschlag kann nichts mehr bewirken. 16

§ 76 [Einstweilige Einstellung bei ausreichendem Einzelausgebot]

(1) Wird bei der Versteigerung mehrerer Grundstücke auf eines oder einige so viel geboten, daß der Anspruch des Gläubigers gedeckt ist, so wird das Verfahren in Ansehung der übrigen Grundstücke einstweilen eingestellt; die Einstellung unterbleibt, wenn sie dem berechtigten Interesse des Gläubigers widerspricht.

(2) ¹Ist die einstweilige Einstellung erfolgt, so kann der Gläubiger die Fortsetzung des Verfahrens verlangen, wenn er ein berechtigtes Interesse daran hat, insbesondere wenn er im Verteilungstermin nicht befriedigt worden ist. ²Beantragt der

---

7 OLG Köln Rpfleger 1990, 176.
8 OLG Stuttgart Rpfleger 1997, 397.

Gläubiger die Fortsetzung nicht vor dem Ablauf von drei Monaten nach dem Verteilungstermin, so gilt der Versteigerungsantrag als zurückgenommen.

I. Normzweck und Anwendungsbereich	1	IV. Sonderfall der entsprechenden Anwendung	11
II. Voraussetzungen einer einstweiligen Einstellung	2	V. Missbrauch des § 76	12
III. Entscheidung des Vollstreckungsgerichts	6	VI. Fortsetzung des Verfahrens	14

I. Normzweck und Anwendungsbereich

1 Die Vorschrift will zum Schutze des Schuldners verhindern, dass mehr Grundstücke versteigert werden, als zur Befriedigung der Ansprüche des betreibenden Gläubigers nötig ist. Sie gilt für das Vollstreckungsverfahren, aber nicht für die Insolvenzverwalterversteigerung (§§ 172–174 a), die Versteigerung auf Antrag des Erben (§§ 175–179) sowie die Teilungsversteigerung (§§ 180–185). Die Vorschrift hat in der Praxis nur eine geringe Bedeutung.

II. Voraussetzungen einer einstweiligen Einstellung

2 Werden in einem Verfahren (s. § 18 Rn 4 ff) **mehrere** Grundstücke in Einzelausgeboten oder mehreren Gruppenausgeboten angeboten, kann es zur Anwendung der Vorschrift des § 76 kommen (also nicht im Falle nur eines zugelassenen Gesamtausgebots).

3 Wurde auf die Einzelausgebote, die Gruppenausgebote und auch auf das Gesamtausgebot geboten, verlangt § 63 Abs. 3 S. 2 grds. den **Vergleich** zwischen den **Einzelausgeboten** und dem **Gesamtausgebot**. Dieser Vergleich der Einzelausgebote ist zunächst mit dem/den Gruppenausgeboten vorzunehmen, in denen die jeweiligen Grundstücke in der oder der jeweiligen Gruppe erfasst sind, weil insoweit das/die Gruppenausgebot(e) den Einzelausgeboten gegenüber als Gesamtausgebot gilt/gelten. Erst danach ist der Vergleich der höheren Ausgebotsform mit dem Gesamtausgebot möglich (s. auch § 63 Rn 17 ff).

4 Zu diesem Vergleich kommt es aber dann nicht, wenn auf das/die Einzelausgebote **so viel** geboten wird, dass aus einem oder aus verschiedenen (allen) Einzelausgeboten die betreibenden Gläubiger befriedigt werden können. In einem solchen Falle würden auch **höhere** Gebote auf ein/mehrere Gruppenausgebot(e) oder auf das Gesamtausgebot grds. nicht zu berücksichtigen sein, da hier der Schuldnerschutz den Gläubigerinteressen vorgeht.

5 Anders ist der Fall dann zu beurteilen (zu entscheiden), wenn Gläubiger einer einstweiligen Einstellung aus berechtigtem Interesse widersprechen und glaubhaft machen (§ 294 ZPO), dass ihre Befriedigung gefährdet ist oder verzögert wird.

III. Entscheidung des Vollstreckungsgerichts

6 Wenn aus einem oder mehreren Geboten
- die Anordnungs- und Beitrittsansprüche aller betreibenden Gläubiger (s. § 15 Rn 40 ff, § 31 Rn 17 ff, § 27 Rn 1 f),
- die Kosten der dinglichen Rechtsverfolgung (s. § 10 Rn 53 ff),
- die Verfahrenskosten (s. § 109 Rn 3 f) sowie
- alle dem bestrangig betreibenden Gläubiger vorgehenden Ansprüche, die bar zu zahlen sind,

bis zum voraussichtlichen Verteilungstermin **gedeckt** werden können, **muss** neben dem Zuschlag auf diese Gebote hinsichtlich der **nicht benötigten** Grundstücke die Einstellung des Verfahrens erfolgen. Zur Prüfung muss auch hier ein fiktiver Teilungsplan erstellt werden (s. § 74 a Rn 23).

Es sind nur die Gläubiger zu berücksichtigen, die das Verfahren **aktiv** betreiben (für die also keine einstweilige Einstellung erfolgte) und für die der Versteigerungstermin durchgeführt werden kann (§ 43 Abs. 2). 7

In der Praxis erfolgt eine Entscheidung aus Gründen des Schuldnerschutzes erst **nach** Abschluss der Bietzeit, obwohl sie bereits nach Abgabe eines deckenden Gebots zulässig wäre. Im Falle eines Doppelausgebots nach § 64 Abs. 2 kann eine vorherige Entscheidung schon deshalb nicht ergehen, weil hier abgewartet werden muss, für welches Ausgebot sich der Gläubiger erklärt. 8

Das Versteigerungsgericht hat die Beteiligten (s. § 9 Rn 2 ff) zur Frage der Einstellung zu **hören**. Den Schuldner auch insb. dann, wenn eine **Wahlmöglichkeit** hinsichtlich der Einstellung besteht, also auf mehrere Grundstücke ausreichende Gebote abgegeben wurden. Sollte der Schuldner im Versteigerungstermin nicht anwesend sein (der häufigste Fall), kann es eine faire Verhandlungsführung und ein effektiver Rechtsschutz gebieten, eine Zuschlagsentscheidung erst in einem Verkündungstermin (§ 87) vorzunehmen (Art. 14, 103 Abs. 3 GG). Ein sofortiger Zuschlag wäre jedenfalls dann **unzulässig**, wenn der Schuldner vorher einen Antrag auf Ausnahme eigengenutzter Grundstücke gestellt hätte und dem nicht entsprochen werden könnte. Dies wäre eine Versagung des rechtlichen Gehörs und mit der Eigentumsgarantie des GG nicht vereinbar.[1] 9

Das Versteigerungsgericht hat den Einstellungsbeschluss allen Beteiligten zuzustellen (§ 32). Soweit getrennt davon ein Zuschlagsversagungsbeschluss ergeht, ist dieser „nur" zu verkünden (§ 87 Abs. 1). 10

IV. Sonderfall der entsprechenden Anwendung

In dem Falle, wo eine dem Vollstreckungsschuldner zustehende, nicht zweckgebundene **Brandversicherungssumme** zur Verfügung des Vollstreckungsgerichts gezahlt wird und diese den Betrag, der zur Befriedigung des betreibenden Gläubigers und der vorgehenden und gleichstehenden Rechte erforderlich ist, übersteigt, ist das Zwangsversteigerungsverfahren nur hinsichtlich der Versicherungssumme fortzusetzen und hinsichtlich des Grundstücks oder der Grundstücke entsprechend § 76 einzustellen.[2] Dann wäre nur noch das Verteilungsverfahren (§§ 105–145) durchzuführen. 11

V. Missbrauch des § 76

Leider wird die Schuldnerschutzbestimmung des § 76 auch missbraucht. Das geschieht zB in der Weise, dass ganz bewusst auf ein oder mehrere Grundstücke (diese sind vorher besonders ausgesucht worden; insb. weil davon der Wert der übrigen Grundstücke abhängig ist) vom Wert völlig losgelöst und überhöht so viel geboten wird, als für die Deckung der vorrangigen und betreibenden Ansprüche erforderlich ist. Dies mit dem Ziel, den Zuschlag auf diese Gebote zu erreichen und der weiteren Folge, dass hinsichtlich der anderen Grundstücke das Verfahren einstweilen einzustellen ist. Weiter ist nicht beabsichtigt, das Meistgebot zu zahlen und darüber hinaus wird versucht, die weiteren (nun nicht mehr so werthaltigen) Grundstücke zu „erwerben" (zur weiteren Vorgehensweise s. Rn 13). 12

---

1 OLG München Rpfleger 1993, 121.
2 BGHZ 46, 221 = NJW 1967, 568 = MDR 1967, 292.

13 In der Regel können die Beteiligten diese Vorgänge nicht einschätzen und auch das Versteigerungsgericht erkennt häufig diesen Plan nicht. Denn es wird auch noch ein entsprechendes Gebot auf das **Gesamtausgebot** abgegeben, was wirtschaftlich vertretbar/vernünftig ist. Dann wird unter einer entsprechenden Begründung darum gebeten, über den Zuschlag erst in einem (späteren) Verkündungstermin zu entscheiden. Wenn das Gericht dem folgt, wird allgemein (von den übrigen Beteiligten) angenommen, dass der Zuschlag ja nur auf das wirtschaftlich vernünftige (höhere) Gesamtausgebot erfolgen könne. Im Verkündungstermin wird dann der Antrag gem. § 76 gestellt mit der Folge, dass ein Zuschlag auf das oder die Einzelausgebote erfolgt und bzgl der weiteren Grundstücke die einstweilige Einstellung. Damit ist das Gesamtausgebot „vom Tisch". Ferner ist von vornherein geplant, Zahlungen auf die Gebote nicht vorzunehmen mit dem weiteren Ziel, die anderen Grundstücke später billig zu „erwerben" (s. hierzu auch § 63 Rn 24 ff).

VI. Fortsetzung des Verfahrens

14 Im Falle einer einstweiligen Einstellung kann der betreibende Gläubiger nur dann die Fortsetzung des Verfahrens verlangen, wenn er ein **berechtigtes Interesse** daran hat. Das ist immer dann gegeben, wenn er nicht (voll) befriedigt worden ist, also wenn er zB vorher nur wegen eines Teils seiner Ansprüche das Verfahren betrieben hat. Im Übrigen ist auch das Verfahren hinsichtlich der übrigen betreibenden Gläubiger ohne Antrag fortzusetzen, die dem Versteigerungstermin nicht zugrunde gelegt werden konnten (s. Rn 7).

15 Soweit die Gläubiger einen Fortsetzungsantrag stellen müssen, hat das innerhalb einer Frist von **drei Monaten** nach dem Verteilungstermin (§ 115) zu erfolgen. Wird diese Frist versäumt, muss das Verfahren aufgehoben werden, weil der Versteigerungsantrag dann als zurückgenommen gilt (§§ 76 Abs. 2 S. 2, 29).

§ 77 [Einstellung bei ergebnislosem Termin; Fortsetzung als Zwangsverwaltung]

(1) Ist ein Gebot nicht abgegeben oder sind sämtliche Gebote erloschen, so wird das Verfahren einstweilen eingestellt.

(2) ¹Bleibt die Versteigerung in einem zweiten Termin gleichfalls ergebnislos, so wird das Verfahren aufgehoben. ²Liegen die Voraussetzungen für die Anordnung der Zwangsverwaltung vor, so kann auf Antrag des Gläubigers das Gericht anordnen, daß das Verfahren als Zwangsverwaltung fortgesetzt wird. ³In einem solchen Fall bleiben die Wirkungen der für die Zwangsversteigerung erfolgten Beschlagnahme bestehen; die Vorschrift des § 155 Abs. 1 findet jedoch auf die Kosten der Zwangsversteigerung keine Anwendung.

I. Normzweck und Anwendungsbereich 1	IV. Verfahrensaufhebung nach zweitem ergebnislosen Termin (Abs. 2) 8
II. Einstweilige Einstellung bei fehlendem wirksamen Gebot (Abs. 1) 2	V. Keine analoge Anwendung des § 803 Abs. 2 ZPO 11
III. (Taktisches) Vermeiden der Einstellung nach § 77 7	VI. Überleitung in eine Zwangsverwaltung (Abs. 2 S. 2 und 3) 14

I. Normzweck und Anwendungsbereich

Die Vorschrift regelt den Fall einer ergebnislosen Versteigerung mit der Möglichkeit der Überleitung in eine Zwangsverwaltung. Sie gilt für alle Versteigerungsarten, wobei für die Nachlass- und Teilungsversteigerung (§§ 175–179, §§ 180–185) die Regelung des Abs. 2 S. 2 und 3 keine Anwendung findet. 1

II. Einstweilige Einstellung bei fehlendem wirksamen Gebot (Abs. 1)

Wenn im ersten Termin keine Gebote abgegeben werden oder alle Gebote erloschen sind, ist die Versteigerung **ergebnislos** geblieben. Das Verfahren ist dann von Amts wegen einzustellen. 2

Gebote **erlöschen** bei Zulassung eines Übergebots oder durch Zurückweisung, wenn dem nicht sofort widersprochen wurde. Sie erlöschen ferner durch Verfahrenseinstellung oder Terminsaufhebung (s. § 72 Rn 2 ff). 3

Das Gericht hat den Einstellungsbeschluss im Termin zu verkünden und (wie im Falle des § 30) dem Schuldner, dem Gläubiger und uU auch dem beantragenden Dritten nach § 32 zuzustellen. Der Gläubiger ist dahin zu belehren, dass das Verfahren nur auf seinen rechtzeitigen Antrag hin fortgesetzt wird (§ 31); den übrigen Beteiligten wird der Beschluss nicht zugestellt. 4

Von der Einstellung nicht betroffen sind die betreibenden Gläubiger, die dem Versteigerungstermin wegen nicht rechtzeitiger Zustellung des Beitritts- oder Fortsetzungsbeschlusses (§§ 27, 31) nicht zugrunde gelegt werden konnten (§ 43 Abs. 2). Für diese Gläubiger ist ein neuer (erster) Versteigerungstermin zu bestimmen. 5

Im Übrigen wird das Verfahren hinsichtlich der von der Einstellung betroffenen Gläubiger nur fortgesetzt, wenn dies rechtzeitig in der Frist des § 31 (sechs Monate nach Zustellung der Belehrung) beantragt wird. Hierbei ist bei mehreren Gläubigern jeder Gläubiger gesondert zu behandeln. Sollte der Fortsetzungsantrag nicht rechtzeitig gestellt werden, ist das Verfahren in Bezug auf diese Gläubiger aufzuheben (§ 31 Abs. 1 S. 2). Bei rechtzeitigem Fortsetzungsantrag wird für diesen oder diese Gläubiger ein neuer (zweiter) Versteigerungstermin bestimmt. 6

III. (Taktisches) Vermeiden der Einstellung nach § 77

Wenn während der Bietzeit keine Gebote abgegeben wurden oder keine Gebote (mehr) bestehen, reagieren betreibende Gläubiger häufig in der Weise, dass nach dem Schluss der Bietzeit und vor der Verkündung des Einstellungsbeschlusses die einstweilige Einstellung **bewilligt** wird. Dann ist das Verfahren nach § 30 einstweilen **einzustellen**. Auf diese Weise vermeiden die betreibenden Gläubiger, dass es nach einem zweiten ergebnislosen Termin zu einer **Verfahrensaufhebung** kommen kann (Abs. 2). 7

IV. Verfahrensaufhebung nach zweitem ergebnislosen Termin (Abs. 2)

Ist auch in einem zweiten Versteigerungstermin kein Gebot abgegeben worden oder sind alle Gebote erloschen und ist auch kein taktisches Vorgehen (s. Rn 7) erfolgt, dann ist das Verfahren aufzuheben, wenn keine Überleitung in eine Zwangsverwaltung erfolgt (Abs. 2).[1] 8

Es muss sich aber um einen „echten" zweiten Versteigerungstermin handeln. Voraussetzung hierfür ist, dass die betreibenden Gläubiger mit denen des ersten Termins **identisch** sind. Außerdem müssen sich die beiden Termine auf **dasselbe Objekt** beziehen. Bei der Frage, ob sich die beiden Termine auf dieselben Grundstü- 9

---

[1] LG Mainz Rpfleger 1988, 376.

cke beziehen, ist es unerheblich, dass im ersten Termin nur ein Gesamtausgebot aller Grundstücke erfolgte, während in dem weiteren Termin auch Einzelausgebote zugelassen wurden.[2]

10 Der Antrag, das Versteigerungsverfahren nach zwei ergebnislosen Versteigerungsterminen gem. § 77 als Zwangsverwaltungsverfahren fortzusetzen, muss bis zum Wirksamwerden des Aufhebungsbeschlusses nach Abs. 1 S. 1 gestellt werden.[3]

V. Keine analoge Anwendung des § 803 Abs. 2 ZPO

11 Wenn für das Versteigerungsgericht erkennbar ist, dass für einen Anordnungs- bzw. insb. für einen Beitrittsantrag voraussichtlich keine Befriedigungsaussicht besteht, könnte sich die Frage stellen, ob dann von einer zwecklosen Vollstreckungsmaßnahme ausgegangen und deshalb § 803 Abs. 2 ZPO entsprechend oder auch § 765 a ZPO als Vollstreckungsschutzvorschrift herangezogen werden kann.

12 Eine analoge Anwendung von § 803 Abs. 2 ZPO ist zu verneinen. Denn Abs. 2 ist hierzu als Spezialvorschrift vorrangig und es kann auch noch die Überleitung in eine Zwangsverwaltung erfolgen. Deshalb findet § 803 Abs. 2 ZPO im Zwangsversteigerungsverfahren keine Anwendung und es darf daher keine Verfahrensaufhebung mit der Begründung erfolgen, ein Versteigerungserlös sei zugunsten des Gläubigers nicht zu erwarten.[4]

13 Auch § 765 a ZPO ist nicht einschlägig. Denn hierbei handelt es sich um eine Ausnahmeregelung, die nur dann herangezogen werden kann, wenn die Versteigerung zu einem ganz untragbaren Ergebnis führen würde, was bei einer – möglicherweise – lediglich erfolglosen Versteigerung nicht der Fall ist.

VI. Überleitung in eine Zwangsverwaltung (Abs. 2 S. 2 und 3)

14 Der Überleitungsantrag kommt in der Praxis selten vor. Sollte er gestellt werden, muss dies bis spätestens zur Verkündung des Aufhebungsbeschlusses erfolgen.

15 Der Antrag kann nur von den betreibenden Gläubigern gestellt werden, denen die Verfahrensaufhebung hinsichtlich ihrer Anträge droht, wobei wiederum jeder Gläubiger gesondert zu behandeln ist.

16 Weitere betreibende Gläubiger sind hiervon nicht betroffen und können daher die Versteigerung weiter betreiben, wobei es auch für zulässig gehalten wird, dass sie sich einem Überleitungsantrag anschließen.

17 Da die Voraussetzungen für die Anordnung einer Zwangsverwaltung in diesen Fällen grds. vorliegen, besteht nur die Besonderheit im Falle eines Nießbrauchers (§ 1030 BGB) dahin, dass auch ein Titel gegen diesen vorliegen und zugestellt sein muss.

18 Das Gericht hat den Überleitungsbeschluss zu verkünden und nach § 32 zuzustellen. Die Wirkungen der Beschlagnahme aus der Zwangsversteigerung bleiben für diese Gläubiger bestehen (Abs. 2 S. 3 Hs 1). Nur für die weiteren Beschlagnahmewirkungen aus § 148 tritt die Wirksamkeit erst nach § 22 mit Zustellung des Überleitungsbeschlusses ein. Auch können die betreibenden Gläubiger die Kosten des Versteigerungsverfahrens nur im Range ihres Rechts erhalten (§ 10 Abs. 2 iVm § 12; Abs. 2 S. 3 Hs 2).

---

2 LG Chemnitz Rpfleger 2003, 205.
3 LG Krefeld Rpfleger 1986, 233.
4 BGH Rpfleger 2004, 302; aA LG Bielefeld Rpfleger 1987, 424.

§ 78 [Protokollierung des Versteigerungstermins]

Vorgänge in dem Termin, die für die Entscheidung über den Zuschlag oder für das Recht eines Beteiligten in Betracht kommen, sind durch das Protokoll festzustellen; bleibt streitig, ob oder für welches Gebot der Zuschlag zu erteilen ist, so ist das Sachverhältnis mit den gestellten Anträgen in das Protokoll aufzunehmen.

I. Normzweck und Anwendungsbereich

Die Vorschrift ergänzt die Protokollvorschriften der ZPO, und zwar unter Berücksichtigung der Regelung der Rechtsfolgen nicht protokollierter Vorgänge im Versteigerungstermin (§ 80). Sie gilt für alle Versteigerungsverfahren. 1

II. Festzustellende Vorgänge im Versteigerungstermin

Alle **wesentlichen Vorgänge** des Versteigerungstermins müssen sich aus dem Protokoll ergeben (s. auch § 66 Rn 2 ff). Das betrifft insb. den Versteigerungsablauf nebst Bekanntmachungen, Hinweisen, Anmeldungen, Erklärungen und Anträgen. Weiter die Entscheidungen und Verkündungen des Gerichts, die Feststellung des geringsten Gebots und der Versteigerungsbedingungen, Bekanntgabe des Ausschlusses weiterer Anmeldungen und die Aufforderung zur Abgabe von Geboten. Ferner muss sich aus dem Protokoll die genaue **Zeitangabe** des Beginns und Endes der Versteigerung ergeben. Weiter sind die Gebote, die Anträge und Entscheidungen zu Sicherheitsleistungen und die Erledigung einer solchen aufzunehmen sowie ferner die Verkündung des letzten Gebots, der Schluss der Versteigerung, die Verhandlung über den Zuschlag und die Verkündung einer Zuschlagsentscheidung oder der Bestimmung eines Verkündungstermins (§ 87). Schließlich gehören zur Aufnahme in das Protokoll alle gerichtlichen Hinweise und Belehrungen wie auch die Genehmigung von Verfahrensmängeln. 2

Musste die Bietzeit wegen falscher Berechnung des geringsten Gebots abgebrochen werden, sind die Neuberechnung des geringsten Gebots und die ausdrückliche Feststellung und Verlesung der jetzt geltenden Versteigerungsbedingungen erneut zu protokollieren.[1] 3

Wegen der besonderen Bedeutung des Protokolls und der sich im Versteigerungstermin immer wieder ergebenden Schwierigkeiten, der Aufnahme der einzelnen Gebote und evtl Widersprüche sowie der weiteren Vorgänge während der Bietzeit – hier v.a. auch die Entscheidungen über Sicherheitsleistungen und deren Entgegennahme (s. § 69 Rn 2 ff) – sollte nie auf die Zuziehung eines Protokollführers verzichtet werden (§ 159 Abs. 1 S. 2 ZPO). Dies auch wegen der schwierigen Beweislage für den Rechtspfleger, wenn er allein den Versteigerungstermin durchführt und von den Beteiligten Vorwürfe zB der Parteilichkeit erhoben werden.[2] 4

III. Berichtigung des Versteigerungsprotokolls

Das Protokoll kann jederzeit **berichtigt** werden (§ 164 Abs. 1 ZPO). Nach § 164 Abs. 2 ZPO ist vorher den Gläubigern sowie dem Schuldner das rechtliche Gehör zu gewähren. 5

Ob eine Berichtigung erforderlich ist und der Umfang einer solchen werden einvernehmlich durch den Rechtspfleger und den Protokollführer bestimmt. Die Berichtigung ist auf dem Protokoll zu vermerken und vom Rechtspfleger und dem Protokollführer zu unterzeichnen (§ 164 Abs. 3 S. 1 und 2 ZPO). 6

---

1 LG Köln Rpfleger 1989, 297.
2 BVerfG NJW 2008, 2243; LG Augsburg Rpfleger 2009, 40.

7 Die Berichtigung ist möglich bis zu einer rechtskräftigen Zuschlagsentscheidung. Voraussetzung ist hierbei, dass der Rechtspfleger und der Protokollführer noch als Urkundsperson handeln können. Es können nicht berichtigt werden die Erklärungen von Beteiligten, die vorgelesen und genehmigt wurden, wenn der Termin bereits beendet ist.

IV. Rechtsmittel

8 Neben der Möglichkeit, eine Protokollberichtigung zu beantragen, bleibt es den Beteiligten unbenommen, auch **Gegenvorstellungen** vorzunehmen. Grundsätzlich ist aber eine Beschwerde gegen die Ablehnung einer beantragten Protokollberichtigung oder auch gegen die Protokollberichtigung selbst nicht zulässig.

9 Ausnahmsweise ist eine Anfechtung gegen den Beschluss des Rechtspflegers, durch den ein Antrag auf Berichtigung der Niederschrift über den Zwangsversteigerungstermin zurückgewiesen wurde, dann möglich, wenn über diesen Antrag eine hierzu nicht berufene Person entschieden hat oder wenn der Antrag als unzulässig zurückgewiesen worden ist.[3]

VI.
Entscheidung über den Zuschlag

§ 79 [Keine Bindung an frühere Entscheidungen]

Bei der Beschlußfassung über den Zuschlag ist das Gericht an eine Entscheidung, die es vorher getroffen hat, nicht gebunden.

I. Normzweck und Anwendungsbereich

1 Die Vorschrift gibt dem Vollstreckungsgericht auf, aus Anlass der Zuschlagsentscheidung die Rechtmäßigkeit des **gesamten Verfahrens** zu **überprüfen**.[1] Sie steht im engen Zusammenhang mit § 95, der eine Anfechtung außer den dort genannten Fällen im Vorfeld der Zuschlagsentscheidung nicht zulässt, so dass keine Bindungswirkung hinsichtlich der Zwischenentscheidungen eintritt. Die Vorschrift gilt für alle Versteigerungsverfahren.

II. Zuschlagsentscheidung

2 Die Entscheidung, ob ein Zuschlag zu erteilen oder zu versagen ist, trifft das Vollstreckungsgericht (Rechtspfleger) durch **Beschluss** (§ 764 Abs. 3 ZPO, § 3 Nr. 1 Buchst. i RPflG). Der Ersteher erwirbt das Grundstück durch den Zuschlag als Vollstreckungsakt mittels eines konstitutiv wirkenden **Staatshoheitsaktes** (s. § 90 Rn 2 ff).

3 Vor der Beschlussfassung hat das Vollstreckungsgericht alle im Versteigerungstermin anwesenden Beteiligten (s. § 9 Rn 2 ff) **anzuhören** (s. § 74 Rn 2 ff). Bei der Beschlussfassung hat das Gericht die **Entscheidungsfreiheit** des § 79 **(keine Bindungswirkung)**.

4 Unter Beachtung der protokollierten Vorgänge im Versteigerungstermin (s. § 78 Rn 2 ff) hat das Gericht das bisherige Verfahren zu **überprüfen**. Dabei sind Vorgänge im Versteigerungstermin, die nicht protokolliert wurden, grds. nicht zu berücksichtigen (s. § 80 Rn 1). Allerdings werden damit bestimmte **Verfahrensmängel** wie die Aufklärungspflicht des Gerichts oder auch die Verletzung des An-

---

3 OLG Frankfurt Rpfleger 1978, 454.
1 OLG Hamm Rpfleger 1960, 410; OLG Koblenz NJW 1955, 148.

spruchs auf rechtliches Gehör (Grundrecht aus Art. 103 Abs. 1 GG) nicht ausgeschlossen.

Bei der Überprüfung ist das Gericht an Entscheidungen, die es selbst erlassen hat, **nicht gebunden**, auch wenn diese anfechtbar gewesen wären und ein Rechtsbehelf nicht erhoben wurde (zB beim Anordnungs- oder Beitrittsbeschluss; §§ 15, 27). 5

Besondere Bedeutung erlangt § 79 auch bei der Überprüfung der abgegebenen **Gebote**. Wenn zB (im Rahmen einer Vorentscheidung) ein unrichtig zurückgewiesenes, aber durch Widerspruch nicht erloschenes Gebot vorliegt (§ 72 Abs. 2), kann hierauf bei neuer Erkenntnis der Zuschlag erteilt werden. Der Zuschlag ist aber zu versagen, wenn eine unrichtige Feststellung des geringsten Gebots oder der Versteigerungsbedingungen erkannt wird und nicht geheilt werden kann (s. § 83 Rn 2 ff). 6

Eine **Bindung** an die rechtskräftige Entscheidung besteht jedoch dann, wenn es sich um ein mit eigenem Rechtsmittelzug ausgestaltetes besonderes Verfahren handelte (Entscheidungen nach §§ 30 a–30 f, 74 a Abs. 5, 180 Abs. 2 und 3, § 765 a ZPO).[2] Das bedeutet zB, dass im Rahmen der Zuschlagsentscheidung kein Vollstreckungsschutz gewährt werden kann, der vorher rechtskräftig verweigert wurde. 7

Andererseits kann eine neue Vollstreckungsschutz-Entscheidung getroffen werden, wenn ein neuer Antrag nach § 765 a ZPO gestellt wird. Auch hindert § 79 nicht eine Abänderung der Wertfestsetzung nach § 74 a wegen veränderter Umstände. 8

Die Bindungswirkung bleibt jedoch bestehen, wenn es sich um sachliche Entscheidungen im **Rechtsmittelverfahren** handelt (die Entscheidung des Rechtspflegers wurde durch das Beschwerdegericht aufgehoben oder bestätigt). 9

Die bereits eingetretenen gesetzlichen Wirkungen können nicht mehr beseitigt werden. Es ist daher nicht möglich, ein widerspruchslos zurückgewiesenes und damit erloschenes Gebot (§ 72 Abs. 1) nachträglich als wirksam zu behandeln. Auch kann ein nach Schluss der Versteigerung abgegebenes (**verspätetes**) **Gebot** nicht nachträglich zugelassen werden. Das Vollstreckungsgericht ist aber nicht gehindert, ein bereits zugelassenes Gebot nachträglich zurückzuweisen.[3] 10

§ 80 [Keine Berücksichtigung nicht protokollierter Terminsvorgänge]

Vorgänge in dem Versteigerungstermin, die nicht aus dem Protokoll ersichtlich sind, werden bei der Entscheidung über den Zuschlag nicht berücksichtigt.

I. Normzweck und Anwendungsbereich

Die Vorschrift stellt klar, dass nicht protokollierte Vorgänge im Zwangsversteigerungstermin (s. § 78 Rn 2 ff) bei der Zuschlagsentscheidung auch nicht zu berücksichtigen sind, was eine **Einschränkung von** § 79 bedeutet.[1] Das Versteigerungsprotokoll ist daher Grundlage und Nachweis aller Vorgänge im Zwangsversteigerungstermin. § 80 gilt für alle Versteigerungsverfahren. 1

---

2 OLG Koblenz NJW 1955, 148.
3 LG Lübeck SchlHA 1973, 129.
1 OLG Köln Rpfleger 1983, 411.

II. Zu protokollierende Vorgänge im Versteigerungstermin

2 Hier sind insb. zu nennen: Erklärungen, Anträge, Anmeldungen, Vorlage von Urkunden, Glaubhaftmachung eines Anspruchs, Anträge bzw Verzichte auf bestimmte Gebotsformen, Feststellung des/der geringsten Gebote mit den Versteigerungsbedingungen, alle nicht erloschenen Gebote mit dem Meistgebot, Sicherheitsverlangen, Entscheidungen darüber, Widersprüche u.Ä.; es müssen alle für die Zuschlagsentscheidung bedeutsamen Vorgänge in das Protokoll aufgenommen werden. Damit muss sich aus dem Protokoll auch eine Unterbrechung des Versteigerungstermins mit genauen Zeitangaben entnehmen lassen, und zwar insb. dann, wenn die Unterbrechung während der Bietzeit erfolgte.

3 Die Bedeutung des 80 besteht nicht nur für die Zuschlagsentscheidung. Denn auch das Beschwerdegericht ist bei einer Zuschlagsbeschwerde an das Protokoll gebunden mit der Folge, dass nicht beurkundete Abläufe auch nicht berücksichtigt werden. Wenn allerdings nach dem tatsächlichen Verfahrenshergang feststeht, dass der Anspruch auf rechtliches Gehör oder die Aufklärungspflicht des Gerichts verletzt wurde, ist dies als Zuschlagsversagungsgrund zu berücksichtigen, auch wenn es sich aus dem Protokoll nicht entnehmen lässt.[2]

III. Auslegung des Protokolls

4 Das Protokoll ist **auslegungsfähig**. Wenn sich ein Vorgang aus dem Sinn und Zusammenhang des Protokolls auch ohne ausdrückliche Feststellung ergibt, ist er protokollersichtlich. Die Anordnung einer Sicherheitsleistung und die Leistung selbst ergeben sich zB auch ohne Erwähnung im Protokoll dann, wenn die Rückgabe dieser Sicherheit im Protokoll vermerkt ist. Im Übrigen kann die Berichtigung des Protokolls beantragt werden (s. § 78 Rn 5 ff).

§ 81 [Empfänger des Zuschlags]

(1) Der Zuschlag ist dem Meistbietenden zu erteilen.

(2) Hat der Meistbietende das Recht aus dem Meistgebot an einen anderen abgetreten und dieser die Verpflichtung aus dem Meistgebot übernommen, so ist, wenn die Erklärungen im Versteigerungstermin abgegeben oder nachträglich durch öffentlich beglaubigte Urkunden nachgewiesen werden, der Zuschlag nicht dem Meistbietenden, sondern dem anderen zu erteilen.

(3) Erklärt der Meistbietende im Termin oder nachträglich in einer öffentlich beglaubigten Urkunde, daß er für einen anderen geboten habe, so ist diesem der Zuschlag zu erteilen, wenn die Vertretungsmacht des Meistbietenden oder die Zustimmung des anderen entweder bei dem Gericht offenkundig ist oder durch eine öffentlich beglaubigte Urkunde nachgewiesen wird.

(4) Wird der Zuschlag erteilt, so haften der Meistbietende und der Ersteher als Gesamtschuldner.

I. Normzweck und Anwendungsbereich 1	V. Zuschlagserteilung bei verdeckter Vertretung 12
II. Allgemeine Voraussetzungen 2	VI. Zustimmungen und Vorkaufsrechte 15
III. Zuschlagserteilung an den Meistbietenden (Abs. 1) 3	1. Veräußerung eines Erbbaurechts 15
IV. Zuschlagserteilung bei Abtretung des Meistgebots (Abs. 2) ... 7	

---

2 OLG Hamm MDR 1990, 163 = Rpfleger 1990, 85.

2. Versteigerung von Wohnungs- und Teileigentum.... 16	1. Maßgeblicher Zeitpunkt der Antragstellung................ 18
3. Vorkaufsrechte.............. 17	2. Suizidgefahr................. 19
VII. Vollstreckungsschutz nach § 765 a ZPO..................... 18	3. Drohende sittenwidrige Vermögensverschleuderung..... 21

I. Normzweck und Anwendungsbereich

Die Vorschrift bestimmt, dass der Zuschlag grds. dem **Meistbietenden** zu erteilen ist (Abs. 1), denn er hat das höchste Gebot abgegeben. Die weiteren Regelungen betreffen den Fall, dass der Meistbietende das Recht aus dem Meistgebot an einen anderen abgetreten und dieser die Verpflichtungen aus dem Meistgebot übernommen hat (Abs. 2), sowie den weiteren Fall, dass der Meistbietende erklärt, das Gebot für einen anderen abgegeben zu haben (Abs. 3). In diesen Fällen ist bei entsprechenden Nachweisen dem Dritten der Zuschlag zu erteilen. In beiden Fällen haften der Meistbietende und der Ersteher (Dritte) als Gesamtschuldner (Abs. 4). § 81 gilt für alle Versteigerungsverfahren.

II. Allgemeine Voraussetzungen

Der Zuschlag darf nur auf ein **wirksam** abgegebenes Gebot des Meistbietenden erteilt werden.[1] Die gesetzlichen Vorschriften dürfen nicht verletzt sein und es darf kein Versagungsgrund bestehen (s. §§ 83, 84, 85 und 85 a). Die Entscheidung über die Wirksamkeit eines Gebots ist zwar grds. bereits im Versteigerungstermin zu treffen (das Vollstreckungsgericht hat von Amts wegen eine Prüfungspflicht und muss unwirksame Gebote zurückweisen, § 71 Rn 12 ff), muss diese Prüfung bei der Entscheidung über den Zuschlag aber nachholen, wenn dies unterblieben ist.[2]

III. Zuschlagserteilung an den Meistbietenden (Abs. 1)

Der Zuschlag ist demjenigen zu erteilen, der das höchste wirksame Gebot abgegeben hat. Der **Meistbietende** hat hierauf einen öffentlich-rechtlichen Anspruch. Er ist zwar nicht Verfahrensbeteiligter nach § 9, jedoch sind ihm gegenüber auch die gesetzlichen Vorschriften einzuhalten; er ist Dritter iSv § 839 BGB.[3]

Der Zuschlagsanspruch besteht allerdings nur dann, wenn dem nicht besondere Rechte der Beteiligten (s. § 9 Rn 2 ff) **entgegenstehen**, also der Versteigerungsantrag zurückgenommen oder die einstweilige Einstellung bewilligt wurde (§ 33) oder die Voraussetzungen des § 85 a Abs. 1 (Nichterreichen der 5/10-Grenze) und des § 74 a Abs. 1 und 2 (Nichterreichen der 7/10-Grenze) vorliegen. Sollte sich die Aufhebungs- oder Einstellungsbewilligung nur auf **Zubehör** beziehen, kann der Zuschlag im Übrigen nur erteilt werden, wenn der Meistbietende dem zustimmt, da er sein Meistgebot auch insoweit abgegeben hat.

Die Prüfung nach dem Meistgebot ist **wörtlich** zu nehmen (Abs. 1). Es kommt nicht darauf an, ob ein abgegebenes Gebot durch die Befriedigungsfiktion des § 114 a wertmäßig höher ist; abzustellen ist allein auf das **zahlenmäßig** höchste Gebot.[4]

Besonderheiten bei der Zuschlagserteilung an den Meistbietenden ergeben sich dann, wenn

---

1 OLG Hamm Rpfleger 1998, 438.
2 BGH NJW 2008, 2442 = MDR 2008, 1000 = Rpfleger 2008, 515 = WM 2008, 1454.
3 BGH Rpfleger 2002, 38 = InVo 2001, 416.
4 *Stöber*, § 81 Rn 3.2; *Böttcher*, § 81 Rn 2.

- mehrere Personen **gemeinschaftlich** unter Bezeichnung ihres Bruchteilsverhältnisses bzw als Gesamthandsgemeinschaft geboten haben. In diesem Fall ist ihnen der Zuschlag gemeinschaftlich unter Angabe des Verhältnisses zu erteilen;
- der Meistbietende nach Schluss der Versteigerung **verstorben** ist. Dann ist der Zuschlag den Erben, im Notfall auch den „unbekannten Erben", zu erteilen. Ist dem Gericht der Tod nicht bekannt und wird der Zuschlag dem (verstorbenen) Meistbietenden erteilt, wirkt der Zuschlag für und gegen die Erben;
- der Meistbietende nach Schluss der Versteigerung **geschäftsunfähig** geworden ist. In diesem Fall erhält er dennoch den Zuschlag, jedoch ist der Zuschlagsbeschluss an den gesetzlichen Vertreter zuzustellen (sollte der Meistbietende bereits vorher geschäftsunfähig gewesen sein, ist das Gebot unwirksam und der Zuschlag zu versagen);
- über das Vermögen des Meistbietenden das **Insolvenzverfahren** eröffnet wurde. Auch in diesem Fall ist diesem gleichwohl der Zuschlag zu erteilen, aber der Zuschlagsbeschluss dem Insolvenzverwalter zuzustellen (das Grundstück fällt in die Insolvenzmasse, § 35 InsO). Zwar ist der Anspruch auf Zahlung des Meistgebots eine Insolvenzforderung, aber mit dem Recht auf abgesonderte Befriedigung (§ 49 InsO);
- das Meistgebot **gepfändet** oder **verpfändet** wurde (§§ 857 Abs. 1 und 2, 851 Abs. 1, 804 Abs. 1 ZPO, §§ 400, 1273 Abs. 1 BGB). Die Pfändung muss spätestens vor der Zuschlagserteilung wirksam geworden sein und bewirkt, dass der Gläubiger mit Zuschlag an den Meistbietenden kraft Gesetzes eine Sicherungshypothek an dem Grundstück im Range nach den bestehen gebliebenen Rechten und den Sicherungshypotheken für übertragene Forderungen (§ 128) erreicht (§ 848 Abs. 2 ZPO bzw § 1287 S. 2 BGB).

IV. Zuschlagserteilung bei Abtretung des Meistgebots (Abs. 2)

7 Der Meistbietende hat nach Abs. 2 die Möglichkeit, den öffentlich-rechtlichen Anspruch auf Erteilung des Zuschlags an einen Dritten **abzutreten**. Dieser Fall tritt häufiger dann auf, wenn zB eine Bank Meistbietende ist und das Grundstück nicht im Bestand halten, sondern weiterveräußern will. Bei wirksamer Abtretung ist dem **Dritten** der Zuschlag zu erteilen.

8 Für die wirksame Abtretung ist eine entsprechende Erklärung des Meistbietenden (**Zedenten**) und die Erklärung des **Zessionars** (an den abgetreten wurde) dahin erforderlich, dass er die Rechte aus dem Meistgebot **übernimmt**. Die Erklärungen können mündlich zu Protokoll im Versteigerungs- oder im Zuschlagsverkündungstermin, der die Fortsetzung des Versteigerungstermins darstellt (§ 87), abgegeben werden. Eine gleichzeitige Anwesenheit der Erklärenden ist nicht erforderlich. Soweit Erklärungen nicht zu Protokoll erfolgen, müssen sie durch öffentlich beglaubigte Urkunden nachgewiesen werden.

9 Für den Zessionar müssen ebenfalls alle Genehmigungen und sonstigen Voraussetzungen wie für den Meistbietenden vorliegen. Ein Widerruf der Erklärungen des Zedenten und des Zessionars nach Eingang beim Vollstreckungsgericht ist nicht möglich, uU muss Rückabtretung erfolgen.

10 Durch den Zuschlag wird für den Zessionar seine Haftung als Ersteher wirksam. Ferner haftet mit ihm der Meistbietende (Zedent), dieser allerdings nur für die Verpflichtungen aus dem baren Meistgebot und für die Kosten des Zuschlags (gesamtschuldnerische Haftung nach Abs. 4). Für den Meistbietenden besteht darüber hinaus keine Haftung für evtl Zuzahlungspflichten nach §§ 50, 51 oder für

die nach § 53 übernommene persönliche Schuld; hierfür ist allein der Ersteher haftbar.[5]

11 Eine **mehrfache Abtretung** ist zulässig. Dann haften aber die Zwischenpersonen nicht. Denn Abs. 4 sieht nur eine Haftung des Meistbietenden und des Erstehers vor. Ferner ist eine **teilweise Abtretung** des Anspruchs hinsichtlich eines ideellen Grundstücksbruchteils oder eines rechtlich selbständigen Grundstücks zulässig, wenn ein wirksames Meistgebot auf ein Einzelausgebot vorliegt.

V. Zuschlagserteilung bei verdeckter Vertretung

12 Nicht ungewöhnlich ist der Fall, dass in **verdeckter Vollmacht** geboten wird. Ein Grund hierfür ist regelmäßig dann gegeben, wenn zu befürchten ist, dass mit Bekanntwerden des Erwerbsinteressenten die Gebote weit über den Wert getrieben werden könnten (zB im Rahmen einer Teilungsversteigerung oder bei Erwerbsinteresse von öffentlichen Stellen). Die Beteiligten haben keinen Anspruch darauf, den wirklichen Bietinteressenten zu erfahren, denn sie sind durch die gesamtschuldnerische Haftung des Meistbietenden mit dem Ersteher geschützt (Abs. 4). Das Vorschieben eines **Strohmannes** ist damit nicht sittenwidrig.

13 Wenn der Meistbietende nach Schluss der Bietzeit im Versteigerungstermin zu Protokoll erklärt oder später bis zur Zuschlagserteilung in einer öffentlich beglaubigten Urkunde nachweist, in Vertretung für einen anderen geboten zu haben, erhält der **Vollmachtgeber** den Zuschlag. Voraussetzung ist aber, dass auch die Vertretungsmacht des Meistbietenden in einer öffentlich beglaubigten Urkunde nachgewiesen wird, wenn sie nicht bei Gericht offenkundig ist (dem Gericht kraft Amtes oder aus allgemeiner Kenntnis bekannt).

14 Auch im Falle der verdeckten Vertretung besteht die **gesamtschuldnerische Haftung** für den Meistbietenden und den Ersteher nach Abs. 4.

VI. Zustimmungen und Vorkaufsrechte

15 **1. Veräußerung eines Erbbaurechts.** Bei der Veräußerung eines Erbbaurechts kann die **Zustimmung des Grundstückseigentümers** erforderlich sein, wenn dies als Inhalt des Erbbaurechts vereinbart ist (§ 5 Abs. 1 ErbbauRG); dies gilt auch im Falle der Veräußerung im Wege der Zwangsvollstreckung (§ 8 ErbbauRG). Dem Vollstreckungsgericht muss dann vor der Zuschlagserteilung die Zustimmung vorliegen oder nach § 7 Abs. 3 ErbbauRG ersetzt sein.[6] Die Zustimmung des Grundstückseigentümers kann zu Protokoll erklärt werden oder schriftlich erfolgen; die einfache Schriftform genügt.[7] Für die Vorlage der Zustimmung ist der die Versteigerung betreibende Gläubiger verantwortlich. Die Zustimmung kann im Weigerungsfalle durch das Amtsgericht in einem Verfahren der freiwilligen Gerichtsbarkeit ersetzt werden (§ 7 Abs. 3 ErbbauRG). Dieses Verfahren kann auch von dem Erbbauberechtigten durchgesetzt werden; der Meistbietende selbst hat kein Antragsrecht.[8]

16 **2. Versteigerung von Wohnungs- und Teileigentum.** Auch bei der Versteigerung eines Wohnungs- oder Teileigentums kann als Inhalt des Sondereigentums vereinbart sein, dass es zur Veräußerung/Versteigerung der **Zustimmung des Verwalters** (einfache Schriftform) bedarf (§ 12 Abs. 1 und 3 WEG). Die Zustimmung darf nur aus einem wichtigen Grund verweigert werden. Auch hier kann die Zustim-

---

5 *Böttcher*, § 81 Rn 22.
6 BGHZ 33, 76 = NJW 1960, 2093 = Rpfleger 1961, 192.
7 *Stöber*, § 15 Rn 13.9.
8 OLG Köln Rpfleger 1969, 300.

mung durch gerichtliche Entscheidung ersetzt werden; die Zustimmung oder Ersetzung muss dem Vollstreckungsgericht bis zum Zuschlag vorliegen.

17 **3. Vorkaufsrechte.** Das **dingliche Vorkaufsrecht** nach §§ 1094 ff BGB hat im Rahmen der Vollstreckungs- oder Insolvenzverwalterversteigerung keine Bedeutung; es kann nicht ausgeübt werden (§§ 1098, 471 BGB). Im Rahmen der Teilungsversteigerung hat es insoweit Bedeutung, als es dem Ersteher gegenüber wie eine Vormerkung wirkt mit der Folge, dass das Grundstück dem Berechtigten auf Verlangen herauszugeben ist (§ 1098 Abs. 2 iVm §§ 883, 888 BGB). Für das Vollstreckungsgericht ist das aber ohne Bedeutung; das Recht muss außerhalb des Teilungsversteigerungsverfahrens durchgesetzt werden. Auch ein **Vorkaufsrecht nach §§ 24 ff BauGB** kann in Zwangsversteigerungsverfahren nicht ausgeübt werden; es hat keine dingliche Wirkung.

VII. Vollstreckungsschutz nach § 765 a ZPO

18 **1. Maßgeblicher Zeitpunkt der Antragstellung.** Ein Vollstreckungsschutzantrag nach § 765 a ZPO kann in **jeder Phase des Verfahrens** gestellt werden. Grundsätzlich ist ein entsprechender Antrag nur zulässig bis zur Verkündung des Zuschlags, da nach § 100 neue Tatsachen im Rahmen der Zuschlagsbeschwerde nicht zu berücksichtigen sind.

19 **2. Suizidgefahr.** Eine Ausnahme besteht dann, wenn im Rahmen der Zuschlagsbeschwerde eine begründete **Suizidgefahr** vorgetragen wird.[9] Dabei spielt es keine Rolle, ob sich die auf den Zuschlagsbeschluss zurückzuführende Gefahr der Selbsttötung bei dem Schuldner oder bei einem seiner Angehörigen erstmals nach dem Erlass gezeigt hat und deshalb erstmals mit der dagegen gerichteten sofortigen Beschwerde geltend gemacht wird oder ob sie latent bereits vor dem Zuschlag vorhanden war und sich durch diesen im Rahmen eines dynamischen Geschehens weitervertieft hat (s. auch § 74 Rn 13, § 83 Rn 7).[10]

20 Wenn der Zuschlagsbeschluss rechtskräftig ist, kommt ein Vollstreckungsschutzantrag nach § 765 a ZPO mit dem Ziel der Aufhebung des Zuschlags nicht mehr in Betracht.[11] Nach Rechtskraft des Zuschlagsbeschlusses ist nur noch ein Räumungsschutzantrag zulässig (vgl § 765 a Abs. 3 ZPO).

21 **3. Drohende sittenwidrige Vermögensverschleuderung.** Gelegentlich wird ein Vollstreckungsschutzantrag im Rahmen der Anhörung zum Zuschlag (§ 74) mit der Begründung gestellt, dass eine **sittenwidrige Verschleuderung** drohe. Sollte der Schuldner im Versteigerungstermin nicht anwesend sein und das Vollstreckungsgericht eine solche Annahme nicht ausschließen können, hat es dem Schuldner unter Berücksichtigung der Eigentumsgarantie des Grundgesetzes durch eine vorgehende Anhörung effektiven Rechtsschutz zu gewähren.

§ 82 [Inhalt des Zuschlagsbeschlusses]

In dem Beschluß, durch welchen der Zuschlag erteilt wird, sind das Grundstück, der Ersteher, das Gebot und die Versteigerungsbedingungen zu bezeichnen; auch sind im Falle des § 69 Abs. 3 der Bürge unter Angabe der Höhe seiner Schuld und im Falle des § 81 Abs. 4 der Meistbietende für mithaftend zu erklären.

---

9 BVerfG NJW 2007, 2910.
10 BGH NZM 2011, 791 = NJW-RR 2011, 1000.
11 BVerfG WM 2010, 767; BGH NZM 2011, 791 = NJW-RR 2011, 1000.

I. Normzweck und Anwendungsbereich

Die Vorschrift benennt wegen der weit reichenden Rechtsfolgen und im Interesse der Rechtssicherheit zwingend den Mindestinhalt des Zuschlagsbeschlusses. Sie gilt für alle Zwangsversteigerungsverfahren.

II. Wesentlicher Inhalt des Zuschlagsbeschlusses

Im Zuschlagsbeschluss ist

- das **Grundstück** übereinstimmend mit dem Grundbuch zu bezeichnen. Soweit das Gericht in der Grundbucheintragung Fehler erkannt hat, sind die Abweichungen anzugeben (zB bei der Nutzungsart statt Gartenland jetzt Bauland);
- der **Ersteher** entsprechend den Erfordernissen des § 15 GBVerfg zu bezeichnen, also mit Vor- und Zuname, Geburtsdatum und vollständiger Anschrift. Wird mehreren Personen der Zuschlag erteilt, ist das Rechtsverhältnis anzugeben (§ 47 GBO, s. § 81 Rn 6). Bei juristischen Personen ist die Rechtsform mit dem gesetzlichen Vertreter zu nennen. Bei Tod des Meistbietenden oder bei bestehender Testamentsvollstreckung oder Nachlassverwaltung ist dies entsprechend im Zuschlagsbeschluss anzugeben;
- das **bare Meistgebot** anzugeben. Außerdem sollten auch immer die **bestehen bleibenden Rechte** benannt werden;
- die Angabe der **Versteigerungsbedingungen** erforderlich, soweit sie von den gesetzlichen abweichen. Insbesondere ist das Erlöschen eines **Altenteils** anzugeben, weil dieses sonst kraft Gesetzes bestehen bleibt (§ 9 EGZVG). Ferner sollten die **Verzinsungspflicht** und die **Kostentragungspflicht** angegeben werden (§§ 49 Abs. 2, 58). Sinnvoll ist auch die Aufnahme des Satzes: „Im Übrigen gelten die gesetzlichen Versteigerungsbedingungen." Denn die nach § 82 in die Entscheidung aufzunehmenden Versteigerungsbedingungen sind ein notwendiger Bestandteil des Zuschlagsbeschlusses;[1]
- bei einer Abtretung des Meistgebots oder bei verdeckter Vollmacht (§ 81 Abs. 2 und 3) auch die **gesamtschuldnerische Mithaftung** des Meistbietenden (§ 81 Abs. 4) festzustellen, und zwar mit vollständigem Namen und der Anschrift des Meistbietenden;
- bei einer gestellten **selbstschuldnerischen Bürgschaft** eines Kreditinstitutes (§ 69 Abs. 3) dieses genau zu bezeichnen mit der Angabe der Höhe der Bürgschaft.

III. Begründung des Zuschlagsbeschlusses

Eine Begründung des Zuschlagsbeschlusses ist grds. nicht vorgeschrieben, **muss** aber erfolgen, wenn

- zusammen mit dem Zuschlag ein Einstellungsantrag nach § 765 a ZPO zurückgewiesen wurde;
- einem Versagungsantrag nach § 74 a nicht stattgegeben wurde;
- im Versteigerungstermin auf mehrere Ausgebote (§§ 63, 64 oder 59 Abs. 2) Gebote abgegeben wurden;
- streitige Rechtsfragen zu entscheiden waren (zB bei § 85 a Abs. 3);
- der Zuschlag versagt wurde.

Aus der Begründung muss zu entnehmen sein, dass und wie sich das Vollstreckungsgericht mit dem Sachverhalt und den eingegangenen Schriftsätzen der Be-

---

1 BGH MietRB 2009, 197 = NZM 2009, 395 = WuM 2009, 367.

teiligten auseinandergesetzt hat. Denn im Falle einer Beschwerde muss durch das Beschwerdegericht nachvollziehbar sein, warum die Entscheidung so ergangen ist. Fehlt eine Begründung oder sind Eingaben der Beteiligten nicht beachtet worden, liegt ein **Verfahrensfehler** vor.[2]

IV. Berichtigung, Auslegung und Rechtsmittel

5 Offenbare Unrichtigkeiten können gem. § 319 ZPO berichtigt werden.

6 Der Zuschlagsbeschluss ist wie jede gerichtliche Entscheidung auslegungsfähig.[3]

7 Der Zuschlagsbeschluss kann mit der sofortigen Beschwerde angefochten werden (§ 11 Abs. 1 RPflG, §§ 96 ff).

§ 83 [Gründe für die Versagung des Zuschlags]

Der Zuschlag ist zu versagen:
1. wenn die Vorschrift des § 43 Abs. 2 oder eine der Vorschriften über die Feststellung des geringsten Gebots oder der Versteigerungsbedingungen verletzt ist;
2. wenn bei der Versteigerung mehrerer Grundstücke das Einzelausgebot oder das Gesamtausgebot den Vorschriften des § 63 Abs. 1, Abs. 2 Satz 1, Abs. 4 zuwider unterblieben ist;
3. wenn in den Fällen des § 64 Abs. 2 Satz 1, Abs. 3 die Hypothek, Grundschuld oder Rentenschuld oder das Recht eines gleich- oder nachstehenden Beteiligten, der dem Gläubiger vorgeht, durch das Gesamtergebnis der Einzelausgebote nicht gedeckt werden;
4. wenn die nach der Aufforderung zur Abgabe von Geboten erfolgte Anmeldung oder Glaubhaftmachung eines Rechts ohne Beachtung der Vorschrift des § 66 Abs. 2 zurückgewiesen ist;
5. wenn der Zwangsversteigerung oder der Fortsetzung des Verfahrens das Recht eines Beteiligten entgegensteht;
6. wenn die Zwangsversteigerung oder die Fortsetzung des Verfahrens aus einem sonstigen Grund unzulässig ist;
7. wenn eine der Vorschriften des § 43 Abs. 1 oder des § 73 Abs. 1 verletzt ist;
8. wenn die nach § 68 Abs. 2 und 3 verlangte Sicherheitsleistung nicht bis zur Entscheidung über den Zuschlag geleistet worden ist.

I. Normzweck und Anwendungsbereich

1 Die Vorschrift benennt die von Amts wegen zu berücksichtigenden Verfahrensmängel, die wegen unrechtmäßigem oder fehlerhaftem Verfahrensablauf zur Zuschlagsversagung führen können oder müssen. Sie sind zT heilbar (Nr. 1–5) und im Übrigen grds. nicht heilbar (Nr. 6–8). Es können aber noch andere, hier nicht normierte Versagungsgründe bestehen. § 83 gilt für alle Versteigerungsverfahren.

---

2 OLG Hamm Rpfleger 1960, 410.
3 BGH NJ 1996, 585 = Rpfleger 1996, 417.

II. Die Versagungsgründe im Einzelnen

1. Nr. 1. Wenn **Zustellungsfehler** bei der Terminsbestimmung oder bei Beschlüssen, die Grundlage der Versteigerung sind (§ 43 Abs. 2), gemacht wurden, müssen diese zwingend zur Zuschlagsversagung führen.

Aber auch dann, wenn die Beschlüsse oder die Terminsbestimmung in einem wesentlichen Punkt **unvollständig** sind, ist der Zuschlag zu versagen.

Auch eine **unvollständige** oder nicht **rechtzeitige** öffentliche Bekanntmachung bedingt eine Zuschlagsversagung.[1]

Hierunter fallen auch die Verletzung von Vorschriften über die Feststellung des **geringsten Gebots** und der **Versteigerungsbedingungen** (§§ 44–65). Beispielsweise, wenn ein dem betreibenden Gläubiger vorgehender Anspruch nicht in das geringste Gebot aufgenommen wurde.

Oder wenn über § 59 Abs. 2 aufgrund eines entsprechenden Antrags ein **Doppelausgebot** erfolgte, obwohl die verlangten abweichenden Bedingungen den gesetzlichen Bedingungen inhaltlich entsprechen; dann ist ebenfalls der Zuschlag zu versagen.[2]

Ferner ist der Zuschlag auf das Gesamtmeistgebot zu versagen, wenn es das gem. § 63 Abs. 3 S. 1 nach den Meistgeboten auf die Einzelausgebote erhöhte geringste Gebot nicht erreicht. Die Erhöhung dient v.a. dem Schutze der Beteiligten, die nur an den einzelnen Grundstücken berechtigt sind. Die durch das Einzelausgebot gesicherte Deckung soll auch für das Gesamtausgebot gesichert werden.[3]

2. Nr. 2. Der Zuschlag ist bei der Versteigerung mehrerer Grundstücke dann zu versagen, wo ein **Einzelausgebot** oder auch ein zulässig beantragtes **Gesamtausgebot** nicht erfolgte (§ 63 Abs. 1 S. 1, Abs. 2 S. 1, Abs. 4).

Kein Zuschlagsversagungsgrund liegt vor, wenn gegen § 63 Abs. 1 S. 2 verstoßen wurde. Denn die Zulassung dieses Gesamtausgebots (mehrere Grundstücke sind mit einem einheitlichen Bauwerk überbaut) liegt im Ermessen des Vollstreckungsgerichts.

Ein Zuschlagsversagungsgrund liegt aber dann vor, wenn entgegen eines zulässigen Antrags auf Erstellung eines Gruppenausgebots nach § 63 Abs. 2 S. 2 (mehrere Grundstücke sind mit einem und demselben Recht belastet) dieses nicht aufgestellt wurde.

3. Nr. 3. Dieser (komplizierte) Fall kommt nur dann vor, wenn bei **Verteilung** des **Gesamtrechts** (§ 64 Abs. 1) der Gesamtrechtsgläubiger von seinem **Wahlrecht** des § 64 Abs. 2 Gebrauch macht, wodurch nur die Ansprüche im geringsten Gebot berücksichtigt werden, die ihm vorgehen, er also plötzlich zum „bestbetreibenden" Gläubiger wird. Die Ausübung des Wahlrechts führt dazu, dass die Gebote nach § 64 Abs. 1 erlöschen. Dadurch kann der Fall eintreten, dass Gläubiger, die grds. im geringsten Gebot nach dem ursprünglich bestrangigen Gläubiger zu berücksichtigen waren, nun einen Ausfall erleiden. In der Praxis werden die Anträge nach § 64 kaum gestellt.

4. Nr. 4. Der Zuschlag ist im Fall des fehlenden Hinweises auf die bevorstehende **Ausschließung** weiterer Anmeldungen nach § 66 Abs. 2 zu versagen, wenn dann eine weitere Anmeldung/Glaubhaftmachung zurückgewiesen wird.

5. Nr. 5. Der Zuschlag ist zu versagen, wenn der Zwangsversteigerung oder der Fortsetzung des Verfahrens das Recht eines Beteiligten entgegensteht. Hierunter

---

[1] OLG Hamm InVo 2000, 291 = KTS 2000, 394 = Rpfleger 2000, 172; OLG Hamm InVo 2000, 220 = Rpfleger 2000, 172; BGH MDR 2008, 1185 = Rpfleger 2008, 588.
[2] BGH NZM 2013, 592 = WM 2012, 1738.
[3] BGH MDR 2007, 427 = Rpfleger 2007, 95.

fallen **Gesetzesverletzungen**, wodurch bestimmte Rechte betroffen werden. Wenn zB ein Einstellungs- oder Aufhebungsbeschluss betr. ein Zubehörstück nach Schluss der Versteigerung vorgelegt wird, also vom Zuschlag nicht erfasst werden darf.

Auch ist hierunter der Fall einer **fehlenden** oder **unrichtigen Wertfestsetzung** zu fassen. Unrichtig festgesetzt ist zB dann, wenn glaubhaft vorgetragen wurde, dass sich die Grundlagen der Wertfestsetzung erheblich verändert haben (Gartenland wird Bauland o.Ä.). Auch dann, wenn bei der Wertfestsetzung Nachprüfungen über evtl Bodenverunreinigungen nicht erfolgten, ist der Zuschlag zu versagen.[4]

Ferner wäre hier der begründete Antrag des Gläubigers einzuordnen, der einem Zuschlag wegen Nichterreichens der 7/10-Grenze (§ 74 a Abs. 1) **widersprochen** hat.

7 **6. Nr. 6.** Der Zuschlag ist zu versagen, wenn die Zwangsversteigerung oder die Fortsetzung des Verfahrens aus einem sonstigen Grunde unzulässig ist. Damit werden all die Fälle erfasst, in denen das Verfahren bei **richtiger** Behandlung nicht hätte **angeordnet** werden dürfen (zB Titel oder Zustellungsnachweis ist nicht ordnungsgemäß), oder die Verfahrensfortsetzung unzulässig ist (Antragsrücknahme oder Einstellungsbewilligung liegt vor) oder das Grundstück untergegangen ist (tatsächlich- oder rechtlich, s. § 56 Rn 5 f).

Betreibt ein Gläubiger die Zwangsversteigerung aus verschiedenen Rechten, ist es zulässig, wenn ein ablösungsberechtigter (§ 268 BGB) nachrangiger Gläubiger nach Schluss der Versteigerung lediglich das erstrangige Recht ablöst und somit eine Zuschlagsversagung erreicht.[5]

Auch dann, wenn der Schuldner **prozess- oder parteiunfähig** ist, also auch Zustellungen an ihn nicht erfolgen durften, steht dies einer Zuschlagserteilung entgegen.

Ferner, wenn bei einem zur Versteigerung beantragten Erbbaurecht die erforderliche **Zustimmung** des Grundstückseigentümers fehlt.

Unter dieser Zuschlagsversagungsziffer sind auch alle **Verfassungsverletzungen** (Verstoß gegen die Hinweis- und Belehrungspflicht des Vollstreckungsgerichts, Verletzung des effektiven Rechtsschutzes oder des Anspruchs auf eine faire Behandlung des oder der Beteiligten, unbegründete Zurückweisung des Schuldnerantrags wegen drohender Verschleuderung (§ 765 a ZPO etc.) einzuordnen.

Der Zuschlag ist auch dann zu versagen, wenn der betreibende Gläubiger mit dem Meistbietenden eine Vereinbarung über eine **Zuzahlung** trifft.[6]

Eine erst nach Zuschlagserteilung aufgetretene **Suizidgefahr** kann ebenfalls zur Aufhebung eines Zuschlagsbeschlusses führen (s. auch § 74 Rn 13, § 81 Rn 19 f).[7]

Von Nr. 6 wird **nicht** erfasst (also keine Zuschlagsversagung) die zeitgleiche Versteigerung mehrerer Grundstücke, auch wenn die Voraussetzungen für eine **Verfahrensverbindung** (§ 18) nicht vorliegen.[8]

Ferner wird von Nr. 6 auch nicht die **rechtsmissbräuchliche** Ablehnung des Rechtspflegers erfasst, auch wenn er davon abgesehen hat, das Ablehnungsgesuch vor der Entscheidung über den Zuschlag selbst als unzulässig zu verwerfen.[9]

---

4 BGH MDR 2007, 110 = NJW-RR 2006, 1389 = Rpfleger 2006, 554.
5 BGH MDR 2010, 1083 = NJW-RR 2010, 1314 = WM 2010, 1703.
6 BGH WM 2012, 1434 = Rpfleger 2012, 640.
7 BVerfG NJW 2007, 2910 = NZM 2007, 739.
8 BGH NJW 2007, 2995 = InVo 2007, 427 = Rpfleger 2007, 410.
9 BGH MDR 2008, 111 = InVo 2007, 477 = Rpfleger 2007, 619.

Ein Verfahrensfehler, der nach Nr. 6 grds. zur Zuschlagsversagung führt, kann durch **Nachholung** der unterbliebenen Förmlichkeit dann **geheilt** werden, wenn Rechte von Beteiligten nicht beeinträchtigt werden.[10] Das ist aber in Bezug auf den Schuldner dann gegeben, wenn Mängel bei der Zustellung des Vollstreckungstitels (fehlende Zustellung des Registerauszugs bei Rechtsnachfolge auf der Gläubigerseite) erst in einem nachfolgenden Beschwerdeverfahren rückwirkend beseitigt werden.[11] Etwas anderes gilt jedoch bzgl einer **Soll-Vorschrift**, weil eine Verletzung insoweit (zB § 30 b Abs. 4) nicht stets einen Verfahrensfehler darstellt, der die Fortsetzung des Verfahrens iSd Nr. 6 unzulässig macht, und allenfalls unter den Voraussetzungen des § 84 Abs. 1 geheilt werden kann. Denn charakteristisch für eine Soll-Vorschrift ist, dass die Konsequenzen ihrer Verletzung nicht verbindlich feststehen, sondern unter Berücksichtigung des Schutzzwecks der Norm und der Besonderheiten des Einzelfalls zu bestimmen sind.[12] Schließlich führt eine fehlerhafte Fortsetzung des Verfahrens von Amts wegen bei einer Genehmigung durch den betreibenden Gläubiger nicht zu einer Zuschlagsversagung iSd Nr. 6, da sich für das Vollstreckungsgericht das weitere Verfahren nach der formell rechtskräftig gewordenen Zwischenentscheidung bestimmt (s. auch § 74 Rn 10).[13] Ferner führt bei einer fehlerhaften Verkündung des Zuschlags dies nur dann zu einem Erfolg einer Zuschlagsbeschwerde, wenn der Zuschlag auf dem Verfahrensfehler **beruht.**[14]

7. Nr. 7. Unter die Zuschlagsversagung nach Nr. 7 fällt eine **fehlende** oder **unvollständige** oder **nicht rechtzeitige** amtliche Bekanntmachung im **Amtsblatt** bzw im **Justizportal** (www.zvg-portal.de). Das Bekanntmachungsblatt und das elektronische Bekanntmachungssystem können durch allgemeine Verwaltungsverfügung iSv § 39 Abs. 1 bestimmt werden, es sei denn, der Landesgesetzgeber behält sich diese Festlegung vor.[15] Soweit die Veröffentlichung noch im Amtsblatt vorgenommen wird, ist das jeweilige für das Vollstreckungsgericht bestimmte Veröffentlichungsblatt maßgebend (§ 43 Abs. 1). Hiervon ist aber eine fehlerhafte sonstige Veröffentlichung nach § 40 Abs. 2 (Tageszeitungen etc.) abzugrenzen.

Von der Zuschlagsversagung nach Nr. 7 wird auch die **Nichteinhaltung der Mindestbietzeit** des § 73 Abs. 1 (30 Minuten; s. § 73 Rn 2 ff) erfasst.

Werden in demselben Verfahren mehrere Grundstücke nach **verschiedenen Ausgebotsarten** (Einzelausgebote/Gesamtausgebot) versteigert, sind den Bietinteressen alle Ausgebotsarten bis zum gemeinsamen Schluss der Versteigerung offen zu halten, so dass bei einem Verstoß hiergegen der Zuschlag zu versagen ist.[16]

8. Nr. 8. Wenn für ein Gebot eine **erhöhte Sicherheitsleistung** nach § 68 Nr. 2 und 3 verlangt, angeordnet, aber im Versteigerungstermin noch nicht geleistet wurde, kann sie noch nach § 68 Abs. 4 spätestens bis zur Entscheidung über den Zuschlag erbracht werden (s. § 68 Rn 8 ff). Dieses Gebot war trotz nicht geleisteter erhöhter Sicherheit zuzulassen. Sollte die erhöhte Sicherheit dann nicht bis zur Entscheidung über den Zuschlag erbracht werden, kann auf dieses Gebot der Zuschlag nicht erteilt werden. Diese durch die Verbannung des Bargeldes aus dem Zwangsversteigerungsverfahren aufgenommene Vorschrift ist eigentlich entbehrlich, denn die Zuschlagsversagung ergibt sich bereits aus den Vorschriften der §§ 70–72 (fehlendes Übergebot durch Nichtleistung der Sicherheit und damit Wirksamkeit des darunter abgegebenen Gebots).

---

10 BGH MDR 2008, 820 = NJW-RR 2008, 1018 = Rpfleger 2008, 433.
11 BGH NJW-RR 2014, 400 = Rpfleger 2014, 215.
12 BGH WM 2009, 903 = Rpfleger 2009, 403.
13 BGH MDR 2010, 171 = ZfIR 2010, 84.
14 BGH NJW-RR 2011, 1434.
15 BGH NJW 2008, 3708 = NZM 2009, 450.
16 LG Kassel Rpfleger 2007, 97.

III. Prüfung der Versagungsgründe und das weitere Verfahren

10 Bei der Prüfung der Gesetzmäßigkeit des gesamten Verfahrens (§ 79) hat das Vollstreckungsgericht im Hinblick auf festgestellte Zuschlagsversagungsgründe zu beachten, dass die Mängel nach **Nr. 1–5** dann **heilbar** sind, wenn Rechte von Beteiligten nicht beeinträchtigt werden (§ 84). Einer Zuschlagserteilung stünde nach Heilung dann nichts im Wege.

11 Die Mängel nach **Nr. 6–8** sind grds. **nicht heilbar**, führen also zur Zuschlagsversagung, was der Vorschrift des § 84 entnommen wird. Dem ist aber der BGH im Falle einer unterbliebenen Förmlichkeit, die nachgeholt werden kann, dann nicht gefolgt, wenn Rechte von Beteiligten nicht beeinträchtigt werden (s. auch § 84 Rn 2).[17]

12 Wurde der Zuschlag rechtskräftig versagt, wird das Verfahren nur bei einem zulässigen Antrag des Gläubigers fortgesetzt (§ 86).

§ 84 [Ausnahmen von § 83]

(1) Die im § 83 Nr. 1 bis 5 bezeichneten Versagungsgründe stehen der Erteilung des Zuschlags nicht entgegen, wenn das Recht des Beteiligten durch den Zuschlag nicht beeinträchtigt wird oder wenn der Beteiligte das Verfahren genehmigt.

(2) Die Genehmigung ist durch eine öffentlich beglaubigte Urkunde nachzuweisen.

I. Normzweck und Anwendungsbereich

1 Die Vorschrift ermöglicht eine Zuschlagserteilung auch bei bestehenden Versagungsgründen, wenn entweder das betroffene Recht durch das Meistgebot gedeckt ist (damit keine Beeinträchtigung besteht) oder wenn der beeinträchtigte Beteiligte das Verfahren genehmigt. § 84 gilt für alle Versteigerungsverfahren.

II. Prüfung der Beeinträchtigung

2 Bei der Feststellung von Mängeln iSd § 83 ist zunächst zu unterscheiden, ob es sich um **heilbare** (Nr. 1–5) oder grds. **nicht heilbare** (Nr. 6–8) Mängel handelt, wobei Letztere zur Zuschlagsversagung führen.

Ein Verfahrensfehler, der nach § 83 Nr. 6 zur Versagung des Zuschlags führt, kann durch Nachholung der unterbliebenen Förmlichkeit geheilt werden, wenn Rechte von Beteiligten nicht beeinträchtigt werden. Das trifft idR für Mängel bei der Titelzustellung zu (hier: unterbliebene Zustellung der Vollmacht für eine Vollstreckungsunterwerfung).[1]

3 Bei **heilbaren** Mängeln ist dann festzustellen, ob dadurch ein Beteiligter **beeinträchtigt** ist. Dies ist immer dann gegeben, wenn durch eine unrichtige Aufstellung des geringsten Gebots ein Recht, das bei richtiger Behandlung bestehen bleiben würde, in den bar zu zahlenden Teil fällt oder umgekehrt als bestehen bleibend behandelt wird, obwohl der Berechtigte Barzahlung verlangen könnte. Zu berücksichtigen ist bei dieser Prüfung, dass bereits die **Möglichkeit** einer Beeinträchtigung ausreicht.

---

17 BGH MDR 2008, 820 = NJW-RR 2008, 1018 = Rpfleger 2008, 433.
1 BGH MDR 2008, 820 = NJW-RR 2008, 1018 = Rpfleger 2008, 433.

Keine Beeinträchtigung liegt vor, wenn zwar der Anspruch eines Beteiligten im geringsten Gebot nicht berücksichtigt wurde (es darf aber keine Verletzung iSv Rn 3 sein), jedoch durch das Meistgebot **gedeckt** ist. 4

Auch in dem Falle, wenn bei **nachträglicher Änderung** des geringsten Gebots weder Rechte der Gläubiger noch des Schuldners betroffen sind, liegt keine Beeinträchtigung vor. Dieser Fall ist zB dann gegeben, wenn das Verfahren bestrangig aus den Rangklassen 2 oder 3 (idR zB aus Grundsteuern) und weiter aus der besten Rangstelle der 4. Rangklasse des § 10 betrieben wird und dann der Gläubiger der 2. oder 3. Rangklasse nach Schluss der Bietzeit die einstweilige Einstellung bewilligt. Das geringste Gebot wäre nun (was jetzt nicht mehr möglich ist) nach dem Gläubiger der 4. Rangklasse auszurichten, was nur zur Folge hätte, dass sich das geringste Bargebot erhöht. Wenn das abgegebene Meistgebot diesen Betrag übersteigt, ist der Einfluss auf das Versteigerungsergebnis ausgeschlossen. Auch der Schuldner ist nicht beeinträchtigt. Er verliert zwar sein Eigentum, jedoch liegt das im Wesen eines ordnungsgemäß durchgeführten Verfahrens, was hinzunehmen ist. 5

Anders ist der Fall zu beurteilen, wenn aus der zweiten oder einer späteren Rangstelle der 4. Rangklasse des § 10 betrieben würde. Denn dann wäre das besserrangige Recht bestehen geblieben, also dadurch eine Beeinträchtigung gegeben. 6

Eine Beeinträchtigung des Schuldners liegt immer dann vor, wenn es bei einem fehlerfreien Verfahren nicht zu einem Zuschlag käme oder ein besseres Ergebnis angenommen werden könnte. Damit ist die Beeinträchtigung auch dann anzunehmen, wenn durch eine anderweitige Wertfestsetzung in einem erneuten Versteigerungstermin ein höheres Meistgebot nicht ausgeschlossen werden kann.[2] 7

III. Genehmigung des Beeinträchtigten

Die Genehmigung muss von dem betroffenen Beteiligten bzw vom Schuldner erklärt werden. Dies kann durch Erklärung zu Protokoll des Gerichts erfolgen (Erklärung gegenüber dem Urkundsbeamten der Geschäftsstelle reicht nicht aus) oder aber durch eine notariell beglaubigte oder durch eine notariell beurkundete Erklärung bis zur Verkündung der Entscheidung über den Zuschlag nachgewiesen werden. 8

Die Genehmigung kann als Prozesshandlung auch durch den Prozessbevollmächtigten des Beeinträchtigten erfolgen, ohne dass es dazu einer öffentlich beglaubigten Vollmacht bedarf. Auch ist für den gesetzlichen Vertreter keine Genehmigung des Familien- oder Betreuungsgerichts erforderlich. 9

Die Genehmigung kann nicht widerrufen werden.[3] Sie kann auch nicht stillschweigend angenommen, sondern sie muss **ausdrücklich** erklärt werden. Wird sie nicht erklärt, ist der Zuschlag zu versagen. 10

§ 85 [Zuschlagsversagung bei Antrag auf neuen Termin mit Schadensersatzverpflichtung]

(1) [1]Der Zuschlag ist zu versagen, wenn vor dem Schluß der Verhandlung ein Beteiligter, dessen Recht durch den Zuschlag beeinträchtigt werden würde und der nicht zu den Berechtigten des § 74 a Abs. 1 gehört, die Bestimmung eines neuen Versteigerungstermins beantragt und sich zugleich zum Ersatz des durch die Versagung des Zuschlags entstehenden Schadens verpflichtet, auch auf Verlangen ei-

---

2 OLG Hamm InVo 2000, 182 = Rpfleger 2000, 120.
3 *Stöber*, § 84 Rn 3.2.

nes anderen Beteiligten Sicherheit leistet. ²Die Vorschriften des § 67 Abs. 3 und des § 69 sind entsprechend anzuwenden. ³Die Sicherheit ist in Höhe des bis zum Verteilungstermin zu berichtigenden Teils des bisherigen Meistgebots zu leisten.

(2) Die neue Terminsbestimmung ist auch dem Meistbietenden zuzustellen.

(3) Für die weitere Versteigerung gilt das bisherige Meistgebot mit Zinsen von dem durch Zahlung zu berichtigenden Teil des Meistgebots unter Hinzurechnung derjenigen Mehrkosten, welche aus dem Versteigerungserlös zu entnehmen sind, als ein von dem Beteiligten abgegebenes Gebot.

(4) In dem fortgesetzten Verfahren findet die Vorschrift des Absatzes 1 keine Anwendung.

I. Normzweck und Anwendungsbereich

1 Die Vorschrift ermöglicht den Beteiligten, die nicht zu den Berechtigten nach § 74 a gehören und durch den Zuschlag beeinträchtigt wären, eine Zuschlagserteilung unter bestimmten Voraussetzungen zunächst zu verhindern. Da dieses Ziel bereits durch andere einfachere und nicht so risikobehaftete Maßnahmen (zB durch eine einstweilige Einstellung oder Rücknahme des Versteigerungsantrags, ggf nach vorheriger Ablösung) erreicht werden kann, hat die Bestimmung in der Praxis keine Bedeutung. Sie gilt für alle Versteigerungsverfahren.

II. Voraussetzungen für die Zuschlagsversagung (Abs. 1)

2 Das Recht des antragstellenden Beteiligten (§ 9 Rn 2 ff) muss durch den Zuschlag **beeinträchtigt** (zur Beeinträchtigung s. § 52 Rn 2 ff) werden und der Beteiligte darf nicht zu den Berechtigten nach § 74 a (s. § 74 a Rn 5 ff) gehören.

3 Das **Antragsrecht** steht grds. auch dem Schuldner zu, wenn das Meistgebot den Verkehrswert nicht erreicht; aus der Tatsache des Eigentumsverlusts ergibt sich jedoch keine Antragsberechtigung. Allerdings wird es dem Schuldner wegen der weiter zu erbringenden Voraussetzungen aber nur möglich sein, den Zuschlagsversagungsantrag aufgrund eines Vollstreckungsschutzantrags wegen unbilliger Härte nach § 765 a ZPO zu stellen.

4 Andere Zuschlagsversagungsgründe, zB nach § 81 (kein wirksames Meistgebot), nach § 83 (nicht geheilte oder nicht heilbare Zuschlagsversagungsgründe) oder nach § 85 a (Nichterreichen der 5/10-Grenze), dürfen nicht bestehen und es muss der antragstellende Beteiligte die **Schadensersatzpflicht übernehmen**. Diese Pflicht kann ganz erheblich sein, wenn in einem ersten neuen Termin kein wirksames Gebot abgegeben oder das dann abgegebene Meistgebot die Ansprüche in geringerer Weise abdeckt als das vorherige Meistgebot.

5 Der Zuschlagsversagungsantrag kann nur im Versteigerungstermin **vor** Schluss der Verhandlung über den Zuschlag (§ 74) gestellt werden, also nicht auch noch in einem späteren Verkündungstermin (§ 87).

6 Sollte ein anderer Beteiligter **Sicherheit** verlangen, ist diese in der in Abs. 1 S. 3 genannten Höhe zu leisten. Nach der Änderung zu § 68 betr. Abs. 4 ist die Sicherheitsleistung spätestens bis zur Entscheidung über den Zuschlag, also in einem Verkündungstermin, zu erbringen.

III. Zuschlagsversagung und weiteres Verfahren (Abs. 2–4)

7 Bei Vorliegen der Voraussetzungen ist der **Zuschlag zu versagen**, wodurch das **Meistgebot erlischt**. Von Amts wegen ist danach ein neuer Versteigerungstermin zu bestimmen, für den ebenfalls die Vorschriften der §§ 36–43 gelten. Die Terminsbestimmung ist nach **Abs. 2** auch dem Meistbietenden **zuzustellen**. Es ist ein

neues geringstes Gebot aufzustellen, wobei die bisherigen Anmeldungen zu beachten und darüber hinaus auch noch weitere Anmeldungen zulässig sind.

Für den Versteigerungstermin gilt die **Fiktion** eines Gebots des antragstellenden Beteiligten (**Abs. 3**). 8

Wie im Falle des § 74 a gilt der Grundsatz der **Einmaligkeit** (**Abs. 4**); eine erneute Zuschlagsversagung aus dem Grunde des § 85 ist damit unzulässig. Eine Zuschlagsversagung aus anderen Gründen (zB nach § 33 oder § 83) ist jedoch zulässig, so dass die Fortsetzung des Verfahrens nach § 86 betrieben werden kann. Aber auch im fortzusetzenden Verfahren gilt die Fiktion des Gebots des antragstellenden Beteiligten und seine Schadensersatzpflicht besteht weiter. 9

§ 85 a [5/10-Grenze]

(1) Der Zuschlag ist ferner zu versagen, wenn das abgegebene Meistgebot einschließlich des Kapitalwertes der nach den Versteigerungsbedingungen bestehenbleibenden Rechte die Hälfte des Grundstückswertes nicht erreicht.

(2) ¹§ 74 a Abs. 3, 5 ist entsprechend anzuwenden. ²In dem neuen Versteigerungstermin darf der Zuschlag weder aus den Gründen des Absatzes 1 noch aus denen des § 74 a Abs. 1 versagt werden.

(3) Ist das Meistgebot von einem zur Befriedigung aus dem Grundstück Berechtigten abgegeben worden, so ist Absatz 1 nicht anzuwenden, wenn das Gebot einschließlich des Kapitalwertes der nach den Versteigerungsbedingungen bestehenbleibenden Rechte zusammen mit dem Betrag, mit dem der Meistbietende bei der Verteilung des Erlöses ausfallen würde, die Hälfte des Grundstückswertes erreicht.

I. Normzweck und Anwendungsbereich 1	IV. Zuschlagsversagungsbeschluss.. 13
II. Zuschlagsversagung nach Abs. 1 ... 2	V. Neuer Versteigerungstermin 14
III. Zuschlagsversagung bei mehreren Grundstücken 10	VI. Zuschlagserteilung nach Abs. 3 ... 17

I. Normzweck und Anwendungsbereich

Mit dieser Vorschrift soll eine Verschleuderung des Grundstücks verhindert werden. Eine Sonderregelung ergibt sich nach Abs. 3 für den Fall, dass ein Beteiligter Meistbietender bleibt und einen Ausfall erleidet. Die Vorschrift gilt für alle Zwangsversteigerungsverfahren. Für die Versteigerung von Seeschiffen und Binnenschiffen gelten Sonderregelungen (§ 169 a, § 13 a BinSchVollstrSchG). 1

II. Zuschlagsversagung nach Abs. 1

Erreicht das abgegebene Meistgebot einschließlich des Kapitalwertes der nach den Versteigerungsbedingungen bestehen bleibenden Rechte nicht **50 % des festgesetzten Grundstückswertes**, ist der Zuschlag zu versagen. Dieser Versagungsgrund ist absolut **zwingend** und von Amts wegen zu beachten. Insoweit können auch keine abweichenden Regelungen über § 59 getroffen werden. Auch können betreibende Gläubiger im Gegensatz zur Regelung in § 74 a Abs. 1 keinen Widerspruch erheben oder die Beteiligten auf die Anwendung dieser Norm verzichten. 2

Für die Entscheidung nach § 85 a muss ein **wirksames Meistgebot** vorliegen, das unter der Hälfte des nach § 74 a Abs. 5 festgesetzten Wertes liegt. Nicht wirksame Gebote sind bereits nach § 71 zurückzuweisen oder es handelt sich um einen 3 nach § 79 festgestellten und zu berücksichtigenden Versagungsgrund (§ 81 Abs. 1) oder um einen Versagungsgrund nach § 83.

4 Bei der Berechnung sind dem **baren** Meistgebot die nach den Versteigerungsbedingungen oder auch nach abweichenden Versteigerungsbedingungen (§ 59) **bestehen bleibenden Rechte hinzuzurechnen**. In die Berechnung nicht mit aufzunehmen sind Rechte, die aufgrund einer Vereinbarung nach § 91 Abs. 2 bestehen bleiben sollen.

5 Wenn **Hypotheken** oder **Grundschulden** zu übernehmen sind, ist nur der jeweilige Kapitalbetrag (Rentenschulden mit der Ablösesumme) einzustellen. Hierbei spielt es keine Rolle, ob uU bei diesen Rechten bereits ein Eigentümerrecht entstanden ist. Wenn es sich um Rechte der Abteilung II des Grundbuchs handelt, sind diese mit dem nach § 51 Abs. 2 festgesetzten Zuzahlungsbetrag zu berücksichtigen.

6 Der in Bezug genommene Verkehrswert sollte rechtskräftig festgesetzt sein; Voraussetzung ist das allerdings nicht. Wenn mit einem Rechtsmittel gegen die Festsetzung zu rechnen ist, sollte das Vollstreckungsgericht einen Zuschlagsverkündungstermin bestimmen, um die Rechtskraft abzuwarten, da eine Änderung des Verkehrswertes zu einer anderen Entscheidung führen könnte.

7 Der bestrangig betreibende Gläubiger kann die Zuschlagsversagung bei Vorliegen der Voraussetzungen nach Abs. 1 jedoch dadurch **abwenden**, dass er nach Schluss der Versteigerung die einstweilige Einstellung bewilligt. Dann ist der Zuschlag nach § 33 zu versagen, die 5/10- bzw 7/10-Grenzen bleiben erhalten.

8 Häufig werden von Interessenten Gebote unter der 5/10-Grenze oder der 7/10-Grenze des § 74 a Abs. 1 abgegeben, um diese zu Fall zu bringen und in einem zweiten Versteigerungstermin das Objekt unter diesen Grenzen ersteigern zu können. Diese Vorgehensweise ist nicht zu beanstanden; das Gebot kann auch nicht als **Scheingebot** zurückgewiesen werden, sondern die Interessenten beabsichtigen ja den Erwerb des Objektes, nur zu anderen Bedingungen.[1]

9 Etwas anderes gilt aber in dem Fall, wenn ein Vertreter eines Gläubigers ein **Eigengebot (im eigenen Namen)** abgibt, um die Schutzgrenzen zu Lasten des Schuldners zu beseitigen. Bei dem Eigengebot eines Gläubigervertreters spricht eine tatsächliche Vermutung für die **missbräuchliche** Absicht, den von dem Gesetz bezweckten Schuldnerschutz zu unterlaufen. Ein solches Gebot ist unwirksam und nach § 71 Abs. 1 zurückzuweisen. Sollte das im Versteigerungstermin nicht erfolgt und dies auch nicht angefochten sein, ist das bei der Zuschlagsentscheidung nachzuholen.[2] Ein rechtsmissbräuchliches Gebot stellt keine Wettbewerbshandlung iSv §§ 2 Abs. 1 Nr. 1, 3 UWG dar. Denn § 85 a ist kein Verbraucherschutzgesetz, das den rechtsgeschäftlichen Verkehr betrifft und die rechtsgeschäftliche Entscheidungsfreiheit schützen soll.[3]

III. Zuschlagsversagung bei mehreren Grundstücken

10 Bei der Versteigerung **mehrerer** Grundstücke in **einem Verfahren** (§ 18) kommt es darauf an, welche Gebote abgegeben worden sind. Sollte nur auf die einzelnen Objekte geboten worden sein oder nur diese nach Prüfung von § 63 Abs. 3 in Betracht kommen, sind auch nur diese jeweils iSv Abs. 1 zu prüfen. Erfolgte nur ein Gruppen- oder Gesamtausgebot oder kommt nur dieses für den Zuschlag in Betracht, erstreckt sich die Prüfung auch nur hierauf (s. § 63 Rn 16 ff).

---

1 BGH NJW 2007, 3279 = InVo 2007, 470 = Rpfleger 2007, 483.
2 BGH NJW 2007, 3279 = InVo 2007, 470 = Rpfleger 2007, 483.
3 LG Augsburg 19.4.2010 – 8 O 4038/09.

Problematisch ist die Prüfung in den Fällen, wo neben den Einzelausgeboten auch ein Gesamtausgebot aufgestellt wurde, nicht auf alle Grundstücke ein Gebot abgegeben wurde oder nur auf das Gesamtausgebot geboten wurde. Hierbei ist zu beachten, ob in einem vorherigen Termin der Zuschlag auf Einzelausgebote oder das Gesamtausgebot nach § 74 a oder nach § 85 a versagt worden ist (s. auch hier § 63 Rn 16 ff). 11

Wenn das zutrifft, ist Abs. 1 nur auf die Gebote anzuwenden, auf die in einem vorherigen Termin nicht geboten oder jedenfalls der Zuschlag nach § 74 a oder nach § 85 a nicht versagt worden ist. Denn nach Abs. 2 S. 2 darf die Versagung des Zuschlags wegen Nichterreichens der 5/10- oder 7/10-Grenze in einem zweiten Termin nicht erfolgen, sondern es muss der Zuschlag erfolgen, wenn nicht andere Gründe (zB Grundstücksverschleuderung) dagegen sprechen. 12

IV. Zuschlagsversagungsbeschluss

Vor der Entscheidung ist den im Versteigerungstermin erschienenen Beteiligten das rechtliche Gehör zu gewähren (§ 74). Die Zuschlagsversagung erfolgt durch Beschluss. Die zu begründende Entscheidung ist im Versteigerungstermin oder im Zuschlagsverkündungstermin (§ 87) zu verkünden. Eine Zustellung des Beschlusses erfolgt nicht; die Beschwerdefrist beginnt mit der Verkündung. Mit der rechtskräftigen Versagung erlöschen alle abgegebenen Gebote. 13

V. Neuer Versteigerungstermin

Nach Zuschlagsversagung wird ein neuer Versteigerungstermin von Amts wegen, also ohne Antrag, bestimmt (Abs. 2 S. 1, § 74 a Abs. 3 S. 1). Hierbei ist zu verfahren wie bei der ersten Terminierung unter Beachtung der §§ 37–41. In der Terminsbestimmung soll auf die erfolgte Zuschlagsversagung hingewiesen werden (§ 38 S. 2). 14

Auch der neue Termin ist ein selbständiger Versteigerungstermin mit allen Abläufen wie im ersten Termin; frühere Anmeldungen bleiben wirksam. 15

In dem neuen Termin darf weder nach § 74 a wegen Nichterreichens der 7/10-Grenze noch nach Abs. 1 (5/10-Grenze) der Zuschlag erneut versagt werden. Es gilt der Grundsatz der Einmaligkeit. Es muss sich aber um einen echten zweiten Termin handeln, der Zuschlag muss also aus diesen Gründen bereits einmal versagt worden sein. 16

VI. Zuschlagserteilung nach Abs. 3

Eine Besonderheit ergibt sich dann, wenn das Meistgebot von einem aus dem Grundstück zu befriedigenden Berechtigten (§ 10, Rangklasse 4) abgegeben wurde. Dann kann diesem der Zuschlag erteilt werden, wenn sein bares Meistgebot zuzüglich der bestehen bleibenden Rechte und zuzüglich seinem Ausfall bei der Erlösverteilung die 5/10-Grenze erreicht. 17

Bei der Berechnung kommt es nicht auf den Rang des Berechtigten (des Bieters) an, die Zwischenrechte unberücksichtigt bleiben. Zur Berechnung der Ausfallforderung ist vorher ein fiktiver Teilungsplan aufzustellen (vgl § 74 a Rn 23). Dabei ist bei der Grundschuld auf den dinglichen Anspruch (§ 10, Rangklasse 4) und nicht auf die persönliche Forderung abzustellen.[4] 18

Im Falle des Zuschlags an den meistbietenden Grundschuldberechtigten unter Einbeziehung seines Ausfalls ist der gesetzliche Bietvorteil **ohne rechtlichen Grund** erlangt, soweit seine ausgefallene Grundschuld nicht (mehr) valutiert. Die 19

---

4 BGH NJW-RR 2012, 533 = NSW ZVG, § 74 b = WM 2012, 811.

20 **Herausgabe des Erlangten** steht demjenigen zu, dem bei einem um den rechtsgrundlosen Bietvorteil erhöhten Bargebot der Mehrerlös im Teilungsverfahren und nach Erfüllung schuldrechtlicher Rückgewährpflichten zugefallen wäre.[5]

20 Die Berechtigung für die gesetzliche Regelung einer Zuschlagsmöglichkeit auf ein bares Meistgebot eines aus dem Grundstück zu befriedigenden Gläubigers unter der 5/10-Grenze (s. Rn 17 f) ergibt sich aus § 114 a. Danach ist dieser meistbietende Gläubiger gegenüber dem Schuldner so zu stellen, als habe er 7/10 des Verkehrswertes geboten. Der Gläubiger gilt damit gegenüber dem Schuldner bis zur 7/10-Grenze als befriedigt; eine Verschleuderung findet deshalb nicht statt.

21 Eine (weitere) Besonderheit ergibt sich für den Gläubiger des Zwischenrechts, da dieser bei der Berechnung unberücksichtigt bleibt; er könnte bei dem Zuschlag an den nachrangigen meistbietenden Gläubiger teilweise oder ganz ausfallen. Das wäre nach der Rangfolge des § 10 unbillig. Deshalb hat das Gericht dem im Versteigerungstermin anwesenden Zwischenberechtigten gegenüber eine Hinweispflicht. Bei Abwesenheit müsste ein Zuschlagsverkündungstermin anberaumt und der Zwischenberechtigte auf den drohenden Zuschlag hingewiesen werden. Es muss dann dem Zwischenberechtigten überlassen bleiben, den Zuschlag durch eine einstweilige Einstellung über eine Ablösung des bestrangig Betreibenden etc. zu verhindern.[6]

22 Ferner ist eine besondere Prüfung vorzunehmen, wenn Fälle des § 81 Abs. 2 oder 3 vorliegen, also der Meistbietende das unter der 5/10-Grenze liegende Meistgebot

1. an einen Dritten abtritt, wobei für **beide Handelnden** die Voraussetzungen des Abs. 3 vorliegen,

2. an einen Dritten abtritt, wobei nur für den **Meistbietenden** die Voraussetzungen des Abs. 3 vorliegen,

3. an einen Dritten abtritt, wobei nur für den **Dritten** die Voraussetzungen des Abs. 3 vorliegen, oder

4. in **verdeckter Vollmacht** für einen **Dritten** abgegeben hat, für den die Voraussetzungen des Abs. 3 ebenfalls vorliegen.

Dann kann in den Fällen 1., 2. und 4. der Zuschlag erteilt werden, weil der Forderungsverlust nach § 114 a den abtretenden Meistbietenden bzw den verdeckten Vollmachtgeber als Zuschlagsempfänger betrifft. Im 3. Fall ist es streitig, ob der Zuschlag erteilt werden kann, weil nur die Voraussetzungen nur für den Dritten vorliegen.[7] Auch im 3. Fall ist – unter Aufgabe der in der Vorauflage vertretenen Auffassung[8] insoweit – der Zuschlag dem Dritten, bei dem die Voraussetzungen vorliegen, zu erteilen. Denn der Sinn der Norm (es soll eine Verschleuderung verhindert werden) ist erfüllt, weil der Zessionar auch hier so zu stellen ist, als habe er 7/10 des Verkehrswertes geboten. Durch die Abtretung ist die verfahrensrechtliche Position des Meistbietenden auf den Zessionar übergegangen. Die bisherige Argumentation (die Voraussetzungen des Abs. 3 müssten in der Person des Meistbietenden vorliegen) ist zu formell. Denn hätte der Zessionar selbst geboten und wäre Meistbietender geblieben, wäre ihm der Zuschlag erteilt worden.

23 Ein Zuschlag an den nach Abs. 3 berechtigten Beteiligten soll auch dann möglich sein, wenn das Befriedigungsrecht des Meistbietenden erst in der Beschwerdeinstanz offengelegt wird.[9] Diese Auffassung ist abzulehnen. Denn es ist grds. un-

---

5 BGH 22.9.2011 – IX ZR 197/10, juris.
6 OLG Hamm Rpfleger 1986, 441.
7 OLG Koblenz Rpfleger 1986, 233; *Stöber*, § 85 a Rn 7.3; *Böttcher*, § 85 a Rn 12.
8 Siehe 2. Aufl. 2013, aaO.
9 LG Magdeburg Rpfleger 2014, 535 m. abl. Anm. *Alff*.

zulässig, erst im **Beschwerdeverfahren neue** – für die Zuschlagsentscheidung erhebliche – **Tatsachen vorzutragen** (§ 100 Abs. 1). Außerdem: Wenn die Offenlegung des wahren Sachverhalts nicht zur erstinstanzlichen Zuschlagsentscheidung (Versagung nach Abs. 1), sondern erst über ein Rechtsmittel in der Beschwerdeinstanz erfolgt mit dem Ziel einer Zuschlagsentscheidung zugunsten des iSv Abs. 3 berechtigten Beschwerdeführers unter Aufhebung des erstinstanzlichen Versagungsbeschlusses, könnte dies zu Manipulationen zu Lasten anderer Beteiligter führen (die betreibende Gläubigerin kann den Zuschlag nicht mehr durch eine Einstellungsbewilligung oder einen Antrag nach § 74 a Abs. 1 verhindern).

§ 86 [Wirkung der rechtskräftigen Versagung]

Die rechtskräftige Versagung des Zuschlags wirkt, wenn die Fortsetzung des Verfahrens zulässig ist, wie eine einstweilige Einstellung, anderenfalls wie die Aufhebung des Verfahrens.

I. Normzweck und Anwendungsbereich

Die Vorschrift befasst sich mit der Wirkung der Zuschlagsversagung. Wenn die Zuschlagsversagung rechtskräftig wird, kommt es für das weitere Verfahren darauf an, ob es zulässig fortgesetzt werden kann oder die Zuschlagsversagung die Aufhebung des Verfahrens bedeutet. § 86 gilt für alle Versteigerungsverfahren. 1

II. Wirkung der Zuschlagsversagung im Einzelnen

Die rechtskräftige Versagung des Zuschlags wirkt grds. wie eine einstweilige Einstellung, wenn die Fortsetzung des Verfahrens zulässig ist, im Falle der unzulässigen Fortsetzung wie die Aufhebung des Verfahrens. 2

Die **Fortsetzung** des Verfahrens ist **unzulässig** bei Mängeln iSv § 28 (entgegenstehende, nicht heilbare grundbuchmäßige Rechte etc.), bei Antragsrücknahme (§ 29) oder auch bei Mängeln nach § 83 Nr. 5 (wenn nicht heilbar) und nach § 83 Nr. 6. Wenn die Zuschlagsversagung rechtskräftig geworden ist, wirkt das wie die Aufhebung des Verfahrens; sämtliche abgegebenen Gebote sind erloschen. 3

Die **Fortsetzung** des Verfahrens ist **zulässig**, wenn die Zuschlagsversagung durch eine einstweilige Einstellung veranlasst ist. Das sind die Fälle des 4

- § 28 (entgegenstehende grundbuchmäßige Rechte, wenn heilbar),
- § 30 (einstweilige Einstellung aufgrund Gläubigerbewilligung),
- § 30 d (Einstellung auf Antrag des Insolvenzverwalters),
- § 75 (Nachweis der Befriedigung des Gläubigers),
- § 76 (wenn bei der Versteigerung mehrerer Grundstücke eine einstweilige Einstellung vorgenommen wurde),
- § 77 Abs. 1 (ein wirksames Gebot wurde nicht abgegeben),
- § 83 Nr. 1–5 (heilbare Zuschlagsversagungsgründe (§ 84) oder § 83 Nr. 7 und 8) und der
- §§ 765 a, 769 Abs. 2, 775 ZPO (Vollstreckungsschutzmaßnahmen).

In den Fällen der §§ 30, 30 d, 75, 76, 77 Abs. 1 und § 83 Nr. 1–5 bedarf es zur Fortsetzung des Verfahrens eines **Antrags**, im Übrigen wird das Verfahren **von Amts wegen** fortgesetzt.

5 Ferner ist ohne Antrag bei Vorliegen der Voraussetzungen ein neuer Versteigerungstermin zu bestimmen, wenn mehrere Gläubiger das Verfahren betreiben und der bestrangig betreibende Gläubiger nach Schluss der Versteigerung seinen Antrag zurücknimmt oder die einstweilige Einstellung bewilligt. In dem Falle ist zwar der Zuschlag zu versagen, was jedoch auf die weiteren Gläubiger für die Verfahrensfortsetzung keinen Einfluss hat. Jedes Verfahren eines betreibenden Gläubigers ist nämlich als Einzelverfahren zu verstehen; die Einzelverfahren sind nur in einem Gesamtverfahren zusammengefasst.

III. Fortsetzung des Verfahrens

6 Wenn die Fortsetzung des Verfahrens möglich ist und die Zuschlagsversagung die Wirkung einer einstweiligen Einstellung hat, muss der betreibende Gläubiger einen **Fortsetzungsantrag** stellen (§ 31 Abs. 1), und zwar innerhalb einer Frist von sechs Monaten. Das gilt nicht für die Fälle des §§ 28 und 83 Nr. 7 und 8, wo die Fortsetzung von Amts wegen erfolgt. Über das Erfordernis des Fortsetzungsantrags ist der Gläubiger zu **belehren** (§ 31 Abs. 3).

7 Im Falle des § 76 ist die Fortsetzung innerhalb von drei Monaten nach dem Verteilungstermin zu beantragen (§ 76 Abs. 2).

8 Die Fortsetzung des Verfahrens ist aber auch in den Fällen zulässig, wo die Zuschlagsversagung wegen Nichterreichens der 5/10- oder 7/10-Grenze erfolgte (§§ 85 a und 74 a) oder der Zuschlag nach § 85 auf Betreiben eines beeinträchtigten Beteiligten versagt wurde. Für diese Fälle findet § 86 über die Einstellungs- oder Aufhebungswirkungen keine Anwendung. In all diesen Fällen bedarf es daher keines Fortsetzungsantrags; der neue Termin wird von Amts wegen bestimmt.

§ 87 [Verkündung der Entscheidung über den Zuschlag]

(1) Der Beschluß, durch welchen der Zuschlag erteilt oder versagt wird, ist in dem Versteigerungstermin oder in einem sofort zu bestimmenden Termin zu verkünden.

(2) ¹Der Verkündungstermin soll nicht über eine Woche hinaus bestimmt werden. ²Die Bestimmung des Termins ist zu verkünden und durch Anheftung an die Gerichtstafel bekanntzumachen.

(3) Sind nachträglich Tatsachen oder Beweismittel vorgebracht, so sollen in dem Verkündungstermin die anwesenden Beteiligten hierüber gehört werden.

I. Normzweck und Anwendungsbereich 1	IV. Bestimmung und Bekanntmachung des Verkündungstermins (Abs. 2) 12
II. Verkündung der Entscheidung (Abs. 1) 2	V. Durchführung des Verkündungstermins 15
III. Der besondere Verkündungstermin 6	

I. Normzweck und Anwendungsbereich

1 Die Vorschrift befasst sich mit dem Zeitpunkt der zu verkündenden Zuschlagsentscheidung. Sie gilt für alle Versteigerungsverfahren.

II. Verkündung der Entscheidung (Abs. 1)

Die Zuschlagsentscheidung des Vollstreckungsgerichts muss **verkündet** werden, gleich, ob sie positiv oder negativ ist. Die Verkündung erfolgt durch Verlesen im vollen Wortlaut oder durch Verlesen der Beschlussformel und die mündliche Bekanntgabe der wesentlichen Gründe. Dies deshalb, damit Zweifel oder Irrtümer nicht bestehen oder ausgeräumt werden. Sollte kein Beteiligter oder auch der Meistbietende oder weitere Bieter nicht mehr anwesend sein, genügt auch die Bezugnahme auf den Beschluss (§ 311 Abs. 2 S. 2 ZPO).

Die Verkündung ist deshalb wichtig, weil nach § 89 der **Zuschlag mit der Verkündung wirksam** wird. Die Verkündung muss im Protokoll festgehalten werden (§ 160 Abs. 3 Nr. 7 ZPO). Wenn der Zuschlag erteilt wird, ist auch die genaue Uhrzeit der Verkündung festzuhalten. Dies v.a. deshalb, weil durch den Zuschlag das Eigentum (§ 90) und die Gefahr des zufälligen Untergangs des Grundstücks übergehen (§ 56).

Der Beschluss über die Zuschlagserteilung wird neben der Verkündung an die Beteiligten **zugestellt**, die weder im Versteigerungstermin noch im Verkündungstermin erschienen sind, sowie an den Ersteher, ggf mithaftenden Bürgen oder auch an den Meistbietenden im Falle der Abtretung (§ 88).

Wenn das Beschwerdegericht entschieden hat, der angefochtene Zuschlagsbeschluss also aufgehoben oder abgeändert wurde, wird diese Entscheidung nicht verkündet, sondern nur zugestellt (§ 103).

III. Der besondere Verkündungstermin

Die Verkündung der Zuschlagserteilung erfolgt regelmäßig im Versteigerungstermin nach der Verhandlung über den Zuschlag (§ 74). Es kann jedoch besondere Gründe geben, die Verkündung in einem besonderen **Verkündungstermin** vorzunehmen, oder eine Verpflichtung hierzu bestehen, weil eine sofortige Verkündung unzulässig wäre.

Gründe für einen besonderen Prüfungstermin ergeben sich zB dann, wenn

- bei der Versteigerung eines **Erbbaurechts** der Grundstückseigentümer noch seine Zustimmung zum Zuschlag erteilen muss (§§ 5 Abs. 1, 8 ErbbauRG);
- es bei der Versteigerung eines **Wohnungseigentums** noch der Zustimmung des WEG-Verwalters bedarf (§ 12 Abs. 1 WEG);
- ein Beteiligter Meistbietender geblieben ist, der das Meistgebot an einen Dritten **abtreten** will (§ 81 Abs. 2);
- ein Meistgebot in einer Höhe abgegeben wurde, das **erheblich** unter dem festgesetzten Verkehrswert liegt, und der **Schuldner** im Versteigerungstermin **nicht anwesend** ist;
- ein Meistgebot in einer Höhe abgegeben wurde, das **erheblich** unter dem festgesetzten Verkehrswert liegt, und der **besserrangige Gläubiger** im Versteigerungstermin **nicht anwesend** ist und ihm bei Zuschlagserteilung an einen nachrangigen Gläubiger nach § 85 a Abs. 3 ein Ausfall droht (s. § 85 a Rn 21);
- verschiedene Meistgebote (Doppelausgebote) im Falle von **abgeänderten Versteigerungsbedingungen** (§ 59) vorliegen;
- im Falle der Versteigerung **mehrerer Grundstücke** in einem verbundenen Verfahren auf **verschiedene Ausgebotsformen** Gebote abgegeben worden sind (§§ 63, 64);

- der Gläubigervertreter darum bittet, um die **Bonität** des Meistbietenden prüfen zu können.

Das Vollstreckungsgericht entscheidet hierüber nach **pflichtgemäßem Ermessen.**

8 In den Fällen, wo es noch einer Zustimmung bedarf, ist ein Verkündungstermin zu bestimmen. Das gilt auch dann, wenn dem nicht anwesenden Schuldner unter Berücksichtigung der Eigentumsgarantie des Art. 14 GG vorab noch das rechtliche Gehör zu gewähren ist oder es im Falle des nicht anwesenden besserrangigen Gläubigers um ein faires Verfahren geht (Gewährung eines effektiven Rechtsschutzes).

9 In den Fällen verschiedener Ausgebote oder Ausgebotsformen wird das Vollstreckungsgericht schon zur Prüfung der rechtlichen Probleme einen Verkündungstermin bestimmen.

10 Bei der Begründung **Bonitätsprüfung** ist auf den Einzelfall abzustellen. In die Prüfung ist immer auch der **Meistbietende** einzubeziehen, weil er einen Anspruch auf eine Entscheidung hat. Denn er ist an sein Gebot gebunden und eine etwaige Sicherheitsleistung bleibt einbehalten.

11 In jedem Falle muss ein besonderer Verkündungstermin bestimmt werden, wenn eine erhöhte Sicherheitsleistung nach § 68 Abs. 3 und 4 erbracht werden kann.

IV. Bestimmung und Bekanntmachung des Verkündungstermins (Abs. 2)

12 Die Bestimmung des besonderen Verkündungstermins ist zu **verkünden** (**Abs. 2 S. 2**). Ist das versehentlich unterblieben, muss allen im Termin Erschienenen und dem Meistbietenden die Terminsbestimmung des Verkündungstermins förmlich zugestellt werden. Eine weitere Zustellung an die übrigen Beteiligten unterbleibt, weil sie auch bei der Verkündung keine Kenntnis erhalten hätten.[1]

13 Der Verkündungstermin soll nicht **über eine Woche hinaus** angesetzt werden (**Abs. 2 S. 1**). Denn es ist zu beachten, dass es nicht zu einer Verletzung des Deckungsgrundsatzes kommt (§ 47) und außerdem der Schwebezustand, ob nun ein Zuschlag erteilt wird oder nicht, im Interesse aller Beteiligten und auch des Meistbietenden möglichst kurz gehalten werden sollte. Gleichwohl handelt es sich nur um eine Ordnungsvorschrift. Ferner muss diese Frist im Einzelfall auch erheblich länger sein, wenn zB noch Zustimmungen beigebracht werden müssen.

14 Der Verkündungstermin soll ferner an der **Gerichtstafel** bekannt gemacht werden (**Abs. 2 S. 2**), was jedoch keine Wirksamkeitsvoraussetzung ist.[2]

V. Durchführung des Verkündungstermins

15 Der Verkündungstermin ist wie die Verkündung der Zuschlagsentscheidung **öffentlich**, da es sich um die Fortsetzung des Versteigerungstermins handelt.

16 Die Leitung des Termins muss nicht der Rechtspfleger übernehmen, der den Versteigerungstermin geführt hat; er kann auch von einem anderen Rechtspfleger wahrgenommen werden.[3] Es ist ein **Protokoll** zu erstellen, und zwar unter Beachtung der §§ 159–165 ZPO. Es sind die erschienenen Beteiligten aufzunehmen sowie alle **neu vorgebrachten Tatsachen und Beweismittel** (**Abs. 3**). Es kann sich hierbei um Verfahrensmängel handeln, um die Rücknahme oder die einstweilige Einstellung des Versteigerungsantrags oder auch um einen Vollstreckungsschutzantrag nach § 765 a ZPO oder um Nachweise nach § 81 Abs. 2 oder 3 (Abtretung oder verdeckte Vollmacht).

---

1 OLG Köln Rpfleger 1997, 34.
2 OLG Köln Rpfleger 1980, 354; OLG Köln Rpfleger 1997, 34.
3 LG Aachen Rpfleger 1986, 59.

Die **Vertagung** des Verkündungstermins ist zulässig, sollte jedoch nur aus zwingenden Gründen erfolgen. Die Vertagung könnte aber auch erforderlich sein, weil zB eine erforderliche Zustimmung noch nicht vorliegt. Der neue Verkündungstermin ist ebenfalls sofort zu verkünden und durch Anheftung an die Gerichtstafel bekannt zu machen.

§ 88 [Zustellung des Zuschlagsbeschlusses]

[1]Der Beschluß, durch welchen der Zuschlag erteilt wird, ist den Beteiligten, soweit sie weder im Versteigerungstermine noch im Verkündungstermin erschienen sind, und dem Ersteher sowie im Falle des § 69 Abs. 3 dem für mithaftend erklärten Bürgen und im Falle des § 81 Abs. 4 dem Meistbietenden zuzustellen. [2]Als Beteiligte gelten auch diejenigen, welche das angemeldete Recht noch glaubhaft zu machen haben.

I. Normzweck und Anwendungsbereich

Der Beschluss über die Erteilung des Zuschlags ist neben der Verkündung bestimmten Personen förmlich zuzustellen, wodurch unterschiedliche Rechtsmittelfristen entstehen (§ 98). Die Vorschrift gilt für alle Versteigerungsverfahren.

II. Zustellung und weitere Mitteilung des Zuschlagsbeschlusses

Der Zuschlagsbeschluss ist in jedem Falle, also auch bei Anwesenheit im Versteigerungs- oder Verkündungstermin, zuzustellen an

- den **Ersteher** (v.a. auch als Ausweis des neuen Eigentums);
- den **Bürgen** (wegen der Sicherheitsleistung nach § 69 Abs. 3);
- den **Meistbietenden** (im Fall des Zuschlags bei Abtretung der Rechte aus dem Meistgebot und im Fall des verdeckten Vollmachtgebers, § 81 Abs. 2 bzw 3).

Der Zuschlagsbeschluss ist ferner allen Beteiligten zuzustellen, die weder im **Versteigerungstermin** noch im **Verkündungstermin erschienen** sind. Dabei sind als Beteiligte auch diejenigen zu behandeln, die ihr Recht zwar angemeldet, aber noch nicht glaubhaft gemacht haben (**S. 2**). Der Beteiligte ist als erschienen zu behandeln, wenn er einmal in dem einen oder anderen Termin als Anwesender festgestellt wurde.[1]

Zuzustellen ist der mit den Gründen versehene vollständige Zuschlagsbeschluss in beglaubigter Abschrift (§ 317 ZPO) grds. an jeden prozessfähigen Beteiligten bzw Prozessbevollmächtigten oder ggf Insolvenzverwalter etc.

Die Zuschlagsentscheidung ist weiter formlos mitzuteilen

- dem für die Grunderwerbsteuer zuständigen **Finanzamt** (§ 18 Abs. 1 GrEStG),
- dem zuständigen **Gutachterausschuss** (§§ 195 Abs. 1, 200 BauGB) und (empfehlenswert) dem **Sachverständigen**, der das Gutachten erstellt hat, sowie
- dem zuständigen **Grundbuchamt**, weil mit der Verkündung des Zuschlags das Eigentum übergegangen und damit das Grundbuch unrichtig geworden ist. Auf diese Weise soll verhindert werden, dass das Grundbuchamt noch Eintragungsanträge oder Vollstreckungsanträge des Schuldners oder gegen den Schuldner bearbeitet.

---

1 OLG Köln ZIP 1981, 476.

§ 89 [Zeitpunkt des Wirksamwerdens des Zuschlags]

Der Zuschlag wird mit der Verkündung wirksam.

I. Normzweck und Anwendungsbereich

1 Die Vorschrift bestimmt, wann der Zuschlag wirksam wird. Sie gilt für alle Versteigerungsverfahren.

II. Zuschlagswirkungen

2 Der Zuschlagsbeschluss wird unmittelbar mit seiner **Verkündung wirksam**, was bedeutsam ist im Hinblick auf die in § 90 (s. § 90 Rn 2 ff) genannten Zuschlagswirkungen. Damit hat der Gesetzgeber bewusst nicht auf die Rechtskraft des Beschlusses abgestellt, zumal dieser Zeitpunkt zunächst ungewiss ist. Nur in dem Falle, dass das Beschwerdegericht den Zuschlag erteilt, wird die Zuschlagserteilung erst mit der Zustellung an den Ersteher wirksam (§ 104). Ist eine Verkündung des Zuschlags versehentlich unterblieben, tritt die Wirkung in analoger Anwendung des § 104 mit der Zustellung an den Ersteher ein.[1]

3 An der Wirksamkeit des Zuschlags ändert sich auch nichts, wenn hiergegen Beschwerde eingelegt wird. Erst dann, wenn eine Aufhebung im Beschwerdewege rechtskräftig erfolgt, fallen seine Wirkungen wieder weg, also so, als wären sie nie eingetreten (ex tunc). Das bedeutet, dass das Eigentum des Vollstreckungsschuldners sowie die erloschenen Rechte „wieder aufleben".

4 Auch dann, wenn im Beschwerdeverfahren die Bedingungen des Zuschlags geändert wurden, ändert das grds. nichts an der sofortigen Wirksamkeit. Nur hinsichtlich der Änderungen treten die Wirkungen mit der Zustellung ein (§ 104). Sollte der Zuschlag im Beschwerdeverfahren aufgehoben, aber im Rechtsbeschwerdeverfahren wieder erteilt worden sein (§ 101 Abs. 2), hat sich ebenfalls an der sofortigen Wirkung des Zuschlags nichts geändert.

5 Der Zuschlag ist kein Rechtsgeschäft, sondern **hoheitlicher Vollstreckungsakt**.[2] Deshalb ist auch ein **gutgläubiger Erwerb** des Erstehers ausgeschlossen.

6 Gegen die Entscheidung über den Zuschlag ist der Rechtsbehelf der **sofortigen Beschwerde** gegeben. Die Frist für den Rechtsbehelf beträgt 2 Wochen. Sie beginnt für alle im Versteigerungs- oder Verkündungstermin erschienenen oder vertretenen Beteiligten mit dem Tag der Verkündung (§ 98); für die übrigen Beteiligten und den Ersteher mit der Zustellung der Entscheidung (s. auch § 87 Rn 2–5). Siehe iÜ § 74 a Rn 40.

III. Regelungen bei Aufhebung des Zuschlagsbeschlusses

7 Durch die sofortige Wirkung des Eigentumsübergangs und der erst später eintretenden Rechtskraft des Zuschlagsbeschlusses besteht ein **Schwebezustand**, der aber den Ersteher an sofortigen Handlungen nicht hindert. Dadurch können sich im Hinblick auf diese Handlungen bei rechtskräftiger Aufhebung des Zuschlagsbeschlusses besondere Probleme ergeben.

8 Es ist dem Ersteher nicht möglich, das Grundstück an einen gutgläubigen Dritten zu veräußern. Denn die Eintragung des Erstehers als Eigentümer im Grundbuch erfolgt erst nach Rechtskraft des Zuschlagsbeschlusses (§ 130 ZVG) und § 39 Abs. 1 GBO hindert eine Veräußerung, weil es an dieser Voreintragung fehlt.

---

1 OLG Köln MDR 1982, 330 = Rpfleger 1982, 113.
2 BGH BB 1960, 65 = WM 1960, 25.

Ein Dritter könnte allerdings gutgläubig das Eigentum an den **mitversteigerten** 9
Gegenständen (zB Zubehör) erwerben (§§ 892, 893, 932 ff, 1155, 1207 BGB).

Sollte der Ersteher Nutzungen gezogen haben (Miete, Pacht etc.), hat er diese 10
nach **Bereicherungsgrundsätzen** wieder herauszugeben oder muss **Schadensersatz**
leisten (§ 988 BGB). Dabei ist zu beachten, dass der neue Ersteher einen Anspruch nach § 987 BGB (auf Nutzungsherausgabe) ab dem Zeitpunkt hat, in welchem dem ursprünglichen Ersteher die im Beschwerdeweg ergangene Zuschlagsentscheidung zugestellt wurde. Bis zu diesem Zeitpunkt haftet der ursprüngliche Ersteher nach § 988 BGB. Mit der neuen Zuschlagsentscheidung fällt das Eigentum wieder an den Schuldner zurück, und zwar rückwirkend auf den Zeitpunkt der ersten Zuschlagsentscheidung (§ 89). Der neue Ersteher wird Eigentümer mit dem Wirksamwerden der neuen Zuschlagserteilung an ihn.[3]

Der Ersteher sollte vorsichtshalber hinsichtlich etwaiger Investitionen diese erst 11
nach Rechtskraft des Zuschlagsbeschlusses vornehmen. Denn sollte der Zuschlag rechtskräftig wieder aufgehoben werden, muss er den ursprünglichen Zustand wiederherstellen oder den Schuldner entschädigen. Der Ersteher sollte im Regelfall also nur dringende (unaufschiebbare) Handlungen vornehmen, wovon auch angenommen werden kann, dass sie vom Schuldner auch vorgenommen worden wären (hiervon ist die außerordentliche Kündigung nach § 57a ausgenommen).

Etwas anderes gilt für den Bereich der **Miet-/Pachtverträge**. Denn hier müssen die 12
Mieter/Pächter geschützt werden. Die vom Ersteher **neu abgeschlossenen Verträge** und die vorgenommene ordentliche oder außerordentliche Kündigung bleiben **wirksam**. Dasselbe gilt für die Rechtsgeschäfte, die gegenüber dem Ersteher durch den Mieter/Pächter vorgenommen werden.

Von dem Schwebezustand sind aber neben dem Ersteher auch die **übrigen Beteiligten** 13
betroffen, weil sich neben den möglichen Rechtshandlungen des Erstehers (zB Miet-/Pachtverträge) erst zum Verteilungstermin herausstellt, ob der Ersteher seinen Zahlungsverpflichtungen nachkommt. Die Beteiligten können sich davor nur durch einen Antrag auf gerichtliche Verwaltung für Rechnung des Erstehers (s. § 94 Rn 2 f) schützen.

Sollte der Zuschlagsbeschluss rechtskräftig aufgehoben werden, hat der Ersteher 14
Anspruch auf Erstattung seiner Leistungen, die auch der Schuldner hätte erbringen müssen (zB Steuer- und Versicherungsleistungen, §§ 994, 995 BGB). Insoweit erfolgt die Abwicklung jedoch außerhalb des Versteigerungsverfahrens.

§ 90 [Wirkung des Zuschlags]

(1) Durch den Zuschlag wird der Ersteher Eigentümer des Grundstücks, sofern nicht im Beschwerdewege der Beschluß rechtskräftig aufgehoben wird.

(2) Mit dem Grundstück erwirbt er zugleich die Gegenstände, auf welche sich die Versteigerung erstreckt hat.

I. Normzweck und Anwendungsbereich

Die Vorschrift legt den Eigentumserwerb des Erstehers an der versteigerten Immobilie 1
(Abs. 1) sowie an den mitversteigerten Gegenständen (Abs. 2) fest. Sie gilt für alle Versteigerungsverfahren.

---

[3] BGH MDR 2010, 772 = NJW 2010, 2664 = ZInsO 2010, 965 = Rpfleger 2010, 384.

II. Eigentumserwerb durch den Zuschlag

2 Der **originäre Eigentumserwerb** erfolgt **unmittelbar** durch den **Zuschlag**.[1] Das Eigentum wird nicht vom Schuldner auf den Ersteher übertragen, sondern durch einen konstitutiv wirkenden Staatshoheitsakt begründet. Der Ersteher ist daher nicht Rechtsnachfolger des Schuldners, sondern erwirbt das Eigentum **originär** (eigenständig).[2]

3 Mit dem Eigentum am Grundstück erwirbt der Ersteher auch das Eigentum an den Gegenständen (zB Zubehör), auf die sich die Versteigerung erstreckt, und damit auch an Gegenständen, die sich nur im Besitz des Schuldners und im Eigentum eines Dritten befinden. Dieser erleidet einen Rechtsverlust und wird (anteilsmäßig) auf den Erlös verwiesen (s. § 55 Rn 8 ff).

4 Durch den Zuschlag ergibt sich keine ungerechtfertigte Bereicherung des Erstehers. Auf dessen **guten Glauben** kommt es ebenso wenig an wie darauf, ob er das bare Meistgebot zahlt, sowie auf die fehlende Voreintragung im Grundbuch oder die noch vorzunehmende Grundbuchberichtigung (§ 130).

III. Auswirkungen des Eigentumserwerbs im Einzelnen

5 Der Ersteher erwirbt durch Zuschlag das Eigentum an der Immobilie (Grundstück, Wohnungs- oder Teileigentum, Erbbaurecht oder Bruchteile daran; s. § 864 ZPO Rn 11 ff).

6 Der bis zur Gewissheit darüber bestehende Schwebezustand kann erheblich sein, wenn gegen den Zuschlagsbeschluss sofortige Beschwerde (§ 793 Abs. 1 ZPO) eingelegt und auch noch die Rechtsbeschwerde (§§ 574–577 ZPO) gegen die Entscheidung des Beschwerdegerichts erhoben wird, für die der BGH zuständig ist (§ 133 GVG). Dabei kann es weiter noch zur Einstellung der grds. sofort vollstreckbaren Zuschlagsentscheidung (§ 93) und zur Zurückverweisung an das Beschwerdegericht zur erneuten Entscheidung kommen.[3] Zu den Abwicklungsproblemen bei Aufhebung der Zuschlagsentscheidung s. § 89 Rn 7 ff.

7 Der Ersteher

- erwirbt ferner das **Eigentum** an den **Gegenständen**, auf die sich die Versteigerung erstreckt, auch wenn sich Zubehörstücke nur im Besitz des Schuldners oder neu eingetretenen Eigentümers befanden (s. § 55 Rn 8 ff);
- übernimmt die **dinglichen Belastungen** gemäß den Versteigerungsbedingungen (s. § 52 Rn 3 ff) oder auch nach wirksamer Vereinbarung (s. § 91 Rn 7 ff);
- übernimmt die **persönliche Schuld** bei einer **Hypothek** (s. § 53 Rn 2 ff) und im Falle der **Grundschuld** auch nach entsprechender Anmeldung (s. § 53 Rn 9 ff);
- hat die **Gefahr** des zufälligen **Untergangs** zu tragen (s. § 56 Rn 2 ff);
- übernimmt die Nutzungen und Lasten (s. § 56 Rn 9 ff);
- tritt in bestehende **Miet- und Pachtverhältnisse** ein (s. § 57 Rn 2 ff) und hat möglicherweise insoweit ein außerordentliches Kündigungsrecht (s. § 57 a Rn 3 ff);
- tritt in **Schadensversicherungsverträge** ein, die sich auf die Immobilie und die mitversteigerten Gegenstände beziehen (§ 99 VVG) und erwirbt auch die in

---

1 BGHZ 159, 397 = NJW 2004, 2900 = ZIP 2004, 1619 = Rpfleger 2004, 644.
2 BGH ZIP 1986, 926 = Rpfleger 1986, 396.
3 BGH NJW 2007, 3719 = MDR 2007, 1155 = Rpfleger 2007, 561.

die Versteigerung einbezogenen Ansprüche des Schuldners auf Versicherungsentschädigung bezüglich vorgenannter Objekte;
- ist zur **Zahlung** des baren Meistgebots zuzüglich Zinsen verpflichtet;
- hat ferner im Falle der §§ 50, 51 **Zuzahlungsbeträge** zu leisten;
- trägt die **Kosten** des Zuschlags (s. § 58 Rn 2 ff).

Der Ersteher hat weiter die Verpflichtung 8
- zur Zahlung der Grunderwerbsteuer (§§ 1 Abs. 1 Nr. 4, 13 Nr. 4 GrEStG); im Falle der verdeckten Vertretung (§ 81 Abs. 3) oder der Abtretung der Rechte aus dem Meistgebot (§ 81 Abs. 2) liegen steuerlich zwei Erwerbsvorgänge vor, so dass die Grunderwerbsteuer doppelt zu zahlen ist;
- zur Zahlung der Gebühr für die Eintragung seiner Eigentümerstellung im Grundbuch (Grundbuchberichtigung: Er ist durch den Zuschlag bereits Eigentümer).

Die Rechte, die nach den Versteigerungsbedingungen nicht bestehen bleiben können, **erlöschen** (s. § 91 Rn 2 ff). Die Rechtsverhältnisse am Grundstück setzen sich aber am **Erlös** fort, so dass sie ein Befriedigungsrecht haben, soweit der Erlös reicht (**Prinzip der Surrogation**). 9

§ 91 [Erlöschen von Rechten mit Zuschlag; Liegenbelassung]

(1) Durch den Zuschlag erlöschen unter der im § 90 Abs. 1 bestimmten Voraussetzung die Rechte, welche nicht nach den Versteigerungsbedingungen bestehen bleiben sollen.

(2) Ein Recht an dem Grundstück bleibt jedoch bestehen, wenn dies zwischen dem Berechtigten und dem Ersteher vereinbart ist und die Erklärungen entweder im Verteilungstermin abgegeben oder, bevor das Grundbuchamt um Berichtigung des Grundbuchs ersucht ist, durch eine öffentlich beglaubigte Urkunde nachgewiesen werden.

(3) ¹Im Falle des Absatzes 2 vermindert sich der durch Zahlung zu berichtigende Teil des Meistgebots um den Betrag, welcher sonst dem Berechtigten gebühren würde. ²Im übrigen wirkt die Vereinbarung wie die Befriedigung des Berechtigten aus dem Grundstück.

(4) ¹Das Erlöschen eines Rechts, dessen Inhaber zur Zeit des Erlöschens nach § 1179 a des Bürgerlichen Gesetzbuchs die Löschung einer bestehenbleibenden Hypothek, Grundschuld oder Rentenschuld verlangen kann, hat nicht das Erlöschen dieses Anspruchs zur Folge. ²Der Anspruch erlischt, wenn der Berechtigte aus dem Grundstück befriedigt wird.

I. Normzweck und Anwendungsbereich	1	IV. Auswirkungen der Liegenbelassungsvereinbarung (Abs. 3)	11
II. Erlöschen von Rechten (Abs. 1)	2	V. Fortbestand des Löschungsanspruchs (Abs. 4)	14
III. Liegenbelassungsvereinbarung (Abs. 2)	7		

I. Normzweck und Anwendungsbereich

Die Vorschrift regelt in Abs. 1 die Zuschlagswirkungen für die dinglichen Belastungen des Grundstücks im Hinblick auf den **Zeitpunkt des Erlöschens**; das Erlöschen selbst ist in § 52 normiert. Abs. 2 und 3 befassen sich mit der Liegenbelas- 1 sungsvereinbarung und Abs. 4 mit einer Ausnahme für gesetzliche Löschungsansprüche.

II. Erlöschen von Rechten (Abs. 1)

2 Nach der Zuschlagsentscheidung **erlöschen** all die Rechte, die nach den Versteigerungsbedingungen **nicht bestehen bleiben** (s. § 44 Rn 8 ff, § 52 Rn 2 ff, § 59 Rn 9). Grundsätzlich werden die besten bleibenden Rechte im Zuschlagsbeschluss benannt. Eine Problematik ergibt sich für das **Altenteil** dann, wenn es zwar nach den Versteigerungsbedingungen erlöschen sollte, aber dies nicht ausdrücklich im Zuschlagsbeschluss angegeben ist, denn nach Landesrecht bleibt es bestehen (s. § 52 Rn 12 ff).

3 Eine Besonderheit ergibt sich bei der Versteigerung von **Wohnungs- und Teileigentum** dann, wenn eine **Dienstbarkeit** (zB Wege- oder Leitungsrecht) alle Einheiten belastet, daher in allen Blättern der Serie eingetragen und diese durch Zuschlag auf einer Sondereigentumseinheit erloschen ist. Dann hat dies zur Folge, dass die Dienstbarkeit auch auf den anderen Wohnungs- und Teileigentumseinheiten als inhaltlich unzulässig zu löschen ist, weil sie nur insgesamt ausgeübt werden kann.[1]

4 Das Erlöschen tritt mit dem **Wirksamwerden** des Zuschlags ein (§§ 89, 104). Zu den Folgen der Aufhebung eines Zuschlags s. § 90 Rn 5 f.

5 Durch den Zuschlag werden die **persönlichen Ansprüche** bei den erloschenen Rechten gegen den Schuldner grds. nicht berührt. Sie erlöschen erst mit der tatsächlichen Befriedigung in der Erlösverteilung oder nach anderen materiell-rechtlichen Grundsätzen.

6 Die durch den Zuschlag erloschenen Rechte **gehen nicht ersatzlos unter**. Sie setzen sich vielmehr **am Erlös fort**, und zwar als **Rechte auf Befriedigung aus dem Versteigerungserlös**; die durch Zuschlag erloschenen Rechte und die früheren Rechtsbeziehungen am Grundstück setzen sich dabei unverändert fort (**Surrogation**).[2]

III. Liegenbelassungsvereinbarung (Abs. 2)

7 Ein durch den Zuschlag erloschenes dingliches Recht bleibt dann bestehen, wenn dies zwischen dem Berechtigten des Rechts und dem Ersteher vereinbart ist (Abs. 2), und hat zur Folge, dass das **erloschene Recht wieder auflebt**. Die Vereinbarung wird idR zu Finanzierungszwecken getroffen und hat den Vorteil, dass dabei die Notar- und Gerichtskosten für die Neubestellung einer Sicherheit gespart werden. Wenn der Ersteher selbst Gläubiger eines durch Zuschlag erloschenen Grundpfandrechts ist, kann er auch mit sich selbst durch eine einseitige Erklärung das Liegenbelassen dieses Rechts vereinbaren.[3]

8 Die Vereinbarung kann sich auf jedes dingliche Recht in der Abteilung II und III des Grundbuchs beziehen und kann das gesamte Recht oder auch nur Teilansprüche umfassen.[4] Eine einmalige Nebenleistung (auch Vorfälligkeitsentschädigung) kann, unabhängig von ihrer Fälligkeit, nicht liegenbelassen werden (s. § 49 Rn 4).

9 Von der Liegenbelassungsvereinbarung ist grds. nur das dingliche Recht und nicht die persönliche Haftung betroffen. Nur bei einer ausdrücklichen Übernah-

---

1 OLG Frankfurt Rpfleger 1979, 149.
2 BGH NJW-RR 1992, 612 = WM 1991, 2117.
3 BGH NJW 1976, 805 = MDR 1976, 131.
4 OLG Köln Rpfleger 1983, 168.

me der persönlichen Haftung durch den Ersteher erlischt die persönliche Haftung des Schuldners (früheren Eigentümers).[5]

Die Erklärung der Vereinbarung kann zu **Protokoll** des Gerichts im Versteigerungs-, Verkündungs- oder Verteilungstermin erfolgen, und zwar auch schon vor dem Zuschlag mit dem künftigen Ersteher; die gleichzeitige Anwesenheit der Vertragsteile ist nicht erforderlich. Sonst müssen die Erklärungen durch **öffentlich beglaubigte Urkunden** nachgewiesen werden (Abs. 2). 10

IV. Auswirkungen der Liegenbelassungsvereinbarung (Abs. 3)

Die Liegenbelassungsvereinbarung hat **rückwirkende** Kraft: Das Recht wird so behandelt, als sei es nie erloschen, lebt also ab Zuschlag wieder auf. Deshalb behält das Recht auch seine Rangstelle im Grundbuch. 11

Nach **Abs. 3 vermindert** sich der durch Zahlung zu berichtigende Teil des Meistgebots um den Betrag, welcher sonst dem Berechtigten gebühren würde, und die Vereinbarung wirkt im Übrigen wie die Befriedigung des Berechtigten aus dem Grundstücke. Dabei handelt es sich lediglich um eine **Zahlungsmodalität**, durch die kein Beteiligter beeinträchtigt oder besser gestellt wird. 12

Die Umsetzung des Abs. 3 ist im Teilungsplan wie folgt vorzunehmen: 13

1. Zunächst ist der Teilungsplan ohne Berücksichtigung der Liegenbelassungsvereinbarung aufzustellen, also ohne Korrekturen bei der Teilungsmasse, der Schuldenmasse und der Zuteilung.

2. Soweit dann bei dem liegenbelassenem Recht eine Zuteilung auf das Kapital und die Zinsen ab dem Tage des Zuschlags erfolgt, werden um diesen Betrag die Teilungsmasse, die Schuldenmasse und die Zuteilung verringert (vgl § 107 Rn 2, 15, § 114 Rn 2). In dieser Höhe gilt der Gläubiger als aus dem Grundstück befriedigt.

Die Kosten und Zinsen bis zum Zuschlag und auch evtl Nebenleistungen werden der Teilungsmasse entnommen und an den Gläubiger zugeteilt. An der Bargebotsverzinsung, also vom ungekürzten Bargebot berechnet, ändert sich nichts.[6] Die Liegenbelassungsvereinbarung hat keine Auswirkungen auf den übrigen Teilungsplan. Alle weiteren Gläubiger sind von der Änderung weder benachteiligt noch begünstigt, also nicht betroffen.

V. Fortbestand des Löschungsanspruchs (Abs. 4)

Der gesetzliche **Löschungsanspruch** nach § 1179 a BGB bleibt nach Abs. 4 auch dann erhalten, wenn das dadurch begünstigte Recht erloschen ist und keine oder nur eine teilweise Befriedigung aus dem Grundstück hierauf möglich wird. Hierbei können zwei Fälle gegeben sein: 14

Fall 1: Das **betroffene** (mit der Löschungsvormerkung belastete) Recht ist **bestehen** geblieben, das **begünstigte** Recht ist **erloschen:** 15

- In diesem Fall kann der Berechtigte des begünstigten Rechts seinen Löschungsanspruch hinsichtlich einer (verdeckten) bei dem betroffenen Recht entstandenen Eigentümergrundschuld geltend machen.

- Für den Ersteher ergibt sich daraus eine Zuzahlungspflicht nach § 50 Abs. 2 Nr. 1 (s. § 50 Rn 9).

- Da durch die Ausführung des Eintragungsersuchens nach § 130 die Wirkungen einer Vormerkung bei einem bestehen gebliebenen Recht entfallen

---

5 RGZ 70, 411.
6 BGH NJW 1985, 388 = MDR 1985, 405 = ZIP 1984, 1536 = Rpfleger 1985, 74.

(§ 130 a Abs. 1), muss der Begünstigte einen Antrag wegen des fortbestehenden Löschungsanspruchs auf Eintragung einer entsprechenden Vormerkung stellen (§ 130 a Abs. 2).

16 **Fall 2:** Das **betroffene** (mit der Löschungsvormerkung belastete) und das **begünstigte** Recht sind **erloschen:** In diesem Fall richtet sich der Löschungsanspruch nicht mehr auf eine Löschung (das betroffene Recht ist bereits durch den Zuschlag erloschen), sondern darauf, dass der bisherige Eigentümer (Schuldner) dem Berechtigten des begünstigten Rechts den auf sein Eigentümerrecht entfallenden Erlösanteil in der Höhe überlässt, als er darauf Anspruch hätte, wenn das Eigentümerrecht bereits vor dem Zuschlag gelöscht worden wäre.

17 Allerdings besteht hinsichtlich solcher Eigentümerberechtigungen, die erst durch den **Verzicht** des Gläubigers im Verteilungsverfahren, also **nach** Zuschlag, entstehen, kein Löschungsanspruch.[7]

18 Der Gläubiger müsste zur Sicherung seiner Ansprüche andere Wege suchen = den Löschungsanspruch bereits vor dem Zuschlag geltend machen durch Abtretung des Rückgewähranspruchs vom Eigentümer und bei einem evtl Abtretungsausschluss nach § 399 BGB den Rückgewährsanspruch des Schuldners pfänden (s. § 851 ZPO Rn 24 ff). Entsprechend §§ 1287 S. 1, 1281, 1282 BGB würde sich das Pfändungspfandrecht am Rückgewähranspruch im Wege des Austausches an der durch (Teil-)Abtretung an den Schuldner entstandenen Eigentümergrundschuld fortsetzen, was dann vom Vollstreckungsgericht bei der Planaufstellung zu berücksichtigen wäre.

19 Auch könnte der Gläubiger, der einen vollstreckbaren persönlichen Zahlungsanspruch gegen den Schuldner hat, einer Zuteilung an diesen widersprechen. Dann könnte der Widersprechende die Monatsfrist des § 878 ZPO (s. § 878 ZPO Rn 4 f) dazu nutzen, den Erlösanspruch des Schuldners zu pfänden. Dieser Pfändungs- und Überweisungsbeschluss wäre an den Schuldner zuzustellen (§ 857 ZPO; s. § 857 ZPO Rn 42). Nur wenn das Vollstreckungsgericht den vom Widerspruch betroffenen Betrag bereits hinterlegt hat (s. § 124 Rn 6, § 120 Rn 3), ist die Hinterlegungsstelle als Drittschuldner anzusehen und zur Hinterlegungsstelle die Zustellung vorzunehmen (§ 829 ZPO; s. § 829 ZPO Rn 89 ff).

§ 92 [Anspruch auf Wertersatz]

(1) Erlischt durch den Zuschlag ein Recht, das nicht auf Zahlung eines Kapitals gerichtet ist, so tritt an die Stelle des Rechts der Anspruch auf Ersatz des Wertes aus dem Versteigerungserlös.

(2) [1]Der Ersatz für einen Nießbrauch, für eine beschränkte persönliche Dienstbarkeit sowie für eine Reallast von unbestimmter Dauer ist durch Zahlung einer Geldrente zu leisten, die dem Jahreswert des Rechts gleichkommt. [2]Der Betrag ist für drei Monate vorauszuzahlen. [3]Der Anspruch auf eine fällig gewordene Zahlung verbleibt dem Berechtigten auch dann, wenn das Recht auf die Rente vor dem Ablauf der drei Monate erlischt.

(3) Bei ablösbaren Rechten bestimmt sich der Betrag der Ersatzleistung durch die Ablösungssumme.

---

7 BGH MDR 2005, 176 = NJW-RR 2004, 1458 = Rpfleger 2004, 717.

I. Normzweck und Anwendungsbereich

Die Vorschrift bestimmt den **Wertersatz** für erlöschende Rechte, die nicht auf Kapitalzahlung gerichtet sind, als Folge des Zuschlags. Nach dem **Surrogationsgrundsatz** (s. § 91 Rn 6) setzen sich die nach § 91 Abs. 1 erloschenen Rechte am Grundstück am Versteigerungserlös fort (Umwandlung des Haftungsgegenstandes), soweit dieser reicht. § 92 gilt für alle Versteigerungsverfahren.

II. Erlöschenstatbestände und Surrogationsfolge

Ob und wann Rechte am Grundstück erlöschen, bestimmt sich nach den Vorschriften über das geringste Gebot (§ 44) sowie den weiteren Bestimmungen der §§ 52 und 91. Zu den Einzelheiten s. § 44 Rn 8 ff, § 52 Rn 2 ff und § 91 Rn 2.

Die Grundpfandrechte der Abteilung III des Grundbuchs (Hypotheken und Grundschulden) sind materiell-rechtlich auf Zahlung eines Kapitals aus dem Grundstück gerichtet (§ 1113 Abs. 1, § 1191 Abs. 1 BGB). Bei der Rentenschuld ist der Kapitalbetrag durch die Ablösesumme bestimmt (§ 1199 Abs. 2 BGB). Hinsichtlich dieser Rechte fehlt es an einer ausdrücklichen Regelung, was aber auch wegen § 1147 BGB entbehrlich ist, weil insoweit der Anspruch auf Zahlung des Kapitals aus dem Erlös besteht. Diese Rechte sind von § 92 nicht betroffen.

An die Stelle der **nicht auf Kapitalzahlung** gerichteten erlöschenden Rechte der Abteilung II des Grundbuchs (s. Rn 7) tritt nach dem Surrogationsprinzip der **Ersatz des Wertes** aus dem Versteigerungserlös (**Abs. 1**).

Der Ersatzwert bestimmt sich nach dem Wert, den das Recht für den Berechtigten hat. Die Art des Rechts bestimmt die Zahlung aus dem Erlös, und zwar ein einmaliger Betrag für die Rechte nach Abs. 1 oder eine Geldrente für die in Abs. 2 genannten Rechte. Dieser Ersatzwert darf nicht verwechselt werden mit der Festsetzung eines Zuzahlungsbetrages nach § 51, wo ein als bestehen bleibend berücksichtigtes Recht in Wirklichkeit nicht besteht (s. § 51 Rn 2 ff). Im Falle der Zwangsverwaltung des mit dem Erbbaurecht belasteten Grundstücks steht ein Wertersatzanspruch nach Abs. 1, der infolge der Zwangsversteigerung des Erbbaurechts an die Stelle der Erbbauzinsreallast tritt, aufgrund der Beschlagnahme nach §§ 148 Abs. 1 S. 1, 21 Abs. 2 letzte Alternative dem Zwangsverwalter zu, nicht aber dem Eigentümer dieses Grundstücks persönlich oder dem Insolvenzverwalter über sein Vermögen.[1]

Abs. 3 gilt für die mit einer **Ablösesumme** ablösbaren Rechte. Hierzu zählen Dienstbarkeiten und Reallasten aufgrund landesrechtlicher Bestimmungen (Art. 113 EGBGB).

III. Entschädigung durch einmalige Kapitalabfindung

Die Entschädigung durch einmalige Kapitalabfindung ist für all die Rechte anzuordnen, die nicht ausdrücklich in Abs. 2 genannt sind. Im Wesentlichen handelt es sich dabei um

---

[1] OLG Düsseldorf MDR 2010, 1021 = Rpfleger 2010, 616.

- die **Auflassungsvormerkung** (§ 883 BGB);
- die **Grunddienstbarkeit** (§ 1018 BGB);
- das für mehr als einen Vorkaufsfall bestellte **Vorkaufsrecht** (§§ 1094, 1097 BGB);
- das **Dauerwohn- und Dauernutzungsrecht** nach WEG (§ 31 WEG);
- die (befristete) **Reallast von bestimmter Dauer** (auch Erbbauzinsreallast) (§ 1105 BGB).

8 Für die Wertbestimmung der einmaligen Kapitalabfindung (**Abfindungsbetrag**) gilt für

- die Auflassungsvormerkung der Resterlös an der Rangstelle des Rechts;[2]
- die Grunddienstbarkeit der Wert, der für das herrschende Grundstück im Einzelfall ermittelt wird;
- das Vorkaufsrecht das Interesse des Berechtigten, das allgemein mit ca. 2–3 % des Verkehrswertes (§ 74 a Abs. 5) angenommen wird;[3]
- das Dauerwohn- und Dauernutzungsrecht nach dem WEG die Ermittlung des Betrages durch Kapitalisierung der Einzelleistungen nach finanzmathematischen Grundsätzen;
- die Reallast von bestimmter Dauer die Berechnung wie beim Dauerwohn- und Dauernutzungsrecht nach WEG. Wenn eine Wertsicherungsklausel zum Inhalt des Rechts gehört, ist dies unter Beachtung der bereits eingetretenen Erhöhungen zu ermitteln.

9 Bei der **Höhe** des Abfindungsbetrages wird ein im Grundbuch eingetragener Höchstbetrag des Wertersatzes (§ 882 BGB) ohne Anmeldung aufgenommen, wobei es aber noch der Feststellung bedarf (s. Rn 15). Bei der Reallast, die auf Geldleistungen gerichtet ist, wird ohne Anmeldung und Feststellungserfordernis der Jahresbetrag auf die Restlaufzeit kapitalisiert, wobei aber ein Abzug vom Zwischenzins nach § 111 erfolgt. Im Übrigen bestimmt sich bei allen nicht grundbuchersichtlichen Ansprüchen der Wertersatzbetrag nach der Anmeldung. Diese ist jedoch als unbestimmt zu behandeln, so dass es auch hier des Feststellungserfordernisses bedarf (s. Rn 15).

IV. Entschädigung durch Geldrente (Abs. 2)

10 Entschädigung durch Zahlung einer Geldrente ist für den Ersatz folgender, in Abs. 2 genannter Rechte vorzunehmen:

- den **Nießbrauch** nach § 1030 BGB. Hier ist der Jahresbetrag aller Nutzungen des Grundstücks, multipliziert mit der statistischen Lebenserwartung des Berechtigten, zu ermitteln;
- die **beschränkte persönliche Dienstbarkeit** (§ 1090 BGB), wozu auch das **Wohnungsrecht** (§ 1093 BGB) gehört. Im Falle des Wohnungsrechts wird ebenfalls der Jahresbetrag des Wohnwertes mit der statistischen Lebenserwartung des Berechtigten multipliziert;
- die **Reallast von unbestimmter Dauer** (§ 1105 BGB). Hier wird der Wertersatz ermittelt wie in Rn 9 angegeben.

11 Aus der Summe des ermittelten Betrages wird jeweils ein Deckungskapital gebildet. Das Deckungskapital wird nicht an den Berechtigten ausgezahlt (vgl Rn 7 ff), sondern hinterlegt. Der Berechtigte erhält lediglich die einzelnen Geldrenten, die

---

2 BGH NJW 1994, 3299 = MDR 1995, 791 = WM 1995, 36.
3 LG Hildesheim Rpfleger 1990, 87.

aus dem Deckungskapital ausgezahlt werden. Für die **Geldrente**, das zu bildende **Deckungskapital** und die **Auszahlungsmodalitäten** nach Abs. 2 gilt Folgendes:

- Aus der Summe aller künftig zu zahlenden Raten (Jahreswert x Laufzeit, berechnet nach der statistischen Lebenserwartung) ist nach § 121 Abs. 1 ein Deckungskapital zu bilden. Das Deckungskapital ist danach aber auf 25 Jahresbeträge begrenzt.
- Für den Beginn der Berechnung gilt als Stichtag die Wirksamkeit des Zuschlags (§§ 89, 104).
- Die Geldrente wird nach dem Jahreswert des Rechts grds. bis zum Lebensende des Berechtigten in vierteljährlichen Raten im Voraus ausgezahlt (**Abs. 2 S. 2**). Erlebt der Berechtigte die Fälligkeit einer Rate, verbleibt es in jedem Falle bei der gesamten Quartalsleistung (**Abs. 2 S. 3**).
- Die ab Zuschlag fällig gewordenen Raten werden an den Berechtigten ausgezahlt.
- Das restliche Deckungskapital wird als bedingter Anspruch (§§ 121 Abs. 1, 119) behandelt und zugunsten des Berechtigten und der Hilfsberechtigten für den Fall, dass der Erstberechtigte vor Verbrauch des Deckungskapitals verstirbt, angelegt. Aus dem restlichen Deckungskapital erfolgt in weiteren vierteljährlichen Raten nach Fälligkeit die Auszahlung. Zu den Abläufen im Einzelnen s. § 121 Rn 2 ff.

V. Berücksichtigung der Ansprüche im Teilungsplan

Soweit sich ein Anspruch zum Zeitpunkt der Eintragung des Versteigerungsvermerks aus dem Grundbuch oder aus den in Bezug genommenen Bewilligungen ergibt oder spätestens im Verteilungstermin angemeldet wird, führt das zur Aufnahme in den Teilungsplan (§ 114).

Das bedeutet, dass für alle Rechte der **Abteilung II** eine **Anmeldung** erforderlich ist. Ein Ausnahme gilt nur für die befristete Geldreallast (s. Rn 7 ff) und wenn der Höchstbetrag des Wertersatzes im Grundbuch eingetragen ist (s. Rn 9). Die Anmeldung mit den näheren Angaben kann auch noch rangwahrend im Verteilungstermin erfolgen (kein Rangverlust nach § 110, weil das Recht selbst im Grundbuch eingetragen ist). Wird aber eine Anmeldung nicht vorgenommen, kann der Anspruch nicht berücksichtigt werden.

Das Gericht muss den angemeldeten Anspruch nicht in der Höhe in den Teilungsplan einstellen, wenn es die Anmeldung für nicht vertretbar hält. Allerdings ist dann die Anmeldung, soweit sie nicht berücksichtigt wurde, als **Widerspruch gegen den Teilungsplan** zu werten. Zu den Abläufen bei Widersprüchen gegen den Teilungsplan s. § 115 Rn 4 ff.

Weiter ist zu berücksichtigen, dass ein nicht grundbuchersichtlicher, also ein unbestimmter Anspruch, im Verhältnis zum Schuldner als aufschiebend bedingt anzusehen und noch in der Höhe festzustellen ist (§ 14). Das bedeutet, dass neben der Feststellung der Schuldner noch **ausdrücklich zustimmen** muss (das Schweigen des Schuldners reicht nicht). Stimmt der Schuldner der Anmeldung nicht zu, muss das Vollstreckungsgericht eine Hilfsverteilung und Hinterlegung vornehmen (s. § 119 Rn 2 f, 6 ff, § 120 Rn 3). In diesem Falle muss der Anspruchsteller die Feststellung durch einen gegen den Schuldner gerichteten Vollstreckungstitel erwirken (Feststellungsklage).

§ 93 [Beschluß als Vollstreckungstitel]

(1) ¹Aus dem Beschluß, durch welchen der Zuschlag erteilt wird, findet gegen den Besitzer des Grundstücks oder einer mitversteigerten Sache die Zwangsvollstreckung auf Räumung und Herausgabe statt. ²Die Zwangsvollstreckung soll nicht erfolgen, wenn der Besitzer auf Grund eines Rechts besitzt, das durch den Zuschlag nicht erloschen ist. ³Erfolgt gleichwohl die Zwangsvollstreckung, so kann der Besitzer nach Maßgabe des § 771 der Zivilprozeßordnung Widerspruch erheben.

(2) Zum Ersatz von Verwendungen, die vor dem Zuschlag gemacht sind, ist der Ersteher nicht verpflichtet.

I. Normzweck und Anwendungsbereich 1	IV. Einschränkung des Erstehersrechts nach Abs. 1 S. 2 14
II. Zuschlagsbeschluss als Räumungs- und Herausgabetitel (Abs. 1 S. 1) 2	V. Vollstreckungsschutz und Widerspruch 18
III. Räumungsvollstreckung und Herausgabe 10	VI. Verwendungsersatz (Abs. 2) 21

I. Normzweck und Anwendungsbereich

1 Die Vorschrift wahrt die Belange des Erstehers und gibt ihm die Möglichkeit, mit einer vollstreckbaren Ausfertigung des Zuschlagsbeschlusses sofort die Räumung und Herausgabe der Immobilie und der mitversteigerten Sachen (§ 55) zu betreiben. Der Ersteher kann daher sofort sein Besitzrecht geltend machen und ist nicht gezwungen, erst noch die Besitzergreifung gegen denjenigen, der ihm den Besitz vorenthält, im Klagewege geltend zu machen. § 93 gilt für alle Versteigerungsverfahren.

II. Zuschlagsbeschluss als Räumungs- und Herausgabetitel (Abs. 1 S. 1)

2 Der Zuschlagsbeschluss ist grds. ein **Vollstreckungstitel auf Räumung und Herausgabe** gegen jeden Besitzer des Grundstücks oder einer mitversteigerten Sache (zur Ausnahme s. Rn 14 ff). Die Rechtskraft des Zuschlagsbeschlusses braucht nicht abgewartet werden, denn der Beschluss ist sofort wirksam (§§ 89, 104). Im Einzelfall kann es aber ratsam sein, doch die Rechtskraft abzuwarten (s. § 89 Rn 11). Auch kann im Falle der sofortigen Beschwerde der Vollzug vom Vollstreckungsgericht bzw vom Beschwerdegericht einstweilen ausgesetzt werden (§ 570 Abs. 2, 3 ZPO).

3 Der Ersteher kann beim Vollstreckungsgericht die Erteilung einer **vollstreckbaren Ausfertigung** des Zuschlagsbeschlusses beantragen; der Zuschlagsbeschluss wird dann (wegen der allgemeinen Vollstreckungsvoraussetzungen (§§ 794 Abs. 1 Nr. 3, 795, 723, 724 ZPO) vom Urkundsbeamten der Geschäftsstelle mit einer **Vollstreckungsklausel** versehen. Im Falle der Rechtsnachfolge auf der Seite des Erstehers (§ 727 ZPO) ist funktionell der Rechtspfleger für die Klauselerteilung zuständig (§ 20 Abs. 1 Nr. 12 RPflG).

4 Nach § 750 Abs. 1 S. 1 ZPO darf die Zwangsvollstreckung „nur beginnen, wenn die Personen, für und gegen die sie stattfinden soll, in dem Urteil oder in der ihm beigefügten Vollstreckungsklausel namentlich bezeichnet sind ...". Daher muss der zu räumende Besitzer im Titel (Zuschlagsbeschluss) oder in der Klausel **namentlich** bezeichnet sein. Das gilt auch für den Ehegatten oder andere Familienangehörige.

Der Ersteher hat in seinem Antrag deshalb den Besitzer zu **benennen** und ggf durch öffentliche oder öffentlich beglaubigte Urkunden **Nachweis** führen, was entfällt, wenn der Besitz offenkundig – im Falle des Schuldners immer – (§ 291 ZPO) oder vom Schuldner zugestanden ist (§ 288 ZPO). Kann der Ersteher den Besitznachweis nicht führen, muss er vor dem Prozessgericht Klage auf Erteilung der Vollstreckungsklausel erheben (§ 731 ZPO). In jedem Falle sind in der Klausel die zu räumenden Personen genau zu bezeichnen (entfällt nur bei minderjährigen Kindern).

Der Schuldner wird vor Erteilung der Klausel idR **nicht angehört** (§ 730 ZPO). Das könnte in den Fällen der qualifizierten Klausel (§§ 726 Abs. 1, 727–729 ZPO) und in den besonderen Fällen der Klauselerteilung gegen den Nießbraucher (§ 738 ZPO) und in Fällen der Gütergemeinschaft (§§ 742, 744, 745 ZPO) und v.a. dann anders sein, wenn eine weitere vollstreckbare Ausfertigung gem. § 733 ZPO erteilt werden soll. Hier steht es im pflichtgemäßen Ermessen des Gerichts, ob der Schuldner angehört wird (s. § 733 ZPO; s. § 733 ZPO Rn 9).

Sollte eine **gerichtliche Verwaltung nach § 94** bestehen, hat der gerichtliche Verwalter allein das Recht zum Besitz und es kann nur ihm die vollstreckbare Ausfertigung erteilt werden. Das ist von Vorteil für alle Beteiligten insb. dann, wenn der Ersteher rechtsmissbräuchliche Ziele verfolgt (s. § 63 Rn 24).

In dem Falle, wo vor dem Zuschlag eine Zwangsverwaltung eines beschlagnahmten Mietobjekts betrieben und zwischenzeitlich aufgehoben wurde und der frühere Zwangsverwalter gegen den Mieter dieses Objekts einen Titel auf Räumung und Herausgabe erstritten hatte, kann der Ersteher keine vollstreckbare Ausfertigung dieses Titels gem. § 727 ZPO verlangen. Denn der Ersteher hat das Eigentum am zwangsversteigerten Objekt **originär** durch einen **konstitutiv wirkenden Hoheitsakt** (also nicht vom früheren Eigentümer abgeleitet) erworben. Aus diesem Grunde ist der Ersteher auch nicht Rechtsnachfolger des Zwangsverwalters. Der Zwangsverwalter hat keine Befugnisse mehr; der Ersteher kann aber die Räumung und Herausgabe aus dem Zuschlagsbeschluss nach dieser Norm betreiben.[1]

Grundsätzlich ist jeder Besitzer der Immobilie, der sein Besitzrecht durch den Zuschlagsbeschluss verloren hat, **Räumungsschuldner**. Dies sind insb.

- der Schuldner als bisheriger Eigentümer;
- der Berechtigte eines nachrangigen (durch Zuschlag erloschenen) Nießbrauchs (§ 1036 BGB) oder Wohnungsrechts (§ 1093 BGB);
- im Regelfall auch dazu als Mitbesitzer die Ehegatten und Lebensgefährten sowie die minderjährigen Kinder und auch die volljährigen Kinder der Genannten, wenn sie kein eigenes Besitzrecht (Mietvertrag) haben.

In den Fällen, wo ein eigenes **Besitzrecht des Dritten** besteht (Mit-Mietvertragspartei, Untermietvertrag oder sonstiger Mitbesitz an der Wohnung, zB auch bei Ehegatten oder Lebenspartnern), ist gegen den Dritten ein gesonderter Titel erforderlich.[2] Zu weiteren Einzelheiten hierzu s. auch § 885 ZPO Rn 10 ff.

III. Räumungsvollstreckung und Herausgabe

Die Räumungsvollstreckung kann erst **beginnen**, wenn der Zuschlagsbeschluss vorher **zugestellt** war oder gleichzeitig an die Räumungsschuldner zugestellt wird. Wenn sich die Vollstreckung allein gegen den Schuldner und seine Familie richtet, ist die Zustellung nach § 88 bereits erfolgt und es genügt eine entspre-

---

1 BGH NJW-RR 2012, 1297 = DGVZ 2012, 182 = Rpfleger 2012, 706.
2 BGH NJW 2004, 3041 = MDR 2004, 1257 = Rpfleger 2004, 640.

chende Bescheinigung der Geschäftsstelle des Vollstreckungsgerichts (§ 169 Abs. 1 ZPO). Im Falle des besitzenden Dritten ist auch die Zustellung der Vollstreckungsklausel an ihn erforderlich (§ 750 Abs. 2 ZPO).

11 Die Vollstreckung kann **vor Rechtskraft** des Zuschlagsbeschlusses erfolgen (s. Rn 2). Mit der Zwangsräumung muss der Ersteher den **Gerichtsvollzieher** beauftragen (s. § 753 ZPO Rn 6). Einer besonderen Durchsuchungsanordnung bedarf es nicht (s. § 758 a ZPO Rn 7). Der Gerichtsvollzieher hat jedoch den Räumungstermin rechtzeitig bekannt zu geben, damit uU noch ein Vollstreckungsschutzantrag gestellt werden kann (s. § 765 a ZPO Rn 49 ff, 66, 86 ff).

12 Bei der Räumung des versteigerten Objektes ergibt sich das Problem, dass grds. auch die Wegnahme der beweglichen Sachen nach § 885 Abs. 2–4 ZPO zu erfolgen hat. Für die Wegnahme und Einlagerung vorgenannter Sachen fordern die Gerichtsvollzieher idR einen Vorschuss iHv 3.000 € bis 5.000 €. Um diese Kosten zu vermeiden, wird zunehmend von Gläubigern, die sich auf ein Vermieterpfandrecht berufen können (Mietverhältnis), das **Vermieterpfandrecht** geltend gemacht und der Räumungsauftrag auf die eigentliche Räumung – sog. **Berliner Modell** – beschränkt (s. § 885 ZPO Rn 26 f und § 885 a ZPO).[3] Da der Ersteher ein solches Pfandrecht nicht besitzt, ist fraglich, ob der Räumungsauftrag auch hier nach dem „Berliner Modell" beantragt und durchgeführt werden kann. Dies ist zu bejahen, denn der Anspruch des Erstehers, auf sein Eigentum zugreifen zu können, das der Schuldner ohne rechtliche Legitimation in Besitz hat, genießt den Schutz der Verfassung (Art. 14 GG). Der Schuldner kann jederzeit vom Ersteher diejenigen Gegenstände, die zu einer geordneten Lebensführung erforderlich sind, herausverlangen. Außerdem trifft den Ersteher (weil nicht materiellrechtlich legitimiert) wegen der Sachherrschaft an den nicht weggeschafften Sachen die strenge Haftung aus § 231 BGB. Ferner kann der Schuldner nach § 935 ZPO schnellen einstweiligen Rechtsschutz verlangen, ohne dass es der Darlegung einer besonderen Dringlichkeit bedarf.[4]

13 Die Vollstreckung zur Herausgabe der **mitversteigerten beweglichen Sachen** erfolgt nach § 883 ZPO (s. § 883 ZPO Rn 17 ff). Danach hat der Gerichtsvollzieher die Sachen wegzunehmen und dem Ersteher zu übergeben. Denn die Vollstreckung richtet sich grds. auch auf Zubehör der herauszugebenden Sache (§§ 97, 98 BGB).

IV. Einschränkung des Ersteherrechts nach Abs. 1 S. 2

14 Die Zwangsvollstreckung darf nicht gegen einen Besitzer erfolgen, dessen Recht durch den Zuschlag nicht erloschen ist. Deshalb führen bereits ernsthafte Anhaltspunkte für ein Recht zum Besitz dazu, dass eine Klauselerteilung nicht erfolgt.

15 Das Ersteherrecht ist daher **eingeschränkt** bei:

- bestehen gebliebenen dinglichen Rechten wie **Nießbrauch, Altenteil** oder **Wohnungsrecht**. Denn diese Rechte sind vom Ersteher übernommen worden (§ 52);

- **Miet- und Pachtverhältnissen** (s. § 57 Rn 2 ff), denn es besteht der Grundsatz: Kauf (Zuschlag) bricht nicht Miete (§§ 566, 578 Abs. 1 BGB);

- einer **Teilungsversteigerung** (§§ 180 ff), wenn Miteigentümer einen Mietvertrag mit der Eigentümergemeinschaft haben. Etwas anderes gilt aber in dem

---

3 BGH NZM 2006, 149 = NZM 2006, 817.
4 *Schuschke*, Die „Berliner Räumung" bei der Vollstreckung aus einem Zuschlagsbeschluss gemäß § 93 ZVG, NZM 2011, 685.

Falle, wenn der die Teilungsversteigerung beantragende Miteigentümer selbst Mieter/Pächter war.[5]

Dem Ersteher steht neben dem Kündigungsrecht im Normalfalle aber das **außerordentliche Kündigungsrecht** nach § 57 a (s. § 57 a Rn 3 ff) „zur Seite", was über eine Räumungsklage durchgesetzt werden müsste. 16

Eine Klauselerteilung ist jedoch dann möglich, wenn das Vollstreckungsgericht zu der Auffassung kommt, dass es sich bei dem vorgelegten Mietvertrag um eine offenkundige **Scheinvereinbarung** handelt oder der Mietvertrag zwischen dem Schuldner und einem Angehörigen mit großer Wahrscheinlichkeit **nicht ernsthaft** abgeschlossen ist.[6] 17

V. Vollstreckungsschutz und Widerspruch

Der Schuldner oder ein sonstiger Besitzer kann grds. **keinen Aufschub (Räumungsfrist)** bei der Räumungsvollstreckung erreichen, da § 721 ZPO nicht anwendbar ist (s. § 721 ZPO Rn 3). Es kann jedoch über § 765 a ZPO ein befristeter Aufschub beantragt werden (s. Rn 19). 18

Vollstreckungsschutz kann daher nur über § 765 a ZPO erreicht werden. Soweit die Anträge mit einer **Suizidgefahr** begründet werden, sind hierzu zwischenzeitlich verschiedene Entscheidungen des BVerfG sowie des BGH ergangen.[7] Anträge bzgl Räumungsschutzes können auch beim Gerichtsvollzieher gestellt werden, wenn diesem gegenüber sowohl das Vorliegen einer sittenwidrigen Härte als auch die Unmöglichkeit der rechtzeitigen Anrufung des Vollstreckungsgerichts glaubhaft gemacht werden. In dem Falle kann der Gerichtsvollzieher die Maßnahmen bis zur Entscheidung des Vollstreckungsgerichts aussetzen, jedoch längstens für eine Woche (§ 765 a Abs. 2 ZPO). 19

Der rechtmäßige unmittelbare Besitzer ist zur **Widerspruchsklage** (§ 771 ZPO) berechtigt (**Abs. 1 S. 3**). In dem Falle kann das Prozessgericht die Zwangsvollstreckung einstweilen einstellen (§ 769 Abs. 1 ZPO). 20

VI. Verwendungsersatz (Abs. 2)

Der Ersteher trägt ab Zuschlagswirksamkeit (§§ 89, 104) die Lasten des Grundstücks (§ 56 S. 2). Daher sind Aufwendungen, die der Besitzer nach dem Zuschlag auf die versteigerten Sachen gemacht hat, ihm nach bürgerlich-rechtlichen Grundsätzen zu ersetzen (§§ 994–1003 BGB). Das betrifft aber nicht Aufwendungen, die er vor dem Zuschlag gemacht hat. Der Besitzer hat daher auch gegenüber dem Ersteher nicht das Zurückbehaltungsrecht nach § 1000 BGB. 21

§ 94 [Antrag auf gerichtliche Verwaltung des Grundstücks]

(1) ¹Auf Antrag eines Beteiligten, der Befriedigung aus dem Bargebot zu erwarten hat, ist das Grundstück für Rechnung des Erstehers in gerichtliche Verwaltung zu nehmen, solange nicht die Zahlung oder Hinterlegung erfolgt ist. ²Der Antrag kann schon im Versteigerungstermin gestellt werden.

---

5 LG Bayreuth NJW 1966, 2210.
6 LG Freiburg Rpfleger 1990, 266; OLG Frankfurt Rpfleger 1989, 209.
7 BVerfG NJW 2007, 2910; BGH NJW 2007, 3719 = MDR 2007, 1155 = Rpfleger 2007, 561; BGH MDR 2008, 286 = Rpfleger 2008, 212; BGH NJW 2008, 1000; BGH MDR 2006, 535 = NJW 2006, 508 = Rpfleger 2006, 149; BGH MDR 2006, 775 = NJW 2006, 505 = Rpfleger 2006, 147.

(2) Auf die Bestellung des Verwalters sowie auf dessen Rechte und Pflichten finden die Vorschriften über die Zwangsverwaltung entsprechende Anwendung.

I. Normzweck und Anwendungsbereich 1	V. Abwicklung des Verfahrens (Abs. 2) 10
II. Gründe für eine gerichtliche Verwaltung 2	VI. Gerichtliche Verwaltung und Zwangsverwaltung 14
III. Antragsberechtigung und Antrag (Abs. 1) 4	VII. Aufhebung und Kosten 22
IV. Entscheidung 7	VIII. Rechtsmittel 26

I. Normzweck und Anwendungsbereich

1 Die Vorschrift bezweckt den Schutz der Beteiligten vor tatsächlichen Verfügungen des Erstehers bis zur Zahlung oder Hinterlegung des Meistgebots. Sie gilt für alle Versteigerungsverfahren, jedoch nicht für Schiffe und Luftfahrzeuge (§§ 170, 170 a).

II. Gründe für eine gerichtliche Verwaltung

2 Im Zwangsversteigerungsrecht besteht die Besonderheit, dass der Ersteher unmittelbar durch den Zuschlag Eigentum erwirbt (§§ 89, 90), ohne dass das Meistgebot befreiend hinterlegt (§ 49 Abs. 4) oder (voll) gezahlt worden ist. Die Zahlungsverpflichtung hierzu besteht zum Verteilungstermin (§ 107 Abs. 2), der im Normalfall ca. zwei bis drei Monate nach dem Zuschlag stattfindet.

3 Als neuer Eigentümer kann der Ersteher **sofort und ohne Beschränkungen** über das ersteigerte Objekt **verfügen** und die Nutzungen ziehen. Im Regelfall ist über die Bonität des Erstehers nichts bekannt, so dass die Gläubiger im Zweifelsfalle versuchen werden, hier Näheres zu erfahren. Sollten sich Unsicherheiten oder Verdachtsmomente zeigen, kann die gerichtliche Verwaltung beantragt werden, um sich v.a. vor tatsächlichen Verfügungen des Erstehers bis zur Zahlung oder Hinterlegung des baren Meistgebots zu schützen. Der Schutz besteht nach Anordnung auch hinsichtlich von Vollstreckungsmaßnahmen, die von Gläubigern des Erstehers beantragt werden (Verhinderung von Mietzinspfändungen). Auch sollen die Gläubiger und auch der Schuldner dann geschützt werden, wenn der Ersteher sittenwidrige Ziele verfolgt (Vorgehensweise nach einem bestimmten Plan, wobei insb. beabsichtigt ist, keine Zahlung leisten zu wollen).[1]

III. Antragsberechtigung und Antrag (Abs. 1)

4 Jeder Beteiligte, der aus dem baren Meistgebot zu **befriedigen** ist, kann einen Antrag auf gerichtliche Verwaltung stellen (**Abs. 1 S. 1**). Die Befriedigung darf damit auch nicht durch eine erbrachte Sicherheitsleistung des Erstehers bereits gesichert sein. Es fehlt auch an einer Antragsberechtigung für alle Gläubiger, die aus dem Versteigerungserlös nicht befriedigt werden können. Das gilt auch für den Schuldner (früheren Eigentümer), es sei denn, dass eine Zuteilung auf ein Eigentümerrecht oder gar auf den Erlösüberschuss rechnerisch festgestellt werden kann. Zur Prüfung ist auch hier uU die Aufstellung eines fiktiven Teilungsplans (s. § 74 a Rn 23) erforderlich.

5 Das Antragsrecht entfällt, wenn der Gläubiger nach § 118 Abs. 2 als befriedigt gilt. Durch einen erneuten Antrag auf Zwangsversteigerung (Wiederversteigerung nach § 133) entfällt diese Wirkung jedoch wieder (§ 118 Abs. 2 S. 2) und das Antragsrecht lebt bis zum Zuschlag der Wiederversteigerung wieder auf. Fer-

---

[1] AG Dortmund Rpfleger 1994, 119.

ner kann der Gläubiger gegen den Ersteher die „normale" Zwangsverwaltung beantragen (§§ 132, 146).

Der Antrag kann **frühestens** im Versteigerungstermin nach Abgabe eines wirksamen Gebots gestellt werden (**Abs. 1 S. 2**), und zwar direkt zu Protokoll im Versteigerungs- oder Verkündungstermin (§ 87), zu Protokoll der Geschäftsstelle oder schriftlich. Wurden mehrere Grundstücke versteigert, kann der Antrag bzgl aller oder auch nur hinsichtlich eines oder mehrerer Objekte gestellt werden.

IV. Entscheidung

Das Vollstreckungsgericht wird nach eingehender Prüfung der Voraussetzungen und nach Zuschlagserteilung (ggf unmittelbar danach) die gerichtliche Verwaltung durch Beschluss anordnen und den **gerichtlichen Verwalter** bestellen oder den Antrag zurückweisen (§ 764 Abs. 3 ZPO). Der Besitz des Erstehers ist keine Voraussetzung für die Anordnung des Verfahrens.[2]

Sollte der anordnende Beschluss im Versteigerungs- oder Verkündungstermin verkündet worden sein, erfolgt allein Zustellung an den Ersteher, sonst auch noch formlose Mitteilung an den Antragsteller (§ 329 Abs. 2 und 3 ZPO). In dem Falle, dass der Ersteher vor der Anordnung nicht angehört wurde, steht ihm das Rechtsmittel der Vollstreckungserinnerung (§ 766 ZPO) zu.[3]

Die Anordnung dieses Verfahrens wird nicht in das **Grundbuch** eingetragen.

V. Abwicklung des Verfahrens (Abs. 2)

Nach Abs. 2 finden die Vorschriften über die **Zwangsverwaltung** entsprechende Anwendung, allerdings nur, soweit sie die **Bestellung des Verwalters** sowie dessen **Rechte** und **Pflichten** betreffen.

Der gerichtliche Verwalter hat ab Zuschlag anstelle des Erstehers die Nutzungen zu ziehen und die danach anfallenden Ausgaben zu bestreiten. Soweit Überschüsse erzielt werden, sind daraus nach einem durch das Gericht aufzustellenden Plan an die Gläubiger der bestehen gebliebenen Rechte die wiederkehrenden laufenden Leistungen zu zahlen (vgl §§ 155, 156). In keinem Falle erfolgen Zahlungen an die Berechtigten der erloschenen Rechte, da diese aus dem Versteigerungserlös zu befriedigen sind und in keiner Beziehung zu dem Ersteher stehen. Soweit sich ein Überschuss erwirtschaften lässt, steht dieser dem Ersteher zu (im Falle der Zuschlagsaufhebung dem Schuldner).

Durch die Anordnung der gerichtlichen Verwaltung ist der Ersteher hinsichtlich des von ihm ersteigerten Objektes in seiner **Verfügungsmacht beschränkt**. Das hat zur Folge, dass der gerichtliche Verwalter an seiner Stelle uU neue Mietverträge oder Versicherungsverträge abschließen oder bestehende Verträge kündigen muss. Da dies letztlich für den Ersteher geschieht, sollte sich der gerichtliche Verwalter mit dem Ersteher abstimmen. Dies gilt insb. für einen langfristigen Mietvertrag. Zu beachten ist aber, dass für die Dauer der Sicherungsverwaltung die durch die Kündigung des Sicherungsverwalters ausgelöste Räumungspflicht eines Mieters keine Interessen des Erstehers sichert, die über die Nutzung hinausgehen, für deren Bestand die Sicherungsverwaltung angeordnet wurde. Das bedeutet, dass ein Schaden, den ein Ersteher mit der **entgangenen Nutzungsmöglichkeit** begründet, die er erst nach der Bezahlung des Versteigerungserlöses und der Aufhebung der Sicherungsverwaltung hätte verfolgen können, außerhalb des Schutzbe-

---

2 LG Dortmund Rpfleger 1994, 121.
3 LG Köln JurBüro 1985, 939.

reichs der durch die Sicherungsverwaltung beschränkten mietvertraglichen Räumungspflicht liegt.[4]

13 Der gerichtliche Verwalter steht unter der **Aufsicht des Vollstreckungsgerichts**, hat Weisungen des Gerichts zu befolgen und Rechnung zu legen wie der Zwangsverwalter unter entsprechender Anwendung der §§ 150 ff, soweit diese mit dem Sicherungszweck vereinbar sind.

VI. Gerichtliche Verwaltung und Zwangsverwaltung

14 Häufig ist neben dem Zwangsversteigerungsverfahren auch ein Zwangsverwaltungsverfahren nach §§ 146 ff anhängig. Dieses Verfahren wird erst nach Rechtskraft des Zuschlagsbeschlusses aufgehoben, so dass es auch noch anhängig ist, wenn eine gerichtliche Verwaltung unmittelbar nach Zuschlag angeordnet wird.

15 Beide Verfahren und auch die Massen sind **streng getrennt** voneinander zu führen. Es wäre aber sinnvoll, den Zwangsverwalter auch zum gerichtlichen Verwalter zu bestimmen, damit die Abwicklung problemlos erfolgen kann.

16 An den weiter geltenden Befugnissen des Zwangsverwalters ändert sich nichts; die **Zwangsverwaltung** hat **Vorrang** vor der gerichtlichen Verwaltung.

17 Besonderheiten ergeben sich auch dann, wenn neben der gerichtlichen Verwaltung auch eine Zwangsverwaltung gegen den Ersteher angeordnet wird, also Gläubiger des Erstehers die Zwangsvollstreckung gegen ihn betreiben. In einem solchen Fall hat die gerichtliche Verwaltung in dem ihr gesteckten Rahmen Vorrang vor der Zwangsverwaltung gegen den Ersteher.

18 Nur wenn ein Überschuss aus den Einnahmen nach Abzug der Ausgaben und der Zahlung der laufenden Leistungen an die Gläubiger der bestehen bleibenden Rechte verbleibt, wäre dieser nicht an den Ersteher, sondern an den Zwangsverwalter herauszugeben, damit dieser Zahlungen an die weiteren Gläubiger des Erstehers vornehmen kann. Auch hierfür wäre ein besonderer Teilungsplan (s. § 155 Rn 5) durch das Gericht aufzustellen, und zwar im Rahmen des anhängigen Zwangsverwaltungsverfahrens gegen den Ersteher. Dieser Plan bezieht sich deshalb auch nur auf die Gläubiger der bestehen bleibenden Rechte mit ihren wiederkehrenden Ansprüchen ab Zuschlag (s. Rn 11), die bereits durch das gerichtliche Verfahren – teilweise – befriedigt sind, sowie auf weitere Berechtigte, die Ansprüche gegen den Ersteher haben.

19 In aller Regel wird bei einer angeordneten Zwangsverwaltung gegen den Ersteher der die gerichtliche Verwaltung betreibende Gläubiger seinen Antrag zurücknehmen, so dass dieses Verfahren dann gesondert abgerechnet und ein evtl Überschuss an den Zwangsverwalter herausgegeben werden könnte. Denn der Ersteher kann aufgrund des neuen Verfahrens ebenfalls keine Verfügungen über das Objekt vornehmen, also auch keine Mietverträge etc. abschließen und auch keine Nutzungen ziehen.

20 Kurzfristig könnte auch der Fall gegeben sein, dass neben den vorher angegebenen Verfahren auch noch die „**alte**" Zwangsverwaltung (gegen den Schuldner) anhängig ist (s. § 161 Rn 11, 14 f). Diese Verwaltung betrifft aber nur die **alte Masse** und richtet sich gegen den Schuldner (früheren Eigentümer). Die dort gesicherten Einnahmen sind nach Abzug der Ausgaben nach dem erstellten Teilungsplan an die Gläubiger des früheren Eigentümers abzuführen.

21 Dieses „alte" Verfahren ist auch aufzuheben, sobald der Zuschlagsbeschluss in dem Zwangsversteigerungsverfahren rechtskräftig geworden ist. Soweit der

---

4 OLG Hamm GWR 2010, 121 = MietRB 2010, 137 = JurBüro 2010, 274.

Zwangsverwalter Überschüsse „für den Ersteher", also nach dem Zuschlag, erzielt hat, sind diese an den gerichtlichen Verwalter herauszugeben.

VII. Aufhebung und Kosten

Die gerichtliche Verwaltung ist aufzuheben, wenn der Gläubiger seinen Antrag 22
zurücknimmt. Weiter ist aufzuheben, wenn der Ersteher das Meistgebot mindestens in der Höhe hinterlegt und dabei auf das Recht der Rücknahme verzichtet (s. § 49 Rn 10), dass der antragstellende Gläubiger unter Berücksichtigung sämtlicher, ihm vorgehenden Ansprüche befriedigt werden kann. Der Verzicht auf das Recht der Rücknahme soll sicherstellen, dass der Ersteher das hinterlegte Geld nicht zurücknehmen kann (§ 376 Abs. 2 Nr. 1 BGB).

Weitere Aufhebungsgründe liegen vor, wenn Einnahmen nicht ausreichend erzielt 23
werden können und der antragstellende Gläubiger eine angeordnete Vorschusszahlung nicht leistet (s. § 161 Rn 17 f) oder wenn der Zuschlag rechtskräftig aufgehoben oder einem Dritten erteilt wird.

Der gerichtliche Verwalter hat dann **abzurechnen** und einen evtl Überschuss je 24
nach Aufhebungsgrund herauszugeben (an den Ersteher bei Erfüllung der Zahlungspflicht, an den Schuldner nach Zuschlagsaufhebung bzw den Zwangsverwalter).

Für das gerichtliche Verwaltungsverfahren entstehen **keine Gerichtsgebühren**; 25
diese werden durch die Versteigerungsverfahrensgebühr mit abgegolten. Für die sonstigen Kosten (**Verfahrensauslagen**) haftet der Ersteher. Zu den sonstigen Kosten gehören auch der Anspruch des gerichtlichen Verwalters auf eine angemessene Vergütung und Erstattung der ihm entstandenen Auslagen. Da die Vorschriften über die Zwangsverwaltung anzuwenden sind, erfolgt die Bemessung nach den §§ 17 f ZwVwV. Es besteht auch insoweit eine Vorschusspflicht für den Antragsteller dieses Verfahrens, der den gezahlten Vorschuss zum Verteilungstermin als Kosten der Rechtsverfolgung an der Rangstelle seines Rechts geltend machen kann.

VIII. Rechtsmittel

Wurde der Ersteher vor der Anordnung nicht gehört (Regelfall), ist dagegen die 26
Erinnerung nach § 766 ZPO statthaft. Im anderen Falle ist sofortige Beschwerde innerhalb der Notfrist von zwei Wochen einzulegen (§ 793 ZPO).

VII.
Beschwerde

Vorbemerkung zu §§ 95–104

I. Allgemeines	1	c) Anwendbare Vorschriften und Verfahren	10
II. Anzuwendende Vorschriften	2	d) Einstweiliger Rechtsschutz	17
III. Überblick über die Rechtsbehelfe	6	e) Kosten	18
1. Materielle Einwendungen, Einwendungen gegen die Vollstreckungsklausel	6	3. Sofortige Rechtspflegererinnerung, § 11 Abs. 2 RPflG	20
2. Vollstreckungserinnerung, § 766 ZPO	7	a) Anwendungsbereich	20
a) Gegenstand	7	b) Gegenstand	21
b) Abgrenzung von der sofortigen Beschwerde	8	c) Anwendbare Vorschriften und Verfahren	22
		d) Kosten	26

4.	Sofortige Beschwerde, §§ 793, 567 ff ZPO		28
	a) Statthaftigkeit		28
	b) Anwendbare Vorschriften und Verfahren		29
	c) Einstweiliger Rechtsschutz		36
	d) Besonderheiten bei der Entscheidung des Rechtsmittelgerichts		40
	e) Kosten		42
5.	Rechtsbeschwerde, §§ 574 ff ZPO		44
	a) Zulässigkeit und Begründetheit, Verfahren		44
	b) Einstweilige Anordnung		49
	c) Kosten		50
6.	Anhörungsrüge, § 321 a ZPO		52
	a) Gegenstand, Zulässigkeit und Begründetheit, Verfahren		52
	b) Einstweiliger Rechtsschutz		55
	c) Kosten		56
7.	Ungeschriebene Rechtsbehelfe, Verfassungsbeschwerde, EMRK		57
	a) Gegenvorstellung und außerordentliche Beschwerde		57
	b) Verfassungsbeschwerde		58
	c) EMRK		59
8.	Rechtsbehelfsbelehrung		60

I. Allgemeines

1 Aus historischen Gründen enthält das 8. Buch der ZPO nicht auch die Bestimmungen über die Zwangsversteigerung und -verwaltung, sondern in § 869 ZPO lediglich einen Verweis auf ein diesbezügliches besonderes Gesetz, das **ZVG**. Dieses ist als **Teil der ZPO und des 8. Buches** zu behandeln.[1] Deshalb richtet sich das Verfahren der Zwangsversteigerung und -verwaltung zunächst nach der ZPO; die für das Zwangsvollstreckungsverfahren allgemein geltenden Bestimmungen der ZPO sind grds. ebenso für das Verfahren der Zwangsversteigerung und -verwaltung anzuwenden. Das ZVG enthält allerdings vorrangige **Sondervorschriften**. Dies gilt auch für die Rechtsbehelfe: Die §§ 95 ff sind als spezielle Bestimmungen zu verstehen, die den Besonderheiten des Zwangsversteigerungsverfahrens Rechnung tragen sollen. In § 95 ist eine Beschränkung des nach den allgemeinen Vorschriften bestehenden Beschwerderechts hinsichtlich solcher Entscheidungen vorgesehen, die dem Zuschlag vorausgehen, und die §§ 96–104 betreffen die Besonderheiten der Zuschlagsanfechtung.[2] Dementsprechend haben die auf die **ZPO-Reform** zurückgehenden Änderungen insb. des Beschwerderechts auch das Verfahren nach dem ZVG betroffen und hier Änderungen der §§ 95 f, 101 Abs. 2, 102 erfordert.[3]

II. Anzuwendende Vorschriften

2 Zunächst gelten für das Verfahren der Zwangsversteigerung und -verwaltung selbstverständlich die Vorschriften des **Grundgesetzes** als höherrangiges Recht. Das ist zB im Hinblick auf § 100 Abs. 1 ZVG, § 765 a ZPO und Art. 2 Abs. 2 GG von Bedeutung.[4] Aus dem Verhältnis des ZVG und insb. der §§ 95 ff zur ZPO sowie aus der Systematik der ZPO ergibt sich, dass die zum 1. Buch der **ZPO** gehörenden **allgemeinen Bestimmungen** Anwendung finden, also die §§ 1–252 ZPO. Dazu gehören zB die Vorschriften über die Ausschließung und Ablehnung (§§ 41 ff ZPO), über die Partei- und Prozessfähigkeit (§§ 50 ff ZPO), über die Vertretung durch Prozessbevollmächtigte und Beistände (§§ 78 ff ZPO), über die Hinweispflicht (§ 139 ZPO), über die Protokollführung (§§ 159 ff ZPO) sowie über die Zustellung von Urkunden (§§ 166 ff ZPO).[5] Schon weil sie zu den

---

1 Hk-ZPO/*Kindl*, § 869 ZPO Rn 1; *Stöber*, § 95 Rn 1.
2 *Stöber*, § 95 Rn 1.
3 Dassler/Schiffhauer/*Hintzen*, § 95 Rn 1 aE.
4 BGH NJW 2006, 505.
5 Dassler/Schiffhauer/*Hintzen*, § 95 Rn 5.

allgemeinen Vorschriften gehören, finden die §§ 142 ff ZPO ebenfalls Anwendung. Anderes gilt wegen der besonderen Struktur der Zuschlagsbeschwerde etwa für die §§ 91 ff ZPO.[6]

Anzuwenden sind ferner die Bestimmungen des **Beweisrechts** (§§ 284 ff, 355 ff ZPO). Zwar sind diese nicht Teil der allgemeinen Bestimmungen. Jedoch enthalten diejenigen Bestimmungen des ZVG, die den Nachweis bestimmter Umstände erfordern, einen stillschweigenden Verweis. Demnach ist in Verfahren nach dem ZVG entsprechend den gewöhnlichen zivilprozessualen Regeln Beweis zu erbringen oder unter bestimmten Voraussetzungen glaubhaft zu machen. Auch ein Termin zur Beweisaufnahme ist zu erwägen; die gewöhnliche Schriftlichkeit des Beschwerdeverfahrens steht dem nicht entgegen, sondern erlaubt nur den Verzicht auf eine (fakultative) mündliche Verhandlung (§ 128 Abs. 4 ZPO). Beweisaufnahme und Verhandlung sind indessen voneinander zu unterscheiden (§ 370 Abs. 1 ZPO). Der Freibeweis ist unter den Voraussetzungen des § 284 S. 2 ZPO sowie hinsichtlich der Sachentscheidungsvoraussetzungen zulässig, sonst gelten die Grundsätze des Strengbeweises. Ferner ist das Beweismaß des § 286 Abs. 1 ZPO notwendig. Anderes gilt nur unter den Voraussetzungen des § 294 Abs. 1 ZPO sowie immer dort, wo gem. § 287 ZPO eine überwiegende Wahrscheinlichkeit genügt. 3

Daneben finden die **Bestimmungen des 8. Buches der ZPO** Anwendung. Denn das Verfahren der Zwangsversteigerung und -verwaltung gehört zum Zwangsvollstreckungsrecht, und das ZVG ist durch § 869 ZPO in die diesbezüglichen Vorschriften des 8. Buches einbezogen.[7] Über § 793 ZPO gelten für das Verfahren der ZVG-Beschwerde die §§ 567 ff ZPO.[8] Darüber hinaus sind aber § 766 ZPO (Vollstreckungserinnerung), § 767 ZPO (Vollstreckungsgegenklage) und § 771 ZPO (Drittwiderspruchsklage) zu berücksichtigen.[9] 4

Schließlich regelt das RPflG die Tätigkeit von Rechtspflegern auch in Zusammenhang mit der Zwangsversteigerung und -verwaltung. Die Bestimmungen des RPflG treten deshalb neben die Spezialvorschriften des ZVG und die anzuwendenden Bestimmungen der ZPO. Dazu gehört ua die sofortige Rechtspflegererinnerung betreffende § 11 Abs. 2 RPflG.[10] Insofern bedarf es hier – wie sonst auch – der Abgrenzung der unterschiedlichen Rechtsbehelfe.[11] Dabei gelten die üblichen Kriterien.[12] 5

III. Überblick über die Rechtsbehelfe

1. Materielle Einwendungen, Einwendungen gegen die Vollstreckungsklausel. Von solchen Rechtsmitteln und Rechtsbehelfen, die **prozessuale Einwendungen** betreffen, sind solche zu unterscheiden, die mit **materiell-rechtlichen Einwendungen** begründet werden können und mithin dem titulierten Anspruch gelten. Diese Einwendungen sind ausschließlich in einem Erkenntnisverfahren zu verfolgen, zB mittels einer Vollstreckungsgegenklage (§ 767 ZPO), und hier vom Prozessgericht zu bescheiden.[13] Auch ist zu beachten, dass bestimmte **Einwendungen gegen** die **Vollstreckungsklausel** gerichtet sind und nicht das Verfahren der Zwangsversteigerung betreffen. Diese sind ausschließlich im Klauselverfahren geltend zu machen, etwa gemäß § 732 ZPO oder nach § 768 ZPO, und hindern 6

---

6 BGH WuM 2009, 140, 142.
7 *Stöber*, § 95 Rn 1.
8 *Stöber*, § 95 Rn 5 und § 96 Rn 2.1 ff.
9 *Stöber*, § 95 Rn 2.1 und 3.1 ff.
10 Dassler/Schiffhauer/*Hintzen*, § 95 Rn 6; *Stöber*, § 95 Rn 2.4.
11 *Böttcher*, § 95 Rn 31 mit Übersicht.
12 *Stöber*, § 95 Rn 2.4 (Maßnahmen oder Entscheidungen).
13 LG Mühlhausen 29.10.2007 – 2 T 273/07, juris (Rn 14).

das Vollstreckungsgericht jedenfalls bis zur Einleitung eines solchen Rechtsbehelfsverfahrens (§§ 732, 768 ZPO) und einer entsprechenden Anordnung nicht an der Fortsetzung des Verfahrens.[14]

7 **2. Vollstreckungserinnerung, § 766 ZPO. a) Gegenstand.** Die Vollstreckungserinnerung (§ 766 ZPO) dient insofern nur der Geltendmachung **formaler Fehler**, als mit ihr Verstöße gegen das für das Verfahren der Zwangsvollstreckung geltende Recht geltend gemacht werden können. Einwendungen gegen die titulierte Forderung sind Gegenstand der Vollstreckungsgegenklage (§ 767 ZPO), und vorrangige Rechte Dritter können im Wege der Drittwiderspruchsklage (§ 771 ZPO) bzw der Klage auf vorzugsweise Befriedigung (§ 805 ZPO) geltend gemacht werden.[15] Allerdings gilt dies nicht ohne Ausnahme. Wenn nämlich die zugrunde liegenden Umstände unstreitig sind, ist zB der Einwand der Verfügungsbeschränkung nach § 1365 Abs. 1 BGB ungeachtet seiner materiell-rechtlichen Natur auch im Verfahren nach § 766 ZPO zu prüfen.[16]

8 **b) Abgrenzung von der sofortigen Beschwerde.** Die **Abgrenzung** der Vollstreckungserinnerung von der sofortigen Beschwerde nach §§ 793, 567 ff ZPO richtet sich danach, ob eine **Entscheidung** oder eine bloße **Maßnahme** des Vollstreckungsgerichts angegriffen werden soll; denn gegen Entscheidungen des Vollstreckungsgerichts ist gem. § 793 ZPO die sofortige Beschwerde statthaft, und § 11 Abs. 1 RPflG erstreckt diese auf Entscheidungen des Vollstreckungsgerichts durch den Rechtspfleger. Für die Vollstreckungserinnerung bleibt danach nur dort Raum, wo keine Entscheidung, sondern nur eine Maßnahme des Vollstreckungsgerichts vorliegt.[17]

9 Die Abgrenzung zwischen Entscheidungen und Maßnahmen im Verfahren der Zwangsversteigerung und Zwangsverwaltung richtet sich nach dem Zustandekommen des betreffenden Beschlusses. Dies entspricht der überwiegenden Auffassung zur Abgrenzung zwischen Entscheidungen und Maßnahmen im Verfahren der Zwangsvollstreckung allgemein.[18] Danach liegt eine Entscheidung immer dann vor, wenn das Gericht vor dem Beschluss beiderseitiges Vorbringen in tatsächlicher und rechtlicher Hinsicht erwogen hat. Dafür wiederum spricht, dass das Gericht dem Antragsgegner Gehör gewährt hat. Als **Faustformel** ist also davon auszugehen, dass in einem Beschluss eine Entscheidung liegt, wenn den Beteiligten zuvor Gehör gewährt worden ist.[19] Unerheblich ist, ob der Antragsgegner tatsächlich von der Möglichkeit einer Stellungnahme Gebrauch gemacht hat.[20] Ebenso wenig kommt es darauf an, ob die Anhörung notwendig oder freigestellt war oder ob sie unzulässig durchgeführt worden ist.[21] Wem tatsächlich Gehör in Form einer Gelegenheit zur Äußerung gewährt worden ist, steht die sofortige Beschwerde zur Verfügung. Im Übrigen ist die Erinnerung zulässig. In der Zurückweisung eines Antrags liegt schließlich stets eine Entscheidung im vorgenannten Sinne. Deshalb ist hier die sofortige Beschwerde und nicht die Erinne-

---

14 BGH WuM 2011, 475.
15 Dassler/Schiffhauer/*Hintzen*, § 95 Rn 7; *Stöber*, § 95 Rn 2.1 ff und 3.1 ff.
16 BGH NJW 2007, 3124 mwN; Palandt/*Brudermüller*, § 1365 BGB Rn 8.
17 Dassler/Schiffhauer/*Hintzen*, § 95 Rn 9; *Stöber*, § 95 Rn 2.1 und 2.3.
18 Dazu etwa OLG Köln JurBüro 2000, 48; KG NJW-RR 1986, 1000; *Böttcher*, § 95 Rn 15; *Stöber*, § 95 Rn 2.1 und 2.3; Musielak/*Lackmann*, ZPO, § 766 Rn 11; Zöller/*Stöber*, ZPO, § 766 Rn 2 f; anders OLG Hamm Rpfleger 1957, 24, 25.
19 OLG Köln JurBüro 2000, 48; KG NJW-RR 1986, 1000; Dassler/Schiffhauer/*Hintzen*, § 95 Rn 10; MüKo-ZPO/*Schmidt*, § 766 Rn 17; *Stöber*, § 95 Rn 2.1 und 2.3; Zöller/*Stöber*, ZPO, § 766 Rn 2.
20 Dassler/Schiffhauer/*Hintzen*, § 95 Rn 10.
21 OLG Hamm MDR 1975, 938; KG OLGZ 78, 491; Zöller/*Stöber*, ZPO, § 766 Rn 2.

rung zulässig.[22] Dies führt zwar dazu, dass es im Vollstreckungsverfahren und dementsprechend auch im Verfahren der Zwangsversteigerung und -verwaltung **keine Einheitlichkeit des Rechtsbehelfsverfahrens** gibt, also für Schuldner, Drittschuldner und Dritte unterschiedliche Rechtsbehelfe statthaft und zulässig sein können.[23] Jedoch ist die Gegenauffassung, nach der für mehrere Parteien, die auf einer Seite stehen, derselbe Rechtsbehelf statthaft und zulässig sein muss,[24] mit dem Gebot effektiven Rechtsschutzes nur schwer zu vereinbaren; denn sie führt dazu, dass der statthafte und zulässige Rechtsbehelf uU von der beschwerten Partei nicht ohne Schwierigkeiten ermittelt werden kann, weil sie nicht einfach auf die unterbliebene eigene Anhörung abstellen darf, sondern ermitteln muss, ob eine der auf ihrer Seite stehenden Personen angehört worden ist. Die hinter der Erinnerung stehende Überlegung, dass eine Kontrolle durch den Richter des Vollstreckungsgerichts sinnvoll ist und genügt, wenn die Beteiligten noch nicht angehört und ihre konkreten Interessen noch nicht abgewogen worden sind,[25] greift schließlich auch hinsichtlich einer Partei und ihres nicht gehörten Vorbringens durch.

c) **Anwendbare Vorschriften und Verfahren.** Für die Vollstreckungserinnerung (§ 766 ZPO) gelten die **Vorschriften über die sofortige Beschwerde** teilweise entsprechend. So kann der Rechtsbehelf analog § 569 Abs. 2 und 3 ZPO entweder **schriftlich oder mündlich** zu Protokoll der Geschäftsstelle erhoben werden.[26] Gemäß § 78 Abs. 5 ZPO, § 13 RPflG unterliegt die Erinnerung nicht dem **Anwaltszwang**.[27] Zwar ist ein **Sachantrag** nicht erforderlich. Jedoch muss erkennbar sein, dass, für wen und gegen welche Maßnahme ein Rechtsbehelf erhoben werden soll.[28] Auf die zulässige Erinnerung hin ist die Sach- und Rechtslage **von Amts wegen** zu prüfen;[29] einer **Begründung** bedarf es nicht. Gleichwohl ist unbedingt zu einer Begründung zu raten, damit weder die vom Erinnerungsführer für maßgebend gehaltenen Gesichtspunkte übersehen werden, noch der Entscheidung ein unzutreffender Sachverhalt zugrunde gelegt wird;[30] denn ungeachtet der Amtsprüfung ist das Erinnerungsverfahren vom Beibringungsgrundsatz beherrscht. Auch könnte einer Verfassungsbeschwerde sonst evtl der Gesichtspunkt der materiellen Subsidiarität entgegengehalten werden. Art. 103 Abs. 1 GG (rechtliches Gehör) sowie Art. 2 Abs. 1 iVm Art. 20 Abs. 3 GG (effektiver Rechtsschutz) verpflichten das Gericht von Verfassungs wegen, sowohl das tatsächliche als auch das rechtliche **Vorbringen** des Erinnerungsführers zur Kenntnis zu nehmen. In der Begründung seiner Entscheidung muss das Gericht allerdings keineswegs auf alle Einzelheiten des Vorbringens eingehen.[31]

10

Der Rechtsbehelf der Vollstreckungserinnerung nach § 766 ZPO ist nicht an eine **Frist** gebunden, und erst mit der Beendigung der Vollstreckung entfällt das

11

---

22 BGH ZIP 2004, 1379; OLG Hamm Rpfleger 1957, 24, 25; KG MDR 1954, 690; OLG Koblenz NJW-RR 1986, 679; MüKo-ZPO/*Schmidt*, § 766 Rn 15; Musielak/*Lackmann*, ZPO, § 766 Rn 11; Zöller/*Stöber*, ZPO, § 766 Rn 2.
23 So richtig MüKo-ZPO/*Schmidt*, § 766 Rn 16 f; Stein/Jonas/*Münzberg*, ZPO, § 766 Rn 7; Zöller/*Stöber*, ZPO, § 766 Rn 2 aE.
24 So OLG Bamberg NJW 1978, 1389; LG Bochum Rpfleger 1984, 278; Musielak/*Lackmann*, ZPO, § 766 Rn 14.
25 Musielak/*Lackmann*, ZPO, § 766 Rn 12; *Stöber*, § 95 Rn 2.1.
26 Zöller/*Stöber*, ZPO, § 766 Rn 21.
27 Zöller/*Stöber*, ZPO, § 766 Rn 21.
28 Musielak/*Lackmann*, ZPO, § 766 Rn 16.
29 MüKo-ZPO/*Schmidt*, § 766 Rn 41 mwN.
30 MüKo-ZPO/*Schmidt*, § 766 Rn 41; anders allerdings Musielak/*Lackmann*, ZPO, § 766 Rn 26.
31 BVerfG NJW 1994, 1208, 1210.

Rechtsschutzbedürfnis.[32] Es können nur Verstöße gegen das Vollstreckungsrecht geltend gemacht werden, aus denen eine eigene Beschwer folgt.[33]

12 Wegen § 20 Nr. 17 RPflG ist für die Bescheidung der Erinnerung nicht der Rechtspfleger, sondern der Richter des Vollstreckungsgerichts **funktionell zuständig**. Analog § 572 Abs. 1 S. 1 ZPO kann der Rechtspfleger, gegen dessen Entscheidung die Erinnerung gerichtet ist, dem Rechtsbehelf aber zuvor ganz oder teilweise **abhelfen**.[34]

13 Entsprechend der Rechtsnatur der Vollstreckungserinnerung nicht als Rechtsmittel, sondern als sonstiger Rechtsbehelf hat sie insofern keinen **Devolutiveffekt**, als eine Abgabe an das Rechtsmittelgericht nicht stattfindet, sondern das Vollstreckungsgericht sachlich zuständig bleibt.[35] Vor einer für ihn nachteiligen Entscheidung über die Abhilfe ist dem Erinnerungsgegner nach Art. 2 Abs. 1, Art. 20 Abs. 3 GG – Art. 103 Abs. 1 GG findet nur auf Verfahren vor dem Richter Anwendung[36] – **Gehör** zu gewähren.[37] Gegen den Beschluss des Richters über die Erinnerung kann gem. § 793 ZPO iVm §§ 567 ff ZPO nur die **sofortige Beschwerde** erhoben werden.[38] Anders könnte es zwar sein, wenn der Rechtspfleger ganz oder teilweise abgeholfen hat: Handelte es sich um eine bloße Maßnahme, wäre nämlich die Vollstreckungserinnerung (§ 766 ZPO) einschlägig. Das ist allerdings nach den vorgenannten Abgrenzungskriterien kaum denkbar (vgl Rn 8 f); idR wird vielmehr eine Entscheidung vorliegen. Dann ist nach § 11 Abs. 1 RPflG, § 793 ZPO ebenfalls die sofortige Beschwerde zulässig.[39]

14 Entscheidungserheblich ist im Rahmen des § 766 ZPO weder der **Zeitpunkt** der angegriffenen Maßnahme noch derjenige des Eingangs der Erinnerung, sondern der Zeitpunkt der Fällung der Entscheidung über die Erinnerung. Insofern gilt § 571 Abs. 2 ZPO entsprechend, und die Erinnerung kann auf **neue Tatsachen und Beweise** gestützt werden.[40] Deshalb kann bei einer zunächst vorliegenden Rechtswidrigkeit noch **Heilung** eintreten und die anfangs erfolgversprechende Erinnerung noch unbegründet werden.[41] Hier kann der Beschwerdeführer uU erfolgreich die **Erledigung** erklären.

15 Der Entscheidung über die Vollstreckungserinnerung liegen die offenkundigen (§ 291 ZPO), die unstreitigen sowie die bewiesenen Tatsachen zugrunde. Grundsätzlich gelten die allgemeinen Regeln des Zivilprozesses, dh auch die Regeln des **Strengbeweises** und das **Beweismaß** des § 286 Abs. 1 ZPO; Glaubhaftmachung reicht nicht, weil die Voraussetzungen des § 294 ZPO nicht vorliegen.[42] Im Anwendungsbereich des § 287 ZPO genügt eine überwiegende Wahrscheinlichkeit. Über die §§ 142 ff, 448 ZPO hinaus finden **Ermittlungen von Amts wegen** nicht statt, sondern es gelten der Beibringungsgrundsatz sowie die üblichen Regeln der

---

32 Zöller/*Stöber*, ZPO, § 766 Rn 13 sowie vor § 704 Rn 33 zur Beendigung.
33 BGH DGVZ 2009, 203 f.
34 Baumbach/Lauterbach/*Hartmann*, ZPO, § 766 Rn 39; Dassler/Schiffhauer/*Hintzen*, § 95 Rn 15; *Stöber*, § 95 Rn 2; Zöller/*Stöber*, ZPO, § 766 Rn 24.
35 OLG Köln JurBüro 2000, 48; OLG Düsseldorf NJW-RR 1993, 831; Baumbach/Lauterbach/*Hartmann*, ZPO, § 766 Rn 41.
36 BVerfGE 101, 395, 404.
37 Dassler/Schiffhauer/*Hintzen*, § 95 Rn 15; *Stöber*, § 95 Rn 2.1.
38 Dassler/Schiffhauer/*Hintzen*, § 95 Rn 15 aE; *Stöber*, § 95 Rn 2.1.
39 Dassler/Schiffhauer/*Hintzen*, § 95 Rn 16.
40 Zöller/*Stöber*, ZPO, § 766 Rn 22.
41 MüKo-ZPO/*Schmidt*, § 766 Rn 46 mwN.
42 KG Rpfleger 1968, 328; MüKo-ZPO/*Schmidt*, § 766 Rn 41; Zöller/*Stöber*, ZPO, § 766 Rn 27.

Darlegungs- und Beweislast.⁴³ Anzuwenden sind allerdings auch die §§ 273 Abs. 2 Nr. 2, 437 Abs. 2 ZPO.⁴⁴

Nach § 764 Abs. 3 ZPO ergeht auch die Entscheidung über eine Erinnerung 16 durch **Beschluss.** Dieser ist zu **begründen.**⁴⁵ Das folgt wegen der Anfechtbarkeit des Beschlusses schon aus Art. 103 Abs. 1 GG sowie aus dem Gebot effektiven Rechtsschutzes. Gemäß § 128 Abs. 4 ZPO bedarf es nicht der **mündlichen Verhandlung,** diese kann aber angeordnet werden.⁴⁶

d) **Einstweiliger Rechtsschutz.** Die Erhebung einer Vollstreckungserinnerung hat 17 zwar keine aufschiebende Wirkung (**Suspensiveffekt**), das Vollstreckungsgericht kann aber nach § 766 Abs. 1 S. 2 ZPO iVm § 732 Abs. 2 ZPO entweder auf Antrag oder auch von Amts wegen eine einstweilige Anordnung hinsichtlich der Fortsetzung der angegriffenen Vollstreckungsmaßnahme treffen. Insbesondere kann das Gericht die **einstweilige Einstellung der Vollstreckung** durch die angegriffene Maßnahme gegen oder ohne Sicherheitsleistung anordnen; auch der Rechtspfleger kann eine solche Anordnung treffen.⁴⁷ Entsprechend § 707 Abs. 2 S. 2 ZPO ist gegen die Entscheidung über den einstweiligen Rechtsschutz kein förmlicher **Rechtsbehelf** statthaft.⁴⁸ Allerdings bleibt schon wegen der gerichtlichen Befugnis, die Anordnung jederzeit und von Amts wegen aufzuheben oder abzuändern, eine hierauf bezogene Gegenvorstellung möglich.⁴⁹ Trifft der Rechtspfleger im Abhilfeverfahren eine einstweilige Anordnung, lässt § 11 Abs. 2 RPflG demgegenüber die sofortige Rechtspflegererinnerung zu.⁵⁰

e) **Kosten.** Die für die **Gerichtskosten** der Zwangsverwaltung und Zwangsver- 18 steigerung einschlägigen Gebührentatbestände ergeben sich aus Nr. 2210–2243 KV GKG; die Auslagentatbestände finden sich in Nr. 9000 ff KV GKG. Da die Vollstreckungserinnerung nicht ausdrücklich aufgeführt ist, ist sie gerichtsgebührenfrei. Allerdings können Auslagen zu erstatten sein.⁵¹

Nach Nr. 3500 VV RVG erhielte der **Rechtsanwalt** für die Erinnerung an sich 19 eine 0,5-Verfahrensgebühr, soweit keine besonderen Gebühren vorgesehen sind. Jedoch handelt es sich bei einer Vollstreckungserinnerung nicht um eine neue Angelegenheit. Für den mit der Vollstreckung insgesamt beauftragten Rechtsanwalt fällt daher keine neue Gebühr an.⁵² Im Übrigen, dh bei einem Auftrag nur hinsichtlich der Erinnerung, ist die Gebührenbegrenzung gem. § 15 Abs. 6 RVG zu beachten. Danach kann wegen Nr. 3309 VV RVG auch nach Nr. 3500 VV RVG für die Vollstreckungserinnerung nur eine 0,3-Gebühr entstehen.⁵³ Für den **Gegenstandswert** gilt § 23 Abs. 2 S. 3 RVG. Maßgebend ist das wertmäßige Interesse des Erinnerungsführers an der Abänderung der angefochtenen Entscheidung.⁵⁴

3. Sofortige Rechtspflegererinnerung, § 11 Abs. 2 RPflG. a) Anwendungsbereich. 20 Nach § 11 Abs. 2 RPflG betrifft die sofortige Rechtspflegererinnerung lediglich

---

43 MüKo-ZPO/*Schmidt*, § 766 Rn 41; Zöller/*Stöber*, ZPO, § 766 Rn 27; anders Musielak/*Lackmann*, ZPO, § 766 Rn 26.
44 Dassler/Schiffhauer/*Hintzen*, § 95 Rn 18 aE.
45 Zöller/*Stöber*, ZPO, § 766 Rn 28.
46 Musielak/*Lackmann*, ZPO, § 766 Rn 28; Zöller/*Stöber*, ZPO, § 766 Rn 27.
47 Zöller/*Stöber*, ZPO, § 766 Rn 35.
48 Musielak/*Lackmann*, ZPO, § 766 Rn 32; Zöller/*Stöber*, ZPO, § 766 Rn 35.
49 Insofern zu pauschal *Stöber*, § 95 Rn 2.7 aE (zu den Bedenken Rn 2.8).
50 Dassler/Schiffhauer/*Hintzen*, § 95 Rn 20; Musielak/*Lackmann*, ZPO, § 732 Rn 10 aE.
51 Dassler/Schiffhauer/*Hintzen*, § 95 Rn 48; Zöller/*Stöber*, ZPO, § 766 Rn 39.
52 LG Mönchengladbach AGS 2006, 119 zur Frage, was als eine Angelegenheit anzusehen ist und welche Tätigkeit die Gebühr abdeckt; Dassler/Schiffhauer/*Hintzen*, § 95 Rn 51; Zöller/*Stöber*, ZPO, § 766 Rn 39.
53 Zöller/*Stöber*, ZPO, § 766 Rn 39.
54 Dassler/Schiffhauer/*Hintzen*, § 95 Rn 53; Zöller/*Stöber*, ZPO, § 766 Rn 39.

Maßnahmen des Vollstreckungsgerichts durch den Rechtspfleger und hier solche Fälle, in denen nach den allgemeinen verfahrensrechtlichen Bestimmungen kein Rechtsmittel zulässig wäre.[55] Das ist zB dann der Fall, wenn eine Entscheidung durch Gesetz der Anfechtung entzogen ist, aber auch dann, wenn ein an sich statthafter Rechtsbehelf im Einzelfall von vornherein unzulässig ist, zB wegen § 95, wegen des Nichterreichens der Beschwerdesumme (§ 567 Abs. 2 ZPO) oder bei einstweiliger Einstellung durch den Rechtspfleger.[56] Der Gesetzgeber hat hier zwar keinen Rechtsmittelzug einrichten bzw den an sich eröffneten Rechtsmittelzug nicht erweitern wollen, er hat aber offenbar wegen Art. 2 Abs. 1 GG iVm Art. 20 Abs. 3 GG – im Zivilprozess entfaltet Art. 19 Abs. 4 S. 1 GG keine Geltung – die Möglichkeit einer einmaligen richterlichen Prüfung zutreffend für verfassungsrechtlich geboten gehalten.[57] § 11 Abs. 2 RPflG eröffnet allerdings nach seinem Sinn und Zweck die Möglichkeit der Anfechtung nicht, wenn die Anfechtung nicht an von vornherein unüberwindlichen Zulässigkeitshürden scheitert und deshalb eine im Übrigen unanfechtbare Entscheidung vorliegt, sondern wenn die Anfechtung nur an der mangelnden Einhaltung der erforderlichen Form und Frist für die Erhebung eines statthaften und grds. zulässigen Rechtsbehelfs scheitert.[58]

21 **b) Gegenstand.** Gegenstand der Rechtspflegererinnerung sind nicht materiellrechtlich begründete Einwendungen gegen die titulierte Forderung, für die insb. die §§ 767, 771 ZPO Rechtsbehelfe eröffnen, sondern lediglich **Verfahrensfehler**;[59] insofern gelten hier die bereits zur Vollstreckungserinnerung erörterten Grundsätze (vgl Rn 7).

22 **c) Anwendbare Vorschriften und Verfahren.** Nach § 11 Abs. 2 S. 4 RPflG, § 569 Abs. 2 und 3 ZPO ist auch die Rechtspflegererinnerung entweder **schriftlich oder mündlich** zu Protokoll der Geschäftsstelle desjenigen Gerichts zu erheben, das die angefochtene Entscheidung erlassen hat.[60] Die Rechtspflegererinnerung unterliegt nicht dem **Anwaltszwang**. Das folgt aus §§ 78 Abs. 3, 79 ZPO, § 13 RPflG.[61]

23 Nach § 11 Abs. 2 S. 4 RPflG, § 569 Abs. 1 ZPO ist die Rechtspflegererinnerung binnen **zwei Wochen** ab Zustellung der angefochtenen Entscheidung einzulegen.[62]

24 Gemäß § 11 Abs. 2 S. 2 RPflG kann der Rechtspfleger der Erinnerung abhelfen, wenn er den Rechtsbehelf für zulässig und begründet hält.[63] Andernfalls legt er sie dem zuständigen **Richter des Vollstreckungsgerichts**, dem er selbst angehört (§ 28 RPflG), mit einer Begründung – uU genügt eine Bezugnahme auf die zutreffenden Erwägungen der angefochtenen Entscheidung – vor. Streitig ist dabei, ob ein paraphierter **Nichtabhilfevermerk** ausreicht oder ein unterzeichneter Beschluss erforderlich ist.[64] Der Rechtspfleger kann seine Entscheidung im Wege der **Abhilfe** aufheben oder abändern. Er ist jedoch nicht befugt, die Erinnerung

---

55 Dassler/Schiffhauer/*Hintzen*, § 95 Rn 12, 21; *Stöber*, § 95 Rn 2.4.
56 *Stöber*, § 95 Rn 2.4.
57 Dassler/Schiffhauer/*Hintzen*, § 95 Rn 12.
58 OLG Nürnberg MDR 2005, 534; Arnold/Meyer-Stolte/*Hansens*, RPflG, § 11 Rn 47; Bassenge/*Roth*, RPflG § 11 Rn 12.
59 Dassler/Schiffhauer/*Hintzen*, § 95 Rn 12 aE; *Stöber*, § 95 Rn 2.4 und 3.1 ff.
60 Dassler/Schiffhauer/*Hintzen*, § 95 Rn 22.
61 Dassler/Schiffhauer/*Hintzen*, § 95 Rn 22 aE.
62 *Stöber*, § 95 Rn 2.4.
63 *Stöber*, § 95 Rn 2.4.
64 Für Beschluss: OLG München Rpfleger 1990, 156; Musielak/*Wolst*, ZPO, § 104 Rn 32; anders Arnold/Meyer-Stolte/*Hansens*, RPflG, § 11 Rn 65 f; Dallmayer/*Eickmann*, RPflG, § 11 Rn 161 f.

durch Zurückweisung zu bescheiden. Dies obliegt ausschließlich dem Richter, § 11 Abs. 2 RPflG.[65] Der Richter entscheidet über die ihm vorgelegte Erinnerung selbst. Eine **Vorlage an das Beschwerdegericht** ist nicht vorgesehen; eine Durchgriffserinnerung gibt es nicht mehr.[66] Da auch bei der Rechtspflegererinnerung der maßgebende **Zeitpunkt** derjenige der Entscheidung über den Rechtsbehelf ist, müssen **neue Umstände** berücksichtigt werden.[67] Vor einer Entscheidung, die ihn beschweren kann (Stattgabe, auch teilweise), ist dem Gegner nach Art. 103 Abs. 1 GG bzw gem. Art. 2 Abs. 1 GG iVm Art. 20 Abs. 3 GG rechtliches **Gehör** zu gewähren.[68] Nach § 11 Abs. 2 S. 4 RPflG, § 569 Abs. 4 ZPO entscheidet der Richter durch einen mit einer **Begründung** versehenen Beschluss.[69]

Auch die Rechtspflegererinnerung unterscheidet sich als sonstiger Rechtsbehelf von den Rechtsmitteln dadurch, dass ihr kein **Suspensiveffekt** zukommt. Jedoch können sowohl der abhilfeberechtigte Rechtspfleger als auch der zuständige Richter die Vollziehung der angefochtenen Entscheidung aussetzen (§ 11 Abs. 2 S. 4 RPflG, § 570 Abs. 2 und 3 ZPO).[70] 25

d) Kosten. Hinsichtlich der **Gerichtskosten** gelten für die sofortige Rechtspflegererinnerung nach § 11 Abs. 2 RPflG die Ausführungen zur Vollstreckungserinnerung sinngemäß (vgl Rn 18): Die Rechtspflegererinnerung nach § 11 Abs. 2 RPflG ist gerichtsgebührenfrei. Auslagen können aber zu erstatten sein. 26

Nach Nr. 3500 VV RVG erhielte der **Rechtsanwalt** für die Erinnerung zwar an sich eine 0,5-Verfahrensgebühr, soweit keine besonderen Gebühren vorgesehen sind. Zum einen handelt es sich jedoch grds. nicht um eine neue Angelegenheit. Zum anderen ist selbst bei einem auf die Erhebung der Erinnerung beschränkten Auftrag § 15 Abs. 6 RVG zu beachten. Dementsprechend fällt idR keine neue Gebühr an, und bei einem begrenzten Auftrag allenfalls eine 0,3-Gebühr. Für den **Gegenstandswert** gilt § 23 Abs. 2 S. 3 RVG. Maßgebend ist das Interesse des Erinnerungsführers an der Abänderung der angefochtenen Entscheidung (vgl Rn 19). 27

4. Sofortige Beschwerde, §§ 793, 567 ff ZPO. a) Statthaftigkeit. Gegen **Entscheidungen** (vgl Rn 8 f) im Verfahren der Zwangsvollstreckung, zu dem auch das Verfahren der Zwangsversteigerung und Zwangsverwaltung gehört, ist nach § 793 ZPO die sofortige Beschwerde statthaft, wenn die Entscheidung ohne mündliche Verhandlung hat ergehen können.[71] Unerheblich ist, ob eine mündliche Verhandlung tatsächlich stattgefunden hat.[72] Ungeachtet der in § 115 Abs. 1 S. 1 vorgesehenen mündlichen Verhandlung lässt die Rspr auch die sofortige Beschwerde gegen die Aufstellung und Ausführung des Teilungsplans zu.[73] **§ 11 Abs. 1 RPflG** erstreckt den Anwendungsbereich der sofortigen Beschwerde auf Entscheidungen des Rechtspflegers.[74] Reine **Vollstreckungsmaßnahmen** (vgl Rn 8 f) sind insofern aber nicht mit der sofortigen Beschwerde anfechtbar.[75] Nicht beschwerdefähig sind ferner **Zwischenentscheidungen** lediglich vorberei- 28

---

65 Dassler/Schiffhauer/*Hintzen*, § 95 Rn 24; *Stöber*, § 95 Rn 2.4.
66 Dassler/Schiffhauer/*Hintzen*, § 95 Rn 25; *Stöber*, § 95 Rn 2.4.
67 Dassler/Schiffhauer/*Hintzen*, § 95 Rn 26.
68 Dassler/Schiffhauer/*Hintzen*, § 95 Rn 27.
69 Dassler/Schiffhauer/*Hintzen*, § 95 Rn 27; *Stöber*, § 95 Rn 2.4; Zöller/*Stöber*, ZPO, § 766 Rn 28 (zu § 766 ZPO).
70 Dassler/Schiffhauer/*Hintzen*, § 95 Rn 28; *Stöber*, § 95 Rn 2.4.
71 *Stöber*, § 95 Rn 5.1 ff.
72 Dassler/Schiffhauer/*Hintzen*, § 95 Rn 29.
73 BGH MDR 2009, 769.
74 LG Aachen 20.10.2008 – 3 T 304/04, juris (Rn 2); LG Mühlhausen 29.10.2007 – 2 T 273/07, juris (Rn 11); Dassler/Schiffhauer/*Hintzen*, § 95 Rn 29; *Stöber*, § 95 Rn 2.3.
75 Dassler/Schiffhauer/*Hintzen*, § 95 Rn 29; *Stöber*, § 95 Rn 5.1.

tender Natur, wie zB Terminsbestimmungen, prozessleitende Verfügungen und idR auch Anordnungen der Beweisaufnahme.[76] Mag auch die richterliche Untätigkeit ausnahmsweise der Rechtsverweigerung gleichkommen und so eine Verletzung des Gebots effektiven Rechtsschutzes begründen, ist die Statthaftigkeit der **Untätigkeitsbeschwerde** ohne ausdrückliche gesetzliche Ermächtigung doch jedenfalls nach Inkrafttreten des Gesetzes über den Rechtsschutz bei überlangen Gerichtsverfahren vom 24.11.2011[77] zweifelhaft.[78] Als statthafter Rechtsbehelf steht nunmehr die **Verzögerungsrüge** (§ 198 Abs. 3 GVG nF) bereit, die ihre Effektivität aus der drohenden Entschädigung beziehen soll.

29 b) **Anwendbare Vorschriften und Verfahren.** Für das Beschwerdeverfahren in Zusammenhang mit der Zwangsvollstreckung finden die §§ 567 ff ZPO Anwendung. Für Verfahren der Zwangsversteigerung gelten außerdem die §§ **95 ff** als Sondervorschriften.[79]

30 Zur Erhebung einer sofortigen Beschwerde bedarf es nach § 569 Abs. 2 S. 1 ZPO einer **Beschwerdeschrift**, deren notwendiger Inhalt in § 569 Abs. 2 S. 2 ZPO geregelt ist. Da das Landgericht als Beschwerdegericht zuständig ist, besteht hier zwar grds. Anwaltszwang (§ 78 Abs. 1 S. 1 ZPO). Jedoch sieht § 569 Abs. 3 ZPO vor, dass das Rechtsmittel auch durch die Partei selbst **schriftlich oder** durch **mündliche** Erklärung zu Protokoll der Geschäftsstelle erhoben werden kann,[80] wenn nämlich im ersten Rechtszug kein Anwaltszwang bestanden hat, das Rechtsmittel die Prozesskostenhilfe betrifft oder von Zeugen, Sachverständigen oder Dritten iSd §§ 142, 144 ZPO erhoben wird. Deshalb besteht hier nach § 78 Abs. 3 ZPO eine **Ausnahme vom Anwaltszwang**. Diese gilt nicht nur für die Beschwerdeschrift, sondern wegen § 571 Abs. 4 ZPO auch für das weitere Verfahren. Eine Gegenausnahme besteht lediglich für den Fall einer mündlichen Verhandlung. Hier müssen die Parteien sich anwaltlich vertreten lassen, weil die §§ 78 Abs. 3, 569 Abs. 3, 571 Abs. 4 ZPO insofern keine Ausnahme von § 78 Abs. 1 ZPO vorsehen.[81] **Telefonisch** kann eine sofortige Beschwerde indessen nicht zulässig erhoben werden.[82]

31 Die sofortige Beschwerde kann nur unbedingt erhoben werden.[83] Sie soll (§ 571 Abs. 1 ZPO) begründet werden, bedarf aber für die Zulässigkeit und Begründetheit keiner Begründung. Wenn der Beschwerdeführer das Rechtsmittel zunächst lediglich fristwahrend eingelegt und eine Begründung angekündigt oder sich vorbehalten hat, muss das Gericht entweder ihm hierfür eine angemessene Frist setzen und diese abwarten oder es muss auch ohne Fristsetzung eine angemessene Zeit bis zur Entscheidung abwarten. Dies gebietet der Grundsatz des rechtlichen Gehörs.[84] In der Regel werden zwei Wochen zur Nachreichung der Begründung ausreichen.

32 Die sofortige Beschwerde ist nach § 569 Abs. 1 S. 1 ZPO innerhalb einer **zweiwöchigen Notfrist** zu erheben, die, sofern nichts anderes bestimmt ist, mit der Zustellung der angefochtenen Entscheidung, spätestens jedoch mit dem Ablauf von fünf Monaten nach der Verkündung des angefochtenen Beschlusses beginnt

---

76 Dassler/Schiffhauer/*Hintzen*, § 95 Rn 29; anders und ohne Differenzierung zwischen lediglich vorbereitenden und anderen Zwischenentscheidungen *Stöber*, § 95 Rn 5.1.
77 BGBl. I S. 2302.
78 Zur früheren Rechtslage und hier für eine Analogie etwa Wieczorek/Schütze/*Jänich*, ZPO, § 567 Rn 15; zum Ganzen mwN Zöller/*Heßler*, ZPO, § 567 Rn 21.
79 Dassler/Schiffhauer/*Hintzen*, § 95 Rn 29 aE; *Stöber*, § 95 Rn 5.1 ff.
80 *Stöber*, § 95 Rn 5.4.
81 Dassler/Schiffhauer/*Hintzen*, § 95 Rn 31; Musielak/*Ball*, ZPO, § 571 Rn 10.
82 BGH NJW-RR 2009, 852, 853; LG Münster Rpfleger 2010, 44.
83 *Stöber*, § 95 Rn 5.4.
84 *Stöber*, § 95 Rn 5.5.

(§ 569 Abs. 1 S. 2 ZPO). Verkündete Beschlüsse werden danach unabhängig von der Ordnungsmäßigkeit der Zustellung durch Zeitablauf formell rechtskräftig.[85] Nach Ablauf der Notfrist kann eine sofortige Beschwerde unter den Voraussetzungen der **Wiedereinsetzung** (§§ 233 ff ZPO) oder einer **Nichtigkeits- bzw Restitutionsklage** erhoben werden (§ 569 Abs. 1 S. 3 ZPO).

Adressat der Beschwerdeschrift ist nach § 569 Abs. 1 S. 1 ZPO entweder das Ausgangs- oder das Beschwerdegericht. Nach § 572 ZPO entscheidet als **Beschwerdegericht** das im Rechtszug nächsthöhere Gericht, im Verfahren der Zwangsversteigerung und Zwangsverwaltung also das Landgericht. Die Entscheidung ergeht durch einen mit einer **Begründung** versehenen **Beschluss**.[86] Art. 103 Abs. 1 GG verlangt keine **Anhörung des Gegners**, wenn die sofortige Beschwerde ohne weiteres verworfen oder zurückgewiesen werden kann, weil seine Rechte dann nicht verletzt sein können. 33

Auch für die Besetzung des Beschwerdegerichts gelten die allgemeinen Regeln der ZPO. Danach entscheidet der **Einzelrichter**, wenn die angefochtene Entscheidung vom Einzelrichter oder vom Rechtspfleger erlassen wurde. Nur bei besonderer Schwierigkeit in tatsächlicher oder rechtlicher Hinsicht sowie bei Grundsatzbedeutung gilt anderes (§ 568 S. 1 und 2 ZPO). 34

§ 572 Abs. 1 ZPO ermächtigt den Rechtspfleger bzw Richter, dessen Entscheidung mit der sofortigen Beschwerde angefochten worden ist, zur **Abhilfe**. Die betreffende Gerichtsperson hat nochmals zu prüfen, ob es einer Aufhebung, Abänderung oder Berichtigung bedarf. Oftmals reicht zur Begründung der Nichtabhilfeentscheidung eine Bezugnahme auf die Gründe der angefochtenen Entscheidung. Anderes gilt jedoch hinsichtlich neuen Vorbringens, das wegen des späten entscheidungserheblichen Zeitpunkts noch zu berücksichtigen ist.[87] **Neues Tatsachenvorbringen** ist gem. §§ 793, 571 Abs. 2 ZPO im Beschwerdeverfahren zwar grds. zu berücksichtigen. Bei der Zuschlagsbeschwerde gilt jedoch nach § 100 Abs. 1 anderes, soweit es nicht um § 765 a ZPO und eine **Suizidgefahr** geht.[88] Das Beschwerdegericht kann allerdings nach § 571 Abs. 3 ZPO **Fristen** setzen und neues Tatsachenvorbringen nach Ablauf der Frist uU präkludieren. Doch auch hierbei dürften die Besonderheiten in Zusammenhang mit einem drohenden Suizid zu beachten sein. 35

c) Einstweiliger Rechtsschutz. Obgleich es sich bei der sofortigen Beschwerde wegen des **Devolutiveffekts** um ein Rechtsmittel und nicht um einen sonstigen Rechtsbehelf handelt, fehlt es ihr grds. am **Suspensiveffekt**, also an der aufschiebenden Wirkung (§ 570 Abs. 1 ZPO).[89] § 570 Abs. 2 und 3 ZPO sehen als einstweiligen Rechtsschutz allerdings eine im Ermessen des Ausgangs- bzw des Beschwerdegerichts stehende **Aussetzung der Vollziehung** der angefochtenen Entscheidung vor. Zu beachten ist, dass hier nicht die Wirksamkeit des Zuschlags als solche ausgesetzt werden kann, sondern nur die Vollstreckung aus dem betreffenden Beschluss.[90] 36

Das Beschwerdegericht kann nach § 570 Abs. 3 Hs 1 ZPO auch weitere Anordnungen treffen, zB eine Einstellung gegen **Sicherheitsleistung** anordnen. Sowohl die Entschließung als auch Auswahl des Mittels zur Gewährung einstweiligen Rechtsschutzes steht im pflichtgemäßen Ermessen des Gerichts. In der Regel wird 37

---

85 Dassler/Schiffhauer/*Hintzen*, § 95 Rn 32.
86 Dassler/Schiffhauer/*Hintzen*, § 95 Rn 34; *Stöber*, § 96 Rn 2.2.
87 Dassler/Schiffhauer/*Hintzen*, § 95 Rn 35; *Stöber*, § 96 Rn 2.2.
88 Zu neuem Vorbringen im Rahmen von § 100 Abs. 1 ZVG, § 765 a ZPO: BGHZ 44, 138; BGH NJW 2006, 505; BGH WuM 2011, 117, 118; *Stöber*, § 96 Rn 2.2.
89 *Stöber*, § 95 Rn 5.6.
90 ZB BGH WuM 2011, 122, 123 aE (im Rechtsbeschwerdeverfahren über § 574 Abs. 1 ZPO); *Stöber*, § 95 Rn 5.

eine sachgerechte Ausübung des Ermessens allerdings den Eingang der Beschwerdebegründung erfordern.[91]

38 Getroffene Maßnahmen des einstweiligen Rechtsschutzes verlieren mit dem Erlass der Entscheidung über die Beschwerde ohne weiteres ihre **Wirkung**.[92] Gleichwohl wird oft eine gleichlautende Befristung ausgesprochen.[93]

39 Nach § 570 Abs. 3 ZPO getroffene Anordnungen sind **nicht anfechtbar**; sie sind aber insofern unverbindlich, als das Beschwerdegericht sie jederzeit von Amts wegen ganz oder teilweise aufheben oder abändern kann.[94] Mag also auch kein Rechtsmittel statthaft sein, kann hier doch eine **Gegenvorstellung** Erfolg haben.

40 d) **Besonderheiten bei der Entscheidung des Rechtsmittelgerichts.** Mit Rücksicht auf ein mögliches Entfallen der Wirkung der Beschlagnahme darf das Beschwerdegericht den angefochtenen Beschlagnahmebeschluss nicht aufheben und die Sache an das Vollstreckungsgericht zurückverweisen, wenn ein Rechtsmittel gegen einen Anordnungs- oder Beitrittsbeschluss **nur teilweise begründet** ist. Vielmehr muss das Beschwerdegericht hier selbst entscheiden und das Rechtsmittel ggf teilweise zurückweisen.[95] Die **Aufhebung einer** seitens des Vollstreckungsgerichts (zu Unrecht) angeordneten **Aufhebung** durch das Beschwerdegericht wirkt nicht zurück. Vielmehr bedarf es einer Neuanordnung mit Wirkung ex nunc.[96] Dementsprechend sollte die Wirksamkeit von Aufhebungen für den Zeitpunkt der Rechtskraft angeordnet werden.[97] Zweifelhaft ist, ob ein Rechtsmittel mit Rücksicht auf eine **Restwirkung der ursprünglichen Beschlagnahme** noch zulässig ist, wenn die Beschlagnahme schon durch Aufhebung oder anders beendet worden ist.[98] Jedenfalls besteht ein Rechtsschutzbedürfnis aber nach Aufhebung der Beschlagnahme nur noch, wenn die Erneuerung der Maßnahme angestrebt wird.[99]

41 Wenden sich mehrere Beschwerdeführer gegen eine Entscheidung oder greift ein Beschwerdeführer mehrere Entscheidungen an, liegen **mehrere Rechtsmittel** vor.[100]

42 e) **Kosten.** Nr. 2240 und 2241 KV GKG betreffen die Gebührentatbestände für die **Gerichtskosten** im Beschwerdeverfahren. Danach fallen pauschal 120 € an, wenn für die mit der Beschwerde angefochtene Entscheidung eine Festgebühr vorgesehen ist und das Rechtsmittel verworfen oder zurückgewiesen wird. Bei einem Teilerfolg entscheidet das Gericht nach pflichtgemäßem Ermessen, ob es eine hälftige Kostenerstattung anordnet oder sogar bestimmt, dass eine Gebühr nicht erhoben wird. Eine Gebühr (1,0) entsteht in Verfahren über nicht besonders aufgeführte Beschwerden, für die nicht anderweitig Gebührenfreiheit vorgesehen ist und die zurückgewiesen oder verworfen werden. Hier bestimmt § 47 GKG, dass der **Streitwert** sich nach den Anträgen des Rechtsmittelführers richtet. Die Beschwer ist nur dann maßgebend, wenn entweder das Verfahren ohne solche Anträge endet oder die Anträge nicht innerhalb einer zur Rechtsmittelbegründung vorgesehenen Frist angebracht werden. Abgesehen von den Fällen der

---

91 BGH NJW 2002, 1658.
92 OLG Köln WM 1983, 304; *Zöller/Heßler*, ZPO, § 570 Rn 5.
93 BGH WuM 2011, 122, 123 aE (im Rechtsbeschwerdeverfahren über § 574 Abs. 1 ZPO).
94 OLG Köln ZMR 1990, 419; *Zöller/Heßler*, ZPO, § 570 Rn 6.
95 OLG Köln ZIP 1980, 578; *Schneider*, MDR 1978, 525; *Stöber*, § 95 Rn 5.8.
96 OLG Stuttgart Rpfleger 1961, 21; *Stöber*, § 95 Rn 5.8.
97 *Stöber*, § 95 Rn 5.8.
98 Dagegen OLG Stuttgart Rpfleger 1961, 21; LG Verden NdsRpfl 1967, 60; anders *Stöber*, § 95 Rn 5.8.
99 OLG Nürnberg Rpfleger 1961, 52 m. Anm. *Berner*; *Stöber*, § 95 Rn 5.8.
100 KG Rpfleger 1970, 36; *Stöber*, § 95 Rn 5.9.

Antragserweiterung ist der Streitwert der Höhe nach durch den Wert der Beschwer im ersten Rechtszug begrenzt.[101]

Nach Nr. 3500 VV RVG erhält der **Rechtsanwalt** für die sofortige Beschwerde eine 0,5-Verfahrensgebühr, soweit keine besonderen Gebühren vorgesehen sind. Hinzu kommt uU eine Terminsgebühr nach Nr. 3513 VV RVG. Gemäß § 18 Abs. 1 Nr. 3 RVG handelt es sich hier um eine besondere Angelegenheit.[102] Für den **Gegenstandswert** gelten die §§ 23, 26 f RVG. Maßgebend ist der Wert der angefochtenen Entscheidung bzw das Interesse des Beschwerdeführers an der begehrten Abänderung.[103] 43

5. Rechtsbeschwerde, §§ 574 ff ZPO. a) Zulässigkeit und Begründetheit, Verfahren. Für die Entscheidung über die nach den §§ 574 ff ZPO an die Stelle der weiteren Beschwerde getretene Rechtsbeschwerde ist nach § 133 GVG der **BGH** zuständig. 44

Das Rechtsmittel ist nur **statthaft**, wenn dies entweder **im Gesetz** ausdrücklich so vorgesehen ist oder das Beschwerdegericht der Rechtsbeschwerde **zugelassen** hat (§ 574 Abs. 1 S. 1 Nr. 1 und 2 ZPO). Nach § 574 Abs. 2 ZPO muss allerdings in den Fällen der Statthaftigkeit kraft Gesetzes ein Zulassungsgrund hinzukommen. **Zulassungsgründe** sind Grundsatzbedeutung,[104] Sicherung der Einheitlichkeit der Rspr[105] und Rechtsfortbildung (§ 574 Abs. 2 ZPO). In den Fällen der Zulassung durch das Beschwerdegericht ist der BGH als Gericht der Rechtsbeschwerde nach § 574 Abs. 3 S. 2 ZPO **an die Zulassung gebunden**.[106] Ist also einmal zugelassen, kommt es nicht mehr auf das Vorliegen eines Zulassungsgrundes iSd § 574 Abs. 2 ZPO an; eine **Ausnahme** mag man entsprechend der Rspr zu den Grenzen der Bindung gem. § 281 Abs. 2 S. 4 ZPO für die Fälle willkürlicher Zulassung erwägen. Allerdings ist das Beschwerdegericht zur Zulassung nur dann berechtigt und verpflichtet, wenn ein Zulassungsgrund vorliegt (§ 574 Abs. 3 S. 1 ZPO). 45

Das ZVG sieht nicht ausdrücklich die Zulassung der Rechtsbeschwerde vor. Deshalb bedarf es der **Zulassung durch das Beschwerdegericht**.[107] Die Entscheidung hierüber ist – abgesehen von Anhörungsrüge (§ 321 a ZPO) und Verfassungsbeschwerde – nicht anfechtbar. Der Gesetzgeber hat bewusst von der Erstreckung der **Nichtzulassungsbeschwerde** gem. § 544 ZPO auch auf das Beschwerdeverfahren abgesehen.[108] Dem Rechtsmittel der Rechtsbeschwerde kommt nach der Vorstellung des Gesetzgebers bei der ZPO-Reform die Funktion der Revision für den Beschwerderechtszug zu. Auch hier soll der BGH grundsätzliche Fragen klären und die Rspr vereinheitlichen.[109] 46

Nach § 575 Abs. 1 S. 1 ZPO ist die Rechtsbeschwerde binnen einer **einmonatigen Notfrist** nach Zustellung des Beschwerdebeschlusses zu erheben, und zwar durch Einreichen einer von einem beim BGH zugelassenen **Rechtsanwalt**[110] verfassten **Beschwerdeschrift** beim BGH.[111] § 575 Abs. 1 S. 2 ZPO regelt den notwendigen **Inhalt** der Beschwerdeschrift. Außerdem soll nach § 575 Abs. 1 S. 3 ZPO eine 47

---

101 Dassler/Schiffhauer/*Hintzen*, § 95 Rn 49.
102 Dassler/Schiffhauer/*Hintzen*, § 95 Rn 51; Zöller/*Stöber*, ZPO, § 793 Rn 10.
103 Dassler/Schiffhauer/*Hintzen*, § 95 Rn 53.
104 Dazu BGH NJW 2002, 3029.
105 Dazu BGH NJW 2002, 2473; BGH NJW 2002, 2945.
106 BGH WuM 2011, 122, 123; BGH NJW-RR 2011, 1459, 1460 f und mit Zulassungsfehler etwa LG Aachen 13.4.2011 – 3 T 203/10, juris (Rn 25).
107 Dassler/Schiffhauer/*Hintzen*, § 95 Rn 41 und 43; *Stöber*, § 95 Rn 6.
108 BT-Drucks. 14/4722, S. 116 f; Zöller/*Heßler*, ZPO, § 574 Rn 16.
109 BT-Drucks. 14/4722, S. 116; BGH NJW-RR 2011, 1459, 1460 f.
110 BGH NJW-RR 2002, 1721; BGH NJW 2002, 2181.
111 Dassler/Schiffhauer/*Hintzen*, § 95 Rn 42; *Stöber*, § 95 Rn 6.

Ausfertigung oder eine beglaubigte Abschrift der **angefochtenen Entscheidung** beigefügt werden. § 575 Abs. 2 und 3 ZPO betrifft die Anforderungen an eine gesonderte Beschwerdebegründung. Eine Abhilfeentscheidung ist im Verfahren der Rechtsbeschwerde nicht vorgesehen, kommt also hier nicht in Betracht.[112]

48 Die Rechtsbeschwerde ist gem. § 576 Abs. 1 ZPO begründet, wenn die angefochtene Entscheidung entweder auf einer Verletzung des Bundesrechts oder einer anderen Vorschrift, die über den Bezirk eines Beschwerdegerichts hinaus gilt, beruht. § 576 Abs. 3 ZPO regelt insofern, dass hinsichtlich der Frage der **Rechtsverletzung** § 546 ZPO und hinsichtlich der Frage der **Kausalität** § 547 ZPO (absolute Revisionsgründe) Anwendung finden, also das Recht der Revision und das der Rechtsbeschwerde insofern gleichlaufen. Dementsprechend eröffnet die Rechtsbeschwerde – anders als die weitere Beschwerde nach der ZPO in ihrer bis zur Reform geltenden Fassung – auch keine weitere Tatsacheninstanz.[113]

49 **b) Einstweilige Anordnung.** Auch der BGH kann mit einer einstweiligen Anordnung zwar nicht die Wirksamkeit des Zuschlags aussetzen, aber die Vollziehung der angefochtenen Entscheidung (§§ 570 Abs. 3, 574 Abs. 1, 575 Abs. 5 ZPO).[114]

50 **c) Kosten.** Nr. 2242 und 2243 KV GKG regeln die Gebührentatbestände der **Gerichtskosten** für das Verfahren der Rechtsbeschwerde. Danach fallen pauschal 240 € an, wenn hinsichtlich der angefochtenen Entscheidung eine Festgebühr angeordnet ist und das Rechtsmittel verworfen oder zurückgewiesen wird. Bei Teilerfolgen gelten die Ausführungen zur sofortigen Beschwerde entsprechend (vgl Rn 42): Hier kann das Gericht der Rechtsbeschwerde eine hälftige Kostentragung anordnen oder bestimmen, dass von der Erhebung von Gerichtsgebühren abzusehen ist. Wird eine Rechtsbeschwerde verworfen oder zurückgewiesen, ist sie nicht besonders aufgeführt und ebenso wenig nach anderen Vorschriften gerichtsgebührenfrei, entsteht eine 2,0-Gebühr. Der **Streitwert** richtet sich, soweit überhaupt von Bedeutung, nach § 47 GKG. Insofern gelten die Ausführungen zur sofortigen Beschwerde entsprechend (vgl Rn 42).[115]

51 Nach Nr. 3502 VV RVG fällt bei einer Rechtsbeschwerde eine Verfahrensgebühr (1,0) an **Anwaltskosten** an. Bei vorzeitiger Beendigung gilt Nr. 3503 VV RVG, für die Terminsgebühr Nr. 3516 VV RVG.[116] Für den **Gegenstandswert** gelten die §§ 23, 26 f RVG. Maßgebend ist das Interesse des Rechtsbeschwerdeführers an der Abänderung der angefochtenen Entscheidung.[117]

52 **6. Anhörungsrüge, § 321 a ZPO. a) Gegenstand, Zulässigkeit und Begründetheit, Verfahren.** Die erst mit dem ZPO-Reformgesetz zum 1.1.2002 eingeführte, mit dem 1. Justizmodernisierungsgesetz erstmals geänderte und nach dem Plenarbeschluss des BVerfG vom 30.4.2003[118] mit dem Anhörungsrügengesetz erweiterte Anhörungsrüge nach § 321 a ZPO[119] dient der **Selbstkorrektur** bei Verstö-

---

112 Dassler/Schiffhauer/*Hintzen*, § 95 Rn 42; Musielak/*Ball*, ZPO, § 575 Rn 3.
113 Zöller/*Heßler*, ZPO, Vorbem zu § 574 Rn 5.
114 BGH WuM 2011, 122, 123 aE (hier nach Entscheidung über Rechtsbeschwerde und für die Zeit bis zur erneuten Entscheidung des Beschwerdegerichts); *Stöber*, § 95 Rn 6.
115 Dassler/Schiffhauer/*Hintzen*, § 95 Rn 50. Der BGH setzt den Gegenstandswert nach dem Wert der Zuschlagsbeschwerde fest, und zwar auf ein Bruchteil des Zuschlagswertes: BGH WuM 2009, 140, 142 (1/10).
116 Dassler/Schiffhauer/*Hintzen*, § 95 Rn 51; Zöller/*Heßler*, ZPO, § 574 Rn 23.
117 Dassler/Schiffhauer/*Hintzen*, § 95 Rn 53.
118 BVerfG NJW 2003, 1924 ff.
119 Stein/Jonas/*Leipold*, ZPO, § 321 a Rn 1 ff; eingehend Wieczorek/Schütze/*Rensen*, ZPO, § 321 a Rn 6 ff.

ßen gegen das rechtliche Gehör mit verbindlichen (§ 318 ZPO),[120] unanfechtbaren Entscheidungen und der **Entlastung des BVerfG** von (auch) auf Art. 103 Abs. 1 GG gestützten Verfassungsbeschwerden.[121] Rügegegenstand sind dementsprechend ausschließlich behauptete **Verletzungen des Art. 103 Abs. 1 GG**, nicht hingegen solche des einfachen Verfahrensrechts und anderer Verfahrensgrundrechte.[122] **Zwischenentscheidungen** sind zwar nach § 321 a Abs. 1 S. 2 ZPO grds. nicht anfechtbar. Anderes gilt jedoch, wenn und soweit die betreffende Zwischenentscheidung eine für das weitere Verfahren verbindliche Entscheidung eines bestimmten Gegenstandes beinhaltet.[123] Auch Zwischenentscheidungen mit einem eigenen Rechtszug erfasst § 321 a Abs. 1 S. 2 ZPO nicht.[124] Die Anhörungsrüge ist insofern ein **subsidiärer Rechtsbehelf**, als sie nur dann statthaft ist, wenn kein anderer Rechtsbehelf eröffnet ist (§ 321 a Abs. 1 S. 1 Nr. 1 ZPO).

Die Anhörungsrüge wird nach § 321 a Abs. 2 S. 4 ZPO durch eine **Rügeschrift beim iudex a quo** erhoben. § 321 a Abs. 4 S. 5 ZPO regelt den **Mindestinhalt**. Die **zweiwöchige Notfrist** des § 321 a Abs. 2 S. 1 ZPO läuft ab Kenntnis von der Gehörsverletzung, nicht ab Zustellung;[125] anderes mag bei einem bewussten Nichtlesen der betreffenden Entscheidung gelten.[126] Von dieser Rügefrist ist die einjährige **Ausschlussfrist** des § 321 a Abs. 2 S. 2 ZPO zu unterscheiden; nur für Letztere gilt die Bekanntgabefiktion in § 321 a Abs. 2 S. 2 ZPO.[127] 53

Dem Gegner muss nach § 321 a Abs. 3 ZPO nur dann **Gehör** gewährt werden, wenn die Rüge nicht bereits aufgrund der Rügeschrift entweder verworfen oder zurückgewiesen wird, weil er nur dann beschwert sein kann.[128] § 321 a Abs. 4 ZPO sieht eine **Amtsprüfungspflicht** sowie einen **Vorrang der Sachentscheidungsvoraussetzungen** vor.[129] Die Rüge ist nicht schon dann begründet, wenn eine Verletzung des Art. 103 Abs. 1 GG vorliegt, sondern nur dann, wenn diese auch **entscheidungserheblich** ist. Dabei kann das Gericht die **tragenden Gründe austauschen**, muss hierbei allerdings wiederum insb. das rechtliche Gehör beachten.[130] Über die Verwerfung und Zurückweisung entscheidet das Gericht mit einem **kurz begründeten Beschluss** (§ 321 a Abs. 4 S. 2–5 ZPO). Nur der BGH darf mit Rücksicht auf § 544 Abs. 4 S. 2 ZPO auf eine Begründung verzichten.[131] Das sollte allerdings auf Fälle beschränkt bleiben, in denen die Unzulässigkeit oder Unbegründetheit der Rüge entweder ohne Weiteres schon aus den bekannten Erwägungen des Gerichts folgt oder so offensichtlich ist, dass es weiterer Ausführungen für den rechtskundig vertretenen Rechtsuchenden nicht bedarf. Der Beschluss ist **unanfechtbar** (§ 321 a Abs. 4 S. 4 ZPO). Hält das Gericht die Rüge hingegen für zulässig und begründet, bedarf es nicht eines Beschlusses, sondern das Verfahren ist ohne weiteres fortzusetzen.[132] Beschränkt auf den Gegenstand der Gehörsverletzung – das wurde mit dem 1. Justizmodernisierungsgesetz klar- 54

---

120 Eingehender Wieczorek/Schütze/*Rensen*, ZPO, § 321 a Rn 19 f; ohne Differenzierung etwa Stein/Jonas/*Leipold*, ZPO, § 321 a Rn 11.
121 BT-Drucks. 14/4722, S. 63.
122 BGH NJW 2008, 2126; eingehender Wieczorek/Schütze/*Rensen*, ZPO, § 321 a Rn 49 ff; str.
123 BVerfG MDR 2008, 223.
124 Zöller/*Vollkommer*, ZPO, § 321 a Rn 5 aE.
125 BVerfG NJW 2007, 2242; BAG NJW 2006, 2346; dazu *Rensen*, MDR 2007, 695 ff; anders BGH FamRZ 2006, 1029.
126 OLG Oldenburg MDR 2009, 764.
127 BVerfG NJW 2007, 2242.
128 *Schmidt*, MDR 2002, 915, 916.
129 Zöller/*Vollkommer*, ZPO, § 321 a Rn 16.
130 Näher dazu Wieczorek/Schütze/*Rensen*, ZPO, § 321 a Rn 62; allgemein Stein/Jonas/*Leipold*, ZPO, § 321 a Rn 41 f.
131 BT-Drucks. 15/3706, S. 16.
132 Musielak/*Musielak*, ZPO, § 321 a Rn 11; *Schmidt*, MDR 2002, 915, 917.

gestellt[133] – wird das Verfahren damit in die **Lage vor der Verletzung** zurückversetzt (§ 321 a Abs. 5 ZPO).

55 **b) Einstweiliger Rechtsschutz.** Für den einstweiligen Rechtsschutz enthält § 321 a ZPO zwar keinen Verweis. § 707 Abs. 1 ZPO ermöglicht aber die einstweilige Einstellung der Zwangsvollstreckung. Dementsprechend kann auch im Verfahren nach dem ZVG die Vollstreckung eingestellt werden, wenn hinsichtlich des betreffenden Titels Anhörungsrüge erhoben worden ist.

56 **c) Kosten.** Für das Verfahren der Anhörungsrüge sieht Nr. 2500 KV GKG hinsichtlich der **Gerichtskosten** eine Pauschalgebühr iHv 60 € vor. Hinsichtlich der **Anwaltsvergütung** steht § 19 S. 2 Nr. 5 RVG idR einer gesonderten Gebühr entgegen. Andernfalls fällt nach Nr. 3330 VV RVG eine 0,5-Gebühr an. Für den **Gegenstandswert** gelten die §§ 23, 26 f RVG. Maßgebend ist das Interesse der rügeführenden Partei an der begehrten Abänderung.[134]

57 **7. Ungeschriebene Rechtsbehelfe, Verfassungsbeschwerde, EMRK. a) Gegenvorstellung und außerordentliche Beschwerde.** Unklar ist, ob auch nach der Einführung der Anhörungsrüge nach § 321 a ZPO noch Raum für ungeschriebene Rechtsbehelfe, wie zB die Gegenvorstellung und die außerordentliche Beschwerde, verblieben ist. Für die **außerordentliche Beschwerde** hat der BGH das schon vor der mit dem Anhörungsrügegesetz verbundenen Erweiterung des § 321 a ZPO – wenn auch mit zweifelhafter Begründung – verneint.[135] Das lässt sich auf die **Gegenvorstellung** übertragen.[136] Insgesamt gilt, dass hinsichtlich solcher Entscheidungen, die jederzeit auf Anregung der Parteien oder auch von Amts wegen abgeändert werden können (zB PKH-Versagung, Streitwertfestsetzung, einstweilige Einstellung der Vollstreckung), keine Bedenken gegen ungeschriebene Rechtsbehelfe bestehen. Einschlägig ist hier die Gegenvorstellung, weil der iudex a quo zuständig bleibt. Hinsichtlich **prozessual verbindlicher Entscheidungen** (§ 318 ZPO) ist dagegen zu bedenken, dass mit einer Abänderung die Entziehung eines für den Gegner verbindlich zuerkannten Rechts verbunden ist. Für diesen Eingriff in die Rechte des Gegners bedarf es nach der Wesentlichkeitstheorie einer **gesetzlichen Ermächtigung**.[137] Hinzu kommt, dass hier Rechtssicherheit geboten ist und deshalb gegen ungeregelte Rechtsbehelfe Bedenken wegen mangelnder **Rechtsmittelklarheit** bestehen.[138] Ungeschriebene Rechtsbehelfe kommen deshalb hinsichtlich verbindlicher Entscheidungen nicht in Betracht. Insofern trifft die Rspr des BGH iE zu. Der BFH hat seine Vorlage an den Gemeinsamen Senat wegen der Zulässigkeit einer Gegenvorstellung gegen einen PKH-Beschluss mit Rücksicht auf die vorstehende Differenzierung zurückgenommen.[139]

58 **b) Verfassungsbeschwerde.** Als nationaler Rechtsbehelf kommt schließlich noch die Verfassungsbeschwerde zum BVerfG in Betracht (Art. 93 Abs. 1 Nr. 4 a GG, §§ 90 ff BVerfGG). Diese bedarf allerdings zum einen der Einhaltung der Beschwerdefrist des § 93 Abs. 1 S. 1 BVerfGG und zum anderen der Erschöpfung des Rechtswegs gem. § 90 Abs. 2 S. 1 BVerfGG. Ob ungeschriebene Rechtsbehelfe trotz der vorstehenden Ausführungen zum **Rechtsweg** gehören und die **Beschwerdefrist** jedenfalls dann offenzuhalten geeignet sind, wenn sie ihrerseits in-

---

133 Zöller/*Vollkommer*, ZPO, § 321 a Rn 18; eingehender Wieczorek/Schütze/*Rensen*, ZPO, § 321 a Rn 75.
134 Dassler/Schiffhauer/*Hintzen*, § 95 Rn 53.
135 BGH NJW 2002, 1577.
136 Offen gelassen in BGH 4.8.2008 – AnwZ [B] 59/07, juris (Rn 2); anders allerdings zB BGH GRUR 2005, 614.
137 BVerfG NJW 2009, 829.
138 BVerfG NJW 2007, 2538.
139 BFH NJW 2008, 543 f sowie NJW 2009, 3053 m. abweiger Anm. *Sangmeister* insb. im Hinblick auf die Erwägungen in BVerfG NJW 2009, 829.

nerhalb der Monatsfrist des § 93 Abs. 1 S. 1 BVerfGG erhoben werden,[140] ist lange zweifelhaft gewesen.[141] Nunmehr hat der 1. Senat des BVerfG dies für die Gegenvorstellung allgemein verneint.[142] Unter Subsidiaritätsgesichtspunkten ist jedenfalls zu empfehlen, auch die verfassungsrechtlichen Bedenken bereits im Ausgangsverfahren umfassend geltend zu machen.

c) EMRK. Nach der Erschöpfung aller nationalen Rechtsbehelfe einschließlich der Verfassungsbeschwerde bleibt noch die **Beschwerde zum Europäischen Gerichtshof für Menschenrechte**, Art. 34 S. 1, Art. 35 EMRK. 59

8. Rechtsbehelfsbelehrung. Durch Art. 1 des Gesetzes zur Einführung einer Rechtsbehelfsbelehrung im Zivilprozess und zur Änderung anderer Vorschriften vom 5.12.2012[143] wurde mit Wirkung zum 1.1.2014 die Vorschrift des **§ 232 ZPO** eingefügt. Nach § 232 S. 1 ZPO muss in jeder anfechtbaren gerichtlichen Entscheidung sowohl über das statthafte Rechtsmittel, den Einspruch, den Widerspruch oder die Erinnerung als auch über das Gericht, bei dem der Rechtsbehelf einzulegen ist, über den Sitz des Gerichts und über die einzuhaltende Form und Frist belehrt werden. Nach § 232 S. 2 ZPO ist die Belehrungspflicht in Verfahren mit Anwaltszwang (§ 78 ZPO) eingeschränkt auf die Belehrung über die Rechtsbehelfe Einspruch und Widerspruch.[144] Im Anwendungsbereich des ZVG ist neben den zur Anwendung kommenden Rechtsbehelfen der Zivilprozessordnung über das Recht der Zuschlagsbeschwerde gem. den §§ 95 ff zu belehren.[145] Der **Begriff** der **Entscheidung** in § 232 S. 1 ZPO deckt sich in Abgrenzung zum Begriff der Maßnahme mit dem Entscheidungsbegriff der §§ 793, 567 ZPO sowie des § 11 Abs. 2 RPflG.[146] Von der Belehrungspflicht umfasst sind lediglich die in § 232 S. 1 ZPO aufgezählten Rechtsbehelfe, nicht hingegen solche wie die Vollstreckungsabwehrklage nach § 767 ZPO oder die Härtefallregelung des Vollstreckungsschutzantrags nach § 765 a ZPO.[147] **Fehlte** die Rechtsbehelfsbelehrung oder war sie **unrichtig**, so wird nach § 233 S. 2 ZPO bei einem Antrag auf Wiedereinsetzung in den vorigen Stand ein fehlendes Verschulden an der Fristversäumung vermutet.[148] 60

§ 95 [Zulässigkeit]

Gegen eine Entscheidung, die vor der Beschlußfassung über den Zuschlag erfolgt, kann die sofortige Beschwerde nur eingelegt werden, soweit die Entscheidung die Anordnung, Aufhebung, einstweilige Einstellung oder Fortsetzung des Verfahrens betrifft.

---

140 BVerfG NJW 1995, 3248.
141 BVerfG NStZ-RR 2002, 109; BVerfG NJW 2006, 2907 f; BVerfG NJW 2007, 3771, 3772.
142 BVerfG, 1. Senat, Beschl. v. 25.11.2008 – 1 BvR 848/07, juris.
143 BGBl. I S. 2418.
144 BT-Drucks. 17/10490, S. 12; Zöller/*Greger*, ZPO, § 232 Rn 2.
145 BT-Drucks. 17/10490, S. 14; Zöller/*Greger*, ZPO, § 232 Rn 2.
146 BT-Drucks. 17/10490, S. 14; Zöller/*Greger*, ZPO § 232 Rn 2.
147 BT-Drucks. 17/10490, S. 14; Zöller/*Greger*, ZPO § 232 Rn 2.
148 Zöller/*Greger*, ZPO, § 232 Rn 23.

I. Allgemeines

1 Schon seinem Wortlaut nach betrifft § 95 lediglich das Verfahren der **Zwangsversteigerung**, nicht das der Zwangsverwaltung. Dort richtet sich die sofortige Beschwerde allein nach den §§ 793, 567 ff ZPO.[1]

2 § 95 entzieht die **vor dem Zuschlagsbeschluss gefassten Entscheidungen** des Vollstreckungsgerichts weitgehend der selbständigen Anfechtung;[2] solche Entscheidungen müssen in Zusammenhang mit dem Zuschlagsbeschluss als dessen prozessuale Grundlage angefochten werden. Aus dem Verfahren vor Fassung des Zuschlagsbeschlusses können nur die Anordnung, die Aufhebung, eine einstweilige Einstellung oder die Fortsetzung des Verfahrens mit der sofortigen Beschwerde isoliert angegriffen werden. Das beruht auf der besonderen Bedeutung dieser Zwischenentscheidungen für das Verfahren.[3] Die übrigen Zwischenentscheidungen dienen lediglich der Vorbereitung des Zuschlags und werden mit dem Zuschlag entweder aufrechterhalten oder abgeändert. Ihnen fehlt die **rechtliche Selbständigkeit** als Voraussetzung eines Rechtsmittels.[4] Das ergibt sich auch aus § 79. Danach ist das Vollstreckungsgericht bei dem Zuschlag nicht an seine vorher getroffenen Entscheidungen gebunden. In diesem Zusammenhang hat der BGH entschieden, dass eine sofortige Beschwerde gegen die **Ablehnung einer Verkehrswertänderung**[5] durch den Zuschlag prozessual überholt und deshalb unzulässig ist.[6] Wegen des eigenen Rechtsmittelzuges ist die Festsetzung des Verkehrswertes nach § 74 a Abs. 5 von § 79 allerdings ausgenommen.[7] Da der Festsetzung des Wertes nach dem Zuschlag keine eigene Bedeutung mehr zukommt, ist neben dem Verfahren über ein Rechtsmittel gegen den Zuschlag kein anderes Rechtsmittelverfahren mehr eröffnet. Sofortige Beschwerden in **eigenen Rechtsmittelzügen** schließt § 95 nicht aus. Das gilt nicht nur für § 74 a Abs. 5 S. 3 (Festsetzung des Verkehrswertes), sondern auch hinsichtlich der § 30 b Abs. 3, § 30 d Abs. 3, § 30 f Abs. 3 S. 2 (einstweilige Einstellung) sowie im Hinblick auf Entscheidungen nach § 765 a ZPO.[8]

3 § 95 betrifft schließlich nur Entscheidungen, die mit der sofortigen Beschwerde angefochten werden können, nicht hingegen solche Vollstreckungsmaßnahmen, für die nach **§ 766 ZPO** die Vollstreckungserinnerung eröffnet ist.[9] Ebenso wenig greift § 95 in den Fällen des **§ 11 Abs. 2 RPflG** ein.[10]

4 § 95 soll verhindern helfen, dass der Schuldner das Verfahren durch eine Vielzahl von Rechtsbehelfen erheblich verzögert. Schon weil § 95 lediglich das Verfahren der Zwangsversteigerung, nicht auch das der Zwangsverwaltung betrifft, ist die Wirkung der Bestimmung aber begrenzt.[11] Hinzu kommt, dass die Bestimmung in diesem Anwendungsbereich nur eingeschränkt wirksam ist: Sie kann nicht verhindern, was in der Praxis regelmäßig vorkommt und teilweise zu für den Gläu-

---

1 OLG Koblenz MDR 1957, 172; LG Berlin NJW 1958, 1544; Dassler/Schiffhauer/*Hintzen*, § 95 Rn 54; *Stöber*, § 95 Rn 4.2.
2 Dassler/Schiffhauer/*Hintzen*, § 95 Rn 54; *Stöber*, § 95 Rn 4.1.
3 BGH NJW 2007, 3279, 3284.
4 *Stöber*, § 95 Rn 4.1.
5 Str; LG Braunschweig Rpfleger 2001, 611; anders OLG Hamm OLGZ 1993, 354; LG Coburg Rpfleger 1999, 553; LG Kassel Rpfleger 1984, 474 m. Anm. *Storz*; *Hornung*, Rpfleger 1992, 221; Dassler/Schiffhauer/*Hintzen*, § 74 a Rn 64; *Stöber*, § 74 a Rn 7.
6 BGH NJW-RR 2004, 302; Dassler/Schiffhauer/*Hintzen*, § 95 Rn 54.
7 BGH NJW-RR 2007, 194, 197 f.
8 Dassler/Schiffhauer/*Hintzen*, § 95 Rn 60; *Stöber*, § 95 Rn 4.3; zu § 30 b Abs. 3: LG Aachen 20.10.2008 – 3 T 304/08, juris (Rn 2); LG Mühlhausen 29.10.2007 – 2 T 273/07, juris (Rn 11).
9 *Stöber*, § 95 Rn 4.4.
10 *Stöber*, § 95 Rn 4.6.
11 Dassler/Schiffhauer/*Hintzen*, § 95 Rn 55.

biger kaum noch hinnehmbaren **Verzögerungen** führt, dass nämlich der Schuldner ohne Rücksicht auf § 95 gegen jede Verfügung und jede Entscheidung mit einem Rechtsbehelf vorgeht sowie in diesem Zusammenhang eine **Vielzahl von Gesuchen wegen angeblicher Besorgnis der Befangenheit** erhebt. Um dem entgegenzuwirken, sollte das Vollstreckungsgericht das Verfahren fördern, soweit das trotz des jeweiligen Rechtsbehelfs möglich ist. Dabei ist zu beachten, dass Beschwerden nach § 570 Abs. 1 ZPO grds. keine aufschiebende Wirkung zukommt. Soweit teilweise dazu geraten wird, dem Beschwerdegericht bei **querulatorischen Eingaben** lediglich die erheblichen Teile der Verfahrensakte vorzulegen, erscheint dies im Hinblick auf die gebotene umfassende Amtsprüfung seitens des Beschwerdegerichts problematisch. Besser ist es, notfalls ein **Aktendoppel** anzulegen und auf diese Weise den ungehinderten Fortgang des Verfahrens sicherzustellen.

Auch über die Statthaftigkeit und die Zulässigkeit eines Rechtsmittels im Übrigen hat zwar grds. das Beschwerdegericht und nicht das Ausgangsgericht zu entscheiden. Dies gilt aber nicht ausnahmslos. So besteht **keine Vorlagepflicht**, wenn der Beschwerderechtszug überhaupt nicht eröffnet, das **Rechtsmittel also offensichtlich unstatthaft** ist. Vielmehr ist das Ausgangsgericht hier ausnahmsweise befugt, das Rechtsmittel selbst zu verwerfen.[12] Ob danach eine Vorlagepflicht jedenfalls dann bejaht werden muss, wenn der Beschwerdeführer ohne Rücksicht auf die mangelnde Statthaftigkeit des Rechtsmittels auf der Vorlage besteht,[13] ist zweifelhaft.[14] In der Praxis kann ein derartiger Rechtsbehelf zunächst unter Hinweis auf die vorrangig gebotene Verfahrensförderung und die offensichtlich mangelnde Statthaftigkeit unerledigt bleiben, um ihn dann später zu bescheiden. Alternativ kommt auch hier die Anfertigung eines Aktendoppels zwecks Verfahrensförderung in Betracht. Schließlich ist zu erwägen, die Bescheidung offensichtlich unstatthafter Rechtsbehelfe bis zum Zuschlag zurückzustellen und sie dann gemeinsam hiermit zu erledigen.[15] Ungeklärt ist allerdings, wie weit eine solche Verfahrensweise mit Rücksicht auf das verfassungsrechtliche Gebot des effektiven Rechtsschutzes (für den Zivilprozess aus Art. 2 Abs. 1 GG iVm Art. 20 Abs. 3 GG[16]) und in Abwägung sowohl der Rechte der Schuldners als auch derjenigen des Gläubigers ausgedehnt werden darf.

II. Statthafter Rechtsbehelf

Der eröffnete Rechtsweg, der statthafte Rechtsbehelf (sofortige Beschwerde nach §§ 793, 567 ff ZPO, sofortige Rechtspflegererinnerung nach § 11 Abs. 2 RPflG oder Erinnerung nach § 766 ZPO) bestimmt sich nach den allgemeinen Regeln (vgl Vor §§ 95–104 Rn 7 ff). § 95 betrifft lediglich solche Entscheidungen, die mit der sofortigen Beschwerde angefochten werden können, nicht hingegen Maßnahmen, für die die Vollstreckungserinnerung (§ 766 ZPO), und Entscheidungen, für die die Rechtspflegererinnerung (§ 11 Abs. 2 RPflG) eröffnet ist.[17]

III. Selbständige Anfechtbarkeit

§ 95 beschränkt die Zulässigkeit der sofortigen Beschwerde gegen Entscheidungen vor dem Zuschlagsbeschluss. Es handelt sich um eine **Sondervorschrift** ge-

---

12 BGH NJW 1953, 1262; OLG Zweibrücken FamRZ 1984, 1031; Zöller/*Heßler*, ZPO, § 572 Rn 6.
13 OLG Köln Rpfleger 1975, 67; Zöller/*Heßler*, ZPO, § 572 Rn 6.
14 Dazu *Engel*, Rpfleger 1981, 81, 82.
15 *Böttcher*, § 95 Rn 2 f; Dassler/Schiffhauer/*Hintzen*, § 95 Rn 55.
16 BVerfGE 80, 103, 107; 85, 337, 345; 97, 169, 185; zweifelhaft deshalb der Hinweis auf Art. 19 Abs. 4 GG in BGH WuM 2011, 475, 476.
17 *Stöber*, § 95 Rn 4.4 und 4.6.

genüber § 567 Abs. 1 Nr. 2 ZPO; denn danach könnten alle Entscheidungen im schriftlichen Verfahren angegriffen werden, mit denen ein das Verfahren betreffendes Gesuch zurückgewiesen wird. Da grds. die §§ 793, 567 ff ZPO Anwendung finden, ist gegen gerichtliche Entscheidungen seit der **ZPO-Reform** als Rechtsmittel (vgl allerdings § 11 Abs. 2 RPflG mit dem Rechtsbehelf der sofortigen Rechtspflegererinnerung) nur noch die sofortige Beschwerde zulässig.[18] Zu berücksichtigen ist auch § 567 Abs. 2 ZPO, nach dem bei sofortigen Beschwerden gegen **Kostenentscheidungen** ein Beschwerdewert von mehr als 200 € erforderlich ist. § 567 Abs. 3 ZPO sieht vor, dass der Beschwerdegegner sich dem Rechtsmittel ohne Rücksicht auf einen vorherigen Rechtsmittelverzicht und die Beschwerdefrist anschließen kann. Die betreffende **Anschlussbeschwerde** verliert ihre Wirkung allerdings, wenn die Hauptbeschwerde zurückgenommen oder verworfen wird. Dies entspricht § 577 a S. 1 und 2 ZPO aF.

8 Nach § 95 können Anordnungs-, Aufhebungs-, Einstellungs- und Fortsetzungsbeschlüsse selbständig angegriffen werden. Dies gilt über den allzu engen Gesetzeswortlaut hinaus nach dem Sinn und Zweck des § 95 auch für Beschlüsse über die **Zulassung des Beitritts**.[19] Diese treten nämlich funktional an die Stelle eines Anordnungsbeschlusses (vgl § 27). Ebenso wenig steht § 95 der selbständigen Anfechtung von Entscheidungen über die **Verbindung und Trennung von Verfahren** entgegen.[20] Nach der ratio des § 95 findet die Norm schließlich keine Anwendung auf **Entscheidungen, die mit dem Zuschlag nicht in einem unmittelbaren Zusammenhang** stehen, also zB die Ablehnung der Bestimmung des zuständigen Gerichts (§ 2), die Festsetzung der Vergütung und der Auslagen des Zustellungsvertreters (§ 7 Abs. 2), Sicherungsmaßregeln (§ 25) und befristete Einstellungsbeschlüsse nach § 769 Abs. 2 ZPO[21] sowie allgemein **Beschlüsse nach der Zuschlagserteilung** gem. §§ 94, 108, 113, 115 f, 130.[22]

9 Anderes gilt für eine Unterbrechung oder eine Vertagung des Verfahrens: Hierbei handelt es sich um bloß **verfahrensleitende Maßnahmen**, gegen die ein Rechtsbehelf nicht vorgesehen ist.[23] Solche verfahrensleitenden Maßnahmen bzw deren Ablehnung sind zwar grds. auch dann nur vorbereitender Natur, wenn der Rechtspfleger sie ausgeführt hat. Hier greift allerdings evtl § 11 Abs. 2 RPflG ein, weil diese Bestimmung gerade die Fälle betrifft, in denen gegen eine entsprechende richterliche Entscheidung kein Rechtsbehelf gegeben wäre.[24] Steht eine Vertagung oder Terminsverlegung der Wirkung nach einer einstweiligen Einstellung gleich, ist sie wie eine solche zu behandeln, so dass auch hier § 95 dem Rechtsmittel nicht entgegensteht.[25] Insofern ist allerdings die **Abgrenzung** zwischen sofortiger Beschwerde und **Verzögerungsrüge** nicht geklärt: Nach der ratio des entsprechenden Gesetzesvorhabens (Vermeidung von Verzögerungen) sind die Rechtsbehelfe nebeneinander zulässig; denn mit der Einführung der Verzögerungsrüge sollten effektive Rechtsbehelfe hinsichtlich verzögerlicher Maßnahmen nicht gestrichen werden, sondern es sollte lediglich eine nach Auffassung des EGMR vorhandene Lücke des deutschen Rechtsbehelfssystems geschlossen werden. Insofern unterscheidet sich die Rechtslage hier von der Rechtslage hinsicht-

---

18 Dassler/Schiffhauer/*Hintzen*, § 95 Rn 2.
19 LG Aachen 8.6.2009 – 3 T 47/09, juris (Rn 19: „... kein Anordnungsbeschluss, kein Beitrittsbeschluss ..."); Dassler/Schiffhauer/*Hintzen*, § 27 Rn 11 und § 95 Rn 57; *Stöber*, § 95 Rn 4.1.
20 OLG Hamm Rpfleger 1987, 467; OLG Hamm Rpfleger 1989, 249; Dassler/Schiffhauer/*Hintzen*, § 18 Rn 16 und § 95 Rn 57; *Stöber*, § 18 Rn 3 und § 95 Rn 4.5.
21 *Stöber*, § 95 Rn 4.5.
22 *Böttcher*, § 95 Rn 14.
23 Dassler/Schiffhauer/*Hintzen*, § 95 Rn 59; anders *Stöber*, § 18 Rn 3.
24 Dassler/Schiffhauer/*Hintzen*, § 95 Rn 59; *Stöber*, § 95 Rn 2.4 und 4.6.
25 Dassler/Schiffhauer/*Hintzen*, § 95 Rn 59.

lich der Untätigkeitsbeschwerde; diese war lediglich zwecks Lückenschließung zugelassen worden und hatte zu keiner Zeit eine hinreichende gesetzliche Grundlage. Für die Zeit nach dem Schluss der Versteigerung ergibt sich schließlich aus § 33, dass eine Hemmung des Verfahrens nicht mehr gesondert angefochten werden kann.[26]

§ 95 steht den in den §§ 30 b Abs. 3, 30 d Abs. 3, 30 f Abs. 3 S. 2, 74 a Abs. 5 S. 3 vorgesehenen Rechtsmitteln nicht entgegen (s. Rn 2). Bei den entsprechenden Entscheidungen handelt es sich ebenso wie bei Entscheidungen nach § 765 a ZPO (grds.) um selbständig anfechtbare Entscheidungen.

IV. Nicht selbständig anfechtbare Entscheidungen

Entscheidungen lediglich den Zuschlag **vorbereitender Natur** können grds. nicht selbständig angefochten werden (vgl Vor §§ 95–104 Rn 28). Dazu gehören die Entscheidungen über die Feststellung des geringsten Gebots und der Versteigerungsbedingungen (§§ 44–65), die Zulassung oder Zurückweisung eines Gebots oder eines Widerspruchs gegen ein Gebot (§§ 71 f). Auch die mangelnde Berücksichtigung eines angemeldeten Rechts kann vor dem Zuschlag nicht mit einem förmlichen Rechtsbehelf angefochten werden.[27] Dies gilt unabhängig davon, ob das Gericht eine Anmeldung zurückgewiesen hat. Da es sich insofern nicht um eine selbständige Vollstreckungsmaßnahme handelt, sondern nur um eine unselbständige Zwischenentscheidung,[28] ist die Zurückweisung auch nicht mit der Erinnerung nach § 766 ZPO oder § 11 Abs. 2 RPflG angreifbar. Das bedeutet allerdings umgekehrt nicht, dass die dem Zuschlag vorausgehenden Entscheidungen stets lediglich vorbereitender Natur sind. Maßgebend sind vielmehr ihr konkreter Inhalt und der danach bestehende Zusammenhang mit dem Zuschlag. In einer Handlung vor dem Zuschlag kann deshalb auch eine **selbständige Vollstreckungsmaßnahme** zu sehen sein, hinsichtlich der die Erinnerung nach § 766 ZPO eröffnet ist. Das wird zB für Terminsbestimmungen bejaht.[29]

§ 96 [Anwendbare Vorschriften]

Auf die Beschwerde gegen die Entscheidung über den Zuschlag finden die Vorschriften der Zivilprozeßordnung über die Beschwerde nur insoweit Anwendung, als nicht in den §§ 97 bis 104 ein anderes vorgeschrieben ist.

I. Allgemeines

Da die einfache Beschwerde mit dem am 1.1.2002 in Kraft getretenen **ZPO-Reformgesetz** als Rechtsmittel entfallen ist und stattdessen in den §§ 567 ff ZPO nur noch die sofortige Beschwerde und die Rechtsbeschwerde als Rechtsmittel im Beschlussverfahren vorgesehen sind, bedurfte § 96 insofern der Änderung, als der bis dahin vorgesehene Verweis auf die Regeln über die sofortige Beschwerde entfallen konnte. Nach **§ 11 Abs. 1 RPflG** gilt das auch für Entscheidungen des Rechtspflegers. Für Beschwerden gegen den Zuschlagsbeschluss gelten deshalb nach § 11 Abs. 1 RPflG iVm § 96 die §§ 793, 567 ff ZPO, soweit die §§ 97–104 nichts anderes vorschreiben.[1] Die Anwendung der §§ 567 ff ZPO ergäbe sich allerdings auch aus der Systematik von ZVG und ZPO (s. hierzu Vor §§ 95–104

---

26 Dassler/Schiffhauer/*Hintzen*, § 95 Rn 59 aE; vgl auch *Stöber*, § 95 Rn 5.1.
27 *Böttcher*, § 95 Rn 5.
28 LG Augsburg Rpfleger 2001, 92; Dassler/Schiffhauer/*Hintzen*, § 95 Rn 62.
29 *Böttcher*, § 95 Rn 6; Dassler/Schiffhauer/*Hintzen*, § 95 Rn 62.
1 Dassler/Schiffhauer/*Hintzen*, § 96 Rn 1; *Stöber*, § 96 Rn 2.1 ff.

Rn 1). § 96 stellt demnach lediglich klar, dass die §§ 97–104 **spezielle Vorschriften** enthalten und den allgemeinen Regeln der ZPO über die Beschwerde vorgehen.

II. Anzuwendende Bestimmungen der ZPO

2 Anzuwenden sind aus dem Beschwerderecht die §§ 567 Abs. 1 und 3, 568, 569, 570 Abs. 2 und 3, 571,[2] 572 und 574 ff ZPO.[3]

3 Hinsichtlich der **Anhörungsrüge** gilt § 321 a ZPO. Eine **Gegenvorstellung** findet wegen der Verbindlichkeit des Zuschlagsbeschlusses nicht statt. Zu den Einzelheiten sowohl hinsichtlich der Anhörungsrüge als auch bzgl ungeschriebener Rechtsbehelfe, wie zB der Gegenvorstellung, vgl Vor §§ 95–104 Rn 52 ff.

III. Nichtigkeitsbeschwerde

4 Unter den Voraussetzungen einer Nichtigkeits- und Restitutionsklage (§§ 579 f ZPO) ist eine Nichtigkeitsbeschwerde[4] zulässig. In der gerichtlichen Praxis kommt sie allerdings selten vor;[5] idR betrifft sie Fälle der **Zuschlagsbeschwerde**. Das kann etwa dann der Fall sein, wenn ein von der Ausübung des Amtes ausgeschlossener Richter an der Beschlussfassung mitgewirkt hat[6] oder bei Mängeln der gesetzlichen Vertretung iSd § 579 Abs. 1 Nr. 4 ZPO.[7] Es handelt sich keineswegs um eine Form der ungeschriebenen und deshalb zweifelhaften außerordentlichen Beschwerde wegen greifbarer Gesetzeswidrigkeit (vgl Vor §§ 95–104 Rn 57), sondern es geht lediglich um die Erweiterung der regelmäßig auf zwei Wochen begrenzten **Frist** zur Erhebung der sofortigen Beschwerde auf einen Monat (§§ 569 Abs. 1 S. 3, 586 Abs. 1 ZPO).[8] Dabei ist der Fristbeginn gem. § 586 Abs. 2 ZPO auf den Zeitpunkt der Kenntnis von dem Anfechtungsgrund hinausgeschoben. § 586 Abs. 2 S. 2 ZPO sieht eine fünfjährige Ausschlussfrist vor. Bei Vertretungsmängeln läuft die Monatsfrist allerdings ab der Zustellung (§ 586 Abs. 3 ZPO).[9] Auf Nichtigkeits- oder Restitutionsgründe kommt es aber nur dann an, wenn durch Versäumung der Beschwerdefrist formelle Rechtskraft eingetreten ist.[10] Den übrigen Voraussetzungen nach unterscheidet sich die Nichtigkeitsbeschwerde nicht von der gewöhnlichen sofortigen Beschwerde.[11] Die Nichtigkeitsbeschwerde ersetzt nicht den **Beschwerdegrund**[12] und bewirkt ebenfalls nicht die Anwendung des Rechts der Wiederaufnahme auf den Zuschlag.[13]

5 Hat die Beschwerde Erfolg, ist der **Rechtszustand vor dem Zuschlag** grds. wiederherzustellen. Deshalb muss die Eintragung des Erstehers im Grundbuch gelöscht und der Schuldner wieder als Eigentümer eingetragen werden. Auch andere gelöschte Rechte müssen wieder begründet werden. Solche Grundpfandrechte

---

2 Zu § 571 Abs. 2 ZPO aber BGH NJW 2006, 505, 506 f.
3 Dassler/Schiffhauer/*Hintzen*, § 96 Rn 2; *Stöber*, § 96 Rn 2.2; vgl auch BGH NJW 2007, 3719 ff; BGH FamRZ 2005, 200 f; OLG Hamm Rpfleger 2000, 125 f; OLG Karlsruhe Rpfleger 1995, 402 f; LG Bonn 13.11.2006 – 6 T 196/06, juris (Rn 14).
4 Mit missverständlicher Terminologie Dassler/Schiffhauer/*Hintzen*, § 96 Rn 3; anders Zöller/*Heßler*, ZPO, § 569 Rn 6; *Stöber*, § 96 Rn 3.2.
5 Zöller/*Heßler*, ZPO, § 569 Rn 6.
6 *Schneider*, Rpfleger 1976, 384; Dassler/Schiffhauer/*Hintzen*, § 96 Rn 3.
7 OLG Oldenburg Rpfleger 1990, 179.
8 OLG Hamm Rpfleger 1978, 422 m. zust. Anm. *Kirberger*; KG Rpfleger 1976, 368; *Braun*, NJW 1976, 1923; *Stöber*, § 96 Rn 3.3.
9 Zöller/*Heßler*, ZPO, § 569 Rn 6 a ff.
10 Dassler/Schiffhauer/*Hintzen*, § 96 Rn 3; Zöller/*Heßler*, ZPO, § 569 Rn 6 a ff.
11 Dassler/Schiffhauer/*Hintzen*, § 96 Rn 3.
12 BGH FamRZ 2005, 200; OLG Koblenz JurBüro 1988, 1773; *Stöber*, § 96 Rn 3.3.
13 KG Rpfleger 1976, 368; *Stöber*, § 96 Rn 3.3.

sind wieder einzutragen und die entsprechenden Grundpfandbriefe wieder herzustellen. Ebenso ist der Versteigerungsvermerk wieder einzutragen. Schließlich muss das Grundstück – allerdings unbeschadet der gutgläubig erworbenen Rechte Dritter – wieder herausgegeben werden.[14] Der Ersteher kann dann mit der Bereicherungsklage gegen die Erlösempfänger vorgehen.[15] Anderes gilt ausnahmsweise insoweit, als der Ersteher das Grundstück bereits wirksam und unanfechtbar **weiterveräußert** hat. Dann ist eine Nichtigkeitsbeschwerde mangels Rechtsschutzbedürfnisses unzulässig,[16] und dem Schuldner bleibt ein gegen den Gläubiger gerichteter Schadensersatzanspruch.[17]

IV. Spezielle Bestimmungen des ZVG

Besonderheiten gelten im Rahmen des Verfahrens der Zwangsversteigerung nach den §§ 97, 102 für die Beschwerdeberechtigung, gem. § 98 für den Beginn der Rechtsmittelfrist, nach § 99 hinsichtlich des Beschwerdegegners, gem. § 100 bzgl der zulässigen Beschwerdegründe, nach § 101 hinsichtlich des Entscheidungsinhalts, gem. § 103 für die Zustellung der Entscheidung über das Rechtsmittel sowie nach § 104 die Wirksamkeit des vom Beschwerdegericht erteilten Zuschlags betreffend.[18]

6

V. Rechtskraft, Verzicht

Die Erhebung einer sofortigen Beschwerde hemmt den Eintritt der **formellen Rechtskraft** des Zuschlagsbeschlusses. Das gilt für alle Beteiligten, nicht nur für den Beschwerdeführer. Auch für diejenigen, die keine Beschwerde erhoben haben, wird die angefochtene Entscheidung dann nicht schon mit dem Verstreichen der Beschwerdefrist rechtskräftig.[19]

7

Im Nachhinein kann wirksam auf Rechtsmittel und Rechtsbehelfe **verzichtet** werden.[20]

8

VI. Streitwert

Für den Streitwert der Zuschlagsbeschwerde ist nicht § 54 GKG maßgebend, sondern nach § 47 GKG sind die Anträge des Rechtsmittelführers ausschlaggebend. Im Übrigen ist auf die Beschwer abzustellen, also auf das ökonomische Interesse des Beschwerdeführers am Erfolg seines Rechtsmittels.[21]

9

§ 97 [Beschwerdeberechtigte]

(1) Die Beschwerde steht im Falle der Erteilung des Zuschlags jedem Beteiligten sowie dem Ersteher und dem für zahlungspflichtig erklärten Dritten, im Falle der Versagung dem Gläubiger zu, in beiden Fällen auch dem Bieter, dessen Gebot nicht erloschen ist, sowie demjenigen, welcher nach § 81 an die Stelle des Bieters treten soll.

(2) Im Falle des § 9 Nr. 2 genügt es, wenn die Anmeldung und Glaubhaftmachung des Rechts bei dem Beschwerdegericht erfolgt.

---

14 Dassler/Schiffhauer/*Hintzen*, § 96 Rn 3; *Stöber*, § 96 Rn 3.7.
15 *Stöber*, § 96 Rn 3.7.
16 OLG Frankfurt aM Rpfleger 1991, 380; *Stöber*, § 97 Rn 2.1 aE.
17 Dassler/Schiffhauer/*Hintzen*, § 96 Rn 3 aE.
18 Dassler/Schiffhauer/*Hintzen*, § 96 Rn 6; *Stöber*, § 96 Rn 2.3.
19 RGZ 128, 127; Dassler/Schiffhauer/*Hintzen*, § 96 Rn 7; *Stöber*, § 96 Rn 2.4.
20 *Stöber*, § 96 Rn 2.4.
21 Dassler/Schiffhauer/*Hintzen*, § 96 Rn 8.

I. Allgemeines

1 § 97 gilt nach seinem Wortlaut für alle Zwangsversteigerungsverfahren und regelt hier den Kreis derjenigen abschließend, die gegen den Zuschlagsbeschluss das Rechtsmittel der sofortigen Beschwerde erheben können, also die Beschwerdeberechtigung. Allgemein hängt diese davon ab, ob und inwieweit die Rechte des Beschwerdeführers durch die angefochtene Entscheidung beeinträchtigt sein können. Den **Kreis der potenziell beeinträchtigten Rechtsinhaber** beschreibt § 97.[1] Allerdings können auch die nach § 97 Berechtigten den Zuschlag nur dann erfolgreich anfechten, wenn entweder einer der in § 100 Abs. 1 genannten Gründe vorliegt und der Grund die eigenen Rechte des Beschwerdeführers betrifft (§ 100 Abs. 2) oder § 100 Abs. 3 eingreift.[2]

2 Nach § 572 Abs. 2 S. 1 ZPO ist die Beschwerdeberechtigung **von Amts wegen** zu **prüfen**. Fehlt es daran, ist das Rechtsmittel als unzulässig zu verwerfen (§ 572 Abs. 2 S. 2 ZPO).[3]

3 Für die Beschwerdeberechtigung unterscheidet § 97 Abs. 1 danach, ob der Zuschlag erteilt oder versagt worden ist.[4]

II. Erteilung des Zuschlags

4 Beschwerdeberechtigt sind gem. Abs. 1 zunächst die **Beteiligten**. Insofern verweist die Norm auf § 9.[5] Danach sind der beitreibende Gläubiger,[6] der Schuldner,[7] der Insolvenzverwalter[8] sowie den sonstigen Beteiligten nach § 9 Nr. 1 berechtigt. Der BGH hat in diesem Zusammenhang klargestellt, dass die Befugnis des Schuldners als Beteiligter, nach § 765 a ZPO Vollstreckungsschutz zu begehren, nicht mit der Insolvenzeröffnung endet, zum einen, weil es sich um eine Sondervorschrift handelt, die Missbräuche vermeiden soll, zum anderen, weil es nicht nur um das von der Insolvenz betroffene Recht gem. Art. 14 GG, sondern um die von der Insolvenz völlig unberührten Rechte aus Art. 2 Abs. 2 S. 1 GG geht.[9] Für die Beteiligten iSd § 9 Nr. 2 bestimmt Abs. 2, dass eine Anmeldung und Glaubhaftmachung des geltend gemachten Rechts bei dem Beschwerdegericht ausreicht. Ein Pächter, der sein Recht nicht angemeldet hat, ist deshalb nicht beschwerdeberechtigt.[10] Eine danach erfolgte Anmeldung wirkt nicht zurück, wobei die Anmeldung und die Glaubhaftmachung allerdings noch bei Beschwerdegericht erfolgen können.[11] Jeder einzelne Beteiligte ist im Falle einer Gesamthandsgemeinschaft beschwerdeberechtigt, also jeder Gesellschafter einer GbR ebenso wie jeder Erbe einer Erbengemeinschaft.[12] Daran ändert die Pfändung des betreffenden Anteils nichts.[13] Auch der Pfandgläubiger kann mit Rücksicht auf die ihm zustehenden Sicherungsmaßnahmen Beschwerde erheben.[14]

---

1 Dassler/Schiffhauer/*Hintzen*, § 97 Rn 1; *Stöber*, § 97 Rn 1.
2 *Stöber*, § 97 Rn 2.1.
3 Dassler/Schiffhauer/*Hintzen*, § 97 Rn 1.
4 *Stöber*, § 97 Rn 2.1 und 2.11.
5 *Stöber*, § 97 Rn 2.2.
6 OLG Hamm Rpfleger 1989, 421.
7 *Stöber*, § 97 Rn 2.4.
8 *Stöber*, § 97 Rn 2.4.
9 BGH WuM 2009, 140, 141 f.
10 OLG Koblenz Rpfleger 1989, 517; *Stöber*, § 97 Rn 2.2 aE.
11 Zum Ganzen auch Dassler/Schiffhauer/*Hintzen*, § 97 Rn 2; *Stöber*, § 97 Rn 2.2.
12 Dassler/Schiffhauer/*Hintzen*, § 97 Rn 3.
13 LG Osnabrück Rpfleger 1962, 102; Dassler/Schiffhauer/*Hintzen*, § 97 Rn 3.
14 *Stöber*, § 97 Rn 2.5; anders LG Osnabrück Rpfleger 1956, 102.

Eheleute bedürfen unabhängig vom jeweiligen Güterstand keiner Zustimmung des Ehegatten zur Erhebung einer Beschwerde.[15]

Der **Ersteher** kann zwar durch den Zuschlag als solchen nicht in seinen Rechten beeinträchtigt sein. Er kann sich aber gegen einen Zuschlag zu anderen Bedingungen als den zunächst festgestellten wenden oder einwenden, er sei nicht Meistbietender geworden, zB weil sein Gebot unwirksam, angefochten bzw erloschen sei oder der Zuschlag einem anderen hätte erteilt werden müssen. Der Ersteher kann sich demgegenüber nicht darauf berufen, dass das geringste Gebot, auf dessen Grundlage er geboten hat, falsch berechnet worden ist.[16] Seine Zuschlagsbeschwerde ist nicht mehr zulässig, wenn er das zugeschlagene Grundstück bereits **wirksam veräußert** hat und der rechtsgeschäftliche Erwerber unanfechtbar Eigentum erworben hat.[17]

Da sie in ihren Rechten gleichermaßen betroffen sein können, sind auch nach § 69 Abs. 3, § 82 **mithaftende Bürgen und für zahlungspflichtig erklärte Dritte** zur Beschwerde berechtigt.[18]

Jeder **Bieter** ist, wenn sein Gebot nicht erloschen ist (§ 72), hinsichtlich des Zuschlags beschwerdeberechtigt. Er kann sich auch dagegen wenden, dass ein anderer und nicht er selbst als Meistbietender den Zuschlag erhalten hat.[19] Ein Widerspruch gegen die Zurückweisung eines Gebots muss sich aus dem Protokoll ergeben (§§ 78, 80). Auch derjenige, der nach § 81 Abs. 2 oder 3 an die Stelle des Meistbietenden treten soll, ist beschwerdeberechtigt.[20] Der **Vertretene** kann die Zuschlagserteilung anfechten, wenn das Grundstück irrtümlich dem Vertreter zugeschlagen worden ist.[21] Dagegen ist der **Zessionar** eines obligatorischen Anspruchs auf Rückübertragung einer Grundschuld nicht beschwerdeberechtigt.[22]

III. Versagung des Zuschlags

Bei der Zuschlagsversagung sind nach Abs. 1 nicht alle **Beteiligten** iSd § 9 auch zur Beschwerde berechtigt. Diese Befugnis steht vielmehr nur denen zu, die uU die Erteilung des Zuschlags verlangen können.[23] Dazu gehören grds. nicht der Schuldner,[24] zahlungspflichtige Dritte[25] sowie die übrigen Beteiligten außer dem Gläubiger. Ausnahmsweise gilt anderes in den Fällen des § 102.[26] Ferner kann der Schuldner entgegen dem Wortlaut des Abs. 1 sofortige Beschwerde erheben, wenn das Gericht den Zuschlag auf ein unwirksames Gebot nach § 85 a Abs. 1 versagt, statt es gem. § 71 Abs. 1 zurückzuweisen.[27]

Es mag rechtspolitisch zweifelhaft sein, dem **Schuldner** die Beschwerdeberechtigung generell zu versagen. So ist es zwar richtig, dass der Schuldner keinen An-

---

15 Dassler/Schiffhauer/*Hintzen*, § 97 Rn 3 aE; *Stöber*, § 97 Rn 2.5.
16 Dassler/Schiffhauer/*Hintzen*, § 97 Rn 4; *Stöber*, § 97 Rn 2.7.
17 OLG Frankfurt aM Rpfleger 1991, 380; Dassler/Schiffhauer/*Hintzen*, § 97 Rn 4; *Stöber*, § 97 Rn 2.1 aE.
18 *Hornung*, Rpfleger 1979, 321; Dassler/Schiffhauer/*Hintzen*, § 97 Rn 5; *Stöber*, § 97 Rn 2.7 und 2.9.
19 OLG Koblenz ZIP 1987, 1531; *Stöber*, § 97 Rn 2.8.
20 Dassler/Schiffhauer/*Hintzen*, § 97 Rn 6.
21 KG Rpfleger 1977, 146 (zur OHG); Dassler/Schiffhauer/*Hintzen*, § 97 Rn 6.
22 OLG Köln Rpfleger 1988, 324; Dassler/Schiffhauer/*Hintzen*, § 97 Rn 6; *Stöber*, § 97 Rn 2.3; anders LG Osnabrück KTS 1976, 312.
23 Dassler/Schiffhauer/*Hintzen*, § 97 Rn 7.
24 OLG Köln Rpfleger 1997, 176; LG Mainz JurBüro 2001, 214; Dassler/Schiffhauer/*Hintzen*, § 97 Rn 7.
25 OLG Hamm Rpfleger 1975, 264; *Stöber*, § 97 Rn 2.11.
26 Dassler/Schiffhauer/*Hintzen*, § 97 Rn 7.
27 BGH NJW-RR 2008, 688 f (Gesetzeszweck sowie Art. 14 GG).

spruch auf Durchführung allgemein der Zwangsvollstreckung und speziell der Zwangsversteigerung hat. Es trifft aber nicht zu, dass die Durchführung der Zwangsvollstreckung nicht auch Interessen des Schuldners dienen kann; denn der Schuldner hat ein ganz erhebliches Interesse daran, dass das Grundstück auf ein möglichst hohes Gebot hin zugeschlagen wird.[28] Indessen ergibt sich ein entgegenstehender Wille des Gesetzgebers klar und deutlich aus den Motiven,[29] und entgegenstehende verfassungsrechtliche Erwägungen sind mit Rücksicht u.a. auf das Verfahrensstadium und die dem Schuldner bis hierhin eröffneten Möglichkeiten, seine Interessen zu schützen, nicht ersichtlich.

10 Grundsätzlich ist jeder beitreibende **Gläubiger** zur Beschwerde berechtigt. Der Beitritt muss allerdings vor der Verkündung des Zuschlags wirksam geworden sein.[30] Ist sein Verfahren einstweilig eingestellt, ist der beitreibende Gläubiger nicht beschwerdeberechtigt.[31] Wer das Verfahren nicht betreibt, ist hinsichtlich einer Zuschlagsversagung nicht beschwerdeberechtigt.[32]

11 Schließlich ist auch hier der **Bieter** beschwerdeberechtigt, wenn sein Gebot nicht erloschen ist (§ 72).[33] Ebenso ist das Rechtsmittel für diejenigen eröffnet, die nach § 81 Abs. 2 und 3 an die Stelle des Meistbietenden treten sollen, also für den Zessionar und den verdeckten Vollmachtgeber.[34]

§ 98 [Beschwerdefrist]

[1]Die Frist für die Beschwerde gegen einen Beschluß des Vollstreckungsgerichts, durch welchen der Zuschlag versagt wird, beginnt mit der Verkündung des Beschlusses. [2]Das gleiche gilt im Falle der Erteilung des Zuschlags für die Beteiligten, welche im Versteigerungstermin oder im Verkündungstermin erschienen waren.

I. Allgemeines

1 Für die Versteigerung von Luftfahrzeugen enthält § 171 m eine spezielle Regelung.[1] Im Übrigen gilt § 98 und sieht für die Zwangsversteigerung auch mit Rücksicht auf die uU große Zahl von Beteiligten einen von § **569 Abs. 1 S. 2 ZPO** – Beginn des Laufs der zweiwöchigen Beschwerdefrist mit der Zustellung der angefochtenen Entscheidung – abweichenden **Fristbeginn** vor.[2] Die Bestimmung betrifft auch die Nichtigkeitsbeschwerde nach § 569 Abs. 1 S. 3 ZPO. Hinter der in § 98 enthaltenen Regelung steht die eingeschränkte Zustellung nach § 88; denn danach wird der Beschluss über die Versagung des Zuschlags nicht zugestellt, und der Beschluss über die Erteilung des Zuschlags wird nicht allen beschwerdeberechtigten Personen zugestellt. Soweit deshalb die getroffene Entscheidung nicht nach § 88 zuzustellen ist, kann für den Lauf nicht an die Zustel-

---

28 OLG Köln Rpfleger 1997, 176; LG Mainz JurBüro 2001, 214; *Hintzen*, Rpfleger 1997, 150; Dassler/Schiffhauer/*Hintzen*, § 97 Rn 7; anders *Stöber*, § 97 Rn 11; *Böttcher*, § 97 Rn 8 mwN.
29 *Stöber*, § 97 Rn 2.11.
30 *Böttcher*, § 97 Rn 6; Dassler/Schiffhauer/*Hintzen*, § 97 Rn 8; *Stöber*, § 97 Rn 2.11 mN zur Gegenauffassung.
31 OLG Nürnberg NJW 1976, 902; Dassler/Schiffhauer/*Hintzen*, § 97 Rn 8; *Stöber*, § 97 Rn 2.11.
32 *Böttcher*, § 97 Rn 8; Dassler/Schiffhauer/*Hintzen*, § 97 Rn 8; *Stöber*, § 97 Rn 2.11.
33 OLG Koblenz ZIP 1987, 1531 m. Anm. *Storz*; *Stöber*, § 97 Rn 2.11.
34 Dassler/Schiffhauer/*Hintzen*, § 97 Rn 9; *Stöber*, § 97 Rn 2.11.
1 *Stöber*, § 98 Rn 1.2.
2 Dassler/Schiffhauer/*Hintzen*, § 98 Rn 1; *Stöber*, § 98 Rn 1.1.

lung, sondern nur an die Verkündung angeknüpft werden.[3] Nach Ablauf der Frist kann ein Beschwerdeberechtigter die wegen mangelnder Beteiligung unzulässige Beschwerde nicht mehr mit heilender Wirkung genehmigen.[4]

II. Wiedereinsetzung, §§ 233 ff ZPO; Rechtsbehelfsbelehrung

Da es sich bei der Beschwerdefrist auch hinsichtlich des Verfahrens nach dem ZVG um eine **Notfrist** handelt, sind die **Bestimmungen der ZPO über die Wiedereinsetzung** in den vorigen Stand anzuwenden. Unter den Voraussetzungen der §§ 233 ff ZPO ist dementsprechend Wiedereinsetzung zu gewähren.[5] Dabei kommt auch eine angemessene **Verlängerung der Wiedereinsetzungsfrist** in Betracht, wenn nämlich dem Rechtsmittelführer die Prozessakten nicht rechtzeitig zur Verfügung gestellt werden.[6]

2

Fehlte die nach § 95 iVm § 232 ZPO notwendige **Rechtsbehelfsbelehrung** (zur Rechtsbehelfsbelehrung s. auch Vor §§ 95–104 Rn 60) oder war sie unrichtig, so wird nach § 233 S. 2 ZPO ein fehlendes Verschulden an der Fristversäumung vermutet.[7]

3

III. Zuschlagsversagung (S. 1)

§ 98 unterscheidet für den Fristbeginn nach dem Inhalt des den Zuschlag betreffenden Beschlusses. Nach S. 1 beginnt die Frist bei Versagung des Zuschlags im ersten Rechtszug stets mit der **Verkündung** des Beschlusses gem. § 87 Abs. 1.[8] Vorausgesetzt ist dabei allerdings, dass der Verkündungstermin ordnungsgemäß bekannt gemacht worden ist.[9]

4

IV. Zuschlagserteilung (S. 2)

S. 2 regelt den Fristbeginn für den Fall der Erteilung des Zuschlags. Für diejenigen **Beteiligten**, die im **Versteigerungstermin** oder[10] im **Verkündungstermin** (§ 87) anwesend waren, beginnt der Fristlauf danach mit der **Verkündung** der Entscheidung. § 98 ist insofern eindeutig und begegnet keinen verfassungsrechtlichen Bedenken.[11] Das gilt auch dann, wenn der Versteigerungstermin vertagt oder der Verkündungstermin verlegt worden ist[12] oder wenn zugleich über einen Antrag auf Vollstreckungsschutz nach § 765 a ZPO entschieden worden ist; hinsichtlich des § 765 a ZPO ist eine gesonderte Anfechtung ausgeschlossen.[13] Unerheblich ist ferner eine irrtümliche spätere Zustellung.[14]

5

---

3 Dassler/Schiffhauer/*Hintzen*, § 98 Rn 1.
4 LG Tübingen, Beschl. v. 5.7.2002 – 5 T 81/2002, juris (Rn 13).
5 *Böttcher*, § 98 Rn 1; Dassler/Schiffhauer/*Hintzen*, § 98 Rn 2.
6 BGH MDR 2007, 1332.
7 Zöller/*Greger*, ZPO, § 233 Rn 23; zur Belehrungspflicht vor Änderung der §§ 232, 233 ZPO durch Art. 1 des Gesetzes zur Einführung einer Rechtsbehelfsbelehrung im Zivilprozess und zur Änderung anderer Vorschriften vom 5.12.2012 (BGBl. I S. 91, 93) mWz 1.1.2014 s. BVerfGE 93, 99 (zur allgemeinen Belehrungspflicht); BGH NJW-RR 2009, 890 f (für befristete Rechtsmittel im Verfahren nach dem ZVG); Hk-ZV/*Rensen*, 2. Aufl. 2013, § 98 ZVG Rn 3.
8 Dassler/Schiffhauer/*Hintzen*, § 98 Rn 3; *Stöber*, § 98 Rn 2.2.
9 *Stöber*, § 98 Rn 2.2.
10 OLG Hamm Rpfleger 1995, 176; OLG Köln Rpfleger 1980, 354.
11 OLG Celle Rpfleger 1986, 489; OLG Stuttgart JurBüro 1976, 972 und 990; *Stöber*, § 98 Rn 2.1.
12 OLG Hamm JurBüro 1989, 708; OLG Hamm Rpfleger 1995, 176; OLG München Rpfleger 1956, 103; Dassler/Schiffhauer/*Hintzen*, § 98 Rn 4; *Stöber*, § 98 Rn 2.1.
13 OLG Hamm Rpfleger 1991, 262; OLG Köln Rpfleger 1980, 354; OLG Köln Rpfleger 1997, 34; Dassler/Schiffhauer/*Hintzen*, § 98 Rn 4; *Stöber*, § 98 Rn 2.3.
14 OLG Celle Rpfleger 1986, 489; Dassler/Schiffhauer/*Hintzen*, § 98 Rn 4.

6 Allerdings muss sich die nach S. 2 maßgebende **Anwesenheit** aus dem Protokoll ergeben (§§ 78, 80). Dabei muss der Beteiligte nicht während des gesamten Termins anwesend bleiben;[15] denn Anwesenheit iSd S. 2 erfordert nicht das Zugegensein von Beginn des Termins an bis zum Ende desselben. So gehört auch der verspätet Erschienene zu den Anwesenden, ebenso derjenige, der den Termin vor dem Schluss der Verhandlung verlässt.[16]

7 Der Berechtigte muss auch nicht selbst anwesend sein, sondern die Anwesenheit seines umfassend **Bevollmächtigten** genügt.[17] Hier beginnt die Frist mit der Verkündung.[18] Dabei reicht wiederum die Anwesenheit eines von mehreren Bevollmächtigten.[19] Erforderlich ist allerdings die Prozessfähigkeit des erschienenen Beteiligten.[20]

8 Der Verkündungstermin muss ordnungsgemäß bekannt gemacht worden sein, wenn der Zuschlag hier bekannt gegeben werden soll.[21]

9 Für den **Ersteher**, den **mithaftenden Bürgen** iSd § 69 Abs. 3 sowie den **mithaftenden Meistbietenden** (§ 81 Abs. 2 und 3) beginnt die Notfrist auch dann erst mit der Zustellung (§ 88 S. 1), wenn sie im Termin anwesend gewesen sind.[22] Die Beteiligung einer dieser Personen am Verfahren führt zu unterschiedlichen Zeitpunkten für den Beginn des Fristlaufs.[23] Dementsprechend kann der beteiligte Ersteher nach dem Ablauf der Beschwerdefrist als Beteiligter zwar den Zuschlag noch anfechten, aber nicht mehr gestützt auf Beschwerdegründe, die nur von Beteiligten geltend gemacht werden können.[24]

10 Für Beteiligte, die **weder selbst noch durch einen Bevollmächtigten vertreten anwesend** gewesen sind, beginnt der Lauf der Beschwerdefrist hinsichtlich des Zuschlags erst mit der Zustellung des betreffenden Beschlusses (§§ 88 S. 1, 569 Abs. 1 S. 2 ZPO).[25] Wird der Zuschlagsbeschluss allerdings gar nicht oder **fehlerhaft zugestellt**, beginnt der Lauf der Beschwerdefrist nach Ablauf von fünf Monaten nach der Verkündung (§ 569 Abs. 2 S. 2 ZPO).[26] Das muss auch für die Fälle gelten, in denen eine Verkündung notwendig gewesen ist, der **Verkündungstermin** aber **nicht ordnungsgemäß bekannt gemacht** worden ist.[27]

11 Dies gilt iE auch hinsichtlich eines Beteiligten, der im Termin zwar erschienen ist, dabei aber **prozessunfähig** gewesen ist.[28]

---

15 OLG Hamm Rpfleger 1991, 262; OLG Koblenz Rpfleger 1957, 311; OLG Köln JMBl NRW 1966, 103; Dassler/Schiffhauer/*Hintzen*, § 98 Rn 4; *Stöber*, § 98 Rn 2.1.
16 *Böttcher*, § 98 Rn 3; Dassler/Schiffhauer/*Hintzen*, § 98 Rn 4.
17 BGH NJW-RR 2008, 1084 f mwN; OLG Hamm Rpfleger 1991, 262; OLG Köln Rpfleger 1997, 34; Dassler/Schiffhauer/*Hintzen*, § 98 Rn 4; *Stöber*, § 98 Rn 2.1.
18 BGH NJW-RR 2008, 1084 ff (auch zur Wiedereinsetzung).
19 OLG Frankfurt aM Rpfleger 1977, 417; Dassler/Schiffhauer/*Hintzen*, § 98 Rn 4; *Stöber*, § 98 Rn 2.1.
20 OLG Hamm Rpfleger 1991, 262; *Stöber*, § 98 Rn 2.1.
21 OLG Köln Rpfleger 1980, 354; OLG Hamm Rpfleger 1995, 176; Dassler/Schiffhauer/*Hintzen*, § 98 Rn 4; *Stöber*, § 98 Rn 2.1.
22 Dassler/Schiffhauer/*Hintzen*, § 98 Rn 5; *Stöber*, § 98 Rn 2.1.
23 *Stöber*, § 98 Rn 2.1 mwN.
24 Dassler/Schiffhauer/*Hintzen*, § 98 Rn 5; *Stöber*, § 98 Rn 2.1 (zu Recht gegen die nicht hinreichend differenzierte Betrachtung in BGH MDR 2008, 826).
25 Dassler/Schiffhauer/*Hintzen*, § 98 Rn 5; *Stöber*, § 98 Rn 2.1.
26 BGH MDR 2007, 1332, 1333; Dassler/Schiffhauer/*Hintzen*, § 98 Rn 7; *Hannemann*, Rpfleger 2002, 12; *Stöber*, § 98 Rn 2.7.
27 *Stöber*, § 98 Rn 2.7 aE.
28 OLG Hamm Rpfleger 1991, 262 m. Anm. *Meyer-Stolte*; Dassler/Schiffhauer/*Hintzen*, § 98 Rn 7.

Erfolgt die **Anmeldung** eines Rechts nach Abs. 2 **erst im Beschwerdeverfahren**, beginnt die Frist für die sofortige Beschwerde gegen den Zuschlagsbeschluss analog S. 2 bereits mit der Verkündung des Zuschlags.[29]

12

§ 99 [Gegner des Beschwerdeführers]

(1) Erachtet das Beschwerdegericht eine Gegenerklärung für erforderlich, so hat es zu bestimmen, wer als Gegner des Beschwerdeführers zuzuziehen ist.

(2) Mehrere Beschwerden sind miteinander zu verbinden.

I. Allgemeines

Anders als sonst kommt bei der Beschwerde gegen die Entscheidung über den Zuschlag als Rechtsmittelgegner nicht stets dieselbe Person in Betracht.[1] Dem trägt Abs. 1 Rechnung und überträgt dem Gericht die notwendige **Bestimmung des Gegners**.

1

Abs. 2 regelt im Interesse schneller und sachgerechter Erledigung die **Verbindung** mehrerer Rechtsmittel.[2]

2

§ 99 findet **Anwendung** in allen Versteigerungsverfahren nach dem ZVG.[3]

3

II. Zuziehung des Beschwerdegegners (Abs. 1)

1. Gerichtliches Ermessen. Nach dem Gesetzeswortlaut muss das Beschwerdegericht nicht in jedem Fall einen Beschwerdegegner bestimmen und hinzuziehen, sondern dem Gericht steht hinsichtlich des „Ob" der Hinzuziehung ein **Ermessen** zu.[4] Auch mit Rücksicht auf den Justizgewährungsanspruch, das Gebot effektiven Rechtsschutzes (beides für das Zwangsversteigerungsverfahren als Teil des Zivilprozesses aus Art. 2 Abs. 1 GG iVm Art. 20 Abs. 3 GG) sowie das rechtliche Gehör (Art. 103 Abs. 1 GG) überzeugt das jedenfalls dann, wenn das Rechtsmittel allein aufgrund des Vorbringens des Beschwerdeführers als unzulässig verworfen werden kann und muss. Auch in Fällen von vornherein feststehender Unbegründetheit aufgrund protokollierter Vorgänge im Versteigerungstermin[5] kann es dabei bleiben. Denn hier droht keine Beeinträchtigung von Rechten eines möglichen Beschwerdegegners. Anderes gilt allerdings, wenn die Sach- und Rechtslage offen ist oder das Rechtsmittel gar zulässig und begründet scheint. Hier verlangt der **Justizgewährungsanspruch**, dass die unmittelbar in ihren Rechten Betroffenen (materiell Beteiligte) ihre Rechte im Verfahren geltend machen können. Auch das Gebot der prozessualen **Waffengleichheit** verlangt dann, dass der Betroffene dem Rechtsmittel des Beschwerdeführers nicht hilflos ausgesetzt ist, sondern sich mit gleichen Waffen zur Wehr setzen kann. Schließlich ist zu allen Gesichtspunkten **rechtliches Gehör** zu gewähren. Deshalb ist das einfach-rechtlich vorgesehene Ermessen des Beschwerdegerichts in diesen Fällen von Verfassungs wegen reduziert und eine Zuziehung geboten.

4

2. Rechtsstellung des Zugezogenen. Wurde ein Beschwerdegegner zugezogen, ist er zwar keine echte Partei, sondern die Zuziehung dient nur der Rechtsschutz-

5

---

29 BGH MDR 2007, 1332; *Stöber*, § 98 Rn 2.1.
1 Dassler/Schiffhauer/*Hintzen*, § 99 Rn 1; *Stöber*, § 99 Rn 1.
2 *Stöber*, § 99 Rn 1.
3 Dassler/Schiffhauer/*Hintzen*, § 99 Rn 1; *Böttcher*, § 99 Rn 1.
4 BVerfG NJW-RR 2005, 936, 937; *Böttcher*, § 99 Rn 2; Dassler/Schiffhauer/*Hintzen*, § 99 Rn 2; *Stöber*, § 99 Rn 2.1; krit. *Rimmelspacher/Fleck*, WM 2005, 1777.
5 *Stöber*, § 99 Rn 2.1.

und Gehörsgewährung.[6] Er ist aber formell beteiligt und muss daher eine hinreichende Gelegenheit zur Äußerung erhalten.[7] Allerdings gilt auch hier, dass eine mangelnde Anhörung den Gegner nicht beschwert, wenn das Rechtsmittel ohne weiteres als unzulässig verworfen oder als unbegründet zurückgewiesen wird. Hier kann ungeachtet der grundsätzlichen Geltung des Art. 2 Abs. 1 iVm Art. 20 Abs. 3 GG und des Art. 103 Abs. 1 GG nach Zuziehung des Beschwerdegegners keine Rechtsschutz- und Gehörsverletzung vorliegen.[8]

6 **3. Gegner des Beschwerdeverfahrens.** Gegner des Beschwerdeverfahrens sind diejenigen, die von der Entscheidung und dem Verfahren materiell potentiell in ihren Rechten betroffen sind, also solche Personen, deren Rechte von einer dem Rechtsmittel stattgebenden Entscheidung unmittelbar beeinträchtigt wären.[9] Dies entspricht dem persönlichen Schutzbereich der Art. 2 Abs. 1 iVm Art. 20 Abs. 3, Art. 103 Abs. 1 GG und somit dem Zweck des § 99.[10]

7 **4. Zuziehung.** Die Zuziehung unterliegt keinen besonderen Anforderungen. Sie erfolgt idR durch eine entsprechende Verfügung, die dem Gegner bekannt gemacht wird und mit der die Beschwerdeschrift zur Stellungnahme binnen einer bestimmten Frist übersandt wird; bzgl der Frist gilt § 571 Abs. 3 ZPO.[11] Jedoch kann das Gericht niemanden zu einer Beteiligung als Partei zwingen.[12] Deshalb ist der Zugezogene lediglich berechtigt, sich zu äußern, nicht hingegen dazu verpflichtet;[13] auch das entspricht den verfassungsrechtlichen Vorgaben. Der Zugezogene kann sich zwar zu dem Rechtsmittel äußern. Da er aber nicht echte Partei ist (vgl Rn 5), kann er keine Anträge stellen, die in ihrer rechtlichen Bedeutung über bloße Anregungen hinausgehen. So sind auch seine Anträge auf Verwerfung oder Zurückweisung eines Rechtsmittels zu würdigen.[14] Das Gericht ist überhaupt an Erklärungen des Zugezogenen nicht gebunden, sondern hat diese lediglich iSd Art. 103 Abs. 1 GG zu berücksichtigen.[15] Findet eine mündliche Verhandlung statt, ist der Gegner zu laden. Auch darin kann übrigens eine Zuziehung liegen.[16]

8 **5. Gang des Beschwerdeverfahrens.** Der Gang des Beschwerdeverfahrens richtet sich nach § 572 ZPO, so dass eine Stellungnahme des Gegners im üblichen schriftlichen Verfahren wiederum dem Beschwerdeführer zur Stellungnahme übersandt wird. Ausnahmsweise kann anders verfahren werden, wenn die Stellungnahme keine erheblichen Gesichtspunkte betrifft und deshalb die Entscheidung nicht auf ihren Inhalt gestützt wird. Dann kann davon abgesehen werden, dem Beschwerdeführer zur Stellungnahme des Zugezogenen Gehör zu gewähren.[17] Nimmt der Gegner die ihm eingeräumte Gelegenheit zur Äußerung nicht wahr, indem er entweder einen Schriftsatz nicht übersendet oder zu einer anbe-

---

6 BVerfG NJW-RR 2005, 936, 937; *Stöber*, § 99 Rn 2.3.
7 BVerfG NJW 1974, 133; OLG Frankfurt aM Rpfleger 1980, 396; OLG Köln Rpfleger 1985, 498; Dassler/Schiffhauer/*Hintzen*, § 99 Rn 3.
8 OLG Frankfurt aM Rpfleger 1980, 396; Dassler/Schiffhauer/*Hintzen*, § 99 Rn 2 aE; *Schneider*, MDR 1986, 642.
9 Dassler/Schiffhauer/*Hintzen*, § 99 Rn 4.
10 *Stöber*, § 99 Rn 2.3.
11 OLG Oldenburg JurBüro 1989, 1176; Dassler/Schiffhauer/*Hintzen*, § 99 Rn 5; *Stöber*, § 99 Rn 2.2.
12 OLG Hamburg MDR 1957, 753; *Stöber*, § 99 Rn 2.3.
13 BVerfG NJW-RR 2055, 936, 937; *Stöber*, § 99 Rn 2.3.
14 BVerfG NJW-RR 2005, 936, 937; *Stöber*, § 99 Rn 2.3; anders Dassler/Schiffhauer/*Hintzen*, § 99 Rn 6.
15 LG Nürnberg-Fürth Rpfleger 1963, 205; *Stöber*, § 99 Rn 2.3.
16 Dassler/Schiffhauer/*Hintzen*, § 99 Rn 5.
17 *Stöber*, § 99 Rn 2.4.

raumten mündlichen Verhandlung nicht erscheint, entscheidet das Gericht nach dem Vorbringen des Rechtsmittelführers und der übrigen Aktenlage.[18]

6. Kosten. An sich wäre dem Grunde nach über die Kosten des Beschwerdeverfahrens gem. §§ 91 ff ZPO zu entscheiden.[19] Jedoch ist eine Kostenentscheidung hinsichtlich der Zuschlagsbeschwerde idR schon deshalb nicht veranlasst, weil sich die Tragung der Gerichtskosten und Auslagen dem Grunde nach aus dem Gesetz ergibt sowie eine Kostenerstattung nicht in Betracht kommt.[20] So liegt auch in der bloßen Übersendung der Rechtsmittelschrift keine Bestimmung über die Zuziehung, und eine Kostentragungspflicht des Angehörten kann hierauf nicht gestützt werden.[21] Selbst bei wirksamer Zuziehung ist aber zu berücksichtigen, dass der Zugezogene nicht im Sinne einer echten Parteirolle am Verfahren beteiligt ist, sondern die Zuziehung lediglich der Gewährung rechtlichen Gehörs dient.[22] Gegenstand des Beschwerdeverfahrens hinsichtlich des Zuschlags ist oftmals nicht ein Streit zwischen Beschwerdeführer und Zugezogenem, wenn dies auch tatsächlich hinter dem Verfahren stehen mag.[23] Das steht der Anwendung der §§ 91 ff ZPO grds. entgegen.[24] In der Regel dürfen deshalb die Kosten des Verfahrens dem Beschwerdegegner nicht auferlegt werden.[25] Umgekehrt kann der Zugezogene vom Beschwerdeführer auch dann nicht die Erstattung außergerichtlicher Kosten verlangen, wenn diesem die Kosten auferlegt worden sind.[26]

Folgt das Beschwerdegericht hingegen der vor dem Hintergrund der zitierten höchstrichterlichen Rspr sehr zweifelhaften Auffassung, nach der der Zugezogener ausnahmsweise dann als Beteiligter ieS zu behandeln ist, wenn er sich durch Anträge oder in anderer Weise **aktiv am Beschwerdeverfahren beteiligt** hat, und beabsichtigt es, ihn deshalb zur Kostentragung zu verpflichten,[27] muss das Beschwerdegericht den Betroffenen nicht nur nach § 139 Abs. 1 und 2 ZPO ausdrücklich auf dieses Risiko hinweisen, sondern ist hierzu auch von Verfassungs wegen gehalten;[28] denn mit einer Abweichung von den vorgenannten Grundsätzen kann der Zugezogene aus den o.g. Gründen und mit Rücksicht auf die stRspr des BGH auch bei Anwendung der prozessual gebotenen Sorgfalt nicht ohne Weiteres rechnen.

Eine Kostengrundentscheidung nach den §§ 91 ff ZPO ist wegen des kontradiktorischen Verhältnisses der Beteiligten aber zB dann gerechtfertigt, wenn **Miteigentümer** nach einer Teilungsversteigerung im Beschwerdeverfahren wegen ent-

---

18 Dassler/Schiffhauer/*Hintzen*, § 99 Rn 7.
19 Dassler/Schiffhauer/*Hintzen*, § 99 Rn 8; Zöller/*Gummer*, ZPO, § 567 Rn 51.
20 BGH NJW-RR 2007, 194, 198; BGH NJW-RR 2008, 216, 217; BGH NJW-RR 2008, 360, 361; BGH NJW-RR 2011, 1459, 1461; BGH WuM 2011, 133, 135; BGH WuM 2011, 569, 570; LG Aachen 13.4.2011 – 3 T 203/10, juris (Rn 24); *Stöber*, § 99 Rn 2.5. Zweifelhaft ist, ob es danach eines Ausspruchs etwa der bereits aus Nr. 2241, 9000 ff KV GKG folgenden Kostentragungspflicht bedarf, vgl LG Aachen 8.6.2009 – 3 T 47/09, juris (Tenor und Rn 23). Ebenso fraglich sind mit § 97 Abs. 1 ZPO begründete und deshalb eine Kostenerstattung umfassende Aussprüche, vgl LG Mühlhausen 29.10.2007 – 2 T 273/07, juris (Tenor und Rn 19).
21 OLG Oldenburg JurBüro 1989, 1176 ff; *Stöber*, § 99 Rn 2.5.
22 BVerfG NJW-RR 2005, 936.
23 BGHZ 170, 378, 381; BGH NJW-RR 2008, 1741, 1743; *Stöber*, § 99 Rn 2.5.
24 BGH WuM 2009, 140, 142.
25 OLG Bremen MDR 1985, 590; OLG Hamburg MDR 1957, 753; OLG Hamm NJW 1976, 1754; OLG Schleswig SchlHA 1956, 294; OLG Schleswig SchlHA 1958, 10; Dassler/Schiffhauer/*Hintzen*, § 99 Rn 8; *Stöber*, § 99 Rn 2.5.
26 LG Nürnberg-Fürth Rpfleger 1963, 205; *Stöber*, § 99 Rn 2.5.
27 OLG Bremen MDR 1985, 590; OLG Hamm JMBl NW 1962, 126; OLG Hamm Rpfleger 1966, 24; OLG Hamm JurBüro 1966, 894.
28 BVerfG NJW-RR 2005, 936, 937; Dassler/Schiffhauer/*Hintzen*, § 99 Rn 9; *Stöber*, § 99 Rn 2.5; anders *Rimmelspacher/Fleck*, WM 2005, 1777 ff.

gegengesetzter Interessen und mit entgegengesetzten Anträgen streiten.[29] Anderes muss wiederum gelten, wenn ein Miteigentümer sich nicht als solcher beteiligt, sondern sich als Bieter gegen den Zuschlag wendet.[30]

12 7. **Rechtsbeschwerde.** Die vorstehenden Ausführungen (vgl Rn 1 ff) gelten nicht nur für die sofortige Beschwerde, sondern sinngemäß, dh unter Berücksichtigung der revisionsähnlichen Rechtsnatur des betreffenden Verfahrens, auch für die Rechtsbeschwerde.[31]

III. Verbindung mehrerer Beschwerden (Abs. 2)

13 Abs. 2 dient der Prozessökonomie insofern, als eine Verbindung es erlaubt, unnötigen Mehraufwand durch Wiederholungen zu vermeiden. So kann zügiger und ressourcenschonender gearbeitet werden. Ferner können einander widersprechende Entscheidungen besser vermieden werden.

14 Allerdings handelt es sich bei Abs. 2 diesem beschränkten Sinn und Zweck entsprechend lediglich um eine Ordnungsvorschrift, deren **Verletzung** nicht die Zulassung einer Rechtsbeschwerde rechtfertigt.[32]

§ 100 [Beschwerdegründe]

(1) Die Beschwerde kann nur darauf gestützt werden, daß eine der Vorschriften der §§ 81, 83 bis 85 a verletzt oder daß der Zuschlag unter anderen als den der Versteigerung zugrunde gelegten Bedingungen erteilt ist.

(2) Auf einen Grund, der nur das Recht eines anderen betrifft, kann weder die Beschwerde noch ein Antrag auf deren Zurückweisung gestützt werden.

(3) Die im § 83 Nr. 6, 7 bezeichneten Versagungsgründe hat das Beschwerdegericht von Amts wegen zu berücksichtigen.

I. Allgemeines	1	IV. Inhalt der Rechtsmittelschrift	16
II. Beschwerdegründe (Abs. 1)	5	V. Eigene Rechte (Abs. 2)	17
III. Neue Tatsachen und Beweise, § 571 Abs. 2 S. 1 ZPO	12	VI. Amtsprüfung (Abs. 3)	19

I. Allgemeines

1 Während sich die Statthaftigkeit der sofortigen Beschwerde gegen den Beschluss über den Zuschlag aus § 96 iVm § 793 ZPO ergibt und § 97 die Beschwerdeberechtigung regelt, schränkt § 100 die möglichen **Beschwerdegründe** ein und zählt diese grds. **abschließend** auf.[1] Der Gesetzgeber wollte damit die Berücksichtigung aller Fälle ermöglichen, in denen ein unrichtiger Beschluss über den Zuschlag auf einer Gesetzesverletzung beruht.[2] Fraglich ist, inwiefern das Rechtsmittel grds. auch auf **neue**, bei der Zuschlagsentscheidung nicht eingeführte **Tatsachen und Beweismittel** gestützt werden kann. Das ist zwar hinsichtlich der allgemeinen Be-

---

29 BGH NJW-RR 2007, 143; *Stöber*, § 99 Rn 2.5 aE.
30 BGH MDR 2008, 826; *Stöber*, § 99 Rn 2.5 aE.
31 *Stöber*, § 99 Rn 2.6.
32 *Böttcher*, § 99 Rn 3; Dassler/Schiffhauer/*Hintzen*, § 99 Rn 10; *Stöber*, § 99 Rn 3.
1 LG Aachen 8.6.2009 – 3 T 47/09, juris (Rn 6); LG Aachen 13.4.2011 – 3 T 203/10, juris (Rn 13); LG Augsburg Rpfleger 2009, 40 ff.
2 Dassler/Schiffhauer/*Hintzen*, § 100 Rn 1; *Stöber*, § 100 Rn 1.1 und 2.1.

stimmungen der ZPO über die sofortige Beschwerde zu bejahen, für die Zuschlagsbeschwerde gelten aber Besonderheiten (vgl Rn 12).³

Für Luftfahrzeuge ist § 171 m zu beachten; im Übrigen ist § 100 für alle Versteigerungsverfahren anwendbar.⁴ 2

Eine **Begründung des Rechtsmittels** soll nach § 571 Abs. 1 ZPO zwar erfolgen, sie ist aber nicht Voraussetzung der Zulässigkeit der Beschwerde. Für die Praxis ist die genaue Angabe der Beschwerdegründe aber unerlässlich, weil sich die Prüfung sonst auf die von Amts wegen zu prüfenden Gesichtspunkte sowie den Akteninhalt beschränkt und dem Beschwerdeführer evtl bekannte weitere erhebliche Umstände nicht berücksichtigt werden können.⁵ Bei anwaltlicher Vertretung gilt es zudem, die erheblich strengeren Anforderungen der anwaltlichen Sorgfaltspflichten zu berücksichtigen. 3

Eine sofortige Beschwerde, die auf **andere als die in § 100 genannten Gründe** gestützt wird, ist nicht als unzulässig zu verwerfen, sondern als unbegründet zurückzuweisen.⁶ 4

II. Beschwerdegründe (Abs. 1)

Als Beschwerdegrund kann zunächst ein Verstoß gegen § 81 über den Zuschlagsberechtigten geltend gemacht werden.⁷ Dabei ist zu beachten, dass die für die Vertretungsmacht (§ 71 Abs. 2), die Abtretung des Meistgebots (§ 81 Abs. 2) und die verdeckte Vertretungsmacht (§ 81 Abs. 3) erforderlichen Nachweise im Beschwerdeverfahren nicht nachgeholt werden können.⁸ Verletzungen der Regelungen des § 81 Abs. 2 und 3 sind ferner nicht von Amts wegen zu prüfen, weil darin ggf kein Verstoß gegen § 83 Nr. 6 liegt.⁹ 5

In Zusammenhang mit dem weiterhin in Betracht kommenden Verstoß gegen den bestimmte Versagungsgründe betreffenden § 83 Nr. 1–5 ist die Möglichkeit der Heilung von Mängeln nach § 84 zu beachten.¹⁰ 6

Hinsichtlich der Versagungsgründe des § 83 Nr. 6 und 7 sieht Abs. 3 außerdem vor, dass diese von Amts wegen zu prüfen sind. Das betrifft etwa die Nichtbeachtung eines auf § 765 a ZPO gestützten Antrags oder seine unrichtige Zurückweisung.¹¹ Unabhängig von den Fragen, ob § 83 Nr. 8 insb. angesichts der §§ 70–72 als solches sinnvoll ist¹² und der Gesetzgeber den darin geregelten Versagungsgrund im Beschwerderecht nachvollziehbar berücksichtigt hat,¹³ steht nach Abs. 3 fest, dass ein diesbezüglicher Mangel ungeachtet seines Gewichts nicht von Amts wegen zu berücksichtigen ist, sondern lediglich im Rahmen des Abs. 1.¹⁴ 7

Als weiteren Beschwerdegrund sieht Abs. 1 einen Verstoß gegen § 84 vor, also die unzutreffende Bejahung oder Ablehnung einer Heilung eines Mangels nach § 83 Nr. 1–5.¹⁵ 8

---

3 Dassler/Schiffhauer/*Hintzen*, § 100 Rn 1; für ZVG anders: *Böttcher*, § 95 Rn 3.
4 Dassler/Schiffhauer/*Hintzen*, § 100 Rn 1 aE; *Stöber*, § 100 Rn 1.2.
5 *Stöber*, § 100 Rn 2.2.
6 OLG Hamm JMBl NW 1959, 183; *Stöber*, § 100 Rn 2.2 aE.
7 *Stöber*, § 100 Rn 2.3.
8 Dassler/Schiffhauer/*Hintzen*, § 100 Rn 4.
9 LG Heilbronn Rpfleger 1986, 78; *Stöber*, § 100 Rn 2.3.
10 Dassler/Schiffhauer/*Hintzen*, § 100 Rn 4.
11 OLG Nürnberg NJW 1954, 722; *Stöber*, § 100 Rn 2.3.
12 Dagegen Dassler/Schiffhauer/*Hintzen*, § 83 Rn 38 ff.
13 Auch dagegen Dassler/Schiffhauer/*Hintzen*, § 83 Rn 42.
14 Dassler/Schiffhauer/*Hintzen*, § 83 Rn 42.
15 Dassler/Schiffhauer/*Hintzen*, § 100 Rn 4; *Stöber*, § 100 Rn 2.3.

9 Ferner kann die Beschwerde auf einen Verstoß gegen § 85 (Versagung bei Antrag auf neuen Versteigerungstermin) und § 85 a (Versagung bei geringem Meistgebot) gestützt werden.[16]

10 Schließlich kann eine Beschwerde damit begründet werden, dass der Zuschlag zu anderen als den der Versteigerung zugrunde gelegten **Bedingungen** erteilt worden ist.[17]

11 Erfolg hat eine Zuschlagsbeschwerde selbst beim Vorliegen eines Verfahrensfehlers nur dann, wenn der Zuschlag auf dem betreffenden Verfahrensfehler **beruhte** (**Kausalität**).[18]

III. Neue Tatsachen und Beweise, § 571 Abs. 2 S. 1 ZPO

12 Zwar können sofortige Beschwerden nach § 571 Abs. 2 S. 1 ZPO grds. auch auf neue Tatsachen und Beweise gestützt werden. Aus der Systematik des ZVG und der ZPO ergibt sich jedoch für das Verfahren nach dem ZVG eine Besonderheit: § 571 Abs. 2 S. 1 ZPO kann nicht gelten, wenn und soweit das **ZVG als lex specialis** anderes vorsieht. Das ist etwa in den §§ 37 Nr. 4 und 5, 45, 59, 63–65, 67 Abs. 1 S. 1, 70 Abs. 2 und 3, 71 Abs. 2, 72 Abs. 1 und 2, 74 a Abs. 2, 87 Abs. 1 und 174 sowie nach § 9 EGZVG der Fall.[19] Darüber hinaus kann neues Vorbringen das Rechtsmittel nicht begründen, wenn es für die Feststellung der im Rahmen der sofortigen Beschwerde maßgebenden Rechtsverletzung auf entsprechenden Vortrag vor der Entscheidung ankommt. Das kann zB bei **Vollstreckungsschutzanträgen** gelten. So kann eine Zuschlagsbeschwerde nicht auf Gründe gestützt werden, mit denen der Schuldner seinen Antrag nach § 765 a ZPO nicht bereits vor dem Zuschlag begründet hat.[20] Anderes gilt mit Rücksicht auf Art. 2 Abs. 2 S. 1 GG und das (auch) daraus folgende Gebot effektiven Rechtsschutzes[21] wiederum für solche Vollstreckungsschutzanträge, die auf eine schon mit dem endgültigen Eigentumsverlust verbundene[22] **Suizidgefahr** gestützt werden: Die Tatsache einer vom Zuschlag ausgehenden und nicht anders abwendbaren[23] Suizidgefahr ist nicht nur auch dann beachtlich, wenn sie erst nach dem Zuschlag entstanden und deshalb neu ist,[24] sondern ein entsprechender Antrag kann jederzeit in das Verfahren eingeführt werden, also auch noch jederzeit im Rechtsmittelzug.[25] Die grds. mangelnde Anwendbarkeit des § 571 Abs. 2 S. 1 ZPO wird insofern aus Abs. 1 abgeleitet, als danach nur Rechtsverletzungen beim Zuschlag das Rechtsmittel zu begründen vermögen, nicht hingegen Umstände, die entweder dem Vollstreckungsgericht bei der Entscheidung nicht bekannt gewesen oder gar erst später eingetreten sind.[26] Auch deshalb ist die Ein-

---

16 Dassler/Schiffhauer/*Hintzen*, § 100 Rn 4; *Stöber*, § 100 Rn 2.3.
17 Dassler/Schiffhauer/*Hintzen*, § 100 Rn 4 aE; *Stöber*, § 100 Rn 2.3 aE.
18 BGH NJW-RR 2011, 1434, 1435; BGH WM 2005, 136, 138.
19 Dassler/Schiffhauer/*Hintzen*, § 100 Rn 6.
20 BGH NJW 1965, 2107; OLG Hamm NJW 1955, 149; LG Aachen 8.6.2009 – 3 T 47/09, juris (Rn 14); LG Frankenthal Rpfleger 1984, 194; LG Koblenz NJW 1957, 427; LG Osnabrück NJW 1959, 682; Dassler/Schiffhauer/*Hintzen*, § 100 Rn 6; *Stöber*, § 100 Rn 2.9.
21 BGH WuM 2009, 140, 141 f.
22 BGH WuM 2011, 122; BGH WuM 2011, 475, 477.
23 BGH WuM 2011, 475, 476.
24 BGH NJW 2006, 505, 506 f.
25 BGH WuM 2011, 117, 118; BGH WuM 2011, 569 f.
26 BGH NJW 1965, 2107; OLG Frankfurt aM Rpfleger 1975, 326; OLG Hamm NJW 1976, 1754; OLG Köln Rpfleger 1992, 491; OLG Koblenz MDR 1955, 749; OLG Schleswig Rpfleger 1975, 372; Dassler/Schiffhauer/*Hintzen*, § 100 Rn 6; *Stöber*, § 100 Rn 2.4.

wendung, der Gläubiger sei zwischenzeitlich befriedigt, unerheblich.[27] Ebenso wenig kann die Begründung ausreichen, eine Einstellungsanordnung des Prozessgerichts werde nunmehr dem Beschwerdegericht bekannt gegeben.[28] Umgekehrt können aber bzgl der Festsetzung des Verkehrswertes solche neuen Tatsachen berücksichtigt werden, die das Beschwerdegericht nicht mehr hat verwerten können, das Vollstreckungsgericht aber im Rahmen seiner Amtsprüfung hätte prüfen müssen.[29] Die Gegenausnahme für § 765 a ZPO und die Fälle einer (behaupteten) Suizidgefahr beruht auf der besonderen Bedeutung des Art. 2 Abs. 2 S. 1 GG.[30]

Ob die vorstehenden Grundsätze nur für die Erteilung des Zuschlags gelten, bei einer **Versagung des Zuschlags** dagegen neues Vorbringen zuzulassen ist,[31] ist in dieser Allgemeinheit zweifelhaft, weil damit die Schaffung neuer Versagungsgründe verbunden sein könnte.[32] 13

Selbst nach der Entscheidung über den Zuschlag eingetretene **Gesetzesänderungen** können grds. keine Berücksichtigung finden; denn der Zuschlag ist bereits mit der Verkündung wirksam geworden.[33] Dementsprechend kann eine Gesetzesänderung nur dann von Bedeutung sein, wenn sie kraft Anordnung des Gesetzgebers auf den Zeitpunkt der Verkündung zurückwirkt[34] oder der Zuschlag versagt worden ist.[35] 14

Auch für den **Kreis der Beteiligten** ist maßgebend nur, wer für das Vollstreckungsgericht beteiligt und deshalb zu berücksichtigen gewesen ist.[36] Anderes gilt bei Versagung des Zuschlags.[37] 15

IV. Inhalt der Rechtsmittelschrift

Der Beschwerdegrund nach Abs. 1 muss in der Beschwerdeschrift hinreichend genau bezeichnet dargetan sein, weil das Beschwerdegericht, wie sich im Wege des Umkehrschlusses aus Abs. 3 ergibt, nicht alle Gründe iSd Abs. 1 von Amts wegen prüft, sondern nur auf eine Rüge hin. Insofern bestimmt der Inhalt der Beschwerdeschrift den Gegenstand des Rechtsmittelverfahrens. Anderes gilt lediglich hinsichtlich der in Abs. 3 benannten Versagungsgründe des § 83 Nr. 6 und 7.[38] Allerdings dürfen die inhaltlichen Anforderungen an die Beschwerdebegründung im Rahmen der Sachentscheidungsvoraussetzungen nicht überzogen werden. So genügt zwar eine bloße Aufzählung der in Betracht kommenden Versagungsgründe sicher nicht.[39] Umgekehrt bedarf es für die Zulässigkeit des Rechtsmittels selbst hinsichtlich der nicht nach Abs. 3 ohnehin von Amts wegen zu prüfenden Versagungsgründe keiner schlüssigen Ausführungen. Dies ist vielmehr eine Frage der Begründetheit. 16

---

27 Dassler/Schiffhauer/*Hintzen*, § 100 Rn 6; *Stöber*, § 100 Rn 2.4.
28 Dassler/Schiffhauer/*Hintzen*, § 100 Rn 6 aE; *Stöber*, § 100 Rn 2.9.
29 BGH NJW-RR 2004, 302 f.
30 BGH NJW 2006, 505, 506 f; BGH WuM 2011, 117, 119; BGH WuM 2011, 569 f.
31 Dafür LG Aachen Rpfleger 1985, 452.
32 Dassler/Schiffhauer/*Hintzen*, § 100 Rn 7.
33 OLG Nürnberg BayJMBl 1954, 68 f; Dassler/Schiffhauer/*Hintzen*, § 100 Rn 8; *Stöber*, § 100 Rn 2.8.
34 OLG Celle NJW 1953, 588; Dassler/Schiffhauer/*Hintzen*, § 100 Rn 8; *Stöber*, § 100 Rn 2.8.
35 OLG Oldenburg KTS 1970, 224 m. Anm. *Schiffhauer*; Dassler/Schiffhauer/*Hintzen*, § 100 Rn 8 aE.
36 OLG Nürnberg BayJMBl 1954, 68; *Stöber*, § 100 Rn 2.8.
37 *Stöber*, § 100 Rn 2.8 aE.
38 Dassler/Schiffhauer/*Hintzen*, § 100 Rn 9.
39 Dassler/Schiffhauer/*Hintzen*, § 100 Rn 9 aE.

V. Eigene Rechte (Abs. 2)

17 Nach Abs. 2 kann weder eine sofortige Beschwerde noch ein diesbezüglicher Zurückweisungsantrag auf Gründe gestützt werden, die ausschließlich fremde Rechte betreffen. Eine Zuschlagsbeschwerde ist mangels Rechtsschutzinteresses unzulässig, wenn feststeht, dass sich der gerügte Rechtsfehler auf das Recht des Beschwerdeführers nicht ausgewirkt hat.[40] Lediglich Abs. 3 sieht eine **Ausnahme** hiervon hinsichtlich der Versagungsgründe des § 83 Nr. 6 und 7 vor. Nach Abs. 2 kann ein ausfallender Beteiligter aber nicht geltend machen, der Zuschlag habe wegen § 81 Abs. 2 und 3 nicht ihm, sondern einem anderen Beteiligten erteilt werden müssen.[41]

18 Eine Beschwer ist auch dann erforderlich, wenn die Entscheidung über den Zuschlag mit der Begründung angefochten wird, der **Verkehrswert** sei **falsch** festgesetzt worden oder die rechtskräftige Festsetzung sei pflichtwidrig nicht überprüft worden.[42]

VI. Amtsprüfung (Abs. 3)

19 Hinsichtlich der Versagungsgründe des § **83 Nr. 6 und 7** findet Abs. 2 keine Anwendung, so dass es auf eine eigene Beschwerde des Rechtsmittelführers in diesem Zusammenhang ausnahmsweise nicht ankommt.[43] Ferner muss das Beschwerdegericht diese Versagungsgründe unabhängig von einer entsprechenden Rüge und von dem Inhalt der Beschwerdeschrift **von Amts wegen** prüfen. Voraussetzung ist hier lediglich die form- und fristgerechte Erhebung der sofortigen Beschwerde durch einen Berechtigten iSd § 97;[44] andernfalls ist das Rechtsmittel nach § 572 Abs. 2 S. 2 ZPO als unzulässig zu verwerfen. Die Regelung des Abs. 3 entspricht der **Bedeutung der betreffenden Versagungsgründe**, wie sie auch in § 84 insofern zum Ausdruck kommt, als hier keine Heilung möglich ist.[45]

§ 101 [Entscheidung über die Beschwerde]

(1) Wird die Beschwerde für begründet erachtet, so hat das Beschwerdegericht unter Aufhebung des angefochtenen Beschlusses in der Sache selbst zu entscheiden.

(2) Wird ein Beschluß, durch welchen der Zuschlag erteilt ist, aufgehoben, auf Rechtsbeschwerde aber für begründet erachtet, so ist unter Aufhebung des Beschlusses des Beschwerdegerichts die gegen die Erteilung des Zuschlags erhobene Beschwerde zurückzuweisen.

I. Allgemeines

1 § 96 verweist grds. auf § **572 ZPO**. So besteht nach § 572 Abs. 2 S. 1 ZPO zum einen eine Amtsprüfungspflicht hinsichtlich der Sachentscheidungsvoraussetzungen; zum anderen gilt insofern ein Vorrang der betreffenden Voraussetzungen, als das Rechtsmittel nach § 572 Abs. 2 S. 2 ZPO als unzulässig zu verwerfen ist,

---

[40] BGH NJW-RR 2007, 143.
[41] OLG Koblenz NJW 1959, 1833; Dassler/Schiffhauer/*Hintzen*, § 100 Rn 10 aE; *Stöber*, § 100 Rn 3.1.
[42] *Stöber*, § 100 Rn 3.2; anders OLG München NJW 1968, 2249.
[43] OLG Koblenz NJW 1959, 1833; OLG Köln Rpfleger 1989, 298; LG Itzehoe SchlHA 1969, 232; Dassler/Schiffhauer/*Hintzen*, § 100 Rn 11 aE.
[44] OLG Köln Rpfleger 1989, 298; Dassler/Schiffhauer/*Hintzen*, § 100 Rn 12; *Stöber*, § 100 Rn 4.2.
[45] Dassler/Schiffhauer/*Hintzen*, § 100 Rn 11.

wenn die Beschwerde nicht statthaft oder nicht form- und fristgerecht eingelegt worden ist. Abs. 1 enthält jedoch eine spezielle Regelung: § 572 Abs. 3 ZPO erlaubt dem Beschwerdegericht, dem Vollstreckungsgericht die erforderlichen Anordnungen zu übertragen, also nach seinem Ermessen durchzuentscheiden oder die angefochtene Entscheidung aufzuheben und die Sache zurückzuverweisen, soweit es das Rechtsmittel für begründet hält. Demgegenüber verpflichtet Abs. 1 bei einer begründeten Zuschlagsbeschwerde das Beschwerdegericht, die angefochtene Entscheidung aufzuheben und durchzuentscheiden.[1] Dahinter steht auch das Bestreben des Gesetzgebers, das Verfahren möglichst zu beschleunigen.[2]

§ 101 gilt für **alle Versteigerungsverfahren** nach dem ZVG.[3]

Gemäß § 96 iVm § 570 ZPO hat die Beschwerde grds. keine **aufschiebende Wirkung**. Neben den Anordnungen gem. § 570 Abs. 2 und 3 ZPO kann allerdings zB die Ausführung des Teilungsplans nach § 116 auf Antrag bis zur Rechtskraft des Zuschlags ausgesetzt werden. In der Regel bedarf es dessen jedoch nicht, weil das Vollstreckungsgericht vor der Rechtskraft des Zuschlags keinen Verteilungstermin bestimmen wird.[4]

Mit der Einführung der Rechtsbeschwerde nach §§ 574 ff ZPO durch das am 1.1.2002 in Kraft getretene **ZPO-Reformgesetz** hat es einer Änderung auch des Abs. 2 bedurft.[5]

II. Sonderregel für begründete Beschwerden (Abs. 1)

Im Verfahren der sofortigen Beschwerde gegen Entscheidungen über den Zuschlag müssen die Beschwerdegerichte stets **durchentscheiden**; sie dürfen den angefochtenen Beschluss nicht aufheben und die Sache zurückverweisen.[6] Die Sachentscheidungsbefugnis ist allerdings insofern beschränkt, als auch das Beschwerdegericht nur die Kompetenzen des Vollstreckungsgerichts hat und deshalb den Zuschlag **nur zu den Bedingungen des Versteigerungstermins** erteilen darf. Soll hiervon abgewichen werden, muss der Zuschlag versagt werden.[7] Wird der Zuschlagsbeschluss im Beschwerderechtsweg rechtskräftig aufgehoben und der Zuschlag zugleich einem anderen erteilt, verliert der ursprüngliche Ersteher das Eigentum rückwirkend auf den Zeitpunkt des wirksamen Zuschlags an ihn an den Schuldner; mit dem Wirksamwerden der Zuschlagserteilung an ihn erwirbt der neue Ersteher das Eigentum. Ab dem Zeitpunkt der Zustellung der im Beschwerdeverfahren ergangenen Zuschlagsentscheidung haftet der ursprüngliche Ersteher nach § 987 BGB, davor gem. § 988 BGB.[8]

Verweist allerdings das Beschwerdegericht die Sache unter **Verstoß gegen Abs. 1** an das Vollstreckungsgericht zurück, ist dieses grds. an die Verweisung gebunden.[9] Eine Ausnahme ließe sich in Anlehnung an die Rspr zu § 281 Abs. 2 S. 4 ZPO für die Fälle objektiver Willkür erwägen. Teilweise wird für derartige Fälle die Statthaftigkeit und Zulässigkeit einer Vollstreckungserinnerung nach § 766 ZPO befürwortet, nach der das Landgericht die unterlassene Durchentscheidung

---

1 BGH NJW 2007, 3357, 3359; OLG Köln KTS 1989, 464; *Stöber*, § 101 Rn 2.2.
2 OLG Frankfurt aM Rpfleger 1980, 31; Dassler/Schiffhauer/*Hintzen*, § 101 Rn 1; *Stöber*, § 101 Rn 2.2.
3 Dassler/Schiffhauer/*Hintzen*, § 101 Rn 1; *Stöber*, § 100 Rn 1 aE.
4 Dassler/Schiffhauer/*Hintzen*, § 101 Rn 2.
5 Dassler/Schiffhauer/*Hintzen*, § 101 Rn 3.
6 BGH NJW 2007, 3357, 3359; OLG Frankfurt aM Rpfleger 1980, 31; OLG Koblenz NJW 1955, 148; OLG München Rpfleger 1983, 324; *Stöber*, § 101 Rn 2.2.
7 OLG Hamm NJW 1969, 516; *Stöber*, § 101 Rn 2.5.
8 BGH NJW 2010, 2664 ff; anders LG Mühlhausen 14.5.2009 – 1 S 244/08, juris (Rn 17 ff); *Heinemann*, ZfIR 2010, 377 f.
9 Dassler/Schiffhauer/*Hintzen*, § 101 Rn 5.

nachholen kann.[10] Hebt das Beschwerdegericht einen Zuschlagsbeschluss auf, darf es lediglich den gleichen Kreis von Beteiligten berücksichtigen, der auch für das Vollstreckungsgericht maßgebend gewesen ist.[11]

III. Sonderregel für begründete Rechtsbeschwerden (Abs. 2)

7 Hat das Beschwerdegericht auf eine sofortige Beschwerde gegen den Zuschlagsbeschluss des Vollstreckungsgerichts hin den Zuschlagsbeschluss aufgehoben, hält der BGH jedoch die Zuschlagserteilung für gerechtfertigt, müsste er an sich den Beschluss des Beschwerdegerichts lediglich aufheben und den Zuschlag selbst neu erteilen. Abs. 2 sieht für diese Fälle vor, dass der BGH auf die begründete Rechtsbeschwerde hin zwar die angefochtene Entscheidung aufhebt, aber nicht selbst zuschlagen muss, sondern lediglich die sofortige Beschwerde zurückweist.[12] Dahinter steht das Bestreben des Gesetzgebers, den Eigentumsübergang so zu bewirken, wie er unmittelbar mit dem Zuschlagbeschluss eingetreten wäre. Allerdings ergibt sich diese Wirkung wohl schon aus den §§ 89 ff, so dass die Bestimmung des Abs. 2 weitgehend deklaratorischer Natur ist.

8 Das **Gebot eigener Durchentscheidung** gilt zwar grds. auch für das Gericht der Rechtsbeschwerde.[13] Einer **Ausnahme** bedarf es jedoch, wenn die Entscheidung des Beschwerdegerichts auf schwerwiegenden Verfahrensfehlern beruht.[14] Das gilt insb. dann, wenn aufgrund einer Gehörsverletzung das gesamte Vorbringen des Beschwerdeführers im zweiten Rechtszug unberücksichtigt geblieben ist. Die Beschränkung der Sachprüfung auf eine Instanz entspricht nicht den Vorstellungen des Gesetzgebers und kann auch nicht unter pauschaler Berufung auf das Beschleunigungsgebot gerechtfertigt werden.[15]

9 Hat das **Vollstreckungsgericht** den **Zuschlag versagt, das Beschwerdegericht ihn aber erteilt**, kann der BGH auf eine begründete Rechtsbeschwerde hin zwar entweder unter Aufhebung der Beschwerdeentscheidung den Zuschlag ablehnen oder aber die sofortige Beschwerde zurückweisen.[16] Sinnvoll ist die erste Variante allerdings nicht, weil mit ihr die unnötige Wiederholung des erstinstanzlichen Tenors verbunden ist. Erachtet der BGH die sofortige Beschwerde hingegen für unzulässig, ist sie unter Aufhebung des Beschlusses des Landgerichts zurückzuweisen.[17]

§ 102 [Weitere Beschwerde]

Hat das Beschwerdegericht den Beschluß, durch welchen der Zuschlag erteilt war, nach der Verteilung des Versteigerungserlöses aufgehoben, so steht die Rechtsbeschwerde, wenn das Beschwerdegericht sie zugelassen hat, auch denjenigen zu, welchen der Erlös zugeteilt ist.

---

10 OLG Hamm KTS 1970, 228; Dassler/Schiffhauer/*Hintzen*, § 101 Rn 5.
11 Dassler/Schiffhauer/*Hintzen*, § 101 Rn 5 aE.
12 OLG Frankfurt aM Rpfleger 1995, 512; *Stöber*, § 101 Rn 3.2.
13 Dassler/Schiffhauer/*Hintzen*, § 101 Rn 7; *Stöber*, § 101 Rn 3.1.
14 OLG Karlsruhe Rpfleger 1995, 471; OLG Koblenz ZIP 1987, 1531, 1534; OLG München Rpfleger 1983, 324; *Stöber*, § 101 Rn 3.1.
15 OLG Köln Rpfleger 1990, 434; *Stöber*, § 101 Rn 3.1.
16 Dassler/Schiffhauer/*Hintzen*, § 101 Rn 8.
17 Dassler/Schiffhauer/*Hintzen*, § 101 Rn 8.

I. Allgemeines

Auch § 102 gilt bereits nach seinem Wortlaut für **alle Versteigerungsverfahren**.[1] 1
Mit der Einführung der Rechtsbeschwerde bedurfte auch § 102 einer Anpassung.
Diese erfolgte durch Art. 9 Nr. 6 des **ZPO-Reformgesetzes**[2] und trat am 1.1.2002
in Kraft.

Nach **§ 105 Abs. 1** soll der Erlös ohne Rücksicht auf die Rechtskraft des Zu- 2
schlags verteilt werden. Daraus kann eine **Rückzahlungspflicht der Empfänger**
folgen, wenn nämlich der Erlös bereits verteilt, der Zuschlag aber noch nicht
rechtskräftig gewesen ist und vom Beschwerdegericht versagt wird. § 102 betrifft
diesen Fall und ermöglicht den Empfängern die Einlegung einer Rechtsbeschwerde mit dem Ziel, den Zuschlag aufrechtzuerhalten. Allerdings hat der Gesetzgeber klargestellt, dass es gleichwohl der **Zulassung der Rechtsbeschwerde** bedarf.
In diesem beschränkten Umfang schützt § 102 die Erlösempfänger, indem es ihnen die Möglichkeit der Rechtsbeschwerde eröffnet,[3] während Beschwerden gegen die Zuschlagsversagung nach **§ 97 Abs. 1** sonst nur beitreibende Gläubiger
erheben können.[4]

In der gerichtlichen **Praxis** kommt § 102 kaum Bedeutung zu, weil das Vollstre- 3
ckungsgericht idR den Termin zur Erlösverteilung nicht anberaumt, bevor der
Zuschlagsbeschluss rechtskräftig ist.[5]

II. Tatbestandsvoraussetzungen

Das Beschwerderecht des Erlösempfängers setzt zunächst voraus, dass das **Voll-** 4
streckungsgericht den **Zuschlag erteilt**, das **Beschwerdegericht** diese Entscheidung jedoch aufgehoben bzw abgeändert und den **Zuschlag versagt** hat.[6] Das
folgt bereits aus dem Gesetzeswortlaut.

Berechtigt sind nach § 102 allerdings nur diejenigen Beteiligten, die **etwas aus** 5
dem Versteigerungserlös erhalten haben, nicht dagegen etwa Beteiligte, die mit
ihrer Forderung in vollem Umfang ausgefallen sind.[7] Zu beachten ist dabei, dass
der Erlös unverteilt bleibt, solange die Ausführung des Teilungsplans ausgesetzt
ist (§ 116).[8] Der Teilungsplan muss durch Zahlung gem. § 117 Abs. 1, Liegenlassen nach § 91 Abs. 2 oder Forderungsübertragung gem. § 118 Abs. 1 ausgeführt sein. Ebenso reicht es, wenn der Ersteher die Berechtigten außergerichtlich
befriedigt hat (§ 144) oder von ihnen als alleiniger Schuldner angenommen worden ist (§ 143).[9]

§ 102 regelt die **Beschwerdebefugnis**, nicht die anderen Gesichtspunkte der Zu- 6
lässigkeit oder gar die möglichen Beschwerdegründe. So kann eine Rechtsbeschwerde nur dann Erfolg haben, wenn sie zum einen **vom Beschwerdegericht**
zugelassen worden ist[10] – § 102 ist insofern mit Rücksicht auf § 574 Abs. 1 S. 1
Nr. 2 ZPO allerdings nur deklaratorischer Natur[11] – sowie zum anderen eine
Rechtsverletzung iSd § 576 ZPO gerügt wird und auch vorliegt. Hinsichtlich der

---

1 Dassler/Schiffhauer/*Hintzen*, § 102 Rn 1; *Stöber*, § 102 Rn 1.
2 BGBl. I 2001 S. 1887.
3 Dassler/Schiffhauer/*Hintzen*, § 102 Rn 1; *Stöber*, § 102 Rn 2.1.
4 OLG Hamm Rpfleger 1989, 421; Dassler/Schiffhauer/*Hintzen*, § 102 Rn 1 aE; *Stöber*, § 102 Rn 2.1.
5 Dassler/Schiffhauer/*Hintzen*, § 102 Rn 2.
6 *Stöber*, § 102 Rn 2.2.
7 Dassler/Schiffhauer/*Hintzen*, § 102 Rn 5; *Stöber*, § 102 Rn 2.1.
8 Dassler/Schiffhauer/*Hintzen*, § 102 Rn 4; *Stöber*, § 102 Rn 2.2 mN auch zur Gegenauffassung.
9 Dassler/Schiffhauer/*Hintzen*, § 102 Rn 4.
10 *Stöber*, § 102 Rn 2.1.
11 Dassler/Schiffhauer/*Hintzen*, § 102 Rn 6.

Beschwerdegründe gilt § 100 Abs. 2 nicht; denn der Erlösempfänger muss auch über § 100 Abs. 2 hinaus Rechtsverletzungen geltend machen können, soll er, wie vom Gesetzgeber beabsichtigt, eine effektive Chance haben, sich ein günstiges Ergebnis zu erhalten.[12]

III. Folgen der Aufhebung des Zuschlags für die Verteilung

7 Das ZVG sieht nicht vor, wie sich die Aufhebung des Zuschlags auf das Rechtsverhältnis zwischen dem Ersteher und dem oder den Berechtigten auswirkt. Anerkannt ist, dass das Vollstreckungsgericht alles in seiner Macht stehende unternehmen muss, um die Folgen des unberechtigten Zuschlags rückgängig zu machen. So muss es zB noch nicht ausgezahlte Beträge zurückhalten und hinterlegte Beträge dem Hinterleger zurückzahlen.[13] Dahinter steht einerseits ein **Folgenbeseitigungsanspruch** des in seinen Rechten Verletzten sowie andererseits eine Pflicht, eine rechtmäßige Lage herzustellen. Da eine analoge Anwendung des § 717 Abs. 2 ZPO nicht in Betracht kommt, müssen die Beteiligten allerdings ein Verfahren vor dem Prozessgericht anstrengen, wenn und soweit ihnen keine Einigung über die Rückgewähr gelingt.[14]

§ 103 [Zustellung des Beschwerdebeschlusses]

¹Der Beschluß des Beschwerdegerichts ist, wenn der angefochtene Beschluß aufgehoben oder abgeändert wird, allen Beteiligten und demjenigen Bieter, welchem der Zuschlag verweigert oder erteilt wird, sowie im Falle des § 69 Abs. 3 auch für mithaftend erklärten Bürgen und in den Fällen des § 81 Abs. 2, 3 dem Meistbietenden zuzustellen. ²Wird die Beschwerde zurückgewiesen, so erfolgt die Zustellung des Beschlusses nur an den Beschwerdeführer und den zugezogenen Gegner.

I. Allgemeines

1 § 103 gilt für **alle Versteigerungsverfahren** nach dem ZVG[1] und betrifft die Bekanntmachung der Entscheidung über die Beschwerde.

2 Mit Rücksicht auf die durch die Entscheidung betroffenen Rechte und den besonderen Verfahrensgegenstand des zweiten Rechtszuges wird nicht danach unterschieden, ob der Zuschlag versagt oder erteilt worden ist, sondern nach dem **Erfolg des Rechtsmittels**.[2]

3 Im Gegensatz zur Regelung für die **Zustellung** des Zuschlagsbeschlusses (§ 88) ist der Beschluss auch dann zuzustellen, wenn er verkündet worden ist.[3]

II. Adressat der Zustellung

4 Ein der Beschwerde **ganz oder teilweise**[4] **stattgebender Beschluss** ist den nach § 9 Beteiligten, dem Bieter, dem der Zuschlag verweigert oder erteilt worden ist, dem als mithaftend erklärten Bürgen nach § 69 Abs. 3 und dem Meistbietenden in den Fällen des § 81 Abs. 2 und 3 zuzustellen. **S. 1** regelt insofern eine Abweichung von § 329 ZPO.[5]

---

12 Dassler/Schiffhauer/*Hintzen*, § 102 Rn 7.
13 *Stöber*, § 102 Rn 2.3.
14 Dassler/Schiffhauer/*Hintzen*, § 102 Rn 8.
1 Dassler/Schiffhauer/*Hintzen*, § 103 Rn 1; *Stöber*, § 103 Rn 1.
2 Dassler/Schiffhauer/*Hintzen*, § 103 Rn 1; *Stöber*, § 103 Rn 2.2 f.
3 Dassler/Schiffhauer/*Hintzen*, § 103 Rn 1; *Stöber*, § 103 Rn 2.1.
4 Nebenpunkte reichen, *Stöber*, § 103 Rn 2.3.
5 *Stöber*, § 103 Rn 2.1 aE und 2.3.

Hat das Rechtsmittel dagegen **keinen Erfolg**, wird es also zurückgewiesen, ist der 5
betreffende Beschluss lediglich dem Beschwerdeführer und dem zugezogenen
Gegner nach § 99 zuzustellen (S. 2). Der Beschluss über die Verwerfung einer Beschwerde als unzulässig ist ebenso zu behandeln.[6]

III. Ausführung der Zustellung und Folgen

Nach § 3 erfolgt die gem. § 103 erforderliche Zustellung **von Amts wegen**.[7] Als 6
Spezialvorschriften gelten für die Zustellung die §§ 4 ff.

Zustellungsadressaten können zwar grds. auf die erforderliche Zustellung **verzichten**. Mit Rücksicht auf § 104 ist dies beim Eigentümer allerdings dann nicht 7
möglich, wenn er erst durch den zuzustellenden Beschluss des Beschwerdegerichts das Eigentum erlangt.[8]

Mit der Zustellung beginnt die **Frist für die Erhebung einer Rechtsbeschwerde** 8
(§ 575 Abs. 1 S. 1 ZPO). Das gilt unabhängig von der Zulassung des Rechtsmittels, auch wenn nur eine zugelassene Rechtsbeschwerde eröffnet ist.[9] Demgegenüber beginnt der **Fristlauf hinsichtlich der Anhörungsrüge** erst mit Kenntnis des
Gehörsverstoßes (§ 321a Abs. 2 S. 1 ZPO), die freilich idR bereits mit der Zustellung eintritt.[10]

§ 104 [Wirksamwerden des Zuschlagsbeschlusses]

Der Beschluß, durch welchen das Beschwerdegericht den Zuschlag erteilt, wird erst mit der Zustellung an den Ersteher wirksam.

I. Allgemeines

§ 104 gilt seinem Wortlaut nach für **alle Versteigerungsverfahren** nach dem 1
ZVG.[1]

Die Norm bestimmt, dass der vom **Beschwerdegericht** erteilte Zuschlag erst mit 2
der Zustellung an den Ersteher wirksam wird,[2] und weicht damit von den für
den Zuschlag seitens des Vollstreckungsgerichts geltenden §§ 87, 89 ab.[3] § 104
betrifft indessen nur die **Erteilung des Zuschlags, nicht** seine **Versagung**. Hier
bleibt es bei § 86 und für die Zustellung bei § 103.

II. Tatbestandsvoraussetzungen

§ 104 betrifft lediglich diejenigen Fälle, in denen das **Vollstreckungsgericht** den 3
Zuschlag versagt und erst das **Beschwerdegericht ihn erteilt** hat. Hat dagegen das
Vollstreckungsgericht den Zuschlag erteilt, das Beschwerdegericht die erstinstanzliche Entscheidung jedoch aufgehoben und den Zuschlag versagt, der BGH
auf eine Rechtsbeschwerde hin die erstinstanzliche Entscheidung aber wieder hergestellt, geltend grds. die §§ 89, 101 Abs. 2. Danach gilt der Zuschlag als mit der
Verkündung wirksam erteilt. Es wird der Zustand wiederhergestellt, der ohne die

---

6 Dassler/Schiffhauer/*Hintzen*, § 103 Rn 3; *Stöber*, § 103 Rn 2.2 (Zurückweisung als unzulässig).
7 *Stöber*, § 103 Rn 2.4.
8 Dassler/Schiffhauer/*Hintzen*, § 103 Rn 4; *Stöber*, § 103 Rn 2.
9 Unklar Dassler/Schiffhauer/*Hintzen*, § 103 Rn 4.
10 BAG NJW 2006, 2346; anders BGH FamRZ 2006, 1029; vgl dazu eingehend *Rensen*, MDR 2007, 695 ff sowie Wieczorek/Schütze/*Rensen*, ZPO, § 321a Rn 40 ff.
1 Dassler/Schiffhauer/*Hintzen*, § 104 Rn 1; *Stöber*, § 104 Rn 1.
2 *Stöber*, § 104 Rn 1.
3 *Stöber*, § 104 Rn 2.1.

Aufhebung im zweiten Rechtszug bestanden hätte.[4] Erteilt der BGH den Zuschlag einem anderen Bieter, gilt allerdings § 104,[5] weil hier die Lage nach Abschluss des ersten Rechtszuges nicht wiederhergestellt wird.

4 Wenn das Beschwerdegericht den Zuschlagsbeschluss nicht aufhebt, sondern nur **einzelne Bedingungen** ändert, richtet sich der Eintritt der Wirksamkeit danach, ob es sich um einen geänderten Teil handelt: Während nicht geänderte Teile bereits mit der ursprünglichen Verkündung wirksam geworden sind, erlangen die geänderten Teile erst mit der Zustellung an den Ersteher gem. § 104 Wirksamkeit.[6]

VIII.
Verteilung des Erlöses

§ 105 [Bestimmung des Verteilungstermins]

(1) Nach der Erteilung des Zuschlags hat das Gericht einen Termin zur Verteilung des Versteigerungserlöses zu bestimmen.

(2) ¹Die Terminsbestimmung ist den Beteiligten und dem Ersteher sowie im Falle des § 69 Abs. 3 dem für mithaftend erklärten Bürgen und in den Fällen des § 81 Abs. 2, 3 dem Meistbietenden zuzustellen. ²Als Beteiligte gelten auch diejenigen, welche das angemeldete Recht noch glaubhaft zu machen haben.

(3) Die Terminsbestimmung soll an die Gerichtstafel angeheftet werden.

(4) Ist die Terminsbestimmung dem Ersteher und im Falle des § 69 Abs. 3 auch dem für mithaftend erklärten Bürgen sowie in den Fällen des § 81 Abs. 2, 3 auch dem Meistbietenden nicht zwei Wochen vor dem Termin zugestellt, so ist der Termin aufzuheben und von neuem zu bestimmen, sofern nicht das Verfahren genehmigt wird.

I. Normzweck

1 Nach einem erfolgreichen Versteigerungstermin wird das Grundstück dem Meistbietenden zugeschlagen (§ 81) und damit das Eigentum durch öffentlich-rechtlichen Hoheitsakt übertragen (s. § 90 Rn 2). Im Anschluss daran bestimmt das Vollstreckungsgericht den **Verteilungstermin**. Zu diesem Termin muss der Ersteher das Meistgebot (§ 107 Abs. 2) nebst Zinsen (§ 49 Abs. 2) an das Gericht zahlen. Im Verteilungstermin wird der **Teilungsplan** aufgestellt, also

- die **Teilungsmasse** wird bestimmt (s. § 107 Rn 2 ff),
- in der **Schuldenmasse** werden die Zahlungsansprüche und Rangfolge der Berechtigten festgestellt (s. § 114 Rn 2 ff),
- in der **Zuteilung** wird die vorhandene Teilungsmasse auf die Zahlungsansprüche verteilt (s. § 109 Rn 10 ff),

und anschließend durch Überweisung (s. § 117 Rn 3) bzw bei „Nichtzahlung" durch Forderungsübertragung (s. § 118 Rn 2) ausgeführt.

II. Zeitpunkt der Terminsbestimmung

2 Der Verteilungstermin wird im Anschluss an den Versteigerungstermin und der Zuschlagserteilung bestimmt. Es ist weder für die Terminsbestimmung noch für

---

4 Dassler/Schiffhauer/*Hintzen*, § 104 Rn 2; *Stöber*, § 104 Rn 2.3.
5 Dassler/Schiffhauer/*Hintzen*, § 104 Rn 2; *Stöber*, § 104 Rn 2.2 aE.
6 Dassler/Schiffhauer/*Hintzen*, § 104 Rn 3.

die Durchführung des Verteilungstermins erforderlich, dass der Zuschlagsbeschluss bereits rechtskräftig ist. Allerdings soll die Ausführung des Teilungsplans bis zur Rechtskraft des Zuschlags ausgesetzt werden, wenn dies vom Ersteher beantragt wird (s. § 116 Rn 2). Es steht im **Ermessen** des Vollstreckungsgerichts, wann die Bestimmung des Verteilungstermins erfolgt. In der Praxis wird teilweise der Termin bereits unmittelbar nach der Verkündung des Zuschlags bestimmt und der Beschluss und die Terminsbestimmung werden mit derselben Postsendung zugestellt. Bei anderen Gerichten wird generell die Rechtskraft des Zuschlagsbeschlusses abgewartet, bevor der Verteilungstermin angesetzt wird.

Wird die Bestimmung des Verteilungstermins über den freien Ermessensspielraum des Gerichts hinaus verzögert, können die Beteiligten die unbefristete Erinnerung nach § 766 ZPO einlegen. *Stöber*[1] hält zusätzlich auch die Dienstaufsichtsbeschwerde für möglich. Diese Auffassung ist allerdings abzulehnen. Hier ist der Entscheidungsbereich der Rechtspflege betroffen (s. § 1 Rn 6) und damit der Dienstaufsicht der Justizverwaltung entzogen. 3

Erfolgt die Terminsbestimmung sofort, also vor Eintritt der Rechtskraft, können bei Eingang einer Zuschlagsbeschwerde sowohl das Vollstreckungsgericht als auch das Beschwerdegericht von Amts wegen den Verteilungstermin aufheben und nach Rechtskraft des Zuschlags erneut anberaumen. 4

III. Zeitpunkt der Erlösverteilung

Auch der Zeitpunkt des Verteilungstermins steht im **Ermessen** des Vollstreckungsgerichts. Gegenüber dem zahlungspflichtigen Ersteher muss das Gericht eine Zustellungsfrist von **zwei Wochen** einhalten (vgl Abs. 4). Dasselbe gilt auch für einen ggf mithaftenden Bürgen oder im Falle der Abtretung des Rechts aus dem Meistgebot auch gegenüber dem Meistbietenden. Wird die Frist nicht eingehalten, kann der Betroffene das Verfahren durch formlose Erklärung oder schlüssige Handlung (zB Erfüllung der Zahlungspflicht) genehmigen. 5

Das Gericht sollte sich nicht nur an der Mindestfrist orientieren, sondern auch die Belange des Erstehers berücksichtigen, der bis zum Termin das Meistgebot finanzieren und die rechtzeitige Überweisung auf ein Konto der Justizkasse sicherstellen muss (§ 49 Abs. 3). In der Praxis findet der Verteilungstermin zwischen sechs und acht Wochen nach der Terminsbestimmung statt. 6

IV. Verfahren zur Terminsbestimmung

Gleichzeitig mit der Terminsbestimmung berechnet das Gericht die Teilungsmasse (s. § 107 Rn 2 ff) und fordert den Ersteher auf, den zu zahlenden Betrag spätestens eine Woche vor dem Verteilungstermin an das Gericht zu zahlen. Dem Gericht muss rechtzeitig im Verteilungstermin ein Nachweis über den **Eingang des Geldes bei der Justizkasse** vorliegen (zum Thema „Nichtzahlung" vgl § 118 Rn 3). **Barzahlungen** im Termin an das Vollstreckungsgericht sind nicht zulässig. Einige Länder haben auch die **Bareinzahlung** an den Justizkassen bzw Zahlstellen eingeschränkt (s. § 69 Rn 12). 7

Die **Zustellung** der Terminsbestimmung an die Beteiligten (s. § 9 Rn 2 ff) ist an keine Frist gebunden (vgl **Abs. 2 S. 1**). Sie muss jedoch so **rechtzeitig** erfolgen, dass Vorbereitung und Teilnahme für die Beteiligten möglich sind. Als Beteiligte im Sinne dieser Vorschriften gelten nach **Abs. 2 S. 2** auch diejenigen, die eine Forderung angemeldet, aber der Aufforderung des Gerichts, den Anspruch glaubhaft zu machen, noch nicht nachgekommen sind (s. § 9 Rn 13). 8

---

[1] *Stöber*, § 105 Rn 4.5.

9 Die Terminsbestimmung soll zusätzlich an der **Gerichtstafel** öffentlich ausgehängt werden (**Abs. 3**). Weitere öffentliche Bekanntmachungen (zB Tageszeitungen oder Internet) erfolgen nicht.

V. Inhalt der Terminsbestimmung

10 Der genaue Inhalt der Terminsbestimmung ist zwar nicht ausdrücklich im Gesetz festgelegt, ergibt sich aber aus den allgemein üblichen Anforderungen. Daher sind zwingend anzugeben:

- Bezeichnung des Gerichts,
- Aktenzeichen und Rubrum des betroffenen Verfahrens,
- genaue Orts- und Zeitangabe des Termins,
- Zweck des Termins (zB „Termin zur Aufstellung des Teilungsplans" oder „Termin zur Entscheidung über die Erlösverteilung").

11 Eine förmliche **Ladung** (vgl § 497 ZPO) sieht das ZVG nicht vor. Zweckmäßigerweise werden die Berechtigten inhaltlich auf § 114 hingewiesen und aufgefordert, zum Termin eine genaue Berechnung ihrer Ansprüche einzureichen (vgl § 114 Rn 3 ff) und die erforderlichen Urkunden (zB Grundschuldbriefe, Abtretungserklärungen) vorzulegen.

VI. Kosten

12 Die **0,5-Gerichtsgebühr** für das Verteilungsverfahren (Nr. 2215 KV GKG) bestimmt sich gem. § 54 Abs. 3 S. 1 GKG nach dem Bargebot, für das der Zuschlag erteilt ist, zuzüglich des Wertes der nach den Versteigerungsbedingungen bestehen bleibenden Rechte. Bargebotszinsen werden nicht hinzugerechnet. Zusätzlich können Auslagen für die Zustellungen anfallen. Die Kosten für die Erlösverteilung sind Teil der Verfahrenskosten, die gem. § 109 (S. § 109 Rn 7) vorab aus dem Versteigerungserlös entnommen werden.

13 Zur **Rechtsanwaltsvergütung** für die Vertretung im Verteilungsverfahren s. § 15 Rn 46.

§ 106 [Vorläufiger Teilungsplan]

¹Zur Vorbereitung des Verteilungsverfahrens kann das Gericht in der Terminsbestimmung die Beteiligten auffordern, binnen zwei Wochen eine Berechnung ihrer Ansprüche einzureichen. ²In diesem Fall hat das Gericht nach dem Ablauf der Frist den Teilungsplan anzufertigen und ihn spätestens drei Tage vor dem Termin auf der Geschäftsstelle zur Einsicht der Beteiligten niederzulegen.

1 Nach den Vorstellungen des Gesetzgebers kann das Gericht in besonders schwierigen Verteilungsverfahren die Beteiligten gleichzeitig mit der Terminsbestimmung **förmlich auffordern**, unter Bestimmung einer Frist von **zwei Wochen** ihre Forderungen anzumelden (**S. 1**). Es ist in diesem Fall verpflichtet, einen **vorläufigen Teilungsplan** aufzustellen und mindestens drei Tage vor dem Termin auf der Geschäftsstelle zur Einsicht der Beteiligten niederzulegen (**S. 2**). Durch den frühzeitigen Eingang der Berechnungen soll es für das Gericht einfacher werden, die Erlösverteilung vorzubereiten.

2 Die gesetzte Zwei-Wochen-Frist ist keine Ausschlussfrist. Die Beteiligten sind nicht gehindert, ihre Anmeldungen erst zum Verteilungstermin einzureichen oder noch im Termin zu ändern.

Der vom Gericht aufgestellte vorläufige Teilungsplan hat nur die Bedeutung eines 3
Entwurfs. Erst im Verteilungstermin wird unter Berücksichtigung der dann vorliegenden Anmeldungen *der* (endgültige) Teilungsplan aufgestellt. Auch die gem.
§ 115 vorgesehene Verhandlung kann erst im Termin stattfinden.

Insgesamt bietet die Norm keine Vorteile für die praktische Verfahrensabwick- 4
lung. Die Beteiligten werden zu nichts verpflichtet, während das Gericht zwingend einen vorläufigen Teilungsplan aufstellen und auslegen muss. Statt dieser Verfahrensweise fordern die Gerichte die Beteiligten zur rechtzeitigen Anmeldung auf, ohne eine Zwei-Wochen-Frist nach § 106 zu benennen. Wenn dann das Gericht zur Vorbereitung einen Entwurf des Teilungsplans erstellt, hat dieser nur die Qualität eines internen Arbeitspapiers und muss nicht auf der Geschäftsstelle ausgelegt werden (§ 299 Abs. 4 ZPO).[1]

§ 107 [Teilungsmasse]

(1) [1]In dem Verteilungstermin ist festzustellen, wieviel die zu verteilende Masse beträgt. [2]Zu der Masse gehört auch der Erlös aus denjenigen Gegenständen, welche im Falle des § 65 besonders versteigert oder anderweit verwertet sind.

(2) [1]Die von dem Ersteher im Termin zu leistende Zahlung erfolgt an das Gericht. [2]§ 49 Abs. 3 gilt entsprechend.

(3) Ein Geldbetrag, der zur Sicherheit für das Gebot des Erstehers bei der Gerichtskasse einbezahlt ist, wird auf die Zahlung nach Absatz 2 Satz 1 angerechnet.

I. Normzweck und Anwendungsbereich ... 1	5. Erlös aus besonderer Verwertung ... 12
II. Feststellung der Teilungsmasse (Abs. 1) ... 2	6. Zuzahlungspflichten ... 13
1. Verfahren ... 2	7. Überschuss aus der Zwangsverwaltung ... 14
2. Meistgebot ... 4	III. Minderung der Teilungsmasse ... 15
3. Verzinsung des Meistgebots und Anrechnung von Zahlungen ... 5	IV. Erfüllung der Zahlungspflicht (Abs. 2 S. 2) ... 16
4. Hinterlegungszinsen ... 10	V. Rechtsbehelf ... 19

I. Normzweck und Anwendungsbereich

Mit dem Zuschlag (§ 81) wird dem Ersteher das Eigentum durch öffentlich- 1
rechtlichen Hoheitsakt übertragen (s. § 90 Rn 2). Damit entsteht gleichzeitig eine Zahlungsverpflichtung (§ 49 Abs. 1). Im Verteilungstermin stellt das Gericht die Teilungsmasse fest (Abs. 1 S. 1) und konkretisiert damit die Zahlungspflicht des Erstehers. Die Teilungsmasse wird anschließend im Rahmen des Teilungsplans auf die Berechtigten zugeteilt (s. § 113 Rn 16). Die Norm findet keine Verwendung in der Zwangsverwaltung (vgl § 156 Rn 9).

II. Feststellung der Teilungsmasse (Abs. 1)

1. Verfahren. Die Feststellung der Teilungsmasse im Sinne einer Entscheidung er- 2
folgt im Verteilungstermin und ist üblicherweise der erste Abschnitt des Teilungsplans. Damit der Ersteher die Zahlung rechtzeitig zum Termin veranlassen kann, wird die Teilungsmasse bereits mit der Terminsbestimmung berechnet und dem

---

1 *Stöber*, § 106 Rn 2.2; Löhnig/*Hannemann*, § 106 Rn 9.

Ersteher in Form einer Zahlungsaufforderung zugestellt (vgl § 105 Rn 7). Diese Berechnung hat nur die Qualität eines Entwurfs und entbindet das Gericht nicht von der Verpflichtung, im Verteilungstermin die Berechnung zu überprüfen und, soweit notwendig, zu korrigieren.

3 Die Teilungsmasse kann sich zusammensetzen aus
- dem restlichen, zu zahlenden Meistgebot,
- den Zinsen nach § 49 Abs. 2,
- der Sicherheitsleistung,
- den Hinterlegungszinsen (s. Rn 11),
- dem Erlös aus einer besonderen Verwertung und
- dem Zuzahlungsbetrag.

4 **2. Meistgebot.** Die Teilungsmasse besteht zunächst aus dem **Meistgebot**, also dem Betrag, der im Zuschlagsbeschluss als **durch Zahlung zu berichtigend** festgestellt wird. Dieser Betrag umfasst nach der Legaldefinition des § 49 Abs. 1 das geringste Gebot und den das geringste Gebot übersteigenden Betrag des Meistgebotes. Das Meistgebot gibt nur den Betrag an, der direkt an das Gericht zu zahlen ist. Soweit nach den Versteigerungsbedingungen im Grundbuch eingetragene Rechte bestehen bleiben und vom Ersteher übernommen werden, sind diese Rechte in dem Meistgebot nicht enthalten. Teilweise wird im Gesetz (vgl § 49 Abs. 1) und der Lit. auch der Begriff „**bares Meistgebot**" oder „**Bargebot**" verwendet. Nach der Abschaffung der Barzahlung in den Terminen sind die Begriffe aber irreführend. Ihre Verwendung wird vom Gesetzgeber nur noch beibehalten, weil sie in der Rspr und Lit. manifestiert sind.[1]

5 **3. Verzinsung des Meistgebots und Anrechnung von Zahlungen.** Zur Teilungsmasse gehören auch die **Zinsen auf das Meistgebot** nach § 49 (s. § 49 Rn 4). Die Zinsen betragen 4% jährlich und werden vom Tag des Zuschlags bis zum Vortag des Verteilungstermins (jeweils einschließlich) berechnet. Über die **Methode der Zinsberechnung** (zB deutsche kaufmännische 30/360 Methode oder taggenaue Effektivzinsmethode nach der ISMA-Rule) gibt das Gesetz keine Auskunft, so dass hier das Vollstreckungsgericht nach freiem Ermessen entscheiden kann.

6 Gemäß § 49 Abs. 2 ist der volle Betrag des Meistgebots zu verzinsen. Der Ersteher wird jedoch durch **Hinterlegung** von seiner Verbindlichkeit befreit, soweit er den Betrag förmlich hinterlegt und dabei auf die Rücknahme verzichtet (s. § 49 Rn 10). In diesem Fall endet die Verzinsungspflicht bereits mit dem Ablauf des Tages, der dem Tage der wirksamen Hinterlegung vorhergeht.

7 Gemäß **Abs. 3** werden die nach § 69 erbrachten **Sicherheitsleistungen** auf die Zahlungsverpflichtung des Erstehers angerechnet, so dass insoweit eine Erfüllung gem. § 364 Abs. 1 BGB eintritt. Eine Hinterlegung oder ausdrückliche Erklärungen im Versteigerungstermin sind insoweit nicht vonnöten. In der Begründung zur Gesetzesvorlage[2] wurde dazu ausgeführt: „Mit der vorgeschlagenen Änderung soll im Interesse der Bietinteressenten erreicht werden, dass Sicherheitsleistungen der Bieter nicht mehr im förmlichen Hinterlegungsverfahren, sondern durch Überweisung an die Gerichtskasse geleistet werden." Mit der Erfüllung seiner Verbindlichkeit (§ 364 Abs. 1 BGB) entfällt auch die Grundlage für eine Verzinsung nach § 49.

8 Soweit die Sicherheit durch einen **Scheck** (§ 69 Abs. 2) erbracht wurde, besteht gleichfalls keine Verzinsungspflicht. Zwar führt bei Schecks idR erst die Einlö-

---

1 BT-Drucks. 16/3038, S. 42.
2 BT-Drucks. 16/3038, S. 43.

sung zur Befriedigung: Ein **Verrechnungsscheck** wird dem Empfänger nur mit der Bedingung „**Eingang vorbehalten**" gutgeschrieben, so dass die Erfüllungswirkung im Zweifel erst mit Honorierung des Schecks durch die bezogene Bank eintritt (§ 364 Abs. 2 BGB). Im ZVG wird jedoch vom Gesetzgeber die Annahme des Schecks ausdrücklich als zulässige Leistung angeordnet. Die Einlösung ist sicher, da vorgeschrieben ist, dass nicht ein Scheck des Bieters, sondern seiner Bank, bezogen auf ein Konto im Inland, vorgelegt werden muss. Im Fall der Sicherheitsleistung wird man daher die Annahme des Schecks, anders als im Regelfall des § 364 Abs. 2 BGB, als „**Annahme einer Leistung an Erfüllung statt**" (§ 364 Abs. 1 BGB) ansehen müssen. Mit der Übergabe des Schecks an das Vollstreckungsgericht ist die Zahlungsverpflichtung des Bieters erfüllt; eine Verzinsung nach § 49 Abs. 2 kommt deshalb auch hier nicht mehr in Frage.

Die **spätere Überweisung des restlichen Gebots** an die Justizkasse hat nur die Qualität einer **Verwahrung**. Mit dieser einfachen Verwahrung bei der Justizkasse tritt keine Erfüllung der Zahlungspflicht ein (Umkehrschluss aus § 378 BGB). Demzufolge ist dieser Betrag auch weiterhin gem. § 49 Abs. 2 zu verzinsen. Die Verzinsungspflicht kann vom Ersteher nur durch förmliche Hinterlegung unter Verzicht auf Rücknahme abgewendet werden (entsprechend § 378 BGB). 9

4. Hinterlegungszinsen. Der Ersteher muss das Bargebot vom Zuschlag an verzinsen (§ 49 Abs. 2). Die Verzinsung ist ein Ausgleich dafür, dass die Nutzungen des Grundstücks ab Zuschlag auf ihn übergehen (§ 56 S. 2),[3] die Zahlung des Meistgebots aber erst zum Verteilungstermin fällig wird. Mit der förmlichen Hinterlegung des Meistgebots erfüllt der Ersteher seine Zahlungsverpflichtung (s. Rn 1) und wird von seiner Verbindlichkeit befreit (§ 378 BGB, § 49 Abs. 4). Dies gilt auch für seine Verpflichtung, den Betrag weiterhin bis zur Fälligkeit zu verzinsen. 10

Mit der Hinterlegung geht das Geld in das Eigentum des jeweiligen Landes über (zB § 11 HintG NRW). In den Bundesländern Hessen, Saarland, Hamburg und Niedersachsen wird der hinterlegte Betrag verzinst. In der Lit.[4] wird ganz überwiegend die Auffassung vertreten, dass die Hinterlegungszinsen von dem Vollstreckungsgericht vereinnahmt, zur Teilungsmasse genommen und gemäß Teilungsplan verteilt werden. In der gerichtlichen Praxis wird dies teilweise in Frage gestellt, weil dies im ZVG nicht ausdrücklich geregelt sei. Alle übrigen Bundesländer verzinsen die hinterlegten Beträge nicht (mehr). 11

5. Erlös aus besonderer Verwertung. Wenn die zum Hypothekenhaftungsverband gehörenden beweglichen Sachen (zB Zubehör) ausnahmsweise nicht zusammen mit dem Grundstück versteigert, sondern im Rahmen einer besonderen Versteigerung oder anderweitigen Verwertung gem. § 65 (s. § 65 Rn 12) verwertet werden, gehört der Erlös mit zur Teilungsmasse. 12

6. Zuzahlungspflichten. Hat nach den Versteigerungsbedingungen der Ersteher ein im Grundbuch eingetragenes Recht übernommen und stellt sich bereits zum Verteilungstermin heraus, dass das Recht bereits vor dem Zuschlag erloschen war, muss der Ersteher gem. §§ 50 und 51 die im Grundbuch ersichtlichen oder vom Gericht festgestellten Zuzahlungsbeträge (s. § 51 Rn 16) zum Verteilungstermin als weitere Teilungsmasse nachzahlen (vgl § 125 Rn 4). 13

7. Überschuss aus der Zwangsverwaltung. Die Überschüsse eines gleichzeitig laufenden Zwangsverwaltungsverfahrens gehören nicht zur Teilungsmasse des Versteigerungsverfahrens. Beide Verfahren sind streng voneinander zu trennen und unterliegen bezüglich der Verteilung ihren eigenen Regeln. 14

---

3 *Stöber*, § 49 Rn 3.1.
4 *Rellermeyer/Hintzen*, Rpfleger 2011, 473; *Stöber*, § 49 Rn 5.6; Dassler/Schiffhauer/*Hintzen* § 107 Rn 5; Löhnig/*Hannemann*, § 107 Rn 6.

III. Minderung der Teilungsmasse

15 Wenn der Ersteher mit dem Gläubiger das Bestehenbleiben eines an sich erlöschenden Rechts vereinbart hat, kann dies Auswirkungen auf den Teilungsplan haben (s. § 91 Rn 13). Sofern dies im Verteilungstermin festgestellt wird, müssen die Teilungsmasse und die Zuteilung entsprechend geändert werden.

IV. Erfüllung der Zahlungspflicht (Abs. 2 S. 2)

16 Der Ersteher muss seine Zahlungsverpflichtung spätestens zum Verteilungstermin durch Überweisung oder Einzahlung auf dem Konto der Justizkasse[5] erfüllt haben (Abs. 2 S. 2 iVm § 49 Abs. 3). Für eine rechtzeitige Zahlung muss der Betrag nicht nur vor dem Verteilungstermin auf dem Konto der Justizkasse gutgeschrieben sein, sondern dem Vollstreckungsgericht muss auch ein Nachweis hierüber im Termin vorliegen (Abs. 2 S. 2 iVm § 49 Abs. 3; zum Stichwort „Nichtzahlung" s. § 118 Rn 3 ff. Barzahlungen oder Scheckübergaben im Termin an das Vollstreckungsgericht sind nicht zulässig.

17 Zum Teil haben die Justizverwaltungen auch die Bareinzahlung an der Justizkasse/Zahlstelle eingeschränkt oder sogar vollständig untersagt und dies mit dem Wortlaut des § 69 Abs. 4 („durch Überweisung bewirkt") begründet.

18 Weder das **Vollstreckungsgericht** noch die **Justizverwaltung (Justizkasse)** haben hinsichtlich der Zahlungsverpflichtung des Erstehers eine Gläubigerstellung und sind deshalb bei einer Pfändung eines Erlösanspruchs **nicht Drittschuldner**. Gläubiger der Zahlungsverpflichtung ist der Schuldner, der den Anspruch als Surrogat für sein durch Zuschlag verlorenes Eigentum erhält. Infolge der Beschlagnahme nimmt jedoch das Vollstreckungsgericht den Erlös in amtlicher Eigenschaft entgegen.[6] Zur Pfändung eines Erlösanspruchs s. § 857 ZPO Rn 39 ff.

V. Rechtsbehelf

19 Bei fehlerhaft berechneter Teilungsmasse können die Beteiligten und der Ersteher die sofortige Rechtspflegererinnerung (§ 11 Abs. 2 RPflG) einlegen (s. § 115 Rn 18 ff). Das Widerspruchsverfahren nach § 115 ist insoweit nicht einschlägig. Gegenüber einem befriedigten Gläubiger kann der Ersteher keinen Bereicherungsanspruch nach § 812 BGB geltend machen, wenn das Gericht die Verzinsung des Meistgebots fehlerhaft berechnet hat.[7]

§ 108 (aufgehoben)

§ 109 [Verfahrenskosten; Überschuss]

(1) Aus dem Versteigerungserlös sind die Kosten des Verfahrens vorweg zu entnehmen, mit Ausnahme der durch die Anordnung des Verfahrens oder den Beitritt eines Gläubigers, durch den Zuschlag oder durch nachträgliche Verteilungsverhandlungen entstehenden Kosten.

(2) Der Überschuß wird auf die Rechte, welche durch Zahlung zu decken sind, verteilt.

---

5 BGH Rpfleger 2013, 560 = WM 2013, 922 = MDR 2013, 874 = ZfIR 2013, 522.
6 BGH NJW 1977, 1287.
7 BGH NJW 1977, 1287.

I. Normzweck und Anwendungsbereich

Aus der im Teilungsplan festgestellten Teilungsmasse werden zunächst die Verfahrenskosten beglichen. Dieser Anspruch wird in der Lit. und in Anlehnung an die Rangordnung des § 10 auch mit „**Rangklasse 0**" bezeichnet (s. § 10 Rn 2). Der dann verbleibende Überschuss wird auf die Zahlungsansprüche der in § 10 aufgeführten Berechtigten verteilt. Die Vorschrift findet Anwendung für alle Zwangsversteigerungsverfahren, nicht jedoch in der Zwangsverwaltung (vgl § 155 Rn 5).

II. Verfahrenskosten

1. Definition. Die Verfahrenskosten iSv § 109 sind nur bestimmte Gerichtsgebühren und Auslagen nach dem GKG. Die Verfahrenskosten der Beteiligten (Rechtsanwaltsvergütung, Auslagen der Beteiligten) fallen nicht darunter (vgl § 10 Rn 53 ff). Der Begriff ist also nicht inhaltsgleich mit den Prozesskosten nach § 91 ZPO. Zu den Verfahrenskosten gehören allerdings die Ansprüche der Gläubiger auf Erstattung ihrer Verfahrenskostenvorschüsse (s. Rn 8).

2. Einzelheiten. a) Gerichtsgebühren. Zu den Verfahrenskosten iSv § 109 gehören folgende Gebühren nach dem GKG:

- für das Verfahren im Allgemeinen (Nr. 2211 KV GKG): 0,5-Gebühr nach dem Verkehrswert (§ 54 Abs. 1 S. 1 GKG);
- für die Abhaltung mindestens eines Versteigerungstermins mit Aufforderung zur Abgabe von Geboten (Nr. 2213 KV GKG): 0,5-Gebühr nach dem Verkehrswert (§ 54 Abs. 1 S. 1 GKG);
- für das Verteilungsverfahren (Nr. 2215 KV GKG): 0,5-Gebühr nach dem Meistgebot (vgl § 107 Rn 4) zuzüglich der vom Ersteher übernommenen, im Grundbuch eingetragenen Rechte (§ 54 Abs. 3 S. 1 GKG). Wird der Erlös außergerichtlich verteilt (s. § 144 Rn 5), ermäßigt sich die Gebühr auf 0,25 (Nr. 2216 KV GKG).

Bei **mehreren Versteigerungsobjekten** werden die Gebühren nach den zusammengerechneten Verkehrswerten berechnet (vgl § 54 Abs. 4 GKG). Zu den Folgen einer Verfahrenstrennung oder Verfahrensverbindung s. § 18 Rn 19.

b) Auslagen des Gerichts. Zu den Verfahrenskosten gehören insb. folgende Auslagen nach dem GKG:

- sämtliche Zustellungsauslagen (Nr. 9002 KV GKG): Pauschal 3,50 € pro Zustellung, wobei die ersten 10 Zustellungen außer Ansatz bleiben, da sie bereits in den Gebühren eingerechnet sind;
- Veröffentlichungskosten (Nr. 9004 KV GKG): in voller Höhe für die Veröffentlichung im Amtsblatt und in den Tageszeitungen (vgl §§ 39, 40);
- Sachverständigenkosten (Nr. 9005 KV GKG): in voller Höhe. Diese Kosten können im Einzelfall sehr hoch sein und bestimmen maßgeblich die Gesamtsumme der Verfahrenskosten;
- Gerichtsvollzieherkosten und Saalmiete (Nr. 9006 KV GKG): in voller Höhe. Diese Kosten können für eine Mieterermittlung entstehen (vgl § 57 b Rn 5) und für die Anmietung eines Saales außerhalb des Gerichtsgebäudes.

c) Keine Verfahrenskosten. Nicht zu den Verfahrenskosten iSd § 109 gehören:

- Die Kosten für die Anordnung des Verfahrens oder die Zulassung eines Beitritts (vgl § 15 Rn 40, 45); sie werden von den jeweiligen Antragstellern/Gläubigern getragen.
- Die Rechtsanwaltskosten für die Vertretung eines Beteiligten im Verfahren (vgl § 15 Rn 40, 46) werden von den Beteiligten selber gezahlt. Soweit ein

Gläubiger vertreten wird, können die Kosten im Rang des Hauptanspruchs geltend gemacht werden (s. § 10 Rn 53).
- Die Gebühr für die Erteilung des Zuschlags trägt der Ersteher (s. § 58).
- Die Kosten im Beschwerdeverfahren.[1]

7 Auslagen, die durch falsche Sachbehandlung entstanden sind, gehören nicht zu den Verfahrenskosten; sie sind von der Staatskasse zu tragen.

8 **3. Verfahren (Abs. 1).** Die vorweg zu entnehmenden Verfahrenskosten werden zum Verteilungstermin berechnet, im Teilungsplan aufgenommen und der Justizkasse zugeteilt. Soweit Gläubiger **Kostenvorschüsse** an das Gericht geleistet haben, sind ihre Erstattungsansprüche ebenfalls Verfahrenskosten iSd § 109. Sie sind untereinander **gleichrangig** und zusammen mit dem restlichen Anspruch der Staatskasse **vorweg** zu bedienen.[2]

9 Gegen den Kostenansatz ist die Erinnerung gem. § 66 GKG zulässig.

III. Verteilung des Überschusses (Abs. 2)

10 Der nach der Zahlung der Verfahrenskosten verbleibende Überschuss wird auf die Ansprüche der Berechtigten entsprechend der Rangfolge der §§ 10–12 unter Beachtung der näheren Bestimmungen in §§ 110–114, 119, 121–126 zugeteilt (verteilt). Können alle Ansprüche befriedigt werden, bleibt der Übererlös unverteilt und steht dem Schuldner als Ersatz für sein verlorenes Eigentum zu.[3] Mehrere Schuldner müssen sich selbst über die Aufteilung des Überschusses einigen (s. § 117 Rn 5). Im Anschluss an den Verteilungstermin werden die zugeteilten Beträge an die Berechtigten überwiesen (s. § 117 Rn 4) oder hinterlegt (s. § 118 Rn 3, § 120 Rn 4, § 124 Rn 5, § 126 Rn 9).

§ 110 [Nachstehende Rechte]

Rechte, die ungeachtet der im § 37 Nr. 4 bestimmten Aufforderung nicht rechtzeitig angemeldet oder glaubhaft gemacht worden sind, stehen bei der Verteilung den übrigen Rechten nach.

I. Normzweck

1 Diejenigen dinglichen Berechtigten, deren Recht erst nach der Eintragung des Zwangsversteigerungsvermerks im Grundbuch eingetragen worden ist oder aus dem Grundbuch nicht ersichtlich ist, müssen ihr Recht anmelden, um am Verfahren und an der Erlösverteilung teilnehmen zu können. Gemäß § 37 Nr. 4 (s. § 37 Rn 6) muss das Gericht mit der Terminsbestimmung eine entsprechende Belehrung und eine Aufforderung, spätestens im Versteigerungstermin vor der Aufforderung zur Abgabe von Geboten die Ansprüche anzumelden, veröffentlichen. In § 110 wird als Rechtsfolge normiert, dass eine **verspätete Anmeldung** zu einem materiellen **Rangverlust** hinter allen anderen Rechten führt. Soweit die Teilungsmasse nicht ausreicht, alle Rechte zu befriedigen, ist das gleichbedeutend mit einem Ausfall und einem endgültigen Rechtsverlust.

---

1 OLG Koblenz Rpfleger 2005, 383.
2 Dassler/Schiffhauer/*Hintzen*, § 109 Rn 8; aA *Stöber*, § 109 Rn 2.4.
3 BGH NJW 1993, 3198 (Nachlassversteigerung).

II. Anmeldung

1. Anmeldebedürftige Rechte und Ansprüche. Zu den anmeldepflichtigen Rechten gehören im Wesentlichen: 2

- der Instandsetzungskostenvorschuss eines die Zwangsverwaltung betreibenden Gläubigers – Rangklasse 1 (vgl § 10 Rn 5);
- die Feststellungskosten eines Insolvenzverwalters – Rangklasse 1 a (vgl § 10 Rn 10);
- die bevorrechtigten Hausgeldansprüche der Wohnungseigentümergemeinschaft – Rangklasse 2 (vgl § 10 Rn 11);
- die öffentlichen Grundstückslasten – Rangklasse 3 (vgl § 10 Rn 30);
- die nach dem ZV-Vermerk neu eingetragenen dinglichen Rechte mit ihren laufenden und rückständigen Zinsen und Rechtsverfolgungskosten (zB eine nachträglich eingetragene Zwangssicherungshypothek);
- aus den vor dem ZV-Vermerk eingetragenen dinglichen Rechten die Ansprüche, soweit sie nicht aus dem Grundbuch ersichtlich sind. Das sind die rückständigen wiederkehrenden Leistungen (s. § 10 Rn 44) und die Kosten der dinglichen Rechtsverfolgung (s. § 10 Rn 53). Die laufenden wiederkehrenden Leistungen (s. § 13 Rn 7) werden gem. § 45 Abs. 2 von Amts wegen berücksichtigt und müssen nicht angemeldet werden;
- Rangänderungen, soweit sie erst nach dem ZV-Vermerk im Grundbuch eingetragen worden sind.

Die Anmeldung eines Gläubigerwechsels nach Eintragung des ZV-Vermerks, eines Ersatzbetrages nach § 92 oder der Rückgewähranspruch des Eigentümers aus einer nicht mehr valutierten Sicherungsgrundschuld[1] muss erst zum Verteilungstermin erfolgen. § 110 ist hier nicht einschlägig, da die Rechte in diesen Fällen aus dem Grundbuch ersichtlich sind. 3

2. Form und Inhalt. Die Anmeldung ist **formfrei**.[2] Sie muss regelmäßig Rechtsgrund, Rang und Betrag des Anspruchs, getrennt nach Kosten, Nebenleistungen und Hauptanspruch, beinhalten.[3] Eine ziffernmäßige Angabe ist entbehrlich, wenn die Anmeldung alle für die Berechnung des Anspruchs erforderlichen Angaben enthält. Ansprüche, die sich bereits aus dem Versteigerungs- oder Beitrittsantrag ergeben, müssen nicht angemeldet werden (§ 114 Abs. 1 S. 2). Eine Anmeldung ist auch dann erforderlich, wenn das Gericht von den Ansprüchen Kenntnis hat.[4] 4

Meldet der Gläubiger zum Versteigerungstermin weniger Nebenleistungen an, als ihm nach dem Inhalt des Grundbuchs von Amts wegen nach § 45 Abs. 2 zugestanden hätten (sog. **Minderanmeldung**), erleidet er einen Rangverlust, wenn er den Rest erst zum Verteilungstermin anmeldet. 5

3. Zeitpunkt. Die Anmeldung muss dem Gericht spätestens im Versteigerungstermin und zwar vor der Aufforderung zur Abgabe von Geboten (vgl § 66 Abs. 2) vorliegen. 6

4. Glaubhaftmachung. Auf Verlangen eines betreibenden Gläubigers muss der Anmeldende seine Forderung spätestens im Versteigerungstermin (s. Rn 6) auch glaubhaft machen. Zinsrückstände müssen nicht glaubhaft gemacht werden 7

---

1 BGH Rpfleger 1978, 363 = DNotZ 1978, 729.
2 BGHZ 21, 30 = WM 1956, 1023 = KTS 1956, 120.
3 BGH NJW-RR 2007, 165 = Rpfleger 2007, 93.
4 BGHZ 21, 30 = WM 1956, 1023 = KTS 1956, 120.

(s. § 45 Rn 7). Die Glaubhaftmachung erfolgt nach § 294 ZPO. Zur Anmeldung im Verteilungstermin s. § 114 Rn 3.

8 Hausgeldansprüche müssen nicht nur auf Verlangen eines Gläubigers, sondern immer glaubhaft gemacht werden (s. § 45 Rn 5).

III. Rechtsfolgen einer verspäteten Anmeldung oder Glaubhaftmachung

9 Anmeldebedürftige Rechte und Ansprüche, die **verspätet angemeldet** werden (s. Rn 6), erleiden einen **materiellen Rangverlust** und werden allen übrigen Ansprüchen im Rang nachgestellt („Rangklasse 9"; s. § 10 Rn 51). Der Rangverlust setzt eine ordnungsgemäße Aufforderung gem. § 37 Nr. 4 in der Terminsbestimmung voraus. Der betroffene Berechtigte hat keinen Bereicherungsanspruch gegenüber den aufrückenden Gläubigern.[5]

10 Der Rangverlust tritt auch ein, wenn eine notwendige **Glaubhaftmachung** (s. Rn 7 f) **nicht rechtzeitig** erfolgt.

11 Werden **mehrere Ansprüche verspätet** angemeldet bzw glaubhaft gemacht, bleibt zwischen ihnen innerhalb der Rangklasse 9 das untereinander bestehende Rangverhältnis bestehen. Auf den Zeitpunkt der (verspäteten) Anmeldung kommt es nicht an.

12 **Beispiel:** Nach dem Zwangsversteigerungsvermerk wird im Grundbuch zunächst die Zwangssicherungshypothek III/3 eingetragen und dann die Zwangssicherungshypothek III/4. Beide Gläubiger melden ihre Rechte trotz ordnungsgemäßer Belehrung nach § 37 Nr. 4 erst zum Verteilungstermin an, und zwar zuerst III/4 und am Folgetag auch III/3. Ergebnis: Beide Rechte erleiden einen Rangverlust und werden mit ihren Ansprüchen hinter allen anderen Ansprüchen der Rangklassen 1 bis 8 in der Rangklasse 9 eingeordnet. Innerhalb der Rangklasse 9 wird zunächst die vorrangige Hypothek III/3 und dann die Hypothek III/4 berücksichtigt.

§ 111 [Betagter Anspruch]

Ein betagter Anspruch gilt als fällig. Ist der Anspruch unverzinslich, so gebührt dem Berechtigten nur die Summe, welche mit Hinzurechnung der gesetzlichen Zinsen für die Zeit von der Zahlung bis zur Fälligkeit dem Betrag des Anspruchs gleichkommt; solange die Zeit der Fälligkeit ungewiß ist, gilt der Anspruch als aufschiebend bedingt.

I. Normzweck

1 Um in der Erlösverteilung Auszahlungen auf **betagte**, also **erst in Zukunft fällige** Ansprüche vornehmen zu können, **fingiert** die Norm eine **sofortige Fälligkeit**. Von den betagten Ansprüchen sind die aufschiebend bedingten Ansprüche zu unterscheiden; bei ihnen steht noch nicht fest, ob sie jemals entstehen werden (zB eine Grundschuld für den Sohn, die erst mit bestandener Abiturprüfung entsteht); s. hierzu § 119 Rn 2.

II. Betagte Ansprüche

2 **1. Verzinsliche Ansprüche (S. 1).** Wird ein Anspruch erst in der Zukunft fällig, ist aber bis dahin zu verzinsen, ergeben sich für das Gericht keine Besonderheiten. Der Anspruch **gilt** als fällig (S. 1). Mit der vorzeitigen Auszahlung wird kein

---

5 BGHZ 21, 30 = WM 1956, 1023 = KTS 1956, 120.

Zinsvorteil für den Berechtigten begründet, da er gleichzeitig seine zukünftigen Zinsansprüche verliert. Zuteilung und Auszahlung erfolgen nach den üblichen Regeln.

Beispiele: 1. Für G ist eine Hypothek über 10.000 € nebst 15% Zinsen seit dem Tag der Bewilligung eingetragen. Die Hypothek wird in 10 Jahren fällig. Ergebnis: G erhält in der Erlösverteilung von Amts wegen die laufenden Zinsen bis zum Vortag des Verteilungstermins und das Kapital iHv 10.000 €.
2. Im Grundbuch ist für B nach dem 19.8.2008 eine (verzinsliche) Sicherungsgrundschuld eingetragen worden.[1] Die Grundschuld ist durch Zuschlag erloschen. Ergebnis: Die Grundschuld gilt auch ohne Kündigung als fällig. B erhält in der Erlösverteilung von Amts wegen die laufenden Zinsen bis zum Vortag des Verteilungstermins und das Kapital.

2. Zinsloser Anspruch, dessen Fälligkeit kalendermäßig feststeht (S. 2 Hs 1). Soll im Teilungsplan eine Zuteilung auf ein betagtes unverzinsliches Recht erfolgen, muss das Gericht den durch die vorzeitige Auszahlung begründeten Zinsvorteil (**Zwischenzins**) ausrechnen und die Auszahlung entsprechend kürzen.

Beispiel: Für G ist eine unverzinsliche Grundschuld über 20.000 € eingetragen. Das Recht wird erst in 10 Jahren fällig. Ergebnis: Würden G in der Erlösverteilung die 20.000 € ungekürzt zugeteilt, könnte er den Betrag bis zum vereinbarten Fälligkeitstag (in 10 Jahren) verzinslich anlegen und bekäme so einen nicht zu rechtfertigenden Vorteil gegenüber der Auszahlung am festgelegten Fälligkeitstag.

Das Gericht zahlt daher nur den Betrag aus, der unter Hinzurechnung der gesetzlichen Zinsen für die Zeit vom Verteilungstermin bis zur vereinbarten Fälligkeit dem Betrag des Anspruchs entspricht.

Für die Berechnung des Zinsvorteils gibt es verschiedene mathematische Methoden, wobei die Regelung des § 111 der Berechnung nach der sog. **Hoffman'schen Methode** entspricht, nach der Zinseszinsen nicht berücksichtigt werden.

Formel für die Kapitalabzinsung: $A = 36500 \times K / (36500 + Z \times T)$

A = gesuchter Auszahlungsbetrag; K = Kapitalbetrag gemäß Grundbuch; Z = Zinssatz = 4 (%); T = Tage.

Für Z (Zinssatz) ist der gesetzliche Zinssatz gem. § 246 BGB mit 4% anzusetzen. Für T wird die Anzahl der Tage vom Verteilungstermins (einschließlich) bis einen Tag vor Eintritt der Fälligkeit eingesetzt. Wird mit der deutschen kaufmännischen (30/360) Zinsmethode gerechnet, ist die Formel entsprechend anzupassen (also 36000 statt 36500).

3. Zinsloser Anspruch, dessen Fälligkeit ungewiss ist (S. 2 Hs 2). Der Abzug des Zinsvorteils ist jedoch nicht möglich, wenn bei unverzinslichen Rechten der Zeitpunkt des Eintritts der Fälligkeit ungewiss ist.

Beispiel: Zinslose Grundschuld für G über 10.000 €, fällig am Todestag des G.

Für diesen seltenen Fall bestimmt S. 2 Hs 2, dass der Anspruch wie ein aufschiebend bedingter Anspruch zu behandeln ist. Es muss daher eine Hilfsverteilung unter Bestimmung eines Eventualberechtigten erfolgen. Der gesamte zugeteilte Betrag wird gem. § 120 hinterlegt. Nach dem Tode werden die zurzeit noch unbekannten Erben den Hauptanspruch und die Eventualberechtigten die bis zum Eintritt der Fälligkeit anfallenden Hinterlegungszinsen erhalten.

---

1 Einfügung des § 1193 Abs. 2 S. 2 BGB durch Art. 6 des Risikobegrenzungsgesetzes vom 12.8.2008 (BGBl. I S. 1666, 1670) mWz 19.8.2008.

§ 112 [Verteilung bei Gesamtausgebot]

(1) Ist bei der Versteigerung mehrerer Grundstücke der Zuschlag auf Grund eines Gesamtausgebots erteilt und wird eine Verteilung des Erlöses auf die einzelnen Grundstücke notwendig, so wird aus dem Erlös zunächst der Betrag entnommen, welcher zur Deckung der Kosten sowie zur Befriedigung derjenigen bei der Feststellung des geringsten Gebots berücksichtigten und durch Zahlung zu deckenden Rechte erforderlich ist, für welche die Grundstücke ungeteilt haften.

(2) [1]Der Überschuß wird auf die einzelnen Grundstücke nach dem Verhältnis des Wertes der Grundstücke verteilt. [2]Dem Überschuß wird der Betrag der Rechte, welche nach § 91 nicht erlöschen, hinzugerechnet. [3]Auf den einem Grundstück zufallenden Anteil am Erlös wird der Betrag der Rechte, welche an diesem Grundstück bestehen bleiben, angerechnet. [4]Besteht ein solches Recht an mehreren der versteigerten Grundstücke, so ist bei jedem von ihnen nur ein dem Verhältnis des Wertes der Grundstücke entsprechender Teilbetrag in Anrechnung zu bringen.

(3) Reicht der nach Absatz 2 auf das einzelne Grundstück entfallende Anteil am Erlös nicht zur Befriedigung derjenigen Ansprüche aus, welche nach Maßgabe des geringsten Gebots durch Zahlung zu berichtigen sind oder welche durch das bei dem Einzelausgebot für das Grundstück erzielte Meistgebot gedeckt werden, so erhöht sich der Anteil um den Fehlbetrag.

I. Normzweck und Anwendungsbereich

1   Werden in einem Verfahren mehrere Grundstücke in einem Gesamtausgebot (vgl § 63 Rn 12) versteigert, wird nach § 107 ein Gesamtbetrag als Teilungsmasse festgestellt. Sind die einzelnen Grundstücke unterschiedlich belastet, muss das Gericht in der Erlösverteilung die Teilungsmasse aufteilen und Einzelmassen für die einzelnen Grundstücke bilden. Die Vorschrift regelt das rechnerische Verfahren der Erlösaufteilung. Sie gilt auch für Grundstücksbruchteile (Miteigentumsanteile) und ebenso für die Teilungsversteigerung einer Bruchteilsgemeinschaft gem. §§ 180 ff, wenn die Miteigentumsanteile unterschiedlich belastet sind.

II. Voraussetzungen für eine Erlösaufteilung

2   Die Erlösaufteilung erfolgt nur, wenn in der Versteigerung ein **Gesamterlös** erzielt wurde. Der Zuschlag muss daher in einem verbundenen Verfahren (s. § 18 Rn 4) entweder zu einem **Gesamtausgebot** (s. § 63 Rn 12) oder einem **Gruppenausgebot** (s. § 63 Rn 8) erteilt worden sein. Im Gesamtausgebot können mehrere Grundstücke, aber auch mehrere Grundstücksbruchteile (zB bei Eheleute zu je einem halben Anteil) versteigert worden sein. In der Teilungsversteigerung (§§ 180 ff) erfolgt die Erlösaufteilung, wenn Eigentümer zu Bruchteilen eingetragen sind (daher zB nicht bei einer Erbengemeinschaft) und die Anteile unterschiedlich belastet sind.[1]

3   Notwendig wird die Erlösaufteilung immer dann, wenn die Grundstücke unterschiedlich belastet sind.

4   Die Erlösaufteilung kann unterbleiben, wenn
- der Erlös für alle Gläubiger ausreicht oder
- die Einzelansprüche im Bereich des geringsten Gebots stehen und daher gem. Abs. 3 immer gedeckt sind oder
- außerhalb des geringsten Gebots nur Gesamtansprüche vorhanden sind oder

---

1   BGH Rpfleger 2010, 279 = DNotZ 2010, 777.

- zwar nachrangige Einzelrechte vorhanden sind, der gesamte Erlös aber auf einen erstrangigen Gesamtberechtigten zuzuteilen ist.

III. Verfahren der Erlösaufteilung

1. Entnahme für gemeinsame Belastungen (Vorwegabzug) (Abs. 1). Aus der Teilungsmasse werden zunächst die Verfahrenskosten (s. § 109 Rn 8) entnommen. Dann wird auf die Zahlungsansprüche aus dem geringsten Gebot, für die alle Grundstücke ungeteilt haften (gesamtverbindliche Verpflichtungen), **zugeteilt**; bei den bestehen bleibenden Rechten können das Kosten, Zinsen und einmalige Nebenleistungen sein und bei den Gesamtansprüchen aus den Rangklassen 1 bis 3 auch der Hauptanspruch.

2. Berechnung der Einzelmassen und weitere Zuteilung (Abs. 2). 1. Schritt: Zu der restlichen Teilungsmasse werden alle nach § 91 Abs. 1 bestehen gebliebenen Rechte mit ihrem Kapitalbetrag bzw den Zuzahlungswerten nach §§ 51, 50 hinzugerechnet. Gesamtrechte, die auf allen versteigerten Grundstücken lasten, können unberücksichtigt bleiben, weil sie das Ergebnis der Berechnungen nicht beeinflussen. Belastet ein Recht mehrere (aber nicht alle) Grundstücke, ist es wie ein Einzelrecht mit dem einfachen Betrag zu berücksichtigen. Durch Zuschlag erloschene, aber durch Vereinbarung nach § 91 (s. § 91 Rn 7) bestehen bleibende Rechte bleiben unberücksichtigt.

2. Schritt: Die erhöhte Teilungsmasse wird dann im Verhältnis der Grundstücksverkehrswerte aufgeteilt. Maßgeblich sind die gem. § 74 a Abs. 5 festgesetzten Verkehrswerte.

Berechnungsformel:

(Erhöhte Teilungsmasse) / Gesamtverkehrswert x (Verkehrswert Grundstück 1) = (Sondermasse für Grundstück 1)

3. Schritt: Anschließend sind von den einzelnen Sondermassen die im 1. Schritt (s. Rn 6) hinzuaddierten Beträge wieder abzuziehen. Dabei sind die Gesamtbelastungen nur einmal, und zwar im Verhältnis der Grundstücksverkehrswerte, abzuziehen.

Kontrollrechnung:

Die Summe der nunmehr ermittelten Einzelteilungsmassen muss wieder der vorhandenen Restteilungsmasse entsprechen.

Die so ermittelten Einzelteilungsmassen werden dann auf die weiteren Ansprüche verteilt (zugeteilt). Gesamtrechte werden im Verhältnis der jeweiligen Resterlöse berücksichtigt (s. § 122 Rn 5).

3. Ausgleich der Einzelmassen (Abs. 3). Bei der Aufteilung des Gesamterlöses können sich in folgenden Fällen **Fehlbeträge** ergeben, die gem. Abs. 3 vor der Zuteilung auszugleichen sind:

- Die ermittelte Einzelteilungsmasse eines Grundstücks reicht nicht aus, um alle Zahlungsansprüche aus dem geringsten Gebot zu bezahlen (Verstoß gegen den Deckungsgrundsatz) (**Alt. 1**).

- Aus der ermittelten Einzelteilungsmasse eines Grundstücks kann ein Anspruch nicht befriedigt werden, der aber aus dem Meistgebot zu einem gleichzeitig durchgeführtem Einzelausgebot hätte befriedigt werden können (Rechtsgedanke aus § 63 Abs. 3 S. 1) (**Alt. 2**).

Der Fehlbetrag muss aus den übrigen Einzelteilungsmassen ausgeglichen werden.

§ 113 [Aufstellung des Teilungsplans]

(1) In dem Verteilungstermin wird nach Anhörung der anwesenden Beteiligten von dem Gericht, nötigenfalls mit Hilfe eines Rechnungsverständigen, der Teilungsplan aufgestellt.

(2) In dem Plan sind auch die nach § 91 nicht erlöschenden Rechte anzugeben.

I. Normzweck 1
II. Ablauf des Verteilungstermins ... 2
III. Teilungsplan 8
  1. Vorbemerkung 9
  2. Teilungsmasse 10
  3. Schuldenmasse 13
  4. Zuteilung 16
IV. Rechtsbehelfe gegen den Teilungsplan 19

I. Normzweck

1 Der Teilungsplan bildet die Grundlage der Erlösverteilung. Das Gericht stellt ihn nach Anhörung der erschienenen Beteiligten im Verteilungstermin auf. Er gliedert sich in den Vorbericht, in dem die bestehen gebliebenen Rechte aufgeführt werden (Abs. 2), die Berechnung der Teilungsmasse, die Schuldenmasse und die Zuteilung. Die Verhandlung über erhobene Widersprüche (§ 115) und Feststellungen über die Planausführung (§§ 117, 118, 127 Abs. 2) werden im Terminsprotokoll aufgenommen.

II. Ablauf des Verteilungstermins

2 Der grundsätzliche Ablauf des Verteilungstermins ist im ZVG nicht geregelt. Daher sind hier die einschlägigen Bestimmungen der ZPO und des GVG über nichtöffentliche mündliche Verhandlungen anzuwenden. Der **Verteilungstermin** ist (im Gegensatz zum Versteigerungstermin) **nichtöffentlich**. Es dürfen nur die Beteiligten (s. § 9 Rn 2 ff), der Ersteher und die mithaftenden oder zahlungspflichtigen Personen nach §§ 69 Abs. 2, 81 an der Verhandlung teilnehmen. Als Beteiligte gelten auch diejenigen, die eine Forderung angemeldet, aber der Aufforderung des Gerichts, den Anspruch glaubhaft zu machen, noch nicht nachgekommen sind (s. § 105 Rn 8).

3 Die prozessfähigen natürlichen Personen können im Verfahren selbst auftreten (Umkehrschluss aus § 78 ZPO). Sie können sich aber auch durch einen geeigneten **Bevollmächtigten** vertreten lassen (s. § 15 Rn 12 f). Zur Vertretung von juristischen Personen und Personenhandelsgesellschaften s. § 15 Rn 14 ff.

4 Über die Verhandlung ist ein **Protokoll** aufzunehmen (§§ 159 ff ZPO; vgl auch § 127 Rn 5). In der Regel verzichtet das Gericht (Rechtspfleger) darauf, einen Urkundsbeamten für die Protokollführung einzusetzen. Im Verteilungstermin erscheinen die Beteiligten nur in seltenen Fällen vor Gericht, weil sie ihre Anmeldungen stattdessen schriftlich einreicht haben. Daher sind die Vorgänge im Termin fast immer gut zu überschauen.

5 Nach der **Anhörung** der anwesenden Beteiligten (vgl Abs. 1) stellt das Vollstreckungsgericht den **Teilungsplan** auf (s. Rn 8 ff).

6 Über den Teilungsplan wird **sofort verhandelt** (§ 115 Abs. 1 S. 1). Die Beteiligten können der geplanten Verteilung widersprechen. Entweder führt der Widerspruch unmittelbar zu einer Änderung der Zuteilung, andernfalls zu einer ergänzenden Hilfszuteilung. Im Protokoll sind die Widersprüche und die Verhandlungsergebnisse festzuhalten. Der Teilungsplan und das Protokoll mit den Beschlüssen zur Ausführung sind den Beteiligten zuzustellen.[1]

---

1 BGH MDR 2009, 769 = Rpfleger 2009, 401.

Wird **kein Widerspruch** erhoben, kann das Gericht den Teilungsplan im Anschluss an den Termin durch Überweisung (s. § 117 Rn 3) bzw bei „Nichtzahlung" durch Forderungsübertragung (s. § 118 Rn 3) ausführen. Außerdem veranlasst das Gericht die Entwertung der Grundpfandrechtsbriefe und die Abquittierung der vorliegenden Vollstreckungstitel (s. § 127 Rn 2). Der Wortlaut der Vermerke ist im Protokoll festzuhalten.

III. Teilungsplan

Der Aufbau des Teilungsplans ist vom Gesetz nicht ausdrücklich vorgeschrieben. Die Vorschriften über die Erlösverteilung lassen aber seinen notwendigen Inhalt erkennen. In der Praxis hat sich der folgende Aufbau bewährt:

1. Vorbemerkung. In den Vorbemerkungen eines Teilungsplans gehören die für die Planaufstellung wichtigen und erforderlichen Daten:

- Datum der erste Beschlagnahme,
- Datum des Zuschlags,
- Datum des Verteilungstermins,
- Anmeldungen, soweit sie sich aus der Verfahrensakte ergeben,
- Bezeichnung der bestehen gebliebenen Rechte (Abs. 2).

2. Teilungsmasse. Nach den Vorbemerkungen stellt das Gericht die Teilungsmasse fest (s. § 107 Rn 2). Sie *kann* sich zusammensetzen aus

- dem restlichen, zu zahlenden Meistgebot (= bares Meistgebot oder Bargebot),
- den Zinsen nach § 49 Abs. 2,
- der Sicherheitsleistung,
- den Hinterlegungszinsen (s. § 107 Rn 10),
- dem Erlös aus einer besonderen Verwertung und
- dem Zuzahlungsbetrag.

Im Regelfall besteht die Teilungsmasse aus dem Meistgebot und den Zinsen nach § 49. Damit der Ersteher die Zahlung rechtzeitig zum Termin veranlassen kann, wird die Teilungsmasse bereits mit der Terminsbestimmung berechnet und dem Ersteher in Form einer Zahlungsaufforderung zugestellt (vgl § 105 Rn 7). Diese Berechnung hat aber nur die Qualität eines Entwurfs. Die eigentliche Feststellung kann nur im Verteilungstermin erfolgen (§ 107 Abs. 1 S. 1).

Die Teilungsmasse ist ein Anspruch des Schuldners, der diesen als Surrogat für sein durch Zuschlag verlorenes Eigentum erhält. Infolge der Beschlagnahme nimmt das Vollstreckungsgericht den Erlös in amtlicher Eigenschaft entgegen.[2] Die Teilungsmasse ist wie das Grundstück mit den Befriedigungsansprüchen der Berechtigten belastet.

3. Schuldenmasse. Im Teilungsplan werden zunächst die Verfahrenskosten festgestellt (s. § 109 Rn 3). Dieser Anspruch wird in der Lit. und in Anlehnung an die Rangordnung des § 10 auch mit „Rangklasse 0" bezeichnet (s. § 10 Rn 2). Dann werden die Ansprüche der Berechtigten entsprechend der Rangfolge der §§ 10–12 und unter Beachtung der näheren Bestimmungen der §§ 110–114 festgestellt.

---

[2] BGH NJW 1977, 1287.

14 Beispiel (Anspruch in der Schuldenmasse):

2.	C-Bank AG aus Dortmund			
	III/1, Grundschuld			
2.1	Kosten der dinglichen Rechtsverfolgung		550,00 €	
2.2	Einmalige Nebenleistung:			
	10% von 10.000,00 €		1.000,00 €	
2.3	15% Zinsen aus 10.000,00 € vom			
	1.1.2011–29.6.2014 (1.259 Tage)		5.245,83 €	
2.4	Kapital/Hauptforderung		10.000,00 €	16.795,83 €

15 Nach ganz überwiegender Praxis der Gerichte werden diejenigen Ansprüche, die mangels Teilungsmasse offensichtlich nicht zum Zuge kommen können, nicht mit in der Schuldenmasse aufgenommen. In der Lit. hingegen wird einhellig vor dieser Praxis gewarnt und grds. zu einer vollständigen Aufstellung der Schuldenmasse geraten.

16 **4. Zuteilung.** In der Zuteilung wird die gebildete, einheitliche Teilungsmasse an die namentlich zu bezeichnenden Berechtigten und ihre Ansprüche entsprechend der Schuldenmasse und der dort aufgestellten Rangfolge verteilt. Eine getrennte Zuteilung der einzelnen Teile der Teilungsmasse (s. Rn 10) erfolgt nicht.

17 Dabei sind die Besonderheiten aus den §§ 119 und 126 zu beachten (zB Bedingungen, Hilfszuteilungen, Verteilung bei mehreren Grundstücken).

18 Sollte nach der Zuteilung auf sämtliche Ansprüche ein **Erlösüberschuss (Übererlös)** für den Schuldner verbleiben, wird dies im Teilungsplan festgestellt; verteilt und zugeteilt wird er nicht. Steht der Überschuss einer Eigentümergemeinschaft zu, müssen sich die Mitglieder der Gemeinschaft selbst über den Erlös auseinandersetzen; ansonsten hinterlegt das Gericht den Betrag zugunsten der Gemeinschaft (§ 117 Abs. 2 S. 3).

IV. Rechtsbehelfe gegen den Teilungsplan

19 Rügt ein Beteiligter aus materiell-rechtlichen Gründen die sachliche Unrichtigkeit einer Zuteilung, steht ihm der Widerspruch gem. § 115 als Rechtsbehelf zur Verfügung (s. § 115 Rn 4). Der Widerspruch kann sich gegen den Rang, den Betrag oder die Person des Berechtigten richten.

20 Rügt der Beteiligte hingegen, dass bei der Aufstellung des Teilungsplans formelles Recht verletzt worden ist, kann er die sofortige Rechtspflegererinnerung (§ 11 Abs. 2 RPflG) einlegen (s. § 115 Rn 18 ff).

§ 114 [Aufnahme von Ansprüchen in Teilungsplan]

(1) ¹In den Teilungsplan sind Ansprüche, soweit ihr Betrag oder ihr Höchstbetrag zur Zeit der Eintragung des Versteigerungsvermerks aus dem Grundbuch ersichtlich war, nach dem Inhalt des Buches, im übrigen nur dann aufzunehmen, wenn sie spätestens in dem Termin angemeldet sind. ²Die Ansprüche des Gläubigers gelten als angemeldet, soweit sie sich aus dem Versteigerungsantrag ergeben.

(2) Laufende Beträge wiederkehrender Leistungen, die nach dem Inhalt des Grundbuchs zu entrichten sind, brauchen nicht angemeldet zu werden.

I. Normzweck und Anwendungsbereich 1	1. Von Amts wegen 2
II. Berücksichtigung im Teilungsplan 2	2. Auf Anmeldung 3
	III. Einzelfälle 6

I. Normzweck und Anwendungsbereich

Die Vorschrift regelt, unter welchen verfahrensrechtlichen Voraussetzungen Ansprüche in den Teilungsplan aufgenommen werden. Sie baut auf den Rangbestimmungen der §§ 10–12 auf und ergänzt den § 109 (Zahlung der Verfahrenskosten und Verteilung der Überschüsse). Die Norm wird auch in den Zwangsverwaltungsverfahren angewendet (§ 114 Abs. 1 S. 2). 1

II. Berücksichtigung im Teilungsplan

1. Von Amts wegen. In den Teilungsplan werden von Amts wegen, also ohne 2 Antrag und Anmeldung, nur aufgenommen:

- die **Verfahrenskosten** iSd § 109 (s. § 109 Rn 2). Zu den Verfahrenskosten gehören auch die Ansprüche der Gläubiger auf Erstattung ihrer Verfahrenskostenvorschüsse;
- alle aus dem Grundbuch ersichtlichen **Kapitalbeträge** und **einmalige Nebenleistungen**, soweit die Rechte zeitlich vor dem ZV-Vermerk eingetragen worden sind (vgl § 19 Rn 2). Dies gilt auch für eingetragene Höchstbeträge (§ 882 BGB), betagte Rechte (s. § 111), vorgemerkte Rechte (§ 883 BGB) und bedingte Rechte;
- die laufenden wiederkehrenden Leistungen (s. § 13 Rn 2, 7), soweit sie sich aus dem Grundbuch ergeben (§ 114 Abs. 2) und zeitlich vor dem ZV-Vermerk eingetragen worden sind (vgl § 19 Rn 6 f). Somit werden im Grundbuch eingetragene laufende Zinsen von Amts wegen berücksichtigt. Die nicht eingetragenen gesetzlichen Säumniszinsen werden nicht von Amts wegen berücksichtigt. Sind die Zinsen „gleitend" und in der Höhe am Basiszinssatz oder am SRF-Zinssatz (Spitzenrefinanzierungsfazilität der Europäischen Zentralbank) gekoppelt, werden sie von Amts wegen berücksichtigt;
- alle Ansprüche aus den **Anordnungs- oder Beitrittsanträgen** (nicht aus den Beschlüssen) gelten als angemeldet. Dies gilt auch dann, wenn das Verfahren für einzelne Gläubiger zwischenzeitlich eingestellt oder sogar aufgehoben worden ist. Nur die Kosten der Rechtsverfolgung sind, soweit sie im Antrag nicht ziffernmäßig angegeben worden sind, anzumelden.

2. Auf Anmeldung. Zu den anmeldepflichtigen Ansprüchen gehören im Wesentlichen: 3

- der Instandsetzungskostenvorschuss eines die Zwangsverwaltung betreibenden Gläubigers – Rangklasse 1 (vgl § 10 Rn 5);
- die Feststellungskosten eines Insolvenzverwalters – Rangklasse 1 a (vgl § 10 Rn 10);
- die bevorrechtigten Hausgeldansprüche der Wohnungseigentümergemeinschaft – Rangklasse 2 (vgl § 10 Rn 11). Diese Ansprüche müssen auch stets glaubhaft gemacht werden (§ 45 Abs. 3);
- die öffentlichen Grundstückslasten – Rangklasse 3 (vgl § 10 Rn 30);
- die nach dem ZV-Vermerk neu eingetragenen dinglichen Rechte mit ihren laufenden und rückständigen Zinsen und die Kosten der Rechtsverfolgung (zB eine nachträglich eingetragene Zwangssicherungshypothek);
- aus den vor dem ZV-Vermerk eingetragenen dinglichen Rechten die Ansprüche, soweit sie nicht aus dem Grundbuch ersichtlich sind. Das sind die rückständigen wiederkehrenden Leistungen (s. § 10 Rn 44) und die Kosten der dinglichen Rechtsverfolgung (s. § 10 Rn 53);
- Rangänderungen, soweit sie erst nach dem ZV-Vermerk im Grundbuch eingetragen worden sind;

- die Anmeldung eines Gläubigerwechsels nach Eintragung des ZV-Vermerks, eines Ersatzbetrages nach § 92 oder der Rückgewähranspruch des Eigentümers aus einer nicht mehr valutierten Sicherungsgrundschuld.

4 Die Anmeldung ist **formfrei**[1] und muss regelmäßig Rechtsgrund, Rang und Betrag des Anspruchs, getrennt nach Kosten, Nebenleistungen und Hauptanspruch, beinhalten.[2] Sie ist auch dann erforderlich, wenn das Gericht von den Ansprüchen Kenntnis hat.[3] Wenn die Anmeldung alle für seine Berechnung erforderlichen Angaben enthält, ist eine ziffernmäßige Angabe entbehrlich. Die Ansprüche des Anordnungsgläubigers und der Beitrittsgläubiger gelten als angemeldet, soweit sie sich aus dem Vollstreckungsantrag ergeben.

5 Wird ein anmeldebedürftiger Anspruch erst zum Verteilungstermin angemeldet oder glaubhaft gemacht, also nach dem in § 37 Nr. 4 bezeichneten Zeitpunkt, tritt nach § 110 ein Rangverlust ein (s. § 110 Rn 9). Der Anspruch wird dann zwar in den Teilungsplan aufgenommen, aber allen übrigen Ansprüchen im Rang nachgestellt („Rangklasse 9"; s. § 10 Rn 51 f).

III. Einzelfälle

6 Für die **bestehen gebliebenen** Grundschulden und Hypotheken werden im Teilungsplan nur die angemeldeten Rechtsverfolgungskosten (§ 10 Abs. 2), die einmaligen Nebenleistungen und die Zinsen bis zum Vortag des Zuschlags in den Teilungsplan aufgenommen. Ab dem Tag des Zuschlags hat der Ersteher die Zinsen zu tragen (§ 56 S. 2).

7 Sind die Grundpfandrechte durch den Zuschlag **erloschen**, werden die Zinsen und andere wiederkehrende Nebenleistungen bis zum Vortag des Verteilungstermins berechnet. Zusätzlich wird auch das Kapital im Teilungsplan berücksichtigt.

8 Soll auf das **Kapital** eines Briefrechts eine **Zuteilung** erfolgen, muss der Gläubiger sich durch Vorlage des Grundschuld- bzw Hypothekenbriefes legitimieren (s. § 126 Rn 2).

9 Das Gericht berücksichtigt von Amts wegen grds. den im Grundbuch eingetragenen Gläubiger. Es prüft nicht, ob das Recht außerhalb des Grundbuchs zur verdeckten **Eigentümergrundschuld** geworden ist (zB nach § 1163 Abs. 1 S. 2 BGB = Zahlung auf das Kapital). Erst auf Anmeldung und Nachweis der Unrichtigkeit des Grundbuchs bzw Anerkenntnis durch den eingetragenen Gläubiger wird das Recht als Eigentümergrundschuld in den Teilungsplan aufgenommen.

10 Die Fälligkeit der **Zinsen** einer **Zwangssicherungshypothek** oder der **Säumniszinsen** ergibt sich nicht aus der Grundbucheintragung, so dass hier § 13 Abs. 3 anzuwenden ist. Die von Amts wegen zu berücksichtigende Verzinsung beginnt daher am Tag der Beschlagnahme.[4]

11 Bei einer **Höchstbetragssicherungshypothek** bzw **Arresthypothek** (§ 932 ZPO) wird im Teilungsplan der Höchstbetrag aufgenommen. In dem Betrag sind auch die Zinsansprüche enthalten. Lediglich Kosten können auf Anmeldung daneben berücksichtigt werden. Der Gläubiger muss das Bestehen der Forderung durch Urteil oder Anerkenntnis des Schuldners nachweisen. Bis zur Feststellung wird der Erlösanspruch zugunsten des Eigentümers und des Gläubigers unter entsprechenden Bedingungen hinterlegt.

---

1 BGHZ 21, 30 = WM 1956, 1023 = KTS 1956, 120.
2 BGH MDR 2007, 426 = NJW-RR 2007, 165 = Rpfleger 2007, 93.
3 BGHZ 21, 30 = WM 1956, 1023 = KTS 1956, 120.
4 Dassler/Schiffhauer/*Rellermeyer*, § 13 Rn 5; *Stöber*, § 13 Rn 2.4.

12 Die Grundschuld ist ein Grundpfandrecht ohne sachenrechtliche Bindung an eine persönliche Forderung (§ 1191 BGB). Auch wenn die Grundschuld zur Sicherung einer Kreditforderung bestellt wird (**Sicherungsgrundschuld**), sind Rechtszuständigkeit und dingliches Verwertungsrecht des Gläubigers nicht an die Entstehung und den Fortbestand der Forderung gebunden. Die Sicherungsgrundschuld ist nur schuldrechtlich über eine Sicherungsabrede mit einer Kreditforderung verbunden. Der Gläubiger ist daher berechtigt, die Sicherungsgrundschuld mit vollem Kapital und sämtlichen Zinsen anzumelden, obwohl er zur Abdeckung seiner persönlichen Forderung nicht den vollen Betrag benötigt. Aufgrund der Sicherungsabrede muss er anschließend dem Schuldner den nicht benötigten Erlösanteil auszahlen.[5] Dies gilt auch nach einer Abtretung der Grundschuld für den neuen Gläubiger (vgl § 1192 Abs. 1 a BGB). Er muss sich vom Schuldner dieselben Einreden entgegenhalten lassen, die dieser gegenüber dem bisherigen Gläubiger geltend machen konnte. Nachrangige Gläubiger haben in diesen Fällen auch keinen Löschungsanspruch nach § 1179 a BGB (vgl Rn 18).

13 Die durch Zuschlag erloschene (§ 91 Abs. 1) Sicherungsgrundschuld nach neuem Recht[6] gilt auch ohne Kündigung als fällig (s. § 111 Rn 2). In der Erlösverteilung kann das Kapital auch ohne Kündigung zugeteilt werden.

14 Ist die Grundschuld durch Zuschlag erloschen (§ 91 Abs. 1) und **verzichtet** der Gläubiger **erst zum Verteilungstermin** gegenüber dem Vollstreckungsgericht[7] für den nicht valutierten Teil seines Rechts auf den Erlös (§§ 1154, 1192 BGB analog), geht der anteilige Erlösanspruch auf den Schuldner als Eigentümerrecht über. Die gleich- oder nachrangigen Grundpfandgläubiger können ihren gesetzlichen Löschungsanspruch nach § 1179 a BGB noch im Verteilungstermin anmelden und der Zuteilung an den Schuldner widersprechen (s. Rn 18).[8]

15 Eine Erklärung des Gläubigers, dass er befriedigt sei und keinen Anspruch aus der Grundschuld geltend macht (**Hebungsverzicht**), ist ohne Rechtswirkung und führt nur zur Hinterlegung des Erlösanteils zugunsten des Gläubigers (§ 117 Abs. 2 S. 3). Die Grundschuld gebührt ihrem Gläubiger, solange er nicht über die Grundschuld oder ihren Erlös durch Verzicht gem. § 1168 Abs. 1 BGB, Aufhebung oder Abtretung verfügt.[9] Selbstverständlich hat ein Hebungsverzicht des Gläubigers auch keinen Einfluss auf die Zahlungsverpflichtung des Erstehers (vgl §§ 49 Abs. 1, 107 Abs. 2).

16 Erklärt ein Gläubiger im Verteilungstermin, er sei hinsichtlich des **zugeteilten Betrages** vom Ersteher außergerichtlich **befriedigt** worden, hat das zur Folge, dass in dieser Höhe die Zahlungspflicht des Erstehers entfällt und an den Berechtigten nichts ausgezahlt wird.[10]

17 Gemäß § 1178 Abs. 1 BGB analog erhält der Schuldner in der Zwangsversteigerung auf seine Eigentümergrundschuld keine Zinsen. Ist das Recht gepfändet, kann das nur gegen den Eigentümer persönlich wirkende Zinsverbot dem Pfändungsgläubiger nicht entgegengehalten werden. Ihm gebühren die Grundschuldzinsen, soweit sein Recht reicht.[11]

---

5 BGH NJW 1981, 1505 = MDR 1981, 742 = Rpfleger 1981, 292.
6 Einfügung des § 1193 Abs. 2 S. 2 BGB durch Art. 6 des Risikobegrenzungsgesetzes vom 12.8.2008 (BGBl. I S. 1666, 1670) mWz 19.8.2008.
7 BGH Rpfleger 1978, 363.
8 BGH 27.4.2012 – V ZR 270/10; der IX. Zivilsenat hat an seiner bisherigen Rechtsauffassung (BGHZ 160, 168 = MDR 2005, 176 = NJW-RR 2004, 1458 = Rpfleger 2004, 717) nicht festgehalten.
9 BGH Rpfleger 1958, 51.
10 BGH MDR 1988, 860 = NJW-RR 1988, 1146 = Rpfleger 1988, 495.
11 BGHZ 103, 30 = NJW 1988, 1026 = Rpfleger 1988, 181 = ZIP 1988, 403.

18 Ist eine Eigentümergrundschuld mit einem **gesetzlichen Löschungsanspruch** zugunsten der gleich- oder nachrangigen Grundpfandgläubiger belastet (§ 1179 a BGB) und ist dieser Löschungsanspruch bereits vor der Versteigerung **durchgesetzt** und das vorrangige Eigentümerrecht im Grundbuch **gelöscht** worden, rücken sämtliche nachfolgenden Rechte im Range auf und können so in der folgenden Versteigerung und Erlösverteilung profitieren. Wird dagegen der Löschungsanspruch erst zum Verteilungstermin **angemeldet**, kann nur der anmeldende Löschungsberechtigte profitieren und das auch nur in der Höhe, wie bei einem tatsächlichen Löschen eine Besserstellung eintreten würde. Die anderen Gläubiger, die keinen eigenen Löschungsanspruch haben oder ihn nicht geltend gemacht haben, dürfen in diesem Fall nicht begünstigt werden.

18a Beispiel (Löschungsanspruch im Verteilungstermin). **Ausgangsfall:** Im Grundbuch waren folgende Rechte eingetragen: Grundschuld III/1 mit 50.000 € für die B-Bank, Grundschuld III/2 mit 60.000 € für die C-Bank, Grundschuld III/3 mit 20.000 € für die D-Bank. Sämtliche Rechte sind durch Zuschlag erloschen. Der Erlös beträgt 100.000 €. Zum Verteilungstermin verzichtet die B-Bank auf ihre Grundschuld wegen eines Teilbetrages iHv 20.000 € (vgl Rn 14). Die D-Bank meldet ihren gesetzlichen Löschungsanspruch (§ 1179 a BGB) an.

Prüfung 1. Teil (Teilungsplan ohne Beachtung des Löschungsanspruchs):

	Anspruch	Zuteilung
Kosten, vorrangige Ansprüche	5.000 €	5.000 €
III/1 B-Bank	30.000 €	30.000 €
III/1 a Eigentümerrecht durch Verzicht	20.000 €	20.000 €
III/2 C-Bank	60.000 €	45.000 €
III/3 D-Bank	20.000 €	0 €

Prüfung 2. Teil („Was entfiele auf III/3, wenn III/1 a gelöscht worden wäre?"):

	Anspruch	Zuteilung
Kosten, vorrangige Ansprüche	5.000 €	5.000 €
III/1 B-Bank	30.000 €	30.000 €
III/1 a Eigentümerrecht durch Verzicht	0 €	0 €
III/2 C-Bank	60.000 €	60.000 €
III/3 D-Bank	20.000 €	5.000 €

Ergebnis (Teilungsplan unter Beachtung des Löschungsanspruchs):

	Anspruch	Zuteilung
Kosten, vorrangige Ansprüche	5.000 €	5.000 €
III/1 B-Bank	30.000 €	30.000 €
III/1 a Eigentümerrecht durch Verzicht	20.000 €	15.000 €
III/2 C-Bank	60.000 €	45.000 €
III/3 D-Bank	20.000 €	5.000 €

Die Anmeldung des Löschungsanspruchs führt nicht zur Erfüllung, sondern bewirkt nur, dass der Erlösanspruch durch das Bestehen und die Realisierung des Löschungsanspruchs auflösend bedingt ist (§ 119). Der Löschungsanspruch wird durch Anerkenntnis des Schuldners oder durch rechtskräftiges Urteil gem. § 894 ZPO realisiert. In der Anmeldung des Löschungsanspruchs ist zugleich ein Widerspruch des Berechtigten gegen die Zuteilung an den Schuldner zu sehen (§ 115). Kommt es in der Widerspruchsverhandlung (§ 115 Abs. 1 S. 2 iVm § 878 ZPO) zu keiner Einigung, wird der Teilungsplan hinsichtlich des Erlösanspruchs (im Beispiel: 5.000 €) durch Hinterlegung für den Schuldner und den Widersprechenden (im Beispiel: D-Bank aus dem Recht III/3) ausgeführt (§§ 124 Abs. 2, 120 Abs. 1 S. 1 und 3 ZVG). 18b

Ein Löschungsanspruch kann nur geltend gemacht werden, wenn das vorrangige Recht auch tatsächlich zur Eigentümergrundschuld geworden ist (vgl Rn 12). Eine Anmeldung der schuldrechtlichen, vom Schuldner abgetretenen **Rückgewähransprüche** ist ohne Wirkung und Bedeutung. 18c

Der Überschuss, der nach Befriedigung aller Berechtigten übrig bleibt, wird nicht zugeteilt und steht dem Eigentümer als **Erlösüberschuss** zu. Bei Personenmehrheiten steht der Erlösüberschuss den Eigentümern gemeinschaftlich zu.[12] Wenn die Berechtigten keine einvernehmliche Erklärung über die Auszahlung abgeben, wird der Erlösüberschuss hinterlegt (s. § 117 Rn 5). 19

§ 114 a [Befriedigung des Erstehers]

[1]Ist der Zuschlag einem zur Befriedigung aus dem Grundstück Berechtigten zu einem Gebot erteilt, das einschließlich des Kapitalwertes der nach den Versteigerungsbedingungen bestehenbleibenden Rechte hinter sieben Zehnteilen des Grundstückswertes zurückbleibt, so gilt der Ersteher auch insoweit als aus dem Grundstück befriedigt, als sein Anspruch durch das abgegebene Meistgebot nicht gedeckt ist, aber bei einem Gebot zum Betrage der Sieben-Zehnteile-Grenze gedeckt sein würde. [2]Hierbei sind dem Anspruch des Erstehers vorgehende oder gleichstehende Rechte, die erlöschen, nicht zu berücksichtigen.

I. Normzweck

Die Vorschrift verhindert, dass ein Gläubiger das Grundstück zu einem niedrigen Preis ersteigert und trotzdem einen großen Teil seiner Forderung gegen den Schuldner behält. Dazu wird der Schuldner materiell-rechtlich so gestellt, als ob der Gläubiger ein Gebot abgegeben hätte, das 7/10 des Grundstückswertes erreicht (**Befriedigungsfiktion**).[1] 1

Beispiel: Das Grundstück hat einen Verkehrswert von 200.000 € und ist mit den Grundschulden III/1 über 10.000 € für A und III/2 über 150.000 € für die G-Bank belastet. Die G-Bank betreibt das Verfahren. Im Versteigerungstermin bietet die G-Bank das geringste Gebot und erhält den Zuschlag für 5.000 € (vgl § 85 a Abs. 3). Die Grundschuld III/1 bleibt nach den Versteigerungsbedingungen bestehen. Gemäß Teilungsplan werden die 5.000 € auf die Verfahrenskosten, auf die bevorrechtigten Grundsteueransprüche der Rangklasse 3 und auf die Zinsansprüche III/1 zugeteilt. Auf die Grundschuld III/2 der G-Bank erfolgt keine Zuteilung. 2

---

12 BGH NJW 2008, 1807 = MDR 2008, 618 = Rpfleger 2008, 379.
1 BGH NJW 1987, 503 = Rpfleger 1987, 120.

II. Voraussetzungen

3 **1. Ersteher hat einen Zahlungsanspruch nach § 10.** Der Ersteher muss zu dem Kreis der Berechtigen gem. § 10 gehören, die einen Anspruch auf Zahlung haben. Dazu gehören insb. die Grundschuld- und Hypothekengläubiger, aber auch die persönlich betreibenden Gläubiger der Rangklasse 5.[2] Der Anspruch auf Wertersatz nach § 92 für ein erlöschendes Recht in Abteilung II (zB einer Dienstbarkeit) gehört ebenfalls zu den Zahlungsansprüchen.

4 **2. Gebot unter 7/10 des Grundstückswertes.** Dem Ersteher ist der Zuschlag zu einem Meistgebot erteilt worden, das einschließlich der Kapitalbeträge der nach den Versteigerungsbedingungen bestehen bleibenden Rechte unter 7/10 des Grundstücksverkehrswertes liegt.

Fortsetzung des Beispiels: 5.000 € (Meistgebot) + 10.000 € (III/1) = 15.000 € < 140.000 € = 7/10 von 200.000 €

Für bestehen gebliebene Rechte aus der Abteilung II (zB Wegerecht) wird statt eines Kapitalbetrages der gem. § 51 Abs. 2 festgesetzte Zuzahlungsbetrag in die Berechnung einbezogen.

III. Rechtsfolgen

5 Der Ersteher wird durch die Befriedigungsfiktion so gestellt, als hätte er ein Gebot abgegeben, das 7/10 des Verkehrswertes erreicht.

Fortsetzung des Beispiels: 130.000 € (fiktives Meistgebot) + 10.000 € (III/1) = 140.000 € = 7/10 von 200.000 €

Fiktive Erlösverteilung: 130.000 € – 3.000 € (Verfahrenskosten) – 500 € (Grundsteuern) – 1.500 € (Zinsen III/1) – 125.000 € (Zuteilung auf III/2)

Ergebnis: Der Anspruch der G-Bank gilt iHv 125.000 € als befriedigt.

Ist die Forderung des Erstehers höher als die fiktive Zuteilung (vgl Beispiel), gilt die Befriedigungsrangfolge des § 12. Der Betrag wird dann zunächst auf die Kosten, danach auf die Nebenleistungen und zuletzt auf die Hauptforderung verrechnet.

6 Das Vollstreckungsgericht stellt in der Erlösverteilung die erweiterte Befriedigung nicht fest. Im Zwangsversteigerungsverfahren wird die Befriedigungsfiktion nur in den Fällen beachtet, in denen es für die Forderung auf die materielle Rechtslage ankommt (vgl § 91 Abs. 4 S. 2).

IV. Sonderfälle

7 **1. Abtretung des Meistgebots.** Entgegen dem Wortlaut der Norm findet die Befriedigungsfiktion des § 114 a auch dann Anwendung, wenn der meistbietende Berechtigte die Rechte aus dem Meistgebot auf einen Dritten überträgt und diesem der Zuschlag erteilt wird.[3] Denn der Meistbietende kann für die Veräußerung seines Rechts aus dem Meistgebot eine Gegenleistung verlangen, die dem Wert des Grundstücks entspricht. Deshalb ist er wirtschaftlich so zu stellen, als ob er selbst den Zuschlag erhalten hätte.

8 Auch der Zessionar, dem das Recht aus dem Meistgebot abgetreten wurde, muss sich die Befriedigungsfiktion entgegenhalten lassen, wenn die Voraussetzungen im Übrigen in seiner Person vorliegen.[4]

---

[2] BGH NJW 1987, 503 = Rpfleger 1987, 120.
[3] BGHZ 108, 248 = NJW 1989, 2396 = Rpfleger 1989, 421.
[4] Dassler/Schiffhauer/*Hintzen*, § 114 a Rn 20, 22.

2. Strohmann. Der meistbietende Berechtigte kann die Befriedigungswirkung des § 114 a nicht dadurch ausschließen, indem er einen **Treuhänder**, einen **Strohmann** oder eine **Tochtergesellschaft** für sich bieten lässt. Die Einschaltung einer solchen Mittelsperson dient nur dem Zweck, sich selbst den wirtschaftlichen Wert des Grundstücks zuzuführen. Deshalb muss der Berechtigte die Befriedigungsfiktion gegen sich gelten lassen.[5]

9

Dies gilt auch dann, wenn sowohl die Ersteherin als auch die betreibende Gläubigerin zu demselben aktienrechtlichen und qualifizierten faktischen GmbH-Konzern gehören und im Versteigerungstermin nicht als Bietkonkurrenten auftreten.[6]

10

3. Sicherungsgrundschuld. Die Befriedigungsfiktion gilt nicht nur in Ansehung der **Sicherungsgrundschuld**, sondern auch hinsichtlich der durch sie gesicherten persönlichen Forderung. Bleibt die persönliche Forderung hinter dem Betrag zurück, für den der Ersteher gem. § 114 a als befriedigt gilt, braucht er die Differenz zwischen diesen Beträgen nicht an den Schuldner auszukehren.[7]

11

§ 115 [Widerspruch gegen Teilungsplan]

(1) ¹Über den Teilungsplan wird sofort verhandelt. ²Auf die Verhandlung sowie auf die Erledigung erhobener Widersprüche und die Ausführung des Planes finden die §§ 876 bis 882 der Zivilprozeßordnung entsprechende Anwendung.

(2) Ist ein vor dem Termin angemeldeter Anspruch nicht nach dem Antrag in den Plan aufgenommen, so gilt die Anmeldung als Widerspruch gegen den Plan.

(3) Der Widerspruch des Schuldners gegen einen vollstreckbaren Anspruch wird nach den §§ 767, 769, 770 der Zivilprozeßordnung erledigt.

(4) Soweit der Schuldner durch Sicherheitsleistung oder Hinterlegung die Befriedigung eines solchen Anspruchs abwenden darf, unterbleibt die Ausführung des Planes, wenn die Sicherheit geleistet oder die Hinterlegung erfolgt ist.

I. Allgemeines	1	1. Statthaftigkeit der sofortigen Rechtspflegererinnerung	18
II. Widerspruch	4	2. Statthaftigkeit der sofortigen Beschwerde	22
1. Statthaftigkeit	4	3. Rechtsbehelfsfrist	23
2. Berechtigung	5	4. Abhilfebefugnis	24
3. Form und Frist	10	IV. Rechtsbehelfsbelehrung	25
4. Zulässigkeitsprüfung	11	V. Abwendung durch Sicherheitsleistung oder Hinterlegung	28
5. Einigung und Ausführung	13		
6. Hilfszuteilung und Hinterlegung	14		
7. Widerspruchsklage	15		
III. Sofortige Rechtspflegererinnerung und sofortige Beschwerde	18		

I. Allgemeines

Das ZVG kennt den **Widerspruch** als ausschließlichen Rechtsbehelf gegen den Teilungsplan. Mit ihm wird die sachliche Unrichtigkeit einer Zuteilung aus **materiell-rechtlichen Gründen** gerügt.

1

---

[5] BGH MDR 2005, 1072 = NJW-RR 2005, 1359.
[6] BGHZ 117, 8 = NJW 1992, 1702 = MDR 1992, 369.
[7] Dassler/Schiffhauer/*Hintzen*, § 114 a Rn 12.

2 Ist der Teilungsplan unter **Verletzung von Verfahrensvorschriften** aufgestellt worden, eröffnet sich für die Beteiligten der Weg der **sofortigen Beschwerde** bzw der **sofortigen Rechtspflegererinnerung** (s. Rn 18 ff).

3 Alternativ und außerhalb des ZVG-Verfahrens kann der im Teilungsplan benachteiligte Gläubiger die **Bereicherungsklage** (§ 878 Abs. 2 ZPO, s. § 878 ZPO Rn 31 ff; § 812 BGB) gegen den in der Erlösverteilung zu Unrecht bevorzugten Gläubiger erheben.[1]

II. Widerspruch

4 **1. Statthaftigkeit.** Bei **materiell-rechtlichen Einwendungen** gegen eine Zuteilung im Teilungsplan ist der Widerspruch der ausschließliche Rechtsbehelf (s. § 876 ZPO Rn 14). Er ist bei der Zuteilung auf einen fremden Anspruch, gegen die Festlegung des besseren Rangs eines Fremdanspruchs oder gegen die (ganze oder teilweise) Nichtberücksichtigung des eigenen Anspruchs statthaft.[2]

5 **2. Berechtigung.** Zum Widerspruch **berechtigt** sind alle Beteiligten (§ 9), die gem. § 10 einen Anspruch auf Zahlung aus dem Erlös haben und einen Ausfall erleiden, weil sie im Teilungsplan durch einen anderen ganz oder zum Teil aus der Zuteilung verdrängt werden.

6 Der Widersprechende muss ein **eigenes rechtliches Interesse** an der begehrten Planänderung haben. Allerdings genügt bereits ein mittelbares Interesse an einer anderen Erlösverteilung. So kann zB ein Gläubiger durch den Widerspruch in die Position eines Hilfsberechtigten aufrücken, die ihm bei Bedingungseintritt eine Zuteilung gewährt. Auch der Schuldner kann widerspruchsberechtigt sein, sofern sich sein Widerspruch nicht gegen einen vollstreckbaren Anspruch richtet (s. Rn 9). Er kann nicht nur eine Zuteilung an sich, sondern auch an einen anderen Gläubiger verlangen, wenn er an der beabsichtigten Änderung ein eigenes Interesse darlegen kann.

7 Soweit ein Beteiligter seinen Anspruch angemeldet hat und vom Vollstreckungsgericht nicht antragsgemäß in den Teilungsplan aufgenommen worden ist, **gilt** seine **Anmeldung als Widerspruch** (**Abs. 2**). Es ist nicht erforderlich, dass er im Verteilungstermin erscheint und seinen Widerspruch ausdrücklich zu Protokoll erklärt. Eine undifferenzierte Anmeldung sämtlicher Zinsansprüche ohne genaue Angabe der beanspruchten Rangklasse, beinhaltet keinen Widerspruch, wenn im Teilungsplan ältere Zinsen in der Rangklasse 8 eingeordnet werden (s. § 10 Rn 50). Auch eine Anmeldung von Ansprüchen, die im Verfahren überhaupt keine Berücksichtigung finden können, löst keinen Widerspruch aus.[3]

8 In der Zwangsversteigerung einer **Eigentumswohnung** führt die Anmeldung von bevorrechtigten Hausgeldansprüchen, die wegen der Kappung auf 5% des Verkehrswertes nicht in voller Höhe im Teilungsplan aufgenommen werden kann, zu einem Widerspruch (s. § 10 Rn 20).

9 Der Schuldner kann sich **gegen die Zuteilung auf einen vollstreckbaren Anspruch** nicht mit dem Widerspruch wehren. Stattdessen muss er die Vollstreckungsgegenklage gem. § 767 ZPO erheben (**Abs. 3**). Dabei kommt es nur darauf an, dass der Anspruch vollstreckbar tituliert ist. Es ist nicht notwendig, dass die weiteren Vollstreckungsvoraussetzungen (Klausel und Zustellung) vorliegen oder der Gläubiger die Zwangsversteigerung betreibt. Anders als beim Widerspruch hemmt die Erhebung der Vollstreckungsgegenklage die weitere Ausführung des

---

1 BGH NJW 1994, 3299 = MDR 1995, 791 = Rpfleger 1995, 173 (Abschnitt III der Gründe) = DNotZ 1995, 204.
2 MüKo-ZPO/*Eickmann*, § 876 Rn 2; Hk-ZPO/*Kindl*, § 876 ZPO Rn 2.
3 *Stöber*, § 115 Rn 4 (str).

Teilungsplans nicht. Allerdings kann das Prozessgericht gem. § 769 Abs. 1 ZPO die Vollstreckung aus dem Titel einstweilen einstellen. In Eilfällen kann auch das Vollstreckungsgericht die Einstellung anordnen (§ 769 Abs. 2 ZPO). Stellt der Schuldner den Antrag im Verteilungstermin, kann die Dringlichkeit mit Rücksicht auf die bevorstehende Ausführung als nachgewiesen angesehen werden.

3. Form und Frist. Der Widerspruch kann schriftlich oder auch mündlich zu Protokoll erklärt werden. Damit die Zulässigkeit geprüft und über den Widerspruch gem. § 878 ZPO verhandelt werden kann, ist darzulegen, gegen welche Zuteilung und in welchem Umfang Widerspruch erhoben wird. Der Widerspruch kann bereits vorher und muss spätestens im Verteilungstermin eingelegt werden.[4]

4. Zulässigkeitsprüfung. Das Vollstreckungsgericht prüft nur die Zulässigkeit des Widerspruchs (s. Rn 4 ff). Ein unzulässiger Widerspruch wird durch Beschluss zurückgewiesen.

Über die Begründetheit entscheidet das Prozessgericht nach Erhebung der Widerspruchsklage (s. Rn 15).

5. Einigung und Ausführung. Liegt im Verteilungstermin ein Widerspruch vor und hält das Vollstreckungsgericht ihn für zulässig (s. Rn 11), muss sich der anwesende, vom Widerspruch betroffene Beteiligte sofort dazu erklären (Abs. 1 S. 2 iVm § 876 S. 2 ZPO). Wird der Widerspruch als begründet anerkannt oder kommt eine Einigung zustande, ändert das Gericht den Teilungsplan entsprechend der Einigung ab (Abs. 1 S. 2 iVm § 876 S. 3 ZPO). Ist der vom Widerspruch betroffene Beteiligte nicht anwesend, wird gem. Abs. 1 S. 2 iVm § 877 Abs. 2 ZPO vermutet, dass er den Widerspruch nicht als begründet anerkennt.

6. Hilfszuteilung und Hinterlegung. Kommt es in der Verhandlung **nicht** zu einer **Einigung**, führt das Gericht den Plan insoweit aus, als er durch den Widerspruch nicht betroffen ist (Abs. 1 S. 2 iVm § 876 S. 4 ZPO). Hinsichtlich des streitigen Betrages ergänzt das Gericht den Teilungsplan um eine Hilfsverteilung (s. § 124 Rn 2) und hinterlegt den streitigen Betrag.

7. Widerspruchsklage. Ein im Verteilungstermin nicht erledigter Widerspruch (s. Rn 13) wird vor dem Prozessgericht entschieden (Abs. 1 S. 2 iVm §§ 878–882 ZPO).

Der Widersprechende muss dem Vollstreckungsgericht gem. Abs. 1 S. 2 iVm § 878 Abs. 1 ZPO binnen einer **Frist** von einem Monat nachweisen, dass er gegen den beteiligten Gläubiger Klage erhoben hat. Die Frist beginnt mit dem Terminstag ohne vorherige Aufforderung oder Belehrung des Vollstreckungsgerichts. Sie ist als gesetzliche Frist nicht verlängerbar (§ 224 Abs. 2 ZPO).

Nach fruchtlosem Ablauf der Monatsfrist veranlasst das Vollstreckungsgericht die Auszahlung des hinterlegten Betrages (Abs. 1 S. 2 iVm § 878 Abs. 1 S. 2 ZPO). Dasselbe gilt, wenn das Urteil des Prozessgerichts vorgelegt wird (Abs. 1 S. 2 iVm § 882 ZPO).

III. Sofortige Rechtspflegererinnerung und sofortige Beschwerde

1. Statthaftigkeit der sofortigen Rechtspflegererinnerung. Gegen **formell-rechtliche Fehler** kann **kein Widerspruch** erhoben werden,[5] da sich diese Fehler nicht mit einer Widerspruchsklage gegen einen Dritten klären lassen. Zu diesen Fehlern gehören:

- die fehlerhafte *Berechnung* der Teilungsmasse (§ 107 Abs. 1 S. 1, einschl. der Verzinsung; s. § 107 Rn 5);

---

4 OLG Köln Rpfleger 1991, 519.
5 AA *Stöber*, § 115 Rn 3.2.

- die fehlerhafte Zurückweisung eines Widerspruchs (§ 115 Abs. 1 S. 2, §§ 876 ff ZPO);
- die unterlassene Hilfsverteilung bei einem bedingten Recht (§ 119), bei einem Gesamtrecht (§ 123 Abs. 1), bei einem Widerspruch (124 Abs. 1) und bei einem unbekannten Berechtigten (§ 126 Abs. 1);
- die nicht erfolgte Zuteilung eines Zuzahlungsbetrages (§ 125 Abs. 1).

19 Die **sofortige Beschwerde** nach §§ 793, 567 ff ZPO ist ebenfalls **nicht** statthaft:[6] Da diese Entscheidungen sämtlich nur innerhalb des Teilungsplans getroffen werden können (zB § 119: „... *so ist durch den Teilungsplan festzustellen, wie ...*") und der Teilungsplan nur im Verteilungstermins und somit **zwingend** im Rahmen einer **mündlichen Verhandlung** aufgestellt werden kann (§§ 113 Abs. 1, 115 Abs. 1 S. 1), ist der Zugang zur sofortigen Beschwerde über § 793 ZPO verwehrt.

20 Auch die **Vollstreckungserinnerung** nach § 766 ZPO ist **nicht** statthaft. Die Beteiligten und der Ersteher werden über den Verteilungstermin benachrichtigt. Somit ist ihnen die Möglichkeit des rechtlichen Gehörs eingeräumt worden. Bei diesen Beschlüssen handelt es sich daher um Entscheidungen[7] und nicht um Vollstreckungsmaßnahmen (zur Abgrenzung zwischen Vollstreckungsmaßnahmen und Entscheidungen s. § 766 ZPO Rn 19 ff).

21 Folglich ist in Bezug auf diese Entscheidungen (s. Rn 18) nach den allgemeinen verfahrensrechtlichen Vorschriften kein Rechtsbehelf gegeben und für die Beteiligten der Weg der **sofortigen Rechtspflegererinnerung nach § 11 Abs. 2 RPflG** (s. Rn 10 ff) eröffnet.[8] Zur Frist s. Rn 28. Wenn der Rechtspfleger der Erinnerung nicht abhilft, ist für die Entscheidung der Richter beim Amtsgericht zuständig (§ 28 RPflG).

22 **2. Statthaftigkeit der sofortigen Beschwerde.** Die Entscheidungen des Gerichts, die im Zusammenhang mit der **Ausführung des Teilungsplans** stehen und nicht zwingend im Verteilungstermin erfolgen müssen, wie zB

- die Forderungsübertragungen im Falle der Nichtzahlung (§ 118; s. § 116 Rn 6)[9] und
- die Entscheidung über die Fortsetzung der Ausführung eines Teilungsplans (§ 878 Abs. 1 S. 2 ZPO),[10]

können mit der **sofortigen Beschwerde** angegriffen werden (§§ 793, 567 ZPO). Zur Frist s. Rn 23.

23 **3. Rechtsbehelfsfrist.** Beschlüsse über die Aufstellung und Ausführung eines Teilungsplans sind zuzustellen. Dies hat gem. § 569 Abs. 1 S. 2 ZPO zur Folge, dass die Beschwerdefrist mit der Zustellung an die Beteiligten beginnt.[11] Dieselbe Fristberechnung gilt auch für die **sofortige Rechtspflegererinnerung** (s. Rn 21).

24 **4. Abhilfebefugnis.** Das Vollstreckungsgericht kann der Beschwerde bzw Rechtspflegererinnerung **abhelfen**. Die Beschwerde hat keine aufschiebende Wirkung (§ 570 Abs. 1 ZPO). Allerdings kann das Beschwerdegericht eine einstweilige Anordnung erlassen (§ 570 Abs. 3 ZPO). Hat das Gericht allerdings die zugeteilten Beträge sofort „ausgezahlt" (vgl § 117 Rn 2), ist die Beschwerde unzulässig, weil sie keinen Erfolg mehr haben kann.[12]

---

6 *Stöber*, § 115 Rn 3.2. AA Dassler/Schiffhauer/*Hintzen*, § 113 Rn 14; *Böttcher*, § 113 Rn 10.
7 LG Kassel 27.8.2010 – 3 T 345/10, juris.
8 AA *Stöber*, § 115 Rn 3.2 (alle Rügen mit dem Widerspruch angreifbar).
9 LG Kassel 27.8.2010 – 3 T 345/10, juris.
10 BGH Rpfleger 2009, 401 = MDR 2009, 769 = NJW-RR 2009, 1427.
11 BGH Rpfleger 2009, 401 = MDR 2009, 769 = NJW-RR 2009, 1427.
12 OLG Düsseldorf Rpfleger 1995, 265.

IV. Rechtsbehelfsbelehrung

Da der **Widerspruch** nur sofort und mündlich erfolgen kann (s. Rn 10), kommt eine Rechtsbehelfsbelehrung nach § 232 ZPO nur in Frage, wenn im Verteilungstermin auch Beteiligte anwesend sind, was in der Praxis nur selten vorkommt. In diesem Fall muss das Gericht mündlich belehren und den Vorgang gem. § 160 Abs. 2 ZPO entsprechend protokollieren. Soweit ein angemeldeter Anspruch nicht antragsgemäß im Teilungsplan berücksichtigt wurde, gilt die Anmeldung als Widerspruch (Abs. 2). Eine Belehrung ist in diesem Fall entbehrlich.

25

Die Bestimmung des statthaften Rechtsbehelfs zur Rüge der formellen Fehler (**Rechtspflegererinnerung oder Beschwerde**, s. Rn 18 ff) ist – schon wegen der streitigen Situation in der Lit. – recht problematisch und die nach § 232 ZPO notwendige Rechtsbehelfsbelehrung den Beteiligten auch schwer zu vermitteln.

26

Als pragmatische Lösung kommt im Verteilungstermin folgende Belehrung in Frage:

27

▶ „Gegen die formellen Inhalte des Teilungsplans kann binnen einer Frist von zwei Wochen ein Rechtsbehelf eingelegt werden. Die Frist beginnt mit der Zustellung dieser Entscheidung. Der Rechtsbehelf kann beim Amtsgericht ... eingelegt werden und muss die Bezeichnung der angefochtenen Entscheidung sowie die Erklärung enthalten, dass der statthafte Rechtsbehelf gegen diese Entscheidung eingelegt wird. Der Rechtsbehelf kann auch durch Erklärung zu Protokoll der Geschäftsstelle des Amtsgerichts eingelegt werden." ◀

Der beim Amtsgericht eingegangene Rechtsbehelf ist dann in jedem Fall ordnungsgemäß eingelegt worden. Die Auslegung des Rechtsbehelfs und Bestimmung des für die Entscheidung zuständigen Gerichts muss dann zwischen dem Amts- und Landgericht geklärt werden.

V. Abwendung durch Sicherheitsleistung oder Hinterlegung

Teilt das Vollstreckungsgericht im Teilungsplan auf einen noch nicht rechtskräftigen vollstreckbaren Anspruch zu, darf der Plan diesbezüglich nicht ausgeführt werden, wenn der Schuldner die Vollstreckung durch Sicherheitsleistung oder Hinterlegung abwenden darf und dies ordnungsgemäß nachgewiesen hat. Das Vollstreckungsgericht ergänzt den Plan um eine Hilfszuteilung und hinterlegt den streitigen Betrag (s. § 124 Rn 4).

28

§ 116 [Aussetzung der Ausführung]

Die Ausführung des Teilungsplans soll bis zur Rechtskraft des Zuschlags ausgesetzt werden, wenn der Ersteher oder im Falle des § 69 Abs. 3 der für mithaftend erklärte Bürge sowie in den Fällen des § 81 Abs. 2, 3 der Meistbietende die Aussetzung beantragt.

I. Normzweck

Der Verteilungstermin wird im Anschluss an den Versteigerungstermin und der Zuschlagserteilung bestimmt (§ 105). Es steht im Ermessen des Vollstreckungsgerichts, wann die Bestimmung des Verteilungstermins erfolgt. Einige Gerichte bestimmen idR den Termin bereits unmittelbar nach der Verkündung des Zuschlags und stellen den Zuschlagsbeschluss und Terminsbestimmung mit derselben Postsendung zu. Ist der Zuschlag zum Verteilungstermin ausnahmsweise noch nicht

1

rechtskräftig, kann das Gericht die Ausführung des Teilungsplans auf Antrag aussetzen.

II. Verfahren

1. Antrag. Den Antrag auf Aussetzung der Planausführung (§ 117) können stellen:
- der Ersteher,
- der für mithaftend erklärte Bürge (§ 69 Abs. 2),
- der Meistbietende im Fall der Abtretung des Meistgebots (§ 81 Abs. 2),
- der Meistbietende, der in verdeckter Vollmacht geboten hat (§ 81 Abs. 3).

Der Antrag ist nur zulässig, wenn der Zuschlagsbeschluss zum Verteilungstermin noch nicht rechtskräftig ist. Nach der Ausführung des Teilungsplans (s. Rn 6) ist der Antrag unzulässig.

Da sich die fehlende Rechtskraft des Zuschlagsbeschlusses nur aus den Gerichtsakten ergibt und für den Ersteher nicht erkennbar ist, muss das Vollstreckungsgericht im Rahmen seiner Aufklärungspflicht den Ersteher auf sein Antragsrecht hinweisen oder eine Aufhebung des Verteilungstermins von Amts wegen in Erwägung ziehen (s. Rn 10).

2. Aussetzung der Ausführung. Die Aussetzung ergeht durch Beschluss. Obwohl es sich nur um eine Ordnungsvorschrift handelt („soll"), wird dem Antrag aufgrund des Schutzzwecks der Norm in aller Regel stattzugeben sein. Wenn der Zuschlagsbeschwerde stattgegeben werden sollte, müsste der Ersteher sonst den bereits ausgezahlten Erlös von den Berechtigten zurückfordern.

§ 116 gestattet lediglich die **Aussetzung** der **Ausführung des Teilungsplans**. Dies betrifft nur die Folgetätigkeiten, also
- die Überweisung des Erlöses an die Berechtigten nach § 117 („Auszahlung"),
- im Falle der „Nichtzahlung" die Forderungsübertragung nach § 118 Abs. 1,
- eine evtl erforderliche Hinterlegung nach §§ 117 Abs. 2 S. 3, 120 Abs. 1 S. 1, 126 Abs. 2 S. 1 und
- das Ersuchen an das Grundbuchamt nach § 130.

Auch die späteren Folgetätigkeiten, wie zB die Erteilung einer vollstreckbaren Ausfertigung gegen den „nichtzahlenden" Ersteher (§ 132 Abs. 1), die Bestellung eines Vertreters für einen unbekannten Berechtigten (§ 135) und das Aufgebotsverfahren (§§ 138–141), können nicht durchgeführt werden.

Der Verteilungstermin selber wird weder ausgesetzt noch unterbrochen. Der Teilungsplan ist vollständig und abschließend aufzustellen (§ 113), insb. ist die Teilungsmasse festzustellen (s. § 107 Rn 2) und die Zuteilungen sind durchzuführen (s. § 113 Rn 16). Dazu gehören auch die Entscheidung über die Zulässigkeit eines Widerspruchs, die Verhandlung über den Widerspruch und die Hilfsverteilung (s. § 124 Rn 2).

3. Fortsetzung der Aussetzung. Nach Rechtskraft des Zuschlags ordnet das Vollstreckungsgericht durch Beschluss die Fortsetzung der Ausführung eines Teilungsplans an. Dazu ist es **nicht** erforderlich, einen neuen Verteilungstermin zu bestimmen. Der Teilungsplan ist bereits abschließend aufgestellt worden! Er kann nicht ergänzt oder geändert werden. Insbesondere kann auch nicht die Teilungsmasse um weitere, zusätzlich noch vom Ersteher zu zahlende Zinsen (§ 49 Abs. 2) vergrößert werden.[1]

Nach der Fortsetzung werden lediglich die **ausgesetzten Folgetätigkeiten**, also die Überweisung des Erlöses an die Berechtigten nach § 117 („Auszahlung"), im Falle der „Nichtzahlung" die Forderungsübertragung nach § 118 Abs. 1, eine evtl erforderliche Hinterlegung nach §§ 117 Abs. 2 S. 3, 120 Abs. 1 S. 1, 126 Abs. 2 S. 1 und das Ersuchen an das Grundbuchamt nach § 130, **nachgeholt**.   9

4. Alternativen. Wird der Zuschlagsbeschluss mit der sofortigen Beschwerde angegriffen (s. § 96 Rn 1 ff), kann das Vollstreckungsgericht statt des förmlichen Aussetzungsverfahrens nach § 116 die Vollziehung des Zuschlags aussetzen und einen bereits angesetzten **Verteilungstermin** wieder **aufheben** (§ 570 Abs. 2 ZPO). Diese Entscheidung kann von Amts wegen erfolgen und ist als verfahrensleitende Maßnahme nicht angreifbar. Unverzüglich nach Eintritt der Rechtskraft des Zuschlagsbeschlusses bestimmt das Gericht einen neuen Verteilungstermin (s. § 105 Rn 1). Dazu werden die vom Ersteher zu zahlenden Zinsen (s. § 107 Rn 5 ff) neu berechnet. Wenn der Ersteher zum aufgehobenen Termin bereits Zahlung geleistet hat, sollte das Gericht ihn nochmals ausdrücklich auf die Möglichkeit der Hinterlegung und auf die Folgen für die Verzinsung hinweisen (s. § 107 Rn 6 ff).   10

Als weitere Alternative zur Aussetzung nach § 116 bietet sich die **Verhandlungspause** an. Das Gericht kann während des Verteilungstermins die Verhandlung unterbrechen und die Fortsetzung der Verhandlung zu einem späteren Zeitpunkt bestimmen. Diese Verhandlungspause kann bis zu einigen Tagen dauern. Nach Ablauf der Pause wird der bereits begonnene Verteilungstermin fortgesetzt. Die Verzinsung des Meistgebots (s. § 107 Rn 5) und der Gläubigeransprüche (s. § 114 Rn 2) wird nicht neu berechnet, da hierbei auf den Beginn (Vortag) des Verteilungstermins abgestellt wird. Die Sitzungspause bietet sich zB an, wenn im Verteilungstermin aus organisatorischen Gründen nicht festgestellt werden kann, ob die Zahlung des Erstehers auf dem Konto der Justizkasse eingegangen ist (s. § 107 Rn 16).   11

§ 117 [Ausführung des Teilungsplans]

(1) [1]Soweit der Versteigerungserlös in Geld vorhanden ist, wird der Teilungsplan durch Zahlung an die Berechtigten ausgeführt. [2]Die Zahlung ist unbar zu leisten.

(2) [1]Die Auszahlung an einen im Termin nicht erschienenen Berechtigten ist von Amts wegen anzuordnen. [2]Die Art der Auszahlung bestimmt sich nach den Landesgesetzen. [3]Kann die Auszahlung nicht erfolgen, so ist der Betrag für den Berechtigten zu hinterlegen.

(3) Im Falle der Hinterlegung des Erlöses kann statt der Zahlung eine Anweisung auf den hinterlegten Betrag erteilt werden.

I. Normzweck

Gemäß § 107 bestimmt das Gericht im Verteilungstermin die **Teilungsmasse** und konkretisiert damit die Zahlungspflicht des Erstehers nach § 49. Sie umfasst im Wesentlichen das Meistgebot, also den Betrag, der im Zuschlagsbeschluss als „durch Zahlung zu berichtigen" festgestellt worden ist, und die Verzinsung gem. § 49 Abs. 2 (s. § 107 Rn 5 ff). In der **Schuldenmasse** werden die Zahlungsansprüche und die Rangfolge der Berechtigten festgestellt (s. § 114 Rn 2). Mit der **Zu-**   1

---

1 AA *Stöber*, § 116 Rn 2.6; Dassler/Schiffhauer/*Hintzen*, § 116 Rn 7; Löhnig/*Hannemann*, § 116 Rn 8.

teilung wird die vorhandene Teilungsmasse auf die Zahlungsansprüche verteilt (s. § 114 Rn 16).

2 In § 117 wird geregelt, wie die Teilungsmasse an die Berechtigten **ausgezahlt** wird. Nach den ursprünglichen Vorstellungen des Gesetzgebers[1] sollte der Ersteher seine Zahlung im Verteilungstermin unmittelbar und in bar an das Vollstreckungsgericht (Rechtspfleger) leisten, das seinerseits die Beträge an die erschienenen Zuteilungsberechtigten, und zwar ebenfalls in bar, auszahlt. Da die Barzahlung im Verteilungstermin in den letzten Jahrzehnten unüblich und mit der Änderung der Norm durch Art. 11 des 2. Justizmodernisierungsgesetzes vom 22.12.2006[2] auch unzulässig geworden ist, werden die Beträge im Anschluss an den Verteilungstermin auf Veranlassung des Vollstreckungsgerichts auf die Konten der Berechtigten überwiesen. Soweit der Ersteher seiner Zahlungsverpflichtung nicht nachgekommen ist, erfolgt eine Forderungsübertragung (s. § 118 Rn 3).

II. Ausführung des Teilungsplans nach Zahlung des Meistgebots

3 Der Ersteher hat seine Zahlungspflicht erfüllt (s. § 107 Rn 16), wenn das Geld rechtzeitig zum Verteilungstermin auf dem Konto der Justiz gutgeschrieben wurde. Nach dem Zahlungseingang wird der Betrag idR als **Verwahrgeld** gebucht und von der Justizkasse verwaltet. Soweit der Ersteher seine Zahlung förmlich **hinterlegt** (s. § 49 Rn 10), wird der Betrag von der Hinterlegungsstelle des Amtsgerichts verwaltet. In beiden Fällen ist das Vollstreckungsgericht **verfügungsberechtigt**. Die Überweisungen an die Berechtigten erfolgen auf Ersuchen des Vollstreckungsgerichts durch die Justizkasse bzw durch die Hinterlegungsstelle.

4 Die sachliche Empfangsberechtigung wird vom Vollstreckungsgericht durch die Zuteilung im Teilungsplan festgestellt (§§ 109–114). Zusätzlich muss das Vollstreckungsgericht prüfen, ob der Kontoinhaber auch persönlich zur Empfangnahme berechtigt ist. Soweit der Kontoinhaber mit dem Zuteilungsberechtigten nicht identisch ist, muss eine ausdrückliche **Geldempfangsvollmacht** vorliegen. Dies gilt auch für den anwaltlichen Vertreter, dessen Prozessvollmacht nach § 81 ZPO mit dem gesetzlichen Inhalt nur zur Empfangnahme eines zu erstattenden Kostenvorschusses genügt. Die Vollmacht muss schriftlich und in Urschrift vorliegen (§ 172 Abs. 1 BGB). Eine Kopie der Fax-Übermittlung ist nicht ausreichend.

5 Ist eine Überweisung nicht möglich, muss das Vollstreckungsgericht den Betrag **hinterlegen** (**Abs. 2 S. 3**). Dies kann notwendig werden, wenn

- der Betrag einer Personenmehrheit (zB Bruchteils- oder Erbengemeinschaft) zusteht und die Mitglieder keine übereinstimmende Erklärung abgegeben haben, wie der Erlösanspruch innerhalb der Personenmehrheit aufzuteilen ist;
- die Zuteilung mit einem Widerspruch belastet ist (s. § 115 Rn 4);
- die Zuteilung bedingt erfolgt (s. § 120 Rn 2);
- der Berechtigte unbekannt ist (s. § 126 Rn 2);
- bei einer Briefgrundschuld (Briefhypothek) eine Kapitalzuteilung erfolgt und der Grundschuldbrief (Hypothekenbrief) im Verteilungstermin nicht vorliegt (s. § 126 Rn 2);
- der Zuteilungsberechtigte die Annahme verweigert, ohne ordnungsgemäß über seinen dinglichen Anspruch zu verfügen (s. § 114 Rn 15);
- der Vertreter die Geldempfangsvollmacht nicht vorgelegt hat (s. Rn 4);

---

1 Bekanntmachung des Gesetzes am 20.5.1898 (RGBl. S. 713).
2 BGBl. I S. 3416.

- der Vormund oder Betreuer die gem. §§ 1812, 1813, 1908 i BGB zur Auszahlung erforderliche Genehmigung des Vormundschaftsgerichts nicht vorgelegt hat.

Soweit die Zuteilung mit **Bedingungen** oder einer **Hilfszuteilung** erfolgt, muss auch die Hinterlegung mit entsprechenden Bedingungen erfolgen. Mit der Hinterlegung durch das Vollstreckungsgericht geht die Verfügungsmacht auf die Hinterlegungsstelle über. Das **Verfahren zur Hinterlegung** richtet sich nach den Hinterlegungsgesetzen (HintG) der Länder und wird von den Hinterlegungsstellen und Hinterlegungskassen durchgeführt. 6

Wenn der **Ersteher auch als Gläubiger** am Verfahren beteiligt ist und einen eigenen Zuteilungsanspruch gegenüber der Teilungsmasse hat, ist es entbehrlich, dass er den anteiligen Betrag zum Verteilungstermin einzahlt, um ihn anschließend wieder zurücküberwiesen zu bekommen. Er kann sich wegen seines Anspruchs spätestens im Verteilungstermin für befriedigt erklären. Die **Befriedigungserklärung** stellt eine vereinfachte Form der Erlöszahlung dar. Sie ist keine Aufrechnung des Erstehers, die auf den Zeitpunkt des Zuschlags zurückwirkt. Deshalb hat die Erklärung, auch wenn sie bereits vor dem Termin abgegeben wurde, weder einen Einfluss auf die Verzinsungen des Meistgebots noch auf die Verzinsung des Zahlungsanspruchs. Beide Verzinsungen laufen unverändert bis zum Verteilungstermin weiter.[3] 7

§ 118 [Ausführung bei fehlender Zahlung des Bargebots]

(1) Soweit das Bargebot nicht berichtigt wird, ist der Teilungsplan dadurch auszuführen, daß die Forderung gegen den Ersteher auf die Berechtigten übertragen und im Falle des § 69 Abs. 3 gegen den für mithaftend erklärten Bürgen auf die Berechtigten mitübertragen wird; Übertragung und Mitübertragung erfolgen durch Anordnung des Gerichts.

(2) [1]Die Übertragung wirkt wie die Befriedigung aus dem Grundstück. [2]Diese Wirkung tritt jedoch im Falle des Absatzes 1 nicht ein, wenn vor dem Ablauf von drei Monaten der Berechtigte dem Gericht gegenüber den Verzicht auf die Rechte aus der Übertragung erklärt oder die Zwangsversteigerung beantragt. [3]Wird der Antrag auf Zwangsversteigerung zurückgenommen oder das Verfahren nach § 31 Abs. 2 aufgehoben, so gilt er als nicht gestellt. [4]Im Falle des Verzichts soll das Gericht die Erklärung dem Ersteher sowie demjenigen mitteilen, auf welchen die Forderung infolge des Verzichts übergeht.

I. Normzweck	1	2. Verzicht auf die übertragene Forderung	13
II. Forderungsübertragung bei Nichtzahlung (Abs. 1)	3	3. Antrag auf Wiederversteigerung	15
III. Wirkung der Forderungsübertragung (Abs. 2)	11	IV. Forderungsübertragung bei Zuzahlungspflichten	16
1. Befriedigungswirkung	11		

I. Normzweck

Gemäß § 107 bestimmt das Gericht im Verteilungstermin die **Teilungsmasse** und konkretisiert damit die Zahlungspflicht des Erstehers. Gläubiger der Zahlungsverpflichtung ist der Schuldner, der diesen Anspruch als Surrogat für sein durch Zuschlag verlorenes Eigentum erhält. Infolge der Beschlagnahme nimmt das 1

---

3 BGH MDR 1988, 860 = NJW-RR 1988, 1146 = Rpfleger 1988, 495.

Vollstreckungsgericht den Erlös in amtlicher Eigenschaft entgegen[1] und veranlasst im Anschluss an den Verteilungstermin die Überweisung der Teilungsmasse an die Zuteilungsberechtigten (s. § 117 Rn 2).

2 Wenn der Ersteher seiner Zahlungsverpflichtung nicht (vollständig) nachkommt, wird der Teilungsplan dadurch ausgeführt, dass das Vollstreckungsgericht die **Forderung des Schuldners** gegen den Ersteher auf die Zuteilungsberechtigten **überträgt**. Diese erhalten damit jeweils einen Zahlungsanspruch gegenüber dem Ersteher. Die Ansprüche werden anschließend von Amts wegen durch Sicherungshypotheken (s. § 128 Rn 2) abgesichert. Die Gläubiger haben dann die Möglichkeit, im Wege der Zwangsvollstreckung gegen den Ersteher persönlich vorzugehen (s. § 132 Rn 6) oder die erneute Versteigerung (Wiederversteigerung; s. § 133 Rn 8) zu beantragen.

II. Forderungsübertragung bei Nichtzahlung (Abs. 1)

3 Die Übertragung der Forderung gegen den Ersteher auf die Berechtigten erfolgt durch **Beschluss** des Vollstreckungsgerichts. Der Beschluss wird üblicherweise im Verteilungstermin verkündet (vgl § 115 Rn 1 ff).

▶ **Beschluss**

Da der Ersteher seine Zahlungsverpflichtung nicht erfüllt hat, wird die Forderung gegen ihn – soweit sie nicht bereits durch erfolgte Teilzahlung gedeckt ist – anteilig auf die Berechtigten gemäß Zuteilung im aufgestelltem Teilungsplan übertragen. ◀

4 Üblicherweise werden im Anschluss an den Beschluss weitere, erläuternde Ausführungen gemacht:

▶ Für die übertragenen Forderungen sind Sicherungshypotheken gem. § 128 ZVG in dem aus dem Teilungsplan ersichtlichen Rang einzutragen.

Nach Eingang der steuerlichen Unbedenklichkeitsbescheinigung wird die Eintragung der Sicherungshypotheken von Amts wegen veranlasst.

Die Beträge sind von heute an mit 5 Prozentpunkten über dem Basiszinssatz zu verzinsen (§§ 286 Abs. 2 Nr. 1, 288 BGB). ◀

5 Soweit der Ersteher **Zahlung geleistet** hat, zB durch Sicherheitsleistung (§ 69), führt das Vollstreckungsgericht den Teilungsplan durch Überweisung an die rangbesten Zuteilungsberechtigten aus (§ 117). Wurde die Sicherheit durch eine **Bankbürgschaft** geleistet (§ 69 Abs. 3) und der Bürge gem. § 82 für mithaftend erklärt wurde, muss das Gericht auch die Avalforderung (Forderung aus der Bürgschaft) gegen den Bürgen mit übertragen.

6 Auf den Vollstreckungsschuldner als Berechtigten eines Erlösüberschusses erfolgt keine Forderungsübertragung, sondern nur eine Zuweisung, da er bereits Gläubiger dieser Forderung ist. Bei Personenmehrheiten steht der Anspruch den früheren Eigentümern gemeinschaftlich zu.[2]

7 Ist der Ersteher selbst zuteilungsberechtigter Gläubiger, überträgt das Gericht auch in diesem Fall die Forderung des Schuldners gegen ihn. Durch diese Übertragung vereinigen sich Forderung und Schuld in einer Person, so dass die Forderung erlischt.[3]

8 Erklärt ein Gläubiger im Verteilungstermin, er sei vom Ersteher hinsichtlich des **zugeteilten Betrages** außergerichtlich **befriedigt** worden, hat das zur Folge, dass

---

1 BGHZ 68, 276 = NJW 1977, 1287 = Rpfleger 1977, 246.
2 BGH NJW 2008, 1807 = MDR 2008, 618 = Rpfleger 2008, 379.
3 BGH NJW-RR 1988, 1146 = MDR 1988, 860 = Rpfleger 1988, 495.

in dieser Höhe die Zahlungspflicht des Erstehers entfällt und an den Berechtigten nichts ausgezahlt werden muss.[4] In der Erklärung ist gleichzeitig der Verzicht des Gläubigers auf Forderungsübertragung an ihn zu sehen. Wird die Befriedigungserklärung später abgegeben, also nach der Forderungsübertragung, aber vor dem Ersuchen des Vollstreckungsgerichts auf Eintragung der Sicherungshypotheken (vgl §§ 128, 130), hat die Erklärung die Wirkung eines Verzichts auf Eintragung der Sicherungshypothek.

Mit der Bestimmung des Verteilungstermins berechnet das Vollstreckungsgericht gem. § 49 den genauen Zahlungsanspruch des Schuldners gegenüber dem Ersteher und stellt ihn dem Ersteher in Form einer **Zahlungsaufforderung** zu (vgl § 105 Rn 7). Da die Forderung als Surrogat des Grundstücks vom Gericht beschlagnahmt ist, löst die Zahlungsaufforderung durch das Gericht einen **Verzug** nach § 286 Abs. 2 Nr. 1 BGB aus. Eine zusätzliche Mahnung des Gläubigers nach der Forderungsübertragung ist nicht erforderlich. Der Anspruch ist daher ab dem Verteilungstermin mit 5 Prozentpunkten über dem Basiszinssatz zu verzinsen (§ 288 BGB).[5] Die Folge tritt kraft Gesetzes ein. Eine Prüfung und Beschlussfassung über diesen materiell-rechtlichen Anspruch steht dem Vollstreckungsgericht nicht zu. Sofern die Voraussetzungen des Verzugs vorliegen, erstreckt sich die Forderungsübertragung auch ohne ausdrücklichen Ausspruch auf die Verzugszinsen.[6] Es ist auch kein Höchstzinssatz zu bestimmen, auch nicht für die spätere Grundbucheintragung nach § 128.[7]

Mit dem Verteilungstermin werden die Ansprüche gegenüber dem Ersteher auf Zahlung des Meistgebots und der Zinsen (§ 49) zu einer einheitlichen Teilungsmasse zusammengefasst (§ 107 Abs. 1 S. 1). Die anteiligen Zinsen werden also kapitalisiert und nicht getrennt zugeteilt. Daher sind auch sämtliche übertragenen Ansprüche nach §§ 286, 288 BGB zu verzinsen.[8]

III. Wirkung der Forderungsübertragung (Abs. 2)

1. Befriedigungswirkung. Mit der Forderungsübertragung erhält der Gläubiger neben seiner alten Forderung gegen den Vollstreckungsschuldner (zB die durch Grundschuld abgesicherte Darlehensforderung) eine weitere Forderung gegen den Ersteher.

Die Übertragung wirkt wie die Befriedigung aus dem Grundstück (**Abs. 2 S. 1**). Der Gläubiger muss sich so behandeln lassen, als sei sein ursprünglicher Anspruch gegen den Schuldner in Höhe der Zuteilung aus dem Erlös befriedigt worden und durch Tilgung erloschen. Dem Gläubiger steht daher nur noch die Forderung gegen den Ersteher zu. Die Befriedigungswirkung kann der Gläubiger nach **Abs. 2 S. 2** dadurch ausschließen, dass er innerhalb von drei Monaten ab Verkündung der Forderungsübertragung entweder

- dem Gericht gegenüber auf die Rechte aus der Forderungsübertragung verzichtet (**Alt. 1**) oder

- aus der übertragenen Forderung bzw der dafür eingetragenen Sicherungshypothek die Wiederversteigerung (§ 133) gegen den Ersteher einleitet (**Alt. 2**).[9]

---

4 BGH NJW-RR 1988, 1146 = MDR 1988, 860 = Rpfleger 1988, 495.
5 LG Wuppertal Rpfleger 2009, 166 (mwN auch zur Gegenmeinung); aA *Stöber*, § 118 Rn 5 mwN.
6 Vgl LG Kiel Rpfleger 2010, 618.
7 LG Kassel NJW-RR 2001, 1239 = Rpfleger 2001, 176; OLG Frankfurt 8.3.2002 – 20 W 46/02.
8 AA LG Oldenburg Rpfleger 1986, 103.
9 BGHZ 99, 292 = NJW 1987, 1026 = MDR 1987, 404 = Rpfleger 1987, 323.

Bis zum Ablauf der dreimonatigen Frist ist die Befriedigungswirkung daher aufschiebend bedingt. Erst nach fruchtlosem Ablauf der Frist erlischt die alte Forderung gegen den Schuldner mit allen Nebenrechten.

13 **2. Verzicht auf die übertragene Forderung.** Der Verzicht des Gläubigers auf die Rechte aus der Forderungsübertragung kann innerhalb einer Frist von drei Monaten ab Verkündung des Teilungsplans formlos gegenüber dem Gericht erklärt werden. Ein verspäteter Verzicht hemmt den Eintritt der Befriedigungswirkung nicht. Mit Eingang der Erklärung geht die freigewordene Forderung nebst Zinsen (s. Rn 9) und Sicherungshypothek (§ 128) kraft Gesetzes und ohne weitere Anordnung auf den im Teilungsplan rangbesten Ausfallenden über. Die Zwischenberechtigten rücken im Rang auf. Der verzichtende Gläubiger behält seine alte Forderung gegen den Schuldner (s. Rn 11).

14 Auch für den neuen Berechtigten beginnt mit dem Forderungsübergang eine dreimonatige Frist. Gemäß **Abs. 2 S. 4** ist daher der neue Berechtigte über den Verzicht und den Forderungsübergang auf ihn zu **informieren**.

15 **3. Antrag auf Wiederversteigerung.** Beantragt der Gläubiger innerhalb der dreimonatigen Frist aus der übertragenen Forderung (persönlicher Anspruch) oder der dafür eingetragenen Sicherungshypothek (dinglicher Anspruch) die erneute Zwangsversteigerung gegen den Ersteher gem. § 133 (**Wiederversteigerung**), setzt die Befriedigungswirkung ebenfalls nicht ein. Der Gläubiger behält sowohl seine alte Forderung gegen den Vollstreckungsschuldner als auch die Rechte aus der Forderungsübertragung gegen den Ersteher (s. Rn 10). Wird die Wiederversteigerung wieder aufgehoben, weil der Gläubiger seinen Antrag zurücknimmt oder im Falle einer einstweiligen Einstellung nach § 30 keinen Fortsetzungsantrag gestellt hat (s. § 31 Rn 20), treten nach **Abs. 2 S. 3** die Folgen der Befriedigungsfiktion ein (s. Rn 12). Eine Aufhebung aus einem anderen Rechtsgrund (zB aus § 77 Abs. 2 S. 1) lässt die alte Forderung gegen den Schuldner nicht erlöschen.

IV. Forderungsübertragung bei Zuzahlungspflichten

16 Zur Ausführung des Teilungsplans bei bedingter Zuteilung aus Zuzahlungen nach §§ 50, 51 s. § 125 Rn 7.

§ 119 [Zuteilung eines Betrags auf bedingten Anspruch]

Wird auf einen bedingten Anspruch ein Betrag zugeteilt, so ist durch den Teilungsplan festzustellen, wie der Betrag anderweit verteilt werden soll, wenn der Anspruch wegfällt.

I. Normzweck und Anwendungsbereich

1 Da der Teilungsplan nicht nachträglich berichtigt werden kann, muss bei bedingten Ansprüchen das Gericht bereits im Teilungsplan festlegen, wie der auf den Anspruch entfallende Betrag verteilt wird, wenn die Bedingung eintritt. Die Vorschrift wird nicht nur in den Zwangsversteigerungsverfahren angewandt, sondern auch im Zwangsverwaltungsverfahren (§ 156 Abs. 2 S. 2).

II. Bedingte Ansprüche

1. Aufschiebend bedingte Ansprüche. Ein Anspruch ist aufschiebend bedingt, wenn sein Entstehen von einem künftigen ungewissen Ereignis abhängt.

Beispiele 1: a) Grundschuld für die Ehefrau A für den Fall der Ehescheidung.

b) Rückstände Leistungen aus einem Nießbrauch für den Berechtigten B (vgl § 14 Rn 3, § 121 Rn 2).

Zu den aufschiebend bedingten Ansprüchen gehören auch

- die nicht auf Geldzahlung gerichteten Ansprüche von unbestimmtem Betrag bis zu deren Feststellung (s. § 14 Rn 3);
- die unverzinslichen, noch nicht fälligen (betagten) Ansprüche mit ungewissem Fälligkeitszeitpunkt (s. § 111 Rn 5);
- Vormerkungen (§ 883 BGB), die den Anspruch auf Begründung eines Rechts sichern;[1]
- Widersprüche (§ 899 BGB), die bestehende, nicht eingetragene Rechte oder die Wiedereintragung gelöschter Rechte sichern.

Die notwendige Kündigung (§ 1193 BGB) einer nach dem 19.8.2008[2] eingetragenen (verzinslichen) **Sicherungsgrundschuld** ist keine aufschiebende Bedingung iSd § 119 (s. § 111 Rn 2). Ungewiss ist lediglich der Fälligkeitstermin des Kapitals. Das Recht selber ist nicht bedingt.

2. Auflösend bedingte Ansprüche. Ein Anspruch ist auflösend bedingt, wenn sein Bestand mit dem Eintritt eines künftigen ungewissen Ereignisses wegfällt.

Beispiel 2: Reallast (Geldrente) für die Tochter C bis zum erfolgreichen Abschluss ihres Staatsexamens.

Zu den auflösend bedingten Ansprüchen gehören auch

- die Rechte, bei denen im Grundbuch eine Löschungsvormerkung gem. § 1179 BGB eingetragen ist;
- die Rechte, denen gegenüber im Verfahren der gesetzliche Löschungsanspruch gem. § 1179a BGB geltend gemacht worden ist (s. § 114 Rn 18);
- die Rechte, bei denen im Grundbuch Widersprüche gegen das Bestehen eingetragen sind.

Die **Höchstbetragshypothek** (§ 1190 BGB) ist eine unbedingte Grundstücksbelastung. Ungewiss ist lediglich der Berechtigte, so dass § 119 nicht anzuwenden ist.

III. Zuteilung und Hilfszuteilung

Im Teilungsplan wird zunächst der bedingte Anspruch an den (eingetragenen) Berechtigten zugeteilt. Zusätzlich ist in den Plan eine Hilfszuteilung aufzunehmen, in der bestimmt wird, wie der Betrag verteilt werden soll, wenn das bedingte Recht wegfällt, weil die aufschiebende Bedingung nicht mehr eintreten kann (Beispiele 1: a) Die Ehe wird durch Tod aufgelöst; b) Die nach § 14 notwendige Feststellung bleibt hinter dem zugeteilten Betrag zurück) oder weil die auflösende Bedingung eintritt (Beispiel 2: Die Tochter besteht ihr Examen).

Hilfsberechtigte (auch **Eventualberechtigte** genannt) sind die im Rang aufrückenden, bislang ausgefallenen Gläubiger in der Rangfolge ihrer Ansprüche. Dabei sind so viele Hilfsberechtigte aufzunehmen, bis der auf das bedingte Recht entfal-

---

1 BGHZ 53, 47 = NJW 1970, 565.
2 Einfügung des § 1193 Abs. 2 S. 2 BGB durch Art. 6 des Risikobegrenzungsgesetzes vom 12.8.2008 (BGBl. I S. 1666, 1670) mWz 19.8.2008.

lende Betrag voraussichtlich verbraucht ist. Sind keine ausfallenden Gläubiger mehr vorhanden, wird der Betrag hilfsweise an den Schuldner zugewiesen.

8 Ist zum Verteilungstermin nachgewiesen, dass ein bedingtes Recht durch Bedingungseintritt bereits erloschen ist, erfolgt eine unmittelbare Zuteilung an die ansonsten hilfsberechtigten Gläubiger.

IV. Ausführung der Zuteilung

9 Es wird auf die Erläuterungen in § 120 Rn 3 verwiesen.

§ 120 [Hinterlegung bei aufschiebend bedingtem Anspruch]

(1) ¹Ist der Anspruch aufschiebend bedingt, so ist der Betrag für die Berechtigten zu hinterlegen. ²Soweit der Betrag nicht gezahlt ist, wird die Forderung gegen den Ersteher auf die Berechtigten übertragen. ³Die Hinterlegung sowie die Übertragung erfolgt für jeden unter der entsprechenden Bedingung.

(2) Während der Schwebezeit gelten für die Anlegung des hinterlegten Geldes, für die Kündigung und Einziehung der übertragenen Forderung sowie für die Anlegung des eingezogenen Geldes die Vorschriften der §§ 1077 bis 1079 des Bürgerlichen Gesetzbuchs; die Art der Anlegung bestimmt derjenige, welchem der Betrag gebührt, wenn die Bedingung ausfällt.

I. Normzweck und Anwendungsbereich

1 Ein aufschiebend bedingter Anspruch entsteht erst mit Eintritt der aufschiebenden Bedingung (§ 158 Abs. 1 BGB). Gleichwohl wird der Anspruch im Teilungsplan dem bedingt Berechtigten zugeteilt (s. § 119 Rn 6). Der Betrag wird aber nicht sofort ausgezahlt, sondern bis zum Bedingungseintritt hinterlegt. Die Vorschrift befasst sich nur mit aufschiebend, nicht mit auflösend bedingten Ansprüchen (s. hierzu Rn 6).

II. Aufschiebend bedingte Ansprüche

2 **Ausgangsfall:** Im Grundbuch ist ein Nießbrauch für den Berechtigten A eingetragen. Im Teilungsplan erfolgt auf die rückständigen Leistungen eine Zuteilung an A iHv 23.000 € unter der Bedingung, dass der Betrag festgestellt wird (vgl § 14), hilfsweise an den nachfolgenden Gläubiger B (auf sein ausgefallenes Recht III/5 iHv 10.000 €) und nachrangig an den Gläubiger C (auf sein ausgefallenes Recht III/6 iHv 30.000 €).

3 **1. Hinterlegung (Abs. 1 S. 1).** Nach dem Verteilungstermin wird der auf ein aufschiebend bedingtes Recht zugeteilte Betrag auf Anordnung des Vollstreckungsgerichts (zB für NRW: § 7 Nr. 2 HintG) hinterlegt (**Abs. 1 S. 1**). Die Hinterlegung erfolgt für den Berechtigten und den/die Hilfsberechtigten (hier: A, B und C). Dabei sind die Auszahlungsbedingungen genau anzugeben (hier: die notwendige Feststellung des Betrages und der Ränge). Damit ist die Tätigkeit des Vollstreckungsgerichts abgeschlossen. Ein Auszahlungsersuchen des Vollstreckungsgerichts entsprechend § 882 ZPO ist nicht erforderlich, da die Bedingungen für die Auszahlung, anders als im Verteilungsverfahren, nach §§ 872 ff ZPO bereits mit der Eventualzuteilung festgelegt werden. Eine Herausgabeverfügung **der Hinterlegungsstelle** ergeht erst dann, wenn übereinstimmende Erklärungen der Beteiligten vorliegen oder die Berechtigung des Empfängers durch rechtskräftiges Urteil festgestellt ist (zB für NRW: § 22 Abs. 3 Nr. 2 HintG). Einigen sich Erst- und Hilfsberechtigte bereits im Verteilungstermin über die Auszahlung, kann eine Hinterlegung unterbleiben.

2. Forderungsübertragung (Abs. 1 S. 2). Kommt der Ersteher zum Verteilungstermin seiner Zahlungsverpflichtung (vgl § 49) nicht nach, wird gem. **Abs. 1 S. 2** die Forderung gegen ihn auf den Zuteilungsberechtigten sowie dem/den Hilfsberechtigten (hier: A, B und C) unter Angabe der genauen Bedingungen übertragen (s. § 118 Rn 3 ff). Anschließend wird für die Berechtigten eine Sicherungshypothek in das Grundbuch eingetragen (vgl § 128 Rn 2). Auch hierbei sind die genauen Bedingungen anzugeben.

3. Anderweitige Anlegung (Abs. 2). In der Schwebezeit bis zum Bedingungseintritt (hier: bis zur Feststellung) sind die Berechtigten gegenseitig verpflichtet, eine andere mündelsichere und verzinsliche Anlage herbeizuführen. Vom Gericht können die Beteiligten keine mündelsichere und zinsgünstige Anlage verlangen. Sie müssen selbst die Voraussetzungen dafür schaffen. Eine Herausgabeverfügung der Hinterlegungsstelle auf das Anlagekonto ergeht nur, wenn alle Beteiligten diesbezüglich übereinstimmende Erklärungen abgeben (zB für NRW: § 22 Abs. 3 Nr. 1 HintG). Die Anlegung erfolgt ebenfalls unter den Bedingungen der Hinterlegung. Im Fall der Forderungsübertragung gem. § 118 müssen alle Berechtigten an der Einziehung mitwirken.

III. Auflösend bedingte Ansprüche

Die Vorschrift des § 120 schreibt die Hinterlegung nur bei aufschiebend bedingten Ansprüchen vor. Bei auflösend bedingten Ansprüchen (vgl § 119 Rn 4) ist der Berechtigte zunächst uneingeschränkt Inhaber eines bestehenden Rechts, das erst mit Eintritt der Bedingung wieder wegfallen kann (§ 158 Abs. 2 BGB). An ihn wird daher ausgezahlt ohne Rücksicht auf die gem. § 119 erfolgte Hilfszuteilung. Es ist dann Aufgabe des Eventualberechtigten, beim Bedingungseintritt seine Ansprüche gegenüber dem Berechtigten zu verfolgen.

Ist der Bedingungseintritt bereits erfolgt (aber noch nicht nachgewiesen), kann der Hilfsberechtigte die Auszahlung verhindern, indem er Widerspruch gegen die Zuteilung erhebt und damit eine Hinterlegung nach § 124 herbeiführt (vgl § 115 Rn 14). Ist eine Forderungsübertragung notwendig, erfolgt diese allein zugunsten des eingetragenen Berechtigten.

§ 121 [Ersatzanspruch für Nutzungsrechte]

(1) In den Fällen des § 92 Abs. 2 ist für den Ersatzanspruch in den Teilungsplan ein Betrag aufzunehmen, welcher der Summe aller künftigen Leistungen gleichkommt, den fünfundzwanzigfachen Betrag einer Jahresleistung jedoch nicht übersteigt; zugleich ist zu bestimmen, daß aus den Zinsen und dem Betrag selbst die einzelnen Leistungen zur Zeit der Fälligkeit zu entnehmen sind.

(2) Die Vorschriften der §§ 119, 120 finden entsprechende Anwendung; die Art der Anlegung des Geldes bestimmt der zunächst Berechtigte.

Erlischt durch Zuschlag ein Nießbrauch,[1] eine beschränkte persönliche Dienstbarkeit oder eine Reallast von unbestimmter Dauer, so erwirbt der Berechtigte als Ersatz einen Anspruch auf Zahlung einer Geldrente aus dem Versteigerungserlös. Wegen der Berechnung dieses Wertersatzes (**Deckungskapital**) s. § 92 Rn 10 f.

---

1 Zur Berechnung des Deckungskapitals s. BGH Rpfleger 2005, 686.

2 Im Verteilungstermin werden zunächst die rückständigen und laufenden Leistungen bis zum Vortag des Zuschlags zugeteilt. Bei Rechten mit unbestimmten Beträgen (zB Nießbrauch) sind dabei §§ 119, 120 zu beachten.

3 Aus dem Deckungskapital (Wertersatz für das Recht ab Zuschlag) werden die zum Verteilungstermin bereits fälligen Raten entnommen und zugeteilt. Auch hier ist bei Rechten mit unbestimmten Beträgen (zB Nießbrauch) das Verfahren nach §§ 119, 120 anzuwenden.

4 Das restliche Deckungskapital wird dem Berechtigten mit der Maßgabe zugeteilt, dass ihm daraus bis an sein Lebensende (bzw bis zum sonstigen Erlöschen des Anspruchs) eine vierteljährlich im Voraus fällige Rente gezahlt wird. Gleichzeitig erfolgt für den Fall, dass der Berechtigte vor Verbrauch des Deckungskapitals verstirbt bzw der Anspruch aus sonstigen Gründen erlischt, eine Hilfszuteilung an die im Teilungsplan rangbesten ausfallenden Berechtigten. Wegen der weiteren Einzelheiten wird auf die Ausführungen zu §§ 119 und 120 verwiesen.

§ 122 [Verteilung bei Versteigerung mehrerer Grundstücke]

(1) ¹Sind mehrere für den Anspruch eines Beteiligten haftende Grundstücke in demselben Verfahren versteigert worden, so ist, unbeschadet der Vorschrift des § 1132 Abs. 1 Satz 2 des Bürgerlichen Gesetzbuchs, bei jedem einzelnen Grundstück nur ein nach dem Verhältnis der Erlöse zu bestimmender Betrag in den Teilungsplan aufzunehmen. ²Der Erlös wird unter Abzug des Betrags der Ansprüche berechnet, welche dem Anspruch des Beteiligten vorgehen.

(2) Unterbleibt die Zahlung eines auf den Anspruch des Beteiligten zugeteilten Betrags, so ist der Anspruch bei jedem Grundstück in Höhe dieses Betrags in den Plan aufzunehmen.

I. Normzweck

1 Die Vorschrift regelt, wie in einem Verfahren mit mehreren Grundstücken und unterschiedlichen Belastungen die Gesamtansprüche aus den einzelnen Teilungsmassen zu befriedigen sind. Sind die Grundstücke in einem Gesamtausgebot (vgl § 63 Rn 12 f) versteigert worden, teilt das Gericht zunächst die Teilungsmasse auf und bildet Einzelmassen für die einzelnen Grundstücke (s. § 112).

II. Erlöszuteilung auf Gesamtansprüche

2 1. **Voraussetzungen (Abs. 1 S. 1).** Die Norm ist anzuwenden, wenn alle folgenden Voraussetzungen erfüllt sind:

- Die Versteigerung erfolgte in einem (verbundenem) Verfahren mit nur einem gerichtlichen Aktenzeichen (vgl § 18 Rn 5 ff).
- Die Versteigerung erstreckt sich auf mehrere Grundstücke. Steht der Grundbesitz im Eigentum einer Miteigentümergemeinschaft (Bruchteilseigentum), sind die einzelnen Grundstücksanteile wie einzelne Grundstücke zu behandeln.
- Die Grundstücke (Miteigentumsanteile) sind unterschiedlich belastet.
- Das Recht lastet auf mehreren Grundstücken (Miteigentumsanteilen) als Gesamtrecht.

3 Es werden alle Ansprüche aufgeteilt, die auf mehreren Grundstücken (Miteigentumsanteilen) lasten. Dazu gehören insb. die Gesamtgrundpfandrechte (§§ 1132 Abs. 2, 1191, 1192 Abs. 1 BGB), aber auch der Gesamtanspruch eines persönlich

betreibenden Gläubigers (Rangklasse 5 des § 10). Die Aufteilung erfolgt in Bezug auf die Zahlungsansprüche. Kapitalansprüche von bestehen gebliebenen Grundpfandrechten werden nicht ausgeteilt. Bei den vorrangigen Rangklassen ist zu prüfen, ob tatsächlich eine Gesamthaft besteht oder ob die Zahlungsansprüche lediglich betragsmäßig zusammengefasst worden sind.

Gemäß §§ 1132 Abs. 1 S. 2, 1191, 1192 Abs. 1 BGB kann der Gläubiger eines Gesamtgrundpfandrechts wählen, aus welchem Grundstück er Befriedigung erlangen möchte. Übt der Gläubiger dieses **Wahlrecht** aus, scheidet die Anwendung des § 122 aus. Die Erklärung kann mündlich im Verteilungstermin oder vorher im schriftlichen Verfahren abgegeben werden.   **4**

2. Rechnerische Verteilung (Abs. 1 S. 2). Zunächst werden aus den Einzelmassen (s. § 112 Rn 5 ff) alle vorgehenden Einzelansprüche bedient. Danach werden bei jedem Gesamtrecht die Ansprüche auf Kosten, Nebenleistungen und Kapital addiert. Handelt es sich um ein bestehen gebliebenes Recht (vgl § 52), werden nur die Kosten und Nebenleistungen addiert. Die Summen werden jeweils im Verhältnis der Resterlöse, also nach Abzug der vorgehenden Belastungen, aufgeteilt.   **5**

Berechnungsformel:

Resterlös = Einzelmasse – (vorrangige Zuteilungen)

Erlösanteil = Resterlös x Gesamtanspruch / (Resterlöse aller Grundstücke)

Hinweis: Die Berechnung ist für jedes Grundstück und für jedes Gesamtrecht einzeln durchzuführen. Die Summe der Erlösanteile darf den Betrag des Gesamtanspruchs nicht übersteigen.

3. Gesamtanspruch bei Nichtzahlung des Erlöses (Abs. 2). Ist der Ersteher seiner Zahlungspflicht nicht nachgekommen (vgl § 118), werden die Gesamtrechtsansprüche nicht aufgeteilt. Der Anspruch wird bei jedem Grundstück in voller Höhe im Teilungsplan aufgenommen. In Höhe des Zuteilungsbetrages wird die Forderung gegenüber dem Ersteher auf den Berechtigten übertragen (s. § 118 Rn 3) und anschließend durch eine Sicherungshypothek dinglich abgesichert (s. § 128 Rn 2).   **6**

§ 123 [Anderweitige Verteilung]

(1) Soweit auf einen Anspruch, für den auch ein anderes Grundstück haftet, der zugeteilte Betrag nicht gezahlt wird, ist durch den Teilungsplan festzustellen, wie der Betrag anderweit verteilt werden soll, wenn das Recht auf Befriedigung aus dem zugeteilten Betrag nach Maßgabe der besonderen Vorschriften über die Gesamthypothek erlischt.

(2) Die Zuteilung ist dadurch auszuführen, daß die Forderung gegen den Ersteher unter der entsprechenden Bedingung übertragen wird.

I. Normzweck

Die Vorschrift ist anzuwenden, wenn der Ersteher seiner Zahlungsverpflichtung nicht nachkommt und der Teilungsplan dadurch ausgeführt wird, dass das Vollstreckungsgericht die Forderung des Schuldners gegen den Ersteher auf den Berechtigten eines **Gesamtrechts** übertragen wird (s. § 118 Rn 2, § 122 Rn 6). Der übertragene Anspruch wird anschließend von Amts wegen durch eine Sicherungshypothek im Grundbuch abgesichert (s. § 128 Rn 2).   **1**

Für den Fall, dass zu einem späteren Zeitpunkt die Hypothek **an einem Grundstück** „nach Maßgabe der besonderen Vorschriften über die Gesamthypothek"   **2** erlischt, muss das Gericht bereits im Teilungsplan festlegen, wem der Betrag dann zufallen soll.

II. Hilfszuteilung bei Forderungsübertragung auf ein Gesamtrecht (Abs. 1)

1. Anwendungsfälle und Voraussetzungen. Die Vorschrift des § 123 wird in folgenden Fällen angewendet:

- In einem (verbundenen) Verfahren werden mehrere Grundstücke verschiedenen Erstehern in Einzelausgeboten zugeschlagen. Die Grundstücke sind mit einem Gesamtrecht (Grundschuld/Hypothek) belastet.
- In einem (verbundenen) Verfahren werden mehrere Grundstücke einem Ersteher in Gesamtausgebot zugeschlagen. Die Grundstücke sind mit einem Gesamtrecht (Grundschuld/Hypothek) belastet.
- Es wird ein Grundstück versteigert, das mit einem Gesamtrecht (Grundschuld/Hypothek) belastet ist. Die mithaftenden Grundstücke sind entweder nicht von der Zwangsversteigerung erfasst oder noch nicht verwertet worden.

Voraussetzung ist jeweils, dass auf das Gesamtrecht eine Zuteilung erfolgt ist und der Ersteher keine (ausreichende) Zahlung geleistet hat.

2. Erlöschen nach den Vorschriften über die Gesamthypothek. Nach den „besonderen Vorschriften über die Gesamthypothek" kann es in folgenden Fällen zu einem Erlöschen des Rechts auf einem Grundstück kommen:

- Befriedigung des Gläubigers aus einem der Grundstücke im Wege der Zwangsversteigerung/Zwangsverwaltung (§ 1181 Abs. 2 BGB);
- Befriedigung durch einen der personenverschiedenen Eigentümer, soweit zwischen den Eigentümern kein Ausgleichsanspruch besteht (§§ 1143 Abs. 2, 1173 Abs. 1 BGB);
- Befriedigung durch den (nur) persönlichen Schuldner, soweit dieser keinen Ersatzanspruch gegenüber dem Eigentümer hat (§ 1174 Abs. 1 BGB);
- Verzicht und Ausschluss des Gläubigers in Bezug auf ein Grundstück (§§ 1175, 1170, 1172 BGB).

3. Hilfszuteilung. Im Falle der Nichtzahlung wird die Zuteilung auf das Gesamtrecht durch Forderungsübertragung ausgeführt (§§ 118, 122 Abs. 2). Der Anspruch wird anschließend auf Ersuchen des Vollstreckungsgerichts durch eine Sicherungshypothek abgesichert (§ 128 Abs. 1). Für den Fall des Erlöschens der Sicherungshypothek nach Maßgabe der besonderen Vorschriften über die Gesamthypothek ordnet das Vollstreckungsgericht im Teilungsplan eine Hilfszuteilung an. **Hilfsberechtigte** (auch **Eventualberechtigte** genannt) sind die im Rang aufrückenden, bislang ausgefallenen Gläubiger in der Rangfolge ihrer Ansprüche. Dabei sind so lange Hilfsberechtigte aufzunehmen, bis der auf das Gesamtrecht entfallende Betrag abgedeckt ist. Sind keine ausfallenden Gläubiger mehr vorhanden, wird der Betrag hilfsweise an den ehemaligen Eigentümer zugewiesen.

III. Bedingte Forderungsübertragung (Abs. 2)

Der Teilungsplan wird hinsichtlich der Hilfszuteilung durch Forderungsübertragung entsprechend § 118 ausgeführt. Dabei sind die Bedingungen der Hilfszuteilung mit aufzunehmen. Anschließend wird die übertragene Forderung gem. § 128 durch eine aufschiebend bedingte Sicherungshypothek in das Grundbuch abgesichert.

§ 124 [Widerspruch gegen Teilungsplan]

(1) Im Falle eines Widerspruchs gegen den Teilungsplan ist durch den Plan festzustellen, wie der streitige Betrag verteilt werden soll, wenn der Widerspruch für begründet erklärt wird.

(2) Die Vorschriften des § 120 finden entsprechende Anwendung; die Art der Anlegung bestimmt derjenige, welcher den Anspruch geltend macht.

(3) Das gleiche gilt, soweit nach § 115 Abs. 4 die Ausführung des Planes unterbleibt.

I. Normzweck

Liegt im Verteilungstermin ein zulässiger Widerspruch gegen den Teilungsplan vor und kommt es in der Verhandlung nicht zu einer Einigung (s. § 115 Rn 13), ergänzt das Vollstreckungsgericht den Teilungsplan um eine Hilfszuteilung und hinterlegt den streitigen Betrag. 1

II. Hilfszuteilung (Eventualzuteilung) (Abs. 1)

Erklärt das Vollstreckungsgericht einen Widerspruch gegen die Zuteilung (vgl § 115) für zulässig und kommt zwischen den Berechtigten und dem Widersprechenden keine Einigung zustande, muss der Teilungsplan um eine Hilfszuteilung (Eventualzuteilung) ergänzt werden. Dazu wird die bereits vorgenommene Zuteilung dahin gehend geändert, dass dem Berechtigten der Betrag nur zusteht, soweit der Widerspruch unbegründet ist oder der Widersprechende nicht rechtzeitig gem. § 878 Abs. 1 ZPO die Erhebung der Widerspruchsklage nachweist. Gleichzeitig wird der Betrag dem Widersprechenden zugeteilt, soweit sein Widerspruch begründet ist. 2

Beispiel: Gemäß Teilungsplan wird an A auf die Grundschuld III/1 ein Betrag von 10.000 € zugeteilt. B und C mit ihren Rechten III/2 und III/3 fallen aus. C widerspricht der Zuteilung wegen eines Kapitalteilbetrages iHv 2.000 €.

Aufgrund des Widerspruchs wird die Zuteilung wie folgt geändert:

1. A auf die Grundschuld III/1 (Kosten, Zinsen, erstrangiger Kapitalteilbetrag) iHv 8.000 €.

2. Der nachrangige Kapitalteilbetrag III/1 iHv 2.000 € wird bedingt zugeteilt

    a) an A, soweit der Widerspruch von C unbegründet ist oder die Erhebung der Widerspruchsklage nicht binnen einen Monats nachgewiesen wird;

    b) an C, soweit der Widerspruch begründet ist.

Bei der Hilfszuteilung bleiben die Ansprüche der Zwischenberechtigten (im Beispiel: B mit III/2) unberücksichtigt. Ob diese die Rechte des Widersprechenden vereiteln, prüft das Prozessgericht im Rahmen der Begründetheit der Widerspruchsklage. Legt der Schuldner Widerspruch mit dem Ziel der Zuteilung an einen anderen Berechtigten ein, erfolgt die Hilfszuteilung unmittelbar an den durch den Widerspruch begünstigten Gläubiger. 3

III. Ausführung des Teilungsplans bei Widerspruch (Abs. 2)

1. Bei gezahltem Meistgebot. Hat der Ersteher das Meistgebot gezahlt, hinterlegt das Vollstreckungsgericht den streitigen Betrag für die Widerspruchsbeteiligten zu den Bedingungen der geänderten Zuteilung. Die Hinterlegung erfolgt für den Berechtigten und den Hilfsberechtigten. Dabei sind die Auszahlungsbedingungen genau anzugeben. Damit ist die Tätigkeit des Vollstreckungsgerichts abgeschlossen. Ein Ersuchen des Vollstreckungsgerichts entsprechend § 882 ZPO ist nicht 4 erforderlich, da die Bedingungen für die Auszahlung, anders als im Verteilungsverfahren, nach §§ 872 ff ZPO bereits mit der Eventualzuteilung festgelegt werden. Wegen der Möglichkeit, statt der Hinterlegung eine andere Anlageform zu wählen, s. § 120 Rn 5.

5 **2. Bei nicht gezahltem Meistgebot.** Hat der Ersteher sein Meistgebot nicht gezahlt, wird die Forderung gegen ihn (§ 49) auf den Widerspruchsbeteiligten zu den Bedingungen der Eventualzuteilung übertragen. Zugunsten beider Berechtigten ist gem. § 128 unter den entsprechenden Bedingungen eine Sicherungshypothek in das Grundbuch einzutragen.

IV. Abwendung durch Sicherheitsleistung oder Hinterlegung (Abs. 3)

6 Teilt das Vollstreckungsgericht im Teilungsplan auf einen noch nicht rechtskräftigen vollstreckbaren Anspruch zu, darf der Plan diesbezüglich nicht ausgeführt werden, wenn der Schuldner die Vollstreckung durch Sicherheitsleistung oder Hinterlegung abwenden darf und dies ordnungsgemäß nachgewiesen hat (§ 115 Abs. 4). Das Vollstreckungsgericht ergänzt auch in diesem Fall den Plan um eine entsprechende Eventualzuteilung und hinterlegt den streitigen Betrag.

§ 125 [Zuteilung des erhöhten Betrags]

(1) ¹Hat der Ersteher außer dem durch Zahlung zu berichtigenden Teil des Meistgebots einen weiteren Betrag nach den §§ 50, 51 zu zahlen, so ist durch den Teilungsplan festzustellen, wem dieser Betrag zugeteilt werden soll. ²Die Zuteilung ist dadurch auszuführen, daß die Forderung gegen den Ersteher übertragen wird.

(2) ¹Ist ungewiß oder streitig, ob der weitere Betrag zu zahlen ist, so erfolgt die Zuteilung und Übertragung unter der entsprechenden Bedingung. ²Die §§ 878 bis 882 der Zivilprozeßordnung finden keine Anwendung.

(3) Die Übertragung hat nicht die Wirkung der Befriedigung aus dem Grundstück.

I. Normzweck

1 Hat der Ersteher nach den Versteigerungsbedingungen ein Recht übernommen (vgl § 52), von dem sich (später) herausstellt, dass es im Zeitpunkt des Zuschlags gar nicht bestanden hat, trifft ihn gem. §§ 50, 51 eine Zuzahlungspflicht. Diese weitere Zahlungspflicht soll die Bereicherung des Erstehers ausgleichen, der wegen der zu übernehmenden Belastung entsprechend weniger geboten hat. Die Zuzahlung soll den im Teilungsplan bestrangig ausfallenden Berechtigten zugute kommen. Das Vollstreckungsgericht muss bereits im Verteilungstermin über diese weitere Zuteilung entscheiden.

II. Fälle mit Zuzahlungsverpflichtung

2 Der Ersteher muss in folgenden Fällen eine weitere, über die Zahlungspflicht des § 49 (vgl § 107 Rn 16) hinausgehende Zahlung leisten: Ein nach den Zuschlagsbedingungen bestehen bleibendes Recht (§§ 52, 82)

- bestand zum Zeitpunkt des Zuschlags tatsächlich nicht (mehr) – §§ 50 Abs. 1 S. 1, 51 Abs. 1 S. 1. Dieser Fall kann zB bei Unwirksamkeit (Nichtigkeit) der Eintragung (§ 873 BGB) oder Tod des Berechtigten vor Zuschlag (§ 1061 BGB) eingetreten sein;

- war bedingt und ist (vor oder nach Zuschlag) erloschen, weil die aufschiebende Bedingung ausfällt oder die auflösende Bedingung eintritt – §§ 50 Abs. 2 Nr. 1, 51 Abs. 1 S. 1. Wegen der möglichen Fallgestaltungen s. § 120;
- war ein Gesamtrecht, für das an einem nicht versteigerten Grundstück Mithaft bestand und das (vor oder nach Zuschlag) nach den Vorschriften über die Gesamthypothek am versteigerten Objekt erloschen ist – §§ 50 Abs. 1 Nr. 2, 51 Abs. 1 S. 1. Wegen der möglichen Fallgestaltungen s. § 123 Rn 4.

Zu Einzelheiten und den Einzelfällen s. § 50.

Eine Zuzahlungspflicht wird nicht ausgelöst, wenn der Wohnungsberechtigte erst nach dem Zuschlag verstirbt oder der eingetragene Gläubiger dem Ersteher nach Zuschlag eine Löschungsbewilligung für die nicht mehr valutierte Grundschuld erteilt.[1]

III. Zuteilung des Zuzahlungsbetrages

1. Zuzahlungspflicht wird zum Verteilungstermin nachgewiesen (Abs. 1). Wenn bis zum Verteilungstermin nachgewiesen wird, dass ein nach den Zuschlagsbedingungen bestehen bleibendes Recht zum Zuschlag nicht (mehr) bestand, wird die Zuzahlungspflicht des Erstehers im Teilungsplan festgestellt. Häufigster Fall wird hier der **Nachweis des Todes** des Wohnungsberechtigten durch Vorlage der Sterbeurkunde sein. In diesen Fällen nimmt das Gericht den Zuzahlungsbetrag nebst Zinsen ab Zuschlag als zusätzliche Teilungsmasse in den Teilungsplan auf und teilt ihn dem rangbesten Ausfallenden zu. Die Höhe des Zuzahlungsbetrages und die Verzinsung ab Zuschlag bestimmen sich für Grundpfandrechte aus dem Grundbuch (§ 50 Abs. 1) und für andere Rechte nach den im Versteigerungstermin festgesetzten Werten (s. § 51 Rn 16 ff). Zahlt der Ersteher den Betrag bereits zum Verteilungstermin an das Gericht, wird der Betrag zugeteilt und überwiesen (vgl § 117 Rn 2). Ansonsten wird die Zuzahlungsforderung gegen den Ersteher auf die Zuteilungsberechtigten übertragen (s. Rn 7).

2. Zuzahlungspflicht ist streitig (Abs. 2 S. 1 Alt. 2, S. 2). Wird von einem Beteiligten das Erlöschen eines nach den Zuschlagsbedingungen vom Ersteher übernommenen Rechts angemeldet, ohne dass die Behauptung nachgewiesen werden kann, bezieht das Gericht die streitige Zuzahlungspflicht in das Verteilungsverfahren ein. Der eventuelle Zuzahlungsbetrag wird als weitere Teilungsmasse unter der Bedingung in den Teilungsplan aufgenommen, dass das betroffene Recht bereits vor Zuschlag erloschen ist, und bedingt an den rangbesten Ausfallenden zugeteilt. Die Vorschriften des Widerspruchsverfahrens (§ 115 ZVG, §§ 878–882 ZPO) finden keine Anwendung. Eine Widerspruchsklage muss der Antragsteller daher nicht erheben.

3. Zuzahlungspflicht ist ungewiss (Abs. 2 S. 1 Alt. 1, S. 2). Bleibt nach den Zuschlagsbedingungen ein bedingtes Recht (s. Rn 2 – Fall 2) oder ein Gesamtrecht, das auch auf einem anderen, nicht versteigerten Grundstück lastet (s. Rn 2 – Fall 3), bestehen, muss das Vollstreckungsgericht stets die eventuelle Zuzahlungspflicht des Erstehers im Verteilungsverfahren berücksichtigen. Es wird dann eine bedingte, weitere Teilungsmasse in den Teilungsplan aufnehmen und bedingt zuteilen. Die eventuelle Zuzahlungspflicht hängt bei den bedingten Rechten vom Ausfall der aufschiebenden bzw vom Eintritt der auflösenden Bedingung ab (s. Rn 2 – Fall 2). Bei den Gesamtrechten (s. Rn 2 – Fall 3) wird die Zuzahlungspflicht von dem „Erlöschen nach den Vorschriften über die Gesamthypothek" bestimmt.

---

1 BGHZ 106, 375 = NJW 1989, 1349 = Rpfleger 1989, 295.

IV. Forderungsübertragung (Abs. 1 S. 2) und Sicherungshypothek

7 Die Zuteilung wird durch Übertragung der Zuzahlungspflicht des Erstehers auf den Zuteilungsberechtigten ausgeführt (Abs. 1 S. 2). Ist die Zuzahlungspflicht streitig (s. Rn 5) oder ungewiss (s. Rn 6), erfolgt auch die Forderungsübertragung unter entsprechender Bedingung. Anschließend ersucht das Vollstreckungsgericht das Grundbuch um Eintragung einer entsprechenden (bedingten) Sicherungshypothek (s. § 128 Rn 2). Anders als die Forderungsübertragung nach § 118 hat die Forderungsübertragung der Zuzahlungsansprüche **nicht** die Wirkung einer **dinglichen Befriedigung (Abs. 3)**.

8 Leistet der Ersteher die Zuzahlung nicht freiwillig oder erkennt eine streitige Zuzahlungspflicht nicht an, muss der Berechtigte gegen den Ersteher eine Zahlungsklage erheben. Der Zahlungsanspruch ergibt sich unmittelbar aus §§ 50, 51.[2] Möglich ist auch eine Klage auf Grundbuchberichtigung gem. § 894 BGB gegen den Buchberechtigten des zu löschenden Rechts.

§ 126 [Zuteilung bei unbekanntem Berechtigten]

(1) Ist für einen zugeteilten Betrag die Person des Berechtigten unbekannt, insbesondere bei einer Hypothek, Grundschuld oder Rentenschuld der Brief nicht vorgelegt, so ist durch den Teilungsplan festzustellen, wie der Betrag verteilt werden soll, wenn der Berechtigte nicht ermittelt wird.

(2) ¹Der Betrag ist für den unbekannten Berechtigten zu hinterlegen. ²Soweit der Betrag nicht gezahlt wird, ist die Forderung gegen den Ersteher auf den Berechtigten zu übertragen.

I. Normzweck und Anwendungsbereich

1 Wenn im Verteilungstermin der Zuteilungsberechtigte nicht bekannt ist oder der Legitimationsnachweis fehlt, teilt das Vollstreckungsgericht den Betrag dem unbekannten Berechtigten zu und bestimmt zugleich im Rahmen einer Hilfszuteilung (Eventualzuteilung), auf wen der Erlösanteil entfällt, wenn der Berechtigte nicht gem. §§ 135–142 ermittelt wird. Die Vorschrift wird auch im Zwangsverwaltungsverfahren angewendet (§ 156 Abs. 2).

II. Unbekannter Berechtigter (Abs. 1)

2 **1. Fehlende Briefvorlage.** Nach dem Wortlaut der Norm ist der Berechtigte insb. dann unbekannt, wenn eine Zuteilung auf das Kapital einer Briefgrundschuld (Briefhypothek) erfolgt kann und der im Grundbuch eingetragene Gläubiger nicht spätestens im Verteilungstermin den **Grundschuldbrief** (Hypothekenbrief) vorlegen kann (§ 1160 Abs. 1 BGB). Für eine Zuteilung, die nur auf Kosten und Nebenleistungen (Zinsen) erfolgt, ist keine Briefvorlage erforderlich (§§ 1159, 1160 Abs. 3 BGB).

3 **2. Nachweis des außergerichtlichen Rechtsübergangs.** Ist der antragstellende Gläubiger einer **Buchgrundschuld** nicht als Gläubiger im Grundbuch eingetragen, ist die Abtretung der Buchgrundschuld (noch) nicht wirksam. Eine Zuteilung an den Antragsteller ist nicht möglich. Auch eine Vertretung des (noch) eingetragenen Gläubigers durch den Antragsteller ist nur im Rahmen des § 79 ZPO zulässig und daher in aller Regel ausgeschlossen. Selbst eine Anmeldung der Kosten und rückständigen Zinsen (s. § 114 Rn 3) ist unwirksam. Das Gericht wird daher rechtzeitig entsprechende Hinweise geben und, wenn keine Abhilfe erfolgt,

---

2 BGHZ 106, 375 = NJW 1989, 1349 = Rpfleger 1989, 295.

die von Amts wegen zu berücksichtigenden Ansprüche (s. § 114 Rn 2) an den eingetragenen Gläubiger zuteilen. Die nicht berücksichtigte Anmeldung des Antragstellers ist als unzulässiger Widerspruch zu behandeln und zurückzuweisen (vgl § 115 Rn 11).

Hat der Gläubiger einer **Briefgrundschuld** (Briefhypothek) zwar den Brief vorgelegt (s. Rn 2), ist aber nicht als Gläubiger im Grundbuch eingetragen, muss er sein Gläubigerrecht zusätzlich durch Vorlage von öffentlich beglaubigter **Abtretungserklärungen** nachweisen (vgl § 1155 BGB). Diese müssen bis auf den im Grundbuch eingetragenen Gläubiger zurückführen, um die Vermutung des § 891 Abs. 1 BGB zu begründen, dass dem Briefinhaber auch das Recht zusteht. Andernfalls ist der Berechtigte unbekannt. 4

Als unbekannt gilt auch der Erbe eines eingetragenen Berechtigten, solange kein urkundlicher Nachweis (s. § 17 Rn 6) vorliegt. 5

3. Kein Fall von § 126. Es liegt kein Unbekanntsein iSd § 126 vor, wenn 6

- ein Verwalter zur Geltendmachung des Anspruchs befugt ist (Nachlassverwalter, Testamentsvollstrecker, Insolvenzverwalter);
- ungewiss ist, ob eine Höchstbetragssicherungshypothek dem Gläubiger oder dem Schuldner zusteht (s. § 114 Rn 11);
- das Gläubigerrecht ungewiss oder streitig ist (vgl §§ 115, 120, 125);
- nur die Anschrift des Berechtigten oder sein gesetzlicher Vertreter unbekannt ist (vgl § 117 Abs. 2 S. 2);
- der Gläubiger auf das Recht oder die Zuteilung verzichtet (s. § 114 Rn 14 f).

III. Hilfszuteilung

Ist der Berechtigte einer Zuteilung unbekannt, teilt das Gericht im Teilungsplan den Anspruch an den **unbekannten Berechtigten** zu und bestimmt gleichzeitig durch eine Hilfszuteilung, wem der zugeteilte Betrag zufallen soll, wenn der wahre Berechtigte nicht gem. §§ 135–142 ermittelt wird. Hilfsberechtigt sind die im Teilungsplan rangbesten ausfallenden Gläubiger, zuletzt der bisherige Eigentümer mit seinem Anspruch auf den Erlösüberschuss. 7

IV. Ausführung der Zuteilung (Abs. 2)

1. Bei Zahlung des Meistgebots (Abs. 2 S. 1). Hat der Ersteher das Meistgebot gezahlt, wird der zugeteilte Betrag zunächst für den unbekannten Berechtigten auf Ersuchen des Vollstreckungsgerichts **hinterlegt**. Das Auszahlungsersuchen des Vollstreckungsgerichts (zB für NRW: § 24 HintG) ergeht erst, wenn der unbekannte Berechtigte im weiteren Verfahren gem. § 137 ermittelt oder mit seinen Rechten gem. § 141 ausgeschlossen wurde. 8

2. Bei Nichtzahlung (Abs. 2 S. 2). Hat der Ersteher das Meistgebot nicht gezahlt, **überträgt** das Vollstreckungsgericht die Forderung gegen den Ersteher auf den unbekannten Berechtigten und ersucht das Grundbuchamt um Eintragung einer Sicherungshypothek für den **unbekannten Berechtigten** (§ 128). Die bedingte Übertragung von **Eventualberechtigte** mit entsprechender bedingter Sicherungshypothek ist im Gesetz nicht vorgesehen. 9

§ 127 [Behandlung von Briefen über Grundpfandrechte]

(1) ¹Wird der Brief über eine infolge der Versteigerung erloschene Hypothek, Grundschuld oder Rentenschuld vorgelegt, so hat das Gericht ihn unbrauchbar

zu machen. ²Ist das Recht nur zum Teil erloschen, so ist dies auf dem Brief zu vermerken. ³Wird der Brief nicht vorgelegt, so kann das Gericht ihn von dem Berechtigten einfordern.

(2) Im Falle der Vorlegung eines vollstreckbaren Titels über einen Anspruch, auf welchen ein Betrag zugeteilt wird, hat das Gericht auf dem Titel zu vermerken, in welchem Umfang der Betrag durch Zahlung, Hinterlegung oder Übertragung gedeckt worden ist.

(3) Der Wortlaut der Vermerke ist durch das Protokoll festzustellen.

I. Normzweck

1 Aus Gründen der Rechtssicherheit im Rechtsverkehr sollen gegenstandslose Briefe von erloschenen Briefgrundschulden (Briefhypotheken) dem Rechtsverkehr entzogen werden.[1] Auf den Vollstreckungstiteln vermerkt das Gericht, welche Beträge auf den titulierten Anspruch zugeteilt und wie die Ansprüche gedeckt wurden.

II. Grundschuld- und Hypothekenbriefe (Abs. 1)

2 Ist eine Briefgrundschuld (Briefhypothek) durch Zuschlag erloschen, soll das Vollstreckungsgericht den Brief **unbrauchbar machen** (Abs. 1 S. 1). Die Vorschrift korrespondiert mit den entsprechenden Normen für das Grundbuchamt (vgl §§ 69, 62 GBO) und dient der Sicherheit im Rechtsverkehr. Die Bestimmungen für das Grundbuchamt (§ 53 GBVfg) können entsprechend angewandt werden. Der Brief wird mit einem Löschungsvermerk versehen, rot durchkreuzt und eingeschnitten. Die unbrauchbar gemachten Briefe werden zur Gerichtsakte genommen. Ist das Recht nur wegen eines **Teilbetrages** oder nicht auf allen Grundstücken (Mithaftstellen) erloschen, **vermerkt** das Vollstreckungsgericht die Teillöschung auf dem Brief (Abs. 1 S. 2) und gibt den Brief an den Gläubiger zurück.

3 Einen **noch nicht vorgelegten** Brief soll das Vollstreckungsgericht von dem Gläubiger **anfordern** (Abs. 2 S. 3). Kommt der Gläubiger der Aufforderung nicht nach, kann das Gericht die Vorlage jedoch nicht erzwingen. Soweit auf das Briefrecht eine Kapitalzuteilung entfällt, muss der Gläubiger aber zu seiner Legitimation den Brief vorlegen, da er ansonsten als unbekannt gilt und der Erlösanteil hinterlegt wird (s. § 126 Rn 2).

III. Vollstreckungstitel (Abs. 2)

4 Wenn auf einen titulierten Anspruch eine Zuteilung erfolgt ist und der Vollstreckungstitel dem Gericht vorliegt, wird die Zahlung (Hinterlegung oder Forderungsübertragung) auf dem Titel vermerkt (= **Abquittierung**). Das Vollstreckungsgericht ist aber nicht verpflichtet, die Vollstreckungstitel aller befriedigten Gläubiger für eine Abquittierung anzufordern. Nach einer Teilbefriedigung erhält der Gläubiger seinen Titel zurück. Nach einer vollständigen Befriedigung verbleibt der Titel bei der Gerichtsakte. Die für Gerichtsvollzieher maßgebliche Vorschrift des § 757 ZPO findet im ZVG-Verfahren keine Anwendung.

IV. Protokollvermerke (Abs. 3)

5 Der Wortlaut der Brief- und Titelvermerke ist im Protokoll festzuhalten. Im Falle einer nachträglichen Vorlage ist nur ein Aktenvermerk möglich.

---

1 RGZ 157, 287.

§ 128 [Eintragung einer Sicherungshypothek]

(1) ¹Soweit für einen Anspruch die Forderung gegen den Ersteher übertragen wird, ist für die Forderung eine Sicherungshypothek an dem Grundstück mit dem Rang des Anspruchs einzutragen. ²War das Recht, aus welchem der Anspruch herrührt, nach dem Inhalt des Grundbuchs mit dem Recht eines Dritten belastet, so wird dieses Recht als Recht an der Forderung miteingetragen.

(2) Soweit die Forderung gegen den Ersteher unverteilt bleibt, wird eine Sicherungshypothek für denjenigen eingetragen, welcher zur Zeit des Zuschlags Eigentümer des Grundstücks war.

(3) ¹Mit der Eintragung entsteht die Hypothek. ²Vereinigt sich die Hypothek mit dem Eigentum in einer Person, so kann sie nicht zum Nachteil eines Rechts, das bestehen geblieben ist, oder einer nach Absätzen 1, 2 eingetragenen Sicherungshypothek geltend gemacht werden.

(4) Wird das Grundstück von neuem versteigert, ist der zur Deckung der Hypothek erforderliche Betrag als Teil des Bargebots zu berücksichtigen.

I. Normzweck

Wenn der Ersteher zum Verteilungstermin seiner Zahlungsverpflichtung (§ 49) nicht (vollständig) nachkommt, wird der Teilungsplan ausgeführt, indem die Forderung des Schuldners gegen den Ersteher auf die Zuteilungsberechtigten übertragen wird (s. § 118 Rn 2). Diese erhalten damit jeweils einen Zahlungsanspruch gegenüber dem Ersteher. Anschließend werden die Ansprüche durch Sicherungshypotheken dinglich abgesichert. Ihre Eintragung erfolgt gleichzeitig mit der Eintragung des Erstehers als neuen Eigentümer und der Löschung der durch Zuschlag untergegangenen Rechte (s. § 130 Rn 7).

II. Sicherungshypothek zur Absicherung der übertragenen Forderung

Die Sicherungshypothek sichert den auf den Zuteilungsberechtigten übertragenen Erlösanspruch gegen den Ersteher ab (s. § 118 Rn 2). Die Vorschriften der §§ 866, 867 ZPO finden auf die Sicherungshypothek nach § 128 keine Anwendung, so dass auch Forderungen unter 750 € abgesichert werden können. Hatte der Zuteilungsberechtigte ein Gesamtrecht, wird auf jedem der belasteten und versteigerten Grundstücke die Sicherungshypothek in voller Höhe als Gesamtrecht[1] eingetragen (vgl § 122 Rn 6). Denkbar ist auch die Belastung nur eines früheren Grundstücksbruchteils.[2] Wegen der Besonderheiten zu den Rangverhältnissen s. § 129 Rn 2. Die Sicherungshypothek muss im Grundbuch ausdrücklich als

▶ Sicherungshypothek nach § 128 ZVG ◀

bezeichnet werden.

Die Eintragung der Sicherungshypothek ist eine unmittelbare Folge der Zuteilung und der Forderungsübertragung (vgl §§ 118, 122). Die Inhalte von Zuteilung, Forderungsübertragung und Sicherungshypothek müssen daher identisch sein. Das bezieht sich auf den Belastungsgegenstand, den Betrag, die Rangfolge, eventuelle Bedingungen und die Berechtigten.[3] Bei Personenmehrheiten ist wegen § 47 GBO auch das Gemeinschaftsverhältnis anzugeben (zB Bruchteilsgemeinschaft, Erbengemeinschaft) und bei einer Gesellschaft bürgerlichen Rechts (GbR) deren Gesellschafter. Für einen **unverteilt gebliebenen** Erlösüberschuss wird gem. **Abs. 2**

---

1 OLG Düsseldorf MDR 1989, 747 = Rpfleger 1989, 339.
2 BayObLG NJW 1968, 1431 = Rpfleger 1968, 221.
3 OLG Zweibrücken Rpfleger 1972, 168 (zur Bruchteilsgemeinschaft).

an rangletzter Stelle eine Sicherungshypothek für den früheren Eigentümer eingetragen (s. § 113 Rn 18). Zur Frage der Verzinsung s. § 118 Rn 9.

4 Bei den Rangverhältnisse ist zu beachten, dass die Sicherungshypotheken für die zugeteilten Ansprüche der Rangklassen 0 bis 3 (vgl § 10) im Rang vor den bestehen gebliebenen Altrechten (Rangklasse 4) einzutragen sind. Alle weiteren Sicherungshypotheken sind nachrangig. Dies gilt auch dann, wenn ein durch Zuschlag erloschenes Recht gem. § 91 Abs. 2 **liegenbelassen** wurde.[4] Mit Rücksicht auf drohende Rangverluste (s. § 129 Rn 2) sind bei der Eintragung die Teilansprüche innerhalb der Rechte genau anzugeben (vgl Beispiel § 113 Rn 13). Zweckmäßigerweise erfolgt aus Gründen der Übersichtlichkeit bei später eintretendem Rangverlust die Eintragung von einzelnen Sicherungshypotheken für die Teilansprüche.

5 Wandelt sich die Sicherungshypothek durch **spätere Zahlung** des Erstehers oder **Verzicht** des Gläubigers (§§ 1163, 1168 BGB) in eine **Eigentümergrundschuld** um, erleidet das Recht einen Rangverlust und tritt im Rang hinter die bestehen gebliebenen Rechte und die anderen Sicherungshypotheken zurück (**Abs. 3 S. 2**).

6 Ob die Sicherungshypothek bei einer erneuten Zwangsversteigerung in das geringste Gebot aufzunehmen ist, bestimmt sich nach § 44. Abweichend von § 49 Abs. 1 bleibt sie selbst dann nicht bestehen, wenn sie im geringsten Gebot zu berücksichtigen ist (**Abs. 4**). Sie muss mit ihrem Kapital in den zu zahlenden Teil des geringsten Gebots aufgenommen werden.

§ 129 [Keine Benachteiligung bestehengebliebener Rechte]

[1]Die Sicherungshypothek für die im § 10 Nr. 1 bis 3 bezeichneten Ansprüche, für die im § 10 Nr. 4 bezeichneten Ansprüche auf wiederkehrende Leistungen und für die im § 10 Abs. 2 bezeichneten Kosten kann nicht zum Nachteil der Rechte, welche bestehen geblieben sind, und der übrigen nach § 128 Abs. 1, 2 eingetragenen Sicherungshypotheken geltend gemacht werden, es sei denn, daß vor dem Ablauf von sechs Monaten nach der Eintragung derjenige, welchem die Hypothek zusteht, die Zwangsversteigerung des Grundstücks beantragt. [2]Wird der Antrag auf Zwangsversteigerung zurückgenommen oder das Verfahren nach § 31 Abs. 2 aufgehoben, so gilt er als nicht gestellt.

I. Normzweck

1 Die Vorschrift ergänzt den § 128 und bestimmt, welche Sicherungshypotheken kraft Gesetzes einen Rangverlust erleiden, wenn aus ihnen nicht innerhalb von sechs Monaten die Wiederversteigerung beantragt wird (s. § 133). Mit der Vorschrift wird der Gedanke der zeitlichen Limitierung der wiederkehrenden Leistungen in den Rangklassen des § 10 aufgegriffen (s. § 10 Rn 49 f).

II. Rangverlust der Sicherungshypotheken nach § 128

2 1. **Vom Rangverlust bedrohte Sicherungshypotheken.** Bei nicht rechtzeitigem Wiederversteigerungsantrag verlieren die Sicherungshypotheken für

- Ansprüche der Rangklassen 1 bis 3 (s. § 10 Rn 5 ff),
- Kosten der dinglichen Rechtsverfolgung (s. § 10 Rn 53) und
- wiederkehrende Nebenleistungen (Zinsen) aus Rechten der Rangklasse 4 (s. § 12 Rn 5 f)

---

4 BGH NJW 1976, 805 = Rpfleger 1976, 10 = WM 1975, 1265.

ihren Rang. Wenn der Rangverlust eintritt, fällt die Sicherungshypothek im Rang hinter die bestehen gebliebenen Rechte und die anderen Sicherungshypotheken zurück. Die Sicherungshypotheken, die ihren Rang verlieren, behalten untereinander ihr ursprüngliches Rangverhältnis.

Dagegen sind die Sicherungshypotheken für 3
- Verfahrenskosten und darauf geleistete Vorschüsse (s. § 109 Rn 8),
- einmalige Nebenleistungen aus Rechten der Rangklasse 4 (s. § 12 Rn 5 f),
- Kapitalansprüche aus Rechten der Rangklasse 4 (s. § 10 Rn 41),
- Ansprüche der betreibenden Gläubiger in der Rangklasse 5 (s. § 10 Rn 45)

rangstabil. Sie fallen nicht im Rang zurück.

Hat das Vollstreckungsgericht für einen Gläubiger nur **eine** Sicherungshypothek 4 für die zugeteilten Teilansprüche aus einer Grundschuld eingetragen, kann der Rangverlust auch nur wegen eines Teilbetrages eintreten:

Beispiel (vgl § 113 Rn 14): 16.795,83 € Sicherungshypothek gem. § 128 ZVG für die C-Bank AG aus Dortmund, für die im Zwangsversteigerungsverfahren ... (Name und Aktenzeichen) übertragene Forderung aus der vormaligen Grundschuld III/1 ...

Der Kapitalbetrag der Sicherungshypothek setzt sich aus mehreren Teilbeträgen der ehemaligen Grundschuld III/1 zusammen. Unter anderem auch aus einem Zinsanspruch in Höhe von 5.245,83 €. Wenn der Rangverlust nach § 129 eintritt, wird die Sicherungshypothek mit diesem Teilbetrag im Rang zurückfallen.

2. Bedingungen für den Rangverlust. Der Rangverlust tritt **kraft Gesetzes** und 5 ohne Eintragung im Grundbuch ein, wenn der Gläubiger nicht innerhalb von sechs Monaten ab Eintragung seiner Sicherungshypothek die Wiederversteigerung beantragt (vgl § 133). Der Antrag wirkt nur für die Sicherungshypothek rangbewahrend, aus der die Zwangsversteigerung durch Anordnung (§ 15) oder Beitritt (§ 27) betrieben wird.

Die **rangbewahrende Wirkung** des Antrags **entfällt** gem. S. 2, wenn 6
- der Antrag zurückgenommen wird (§ 29) oder
- das Verfahrens aufgehoben wird, weil nicht rechtzeitig die Fortsetzung des eingestellten Verfahrens beantragt wird (s. § 31 Rn 20).

Die Aufhebung des Verfahrens aus einem anderen Grund (zB § 77) bewirkt keinen Rangverlust. 7

§ 130 [Ersuchen an das Grundbuchamt]

(1) ¹Ist der Teilungsplan ausgeführt und der Zuschlag rechtskräftig, so ist das Grundbuchamt zu ersuchen, den Ersteher als Eigentümer einzutragen, den Versteigerungsvermerk sowie die durch den Zuschlag erloschenen Rechte zu löschen und die Eintragung der Sicherungshypotheken für die Forderung gegen den Ersteher zu bewirken. ²Bei der Eintragung der Hypotheken soll im Grundbuch ersichtlich gemacht werden, daß sie auf Grund eines Zwangsversteigerungsverfahrens erfolgt ist.

(2) Ergibt sich, daß ein bei der Feststellung des geringsten Gebots berücksichtigtes Recht nicht zur Entstehung gelangt oder daß es erloschen ist, so ist das Ersuchen auch auf die Löschung dieses Rechtes zu richten.

(3) Hat der Ersteher, bevor er als Eigentümer eingetragen worden ist, die Eintragung eines Rechts an dem versteigerten Grundstück bewilligt, so darf die Eintragung nicht vor der Erledigung des im Absatz 1 bezeichneten Ersuchens erfolgen.

I. Normzweck

1 Im Anschluss an den Verteilungstermin ersucht das Vollstreckungsgericht das Grundbuchamt um **Berichtigung des Grundbuchs**. Der Ersteher wird als neuer Eigentümer im Grundbuch eingetragen und die durch Zuschlag erloschenen und gegenstandslosen Rechte und Vermerke werden gelöscht. Hat der Ersteher den Erlös nicht gezahlt (vgl § 118), wird gleichzeitig auch die Eintragung der Sicherungshypotheken nach § 128 veranlasst.

II. Ersuchen des Vollstreckungsgerichts (Abs. 1 und 2)

2 Das Vollstreckungsgericht kann das Ersuchen fertigen, wenn
   1. der Zuschlagsbeschluss rechtskräftig ist,
   2. der Teilungsplan durch Überweisung (s. § 117 Rn 2) oder Forderungsübertragung (s. § 118 Rn 2) ausgeführt ist und
   3. die Unbedenklichkeitsbescheinigung des Finanzamtes vorliegt.

3 Der Ersteher kann grds. erst dann im Grundbuch als Eigentümer eingetragen werden, wenn er die **Grunderwerbsteuer** beglichen hat und dem Gericht die **Unbedenklichkeitsbescheinigung** des Finanzamtes vorliegt (§ 22 GrEStG). Hat der Ersteher bereits den Versteigerungserlös nicht gezahlt, wird er idR auch die Steuerschuld nicht begleichen, so dass es dem Vollstreckungsgericht nicht möglich ist, das Grundbuch zu berichtigen und die Sicherungshypotheken nach § 128 eintragen zu lassen. Wird allerdings eine neue Zwangsversteigerung beantragt, können die Gerichte aufgrund übereinstimmender Verwaltungsanordnungen der Länderfinanzminister das Finanzamt um Erteilung der Unbedenklichkeitsbescheinigung ersuchen. Das Finanzamt erteilt daraufhin die Bescheinigung, um die Grundbuchberichtigung und die Eintragung der Sicherungshypotheken nach § 128 zu ermöglichen.

4 Das **Ersuchen** ist für das Grundbuchamt die einzige Eintragungsgrundlage und **ersetzt alle sonst erforderlichen Erklärungen**. Es muss gem. § 29 Abs. 3 GBO vom Rechtspfleger unterschrieben und mit dem Dienstsiegelabdruck versehen sein. Die Unbedenklichkeitsbescheinigung wird im Original dem Ersuchen als Anlage beigefügt und dem Grundbuchamt übergesandt. Üblichweise wird zusätzlich eine Kopie des Zuschlagsbeschusses beigefügt. Die Grundschuld- und Hypothekenbriefe müssen nicht mit vorgelegt werden (vgl § 131).

5 Die Eintragungen im Grundbuch werden ausschließlich aufgrund des Ersuchens vollzogen (§ 38 GBO). Das Prüfungsrecht des Grundbuchamtes beschränkt sich deshalb nur auf Form, grundsätzliche Zulässigkeit des Inhalts und Vorliegen der Unbedenklichkeitsbescheinigung des Finanzamtes.

6 Lehnt das Grundbuchamt die Eintragung ab oder erlässt es eine Zwischenverfügung, ist für das Vollstreckungsgericht[1] und die Beteiligten, deren Rechtsstellung durch die Entscheidung beeinträchtigt wird, der Rechtsbehelf der Beschwerde gegeben (§ 71 GBO).

7 Im Ersuchen ist der Ersteher als neuer Eigentümer möglichst genau zu bezeichnen. Bei Personenmehrheiten ist das Beteiligungsverhältnis (§ 47 GBO) anzugeben. Zugleich ersucht das Vollstreckungsgericht um Löschung des Versteige-

---

1 OLG Frankfurt 8.3.2002 – 20 W 46/02; OLG Hamm Rpfleger 1960, 92; BayObLG Rpfleger 1981, 12; OLG Hamm 17.3.2011 – I-15 W 706/10, 15 W 706/10, juris.

rungsvermerks und aller durch Zuschlag erloschenen und nicht nach § 91 liegenbelassener Rechte. Hat der Ersteher den Erlös nicht gezahlt, wird zugleich um Eintragung der Sicherungshypotheken ersucht (zu den Einzelheiten s. § 128 Rn 2).

Gemäß § 47 Abs. 2 S. 1 GBO sind bei der Eintragung einer **Gesellschaft bürgerlichen Rechts (GbR)** zwingend auch deren Gesellschafter im Grundbuch einzutragen. Dementsprechend müssen auch im Eintragungsersuchen des Vollstreckungsgerichts die Gesellschafter der GbR aufgenommen werden.[2] Haben die Gesellschafter für das Auftreten der GbR im Rechtsverkehr eine Bezeichnung (Firma) vereinbart, ist dieser Name ebenfalls mit in das Grundbuch einzutragen.[3] Weitergehende Informationen, insb. über die Regelungen zur Geschäftsführung, können im Grundbuch nicht vermerkt werden. 8

III. Grundbuchsperre (Abs. 3)

Damit im Fall der Nichtzahlung durch den Ersteher die ranggerechte Eintragung der Sicherungshypotheken gewährleistet wird, bestimmt Abs. 3, dass vom Grundbuchamt alle vom Ersteher bewilligten Eintragungen bis zum Vollzug der Ersuchens zurückzustellen sind. Dies gilt auch für eine gegen den Ersteher beantragte Zwangssicherungshypothek. 9

IV. Kosten

Für die Kosten der ersuchten Eigentumsumschreibung (Nr. 14110 KV GNotKG) und der Eintragung der Sicherungshypotheken (Nr. 14120 KV GNotKG) haftet der Ersteher. 10

§ 130 a [Löschungsvormerkung im Eintragungsersuchen]

(1) Soweit für den Gläubiger eines erloschenen Rechts gegenüber einer bestehenbleibenden Hypothek, Grundschuld oder Rentenschuld nach § 1179 a des Bürgerlichen Gesetzbuchs die Wirkungen einer Vormerkung bestanden, fallen diese Wirkungen mit der Ausführung des Ersuchens nach § 130 weg.

(2) [1]Ist bei einem solchen Recht der Löschungsanspruch nach § 1179 a des Bürgerlichen Gesetzbuchs gegenüber einem bestehenbleibenden Recht nicht nach § 91 Abs. 4 Satz 2 erloschen, so ist das Ersuchen nach § 130 auf einen spätestens im Verteilungstermin zu stellenden Antrag des Anspruchsberechtigten jedoch auch darauf zu richten, daß für ihn bei dem bestehenbleibenden Recht eine Vormerkung zur Sicherung des sich aus der erloschenen Hypothek, Grundschuld oder Rentenschuld ergebenden Anspruchs auf Löschung einzutragen ist. [2]Die Vormerkung sichert den Löschungsanspruch vom gleichen Zeitpunkt an, von dem ab die Wirkungen des § 1179 a Abs. 1 Satz 3 des Bürgerlichen Gesetzbuchs bestanden. [3]Wer durch die Eintragung der Vormerkung beeinträchtigt wird, kann von dem Berechtigten die Zustimmung zu deren Löschung verlangen, wenn diesem zur Zeit des Erlöschens seines Rechts ein Anspruch auf Löschung des bestehenbleibenden Rechts nicht zustand oder er auch bei Verwirklichung dieses Anspruchs eine weitere Befriedigung nicht erlangen würde; die Kosten der Löschung der Vormerkung und der dazu erforderlichen Erklärungen hat derjenige zu tragen, für den die Vormerkung eingetragen war.

---

2 OLG Hamm 17.3.2011 – I-15 W 706/10, 15 W 706/10, juris.
3 BGHZ 179, 102 = NJW 2009, 594 = Rpfleger 2009, 141 = ZfIR 2009, 93.

1 Geht ein Grundpfandrecht durch Zuschlag unter und wird es im Rahmen des Ersuchens nach § 130 im Grundbuch gelöscht, geht auch ein bestehender gesetzlicher Löschungsanspruch (§ 1179 a BGB) gegenüber einer bestehen gebliebenen Grundschuld des früheren Eigentümers endgültig unter (**Abs. 1**).

2 Damit die Vormerkungswirkungen auch nach Löschung des Rechts im Grundbuch fortbestehen, muss der Berechtigte spätestens im Verteilungstermin den Antrag stellen, dass zur weiteren Sicherung seines Löschungsanspruchs eine **Löschungsvormerkung** bei der betroffenen Grundschuld in das Grundbuch eingetragen wird (**Abs. 2 S. 1**).

3 Der Antrag muss ausdrücklich gestellt werden. Die Anmeldung des gesetzlichen Löschungsanspruchs zum Verteilungstermin ist nicht mit einem Antrag nach § 130 a gleichzusetzen. Das Gericht muss im Rahmen der allgemeinen Hinweispflicht den Gläubiger auf sein Antragsrecht hinweisen.

4 Nach der Antragstellung prüft das Gericht, ob für den Antragsteller als Gläubiger des erloschenen Rechts überhaupt ein gesetzlicher Löschungsanspruch bestehen kann. Es prüft jedoch nicht, ob tatsächlich vor Zuschlag eine Eigentümergrundschuld entstanden und der Löschungsanspruch im Einzelfall durchsetzbar ist. Streitfragen hierüber sind vor dem Prozessgericht zu klären.

5 Liegen die Voraussetzungen vor, ersucht das Gericht gem. § 130 zusätzlich um Eintragung einer Vormerkung bei dem betroffenen bestehen gebliebenen Recht. Die Vormerkung sichert den gesetzlichen Löschungsanspruchs gem. § 1179 a BGB zugunsten des Gläubigers des erloschenen Rechts.

6 Die Vorschrift hat nur sehr geringe praktische Bedeutung. Wenn überhaupt ein Löschungsanspruch gegenüber einer vorrangigen Eigentümergrundschuld besteht, wird der Anspruch idR spätestens im Verteilungstermin geltend gemacht.

§ 131 [Kein Zwang zur Vorlage von Briefen über Grundpfandrechte]

¹In den Fällen des § 130 Abs. 1 ist zur Löschung einer Hypothek, einer Grundschuld oder einer Rentenschuld, im Falle des § 128 zur Eintragung des Vorranges einer Sicherungshypothek die Vorlegung des über das Recht erteilten Briefes nicht erforderlich. ²Das gleiche gilt für die Eintragung der Vormerkung nach § 130 a Abs. 2 Satz 1.

1 Im Grundbuchamt werden die Löschungen von Hypotheken und Grundschulden sowie deren Veränderungen (auch bei Rangvermerken) grds. von der vorherigen Vorlage der erteilten Grundpfandrechtsbriefe abhängig gemacht (vgl §§ 41, 62–70 GBO). Davon ist abzusehen, wenn das Vollstreckungsgericht die Eintragungen gem. § 130 ersucht. Vermerke auf den Briefen werden vom Vollstreckungsgericht veranlasst (s. § 127 Rn 2).

§ 132 [Vollstreckbarkeit des Zuschlagsbeschlusses]

(1) ¹Nach Ausführung des Teilungsplans ist die Forderung gegen den Ersteher, im Falle des § 69 Abs. 3 auch gegen den für mithaftend erklärten Bürgen und im Falle des § 81 Abs. 4 auch gegen den für mithaftend erklärten Meistbietenden, der Anspruch aus der Sicherungshypothek gegen den Ersteher und jeden späteren Eigentümer vollstreckbar. ²Diese Vorschrift findet keine Anwendung, soweit der Ersteher einen weiteren Betrag nach den §§ 50, 51 zu zahlen hat.

(2) ¹Die Zwangsvollstreckung erfolgt auf Grund einer vollstreckbaren Ausfertigung des Beschlusses, durch welchen der Zuschlag erteilt ist. ²In der Vollstreckungsklausel ist der Berechtigte sowie der Betrag der Forderung anzugeben; der Zustellung einer Urkunde über die Übertragung der Forderung bedarf es nicht.

I. Normzweck

Kommt der Ersteher zum Verteilungstermin seiner Zahlungsverpflichtung nicht nach, wird der Teilungsplan dadurch ausgeführt, dass das Vollstreckungsgericht die Forderung des Schuldners gegen den Ersteher auf die Zuteilungsberechtigten überträgt (s. § 118 Rn 2). Damit erhalten diese jeweils einen Zahlungsanspruch gegenüber dem Ersteher. Die Ansprüche werden anschließend von Amts wegen durch Sicherungshypotheken abgesichert (s. § 128 Rn 2). Die Gläubiger haben dann die Möglichkeit, im Wege der Zwangsvollstreckung gegen den Ersteher persönlich vorzugehen oder die erneute Versteigerung zu beantragen (Wiederversteigerung, s. § 133 Rn 8).

Um ein aufwendiges Klageverfahren zu vermeiden, bestimmt die Vorschrift des § 132, dass bereits der Zuschlagsbeschluss (vgl § 82 Rn 3) vollstreckbar ist. Er ist sowohl für die Vollstreckung in das Grundstück (vgl § 133) als auch für die Vollstreckung in das sonstige Vermögen des Erstehers eine geeignete Vollstreckungsgrundlage.

II. Voraussetzungen der Zwangsvollstreckung

1. **Vollstreckbare Ausfertigung des Zuschlagsbeschlusses.** Der Zuschlagsbeschluss (§ 81 Abs. 1) wird ausgefertigt und mit einer Vollstreckungsklausel (vgl § 725 ZPO) versehen. Für die Erteilung ist der Urkundsbeamte des Vollstreckungsgerichts zuständig (s. § 724 ZPO Rn 5). Sofern eine qualifizierte Rechtsnachfolgeklausel benötigt wird, ist der Rechtspfleger zuständig (s. § 727 ZPO Rn 35).

Die Vollstreckungsklausel muss den Berechtigten und den genauen Betrag der Forderung ausweisen (**Abs. 2 S. 2 Hs 1**). Diese Angaben ergeben sich aus der Zuteilung im Teilungsplan und der Forderungsübertragung (s. § 118 Rn 2).

Die übertragene Forderung ist nicht nur gegen den Ersteher vollstreckbar, sondern auch gegen die mithaftenden Dritten. Dazu gehören nach **Abs. 1 S. 1**

- der Bürge, der sich für die Sicherheitsleistung verbürgt hat (§ 69 Abs. 3),
- der Meistbietende, der sein Recht aus dem Meistgebot an den Ersteher abgetreten hat (§ 81 Abs. 2, 4), und
- der Meistbietende, der für den Ersteher in verdeckter Vollmacht geboten hat (§ 81 Abs. 3, 4).

Mit der vollstreckbaren Ausfertigung des Zuschlagsbeschlusses kann der Berechtigte anschließend gegen den Ersteher (und die mithaftenden Dritten) die Zwangsvollstreckung einleiten, und zwar sowohl in das Grundstück durch Zwangsversteigerung bzw Zwangsverwaltung als auch in das sonstige, bewegliche und unbewegliche Vermögen. Die Vollstreckung in das Grundstück kann wegen des Zahlungsanspruchs aus der übertragenen Forderung und wegen des dinglichen Anspruchs aus der eingetragenen Sicherungshypothek nach § 128 erfolgen (vgl auch § 133 Rn 5).

Solange ein Widerspruch für einen Zuteilungsbetrag anhängig ist (s. § 115), kann dem betroffenen Gläubiger keine vollstreckbare Ausfertigung erteilt werden, da die Höhe der Forderung noch nicht feststeht.

Hat der Ersteher nach den Versteigerungsbedingungen ein Recht übernommen (vgl § 52), von dem sich (später) herausstellt, dass es im Zeitpunkt des Zuschlags gar nicht bestanden hat, trifft ihn gem. §§ 50, 51 eine Zuzahlungspflicht. Im Verteilungstermin wird die Zuteilung dadurch ausgeführt, dass die Forderung gegen den Ersteher übertragen wird (vgl § 125 Rn 7). Benötigt der Gläubiger ihretwegen einen Vollstreckungstitel, muss er gegen den Ersteher Klage erheben (**Abs. 1 S. 2**).

9 **2. Zustellung.** Die Anordnung der (erneuten) Zwangsversteigerung des Grundstücks ist auch ohne vorherige Zustellung des Zuschlagsbeschlusses und der Vollstreckungsklausel zulässig (§ 133).

10 Diese Erleichterung gilt nicht für die Vollstreckung in das sonstige Vermögen des Erstehers. In diesen Fällen muss zunächst eine beglaubigte Kopie der vollstreckbaren Ausfertigung des Zuschlagsbeschlusses zugestellt werden (vgl § 750 ZPO Rn 13). Die Zustellung nach § 88 genügt nicht, da der Zuschlagsbeschluss keine Angaben über den Gläubiger und seinen Anspruch beinhaltet.

11 Die Zustellung des Protokolls mit der Forderungsübertragung (s. § 118 Rn 4) ist in keinem Fall notwendig (vgl § **132 Abs. 2 S. 2 Hs 2**).

§ 133 [Zwangsvollstreckung ohne Zustellung des Titels]

[1]Die Zwangsvollstreckung in das Grundstück ist gegen den Ersteher ohne Zustellung des vollstreckbaren Titels oder der nach § 132 erteilten Vollstreckungsklausel zulässig; sie kann erfolgen, auch wenn der Ersteher noch nicht als Eigentümer eingetragen ist. [2]Der Vorlegung des im § 17 Abs. 2 bezeichneten Zeugnisses bedarf es nicht, solange das Grundbuchamt noch nicht um die Eintragung ersucht ist.

I. Normzweck

1 Kommt der Ersteher zum Verteilungstermin seiner Zahlungsverpflichtung nicht nach, wird der Teilungsplan dadurch ausgeführt, dass das Vollstreckungsgericht die Forderung des Schuldners gegen den Ersteher auf die Zuteilungsberechtigten überträgt (s. § 118 Rn 3). Die Ansprüche werden anschließend durch Sicherungshypotheken abgesichert (s. § 128 Rn 2). Die Gläubiger haben dann die Möglichkeit, die erneute Zwangsvollstreckung, nunmehr gegen den Ersteher, zu beantragen.

2 Durch die in der Norm geregelten Ausnahmen wird die erneute Immobiliarvollstreckung beschleunigt. Die Vollstreckungserleichterungen betreffen die Zwangsversteigerung und die Zwangsverwaltung.

II. Voraussetzung für die Vollstreckungserleichterungen

3 Die Vollstreckungserleichterungen gelten nur für die Immobiliarvollstreckung aus den übertragenen Forderungen (vgl § 118 Rn 3) und/oder den dafür eingetragenen Sicherungshypotheken (s. § 128 Rn 2). Die Zwangsversteigerung aus diesen Ansprüchen und Rechten wird als **Wiederversteigerung** bezeichnet.

4 Die Wiederversteigerung ist **ausgeschlossen**, wenn der Gläubiger aus einem anderen persönlichen Anspruch oder aus einem bestehen gebliebenen oder nach § 91 Abs. 2 liegenbelassenem Recht vorgeht. In diesen Fällen sind sämtliche Vollstreckungsvoraussetzungen (vgl § 15 Rn 1) zu erfüllen. Dasselbe gilt, wenn sich die Vollstreckung gegen einen Rechtsnachfolger des Erstehers richtet.

III. Vollstreckungserleichterungen in der Wiederversteigerung

Die Wiederversteigerung (s. Rn 3) erfolgt aus der vollstreckbaren Ausfertigung des Zuschlagsbeschlusses (s. § 132 Rn 3). Die Anordnung ist auch ohne vorherige Zustellung des Zuschlagsbeschlusses und der Vollstreckungsklausel zulässig. Die Vorschrift begründet damit eine **Ausnahme von** § **750 Abs. 1 ZPO**, macht aber die Zustellung des Zuschlagsbeschlusses an den Ersteher nach § 88 nicht entbehrlich.

Abweichend von § 17 Abs. 1 kann die Wiederversteigerung angeordnet werden, bevor der Ersteher als Eigentümer im Grundbuch eingetragen ist (**S. 1 Hs 2**). Ohne diese Verfahrenserleichterung müsste der Gläubiger warten, bis das Eintragungsersuchen vom Vollstreckungsgericht gefertigt und vom Grundbuchamt vollzogen wird (s. § 130 Rn 2). Der Versteigerungstermin kann jedoch erst bestimmt werden, nachdem das Grundbuch berichtigt wurde.

Obwohl die Sicherungshypotheken erst mit ihrer späteren Eintragung im Grundbuch entstehen (§ 128 Abs. 3), kann das Gericht die Wiederversteigerung bereits vor der Eintragung wegen des dinglichen Anspruchs aus der noch einzutragenden Sicherungshypothek anordnen.[1] Der Gesetzgeber wollte durch die Bestimmungen der §§ 132, 133 das Verfahren beschleunigen und vereinfachen und differenziert nicht zwischen der Vollstreckung aus der persönlichen Forderung und der Sicherungshypothek. Ansonsten wäre der Gläubiger gezwungen, nach Eintragung der Sicherungshypothek wegen des dinglichen Anspruchs dem (eigenen) Verfahren beizutreten.

IV. Wiederversteigerung

Die Wiederversteigerung ist rechtlich und verfahrenstechnisch selbständig und unabhängig von dem vorausgegangenen Zwangsversteigerungsverfahren. Das bezieht sich insb. auf die Beschlagnahme und der Eintragung eines neuen ZV-Vermerks (§ 19 Abs. 1). Lediglich für das geringste Gebot und die Befriedigungsrangfolge sind die Besonderheiten des § 128 (s. § 128 Rn 6) und § 129 (s. § 129 Rn 1) zu beachten.

§ 134 (aufgehoben)

§ 135 [Vertreter zur Ermittlung des unbekannten Berechtigten]

¹Ist für einen zugeteilten Betrag die Person des Berechtigten unbekannt, so hat das Vollstreckungsgericht zur Ermittlung des Berechtigten einen Vertreter zu bestellen. ²Die Vorschriften des § 7 Abs. 2 finden entsprechende Anwendung. ³Die Auslagen und Gebühren des Vertreters sind aus dem zugeteilten Betrag vorweg zu entnehmen.

Wenn im Verteilungstermin der Zuteilungsberechtigte nicht bekannt ist oder der Legitimationsnachweis (zB Grundschuldbrief) fehlt, teilt das Vollstreckungsgericht den Betrag dem unbekannten Berechtigten zu und bestimmt im Rahmen einer Hilfszuteilung (Eventualzuteilung), auf wen der Erlösanteil entfällt, wenn der Berechtigte nicht ermittelt wird (vgl § 126 Rn 1).

Gleichzeitig bestellt das Vollstreckungsgericht von Amts wegen einen Vertreter, der die Aufgabe hat, die Person des Berechtigten zu ermitteln (**S. 1**). Die Bestellung erfolgt im Verteilungstermin durch Beschluss.

---

1 *Hornung*, Rpfleger 1994, 9 und 405; *Stöber*, § 133 Rn 2.4; aA Dassler/Schiffhauer/*Hintzen*, § 133 Rn 15; Löhnig/*Hannemann*, § 133 Rn 8.

3 Der **Ermittlungsvertreter** ist verpflichtet, den unbekannten Berechtigten zu ermitteln (s. § 7 Rn 2) und das Vollstreckungsgericht als Aufsichtsorgan von den Ergebnissen zu unterrichten (S. 2 iVm § 7 Abs. 2).

4 Wird der Berechtigte ermittelt, endet die angeordnete Vertretung und der Teilungsplan kann weiter ausgeführt werden (s. § 137 Rn 2). Bleiben die Ermittlungen ergebnislos, richtet sich das weitere Verfahren nach § 138 (s. § 138 Rn 2).

5 Der Ermittlungsvertreter hat einen Anspruch auf angemessene Vergütung und Ersatz seiner Auslagen. Sie werden vom Vollstreckungsgericht in entsprechender Anwendung des § 7 (s. § 7 Rn 4) nach pflichtgemäßem Ermessen durch Beschluss festgesetzt und vorweg aus dem Zuteilungsbetrag (für den unbekannten Berechtigten) entnommen (S. 3).

§ 136 [Kraftloserklärung von Grundpfandrechtsbriefen]

Ist der Nachweis des Berechtigten von der Beibringung des Briefes über eine Hypothek, Grundschuld oder Rentenschuld abhängig, so kann der Brief im Wege des Aufgebotsverfahrens auch dann für kraftlos erklärt werden, wenn das Recht bereits gelöscht ist.

1 Wenn im Verteilungstermin eine Zuteilung auf das Kapital einer Briefgrundschuld (Briefhypothek) möglich ist und der im Grundbuch eingetragene Gläubiger nicht spätestens im Verteilungstermin den **Grundschuldbrief** (Hypothekenbrief) vorlegt, gilt der Berechtigte als unbekannt (s. § 126 Rn 2). In einer Hilfszuteilung bestimmt das Gericht, wem der zugeteilte Betrag zufallen soll, wenn der unbekannte Berechtigte nicht ermittelt wird, und bestellt einen Vertreter zur Ermittlung des unbekannten Berechtigten (§ 135).

2 Kann der Gläubiger den Brief deshalb nicht vorlegen, weil er in Verlust geraten oder versehentlich vernichtet worden ist, kann er das **Aufgebotsverfahren** zur Kraftloserklärung des Briefes beantragen (§ 1162 BGB, §§ 478 Abs. 1, 466 Abs. 2, 433 FamFG). In diesem Fall ist das Aufgebotsverfahren nach § 140 nicht einschlägig und das Vollstreckungsgericht nicht zuständig. Das Aufgebotsverfahren kann auch dann durchgeführt werden, wenn das Grundbuchamt auf Ersuchen des Vollstreckungsgerichts die Grundschuld (Hypothek) gelöscht hat (s. § 130 Rn 7).

3 Mit dem Ausschließungsbeschluss, in dem der Brief für kraftlos erklärt wurde, weist der Gläubiger seine Berechtigung nach. Da der Berechtigte damit bekannt ist, kann das Vollstreckungsgericht den Teilungsplan weiter ausführen (s. § 137 Rn 2).

§ 137 [Weitere Ausführung des Teilungsplans]

(1) Wird der Berechtigte nachträglich ermittelt, so ist der Teilungsplan weiter auszuführen.

(2) ¹Liegt ein Widerspruch gegen den Anspruch vor, so ist derjenige, welcher den Widerspruch erhoben hat, von der Ermittlung des Berechtigten zu benachrichtigen. ²Die im § 878 der Zivilprozeßordnung bestimmte Frist zur Erhebung der Klage beginnt mit der Zustellung der Benachrichtigung.

1 Ist im Verteilungstermin der Zuteilungsberechtigte nicht bekannt oder fehlt der Legitimationsnachweis, teilt das Vollstreckungsgericht den Betrag dem unbekannten Berechtigten zu und hinterlegt den Betrag (s. § 126 Rn 8). Gleichzeitig bestellt das Vollstreckungsgericht von Amts wegen einen Vertreter, der die Aufgabe hat, die Person des Berechtigten zu ermitteln (s. § 135 Rn 2). Der **Ermittlungsvertreter** ist verpflichtet, den unbekannten Berechtigten zu ermitteln und das Vollstreckungsgericht als Aufsichtsorgan von den Ergebnissen zu unterrichten.

Das Vollstreckungsgericht kann den Teilungsplan weiter ausführen, wenn 2
- der eingetragene Gläubiger den Grundschuldbrief (Hypothekenbrief) vorlegt,
- der Ermittlungsvertreter den unbekannten Berechtigten einer Briefgrundschuld (Briefhypothek) ermittelt hat und dieser sich durch Vorlage des Briefes und einer beglaubigten Abtretungserklärung legitimieren kann,
- der Gläubiger einen Ausschließungsbeschluss vorlegt, in dem der fehlende Brief für kraftlos erklärt wird (s. § 136 Rn 3),
- der unbekannte Erbe des Gläubigers einen Erbnachweis in ordnungsgemäßer Form vorlegt.

Die weitere Ausführung des Teilungsplans ist erst dann möglich, wenn der Berechtigte nach Überzeugung des Vollstreckungsgerichts zweifelsfrei feststeht. Die Entscheidung über die Feststellung ergeht idR im schriftlichen Verfahren durch Beschluss nach vorheriger Anhörung der Eventualberechtigten und des Schuldners. Das Vollstreckungsgericht kann aber auch einen Termin bestimmen (s. § 139). 3

Die weitere Ausführung des Teilungsplans erfolgt entsprechend den Ausführungen § 126 Rn 8 f. Vorrangig sind allerdings die Vergütung und Auslagen des Ermittlungsvertreters (s. § 135 Rn 5) anzuweisen. Soweit dem Gericht Auslagen entstanden sind, trägt sie die Staatskasse. Der Gläubiger und seine zugeteilten Beträge haften nicht für diese Kosten. § 109 ist insoweit nicht einschlägig.[1] 4

Ist der Anspruch des (ehemals unbekannten) Berechtigten von einem Widerspruch betroffen, muss das Vollstreckungsgericht den Widersprechenden über die Feststellung benachrichtigen, damit dieser rechtzeitig Klage erheben kann (§ 878 ZPO). 5

§ 138 [Ermächtigung zum Aufgebot]

(1) Wird der Berechtigte nicht vor dem Ablauf von drei Monaten seit dem Verteilungstermin ermittelt, so hat auf Antrag das Gericht den Beteiligten, welchem der Betrag anderweit zugeteilt ist, zu ermächtigen, das Aufgebotsverfahren zum Zwecke der Ausschließung des unbekannten Berechtigten von der Befriedigung aus dem zugeteilten Betrag zu beantragen.

(2) ¹Wird nach der Erteilung der Ermächtigung der Berechtigte ermittelt, so hat das Gericht den Ermächtigten hiervon zu benachrichtigen. ²Mit der Benachrichtigung erlischt die Ermächtigung.

Erfolgt im Verteilungstermin eine Zuteilung an einen unbekannten Berechtigten, bestimmt das Gericht im Rahmen einer Hilfszuteilung (Eventualzuteilung), wem der Erlösanteil zufällt, wenn der Berechtigte nicht ermittelt wird, und hinterlegt den Betrag (vgl § 126 Rn 1). Gleichzeitig bestellt das Vollstreckungsgericht nach § 135 einen Vertreter zur Ermittlung des Berechtigten (**Ermittlungsvertreter**). 1

Wird der unbekannte Berechtigte nicht innerhalb von **drei Monaten** ermittelt, kann der Eventualberechtigte der Hilfszuteilung (s. § 126 Rn 7) nach Ablauf der 2

---

1 AA Dassler/Schiffhauer/*Hintzen*, § 137 Rn 6.

Frist einen **Ermächtigungsantrag** stellen (**Abs. 1**). Die Frist beginnt mit dem Tag des Verteilungstermins (§§ 187 Abs. 1, 188 Abs. 2 BGB). Vor dem Ablauf der Frist darf die Ermächtigung nicht erteilt werden. **Antragsberechtigt** ist nur der Eventualberechtigte, nicht der Ermittlungsvertreter.

3 Durch Beschluss des Vollstreckungsgerichts wird der antragstellende Eventualberechtigte **ermächtigt**, ein **Aufgebotsverfahren zum Ausschluss des unbekannten Berechtigten** zu beantragen (s. § 140 Rn 1). Der Antrag kann nicht mit der Begründung abgelehnt werden, die Nachforschungen des Ermittlungsvertreters seien noch nicht abgeschlossen. Auch ein anhängiges Aufgebotsverfahren zum Ausschluss des Grundschuldbriefes (s. § 136 Rn 2) ist kein Hinderungsgrund.[1]

4 Wird der unbekannte Berechtigte **nachträglich ermittelt** (vgl § 137 Rn 2), muss der ermächtigte Eventualberechtigte **informiert** werden (**Abs. 2 S. 1**). Mit Zugang der Benachrichtigung erlischt die Ermächtigung (**Abs. 2 S. 2**). Ein eingeleitetes und noch nicht beendetes Aufgebotsverfahren zum Ausschluss des unbekannten Berechtigten (§ 140) ist aufgrund der erloschenen Ermächtigung einzustellen.

5 Die Ermächtigung hat keinen Einfluss auf das Amt des Ermittlungsvertreters (§ 135). Er setzt seine Ermittlungen bis zum Erlass eines Ausschließungsbeschlusses fort (s. § 141 Rn 1).

§ 139 [Terminsbestimmung bei nachträglicher Ermittlung des Berechtigten]

(1) ¹Das Gericht kann im Falle der nachträglichen Ermittlung des Berechtigten zur weiteren Ausführung des Teilungsplans einen Termin bestimmen. ²Die Terminsbestimmung ist dem Berechtigten und dessen Vertreter, dem Beteiligten, welchem der Betrag anderweit zugeteilt ist, und demjenigen zuzustellen, welcher zur Zeit des Zuschlags Eigentümer des Grundstücks war.

(2) ¹Liegt ein Widerspruch gegen den Anspruch vor, so erfolgt die Zustellung der Terminsbestimmung auch an denjenigen, welcher den Widerspruch erhoben hat. ²Die im § 878 der Zivilprozeßordnung bestimmte Frist zur Erhebung der Klage beginnt mit dem Termin.

1 Ist im Verteilungstermin der Zuteilungsberechtigte nicht bekannt oder fehlt der Legitimationsnachweis, teilt das Vollstreckungsgericht den Betrag dem unbekannten Berechtigten zu und hinterlegt den Betrag (s. § 126 Rn 8). Die weitere Ausführung des Teilungsplans ist erst möglich, wenn der Berechtigte nach Überzeugung des Vollstreckungsgerichts zweifelsfrei feststeht. Die Entscheidung über die Feststellung ergeht idR im schriftlichen Verfahren durch Beschluss (s. § 137 Rn 2). Das Vollstreckungsgericht kann aber auch einen **Termin bestimmen** (**Abs. 1 S. 1**).

2 Der Termin gibt dem Vollstreckungsgericht die Möglichkeit, mit den betroffenen Beteiligten zu verhandeln. Er dient sowohl der Feststellung des Berechtigten (nicht der Ermittlung!) als auch der weiteren Ausführung des Teilungsplans. Die Terminsbestimmung ist dem Berechtigten, den Eventualberechtigten aus der Hilfsverteilung, dem Ermittlungsvertreter und dem Schuldner (früherer Eigentümer) **zuzustellen** (**Abs. 1 S. 2**). Liegt ein Widerspruch gegen den Anspruch vor, so muss die Terminsbestimmung auch dem Widersprechenden zugestellt werden (**Abs. 2 S. 1**).

---

1 Dassler/Schiffhauer/*Hintzen*, § 136 Rn 5; aA *Stöber*, § 136 Rn 2.3.

Es liegt im **Ermessen** des Gerichts, ob im Einzelfall ein Termin bestimmt wird ("*kann*", s. Abs. 1 S. 1). In der Regel verzichten die Gerichte auf die Möglichkeit und wählen stattdessen das schriftliche Verfahren (s. § 137 Rn 3). 3

Die weitere Ausführung des Teilungsplans erfolgt entsprechend den Ausführungen § 126 Rn 8 f. Vorrangig sind allerdings die Vergütung und Auslagen des Ermittlungsvertreters (s. § 135 Rn 5) anzuweisen. Soweit dem Gericht Auslagen entstanden sind, werden sie aus der Staatskasse gezahlt. Der Gläubiger und seine zugeteilten Beträge haften nicht für diese Kosten. § 109 ist insoweit nicht einschlägig.[1] 4

§ 140 [Aufgebotsverfahren zum Ausschluss des unbekannten Berechtigten]

(1) Für das Aufgebotsverfahren ist das Vollstreckungsgericht zuständig.

(2) Der Antragsteller hat zur Begründung des Antrags die ihm bekannten Rechtsnachfolger desjenigen anzugeben, welcher als letzter Berechtigter ermittelt ist.

(3) In dem Aufgebot ist der unbekannte Berechtigte aufzufordern, sein Recht innerhalb der Aufgebotsfrist anzumelden, widrigenfalls seine Ausschließung von der Befriedigung aus dem zugeteilten Betrag erfolgen werde.

(4) Das Aufgebot ist demjenigen, welcher als letzter Berechtigter ermittelt ist, den angezeigten Rechtsnachfolgern sowie dem Vertreter des unbekannten Berechtigten zuzustellen.

(5) Eine im Vollstreckungsverfahren erfolgte Anmeldung gilt auch für das Aufgebotsverfahren.

(6) Der Antragsteller kann die Erstattung der Kosten des Verfahrens aus dem zugeteilten Betrag verlangen.

Wird im Verteilungstermin einem unbekannten Berechtigten ein Erlösanteil zugeteilt, bestimmt das Gericht im Rahmen einer Hilfszuteilung (Eventualzuteilung), wem der Erlösanteil zufällt, wenn der Berechtigte nicht ermittelt wird, und hinterlegt den Betrag (vgl § 126 Rn 1). Wird der unbekannte Berechtigte nicht innerhalb von drei Monaten ermittelt, wird der Eventualberechtigte der Hilfszuteilung (s. § 126 Rn 7) auf Antrag ermächtigt, ein **Aufgebotsverfahren zum Ausschluss des unbekannten Berechtigten** zu beantragen (s. § 138 Rn 3). 1

Das Aufgebotsverfahren nach § 140 ist dann einschlägig, wenn der Berechtigte der Erlöszuteilung **tatsächlich nicht bekannt** ist. Dies kann insb. bei Hypotheken vorkommen. Beispielsweise dann, wenn sich nicht mehr ermitteln lässt, wer die Zahlungen auf die Hypothek geleistet und damit das Grundpfandrecht erworben hat (§§ 1143, 1163 BGB). Auch bei sehr alten Rechten und unklaren Erb- und Rechtsnachfolgen ist der Berechtigte häufig nicht mehr zu ermitteln. 2

Gilt der Gläubiger nur deswegen als unbekannt, weil der Brief in Verlust geraten oder versehentlich vernichtet worden ist (s. § 126 Rn 2 ff), muss er das Aufgebotsverfahren nach § 1162 BGB, §§ 478 Abs. 1, 466 Abs. 2, 433 FamFG zur Kraftloserklärung des Briefes beantragen. Das Verfahren nach § 140 ist dann nicht einschlägig. 3

Für das Aufgebotsverfahren zum Ausschluss des unbekannten Berechtigten sind die Regelungen der §§ 433–441 FamFG anzuwenden, soweit im ZVG nichts Abweichendes geregelt ist. 4

---

1 AA Dassler/Schiffhauer/*Hintzen*, § 137 Rn 6.

5 Der Antrag auf Einleitung des Verfahrens nach § 140 ist nur mit einer Ermächtigung nach § 138 zulässig. Soweit dem Antragsteller die Rechtsnachfolger des zuletzt ermittelten Berechtigten bekannt sind, müssen sie im Antrag benannt werden (**Abs. 2**).

6 Das Vollstreckungsgericht ist sachlich **zuständig** (**Abs. 1**). Für die Durchführung des Aufgebotstermins und der darin ergehenden Entscheidung ist der Rechtspfleger funktionell zuständig (vgl § 3 Nr. 1 Buchst. c RPflG und § 1 Rn 6).

7 In das Aufgebot sind nach **Abs. 3** und § 434 Abs. 2 FamFG aufzunehmen:
- die Bezeichnung des Antragstellers (Eventualberechtigten),
- die genaue Bezeichnung des Grundstücks,
- die Angaben zum Grundbuchrecht und zum Zuteilungsbetrag,
- die Aufforderung an den unbekannten Berechtigten, seinen Anspruch spätestens bis zum Ende der Aufgebotsfrist anzumelden,
- der Hinweis, dass er widrigenfalls von der Befriedigung aus dem zugeteilten Betrag ausgeschlossen wird,
- das Ende der Aufgebotsfrist.

8 Das Aufgebot ist dem zuletzt ermittelten Berechtigten, den bekannten Rechtsnachfolgern und dem Ermittlungsvertreter (vgl § 135) **zuzustellen** (**Abs. 4**).

9 Gemäß § 435 FamFG erfolgt die **öffentliche Bekanntmachung** des Aufgebots durch **Aushang an der Gerichtstafel** und durch einmalige Veröffentlichung im **elektronischen Bundesanzeiger**. Anstelle des Aushangs an der Gerichtstafel kann die öffentliche Bekanntmachung in einem elektronischen Informations- und Kommunikationssystem erfolgen, das im Gericht öffentlich zugänglich ist. Das Vollstreckungsgericht kann anordnen, das Aufgebot zusätzlich auf andere Weise zu veröffentlichen.

10 Zwischen dem Tag, an dem das Aufgebot erstmalig in einem Informations- und Kommunikationssystem oder im elektronischen Bundesanzeiger veröffentlicht wird und dem Anmeldezeitpunkt muss ein Zeitraum (**Aufgebotsfrist**) von mindestens sechs Wochen liegen (§ 437 FamFG).

11 Die **Länder** können die Aufgebotsfrist und die Art der Bekanntmachung abweichend bestimmen (§ 12 EGZVG).

12 Der **Ausschließungsbeschluss** wird öffentlich zugestellt (§ 441 FamFG) und erst mit Rechtskraft wirksam (§ 439 Abs. 1 FamFG).

13 Für das Aufgebotsverfahren werden **Gerichtsgebühren** nach Nr. 15212 KV GNotKG erhoben. Sie werden vorab aus dem zugeteilten Betrag entnommen. Im Übrigen haftet der Antragsteller für die Kosten.

§ 141 [Ausführung des Teilungsplans nach Ausschließungsbeschluss]

¹Nach der Erlassung des Ausschließungsbeschlusses hat das Gericht einen Termin zur weiteren Ausführung des Teilungsplans zu bestimmen. ²Die Terminsbestimmung ist dem Antragsteller und den Personen, welchen Rechte in dem Urteil vorbehalten sind, dem Vertreter des unbekannten Berechtigten sowie demjenigen zuzustellen, welcher zur Zeit des Zuschlags Eigentümer des Grundstücks war.

1 Erfolgt im Verteilungstermin eine Zuteilung an einen unbekanntem Berechtigten, bestimmt das Gericht im Rahmen einer Hilfszuteilung (Eventualzuteilung), wem der Erlösanteil zufällt, wenn der Berechtigte nicht ermittelt wird, und hinterlegt

den Betrag (vgl § 126 Rn 1). Wird der unbekannte Berechtigte durch Beschluss von der Befriedigung aus dem zugeteilten Betrag ausgeschlossen (vgl § 140), muss das Vollstreckungsgericht einen besonderen **Termin zur weiteren Ausführung des Teilungsplans** bestimmen (**S. 1**).

Die Terminbestimmung wird dem Antragsteller des Aufgebotsverfahrens (Eventualberechtigter), den Personen, denen im Ausschließungsbeschluss Rechte vorbehalten wurden (vgl § 440 FamFG), dem Ermittlungsvertreter (vgl § 135 ZPO) und dem Schuldner (früheren Eigentümer) zugestellt (**S. 2**). 2

Die weitere Ausführung des Teilungsplans erfolgt entsprechend den Erläuterungen zu § 126 Rn 8 f. Vorrangig sind allerdings die Vergütung und die Auslagen des Ermittlungsvertreters (s. § 135 Rn 5) und die gerichtlichen und außergerichtlichen Kosten des Aufgebotsverfahrens (s. § 140 Rn 13) zu begleichen. 3

Ein **Vorbehalt** im Ausschließungsbeschluss (§ 440 FamFG) ist im weiteren Verteilungstermin wie ein **Widerspruch** gegen die unbedingte Zuteilung an den Eventualberechtigten zu behandeln (s. § 115 Rn 4). Sofern der Eventualberechtigte den Widerspruch nicht anerkennt, muss das Gericht erneut eine Eventualzuteilung anordnen (s. § 124 Rn 2). 4

§ 142 [Erlöschen der Rechte auf hinterlegte Beträge nach 30 Jahren]

¹In den Fällen des § 117 Abs. 2 und der §§ 120, 121, 124, 126 erlöschen die Rechte auf den hinterlegten Betrag mit dem Ablauf von dreißig Jahren, wenn nicht der Empfangsberechtigte sich vorher bei der Hinterlegungsstelle meldet; derjenige, welcher zur Zeit des Zuschlags Eigentümer des Grundstücks war, ist zur Erhebung berechtigt. ²Die dreißigjährige Frist beginnt mit der Hinterlegung, in den Fällen der §§ 120, 121 mit dem Eintritt der Bedingung, unter welcher die Hinterlegung erfolgt ist.

Hat das Vollstreckungsgericht im Rahmen der Erlösverteilung einen Betrag hinterlegt, erlöschen die Rechte der Zuteilungs- und Eventualberechtigten auf den hinterlegten Betrag nach Ablauf von 30 Jahren, wenn sich der Empfangsberechtigte nicht vorher bei der Hinterlegungsstelle meldet (**S. 1 Hs 1**). 1

Die Verjährungsfrist beginnt nach **S. 2 Alt. 1** grds. mit der Hinterlegung des Betrages bei der Hinterlegungsstelle. Erfolgt die Hinterlegung unter einer Bedingung (s. § 120 Rn 3, § 121 Rn 3), beginnt die Frist nach **S. 2 Alt. 2** erst mit Eintritt der Bedingung. 2

Dem Schuldner (früheren Eigentümer) verbleibt nach Eintritt der Verjährung ein Jahr, den hinterlegten Betrag für sich in Anspruch zu nehmen (zB § 27 HintG NRW). Nach Ablauf dieser Frist fällt der hinterlegte Betrag dem Fiskus zu (zB § 30 HintG NRW). 3

§ 143 [Außergerichtliche Einigung über Erlösverteilung]

Die Verteilung des Versteigerungserlöses durch das Gericht findet nicht statt, wenn dem Gericht durch öffentliche oder öffentlich beglaubigte Urkunden nachgewiesen wird, daß sich die Beteiligten über die Verteilung des Erlöses geeinigt haben.

Die normale Erlösverteilung (§§ 105–142) entfällt, wenn dem Vollstreckungsgericht nachgewiesen wird, dass sich **alle Beteiligten** (einschließlich dem Schuldner) 1 außergerichtlich über den Erlös **geeinigt** haben. Eine solche Einigung ist kaum zu erzielen. Die Vorschrift hat daher keine praktische Bedeutung.

§ 144 [Außergerichtliche Befriedigung der Berechtigten]

(1) ¹Weist der Ersteher oder im Falle des § 69 Abs. 3 der für mithaftend erklärte Bürge dem Gericht durch öffentliche oder öffentlich beglaubigte Urkunden nach, daß er diejenigen Berechtigten, deren Ansprüche durch das Gebot gedeckt sind, befriedigt hat oder daß er von ihnen als alleiniger Schuldner angenommen ist, so sind auf Anordnung des Gerichts die Urkunden nebst der Erklärung des Erstehers oder des Bürgen zur Einsicht der Beteiligten auf der Geschäftsstelle niederzulegen. ²Die Beteiligten sind von der Niederlegung zu benachrichtigen und aufzufordern, Erinnerungen binnen zwei Wochen geltend zu machen.

(2) Werden Erinnerungen nicht innerhalb der zweiwöchigen Frist erhoben, so beschränkt sich das Verteilungsverfahren auf die Verteilung des Erlöses aus denjenigen Gegenständen, welche im Falle des § 65 besonders versteigert oder anderweit verwertet worden sind.

I. Normzweck

1 Im Anschluss an die Versteigerung bestimmt das Vollstreckungsgericht im Regelfall den Verteilungstermin. Zu diesem Termin muss der Ersteher das Meistgebot nebst Zinsen an das Gericht zahlen. Im Verteilungstermin wird der Teilungsplan aufgestellt und anschließend durch Überweisung der zugeteilten Beträge an die Berechtigten ausgeführt.

2 Diese gerichtliche Erlösverteilung findet nicht statt, wenn der Ersteher nachweist, dass er alle Berechtigten **außergerichtlich** befriedigt und kein Beteiligter Erinnerung gegen das Verfahren eingelegt hat.

3 Die **Gerichtsgebühr** für das außergerichtliche Verteilungsverfahren ermäßigt sich im Vergleich zum Normalverfahren von einer 0,5-Gebühr auf eine 0,25-Gebühr (Nr. 2216 KV GKG). Im Übrigen s. § 105 Rn 11.

4 Das Verfahren bietet neben der mäßigen Kostenersparnis nur geringe Vorteile. Lediglich dann, wenn der Ersteher mit dem Hauptgläubiger wirtschaftlich verbunden ist und Einwendungen von den übrigen Beteiligten unwahrscheinlich sind, kann das Verfahren sinnvoll sein.

II. Verfahren zur außergerichtlichen Befriedigung

5 **1. Antrag und Kontrollteilungsplan.** Teilt der Ersteher dem Vollstreckungsgericht die Absicht mit, die Berechtigten außergerichtlich befriedigen zu wollen, bestimmt das Gericht eine **Frist** zur Beibringung der Befriedigungserklärungen (Tag der fiktiven Erlösverteilung im Kontrollteilungsplan). Zusätzlich wird angekündigt, dass ein (normaler) Verteilungstermin bestimmt wird, wenn zum Ablauf der Frist nicht alle erforderlichen Befriedigungserklärungen in öffentlich oder öffentlich beglaubigter Form vorliegen.

6 Zur Feststellung, welche Befriedigungserklärungen erforderlich sind, und zur Vereinfachung des Verfahrens stellt das Vollstreckungsgericht einen **Kontrollteilungsplan** auf. Ein Kontrollteilungsplan ist gesetzlich nicht vorgeschrieben, entspricht aber der gängigen Praxis und der hL.

7 Im Kontrollteilungsplan werden die Teilungsmasse bestimmt und die Zahlungsansprüche und Rangfolge der Berechtigten festgestellt. Des Weiteren wird in

einer fiktiven Zuteilung die vorhandene Teilungsmasse auf die Zahlungsansprüche verteilt (vgl §§ 107–114, 122).

Schwierigkeiten ergeben sich im Kontrollteilungsplan hinsichtlich der **Zinszeiträume**. Für die **gerichtliche** Erlösverteilung gelten folgende gesetzlichen Regeln: 8
- Zur Teilungsmasse gehören auch die Zinsen auf das Meistgebot nach § 49 (s. § 49 Rn 4). Die Zinsen betragen 4% jährlich und werden vom Tag des Zuschlags bis zum Vortag des Verteilungstermins (jeweils einschließlich) berechnet (vgl § 107 Rn 5).
- Für Zahlungsansprüche aus der Rangklasse 5 und für dingliche Rechte, die durch den Zuschlag erloschen sind, werden die Zinsen und andere wiederkehrende Nebenleistungen bis zum Vortag des Verteilungstermins berechnet.

Für das Verfahren der **außergerichtlichen** Befriedigung fehlen einschlägige Bestimmungen. In der Praxis und in der Lit. werden unterschiedliche Auffassungen zur Zinsberechnung vertreten:[1] 9
- In den meisten Fällen werden die Zinsen bis zum Vortag der fiktiven Erlösverteilung (s. Rn 5) berechnet.
- Teilweise wird die Auffassung[2] vertreten, dass die Zinsen auf die Zahlungsansprüche und die Teile der Teilungsmasse jeweils bis zum Vortag der konkreten (außergerichtlichen) Zahlung zu berechnen sind. Wird diese Methode angewandt, können Teilungsmasse und Gläubigeransprüche erst berechnet werden, wenn die Befriedigungserklärungen bereits vorliegen.

2. Nachweis der Befriedigungserklärungen. Spätestens zum Ablauf der Frist muss der Ersteher die Befriedigungserklärungen von sämtlichen Gläubigern, die einen Anspruch auf Erlöszuteilung (Zuteilungsberechtigte des Kontrollteilungsplans) haben, vorlegen. Die Befriedigungserklärung muss zum Ausdruck bringen, dass der Berechtigte vom Ersteher außergerichtlich befriedigt worden ist und keine Ansprüche gegenüber der Teilungsmasse mehr geltend macht. Konkrete Zahlen müssen in der Erklärung nicht genannt werden. 10

Die Befriedigungserklärungen müssen in öffentlich oder öffentlich beglaubigter Form vorliegen. Ferner müssen auch die zum Nachweis der Berechtigung notwendigen Urkunden (Grundschuldbriefe, Abtretungsurkunden, Vollmachten) formgerecht vorliegen. 11

Eine förmliche Befriedigungserklärung der Justizkasse für die gezahlten Gerichtskosten ist nicht erforderlich. Kostenzahlung werden zur Akte mitgeteilt und sind deshalb gerichtsbekannt. 12

3. Mitteilung an alle Beteiligte. Die Befriedigungserklärungen werden zur Einsicht auf der Geschäftsstelle **niedergelegt**. Das Vollstreckungsgericht **informiert** alle Beteiligten über die Niederlegung. Die Nachricht wird mit der Aufforderung verbunden, eventuelle **Erinnerungen** innerhalb von **zwei Wochen** geltend zu machen (**Abs. 1 S. 2**). Die Benachrichtigung und die Aufforderung müssen förmlich zugestellt werden. Zweckmäßigerweise wird auch der Kontrollteilungsplan mit übersandt. 13

4. Erinnerung eines Beteiligten. Legt ein Beteiligter rechtzeitig, also innerhalb der zweiwöchigen Frist, Erinnerung ein, ist das Verfahren zur außergerichtlichen Befriedigung gescheitert. Das Vollstreckungsgericht wird ohne weitere Prüfung[3] einen Verteilungstermin bestimmen (s. § 105) und die normale gerichtliche Erlösverteilung (§§ 105–142) durchführen. 14

---

1 *Stöber*, § 144 Rn 2.5.
2 *Stöber*, § 144 Rn 2.5.
3 OLG Hamm OLGZ 1970, 491.

§ 145 [Weiteres Verfahren in den Fällen der §§ 143, 144]

Die Vorschriften des § 105 Abs. 2 Satz 2 und der §§ 127, 130 bis 133 finden in den Fällen der §§ 143, 144 entsprechende Anwendung.

1 In dem Verfahren zur außergerichtlichen Einigung (§ 143) sowie dem Verfahren zur außergerichtlichen Befriedigung (§ 144) sind bestimmte Vorschriften der gerichtlichen Erlösverteilung entsprechend anzuwenden:
- s. § 105 Rn 5 (Beteiligung trotz fehlender Glaubhaftmachung);
- s. § 127 Rn 2 und 4 (Briefbehandlung und Titelvermerke);
- s. § 130 Rn 2 (Grundbuchersuchen).

2 Die Verweisnormen der §§ 132, 133 beschäftigen sich mit der Vollstreckung gegen den Ersteher (Wiederversteigerung), der seiner Zahlungspflicht nicht nachgekommen ist. Im Zusammenhang mit den Verfahren nach §§ 143 und 144 dürfte dieser Fall kaum vorkommen.

3 Da die Bestimmung des § 107 Abs. 3 (s. § 107 Rn 7) in beiden außergerichtlichen Erlösverfahren keine Anwendung findet, kann eine Sicherheit ohne ausdrückliche Erklärung des Erstehers nicht verrechnet werden und muss stattdessen nach dem außergerichtlichem Verfahren zurückgezahlt werden.

IX.
Grundpfandrechte in ausländischer Währung

§ 145 a [Fremdwährungsrechte]

Für die Zwangsversteigerung eines Grundstücks, das mit einer Hypothek, Grundschuld oder Rentenschuld in einer nach § 28 Satz 2 der Grundbuchordnung zugelassenen Währung belastet ist, gelten folgende Sonderbestimmungen:
1. Die Terminbestimmung muß die Angabe, daß das Grundstück mit einer Hypothek, Grundschuld oder Rentenschuld in einer nach § 28 Satz 2 der Grundbuchordnung zugelassenen Währung belastet ist, und die Bezeichnung dieser Währung enthalten.
2. In dem Zwangsversteigerungstermin wird vor der Aufforderung zur Abgabe von Geboten festgestellt und bekannt gemacht, welchen Wert die in der nach § 28 Satz 2 der Grundbuchordnung zugelassenen Fremdwährung eingetragene Hypothek, Grundschuld oder Rentenschuld nach dem amtlich ermittelten letzten Kurs in Euro hat. Dieser Kurswert bleibt für das weitere Verfahren maßgebend.
3. Die Höhe des Bargebots wird in Euro festgestellt. Die Gebote sind in Euro abzugeben.
4. Der Teilungsplan wird in Euro aufgestellt.
5. Wird ein Gläubiger einer in nach § 28 Satz 2 der Grundbuchordnung zulässigen Fremdwährung eingetragenen Hypothek, Grundschuld oder Rentenschuld nicht vollständig befriedigt, so ist der verbleibende Teil seiner Forderung in der Fremdwährung festzustellen. Die Feststellung ist für die Haftung mitbelasteter Gegenstände, für die Verbindlichkeit des persönlichen Schuldners und für die Geltendmachung des Ausfalls im Insolvenzverfahren maßgebend.

Seit der Änderung der Grundbuchordnung am 25.12.1993[1] (§ 28 S. 2 GBO) ist **1**
es möglich, Hypotheken, Grundschulden oder Rentenschulden in einer ausländischen Währung einzutragen. Voraussetzung ist allerdings die Zulassung der Währung durch das Bundesministerium der Justiz. Mit der Verordnung über Grundpfandrechte in ausländischer Währung und in Euro vom 30.10.1997 (GrPfandRV) wurden die Währungen

- der Mitgliedstaaten der Europäischen Union (betrifft nur noch die Länder, die den Euro nicht eingeführt haben),
- der Schweizerischen Eidgenossenschaft und
- der Vereinigten Staaten von Amerika

zugelassen.

Für die Zwangsversteigerung eines Grundstücks, das mit einem Fremdwährungs- **2**
recht belastet ist, gelten folgende Sonderbestimmungen:

- In der Terminsbestimmung (s. § 37 Rn 2 ff) ist zusätzlich anzugeben, dass das Versteigerungsobjekt mit einem Fremdwährungsrecht belastet ist und um welche Währung es sich handelt (**Nr. 1**).

- Im Zwangsversteigerungstermin ist vor der Aufforderung zur Abgabe von Geboten (vgl § 66 Rn 22) der Wert des Fremdwährungsrechts nach dem aktuellen Kurswert durch Beschluss festzustellen und bekannt zu geben (**Nr. 2 S. 1**). Bei früheren Währungen ist der letzte Kurswert maßgeblich.

- Der festgesetzte Wert ist für das gesamte weitere Verfahren bindend (**Nr. 2 S. 2**).

- Für den Fall, dass ein Fremdwährungsrecht in der Erlösverteilung nicht vollständig befriedigt wird, erfolgt eine erneute Umrechnung nach dem festgestellten Kurswert in die Fremdwährung. Diese Feststellung ist für die Folgeverfahren vor dem Prozessgericht, dem Vollstreckungsgericht und dem Insolvenzgericht bindend (**Nr. 5**).

---

[1] Durch Gesetz zur Vereinfachung und Beschleunigung registerrechtlicher und anderer Verfahren (Registerverfahrensbeschleunigungsgesetz – RegVBG) vom 20.12.1993 (BGBl. I S. 2183).

Dritter Titel
Zwangsverwaltung

Übersicht: Ablauf eines Zwangsverwaltungsverfahrens

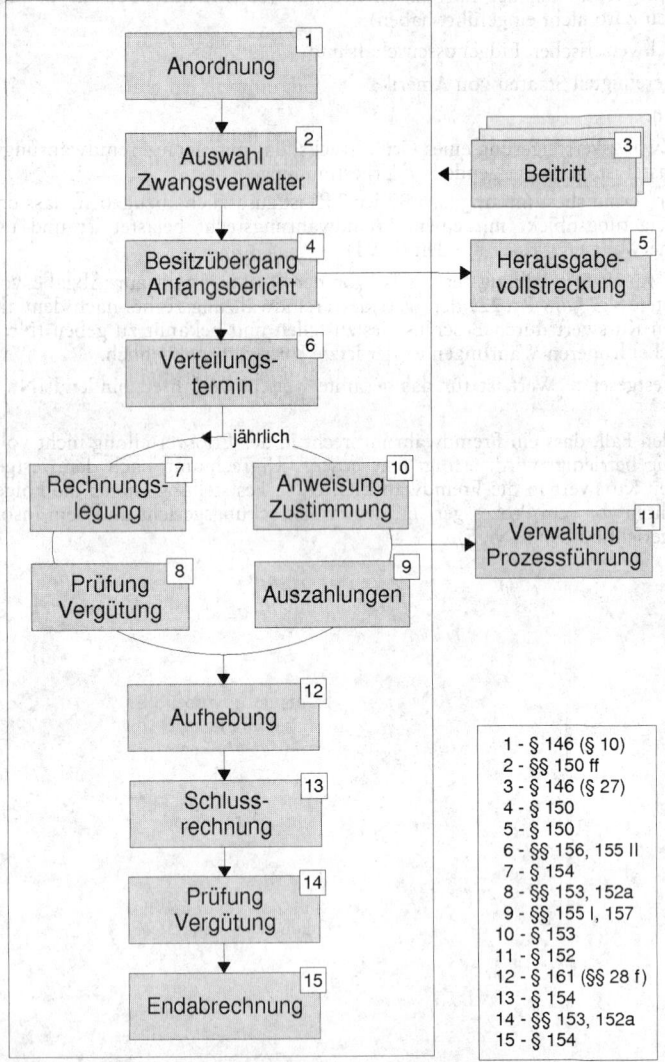

§ 146 [Anordnung und Benachrichtigung]

(1) Auf die Anordnung der Zwangsverwaltung finden die Vorschriften über die Anordnung der Zwangsversteigerung entsprechende Anwendung, soweit sich nicht aus den §§ 147 bis 151 ein anderes ergibt.

(2) Von der Anordnung sind nach dem Eingang der im § 19 Abs. 2 bezeichneten Mitteilungen des Grundbuchamts die Beteiligten zu benachrichtigen.

§§ 23, 24 ZwVwV

I. Normzweck 1	3. Verfahrensbeteiligte 14
II. Anwendbare Vorschriften des ZVG (Abs. 1) 3	4. Rangfolge und Ausschüttungen 15
III. Besonderheiten bei der Zwangsverwaltung 6	5. Verfahrensverbindung 16
1. Anordnung und Beitritt 6	IV. Benachrichtigung der Verfahrensbeteiligten (Abs. 2) 20
2. Gegenstand und Umfang 13	V. Kosten 23

I. Normzweck

Die **Zwangsverwaltung** ist ein Teil des Zwangsvollstreckungsrechts der ZPO und gehört zu den drei Vollstreckungsverfahren in das unbewegliche Vermögen (s. Vor §§ 1 ff Rn 1). Der vom Gericht eingesetzte **Zwangsverwalter** bewirtschaftet das Objekt und befriedigt die Gläubiger aus den Einkünften (idR aus den Miet- und Pachteinnahmen). Die Zwangsverwaltung wird häufig auch als **begleitende Maßnahme zur Zwangsversteigerung** beantragt. 1

Die Zwangsverwaltung ist bei sämtlichen Arten des unbeweglichen Vermögens möglich (vgl § 866 Abs. 1 ZPO iVm § 864 ZPO und § 23 ZwVwV). Lediglich Luftfahrzeuge, Schiffe und Schiffsbauwerke können nicht zwangsverwaltet werden. 2

II. Anwendbare Vorschriften des ZVG (Abs. 1)

Die Allgemeinen Vorschriften der §§ 1–14 (Zuständigkeiten, Zustellungen, beteiligte Personen, Rangverhältnisse) sind auch in der Zwangsverwaltung anzuwenden. 3

Wie bei jeder Zwangsvollstreckungsmaßnahme sind die allgemeinen und die besonderen Vollstreckungsvoraussetzungen der ZPO zu beachten (s. § 15 Rn 2). 4

Für die Anordnung der Zwangsverwaltung sind die einschlägigen Bestimmungen der Zwangsversteigerung (§§ 15–27) entsprechend anzuwenden, soweit sich aus den besonderen Bestimmungen der §§ 147–151 nichts anderes ergibt (**Abs. 1**). 5

III. Besonderheiten bei der Zwangsverwaltung

1. Anordnung und Beitritt. Neben den allgemeinen und besonderen Vollstreckungsvoraussetzungen ist der **Besitz des Schuldners** eine **zwingende Voraussetzung** für die Zwangsverwaltung. Ist der Schuldner weder unmittelbarer noch mittelbarer Besitzer, ist die Zwangsverwaltung nicht möglich und unzulässig.[1] Der Besitz des eingetragenen Eigentümers ist jedoch bei der Anordnung des Verfahrens vom Vollstreckungsgericht nicht zu prüfen.[2] Wird der Mangel aber (später) bekannt, muss das Gericht ihm nachgehen (§ 28 Abs. 2). Zum Besitzübergang auf den Zwangsverwalter s. § 150 Rn 20. 6

---

1 BGHZ 96, 61 = NJW 1986, 2438 = Rpfleger 1986, 26.
2 BGH MDR 2004, 1022 = Rpfleger 2004, 510 = ZfIR 2005, 14.

7 Abweichend von den allgemeinen Bestimmungen (vgl § 17 Rn 2) kann die Zwangsverwaltung auch gegen einen **nicht im Grundbuch eingetragenen Eigenbesitzer** angeordnet werden (s. § 147 Rn 2).

8 Die **Anordnung** der Zwangsverwaltung erfolgt durch **Beschluss** ohne vorherige Anhörung des Schuldners. Gleichzeitig wird der Zwangsverwalter bestimmt und in sein Amt eingesetzt (s. § 150 Rn 2).

9 Nach der Anordnung der Zwangsverwaltung durch den zeitlich ersten Gläubiger erfolgt die Zwangsverwaltung für alle folgenden Gläubiger durch Zulassung des **Beitritts** zu diesem Verfahren (vgl § 27 Rn 3). Das Verfahren wird dann mit einem Zwangsverwalter für mehrere betreibende Gläubiger gemeinsam durchgeführt (**Sammelverfahren**). Die einzelnen Gläubiger können ihre Verfahrensrechte (zB Aufhebungen, Einstellungen und Rechtsmittel) getrennt voneinander geltend machen.

10 Ist das Zwangsverwaltungsobjekt mit einem **Nießbrauch** belastet, ist die unbeschränkte Zwangsverwaltung nur möglich, wenn ein **Duldungstitel** gegen den Nießbraucher vorliegt (s. § 150 Rn 32).[3]

11 Aus Ansprüchen der Rangklasse 2 (**Hausgelder**) und der Rangklasse 3 (**Grundbesitzabgaben**) erscheint die Anordnung der Zwangsverwaltung zwar vorstellbar, ist jedoch tatsächlich ausgeschlossen:

- Abweichend von der Regelung für die Zwangsversteigerung werden in der Zwangsverwaltung in den Rangklassen 2 und 3 des § 10 nur die laufenden wiederkehrenden Leistungen (vgl § 13 Rn 2, 7) berücksichtigt (§ 155 Abs. 2 S. 2). Gemäß § 13 Abs. 1 sind das der letzte vor der zeitlich ersten Beschlagnahme im Verfahren (s. § 22 Rn 8) fällig gewordene Betrag sowie die später fällig werdenden Beträge.
- Eine Vollstreckung wegen laufender wiederkehrender Leistungen würde eine Titulierung von zukünftig fällig werdenden Ansprüchen voraussetzen, was nicht möglich ist.
- Rückständige wiederkehrende und einmalige Leistungen können in der Zwangsverwaltung grds. nur in der Rangkasse 5 (s. § 155 Rn 14 ff) bedient werden.
- Da der Zwangsverwalter die während des laufenden Verfahrens fällig werdenden Ansprüche aus den Rangklassen 2 und 3 von Amts wegen bedienen muss (s. § 155 Rn 3 und § 156 Rn 5 ff), können grds. auch keine Rückstände entstehen.

12 Während der Dauer einer Zwangsverwaltung können bei zu geringen Einkünften die laufenden Grundsteuern nicht bedient werden (s. § 156 Rn 7). In diesem Falle ist der Beitritt zur Zwangsverwaltung wegen dieser während des Verfahrens entstandenen Rückstände denkbar, aber sinnlos, weil eine Befriedigung mangels ausreichender Einkünfte ausgeschlossen ist.

13 **2. Gegenstand und Umfang.** Gegenstand und Umfang der Zwangsverwaltung werden dem Grundsatz nach in den §§ 20–23 bestimmt und in § 148 (s. § 148 Rn 3) modifiziert.

14 **3. Verfahrensbeteiligte.** Der Kreis der Verfahrensbeteiligten wird in § 9 (s. § 9 Rn 2) geregelt. Der Zwangsverwalter gehört nicht zu den Beteiligten iSd § 9. Zur Verantwortlichkeit des Zwangsverwalters gegenüber den Beteiligten s. § 154 Rn 16.

15 **4. Rangfolge und Ausschüttungen.** Nach Zahlung der Verwaltungsausgaben und der Verfahrenskosten (s. § 155 Rn 3) sind die verbleibenden Überschüsse an die

---

3 BGH NJW 2003, 2164 = Rpfleger 2003, 378.

Gläubiger zu verteilen (s. § 155 Rn 5). Die Ausschüttungen erfolgen durch den Zwangsverwalter nach Maßgabe des vom Gericht aufgestellten Teilungsplans. Die grundsätzliche Rangordnung und Befriedigungsreihenfolge der §§ 10–13 werden in § 155 den Besonderheiten der Zwangsverwaltung angepasst (s. § 155 Rn 5, § 156 Rn 2).

5. Verfahrensverbindung. Grundsätzlich ist die Zwangsverwaltung für jedes Verwaltungsobjekt **getrennt** und in selbständigen Verfahren durchzuführen.[4]

16

Eine **gemeinsame** Verfahrensabwicklung ist nur zulässig, wenn die Verwaltungsobjekte eine **wirtschaftliche Einheit** bilden (zB Hausgrundstück mit einer wirtschaftlich zugehörigen Gartenparzelle; Miteigentumsanteile von Eheleuten an dem Einfamilienhaus). Im Zweifel und im Interesse einer besseren Transparenz und sauberen Trennung der Verwaltungsmassen sollte das Gericht bei mehreren Zwangsverwaltungsobjekten grds. getrennte Verfahren einrichten.

17

Die Entscheidung ergeht von Amts wegen oder auf Anregung des Zwangsverwalters und erfolgt nach pflichtgemäßem **Ermessen** (s. § 18 Rn 9). Das Gericht darf sich bei seiner Entscheidung ausschließlich davon leiten lassen, ob eine Verfahrensverbindung zu einer besseren Übersichtlichkeit und sichereren Verfahrensabwicklung führt. Mögliche Kostenersparnisse oder Synergieeffekte dürfen die Entscheidung nicht beeinflussen. Auch Aspekte der statistischen Erhebung und Personalzuweisung dürfen keine Rolle spielen. Eine Einflussnahme der Justizverwaltung wäre ein unzulässiger Eingriff in die Weisungsfreiheit des Rechtspflegers (§ 9 RPflG). In Hinblick auf die Zwangsverwaltervergütung ist es auch ohne Belang, ob die Zwangsverwaltung in einem einheitlichen Verfahren oder für jedes Objekt einzeln angeordnet wird, da die Mindestvergütungen auch in einem verbundenen Verfahren für jedes wirtschaftlich selbständige Objekt getrennt anzusetzen sind.[5]

18

Die Trennung und Verbindung von Verfahren hat Einfluss auf die Führung des Treuhandkontos bzw der Masseverwaltung (s. § 154 Rn 2).

19

IV. Benachrichtigung der Verfahrensbeteiligten (Abs. 2)

Nach der Eintragung des Vermerks über die Anordnung der Zwangsverwaltung im Grundbuch (vgl § 19 Rn 8) informiert das Grundbuchamt das Vollstreckungsgericht über die erfolgte Eintragung und über dort benannte Zustellungsbevollmächtigte, Vertreter und die bekannten Anschriften. Das Vollstreckungsgericht muss die Namensliste prüfen und ergänzen. Anschließend sind alle am Verfahren beteiligten Personen (s. Rn 14) über die Anordnung des Verfahrens zu **informieren (Abs. 2)**.

20

Der Wortlaut und der genaue Inhalt der Mitteilung sind vom Gesetz nicht vorgeschrieben. Um das Informationsbedürfnis der Beteiligten zu erfüllen und den Schutz des Schuldners nicht zu gefährden, sollte sich das Gericht an dem Inhalt der Bestallungsurkunde orientieren (s. § 150 Rn 19).

21

Wird zeitnah der Termin zur Aufstellung des Teilungsplans anberaumt (s. § 156 Rn 9) und werden auf diesem Weg alle Verfahrensbeteiligten über die eingeleitete Zwangsverwaltung informiert, ist eine zusätzliche Nachricht nach Abs. 2 entbehrlich.

22

---

4 BGH Rpfleger 2006, 151 = ZInsO 2006, 85 = NZM 2006, 234 = MDR 2006, 837.
5 BGH Rpfleger 2007, 274 = NZM 2007, 300.

V. Kosten

23 An **Gerichtskosten** wird gem. Nr. 2220 KV GKG für die Entscheidung über den Antrag auf Anordnung der Zwangsverwaltung oder über den Beitritt zum Verfahren vom Antragsteller eine Gebühr von 100 € erhoben.

24 Gemäß § 55 GKG, Nr. 2221 KV GKG wird für jedes angefangene Kalenderjahr der Zwangsverwaltung eine 0,5-Gebühr nach dem Wert der gesamten Einnahmen erhoben. Die Gebühr beträgt mindestens 120 €, im ersten und im letzten Jahr jeweils mindestens 60 €. Diese Gerichtskosten sind Kosten des Verfahrens iSd § 155 Abs. 1 und werden aus der Zwangsverwaltungsmasse bezahlt.

25 Zu den **Rechtsanwaltskosten** s. § 15 Rn 46.

§ 147 [Eigenbesitz des Schuldners]

(1) Wegen des Anspruchs aus einem eingetragenen Recht findet die Zwangsverwaltung auch dann statt, wenn die Voraussetzungen des § 17 Abs. 1 nicht vorliegen, der Schuldner aber das Grundstück im Eigenbesitz hat.

(2) Der Besitz ist durch Urkunden glaubhaft zu machen, sofern er nicht bei dem Gericht offenkundig ist.

I. Normzweck

1 Die Vorschrift modifiziert § 17 (s. § 17 Rn 2) und bestimmt, dass die Zwangsverwaltung auch in den Fällen angeordnet werden kann, in denen der Schuldner (noch) nicht als Eigentümer im Grundbuch eingetragen ist, aber das Zwangsverwaltungsobjekt wie ein Eigentümer besitzt (**Eigenbesitz**, § 872 BGB).

II. Zwangsverwaltung gegen den nicht eingetragenen Eigenbesitzer

2 Neben den allgemeinen und besonderen Vollstreckungsvoraussetzungen (s. § 15 Rn 2) muss auch der **Eigenbesitz** des Schuldners vom Gläubiger dargelegt und nachgewiesen werden. Eigenbesitz liegt vor, wenn der Schuldner das Zwangsverwaltungsobjekt in einer **eigentümerähnlichen Position** besitzt. Das Merkmal, das den Besitz zum Eigenbesitz macht, ist der **Wille**, das Grundstück **wie ein Eigentümer** zu beherrschen.

3 Besitzt der Schuldner das Grundstück aufgrund eines dinglichen oder persönlichen Nutzungsrechts (Nießbrauch, Miete oder Pacht), ist er kein Eigenbesitzer. Folglich kann eine Zwangsverwaltung nicht gegen ihn angeordnet werden.

4 Wird die Zwangsverwaltung gegen den nicht eingetragenen Besitzer beantragt, muss der Gläubiger den Eigenbesitz des Schuldners **glaubhaft** machen, sofern er nicht gerichtsbekannt ist (**Abs. 2**).

5 Die Glaubhaftmachung muss in Urkundsform erfolgen (s. Rn 8). Eine eidesstattliche Versicherung ist nicht ausreichend. Über den Inhalt entscheidet das Gericht nach freiem Ermessen.

6 Die Zwangsverwaltung gegen den Eigenbesitzer kann nur aufgrund eines **im Grundbuch eingetragen Rechts** (zB Grundschuld, Hypothek oder Reallast) beantragt werden. Hat der Gläubiger lediglich einen persönlichen Anspruch (vgl § 10 Rn 45), ist eine Vollstreckung gegen den Eigenbesitzer nicht möglich. Auch eine analoge Anwendung des § 147 ist ausgeschlossen.[1] Aus den Rangklassen 2 und 3

---

1 BGH MDR 2009, 1415 = Rpfleger 2010, 37.

(**Hausgeldansprüche, Grundbesitzabgaben**) ist generell keine Vollstreckung möglich (s. § 146 Rn 11 f).

Auch im Verfahren zur Zwangsverwaltung gegen den Eigenbesitzer müssen die allgemeinen Vollstreckungsvoraussetzungen vorliegen. Daher benötigt der Gläubiger einen **Duldungstitel** gegen den Eigenbesitzer (s. § 15 Rn 22). 7

Ein bereits vorliegender Duldungstitel gegen den eingetragenen Eigentümer kann nach § 727 ZPO auf den Eigenbesitzer umgeschrieben werden.[2] Der Nachweis der Rechtsnachfolge muss durch öffentliche oder öffentlich beglaubigte Urkunde nachgewiesen werden. Anschließend müssen die vollstreckbare Ausfertigung des Duldungstitels mit der umgeschriebenen Vollstreckungsklausel und die Urkunde über die „Rechtsnachfolge" (Nachfolge im Besitz) an den Eigenbesitzer zugestellt werden. Die Zustellungserleichterungen des § 800 Abs. 2 ZPO finden keine Anwendung, da der Eigenbesitzer nicht Eigentümer ist. 8

Beispiel (Übergang des wirtschaftlichen Eigentums): Der Käufer eines Grundstücks zahlt (vorsätzlich oder aus Unvermögen) die fällige Grunderwerbsteuer nicht. Das Finanzamt verweigert deshalb die steuerliche Unbedenklichkeitsbescheinigung. Demzufolge unterbleibt im Grundbuch die Eigentumsumschreibung auf den Käufer, obwohl sämtliche Bedingungen des Kaufvertrages erfüllt sind und das wirtschaftliche Eigentum sowie der Besitz vertragsgemäß auf den Erwerber übergegangen sind. 9

Ordnet das Gericht in Unkenntnis der Sachlage die Zwangsverwaltung gegen den eingetragen Eigentümer an, muss das Verfahren wieder aufgehoben werden, weil der eingetragene Eigentümer seinen Besitz verloren hat und der Zwangsverwalter von ihm keinen Besitz erlangen kann.[3] Stattdessen ist die Anordnung der Zwangsverwaltung gegen den Käufer als Eigenbesitzer möglich.

§ 148 [Umfang der Beschlagnahme; Entzug der Verwaltung]

(1) ¹Die Beschlagnahme des Grundstücks umfaßt auch die im § 21 Abs. 1, 2 bezeichneten Gegenstände. ²Die Vorschrift des § 23 Abs. 1 Satz 2 findet keine Anwendung.

(2) Durch die Beschlagnahme wird dem Schuldner die Verwaltung und Benutzung des Grundstücks entzogen.

§§ 3, 5, 7, 8 *ZwVwV*

I. Normzweck

Der Beschluss über die Anordnung der Zwangsverwaltung bewirkt eine **Beschlagnahme** des Verwaltungsobjektes (s. § 151 Rn 2) und somit ein **relatives Veräußerungsverbot** zugunsten des jeweiligen Beschlagnahmegläubigers (s. § 23). Als weitere Folge der Beschlagnahme wird dem Schuldner die Benutzung und Verwaltung entzogen (**Abs. 2**) und auf den Verwalter übertragen (s. § 152 Rn 1). 1

Der Umfang der Beschlagnahme umfasst das Grundstück mit seinen Bestandteilen und diejenigen beweglichen Gegenstände, auf die sich die Hypothekenhaftung erstreckt (§§ 1120 ff BGB). Der Umfang der Beschlagnahme wird für die Zwangsversteigerung nach Maßgabe des § 21 eingeschränkt. Diese Einschrän- 2

---

2 BGHZ 96, 61 = NJW 1986, 2438 = Rpfleger 1986, 26.
3 BGHZ 96, 61 = NJW 1986, 2438 = Rpfleger 1986, 26; LG Dortmund Rpfleger 2002, 472.

kungen werden für die Zwangsverwaltung modifiziert und teilweise wieder aufgehoben (**Abs. 1**).

II. Umfang der Beschlagnahme (Abs. 1)

3 1. **Allgemeines.** Die Beschlagnahme in der Zwangsverwaltung erfasst neben dem Grundstück auch alle gem. §§ 1120–1129 BGB dem Haftungsverband zugeordneten Gegenstände (vgl § 55 Rn 2 ff). Es können daher nur solche Gegenstände beschlagnahmt werden, die auch der Hypothekenhaftung unterliegen. In der Zwangsverwaltung werden hiernach beschlagnahmt:

4 2. **Das Grundstück mit seinen einfachen und wesentlichen Bestandteilen.** Zu den wesentlichen Bestandteilen eines Grundstücks gehören die mit dem Grund und Boden fest verbundenen Sachen, insb. die Gebäude (vgl §§ 93, 94 BGB).

5 3. **Die getrennten Bestandteile und Erzeugnisse.** Auch nach der Trennung vom Boden oder Gebäude unterliegen die Bestandteile und Erzeugnisse der Hypothekenhaftung (§ 1120 BGB) und der Beschlagnahme in der Zwangsverwaltung.

6 Nach der Förderung (Trennung vom Boden) verlieren Bodenschätze (zB Lehm, Kies oder Grundwasser) zwar ihre Zuordnung als Bestandteile, bleiben aber weiterhin von der Hypothekenhaftung erfasst und werden mit beschlagnahmt. Erzeugnisse sind alle natürlichen, organischen Tier- und Bodenprodukte, also zB Früchte (Obst, Beeren etc.), Eier, Milch, Gemüse, Wolle, Jungvieh (Ferkel, Kälber) oder Holz.

7 Unterliegen die Erzeugnisse und Bestandteile einem dinglichen Nutzungsrecht (zB einem Nießbrauch), geht das Eigentum an den Erzeugnissen und Bestandteilen mit der Trennung auf den Nutzungsberechtigten über (§ 1120 BGB iVm § 854 BGB).

8 4. **Das Zubehör.** Die Zwangsverwaltung erstreckt sich auf das Zubehör, das sich im Eigentum des Schuldners befindet. Gegenstände, die nach § 97 BGB nicht als Zubehör einzuordnen sind (zB wegen der Verkehrsanschauung) oder nicht im Eigentum des Schuldners stehen, unterliegen nicht der Haftung und Beschlagnahme (§ 20 Abs. 2 ZVG iVm § 1120 BGB).

9 5. **Die laufenden und rückständigen Forderungen.** Von der Zwangsverwaltung werden nicht nur die laufenden und zukünftigen Mieten beschlagnahmt, sondern auch die älteren, bereits vor der Anordnung des Verfahrens fällig gewordenen und noch nicht bezahlten Mieten, sofern die Fälligkeit nicht länger als ein Jahr vor dem Tag der Beschlagnahme liegt.

10 Subjektiv-dingliche Rechte, die Ansprüche auf wiederkehrende Leistungen geben (§ 1126 BGB), gehören gem. § 96 BGB zu den Grundstücksbestandteilen. Solche Rechte sind Reallasten (§ 1105 BGB), Erbbauzinsen (§ 9 ErbbauRG), Überbau- und Notwegrenten (§§ 912, 917 BGB) und Ansprüche auf Unterhaltung von Anlagen bei Grunddienstbarkeiten (§ 1022 BGB).

11 Die Beschlagnahme erstreckt sich auch auf die Forderungen gegen einen Versicherer, wenn Gegenstände, die der Hypothekenhaftung unterliegen, versichert sind. Die **Versicherung** muss sich demnach auf das Grundstück, auf Bestandteile, Erzeugnisse oder Zubehör des Grundstücks beziehen.

12 Im Bereich der Zwangsverwaltung ist die **Feuerversicherung** die wichtigste Versicherungsform. Hier werden alle durch Brand verursachten Schäden, einschließlich der Kosten für Abbruch und Aufräumarbeiten, abgedeckt. Die Höhe der Versicherungsleistung hängt davon ab, ob das Gebäude wieder aufgebaut oder endgültig abgerissen wird. Kommt der Zwangsverwalter zu der Überzeugung, dass ein Wiederaufbau rechtlich nicht möglich oder wirtschaftlich nicht sinnvoll ist und von der Versicherung die Zeitwertentschädigung einfordert, werden dazu

die Zustimmungen der eingetragenen dinglichen Gläubiger benötigt, sofern diese ihre Rechte bei der Versicherung angemeldet haben (§ 1128 Abs. 2 BGB).

Vereinnahmt der Zwangsverwalter die Zeitwertentschädigung, wird er sie gesondert anlegen. Lediglich die Zinsen aus der Geldanlage und die Beträge für Nutzungsentschädigung können zur Teilungsmasse gezogen und verteilt werden. Wird die Zwangsverwaltung aufgehoben, wird die Versicherungssumme an den Eigentümer, also entweder an den Erwerber in der Zwangsversteigerung oder – im Fall der Antragsrücknahme – an den Schuldner, ausgezahlt. 13

III. Entzug der Verwaltung und Benutzung (Abs. 2)

Durch die Beschlagnahme wird dem Schuldner die Verwaltung und die Benutzung des Grundstücks entzogen und auf den Zwangsverwalter übertragen (s. § 152 Rn 1). 14

§ 149 [Wohnrecht; Räumung; Unterhalt]

(1) Wohnt der Schuldner zur Zeit der Beschlagnahme auf dem Grundstück, so sind ihm die für seinen Hausstand unentbehrlichen Räume zu belassen.

(2) Gefährdet der Schuldner oder ein Mitglied seines Hausstandes das Grundstück oder die Verwaltung, so hat auf Antrag das Gericht dem Schuldner die Räumung des Grundstücks aufzugeben.

(3) ¹Bei der Zwangsverwaltung eines landwirtschaftlichen, forstwirtschaftlichen oder gärtnerischen Grundstücks hat der Zwangsverwalter aus den Erträgnissen des Grundstücks oder aus deren Erlös dem Schuldner die Mittel zur Verfügung zu stellen, die zur Befriedigung seiner und seiner Familie notwendigen Bedürfnisse erforderlich sind. ²Im Streitfall entscheidet das Vollstreckungsgericht nach Anhörung des Gläubigers, des Schuldners und des Zwangsverwalters. ³Der Beschluß unterliegt der sofortigen Beschwerde.

I. Wohnrecht des Schuldners (Abs. 1) 1	III. Unterhalt des Schuldners (Abs. 3) 22
II. Räumung des Schuldners bei Gefährdung (Abs. 2) 11	

I. Wohnrecht des Schuldners (Abs. 1)

Durch die Beschlagnahme wird dem Schuldner die Verwaltung und Benutzung des Zwangsverwaltungsobjektes entzogen (§ 148 Abs. 2) und auf den Zwangsverwalter übertragen (s. § 152 Rn 1). Wohnt der Schuldner zum Zeitpunkt der Beschlagnahme in dem Objekt (Wohnhaus, Eigentumswohnung), steht ihm ein **beschränktes gesetzliches Wohnrecht** zu. Der Zwangsverwalter hat diesen Rechtsanspruch von sich aus ohne Antrag und ohne besondere Anweisung zu erfüllen.[1] 1

Die Familienmitglieder (Hausstand, Angehörige, vgl § 15 AO und § 11 LPartG) haben kein eigenes Wohnrecht. Ihr **Aufenthaltsrecht** leitet sich von dem Wohnrecht des Schuldners ab. 2

Das Wohnrecht ist beschränkt auf die für den Schuldner und seine Familie **unentbehrlichen** Räume. Hierzu gehören neben den notwendigen Wohnräumen auch 3

---

1 LG Berlin GE 2011, 56.

die erforderlichen Nebenräume (zB Keller, Abstellraum). Welche Räume für den Schuldner und seine Familie unentbehrlich sind, ist im Einzelfall zu entscheiden.

4 Besteht Streit über den Umfang des Wohnrechts, kann eine Entscheidung des Vollstreckungsgerichts eingeholt werden (s. § 153 Rn 8). Die Entscheidung ergeht nach vorheriger Anhörung des Verwalters, der betreibenden Gläubiger und des Schuldners. Sie kann mit der sofortigen Beschwerde angegriffen werden.

5 Das Gesetz gewährt nur natürlichen Personen ein Wohnrecht. Juristische Personen, Personenhandelsgesellschaften (OHG oder KG), Gesellschaften bürgerlichen Rechts (GbR) sowie Vereine sind ausgeschlossen. Die Gesellschafter und die Vereinsmitglieder genießen keinen Schutz.

6 Soweit der Schuldner die Räume innerhalb des Wohnraums **gewerblich** oder **geschäftsmäßig** nutzt (zB als Büroraum), besteht kein Wohnrecht (s. Rn 8).[2]

7 Das Wohnrecht ist **unentgeltlich**[3] und muss vom Verwalter auch ohne Antrag des Schuldners oder Anweisung des Vollstreckungsgerichts beachtet werden. Die Unentgeltlichkeit bezieht sich nicht auf die Nebenkosten für Strom, Gas und Wasser und das Hausgeld für die Wohnungseigentümergemeinschaft; diese Beträge muss der Schuldner zahlen.

8 Soweit die Räume nicht von dem Wohnrecht erfasst werden (entbehrliche Wohnräume oder geschäftlich genutzte Räume, s. Rn 3, 6), muss der Zwangsverwalter eine **Nutzungsentschädigung** verlangen oder sie an Dritte vermieten.

9 Das Wohnrecht hängt vom Eigentum und dem unmittelbaren Eigenbesitz des Schuldners ab.[4] Ein Schuldner, der nicht Eigentümer ist (s. § 147 Rn 1), hat kein Wohnrecht.[5]

10 Das Wohnrecht kann **nicht veräußert oder übertragen** werden. Es **erlischt**, wenn der Schuldner das Objekt veräußert oder den unmittelbaren Besitz aufgibt.[6] Ist das Wohnrecht des Schuldners erloschen, können seine Familienmitglieder keine Rechte aus dem Wohnrecht mehr ableiten.

II. Räumung des Schuldners bei Gefährdung (Abs. 2)

11 Gefährdet der Schuldner oder ein Mitglied seiner Familie den Bestand des Zwangsverwaltungsobjektes oder die Zwangsverwaltung, kann das Gericht auf Antrag das Wohnrecht entziehen. Die **Zwangsräumung** darf nicht der Sanktionierung früheren Fehlverhaltens des Schuldners dienen. Zwar darf und muss das Vollstreckungsgericht bei der Prüfung der Tatbestandsvoraussetzungen auch auf Umstände abstellen, die in der Vergangenheit liegen. Ausschlaggebend muss jedoch sein, dass auch in Zukunft ein Fehlverhalten des Schuldners zu befürchten ist und somit der Ertrag des Grundstücks gefährdet wird. Das Vollstreckungsgericht muss sich daher in seiner Begründung mit der drohenden weiteren Gefährdung auseinandersetzen und eine **Gefahrenprognose** aufstellen.[7]

12 Eine Gefährdung kann vorliegen, wenn der Schuldner
- die Wohnräume vernachlässigt,
- den Ertrag des Grundstücks durch störendes Verhalten gefährdet oder schmälert,

---

2 AG Schöneberg GE 1988, 635; LG Berlin GE 2002, 468.
3 BGH NJW 1985, 1082 = MDR 1985, 486 = WM 1984, 1650.
4 BGHZ 130, 314 = NJW 1995, 2846 = WM 1995, 1735.
5 BGHZ 166, 1 = NJW 2006, 1124 = Rpfleger 2006, 331.
6 AG Heilbronn Rpfleger 2004, 514.
7 BVerfG ZInsO 2009, 445 = NJW 2009, 1259 = NZM 2009, 289.

- die Tätigkeit des Zwangsverwalters wesentlich erschwert oder
- widerrechtlich ihm nicht zustehende Räume bezieht.

In der Zwangsverwaltung eines vom Schuldner selbst bewohnten Objektes ist eine **Vermietung** ausgeschlossen, wenn der Wohnraum dem Schuldner nach § 149 zu belassen ist. Die Zwangsverwaltung ist in diesen Fällen nicht geeignet, zur Befriedigung des Gläubigers zu führen. Der Schuldner verteuert die Verwaltung, wenn er beharrlich keine Hausgelder oder Nebenkosten zahlt. Diese Verteuerung ist jedoch keine Gefährdung. Eine Räumung kann wegen der **Nichtzahlung** nicht erfolgen.[8]

Die Räumungsanordnung erfolgt auf Antrag des Zwangsverwalters oder der betreibenden Gläubiger. Die Entscheidung ergeht nach vorheriger Anhörung des Schuldners. Sie kann mit der sofortigen Beschwerde angegriffen werden.

Die Räumungsanordnung erfolgt nach pflichtgemäßem **Ermessen**. Dabei ist grds. zu prüfen, ob aus Gründen der **Verhältnismäßigkeit** eine andere, mildere Maßnahme nach § 25 in Betracht kommt, wie zB die bloße **Androhung der Räumung**. Das Vollstreckungsgericht muss in der Begründung zum Räumungsbeschluss die Ausübung des Ermessensspielraums in nachvollziehbarer Weise darlegen.[9]

Die Räumung kann auf **einzelne Räume** oder **einzelne Personen** beschränkt werden. In Fortführung dieses Grundsatzes erscheint es auch zulässig, dass der Zwangsverwalter die Zwangsräumung aus Kostengründen nur auf die Person des Schuldners beschränkt und die gleichzeitige Räumung seiner beweglichen Gegenstände ausschließt (vgl § 885 ZPO Rn 26 f und § 885 a).[10] Wenn der Zwangsverwalter die vollständige Räumung des Grundstücks vom Schuldner nebst seiner Habe verlangen kann, wird er sich auch mit einem Minus, nämlich nur der Räumung des Schuldners (also ohne seiner Habe), zufriedengeben können. Der Zwangsverwalter wird seinen Räumungsauftrag an den Gerichtsvollzieher allein auf die in § 885 Abs. 1 ZPO vorgesehenen Handlungen beschränken. Der Gerichtsvollzieher kann einen solchen Auftrag nicht zurückweisen, da es sich um eine zulässige Teilvollstreckung handelt.

Mit Rücksicht auf § 1353 Abs. 1 S. 2 BGB ist die alleinige Räumung des Ehegatten nicht möglich.

Der **Räumungsbeschluss** ist ein **Vollstreckungstitel** nach § 794 Abs. 1 Nr. 3 ZPO und wird mit Hilfe des Gerichtsvollziehers nach § 885 ZPO vollstreckt.[11] Nach hM in der Lit. ist für die Vollstreckung keine vollstreckbare Ausfertigung des Räumungsbeschlusses erforderlich.[12] Nach § 724 ZPO ist aber eine Zwangsvollstreckung nur auf der Grundlage einer vollstreckbaren Ausfertigung des Titels zulässig. Gründe, die für eine Ausnahme im Zusammenhang mit Abs. 2 sprechen, sind in der Lit. nicht dargelegt worden. Daher kann die Zwangsräumung, entgegen der hM in der Lit., nur aufgrund einer vollstreckbaren Ausfertigung des Räumungsbeschlusses erfolgen (vgl § 93 Rn 3).

Eine richterliche Durchsuchungsanordnung ist nach § 758 a Abs. 2 ZPO nicht erforderlich.[13]

---

8 BGH Rpfleger 2008, 268 = NZM 2008, 209 = WuM 2008, 171.
9 BVerfG ZInsO 2009, 445 = NJW 2009, 1259 = NZM 2009, 289.
10 Vgl *Schuschke*, Die „Berliner Räumung" bei der Vollstreckung aus einem Zuschlagsbeschluss gem. § 93 ZVG, NZM 2011, 685.
11 BGHZ 166, 1 = NJW 2006, 1124 = MDR 2006, 949 = Rpfleger 2006, 331; BGH ZInsO 2011, 742 = WM 2011, 943 = MDR 2011, 631.
12 *Stöber*, § 149 Rn 3.8; Dassler/Schiffhauer/*Engels*, § 149 Rn 28.
13 BGH ZInsO 2011, 742 = WM 2011, 943 = WuM 2011, 304 = MDR 2011, 631.

20 Wenn der Schuldner im Fall der Zwangsräumung seinen **Suizid androht**, muss das Vollstreckungsgericht im Einzelfall entscheiden, welche Handlungen dem Schuldner zuzumuten und welche begleitenden Maßnahmen einzuleiten sind.[14] So kann zB die Beteiligung des Familiengerichts, des Gesundheitsamtes, der psychologischen Beratungsstelle der Kommune oder des Amtsarztes notwendig sein.

21 Hat ein erwachsenes Familienmitglied des Schuldners ein eigenes, schuldrechtliches Wohnrecht (zB aufgrund eines Mietvertrages), ist eine Räumung nach § 149 nicht möglich. Sofern die Voraussetzungen vorliegen, kann der Zwangsverwalter eine Räumungs- und Zahlungsklage erheben. Sind nach diesem Vertrag nur Nebenkosten zu zahlen, aber keine Miete, kann der Vertrag nur von einem Titelgläubiger des Schuldners nach Maßgabe des AnfG angefochten werden. Der Zwangsverwalter ist dazu kraft Gesetzes nicht befugt.[15]

III. Unterhalt des Schuldners (Abs. 3)

22 In der Zwangsverwaltung hat der Schuldner grds. keinen Anspruch auf Unterhaltszahlungen gegenüber der Masse.

23 Wird allerdings ein **landwirtschaftlich, forstwirtschaftlich oder gärtnerisch genutztes Grundstück** (vgl § 150 b Rn 3) zwangsverwaltet, muss der Verwalter dem Schuldner die erforderlichen Mittel zur Verfügung stellen.[16] Im Gegensatz zum Wohnrecht setzt der Unterhaltsanspruch nicht voraus, dass der Schuldner in dem Zwangsverwaltungsobjekt wohnt.

24 Die **Höhe** des Unterhaltsanspruchs ist im Einzelfall nach pflichtgemäßem Ermessen zu ermitteln. Dabei sind auch die Familienangehörigen des Schuldners zu berücksichtigen. Als Anhaltspunkt kann § 850 d ZPO herangezogen werden.

25 Die Festsetzung des Unterhalts erfolgt durch den Zwangsverwalter. Im Streitfall kann eine Entscheidung des Vollstreckungsgerichts beantragt werden. An dem Festsetzungsverfahren sind der Schuldner, der Zwangsverwalter und die betreibenden Gläubiger beteiligt. Die Entscheidung ergeht nach vorheriger Anhörung durch Beschluss und kann mit der sofortigen Beschwerde von den Beteiligten nach § 9 und dem Zwangsverwalter angegriffen werden.

§ 150 [Bestellung des Zwangsverwalters; Grundstücksübergabe]

(1) Der Verwalter wird von dem Gericht bestellt.

(2) Das Gericht hat dem Verwalter durch einen Gerichtsvollzieher oder durch einen sonstigen Beamten das Grundstück zu übergeben oder ihm die Ermächtigung zu erteilen, sich selbst den Besitz zu verschaffen.

§§ 1–4 ZwVwV

I. Normzweck	1	2. Stellung des Zwangsverwalters	8
II. Auswahl und Bestellung des Zwangsverwalters, § 1 ZwVwV	2	3. Persönliche Geschäftsführung und Delegation	11
1. Kriterien für die Auswahl des Verwalters	2	4. Versicherungspflicht	14

---

14 BVerfG FamRZ 2005, 1972 = InVo 2005, 494 = NZM 2005, 657 = Rpfleger 2005, 614.
15 BGH Rpfleger 2013, 635 = ZInsO 2013, 1593 = NZI 2013, 766 = MDR 2013, 1123.
16 LG Saarbrücken Rpfleger 1995, 265.

III. **Bestallungsurkunde als Ausweis des Zwangsverwalters, § 2 ZwVwV** 16
  1. Inhalt der Bestallungsurkunde 16
  2. Rechtswirkungen der Bestallungsurkunde 17
  3. Erteilung der Bestallungsurkunde 18
IV. **Besitzübergang auf den Zwangsverwalter, § 3 ZwVwV** 20
  1. Vorbemerkung 20
  2. Besitz als Voraussetzung für ein wirksames Verfahren 22
  3. Erlangung des unmittelbaren Besitzes 23
  4. Übergang des mittelbaren Besitzes 28
  5. Besitz des Zwangsverwalters im Fall eines Nießbrauchs ... 32
V. **Bericht über den Besitzübergang, § 3 ZwVwV** 34
  1. Zeitpunkt und Umstände des Besitzübergangs 35
  2. Nähere Beschreibung des Objekts, der Unterhaltungszustand und die Nutzung ... 36
  3. Alle beschlagnahmten Erzeugnisse, Bestandteile, Zubehörstücke und Forderungen 37
  4. Die vorrangigen Hausgeldansprüche der Wohnungseigentümergemeinschaft und die öffentlichen Lasten des Grundstücks 38
  5. Die dem Schuldner und seiner Familie zu belassenen Räume 39
  6. Die voraussichtlichen Ausgaben der Verwaltung 40
  7. Die voraussichtlichen Einnahmen 41
  8. Die erforderlichen Vorschüsse 42
  9. Alle sonstigen für die Verwaltung wesentlichen Verhältnisse 43
VI. **Mitteilungen des Zwangsverwalters, § 4 ZwVwV** 45

I. Normzweck

Gleichzeitig mit der Anordnung des Verfahrens wählt das Vollstreckungsgericht einen geeigneten Zwangsverwalter aus und bestellt ihn durch Beschluss (Abs. 1). Der Verwalter muss kraft seines Amtes die Immobilie verwalten und nutzen (s. 152 Rn 1). Dazu ist sein Besitz notwendig und zwingende Voraussetzung. Ist der Schuldner unmittelbarer Besitzer, kann das Vollstreckungsgericht den Zwangsverwalter ermächtigen, sich den Besitz zu verschaffen (Abs. 2). Hilfsweise kann er einen Beamten oder einen Gerichtsvollzieher hinzuziehen.

II. Auswahl und Bestellung des Zwangsverwalters, § 1 ZwVwV

1. Kriterien für die Auswahl des Verwalters. Gleichzeitig mit der Anordnung der Zwangsverwaltung bestellt das Vollstreckungsgericht den Verwalter. Hierbei muss es sich um eine **natürliche Person** handeln (§ 1 Abs. 2 ZwVwV); Personenmehrheiten oder gar juristische Personen sind ausgeschlossen.

Die Auswahl des Verwalters erfolgt durch das Vollstreckungsgericht nach pflichtgemäßem Ermessen[1] aus dem Kreis aller zur Übernahme bereiten Personen.[2] Ein generell geeigneter Bewerber hat jedoch keinen Anspruch auf regelmäßige oder anteilige Bestellung, ungeachtet der Einzelfallumstände.[3] Er hat aber einen Anspruch auf Überprüfung nach §§ 23 ff EGGVG.[4] An den Vorschlag des betreibenden Gläubigers ist das Gericht nicht gebunden. Lediglich in den Sonderfällen

---

1 BGH MDR 2005, 1011 = Rpfleger 2005, 457 = WM 2005, 1323.
2 BVerfG NJW 2004, 2725 = MDR 2004, 1446 = WM 2004, 1781; aA OLG Koblenz EWiR 2006, 139 = Rpfleger 2005, 618 = ZInsO 2005, 1171.
3 BVerfG ZInsO 2010, 620 = NZI 2010, 413 = NJW 2010, 1804 = Rpfleger 2010, 436.
4 BGH 28.6.2012 – IV AR (VZ) 2/12.

der §§ 150 a und 150 b ist die Auswahl eingeschränkt. Die Gerichte sind nicht verpflichtet, eine sog. **Vorauswahlliste** mit geeigneten Bewerbern zu erstellen.[5]

4   Der Verwalter muss **geschäftskundig** sein (§ 1 Abs. 2 ZwVwV), also über allgemeine juristische und wirtschaftliche Kenntnisse und besondere Fachkenntnisse in den Bereichen Mietrecht, Vollstreckungsrecht, Steuerrecht und Buchhaltungswesen verfügen. Ein bestimmter Berufsabschluss oder Qualifikationsnachweis ist nicht erforderlich. Das Gericht muss sich, abgestimmt auf das konkrete Verfahren, von der notwendigen Qualifikation überzeugen.[6] Ein allgemeiner Verweis auf entsprechende Tätigkeiten für andere Gerichte ersetzt keine Prüfung und genügt nicht.

5   Abgestimmt auf den Umfang und den Schwierigkeitsgrad der konkreten Zwangsverwaltung muss der Bewerber eine **geeignete bürotechnische Ausstattung** sowie einen ausreichenden **Mitarbeiterstab** haben. Seine Telefonnummer muss allgemein bekannt und das Büro zu den üblichen Geschäftszeiten mit einem qualifizierten Mitarbeiter besetzt sein.[7] Eine örtliche Nähe zum Verwaltungsobjekt ist wünschenswert, aber nicht zwingend erforderlich.[8] Unter Umständen wird der Bewerber darlegen müssen, wie er, trotz der größeren räumliche Entfernung zum Verwaltungsobjekt, eine effiziente Verwaltung gewährleisten kann.

6   Kommt das Gericht zu der Überzeugung, dass dem Bewerber die notwendige Qualifikation oder die notwendige personelle und bürotechnische Ausstattung fehlt, darf er nicht zum Verwalter bestellt werden. Ist die Bestellung bereits erfolgt, muss er aus dem Amt entlassen werden (s. § 153 Rn 20). Eine Person, die das Zwangsverwalteramt nicht wahrnehmen darf, ist ungeeignet und darf nicht bestellt bzw muss entlassen werden. Daher ist auch die Bestellung eines Justizbediensteten, der am selben Amtsgericht beschäftigt ist, unzulässig.[9]

7   Der Bewerber muss grds. **unabhängig von den Beteiligten** sein. Dies gilt in ganz besonderem Maße im Verhältnis zum betreibenden Gläubiger. Ausnahmen sind nur zulässig bei einer Institutsverwaltung (vgl § 150 a Rn 3) und bei einer Schuldnerverwaltung (vgl § 150 b Rn 3).

8   **2. Stellung des Zwangsverwalters.** Mit der Beschlagnahme werden dem Schuldner die Verwaltungsrechte entzogen und auf den Zwangsverwalter übertragen (s. § 148 Rn 14, § 152 Rn 1). Dieser führt die Verwaltung **selbständig** und **wirtschaftlich** nach pflichtgemäßem Ermessen aus (§ 1 Abs. 1 S. 1 ZwVwV). Die Bestellung als Zwangsverwalter begründet eine besondere **Treuepflicht**. Hieraus ist die Pflicht des Zwangsverwalters zu Wahrhaftigkeit und Redlichkeit abzuleiten.[10]

9   Das Vollstreckungsgericht überwacht seine Tätigkeit, darf ihn jedoch nicht zu sehr beschränken: In erster Linie ist der Zwangsverwalter für die Verwaltung verantwortlich. Lediglich im Einzelfall sind erforderliche Anweisungen zu erlassen (s. § 153 Rn 10).

10 Die Erfüllung der Verwaltungsaufgaben steht nicht im freien Ermessen, sondern im **pflichtgemäßen Ermessen** des Zwangsverwalters. Er ist daher verpflichtet, die Bestimmungen der Gesetze und Verordnungen zu beachten und die Anweisungen des Vollstreckungsgerichts (nicht des betreibenden Gläubigers!) zu erfüllen. So ist es ihm bspw nicht möglich – auch nicht mit Zustimmung des Gläubigers oder des Gerichts –, auf eine qualifizierte Buchführung zu verzichten.

---

5 OLG Hamm ZInsO 2013, 143 = Rpfleger 2013, 163.
6 OLG Koblenz Rpfleger 2005, 618 = ZInsO 2005, 1171 = ZIP 2005, 2273.
7 AG Göttingen NZI 2005, 117 = Rpfleger 2005, 162 = ZInsO 2004, 1323.
8 OLG Koblenz Rpfleger 2005, 618 = ZInsO 2005, 1171 = ZIP 2005, 2273.
9 LG Stuttgart Rpfleger 2009, 44.
10 BGH MDR 2009, 1414 = NJW-RR 2009, 1710 = Rpfleger 2010, 96.

3. Persönliche Geschäftsführung und Delegation. Das Amt des Zwangsverwalters ist **persönlich** auszuführen (§ 1 Abs. 3 S. 1 ZwVwV). Der Zwangsverwalter ist nicht berechtigt, die Verfahrensabwicklung insgesamt oder zu wesentlichen Teilen auf andere Personen oder Verwaltungsgesellschaften zu übertragen.[11] Dies schließt selbstverständlich die Delegation bestimmter, einzelner Abwicklungsaufgaben an Mitarbeiter oder Dritte nicht aus. Ein Verwalter, der alle wesentlichen Aufgaben der Verwaltung auf einen Dritten überträgt, handelt grob pflichtwidrig und ist zu entlassen.[12]

Die Kernaufgaben der Zwangsverwaltung sind höchstpersönlich wahrzunehmen und können nicht auf Mitarbeiter oder Dritte delegiert werden. Dazu dürften alle rechtsgestaltenden Erklärungen (zB Kündigungen und Abschlüsse von Mietverträgen), die Berichterstattung gegenüber dem Vollstreckungsgericht sowie die Jahres- und Schlussrechnungslegungen gehören.

Hat bereits der Schuldner seine Verwaltungsrechte vertraglich auf einen Dritten übertragen (zB eine Wohnungs- oder Poolverwaltung), muss der Zwangsverwalter den Verwaltungsvertrag des Schuldners und dem Dritten unter Bezug auf seine gesetzlichen Aufgaben fristlos beenden.

4. Versicherungspflicht. Gemäß § 1 Abs. 4 S. 1 und 2 ZwVwV ist der Verwalter zum Abschluss einer Vermögensschadenshaftpflichtversicherung verpflichtet. Der Abschluss ist auf Verlangen des Gerichts nachzuweisen (§ 1 Abs. 4 S. 3 ZwVwV).

Widmet der als Zwangsverwalter eingesetzte Rechtsanwalt bzw Steuerberater einen erheblichen Teil seiner Arbeitszeit der Durchführung von Zwangsverwaltungsverfahren, ist eine allgemeine Rechtsanwalts- oder Steuerberaterhaftpflichtversicherung nicht ausreichend.

III. Bestallungsurkunde als Ausweis des Zwangsverwalters, § 2 ZwVwV

1. Inhalt der Bestallungsurkunde. Der Verwalter erhält nach § 2 ZwVwV als Ausweis eine Bestallungsurkunde. Sie enthält

- das **Datum der Anordnung** der Zwangsverwaltung,
- die genaue Angaben zum **Zwangsverwaltungsobjekt**, also die Bezeichnung des Grundstücks und Grundbuchs,
- die genauen Angaben des **Schuldners**, damit dieser im Rechtsverkehr zweifelsfrei identifiziert werden kann,
- den vollem Namen und die Büroanschrift des **Zwangsverwalters** und
- die **Ermächtigung** des Verwalters nach § 150 Abs. 2, sich selbst in den Besitz des Objektes zu setzen.

Die übrigen Informationen aus dem Anordnungsbeschluss, wie die Angaben über den betreibenden Gläubiger und den Vollstreckungsanspruch, dürfen nicht mit aufgenommen werden.

2. Rechtswirkungen der Bestallungsurkunde. Die Bestallungsurkunde hat keine materiell-rechtliche Wirkung, sondern nur **deklaratorische** Bedeutung. Sie ist im Rechtsverkehr im Original oder in öffentlich beglaubigter Kopie vorzulegen.[13] Die Wirksamkeit der Verfahrensanordnung, die Bestellung des Verwalters und der Eintritt der Beschlagnahme sind von ihrer Erteilung unabhängig. Die Bestallungsurkunde vermittelt keinen Gutglaubensschutz. Sie ist jedoch ein geeigneter Titel zur Vollstreckung gegen den Schuldner auf Herausgabe (s. Rn 23 ff).

---

11 AA LG Potsdam ZIP 2009, 391 = ZfIR 2009, 105.
12 AG Dortmund 12.8.2005 – 276 L 031/04, juris = BeckRS 2008, 23263 = www.justiz.nrw.de/RB/nrwe2/.
13 BGH NJW-RR 2005, 1716 = Rpfleger 2005, 610.

18　**3. Erteilung der Bestallungsurkunde.** Die Bestallungsurkunde wird vom Gericht gefertigt und dem Zwangsverwalter zusammen mit einer beglaubigten Kopie des Anordnungsbeschlusses zugestellt. Mit der Beendigung seines Amtes muss der Verwalter die Bestallungsurkunde wieder zurückgeben (§ 12 Abs. 2 ZwVwV).

19　Technisch gesehen handelt es sich bei der Bestallungsurkunde um eine auszugsweise beglaubigte Kopie des Anordnungsbeschlusses. Mit der Erteilung ist kein gerichtlicher Rechtsakt verbunden, sondern eine reine Beurkundungstätigkeit. Daher ist für die Erteilung der Urkundsbeamten der Geschäftsstelle des Amtsgerichts zuständig und nicht der Rechtspfleger. Die Bestallungsurkunde ist vom Urkundsbeamten der Geschäftsstelle entsprechend § 169 Abs. 2 ZPO entweder zu unterschreiben oder gem. § 169 Abs. 3 ZPO mit dem Landessiegel zu siegeln.

IV. Besitzübergang auf den Zwangsverwalter, § 3 ZwVwV

20　**1. Vorbemerkung.** Der Zwangsverwalter muss kraft seines Amtes die Immobilie verwalten und nutzen (s. 152 Rn 1). Dazu ist sein Besitz eine notwendige und zwingende Voraussetzung. Außerdem wird spätestens mit dem Besitzübergang die Beschlagnahme wirksam (s. § 151 Rn 3). Der Verwalter ist daher gehalten, das Verwaltungsobjekt unverzüglich in seinen Besitz zu nehmen (§ 3 Abs. 1 S. 1 ZwVwV).

21　Der Besitz ist die vom Verkehr anerkannte tatsächliche Herrschaft einer Person über eine Sache. Besitz ist ein tatsächliches Verhältnis und kein subjektives Recht. Übt der Besitzer die tatsächliche Sachherrschaft unmittelbar und direkt aus, ist er unmittelbarer Besitzer (Beispiel: Der Schuldner bewohnt das Objekt selber). Besitzt jemand eine Sache als Mieter (oder in einem ähnlichen Verhältnis), vermittelt er dem Vermieter den mittelbaren Besitz.

22　**2. Besitz als Voraussetzung für ein wirksames Verfahren.** Der Verwalter muss die Immobilie in seinem wirtschaftlichen Bestand erhalten, ordnungsgemäß verwalten und nutzen (s. § 152 Rn 1). Dazu werden dem Schuldner die Verwaltung und Benutzung entzogen und auf den Verwalter übertragen. Die Übertragung ist mit dem Übergang des (mittelbaren oder unmittelbaren) Besitzes auf den Zwangsverwalter vollzogen. Ist der Schuldner aber weder unmittelbarer noch mittelbarer Besitzer und verweigert der Dritte, der den Besitz innehat, die Herausgabe, so ist die Zwangsverwaltung rechtlich nicht durchführbar und aufzuheben.[14]

23　**3. Erlangung des unmittelbaren Besitzes.** Ist der Schuldner unmittelbarer Besitzer, erwirbt der Zwangsverwalter den Besitz durch Erlangung der tatsächlichen Gewalt über das Verwaltungsobjekt (§ 854 Abs. 1 BGB). Dazu verschafft er sich mit der Ermächtigung des Gerichts selbst den Besitz oder wird über den Gerichtsvollzieher in den Besitz eingewiesen (s. § 885 ZPO Rn 46 und § 128 GVGA). Als Vollstreckungstitel ist die Bestallungsurkunde ausreichend.[15]

24　Die Erteilung einer Vollstreckungsklausel (§ 724 ZPO) mit anschließender Zustellung (§ 750 ZPO) ist entbehrlich. Im Gegensatz zu den Räumungsvollstreckungen nach § 149 (s. § 149 Rn 11) oder § 93 (s. § 93 Rn 10) erfolgt hier nur eine Besitzverschaffung, die nicht zwingend durch einen Gerichtsvollzieher als Vollstreckungsorgan erfolgen muss. Sie kann auch durch Beamte der Justiz, der Polizei oder der Gemeinde erfolgen (**Abs. 2**).

14　BGHZ 96, 61 = NJW 1986, 2438 = MDR 1986, 140 = Rpfleger 1986, 26 = ZIP 1985, 1532; LG Dortmund Rpfleger 2002, 472.
15　BGH MDR 2005, 1012 = NJW-RR 2005, 1032 = Rpfleger 2005, 463 = WM 2005, 1321; BGH ZInsO 2011, 742 = WM 2011, 943 = WuM 2011, 304 = MDR 2011, 631.

Eine besondere richterliche Genehmigung ist nach § 758 a Abs. 2 ZPO entbehrlich.[16] Lediglich bei einer Vollstreckung zur Nachtzeit ist eine besondere richterliche Anordnung erforderlich (§ 758 a Abs. 4 ZPO). 25

Die Möglichkeit der **Herausgabevollstreckung** über Abs. 2 bezieht sich nicht nur auf die Immobilie, sondern ist auch möglich in Hinblick auf Mietkaution (s. § 152 Rn 9 ff), Mietverträge, Versicherungspolicen und den Energiepass (EnEV 2014).[17] Die Herausgabevollstreckung darf aber nicht missbraucht werden, um Besichtigungen für Bietinteressenten einer Zwangsversteigerung zu erzwingen,[18] und ist nur zulässig gegenüber dem Schuldner. 26

Eine Räumung des Schuldners, eines Mieters oder eines Bewohners mit Besitzrecht ist über Abs. 2 nicht möglich.[19] 27

4. Übergang des mittelbaren Besitzes. Ist das Verwaltungsobjekt vermietet oder verpachtet und übt der Schuldner nur den mittelbaren Besitz aus, ist ein Besitzerwerb nach § 854 BGB nicht möglich. Mittelbarer Besitz wird entweder rechtsgeschäftlich übertragen (§ 870 BGB) oder vollzieht sich kraft Gesetzes. Der Verwalter kann sich den mittelbaren Besitz weder durch eine tatsächliche Handlung verschaffen, noch durch eine Einweisung nach § 885 ZPO erhalten (vgl § 886 ZPO: Herausgabe bei Gewahrsam eines Dritten). 28

Die Ermächtigung des Verwalters nach Abs. 2, sich selbst den Besitz zu verschaffen, bezieht sich auf §§ 858 Abs. 1, 854 Abs. 1 BGB, also auf den unmittelbaren Besitz.[20] Eine Anwendung auf den mittelbaren Besitz ist rechtlich nicht möglich. 29

Mit der Anordnung der Zwangsverwaltung und der Übertragung der Verwaltung und Benutzung wird dem Schuldner der mittelbare Besitz entzogen und auf den Verwalter übertragen.[21] Der Übergang des mittelbaren Besitzes wird wirksam mit der Annahme des Amtes durch den Verwalter, also im Zweifel mit Zustellung des Beschlusses an ihn. 30

Eine kurzfristige Benachrichtigung der Mieter ist zwar tunlich, schon um schuldbefreiende Zahlungen an den Schuldner zu unterbinden, aber nicht Voraussetzung für den Übergang des mittelbaren Besitzes.[22] Mit der Bestimmung des § 4 S. 1 ZwVwV wird die Mitteilungspflicht des Zwangsverwalters ausdrücklich normiert („Der Verwalter hat alle betroffenen Mieter und Pächter... unverzüglich über die Zwangsverwaltung zu informieren"), eine Regelung zum Besitz ist darin aber nicht zu erkennen.[23] 31

5. Besitz des Zwangsverwalters im Fall eines Nießbrauchs. Der Nießbraucher hat die dingliche Berechtigung, die Nutzungen des Grundstücks zu ziehen und das Grundstück zu besitzen (§ 1030 BGB). Der Nießbraucher wird bei einer Eigennutzung des Objekts idR unmittelbarer Besitzer sein. Der Eigentümer ist immer nur mittelbarer Besitzer. 32

In der Zwangsverwaltung kollidieren die Verwaltungs- und Besitzrechte des Nießbrauchers mit denen des Verwalters. Wird die Zwangsverwaltung von einem vorrangigen Grundpfandgläubiger beantragt, ist die Verwaltung unbeschränkt möglich, da der Nießbraucher zur Duldung der Zwangsvollstreckung 33

---

16 BGH ZInsO 2011, 742 = WM 2011, 943 = WuM 2011, 304 = MDR 2011, 631.
17 LG Berlin Rpfleger 1993, 123; AG Stuttgart Rpfleger 1995, 375.
18 LG Ellwangen DGVZ 1995, 125.
19 OLG Koblenz InVo 2003, 210 = ZInsO 2002, 947.
20 OLG Koblenz InVo 2003, 210 = ZInsO 2002, 947.
21 LG Hamburg 19.1.2005 – 328 T 4/05.
22 AA *Haarmeyer/Wutzke/Förster/Hintzen*, Zwangsverwaltung, § 150 a ZVG Rn 27, die davon ausgehen, dass der Verwalter den mittelbaren Besitz durch ein Anschreiben an die Mieter erhält.
23 AA Dassler/Schiffhauer/*Engels*, § 150 Rn 42, 67.

verpflichtet ist. Notwendig ist aber die Erteilung einer gegen den Nießbraucher eingeschränkten Rechtsnachfolgeklausel (titelerweiternde Klausel).[24]

Ist das Recht des Nießbrauchers vorrangig oder liegt kein Duldungstitel vor,[25] kann die Verwaltung nur beschränkt angeordnet werden. In die Rechte und in den Besitz des Nießbrauchers wird nicht eingegriffen. Der Verwalter erhält nur die Rechte und den mittelbaren Besitz des Eigentümers. Seine Tätigkeit beschränkt sich dann auf die Beaufsichtigung des Nießbrauchers.

V. Bericht über den Besitzübergang, § 3 ZwVwV

34 Der Verwalter muss dem Gericht zeitnah und umfassend Bericht erstatten. Im Einzelnen sind festzuhalten (§ 3 Abs. 1 S. 2 ZwVwV):

35 **1. Zeitpunkt und Umstände des Besitzübergangs.** Das Gericht muss von Amts wegen prüfen, ob und wann der Besitz übergegangen ist. Es wird unter Berücksichtigung des mitgeteilten Zeitpunkts den Tag der ersten Beschlagnahme bestimmen und diesen dem Verwalter mitteilen (vgl § 151 Rn 3).

36 **2. Nähere Beschreibung des Objekts, der Unterhaltungszustand und die Nutzung.** Neben einer Beschreibung sind auch Fotos von dem Verwaltungsobjekt sehr sinnvoll. Dabei sind die Persönlichkeitsrechte der Bewohner und Anwohner zu beachten. Folgendes darf idR nicht fotografiert werden bzw muss unkenntlich gemacht werden:

- besondere Einrichtungs- und Wertgegenstände,
- Personen (bei Innen- und Außenaufnahmen),
- Maschinen oder Produktionsanlagen bei vermieteten gewerblichen Objekten,
- eindeutig identifizierbare Merkmale (zB Fahrzeugkennzeichen),
- Namen und Firmenlogos auf Schildern oder Fahrzeugen.

Sämtliche Mieter sind einzeln zu benennen und es sind nähere Angaben zu den Mietverträgen, den Kautionsvereinbarungen und den Kautionszahlungen (s. § 152 Rn 9 ff) sowie zu den zu verrechnenden Mietvorauszahlungen zu machen. Sofern das Grundstück der Umsatzsteuer unterworfen wurde (§ 9 UStG), ist über die steuerlichen Pflichten, insb. über die Rückforderungsansprüche nach § 15 a UStG und die Vorsteuererstattungsansprüche, zu berichten. Ferner sind Feststellungen zu treffen, ob der Verwalter für die Vermietung einen Energieausweis benötigt, welche Ausweisart erforderlich ist und ob dieser bereits vorliegt (vgl § 152 Rn 5).

37 **3. Alle beschlagnahmten Erzeugnisse, Bestandteile, Zubehörstücke und Forderungen.** Siehe § 148 Rn 4 ff. Zur Abgrenzung sollte auch ausdrücklich auf die Scheinbestandteile nach § 95 BGB eingegangen werden.

38 **4. Die vorrangigen Hausgeldansprüche der Wohnungseigentümergemeinschaft und die öffentlichen Lasten des Grundstücks.** Siehe § 156 Rn 2.

39 **5. Die dem Schuldner und seiner Familie zu belassenen Räume.** Siehe § 149 Rn 3.

40 **6. Die voraussichtlichen Ausgaben der Verwaltung.** Dabei ist zu unterscheiden zwischen den notwendigen Ausgaben zur Erhaltung und Verbesserung des Grundstücks (s. § 10 Rn 5) und den übrigen Ausgaben der Verwaltung (s. § 155 Rn 3).

41 **7. Die voraussichtlichen Einnahmen.** Siehe § 154 Rn 1.

---

24 BGH Rpfleger 2014, 532 = NJW 2014, 1740 = MDR 2014, 709 = NZM 2014, 526.
25 BGH NJW 2003, 2164 = MDR 2003, 773 = NZM 2003, 490 = Rpfleger 2003, 378.

8. Die erforderlichen Vorschüsse. Siehe § 161 Rn 17. 42

9. Alle sonstigen für die Verwaltung wesentlichen Verhältnisse. Bei der Inbesitz- 43
nahme eines Grundstücks mit einem Geschäftsbetrieb (des Schuldners) sind die
rechtlichen Verhältnisse und der wirtschaftliche Zustand des Betriebes zu ermitteln. Dabei wird der Verwalter sich insb. einen Überblick über den Personalbestand, die Verbindlichkeiten und die wirtschaftlichen Chancen verschaffen müssen. Der Verwalter hat darzulegen, ob eine Fortführung des Betriebes rechtlich
möglich und wirtschaftlich sinnvoll ist und ob er die Möglichkeit wahrnehmen
möchte (s. § 152 Rn 9). Soweit entsprechende Verdachtsmomente für eine Gefährdung des Objektes erkennbar werden, ist denen sofort nachzugehen. Die erforderlichen Maßnahmen der Gefahrabwehr sind sofort zu treffen.[26]

Umfasst das Verfahren mehrere Grundstücke (oder Eigentumswohnungen), er- 44
folgt die Verwaltung für jedes der betroffenen Objekte einzeln. Es ist jeweils in
einem gesonderten Bericht zu dokumentieren. Eine Ausnahme gilt nur, wenn die
Grundstücke eine wirtschaftliche Einheit bilden (s. § 146 Rn 14).

VI. Mitteilungen des Zwangsverwalters, § 4 ZwVwV

Mit der Beschlagnahme ist ein relatives Verfügungsverbot verbunden, so dass 45
Zahlungen der Mieter an den Schuldner gegenüber dem betreibenden Gläubiger
unwirksam sind (§§ 135, 136 BGB). Ist der Mieter jedoch gutgläubig und zahlt
er in Unkenntnis der angeordneten Zwangsverwaltung an den Schuldner, ist er
geschützt (§§ 135 Abs. 2, 407 Abs. 1 BGB).

Der Zwangsverwalter ist daher verpflichtet, die Mieter (Drittschuldner) unver- 46
züglich über die Anordnung der Zwangsverwaltung zu **informieren** und sie dahingehend zu **belehren**, dass die fälligen Mieten nur noch auf das Treuhandkonto
des Verwalters einzuzahlen sind. Die Belehrung kann mündlich, sollte aber aus
Beweisgründen (auch) immer schriftlich erfolgen. Die Belehrung wird erst mit
Zugang beim Mieter und dessen positiver Kenntnis wirksam. Der Einwurf einer
Nachricht in den Briefkasten genügt nicht.[27]

Zur Beschleunigung und der sicheren Feststellung der Rechtslage kann das Ge- 47
richt gegenüber dem Mieter ein Zahlungsverbot aussprechen (s. § 22 Rn 12,
§ 151 Rn 7).

Während das Vollstreckungsgericht alle am Verfahren **beteiligten Personen** (s. § 9 48
Rn 2 ff) über die Anordnung des Verfahrens informiert (s. § 146 Rn 20), ist der
Verwalter nach § 4 S. 1 ZwVwV verpflichtet, kurzfristig alle übrigen von der
Verwaltung **betroffenen Personen** zu benachrichtigen. Das sind zB die Ver- und
Entsorgungsunternehmen (Strom, Gas, Wasser), die Stadtkasse (Grundbesitzabgaben), die Versicherungen (Gebäude, Feuer, Haftpflicht), das Finanzamt, die
Wohnungseigentümergemeinschaft und die evtl vom Schuldner beschäftigten Personen (Hausmeister).

§ 150 a [Vorschlag eines Institutsverwalters]

(1) Gehört bei der Zwangsverwaltung eines Grundstücks zu den Beteiligten eine
öffentliche Körperschaft, ein unter staatlicher Aufsicht stehendes Institut, eine
Hypothekenbank oder ein Siedlungsunternehmen im Sinne des Reichssiedlungsgesetzes, so kann dieser Beteiligte innerhalb einer ihm vom Vollstreckungsgericht

---

26 BGH MDR 2006, 22 = NZM 2005, 700 = Rpfleger 2005, 616 = WM 2005, 1958.
27 LG Berlin GE 2007, 1121.

zu bestimmenden Frist eine in seinen Diensten stehende Person als Verwalter vorschlagen.

(2) ¹Das Gericht hat den Vorgeschlagenen zum Verwalter zu bestellen, wenn der Beteiligte die dem Verwalter nach § 154 Satz 1 obliegende Haftung übernimmt und gegen den Vorgeschlagenen mit Rücksicht auf seine Person oder die Art der Verwaltung Bedenken nicht bestehen. ²Der vorgeschlagene Verwalter erhält für seine Tätigkeit keine Vergütung.

Literatur:

Keller, Die Instituts-Zwangsverwaltung – Von der Notstandsverordnung zur Rechtsstaatswidrigkeit?, NZI 2011, 1; *Schmidberger*, Renaissance der Institutsverwaltung?, ZInsO 2007, 1137; *Schmidt-Räntsch, Jürgen/Schmidt-Räntsch, Johanna*, Zu einer Reform des ZVG, ZfIR 2013, 449; *Strauß*, Anmerkung zu dem Beschluss des LG Berlin vom 2.9.2013 (82 T 382/13) – Zur Erstattung von Drittkosten, Rpfleger 2014, 153.

I. Normzweck	1	2. Fristsetzung und praktisches Vorgehen	5
II. Vorschlag eines Institutsverwalters (Abs. 1)	3	III. Entscheidung über den Vorschlag (Abs. 2)	8
1. Vorschlagsberechtigte Institute	3	IV. Stellung des Institutsverwalters	14

I. Normzweck

1 Die Auswahl des Zwangsverwalters erfolgt durch das Vollstreckungsgericht nach pflichtgemäßem Ermessen. An den Vorschlag des betreibenden Gläubigers ist das Gericht grds. nicht gebunden (s. § 150 Rn 3). Sind allerdings die Voraussetzungen des § 150 a erfüllt und ist der vorgeschlagene Verwalter auch geeignet, muss das Gericht antragsgemäß entscheiden und den Vorgeschlagenen als Zwangsverwalter (**Institutsverwalter**) einsetzen.

2 Da ein Institutsverwalter für seine Tätigkeit keine Vergütung erhält, lassen sich die Kosten des Verfahrens reduzieren. Die Gläubigerin erhält zusätzlich einen größeren und unmittelbaren Einfluss auf die wirtschaftlichen Entscheidungen des Zwangsverwalters.

II. Vorschlag eines Institutsverwalters (Abs. 1)

3 **1. Vorschlagsberechtigte Institute.** Grundsätzlich sind folgende Institute berechtigt, einen Institutsverwalter vorzuschlagen:

- Sämtliche **Kreditinstitute**, **Banken** und **Sparkassen** (vgl §§ 1, 2 KWG),
- alle privaten **Versicherungsgesellschaften** (§§ 1, 1 a, 1 b VAG),
- alle **Bausparkassen** (§ 1 BauSparkG),
- sämtliche Körperschaften des öffentlichen Rechts, zB der **Bund**, die **Länder**, die **Gemeinden** und **Kreise**, die **Sozialversicherungsträger**, und
- die **kirchlichen Körperschaften** (soweit sie öffentlich-rechtlich sind).

4 Das vorschlagende Institut muss **am Verfahren** als dingliche Berechtigte **beteiligt** sein (s. § 9 Rn 2 ff). Es ist nicht erforderlich, dass diese Beteiligte einen Anordnungs- oder Beitrittsantrag gestellt hat und die Zwangsverwaltung betreibt.

5 **2. Fristsetzung und praktisches Vorgehen.** In praktisch jedem Verfahren befinden sich unter den beteiligten Gläubigern vorschlagsberechtigte Institute. Grundsätzlich wäre daher das Vollstreckungsgericht in jedem Verfahren vor der Anordnung der Zwangsverwaltung gehalten, zunächst diese Gläubiger unter Fristsetzung aufzufordern, einen Institutsverwalter zu benennen. Im Interesse einer schnellen Verfahrensanordnung und unter Berücksichtigung der Tatsache, dass nur in wenigen Fällen das Vorschlagsrecht wahrgenommen wird, verzichten die Gerichte in aller Regel auf die vorherige Anhörung. Sie ordnen die Zwangsverwaltung an und setzen einen geeigneten, unabhängigen Zwangsverwalter ein.

Bei dieser Handhabung wird die Ausschlussfrist des Abs. 1 nicht in Gang gesetzt, so dass die berechtigten Institute auch zu einem späteren Zeitpunkt die Einsetzung eines Institutsverwalters noch beantragen können.[1] In diesem Fall ist der zunächst eingesetzte unabhängige Verwalter abzuberufen und der vorgeschlagene Institutsverwalter zu bestellen.

Tritt der Anordnungsgläubiger eine geringe Teilforderung ab und beantragt die neue Gläubigerin anschließend die Einsetzung eines Institutsverwalters, kann der Antrag **rechtsmissbräuchlich** und unzulässig sein.[2] Dies kann insb. dann der Fall sein, wenn es sich bei dem Zessionar um ein Institut handelt, das im Wesentlichen für andere Finanzdienstleistungen erbringt (§ 1 Abs. 2 KWG) und lediglich ein geringer, nachrangiger Teilbetrag abgetreten wird. Hier besteht der Verdacht, dass die Abtretung allein zielgerichtet zu dem Zweck erfolgt, das Vorschlagsrecht nach § 150 a geltend zu machen, und zwar im abgestimmten Zusammenwirken mit der bisherigen Alleingläubigerin.

III. Entscheidung über den Vorschlag (Abs. 2)

Der vorgeschlagene Verwalter muss bei dem Institut in einem Beamten- oder festen Arbeitsverhältnis stehen.[3] Eine Beschäftigung als freier Mitarbeiter oder eine Beschäftigung bei einer Tochtergesellschaft ist nicht ausreichend. Das Vollstreckungsgericht muss bei einem vorgeschlagenen Institutsverwalter **zwingend** die Qualifikation und die vorhandene Büroausstattung prüfen. Es hat sich zu vergewissern, dass eine ordnungsgemäße Gestaltung und Durchführung des Verfahrens gewährleistet werden kann (s. § 150 Rn 4 f).

In der Eignungsprüfung ist v.a. auf die organisatorischen Gegebenheiten abzustellen: Ein vorgeschlagener Institutsverwalter, der eine umfangreiche Zwangsverwaltung ohne (teilweise) Freistellung, also zusätzlich und neben seinen normalen Tätigkeiten als Angestellter seines Instituts, übernehmen soll, wird in aller Regel mit dieser Aufgabe zeitlich überfordert sein. Bestehen objektive Anzeichen, die hier Anlass zu Bedenken geben, kann der Vorgeschlagene nicht als Verwalter eingesetzt werden.[4] Werden die Mängel erst zu einem späteren Zeitpunkt aufgedeckt, muss der Institutsverwalter entlassen und ein geeigneter Verwalter eingesetzt werden.[5]

Das vorschlagende Institut muss in jedem einzelnen Verfahren gegenüber dem Vollstreckungsgericht die sonst übliche Haftung des Verwalters nach § 154 S. 1 übernehmen.

Soll in der Zwangsverwaltung eines landwirtschaftlich, forstwirtschaftlich oder gärtnerisch genutzten Grundstücks der Schuldner als Zwangsverwalter eingesetzt werden, ist nach § 150 b Abs. 1 S. 1 eine Institutsverwaltung ausgeschlossen (s. § 150 b Rn 12).

---

1 AA LG Leipzig Rpfleger 2011, 103.
2 LG Leipzig Rpfleger 2011, 103.
3 BGH MDR 2005, 1011 = Rpfleger 2005, 457 = WM 2005, 1323.
4 LG Dortmund 12.7.2005 – 9 T 367/05, juris = BeckRS 2006, 08074 = www.justiz.nrw.de/RB/nrwe2/.
5 AG Dortmund 12.8.2005 – 276 L 031/04, juris = BeckRS 2008, 23263 = www.justiz.nrw.de/RB/nrwe2/.

12 Sind die gesetzlichen Voraussetzungen erfüllt und bestehen keine Bedenken gegen die Person oder die Art und Weise der Zwangsverwaltung, muss der vorgeschlagene Verwalter eingesetzt werden (**Abs. 2 S. 1**).[6]

13 Liegen die Voraussetzungen für die Bestellung eines Institutsverwalters nicht vor, ist im Zweifel gleichwohl die Zwangsverwaltung anzuordnen und ein geeigneter, unabhängiger Verwalter einzusetzen.[7]

IV. Stellung des Institutsverwalters

14 Der Institutsverwalter ist verpflichtet, die Gesetze und Verordnungen zu beachten und die Anweisungen des Vollstreckungsgerichts zu erfüllen (s. § 150 Rn 10, § 153 Rn 8).

15 Auch der Institutsverwalter ist verpflichtet:
- zur persönlichen Geschäftsführung (s. § 150 Rn 11),
- ein besonderes Treuhandkonto einzurichten (s. § 154 Rn 2),
- ordnungsgemäße Bücher zu führen (s. § 154 Rn 5),
- dem Gericht zeitnah und umfassend Bericht zu erstatten (s. § 150 Rn 54, § 154 Rn 7, 11, 13),
- grds. die bisherige wirtschaftliche Nutzung des Grundstücks fortzuführen (s. § 152 Rn 1),
- für bestimmte Maßnahmen die vorherige Zustimmung des Gerichts einzuholen (s. § 153 Rn 12),
- Auszahlungen an die Gläubiger nur nach Maßgabe des Teilungsplans vorzunehmen (s. § 155 Rn 5).

16 Sein Arbeitgeber hat insoweit keine Weisungsbefugnisse. Mit Rücksicht auf die Stellung des Institutsverwalters als abhängig beschäftigter Mitarbeiter einer Gläubigerin kommt der Aufsichtspflicht des Vollstreckungsgerichts eine ganz besondere Bedeutung zu.

17 Gemäß **Abs. 2 S. 2** erhält der eingesetzte Institutsverwalter weder eine besondere Vergütung aus der Masse (vgl § 155 Rn 3), noch darf er sie vom Schuldner verlangen; er wird von „seinem" Institut besoldet. Eine Auslagenerstattung (§ 21 ZwVwV) ist denkbar, setzt aber das Entstehen eigener Auslagen voraus. Nicht Erstattungsfähig sind allerdings Kosten, die dadurch entstanden sind, dass der Institutsverwalter ihm selbst obliegende Verwaltungsaufgaben ohne besonderen Grund auf eine Hilfsperson übertragen hat.[8] Die Kosten seines Arbeitgebers (Institut) können nicht erstattet werden.

§ 150 b [Bestellung des Schuldners zum Verwalter]

(1) [1]Bei der Zwangsverwaltung eines landwirtschaftlichen, forstwirtschaftlichen oder gärtnerischen Grundstücks ist der Schuldner zum Verwalter zu bestellen. [2]Von seiner Bestellung ist nur abzusehen, wenn er nicht dazu bereit ist oder wenn nach Lage der Verhältnisse eine ordnungsmäßige Führung der Verwaltung durch ihn nicht zu erwarten ist.

---

6 LG Bayreuth Rpfleger 1999, 459.
7 BGH MDR 2005, 1011 = Rpfleger 2005, 457 = WM 2005, 1323.
8 LG Berlin Rpfleger 2014, 152 = ZfIR 2013, 748.

(2) Vor der Bestellung sollen der betreibende Gläubiger und etwaige Beteiligte der in § 150 a bezeichneten Art sowie die untere Verwaltungsbehörde gehört werden.

(3) Ein gemäß § 150 a gemachter Vorschlag ist nur für den Fall zu berücksichtigen, daß der Schuldner nicht zum Verwalter bestellt wird.

I. Normzweck

Ein Zwangsverwalter ist grds. befugt, einen grundstücksbezogenen Betrieb fortzuführen, wenn dies erforderlich ist, um das Grundstück in seinem wirtschaftlichen Bestand zu erhalten und ordnungsgemäß zu nutzen.[1] Wenn sich ein Verwalter für die Fortsetzung eines landwirtschaftlichen Betriebes in eigener Verantwortung entscheiden würde, hätte dies erhebliche haftungsrechtliche, arbeitsrechtliche und steuerrechtliche Konsequenzen. Er hätte im Zweifel auch nicht die nötigen Qualifikationen als Landwirt. Aus diesem Grunde würde er die Übernahme des Betriebes ablehnen und lediglich versuchen, von dem Schuldner eine angemessene Nutzungsentschädigung zu vereinnahmen.

In der Zwangsverwaltung eines landwirtschaftlichen, forstwirtschaftlichen oder gärtnerischen Grundstücks soll daher grds. der Schuldner selbst als Verwalter eingesetzt werden. Der **Schuldnerverwalter** und sein Betrieb werden mit der Verfahrensanordnung der Kontrolle einer Aufsichtsperson unterstellt (§ 150 c Abs. 1).

II. Bestellung des Schuldners als Verwalter

1. Bestimmung der Grundstücksnutzung. Es muss sich um ein land- oder forstwirtschaftliches oder gärtnerisches Grundstück handeln (**Abs. 1 S. 1**). Zur Abgrenzung ist nicht die Bezeichnung im Grundbuch oder der Beruf des Schuldners entscheidend, sondern die **Art der Grundstücksnutzung**. Wesentlich ist, dass der Betrieb überwiegend auf der Produktion natürlicher Tier- und Bodenprodukten beruht und von der Nutzung der landwirtschaftlichen Fläche abhängig ist.[2] Die Definition des § 201 BauGB ist nicht direkt anwendbar, kann aber für eine Abgrenzung hilfreich sein:

„*Landwirtschaft im Sinne dieses Gesetzbuchs ist insbesondere der Ackerbau, die Wiesen- und Weidewirtschaft einschließlich Tierhaltung, soweit das Futter überwiegend auf den zum landwirtschaftlichen Betrieb gehörenden, landwirtschaftlich genutzten Flächen erzeugt werden kann, die gartenbauliche Erzeugung, der Erwerbsobstbau, der Weinbau, die berufsmäßige Imkerei und die berufsmäßige Binnenfischerei.*"

Somit sind Grundstücke, auf denen Acker-, Obst-, Gemüse-, Garten- oder Weinbau, Forstwirtschaft, Vieh- oder Geflügelzucht betrieben wird, und auch Pferdepensionen mit eigenen Grünlandflächen (Weiden und Auslaufflächen) und eigener Futter-, Heu- und Streuproduktion als Betriebe iSd § 150 b anzusehen. Der Handel mit Erzeugnissen, die aus fremden Betrieben stammen, darf lediglich eine Nebentätigkeit darstellen.[3]

Bei Mastbetrieben, die ihr Futter überwiegend nicht selbst erzeugen, bei sämtlichen Handelsbetrieben (An- und Weiterverkauf landwirtschaftlicher Produkte), bei Tierpensionen und gewerblichen Kleintierzüchtern auf kleinflächigen Grundstücken ist ein **normaler Zwangsverwalter** einzusetzen.

---

1 BGHZ 163, 9 = MDR 2005, 1251 = NJW-RR 2005, 1175 = Rpfleger 2005, 557.
2 LG Kiel 30.5.1988 – 13 T 255/88, SchlHA 1989, 67.
3 BGHZ 24, 169 = NJW 1957, 1191.

6 Grundsätzlich ist die Zwangsverwaltung für jedes Grundstück getrennt und selbständig durchzuführen.[4] Daher ist eine gemeinsame Verfahrensabwicklung nur möglich, soweit die Grundstücke eine wirtschaftliche Einheit bilden. Die Frage nach dem einzusetzenden Zwangsverwalter ist für jedes (Teil-)Verfahren einzeln zu beantworten. So kann es zB notwendig sein, in der Zwangsverwaltung eines Bauernhofes ein Nebengrundstück mit Ferienwohnungen nach § 18 von dem Hauptverfahren abzutrennen und für dieses Verfahren einen normalen Zwangsverwalter einzusetzen, der sich um die Vermietung der Ferienwohnungen kümmert.

7 **2. Einverständnis und Eignung des Schuldners.** Die Bestellung des Schuldners als Verwalter kann und muss unterbleiben, wenn er nicht zur Übernahme des Amtes bereit ist oder begründete Zweifel an der Eignung zum Verwalter bestehen (vgl **Abs. 1 S. 2**). Die Voraussetzungen sind vom Vollstreckungsgericht vor der Anordnung der Zwangsverwaltung zu prüfen. Ergeben sich erst später begründete Zweifel an der Eignung des Schuldners zum Verwalter, ist er unverzüglich zu entlassen.[5]

8 **3. Verfahrensrecht und Besonderheiten.** Vor der Bestellung des Schuldners als Verwalter soll das Vollstreckungsgericht den antragstellenden Gläubiger und alle im Grundbuch eingetragenen Institute (s. § 150 a Rn 3) sowie die untere Verwaltungsbehörde anhören (**Abs. 2**).

9 Wird dem Vollstreckungsgericht erst zu einem späteren Zeitpunkt die landwirtschaftliche Nutzung bekannt, muss – sofern die Voraussetzungen für die Bestellung des Schuldners als Verwalter vorliegen – der zunächst eingesetzte Zwangsverwalter entlassen und der Schuldner als Verwalter bestellt werden.

10 Der Schuldnerverwalter unterliegt zwar nicht den Bestimmungen der Zwangsverwalterverordnung (§ 24 Abs. 1 ZwVwV), aber der Kontrolle einer Aufsichtsperson (s. § 150 c Rn 2) und des Gerichts (s. § 153 Rn 5).

11 Der Schuldnerverwalter hat einen Anspruch auf Unterhalt aus der Zwangsverwaltungsmasse (s. § 149 Rn 23, § 150 e Rn 1).

12 Liegen die Voraussetzungen für die Bestellung des Schuldners als Zwangsverwalter vor, darf kein Institutsverwalter nach § 150 a eingesetzt werden (**Abs. 3**).

§ 150 c [Bestellung einer Aufsichtsperson]

(1) [1]Wird der Schuldner zum Zwangsverwalter bestellt, so hat das Gericht eine Aufsichtsperson zu bestellen. [2]Aufsichtsperson kann auch eine Behörde oder juristische Person sein.

(2) [1]Für die Aufsichtsperson gelten die Vorschriften des § 153 Abs. 2 und des § 154 Satz 1 entsprechend. [2]Gerichtliche Anordnungen, die dem Verwalter zugestellt werden, sind auch der Aufsichtsperson zuzustellen. [3]Vor der Erteilung von Anweisungen im Sinne des § 153 ist auch die Aufsichtsperson zu hören.

(3) Die Aufsichtsperson hat dem Gericht unverzüglich Anzeige zu erstatten, wenn der Schuldner gegen seine Pflichten als Verwalter verstößt.

(4) [1]Der Schuldner führt die Verwaltung unter Aufsicht der Aufsichtsperson. [2]Er ist verpflichtet, der Aufsichtsperson jederzeit Auskunft über das Grundstück, den Betrieb und die mit der Bewirtschaftung zusammenhängenden Rechtsverhältnisse zu geben und Einsicht in vorhandene Aufzeichnungen zu gewähren. [3]Er hat, so-

---

4 BGH MDR 2006, 837 = NZM 2006, 234 = Rpfleger 2006, 151.
5 OLG Hamm AgrarR 1988, 20 = NJW-RR 1988, 60 = Rpfleger 1988, 36.

weit es sich um Geschäfte handelt, die über den Rahmen der laufenden Wirtschaftsführung hinausgehen, rechtzeitig die Entschließung der Aufsichtsperson einzuholen.

I. Normzweck

Wird der Schuldner als Verwalter seines landwirtschaftlichen, forstwirtschaftlichen oder gärtnerischen Betriebes eingesetzt (s. § 150 b Rn 2), muss das Vollstreckungsgericht gleichzeitig eine Aufsichtsperson mit der Überwachung der Verwaltungstätigkeit einsetzen. 1

II. Bestellung einer Aufsichtsperson

1. Stellung. Die Stellung der Aufsichtsperson ist vergleichbar mit der eines vorläufigen Insolvenzverwalters (§§ 21 Abs. 2 Nr. 2, 22 Abs. 2 InsO). Auch der Schuldnerverwalter (§ 150 b) darf grds. nur mit Zustimmung der Aufsichtsperson verfügen (s. § 150 d Rn 5). 2

2. Auswahl. Bei der Auswahl der Aufsichtsperson entscheidet das Vollstreckungsgericht nach freiem Ermessen. Als Aufsichtsperson kann auch eine Behörde oder juristische Person bestellt werden (Abs. 1 S. 2). An die Vorschläge der Gläubiger oder des Schuldners ist das Gericht nicht gebunden. 3

Obwohl im ZVG eine § 56 Abs. 1 InsO entsprechende Bestimmung fehlt, ist es selbstverständlich, dass das Gericht nur eine von den Gläubigern und dem Schuldner **unabhängige** Person als Aufsichtsperson bestellt.[1] Die Stellung und die Aufgaben der Aufsichtsperson verbieten auch den Einsatz eines Verwandten oder gar Bediensteten des Schuldners. 4

Die ausgewählte Person muss zur Übernahme des Amtes bereit, fachlich geeignet und organisatorisch in der Lage sein, die Verwaltungstätigkeit des Schuldners zu überwachen. 5

3. Aufgaben. Der Aufgabenkreis der Aufsichtsperson umfasst im Wesentlichen: 6
- die allgemeine Überwachung der Betriebsführung des Schuldners,
- regelmäßige Einsichtnahmen in sämtliche Unterlagen, die im Zusammenhang mit der Bewirtschaftung stehen,
- regelmäßige Mitteilungen gegenüber dem Vollstreckungsgericht über die Verwaltungstätigkeit des Schuldners und die
- Mitwirkung bei Verfügungen des Schuldnerverwalters (s. § 150 d Rn 5).

4. Vergütung. Die Vergütung der Aufsichtsperson ist nicht geregelt. Die Bestimmungen der §§ 17–22 ZwVwV können auch nicht analog herangezogen werden. 7

Daher ist die Höhe der Vergütung vom Vollstreckungsgericht frei und angemessen festzusetzen. Das bedeutet, dass über die Kostendeckung hinaus der Aufsichtsperson eine ihrer persönlichen Qualifikation entsprechende, individuelle persönliche Vergütung verbleiben muss. Denkbar ist eine Abrechnung nach Zeitaufwand. Die Höhe der Stundenvergütung kann entsprechend § 19 Abs. 1 ZwVwV festgesetzt werden (s. § 152 a Rn 13). Zusätzlich sind die baren Auslagen und die Umsatzsteuer zu erstatten. 8

---

[1] *Stöber*, § 150 c Rn 2.3.

§ 150 d [Verfügungsbeschränkungen des Schuldnerverwalters]

¹Der Schuldner darf als Verwalter über die Nutzungen des Grundstücks und deren Erlös, unbeschadet der Vorschriften der §§ 155 bis 158, nur mit Zustimmung der Aufsichtsperson verfügen. ²Zur Einziehung von Ansprüchen, auf die sich die Beschlagnahme erstreckt, ist er ohne diese Zustimmung befugt; er ist jedoch verpflichtet, die Beträge, die zu notwendigen Zahlungen zur Zeit nicht erforderlich sind, nach näherer Anordnung des Gerichts unverzüglich anzulegen.

1 Wird der Schuldner als Verwalter seines landwirtschaftlichen, forstwirtschaftlichen oder gärtnerischen Betriebes eingesetzt, muss das Vollstreckungsgericht nach § 150 c Abs. 1 gleichzeitig eine Aufsichtsperson mit der Überwachung der Verwaltungstätigkeit des Schuldners einsetzen (s. § 150 c Rn 1).

2 Der Schuldnerverwalter darf im Rahmen der laufenden Wirtschaftsführung uneingeschränkt verfügen (§ 150 c Abs. 4 S. 2). Er ist berechtigt und verpflichtet, alle Handlungen vorzunehmen, die erforderlich sind, um den Betrieb in seinem wirtschaftlichen Bestand zu erhalten und ordnungsgemäß zu nutzen (s. § 152 Rn 2).

3 Ebenfalls ohne Zustimmung der Aufsichtsperson darf er die Ausgaben der Verwaltung (s. § 155 Rn 2) und die bevorrechtigten Lasten (s. § 156 Rn 2) zahlen und die Ausschüttungen gemäß Teilungsplan (s. § 155 Rn 5) vornehmen. Zu den Ausgaben der Verwaltung gehört u.a. der Unterhalt für sich und seine Familie (s. § 150 b Rn 11).

4 Die unbeschränkte Verfügungsgewalt des Schuldnerverwalters erstreckt sich auch auf den Einzug der laufenden und rückständigen Forderungen (s. § 148 Rn 9) sowie auf die prozessuale Verfolgung und Vollstreckung.

5 Alle übrigen Verfügungen des Schuldnerverwalters sind ohne (vorherige) Zustimmung oder (nachträglicher) Genehmigung der Aufsichtsperson **unwirksam** (§§ 135, 136 BGB).

6 Der **gutgläubige Erwerber** ist nur bis zur Eintragung des ZV-Vermerkes im Grundbuch geschützt (s. § 23 Rn 9). Die irrige Annahme eines Erwerbers, dass eine Zustimmung der Aufsichtsperson vorliegt, wird nicht geschützt.

7 Das Vollstreckungsgericht muss den Schuldnerverwalter mit den erforderlichen Anweisungen für die Verwaltung versehen. So werden zB die Trennung des Massebestandes von den übrigen, privaten Beständen des Schuldners, die Einrichtung eines Sonderkontos und eine Buchführung unerlässlich sein. Im Einzelfall ist auch die Anordnung eines Zustimmungsvorbehalts für bestimmte Verfügungen sinnvoll.

§ 150 e [Keine Vergütung für den Schuldnerverwalter]

¹Der Schuldner erhält als Verwalter keine Vergütung. ²Erforderlichenfalls bestimmt das Gericht nach Anhörung der Aufsichtsperson, in welchem Umfang der Schuldner Erträgnisse des Grundstücks oder deren Erlös zur Befriedigung seiner und seiner Familie notwendigen Bedürfnisse verwenden darf.

1 Wird der Schuldner als Verwalter eingesetzt (s. § 150 b Rn 2), erhält er für seine Verwaltungstätigkeit keine Vergütung. Er hat allerdings einen Anspruch auf Unterhalt für sich und seine Familie (s. § 149 Rn 22).

2 Abweichend von § 149 wird der Unterhalt des Schuldnerverwalters vom Vollstreckungsgericht bestimmt.

Die Festsetzung erfolgt durch Beschluss des Vollstreckungsgerichts nach vorheriger Anhörung des Schuldners, der Aufsichtsperson (s. § 150 c Rn 1) und der betreibenden Gläubiger. Beschwerdeberechtigt sind grds. alle Beteiligten (vgl § 9 Rn 2 ff). Die Aufsichtsperson hat kein Beschwerderecht. 3

Der Unterhalt gehört zu den Ausgaben der Verwaltung. Der Schuldner kann die festgesetzten Beträge ohne Mitwirkung der Aufsichtsperson entnehmen bzw einbehalten (s. § 150 d Rn 3). 4

§ 151 [Beschlagnahme in der Zwangsverwaltung]

(1) Die Beschlagnahme wird auch dadurch wirksam, daß der Verwalter nach § 150 den Besitz des Grundstücks erlangt.

(2) Der Beschluß, durch welchen der Beitritt eines Gläubigers zugelassen wird, soll dem Verwalter zugestellt werden; die Beschlagnahme wird zugunsten des Gläubigers auch mit dieser Zustellung wirksam, wenn der Verwalter sich bereits im Besitz des Grundstücks befindet.

(3) Das Zahlungsverbot an den Drittschuldner ist auch auf Antrag des Verwalters zu erlassen.

§§ 3, 4 ZwVwV

I. Normzweck

Das Wirksamwerden der Beschlagnahme und der Erlass eines Zahlungsverbotes an die Mieter werden grds. in § 22 (iVm § 146) geregelt. In § 151 wird die Vorschrift für die Zwangsverwaltung modifiziert und ergänzt. 1

II. Wirksamwerden der Beschlagnahme in der Zwangsverwaltung (Abs. 1)

Gemäß §§ 20, 27 bewirken Anordnungs- und Beitrittsbeschlüsse jeweils eine Beschlagnahme des Verwaltungsobjektes und damit relative Veräußerungsverbote zugunsten der betreibenden Gläubiger. Beeinträchtigende Verfügungen (zB durch den Schuldner) sind aus Sicht der Gläubiger unwirksam (s. § 23 Rn 2). 2

Die Beschlagnahme in der Zwangsverwaltung wird entweder wirksam 3

- mit der Zustellung des Anordnungsbeschlusses an den Schuldner (§ 22 Abs. 1 S. 1),
- mit Eingang des Eintragungsersuchens nach § 19 beim Grundbuchamt (§ 22 Abs. 1 S. 2) oder
- mit Übergang des Besitzes auf den Zwangsverwalter (s. § 150 Rn 20).

Dabei ist der zeitlich früheste Zeitpunkt für die Bestimmung des Beschlagnahmezeitpunktes entscheidend. Das Gericht bestimmt den Zeitpunkt und teilt diesen dem Zwangsverwalter mit.

Steht das Verwaltungsobjekt im Eigentum mehrerer Schuldner, ist die letzte Zustellung maßgeblich. Vollzieht sich der Besitzübergang auf den Zwangsverwalter in Teilen (zB bei einem teilweise vermieteten und teilweise vom Schuldner selbst bewohnten Mehrfamilienhaus), ist der letzte Besitzübergang maßgeblich. 4

III. Beschlagnahme für die Beitrittsgläubiger (Abs. 2)

Wird die Zwangsverwaltung von mehreren Gläubigern aus verschiedenen Rechten und Ansprüchen beantragt, muss die Verwaltung für alle Gläubiger gemeinsam erfolgen. Wird nach der Anordnung der Zwangsverwaltung ein weiterer An- 5 trag auf Zwangsverwaltung gestellt, erfolgt statt einer Anordnung die Zulassung des Beitritts des Gläubigers zum Verfahren (s. § 27 Rn 3). Der Beitrittsgläubiger erlangt eine eigene Beschlagnahme mit einem eigenen Veräußerungsverbot.

6 Der Beitrittsbeschluss wird dem Schuldner und dem Zwangsverwalter zugestellt. Sofern der Zwangsverwalter bereits den Besitz des Objektes ausübt, wird die Beschlagnahme für den Beitrittsgläubiger mit der zeitlich ersten Zustellung (Schuldner oder Zwangsverwalter) wirksam.

IV. Erlass eines Zahlungsverbotes (Abs. 3)

7 Das Zahlungsverbot nach § 22 (s. § 22 Rn 12) an die Drittschuldner (zB Mieter) kann nicht nur von den Gläubigern, sondern auch auf Antrag des Zwangsverwalters erlassen werden.

§ 152 [Rechte und Pflichten des Verwalters]

(1) Der Verwalter hat das Recht und die Pflicht, alle Handlungen vorzunehmen, die erforderlich sind, um das Grundstück in seinem wirtschaftlichen Bestand zu erhalten und ordnungsmäßig zu benutzen; er hat die Ansprüche, auf welche sich die Beschlagnahme erstreckt, geltend zu machen und die für die Verwaltung entbehrlichen Nutzungen in Geld umzusetzen.

(2) Ist das Grundstück vor der Beschlagnahme einem Mieter oder Pächter überlassen, so ist der Miet- oder Pachtvertrag auch dem Verwalter gegenüber wirksam.

§§ 5–9 ZwVwV

I. Normzweck	1	cc) Erlöschen und Nichtigkeit	20
II. Erhaltung des wirtschaftlichen Bestands	2	4. Fortführung eines Geschäftsbetriebes	22
1. Allgemeines	2	III. Änderung der bisherigen Nutzung und Fertigstellung	26
2. Nutzung durch Vermietung oder Verpachtung	3	IV. Rechtsverfolgung	29
3. Einzug, Anlage und Rückgabe einer Mietkaution	9	1. Übergang der Prozessführungsbefugnis	29
a) Einzug und Anlage der Mietkaution	9	2. Umfang der Prozessführungsbefugnis	31
b) Rückgabe der Mietkaution	14	3. Verzicht auf die Rechtsverfolgung	37
aa) Während der Zwangsverwaltung	14	4. Ende der Prozessführungsbefugnis	38
bb) Nach Aufhebung der Zwangsverwaltung	15		

I. Normzweck

1 Durch die Beschlagnahme wird dem Schuldner die Verwaltung und die Benutzung des Grundstücks entzogen (s. § 148 Rn 14) und auf den Zwangsverwalter übertragen. Der Verwalter soll grds. die bisherige wirtschaftliche Nutzung des Grundstücks fortführen (konservative, bestandserhaltende Verwaltung) und den Erfolg der Vollstreckungsmaßnahme über die Vermietung oder Verpachtung suchen.

II. Erhaltung des wirtschaftlichen Bestands

1. Allgemeines. Während in der Zwangsversteigerung zunächst der Grundbesitz verwertet und anschließend der Erlös verteilt wird, werden in der Zwangsverwaltung die Vollstreckungsgläubiger aus den Überschüssen der Einnahmen (idR aus Miete und Pacht) befriedigt und nicht aus dem Erlös einer Grundstücksverwertung. Darum soll der Zwangsverwalter die bei der Anordnung vorgefundene Art der Nutzung lediglich fortführen. Die Substanz und das Wesen des Gebäudes sollen erhalten und nicht verändert werden. Der Verwalter muss wie ein sorgfältiger Eigentümer tätig sein und ist daher verpflichtet, alle Handlungen vorzunehmen, die nötig sind, um das Grundstück in seinem wirtschaftlichen Bestand zu erhalten und ordnungsgemäß zu nutzen (**Abs. 1 Hs 1**). So kann es zB erforderlich sein,

- die notwendigen Instandsetzungen in Auftrag zu geben,
- den erforderlichen Versicherungsschutz einzurichten (vgl § 9 Abs. 3 ZwVwV),
- die Vorauszahlungen und Betriebskosten mit den Mietern abzurechnen,[1]
- die steuerlichen Pflichten zu erfüllen, soweit das Objekt der Umsatzsteuer unterworfen ist (vgl § 9 UStG),[2]
- einen Energieausweis (EnEV 2014) erstellen zu lassen, sofern dieser noch nicht vorliegt und für die Vermietung benötigt wird (vgl Rn 5).

2. Nutzung durch Vermietung oder Verpachtung. Die bestehenden Miet- und Pachtverträge sind gegenüber dem Zwangsverwalter wirksam (**Abs. 2**). Er hat aber die Pflicht, bei den bestehenden Mietverträgen die Angemessenheit der Mieten zu prüfen. Erheblich überhöhte Mieten (Wuchermieten) sind zu ermäßigen, zu niedrige Mieten nach den mietrechtlichen Bestimmungen auf ein ortsübliches Niveau anzuheben.[3]

Soweit Grundstücke und Räume nicht genutzt werden, soll der Verwalter sie (neu) vermieten oder verpachten. Gemäß § 6 ZwVwV sind alle Miet- oder Pachtverträge sowie alle Änderungen solcher Verträge schriftlich abschließen. Die Schriftform ist jedoch keine Voraussetzung für die Wirksamkeit,[4] sondern dient der Dokumentation und Rechtssicherheit.

Will der Zwangsverwalter einen Mietvertrag abschließen, muss er gem. § 16 Abs. 2 S. 2 EnEV 2014 dem Mietinteressenten den **Energieausweis** zugänglich machen. Unterlässt er dies, begeht er eine Ordnungswidrigkeit (§ 27 Abs. 2 EnEV 2014). Liegt kein gültiger Ausweis vor (vgl § 150 Rn 26), muss er eine zur Ausstellung berechtigte Person (§ 21 EnEV 2014) beauftragen.[5] Der Energieausweis wird für das ganze Gebäude und nicht für einzelne Wohnungen erstellt (§ 17 Abs. 3 EnEV 2014). Ist das Gebäude in Wohnungseigentum aufgeteilt, muss der Wohnungsverwalter den Ausweis beschaffen. Die Kosten trägt die Wohnungseigentümergemeinschaft.

Mietverträge über Wohnraum müssen grds. auf **unbestimmte Zeit** abgeschlossen werden. Befristete Mietverträge sind nur im engen Rahmen des § 575 BGB möglich. Gewerberäume können auch befristet verpachtet werden.

Grundsätzlich kann der Zwangsverwalter auch **Verträge mit dem Schuldner/ Eigentümer** abschließen. Allerdings schließt der Verwalter die Verträge in seiner

---

1 BGH NJW 2006, 2626 = NZM 2006, 581; zur Abrechnung zum Verfahrensende s. § 161 Rn 12.
2 BFHE 154, 181 = BStBl. II 1988, 920 = ZIP 1989, 122.
3 OLG Berlin MDR 1978, 586 = Rpfleger 1978, 335.
4 BGH NJW 1992, 3041 = MDR 1992, 871 = Rpfleger 1992, 402.
5 BMJ, IGZInfo 2008, 156.

Eigenschaft als Partei kraft Amtes ab und verpflichtet direkt den Schuldner. Da der Schuldner aber nicht sein eigener Mieter sein kann,[6] ist es nicht möglich, einen Mietvertrag mit ihm abzuschließen. Denkbar ist demzufolge nur die Überlassung des Objektes gegen eine Nutzungsentschädigung.

8 Im Interesse der Rechtssicherheit und zur Vermeidung von Konfliktsituationen in einer parallel laufenden Zwangsversteigerung soll der Zwangsverwalter alle neuen Miet- und Pachtverträge mit Klauseln zum Haftungsausschluss versehen (s. § 6 Abs. 2 ZwVwV).

9 **3. Einzug, Anlage und Rückgabe einer Mietkaution. a) Einzug und Anlage der Mietkaution.** Bereits zum Beginn des Verfahrens muss der Zwangsverwalter den Fragen nachgehen,[7] ob

- der Mieter gemäß Mietvertrag eine Kaution leisten muss und
- der Mieter die Kaution geleistet hat.

10 Wenn der Mieter eine Kautionszahlung behauptet, muss er die Zahlung in geeigneter Weise nachweisen, vorzugsweise durch Vorlage einer Quittung oder eines Überweisungsbeleges. Im Streitfall ist der Mieter beweispflichtig.

11 Ist gemäß Mietvertrag die Zahlung einer Kaution zwar vorgesehen, aber nicht erfolgt, muss der Zwangsverwalter die Kaution vom Mieter – notfalls im Klagewege – einfordern und dann bei einem Kreditinstitut zu dem für Spareinlagen mit dreimonatiger Kündigungsfrist üblichen Zinssatz anlegen (§ 551 Abs. 2 BGB).

12 Hat der Mieter die Kaution an den Schuldner als Vermieter gezahlt, muss der Zwangsverwalter versuchen, die Kaution vom Schuldner zu vereinnahmen. Die Beschlagnahme und Wegnahme des Kautionssparbuches[8] kann über den Gerichtsvollzieher erfolgen (s. § 150 Rn 17 ff).

13 Der Zwangsverwalter muss eine vom Mieter geleistete Mietkaution auch dann anlegen, wenn der Vermieter die Kaution nicht an den Zwangsverwalter ausgezahlt hat.[9] Dem Mieter steht ein Zurückbehaltungsrecht an der laufenden Miete bis zur Höhe des Kautionsbetrages nebst Zinsen zu, bis der Zwangsverwalter die geleistete Kaution gem. § 551 Abs. 3 BGB angelegt hat.[10]

14 **b) Rückgabe der Mietkaution. aa) Während der Zwangsverwaltung.** Endet das Mietverhältnis während der Dauer der Zwangsverwaltung, entsteht im Regelfall ein Anspruch des Mieters gegen den Zwangsverwalter auf Rückzahlung der Kaution. Der Zwangsverwalter muss die Kaution nebst Zinsen an den ehemaligen Mieter auszahlen. Ist die Kaution nicht gem. § 551 Abs. 3 BGB angelegt worden, muss der Zwangsverwalter den Betrag aus der Masse entnehmen. Reicht die Masse dazu nicht aus, muss er über das Gericht nach §§ 152 Abs. 1, 161 Abs. 3 von dem betreibenden Gläubiger einen entsprechenden Vorschuss anfordern.

15 **bb) Nach Aufhebung der Zwangsverwaltung.** Hat der Zwangsverwalter von dem Schuldner die Kaution freiwillig oder über den Gerichtsvollzieher vereinnahmt, muss er die Kaution nach der Aufhebung der Zwangsverwaltung an den Schuldner bzw den Ersteher in der Zwangsversteigerung herausgeben. Keinesfalls darf er die erhaltene Kaution verwerten und an die Gläubiger gemäß Teilungsplan verteilen.

---

6 LG Berlin GE 2002, 468.
7 BGH NJW 2003, 3342 = Rpfleger 2003, 678 = ZfIR 2003, 1012.
8 LG Berlin Rpfleger 1993, 123; AG Stuttgart Rpfleger 1995, 375.
9 BGH NJW 2009, 1673 = Rpfleger 2009, 468 = ZfIR 2009, 332.
10 BGH NJW 2009, 3505 = MDR 2009, 1382 = ZfIR 2009, 880.

Wird die Zwangsverwaltung aufgehoben, kann die aus den Zwangsverwaltungseinnahmen oder aus Gläubigervorschüssen gebildete Kaution wieder aufgelöst und an die Gläubiger ausgezahlt werden:

- Der **Mieter** kann nach der Aufhebung der Zwangsverwaltung den ehemaligen Zwangsverwalter als Partei kraft Amtes nicht mehr gerichtlich in Anspruch nehmen. Die Ansprüche sind nach Aufhebung der Zwangsverwaltung entweder wieder gegen den vormaligen Vollstreckungsschuldner zu richten, dessen Stellung als Vermieter nur für die Dauer der Zwangsverwaltung gem. Abs. 2 auf den Zwangsverwalter übergegangen ist, oder – bei einem Eigentumswechsel im Rahmen der Zwangsversteigerung – gegen den Erwerber, der als neuer Eigentümer in ein bei Erteilung des Zuschlags noch nicht beendetes Mietverhältnis gem. §§ 566 ff BGB iVm § 57 eintritt.

- Der **Schuldner** hat ebenfalls keinen Anspruch gegenüber dem Zwangsverwalter, und zwar weder als Partei kraft Amtes noch persönlich. Der Schuldner selbst war verpflichtet, die vom Mieter erhaltene Kaution getrennt vom eigenen Vermögen anzulegen (§ 551 Abs. 3 BGB). Einen Anspruch, dass seine Verpflichtung über die Zwangsverwaltung erfüllt wird, hat er nicht.

- Der **Ersteher** hat über § 57 einen Anspruch auf Herausgabe der Kaution. Der Anspruch richtet sich aber gegen den Schuldner. Den ehemaligen Zwangsverwalter kann er ebenso wenig in Anspruch nehmen wie ein Mieter.

cc) Erlöschen und Nichtigkeit. Erwirbt der Mieter in der Zwangsversteigerung durch Zuschlag seine eigene Mietwohnung, erlischt das Mietverhältnis insgesamt durch **Konfusion**. Damit erlischt auch ein etwaiger Kautionsrückzahlungsanspruch.[11]

Eine Kautionsvereinbarung, die das Dreifache der Monatsmiete (ohne die als Pauschale oder als Vorauszahlung ausgewiesenen Betriebskosten) übersteigt, ist nichtig (§ 551 BGB). Sofern das Objekt auch der Zwangsverwaltung unterliegt, muss der Zwangsverwalter zwingend solchen Fragen nachgehen und, notfalls über eine Klage, klären. Solche streitigen Fragen darf der Zwangsverwalter nicht offen lassen.

4. Fortführung eines Geschäftsbetriebes. Während ein Insolvenzverwalter das gesamte Vermögen verwaltet und einen vorhandenen Geschäftsbetrieb fortführen soll (§ 148 Abs. 1 InsO), übt der Zwangsverwalter nur die Verwaltungs- und Verfügungsbefugnisse hinsichtlich des beschlagnahmten Grundbesitzes (s. § 148 Rn 3) aus.

Ist ein vorhandener Geschäftsbetrieb vom Grundbesitz „ablösbar", kann er also auch an einem anderen Ort ausgeübt werden, darf der Zwangsverwalter den Betrieb nicht fortführen. Entweder überlässt er dem Schuldner die Geschäftsräume gegen Zahlung einer entsprechenden Nutzungsentschädigung oder er muss ihn von dem Grundstück verweisen.

Der Zwangsverwalter ist berechtigt, einen **grundstücksbezogenen Geschäftsbetrieb** fortzuführen, wenn dies erforderlich ist, um das Grundstück in seinem wirtschaftlichen Bestand zu erhalten und ordnungsgemäß zu nutzen.[12] Der Zwangsverwalter darf dann auf die vorhandenen Betriebsstrukturen zurückgreifen, weil es in aller Regel unsinnig ist, diese abzuwickeln, um anschließend einen neuen Betrieb gleicher wirtschaftlicher Prägung einzurichten. Wenn der Geschäftsbetrieb grundstücksbezogen ist, hat der Zwangsverwalter die Wahl, ob er den Betrieb fortführt, dem Vollstreckungsschuldner gegen eine angemessene Nutzungsentschädigung die weitere Nutzung des Grundstücks (nebst Bestandteilen und

---

11 BGH MDR 2010, 916 = NJW-RR 2010, 1237 = ZfIR 2010, 652.
12 BGHZ 163, 9 = MDR 2005, 1251 = NJW-RR 2005, 1175 = Rpfleger 2005, 557.

Zubehörstücken) gestattet oder den Geschäftsbetrieb schließt und das Grundstück (nebst Bestandteilen und Zubehörstücken) an einen Betreiber verpachtet.

25 Entscheidet sich der Verwalter für eine Fortsetzung des Betriebes in eigener Verantwortung, hat dies erhebliche arbeitsrechtliche und steuerrechtliche[13] Konsequenzen. In diesen Ausnahmefällen sollte der Verwalter tunlichst die Zustimmung des Gerichts nach § 153 einholen (s. § 153 Rn 11).

III. Änderung der bisherigen Nutzung und Fertigstellung

26 Die Zwangsverwaltung wird häufig als flankierende Maßnahme zu einer parallel beantragten Zwangsversteigerung genutzt und nicht mit dem primären Ziel, aus den Mieteinnahmen befriedigt zu werden. Mit der Fassung des § 5 ZwVwV als Sollvorschrift wird klargestellt, dass es in Ausnahmefällen möglich und mit den Zielen der Zwangsverwaltung vereinbar ist, wenn der Zwangsverwalter das Grundstück nicht vermietet oder verpachtet, sondern sich auf Sicherung und bestandserhaltende Maßnahmen beschränkt.[14]

27 Mit Zustimmung des Gerichts (s. § 153 Rn 12 ff) kann der Verwalter grds. alle wirtschaftlich sinnvollen Maßnahmen treffen. Es ist daher im Einzelfall möglich, das Gebäude umzubauen und begonnene Baumaßnahmen fortzuführen. Dabei gilt der Zustimmungsvorbehalt des § 10 Abs. 1 Nr. 1 ZwVwV nur für wesentliche Änderungen. Es ist auch zulässig, zur Verbesserung der Erfolgsaussichten in einem anstehenden Zwangsversteigerungstermin auf eine Neuvermietung zu verzichten.

28 Die grds. mögliche Veränderung der bisherigen Nutzung stößt allerdings an ihre Grenze, wo die wirtschaftliche Beschaffenheit des Grundstücks in ihrem Gesamtcharakter nachhaltig verändert wird.[15] Auch mit Zustimmung des Schuldners ist eine solche Maßnahme vom Gericht nicht genehmigungsfähig.

IV. Rechtsverfolgung

29 **1. Übergang der Prozessführungsbefugnis.** Der Schuldner verliert mit Anordnung der Zwangsverwaltung die Prozessführungsbefugnis an den Verwalter.[16] Dieser muss die Rechtsverfolgung der beschlagnahmten Ansprüche im Rahmen des pflichtgemäßen Ermessens zeitnah einleiten. Er wird im eigenen Namen als Partei kraft Amtes tätig. Rechtsinhaber und Eigentümer bleibt weiterhin der Schuldner.[17]

30 Die Anordnung der Zwangsverwaltung hat auf einen laufenden Prozess keinen Einfluss (vgl § 265 Abs. 2 S. 1 ZPO) und führt zu keiner Unterbrechung nach § 241 ZPO.[18] Allerdings muss der Klageantrag geändert und auf Leistung oder Herausgabe **an den Zwangsverwalter** umgestellt werden.[19] Der Zwangsverwalter kann den Rechtsstreit nur mit Zustimmung des Prozessgegners fortführen. Wird die Zustimmung verweigert, kann er aber dem Prozess nach § 66 ZPO beitreten (Nebenintervention).[20]

31 **2. Umfang der Prozessführungsbefugnis.** Der Umfang der Prozessführungsbefugnis des Zwangsverwalters bestimmt sich nach dem Umfang der beschlagnahmten

---

13 FG Saarbrücken EFG 2001, 606.
14 BR-Drucks. 842/03.
15 BGHZ 161, 336 = MDR 2005, 653 = Rpfleger 2005, 210 = NZM 2005, 156.
16 LG Berlin GE 1998, 356.
17 RGZ 24, 302; BGHZ 24, 393.
18 BGH NJW 1986, 32 = MDR 1986, 750 = Rpfleger 1986, 274 = ZIP 1986, 583; OLG Naumburg OLG-NL 200, 20.
19 BGH NJW 1986, 32 = MDR 1986, 750 = Rpfleger 1986, 274 = ZIP 1986, 583.
20 OLG Düsseldorf OLGR 2006, 676 = ZMR 2006, 518.

Ansprüche und Gegenstände (s. § 148 Rn 3). Nach ganz überwiegender Auffassung kann er alle Rechtsstreitigkeiten führen, die dem Zweck und den Zielen der Zwangsverwaltung dienen und die ein verständiger Hausverwalter im Rahmen seiner ordnungsgemäßen Aufgabenerfüllung durchsetzen oder abwehren würde.

Auch nach der Eröffnung des Insolvenzverfahrens über das Vermögen des Schuldners/Vermieters kann der Zwangsverwalter eine Räumungsklage nicht auf die insolvenzrechtliche Anfechtbarkeit des Mietvertrages stützen.[21] 32

Von der Zwangsverwaltung werden nicht nur die laufenden und zukünftigen Mieten beschlagnahmt, sondern auch die älteren, bereits vor der Anordnung des Verfahrens fällig gewordenen Mieten (s. § 148 Rn 9). Zu den Ansprüchen, die der Verwalter gerichtlich geltend machen kann, gehört auch die Entschädigung für eine (rechtsgrundlose) Grundstücksnutzung.[22] 33

Grundsätzlich werden durch die Beschlagnahme **Mietzahlungen**, die für die Zukunft geleistet werden (**Vorausverfügungen**), für eine spätere Zeit als den laufenden Kalendermonat nachträglich im Interesse der Gläubiger relativ unwirksam. Erfolgt die Beschlagnahme erst nach dem fünfzehnten Tag eines Monats, werden die Mieten ab dem übernächsten Monat von der Zwangsverwaltung erfasst. Wird die Mietvorauszahlung vor der Beschlagnahme in einem Einmalbetrag geleistet und ist die Vorauszahlung nicht auf der Grundlage periodischer Zeitabschnitte bemessen, ist die Zahlung dem Gläubiger gegenüber wirksam.[23] 34

Hat der Mieter vertragsgemäß eine Mietvorauszahlung geleistet, um damit den Ausbau oder die Errichtung des Gebäudes zu ermöglichen, und wird dieser Betrag durch teilweise, ratenweise Anrechnung auf den jeweils fälligen Mietzins getilgt, bleiben diese Zahlungen – ungeachtet der Bestimmung des § 1124 Abs. 2 BGB – wirksam[24] und unterliegen nicht der Beschlagnahme in der Zwangsverwaltung. Voraussetzung ist jedoch immer, dass die Leistung des Mieters zur Erstellung, zum Ausbau oder zur Instandsetzung von Räumen bestimmt gewesen und auch tatsächlich verwendet worden ist. Die Verpflichtung zur Leistung muss in Verbindung mit einem Mietvertrag festgelegt worden sein.[25] Dabei macht es keinen Unterschied, ob die Leistung dem Mietvertrag zeitlich vorausgeht oder nicht. Außerdem muss sich die Zuwendung werterhöhend auf das Grundstück ausgewirkt haben. Die Darlegungs- und Beweislast für sämtliche Voraussetzungen eines **Baukostenzuschusses** trägt derjenige, der sich auf einen Baukostenzuschuss beruft.[26] 35

Der Zwangsverwalter kann die **Räumungsvollstreckung** gegen einen Mieter (s. § 885 ZPO Rn 26 und § 885 a ZPO) auf die Herausgabe der Wohnung beschränken, wenn er an sämtlichen in den Räumen befindlichen Gegenständen ein **Vermieterpfandrecht** geltend macht. Der Gerichtsvollzieher ist in diesem Fall zur Zwangsräumung verpflichtet und darf keinen Vorschuss für die Kosten des Abtransports der in der Wohnung befindlichen Gegenstände verlangen.[27] Zur **Herausgabevollstreckung** gegen den Schuldner s. § 150 Rn 23. 36

3. Verzicht auf die Rechtsverfolgung. Der Verwalter hat die Rechtsverfolgung nach pflichtgemäßem Ermessen einzuleiten (vgl **Abs. 1 Hs 2**), also nach Abschät- 37

---

21 BGH 16.10.2014 – IX ZR 282/13, juris.
22 BGH MDR 2007, 363 = Rpfleger 2006, 614 = NZM 2006, 677 = ZIP 2006, 1697.
23 BGH NJW 2007, 2919 = MDR 2007, 1186 = NZM 2007, 562 = ZMR 2007, 677.
24 BGHZ 15, 296 = WM 1955, 180; BGH 15.2.2012 – VIII ZR 166/10.
25 BGH NJW 1967, 555 = MDR 1967, 297 = WM 1967, 74.
26 BGH MDR 2002, 1214 = NJW-RR 2002, 1304 = Rpfleger 2002, 579 = NZM 2002, 758.
27 BGH NJW 2006, 3273 = Rpfleger 2006, 663 = JurBüro 2006, 658 = DGVZ 2006, 178.

zung der rechtlichen und wirtschaftlichen Erfolgsaussichten. Verzichtet der Verwalter auf die Rechtsverfolgung, läuft er allerdings Gefahr, nach dem Ende des Verwaltungsverfahrens von dem Schuldner und den Gläubigern auf Schadensersatz in Anspruch genommen zu werden. Der Verwalter sollte daher eine Anweisung des Gerichts (s. § 153 Rn 11) beantragen.

38 **4. Ende der Prozessführungsbefugnis.** Es wird auf die Ausführungen in § 161 Rn 4 Bezug genommen.

§ 152 a [Verordnungsermächtigung; Vergütung]

¹Der Bundesminister der Justiz wird ermächtigt, Stellung, Aufgaben und Geschäftsführung des Zwangsverwalters sowie seine Vergütung (Gebühren und Auslagen) durch Rechtsverordnung mit Zustimmung des Bundesrates näher zu regeln. ²Die Höhe der Vergütung ist an der Art und dem Umfang der Aufgabe sowie an der Leistung des Zwangsverwalters auszurichten. ³Es sind Mindest- und Höchstsätze vorzusehen.

§§ 17–21 ZwVwV

I. Normzweck 1	4. Mindestvergütung, § 20 ZwVwV 19
II. Vergütung und Auslagen des Zwangsverwalters 2	a) Mindestvergütung zum Abschluss des Verfahrens 19
1. Grundzüge des Vergütungsrechts 2	b) Mindestvergütung im Fall der vorzeitigen Verfahrensaufhebung ohne Besitzübergang 21
2. Regelvergütung, § 18 ZwVwV 6	
a) Berechnung nach Isteinnahmen 7	c) Kürzungen 22
b) Berechnung nach Solleinnahmen 9	d) Verfahren mit mehreren Verwaltungseinheiten 23
c) Anpassung der Regelvergütung im Einzelfall 10	5. Auslagen, § 21 ZwVwV 26
d) Vergütung für die Fertigstellung von Bauvorhaben 12	a) Allgemeine Geschäftskosten 26
	b) Erstattung der nachgewiesenen Kosten 27
3. Stundenvergütung, § 19 ZwVwV 13	c) Auslagenpauschale 30
a) Vergütung nach Zeitaufwand 13	6. Festsetzung, § 22 ZwVwV .. 31
b) Vergütung nach Zeitaufwand bei unangemessener Regelvergütung 17	

I. Normzweck

1 Der Bundesminister der Justiz hat auf der Grundlage der Norm die Stellung, die Rechte und Pflichten sowie die Vergütung des Zwangsverwalters in der **Zwangsverwalterverordnung (ZwVwV)** vom 19.12.2003[1] näher geregelt.

II. Vergütung und Auslagen des Zwangsverwalters

2 **1. Grundzüge des Vergütungsrechts.** Der Verwalter ist für seine Geschäftstätigkeit **angemessen** zu vergüten (vgl § 17 Abs. 1 S. 1 ZwVwV). Das bedeutet, dass

---

1 BGBl. I S. 2804.

dem Verwalter in jedem Verfahren über die Kostendeckung hinaus eine seiner persönlichen Qualifikation entsprechende individuelle, persönliche Vergütung verbleiben muss.[2] Die Höhe der Vergütung bestimmt sich nach der Art und dem Umfang der Verwaltung und ist grds. als Tätigkeitsvergütung ausgestaltet (vgl § 17 Abs. 1 S. 2 ZwVwV). Die Qualität der Verwaltung hat dagegen nur mittelbaren Einfluss.[3]

Das Zwangsverwaltungsverfahren ist vergütungs- und steuerrechtlich in jährliche Leistungsabschnitte (s. § 154 Rn 9) unterteilt. Mit dem Ende der einzelnen Abrechnungszeiträume werden jeweils die Jahresvergütungen fällig und abschließend festgesetzt.

Wird der Verwalter im Rahmen seines Verfahrens auch als **Rechtsanwalt** oder **Steuerberater** tätig, kann er diese Tätigkeit abrechnen und als besondere Auslagen festsetzen lassen.[4] Voraussetzung ist jedoch, dass auch ein Verwalter ohne diese spezielle Qualifikation in vergleichbaren Situationen vernünftigerweise einen Rechtsanwalt oder Steuerberater hinzuziehen würde.[5] Dabei ist zu bedenken, dass das Gericht nur Personen mit besonderer Eignung und Qualifikation zum Verwalter bestellen darf (s. § 150 Rn 4 f). Es muss daher vom Verwalter erwartet werden, dass er einfache Rechts- und Steuerangelegenheiten selbst erledigt und dazu nicht die besondere Sachkenntnis eines Rechtsanwalts oder Steuerberaters benötigt. Das Gericht muss anschließend prüfen, ob die Beauftragung eines Rechtsanwalts gerechtfertigt war.[6] Wird eine Tätigkeit als Rechtsanwalt abgerechnet, kann dafür keine erhöhte Zwangsverwaltervergütung geltend gemacht werden.

Der Institutsverwalter (s. § 150 a Rn 2) und der als Verwalter eingesetzte Schuldner (s. § 150 e Rn 2) erhalten keine Vergütung.

2. Regelvergütung, § 18 ZwVwV. Der Verwalter erhält als Regelvergütung einen prozentualen Anteil

- an den eingezogenen Mieten und Pachten,
- aus den geschuldeten, aber nicht eingezogenen Mieten und Pachten und
- aus der verwalteten Bausumme.

a) Berechnung nach Isteinnahmen. Zur Berechnung der Regelvergütung nach den Isteinnahmen werden zum Abschluss des Abrechnungszeitraums die (tatsächlich) eingezogenen Mieten und Pachten aller Verwaltungseinheiten addiert. Dabei werden die Bruttobeträge zugrunde gelegt, also einschließlich aller Nebenabgaben (Strom, Gas, Wasser, Heizung etc.). Soweit der Mieter auch zur Zahlung der Umsatzsteuer verpflichtet ist, werden auch diese Beträge bei der Berechnung berücksichtigt. Von der Summe wird als Regelvergütung ein Betrag von 10 % festgesetzt.

Sind im Abrechnungszeitraum Mieten oder Pachten eingegangen, die bereits in vorangegangenen Abrechnungszeiträumen fällig geworden sind und für die der Verwalter bereits in den Vorjahren eine Vergütung nach den Solleinnahmen (s. Rn 9) erhalten hat, ist diese Vergütung bei der aktuellen Berechnung der Vergütung anzurechnen.

b) Berechnung nach Solleinnahmen. Hat sich der Verwalter vergeblich um den Einzug der Mieten oder Pachten bemüht, beträgt die Regelvergütung 2 % der geschuldeten Beträge. Voraussetzung ist aber, dass auch ein schuldrechtlicher An-

---

2 BGHZ 152, 18 = NJW 2003, 212 = MDR 2003, 112 = Rpfleger 2002, 632.
3 LG Frankenthal Rpfleger 1997, 399.
4 BGH NJW 2009, 3104 = MDR 2009, 1247 = ZfIR 2009, 832 = Rpfleger 2009, 632.
5 BGHZ 139, 309 = NJW 1998, 3567 = MDR 1998, 1435 = Rpfleger 1999, 39.
6 BGH NJW 2006, 1597 = MDR 2006, 1310 = WM 2006, 1298 = ZIP 2006, 825.

spruch besteht. Hat zB der Mieter berechtigt die Miete gemindert, kann der Verwalter für den Fehlbetrag keine Vergütung geltend machen.

10 c) **Anpassung der Regelvergütung im Einzelfall.** Steht im Einzelfall die Regelvergütung des Verwalters im Missverhältnis zu den Schwierigkeiten und dem Umfang seiner Verwaltungstätigkeit, kann die Vergütung nach unten oder oben angepasst werden und

- bei einer Vergütung nach Isteinnahmen (s. Rn 7) zwischen 5 und 15 % und
- bei einer Vergütung nach Solleinnahmen (s. Rn 9) zwischen 1 und 3 %

festgesetzt werden (§ 18 Abs. 2 ZwVwV).

11 Eine Abweichung ist **nicht gerechtfertigt**,[7] nur weil

- die Größe, Art oder Dauer der Verwaltung vom Durchschnitt abweicht,
- der Schuldner nicht kooperationsbereit ist,
- ein gewisser Reparatur- und Unterhaltungsrückstau am Objekt besteht,
- die Unterlagen nicht vollständig vorliegen,
- die Miet- und Versicherungsverhältnisse unübersichtlich sind,
- ein gelegentlicher Wechsel im Bestand der Miet- und Pachtverhältnisse eingetreten ist,
- Teile des Grundstücks gewerblich genutzt werden.

Die Anzahl der Wohnungen und die Tatsache, dass alle Wohneinheiten im selben Gebäude gelegen sind, rechtfertigt keinen Zuschlag,[8] aber auch keinen Abschlag.[9]

12 d) **Vergütung für die Fertigstellung von Bauvorhaben.** Für die Fertigstellung von Bauvorhaben erhält der Verwalter 6 % der von ihm verwalteten Bausumme (§ 18 Abs. 3 ZwVwV). Hierbei handelt es sich um eine tätigkeitsbezogene Sondervergütung, die neben den Vergütungen nach § 18 Abs. 1 und 2 und § 19 ZwVwV gewährt wird. Eine Anpassung des Prozentsatzes ist nicht möglich.

13 **3. Stundenvergütung, § 19 ZwVwV.** a) **Vergütung nach Zeitaufwand.** Wenn das Verwaltungsobjekt nicht durch Vermietung oder Verpachtung genutzt wird, weil es zB nicht vermietet werden konnte (**Leerstand**), vom Schuldner unentgeltlich bewohnt wird (s. § 149 Rn 1) oder land- oder forstwirtschaftlich genutzt wird, kann der Verwalter seine Tätigkeit nach Zeitaufwand abrechnen.

14 Eine Vergütung nach Zeitaufwand ist nur möglich, wenn das Objekt insgesamt nicht vermietet oder verpachtet ist.[10] Daher werden bei einer Mischnutzung (zB bei einem teilweise leerstehenden Mehrfamilienhaus) die Verwaltungstätigkeit für das gesamte Objekt nur auf der Basis der Miet- oder Pachteinnahmen abgerechnet (s. Rn 7). Der teilweise Leerstand kann aber durch eine Erhöhung des Prozentsatzes aufgefangen werden (s. Rn 10).[11] Eine zusätzliche Vergütung für die Verwaltung der Leerstände auf Stundenbasis ist nicht möglich.

15 Der Stundensatz ist einheitlich für den Abrechnungszeitraum zwischen 35 € und 95 € festzusetzen (§ 19 Abs. 1 S. 2 ZwVwV). Er ist an der Leistung des Verwalters auszurichten (§ 17 Abs. 1 S. 2 ZwVwV). Der Mindestsatz kommt dann in Betracht, wenn die Verwaltungstätigkeit überwiegend aus einfachen Aufgaben bestand und hauptsächlich von Mitarbeitern und Hilfskräften erledigt werden

---

7 BGHZ 152, 18 = NJW 2003, 212 = MDR 2003, 112 = Rpfleger 2002, 632.
8 BGHZ 152, 18 = NJW 2003, 212 = MDR 2003, 112 = Rpfleger 2002, 632.
9 BGH MDR 2007, 802 = Rpfleger 2007, 276 = NZM 2007, 261 = ZInsO 2007, 379.
10 BR-Drucks. 842/03, S. 16 f.
11 BR-Drucks. 842/03, S. 17 f.

konnte. Der Höchstsatz wird dagegen anzusetzen sein, wenn die Schwierigkeiten des Verfahrens den persönlichen Einsatz des Verwalters oder den Einsatz eines gleich hoch qualifizierten Mitarbeiters erforderte. Für ein durchschnittliches Normalverfahren ist ein **Mittelwert von 65 €** anzusetzen.

Es darf nur der **erforderliche Zeitaufwand** vergütet werden (§ 19 Abs. 1 S. 2 ZwVwV). Damit das Gericht den vergütungsfähigen Zeitaufwand beurteilen kann, muss der Verwalter eine plausible Darstellung des Zeitaufwands darlegen.[12] Halt das Gericht den Vortrag bei überschlägiger Abschätzung nicht für plausibel, muss der Verwalter den Zeitaufwand näher darlegen.   16

b) Vergütung nach Zeitaufwand bei unangemessener Regelvergütung. Insbesondere in den Verfahren, in denen aus hohen Leerständen ein Missverhältnis zwischen Arbeitsaufwand und Mietaufkommen entsteht, wird eine Abrechnung der Verwaltertätigkeit nach § 18 ZwVwV, auch unter Nutzung der Anpassungsmöglichkeiten (s. Rn 10), zu keiner angemessenen Vergütung führen. In diesen Fällen hat der Verwalter die Möglichkeit, die Verwaltung **insgesamt nach Zeitaufwand** abzurechnen (§ 19 Abs. 2 ZwVwV). Dazu wird er neben der Berechnung der Regelvergütung auch eine Vergütungsberechnung nach Zeitaufwand vorlegen. Ergibt sich daraus eine nicht unerhebliche Differenz zum Nachteil des Verwalters, wird das Gericht die Vergütung für den Abrechnungszeitraum nach dem Zeitaufwand abrechnen. Die Regelvergütung ist **offensichtlich unangemessen,** wenn sie um mehr als 25 % hinter der Vergütung nach Zeitaufwand zurückbleibt.[13]   17

Es ist einem Zwangsverwalter möglich, innerhalb eines Verfahrens (vgl § 146 Rn 16 ff) für einen Abrechnungszeitraum die Regelvergütung und für einen anderen Abrechnungszeitraum die Zeitaufwandvergütung zu beantragen. Dagegen ist es ausgeschlossen, für denselben Zeitraum sowohl die Regel- als auch (zusätzlich) eine Zeitaufwandvergütung festzusetzen. Es ist jedoch zulässig, zu einem späteren Zeitpunkt anstelle einer früheren Berechnung nach Zeitaufwand nunmehr für den früheren Abrechnungszeitraum die Neufestsetzung einer Vergütung nach den geschuldeten Mieten zu beantragen.[14]   18

4. Mindestvergütung, § 20 ZwVwV. a) Mindestvergütung zum Abschluss des Verfahrens. Die Mindestvergütung wird für das gesamte Verfahren gewährt und erst zum Verfahrensabschluss festgesetzt.[15] Demzufolge sind die Vorjahre entweder nach § 18 ZwVwV (s. Rn 7, 10) oder nach § 19 ZwVwV (s. Rn 13) abzurechnen. Wenn dann zum Verfahrensabschluss die Summe aller Vergütungen unter 600 € liegt, kann eine Erhöhung auf insgesamt 600 € erfolgen. Wenn allerdings in den ersten Jahren die Mieteinnahmen sehr gering sind und die Regelvergütungen zu offensichtlich unangemessenen Ergebnissen führen, kann der Verwalter schon in den ersten Jahren eine angemessene Vergütung nach Zeitaufwand (s. Rn 13) beantragen. 19

Nach dem eindeutigen Wortlaut der Verordnung setzt die Mindestvergütung von 600 € lediglich den **Besitz des Verwalters** voraus (§ 20 Abs. 1 ZwVwV). Es ist nicht erforderlich, dass der Verwalter tatsächlich im nennenswerten Umfang tätig war. Ist zB das Verwaltungsobjekt vermietet und geht dadurch der mittelbare Besitz bereits mit Annahme des Amtes auf den Verwalter über (s. § 150 Rn 30), wird die Mindestvergütung von 600 € ohne weitere Tätigkeit fällig.   20

b) Mindestvergütung im Fall der vorzeitigen Verfahrensaufhebung ohne Besitzübergang. Wird das Verfahren der Zwangsverwaltung aufgehoben worden, **bevor** der Besitz auf den Verwalter übergegangen ist, erhält der Verwalter eine Min- 21

---

12 BGH MDR 2008, 470 = NJW-RR 2008, 892 = Rpfleger 2008, 270 = NZM 2008, 223.
13 BGH MDR 2008, 230 = ZInsO 2007, 1271 = NZM 2008, 100.
14 BGH NJW-RR 2009, 1168 = ZfIR 2009, 712.
15 BGH MDR 2007, 108 = Rpfleger 2006, 490 = NZM 2006, 639.

destvergütung von 200 €, sofern er bereits tätig geworden ist (§ 20 Abs. 2 ZwVwV). Dazu genügt zB die Anlage des Verfahrens in seinem Verwaltungsprogramm, die Kontaktaufnahme mit den Beteiligten oder eine Akteneinsicht. Es ist aber nicht erforderlich, dass die Ermittlungen für den Anfangsbericht abgeschlossen sind (s. § 150 Rn 34). Die Annahme des Amtes allein genügt nicht.

22 **c) Kürzungen.** Die Mindestvergütung kann nicht gekürzt werden. Auch in Verfahren mit sehr geringen Einnahmen und weit unterdurchschnittlichem Arbeitsaufwand ist sie in voller Höhe festzusetzen. Beantragt zB der Gläubiger die Zwangsverwaltung einer Garage, muss er sich darüber im Klaren sein, dass bereits die Mindestvergütung deutlich über den zu erwartenden Einnahmen liegen wird.

23 **d) Verfahren mit mehreren Verwaltungseinheiten.** Die Mindestvergütung ist bei der Zwangsverwaltung mehrerer Verwaltungsobjekte (zB bei einer Serie von Eigentumswohnungen) für jede wirtschaftliche Einheit festzusetzen. Dabei ist es ohne Belang, ob die Verwaltung in einem einheitlichen Verfahren oder für jedes Objekt einzeln angeordnet wird. Ob dadurch unverhältnismäßig hohe Kosten verursacht werden, ist nicht bei der Festsetzung der Vergütung, sondern bei der Vollstreckung dieser Kosten oder in einem Rechtsstreit des Schuldners auf Schadensersatz zu prüfen.[16]

24 Wenn dagegen mehrere Verwaltungsobjekte eine wirtschaftliche Einheit bilden, fällt auch die Mindestvergütung nur einmal an.

25 Wenn das Gericht das Verfahren durch Beschluss aufteilt und die Teile unter eigenen Geschäftsnummern führt (s. § 18 Rn 15, § 146 Rn 16 ff), werden grds. für jedes der Einzelverfahren eigene Mindestvergütungen fällig. Die Frage nach der wirtschaftlichen Einheit stellt sich dann nicht mehr.

26 **5. Auslagen, § 21 ZwVwV. a) Allgemeine Geschäftskosten.** Die **allgemeinen Geschäftskosten** des Verwalters für sein Büro und seine Angestellten sind **nicht erstattungsfähig** und werden durch seine Vergütung mit abgegolten (§ 21 Abs. 1 ZwVwV). Unter den allgemeinen Geschäftskosten sind die Kosten zu verstehen, die dem Verwalter für sein Büro und sein Personal entstehen und von ihm zu tragen sind.

27 **b) Erstattung der nachgewiesenen Kosten.** Unter **Auslagen** sind die Aufwendungen zu verstehen, die konkret und unmittelbar einzelnen Verwaltungstätigkeiten zugeordnet werden können. Sie fallen situations- und verfahrensbedingt an und können einem konkreten Grund zugeordnet werden. Sofern sie angemessen sind, können diese Kosten als Auslagen erstattet werden. Was angemessen ist, muss das Gericht nach pflichtgemäßem Ermessen entscheiden.

28 **Reisekosten** sind erstattungsfähig, wenn sie den üblichen Umfang in Zwangsverwaltungsverfahren übersteigen. So werden die normalen Fahrten zum Verwaltungsobjekt innerhalb des Gerichtsbezirks und die Fahrten zum Vollstreckungsgericht nicht erstattungsfähig sein (vgl § 21 Abs. 2 S. 1 ZwVwV). Die Kosten für einen **externen Rechtsanwalt** (auch: Steuerberater, Selbständiger mit besonderen Qualifikationen) können vom Zwangsverwalter nicht als Verwaltungsausgaben (§ 155 Abs. 1) entnommen werden, sondern sind wie Auslagen abzurechnen (s. Rn 4). Daneben kann der Verwalter auch die Auslagenpauschale (s. Rn 30) beanspruchen.[17]

29 Die Auslagen sind einzeln zu **belegen** und können nach der Festsetzung durch das Gericht vom Verwalter aus der Masse entnommen werden. Eine selbstständige Entnahme ohne vorherige Festsetzung ist nicht zulässig.

---

16 BGH Rpfleger 2007, 274 = ZfIR 2007, 249 = NZM 2007, 300.
17 BGH NJW 2009, 3104 = NZI 2009, 700 = ZInsO 2009, 1662.

c) Auslagenpauschale. Der Verwalter hat die Wahl, ob er statt der tatsächlich angefallenen Auslagen eine Pauschale geltend macht. Die Wahl kann für jeden Abrechnungszeitraum neu getroffen werden (§ 21 Abs. 2 S. 2 ZwVwV). Die Auslagenpauschale beträgt 10 % der Regelvergütung (s. Rn 7), der Stundenvergütung (s. Rn 13) oder der Mindestvergütung (s. Rn 18). Sie ist beschränkt auf 40 € für jeden angefangenen Monat im Abrechnungszeitraum. Der Abrechnungszeitraum wird nach § 188 Abs. 2 BGB berechnet; der letzte angefangene Monat ist aufzurunden.[18] Der BGH hat dagegen in seiner für die Zwangsverwaltervergütung wichtigen Grundsatzentscheidung die Festsetzung einer Auslagenpauschale auf der Basis der angefangenen **Kalender**monate bestätigt.[19] Allerdings ist die Feststellung nur in den Gründen und ohne Erörterung der Problematik ergangen. Die Auslagenpauschale entsteht auch neben den besonderen Auslagen für Rechtsanwalts- und Steuerberaterkosten.[20]

6. Festsetzung, § 22 ZwVwV. Bezüglich der Festsetzung der Vergütung und der dem Verwalter zu erstattenden Auslagen wird auf die Ausführungen in § 153 Rn 28 ff verwiesen.

§ 153 [Beaufsichtigung des Verwalters durch Gericht]

(1) Das Gericht hat den Verwalter nach Anhörung des Gläubigers und des Schuldners mit der erforderlichen Anweisung für die Verwaltung zu versehen, die dem Verwalter zu gewährende Vergütung festzusetzen und die Geschäftsführung zu beaufsichtigen; in geeigneten Fällen ist ein Sachverständiger zuzuziehen.

(2) ¹Das Gericht kann dem Verwalter die Leistung einer Sicherheit auferlegen, gegen ihn Zwangsgeld festsetzen und ihn entlassen. ²Das Zwangsgeld ist vorher anzudrohen.

§§ 10, 16, 22 ZwVwV

I. Normzweck	1	V. Zwangsgeld und Entlassung aus dem Amt (Abs. 2)	20
II. Allgemeines Aufsichts- und Einsichtsrecht des Gerichts, § 16 ZwVwV	5	VI. Auferlegung einer Sicherheit (Abs. 2)	27
III. Weisungsbefugnis des Gerichts	8	VII. Festsetzung der Vergütung, § 22 ZwVwV	28
IV. Zustimmungsverfahren, § 10 ZwVwV	12		

I. Normzweck

Der Zwangsverwalter übt die Verwaltung selbständig und wirtschaftlich nach pflichtgemäßem Ermessen aus (s. § 150 Rn 8). Das Gericht hat die Geschäftsführung des Zwangsverwalters zu beaufsichtigen.

Der Verwalter muss auch ohne ausdrückliches Verlangen des Gerichts über alle wesentlichen Details eingehend berichten:

- Zeitnah nach der Verfahrensanordnung fertigt der Verwalter einen umfassenden Anfangsbericht (s. § 150 Rn 34).
- Jeweils zum Abschluss der Abrechnungszeiträume legt der Verwalter Rechenschaft über seine Geschäftsführung ab (s. § 154 Rn 7).

---

18 OLG Zweibrücken OLGR 2001, 302 = ZInsO 2001, 504.
19 BGH NJW-RR 2008, 464 = WM 2008, 543.
20 BGH NJW 2009, 3104 = NZI 2009, 700 = ZInsO 2009, 1662.

- Nach der Aufhebung der Zwangsverwaltung erstellt der Verwalter einen Schlussbericht und eine Schlussrechnung (s. § 154 Rn 13).
- Nach der vollständiger Beendigung der Amtstätigkeit legt der Verwalter eine Endabrechnung vor (s. § 154 Rn 14).

Zusätzlich ist er verpflichtet, jederzeit dem Gericht Auskunft über alle Einzelheiten der Verwaltung zu erteilen.

3 Für besonders bedeutsame und folgenintensive Erklärungen und Handlungen benötigt der Verwalter eine **Zustimmung des Gerichts** (vgl § 10 ZwVwV).

4 Zum Ende der Abrechnungszeiträume setzt das Gericht die Vergütung und die Auslagenerstattung fest.

II. Allgemeines Aufsichts- und Einsichtsrecht des Gerichts, § 16 ZwVwV

5 Der Verwalter ist gegenüber dem Gericht verpflichtet, jederzeit und umfassend Auskunft über seine Tätigkeit zu erteilen. Ferner ist er zur uneingeschränkten Vorlage sämtlicher Unterlagen verpflichtet (§ 16 ZwVwV).

6 Die Häufigkeit und der Umfang der Auskunftspflicht werden vom Gericht nach freiem Ermessen unter Berücksichtigung der Umstände des Einzelfalles bestimmt. Die Komplexität und die Schwierigkeiten der Verwaltung sowie die Erfahrung des Verwalters werden dabei eine entscheidende Rolle spielen.

7 Kommt der Verwalter seinen Pflichten trotz Erinnerung und Ermahnung nicht nach, wird das Gericht die Auskunft oder die Vorlage der geforderten Unterlagen mit Zwangsgeld erzwingen. Kommt der Zwangsverwalter seinen Pflichten nicht nach und führt auch die Verhängung eines Zwangsgeldes nicht zum gewünschten Erfolg, kommt auch die Entlassung des Zwangsverwalters in Betracht.

III. Weisungsbefugnis des Gerichts

8 Der Verwalter übt sein Amt selbständig und wirtschaftlich nach pflichtgemäßem Ermessen aus (§ 1 Abs. 1 S. 1 ZwVwV). Das Vollstreckungsgericht überwacht seine Tätigkeit, darf ihn jedoch nicht zu sehr beschränken: In erster Linie ist der Zwangsverwalter für die Verwaltung verantwortlich.

9 Das Gericht sollte im Interesse einer einvernehmlichen Verfahrensabwicklung grds. **allgemeine Anweisungen zum Verfahren** erlassen. So ist es sinnvoll,
- den Zeitpunkt der Jahresrechnungslegung zu bestimmen (s. § 154 Rn 9) und
- die Form und den Inhalt der Berichterstattung, Buchführung und Rechnungslegung entsprechend den örtlichen Wünschen und Bedürfnissen zu ergänzen und zu modifizieren.

10 Das Gericht kann aber auch in einzelnen Verfahren und bei bestimmten Verwaltern konkrete Einzelanweisungen erlassen.

11 Die Anweisungen können auch auf Antrag und Anregung des Zwangsverwalters, der betreibenden Gläubiger und des Schuldners ergehen. Das Gericht ist aber nur dann zu einer Entscheidung verpflichtet, wenn die Anweisung objektiv erforderlich ist. Das ist sie nicht, wenn der Verwalter auch ohne sie die Verwaltung richtig führen kann. Das Anweisungsverfahren dient nicht dazu, den selbständig, aus eigenem Recht handelnden Verwalter von seiner Entscheidungsverantwortung zu entbinden.

IV. Zustimmungsverfahren, § 10 ZwVwV

Der Verwalter hat zu bestimmten Maßnahmen die vorherige Zustimmung des Gerichts einzuholen (§ 10 Abs. 1 ZwVwV): 12

Änderung der Nutzungsart (Nr. 1). Der Verwalter soll die Art der Nutzung, die bis zur Anordnung der Zwangsverwaltung bestand, beibehalten (§ 5 Abs. 1 ZwVwV; vgl § 152 Rn 1). Möchte er von diesem Grundsatz abweichen, benötigt er dazu die vorherige Zustimmung des Gerichts. 13

Abweichung vom Klauselkatalog des § 6 Abs. 2 ZwVwV (Nr. 2). Beim Abschluss neuer Miet- und Pachtverträgen hat der Zwangsverwalter Klauseln zum Haftungsausschluss aufzunehmen. Möchte er im Einzelfall auf die Aufnahme verzichten, muss er zunächst die Zustimmung des Gerichts einholen. 14

Eingehen von ungedeckten Zahlungsverpflichtungen (Nr. 3). In § 9 ZwVwV wird bestimmt, dass der Zwangsverwalter Verpflichtungen nur eingehen soll, wenn diese aus bereits vereinnahmten Mitteln beglichen werden können. Erscheint es dem Verwalter nach pflichtgemäßem Ermessen und im Vertrauen auf zukünftige Einnahmen vertretbar, von dieser Regelung abzuweichen, kann ihm das Gericht auf Antrag die Zustimmung erteilen. 15

Zahlung von Vorschüssen für handwerkliche Arbeiten (Nr. 4). Es ist nicht unüblich, dass Handwerker schon bei mittelgroßen Bau- oder Instandsetzungsarbeiten einen Vorschuss, insb. auf Materialien, verlangen. Mit Zustimmung des Vollstreckungsgerichts sind vorfällige Zahlungen möglich. 16

Durchführung größerer Baumaßnahmen (Nr. 5). Der Verwalter benötigt für Verbesserungs- und Erneuerungsmaßnahmen iSd § 554 Abs. 2 BGB sowie für alle Maßnahmen zur baulichen Veränderung des Objektes grds. eine vorherige Zustimmung des Gerichts. Eine Baumaßnahme ist immer dann als zustimmungsbedürftig anzusehen, wenn der Aufwand der jeweiligen Maßnahme 15 % des Verkehrswertes überschreitet. Der Wert ist vom Verwalter nach pflichtgemäßem Ermessen zu schätzen. Bei dieser Entscheidung sollte er evtl vorhandene Wertermittlungsunterlagen der Gläubigerbank, des Schuldners und des Gerichts aus einer parallel anhängigen Zwangsversteigerung berücksichtigen. Für die Durchführung der gewöhnlichen Erhaltungs- und Instandsetzungsmaßnahmen benötigt der Verwalter keine Zustimmungen. 17

Durchsetzung von Gewährleistungsansprüchen (Nr. 6). Wenn der Verwalter begonnene Baumaßnahmen fertigstellt, ergeben sich daraus häufig Gewährleistungsansprüche aus Mängelrügen. Die Durchsetzung obliegt dem Verwalter. Da mit diesen Entscheidungen oftmals schwerwiegende finanzielle Auswirkungen verbunden sind, die regelmäßig die Substanz des schuldnerischen Vermögens betreffen, hat der Verwalter vorher die Zustimmung des Gerichts einzuholen. 18

Das Gericht hat den Gläubiger und den Schuldner vor seiner Entscheidung **anzuhören** (§ 10 Abs. 2 ZwVwV). An die Entscheidung ist der Verwalter gebunden. Sie ist mit der sofortigen Beschwerde angreifbar. 19

V. Zwangsgeld und Entlassung aus dem Amt (Abs. 2)

Wenn der Verwalter seinen Pflichten nicht nachkommt und Anweisungen oder Rügen ohne Erfolg bleiben, kann das Gericht die Pflichterfüllung mit einem **Zwangsgeld** erzwingen. Das Zwangsgeld ist nur ein Mittel zur Erzwingung bestimmter Handlungen des Zwangsverwalters und keine Strafe für begangene Pflichtverletzungen. 20

Das Zwangsgeld beträgt 5,00 € bis 1.000,00 € (Art. 6 Abs. 1 EGStGB). Vor der Festsetzung ist das Zwangsgeld **anzudrohen** (Abs. 2 S. 2). Der Festsetzungsbeschluss ist dem Verwalter zuzustellen und mit der Beschwerde angreifbar. Zahlt 21 der Zwangsverwalter das Zwangsgeld nicht freiwillig, ergeht nach Eintritt der Rechtskraft eine Vollstreckungsanordnung (§ 3 VwVG) an die Justizkasse. Der Festsetzungsbeschluss bildet einen Vollstreckungstitel nach § 794 Abs. 1 Nr. 3 ZPO und ist von Amts wegen zu vollstrecken.

22 Kommt der Zwangsverwalter nach der Festsetzung des Zwangsgeldes seinen Pflichten nach, kann darin eine sofortige Beschwerde mit neuen zu berücksichtigenden Tatsachen gesehen werden. Sofern der Festsetzungsbeschluss noch nicht rechtskräftig ist, muss er dann aufgehoben werden. Nach Eintritt der Rechtskraft ist eine Aufhebung nicht mehr möglich.

23 Eine **Entlassung** des Zwangsverwalters kommt in Betracht, wenn

- der Zwangsverwalter seinen Pflichten nicht nachkommt und die Verhängung einen Zwangsgeldes nicht zum gewünschten Erfolg führt;
- das Gericht zu der Überzeugung kommt, dass dem Verwalter die notwendige Qualifikation oder die notwendige personelle und bürotechnische Ausstattung fehlt (s. § 150 Rn 5 f); die Bedenken müssen objektiv vorhanden sein und nachvollziehbar begründet werden;
- das Gericht zu der Überzeugung kommt, dass der Zwangsverwalter nicht willens oder nicht in der Lage ist, seinen gesetzlichen Pflichten nachzukommen oder den Weisungen des Gerichts zu folgen; die Bedenken müssen sich aus der bisherigen Verfahrensabwicklung belegen und nachvollziehbar begründen lassen;
- der Zwangsverwalter sich so schwere Verfehlungen zu Schulden kommen lässt, dass sofortiges Handeln zum Schutz des Schuldnervermögens geboten erscheint;
- weniger einschneidende Maßnahmen (Anweisungen und Zwangsgelder) objektiv nicht ausreichend erscheinen oder bereits erfolglos geblieben sind;
- der Zwangsverwalter selbst in Vermögensverfall gerät;
- der Zwangsverwalter aus dringenden Gründen (Krankheit, Wechsel des Aufenthaltsortes, Überlastung) um seine Entlassung ersucht.

24 Sofern nicht Gefahr in Verzug ist, sollten der Verwalter und die betreibenden Gläubiger vor der Entlassung gehört und die Wirkung der Entlassung von der Rechtskraft des Beschlusses abhängig gemacht werden.

25 Mit der Entlassung des bisherigen Zwangsverwalters ist sofort ein neuer Zwangsverwalter zu bestellen. Der entlassene Verwalter muss unverzüglich sämtliche Unterlagen herausgeben. Wenn zu erwarten ist, dass dieser Verpflichtung nicht unverzüglich nachgekommen wird, kann das Amtsgericht (Richter) die Durchsuchung der Wohn- und Geschäftsräume des Zwangsverwalters anordnen (§ 758 a ZPO) und den Gerichtsvollzieher mit der zwangsweisen Sicherstellung beauftragen (§ 153 Abs. 1, § 16 ZwVwV).[1]

26 Verstößt ein Zwangsverwalter schwerwiegend gegen seine **Treuepflicht** (zB durch unbefugtes Führen eines Doktor- oder Diplomtitels), ist er aus dem Amt zu entlassen und verwirkt seinen Anspruch auf Vergütung und Auslagen.[2] Voraussetzung ist, dass er die Treuepflicht vorsätzlich, mindestens aber in einer grob leichtfertigen Weise verletzt, die dem Vorsatz nahe kommt.

---

1 AG Duisburg Rpfleger 2009, 520.
2 BGH MDR 2009, 1414 = NJW-RR 2009, 1710 = Rpfleger 2010, 96.

VI. Auferlegung einer Sicherheit (Abs. 2)

Die Möglichkeit, dem Zwangsverwalter eine Sicherheitsleistung aufzuerlegen, hat nach der Einführung des § 1 Abs. 4 ZwVwV, der den Verwalter zum Abschluss einer Vermögensschadenshaftpflichtversicherung mit einer Mindestdeckung von 500.000 € verpflichtet, keine praktische Bedeutung mehr (vgl § 150 Rn 14). 27

VII. Festsetzung der Vergütung, § 22 ZwVwV

Das Zwangsverwaltungsverfahren ist vergütungs- und steuerrechtlich in jährliche Leistungsabschnitte (s. § 154 Rn 9) unterteilt. Mit dem Ende der einzelnen Abrechnungszeiträume werden die Jahresvergütungen fällig (s. § 152 a Rn 3). 28

Nach der Anhörung des Schuldners und der betreibenden Gläubiger setzt das Gericht die Beträge durch Beschluss fest. Der Beschluss wird dem Schuldner und den betreibenden Gläubigern zugestellt und kann mit der sofortigen Beschwerde angegriffen werden. Wird dem Vergütungsantrag nicht oder nicht in voller Höhe entsprochen, ist der Beschluss auch dem Verwalter zuzustellen. 29

Der Verwalter ist für seine Tätigkeit umsatzsteuerpflichtig (§ 12 UStG) und muss daher auf seine festgesetzte Vergütung Umsatzsteuer entrichten. Das Gericht setzt neben der Vergütung und den Auslagen auch einen Erstattungsbetrag in Höhe der zu leistenden Steuer fest. Der Erstattungsbetrag wird gesondert festgesetzt und ist nicht Teil der Vergütung (§ 10 Abs. 1 S. 2 UStG). 30

Der Zwangsverwalter kann, falls die verwaltete Masse zur Deckung seiner Vergütung und Auslagen nicht ausreicht, den betreibenden Gläubiger in Anspruch nehmen.[3] 31

Auf Antrag kann das Gericht dem Verwalter die Entnahme eines **Vorschusses** auf die Vergütung und die Auslagen aus der Masse entnehmen. Auch dieser Antrag muss der Höhe nach bestimmt sein. Dabei sind die Vergütung, die Umsatzsteuer und die Auslagen getrennt auszuweisen. Die Vorschussentnahme muss vom Gericht konkret und betragsmäßig durch Beschluss genehmigt werden.[4] 32

§ 153 a [Entgelt für Viehfutter]

Ist in einem Gebiet das zu dem landwirtschaftlichen Betrieb gehörende Vieh nach der Verkehrssitte nicht Zubehör des Grundstücks, so hat, wenn der Schuldner zum Zwangsverwalter bestellt wird, das Vollstreckungsgericht gemäß § 153 Anordnungen darüber zu erlassen, welche Beträge der Schuldner als Entgelt dafür, daß das Vieh aus den Erträgnissen des Grundstücks ernährt wird, der Teilungsmasse zuzuführen hat und wie die Erfüllung dieser Verpflichtung sicherzustellen ist.

Die Vorschrift ist bedeutungslos, da im gesamten Bundesgebiet das Vieh nach der allgemeinen Verkehrsanschauung als **Zubehör** des landwirtschaftlichen Betriebes angesehen wird (§§ 98 Nr. 2, 97 Abs. 1 S. 2 BGB). 1

---

3 BGHZ 152, 18 = NJW 2003, 212 = MDR 2003, 112 = Rpfleger 2002, 632.
4 BGH NJW 2003, 210 = MDR 2003, 174 = Rpfleger 2003, 94 = WM 2002, 2476.

§ 153 b [Einstellungsantrag des Insolvenzverwalters]

(1) Ist über das Vermögen des Schuldners das Insolvenzverfahren eröffnet, so ist auf Antrag des Insolvenzverwalters die vollständige oder teilweise Einstellung der Zwangsverwaltung anzuordnen, wenn der Insolvenzverwalter glaubhaft macht, daß durch die Fortsetzung der Zwangsverwaltung eine wirtschaftlich sinnvolle Nutzung der Insolvenzmasse wesentlich erschwert wird.

(2) Die Einstellung ist mit der Auflage anzuordnen, daß die Nachteile, die dem betreibenden Gläubiger aus der Einstellung erwachsen, durch laufende Zahlungen aus der Insolvenzmasse ausgeglichen werden.

(3) Vor der Entscheidung des Gerichts sind der Zwangsverwalter und der betreibende Gläubiger zu hören.

1 Der Zwangsverwalter soll die bisherige wirtschaftliche Nutzung des Grundstücks fortführen und den Erfolg der Vollstreckungsmaßnahme über die Vermietung oder Verpachtung suchen (s. § 152 Rn 3). Dagegen hat der Insolvenzverwalter die Aufgabe, das gesamte Vermögen des Schuldners zu verwerten und den Erlös gleichmäßig auf die Gemeinschaft der Gläubiger zu verteilen. Diese beiden Aufgaben sind in vielen Fällen nicht in Einklang zu bringen. Wenn zB der Insolvenzverwalter die freihändige Veräußerung des Grundbesitzes anstrebt, würde sich eine zeitgleiche neue Vermietung durch den Zwangsverwalter störend auswirken.

2 Zur Lösung dieser Konfliktsituation hat der Gesetzgeber mit der Einführung der InsO die Möglichkeit geschaffen, das Zwangsverwaltungsverfahren auf **Antrag des Insolvenzverwalters** einstweilen einzustellen.

3 Die einstweilige Einstellung führt weder dazu, dass die Verwaltungsrechte des Zwangsverwalters auf den Insolvenzverwalter übergehen, noch zu einer Aufhebung der angeordneten Zwangsverwaltung. Der Zwangsverwalter ist weiterhin berechtigt und verpflichtet, das Objekt zu verwalten. Insbesondere muss er weiterhin die Mieten einziehen. Allerdings darf er keine Neuvermietungen vornehmen und keine Ausschüttungen an die Gläubiger leisten.

4 Die Vorschrift hat die in sie gesetzten Erwartungen nicht erfüllt und keine praktische Bedeutung erlangt. Da der Zwangsverwalter grds. jede wirtschaftlich sinnvolle Maßnahme treffen kann, ist es sinnvoller, wenn sich der Zwangsverwalter und der Insolvenzverwalter, uU unter Beteiligung des Vollstreckungsgerichts (s. § 153 Rn 11), um eine einvernehmliche Regelung bemühen.

§ 153 c [Aufhebung der einstweiligen Einstellung]

(1) Auf Antrag des betreibenden Gläubigers hebt das Gericht die Anordnung der einstweiligen Einstellung auf, wenn die Voraussetzungen für die Einstellung fortgefallen sind, wenn die Auflagen nach § 153 b Abs. 2 nicht beachtet werden oder wenn der Insolvenzverwalter der Aufhebung zustimmt.

(2) ¹Vor der Entscheidung des Gerichts ist der Insolvenzverwalter zu hören. ²Wenn keine Aufhebung erfolgt, enden die Wirkungen der Anordnung mit der Beendigung des Insolvenzverfahrens.

1 Die Vorschrift regelt die Voraussetzungen und das Verfahren zur Fortsetzung des nach § 153 b einstweilen eingestellten Verfahrens.

§ 154 [Haftung; Rechnungslegung]

¹Der Verwalter ist für die Erfüllung der ihm obliegenden Verpflichtungen allen Beteiligten gegenüber verantwortlich. ²Er hat dem Gläubiger und dem Schuldner jährlich und nach der Beendigung der Verwaltung Rechnung zu legen. ³Die Rechnung ist dem Gericht einzureichen und von diesem dem Gläubiger und dem Schuldner vorzulegen.

§§ 13–16 ZwVwV

I. Normzweck 1	V. Schlussrechnung und Endabrechnung 13
II. Masseverwaltung, Treuhandkontos und Buchführung, §§ 13, 14 und 15 ZwVwV 2	VI. Prüfungspflicht des Gerichts 15
III. Jahresrechnungslegung 7	VII. Allgemeine Verantwortlichkeit des Zwangsverwalters (S. 1) 16
IV. Zwischenrechnungslegung 11	

I. Normzweck

Mit der Vorschrift wird dem Verwalter die gesetzliche Pflicht auferlegt, den betreibenden Gläubigern und dem Schuldner jährlich und nach Beendigung der Verwaltung Rechnung zu legen. Gemäß § 259 Abs. 1 BGB muss er daher Rechenschaft ablegen und dazu eine übersichtliche, geordnete Gegenüberstellung aller Einnahmen und Ausgaben in einer verständlichen Form vorlegen. 1

II. Masseverwaltung, Treuhandkontos und Buchführung, §§ 13, 14 und 15 ZwVwV

Der Verwalter muss für jede Zwangsverwaltung ein gesondertes Treuhandkonto einzurichten, über das der gesamte Zahlungsverkehr abzuwickeln ist (§ 13 Abs. 2 S. 1 ZwVwV). Bei der Kontoeinrichtung ist klarzustellen, dass es sich um ein **Treuhandkonto für fremde Rechnung** handelt. Die Verwendung eines Unterkontos zum allgemeinen Geschäftskonto des Verwalters ist nicht zulässig. 2

Der Begriff „Zwangsverwaltung" bezieht sich auf eine wirtschaftliche Verwaltungseinheit.[1] Der Grundsatz der getrennten Verwaltung gilt auch dann, wenn alle Teile in einem wirtschaftlichen Zusammenhang stehen, wie zB bei der Verwaltung sämtlicher Eigentumswohnungen in einem Mehrfamilienhaus. Auch eine Verbindung der Verwaltungseinheiten nach § 18 zu einem Verfahren (mit nur einer Geschäftsnummer) führt zu keiner Änderung dieser Anforderung. Eine Ausnahme gilt nur dann, wenn in einem Verfahren (mit nur einer Geschäftsnummer) mehrere Verwaltungsobjekte betroffen sind, die eine wirtschaftliche Einheit bilden, also zB ein Verfahren mit einem Einfamilienhaus und einer Wegeparzelle für die Zuwegung. 3

Wird die Zwangsverwaltung von einem bei der Gläubigerin beschäftigten Mitarbeiter als **Institutsverwalter** nach § 150a geführt, muss gleichfalls ein gesondertes Treuhandkonto eingerichtet werden. Das Treuhandkonto muss auf den Namen des Verwalters eingerichtet werden und einen entsprechenden Treuhandvermerk tragen. Keinesfalls darf das Darlehenskonto des Schuldners für diese Zwecke verwendet werden. 4

Die **Buchführung** der Zwangsverwaltung ist als modifizierte Einnahmenüberschussrechnung einzurichten: Sie wird ergänzt um die Solleinnahmen (§ 14 Abs. 1 ZwVwV), um die geschuldeten, nicht eingezogenen Forderungen bestimmen zu können. Die Einzelheiten sind in §§ 14, 15 ZwVwV geregelt. 5

---

1 BGH Rpfleger 2007, 274 = ZfIR 2007, 249 = NZM 2007, 300.

6 Die Regelungen sind für den Verwalter verbindlich. Allerdings bleibt es ihm unbenommen, die in § 15 Abs. 1 ZwVwV vorgeschriebene Gliederung weiter zu verfeinern und zusätzliche Unterkonten zu bilden. Eine weitergehende Differenzierungen kann auch vom Vollstreckungsgericht angeordnet werden (s. § 153 Rn 9).

III. Jahresrechnungslegung

7 Der Verwalter ist gegenüber den betreibenden Gläubigern und dem Schuldner zur Rechnungslegung nach § 259 Abs. 1 BGB verpflichtet. Die Rechnungslegung ist eine rechtfertigende, besonders genaue Art der Auskunft. Die Angaben müssen so detailliert und verständlich sein, dass die Auskunftsberechtigten ohne fremde Hilfe in der Lage sind, die Richtigkeit dem Grund und der Höhe nach zu überprüfen. Die Zusammenstellung der Einnahmen und Ausgaben muss übersichtlich, in sich verständlich und chronologisch sortiert sein. Alle Geldbewegungen sind einzeln zu buchen und zu belegen. Die Rechnungslegung muss neben den tatsächlichen Einnahmen und Ausgaben auch die geschuldeten, nicht eingezogenen Forderungen ausweisen.

8 Die **Rechnungslegung** besteht aus folgenden Teilen:

- Rechenschaftsbericht (erläuternder, darstellender Bericht),
- Abschlussrechnung (geordnete Zusammenfassung und Gegenüberstellung der Zahlen aus dem Kontojournal),
- Kontojournal,
- Kontoauszüge und
- Belege.

9 Die **jährliche** Rechnungslegung erfolgt grds. zum Ablauf des Kalenderjahres. Das Gericht kann eine abweichende Regelungen treffen (§ 14 Abs. 2 ZwVwV). So sind auch kurze Berichtsfristen (zB zum Ende eines Quartals) oder andere Abrechnungsstichtage denkbar. Bei der überwiegenden Zahl der Gerichte wird das Ende des Verwaltungsjahres als Abrechnungszeitpunkt bestimmt. Damit wird erreicht, dass sich die Rechnungslegungen auf das ganze Jahr verteilen und nicht zu einer punktuellen Belastung der Gerichte und der Verwalter zum ersten Quartal führen. Außerdem wird vermieden, dass das erste (angebrochene) Jahr nur als Rumpfgeschäftsjahr eingerichtet werden muss.

10 Der Verwalter reicht die Rechnungslegung bei dem Vollstreckungsgericht ein, das anschließend die Unterlagen an die betreibenden Gläubiger und den Schuldner weiterleitet. Die Kontoauszüge und Belege können auf der Geschäftsstelle des Vollstreckungsgerichts eingesehen werden.

IV. Zwischenrechnungslegung

11 Über die jährlich vorzulegende Rechnungslegung hinaus kann das Gericht kraft seines Aufsichtsrechts **jederzeit** Auskunft, also auch eine **Zwischenrechnungslegung**, verlangen.

12 Nach § 13 Abs. 4 ZwVwV können auch die betreibenden Gläubiger oder der Schuldner jederzeit eine Auskunft über den Sachstand beantragen. Der Antrag ist an das Gericht zu richten. Das Gericht entscheidet über den Antrag und fordert ggf den Verwalter zur außerordentlichen Berichterstattung auf. Auch dieser Bericht wird nur über das Gericht an den Antragsteller geleitet.

V. Schlussrechnung und Endabrechnung

Nach der Aufhebung der Zwangsverwaltung legt der Verwalter seine **Schluss-** 13 **rechnung** vor (§ 12 Abs. 2 S. 2 ZwVwV). Sie umfasst den Zeitraum seit der letzten Rechnungslegung und wird in Form einer abgebrochenen Jahresrechnung vorgelegt. Ist das Verfahren in Folge der Erteilung des Zuschlags in der Zwangsversteigerung aufgehoben worden, sind die Einnahmen und Ausgaben für den Zeitraum seit der Zuschlagserteilung mit dem Ersteher gesondert abzurechnen.[2] Auch diese besondere Rechnungslegung ist dem Gericht vorzulegen.

Auch nach Vorlage der Schlussrechnung muss der Verwalter noch Geldmittel zu- 14 rückhalten und ordnungsgemäß verwalten, um nach Prüfung der Schlussrechnung durch das Gericht die restlichen Gerichtskosten und die eigene Vergütung bezahlen zu können. Unter Umständen wird die Verwaltertätigkeit sogar in Teilbereichen über eine längere Zeit fortgesetzt (s. § 161 Rn 10). Nach vollständiger Abwicklung der Verwaltung wird der Verwalter eine **Endabrechnung** über den Zeitraum seit der Schlussrechnung erstellen, den Abschluss des Treuhandkontos nachweisen und die restlichen Belege und Kontoauszüge zur Prüfung vorlegen. Spätestens zu diesem Zeitpunkt ist auch die Bestallungsurkunde zurückzugeben.

VI. Prüfungspflicht des Gerichts

Die Tätigkeit des Gerichts bei der Rechnungslegung erschöpft sich nicht in einem 15 Weiterreichen der eingereichten Unterlagen an den Schuldner und die betreibenden Gläubiger. Aus der Aufsichtspflicht des Gerichts ergibt sich auch eine Prüfungspflicht. Das Gericht kann sich dazu allerdings der Hilfe eines Sachverständigen bedienen.[3] Beauftragt das Gericht einen Sachverständigen mit der Prüfung der Unterlagen zur Rechnungslegung, ist der Zwangsverwalter auch dem Sachverständigen gegenüber unmittelbar und umfassend zur Auskunft und Vorlage aller notwendigen Unterlagen verpflichtet.

VII. Allgemeine Verantwortlichkeit des Zwangsverwalters (S. 1)

Der Zwangsverwalter ist über die Pflicht zur formalen Rechnungslegung hinaus 16 allen Beteiligten verantwortlich. Der Begriff des Beteiligten nach S. 1 entspricht nicht demjenigen des formell am Verfahren Beteiligten in § 9 (vgl § 146 Rn 12), sondern beschreibt diejenigen Personen, denen gegenüber das ZVG dem Zwangsverwalter spezifische Pflichten auferlegt. Der Zwangsverwalter ist daher gegenüber allen Anspruchsberechtigten aus § 155 Abs. 1,[4] so zB den Versorgungsunternehmen für Energie und Wasser[5] und der Wohnungseigentümergemeinschaft,[6] verantwortlich. Diese Pflicht besteht auch gegenüber dem Ersteher[7] in der Zwangsversteigerung.

§ 155 [Verwaltungsausgaben; Überschussverteilung]

(1) Aus den Nutzungen des Grundstücks sind die Ausgaben der Verwaltung sowie die Kosten des Verfahrens mit Ausnahme derjenigen, welche durch die An-

---

2 BGH MDR 2008, 168 = NJW-RR 2008, 323 = Rpfleger 2008, 89 = ZfIR 2008, 25.
3 AG Duisburg NJW-RR 2009, 1137 = NZI 2009, 452 = Rpfleger 2009, 521.
4 BGH NJW 2009, 1674 = NZI 2009, 259 = NZM 2009, 243 = WM 2009, 474; BGH NJW 2009, 1677 = NZM 2009, 372 = WM 2009, 855.
5 BGH NJW 2009, 1677 = MDR 2009, 768 = Rpfleger 2009, 406.
6 BGH NJW 2009, 1674 = MDR 2009, 652 = Rpfleger 2009, 331 = ZfIR 2009, 434.
7 BGH MDR 2008, 168 = NJW-RR 2008, 323 = Rpfleger 2008, 89.

ordnung des Verfahrens oder den Beitritt eines Gläubigers entstehen, vorweg zu bestreiten.

(2) ¹Die Überschüsse werden auf die in § 10 Abs. 1 Nr. 1 bis 5 bezeichneten Ansprüche verteilt. ²Hierbei werden in der zweiten, dritten und vierten Rangklasse jedoch nur Ansprüche auf laufende wiederkehrende Leistungen, einschließlich der Rentenleistungen, sowie auf diejenigen Beträge berücksichtigt, die zur allmählichen Tilgung einer Schuld als Zuschlag zu den Zinsen zu entrichten sind. ³Abzahlungsbeträge auf eine unverzinsliche Schuld sind wie laufende wiederkehrende Leistungen zu berücksichtigen, soweit sie fünf vom Hundert des ursprünglichen Schuldbetrages nicht übersteigen.

(3) ¹Hat der eine Zwangsverwaltung betreibende Gläubiger für Instandsetzungs-, Ergänzungs- oder Umbauarbeiten an Gebäuden Vorschüsse gewährt, so sind diese zum Satz von einhalb vom Hundert über dem Zinssatz der Spitzenrefinanzierungsfazilität der Europäischen Zentralbank (SFR-Zinssatz[1]) zu verzinsen. ²Die Zinsen genießen bei der Zwangsverwaltung und der Zwangsversteigerung dasselbe Vorrecht wie die Vorschüsse selbst.

(4) ¹Hat der Zwangsverwalter oder, wenn der Schuldner zum Verwalter bestellt ist, der Schuldner mit Zustimmung der Aufsichtsperson Düngemittel, Saatgut oder Futtermittel angeschafft, die im Rahmen der bisherigen Wirtschaftsweise zur ordnungsmäßigen Aufrechterhaltung des Betriebs benötigt werden, so haben Ansprüche aus diesen Lieferungen den in § 10 Abs. 1 Nr. 1 bezeichneten Rang. ²Das gleiche gilt von Krediten, die zur Bezahlung dieser Lieferungen in der für derartige Geschäfte üblichen Weise aufgenommen sind.

§§ 9, 11 ZwVwV

I. Normzweck 1	III. Überschussverteilung gemäß Teilungsplan (Abs. 2 und
II. Verwaltungsausgaben und Verfahrenskosten (Abs. 1 und § 9 ZwVwV) 2	§ 11 ZwVwV) 5

I. Normzweck

1 Aus den Nutzungen des Grundstücks (zB Miet- und Pachteinnahmen) sind vorweg und ohne Teilungsplan die Ausgaben der Verwaltung und die Kosten des Verfahrens zu begleichen (Abs. 1). Danach werden die von den Gläubigern geleisteten Vorschüsse erstattet. Die verbleibenden Überschüsse darf der Verwalter nur nach Maßgabe des vom Gericht aufgestellten Teilungsplans ausschütten (Abs. 2). Lediglich für die Hausgelder der Wohnungseigentümergemeinschaft und für die öffentlichen Grundstückslasten gilt eine Ausnahme.

II. Verwaltungsausgaben und Verfahrenskosten (Abs. 1 und § 9 ZwVwV)

2 Bevor der Verwalter auf die Ansprüche der Gläubiger Ausschüttungen vornimmt, müssen alle Ausgaben der Verwaltung und die Kosten des Verfahrens beglichen sind. Die Zahlungen der Verwaltungsausgaben und Verfahrenskosten erfolgen ohne Mitwirkung des Gerichts und ohne vorherige Aufstellung des Teilungsplans. Soweit die Fälligkeit noch nicht eingetreten ist, muss er die notwendigen liquiden Mittel zurückhalten (§ 9 Abs. 1 ZwVwV).

3 Zu den **Verwaltungsausgaben** und **Verfahrenskosten** der Zwangsverwaltung gehören alle Beträge, die der Zwangsverwalter im Rahmen der ordnungsgemäßen

---

1 Red. Anm.: Die Abkürzung der Spitzenrefinanzierungsfazilität der Europäischen Zentralbank lautet korrekt: SRF-Zinssatz.

Erhaltung und Bewirtschaftung des Grundstücks (s. § 152 Rn 1) aus der Masse aufzuwenden hat, und zwar unabhängig davon, ob die Forderung auch in die Rangordnung des § 10 Abs. 1 eingeordnet werden kann.[2] Zu den Verwaltungsausgaben und Verwaltungskosten gehören zB

- sämtliche laufenden Kosten der Gebäudeunterhaltung und -instandsetzung (einschließlich der Schornsteinfegerkosten),
- die Ausgaben für die Versorgung (zB Energie und Frischwasser),[3]
- die laufenden Hausgelder für die Wohnungseigentümergemeinschaft,[4]
- eine während der Zwangsverwaltung fällig werdende Sonderumlage für die Wohnungseigentümergemeinschaft,[5]
- die Ausgaben für die Entsorgung (zB Müll, Abwasser und Straßenreinigung), und zwar auch dann, wenn sie zu den öffentlichen Grundstückslasten gehören (s. Rn 9),
- die Kosten für die Gebäudeversicherungen,
- die Umsatzsteuerbeträge (wenn das Verwaltungsobjekt der Umsatzsteuer unterworfen ist),
- die laufenden Löhne und Abgaben für die Beschäftigten (zB Hausmeister),
- die Mietkaution, wenn sie an den Mieter zurückzugeben ist (und zwar selbst dann, wenn der Vermieter dem Zwangsverwalter die Kaution nicht übergeben hat),[6]
- die Vergütung des Zwangsverwalters und
- die Gerichtskosten (s. § 146 Rn 23).

Nicht zu den Verwaltungsausgaben gehören die **Grundsteuern**[7] (s. aber § 156 Rn 7).

Wenn der Verwalter die notwendigen Ausgaben der Verwaltung und die Kosten 4 des Verfahrens nicht begleichen kann, muss der (betreibende) Gläubiger auf Anordnung des Gerichts einen **Vorschuss** leisten (s. § 161 Rn 17). Der Vorschuss ist zweckgebunden und darf ausschließlich für die Verwaltungsausgaben und Verfahrenskosten (s. Rn 2) des betroffenen Verwaltungsobjektes verwendet werden (vgl § 146 Rn 16). Verbessert sich die Einnahmensituation, kann der Verwalter den gezahlten Vorschuss als weitere Ausgabe der Verwaltung erstatten (Abs. 1). Soweit die Vorschüsse unmittelbar der Objekterhaltung oder -verbesserung dienten, sind sie zu verzinsen (Abs. 3).

III. Überschussverteilung gemäß Teilungsplan (Abs. 2 und § 11 ZwVwV)

Nach Zahlung der Verwaltungsausgaben, der Verfahrenskosten und der Erstat- 5 tung der Vorschüsse (Abs. 1) sind die verbleibenden Überschüsse der Nutzungseinnahmen an die Gläubiger auszuschütten. Die Ausschüttungen erfolgen ausschließlich nach Maßgabe des vom Vollstreckungsgericht aufgestellten Teilungsplans. Die Rangfolge der Ansprüche bestimmt sich grds. nach §§ 10 und 11.

Das Zwangsverwaltungsverfahren ist ein Dauerverfahren, bei dem der Zwangs- 6 verwalter fortlaufend Zahlungen an die Gläubiger leistet, und zwar zur Zeit der

---

2 BGH NZM 2009, 909 = NZI 2009, 904 = ZfIR 2010, 37.
3 BGH NJW 2009, 1677 = NZM 2009, 372 = WM 2009, 855.
4 BGHZ 182, 361 = NZI 2009, 904 = Rpfleger 2010, 50.
5 BGH MDR 2012, 248 = ZInsO 2012, 295 = WM 2012, 274.
6 BGH MDR 2005, 980 = Rpfleger 2005, 460 = NZM 2005, 596.
7 LG Münster KKZ 2014, 16 = ZfIR 2014, 451.

Fälligkeit und soweit die Einnahmen ausreichen. Daher wird der Teilungsplan auch für die Zukunft aufgestellt.

7 Im Regelfall reichen die Überschüsse nicht aus, um sämtliche laufenden Ansprüche, die während des Zwangsverwaltungsverfahrens zu berücksichtigen sind, zu zahlen. Bei unzureichender Masse sind die Gläubiger in der durch den Teilungsplan aufgestellten **Befriedigungsreihenfolge** zu bedienen. Ein nachrangiger Gläubiger kann daher nur dann eine Zahlung erwarten, wenn der während des gesamten Verfahrens erzielte Überschuss größer ist als die Gesamtsumme der zu berücksichtigenden laufenden wiederkehrenden Leistungsansprüche der vorgehenden Berechtigten.

8 Bei der **Rangklasse 1 a** (s. § 10 Rn 10) handelt es sich um einen Anspruch, der nach seinem Wortlaut und Zweck nur in der Zwangsversteigerung geltend gemacht werden kann.

9 Die Ansprüche aus den **Rangklassen 1, 2 und 3** werden zwar in Abs. 2 erwähnt, sind aber vom Zwangsverwalter von Amts wegen zu begleichen. Und zwar entweder als Ausgaben der Verwaltung (**Hausgelder, Grundbesitzabgaben;** s. Rn 3), im Rahmen der Vorschusserstattung (s. Rn 4) oder gem. § 156 (**Grundsteuern und andere öffentliche Lasten;** s. § 156 Rn 5 ff). Eine besondere Zahlungsanweisung über den Teilungsplan ist entbehrlich.

10 Abweichend von der Regelung für die Zwangsversteigerung gehören in der Zwangsverwaltung zur **Rangklasse 4** des § 10 nur die **laufenden wiederkehrenden Leistungen** (vgl § 13 Rn 2, 7) aus den eingetragenen, dinglichen Rechten (Abs. 2 S. 2). Gemäß § 13 Abs. 1 sind das der letzte vor der ersten Beschlagnahme (s. § 22 Rn 8) fällig gewordene Betrag sowie die später fällig werdenden Beträge. Rückständige wiederkehrende und einmalige Leistungen sowie Kapitalansprüche können in der Zwangsverwaltung grds. nur im Rahmen der Vollstreckung und nur in der **Rangkasse 5** (s. Rn 15) bedient werden. Im Teilungsplan der Zwangsverwaltung werden die Ansprüche der Rangklasse 4 in der „ersten Gruppe" zusammengefasst.

11 **Beispiel: Teilungsplan, erste Gruppe (Rangklasse 4).** Im Teilungsplan sind die einzelnen Ansprüche der Rangklasse 4 nach folgendem Muster aufzunehmen:

1.	... der ...-Bank AG in Dortmund, aus der Grundschuld III/2 über 150.000 €:
	12 % Zinsen von 150.000 €, ab dem 1.1.2014, fällig jeweils kalenderjährlich nachträglich am ersten Werktag des Folgejahres.
	[optional] Für das Recht besteht Mithaft im Grundbuch von Dortmund Blatt 12345: Eine Zahlung kann nur erfolgen, soweit keine Befriedigung aus dem mithaftenden Grundstück erfolgt.
2.	... [weitere Ansprüche der Rangklasse 4]

12 Die Ansprüche der ersten Gruppe sind jeweils mit den Informationen
- Empfänger,
- lfd. Nr. des dingliches Rechts,
- Zinssatz,
- Zinskapital,
- Beginn der Verzinsung,
- Fälligkeiten und
- besondere Zahlungsbedingungen

aufzunehmen. Eine Berechnung der einzelnen Zinsraten erfolgt nicht. Dies ist Aufgabe des Zwangsverwalters im Rahmen der Ausschüttungen.

Die Gerichte stellen in aller Regel den Teilungsplan nicht vollständig aus, sondern nur soweit, wie er unter Berücksichtigung der zu erwartenden Überschüsse benötigt wird (s. Rn 5). 13

Wenn der während des gesamten Verfahrens erzielte Überschuss größer ist als die Gesamtsumme der zu berücksichtigenden laufenden wiederkehrenden Leistungsansprüche der ersten Gruppe, ist eine Ausschüttung auf die Vollstreckungsansprüche der Gläubiger gemäß ihrer Anordnungs- und Beitrittsbeschlüsse (Rangklasse 5) möglich. Im Teilungsplan der Zwangsverwaltung werden die Ansprüche der Rangklasse 5 in der „zweiten Gruppe" zusammengefasst. 14

Beispiel: Teilungsplan, zweite Gruppe (Rangklasse 5). Die betreibenden Gläubiger der Rangklasse 5 werden in der zeitlichen Reihenfolge ihrer Beschlagnahmen aus der Anordnung und den Beitritten berücksichtigt: 15

1.	... der ...-Bank AG in Dortmund, aus der Grundschuld III/2 über 150.000 €:	
	■ Kosten der dinglichen Rechtsverfolgung	123 €
	■ einmalige Nebenleistung	20.000 €
	■ 12 % Zinsen von 150.000 €, vom 1.1.2011 bis zum 31.12.2013	54.000 €
	■ Kapital	200.000 €
2.	... [weitere Ansprüche der Anordnungs- und Beitrittsgläubiger]	

Die Kapitalansprüche, einmalige und rückständige Leistungen sowie Kosten können in der Zwangsverwaltung nur in der zweiten Gruppe (Rangklasse 5) geltend gemacht werden. Die laufenden wiederkehrenden (Zins-)Ansprüche aus den eingetragenen dinglichen Rechten werden bereits in der ersten Gruppe berücksichtigt. 16

Bevor eine Zahlung auf das Kapital einer Hypothek oder Grundschuld erfolgt, muss der Verwalter beim Gericht die Anberaumung eines besonderen Termins beantragen (s. § 158 Rn 2). 17

Hinweis: In aller Regel reichen die Einnahmen nicht aus, die laufenden wiederkehrenden Leistungen sämtlicher eingetragener Gläubiger (erste Gruppe) zu bedienen. Auszahlungen auf die Zahlungsansprüche der Vollstreckungsgläubiger (zweite Gruppe) sind daher äußerst selten. Die Gerichte nehmen daher nur in Ausnahmefällen die Ansprüche der „zweiten Gruppe" in den Teilungsplan auf. 18

§ 156 [Zahlungen von Amts wegen; Verteilungstermin]

(1) ¹Die laufenden Beträge der öffentlichen Lasten sind von dem Verwalter ohne weiteres Verfahren zu berichten. ²Dies gilt auch bei der Vollstreckung in ein Wohnungseigentum für die laufenden Beträge der daraus fälligen Ansprüche auf Zahlung der Beiträge zu den Lasten und Kosten des gemeinschaftlichen Eigentums oder des Sondereigentums, die nach § 16 Abs. 2, § 28 Abs. 2 und 5 des Wohnungseigentumsgesetzes geschuldet werden, einschließlich der Vorschüsse und Rückstellungen sowie der Rückgriffsansprüche einzelner Wohnungseigentümer. ³Die Vorschrift des § 10 Abs. 1 Nr. 2 Satz 3 findet keine Anwendung.

(2) ¹Ist zu erwarten, daß auch auf andere Ansprüche Zahlungen geleistet werden können, so wird nach dem Eingang der im § 19 Abs. 2 bezeichneten Mitteilungen des Grundbuchamts der Verteilungstermin bestimmt. ²In dem Termin wird der

Teilungsplan für die ganze Dauer des Verfahrens aufgestellt. ³Die Terminsbestimmung ist den Beteiligten sowie dem Verwalter zuzustellen. ⁴Die Vorschriften des § 105 Abs. 2 Satz 2, des § 113 Abs. 1 und der §§ 114, 115, 124, 126 finden entsprechende Anwendung.

§ 11 ZwVwV

I. Normzweck 1	III. Termin zur Aufstellung des Teilungsplans (Verteilungstermin) (Abs. 2) 9
II. Zahlungen auf Ansprüche der Rangklasse 2 und 3 (Abs. 1) 2	
1. Hausgeldansprüche (S. 2 und 3) 2	IV. Einwendungen gegen den Teilungsplan 15
2. Öffentliche Grundstückslasten (S. 1) 5	

I. Normzweck

1 Nach Zahlung der Verwaltungsausgaben und der Verfahrenskosten (s. § 155 Rn 3) sind die verbleibenden Überschüsse an die Gläubiger auszuschütten. Die Ausschüttungen dürfen ausschließlich nach Maßgabe des vom Vollstreckungsgericht aufzustellenden Teilungsplans (Abs. 2) erfolgen. Abweichend darf der Verwalter allerdings die Ansprüche aus den Rangklassen 2 und 3 ohne Entscheidung des Gerichts und ohne Teilungsplan begleichen.

II. Zahlungen auf Ansprüche der Rangklasse 2 und 3 (Abs. 1)

2 **1. Hausgeldansprüche (S. 2 und 3).** Die laufenden wiederkehrenden Hausgeldansprüche der Wohnungseigentümergemeinschaft (s. § 10 Rn 19) werden in der Rangklasse 2 eingeordnet. Sie gehören somit nach der Gesetzessystematik zu den Ansprüchen, die gem. § 155 Abs. 2 aus den Überschüssen zu bedienen sind.

3 Nach den Überlegungen im Gesetzgebungsverfahren zur Änderung des Wohnungseigentumsgesetzes[1] soll eine Berücksichtigung der Hausgelder als Ausgabe der Verwaltung iSd § 155 Abs. 1 ausgeschlossen sein.[2] Damit die Wohnungseigentümergemeinschaft nicht auf die Überschussverteilung gemäß Teilungsplan warten müsse (vgl § 155 Rn 5 ff), sollte mit der Einführung der Sätze 2 und 3 für die Hausgelder eine Sonderstellung geschaffen werden, um dem Verwalter eine vorzeitige Zahlung zu ermöglichen.

4 Diese Annahme war jedoch nicht korrekt: Trotz Einordnung der Hausgelder der Wohnungseigentümergemeinschaft in die Rangklasse 2 (s. § 10 Rn 11) sind diese Forderungen als Ausgabe der Verwaltung nach § 155 Abs. 1 (s. § 155 Rn 2 ff) zu erfüllen.[3] Die Sätze 2 und 3 haben daher keine praktische Bedeutung.

5 **2. Öffentliche Grundstückslasten (S. 1).** Die laufenden wiederkehrenden öffentlichen Lasten des Grundstücks (s. § 10 Rn 30) gehören zur Rangklasse 3 und wären nach der Gesetzessystematik des § 155 Abs. 2 nur im Rahmen des Teilungsplans zu bedienen (s. § 155 Rn 5).

6 Soweit die öffentlichen Lasten im Zusammenhang mit der Bewirtschaftung des Grundstücks stehen, sind sie vom Zwangsverwalter bereits vorweg als Ausgaben der Verwaltung nach § 155 Abs. 1 zu begleichen (s. § 155 Rn 3). Zu diesen Ausgaben können zB die grundstücksbezogenen Benutzungsgebühren (**Grundbesitzabgaben** für Abwasser- und Abfallentsorgung und Straßenreinigung) gehören, die

---

1 Gesetz zur Änderung des Wohnungseigentumsgesetzes und anderer Gesetze vom 26.3.2007 (BGBl. I S. 370).
2 BT-Drucks. 16/887, S. 47.
3 BGHZ 182, 361 = NZM 2009, 909 = Rpfleger 2010, 50.

je nach Bundesland und Satzung der Stadt oder Gemeinde als öffentliche Grundstückslast einzuordnen sind.

Soweit die öffentlichen Grundstückslasten in keinem Zusammenhang mit der Bewirtschaftung des Grundstücks stehen (zB **Grundsteuern**[4]), kann der Verwalter nach S. 1 von diesen Lasten die laufenden wiederkehrenden ohne Entscheidung des Vollstreckungsgerichts und ohne vorherige Aufstellung des Teilungsplans begleichen. Zahlungen nach § 156 Abs. 1 sind aber nur möglich, wenn der Zwangsverwalter ausreichende Masse zur Verfügung hat (vgl § 161 Rn 18). 7

Der Abgrenzungszeitpunkt zwischen den laufenden und rückständigen Ansprüchen bestimmt sich gem. § 13 Abs. 1 nach der Beschlagnahme (s. § 10 Rn 30). Eine öffentliche Last, die in diesem Zeitpunkt bereits rückständig ist, bleibt dies auch dann, wenn sie nach den abgabenrechtlichen Vorschriften gegenüber dem Zwangsverwalter später erneut fällig gestellt wird.[5] 8

III. Termin zur Aufstellung des Teilungsplans (Verteilungstermin) (Abs. 2)

Der Termin zur Aufstellung des Teilungsplans kann zu jedem Zeitpunkt des Verfahrens durchgeführt werden, sollte aber im Interesse der berechtigten Gläubiger möglichst zeitig bestimmt werden. Er ist spätestens dann zu bestimmen, wenn zu erwarten ist, dass Überschüsse für eine Ausschüttung verbleiben werden (vgl § 150 Rn 40 f). 9

Die Terminsbestimmung ist allen Verfahrensbeteiligten (s. § 9 Rn 2 ff), einschließlich dem Schuldner, sowie dem Zwangsverwalter **zuzustellen** (Abs. 2 S. 3). Eine förmliche Ladung und eine öffentliche Bekanntmachung sind nicht vorgesehen. 10

Der Verteilungstermin ist **nichtöffentlich**, es dürfen nur die Verfahrensbeteiligten und der Zwangsverwalter teilnehmen. 11

Im Verteilungstermin wird nach Anhörung der erschienenen Beteiligten der **Teilungsplan aufgestellt** (vgl § 115 Rn 2). Der Teilungsplan wird nach Maßgabe des § 155 Abs. 2 (s. § 155 Rn 5) für die gesamte Dauer des Verfahrens aufgestellt. Anschließend wird sofort über den Plan **verhandelt**. Über die Verhandlung ist ein Protokoll aufzunehmen. 12

Wenn der Zuteilungsberechtigte **nicht bekannt** ist, teilt das Vollstreckungsgericht den Betrag dem unbekannten Berechtigten zu und bestimmt zugleich im Rahmen einer Hilfszuteilung (Eventualzuteilung), auf wen der Erlösanteil entfällt, wenn der Berechtigte nicht gem. §§ 135–142 ermittelt wird. Der Zwangsverwalter hat die entsprechenden Beträge zu hinterlegen (vgl § 157 Rn 7). 13

Wenn im Teilungsplan die laufenden Zinsen einer **Briefgrundschuld** (Briefhypothek) aufgenommen werden, muss der Gläubiger den Brief **weder** dem Vollstreckungsgericht **noch** dem Zwangsverwalter zur Auszahlung vorlegen, § 1160 Abs. 3 BGB.[6] Teilweise wird in der Lit. die Auffassung vertreten, die **Briefvorlage im Verteilungstermin** sei erforderlich,[7] weil der Plan auch für die Zukunft aufgestellt würde. Dabei wird übersehen, dass der Gläubiger nicht gehindert ist, anschließend sein Briefrecht an einen Dritten abzutreten und damit der Teilungsplan falsch wird (s. § 157 Rn 3). Eine Briefvorlage im Termin bietet daher keine Gewähr für die Richtigkeit in der Zukunft. Wenn der Zwangsverwalter Ausschüttungen auf die Zinsansprüche vornimmt, sind die Beträge bereits rückständig (§§ 1160 Abs. 3, 1159 BGB). Zur Briefvorlage im Kapitalzahlungstermin s. § 158 Rn 3. 14

---

[4] LG Münster KKZ 2014, 16 = ZfIR 2014, 451.
[5] BVerwG NJW-Spezial 2014, 641 = NVwZ-RR 2014, 858.
[6] *Haarmeyer/Wutzke/Förster/Hintzen*, Zwangsverwaltung, § 156 Rn 7.
[7] *Stöber*, § 156 Rn 4.5.

IV. Einwendungen gegen den Teilungsplan

15 Der **Widerspruch** ist der ausschließliche Rechtsbehelf bei **materiell-rechtlichen Einwendungen** gegen den Teilungsplan. Er ist statthaft in Bezug auf die Berücksichtigung eines Fremdanspruchs im Ganzen oder hinsichtlich eines Forderungsteils, gegen die Festlegung des besseren Rangs eines Fremdanspruchs oder gegen die (ganze oder teilweise) Nichtberücksichtigung des eigenen Anspruchs.[8] Zu Einzelheiten s. § 115 Rn 4 ff.

16 Ist ein Widerspruch nicht erhoben oder die Widerspruchsklage nicht eingelegt worden, kann eine Änderung des Teilungsplans im **Klagewege** erwirkt werden (§ 159 Abs. 1).

17 **Formell-rechtliche Fehler**, also zB

- die fehlerhafte Zurückweisung eines Widerspruchs (Abs. 2 S. 3, § 115 Abs. 1 S. 2, §§ 876 ff ZPO) oder
- die unterlassene Hilfsverteilung bei einem Widerspruch (Abs. 2 S. 3, § 124 Abs. 1) und bei einem unbekannten Berechtigten (Abs. 2 S. 3, § 126 Abs. 1),

können nicht mit dem Widerspruch gerügt werden. Da nach den allgemeinen verfahrensrechtlichen Vorschriften kein Rechtsbehelf gegeben ist (s. ausf. § 115 Rn 18 ff), eröffnet sich für die Beteiligten in Bezug auf diese Entscheidungen des Rechtspflegers der Weg der **sofortigen Rechtspflegererinnerung** (§ 11 Abs. 2 RPflG). Wenn der Rechtspfleger der Erinnerung nicht abhilft, ist für die Entscheidung der Richter beim Amtsgericht zuständig (§ 28 RPflG). Zur Rechtsbehelfsbelehrung nach § 232 ZPO s. § 115 Rn 25 ff.

18 Formell-rechtliche Entscheidungen des Gerichts, die im Zusammenhang mit der Ausführung und Ergänzung des Teilungsplans stehen und nicht zwingend im Verteilungstermin erfolgen müssen, können mit der **sofortigen Beschwerde** angegriffen werden (s. § 157 Rn 5).

§ 157 [Ausführung und Ergänzung des Teilungsplans]

(1) [1]Nach der Feststellung des Teilungsplans hat das Gericht die planmäßige Zahlung der Beträge an die Berechtigten anzuordnen; die Anordnung ist zu ergänzen, wenn nachträglich der Beitritt eines Gläubigers zugelassen wird. [2]Die Auszahlungen erfolgen zur Zeit ihrer Fälligkeit durch den Verwalter, soweit die Bestände hinreichen.

(2) [1]Im Falle der Hinterlegung eines zugeteilten Betrags für den unbekannten Berechtigten ist nach den Vorschriften der §§ 135 bis 141 zu verfahren. [2]Die Vorschriften des § 142 finden Anwendung.

I. Ausführung des Teilungsplans

1 Nach der Aufstellung des Teilungsplans (s. § 156 Rn 9) ordnet das Vollstreckungsgericht durch Beschluss die Ausführung des Plans an. Wenn der Zwangsverwalter die laufenden wiederkehrenden Leistungen bedienen will, muss er bei der Überweisung genau angeben, für welchen Fälligkeitszeitraum die Zahlung erfolgt, um eine unzulässige Verrechnung durch die Gläubigerin auf rückständige Leistungen zu unterbinden.

---

[8] MüKo-ZPO/*Eickmann*, § 876 Rn 2; Hk-ZPO/*Kindl*, § 876 ZPO Rn 2.

II. Ergänzung des Teilungsplans (Abs. 1 S. 1 Hs 2)

Da die Zwangsverwaltung ein Dauerverfahren ist und der Teilungsplan auch für die Zukunft aufgestellt wird, können der Plan und die Anordnung zur Planausführung jederzeit ergänzt werden.[1]

Eine Ergänzung des Teilungsplans ist zB erforderlich, wenn

- ein im Grundbuch eingetragenes Recht gelöscht, aufgehoben oder abgetreten wird,
- ein weiterer Gläubiger dem Verfahren beitritt,
- ein neues Recht im Grundbuch eingetragen wird (zB eine neue Zwangssicherungshypothek),
- die Ränge der im Grundbuch eingetragenen Rechte geändert werden oder
- der Inhalt eines im Grundbuch eingetragenen Rechts geändert wird (zB Zinsänderung, Zahlungsbedingung).

Für eine Ergänzung des Teilungsplans sind die Bestimmungen des § 156 Abs. 2 entsprechend anzuwenden und eine **mündliche Verhandlung** zum Zwecke der Planergänzung anzusetzen.

Das Vollstreckungsgericht kann von Amts wegen den bereits aufgestellten Teilungsplan **für die Zukunft ergänzen**, aber **nicht rückwirkend berichtigen**. Lehnt das Vollstreckungsgericht den Antrag auf Ergänzung des Teilungsplans ab, weil es die materielle Berechtigung des nachträglich anmeldenden Beteiligten verneint, muss dieser im Klageweg (§ 159 Abs. 1) gegen die anderen betroffenen Beteiligten vorgehen.[2] Wird die Ergänzung aus formell-rechtlichen Gründen abgelehnt (zB wegen fehlender Glaubhaftmachung), steht dem Berechtigten die sofortige Beschwerde offen (§ 793 ZPO).[3]

Die Ergänzungen im Teilungsplan können erneut mit dem Widerspruch oder der Abänderungsklage nach § 159 angegriffen werden (s. § 156 Rn 15 ff).

III. Ermittlung eines unbekannten Berechtigten (Abs. 2)

Ist die Person des Berechtigten nicht bekannt, muss das Vollstreckungsgericht im Teilungsplan feststellen, wie der Betrag verteilt werden soll, wenn der Berechtigte nicht ermittelt wird (vgl § 126). Der Zwangsverwalter hat die betroffenen Beträge zu hinterlegen (§ 126 Abs. 2 S. 1).

§ 158 [Kapitalzahlungstermin]

(1) ¹Zur Leistung von Zahlungen auf das Kapital einer Hypothek oder Grundschuld oder auf die Ablösungssumme einer Rentenschuld hat das Gericht einen Termin zu bestimmen. ²Die Terminsbestimmung ist von dem Verwalter zu beantragen.

(2) ¹Soweit der Berechtigte Befriedigung erlangt hat, ist das Grundbuchamt von dem Gericht um die Löschung des Rechts zu ersuchen. ²Eine Ausfertigung des Protokolls ist beizufügen; die Vorlegung des über das Recht erteilten Briefes ist zur Löschung nicht erforderlich.

(3) Im übrigen finden die Vorschriften der §§ 117, 127 entsprechende Anwendung.

---

1 BGH NJW-RR 2007, 782 = Rpfleger 2007, 336 = WM 2007, 745.
2 BGH NJW-RR 2007, 782 = Rpfleger 2007, 336 = WM 2007, 745.
3 BGH NJW-RR 2007, 782 = Rpfleger 2007, 336 = WM 2007, 745.

1 Nach der Aufstellung des Teilungsplans ordnet das Vollstreckungsgericht durch Beschluss die Ausführung des Plans an. Soweit ausreichende Masse vorhanden ist, zahlt der Zwangsverwalter die Raten mit Eintritt ihrer Fälligkeiten aus. Im Regelfall reichen die Überschüsse nicht aus, um sämtliche laufenden wiederkehrenden Leistungen, die während des Verfahrens zu berücksichtigen sind, zu zahlen.

2 Nur dann, wenn im Einzelfall alle laufenden wiederkehrenden Leistungen der im Grundbuch eingetragenen Gläubiger bedient werden können, ist eine Ausschüttung auf die Vollstreckungsansprüche der betreibenden Gläubiger möglich (s. § 155 Rn 15). Soweit dabei eine Kapitalzahlung auf eine Hypothek oder Grundschuld ansteht, muss der Verwalter vorher beim Vollstreckungsgericht einen **Kapitalzahlungstermin** beantragen (Abs. 1).

3 Die Terminsbestimmung ist allen Verfahrensbeteiligten, dem Schuldner und dem Zwangsverwalter zuzustellen (vgl § 156 Rn 10). Im Kapitalzahlungstermin stellt das Gericht die Voraussetzungen für die Kapitalzahlung fest. Dazu gehört bei Briefrechten auch die Vorlage des Hypotheken- oder Grundschuldbriefes (vgl § 126 Rn 2). Anschließend ordnet das Gericht durch Beschluss die Kapitalzahlung an.

§ 158a [Fremdwährungsrechte]

Für die Zwangsverwaltung eines Grundstücks, das mit einer Hypothek, Grundschuld oder Rentenschuld in einer nach § 28 Satz 2 der Grundbuchordnung zugelassenen Währung belastet ist, gelten folgende Sonderbestimmungen:
1. Die Beträge, die auf ein in der Fremdwährung eingetragenes Recht entfallen, sind im Teilungsplan in der eingetragenen Währung festzustellen.
2. Die Auszahlung erfolgt in Euro.
3. Der Verwalter zahlt wiederkehrende Leistungen nach dem Kurswert des Fälligkeitstages aus. Zahlungen auf das Kapital setzt das Gericht in dem zur Leistung bestimmten Termin nach dem amtlich ermittelten letzten Kurswert fest.

1 Auf die Erläuterungen in § 145a Rn 1 f wird verwiesen.

§ 159 [Klage auf Änderung des Teilungsplans]

(1) Jeder Beteiligte kann eine Änderung des Teilungsplans im Wege der Klage erwirken, auch wenn er Widerspruch gegen den Plan nicht erhoben hat.

(2) Eine planmäßig geleistete Zahlung kann auf Grund einer späteren Änderung des Planes nicht zurückgefordert werden.

1 Materiell-rechtliche Einwendungen gegen einen fehlerhaften Teilungsplan können mit dem Widerspruch im Verteilungstermin erhoben werden (vgl § 115 Rn 4). Auch wenn kein Widerspruch eingelegt worden ist oder die Frist für die Widerspruchsklage versäumt wurde, kann trotzdem jederzeit eine **Klage** erhoben werden, um eine **nachträgliche Änderung des Teilungsplans** zu erwirken.

2 Grundsätzlich sind alle Verfahrensbeteiligten (s. § 9 Rn 2 ff) **klageberechtigt**, unabhängig davon, ob sie von Beginn des Verfahrens diese Stellung hatten oder erst später durch Beitritt zum Verfahren, durch Eintragung eines neuen Rechts oder

durch Abtretung eines eingetragenen Rechts zu Beteiligten wurden. Der Zwangsverwalter ist weder passiv noch aktiv für eine Klage legitimiert.

Klagegegner sind diejenigen Beteiligten, die durch den Teilungsplans eine nicht 3
berechtigte Position zum Nachteil des Klägers erhalten haben. Die Klage zielt also darauf ab, durch eine Änderung des Teilungsplans eine **bessere Chance auf Befriedigung** zu erhalten.

Das Verfahren der Abänderungsklage richtet sich nach den allgemeinen Prozess- 4
vorschriften der ZPO und nicht nach §§ 878–881 ZPO.

Soweit der Klage stattgegeben wird, bewirkt das Urteil eine Änderung des Tei- 5
lungsplans. Die Änderung wirkt nur für die **Zukunft**. Die bisherigen Ausschüttungen können nicht zurückgefordert werden (Abs. 2). Nach Eintritt der Rechtskraft ordnet das Vollstreckungsgericht durch Beschluss eine Änderung der Planausführung an (vgl § 157 Rn 1).

Die nach § 232 ZPO notwendige Rechtsbehelfsbelehrung bezieht sich nicht auf 6
Klagemöglichkeiten. Eine Belehrung über § 159 ist daher entbehrlich (vgl § 95 Rn 60).

§ 160 [Außergerichtliche Verteilung]

Die Vorschriften der §§ 143 bis 145 über die außergerichtliche Verteilung finden entsprechende Anwendung.

Mit dem Verfahren zur **außergerichtlichen** Erlösverteilung wollte der Gesetzgeber 1
eine einfache, billige und schnelle Erlösverteilung ermöglichen. Die Vorschrift ist ohne Bedeutung, da eine außergerichtliche Einigung über die Verteilung der Erlösüberschüsse in der Zwangsverwaltung nur theoretisch möglich, praktisch aber nicht durchführbar ist.

§ 161 [Aufhebung des Verfahrens; Vorschusszahlung]

(1) Die Aufhebung des Verfahrens erfolgt durch Beschluß des Gerichts.

(2) Das Verfahren ist aufzuheben, wenn der Gläubiger befriedigt ist.

(3) Das Gericht kann die Aufhebung anordnen, wenn die Fortsetzung des Verfahrens besondere Aufwendungen erfordert und der Gläubiger den nötigen Geldbetrag nicht vorschießt.

(4) Im übrigen finden auf die Aufhebung des Verfahrens die Vorschriften der §§ 28, 29, 32, 34 entsprechende Anwendung.

§ 12 *ZwVwV*

I. Normzweck	1	4. Befriedigung der betreibenden Gläubiger (Abs. 2)	16
II. Aufhebung der Zwangsverwaltung	3	III. Anordnung einer Vorschusszahlung (Abs. 3)	17
1. Rechtsfolgen der Aufhebung	3		
2. Antragsrücknahme	7		
3. Eigentumsübergang durch Zuschlag	11		

I. Normzweck

1 Die Zwangsverwaltung endet erst mit dem Aufhebungsbeschluss des Vollstreckungsgerichts. Der Verwalter übt seine Tätigkeit so lange aus, bis ihm der schriftliche Beschluss zugeht.

2 Kann der Verwalter die notwendigen Ausgaben der Verwaltung und die Kosten des Verfahrens nicht begleichen, muss der (betreibende) Gläubiger auf Anordnung des Gerichts einen Vorschuss leisten.

II. Aufhebung der Zwangsverwaltung

3 **1. Rechtsfolgen der Aufhebung.** Die Zwangsverwaltung wird durch Beschluss des Vollstreckungsgerichts aufgehoben (**Abs. 1**). Mit dem Beschluss **endet** auch die **Beschlagnahme** des Verwaltungsobjektes.[1] Der Zwangsverwalter übt seine Tätigkeit so lange aus, bis ihm der schriftliche Aufhebungsbeschluss zugeht (§ 12 Abs. 1 ZwVwV).

4 Mit der Aufhebung der Zwangsverwaltung **verliert** der Verwalter das **Verwaltungsrecht** sowie die aktive und passive[2] Prozessführungsbefugnis (zu den Ausnahmen s. Rn 10 f). Er übergibt unverzüglich das Verwaltungsobjekt an den Eigentümer (Schuldner bzw Ersteher). Zusätzlich sind die Gebäudeunterlagen (Gebäudeversicherung, Mietverträge, Energieausweis[3] usw) und verwahrte Mietkautionen (s. § 152 Rn 9 ff) auszuhändigen.

5 Auch nach Aufhebung der Verwaltung bleibt der Zwangsverwalter weiterhin berechtigt, die bereits begründeten Ausgaben der Verwaltung und die Kosten des Verfahrens zu bestreiten (§ 12 Abs. 3 ZwVwV). Sofern die Beträge noch nicht fällig sind, muss er dazu eine Rücklage bilden. Wenn die vorhandenen Mittel nicht ausreichen, haftet weiterhin der betreibende Gläubiger.

6 Der Aufhebungsbeschluss ist dem (betroffenen) Gläubiger und dem Schuldner **zuzustellen**. Die übrigen Beteiligten sind zu informieren (Umkehrschluss aus § 146 Abs. 2). Der Zwangsverwalter erhält den Beschluss formlos.

7 **2. Antragsrücknahme.** Wird die Zwangsverwaltung aufgrund der Antragsrücknahme eines (betreibenden) Gläubigers aufgehoben, wirkt die Aufhebung nur für diesen Gläubiger. Wenn das Verfahren von weiteren Gläubigern betrieben wird (s. § 146 Rn 9), setzt der Zwangsverwalter seine Tätigkeit unverändert fort. Im Teilungsplan wird der Vollstreckungsanspruch des Gläubigers (vgl § 155 Rn 15) gestrichen.

8 Mit Zugang des Aufhebungsbeschlusses stellt der Zwangsverwalter grds. seine Tätigkeit ein und gibt das Grundstück mit seinen Bestandteilen und Zubehörstücken an den Eigentümer heraus. Der Verfahrensüberschuss ist nicht mehr an die Gläubiger auszuschütten, sondern an den Eigentümer auszuzahlen, da die Pfandrechte der Grundschuldgläubiger am Erlös mit der Aufhebung erlöschen.[4] Der Verwalter erstellt die Schlussrechnung und legt sie mit seinem Vergütungsantrag und der Bestallungsurkunde dem Gericht zur Prüfung und Entscheidung vor (s. § 154 Rn 13).

9 Bei der Antragsrücknahme hat der Gläubiger aber die Möglichkeit, seine Rücknahmeerklärung mit der Einschränkung zu versehen, dass einzelne Vermögensrechte bis zu ihrer Durchsetzung weiter beschlagnahmt bleiben sollen.[5] Die Ein-

---

1 BGH NJW 2008, 3067 = NZM 2008, 741; aA *Hintzen*, Rpfleger 2009, 68 (Beschlagnahme endet erst mit Zustellung des Aufhebungsbeschlusses an den Schuldner).
2 BGH Rpfleger 2005, 559 = WuM 2005, 463 = NZM 2006, 312.
3 BMJ, IGZInfo 2008, 157.
4 BGH NJW 2013, 3520 = Rpfleger 2014, 97 = ZInsO 2013, 2270.
5 BGHZ 177, 218 = NJW 2008, 3067 = Rpfleger 2008, 586.

schränkung kann sich auch auf den vorhandenen Verfahrensüberschuss beziehen, der dann gemäß Teilungsplan ausgeschüttet werden kann (§ 155 Abs. 2).

Das Gericht kann den Verwalter ermächtigen, seine Verwaltertätigkeit in Teilbereichen fortzusetzen, soweit dies für einen ordnungsgemäßen und wirtschaftlich sinnvollen Verfahrensabschluss erforderlich ist (§ 12 Abs. 2 ZwVwV). Die Ermächtigung ist insb. für die Fortsetzung laufender Prozessverfahren notwendig.[6] Sie kann bereits im Anordnungsbeschluss erfolgen oder nachträglich durch einen gesonderten Beschluss. Vor der Entscheidung ist der Zwangsverwalter anzuhören.

3. Eigentumsübergang durch Zuschlag. Wird die Zwangsverwaltung aufgehoben, weil in der Zwangsversteigerung das Eigentum durch Zuschlag übergegangen ist, ist der Zwangsverwalter auch ohne entsprechende Ermächtigung (§ 12 Abs. 2 ZwVwV) befugt, alle beschlagnahmten Nutzungen (zB Mieten) aus der Zeit vor der Zuschlagserteilung einzuziehen und im Wege der Klage zu verfolgen, sofern der die Zwangsverwaltung betreibende Gläubiger im Zeitpunkt des Wirksamwerdens des Zuschlagsbeschlusses noch nicht vollständig befriedigt ist.[7] Eine gerichtliche Ermächtigung kann aber im Rechtsverkehr zum Nachweis der Legitimation hilfreich sein.

Der Zwangsverwalter ist verpflichtet, die von ihm in der Zeit bis zum Zuschlag vereinnahmten, aber in dieser Zeit **nicht verbrauchten Betriebskostenvorauszahlungen** des Mieters an den Ersteher herauszugeben, weil dieser zur Abrechnung der Betriebskosten und zur Auszahlung des Überschusses aus diesem Zeitraum an den Mieter verpflichtet ist.[8] Der Zwangsverwalter muss die anteiligen Nebenkostenvorauszahlungen und die Ausgaben für die Versorgungsunternehmen getrennt buchen. Zum Verfahrensabschluss sind die Salden zu verrechnen und der Überschuss ist an den Ersteher auszukehren. Eine Zwischenabrechnung mit den Versorgungsunternehmen ist kaum möglich und nicht nötig.

Die **verbleibenden Überschüsse** werden gemäß Teilungsplan an die Gläubiger ausgeschüttet. Wenn das Gericht keinen Teilungsplan aufgestellt hat, ist eine Ausschüttung nicht möglich. In diesem Fall muss die restliche Teilungsmasse dem Schuldner (nicht dem Ersteher) ausgezahlt werden. Möglich ist aber eine Pfändung beim Zwangsverwalter.

Für den Zeitraum zwischen dem Zuschlag und der Verfahrensaufhebung erfolgt die Verwaltung zu Gunsten und zu Lasten des Erstehers. Die Haftung des Erstehers ist nicht nur auf die Erträge des Grundstücks beschränkt. Der Zwangsverwalter muss sich für diesen Zeitraum gegenüber dem Ersteher verantworten.[9]

Zeitnah nach der Verfahrensaufhebung erstellt der Verwalter die Schlussrechnung und die Abrechnung mit dem Ersteher und legt sie mit seinem Vergütungsantrag und der Bestallungsurkunde dem Gericht zur Prüfung und Entscheidung vor (s. § 154 Rn 13).

4. Befriedigung der betreibenden Gläubiger (Abs. 2). Kann der Verwalter den Vollstreckungsanspruch eines betreibenden Gläubigers befriedigen, zeigt er dies unverzüglich dem Vollstreckungsgericht an. Das Gericht wird dann das Verfahren insoweit aufheben. Wird das Verfahren von keinen weiteren Gläubigern betrieben, wird es vollständig aufgehoben.

---

6 BGHZ 155, 38 = Rpfleger 2003, 457 = ZIP 2003, 1466.
7 BGHZ 187, 10 = NJW 2010, 3033 = Rpfleger 2010, 685.
8 BGH MDR 2008, 168 = Rpfleger 2008, 89 = NJW-RR 2008, 323.
9 BGH MDR 2008, 168 = Rpfleger 2008, 89 = ZIP 2007, 2375.

III. Anordnung einer Vorschusszahlung (Abs. 3)

17 Kann der Verwalter die notwendigen Ausgaben der Verwaltung und die Kosten des Verfahrens (s. § 155 Rn 3) nicht begleichen, muss der (betreibende) Gläubiger auf Anordnung des Gerichts einen Vorschuss leisten (Abs. 3). Der Vorschuss ist zweckgebunden und kann ausschließlich für die Verwaltungsausgaben und Verfahrenskosten verwendet werden. Wird der Vorschuss nicht geleistet, ist das Verfahren aufzuheben. Mit der Anordnung ist der Gläubiger auf diese Rechtsfolge hinzuweisen.

18 Die **Hausgeldansprüche** der Wohnungseigentümergemeinschaft (Rangklasse 2, s. § 10 Rn 11) und die **öffentlichen Lasten des Grundstücks** (Rangklasse 3, s. § 10 Rn 30), die im Zusammenhang mit der Bewirtschaftung des Grundstücks stehen (s. § 155 Rn 6), gehören zu den Ausgaben der Verwaltung nach § 155 Abs. 1 und müssen vom Verwalter beglichen werden. Reicht die Masse dafür nicht aus, muss der Gläubiger auch für diese Beträge einen Vorschuss leisten.[10] Soweit eine Berücksichtigung als Ausgabe der Verwaltung iSd § 155 Abs. 1 ausgeschlossen ist (vgl § 156 Rn 8), ist auch eine Verwendung von Gläubigervorschüssen nicht möglich.

Anhang zu §§ 146–161

Zwangsverwalterverordnung (ZwVwV)

Vom 19. Dezember 2003 (BGBl. I S. 2804) (BGBl. III 310-14-2)

Auf Grund des § 152 a des Gesetzes über die Zwangsversteigerung und die Zwangsverwaltung in der im Bundesgesetzblatt Teil III, Gliederungsnummer 310-14, veröffentlichten bereinigten Fassung, der durch Artikel 7 Abs. 23 des Gesetzes vom 17. Dezember 1990 (BGBl. I S. 2847) eingefügt worden ist, in Verbindung mit Artikel 35 des Gesetzes vom 13. Dezember 2001 (BGBl. I S. 3574), verordnet das Bundesministerium der Justiz:

§ 1 Stellung

(1) Zwangsverwalter und Zwangsverwalterinnen führen die Verwaltung selbständig und wirtschaftlich nach pflichtgemäßem Ermessen aus. Sie sind jedoch an die vom Gericht erteilten Weisungen gebunden.

(2) Als Verwalter ist eine geschäftskundige natürliche Person zu bestellen, die nach Qualifikation und vorhandener Büroausstattung die Gewähr für die ordnungsgemäße Gestaltung und Durchführung der Zwangsverwaltung bietet.

(3) Der Verwalter darf die Verwaltung nicht einem anderen übertragen. Ist er verhindert, die Verwaltung zu führen, so hat er dies dem Gericht unverzüglich anzuzeigen. Zur Besorgung einzelner Geschäfte, die keinen Aufschub dulden, kann sich jedoch der Verwalter im Fall seiner Verhinderung anderer Personen bedienen. Ihm ist auch gestattet, Hilfskräfte zu unselbständigen Tätigkeiten unter seiner Verantwortung heranzuziehen.

(4) Der Verwalter ist zum Abschluss einer Vermögensschadenshaftpflichtversicherung für seine Tätigkeit mit einer Deckung von mindestens 500.000 Euro verpflichtet. Durch Anordnung des Gerichts kann, soweit der Einzelfall dies erfordert, eine höhere Versicherungssumme bestimmt werden. Auf Verlangen der Verfahrensbeteiligten oder des Gerichts hat der Verwalter das Bestehen der erforderlichen Haftpflichtversicherung nachzuweisen.

---

10 BGH NZM 2009, 909 = NZI 2009, 904 = Rpfleger 2010, 100 = ZfIR 2010, 37.

§ 2 Ausweis

Der Verwalter erhält als Ausweis eine Bestallungsurkunde, aus der sich das Objekt der Zwangsverwaltung, der Name des Schuldners, das Datum der Anordnung sowie die Person des Verwalters ergeben.

§ 3 Besitzerlangung über das Zwangsverwaltungsobjekt, Bericht

(1) Der Verwalter hat das Zwangsverwaltungsobjekt in Besitz zu nehmen und darüber einen Bericht zu fertigen. Im Bericht sind festzuhalten:

1. Zeitpunkt und Umstände der Besitzerlangung;
2. eine Objektbeschreibung einschließlich der Nutzungsart und der bekannten Drittrechte;
3. alle der Beschlagnahme unterfallenden Mobilien, insbesondere das Zubehör;
4. alle der Beschlagnahme unterfallenden Forderungen und Rechte, insbesondere Miet- und Pachtforderungen, mit dem Eigentum verbundene Rechte auf wiederkehrende Leistungen sowie Forderungen gegen Versicherungen unter Beachtung von Beitragsrückständen;
5. die öffentlichen Lasten des Grundstücks unter Angabe der laufenden Beträge;
6. die Räume, die dem Schuldner für seinen Hausstand belassen werden;
7. die voraussichtlichen Ausgaben der Verwaltung, insbesondere aus Dienst- oder Arbeitsverhältnissen;
8. die voraussichtlichen Einnahmen und die Höhe des für die Verwaltung erforderlichen Kostenvorschusses;
9. alle sonstigen für die Verwaltung wesentlichen Verhältnisse.

(2) Den Bericht über die Besitzerlangung hat der Verwalter bei Gericht einzureichen. Soweit die in Absatz 1 bezeichneten Verhältnisse nicht schon bei Besitzübergang festgestellt werden können, hat der Verwalter dies unverzüglich nachzuholen und dem Gericht anzuzeigen.

§ 4 Mitteilungspflicht

Der Verwalter hat alle betroffenen Mieter und Pächter sowie alle von der Verwaltung betroffenen Dritten unverzüglich über die Zwangsverwaltung zu informieren. Außerdem kann der Verwalter den Erlass von Zahlungsverboten an die Drittschuldner bei dem Gericht beantragen.

§ 5 Nutzungen des Zwangsverwaltungsobjektes

(1) Der Verwalter soll die Art der Nutzung, die bis zur Anordnung der Zwangsverwaltung bestand, beibehalten.

(2) Die Nutzung erfolgt grundsätzlich durch Vermietung oder Verpachtung. Hiervon ausgenommen sind:

1. landwirtschaftlich oder forstwirtschaftlich genutzte Objekte in Eigenverwaltung des Schuldners gemäß § 150 b des Gesetzes über die Zwangsversteigerung und die Zwangsverwaltung;
2. die Wohnräume des Schuldners, die ihm gemäß § 149 des Gesetzes über die Zwangsversteigerung und die Zwangsverwaltung unentgeltlich zu belassen sind.

(3) Der Verwalter ist berechtigt, begonnene Bauvorhaben fertig zu stellen.

§ 6 Miet- und Pachtverträge

(1) Miet- oder Pachtverträge sowie Änderungen solcher Verträge sind vom Verwalter schriftlich abzuschließen.

(2) Der Verwalter hat in Miet- oder Pachtverträgen zu vereinbaren,

1. dass der Mieter oder Pächter nicht berechtigt sein soll, Ansprüche aus dem Vertrag zu erheben, wenn das Zwangsverwaltungsobjekt vor der Überlassung an den Mieter oder Pächter im Wege der Zwangsversteigerung veräußert wird;
2. dass die gesetzliche Haftung des Vermieters oder Verpächters für den vom Ersteher zu ersetzenden Schaden ausgeschlossen sein soll, wenn das Grundstück nach der Überlassung an den Mieter oder Pächter im Wege der Zwangsversteigerung veräußert wird und der an die Stelle des Vermieters oder Verpächters tretende Ersteher die sich aus dem Miet- oder Pachtverhältnis ergebenden Verpflichtungen nicht erfüllt;
3. dass der Vermieter oder Verpächter auch von einem sich im Fall einer Kündigung (§ 57a Satz 1 des Gesetzes über die Zwangsversteigerung und die Zwangsverwaltung, § 111 der Insolvenzordnung) möglicherweise ergebenden Schadensersatzanspruch freigestellt sein soll.

§ 7 Rechtsverfolgung

Der Verwalter hat die Rechtsverfolgung seiner Ansprüche im Rahmen des pflichtgemäßen Ermessens zeitnah einzuleiten.

§ 8 Rückstände, Vorausverfügungen

Die Rechtsverfolgung durch den Verwalter erstreckt sich auch auf Rückstände nach § 1123 Abs. 1 und 2 des Bürgerlichen Gesetzbuchs und unterbrochene Vorausverfügungen nach § 1123 Abs. 1, §§ 1124 und 1126 des Bürgerlichen Gesetzbuchs, sofern nicht der Gläubiger auf die Rechtsverfolgung verzichtet.

§ 9 Ausgaben der Zwangsverwaltung

(1) Der Verwalter hat von den Einnahmen die Liquidität zurückzubehalten, die für Ausgaben der Verwaltung einschließlich der Verwaltervergütung und der Kosten des Verfahrens vorgehalten werden muss.

(2) Der Verwalter soll nur Verpflichtungen eingehen, die aus bereits vorhandenen Mitteln erfüllt werden können.

(3) Der Verwalter ist verpflichtet, das Zwangsverwaltungsobjekt insbesondere gegen Feuer-, Sturm-, Leitungswasserschäden und Haftpflichtgefahren, die vom Grundstück und Gebäude ausgehen, zu versichern, soweit dies durch eine ordnungsgemäße Verwaltung geboten erscheint. Er hat diese Versicherung unverzüglich abzuschließen, sofern

1. Schuldner oder Gläubiger einen bestehenden Versicherungsschutz nicht innerhalb von 14 Tagen nach Zugang des Anordnungsbeschlusses schriftlich nachweisen und
2. der Gläubiger die unbedingte Kostendeckung schriftlich mitteilt.

§ 10 Zustimmungsvorbehalte

(1) Der Verwalter hat zu folgenden Maßnahmen die vorherige Zustimmung des Gerichts einzuholen:

1. wesentliche Änderungen zu der nach § 5 gebotenen Nutzung; dies gilt auch für die Fertigstellung begonnener Bauvorhaben;
2. vertragliche Abweichungen von dem Klauselkatalog des § 6 Abs. 2;
3. Ausgaben, die entgegen dem Gebot des § 9 Abs. 2 aus bereits vorhandenen Mitteln nicht gedeckt sind;
4. Zahlung von Vorschüssen an Auftragnehmer im Zusammenhang insbesondere mit der Erbringung handwerklicher Leistungen;
5. Ausbesserungen und Erneuerungen am Zwangsverwaltungsobjekt, die nicht zu der gewöhnlichen Instandhaltung gehören, insbesondere wenn der Aufwand der jeweili-

gen Maßnahme 15 Prozent des vom Verwalter nach pflichtgemäßem Ermessen geschätzten Verkehrswertes des Zwangsverwaltungsobjektes überschreitet;

6. Durchsetzung von Gewährleistungsansprüchen im Zusammenhang mit Baumaßnahmen nach § 5 Abs. 3.

(2) Das Gericht hat den Gläubiger und den Schuldner vor seiner Entscheidung anzuhören.

§ 11 Auszahlungen

(1) Aus den nach Bestreiten der Ausgaben der Verwaltung sowie der Kosten des Verfahrens (§ 155 Abs. 1 des Gesetzes über die Zwangsversteigerung und die Zwangsverwaltung) verbleibenden Überschüssen der Einnahmen darf der Verwalter ohne weiteres Verfahren nur Vorschüsse sowie die laufenden Beträge der öffentlichen Lasten nach der gesetzlichen Rangfolge berichtigen.

(2) Sonstige Zahlungen an die Berechtigten darf der Verwalter nur aufgrund der von dem Gericht nach Feststellung des Teilungsplans getroffenen Anordnung leisten. Ist zu erwarten, dass solche Zahlungen geleistet werden können, so hat dies der Verwalter dem Gericht unter Angabe des voraussichtlichen Betrages der Überschüsse und der Zeit ihres Einganges anzuzeigen.

(3) Sollen Auszahlungen auf das Kapital einer Hypothek oder Grundschuld oder auf die Ablösesumme einer Rentenschuld geleistet werden, so hat der Verwalter zu diesem Zweck die Anberaumung eines Termins bei dem Gericht zu beantragen.

§ 12 Beendigung der Zwangsverwaltung

(1) Die Beendigung der Zwangsverwaltung erfolgt mit dem gerichtlichen Aufhebungsbeschluss. Dies gilt auch für den Fall der Erteilung des Zuschlags in der Zwangsversteigerung.

(2) Das Gericht kann den Verwalter nach dessen Anhörung im Aufhebungsbeschluss oder auf Antrag durch gesonderten Beschluss ermächtigen, seine Tätigkeit in Teilbereichen fortzusetzen, soweit dies für den ordnungsgemäßen Abschluss der Zwangsverwaltung erforderlich ist. Hat der Verwalter weiterführende Arbeiten nicht zu erledigen, sind der Anordnungsbeschluss und die Bestallungsurkunde mit der Schlussrechnung zurückzugeben, ansonsten mit der Beendigung seiner Tätigkeit.

(3) Unabhängig von der Aufhebung der Zwangsverwaltung bleibt der Verwalter berechtigt, von ihm begründete Verbindlichkeiten aus der vorhandenen Liquidität zu begleichen und bis zum Eintritt der Fälligkeit Rücklagen zu bilden. Ein weitergehender Rückgriff gegen den Gläubiger bleibt unberührt. Dies gilt auch für den Fall der Antragsrücknahme.

(4) Hat der Verwalter die Forderung des Gläubigers einschließlich der Kosten der Zwangsvollstreckung bezahlt, so hat er dies dem Gericht unverzüglich anzuzeigen. Dasselbe gilt, wenn der Gläubiger ihm mitteilt, dass er befriedigt ist.

§ 13 Masseverwaltung

(1) Der Massebestand ist von eigenen Beständen des Verwalters getrennt zu halten.

(2) Der Verwalter hat für jede Zwangsverwaltung ein gesondertes Treuhandkonto einzurichten, über das er den Zahlungsverkehr führt. Das Treuhandkonto kann auch als Rechtsanwaltsanderkonto geführt werden.

(3) Der Verwalter hat die allgemeinen Grundsätze einer ordnungsgemäßen Buchführung zu beachten. Die Rechnungslegung muss den Abgleich der Solleinnahmen mit den tatsächlichen Einnahmen ermöglichen. Die Einzelbuchungen sind auszuweisen. Mit der Rechnungslegung sind die Kontoauszüge und Belege bei Gericht einzureichen.

(4) Auf Antrag von Gläubiger oder Schuldner hat der Verwalter Auskunft über den Sachstand zu erteilen.

§ 14 Buchführung der Zwangsverwaltung

(1) Die Buchführung der Zwangsverwaltung ist eine um die Solleinnahmen ergänzte Einnahmenüberschussrechnung.

(2) Die Rechnungslegung erfolgt jährlich (Jahresrechnung) nach Kalenderjahren. Mit Zustimmung des Gerichts kann hiervon abgewichen werden.

(3) Bei Aufhebung der Zwangsverwaltung legt der Verwalter Schlussrechnung in Form einer abgebrochenen Jahresrechnung.

(4) Nach vollständiger Beendigung seiner Amtstätigkeit reicht der Verwalter eine Endabrechnung ein, nachdem alle Zahlungsvorgänge beendet sind und das Konto auf Null gebracht worden ist.

§ 15 Gliederung der Einnahmen und Ausgaben

(1) Die Soll- und Isteinnahmen sind nach folgenden Konten zu gliedern:
1. Mieten und Pachten nach Verwaltungseinheiten,
2. andere Einnahmen.

(2) Der Saldo der vorigen Rechnung ist als jeweiliger Anfangsbestand vorzutragen.

(3) Die Gliederung der Ausgaben erfolgt nach folgenden Konten:
1. Aufwendungen zur Unterhaltung des Objektes;
2. öffentliche Lasten;
3. Zahlungen an die Gläubiger;
4. Gerichtskosten der Verwaltung;
5. Vergütung des Verwalters;
6. andere Ausgaben.

(4) Ist zur Umsatzsteuer optiert worden, so sind Umsatzsteueranteile und Vorsteuerbeträge gesondert darzustellen.

§ 16 Auskunftspflicht

Der Verwalter hat jederzeit dem Gericht oder einem mit der Prüfung beauftragten Sachverständigen Buchführungsunterlagen, die Akten und sonstige Schriftstücke vorzulegen und alle weiteren Auskünfte im Zusammenhang mit seiner Verwaltung zu erteilen.

§ 17 Vergütung und Auslagenersatz

(1) Der Verwalter hat Anspruch auf eine angemessene Vergütung für seine Geschäftsführung sowie auf Erstattung seiner Auslagen nach Maßgabe des § 21. Die Höhe der Vergütung ist an der Art und dem Umfang der Aufgabe sowie an der Leistung des Zwangsverwalters auszurichten.

(2) Zusätzlich zur Vergütung und zur Erstattung der Auslagen wird ein Betrag in Höhe der vom Verwalter zu zahlenden Umsatzsteuer festgesetzt.

(3) Ist der Verwalter als Rechtsanwalt zugelassen, so kann er für Tätigkeiten, die ein nicht als Rechtsanwalt zugelassener Verwalter einem Rechtsanwalt übertragen hätte, die gesetzliche Vergütung eines Rechtsanwalts abrechnen. Ist der Verwalter Steuerberater oder besitzt er eine andere besondere Qualifikation, gilt Satz 1 sinngemäß.

§ 18 Regelvergütung

(1) Bei der Zwangsverwaltung von Grundstücken, die durch Vermieten oder Verpachten genutzt werden, erhält der Verwalter als Vergütung in der Regel 10 Prozent des für den Zeitraum der Verwaltung an Mieten oder Pachten eingezogenen Bruttobetrags. Für vertraglich geschuldete, nicht eingezogene Mieten oder Pachten erhält er 20 Prozent der Vergütung, die er erhalten hätte, wenn diese Mieten eingezogen worden wären. Soweit Mietrückstände eingezogen werden, für die der Verwalter bereits eine Vergütung nach Satz 2 erhalten hat, ist diese anzurechnen.

(2) Ergibt sich im Einzelfall ein Missverhältnis zwischen der Tätigkeit des Verwalters und der Vergütung nach Absatz 1, so kann der in Absatz 1 Satz 1 genannte Prozentsatz bis auf 5 vermindert oder bis auf 15 angehoben werden.

(3) Für die Fertigstellung von Bauvorhaben erhält der Verwalter 6 Prozent der von ihm verwalteten Bausumme. Planungs-, Ausführungs- und Abnahmekosten sind Bestandteil der Bausumme und finden keine Anrechnung auf die Vergütung des Verwalters.

§ 19 Abweichende Berechnung der Vergütung

(1) Wenn dem Verwalter eine Vergütung nach § 18 nicht zusteht, bemisst sich die Vergütung nach Zeitaufwand. In diesem Fall erhält er für jede Stunde der für die Verwaltung erforderlichen Zeit, die er oder einer seiner Mitarbeiter aufgewendet hat, eine Vergütung von mindestens 35 Euro und höchstens 95 Euro. Der Stundensatz ist für den jeweiligen Abrechnungszeitraum einheitlich zu bemessen.

(2) Der Verwalter kann für den Abrechnungszeitraum einheitlich nach Absatz 1 abrechnen, wenn die Vergütung nach § 18 Abs. 1 und 2 offensichtlich unangemessen ist.

§ 20 Mindestvergütung

(1) Ist das Zwangsverwaltungsobjekt von dem Verwalter in Besitz genommen, so beträgt die Vergütung des Verwalters mindestens 600 Euro.

(2) Ist das Verfahren der Zwangsverwaltung aufgehoben worden, bevor der Verwalter das Grundstück in Besitz genommen hat, so erhält er eine Vergütung von 200 Euro, sofern er bereits tätig geworden ist.

§ 21 Auslagen

(1) Mit der Vergütung sind die allgemeinen Geschäftskosten abgegolten. Zu den allgemeinen Geschäftskosten gehört der Büroaufwand des Verwalters einschließlich der Gehälter seiner Angestellten.

(2) Besondere Kosten, die dem Verwalter im Einzelfall, zum Beispiel durch Reisen oder die Einstellung von Hilfskräften für bestimmte Aufgaben im Rahmen der Zwangsverwaltung, tatsächlich entstehen, sind als Auslagen zu erstatten, soweit sie angemessen sind. Anstelle der tatsächlich entstandenen Auslagen kann der Verwalter nach seiner Wahl für den jeweiligen Abrechnungszeitraum eine Pauschale von 10 Prozent seiner Vergütung, höchstens jedoch 40 Euro für jeden angefangenen Monat seiner Tätigkeit, fordern.

(3) Mit der Vergütung sind auch die Kosten einer Haftpflichtversicherung abgegolten. Ist die Verwaltung jedoch mit einem besonderen Haftungsrisiko verbunden, so sind die durch eine Höherversicherung nach § 1 Abs. 4 begründeten zusätzlichen Kosten als Auslagen zu erstatten.

§ 22 Festsetzung

Die Vergütung und die dem Verwalter zu erstattenden Auslagen werden im Anschluss an die Rechnungslegung nach § 14 Abs. 2 oder die Schlussrechnung nach § 14 Abs. 3 für den entsprechenden Zeitraum auf seinen Antrag vom Gericht festgesetzt. Vor der Festsetzung kann der Verwalter mit Einwilligung des Gerichts aus den Einnahmen einen Vorschuss auf die Vergütung und die Auslagen entnehmen.

§ 23 Grundstücksgleiche Rechte

Die vorstehenden Bestimmungen sind auf die Zwangsverwaltung von Berechtigungen, für welche die Vorschriften über die Zwangsverwaltung von Grundstücken gelten, entsprechend anzuwenden.

§ 24 Nichtanwendbarkeit der Verordnung

(1) Die Vorschriften dieser Verordnung gelten nicht, falls der Schuldner zum Verwalter bestellt ist (§§ 150 b bis 150 e des Gesetzes über die Zwangsversteigerung und die Zwangsverwaltung).

(2) Die Vorschriften dieser Verordnung gelten ferner nicht, falls die durch die §§ 150, 153, 154 des Gesetzes über die Zwangsversteigerung und die Zwangsverwaltung dem Gericht zugewiesene Tätigkeit nach landesgesetzlichen Vorschriften von einer landschaftlichen oder ritterschaftlichen Kreditanstalt übernommen worden ist.

§ 25 Übergangsvorschrift

In Zwangsverwaltungen, die bis einschließlich zum 31. Dezember 2003 angeordnet worden sind, findet die Verordnung über die Geschäftsführung und die Vergütung des Zwangsverwalters vom 16. Februar 1970 (BGBl. I S. 185), zuletzt geändert durch Artikel 9 des Gesetzes vom 13. Dezember 2001 (BGBl. I S. 3574), weiter Anwendung; jedoch richten sich die Vergütung des Verwalters und der Auslagenersatz ab dem ersten auf den 31. Dezember 2003 folgenden Abrechnungszeitraum nach den §§ 17 bis 22 dieser Verordnung.

§ 26 Inkrafttreten, Außerkrafttreten

Diese Verordnung tritt am 1. Januar 2004 in Kraft. Gleichzeitig tritt die Verordnung über die Geschäftsführung und die Vergütung des Zwangsverwalters vom 16. Februar 1970 (BGBl. I S. 185), zuletzt geändert durch Artikel 9 des Gesetzes vom 13. Dezember 2001 (BGBl. I S. 3574), außer Kraft.

Zweiter Abschnitt
Zwangsversteigerung von Schiffen, Schiffsbauwerken und Luftfahrzeugen im Wege der Zwangsvollstreckung

Erster Titel
Zwangsversteigerung von Schiffen und Schiffsbauwerken

§ 162 [Anzuwendende Vorschriften]

Auf die Zwangsversteigerung eines im Schiffsregister eingetragenen Schiffs oder eines Schiffsbauwerks, das im Schiffsbauregister eingetragen ist oder in dieses Register eingetragen werden kann, sind die Vorschriften des Ersten Abschnitts entsprechend anzuwenden, soweit sich nicht aus den §§ 163 bis 170 a etwas anderes ergibt.

§ 163 [Örtliche Zuständigkeit; Schiffsregister; weitere Beteiligte]

(1) Für die Zwangsversteigerung eines eingetragenen Schiffs ist als Vollstreckungsgericht das Amtsgericht zuständig, in dessen Bezirk sich das Schiff befindet; § 1 Abs. 2 gilt entsprechend.

(2) Für das Verfahren tritt an die Stelle des Grundbuchs das Schiffsregister.

(3) Die Träger der Sozialversicherung einschließlich der Arbeitslosenversicherung gelten als Beteiligte, auch wenn sie eine Forderung nicht angemeldet haben. Bei der Zwangsversteigerung eines Seeschiffes vertritt die Deutsche Rentenversicherung Knappschaft-Bahn-See, bei der Zwangsversteigerung eines Binnenschiffes die Binnenschiffahrts-Berufsgenossenschaft die übrigen Versicherungsträger gegenüber dem Vollstreckungsgericht.

§ 164 [Besondere Antragsvoraussetzungen]

Die Beschränkung des § 17 gilt für die Zwangsversteigerung eines eingetragenen Schiffs nicht, soweit sich aus den Vorschriften des Handelsgesetzbuchs oder des Gesetzes, betreffend die privatrechtlichen Verhältnisse der Binnenschiffahrt, etwas anderes ergibt; die hiernach zur Begründung des Antrags auf Zwangsversteigerung erforderlichen Tatsachen sind durch Urkunden glaubhaft zu machen, soweit sie nicht dem Gericht offenkundig sind; dem Antrag auf Zwangsversteigerung ist ein Zeugnis der Registerbehörde über die Eintragung des Schiffs im Schiffsregister beizufügen.

§ 165 [Bewachung und Treuhandschaft]

(1) ¹Bei der Anordnung der Zwangsversteigerung hat das Gericht zugleich die Bewachung und Verwahrung des Schiffs anzuordnen. ²Die Beschlagnahme wird auch mit der Vollziehung dieser Anordnung wirksam.

(2) ¹Das Gericht kann zugleich mit der einstweiligen Einstellung des Verfahrens im Einverständnis mit dem betreibenden Gläubiger anordnen, daß die Bewachung und Verwahrung einem Treuhänder übertragen wird, den das Gericht auswählt. ²Der Treuhänder untersteht der Aufsicht des Gerichts und ist an die ihm erteilten Weisungen des Gerichts gebunden. ³Das Gericht kann ihn im Einverständnis des Gläubigers auch ermächtigen, das Schiff für Rechnung und im Namen des Schuldners zu nutzen. ⁴Über die Verwendung des Reinertrages entscheidet das Gericht. ⁵In der Regel soll er nach den Grundsätzen des § 155 verteilt werden.

§ 166 [Wirkung der Beschlagnahme gegen Schiffseigentümer]

(1) Ist gegen den Schiffer auf Grund eines vollstreckbaren Titels, der auch gegenüber dem Eigentümer wirksam ist, das Verfahren angeordnet, so wirkt die Beschlagnahme zugleich gegen den Eigentümer.

(2) Der Schiffer gilt in diesem Fall als Beteiligter nur so lange, als er das Schiff führt; ein neuer Schiffer gilt als Beteiligter, wenn er sich bei dem Gericht meldet und seine Angabe auf Verlangen des Gerichts oder eines Beteiligten glaubhaft macht.

§ 167 [Bezeichnung des Schiffs in Terminsbestimmung]

(1) Die Bezeichnung des Schiffs in der Bestimmung des Versteigerungstermins soll nach dem Schiffsregister erfolgen.

(2) Die im § 37 Nr. 4 bestimmte Aufforderung muß ausdrücklich auch auf die Rechte der Schiffsgläubiger hinweisen.

§ 168 [Bekanntmachung des Versteigerungstermins]

(1) [1]Die Terminbestimmung soll auch durch ein geeignetes Schifffahrtsfachblatt bekannt gemacht werden. [2]Die Landesregierungen werden ermächtigt, durch Rechtsverordnung nähere Bestimmungen hierüber zu erlassen. [3]Die Landesregierungen können die Ermächtigung auf die Landesjustizverwaltungen übertragen.

(2) Befindet sich der Heimathafen oder Heimatort des Schiffs in dem Bezirk eines anderen Gerichts, so soll die Terminsbestimmung auch durch das für Bekanntmachungen dieses Gerichts bestimmte Blatt oder elektronische Informations- und Kommunikationssystem bekanntgemacht werden.

(3) Die im § 39 Abs. 2 vorgesehene Anordnung ist unzulässig.

§ 168 a (aufgehoben)

§ 168 b [Anmeldung von Rechten beim Registergericht]

[1]Hat ein Schiffsgläubiger sein Recht innerhalb der letzten sechs Monate vor der Bekanntmachung der Terminsbestimmung bei dem Registergericht angemeldet, so gilt die Anmeldung als bei dem Versteigerungsgericht bewirkt. [2]Das Registergericht hat bei der Übersendung der im § 19 Abs. 2 bezeichneten Urkunden und Mitteilungen die innerhalb der letzten sechs Monate bei ihm eingegangenen Anmeldungen an das Versteigerungsgericht weiterzugeben.

§ 168 c [Schiffshypothek in ausländischer Währung]

Für die Zwangsversteigerung eines Schiffs, das mit einer Schiffshypothek in ausländischer Währung belastet ist, gelten folgende Sonderbestimmungen:

1. Die Terminbestimmung muß die Angabe, daß das Schiff mit einer Schiffshypothek in ausländischer Währung belastet ist, und die Bezeichnung dieser Währung enthalten.
2. In dem Zwangsversteigerungstermin wird vor der Aufforderung zur Abgabe von Geboten festgestellt und bekanntgemacht, welchen Wert die in ausländischer Währung eingetragene Schiffshypothek nach dem amtlich ermittelten letzten Kurs in Euro hat. Dieser Kurswert bleibt für das weitere Verfahren maßgebend.
3. Die Höhe des Bargebots wird in Euro festgestellt. Die Gebote sind in Euro abzugeben.
4. Der Teilungsplan wird in Euro aufgestellt.
5. Wird ein Gläubiger einer in ausländischer Währung eingetragenen Schiffshypothek nicht vollständig befriedigt, so ist der verbleibende Teil seiner Forderung in der ausländischen Währung festzustellen. Die Feststellung ist für die

Haftung mitbelasteter Gegenstände, für die Verbindlichkeit des persönlichen Schuldners und für die Geltendmachung des Ausfalls im Insolvenzverfahren maßgebend.

§ 169 [Mieter und Pächter, Schiffshypothek gegen Ersteher]

(1) ¹Ist das Schiff einem Mieter oder Pächter überlassen, so gelten die Vorschriften des § 578 a des Bürgerlichen Gesetzbuchs entsprechend. ²Soweit nach § 578 a Abs. 2 für die Wirkung von Verfügungen und Rechtsgeschäften über die Miete oder Pacht der Übergang des Eigentums in Betracht kommt, ist an dessen Stelle die Beschlagnahme des Schiffs maßgebend; ist der Beschluß, durch den die Zwangsversteigerung angeordnet wird, auf Antrag des Gläubigers dem Mieter oder Pächter zugestellt, so gilt mit der Zustellung die Beschlagnahme als dem Mieter oder Pächter bekannt.

(2) ¹Soweit das Bargebot bis zum Verteilungstermin nicht berichtigt wird, ist für die Forderung gegen den Ersteher eine Schiffshypothek an dem Schiff in das Schiffsregister einzutragen. ²Die Schiffshypothek entsteht mit der Eintragung, auch wenn der Ersteher das Schiff inzwischen veräußert hat. ³Im übrigen gelten die Vorschriften des Gesetzes über Rechte an eingetragenen Schiffen und Schiffsbauwerken vom 15. November 1940 (Reichsgesetzbl. I S. 1499) über die durch Rechtsgeschäft bestellte Schiffshypothek.

§ 169 a [Kein Antrag auf Versagung des Zuschlags bei Seeschiffen]

(1) Auf die Zwangsversteigerung eines Seeschiffes sind die Vorschriften der §§ 74 a, 74 b und 85 a nicht anzuwenden; § 38 Satz 1 findet hinsichtlich der Angabe des Verkehrswerts keine Anwendung.

(2) § 68 findet mit der Maßgabe Anwendung, daß Sicherheit für ein Zehntel des Bargebots zu leisten ist.

§ 170 [Bewachung und Verwahrung des versteigerten Schiffs]

(1) An die Stelle der nach § 94 Abs. 1 zulässigen Verwaltung tritt die gerichtliche Bewachung und Verwahrung des versteigerten Schiffs.

(2) Das Gericht hat die getroffenen Maßregeln aufzuheben, wenn der zu ihrer Fortsetzung erforderliche Geldbetrag nicht vorgeschossen wird.

§ 170 a [Zwangsversteigerung eines Schiffsbauwerks]

(1) ¹Die Zwangsversteigerung eines Schiffsbauwerks darf erst angeordnet werden, nachdem es in das Schiffsbauregister eingetragen ist. ²Der Antrag auf Anordnung der Zwangsversteigerung kann jedoch schon vor der Eintragung gestellt werden.

(2) ¹§ 163 Abs. 1, §§ 165, 167 Abs. 1, §§ 168 c, 169 Abs. 2, § 170 gelten sinngemäß. ²An die Stelle des Grundbuchs tritt das Schiffsbauregister. ³Wird das Schiffsbauregister von einem anderen Gericht als dem Vollstreckungsgericht geführt, so soll die Terminsbestimmung auch durch das für Bekanntmachungen

dieses Gerichts bestimmte Blatt bekanntgemacht werden. ⁴An Stelle der im § 43 Abs. 1 bestimmten Frist tritt eine Frist von zwei Wochen, an Stelle der im § 43 Abs. 2 bestimmten Frist eine solche von einer Woche.

§ 171 [Ausländische Schiffe]

(1) Auf die Zwangsversteigerung eines ausländischen Schiffs, das, wenn es ein deutsches Schiff wäre, in das Schiffsregister eingetragen werden müßte, sind die Vorschriften des Ersten Abschnitts entsprechend anzuwenden, soweit sie nicht die Eintragung im Schiffsregister voraussetzen und sich nicht aus den folgenden Vorschriften etwas anderes ergibt.

(2) ¹Als Vollstreckungsgericht ist das Amtsgericht zuständig, in dessen Bezirk sich das Schiff befindet; § 1 Abs. 2 gilt entsprechend. ²Die Zwangsversteigerung darf, soweit sich nicht aus den Vorschriften des Handelsgesetzbuchs oder des Gesetzes, betreffend die privatrechtlichen Verhältnisse der Binnenschiffahrt, etwas anderes ergibt, nur angeordnet werden, wenn der Schuldner das Schiff im Eigenbesitz hat; die hiernach zur Begründung des Antrags auf Zwangsversteigerung erforderlichen Tatsachen sind durch Urkunden glaubhaft zu machen, soweit sie nicht beim Gericht offenkundig sind.

(3) ¹Die Terminsbestimmung muß die Aufforderung an alle Berechtigten, insbesondere an die Schiffsgläubiger, enthalten, ihre Rechte spätestens im Versteigerungstermin vor der Aufforderung zur Abgabe von Geboten anzumelden und, wenn der Gläubiger widerspricht, glaubhaft zu machen, widrigenfalls die Rechte bei der Verteilung des Versteigerungserlöses dem Anspruch des Gläubigers und den übrigen Rechten nachgesetzt werden würden. ²Die Terminsbestimmung soll, soweit es ohne erhebliche Verzögerung des Verfahrens tunlich ist, auch den aus den Schiffspapieren ersichtlichen Schiffsgläubigern und sonstigen Beteiligten zugestellt und, wenn das Schiff im Schiffsregister eines fremden Staates eingetragen ist, der Registerbehörde mitgeteilt werden.

(4) ¹Die Vorschriften über das geringste Gebot sind nicht anzuwenden. ²Das Meistgebot ist in seinem ganzen Betrag durch Zahlung zu berichtigen.

(5) ¹Die Vorschriften der §§ 165, 166, 168 Abs. 1 und 3, §§ 169 a, 170 Abs. 1 sind anzuwenden. ²Die vom Gericht angeordnete Überwachung und Verwahrung des Schiffs darf erst aufgehoben und das Schiff dem Ersteher erst übergeben werden, wenn die Berichtigung des Meistgebots oder die Einwilligung der Beteiligten nachgewiesen wird.

1 Das im Schiffsregister eingetragene Schiff ist nur im technischen Sinne eine „bewegliche Sache", seine rechtlichen Eigenschaften werden im **Gesetz über Rechte an eingetragenen Schiffen und Schiffsbauwerken (SchRG)** vom 15.11.1940[1] geregelt und das sich stark am Immobilienrecht orientiert. Demzufolge erfolgt auch die Zwangsvollstreckung nach den Regeln für die Vollstreckung in das unbewegliche Vermögen (§ 864 ZPO) durch Eintragung einer **Schiffshypothek** oder durch die **Zwangsversteigerung** (§ 870 a ZPO). Die Einzelheiten werden über § 869 ZPO in den Vorschriften §§ 162–171 geregelt.

2 In das **Schiffsregister** sind gem. § 10 SchRegO alle **Seeschiffe** einzutragen, die unter deutscher Flagge fahren (§ 1 FlaggRG) und eine Rumpflänge von über 15 m haben.

---

1 In der im Bundesgesetzblatt Teil III, Gliederungsnummer 403-4, veröffentlichten bereinigten Fassung, zuletzt geändert durch Art. 2 des Gesetzes vom 21.1.2013 (BGBl. I S. 91, 93).

Binnenschiffe sind in das Schiffsregister einzutragen, wenn 3
- das Schiff zur Beförderung von Gütern bestimmt ist und seine größte Tragfähigkeit mindestens 20 Tonnen beträgt oder
- das Schiff nicht zur Beförderung von Gütern bestimmt ist und seine Wasserverdrängung bei größter Eintauchung mindestens 10 Kubikmeter beträgt oder
- das Schiff ein Schlepper, ein Tankschiff oder ein Schubboot ist.

Die Zwangsvollstreckung in ein **nicht eingetragenes** Schiff erfolgt durch den Gerichtsvollzieher nach den Regeln der Mobiliarvollstreckung (s. § 808 ZPO Rn 2). 4

Für die Zwangsversteigerung ist das Amtsgericht **örtlich zuständig**, in dessen Bezirk sich das Schiff zum Zeitpunkt der Verfahrensanordnung (vgl § 15) tatsächlich befindet. Der Heimathafen, der Ort der Schiffsregistereintragung und der Wohnort des Schiffers sind ohne Bedeutung. Stellt sich später heraus, dass sich das Schiff zum maßgeblichen Zeitpunkt nicht oder nicht mehr im Zuständigkeitsbereich des Amtsgerichts befunden hat, ist das Verfahren gem. § 28 Abs. 2 aufzuheben. 5

In einigen Bundesländern sind die **Schiffversteigerungen zentralisiert** worden: In Baden-Württemberg sind die Amtsgerichte in Heilbronn, Konstanz und Mannheim zuständig, in Hamburg das Amtsgericht Hamburg und in Nordrhein-Westfalen die Amtsgerichte in Dortmund, Duisburg-Ruhrort, Köln und Minden. 6

Für einen Gläubiger ist es sehr schwierig, die (aktuelle) örtliche Zuständigkeit zu ermitteln und so rechtzeitig die Vollstreckungsunterlagen dem zuständigen Gericht vorzulegen, dass dann das Verfahren eingeleitet werden kann, bevor das Schiff den Zuständigkeitsbereich wieder verlässt. 7

Nach der Anordnung der Zwangsversteigerung wird das Schiff auf Anordnung des Gerichts vom Gerichtsvollzieher „**angekettet**" (in geeigneter Art und Weise gesichert), die **Beschlagnahme** kenntlich gemacht, das Inventar aufgenommen und die vorhandenen Schiffs- und Bordpapiere weggenommen (vgl die jeweils gleichlautenden Landesregelungen des § 132 GVGA). Gleichzeitig muss das Gericht von Amts wegen die **Bewachung und Verwahrung** des Schiffs, zB durch einen Verwalter, einleiten. Die notwendigen Kosten trägt der antragstellende Gläubiger. Unter Berücksichtigung einer Mindestverfahrensdauer von mehreren Monaten muss mit sehr hohen und nur schwer kalkulierbaren Kosten gerechnet werden. 8

Nach einer erfolgreichen Versteigerung werden aus dem Erlös zunächst die vorrangigen Schiffsgläubiger (§ 102 BinSchG bzw § 754 HGB), danach die im Schiffsregister eingetragenen Hypothekengläubiger in der Rangordnung des § 10 und zuletzt die nicht eingetragenen persönlichen Gläubiger bedient. 9

Das Verfahren zur Zwangsversteigerung eines Schiffes hat nur **geringe praktische Bedeutung**. Bereits die Bestimmung der örtlichen Zuständigkeit (s. Rn 5) wird viele Gläubiger vor nicht lösbare Schwierigkeiten stellen. Das Kostenrisiko ist wegen der notwendigen Bewachung (s. Rn 8) sehr hoch und wird in den meisten Fällen in keinem Verhältnis zur Vollstreckungsforderung stehen. Zudem kann mit einer Befriedigung nur gerechnet werden, wenn die vorrangigen Schiffsgläubiger und Schiffshypothekengläubiger befriedigt werden. 10

Anstelle der Zwangsversteigerung bietet sich die Eintragung einer **Schiffshypothek** (s. § 870 a ZPO Rn 5) oder die Einleitung eines **Insolvenzverfahrens** an. 11

Zweiter Titel
Zwangsversteigerung von Luftfahrzeugen

§ 171 a [Anzuwendende Vorschriften]

¹Auf die Zwangsversteigerung eines in der Luftfahrzeugrolle eingetragenen Luftfahrzeugs sind die Vorschriften des Ersten Abschnitts entsprechend anzuwenden, soweit sich nicht aus den §§ 171 b bis 171 g etwas anderes ergibt. ²Das gleiche gilt für die Zwangsversteigerung eines in dem Register für Pfandrechte an Luftfahrzeugen eingetragenen Luftfahrzeugs, dessen Eintragung in der Luftfahrzeugrolle gelöscht ist.

§ 171 b [Örtliche Zuständigkeit; Register]

(1) Für die Zwangsversteigerung des Luftfahrzeugs ist als Vollstreckungsgericht das Amtsgericht zuständig, in dessen Bezirk das Luftfahrt-Bundesamt seinen Sitz hat.

(2) Für das Verfahren tritt an die Stelle des Grundbuchs das Register für Pfandrechte an Luftfahrzeugen.

§ 171 c [Anordnung der Zwangsversteigerung, Bewachung, Treuhänder]

(1) ¹Die Zwangsversteigerung darf erst angeordnet werden, nachdem das Luftfahrzeug in das Register für Pfandrechte an Luftfahrzeugen eingetragen ist. ²Der Antrag auf Anordnung der Zwangsversteigerung kann jedoch schon vor der Eintragung gestellt werden.

(2) ¹Bei der Anordnung der Zwangsversteigerung hat das Gericht zugleich die Bewachung und Verwahrung des Luftfahrzeugs anzuordnen. ²Die Beschlagnahme wird auch mit der Vollziehung dieser Anordnung wirksam.

(3) ¹Das Gericht kann zugleich mit der einstweiligen Einstellung des Verfahrens im Einverständnis mit dem betreibenden Gläubiger anordnen, daß die Bewachung und Verwahrung einem Treuhänder übertragen wird, den das Gericht auswählt. ²Der Treuhänder untersteht der Aufsicht des Gerichts und ist an die ihm erteilten Weisungen des Gerichts gebunden. ³Das Gericht kann ihn im Einverständnis mit dem Gläubiger auch ermächtigen, das Luftfahrzeug für Rechnung und im Namen des Schuldners zu nutzen. ⁴Über die Verwendung des Reinertrages entscheidet das Gericht. ⁵In der Regel soll er nach den Grundsätzen des § 155 verteilt werden.

§ 171 d [Bezeichnung in Terminsbestimmung]

(1) In der Bestimmung des Versteigerungstermins soll das Luftfahrzeug nach dem Register für Pfandrechte an Luftfahrzeugen bezeichnet werden.

(2) Die in § 39 Abs. 2 vorgesehene Anordnung ist unzulässig.

§ 171 e [Registerpfandrecht in ausländischer Währung]

Für die Zwangsversteigerung eines Luftfahrzeugs, das mit einem Registerpfandrecht in ausländischer Währung belastet ist, gelten folgende Sonderbestimmungen:

1. Die Terminsbestimmung muß die Angabe, daß das Luftfahrzeug mit einem Registerpfandrecht in ausländischer Währung belastet ist, und die Bezeichnung dieser Währung enthalten.
2. In dem Zwangsversteigerungstermin wird vor der Aufforderung zur Abgabe von Geboten festgestellt und bekanntgemacht, welchen Wert das in ausländischer Währung eingetragene Registerpfandrecht nach dem amtlich ermittelten letzten Kurs in Euro hat. Dieser Kurswert bleibt für das weitere Verfahren maßgebend.
3. Die Höhe des Bargebots wird in Euro festgestellt. Die Gebote sind in Euro abzugeben.
4. Der Verteilungsplan wird in Euro aufgestellt.
5. Wird ein Gläubiger eines in ausländischer Währung eingetragenen Registerpfandrechts nicht vollständig befriedigt, so ist der verbleibende Teil seiner Forderung in der ausländischen Währung festzustellen. Die Feststellung ist für die Haftung mitbelasteter Gegenstände, für die Verbindlichkeit des persönlichen Schuldners und für die Geltendmachung des Ausfalls im Insolvenzverfahren maßgebend.

§ 171 f [Vorausverfügung über Miet- oder Pachtzins]

§ 169 gilt für das Luftfahrzeug entsprechend.

§ 171 g [Sicherungsmaßnahmen gegen Ersteher]

(1) An die Stelle der nach § 94 Abs. 1 zulässigen Verwaltung tritt die gerichtliche Bewachung und Verwahrung des versteigerten Luftfahrzeugs.

(2) Das Gericht hat die getroffenen Maßregeln aufzuheben, wenn der zu ihrer Fortsetzung erforderliche Geldbetrag nicht vorgeschossen wird.

§ 171 h [Sondervorschriften für ausländische Luftfahrzeuge]

Auf die Zwangsversteigerung eines ausländischen Luftfahrzeugs sind die Vorschriften in §§ 171 a bis 171 g entsprechend anzuwenden, soweit sich nicht aus den §§ 171 i bis 171 n anderes ergibt.

§ 171 i [Rangordnung für Ansprüche auf Nebenleistungen]

(1) In der dritten Klasse (§ 10 Abs. 1 Nr. 3) werden nur befriedigt Gebühren, Zölle, Bußen und Geldstrafen auf Grund von Vorschriften über Luftfahrt, Zölle und Einwanderung.

(2) In der vierten Klasse (§ 10 Abs. 1 Nr. 4) genießen Ansprüche auf Zinsen aus Rechten nach § 103 des Gesetzes über Rechte an Luftfahrzeugen vom 26. Februar-

ar 1959 (Bundesgesetzbl. I S. 57) das Vorrecht dieser Klasse wegen der laufenden und der aus den letzten drei Geschäftsjahren rückständigen Beträge.

§ 171 k [Gutgläubiger Erwerb]

Wird das Luftfahrzeug nach der Beschlagnahme veräußert oder mit einem Recht nach § 103 des Gesetzes über Rechte an Luftfahrzeugen belastet und ist die Veräußerung oder Belastung nach Artikel VI des Genfer Abkommens vom 19. Juni 1948 (Bundesgesetzbl. 1959 II S. 129) anzuerkennen, so ist die Verfügung dem Gläubiger gegenüber wirksam, es sei denn, daß der Schuldner im Zeitpunkt der Verfügung Kenntnis von der Beschlagnahme hatte.

§ 171 l [Benachrichtigungspflichten und Fristen]

(1) Das Vollstreckungsgericht teilt die Anordnung der Zwangsversteigerung tunlichst durch Luftpost der Behörde mit, die das Register führt, in dem die Rechte an dem Luftfahrzeug eingetragen sind.

(2) ¹Der Zeitraum zwischen der Anberaumung des Termins und dem Termin muß mindestens sechs Wochen betragen. ²Die Zustellung der Terminsbestimmung an Beteiligte, die im Ausland wohnen, wird durch Aufgabe zur Post bewirkt. ³Die Postsendung muß mit der Bezeichnung „Einschreiben" versehen werden. ⁴Sie soll tunlichst durch Luftpost befördert werden. ⁵Der betreffende Gläubiger hat die bevorstehende Versteigerung mindestens einen Monat vor dem Termin an dem Ort, an dem das Luftfahrzeug eingetragen ist, nach den dort geltenden Bestimmungen öffentlich bekanntzumachen.

§ 171 m [Beschwerde gegen Zuschlagserteilung]

¹Die Beschwerde gegen die Erteilung des Zuschlags ist binnen sechs Monaten einzulegen. ²Sie kann auf die Gründe des § 100 nur binnen einer Notfrist von zwei Wochen, danach nur noch darauf gestützt werden, daß die Vorschriften des § 171 l Abs. 2 verletzt sind.

§ 171 n [Anwendung der Vorschriften über Ersatz für Nießbrauch]

Erlischt durch den Zuschlag das Recht zum Besitz eines Luftfahrzeugs auf Grund eines für einen Zeitraum von sechs oder mehr Monaten abgeschlossenen Mietvertrages, so gelten die Vorschriften über den Ersatz für einen Nießbrauch entsprechend.

1 Die Zwangsvollstreckung in **Luftfahrzeuge**, die in der **Luftfahrzeugrolle** oder im **Register für Pfandrechte an Luftfahrzeugen** eingetragen sind, erfolgt gem. § 99 Abs. 1 des Gesetzes über Rechte an Luftfahrzeugen (LuftFzgG) iVm §§ 870 a, 867 ZPO durch Eintragung von **Zwangsregisterpfandrechten** oder durch **Zwangsversteigerung**. Die Einzelheiten werden über § 869 ZPO in den Vorschriften §§ 171 a–171 n geregelt.

2 Die Eintragung erfolgt von Amts wegen mit der Verkehrszulassung vom Luftfahrtbundesamt in der **Luftfahrzeugrolle** (§ 14 Abs. 1 LuftVZO, § 2 Abs. 1

LuftVG). Eingetragen wird der Name des Eigentümers, eine Beschreibung des Luftfahrzeugs und das mit der Verkehrszulassung zugewiesene amtliche Kennzeichen. Das Kennzeichen ist zugleich mit dem deutschen Staatszugehörigkeitszeichen am Luftfahrzeug zu führen (§ 19 LuftVZO).

Zu den einzutragenden Luftfahrzeugen gehören alle zivilen **Flugzeuge**, Hubschrauber, Luftschiffe, Motorsegler, Segelflugzeuge und bemannte Ballone (§ 14 Abs. 1 LuftVZO, § 2 Abs. 1 LuftVG). 3

Luftsportgeräte, also die Ultraleichtflugzeuge, Hängegleiter und Gleitsegler, gehören nicht zu den einzutragenden Luftfahrzeugen. Die Vollstreckung in diese Geräte erfolgt nach den Vorschriften über die Mobiliarvollstreckung durch den Gerichtsvollzieher (s. § 808 ZPO Rn 2). 4

Für die Zwangsversteigerung der Luftfahrzeuge ist **ausschließlich** das **Amtsgericht Braunschweig zuständig**. 5

Nach der Anordnung der Zwangsversteigerung wird das Luftfahrzeug auf Anordnung des Gerichts vom Gerichtsvollzieher **angekettet**, die **Beschlagnahme** kenntlich gemacht, das Inventar aufgenommen und die vorhandenen Bordpapiere weggenommen (vgl die jeweils gleichlautenden Landesregelungen des § 132 GVGA). Gleichzeitig muss das Gericht von Amts wegen die **Bewachung und Verwahrung** des Luftfahrzeugs einleiten. Die notwendigen Kosten trägt der antragstellende Gläubiger. 6

Nach einer erfolgreichen Versteigerung werden aus dem Erlös zunächst die vorrangigen Ansprüche (§ 171 i Abs. 1), danach die beim Amtsgericht Braunschweig im **Register für Pfandrechte an Luftfahrzeugen** eingetragenen Belastungen und zuletzt die nicht eingetragenen persönlichen Gläubiger bedient. 7

Das Verfahren zur Zwangsversteigerung eines Luftfahrzeugs hat nur **geringe praktische Bedeutung**. Neben der Zwangsversteigerung bietet sich die Eintragung eines **Zwangsregisterpfandrechts** (s. § 870 a ZPO Rn 5) oder die Einleitung eines **Insolvenzverfahrens** an. 8

Dritter Abschnitt
Zwangsversteigerung und Zwangsverwaltung in besonderen Fällen

§ 172 [Zwangsversteigerung oder Zwangsverwaltung bei Insolvenz]

Wird die Zwangsversteigerung oder die Zwangsverwaltung von dem Insolvenzverwalter beantragt, so finden die Vorschriften des ersten und zweiten Abschnitts entsprechende Anwendung, soweit sich nicht aus den §§ 173, 174 ein anderes ergibt.

§ 173 [Wirkung der Beschlußzustellung an Verwalter]

¹Der Beschluß, durch welchen das Verfahren angeordnet wird, gilt nicht als Beschlagnahme. ²Im Sinne der §§ 13, 55 ist jedoch die Zustellung des Beschlusses an den Insolvenzverwalter als Beschlagnahme anzusehen.

§ 174 [Rechte des Insolvenzgläubigers]

Hat ein Gläubiger für seine Forderung gegen den Schuldner des Insolvenzverfahrens ein von dem Insolvenzverwalter anerkanntes Recht auf Befriedigung aus dem Grundstücke, so kann er bis zum Schluß der Verhandlung im Versteigerungstermin verlangen, daß bei der Feststellung des geringsten Gebots nur die seinem Anspruche vorgehenden Rechte berücksichtigt werden; in diesem Fall ist das Grundstück auch mit der verlangten Abweichung auszubieten.

§ 174 a [Berücksichtigung vorgehender Rechte]

Der Insolvenzverwalter kann bis zum Schluß der Verhandlung im Versteigerungstermin verlangen, daß bei der Feststellung des geringsten Gebots nur die den Ansprüchen aus § 10 Abs. 1 Nr. 1 a vorgehenden Rechte berücksichtigt werden; in diesem Fall ist das Grundstück auch mit der verlangten Abweichung auszubieten.

Literatur:

Hintzen, Grundstücksverwertung durch den Treuhänder in der Verbraucherinsolvenz, ZInsO 2004, 713; *Krüger*, Die Auflassungsvormerkung in der Insolvenz des Grundstücksverkäufers – Eine hinreichende und insolvenzfeste Sicherheit für den Käufer?, ZMR 2010, 251; *Muth*, Die Zwangsversteigerung auf Antrag des Insolvenzverwalters, ZIP 1999, 945; *Raab*, Probleme bei der Immobiliarverwertung aus der Sicht des Insolvenzverwalters, DZWIR 2006, 234; *Stöber*, Erlöschen der Auflassungsvormerkung und Erbbauzins-Reallast bei der Insolvenzverwalterversteigerung, NJW 2000, 3600.

I. Zwangsversteigerung auf Antrag des Insolvenzverwalters

1 Nach der Eröffnung des Insolvenzverfahrens hat der Insolvenzverwalter unverzüglich das gesamte, zur Insolvenzmasse gehörende bewegliche und unbewegliche Vermögen zu verwerten (§ 159 InsO). Dabei sind die Vorrechte der absonderungsberechtigten Gläubiger zu beachten. Hierzu zählen bei Grundstücken im Wesentlichen die im Grundbuch eingetragenen Grundschuld- und Hypothekengläubiger (§ 49 InsO). Der Verwalter kann daher aus einer Verwertung lediglich die „**freie Masse**", also den **Überschuss**, der nach Befriedigung der absonderungsberechtigten Gläubiger verbleibt, zur Masse ziehen.

2 Wenn bei der Verwertung eines Grundstücks wegen der hohen Belastungen im Grundbuch nicht mit einem Erlösüberschuss gerechnet werden kann, wird idR der Verwalter zur Vermeidung unnötiger Kosten den Grundbesitz gegenüber dem Schuldner freigeben.

3 Entscheidet sich der Verwalter für die Verwertung, kann er zwischen der **freihändigen Veräußerung** (ggf unter Zuhilfenahme eines Immobilienmaklers) und der **Zwangsversteigerung nach § 172** wählen. Dabei ist zu bedenken, dass sich bei einer freihändigen Veräußerung in den meisten Fällen ein höherer Erlös erzielen lässt. Wählt der Verwalter die Zwangsversteigerung, kann er nach § 165 InsO beim zuständigen Vollstreckungsgericht die Anordnung des Verfahrens beantragen.

4 Das Verfahren zur Zwangsversteigerung auf Antrag des Insolvenzverwalters hat nur sehr **geringe praktische Bedeutung**. In aller Regel sind die Grundstücke so hoch belastet, dass der Insolvenzverwalter in der Versteigerung mit keinem Überschuss rechnen kann. Da der Insolvenzverwalter als Antragsteller auch das Kostenrisiko trägt, wird er sich nur selten für diese Verwertungsmöglichkeit entscheiden.

Ist das Grundstück im Einzelfall nur gering belastet, führt eine freihändige Veräußerung in Abstimmung mit den absonderungsberechtigten Gläubigerbanken schneller zum Ziel und ist erfolgversprechender als die langwierige und komplizierte Versteigerung nach § 172.

Der vorrangige Anspruch (§ 10 Abs. 1 Nr. 1 a) des Insolvenzverwalters auf Ersatz der Kosten der Feststellung der beweglichen Versteigerungsgegenstände (idR das Grundstückszubehör) ist im Normalfall unter Berücksichtigung des Kostenrisikos zu gering, um das Verfahren wirtschaftlich zu rechtfertigen.

Beispiel: Mit der Festsetzung des Verkehrswertes (§ 74 a) wird der anteilige Wert des Grundstückszubehörs (§ 97 BGB) mit 50.000 € beziffert. Davon ausgehend beträgt der Anspruch des Insolvenzverwalters 2.000 € (= 4%). Dem stehen Verfahrenskosten in Höhe von über 3.000 € gegenüber, die der Insolvenzverwalter vorschießen muss und die nur im Fall einer erfolgreichen Versteigerung erstattet werden.

Auch der mit der InsO neu eingeführte § 174 a ist nicht geeignet, über eine erfolgreiche Grundstücksverwertung durch Zwangsversteigerung die Insolvenzmasse zu vergrößern. Zwar kann der Insolvenzverwalter verlangen, dass das Grundstück neben dem gesetzlichen Ausgebot zusätzlich auch mit einer abweichenden Ausgebotsform angeboten wird. In diesem Ausgebot werden dann abweichend vom Regelfall nur die Gerichts- und Verfahrenskosten (s. § 109 Rn 2) und die Vorschüsse aus einem Zwangsverwaltungsverfahren aufgenommen. Wird der Zuschlag auf das abweichende Ausgebot erteilt, erlöschen sämtliche im Grundbuch eingetragenen Rechte und sind vom Ersteher nicht mit zu übernehmen. In der Erlösverteilung sind zunächst sämtliche, im Grundbuch eingetragenen Grundschulden und Hypotheken in ihrer Rangordnung des § 10 zu befriedigen. Erst der danach verbleibende Überschuss kann an den Insolvenzverwalter ausgezahlt werden. Das abweichende Ausgebot verbessert also die Chancen für eine erfolgreiche Versteigerung, aber nicht die Aussichten für eine Ausschüttung an den Insolvenzverwalter.

II. Zwangsverwaltung auf Antrag des Insolvenzverwalters

Durch die Eröffnung des Insolvenzverfahrens geht das Recht des Schuldners, das zur Insolvenzmasse gehörende Vermögen zu verwalten, auf den Insolvenzverwalter über (§ 80 Abs. 1 InsO). Dieses umfassende Verwaltungsrecht ist weitergehend als die Befugnisse eines Zwangsverwalters (vgl § 152 Rn 2 ff). Für ein Verfahren zur Zwangsverwaltung auf Antrag des Insolvenzverwalters besteht daher kein Rechtsschutzbedürfnis und dürfte in aller Regel vom Gericht abgelehnt werden.

§ 175 [Zwangsversteigerung auf Antrag des Erben]

(1) ¹Hat ein Nachlaßgläubiger für seine Forderung ein Recht auf Befriedigung aus einem zum Nachlasse gehörenden Grundstück, so kann der Erbe nach der Annahme der Erbschaft die Zwangsversteigerung des Grundstücks beantragen. ²Zu dem Antrag ist auch jeder andere berechtigt, welcher das Aufgebot der Nachlaßgläubiger beantragen kann.

(2) Diese Vorschriften finden keine Anwendung, wenn der Erbe für die Nachlaßverbindlichkeiten unbeschränkt haftet oder wenn der Nachlaßgläubiger im Aufgebotsverfahren ausgeschlossen ist oder nach den §§ 1974, 1989 des Bürgerlichen Gesetzbuchs einem ausgeschlossenen Gläubiger gleichsteht.

§ 176 [Anwendbare Vorschriften]

Wird die Zwangsversteigerung nach § 175 beantragt, so finden die Vorschriften des ersten und zweiten Abschnitts sowie der §§ 173, 174 entsprechende Anwendung, soweit sich nicht aus den §§ 177, 178 ein anderes ergibt.

§ 177 [Glaubhaftmachung durch Urkunden]

Der Antragsteller hat die Tatsachen, welche sein Recht zur Stellung des Antrags begründen, durch Urkunden glaubhaft zu machen, soweit sie nicht bei dem Gericht offenkundig sind.

§ 178 [Wirkungen einer Nachlaßinsolvenz]

(1) Die Zwangsversteigerung soll nicht angeordnet werden, wenn die Eröffnung des Nachlaßinsolvenzverfahrens beantragt ist.

(2) Durch die Eröffnung des Nachlaßinsolvenzverfahrens wird die Zwangsversteigerung nicht beendigt; für das weitere Verfahren gilt der Insolvenzverwalter als Antragsteller.

§ 179 [Einrederecht gegenüber dem Nachlaßgläubiger]

Ist ein Nachlaßgläubiger, der verlangen konnte, daß das geringste Gebot nach Maßgabe des § 174 ohne Berücksichtigung seines Anspruchs festgestellt werde, bei der Feststellung des geringsten Gebots berücksichtigt, so kann ihm die Befriedigung aus dem übrigen Nachlaß verweigert werden.

1 Mit Eintritt des Erbfalls haftet der Erbe für sämtliche Nachlassverbindlichkeiten (§ 1967 Abs. 1 BGB). Dabei ist die Haftung nicht auf den Nachlass beschränkt, sondern erfasst auch sein privates Vermögen. Erkennt der Erbe rechtzeitig, dass der Nachlass überschuldet ist, kann er die Erbschaft ausschlagen (§ 1942 Abs. 1 BGB). Mit der Ausschlagung gilt der Anfall der Erbschaft als nicht erfolgt; sie fällt rückwirkend dem nächstberufenen Erben zu (§ 1953 BGB). Die Ausschlagung muss innerhalb von sechs Wochen (§ 1945 Abs. 1 BGB) erfolgen. Die Frist beginnt mit dem Zeitpunkt, in welchem der Erbe Kenntnis von seiner Berufung als Erbe erlangt hat.

2 Nach der Annahme der Erbschaft hat der Erbe mehrere Möglichkeiten, die Haftung auf das Nachlassvermögen zu beschränken. So kann er die Anordnung der **Nachlassverwaltung** oder die Eröffnung des **Nachlassinsolvenzverfahrens** beantragen.

3 Sind die Vermögensverhältnisse in Bezug auf den Nachlass unübersichtlich, kann der Erbe auch das **Aufgebotsverfahren** zum Ausschluss der Nachlassgläubiger (§ 1970 BGB) beantragen. Das Verfahren bewirkt eine Haftungsbeschränkung auf den Nachlass (§ 1973 BGB), hat aber keine Wirkungen in Bezug auf die dinglich gesicherten Ansprüche, also zB Hypotheken- und Grundschulden (§ 1973 BGB). Soweit die Gläubiger der dinglichen Rechte bei einer Verwertung des Grundstücks nicht befriedigt werden, verbleibt es bei der persönlichen Haftung des Erben. Um die Haftungssituation zu klären, ist er daran interessiert, dass die belastete Immobilie zeitig verwertet wird, um den Ausfall der dinglichen

Gläubiger und seine verbleibende Restschuld zu beziffern. Um diese Feststellung zu ermöglichen, kann er nach § 175 die **Zwangsversteigerung** beantragen.

Wird in der Versteigerung das Grundstück ausschließlich gemäß den gesetzlichen Versteigerungsbedingungen angeboten, also unter Übernahme sämtlicher, im Grundbuch eingetragenen Rechte und ohne dass die Gläubiger gem. §§ 176, 174 eine abweichende Versteigerung unter Ausschluss dieser Belastungen beantragt haben, kann der Erbe diesen Gläubigern den **Zugriff auf den übrigen Nachlass verweigern** (§ 179). 4

Das Verfahren zur Zwangsversteigerung auf **Antrag der Erben (Nachlassversteigerung)** hat **keine praktische Bedeutung**. In aller Regel lässt sich der Verkehrswert der Immobilie ohne größere Probleme ermitteln und somit der mögliche Ausfall der dinglichen Gläubiger zumindest schätzen. Da ferner die Erlöse bei einer freihändigen Veräußerungen generell höher liegen als die Ergebnisse in der Zwangsversteigerungen und auch schneller zu realisieren sind, ist es für den Erben sinnvoller, die mutmaßlich überlastete Immobilie in Abstimmung mit den Gläubigern veräußern, um so den Ausfall und die verbleibende persönliche Schuld beziffern zu können. 5

§ 180 [Teilungsversteigerung]

(1) Soll die Zwangsversteigerung zum Zwecke der Aufhebung einer Gemeinschaft erfolgen, so finden die Vorschriften des Ersten und Zweiten Abschnitts entsprechende Anwendung, soweit sich nicht aus den §§ 181 bis 185 ein anderes ergibt.

(2) ¹Die einstweilige Einstellung des Verfahrens ist auf Antrag eines Miteigentümers auf die Dauer von längstens sechs Monaten anzuordnen, wenn dies bei Abwägung der widerstreitenden Interessen der mehreren Miteigentümer angemessen erscheint. ²Die einmalige Wiederholung der Einstellung ist zulässig. ³§ 30 b gilt entsprechend.

(3) ¹Betreibt ein Miteigentümer die Zwangsversteigerung zur Aufhebung einer Gemeinschaft, der außer ihm nur sein Ehegatte oder sein früherer Ehegatte angehört, so ist auf Antrag dieses Ehegatten oder früheren Ehegatten die einstweilige Einstellung des Verfahrens anzuordnen, wenn dies zur Abwendung einer ernsthaften Gefährdung des Wohls eines gemeinschaftlichen Kindes erforderlich ist. ²Die mehrfache Wiederholung der Einstellung ist zulässig. ³§ 30 b gilt entsprechend. ⁴Das Gericht hebt seinen Beschluß auf Antrag auf oder ändert ihn, wenn dies mit Rücksicht auf eine Änderung der Sachlage geboten ist.

(4) Durch Anordnungen nach Absatz 2, 3 darf das Verfahren nicht auf mehr als fünf Jahre insgesamt einstweilen eingestellt werden.

I. Allgemeines	1
II. Die Gemeinschaftsarten	7
1. Überblick	7
2. Bruchteilsgemeinschaft	8
3. Erbengemeinschaft	9
4. Gütergemeinschaft	10
5. Fortgesetzte Gütergemeinschaft	11
6. Gesellschaft bürgerlichen Rechts	12
7. Offene Handelsgesellschaft, Kommanditgesellschaft	13
8. Partnerschaftsgesellschaft	14
III. Verfahrensabwicklung (allgemein)	15
IV. Einstellungsmöglichkeiten	22
V. Rechtsbehelf	28
VI. Kosten	32

I. Allgemeines

1 Das Verfahren zur Zwangsversteigerung zum Zwecke der Aufhebung einer Gemeinschaft wird in den §§ 180–185 geregelt. Das Verfahren steht im Zusammenhang mit dem Anspruch eines Miteigentümers gegenüber den anderen Miteigentümern auf Auseinandersetzung der Eigentümergemeinschaft. Für diese Verfahrensart werden verschiedene **Begriffe** wie **Aufhebungsversteigerung, Auseinandersetzungsversteigerung** oder auch **Teilungsversteigerung** benutzt. Letztgenannter Begriff ist am gebräuchlichsten. Sämtliche Begriffe sind missverständlich: Mit dem Verfahren wird das Gemeinschaftsverhältnis nicht (gerichtlich) auseinandergesetzt, sondern lediglich vorbereitet: Der unteilbare Grundbesitz wird versteigert, um im Anschluss an das Verfahren eine Teilung des Erlöses bzw die Auseinandersetzung der Gemeinschaft zu erleichtern. Diese eigentliche Auseinandersetzung erfolgt außergerichtlich und hilfsweise vor dem Prozessgericht, aber nicht vor dem Vollstreckungsgericht und nicht im Rahmen dieses Gesetzes.

2 Die Zwangsversteigerung **zum Zwecke der Aufhebung der Gemeinschaft** (Abs. 1) wird beantragt, weil eine gütliche Einigung nicht erreicht werden konnte und die Teilung eines mehreren Miteigentümern gehörenden Objektes in Natur nicht möglich ist. Mit diesem Verfahren kann der Grundstücksmiteigentümer seinen materiellen Auseinandersetzungsanspruch gegenüber seinen Miteigentümern durchsetzen.

3 In der Teilungsversteigerung besteht kein Gläubiger-Schuldner-Verhältnis, sondern die Mitglieder der Gemeinschaft werden **Antragsteller** oder **Antragsgegner** genannt und können je nach Antragstellung beides sein.

4 Die Besonderheit des Teilungsversteigerungsverfahrens liegt darin, dass das Vollstreckungsgericht das Objekt lediglich „versilbert" und sich die jeweilige Gemeinschaft **an dem Erlös (Surrogat) fortsetzt**. Allerdings sind vorher durch das Vollstreckungsgericht die auf dem Grundstück abgesicherten dinglichen Gläubiger und Berechtigten, soweit der Anspruch „in bar" zu befriedigen ist, zu befriedigen. Der restliche Erlös wird nur bei übereinstimmenden Erklärungen aller ehemaligen Miteigentümer ausgezahlt. Ansonsten erfolgt Hinterlegung und notfalls eine Auseinandersetzung hinsichtlich des Erlöses vor dem Prozessgericht.

5 Zu den **Gegenständen** der Teilungsversteigerung gehören:
- Grundstücke,
- Wohnungs- und Teileigentum (nach WEG) als besondere Art des Bruchteilseigentums,
- Erbbaurechte,
- Wohnungs- und Teileigentum an einem Erbbaurecht,
- Schiffe, Schiffsbauwerke und Luftfahrzeuge,
- ideelle Bruchteile an den zuvor Genannten,

und zwar unter der Voraussetzung, dass jeweils eine **Gemeinschaft** daran besteht.

6 Die Teilungsversteigerung ist nicht zulässig hinsichtlich der Gesamtheit der Gemeinschaft der Wohnungs- und Teileigentümer (§ 11 WEG).

II. Die Gemeinschaftsarten

7 **1. Überblick.** Vom Verfahren können Bruchteilsgemeinschaften oder Gesamthandsgemeinschaften betroffen sein. Bei der **Bruchteilsgemeinschaft** bestehen mehrere voneinander unabhängige Teilrechte (Miteigentumsanteile, ideelle Anteile). Bei den **Gesamthandsgemeinschaften** steht das Eigentum an einem gemein-

schaftlichen Vermögen den Eigentümern ungeteilt zu. Im Einzelnen handelt es sich um folgende Gemeinschaften:
- Bruchteilsgemeinschaft (§§ 741–758 BGB),
- Erbengemeinschaft (§§ 2032–2063 BGB),
- eheliche Gütergemeinschaft (§§ 1415–1482 BGB),
- fortgesetzte Gütergemeinschaft (§§ 1483–1518 BGB),
- Gesellschaft bürgerlichen Rechts (§§ 705–740 BGB),
- offene Handelsgesellschaft (§§ 105–160 HGB),
- Kommanditgesellschaft (§§ 161–177 HGB),
- Partnerschaft (§ 10 Abs. 1 PartGG).

2. Bruchteilsgemeinschaft. Bei der Bruchteilsgemeinschaft ist der Bruchteil eines jeden Miteigentümers Eigentum im Rechtssinne; der Miteigentümer kann ihn übertragen und belasten. Nach § 749 Abs. 1 BGB kann der Teilhaber einer Bruchteilsgemeinschaft grds. jederzeit die Aufhebung der Gemeinschaft verlangen, wenn dies nicht durch Vereinbarung für immer oder auf Zeit ausgeschlossen ist. Liegt ein wichtiger Grund vor, kann gleichwohl die Aufhebung der Gemeinschaft verlangt werden (§ 749 Abs. 2 S. 1 BGB). Für das Insolvenzverfahren hat die Einschränkung keine Wirkung (§ 84 Abs. 2 InsO); bzgl des Pfändungsgläubigers s. Rn 9, 17 und § 181 Rn 11.

3. Erbengemeinschaft. Die Erbengemeinschaft ist eine Gesamthandsgemeinschaft. Jedes Mitglied einer Erbengemeinschaft hat aber nach § 2042 Abs. 1 BGB das Recht, jederzeit die Auseinandersetzung zu verlangen, sofern sich nicht aus §§ 2043–2045 BGB etwas anderes ergibt. Sollte der Erblasser für immer oder auf Zeit die Auseinandersetzung ausgeschlossen haben (§ 2044 Abs. 1 BGB), kann gleichwohl jeder Miterbe bei Vorliegen eines wichtigen Grundes die Auseinandersetzung verlangen (§ 2044 Abs. 1 S. 2 BGB); der Ausschluss der Auseinandersetzung hat auch für das Insolvenzverfahren wie auch für den Pfändungsgläubiger mit einem rechtskräftigen Titel keine Wirkung. Nach § 2042 Abs. 2 BGB sind die Vorschriften über die Bruchteilsgemeinschaft (§ 749 Abs. 2, 3 und §§ 750–758 BGB) anzuwenden. Daher gilt auch für die Erbengemeinschaft, dass die Aufhebung der Gemeinschaft bei Grundstücken durch Zwangsversteigerung und Teilung des Erlöses erfolgt, wenn nicht der Verkauf möglich oder Teilung in Natur ausgeschlossen ist (§ 753 Abs. 1 BGB).

4. Gütergemeinschaft. Die Gütergemeinschaft ist ebenfalls eine Gesamthandsgemeinschaft, was bedeutet, dass die Vermögen des Mannes und der Frau gemeinschaftliches Vermögen beider Ehegatten werden und keiner der Ehegatten über seinen Anteil am Gesamtgut und an den einzelnen Gegenständen verfügen kann (§§ 1416 Abs. 1, 1419 Abs. 1 BGB). Erst bei Beendigung der Gemeinschaft durch Tod, Ehevertrag, Scheidung oder Urteil kann die Auseinandersetzung verlangt werden (§§ 1469, 1482, 1492, 1495 BGB). Auseinandergesetzt wird in der Weise, dass zunächst die Gesamtgutsverbindlichkeiten beglichen werden (§ 1475 BGB) und dann der verbleibende Überschuss nach den Vorschriften über die Gemeinschaft geteilt wird (§ 1477 BGB). Ist Teilung in Natur ausgeschlossen und keine Einigung möglich, kann auch die Teilungsversteigerung beantragt werden (§ 753 Abs. 1 BGB).

5. Fortgesetzte Gütergemeinschaft. Auch bei der fortgesetzten Gütergemeinschaft (Fortsetzung der Gütergemeinschaft zwischen dem überlebenden Ehegatten und den gemeinschaftlichen Abkömmlingen) kann die Auseinandersetzung erst erfolgen, wenn die fortgesetzte Gütergemeinschaft beendet ist (§ 1497 Abs. 1 BGB). Die Vorschriften der Gütergemeinschaft sind auf die Auseinandersetzung anzuwenden (§ 1498 BGB), so dass bei fehlender Einigung jeder Teilhaber die Teilungsversteigerung verlangen kann.

12 6. Gesellschaft bürgerlichen Rechts. Die GbR entsteht als Gesamthandsgemeinschaft durch einen zur Erreichung eines gemeinsamen Zwecks geschlossenen Vertrag.

Seit der Entscheidung des BGH aus dem Jahre 2001 ist der (Außen-)Gesellschaft bürgerlichen Rechts **Rechtsfähigkeit** zuerkannt worden, soweit die Gesellschaft durch Teilnahme am Rechtsverkehr eigene Rechte und Pflichten begründet.[1] Das hat zur Folge, dass nicht mehr die Gesellschafter als natürliche Personen Rechtsträger über das Vermögen einer GbR sind, sondern die GbR selbst Eigentümerin ist. Denn die Anerkennung der Teilrechtsfähigkeit führt dazu, dass eine GbR auch Eigentum an Grundstücken und grundstücksgleichen Rechten sowie beschränkte dingliche Rechte an Grundstücken und grundstücksgleichen Rechten erwerben kann[2] und, soweit ein Zuschlag in der Zwangsversteigerung an die Gesellschafter persönlich erfolgte, dies als Zuschlag an die Gesellschaft selbst auszulegen ist.[3] Für den Fall der Teilungsversteigerung bedeutet das, dass nach der Auflösung der GbR die Auseinandersetzung gem. §§ 731 S. 2, 753 Abs. 1 Hs 2 BGB erfolgt.

Die in der Vorauflage (2. Aufl. 2013, aaO) zunächst vertretene Auffassung zur alleinigen gemeinsamen Antragstellung wird nach der Entscheidung des **BGH** vom 16.5.2013[4] zu dieser Problematik nicht mehr vertreten. Denn der BGH hat dazu entschieden, dass die Teilungsversteigerung des Grundstücks einer gekündigten GbR auf **Antrag jedes einzelnen Gesellschafters** zulässig ist. Die Zulässigkeit ergebe sich allerdings nicht (mehr) unmittelbar aus Abs. 1.

Denn das Grundstück einer GbR stehe in deren Alleineigentum und nicht im gemeinschaftlichen Eigentum ihrer Gesellschafter. Daraus folge, dass auf die Regeln der Gemeinschaft abzustellen sei, also nach § 731 S. 2 BGB gemäß den Vorschriften der §§ 181–184 auch das Grundstück einer GbR versteigert werden könne. Die Teilrechtsfähigkeit habe nur die Zuordnung des Gesellschaftsvermögens, nicht aber die Anwendung der Vorschriften über die Auflösung der GbR verändert. Die umstrittene Antragsmöglichkeit der einzelnen Gesellschafter betreffend das vorgenannte Verfahren ergebe sich aus den Vorschriften über die Gemeinschaft mit Verweis auf die des Zwangsversteigerungsrechts und entspreche auch den Vorstellungen des historischen Gesetzgebers.

13 7. Offene Handelsgesellschaft, Kommanditgesellschaft. Bei der offenen Handelsgesellschaft oder einer Kommanditgesellschaft kann die Auseinandersetzung erst nach Auflösung der Gesellschaft durch Liquidation möglich werden (§§ 145, 146, 161 Abs. 2 BGB). Deshalb hat insoweit die Teilungsversteigerung kaum eine Bedeutung. Sie kann aber als eine andere Art der Auseinandersetzung von den Gesellschaftern vereinbart sein (§§ 145 Abs. 1, 161 Abs. 2 HGB).

Die in der Vorauflage (2. Aufl. 2013, aaO) zunächst vertretene Auffassung zur alleinigen gemeinsamen Antragstellung wird nach o.a. Entscheidung des BGH vom 16.5.2013 nicht mehr vertreten (s. insoweit Rn 12). Danach ist die Teilungsversteigerung des Grundstücks unter Beachtung o.a. Voraussetzungen auf Antrag jedes Liquidators zulässig.

14 8. Partnerschaftsgesellschaft. Für die Partnerschaftsgesellschaft gelten im Hinblick auf die Auseinandersetzung die Vorschriften der oHG (§ 10 Abs. 1 PartGG

---

1 BGH MDR 2001, 459 = NJW 2001, 1056 = NZG 2001, 311 = Rpfleger 2001, 246.
2 BGH MDR 2009, 237 = NJW 2009, 594 = NZG 2009, 137 = Rpfleger 2009, 141.
3 OLG Nürnberg Rpfleger 2014, 619.
4 BGH NZM 2013, 739 = Rpfleger 2013, 694 = DNotZ 2013, 930 = WM 2013, 1748.

iVm §§ 145 ff HGB). Auch hier wird auf die vorstehenden Ausführungen zur GbR (s. Rn 12) und zur OHG (s. Rn 13) verwiesen, insb. auch zur Aufgabe der noch in der Vorauflage (2. Aufl. 2013, aaO) vertretenen Auffassung zur gemeinsamen Antragstellung (s. hierzu Rn 12). Der Versteigerungsantrag kann demnach von jedem Liquidator gestellt werden, falls nicht eine andere Art der Verwertung vereinbart wurde.

III. Verfahrensabwicklung (allgemein)

Das Verfahren wird im Wesentlichen unter entsprechender Anwendung der für die Vollstreckungsversteigerung geltenden Vorschriften durchgeführt. Besonderheiten ergeben sich aus den Abs. 2–4 des § 180 sowie aus den §§ 181–185. 15

Die Verfahrensbeteiligten entsprechen denen der Vollstreckungsversteigerung, wobei hier die Rolle des Gläubigers der **Antragsteller** und die übrigen Miteigentümer (die **Antragsgegner**) die Rolle des Vollstreckungsschuldners haben. Treten Antragsgegner dem Verfahren bei, so sind alle gleichzeitig Antragsteller und Antragsgegner. 16

Sollte der Erbteil eines Miteigentümers **gepfändet** und zur **Einziehung überwiesen** sein, ist neben dem Gläubiger auch der Miterbe beteiligt. Gleiches gilt auch für den Fall, dass bei einer Bruchteilsgemeinschaft nach Pfändung und Überweisung des Anspruchs auf Aufhebung der Gemeinschaft der Vollstreckungsgläubiger die Teilungsversteigerung betreibt (s. hierzu § 181 Rn 11). 17

Die Teilungsversteigerung ist keine Zwangsvollstreckung zur Erfüllung von Geldforderungen. Deshalb entfallen hier die Befriedigungsansprüche aus den Rangklassen 5 und 6 des § 10 (s. § 10 Rn 45 ff), da auch kein Veräußerungsverbot nach § 23 ZVG, §§ 136, 135 BGB entsteht. Die Ansprüche wegen älterer Rückstände (Rangklassen 7 und 8 des § 10) sind in der Teilungsversteigerung bei den jeweiligen Ansprüchen mit zu berücksichtigen. 18

Mehrere Grundstücke derselben Gemeinschaft können in einem Verfahren versteigert werden; bei getrennter Anordnung kann auch nachträgliche Verbindung erfolgen (§ 18). 19

Wenn neben der **Teilungsversteigerung** auch die **Vollstreckungsversteigerung** anhängig ist, sind beide Verfahren **streng getrennt** voneinander zu führen, da sie rechtlich grundverschiedene Strukturen haben (insb. die unterschiedlich aufzustellenden geringsten Gebote). Da bei einem Zuschlag in der Vollstreckungsversteigerung die Gemeinschaft am Grundstück aufgehoben wird, erledigt sich das Teilungsversteigerungsverfahren. In der Praxis wird daher das Vollstreckungsversteigerungsverfahren „vorgezogen". 20

Zum Verfahrensantrag selbst mit den weiteren Besonderheiten s. § 181 Rn 4 ff. 21

IV. Einstellungsmöglichkeiten

Das Vollstreckungsgericht hat das Verfahren durch (deklaratorischen) Beschluss (ebenfalls) einzustellen, wenn das Prozessgericht die Einstellung angeordnet hat, zB in den Fällen der §§ 775 Nr. 1, 776 S. 1 ZPO. 22

Der **Vollstreckungsschutz nach § 765 a ZPO** wird überwiegend für **anwendbar** gehalten.[5] Es müssen allerdings ganz besondere Umstände gegeben sein, die für den Antragsgegner eine Härte bedeuten würden, die mit den guten Sitten nicht zu vereinbaren ist (zB Schutz vor einer Grundstücksverschleuderung).[6] Aber auch 23

---

5 BGH Rpfleger 2007, 408.
6 BGH FamRZ 2006, 697.

die ernsthafte Gefährdung des Lebens und der körperlichen Unversehrtheit eines Beteiligten kann zu einer zeitweiligen Einstellung des Verfahrens führen.[7]

24 Auch ist die Teilungsversteigerung nach § 28 Abs. 1 einstweilen einzustellen oder aufzuheben, wenn sich ein aus dem Grundbuch entgegenstehendes Recht ergibt (zB der Ausschluss der Aufhebung der Gemeinschaft nach § 1010 BGB).[8] Das gilt auch, wenn eine Verfügungsbeschränkung oder ein Vollstreckungsmangel bekannt wird (§ 28 Abs. 2), also zB im Falle der fehlenden Zustimmung des getrennt lebenden Ehegatten nach § 1365 Abs. 1 BGB (s. hierzu § 181 Rn 12 f).

25 Wie in der Vollstreckungsversteigerung kann auch der **Antragsteller** jederzeit die **einstweilige Einstellung** nach § 30 **bewilligen**. Die Maßnahmen des Gerichts erfolgen darauf wie in der Vollstreckungsversteigerung mit Einstellung, uU Zuschlagsversagung, Belehrung über die Fortsetzung und Fortsetzung selbst. Eine **erneute** einstweilige Einstellung ist auch hier möglich.

26 Der **Antragsgegner** kann nach **Abs. 2** binnen einer **Notfrist** von **zwei Wochen** die einstweilige Einstellung beantragen, wenn dies bei Abwägung der widerstreitenden Interessen der mehreren Miteigentümer angemessen erscheint. Die angemessenen Gründe werden überwiegend im wirtschaftlichen Bereich liegen, sei es, dass entscheidende Änderungen bevorstehen (Änderung des Bebauungsplans, Werterhöhung des Grundstücks, Gefährdung der wirtschaftlichen Existenz) oder aber der wirtschaftlich schwächere Antragsgegner noch Zeit braucht, sich auf das Verfahren einzustellen. Auch in dem Falle, dass ein Pfändungsgläubiger das Verfahren betreibt, wird der Schuldner/Miteigentümer gleichwohl einen Antrag stellen können.

27 Über **Abs. 3 und 4** kann die einstweilige Einstellung zum **Schutz eines Kindes** beantragt werden. Hierbei ist das Miteigentum (Bruchteils- oder Gesamthandseigentum) der Ehegatten oder früheren Ehegatten vorausgesetzt. Sind noch andere Miteigentümer vorhanden, kann der Einstellungsantrag nicht gestellt werden. Die Einstellung ist mehrfach möglich, längstens für einen Zeitraum von bis zu fünf Jahren. Es muss sich um das Wohl eines gemeinschaftlichen (auch angenommenen) Kindes handeln. Auf Pflegekinder ist die Bestimmung nicht anwendbar; eine Einstellung kann hier allenfalls über § 765 a ZPO erfolgen.[9] Der Antrag kann nur vom Ehegatten oder früheren Ehegatten gestellt werden, und zwar ebenfalls binnen der Notfrist von zwei Wochen. Die Gründe für eine einstweilige Einstellung können vielfältig sein. In jedem Falle liegt eine ernsthafte Gefährdung bereits dann vor, wenn dem Kind durch den drohenden Verlust des Eigenheims schwere gesundheitliche und seelische Schäden drohen.[10]

V. Rechtsbehelf

28 Die Voraussetzungen für die Aufhebung einer Gemeinschaft oder die Zulässigkeit für dieses Verfahren ergeben sich aus den materiell-rechtlichen Bestimmungen für die betreffende Gemeinschaft. Kann danach die Aufhebung der Gemeinschaft nicht betrieben werden, ist auch die Teilungsversteigerung nicht zulässig.

29 Das Vollstreckungsgericht hat gesetzliche oder aus dem Grundbuch ersichtliche materiell-rechtliche Hinderungsgründe von Amts wegen zu berücksichtigen. Sollte dies nicht beachtet worden sein, kann hiergegen im Wege der **Erinnerung** nach § 766 ZPO vorgegangen werden. Siehe hierzu näher § 181 Rn 18.

---

7 BVerfG Rpfleger 1994, 427.
8 BGH MDR 2008, 287 = Rpfleger 2008, 215 f.
9 BGH NJW 2007, 3430 = MDR 2007, 974 = Rpfleger 2007, 408.
10 LG Offenburg Rpfleger 1994, 177.

Eine Beschränkung nach § 1365 BGB hat das Vollstreckungsgericht nur zu beachten, wenn sie offensichtlich ist (s. auch § 181 Rn 13). Auch in diesem Falle ist bei Nichtberücksichtigung die Erinnerung nach § 766 ZPO gegeben. Dies gilt auch im Falle von § 28 (s. hierzu § 181 Rn 12 f). 30

Im Übrigen können materiell-rechtliche Einwendungen nur unter entsprechender Anwendung von § 771 ZPO mit einstweiligen Anordnungen entsprechend § 769 ZPO geltend gemacht werden.[11] 31

VI. Kosten

Die Kosten des Verfahrens sind nicht unerheblich (s. hierzu § 109 Rn 3). Hinzu kommen noch die Auslagen des Gerichts – insb. die des Sachverständigen –, die ebenfalls zu zahlen sind (s. § 109 Rn 5). 32

Da sich die Parteien häufig durch Rechtsanwälte vertreten lassen, sind auch noch deren Ansprüche (s. § 15 Rn 46 ff) jeweils nach dem vollen Verkehrswert zu berücksichtigen, so dass insgesamt mit mehreren Tausend Euro zu rechnen ist. 33

Sofern sich die Parteien nach dem Schluss der Versteigerung nicht einvernehmlich über die Verteilung des Übererlöses einigen und die Auseinandersetzung über das Prozessverfahren weiterbetrieben wird, sind auch hier noch weitere erhebliche Kosten einzukalkulieren. Zwar kann auch in der Teilungsversteigerung den Parteien Prozesskostenhilfe gewährt werden (s. § 15 Rn 49 f), wobei allerdings zu bedenken ist, dass diese Kosten aus dem Versteigerungserlös entnommen werden. 34

Bei der Prüfung der Frage der **Mutwilligkeit** iSv § 114 ZPO im Hinblick auf die Voraussetzung der Versteigerbarkeit (Abgabe eines Gebots) ist immer auch zu prüfen, ob das Verhältnis zwischen dem Verkehrswert des Grundstücks und dem geringsten Gebot voraussichtlich alle in Betracht kommenden Interessenten von der Abgabe von Geboten abhalten wird. Denn bei zu übernehmenden Rechten stellt es sich wirtschaftlich anders dar, wenn einer der Beteiligten bietet.[12] 35

§ 181 [Anordnungsvoraussetzungen]

(1) Ein vollstreckbarer Titel ist nicht erforderlich.

(2) ¹Die Zwangsversteigerung eines Grundstücks, Schiffes, Schiffsbauwerks oder Luftfahrzeugs darf nur angeordnet werden, wenn der Antragsteller als Eigentümer im Grundbuch, im Schiffsregister, im Schiffsbauregister oder im Register für Pfandrechte an Luftfahrzeugen eingetragen oder Erbe eines eingetragenen Eigentümers ist oder wenn er das Recht des Eigentümers oder des Erben auf Aufhebung der Gemeinschaft ausübt. ²Von dem Vormund eines Miteigentümers kann der Antrag nur mit Genehmigung des Familiengerichts, von dem Betreuer eines Miteigentümers nur mit Genehmigung des Betreuungsgerichts gestellt werden.

(3) (aufgehoben)

(4) Die Vorschrift des § 17 Abs. 3 findet auch auf die Erbfolge des Antragstellers Anwendung.

I. Normzweck	1	1. Antrag auf Anordnung des Verfahrens	4
II. Allgemeines	2		
III. Anordnung des Verfahrens	4	2. Antragsrecht, Legitimation für den Verfahrensantrag	7

---

11 OLG Karlsruhe OLGZ 83, 333 = KTS 1984, 159.
12 BGH NJW 2011, 8.

IV. Entscheidung über den Antrag und das weitere Verfahren 14	2. Wirkungen der Beschlagnahme 20
1. Anordnungsbeschluss 14	

I. Normzweck

1 Die Vorschrift bestimmt die besonderen Voraussetzungen für die Anordnung der Teilungsversteigerung.

II. Allgemeines

2 Ein **vollstreckbarer Titel** als Voraussetzung für den Antrag ist nicht erforderlich (**Abs. 1**). Nur dann, wenn die Aufhebung der Gemeinschaft auf Zeit oder auf Dauer ausgeschlossen oder von einer Kündigungsfrist abhängig ist und diese Belastung nach § 1010 BGB im Grundbuch eingetragen ist, wäre die Vorlage eines Duldungstitels erforderlich.

3 Es muss lediglich ein Gemeinschaftsverhältnis (s. § 180 Rn 5) bestehen und der Antragsteller muss an dieser Gemeinschaft beteiligt sein. Ferner dürfen keine gesetzlichen oder aus dem Grundbuch ersichtlichen Hinderungsgründe dem Verfahren entgegenstehen. Jeder Miteigentümer, der die Zulässigkeit des Verfahrens bestreitet, kann gem. § 766 ZPO oder § 771 ZPO dagegen vorgehen.

III. Anordnung des Verfahrens

4 **1. Antrag auf Anordnung des Verfahrens.** Auch die Teilungsversteigerung wird nur auf **Antrag** angeordnet (§§ 15, 180 Abs. 1). Der Antrag bedarf keiner besonderen Form. Aus ihm müssen sich aber ergeben:

- das zu versteigernde **Grundstück**,
- das bestehende **Gemeinschaftsverhältnis** und die Art der **Beteiligung** des Antragstellers an ihr,
- die **Antragsgegner** (Miteigentümer) mit ihren vollständigen Anschriften,
- die **Antragstellung** an sich, also das „Begehren" der Anordnung der Zwangsversteigerung zum Zwecke der Aufhebung der Gemeinschaft.

5 Der Antrag kann schriftlich gestellt oder zu Protokoll der Geschäftsstelle erklärt werden. Dabei ist das zu versteigernde Grundstück gem. § 16 Abs. 1 zu bezeichnen und es müssen die Namen und Anschriften aller Betroffenen und das Gemeinschaftsverhältnis angegeben werden. Der Antrag muss sich gegen alle übrigen Miteigentümer richten.

6 Bei verschachtelten Erbengemeinschaften muss sich der Antragsteller erklären, ob er von seinem **kleinen oder großen Antragsrecht** Gebrauch machen will.

Beispiel (verschachtelte Erbengemeinschaft):

1) Alfred Mustermann, zu 1/2 Anteil
2) Berta Mustermann, zu 1/2 Anteil
   1 a) Bernd Mustermann und b) Margret Mustermann, in Erbengemeinschaft nach Alfred Mustermann, zu 1/2 Anteil

Bernd Mustermann hat jetzt die Wahl, ob er

A) nur die Versteigerung des 1/2 Anteils Nr. 1 – Antragsgegner nur Margret Mustermann (= kleines Antragsrecht) oder

B) das ganze Grundstück – Antragsgegner Margret und Berta Mustermann (= großes Antragsrecht)
beantragen will.[1]
Weil sich eine bessere Verwertungsmöglichkeit beim großen Antragsrecht ergibt, wird in aller Regel dieser Antrag gestellt.

2. Antragsrecht, Legitimation für den Verfahrensantrag. Übt der Pfändungsgläubiger, der Insolvenzverwalter über das Vermögen eines Miteigentümers, der Testamentsvollstrecker oder der Erbschaftskäufer das Recht des Miteigentümers oder des Erben auf Aufhebung der Gemeinschaft aus, muss er sich entsprechend **legitimieren.**

Der Antragsteller muss im Grundbuch als Miteigentümer eingetragen oder Erbe des eingetragenen Eigentümers sein (**Abs. 2 S. 1**). Die gleichen Anforderungen gelten für den oder die Antragsgegner. Die weiteren Nachweise hierüber sind wie in der Vollstreckungsversteigerung zu erbringen (Abs. 4 iVm § 17 Abs. 3).

Der Antragsteller muss keine Nachweise für die Zulässigkeit der Aufhebung der Gemeinschaft oder die der Zwangsversteigerung erbringen. Nur die sich aus dem Grundbuch ergebenden Beschränkungen hat das Vollstreckungsgericht zu beachten. Die Antragsgegner müssen ihre Rechte im Wege der Drittwiderspruchsklage nach § 771 ZPO geltend machen. Zu den Einzelheiten s. Rn 12 f.

Grundsätzlich kann jeder Teilhaber an der Gemeinschaft die Versteigerung beantragen. Auch ein Dritter kann an seiner Stelle den Antrag stellen, wenn er zur Ausübung des Rechts, die Aufhebung der Gemeinschaft zu verlangen, befugt ist, zB der Pfändungsgläubiger (s. Rn 11).

Der Gläubiger, der eine titulierte Forderung gegen einen von mehreren Miteigentümern hat, kann den Auseinandersetzungsanspruch seines Schuldners gegen die anderen Miteigentümer pfänden und sich zur Einziehung überweisen lassen (§§ 829, 830, 859 ZPO). Dadurch kann der **Pfändungsgläubiger** die gesamte Immobilie im Wege der Teilungsversteigerung zur Verwertung beantragen (s. auch § 180 Rn 9, 17). Er wird auch anschließend Mitberechtigter am Erlösüberschuss. Dieser Weg ist aber mit einem nicht unerheblichen Kostenrisiko für den Pfändungsgläubiger verbunden (s. auch § 180 Rn 32 ff). Denn bei der Aufstellung des geringsten Gebots sind als bestehen bleibende Rechte all die Rechte zu berücksichtigen, die den Anteil seines Schuldners betreffen und die der übrigen Miteigentumsanteile mit betreffen (zu den Einzelheiten s. § 182 Rn 3 ff). Wenn sich deshalb die Teilungsversteigerung nicht durchführen lässt, hat der Pfändungsgläubiger alle entstandenen Kosten zu tragen. Sollte sich die Versteigerung durchführen lassen, besteht noch die Problematik hinsichtlich der Aufteilung des Erlöses unter den früheren Miteigentümern, an der der Pfändungsgläubiger über „seinen" Schuldner mit beteiligt ist. Außerdem ist der Schuldner auch dann nicht an einer Verfügung über seinen Miteigentumsanteil gehindert, wenn dadurch der gepfändete Anspruch untergeht.[2]

Dem Antragsrecht könnte entgegenstehen:

- bei der **Bruchteilsgemeinschaft** die Vereinbarung, dass das Recht, die Aufhebung der Gemeinschaft zu verlangen, für immer oder auf Zeit ausgeschlossen oder von einer Kündigungsfrist abhängig ist (§ 749 Abs. 2 BGB). Diese Vereinbarung wird vom Vollstreckungsgericht nach § 28 nur beachtet, wenn sie im Grundbuch eingetragen ist (§ 1010 Abs. 1 BGB). In einem solchen Falle müsste ein Duldungstitel dem Gericht vorgelegt werden. Im Übrigen muss der Miteigentümer, der sich auf diese Vereinbarung beruft, im Prozesswege

---

1 LG Berlin Rpfleger 1996, 472.
2 BGH NJW 2010, 6 = MDR 2010, 894 = WM 2010, 860 = Rpfleger 2010, 439.

nach § 771 ZPO vorgehen. Eine solche Vereinbarung wirkt nicht gegen den Pfändungsgläubiger (s. § 180 Rn 9), wenn der Pfändung ein rechtskräftiger Schuldtitel zugrunde liegt (§ 751 S. 2 BGB), und auch nicht gegenüber dem Insolvenzverwalter (s. § 180 Rn 9);

- bei der **Erbengemeinschaft** die Anordnung des Erblassers in einer letztwilligen Verfügung, dass die Auseinandersetzung in Ansehung des Nachlasses oder einzelner Nachlassgegenstände ausgeschlossen oder die Auseinandersetzung von der Einhaltung einer Kündigungsfrist abhängig ist oder die Erben nach dem Erbfall vereinbart haben, dass die Auseinandersetzung auf Zeit oder für immer ausgeschlossen oder von einer Kündigungsfrist abhängig ist (§ 2044 BGB). Diese Vereinbarungen oder Bestimmungen sind vom Vollstreckungsgericht nicht zu beachten. Der sich darauf berufende Miterbe muss im Prozesswege vorgehen (§ 771 ZPO). Auch hier wirkt der Ausschluss nicht gegenüber dem Pfändungsgläubiger, der über einen rechtskräftigen Vollstreckungstitel verfügt.

13 Weitere Besonderheiten ergeben sich, wenn

- ein **Testamentsvollstrecker** bestellt ist, weil die Auseinandersetzung nur von ihm bewirkt werden kann. Nur er kann den Antrag stellen; alle Erben sind Antragsgegner. Die fehlende Antragsberechtigung gilt auch gegenüber dem Gläubiger eines Miterben, der dessen Anteil am Nachlass gepfändet hat.[3] Wenn der Testamentsvollstreckervermerk im Grundbuch eingetragen ist, sind Anträge von Miteigentümern abzulehnen (§ 28);

- einer oder mehrere Miterben **Vorerben** sind. In der Lit. wird einhellig vertreten, die Verfügungsbeschränkungen nach §§ 2113–2115 BGB (Unwirksamkeit von Verfügungen gegenüber dem Nacherben bei Verletzung des Nacherbenrechts) seien nicht einschlägig, so dass die Teilungsversteigerung durchgeführt werden könnte mit dem Wegfall des Nacherbenvermerks im Grundbuch bei Zuschlagserteilung, wobei ein evtl Erlösüberschuss von der Nacherbschaft erfasst werde.[4] Dieser Ansicht kann mit Rücksicht auf die Entscheidung des BGH zur Frage der Anwendbarkeit des § 1365 BGB auf das Teilungsversteigerungsverfahren (s. hierzu nachfolgend die Ausführungen zum gesetzlichen Güterstand) nicht zugestimmt werden. Denn der Antrag auf Anordnung der Teilungsversteigerung eines Grundstücks ist unter Berücksichtigung des Schutzzwecks von § 1365 Abs. 1 BGB soweit mit der Veräußerung eines Grundstücks vergleichbar, dass eine analoge Anwendung der Vorschrift geboten ist. Wie im Falle des gesetzlichen Güterstands würde eine Verfahrensdurchführung zum Verlust des Eigentums an dem Grundstück führen und damit zum Verlust der Rechte des Nacherben. Dieser Fall entspricht einem Sachverhalt, der der Entscheidung des BGH zum § 1365 BGB zugrunde lag. Nach der hier vertretenen Auffassung erfordert die Zulässigkeit des Versteigerungsantrags deshalb die Zustimmung des Nacherben;[5]

- ein **Insolvenzvermerk** eingetragen ist. Auch dies hindert die Teilungsversteigerung nicht, weil die Teilung und Auseinandersetzung außerhalb des Insolvenzverfahrens erfolgt (§ 84 Abs. 1 InsO); der Insolvenz-Schuldner selbst kann den Antrag nicht stellen, weil ihm die Verfügungsmacht entzogen wurde (§ 80 Abs. 1 InsO);

- ein **Vormund, Pfleger oder Betreuer** (§§ 1773 ff, 1915 ff und 1896 ff BGB) einen Antrag auf Teilungsversteigerung stellen will. Sie bedürfen hierzu der

---

3 BGH MDR 2009, 949 = NJW 2009, 2458 = Rpfleger 2009, 580.
4 BayObLG NJW 1965, 1966; OLG Celle NJW 1968, 801; OLG Hamm NJW 1969, 516 = Rpfleger 1968, 403.
5 AG Dortmund 29.7.2009 – 275 K 006/05.

Genehmigung des Familien- bzw Betreuungsgerichts. Gleiches gilt auch für den **Nachlasspfleger** und **Nachlassverwalter** (§§ 1961 und 1975 ff BGB);

- ein **Nießbrauch** eingetragen ist. Dann kommt es darauf an, ob das Nießbrauchsrecht das ganze Grundstück belastet oder nur den Anteil des nicht das Verfahren beantragenden Miteigentümers oder nur auf dem Anteil des Antragstellers lastet. Im Falle der Gesamtbelastung kommt der Nießbrauch immer als bestehen bleibendes Recht in das geringste Gebot. Im Falle der Belastung des nicht betreibenden Miteigentümers kann das Recht – wie jedes andere auch – nach den Versteigerungsbedingungen erlöschen oder bestehen bleiben (§ 182 Abs. 1). Im letzteren Falle (der Anteil des Antragstellers ist mit dem Nießbrauch belastet) bleibt der Nießbrauch nach den besonderen Bestimmungen des § 182 Abs. 1 bestehen. Ein Hindernis für die Anordnung des Verfahrens besteht in keinem der Fälle;[6]

- die Miteigentümer (Ehegatten) im **gesetzlichen Güterstand** leben. Sollte es sich bei dem zu versteigernden Grundstück um das wesentliche Vermögen des antragstellenden Ehegatten handeln, bedarf dieser hierfür der Zustimmung des anderen Ehegatten (§ 1365 Abs. 1 BGB). Die Zustimmung muss bereits bei der Antragstellung vorliegen. Sollte die fehlende Zustimmung erst nachträglich bekannt werden, ist das Verfahren einstweilen einzustellen oder aufzuheben.[7] Das Vollstreckungsgericht wird den Nachweis darüber aber nur dann verlangen, wenn konkrete Anhaltspunkte dafür gegeben sind; eine Prüfung von Amts wegen erfolgt nicht.[8] Einem Pfändungsgläubiger gegenüber gilt jedoch § 1365 Abs. 1 BGB nicht;[9]

- die Miteigentümer (Ehegatten) in **Gütergemeinschaft** leben. In diesem Falle können nur beide gemeinsam den Teilungsversteigerungsantrag stellen, wenn nicht einer der Ehegatten alleinverwaltungsberechtigt ist.[10] Im Falle der Gütertrennung ist jeder Ehegatte allein berechtigt, die Teilungsversteigerung zu beantragen.[11]

IV. Entscheidung über den Antrag und das weitere Verfahren

1. Anordnungsbeschluss. Liegen die Voraussetzungen für die Anordnung des Verfahrens vor, ergeht die Entscheidung über den Antrag durch **Beschluss** ohne mündliche Verhandlung (§ 764 Abs. 3 ZPO). Ob vorher dem Antragsgegner nach Art. 103 Abs. 1 GG das rechtliche Gehör gewährt werden soll (muss), ist streitig.[12] Ganz überwiegend erfolgt keine vorherige Anhörung.

Der Anordnungsbeschluss ist dem Antragsgegner **zuzustellen** (§ 22), und zwar unter gleichzeitiger Zustellung der **Belehrung** über die Einstellungsmöglichkeit mit Hinweis auf die erforderliche Fristwahrung (§ 180 Abs. 2 und 3, § 30 b). Sofern dem Antrag in vollem Umfang entsprochen wird, ist der Beschluss dem Antragsteller formlos zu übersenden.

Wie in der Vollstreckungsversteigerung ist um Eintragung des **Versteigerungsvermerks** im Grundbuch zu ersuchen, und zwar mit dem Hinweis auf die besondere Verfahrensart (§ 19).

---

6 Steiner/Teufel, § 180 Rn 112; Böttcher, § 180 Rn 44.
7 BGH NJW 2007, 3124 = MDR 2007, 1220 = Rpfleger 2007, 558.
8 BGH NJW 1961, 1301 = Rpfleger 1961, 233; OLG Saarbrücken Rpfleger 1989, 95.
9 OLG Karlsruhe Rpfleger 2004, 235.
10 Stöber, § 180 Rn 3.11; Böttcher, Rpfleger 1985, 1, 4.
11 Stöber, § 180 Rn 3.12; Böttcher, § 180 Rn 48.
12 So Eickmann, Rpfleger 1982, 449; Steiner/Teufel, § 180 Rn 87; Böttcher, § 180 Rn 23; abl. LG Frankenthal Rpfleger 1985, 250; Stöber, § 180 Rn 5.8.

17 Der Antragsgegner kann dem Verfahren jederzeit **beitreten**. Damit hat der Antragsgegner dieselben Rechte, wie wenn auf seinen Antrag hin die Versteigerung angeordnet worden wäre (§ 27 Abs. 2). Antragsteller und Antragsgegner befinden sich nun in einer **Doppelrolle**; jeder betreibt sein eigenes Verfahren. Zustellung erfolgt wie vorher (s. Rn 15). Ein weiterer Versteigerungsvermerk wird in das Grundbuch nicht eingetragen. Der Beitritt kann sinnvoll sein, weil der Antragsgegner damit auch die Stellung eines „betreibenden Gläubigers" erreicht, also auch uU für ihn allein der Versteigerungstermin durchzuführen ist.

18 Wurde der Antragsgegner vor der Anordnung **nicht gehört**, kann die Anordnung mit der unbefristeten Erinnerung nach § 766 ZPO angefochten werden. Bei begründeter Erinnerung muss der Rechtspfleger ihr abhelfen (§ 572 Abs. 1 S. 1 ZPO). Im anderen Falle hat der Richter darüber zu entscheiden (§ 20 Nr. 17 RPflG). Gegen die Entscheidung des Richters ist innerhalb einer Frist von zwei Wochen die sofortige Beschwerde gegeben (§§ 793, 569 ZPO). Wurde der Antragsgegner vorher angehört, ist gegen die Entscheidung die sofortige Beschwerde, wieder in der Notfrist von zwei Wochen, gegeben (§ 11 Abs. 1 RPflG, § 793 ZPO). Der Rechtspfleger kann der Beschwerde abhelfen, wenn er sie für begründet erachtet, andernfalls hat unverzüglich Vorlage an das Beschwerdegericht zu erfolgen (§ 572 Abs. 1 S. 1 ZPO).

19 Von Amts wegen werden als **Beteiligte** nach § 9

- der Antragsteller,
- die übrigen Miteigentümer der Gemeinschaft,
- uU der Pfändungsgläubiger und
- diejenigen berücksichtigt, für welche zur Zeit der Eintragung des Versteigerungsvermerks ein Recht im Grundbuch eingetragen oder durch Eintragung gesichert war (s. § 9 Rn 5 ff).

Alle anderen Rechte, soweit sie zur Zeit der Eintragung des Versteigerungsvermerks aus dem Grundbuch nicht ersichtlich waren, müssen iSv § 37 Abs. 4 und 5 angemeldet und ggf glaubhaft gemacht werden (s. § 9 Rn 13 ff).

20 **2. Wirkungen der Beschlagnahme.** Die **Beschlagnahmewirkungen** (§§ 20 ff) treten wie in der Vollstreckungsversteigerung ein. Die Wirkung ist jedoch stark eingeschränkt, da bei einer Gesamthandsgemeinschaft die Teilhaber nur gemeinsam über das Grundstück verfügen können. In dem Fall aber, dass die Beschlagnahme für einen Pfändungsgläubiger erfolgt, der die Teilungsversteigerung nach gepfändetem Auseinandersetzungsanspruch und Überweisung zur Einziehung betreibt, erlangt die Beschlagnahme volle Bedeutung. Denn spätere Verfügungen über das Grundstück sind dem Pfändungsgläubiger gegenüber unwirksam; spätere Grundstücksbelastungen kommen nicht in das geringste Gebot.[13]

21 Auch hinsichtlich des **Zubehörs** besteht die Einschränkung, dass die Beschlagnahme nicht diejenigen Gegenstände umfasst, auf welche sich bei einem Grundstück die Hypothek erstreckt, also eine Beschlagnahme nach §§ 1121, 1122 BGB nicht erfolgt. Der Zuschlag erstreckt sich aber wie in der Vollstreckungsversteigerung auf alle diejenigen Gegenstände, deren Beschlagnahme noch wirksam ist, somit auch auf das Fremdzubehör (s. § 55 Rn 8 ff), wenn es sich im Besitz der Miteigentümer befindet und der Eigentümer sein Recht nach § 37 (s. § 37 Rn 9 ff) nicht geltend gemacht hat.

22 Hinsichtlich der Festsetzung des Verkehrswertes, der Terminsbestimmung und der erforderlichen Mitteilungen, der Zwangsversteigerungsbedingungen, der Einstellungsmöglichkeiten, der Sicherheitsleistungen, der Gebote, dem Zuschlag und

---

13 *Stöber*, § 180 Rn 6.6 und § 182 Rn 2.12.

der weiteren Abläufe sind grds. die Regelungen der Vollstreckungsversteigerung (entsprechend) anzuwenden. **Besonderheiten** ergeben sich aber im Folgenden:

- Die Terminsbestimmung muss die Angabe enthalten, dass die Zwangsversteigerung **zum Zwecke der Aufhebung der Gemeinschaft** erfolgt. Fehlt diese Angabe, ist das ein **unheilbarer** Zuschlagsversagungsgrund (§ 43 Abs. 1, § 83 Nr. 7, § 84).[14] 23

- Die Bestimmungen über das **Kündigungsrecht** bei Miet- und Pachtverhältnissen (§§ 57 a und 57 b) finden keine Anwendung (§ 183). Eine Änderung ist nur nach § 59 über die Abänderung der gesetzlichen Bedingungen möglich, wobei allerdings dafür die Zustimmung der Mieter/Pächter erforderlich ist. 24

- Eine weitere Abweichung der Versteigerungsbedingungen ist dann gegeben, wenn nach Vereinbarung der Miteigentümer oder aufgrund letztwilliger Verfügung die **Veräußerung** des gemeinschaftlichen Grundstücks an einen Dritten **unstatthaft** ist (§ 753 Abs. 1 S. 2 BGB). In der Regel wird der Kreis der Bieter auf bestimmte Personen (zB Familienangehörige) beschränkt. Dann handelt es sich um eine gesetzliche Versteigerungsbedingung, wonach Gebote von Dritten nicht zuzulassen sind.[15] Der Versteigerungstermin ist in einem solchen Falle nicht öffentlich; auf die Einschränkung des Bieterkreises hat das Gericht ausdrücklich hinzuweisen.[16] 25

- Soll bei einer Bruchteilsgemeinschaft nur *ein* Grundstück versteigert werden, ist nur *ein* Gesamtausgebot zulässig, weil die Gemeinschaft an diesem Objekt aufgehoben werden soll, was der Zulassung von Einzelausgeboten widerspricht.[17] Dies gilt nicht, wenn mehrere Grundstücke betroffen sind, an denen eine personell übereinstimmende Miteigentümergemeinschaft besteht; dann ist nach § 63 zu verfahren. 26

- Bei der Aufstellung des geringsten Gebots bestehen die Besonderheiten des § 182. 27

- Bei der **Sicherheitsleistung** ist die Vorschrift des § 68 Abs. 3 nicht anwendbar, weil ein zu deckender Anspruch für den Antragsteller in der Teilungsversteigerung nicht vorhanden ist. Steht dem bietenden Miteigentümer ein durch das Gebot ganz oder teilweise gedecktes Grundpfandrecht zu, gilt die Sonderregelung des § 184. 28

- Das bei der Forderungsversteigerung ausgeschlossene **dingliche Vorkaufsrecht** (§§ 1094 ff BGB) gilt in der Teilungsversteigerung. Dem Ersteher gegenüber wirkt das Vorkaufsrecht wie eine Vormerkung (§ 1098 Abs. 2 iVm §§ 883, 888 BGB). 29

Die **Erlösverteilung** ist wie in der Vollstreckungsversteigerung durchzuführen. Nach der Zuteilung an die jeweiligen Anspruchsberechtigten steht der Erlösüberschuss den früheren Miteigentümern ungeteilt zu.[18] Nur mit Zustimmung aller früheren Miteigentümer kann das Gericht die vereinbarte Aufteilung vornehmen. 30

Wenn ein Ehegatte das bis dahin gemeinsame Grundstück ersteigert, so kann der weichende Ehegatte vom Ersteher nicht Zahlung des hälftigen Betrages einer in das geringste Gebot fallenden, nicht mehr valutierten Grundschuld verlangen, 31

---

14 OLG Koblenz NJW 1959, 1833; *Böttcher*, § 180 Rn 87.
15 RGZ 52, 174.
16 *Steiner/Teufel*, § 180 Rn 51, 159; *Stöber*, § 180 Rn 7.11 d.
17 BGH NJW RR 2009, 1026 = WM 2009, 1617 = MDR 2009, 1071 = Rpfleger 2009, 579.
18 RGZ 119, 322; BGH NJW 1952, 263 = Rpfleger 1952, 415; OLG Köln MDR 1974, 240.

welche die Ehegatten einem Kreditinstitut zur Sicherung eines gemeinsam aufgenommenen Darlehens eingeräumt hatten. Hier kann nur der weichende Ehegatte vom Ersteher die Mitwirkung bei der („Rück-")Übertragung und Teilung der Grundschuld verlangen und dann aus der ihm gebührenden Teilgrundschuld die Duldung der Zwangsvollstreckung in das Grundstück begehren.[19] Keine Vergleichbarkeit besteht zu dem in § 50 Rn 7 dargestellten Fall, wo u.a. die nicht mehr valutierten Grundschulden bereits gelöscht waren.

§ 182 [Feststellung des geringsten Gebots]

(1) Bei der Feststellung des geringsten Gebots sind die den Anteil des Antragstellers belastenden oder mitbelastenden Rechte an dem Grundstück sowie alle Rechte zu berücksichtigen, die einem dieser Rechte vorgehen oder gleichstehen.

(2) Ist hiernach bei einem Anteil ein größerer Betrag zu berücksichtigen als bei einem anderen Anteil, so erhöht sich das geringste Gebot um den zur Ausgleichung unter den Miteigentümern erforderlichen Betrag.

(3) (weggefallen)

I. Normzweck	1	III. Ausgleichsbetrag (Abs. 2)	10
II. Allgemeines	2		

I. Normzweck

1 Die Vorschrift stellt in Abs. 1 klar, welche Rechte bei der Feststellung des geringsten Gebots zu berücksichtigen und damit in der Teilungsversteigerung als bestehen bleibend zu behandeln sind. Dabei handelt es sich um Rechte, die dem Auseinandersetzungsanspruch des Antragstellers als vorgehend anzusehen sind. Im Falle einer ungleichen Anteilsbelastung bestimmt Abs. 2 eine Ausgleichung.

II. Allgemeines

2 In der Teilungsversteigerung fehlt es an einem wegen einer Geldforderung betreibenden Gläubiger. Der Aufhebungsanspruch des Antragstellers (s. § 180 Rn 2) steht zu den im Grundbuch eingetragenen Belastungen in keinem Rangverhältnis iSd § 879 BGB. Gleichwohl gilt auch in der Teilungsversteigerung der Ranggrundsatz nach § 10 sowie der Deckungs- und Übernahmegrundsatz nach §§ 44, 45 und 52. Denn der Antragsteller in der Teilungsversteigerung darf sich nicht durch dieses Verfahren von dinglichen Belastungen befreien können. Im Übrigen ist das geringste Gebot aufzustellen wie in der Vollstreckungsversteigerung mit dem bestehen bleibenden Teil (vgl § 52 Rn 2 ff) und dem bar zu zahlenden Teil (vgl § 49 Rn 2 ff).

3 In der Teilungsversteigerung sind grds. **sämtliche** im Grundbuch bei Eintragung des Zwangsversteigerungsvermerks bereits bestehenden oder nach dem Versteigerungsvermerk in das Grundbuch **eingetragenen und ordnungsgemäß angemeldeten Rechte** (§ 45 Abs. 1, § 37 Nr. 4) im **geringsten Gebot** zu berücksichtigen. Lediglich dann, wenn die Anteile der Miteigentümer unterschiedlich belastet sind (zB eine Zwangssicherungshypothek, die nur auf dem halben Anteil des Ehemannes eingetragen ist), gelten Besonderheiten (s. dazu Rn 4 ff).

4 Etwas anderes ergibt sich bei der **Bruchteilsgemeinschaft** dann, wenn eine **ungleiche** Belastung besteht. Der Anspruch des Antragstellers auf Auseinandersetzung

---

19 BGH NJW-RR 2011, 164 = MDR 2011, 24 = WM 2011, 90 = Rpfleger 2011, 169.

der Gemeinschaft geht allen seinen Miteigentumsanteil belastenden oder mitbelastenden Rechten nach. Es müssen daher – wie in allen anderen Fällen auch – die Verfahrenskosten (§ 109), die Ansprüche der Rangklassen 1–4, 7 und 8 des § 10 sowie hier noch zusätzlich der evtl Ausgleichsbetrag nach Abs. 2 durch ein Gebot gedeckt sein, um hierauf einen Zuschlag erteilen zu können (zu den Einzelheiten s. Rn 8 ff).

In diesem Fall sind im geringsten Gebot zu berücksichtigen: 5
- die Kosten des Verfahrens;
- die Ansprüche aus den Rangklassen 2, 3 und 7 (vgl § 10 Rn 11 ff, 30 ff und 49);
- die Rechte aus den Rangklassen 4 und 8 (Grundschulden, Hypotheken usw; vgl § 10 Rn 41 ff und 50), die **allein** auf dem Miteigentumsanteil des Antragstellers lasten;
- die Rechte aus den Rangklassen 4 und 8 (Grundschulden, Hypotheken usw; vgl § 10 Rn 41 ff und 50), die **auch** den Anteil des Antragstellers belasten. Dabei ist es beliebig, ob diese Rechte das ganze Grundstück oder nur Anteile einiger anderer Miteigentümer belasten;
- alle Rechte an einem anderen Miteigentumsanteil, welche einem der vorgenannten Rechte vorgehen oder gleichstehen, was nach dem Rangverhältnis gem. § 879 Abs. 1 BGB zu beurteilen ist;

Dabei werden auch die Rechte berücksichtigt, die nach Eintragung des Versteigerungsvermerks in das Grundbuch eingetragen und ordnungsgemäß angemeldet sind. Dies gilt auch für Eigentümerrechte des Antragstellers. 6

Beispiel: Feststellung des geringsten Gebots. (Einzige) Antragstellerin ist Berta. 7

Nr.	Recht	Betrag		Anton	**Berta**	Cäsar
	Gerichtskosten	1.000 €	b)		x	
	Hausgelder (Rangklasse 2)	2.000 €	b)		x	
	Grundsteuern (Rangklasse 3)	500 €	b)		x	
III/1	Hypothek	15.000 €	a)		x	
III/3	ZwSichHypothek	1.200 €	c)			x
III/4	Grundschuld	50.000 €	b)		x	
III/5	ZwSichHypothek	1.800 €				x
III/6	Eigentümergrundschuld	25.000 €		x		
III/1	Ältere Zinsen (Rangklasse 8)	250 €	a)		x	

Im geringsten Gebot werden folgende Rechte berücksichtigt:
a) III/1 (Anteilsbelastung der Antragstellerin)
b) Gerichtskosten, Hausgelder, Grundsteuern, III/4 (Mitbelastung auf dem Anteil der Antragstellerin)
c) III/3 (Recht, das einem Recht aus a) oder b) im Range vorgeht)

Eine Besonderheit ergibt sich für den **Pfändungsgläubiger**, der die Teilungsversteigerung betreibt, dann, wenn nach der Eintragung eines Pfändungsvermerks im Grundbuch weitere Rechte eingetragen wurden. Diese Eintragungen sind dem Pfändungsgläubiger gegenüber unwirksam und können deshalb bei der Aufstellung des geringsten Gebots keine Berücksichtigung finden. 8

9 Diese Regelungen führen dazu, dass das geringste Gebot sehr hoch ist. Zusätzlich ist auch noch bei einer unterschiedlichen Belastung der verschiedenen Anteile ein Ausgleichsbetrag zu ermitteln, der zum geringsten Gebot (bar) mit zu bieten ist (s. Rn 4). Deshalb erweist sich in nicht seltenen Fällen die Teilungsversteigerung als nicht durchführbar.

III. Ausgleichsbetrag (Abs. 2)

10 Sind die Anteile unterschiedlich belastet, ist das geringste Gebot um den zur Ausgleichung erforderlichen Betrag zu **erhöhen**. Es soll ein unbilliges Ergebnis durch eine ungleiche Belastung verhindert werden. Bei der Ermittlung des Betrages sind die Kapitalbeträge der bestehen bleibenden Grundpfandrechte sowie die in das geringste Bargebot einzustellenden Zinsen hieraus zu berücksichtigen. Dabei kann noch als weitere Schwierigkeit hinzukommen, dass die Anteile unterschiedlich groß sein können.

11 Bei der Ermittlung des Ausgleichsbetrages ist wie folgt vorzugehen:
- Zunächst ist das geringste Gebot festzustellen.
- Dann ist die absolute Belastung der Anteile zu ermitteln.
- Danach wird die relative Belastung, bezogen auf die Größe der Anteile, festgestellt.
- Jetzt wird der Ausgleichsbetrag in der Weise ermittelt, dass der relativ am stärksten belastete Anteil mit dem gemeinsamen Nenner multipliziert und hiervon das bisher ermittelte geringste Gebot abgezogen wird.

12 Eine Vielzahl von Beispielen für die Berechnung des Ausgleichsbetrages sind zu finden bei *Stöber*, ZVG, § 182 Rn 4 ff und *Böttcher*, ZVG, § 182 Rn 7 ff.

13 Ergibt sich nach dieser Berechnung, dass das geringste Gebot mit dem Ausgleichsbetrag eine Versteigerung des Grundstücks vermutlich unmöglich macht, ist nach der **Niedrigstgebot-Lösung** zu verfahren, was bedeutet, dass sich das geringste Gebot nach dem Miteigentumsanteil richtet, der am niedrigsten belastet ist.

14 Der Ausgleichsbetrag wird nicht einem oder einigen Miteigentümern zugeteilt, sondern er steht als ein den Barerlös erhöhender **Rechnungsposten** für die Erlösverteilung insgesamt zur Verfügung. Die Auseinandersetzung an dem für alle Miteigentümer zur Verfügung stehenden Erlös muss die Gemeinschaft untereinander vornehmen. Nur bei einverständlicher Regelung wird das Vollstreckungsgericht entsprechend auszahlen. Im anderen Falle erfolgt Hinterlegung und die Miteigentümer müssen die Klärung auf dem Prozesswege vornehmen.

15 Soweit ein zur Ausgleichung unterschiedlicher Belastungen der Anteile erforderliche Betrag nicht im geringsten Gebot berücksichtigt wurde, kann die unterschiedliche Belastung noch in dem Rechtsstreit um die Verteilung des Erlöses ausgeglichen werden.[1]

§ 183 [Vermietung oder Verpachtung]

Im Falle der Vermietung oder Verpachtung des Grundstücks finden die in den §§ 57 a und 57 b vorgesehenen Maßgaben keine Anwendung.

---

1 BGH NJW-RR 2010, 520 = MDR 2010, 435 = WM 2010, 854 = Rpfleger 2010, 279.

I. Allgemeines

Die Vorschrift ist eine Sonderregelung für das Verhältnis zwischen Ersteher und Mieter/Pächter. 1

Die Miteigentümer sollen keine Möglichkeit haben, sich durch ein Sonderkündigungsrecht von einem ungünstigen oder für sie lästigen Miet- oder Pachtverhältnis zu befreien. 2

Der Ersteher tritt gem. §§ 180 Abs. 1, 57 ZVG iVm § 566 Abs. 1 BGB in die bestehenden Miet- und Pachtverhältnisse mit allen sich daraus ergebenden Verpflichtungen ein. Auch hier gilt der Grundsatz „Versteigerung bricht nicht Miete". 3

II. Kein Sonderkündigungsrecht nach § 57 a

Wenn Mieter oder Pächter zum Teilungsversteigerungsverfahren keine Anmeldung vornehmen, ist auch im Versteigerungstermin idR dazu nichts bekannt. Das Gericht sollte jedoch in jedem Falle auf die Besonderheiten hinweisen (§ 139 ZPO), und zwar v.a. auch darauf, dass in der Teilungsversteigerung ein außerordentliches Kündigungsrecht nach § 57 a nicht besteht. Eine Ermittlung von Mietern oder Pächtern erfolgt daher in der Teilungsversteigerung nicht. 4

Für den Ersteher bedeutet das eine gewisse Unsicherheit, wenn Miet-/Pachtverhältnisse bestehen. Denn er kennt idR die Vertragsverhältnisse nicht. 5

III. Keine Anwendung von § 57 b

Da § 57 b in der Teilungsversteigerung nicht anzuwenden ist, kann auch für die Wirksamkeit von Vorausverfügungen über den Mietzins gegenüber dem Ersteher nicht auf die Beschlagnahme (§ 20) abgestellt werden. Vielmehr gilt § 566 b Abs. 1 BGB, wonach der Zeitpunkt des Eigentumsübergangs in der Zwangsversteigerung der Zeitpunkt ist, in dem die Zuschlagserteilung wirksam wird (§§ 89, 104). 6

§ 184 [Sicherheitsleistung]

Ein Miteigentümer braucht für sein Gebot keine Sicherheit zu leisten, wenn ihm eine durch das Gebot ganz oder teilweise gedeckte Hypothek, Grundschuld oder Rentenschuld zusteht.

I. Allgemeines

Die Vorschrift ersetzt für Gebote der Miteigentümer den § 67 Abs. 2 S. 2. Der Antragsteller steht auch hier in der Rolle des Gläubigers. 1

Die Regelungen über die Sicherheitsleistung (§§ 67–70) gelten grds. auch für die Teilungsversteigerung; auf die dortigen Erl. wird verwiesen (vgl § 67 Rn 1 ff, § 68 Rn 1 ff, § 69 Rn 1 ff und § 70 Rn 1 ff). Soweit die Bieter nicht zu dem Kreis der Miteigentümer gehören, ergeben sich hinsichtlich der Verpflichtung zur Sicherheitsleistung keine Besonderheiten. 2

II. Gebote der Miteigentümer

Bietet der betreibende **Antragsteller**, kann nur ein Beteiligter Sicherheit verlangen, dessen Recht durch die Nichterfüllung des Gebots beeinträchtigt wäre (§ 67 Abs. 1). Hierzu gehört auch der Antragsgegner, wenn sich bei dem abgegebenen Gebot ein Erlösüberschuss ergibt oder auch Ansprüche aus einem Eigentümer- 3 grundpfandrecht bestehen. Das Sicherheitsverlangen eines Miteigentümers bei Geboten von anderen Miteigentümern verstößt grds. auch nicht gegen Treu und Glauben.[1]

4 Der **Miteigentümer** ist aber gem. § 184 von der **Sicherheitsleistung befreit**, wenn ihm eine durch das Gebot ganz oder teilweise gedeckte Hypothek, Grund- oder Rentenschuld zusteht. Dabei ist es unerheblich, ob das Recht bestehen bleibt oder nicht; auch auf die Höhe des Rechts kommt es nicht an. Allerdings muss auf das Recht eine Barzuteilung erfolgen, also Nebenleistungen aus dem Recht gedeckt werden. Sollte es sich bei dem Recht um eine Eigentümergrundschuld handeln, genügt dies nicht, weil dafür keine Zinsen einzustellen sind (§ 1197 Abs. 2 BGB).

5 Bietet der **Antragsgegner**, gilt das Vorstehende entsprechend (s. Rn 3 f). Eine erhöhte Sicherheitsleistung kommt für den Antragsgegner nicht in Betracht, da dem Antragsteller in der Teilungsversteigerung kein bezifferbarer Geldanspruch zusteht.[2] Die Sicherheitsleistung kann der Antragsgegner auch durch eine Bürgschaft erbringen (§ 69 Abs. 3 S. 1), da der Antragsgegner nur verfahrensrechtlich in der Rolle des Schuldners steht.

III. Höhe der Sicherheit

6 Die Höhe der Sicherheit richtet sich allein nach § 68 Abs. 1, 2. Bezüglich einer erhöhten Sicherheitsleistung gilt nach § 68 Abs. 4, dass diese bis zur Zuschlagsentscheidung erbracht werden kann (s. § 68 Rn 8 ff). Wird der Nachweis nicht erbracht, ist der Zuschlag nach § 83 Nr. 8 zu versagen.

7 Der in das geringste Gebot zusätzlich aufgenommene Ausgleichsbetrag nach § 182 Abs. 2 bleibt bei der erhöhten Sicherheit nach § 68 Abs. 2 außer Betracht und wird deshalb nicht berücksichtigt.[3]

8 Auch ein **Miteigentümer** muss die geforderte Sicherheitsleistung in der gesetzlich vorgeschriebenen Höhe erbringen und kann sich nicht auf seine eigene Beteiligung an der Eigentümergemeinschaft berufen.

§ 185 [Landwirtschaftliches Zuweisungsverfahren]

(1) Ist ein Verfahren über einen Antrag auf Zuweisung eines landwirtschaftlichen Betriebes nach § 13 Abs. 1 des Grundstückverkehrsgesetzes vom 28. Juli 1961 (Bundesgesetzbl. I S. 1091) anhängig und erstreckt sich der Antrag auf ein Grundstück, dessen Zwangsversteigerung nach § 180 angeordnet ist, so ist das Zwangsversteigerungsverfahren wegen dieses Grundstücks auf Antrag so lange einzustellen, bis über den Antrag auf Zuweisung rechtskräftig entschieden ist.

(2) Ist die Zwangsversteigerung mehrerer Grundstücke angeordnet und bezieht sich der Zuweisungsantrag nur auf eines oder einzelne dieser Grundstücke, so kann das Vollstreckungsgericht anordnen, daß das Zwangsversteigerungsverfahren auch wegen der nicht vom Zuweisungsverfahren erfaßten Grundstücke eingestellt wird.

(3) Wird dem Zuweisungsantrag stattgegeben, so ist das Zwangsversteigerungsverfahren, soweit es die zugewiesenen Grundstücke betrifft, aufzuheben und im übrigen fortzusetzen.

---

1 OLG Düsseldorf Rpfleger 1989, 167.
2 *Stöber*, § 184 Rn 3.1; Steiner/*Teufel*, § 184 Rn 6; *Böttcher*, § 184 Rn 1.
3 *Stöber*, § 184 Rn 2.4.

(4) Die Voraussetzungen für die Einstellung und die Aufhebung des Zwangsversteigerungsverfahrens sind vom Antragsteller nachzuweisen.

I. Allgemeines

Die Vorschrift regelt das Verhältnis der Teilungsversteigerung zum landwirtschaftlichen Zuweisungsverfahren. 1

Gehört ein **landwirtschaftlicher Betrieb** einer durch **gesetzliche Erbfolge** entstandenen **Erbengemeinschaft**, kann jeder **Miterbe** beantragen, dass die ganzen Betriebsgrundstücke (mit allem Zubehör, Nutzungen und sonstigen Rechten, die zur ordnungsgemäßen Bewirtschaftung des Betriebs nötig sind) **ungeteilt** vom Landwirtschaftsgericht einem Miterben **zugewiesen** werden (§ 13 Abs. 1 S. 1 GrdstVG). 2

Die Miterben, denen nicht zugewiesen wird, erhalten eine **Abfindung** in Geld (§ 16 Abs. 1 S. 1 GrdstVG). Die Regelung gilt nicht für fortwirtschaftliche Betriebe und ferner dann nicht, wenn die Erbengemeinschaft durch eine letztwillige Verfügung entstanden ist. Da bei landwirtschaftlichen Betrieben überwiegend eine testamentarische Regelung (§ 1937 BGB) erfolgt, kommt es selten zur Anwendung des § 185. 3

II. Zuweisungsverfahren (Abs. 1 und 2)

Ist ein Zuweisungsverfahren **anhängig**, muss das Teilungsversteigerungsverfahren bis zur rechtskräftigen Entscheidung über den Zuweisungsantrag eingestellt werden (**Abs. 1**); diese Regelung ist zwingend.[1] Die Regelung des Abs. 1 hindert aber nicht die Anordnung der Teilungsversteigerung oder die Zulassung eines Beitritts zum Verfahren. Denn die Einstellung des Verfahrens erfolgt nicht von Amts wegen, sondern kann nur auf Antrag erfolgen (Abs. 1). Auch ist eine Einstellung dann nicht mehr möglich, wenn ein Zuschlag erteilt wurde. 4

Den Einstellungsantrag kann nur ein **Miteigentümer** stellen, da die Vorschrift in seinem Interesse geschaffen wurde. Der Antragsteller hat nach **Abs. 4** die Einstellungsvoraussetzungen dem Vollstreckungsgericht **nachzuweisen** (Bezugnahme auf das Zuweisungsverfahren oder eine entsprechende behördliche Bescheinigung). 5

Wird ein entsprechender Antrag gestellt und der erforderliche Nachweis erbracht, hat das Vollstreckungsgericht das Teilungsversteigerungsverfahren bis zur rechtskräftigen Entscheidung über den Zuweisungsantrag **einzustellen**. 6

Der Einstellungsbeschluss ist dem Antragsteller und dem Antragsgegner **zuzustellen** (§ 32); eine Belehrung iSv § 31 Abs. 3 entfällt, da die Fortsetzung des Verfahrens von Amts wegen erfolgt. 7

Die Fortsetzung des Verfahrens erfolgt, wenn keine Zuweisung vorgenommen wird (zB Antragsrücknahme, Ablehnung der Zuweisung). Eine wiederholte Einstellung ist zulässig, darf aber nicht eine unzulässige Rechtsausübung sein (zB, wenn gesetzliche Gründe einem Zuweisungsverfahren ganz offensichtlich entgegenstehen).[2] 8

Wenn von dem Teilungsversteigerungsverfahren **mehrere Grundstücke** betroffen sind und sich der Zuweisungsantrag nur auf eines oder einige Grundstücke bezieht, kann das Vollstreckungsgericht auf entsprechenden Antrag auch wegen der anderen Grundstücke das Verfahren einstellen (**Abs. 2**); die Gründe hierfür müssen vom Antragsteller glaubhaft gemacht werden. Soweit keine Einstellung er- 9

---

1 OLG München Rpfleger 1984, 363.
2 OLG München Rpfleger 1984, 363.

folgt, ist das Teilungsversteigerungsverfahren in die anderen Grundstücke fortzusetzen.

III. Aufhebung des Verfahrens (Abs. 3 und 4)

10 Das Teilungsversteigerungsverfahren ist **aufzuheben**, sobald und soweit dem Zuweisungsantrag stattgegeben wurde. Soweit das nicht erfolgte, ist das eingestellte Verfahren von Amts wegen **fortzusetzen** (**Abs. 3**). Die Voraussetzungen für eine Aufhebung können durch Vorlage einer Ausfertigung des rechtskräftigen Zuweisungsbeschlusses oder durch Bezugnahme auf die Akte der Genehmigungsbehörde erfolgen (**Abs. 4**).

11 Das Vollstreckungsgericht hebt das Verfahren durch Beschluss auf und ersucht das Grundbuchamt um Löschung des Zwangsversteigerungsvermerkes (§ 34).

§ 186 [Übergangsrecht zum 2. JuModG]

Die §§ 3, 30 c, 38, 49, 68, 69, 70, 72, 75, 82, 83, 85, 88, 103, 105, 107, 116, 117, 118, 128, 132, 144 und 169 sind in der Fassung des Artikels 11 des Gesetzes vom 22. Dezember 2006 (BGBl. I S. 3416) auf die am 1. Februar 2007 anhängigen Verfahren nur anzuwenden, soweit Zahlungen später als zwei Wochen nach diesem Tag zu bewirken sind.

1 Die Vorschrift ist durch Zeitablauf gegenstandslos geworden.

Gesetz über das Verfahren in Familiensachen und in den Angelegenheiten der freiwilligen Gerichtsbarkeit (FamFG)

Vom 17. Dezember 2008 (BGBl. I S. 2586, 2587)[1] (BGBl. III 315-24)

zuletzt geändert durch Art. 7 des Gesetzes zur Neubestimmung des Bleiberechts und der Aufenthaltsbeendigung vom 27. Juli 2015 (BGBl. I S. 1386, 1398)

– Auszug –

Buch 1
Allgemeiner Teil

Abschnitt 1
Allgemeine Vorschriften

§§ 1–22 a (nicht abgedruckt)

Abschnitt 2
Verfahren im ersten Rechtszug

§§ 23–34 (nicht abgedruckt)

§ 35 Zwangsmittel

(1) [1]Ist auf Grund einer gerichtlichen Anordnung die Verpflichtung zur Vornahme oder Unterlassung einer Handlung durchzusetzen, kann das Gericht, sofern ein Gesetz nicht etwas anderes bestimmt, gegen den Verpflichteten durch Beschluss Zwangsgeld festsetzen. [2]Das Gericht kann für den Fall, dass dieses nicht beigetrieben werden kann, Zwangshaft anordnen. [3]Verspricht die Anordnung eines Zwangsgeldes keinen Erfolg, soll das Gericht Zwangshaft anordnen.

(2) Die gerichtliche Entscheidung, die die Verpflichtung zur Vornahme oder Unterlassung einer Handlung anordnet, hat auf die Folgen einer Zuwiderhandlung gegen die Entscheidung hinzuweisen.

(3) [1]Das einzelne Zwangsgeld darf den Betrag von 25.000 Euro nicht übersteigen. [2]Mit der Festsetzung des Zwangsmittels sind dem Verpflichteten zugleich die Kosten dieses Verfahrens aufzuerlegen. [3]Für den Vollzug der Haft gelten § 802 g Abs. 1 Satz 2 und Abs. 2, die §§ 802 h und 802 j Abs. 1 der Zivilprozessordnung entsprechend.

(4) [1]Ist die Verpflichtung zur Herausgabe oder Vorlage einer Sache oder zur Vornahme einer vertretbaren Handlung zu vollstrecken, so kann das Gericht, soweit ein Gesetz nicht etwas anderes bestimmt, durch Beschluss neben oder anstelle einer Maßnahme nach den Absätzen 1, 2 die in §§ 883, 886, 887 der Zivilprozessordnung vorgesehenen Maßnahmen anordnen. [2]Die §§ 891 und 892 der Zivilprozessordnung gelten entsprechend.

(5) Der Beschluss, durch den Zwangsmaßnahmen angeordnet werden, ist mit der sofortigen Beschwerde in entsprechender Anwendung der §§ 567 bis 572 der Zivilprozessordnung anfechtbar.

---

1 Verkündet als Art. 1 des FGG-RG. In Kraft ab 1.9.2009.

§§ 36–85 (nicht abgedruckt)

Abschnitt 8
Vollstreckung

Unterabschnitt 1 Allgemeine Vorschriften

§ 86 Vollstreckungstitel

(1) Die Vollstreckung findet statt aus
1. gerichtlichen Beschlüssen;
2. gerichtlich gebilligten Vergleichen (§ 156 Abs. 2);
3. weiteren Vollstreckungstiteln im Sinne des § 794 der Zivilprozessordnung, soweit die Beteiligten über den Gegenstand des Verfahrens verfügen können.

(2) Beschlüsse sind mit Wirksamwerden vollstreckbar.

(3) Vollstreckungstitel bedürfen der Vollstreckungsklausel nur, wenn die Vollstreckung nicht durch das Gericht erfolgt, das den Titel erlassen hat.

§ 87 Verfahren; Beschwerde

(1) [1]Das Gericht wird in Verfahren, die von Amts wegen eingeleitet werden können, von Amts wegen tätig und bestimmt die im Fall der Zuwiderhandlung vorzunehmenden Vollstreckungsmaßnahmen. [2]Der Berechtigte kann die Vornahme von Vollstreckungshandlungen beantragen; entspricht das Gericht dem Antrag nicht, entscheidet es durch Beschluss.

(2) Die Vollstreckung darf nur beginnen, wenn der Beschluss bereits zugestellt ist oder gleichzeitig zugestellt wird.

(3) [1]Der Gerichtsvollzieher ist befugt, erforderlichenfalls die Unterstützung der polizeilichen Vollzugsorgane nachzusuchen. [2]§ 758 Abs. 1 und 2 sowie die §§ 759 bis 763 der Zivilprozessordnung gelten entsprechend.

(4) Ein Beschluss, der im Vollstreckungsverfahren ergeht, ist mit der sofortigen Beschwerde in entsprechender Anwendung der §§ 567 bis 572 der Zivilprozessordnung anfechtbar.

(5) Für die Kostenentscheidung gelten die §§ 80 bis 82 und 84 entsprechend.

Unterabschnitt 2 Vollstreckung von Entscheidungen über die Herausgabe von Personen und die Regelung des Umgangs

§ 88 Grundsätze

(1) Die Vollstreckung erfolgt durch das Gericht, in dessen Bezirk die Person zum Zeitpunkt der Einleitung der Vollstreckung ihren gewöhnlichen Aufenthalt hat.

(2) Das Jugendamt leistet dem Gericht in geeigneten Fällen Unterstützung.

§ 89 Ordnungsmittel

(1) ¹Bei der Zuwiderhandlung gegen einen Vollstreckungstitel zur Herausgabe von Personen und zur Regelung des Umgangs kann das Gericht gegenüber dem Verpflichteten Ordnungsgeld und für den Fall, dass dieses nicht beigetrieben werden kann, Ordnungshaft anordnen. ²Verspricht die Anordnung eines Ordnungsgelds keinen Erfolg, kann das Gericht Ordnungshaft anordnen. ³Die Anordnungen ergehen durch Beschluss.

(2) Der Beschluss, der die Herausgabe der Person oder die Regelung des Umgangs anordnet, hat auf die Folgen einer Zuwiderhandlung gegen den Vollstreckungstitel hinzuweisen.

(3) ¹Das einzelne Ordnungsgeld darf den Betrag von 25.000 Euro nicht übersteigen. ²Für den Vollzug der Haft gelten § 802 g Abs. 1 Satz 2 und Abs. 2, die §§ 802 h und 802 j Abs. 1 der Zivilprozessordnung entsprechend.

(4) ¹Die Festsetzung eines Ordnungsmittels unterbleibt, wenn der Verpflichtete Gründe vorträgt, aus denen sich ergibt, dass er die Zuwiderhandlung nicht zu vertreten hat. ²Werden Gründe, aus denen sich das fehlende Vertretenmüssen ergibt, nachträglich vorgetragen, wird die Festsetzung aufgehoben.

§ 90 Anwendung unmittelbaren Zwanges

(1) Das Gericht kann durch ausdrücklichen Beschluss zur Vollstreckung unmittelbaren Zwang anordnen, wenn

1. die Festsetzung von Ordnungsmitteln erfolglos geblieben ist;
2. die Festsetzung von Ordnungsmitteln keinen Erfolg verspricht;
3. eine alsbaldige Vollstreckung der Entscheidung unbedingt geboten ist.

(2) ¹Anwendung unmittelbaren Zwanges gegen ein Kind darf nicht zugelassen werden, wenn das Kind herausgegeben werden soll, um das Umgangsrecht auszuüben. ²Im Übrigen darf unmittelbarer Zwang gegen ein Kind nur zugelassen werden, wenn dies unter Berücksichtigung des Kindeswohls gerechtfertigt ist und eine Durchsetzung der Verpflichtung mit milderen Mitteln nicht möglich ist.

§ 91 Richterlicher Durchsuchungsbeschluss

(1) ¹Die Wohnung des Verpflichteten darf ohne dessen Einwilligung nur auf Grund eines richterlichen Beschlusses durchsucht werden. ²Dies gilt nicht, wenn der Erlass des Beschlusses den Erfolg der Durchsuchung gefährden würde.

(2) Auf die Vollstreckung eines Haftbefehls nach § 94 in Verbindung mit § 802 g der Zivilprozessordnung ist Absatz 1 nicht anzuwenden.

(3) ¹Willigt der Verpflichtete in die Durchsuchung ein oder ist ein Beschluss gegen ihn nach Absatz 1 Satz 1 ergangen oder nach Absatz 1 Satz 2 entbehrlich, haben Personen, die Mitgewahrsam an der Wohnung des Verpflichteten haben, die Durchsuchung zu dulden. ²Unbillige Härten gegenüber Mitgewahrsamsinhabern sind zu vermeiden.

(4) Der Beschluss nach Absatz 1 ist bei der Vollstreckung vorzulegen.

§ 92 Vollstreckungsverfahren

(1) ¹Vor der Festsetzung von Ordnungsmitteln ist der Verpflichtete zu hören. ²Dies gilt auch für die Anordnung von unmittelbarem Zwang, es sei denn, dass hierdurch die Vollstreckung vereitelt oder wesentlich erschwert würde.

(2) Dem Verpflichteten sind mit der Festsetzung von Ordnungsmitteln oder der Anordnung von unmittelbarem Zwang die Kosten des Verfahrens aufzuerlegen.

(3) ¹Die vorherige Durchführung eines Verfahrens nach § 165 ist nicht Voraussetzung für die Festsetzung von Ordnungsmitteln oder die Anordnung von unmittelbarem Zwang. ²Die Durchführung eines solchen Verfahrens steht der Festsetzung von Ordnungsmitteln oder der Anordnung von unmittelbarem Zwang nicht entgegen.

§ 93 Einstellung der Vollstreckung

(1) ¹Das Gericht kann durch Beschluss die Vollstreckung einstweilen einstellen oder beschränken und Vollstreckungsmaßregeln aufheben, wenn
1. Wiedereinsetzung in den vorigen Stand beantragt wird;
2. Wiederaufnahme des Verfahrens beantragt wird;
3. gegen eine Entscheidung Beschwerde eingelegt wird;
4. die Abänderung einer Entscheidung beantragt wird;
5. die Durchführung eines Vermittlungsverfahrens (§ 165) beantragt wird.

²In der Beschwerdeinstanz ist über die einstweilige Einstellung der Vollstreckung vorab zu entscheiden. ³Der Beschluss ist nicht anfechtbar.

(2) Für die Einstellung oder Beschränkung der Vollstreckung und die Aufhebung von Vollstreckungsmaßregeln gelten § 775 Nr. 1 und 2 und § 776 der Zivilprozessordnung entsprechend.

§ 94 Eidesstattliche Versicherung

¹Wird eine herauszugebende Person nicht vorgefunden, kann das Gericht anordnen, dass der Verpflichtete eine eidesstattliche Versicherung über ihren Verbleib abzugeben hat. ²§ 883 Abs. 2 und 3 der Zivilprozessordnung gilt entsprechend.

Unterabschnitt 3 Vollstreckung nach der Zivilprozessordnung

§ 95 Anwendung der Zivilprozessordnung

(1) Soweit in den vorstehenden Unterabschnitten nichts Abweichendes bestimmt ist, sind auf die Vollstreckung
1. wegen einer Geldforderung,
2. zur Herausgabe einer beweglichen oder unbeweglichen Sache,
3. zur Vornahme einer vertretbaren oder nicht vertretbaren Handlung,
4. zur Erzwingung von Duldungen und Unterlassungen oder
5. zur Abgabe einer Willenserklärung

die Vorschriften der Zivilprozessordnung über die Zwangsvollstreckung entsprechend anzuwenden.

(2) An die Stelle des Urteils tritt der Beschluss nach den Vorschriften dieses Gesetzes.

(3) [1]Macht der aus einem Titel wegen einer Geldforderung Verpflichtete glaubhaft, dass die Vollstreckung ihm einen nicht zu ersetzenden Nachteil bringen würde, hat das Gericht auf seinen Antrag die Vollstreckung vor Eintritt der Rechtskraft in der Entscheidung auszuschließen. [2]In den Fällen des § 707 Abs. 1 und des § 719 Abs. 1 der Zivilprozessordnung kann die Vollstreckung nur unter derselben Voraussetzung eingestellt werden.

(4) Ist die Verpflichtung zur Herausgabe oder Vorlage einer Sache oder zur Vornahme einer vertretbaren Handlung zu vollstrecken, so kann das Gericht durch Beschluss neben oder anstelle einer Maßnahme nach den §§ 883, 885 bis 887 der Zivilprozessordnung die in § 888 der Zivilprozessordnung vorgesehenen Maßnahmen anordnen, soweit ein Gesetz nicht etwas anderes bestimmt.

§ 96 Vollstreckung in Verfahren nach dem Gewaltschutzgesetz und in Ehewohnungssachen

(1) [1]Handelt der Verpflichtete einer Anordnung nach § 1 des Gewaltschutzgesetzes zuwider, eine Handlung zu unterlassen, kann der Berechtigte zur Beseitigung einer jeden andauernden Zuwiderhandlung einen Gerichtsvollzieher zuziehen. [2]Der Gerichtsvollzieher hat nach § 758 Abs. 3 und § 759 der Zivilprozessordnung zu verfahren. [3]Die §§ 890 und 891 der Zivilprozessordnung bleiben daneben anwendbar.

(2) [1]Bei einer einstweiligen Anordnung in Gewaltschutzsachen, soweit Gegenstand des Verfahrens Regelungen aus dem Bereich der Ehewohnungssachen sind, und in Ehewohnungssachen ist die mehrfache Einweisung des Besitzes im Sinne des § 885 Abs. 1 der Zivilprozessordnung während der Geltungsdauer möglich. [2]Einer erneuten Zustellung an den Verpflichteten bedarf es nicht.

§ 96a Vollstreckung in Abstammungssachen

(1) Die Vollstreckung eines durch rechtskräftigen Beschluss oder gerichtlichen Vergleich titulierten Anspruchs nach § 1598a des Bürgerlichen Gesetzbuchs auf Duldung einer nach den anerkannten Grundsätzen der Wissenschaft durchgeführten Probeentnahme, insbesondere die Entnahme einer Speichel- oder Blutprobe, ist ausgeschlossen, wenn die Art der Probeentnahme der zu untersuchenden Person nicht zugemutet werden kann.

(2) Bei wiederholter unberechtigter Verweigerung der Untersuchung kann auch unmittelbarer Zwang angewendet werden, insbesondere die zwangsweise Vorführung zur Untersuchung angeordnet werden.

Abschnitt 9
Verfahren mit Auslandsbezug

§§ 97–106 (nicht abgedruckt)

Unterabschnitt 3 Anerkennung und Vollstreckbarkeit ausländischer Entscheidungen

§ 107 Anerkennung ausländischer Entscheidungen in Ehesachen

(1) ¹Entscheidungen, durch die im Ausland eine Ehe für nichtig erklärt, aufgehoben, dem Ehebande nach oder unter Aufrechterhaltung des Ehebandes geschieden oder durch die das Bestehen oder Nichtbestehen einer Ehe zwischen den Beteiligten festgestellt worden ist, werden nur anerkannt, wenn die Landesjustizverwaltung festgestellt hat, dass die Voraussetzungen für die Anerkennung vorliegen. ²Hat ein Gericht oder eine Behörde des Staates entschieden, dem beide Ehegatten zur Zeit der Entscheidung angehört haben, hängt die Anerkennung nicht von einer Feststellung der Landesjustizverwaltung ab.

(2) ¹Zuständig ist die Justizverwaltung des Landes, in dem ein Ehegatte seinen gewöhnlichen Aufenthalt hat. ²Hat keiner der Ehegatten seinen gewöhnlichen Aufenthalt im Inland, ist die Justizverwaltung des Landes zuständig, in dem eine neue Ehe geschlossen oder eine Lebenspartnerschaft begründet werden soll; die Landesjustizverwaltung kann den Nachweis verlangen, dass die Eheschließung oder die Begründung der Lebenspartnerschaft angemeldet ist. ³Wenn eine andere Zuständigkeit nicht gegeben ist, ist die Justizverwaltung des Landes Berlin zuständig.

(3) ¹Die Landesregierungen können die den Landesjustizverwaltungen nach dieser Vorschrift zustehenden Befugnisse durch Rechtsverordnung auf einen oder mehrere Präsidenten der Oberlandesgerichte übertragen. ²Die Landesregierungen können die Ermächtigung nach Satz 1 durch Rechtsverordnung auf die Landesjustizverwaltungen übertragen.

(4) ¹Die Entscheidung ergeht auf Antrag. ²Den Antrag kann stellen, wer ein rechtliches Interesse an der Anerkennung glaubhaft macht.

(5) Lehnt die Landesjustizverwaltung den Antrag ab, kann der Antragsteller beim Oberlandesgericht die Entscheidung beantragen.

(6) ¹Stellt die Landesjustizverwaltung fest, dass die Voraussetzungen für die Anerkennung vorliegen, kann ein Ehegatte, der den Antrag nicht gestellt hat, beim Oberlandesgericht die Entscheidung beantragen. ²Die Entscheidung der Landesjustizverwaltung wird mit der Bekanntgabe an den Antragsteller wirksam. ³Die Landesjustizverwaltung kann jedoch in ihrer Entscheidung bestimmen, dass die Entscheidung erst nach Ablauf einer von ihr bestimmten Frist wirksam wird.

(7) ¹Zuständig ist ein Zivilsenat des Oberlandesgerichts, in dessen Bezirk die Landesjustizverwaltung ihren Sitz hat. ²Der Antrag auf gerichtliche Entscheidung hat keine aufschiebende Wirkung. ³Für das Verfahren gelten die Abschnitte 4 und 5 sowie § 14 Abs. 1 und 2 und § 48 Abs. 2 entsprechend.

(8) Die vorstehenden Vorschriften sind entsprechend anzuwenden, wenn die Feststellung begehrt wird, dass die Voraussetzungen für die Anerkennung einer Entscheidung nicht vorliegen.

(9) Die Feststellung, dass die Voraussetzungen für die Anerkennung vorliegen oder nicht vorliegen, ist für Gerichte und Verwaltungsbehörden bindend.

(10) War am 1. November 1941 in einem deutschen Familienbuch (Heiratsregister) auf Grund einer ausländischen Entscheidung die Nichtigerklärung, Aufhebung, Scheidung oder Trennung oder das Bestehen oder Nichtbestehen einer Ehe vermerkt, steht der Vermerk einer Anerkennung nach dieser Vorschrift gleich.

§ 108 Anerkennung anderer ausländischer Entscheidungen

(1) Abgesehen von Entscheidungen in Ehesachen werden ausländische Entscheidungen anerkannt, ohne dass es hierfür eines besonderen Verfahrens bedarf.

(2) [1]Beteiligte, die ein rechtliches Interesse haben, können eine Entscheidung über die Anerkennung oder Nichtanerkennung einer ausländischen Entscheidung nicht vermögensrechtlichen Inhalts beantragen. [2]§ 107 Abs. 9 gilt entsprechend. [3]Für die Anerkennung oder Nichtanerkennung einer Annahme als Kind gelten jedoch die §§ 2, 4 und 5 des Adoptionswirkungsgesetzes, wenn der Angenommene zur Zeit der Annahme das 18. Lebensjahr nicht vollendet hatte.

(3) [1]Für die Entscheidung über den Antrag nach Absatz 2 Satz 1 ist das Gericht örtlich zuständig, in dessen Bezirk zum Zeitpunkt der Antragstellung
1. der Antragsgegner oder die Person, auf die sich die Entscheidung bezieht, sich gewöhnlich aufhält oder
2. bei Fehlen einer Zuständigkeit nach Nummer 1 das Interesse an der Feststellung bekannt wird oder das Bedürfnis der Fürsorge besteht.

[2]Diese Zuständigkeiten sind ausschließlich.

§ 109 Anerkennungshindernisse

(1) Die Anerkennung einer ausländischen Entscheidung ist ausgeschlossen,
1. wenn die Gerichte des anderen Staates nach deutschem Recht nicht zuständig sind;
2. wenn einem Beteiligten, der sich zur Hauptsache nicht geäußert hat und sich hierauf beruft, das verfahrenseinleitende Dokument nicht ordnungsgemäß oder nicht so rechtzeitig mitgeteilt worden ist, dass er seine Rechte wahrnehmen konnte;
3. wenn die Entscheidung mit einer hier erlassenen oder anzuerkennenden früheren ausländischen Entscheidung oder wenn das ihr zugrunde liegende Verfahren mit einem früher hier rechtshängig gewordenen Verfahren unvereinbar ist;
4. wenn die Anerkennung der Entscheidung zu einem Ergebnis führt, das mit wesentlichen Grundsätzen des deutschen Rechts offensichtlich unvereinbar ist, insbesondere wenn die Anerkennung mit den Grundrechten unvereinbar ist.

(2) [1]Der Anerkennung einer ausländischen Entscheidung in einer Ehesache steht § 98 Abs. 1 Nr. 4 nicht entgegen, wenn ein Ehegatte seinen gewöhnlichen Aufenthalt in dem Staat hatte, dessen Gerichte entschieden haben. [2]Wird eine ausländische Entscheidung in einer Ehesache von den Staaten anerkannt, denen die Ehegatten angehören, steht § 98 der Anerkennung der Entscheidung nicht entgegen.

(3) § 103 steht der Anerkennung einer ausländischen Entscheidung in einer Lebenspartnerschaftssache nicht entgegen, wenn der Register führende Staat die Entscheidung anerkennt.

(4) Die Anerkennung einer ausländischen Entscheidung, die
1. Familienstreitsachen,
2. die Verpflichtung zur Fürsorge und Unterstützung in der partnerschaftlichen Lebensgemeinschaft,
3. die Regelung der Rechtsverhältnisse an der gemeinsamen Wohnung und an den Haushaltsgegenständen der Lebenspartner,
4. Entscheidungen nach § 6 Satz 2 des Lebenspartnerschaftsgesetzes in Verbindung mit den §§ 1382 und 1383 des Bürgerlichen Gesetzbuchs oder
5. Entscheidungen nach § 7 Satz 2 des Lebenspartnerschaftsgesetzes in Verbindung mit den §§ 1426, 1430 und 1452 des Bürgerlichen Gesetzbuchs

betrifft, ist auch dann ausgeschlossen, wenn die Gegenseitigkeit nicht verbürgt ist.

(5) Eine Überprüfung der Gesetzmäßigkeit der ausländischen Entscheidung findet nicht statt.

§ 110 Vollstreckbarkeit ausländischer Entscheidungen

(1) Eine ausländische Entscheidung ist nicht vollstreckbar, wenn sie nicht anzuerkennen ist.

(2) [1]Soweit die ausländische Entscheidung eine in § 95 Abs. 1 genannte Verpflichtung zum Inhalt hat, ist die Vollstreckbarkeit durch Beschluss auszusprechen. [2]Der Beschluss ist zu begründen.

(3) [1]Zuständig für den Beschluss nach Absatz 2 ist das Amtsgericht, bei dem der Schuldner seinen allgemeinen Gerichtsstand hat, und sonst das Amtsgericht, bei dem nach § 23 der Zivilprozessordnung gegen den Schuldner Klage erhoben werden kann. [2]Der Beschluss ist erst zu erlassen, wenn die Entscheidung des ausländischen Gerichts nach dem für dieses Gericht geltenden Recht die Rechtskraft erlangt hat.

Buch 2
Verfahren in Familiensachen

Abschnitt 1
Allgemeine Vorschriften

§§ 111–115 (nicht abgedruckt)

§ 116 Entscheidung durch Beschluss; Wirksamkeit

(1) Das Gericht entscheidet in Familiensachen durch Beschluss.

(2) Endentscheidungen in Ehesachen werden mit Rechtskraft wirksam.

(3) [1]Endentscheidungen in Familienstreitsachen werden mit Rechtskraft wirksam. [2]Das Gericht kann die sofortige Wirksamkeit anordnen. [3]Soweit die Endentscheidung eine Verpflichtung zur Leistung von Unterhalt enthält, soll das Gericht die sofortige Wirksamkeit anordnen.

§§ 117–119 (nicht abgedruckt)

§ 120 Vollstreckung

(1) Die Vollstreckung in Ehesachen und Familienstreitsachen erfolgt entsprechend den Vorschriften der Zivilprozessordnung über die Zwangsvollstreckung.

(2) ¹Endentscheidungen sind mit Wirksamwerden vollstreckbar. ²Macht der Verpflichtete glaubhaft, dass die Vollstreckung ihm einen nicht zu ersetzenden Nachteil bringen würde, hat das Gericht auf seinen Antrag die Vollstreckung vor Eintritt der Rechtskraft in der Endentscheidung einzustellen oder zu beschränken. ³In den Fällen des § 707 Abs. 1 und des § 719 Abs. 1 der Zivilprozessordnung kann die Vollstreckung nur unter denselben Voraussetzungen eingestellt oder beschränkt werden.

(3) Die Verpflichtung zur Eingehung der Ehe und zur Herstellung des ehelichen Lebens unterliegt nicht der Vollstreckung.

Abschnitt 2
Verfahren in Ehesachen; Verfahren in Scheidungssachen und Folgesachen

§§ 121–147 (nicht abgedruckt)

§ 148 Wirksamwerden von Entscheidungen in Folgesachen

Vor Rechtskraft des Scheidungsausspruchs werden die Entscheidungen in Folgesachen nicht wirksam.

§§ 149–270 (nicht abgedruckt)

I. Einführung 1
II. Vollstreckung verfahrensleitender Entscheidungen (§ 35 FamFG) 7
  1. Allgemeines und Anwendungsbereich 7
  2. Voraussetzungen der Verhängung von Zwangsmitteln 12
  3. Festsetzung von Zwangsmitteln 23
  4. Zusätzliche Möglichkeiten bei Verpflichtung zur Herausgabe, Vorlage oder Vornahme (§ 35 Abs. 4 FamFG) 33
  5. Kosten (§ 35 Abs. 3 S. 2, Abs. 4 S. 2 FamFG) 38
  6. Rechtsbehelfe 43
  7. Aufhebung der Zwangsmittel 46

III. Vollstreckung von Endentscheidungen 47
  1. Vollstreckung in Ehesachen und Familienstreitsachen (§ 120 FamFG) 47
    a) Grundsätzliche Anwendbarkeit der ZPO (§ 120 Abs. 1 FamFG) ... 47
    b) Vollstreckbarkeit von Endentscheidungen (§ 120 Abs. 2 S. 1 FamFG) 56
      aa) Endentscheidungen ... 56
      bb) Anordnung der sofortigen Wirksamkeit 62
      cc) Insbesondere: Leistung von Unterhalt .. 66
      dd) Schadensersatz 71

c)	Vollstreckungsschutzantrag des Schuldners (§ 120 Abs. 2 S. 2 FamFG)	72
	aa) Voraussetzungen	73
	bb) Zuständigkeit	82
	cc) Rechtsmittel	83
d)	Einstellung oder Beschränkung der Vollstreckung in den Fällen des § 707 Abs. 1 ZPO und § 719 Abs. 1 ZPO (§ 120 Abs. 2 S. 3 FamFG)	84
e)	Aussetzung oder Beschränkung der Vollstreckung aus einstweiligen Anordnungen	88
f)	Ausschluss der Vollstreckung (§ 120 Abs. 3 FamFG)	89
2. Die Vollstreckung über die Herausgabe von Personen und die Regelung des Umgangs (§§ 88–94 FamFG)		90
a)	Einführung	90
	aa) Allgemeines	90
	bb) Anwendungsbereich	91
b)	Allgemeine Verfahrensvoraussetzungen	97
	aa) Antrag	97
	bb) Zuständigkeit	105
	cc) Beteiligtenfähigkeit	110
	dd) Verfahrensfähigkeit	111
	ee) (Kein) Anwaltszwang	113
c)	Allgemeine Voraussetzungen der Zwangsvollstreckung	114
	aa) Titel (§ 86 Abs. 1 FamFG)	114
	(1) Gerichtliche Beschlüsse (Nr. 1)	116
	(2) Gerichtlich gebilligte Vergleiche iSv § 156 Abs. 2 FamFG (Nr. 2)	118
	(3) Weitere Vollstreckungstitel iSd § 794 ZPO (Nr. 3)	123
	bb) Vorläufige Vollstreckbarkeit	124
	cc) Klausel	128
	dd) Zustellung	132
d)	Besondere Voraussetzungen der Zwangsvollstreckung	135
e)	Gerichtliche Maßnahmen (§ 89 FamFG)	137
	aa) Ordnungsmittel	137
	bb) Unmittelbarer Zwang (§ 90 FamFG)	153
	cc) Durchsuchungsbeschluss (§ 91 FamFG)	157
	dd) Vollstreckung zu unüblichen Zeiten; vorsorgliche Durchsuchungsanordnung	160
	ee) Eidesstattliche Versicherung (§ 94 FamFG)	162
f)	Einstellung der Vollstreckung (§ 93 FamFG)	165
	aa) Allgemeines	165
	bb) Fallgruppen des § 93 Abs. 1 FamFG	166
	(1) Wiedereinsetzung in den vorigen Stand (Nr. 1)	167
	(2) Wiederaufnahme des Verfahrens (Nr. 2)	168
	(3) Beschwerdeverfahren (Nr. 3)	169
	(4) Abänderung einer Entscheidung (Nr. 4)	172
	(5) Durchführung eines Vermittlungsverfahrens nach § 165 FamFG (Nr. 5)	173
	(6) Folgen	174
	cc) Zuständigkeit	175
	dd) Entscheidung	176
	ee) Rechtsmittel	177
g)	Kosten der Vollstreckung	179
	aa) Kostengrundentscheidung (§ 92 Abs. 2 FamFG)	179
	bb) Umfang der Kostentragungspflicht (§ 80 FamFG)	180
	(1) Allgemeines	180
	(2) Gerichtskosten	181
	(3) Anwaltsvergütung	182
h)	Rechtsbehelfe	183
	aa) Allgemeines	183
	bb) Rechtsbeschwerde	189
3. Vollstreckung in den sonstigen Angelegenheiten des FamFG (§§ 95 ff FamFG)		190
a)	Einführung	190
	aa) Anwendbare Vorschriften	190

- bb) Die in § 95 Abs. 1 FamFG genannten einzelnen Vollstreckungsarten 193
  - (1) Vollstreckung wegen einer Geldforderung (Nr. 1) 194
  - (2) Vollstreckung zur Herausgabe einer beweglichen oder unbeweglichen Sache (Nr. 2) 196
    - (a) Allgemeines 196
    - (b) Speziell: Einstweilige Anordnung in Gewaltschutzsachen und in Wohnungszuweisungssachen 199
  - (3) Vollstreckung zur Vornahme einer vertretbaren oder nicht vertretbaren Handlung (Nr. 3) 202
  - (4) Vollstreckung zur Erzwingung von Duldungen und Unterlassungen (Nr. 4) 208
    - (a) Allgemeines 208
    - (b) Speziell: Vollstreckung in Abstammungssachen/Probeentnahme (§ 96 a FamFG) 212
    - (c) Rechtsbehelfe 214
  - (5) Vollstreckung zur Abgabe einer Willenserklärung (Nr. 5) 215
- b) Allgemeine Verfahrensvoraussetzungen 217
  - aa) Antrag 217
  - bb) Zuständigkeit 224
  - cc) Beteiligten- und Verfahrensfähigkeit 225
  - dd) Kein Anwaltszwang 226
  - ee) Rechtsschutzinteresse 227
- c) Allgemeine Voraussetzungen der Vollstreckung 228
  - aa) Titel (§ 86 Abs. 1 FamFG) 228
  - bb) Vorläufige Vollstreckbarkeit (§ 86 Abs. 2 FamFG) 234
  - cc) Klausel (§ 86 Abs. 3 FamFG) und Zustellung (§ 87 Abs. 2 FamFG) 238
- d) Besondere Voraussetzungen der Vollstreckung; Durchsuchung; Vollstreckung zur Unzeit 239
- e) Einstweilige Einstellung der Vollstreckung 240
  - aa) Einstweilige Anordnungen 240
  - bb) Landwirtschaftssachen 241
  - cc) Einstweilige Einstellung bei der Vollstreckung wegen einer Geldforderung (§ 95 Abs. 3 FamFG) 242
- f) Kosten der Vollstreckung (§ 87 Abs. 5 FamFG/ § 788 ZPO) 247
- g) Rechtsbehelfe 251

IV. Übergangsregelungen 254

V. Schnellübersicht: Vollstreckung von A–Z (Auswahl) 258

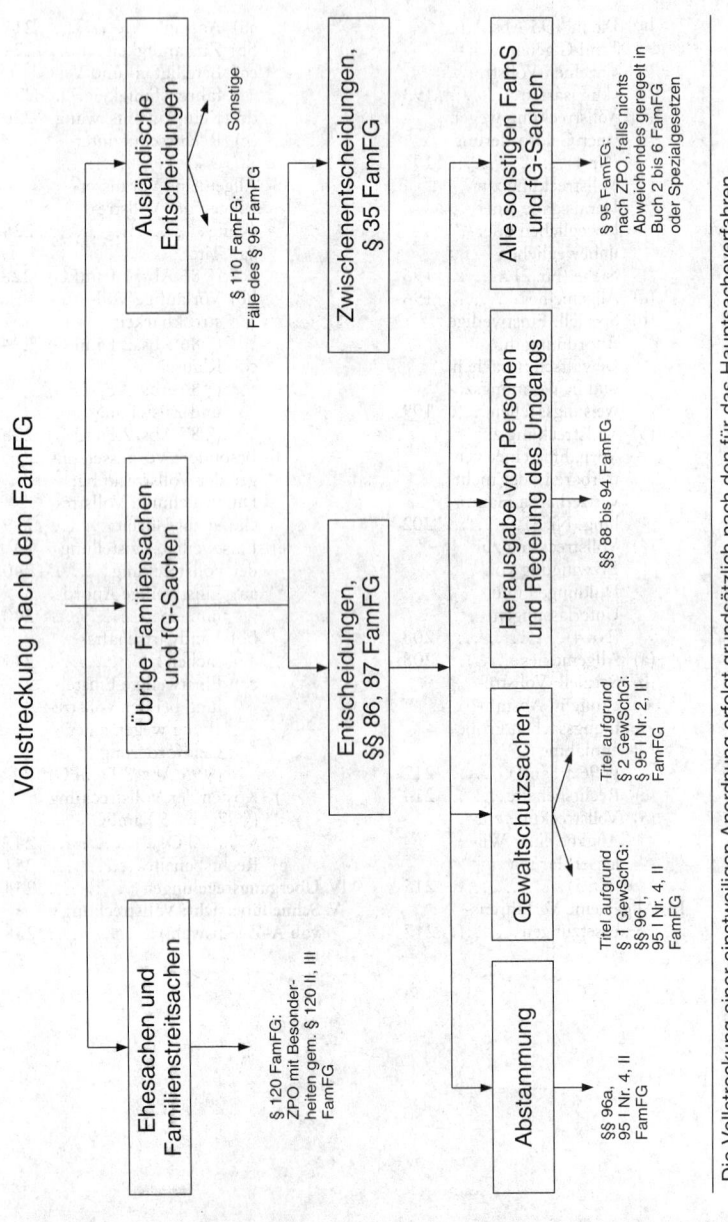

I. Einführung

Wie sich bereits aus der Bezeichnung des Gesetzes ergibt, gilt das FamFG nicht nur für Familiensachen, sondern auch in Angelegenheiten der freiwilligen Gerichtsbarkeit. Dabei ist die Bezeichnung insoweit etwas irreführend, als es sich bei einer Reihe von Familiensachen ebenfalls um Angelegenheiten der freiwilligen Gerichtsbarkeit handelt. Deshalb hat das Gesetz für alle Angelegenheiten, die nicht unter den Begriff der **Angelegenheiten in der freiwilligen Gerichtsbarkeit** fallen, in § 112 FamFG den Begriff der **Familienstreitsachen** eingeführt. Da sich diese Angelegenheiten nach der Struktur des FamFG von denen der übrigen Angelegenheiten wesentlich unterscheiden, sieht das Gesetz für diese in weiten Bereichen die Anwendung der Vorschriften der ZPO vor, vgl §§ 113 ff FamFG. Von daher war es logisch, dass insoweit auch die Vollstreckung grds. entsprechend den Vorschriften der ZPO über die Zwangsvollstreckung erfolgt, § 120 FamFG.

Für die Vollstreckung der übrigen im FamFG geregelten Angelegenheiten steht dagegen keine einheitliche Regelung zur Verfügung. Es ist vielmehr nach Grund und Gegenstand der Vollstreckung zu unterscheiden.

Das FamFG differenziert hinsichtlich der nicht zu den Familienstreitsachen gehörenden Verfahren zunächst zwischen der Vollstreckung von Zwangsmitteln gem. § 35 FamFG betreffend **verfahrensleitende Entscheidungen** einerseits sowie der Vollstreckung nach den §§ 86, 95 FamFG andererseits, die auf **Endentscheidungen** im Sinne der Legaldefinition des § 38 FamFG Anwendung finden. Auch die Vollstreckung von Endentscheidungen erfolgt jedoch nicht einheitlich, sondern es wird weiter differenziert. Das soll die vorstehende Übersicht verdeutlichen.

Zum besseren Verständnis der Vollstreckung wird daher hier auf eine isolierte Kommentierung der einzelnen FamFG-Paragrafen verzichtet. Stattdessen werden die Voraussetzungen der Vollstreckung in den Hauptanwendungsbereichen ähnlich einem der folgenden Schwerpunktbeiträge zusammenfassend dargestellt, wobei jeweils angeführt wird, welche Vorschrift(en) des FamFG bzw der ZPO Anwendung finden.

Am Ende der Darstellung findet sich ein **Vollstreckungs-ABC** (s. Rn 258). Dies soll dazu dienen, die maßgeblichen Vorschriften anhand der zu vollstreckenden Ansprüche schnell herauszufinden, wobei sich die Einzelheiten dann aus den jeweils angegebenen Randnummern (Rn) ergeben.

Zu beachten ist schließlich, dass die **Terminologie** des FamFG von derjenigen der ZPO abweicht: Die Endentscheidung ergeht nicht als Urteil, sondern stets als **Beschluss** (§§ 38 Abs. 1, 95 Abs. 2 FamFG), der Gläubiger heißt hier „**Berechtigter**", der Schuldner ist ein „**Verpflichteter**", die Klage wird als „**Antrag**" bezeichnet, so dass es im Bereich des FamFG zB „Vollstreckungsgegenantrag" (§ 767 ZPO), „Drittwiderspruchsantrag" (§ 771 ZPO) und „Vorzugsantrag" (§ 805 ZPO) heißt.

II. Vollstreckung verfahrensleitender Entscheidungen (§ 35 FamFG)

1. Allgemeines und Anwendungsbereich. Während im ZPO-Verfahren über die Beweislastregeln oder Präklusionsvorschriften die Folgen nicht oder nicht rechtzeitiger Mitwirkung die Partei selbst treffen, stellt dies im FamFG keine ausreichende Sanktion dar, wenn die Tätigkeit des Gerichts von Amts wegen (§ 26 FamFG) erfolgt. Das Gericht ist dann oft auf die Mithilfe der Beteiligten angewiesen. Ob und inwieweit **Verpflichtungen zur Mitwirkung** bestehen, ergibt sich nicht aus § 35 FamFG, sondern aus einzelnen Vorschriften des FamFG bzw anderen, auch materiell-rechtlichen Vorschriften.[1] § 35 FamFG setzt solche voraus und dient nur ihrer zwangsweisen Durchsetzung, um das Verfahren zu einem sachgerechten Abschluss führen zu können.

8 Da es gerade darum geht, das laufende Verfahren erst zu einem Abschluss bringen zu können, findet § 35 FamFG auf **Endentscheidungen** iSv § 38 FamFG und deren Vollstreckung **keine** Anwendung, weil in diesen Fällen das Erkenntnisverfahren bereits beendet ist. Die Vollstreckung von Endentscheidungen richtet sich nach den §§ 86–96 a FamFG.[2]

9 Ebenfalls **keine** Anwendung findet § 35 FamFG in **Ehesachen und Familienstreitsachen**, weil für diese Verfahren weitgehend die ZPO gilt, § 113 Abs. 1 FamFG.

10 „**Etwas anderes bestimmt**" wird iSv § 35 Abs. 1 S. 1 FamFG u.a.[3] in folgenden Fällen:

- § 30 Abs. 1 FamFG iVm §§ 142, 378, 380, 390, 409 ZPO (Nichtvorlage von Urkunden, Nichterscheinen von Zeugen/Sachverständigen, Zeugnis- bzw Gutachtenverweigerung);
- § 33 Abs. 3 FamFG (Nichtbefolgung des persönlichen Erscheinens);
- § 235 Abs. 4 FamFG (Auskunftspflicht der Beteiligten in Unterhaltssachen);
- § 278 Abs. 5 FamFG (Vorführung des trotz Anordnung nicht erschienenen Betroffenen);
- § 291 S. 3 FamFG (Überprüfung der durch Verein/Behörde vorgenommenen Betreuerauswahl);
- §§ 388–392 FamFG (Zwangsgeldverfahren in Registersachen);
- § 1667 Abs. 3 S. 4 BGB (Sicherheitsleistung für Kindesvermögen);

11 Ohne Bedeutung ist es, ob das Verfahren, in dem die gerichtliche Anordnung ergeht, auf Antrag oder von Amts wegen eingeleitet worden ist.[4]

12 **2. Voraussetzungen der Verhängung von Zwangsmitteln.** § 35 FamFG regelt – nur – die Durchsetzung gerichtlicher Anordnungen der Verpflichtung zur Vornahme oder Unterlassung einer Handlung. Da in Endentscheidungen enthaltene entsprechende Verpflichtungen ausscheiden (s. Rn 8), betrifft die Vorschrift nur sog. verfahrensleitende Entscheidungen. Die **Abgrenzung** von Endentscheidungen und verfahrensleitenden Entscheidungen ist dabei nicht immer einfach. Als **verfahrensleitende Entscheidungen** kommen beispielsweise[5] in Betracht:

- § 220 FamFG (Auskunftspflicht in Versorgungsausgleichssachen);
- § 285 FamFG (Ablieferung einer Betreuungsverfügung oder der Abschrift einer Vorsorgevollmacht);
- § 358 FamFG (Ablieferung von Testamenten);
- §§ 404 und 405 Abs. 2 FamFG (Aushändigung von Unterlagen bei der Dispache);
- § 1640 BGB (Vorlegung eines Verzeichnisses über das von Todes wegen erworbene Vermögen des Kindes);
- § 82 GBO (Zwangsberichtigung des Grundbuchs);

---

1 Vgl BVerfG FamRZ 2004, 523, 524; OLG Naumburg FamRZ 2006, 282; MüKo-ZPO/*Ulrici*, § 35 FamFG Rn 5.
2 OLG Celle FamRZ 2010, 1593.
3 Weitere Fälle bei Keidel/*Zimmermann*, § 35 FamFG Rn 9, 22 ff.
4 Vgl BT-Drucks. 16/6308, S. 193.
5 Weitere Beispiele bei Keidel/*Zimmermann*, § 35 FamFG Rn 8.

2. Voraussetzungen der Verhängung von Zwangsmitteln FamFG

- §§ 1788, 1915 BGB (nur Zwangsgeld zwecks Übernahme der Vormundschaft/Pflegschaft);
- §§ 1837 Abs. 3, 1915 BGB (nur Zwangsgeld zur Befolgung gerichtlicher Anordnungen gegen Vormund/Pfleger).

Verpflichtet sein können **Beteiligte** iSv § 7 FamFG, aber auch **Dritte**, wie zB bei 13 der Auskunftspflicht im Versorgungsausgleichsverfahren gem. § 220 FamFG. Ausgeschlossen sind damit Handlungen, die das Gericht selbst vornehmen muss, wie zB Eintragungen in öffentliche Register oder das Grundbuch. Insoweit kommen allerdings die Verpflichtungen in Betracht, die dem Gericht ermöglichen, diese Eintragungen vorzunehmen.

Die **gerichtliche Anordnung**, die die Verpflichtung beinhaltet, kann als **Verfügung** 14 oder als **Beschluss** ergehen. In ihr müssen – wie bei allen Vollstreckungstiteln – der Verpflichtete sowie die vorzunehmende oder zu unterlassende Verpflichtung **ausreichend konkretisiert** sein. In Versorgungsausgleichssachen muss im Rahmen von Kontenklärungen beispielsweise genau angegeben werden, zu welchen Zeiten noch Auskünfte erforderlich und welche Unterlagen vorzulegen sind.[6] ZB genügt allein die Auflage, „Fehlzeiten aufzuklären", nicht.[7]

Wirksam wird die Anordnung gem. §§ 15, 40 FamFG grds. mit der **Bekanntgabe** 15 an den, den die Verpflichtung zur Vornahme oder Unterlassung trifft. Nach § 15 Abs. 2 S. 1 FamFG kann die Bekanntgabe durch **Zustellung** nach den §§ 166–195 ZPO oder dadurch bewirkt werden, dass das Schriftstück unter der Anschrift des Adressaten zur Post gegeben wird. Um feststellen zu können, dass der Adressat die für die Verhängung von Zwangsmitteln notwendige Kenntnis von seiner Verpflichtung hatte, sollte die förmliche Zustellung gewählt werden. Andernfalls gilt § 15 Abs. 2 S. 2 FamFG, wonach bei einer Bekanntgabe im Inland das Schriftstück **drei Tage nach Aufgabe zur Post als bekannt gegeben gilt**, wenn nicht der Beteiligte glaubhaft macht, dass ihm das Schriftstück nicht oder erst zu einem späteren Zeitpunkt zugegangen ist.

Mit der Bekanntgabe der die Verpflichtung enthaltenden Anordnung muss der 16 Adressat auf die **Folgen einer Zuwiderhandlung** gegen die Anordnung **hingewiesen** werden (§ 35 Abs. 2 FamFG). Der Hinweis ist zwingend notwendig, damit die angeführten Zwangsmittel auch festgesetzt werden können. Da der Sinn der Vorschrift darin liegt, dem Verpflichteten vor Augen zu führen, welche Folgen die Zuwiderhandlungen haben können, muss es ausreichen, dass der Hinweis unter genauer Bezugnahme auf die bereits ergangene gerichtliche Anordnung **auch nachträglich** erfolgt,[8] wobei dann aber nur solche Zuwiderhandlungen mit Zwangsmitteln geahndet werden können, die nach Zugang des Hinweises begangen worden sind. Die Zulässigkeit eines nachträglichen Hinweises ergibt sich auch daraus, dass immer dann, wenn bereits ein Zwangsmittel festgesetzt worden war und nunmehr wegen weiterer Zuwiderhandlung gegen dieselbe Verpflichtung erneut Zwangsmittel verhängt werden sollen, ein **neuer Hinweis** notwendig ist. Die **Androhung** der Zwangsmittel ist nicht vorgesehen, sie ist aber auch nicht anfechtbar.[9]

Der **Hinweis** auf die Folgen einer Zuwiderhandlung muss **ausreichend konkret** 17 sein. Ungenügend ist ein Hinweis, bei Zuwiderhandlungen könnten Zwangsmittel/Zwangsmaßnahmen verhängt werden. Es müssen die Art des Zwangsmittels

---

6 OLG Bamberg FamRZ 2014, 1092; OLG Hamm FamRZ 2014, 1658.
7 OLG Hamm FamRZ 2014, 1658.
8 OLG Naumburg 6.8.2014 – 8 WF 176/14; Keidel/*Zimmermann*, § 35 FamFG Rn 15; Prütting/Helms/*Hammer*, § 35 FamFG Rn 13; aA Hk-FamVerfR/*Schreiber*, § 35 FamFG Rn 17.
9 BGH FamRZ 2012, 1204.

(Zwangsgeld, Zwangshaft) sowie die Höhe angegeben werden, wobei entweder eine bestimmte Höhe anzugeben ist oder das Höchstmaß mitzuteilen ist.[10] Ausreichend ist daher:

▶ Bei Zuwiderhandlung gegen die o.a. Verpflichtung kann Zwangsgeld in Höhe von 500 € (alternativ: bis zu 25.000 €), für den Fall, dass dieses nicht beigetrieben werden kann, Zwangshaft, oder Zwangshaft bis zu sechs Monaten festgesetzt werden. ◀

Zum sofortigen Hinweis auf Zwangshaft s. auch Rn 27.

18 Wird **fälschlicherweise** auf die mögliche Festsetzung von „**Ordnungsgeld**" oder „**Ordnungshaft**" hingewiesen, ist dies unschädlich. Denn der Hinweis soll dem Schuldner nur die möglichen Folgen eines Verstoßes vor Augen führen.[11]

19 Unschädlich ist ferner der Hinweis auf einen **zu hohen Betrag**, weil in einem solchen Fall noch weniger als bei dem Hinweis auf den zulässigen Betrag die Gefahr besteht, der Schuldner werde die Bedeutung des Hinweises unterschätzen.[12]

20 Es darf aber im Übrigen kein höherer Betrag oder keine andere Art des Zwangsmittels festgesetzt werden als das, worauf als mögliche Folge hingewiesen worden ist. Wurde lediglich auf „Zwangsgeld bis zu 500 €" hingewiesen, kann weder ein höherer Betrag als 500 € noch Zwangshaft festgesetzt werden.

21 Auf die Möglichkeiten der Anordnung von Maßnahmen nach § 35 Abs. 4 FamFG muss nicht hingewiesen werden. Insoweit genügt die gem. § 35 Abs. 4 S. 2 FamFG iVm § 891 S. 2 ZPO notwendige **Anhörung**.[13]

22 Ist bereits ein Zwangsmittel festgesetzt worden, muss vor der Festsetzung eines **weiteren** Zwangsmittels wiederum ein entsprechender Hinweis erfolgen.

23 **3. Festsetzung von Zwangsmitteln.** Um Zwangsmittel festsetzen zu können, muss das Gericht **von Amts wegen feststellen**, dass

- eine hinsichtlich der Person und dem Inhalt nach ausreichend bestimmte Verpflichtung vorliegt,
- durch den Verpflichteten eine Zuwiderhandlung begangen worden ist,
- diese Zuwiderhandlung nach Erteilung des notwendigen Hinweises (s. Rn 16 f) erfolgt ist,
- die Erfüllung der Verpflichtung noch erforderlich ist und
- die Erfüllung der Verpflichtung dem Verpflichteten (noch) möglich ist.

24 Liegen diese Voraussetzungen vor, steht es im pflichtgemäßen **Ermessen** des Gerichts, ob es überhaupt ein Zwangsmittel und, wenn ja, welches festsetzt. Eine **Festsetzung** setzt voraus, dass die Erfüllung der Verpflichtung für das weitere Verfahren noch **erforderlich** ist. Hat das Gericht beispielsweise auf andere Weise die angeforderte Auskunft erhalten, darf trotz der Nichterfüllung der Verpflichtung kein Zwangsmittel mehr festgesetzt werden, weil der mit der Anordnung der Verpflichtung verfolgte Zweck (hier: Sachaufklärung) weggefallen ist und damit auch die Grundlage für die Verhängung von Zwangsmitteln. Die Erfüllung der Verpflichtung muss dem Verpflichteten auch (noch) **möglich** sein.[14]

---

10 OLG Bamberg FamRZ 2014, 1092; OLG Brandenburg MDR 2014, 1092.
11 Zur Androhung von Ordnungs- statt von Zwangsmitteln s. BGH NJW 2004, 506.
12 BGH NJW 2004, 506.
13 MüKo-ZPO/*Ulrici*, § 35 FamFG Rn 10; aA Hk-FamVerfR/*Schreiber*, § 35 FamFG Rn 19.
14 Zur entsprechenden Problematik bei § 888 ZPO vgl Zöller/*Stöber*, § 888 ZPO Rn 11.

Die Zuwiderhandlung muss **schuldhaft** erfolgt sein.[15] Das Gericht kann jedoch von einem schuldhaften Verhalten ausgehen, wenn der Verpflichtete einer Auflage des Gerichts ohne Begründung nicht nachkommt.

Die **Festsetzung** erfolgt durch einen mit Gründen, einer Rechtsbehelfsbelehrung und einer Kostenentscheidung versehenen **Beschluss** (vgl § 35 Abs. 1 S. 1 FamFG).

Festsetzen kann das Gericht nach pflichtgemäßem Ermessen **Zwangsgeld, ersatzweise Zwangshaft oder Zwangshaft** (vgl **§ 35 Abs. 1 S. 1–3 FamFG**). Dabei ist es aber an diejenigen Zwangsmittel der Art und Höhe nach gebunden, auf die es zuvor als Folge einer Zuwiderhandlung hingewiesen hat (s. Rn 20). In der Regel wird bei erstmaliger Zuwiderhandlung nur die Verhängung von Zwangsgeld, ersatzweise Zwangshaft, verhältnismäßig sein. Die Ersatzzwangshaft („ersatzweise je ... € einen Tag Haft") errechnet sich gewöhnlich aus einem 1/30 des Nettoeinkommens, kann im Einzelfall, insb. bei engen finanziellen Verhältnissen, aber auch anders bemessen werden. Jedoch ist, wie sich insb. auch aus § 35 Abs. 1 S. 3 FamFG ergibt, die Festsetzung von Zwangshaft nicht erst möglich, wenn zuvor Zwangsgeld festgesetzt worden war. Deshalb sollte bei engen finanziellen Verhältnissen des Verpflichteten (Verfahrenskostenhilfe) nach entsprechendem Hinweis sofort Zwangshaft festgesetzt werden.

Die **Höhe** des einzelnen Zwangsgeldes beträgt mindestens 5 € (Art. 6 Abs. 1 EGStGB), das Höchstmaß 25.000 € (§ 35 Abs. 3 S. 1 FamFG). Die Dauer der Zwangshaft kann von einem Tag (Art. 6 Abs. 1 EGStGB) **bis zu sechs Monaten** (§ 35 Abs. 3 S. 3 FamFG iVm § 802 j Abs. 1 ZPO) betragen.

Die Zwangsmittel können auch **wiederholt festgesetzt** werden, wenn zuvor ein erneuter Hinweis (s. Rn 22) erfolgt und das bereits festgesetzte Zwangsgeld gezahlt worden ist oder jedenfalls die Beitreibung versucht worden ist.[16] Dafür gilt die Höchstgrenze des § 35 Abs. 3 S. 1 FamFG nicht, weil diese nur das einzelne Zwangsgeld betrifft. Die Summe aller wegen Nichterfüllung derselben Verpflichtung festgesetzter Zwangsgelder kann daher 25.000 € übersteigen.[17] Auch bei wiederholter Festsetzung darf die Zwangshaft insgesamt nicht mehr als sechs Monate betragen.

Der Zwangsmittelbeschluss ist dem Verpflichteten **bekannt zu machen** (§§ 15 Abs. 2, 40, 41 FamFG), wobei sich im Hinblick auf die evtl nachfolgende Vollstreckung eine förmliche Zustellung empfiehlt.

Die **Vollstreckung** des **Zwangsgeldes** erfolgt gem. § 1 Abs. 1 Nr. 3 JBeitrO von Amts wegen.[18]

Auf den ebenfalls von Amts wegen erfolgenden **Vollzug der Zwangshaft** finden gem. § 35 Abs. 3 S. 3 FamFG die §§ 802 g Abs. 1 Satz 2 und Abs. 2, 802 h und 802 j Abs. 1 ZPO entsprechende Anwendung (s. dazu die Erläuterungen zu den einzelnen Vorschriften).

4. Zusätzliche Möglichkeiten bei Verpflichtung zur Herausgabe, Vorlage oder Vornahme (§ 35 Abs. 4 FamFG). Um die Flexibilität und Effektivität der Vollstreckung zu erhöhen, aber auch um Abgrenzungsschwierigkeiten zwischen vertretbaren und unvertretbaren Handlungen zu vermeiden, sieht das Gesetz in § 35 Abs. 4 S. 1 FamFG – ähnlich dem § 95 Abs. 4 FamFG – vor, dass das Gericht

---

15 OLG Naumburg FamRZ 2013, 158; Keidel/*Zimmermann*, § 35 FamFG Rn 39 mwN; Hk-FamVerfR/*Schreiber*, § 35 FamFG Rn 10.
16 Keidel/*Zimmermann*, § 35 FamFG Rn 48; OLG Celle FamRZ 2005, 1575.
17 BGH Rpfleger 2005, 468.
18 Zu Einzelheiten s. NK-GK/*Giers*, § 1 JBeitrO Rn 6 und § 2 JBeitrO Rn 5.

nach seinem pflichtgemäßem Ermessen **neben oder anstelle** der Anordnungen nach den Abs. 1 und 2

- die Herausgabe oder Vorlage einer beweglichen Sache bei dem Verpflichteten gem. §§ 883, 886 ZPO oder
- die Ersatzvornahme bei einer vertretbaren Handlung gem. § 887 ZPO

anordnen kann. § 888 ZPO ist nicht anwendbar, weil diese Vorschrift durch § 35 Abs. 1 FamFG verdrängt wird. Die Herausgabe kommt beispielsweise hinsichtlich des Testaments, einer Betreuungsverfügung oder Aushändigung von Unterlagen bei der Dispache in Betracht, die Vorlage bei einer Vorsorgevollmacht. Die Ersatzvornahme kann zB zur Erstellung einer Inventarliste (§§ 1640, 1802 Abs. 3 BGB) oder Rechnungslegung erfolgen.

34 Das Gericht muss im Falle des § 35 FamFG auch aus Gründen der **Verhältnismäßigkeit abwägen**, welche der Möglichkeiten – nur Zwangsmittel nach Abs. 1, nur die Vollstreckung nach Abs. 4 oder beides nebeneinander – es anwenden will. Dabei wird es u.a. berücksichtigen müssen, ob ein Nebeneinander notwendig und welche der Maßnahmen schneller und welche kostengünstiger ist. So erreicht die Erstellung einer Inventarliste durch einen Notar nur dann ihren vollen Sinn, wenn das gesamte Inventar erfasst wird. Der Verpflichtete muss daher ggf zusätzlich durch Zwangsgeld angehalten werden zu erklären, wo sich weiteres Inventar befindet.

35 Die Anordnung einer Maßnahme nach § 35 Abs. 4 FamFG erfolgt nach pflichtgemäßem Ermessen durch **Beschluss** des Gerichts, das das zugrunde liegende Verfahren betreibt. Danach richtet sich auch die funktionelle Zuständigkeit (Richter oder Rechtspfleger). Vor dem Erlass ist dem Verpflichteten **rechtliches Gehör** zu gewähren (§ 35 Abs. 4 S. 2 FamFG iVm § 891 S. 2 ZPO). Eines Hinweises gem. § 35 Abs. 2 FamFG bedarf es nicht (s. Rn 21). Der Beschluss enthält eine **Kostenentscheidung**, die sich gem. § 35 Abs. 4 S. 2 FamFG iVm § 891 S. 3 ZPO nach den §§ 91–93, 95–100, 106, 107 ZPO richtet. Er ist ferner mit einer **Rechtsbehelfsbelehrung** zu versehen und dem Verpflichteten bekannt zu machen (§§ 15 Abs. 2, 40, 41 FamFG), wobei sich im Hinblick auf die evtl nachfolgende Vollstreckung eine **förmliche Zustellung** empfiehlt.

36 Die **Vollstreckung** seiner Entscheidung wird durch das Gericht selbst veranlasst und erfolgt stets von Amts wegen nach den Regeln der ZPO. Die **Herausgabevollstreckung** geschieht also durch Beauftragung des Gerichtsvollziehers, der dem Verpflichteten die Sache wegnimmt. Findet er sie nicht vor, muss der Verpflichtete die **eidesstattliche Versicherung** gem. § 883 Abs. 2 ZPO abgeben, dass er die Sache nicht in Besitz habe und auch nicht wisse, wo sie sich befinde. Diese eidesstattliche Versicherung ist auch nach dem Gesetz zur Reform der Sachaufklärung in der Zwangsvollstreckung[19] noch vorgesehen. Gibt der Verpflichtete an, dass ein konkreter Dritter die Sache besitzt, muss das Gericht gegen diesen gem. § 35 Abs. 1 und 4 FamFG vorgehen. Die Vollstreckung gem. § 886 ZPO durch einen Pfändungs- und Überweisungsbeschluss hinsichtlich des Anspruchs des Verpflichteten gegen den Dritten auf Herausgabe zur Einziehung passt nicht für die Vollstreckung nach § 35 FamFG.[20]

37 Bei einer vertretbaren Handlung zur Erstellung eines Vermögensverzeichnisses beauftragt das Gericht zB einen Notar mit der Erstellung. Die Regelung über einen Kostenvorschuss bei der Ersatzvornahme (§ 887 Abs. 2 ZPO) findet keine Anwendung, weil diese Möglichkeit auf die besondere Situation zwischen Gläu-

---

19 Vom 29.7.2009 (BGBl. I S. 2258), geändert durch Art. 18 des Gesetzes vom 23.5.2011 (BGBl. I S. 898, 919).
20 Keidel/*Zimmermann*, § 35 FamFG Rn 57.

biger und Schuldner zugeschnitten ist. Leistet der Verpflichtete bei der Vollstreckung einer vertretbaren Handlung Widerstand, kann das Gericht gem. § 892 ZPO einen Gerichtsvollzieher hinzuziehen, der dann nach §§ 758 Abs. 3, 759 ZPO verfährt.[21]

5. Kosten (§ 35 Abs. 3 S. 2, Abs. 4 S. 2 FamFG). Mit der Festsetzung eines Zwangsmittels sind dem Verpflichteten zugleich die Kosten des **Festsetzungsverfahrens** aufzuerlegen (§ 35 Abs. 3 S. 1 FamFG; Kostengrundentscheidung). Hierauf finden die Vorschriften der §§ 81 f FamFG Anwendung. 38

Infolge der Verweisung in § 35 Abs. 4 S. 2 FamFG auf § 891 ZPO, dessen S. 3 für die Kostenentscheidung wiederum auf die §§ 91–93, 95–100, 106, 107 ZPO verweist, sind mit der Anordnung einer Maßnahme gem. §§ 883, 886, 887 ZPO dem Verpflichteten nach § 91 Abs. 1 ZPO die Kosten dieses Anordnungsverfahrens aufzuerlegen (Kostengrundentscheidung). 39

An **Gerichtskosten** fallen gem. Nr. 1502 KV FamGKG/Nr. 17006 KV GNotKG eine Gebühr von 20 € sowie Auslagen gem. Nr. 2000 ff KV FamGKG/Nr. 31000 ff KV GNotKG für jede Anordnung an. Beschwerde: Nr. 1912 KV FamGKG/Nr. 19116 KV GNotKG; Rechtsbeschwerde: Nr. 1923 KV FamGKG/Nr. 19128 KV GNotKG. 40

Die Kosten, die aus der zwangsweisen Durchführung der Beschlüsse entstehen, trägt der Verpflichtete gem. § 24 Nr. 4 FamGKG/§ 27 Nr. 4 GNotKG, ohne dass dies einer ausdrücklichen Anordnung bedarf.[22] 41

Für den **Rechtsanwalt** fallen für das Zwangsmittelverfahren, das eine besondere Angelegenheit gem. § 18 Abs. 1 Nr. 21 RVG darstellt, Gebühren gem. Vorbem. 3.3.3 Nr. 2 VV RVG an, deren Höhe sich aus Nr. 3309, 3310 VV RVG ergibt. 42

6. Rechtsbehelfe. Ob die eine **Verpflichtung nach § 35 Abs. 1 FamFG** aussprechenden **Anordnungen** selbständig angreifbar sind, richtet sich nach den ihnen zugrunde liegenden Normen und danach, ob es sich dabei um eine Endentscheidung iSv §§ 38, 58 FamFG oder eine selbständig anfechtbare Zwischenentscheidung handelt.[23] 43

Der **Hinweis** gem. § 35 Abs. 2 FamFG – gleich, ob er zusammen mit der Anordnung ergeht oder nachträglich – ist nicht selbständig anfechtbar, weil er einerseits keine Endentscheidung ist und andererseits als Nebenentscheidung nur aufgrund ausdrücklicher gesetzlicher Regelung anfechtbar wäre, die jedoch nicht besteht.[24] Erfolgt fälschlich die Androhung der Zwangsmittel, so ist diese ebenfalls nicht anfechtbar (s. Rn 16). 44

Sowohl der **Zwangsmittel festsetzende Beschluss** gem. § 35 Abs. 1 FamFG als auch der eine **Maßnahme nach § 35 Abs. 4 FamFG** anordnende Beschluss kann gem. § 35 Abs. 5 FamFG in entsprechender Anwendung der §§ 567–572 ZPO mit der **sofortigen Beschwerde** angefochten werden. Die Beschwerdefrist beträgt gem. § 569 ZPO zwei Wochen. **Anwaltszwang** besteht hierfür auch im Scheidungsverbund nicht, weil die Festsetzung eines Zwangsgeldes nicht unmittelbar die Folgesache betrifft, sondern die persönlichen Verhältnisse der Beteiligten.[25] Die sofortige Beschwerde hat, soweit sie sich gegen die Festsetzung von Zwangsmitteln richtet, gemäß dem anwendbaren § 570 ZPO aufschiebende Wirkung; dies gilt jedoch nicht für die Anordnung von Maßnahmen nach § 35 Abs. 4 45

---

21 BeckOK-FamFG/*Burschel*, § 35 FamFG Rn 27; aA Keidel/*Zimmermann*, § 35 FamFG Rn 61.
22 BayObLGZ 1968, 164.
23 OLG Zweibrücken FamRZ 2011, 1089; aA Keidel/*Zimmermann*, § 35 FamFG Rn 65.
24 BGH FamRZ 2012, 1204; OLG München FGPrax 2013, 109.
25 OLG Oldenburg FamRZ 2013, 649.

FamFG, weil diese keine Zwangsmittel sind. Der Verpflichtete kann jedoch gem. § 570 Abs. 2 und 3 ZPO einen Antrag auf Aussetzung der Vollziehung stellen. Die Entscheidung erfolgt durch den Einzelrichter, § 35 Abs. 5 FamFG, § 568 ZPO.[26] Zur Frage der Zulässigkeit einer Rechtsbeschwerde s. Rn 188.

46 **7. Aufhebung der Zwangsmittel.** Wenn der Verpflichtete gegen den Zwangsmittelbeschluss sofortige Beschwerde eingelegt hat und seine Verpflichtung erfüllt, sind die festgesetzten Zwangsmittel aufzuheben.[27] Der Verpflichtete hat jedoch weiterhin die Kosten des Festsetzungsverfahrens zu tragen (s. Rn 38).[28] Die Aufhebung ist auch im Wege der Abhilfe möglich.[29] Nach Rechtskraft des Zwangsmittelbeschlusses kommt eine Aufhebung nicht mehr in Betracht (str).[30] Das Gericht sollte jedoch von einer Vollstreckung absehen.

III. Vollstreckung von Endentscheidungen

47 **1. Vollstreckung in Ehesachen und Familienstreitsachen (§ 120 FamFG). a) Grundsätzliche Anwendbarkeit der ZPO (§ 120 Abs. 1 FamFG).** § 113 FamFG verweist für Ehesachen und Familienstreitsachen weitgehend auf bestimmte Normen der ZPO und erklärt insoweit im Einzelnen aufgeführte Vorschriften des **FamFG** für **nicht anwendbar**, darunter auch die Regelungen über die Vollstreckung in den §§ 86–96 FamFG. An deren Stelle tritt **§ 120 FamFG**, der in Abs. 1 für die Vollstreckung in Ehesachen und Familienstreitsachen ebenfalls auf die **Vorschriften der ZPO über die Zwangsvollstreckung** verweist.

48 **Ehesachen** sind gem. § 121 FamFG Verfahren auf

- Scheidung der Ehe (Scheidungssachen) (Nr. 1),
- Aufhebung der Ehe (Nr. 2) und
- Feststellung des Bestehens oder Nichtbestehens einer Ehe zwischen den Beteiligten (Nr. 3).

49 Diesen stehen gem. § 270 FamFG gleich die entsprechenden Verfahren in **Lebenspartnerschaftssachen** gem. § 269 Abs. 1 S. 1 FamFG auf

- Aufhebung der Lebenspartnerschaft aufgrund des Lebenspartnerschaftsgesetzes (Nr. 1),
- Feststellung des Bestehens oder Nichtbestehens einer Lebenspartnerschaft (Nr. 2).

50 Bei den in Ehesachen bzw den genannten Lebenspartnerschaftssachen ergehenden **Endentscheidungen** handelt es sich um **Gestaltungsentscheidungen**. Diese gestalten mit Rechtskraft der Entscheidung die materielle Rechtslage ipso jure um, so dass sie keiner Vollstreckung bedürfen. Die Verweisung auf die ZPO kann sich daher nur auf die Kostenentscheidung beziehen, in der Hauptsache kommt eine Vollstreckung nicht in Betracht.

51 **Familienstreitsachen** sind nach der Legaldefinition in § 112 FamFG:

- Unterhaltssachen nach § 231 Abs. 1 FamFG und Lebenspartnerschaftssachen nach § 269 Abs. 1 Nr. 8 und 9 FamFG (Nr. 1),
- Güterrechtssachen nach § 261 Abs. 1 FamFG und Lebenspartnerschaftssachen nach § 269 Abs. 1 Nr. 10 FamFG (Nr. 2) sowie

---

26 OLG Hamm FGPrax 2010, 276; OLG Frankfurt 22.3.2011 – 20 W 425/10, juris.
27 OLG Frankfurt FGPrax 2011, 322; OLG Schleswig FamRZ 2012, 729.
28 OLG Schleswig FamRZ 2012, 729.
29 Keidel/*Zimmermann*, § 35 FamFG Rn 49.
30 Keidel/*Zimmermann*, § 35 FamFG Rn 49; aA LG Kassel FamRZ 2011, 829.

- sonstige Familiensachen nach § 266 Abs. 1 FamFG und Lebenspartnerschaftssachen nach § 269 Abs. 2 FamFG.

Die maßgeblichen Vorschriften lauten:

§ 231 FamFG Unterhaltssachen

(1) Unterhaltssachen sind Verfahren, die

1. die durch Verwandtschaft begründete gesetzliche Unterhaltspflicht,
2. die durch Ehe begründete gesetzliche Unterhaltspflicht,
3. die Ansprüche nach § 1615 l oder § 1615 m des Bürgerlichen Gesetzbuchs

betreffen.

(2) ...

§ 261 FamFG Güterrechtssachen

(1) Güterrechtssachen sind Verfahren, die Ansprüche aus dem ehelichen Güterrecht betreffen, auch wenn Dritte an dem Verfahren beteiligt sind.

(2) ...

§ 266 FamFG Sonstige Familiensachen

(1) Sonstige Familiensachen sind Verfahren, die

1. Ansprüche zwischen miteinander verlobten oder ehemals verlobten Personen im Zusammenhang mit der Beendigung des Verlöbnisses sowie in den Fällen der §§ 1298 und 1299 des Bürgerlichen Gesetzbuchs zwischen einer solchen und einer dritten Person,
2. aus der Ehe herrührende Ansprüche,
3. Ansprüche zwischen miteinander verheirateten oder ehemals miteinander verheirateten Personen oder zwischen einer solchen und einem Elternteil im Zusammenhang mit Trennung oder Scheidung oder Aufhebung der Ehe,
4. aus dem Eltern-Kind-Verhältnis herrührende Ansprüche oder
5. aus dem Umgangsrecht herrührende Ansprüche

betreffen, sofern nicht die Zuständigkeit der Arbeitsgerichte gegeben ist oder das Verfahren eines der in § 348 Abs. 1 Satz 2 Nr. 2 Buchstabe a bis k der Zivilprozessordnung genannten Sachgebiete, das Wohnungseigentumsrecht oder das Erbrecht betrifft und sofern es sich nicht bereits nach anderen Vorschriften um eine Familiensache handelt.

(2) ...

§ 269 FamFG Lebenspartnerschaftssachen

(1) Lebenspartnerschaftssachen sind Verfahren, welche zum Gegenstand haben:

1. die Aufhebung der Lebenspartnerschaft auf Grund des Lebenspartnerschaftsgesetzes,
2. die Feststellung des Bestehens oder Nichtbestehens einer Lebenspartnerschaft,
3. die elterliche Sorge, das Umgangsrecht oder die Herausgabe in Bezug auf ein gemeinschaftliches Kind,
4. die Annahme als Kind und die Ersetzung der Einwilligung zur Annahme als Kind,
5. Wohnungszuweisungssachen nach § 14 oder § 17 des Lebenspartnerschaftsgesetzes,
6. Haushaltssachen nach § 13 oder § 17 des Lebenspartnerschaftsgesetzes,
7. den Versorgungsausgleich der Lebenspartner,
8. die gesetzliche Unterhaltspflicht für ein gemeinschaftliches minderjähriges Kind der Lebenspartner,

9. die durch die Lebenspartnerschaft begründete gesetzliche Unterhaltspflicht,
10. Ansprüche aus dem lebenspartnerschaftlichen Güterrecht, auch wenn Dritte an dem Verfahren beteiligt sind,
11. Entscheidungen nach § 6 des Lebenspartnerschaftsgesetzes in Verbindung mit § 1365 Abs. 2, § 1369 Abs. 2 und den §§ 1382 und 1383 des Bürgerlichen Gesetzbuchs,
12. Entscheidungen nach § 7 des Lebenspartnerschaftsgesetzes in Verbindung mit den §§ 1426, 1430, 1452 des Bürgerlichen Gesetzbuchs oder mit § 1519 des Bürgerlichen Gesetzbuchs und Artikel 5 Absatz 2, Artikel 12 Absatz 2 Satz 2 oder Artikel 17 des Abkommens vom 4. Februar 2010 zwischen der Bundesrepublik Deutschland und der Französischen Republik über den Güterstand der Wahl-Zugewinngemeinschaft.

(2) Sonstige Lebenspartnerschaftssachen sind Verfahren, welche zum Gegenstand haben:
1. Ansprüche nach § 1 Abs. 4 Satz 2 des Lebenspartnerschaftsgesetzes in Verbindung mit den §§ 1298 bis 1301 des Bürgerlichen Gesetzbuchs,
2. Ansprüche aus der Lebenspartnerschaft,
3. Ansprüche zwischen Personen, die miteinander eine Lebenspartnerschaft führen oder geführt haben, oder zwischen einer solchen Person und einem Elternteil im Zusammenhang mit der Trennung oder Aufhebung der Lebenspartnerschaft,

sofern nicht die Zuständigkeit der Arbeitsgerichte gegeben ist oder das Verfahren eines der in § 348 Abs. 1 Satz 2 Nr. 2 Buchstabe a bis k der Zivilprozessordnung genannten Sachgebiete, das Wohnungseigentumsrecht oder das Erbrecht betrifft und sofern es sich nicht bereits nach anderen Vorschriften um eine Lebenspartnerschaftssache handelt.

(3) ...

52 Wegen der Rspr zu der Frage, welche Verfahren sonstige Familiensachen iSv § 266 FamFG sind, wird auf die Kommentierung dieser Vorschrift in den Kommentaren zum FamFG verwiesen.[31]

53 **Nicht** erfasst von der Verweisung in § 120 Abs. 1 FamFG sind die Regelungen betreffend **Arrest und einstweilige Verfügung** (§§ 916–945 ZPO). Diese sind zwar auch im 8. Buch der ZPO geregelt, stellen aber eigentlich keine Zwangsvollstreckung, sondern ein summarisches Erkenntnisverfahren dar. Die Vorschriften über den Arrest sind aber gem. § 119 Abs. 2 FamFG anwendbar, wohingegen sich der Ausschluss der Anwendbarkeit der Vorschriften über die einstweilige Verfügung aus § 119 Abs. 1 FamFG ergibt. An die Stelle der einstweiligen Verfügung tritt im Verfahren nach dem FamFG die **einstweilige Anordnung**. Deren Vollstreckung richtet sich wiederum nach den für das Hauptsacheverfahren geltenden Regeln. Nur für die Klausel und die Einstellung der Vollstreckung finden sich in §§ 53, 55 FamFG eigenständige Bestimmungen.

54 Die Verweisung in § 120 Abs. 1 FamFG auf die Vorschriften der ZPO über die Zwangsvollstreckung ist – bis auf die nachfolgend genannten Ausnahmen betreffend die vorläufige Vollstreckbarkeit sowie den Vollstreckungsschutz (s. Rn 72 ff) – umfassend, so dass sämtliche Normen des **8. Buches der ZPO, §§ 704–945 b, Anwendung** finden. Die Bezugnahme bezieht sich auf das gesamte Verfahren, also auch auf die Regelungen über die allgemeinen (Titel, Klausel, Zustellung) und besonderen Voraussetzungen der Zwangsvollstreckung (§§ 750, 751, 756, 765, 775, 798 ZPO), die Zuständigkeit der Vollstreckungsorgane, die Art und Weise der Vollstreckung, die Rechtsbehelfe, die Klagen (in der Terminologie des FamFG: Anträge) gem. §§ 767, 768, 771, 805 ZPO sowie die Kosten der

---

31 S. zB BeckOK-FamFG/*Schlünder*, § 266 FamFG Rn 5 ff; Keidel/*Giers*, § 266 FamFG Rn 6 ff.

Zwangsvollstreckung. Letzteres ergibt sich auch ausdrücklich aus § 1 Abs. 1 S. 1 FamGKG iVm Vorbem. 1.6 KV FamGKG.[32]

Abweichungen von den Regelungen der ZPO ergeben sich aufgrund der §§ 116, 120 Abs. 2 S. 2 und 3 FamFG. Durch diese werden die Vorschriften über die vorläufige Vollstreckbarkeit nach den §§ 704–713 ZPO ganz und die der §§ 714–719 ZPO weitgehend verdrängt. Alle gerichtlichen Entscheidungen im Rahmen der Vollstreckung sind gem. § 39 FamFG mit einer **Rechtsbehelfsbelehrung** zu versehen. 55

b) Vollstreckbarkeit von Endentscheidungen (§ 120 Abs. 2 S. 1 FamFG). aa) Endentscheidungen. Endentscheidungen sind solche, durch die der Verfahrensgegenstand ganz oder teilweise erledigt wird (§ 38 Abs. 1 S. 1 FamFG). Die Wirksamkeit anderer als Endentscheidungen (zB die Titel gem. § 794 ZPO) bestimmt sich mangels abweichender Regelung im FamFG nach der ZPO. Die **Titel des § 794 ZPO** sind daher – wie auch bisher nach der ZPO – mit Erlass bzw Entstehen vorläufig vollstreckbar, ohne dass es eines entsprechenden Ausspruchs bedarf. 56

Endentscheidungen in Ehesachen (§ 121 FamFG) wie in Familienstreitsachen (§ 112 FamFG) sind mit **Wirksamwerden vollstreckbar** (§ 120 Abs. 2 S. 1 FamFG). Hinsichtlich des Wirksamwerdens muss unterschieden werden zwischen im **Verbundverfahren** geltend gemachten Folgesachen und **isolierten Verfahren**. 57

Endentscheidungen in **Ehesachen** werden gem. § 116 Abs. 2 FamFG erst mit Rechtskraft wirksam. Die Entscheidung in der Ehesache selbst ist jedoch, da es sich um eine Gestaltungsentscheidung handelt (s. Rn 50), der Vollstreckung nicht zugänglich. In diesem Zusammenhang interessieren daher – neben der Kostenentscheidung – vor allem die Endentscheidungen in **verbundenen Folgesachen**, die nach § 148 FamFG nicht vor Rechtskraft des Scheidungsausspruchs wirksam werden. Daher wird ein Ausspruch über nachehelichen Unterhalt im Verbund erst wirksam, wenn die Rechtskraft der Scheidung eingetreten ist. Das gilt auch, falls das Gericht gem. § 116 Abs. 3 S. 2 FamFG in der Endentscheidung die sofortige Wirksamkeit der Entscheidung über den Unterhalt angeordnet hat. Diese Erklärung über die sofortige Wirksamkeit der Entscheidung bezüglich des Unterhalts bedeutet nur, dass die Entscheidung in der Folgesache vor Rechtskraft vollstreckbar ist. Das ist von Bedeutung, wenn der Scheidungsausspruch nicht angegriffen wird, also Rechtskraft bezüglich des Scheidungsausspruchs eintritt und damit das Hindernis des § 148 FamFG beseitigt ist. Die Entscheidung gem. § 116 Abs. 3 S. 2 FamFG ändert also nur die Regelung des § 116 Abs. 3 S. 1 FamFG ab, nie die des § 148 FamFG.[33] 58

Welches **Folgesachen** sind, ergibt sich aus § 137 FamFG: 59

§ 137 FamFG Verbund von Scheidungs- und Folgesachen

(1) Über Scheidung und Folgesachen ist zusammen zu verhandeln und zu entscheiden (Verbund).

(2) Folgesachen sind

1. Versorgungsausgleichssachen,

2. Unterhaltssachen, sofern sie die Unterhaltspflicht gegenüber einem gemeinschaftlichen Kind oder die durch Ehe begründete gesetzliche Unterhaltspflicht betreffen mit Ausnahme des vereinfachten Verfahrens über den Unterhalt Minderjähriger,

3. Ehewohnungs- und Haushaltssachen und

4. Güterrechtssachen,

---

32 Vgl dazu auch NK-GK/*H. Schneider*, § 1 FamGKG Rn 11.
33 *Giers*, FamRB 2015, 29.

wenn eine Entscheidung für den Fall der Scheidung zu treffen ist und die Familiensache spätestens zwei Wochen vor der mündlichen Verhandlung im ersten Rechtszug in der Scheidungssache von einem Ehegatten anhängig gemacht wird. Für den Versorgungsausgleich ist in den Fällen der §§ 6 bis 19 und 28 des Versorgungsausgleichsgesetzes kein Antrag notwendig.

(3) Folgesachen sind auch Kindschaftssachen, die die Übertragung oder Entziehung der elterlichen Sorge, das Umgangsrecht oder die Herausgabe eines gemeinschaftlichen Kindes der Ehegatten oder das Umgangsrecht eines Ehegatten mit dem Kind des anderen Ehegatten betreffen, wenn ein Ehegatte vor Schluss der mündlichen Verhandlung im ersten Rechtszug in der Scheidungssache die Einbeziehung in den Verbund beantragt, es sei denn, das Gericht hält die Einbeziehung aus Gründen des Kindeswohls nicht für sachgerecht.

(4) Im Fall der Verweisung oder Abgabe werden Verfahren, die die Voraussetzungen des Absatzes 2 oder des Absatzes 3 erfüllen, mit Anhängigkeit bei dem Gericht der Scheidungssache zu Folgesachen.

(5) Abgetrennte Folgesachen nach Absatz 2 bleiben Folgesachen; sind mehrere Folgesachen abgetrennt, besteht der Verbund auch unter ihnen fort. Folgesachen nach Absatz 3 werden nach der Abtrennung als selbständige Verfahren fortgeführt.

60 Endentscheidungen in isolierten, also nicht im Verbund geltend gemachten **Familienstreitsachen** werden grds. ebenfalls erst mit Rechtskraft wirksam (§ 116 Abs. 3 S. 1 FamFG). Auch insoweit bedarf es daher keines Ausspruchs über die vorläufige Vollstreckbarkeit.

61 Damit weicht das FamFG in Unterhaltssachen wie in Güterrechts- und sonstigen Familiensachen in erheblicher Weise von der vor Inkrafttreten des FamFG geltenden Regelung ab. Für Unterhaltssachen galten die §§ 708 Nr. 8, 711 ZPO, wonach Urteile, soweit sie eine Verpflichtung zur Zahlung für die Zeit ab Rechtshängigkeit und das ihr vorausgehende Vierteljahr enthielten, ohne Sicherheitsleistung vorläufig vollstreckbar waren, der Schuldner jedoch die Vollstreckung durch **Sicherheitsleistung** abwenden konnte, wenn nicht der Gläubiger vor der Vollstreckung Sicherheit in gleicher Höhe leistete. Die vorläufige Vollstreckbarkeit in Güterrechts- und den beiden sonstigen Familiensachen richtete sich, sofern der Gegenstand der Verurteilung 1.250 € überstieg (andernfalls galt gem. §§ 708 Nr. 11, 711 ZPO dieselbe Regelung wie in Unterhaltssachen), nach § 709 ZPO, die Urteile waren also gegen Sicherheitsleistung vorläufig vollstreckbar. Dieses ausgewogene, das gegenseitige Insolvenzrisiko gleichmäßig verteilende (s. § 708 ZPO Rn 4) System hat der Gesetzgeber zugunsten der unausgewogenen „Alles-oder-Nichts-Regelung"[34] der §§ 120 Abs. 2, 116 Abs. 3 S. 2 und 3 FamFG aufgegeben (s. Rn 70).

62 **bb) Anordnung der sofortigen Wirksamkeit.** Die Wirksamkeit der Endentscheidung und damit auch die Vollstreckbarkeit wird vorverlagert, wenn das Familiengericht gem. **§ 116 Abs. 3 S. 2 FamFG** die **sofortige Wirksamkeit** der Endentscheidung **anordnet**.

63 Aus dem Gesetz ergibt sich – von den in § 116 Abs. 3 S. 3 FamFG ausdrücklich angesprochenen Unterhaltssachen abgesehen – nicht, **aufgrund welcher Kriterien** die Entscheidung über die sofortige Wirksamkeit zu treffen ist. Es handelt sich um eine von Amts wegen zu treffende **Ermessensentscheidung**. Das Gericht muss alle ihm bekannten Interessen des Gläubigers und des Schuldners unter Berücksichtigung der konkreten Umstände des Einzelfalles gegeneinander abwägen.[35] Auf der Gläubigerseite kommen generell solche Gründe in Betracht, die einem

---

34 Keidel/*Weber*, § 120 FamFG Rn 16.
35 Vgl BT-Drucks. 16/6308, S. 412.

Zuwarten an der Erlangung der Leistung bis zur Rechtskraft entgegenstehen, während auf Schuldnerseite insb. berücksichtigt werden muss, ob die Vollstreckung vor Rechtskraft ihm einen nicht zu ersetzenden Nachteil bringen würde (s. dazu Rn 77). Die Frage, ob bei der Abwägung auch die Erfolgsaussichten eines etwaigen Rechtsmittels zu prüfen wären, stellt sich eher nicht, weil es wenig wahrscheinlich ist, dass das Gericht den Antrag für begründet erachtet, aber gleichwohl die Aussichten für ein Rechtsmittel positiv sieht. Auch wenn die zu treffende Entscheidung **von Amts wegen** zu treffen ist, kann beiden Beteiligten nur dringend angeraten werden, dazu vorzutragen, warum die Anordnung der sofortigen Wirksamkeit (nicht) erfolgen soll.

Sieht man sich die in Betracht kommenden Familienstreitsachen an, wird man – von den in § 116 Abs. 3 S. 3 FamFG gesondert erwähnten Unterhaltsansprüchen abgesehen – ein Bedürfnis für eine sofortige Wirksamkeit bei den Güterrechtssachen des § 261 Abs. 1 FamFG allenfalls bei **Ansprüchen auf Unterlassung güterstandswidriger Verfügungen** (§ 1365 Abs. 1 BGB) annehmen können, im Übrigen jedoch nicht. Bei den sonstigen Familiensachen gem. § 266 Abs. 1 FamFG kommt die Anordnung der sofortigen Wirksamkeit zB bei dem **Anspruch auf Mitwirkung bei der gemeinsamen steuerlichen Veranlagung** in Betracht, wenn die dafür vorgesehene Frist abzulaufen droht, oder auch in **Ehestörungssachen**. 64

Die Anordnung nach § 116 Abs. 3 S. 2 FamFG muss im das Verfahren abschließenden **Beschluss**, der auch ein abschließender **Verbund**beschluss sein kann, erfolgen. Im Verbundbeschluss wirkt sie sich wegen § 148 FamFG aber nur aus, wenn der Scheidungsausspruch vor den Folgesachen rechtskräftig wird, also bei einer Beschränkung des Rechtsmittels auf eine Folgesache (s. Rn 58). Dies gilt auch für abgetrennte Folgesachen (vgl § 137 Abs. 5 FamFG). Wenn die Anordnung der sofortigen Wirksamkeit versehentlich unterblieben ist, kann der Antragsteller bei dem Amtsgericht gem. § 120 Abs. 1 FamFG, §§ 716, 321 ZPO innerhalb von zwei Wochen nach Zustellung des Beschlusses dessen Ergänzung beantragen.[36] In der zweiten Instanz kommt nach einer Ansicht ein Antrag auf Vorabentscheidung nach § 120 Abs. 1 FamFG, § 718 ZPO[37] oder die Anordnung der sofortigen Wirksamkeit durch einstweilige Anordnung gem. § 64 Abs. 3 FamFG in Betracht.[38] Nach anderer Auffassung ist das Beschwerdegericht dagegen nicht befugt, die in erster Instanz unterbliebene Entscheidung zur sofortigen Wirksamkeit nachzuholen.[39] 65

cc) Insbesondere: Leistung von Unterhalt. Die Anordnung der sofortigen Wirksamkeit der Endentscheidung **soll** das Familiengericht treffen, soweit die Endentscheidung eine Verpflichtung zur Leistung von **Unterhalt** enthält (§ 116 Abs. 3 S. 3 FamFG), also für Trennungsunterhalt, Kindesunterhalt, nachehelichen Unterhalt, Elternunterhalt, Unterhalt der nichtehelichen Mutter. 66

Der **Grund** für die Anordnung der sofortigen Wirksamkeit bei Leistung von Unterhalt ist, dass der Unterhaltsgläubiger idR auf die unverzügliche Zahlung zur Deckung seines Lebensbedarfs angewiesen ist. Diese typische Situation ist jedoch zB dann nicht gegeben, wenn auf den Träger der SGB- oder UVG-Leistungen übergegangene Unterhaltsansprüche geltend gemacht werden oder es sich um länger zurückliegende Unterhaltsrückstände handelt. Zur Konkretisierung des 67

---

36 OLG Bamberg FamRZ 2013, 481; Prütting/Helms/*Helms*, § 116 FamFG Rn 30; Keidel/*Weber*, § 116 FamFG Rn 17.
37 KG FamRZ 2014, 1934; KG FamRZ 2013, 481; OLG München NJW-RR 2014, 194; Prütting/Helms/*Helms*, § 116 FamFG Rn 30; Keidel/*Weber*, § 116 FamFG Rn 17; Thomas/Putzo/*Hüßtege*, ZPO, 35. Aufl. 2014, § 116 FamFG Rn 12.
38 OLG Bamberg FamRZ 2013, 481; Prütting/Helms/*Helms*, § 116 FamFG Rn 30; Keidel/*Sternal*, § 64 FamFG Rn 58 b; Musielak/Borth/*Borth*, 4. Aufl. 2013, § 64 FamFG Rn 9.
39 OLG Karlsruhe 28.2.2013 – 18 UF 363/12, juris.

länger zurückliegenden Unterhaltsrückstands kann man den Rechtsgedanken des § 708 Nr. 8 ZPO heranziehen, wonach die vorläufige Vollstreckbarkeit ohne Sicherheitsleistung nur solche Unterhaltsrückstände betrifft, die das der Klageerhebung (Zustellung) vorausgehende Vierteljahr betreffen. Als länger zurückliegend kann daher die Zeit **bis drei Monate vor Antragszustellung** angesehen werden.

68 Die vorgenannten Regelungen zur Wirksamkeit der Endentscheidung haben auch Auswirkungen auf die **Liquidation von Kosten**, weil ein Anspruch auf Erstattung der Verfahrenskosten gem. § 113 Abs. 1 S. 2 FamFG iVm § 103 Abs. 1 ZPO nur aufgrund eines zur Zwangsvollstreckung geeigneten Titels geltend gemacht werden kann. Liegt keine Anordnung gem. § 116 Abs. 3 S. 2 FamFG vor, könnte der Rechtsanwalt das Kostenfestsetzungsverfahren erst ab Rechtskraft der Entscheidung betreiben. Die Endentscheidung muss daher – hinsichtlich der Kostenentscheidung – für sofort wirksam erklärt werden. Die sofortige Wirksamkeit allein der Kostenentscheidung ist jedoch unüblich.

69 Allein vom Wortlaut her würde § 116 Abs. 3 S. 2 und 3 FamFG nicht ausschließen, die sofortige Wirksamkeit ggf nur mit Einschränkungen (zB nur gegen Sicherheitsleistung des Gläubigers oder gegen Abwendungsbefugnis des Schuldners) anzuordnen. Dem widerspricht jedoch die Absicht des Gesetzgebers, wie sich aus § 120 Abs. 2 S. 2 FamFG ergibt. Danach soll der Schuldner im Hinblick auf die Anordnung der sofortigen Wirksamkeit nur geschützt werden, wenn und soweit die Vollstreckung für diesen einen **nicht zu ersetzenden Nachteil** bringen würde. Überwiegen die Interessen des Berechtigten, ist die sofortige Wirksamkeit **einschränkungslos** anzuordnen, soweit dem Verpflichteten kein unersetzlicher Nachteil droht. Droht dem Verpflichteten aber ein solcher Nachteil, kann dem durch eine flexible Lösung im Rahmen des § 120 Abs. 2 S. 2 FamFG Rechnung getragen werden (s. Rn 78 ff).

70 Die Regelung der §§ 116, 120 FamFG zur Vollstreckung vor Rechtskraft ist **nicht sachgerecht**.[40] Der Unterhaltsgläubiger kann ohne Anordnung der sofortigen Wirksamkeit gar nicht vollstrecken, auch nicht gegen Sicherheitsleistung. Wenn die sofortige Wirksamkeit angeordnet (und die Vollstreckung nicht eingestellt (s. Rn 72 ff) wird, muss der Schuldner diese bis zur Befriedigung des Schuldners dulden. Sofern seine Beschwerde Erfolg hat, besteht häufig kaum Aussicht, den bis zur Beschwerdeentscheidung zu Unrecht vollstreckten Betrag zurückzuerlangen (s. Rn 71).

71 **dd) Schadensersatz.** Nicht ausdrücklich im Gesetz geregelt ist der Fall, dass durch eine nach Anordnung der sofortigen Wirksamkeit und vor Rechtskraft erfolgte Vollstreckung ein Schaden entstanden ist. Über § 120 Abs. 1 FamFG muss dann die **Schadensersatzregelung des § 717 Abs. 2 ZPO** zur Anwendung kommen.[41] Jedoch wird die Vollstreckung eines Titels nach § 717 Abs. 2 ZPO häufig an der Vermögenslosigkeit des Unterhaltsgläubigers scheitern.

72 **c) Vollstreckungsschutzantrag des Schuldners (§ 120 Abs. 2 S. 2 FamFG).** Der Schuldner ist vor einer ggf letztlich ungerechtfertigten Vollstreckung grds. dadurch geschützt, dass eine Vollstreckung erst mit Wirksamkeit der Endentscheidung, also mit deren Rechtskraft, erfolgen kann. Dieser Schutz besteht jedoch nicht im Fall der Anordnung der sofortigen Wirksamkeit. Dann hilft nur ein Antrag nach § 120 Abs. 2 FamFG.

73 **aa) Voraussetzungen.** Nach § 120 Abs. 2 S. 2 FamFG hat das Gericht auf einen Antrag des Verpflichteten hin die Vollstreckung vor Eintritt der Rechtskraft in der Endentscheidung einzustellen oder zu beschränken, wenn dieser glaubhaft

---

40 Kritisch auch Hk-FamVerfR/*Kemper*, § 120 FamFG Rn 6.
41 Prütting/Helms/*Helms*, § 120 FamFG Rn 3; Keidel/*Weber*, § 120 FamFG Rn 16; *Giers*, FamRB 2009, 87.

macht, dass die Vollstreckung ihm einen **nicht zu ersetzenden Nachteil** bringen würde.

Diese § 62 Abs. 1 S. 1 ArbGG nachgebildete[42] Regelung ist misslungen. Das Gericht müsste theoretisch erst die sofortige Wirksamkeit anordnen, um dann die Vollstreckung sofort wieder einzustellen.[43] Das Gericht wird daher, wenn die Voraussetzungen einer Einstellung vorliegen, die Entscheidung erst gar nicht für sofort wirksam erklären. Entsprechend sollte der Antragsgegner **beantragen:**   74

▶ 1. die Endentscheidung nicht für sofort vollstreckbar zu erklären,
2. (hilfsweise:) die Vollstreckung vor Eintritt der Rechtskraft in der Endentscheidung gem. § 120 Abs. 2 S. 2 FamFG, ggf gegen Sicherheitsleistung, einzustellen. ◀

Den **Antrag** sollte der Antragsgegner **möglichst frühzeitig** stellen; spätestens muss er, weil es sich um einen Sachantrag[44] handelt, in der letzten mündlichen Verhandlung, auf die die Endentscheidung ergeht, gestellt sein (analog §§ 712, 714 ZPO),[45] weil das Gericht die Entscheidung darüber „in der Endentscheidung" treffen muss. Eine **Nachholung** ist daher **nicht** möglich. Hat das Gericht einen gestellten Antrag übergangen, muss der Verpflichtete einen Antrag entsprechend §§ 716, 321 ZPO stellen. Ferner empfiehlt es sich, den Antrag immer in erster Instanz zu stellen, weil streitig ist, ob ein Antrag in der Beschwerdeinstanz noch zulässig ist, wenn der erstinstanzliche Antrag versäumt wurde (s. Rn 87).   75

Der Antrag ist **glaubhaft** zu machen. Häufig wird sich das Vorliegen eines unersetzlichen Nachteils (s. Rn 77) schon aus dem Akteninhalt ergeben. Wenn der Antragsteller selbst vorgibt, nicht über eigene Mittel zu verfügen, wird es unmöglich sein, zu Unrecht vollstreckten Unterhalt zurückzuerhalten. Entsprechend wird teilweise eine Bezugnahme auf den unstreitigen Vortrag der Beteiligten für ausreichend gehalten.[46] Nach aA ist jedoch eine eingehend begründete Glaubhaftmachung notwendig.[47] Daher empfiehlt es sich, das Vorliegen des nicht zu ersetzenden Nachteils ausführlich zu begründen. **Formularmäßige Einstellungsanträge** haben **keine Erfolgsaussicht**.   76

Für die **Auslegung** des **Begriffs** des **nicht zu ersetzenden Nachteils** gem. § 120 Abs. 2 S. 2 FamFG wurde vor Inkrafttreten des FamFG im Zusammenhang mit den §§ 707 Abs. 1 S. 2, 719 Abs. 1 ZPO zunächst davon ausgegangen, dass nicht jeder mit der Vollstreckung verbundene Schaden ein nicht zu ersetzender Nachteil ist. Dem Schuldner müssten über die mit der Vollstreckung üblicherweise verbundenen finanziellen Nachteile hinaus irreparable Folgeschäden entstehen.[48] Der BGH lässt es jedoch für die Einstellung nach § 719 Abs. 1 ZPO genügen, dass die Vollstreckung dem Schuldner einen nicht zu ersetzenden Nachteil bringt, wenn im Falle der Aufhebung oder Abänderung des Vollstreckungstitels der Gläubiger voraussichtlich wegen **Mittellosigkeit** nicht in der Lage sein wird, den beigetriebenen Geldbetrag zurückzuzahlen.[49] Auch im arbeitsgerichtlichen Verfahren reicht für eine Einstellung nach § 62 Abs. 1 ArbGG die Vermögenslosigkeit des Vollstreckungsschuldners, wenn im Fall der Abänderung oder Aufhebung einer Entscheidung nicht mit einer Rückzahlung zu rechnen ist.[50] Die Fami-   77

---

42 BT-Drucks. 16/6308, S. 226 zu § 120.
43 Musielak/Borth/*Borth*, § 120 FamFG Rn 3.
44 BGH FamRZ 2003, 598 (zum Antrag nach § 712 ZPO).
45 Prütting/Helms/*Helms*, § 120 FamFG Rn 10.
46 OLG Hamm FamRZ 2011, 1317; OLG Frankfurt FamRZ 2010, 1370.
47 OLG Bremen FamRZ 2011, 322.
48 ZB OLG Koblenz FamRZ 2005, 468.
49 BGH NJW-RR 2007, 1138.
50 LAG Hessen NZA 1992, 427.

liensenate der Oberlandesgerichte orientieren sich bei der Auslegung des § 120 Abs. 2 S. 2 FamFG teilweise an der Auslegung von § 719 Abs. 2 ZPO durch den BGH.[51] Dabei sind allerdings auch die zukünftigen Erwerbsmöglichkeiten des Gläubigers zu berücksichtigen.[52] Nach anderer Ansicht genügt es für einen durch die Vollstreckung nicht zu ersetzender Nachteil nicht bereits, dass überzahlte Unterhaltsbeträge verbraucht und nicht zurückgefordert werden können.[53] Eine dritte Ansicht lässt dies nur für den rückständigen, nicht aber für den laufenden Unterhalt genügen.[54] Im Ergebnis sind die beiden letztgenannten Ansichten abzulehnen. Es besteht kein Anlass, im Rahmen des § 120 FamFG höhere Anforderungen zu stellen als bei der Einstellung nach § 719 Abs. 2 ZPO. Ein nicht zu ersetzender Nachteil liegt also vor, wenn der Gläubiger im Falle der Aufhebung oder Abänderung des Beschlusses voraussichtlich wegen Mittellosigkeit nicht in der Lage sein wird, den beigetriebenen Geldbetrag zurückzuzahlen.

78 Streitig ist, ob die **Einstellung gegen Sicherheitsleistung** erfolgen kann. Teilweise wird eine Einstellung gegen Sicherheitsleistung generell für unzulässig gehalten,[55] teilweise wird sie nur im Fall des § 120 Abs. 2 S. 3 FamFG (s. Rn 85)[56] und teilweise generell für zulässig gehalten.[57] Da § 120 Abs. 2 FamFG im Gegensatz zu § 62 Abs. 1 S. 3 ArbGG kein Verbot der Sicherheitsleistung enthält, ist der letztgenannten Auffassung zu folgen.

79 **Einstellen** bedeutet, dass eine begonnene Vollstreckung nicht weiter fortgeführt wird, und ansonsten mit einer Vollstreckung nicht mehr begonnen werden darf.

80 Die Vollstreckung kann **beschränkt** werden, indem beispielsweise nur eine bestimmte Vollstreckung (zB Immobiliarvollstreckung) oder die Vollstreckung in bestimmte Sachen (zB in ein bestimmtes Grundstück oder den Gewerbebetrieb) untersagt wird, nur bestimmte Vollstreckungsmaßnahmen zugelassen werden oder auch die Vollstreckung nur in einer Höhe fortgesetzt werden darf, die die Existenz des Schuldners nicht gefährdet.[58]

81 Eine **Aufhebung** von bereits durchgeführten Vollstreckungsmaßnahmen sieht § 120 Abs. 2 S. 2 FamFG nicht vor.

82 **bb) Zuständigkeit.** Für die Entscheidung über den Schutzantrag des Verpflichteten ist das Gericht zuständig, das die Endentscheidung zu erlassen hat. Das kann das erstinstanzliche Gericht, aber auch das Rechtsmittelgericht bezüglich seiner eigenen Entscheidung sein, insb. wenn es die Rechtsbeschwerde zugelassen hat.

---

51 OLG Frankfurt FamRZ 2010, 1370; OLG Bremen FamRZ 2011, 322; OLG Düsseldorf FamRZ 2014, 870; OLG Hamm FamRZ 2011, 1317 und FamRZ 2011, 1678; OLG Rostock FamRZ 2011, 1679; Prütting/Helms/*Helms*, § 120 FamFG Rn 7; Thomas/Putzo/*Seiler*, ZPO, § 120 FamFG Rn 6; Horndasch/Viefhues/*Roßmann*, § 120 FamFG Rn 12.
52 OLG Hamm FamRZ 2011, 1678.
53 OLG Hamburg 26.4.2012 – 2 UF 48/12, FamRB 2012, 279; OLG Hamm FamRZ 2011, 589 und FamRZ 2012, 730; Keidel/*Weber*, § 120 FamFG Rn 17; Bork/Jacoby/Schwab/*Löhnig*, § 120 FamFG Rn 7.1; Schulte-Bunert/Weinreich/*Schulte-Bunert*, § 120 FamFG Rn 4 b.
54 OLG Brandenburg FamRZ 2015, 165; ebenso Hk-FamVerfR/*Kemper*, § 120 FamFG Rn 9.
55 Prütting/Helms/*Helms*, § 120 FamFG Rn 8; Thomas/Putzo/*Seiler*, ZPO, § 120 FamFG Rn 6; Musielak/Borth/*Borth*, § 120 FamFG Rn 3; Horndasch/Viefhues/*Roßmann*, § 120 FamFG Rn 12; Schulte-Bunert/Weinreich/*Schulte-Bunert*, § 120 Rn 5.
56 Keidel/*Weber*, § 120 FamFG Rn 14 a, 18.
57 Ausf. Bahrenfuss/*Blank*, § 120 FamFG Rn 5 c; Meysen/Balloff u.a./*Rakete-Dombek*, Abschn. 1 Rn 5 u. 6; *Rakete-Dombek/Türck-Brocker*, NJW 2009, 2769, 2772; Gerhardt/v. Heintschel-Heinegg/Klein/*Perleberg-Kölbel*, Kap. 18 Rn 58.
58 Prütting/Helms/*Helms*, § 120 FamFG Rn 6; Keidel/*Weber*, § 120 FamFG Rn 14.

cc) Rechtsmittel. Gegen die – stattgebende wie ablehnende – Entscheidung über 83
den Antrag nach § 120 Abs. 2 S. 2 FamFG ist ein Rechtsmittel **nicht gegeben**.[59]
Dies ergibt sich bereits im Umkehrschluss aus § 58 FamFG, wonach nur Endentscheidungen mit der befristeten Beschwerde anfechtbar sind. Bei der **Entscheidung über den Schutzantrag** des Verpflichteten handelt es sich aber nach der Definition in § 38 FamFG nicht um eine Endentscheidung, sondern um eine **Nebenentscheidung**. Solche sind nur anfechtbar, wenn das FamFG dies ausdrücklich vorsieht, was bei § 120 Abs. 2 S. 2 FamFG nicht der Fall ist. Ferner kommt eine Aufhebung der Anordnung der sofortigen Wirksamkeit durch das Beschwerdegericht nicht in Betracht, denn § 120 Abs. 2 S. 3 FamFG enthält mit dem Verweis auf §§ 707 Abs. 1, § 719 ZPO eine spezielle Regelung, die den Rückgriff über § 120 Abs. 1 FamFG auf die allgemeinen Regelungen über die Zwangsvollstreckung in der ZPO – in diesem Fall § 718 ZPO – ausschließt.[60]

d) Einstellung oder Beschränkung der Vollstreckung in den Fällen des § 707 84
Abs. 1 ZPO und § 719 Abs. 1 ZPO (§ 120 Abs. 2 S. 3 FamFG). In den Fällen des § 707 Abs. 1 ZPO (Wiedereinsetzung in den vorigen Stand, Wiederaufnahme des Verfahrens, Rüge nach § 321 a ZPO) und des § 719 Abs. 1 ZPO (Einlegung der Beschwerde oder des Einspruchs) ist die Einstellung oder Beschränkung der Vollstreckung nur unter den in § 120 Abs. 2 S. 2 FamFG genannten Voraussetzungen möglich. Voraussetzung ist somit auch hierfür, dass die Vollstreckung dem Verpflichteten einen **nicht zu ersetzenden Nachteil** bringen würde. Auf die vorstehenden Erläuterungen (Rn 77 ff) kann daher verwiesen werden.

Da ohne Einschränkungen auf § 707 Abs. 1 ZPO und § 719 Abs. 1 ZPO verwiesen wird, kommen **alle darin aufgeführten Möglichkeiten der Einstellung bzw Beschränkung** in Betracht, dh die Einstellung ohne oder gegen Sicherheitsleistung, die Anordnung, dass die Vollstreckung nur gegen Sicherheitsleistung fortgesetzt werden darf, und die Aufhebung von Vollstreckungsmaßregeln (str).[61] 85

Zuständig ist das Gericht, das mit der Hauptsache befasst ist, bei einem Einspruch gegen einen Versäumnisbeschluss also das erstinstanzliche Gericht, bei Einlegung der befristeten Beschwerde das Beschwerdegericht. 86

Im **Beschwerdeverfahren** ist nach überwiegender Ansicht die stRspr des BGH[62] 87
nicht anzuwenden, wonach eine Einstellung der Zwangsvollstreckung durch das Revisionsgericht nicht in Betracht kommt, wenn der Schuldner versäumt hat, im Berufungsrechtszug einen **Vollstreckungsschutzantrag nach § 712 ZPO** zu stellen (zu Einzelheiten s. § 719 ZPO Rn 14). Deshalb wird angenommen, dass der Einstellungsantrag nach § 120 Abs. 2 FamFG in zweiter Instanz noch gestellt werden kann, auch wenn in erster Instanz kein entsprechender Antrag erfolgt ist.[63] Die Gegenauffassung, wonach die Grundentscheidung über das Zurücktreten der Vorrangigkeit des Vollstreckungsinteresses des Gläubigers grds. in derjenigen Instanz zu erfolgen hat, die allgemein über die Vollstreckbarkeit zu befinden hat und sich insoweit auch bereits mit der Sach- und Rechtslage ausführlich be-

---

59 Keidel/*Weber*, § 120 FamFG Rn 18 b.
60 OLG Karlsruhe FamRZ 2014, 869; OLG München NJW-RR 2014, 194.
61 OLG Frankfurt FamRZ 2010, 1370; Hk-FamVerfR/*Kemper*, § 120 FamFG Rn 7; Keidel/*Weber*, § 120 FamFG Rn 18 a; Thomas/Putzo/*Seiler*, ZPO, § 120 FamFG Rn 7; aA Prütting/Helms/*Helms*, § 120 FamFG Rn 11; Schulte-Bunert/Weinreich/*Schulte-Bunert*, § 120 FamFG Rn 5.
62 BGH FamRZ 2011, 884; BGH NJW-RR 2011, 705; BGH NJW-RR 2008, 1038; BGH NJW-RR 2006, 1088; BGH FamRZ 2003, 598.
63 OLG Hamburg 26.4.2012 – 2 UF 48/12, FamRB 2012, 279; OLG Bremen FamRZ 2011, 322; OLG Düsseldorf 28.1.2013 – II-7 UF 230/12, juris; Keidel/*Weber*, § 120 FamFG Rn 14; Thomas/Putzo/*Seiler*, ZPO, § 120 FamFG Rn 7; Musielak/Borth/*Borth*, § 120 FamFG Rn 4.

fasst,[64] überzeugt nicht. Denn – zusätzliche – Voraussetzung für die Einstellung gem. § 120 Abs. 2 S. 3 FamFG durch das Beschwerdegericht ist die Erfolgsaussicht des Rechtsmittels.[65] Diese Prüfung kann und darf nicht bereits in die erste Instanz verlagert werden, weil das erkennende Gericht nicht von einem Erfolg der gegen die eigene Entscheidung gerichteten Beschwerde ausgehen wird. Außerdem ist zu beachten, dass die Interessenlage der Parteien vor dem Revisionsgericht nicht identisch ist mit derjenigen der Beteiligten vor dem Beschwerdegericht. Während der Vollstreckungsschutzantrag bei einem Revisionsgericht nur als letztes Hilfsmittel des Vollstreckungsschuldners in Betracht kommen darf, gilt dies nicht, wenn die Beteiligten noch eine zweite Tatsacheninstanz vor sich haben.[66] Würde der Erfolg des zweitinstanzlichen Antrags davon abhängig gemacht, dass bereits in erster Instanz ein Einstellungsantrag erfolgt war, so würde dies zu einer unbilligen Überfrachtung der ersten Instanz mit vorsorglichen, sachlich oft nicht gebotenen Anträgen nach § 120 Abs. 2 S. 2 FamFG führen.[67]

87a Die Einstellung der Zwangsvollstreckung im **Rechtsbeschwerdeverfahren** ist an und für sich ausdrücklich in § 120 Abs. 2 FamFG nicht vorgesehen, da die Vorschrift nur auf § 719 Abs. 1 ZPO verweist. Der BGH nimmt jedoch ohne nähere Begründung an, dass sich eine entsprechende Befugnis aus der allgemeinen Verweisung auf die Vollstreckung nach der ZPO in § 120 Abs. 1 FamFG ergibt. Diese Verweisung soll auch die Einstellung nach § 719 Abs. 2 ZPO erfassen. Die Einstellung der Zwangsvollstreckung durch das Rechtsbeschwerdegericht kommt aber nach der Rspr des BGH nicht in Betracht, wenn der Schuldner es versäumt hat, vor dem Beschwerdegericht einen Antrag auf Einstellung oder Beschränkung der Zwangsvollstreckung nach § 120 Abs. 2 S. 2 FamFG zu stellen.[68]

88 e) **Aussetzung oder Beschränkung der Vollstreckung aus einstweiligen Anordnungen.** Die Vollstreckung einstweiliger Anordnungen kann gem. § 55 FamFG in den Fällen der §§ 54, 57 FamFG, also im Rahmen

- des Abänderungs- oder Aufhebungsverfahrens (§ 54 Abs. 1 FamFG),
- von Entscheidungen in Familiensachen, die ohne mündliche Verhandlung ergangen sind, wenn ein Antrag auf mündliche Verhandlung gestellt wird (§ 54 Abs. 2 FamFG),
- von Beschwerdeverfahren (§ 57 FamFG),

ausgesetzt oder beschränkt werden. Eine **Beschränkung** liegt zB darin, dass nur eine bestimmte Vollstreckung (zB Immobiliarvollstreckung) oder die Vollstreckung in bestimmte Sachen (u.a. in ein bestimmtes Grundstück oder den Gewerbebetrieb) untersagt wird, nur bestimmte Vollstreckungsmaßnahmen zugelassen werden oder auch die Vollstreckung nur in einer Höhe fortgesetzt werden darf, die die Existenz des Schuldners nicht gefährdet.

89 f) **Ausschluss der Vollstreckung (§ 120 Abs. 3 FamFG).** Nicht vollstreckbar sind nach § 120 Abs. 3 FamFG die Verpflichtung zur Eingehung der Ehe, die allenfalls aufgrund eines ausländischen Titels erfolgen könnte,[69] und zur Herstellung des ehelichen Lebens, die in der Praxis keine Bedeutung hat.

90 2. **Die Vollstreckung über die Herausgabe von Personen und die Regelung des Umgangs (§§ 88–94 FamFG). a) Einführung. aa) Allgemeines.** Bei der Vollstre-

---

64 OLG Frankfurt NJW-RR 2011, 1303 und Beschl. v. 12.8.2014 – 6 UF 205/14.
65 OLG Hamm FamRZ 2011, 1317; OLG Rostock FamRZ 2011, 1679.
66 So für das arbeitsgerichtliche Verfahren LAG Berlin-Brandenburg BB 2010, 52.
67 OLG Bremen FamRZ 2011, 322; ebenso für das arbeitsgerichtliche Verfahren LAG Berlin-Brandenburg BB 2010, 52.
68 BGH FamRZ 2013, 1299.
69 Hk-FamVerfR/*Kemper*, § 120 FamFG Rn 12.

ckung von Ansprüchen über die Herausgabe einer Person und die Regelung des Umgangs handelt es sich um besonders sensible Vollstreckungsbereiche. Durch die eigenständige Regelung der Vollstreckung dieser Titel in einem eigenen Unterabschnitt (§§ 88–94 FamFG) trägt der Gesetzgeber den Besonderheiten dieser Vollstreckungen Rechnung. Daneben gelten, soweit in den §§ 88–94 FamFG keine Besonderheiten geregelt sind, die **allgemeinen Vorschriften über die Vollstreckung (§§ 86, 87 FamFG)**.

bb) Anwendungsbereich. Die §§ 88–94 FamFG betreffen nur die Vollstreckungen wegen Herausgabe einer Person und der Regelung des Umgangs, nicht sonstige Herausgabeverpflichtungen, vertretbare oder unvertretbare Handlungen. Letztere werden gem. § 95 Abs. 1 Nr. 2–4 FamFG vollstreckt (zu Unterlassungspflichten s. aber Rn 95). 91

Die **Herausgabe einer Person** können aufgrund der §§ 1632 Abs. 1, 1800, 1908 i BGB die Eltern, ein Elternteil, der Vormund bzw der Betreuer verlangen. Eine Herausgabe kommt auch im Rahmen einer Umgangspflegschaft gem. §§ 1684 Abs. 3 S. 4, 1685 Abs. 3 BGB in Betracht. 92

Die **Herausgabe der zum persönlichen Gebrauch der Person bestimmten Sachen**[70] wird grds. gem. § 95 Abs. 1 Nr. 2 FamFG vollstreckt. 93

Soll **gleichzeitig** die Herausgabe der Person gem. §§ 88 ff FamFG vollstreckt werden, müssten beide Ansprüche nach dem Gesetz in unterschiedlicher Weise vollstreckt werden: die Personenherausgabe durch das Gericht und die Herausgabe der persönlichen Gegenstände durch den Berechtigten. Deshalb ist in solchen Fällen von einer Annexkompetenz des Gerichts für die Vollstreckung nach §§ 88 ff FamFG auszugehen.[71] 94

Regelungen zum **Umgangsrecht** finden sich in den §§ 1632 Abs. 2, 1684, 1685 BGB. Unter §§ 88 ff FamFG fällt die Vollstreckung der Erfüllung von titulierten Umgangsregelungen. Das gilt auch für damit verbundene **Unterlassungspflichten**. § 95 Abs. 1 Nr. 4 FamFG ist darauf nicht anzuwenden.[72] Das **Auskunftsrecht** nach § 1686 BGB wird dagegen gem. § 95 Abs. 1 Nr. 3 FamFG vollstreckt.[73] 95

Für die Vollstreckung von Zuwiderhandlungen gegen einen im Inland zu vollstreckenden Titel nach Kapitel III der EheGVVO/Brüssel IIa-Verordnung (EG) Nr. 2201/2003,[74] nach dem **Haager Kinderschutzübereinkommen**,[75] dem **Haager Kindesentführungsübereinkommen**[76] oder dem **Europäischen Sorgerechtsüber-** 96

---

70 Zur Frage der Anspruchsgrundlage nach Wegfall des § 50 d FGG, der die Möglichkeit einer entsprechenden gerichtlichen Anordnung vorsah, vgl Palandt/*Götz*, § 1632 BGB Rn 6.
71 MüKo-ZPO/*Zimmermann*, § 88 FamFG Rn 7; Keidel/*Giers*, § 88 FamFG Rn 3; Haußleiter/*Gomille*, § 95 FamFG Rn 3.
72 OLG Celle ZKJ 2011, 393 = BeckRS 2011, 16742; OLG Saarbrücken NJW-RR 2011, 436; aA Johannsen/Henrich/*Büte*, § 95 FamFG Rn 8; MüKo-ZPO/*Zimmermann*, § 95 FamFG Rn 11.
73 OLG Saarbrücken FamRZ 2015, 162.
74 Verordnung (EG) Nr. 2201/2003 des Rates vom 27.11.2003 über die Zuständigkeit und die Anerkennung und Vollstreckung von Entscheidungen in Ehesachen und in Verfahren betreffend die elterliche Verantwortung und zur Aufhebung der Verordnung (EG) Nr. 1347/2000 (ABl. EU Nr. L 338 S. 1).
75 Haager Übereinkommen vom 19.10.1996 über die Zuständigkeit, das anzuwendende Recht, die Anerkennung, Vollstreckung und Zusammenarbeit auf dem Gebiet der elterlichen Verantwortung und der Maßnahmen zum Schutz von Kindern (BGBl. 2009 II S. 602, 603).
76 Haager Übereinkommen vom 25.10.1980 über die zivilrechtlichen Aspekte internationaler Kindesentführung (BGBl. 1990 II S. 207).

einkommen,[77] der auf Herausgabe von Personen oder die Regelung des Umgangs gerichtet ist, findet § 44 IntFamRVG Anwendung (Verhängung von Ordnungsmitteln).[78]

97 **b) Allgemeine Verfahrensvoraussetzungen. aa) Antrag.** Anders als in der ZPO, nach der stets ein Antrag des Gläubigers für die Vollstreckung notwendig ist, muss im Bereich des FamFG außerhalb der Familienstreitsachen differenziert werden, ob es sich bei dem Verfahren, das zu dem Vollstreckungstitel geführt hat (Hauptverfahren), um ein Amtsverfahren oder ein reines bzw gemischtes Antragsverfahren handelt.

98 Bei **Verfahren, die nur von Amts wegen** eingeleitet und durchgeführt werden, in denen also ein eingereichter Antrag lediglich eine Anregung (§ 24 Abs. 1 Hs 2 FamFG) darstellt, erfolgt auch die Vollstreckung grds. von Amts wegen. Dies ergibt sich aus § 87 Abs. 1 S. 1 FamFG.

99 Bei **Verfahren**, zu deren Einleitung es zwingend eines **Antrags** bedarf, erfolgt auch die Vollstreckung nur auf einen Antrag hin.

100 Bei **gemischten Verfahren** (Einleitung von Amts wegen oder auf Antrag) kann von Amts wegen oder auf Antrag vollstreckt werden. In diesen Fällen dürfte für einen Antrag des Berechtigten nach § 87 Abs. 1 S. 2 FamFG das Rechtsschutzbedürfnis fehlen, weil der Berechtigte selbst die Vollstreckung veranlassen kann, zumal es die Möglichkeit von Verfahrenskostenhilfe auch für die Vollstreckung gibt (vgl § 77 Abs. 2 FamFG).

101 Bei der Vollstreckung der **Herausgabe von Personen** handelt es sich um **Antragsverfahren**, so dass auch die Vollstreckung auf Antrag des Berechtigten erfolgt.

102 **Umgangsverfahren** werden üblicherweise auf einen Antrag hin eingeleitet, es kommt aber auch die Einleitung von Amts wegen in Betracht.[79] Entsprechend erfolgt auch die Vollstreckung idR auf Antrag; möglich, wenn auch ungewöhnlich, ist aber ebenfalls eine Vollstreckung von Amts wegen, insb. wenn dies zum Wohl des Kindes geboten erscheint.

103 Bei **einstweiligen Anordnungen in Gewaltschutzsachen** gilt der Antrag auf Erlass der einstweiligen Anordnung im Fall des Erlasses ohne mündliche Erörterung zugleich als Auftrag zur Zustellung durch den Gerichtsvollzieher unter Vermittlung der Geschäftsstelle und als Auftrag zur Vollstreckung (§ 214 Abs. 2 FamFG).

104 Hinsichtlich der **Form** und des **Inhalts** des Vollstreckungsauftrags findet § 23 FamFG Anwendung. Der Antrag ist daher schriftlich oder in elektronischer Form zu stellen und zu unterschreiben; eine Niederschrift zu Protokoll der Geschäftsstelle ist möglich (§ 25 FamFG). Besondere Anforderungen sind an den Inhalt des Antrags nicht zu stellen, es müssen sich daraus nur die Person des Antragstellers und das Ziel der abgegebenen Erklärung entnehmen lassen.[80] Ein Ordnungsmittel muss nicht beantragt werden.

105 **bb) Zuständigkeit.** Ausschließlich zuständig ist **sachlich** das Amtsgericht als Familiengericht bzw Betreuungsgericht, **örtlich** gem. § 88 Abs. 1 FamFG dasjenige Familiengericht, in dessen Bezirk die Person zum Zeitpunkt der Einleitung der Vollstreckung ihren gewöhnlichen Aufenthalt hat. Die Regelung weicht damit

---

77 Luxemburger Europäisches Übereinkommen vom 20.5.1980 über die Anerkennung und Vollstreckung von Entscheidungen über das Sorgerecht für Kinder und die Wiederherstellung des Sorgeverhältnisses (BGBl. 1990 II S. 220).
78 MüKo-ZPO/*Zimmermann*, § 89 FamFG Rn 2.
79 OLG Saarbrücken FamRZ 2012, 319; OLG Zweibrücken FamRZ 2004, 1589; BeckOK-BGB/*Veit*, § 1684 BGB Rn 48; Johannsen/Henrich/*Jaeger*, § 1684 BGB Rn 21; aA *Socha*, FamRZ 2010, 947: Antragsverfahren.
80 OLG Frankfurt FPR 2003, 146.

von § 890 ZPO ab, wonach das Prozessgericht des ersten Rechtszuges zuständig ist. Die Regelung der ZPO hat den Vorteil, dass das Gericht die Sache schon kennt, weil es bereits mit dem dem Titel zugrunde liegenden Erkenntnisverfahren befasst war. Der Gesetzgeber hat sich für das FamFG unter Hinweis auf die entsprechende Rspr des BGH[81] zum FGG für das ortsnahe Gericht entschieden, weil vor der Festsetzung von Vollstreckungsmaßnahmen nicht selten neue Ermittlungen, zB zur Prüfung des notwendigen Verschuldens des Verpflichteten, notwendig werden und dazu die örtlichen Behörden eingeschaltet werden.

Funktionell zuständig für die Herausgabe wie die Umgangsregelung ist der Richter, weil es keine die Zuständigkeit des Rechtspflegers begründenden Vorschriften gibt (vgl §§ 3, 14 Nr. 2, 7 und 8, 15 Nr. 7 RPflG). **106**

Mit „**Person**" in § 88 Abs. 1 FamFG ist nicht der Verpflichtete gemeint, sondern die Person, die herauszugeben ist bzw die die Umgangsregelung betrifft. **107**

Der **gewöhnliche Aufenthalt** besteht dort, wo die Person nach den maßgeblichen tatsächlichen Verhältnissen sozial integriert ist und ihren Lebensmittelpunkt, den Schwerpunkt ihrer Bindungen in familiärer oder beruflicher Hinsicht hat. Eine bestimmte Aufenthaltsdauer ist dabei nicht erforderlich. Der gewöhnliche Aufenthalt kann ggf schon vom ersten Tag der Aufenthaltnahme an anzunehmen sein. Die Beurteilung richtet sich nach subjektiven und objektiven Elementen. Subjektiv genügt der tatsächliche, ausdrücklich oder konkludent geäußerte Wille; wenn dieser nicht feststellbar ist, sind die objektiven Umstände allein entscheidend.[82] **Minderjährige** haben ihren gewöhnlichen Aufenthalt am Ort des tatsächlichen Mittelpunkts ihrer Lebensführung und des Schwerpunkts ihrer sozialen Bindungen, vor allem in Bezug auf Familie und Schule oder Kindergarten.[83] Der gewöhnliche Aufenthalt eines Kindes kann daher am Ort des Heims oder des Internats bestehen. **108**

Der **Zeitpunkt** der „**Einleitung der Vollstreckung**" ist derjenige Zeitpunkt, zu welchem das Gericht erstmalig mit der Angelegenheit befasst ist.[84] **109**

cc) **Beteiligtenfähigkeit**. Da es sich bei den Vollstreckungstiteln um solche handelt, die in Verfahren nach dem FamFG entstanden sind bzw Angelegenheiten betreffen, die unter das FamFG fallen, richtet sich die **Beteiligtenfähigkeit** im Verfahren wie in der Vollstreckung nach § 8 FamFG. Diese entspricht weitgehend der Parteifähigkeit iSv § 50 ZPO, nimmt jedoch nicht Bezug auf die Rechtsfähigkeit nach dem BGB, sondern enthält einen Katalog derjenigen, die beteiligtenfähig sind. Wie in der ZPO müssen in Antragsverfahren sowohl Gläubiger als auch Schuldner beteiligtenfähig sein. **110**

dd) **Verfahrensfähigkeit**. Die **Verfahrensfähigkeit** ist in § 9 FamFG eigenständig geregelt. Sie muss grds. auch für die Vollstreckung vorliegen. Im Unterschied zur Rechtslage nach der ZPO (vgl § 704 ZPO Rn 5) kommt jedoch auch eine **sofortige Vollstreckung zum Wohl des Kindes** gegen einen verfahrensunfähigen Verpflichteten in Betracht. **111**

Das Gericht hat die Verfahrensfähigkeit zu prüfen. Im Regelfall wird die Prüfung jedoch schon im Erkenntnisverfahren erfolgt sein. **112**

ee) (**Kein**) **Anwaltszwang**. Mit Ausnahme des Rechtsbeschwerdeverfahrens vor dem Bundesgerichtshof (vgl § 10 FamFG) besteht im Vollstreckungsverfahren **113**

---

81 BGH FamRZ 1986, 789.
82 OVG Münster 22.3.2006 – 12 A 2633/04; Keidel/*Giers*, § 88 FamFG Rn 6.
83 OLG Frankfurt 15.8.2001 – 2 WF 153/01, BeckRS 2001, 30199410 = IPRspr 2001, Nr. 92, 190.
84 Bahrenfuss/*Hentschel*, § 88 FamFG Rn 5, 6; *Giers*, FPR 2008, 441, 442.

kein Anwaltszwang, auch nicht vor dem Oberlandesgericht als Beschwerdeinstanz.

114 c) **Allgemeine Voraussetzungen der Zwangsvollstreckung. aa) Titel (§ 86 Abs. 1 FamFG).** Nicht anders als in der ZPO ist auch im FamFG Grundlage einer jeden Zwangsvollstreckung ein Vollstreckungstitel. Hierfür nennt § 86 Abs. 1 FamFG drei Arten:

- gerichtliche Beschlüsse (Nr. 1),
- gerichtlich gebilligte Vergleiche gem. § 156 Abs. 2 FamFG (Nr. 2) und
- weitere Vollstreckungstitel iSd § 794 ZPO (Nr. 3).

115 Alle Titel sind einer Vollstreckung nur zugänglich, wenn diese einen **vollstreckungsfähigen Inhalt** haben. Es muss daher ausdrücklich angeordnet werden, dass und welche genau bezeichnete Person sowie an wen diese herauszugeben ist. Erforderlich sind darüber hinaus genaue und erschöpfende Bestimmungen über Art, Ort und Zeit des Umgangs. Nicht notwendig für die Vollstreckbarkeit sind dagegen weitere Regelungen zum Bereithalten und Abholen des Kindes.[85] Dies alles gilt auch für den **begleiteten Umgang**, wobei sich das Familiengericht zunächst vor seiner Entscheidung davon überzeugen muss, dass ein zur Mitwirkung bereiter Dritter vorhanden ist.[86]

116 (1) **Gerichtliche Beschlüsse (Nr. 1).** Da alle vollstreckbaren Endentscheidungen des FamFG gem. § 38 FamFG als Beschluss ergehen, ersetzt § 86 Abs. 1 Nr. 1 FamFG die insoweit nicht anwendbare Vorschrift des § 704 ZPO über Endurteile.

117 Ein Beschluss iSv § 86 Abs. 1 Nr. 1 FamFG ist auch die einstweilige Anordnung.[87] Die Vollstreckung aus einer einstweiligen Anordnung weist in § 53 FamFG Besonderheiten im Hinblick auf Vollstreckungsklausel, Wirksamkeit und Zustellung auf (s. dazu nachfolgend bei den einzelnen Vollstreckungsvoraussetzungen).

118 (2) **Gerichtlich gebilligte Vergleiche iSv § 156 Abs. 2 FamFG (Nr. 2).** Hierunter fallen schon wegen des Klammerzusatzes nur Vergleiche gem. § 156 Abs. 2 FamFG. Sonstige in FamFG-Verfahren abgeschlossene Vergleiche fallen unter § 86 Abs. 1 Nr. 3 FamFG.

119 Erzielen die Beteiligten Einvernehmen über den **Umgang** oder die **Herausgabe des Kindes**, ist die einvernehmliche Regelung als Vergleich aufzunehmen, wenn das Gericht diese billigt (**gerichtlich gebilligter Vergleich**). Diese Billigung durch das Gericht hat zu erfolgen, wenn die einvernehmliche Regelung dem Kindeswohl nicht widerspricht. Letzteres betrifft über den insoweit ungenauen Wortlaut hinaus sowohl den Umgang als auch die Herausgabe.

120 Voraussetzung ist auch das Einvernehmen „der Beteiligten". Beteiligte in diesem Sinne sind grds. auch das **Jugendamt**, wenn es gem. § 162 Abs. 2 FamFG auf seinen Antrag hin beteiligt (und nicht nur gem. § 162 Abs. 1 FamFG angehört) worden ist, der Verfahrensbeistand (§ 158 Abs. 3 S. 2 FamFG), das nicht geschäftsunfähige minderjährige Kind, wenn es das 14. Lebensjahr vollendet hat (Beteiligter gem. § 7 Abs. 2 Nr. 1 FamFG iVm § 9 Abs. 1 Nr. 3), sowie vom Gericht beteiligte Pflegepersonen iSv § 161 BGB. § 156 Abs. 2 FamFG ist jedoch im Hinblick auf Art. 6 Abs. 2 GG verfassungskonform dahin auszulegen, dass die Verweige-

---

85 BGH FamRZ 2012, 533; Johannsen/Henrich/*Büte*, § 89 FamFG Rn 4.
86 OLG Frankfurt FamRZ 2008, 1372; *Stößer*, FamRZ 2008, 656, 663.
87 Prütting/Helms/*Hammer*, § 86 FamFG Rn 14.

rung der Zustimmung durch diese Beteiligten unbeachtlich ist, wenn die Vereinbarung der Eltern dem Kindeswohl nicht widerspricht.[88]

Der Vergleich iSv § 156 Abs. 2 FamFG muss wie ein Vergleich nach der ZPO **protokolliert** und den Beteiligten gem. § 36 Abs. 2 S. 2 FamFG, § 162 Abs. 1 S. 1 und 2 ZPO zur Genehmigung vorgespielt bzw vorgelesen werden; andernfalls ist der Vergleich unwirksam.[89]

Die **gerichtliche Billigung** erfolgt nicht bereits durch die gerichtliche Niederschrift des Vergleichs. Es muss erkennbar sein, dass das Gericht zugleich mit der Protokollierung der Umgangsvereinbarung diese auch im Hinblick auf ihre Vereinbarkeit mit dem Kindeswohl überprüft hat.[90] **Vollstreckungstitel** ist nicht die gerichtliche Billigung, sondern der Vergleich (str).[91]

(3) **Weitere Vollstreckungstitel iSd § 794 ZPO (Nr. 3).** Die weiteren Vollstreckungstitel iSv § 86 Abs. 1 Nr. 3 FamFG, § 794 ZPO sind für die Personenherausgabe und den Umgang ohne Bedeutung.

bb) **Vorläufige Vollstreckbarkeit.** Beschlüsse über die Herausgabe von Personen und die Regelung des Umgangs sind, soweit sie eine Endentscheidung iSv § 38 FamFG darstellen und nicht als Folgesache (§ 137 FamFG) geltend gemacht worden sind, von Gesetzes wegen **mit Wirksamwerden vollstreckbar** (§ 86 Abs. 2 FamFG). Ist der Beschluss im Verbund als Folgesache ergangen, wird er nicht vor Rechtskraft des Scheidungsausspruchs wirksam (§ 148 FamFG).

Wirksam werden die nicht im Verbund ergangenen Beschlüsse gem. § 40 Abs. 1 FamFG in Verfahren, die den Umgang und die Personenherausgabe betreffen, mit der **Bekanntgabe** an die Beteiligten, für den er seinem wesentlichen Inhalt nach bestimmt ist. In Kinder betreffenden Verfahren sind dies grds. **beide Elternteile**.[92]

Nach § 15 Abs. 2 FamFG kann die **Bekanntgabe** durch **Zustellung** nach den §§ 166–195 ZPO **oder** dadurch bewirkt werden, dass das Schriftstück unter der Anschrift des Adressaten **zur Post** gegeben wird. Zu beachten ist dabei jedoch § 15 Abs. 2 S. 2 FamFG, wonach bei einer Bekanntgabe im Inland das Schriftstück drei Tage nach Aufgabe zur Post als bekannt gegeben gilt, wenn nicht der Beteiligte glaubhaft macht, dass ihm das Schriftstück nicht oder erst zu einem späteren Zeitpunkt zugegangen ist. Mit der Bekanntgabe ist auch die Vollstreckungsvoraussetzung der Zustellung (§ 87 Abs. 2 FamFG) erfüllt.

Einstweilige Anordnungen sind, ohne dass es eines besonderen Ausspruchs bedarf, sofort wirksam.[93]

cc) **Klausel.** Vollstreckungstitel bedürfen gem. § 86 Abs. 3 FamFG der einfachen wie qualifizierten Vollstreckungsklausel **grds. nicht**, sondern nur dann, wenn die Vollstreckung nicht durch das Gericht erfolgt, das den Titel erlassen hat.

Die Klausel ist **notwendig**, wenn die Vollstreckung nicht durch das erkennende Gericht selbst erfolgt; dies ist der Fall bei der Vollstreckung durch das gem. § 88 Abs. 1 FamFG (Gericht am Aufenthaltsort des Kindes) zuständige Gericht oder bei der Vollstreckung durch Beteiligte.[94]

---

88 MüKo-ZPO/*Schuman*, § 156 FamFG Rn 25; Keidel/*Engelhardt*, § 156 FamFG Rn 12.
89 OLG Hamm FGPrax 2011, 209.
90 OLG Naumburg 10.8.2011 – 3 UF 170/11, juris.
91 Johannsen/Henrich/*Büte*, § 86 FamFG Rn 5; Thomas/Putzo/*Hüßtege*, ZPO, § 156 FamFG Rn 10; Keidel/*Giers*, § 86 FamFG Rn 10; aA KG FamRZ 2011, 588: Grundlage der Vollstreckung ist die gerichtliche Billigung.
92 Keidel/*Meyer-Holz*, § 40 FamFG Rn 22.
93 OLG Hamm FPR 2011, 232; Keidel/*Giers*, § 53 FamFG Rn 2.
94 Prütting/Helms/*Hammer*, § 86 FamFG Rn 21; Keidel/*Giers*, § 86 FamFG Rn 17.

130 Ist nach dem Vorstehenden eine Klausel nicht erforderlich, so gilt dies auch für die Vollstreckung von **einstweiligen Anordnungen**, weil die Klauselpflicht durch § 53 Abs. 1 FamFG lediglich eingeschränkt, nicht jedoch erweitert werden soll;[95] damit ist eine Klausel auch dann nicht erforderlich, wenn ein Beteiligter vollstreckt oder die Vollstreckung durch das erkennende Gericht gegen einen anderen als den in dem Beschluss bezeichneten Beteiligten erfolgen soll.[96] Danach bedarf eine einstweilige Anordnung der Vollstreckungsklausel in diesen Fällen nur dann, wenn die Vollstreckung durch ein anderes Gericht bzw den Berechtigten gegen eine andere als die im Titel bezeichnete Person oder für eine nicht im Titel genannte Person erfolgen soll.

131 Das FamFG enthält keine Bestimmungen über das **Verfahren der Klauselerteilung**. Deshalb sind die Vorschriften der §§ 724 ff ZPO entsprechend anwendbar. Dies gilt auch für die Frage, ob der Urkundsbeamte der Geschäftsstelle oder der Rechtspfleger für die Erteilung der konkreten Klausel (einfache, qualifizierte, weitere vollstreckbare Ausfertigung) **zuständig** ist.[97] Wegen der Einzelheiten s. die Erläuterungen zu §§ 724 ff ZPO.

132 **dd) Zustellung.** Die Vollstreckung darf gem. § 87 Abs. 2 FamFG nur beginnen, wenn der Beschluss bereits zugestellt ist oder gleichzeitig zugestellt wird. Die Vorschrift ist § 750 Abs. 1 S. 1 ZPO nachgebildet, wobei der sich auf Beschlüsse beschränkende Wortlaut zu eng ist. Notwendig ist eine Zustellung eines **jeden** nach dem FamFG in Betracht kommenden **Vollstreckungstitels**,[98] auch des **Vergleichs**.[99] Zustellungen erfolgen gem. §§ 15, 41 FamFG **grds. von Amts wegen**. Zur Zustellung s. im Übrigen Rn 15.

133 Soweit an **Beteiligte** zuzustellen ist, die **nicht verfahrensfähig** sind, muss die Zustellung gem. § 15 Abs. 2 FamFG iVm § 170 Abs. 1 S. 1 ZPO an den gesetzlichen Vertreter erfolgen. Die Zustellung an den nicht verfahrensfähigen Beteiligten ist unwirksam (§ 170 Abs. 1 S. 2 ZPO). Die Verfahrensfähigkeit ergibt sich aus § 9 FamFG. Soweit § 9 Abs. 1 Nr. 2–4 FamFG Ausnahmen davon macht, dass grds. nur die nach bürgerlichem Recht Geschäftsfähigen verfahrensfähig sind, findet für diesen Personenkreis § 170 Abs. 1 FamFG keine Anwendung. In diesen Fällen ist an die gem. § 9 Abs. 1 Nr. 2–4 FamFG Beteiligten selbst zuzustellen,[100] zB an das 14-jährige Kind im Umgangsverfahren.[101]

134 Die Notwendigkeit einer **namentlichen Bezeichnung** der Personen, für und gegen die vollstreckt werden soll, ist in § 87 Abs. 2 FamFG nicht ausdrücklich erwähnt, ergibt sich aber bereits daraus, dass ansonsten gegen die Person, gegen die vollstreckt werden soll, mangels ausreichender Bestimmtheit kein zur Zwangsvollstreckung geeigneter Titel vorliegt.

135 **d) Besondere Voraussetzungen der Zwangsvollstreckung.** Wenn und soweit die Erteilung einer qualifizierten Klausel notwendig ist (s. dazu Rn 131), findet auch § 750 Abs. 2 ZPO (Zustellung des Titels mit qualifizierter Klausel) Anwendung, doch werden im Bereich der Herausgabe von Personen und der Regelung des Umgangs die §§ 726, 727 ZPO kaum jemals praktisch werden. Grundsätzlich möglich und anwendbar ist hingegen § 751 Abs. 1 ZPO (Kalendertag).

---

95 BT-Drucks. 16/6308, S. 201 zu § 53.
96 *Bumiller/Harders*, § 53 FamFG Rn 1.
97 Prütting/Helms/*Hammer*, § 86 FamFG Rn 23; Keidel/*Giers*, § 86 FamFG Rn 18.
98 BGH FamRZ 2012, 1216.
99 OLG Frankfurt FamRZ 2012, 573.
100 Keidel/*Sternal*, § 15 FamFG Rn 20.
101 Prütting/Helms/*Ahn-Roth*, § 15 FamFG Rn 31; Keidel/*Zimmermann*, § 9 FamFG Rn 11.

Für die Anwendung der §§ 775 Nr. 3–5, 776 ZPO (Vollstreckungshindernisse) bleibt neben der besonderen Regelung in § 93 FamFG kein Raum. 136

e) Gerichtliche Maßnahmen (§ 89 FamFG). aa) Ordnungsmittel. Neben den bereits genannten Vollstreckungsvoraussetzungen, also insb. auch der ausreichenden Bestimmtheit des Titels, muss für die Vollstreckung von Ordnungsmitteln eine weitere Vollstreckungsvoraussetzung erfüllt sein. Da eine Androhung von Ordnungsmitteln – im Gegensatz zu § 890 Abs. 2 ZPO – nicht vorgesehen ist, andererseits aber die Verhängung von Ordnungsmitteln auch einen Sanktions- und damit Strafcharakter hat und, wie sich aus § 89 Abs. 4 FamFG ergibt, ein schuldhaftes Verhalten gegen die titulierte Verpflichtung erforderlich ist, bestimmt § 89 Abs. 2 FamFG, dass der die Herausgabe der Person oder die Regelung des Umgangs anordnende **Beschluss auf die Folgen einer Zuwiderhandlung gegen den Vollstreckungstitel hinweisen** muss. 137

Dieser **Hinweis** ist auch für einen Vergleich erforderlich.[102] Er ist noch nachträglich möglich,[103] sogar in der Beschwerdeinstanz.[104] Jedoch bleiben vorher erfolgte Zuwiderhandlungen sanktionslos.[105] 138

Inhaltlich müssen sich aus dem Hinweis die Art des möglichen Ordnungsmittels sowie das ziffernmäßig bestimmte Höchstmaß ergeben.[106] Folgende Formulierung wird vorgeschlagen:[107] 139

▶ Bei schuldhafter Zuwiderhandlung gegen die sich aus diesem Beschluss ergebende(n) Verpflichtung(en) kann das Gericht gegenüber dem Verpflichteten Ordnungsgeld bis zur Höhe von 25.000 € und für den Fall, dass dieses nicht beigetrieben werden kann, Ordnungshaft bis zu 6 Monaten anordnen. Verspricht die Anordnung eines Ordnungsgeldes keinen Erfolg, kann das Gericht Ordnungshaft bis zu 6 Monaten anordnen. Die Festsetzung eines Ordnungsmittels unterbleibt, wenn der Verpflichtete Gründe vorträgt, aus denen sich ergibt, dass er die Zuwiderhandlung nicht zu vertreten hat. ◀

Gemäß § 92 Abs. 1 FamFG ist dem Verpflichteten vor der Festsetzung von Ordnungsmitteln stets **rechtliches Gehör** zu gewähren. Erforderlich ist darüber hinaus grds. die persönliche Anhörung aller Beteiligten.[108] 140

Durch **§ 92 Abs. 3 FamFG** wird klargestellt, dass die Festsetzung von Ordnungsmitteln oder die Anordnung von unmittelbarem Zwang weder die vorherige Durchführung eines **Vermittlungsverfahrens** nach § 165 FamFG voraussetzt noch ein solches laufendes Verfahren der Festsetzung von Ordnungsmitteln oder der Anordnung von unmittelbarem Zwang entgegensteht. 141

Das **Jugendamt unterstützt** schon gem. § 50 SGB VIII das Familiengericht bei allen Maßnahmen, die die Sorge für die Person von Kindern und Jugendlichen betreffen, und hat u.a. in Kindschaftssachen an den Verfahren mitzuwirken. Umgekehrt ist das Familiengericht gem. § 162 FamFG verpflichtet, das Jugendamt **anzuhören** und ihm alle Entscheidungen bekannt zu machen. § 88 Abs. 2 FamFG unterstreicht die wichtige Funktion des Jugendamtes auch für den Bereich der **Vollstreckung**, indem es das Jugendamt verpflichtet, dem Gericht in geeigneten 142

---

102 BVerfG FamRZ 2011, 957.
103 BVerfG FamRZ 2011, 957; OLG Koblenz FF 2010, 378; Prütting/Helms/*Hammer*, § 89 Rn 11.
104 OLG Brandenburg FuR 2011, 171; OLG Karlsruhe FGPrax 2010, 105; OLG Koblenz FamRZ 2010, 1930.
105 OLG Karlsruhe FamRZ 2010, 1103.
106 BGH NJW 1995, 3177; Zöller/*Stöber*, § 890 ZPO Rn 12 b.
107 Nach Keidel/*Giers*, § 89 FamFG Rn 11.
108 Keidel/*Giers*, § 92 FamFG Rn 2.

Fällen Unterstützung zu leisten. Diese Bestimmung übernimmt dem Grundsatz nach die im Rahmen des internationalen Familienrechts geltende Vorschrift des § 9 IntFamRVG[109] und macht sie auch für lediglich nationale Entscheidungen nutzbar. Aufgrund der meist schon im Rahmen des zugrunde liegenden Verfahrens gewonnenen Kenntnisse kann die **Mitwirkung** des Jugendamtes zB durch **vorbereitende und begleitende Gespräche** mit dem Umgangs- bzw Herausgabeverpflichteten und dem Kind dazu dienen, Fehlinformationen, Vorbehalte und Ängste abzubauen, die dazu führen können, dass das Kind den Umgang als negativ oder bedrohlich empfindet, und so nach Möglichkeit die Anwendung von Gewalt zu verhindern und, wenn letztlich nicht zu verhindern, doch eine das Kindeswohl so wenig wie möglich beeinträchtigende Vollstreckung zu finden. Ist die Anwendung unmittelbaren Zwangs notwendig und wird der Gerichtsvollzieher vom Familiengericht mit der zwangsweisen Herausnahme des Kindes beauftragt, umfasst die Unterstützungspflicht des Jugendamtes auch die Tätigkeit des Gerichtsvollziehers.

143 Das Familiengericht muss von **Amts wegen ermitteln**, ob der Verpflichtete gegen einen inhaltlich genügend bestimmten (s. Rn 115) Vollstreckungstitel, der den Hinweis auf die möglichen Rechtsfolgen einer Zuwiderhandlung enthält, nach dessen Zustellung zuwidergehandelt hat. Das gilt auch für die Verhängung von Ordnungsmitteln in dem Antragsverfahren auf Herausgabe einer Person, weil die Einleitung des Vollstreckungsverfahrens zwar nur auf Antrag erfolgt, die Durchführung jedoch von Amts wegen. Steht die Zuwiderhandlung nach Zustellung des Titels fest, kommt es dennoch nur dann zu einer Festsetzung von Ordnungsmitteln, wenn der Verpflichtete schuldhaft gegen seine titulierte Verpflichtung verstoßen hat. Hierzu enthält **§ 89 Abs. 4 FamFG** eine Regelung, wonach bei einer solchen Zuwiderhandlung zunächst das **Verschulden des Verpflichteten vermutet** wird.

144 Das ist v.a. im Bereich des Umgangsrechts von Bedeutung. Der **Umgang** scheitert oft daran, dass der Verpflichtete, also der Elternteil, bei dem das Kind lebt, **Umgangstermine meist kurzfristig absagt**. Als Grund wird nur selten angegeben, dass der Elternteil selbst den Umgang nicht möchte. Meist werden gesundheitliche Beeinträchtigungen oder andere dringende und nicht vorhersehbare Termine angegeben. Diese Angaben lassen sich meist ohne Weiteres im Nachhinein nachprüfen. Problematisch sind jedoch die Fälle, in denen angegeben wird, das **Kind verweigere vehement den Umgang**. Gemäß § 1684 Abs. 2 BGB obliegen dem Elternteil, bei dem sich das Kind befindet, Loyalitätspflichten. Diese erschöpfen sich nach hM[110] nicht nur in einem Unterlassen der Verhinderung oder Erschwerung des Umgangs, sondern enthalten auch eine **Förderungspflicht**, dh, der Elternteil ist verpflichtet, das Kind rechtzeitig vor dem Termin auf den Umgang einzustimmen, das Kind übergabefertig zu machen, es ggf zu bringen und/oder zu holen, und dabei zu erkennen zu geben, dass man den Umgang auch selbst befür-

---

109 § 9 IntFamRVG Mitwirkung des Jugendamts an Verfahren
(1) Unbeschadet der Aufgaben des Jugendamts bei der grenzüberschreitenden Zusammenarbeit unterstützt das Jugendamt die Gerichte und die Zentrale Behörde bei allen Maßnahmen nach diesem Gesetz. Insbesondere
1. gibt es auf Anfrage Auskunft über die soziale Lage des Kindes und seines Umfelds,
2. unterstützt es in jeder Lage eine gütliche Einigung,
3. leistet es in geeigneten Fällen Unterstützung bei der Durchführung des Verfahrens, auch bei der Sicherung des Aufenthalts des Kindes,
4. leistet es in geeigneten Fällen Unterstützung bei der Ausübung des Rechts zum persönlichen Umgang, der Heraus- oder Rückgabe des Kindes sowie der Vollstreckung gerichtlicher Entscheidungen.
(2) und (3) ....
110 Erman/*Michalski*/*Döll*, § 1684 BGB Rn 10 mwN.

wortet. Der Verpflichtete behauptet häufig, alles in seiner Macht Stehende getan zu haben, um das Kind zum Umgang zu bewegen. Ob dies der Fall war, lässt sich als innerfamiliäre Verhaltensweise häufig von außen kaum feststellen. Daher ist es richtig, dass der Gesetzgeber die Beweisnot dadurch abmildern will, indem er dem Verpflichteten aufgibt, im Einzelnen **darzulegen, warum der Umgang gescheitert ist.**

Die **Verschuldensvermutung** des § 89 Abs. 4 FamFG verliert mit zunehmendem Alter des Kindes an Bedeutung, weil ab einem Alter von ungefähr neun bis elf Jahren die Einhaltung des Umgangs auch durch erzieherische Mittel des Verpflichteten nicht mehr erreicht werden kann.[111] 145

Der Verpflichtete kann die Gründe, die einem Verschulden seinerseits entgegenstehen, auch noch **nachträglich geltend machen**. Erweisen sich die geltend gemachten Gründe als relevant, ist die bereits angeordnete Festsetzung wieder aufzuheben. 146

Im Fall eines schuldhaften Verstoßes „**kann**" das Gericht gem. § 89 Abs. 1 FamFG Ordnungsmittel verhängen. Diese Bestimmung eröffnet dem Gericht jedoch kein weites Ermessen. Sie ist vielmehr vor dem Hintergrund der Rspr des BVerfG zur Durchsetzung von Umgangspflichten zu verstehen. Dieser Rspr zufolge dient ein Umgang mit dem Kind, der nur zwangsweise gegen seinen umgangsunwilligen Elternteil durchgesetzt werden kann, idR nicht dem Kindeswohl.[112] Vor der Festsetzung von Ordnungsmitteln hat daher eine **erneute Kindeswohlprüfung** zu erfolgen. In allen anderen und damit in der ganz überwiegenden Zahl der Umgangsverfahren gilt jedoch als Maßstab, dass die Vollstreckung der effektiven Durchsetzung einer gerichtlichen Entscheidung dient, die auch und gerade unter Berücksichtigung des Kindeswohls getroffen wurde.[113] Grundsätzlich sind daher nach einem schuldhaften Verstoß Ordnungsmittel zu verhängen. 147

Als **Ordnungsmittel** kommen entweder Ordnungsgeld von 5 € bis 25.000 € (Art. 6 Abs. 1 EGStGB, § 89 Abs. 3 S. 1 FamFG), und für den Fall, dass dieses nicht beigetrieben werden kann, Ersatzordnungsgeld, oder Ordnungshaft von einem Tag bis zu sechs Monaten (Art. 6 Abs. 2 S. 1 EGStGB, § 89 Abs. 3 S. 2 FamFG iVm § 802 j Abs. 1 ZPO) in Betracht. Ordnungsmittel sind im Vergleich mit den früher nach § 33 FGG vorgesehenen Zwangsmitteln effektiver, weil sie einen **doppelten Charakter** haben: Bestrafung für die in der Vergangenheit liegenden Verstöße und damit einhergehend der Zwang, weitere Ordnungsmittel durch Befolgung der Verpflichtung zu vermeiden. Zudem wird das Verfahren dadurch beschleunigt, dass eine Androhung des Ordnungsmittels nicht, der stattdessen notwendige **Hinweis** auf die möglichen Folgen von Verstößen aber bereits zuvor mit der Titulierung der Verpflichtung erfolgt. 148

Welches der **Ordnungsmittel** das Gericht durch Beschluss festsetzt, bestimmt das Gericht nach pflichtgemäßem Ermessen durch Beschluss. Dabei wird es zum einen die **Verhältnismäßigkeit** zu berücksichtigen haben, aber auch den mit dem Ordnungsmittel verfolgten Zweck, nämlich angemessene Bestrafung für die Zuwiderhandlung und spürbarer Druck für ein verpflichtungsgemäßes Verhalten. Steht fest, dass Ordnungsgeld nicht wird beigetrieben werden können, wird das Gericht sofort nur Ordnungshaft festsetzen. 149

Bei der **Bemessung** des Ordnungsmittels sind die konkreten Umstände des Einzelfalles zu berücksichtigen, insb. Art, Umfang und Intensität der Zuwiderhand- 150

---

111 OLG Hamm FamRZ 2008, 1371; OLG Karlsruhe FPR 2002, 103 und FamRZ 2005, 1698.
112 BVerfG NJW 2008, 1287.
113 OLG Schleswig FamRZ 2012, 151.

lung, die Auswirkungen auf das Kind, der Grad des Verschuldens sowie die Vermögensverhältnisse des Verpflichteten.

151 Hat der Verpflichtete **wiederholt** gegen seine Verpflichtung **verstoßen**, können Ordnungsmittel **mehrfach** festgesetzt werden. Dabei wird zu prüfen sein, ob die mehreren Verstöße unter dem Gesichtspunkt einer natürlichen Handlungseinheit[114] als eine Tat angesehen werden können. Mehrere Verstöße können allerdings auch im Zivilrecht nicht mehr über die früher im Strafrecht angewandten Grundsätze über den Fortsetzungszusammenhang zu einer einheitlichen Tat zusammengefasst werden.[115]

152 Die **Vollstreckung** der Ordnungsgelder erfolgt von Amts wegen nach § 1 Abs. 1 Nr. 3 JBeitrO. Die **Ordnungshaft** wird auf Antrag des Gerichts, das auch den Haftbefehl erlässt, entsprechend den §§ 802 g Abs. 1 S. 2 und Abs. 2, 802 h und 802 j Abs. 1 ZPO vollstreckt (s. dazu die Erläuterungen zu den einzelnen Vorschriften).

153 **bb) Unmittelbarer Zwang (§ 90 FamFG).** Da allein mit Ordnungsmitteln eine effektive Vollstreckung nicht immer erreicht werden kann, besteht für das Gericht auch die Möglichkeit, neben oder anstelle der Festsetzung von Ordnungsmitteln gem. § 90 FamFG unmittelbaren Zwang anzuwenden. Dies muss durch einen **ausdrücklichen Beschluss** erfolgen und kommt nur in Betracht, wenn die Anwendung unmittelbaren Zwangs **verhältnismäßig** ist, dh wenn mildere Mittel zur Vollstreckung der Entscheidung nicht zur Verfügung stehen.[116] Dementsprechend setzt die Anordnung unmittelbaren Zwangs gem. § 90 Abs. 1 FamFG alternativ voraus, dass

- die Festsetzung von Ordnungsmitteln erfolglos geblieben ist (Nr. 1);
- die Festsetzung von Ordnungsmitteln keinen Erfolg verspricht (Nr. 2);
- eine alsbaldige Vollstreckung der Entscheidung unbedingt geboten ist (Nr. 3).

154 Da die Vollstreckung durch Anwendung unmittelbaren Zwangs nicht nur unmittelbar den Verpflichteten trifft, sondern auch Dritte (die herauszugebende Person bzw die Person, mit der der Umgang stattfinden soll), sind deren Belange bei der Frage der Anordnung mit zu berücksichtigen und ist generell ein behutsames Vorgehen notwendig. Nach der Vorstellung des Gesetzgebers[117] soll ein **stufenweises Vorgehen** erfolgen, indem das Familiengericht grds. zunächst das persönliche Gespräch mit dem Berechtigten und dem Verpflichteten sowie ggf mit der herauszugebenden Person sucht. Führt das nicht weiter, kann sich das Familiengericht zur Unterstützung an das Jugendamt wenden, dann regelmäßig zunächst Ordnungsmittel verhängen und erst zuletzt unmittelbaren Zwang anordnen.

155 Die Bedeutung des **Grundsatzes der Verhältnismäßigkeit** wird in § 90 Abs. 2 FamFG nochmals ausdrücklich in Bezug auf **Kinder als beteiligte Dritte** zum Ausdruck gebracht. § 90 Abs. 2 FamFG ordnet an, dass die Anwendung unmittelbaren Zwanges gegen ein Kind überhaupt nicht zugelassen werden darf, wenn das Kind herausgegeben werden soll, um das Umgangsrecht auszuüben (S. 1), und im Übrigen nur, wenn dies unter Berücksichtigung des Kindeswohls gerechtfertigt ist und eine Durchsetzung der Verpflichtung mit milderen Mitteln nicht

---

114 BGH NJW 2009, 921: „Zu einer natürlichen Handlungseinheit können im Zivilrecht und in der Zwangsvollstreckung mehrere – auch fahrlässige – Verhaltensweisen zusammengefasst werden, die aufgrund ihres räumlich-zeitlichen Zusammenhangs so eng miteinander verbunden sind, dass sie bei natürlicher Betrachtungsweise als ein einheitliches, zusammengehörendes Tun erscheinen."
115 BGH NJW 2009, 921.
116 OLG Brandenburg NJW-RR 2001, 1089; Prütting/Helms/*Hammer*, § 90 FamFG Rn 2.
117 BT-Drucks. 16/6308, S. 218.

möglich ist (S. 2). Die Anwendung unmittelbaren Zwangs kommt also nur als Letztes der möglichen Vollstreckungsmittel in Betracht.

Einer der bei der **Abwägung** zu berücksichtigenden Umstände ist dabei das **Alter des sich widersetzenden Kindes.** Je älter und reifer ein Kind ist, umso mehr kommt seinem eigenen Willen eine größere Bedeutung zu[118] und wird daher eine Vollstreckung nicht seinem Wohl entsprechen. In der Regel wird man die kritische Grenze in Anlehnung an die §§ 9, 60, 159, 164 FamFG bei einem Alter von 14 Jahren sehen können.[119] Maßgeblich müssen aber immer die konkreten Umstände des Einzelfalles sein, so dass auch die zwangsweise Herausgabe eines 16-jährigen Kindes bei einer aktuellen Gefährdung[120] (zB bei gesundheitlicher Vernachlässigung, inzestuöser Beziehung, drohender Beschneidung eines Mädchens) geboten sein wird.

cc) Durchsuchungsbeschluss (§ 91 FamFG). Nach § 91 Abs. 1 FamFG darf die Wohnung des Verpflichteten ohne dessen Einwilligung nur aufgrund eines **richterlichen Beschlusses durchsucht** werden, es sei denn, der Erlass des Beschlusses würde den Erfolg der Durchsuchung gefährden. Ausdrücklich keine Anwendung findet § 91 FamFG auf die Vollstreckung eines Haftbefehls nach § 94 FamFG in Verbindung mit § 901 ZPO (§ 91 Abs. 2 FamFG); das muss aber entsprechend bei der Vollstreckung von Ordnungshaft gem. § 89 Abs. 1 und 3 FamFG gelten.[121] Da die Vorschrift weitgehend inhaltsgleich mit § 758 a ZPO ist, wird auf die dortigen Ausführungen verwiesen. 157

Zuständig für den Erlass des Durchsuchungsbeschlusses ist gem. § 88 FamFG der **Richter des betreibenden Gerichts.**[122] 158

Der Durchsuchungsbeschluss ist bei der Vollstreckung **vorzulegen** (§ 91 Abs. 4 FamFG), und zwar allen Personen, die die Durchsuchung dulden müssen, somit auch dem Mitgewahrsamsinhaber.[123] Die andere Wortwahl in § 91 FamFG gegenüber § 758 a ZPO („vorzulegen" statt „vorzuzeigen") macht inhaltlich keinen Unterschied. 159

dd) Vollstreckung zu unüblichen Zeiten; vorsorgliche Durchsuchungsanordnung. Nicht übernommen hat der Gesetzgeber die Regelung des § 758 a Abs. 4 ZPO über die Vollstreckung zu **unüblichen Zeiten** (sonn- und feiertags, werktags zwischen 21 Uhr bis 6 Uhr). Diese Regelung ist auch nicht analog anwendbar mit der Folge, dass für die Vollstreckung zu unüblichen Zeiten keine Einschränkungen gelten.[124] 160

Im Unterschied zur ZPO ist eine **vorsorgliche** Durchsuchungsanordnung möglich.[125] 161

ee) Eidesstattliche Versicherung (§ 94 FamFG). Gemäß § 94 FamFG kann das Gericht, wenn eine **herauszugebende Person nicht vorgefunden** wird, anordnen, dass der Verpflichtete eine eidesstattliche Versicherung über ihren **Verbleib** abzugeben hat (§ 94 S. 1 FamFG). § 883 Abs. 2 und 3 ZPO gilt entsprechend (§ 94 S. 2 FamFG). Die Vorschrift greift nur, wenn die herauszugebende Person beim 162

---

118 BVerfG FamRZ 2008, 1737.
119 Vgl *Gaul*, in: Festschrift für Ishikawa, 2001, S. 87, 125; Keidel/*Giers*, § 90 FamFG Rn 10.
120 Keidel/*Giers*, § 90 FamFG Rn 10.
121 Keidel/*Giers*, § 91 FamFG Rn 3.
122 Keidel/*Giers*, § 91 FamFG Rn 3.
123 BT-Drucks. 16/6308, S. 219.
124 Musielak/Borth/*Borth*, § 91 FamFG Rn 3; aA *Cirullies*, Vollstreckung in Familiensachen, Rn 572.
125 Keidel/*Giers*, § 91 FamFG Rn 5; MüKo-ZPO/*Zimmermann*, § 91 FamFG Rn 6; aA Johannsen/Henrich/*Büte*, § 91 FamFG Rn 4; Haußleiter/*Gomille*, § 91 FamFG Rn 9.

Verpflichteten nicht vorgefunden wird. Das ist sowohl der Fall, wenn der Gerichtsvollzieher die Wohnung durchsucht und die Person nicht findet, als auch dann, wenn der Verpflichtete die Durchsuchung verweigert.[126]

163 **Zuständig** für die Anordnung der eidesstattlichen Versicherung wie für den Erlass eines ggf notwendig werdenden Haftbefehls ist der Richter des gem. § 88 FamFG mit der Vollstreckung befassten Gerichts. Eines Antrags bedarf es insoweit nicht, was sich aus dem Wortlaut („kann") ergibt. Das Gericht entscheidet vielmehr nach pflichtgemäßem **Ermessen**, ob es die Abnahme der eidesstattlichen Versicherung anordnet. Das Verfahren zur Abnahme der eidesstattlichen Versicherung obliegt dem **Gerichtsvollzieher**, der auch eine evtl notwendige Verhaftung vornimmt. Der Verpflichtete hat an Eides statt zu erklären, dass die herauszugebende Person sich nicht in seinem Haushalt/seinem Einflussbereich befindet und er auch nicht wisse, wo sie sich befinde.

164 Wegen der Einzelheiten des in Bezug genommenen § 883 Abs. 2 und 3 ZPO wird auf die Erläuterungen zu diesem Paragrafen verwiesen.

165 **f) Einstellung der Vollstreckung (§ 93 FamFG). aa) Allgemeines.** Im Rahmen der Vollstreckung von Entscheidungen über die Herausgabe von Personen und die Regelung des Umgangs kann gem. § 93 FamFG die Vollstreckung eingestellt oder beschränkt und können Vollstreckungsmaßnahmen aufgehoben werden. Nach der systematischen Einordnung findet § 93 FamFG nur auf das Verfahren gem. §§ 88 ff FamFG Anwendung. Die Vorschrift enthält den §§ 707, 719 ZPO entsprechende Regelungen, erweitert um typische Fallkonstellationen des FamFG-Verfahrens. Die Aussetzung oder Beschränkung der Vollstreckung einstweiliger Anordnungen regelt § 55 FamFG (s. Rn 88).

166 **bb) Fallgruppen des § 93 Abs. 1 FamFG.** § 93 Abs. 1 FamFG betrifft folgende typischen Fallgruppen, wobei die entsprechenden Verfahren mindestens anhängig sein müssen:

167 **(1) Wiedereinsetzung in den vorigen Stand (Nr. 1).** War jemand ohne sein Verschulden verhindert, eine gesetzliche Frist einzuhalten, ist ihm auf seinen Antrag hin Wiedereinsetzung in den vorigen Stand zu gewähren, §§ 17 ff FamFG. Nr. 1 entspricht inhaltlich § 707 Abs. 1 S. 1 Hs 1 Alt. 1 ZPO. Auf die dortigen Ausführungen wird verwiesen.

168 **(2) Wiederaufnahme des Verfahrens (Nr. 2).** Nach § 48 Abs. 2 FamFG kann ein rechtskräftig beendetes Verfahren in entsprechender Anwendung der Vorschriften des 4. Buches der ZPO wiederaufgenommen werden. Nr. 2 entspricht inhaltlich § 707 Abs. 1 S. 1 Hs 1 Alt. 2 ZPO. Auf die dortigen Ausführungen wird verwiesen.

169 **(3) Beschwerdeverfahren (Nr. 3).** Die Fallgruppe der Nr. 3 entspricht inhaltlich § 719 Abs. 1 S. 1 ZPO, so dass auf die dortigen Ausführungen verwiesen wird.

170 Mit „Beschwerde" ist die **Beschwerde gegen Endentscheidungen** (§ 38 FamFG) gemeint, weil diese keine aufschiebende Wirkung hat, nicht die sofortige Beschwerde gegen Entscheidungen im Vollstreckungsverfahren gem. § 87 Abs. 4 FamFG. Denn diese hat ohnehin durch den in Bezug genommenen § 570 Abs. 1 ZPO aufschiebende Wirkung.[127]

---

126 Vgl OLG Bamberg FamRZ 1994, 182.
127 Zöller/*Feskorn*, ZPO, § 87 FamFG Rn 9; Hk-FamVerfR/*Völker/Clausius/Wagner*, § 89 FamFG Rn 26; Bork/Jacoby/Schwab/*Althammer*, § 87 FamFG Rn 8; zu § 890 ZPO s. BGH NJW 2011, 3791; aA Horndasch/Viefhues/*Gottwald*, § 87 FamFG Rn 12.

Nicht unter Nr. 3 fällt das **Rechtsbeschwerdeverfahren**. Daher kommt die Einstellung im Fall der Rechtsbeschwerde nicht in Betracht.[128]

(4) Abänderung einer Entscheidung (Nr. 4). Anders als in der ZPO kann das Gericht des ersten Rechtszuges gem. § 48 Abs. 1 FamFG eine rechtskräftige Endentscheidung mit Dauerwirkung (zB Umgangsrechtsregelungen) aufheben oder ändern, wenn sich die zugrunde liegende Sach- oder Rechtslage nachträglich wesentlich geändert hat, in Verfahren, die nur auf Antrag eingeleitet werden, allerdings nur auf Antrag hin. Nr. 4 eröffnet dem Gericht die Möglichkeit, auch während eines solchen Abänderungsverfahrens die Vollstreckung einzustellen.

(5) Durchführung eines Vermittlungsverfahrens nach § 165 FamFG (Nr. 5). Gibt es Streit darüber, ob ein Elternteil die Durchführung einer gerichtlichen Entscheidung oder eines gerichtlich gebilligten Vergleichs über den Umgang mit dem gemeinschaftlichen Kind vereitelt oder erschwert, vermittelt das Gericht auf Antrag eines Elternteils zwischen den Eltern (§ 165 FamFG). Da hier die Abänderung der Grundentscheidung durch Vereinbarung in Betracht kommt, ist es konsequent, dass das Gericht nach Nr. 5 während eines solchen Vermittlungsverfahrens die einstweilige Einstellung der Vollstreckung anordnen kann.

(6) Folgen. Hinsichtlich der Folgen einer dauerhaften oder einstweiligen Einstellung verweist **§ 93 Abs. 2 FamFG** auf die Vorschriften der §§ 775 Nr. 1 und 2 und 776 ZPO. Auf die dortigen Ausführungen wird verwiesen. § 775 Nr. 2 ZPO ist allerdings nur insoweit anzuwenden, als die einstweilige Einstellung angeordnet werden kann.

cc) Zuständigkeit. Streitig ist, welches Gericht für die Einstellungsentscheidung zuständig ist. Nach einer Auffassung ist es aufgrund der Stellung der Vorschrift das Gericht des § 88 FamFG.[129] Da aber bei der zu treffenden Ermessensentscheidung auch die Erfolgsaussicht zu prüfen ist und es daher sein kann, dass darüber ein Gericht entscheidet, das mit dem Verfahren nach § 93 Abs. 1 S. 1 Nr. 1–5 FamFG gar nicht befasst ist, und weil in den vergleichbaren Verfahren der ZPO das mit dem jeweiligen Verfahren befasste Gericht über die einstweilige Einstellung entscheidet, sprechen sich andere für die Zuständigkeit dieses Gerichts aus.[130] Diese Auffassung ist vorzuziehen. Dafür spricht ferner, dass grds. das erkennende Gericht auch die Vollstreckung betreibt und § 88 Abs. 1 FamFG davon nur eine Ausnahme macht wegen der aufgrund der Ortsnähe besseren Möglichkeiten zu ggf notwendigen weiteren Ermittlungen. Um solche geht es aber bei der Einstellung gem. § 93 FamFG nicht, weil die Einstellungsgründe nicht in der Vollstreckung, sondern in den jeweiligen Verfahren der Nr. 1–5 ihre Ursache haben. Für das Gericht des entsprechenden Verfahrens spricht auch Satz 2 des § 93 Abs. 1 FamFG, wonach „in der Beschwerdeinstanz" über die Einstellung „vorab", also vor der Entscheidung über die Beschwerde, zu entscheiden ist, die nur durch das Beschwerdegericht erfolgt.

dd) Entscheidung. Die Entscheidung ergeht, wenn die Voraussetzungen einer der Fälle der Nr. 1–5 erfüllt sind, **von Amts wegen** nach **billigem Ermessen durch Beschluss**.[131] Im Rahmen des Ermessens sind die widerstreitenden Interessen des Verpflichteten und des Berechtigten gegeneinander abwägen, wobei auch die Fra-

---

128 MüKo-ZPO/*Zimmermann*, § 93 FamFG Rn 8; Haußleiter/*Gomille*, § 93 FamFG Rn 2; Keidel/*Giers*, § 93 FamFG Rn 4.
129 Bahrenfuss/*Hentschel*, § 93 FamFG Rn 3.
130 Zöller/*Feskorn*, ZPO, § 93 FamFG Rn 4; Prütting/Helms/*Hammer*, § 93 FamFG Rn 3; Keidel/*Giers*, § 93 FamFG Rn 2–6.
131 Prütting/Helms/*Hammer*, § 93 FamFG Rn 3 a; Haußleiter/*Gomille*, § 93 FamFG Rn 3; Keidel/*Giers*, § 93 FamFG Rn 10; aA Musielak/Borth/*Borth*, § 93 FamFG Rn 2; Hk-FamVerfR/*Völker/Clausius/Wagner*, § 93 FamFG Rn 3, wonach ein Antrag erforderlich ist.

ge der Erfolgsaussicht des Verfahrens in die Prüfung einzubeziehen ist.[132] Möglich ist sowohl eine Einstellung der Vollstreckung als auch eine Beschränkung, zB auf die Pfändung bestimmter Forderungen oder Sachen.

177 **ee) Rechtsmittel.** Die – stattgebende wie ablehnende – Entscheidung ist **nicht anfechtbar** (§ 93 Abs. 1 S. 3 FamFG). Dies gilt nicht nur, wie aufgrund der Stellung des Satzes angenommen werden könnte, für im Hinblick auf ein anhängiges Beschwerdeverfahren ergangene Beschlüsse, sondern für alle Beschlüsse gem. § 93 Abs. 1 FamFG.[133] Klarer wäre dies, wenn die Regelung einen eigenen Absatz erhalten hätte. Aber zum einen ist nicht ersichtlich, warum nur der Einstellungsbeschluss während eines Beschwerdeverfahrens nicht anfechtbar sein soll, zum anderen ist auch bei den vergleichbaren Regelungen des § 55 Abs. 1 FamFG sowie der §§ 707, 719 ZPO die Anfechtung ausgeschlossen, ebenso die Entscheidung über die einstweilige Einstellung im Rahmen des Abänderungsverfahrens, § 242 S. 2 FamFG. Schließlich handelt es sich bei den Einstellungsentscheidungen auch um Zwischenentscheidungen, die nach dem sich aus den §§ 58 Abs. 1, 38 FamFG ergebenden System des FamFG, wonach grds. allein gegen Endentscheidungen die Beschwerde statthaft ist, nur anfechtbar sind, wenn dies gesetzlich ausdrücklich bestimmt ist.

178 Neben § 93 FamFG kommt eine einstweilige Einstellung der Vollstreckung auch noch im Rahmen der entsprechend anzuwendenden **Rechtsbehelfe der ZPO** (§§ 732 Abs. 2, 766 Abs. 1 S. 2, 765 a Abs. 1 S. 2 ZPO) und bei einem Vollstreckungsgegenantrag nach § 767 ZPO gem. § 769 ZPO in Betracht.

179 **g) Kosten der Vollstreckung. aa) Kostengrundentscheidung (§ 92 Abs. 2 FamFG).** § 92 Abs. 2 FamFG regelt die Notwendigkeit einer Kostengrundentscheidung dahin, dass mit der Festsetzung des Ordnungsmittels oder der Anordnung von unmittelbarem Zwang dem Verpflichteten die **Kosten des Verfahrens** aufzuerlegen sind. Diese Sonderregelung bezüglich der Kosten des Verfahrens nach §§ 88 ff FamFG geht den Regelungen der §§ 87 Abs. 5, 81 ff FamFG vor, allerdings nur in seinem Anwendungsbereich. Kommt es nicht zu einer Festsetzung oder Anordnung, weil das Gericht einen entsprechenden Antrag zurückweist bei einem von Amts wegen eingeleiteten Verfahren die Notwendigkeit der Festsetzung bzw Anordnung nicht weiter besteht, ist nicht § 92 Abs. 2 FamFG anzuwenden, sondern § 87 Abs. 5 FamFG.

180 **bb) Umfang der Kostentragungspflicht (§ 80 FamFG). (1) Allgemeines.** Der Umfang der Kosten ergibt sich stets aus § 80 FamFG. Danach gehören zu den Kosten die Gerichtskosten (Gebühren und Auslagen) und die zur Durchführung des Verfahrens notwendigen Aufwendungen der Beteiligten, zu denen auch die Anwaltskosten zählen.

181 **(2) Gerichtskosten.** Die Gerichtskosten für das Verfahren gem. §§ 88 ff FamFG ergeben sich aus Nr. 1602 KV FamGKG (Anordnung von Zwangs- und Ordnungsmitteln) und Nr. 1603 KV FamGKG (eidesstattliche Versicherung).[134] Ist bereits ein Ordnungsmittelbeschluss ergangen und wird zur Durchsetzung derselben Verpflichtung dann unmittelbarer Zwang angeordnet, entsteht insoweit keine neue Gebühr (vgl Anm. S. 1 zu Nr. 1602 KV FamGKG). Die Gebühr entsteht aber mehrfach, wenn Gegenstand der Verpflichtung die wiederholte Vornahme

---

132 BGH FamRZ 2003, 372; Keidel/*Giers*, § 93 FamFG Rn 7.
133 Bahrenfuss/*Hentschel*, § 93 FamFG Rn 7; Zöller/*Feskorn*, ZPO, § 93 FamFG Rn 8; Keidel/*Giers*, § 93 FamFG Rn 13; MüKo-ZPO/*Zimmermann*, § 93 FamFG Rn 15; aA Hk-FamVerfR/*Völker/Clausius/Wagner*, § 93 FamFG Rn 12; Schulte-Bunert/Weinreich/*Schulte-Bunert*, § 93 FamFG Rn 4.
134 NK-GK/*H. Schneider*, Nr. 1602 und 1603 KV FamGKG Rn 1 f.

einer Handlung oder eine Unterlassung ist.[135] Das Verfahren auf Erlass des Durchsuchungsbeschlusses ist ebenso gerichtsgebührenfrei wie das Verfahren auf Einstellung der Vollstreckung gem. § 93 FamFG. Die Kosten einer Ordnungshaft sind ebenfalls Verfahrenskosten, und zwar Auslagen gem. Nr. 2009 KV FamGKG. Die Kosten, die durch die Beitreibung des Ordnungsgeldes entstehen, sind hingegen keine Verfahrenskosten, sondern solche gem. § 788 ZPO iVm § 11 Abs. 2 JBeitrO und den entsprechenden Vorschriften des GvKostG.

(3) **Anwaltsvergütung.** Für den **Rechtsanwalt** fallen für das Ordnungsmittelverfahren, das eine besondere Angelegenheit gem. § 18 Abs. 1, Abs. 2 Nr. 2 RVG darstellt, Gebühren gem. Vorbem. 3.3.3 Nr. 2 VV RVG an, deren Höhe sich aus Nr. 3309, 3310 VV RVG ergibt. Damit abgegolten sind auch die Tätigkeiten im Rahmen der Anordnung unmittelbaren Zwangs (§ 90 FamFG) und der Durchsuchung (§ 91 FamFG), § 19 Abs. 2 S. 2 Nr. 1 RVG. Das Gleiche gilt für die Einstellung der Vollstreckung, es sei denn, dass hierüber ein gesonderter gerichtlicher Termin stattfindet, § 19 Abs. 1 S. 2 Nr. 12 RVG. In letzterem Fall entstehen Gebühren nach Nr. 3328, 3332 VV RVG. Eine besondere Angelegenheit stellt die Tätigkeit im Rahmen der eidesstattlichen Versicherung nach § 94 FamFG dar, § 18 Abs. 2 Nr. 2, Abs. 1 Nr. 16 RVG, obwohl die eidesstattliche Versicherung in § 18 Abs. 1 Nr. 16 RVG seit dem 1.1.2013[136] nicht mehr ausdrücklich genannt wird.[137] In Beschwerde- bzw Rechtsbeschwerdeverfahren können Gebühren nach Nr. 3500, 3502, 3513 VV RVG erwachsen.

h) Rechtsbehelfe. aa) Allgemeines. Da die §§ 88 ff FamFG keine eigene Regelung zu Rechtsbehelfen enthalten, findet § **87 Abs. 4 FamFG** Anwendung. Danach ist gegen einen Beschluss, der im Vollstreckungsverfahren ergeht, die **sofortige Beschwerde** in entsprechender Anwendung der §§ 569–572 ZPO gegeben. Dies betrifft Ordnungsmittelbeschlüsse (§ 89 FamFG), die Anordnung unmittelbaren Zwanges (§ 90 FamFG) sowie die gerichtliche Anordnung der Abnahme der eidesstattlichen Versicherung (§ 94 S. 1 FamFG)[138] und den Haftbefehl (§ 94 S. 2 FamFG). Dabei macht es keinen Unterschied, ob es sich um einen stattgebenden oder ablehnenden Beschluss handelt. Die Einstellung der Vollstreckung ist unanfechtbar (s. Rn 177).

Gemäß § 87 Abs. 5 FamFG, § 570 Abs. 1 ZPO hat die sofortige Beschwerde gegen Ordnungsmittel aufschiebende Wirkung,[139] nicht aber gegenüber der Anordnung unmittelbaren Zwangs.[140]

Beim **Durchsuchungsbeschluss** (§ 91 FamFG) ist zu unterscheiden: Gegen den ablehnenden wie stattgebenden Beschluss des Gerichts ist die sofortige Beschwerde gem. § 87 Abs. 4 FamFG gegeben, gegen die Anordnung der Durchsuchung jedoch nicht mehr nach deren Abschluss.[141] Nimmt der Gerichtsvollzieher eine Durchsuchung ohne entsprechenden Beschluss vor, weil er eine Gefahr im Verzug bejaht, oder lehnt er sie ab, weil er Gefahr im Verzug verneint, ist dagegen die Vollstreckungserinnerung gem. § 766 ZPO gegeben. Diese dürfte aber im letzteren Fall wenig sinnvoll sein, weil in der Zeit, die der Richter benötigt, um über

---

135 NK-GK/H. *Schneider*, Nr. 1602 KV FamGKG Rn 4 ff; HK-FamGKG/*Volpert*, Nr. 1602–1603 KV Rn 19.
136 Gesetz zur Reform der Sachaufklärung in der Zwangsvollstreckung vom 29.7.2009 (BGBl I S. 2258).
137 Vgl AnwK-RVG/*Wolf*/*Volpert*/*Mock*/*Thiel*/*N. Schneider*, § 18 Rn 156 f.
138 § 87 Abs. 4 FamFG geht als besondere Regelung insoweit dem § 900 Abs. 4 ZPO vor.
139 Zöller/*Feskorn*, ZPO, § 87 FamFG Rn 9; Hk-FamVerfR/*Völker*/*Clausius*/*Wagner*, § 89 FamFG Rn 26; Bork/Jacoby/Schwab/*Althammer*, § 87 FamFG Rn 8; zu § 890 ZPO s. BGH NJW 2011, 3791.
140 Zöller/*Feskorn*, ZPO, § 87 FamFG Rn 9.
141 Keidel/*Giers*, § 91 FamFG Rn 4.

die Vollstreckungserinnerung zu entscheiden, Gefahr im Verzug im Zweifel nicht mehr vorliegen wird.

186 Gegen das **Verhalten des Gerichtsvollziehers** im Rahmen der Anwendung unmittelbaren Zwangs, der Hilfestellung im Rahmen der Umgangsausübung sowie gegen die Art und Weise der Durchsuchung ist die Vollstreckungserinnerung gem. § 766 ZPO gegeben. Die im Rahmen der eidesstattlichen Versicherung (§ 94 FamFG) durch ihn erfolgte Terminsbestimmung (s. Rn 163) ist nicht selbständig anfechtbar.[142]

187 Da die Vollstreckung des **Ordnungsgeldes** nach der JBeitrO erfolgt (s. Rn 152), ergeben sich die Rechtsbehelfe aus § 6 JBeitrO; zuständig ist das Amtsgericht als Vollstreckungsgericht.[143]

188 Anwendbar ist ferner auch die Vorschrift über die **Klauselerinnerung** gem. § 732 ZPO, zumal es sich beim Klauselerteilungsverfahren noch nicht um Vollstreckung handelt, sondern um deren Vorbereitung.[144] Auf die in diesen Verfahren dann ergehenden Beschlüsse findet § 87 Abs. 4 FamFG Anwendung.

189 **bb) Rechtsbeschwerde.** Die Rechtsbeschwerde ist nur bei Zulassung statthaft.[145]

190 **3. Vollstreckung in den sonstigen Angelegenheiten des FamFG (§§ 95 ff FamFG). a) Einführung. aa) Anwendbare Vorschriften.** Bereits aus dem Einleitungssatz des § 95 Abs. 1 FamFG ergibt sich, dass den grds. entsprechend anzuwendenden Bestimmungen der ZPO die in den „vorstehenden Unterabschnitten" angeführten Regelungen vorgehen, also die §§ 86–94 FamFG. Dabei betrifft der Unterabschnitt 1 die „Allgemeinen Vorschriften" der Vollstreckung (§ 86 FamFG Vollstreckungstitel sowie § 87 FamFG Verfahren; Beschwerde), während die §§ 88–94 FamFG (Unterabschnitt 2) gesonderte Regelungen über die „Vollstreckung von Entscheidungen über die Herausgabe von Personen und die Regelung des Umgangs" enthalten (zu Letzteren s. Rn 90 ff).

191 **Nicht anwendbar** sind die Vorschriften über **Arrest** und **einstweilige Verfügung**. Diese sind zwar auch im 8. Buch der ZPO „Zwangsvollstreckung" geregelt, doch handelt es sich dabei nach allgemeiner Meinung nicht um Zwangsvollstreckung, sondern um summarische Erkenntnisverfahren. Die Vorschriften über den Arrest sind gem. § 119 Abs. 2 FamFG nur in Familienstreitsachen, also nicht im Anwendungsbereich von § 95 FamFG, anwendbar. An die Stelle der einstweiligen Verfügung tritt die **einstweilige Anordnung**.

192 Die Terminologie weicht von derjenigen der ZPO ab (s. dazu Rn 6).

193 **bb) Die in § 95 Abs. 1 FamFG genannten einzelnen Vollstreckungsarten.** Da die Vollstreckung der Herausgabe von Personen und die Regelung des Umgangs in den §§ 88–94 FamFG und die Vollstreckung in Familienstreitsachen (§ 112 FamFG) in § 120 FamFG gesondert geregelt sind, bleiben für den Anwendungsbereich des § 95 FamFG die weiteren Vollstreckungstitel in Familiensachen und Verfahren der freiwilligen Gerichtsbarkeit, wobei die im Folgenden genannten Beispiele in den jeweiligen Gruppen nicht abschließend sind.

---

142 Vgl entsprechend zur ZPO LG Stuttgart DGVZ 2003, 91.
143 Vgl dazu im Einzelnen: FG Baden-Württemberg EFG 2008, 151; OLG Nürnberg Rpfleger 2001, 361; LG Frankfurt/M Rpfleger 1992, 168; NK-GK/*Giers*, § 6 JBeitrO Rn 2 ff.
144 Vgl BGH Rpfleger 2008, 209 = NJW 2008, 918.
145 BGH NJW-RR 2011, 217 = FamRZ 2011, 368 für die Ablehnung eines Antrags auf Verfahrensbeteiligung nach § 7 Abs. 5 FamFG; MüKo-ZPO/*Zimmermann*, § 87 FamFG Rn 9; Keidel/*Giers*, § 87 FamFG Rn 15.

3. Sonstige Angelegenheiten (§§ 95–96 a) FamFG

(1) Vollstreckung wegen einer Geldforderung (Nr. 1). Da die meisten Geldforderungen Familienstreitsachen betreffen, für die nicht § 95 FamFG, sondern § 120 FamFG gilt, ist der Anwendungsbereich der Vorschrift begrenzt. Er betrifft u.a. 194

- Ehewohnungs- und Haushaltssachen, soweit in diesen eine Ausgleichszahlung angeordnet wird (§§ 200–209 FamFG);
- Versorgungsausgleichssachen, soweit in diesen Zahlungsansprüche in Betracht kommen (§§ 20, 22, 23, 25, 26 VersAusglG);
- Teilungsvereinbarungen und Auseinandersetzungen betreffend den Nachlass sowie die Auseinandersetzung der Gütergemeinschaft (§§ 366, 368, 371, 373 FamFG);
- bestätigte Dispachen (§ 409 FamG);
- Ansprüche auf Kostenvorschuss für die Ersatzvornahme gem. § 95 Abs. 1 Nr. 3 FamFG iVm § 887 Abs. 2 ZPO;
- Landwirtschaftssachen, soweit im Verfahren der freiwilligen Gerichtsbarkeit Zahlungsansprüche tituliert werden (zB auf Altenteilszahlungen);
- die in den vorgenannten Verfahren ergangenen Kostenfestsetzungsbeschlüsse, weil diese das Schicksal der Kostengrundentscheidung im zugrunde liegenden Verfahren teilen;[146]
- die Festsetzung von Vorschuss, Aufwendungsersatz, Aufwandentschädigung, Vergütung und Abschlagszahlung für den Vormund, Gegenvormund oder Pfleger (§ 168 Abs. 1 und 5 FamFG) bzw des Betreuers (§ 292 Abs. 1 FamFG). – Diesbezüglich verwiesen die §§ 56 g Abs. 6, 69 e Abs. 1 FGG hinsichtlich der Festsetzung gegen das Mündel auf die Vollstreckung nach der ZPO. Zwar findet nunmehr generell für diese Ansprüche nach seinem Wortlaut § 1 Abs. 1 Nr. 4 b JBeitrO Anwendung. Dies ist aber offensichtlich eine Ungenauigkeit des Gesetzgebers, weil in der Begründung zu § 95 FamFG[147] ausdrücklich diese Ansprüche als Beispiele für die Anwendung des § 95 FamFG aufführt und es in der Begründung[148] zur Einführung des § 1 Abs. 1 Nr. 4 b JBeitrO schlicht heißt, dies sei eine Folgeänderung aufgrund der Neustrukturierung der Kindschaftssachen sowie der Betreuungssachen. Da eine Änderung der früheren Rechtslage nicht beabsichtigt war, findet § 1 Abs. 1 Nr. 4 b JBeitrO im Rahmen der §§ 168 Abs. 1 und 5, 292 Abs. 1 FamFG nur auf solche Vollstreckung Anwendung, die zugunsten der Staatskasse erfolgt, zB wegen Rückzahlungen.[149]

Keine Anwendung findet die Vorschrift auf 195

- die Beitreibung von Ordnungsgeldern; diese werden gem. § 1 Abs. 1 Nr. 3 JBeitrO vollstreckt;
- die Beitreibung von Zwangsgeldern; auch diese werden gem. § 1 Abs. 1 Nr. 3 JBeitrO vollstreckt (str; s. Rn 207);
- Familienstreitsachen (§ 112 FamFG); die Vollstreckung ist gesondert in § 120 FamFG geregelt;
- das vereinfachte Verfahren über den Unterhalt Minderjähriger (§§ 249 ff FamFG), weil es sich auch dabei um eine Familienstreitsache (§§ 112 Nr. 1, 231 Abs. 1 FamFG) handelt.[150]

---

146 OLG Köln Rpfleger 2009, 78 mwN.
147 BT-Drucks. 16/6308, S. 219.
148 BT-Drucks. 16/6308, S. 344.
149 Keidel/*Giers*, § 95 FamFG Rn 5.
150 OLG Köln 11.12.2011 – II-4 UFH 4/11, juris.

196 **(2) Vollstreckung zur Herausgabe einer beweglichen oder unbeweglichen Sache (Nr. 2). (a) Allgemeines.** Die Herausgabe beweglicher und unbeweglicher Sachen kommt beispielsweise in folgenden Fällen in Betracht:

- Die Herausgabe der zum persönlichen Gebrauch der Person bestimmten Sachen. Soll gleichzeitig die Herausgabe der Person gem. §§ 88 ff FamFG vollstreckt werden, besteht eine Annexkompetenz des Gerichts zur Vollstreckung nach §§ 88 ff FamFG (s. Rn 94);
- die Herausgabe von Nachlassgegenständen aufgrund einer bestätigten Auseinandersetzungsvereinbarung (§ 371 Abs. 2 FamFG);
- die Herausgabe von Haushaltsgegenständen (§§ 200, 269 Abs. 1 Nr. 6 FamFG);
- die Herausgabe eines eingezogenen Erbscheins (§ 353 FamFG iVm § 2361 BGB)[151] und die Herausgabe eines Testamentsvollstreckerzeugnisses (§ 354 FamFG iVm §§ 2368 Abs. 3, 2361 BGB);
- der Ablieferungsanspruch des Erben gegen den Besitzer des Erbscheins/Testamentsvollstreckerzeugnisses auf Herausgabe an das Nachlassgericht (§§ 2362, 2368 Abs. 3 BGB);
- die Räumung der Ehewohnung im Rahmen des Wohnungszuweisungsverfahrens (§§ 1361 b, 1568 a BGB) sowie im Rahmen von § 2 GewSchG. Dabei ist zu beachten, dass die Wohnungszuweisung allein keinen Räumungstitel darstellt, vielmehr eine Verpflichtung zur Herausgabe, Überlassung oder Räumung ausgesprochen sein muss.[152] Ist nur die Verpflichtung zum Verlassen der Wohnung tituliert, erfolgt die Vollstreckung gem. § 888 ZPO (s. § 888 ZPO Rn 5).

197 Nicht anwendbar ist § 95 Abs. 1 Nr. 2 FamFG hinsichtlich

- der Herausgabe einer Betreuungsverfügung, der Abschrift einer Vorsorgevollmacht (§ 285 FamFG iVm § 1901 c BGB) oder eines Testaments (§ 358 FamFG iVm § 2259 Abs. 1 BGB). Die Vollstreckung erfolgt gem. § 35 FamFG;[153]
- der Aushändigung von Unterlagen bei der Dispache (§§ 404 und 405 Abs. 2 FamFG).[154]

198 Das Gericht kann gem. **§ 95 Abs. 4 FamFG** nach seinem pflichtgemäßem Ermessen neben oder anstelle der Herausgabe nach den §§ 883, 885 ZPO die in **§ 888 ZPO vorgesehenen Maßnahmen anordnen**, also Zwangsgeld oder Zwangshaft. Die Vorschrift dient einer flexibleren und damit effektiveren Vollstreckung, hat aber kaum praktische Bedeutung.[155] So könnte in dem Fall, dass der herauszugebende Gegenstand nicht vorgefunden wird, der sich weigernde Verpflichtete durch Zwangsmittel angehalten werden, seiner Verpflichtung zur Abgabe der eidesstattlichen Versicherung gem. § 883 Abs. 2 ZPO über den Verbleib des Gegenstandes nachzukommen, statt sofort Haftbefehl gegen ihn zu erlassen.

199 (b) Speziell: Einstweilige Anordnung in Gewaltschutzsachen und in Wohnungszuweisungssachen. Eine Besonderheit besteht für die durch eine **einstweilige Anordnung** titulierte Verpflichtung zur **Herausgabe, Überlassung oder Räumung in Gewaltschutzsachen** (§§ 210, 214 Abs. 1 FamFG iVm § 2 GewSchG) oder in **Ehewohnungssachen** (§§ 200 Abs. 1 Nr. 1, 209 FamFG iVm § 1361 b BGB bzw

---

151 Keidel/*Zimmermann*, § 35 FamFG Rn 9; Palandt/*Weidlich*, § 2361 BGB Rn 9.
152 HM, vgl OLG Saarbrücken OLGR 2005, 905; OLG Stuttgart FamRZ 2002, 559; *Giers*, FPR 2010, 564, 566 mwN.
153 Keidel/*Zimmermann*, § 35 FamFG Rn 8.
154 Keidel/*Zimmermann*, § 35 FamFG Rn 8.
155 *Cirullies*, Vollstreckung in Familiensachen, Rn 448.

§§ 200 Abs. 1 Nr. 2, 209 FamFG iVm § 1568 a BGB). Ist die Wohnung aufgrund der einstweiligen Anordnung einmal geräumt worden, der Verpflichtete jedoch mit oder ohne Zustimmung des Berechtigten anschließend wieder in die Wohnung gelangt, ist normalerweise für eine erneute Vollstreckung ein neuer Titel notwendig, weil der Titel aufgrund der durchgeführten Vollstreckung „verbraucht" ist. Hier schafft § 96 Abs. 2 S. 1 FamFG eine Erleichterung für den Berechtigten.

Danach kann **während des Bestehens der einstweiligen Anordnung** (vgl §§ 54, 56 FamFG, insb. auch im Hinblick auf eine Befristung gem. § 2 Abs. 2 GewSchG) der Berechtigte **mehrfach die Räumung** des Verpflichteten und seine eigene Besitzeinweisung durch den Gerichtsvollzieher erreichen. Da der Berechtigte keinen neuen Vollstreckungstitel benötigt, fehlt für eine erneute einstweilige Anordnung das Rechtsschutzinteresse. Für die mehrfache Vollstreckung ist es nicht erforderlich, die einstweilige Anordnung jeweils erneut zuzustellen. Die vor (§ 87 Abs. 2 FamFG) oder nach (§ 53 Abs. 2 FamFG betreffend GewSchG) der erstmaligen Vollstreckung erfolgte **Zustellung** reicht aus. 200

Dies gilt selbst dann, wenn der Verpflichtete **mit Willen des Berechtigten** wieder in die Wohnung aufgenommen worden ist, zB wegen eines **Versöhnungsversuchs**. Dem Verpflichteten bleibt als Schutz vor Vollstreckung nur, die Änderung bzw Aufhebung der einstweiligen Anordnung gem. § 54 FamFG zu beantragen.[136] 201

(3) Vollstreckung zur Vornahme einer vertretbaren oder nicht vertretbaren Handlung (Nr. 3). Vertretbare Handlungen sind gem. § 887 ZPO solche, die bei gleichem wirtschaftlichen Erfolg für den Gläubiger und ohne Änderung der Eigenart der Leistung statt vom Schuldner auch von einem Dritten vorgenommen werden können, wenn diese Drittvornahme aus der Sicht des Schuldners in rechtlich zulässiger Weise erfolgen kann. Zuständig für die Vollstreckung ist das Prozessgericht des ersten Rechtszuges (zu den Einzelheiten vgl die Kommentierung zu § 887 ZPO). Die Vollstreckung vertretbarer Handlungen außerhalb der Familienstreitsachen kommt im FamFG eher selten in Betracht, am ehesten noch im Rahmen von Vergleichen oder vollstreckbaren Urkunden. 202

Das Gericht kann gem. § 95 **Abs. 4 FamFG** nach seinem pflichtgemäßen Ermessen neben oder anstelle einer Maßnahme nach § 887 ZPO die in § 888 **ZPO vorgesehenen Maßnahmen anordnen**, also Zwangsgeld oder Zwangshaft verhängen. Die Vorschrift dient einer flexibleren und damit effektiveren Vollstreckung, insb. im Hinblick darauf, dass die Abgrenzung von vertretbaren zu unvertretbaren Handlungen nicht immer einfach ist. Kann beispielsweise eine Auskunft anhand von schriftlichen Unterlagen erteilt werden, handelt es sich um eine vertretbare Handlung; sind dazu Kenntnisse erforderlich, die nur der Verpflichtete hat, liegt eine unvertretbare Handlung vor. 203

Als **unvertretbare Handlungen** gem. § 888 ZPO bezeichnet man solche, die – vom maßgeblichen Standpunkt des Gläubigers aus gesehen – ein Dritter überhaupt nicht oder nicht mit dem wirtschaftlich oder rechtlich gleichwertigen Erfolg vornehmen kann oder darf. Zuständig für die Vollstreckung ist das Prozessgericht des ersten Rechtszuges (zu den Einzelheiten vgl die Kommentierung zu § 888 ZPO). Es findet **keine Androhung** der Zwangsmittel statt (§ 888 Abs. 2 ZPO). 204

Im FamFG kommen als unvertretbare Handlungen beispielsweise in Betracht: 205
- Auskunftsrecht des Aktionärs gem. § 132 AktG;
- Auskunftspflicht eines Elternteils über das Kind gem. § 1686 BGB;[157]

---

156 Thomas/Putzo/*Hüßtege*, ZPO, § 96 FamFG Rn 6.
157 OLG Saarbrücken FamRZ 2015, 162.

- Auskunftspflicht im Versorgungsausgleich gem. § 4 VersAusglG, die selbständig neben der gem. § 35 FamFG zu vollstreckenden verfahrensrechtlichen Auskunftspflicht besteht;
- Benennung des Kindesvaters durch die Mutter des nichtehelichen Kindes gegenüber dem Scheinvater;[158]
- Verpflichtung zur Kündigung eines Untermietverhältnisses in einem Ehewohnungsverfahren;[159]

206 Nicht nach § 95 Abs. 1 Nr. 3 FamFG, sondern nach § 35 FamFG werden vollstreckt:
- Erstellung eines Vermögensverzeichnisses gem. § 1640 Abs. 1 BGB;
- Erstellung eines Jahresberichts (§§ 1840 Abs. 1, 1908 i Abs. 1 BGB).

207 Die **Vollstreckung des Zwangsgeldes** erfolgt nach hM nicht nach der JBeitrO, sondern auf Antrag des Gläubigers zugunsten der Staatskasse gem. §§ 803 ff ZPO.[160] Die hM ist aber mit dem Wortlaut von § 1 Nr. 3 JBeitrO, wonach Zwangsgelder von Amts wegen vollstreckt werden, nicht vereinbar.[161] Die **Zwangshaft** wird auf Antrag des Gläubigers gem. §§ 802 g Abs. 1 S. 2 und Abs. 2, 802 h und 802 j Abs. 1 ZPO entsprechend vollstreckt.

208 **(4) Vollstreckung zur Erzwingung von Duldungen und Unterlassungen (Nr. 4).**
(a) Allgemeines. Duldungen und Unterlassungen können bei schuldhaftem Verstoß gegen die titulierte Verpflichtung durch Ordnungsmittel (Ordnungsgeld bzw -haft) geahndet werden. Die Ordnungsmittel müssen vor dem Verstoß **angedroht** worden sein (§ 890 Abs. 2 ZPO). Zu den Einzelheiten vgl § 890 ZPO.

209 Eine **Duldungspflicht** ergibt sich beispielsweise aus § 273 Abs. 3 AktG betreffend die Einsichtnahme in Bücher und Schriften der Aktiengesellschaft durch gerichtlich hierzu ermächtigte Aktionäre und Gläubiger.

210 Zu den **Unterlassungen** gehört insb. das **Näherungsverbot** gem. § 1 GewSchG. Dessen Vollstreckung ergänzt § 96 Abs. 1 FamFG. Danach kann der Berechtigte zur Durchsetzung eines Titels, der Anordnungen gem. § 1 GewSchG beinhaltet, anstelle oder neben der Vollstreckung gem. § 890 ZPO einen Gerichtsvollzieher hinzuziehen, der zur Brechung des Widerstands des Verpflichteten auch Gewalt anwenden und um die Unterstützung polizeilicher Vollzugsorgane nachsuchen kann. Zu weiteren Einzelheiten vgl den Schwerpunktbeitrag „7. Zwangsvollstreckung und Gewaltschutzgesetz" in diesem Werk.

211 Nicht zu den nach § 95 Abs. 1 Nr. 4 FamFG zu vollstreckenden **Unterlassungen** gehören Unterlassungspflichten im Zusammenhang mit **Umgangsregelungen**, welche gem. § 89 FamFG vollstreckt werden (s. Rn 95).

212 **(b) Speziell: Vollstreckung in Abstammungssachen/Probeentnahme (§ 96 a FamFG).** Eine Pflicht zur Duldung besteht auch aufgrund eines rechtskräftigen Beschlusses oder eines Vergleichs im Rahmen eines **Abstammungsverfahrens** gem. § 1598 a Abs. 2 BGB auf **Probeentnahme**.[162] Aus der Gesetzesfassung ergibt sich, dass die Zumutbarkeit der Probeentnahme die Regel ist. Sie wird schon im Erkenntnisverfahren geprüft (§ 178 Abs. 1 FamFG). Da die mit einer Probeentnahme gewöhnlich verbundenen Unannehmlichkeiten nicht unzumutbar sind, kann der Verpflichtete im Rahmen des § 96 a FamFG nur geltend machen, dass

---

158 BGH NJW 2008, 2919 = FamRZ 2008, 1751; Keidel/*Giers*, § 95 FamFG Rn 12.
159 *Giers*, FPR 2010, 564, 566.
160 BGH NJW 1983, 1859 = MDR 1983, 739; OLG Stuttgart FamRZ 1997, 1495; Zöller/*Stöber*, § 888 ZPO Rn 13.
161 BeckOK-FamFG/*Sieghörtner*, § 95 FamFG Rn 6; NK-GK/*Giers*, § 1 JBeitrO Rn 6.
162 Keidel/*Giers*, § 95 FamFG Rn 15.

die konkrete Art der Probeentnahme (**Blut- oder Speichelprobe**) speziell für ihn – derzeit oder auf Dauer – nicht zumutbar ist. Eventuelle Folgen des Ergebnisses der Probeentnahme (Unterhaltszahlung, strafrechtliche Verfolgung wegen Inzests, drohende Scheidung) sind daher unbeachtlich. Eine Unzumutbarkeit ist zB gegeben, wenn die konkrete Art der Probeentnahme gesundheitliche Schäden psychischer oder physischer Art beim Verpflichteten befürchten lässt (zB Spritzenphobie). Religiöse Gründe reichen idR nicht aus.[163]

Hat der Verpflichtete bereits einmal unberechtigt die Probeentnahme verweigert und **verweigert** er sie **erneut**, kann das Gericht gem. § 96 a Abs. 2 FamFG unter Berücksichtigung des Verhältnismäßigkeitsgrundsatzes auch die Anwendung unmittelbaren Zwangs anordnen, insb. die **Vorführung zur Untersuchung**. Damit wird das Gericht den Gerichtsvollzieher beauftragen (§ 753 ZPO). 213

(c) Rechtsbehelfe. Die **Vollstreckung** der Ordnungsmittel erfolgt von Amts wegen nach der JBeitrO (zu Einzelheiten s. § 890 ZPO Rn 64). 214

(5) Vollstreckung zur Abgabe einer Willenserklärung (Nr. 5). Ist der Verpflichtete zur Abgabe einer Willenserklärung verpflichtet, gilt die Erklärung gem. § 894 ZPO mit Rechtskraft des Beschlusses als abgegeben. Einer Vollstreckung bedarf es daher nicht (zu den Einzelheiten vgl § 894 ZPO). 215

Hierzu zählen u.a. folgende Fälle: 216

- Verpflichtung zur Erklärung der Namensänderung im Ehevertrag für den Fall der Scheidung;[164]
- Teilungsvereinbarungen und Auseinandersetzungen betreffend den Nachlass sowie die Auseinandersetzung der Gütergemeinschaft (§§ 366, 368, 371, 373 FamFG);
- Begründung eines Mietverhältnisses (§ 1568 a Abs. 5 BGB).

b) Allgemeine Verfahrensvoraussetzungen. aa) Antrag. Während in der ZPO die Vollstreckung nie von Amts wegen, sondern immer nur auf Antrag des Gläubigers erfolgt, ist im Bereich des FamFG außerhalb der Familienstreitsachen danach zu differenzieren, ob es sich bei dem Verfahren, das zu dem Vollstreckungstitel geführt hat (Hauptverfahren), um ein Amtsverfahren oder ein reines bzw gemischtes Antragsverfahren gehandelt hat (zu Einzelheiten s. Rn 97 ff). 217

Ob es sich um ein Amtsverfahren handelt, kann oft schon dem Text der Vorschrift entnommen werden, der sich regelmäßig im materiellen Recht (zB im BGB oder HGB) findet („... hat ..."; „... muss ..."). Fehlt ein solcher Hinweis, ist andererseits aber auch nicht geregelt, dass das entsprechende Verfahren nur auf Antrag eingeleitet wird, liegt stets ein **Amtsverfahren** vor.[165] Das ist zB der Fall bei der Herausgabe eines eingezogenen Erbscheins (§ 353 FamFG iVm § 2361 BGB)[166] oder der Herausgabe eines Testamentsvollstreckerzeugnisses (§ 354 FamFG iVm §§ 2368 Abs. 3, 2361 BGB). 218

Der Berechtigte, also derjenige, in dessen Interesse die Vollstreckung erfolgt, kann jedoch auch bei reinen Amtsverfahren die Vornahme von Vollstreckungshandlungen beantragen (§ 87 Abs. 1 S. 2 Hs 1 FamFG). Eine Ablehnung dieses Antrags hat das Gericht durch Beschluss auszusprechen (§ 87 Abs. 1 S. 2 Hs 2 FamFG); gegen diesen ist gem. § 87 Abs. 4 FamFG das Rechtsmittel der sofortigen Beschwerde nach den Vorschriften der §§ 567–572 ZPO gegeben. 219

---

163 MüKo-ZPO/*Zimmermann*, § 96 a FamFG Rn 5.
164 *Cirullies*, Vollstreckung in Familiensachen, Rn 498 mwN.
165 Keidel/*Sternal*, § 23 FamFG Rn 5.
166 Keidel/*Zimmermann*, § 353 FamFG Rn 7.

220 Bei **Verfahren**, zu deren Einleitung es zwingend eines **Antrags** bedarf, erfolgt auch die Vollstreckung nur auf einen Antrag hin. Hierzu gehören zB
- § 203 FamFG (Haushalts- und Ehewohnungssachen);
- §§ 20, 22, 23, 25, 26 VersAusglG;
- §§ 1 und 2 GewSchG;
- §§ 363, 366, 368, 371, 373 FamFG (Herausgabe aufgrund von Teilungsvereinbarungen und Auseinandersetzungen).

221 In **gemischten Verfahren** (Einleitung von Amts wegen oder auf Antrag) kann von Amts wegen oder auf Antrag vollstreckt werden. In diesen Fällen dürfte für einen Antrag des Berechtigten nach § 87 Abs. 1 S. 2 FamFG das Rechtsschutzbedürfnis fehlen, weil der Berechtigte selbst die Vollstreckung veranlassen kann, zumal es die Möglichkeit von Verfahrenskostenhilfe auch für die Vollstreckung gibt (vgl § 77 Abs. 2 FamFG). **Beispiele:** Festsetzung von Vorschuss, Ersatz von Aufwendungen oder Aufwandsentschädigung gem. §§ 168, 292 FamFG des Vormunds, Pflegers oder Betreuers gegen das Mündel bzw den Betreuten.

222 Bei **einstweiligen Anordnungen in Gewaltschutzsachen** gilt der Antrag auf Erlass der einstweiligen Anordnung im Fall des Erlasses ohne mündliche Erörterung zugleich als Auftrag zur Zustellung durch den Gerichtsvollzieher unter Vermittlung der Geschäftsstelle und als Auftrag zur Vollstreckung (§ 214 Abs. 2 FamFG).

223 Hinsichtlich der **Form** und des **Inhalts** des Vollstreckungsauftrags s. Rn 104.

224 **bb) Zuständigkeit.** Das FamFG enthält in § 87 Abs. 1 FamFG für die Vollstreckung durch das Gericht nur in Umgangs- und Personenherausgabeverfahren eine besondere Regelung über die Zuständigkeit. Zuständig ist dabei „das Gericht", worunter das Gericht des Ausgangsverfahrens zu verstehen ist. Hinsichtlich der sonstigen Zuständigkeit enthält das FamFG keine gesonderten Regelungen, so dass gem. § 95 Abs. 1 FamFG die entsprechenden Vorschriften der ZPO gelten. Grundsätzlich ist dabei der Richter zuständig, soweit nicht gem. § 3 RPflG die Durchführung des Verfahrens dem Rechtspfleger übertragen worden ist. Die Befugnisse des Gerichtsvollziehers sind ausdrücklich in § 87 Abs. 3 FamFG geregelt.

225 **cc) Beteiligten- und Verfahrensfähigkeit.** Für die Beteiligten- und die Verfahrensfähigkeit gelten die Ausführungen in Rn 110 ff entsprechend.

226 **dd) Kein Anwaltszwang.** In den Vollstreckungsverfahren besteht kein Anwaltszwang, auch nicht in den Beschwerdeinstanzen, jedoch im Rechtsbeschwerdeverfahren vor dem Bundesgerichtshof (vgl § 10 FamFG).

227 **ee) Rechtsschutzinteresse.** Dieses muss – wie in der ZPO – grds. gegeben sein und ist es normalerweise auch, zumal in reinen Antragsverfahren auch eine Eigenvollstreckung nicht möglich ist.

228 **c) Allgemeine Voraussetzungen der Vollstreckung. aa) Titel (§ 86 Abs. 1 FamFG).** Auch für die Vollstreckung nach § 95 FamFG gilt die Regelung in § 86 Abs. 1 FamFG (s. Rn 114 ff). Vollstreckungstitel können gerichtliche Beschlüsse (§ 86 Abs. 1 Nr. 1 FamFG) oder weitere Vollstreckungstitel iSd § 794 ZPO (§ 86 Abs. 1 Nr. 3 FamFG) sein. Gerichtlich gebilligte Vergleiche (§ 86 Abs. 1 Nr. 2 FamFG) betreffen nur das Umgangsrecht und sind daher hier ohne Bedeutung. Unerheblich ist wiederum (s. Rn 117), ob der Titel als einstweilige Anordnung oder Hauptsacheentscheidung ergangen ist.

229 Für den **Vergleich** (§ 794 Abs. 1 Nr. 1 ZPO) wie für die **notarielle Urkunde** (§ 794 Abs. 1 Nr. 5 ZPO) ist zu beachten, dass die Beteiligten einen Vergleich bzw eine Einigung vor dem Notar nur schließen dürfen, soweit sie über den Gegenstand des Verfahrens verfügen können. Ob und inwieweit sie dies können, er-

gibt sich einerseits aus dem materiellen Recht, andererseits aber auch von der Verfahrensart her.

In **Amtsverfahren** ist ein Vergleich über den Gegenstand des Verfahrens selbst wegen seines rechtsvorsorgenden Charakters nicht möglich,[167] wohl aber über Nebenfolgen, wie etwa die Frage, wer die Kosten des Verfahrens zu tragen hat.

In **reinen** oder **gemischten Antragsverfahren** können die Beteiligten einen Vergleich schließen, wenn sie nach materiellem Recht über den Gegenstand verfügen können. Dies ist idR nur in echten Streitsachen der Fall.[168] Echte Streitsachen sind Verfahren mit mehreren Beteiligten, deren Interessen sich im entgegengesetzten Sinn gegenüberstehen, bei denen kein öffentliches Interesse an der beantragten Entscheidung besteht und das Gericht materiell rechtskräftig über subjektiv private Rechte zwischen den Beteiligten entscheidet,[169] zB in Ehewohnungs- und Haushaltssachen, in streitigen Landwirtschaftssachen, Gewaltschutzsachen oder Güterrechtssachen gem. § 261 Abs. 2 FamFG. Im Erbrecht ist ein Vergleich darüber, wer Erbe ist, nicht zulässig, jedoch ist er möglich über die Rücknahme eines Erbscheinsantrags oder die Ausübung von Gestaltungsrechten, die ihrerseits Einfluss auf die Erbenstellung haben, wie etwa die Anfechtung eines Testaments oder die Ausschlagung einer Erbschaft.

Der Vergleich bedarf zu seiner Wirksamkeit der in § 36 Abs. 2–4 FamFG geregelten **Form**. Da diese den Vorschriften der ZPO entspricht, kann hier auf die Ausführungen zu § 794 Abs. 1 Nr. 1 ZPO verwiesen werden.

Vollstreckungsbescheide (§ 794 Abs. 1 Nr. 4 ZPO) und **Anwaltsvergleiche** (§§ 794 b, 796 a ZPO) kommen außerhalb der Familienstreitsachen nicht vor. **Schiedsverfahren** (§ 794 Abs. 1 Nr. 4 a ZPO) dürften eher selten sein.

bb) Vorläufige Vollstreckbarkeit (§ 86 Abs. 2 FamFG). Anders als bei den Familienstreitsachen (§ 116 Abs. 2 FamFG) sind die sonstigen Beschlüsse, soweit sie eine Endentscheidung iSv § 38 FamFG darstellen, von Gesetzes wegen **mit Wirksamwerden vollstreckbar** (§ 86 Abs. 2 FamFG). Es bedarf daher bei nach dem FamFG ergangenen Endentscheidungen, die als Beschlüsse ergehen, keines Ausspruchs der vorläufigen Vollstreckbarkeit. Damit unterscheidet sich das FamFG von den Regelungen in den §§ 704, 708 ff ZPO, die die vorläufige Vollstreckbarkeit bei Urteilen betreffen.

Wirksam werden die Beschlüsse gem. § 40 Abs. 1 FamFG grds. und vorbehaltlich spezieller Regelungen mit der Bekanntgabe an den Beteiligten, für den er seinem wesentlichen Inhalt nach bestimmt ist. Wer das ist, ergibt sich grds. aus dem materiellen Recht und ist derjenige, an den der Beschluss in erster Linie gerichtet ist, weil der Beschluss ihn in seinen rechtlichen Beziehungen tatsächlich und unmittelbar betrifft. Bei der Vollstreckung gem. § 95 FamFG ist es der **Verpflichtete**.

Zur **Bekanntgabe** durch Zustellung s. Rn 15.

Ausnahmsweise werden manche Endentscheidungen nicht schon mit der Bekanntgabe, sondern erst mit ihrer Rechtskraft wirksam und damit vollstreckbar. Das ist beispielsweise[170] der Fall bei den Endentscheidungen über den Versorgungsausgleich (§ 224 Abs. 1 FamFG), in Gewaltschutzsachen, soweit nicht die sofortige Wirksamkeit angeordnet wurde (§ 216 Abs. 1 S. 1 FamFG), und in Ehewohnungs- und Haushaltssachen, soweit nicht die sofortige Wirksamkeit angeordnet wurde (§ 209 Abs. 2 S. 1 FamFG). Versorgungsausgleichs- sowie Ehewohnungs- und Haushaltssachen, die als Folgesachen gem. § 137 Abs. 2 FamFG gel-

---

167 BGH NJW 1982, 2505, 2506.
168 Zu den Einzelheiten vgl Keidel/*Meyer-Holz*, § 36 FamFG Rn 18.
169 BGH NJW-RR 2006, 18.
170 Weitere Beispiele bei Keidel/*Giers*, § 86 FamFG Rn 16.

tend gemacht werden, werden zudem nicht vor Rechtskraft des Scheidungsausspruchs wirksam (§ 148 FamFG). Zur Vollstreckbarkeit der **einstweiligen Anordnung** s. Rn 127.

238 cc) **Klausel (§ 86 Abs. 3 FamFG) und Zustellung (§ 87 Abs. 2 FamFG).** Für die Klausel und die Zustellung gelten die Ausführungen in Rn 128 entsprechend.

239 d) **Besondere Voraussetzungen der Vollstreckung; Durchsuchung; Vollstreckung zur Unzeit.** Für die besonderen Vollstreckungsvoraussetzungen enthält das FamFG keine Regelung. Es sind daher ergänzend die entsprechenden Bestimmungen der ZPO heranzuziehen, sofern dafür ein Bedürfnis besteht.[171] Da das FamFG ausdrücklich nicht die Bestimmungen der ZPO über die vorläufige Vollstreckbarkeit übernommen hat (Ausnahme: Landwirtschaftssachen; s. Rn 241), sondern an die Wirksamkeit der Entscheidung anknüpft, sind sämtliche Vorschriften der ZPO, welche die vorläufige Vollstreckbarkeit betreffen (zB die Sicherungsvollstreckung, § 720 a ZPO), nicht anwendbar. Anwendung findet dagegen zB § 751 Abs. 1 ZPO, wenn die Vollstreckung vom Eintritt eines Kalendertages abhängt, was u.a. bei der Verpflichtung zur Herausgabe einer Wohnung in Betracht kommt. Über § 95 Abs. 1 FamFG ist auch die Vorschrift über den **Durchsuchungsbeschluss** sowie die **Vollstreckung zu unüblichen Zeiten** (§ 758 a ZPO) anwendbar.

240 e) **Einstweilige Einstellung der Vollstreckung. aa) Einstweilige Anordnungen.** Die Aussetzung oder Beschränkung der Vollstreckung einstweiliger Anordnungen regelt § 55 FamFG (s. Rn 88).

241 bb) **Landwirtschaftssachen.** In Landwirtschaftssachen kann das Gericht dem Schuldner auf Antrag nachlassen, die für vorläufig vollstreckbar erklärte Entscheidung in der Hauptsache gegen oder ohne Sicherheitsleistung abzuwenden (§ 30 Abs. 2 LwVG).

242 cc) **Einstweilige Einstellung bei der Vollstreckung wegen einer Geldforderung (§ 95 Abs. 3 FamFG).** Der Anwendungsbereich des § 95 Abs. 3 FamFG ist begrenzt, weil die meisten auf Geldleistung lautenden Endentscheidungen erst mit Rechtskraft wirksam und damit gem. § 86 Abs. 2 FamFG auch vollstreckbar werden (zB gem. § 209 Abs. 2 FamFG in Haushaltssachen; § 371 FamFG betreffend Vereinbarungen und Auseinandersetzungen in Teilungssachen). Bedeutung hat die Vorschrift daher vornehmlich für **Kostenfestsetzungsbeschlüsse**, für die Vollstreckung aus nichtgerichtlichen Titeln sowie bei der Entscheidung, ob die sofortige Wirksamkeit einer Endentscheidung angeordnet werden kann (vgl dazu Rn 62 ff).

243 Die einstweilige Einstellung kommt gem. § 95 Abs. 3 S. 1 und 2 FamFG nur dann in Betracht, wenn der Verpflichtete glaubhaft (vgl § 31 FamFG) macht, dass ihm die Vollstreckung einen **nicht zu ersetzenden Nachteil** bringen würde. Voraussetzungen und Verfahren entsprechen damit der Einstellung gem. § 120 Abs. 2 S. 2 und 3 FamFG. Wegen der Einzelheiten s. Rn 73 ff.

244 **Außerhalb der Vollstreckung wegen Geldforderungen**, also in den Fällen gem. § 95 Abs. 1 Nr. 2–4 FamFG, ist im Rahmen einer Beschwerde § 64 Abs. 3 FamFG anwendbar.

245 Daneben kommt eine einstweilige Einstellung der Vollstreckung auch noch im Rahmen der entsprechend anzuwendenden **Rechtsbehelfe des 8. Buches der ZPO** (§§ 732 Abs. 2, 766 Abs. 1 S. 2, 765 a Abs. 1 S. 2 ZPO) und bei Stellung von **Anträgen gem. §§ 767 ff, §§ 771 ff und § 805 ZPO** gem. § 769 ZPO in Betracht. Hinsichtlich der jeweiligen Voraussetzungen vgl die Erläuterungen zu diesen einzelnen Vorschriften.

---

171 Keidel/*Giers*, § 86 FamFG Rn 8.

Zur einstweiligen Einstellung bei der **Vollstreckung von Entscheidungen über die Herausgabe von Personen und die Regelung des Umgangs** s. Rn 165 ff, bezüglich der Vollstreckung in **Familienstreitsachen** s. Rn 72 ff. **246**

f) Kosten der Vollstreckung (§ 87 Abs. 5 FamFG/§ 788 ZPO). Für die Kosten der Vollstreckung gilt zunächst die Sonderregelung des § 87 Abs. 5 FamFG, wonach für die Kostenentscheidung die §§ 80–82 und 84 FamFG anzuwenden sind. Das bezieht sich aber nur auf **Kostengrundentscheidungen** bei der Vollstreckung durch das Familiengericht selbst. **247**

§ 87 Abs. 5 FamFG betrifft jedoch nicht die durch die Vollstreckung entstehenden Kosten, zB durch den **Gerichtsvollzieher**, das **Familiengericht** oder das **Vollstreckungsgericht**. Dafür gelten die allgemeinen Bestimmungen. **248**

Die **Höhe der Kosten** ergibt sich für Handlungen des Familiengerichts aus dem FamGKG, für die des Vollstreckungsgerichts aus dem GKG, die Kosten für den Gerichtsvollzieher richten sich nach dem GvKostG und im Übrigen nach Nr. 18000 ff KV GNotKG, vgl Vorbem. 1.8 S. 1 KV GNotKG. **249**

Für den **Rechtsanwalt** können Kosten nach Teil 3 Abschnitt 3 Unterabschnitt 3 (Nr. 3309, 3310, 3311, 3312, 3328, 3332, 3500, 3513 VV RVG) anfallen. **250**

g) Rechtsbehelfe. Gegen die im Rahmen der Vollstreckung ergehenden Beschlüsse des Gerichts ist die **sofortige Beschwerde** gem. § 87 Abs. 4 FamFG gegeben, auch im Falle des § 96 a FamFG. Die sofortige Beschwerde gegen Zwangs- und Ordnungsmittel nach §§ 888, 890 ZPO hat aufschiebende Wirkung.[172] Gegen die Handlungen des Gerichtsvollziehers im Rahmen des § 96 Abs. 1 FamFG kommt die **Vollstreckungserinnerung** gem. § 766 ZPO zur Anwendung. **251**

Nicht geregelt ist, ob und welche Rechtsbehelfe im Übrigen anwendbar sind. Da **Vollstreckungsmaßnahmen** des Gerichtsvollziehers (zur Abgrenzung zur Entscheidung s. § 766 ZPO Rn 19 ff) im Hinblick auf Art. 19 Abs. 4 GG einer richterlichen Überprüfung zugänglich sein müssen, ist die Vollstreckungserinnerung gem. **§ 766 ZPO** statthaft; anwendbar ist ferner auch die Vorschrift über einen Vollstreckungsschutzantrag gem. **§ 765 a ZPO**.[173] Auf die in diesen Verfahren dann ergehenden Beschlüsse findet § 87 Abs. 4 FamFG Anwendung. Auch die Klauselerinnerung gem. **§ 732 ZPO** findet entsprechende Anwendung, weil es sich beim Klauselerteilungsverfahren noch nicht um Vollstreckung handelt, sondern um deren Vorbereitung.[174] **252**

Ebenfalls nicht von § 87 Abs. 4 FamFG erfasst und daher daneben anwendbar sind die im 8. Buch der ZPO geregelten **Klagen** gem. §§ 767, 785 ff (Vollstreckungsgegenantrag), §§ 771 ff (Drittwiderspruchsantrag), § 805 (Vorzugsantrag), weil es sich dabei um Erkenntnisverfahren handelt. Gegen die in diesen Verfahren ergehenden Endentscheidungen ist die Beschwerde gem. §§ 58 ff FamFG gegeben (str).[175] **253**

IV. Übergangsregelungen

Weder das FamFG noch das FGG-RG enthalten hinsichtlich der Anwendbarkeit der Vorschriften des FamFG über die Vollstreckung eine eigene Regelung. Maßgebend ist daher die generelle Regelung des Art. 111 FGG-RG iVm Art. 112 **254**

---

172 BGH NJW 2011, 3791.
173 Keidel/*Giers*, § 209 FamFG Rn 3; ebenso für die Verweisung in § 120 Abs. 1: OLG Brandenburg FamRZ 2011, 831; aA Haußleiter/*Fest*, § 209 FamFG Rn 10; Johannsen/Henrich/*Götz*, § 209 FamFG Rn 19.
174 Vgl BGH Rpfleger 2008, 209 = NJW 2008, 918.
175 Keidel/*Giers*, § 95 FamFG Rn 19; aA MüKo-ZPO/*Zimmermann*, § 95 FamFG Rn 28: sofortige Beschwerde.

FGG-RG, wonach das FamFG ab dem 1.9.2009 in Kraft und das FGG außer Kraft getreten ist. Der insoweit maßgebliche Art. 111 Abs. 1 S. 1 FGG-RG lautet:

Art. 111 FGG-RG Übergangsvorschrift

(1) Auf Verfahren, die bis zum Inkrafttreten des Gesetzes zur Reform des Verfahrens in Familiensachen und in den Angelegenheiten der freiwilligen Gerichtsbarkeit eingeleitet worden sind oder deren Einleitung bis zum Inkrafttreten des Gesetzes zur Reform des Verfahrens in Familiensachen und in den Angelegenheiten der freiwilligen Gerichtsbarkeit beantragt wurde, sind weiter die vor Inkrafttreten des Gesetzes zur Reform des Verfahrens in Familiensachen und in den Angelegenheiten der freiwilligen Gerichtsbarkeit geltenden Vorschriften anzuwenden ...

(2)–(5) ...

255 Für das in Vollstreckungsverfahren anzuwendende Recht kommt es darauf an, ob es sich um Familienstreitsachen oder andere Familiensachen und Verfahren der freiwilligen Gerichtsbarkeit handelt. In **Familienstreitsachen** folgt das auf die Vollstreckung der Entscheidungen anwendbare Recht dem für das erstinstanzliche Verfahren maßgeblichen Recht. Sofern das Gericht in einem Altverfahren durch Urteil entschieden hat, wird dieses allein nach der ZPO vollstreckt. Für durch Beschluss gem. § 38 FamFG entschiedene Verfahren sind dagegen die §§ 116, 120 FamFG maßgeblich.

256 In allen **anderen Verfahren** richten sich die seit dem 1.9.2009 eingeleiteten oder beantragten Vollstreckungsverfahren allein nach dem FamFG. Vollstreckungsverfahren sind selbständige Verfahren iSv Art. 111 Abs. 1 und 2 FGG-RG, auf die neues Recht anzuwenden ist. Selbst wenn in einem auf der Grundlage des früheren Rechts ergangenen Umgangsrechtsbeschluss bereits ein Zwangsgeld angedroht worden war, setzt die Vollstreckung nach neuem Recht durch Anordnung von Ordnungsmitteln eine Belehrung nach § 89 Abs. 2 FamFG voraus.[176]

257 Zum Übergangsrecht (**§ 39 EGZPO**) hinsichtlich der Neuregelungen zum 1.1.2013 durch das **Gesetz zur Reform der Sachaufklärung in der Zwangsvollstreckung** vom 29.7.2009[177] s. Vor §§ 802 a–802 l ZPO Rn 9.

V. Schnellübersicht: Vollstreckung von A–Z (Auswahl)[178]

258

Verpflichtung	Vollstreckung nach ...	Rn
Ablieferung der Betreuungsverfügung an das Gericht, § 285 FamFG	§ 35 FamFG	7 ff, 12
Ablieferung der Vorsorgevollmacht	§ 35 FamFG	7 ff, 12
Ablieferung von ■ Erbschein ■ Testamentsvollstreckerzeugnis	§ 95 FamFG	196
Ablieferung, Testament	§ 35 FamFG	197
Abstammung, Duldung der Probeentnahme	§ 96 a, § 95 iVm ZPO	212 ff
Aktionär, Auskunft gem. § 132 AktG	§ 95 FamFG iVm ZPO	205
Auseinandersetzungen von Nachlass/Gütergemeinschaft; Zahlung, §§ 368, 371, 373 FamFG	§ 95 FamFG iVm ZPO	194

---

176 BGH FamRZ 2011, 1729.
177 Art. 5 des Gesetzes (BGBl. I S. 2258, 2272).
178 Dargestellt werden nur im Beitrag erwähnte Verpflichtungen.

V. Schnellübersicht: Vollstreckung von A–Z

Verpflichtung	Vollstreckung nach ...	Rn
Ausgleichszahlung in Ehewohnungs- und Haushaltssachen	§ 95 FamFG iVm ZPO	194
Auskunft (Benennung) des Kindesvaters durch Mutter an Scheinvater	§ 95 FamFG iVm ZPO	205
Auskunft, Eltern über das Kind, § 1686 BGB	§ 95 FamFG iVm ZPO	205
Auskunft, Versorgungsausgleichssachen, gegen Ehegatten, § 4 VersAusglG	§ 95 FamFG iVm ZPO	205
Auskunft, Versorgungsausgleichssachen, von Amts wegen, § 220	§ 35 FamFG	12
Auskunftsverlangen des Gerichts in Unterhaltssachen	keine, vgl § 235 Abs. 4 FamFG	10
Benennung des Kindesvaters	§ 95 FamFG iVm § 118 ZPO	205
Betreuung, Aufsichtsmaßnahmen, §§ 1837, 1908 i BGB	§ 35 FamFG	12
Betreuung, Herausgabe des Betreuten	§§ 88 ff FamFG	92
Betreuung, Zahlungsanspruch gegen Betreuten	§ 95 FamFG iVm ZPO	194
Betreuungsverfügung, Ablieferung an das Gericht, § 285 FamFG	§ 35 FamFG	12
Betreuungsverfügung, Herausgabe	§ 35 FamFG	12
Dispache, Aushändigung von Unterlagen, §§ 404, 405 Abs. 2 FamFG	§ 35 FamFG	12
Dispache, Zahlung gem. § 409 FamFG	§ 95 FamFG iVm ZPO	194
Ehewohnungssachen: Ausgleichszahlung, Räumung, Nutzungsvergütung, Unterlassung, §§ 1361 b, 1568 a BGB	§ 95 FamFG iVm ZPO	194, 196
Ehewohnungsverfahren, Verpflichtung zur Kündigung des Untermietverhältnisses	§ 95 FamFG iVm ZPO	205
Einsichtsrecht der Aktionäre/Gläubiger	§ 95 FamFG iVm ZPO	209
Erbschein, Ablieferungsanspruch des eingezogenen E.	§ 95 FamFG iVm ZPO	196
Ersatzvornahme gem. § 887 ZPO, Kostenvorschuss	§ 95 FamFG iVm ZPO	194
Familienstreitsachen	§ 120 FamFG nach ZPO	51, 193
Gerichtlich gebilligte Vergleiche	§§ 88 ff FamFG	118
Gewaltschutz, Unterlassung	§ 95 FamFG iVm ZPO	210
Gewaltschutz: Räumung der Wohnung/Unterlassung/Verbote	§ 95 FamFG iVm ZPO, § 96 FamFG	199
Gütergemeinschaft, Auseinandersetzungen, Herausgabe/Zahlung, §§ 368, 371, 373 FamFG	§ 95 FamFG iVm ZPO	194

Verpflichtung	Vollstreckung nach ...	Rn
Gütergemeinschaft, Teilungsvereinbarung; Zahlung, §§ 366, 373 FamFG	§ 95 FamFG iVm ZPO	194
Güterrecht, § 261 Abs. 1 FamFG	§ 120 FamFG nach ZPO	51
Haushaltssachen, Ausgleichszahlung	§ 95 FamFG iVm ZPO	194
Haushaltssachen, Herausgabe	§ 95 FamFG iVm ZPO	196
Herausgabe eingezogener Erbschein	§ 95 FamFG iVm ZPO	196
Herausgabe zum persönlichen Gebrauch einer Person bestimmter Sachen	§§ 88 ff FamFG oder § 95 FamFG iVm ZPO	94, 196
Herausgabe, Betreuter an Betreuer	§§ 88 ff FamFG	92 ff
Herausgabe, Betreuungsverfügung	§ 35 FamFG	33
Herausgabe, Haushaltssachen	§ 95 FamFG iVm ZPO	196
Herausgabe, Kind, an Eltern, Vormund	§§ 88 ff FamFG	92 ff
Herausgabe, Person	§§ 88 ff FamFG	92 ff
Herausgabe, Testament	§ 35 FamFG	12
Herausgabe, Vorsorgevollmacht	§ 35 FamFG	12
Jahresbericht, Erstellung, §§ 1840 Abs. 1, 1908 i BGB	§ 35 FamFG	206
Kind, Herausgabe an Eltern, Vormund	§§ 88 ff FamFG	92 ff
Kostenfestsetzungsbeschlüsse	§ 120 FamFG nach ZPO oder § 95 FamFG iVm ZPO	68, 194
Kostenvorschuss für Ersatzvornahme	§ 95 FamFG iVm ZPO	194
Kündigung, Verpflichtung zur K. eines Untermietverhältnisses im Ehewohnungsverfahren	§ 95 FamFG iVm ZPO	205
Landwirtschaftssachen	§ 95 FamFG iVm ZPO	194
Mitwirkungpflichten des Ehegatten (zB bei der Steuer)	§ 120 FamFG nach ZPO	64
Mündel, Herausgabe	§§ 88 ff FamFG	92 ff
Mündel, Zahlungsanspruch des Vormunds	§ 95 FamFG iVm ZPO	194
Nachlass, Auseinandersetzungen; Zahlung, §§ 368, 371 FamFG	§ 95 FamFG iVm ZPO	194
Nachlass, Teilungsvereinbarung; Zahlung, §§ 366, 371 FamFG	§ 95 FamFG iVm ZPO	194
Näherungsverbot, Gewaltschutz	§§ 95, 96 FamFG iVm ZPO	210
Namensänderung, Verpflichtung laut Ehevertrag	§ 95 FamFG iVm ZPO	216
Nutzungsentgelt, Ehewohnungssachen	§ 95 FamFG iVm ZPO	194
Nutzungsentgelt, Haushaltssachen	§ 95 FamFG iVm ZPO	194
Ordnungsmittel	§ 1 Abs. 1 Nr. 3, § 6 Abs. 2 JBeitrO	152, 214

Verpflichtung	Vollstreckung nach ...	Rn
Pfleger, Zahlungsanspruch gegen Pflegling	§ 95 FamFG iVm ZPO	194
Pflegschaft, Zahlungsanspruch des Pflegers	§ 95 FamFG iVm ZPO	194
Probeentnahme, Abstammung	§ 96 a, § 95 FamFG iVm ZPO	212
Räumung: Ehewohnungssachen, GewSchG	§ 95 FamFG iVm ZPO	194, 199 f
Rechnungslegung	§ 35 FamFG	33
Registersachen, Zwangsgeld	§§ 388 ff FamFG	10
Sonstige Familiensachen	§ 95 FamFG iVm ZPO	51
Teilungsvereinbarungen, Nachlass/Gütergemeinschaft; Zahlung, §§ 366, 371, 373 FamFG	§ 95 FamFG iVm ZPO	194
Testament, Ablieferung/Herausgabe	§ 35 FamFG	12
Testamentsvollstreckerzeugnis, Ablieferung/Herausgabe	§ 95 FamFG iVm ZPO	196
Umgang, Verbot ohne Umgangsregelung	§ 88 FamFG	95
Umgangsregelung, Betreuter/Kind/Mündel	§§ 88 ff FamFG	95
Unterhalt (Trennungs-, Kindes-, Verwandten-, nachehelicher U., U. der nichtehelichen Mutter)	§ 120 FamFG nach ZPO	51
Unterhalt, Auskunft	§ 120 FamFG nach ZPO	51
Unterlassung, Ehestörung	§ 95 FamFG iVm ZPO	64
Unterlassung, Gewaltschutz	§ 95 FamFG iVm ZPO	210
Unterlassung, güterstandswidrige Verfügungen	§ 120 FamFG nach ZPO	64
Vereinfachtes Verfahren Unterhalt Minderjähriger	§ 120 FamFG nach ZPO	195
Vermögensverzeichnis über Erwerb des Kindes von Todes wegen, § 1640 BGB	§ 35 FamFG	206
Versorgungsausgleichssachen, Anspruch auf Abtretung	§ 95 FamFG iVm ZPO	194
Versorgungsausgleichssachen, Auskunft gegen Ehegatten, § 4 VersAusglG	§ 95 FamFG iVm ZPO	205
Versorgungsausgleichssachen, Auskunft von Amts wegen, § 220 FamFG	§ 35 FamFG	12
Versorgungsausgleichssachen, Zahlungsansprüche	§ 95 FamFG iVm ZPO	194
Verzeichnis über das von Todes wegen erworbenen Vermögens eines Kindes, § 1640 BGB	§ 35 FamFG	12
Vormund, Aufsichtsmaßnahmen, § 1837 BGB	§ 35 FamFG	12
Vormund, Zahlungsanspruch gegen Mündel	§ 95 FamFG iVm ZPO	194
Vormundschaft, Übernahme	§ 35 FamFG, § 1788 BGB	12
Vormundschaft, Vermögensherausgabe/Rechnungslegung	§ 95 FamFG iVm ZPO	205

Verpflichtung	Vollstreckung nach ...	Rn
Vorsorgevollmacht Ablieferung/Herausgabe, § 285 FamFG	§ 35 FamFG	12
Willenserklärung, Abgabe einer W.	§ 95 FamFG iVm ZPO	215
Zugewinn	§ 120 FamFG nach ZPO	51
Zwangsgeld	§ 35 FamFG; § 1 Abs. 1 Nr. 3 JBeitrO	31, 195
Zwangshaft, Vollzug	§ 35 FamFG iVm §§ 802 g, 802 h, 802 j ZPO	32, 152, 207

Gesetz über die Anfechtung von Rechtshandlungen eines Schuldners außerhalb des Insolvenzverfahrens (Anfechtungsgesetz – AnfG)

Vom 5. Oktober 1994 (BGBl. I S. 2911)[1]

zuletzt geändert durch Art. 16 des Gesetzes zur Restrukturierung und geordneten Abwicklung von Kreditinstituten, zur Errichtung eines Restrukturierungsfonds für Kreditinstitute und zur Verlängerung der Verjährungsfrist der aktienrechtlichen Organhaftung vom 9. Dezember 2010 (BGBl. I S. 1900, 1932)

Vorbemerkung zu §§ 1 ff

Literatur:

Altmeppen, Das neue Recht der Gesellschafterdarlehen in der Praxis, NJW 2008, 3601; *Amann*, Voraussetzungen und Wirkungen der Anfechtung von Grundstückskaufverträgen durch Gläubiger des Verkäufers, DNotZ 2010, 246; *Eckardt*, Die Anfechtungsklage wegen Gläubigerbenachteiligung, 1994; *ders.*, Zur Konkursanfechtung durch Mahnbescheid, KTS 1993, 361; *Fischer*, Der maßgebliche Zeitpunkt der anfechtbaren Rechtshandlung, ZIP 2004, 1679; *Ganter*, Wiederaufleben von Sicherheiten nach Tilgung der gesicherten Hauptforderung durch Anfechtung, WM 2011, 245; *Gaul*, § 35 Zugriffsmöglichkeiten infolge Gläubigeranfechtung, in: Gaul/Schilken/Becker-Eberhard, Zwangsvollstreckungsrecht, 12. Aufl. 2010; *ders.*, Sicherung der Gläubiger- und Insolvenzanfechtung durch Maßnahmen des einstweiligen Rechtsschutzes, KTS 2007, 133; *Gerhardt*, Die Anfechtung gegen den Rechtsnachfolger, in: Gerhardt/Haarmeyer/Kreft (Hrsg.), Festschrift für Hans-Peter Kirchhof, 2003, S. 121; *ders.*, Grundprobleme der Gläubigeranfechtung und Spezialfragen der Übertragung eines belasteten Miteigentumsanteils, ZIP 1984, 397; *ders.*, Die systematische Einordnung der Gläubigeranfechtung, 1969; *Henckel*, in: Kölner Schrift zur Insolvenzordnung: Das neue Insolvenzrecht in der Praxis, 2. Aufl. 2000; *Hess*, Insolvenzrecht, Band III: Erläuterung aller insolvenzrechtlichen Verordnungen, Nebengesetze und Nebenbestimmungen, 3. Aufl. 2007; *Hirte*, Nahestehende Personen (§ 138 InsO) – Klarheit oder Rückschritt, ZInsO 1999, 429; *Huber*, Anfechtungsgesetz, Kommentar, 10. Aufl. 2006; *Jaeger*, Die Gläubigeranfechtung außerhalb des Konkursverfahrens, 2. Aufl. 1938; *Kirchhof*, Münchener Kommentar zum Anfechtungsgesetz, 2012; *Lögering*, Die Anfechtung von Grundstücksverfügungen nach dem Anfechtungsgesetz (AnfG), ZfIR 2010, 610; *Münch*, Die Überleitung des Anfechtungsrechts, in: Wagner/Kreft/Eckardt (Hrsg.), Festschrift Walter Gerhardt, 2004, S. 621; *Nerlich/Niehus*, Anfechtungsgesetz, Kommentar, 2000; *Schlößer/Klüber*, Auseinanderfallen von Gesellschafter- und Gläubigerstellung bei Gesellschafterdarlehen nach dem MoMiG, BB 2009, 1594; *K. Schmidt*, Zwangsvollstreckung in anfechtbar veräußerte Gegenstände, JZ 1987, 889; *A. Schneider*, Das neue Gläubigeranfechtungsrecht bei kapitalersetzenden Gesellschafterdarlehen, in: Wolf u.a., Zwangsvollstreckungsrecht aktuell, 2010, § 5; *Stratmann*, Die Zwangsvollstreckung in anfechtbar veräußerte Gegenstände und insbesondere in anfechtbar abgetretene Forderungen, 1998; *Zeuner*, Die Anfechtung in der Insolvenz, 2. Aufl. 2007.

I. Grundlagen der Gläubigeranfechtung	1	3. Parteien des Anfechtungsschuldverhältnisses	4
1. Zweck der Gläubigeranfechtung	1	II. Dogmatik der Gläubigeranfechtung	5
2. Einzelgläubiger- und Insolvenzanfechtung	2	1. Theorie der Gläubigeranfechtung	5

---

[1] Verkündet als Art. 1 des Einführungsgesetzes zur Insolvenzordnung (EGInsO) vom 5.10.1994 (BGBl. I S. 2911). In Kraft getreten am 1.1.1999.

2. Entstehung, Akzessorietät und Geltendmachung des Anfechtungsanspruchs 6
   a) Entstehung 6
   b) Akzessorietät 7
   c) Geltendmachung 8
3. Wirtschaftliche Betrachtungsweise 9
4. Sicherung des Anfechtungsanspruchs 10
5. Teilanfechtung 11
6. Ermittlung anfechtbaren Erwerbs, Auskunftsanspruch 12
   a) Ermittlung anfechtbaren Erwerbs 12
   b) Auskunftsanspruch 13
III. Voraussetzungen der Gläubigeranfechtung nach dem AnfG 14
IV. Konkurrenzen 21
1. Anfechtung einer Willenserklärung, §§ 142 ff, 119 ff BGB 21
2. Nichtigkeit nach §§ 134, 138 BGB 22
3. Scheingeschäft, § 117 BGB .. 24
4. Kondiktion nach §§ 812 ff BGB 25
5. Unerlaubte Handlungen nach §§ 823 ff BGB 26

I. Grundlagen der Gläubigeranfechtung

1 **1. Zweck der Gläubigeranfechtung.** Wenn ein Schuldner sich seiner Vermögensgegenstände entledigt hat, können seine Gläubiger auf die nunmehr schuldnerfremden Gegenstände nicht mehr im Wege der Zwangsvollstreckung zugreifen.[1] Damit entsteht eine **Benachteiligung der Gläubiger**, wenn deren **Anspruchsdurchsetzung gefährdet** ist. Die Gläubigeranfechtung dient in einer solchen Lage der **nachträglichen Korrektur**. Einem Gläubiger wird unter bestimmten Voraussetzungen der **Vollstreckungszugriff auf schuldnerfremde Gegenstände** ermöglicht, die vormals zum Schuldnervermögen gehörten und deren Ausscheiden aus dem Schuldnervermögen die Befürchtung begründet, dass der Gläubiger im Wege der Zwangsvollstreckung keine Befriedigung zu erlangen vermag.[2]

2 **2. Einzelgläubiger- und Insolvenzanfechtung.** Bei der Anfechtung von Rechtshandlungen des Schuldners durch den Gläubiger ist zu **unterscheiden** zwischen der **Anfechtung innerhalb und außerhalb des Insolvenzverfahrens**: Im Rahmen des Insolvenzverfahrens kann der Gläubiger Rechtshandlungen seines Schuldners über die §§ 129 ff InsO anfechten; die Gläubigeranfechtung außerhalb des Insolvenzverfahrens ist im **Anfechtungsgesetz** (AnfG) geregelt (§ 1 Abs. 1). Das AnfG wurde als „Gesetz über die Anfechtung von Rechtshandlungen eines Schuldners außerhalb des Konkursverfahrens" am 21.7.1879 verkündet[3] und ist am 1.10.1879 in Kraft getreten.[4] Im Zuge der Ablösung der Konkurs- durch die Insolvenzordnung wurde das bis dahin geltende AnfG zum 1.1.1999 aufgehoben und durch das **Gesetz über die Anfechtung von Rechtshandlungen eines Schuldners außerhalb des Insolvenzverfahrens** ersetzt (Art. 1 EGInsO). Die bis dato letzte größere Gesetzesänderung erfolgte mit dem Gesetz zur Modernisierung des GmbH-Rechts und zur Bekämpfung von Missbräuchen (MoMiG) vom 23.10.2008,[5] das v.a. die Regelungen über Gesellschafterdarlehen (§§ 6, 6 a) reformierte, die seit dem 1.11.2008 in Kraft sind.

3 Die Gläubigeranfechtung innerhalb und außerhalb des Insolvenzverfahrens begründet **kein Gestaltungsrecht**, sondern einen **schuldrechtlichen Anspruch** gegen den Anfechtungsgegner (zur dogmatischen Erfassung der Rechtsfolge bei der Gläubigeranfechtung s. Rn 5).[6] Gemeinsam ist den Ansprüchen bei Insolvenz-

---

1 *Gaul*, in: Gaul/Schilken/Becker-Eberhard, § 34 Rn 2 ff.
2 *Gaul*, in: Gaul/Schilken/Becker-Eberhard, § 35 Rn 1.
3 RGBl. 1879 S. 277.
4 Zur geschichtlichen Entwicklung bis zum AnfG 1999 vgl *Huber*, Einf. Rn 1 ff.
5 BGBl. I S. 2026, 2039.
6 *Huber*, Einf. Rn 19.

und Einzelgläubigeranfechtung, dass sie die **gläubigerbenachteiligende Wirkung beseitigen**, die durch die anfechtbare Rechtshandlung verursacht wurde.[7] Die **Anspruchsziele** unterscheiden sich entsprechend den unterschiedlichen Verfahrenszwecken von Insolvenz (Befriedigung sämtlicher Gläubiger nach dem Gleichbehandlungsprinzip) und Singularexekution (Befriedigung eines bestimmten Gläubigers nach dem Prioritätsprinzip).[8] Bei der **Insolvenzanfechtung** richtet sich das Anfechtungsrecht darauf, dass ein anfechtbar erworbener Gegenstand zur Insolvenzmasse zurückgewährt wird (§ 143 Abs. 1 S. 1 InsO). Demgegenüber ist bei der **Einzelgläubigeranfechtung** nach dem AnfG der Anfechtungsgegner dazu verpflichtet, den Gegenstand dem Gläubiger zur Verfügung zu stellen, soweit es zu dessen Befriedigung erforderlich ist (§ 11 Abs. 1 S. 1). Eine Rückgewähr in das Schuldnervermögen findet hier nicht statt und ist auch nicht erforderlich, weil der Anfechtungsanspruch ohne den Umweg über das Schuldnervermögen diejenige Zugriffslage herstellt, die ohne die anfechtbare Rechtshandlung bestanden hätte.[9]

3. Parteien des Anfechtungsschuldverhältnisses. Anfechtungsberechtigt ist der Gläubiger der befriedigungsbedürftigen Forderung (§ 2) gegen den Schuldner, der die anfechtbare Rechtshandlung (§§ 3–6 a) vorgenommen hat. **Anfechtungsgegner** ist der Erwerber des anfechtbar aus dem Schuldnervermögen ausgeschiedenen Gegenstandes oder dessen Rechtsnachfolger (§ 15). Der Schuldner, der den Gegenstand in anfechtbarer Weise weggegeben hat, ist selbst nie Partei des anfechtungsrechtlichen Schuldverhältnisses.[10]

II. Dogmatik der Gläubigeranfechtung

1. Theorie der Gläubigeranfechtung. Bei der dogmatischen Erfassung des Anfechtungsrechts und der Rechtsnatur der Gläubigeranfechtung stehen sich die schuld- und die haftungs- oder bereicherungsrechtliche Theorie gegenüber; die Dinglichkeitslehre, nach der das Anfechtungsrecht als Gestaltungsrecht zu verstehen war, wird heute nicht mehr vertreten.[11] Nach der in Schrifttum und Rspr herrschenden **schuldrechtlichen Theorie**[12] entsteht unter den Voraussetzungen des AnfG ein gesetzliches Schuldverhältnis zwischen dem Anfechtungsberechtigten und dem Anfechtungsgegner. Der Anfechtungsgegner muss sich behandeln lassen, als gehöre der anfechtbar veräußerte Gegenstand noch zum Vermögen des Vollstreckungsschuldners. Die **haftungs- oder bereicherungsrechtliche Theorie** erklärt das Anfechtungsrecht mit der Wiederherstellung der Zugriffslage, die durch das Ausscheiden des betreffenden Vermögensgegenstandes aus der (Vermögens-)Haftung des Schuldners aufgehoben wurde; der Anfechtungsanspruch wird danach als Sonderform der Eingriffskondiktion verstanden.[13] – Gesetzeswortlaut und -geschichte des AnfG sprechen für die schuldrechtliche Theorie. Die Streitfrage hat kaum praktische Bedeutung.[14]

---

7 BGH NJW-RR 2010, 980; ferner BGHZ 147, 233 mwN betr. Konkurs-/Insolvenzanfechtung. Eingehend zur strukturellen Gleichartigkeit von Gläubiger- und Insolvenzanfechtung *Gaul*, in: Gaul/Schilken/Becker-Eberhard, § 35 Rn 6 ff.
8 *Huber*, Einf. Rn 20. Eingehend zur systematischen Abgrenzung der Gläubiger- von der Insolvenzanfechtung *Gaul*, in: Gaul/Schilken/Becker-Eberhard, § 35 Rn 2 ff; MüKo-AnfG/*Kirchhof*, Einf. Rn 8 ff.
9 BGHZ 123, 183, 185.
10 RGZ 131, 340.
11 *Gaul*, in: Gaul/Schilken/Becker-Eberhard, § 35 Rn 18 ff; *Huber*, Einf. Rn 23.
12 Vgl BGHZ 100, 36, 42; BGH NJW 1987, 1268; BAG NJW 1993, 2699, 2701; *Huber*, Einf. Rn 11, 23.
13 *Gerhardt*, S. 153 ff, 219 ff. S. ferner *Paulus*, AcP 155 (1956), 277, 294 ff.
14 Einzelheiten *Gaul*, in: Gaul/Schilken/Becker-Eberhard, § 35 Rn 22; *Huber*, Einf. Rn 24 f; MüKo-AnfG/*Kirchhof*, Einf. Rn 23 ff.

6 **2. Entstehung, Akzessorietät und Geltendmachung des Anfechtungsanspruchs. a) Entstehung.** Der schuldrechtliche Anspruch (§ 11) entsteht mit der Verwirklichung eines Anfechtungstatbestands (§§ 3–6 a).[15] Eine Anfechtungserklärung oder sonstige Geltendmachung des Anfechtungsrechts ist nicht erforderlich.[16] Nicht zum Tatbestand des Anfechtungsanspruchs zählen die Voraussetzungen des § 2. Die Norm enthält nur Voraussetzungen für die Geltendmachung des Anfechtungsrechts.[17]

7 **b) Akzessorietät.** Das Anfechtungsrecht setzt zwar nicht voraus, dass die befriedigungsbedürftige Forderung des Gläubigers gegen den Schuldner (**Hauptforderung**) bei der Verwirklichung eines Tatbestands der §§ 3–6 a bereits besteht. Eine Rechtshandlung des Schuldners kann vielmehr auch ein Gläubiger anfechten, der zur Zeit der Vornahme der Handlung noch nicht Gläubiger war; maßgeblich ist nur, dass ihn die Rechtshandlung des Schuldners später benachteiligt.[18] Der Anfechtungsanspruch ist aber ein **akzessorisches Hilfs- und Nebenrecht** der Hauptforderung des Gläubigers. Das anfechtungsrechtliche Schuldverhältnis und damit der Anspruch aus § 11 Abs. 1 S. 1 gelangen erst dann zur Entstehung, wenn die Hauptforderung begründet wurde,[19] und das Anfechtungsrecht steht dem Anfechtungsberechtigten nur soweit und solange zu, wie er Inhaber der Hauptforderung ist.[20] Das Anfechtungsrecht ist auch iÜ mit der Hauptforderung unlösbar verknüpft.[21] Es kann nicht unabhängig von der Hauptforderung übertragen werden, und wenn die Hauptforderung übertragen wird, dann geht ohne Weiteres und zwingend (auch bei entgegenstehender Vereinbarung) das Anfechtungsrecht mit über.[22]

8 **c) Geltendmachung.** Das Anfechtungsrecht kann im Wege der **(Duldungs-)Klage oder Widerklage gegen den Anfechtungsgegner** geltend gemacht werden (§ 13). Ferner begründet das Anfechtungsrecht eine **Drittwiderspruchsklage** (§ 771 ZPO) oder **Vorzugsklage** (§ 805 ZPO) **gegen konkurrierende Gläubiger**.[23] Im umgekehrten Fall, in dem der Anfechtungsberechtigte beim Schuldner vollstreckt und der Anfechtungsgegner dagegen mit der Drittwiderspruchsklage vorgeht, kann das Anfechtungsrecht als **Einrede gegen die Intervention des Anfechtungsgegners** (vgl § 9) zur Geltung gebracht werden.[24] Der Anfechtungsgegner hat in einem solchen Fall zwar ein (anfechtbar erworbenes) veräußerungshinderndes Recht, ihm fehlt aber dennoch (wegen der anfechtungsrechtlichen Duldungspflicht) das Widerspruchsrecht gegen die Vollstreckung des Anfechtungsberechtigten. Als Einrede kann das Anfechtungsrecht auch einer **Bereicherungsklage des Anfechtungsgegners** entgegengesetzt werden,[25] die dieser gegen den Anfechtungsberechtigten erhebt, nachdem die Vollstreckung des Anfechtungsberechtigten beim Schuldner in den anfechtbar erworbenen Gegenstand beendet ist.[26]

---

15 RGZ 162, 218; BGH ZIP 1996, 1475.
16 BGHZ 98, 6, 9; BGH ZIP 1996, 1475.
17 *Huber*, Einf. Rn 13, § 2 Rn 1 f.
18 BGH MDR 1965, 41; RGZ 26, 13; krit. *Böhnert*, JuS 1997, 1124.
19 *Huber*, Einf. Rn 14.
20 RGZ 122, 87.
21 BGHZ 99, 274, 278.
22 RGZ 39, 12.
23 *Huber*, § 13 Rn 15.
24 BGHZ 100, 36, 42; BGHZ 98, 6, 10; BGHZ 55, 20, 28 ff; *A. Blomeyer*, Zivilprozessrecht, Vollstreckungsverfahren, 1975, S. 161; *Gaul*, in: Gaul/Schilken/Becker-Eberhard, § 35 Rn 150, § 41 Rn 147; *Lackmann*, Zwangsvollstreckungsrecht, 9. Aufl. 2010, Rn 606; Wieczorek/Schütze/*Salzmann*, § 771 ZPO Rn 65; *Stratmann*, S. 138 f.
25 *Huber*, § 7 Rn 16, § 9 Rn 3.
26 Zum Bereicherungsanspruch vormals Drittberechtigter nach beendeter Vollstreckung auf Herausgabe des Erlöses (§ 812 Abs. 1 S. 1 Alt. 2 BGB) s. BGHZ 100, 95 m. Anm. *Schmidt*, JuS 1987, 655; RGZ 156, 395, 399.

3. Wirtschaftliche Betrachtungsweise. Bei der Frage, ob eine Anfechtung durchgreift und welchen Inhalt der auf ihr beruhende Anspruch hat, sind die zugrunde liegenden Vorgänge in besonderem Maße unter wirtschaftlichen und weniger unter formalrechtlichen Gesichtspunkten zu betrachten.[27] Folge dieser für das Anfechtungsrecht maßgebenden wirtschaftlichen Betrachtungsweise ist zB, dass ein mehraktig gestalteter Zuwendungsvorgang, der auf einem einheitlichen Plan beruht, als Einheit zu behandeln ist, und dass dementsprechend dem Empfänger mit dem vertraglichen Erfüllungsanspruch iE auch der erwartete individuelle Gegenstand der Erfüllung zugewendet werden kann.[28]

4. Sicherung des Anfechtungsanspruchs. Anfechtungsansprüche können durch Arrest und einstweilige Verfügung gesichert werden (s. § 916 ZPO Rn 5). Der anfechtungsrechtliche **Primäranspruch** (§ 11 Abs. 1 S. 1) ist als Individualanspruch durch **einstweilige Verfügung** (§§ 935 ff ZPO) zu sichern.[29] Dagegen kann der **Sekundäranspruch** (§ 11 Abs. 2 AnfG, §§ 819 Abs. 1, 818 Abs. 4, 292 Abs. 1, 989, 990 BGB) als Wertersatz- und damit Zahlungsanspruch nur durch **Arrest** (§§ 916 ff ZPO) gesichert werden.[30] Der Erlass eines dinglichen Arrestes gegen den Anfechtungsgegner zur Sicherung des anfechtungsrechtlichen Sekundäranspruchs setzt nicht voraus, dass der Gläubiger für die Hauptforderung gegen den Schuldner schon einen zumindest vorläufig vollstreckbaren Schuldtitel erwirkt hat[31] (nach aA müssen für Arrest[32] und einstweilige Verfügung[33] die Voraussetzungen des § 2 glaubhaft gemacht sein). Wenn Grundstückseigentum in anfechtbarer Weise übertragen worden ist, kommt eine Sicherung des anfechtungsrechtlichen Primäranspruchs durch Vormerkung nicht in Betracht, weil der Primäranspruch nicht auf Rückauflassung oder Bewilligung einer Hypothek gerichtet ist, sondern auf Duldung der Zwangsvollstreckung in das weggegebene Grundstück. Dieser Anspruch kann aber im einstweiligen Rechtsschutz durch richterliches Verfügungsverbot gesichert werden (s. § 938 ZPO Rn 17).[34]

5. Teilanfechtung. Ein Rechtsgeschäft kann **grds. nur als Ganzes** angefochten werden.[35] Die **Teilanfechtung** eines Rechtsgeschäfts ist aber zulässig, wenn die **Erfüllungsleistung teilbar** ist oder wenn das Rechtsgeschäft sich in einzelne, voneinander **unabhängige Teile** zerlegen lässt.[36] So kann etwa bei einer vereinbarten Rechtsanwaltsvergütung, die unangemessen hoch (§ 3 a Abs. 2 RVG) ist, der nicht angemessene Teil angefochten werden.[37] Ferner kann bei einem Vertrag, der nur wegen einer einzelnen gläubigerbenachteiligenden Klausel anfechtbar ist, der Inhalt des Anfechtungsanspruchs so zu bestimmen sein, als wäre der Vertrag ohne die betreffende Klausel abgeschlossen worden.[38] Andererseits ist eine **Verrechnungsabrede** grds. nicht isoliert anfechtbar: Hat der Schuldner seinen letzten werthaltigen Vermögensgegenstand veräußert und gleichzeitig mit dem Erwerber vereinbart, dass dieser den Kaufpreis durch Aufrechnung mit einem zu diesem

---

27 BGH WM 2008, 1695; BGHZ 116, 222 m. Anm. *Henckel*, EWiR 1992, 307. Ebenso BGHZ 72, 39; BGH WM 1955, 407 betr. Konkursanfechtung. Kritisch *Gaul*, in: Gaul/Schilken/Becker-Eberhard, § 35 Rn 34.
28 BGH WM 2008, 1695; BGHZ 116, 222 m. Anm. *Henckel*, EWiR 1992, 307.
29 BGHZ 172, 360; OLG Karlsruhe InVo 2004, 387 m. Anm. *Spring/Kücük*, InVo 2004, 352; OLG Koblenz NJW-RR 1993, 1343 m. Anm. *Pape*, EWiR 1993, 9.
30 OLG Düsseldorf NJW 1977, 1828.
31 OLG München ZInsO 2008, 1213; *Gaul*, KTS 2007, 133.
32 OLG Hamm OLGR 2008, 715.
33 OLG Hamm OLGR 2003, 232; OLG Hamm NZI 2002, 575.
34 BGHZ 172, 360.
35 *Huber*, § 11 Rn 33; MüKo-AnfG/*Kirchhof*, § 11 Rn 25.
36 BGHZ ZIP 1980, 618; RGZ 114, 206.
37 *Huber*, § 11 Rn 33. S. auch BGHZ 77, 250 betr. Konkursanfechtung.
38 BGHZ 124, 76 betr. Konkursanfechtung.

Zweck vorzeitig fällig gestellten Gegenanspruch erbringt, kann ein Gläubiger diesen Vorgang jedenfalls dann, wenn andere Gläubiger zu keinem Zeitpunkt mit Aussicht auf Erfolg in die Kaufpreisforderung vollstrecken konnten, nur insgesamt, nicht auf die Verrechnungsabrede beschränkt, anfechten.[39] Überträgt der Schuldner gläubigerbenachteiligend ein mit Grundpfandrechten belastetes Grundstück an einen Dritten, dem er zugleich seine Rückgewähransprüche gegen die Grundschuldgläubiger abtritt, ist der Gläubigerschutz nur gewährleistet, wenn sowohl die Grundstücksübertragung als auch die Forderungsabtretung angefochten werden.[40] Werden **mehrere Rechtsgeschäfte, die keine Einheit bilden**, in einer Urkunde (nur) äußerlich zusammengefasst, dann ist die Anfechtbarkeit einzelner dieser Rechtsgeschäfte nicht eingeschränkt.[41]

12 **6. Ermittlung anfechtbaren Erwerbs, Auskunftsanspruch. a) Ermittlung anfechtbaren Erwerbs.** Ein erhebliches praktisches Problem besteht für Gläubiger darin, wie sie sich Kenntnis über benachteiligende Verschiebungen verschaffen können. Die Nutzung der zur Verfügung stehenden Erkenntnisquellen (Grundbücher, Pfändungsprotokolle, Vermögensverzeichnisse in eidesstattlichen Versicherungen bzw Vermögensoffenbarungen, private Ermittler) ist idR zeit-, arbeits- und kostenaufwendig, wenn nicht der Gläubiger besondere Möglichkeiten zur Einsicht in die Vermögensverhältnisse des Schuldners hat (zB die Bank des Schuldners).[42]

13 **b) Auskunftsanspruch.** Es besteht **kein anfechtungsrechtlicher Auskunftsanspruch** des Gläubigers gegen den Anfechtungsgegner oder den Schuldner des Hauptanspruchs. Nach allgemeinen zivilrechtlichen Grundsätzen, die auch hier anwendbar sind, setzt ein **Auskunftsanspruch nach Treu und Glauben** (§ 242 BGB) voraus, dass zwischen Auskunftsgläubiger und -schuldner eine Sonderverbindung besteht (hier also ein anfechtungsrechtliches Schuldverhältnis), dass der Berechtigte in entschuldbarer Weise über das Bestehen oder den Umfang seines Rechts im Ungewissen ist und sich die erforderlichen Informationen nicht selbst in zumutbarer Weise beschaffen kann und dass der Verpflichtete unschwer in der Lage ist, die Auskunft zu erteilen.[43] Dementsprechend sind Personen, gegen die (nur) der **Verdacht** besteht, sie könnten vom Schuldner in anfechtbarer Weise etwas erworben haben, dem Gläubiger **nicht auskunftspflichtig**.[44] Ein Auskunftsanspruch gegen den Anfechtungsgegner besteht, wenn der **Anfechtungsanspruch dem Grunde nach feststeht** und nur noch Art und Umfang zu bestimmen sind.[45] Auskunfts- und Anfechtungsanspruch können im Wege der **Stufenklage** (§ 254 ZPO) miteinander verbunden werden. Der **Schuldner des Hauptanspruchs** steht außerhalb des anfechtungsrechtlichen Schuldverhältnisses und ist daher grds. nicht auskunftspflichtig gegenüber dem Anfechtungsgläubiger.[46]

III. Voraussetzungen der Gläubigeranfechtung nach dem AnfG

14 Eine Gläubigeranfechtung nach dem AnfG hat **sechs Voraussetzungen:**[47]

15 ▪ Über das Vermögen des Schuldners darf **kein Insolvenzverfahren** eröffnet sein (§ 1 Abs. 1); näher §§ 16–18.

---

39 BGH NJW-RR 2009, 190.
40 BGH ZIP 2007, 1326.
41 *Huber*, § 11 Rn 33.
42 Vgl *Huber*, § 11 Rn 13.
43 Palandt/*Grüneberg*, § 260 BGB Rn 4 ff.
44 BGHZ 74, 379 betr. Konkursanfechtung.
45 BGH NJW 1998, 2969.
46 OLG Brandenburg FamRZ 2007, 1984.
47 Vgl *Huber*, § 1 Rn 3 f.

- Der Gläubiger muss nach Maßgabe von § 2 **anfechtungsberechtigt** sein. 16
- Der Schuldner muss eine **Rechtshandlung** vorgenommen haben, die zu einer 17 **objektiven Gläubigerbenachteiligung** und einer Vermögensmehrung beim Anfechtungsgegner geführt hat (§ 1).
- Es muss ein **Anfechtungstatbestand** erfüllt sein (§§ 3–6 a). 18
- Falls der Anfechtungsgegner die Anfechtbarkeit nicht außerprozessual akzep- 19 tiert, bedarf die Anfechtung fristgerechter (§ 7) **gerichtlicher Geltendmachung** (§§ 9, 13) gegenüber dem Anfechtungsgegner oder seinem Rechtsnachfolger (§ 15).
- Die Anfechtung darf nicht als **unzulässige Rechtsausübung** (§ 242 BGB) zu 20 bewerten sein. Allerdings ist eine Gläubigeranfechtung nicht allein deshalb gem. § 242 BGB ausgeschlossen, weil der Gläubiger an der angefochtenen Vermögensübertragung mitgewirkt hat.[48]

IV. Konkurrenzen

1. Anfechtung einer Willenserklärung, §§ 142 ff, 119 ff BGB. Die Gläubigeran- 21 fechtung ist nicht zu verwechseln mit der Anfechtung einer Willenserklärung nach §§ 142 ff, 119 ff BGB, mit der sie nur den Namen gemein hat.[49] Die Erklärung der Anfechtung einer Willenserklärung (§ 143 BGB) ist Ausübung eines Gestaltungsrechts (§ 142 BGB) und damit Verfügung; dagegen ist die Anfechtung nach dem AnfG (lediglich) die Geltendmachung eines Anspruchs bzw einer Einrede (oder bei Drittwiderspruchsklage des Anfechtungsberechtigten Begründungselement für eine prozessuale Gestaltungsklage) (s. Rn 8).

2. Nichtigkeit nach §§ 134, 138 BGB. Bei Rechtshandlungen, deren Inhalt und 22 Zweck im Wesentlichen nur darin bestehen, Gläubiger zu benachteiligen, regeln die Vorschriften des AnfG (und der InsO) grds. abschließend, unter welchen Voraussetzungen die Gläubiger geschützt werden. Die §§ 134, 138 BGB kommen daneben nicht zur Anwendung, sofern das Rechtsgeschäft nicht besondere, über die Gläubigerbenachteiligung hinausgehende Umstände aufweist.[50] Gleiches gilt für § 817 BGB.[51]

Ist ein gläubigerbenachteiligendes Rechtsgeschäft gem. §§ 134, 138 BGB nichtig, 23 dann bewirkt allein das Rechtsgeschäft zunächst keine Gläubigerbenachteiligung.[52] Eine Anfechtung nach dem AnfG kommt in Betracht, wenn die (nichtige) Rechtshandlung des Schuldners den Gläubigerzugriff auf den Vermögensgegenstand erschwert oder gefährdet hat.[53] Dies ist v.a. bei einer Änderung der formalen Rechtslage (zB Eintragung des Erwerbs im Grundbuch), Besitzübergang oder Zessionsanzeige an den Drittschuldner der Fall.[54]

3. Scheingeschäft, § 117 BGB. Wenn mit einem Rechtsgeschäft keine Gläubiger- 24 benachteiligung durch Vermögensverschiebung, sondern nur Irreführung über die Vermögenszuordnung beabsichtigt war, kann das Rechtsgeschäft als Scheingeschäft gem. § 117 BGB nichtig sein.[55] Die Nichtigkeit kann der Gläubiger zB

---

48 BGH NJW 1992, 834.
49 MüKo-AnfG/*Kirchhof*, Einf. Rn 42; *Nerlich/Niehus*, § 1 Rn 16; Staudinger/*Roth*, § 142 BGB Rn 8.
50 BGH NJW-RR 2005, 1361 mwN.
51 *Nerlich/Niehus*, § 1 Rn 17; Kübler/Prütting/*Paulus*, § 1 AnfG Rn 20.
52 *Huber*, § 1 Rn 67.
53 RGZ 50, 121; BGH ZIP 1996, 1516 mwN.
54 *Huber*, § 1 Rn 67.
55 Ausf. *Huber*, § 1 Rn 67.

gegen eine Drittwiderspruchsklage des Scheinerwerbers einwenden. IÜ gilt zur Anfechtbarkeit das Gleiche wie bei §§ 134, 138 BGB (s. Rn 23).

25 **4. Kondiktion nach §§ 812 ff BGB.** Str ist, ob der anfechtungsrechtliche Anspruch ein bereicherungsrechtlicher Ausgleichsanspruch ist (s. Rn 5). Zu Ansprüchen aus § 817 BGB neben dem Anfechtungsanspruch s. Rn 22.

26 **5. Unerlaubte Handlungen nach §§ 823 ff BGB.** Durch die Mitwirkung an benachteiligenden Handlungen entsteht grds. **kein** Schadensersatzanspruch gem. § 823 Abs. 2 BGB oder § 826 BGB neben der Sanktion durch das AnfG oder die InsO; anders ist es nur, wenn über den Anfechtungstatbestand hinausgehende besondere Umstände das Sittenwidrigkeitsurteil tragen.[56]

27 Da der Anfechtungsanspruch nicht auf Schadensersatz gerichtet ist, sind bei ihm **schadensrechtliche Grundsätze** wie die Vorteilsausgleichung[57] nicht anzuwenden.[58]

§ 1 Grundsatz

(1) Rechtshandlungen eines Schuldners, die seine Gläubiger benachteiligen, können außerhalb des Insolvenzverfahrens nach Maßgabe der folgenden Bestimmungen angefochten werden.

(2) Eine Unterlassung steht einer Rechtshandlung gleich.

I. Allgemeines ... 1	3. Aufwendung des Schuldners ... 15
II. Rechtshandlung des Schuldners ... 2	a) Grundsatz ... 15
1. Rechtshandlung ... 3	b) Einzelne Rechtshandlungen ... 16
a) Begriff ... 3	
b) Aktive Rechtshandlungen ... 4	4. Höchstpersönliche Rechtshandlungen ... 17
c) Unterlassen als Rechtshandlung (Abs. 2) ... 5	III. Gläubigerbenachteiligung ... 21
d) Gesamtvorgang ... 7	1. Objektive Gläubigerbenachteiligung ... 21
2. Vornahme durch den Schuldner ... 8	2. Kausalität ... 28
a) Vollstreckungshandlungen konkurrierender Gläubiger ... 9	a) Unmittelbare Benachteiligung ... 29
b) Stellvertretung ... 11	b) Mittelbare Benachteiligung ... 32
c) Mittelbare Zuwendungen ... 12	c) Hypothetische Kausalität ... 34
aa) Grundsatz ... 12	IV. Singularexekution ... 35
bb) Fallgruppen ... 13	1. Anfechtung außerhalb des Insolvenzverfahrens ... 35
cc) Lebensversicherungen mit Bezugsrechten Dritter ... 14	2. Anfechtung während des Insolvenzverfahrens ... 37

I. Allgemeines

1 Die Norm stellt in **Abs. 1** allgemeine Voraussetzungen jeder Gläubigeranfechtung nach dem AnfG auf – Rechtshandlung des Schuldners (s. Rn 2 ff), Gläubigerbenachteiligung (s. Rn 21 ff), Einzelgläubiger-, nicht Insolvenzanfechtung

---

56 BGH NJW 2000, 3138; BGH ZIP 1996, 637; BGHZ 130, 314; BGHZ 56, 339, 355.
57 Vgl BGH NJW-RR 2009, 190, 192 mwN.
58 *Huber*, Einf. Rn 18; *Hess*, § 1 AnfG Rn 43.

(s. Rn 35 ff) –, die für alle Tatbestände der §§ 3–6 a zu beachten sind. **Abs. 2** stellt das Unterlassen einer (aktiven) Rechtshandlung gleich.

II. Rechtshandlung des Schuldners

Anfechtbar sind nach Abs. 1 Rechtshandlungen des Schuldners. 2

1. Rechtshandlung. a) Begriff. Rechtshandlungen iSd AnfG können alle Handlungen sein, die eine rechtliche Wirkung auslösen und das Vermögen des Schuldners zum Nachteil der Gläubiger verändern können.[1] Der Begriff der Rechtshandlung ist **weit** zu verstehen. Insbesondere ist die Rechtswirksamkeit der Handlung keine Voraussetzung für die Anfechtbarkeit.[2] 3

b) Aktive Rechtshandlungen. Bei aktiven Handlungen ist es nicht erforderlich, dass dem Schuldner die rechtliche Wirkung bewusst ist; es bedarf keiner Finalität. Aktive Rechtshandlungen sind zB[3] Willenserklärungen, rechtsgeschäftsähnliche Handlungen,[4] Realakte, wie zB Verarbeitung oder Vermischung, sowie Prozesshandlungen, wie zB Anerkenntnis, Verzicht, Geständnis, Klagerücknahme.[5] 4

c) Unterlassen als Rechtshandlung (Abs. 2). Abs. 2 stellt ein Unterlassen einer Rechtshandlung des Schuldners gleich. Erforderlich ist allerdings, dass das Unterlassen auf einer **Willensbetätigung** beruht, also bewusst und gewollt erfolgt.[6] Nötig ist das Bewusstsein, dass das Nichthandeln irgendwelche Rechtsfolgen haben wird; auf eine konkrete Rechtsfolge brauchen die Vorstellungen des Schuldners sich nicht zu richten, und sie müssen auch nicht rechtlich zutreffend sein.[7] Dementsprechend ist es zB hinreichend, wenn ein Schuldner aus einer Situation, bei der es naheliegt, dass materiell-rechtliche Ansprüche entstanden sind, bewusst keine Konsequenzen zieht;[8] ein Verzichtswille ist nicht erforderlich.[9] 5

Zu unterscheiden sind Unterlassungen materiell-rechtlicher Art (zB das Verstreichenlassen von Verjährungs- oder Ausschlussfristen, Unterlassen der Mängelrüge gem. § 377 HGB, der Ausübung eines Gestaltungsrechts, des Scheck- oder Wechselprotests, der Anmeldung von Rechten) und solche prozessrechtlicher Natur (zB Säumnis im Termin, unzureichende Verteidigung im Prozess, Versäumung von Rechtsbehelfen).[10] 6

d) Gesamtvorgang. Aufgrund der gebotenen wirtschaftlichen Betrachtungsweise (s. Vor §§ 1 ff Rn 9) dürfen einzelne Rechtshandlungen nicht isoliert betrachtet werden. Abzustellen ist vielmehr auf den **rechtsgeschäftlichen oder tatsächlichen Gesamtvorgang** (insb. bei **mehraktigen Rechtsgeschäften**), der das Schuldnervermögen schmälert.[11] Auch **mehrere Rechtsgeschäfte**, die nach dem Willen der Beteiligten im Zusammenwirken die Weggabe eines Gegenstandes aus dem Schuldnervermögen zum Ziel haben (insb. Grund- und Vollzugsgeschäft), können als Gesamtvorgang anfechtbar sein.[12] 7

2. Vornahme durch den Schuldner. Gemäß § 1 Abs. 1 muss der Schuldner (und nicht ein Dritter ohne Beteiligung des Schuldners) die Rechtshandlung vorge- 8

---

1 BGH ZIP 2004, 917.
2 OLG Brandenburg ZInsO 2001, 1102, 1104; *Huber*, § 1 Rn 5 ff.
3 *Nerlich/Niehus*, § 1 Rn 24, 26 f.
4 Vgl BGH ZIP 2004, 917.
5 *Gaul*, in: Gaul/Schilken/Becker-Eberhard, § 35 Rn 29.
6 BGHZ 165, 343, 348 = NJW 2006, 908, 909 f; ferner BGH ZIP 1996, 2080.
7 *Gaul*, in: Gaul/Schilken/Becker-Eberhard, § 35 Rn 30.
8 BGHZ 165, 343, 348 = NJW 2006, 908, 910.
9 *Hess*, § 1 AnfG Rn 4; *Huber*, § 1 Rn 10.
10 *Gaul*, in: Gaul/Schilken/Becker-Eberhard, § 35 Rn 30; *Huber*, § 1 Rn 10 f.
11 BGH NJW-RR 2010, 980; *Huber*, § 1 Rn 12 f.
12 *Nerlich/Niehus*, § 1 Rn 40.

nommen haben (anders grds. bei der Insolvenzanfechtung, vgl § 129 Abs. 1 InsO). Daraus ergeben sich Einschränkungen der Anfechtbarkeit nach dem AnfG.

9 **a) Vollstreckungshandlungen konkurrierender Gläubiger.** Vollstreckungshandlungen konkurrierender Gläubiger sind von der Anfechtung nach dem AnfG **grds. ausgeschlossen.**[13] Allerdings kann ein Schuldner mit einem Gläubiger **begünstigend zusammenwirken,** indem er die Voraussetzungen für dessen Vollstreckungshandlung mit herstellt (zB Mitwirkung an der Schaffung eines Titels durch Versäumnis im Erkenntnisverfahren) oder fördert (zB Hinweis auf bevorstehende Vollstreckungsmaßnahmen anderer Gläubiger, Hinweis auf pfändbare Gegenstände, die anderen Gläubigern verheimlicht werden). Eine solche Beteiligung soll nach zweifelhafter Rechtsauffassung der Rspr[14] eine **anfechtbare Rechtshandlung** des Schuldners sein. Ferner sollen dann die Beteiligungs- oder Förderungshandlung des Schuldners und die Vollstreckung durch den Gläubiger aufgrund der gebotenen wirtschaftlichen Betrachtungsweise einen einheitlichen Gesamtvorgang bilden und gemeinsam die anfechtbare Rechtshandlung iSd § 1 darstellen.[15]

10 Ferner ist eine Vollstreckung, die ohne Beteiligung des Schuldners erfolgt, anfechtbar, wenn der **titulierte Anspruch in anfechtbarer Weise begründet** wurde.[16] Beim **Erwerb eines Grundstücks im Wege der Zwangsversteigerung** ist zu unterscheiden: Grundsätzlich ist eine Anfechtung des Eigentumserwerbs ausgeschlossen, weil der Erwerb auf dem Zuschlagsbeschluss und damit auf staatlichen Hoheitsakt und nicht auf einer Rechtshandlung des Schuldners beruht. Wenn aber der Ersteher bereits zuvor durch rechtsgeschäftlichen Erwerb vom Schuldner Grundeigentümer geworden war und die Grundstücksübertragung vom Schuldner auf den späteren Ersteher anfechtbar war, dann wird die Anfechtbarkeit nicht durch den Zuschlag in der Zwangsversteigerung beseitigt.[17]

11 **b) Stellvertretung.** Rechtshandlungen eines gesetzlichen Vertreters oder eines Bevollmächtigten werden dem Schuldner nach § 164 Abs. 1 S. 1 BGB **zugerechnet.** Dies gilt auch bei Rechtshandlungen durch gesetzliche Vertreter **Geschäftsunfähiger;** allerdings ist hier zum Schutz des Geschäftsunfähigen die Rechtsfolge einzuschränken.[18] Für die Frage der **Zurechnung subjektiver Elemente** ist auf § 166 BGB abzustellen,[19] **Organwissen** ist Wissen der juristischen Person selbst. Ist der Schuldner eine GmbH, dann liegt bei dieser Benachteiligungsabsicht vor, wenn der Alleingesellschafter den Geschäftsführer oder Liquidator zur benachteiligenden Rechtshandlung angewiesen und dabei in Gläubigerbenachteiligungsabsicht gehandelt hat (§ 166 Abs. 2 BGB).[20] Bei **Vertretung ohne Vertretungsmacht** hängt die Zurechnung von der Genehmigung des Schuldners ab.[21]

12 **c) Mittelbare Zuwendungen. aa) Grundsatz.** Anfechtbar sind zwar nur Rechtshandlungen des Schuldners. Dafür kann es aber ausreichen, wenn der Schuldner dem Anfechtungsgegner den Gegenstand mithilfe einer **Mittelsperson** zuwendet, ohne dabei mit dem Anfechtungsgegner äußerlich in unmittelbare Rechtsbezie-

---

13 BGH NJW-RR 1986, 1115; *Gaul,* in: Gaul/Schilken/Becker-Eberhard, § 35 Rn 31.
14 RGZ 47, 223; 69, 163; BGH WM 1959, 891; 1965, 14.
15 *Huber,* § 1 Rn 17.
16 *Huber,* § 1 Rn 17; *Jaeger,* § 1 Anm. 48.
17 BGHZ 159, 397 = NJW 2004, 2900.
18 BFH NJW 2004, 3510.
19 *Huber,* § 1 Rn 19; Kübler/Prütting/*Paulus,* § 1 AnfG Rn 8.
20 Vgl BGH ZIP 2004, 957 betr. Konkursanfechtung; *Huber,* § 1 Rn 19.
21 *Huber,* § 1 Rn 19; *Nerlich/Niehus,* § 1 Rn 39.

hungen zu treten (**mittelbare Zuwendungen**).[22] Aufgrund der gebotenen wirtschaftlichen Betrachtungsweise (s. Vor §§ 1 ff Rn 9) sind solche mittelbaren Zuwendungen den unmittelbaren Zuwendungen des Schuldners gleichzustellen, wenn der **Wille des Schuldners** darauf gerichtet ist, dem Anfechtungsgegner einen Gegenstand aus dem Schuldnervermögen über eine Mittelperson zuzuwenden.[23] Auf die Gut- bzw Bösgläubigkeit der Mittelperson kommt es nicht an.[24] Der Letztbegünstigte muss sich als Anfechtungsgegner behandeln lassen, als habe er den Gegenstand unmittelbar vom Schuldner erhalten.[25]

bb) **Fallgruppen.** Eine mittelbare Zuwendung liegt vor, wenn ein Grundstück veräußert wird und der Käufer (wie von Anfang an beabsichtigt) das Grundstück sodann an seinen Ehegatten überträgt: Die **Gläubiger des Käufers** können dann die Grundstücksübertragung auf den Ehegatten anfechten.[26] Hat ein Verkäufer mit dem Käufer vereinbart, dass dieser den Kaufpreis an einen Dritten zahlt, und hat der Käufer diese Verpflichtung erfüllt, dann können **Gläubiger des Verkäufers** gegenüber dem Zahlungsempfänger anfechten, wenn für diesen ersichtlich war, dass die Zahlung eine Leistung des Verkäufers an ihn war.[27] Anfechtbar sind derlei Zuwendungen an Dritte auch, wenn der Kaufvertrag ein berechtigender **Vertrag zu Gunsten Dritter** (§ 328 BGB) ist, der Dritte folglich einen eigenen Anspruch erworben hat und die Zuwendung eine Leistung des Zuwendenden an ihn ist[28] (zu Lebensversicherungen mit Bezugsrechten Dritter s. aber Rn 14; zu Arbeitsentgelt s. Rn 18 f). Hat ein Gesamtschuldner sich im **Gesamtschuldnerinnenverhältnis** dazu verpflichtet, die anderen Gesamtschuldner freizustellen, und leistet er sodann an den Gläubiger, dann kann diese Leistung eine mittelbare Zuwendung an die anderen Gesamtschuldner sein.[29] Bewirkt eine Leistung, dass eine **Sicherheit frei wird**, die ein Dritter dem Leistungsempfänger gestellt hatte, dann können Gläubiger des Leistenden ggf gegenüber dem befreiten Sicherungsgeber anfechten.[30] Zuwendungen, die ein **Treuhänder** aus dem Treugut erbringt, können anfechtungsrechtlich mittelbare Zuwendungen des Treugebers an den Empfänger sein.[31]

cc) **Lebensversicherungen mit Bezugsrechten Dritter.** Bei Lebensversicherungen mit Bezugsrechten Dritter[32] können mittelbare Zuwendungen des Versicherungsnehmers an den Bezugsberechtigten vorliegen. Wenn die Bezugsberechtigung des Dritten **von Anfang an unwiderruflich** vereinbart war, erwirbt der Bezugsberechtigte die Ansprüche aus dem Versicherungsvertrag sofort;[33] als Zuwendung des Versicherungsnehmers an den Bezugsberechtigten kommen daher (weil die Versicherungsansprüche nie zum Schuldnervermögen gehört haben, s. Rn 15 f) nur die Prämien in Betracht (str).[34] Anders ist es, wenn die **unwiderrufliche Bezugsberechtigung nachträglich** dem Dritten zugewendet wird; die Versicherungsansprüche sind dann eine mittelbare Zuwendung des Versicherungsnehmers an den

---

22 BGHZ 142, 284, 288; BGHZ 38, 44, 46; BGH NJW 1980, 1795; *Gaul*, in: Gaul/Schilken/Becker-Eberhard, § 35 Rn 32; *Hasse*, VersR 2005, 15, 23 f.
23 RGZ 59, 195; RGZ 69, 44; RGZ 133, 290; BGHZ 38, 44; BGH NJW 1980, 1795; BFH ZIP 1983, 727.
24 BGH NJW 1992, 834.
25 BGH ZIP 1998, 793, 801.
26 BGH NJW-RR 2001, 44 m. Anm. *Paulus*, EWiR 2000, 947 (§ 1 AnfG aF 1/2000).
27 BGHZ 142, 284.
28 *Huber*, § 1 Rn 21.
29 BGHZ 141, 96.
30 *Huber*, § 1 Rn 22.
31 *Huber*, § 1 Rn 22.
32 Einzelheiten dazu bei *Hasse*, VersR 2005, 15; *ders.*, VersR 2005, 1176.
33 BGH NJW 2003, 2679.
34 Einzelheiten mwN bei *Hasse*, VersR 2005, 1176, 1186 ff.

Dritten.[35] War die Bezugsberechtigung des Dritten zunächst widerruflich und verzichtet der Versicherungsnehmer sodann (gegenüber dem Versicherer) auf das Widerrufsrecht (mit der Folge, dass die Bezugsberechtigung unwiderruflich wird), dann liegt in dem **Verzicht auf das Widerrufsrecht** eine mittelbare Zuwendung des Versicherungsnehmers an den Dritten.[36] Wenn schließlich des Bezugsrecht des Dritten fortwährend **widerruflich** war, sodann aber der Versicherungsfall eintritt und der Dritte damit den Anspruch auf die Versicherungssumme erwirbt, dann ist die Versicherungssumme eine mittelbare Zuwendung des Versicherungsnehmers an den Dritten.[37]

15 **3. Aufwendung des Schuldners. a) Grundsatz.** Zweck der Anfechtung ist es, Gegenstände, die zum Schuldnervermögen gehört hatten, wieder dem Vollstreckungszugriff der Gläubiger zu unterwerfen. Dem Grunde nach rechtfertigt sich die Anfechtung nicht dadurch, dass der Anfechtungsgegner etwas erlangt hat, sondern dadurch, dass der **Schuldner etwas aufgegeben** hat. Die Zugriffslage des Gläubigers soll nicht erweitert sondern wiederhergestellt werden; folglich kommt es für die Anfechtungslage darauf an, ob durch die Rechtshandlung des Schuldners ein **Gegenstand aus dem Vermögen des Schuldners weggegeben** wurde (vgl § 11 Abs. 1 S. 1); was der Anfechtungsgegner erhalten hat, ist (erst) für den Umfang der Anfechtung maßgeblich. Anfechtbar sind demnach nur (aus Schuldnerperspektive) **aufwendende, vermögensmindernde Rechtshandlungen** (im Gegensatz zu – aus der Perspektive des Anfechtungsgegners – zuwendenden, vermögensmehrenden).[38] Bei ausschließlich zuwendenden Rechtshandlungen wird es zudem idR an der **Gläubigerbenachteiligung** fehlen (s. Rn 21 ff – die Tatbestandsmerkmale Aufwendung und Gläubigerbenachteiligung überschneiden sich).

16 **b) Einzelne Rechtshandlungen.** Keine anfechtbaren Rechtshandlungen sind folglich **Verfügungen des Schuldners über fremdes Vermögen**.[39] Ein Schuldner, der eine Forderung bereits im Rahmen eines verlängerten Eigentumsvorbehalts voraus abgetreten hat, nimmt daher keine anfechtbare Rechtshandlung vor, wenn er erneut über diesen (nicht mehr zu seinem Vermögen gehörenden) Anspruch verfügt.[40] Anders ist es bei der Veräußerung von Waren, die der Schuldner zuvor unter Eigentumsvorbehalt gekauft (und an dem er ein Anwartschaftsrecht erworben hat) oder verkauft (und dessen Eigentümer er geblieben ist) hat.[41] Unanfechtbar ist ferner das bloße **Unterlassen einer Vermögensmehrung**,[42] zB die Ablehnung eines Vertragsangebots (auch eines Schenkungsangebots), die Ausschlagung (= Nichtannahme, §§ 1953 Abs. 1, 2180 Abs. 3 BGB) einer Erbschaft (§§ 1943 ff BGB) oder eines Vermächtnisses (§ 2180 BGB), das Unterlassen der Geltendmachung eines Pflichtteils-(ergänzungs-)Anspruchs[43] (anders bei Abtretung eines Pflichtteilsanspruchs)[44] sowie der Erbverzicht (§§ 2346 ff BGB). Unanfechtbar ist auch die Annahme eines überschuldeten Nachlasses, weil mit der Annahme keine Weggabe einhergeht.[45]

---

35 *Huber*, § 4 Rn 38.
36 *Huber*, § 4 Rn 40.
37 *Huber*, § 4 Rn 39.
38 *Hasse*, VersR 2005, 15, 23; *Hess*, § 1 AnfG Rn 7; *Huber*, § 1 Rn 23; s. ferner BGH NJW-RR 1986, 1115.
39 *Huber*, § 1 Rn 23.
40 Vgl BGH ZIP 2000, 932 m. Anm. *Huber*, EWiR 2000, 117 (§ 10 GesO 1/01).
41 Vgl *Hess*, § 1 AnfG Rn 14; *Nerlich/Niehus*, § 1 Rn 35; unklar *Huber*, § 1 Rn 23 (einerseits), Rn 24 (andererseits).
42 *Gaul*, in: Gaul/Schilken/Becker-Eberhard, § 35 Rn 33; *Huber*, § 1 Rn 26.
43 BGH NJW 1997, 2384.
44 BGHZ 123, 183; *Kuchinke*, NJW 1994, 1769, 1772.
45 *Huber*, § 1 Rn 26.

4. Höchstpersönliche Rechtshandlungen. Keiner Anfechtung unterliegen höchstpersönliche Rechtshandlungen, insb. solche des Familienrechts, wie zB Eheschließung, -scheidung oder Annahme an Kindes statt.[46] Hingegen können Eheverträge anfechtbar sein.[47]

Auch die **Arbeitskraft** des Schuldners ist grds. dem Zugriff der Gläubiger durch Anfechtung entzogen. Daher ist eine (unentgeltliche) Tätigkeit des Schuldners für einen Dritten keine anfechtbare Rechtshandlung.[48] Gleiches soll gelten, wenn aufgrund eines berechtigenden Vertrages zu Gunsten Dritter (§ 328 BGB) Anspruch auf Arbeitsentgelt unmittelbar in der Person eines begünstigten Dritten entsteht (s. aber auch Rn 13).[49] Gegen Lohnverschiebung schützt allerdings § 850 h Abs. 1 ZPO den Gläubiger.

Hat der Schuldner seine Arbeitskraft entgeltlich verwertet und tritt er sodann den pfändbaren Teil seines Arbeitsentgelts an einen Dritten ab oder verzichtet er auf den pfändbaren Teil seines Einkommens, dann war der Anspruch im Vermögen des Schuldners entstanden, so dass eine Gläubigeranfechtung gegen den Zessionar bzw den Arbeitgeber in Betracht kommt.[50] Gläubigerschutz bewirkt in solchen Fällen ferner § 850 h Abs. 2 ZPO.[51]

Veräußert der Schuldner sein **Unternehmen** (die der gewerblichen oder freiberuflichen Tätigkeit dienende Einheit als Inbegriff) im Wege der Einzelrechtsnachfolge (asset deal, im Gegensatz zur Anteilsveräußerung – share deal), dann ist zu unterscheiden: Die Weggabe einzelner Sachen und Rechte kann anfechtbar sein. Dagegen soll der Wert des Unternehmens, der sich aus dem Einsatz der Arbeitskraft des Schuldners ergibt (persönliche Kundenbindung, Geschäftsgeheimnisse, Know-how etc.), nicht der Anfechtung unterliegen.[52]

III. Gläubigerbenachteiligung

1. Objektive Gläubigerbenachteiligung. Abs. 1 erfordert als Grundvoraussetzung jeder Anfechtung des Weiteren, dass die Gläubiger des Schuldners durch dessen Rechtshandlung objektiv benachteiligt wurden.[53] Bei dem Gläubiger, auf dessen Benachteiligung abzustellen ist, muss es sich um den **Gläubiger einer Geldforderung** handeln (s. § 2 Rn 11 f).

Eine Gläubigerbenachteiligung liegt vor, wenn die Rechtshandlung die **Aktivmasse verkürzt** hat oder wenn der **Zugriff** auf das Schuldnervermögen **vereitelt, erschwert oder verzögert** wird. Letzteres kann der Fall sein, wenn für einen aufgegebenen Vermögenswert ein anderer in das Schuldnervermögen gelangt, der jedoch für die Gläubiger weniger leicht oder rasch verwertbar ist.[54] Bei der Feststellung, ob ohne die anfechtbare Rechtshandlung eine schnellere oder bessere Befriedigungsmöglichkeit bestanden hätte, ist auf die Sichtweise des anfechtenden Gläubigers abzustellen.[55] Unerheblich ist, ob auch andere Gläubiger benachteiligt wurden.[56] Eine bloße **Vermehrung der Schuldenmasse** bewirkt in der Singularexekution keine Gläubigerbenachteiligung (anders im Insolvenzrecht).[57]

---

46 Hess, § 1 AnfG Rn 11; Huber, § 1 Rn 28.
47 Hess, § 1 AnfG Rn 11; Huber, § 1 Rn 28; Zeuner, Rn 378.
48 BVerfG NJW 1992, 2471; Gaul, in: Gaul/Schilken/Becker-Eberhard, § 35 Rn 33.
49 RGZ 69, 59; Huber, § 1 Rn 30.
50 Huber, § 1 Rn 31; s. ferner RGZ 150, 43.
51 Huber, § 1 Rn 31. AA insoweit Zeuner, Rn 379.
52 Ausf. Huber, § 1 Rn 43.
53 BT-Drucks. 12/23803, S. 56.
54 BGH ZIP 2006, 243.
55 Zeuner, Rn 387.
56 Huber, § 1 Rn 33.
57 Gaul, in: Gaul/Schilken/Becker-Eberhard, § 35 Rn 40.

23 Fehlt es an einer Zugriffsmöglichkeit des Gläubigers, so scheidet eine Anfechtung mangels Gläubigerbenachteiligung aus. Daher ist die **Weggabe unpfändbarer** (§§ 811, 850 ff, 865 Abs. 2 ZPO) oder **wertloser Gegenstände** nicht anfechtbar.[58] Wertlos ist auch ein wertausschöpfend mit Grundpfandrechten belastetes Grundstück.[59] Ob ein Grundstück wertausschöpfend dinglich belastet ist, richtet sich nicht nach dem Nominalbetrag der Grundpfandrechte, sondern nach der tatsächlichen Höhe der Forderungen, die durch diese Grundstücksrechte gesichert werden.[60] Daher kommt eine Anfechtung nach dem AnfG in Betracht, wenn Grundpfandrechte zum Teil keine Forderungen mehr sichern und der Schuldner seine Ansprüche auf Rückgewähr der nicht valutierten Grundpfandrechte mitverschenkt hat.[61]

24 Nach § 142 InsO sind Leistungen des Schuldners, für die unmittelbar eine gleichwertige Gegenleistung in sein Vermögen gelangt (**Bargeschäfte**), nur unter den Voraussetzungen des § 133 Abs. 1 InsO (vorsätzliche Benachteiligung) anfechtbar. Eine § 142 InsO entsprechende Vorschrift fehlt im AnfG. Um Wertungswidersprüche zu vermeiden,[62] ist der hinter § 142 InsO stehende Rechtsgedanke auch im Bereich der Einzelgläubigeranfechtung zu berücksichtigen.[63] Bei Bargeschäften kann eine mittelbare Gläubigerbenachteiligung (s. Rn 32) gegeben sein, so dass auch Bargeschäfte im Rahmen der Vorsatzanfechtung anfechtbar sein können.[64] Die zu § 142 InsO entwickelten Grundsätze, ob ein Bargeschäft gegeben ist, sind entsprechend heranzuziehen.[65]

25 Vermögensmindernde Rechtshandlungen, nach denen das Schuldnervermögen noch zur Befriedigung aller Gläubiger ausreicht, können nicht angefochten werden.[66] Gleiches gilt, wenn der Schuldner Gegenstände weggibt, die nicht ihm gehören.[67]

26 Gläubigerbenachteiligung kann **nachträglich entfallen**, wenn der Anfechtungsgegner dem Schuldner bis zum Zeitpunkt der letzten mündlichen Verhandlung als (weitere) Gegenleistung der angefochtenen Zuwendung Vermögenswerte zukommen lässt, welche die angefochtene Leistung nunmehr vollständig ausgleichen und dem Zugriff des Gläubigers offenstehen.[68]

27 Die **Darlegungs- und Beweislast** für die anspruchsbegründende Voraussetzung der Gläubigerbenachteiligung trägt der anfechtende Gläubiger.[69] Der Anfechtungsgläubiger genügt dieser Last, indem er vorträgt und notfalls beweist, dass der Anfechtungsgegner einen Gegenstand aus dem Vermögen des Schuldners ohne angemessene Gegenleistung erlangt hat; dann ist es Sache des Anfechtungsgegners, im Einzelnen Tatsachen vorzubringen, aus denen er anfechtungsrechtlich beachtliche Einwände herleitet.[70] Bei der Frage der Wertausschöpfung (s. Rn 23) genügt es, wenn der Anfechtungsgläubiger eine reale Belastung des Grundstückes

---

[58] *Gaul*, in: Gaul/Schilken/Becker-Eberhard, § 35 Rn 41; *Nerlich/Niehus*, § 1 Rn 43 f.
[59] BGHZ 104, 355; 90, 207; FG Münster EFG 2014, 1567, 1569.
[60] BGH ZIP 1999, 196; BGH WM 1996, 2080.
[61] BGH WM 1985, 427.
[62] Ausf. Kübler/Prütting/*Paulus*, § 1 AnfG Rn 12.
[63] OLG Köln ZInsO 2004, 452. AA *Nerlich/Niehus*, § 1 Rn 47.
[64] OLG Köln ZInsO 2004, 452.
[65] *Hess*, § 1 AnfG Rn 29.
[66] BGH NJW 1988, 3143.
[67] *Nerlich/Niehus*, § 1 Rn 46.
[68] BGHZ 173, 328.
[69] BGH ZIP 1999, 196; *Gaul*, in: Gaul/Schilken/Becker-Eberhard, § 35 Rn 42; *Hess*, § 1 AnfG Rn 31; *Huber*, § 1 Rn 34.
[70] BGH ZIP 1999, 196; *Gaul*, in: Gaul/Schilken/Becker-Eberhard, § 35 Rn 42.

bestreitet;[71] in diesem Fall trifft den Anfechtungsgegner die sekundäre Darlegungs- und Beweislast.[72]

2. Kausalität. Zwischen der anfechtbaren Rechtshandlung des Schuldners und der verkürzten Befriedigungsmöglichkeit des Gläubigers muss ein **kausaler Zusammenhang** bestehen.[73] Dieser Zusammenhang ist gegeben, wenn die Rechtshandlung im natürlichen Sinne eine Bedingung für die Gläubigerbenachteiligung darstellt.[74] Nach dem Gesetz sind die **unmittelbare** und die **mittelbare Benachteiligung** zu unterscheiden.

a) Unmittelbare Benachteiligung. Eine unmittelbare Benachteiligung wird von der Vorsatzanfechtung gegenüber dem Schuldner nahestehenden Personen (§ 3 Abs. 2 S. 1) vorausgesetzt. Unmittelbar ist eine Benachteiligung, die allein durch die Rechtshandlung und nicht durch Hinzutreten weiterer Umstände eingetreten ist.[75]

Erhält der Schuldner für die Weggabe des Gegenstandes eine **gleichwertige Gegenleistung**, so fehlt es an einer unmittelbaren Benachteiligung, da erst der Verbrauch oder Verlust zu einer Minderung des Aktivvermögens des Schuldners führen kann.[76] Dabei ist unerheblich, ob die Gegenleistung (wie zB bei Barmitteln) leichter verschleudert werden kann als der weggegebene Gegenstand.[77] Bezieht der Schuldner Waren oder Dienstleistungen, so gefährdet die von ihm erbrachte Bezahlung die Gläubiger nur insoweit unmittelbar, als der Preis den objektiven Wert des Erlangten übersteigt.[78] Eine unmittelbare Benachteiligung durch den Abschluss eines Vertrages ist auch dann anzunehmen, wenn der Vertragspartner sich verpflichtet, unmittelbar einzelne Gläubiger des Schuldners zu befriedigen, bzw der Schuldner das Erlangte kraft der mit dem Vertragspartner getroffenen Abmachung zur Befriedigung eines einzelnen Gläubigers verwenden muss.[79]

Abzustellen ist auf den **Zeitpunkt** der Vornahme der Rechtshandlung (§ 8).[80] Maßgeblich ist demnach grds. der Zeitpunkt, in welchem die Wirkungen der Rechtshandlung eintreten (§ 8 Abs. 1). Bei Registergeschäften entscheidet der Zeitpunkt der Antragstellung (§ 8 Abs. 2), bei mehraktigen Rechtshandlungen kommt es auf den vollendenden Akt an. Allerdings ist bei mehraktigen Rechtshandlungen nicht strikt auf die Vollendung des letzten Teilaktes abzustellen; vielmehr ist iSd wirtschaftlichen Betrachtungsweise (s. Vor §§ 1 ff Rn 9) danach zu fragen, ob sich die Benachteiligung innerhalb aller zum Gesamttatbestand gehörenden Umstände verwirklicht hat.[81]

b) Mittelbare Benachteiligung. Eine mittelbare Benachteiligung ist gegeben, wenn dem Gläubiger erst nach Vornahme der Rechtshandlung ein Nachteil durch Hinzutreten weiterer Umstände entstanden ist.[82] Dafür genügt es, wenn die Benachteiligung objektiv auch durch die angefochtene Rechtshandlung verursacht wurde; eine Ursächlichkeit zwischen dem hinzutretenden Umstand und der

---

71 Ausf. *Huber*, § 1 Rn 41.
72 BGH ZIP 2006, 387.
73 *Gaul*, in: Gaul/Schilken/Becker-Eberhard, § 35 Rn 43; *Hess*, § 1 AnfG Rn 32; *Nerlich/Niehus*, § 1 Rn 48.
74 BGH NZI 2000, 116.
75 *Nerlich/Niehus*, § 1 Rn 50.
76 BGHZ 128, 184; 129, 236; BGH ZIP 1997, 853.
77 BGH WM 1955, 404.
78 BGHZ 28, 344; 77, 250; BGH ZIP 1995, 1021.
79 BGH WM 1955, 404 betr. Konkursanfechtung.
80 *Nerlich/Niehus*, § 1 Rn 51.
81 BGH WM 1955, 404; *Huber*, § 1 Rn 48.
82 BGH ZIP 1993, 271.

anfechtbaren Rechtshandlung ist nicht erforderlich.[83] Daher genügt der Verbrauch der gleichwertigen Gegenleistung bzw die Wertsteigerung des anfechtbar weggegebenen Gegenstandes (zB bei Preisschwankungen von Wertpapieren und Rohstoffen).[84]

33 Maßgeblicher **Zeitpunkt** für die Beurteilung der Frage, ob eine mittelbare Benachteiligung gegeben ist, ist der Schluss der letzten mündlichen Verhandlung des Anfechtungsprozesses.[85] Aus diesem Grunde ist eine Anfechtung ausgeschlossen, wenn eine anfänglich gegebene mittelbare Benachteiligung bis zum maßgeblichen Zeitpunkt wieder entfallen ist.[86]

34 c) **Hypothetische Kausalität.** Die Frage, inwieweit hypothetische Kausalvorgänge eingetretene Benachteiligungen im Rechtssinne wieder beseitigen können, wird unterschiedlich beantwortet. Die Beachtlichkeit hypothetischer Kausalverläufe wurde vom BGH zunächst bejaht.[87] Inzwischen hat der BGH allerdings anerkannt, dass gedachte Geschehensabläufe eine bereits eingetretene Kausalität nicht nachträglich entfallen lassen kann.[88] Dies bedeutet, dass im Anfechtungsrecht die Frage der Gläubigerbenachteiligung zunächst allein aufgrund des **realen** Geschehens zu beurteilen ist.[89] Einschränkend ist sodann jedoch eine wertende Betrachtung anzustellen, infolge derer ein **hypothetischer** Ursachenverlauf die Haftung des Anfechtungsgegners auszuschließen vermag.[90] Ein hypothetischer Geschehensablauf kann danach beachtlich sein, wenn der anfechtbar erlangte Gegenstand sich nicht mehr im Vermögen des Anfechtungsgegners befindet und dies auf realen Ereignissen beruht, die auch ohne die angefochtene Rechtshandlung in gleicher Weise den Verlust der Sache beim Schuldner bewirkt hätten.[91]

IV. Singularexekution

35 1. **Anfechtung außerhalb des Insolvenzverfahrens.** Im Gesetzestitel, im Wortlaut von Abs. 1 sowie in § 16 Abs. 1 S. 1 kommt zum Ausdruck, dass die Gläubigeranfechtung nach dem AnfG **subsidiär gegenüber der Insolvenzanfechtung** ist. Es muss sich um eine Anfechtung **außerhalb** eines Insolvenzverfahrens handeln. Eine Gläubigeranfechtung nach dem AnfG kommt daher nicht mehr in Betracht, wenn über das **Vermögen des Schuldners** ein Verfahren nach der InsO eröffnet und noch nicht rechtskräftig beendet ist.[92]

36 Wird über das Vermögens eines Dritten ein Insolvenzverfahren eröffnet und gibt der Schuldner einen oder mehrere seiner Vermögensgegenstände anfechtbar in die Masse dieses Verfahrens, so können die benachteiligten Gläubiger die Rechte nach dem AnfG geltend machen.[93] Gleiches gilt, wenn nach dem Erhalt des Gegenstandes vom Schuldner über das Vermögen des Anfechtungsgegners ein Insolvenzverfahren eröffnet wird.[94] In beiden Fällen richtet sich die Anfechtung nach dem AnfG gegen den Insolvenzverwalter, der die der Masse obliegenden Pflicht aus § 11 Abs. 1 S. 1 zu erfüllen hat.[95]

---

83 BGHZ 143, 246.
84 *Nerlich/Niehus*, § 1 Rn 52.
85 RGZ 150, 42; BGHZ 128, 184.
86 *Huber*, § 1 Rn 51; *Nerlich/Niehus*, § 1 Rn 53.
87 BGHZ 90, 207.
88 BGHZ 128, 184; grundlegend BGHZ 104, 355.
89 BGHZ 104, 355.
90 BGHZ 121, 179; 123, 183; *Hess*, § 1 AnfG Rn 37.
91 BGHZ 121, 179.
92 *Zeuner*, Rn 458.
93 BGHZ 121, 179.
94 *Huber*, § 1 Rn 56; MüKo-AnfG/*Kirchhof*, Einf. Rn 11.
95 *Huber*, § 1 Rn 56.

2. Anfechtung während des Insolvenzverfahrens. Während eines Insolvenzverfahrens über das Vermögen des Schuldners gilt der Grundsatz der Gleichbehandlung aller Gläubiger, mit der Folge, dass die Rechte nach dem AnfG in diesem Zeitraum **suspendiert** sind.[96] Dies gilt nicht für Gegenstände, die durch den Insolvenzverwalter freigegeben und anschließend anfechtbar veräußert wurden.[97] Der **Vorrang der Insolvenzanfechtung vor der Einzelgläubigeranfechtung** gilt gem. § 16 Abs. 1 S. 1 lediglich für die von den Insolvenzgläubigern verfolgten und verfolgbaren Anfechtungsansprüche; absonderungsberechtigte Gläubiger (§§ 49 ff InsO) sowie Massegläubiger (§§ 53 ff InsO) sind auch nach Eröffnung eines Insolvenzverfahrens über das Vermögen des Schuldners zur Einzelgläubigeranfechtung befugt.[98]

37

§ 2 Anfechtungsberechtigte

Zur Anfechtung ist jeder Gläubiger berechtigt, der einen vollstreckbaren Schuldtitel erlangt hat und dessen Forderung fällig ist, wenn die Zwangsvollstreckung in das Vermögen des Schuldners nicht zu einer vollständigen Befriedigung des Gläubigers geführt hat oder wenn anzunehmen ist, daß sie nicht dazu führen würde.

I. Allgemeines 1	b) Fälligkeit 13
II. Anfechtungsberechtigung 3	c) Zug-um-Zug-Leistungen 15
1. Voraussetzungen 3	4. Fruchtlose Vollstreckung 16
2. Vollstreckbarer Schuldtitel .. 4	a) Erfolglosigkeit der
a) Vollstreckbare Titel 5	Zwangsvollstreckung 17
b) Vorläufig vollstreckbare	b) Voraussichtliche Erfolg-
Titel und Vorbehaltsur-	losigkeit 20
teile 7	c) Aufrechnungsmöglich-
c) Arrest und einstweilige	keit des Anfechtungs-
Verfügung 8	gläubigers 22
d) Vollstreckbare Ausferti-	III. Prozessuale Fragen 23
gung, Vollstreckungs-	1. Darlegungs- und Beweislast 23
klausel, Sicherheitsleis-	2. Maßgeblicher Zeitpunkt 25
tung 9	IV. Verteidigungsmöglichkeiten des
3. Hauptforderung 10	Anfechtungsgegners 26
a) Geldforderung 11	

I. Allgemeines

Die Norm regelt die Anfechtungsberechtigung. Es werden keine Voraussetzungen des Anfechtungsrechts aufgestellt, sondern es wird lediglich die Befugnis zur Geltendmachung näher beschrieben. § 2 kommt eine einschränkende Funktion zu, indem die Anfechtungsberechtigung an bestimmte Voraussetzungen geknüpft wird. Die Voraussetzungen haben jedoch keinen materiell-rechtlichen Gehalt, sondern betreffen die **gerichtliche Geltendmachung des Anfechtungsanspruchs**.[1] Fehlt eine der Voraussetzungen des § 2, ist die Klage mangels **Rechtsschutzbedürfnisses** als unzulässig abzuweisen.[2]

1

---

96 Kübler/Prütting/*Paulus*, § 1 AnfG Rn 18.
97 *Huber*, § 1 Rn 57.
98 *Nerlich/Niehus*, § 1 Rn 22; ausf. *Huber*, § 1 Rn 59 ff
1 BT-Drucks. 12/3803, S. 56.
2 BGH NJW 2000, 2022; OLG Köln ZIP 1983, 1316; OLG Stuttgart NJW 1987, 71; *Nerlich/Niehus*, § 2 Rn 3; Kübler/Prütting/*Paulus*, § 2 AnfG Rn 2; *Huber*, § 2 Rn 5; *Hess*, § 2 AnfG Rn 1; *Jaeger*, § 2 Anm. 2.

2 Die Einschränkung der Geltendmachung von Anfechtungsansprüchen durch § 2 ist gerechtfertigt, weil die Betroffenheit des Gläubigers mit hinreichender Wahrscheinlichkeit feststehen soll, bevor der Gläubiger mit der Anfechtung die freie Verfügungsgewalt des Schuldners nachträglich beseitigt.[3]

II. Anfechtungsberechtigung

3 **1. Voraussetzungen.** Nach § 2 ist für die Berechtigung zur Anfechtung erforderlich, dass der Gläubiger einen **vollstreckbaren Schuldtitel** gegen den Schuldner hat (s. Rn 4 ff) und seine titulierte **Forderung fällig** ist (s. Rn 13). Ferner muss die **Vollstreckung** in das Schuldnervermögen (voraussichtlich) **fruchtlos** sein (s. Rn 16 ff).

4 **2. Vollstreckbarer Schuldtitel.** Der Gläubiger muss einen vollstreckbaren Schuldtitel gegen den Schuldner nachweisen, bevor er die Anfechtung gegen den Anfechtungsgegner geltend macht. Denn der Streit über die Hauptforderung (s. Vor §§ 1 ff Rn 7) soll zwischen Gläubiger und Schuldner geführt und nicht dem Anfechtungsgegner zugemutet werden.[4] Die möglichen Schuldtitel sind in vollstreckbare und vorläufig vollstreckbare Titel sowie Vorbehaltsurteile (§§ 302, 599 ZPO) zu unterscheiden.[5]

5 **a) Vollstreckbare Titel.** Vollstreckbar sind alle Titel iSd §§ 704, 794 ZPO, ferner zB Zuschlagsbeschlüsse in der Zwangsversteigerung (§§ 132, 133 ZVG), Entscheidungen im Adhäsionsverfahren (§ 406 StPO), arbeitsgerichtliche Titel (§ 62 ArbGG), insolvenzrechtliche Titel (§§ 201 Abs. 2, 257 InsO), Titel nach der VwGO und der FGO sowie landesrechtliche Vollstreckungstitel iSd § 801 ZPO.[6]

6 Nicht ausreichend ist ein Grundurteil (§ 304 ZPO), das lediglich den Anspruch dem Grunde nach für begründet erklärt, aber keine Verurteilung enthält.[7]

7 **b) Vorläufig vollstreckbare Titel und Vorbehaltsurteile.** Vorläufig vollstreckbare Titel (§§ 708 f ZPO) und Vorbehaltsurteile (§§ 302, 599 ZPO) genügen den Anforderungen des § 2 (vgl § 14).[8] Vorläufig vollstreckbare Titel sind zB Versäumnis- und Anerkenntnisurteile (§ 708 Nr. 1, 2 ZPO) sowie Vollstreckungsbescheide (§ 700 Abs. 1 ZPO). Vorbehaltsurteile können im Urkunden- und Wechselprozess ergehen (§ 599 ZPO) sowie bei Prozessaufrechnung (§ 302 ZPO).

8 **c) Arrest und einstweilige Verfügung.** Es ist zu unterscheiden: **Arreste** dienen lediglich der **Sicherung** eines Geldanspruchs und können keine Schuldtitel iSd § 2 sein.[9] Dagegen ist ein im Arrestverfahren geschlossener **Vergleich** (s. Vor §§ 916-945 ZPO Rn 58 ff), durch den der Schuldner seine Zahlungspflicht anerkennt, Schuldtitel (§ 794 Abs. 1 Nr. 1 ZPO) iSd § 2.[10] **Einstweilige Verfügungen** im Hinblick auf Zahlungsansprüche, die als **Befriedigungsverfügung** (s. § 935 ZPO Rn 34 ff) ergehen, sind ebenso zur Anfechtung berechtigende Schuldtitel.[11] Auch bei solchen einstweiligen Verfügungen ist § 14 zu beachten.[12] Im Arrest- und einstweiligen Verfügungsverfahren ergangene **Kostenfestsetzungsbeschlüsse** sind stets vollstreckbare Schuldtitel iSd § 2.[13]

---

3 *Nerlich/Niehus*, § 2 Rn 1; Kübler/Prütting/*Paulus*, § 2 AnfG Rn 1.
4 BGHZ 66, 91 = NJW 1976, 967.
5 *Nerlich/Niehus*, § 2 Rn 10.
6 Beispiele nach *Nerlich/Niehus*, § 2 Rn 11; ferner *Huber*, § 2 Rn 17.
7 BGH NJW 1990, 1302.
8 RGZ 110, 354.
9 BGHZ 112, 356.
10 BGH NJW-RR 1991, 1021.
11 KG JW 1937, 3039; *Gaul*, in: Gaul/Schilken/Becker-Eberhard, § 35 Rn 48.
12 *Gaul*, in: Gaul/Schilken/Becker-Eberhard, § 35 Rn 48; *Nerlich/Niehus*, § 2 Rn 15.
13 *Huber*, § 2 Rn 16.

d) Vollstreckbare Ausfertigung, Vollstreckungsklausel, Sicherheitsleistung. Für die Anfechtungsberechtigung sind die vollstreckbare Ausfertigung des Titels und die Vollstreckungsklausel ohne Belang.[14] Bei einem gegen Sicherheitsleistung für vorläufig vollstreckbaren Urteil braucht die Sicherheit nicht geleistet zu sein.[15]

3. Hauptforderung. Der Titel des Anfechtungsberechtigten muss auf eine gegen den Schuldner gerichtete fällige Geldforderung (Hauptforderung; s. Vor §§ 1 ff Rn 7) lauten. Ob der Gläubiger wirklich einen Anspruch gegen den Schuldner hat, spielt keine Rolle, wenn nur ein wirksamer Titel über einen solchen Anspruch vorliegt.[16]

a) Geldforderung. § 2 enthält keine Unterscheidung nach dem Gegenstand des befriedigungsbedürftigen Anspruchs. Daraus, dass das Weggegebene dem Gläubiger zur Befriedigung wieder zur Verfügung gestellt werden muss (vgl § 11 Abs. 1 S. 1), ist allerdings der Schluss zu ziehen, dass es im Anfechtungsrecht um den Schutz der Zwangsvollstreckung wegen Geldforderungen geht,[17] die titulierte **Hauptforderung** mithin eine **Geldforderung** sein muss, deren Vollstreckung sich nach den §§ 803 ff ZPO richtet.

Nicht erfasst sind demnach Ansprüche auf Rechnungslegung,[18] ebenso wenig Ansprüche, die erst in eine Geldforderung übergehen können[19] und gem. §§ 883 ff ZPO zu vollstrecken sind. Ist andererseits ein Individualanspruch in eine Geldforderung übergegangen, dann ist dieser Anspruch anfechtungsrechtlich relevant; es ist unerheblich, dass die Forderung erst nachträglich zu einem Zahlungsanspruch geworden ist.[20] Unerheblich ist es auch, ob der Zahlungsanspruch ein persönlicher oder ein dinglicher Anspruch ist[21] und ob er privat- oder öffentlich-rechtlich ist.[22]

b) Fälligkeit. Die Hauptforderung muss fällig sein. Eine betagte oder aufschiebend bedingte Forderung genügt nicht.[23] Künftige Ansprüche und Ansprüche auf wiederkehrende Leistungen können anfechtungsrechtlich nur so weit berücksichtigt werden, wie sie im Zeitpunkt der letzten mündlichen Verhandlung des Anfechtungsprozesses fällig sind.[24]

Titulierte **Nebenforderungen** der Hauptforderung berechtigen zur Anfechtung, sofern sich ihre Höhe aus dem Titel oder dem Gesetz ergibt.[25] Dies entspricht der Zwecksetzung des Anfechtungsrechts, für den Gläubiger die Vollstreckungsgrundlage so wiederherzustellen, wie sie nach Maßgabe des Schuldtitels ohne die anfechtbare Rechtshandlung gewesen wäre.[26]

c) Zug-um-Zug-Leistungen. Die Anfechtungsberechtigung besteht auch, wenn die Hauptforderung nur Zug um Zug gefordert bzw vollstreckt werden kann. Die Anfechtung kann unbedingt geltend gemacht werden, wenn der Anfechtungsgläubiger seine Leistung bereits erbracht[27] oder den Schuldner in Annahme-

---

14 RGZ 155, 42; *Gaul*, in: Gaul/Schilken/Becker-Eberhard, § 35 Rn 50.
15 RGZ 110, 354; *Gaul*, in: Gaul/Schilken/Becker-Eberhard, § 35 Rn 50.
16 *Gaul*, in: Gaul/Schilken/Becker-Eberhard, § 35 Rn 52.
17 BGHZ 53, 174; BGHZ 112, 356; RGZ 143, 267.
18 BGHZ 53, 174.
19 *Huber*, § 2 Rn 9; *Nerlich/Niehus*, § 2 Rn 9.
20 *Huber*, § 2 Rn 10.
21 RGZ 123, 242.
22 *Huber*, § 2 Rn 10; *Nerlich/Niehus*, § 2 Rn 9.
23 *Huber*, § 2 Rn 11; *Nerlich/Niehus*, § 2 Rn 7.
24 OLG Düsseldorf KTS 1970, 310.
25 BGHZ 66, 91; 90, 207.
26 BGHZ 90, 207.
27 BGH NJW 1990, 1302.

verzug gesetzt hat.[28] Andernfalls ist der Anfechtungsgegner „gegen Leistung des Anfechtungsgläubigers an den Schuldner" zu verurteilen.[29]

16 **4. Fruchtlose Vollstreckung.** Der Anfechtungsgegner soll davor geschützt werden, dass der Gläubiger den Schuldner schont und sich gleich an den Anfechtungsgegner hält.[30] Daher muss die **Zwangsvollstreckung in das Vermögen des Schuldners erfolglos** gewesen sein bzw muss zu erwarten sein, dass die Vollstreckung in das Schuldnervermögen erfolglos sein wird. Erfolglos ist die Zwangsvollstreckung, wenn sie nicht zur vollständigen Befriedigung geführt hat bzw führen wird. Die Uneinbringbarkeit der Hauptforderung braucht kein Dauerzustand zu sein, sondern es genügt **gegenwärtiges Unvermögen** des Schuldners.[31]

17 a) **Erfolglosigkeit der Zwangsvollstreckung.** Erforderlich ist, dass eine **Zwangsvollstreckung in das gesamte Vermögen** des Schuldners erfolglos geblieben ist.[32] Allerdings steht es nicht entgegen, wenn der Schuldner zwar über Gegenstände verfügt, die aber aufgrund rechtlicher oder tatsächlicher Schwierigkeiten unverwertbar sind,[33] zB bei Auslandsvermögen, wenn der Schuldtitel dort keine Anerkennung findet.[34] Erfolglos ist die Zwangsvollstreckung auch, wenn aufgrund einer Drittwiderspruchsklage die Zwangsvollstreckung eingestellt wurde[35] oder mit der Einstellung zu rechnen ist.[36]

18 Ist eine **Gesellschaft** Schuldnerin, so genügt die erfolglose Zwangsvollstreckung in das Gesellschaftsvermögen; eine Vollstreckung in das Vermögen der persönlich haftenden Gesellschafter ist nicht erforderlich.[37]

19 Eine **Vermögensauskunft** nach § 807 ZPO muss nicht abgegeben werden, um Unzulänglichkeit des Schuldnervermögens iSd § 2 anzunehmen.[38] Hat aber der Schuldner die Vermögensauskunft gem. § 807 abgegeben, dann ist dies ein ausreichendes Indiz für die Erfolglosigkeit der Zwangsvollstreckung (s. Rn 23 f).[39] § 802 d Abs. 1 S. 1 ZPO ist zu entnehmen, dass dies dann nicht mehr gilt, wenn seit Abgabe der eidesstattlichen Versicherung mehr als zwei Jahre vergangen sind.[40]

20 b) **Voraussichtliche Erfolglosigkeit.** Auch für die Frage, ob die Vollstreckung voraussichtlich zur vollständigen Befriedigung des Gläubigers führen wird, ist nur auf dasjenige Schuldnervermögen abzustellen, auf das der Gläubiger **ohne Weiteres zugreifen kann**.[41]

21 Außer Betracht bleibt daher veräußertes Vermögen, das nicht mehr dem Schuldner gehört, und zwar unabhängig davon, ob es **in anfechtbarer Weise weggegeben wurde**.[42] Ferner muss der Gläubiger sich nicht auf die **Pfändung von Forde-**

---

28 BGH ZIP 2004, 1370.
29 BGH ZIP 2004, 1370.
30 BGH ZIP 1990, 1420.
31 *Gaul*, in: Gaul/Schilken/Becker-Eberhard, § 35 Rn 53; *Huber*, § 2 Rn 22; *Nerlich/ Niehus*, § 2 Rn 22.
32 RGZ 145, 341; *Huber*, § 2 Rn 24.
33 *Nerlich/Niehus*, § 2 Rn 24.
34 RGZ 145, 341.
35 Kübler/Prütting/*Paulus*, § 2 AnfG Rn 19.
36 *Nerlich/Niehus*, § 2 Rn 24.
37 *Huber*, § 2 Rn 25.
38 BGH NJW 1983, 1678.
39 *Gaul*, in: Gaul/Schilken/Becker-Eberhard, § 35 Rn 53; *Nerlich/Niehus*, § 2 Rn 25 betr. eidesstattliche Versicherung.
40 BGH ZIP 1990, 1420; *Gaul*, in: Gaul/Schilken/Becker-Eberhard, § 35 Rn 53, jew. zur Dreijahresfrist gem. §§ 903, 915 a ZPO aF.
41 BGH WM 1966, 140.
42 BGH WM 1966, 140; *Gaul*, in: Gaul/Schilken/Becker-Eberhard, § 35 Rn 53.

rungen verweisen lassen, die vermeintlich abgetreten wurden oder deren Bestehen nicht rechtskräftig festgestellt ist.[43] **Auslandsvermögen** ist allerdings grds. zu berücksichtigen, es sei denn, der entsprechende Staat erkennt den Schuldtitel nicht an.[44] Nicht zu berücksichtigen sind geringwertige Mehrfachpfändungen, die eine **Befriedigung** des Gläubigers erst über einen Zeitraum von **mehreren Jahren** erwarten lassen.[45] Anderseits kann der Gläubiger sich nicht auf voraussichtliche Fruchtlosigkeit berufen, wenn zu erwarten ist, dass die Vollstreckung in das Schuldnervermögen zu einer **Befriedigung eines wesentlichen Teils** der Hauptforderung führen wird.[46]

c) **Aufrechnungsmöglichkeit des Anfechtungsgläubigers.** Die Frage, ob eine Aufrechnungsmöglichkeit des Anfechtungsgläubigers die Unzulänglichkeit des Schuldnervermögens ausschließt, beantwortet der BGH[47] dahin, dass die **Erfüllungswirkung der Aufrechnung (§ 389 BGB) einer Befriedigung durch Zwangsvollstreckung gleichsteht** und daher insoweit eine Anfechtung ausscheidet. Zudem sei die Entscheidungsfreiheit des Anfechtungsgläubigers, ob er eine Aufrechnungsmöglichkeit wahrnimmt oder nicht, im Bereich der Einzelgläubigeranfechtung eingeschränkt. Der Gläubiger dürfe nicht den Schuldner schonen und sich sogleich an den Anfechtungsgegner halten. Diese Grundsätze sollen wegen § 406 BGB auch bei einer Abtretung der Forderung gelten. Anders sei es nur, wenn ein Aufrechnungsverbot zu Lasten des Anfechtungsgläubigers besteht, nicht aber bei einem einseitigen Verbot zu Lasten des Schuldners. Auf die Aufrechnung soll der Anfechtungsgläubiger auch dann nicht zu verweisen sein, wenn die Forderung des Schuldners, gegen die aufzurechnen ist, ernsthaft bestritten ist. – In den Erwägungen des BGH zum Verhältnis zwischen Gläubigeranfechtung und Aufrechnungsmöglichkeit findet die Subsidiarität der Einzelgläubigeranfechtung treffend Ausdruck.

22

III. Prozessuale Fragen

1. **Darlegungs- und Beweislast.** Darlegung und Beweis der Voraussetzungen der Anfechtungsberechtigung obliegen dem Anfechtungsgläubiger bzw -kläger.[48] Besonderheiten gelten dabei für den **Beweis der Unzulänglichkeit des Schuldnervermögens** (s. Rn 16 ff). Um den typischen Schwierigkeiten hierbei gerecht zu werden, anerkennt der BGH **Indizien**, die den Schluss auf die voraussichtliche Unzulänglichkeit des Schuldnervermögens rechtfertigen können. In diesem Sinne können zB[49] eigene Erklärungen des Schuldners, fruchtlose Vollstreckungsversuche von Gläubigern, die Pfandabstandsanzeige des Gerichtsvollziehers, die Abgabe der eidesstattlichen Offenbarungsversicherung (Vermögensauskunft) durch den Schuldner oder der Erlass eines Haftbefehls zu deren Erzwingung von wesentlicher Bedeutung sein.[50]

23

Ob die Indizien hinreichen, ist durch das Gericht nach § 286 ZPO zu entscheiden.[51] Es genügt eine größere Wahrscheinlichkeit des Misserfolges.[52] Die selbständige Beweiskraft der Indizien ist zeitlich begrenzt. Nach Ablauf eines mehr-

24

---

43 RGZ 36, 30; BGHZ 78, 318.
44 RGZ 145, 341; BGHZ 78, 318.
45 *Nerlich/Niehus*, § 2 Rn 26.
46 *Huber*, § 2 Rn 23; *Nerlich/Niehus*, § 2 Rn 26.
47 BGHZ 173, 328.
48 BGH ZIP 1990, 1420; *Huber*, § 2 Rn 8; *Nerlich/Niehus*, § 2 Rn 28.
49 S. *Huber*, § 2 Rn 28.
50 BGH ZIP 1990, 1420.
51 BGH ZIP 1999, 196.
52 *Nerlich/Niehus*, § 2 Rn 27.

jährigen Zeitraums müssen weitere Umstände hinzukommen, um die Indizwirkung fortdauern zu lassen.[53]

2. Maßgeblicher Zeitpunkt. Maßgeblicher Zeitpunkt für die Beurteilung der Anfechtungsberechtigung gem. § 2 ist der **Schluss der letzten mündlichen Tatsachenverhandlung**.[54] Eine Aussetzung des Verfahrens (§ 148 ZPO) wegen Fehlens einer der Voraussetzungen des § 2 kommt nicht in Betracht; unter den Voraussetzungen des § 227 ZPO kann allerdings vertagt werden.[55]

IV. Verteidigungsmöglichkeiten des Anfechtungsgegners

Der Anfechtungsprozess soll grds. freigehalten werden von Einwendungen des Anfechtungsgegners gegen die Hauptforderung. Daher ist der Anfechtungsgegner **entsprechend § 767 Abs. 2 ZPO** mit materiell-rechtlichen Einwendungen ausgeschlossen, es sei denn, sie sind erst nach Schluss der letzten mündlichen Verhandlung im Vorprozess über das Urteil des Anfechtungsgläubigers gegen den Schuldner entstanden und konnten durch Einspruch nicht mehr geltend gemacht werden.[56] Keine derartige **Präklusion** besteht nach § 797 Abs. 4 ZPO für Schuldtitel iSd § 794 Abs. 1 Nr. 5 ZPO, ebenso für Prozessvergleiche und Kostenfestsetzungsbeschlüsse.[57]

IÜ kann der Anfechtungsgegner geltend machen, der **Schuldtitel sei unwirksam**[58] bzw nachträglich weggefallen.[59] Schließlich kann der Anfechtungsgegner den **Einwand unzulässiger Rechtsausübung** (§ 242 BGB) erheben, wenn der Gläubiger den Schuldtitel erschlichen[60] oder im kollusiven Zusammenwirken mit dem Schuldner herbeigeführt hat.[61] Gleiches gilt, wenn dem Schuldner, aber nicht dem Anfechtungsgegner gegen die Hauptforderung eine Einrede oder ein Gestaltungsrecht zusteht, zB Anfechtung gem. § 142 BGB, Verjährung (§ 214 Abs. 1 BGB)[62] oder Notbedarf (§ 519 BGB).[63] Der Anfechtungsgegner soll dem Zugriff des Anfechtungsgläubigers nicht stärker als der Schuldner ausgesetzt sein.[64]

Der Einwand unzulässiger Rechtsausübung ist nicht bereits dann begründet, wenn der Gläubiger an der angefochtenen Vermögensübertragung mitgewirkt hatte.[65] Vielmehr muss das Zusammenwirken zielgerichtet auf die Benachteiligung des Anfechtungsgegners ausgerichtet gewesen sein.[66]

---

53 BGH ZIP 1990, 1420.
54 Kübler/Prütting/*Paulus*, § 2 AnfG Rn 16.
55 *Huber*, § 2 Rn 6.
56 RGZ 68, 138; RGZ 96, 337; RGZ 155, 46; BGH NJW 1961, 1463; BGH NJW 1964, 1277; BGH NJW 1971, 799; BGH NJW 1984, 1968; *Huber*, § 2 Rn 33; *Nerlich/Niehus*, § 2 Rn 19; Kübler/Prütting/*Paulus*, § 2 AnfG Rn 18; *Gaul*, in: Gaul/Schilken/Becker-Eberhard, § 35 Rn 141. AA *Jaeger*, § 2 Anm. 34 ff; *Gerhardt*, S. 320 ff; *ders.*, ZIP 1984, 397.
57 *Huber*, § 2 Rn 34.
58 RGZ 155, 42; *Gaul*, in: Gaul/Schilken/Becker-Eberhard, § 35 Rn 52.
59 *Gaul*, in: Gaul/Schilken/Becker-Eberhard, § 35 Rn 52; *Nerlich/Niehus*, § 2 Rn 18.
60 BGH NJW 1964, 1277.
61 BGH NJW 1961, 1463; BGH NJW 1964, 1277; BGH NJW 1984, 1968.
62 OLG Köln ZIP 1993, 778.
63 *Jaeger*, § 2 Anm. 45; *Huber*, § 2 Rn 38.
64 *Hess*, § 2 AnfG Rn 31.
65 *Huber*, § 2 Rn 35; *Nerlich/Niehus*, § 2 Rn 20.
66 Kübler/Prütting/*Paulus*, § 2 AnfG Rn 20.

§ 3 Vorsätzliche Benachteiligung

(1) ¹Anfechtbar ist eine Rechtshandlung, die der Schuldner in den letzten zehn Jahren vor der Anfechtung mit dem Vorsatz, seine Gläubiger zu benachteiligen, vorgenommen hat, wenn der andere Teil zur Zeit der Handlung den Vorsatz des Schuldners kannte. ²Diese Kenntnis wird vermutet, wenn der andere Teil wußte, daß die Zahlungsunfähigkeit des Schuldners drohte und daß die Handlung die Gläubiger benachteiligte.

(2) ¹Anfechtbar ist ein vom Schuldner mit einer nahestehenden Person (§ 138 der Insolvenzordnung) geschlossener entgeltlicher Vertrag, durch den seine Gläubiger unmittelbar benachteiligt werden. ²Die Anfechtung ist ausgeschlossen, wenn der Vertrag früher als zwei Jahre vor der Anfechtung geschlossen worden ist oder wenn dem anderen Teil zur Zeit des Vertragsschlusses ein Vorsatz des Schuldners, die Gläubiger zu benachteiligen, nicht bekannt war.

I. Allgemeines 1	b) Entgeltlichkeit 26
II. Vorsatzanfechtung (Abs. 1) 5	3. Unmittelbare Gläubiger-
1. Rechtshandlungen des Schuldners 6	benachteiligung 27
2. Objektive Gläubigerbenachteiligung 7	4. Anfechtungsfrist (Abs. 2 S. 2) 28
3. Anfechtungsfrist 8	5. Dem Schuldner nahestehende Personen 30
4. Benachteiligungsvorsatz des Schuldners 9	a) Definition in § 138 InsO ... 30
a) Allgemeines 10	b) Schuldner ist eine natürliche Person
b) Maßgeblicher Zeitpunkt 11	(§ 138 Abs. 1 InsO) 31
c) Beweis des Vorsatzes 12	aa) Nr. 1, 1a 31
aa) Inkongruente Deckung 14	bb) Nr. 2 32
bb) Kongruente Deckung 16	cc) Nr. 3 33
5. Kenntnis des anderen Teils .. 17	dd) Nr. 4 35
a) Allgemeines 18	c) Schuldner ist eine juristische Person oder Gesellschaft ohne Rechtspersönlichkeit
b) Beweiserleichterungen (Abs. 1 S. 2) 21	(§ 138 Abs. 2 InsO) 36
III. Entgeltliche Verträge mit nahestehenden Personen (Abs. 2) 23	aa) Nr. 1 37
1. Überblick 23	bb) Nr. 2 42
2. Entgeltliche Verträge 24	cc) Nr. 3 47
a) Verträge 25	6. Subjektive Voraussetzungen 49
	7. Prozessuale Fragen 50

I. Allgemeines

Für eine Einzelgläubigeranfechtung iSd AnfG muss ein **Anfechtungstatbestand** 1 gegeben sein. § 3 enthält einige solcher Tatbestände. Normzweck ist es, Gläubigerbenachteiligungen zu vermeiden, die aus Rechtshandlungen des Schuldners resultieren, die dieser im **Zusammenwirken mit Dritten** vornimmt. In solchen Fällen muss das Vertrauen des Empfängers auf den Erhalt der Vermögensverschiebung zurücktreten, da andere Gläubiger berechtigt auf die Redlichkeit des Geschäftsgebarens vertrauen können.[1]

§ 3 entspricht inhaltlich § **133 InsO**. Auf die zu dieser Norm entwickelten 2 Grundsätze kann zurückgegriffen werden.[2]

---

1 *Nerlich/Niehus*, § 3 Rn 3.
2 *Gaul*, in: Gaul/Schilken/Becker-Eberhard, § 35 Rn 58; MüKo-AnfG/*Kirchhof*, Einf. Rn 12; *Nerlich/Niehus*, § 3 Rn 4.

3 **Abs. 1 S. 1** stellt auf den **Benachteiligungsvorsatz** ab. Die erforderliche **Kenntnis des anderen Teils** vom Benachteiligungsvorsatz des Schuldners wird vermutet, wenn der andere Teil die drohende Zahlungsunfähigkeit des Schuldners und die Gläubigerbenachteiligung kannte (**Abs. 1 S. 2**).

4 **Abs. 2** betrifft **Geschäfte mit nahestehenden Personen**. Die Anfechtungsfrist beträgt zwei Jahre. Der Anfechtungsgegner trägt die Beweislast für den Ablauf des Anfechtungszeitraums. Sofern eine Rechtshandlung gegenüber einer nahestehenden Person nicht gem. Abs. 2 angefochten werden kann (zB weil das Geschäft mehr als zwei Jahre zurückliegt), kommt eine Anfechtung gem. Abs. 1 in Betracht.[3]

II. Vorsatzanfechtung (Abs. 1)

5 Nach Abs. 1 S. 1 ist eine Rechtshandlung anfechtbar, die der Schuldner in den letzten zehn Jahren vor der Anfechtung mit dem Vorsatz, seine Gläubiger zu benachteiligen, vorgenommen hat, wenn zur Zeit der Handlung der andere Teil Kenntnis vom Vorsatz des Schuldners hatte.

6 **1. Rechtshandlungen des Schuldners.** Siehe § 1 Rn 2 ff.

7 **2. Objektive Gläubigerbenachteiligung.** Siehe § 1 Rn 21 ff. Ergänzend ist anzumerken, dass Abs. 1 S. 1 keinen unmittelbaren Zusammenhang zwischen der Rechtshandlung des Schuldners und der Gläubigerbenachteiligung voraussetzt. Es genügt, wenn Gläubiger erst durch Hinzutreten weiterer Umstände benachteiligt werden (**mittelbare Benachteiligung**, s. § 1 Rn 32 f).

8 **3. Anfechtungsfrist.** Die Rechtshandlung muss in den letzten zehn Jahren vor der Anfechtung vorgenommen worden sein. Der Zeitpunkt der Vornahme ist nach § 8 zu bestimmen. Für die Fristberechnung ist § 7 maßgeblich.

9 **4. Benachteiligungsvorsatz des Schuldners.** Für eine Vorsatzanfechtung iSd Abs. 1 S. 1 muss der Schuldner mit dem Vorsatz gehandelt haben, seine Gläubiger zu benachteiligen.

10 **a) Allgemeines.** Benachteiligungsvorsatz ist bereits gegeben, wenn der Schuldner (oder sein Vertreter, § 166 Abs. 1 BGB) die Benachteiligung der Gläubiger **als mutmaßliche Folge des Handelns erkannt und gebilligt** hat (**dolus eventualis**).[4] Es ist nicht erforderlich, dass der Vorsatz des Schuldners gerade auf der Benachteiligung des anfechtenden Gläubigers ausgerichtet ist.[5] Der Vorsatz wird zB nicht dadurch ausgeschlossen, dass der Schuldner vorrangig sich oder ihm nahestehende Personen begünstigen will.[6]

11 **b) Maßgeblicher Zeitpunkt.** Maßgeblicher Zeitpunkt für den Benachteiligungsvorsatz ist der Zeitpunkt der **Vornahme der Rechtshandlung** (§ 8).[7]

12 **c) Beweis des Vorsatzes.** Den Anfechtungsgläubiger trifft die Darlegungs- und Beweislast für die Benachteiligungsabsicht.[8] Typischerweise bereitet es erhebliche Probleme, die subjektive Seite des Schuldnerhandelns zu beweisen. Daher sind **Beweiserleichterungen** für den Anfechtungsgläubiger angezeigt. Wie bei der In-

---

3 *Gaul*, in: Gaul/Schilken/Becker-Eberhard, § 35 Rn 69.
4 BGH ZIP 1985, 1008; BGH ZIP 1991, 807; BGH ZIP 1993, 276; BGH ZIP 1997, 420; BGH ZIP 1997, 853; BGH ZIP 1998, 248; BGH ZIP 2014, 1639; OLG Koblenz FamRZ 2008, 908.
5 BGH ZIP 1985, 1008.
6 BGH ZIP 2014, 1639.
7 *Gaul*, in: Gaul/Schilken/Becker-Eberhard, § 35 Rn 62; *Huber*, § 3 Rn 22; *Nerlich/Niehus*, § 3 Rn 15.
8 BGH NJW-RR 1988, 827.

solvenzanfechtung ist dabei zwischen inkongruenter und kongruenter Deckung zu unterschieden.

Inkongruente Deckung bedeutet, dass der Anfechtungsgegner eine Sicherung oder Befriedigung erlangt, die er nach dem ursprünglichen Schuldverhältnis nicht, nicht in der Art oder nicht zu der Zeit beanspruchen konnte (vgl § 131 Abs. 1 InsO).[9] Dagegen ist eine kongruente Deckung gegeben, wenn der Anfechtungsgegner das erlangt, was er beanspruchen konnte.

aa) Inkongruente Deckung. Inkongruente Deckung ist ein starkes **Indiz für Benachteiligungsvorsatz**.[10] Von Kenntnis der Inkongruenz kann auf Benachteiligungsvorsatz geschlossen werden, wenn nicht besondere Umstände das Beweisanzeichen der Inkongruenz entkräften.[11] Für Kenntnis der Inkongruenz genügt Kenntnis der Tatsachen, aus denen Inkongruenz resultiert.[12] Ein starkes Indiz ist es auch, wenn ein wertvoller Gegenstand ohne Gegenleistung weggegeben wird.[13]

Das in der Gewährung einer inkongruenten Deckung liegende Indiz für eine Benachteiligungsabsicht des Schuldners ist jedoch in seiner Bedeutung wesentlich herabgesetzt, wenn die **Inkongruenz gering** ist.[14] Das Indiz ist sogar entkräftet, wenn die angefochtene Rechtshandlung in unmittelbarem Zusammenhang mit einem **Sanierungskonzept** geschlossen stand, das mindestens in den Anfängen schon in die Tat umgesetzt war.[15] Dabei muss jedoch die berechtigte Aussicht auf Erfolg des Sanierungskonzepts bestehen.[16] Die Indizwirkung einer inkongruenten Deckung für die subjektiven Voraussetzungen des Abs. 1 S. 1 kann auch dann entfallen, wenn der Schuldner bei Wirksamwerden der Rechtshandlung zweifelsfrei liquide war oder davon ausging, er werde mit Sicherheit sämtliche Gläubiger befriedigen können.[17]

bb) Kongruente Deckung. Hat der Anfechtungsgegner das erhalten, was er zu beanspruchen hatte (kongruente Deckung), gelten keine Beweiserleichterungen zugunsten des Anfechtungsgläubigers für den Beweis des Benachteiligungsvorsatzes des Schuldners. Hier bestehen erhöhte Anforderungen an Darlegung und Beweis des Benachteiligungsvorsatzes.[18] Dabei scheidet die Annahme eines Benachteiligungsvorsatzes aus, sofern sich der Schuldner von einer noch so schwach begründeten Sanierungserwartung hat leiten lassen.[19]

5. Kenntnis des anderen Teils. Nach Abs. 1 S. 1 ist die Kenntnis des anderen Teils (Anfechtungsgegner) betreffend des Benachteiligungsvorsatzes des Schuldners erforderlich.

a) Allgemeines. Abs. 1 S. 1 setzt **positive Kenntnis** voraus; grob fahrlässige Unkenntnis genügt nicht. Ein Vorsatz des Anfechtungsgegners, die Gläubiger des Schuldners zu benachteiligen, ist nicht erforderlich.[20] Für die Kenntnis des ande-

---

9 *Gaul*, in: Gaul/Schilken/Becker-Eberhard, § 35 Rn 62.
10 *Hess*, § 3 AnfG Rn 19; *Huber*, § 3 Rn 34; *Nerlich/Niehus*, § 3 Rn 22. AA Kübler/Prütting/*Paulus*, § 3 AnfG Rn 7.
11 BGH ZIP 1993, 276.
12 BGH ZIP 2000, 82.
13 BGH NJW-RR 2002, 478.
14 BGH ZIP 1993, 276.
15 BGH ZIP 1993, 276.
16 BGHZ 90, 381.
17 BGH NZI 2005, 678.
18 BGH ZIP 1999, 196.
19 BGHZ 90, 381.
20 BGH ZIP 1985, 1008.

ren Teils ist der Zeitpunkt der Vornahme der Rechtshandlung maßgeblich (§ 8).[21]

19 Auch hier bildet **inkongruente Deckung** ein Indiz zugunsten des Anfechtungsgläubigers.[22] Kennt der Anfechtungsgegner nachweislich die Umstände, die Inkongruenz begründen, dann ist es Sache des Anfechtungsgegners, das in der Inkongruenz begründete Indiz für seine Kenntnis des Benachteiligungsvorsatzes zu entkräften.[23]

20 Handelt auf Seiten des Anfechtungsgegners ein **Vertreter**, so kommt es für die Kenntnis auf die Person des Vertreters und nicht des Vertretenen an (§ 166 Abs. 1 BGB). Hängt die Wirksamkeit einer von einem **Minderjährigen** abgegebenen Willenserklärung, die für den anfechtungsrelevanten Erwerb maßgeblich ist, von der Genehmigung des gesetzlichen Vertreters ab, dann entscheidet die Kenntnis des Minderjährigen.[24] Veräußert ein Schuldner in der Absicht, seine Gläubiger zu benachteiligen, ein Vermögensstück an sein Kind, dessen gesetzlicher Vertreter er ist, so kann die Veräußerung anfechtbar sein, auch wenn der auf Betreiben des Vaters bestellte Ergänzungspfleger, der das Kind beim Erwerb vertreten hat, die Benachteiligungsabsicht des Gläubigers nicht gekannt hat.[25]

21 **b) Beweiserleichterungen (Abs. 1 S. 2).** Abs. 1 S. 2 gibt dem Anfechtungsgläubiger eine Beweiserleichterung, indem bei Kenntnis des Anfechtungsgegners von der drohenden Zahlungsunfähigkeit des Schuldners und der Benachteiligung der Gläubiger Kenntnis des Benachteiligungsvorsatzes **vermutet** wird. Der Anfechtungsgläubiger braucht lediglich das Wissen des Anfechtungsgegners von drohender Zahlungsunfähigkeit und der Benachteiligung der Gläubiger darzulegen und zu beweisen. Es ist dann Sache des Anfechtungsgegners, die Vermutung zu entkräften.

22 Für das Merkmal der **drohenden Zahlungsunfähigkeit** ist auf die Legaldefinition des § 18 Abs. 2 InsO abzustellen.[26] Dabei kommt dem Anfechtungsgläubiger eine weitere Beweiserleichterung zugute. Für § 133 Abs. 1 S. 2 InsO (gleichlautend wie Abs. 1 S. 2) entschied der BGH, es sei zu vermuten, dass ein Gläubiger, der Umstände kennt, die zwingend auf eine drohende Zahlungsunfähigkeit schließen lassen, auch die drohende Zahlungsunfähigkeit selbst kennt.[27] Diese Rspr kann auf § 3 Abs. 1 S. 2 übertragen werden.[28]

III. Entgeltliche Verträge mit nahestehenden Personen (Abs. 2)

23 **1. Überblick.** Gemäß Abs. 2 S. 1 ist ein vom Schuldner mit einer nahestehenden Person geschlossener entgeltlicher Vertrag anfechtbar, wenn durch den Vertrag die Gläubiger des Schuldners unmittelbar benachteiligt werden. Es handelt sich um eine **Sonderregelung** zur allgemeinen Vorsatzanfechtung iSd Abs. 1.[29] Zweck der Norm ist die einfachere Anfechtbarkeit mit nahestehenden Personen geschlossener Verträge. Diese Personen kennen idR die wirtschaftlichen Schwierigkeiten des Schuldners und können daher leichter dessen Absichten durchschauen; zudem sind sie wegen ihrer wirtschaftlichen und persönlichen Verbundenheit

---

21 *Gaul*, in: Gaul/Schilken/Becker-Eberhard, § 35 Rn 64; *Nerlich/Niehus*, § 3 Rn 25.
22 BGH ZIP 1985, 1008.
23 *Huber*, § 3 Rn 29.
24 RGZ 116, 134.
25 BGHZ 38, 65.
26 BT-Drucks. 12/3803, S. 56; BT-Drucks. 12/2443, S. 160 zu § 148 RegE InsO (= § 133 InsO).
27 BGH ZIP 2003, 1799.
28 *Huber*, § 3 Rn 29.
29 *Gaul*, in: Gaul/Schilken/Becker-Eberhard, § 35 Rn 66.

eher bereit, zum Schaden der Gläubiger des Schuldners mit ihm Verträge abzuschließen.[30]

2. Entgeltliche Verträge. Zunächst ist für eine Anfechtbarkeit gem. Abs. 2 S. 1 erforderlich, dass durch den Schuldner ein entgeltlicher Vertrag geschlossen wurde. 24

a) Verträge. Unter „Vertrag" ist nicht nur der schuldrechtliche Verpflichtungsvertrag zu verstehen, sondern jeglicher auf einer Willensübereinstimmung beruhende Erwerbsvorgang.[31] Daher sind auch dingliche Verträge sowie Verträge des Familien-, Erb- und Gesellschaftsrechts[32] Verträge iSd Abs. 2 S. 1;[33] ebenso einseitige Rechtshandlungen des Schuldners, wenn beim Erwerb ein Einverständnis mit dem Anfechtungsgegner besteht.[34] 25

b) Entgeltlichkeit. Entgeltlich ist ein Erwerb des Anfechtungsgegners, der von einer **ausgleichenden Zuwendung des Anfechtungsgegners** abhängig ist.[35] Es genügt dabei jeder wirtschaftliche Vorteil (Stundung, Zahlungserleichterung, Kreditgewährung).[36] Gleichgültig ist dabei, ob der Gegenwert dem Schuldner oder einem Dritten zufließt.[37] Bei Erfüllungsgeschäften liegt die Entgeltlichkeit in der Schuldbefreiung begründet.[38] 26

3. Unmittelbare Gläubigerbenachteiligung. Es muss eine unmittelbare Gläubigerbenachteiligung (s. § 1 Rn 29 ff) vorliegen. Diese ist gegeben, wenn die **Benachteiligung allein durch die Rechtshandlung** und nicht durch Hinzutreten weiterer Umstände eingetreten ist.[39] Abzustellen ist auf den Zeitpunkt der Vornahme des Rechtsgeschäfts. 27

4. Anfechtungsfrist (Abs. 2 S. 2). Die Anfechtung ist ausgeschlossen, wenn der Vertrag früher als zwei Jahre vor der Anfechtung geschlossen wurde (Abs. 2 S. 2). Es handelt sich um eine **materielle Ausschlussfrist**.[40] Abs. 2 S. 2 stellt nicht auf die Vornahme der Rechtshandlung (vgl § 8) ab, sondern allein auf den **Vertragsschluss**. § 8 findet daher keine Anwendung; dies hat insb. Bedeutung für Verträge, deren Rechtswirkungen erst später als durch den Abschluss des Vertrages eintreten (zB bei behördlicher Genehmigung). Die Frist ist nach § 7 zu berechnen. 28

Gemäß Abs. 2 S. 2 wird **vermutet**, dass der Vertrag innerhalb der Zwei-Jahres-Frist geschlossen wurde. Damit soll der Gefahr betrügerischer Rückdatierung begegnet werden,[41] so dass Zweifel zu Lasten des beweisbelasteten Anfechtungsgegners gehen.[42] 29

5. Dem Schuldner nahestehende Personen. a) Definition in § 138 InsO. Abs. 2 erfordert, dass der Vertrag mit einer dem Schuldner nahestehenden Person iSd § 138 InsO (Abs. 2 S. 1) geschlossen wurde. 30

---

30 BGH NJW 1966, 730; BGH NJW 1975, 2193.
31 *Huber*, § 3 Rn 43.
32 BGHZ 128, 184.
33 *Huber*, § 3 Rn 43.
34 *Gaul*, in: Gaul/Schilken/Becker-Eberhard, § 35 Rn 70.
35 *Huber*, § 3 Rn 45.
36 *Nerlich/Niehus*, § 3 Rn 35.
37 *Gaul*, in: Gaul/Schilken/Becker-Eberhard, § 35 Rn 70.
38 *Gaul*, in: Gaul/Schilken/Becker-Eberhard, § 35 Rn 71; RGZ 62, 38.
39 *Nerlich/Niehus*, § 1 Rn 50.
40 BT-Drucks. 12/3803, S. 56.
41 BT-Drucks. 12/3803, S. 56; BT-Drucks. 12/2443, S. 160 zum gleichlautenden § 148 RegE-InsO (= § 133 InsO).
42 *Nerlich/Niehus*, § 3 Rn 38.

§ 138 InsO Nahestehende Personen

(1) Ist der Schuldner eine natürliche Person, so sind nahestehende Personen:

1. der Ehegatte des Schuldners, auch wenn die Ehe erst nach der Rechtshandlung geschlossen oder im letzten Jahr vor der Handlung aufgelöst worden ist;

1a. der Lebenspartner des Schuldners, auch wenn die Lebenspartnerschaft erst nach der Rechtshandlung eingegangen oder im letzten Jahr vor der Handlung aufgelöst worden ist;

2. Verwandte des Schuldners oder des in Nummer 1 bezeichneten Ehegatten oder des in Nummer 1a bezeichneten Lebenspartners in auf- und absteigender Linie und voll- und halbbürtige Geschwister des Schuldners oder des in Nummer 1 bezeichneten Ehegatten oder des in Nummer 1a bezeichneten Lebenspartners sowie die Ehegatten oder Lebenspartner dieser Personen;

3. Personen, die in häuslicher Gemeinschaft mit dem Schuldner leben oder im letzten Jahr vor der Handlung in häuslicher Gemeinschaft mit dem Schuldner gelebt haben sowie Personen, die sich auf Grund einer dienstvertraglichen Verbindung zum Schuldner über dessen wirtschaftliche Verhältnisse unterrichten können;

4. eine juristische Person oder eine Gesellschaft ohne Rechtspersönlichkeit, wenn der Schuldner oder eine der in den Nummern 1 bis 3 genannten Personen Mitglied des Vertretungs- oder Aufsichtsorgans, persönlich haftender Gesellschafter oder zu mehr als einem Viertel an deren Kapital beteiligt ist oder auf Grund einer vergleichbaren gesellschaftsrechtlichen oder dienstvertraglichen Verbindung die Möglichkeit hat, sich über die wirtschaftlichen Verhältnisse des Schuldners zu unterrichten.

(2) Ist der Schuldner eine juristische Person oder eine Gesellschaft ohne Rechtspersönlichkeit, so sind nahestehende Personen:

1. die Mitglieder des Vertretungs- oder Aufsichtsorgans und persönlich haftende Gesellschafter des Schuldners sowie Personen, die zu mehr als einem Viertel am Kapital des Schuldners beteiligt sind;

2. eine Person oder eine Gesellschaft, die auf Grund einer vergleichbaren gesellschaftsrechtlichen oder dienstvertraglichen Verbindung zum Schuldner die Möglichkeit haben, sich über dessen wirtschaftliche Verhältnisse zu unterrichten;

3. eine Person, die zu einer der in Nummer 1 oder 2 bezeichneten Personen in einer in Absatz 1 bezeichneten persönlichen Verbindung steht; dies gilt nicht, soweit die in Nummer 1 oder 2 bezeichneten Personen kraft Gesetzes in den Angelegenheiten des Schuldners zur Verschwiegenheit verpflichtet sind.

Es ist demnach zu unterscheiden.

31 b) **Schuldner ist eine natürliche Person** (§ 138 Abs. 1 InsO). aa) Nr. 1, 1a. Ehe- und eingetragene Lebenspartner des Schuldners sind nahestehende Personen. Unerheblich ist es, wenn die Ehe oder Lebenspartnerschaft erst nach Vornahme der Handlung eingegangen wurde bzw innerhalb eines Jahres vor der Vornahme der Handlung geschieden bzw aufgelöst wurde.

32 bb) Nr. 2. Nahestehende Personen sind ferner **Verwandte** des Schuldners oder der in § 138 Abs. 1 Nr. 1, 1a InsO genannten Personen in auf- und absteigender Linie. Dies umfasst Urgroßeltern, Großeltern, Eltern, Kinder, Enkel, Urenkel usw. Zudem sind voll- und halbbürtige Geschwister des Schuldners und der in Nr. 1, 1a genannten Personen in Nr. 2 mit erwähnt. Schließlich sind auch die Ehegatten solcher Personen nahestehende Personen des Schuldners. Da hier jedoch eine nähere Bestimmung fehlt, muss die Ehe im Zeitpunkt der Vornahme der Handlung bestanden haben.[43]

---

43 MüKo-InsO/*Gehrlein*, § 138 Rn 6.

cc) **Nr. 3.** Personen, die in **häuslicher Gemeinschaft** mit dem Schuldner leben oder im letzten Jahr vor der Handlung gelebt haben, sind ebenfalls nahestehende Personen. Damit ist vor allem der Partner der nichtehelichen Lebensgemeinschaft gemeint,[44] jedoch können auch andere Formen der häuslichen Gemeinschaft erfasst sein.[45] Nicht darunter fällt indes eine reine Zweckgemeinschaft, zB eine Studentenwohngemeinschaft.[46]

Durch das Gesetz zur Vereinfachung des Insolvenzverfahrens[47] wurde Nr. 3 erweitert auf Personen, die sich aufgrund dienstvertraglicher Verbindung **über die wirtschaftlichen Verhältnisse des Schuldners unterrichten können.** Damit sollte eine Regelungslücke geschlossen werden.[48] Allerdings ist durch die Beschränkung auf dienstvertragliche Verhältnisse die Einbeziehung von Steuer- und Unternehmensberatern nicht möglich.[49]

dd) **Nr. 4.** Ebenfalls durch das Gesetz zur Vereinfachung des Insolvenzverfahrens[50] wurde mit § 138 Abs. 1 Nr. 4 InsO eine weitere Lücke geschlossen.[51] Danach sind **juristische Personen** oder **Gesellschaften ohne Rechtspersönlichkeit** nahestehende Personen einer natürlichen Person, wenn der Schuldner oder eine der in Nr. 1–3 genannten Personen sich in einer der in Nr. 4 genannten Positionen befindet.

c) **Schuldner ist eine juristische Person oder Gesellschaft ohne Rechtspersönlichkeit (§ 138 Abs. 2 InsO).** Für Schuldner, die eine juristische Person oder Gesellschaft ohne Rechtspersönlichkeit sind, normiert § 138 Abs. 2 InsO die nahestehenden Personen. Der nichtrechtsfähige Verein steht einer juristischen Person gleich (§ 11 Abs. 1 S. 2 InsO). **Gesellschaften ohne Rechtspersönlichkeit** sind die offene Handelsgesellschaft, die Kommanditgesellschaft, die Partnerschaftsgesellschaft, die Gesellschaft des Bürgerlichen Rechts, die Partenreederei und die Europäische wirtschaftliche Interessenvereinigung (§ 11 Abs. 2 Nr. 1 InsO). Reine Innengesellschaften zählen nicht dazu.[52]

aa) **Nr. 1.** Nahestehende Personen sind die Mitglieder des Vertretungs- oder Aufsichtsorgans und persönlich haftende Gesellschafter des Schuldners sowie Personen, die zu mehr als einem Viertel am Kapital des Schuldners beteiligt sind.

Für die Mitgliedschaft in einem **Vertretungs- und Aufsichtsorgan** (Var. 1) ist es unerheblich, ob das Organ auf Gesetz oder Satzung bzw Gesellschaftsvertrag beruht.[53] Daher sind auch fakultative Organe (Beiräte, Verwaltungsräte) Vertretungs- und Aufsichtsorgane, wenn ihnen Vertretungs- oder Aufsichtsaufgaben übertragen sind.[54]

Zu den **persönlich haftenden Gesellschaftern** (Var. 2) zählt auch die Komplementär-GmbH einer GmbH & Co. KG. Zu den nahestehenden Personen zählen außer der Komplementär-GmbH selbst auch die Mitglieder ihrer Vertretungs- und Aufsichtsorgane sowie die zu mehr als 25 % beteiligten GmbH-Gesellschafter.[55]

---

44 BT-Drucks. 12/2443, S. 162 zu § 153 RegE-InsO.
45 *Huber*, § 3 Rn 54.
46 *Nerlich/Niehus*, § 3 Rn 43; *Zeuner*, Rn 65.
47 BGBl. I 2007 S. 509.
48 BT-Drucks. 16/3227, S. 20.
49 *Zeuner*, Rn 62.
50 BGBl. I 2007 S. 509.
51 BT-Drucks. 16/3227, S. 20.
52 MüKo-InsO/*Gehrlein*, § 138 Rn 16.
53 BT-Drucks. 12/2443, S. 162 zu § 154 RegE-InsO.
54 BT-Drucks. 12/2443, S. 162 zu § 154 RegE-InsO.
55 MüKo-InsO/*Gehrlein*, § 138 Rn 20.

40 Nach Var. 3 sind nahestehende Personen auch all jene, die zu **mehr als einem Viertel am Kapital des Schuldners beteiligt** sind. Damit sind v.a. Aktionäre, GmbH-Gesellschafter und Kommanditisten gemeint. Maßgeblich ist die Beteiligung am Grund- bzw Stammkapital; Leistungen mit Kapitalersatzcharakter sind nicht zu berücksichtigen.[56] Die Beteiligungsgrenze ist aus Gründen der Rechtsklarheit starr und darf nicht mit Wertungsgesichtspunkten unterlaufen werden.[57]

41 Nach § 154 Abs. 2 RegE-InsO[58] stand die **mittelbare Beteiligung** der unmittelbaren Beteiligung gleich. Der Rechtsausschuss hat diese Bestimmung ersatz- und begründungslos gestrichen.[59] Im Schrifttum wird die Auffassung vertreten, eine mittelbare Beteiligung sei in entsprechender Anwendung des § 16 Abs. 4 AktG zu berücksichtigen.[60] Dies vermag nicht zu überzeugen, weil die Analogievoraussetzung der unbewussten Regelungslücke fehlt. Der Gesetzgeber hat in seinem Regierungsentwurf die Regelungsbedürftigkeit erkannt, der mit § 154 Abs. 2 RegE-InsO abgeholfen werden sollte. Infolge der Streichung im Rechtsausschuss entstand eine bewusste Regelungslücke. Rechtspolitischen Bedenken, dass die Berücksichtigung mittelbarer Beteiligungen erforderlich sei, kann indes durch § 138 Abs. 2 Nr. 2 InsO (vergleichbare gesellschaftsrechtliche Verbindung) weiten Teils abgeholfen werden.

42 bb) Nr. 2. Dem Schuldner nahestehende Personen sind auch solche Personen, die aufgrund **vergleichbarer gesellschaftsrechtlicher oder dienstvertraglicher Verbindung** zum Schuldner die Möglichkeit haben, sich über dessen wirtschaftliche Verhältnisse zu unterrichten.

43 **Dienstvertraglich verbunden** sind zB Geschäftsführer,[61] Prokuristen[62] und leitende Angestellte.[63] Vergleichbar sind solche Stellungen, wenn sie **innerhalb des Unternehmens des Schuldners** gehalten werden.[64] Daher scheiden Rechtsanwälte, Steuerberater, Wirtschaftsprüfer bzw Wirtschaftsberater,[65] Notare und auch andere Geschäftspartner (zB Hausbanken; Großlieferanten) als nahestehende Personen iSv § 138 Abs. 2 Nr. 2 InsO aus.[66]

44 Zu den gesellschaftsrechtlich vergleichbaren Fällen zählt zunächst die Abhängigkeit von **Mutter- und Tochtergesellschaft**. Der Regierungsentwurf sah dies noch explizit in § 154 Abs. 1 Nr. 3 RegE-InsO vor.[67] Nach der Neuordnung im Rechtsausschuss sollte dieser Fall von Nr. 2 erfasst werden.[68]

45 **Mitgesellschafter** als solche sind gegenseitig keine nahestehenden Personen.[69] Gleiches gilt für **Schwestergesellschaften**[70] (s. aber Rn 48), weil es typischerweise an der nach dem eindeutigen Wortlaut von Nr. 2 unerlässlichen Möglichkeit zur Unterrichtung über die wirtschaftlichen Verhältnisse des Schuldners fehlt.

---

56 MüKo-InsO/*Gehrlein*, § 138 Rn 23.
57 BGH ZIP 1996, 83.
58 BT-Drucks. 12/2443, S. 33 f.
59 BT-Drucks. 12/7302, S. 58 f.
60 MüKo-InsO/*Gehrlein*, § 138 Rn 24; Uhlenbruck/*Hirte*, § 138 InsO Rn 30; Hk-InsO/*Kreft*, § 138 Rn 14; *Hirte*, ZInsO 1999, 429; *Zeuner*, Rn 70.
61 BGHZ 129, 236.
62 BT-Drucks. 12/2443, S. 163 zu § 155 RegE-InsO.
63 *Nerlich/Niehus*, § 3 Rn 47.
64 BGH ZIP 1998, 247.
65 BGH ZIP 1997, 513.
66 BGH ZIP 1998, 247; *Zeuner*, Rn 74.
67 BT-Drucks. 12/2443, S. 33.
68 BT-Drucks. 12/7302, S. 174.
69 MüKo-InsO/*Gehrlein*, § 138 Rn 31.
70 BT-Drucks. 12/2443, S. 163 zu § 154 RegE-InsO. AA MüKo-InsO/*Gehrlein*, § 138 Rn 32.

Nr. 2 ist **kein Auffangtatbestand** zu Nr. 1.[71] Dies folgt aus der Entstehungsgeschichte der Norm. Daran ändert es auch nichts, dass mittelbare Beteiligungen von mehr als 25 % durch Nr. 2 erfasst werden (s. Rn 41). Dieser spezielle Fall wurde erst durch die Anpassung des Rechtsausschusses erforderlich, wonach § 138 InsO die §§ 153–155 RegE-InsO[72] in redaktionell vereinfachter Form zusammenfasst.[73]

cc) **Nr. 3.** Zu den dem Schuldner nahestehenden Personen zählen schließlich solche Personen, die zu einer der in Nr. 1 und 2 genannten Personen in einer nach Abs. 1 bezeichneten persönlichen Verbindung stehen. Erfasst werden solche Personen, denen eine **besondere Informationsmöglichkeit durch andere Personen vermittelt** wird.[74] Dies gilt jedoch dann nicht, wenn die vermittelnden Personen in den Angelegenheiten des Schuldners zur Verschwiegenheit verpflichtet sind.

Schwestergesellschaften liegen im Anwendungsbereich von Nr. 3 insoweit, wie ein vermittelnder Gesellschafter mit mehr als 25 % am Kapital der beider Gesellschaften beteiligt ist bzw persönlich haftet. Andernfalls sind Schwestergesellschaften keine einander nahestehenden Personen, da auch die vermittelnden Gesellschafter selbst keine nahestehenden Personen der Gesellschaften sind.

6. Subjektive Voraussetzungen. Auch im Fall der Abs. 2 sind der Benachteiligungsvorsatz des Schuldners (s. Rn 9 ff) und die Kenntnis des anderen Teils hiervon (s. Rn 17 ff) Voraussetzungen der Anfechtbarkeit.

7. Prozessuale Fragen. Der Anfechtungsgläubiger ist gehalten vorzutragen und zu beweisen, dass der Anfechtungsgegner eine nahestehende Person des Schuldners ist und beide einen entgeltlichen Vertrag mit Gläubigerbenachteiligung abgeschlossen haben.[75] Gemäß Abs. 2 S. 2 ist es sodann Sache des Anfechtungsgegners zu beweisen, dass ihm zur Zeit des Vertragsschlusses ein Benachteiligungsvorsatz des Schuldners unbekannt war. Dieser Beweis kann auch dadurch geführt werden, dass der Anfechtungsgegner nachweist, dass der Schuldner ohne Benachteiligungsvorsatz gehandelt hatte.[76] Gemäß Abs. 2 S. 2 trägt der Anfechtungsgegner auch die Darlegungs- und Beweislast für den anfechtungsrelevanten Zeitpunkt des Vertragsschlusses.

§ 4 Unentgeltliche Leistung

(1) Anfechtbar ist eine unentgeltliche Leistung des Schuldners, es sei denn, sie ist früher als vier Jahre vor der Anfechtung vorgenommen worden.

(2) Richtet sich die Leistung auf ein gebräuchliches Gelegenheitsgeschenk geringen Werts, so ist sie nicht anfechtbar.

I. Allgemeines	1	b) Unentgeltlichkeit der Leistung	7
II. Anfechtbarkeit unentgeltlicher Leistungen (Abs. 1)	4	c) Einzelfälle	10
1. Unentgeltliche Leistung des Schuldners	5	aa) Verzicht auf Pflichtteil	10
a) Leistung des Schuldners	6		

---

71 BGH ZIP 1996, 83; zust. MüKo-InsO/*Gehrlein*, § 138 Rn 27. AA *Nerlich/Niehus*, § 3 Rn 48.
72 BT-Drucks. 12/2443, S. 33 f.
73 BT-Drucks. 12/7302, S. 173.
74 BT-Drucks. 12/2443, S. 163 zu § 155 Nr. 3 RegE-InsO.
75 *Huber*, § 3 Rn 62.
76 BGH ZIP 2006, 387.

bb) Tilgung und Sicherung eigener Schulden 11
cc) Tilgung und Sicherung fremder Schulden 12
dd) Gemischte Schenkung 13
ee) Unbenannte Zuwendung 14
2. Subjektiver Tatbestand 15
3. Anfechtungsfrist 16
4. Prozessuale Fragen 17
III. Gebräuchliches Gelegenheitsgeschenk geringen Werts (Abs. 2) .. 18

I. Allgemeines

1 Dem Anfechtungstatbestand des § 4 liegt der Rechtsgedanke zugrunde, dass unentgeltlicher Erwerb minder schutzwürdig ist (in diesem Sinne zB auch §§ 519, 528, 816 Abs. 1 S. 2, 822, 988, 2287, 2325, 2329 BGB). Innerhalb eines gewissen zeitlichen Zusammenhangs geht das Interesse der Gläubiger des Schuldners dem Vertrauen des unentgeltlichen Erwerbers an der Aufrechterhaltung des Erwerbs vor.[1]

2 § 4 entspricht inhaltlich § **134 InsO**. Auf die zu dieser Norm entwickelten Grundsätze kann zurückgegriffen werden.[2]

3 Abs. 1 knüpft an unentgeltliche **Leistungen** an und stellt damit gegenüber der Vorgängervorschrift § 3 Abs. 1 Nr. 3, 4 aF klar, dass der Tatbestand nicht nur rechtsgeschäftliche Verfügungen im engen materiell-rechtlichen Sinn erfasst. Der Anfechtungszeitraum umfasst **vier Jahre**; eine Sonderregelung für Ehegatten enthält das Gesetz nicht. Die **Beweislast** für den Ablauf der Anfechtungsfrist liegt beim Anfechtungsgegner. Der Anfechtungstatbestand gilt nicht bei gebräuchlichen Gelegenheitsgeschenken **geringen Werts (Abs. 2)**.

II. Anfechtbarkeit unentgeltlicher Leistungen (Abs. 1)

4 Unentgeltliche Leistungen des Schuldners sind anfechtbar, es sei denn, sie wurden früher als vier Jahre vor der Anfechtung vorgenommen.

5 **1. Unentgeltliche Leistung des Schuldners.** Die Anfechtbarkeit nach Abs. 1 setzt eine unentgeltliche Leistung des Schuldners voraus.

6 **a) Leistung des Schuldners. Leistung** ist jede Rechtshandlung (s. § 1 Rn 2 ff), die das Schuldnervermögen zugunsten eines anderen vermindert.[3] Um eine Leistung **des Schuldners** handelt es sich, wenn der Schuldner an der Rechtshandlung irgendwie mitgewirkt hat.[4] Ferner sind Verarbeitung oder Vermischung nach § 4 anfechtbar, soweit die zugrunde liegende Handlung im Einverständnis mit dem Schuldner vorgenommen wurde.[5]

7 **b) Unentgeltlichkeit der Leistung.** Eine Leistung ist **unentgeltlich**, wenn ein Vermögenswert des Schuldners zugunsten einer anderen Person aufgegeben wird, ohne dass der Empfänger eine **ausgleichende Gegenleistung** an den Leistenden oder mit dessen Einverständnis an einen Dritten erbringt.[6] Anfechtbar sind dabei nicht nur Schenkungen, die eine Einigung über die Unentgeltlichkeit voraussetzen (§ 516 Abs. 1 BGB), sondern gerade auch sonstige unentgeltliche Verfügungen, bei denen eine Einigung über die Unentgeltlichkeit fehlt.[7] Entgeltlich ist eine Leistung, wenn der Schuldner für seine Leistung etwas erhalten hat oder erhalten

---

1 MüKo-AnfG/*Kirchhof*, § 4 Rn 1; *Nerlich/Niehus*, § 4 Rn 3.
2 *Huber*, § 4 Rn 4; MüKo-AnfG/*Kirchhof*, Einf. Rn 12; *Nerlich/Niehus*, § 4 Rn 4.
3 MüKo-AnfG/*Kirchhof*, § 4 Rn 4; *Nerlich/Niehus*, § 4 Rn 5.
4 MüKo-AnfG/*Kirchhof*, § 4 Rn 11.
5 *Nerlich/Niehus*, § 4 Rn 5; *Huber*, § 4 Rn 15.
6 BGH NJW-RR 1993, 1379.
7 BGHZ 113, 393.

soll, was objektiv ein Ausgleich für seine Leistung war oder jedenfalls subjektiv nach dem Willen der Beteiligten sein sollte.[8]

Ob eine solche Gegenleistung erbracht worden ist, bestimmt sich in erster Linie nach dem **objektiven Sachverhalt**.[9] Einseitige Vorstellungen des Schuldners über mögliche wirtschaftliche Vorteile, die nicht in rechtlicher Abhängigkeit zu einer von ihm erbrachten Zuwendung stehen, vermögen eine Entgeltlichkeit der Zuwendung nicht zu begründen.[10] Erst wenn feststeht, dass der Empfänger eine Gegenleistung erbracht hat, ist zu prüfen, ob die Beteiligten diese als Entgelt angesehen haben oder ob gleichwohl Freigiebigkeit Hauptzweck des Geschäfts gewesen ist.[11]

8

Für die Qualifizierung einer Rechtshandlung als entgeltlich oder unentgeltlich kommt es auf den **Zeitpunkt** an, zu dem die Vollendung des Rechtserwerbs erfolgte.[12] Es muss darauf abgestellt werden, ob seinerzeit eine angemessene Gegenleistung erfolgt oder wenigstens ausbedungen worden ist.[13] Eine sich daraus ergebende Unentgeltlichkeit der Leistung wird nicht dadurch aufgehoben, dass die Parteien sie im Nachhinein in eine entgeltliche umwandeln.[14]

9

c) Einzelfälle. aa) Verzicht auf Pflichtteil. Der Verzicht auf den Pflichtteil ist idR keine Gegenleistung, die die Leistung des Schuldners zu einer entgeltlichen macht.[15]

10

bb) Tilgung und Sicherung eigener Schulden. Die **Tilgung** eigener Schulden ist entgeltlich; die Gegenleistung liegt in der **Schuldbefreiung**.[16] Anders ist es, wenn durch die Tilgung ein Dritter aus der Mithaftung befreit wird, ohne dafür einen Ausgleich zu schulden; in diesem Falle ist die Tilgung eigener Schuld **im Verhältnis zum Mithaftenden unentgeltlich**.[17] Die **Sicherung** eigener Schulden kann nicht im weiteren Umfang als die Erfüllung eigener Schulden durch die Schenkungsanfechtung angefochten werden.[18]

11

cc) Tilgung und Sicherung fremder Schulden. Bei der Tilgung fremder Schulden ist zu unterscheiden: Bestand eine **Verpflichtung des leistenden Schuldners** gegenüber dem Schuldner der fremden Schuld, so ist die Leistung auf fremde Schuld entgeltlich.[19] Andernfalls kommt es darauf an, ob die **fremde Schuld werthaltig** war oder nicht. Fehlte es an der Werthaltigkeit, so besteht eine unentgeltliche Leistung an den Zahlungsempfänger (Gläubiger der fremden Schuld); war die Schuld werthaltig, liegt eine unentgeltliche Leistung im Verhältnis zum Schuldner der fremden Schuld vor, der von seiner Verbindlichkeit befreit wurde.[20] Die **Sicherung** fremder Schulden ist eine unentgeltliche Leistung iSd § 4, wenn der Schuldner dazu nicht verpflichtet ist und keinen Gegenwert erhält.[21]

12

dd) Gemischte Schenkung. Von einer gemischten Schenkung ist die Rede, wenn der Wert der Gegenleistung hinter dem Wert der Leistung zurückbleibt. Eine sol-

13

---

8 BGHZ 113, 99; *Gaul*, in: Gaul/Schilken/Becker-Eberhard, § 35 Rn 76; MüKo-AnfG/*Kirchhof*, § 4 Rn 22 ff.
9 BGH NJW-RR 1993, 1379.
10 BGHZ 113, 99.
11 BGH NJW-RR 1993, 1379.
12 BGH ZInsO 2013, 608; BGHZ 162, 276, 281; MüKo-AnfG/*Kirchhof*, § 4 Rn 26.
13 BGHZ 173, 328.
14 BGHZ 173, 328.
15 BGH ZIP 1991, 454.
16 RGZ 125, 380; BGHZ 112, 136. Differenzierend MüKo-AnfG/*Kirchhof*, § 4 Rn 34 f.
17 BGHZ 141, 96.
18 BGHZ 112, 136. Einzelheiten MüKo-AnfG/*Kirchhof*, § 4 Rn 36 ff.
19 *Huber*, § 4 Rn 27.
20 BGHZ 41, 298; OLG Koblenz ZIP 2005, 540.
21 BGH NJW 1983, 1679.

che Leistung ist in einen entgeltlichen und einen unentgeltlichen Teil aufzuteilen, mit der Folge, dass die Leistung der Schenkungsanfechtung des § 4 insoweit unterliegt, als sie die Gegenleistung übersteigt und die Vertragsparteien den ihnen zustehenden Bewertungsspielraum (subjektive Vorstellungen bei der Einschätzung, ob eine Gegenleistung den Wert der Leistung des Schuldners erreicht, insb. bei objektiver Unsicherheit der Wertbeurteilung der Leistung oder Gegenleistung[22]) überschritten haben.[23] Ist eine Aufteilung nicht möglich, so ist der Hauptzweck der Leistung maßgeblich[24] (str; nach aA[25] ist gem. § 11 Abs. 1 S. 2 anteiliger Wertersatz zu leisten).

14 ee) **Unbenannte Zuwendung.** Auch bei einer unbenannten Zuwendung liegt Unentgeltlichkeit iSd § 4 vor, denn die Zuwendung ist gerade dadurch gekennzeichnet, dass eine rechtliche Verpflichtung nicht besteht.[26]

15 2. **Subjektiver Tatbestand.** Für die Anfechtbarkeit einer unentgeltlichen Leistung sind keine subjektiven Elemente erforderlich.[27]

16 3. **Anfechtungsfrist.** Die Anfechtungsfrist umfasst **vier Jahre**. Es liegt beim Anfechtungsgegner darzulegen und zu beweisen, dass die Leistung zu einem früheren Zeitpunkt als vier Jahre vor der Anfechtung vorgenommen wurde. Damit sollen betrügerischen Rückdatierungen Einhalt geboten werden.[28] Die Frist ist gem. § 7 zu berechnen, der maßgebliche Zeitpunkt ist gem. § 8 zu bestimmen.

17 4. **Prozessuale Fragen.** Der Anfechtungsgläubiger ist gehalten darzulegen und zu beweisen, dass der Schuldner eine unentgeltliche Leistung vorgenommen hat. Die Unentgeltlichkeit betreffend genügt dabei die Behauptung, der Anfechtungsgegner habe den Gegenstand aus dem Vermögen des Schuldners ohne angemessene Gegenleistung erlangt. Es ist dann Sache des Anfechtungsgegners, anfechtungsrechtlich beachtliche Einwände vorzutragen (sekundäre Behauptungslast).[29] Dies gilt umso mehr, wenn der Anfechtungsgläubiger eine notarielle Urkunde über die angefochtene Leistung vorlegt, aus der keine Gegenleistung hervorgeht. Hier spricht die Vermutung der Vollständigkeit der notariellen Urkunde für die Unentgeltlichkeit.[30] Ist der Anfechtungsgegner Ehegatte des Schuldners, so kann sich der Anfechtungsgläubiger auf die Vermutung des § 1362 Abs. 1 BGB berufen, so dass Unentgeltlichkeit zu vermuten ist.[31]

III. Gebräuchliches Gelegenheitsgeschenk geringen Werts (Abs. 2)

18 Leistungen, die sich auf ein gebräuchliches Gelegenheitsgeschenk geringen Werts richten (Darlegungs- und Beweislast beim Anfechtungsgegner), sind nicht anfechtbar (Abs. 2). Unter einem **Gelegenheitsgeschenk** sind alle Zuwendungen zu verstehen, die zu besonderen Ereignissen (zB Hochzeit, Geburt, Geburtstag, Weihnachten, Ostern) üblich sind.[32] Neben Schenkungen iSd § 516 BGB werden auch Spenden für kirchliche, gemeinnützige oder mildtätige Zwecke erfasst.[33] Auch Parteispenden können unter Abs. 2 fallen,[34] ebenso Schenkungen, die einer

---

22 Einzelheiten MüKo-AnfG/*Kirchhof*, § 4 Rn 61.
23 BGH ZIP 1998, 830.
24 BGHZ 57, 123, 127; *Huber*, § 4 Rn 29.
25 MüKo-AnfG/*Kirchhof*, § 4 Rn 64.
26 BGH NJW 1999, 1033.
27 OLG Brandenburg JurBüro 2008, 48.
28 BT-Drucks. 12/3803, S. 56; BT-Drucks. 12/2443, S. 161 zu § 149 RegE-InsO.
29 Vgl BGH ZIP 1999, 196.
30 OLG Hamm ZIP 1992, 1755.
31 BGH NJW 1955, 20; MüKo-AnfG/*Kirchhof*, § 4 Rn 75.
32 *Nerlich/Niehus*, § 4 Rn 20.
33 MüKo-AnfG/*Kirchhof*, § 4 Rn 70.
34 MüKo-AnfG/*Kirchhof*, § 4 Rn 70. AA *Nerlich/Niehus*, § 4 Rn 20.

sittlichen oder einer Anstandspflicht entsprechen.[35] **Gebräuchlich** ist ein Gelegenheitsgeschenk, wenn es nach Anlass, Art und Maß im Kreis des Schenkenden und Beschenkten üblich ist.[36]

Es muss sich um ein Geschenk **geringen Werts** handeln. Bei der Bemessung der Grenze sind die Gläubigerinteressen maßgeblich;[37] es kommt auf den Einzelfall an.[38] 19

§ 5 Rechtshandlungen des Erben

Hat der Erbe aus dem Nachlaß Pflichtteilsansprüche, Vermächtnisse oder Auflagen erfüllt, so kann ein Nachlaßgläubiger, der im Insolvenzverfahren über den Nachlaß dem Empfänger der Leistung im Rang vorgehen oder gleichstehen würde, die Leistung in gleicher Weise anfechten wie eine unentgeltliche Leistung des Erben.

I. Allgemeines

§ 5 erweitert § 4 und bezweckt den Schutz der Gläubiger des Erblassers gegenüber erbrechtlichen Ansprüchen. Der Nachlass dient vorrangig der Befriedigung der Nachlassgläubiger und nicht der Erfüllung erbrechtlicher Ansprüche.[1] Der Erbe ist Gesamtrechtsnachfolger des Schuldners (§ 1922 Abs. 1 BGB), und der Erbfall soll nicht die Gläubigeranfechtung vereiteln.[2] 1

§ 322 InsO enthält eine Parallelvorschrift zu § 5. Rspr und Lit. zu § 322 InsO können für die Auslegung von § 5 herangezogen werden. 2

II. Anfechtbarkeit von Rechtshandlungen des Erben

Nach § 5 ist eine Leistung des Erben anfechtbar, wenn er aus dem Nachlass Pflichtteilsansprüche, Vermächtnisse oder Auflagen erfüllt hat. Anfechtungsberechtigt sind allein Nachlassgläubiger, die im Insolvenzverfahren über den Nachlass dem Empfänger der Leistung im Rang vorgehen oder gleichstehen. 3

1. Handlungen des Erben. Der Erbe muss gehandelt haben. Rechtshandlungen des Erblassers scheiden von vornherein für die Anfechtbarkeit nach § 5 aus. Für § 5 ist es unerheblich, ob der Erbe Allein- oder Miterbe, Vor- oder Nacherbe ist oder ob er die Erbschaft angenommen hat oder nicht.[3] Handlungen eines Nachlasspflegers, Nachlassverwalters oder Testamentsvollstreckers[4] werden dem Erben zugerechnet.[5] Soweit ein Gläubiger des erbrechtlichen Anspruchs sich im Wege der Zwangsvollstreckung befriedigt hat, ist für die Anfechtbarkeit nach § 5 eine Mitwirkungshandlung des Erben erforderlich (s. § 1 Rn 9 f).[6] 4

---

35 MüKo-AnfG/*Kirchhof*, § 4 Rn 70; *Nerlich/Niehus*, § 4 Rn 20 mwN. AA Kübler/Prütting/*Bork*, § 134 InsO Rn 82.
36 MüKo-AnfG/*Kirchhof*, § 4 Rn 71.
37 MüKo-AnfG/*Kirchhof*, § 4 Rn 72.
38 Vgl dazu auch *Nerlich/Niehus*, § 4 Rn 21; MüKo-AnfG/*Kirchhof*, § 4 Rn 72; Kübler/Prütting/*Bork*, § 134 InsO Rn 84.
1 *Nerlich/Niehus*, § 5 Rn 1.
2 Kübler/Prütting/*Paulus*, § 5 AnfG Rn 1.
3 *Jaeger*, § 3 a Anm. 3.
4 Dazu *Haegele*, KTS 1969, 158.
5 *Gaul*, in: Gaul/Schilken/Becker-Eberhard, § 35 Rn 80; *Jaeger*, § 3 a Anm. 3; MüKo-AnfG/*Kirchhof*, § 5 Rn 19.
6 *Nerlich/Niehus*, § 5 Rn 4.

5 **2. Erfüllung erbrechtlicher Verbindlichkeiten.** Der Erbe muss Pflichtteilsansprüche, Vermächtnisse oder Auflagen erfüllt haben. Bei den **Pflichtteilsansprüchen** handelt es sich um solche gem. §§ 2303 ff BGB. Eine Einsetzung des Erben auf seinen Pflichtteil kann nicht zur Anfechtung nach § 5 führen, da ausschlaggebend die Einsetzung als Erbe ist.[7] Unter **Vermächtnissen** sind solche gem. §§ 2147 ff BGB sowie gesetzliche Vermächtnisse wie der „Voraus" (§ 1932 BGB) und der „Dreißigste" (§ 1969 BGB) zu verstehen. Mit **Auflagen** sind solche iSd §§ 2192 ff BGB gemeint. Entstehen derartige Ansprüche in der Person des Erblassers und werden dann durch den Tod des Erblassers an den Erben vererbt, so scheidet ein Rückgriff auf den Anfechtungstatbestand des § 5 aus.[8]

6 Der Erbe muss die erbrechtlichen Ansprüche entweder **erfüllt** (bzw ein Erfüllungssurrogat herbeigeführt[9]) oder **besichert**[10] haben.

7 **3. Aus dem Nachlass.** Ferner ist erforderlich, dass der Erbe die Ansprüche aus dem Nachlass erfüllt. Dies setzt voraus, dass der **Erbe noch nicht unbeschränkt haftet.**[11] Erforderlich ist, dass der Erbe **mit den Nachlassmitteln** oder „**für Rechnung des Nachlasses**" (§ 1979 BGB) die erbrechtlichen Ansprüche erfüllt. Letzteres ist gegeben, wenn der Erbe die Ansprüche aus eigenen Mitteln erfüllt und zugleich annehmen durfte, dass der Nachlass zur Befriedigung aller Nachlassgläubiger ausreiche.[12]

8 **4. Anfechtungsberechtigung.** Der anfechtende Nachlassgläubiger (§ 1967 Abs. 2 BGB)[13] muss bei einer Nachlassinsolvenz dem Empfänger der in § 5 genannten Ansprüche **im Rang vorgehen oder gleichstehen**. Das Rangverhältnis ergibt sich aus § 327 InsO. Bei Ranggleichheit wandelt sich der Anfechtungsanspruch in einen Anspruch auf Ausgleichung um.[14] Ferner müssen, wie stets, die **Voraussetzungen des § 2** gegeben sein. Die Unzulänglichkeit des Schuldnervermögens bezieht sich, sofern der Erbe unbeschränkt haftet, auf das eigene und das ererbte Vermögen des Erben,[15] andernfalls lediglich auf das ererbte Vermögen.[16]

III. Rechtsfolgen

9 Die Erfüllungshandlung des Erben ist in gleicher Weise anfechtbar wie eine unentgeltliche Leistung (§ 4). Insb. muss die Anfechtungsfrist des § 4 gewahrt werden.

IV. Konkurrenzverhältnis

10 Vom Erbfall an ist der Erbe als Gesamtrechtsnachfolger (§ 1922 Abs. 1 BGB) Schuldner im anfechtungsrechtlichen Sinne.[17] Daher kommt neben § 5 auch eine

---

7 Kübler/Prütting/*Paulus*, § 5 AnfG Rn 5.
8 *Huber*, § 5 Rn 8.
9 MüKo-AnfG/*Kirchhof*, § 5 Rn 16.
10 *Gaul*, in: Gaul/Schilken/Becker-Eberhard, § 35 Rn 80; *Huber*, § 5 Rn 6; MüKo-AnfG/ *Kirchhof*, § 5 Rn 17; *Nerlich/Niehus*, § 5 Rn 3; krit., aber iE ebenso Kübler/Prütting/ *Paulus*, § 5 AnfG Rn 7.
11 Kübler/Prütting/*Paulus*, § 5 AnfG Rn 8.
12 *Jaeger*, § 3 a Anm. 6; MüKo-AnfG/*Kirchhof*, § 5 Rn 21.
13 Einzelheiten MüKo-AnfG/*Kirchhof*, § 5 Rn 5.
14 *Gaul*, in: Gaul/Schilken/Becker-Eberhard, § 35 Rn 80; *Huber*, § 5 Rn 10; *Jaeger*, § 3 a Anm. 8; MüKo-AnfG/*Kirchhof*, § 5 Rn 8; *Nerlich/Niehus*, § 5 Rn 6.
15 *Jaeger*, § 3 a Anm. 2; MüKo-AnfG/*Kirchhof*, § 5 Rn 10.
16 *Huber*, § 5 Rn 11; MüKo-AnfG/*Kirchhof*, § 5 Rn 10.
17 *Huber*, § 5 Rn 14; *Jaeger*, § 3 a Anm. 10; MüKo-AnfG/*Kirchhof*, § 5 Rn 4. AA Kübler/ Prütting/*Paulus*, § 5 AnfG Rn 14.

Vorsatzanfechtung (§ 3) in Betracht. Zum Tragen kommt dies insb., wenn die Frist des § 4 verstrichen ist.[18]

§ 6 Gesellschafterdarlehen

(1) [1]Anfechtbar ist eine Rechtshandlung, die für die Forderung eines Gesellschafters auf Rückgewähr eines Darlehens im Sinne des § 39 Abs. 1 Nr. 5 der Insolvenzordnung oder für eine gleichgestellte Forderung

1. Sicherung gewährt hat, wenn die Handlung in den letzten zehn Jahren vor Erlangung des vollstreckbaren Schuldtitels oder danach vorgenommen worden ist, oder

2. Befriedigung gewährt hat, wenn die Handlung im letzten Jahr vor Erlangung des vollstreckbaren Schuldtitels oder danach vorgenommen worden ist.

[2]Wurde ein Antrag auf Eröffnung eines Insolvenzverfahrens nach § 26 Abs. 1 der Insolvenzordnung abgewiesen, bevor der Gläubiger einen vollstreckbaren Schuldtitel erlangt hat, so beginnt die Anfechtungsfrist mit dem Antrag auf Eröffnung des Insolvenzverfahrens.

(2) [1]Die Anfechtung ist ausgeschlossen, wenn nach dem Schluss des Jahres, in dem der Gläubiger den vollstreckbaren Schuldtitel erlangt hat, drei Jahre verstrichen sind. [2]Wurde die Handlung später vorgenommen, so ist die Anfechtung drei Jahre nach dem Schluss des Jahres ausgeschlossen, in dem die Handlung vorgenommen worden ist.

I. Allgemeines

1. MoMiG. §§ 6, 6 a und 11 Abs. 3 wurden durch das „Gesetz zur Modernisierung des GmbH-Rechts und zur Bekämpfung von Missbräuchen (MoMiG)" vom 23.10.2008[1] neugefasst bzw in das AnfG eingefügt. Durch das MoMiG wurde das gesamte Recht der Gesellschafterdarlehen mit Wirkung zum 1.11.2008 neu geregelt.[2]

2. Gesellschaftsrechtliche (Neu-)Konzeption. Die Vorschriften der §§ 6 und 6 a stehen am vorläufigen Endpunkt einer langen Entwicklung des Rechts (eigenkapitalersetzender) Gesellschafterdarlehen,[3] das insb. im GmbH-Recht geregelt war, nunmehr aber rechtsformunabhängig gestaltet ist.

Bis ins Jahr 1980 war das Recht von Gesellschafterkrediten und wirtschaftlich gleich zu bewertender Leistungen **in der Krise der Gesellschaft** gesetzlich nicht geregelt. Der Nachrang solcher Leistungen beruhte auf richterlicher Rechtsfortbildung durch das RG und den BGH. Danach sollten solche Leistungen als Gesellschaftereinlagen behandelt werden,[4] deren Rückzahlung verboten war und einen Erstattungsanspruch nach sich zog (§§ 30, 31 GmbHG aF). Dogmatisch wurde dies so gefasst, dass ein Gesellschafter gegen Treu und Glauben (§ 242 BGB) verstößt, wenn er seine Krisenhilfe bei Fortbestand der Krise wieder ab-

---

18 *Gaul*, in: Gaul/Schilken/Becker-Eberhard, § 35 Rn 80; *Huber*, § 5 Rn 14; MüKo-AnfG/*Kirchhof*, § 5 Rn 4.
1 BGBl. I S. 2026.
2 Überblick bei *Altmeppen*, NJW 2008, 3601, 3602 f; *Leistikow*, Das neue GmbH-Recht, 2009, Rn 372 ff.
3 Überblick über das bisherige Eigenkapitalersatzrecht zB bei *Altmeppen*, NJW 2008, 3601, 3602; *Leistikow*, Das neue GmbH-Recht, Rn 362 ff; *Schneider*, in: Wolf, § 5 Rn 2 f.
4 RG JW 1939, 354, 356.

zieht oder im Insolvenzverfahren als Darlehensgeber Rückzahlung fordert.[5] Damit und mit einer Analogie zu §§ 30, 31 GmbHG aF wurde der Nachrang des Gesellschafters im Insolvenzverfahren und der Erstattungsanspruch begründet, der entstand, wenn der Gesellschafter sich das Krisendarlehen binnen einer Frist von bis zu fünf Jahren vor der Insolvenz der Gesellschaft zurückzahlen ließ.

4 1980 wurden die §§ **32 a, 32 b GmbHG aF** in das Gesetz eingefügt, die indes das Recht der Gesellschafterdarlehen und gleich zu bewertender Finanzierungshilfen nicht umfassend regelten und gemeinhin als unvollständig bzw missglückt angesehen wurden.[6] Daher ergänzte der BGH schon bald die §§ 32 a, 32 b GmbHG durch die bisherigen Rechtsprechungsregeln zur analogen Anwendung der §§ 30, 31 GmbHG aF.[7] Dabei wurde der Nachrang von Gesellschafterleistungen in der Krise auf eine Finanzierungsverantwortung[8] bzw **Finanzierungsfolgenverantwortung**[9] der Gesellschafter gestützt. Das **Nebeneinander von Gesetz und Rechtsprechungsregeln** führte zu erheblicher **Unübersichtlichkeit.** Vor diesem Hintergrund wurden Forderungen laut nach einer einfachen, klaren und transparenten Regelung.[10]

5 Mit dem MoMiG wurden die bisherigen §§ 32 a, 32 b GmbHG aF, §§ 129 a, 172 a HGB aF gestrichen und ihr Regelungsgehalt **rechtsformneutral in das Insolvenz- und Einzelgläubigeranfechtungsrecht verlagert** (§ 39 Abs. 1 Nr. 5, Abs. 4 und 5, §§ 44 a, 135, 143 InsO; §§ 6, 6 a, 11 Abs. 3). Damit ging ein **grundlegender konzeptioneller Wechsel** des GmbH-Rechts einher.[11] Maßgeblicher Anknüpfungspunkt ist nunmehr nicht mehr die Krisenfinanzierung, die als Eigenkapitalersatz verstanden wurde; vielmehr werden Gesellschafterdarlehen und gleich zu bewertende Leistungen überhaupt mit einem **Nachrang** versehen, der durch Anfechtung (innerhalb oder außerhalb der Insolvenz) zur Geltung zu bringen ist. Das Auszahlungsverbot des § 30 Abs. 1 S. 1 GmbHG ist nicht anzuwenden auf die Rückgewähr eines Gesellschafterdarlehens und Leistungen auf Forderungen aus Rechtshandlungen, die einem Gesellschafterdarlehen wirtschaftlich entsprechen (§ 30 Abs. 1 S. 3 GmbHG).

6 **3. Anfechtung innerhalb und außerhalb der Insolvenz.** Regelungstechnisch **führend** ist das **Insolvenzrecht.** Die betreffenden Vorschriften der InsO über Gesellschafterdarlehen und wirtschaftlich entsprechende Forderungen im Insolvenzverfahren werden durch die §§ **6, 6 a, 11 Abs. 3** ergänzt. Deren Regelungsgehalt erschließt sich aus dem Zusammenhang mit der insolvenzrechtlichen Regelung. §§ 6, 6 a, 11 Abs. 3 sind für den Bereich der Einzelzwangsvollstreckung Parallelvorschriften der §§ 135 Abs. 1, 2, 143 Abs. 3 InsO und knüpfen wie diese an den **Nachrang** von Gesellschafterdarlehen und gleich zu bewertender Leistungen (§ 39 Abs. 1 Nr. 5 InsO) an – § 6 entspricht § 135 Abs. 1 InsO, § 6 a entspricht § 135 Abs. 2 InsO und § 11 Abs. 3 entspricht § 143 Abs. 3 InsO. Die Anfechtung außerhalb der Insolvenz gem. §§ 6, 6 a hat insb. in den Fällen der Abweisung mangels Masse (§ 26 InsO) praktische Bedeutung.[12]

---

5 BGHZ 31, 258, 272; BGHZ 75, 334.
6 S. nur *Flume,* BGB AT I/2, Die juristische Person, 1983, S. 85 mwN.
7 BGHZ 90, 370.
8 BGHZ 105, 168, 175 f.
9 BGHZ 127, 336.
10 S. zB *Eidenmüller,* in: FS Canaris, Bd. 2, 2007, S. 49 ff; *Huber/Habersack,* BB 2006, 1; *dies.,* in: Lutter (Hrsg.), Das Kapital der Aktiengesellschaft in Europa, 2006, S. 370 ff; *Seibert,* ZIP 2006, 1147.
11 Lutter/Hommelhoff/*Kleindiek,* GmbHG, Anh. zu § 64 Rn 102.
12 *Gaul,* in: Gaul/Schilken/Becker-Eberhard, § 35 Rn 84; MüKo-AnfG/*Kirchhof,* § 6 Rn 3.

II. Anfechtungsvoraussetzungen

Anfechtbar ist die Tilgung oder Sicherung von Forderungen eines Gesellschafters, die von § 39 Abs. 1 Nr. 5 InsO mit Nachrang nach den übrigen Forderungen der Insolvenzgläubiger versehen sind. Dies sind solche „auf **Rückgewähr eines Gesellschafterdarlehens** oder ... aus **Rechtshandlungen, die einem solchen Darlehen wirtschaftlich entsprechen**". 7

§ 39 Abs. 1 Nr. 5 InsO nimmt auf § 39 Abs. 4, 5 InsO Bezug. Danach gilt § 39 Abs. 1 Nr. 5 InsO „für Gesellschaften, die weder eine natürliche Person noch eine Gesellschaft als persönlich haftenden Gesellschafter haben, bei der ein persönlich haftender Gesellschafter eine natürliche Person ist" (**§ 39 Abs. 4 S. 1 InsO**). Die Norm betrifft alle **Kapitalgesellschaften** sowie zB die **GmbH & Co. KG** und atypische GbR, die nur aus Kapitalgesellschaften bestehen.[13] Ferner soll die Vorschrift nach dem Willen des Gesetzgebers auch für **Auslandsgesellschaften** in Insolvenzen nach deutschem Recht gelten.[14] 8

Gläubiger des Rückgewähranspruchs gegen die Gesellschaft muss grds. ein **Gesellschafter** sein, also der Inhaber von Gesellschaftsanteilen einer der genannten (s. Rn 8) Gesellschaften.[15] Der für die Gesellschaftereigenschaft maßgebliche Zeitpunkt ist zunächst jener der Darlehensgewährung. Es werden jedoch auch **Dritte** erfasst, die eine Gesellschafterstellung erst später (innerhalb des Zeitraums der Anfechtbarkeit) erlangen[16] oder einen Einfluss auf die Gesellschaft haben, der dem eines Gesellschafters vergleichbar ist.[17] Auch wieder andere Dritte können vom Nachrang erfasst sein, wenn sie der Gesellschaft ein Darlehen gewährt haben, das einem Gesellschafterdarlehen wirtschaftlich entspricht. Damit soll der Inhalt des § 32 a Abs. 3 S. 1 GmbHG aF in personeller und sachlicher Hinsicht[18] übernommen werden. Ein Rückgriff auf § 138 InsO ist als alleiniger Maßstab hier jedoch nicht vorzunehmen, da die Norm nicht für eine Abgrenzung im Falle des § 39 Abs. 1 Nr. 5 InsO geeignet ist.[19] 9

§ 39 Abs. 4 S. 2 InsO enthält ein **Sanierungsprivileg**. Daher werden von § 6 (wie schon in § 32 a Abs. 3 S. 3 GmbHG aF) Gläubiger nicht erfasst, die „bei drohender oder eingetretener Zahlungsunfähigkeit der Gesellschaft oder bei Überschuldung Anteile der Gesellschaft zum Zweck ihrer Sanierung" erwerben. Dieses Privileg tritt nur ein, wenn der Erwerb gerade zum Zweck der Sanierung erfolgt. Dafür muss der Gläubiger mit Sanierungswillen gehandelt haben. Dieser ist jedoch im Falle des Anteilserwerbs in der Krise regelmäßig zu vermuten.[20] Weiterhin muss die Gesellschaft im Zeitpunkt des Erwerbs objektiv sanierungsfähig sein. Auf einen späteren, tatsächlich eintretenden Sanierungserfolg kommt es allerdings nicht an.[21] Das Sanierungsprivileg dauert „bis zur nachhaltigen Sanierung" und betrifft „Forderungen aus bestehenden oder neu gewährten Darlehen oder auf Forderungen aus Rechtshandlungen, die einem solchen Darlehen wirtschaftlich entsprechen. 10

Ein **Kleinbeteiligungsprivileg** ist in § 39 Abs. 5 InsO vorgesehen. Kleinbeteiligte sind Gesellschafter, die nicht (auch nicht faktisch[22]) an der Geschäftsführung und 11

---

13 Einzelheiten MüKo-AnfG/*Kirchhof*, § 6 Rn 6 ff.
14 BT-Drucks. 16/6140, S. 57; krit. dazu im Hinblick auf die Niederlassungsfreiheit *Zahrte*, ZInsO 2009, 223.
15 MüKo-AnfG/*Kirchhof*, § 6 Rn 11; *Schmidt*, InsO, § 39 Rn 38.
16 MüKo-AnfG/*Kirchhof*, § 6 Rn 19; Uhlenbruck/*Hirte*, InsO, § 39 Rn 45.
17 Einzelheiten MüKo-AnfG/*Kirchhof*, § 6 Rn 12 ff.
18 RegE MoMiG, BT-Drucks. 16/6140, S. 56.
19 BGH NJW 2011, 1503, 1504 f.
20 BGHZ 165, 106, 112 f = BGH NJW 2006, 1283, 1284 f.
21 MüKo-AnfG/*Kirchhof*, § 6 Rn 29.
22 MüKo-AnfG/*Kirchhof*, § 6 Rn 24.

mit höchstens 10 % am Haftkapital der Gesellschaft beteiligt sind.[23] Wenn mehrere geringfügig beteiligte Gesellschafter gemeinsam der Gesellschaft ein Darlehen gewähren, kommt in Betracht, dass aufgrund des erhöhten Einflusses und der gleichgerichteten Interessen die Anteile zusammenzurechnen sind.[24]

12 Erfasst werden Rechtshandlungen, die auf Darlehen und gleichgestellte Forderungen hin vorgenommen werden. Unerheblich ist, ob das Darlehen bzw die gleich zu bewertende Leistung gerade in der Krise der Gesellschaft gewährt oder stehen gelassen wurde. **Darlehen** sind alle von §§ 488, 607 BGB erfassten, ab dem Zeitpunkt ihrer Valutierung.[25] **Gleichgestellte Forderungen** sind solche, die einem Darlehen wirtschaftlich entsprechen, weil die Maßnahme, auf der die jeweilige Forderung beruht, der Finanzierung der Gesellschaft durch Zuführen oder Belassen von Finanzierungsmitteln dient. Darunter fallen insb. Stundungs- und Fälligkeitsvereinbarungen bei Forderungen, denen kein Darlehensvertrag zugrunde liegt,[26] sowie das reine Stehenlassen von Forderungen.[27]

13 Die anfechtbare Rechtshandlung muss für die Forderung des Gesellschafters Sicherung oder Befriedigung gewährt haben. Gewährung einer **Sicherheit** ist die Einräumung einer Rechtsposition, welche die Durchsetzbarkeit des fortbestehenden Leistungsanspruchs verstärkt oder erleichtert,[28] wie etwa Sicherungsübereignungen, Pfandrechte oder Sicherungshypotheken.[29] Unter **Befriedigung** fallen alle Arten der Erfüllung sowie Erfüllungssurrogate.[30] **Anfechtungsgegner** ist der Gesellschafter, welcher eine Sicherung oder Befriedigung aufgrund seiner Forderung erlangt hat.[31]

14 Die **Anfechtungsfristen** des § 6 sind verlängert, indem der Zeitpunkt, von dem an sich die Rückrechnung bemisst, grds. auf die Erlangung eines vollstreckbaren Schuldtitels (in den Fällen des § 26 Abs. 1 InsO ausnahmsweise auf den Insolvenzantrag) vorverlagert ist (Abs. 1). Die Vorverlagerung bezweckt es, dem Anfechtungsgläubiger die Zeit zu geben, einen Titel zu erwirken, Vollstreckungsversuche beim Schuldner zu unternehmen und dann noch rechtzeitig die Anfechtung geltend zu machen.[32] Die Ausübungsfrist beträgt drei Jahre von der Erlangung des Schuldtitels bzw der späteren Vornahme der Rechtshandlung an (Abs. 2).

§ 6 a Gesicherte Darlehen

¹Anfechtbar ist eine Rechtshandlung, mit der eine Gesellschaft einem Dritten für eine Forderung auf Rückgewähr eines Darlehens innerhalb der in § 6 Abs. 1 Satz 1 Nr. 2 und Satz 2 genannten Fristen Befriedigung gewährt hat, wenn ein Gesellschafter für die Forderung eine Sicherheit bestellt hatte oder als Bürge haftete; dies gilt sinngemäß für Leistungen auf Forderungen, die einem Darlehen wirtschaftlich entsprechen. ²§ 39 Abs. 4 und 5 der Insolvenzordnung und § 6 Abs. 2 gelten entsprechend.

---

23 Einzelheiten MüKo-AnfG/*Kirchhof*, § 6 Rn 22 ff.
24 MüKo-AnfG/*Kirchhof*, § 6 Rn 23.
25 MüKo-AnfG/*Kirchhof*, § 6 Rn 33.
26 MüKo-AnfG/*Kirchhof*, § 6 Rn 34.
27 MüKo-AnfG/*Kirchhof*, § 6 Rn 37.
28 MüKo-AnfG/*Kirchhof*, § 6 Rn 45.
29 Nerlich/Römermann/*Nerlich*, InsO, § 135 Rn 42.
30 MüKo-AnfG/*Kirchhof*, § 6 Rn 48.
31 MüKo-AnfG/*Kirchhof*, § 6 Rn 51.
32 *Gaul*, in: Gaul/Schilken/Becker-Eberhard, § 35 Rn 84; *Leistikow*, Das neue GmbH-Recht, 2009, Rn 388.

I. Allgemeines

Siehe § 6 Rn 1–6. 1

II. Anfechtungsvoraussetzungen

§ 6 a (entspricht § 135 Abs. 2 InsO) ergänzt § 6 dahin gehend, dass – unter iÜ 2
gleichen Voraussetzungen wie bei § 6 – auch Darlehen, die von einem Dritten gewährt wurden, und für die ein Gesellschafter eine Sicherheit bestellt hat, erfasst werden. Anders als in § 6 ist das Gesellschaftsvermögen nicht durch Leistung oder Sicherung gegenüber einem Gesellschafter betroffen, sondern dadurch, dass die Leistung der Gesellschaft an einen Dritten dazu führt, dass ein Gesellschafter, der eine Sicherung gewährt hatte, als Sicherungsgeber befreit bzw entlastet wird. Anfechtbare Rechtshandlung ist also nicht die Tilgung des Darlehens, sondern die Befreiung des Gesellschafters in seiner Eigenschaft als Sicherungsgeber.[1]

Die Darlehens- und gleichgestellten Forderungen entsprechen denen bei § 6 3
(s. § 6 Rn 12) und müssen sich gegen eine Gesellschaft iSv § 39 Abs. 4 S. 1 InsO
(s. § 6 Rn 8) richten.

Anfechtungsgegner ist nicht der unmittelbar Begünstigte der Rechtshandlung, 4
sondern der Gesellschafter[2] (s. § 6 Rn 9 ff, auch zu den Sanierungs- und Kleinbeteiligungsprivilegierungen, die auch bei § 6 a gelten), der die Sicherheit gewährt hatte, und zwar bis zur Höhe der Besicherung.[3]

Neben der Bürgschaft kommt auch jede andere Personalsicherheit des Gesell- 5
schafters in Betracht.[4]

Zu den **Fristen** s. § 6 Rn 14. 6

§ 7 Berechnung der Fristen

(1) Die in den §§ 3 und 4 bestimmten Fristen sind von dem Zeitpunkt zurückzurechnen, in dem die Anfechtbarkeit gerichtlich geltend gemacht wird.

(2) Hat der Gläubiger, bevor er einen vollstreckbaren Schuldtitel erlangt hatte oder seine Forderung fällig war, dem Anfechtungsgegner seine Absicht, die Rechtshandlung anzufechten, schriftlich mitgeteilt, so wird die Frist vom Zeitpunkt des Zugangs der Mitteilung zurückgerechnet, wenn schon zu dieser Zeit der Schuldner unfähig war, den Gläubiger zu befriedigen, und wenn bis zum Ablauf von zwei Jahren seit diesem Zeitpunkt die Anfechtbarkeit gerichtlich geltend gemacht wird.

(3) In die Fristen wird die Zeit nicht eingerechnet, während der Maßnahmen nach § 46 Absatz 1 Satz 2 Nummer 4 bis 6 des Kreditwesengesetzes angeordnet waren.

I. Allgemeines	1	a) Geltendmachung durch Klage und Widerklage	5
II. Die Grundregel der Fristberechnung (Abs. 1)	2	b) Geltendmachung durch Einrede und Gegeneinrede	6
1. Rechtsnatur der Anfechtungsfristen	3	c) Geltendmachung durch Duldungsbescheid	7
2. Gerichtliche Geltendmachung	4		

---

[1] *Altmeppen*, NJW 2008, 3601, 3607.
[2] *Gaul*, in: Gaul/Schilken/Becker-Eberhard, § 35 Rn 86.
[3] *Gaul*, in: Gaul/Schilken/Becker-Eberhard, § 35 Rn 86.
[4] MüKo-AnfG/*Kirchhof*, § 6 a Rn 8.

  d) Einzelfälle 12
 3. Grundsätze der Fristberechnung 13
  a) Anwendbare Regelungen 13
  b) Personenmehrheit auf Seiten des Anfechtungsgegners 14
  c) Rechtsnachfolge 15
  d) Hemmung und Neubeginn der Anfechtungsfristen 16
 4. Rechtsfolgen bei Fristversäumung 17

III. Anfechtungsankündigung (Abs. 2) 18
 1. Förmliche Anforderungen ... 19
 2. Sachliche Anforderungen 21
 3. Wirkung der Anfechtungsankündigung 23
 4. Verteidigungsmöglichkeiten des Anfechtungsgegners 24
IV. Fristberechnung bei Maßnahmen nach dem KWG (Abs. 3) ... 25

I. Allgemeines

1 Die Vorschrift normiert die wesentlichen Grundzüge für die Berechnung der in den §§ 3 und 4 genannten (und gem. § 4 auch für § 5 maßgeblichen) Anfechtungsfristen (ergänzend § 18 Abs. 2). Ausgenommen sind die durch das Gesetz zur Modernisierung des GmbH-Rechts und zur Bekämpfung von Missbräuchen (MoMiG)[1] zum 1.11.2008 eingeführten §§ 6, 6 a, in denen die Fristberechnung separat geregelt ist.[2]

II. Die Grundregel der Fristberechnung (Abs. 1)

2 Für die in den §§ 3 und 4 normierten Anfechtungsfristen gilt nach der Grundregel des Abs. 1, dass sie von dem Zeitpunkt an zurückzurechnen sind, in dem die **Anfechtbarkeit gerichtlich geltend gemacht** wurde.

3 **1. Rechtsnatur der Anfechtungsfristen.** Die in den §§ 3 und 4 normierten Anfechtungsfristen sind weder prozessuale Fristen noch Verjährungsfristen[3] (s. im Gegensatz dazu § 146 InsO),[4] sondern **materiell-rechtliche Ausschlussfristen**.[5] Die Ausschlussfristen sind **von Amts wegen** zu beachten.[6] Sofern der Vortrag der Parteien keinen Anlass zu Bedenken bietet, besteht indes kein Bedürfnis für eine Prüfung von Amts wegen.[7]

4 **2. Gerichtliche Geltendmachung.** Der Zeitpunkt, von welchem aus zurückzurechnen ist, ist die gerichtliche Geltendmachung der Anfechtbarkeit. Gerichtliche Geltendmachung bedeutet die **Erhebung der Klage oder Widerklage** (s. Rn 5) bzw die **Geltendmachung als Einrede oder Gegeneinrede** (s. Rn 6).[8] Die Zustellung eines vorbereitenden Schriftsatzes genügt nicht.[9] Entgegen der gesetzgeberischen Intention bei Neuerlass des AnfG[10] kann die Finanzverwaltung das An-

---

1 BGBl. I 2008 S. 2026.
2 BT-Drucks. 16/6140, S. 58; *Gaul*, in: Gaul/Schilken/Becker-Eberhard, § 35 Rn 126. AA betr. § 6 Abs. 2 MüKo-AnfG/*Kirchhof*, § 7 Rn 6.
3 RGZ 139, 110.
4 *Hess*, § 7 AnfG Rn 2; *Huber*, § 7 Rn 4.
5 BGH ZIP 2008, 2136; *Gaul*, in: Gaul/Schilken/Becker-Eberhard, § 35 Rn 127; *Gerhardt*, in: FS Kirchhof, 2003, S. 121; MüKo-AnfG/*Kirchhof*, § 7 Rn 8; *Nerlich/Niehus*, § 7 Rn 5; Kübler/Prütting/*Paulus*, § 7 AnfG Rn 3; *Zeuner*, Rn 446; ferner BT-Drucks. 12/3803, S. 56.
6 BGH ZIP 2008, 2136; *Gaul*, in: Gaul/Schilken/Becker-Eberhard, § 35 Rn 127; MüKo-AnfG/*Kirchhof*, § 7 Rn 10.
7 *Huber*, § 7 Rn 6; MüKo-AnfG/*Kirchhof*, § 7 Rn 10.
8 BT-Drucks. 12/3803, S. 57.
9 BT-Drucks. 12/3803, S. 57.
10 BT-Drucks. 12/3803, S. 57.

fechtungsrecht auch durch **Duldungsbescheid** fristwahrend geltend machen (s. Rn 7 ff).

a) **Geltendmachung durch Klage und Widerklage.** Die Anfechtbarkeit kann fristwahrend durch Klage- oder Widerklageerhebung geltend gemacht werden. Maßgeblich ist die **Rechtshängigkeit** (§ 261 Abs. 1 ZPO) des Anfechtungsanspruchs. Bei Zustellung „demnächst" iSd § 167 ZPO wird die Frist durch Einreichung der Klageschrift gewahrt.[11] Der Anfechtungsanspruch ist nach Maßgabe von § 13 bestimmt einzuklagen. Die Geltendmachung des Sekundäranspruchs wahrt auch die Anfechtungsfrist hinsichtlich des Primäranspruchs[12] und umgekehrt.[13]

b) **Geltendmachung durch Einrede und Gegeneinrede.** Siehe § 9.

c) **Geltendmachung durch Duldungsbescheid.** Im Anwendungsbereich des AnfG 1879 war es nach stRspr des BFH möglich, dass die Finanzverwaltung den Anfechtungsanspruch durch Duldungsbescheid gegenüber dem Anfechtungsgegner regeln konnte.[14] Auch das BVerwG hat sich dieser Auffassung angeschlossen.[15] Mit Neuerlass des AnfG zum 1.1.1999 knüpfte der Gesetzgeber in § 7 eindeutig an die gerichtliche Geltendmachung an; die Handhabung der Finanzverwaltung, mittels Duldungsbescheids vorzugehen, sollte nicht mehr genügen.[16]

Auf Drängen der Finanzverwaltung wurde jedoch durch das Gesetz zur Bereinigung von steuerlichen Vorschriften (Steuerbereinigungsgesetz 1999)[17] dem **§ 191 Abs. 1 AO** ein neuer Satz 2 angefügt. Dieser lautet wie folgt:

„Die Anfechtung wegen Ansprüchen aus dem Steuerschuldverhältnis außerhalb des Insolvenzverfahrens erfolgt durch Duldungsbescheid, soweit sie nicht im Wege der Einrede nach § 9 des Anfechtungsgesetzes geltend zu machen ist; bei der Berechnung von Fristen nach den §§ 3 und 4 des Anfechtungsgesetzes steht der Erlass eines Duldungsbescheids der gerichtlichen Geltendmachung der Anfechtung nach § 7 Abs. 1 des Anfechtungsgesetzes gleich."

Durch diese Neufassung ist es den Finanzbehörden mithin wieder gestattet, die Anfechtung nach dem AnfG durch Duldungsbescheid zu regeln. Diese Gesetzesänderung soll nach der Gesetzesbegründung[18] der Rechtsklarheit sowie der Vermeidung von Haushaltsausfällen und erheblichen Aufwandes bei den Amtsgerichten und der Finanzverwaltung dienen. Andererseits kann die Finanzverwaltung den Anfechtungsanspruch nicht durch zivilrechtliche Klage verfolgen; sie ist vielmehr gehalten, einen Duldungsbescheid zu erlassen, soweit die Anfechtbarkeit nicht im Wege der Einrede geltend zu machen ist.[19]

Der Erlass des Duldungsbescheids steht nach § 191 Abs. 1 S. 2 Hs 2 AO der gerichtlichen Geltendmachung gleich und wahrt die Anfechtungsfristen.

Im Anwendungsbereich des AnfG 1879 konnte sich der Anfechtungsgegner vor Erlass eines Duldungsbescheides mit einer negativen Feststellungsklage vor den

---

11 *Gaul*, in: Gaul/Schilken/Becker-Eberhard, § 35 Rn 128; *Huber*, § 7 Rn 7; MüKo-AnfG/*Kirchhof*, § 7 Rn 15.
12 BGH NJW-RR 2008, 1629.
13 *Gaul*, in: Gaul/Schilken/Becker-Eberhard, § 35 Rn 129; *Huber*, § 7 Rn 13.
14 Zuletzt BFH/NV 2000, 821; grundlegend BFHE 138, 10.
15 BVerwG NJW 1991, 242.
16 BT-Drucks. 12/3803, S. 57. AA OFD Münster ZInsO 1999, 277; *Claßen*, DStR 1999, 72.
17 BGBl. I 1999 S. 2601.
18 BT-Drucks. 14/1514, S. 48.
19 BGH ZIP 2006, 1603. AA (Wahlrecht zwischen zivilrechtlicher Klage und Erlass eines Duldungsbescheides) BFH/NV 2002, 757; 2006, 701; *Jatzke*, in: Beermann/Gosch, § 191 AO Rn 14; *Loose*, in: Tipke/Kruse, § 191 AO Rn 147.

Zivilgerichten verteidigen.[20] In Anbetracht der Neuregelung des § 191 Abs. 1 S. 2 AO hat der BGH diese Rspr aufgegeben, da mit dieser Norm zugleich eine Rechtwegzuweisung erfolgt ist.[21] Nunmehr muss sich der Anfechtungsgegner gegen einen drohenden Duldungsbescheid im Wege der vorbeugenden Unterlassungsklage auf dem Finanzrechtsweg wehren.[22]

12 **d) Einzelfälle.** Die Geltendmachung des Anfechtungsanspruchs durch **Mahnbescheid** wirkt grds. nicht fristwahrend,[23] da die Verjährungsvorschriften nicht entsprechend herangezogen werden können. Etwas anderes gilt nur, wenn die Sache nach Widerspruch „alsbald" an das Streitgericht abgegeben wird (§ 696 Abs. 3 ZPO).[24] Ein innerhalb der Anfechtungsfrist vollständiges und ordnungsgemäß begründetes **PKH-Ersuchen** und die nach PKH-Bewilligung in angemessener Frist eingereichte Klage wahren die Anfechtungsfrist entsprechend der Wertung des § 206 BGB.[25]

13 **3. Grundsätze der Fristberechnung. a) Anwendbare Regelungen.** Die Fristen sind nach §§ 187 ff BGB zu berechnen[26] (nach aA[27] analog § 139 InsO – zweifelhaft, weil keine Regelungslücke besteht, s. § 186 BGB). Der Tag der gerichtlichen Geltendmachung zählt bei der Fristberechnung nach § 187 Abs. 1 BGB nicht mit.[28]

14 **b) Personenmehrheit auf Seiten des Anfechtungsgegners.** Haften mehrere Anfechtungsgegner als Gesamtschuldner, hat die Wahrung der Anfechtungsfrist nach § 425 Abs. 1 BGB nur Einzelwirkung für den betreffenden Gesamtschuldner.[29]

15 **c) Rechtsnachfolge.** Bei Sonderrechtsnachfolge **in den Anfechtungsgegenstand** (§ 15 Abs. 2) wahrt die Geltendmachung der Anfechtbarkeit gegen den letzten Rechtsnachfolger die Anfechtungsfrist, wenn sie zu einem Zeitpunkt erfolgt, zu dem die Anfechtbarkeit gegenüber dem Ersterwerber und Zwischenerwerbern noch begründet ist; die Geltendmachung gegenüber den Vormännern ist nicht erforderlich.[30] Rechtzeitige Geltendmachung gegenüber dem Erst- bzw einem Zwischenerwerber wahrt die Anfechtungsfrist auch gegenüber allen nachfolgenden Rechtsnachfolgern.[31] Bei Rechtsnachfolge **in die Anfechtungsschuld** (§ 15 Abs. 1) wahrt die vor dem Schuldnerwechsel vorgenommene gerichtliche Geltendmachung gegenüber dem ursprünglichen Schuldner auch die Anfechtungsfrist gegenüber dem Rechtsnachfolger.[32]

16 **d) Hemmung und Neubeginn der Anfechtungsfristen.** Die Einordnung der Anfechtungsfristen als materiell-rechtliche Ausschlussfristen (s. Rn 3) hat insb. für die Frage der **Hemmung** der Frist Auswirkungen; die Regelungen des BGB über

---

20 BGH ZIP 1991, 113.
21 BGH ZIP 2006, 1603.
22 BGH ZIP 2006, 1603. AA *Loose*, in: Tipke/Kruse, § 191 AO Rn 148; *v. Beckerath*, in: Beermann/Gosch, § 33 FGO Rn 117.
23 BGHZ 122, 23; *Hess*, § 7 AnfG Rn 6; *Huber*, § 7 Rn 8; MüKo-AnfG/*Kirchhof*, § 7 Rn 22. AA *Nerlich/Niehus*, § 7 Rn 4; *Eckardt*, KTS 1993, 361; Kübler/Prütting/*Paulus*, § 7 AnfG Rn 4; *Zeuner*, Rn 447.
24 *Huber*, § 7 Rn 8; *Hess*, § 7 AnfG Rn 6; MüKo-AnfG/*Kirchhof*, § 7 Rn 22.
25 BGH NZI 2004, 30; *Huber*, § 7 Rn 9.
26 *Gaul*, in: Gaul/Schilken/Becker-Eberhard, § 35 Rn 128; *Hess*, § 7 AnfG Rn 4; *Huber*, § 7 Rn 32; *Zeuner*, Rn 449.
27 MüKo-AnfG/*Kirchhof*, § 7 Rn 46; *Nerlich/Niehus*, § 7 Rn 7; Kübler/Prütting/*Paulus*, § 7 AnfG Rn 2.
28 *Huber*, § 7 Rn 32.
29 *Huber*, § 7 Rn 31; *Jaeger*, § 12 Anm. 8.
30 *Huber*, § 7 Rn 31; *Jaeger*, § 12 Anm. 8.
31 RGZ 103, 113.
32 *Huber*, § 7 Rn 31; *Jaeger*, § 12 Anm. 8.

Hemmung und Neubeginn von Verjährungsfristen können nicht (analog) angewendet werden.[33] Auch die Regelungen über die Wiedereinsetzung (§§ 233 ff ZPO) sind nicht entsprechend anwendbar.[34]

4. Rechtsfolgen bei Fristversäumung. Nach Ablauf der Ausschlussfrist erlischt das Anfechtungsrecht.[35] Wenn sich der (vormalige) Anfechtungsgegner darauf beruft, ist dies grds. keine unzulässige Rechtsausübung.[36] Anders ist es, wenn der Anfechtungsgegner die Einhaltung der Ausschlussfrist arglistig vereitelt hat.[37] Gleiches gilt, wenn der Anfechtungsgegner gegenüber dem Anfechtungsgläubiger auf den Versäumungseinwand verzichtet hat.[38]

III. Anfechtungsankündigung (Abs. 2)

Die Anfechtungsankündigung soll den Anfechtungsgläubiger vor unbilligen Härten durch ablaufende Fristen bewahren, wenn die Hauptforderung noch nicht tituliert oder fällig ist.[39]

1. Förmliche Anforderungen. Die Anfechtungsankündigung ist eine **einseitige empfangsbedürftige Willenserklärung**.[40] Sie muss schriftlich erfolgen. Gemäß § 126 Abs. 3 BGB kann sie auch in elektronischer Form ergehen.[41] Stellvertretung ist zulässig.[42] Eine Prozessvollmacht für den Anfechtungsprozess berechtigt auch zur Anfechtungsankündigung.[43] Die förmliche Zustellung (§ 132 Abs. 1 BGB) an den Anfechtungsgegner ist entbehrlich, wenn der Zugang (§ 130 Abs. 1 S. 1 BGB) auf andere Weise einwandfrei bewiesen werden kann;[44] es genügt eine Mitteilung durch den Schuldner, das Gericht oder den Gerichtsvollzieher.[45] Die Anfechtungsankündigung muss die Handlung, welche angefochten werden soll, und die befriedigungsbedürftige Forderung des Gläubigers ausreichend individualisieren.[46] Dies folgt aus der Überlegung, dass diese Voraussetzungen auch für die fristwahrende Erhebung der Klage erforderlich[47] sind; Abs. 2 soll den Anfechtungsgläubiger lediglich bei Schwierigkeiten hinsichtlich der Erlangung des Schuldtitels oder Fälligkeit der Hauptforderung schützen,[48] ihn aber nicht besser stellen als bei Klageerhebung.

---

33 RGZ 139, 110; BGHZ 122, 23; *Nerlich/Niehus*, § 7 Rn 5; *Huber*, § 7 Rn 5; Kübler/Prütting/*Paulus*, § 7 AnfG Rn 3; *Hess*, § 7 AnfG Rn 4; *Zeuner*, Rn 449; *Gaul*, in: Gaul/Schilken/Becker-Eberhard, § 35 Rn 127; *Eckardt*, S. 347 f. AA *Kreft*, in: FS Gerhardt, 2004, S. 515; *ders.*, KTS 2004, 205.
34 *Gaul*, in: Gaul/Schilken/Becker-Eberhard, § 35 Rn 127; MüKo-AnfG/*Kirchhof*, § 7 Rn 10; *Nerlich/Niehus*, § 7 Rn 6.
35 *Huber*, § 7 Rn 5; *Jaeger*, § 12 Anm. 9.
36 RGZ 166, 113.
37 *Eckardt*, S. 348; *Huber*, § 7 Rn 5; Kübler/Prütting/*Paulus*, § 7 AnfG Rn 3.
38 OLG Hamm ZIP 2002, 2321.
39 *Nerlich/Niehus*, § 7 Rn 9; *Huber*, § 7 Rn 34.
40 *Gaul*, in: Gaul/Schilken/Becker-Eberhard, § 35 Rn 132; Kübler/Prütting/*Paulus*, § 7 AnfG Rn 8.
41 *Huber*, § 7 Rn 36.
42 *Gaul*, in: Gaul/Schilken/Becker-Eberhard, § 35 Rn 132; Kübler/Prütting/*Paulus*, § 7 AnfG Rn 8.
43 RGZ 52, 334; *Gaul*, in: Gaul/Schilken/Becker-Eberhard, § 35 Rn 132; MüKo-AnfG/*Kirchhof*, § 7 Rn 51.
44 BGH ZIP 1983, 618.
45 Kübler/Prütting/*Paulus*, § 7 AnfG Rn 8.
46 *Huber*, § 7 Rn 38; *Nerlich/Niehus*, § 7 Rn 11; Kübler/Prütting/*Paulus*, § 7 AnfG Rn 8; *Hess*, § 7 AnfG Rn 16; *Jaeger*, § 4 Anm. 5; *Zeuner*, Rn 453.
47 BGH ZIP 1987, 439.
48 RGZ 39, 1.

20 Eine Anfechtungsankündigung kann **konkludent** in einem Arrest- oder Verfügungsgesuch,[49] in einer zurückgenommenen oder ohne Sachentscheidung abgewiesenen Anfechtungsklage,[50] in einem PKH-Ersuchen für die Anfechtungsklage[51] oder in einer Streitverkündung gegenüber dem Anfechtungsgegner enthalten sein.[52] Erforderlich ist jedoch stets, dass die Absicht zur (späteren) Anfechtung klar und eindeutig zum Ausdruck kommt.

21 **2. Sachliche Anforderungen.** Nach Abs. 2 kann die Anfechtungsfrist gewahrt werden, auch wenn die Forderung noch nicht tituliert oder fällig ist. Indes muss der **Anfechtungstatbestand** gegeben und die **Hauptforderung** rechtswirksam begründet sein.[53] Die Forderung kann aufschiebend bedingt oder befristet sein.[54] Ist die Hauptforderung **fällig und tituliert**, kommt **keine Anfechtungsankündigung** mehr in Betracht; der Anfechtungsgläubiger ist gehalten, sogleich Anfechtungsklage zu erheben.[55] Ferner muss zur Zeit des Zugangs der Anfechtungsankündigung das **Schuldnervermögen unzulänglich** iSd § 2 sein.[56]

22 Nach einer Anfechtungsankündigung muss die **gerichtliche Geltendmachung innerhalb von zwei Jahren nachgeholt** werden. Es handelt sich dabei um eine **materielle Ausschlussfrist**, die nicht durch Parteivereinbarung verkürzt oder verlängert werden kann.[57] Strittig ist, ob der Anfechtungsgläubiger verpflichtet ist, die Anfechtungsberechtigung nach § 2 bereits im Zeitpunkt der Klagerhebung[58] oder aber erst im Zeitpunkt des Schlusses der mündlichen Verhandlung[59] nachzuweisen. Vorzugswürdig ist letztere Ansicht, da die Voraussetzungen des § 2 grds. erst zum Schluss der letzten mündlichen Verhandlung gegeben sein müssen (s. § 2 Rn 25). Daran soll sich durch Abs. 2 ausweislich des Gesetzeswortlauts nichts ändern.[60]

23 **3. Wirkung der Anfechtungsankündigung.** Bei einer berechtigten Anfechtungsankündigung, die den förmlichen und sachlichen Anforderungen entspricht, wird die **Anfechtungsfrist** der §§ 3 und 4 von dem Zeitpunkt des Zugangs der Mitteilung **zurückgerechnet**. Dies gilt aber nur für die in der Anfechtungsankündigung geltend gemachte Forderung; für andere Forderungen (auch desselben Gläubigers) wird die Frist nicht gewahrt.[61]

24 **4. Verteidigungsmöglichkeiten des Anfechtungsgegners.** Der Anfechtungsgegner kann eine negative Feststellungsklage betreffend die Nichtanfechtbarkeit der in der Ankündigung dargelegten Rechtshandlung erheben.[62]

---

49 RGZ 57, 30; *Gaul*, in: Gaul/Schilken/Becker-Eberhard, § 35 Rn 133; MüKo-AnfG/*Kirchhof*, § 7 Rn 54.
50 *Huber*, § 7 Rn 36; *Jaeger*, § 4 Anm. 3; MüKo-AnfG/*Kirchhof*, § 7 Rn 54; Kübler/Prütting/*Paulus*, § 7 AnfG Rn 9.
51 *Gaul*, in: Gaul/Schilken/Becker-Eberhard, § 35 Rn 133; MüKo-AnfG/*Kirchhof*, § 7 Rn 54; Kübler/Prütting/*Paulus*, § 7 AnfG Rn 9; *Jaeger*, § 4 Anm. 2; *Huber*, § 7 Rn 36. AA RGZ 126, 76.
52 RG JW 1936, 578; *Gaul*, in: Gaul/Schilken/Becker-Eberhard, § 35 Rn 133; MüKo-AnfG/*Kirchhof*, § 7 Rn 54.
53 RGZ 41, 87; MüKo-AnfG/*Kirchhof*, § 7 Rn 49.
54 *Jaeger*, § 4 Anm. 6; MüKo-AnfG/*Kirchhof*, § 7 Rn 49.
55 MüKo-AnfG/*Kirchhof*, § 7 Rn 54; *Nerlich/Niehus*, § 7 Rn 14.
56 RGZ 57, 102; MüKo-AnfG/*Kirchhof*, § 7 Rn 50.
57 *Nerlich/Niehus*, § 7 Rn 16.
58 So RGZ 68, 70; RG JW 1936, 578; OLG Köln NJW 1955, 1843.
59 So *Hess*, § 7 AnfG Rn 20; *Huber*, § 7 Rn 44; *Jaeger*, § 4 Anm. 10; *Nerlich/Niehus*, § 7 Rn 16; Kübler/Prütting/*Paulus*, § 7 AnfG Rn 12.
60 *Jaeger*, § 4 Anm. 10.
61 RG JW 1936, 578; MüKo-AnfG/*Kirchhof*, § 7 Rn 56.
62 RGZ 77, 65; BGH NJW 1991, 1061.

IV. Fristberechnung bei Maßnahmen nach dem KWG (Abs. 3)

Nach § 46 Abs. 1 S. 2 Nr. 4–6 KWG kann die Bundesanstalt für Finanzdienstleistungsaufsicht bei Kreditinstituten zur Vermeidung eines Insolvenzverfahrens die in der Norm näher genannten Maßnahmen anordnen (**Moratorium**). Solange diese Maßnahmen andauern, sind nach § 46 Abs. 2 S. 6 KWG Zwangsvollstreckungen, Arreste und einstweilige Verfügungen in das Vermögen des betreffenden Kreditinstituts unzulässig. Wenn der Anfechtungsgegner ein Kreditinstitut ist, bestünde daher für den Anfechtungsgläubiger die Gefahr, dass er dem Ablauf der gegen ihn laufenden Anfechtungsfrist tatenlos zusehen müsste. Dies verhindert Abs. 3: Der Zeitraum eines Moratoriums nach § 46 Abs. 1 S. 2 Nr. 4–6 KWG wird bei der Fristberechnung nicht mit einbezogen. 25

§ 8 Zeitpunkt der Vornahme einer Rechtshandlung

(1) Eine Rechtshandlung gilt als in dem Zeitpunkt vorgenommen, in dem ihre rechtlichen Wirkungen eintreten.

(2) ¹Ist für das Wirksamwerden eines Rechtsgeschäfts eine Eintragung im Grundbuch, im Schiffsregister, im Schiffsbauregister oder im Register für Pfandrechte an Luftfahrzeugen erforderlich, so gilt das Rechtsgeschäft als vorgenommen, sobald die übrigen Voraussetzungen für das Wirksamwerden erfüllt sind, die Willenserklärung des Schuldners bindend geworden ist und der andere Teil den Antrag auf Eintragung der Rechtsänderung gestellt hat. ²Ist der Antrag auf Eintragung einer Vormerkung zur Sicherung des Anspruchs auf die Rechtsänderung gestellt worden, so gilt Satz 1 mit der Maßgabe, dass dieser Antrag an die Stelle des Antrags auf Eintragung der Rechtsänderung tritt.

(3) Bei einer bedingten oder befristeten Rechtshandlung bleibt der Eintritt der Bedingung oder des Termins außer Betracht.

I. Allgemeines	1	III. Vorverlagerung bei Registergeschäften (Abs. 2)	9
II. Grundsatz für Zeitpunkt der Vornahme (Abs. 1)	4	IV. Bedingte und befristete Rechtshandlungen (Abs. 3)	12
1. Zeitpunkt bei Rechtshandlungen	4	1. Allgemeines	12
2. Zeitpunkt bei Unterlassen	6	2. Bedingte Rechtshandlungen	13
3. Zeitpunkt bei mehraktigen Rechtshandlungen	7	3. Befristete Rechtshandlungen	16

I. Allgemeines

Nach Ablauf der Anfechtungsfristen werden die Rechtshandlungen des Schuldners anfechtungsfest. § 8 bestimmt den Beginn des anfechtungsrelevanten Zeitraums für alle Rechtshandlungen. Die Vorschrift dient damit v.a. der Rechtssicherheit und -klarheit.[1] 1

§ 8 ist inhaltsgleich mit § **140 InsO**. Rspr und Lit. zu § 140 InsO können für das Verständnis von § 8 herangezogen und übertragen werden. 2

Abs. 1 stellt eine Grundregel auf, während Abs. 2 für Registergeschäfte und Abs. 3 für bedingte und befristete Geschäfte den anfechtungsrelevanten Zeitpunkt vorverlagern. Gemeinsamer Grundgedanke ist, dass der Zeitpunkt ent- 3

---

1 *Huber*, § 8 Rn 1; MüKo-AnfG/*Kirchhof*, § 8 Rn 1.

scheidet, in dem durch die Rechtshandlung eine gesicherte Rechtsposition begründet wurde.[2]

II. Grundsatz für Zeitpunkt der Vornahme (Abs. 1)

4 **1. Zeitpunkt bei Rechtshandlungen.** Eine Rechtshandlung gilt als in dem Zeitpunkt vorgenommen, in dem ihre rechtlichen Wirkungen eintreten (Abs. 1). Es ist nicht auf die Vornahme der Rechtshandlung abzustellen. Dies entspricht dem Ziel der Anfechtung, die sich nicht in erster Linie gegen die Rechtshandlung selbst, sondern gegen deren gläubigerbenachteiligenden Wirkungen richtet.

5 Die Abtretung einer künftigen Forderung ist erst mit Entstehung der Forderung vorgenommen.[3] Gleiches gilt für die Pfändung einer künftigen Forderung.[4] Ansonsten ist die Pfändung einer Forderung nach § 839 Abs. 3 ZPO mit Zustellung des Pfändungsbeschlusses an den Drittschuldner bewirkt. Räumt der Versicherungsnehmer bei einem Lebensversicherungsvertrag ein widerrufliches Bezugsrecht ein, gilt die Zuwendung erst mit Eintritt des Versicherungsfalles als eingetreten.[5]

6 **2. Zeitpunkt bei Unterlassen.** Bei einem Unterlassen, welches nach § 1 Abs. 2 einer Rechtshandlung gleichsteht, ist der Zeitpunkt maßgebend, in dem die durch das Unterlassen bewirkte Rechtsfolge nicht mehr **durch Handeln abgewendet** werden konnte.[6] Bei unterlassener Einlegung eines Rechtsbehelfs ist dementsprechend auf den Zeitpunkt des Fristablaufs abzustellen.[7]

7 **3. Zeitpunkt bei mehraktigen Rechtshandlungen.** Besteht eine Rechtshandlung aus mehreren Teilakten, so bestimmt der **letzte zur Wirksamkeit erforderliche Teilakt** den anfechtungsrelevanten Zeitpunkt.[8] Abzustellen ist auf die Vollendung.

8 Hängt die Wirksamkeit einer Rechtshandlung von der **Zustimmung eines Dritten** ab, so ist die Rechtshandlung vorgenommen, wenn die Zustimmung erteilt ist[9] (bei Einwilligung freilich erst, wenn auch die übrigen Wirksamkeitsvoraussetzungen erfüllt sind[10]), ungeachtet der Rückwirkung der Genehmigung.[11] Bei **Verträgen** bestimmt grds. die Annahme den anfechtungsrelevanten Zeitpunkt. Etwas anderes gilt nur für ein **rechtsgeschäftliches Anerkenntnis** einer nicht bestehenden Schuld gem. § 781 BGB. Hier treten die Wirkungen bereits mit Abgabe der Anerkenntniserklärung ein.[12] Bei **Sicherheiten** kommt es auf den Zeitpunkt der **Bestellung** an. Bei **Übernahme einer Bürgschaft** ist der Abschluss des Bürgschaftsvertrages maßgeblich; anfechtungsrelevanter Zeitpunkt ist folglich der Zugang der Annahme des Bürgschaftsvertrages.[13] Ein **Mobiliarpfandrecht für eine künftige Forderung** (§ 1204 Abs. 2 BGB) entsteht bereits mit Bestellung und nicht erst mit Entstehen der Forderung.[14] Daher ist auf die Pfandrechtsbestellung abzustellen. Anders ist es beim **Pfandrecht an einer künftigen Forderung**. Das Pfandrecht ent-

---

2 BT-Drucks. 12/2443, S. 166 zu § 159 RegE-InsO (= § 140 InsO).
3 BGH NJW-RR 2000, 1154 m. zust. Anm. *Huber*, EWiR 2001, 117.
4 BGH ZIP 2004, 766; BFH NZI 2005, 569.
5 BGHZ 156, 350.
6 BT-Drucks. 12/2443, S. 166 zu § 159 RegE-InsO (= § 140 InsO); *Huber*, § 8 Rn 8; MüKo-AnfG/*Kirchhof*, § 8 Rn 25; *Zeuner*, Rn 31.
7 *Huber*, § 8 Rn 8.
8 BT-Drucks. 12/2443, S. 166 zu § 159 RegE-InsO (= § 140 InsO).
9 BT-Drucks. 12/2443, S. 166 zu § 159 RegE-InsO (= § 140 InsO).
10 MüKo-AnfG/*Kirchhof*, § 8 Rn 8.
11 BGH NJW 1979, 103.
12 *Henckel*, in: Kölner Schrift, S. 813 Rn 77.
13 BGH NJW 1999, 3046.
14 BGHZ 86, 340.

steht in diesem Falle erst mit Entstehen der verpfändeten Forderung.[15] Folglich kommt es auf den Entstehungszeitpunkt der verpfändeten Forderung an. Unerheblich ist in jedem Fall der Entstehungszeitpunkt der zu sichernden Forderung.[16]

III. Vorverlagerung bei Registergeschäften (Abs. 2)

Bei den Registergeschäften des Abs. 2 wird zum Schutz des Anfechtungsgegners der anfechtungsrelevante Zeitpunkt vorverlagert. Dies ist gerechtfertigt, weil der Anfechtungsgegner, der den **Eintragungsantrag** gestellt hat, auf den Zeitpunkt der konstitutiven Eintragung idR keinen Einfluss, aber bereits eine **gesicherte Rechtsposition** erworben (§ 878 BGB) hat. Zum Schutz dieser Rechtsposition bedarf es einer Korrektur der Grundregel des Abs. 1 mit der Folge eingeschränkter Anfechtbarkeit.[17] Abs. 2 ist eine **Ausnahmevorschrift** zu Abs. 1; folglich ist für die Voraussetzungen des Abs. 2 **darlegungs- und beweisbelastet**, wer sich auf die Vorschrift beruft.[18]

Abs. 2 S. 1 bestimmt, dass bei den genannten Registergeschäften auf den Zeitpunkt abzustellen ist, in welchem die **Willenserklärung für den Schuldner bindend** geworden ist (§ 873 Abs. 2 BGB, § 3 Abs. 2 SchiffsRG; § 5 Abs. 2 LuftFzgG) und der **andere Teil** (Anfechtungsgegner) den **Antrag auf Eintragung der Rechtsänderung** gestellt hat. In diesen Fällen kann der Schuldner die Eintragung der Rechtsänderung und somit das Erstarken des Anwartschafts- zum Vollrecht nicht mehr einseitig verhindern (§ 878 BGB, § 3 Abs. 3 SchiffsRG; § 5 Abs. 3 LuftFzgG). Als Antrag des anderen Teils (Anfechtungsgegner) gilt auch der Antrag, den der Notar im Namen des anderen Teils oder aber im Namen beider Beteiligten stellt.[19]

Wurde eine **Vormerkung** für die zu sichernde Forderung bewilligt, kommt es auf den **Zeitpunkt der Antragstellung auf Eintragung der Vormerkung** an (**Abs. 2 S. 2**). Denn zu diesem Zeitpunkt hat der Anfechtungsgegner eine gesicherte Rechtsposition erhalten, so dass zugunsten des Anfechtungsgegners der anfechtungsrelevante Zeitpunkt noch weiter nach vorne zu verlagern ist als nach Abs. 2 S. 1 (= Zeitpunkt der Antragstellung auf Eintragung der durch die Vormerkung gesicherten Rechtsänderung). Auch in den Fällen des Abs. 2 S. 2 muss die **Willenserklärung des Schuldners** für diesen bindend sein, so dass der Anfechtungsgegner eine gesicherte Rechtsposition erlangt hat, die der Schuldner nicht mehr einseitig beseitigen kann.

IV. Bedingte und befristete Rechtshandlungen (Abs. 3)

1. Allgemeines. Für bedingte und befristete Rechtshandlungen gilt nach Abs. 3 eine weitere Ausnahme vom Grundsatz des Abs. 1. Danach bleibt der Eintritt der Bedingung oder des Termins außer Betracht. Obwohl die Wirkungen erst zu einem späteren Zeitpunkt eintreten (würden), soll zum Schutz des Anfechtungsgegners der Zeitpunkt auf die Vornahme der Rechtshandlung vorverlagert werden. Abzustellen ist auf den „**Abschluss der rechtsbegründenden Tatumstände**",[20] sofern dem Anfechtungsgegner eine gesicherte Rechtsposition verschafft wurde.[21]

---

15 MüKo-AnfG/*Kirchhof*, § 8 Rn 21; *Zeuner*, Rn 32.
16 BGHZ 138, 291.
17 BT-Drucks. 12/2443, S. 166 f zu § 159 RegE-InsO (= § 140 InsO).
18 BGH NJW 2001, 2477 zu § 10 Abs. 3 GesO aF (entspricht § 8 Abs. 2 AnfG).
19 BT-Drucks. 12/2443, S. 166 zu § 159 RegE-InsO (= § 140 InsO).
20 BT-Drucks. 12/2443, S. 167 zu § 159 RegE-InsO (= § 140 InsO); BGH ZIP 2005, 181.
21 BGHZ 156, 350; *Fischer*, ZIP 2004, 1679.

13 **2. Bedingte Rechtshandlungen.** Abs. 3 betrifft allein **aufschiebend bedingte** (§ 158 Abs. 1 BGB) Rechtshandlungen. Nur hier entfalten sich die Rechtswirkungen erst nach Eintritt des zukünftigen Ereignisses[22] und erfordern eine Vorverlagerung des anfechtungsrelevanten Zeitpunktes.

14 Beispiele sind die aufschiebend bedingte Forderungsabtretung, bei der es gem. Abs. 3 auf den Abschluss der Abtretungsvereinbarung ankommt,[23] der Provisionsanspruch des Handelsvertreters, der nach § 87 a Abs. 1 S. 1 HGB aufschiebend bedingt ist durch die Ausführung des Geschäfts,[24] sowie Mietzinsansprüche, bei denen nach Abs. 3 der Abschluss des Mietvertrages maßgeblich ist.[25]

15 Bei **auflösend bedingten** Rechtshandlungen (§ 158 Abs. 2 BGB) hängt das Fortbestehen der Rechtswirkungen von dem zukünftigen Ereignis ab.[26] Da die **Wirkungen bereits mit dem Abschluss der rechtsbegründenden Tatumstände eintreten**, bleibt es bei der Grundregel des Abs. 1.

16 **3. Befristete Rechtshandlungen.** Befristet sind Rechtshandlungen, die mit einer **Zeitbestimmung** versehen sind (§ 163 BGB). Auch hier ist zu unterscheiden: Die Bestimmung eines **Anfangstermins** lässt die Wirkungen der Rechtshandlung erst mit Erreichen dieses Termins eintreten, während bei der Bestimmung eines **Endtermins** die bereits eingetretenen Rechtswirkungen nicht mehr fortbestehen.[27] Daher betrifft Abs. 3 nur die Bestimmung eines Anfangstermins. Eine solche aufschiebend befristete Rechtshandlung ist zB die **Kündigung** mit Auslauffrist.[28]

§ 9 Anfechtung durch Einrede

Die Anfechtbarkeit kann im Wege der Einrede geltend gemacht werden, bevor ein vollstreckbarer Schuldtitel für die Forderung erlangt ist; der Gläubiger hat diesen jedoch vor der Entscheidung binnen einer vom Gericht zu bestimmenden Frist beizubringen.

I. Allgemeines

1 § 9 enthält zweierlei Regelungen: Zum einen stellt Hs 1 klar, dass die **Anfechtbarkeit** einer Rechtshandlung des Schuldners nicht nur durch Klage (§ 13), sondern auch im Wege der **Einrede oder Gegeneinrede**[1] geltend gemacht werden kann.[2] Zum anderen **befreit** Hs 1 vorübergehend vom **Titelerfordernis** des § 2.[3] Der Titel ist jedoch vom Gläubiger vor der Entscheidung binnen einer vom Gericht zu bestimmenden Frist beizubringen (Hs 2).

---

22 Palandt/*Ellenberger*, Einf. v. § 158 BGB Rn 1.
23 *Huber*, § 8 Rn 15.
24 BGHZ 159, 388.
25 BGH ZIP 2005, 181.
26 Palandt/*Ellenberger*, Einf. v. § 158 BGB Rn 1.
27 Staudinger/*Bork*, § 163 BGB Rn 5.
28 BT-Drucks. 12/2443, S. 167 zu § 159 RegE-InsO (= § 140 InsO); *Huber*, § 8 Rn 16; MüKo-AnfG/*Kirchhof*, § 8 Rn 60. AA *Zeuner*, Rn 41 mwN zu § 140 InsO.
1 RGZ 27, 94; BT-Drucks. 12/3803, S. 57.
2 *Gaul*, in: Gaul/Schilken/Becker-Eberhard, § 35 Rn 150 f; *Hess*, § 9 AnfG Rn 1; *Nerlich/Niehus*, § 9 Rn 1; Kübler/Prütting/*Paulus*, § 9 AnfG Rn 1.
3 *Huber*, § 9 Rn 1; Kübler/Prütting/*Paulus*, § 9 AnfG Rn 1; *Jaeger*, § 5 Anm. 2.

II. Geltendmachung der Anfechtung durch Einrede oder Gegeneinrede (Hs 1)

1. Überblick. § 9 erweitert in Hs 1 den Handlungsspielraum des Gläubigers, da dieser die Anfechtbarkeit nicht zwingend mittels Klage, mithin als Angriffsmittel, geltend machen muss. Er kann die Anfechtbarkeit einer Rechtshandlung auch im Wege der Einrede oder Gegeneinrede als prozessuales **Verteidigungsmittel** einsetzen. Auf diese Weise wird auch eine unnütze Vervielfältigung von Prozessen verhindert.[4] Die Geltendmachung mittels Einrede ist nur dann möglich, wenn der **Prozessgegner auch** der **Anfechtungsgegner** ist.[5]

2. Anwendungsfälle. Der Hauptanwendungsfall für Hs 1 ist die Erhebung der **Einrede der Anfechtbarkeit** durch den Gläubiger bei einer gegen ihn erhobenen **Drittwiderspruchsklage** (§ 771 ZPO) des Anfechtungsgegners: Lässt der Gläubiger beim Schuldner eine Sache pfänden, die zB im Sicherungseigentum eines Dritten steht, so kann der Gläubiger, wenn der Dritte Drittwiderspruchsklage erhebt, die Einrede vorbringen, dass das Sicherungseigentum anfechtbar erlangt wurde.[6] Geltendmachung durch Einrede ist auch nach beendeter Zwangsvollstreckung gegen die Bereicherungsklage des Dritten (verlängerte Drittwiderspruchsklage) möglich.[7]

Die Anfechtungseinrede kann auch erhoben werden zur Abwehr einer **Vorzugsklage** (§ 805 ZPO),[8] auch im **Arrestverfahren** zur Verteidigung des Vollzugs (§§ 930 ff ZPO) in anfechtbar weggegebene Gegenstände gegen Drittklagen aus den §§ 771, 805 ZPO,[9] ferner gegen eine **Klage auf Einwilligung in die Auszahlung** eines vom Schuldner für mehrere Gläubiger hinterlegten Betrages.[10]

Im Wege der **Gegeneinrede** wird der Anfechtungsanspruch zB geltend gemacht, wenn der beklagte Anfechtungsgegner behauptet, der eingeklagte gepfändete Anspruch sei durch Erlass erloschen, und der Kläger repliziert, der Erlass sei anfechtbar.[11]

Ein Gläubiger, der gegen den Schuldner bereits einen **vollstreckbaren Titel** erwirkt hat, soll die Einrede der Anfechtbarkeit nicht auf § 9 stützen können. Vielmehr soll es sich in einem solchen Fall um den **Einwand der unzulässigen Rechtsausübung** (§ 242 BGB) handeln.[12] Die dogmatische Einordnung kann dahinstehen, da keine praktisch relevanten Unterschiede der verschiedenen Begründungen ersichtlich sind.

3. Prozessuale Geltendmachung von Einrede und Gegeneinrede. Die (Gegen-)Einrede kann in der **mündlichen Verhandlung** geltend gemacht werden oder

---

4 BGHZ 98, 6; *Jaeger*, § 5 Anm. 1 u. 9; MüKo-AnfG/*Kirchhof*, § 9 Rn 4.
5 BGH WM 2005, 1037 = NJW-RR 2005, 1361 = ZIP 2005, 1198.
6 BT-Drucks. 12/3803, S. 57; BGHZ 98, 6; *Gaul*, in: Gaul/Schilken/Becker-Eberhard, § 35 Rn 150; *K. Schmidt*, JZ 1987, 889.
7 RGZ 162, 218; OLG München WM 1972, 760; *Huber*, § 9 Rn 3; MüKo-AnfG/*Kirchhof*, § 9 Rn 8; *Nerlich/Niehus*, § 9 Rn 2.
8 *Bruns*, in: Baur/Stürner/Bruns, Zwangsvollstreckungsrecht, 13. Aufl. 2006, Rn 26.82, S. 334; *Gaul*, in: Gaul/Schilken/Becker-Eberhard, § 35 Rn 151; *Zeuner*, Rn 524.
9 *Gaul*, in: Gaul/Schilken/Becker-Eberhard, § 35 Rn 151; *Huber*, § 9 Rn 4; *Zeuner*, Rn 525.
10 BGH NJW-RR 2005, 1361, 1363; *Gaul*, in: Gaul/Schilken/Becker-Eberhard, § 35 Rn 151; *Huber*, § 9 Rn 4; MüKo-AnfG/*Kirchhof*, § 9 Rn 9; *Nerlich/Niehus*, § 9 Rn 3.
11 *Huber*, § 9 Rn 5 mw Bsp.; *Hess*, § 9 AnfG Rn 5 f; *Jaeger*, § 5 Anm. 8; MüKo-AnfG/*Kirchhof*, § 9 Rn 11.
12 OLG Koblenz OLGR 2007, 371.

durch Zustellung eines (nicht bloß vorbereitenden)[13] **Schriftsatzes**,[14] in dem die Einrede eindeutig erhoben wird.[15] Bedeutung hat die schriftsätzliche Geltendmachung insb. für die Einhaltung der Anfechtungsfrist. Der Gläubiger läuft nicht Gefahr, dass die Geltendmachung des Anfechtungsrechts infolge Verzögerungen durch den Anfechtungsgegner[16] oder langer Terminstände des Gerichts[17] vereitelt wird. Ferner kann die Einrede im **schriftlichen Verfahren** (§ 128 Abs. 2 ZPO) erhoben werden.[18] IÜ kann die Einrede bis zum Schluss der mündlichen Verhandlung in der Tatsacheninstanz vorgebracht werden.[19]

8 Einrede und Gegeneinrede sind Angriffs- und Verteidigungsmittel iSd § 282 ZPO. Folglich sind die **Präklusionsvorschriften** der §§ 296, 296 a, 525, 530 und 531 ZPO zu beachten.[20]

III. Befreiung vom Titelerfordernis

9 **1. Vorübergehende Befreiung.** Der Gläubiger kann die Einrede der Anfechtbarkeit erheben, ohne bereits einen vollstreckbaren Schuldtitel gegen den Schuldner erwirkt zu haben. Hs 2 stellt jedoch klar, dass die Befreiung nur vorübergehend ist; der Titel ist innerhalb einer vom Gericht zu bestimmenden Frist beizubringen.

10 Welche Anforderungen an den Titel zu stellen sind, richtet sich nach der **Parteirolle des Gläubigers**: Ist er **Beklagter**, der die Anfechtbarkeit als **Einrede** gegen den Anspruch des Anfechtungsgegners geltend macht, ist ein endgültiger, dh **rechtskräftiger und vorbehaltloser Titel** erforderlich, weil die Entscheidung keinen Vorbehalt nach § 14 zulässt.[21] Insoweit erhöht § 9 die Anforderungen gegenüber § 2.[22] Ein Vorbehalt nach § 14 ist nur im **Aktivprozess des Gläubigers** möglich,[23] in dem der Gläubiger die Anfechtbarkeit im Wege der **Gegeneinrede** geltend macht. In einem solchen Fall genügt ein **vorläufig vollstreckbarer Titel**.[24]

11 Hs 1 entbindet den Gläubiger nur vom Titelerfordernis, nicht jedoch von den **übrigen Voraussetzungen der Anfechtung**. Mithin müssen die Forderung des Gläubigers fällig und das Schuldnervermögen unzulänglich sein (§ 2) sowie ein Anfechtungstatbestand (§§ 3–6 a) vorliegen.[25]

12 **2. Richterliche Nachfrist (Hs 2).** Gemäß Hs 2 hat der Gläubiger den Titel gegen den Schuldner der Hauptforderung vor der Entscheidung und innerhalb einer vom Gericht zu bestimmenden Frist beizubringen.

---

13 BT-Drucks. 12/3803, S. 57 zu § 7; *Hess*, § 9 AnfG Rn 7; Kübler/Prütting/*Paulus*, § 9 AnfG Rn 3.
14 BGHZ 98, 6; *Hess*, § 9 AnfG Rn 7. AA RGZ 58, 44 zu § 29 KO.
15 BGH NJW-RR 1990, 366; *Gaul*, in: Gaul/Schilken/Becker-Eberhard, § 35 Rn 153; *Huber*, § 9 Rn 9; *Nerlich/Niehus*, § 9 Rn 6.
16 BGHZ 98, 6; *Nerlich/Niehus*, § 9 Rn 5; *Hess*, § 9 AnfG Rn 7.
17 BGHZ 98, 6.
18 BGHZ 98, 6; *Hess*, § 9 AnfG Rn 7.
19 BGH NJW-RR 1990, 366; *Huber*, § 9 Rn 9.
20 *Huber*, § 9 Rn 9; MüKo-AnfG/*Kirchhof*, § 9 Rn 16; Kübler/Prütting/*Paulus*, § 9 AnfG Rn 1.
21 RGZ 96, 335; *Zeuner*, Rn 527.
22 *Gaul*, in: Gaul/Schilken/Becker-Eberhard, § 35 Rn 154; *Jaeger*, § 5 Anm. 11.
23 Kübler/Prütting/*Paulus*, § 9 AnfG Rn 5.
24 *Huber*, § 9 Rn 10; *Jaeger*, § 5 Anm. 4; *Nerlich/Niehus*, § 9 Rn 8; Kübler/Prütting/*Paulus*, § 9 AnfG Rn 5.
25 *Huber*, § 9 Rn 11; *Hess*, § 9 AnfG Rn 9; *Jaeger*, § 5 Anm. 4; MüKo-AnfG/*Kirchhof*, § 9 Rn 6; *Nerlich/Niehus*, § 9 Rn 8.

Das Gericht hat, wenn es den Einredevortrag für erheblich hält,[26] eine **angemes-** 13
sene Frist festzusetzen.[27] Für die Länge ist der Zeitraum maßgeblich, den der
Gläubiger voraussichtlich benötigen wird, um, je nachdem (s. Rn 10), einen endgültigen oder vorläufig vollstreckbaren Titel zu erlangen.[28] Eine Jahresfrist ist
idR nicht zu lang bemessen.[29] Fristverlängerung ist möglich, auch wiederholt
(§§ 224 Abs. 2, 225 Abs. 2 ZPO), aber nicht durch Parteivereinbarung (vgl § 224
Abs. 1 S. 1 ZPO).[30]

Wird der Titel **nach Fristablauf, aber vor Ende der mündlichen Verhandlung** der 14
Tatsacheninstanz beigebracht, muss über die (Gegen-)Einrede **sachlich entschieden** werden. Wenn der Titel bis zum Schluss der mündlichen Verhandlung **ausbleibt**, ist die (Gegen-)Einrede **als derzeit unzulässig unberücksichtigt** zu lassen.[31]
Eine spätere erneute Geltendmachung wird dadurch nicht ausgeschlossen.[32]

§ 10 Vollstreckbarer Titel

Die Anfechtung wird nicht dadurch ausgeschlossen, daß für die Rechtshandlung
ein vollstreckbarer Schuldtitel erlangt oder daß die Handlung durch Zwangsvollstreckung erwirkt worden ist.

I. Allgemeines

§ 10 (gleichlautend § 141 InsO) stellt klar, dass die Anfechtung weder dadurch 1
ausgeschlossen ist, dass der Anfechtungsgegner für die Rechtshandlung einen
vollstreckbaren Schuldtitel erlangt hat (Alt. 1), noch dadurch, dass die Rechtshandlung mittels staatlichen Zwangs infolge Zwangsvollstreckung erwirkt worden ist (Alt. 2). Die Vorschrift enthält **keinen Anfechtungstatbestand** und führt zu
keiner Erweiterung der Anfechtbarkeit.[1] Zwar können auch der Schuldtitel und
die Zwangsvollstreckung als solche anfechtbar sein; die Anfechtung richtet sich
dann aber nach den §§ 3–6 a. § 10 verdeutlicht nur, dass die Mitwirkung staatlicher Organe oder eines Notars die Rechtshandlung nicht der Anfechtung entzieht.[2]

II. Vollstreckbarer Schuldtitel (Alt. 1)

Die Gläubigeranfechtung scheidet nicht deswegen aus, weil der Schuldner die 2
Rechtshandlung aufgrund eines Titels des Anfechtungsgegners vornimmt. In Abgrenzung zu Alt. 2 erfüllt der Schuldner bei Alt. 1 die titulierte Pflicht selbst.[3]

Vollstreckbare Schuldtitel iSd Alt. 1 sind insb. rechtskräftige oder für vorläufig 3
vollstreckbar erklärte Endurteile (§ 704 ZPO). Ferner kommen in Betracht die

---

26 MüKo-AnfG/*Kirchhof*, § 9 Rn 19.
27 Kübler/Prütting/*Paulus*, § 9 AnfG Rn 5; *Nerlich/Niehus*, § 9 Rn 10.
28 OLG Frankfurt MDR 1976, 676 = WM 1976, 466; RGZ 96, 335; *Jaeger*, § 5 Anm. 11;
MüKo-AnfG/*Kirchhof*, § 9 Rn 21 ff.
29 OLG Frankfurt MDR 1976, 676 = WM 1976, 466; vgl auch *Jaeger*, § 5 Anm. 3, 11:
auch mehrjährige Frist möglich.
30 *Huber*, § 9 Rn 12; MüKo-AnfG/*Kirchhof*, § 9 Rn 25; Zöller/*Stöber*, § 224 ZPO Rn 2.
31 *Hess*, § 9 AnfG Rn 16; *Huber*, § 9 Rn 15; MüKo-AnfG/*Kirchhof*, § 9 Rn 28; *Nerlich/
Niehus*, § 9 Rn 10.
32 *Jaeger*, § 5 Anm. 10; MüKo-AnfG/*Kirchhof*, § 9 Rn 29; Kübler/Prütting/*Paulus*, § 9
AnfG Rn 7; *Nerlich/Niehus*, § 9 Rn 10.
1 *Huber*, § 10 Rn 1; Kübler/Prütting/*Paulus*, § 10 AnfG Rn 1; *Jaeger*, § 6 Anm. 2.
2 *Jaeger*, § 5 Anm. 10; MüKo-AnfG/*Kirchhof*, § 10 Rn 1; Kübler/Prütting/*Paulus*, § 10
AnfG Rn 1; *Zeuner*, Rn 383.
3 *Huber*, § 10 Rn 3.

Titel aus § 794 Abs. 1 Nr. 1–5 ZPO, Titel nach § 801 ZPO, Arreste und einstweilige Verfügungen, der Eintrag in der Insolvenztabelle (§ 201 Abs. 2 InsO), ein rechtskräftig bestätigter Insolvenzplan iVm der Eintragung in die Insolvenztabelle (§ 257 Abs. 1, 2 InsO), der Zuschlagsbeschluss (§ 93 ZVG) sowie vollziehbare Verwaltungsakte der Verwaltungs- oder Steuerbehörden.[4]

4 Der Titel behält seine **Bedeutung im Verhältnis zwischen Anfechtungsgegner und Schuldner**,[5] wenn die titulierte Forderung des Anfechtungsgegners wieder auflebt (s. § 12 Rn 5 ff).

5 Der vom Anfechtungsgegner gegen den Schuldner erwirkte Titel kann ggf gem. §§ 3–6 a **selbständig angefochten** werden, auch wenn das dem Titel zugrunde liegende Rechtsverhältnis der Anfechtung entzogen ist. Da jedoch nur Rechtshandlungen des Schuldners Gegenstand der Anfechtung sein können, ist Voraussetzung, dass dieser an der Erlangung des Titels mitgewirkt hat[6] (s. § 1 Rn 9), zB durch sofortige Unterwerfung unter die Zwangsvollstreckung, Eingehung eines Prozessvergleiches oder unterlassener rechtlicher Verteidigung. Der Titelerwerb ist erst dann anfechtbar, wenn aus ihm auch vollstreckt wird.[7]

III. Zwangsvollstreckung (Alt. 2)

6 Auch wenn der Schuldner die Rechtshandlung nicht freiwillig vorgenommen hat, sondern diese mittels staatlichen Zwangs erwirkt wurde, hindert dies nicht die Anfechtung (Alt. 2). Die Handlung des Vollstreckungsorgans wird dem Schuldner grds. zugerechnet.[8] Voraussetzung dafür ist, dass der Schuldner irgendwie fördernd mitgewirkt hat.[9] Der Begriff „Zwangsvollstreckung" in Alt. 2 bezieht sich auf das gesamte 8. Buch der ZPO und umfasst daher auch die Vollziehung von Arrest und einstweiliger Verfügung (§§ 928, 936 ZPO).[10] Der Vollstreckungsakt selbst kann ebenfalls nach §§ 3–6 a anfechtbar sein.

§ 11 Rechtsfolgen

(1) ¹Was durch die anfechtbare Rechtshandlung aus dem Vermögen des Schuldners veräußert, weggegeben oder aufgegeben ist, muß dem Gläubiger zur Verfügung gestellt werden, soweit es zu dessen Befriedigung erforderlich ist. ²Die Vorschriften über die Rechtsfolgen einer ungerechtfertigten Bereicherung, bei der dem Empfänger der Mangel des rechtlichen Grundes bekannt ist, gelten entsprechend.

(2) ¹Der Empfänger einer unentgeltlichen Leistung hat diese nur zur Verfügung zu stellen, soweit er durch sie bereichert ist. ²Dies gilt nicht, sobald er weiß oder den Umständen nach wissen muß, daß die unentgeltliche Leistung die Gläubiger benachteiligt.

(3) ¹Im Fall der Anfechtung nach § 6 a hat der Gesellschafter, der die Sicherheit bestellt hatte oder als Bürge haftete, die Zwangsvollstreckung in sein Vermögen bis zur Höhe des Betrags zu dulden, mit dem er als Bürge haftete oder der dem

---

4 *Huber*, § 10 Rn 4; MüKo-AnfG/*Kirchhof*, § 10 Rn 6; Kübler/Prütting/*Paulus*, § 10 AnfG Rn 4.
5 *Hess*, § 10 AnfG Rn 2; *Zeuner*, Rn 383; *Huber*, § 10 Rn 3.
6 *Nerlich/Niehus*, § 10 Rn 3; *Huber*, § 10 Rn 6; Kübler/Prütting/*Paulus*, § 10 AnfG Rn 2; *Hess*, § 10 AnfG Rn 3.
7 *Huber*, § 10 Rn 6.
8 Kübler/Prütting/*Paulus*, § 10 AnfG Rn 5; *Huber*, § 10 Rn 1.
9 *Huber*, § 10 Rn 7.
10 *Nerlich/Niehus*, § 10 Rn 4 f; Kübler/Prütting/*Paulus*, § 10 AnfG Rn 5.

Wert der von ihm bestellten Sicherheit im Zeitpunkt der Rückgewähr des Darlehens oder der Leistung auf die gleichgestellte Forderung entspricht. ²Der Gesellschafter wird von der Verpflichtung frei, wenn er die Gegenstände, die dem Gläubiger als Sicherheit gedient hatten, dem Gläubiger zur Verfügung stellt.

I. Allgemeines 1
II. Der Primäranspruch (Abs. 1 S. 1) 3
III. Der Sekundäranspruch (Abs. 1 S. 2) 8
IV. Die Haftung bei unentgeltlichem Erwerb (Abs. 2) 11
1. Privilegierung des gutgläubigen Empfängers (Abs. 2 S. 1) 11
2. Haftung bei Bösgläubigkeit des Empfängers (Abs. 2 S. 2) 14
V. Anfechtung nach § 6 a (Abs. 3) .. 17

I. Allgemeines

§ 11 regelt Art und Umfang der **Rechtsfolgen** einer begründeten Anfechtung nach dem AnfG. Anders als bei der Insolvenzanfechtung ist der **Primäranspruch** (Abs. 1 S. 1) nicht auf Rückgewähr iS einer Rückübertragung von Rechten gerichtet, sondern lediglich auf **Wiederherstellung der Zugriffslage**, die dem Anfechtenden gestattet, wegen seiner Geldforderung die Zwangsvollstreckung nach Maßgabe der §§ 803 ff ZPO in den Gegenstand zu betreiben.[1] Durch den **Sekundäranspruch** (Abs. 1 S. 2) wird bei Unmöglichkeit der Wiederherstellung der Zugriffslage oder Verschlechterung des anfechtbar erworbenen Gegenstandes der Anfechtungsgegner haftungsrechtlich so gestellt wie ein **bösgläubiger Bereicherungsschuldner**.[2] Abs. 2 enthält eine **Haftungsprivilegierung** für den Empfänger einer unentgeltlichen Leistung.

Durch das Gesetz zur Modernisierung des GmbH-Rechts und zur Bekämpfung von Missbräuchen (MoMiG)[3] wurde Abs. 3 eingefügt. Die allgemeinen Rechtsfolgen des § 11 passen nicht für den Fall der **Anfechtung aufgrund § 6 a**.[4] Anfechtungsgegner ist der durch die Leistung der Gesellschaft frei gewordene Gesellschafter, der als Bürge haftete oder Sicherheit bestellt hatte, und nicht der Drittgläubiger.[5]

II. Der Primäranspruch (Abs. 1 S. 1)

Nach Abs. 1 S. 1 muss das, was durch die anfechtbare Rechtshandlung aus dem Vermögen des Schuldners veräußert, weggegeben oder aufgegeben ist, dem Gläubiger zur Verfügung gestellt werden, soweit es zu dessen Befriedigung erforderlich ist. Die Vorschrift normiert den Grundsatz, dass die Zugriffslage wieder herzustellen ist, die bestünde, wenn der anfechtbar weggegebene **Gegenstand** noch im Vermögen des Schuldners vorhanden wäre. Zur Verfügung zu stellen ist deshalb das, was durch die anfechtbare Handlung aus dem Vermögen des Schuldners weggegeben worden ist, und nicht das, was in das Vermögen des Anfechtungsgegners gelangt ist.[6] Der Anspruch geht grds. auf **Duldung der Zwangsvollstreckung** (s. ferner § 13 Rn 7 ff).

---

1 BT-Drucks. 12/3803, S. 58.
2 BT-Drucks. 12/3803, S. 58.
3 BGBl. I 2008 S. 2026.
4 BT-Drucks. 16/6140, S. 57 (zu § 143 Abs. 3 InsO), S. 58.
5 BT-Drucks. 16/6140, S. 57 (zu § 143 Abs. 3 InsO), S. 58.
6 BGHZ 124, 298 = NJW 1994, 726; *Gaul*, in: Gaul/Schilken/Becker-Eberhard, § 35 Rn 106.

4 Neben dem Gegenstand in Natur sind auch die gezogenen **Nutzungen** mit zur Verfügung zu stellen.[7] Dies gilt auch, wenn die Nutzungen allein durch die Mitbenutzung einer dem Schuldner gehörenden Sache gezogen wurden.[8] Ferner sind schuldhaft nicht gezogene Nutzungen herauszugeben (Abs. 1 S. 2, §§ 819, 818 Abs. 4, 292 Abs. 2, 987 BGB).[9] Schuldhaft nicht gezogene Nutzungen sind jedoch dann nicht herauszugeben, wenn sie auch der Schuldner nicht gezogen hätte; denn dies widerspräche dem im Anfechtungsrecht geltenden Grundsatz, dass nur dasjenige zur Verfügung zu stellen ist, was dem Schuldnervermögen tatsächlich entzogen wurde.[10]

5 **Verwendungen** und **Aufwendungen** (s. § 12 Rn 9) betreffend hat der Anfechtungsgegner grds. ein Wegnahmerecht (Abs. 1 S. 2, §§ 819, 818 Abs. 4, 292, 994 ff BGB).[11] Bei Unmöglichkeit der Wegnahme ist der Anfechtungsgegner vorweg aus dem Vollstreckungserlös zu befriedigen. Insoweit kann ihm ein Zurückbehaltungsrecht zustehen.[12]

6 Andere **Werterhöhungen**, insb. solche, die ohne Zutun des Anfechtungsgegners eingetreten sind, sind grds. zugunsten des Anfechtungsgläubigers zu berücksichtigen.[13] Hat der Anfechtungsgegner **Wertminderungen** schuldhaft verursacht, die beim Schuldner nicht eingetreten wären, dann ist der Anfechtungsgegner dem Gläubiger zu Wertersatz verpflichtet.[14]

7 Der Anfechtungsgegner kann den Anspruch aus Abs. 1 S. 1 durch Zahlung eines Geldbetrags abwehren, der die Gläubigerbenachteiligung beseitigt. Hierfür ist idR das voraussichtliche Vollstreckungsergebnis (Darlegungs- und Beweislast beim Anfechtungsgegner) maßgebend.[15]

III. Der Sekundäranspruch (Abs. 1 S. 2)

8 Ist dem Anfechtungsgegner die Rückgewähr aus tatsächlichen oder rechtlichen Gründen unmöglich, so haftet er auf Wertersatz, sofern er die Unmöglichkeit zu vertreten hat. Die Unmöglichkeit der Primärleistung aus Abs. 1 S. 1 ist eine Voraussetzung der Sekundärhaftung (Abs. 1 S. 2). Folglich besteht zwischen beiden Ansprüchen kein Alternativverhältnis; der Wertersatzanspruch ist ein Ersatz- bzw Sekundäranspruch.[16]

9 Aufgrund der Verweisung des Abs. 1 S. 2 auf die Rechtsfolgen einer ungerechtfertigten Bereicherung haftet der Anfechtungsgegner auf Wertersatz nach den §§ 819 Abs. 1, 818 Abs. 4, 292 Abs. 1, 989, 990 BGB, dh nur bei **schuldhafter** Verursachung der Unmöglichkeit.[17] Für den zufälligen Untergang haftet der Anfechtungsgegner mithin nach neuem Recht grds. nicht.[18] Abs. 1 S. 2 stellt den Anfechtungsgegner haftungsrechtlich wie einen bösgläubigen Bereicherungsschuldner.[19]

---

7 *Gaul*, in: Gaul/Schilken/Becker-Eberhard, § 35 Rn 106; *Huber*, § 11 Rn 28; *Nerlich/Niehus*, § 11 Rn 19.
8 RG JW 1937, 3243.
9 *Gaul*, in: Gaul/Schilken/Becker-Eberhard, § 35 Rn 106.
10 *Nerlich/Niehus*, § 11 Rn 20; *Zeuner*, Rn 494.
11 *Gaul*, in: Gaul/Schilken/Becker-Eberhard, § 35 Rn 116.
12 *Gaul*, in: Gaul/Schilken/Becker-Eberhard, § 35 Rn 116; Kübler/Prütting/*Paulus*, § 11 AnfG Rn 14.
13 BGH ZIP 1996, 1907.
14 *Zeuner*, Rn 498.
15 BGH NJW-RR 2011, 451.
16 *Huber*, § 11 Rn 37; *Nerlich/Niehus*, § 11 Rn 28.
17 *Nerlich/Niehus*, § 11 Rn 25.
18 *Huber*, § 11 Rn 41.
19 BT-Drucks. 12/3803, S. 58.

Zu ersetzen ist grds. der **Wert**, den der Gegenstand zur Zeit der letzten mündlichen Verhandlung in der Tatsacheninstanz hatte.[20] Der Anfechtungsgläubiger braucht sich nicht mit einem Erlös des Anfechtungsgegners zu begnügen, der unter dem Wert der veräußerten Sache geblieben ist.[21] Umgekehrt indes kann der Anfechtungsgläubiger einen Mehrerlös herausverlangen.[22] Dies folgt aus der Verweisung des Abs. 1 S. 2 auf § 818 Abs. 4 BGB: Die dort in Bezug genommenen allgemeinen Vorschriften umfassen auch § 285 BGB.[23]

IV. Die Haftung bei unentgeltlichem Erwerb (Abs. 2)

1. Privilegierung des gutgläubigen Empfängers (Abs. 2 S. 1). Abs. 2 S. 1 stellt den Grundsatz auf, dass der Empfänger einer unentgeltlichen Leistung diese nur zur Verfügung zu stellen hat, soweit er durch sie bereichert ist. Normzweck ist der **Schutz gutgläubiger Empfänger** unentgeltlicher Leistungen. Der Grund für die Privilegierung liegt darin, dass die Anfechtung unentgeltlicher Leistungen weit zurückreichen kann und es deshalb unbillig wäre, auch denjenigen Empfänger auf vollen Wertersatz haften zu lassen, der bei der Annahme der Zuwendung die objektive Gläubigerbenachteiligung nicht kannte.[24] Der gutgläubige Empfänger haftet nicht für die schuldhafte Unmöglichkeit der Rückgewähr bzw Verschlechterung des anfechtbar erlangten Gegenstandes und auch nicht für schuldhaft nicht gezogene Nutzungen.[25] Er kann sich auf den **Entreicherungseinwand** (§ 818 Abs. 3 BGB) berufen.

Analog Abs. 2 haftet auch der minderjährige **Geschäftsunfähige** bzw **beschränkt Geschäftsfähige** als Anfechtungsgegner nicht für die durch seinen gesetzlichen Vertreter bewirkte Entreicherung.[26]

Der **gute Glaube** des Empfängers der unentgeltlichen Leistung muss zur Zeit des Eintritts der Unmöglichkeit vorgelegen haben; andernfalls verbleibt es bei der Haftung nach Abs. 1.[27]

2. Haftung bei Bösgläubigkeit des Empfängers (Abs. 2 S. 2). Bei Bösgläubigkeit des Empfängers einer unentgeltlichen Leistung haftet dieser ab dem Zeitpunkt der Bösgläubigkeit **verschärft** für die zu diesem Zeitpunkt noch vorhandene Bereicherung.[28] Nachträgliche Bösgläubigkeit schadet also; die Haftung entsteht allerdings erst vom Zeitpunkt der Bösgläubigkeit an.[29]

Abs. 2 S. 2 definiert die Bösgläubigkeit. Der Empfänger ist bösgläubig, sobald er weiß oder den Umständen nach wissen muss, dass die unentgeltliche Leistung die

---

20 BGHZ 89, 189 = NJW 1984, 1557; *Gaul*, in: Gaul/Schilken/Becker-Eberhard, § 35 Rn 120.
21 BGH NJW 1980, 1580.
22 *Huber*, § 11 Rn 44; *Zeuner*, Rn 502. AA *Gaul*, in: Gaul/Schilken/Becker-Eberhard, § 35 Rn 118; *Nerlich/Niehus*, § 11 Rn 27.
23 BGH NJW 1980, 178 für § 281 BGB aF; Palandt/*Sprau*, § 818 BGB Rn 52.
24 BFH NJW 2004, 3510; *Gaul*, in: Gaul/Schilken/Becker-Eberhard, § 35 Rn 122.
25 BT-Drucks. 12/3803, S. 58 unter Hinweis auf BT-Drucks. 12/2443, S. 167 zu § 162 Abs. 2 RegE-InsO.
26 BFH NJW 2004, 3510; *Gaul*, in: Gaul/Schilken/Becker-Eberhard, § 35 Rn 122.
27 *Huber*, § 11 Rn 48.
28 *Huber*, § 11 Rn 50.
29 BT-Drucks. 12/3803, S. 58 unter Hinweis auf BT-Drucks. 12/2443, S. 168 zu § 162 Abs. 2 RegE-InsO.

Gläubiger benachteiligt. Erforderlich ist dabei positive **Kenntnis** bzw **grob fahrlässige**[30] **Unkenntnis.** Fahrlässige Unkenntnis genügt nicht.[31]

16 Gemäß Abs. 2 S. 2 muss der **Anfechtungsgläubiger darlegen und beweisen,** dass der Anfechtungsgegner bösgläubig war. Die Verteilung der Darlegungs- und Beweislast steht vor dem Hintergrund, dass der Anfechtungsgegner mit einem Negativbeweis (fehlende Bösgläubigkeit) übermäßig belastet wäre.[32] Die Beweislastverteilung nach Abs. 2 S. 2 gilt auch gegenüber dem Schuldner **nahestehenden Personen.** Den Besonderheiten solcher Fälle ist im Rahmen der Beweiswürdigung Rechnung zu tragen[33] und nicht etwa in analoger Anwendung des § 3 Abs. 2 S. 2.[34]

V. Anfechtung nach § 6 a (Abs. 3)

17 Abs. 3 betrifft die Anfechtung von Rechtshandlungen auf Gesellschafterdarlehen und gleich zu bewertende Leistungen gem. § 6 a und entspricht § 143 Abs. 3 InsO. Die Notwendigkeit für die spezielle Regelung dieser Fälle ergibt sich aus der bestehenden Dreieckskonstellation aus Anfechtungsgläubiger, schuldender Gesellschaft und Gesellschafter.[35] Der Gläubiger kann dann ersatzweise auf das Vermögen des Gesellschafters zurückgreifen. Begrenzt wird dieser Zugriff jedoch durch die Höhe der Forderung des Anfechtungsgläubigers, die bereits erfolgte Tilgung durch die schuldende Gesellschaft und den Wert der vom Gesellschafter erbrachten Sicherheit.[36] Wenn der Anfechtungsgegner eine Realsicherheit gestellt hatte,[37] gibt S. 2 ihm die Möglichkeit, die Zwangsvollstreckung in sein Vermögen dadurch abzuwenden, dass er dem Gläubiger diese Gegenstände zur Verfügung stellt.

§ 12 Ansprüche des Anfechtungsgegners

Wegen der Erstattung einer Gegenleistung oder wegen eines Anspruchs, der infolge der Anfechtung wiederauflebt, kann sich der Anfechtungsgegner nur an den Schuldner halten.

I. Allgemeines

1 § 12 stellt das Verhältnis zwischen dem Schuldner und dem Anfechtungsgegner heraus. Der Anfechtungsgegner kann sich zwar **nicht an den Anfechtungsberechtigten halten,** er kann aber den **Schuldner „in Regress" nehmen.** Dies betrifft zunächst die Erstattung der Gegenleistung und zum anderen das Wiederaufleben eines Anspruchs.

2 Im Rahmen der Insolvenzanfechtung besteht mit § 144 InsO eine dem § 12 inhaltlich vergleichbare Regelung.

---

30 *Nerlich/Niehus*, § 11 Rn 31. AA (fahrlässige Unkenntnis genügt) *Gaul*, in: Gaul/Schilken/Becker-Eberhard, § 35 Rn 123; *Huber*, § 11 Rn 51. Zu § 143 Abs. 2 S. 2 InsO s. Kübler/Prütting/*Jacoby*, § 143 InsO Rn 70 f (einfache Fahrlässigkeit).
31 BT-Drucks. 12/3803, S. 58 unter Hinweis auf BT-Drucks. 12/2443, S. 168 zu § 162 Abs. 2 RegE-InsO.
32 BT-Drucks. 12/3803, S. 58 unter Hinweis auf BT-Drucks. 12/2443, S. 168 zu § 162 Abs. 2 RegE-InsO.
33 *Huber*, § 11 Rn 53.
34 So aber OLG Düsseldorf NZI 2001, 477.
35 MüKo-AnfG/*Kirchhof*, § 11 Rn 146.
36 MüKo-AnfG/*Kirchhof*, § 12 Rn 147.
37 MüKo-AnfG/*Kirchhof*, § 12 Rn 148.

II. Regelungsgehalt

1. Erstattung einer Gegenleistung. Zunächst bezieht sich § 12 auf die Erstattung einer Gegenleistung. Damit ist nicht nur das im Synallagma zur anfechtbaren Leistung stehende Entgelt gemeint, sondern alles, was der Anfechtungsgegner dem Schuldner aufgrund des anfechtbaren Tatbestands zukommen lassen hat.[1] So kann bei der Auflagenschenkung und bei dem mit einer Auflage beschwertem Vermächtnis die Auflage Gegenleistung iSd § 12 sein.[2]

§ 12 begründet **keinen Anspruch des Anfechtungsgegners**.[3] Ob ein solcher Anspruch besteht, beurteilt sich **nach Bürgerlichem Recht**.[4] In Betracht kommt zunächst Gewährleistungsrecht, da das Anfechtungsschuldverhältnis einen Rechtsmangel iSd § 435 BGB darstellt.[5] Zudem entfällt durch die Erfüllung des Anspruchs aus § 11 für die Leistung des Anfechtungsgegners an den Schuldner der rechtliche Grund (§ 812 Abs. 1 S. 2 BGB).[6]

2. Wiederaufleben erloschener Forderungen. § 12 bezieht sich auch auf die Geltendmachung von Forderungen gegenüber dem Schuldner, die infolge der Anfechtung wiederaufgelebt sind. Was es mit solchen Ansprüchen auf sich hat, erschließt sich aus **§ 144 Abs. 1 InsO**. Die Vorschrift lautet:

§ 144 InsO Ansprüche des Anfechtungsgegners

(1) Gewährt der Empfänger einer anfechtbaren Leistung das Erlangte zurück, so lebt seine Forderung wieder auf.

(2) ...

§ 12 enthält keine entsprechende Regelung, gibt aber den Weg für die Geltendmachung einer Forderung vor, die wiederaufgelebt ist. Daraus kann nur der Schluss gezogen werden, dass **Ansprüche, die durch die Bewirkung der anfechtbaren Leistung erloschen** sind, auch im Bereich des AnfG **durch Rückgewähr wiederaufleben**.[7] Die Forderung lebt in dem Umfang wieder auf, in dem der Anfechtungsgegner dem Gläubiger die anfechtbar erworbene Leistung zur Verfügung stellt.[8]

Für die Frage der **Verjährung** solcher Ansprüche bleibt die Zeit, während der die Forderung erloschen war, außer Betracht. Analog § 206 BGB ist der Lauf der Verjährungsfrist ab der anfechtbaren Erfüllungshandlung gehemmt.[9] Die Hemmung endet mit erstmaliger Geltendmachung des Anfechtungsrechts.[10] Eine weitergehende Hemmung der Verjährung kann der Anfechtungsgegner durch Zustellung einer Streitverkündung[11] (§ 204 Abs. 1 Nr. 6 BGB) an den Schuldner erreichen. Die Verjährung ist nur gehemmt (§ 209 BGB), sie beginnt aber nicht erneut (§ 212 BGB).[12] Durch das Wiederaufleben der Forderung soll eine Schlechterstellung des Anfechtungsgegners gegenüber dem Schuldner verhindert werden; es besteht aber kein Grund, ihn besser zu stellen als ohne die anfechtbare Erfüllungs-

---

1 *Huber*, § 12 Rn 3; MüKo-AnfG/*Kirchhof*, § 12 Rn 18.
2 *Zeuner*, Rn 508.
3 *Huber*, § 12 Rn 3; MüKo-AnfG/*Kirchhof*, § 12 Rn 17.
4 MüKo-AnfG/*Kirchhof*, § 12 Rn 17; *Zeuner*, Rn 508.
5 MüKo-AnfG/*Kirchhof*, § 12 Rn 17; Kübler/Prütting/*Paulus*, § 12 AnfG Rn 4.
6 *Huber*, § 12 Rn 4; MüKo-AnfG/*Kirchhof*, § 12 Rn 17.
7 RGZ 86, 102.
8 MüKo-AnfG/*Kirchhof*, § 12 Rn 9; Kübler/Prütting/*Paulus*, § 12 AnfG Rn 5.
9 *Huber*, § 12 Rn 5.
10 So *v. Olshausen*, KTS 2001, 45 zu § 144 InsO. AA MüKo-AnfG/*Kirchhof*, § 12 Rn 10 (Hemmung bis Rechtskraft des Anfechtungsurteils).
11 *Jaeger*, § 8 Anm. 15; Kübler/Prütting/*Paulus*, § 12 AnfG Rn 7; *Huber*, § 12 Rn 10.
12 *Hess*, § 144 InsO Rn 8; aA Kübler/Prütting/*Jacoby*, § 144 InsO Rn 12.

handlung. Eine derartige Besserstellung würde sich aber gerade durch den Neubeginn der Verjährung ergeben.

7 Neben der Forderung des Anfechtungsgegners gegen den Schuldner leben auch **Neben-** und **Sicherungsrechte** der Forderung in der Form wieder auf, wie sie im Zeitpunkt ihres Erlöschens Bestand hatten.[13] Dies umfasst zunächst vom Schuldner gestellte Sicherheiten, und zwar sowohl akzessorische als auch abstrakte;[14] ferner Drittsicherheiten für die Verbindlichkeit des Schuldners.[15] Urkunden über anfechtbar getilgte Forderungen sind dem Anfechtungsgegner zurückzugeben oder ggf wiederherzustellen.[16]

8 **3. Anspruchsrichtung.** Der Anfechtungsgegner kann sich wegen seiner Gegenansprüche allein an den Schuldner halten; ihm steht auch **kein Zurückbehaltungsrecht gegenüber dem Anfechtungsgläubiger** zu.[17] Da bei der Einzelgläubigeranfechtung jedoch die Zwangsvollstreckung in das Schuldnervermögen bereits erfolglos war bzw voraussichtlich sein wird (§ 2), geht der Anfechtungsgegner idR leer aus. Darin mag eine Benachteiligung des Anfechtungsgegners bei der Einzelgläubigeranfechtung gegenüber der Insolvenzanfechtung liegen, weil der Anfechtungsgegner dort wenigstens die Insolvenzquote erhält. Verfassungsrechtliche Bedenken (Art. 3 Abs. 1 GG) hiergegen[18] sind nicht durchschlagend.[19] Der Anfechtungsgegner hat freilich die Möglichkeit, rechtzeitig Insolvenzantrag zu stellen, um Befriedigung in Höhe der Insolvenzquote zu erreichen.[20]

9 **4. Ersatz von Verwendungen und Aufwendungen.** Hat der Anfechtungsgegner den Wert des anfechtbar erworbenen Gegenstandes unter Einsatz eigener Mittel wesentlich erhöht, so steht ihm bei der Verteilung des Erlöses nach der von ihm zu duldenden Zwangsvollstreckung ein Anspruch auf Ersatz seiner Aufwendungen zu.[21] Bei Trennbarkeit besteht ein Wegnahmerecht (s. § 11 Rn 5). Soweit der Anfechtungsgegner Kosten getragen hat, die ohne die anfechtbare Rechtshandlung beim Schuldner entstanden wären (zB Lager- oder Inkassokosten), hat er diesem ohne Rechtsgrund Aufwendungen erspart. Der Anfechtungsgegner hat dann Anspruch auf Erstattung der Kosten, die er gleichsam anstelle des Schuldners getragen hat.[22]

§ 13 Bestimmter Klageantrag

Wird der Anfechtungsanspruch im Wege der Klage geltend gemacht, so hat der Klageantrag bestimmt zu bezeichnen, in welchem Umfang und in welcher Weise der Anfechtungsgegner das Erlangte zur Verfügung stellen soll.

---

13 RGZ 20, 157; *Huber*, § 12 Rn 5; *Nerlich/Niehus*, § 12 Rn 6; Kübler/Prütting/*Paulus*, § 12 AnfG Rn 5; MüKo-AnfG/*Kirchhof*, § 12 Rn 12 ff. S. auch BT-Drucks. 12/2443, S. 168 zu § 163 RegE-InsO.
14 *Gaul*, in: Gaul/Schilken/Becker-Eberhard, § 35 Rn 114. Ferner OLG Brandenburg ZInsO 2004, 504 zu § 144 InsO. AA betr. abstrakte Sicherheiten Kübler/Prütting/*Jacoby*, § 144 InsO Rn 16.
15 OLG Brandenburg ZInsO 2004, 504 zu § 144 InsO.
16 OLG Brandenburg ZInsO 2004, 504 zu § 144 InsO.
17 *Huber*, § 12 Rn 6; *Zeuner*, Rn 510.
18 So *Plander*, KTS 1972, 158.
19 *Huber*, § 12 Rn 8; Kübler/Prütting/*Paulus*, § 12 AnfG Rn 3.
20 *Nerlich/Niehus*, § 12 Rn 2.
21 BGH NJW 1984, 2890.
22 BGH NJW 1991, 2144 = ZIP 1991, 807; BGH NJW 1992, 1829.

I. Allgemeines	1	1. Grundsätze	7
II. Klagearten	2	2. Einzelfälle	10
1. Leistungs- und Feststellungsklage	2	IV. Prozessuale Fragen bei der Leistungsklage	15
2. Gestaltungsklage	5	1. Rechtsweg	15
III. Anforderungen an den Klageantrag	7	2. Sachliche Zuständigkeit	16
		3. Örtliche Zuständigkeit	17

I. Allgemeines

Das Anfechtungsrecht kann durch Erhebung von Klage oder Widerklage bzw Einrede oder Gegeneinrede geltend gemacht werden. § 13 normiert die Anforderungen, welche bei der Geltendmachung durch Klage zu beachten sind.

II. Klagearten

1. Leistungs- und Feststellungsklage. Grundsätzlich muss **Leistungsklage** erhoben werden. Aus § 13 ergibt sich, dass eine positive **Feststellungsklage des Anfechtungsgläubigers** unstatthaft und somit **unzulässig** ist.[1]

Die Frage, ob eine unzulässige Feststellungsklage die Anfechtungsfrist wahrt, ist anhand der Voraussetzungen des § 7 Abs. 2 zu beantworten.[2] Eine eigenständige Funktion als fristwahrende Geltendmachung des Anfechtungsanspruchs kommt der Feststellungsklage des Gläubigers nicht zu.[3] Die Anforderungen an eine fristwahrende Anfechtungsankündigung iSd § 7 Abs. 2 sind nicht gegeben, wenn statt der Feststellungs- bereits eine Leistungsklage erhoben werden könnte; die Feststellungsklage wahrt dann weder eigenständig die Anfechtungsfrist, noch ist sie eine zulässige Anfechtungsankündigung.

Von einer unzulässigen Feststellungsklage kann (ggf nach richterlichem Hinweis, § 139 ZPO) zur Leistungsklage übergegangen werden.[4] Für die Fristwahrung ist dann der Zeitpunkt der **Klageänderung** maßgeblich.

2. Gestaltungsklage. Lässt ein Gläubiger des Anfechtungsgegners den anfechtbar erlangten Gegenstand pfänden, dann kann der Anfechtungsgläubiger Drittwiderspruchsklage (§ 771 ZPO)[5] oder vorrangig (insoweit str) – wohl zutreffend[6] – **Vorzugsklage**[7] (§ 805 ZPO) erheben. Der Anfechtungsgläubiger braucht keinen Vorprozess – Anfechtungsklage gegen den Anfechtungsgegner – zu führen, weil die Anfechtbarkeit als Vorfrage im Drittwiderspruchs- bzw Vorzugsrechtsstreit geprüft wird.[8] Die Gestaltungsklage ist nicht an den Anforderungen des § 15 zu messen.[9] Dies wäre nur der Fall, wenn der Erwerb beim Gläubiger des Anfech-

---

1 RGZ 57, 102; 133, 46; *Nerlich/Niehus*, § 13 Rn 16; *Huber*, § 13 Rn 3, 5; *Jaeger*, § 9 Anm. 4; *Gaul*, in: Gaul/Schilken/Becker-Eberhard, § 35 Rn 137; *Zeuner*, Rn 518. AA Kübler/Prütting/*Paulus*, § 13 AnfG Rn 3.
2 *Eckardt*, S. 358; *Gaul*, in: Gaul/Schilken/Becker-Eberhard, § 35 Rn 137.
3 RG JW 1931, 40; *Huber*, § 13 Rn 6; *Jaeger*, § 9 Anm. 4; MüKo-AnfG/*Kirchhof*, § 13 Rn 6. AA *Eckardt*, S. 357 f; *Nerlich/Niehus*, § 13 Rn 16.
4 *Huber*, § 13 Rn 6; MüKo-AnfG/*Kirchhof*, § 13 Rn 8; *Nerlich/Niehus*, § 13 Rn 16.
5 Hk-ZPO/*Kindl*, § 771 Rn 2; Stein/Jonas/*Münzberg*, § 771 ZPO Rn 40; Zöller/*Herget*, § 771 ZPO Rn 14 „Anfechtungsrecht"; Musielak/*Lackmann*, § 771 ZPO Rn 29; MüKo-ZPO/K. *Schmidt*, § 771 Rn 44; *K. Schmidt*, JZ 1987, 891; *ders.*, JZ 1990, 619; *Henckel*, JuS 1985, 836.
6 S. *Gaul*, in: Gaul/Schilken/Becker-Eberhard, § 35 Rn 147. Gegen Drittwiderspruchsklage des Anfechtungsgläubigers auch BGH NJW 1990, 990 (zu § 37 KO); *Huber*, § 13 Rn 4.
7 MüKo-ZPO/*Gruber*, § 805 Rn 18; MüKo-AnfG/*Kirchhof*, § 13 Rn 5; *Nerlich/Niehus*, § 13 Rn 18; *Huber*, § 13 Rn 4; *Gaul*, in: Gaul/Schilken/Becker-Eberhard, § 35 Rn 144.
8 *K. Schmidt*, JZ 1987, 891.
9 *Gerhardt*, S. 337 ff. AA *Paulus*, AcP 155 (1956), 277.

tungsgegners vollendet wäre und somit ein eigenständiges Anfechtungsrecht gegenüber dem Gläubiger als Rechtsnachfolger geltend gemacht würde.[10]

6 Richtet sich der Anfechtungsanspruch auf der Sekundärebene auf **Wertersatz**, dann kann der Anfechtungsgläubiger gegen Gläubiger des Anfechtungsgegners nicht nach § 771 ZPO oder § 805 ZPO vorgehen, denn er hat lediglich einen schuldrechtlichen Anspruch, um dessen Durchsetzung er konkurriert.[11]

III. Anforderungen an den Klageantrag

7 **1. Grundsätze.** Die Klageschrift muss die bestimmte Angabe des Gegenstandes und des Grundes des erhobenen Anspruchs sowie einen bestimmten Antrag enthalten (§ 253 Abs. 2 Nr. 2 ZPO). § 13 konkretisiert dies für den Klageantrag einer Anfechtungsklage. Der Klageantrag hat bestimmt zu bezeichnen, in welchem Umfang und in welcher Weise der Anfechtungsgegner das Erlangte zur Verfügung stellen soll.

8 Der zu vollstreckende **Anspruch auf Zahlung einer Geldsumme** ist **in bestimmter Höhe** anzugeben.[12] Soweit der Anfechtungsgläubiger mehrere Forderungen gegen den Schuldner hat, muss aus dem Antrag auch hervorgehen, wegen welcher Forderung die Anfechtung betrieben wird.[13] Dabei können mehrere Forderungen in Form einer objektiven Klagehäufung nach § 260 ZPO verfolgt werden.[14] Ist die zu vollstreckende Forderung bereits teilweise befriedigt, so muss der noch offene Teilbetrag im Klageantrag beziffert werden.[15]

9 Ferner muss der Klageantrag enthalten, **in welcher Weise** der Anfechtungsgegner das Erlangte zur Verfügung stellen soll. Grundsätzlich geht der **Primäranspruch** auf Duldung der Zwangsvollstreckung, sein Inhalt hängt jedoch wesentlich von dem Gegenstand der Anfechtung ab.[16] Sofern der Primäranspruch auch Nutzungen umfasst (s. § 11 Rn 4), ist der Duldungsantrag um einen Zahlungsantrag zu ergänzen.[17] Auf **Sekundärebene** (Wertersatz) muss der Klageantrag auf Zahlung einer genau bezifferten Geldsumme lauten.[18]

10 **2. Einzelfälle.** Handelt es sich bei dem Anfechtungsgegenstand um einen **Geldbetrag**, so richtet sich der Klageantrag auf Auszahlung des Betrages[19] bzw bei Hinterlegung auf Einwilligung in die Auszahlung an den Anfechtungsgläubiger.[20]

11 Bei beweglichen und unbeweglichen **Sachen** geht der Klageantrag auf Duldung der Zwangsvollstreckung. Soweit ein **Miteigentumsanteil** anfechtbar übertragen wurde, muss der Anfechtungsgegner die Zwangsvollstreckung in den Anteil dulden.[21] Entsprechendes gilt für die anfechtbare Übertragung eines **Miterbenanteils**.[22]

---

10 MüKo-ZPO/*Gruber*, § 805 Rn 19; *Gaul*, in: Gaul/Schilken/Becker-Eberhard, § 35 Rn 148.
11 MüKo-ZPO/*Gruber*, § 805 Rn 20; *Gaul*, in: Gaul/Schilken/Becker-Eberhard, § 35 Rn 149; *Henckel*, JuS 1985, 836.
12 BGHZ 112, 356.
13 BGH ZIP 1987, 439.
14 BGH ZIP 1987, 439.
15 BGH ZIP 1992, 1089.
16 *Nerlich/Niehus*, § 13 Rn 7.
17 *Huber*, § 13 Rn 31; MüKo-AnfG/*Kirchhof*, § 13 Rn 30.
18 MüKo-AnfG/*Kirchhof*, § 13 Rn 37.
19 *Nerlich/Niehus*, § 13 Rn 12; *Zeuner*, Rn 515.
20 OLG Saarbrücken OLGR 2009, 110; MüKo-AnfG/*Kirchhof*, § 13 Rn 36.
21 *Huber*, § 13 Rn 17. Einzelheiten MüKo-AnfG/*Kirchhof*, § 13 Rn 34.
22 *Nerlich/Niehus*, § 13 Rn 14. Einzelheiten MüKo-AnfG/*Kirchhof*, § 13 Rn 34.

Bei einer anfechtbaren **Forderungsabtretung** ist zu unterscheiden, ob die Forderung bereits realisiert wurde oder nicht. Wurde sie noch nicht realisiert, so muss der Antrag auf Duldung der Zwangsvollstreckung lauten.[23] Andernfalls wandelt sich der Primäranspruch in den Sekundäranspruch um,[24] mit der Folge, dass der Klageantrag auf Zahlung eines bestimmten Geldbetrags zu richten ist. Bei anfechtbarer **Pfändung** oder **Verpfändung einer Forderung** geht der Klageantrag auf Einräumung des Vorrangs für den Anfechtungsgläubiger.[25]

Bei einem anfechtbaren **Schulderlass** richtet sich der Primäranspruch nicht auf Wiederherstellung der erlassenen Schuld, sondern auf Gewährung der Pfändung der erloschen Forderung, als ob sie dem Schuldner noch zustünde.[26]

Bei einer anfechtbar erworbenen **Belastung** geht der Primäranspruch des § 11 nicht auf Löschung, da dies auch unbeteiligte Dritte begünstigen würde.[27] Ferner kann auch nicht die Abtretung des dinglichen Rechts oder die Duldung der Zwangsvollstreckung in die Belastung verlangt werden.[28] Vielmehr muss der Antrag dahingehend formuliert werden, dass der Anfechtungsgegner von seinem aus der Belastung resultierenden Recht keinen Gebrauch macht.[29]

IV. Prozessuale Fragen bei der Leistungsklage

1. Rechtsweg. Bei dem Anfechtungsanspruch handelt es sich um eine bürgerliche Rechtsstreitigkeit.[30] Die Zuständigkeit der Arbeitsgerichte,[31] Familiengerichte[32] und der Kammern für Handelssachen[33] ist dabei ausgeschlossen.[34] Eine Besonderheit besteht im Anwendungsbereich des § 191 AO. Danach muss die Finanzverwaltung den Anfechtungsanspruch im Wege eines Duldungsbescheides geltend machen (s. § 7 Rn 7 ff); darin liegt zugleich eine Rechtswegzuweisung an die Finanzgerichtsbarkeit.

2. Sachliche Zuständigkeit. Die sachliche Zuständigkeit des Amts- oder Landgerichte im ersten Rechtszug richtet sich nach den §§ 23, 71 GVG. Der Zuständigkeitsstreitwert wird beim Primäranspruch (§ 11 Abs. 1 S. 1) durch den Wert der befriedigungsbedürftigen Forderung (einschl. Zinsen und Kosten) bestimmt, welcher aber gem. § 6 ZPO durch den Wert der Sache, in die vollstreckt werden soll, begrenzt wird.[35]

3. Örtliche Zuständigkeit. Die örtliche Zuständigkeit ist nach den §§ 12 ff ZPO zu bestimmen. Dabei können auch die besonderen Gerichtsstände der §§ 20, 21, 23 ZPO Beachtung finden.[36] Nicht in Betracht kommen der Gerichtsstand der unerlaubten Handlung (§ 32 ZPO) und der Gerichtsstand des Erfüllungsortes[37]

---

23 BGHZ 100, 36; BGH NJW-RR 1992, 612. AA Kübler/Prütting/*Paulus*, § 11 AnfG Rn 8.
24 *Nerlich/Niehus*, § 13 Rn 13.
25 *Jaeger*, § 9 Anm. 10.
26 *Jaeger*, § 9 Anm. 10; *Huber*, § 13 Rn 23.
27 BGH NJW 1995, 2846; *Nerlich/Niehus*, § 13 Rn 15.
28 RG JW 1933, 1147.
29 RGZ 47, 216; BGH NJW 1996, 3147 = ZIP 1996, 1516; BGH NJW 1995, 2846.
30 BGH ZIP 2006, 1603.
31 MüKo-AnfG/*Kirchhof*, § 13 Rn 11; *Zeuner*, Rn 522.
32 OLG Bamberg NJW-RR 1989, 517; MüKo-AnfG/*Kirchhof*, § 13 Rn 23.
33 BGH ZIP 1987, 1132.
34 Kübler/Prütting/*Paulus*, § 13 AnfG Rn 10; *Nerlich/Niehus*, § 13 Rn 19; *Huber*, § 13 Rn 32.
35 BGH WM 1982, 435.
36 *Huber*, § 13 Rn 34; MüKo-AnfG/*Kirchhof*, § 13 Rn 13; *Nerlich/Niehus*, § 13 Rn 21.
37 BayObLG DB 1990, 2587.

(§ 29 ZPO).³⁸ Nicht anzuwenden ist auch § 24 ZPO (str),³⁹ da mit der Anfechtung weder das Eigentum noch eine dingliche Belastung geltend gemacht wird.

§ 14 Vorläufig vollstreckbarer Schuldtitel. Vorbehaltsurteil

Liegt ein nur vorläufig vollstreckbarer Schuldtitel des Gläubigers oder ein unter Vorbehalt ergangenes Urteil vor, so ist in dem Urteil, das den Anfechtungsanspruch für begründet erklärt, die Vollstreckung davon abhängig zu machen, daß die gegen den Schuldner ergangene Entscheidung rechtskräftig oder vorbehaltlos wird.

I. Allgemeines ... 1	2. Fehlender Vollstreckungsaufschub ... 12
II. Anwendungsbereich ... 3	IV. Auswirkungen des Verfahrens gegen den Schuldner auf den Anfechtungstitel ... 14
1. Vorläufig vollstreckbare Schuldtitel ... 4	
2. Vorbehaltsurteile ... 6	
3. Keine Anwendung des § 14 ... 7	1. Rechtskraft oder Vorbehaltlosigkeit ... 15
III. Das Urteil im Anfechtungsprozess ... 8	2. Aufhebung ... 16
1. Anordnung von Amts wegen ... 9	V. Einstweiliger Rechtsschutz ... 18

I. Allgemeines

1 Durch einen **von Amts wegen** auszusprechenden **Aufschub der Vollstreckbarkeit** schützt § 14 den Anfechtungsgegner vor den Rechtsfolgen des § 11, wenn gegen den Schuldner lediglich ein vorläufig vollstreckbarer Titel vorliegt oder die Entscheidung unter Vorbehalt ergangen ist.¹ Der Gläubiger kann demnach aus dem im Anfechtungsprozess erwirkten Titel erst dann im Wege der Zwangsvollstreckung vorgehen, wenn sein Titel gegen den Schuldner endgültig ist. Vorher hat er keinen Zugriff auf den anfechtbar erworbenen Gegenstand oder Wertersatz.² Liegt jedoch für den Gläubiger im Verhältnis zum Schuldner ein endgültiger Titel vor, kann er gegen den Anfechtungsgegner die Vollstreckung auch aus einem lediglich für vorläufig vollstreckbar erklärten Titel des Anfechtungsprozesses betreiben. § 14 fordert mithin die **Endgültigkeit der Vollstreckungsbefugnis** nur **im Verhältnis zum Schuldner**.³

2 § 14 berührt nicht die Verurteilung des Anfechtungsgegners.⁴ Der Vorbehalt verhindert auch nicht, dass der Titel aus dem Anfechtungsprozess in Rechtskraft erwachsen kann.⁵

---

38 *Gaul*, in: Gaul/Schilken/Becker-Eberhard, § 35 Rn 138; *Hess*, § 13 AnfG Rn 15; *Huber*, § 13 Rn 35; MüKo-AnfG/*Kirchhof*, § 13 Rn 16; *Nerlich/Niehus*, § 13 Rn 22; Kübler/Prütting/*Paulus*, § 13 AnfG Rn 10; *Zeuner*, Rn 522.
39 OLG Celle OLGR 2008, 265; OLG Celle MDR 1986, 1031; MüKo-AnfG/*Kirchhof*, § 13 Rn 14; Kübler/Prütting/*Paulus*, § 13 AnfG Rn 10. AA OLG Hamm NZI 2002, 575; *Hess*, § 13 AnfG Rn 15; *Huber*, § 13 Rn 35; *Nerlich/Niehus*, § 13 Rn 21.
1 *Huber*, § 14 Rn 1; *Nerlich/Niehus*, § 14 Rn 1 f; Kübler/Prütting/*Paulus*, § 14 AnfG Rn 1.
2 *Jaeger*, § 10 Anm. 1; Kübler/Prütting/*Paulus*, § 14 AnfG Rn 1; OLG Koblenz InVo 2005, 156.
3 Kübler/Prütting/*Paulus*, § 14 AnfG Rn 1.
4 RGZ 68, 138; *Jaeger*, § 10 Anm. 1 u. 5; Kübler/Prütting/*Paulus*, § 14 AnfG Rn 14.
5 *Jaeger*, § 10 Anm. 7; *Huber*, § 14 Rn 1.

II. Anwendungsbereich

Der Vollstreckungsaufschub ist immer dann in die Entscheidung aufzunehmen, wenn der Schuldtitel des Gläubigers gegen den Schuldner nur vorläufig vollstreckbar oder das Urteil unter Vorbehalt ergangen ist.

1. Vorläufig vollstreckbare Schuldtitel. Als vorläufig vollstreckbare Schuldtitel iSd § 14 kommen in Betracht:[6]

- für vorläufig vollstreckbar erklärte Endurteile (§§ 300, 704, 708 f ZPO). Zu ihnen gehören auch Teil- (§ 301 ZPO), Anerkenntnis- (§ 307 ZPO), Verzichts- (§ 306 ZPO) und Versäumnisurteile (§§ 330, 331 ZPO);[7]
- kraft Gesetzes vorläufig vollstreckbare Urteile, zB Arrest- und Verfügungsurteile (s. § 928 ZPO Rn 4) sowie arbeitsgerichtliche Urteile (§§ 62 Abs. 1 S. 1, 64 Abs. 7 ArbGG);
- Vollstreckungsbescheide (§§ 699, 700, 794 Abs. 1 Nr. 4 ZPO);
- Kostenfestsetzungsbeschlüsse (§§ 794 Abs. 1 Nr. 2, 104 Abs. 3 ZPO);
- beschwerdefähige Entscheidungen gem. § 794 Abs. 1 Nr. 3 ZPO;
- Urteile anderer Gerichtszweige, soweit sie mit ordentlichen Rechtsmitteln angegriffen werden können;
- nicht bestandskräftige Verwaltungsakte; und
- Vorauszahlungsbescheide von Behörden, auch wenn sie bestandskräftig geworden sind.[8]

§ 14 findet auch Anwendung, wenn der Gläubiger eine Sicherheitsleistung erbracht hat, denn die Gläubigersicherheit schützt nicht den Anfechtungsgegner, sondern den Schuldner des Hauptanspruchs.[9]

2. Vorbehaltsurteile. Vorbehaltsurteile sind Urteile nach § 302 ZPO und § 599 ZPO. Gemäß § 302 ZPO kann die zur Entscheidung reife Verhandlung über die Forderung des Klägers unter Vorbehalt der Entscheidung über eine vom Beklagten zur Aufrechnung gestellten Forderung ergehen. § 599 ZPO sieht ein Vorbehaltsurteil im Wechsel- und Scheckprozess vor. Darüber hinaus ist auch das rechtskräftige **Betragsurteil** nach § 304 Abs. 2 Hs 2 ZPO erfasst.[10]

3. Keine Anwendung des § 14. Von der vorläufigen Vollstreckbarkeit und dem Vorbehaltsurteil ist die **Zug-um-Zug-Verurteilung** (§§ 756, 765 ZPO) zu unterscheiden. Auf (rechtskräftige und vorbehaltlose) Zug-um-Zug-Urteile findet § 14 keine Anwendung.[11]

III. Das Urteil im Anfechtungsprozess

§ 14 hindert das Gericht nicht daran, den Anfechtungsprozess nach § 148 ZPO auszusetzen, wenn es Zweifel daran hat, ob die Forderung des Gläubigers gegen den Schuldner besteht.[12] Das gilt auch für die Revisionsinstanz.[13]

---

6 S. dazu *Hess*, § 14 AnfG Rn 2; *Huber*, § 14 Rn 3; MüKo-AnfG/*Kirchhof*, § 14 Rn 4 f; *Nerlich/Niehus*, § 14 Rn 3 f; Kübler/Prütting/*Paulus*, § 14 AnfG Rn 2 ff.
7 Thomas/Putzo/*Hüßtege*, § 704 ZPO Rn 1.
8 BGHZ 66, 91 = NJW 1976, 967.
9 *Huber*, § 14 Rn 3; MüKo-AnfG/*Kirchhof*, § 14 Rn 6; Kübler/Prütting/*Paulus*, § 14 AnfG Rn 2.
10 *Jaeger*, § 10 Anm. 2; MüKo-AnfG/*Kirchhof*, § 14 Rn 8; *Nerlich/Niehus*, § 14 Rn 5; Kübler/Prütting/*Paulus*, § 14 AnfG Rn 5.
11 Kübler/Prütting/*Paulus*, § 14 AnfG Rn 6.
12 OLG Koblenz InVo 2005, 156; *Huber*, § 14 Rn 12; *Jaeger*, § 10 Anm. 6; MüKo-AnfG/*Kirchhof*, § 14 Rn 11; Kübler/Prütting/*Paulus*, § 14 AnfG Rn 8.
13 BGH ZIP 1983, 494.

9 1. Anordnung von Amts wegen. Hält das Gericht den vom Gläubiger im Anfechtungsprozess geltend gemachten Anfechtungsanspruch für begründet, so ist die Vollstreckbarkeit des im Anfechtungsprozess erwirkten Urteils von Amts wegen davon abhängig zu machen, dass die gegen den Schuldner ergangene Entscheidung endgültig, dh rechtskräftig oder vorbehaltlos, wird.[14] Ein solcher Zusatz kann wie folgt formuliert werden:[15]

▶ Die Vollstreckung dieses Urteils ist davon abhängig, dass die Entscheidung ... rechtskräftig/vorbehaltlos wird. ◀

10 Der Vollstreckungsaufschub betrifft auch die Kostenentscheidung und sollte daher an das Ende des Tenors gesetzt werden.[16]

11 Da der Aufschub von Amts wegen anzufügen ist, stellt es kein teilweises Obsiegen iSd § 92 ZPO dar, wenn der Vollstreckungsaufschub beigefügt, der Antrag des beklagten Anfechtungsgegners iÜ aber abgewiesen wird.[17]

12 2. Fehlender Vollstreckungsaufschub. Versäumt es das Gericht, den Vollstreckungsaufschub zu tenorieren, kann dieser Zusatz im Wege des § 321 ZPO auf Antrag ergänzt werden. Darüber hinaus kann das Urteil aus dem Anfechtungsprozess mit dem statthaften Rechtsmittel angegriffen werden, wobei die Beschwer des Anfechtungsgegners bereits daraus resultiert, dass ein Vollstreckungsaufschub nicht angeordnet wurde.[18]

13 Hat der Gläubiger bei fehlendem Vollstreckungsaufschub die vorläufige Vollstreckung betrieben, so steht dem Anfechtungsgegner weder ein Anspruch auf Schadensersatz aus § 717 Abs. 2 ZPO noch ein Bereicherungsanspruch aus § 812 BGB zu.[19]

IV. Auswirkungen des Verfahrens gegen den Schuldner auf den Anfechtungstitel

14 Das weitere Schicksal des im Anfechtungsprozess erlangten Titels hängt davon ab, ob die gegen den Schuldner ergangene Entscheidung endgültig (rechtskräftig oder vorbehaltlos) oder aufgehoben wird.

15 1. Rechtskraft oder Vorbehaltlosigkeit. Weist der Gläubiger durch öffentliche oder öffentlich beglaubigte Urkunde nach, dass sein Titel gegen den Schuldner rechtskräftig oder vorbehaltlos geworden ist, so ist ihm eine vollstreckbare Ausfertigung des Anfechtungsurteils zu erteilen (§ 726 Abs. 1 ZPO).[20] Wird die Entscheidung lediglich teilweise rechtskräftig oder vorbehaltlos, ist diese Beschränkung bei der Klauselerteilung zu berücksichtigen; die Klausel ist nur insoweit zu erteilen, wie die Entscheidung endgültig geworden ist.[21] Gleiches gilt, wenn eine Entscheidung im höheren Rechtszug nur teilweise bestehen bleibt.[22] Wird die Klauselerteilung verweigert, ist dagegen die sofortige Beschwerde nach § 567

---

14 BGH NJW-RR 1988, 827; *Jaeger*, § 10 Anm. 2; *Nerlich/Niehus*, § 14 Rn 6.
15 *Huber*, § 14 Rn 9; *Jaeger*, § 10 Anm. 4; MüKo-AnfG/*Kirchhof*, § 14 Rn 12; Kübler/Prütting/*Paulus*, § 14 AnfG Rn 9.
16 BGH LM AnfG § 10 Nr. 2 = BGH MDR 1961, 685; *Huber*, § 14 Rn 10; MüKo-AnfG/*Kirchhof*, § 14 Rn 12; Kübler/Prütting/*Paulus*, § 14 AnfG Rn 10 f.
17 *Huber*, § 14 Rn 7; *Jaeger*, § 10 Anm. 4; Kübler/Prütting/*Paulus*, § 14 AnfG Rn 13.
18 *Nerlich/Niehus*, § 14 Rn 8; Kübler/Prütting/*Paulus*, § 14 AnfG Rn 12; *Huber*, § 14 Rn 11.
19 BGH LM AnfG § 2 Nr. 1; *Nerlich/Niehus*, § 14 Rn 8; Kübler/Prütting/*Paulus*, § 14 AnfG Rn 12.
20 *Nerlich/Niehus*, § 14 Rn 10; Kübler/Prütting/*Paulus*, § 14 AnfG Rn 14.
21 *Jaeger*, § 10 Anm. 8; *Huber*, § 14 Rn 13.
22 OLG Koblenz InVo 2005, 156.

Abs. 1 Nr. 1 ZPO, § 11 Abs. 1 RPflG statthaft. Einwendungen gegen die Zulässigkeit der Erteilung der Vollstreckungsklausel kann der Anfechtungsgegner mit den Rechtsbehelfen der §§ 732, 768 ZPO geltend machen.[23]

2. Aufhebung. Wird die gegen den Schuldner ergangene Entscheidung **im ordentlichen Rechtsbehelfsverfahren** aufgehoben, so können die Voraussetzungen des § 726 Abs. 1 ZPO nicht mehr erfüllt werden. Das im Anfechtungsprozess erwirkte **Urteil** ist daher **endgültig nicht vollstreckbar**, so dass der Anfechtungsgegner einen Eingriff in sein Vermögen nicht zu fürchten braucht. Gleichwohl kann er, wenn gegen das Anfechtungsurteil noch **Rechtsmittel** zulässig sind, die Aufhebung des Urteils in der Rechtsmittelinstanz verlangen.[24] Andernfalls kann er gem. § 256 ZPO **Feststellungsklage** erheben, dass ein Anfechtungsrecht nicht besteht.[25] Schließlich kommt eine **Restitutionsklage** (§§ 578, 580 Nr. 6 ZPO) in Betracht.[26] 16

Bei einer Aufhebung des Titels gegen den Schuldner **infolge Wiederaufnahme** (§§ 578 ff ZPO) muss der Gläubiger dem Anfechtungsgegner nach § 812 Abs. 1 S. 2 Alt. 1 BGB dasjenige **zurückerstatten**, was dieser aufgrund des Anfechtungsurteils geleistet hat. Daneben können Schadensersatzansprüche des Anfechtungsgegners aus §§ 823, 826 BGB bestehen.[27] Ein Anspruch aus § 717 Abs. 2 ZPO kommt nicht in Betracht.[28] Der Anfechtungsgegner kann auch hier die **Wiederaufnahme des Anfechtungsprozesses** im Wege der Restitutionsklage (§§ 578, 580 Nr. 6 ZPO) betreiben.[29] Die Vollstreckungsgegenklage (§ 767 ZPO) ist nicht statthaft.[30] 17

V. Einstweiliger Rechtsschutz

Anfechtungsansprüche können im Wege des einstweiligen Rechtsschutzes gesichert werden (s. § 916 ZPO Rn 5), und zwar auch, wenn ein Urteil mit einem Aufschub gem. § 14 ergangen ist; denn das Urteil hilft dem Sicherheitsbedürfnis des Gläubigers wegen des Aufschubs nicht ab. § 14 steht einem Vollzug der einstweiligen Maßnahme nicht entgegen. 18

§ 15 Anfechtung gegen Rechtsnachfolger

(1) Die Anfechtbarkeit kann gegen den Erben oder einen anderen Gesamtrechtsnachfolger des Anfechtungsgegners geltend gemacht werden.

(2) Gegen einen sonstigen Rechtsnachfolger kann die Anfechtbarkeit geltend gemacht werden:

1. wenn dem Rechtsnachfolger zur Zeit seines Erwerbs die Umstände bekannt waren, welche die Anfechtbarkeit des Erwerbs seines Rechtsvorgängers begründen;

2. wenn der Rechtsnachfolger zur Zeit seines Erwerbs zu den Personen gehörte, die dem Schuldner nahestehen (§ 138 der Insolvenzordnung), es sei denn, daß

---

23 *Huber*, § 14 Rn 13; MüKo-AnfG/*Kirchhof*, § 14 Rn 18; *Nerlich/Niehus*, § 14 Rn 10.
24 BGH NJW 1990, 1302; Kübler/Prütting/*Paulus*, § 14 AnfG Rn 15; *Huber*, § 14 Rn 14.
25 *Nerlich/Niehus*, § 14 Rn 12; *Huber*, § 14 Rn 14.
26 *Huber*, § 14 Rn 14; Kübler/Prütting/*Paulus*, § 14 AnfG Rn 15.
27 *Hess*, § 14 AnfG Rn 5; Kübler/Prütting/*Paulus*, § 14 AnfG Rn 16; *Nerlich/Niehus*, § 14 Rn 13.
28 RGZ 91, 195; *Jaeger*, § 10 Anm. 12; *Huber*, § 14 Rn 15.
29 *Huber*, § 14 Rn 15.
30 *Jaeger*, § 10 Anm. 12; *Huber*, § 14 Rn 15. AA Kübler/Prütting/*Paulus*, § 14 AnfG Rn 16 aus Gründen der Verfahrensökonomie.

ihm zu dieser Zeit die Umstände unbekannt waren, welche die Anfechtbarkeit des Erwerbs seines Rechtsvorgängers begründen;
3. wenn dem Rechtsnachfolger das Erlangte unentgeltlich zugewendet worden ist.

(3) Zur Erstreckung der Fristen nach § 7 Abs. 2 genügt die schriftliche Mitteilung an den Rechtsnachfolger, gegen den die Anfechtung erfolgen soll.

I. Allgemeines 1	b) Dem Schuldner nahestehende Person (Nr. 2) 15
II. Gesamtrechtsnachfolge (Abs. 1) 2	c) Unentgeltlicher Erwerb (Nr. 3) 16
1. Erben 3	
2. Andere Gesamtrechtsnachfolger 6	4. Verhältnis zwischen Einzelrechtsnachfolger und Rechtsvorgänger 17
III. Singularsukzession (Abs. 2) 8	
1. Sonstige Rechtsnachfolger .. 9	5. Darlegungs- und Beweislast 18
a) Allgemeines 9	IV. Anfechtungsankündigung gegenüber Rechtsnachfolger (Abs. 3) .. 19
b) Einzelfälle 10	
2. Allgemeine Voraussetzungen 12	
3. Besondere Voraussetzungen 13	
a) Kenntnis des Rechtsnachfolgers (Nr. 1) 14	

I. Allgemeines

1 § 15 regelt die Voraussetzungen für die Inanspruchnahme eines Rechtsnachfolgers des Anfechtungsgegners. Bezweckt ist ein vorrangiger Schutz des anfechtungsberechtigten Gläubigers.[1] Abs. 1 und 2 decken sich inhaltlich mit § 145 InsO. Rspr und Lit. zu § 145 InsO können für Abs. 1 und 2 entsprechend herangezogen werden.[2]

II. Gesamtrechtsnachfolge (Abs. 1)

2 Nach Abs. 1 kann die Anfechtbarkeit gegen den Erben oder einen anderen Gesamtrechtsnachfolger des Anfechtungsgegners geltend gemacht werden. Subjektive oder weitere objektive Tatbestandsmerkmale sind nicht zu beachten.[3]

3 **1. Erben.** Abs. 1 ist hinsichtlich des Erben nur **klarstellend**, da sich die Rückgewährpflicht des Erben bereits aus § 1967 BGB ergibt.[4] Eine Anfechtung gegen den Erben scheidet allerdings aus, wenn das anfechtbar begründete Recht mit dem Tod des ursprünglichen Anfechtungsgegners vollständig erlischt.[5] Die Rückgewährpflicht des Erben setzt zudem voraus, dass der Erbe den anfechtbar weggegebenen Gegenstand selbst erlangt;[6] andernfalls besteht allenfalls eine Haftung auf Wertersatz.[7]

4 Der Umfang der Erbenhaftung richtet sich nach den §§ 1975 ff, 2058 ff BGB.[8] Eine **Beschränkung der Erbenhaftung** ist nur beachtlich, wenn sie dem Erben als Anfechtungsgegner im Urteil vorbehalten wurde (§ 780 ZPO).[9]

---

1 Kübler/Prütting/*Paulus*, § 15 AnfG Rn 1.
2 *Huber*, § 15 Rn 1.
3 *Nerlich/Niehus*, § 15 Rn 3.
4 BGHZ 80, 205.
5 BGH NJW 1996, 3006.
6 BGHZ 155, 199.
7 *Huber*, § 15 Rn 6.
8 *Nerlich/Niehus*, § 15 Rn 4.
9 *Huber*, § 15 Rn 6.

Bei angeordneter **Vor- und Nacherbschaft** ist der Vorerbe bis zum Eintritt des Nacherbfalles zur Rückgewähr verpflichtet, ab diesem Zeitpunkt haftet der Nacherbe nach § 2139 BGB weiter.[10] Allerdings kann der unbeschränkt haftende Vorerbe gem. § 2145 Abs. 1 S. 1 BGB subsidiär zur Rückgewähr verpflichtet sein.[11]

2. Andere Gesamtrechtsnachfolger. Abs. 1 stellt klar,[12] dass auch gegenüber anderen Gesamtrechtsnachfolgern die Anfechtbarkeit geltend gemacht werden kann. Erforderlich ist dabei, dass der Rechtsnachfolger **kraft Gesetzes** in die Verbindlichkeiten des Rechtsvorgängers eingetreten ist; unerheblich ist, ob die Haftung des Vorgängers fortdauert.[13]

In Betracht kommen: Anfall des Vereinsvermögens an den Fiskus (§§ 45, 46 BGB), Gütergemeinschaft (§§ 1415 ff, 1483 ff BGB), Erbschaftskauf (§§ 2371 ff BGB), Firmenfortführung eines Handelsgeschäfts (§ 25 HGB), Verschmelzung und Spaltung von Unternehmen nach dem UmwG.

III. Singularsukzession (Abs. 2)

Nach Abs. 2 kann die Anfechtbarkeit gegenüber Rechtsnachfolgern, die nicht unter Abs. 1 fallen, geltend gemacht werden, wenn deren Erwerb an einer Schwäche leidet.

1. Sonstige Rechtsnachfolger. a) Allgemeines. Eine Sonderrechtsnachfolge iSd Abs. 2 liegt vor, wenn das anfechtbar erworbene Recht in derselben Gestalt und mit demselben Inhalt übertragen wird (**Vollübertragung**) oder wenn ein beschränktes Recht an dem anfechtbar erworbenen Gegenstand bestellt oder besondere, aus dem Recht erwachsende Befugnisse davon abgezweigt werden (**Teilübertragung**).[14] Einzelrechtsnachfolger des Empfängers der anfechtbaren Leistung kann auch der Schuldner sein.[15] Der Zweiterwerber muss den anfechtbar veräußerten Gegenstand selbst oder ein begrenztes Recht an ihm **erlangt haben**, wenn ihn die Haftung nach Abs. 2 treffen soll; geht dagegen der Gegenstand beim Ersterwerber unter, so ist für eine Nachfolgerhaftung gem. Abs. 2 kein Raum.[16]

b) Einzelfälle. Bei der Übertragung von **Geld** ist für eine Rechtsnachfolge iSd Abs. 2 erforderlich, dass die Übertragung mit den anfechtbar erlangten Geldzeichen vorgenommen wurde.[17] Bei **Sachen** ist Rechtsnachfolger auch derjenige, der aufgrund eines **obligatorischen Vertrages** den Besitz erlangt hat;[18] ferner derjenige, der vom Nichtberechtigten **gutgläubig erworben** hat.[19]

Kein Rechtsnachfolger iSd Abs. 2 ist, wer den anfechtbar erworbenen Gegenstand aufgrund **originären Erwerbs** (zB Aneignung, Verarbeitung, Vermischung) erlangt hat.[20]

---

10 MüKo-AnfG/*Kirchhof*, § 15 Rn 8; *Nerlich/Niehus*, § 15 Rn 7.
11 *Jaeger*, § 11 Anm. 2; MüKo-AnfG/*Kirchhof*, § 15 Rn 8.
12 BT-Drucks. 12/3803, S. 58 unter Hinweis auf BT-Drucks. 12/2443, S. 168 zu § 164 RegE-InsO.
13 BT-Drucks. 12/3803, S. 58 unter Hinweis auf BT-Drucks. 12/2443, S. 168 zu § 164 RegE-InsO.
14 BGH ZIP 1987, 601.
15 BGHZ 130, 314.
16 BGH ZIP 1987, 601.
17 BGHZ 78, 318.
18 *Huber*, § 15 Rn 11; *Nerlich/Niehus*, § 15 Rn 15.
19 *Huber*, § 15 Rn 11; MüKo-AnfG/*Kirchhof*, § 15 Rn 17.
20 *Huber*, § 15 Rn 13; MüKo-AnfG/*Kirchhof*, § 15 Rn 19; *Nerlich/Niehus*, § 15 Rn 17.

12 **2. Allgemeine Voraussetzungen.** Sowohl der **Erst-** als auch alle weiteren **Zwischenerwerber** müssen den Gegenstand **anfechtbar erlangt** haben.[21] Dabei ist unerheblich, auf welchen Anfechtungsgrund der jeweilige Erwerb gestützt wird.[22] Wenn die Anfechtbarkeit noch nicht fristwahrend gegenüber dem Ersterwerber geltend gemacht wurde, muss die Anfechtung gegenüber dem Rechtsnachfolger innerhalb der **für den Ersterwerber laufenden Anfechtungsfrist** geltend gemacht werden.[23] Fehlt es daran in der Veräußerungskette bei einem Erwerber, so scheidet die Anfechtung gegenüber allen weiteren Rechtsnachfolgern aus.[24] Ebenfalls scheidet die Anfechtbarkeit nach dem AnfG aus, wenn dem Ersterwerber die **Erfüllung des Primäranspruchs** aus § 11 Abs. 1 S. 1 im Zeitpunkt des Eintritts der Rechtsnachfolge **nicht mehr möglich** war und sich der Anspruch daher auf Sekundärebene auf Wertersatz umgewandelt hat. In diesem Fall richtet sich die Haftung des Nachfolgers nach den allgemeinen bürgerlich- bzw handelsrechtlichen Vorschriften.[25]

13 **3. Besondere Voraussetzungen.** Einer der drei Tatbestände des Abs. 2 muss verwirklicht sein, damit die Anfechtung gegenüber dem Rechtsnachfolger geltend gemacht werden kann.

14 **a) Kenntnis des Rechtsnachfolgers (Nr. 1).** Die Anfechtbarkeit kann gegen den Rechtsnachfolger geltend gemacht werden, wenn diesem **zur Zeit seines Erwerbs** (Eintritt der Rechtsnachfolge)[26] die **Umstände bekannt** waren, welche die Anfechtbarkeit des Erwerbs seines Rechtsvorgängers begründen. Nicht erforderlich ist die Kenntnis der Rechtsfolgen[27] oder der Forderung des Anfechtungsgläubigers gegen den Schuldner.[28]

15 **b) Dem Schuldner nahestehende Person (Nr. 2).** Die Anfechtbarkeit kann ferner gegenüber dem Rechtsnachfolger geltend gemacht werden, wenn dieser zur Zeit seines Erwerbs zu den **Personen** gehörte, **die dem Schuldner nahestehen** (§ 138 InsO; s. § 3 Rn 30 ff), es sei denn, dass ihm zu dieser Zeit die Umstände unbekannt waren, welche die Anfechtbarkeit des Erwerbs seines Rechtsvorgängers begründen. Anknüpfungspunkt ist die enge Verbindung zwischen Schuldner und Rechtsnachfolger. Dessen **Kenntnis** von den Umständen, die die Anfechtbarkeit des Erwerbs seines Vorgängers begründen, wird **vermutet**. Es ist Sache des Rechtsnachfolgers, sich zu entlasten.

16 **c) Unentgeltlicher Erwerb (Nr. 3).** Die Anfechtbarkeit kann gegenüber dem Rechtsnachfolger geltend gemacht werden, wenn diesem das Erlangte unentgeltlich zugewendet (s. § 4 Rn 7 ff) worden ist. Auf eine Kenntnis oder andere subjektive Gesichtspunkte kommt es hier nicht an. Aus Billigkeitsgründen ist der unentgeltliche Erwerb von seinem Bestand her schwächer als der entgeltliche. Entsprechend § 4 Abs. 2 sind gebräuchliche Gelegenheitsgeschenke geringen Werts ausgenommen.[29] Auf die Rückgewährpflicht ist auch § 11 Abs. 2 anzuwenden.[30]

---

21 *Hess*, § 15 AnfG Rn 10; *Huber*, § 15 Rn 15; MüKo-AnfG/*Kirchhof*, § 15 Rn 26; *Nerlich/Niehus*, § 15 Rn 18.
22 RGZ 103, 113; MüKo-AnfG/*Kirchhof*, § 15 Rn 26.
23 RGZ 103, 113; MüKo-AnfG/*Kirchhof*, § 15 Rn 42.
24 RGZ 154, 378.
25 BGHZ 155, 199.
26 *Huber*, § 15 Rn 17; MüKo-AnfG/*Kirchhof*, § 15 Rn 30.
27 *Huber*, § 15 Rn 17; MüKo-AnfG/*Kirchhof*, § 15 Rn 28.
28 BGH NJW 1992, 830.
29 *Huber*, § 15 Rn 20; *Nerlich/Niehus*, § 15 Rn 25.
30 *Huber*, § 15 Rn 21; MüKo-AnfG/*Kirchhof*, § 15 Rn 35; *Nerlich/Niehus*, § 15 Rn 26.

Daher haftet der gutgläubige Sonderrechtsnachfolger in den Fällen der Nr. 3 nur im Umfang der noch vorhandenen Bereicherung.[31]

4. Verhältnis zwischen Einzelrechtsnachfolger und Rechtsvorgänger. Die Haftung des Rechtsvorgängers bleibt neben der des Rechtsnachfolgers bestehen.[32] Soweit der ursprüngliche Anfechtungsgegner **infolge der anfechtbaren Weitergabe** lediglich Wertersatz schuldet, ist der Rückgewähranspruch gegen den Rechtsnachfolger nicht ausgeschlossen.[33] Anders verhält es sich, wenn der Gegenstand beim ursprünglichen Anfechtungsgegner untergegangen ist und daher der ursprüngliche Anfechtungsgegner bereits **zur Zeit der Rechtsnachfolge** lediglich Wertersatz schuldet.[34] Soweit sich die Verpflichtungen der Rechtsvorgänger und -nachfolger decken, sind sie **Gesamtschuldner** (§§ 421 ff BGB).[35]

17

5. Darlegungs- und Beweislast. Die Darlegungs- und Beweislast für die Anfechtbarkeit nach Nr. 1 und 3 trägt der Anfechtungsgläubiger;[36] im Fall der Nr. 2 wird die Kenntnis des Rechtsnachfolgers vermutet.

18

IV. Anfechtungsankündigung gegenüber Rechtsnachfolger (Abs. 3)

Nach Abs. 3 genügt für die Rückrechnung des § 7 Abs. 2 die schriftliche Mitteilung an den Rechtsnachfolger, gegen den die Anfechtung erfolgen soll. Dadurch soll es dem Anfechtungsgläubiger möglich sein, auch gegenüber dem Rechtsnachfolger eine Fristerstreckung von zwei Jahren einzuleiten. Die Rückrechnung des Abs. 3 wirkt nicht gegen die Vormänner;[37] aber zu Lasten nachfolgender Rechtsnachfolger.[38]

19

§ 16 Eröffnung des Insolvenzverfahrens

(1) ¹Wird über das Vermögen des Schuldners das Insolvenzverfahren eröffnet, so ist der Insolvenzverwalter berechtigt, die von den Insolvenzgläubigern erhobenen Anfechtungsansprüche zu verfolgen. ²Aus dem Erstrittenen sind dem Gläubiger die Kosten des Rechtsstreits vorweg zu erstatten.

(2) Hat ein Insolvenzgläubiger bereits vor der Eröffnung des Insolvenzverfahrens auf Grund seines Anfechtungsanspruchs Sicherung oder Befriedigung erlangt, so gilt § 130 der Insolvenzordnung entsprechend.

I. Allgemeines 1	IV. Sicherung oder Befriedigung des
II. Übergang der Anfechtungsbe-	Anfechtungsgläubigers (Abs. 2) 10
fugnis (Abs. 1 S. 1) 2	1. Überblick 10
1. Anwendungsbereich 3	2. Sicherung oder Befriedigung 12
2. Rechtsfolgen 5	
III. Vorwegbefriedigung hinsichtlich	
der Kosten (Abs. 1 S. 2) 9	

---

31 BT-Drucks. 12/3803, S. 58 unter Hinweis auf BT-Drucks. 12/2443, S. 168 zu § 164 RegE-InsO.
32 MüKo-AnfG/*Kirchhof*, § 15 Rn 38; *Nerlich/Niehus*, § 15 Rn 13.
33 *Huber*, § 15 Rn 22.
34 *Nerlich/Niehus*, § 15 Rn 13.
35 *Huber*, § 15 Rn 22.
36 MüKo-AnfG/*Kirchhof*, § 15 Rn 45 ff; *Nerlich/Niehus*, § 15 Rn 27.
37 MüKo-AnfG/*Kirchhof*, § 15 Rn 53; Kübler/Prütting/*Paulus*, § 15 AnfG Rn 11.
38 RGZ 103, 113; *Jaeger*, § 11 Anm. 33; *Huber*, § 15 Rn 25; MüKo-AnfG/*Kirchhof*, § 15 Rn 53. AA aus Gründen des Vertrauensschutzes *Eckardt*, S. 352 f; Kübler/Prütting/*Paulus*, § 15 AnfG Rn 11.

3. Zahlungsunfähigkeit des Schuldners 13
4. Kenntnis von Zahlungsunfähigkeit 14
5. Zeitraum 15
6. Rechte des Einzelgläubigers 16

I. Allgemeines

1 § 16 regelt die Kollision zwischen der Insolvenz des Schuldners und der Einzelgläubigeranfechtung. Die Einzelgläubigeranfechtung knüpft an die Unzulänglichkeit des Schuldnervermögens an (§ 2). In solcher Situation liegt die Insolvenz vielfach nahe. §§ 129 ff InsO regeln eigenständig die **Insolvenzanfechtung**. Zwischen der Insolvenz- und der Einzelgläubigeranfechtung besteht ein wesentlicher Unterschied: Bei der Insolvenzanfechtung gilt der **Grundsatz der Gleichbehandlung aller Gläubiger**, mit der Folge, dass der Gegenstand in die Masse zurückzugewähren ist. Demgegenüber gilt bei der **Einzelgläubigeranfechtung** der Prioritätsgrundsatz, und der Anspruch richtet sich primär auf Duldung der Zwangsvollstreckung (§ 11). Dieses Verhältnis wird durch § 16 mit **Vorrang der Insolvenzanfechtung** gelöst.

II. Übergang der Anfechtungsbefugnis (Abs. 1 S. 1)

2 Der Insolvenzverwalter ist berechtigt, die von den Insolvenzgläubigern erhobenen Anfechtungsansprüche zu verfolgen, wenn über das Vermögen des Schuldners das Insolvenzverfahren eröffnet wird.

3 **1. Anwendungsbereich.** Es muss sich um von **Insolvenzgläubigern** (§§ 38 f InsO) erhobene Anfechtungsansprüche handeln. Ausgenommen sind Ansprüche von Massegläubigern (§§ 53 ff InsO)[1] und absonderungsberechtigten Gläubigern.[2]

4 In sachlicher Hinsicht muss es sich bei dem Gegenstand der Einzelgläubigeranfechtung um einen **Teil der Insolvenzmasse** (§ 35 InsO) handeln. Massefreie Gegenstände unterfallen nicht dem Anwendungsbereich des Abs. 1 S. 1.

5 **2. Rechtsfolgen.** Der Insolvenzverwalter ist berechtigt, von Insolvenzgläubigern erhobene Anfechtungsansprüche zu verfolgen. Nunmehr ist **allein der Insolvenzverwalter für die Anfechtung zuständig**. Zudem ändert sich der **Anspruchsinhalt** dergestalt, dass nicht mehr Duldung der Zwangsvollstreckung (§ 11) gefordert werden kann, sondern allein **Rückgewähr zur Insolvenzmasse** (§ 143 InsO). Im Verhältnis der Einzelgläubiger- zur Insolvenzanfechtung liegt weder eine cessio legis[3] noch eine Nachfolge sui generis[4] vor; vielmehr erlischt der Anfechtungsanspruch des Einzelgläubigers[5] aufschiebend bedingt (§ 18).[6] Die Rechtsfolgen treten unabhängig davon ein, ob der Insolvenzverwalter den Rechtsstreit aufnimmt oder die Aufnahme ablehnt (vgl § 17 Abs. 3 S. 2).[7]

6 Nach Eröffnung eines Insolvenzverfahrens über das Vermögen des Schuldners können im Anwendungsbereich des Abs. 1 S. 1 keine Anfechtungsansprüche mehr von Einzelgläubigern erhoben werden. Eine gleichwohl rechtshängig gemachte Klage ist als unzulässig abzuweisen.[8]

---

1 MüKo-AnfG/*Kirchhof*, § 16 Rn 7; *Nerlich/Niehus*, § 16 Rn 10; *Huber*, § 16 Rn 6; Kübler/Prütting/*Paulus*, § 16 AnfG Rn 4.
2 BGHZ 109, 240.
3 So aber Kübler/Prütting/*Paulus*, § 16 AnfG Rn 5.
4 So aber *Gaul*, in: Gaul/Schilken/Rosenberg, § 35 Rn 90.
5 BGHZ 109, 240.
6 *Hess*, § 16 AnfG Rn 4; *Huber*, § 16 Rn 9; MüKo-AnfG/*Kirchhof*, § 16 Rn 12.
7 *Huber*, § 16 Rn 9.
8 KG ZInsO 2004, 1210.

Soweit der Anfechtungsgegner in Unkenntnis der Insolvenzeröffnung freiwillig 7
an den Anfechtungsgläubiger leistet, wird er analog §§ 407 Abs. 1, 412 BGB von
seiner Verpflichtung zur Rückgewähr gegenüber dem Insolvenzverwalter befreit.[9]
Der Insolvenzverwalter kann das Erlangte zugunsten der Insolvenzmasse beim
Empfänger kondizieren.[10]

Hatte der Einzelgläubiger bereits vor Insolvenzeröffnung einen Titel gegen den 8
Anfechtungsgegner erwirkt, diesen aber nicht zwangsweise durchgesetzt, dann
kann der Insolvenzverwalter die **Vollstreckungsklausel umschreiben** lassen (§ 727
ZPO)[11] und mit diesem Titel die Vollstreckung gegen den Anfechtungsgegner betreiben.[12] Soweit damit der von § 143 InsO beabsichtigte Erfolg erreicht werden
kann, fehlt einer Klage des Insolvenzverwalters das Rechtsschutzbedürfnis.[13]

III. Vorwegbefriedigung hinsichtlich der Kosten (Abs. 1 S. 2)

Dem Anfechtungsgläubiger sind die Kosten des Rechtsstreits aus dem Erstrittenen vorweg zu erstatten. Dies gilt, wenn der Insolvenzverwalter den Rechtsstreit 9
aufgenommen hat oder wenn der Verwalter einen vom Anfechtungsgläubiger bereits erwirkten Titel für den zwangsweisen Zugriff verwendet.[14] Die Formulierung „aus dem Erstrittenen" gibt zu erkennen, dass ein Prozesserfolg erforderlich
ist.[15] Es handelt sich bei dem Erstattungsanspruch um eine Masseforderung iSd
§ 55 Abs. 1 Nr. 3 InsO,[16] der nach Abs. 1 S. 2 vorweg vor jeglichen anderen Masseforderungen iSd §§ 53 ff InsO zu befriedigen ist.

IV. Sicherung oder Befriedigung des Anfechtungsgläubigers (Abs. 2)

1. Überblick. Abs. 2 erfasst einen Sonderfall der insolvenzrechtlichen Anfechtung. Hat ein Einzelgläubiger unmittelbar vor der Insolvenzeröffnung Sicherung 10
oder Befriedigung aufgrund seines Anfechtungsanspruchs erhalten, so muss er
unter den Voraussetzungen des § 130 InsO das Erlangte der Insolvenzmasse zurückgewähren. Damit soll der im Bereich des Insolvenzrechts geltende Grundsatz
der Gleichbehandlung aller Gläubiger gewahrt werden. Es handelt sich bei der
Verweisung in Abs. 2 um eine **Rechtsgrundverweisung** auf die Vorschrift der insolvenzrechtlichen Anfechtung der kongruenten Deckung.[17] Die Vorschrift lautet
wie folgt:

§ 130 InsO Kongruente Deckung

(1) Anfechtbar ist eine Rechtshandlung, die einem Insolvenzgläubiger eine Sicherung
oder Befriedigung gewährt oder ermöglicht hat,

1. wenn sie in den letzten drei Monaten vor dem Antrag auf Eröffnung des Insolvenzverfahrens vorgenommen worden ist, wenn zur Zeit der Handlung der Schuldner zahlungsunfähig war und wenn der Gläubiger zu dieser Zeit die Zahlungsunfähigkeit
kannte oder

---

9 MüKo-AnfG/*Kirchhof*, § 16 Rn 16; *Nerlich/Niehus*, § 16 Rn 13; Kübler/Prütting/*Paulus*, § 16 AnfG Rn 5.
10 *Huber*, § 16 Rn 12; MüKo-AnfG/*Kirchhof*, § 16 Rn 17.
11 *Huber*, § 16 Rn 13; MüKo-AnfG/*Kirchhof*, § 16 Rn 14; Kübler/Prütting/*Paulus*, § 16 AnfG Rn 6.
12 RGZ 30, 67; RGZ 32, 101.
13 *Jaeger*, § 13 Anm. 21; MüKo-AnfG/*Kirchhof*, § 16 Rn 14.
14 *Huber*, § 16 Rn 14; MüKo-AnfG/*Kirchhof*, § 16 Rn 18; *Nerlich/Niehus*, § 16 Rn 14; Kübler/Prütting/*Paulus*, § 16 AnfG Rn 8.
15 Kübler/Prütting/*Paulus*, § 16 AnfG Rn 8.
16 *Huber*, § 16 Rn 14; *Nerlich/Niehus*, § 16 Rn 14; aA Kübler/Prütting/*Paulus*, § 16 AnfG Rn 8.
17 *Nerlich/Niehus*, § 16 Rn 17; *Huber*, § 16 Rn 17.

2. wenn sie nach dem Eröffnungsantrag vorgenommen worden ist und wenn der Gläubiger zur Zeit der Handlung die Zahlungsunfähigkeit oder den Eröffnungsantrag kannte.

Dies gilt nicht, soweit die Rechtshandlung auf einer Sicherungsvereinbarung beruht, die die Verpflichtung enthält, eine Finanzsicherheit, eine andere oder eine zusätzliche Finanzsicherheit im Sinne des § 1 Abs. 17 des Kreditwesengesetzes zu bestellen, um das in der Sicherungsvereinbarung festgelegte Verhältnis zwischen dem Wert der gesicherten Verbindlichkeiten und dem Wert der geleisteten Sicherheiten wiederherzustellen (Margensicherheit).

(2) Der Kenntnis der Zahlungsunfähigkeit oder des Eröffnungsantrags steht die Kenntnis von Umständen gleich, die zwingend auf die Zahlungsunfähigkeit oder den Eröffnungsantrag schließen lassen.

(3) Gegenüber einer Person, die dem Schuldner zur Zeit der Handlung nahestand (§ 138), wird vermutet, daß sie die Zahlungsunfähigkeit oder den Eröffnungsantrag kannte.

11 Im Folgenden sollen die relevanten Tatbestandsmerkmale des § 130 InsO kurz dargestellt werden. Für weitergehende Ausführungen wird auf die insolvenzrechtliche Literatur verwiesen.

12 **2. Sicherung oder Befriedigung.** Unter einer **Sicherung** ist die Gewährung einer zusätzlichen Rechtsposition zu verstehen, die den Leistungsanspruch fortbestehen lässt, dessen Durchsetzbarkeit jedoch verstärkt bzw erleichtert.[18] Durch die **Befriedigung** wird der materiell-rechtliche Anspruch dagegen erfüllt, wodurch der Anspruch zum Erlöschen gebracht wird.[19]

13 **3. Zahlungsunfähigkeit des Schuldners.** Zahlungsunfähigkeit ist gegeben, wenn der Schuldner nicht in der Lage ist, die fälligen Zahlungspflichten zu erfüllen (§ 17 Abs. 2 S. 1 InsO).[20]

14 **4. Kenntnis von Zahlungsunfähigkeit.** Der Gläubiger muss im Zeitpunkt der anzufechtenden Handlung Kenntnis von der Zahlungsunfähigkeit des Schuldners gehabt haben. Darlegung und Beweis obliegen dem Insolvenzverwalter. Dabei kommt ihm nach § 130 Abs. 2 InsO zugute, wenn der Gläubiger lediglich Kenntnis über Umstände hat, die zwingend auf die Zahlungsunfähigkeit schließen lassen. Bei dem Schuldner nahestehenden Personen (§ 138 InsO; s. § 3 Rn 30 ff) wird die Kenntnis von der Zahlungsunfähigkeit vermutet (§ 130 Abs. 3 InsO).

15 **5. Zeitraum.** Die anzufechtende Handlung muss in den letzten drei Monaten vor dem Antrag auf Eröffnung des Insolvenzverfahrens vorgenommen worden sein.

16 **6. Rechte des Einzelgläubigers.** Der Einzelgläubiger kann analog Abs. 1 S. 2 die Kosten des gegen den Anfechtungsgegner geführten Rechtsstreits geltend machen. Schuldet er dem Insolvenzverwalter Zahlung, so kann er seine Kosten in Abzug bringen, andernfalls steht ihm ein Zurückbehaltungsrecht zu.[21]

§ 17 Unterbrechung des Verfahrens

(1) ¹Ist das Verfahren über den Anfechtungsanspruch im Zeitpunkt der Eröffnung des Insolvenzverfahrens noch rechtshängig, so wird es unterbrochen. ²Es

---

18 RGZ 10, 33; BGHZ 34, 254.
19 MüKo-InsO/*Kirchhof*, § 130 Rn 7; *Nerlich/Niehus*, § 16 Rn 24.
20 Kübler/Prütting/*Schoppmeyer*, § 130 InsO Rn 68; MüKo-InsO/*Kirchhof*, § 130 Rn 28.
21 *Huber*, § 16 Rn 19.

kann vom Insolvenzverwalter aufgenommen werden. ³Wird die Aufnahme verzögert, so gilt § 239 Abs. 2 bis 4 der Zivilprozeßordnung entsprechend.

(2) Der Insolvenzverwalter kann den Klageantrag nach Maßgabe der §§ 143, 144 und 146 der Insolvenzordnung erweitern.

(3) ¹Lehnt der Insolvenzverwalter die Aufnahme des Rechtsstreits ab, so kann dieser hinsichtlich der Kosten von jeder Partei aufgenommen werden. ²Durch die Ablehnung der Aufnahme wird das Recht des Insolvenzverwalters, nach den Vorschriften der Insolvenzordnung den Anfechtungsanspruch geltend zu machen, nicht ausgeschlossen.

I. Allgemeines

§ 17 regelt im Anschluss an § 16 den Fall, dass der Rechtsstreit des Einzelgläubigers gegen den Anfechtungsgegner noch rechtshängig ist. 1

II. Unterbrechung und Aufnahme des Rechtsstreits (Abs. 1)

1. Unterbrechung des Rechtsstreits (S. 1). Ist das Verfahren über den Anfechtungsanspruch im Zeitpunkt der Eröffnung des Insolvenzverfahrens noch rechtshängig, so wird es unterbrochen. Die Unterbrechungswirkung erfasst lediglich die Anfechtungsklage bzw -widerklage, nicht jedoch die Geltendmachung der Anfechtbarkeit durch Einrede oder Gegeneinrede.[1] Entsprechend anwendbar ist Abs. 1 S. 1 in Fällen der Geltendmachung durch Duldungsbescheid (s. § 7 Rn 7 ff), sofern die Finanzbehörde Insolvenzgläubiger ist.[2] 2

Abs. 1 S. 1 findet Anwendung, wenn über das **Vermögen des Schuldners des Anfechtungsgläubigers** das Insolvenzverfahren eröffnet wird; dagegen ist bei der Insolvenz einer der Parteien des Anfechtungsprozesses § 240 ZPO anwendbar.[3] 3

Bei **objektiver Klagehäufung** wirkt die Unterbrechung lediglich für den geltend gemachten Anfechtungsanspruch; hinsichtlich der übrigen Ansprüche bleibt der Anfechtungsgläubiger zur weiteren Geltendmachung befugt.[4] Wird dagegen im Fall der Anspruchskonkurrenz ein einheitlicher Anspruch auf das AnfG als auch auf andere Normen gestützt, wird das Verfahren vollumfänglich unterbrochen.[5] 4

Die **Wirkungen der Unterbrechung** orientieren sich an § 249 ZPO, jedoch mit der Maßgabe, dass sich die Unterbrechung nicht auf den Lauf der Anfechtungsfristen auswirkt.[6] 5

2. Aufnahme des Rechtsstreits (S. 2 und 3). Der Insolvenzverwalter kann (Ermessen[7]) den Rechtsstreit – in der Lage, in der er sich befindet[8] – aufnehmen (S. 2). Erforderlich für die Aufnahme ist nach § 250 ZPO die Zustellung eines bei Gericht einzureichenden Schriftsatzes. Sind mehrere Anfechtungsprozesse nach dem AnfG unterbrochen, die alle den Erwerb desselben Gegenstandes anfechten, kann der Insolvenzverwalter nur in einen Prozess eintreten und muss bei den übrigen die Aufnahme ablehnen.[9] 6

---

1 MüKo-AnfG/*Kirchhof*, § 17 Rn 6; *Nerlich/Niehus*, § 17 Rn 5.
2 *Huber*, § 17 Rn 4; MüKo-AnfG/*Kirchhof*, § 17 Rn 3 (Einzelheiten Rn 10).
3 *Huber*, § 17 Rn 3.
4 RGZ 143, 267; MüKo-AnfG/*Kirchhof*, § 17 Rn 8.
5 BGHZ 143, 246.
6 *Jaeger*, § 13 Anm. 8; Kübler/Prütting/*Paulus*, § 17 AnfG Rn 1; *Nerlich/Niehus*, § 17 Rn 7; *Huber*, § 17 Rn 5; *Zeuner*, Rn 470.
7 Einzelheiten MüKo-AnfG/*Kirchhof*, § 17 Rn 16.
8 Einzelheiten MüKo-AnfG/*Kirchhof*, § 17 Rn 15.
9 *Jaeger*, § 13 Anm. 9; MüKo-AnfG/*Kirchhof*, § 17 Rn 15; *Nerlich/Niehus*, § 17 Rn 9.

7 Wird die Aufnahme verzögert, so gilt § 239 Abs. 2–4 ZPO entsprechend (S. 3). Auf Antrag des Anfechtungsgegners ist daher der Insolvenzverwalter zur Aufnahme und zugleich zur Verhandlung der Hauptsache zu laden. Bleibt der Insolvenzverwalter im Termin aus, so ist auf Antrag die Behauptung des Anfechtungsgegners, dass das Insolvenzverfahren eröffnet sei und die genannte Person zum Insolvenzverwalter bestellt wurde, als zugestanden anzusehen und zur Hauptsache zu verhandeln. In der Hauptsache kann Versäumnisurteil ergehen.[10] Gegner iSd § 239 Abs. 2 ZPO ist nicht der Anfechtungsgläubiger; dessen Antrag ist daher abzulehnen.[11]

III. Änderung des Klageantrags (Abs. 2)

8 Der Insolvenzverwalter kann den Klageantrag nach Maßgabe der §§ 143, 144, 146 InsO **erweitern**. Zunächst muss der Insolvenzverwalter den Klageantrag jedoch **berichtigen** und auf Rückgewähr zur Insolvenzmasse umstellen. Dies ist noch keine Erweiterung iSd Abs. 2,[12] sondern eine Richtigstellung.[13]

9 Eine Erweiterung iSd Abs. 2 ist v.a. dann von Bedeutung, wenn der Antrag im Anfechtungsprozess des Einzelgläubigers hinsichtlich der befriedigungsbedürftigen Forderungen und der anfechtbar weggegebenen Gegenstände begrenzt war und nunmehr im Interesse einer möglichst vollständigen Befriedigung aller Gläubiger des Schuldners eine Erweiterung geboten ist. Dabei ist unerheblich, ob die Erweiterung auf Tatbestände des AnfG oder der InsO gestützt wird.[14]

10 Aus der Verweisung in Abs. 2 ergibt sich, dass die Verjährungsfrist des § 146 InsO zu beachten ist. Zudem muss die Klageänderung noch im Laufe der Tatsacheninstanz erfolgen.[15]

IV. Ablehnung der Aufnahme des Rechtsstreits (Abs. 3)

11 Der Insolvenzverwalter **kann**, statt den Rechtsstreit aufzunehmen, die Ablehnung der Aufnahme aussprechen. Dies ist bedeutsam, weil der Insolvenzverwalter bei Aufnahme des Rechtsstreits an dessen Stand gebunden ist. Die Ablehnung ist nicht formbedürftig, sie muss aber eindeutig und vorbehaltlos sein.[16] Sie bedeutet keinen Verzicht auf das Anfechtungsrecht und auch keine Freigabe des anfechtbar erlangten Gegenstandes (Abs. 3 S. 2).[17] Vielmehr ist der Insolvenzverwalter berechtigt, den Anfechtungsanspruch nach den Vorschriften der InsO erneut geltend zu machen.

12 Lehnt der Insolvenzverwalter die Aufnahme des Rechtsstreits ab, so kann nach Abs. 3 S. 1 jede Partei den Rechtsstreit hinsichtlich der Kosten aufnehmen. Die Kostenentscheidung orientiert sich analog § 91 a ZPO daran, wer den Anfechtungsprozess gewonnen hätte.[18] Wenn der Rechtsstreit von einer Partei hinsichtlich der Kosten aufgenommen wird und der Insolvenzverwalter einen neuen Rechtsstreit anstrengt, besteht zwischen beiden Verfahren kein Abhängigkeitsverhältnis, so dass divergierende Entscheidungen ergehen können.[19]

---

10 *Huber*, § 17 Rn 7.
11 OLG Koblenz ZInsO 2005, 1222.
12 *Huber*, § 17 Rn 8.
13 MüKo-AnfG/*Kirchhof*, § 17 Rn 17.
14 *Nerlich/Niehus*, § 17 Rn 13.
15 *Huber*, § 17 Rn 9.
16 *Huber*, § 17 Rn 15; MüKo-AnfG/*Kirchhof*, § 17 Rn 24; *Nerlich/Niehus*, § 17 Rn 17; Kübler/Prütting/*Paulus*, § 17 AnfG Rn 10.
17 Kübler/Prütting/*Paulus*, § 17 AnfG Rn 11; *Huber*, § 17 Rn 15.
18 MüKo-AnfG/*Kirchhof*, § 17 Rn 26.
19 *Huber*, § 17 Rn 17; MüKo-AnfG/*Kirchhof*, § 17 Rn 25; *Nerlich/Niehus*, § 17 Rn 20; Kübler/Prütting/*Paulus*, § 17 AnfG Rn 13.

§ 18 Beendigung des Insolvenzverfahrens

(1) Nach der Beendigung des Insolvenzverfahrens können Anfechtungsansprüche, die der Insolvenzverwalter geltend machen konnte, von den einzelnen Gläubigern nach diesem Gesetz verfolgt werden, soweit nicht dem Anspruch entgegenstehende Einreden gegen den Insolvenzverwalter erlangt sind.

(2) ¹War der Anfechtungsanspruch nicht schon zur Zeit der Eröffnung des Insolvenzverfahrens gerichtlich geltend gemacht, so werden die in den §§ 3 und 4 bestimmten Fristen von diesem Zeitpunkt an berechnet, wenn der Anspruch bis zum Ablauf eines Jahres seit der Beendigung des Insolvenzverfahrens gerichtlich geltend gemacht wird. ²Satz 1 gilt für die in den §§ 6 und 6 a bestimmten Fristen entsprechend mit der Maßgabe, dass an die Stelle der gerichtlichen Geltendmachung des Anfechtungsanspruchs die Erlangung des vollstreckbaren Schuldtitels tritt.

I. Allgemeines

§ 18 regelt die Berechtigung zur Einzelgläubigeranfechtung, sofern das Insolvenzverfahren ohne Abschluss der Anfechtungsprozesse beendet wurde. 1

II. Übergang der Anfechtungsbefugnis (Abs. 1)

Anfechtungsansprüche, die der Insolvenzverwalter geltend machen konnte, können nach Beendigung des Insolvenzverfahrens von den einzelnen Gläubigern nach dem AnfG verfolgt werden. 2

1. Beendigung des (Regel-)Insolvenzverfahrens. Unter Beendigung ist zu verstehen, dass das Verfahren im Wege der Schlussverteilung (§ 200 InsO) oder vorzeitig durch Einstellung endet.[1] Eingestellt werden kann das Verfahren mangels Masse (§ 207 InsO), infolge Masseunzulänglichkeit (§ 209 InsO), wegen Wegfalls des Eröffnungsgrundes (§ 212 InsO) und mit Zustimmung aller Gläubiger (§ 213 InsO). 3

2. Übergang der Anfechtungsbefugnis. Mit Beendigung des Insolvenzverfahrens geht die Anfechtungsbefugnis auf die Einzelgläubiger über. Dies gilt nicht nur, wenn ein Einzelgläubiger den Anfechtungsprozess bereits initiiert hatte, sondern auch, wenn vor Eröffnung des Insolvenzverfahrens ein Anspruch noch nicht geltend gemacht worden war.[2] Inbegriffen sind auch Gläubiger, die erst nach Insolvenzeröffnung ihre befriedigungsbedürftige Forderung erhalten haben.[3] 4

Hatte der Insolvenzverwalter einen Rechtsstreit initiiert, so kann dieser von keinem Gläubiger fortgeführt werden.[4] Dem Gläubiger verbleibt der Weg über eine eigenständige Klage, während der anhängige Rechtsstreit des Insolvenzverwalters im Kostenpunkt vom Insolvenzschuldner fortgeführt wird.[5] 5

Der Insolvenzverwalter ist auch nach Beendigung des Insolvenzverfahrens zur Geltendmachung eines Anfechtungsanspruchs befugt, wenn das Insolvenzgericht wegen des noch rechtshängigen Anfechtungsprozesses eine Nachtragsverteilung nach § 203 Abs. 1 InsO anordnet.[6] 6

---

1 MüKo-AnfG/*Kirchhof*, § 18 Rn 3; *Nerlich/Niehus*, § 18 Rn 4.
2 RGZ 30, 71.
3 *Huber*, § 18 Rn 6; MüKo-AnfG/*Kirchhof*, § 18 Rn 6.
4 *Nerlich/Niehus*, § 18 Rn 2; *Huber*, § 18 Rn 12.
5 *Huber*, § 18 Rn 12.
6 BGHZ 83, 102; BGH NJW 1992, 2894.

7 Einzelgläubiger können nicht die besonderen Tatbestände der Insolvenzanfechtung (§§ 130–132 InsO) geltend machen.[7] Sie sind gehalten, eine neue Anfechtungsklage, gestützt auf die Vorschriften des AnfG, anzustrengen.

8 **3. Besonderheiten bei Planverfahren.** Nach § 217 InsO kann abweichend vom Regelverfahren ein Insolvenzplan erstellt werden. Dabei kann der Insolvenzverwalter gemäß § 259 Abs. 3 S. 1 InsO bereits anhängige Rechtsstreite fortführen, wenn dies im gestaltenden Teil des Insolvenzplans (§ 221 InsO) vorgesehen wird. Dafür genügt die Klausel „§ 259 Abs. 3 InsO findet Anwendung".[8] In diesem Falle ist Abs. 1 nicht anzuwenden.[9]

9 **4. Fortführung bei einem Kostenprozess.** Lehnt der Insolvenzverwalter die Aufnahme des anhängigen Rechtsstreits nach Eröffnung des Insolvenzverfahrens ab, kann nach § 17 Abs. 3 S. 1 der Rechtsstreit hinsichtlich der Kosten von jeder Partei aufgenommen werden. Wurde der Kostenrechtsstreit bereits entschieden, so kann der Einzelgläubiger lediglich eine neue Anfechtungsklage bei Gericht anhängig machen;[10] Rechtskraftprobleme bestehen dabei nicht.[11] Andernfalls kann der Einzelgläubiger wieder Verhandlung zur Hauptsache verlangen.[12] Dies stellt eine zulässige Klageänderung dar.[13]

10 **5. Einreden.** Entgegenstehende Einreden müssen berücksichtigt werden, soweit sie gegen den Insolvenzverwalter erlangt sind (**Abs. 1 Hs 2**). Der Begriff „Einrede" ist **im weitesten Sinn** zu verstehen und umfasst alle rechtshindernden und rechtsvernichtenden Einwendungen sowie Einreden im materiell-rechtlichen Sinn.[14] Soweit sich Anfechtungstatbestände der InsO und des AnfG decken, kann der Anfechtungsgegner ggf einwenden, gegenüber dem Insolvenzverwalter sei der Anfechtungsanspruch rechtskräftig abgewiesen.[15] Insoweit handelt es sich bei Abs. 1 Hs 2 um eine Rechtskrafterstreckung.[16]

11 Etwas anderes gilt jedoch für die Verjährungsfrist des § 146 InsO. Auch wenn diese bereits abgelaufen ist, kann der Anfechtungsgegner sich nicht auf den Fristablauf berufen, sofern die materiellen Ausschlussfristen der einzelnen Tatbestände des AnfG noch nicht abgelaufen sind.[17]

III. Berechnung der Anfechtungsfristen (Abs. 2)

12 Nach Abs. 2 S. 1 werden die **Anfechtungsfristen** vom Zeitpunkt der Eröffnung des Insolvenzverfahrens an **zurückgerechnet**, wenn der Anfechtungsanspruch zu dieser Zeit noch nicht gerichtlich geltend gemacht wurde und bis zum Ablauf eines Jahres seit Beendigung des Insolvenzverfahrens gerichtlich geltend gemacht wird. Es handelt sich um einen Ausgleich für die zwischenzeitlich fehlende Anfechtungsberechtigung der Einzelgläubiger. Erforderlich ist jedoch, dass der Einzelgläubiger zur Zeit der Verfahrenseröffnung bereits in der Lage war, den Anfechtungsanspruch gerichtlich geltend zu machen, und zu dieser Zeit die Anfechtungsfrist noch nicht abgelaufen war.[18]

---

7 MüKo-AnfG/*Kirchhof*, § 18 Rn 7; Kübler/Prütting/*Paulus*, § 18 AnfG Rn 3.
8 BGH ZIP 2006, 39.
9 *Huber*, § 18 Rn 4; MüKo-AnfG/*Kirchhof*, § 18 Rn 5.
10 *Nerlich/Niehus*, § 18 Rn 9; *Huber*, § 18 Rn 9.
11 *Jaeger*, § 13 Anm. 32; Kübler/Prütting/*Paulus*, § 18 AnfG Rn 7.
12 *Jaeger*, § 13 Anm. 32; *Nerlich/Niehus*, § 18 Rn 9; *Huber*, § 18 Rn 9.
13 Kübler/Prütting/*Paulus*, § 18 AnfG Rn 7.
14 *Nerlich/Niehus*, § 18 Rn 10; *Huber*, § 18 Rn 13.
15 *Nerlich/Niehus*, § 18 Rn 10; *Huber*, § 18 Rn 13.
16 *Jaeger*, § 13 Anm. 30; *Huber*, § 18 Rn 13.
17 RGZ 91, 90; MüKo-AnfG/*Kirchhof*, § 18 Rn 20.
18 *Nerlich/Niehus*, § 18 Rn 12; *Huber*, § 18 Rn 14; *Zeuner*, Rn 477.

Durch das MoMiG[19] wurde Abs. 2 an das neue Recht der §§ 6 und 6 a angepasst.[20] Daher gilt Abs. 2 S. 1 mit der Maßgabe entsprechend, dass an die Stelle der gerichtlichen Geltendmachung des Anfechtungsanspruchs die Erlangung des vollstreckbaren Schuldtitels tritt. 13

§ 19 Internationales Anfechtungsrecht

Bei Sachverhalten mit Auslandsberührung ist für die Anfechtbarkeit einer Rechtshandlung das Recht maßgeblich, dem die Wirkungen der Rechtshandlung unterliegen.

I. Allgemeines

Mit der Kodifizierung des § 19 wurde erstmals im Anwendungsbereich des AnfG die Frage geklärt, welches Recht maßgeblich sein soll, wenn der Sachverhalt Auslandsberührung aufweist. § 19 stellt eine **Kollisionsnorm** dar.[1] Der Gesetzgeber hat sich für das **Wirkungsstatut** entschieden. 1

II. Grundsätze

1. Anwendungsvoraussetzungen. Es muss sich um einen **Sachverhalt mit Auslandsberührung** handeln. Dies kann der Fall sein, wenn eine der Personen (Schuldner, Anfechtungsgläubiger oder -gegner) einen Auslandsbezug (Staatsangehörigkeit, Wohnsitz) aufweist, der anfechtbar erlangte Gegenstand im Ausland liegt oder die Rechtshandlung selbst ausländischem Recht unterworfen ist.[2] 2

Erforderlich sind weiter eine Rechtshandlung, gegen die sich die Anfechtung richten soll, und eine Hauptforderung, die durch die Anfechtung befriedigt werden soll. Das Bestehen der Hauptforderung richtet sich nach dem Recht, welchem der Anspruch unterliegt (*lex causae*).[3] 3

2. Anknüpfung. Das für die Anfechtung maßgebliche Recht bestimmt sich nach dem Wirkungsstatut. Dabei ist unerheblich, wo die Gläubigerbenachteiligung eintritt; entscheidend ist, welche Rechtsordnung die **Wirkungen der anfechtbaren Rechtshandlung** regelt.[4] Es muss zwischen dem schuldrechtlichen Verpflichtungsgeschäft und dem dinglichen Verfügungsgeschäft unterschieden werden.[5] Für das Verpflichtungsgeschäft ist das Schuldstatut (*lex causae*), für das Verfügungsgeschäft ist die *lex rei sitae* maßgeblich. 4

Richtet sich die Anfechtung gegen ein **schuldrechtliches Verpflichtungsgeschäft**, so gilt nach Art. 3 Abs. 1 Rom I-VO (zuvor Art. 27 Abs. 1 S. 1 EGBGB) die freie Rechtswahl der Parteien. Fehlt es an einer ausdrücklichen Bestimmung bzw ergibt sich die Rechtswahl mit hinreichender Sicherheit auch nicht aus den Bestimmungen des Vertrages oder den Umständen des Falles, so gilt gem. Art. 4 Abs. 4 Rom I-VO (zuvor Art. 28 EGBGB) dasjenige Recht, mit der der Vertrag die engsten Verbindungen aufweist. Soweit der **dingliche Rechtserwerb** angefochten 5

---

19 BGBl. I 2008 S. 2026.
20 BT-Drucks. 16/6140, S. 58.
1 MüKo-AnfG/*Kirchhof*, § 19 Rn 1; Kübler/Prütting/*Kemper*, § 19 AnfG Rn 2.
2 Kübler/Prütting/*Kemper*, § 19 AnfG Rn 4; *Huber*, § 19 Rn 4.
3 BGH ZIP 1981, 31.
4 OLG Stuttgart ZIP 2007, 1966.
5 Kübler/Prütting/*Kemper*, § 19 AnfG Rn 6; *Huber*, § 19 Rn 7; *Nerlich/Niehus*, § 19 Rn 5 u. 6.

werden soll, ist das Recht des Lageortes der Sache maßgeblich (*lex rei sitae*).[6] Eine auf eine Anfechtung nach französischem Recht gestützte Klage auf Duldung der Zwangsvollstreckung in ein in Frankreich belegenes Grundstücks ist, da das französische Recht einen anfechtungsrechtlichen Anspruch auf Duldung der Zwangsvollstreckung nicht kennt, dahin auszulegen, dass nach der Rechtsfolge zu erkennen ist, die nach der maßgeblichen französischen Rechtsordnung vorgesehen ist, dh dass das Grundstück im Verhältnis zum Gläubiger als nicht übertragen und weiterhin als Vermögen des Schuldners gilt.[7]

6 Sofern das Wirkungsstatut nicht genügt, um dem kollisionsrechtlichen Ziel, die engste Verbindung über das anwendbare Recht entscheiden zu lassen, ist eine Ausweichklausel analog Art. 4 Abs. 3 Rom I-VO (zuvor Art. 28 Abs. 5 EGBGB) zu befürworten.[8]

§ 20 Übergangsregeln

(1) Dieses Gesetz ist auf die vor dem 1. Januar 1999 vorgenommenen Rechtshandlungen nur anzuwenden, soweit diese nicht nach dem bisherigen Recht der Anfechtung entzogen oder in geringerem Umfang unterworfen sind.

(2) ¹Das Gesetz, betreffend die Anfechtung von Rechtshandlungen eines Schuldners außerhalb des Konkursverfahrens in der im Bundesgesetzblatt Teil III, Gliederungsnummer 311-5, veröffentlichten bereinigten Fassung, zuletzt geändert durch Artikel 9 des Gesetzes vom 4. Juli 1980 (BGBl. I S. 836), wird aufgehoben. ²Es ist jedoch weiter auf die Fälle anzuwenden, bei denen die Anfechtbarkeit vor dem 1. Januar 1999 gerichtlich geltend gemacht worden ist.

(3) Die Vorschriften dieses Gesetzes in der ab dem Inkrafttreten des Gesetzes vom 23. Oktober 2008 (BGBl. I S. 2026) am 1. November 2008 geltenden Fassung sind auf vor dem 1. November 2008 vorgenommene Rechtshandlungen nur anzuwenden, soweit diese nicht nach dem bisherigen Recht der Anfechtung entzogen oder in geringerem Umfang unterworfen sind; andernfalls sind die bis zum 1. November 2008 anwendbaren Vorschriften weiter anzuwenden.

I. Allgemeines	1	IV. Bestandsschutzregel hinsichtlich	
II. Bestandsschutzregel (Abs. 1)	2	MoMiG-Neuerungen (Abs. 3)	6
III. Geltung des AnfG aF (Abs. 2)	4	V. Einzelregelungen des AnfG nF	7

I. Allgemeines

1 § 20 bezweckt den Schutz erworbener Rechtspositionen und soll zudem für anhängige Prozesse praktikable Lösungen bieten.[1] **Abs. 1**, der inhaltlich Art. 106 EGInsO entspricht, stellt zunächst eine allgemeine Bestandsschutzregel auf. In **Abs. 2** wird das AnfG aF aufgehoben und für bestimmte Fälle für weiterhin anwendbar erklärt. **Abs. 3** enthält eine Bestandsschutzregel hinsichtlich der gesetzlichen Neuerungen durch das MoMiG.

---

6 OLG Düsseldorf ZInsO 2010, 1934. Ausf. zu einem evtl. Statutenwechsel *Huber*, § 19 Rn 9.
7 OLG Düsseldorf ZInsO 2010, 1934.
8 Kübler/Prütting/*Kemper*, § 19 AnfG Rn 11.
1 BT-Drucks. 12/3803, S. 59.

II. Bestandsschutzregel (Abs. 1)

Abs. 1 bestimmt, dass auf vor dem 1.1.1999 vorgenommene Rechtshandlungen das AnfG nF nur dann anzuwenden ist, wenn die Rechtshandlung nach dem AnfG aF nicht bereits anfechtungsfest geworden ist bzw nach altem Recht nicht in geringerem Umfang der Anfechtung unterworfen wäre. Daraus wird zu Recht für vor dem 1.1.1999 vorgenommene Rechtshandlungen das **Günstigkeitsprinzip** hergeleitet. 2

Daraus resultiert die hM[2] ein **zweistufiges Verfahren**: Zunächst muss die **Anfechtbarkeit nach dem neuen Recht** geprüft werden. Ist diese bereits nicht gegeben, so scheidet eine Anfechtbarkeit auch nach dem alten AnfG aus. Gelangt die Prüfung des neuen Rechts zur Anfechtbarkeit, so ist die **Anfechtbarkeit nach altem Recht** zu prüfen. Soweit dieses Ergebnis den Anfechtungsgegner besser stellt als bei der Prüfung nach neuem Recht, kommt nicht das neue AnfG, sondern das alte Recht zur Anwendung. 3

III. Geltung des AnfG aF (Abs. 2)

Durch Abs. 2 S. 1 wird zunächst das AnfG aF in seiner zuletzt geltenden Fassung aufgehoben. Dieses AnfG soll gem. Abs. 2 S. 2 nur dann weiter fortgelten, wenn vor dem 1.1.1999 die **Anfechtbarkeit gerichtlich geltend gemacht** wurde. 4

Die Geltendmachung der Anfechtbarkeit durch **Duldungsbescheid** (§ 191 Abs. 1 S. 2 AO) wird nicht erfasst. Auch die explizite Gleichstellung des Duldungsbescheides mit der gerichtlichen Geltendmachung durch § 191 Abs. 1 S. 2 Hs 2 AO bezieht sich nicht auf Abs. 2 S. 2. Daher wird die Ansicht vertreten, dass der Duldungsbescheid einer Klage in diesem Falle gerade nicht gleichsteht.[3] Für die Gegenansicht[4] spricht die Gesetzesbegründung[5] zu § 191 Abs. 1 S. 2 AO. Danach sollte durch die Neufassung der Duldungsbescheid der Klage gleichgestellt werden. Insoweit ist von einem Redaktionsversehen in § 191 Abs. 1 S. 2 Hs 2 AO hinsichtlich Abs. 2 S. 2 auszugehen. Demnach erfasst Abs. 2 S. 2 auch die Geltendmachung durch Duldungsbescheid. 5

IV. Bestandsschutzregel hinsichtlich MoMiG-Neuerungen (Abs. 3)

Auch der durch das MoMiG[6] eingefügte Abs. 3 soll das Übergangsrecht für die durch das MoMiG vorgenommenen Neuerungen regeln. Dabei wird wie in Abs. 1 das **Günstigkeitsprinzip** normiert (s. Rn 2 f). 6

V. Einzelregelungen des AnfG nF

Mit der Reformierung des AnfG ist durch **§ 8 Abs. 2** eine wesentliche Änderung in der Rechtslage eingetreten. Während nach der zum alten AnfG vorherrschenden Meinung auch bei Registergeschäften auf die Vollendung des Rechtserwerbs, mithin auf den Zeitpunkt der Eintragung,[7] abzustellen war, wurde dieser anfechtungsrelevante Zeitpunkt durch § 8 Abs. 2 AnfG nF vorverlagert. Für das Übergangsrecht ist auch auf vor dem 1.1.1999 vorgenommene Rechtshandlungen das neue AnfG anzuwenden, wenn die Anfechtbarkeit erst nach dem 31.12.1998 geltend gemacht wurde. Dies folgt aus dem Günstigkeitsprinzip. War die Anfechtbarkeit bereits vor dem 1.1.1999 geltend gemacht, ist allein auf die alte Rechtsla- 7

---

2 S. zB MüKo-AnfG/*Kirchhof*, § 20 Rn 6; vgl zum Meinungsstand *Münch*, in: FS Gerhardt, 2004, S. 621, 645.
3 Kübler/Prütting/*Paulus*, § 20 AnfG Rn 4.
4 *Huber*, § 20 Rn 5.
5 BT-Drucks. 14/1514, S. 48.
6 BGBl. I 2008 S. 2026.
7 Ausf. zum Streitstand *Zeuner*, Rn 36.

ge abzustellen; ein Vorgriff auf die ab dem 1.1.1999 geltenden Regelungen ist jedenfalls dann nicht angezeigt, wenn mit der Reformierung eine Verlängerung der Anfechtungsfrist bei dem betreffenden Tatbestand einhergegangen ist und somit die Ausgewogenheit der Anfechtungsregeln gewahrt werden muss.[8]

8 § 9 entspricht inhaltlich dem bisherigen § 5 aF, Übergangsrecht ist mithin nicht zu beachten.[9]

9 § 10 entspricht § 6 aF; Übergangsrecht ist daher nicht zu beachten.[10]

10 In § 11 Abs. 1 S. 1 wurde die Formulierung an die bisherige hM angepasst, ohne dass es zu einer inhaltlichen Änderung des Anfechtungsrechts kommen sollte.[11] Somit spricht § 11 nicht mehr von „Rückgewähr", sondern von „zur Verfügung stellen". Durch § 11 Abs. 1 S. 2 soll für den Fall der Unmöglichkeit der Wiederherstellung der Zugriffslage oder einer Verschlechterung des anfechtbar erworbenen Gegenstandes der Anfechtungsgegner haftungsrechtlich gestellt werden wie der bösgläubige Bereicherungsschuldner.[12] Im Gegensatz zur früheren verschuldensunabhängigen Haftung des Anfechtungsgegners schuldet dieser nunmehr nur bei Verschulden Wertersatz.[13]

11 Mit § 11 Abs. 2 wurde geltendes Recht (§ 7 Abs. 2 AnfG 1879) weitestgehend übernommen. Allerdings wurden zwei wesentliche Änderungen vorgenommen: Zum einen wurde die Bösgläubigkeit definiert und zum anderen wurde dem Anfechtungsgläubiger die Beweislast dafür auferlegt, dass der Zuwendungsempfänger bösgläubig war.[14]

12 Durch das Gesetz zur Modernisierung des GmbH-Rechts und zur Bekämpfung von Missbräuchen (MoMiG)[15] wurde § 11 Abs. 3 eingefügt. Dies erfolgte deshalb, weil die allgemeinen Rechtsfolgen des § 11 nicht für den Fall der Anfechtung aufgrund des neu eingefügten § 6 a passen.[16] Zurückgewähren soll nicht der Drittgläubiger das von der Gesellschaft Erlangte, sondern vielmehr der durch die Leistung der Gesellschaft frei gewordene Gesellschafter, der als Bürge haftete oder Sicherung bestellt hatte.[17]

13 § 12 entspricht bis auf sprachliche Anpassungen der Vorschrift des § 8 aF. Konflikte betreffend das Übergangsrecht ergeben sich hier daher nicht.

14 § 13 entspricht § 9 AnfG 1879. Redaktionell wird lediglich klargestellt, dass das Erlangte vom Anfechtungsgegner zur Verfügung zu stellen ist.[18] Übergangsrecht ist nicht zu beachten.

15 § 14 entspricht dem bisherigen § 10 aF; Übergangsrecht ist daher nicht zu beachten.[19]

---

8 BGH NJW 1999, 643; *Ganter*, DNotZ 1995, 517.
9 *Zeuner*, Rn 523; *Huber*, § 9 Rn 2; *Nerlich/Niehus*, § 9 Rn 11; BT-Drucks. 12/3803, S. 57.
10 Ausf. *Huber*, § 10 Rn 2.
11 BT-Drucks. 12/3803, S. 58.
12 BT-Drucks. 12/3803, S. 58.
13 *Nerlich/Niehus*, § 11 Rn 47.
14 BT-Drucks. 12/3803, S. 58 unter Hinweis auf BT-Drucks. 12/2443, S. 168 zu § 162 Abs. 2 RegE-InsO.
15 BGBl. I 2008 S. 2026.
16 BT-Drucks. 16/6140, S. 58 unter Hinweis auf BT-Drucks. 16/6140, S. 57 zu § 143 Abs. 3 InsO.
17 BT-Drucks. 16/6140, S. 58 unter Hinweis auf BT-Drucks. 16/6140, S. 57 zu § 143 Abs. 3 InsO.
18 BT-Drucks. 12/3803, S. 58.
19 *Huber*, § 14 Rn 2; *Nerlich/Niehus*, § 14 Rn 2; *Hess*, § 14 AnfG Rn 1.

§ 15 entspricht weitestgehend § 11 AnfG 1879. § 15 Abs. 1 stellt gegenüber § 11 Abs. 1 AnfG 1879 lediglich klar, dass neben dem Erben auch andere Gesamtrechtsnachfolger einbezogen werden sollen, was bereits bisheriger hM entsprach.[20] Übergangsrecht ist insoweit nicht zu beachten. § 15 Abs. 2 Nr. 2 erweitert die Anfechtbarkeit, indem nicht mehr lediglich die Ehegatten, sondern sämtliche dem Schuldner nahestehende Personen (§ 138 InsO) einbezogen werden. Insoweit ist Übergangsrecht zu beachten.[21]

Das Haftungsprivileg des gutgläubigen Empfängers iSd § 11 Abs. 3 AnfG 1879 wurde nicht in das neue Recht übernommen, da der Gesetzgeber wegen der Geltung des **§ 11 Abs. 2** nF eine Übernahme für entbehrlich hielt.[22] Übergangsrecht ist insoweit nicht zu beachten.

§§ 16–18 decken sich inhaltlich mit § 13 AnfG 1879, wurden jedoch aus Gründen der Übersichtlichkeit in einzelne Tatbestände aufgeteilt. Übergangsrecht ist nicht zu beachten.[23] Lediglich § 13 Abs. 5 AnfG 1879 wurde als überflüssig nicht in das neue Regelwerk übernommen, da nach der InsO auch der Neuerwerb des Schuldners zur Insolvenzmasse zu rechnen ist und da Handlungen, die sich auf das unpfändbare Vermögen des Schuldners beziehen, der Anfechtung nicht unterliegen.[24]

Im Anwendungsbereich des AnfG 1879 bestand für die durch **§ 19** nunmehr geregelte Frage Streit.[25] Da das Wirkungsstatut auch bereits vor dessen Regelung in § 19 nF vertreten wurde, ist es gerechtfertigt, § 19 in Vorgriff zu nehmen.[26] Übergangsrecht ist daher nicht zu beachten.[27]

---

20 *Nerlich/Niehus*, § 15 Rn 31.
21 *Huber*, § 15 Rn 3.
22 BT-Drucks. 12/3803, S. 58 unter Hinweis auf BT-Drucks. 12/2443, S. 168 zu § 164 RegE-InsO.
23 *Huber*, § 16 Rn 3.
24 BT-Drucks. 12/3803, S. 58.
25 Vgl zum Streitstand noch *Nerlich/Niehus*, § 19 Rn 2.
26 OLG Düsseldorf ZInsO 2010, 1934; BGH NJW 1997, 657 (zur früheren Parallelvorschrift Art. 102 Abs. 2 EGInsO).
27 *Huber*, § 19 Rn 3.

Schwerpunktbeiträge

1. Zwangsvollstreckung und Betreuung

I. Einführung und Problemstellung ... 1
II. Betreuung und Prozessfähigkeit ... 2
  1. Prozessfähigkeit in der Zwangsvollstreckung ... 2
  2. Betreuerbestellung und Prozessfähigkeit ... 5
  3. Die Regelung des § 53 ZPO ... 11
    a) Im Prozess ... 12
    b) In der Zwangsvollstreckung ... 13
III. Einzelne Verfahrenssituationen ... 17
  1. Zustellungen ... 18
  2. Ermittlung des Aufenthaltsorts des Schuldners gem. § 755 ZPO ... 19
  3. Die Pfändung gem. § 802 a Abs. 2 S. 1 Nr. 4 iVm §§ 808 ff ZPO ... 20
    a) Aufforderung zur Leistung gem. § 59 Abs. 2 S. 1 GVGA ... 20
    b) Einwilligung in die Durchsuchung ... 24
  4. Verfahren zur Abnahme der Vermögensauskunft gem. § 802 f ZPO ... 30
    a) Örtliche Zuständigkeit ... 30
    b) Aufforderung zur Begleichung der Forderung, Ladung zum Termin gem. § 802 f Abs. 1 S. 1, 2 ZPO ... 31
    c) Termin ... 34
    d) Sofortige Abnahme der Vermögensauskunft gem. § 807 Abs. 1 S. 1 Nr. 1 ZPO ... 37

I. Einführung und Problemstellung

Seit dem Inkrafttreten des Betreuungsgesetzes[1] am 1.1.1992 sind die Entmündigung, die Vormundschaft über Volljährige und die „Gebrechlichkeitspflegschaft" durch das Rechtsinstitut der **Betreuung** ersetzt worden. Die Bestellung eines Betreuers setzt gem. § 1896 Abs. 1 S. 1 BGB voraus, dass ein Volljähriger aufgrund einer psychischen Krankheit oder einer körperlichen, geistigen oder seelischen Behinderung seine Angelegenheiten nicht oder teilweise nicht besorgen kann. Betrachtet man diese Voraussetzungen aus dem Blickwinkel der Einzelzwangsvollstreckung, muss das Bestehen einer Betreuung Anlass geben, insb. die Zulässigkeit der Vollstreckung (Prozessfähigkeit und gesetzliche Vertretung gem. § 51 ZPO), aber auch den richtigen Zustellungsadressaten sowie die Wirksamkeit von tatsächlichen Erklärungen des Schuldners (Einwilligung zur Durchsuchung) zu hinterfragen. Die Problemstellung ist in der Vollstreckungspraxis von großer Bedeutung, denn die Anzahl der eingerichteten Betreuungen ist erheblich. Am Jahresende 2013 waren in Deutschland 1.256.599 gesetzliche Betreuungen anhängig.[2] 1

II. Betreuung und Prozessfähigkeit

1. Prozessfähigkeit in der Zwangsvollstreckung. Die Prozessfähigkeit ist die Fähigkeit, vor Gericht zu stehen, also Prozesshandlungen selbst in eigener Person oder durch einen bestellten Vertreter vorzunehmen oder entgegenzunehmen.[3] Die Prozessfähigkeit bestimmt sich nach der Geschäftsfähigkeit des bürgerlichen Rechts, denn wer sich durch Verträge verpflichten kann, ist auch prozessfähig 2

---

[1] Gesetz zur Reform des Rechts der Vormundschaft und Pflegschaft für Volljährige (Betreuungsgesetz – BtG) vom 12.9.1990 (BGBl. I S. 2002), aufgelöst durch Art. 11 des Gesetzes vom 19.4.2006 (BGBl. I S. 866) mWz 25.4.2006.
[2] Bundesministerium der Justiz, Geschäftsübersichten der Amtsgerichte von 1995–2013, pdf vom 27.11.2014.
[3] Hk-ZPO/*Bendtsen*, § 51 ZPO Rn 1.

(§§ 51 Abs. 1, 52 ZPO). Die Prozessfähigkeit ist gem. § 56 Abs. 1 ZPO von Amts wegen zu prüfen; dies gilt für das gerichtliche Verfahren, aber auch grds. für die Zwangsvollstreckung.

3 Für die Zwangsvollstreckung ist anerkannt, dass der Gläubiger prozessfähig sein muss. Nach hM gilt dies grds. auch für den Schuldner, lediglich der erste rangwahrende Zugriff gegenüber dem prozessunfähigen Schuldner wird teilweise für zulässig gehalten.[4] Der Gerichtsvollzieher könnte danach bei einem prozessunfähigen Schuldner pfänden, müsste aber dann die Zwangsvollstreckung einstellen, bis ein gesetzlicher Vertreter oder Pfleger bestellt worden wäre und dieser Gelegenheit gehabt hätte, Einwendungen zu erheben. Dies ist jedenfalls für den Fall abzulehnen, in dem der prozessunfähige, aber einwilligungsfähige Schuldner der Durchsuchung widerspricht. Auch dieser ist Träger des Grundrechts aus Art. 13 GG und strafrechtlich durch § 123 StGB geschützt (vgl im Einzelnen Rn 24 ff).

4 Das Vollstreckungsorgan hat also die Prozessfähigkeit und mithin die Geschäftsfähigkeit sowohl des Gläubigers als auch des Schuldners im gesamten Vollstreckungsverfahren zu prüfen. Liegt eine Betreuung vor, muss danach für den Gerichtsvollzieher zum einen grds. Klarheit über die Bedeutung der Einrichtung einer Betreuung für die Prozessfähigkeit im Allgemeinen bestehen, darüber hinaus muss das Vollstreckungsorgan sich der vielfältigen Besonderheiten in der konkreten Vollstreckungssituation bewusst sein, die davon abhängen, ob der Betreuer bereits im Titel benannt ist, welcher Aufgabenbereich angeordnet ist und ob der Betreuer im Vollstreckungsverfahren auftritt.

5 **2. Betreuerbestellung und Prozessfähigkeit.** Da die Geschäftsfähigkeit die Prozessfähigkeit bestimmt, hätte die Einrichtung einer Betreuung dann gem. §§ 51 Abs. 1, 52 ZPO Relevanz für die Prozessfähigkeit, wenn sie Einfluss auf seine Geschäftsfähigkeit gem. § 104 Nr. 2 BGB hätte. Die Einrichtung einer Betreuung als solche hat diese Relevanz, so denn kein Einwilligungsvorbehalt angeordnet ist, grds. nicht. Trotz des Vorliegens einer Betreuung ist idR die tatsächliche Geschäftsfähigkeit zu prüfen.

6 Aus den Voraussetzungen des § 1896 Abs. 1 BGB lässt sich entnehmen, dass Ansatzpunkt für die Frage der Notwendigkeit der Einrichtung einer Betreuung das Vorliegen von tatsächlichen Defiziten ist, die sich aus psychischen Erkrankungen oder aus körperlichen, geistigen oder seelischen Behinderungen ergeben können. Entscheidend ist die **mangelnde Fähigkeit zur Besorgung der eigenen Angelegenheiten**.[5] Die Betreuung dient als staatlicher Beistand in Form der Rechtsfürsorge und hat die Erhaltung der Autonomie des Betreuten zum Ziel.[6] Der Betroffene soll also nicht rechtlich „entmündigt" werden, der Betreuer soll ihm lediglich – soweit erforderlich – rechtlich „beistehen".

7 Entscheidend für die Einrichtung einer Betreuung ist also grds. die Frage, **ob und für welche Bereiche aus tatsächlichen Gründen** Beistand erforderlich ist, und nicht die rechtliche Notwendigkeit des Ausgleichens einer mangelnden Geschäftsfähigkeit des Betroffenen. So wird ein Betreuer nach § 1896 Abs. 2 S. 1 BGB nicht für bestimmte Rechtsgeschäfte, sondern für diejenigen speziellen „**Aufgabenkreise**" wie Gesundheitsfürsorge, Behördenangelegenheiten, Vermögenssorge oder Prozessangelegenheiten bestellt, für die eine Betreuung erforderlich ist. Im Rahmen des jeweiligen Aufgabenkreises umfasst gem. § 1901 Abs. 1 BGB die Tätigkeit des Betreuers die rechtliche Besorgung der Angelegenheiten des Betreuten zu dessen Wohl und grds. unter Beachtung der Wünsche des Be-

---

4 Hk-ZPO/*Kindl*, Vor §§ 704–945 ZPO Rn 17 mwN; aA *Harnacke*, DGVZ 2000, 161, 163.
5 *Rausch*, NJW 1992, 274.
6 Palandt/*Götz*, Vor § 1896 BGB Rn 1, 5.

treuten (§ 1901 Abs. 2 und 3 BGB). Innerhalb seines Aufgabenkreises vertritt der Betreuer den Betreuten gerichtlich und außergerichtlich (§ 1902 BGB). Hieraus ist jedoch nicht der Schluss zu ziehen, der Betreute könne selbst nicht mehr rechtsgeschäftlich tätig werden. Vielmehr lässt sich nach den obigen Ausführungen (s. Rn 6) aus der Anordnung einer Betreuung nur folgern, dass der Betreute im Rahmen des Aufgabenbereichs des Betreuers rechtlichen Beistands bedarf; eine Aussage darüber, ob der Betreute in diesen Bereichen geschäftsunfähig ist, wird durch diese Entscheidung grds. nicht getroffen. Unabhängig von der angeordneten Betreuung muss mithin gem. § 104 Nr. 2 BGB eine nicht nur vorübergehend krankhafte Störung der Geistestätigkeit vorliegen, welche die freie Willensbildung ausschließt. Ist dies gegeben, ist er geschäftsunfähig und die von ihm abgegebenen Willenserklärungen sind gem. § 104 BGB nichtig. Die Frage, ob und inwieweit der Betroffene in der Lage ist, rechtsgeschäftlich wirksam zu handeln, er damit geschäfts- und prozessfähig ist, bleibt also grds. von der Einrichtung einer Betreuung unberührt.

Allerdings kann es notwendig sein, zur Abwendung einer erheblichen Gefahr anzuordnen, Willenserklärungen des Betreuten, die den Aufgabenbereich des Betreuers betreffen, von dessen Zustimmung abhängig zu machen. Das Gericht ordnet in diesem Fall einen Einwilligungsvorbehalt an. Der Betreute ist dann insoweit nur beschränkt geschäftsfähig (§ 1903 Abs. 1 BGB). Da die ZPO eine eingeschränkte Prozessfähigkeit nicht kennt,[7] führt dies für die für den Aufgabenbereich, für den der Einwilligungsvorbehalt angeordnet ist, zur Prozessunfähigkeit.[8] 8

Die Einrichtung einer Betreuung beinhaltet mithin grds. keine Aussage über die Geschäftsfähigkeit bzw die Geschäftsunfähigkeit des Betroffenen gem. § 104 BGB und damit auch nicht über dessen Prozessfähigkeit gem. §§ 51, 52 ZPO;[9] die Geschäfts- bzw Prozessfähigkeit ist gesondert zu prüfen. Ist jedoch für einen bestimmten Aufgabenbereich oder allgemein ein Einwilligungsvorbehalt angeordnet, ist der Betreute insoweit prozessunfähig. 9

Unabhängig davon ist der Betreuer immer innerhalb seines Aufgabenbereichs der **gesetzliche Vertreter** des Betreuten. 10

3. Die Regelung des § 53 ZPO. Ist kein Einwilligungsvorbehalt angeordnet, enthält die Anordnung der Betreuung nach alledem keine Aussage über die Geschäftsfähigkeit des Schuldners nach § 104 BGB und damit über dessen Prozessfähigkeit. § 53 ZPO fingiert allerdings in bestimmten Konstellationen die Prozessunfähigkeit des Betreuten und macht die Prüfung der Geschäftsfähigkeit mithin dann entbehrlich. 11

a) Im Prozess. Ein Betreuer kann für einzelne Aufgabenbereiche oder umfassend bestellt sein (s. Rn 7), obwohl der Schuldner geschäftsfähig ist und selbst rechtsgeschäftlich wirksam handeln kann. Daneben ist jedoch der Betreuer gesetzlicher Vertreter gem. § 1902 BGB. Daraus kann sich die Situation ergeben, dass beide – der geschäftsfähige Betreute und der Betreuer als dessen gesetzlicher Vertreter – sich widersprechende Willenserklärungen abgeben, die materiell-rechtlich wirksam sind. Für den Prozess löst die Vorschrift des § 53 ZPO diesen Konflikt. Prozessrechtlich **verdrängt der Betreuer den Betreuten** in seinem Aufgabenbereich; insoweit wird der Betreute einem Prozessunfähigen gleichgestellt. Die Prozessführung liegt im Rahmen des Aufgabenbereichs allein in den Händen des Betreuers.[10] Voraussetzung ist allerdings ein „Vertreten" durch den Betreuer, dh, dieser 12

---

7 Hk-ZPO/*Bendtsen*, § 52 ZPO Rn 5.
8 BGH 11.4.2002 – BLw 33/01; MüKo-ZPO/*Lindacher*, § 52 Rn 14.
9 So auch AG Neubrandenburg 29.10.2013 – 601 M 2229/13, juris.
10 Vgl Hk-ZPO/*Bendtsen*, § 53 ZPO Rn 2.

muss tatsächlich im Prozess auftreten.[11] Wenn der Betreuer innerhalb seines Aufgabenbereichs klagt oder an Stelle des Betreuten in den Prozess eintritt, verliert der Betreute die Fähigkeit, den Prozess in eigener Person zu führen. Dies entschied der BGH bereits zur Gebrechlichkeitspflegschaft: Auch wenn der Gebrechliche voll geschäftsfähig ist, liegt die Prozessführung allein in der Hand des Pflegers.[12] Erst das Auftreten des Betreuers im Prozess kann mithin die Fiktion der Prozessunfähigkeit eines Betreuten gem. § 53 ZPO auslösen. Erfolgt dies nicht, hat das Gericht gem. § 56 ZPO ggf von Amts wegen die Prozessfähigkeit des Betreuten zu prüfen.

13 **b) In der Zwangsvollstreckung.** Rechtskraftfähige Titel weisen die Partei- und Prozessfähigkeit sowie die Vertretung zur Zeit der Entscheidung für die Vollstreckungsorgane aus;[13] diese sind insoweit an die Feststellungen des Prozessgerichts zur Zeit der Entscheidung gebunden. Das Vollstreckungsorgan muss ggf zeitlich spätere Änderungen von Amts wegen berücksichtigen.[14] Greift § 53 ZPO mithin in der Prozesssituation, gilt der Betreute auch in der Zwangsvollstreckung grds. als prozessunfähig. In der konkreten Vollstreckungssituation heißt dies, dass der Schuldner dann als prozessunfähig anzusehen ist, wenn sich ein Betreuer als gesetzlicher Vertreter aus dem Rubrum der zu vollstreckenden Entscheidung ergibt. Denn unabhängig davon, ob der Vollstreckungsschuldner tatsächlich geschäfts- und damit prozessunfähig ist, gilt der Schuldner gem. § 53 ZPO als prozessunfähig, da der Betreuer im Rechtsstreit aufgetreten ist. Diese Wertung aus dem Rechtsstreit wirkt durch die Bindungswirkung der Entscheidung fort. Das gilt allerdings nicht bei einem Vollstreckungsbescheid, gegen den kein Einspruch eingelegt wurde, oder bei einem Versäumnisurteil im schriftlichen Vorverfahren, da in diesen Fällen der Betreuer nicht aufgetreten sein kann.[15]

14 Zu beachten ist weiter, dass die Bindungswirkung der gerichtlichen Entscheidung sich naturgemäß nur auf die Zwangsvollstreckung aus dieser speziellen Entscheidung erstrecken kann. Hat das Vollstreckungsorgan aus einer anderen gerichtlichen Entscheidung Kenntnis davon, dass der Schuldner unter Betreuung steht, kann § 53 ZPO mithin nicht greifen. Die Prozessfähigkeit des Schuldners ist ggf zu prüfen.[16]

15 Ergibt sich die Betreuung nicht aus dem Rubrum der zu vollstreckenden Entscheidung und tritt im Rahmen seines Aufgabenbereichs erstmals ein Betreuer in der Zwangsvollstreckung auf, so gilt wiederum § 53 ZPO.[17] Der Betreuer verdrängt den Betreuten; auf dessen tatsächliche Geschäftsfähigkeit kommt es nicht an, denn die Vorschriften der §§ 50 ff ZPO gelten in allen Verfahren nach der Zivilprozessordnung.[18] Allerdings muss jetzt der Betreuer seine Legitimation nachweisen und zwar durch Vorlage des Betreuerausweises oder einer beglaubigten Abschrift.[19] Der Aufgabenkreis muss dann die Zwangsvollstreckung umfassen. Das ist hier jedenfalls dann der Fall, wenn dieser die Vermögenssorge umfasst und wohl auch, wenn sich die zu vollstreckende Geldsumme aus dem zugewiesenen Aufgabenkreis ergibt.[20] Dies wäre zB bei der Vollstreckung von Mietzinsen der Fall, wenn der Aufgabenkreis „Mietangelegenheiten" umfasste. Bestehen für

---

11 OLG Frankfurt 9.1.2014 – 5 UF 406/13, juris.
12 BGH NJW 1988, 49, 51.
13 HM, MüKo-ZPO/*Lindacher*, § 53 Rn 4; Zöller/*Stöber*, Vor § 704 ZPO Rn 16 mwN.
14 Hk-ZPO/*Kindl*, Vor §§ 704–945 ZPO Rn 17.
15 *Harnacke*, DGVZ 2000, 161, 162.
16 *Harnacke*, DGVZ 2000, 161, 164.
17 Zöller/*Stöber*, Vor § 704 ZPO Rn 16 aE.
18 Baumbach/*Hartmann*, Grdz. § 50 ZPO Rn 3.
19 BFH BB 1983, 301.
20 *Harnacke*, DGVZ 2000, 161, 165.

den Gerichtsvollzieher oder den Betreuer aufgrund der Formulierung im Betreuerausweis Zweifel, sollte seitens des Betreuers eine gerichtliche Klarstellung oder ggf eine Erweiterung herbeigeführt werden.

Tritt kein Betreuer auf und ist ein solcher im Rubrum der zu vollstreckenden Entscheidung nicht genannt, ist grds. von der Prozessfähigkeit des Schuldners auszugehen, denn die Berufung auf eine Prozessunfähigkeit setzt den Vortrag ausreichender Tatsachen voraus. Jedoch ist der Mangel der Prozessfähigkeit gem. § 56 ZPO von Amts wegen **in jeder Verfahrenslage** zu berücksichtigen.[21] Erklärt also der Schuldner, er verfüge „jetzt" über einen Betreuer oder hat der Gerichtsvollzieher aus anderen Quellen Kenntnis von einer Betreuung und ergeben sich Zweifel daran, ob der Zustand des Betreuten demjenigen zur Zeit der mündlichen Verhandlung entspricht, ist folglich vom Gerichtsvollzieher die Prozessfähigkeit und damit die Geschäftsfähigkeit des Schuldners zu prüfen und ggf die Zwangsvollstreckung einzustellen. Es erscheint jedoch sinnvoll, den Betreuer – im Rahmen seines Aufgabenbereichs – in das Verfahren einzubeziehen. Dies führt einerseits durch die Anwendung des § 53 ZPO zur Entbehrlichkeit der Prüfung der Geschäftsfähigkeit des Schuldners, da dieser als prozessunfähig zu behandeln ist und durch den Betreuer verdrängt wird. Andererseits ergeben sich in aller Regel eine Vereinfachung der Zwangsvollstreckung und eine psychologische „Entschärfung" der Vollstreckungssituation für den Schuldner. Die für den Betreuten aufgrund der vorhandenen Defizite möglicherweise unverständliche und ggf stark belastende Situation der Vollstreckung kann so durch vorherige Aufklärung durch den Betreuer beruhigt und der Schuldner darauf vorbereitet werden.[22] Hinsichtlich des Nachweises der Betreuung und ihres Umfangs wird auf die Ausführungen in Rn 15 verwiesen.

III. Einzelne Verfahrenssituationen

Für die verschiedenen Zwangsvollstreckungssituationen bedeutet dies Folgendes:

1. Zustellungen. Sind in Vorbereitung der Zwangsvollstreckung Zustellungen vorzunehmen, erfolgen diese gem. § 170 Abs. 1 ZPO an den Betreuer, wenn dieser sich aus dem Rubrum der Entscheidung ergibt. Dies folgt unabhängig von der Anwendung des § 53 ZPO oder der Anordnung eines Einwilligungsvorbehalts schon daraus, dass der Betreuer gem. § 1902 BGB auch für den geschäftsfähigen Betreuten der gesetzliche Vertreter im Rahmen seines Aufgabenbereichs ist.

2. Ermittlung des Aufenthaltsorts des Schuldners gem. § 755 ZPO. Die Ermittlung des Aufenthalts ist gem. § 755 Abs. 1 ZPO „auf Grund des Vollstreckungsauftrags" vorzunehmen und setzt danach dessen Zulässigkeit und mithin die Prozessfähigkeit des Schuldners voraus. Ist der **Betreuer im Titel genannt**, gilt aufgrund der Bindungswirkung des Titels der Schuldner als prozessunfähig und der Betreuer als gesetzlicher Vertreter. Tritt der – nicht seltene – Fall ein, dass zwar der Aufenthaltsort des Schuldners unbekannt ist, jedoch eine gesetzliche Betreuung besteht, entfällt das allgemeine Rechtsschutzbedürfnis für die Aufenthaltsermittlung gem. § 755 ZPO nicht. Dies ergibt sich schon aus dem Umstand, dass die Zuständigkeit des Gerichtsvollziehers bei den weiteren Vollstreckungshandlungen an den Wohnort bzw den Aufenthaltsort des Schuldners geknüpft ist (§ 802 e ZPO). In der Praxis wird es auf Anregung des Betreuers bei dieser Fallkonstellation idR zu einer **Aufhebung der Betreuung** kommen, da sich der Betreute der Betreuung entzieht.

3. Die Pfändung gem. § 802 a Abs. 2 S. 1 Nr. 4 iVm §§ 808 ff ZPO. a) Aufforderung zur Leistung gem. § 59 Abs. 2 S. 1 GVGA. Ist der Betreuer im Titel ge-

---

21 BGH NJW-RR 1986, 157, 158.
22 *Christmann*, DGVZ 1995, 66, 68; *Harnacke*, DGVZ 2000, 161, 162.

nannt, gilt aufgrund der Bindungswirkung des Titels der Schuldner als prozessunfähig und der Betreuer als gesetzlicher Vertreter. Die Betreuerbestellung und den Aufgabenkreis hat der Betreuer gem. § 31 Abs. 3 S. 4 GVGA analog nicht mehr durch Vorlage seines Betreuerausweises nachzuweisen. Der Gerichtsvollzieher sollte allerdings schon aus Vereinfachungsgründen Kontakt zum Betreuer suchen und diesen vor dem Vollstreckungsversuch schriftlich zur Zahlung auffordern.

21 Erscheint der Gerichtsvollzieher beim Schuldner, ohne vorher den Betreuer schriftlich aufgefordert zu haben, ist dies unproblematisch, wenn der **Betreuer anwesend** ist. Ist der Betreuer im Titel genannt, ist er aufgrund der Bindungswirkung des Urteils gesetzlicher Vertreter des prozessunfähigen Schuldners. Er – Betreuer – ist zur Zahlung aufzufordern.

22 Tritt der Betreuer, **ohne im Titel genannt** zu sein, erstmals auf, hat der Gerichtsvollzieher sich den Aufgabenkreis durch Vorlage des Ausweises oder einer beglaubigten Abschrift nachweisen zu lassen. Deckt dieser die Zwangsvollstreckung ab, ist er ebenfalls gem. § 1902 BGB als gesetzlicher Vertreter des Schuldners Adressat der Zahlungsaufforderung. Selbst wenn der Betreuer schweigt und der Betreute Erklärungen abgibt, ist dies unerheblich, da dann von einer stillschweigenden Genehmigung dieser Erklärungen durch den Betreuer auszugehen ist.

23 Ist ein **Betreuer nicht anwesend** und erfährt der Gerichtsvollzieher von Dritten oder durch den Schuldner vor Ort von dem Bestehen einer Betreuung, ist wie in Rn 15 geschildert zu verfahren.

24 **b) Einwilligung in die Durchsuchung.** Nach der Erörterung, wer zur Zahlung aufzufordern ist, stellt sich die Frage, ob der Schuldner bei einer bestehenden Betreuung wirksam gem. § 758 a Abs. 1 S. 1 ZPO in die Durchsuchung einwilligen oder diese verweigern kann oder ob dies allein oder neben dem Schuldner auch der Betreuer kann.

25 Ist der **Betreuer anwesend** und umfasst sein Aufgabenbereich die Zwangsvollstreckung oder ergibt sich seine Stellung als Betreuer aus der zu vollstreckenden Entscheidung, ist er schon aus Praktikabilitätsgründen Ansprechpartner des Gerichtsvollziehers. Der Betreuer kann in die Durchsuchung einwilligen oder diese verweigern. Gibt der Schuldner widersprechende Erklärungen ab, gilt gem. § 53 ZPO die Erklärung des Betreuers.

26 Ist der **Betreuer nicht anwesend**, gilt Folgendes: Die Fähigkeit zur Verweigerung oder zur Einwilligung in die Durchsuchung ist eine tatsächliche Frage und betrifft nicht die Prozessfähigkeit. Die Aufforderung, die Durchsuchung zu gestatten, markiert zwar den Beginn der Zwangsvollstreckung,[23] jedoch ist für die Wirksamkeit unabhängig vom Vorliegen der Geschäfts- bzw Prozessfähigkeit die Einwilligungsfähigkeit entscheidend. Der Schuldner muss lediglich die Vorstellung über die Bedeutung und Tragweite des Eingriffs haben, denn auch der nicht geschäftsfähige Schuldner unterfällt dem Grundrechtsschutz gem. Art. 13 GG.

27 Dies bedeutet, dass für die Wirksamkeit einer Durchsuchungseinwilligung bzw einer Verweigerung die tatsächliche Einsichts- und Verstandesreife des Schuldners als Maßstab gilt, da es sich nicht um Rechts- oder Prozesshandlungen, sondern um tatsächliche Erklärungen handelt. Ist der Betreuer nicht anwesend, kommt es nur auf die Einwilligungsfähigkeit des Schuldners an. Die Fragen, ob eine Betreuung besteht, ob ggf § 53 ZPO greift und ob tatsächlich Geschäftsunfähigkeit vorliegt, sind insoweit nicht relevant. Unabhängig von der Geschäfts- und Prozessfähigkeit kann jeder einwilligungsfähige Schuldner mithin in die

---

23 Zöller/*Stöber*, Vor § 704 ZPO Rn 33.

Durchsuchung einwilligen oder diese verweigern. Allerdings wird die Kenntnis des Bestehens einer Betreuung Anlass geben müssen, die Einwilligungsfähigkeit des Schuldners kritisch zu hinterfragen.

Hat der Gerichtsvollzieher also zwar Kenntnis von dem Bestehen der Betreuung, liegen jedoch keine Zweifel vor, dass der Schuldner die Vorgänge in ihrer Reichweite und Bedeutung erfasst, kann der Gerichtsvollzieher auch in Abwesenheit des Betreuers wirksam den Schuldner zur Gestattung der Durchsuchung auffordern, der Schuldner kann wirksam der Durchsuchung widersprechen oder einwilligen. Liegen die sonstigen Varianten des § 758 a Abs. 1 ZPO nicht vor, heißt dies im Umkehrschluss, dass der Gerichtsvollzieher, wenn nach seinem Eindruck der Schuldner die Tragweite der Erklärung nicht versteht, er selbst dann nicht in der Wohnung des Schuldners vollstrecken kann, wenn dieser in die Durchsuchung einwilligt. Diese Einwilligung ist mangels der Einwilligungsfähigkeit unwirksam. Eine rangwahrende Pfändung in der Wohnung des Schuldners ist bei dieser Fallkonstellation schon deswegen nicht möglich.[24] 28

Für die Praxis ist auch hieraus der Schluss zu ziehen, dass in jedem Fall eine frühzeitige Einbeziehung des Betreuers in das Verfahren sinnvoll ist. 29

4. Verfahren zur Abnahme der Vermögensauskunft gem. § 802 f ZPO. a) Örtliche Zuständigkeit. Hinsichtlich der örtlichen Zuständigkeit des Gerichtsvollziehers am Wohnsitz des Schuldners bei Auftragseingang gem. §§ 802 e, 13 ZPO ist zunächst festzuhalten, dass es für den Wohnsitz als Anknüpfungspunkt für die örtliche Zuständigkeit – natürlich – auch nach der neuen Rechtslage nach dem Gesetz zur Reform der Sachaufklärung in der Zwangsvollstreckung[25] nicht auf den Wohnsitz des Betreuers, sondern auf denjenigen des Betreuten ankommt. Eine Einweisung des Betreuten in eine psychiatrische Anstalt ohne Aufgabe der Wohnung begründet keine andere örtliche Zuständigkeit. Ein Wohnsitz wird erst dann begründet, wenn die ständige Niederlassung an einem bestimmten Ort (§ 7 BGB) vorliegt. Vorübergehende Einweisungen reichen hierfür nicht aus.[26] 30

b) Aufforderung zur Begleichung der Forderung, Ladung zum Termin gem. § 802 f Abs. 1 S. 1, 2 ZPO. Ist der Betreuer im Titel genannt, gilt grds. aufgrund der Bindungswirkung des Titels der Schuldner als prozessunfähig und der Betreuer als gesetzlicher Vertreter. Die Betreuerbestellung und den Aufgabenkreis hat der Betreuer gem. § 31 Abs. 3 S. 4 GVGA analog nicht mehr durch Vorlage seines Betreuerausweises nachzuweisen. 31

Ist der Betreuer im Titel genannt, ist zunächst zu klären, ob dieser Grundsatz auch im Verfahren zur Abnahme der Vermögensauskunft Anwendung findet und aufgrund der Bindungswirkung des Urteils in jedem Fall von der Prozessunfähigkeit des Schuldners ausgegangen werden kann, der Betreuer als gesetzlicher Vertreter also den Schuldner verdrängt. Für das Verfahren zur Abgabe der eidesstattlichen Versicherung nach den §§ 899 ff ZPO aF war dies abzulehnen. Das Verfahren nach den §§ 899 ff ZPO aF war zwar durch seine Regelung im 8. Buch der ZPO als Teil der Zwangsvollstreckung anzusehen, es bildete jedoch in diesem Rahmen ein eigenes Verfahren mit eigenen Voraussetzungen; es bedurfte über den allgemeinen Zwangsvollstreckungsauftrag hinaus eines eigenen Antrags und schloss sich erst dem allgemeinen Vollstreckungsversuch an. Danach war nicht ohne Weiteres anzunehmen, dass der Aufgabenkreis des Betreuers, der im Prozess auftrat, nicht nur die Geldvollstreckung, sondern auch das Verfahren nach den §§ 899 ff ZPO abdeckte. Unabhängig davon, ob der Gerichtsvollzieher durch das Rubrum der zu vollstreckenden Entscheidung oder aus anderen Quel- 32

---

24 *Harnacke*, DGVZ 2000, 161, 163.
25 Vom 29.7.2009 (BGBl. I S. 2258).
26 OLG Düsseldorf NJW-RR 1991, 1411; BayObLG NJW 1993, 670.

len von dem Bestehen einer Betreuung erfuhr, hatte er sich folglich im Verfahren zur Abgabe der eidesstattlichen Versicherung den Aufgabenkreis des Betreuers durch Vorlage des Ausweises oder der beglaubigten Abschrift nachweisen zu lassen.[27]

33 Für die Abnahme der Vermögensauskunft nach § 802 a Abs. 2 S. 1 Nr. 2 iVm §§ 802 c ff ZPO stellt sich die Rechtslage anders dar. Die Einholung der Vermögensauskunft des Schuldners knüpft nicht mehr an einen Vollstreckungsversuch an. Sie ist nicht nur grds. von einem Pfändungsversuch unabhängig. Vielmehr bildet sie neben dem Pfändungsversuch – nur – eine weitere Vollstreckungsmaßnahme im Katalog des § 802 a Abs. 2 ZPO. Die Abnahme der Vermögensauskunft ist mithin eine allgemeine Zwangsvollstreckungsmaßnahme unter anderen. Ist der Betreuer im Rubrum der zu vollstreckenden Entscheidung genannt, ist mit den oben genannten Ausnahmen der Betreuer nach § 802 f Abs. 1 S. 1 und 2, Abs. 4 ZPO zur Begleichung der Forderung aufzufordern und zum Termin zu laden.

34 c) **Termin.** Gemäß § 802 c Abs. 1 ZPO muss „der Schuldner" Auskunft über sein Vermögen erteilen; die Pflicht trifft ihn **persönlich**; eine gewillkürte Stellvertretung ist ausgeschlossen.[28] Das Gesetz zur Reform der Sachaufklärung in der Zwangsvollstreckung[29] führt insoweit nicht zu einer Änderung der Rechtslage. Schon der Umstand, dass die falsche Abgabe der eidesstattlichen Versicherung gem. § 156 StGB strafbewehrt ist, schließt eine gewillkürte Stellvertretung aus.

35 Für den prozessunfähigen Schuldner hat sein gesetzlicher Vertreter im Zeitpunkt des Termins – also gem. § 1902 BGB sein Betreuer – Auskunft zu erteilen. Ist der Betreuer im Rubrum der zu vollstreckenden Entscheidung genannt, ist er als gesetzlicher Vertreter des gem. § 53 ZPO prozessunfähigen Schuldners zur Auskunftserteilung verpflichtet. Gleiches gilt in dem Fall, in dem der Betreuer für den Betreuten – jetzt unter Vorlage der Bestellungsurkunde – erstmals in der Zwangsvollstreckung auftritt. Tritt der Betreuer für den Betreuten auf, indem er sich für den Betreuten meldet, und deckt der Aufgabenkreis die Vermögensauskunft ab, ist der einzige **Adressat der Ladung der Betreuer**. Denn nach hM gilt auch für das Auftreten des Betreuers in der Zwangsvollstreckung die Regelung des § 53 ZPO.[30] Unabhängig von der tatsächlichen Geschäftsfähigkeit des Schuldners gilt dieser dann als geschäfts- und damit prozessunfähig. Besteht zwar eine Betreuung, tritt der Betreuer aber nicht im Verfahren auf, so dass die Regelung des § 53 ZPO – zunächst – nicht zur Anwendung kommt, ist zweckmäßigerweise und rechtlich korrekt der Betreuer, in dessen Aufgabenbereich die Zwangsvollstreckung fällt, zu laden. Für die eidesstattliche Versicherung war anerkannt, dass in den Fällen, in denen mehrere Vertreter einzeln zur Abgabe der Offenbarungsversicherung berechtigt, verpflichtet und geeignet waren, das Gericht in entsprechender Anwendung der §§ 455 Abs. 1 S. 2, 449 ZPO nach pflichtgemäßem Ermessen bestimmen konnte, dass einer von ihnen die Offenbarungsversicherung abzugeben hat; dies galt auch in dem Fall, in dem sowohl der Schuldner selbst als auch sein Vertreter zur Abgabe der Offenbarungsverpflichtung berechtigt, verpflichtet und geeignet waren.[31] Der BGH ließ in der genannten Entscheidung die Frage der Anwendbarkeit des § 53 ZPO offen, kam aber über die analoge Heranziehung der §§ 455, 449 ZPO letztlich zum selben Ergebnis. Für die

---

27 S. näher Hk-ZV/*Plastrotmann*, 1. Aufl. 2010, Schwerpunktbeitrag „1. Betreuung" S. 1683, Rn 34.
28 Vgl Hk-ZPO/*Kemper*, 4. Aufl. 2011, § 807 ZPO Rn 33; aA AG Schöneberg 21.8.2014 – 31 M 8063/14, juris.
29 Vom 29.7.2009 (BGBl. I S. 2258).
30 Zöller/*Vollkommer*, § 53 ZPO Rn 5; MüKo-ZPO/*Wagner*, § 802 c Rn 6.
31 BGH NJW-RR 2009, 1, 2.

Rechtslage nach dem Inkrafttreten des Gesetzes zur Reform der Sachaufklärung in der Zwangsvollstreckung zum 1.1.2013 kann nichts anderes gelten, da die rechtliche Grundkonstellation sich nicht geändert hat. Zu **laden** ist also der **Betreuer**; dieser gibt als gesetzlicher Vertreter gem. § 1902 BGB die Vermögensauskunft ab.

Ist **kein Betreuer** bestellt oder deckt der Aufgabenbereich einer bestehenden Betreuung die Zwangsvollstreckung nicht ab, ist im Umkehrschluss der **Schuldner** zu **laden**. Ergeben sich jetzt im Termin **Zweifel an der Geschäfts-** und damit auch an der **Prozessfähigkeit des Schuldners**, ist die Zwangsvollstreckung einzustellen. Der Gerichtsvollzieher sollte dem Gläubiger anheimstellen, beim Betreuungsgericht eine entsprechende Betreuung oder ggf die Erweiterung einer schon bestehenden Betreuung anzuregen. 36

d) Sofortige Abnahme der Vermögensauskunft gem. § 807 Abs. 1 S. 1 Nr. 1 ZPO. Die Voraussetzungen zur sofortigen Abnahme der Vermögensauskunft liegen gem. § 807 Abs. 1 S. 1 Nr. 1 ZPO vor, wenn der Gläubiger einen entsprechender Antrag gestellt hat, „der Schuldner" nicht widerspricht und „der Schuldner" die Durchsuchung (§ 758 ZPO) verweigert hat. 37

Ergibt sich die Betreuung aus dem Titel, gilt der Schuldner in der Vollstreckung aufgrund der Bindungswirkung des Urteils als prozessunfähig (s. Rn 32). Nach den obigen Erörterungen zur Einwilligung in die Durchsuchung (s. Rn 24 ff) kann allerdings der einwilligungsfähige, aber geschäfts- und prozessunfähige Schuldner wirksam der Durchsuchung widersprechen, da es auf seine Geschäfts- und Prozessfähigkeit dabei nicht ankommt. Hieraus ist jedoch nicht zu schließen, dass damit die Voraussetzungen zur sofortigen Abnahme der Vermögensauskunft gem. § 807 Abs. 1 S. 1 Nr. 1 ZPO geschaffen sind. Eine gegenüber dem Verfahren über die Abnahme der eidesstattlichen Versicherung gem. § 807 Abs. 1 Nr. 3 ZPO aF abweichende Beurteilung der Rechtslage ergibt sich nicht. Da auch nach § 807 Abs. 1 S. 1 Nr. 1 ZPO nF eine vollstreckungsrechtlich nachteilige Konsequenz aus dem Verhalten des Schuldners zu ziehen ist, müssen dafür auch die Prozessvoraussetzungen vorliegen. Es reicht nicht aus, dass der zwar einwilligungsfähige, aber prozessunfähige Schuldner der Durchsuchung verweigerte. Dieses Recht steht dem einwilligungsfähigen Schuldner zwar zu; allerdings setzt die Verweigerung der Durchsuchung als Rechtshandlung iSd § 807 Abs. 1 S. 1 Nr. 1 ZPO im Gegensatz dazu voraus, dass der Schuldner nicht nur einwilligungsfähig war, sondern er im **Zustand der Prozessfähigkeit** die Durchsuchung verweigerte. Für den prozessunfähigen Schuldner muss die Erklärung durch den gesetzlichen Vertreter abgegeben werden (vgl § 185 a Abs. 1 Nr. 3 S. 3 GVGA aF). 38

Dies bedeutet, dass in den Fällen, in denen der Betreuer im Titel genannt ist und der Schuldner aufgrund der Bindungswirkung des Urteils als prozessunfähig gilt, nur die Weigerung des Betreuers gem. § 807 Abs. 1 S. 1 Nr. 1 ZPO die Grundlage für die Durchführung des Verfahrens zur Abnahme der Vermögensauskunft bilden kann. In diesem Fall muss die Erklärung durch den Betreuer als gesetzlicher Vertreter des Schuldners abgegeben werden. Auch hieraus ergibt sich die Notwendigkeit, den Betreuer schon frühzeitig mit der Zahlungsaufforderung in das Verfahren einzubeziehen. 39

2. Zwangsvollstreckung in IT-Güter

Literatur:

Asche, Zwangsvollstreckung in Software, 1998; *Baronikians*, Zwangsvollstreckung in Domains, in: Schwarz/Peschel-Mehner (Hrsg.), Recht im Internet, Loseblatt-Sammlung, Abschnitt 7-A-2; *Bartsch* (Hrsg.), Softwareüberlassung und Zivilprozess, 1991; *Berger*, Zwangsvollstreckung in „Internet-Domains", Rpfleger 2002, 181; *Bettinger*, Kennzeichenrecht im Cyberspace: Der Kampf um die Domainnamen, GRUR Int. 1997, 402; *Birner*, Die Internet-Domain als Vermögensrecht – Zur Haftung der Internet-Domain in Zwangsvollstreckung und Insolvenz, 2005; *Bleta*, Software in der Zwangsvollstreckung, 1995; *Boecker*, „.de-Domains" – Praktische Probleme bei der Zwangsvollstreckung, MDR 2007, 1234; *Bortloff*, Die Pfändung von Anwendersoftware, JA 1993, 114; *Brehm*, Die Pfändung von Computerprogrammen, in: FS Gitter, 1995, S. 185; *Breidenbach*, Computersoftware in der Zwangsvollstreckung, CR 1989, 873 (Teil 1), CR 1989, 971 (Teil 2), CR 1989, 1074 (Teil 3); *Brock*, Die Zwangsvollstreckung in Internet-Domains, 2005; *Franke*, Analoge Anwendung der Sachpfändungsvorschriften bei Computerprogrammen, MDR 1996, 236; *ders.*, Software als Gegenstand der Zwangsvollstreckung, 1998; *Goebel*, Die Pfändung von Internet-Domains setzt sich durch, VE 2000, 114; *Gottwald*, Internet-Domains sind pfändbar, VE 2000, 86; *Gravenreuth*, Zur Diskussion: Rechtsprobleme zur „Domainpfändung", JurPC Web-Dok. 66/2006; *Haar/Krone*, Domainstreitigkeiten und Wege zu ihrer Beilegung, MDP 2005, 58; *Hanloser*, Die Pfändung deutscher Internet-Domains, Rpfleger 2000, 525; *ders.*, Die „Domain-Pfändung" in der aktuellen Diskussion, CR 2001, 456; *ders.*, Urteilsanmerkung zu LG München I: Unzulässigkeit der Domain-Pfändung, CR 2001, 342; *Hartig*, Die Domain als Verfügungsgegenstand, 2005; *ders.*, Die Rechtsnatur der Domain – Anmerkung zur BGH-Entscheidung „Domain-Pfändung", GRUR 2006, 299; *Herberg*, Domains in der Zwangsvollstreckung, 2006; *Herrmann*, Die Zwangsvollstreckung in die Domain, 2004; *Hombrecher*, Domains als Vermögenswerte, MMR 2005, 647; *Karies/Niesert*, Aus- und Absonderung von Internet-Domains in der Insolvenz, ZInsO 2002, 510; *Kilian*, Die Adresse im Internet – Domains und ihr rechtlicher Schutz, DZWiR 1997, 381; *Kilian/Heussen* (Hrsg.), Computerrechts-Handbuch – Informationstechnologie in der Rechts- und Wirtschaftspraxis, Loseblatt; *Kleespies*, Die Domain als selbständiger Vermögensgegenstand in der Einzelzwangsvollstreckung, GRUR 2002, 764; *Koch*, Zivilprozesspraxis in EDV-Sachen, 1988; *Koos*, Die Domain als Vermögensgegenstand zwischen Sache und Immaterialgut, MMR 2004, 359; *Kopf*, Die Einzelzwangsvollstreckung in eine Internetdomain, K&R 2005, 534; *ders.*, Die Internetdomain in der Einzelzwangsvollstreckung und in der Insolvenz des Domaininhabers, 2006; *Lehmann* (Hrsg.), Rechtsschutz und Verwertung von Computerprogrammen, 1993; *Lwowski/Dahm*, Zu Übertragbarkeit und Pfändbarkeit von de- und eu-Domains, WM 2001, 1135; *Meier*, Zur Zulässigkeit der Pfändung einer Internet-Domain, KKZ 2001, 231; *Müller/Obermüller/Weiß*, Domainverwertung: Ein moderner Weg der Massengenerierung?, ZInsO 2012, 780; *Müller-Hengstenberg*, Computersoftware ist keine Sache, NJW 1994, 3128; *Oberkofler*, (Ver-)Pfändung von Internet-Domains, Medien und Recht 2001, 185; *Paulus*, Die Pfändung von EDV-Anlagen, DGVZ 1990, 151; *ders.*, Software in Vollstreckung und Insolvenz, ZIP 1996, 2; *Petzoldt*, Gedanken zur Vollstreckung von Titeln auf Herausgabe von Software, JurPC 1990, 857; *Plaß*, Die Zwangsvollstreckung in die Domain, WRP 2000, 1077; *Raacke*, Zur „Pfandverstrickung" von Vorbehaltsware, NJW 1975, 248; *Redeker*, Vollstreckungsfähige Titel über die Herausgabe von Programmträgern, CR 1988, 277; *Roy/Palm*, Zur Problematik der Zwangsvollstreckung in Computer, NJW 1995, 690; *Schafft*, Benutzungszwang für Internet-Domains?, GRUR 2003, 664; *Schmittmann*, Rechtsfragen bei der Pfändung einer Domain und Aufnahme der Domain in das Vermögensverzeichnis, DGVZ 2001, 177; *Schmitz/Schröder*, Streitwertbestimmung bei Domainstreitigkeiten, K&R 2002, 189; *Schneider*, Pfändung und Verwertung von Internet-Domains, ZAP 1999, 355; *Stadler*, Drittschuldnereigenschaft der DENIC bei der Domainpfändung, MMR 2007, 71; *Stickelbrock*, Die Zwangsvollstreckung in Domains, in: Hohl/Leible/Sosnitza (Hrsg.), Domains, Frames und Links, 2002, S. 49; *Straub*, Die Domain-Pfändung, 2010; *Thiele*, Pfändung von Internet-Domains, ecolex 2001, 38; *Ulmer*, Domains in Zwangsvollstreckung und Insolvenz, ITRB 2005, 112; *Viefhues*, Urteilsanmerkung zu LG Essen: Pfändung von Domain Namen, MMR 2000, 286; *Weimann*, Software in der Zwangsvollstreckung unter besonderer Berücksichtigung der Rechtsnatur von Software, 1995; *ders.*, Software in der Einzelzwangsvollstreckung, Rpfleger 1996, 12; *ders.*, Softwarepaket als Vollstreckungsgegenstand unter Berücksichtigung der Aufgaben des Gerichtsvollziehers, DGVZ 1996, 1; *Welzel*, Zwangsvollstreckung in Internet-Domains, MMR

2001, 131; *Zecher*, Zur Umgehung des Erschöpfungsgrundsatzes bei Computerprogrammen, 2004; *Zimmermann*, Immaterialgüterrechte und ihre Zwangsvollstreckung, 1998.

I. Einführung 1	3. Herausgabevollstreckung ... 23
II. Hardware 5	IV. Domains 24
1. Vollstreckung wegen Geldforderungen 5	1. Allgemeines 24
2. Herausgabevollstreckung ... 9	2. Vollstreckung wegen Geldforderungen 25
III. Software 10	3. Herausgabevollstreckung ... 40
1. Allgemeines 10	
2. Vollstreckung wegen Geldforderungen 12	

I. Einführung

Die **praktische Bedeutung** der Zwangsvollstreckung in IT-Güter wächst stetig. 1
Diese Entwicklung hängt zuvorderst mit der zunehmenden Technisierung von Unternehmen und Privathaushalten zusammen, wodurch sich der Anteil von IT-Gütern an der insgesamt für einen Vollstreckungszugriff zur Verfügung stehenden Vermögensmasse von Schuldnern erhöht. Zur gesteigerten Relevanz trägt aber auch die Entstehung neuer Märkte und Geschäftsmodelle für gebrauchte IT-Güter bei (zB Handel mit Gebrauchtsoftware), die eine Verwertung zunehmend aussichtsreich erscheinen lassen.

Die Vollstreckung in IT-Güter richtet sich in erster Linie nach den **Bestimmungen** 2
der ZPO, dh, es gelten die allgemeinen und besonderen Voraussetzungen der Zwangsvollstreckung. Bei der Auslegung und Anwendung einzelner Bestimmungen müssen jedoch die Eigenarten von IT-Gütern berücksichtigt werden. Außerdem werden die Bestimmungen der ZPO stellenweise durch **Spezialgesetze** ergänzt, so etwa durch §§ 113 ff UrhG bei der Vollstreckung wegen Geldforderungen in urhebergesetzlich geschützte Software.

Das Zwangsvollstreckungsrecht nimmt eine grundlegende Unterteilung der **Voll-** 3
streckungsarten danach vor, ob es um die Durchsetzung einer Geldforderung (dann §§ 803 ff ZPO) oder einer Herausgabe oder sonstigen Handlung geht (dann §§ 883 ff ZPO). Im erstgenannten Fall ist weiter danach zu differenzieren, ob die Vollstreckung eine Sache (zB Hardware, Software) oder ein Recht (zB Urheberrecht an einer Softwareentwicklung, Nutzungsrecht an einer Domain) betrifft. Natürlich kommt auch eine gleichzeitige Vollstreckung in Sachen und Rechte in Betracht. Sie ist v.a. bei der Vollstreckung in Software relevant.

Bei der Vollstreckung in ein **komplettes IT-System**, bestehend zB aus PC, Peripheriegeräten, Datenträgern mit Software sowie begleitender Dokumentation, sind 4
alle Komponenten gesondert zu betrachten. Wie bei Sachgesamtheiten allgemein üblich, müssen die Vollstreckungsvoraussetzungen für jede Komponente gesondert vorliegen. Die Bezeichnung im Antrag muss so genau erfolgen, dass alle Komponenten eindeutig identifizierbar sind. Das notwendige Maß an **Konkretisierung** kann im Voraus nicht allgemein bestimmt werden, sondern ist einzelfallabhängig.

II. Hardware

1. Vollstreckung wegen Geldforderungen. Nahezu durchweg erfolgt die Vollstreckung in Hardware wegen Geldforderungen im Wege der **Sachpfändung mit an-** 5
schließender Verwertung (§§ 803 Abs. 1 S. 1, 808 ff ZPO). Unter den Voraussetzungen des § 865 ZPO können ausnahmsweise die Vorschriften über die Immobiliarvollstreckung (§§ 864 ff ZPO) anzuwenden sein. Relevant ist dies v.a. für Großrechner.

6 Zuständiges Vollstreckungsorgan bei der Sachpfändung ist der Gerichtsvollzieher desjenigen Amtsgerichtsbezirks, in dem die Vollstreckungshandlung vorgenommen werden soll (§ 753 Abs. 1 ZPO). Sofern die Aufforderung an den Schuldner zur freiwilligen Leistung (§ 105 Abs. 2 GVGA) erfolglos bleibt, nimmt der Gerichtsvollzieher durch das Anbringen der Pfandsiegel die Pfändung vor. Grundsätzlich verbleibt die Hardware danach so lange im Schuldnergewahrsam (§ 808 Abs. 2 ZPO), bis sie vom Gerichtsvollzieher zur Verwertung (§§ 814 ff ZPO) abgeholt wird. Nur ausnahmsweise ist sie gleich nach der Pfändung wegzuschaffen, zB wenn andernfalls eine Veräußerung der Hardware durch den Schuldner drohte und somit das Gläubigerinteresse gefährdet wäre. Sofern sich die schuldnereigene Hardware im Gewahrsam eines nicht herausgabebereiten Dritten (zB Service Provider) befindet, kann zur Vornahme der eigentlichen Pfändung zusätzlich die Pfändung und Überweisung des Herausgabeanspruchs des Schuldners gegen den Dritten (§ 886 ZPO) erforderlich sein.

7 Relevante **Pfändungsverbote** betreffen die Überpfändung (§ 803 Abs. 1 S. 2 ZPO) und die nutzlosen Pfändung (§ 803 Abs. 2 ZPO).[1] Daneben können im Einzelfall besondere Pfändungsverbote zu beachten sein, zB für Gegenstände, die der Schuldner zur Lebensführung benötigt (§ 811 Abs. 1 ZPO) oder die zur Erfüllung öffentlicher Aufgaben eingesetzt werden (§ 882 a Abs. 2 ZPO). Besonders praxisrelevant ist das Pfändungsverbot bzgl Hilfsgegenständen für die Erwerbstätigkeit des Schuldners (§ 811 Abs. 1 Nr. 5 ZPO). In diesem Bereich bestehen spezifisch auf Computer und deren Zubehör bezogene Judikate.[2] Kein Pfändungsverbot soll bzgl technischer Hilfsmittel im Betrieb greifen, wenn der persönliche Arbeitseinsatz des Betriebsinhabers (Schuldner) hinter den Einsatz anderer Arbeitskräfte zurücktritt.[3] Bei Unpfändbarkeit gem. § 811 Abs. 1 ZPO ist an die Möglichkeit der Austauschpfändung (§§ 811 a f ZPO) zu denken.

8 Probleme kann die Vollstreckung in **bespielte Datenträger** (zB Festplatten, Server) bereiten: Für gebrauchte Datenträger besteht nur ein kleiner Markt, weshalb die Verwertungsaussichten mit Blick auf § 803 Abs. 2 ZPO besonders sorgfältig geprüft werden sollten. Sofern ein Datenträger personenbezogene Daten (§ 3 Abs. 1 BDSG) enthält, sind auch in der Vollstreckung die durch das Datenschutzrecht gesetzten Grenzen zu beachten.[4] Daneben können Geschäftsgeheimnisse oder sonstige schutzwürdige Belange berührt sein. Eine Verwertung der Pfandsache kann in solchen Fällen zumeist erst erfolgen, wenn dem Schuldner eine angemessene Frist zur Datensicherung und -löschung gewährt wurde. Dafür steht v.a. der Zeitraum zur Verfügung, in dem der Datenträger nach der Pfändung im Gewahrsam des Schuldners verbleibt (§ 808 Abs. 2 S. 2 ZPO). Bei fehlender Mitwirkungsbereitschaft des Schuldners muss der Gläubiger nötigenfalls die Befugnis zur Datenlöschung auf Kosten des Schuldners im Wege der Ersatzvornahme beantragen (§ 887 ZPO).[5]

---

1 Näher dazu Hk-ZPO/*Kemper*, § 803 Rn 13 ff.
2 Pfändbarkeit bejahend: AG Essen DGVZ 1998, 94; LG Hildesheim DGVZ 1990, 30; LG Heilbronn MDR 1994, 405; LG Heidelberg DGVZ 1984, 26; LG Rottweil InVo 1999, 27. Pfändbarkeit verneinend: OLG Hamburg DGVZ 1984, 57; AG Kiel JB 2004, 334; AG Heidelberg DGVZ 1989, 15; AG Bersenbrück DGVZ 1990, 78; LG Frankfurt aM DGVZ 1990, 58; AG Steinfurt DGVZ 1990, 62; AG Düsseldorf DGVZ 1991, 175.
3 OLG Hamburg DGVZ 1984, 57; LG Hamburg DGVZ 1984, 57; LG Koblenz JB 1992, 265; AG Steinfurt DGVZ 1990, 62; aA LG Hildesheim DGVZ 1990, 31; AG Holzminden DGVZ 1990, 30.
4 Ausf. dazu *Roy/Palm*, NJW 1995, 690, 693 ff; s. ferner *Paulus*, DGVZ 1990, 151, 156.
5 *Roy/Palm*, NJW 1995, 690, 693; dies nicht für erforderlich haltend *Breidenbach*, CR 1989, 873, 879. Zur Kombination der Vollstreckung nach §§ 883 ff ZPO und § 887 ZPO vgl MüKo-ZPO/*Gruber*, § 883 Rn 13 ff.

2. Herausgabevollstreckung. Die Herausgabevollstreckung erfolgt nach den allgemeinen Grundsätzen durch **Wegnahme beim Schuldner** und **Übergabe an den Gläubiger** (§§ 883 ff ZPO). Zuständiges Vollstreckungsorgan ist der Gerichtsvollzieher desjenigen Amtsgerichtsbezirks, in dem die Vollstreckungshandlung vorzunehmen ist (§ 753 Abs. 1 ZPO).

III. Software

1. Allgemeines. Bei der Vollstreckung in Software ist zwischen der Vollstreckung in den Datenträger einerseits und in die Rechte andererseits zu unterscheiden. So verfügt bspw der Schöpfer einer urheberrechtlich geschützten Software neben der Masterkopie des Programms über ein Bündel an urheberrechtlichen Nutzungs- und Verwertungsbefugnissen sowie über sonstige, aus seiner Urheberschaft fließende Rechte. Je nach Blickwinkel und Fallgestaltung können mit der „Software" einzelne oder mehrere dieser Positionen gemeint sein. Ähnlich sieht es auf Seiten des Lizenznehmers aus, der neben einer oder mehreren Programmkopien über ihm eingeräumte Nutzungsrechte an der Software verfügt.

Der Schuldner hat die ihm auf Dauer überlassene Software im Vermögensverzeichnis anzugeben. Trotzdem kann das Auffinden der Software schwer sein, v.a. wenn die zugehörigen Datenträger nicht ausreichend gekennzeichnet sind (durch Aufkleber, Beschriftung etc.). Dem Gerichtsvollzieher oder einem von ihm hinzugezogenen Fachmann ist auf Verlangen zu gestatten, Datenträger und Dateien nach der Software zu durchsuchen, soweit diese Maßnahme nicht unverhältnismäßig ist (§ 758 ZPO analog).[6]

2. Vollstreckung wegen Geldforderungen. Eine Pfändung ist bei übertragbaren Rechten problemlos möglich. Dagegen ist ein unveräußerliches Recht in Ermangelung besonderer Vorschriften der Pfändung nur insoweit unterworfen, als seine Ausübung einem anderen überlassen werden kann (§ 857 Abs. 3 ZPO). Bei der **Zwangsvollstreckung gegen den Urheber** ist folglich zu unterscheiden: Die Verwertungsrechte des Urhebers (§§ 15 ff UrhG) sind übertragbar (§§ 29 Abs. 2, 31 UrhG) und unterliegen damit grds. der Zwangsvollstreckung. Nicht übertragbar und damit unpfändbar ist das Urheberpersönlichkeitsrecht (§§ 29 Abs. 1, 12 ff UrhG).

Vorrangig gegenüber den allgemeinen Bestimmungen der ZPO sind bei der Zwangsvollstreckung in ein nach dem UrhG geschütztes Recht **§§ 113–119 UrhG** zu beachten (§ 112 UrhG), die jedoch allesamt nur gelten, wenn die Vollstreckung aus einem Zahlungstitel erfolgt. Relevant sind v.a. folgende Einschränkungen: Die Zwangsvollstreckung in das Urheberrecht ist grds. nur mit der **Einwilligung** des Urhebers und auch dann nur insoweit zulässig, wie er anderen Personen Nutzungsrechte einräumen kann (§ 113 UrhG). Die Pfändung von dem Urheber gehörenden Masterkopien von urheberrechtlich geschützter Software bzw sonstigen Originalwerken ist grds. nur mit seiner Einwilligung möglich (§ 114 UrhG). Die Einwilligung nach §§ 113 und 114 UrhG ist, sofern sie jeweils erforderlich ist, Voraussetzung für die Zwangsvollstreckung und dem Vollstreckungsgericht bei Erlass des Pfändungsbeschlusses nachzuweisen. Ihre Verweigerung durch den Urheber soll aber nach überwiegender Meinung gegen Treu und Glauben verstoßen, wenn der Urheber zuvor eine Verwertungsabsicht kundgetan

---

6 Vgl auch AG Offenbach NJW-RR 1989, 445; aA *Koch*, KTS 1988, 49, 56 f.

hat.[7] Teilweise wird insoweit eine teleologische Reduktion des Einwilligungserfordernisses für möglich gehalten. Nach aA soll in einer erkennbar beabsichtigten kommerziellen Verwertung der Software zugleich eine konkludente Einwilligung in ihre Verwertung im Rahmen von Zwangsvollstreckungsmaßnahmen zu sehen sein.[8] Wenngleich gerade der zuletzt genannte Ansatz dogmatisch fragwürdig erscheint, kann im Ergebnis zumeist von der Pfändbarkeit von in Kommerzialisierungsabsicht geschaffener Software ausgegangen werden. Dem entspricht es umgekehrt, eine vom Urheber erkennbar intendierte Beschränkung auf bestimmte Verwertungsarten (zB nur Miete) zu respektieren.

14 Wurde die Software von einem **angestellten Programmierer** oder im Rahmen eines **Dienstverhältnisses** erstellt, ist ferner die in § 69 b UrhG vorgenommene Zuordnung der Nutzungsrechte zum Arbeitgeber bzw Dienstherren zu beachten.

15 Bei der **Zwangsvollstreckung gegen Nutzungsberechtigte** (Lizenznehmer) geht es um die Pfändung sowohl von Nutzungsrechten aus dem Lizenzvertrag (nicht dagegen der „Vertragsstellung" als solcher) als auch der beim Schuldner vorhandenen Vervielfältigungsstücke (Datenträger). Es liegt also streng genommen eine Verbindung von Sachpfändung und Rechtspfändung, eine sog. **Doppelpfändung**, vor.[9] Anders liegen die Dinge, wenn das Nutzungsrecht separat gepfändet werden soll, zB weil der Gläubiger bereits über eine Kopie verfügt.[10] Stets ist zu beachten, dass die Zwangsvollstreckung in die Nutzungsrechte des Schuldners sein Vertragsverhältnis mit dem Urheber unberührt lässt. Dementsprechend kann der Schuldner trotz der Vollstreckung zu Lizenzzahlungen verpflichtet bleiben.

16 Nach hM stellen ein Datenträger und die darauf enthaltene **Software** zusammen eine **bewegliche Sache** dar.[11] Die Vollstreckung erfolgt daher einheitlich im Wege der Pfändung des Datenträgers durch den Gerichtsvollzieher (§§ 808 ff ZPO).[12] Diese Pfändung erfasst zugleich das auf dem Datenträger verkörperte Immaterialgut.[13] Die Entbehrlichkeit einer gesonderten Rechtspfändung nach § 857 ZPO lässt sich damit begründen, dass mit dem Erwerb des Eigentums am Speichermedium (Computerdiskette) in den relevanten Konstellationen automatisch die Erlaubnis verbunden ist, das darauf gespeicherte Programm zu benutzen, sowie damit, dass ein „Benutzungsrecht" nicht zu den dem Urheber gesetzlich vorbehalte-

---

7 *Paulus*, ZIP 1996, 2, 4 mit Herleitung aus dem römisch-rechtlichen Treuegrundsatz („*fides*"); *ders.*, in: Lehmann, Rechtsschutz und Verwertung von Computerprogrammen, S. 847 f; ferner *Roy/Palm*, NJW 1995, 690, 692; *Breidenbach*, CR 1989, 873, 874. Zur parallelen Situation beim Patentrecht vgl BGH JZ 1994, 1012. Zur parallelen Situation bei Patent-, Gebrauchsmuster- und Geschmacksmusterrechte s. ferner *Breidenbach*, CR 1989, 971, 972 f.
8 *Breidenbach*, CR 1989, 971, 972 f.
9 *Zöller/Stöber*, § 857 ZPO Rn 6; krit. *Raacke*, NJW 1975, 248; *Hübner*, NJW 1980, 729, 733.
10 Zu weiteren Situationen *Breidenbach*, CR 1989, 873, 876.
11 Vgl u.a. BGHZ 143, 307; 109, 97; 102, 135; BGH MDR 1997, 913; BGH WM 2007, 467; BGH NJW 1993, 2436; BGH NJW 1990, 3011; BGH ZIP 1984, 962; BGH NJW-RR 1986, 219. Ebenso weite Teile des Schrifttums, zB *König*, NJW 1993, 3121; *Marly*, BB 1991, 432; *Henssler*, MDR 1993, 489; *Paulus*, ZIP 1996, 2 f; *ders.*, in: Lehmann, Rechtsschutz und Verwertung von Computerprogrammen, S. 835 f; aA *Müller-Hengstenberg*, CR 2004, 161; *ders.*, NJW 1994, 3128; *Redeker*, NJW 1992, 1739; *Diedrich*, CR 2002, 473. Anders zB BT-Drucks. 14/6040, S. 242: „sonstiger Gegenstand" iSv § 453 Abs. 1 BGB.
12 MüKo-ZPO/*Gruber*, § 803 Rn 27, § 808 Rn 2; *Franke*, MDR 1996, 236; *Paulus*, ZIP 1996, 2; *Roy/Palm*, NJW 1995, 690. Vgl ferner Hk-ZPO/*Kemper*, § 808 Rn 3; Musielak/*Becker*, § 808 ZPO Rn 24.
13 *Breidenbach*, CR 1989, 873, 875; *Hubmann*, in: FS Lehmann, S. 828; *Koch*, KTS 1988, 49, 55; *Paulus*, ZIP 1996, 2, 3.

nen Rechten gehört.[14] Anders kann zu entscheiden sein, wenn das Verbreitungsrecht des Urhebers noch nicht erschöpft ist (s. Rn 19).

Umgekehrt kann eine **separate Pfändung** der auf einem Datenträger aufgespielten Software ohne diesen Datenträger grds. nur bei Trennungs- und Herausgabebereitschaft des Schuldners erfolgen.[15] Fehlt diese, kann der Gläubiger uU die Befugnis zur Ersatzvornahme auf Kosten des Schuldners erwirken (§ 887 ZPO). 17

Neben dem Datenträger sind im Wege der **Hilfspfändung** (§ 836 Abs. 3 ZPO, §§ 112, 114 Abs. 2 Nr. 1, 119 UrhG) auch die Entwicklungsdokumentation, Kopien des Quellcodes, Benutzerhandbücher und sonstiges Begleitmaterial in die Vollstreckung einzubeziehen. 18

Die Zwangsvollstreckung beim Nutzungsberechtigten darf nicht in die Rechtsstellung des Urhebers eingreifen.[16] Insbesondere dürfen nicht mehr Nutzungsrechte gepfändet werden, als dem Lizenznehmer zustehen. Regelmäßig ist in diesem Zusammenhang entscheidend, ob das **Verbreitungsrecht des Urhebers** bzgl des zu pfändenden Vervielfältigungsstücks (§§ 15 Abs. 1 Nr. 2, 17 Abs. 1 UrhG) schon erschöpft ist. Erschöpfung tritt unter den weiteren Voraussetzungen aus § 17 Abs. 2 UrhG ein, wenn das Vervielfältigungsstück mit Zustimmung des Berechtigten in den Verkehr gebracht wurde. Der Erschöpfungsgrundsatz gilt nur bei der dauerhaften Überlassung (zB Kaufvertrag, Lizenzvertrag), nicht bei einer zeitweisen Überlassung (zB Mietvertrag). Ist Erschöpfung eingetreten, kann die Weiterübertragung auf den Gläubiger oder einen Dritten ohne Mitwirkung des Urhebers erfolgen. 19

Bei der Vollstreckung in Software sind die **Pfändungsverbote** aus § 811 Abs. 1 ZPO zu beachten. Relevant ist darunter v.a. das Verbot der Pfändung erforderlicher Arbeitsgeräte (§ 811 Abs. 1 Nr. 5 ZPO). Dieser Schutz ist jedoch insofern eingeschränkt, als er grds. nur natürlichen Personen zugutekommt (s. § 811 ZPO Rn 21).[17] Erfasst wird auch die zur Erfüllung von Buchführungspflichten[18] unentbehrliche Arbeitssoftware wie Buchhaltungs- oder Textverarbeitungsprogramme. Zu beachten ist ferner das **Verbot der nutzlosen Pfändung** (§ 803 Abs. 2 ZPO). Für Software in Entwicklung besteht praktisch kein Weiterverkaufsmarkt, so dass häufig ein Vollstreckungshindernis nach § 803 Abs. 2 ZPO vorliegen wird. Gleiches gilt für maßgeschneiderte Software.[19] Ob ein über die Kosten der Zwangsvollstreckung hinausgehender Verwertungserlös zu erwarten ist, ist durch Schätzung des gewöhnlichen Verkaufswerts (§ 813 ZPO) zu ermitteln. Der Gerichtsvollzieher kann damit auch einen Sachverständigen beauftragen. 20

Zu berücksichtigen ist ferner das **Verbot der Überpfändung** (§ 803 Abs. 1 S. 2 ZPO). Insoweit kann eine Schätzung des gewöhnlichen Verkaufswerts erforderlich sein. Zu prüfen ist auch die Möglichkeit einer **Austauschpfändung** (§§ 811 a f ZPO). 21

Datenträger mit **personenbezogenen Daten** sind regelmäßig unpfändbar. Dem Schuldner ist daher ausreichend Gelegenheit zu geben, personenbezogene Daten zu entfernen.[20] Bei unveränderten Originaldatenträgern spielt dieses Problem keine Rolle. 22

---

14 Möhring/Nicolini/*Rudolphi*, UrhG, 3. Aufl. 2014, § 112 Rn 55.
15 Baumbach/*Hartmann*, Grundz § 704 Rn 68; *Paulus*, DGVZ 1990, 151, 156.
16 *Breidenbach*, CR 1989, 873, 875; *Hubmann*, in: FS Lehmann, S. 829.
17 Hk-ZPO/*Kemper*, § 811 Rn 21; MüKo-ZPO/*Gruber*, § 811 Rn 38. Anders ggf bei einer Einmann-GmbH, vgl *App*, DGVZ 1985, 97, 98 f.
18 *Paulus*, in: Lehmann, Rechtsschutz und Verwertung von Computerprogrammen, S. 8.
19 Ausf. dazu *Breidenbach*, CR 1989, 871, 879 f.
20 *Roy/Palm*, NJW 1995, 690, 693 ff; Musielak/*Becker*, § 808 ZPO Rn 24; *Breidenbach*, CR 1989, 873, 878 f.

23 **3. Herausgabevollstreckung.** Die Herausgabevollstreckung erfolgt im Wesentlichen nach den allgemeinen Grundsätzen.[21] Dabei ist § 883 ZPO analog anzuwenden mit der Konsequenz, dass ein anhand seiner äußeren Merkmale genau zu bezeichnender[22] Datenträger herauszugeben ist. Die Einschränkungen aus §§ 113–119 UrhG gelten nicht, da sie nur die Zwangsvollstreckung wegen Geldforderungen betreffen.

IV. Domains

24 **1. Allgemeines.** Die Zwangsvollstreckung in Domains ist ein relativ junges Phänomen. Ihre grundsätzliche Zulässigkeit ist geklärt.[23] Umstritten ist aber nach wie vor die genaue **Rechtsnatur** von Domains. Die Vorschläge reichen von einem Recht sui generis[24] über ein eigentumsähnliches absolutes Herrschaftsrecht,[25] ein Immaterialgüterrecht[26] oder ein bloß schuldrechtliches Anspruchsbündel gegen die Registrierungsstelle[27] bis hin zu einer „virtuellen Sache".[28] Zwangsvollstreckungsrechtlich bedarf es einer genauen Einordnung indes nicht, bieten doch die auf eine Domain bezogenen Ansprüche gegen die Registrierungsstelle (s. Rn 29 ff) einen ausreichenden Anknüpfungspunkt.

25 **2. Vollstreckung wegen Geldforderungen.** Der Gläubiger kann seine Befriedigung im Veräußerungserlös der Domain oder in deren eigener Nutzung suchen. Für den zuletzt genannten Zweck kann er im Vollstreckungsverfahren eine **Übertragung der Domain** auf sich selbst herbeiführen, indem er sich die Domain im Pfändungs- und Überweisungsbeschluss gem. §§ 857 Abs. 1, 844 Abs. 1 ZPO an Zahlungs statt zum Schätzwert überweisen lässt (s. Rn 38).[29] Dieses Ergebnis kann im Erkenntnisverfahren nicht erreicht werden, da die Gerichte ganz überwiegend nur eine Pflicht zur Freigabe der Domain (nicht aber zu ihrer Herausgabe an den Gläubiger) ausurteilen.[30]

26 Im Ausgangspunkt besteht Einigkeit darüber, dass Domains keine körperlichen Sachen oder Forderungen sind. Die Vollstreckung bei Domains erfolgt daher in ein **„anderes Vermögensrecht"** iSv § 857 Abs. 1 ZPO. Dies können Rechte aller Art sein, die einen Vermögenswert derart verkörpern, dass die Pfandverwertung zur Befriedigung des Geldanspruchs des Gläubigers führen kann. Die Zwangsvollstreckung in andere Vermögensrechte erfolgt in entsprechender Anwendung der Vorschriften über die Zwangsvollstreckung in Forderungen mittels Pfändung und anschließender Verwertung (§§ 857 Abs. 1, 828 ff ZPO).

---

21 Eingehend *Redeker*, CR 1988, 277.
22 AG Offenbach NJW-RR 1989, 445; LG Düsseldorf CR 1995, 220.
23 BGH NJW 2005, 3353.
24 AG Gladbeck 14.7.1999 – 13 M 56/99, nv; LG Essen CR 2000, 247.
25 *Schneider*, ZAP Fach 14, S. 355, 356 mwN.
26 *Stickelbrock*, in: Hohl/Leible/Sosnitza, Domains, Frames und Links, S. 56 ff.
27 *Welzel*, MMR 2001, 131, 133.
28 *Koos*, MMR 2004, 359, 361.
29 Vgl BGH MMR 2005, 685.
30 Vgl zB BGH MMR 2002, 382; OLG Frankfurt MMR 2001, 158; OLG München MMR 2000, 104; LG Hamburg MMR 2000, 620. Ein Übertragungsanspruch in Fällen der Kennzeichenrechtsverletzung zuerkannt haben dagegen u.a. OLG München K&R 1999, 326; LG Braunschweig 14.6.2000 – 9 O 1152/99, nv; LG Bielefeld 7.3.2000 – 16 O 46/00, nv; LG Bielefeld 22.12.2000 – 16 O 206/00, nv; LG Köln NJW-RR 1999, 629; LG Hamburg CR 1999, 47; LG Hamburg K&R 2000, 613; LG Frankfurt aM 28.5.1997 – 2/6 O 125/97, nv; LG Frankfurt aM MMR 1998, 151; LG München I CR 1997, 479; LG Bochum 27.11.1997 – 14 O 152/97, nv.

Die genaue **Bestimmung des Vollstreckungsgegenstandes** ist dagegen strittig. Soweit Domains als eigenständige Rechtsgüter eingeordnet werden,[31] wird unmittelbar in ihnen der Vollstreckungsgegenstand gesehen. Zu Recht haben demgegenüber u.a. der BGH und das BVerfG klargestellt, dass Domains kein „anderes Vermögensrecht" iSv § 857 Abs. 1 ZPO darstellen.[32] Der BGH führt insoweit aus: „Der Domain kommt keine etwa mit einem Patent-, Marken- oder Urheberrecht vergleichbare ausschließliche Stellung zu. Diese Rechte zeichnen sich dadurch aus, dass sie ihrem Inhaber einen Absolutheitsanspruch gewähren, der vom Gesetzgeber begründet worden ist und nicht durch Parteivereinbarung geschaffen werden kann. Eine Internet-Domain ist lediglich eine technische Adresse im Internet. Die ausschließliche Stellung, die darauf beruht, dass von der DENIC eine Internet-Domain nur einmal vergeben wird, ist allein technisch bedingt. Eine derartige, rein faktische Ausschließlichkeit begründet kein absolutes Recht iSv § 857 Abs. 1 ZPO."[33]

27

Stattdessen sieht der BGH mit der hM die **Gesamtheit der schuldrechtlichen Ansprüche** des Domain-Inhabers aus dem Registrierungsvertrag als Vollstreckungsgegenstand an.[34] In die gleiche Richtung gehen Ansätze, den „Konnektierungsanspruch"[35] oder die „Nutzungsrechte" des Domain-Inhabers nebst dem „Recht auf Verlängerung der Domain-Registrierung"[36] zu pfänden. Dogmatisch fragwürdig ist es demgegenüber, wenn vereinzelt eine Pfändung der „gesamten Vertragsstellung"[37] des Domain-Inhabers gegenüber der Vergabestelle für erforderlich und möglich gehalten wird.

28

Der **Konnektierungsanspruch** richtet sich auf die Eintragung der Domain in das DENIC-Register und in den Primary Nameserver, also auf die Vornahme einer einmaligen Handlung. Bei genauer Betrachtung erlischt dieser Anspruch mit der erfolgten Eintragung jedoch nicht endgültig (§ 362 Abs. 1 BGB), sondern wandelt sich nur um. Aus § 7 Abs. 1 der Registrierungsbedingungen der DENIC ergibt sich nämlich, dass der Vertrag auf Dauer geschlossen ist. Für den Fortbestand der Konnektierung ist es erforderlich, dass die DENIC die Eintragung im Primary Nameserver aufrechterhält. Daneben bestehen bei Bedarf weitere vertragliche Ansprüche des Domain-Inhabers, wie zB auf Anpassung der Angaben zum Registrar an veränderte Daten oder auf Zuordnung der Domain zu einem anderen Rechner durch Änderung der IP-Nummer.

29

---

31 AG Gladbeck 14.7.1999 – 13 M 56/99, nv; LG Essen CR 2000, 247; AG Deggendorf 13.10.1999 – M 6788/99, nv; AG Hildesheim 25.10.1999 – 23 b M 10762/99, nv; AG München 13.1.2000 – 1551 M 52605/99, nv; *Schneider*, ZAP Fach 14, S. 355, 356; *Schmittmann*, DGVZ 2001, 177, 179 f; *Piaß*, WRP 1977, 1081; Hk-ZPO/*Kemper*, § 857 Rn 3; Musielak/*Becker*, § 857 ZPO Rn 13 a; BVerfG GRUR 2005, 261; LG Essen MMR 2000, 286, 287; *Hombrecher*, MMR 2005, 647, 647.
32 BGH NJW 2005, 3353; BVerfG NJW 2005, 589; ebenso *Kleespies*, GRUR 2002, 764, 766; *Berger*, Rpfleger 2002, 181, 182; aA *Koos*, MMR 2004, 359, 360 f.
33 BGH NJW 2005, 3353.
34 BGH NJW 2005, 3353; LG München I CR 2001, 342; LG Mönchengladbach MMR 2005, 197; LG Frankfurt ZUM-RD 2011, 492, 493; *Welzel*, MMR 2001, 131, 132; *Berger*, Rpfleger 2002, 181, 182 f; *Hanloser*, CR 2001, 456, 458; Musielak/*Becker*, § 857 ZPO Rn 13 a; BGH GRUR 2012, 417, 419; *Ingerl/Rohnke*, in: Ingerl/Rohnke, MarkenG, 3. Aufl. 2010, nach § 15 Rn 31; *Schafft*, GRUR 2003, 664, 667; Zöller/*Stöber*, § 857 ZPO Rn 12 c; Thomas/Putzo/*Hüßtege*, § 857 ZPO Rn 6; *Hombrecher*, MMR 2005, 647, 652. Mit einer Analyse dieser Ansprüche *Welzel*, MMR 2001, 131, 132.
35 AG Langenfeld CR 2001, 477.
36 LG Düsseldorf CR 2001, 468; *Müller/Obermüller/Weiß*, ZInsO 2012, 780.
37 *Kleespies*, GRUR 2002, 764, 767; *Birner*, Die Internet-Domain als Vermögensrecht, S. 87; *Hartig*, GRUR 2006, 299, 300; *ders.*, Die Domain als Verfügungsgegenstand, S. 110.

30 Obwohl es sich empfiehlt, die Gesamtheit aller Ansprüche des Schuldners aus dem Registrierungsvertrag zu pfänden, führt auch eine ausschließliche Pfändung des Konnektierungsanspruchs nicht generell ins Leere. Die dem Schuldner aus dem Vertragsverhältnis mit der Registrierungsstelle zustehenden weiteren Ansprüche sind nicht isoliert verwertbar und damit nicht einzeln pfändbar. Wegen dieser fehlenden Eigenständigkeit ist es gerechtfertigt, anzunehmen, dass sie bei einer Pfändung des Konnektierungsanspruchs mitgerissen werden. Die Pfändung erstreckt sich danach automatisch auch auf solche weiteren, reinen **Nebenansprüche** aus dem Vertragsverhältnis (str.).[38] Auch nach der gegenteiligen Ansicht[39] besteht wenigstens keine Gefahr einer Kündigung des Registrierungsvertrages durch den Schuldner, da während der Verstrickung vorgenommene nachteilige Verfügungen gegenüber dem Gläubiger unwirksam sind (§ 829 Abs. 1 S. 2 ZPO, §§ 135 f BGB).

31 Die **Pfändungsverbote** sind zu beachten. Vollstreckungshindernisse können sich auch bei Domains v.a. aus dem **Verbot der zwecklosen Pfändung** (§ 803 Abs. 2 ZPO) ergeben. Werthaltig sind regelmäßig nur kurze Domains mit hoher Einprägsamkeit und Kennzeichnungskraft. Eine präzise Bestimmung des Werts der Domain ist mit zahlreichen Unsicherheiten behaftet. Die näherungsweise Taxierung, ob die Verwertung der Domain einen Überschuss über die Vollstreckungskosten erwarten lässt, dürfte indes zumeist möglich sein. Dazu bieten sich u.a. Anfragen bei den heute zahlreich vorhandenen Domain-Händlern an. Ferner zu beachten ist das **Verbot der Überpfändung** (§ 803 Abs. 1 S. 2 ZPO). Bei ihm handelt es sich jedoch um eine bloße Ordnungsvorschrift, deren Verletzung nicht zur Unwirksamkeit, sondern nur zur Anfechtbarkeit der Pfändungsmaßnahme nach § 766 ZPO führt. Bei der Forderungs- und Rechtspfändung ist nach hM stets eine Vollpfändung zulässig.[40] Wegen der vergleichbaren Interessenlage sollte auch bei Domains nur in Extremfällen von einer Überpfändung ausgegangen werden.

32 Die **Pfändungsverbote aus § 811 Abs. 1 ZPO** sind analog anwendbar (direkte Anwendung nur bei Vollstreckung in körperliche Sachen).[41] Jedenfalls ist aber eine Berücksichtigung der Wertungen aus § 811 Abs. 1 ZPO im Rahmen der Härteklausel aus § 765 a ZPO denkbar.[42] Von der „Erforderlichkeit" der Domain für die Fortsetzung der Erwerbstätigkeit iSv § 811 Abs. 1 Nr. 5 ZPO kann ausgegangen werden, wenn sich die fragliche Domain im Rechtsverkehr bereits derart etabliert hat, dass sie von ihrem Inhaber nicht mehr ohne gravierende Nachteile für seine Geschäftstätigkeit ausgetauscht werden kann.[43] Dies sollte jedoch nur ganz ausnahmsweise angenommen werden.

33 Über die technische Adressierungsfunktion hinaus kann Domains unter den Voraussetzungen der § 12 BGB, § 17 HGB bzw §§ 4, 5 MarkenG eine **Namens- bzw Kennzeichenfunktion** zukommen. Gegenstand der Pfändung sind dennoch stets nur die Rechte aus dem Registrierungsvertrag, nicht aber ein Namens- oder

---

38 BGH NJW 2005, 3353; *Berger*, Rpfleger 2002, 181, 183; *Birner*, Die Internet-Domain als Vermögensrecht, S. 86.
39 *Hartig*, GRUR 2006, 299, 300.
40 *Schöner/Stöber*, in: Schöner/Stöber, Grundbuchrecht, Rn 2459; aA für die Forderungspfändung *Baur/Stürner*, Rn 30.21.
41 LG Mönchengladbach MMR 2005, 197, 198; *Hombrecher*, MMR 2005, 647, 652; *Welzel*, MMR 2001, 131, 135; *Birner*, Die Internet-Domain als Vermögensrecht, S. 117; offen gelassen in LG Essen CR 2000, 247.
42 *Welzel*, MMR 2001, 131, 135; *Birner*, Die Internet-Domain als Vermögensrecht, S. 117.
43 LG Mönchengladbach MMR 2005, 197, 198; *Hombrecher*, MMR 2005, 647, 652; *Welzel*, MMR 2001, 131, 135.

Kennzeichenrecht. Daher geht es fehl, wenn teilweise[44] die Pfändung solcher Domains für unzulässig gehalten wird, die mit einem geschützten Namen oder Kennzeichen ganz oder teilweise identisch sind. Tatsächlich verhindern Namensbzw Kennzeichenrechte die Pfändbarkeit von Domains prinzipiell nicht.[45] Sehr selten mag es Fälle geben, in denen bestehende Namens- bzw Kennzeichenrechte einer Nutzung der Domain durch jede andere Personen als den Schuldner entgegenstehen würden und so mangels Verwertungsaussicht ein Pfändungsverbot gem. § 803 Abs. 2 ZPO begründen.

Die **Formulierung des Antrags** hängt davon ab, ob als Vollstreckungsgegenstand die Domain als solche angesehen wird oder – wie hier vertreten – das Bündel an Rechten aus dem Registrierungsvertrag.[46]

34

Den Pfändungsbeschluss und alle Anordnungen im weiteren Verfahren erlässt das Vollstreckungsgericht durch den **Rechtspfleger** (§ 20 Abs. 1 Nr. 17 RPflG). Örtlich zuständig ist das Amtsgericht, in dessen Bezirk der Schuldner seinen Sitz hat (§ 828 Abs. 2 ZPO). Liegt der Sitz außerhalb von Deutschland, ist der Ort maßgeblich, an dem sich der streitgegenständliche Gegenstand „befindet" (§§ 828 Abs. 2, 23 ZPO). Bei Domains ist dabei der Sitz der Vergabestelle zugrunde zu legen.[47]

35

Nach zutreffender Ansicht ist die **Vergabestelle Drittschuldner** (str).[48] Die praktische Relevanz dieser Frage ist beachtlich: Die Pfändung setzt das an den Drittschuldner zu richtende Leistungsverbot (sog. Arrestatorium, § 829 Abs. 1 S. 1 ZPO) und das an den Schuldner zu richtende Verfügungsverbot (sog. Inhibitorium, § 829 Abs. 1 S. 2 ZPO) voraus. Bei Nichtvorliegen eines Drittschuldners ist die Pfändung einer Domain bereits mit der Zustellung des Inhibitoriums bewirkt. Ist die Vergabestelle dagegen Drittschuldner, so ist die Pfändung erst mit der Zustellung des Arrestatoriums bewirkt (§§ 857 Abs. 1, 829 Abs. 3 ZPO). Außerdem oblägen der Vergabestelle dann besondere Pflichten, zB bzgl der gem. § 840 ZPO gegenüber dem Gläubiger abzugebenden Erklärungen. In der Praxis ist daher eine Antragstellung ratsam, die sicherheitshalber von der Drittschuldnerschaft der Vergabestelle ausgeht.[49] In der Praxis setzen Gerichte die DENIC von Pfändungsbeschlüssen in Kenntnis.[50] Ansonsten muss die Zustellung des Arrestatoriums im Parteibetrieb veranlasst werden (§ 829 Abs. 2 ZPO).

36

§ 829 ZPO ist im Rahmen von § 857 Abs. 1 ZPO „entsprechend" anzuwenden. Soweit zutreffend davon ausgegangen wird, dass die Vergabestelle Drittschuldner ist, gehen die Meinungen darüber auseinander, wie weit diese **entsprechende Anwendung** reicht. Teilweise wird vertreten, dass die „Leistung" der Vergabestelle in der Gestattung der Domain-Nutzung an den Schuldner liege, die der Vergabe-

37

---

44 LG München I CR 2000, 565 (eine unzulässige Beeinträchtigung des Namensrechts bejahend); *Koch*, Zivilprozesspraxis in EDV-Sachen, S. 797; offenbar auch *Schneider*, Handbuch des EDV-Rechts, Rn 192; vgl auch AG Langenfeld CR 2001, 277 (eine unzulässige Beeinträchtigung des Namensrechts prüfend, aber iE verneinend).
45 Wie hier *Birner*, Die Internet-Domain als Vermögensrecht, S. 88; Baumbach/Hartmann, § 857 Rn 8; *Welzel*, MMR 2001, 131, 133; *Thiele*, ecolex 2001, 38.
46 Formulierungshilfen bei *Welzel*, MMR 2001, 131, 136.
47 LG Essen MMR 2000, 286, 289 m. Anm. *Viefhues*.
48 Ebenso *Stadler*, MMR 2007, 71; *Hartig*, GRUR 2006, 299, 301; *Hombrecher*, MMR 2005, 647, 652; Zöller/Stöber, § 857 ZPO Rn 12 c; *Plaß*, WRP 2000, 1077, 1084; aA *Welzel*, MMR 2001, 131, 136 f; *Ulmer*, ITRB 2005, 112, 114; *Lwowski/Dahm*, WM 2001, 1135; LG Essen MMR 2000, 286, 289 m. Anm. *Viefhues*; AG Frankfurt MMR 2009, 709; LG Frankfurt ZUM-RD 2011, 492, 493; ebenso offenbar LG Koblenz NJOZ 2004, 3440 (Pfändung nach § 857 Abs. 2 ZPO).
49 Die DENIC bestreitet allerdings ihre Drittschuldnereigenschaft, vgl *Stadler*, MMR 2007, 71.
50 *Birner*, Die Internet-Domain als Vermögensrecht, S. 130.

stelle im Pfändungsbeschluss zu untersagen sei. Gleichzeitig habe die Vergabestelle dafür zu sorgen, dass die Domain nicht neu registriert wird.[51] Diese Ansicht liefe auf eine Pflicht zur Dekonnektierung bzw völligen Stilllegung der gepfändeten Domain hinaus. Nach aA soll der Vergabestelle im Arrestatorium zwar die Mitwirkung an einer Weiterübertragung der Domain auf Dritte untersagt, dem Schuldner aber bis zur Verwertung die **Möglichkeit der eigenen Nutzung der Domain** belassen werden.[52] Diese Sichtweise überzeugt dadurch, dass sie sich an den Vollstreckungszwecken orientiert und nicht über das Ziel hinausschießt.

38 Die **Verwertung** richtet sich nach § 857 Abs. 1, 5 ZPO. Üblicherweise erfolgt sie nach Wahl des Gläubigers durch Überweisung zur Einziehung oder an Zahlung statt zum Nennwert (§ 835 Abs. 1 ZPO). Anders als bei Geldforderungen scheidet bei Domains eine Überweisung zur Einziehung jedoch naturgemäß aus.[53] Eine Überweisung an Zahlungs statt zum Nennwert kommt ebenfalls nicht in Betracht, da Domains keinen Nennwert haben.[54] Aus diesem Grund sind andere Verwertungsarten zu wählen (§ 844 Abs. 1 ZPO), namentlich die **Überweisung an Zahlungs statt zum Schätzwert**,[55] die **freihändige Veräußerung** oder die **öffentliche Versteigerung** gem. §§ 816 ff ZPO.[56] Der bei einer freihändigen Veräußerung oder öffentlichen Versteigerung festzulegende Mindestpreis ist zu schätzen. Theoretisch möglich – wenngleich kaum praktikabel – wäre es ferner, einem anderen im Wege der Domain-Miete die entgeltliche Domain-Nutzung bis zur vollständigen Befriedigung zu überlassen.[57] Vereinzelt wird demgegenüber die Auffassung vertreten, eine Versteigerung oder freihändige Veräußerung des Konnektierungsanspruchs scheide aus, da der Vertragspartner nicht ohne Mitwirkung des Drittschuldners ausgewechselt werden dürfe.[58] Ebenfalls vertreten wird, dass eine Versteigerung zwar prinzipiell möglich sei, die Zuschlagerteilung aber von der Zustimmung der Vergabestelle abhänge.[59] Nach den DENIC-Domainbedingungen und -Domainrichtlinien ist die Übertragung der Domain jedoch nicht von einer Zustimmung der DENIC abhängig.

39 Die konkrete Verwertungsart setzt das Gericht nach eigenem **Ermessen** auf Antrag des Gläubigers (§ 844 Abs. 1 ZPO) und Anhörung des Schuldners (§ 844 Abs. 2 ZPO) fest. Dabei achtet es darauf, dass keine Verschleuderung stattfindet. Nachdem andere Formen der Verwertung von vornherein ausscheiden, kommt den einschränkenden Voraussetzungen in § 844 Abs. 1 ZPO keine Bedeutung zu. Bei Einhaltung aller erforderlichen Formalitäten ist die DENIC vielmehr aus dem

---

51 *Schneider*, ZAP Fach 14, S. 355, 356.
52 IE auch *Plaß*, WRP 2000, 1077, 1084; *Welzel*, MMR 2001, 131, 137.
53 S. auch *Welzel*, MMR 2001, 131, 137; aA offenbar AG Gladbeck 5.2.1999 – 13 M 56/99, nv; *Koch*, Zivilprozesspraxis in EDV-Sachen, S. 797; *Hombrecher*, MMR 2005, 647, 652.
54 AA offenbar AG Krefeld 1.8.2000 – 16 M 621/00, nv; *Koch*, Zivilprozesspraxis in EDV-Sachen, S. 797; *Hartig*, GRUR 2006, 299, 301.
55 BGH NJW 2005, 3353; *Berger*, Rpfleger 2002, 181, 185; *Welzel*, MMR 2001, 131, 138; *Schmittmann*, DGVZ 2001, 177, 180; *Plaß*, WRP 2000, 1077, 1085; *Hartmann/Kloos*, CR 2001, 469; *Koch*, in: Kilian/Heussen, Computerrechts-Handbuch, Kap. 24 Rn 396; aA *Hartig*, GRUR 2006, 299, 301.
56 Zur Versteigerung im Internet durch den Gerichtsvollzieher s. AG Bad Berleburg CR 2003, 224; zur Versteigerung über ein Internet-Auktionshaus s. LG Mönchengladbach MMR 2005, 197; vgl ferner *Berger*, Rpfleger 2002, 181, 185; *Koch*, Zivilprozesspraxis in EDV-Sachen, S. 798.
57 *Hanloser*, Rpfleger 2000, 525, 529; LG München I CR 2001, 342, 345 m. Anm. *Hanloser*. Krit. zur Praktikabilität dieses Vorgehens *Welzel*, MMR 2001, 131, 139; *Schneider*, ZAP Fach 14, S. 355, 358; *Plaß*, WRP 2000, 1077, 1085.
58 *Hanloser*, CR 2001, 456, 457.
59 AG Bad Berleburg CR 2003, 224; *Koch*, Zivilprozesspraxis in EDV-Sachen, S. 797.

Registrierungsvertrag verpflichtet, die Domain auf einen vom Domain-Inhaber benannten beliebigen Dritten zu übertragen.[60]

3. Herausgabevollstreckung. Die Herausgabevollstreckung spielt bei Domains keine oder nur eine völlig untergeordnete Rolle (s. dazu Rn 25).

---

60 Dazu im Einzelnen *Kleespies*, GRUR 2002, 764.

3. Zwangsvollstreckung in Ansprüche auf Sozialleistungen

Literatur:

Eichenhofer/Wenner (Hrsg.), SGB I, IV, X, Kommentar, 2012; *Flatow*, Unpfändbarkeit von Betriebskostenguthaben bei ALG II-Bezug des Mieters, NJW 2013, 2802; *Heilmann*, Die Zwangsvollstreckung in Sozialleistungsansprüche nach § 54 SGB AT, 1999; *Hornung*, Billigkeitspfändung von Sozialleistungen, Rpfleger 1981, 423; *ders.*, Reform der Pfändung von Sozialleistungen, Rpfleger 1988, 213; *ders.*, Neues Recht zur Pfändung laufender Sozialgeldleistungen, Rpfleger 1994, 442; *Kohte*, Sozialleistungspfändung zwischen formeller und materieller Billigkeit, KTS 1990, 541; *ders.*, Praktische Fragen der Sozialleistungspfändung, NJW 1992, 393; *Krasney*, Das Erste Gesetz zur Änderung des SGB vom 20.7.1988, NJW 1988, 2644; *Laroche*, Behandlung von Sozialleistungen in der Insolvenz, VIA 2013, 57; *Maier*, Die Zweckbindung der Sozialleistung im Rahmen der Billigkeitsprüfung des § 54 Abs. 2 SGB I, SGb 1979, 357; *Meierkamp*, Pfändung von Sozialleistungsansprüchen, Rpfleger 1987, 349; *Mrozynski*, SGB I, Kommentar, 5. Aufl. 2014; *Riedel*, Pfändung von Sozialleistungen nach dem 2. Gesetz zur Änderung des SGB, NJW 1994, 2812; *Sauer/Meiendresch*, Zur Pfändung von Pflegegeldansprüchen, NJW 1996, 765; *Schreiber*, Zur Pfändung sozialrechtlicher Dienst- und Sachleistungsansprüche, Rpfleger 1977, 295; *ders.*, Die Pfändung von Sozialleistungsansprüchen, NJW 1977, 279; *Zwehl*, Pfändung von Kindergeld, ZTR 1996, 545.

I. Gesetzestext 1	5. Beschränkte Pfändbarkeit von Ansprüchen auf Geldleistungen für Kinder, Abs. 5 ... 27
II. Pfändung von Ansprüchen auf Sozialleistungen, § 54 SGB I 3	6. Pfändung laufender Geldleistungen, Abs. 4 32
1. Allgemeines 3	7. Sonderregelungen 36
2. Unpfändbarkeit von Dienst- und Sachleistungen, Abs. 1 .. 12	8. Verfahren 38
3. Generell unpfändbare Geldleistungen, Abs. 3 14	
4. Billigkeitspfändung einmaliger Geldleistungen, Abs. 2 .. 20	

I. Gesetzestext

1 § 54 SGB I Pfändung[1]

(1) Ansprüche auf Dienst- und Sachleistungen können nicht gepfändet werden.

(2) Ansprüche auf einmalige Geldleistungen können nur gepfändet werden, soweit nach den Umständen des Falles, insbesondere nach den Einkommens- und Vermögensverhältnissen des Leistungsberechtigten, der Art des beizutreibenden Anspruchs sowie der Höhe und der Zweckbestimmung der Geldleistung, die Pfändung der Billigkeit entspricht.

(3) Unpfändbar sind Ansprüche auf

1. Elterngeld und Betreuungsgeld bis zur Höhe der nach § 10 des Bundeselterngeld- und Elternzeitgesetzes anrechnungsfreien Beträge sowie dem Erziehungsgeld vergleichbare Leistungen der Länder,

2. Mutterschaftsgeld nach § 13 Absatz 1 des Mutterschutzgesetzes, soweit das Mutterschaftsgeld nicht aus einer Teilzeitbeschäftigung während der Elternzeit herrührt, bis zur Höhe des Elterngeldes nach § 2 des Bundeselterngeld- und Elternzeitgesetzes, soweit es die anrechnungsfreien Beträge nach § 10 des Bundeselterngeld- und Elternzeitgesetzes nicht übersteigt,

2a. Wohngeld, soweit nicht die Pfändung wegen Ansprüchen erfolgt, die Gegenstand der §§ 9 und 10 des Wohngeldgesetzes sind,

---

[1] Fassung: Art. 2 des Gesetzes zur Einführung eines Betreuungsgeldes (Betreuungsgeldgesetz) vom 15.2.2013 (BGBl. I S. 254, 257). In Kraft getreten am 1.8.2013.

3. Geldleistungen, die dafür bestimmt sind, den durch einen Körper- oder Gesundheitsschaden bedingten Mehraufwand auszugleichen.

(4) Im übrigen können Ansprüche auf laufende Geldleistungen wie Arbeitseinkommen gepfändet werden.

(5) Ein Anspruch des Leistungsberechtigten auf Geldleistungen für Kinder (§ 48 Abs. 1 Satz 2) kann nur wegen gesetzlicher Unterhaltsansprüche eines Kindes, das bei der Festsetzung der Geldleistungen berücksichtigt wird, gepfändet werden. Für die Höhe des pfändbaren Betrages bei Kindergeld gilt:

1. Gehört das unterhaltsberechtigte Kind zum Kreis der Kinder, für die dem Leistungsberechtigten Kindergeld gezahlt wird, so ist eine Pfändung bis zu dem Betrag möglich, der bei gleichmäßiger Verteilung des Kindergeldes auf jedes dieser Kinder entfällt. Ist das Kindergeld durch die Berücksichtigung eines weiteren Kindes erhöht, für das einer dritten Person Kindergeld oder dieser oder dem Leistungsberechtigten eine andere Geldleistung für Kinder zusteht, so bleibt der Erhöhungsbetrag bei der Bestimmung des pfändbaren Betrages des Kindergeldes nach Satz 1 außer Betracht.

2. Der Erhöhungsbetrag (Nummer 1 Satz 2) ist zugunsten jedes bei der Festsetzung des Kindergeldes berücksichtigten unterhaltsberechtigten Kindes zu dem Anteil pfändbar, der sich bei gleichmäßiger Verteilung auf alle Kinder, die bei der Festsetzung des Kindergeldes zugunsten des Leistungsberechtigten berücksichtigt werden, ergibt.

(6) In den Fällen der Absätze 2, 4 und 5 gilt § 53 Abs. 6 entsprechend.

Bis zum 31.12.2011 wurde § 54 SGB I ergänzt durch den spezifischen Kontenpfändungsschutz des § 55 SGB I, mit dem seit 1976 ein effektiver Auszahlungsschutz auch bei Pfändungen durch Gläubiger und Aufrechnungen durch das Kreditinstitut gesichert wurde. Mit der Normierung des Pfändungskontenschutzes im Jahr 2009 wurde festgelegt, dass dieser Schutz ab 2012 einheitlich in § 850 k ZPO geregelt werden sollte. Der Pfändungsschutz sollte einheitlich für alle Arten von Einkünften geregelt werden.[2] Zugleich sollte durch die im parlamentarischen Verfahren[3] eingefügte Norm des § 850 k Abs. 6 ZPO der bisherige Schutzstandard des § 55 SGB I gesichert werden (s. § 850 k ZPO Rn 52 f).[4] Für eine Übergangsfrist galt der novellierte § 55 SGB I neben dem neuen § 850 k ZPO.[5]   2

II. Pfändung von Ansprüchen auf Sozialleistungen, § 54 SGB I

1. Allgemeines. Zwangsvollstreckungsrecht und Sozialrecht sind im heutigen Recht in vielfältiger Weise miteinander verknüpft. So ist zB die sozialrechtliche Bestimmung des Existenzminimums für den in § 850 f ZPO normierten Schuldnerschutz maßgeblich. Von größerer Bedeutung ist jedoch die Frage, in welchem Umfang die Ansprüche von Schuldnern auf Sozialleistungen von Gläubigern in der Zwangsvollstreckung mobilisiert werden können. Im Mittelpunkt steht dabei die Forderungspfändung nach §§ 828 ff ZPO, die umfassend auf Geldforderungen gerichtet ist und daher grundsätzlich auch Sozialleistungen einbeziehen kann, soweit diese der Pfändung unterworfen sind. Diese Frage stellt sich auch bei der Zusammenrechnung der Pfändung von Forderungen aus Arbeitseinkommen und Sozialleistungen nach § 850 e Nr. 2 a ZPO sowie bei der Reichweite des Aufrechnungsschutzes nach § 51 SGB I. Als Vorfrage ist der Pfändungsschutz für Ansprüche auf Sozialleistungen schließlich zu beantworten, wenn der Umfang der   3

---

2 BT-Drucks. 16/7615, S. 18; BGH NJW 2012, 79; Prütting/Gehrlein/*Ahrens*, ZPO, 6. Aufl. 2014, § 850 k Rn 102 ff.
3 BT-Drucks. 16/12714, S. 20.
4 *Kohte*, VuR 2012, 257, 258.
5 Zu den Einzelheiten s. die Erl. zu § 55 SGB I (aF) in 2. Aufl. 2013, „3. Zwangsvollstreckung in Ansprüche auf Sozialleistungen", Rn 44 ff.

Insolvenzmasse zu bestimmen[6] oder wenn die Reichweite von § 240 ZPO zu beantworten ist.[7]

4 **Sozialleistungen** sind die durch Gesetz (§ 31 SGB I) festgelegten Leistungen, die ein Sozialleistungsträger iSd § 12 SGB I den Leistungsberechtigten zu gewähren hat. Sie sollen nach § 1 SGB I dazu beitragen, ein menschenwürdiges Dasein zu sichern, gleiche Voraussetzungen für die freie Entfaltung der Persönlichkeit zu schaffen und den Erwerb des Lebensunterhalts durch eine frei gewählte Tätigkeit zu ermöglichen. Angesichts dieses breiten Spektrums möglicher Sozialleistungen bedarf es spezifischer gesetzlicher Regelungen, um die Pfändbarkeit dieser Leistungen differenziert[8] bestimmen zu können.

5 Ursprünglich war die Pfändbarkeit von Sozialleistungen nur als Ausnahmefall normiert, der durch kasuistische Sonderregelungen von dem allgemeinen Grundsatz der Unpfändbarkeit von Sozialleistungen abgegrenzt worden war. Dieser Rechtszustand wurde nach dem Ausbau des Sozialstaates nach 1960 zunehmend als unangemessen bewertet; das Bundesverfassungsgericht lehnte jedoch die Annahme einer Verfassungswidrigkeit der Pfändungsverbote ab und betonte den Gestaltungsspielraum der Gesetzgebung.[9]

6 Auf dieser Basis wurde 1976 mit § 54 SGB I eine gestufte Norm zur Pfändung von Ansprüchen aus Sozialleistungen in Kraft gesetzt, mit der eine differenzierte Regelung zwischen dem Schutz des Existenzminimums einerseits und der Angleichung verschiedener Sozialleistungen an die Funktion von Arbeitseinkommen andererseits formuliert worden war.[10]

7 Diese Balanceaufgabe ist mehrfach neu austariert worden. Neben grundsätzlichen Änderungen der Konzeption im 1. SGBÄndG 1988[11] und im 2. SGBÄndG 1994[12] folgten mehrere einzelne Änderungen und Neujustierungen, so dass § 54 SGB I inzwischen neunmal geändert worden ist. Eine praktisch wichtige und aktuelle Änderung erfolgte zum 1.1.2009 durch das Gesetz zur Neuregelung des Wohngeldrechts und zur Änderung des Sozialgesetzbuches vom 24.9.2008.[13] Die letzte Änderung erfolgte durch Art. 2 Nr. 3 des Betreuungsgeldgesetzes[14] mit Wirkung zum 1.8.2013.

8 Die jetzige Fassung des § 54 SGB I unterscheidet in sechs Absätzen zwischen den **verschiedenen Funktionen von Sozialleistungsansprüchen** und den sich daraus ergebenden unterschiedlichen Interessenlagen. In **Abs. 1** wird die generelle Unpfändbarkeit von Ansprüchen auf Dienst- und Sachleistungen normiert; diese wird ergänzt in **Abs. 3** durch die Unpfändbarkeit von Ansprüchen auf bestimmte Geldleistungen, die wegen ihrer Zweckbestimmung dem Gläubigerzugriff nicht zur Verfügung stehen. Für Ansprüche auf einmalige Geldleistungen sieht **Abs. 2** eine an § 850 b ZPO angelehnte Billigkeitsprüfung vor, während in **Abs. 4** für andere Ansprüche auf laufende Geldleistungen eine Orientierung an der Pfändung von Arbeitseinkommen normiert wird. Eine spezifische Normierung erfahren in **Abs. 5** Ansprüche von Leistungsberechtigten auf Geldleistungen für Kinder, die nur wegen gesetzlicher Unterhaltsansprüche eines Kindes gepfändet werden dürfen. Damit soll der besonderen Funktion der Familienförderung, die in § 1 Abs. 1

---

6 BGH NZI 2008, 244, 245; ebenso zum früheren Konkursrecht BGHZ 92, 339, 344 = NJW 1985, 876, 877; aktuell *Laroche*, VIA 2013, 57.
7 Anschaulich LSG Sachsen-Anhalt VuR 2011, 431.
8 Dazu *Kohte*, NJW 1992, 393, 394.
9 BVerfG NJW 1972, 1701.
10 BVerwG NJW 1987, 3272, 3273.
11 Vom 20.7.1988 (BGBl. I S. 1046); *Krasney*, NJW 1988, 2644.
12 Vom 13.6.1994 (BGBl. I S. 1229, 1251); *Riedel*, NJW 1994, 2812.
13 BGBl. I S. 1856, 1874.
14 BGBl. I S. 254, 257; dazu BT-Drucks. 17/9917, S. 5, 14.

SGB I hervorgehoben worden ist, Rechnung getragen werden. Schließlich enthält **Abs. 6** eine spezifische Regelung zur Gesamtschuldnerschaft bei Erstattungsansprüchen, die sich an die vergleichbare Regelung in § 53 SGB I anlehnt. Diese Differenzierung ist auch für die Beschränkung der Aufrechnung in § 51 Abs. 1 SGB I[15] sowie der Abtretung in § 53 Abs. 1 SGB I nutzbar gemacht worden.

Da die Normen des SGB I nach § 37 SGB I unter dem Vorbehalt abweichender Regelungen in den übrigen Büchern des Sozialrechts stehen, enthält § 54 SGB I **keine abschließende Normierung** des Pfändungsschutzes von Sozialleistungen. Abweichende Regelungen finden sich zB in § 17 SGB XII für das Sozialhilferecht und in § 171 SGB III im Recht des Insolvenzgeldes.

Zusammenfassend lässt sich daher festhalten, dass es **keinen einheitlichen Pfändungsschutz für Sozialleistungen** gibt, der schematisch angewandt werden kann.[16] Maßgeblich ist vor allem die **Zweckbestimmung der jeweiligen Sozialleistung**, die sich aus den einzelnen Normen des Sozialrechts ergibt.

Am Anfang der Prüfung der Pfändbarkeit von Sozialleistungen steht daher regelmäßig die **Bestimmung der jeweils zu pfändenden Sozialleistung**.[17] Dabei erfasst § 54 SGB I das gesamte Spektrum der Ansprüche auf Sozialleistungen iSd § 11 SGB I.[18] Dies sind alle Ansprüche, die zur Verwirklichung der sozialen Rechte nach §§ 3–10 SGB I dienen und im Wesentlichen in den §§ 18–29 SGB I umrissen worden sind. Dazu gehören vor allem die Leistungsansprüche der fünf Säulen der Sozialversicherung sowie die sehr differenzierten Regelungen der sozialen Vorsorge nach § 5 SGB I, die in diversen Normen des Versorgungsrechts, der Opferentschädigung und der straf- und verwaltungsrechtlichen Rehabilitierung geregelt sind.[19] Schließlich darf nicht übersehen werden, dass auch Versorgungsansprüche aufgrund freiberuflicher Tätigkeit durch landesrechtliche Normierung bzw durch Satzungsrecht der entsprechenden Anwendung von § 54 SGB I unterworfen werden können.[20] Dieser Vielfalt der Ansprüche auf Sozialleistungen konnte nur durch eine differenzierende Regelung der Pfändbarkeit Rechnung getragen werden.

2. Unpfändbarkeit von Dienst- und Sachleistungen, Abs. 1. Nach § 54 Abs. 1 SGB I können Ansprüche auf Dienst- und Sachleistungen generell nicht gepfändet werden. Dieses **Pfändungsverbot** schließt an das Verbot der Übertragbarkeit in § 53 SGB I an, das bereits im ersten Gesetzgebungsverfahren 1973 damit gerechtfertigt worden ist, dass diese Leistungen auf die persönlichen Bedürfnisse des Berechtigten zugeschnitten sind und ihren Zweck verfehlen, wenn sie an Dritte erbracht werden.[21] Damit lehnen sich diese Regelungen an § 399 BGB, § 851 ZPO an, enthalten jedoch eine spezifisch sozialrechtliche Typisierung. Anders als bei § 399 BGB wird nicht danach gefragt, ob im Einzelfall eine Inhaltsänderung durch Übertragung und Pfändung erfolgt; vielmehr wird generell die Abtretung und Pfändung ausgeschlossen.[22] Dies entspricht der allgemeinen sozialrechtlichen Systematik, die klare Abgrenzungen für standardisierte Leistungen anstrebt.[23] Zutreffend hat daher der BGH Ansprüche aus § 109 SGB VI auf Er-

---

15 Exemplarisch SG Hamburg VuR 2014, 35, 36 m. Anm. *Kohte*.
16 Dazu deutlich BGH FamRZ 2005, 1244, 1245.
17 *Kohte*, NJW 1992, 393, 394.
18 Dies gilt auch für die Sonderrechtsnachfolge nach § 56 Abs. 1 SGB I, dazu *Mrozynski*, SGB I, § 54 Rn 7.
19 Dazu eingehende Aufzählung bei *Stöber*, Forderungspfändung, 16. Aufl. 2013, Rn 1324 ff.
20 BGH NZI 2008, 244, 245; vgl *Stöber*, Forderungspfändung, Rn 1460.
21 BT-Drucks. 7/868, S. 32.
22 *Heilmann*, Zwangsvollstreckung, S. 26 f.
23 *Diederichsen*, SGB 1982, S. 91.

teilung von Renteninformationen als soziale Dienstleistung qualifiziert, die nach § 54 Abs. 1 SGB I nicht gepfändet werden kann, weil diese Information nicht als Nebenrecht nach § 401 BGB fungiert, sondern vielmehr die künftigen Rentenempfänger in die Lage versetzen soll, Entscheidungen zur ergänzenden Altersvorsorge zu treffen.[24]

13 In der Literatur wird diskutiert, ob diese Unpfändbarkeit auch dann noch gelten soll, wenn der Leistungsträger **anstelle der Dienst- oder Sachleistung** eine **Geldleistung** erbringt. Überwiegend wird nach dem Charakter der jeweiligen Geldleistung differenziert. Danach bleibt es bei der generellen Unpfändbarkeit, wenn der Sozialleistungsträger eine Geldleistung als Surrogat zweckgebunden für die Dienst- bzw Sachleistung erbringt, indem zB die Kosten für die Anschaffung eines konkreten Hilfs- oder Arzneimittels bzw die Beschäftigung einer Haushaltshilfe nach § 38 Abs. 4 SGB V übernommen[25] oder Taxikosten für die Fahrt zu einer Krankenbehandlung erstattet werden.[26] Dies dürfte auch für das persönliche Budget nach § 17 SGB IX gelten,[27] da diese Geldleistung eng an den individuellen Bedarf für Leistungen zur Teilhabe gebunden ist.[28] Dagegen wird für die nachträgliche Kostenerstattung, die zB § 13 Abs. 3 SGB V vorsieht, überwiegend angenommen, dass hier eine Geldleistung vorliegt, deren Pfändbarkeit nach § 54 Abs. 2 SGB I zu beurteilen ist.[29] Andere wollen dagegen in problematischer Weise auf diese Differenzierung verzichten und bei sämtlichen Geldleistungen, selbst wenn sie als Surrogate zweckgebunden zur Verfügung gestellt werden, eine Pfändbarkeit nach § 54 Abs. 2 SGB I bejahen, die dann allerdings überwiegend an der jeweiligen Zweckbestimmung scheitert.[30]

14 **3. Generell unpfändbare Geldleistungen, Abs. 3.** In **§ 54 Abs. 3 SGB I** werden Geldleistungen normiert, die **vollständig oder teilweise unpfändbar** sind. Damit soll die Realisierung bestimmter besonders wichtiger sozialpolitischer Zwecke sichergestellt und auch gegenüber einem Gläubigerzugriff geschützt werden. Dieser Absatz ist mehrfach geändert worden, weil damit vor allem auf die jeweiligen familien- und sozialpolitischen Zielsetzungen Rücksicht genommen wurde.

15 Seit 1988 war das **Erziehungsgeld** nach § 8 BErzGG generell unpfändbar, weil es im Gesetzgebungsverfahren generell als eine zusätzliche nicht anrechenbare Leistung normiert worden war, deren Zweckbestimmung durch die Unpfändbarkeit umfassend auch gegen Forderungen von Unterhaltsgläubigern gesichert werden sollte.[31] Nach dem Auslaufen des BErzGG ist dieses Pfändungsverbot nach § 27 Abs. 4 BEEG von Bedeutung für die mit dem Erziehungsgeld weiterhin vergleichbaren Leistungen einiger Bundesländer.[32] Das Pfändungsverbot für Erziehungsgelder nach § 850 a Nr. 6 ZPO betrifft dagegen nur direkt der Erziehung dienende private oder öffentliche Leistungen (s. § 850 a ZPO Rn 27).[33]

---

24 BGH NZS 2012, 507 = VuR 2012, 274; Thomas/Putzo/*Seiler*, ZPO, 35. Aufl. 2014, § 829 Rn 14; jurisPK-SGB I/*Pflüger*, § 54 Rn 37.1.
25 *Häusler*, in: Hauck/Noftz, SGB I, § 53 Rn 22 und § 54 Rn 32; ebenso LPK/*Timme*, SGB I, § 53 Rn 9; GK-SGB I/*von Maydell*, § 54 Rn 10.
26 LSG Sachsen-Anhalt VuR 2011, 431.
27 Ebenso *Mrozynski*, SGB I, § 11 Rn 23 und § 54 Rn 10.
28 BSG 11.5.2011 – B 5 R 54/10 R, ZFSH/SGB 2012, 150; HK-SGB IX/*Welti*, § 17 Rn 42 ff; vgl jurisPK-SGB I/*Pflüger*, § 54 Rn 48.
29 BSGE 97, 6, 8 Rn 13 = SGb 2007, 552 m. Anm. *Müller*.
30 *Schreiber*, Rpfleger 1977, 295; *Stöber*, Forderungspfändung, Rn 1334.
31 BT-Drucks. 10/3792, S. 18 und BT-Drucks. 11/1004, S. 15; *Buchner/Becker*, MuSchG/BEEG, 8. Aufl. 2008, § 10 BEEG Rn 3.
32 Zusammenstellung bei *Buchner/Becker*, MuSchG/BEEG, § 27 BEEG Rn 9; Hk-MuSchG/BEEG/*Lenz/Rancke/Wagner*, 3. Aufl. 2014, § 27 Rn 5.
33 Hk-ZPO/*Kemper*, 6. Aufl. 2015, § 850 a Rn 8; Musielak/*Becker*, ZPO, 11. Aufl. 2014, § 850 a Rn 8 zu BGH ZVI 2005, 588, 589.

3. Sozialleistungen | Schwerpunktbeitrag

Für das heutige **Elterngeld** ist eine solche generelle Unpfändbarkeit und Anrechnungsfreiheit nicht anerkannt worden, weil dem heutigen Elterngeld im Wesentlichen eine Entgeltersatzfunktion zukommen soll. Dies gilt jedoch nicht für alle Lebenslagen, so dass in § 10 Abs. 1 BEEG ein im Grundsatz[34] anrechnungsfreier Betrag von 300 € im Monat normiert worden ist. Dieser Betrag ist nach **§ 54 Abs. 3 Nr. 1 SGB I** im Grundsatz unpfändbar. Dem Elterngeld vergleichbare Leistungen der Bundesländer[35] sollen ebenfalls bis zu dem Sockel von 300 € unpfändbar sein. Diese Unpfändbarkeit findet seit 2013 auch für das Betreuungsgeld Anwendung. 16

Diese limitierte Unpfändbarkeit gilt nach **§ 54 Abs. 3 Nr. 2 SGB I** schließlich auch für das **Mutterschaftsgeld** nach § 13 Abs. 1 MuSchG,[36] das als vergleichbar bewertet wird.[37] Wenn Eltern die Verlängerung des Auszahlungszeitraums nach § 6 BEEG wählen, wird wirtschaftlich konsequent die Grenze der Unpfändbarkeit durch § 10 Abs. 3 BEEG auf 150 € halbiert, bei Mehrlingsgeburten wird sie entsprechend erhöht.[38] 16a

Lange Zeit nachhaltig umstritten war die Pfändbarkeit von **Wohngeld** nach dem WoGG.[39] Im Rahmen der Beratungen zur Nominierung der InsO hatte der Rechtsausschuss bereits 2001 verlangt, die Unpfändbarkeit von Wohngeld klarzustellen.[40] Zum 1.1.2005 ist diese Klarstellung durch **§ 54 Abs. 3 Nr. 2 a SGB I** erfolgt. Danach soll der Gläubigerzugriff eingeschränkt werden, damit der Zweck des Wohngelds – die wirtschaftliche Sicherung angemessenen und familiengerechten Wohnens – nicht vereitelt werden kann.[41] Daher ist Wohngeld nur noch pfändbar für Gläubigerforderungen, die mit den Leistungen nach §§ 9, 10 WoGG (Mietzins sowie Kapitaldienst für Wohneigentum) direkt verbunden sind.[42] Damit ist eine sachgerechte Lösung gefunden, die wiederum dokumentiert, welchen hohen Rang die Zweckbestimmung der jeweiligen Sozialleistungen für die Ausgestaltung des Pfändungsschutzes hat. Leistungen nach dem SGB II für **Unterkunfts- und Heizkosten**, die an die Stelle des Wohngelds treten, wurden nach der neueren instanzgerichtlichen Judikatur[43] analog von **§ 54 Abs. 3 Nr. 2 a SGB I** erfasst. Diese Rspr ist inzwischen im Ergebnis von BSG[44] und BGH[45] unter Rückgriff auf die allgemeinen Grundsätze der Unpfändbarkeit des Existenzminimums bestätigt worden. Damit sind diese Leistungen ebenfalls unpfändbar. 17

1994 ist durch das 2. SGBÄndG in **§ 54 Abs. 3 Nr. 3 SGB I** klargestellt worden, dass Geldleistungen unpfändbar sind, die den durch einen **Körper- und Gesund-** 18

---

34 Zu Ausnahmen nach dem neuen Recht: BT-Drucks. 17/9841, S. 29.
35 Bisher sind diese Leistungen der Länder nur mit dem Erziehungsgeld, nicht jedoch mit dem Elterngeld vergleichbar: jurisPK-FuB/*Wersig*, BEEG § 10 Rn 2.
36 Diese Norm wird allerdings als deklaratorisch qualifiziert; die maßgebliche Anspruchsgrundlage ist § 24 i SGB V (früher § 200 RVO), so zB Hk-MuSchG/BEEG/*Pepping*, § 13 MuSchG Rn 7.
37 BT-Drucks. 16/1889, S. 22 im Anschluss an BT-Drucks. 12/5187, S. 29; *Mrozynski*, SGB I, § 54 Rn 12.
38 *Häusler*, in: Hauck/Noftz, SGB I, § 54 Rn 50 a.
39 Aus der Debatte nur: LG Göttingen NJW 1988, 2676; LG Koblenz FamRZ 2001, 841; *Kohte*, FS Uhlenbruck, 2000, S. 217, 234 ff.
40 BT-Drucks. 14/7478, S. 57.
41 BT-Drucks. 15/1516, S. 68.
42 Dazu LG Mönchengladbach Rpfleger 2009, 577; ebenfalls: jurisPK-SGB I/*Pflüger*, § 54 Rn 64.
43 LG Hannover VuR 2011, 470; ebenso Eichenhofer/Wenner/*Bigge*, § 54 SGB I Rn 41; vgl zur analogen Anwendung von § 54 Abs. 4 SGB I LSG Berlin ZInsO 2012, 489.
44 BSG NZS 2013, 273, dazu *Altmann*, SGb 2013, 663.
45 BGH NJW 2013, 2819 und VuR 2015, 113, 115 m. Anm. *Busch*; zust. *Flatow*, NJW 2013, 2802; FK-InsO/*Kohte/Busch*, 8. Aufl., § 312 Rn 52; *Laroche*, VIA 2013, 57, 59; *Mrozynski*, SGB I, § 54 Rn 13 a; KassKomm/*Seewald*, § 54 Rn 34 b.

heitsschaden bedingten **Mehraufwand** ausgleichen sollen. Damit ist die frühere Judikatur[46] kodifiziert worden, die dieses Ergebnis aus der Zweckbestimmung dieser Sozialleistungen abgeleitet hat.[47] Die Gesetzesbegründung[48] verweist beispielhaft auf die Grundrente sowie die Schwerstbeschädigtenzulage nach § 31 BVG sowie die Pflegezulage nach § 35 BVG. Aus dem Schwerbehindertenrecht wurden die Hilfen für die Beschaffung eines Kraftfahrzeuges genannt, die heute in § 33 SGB IX geregelt sind. Ebenso gehören dazu Leistungen zur Teilhabe am Arbeitsleben nach § 102 SGB IX.[49] Diese Beispiele zeigen, dass diese Norm sowohl laufende Leistungen (Grundrente) als auch einmalige Leistungen (Kfz-Beschaffung) umfasst.[50] Wichtige **Beispiele** sind weiter Leistungen der Pflegeversicherung zur häuslichen Pflege[51] sowie die durch § 45 a SGB XI eingeführten Leistungen an pflegebedürftige Menschen mit erheblichem allgemeinen Betreuungsbedarf bei demenzbedingten Fähigkeitsstörungen.

19 Dagegen werden von dieser Unpfändbarkeit Sozialleistungen an behinderte oder erwerbsgeminderte Menschen, die dem Ausgleich von Einkommensverlusten dienen, nicht erfasst. Dazu gehören zB die Rentenleistungen nach § 56 SGB VII, die Ausgleichsrente nach § 32 BVG sowie der Berufsschadensausgleich nach § 30 BVG.[52]

20 **4. Billigkeitspfändung einmaliger Geldleistungen, Abs. 2.** Eine spezifische Struktur sieht § 54 **Abs. 2** SGB I für die Pfändbarkeit einmaliger Geldleistungen vor. Diese Ansprüche sind nur pfändbar nach einer umfassenden **Billigkeitsprüfung**, die vom Vollstreckungsgericht vorzunehmen ist.[53] Als Maßstab für die Abwägung werden vier Faktoren genannt, die jeweils miteinander in Bezug zu setzen sind. Damit orientiert sich diese Norm an dem Vorbild des § 850 b ZPO, dessen Billigkeitsabwägung (s. § 850 b ZPO Rn 28 ff) bereits im Gesetzgebungsverfahren als Vorbild genannt worden war.[54]

21 Diese Abwägung wird ausschließlich verlangt für **einmalige Geldleistungen**, die zur Realisierung von Ansprüchen aus Sozialleistungen nach § 11 SGB I von den Berechtigten zu beanspruchen sind. Die **Abgrenzung** zwischen einmaligen und laufenden Leistungen orientiert sich nicht an der faktischen Zahlung, sondern an der jeweiligen Anspruchsnorm, so dass auch eine einmalige Rentennachzahlung – zB für die Renten der letzten sechs Monate – nicht als einmalige Leistung, sondern als eine Zusammenfassung mehrerer laufender Leistungen zu qualifizieren ist (s. Rn 32).[55] Dies gilt auch für die Übergangsleistung nach § 3 Abs. 2 S. 2 BeKV.[56] Im System der sozialrechtlichen Leistungen sind vielfältige Formen einmaliger Geldleistungen bekannt, so zB Abfindungen für Rentenleistungen nach § 107 SGB VI sowie §§ 75 ff SGB VII oder die Beitragserstattung nach § 210

---

46 Dazu nur BSGE 48, 217.
47 *Kohte*, NJW 1992, 393, 397.
48 BT-Drucks. 12/5187, S. 29.
49 KassKomm/*Seewald*, 2014, § 54 SGB I Rn 33 n.
50 *Hornung*, Rpfleger 1994, 442, 443; Eichenhofer/Wenner/*Bigge*, § 54 SGB I Rn 42.
51 *Stöber*, Forderungspfändung, Rn 1359; Thomas/Putzo/*Seiler*, ZPO, 35. Aufl. 2014, § 829 Rn 16 c; jurisPK-SGB I/*Pflüger*, § 54 Rn 67; ausf. *Sauer/Meiendresch*, NJW 1996, 765; jetzt auch SG Hamburg VuR 2014, 35 m. Anm. *Kohte*; so auch KassKomm/*Seewald*, § 54 SGB I Rn 35 a.
52 *Häusler*, in: Hauck/Noftz, SGB I, § 54 Rn 53; jurisPK-SGB I/*Pflüger*, § 54 Rn 68.
53 BSG SozR 3-1200 § 54 Nr. 1.
54 BT-Drucks. 7/868, S. 32; *Schreiber*, NJW 1977, 279.
55 Anschaulich aus der Judikatur: LSG Rheinland-Pfalz Breithaupt 1996, 766; LG Landshut ZVI 2004, 678; LG Bielefeld ZVI 2005, 138; LG Lübeck ZVI 2005, 275; *Häusler*, in: Hauck/Noftz, SGB I, § 54 Rn 34; jetzt auch BGH NZI 2013, 194, 196 (Rn 20); *Ahrens*, VuR 2014, 117.
56 LSG Chemnitz 8.9.2014 – L 2 U 258/11, dazu *Bigge*, jurisPR-SozR 5/2015 Anm. 2.

SGB VI. Wichtige weitere Beispiele sind im Rahmen der Hilfen zur beruflichen Eingliederung und der vermittlungsunterstützenden Leistungen nach §§ 45, 46 SGB III, die Kostenübernahme nach § 44 Abs. 1 S. 3 SGB III[57] sowie der Gründungszuschuss nach § 93 SGB III. Für die einmaligen Leistungen im **SGB II**, wie zB die Erstausstattung nach § 23 Abs. 3 SGB II[58] sowie die Unterstützung für schulbezogenen Bedarf nach § 28 SGB II, gilt ebenfalls § 54 Abs. 2 SGB I. Hier wird wegen der besonderen Zweckbestimmung ein Pfändungszugriff allenfalls für die Lieferanten von Schulbüchern und Organisatoren von Klassenfahrten bestehen. Im **Krankenversicherungsrecht** sind solche Leistungen zunehmend zu verzeichnen, wie zB der Anspruch auf Rückerstattung für zahnmedizinische Leistungen nach § 29 SGB V oder für die Kosten einer Haushaltshilfe nach § 38 SGB V.

In der Judikatur wird dieser Anspruch nicht als Fortsetzung einer per se unpfändbaren Dienst- oder Sachleistung, sondern als einmalige Geldleistung qualifiziert, die nicht grundsätzlich der Pfändung entzogen ist.[59] Allerdings wird von den Befürwortern dieser Konstruktion zutreffend darauf hingewiesen, dass angesichts der Zweckbestimmung dieses Anspruchs auf Kostenerstattung eine Pfändung in aller Regel nur im Rahmen der Zweckbestimmung möglich ist, so dass allenfalls die jeweiligen Leistungserbringer einen Pfändungszugriff auf diese Ansprüche realisieren können.[60] Eine vergleichbare Einordnung gilt für den Erstattungsanspruch nach § 15 Abs. 1 S. 3 und 4 SGB IX.[61] Dagegen ist der Anspruch auf Beitragserstattung nach § 210 SGB VI erst pfändbar, wenn der Antrag wegen Bestandskraft des Bewilligungsbescheids nicht mehr zurückgenommen werden kann.[62]

22

Für die vom Gesetz verlangte **Billigkeitsprüfung** bei der Pfändung einmaliger Geldleistungen werden **vier verschiedene Kriterien** genannt, die jedoch **nicht abschließend** formuliert sind. Bereits in der Gesetzesbegründung wurde als wichtigstes Kriterium die Zweckbestimmung der jeweiligen Sozialleistung genannt;[63] diese Aussage ist zutreffend, weil die Zweckbestimmung in einer Reihe von Fällen dazu führt, dass die Leistung überhaupt nicht oder nur für bestimmte Gläubiger pfändbar ist. Daher wird in der Literatur vorgeschlagen, die Abschichtung der jeweiligen Kriterien mit der **Zweckbestimmung der Sozialleistung zu beginnen**.[64] Aus diesem Grund wird in aller Regel die Pfändung von Leistungen zur Arbeitsaufnahme nach § 46 SGB III oder eines Bestattungsgeldes nach § 36 BVG unbillig sein.[65] Ähnliches gilt auch für Abfindungen zum Erwerb von Grundeigentum nach § 72 BVG. In der Literatur wird auch zutreffend angenommen, dass der Pfändungszugriff auf die Kostenerstattung nach § 13 Abs. 3 SGB V nach selbst beschafften Gesundheitsleistungen regelmäßig an der Zweckbestimmung dieses Anspruchs scheitert.[66] Dagegen sind einfache Abfindungen von Rentenanwartschaften nach § 107 SGB VI nicht mit einer so engen Zweckbindung versehen, so dass insoweit eine weitergehende Abwägung erforderlich und möglich ist.

23

Auf der **zweiten Stufe** der Abwägung steht die **Art des jeweiligen Anspruchs**, der durch die Pfändung erfüllt werden soll. Hier kann eine Pfändung als billig quali-

24

---

57 Gagel/*Bieback*, § 44 SGB III Rn 45 ff.
58 *Homann*, ZVI 2010, 365, 369 f.
59 BGSE 97, 6, 8 Rn 13 = SGb 2007, 552 m. Anm. *Müller*.
60 *Schreiber*, Rpfleger 1977, 295, 296.
61 Zu den Parallelen BSGE 96, 161; vgl HK-SGB IX/*Welti*, 3. Aufl., § 15 Rn 13; Peters/*Hauck*, SGB V § 13 Rn 296.
62 LSG Baden-Württemberg VuR 2011, 468; jurisPK-SGB I/*Pflüger*, § 54 Rn 28.
63 BT-Drucks. 7/868, S. 32.
64 *Kohte*, KTS 1990, 541, 551 ff; ausdrücklich zust. GK-SGB I/*von Maydell*, § 54 Rn 17; *Heilmann*, Zwangsvollstreckung, S. 32 ff.
65 So auch GK-SGB I/*von Maydell*, § 54 Rn 17.
66 So bereits *Schreiber*, Rpfleger 1977, 295, 296.

fiziert werden, wenn durch diesen Anspruch der Zweck einer Sozialleistung erfüllt werden sollte. Dagegen wird in aller Regel Unbilligkeit anzunehmen sein, wenn dieser Anspruch zu einer weitergehenden problematischen Verschuldung des Schuldners geführt hat.[67] In einem solchen Fall kann es auch denkbar sein, dass die gepfändeten Beträge zunächst auf die Kapitalforderung anzurechnen sind, so dass eine schnellere Entschuldung möglich ist.[68] Somit kann sich auf dieser Stufe eine weitere Differenzierung ergeben.

25 Weiter ist das Kriterium der **wirtschaftlichen Lage des Schuldners** („Einkommens- und Vermögensverhältnisse des Leistungsberechtigten") zu berücksichtigen. Nach der früheren Rechtslage war regelmäßig im Rahmen der Sozialleistungspfändung auch zu prüfen, ob Schuldner durch die Pfändung das soziokulturelle Existenzminimum nicht mehr halten können. Bei der Pfändung einmaliger Geldleistungen wird der Schuldner nicht auf § 850 f ZPO verwiesen; dieses Kriterium wird hier vielmehr bereits im Rahmen der Billigkeitspfändung berücksichtigt.[69] Schließlich wird auch die **Höhe der Sozialleistung** genannt; auf diese Weise kann eine weitere Feinjustierung des Pfändungszugriffs erfolgen.

26 In der **Gerichtspraxis** waren diese Fragen der Abwägung anfangs nachhaltig umstritten. Inzwischen hat sich zunächst durchgesetzt, dass der Zweckbestimmung der Sozialleistung eine Schlüsselrolle zukommt;[70] vor allem aber ist die Billigkeitsprüfung für laufende Geldleistungen, wie zB Arbeitslosengeld und Krankengeld, 1994 abgeschafft worden. Bei der Mehrzahl der einmaligen Geldleistungen ist jedoch wegen der spezifischen Zweckbestimmung kein Pfändungszugriff oder nur ein eingeschränkter Pfändungszugriff möglich.

27 **5. Beschränkte Pfändbarkeit von Ansprüchen auf Geldleistungen für Kinder, Abs. 5.** Die Pfändbarkeit von sozialrechtlichen Geldleistungen für Kinder war nach 1976 in Judikatur und Literatur lebhaft umstritten,[71] so dass durch das 1. SGBÄndG 1988 eine Klarstellung erfolgen musste. Diese basierte auf der Konzeption, dass die Zweckbestimmung dieser Geldleistung grundsätzlich einer Pfändung entgegensteht und nur in geringem Umfang Ausnahmen zu machen sind. Daher statuiert die geltende Fassung des § 54 Abs. 5 S. 1 SGB I ein **grundsätzliches Pfändungsverbot von gesetzlichen Ansprüchen für Kinder**. Von diesem Verbot wird nur für gesetzliche Unterhaltsansprüche bestimmter Kinder eine **Ausnahme** gemacht. In S. 2 wird dann der Umfang dieser Pfändbarkeit geregelt, durch den eine nach Zahlkindern und Zählkindern differenzierende Lösung statuiert wird.

28 Das **Pfändungsverbot** erstreckt sich auf sozialrechtliche Geldleistungen für Kinder, die in § 48 SGB I definiert werden.[72] Die wesentlichen Leistungen sind:

- der Kinderzuschuss nach § 270 SGB VI,
- die Kinderzulage nach § 217 Abs. 3 SGB VII,
- der Kinderzuschlag nach § 33 b BVG sowie
- das Kindergeld nach dem BKGG.

---

67 So bereits LG Kassel NJW 1977, 302; LG Köln NJW 1977, 1640, 1641; ebenso *Mrozynski*, SGB I, § 54 Rn 18.
68 KG MDR 1981, 505, dazu auch Musielak/*Becker*, ZPO, 11. Aufl. 2014, § 850 i Rn 21.
69 *Kohte*, KTS 1990, 541, 552 f; *Heilmann*, Zwangsvollstreckung, S. 41 ff.
70 So bereits OLG Celle NJW 1977, 1641; *Maier*, SGb 1979, 357, 358.
71 BT-Drucks. 11/1004, S. 8; *Hornung*, Rpfleger 1988, 213, 215.
72 *Homann*, ZVI 2010, 365, 370 f; *Ruch*, ZVI 2011, 288.

Dieses Kindergeld steht inzwischen allerdings nur noch wenigen Gruppen zu.[73] Für die Mehrzahl der Berechtigten wird nicht mehr ein sozialrechtliches, sondern ein steuerrechtliches Kindergeld gezahlt. Da dies nicht als Sozialleistung definiert ist, wurde inzwischen ein **paralleler Pfändungsschutz in §§ 76, 76 a EStG** für steuerrechtliche Leistungen für Kinder normiert.

Von dem grundsätzlichen Pfändungsverbot wird ausschließlich für **gesetzliche Unterhaltsansprüche von Kindern** eine Ausnahme gemacht. Der Rechtsbegriff der „gesetzlichen Unterhaltsansprüche" ist aus dem Konkurs- und Insolvenzrecht bekannt und erfasst nur die gesetzlichen Ansprüche und diejenigen vertraglichen Ansprüche, die diese gesetzlichen Ansprüche konkretisieren.[74] Die Pfändung ist auch nur denjenigen Kindern eröffnet, die bei der Berechnung der sozialrechtlichen Leistung für Kinder berücksichtigt worden sind. Daher werden Kinder, die die Altersgrenze des Kindergeldes überschritten haben, sowie Pflegekinder nicht mitgerechnet. Erst recht nicht werden andere Unterhaltsgläubiger oder gar einfache Gläubiger berücksichtigt. Das Pfändungsverbot in § 54 Abs. 5 SGB I sowie in § 76 EStG ist als striktes Verbot normiert worden.[75]   29

§ 54 Abs. 5 S. 2 SGB I sowie § 76 S. 2 EStG enthalten differenzierte Regelungen zur **Verteilung** dieser für Kinder pfändbaren sozialrechtlichen Geldleistungen. Modellvorstellung ist die solidarische Verteilung der Kinderleistungen auf die verschiedenen berechtigten Kinder.[76] Dabei sollen sowohl die Zahlkinder als auch die Zählkinder berücksichtigt werden. Unter den **Zählkindern** werden die Kinder verstanden, die nicht im Haushalt des Berechtigten leben, jedoch bei der Zählung des Kindergeldes berücksichtigt werden. Dieses **Solidarmodell** verlangt daher eine Umrechnung, da auch nach den aktuellen Sätzen,[77] die sich aus dem am 30.12.2009 verkündeten Wachstumsbeschleunigungsgesetz[78] ergeben, eine differenzierte Höhe des Kindergeldes für das erste und zweite, das dritte Kind und die weiteren Kinder angeordnet ist. Gegenwärtig beträgt das Kindergeld für erste und zweite Kinder jeweils 184 €, für dritte Kinder 190 €, für das vierte und jedes weitere Kind jeweils 215 €. Wenn ausschließlich Zahlkinder an diesen Leistungen partizipieren, ist die Umrechnung relativ einfach.[79] Schwieriger wird sie, wenn Zählkinder involviert sind. Darunter werden diejenigen Kinder des Vollstreckungsschuldners verstanden, die nicht in seinem Haushalt leben, aber bei der Berechnung der Steigerungsbeträge mit berücksichtigt werden. Daraus ergibt sich ein „Zählkindervorteil", der den Teil des Kindergeldes bezeichnet, den der Pfändungsschuldner für seine Zahlkinder nur deshalb erhält, weil andere Kinder, zB seine nichtehelichen Kinder oder Kinder aus geschiedener Ehe, bei ihm als Zählkinder berücksichtigt werden.[80]   30

Die **Berechnungsmethoden** sind im Gesetz normiert. In den verschiedenen Einführungsaufsätzen und Praxishandbüchern sind dazu anschauliche Berechnungs-   31

---

73 Dazu Musielak/*Becker*, ZPO, 11. Aufl. 2014, § 850 i Rn 22; *Stöber*, Forderungspfändung, Rn 1327; *Heilmann*, Zwangsvollstreckung, S. 143; *von Zwehl*, ZTR 1996, 545, 548.
74 *Kohte*, in: Kölner Handbuch zum Insolvenzrecht, 3. Aufl. 2009, Kap. 36 Rn 7; FK-InsO/*Bornemann*, 8. Aufl. 2015, § 40 Rn 6; *Ahrens*, in: Ahrens/Gerling/Ringstmeier, InsO, 2. Aufl. 2014, § 40 Rn 10.
75 BT-Drucks. 11/1004, S. 12.
76 *Kohte*, NJW 1992, 393, 395; BSG NVwZ-RR 1998, 566, 567.
77 Die 2012 erfolgten Neuregelungen im Kindergeldrecht betreffen nicht die Höhe nach § 66 Abs. 2 EStG: *Schwarz*, FamRB 2012, 190.
78 BGBl. I 2009, S. 3950 ff.
79 Eichenhofer/Wenner/*Bigge*, § 54 SGB I Rn 65.
80 BT-Drucks. 11/1004, S. 8; *Mrozynski*, SGB I, § 54 Rn 38 f.

modelle veröffentlicht.[81] Relativ neue Berechnungen finden sich schließlich auch in den vom BMF herausgegebenen, zuletzt 2014 geänderten **Dienstanweisungen zur Durchführung des Familienleistungsausgleichs (DA-FamEStG)** in dem Abschnitt V 23.3. zur Pfändung.[82] Seit dem 1. SGBÄndG im Jahr 1988 sind die gerichtlichen Verfahren um die Pfändung von Kindergeld nachhaltig zurückgegangen, so dass inzwischen diese früher umstrittene Frage als im Wesentlichen geklärt angesehen werden kann.

32 **6. Pfändung laufender Geldleistungen, Abs. 4.** Seit 1994 bestimmt die jetzt in § 54 Abs. 4 SGB I statuierte Regelung, dass im Übrigen Ansprüche auf laufende Geldleistungen wie Arbeitseinkommen gepfändet werden können. Damit ist, soweit keine der Sonderregelungen in § 54 SGB I bzw anderen sozialrechtlichen Spezialvorschriften (s. dazu Rn 36 f) eingreift, ein elementarer Auffangtatbestand geschaffen worden, der eine wesentliche Vereinfachung bezweckt, die an die Stelle der früher vorgeschriebenen allgemeinen Billigkeitsprüfung und der vorherigen Überprüfung des sozialrechtlichen Existenzminimums getreten ist. Laufende Geldleistungen sind Leistungen, die regelmäßig wiederkehrend für bestimmte Zeiträume gezahlt werden, wobei der Charakter der Leistung nicht dadurch verloren geht, dass sie verspätet oder als zusammengefasste Zahlung über mehrere Zeitabschnitte geleistet werden (s. Rn 21).[83] Damit gilt diese Norm für die quantitativ größte Gruppe der Sozialleistungen – vor allem das **Arbeitslosengeld I, Krankengeld, Alters- und Hinterbliebenenrenten**, die sozialrechtlich als **Entgeltersatzleistungen** ausgestaltet sind.[84]

33 Soweit für Sozialleistungen eine Billigkeitsprüfung und eine Überprüfung der Einhaltung des Existenzminimums zu erfolgen haben, ist der Pfändung **künftiger Sozialleistungen** ein enger Spielraum gesetzt. Für die in § 54 Abs. 4 SGB I normierten laufenden Geldleistungen kann dagegen in gleichem Umfang wie bei §§ 850 ff ZPO eine Pfändung künftiger Leistungen erfolgen. Diese betreffen allerdings nicht das Stammrecht, wie zB die Rentenanwartschaft, sondern nur die einzelnen Leistungen.[85] Erforderlich ist es, dass eine ausreichend konkretisierte rechtliche Grundlage für solche Leistungen besteht, die sich in aller Regel aus dem Sozialversicherungsverhältnis ergibt. Dadurch können auch künftige Rentenleistungen deutlich vor Eintritt des Rentenalters gepfändet werden.[86] Allerdings kann bei der Pfändung künftiger Rentenansprüche junger Menschen, bei denen ein mögliches Rentenalter weit entfernt ist, das Rechtsschutzinteresse an einer solchen Pfändung fehlen.[87]

34 Mit der **Verweisung auf §§ 850 ff ZPO** wird das Pfändungsverfahren vereinfacht und typisiert. Im Regelfall gelten die allgemeinen **Pfändungsfreigrenzen nach § 850 c ZPO**. Eine individualisierende Korrektur der Pfändungsverbote, wie sie in der Praxis zeitweilig befürwortet wurde, widerspricht der Systematik des Pfän-

---

81 *Krasney*, NJW 1988, 2644, 2646; *Hornung*, Rpfleger 1988, 213, 219; *Heilmann*, Zwangsvollstreckung, S. 148 ff; *von Zwehl*, ZTR 1996, 545, 547; *Stöber*, Forderungspfändung, Rn 153 e ff.
82 BMF in BStBl. 2014, S. 918, 922 ff.
83 BT-Drucks. 7/868, S. 30; *Häusler*, in: Hauck/Noftz, SGB I, § 54 Rn 43; LSG Rheinland-Pfalz Breithaupt 1996, 766; LG Landshut ZVI 2004, 678; LG Bielefeld ZVI 2005, 138; MüKo-ZPO/*Smid*, 4. Aufl. 2012, § 850 i Anh Rn 10.
84 FK-InsO/*Kohte/Busch*, 8. Aufl. 2015, § 312 Rn 53; zum Krankengeld SG Osnabrück 26.4.2012 – S 13 KR 55/12 ER, dazu *Raab*, jurisPR-InsR 13/2012 Anm. 2.
85 BGH NZI 2008, 244, 245.
86 BGH NJW 2003, 1457 (für Altersrenten); BGH NJW 2003, 3774 (für Erwerbsminderungsrenten).
87 LG Heilbronn Rpfleger 1999, 455; Prütting/Gehrlein/*Ahrens*, ZPO, 6. Aufl. 2014, § 829 Rn 12.

dungsrechts und ist daher nicht zulässig.[88] Insoweit hat der jeweilige Sozialleistungsträger selbständig § 850 c ZPO anhand der gesetzlichen Tabellen anzuwenden. Das Vollstreckungsgericht hat dagegen den unpfändbaren Betrag bei Pfändung von Sozialleistungen wegen Unterhaltsansprüchen (§ 850 d ZPO) konkret festzusetzen. Insoweit besteht keine sozialrechtliche Sonderregelung für das Pfändungsverfahren. Im Einzelfall können durch die Verweisung auf die Pfändung von Arbeitseinkommen auch die Pfändungsverbote nach § 850 a ZPO eingreifen. In der Judikatur und Literatur wird für die Mehraufwandsentschädigung nach § 16 d SGB II überwiegend das Pfändungsverbot nach § 850 a Nr. 3 ZPO befürwortet.[89]

Seit 1994 erfolgt bei der Pfändung laufender Geldleistungen keine vorherige Überprüfung der Sicherung des **sozialhilferechtlichen Existenzminimums**. Die Schuldner sind daher gehalten, selbst aktiv zu werden und einen Antrag nach § 850 f Abs. 1 Buchst. a ZPO[90] zu stellen.[91] Für die Bestimmung des Existenzminimums gelten im Rahmen von § 54 SGB I keine von § 850 f ZPO abweichenden Wertungen oder Rechenmethoden.[92] Es kann daher auf die allgemeine Literatur und Judikatur zu § 850 f ZPO verwiesen werden.[93]

7. Sonderregelungen. Nach § 37 SGB I gelten die Vorschriften des Allgemeinen Teils nur, soweit sich nicht aus den besonderen Einzelvorschriften des Sozialrechts abweichende Regelungen ergeben. Abweichungen von § 54 SGB I finden sich sowohl mit einer stärkeren Annäherung an das Arbeitseinkommen als auch mit einer stärkeren Betonung der Sicherung des Existenzminimums. Eine besonders enge Verzahnung mit dem Arbeitseinkommen ist für das Insolvenzgeld vorgeschrieben, das nach § 171 SGB III wie Arbeitseinkommen gepfändet werden kann. Eine laufende Pfändung von Arbeitseinkommen ergreift nach § 170 Abs. 2 SGB III nF (früher: § 188 Abs. 2 SGB III) auch den Anspruch auf das Insolvenzgeld.[94] Eine ähnliche Annäherung an das Arbeitseinkommen ist für das Kurzarbeitergeld normiert. Nach § 108 Abs. 2 SGB III nF (früher: § 181 Abs. 2 SGB III) gilt hier der Arbeitgeber als Drittschuldner, während in den anderen Fällen nach § 334 SGB III die örtliche Arbeitsagentur als Drittschuldner qualifiziert wird.[95]

Für die Praxis wichtiger sind die Vorschriften, in denen sich spezifische Pfändungsverbote befinden. Besonders wichtig ist § 17 Abs. 1 S. 2 SGB XII. Danach ist der **Anspruch auf Sozialhilfe** generell unpfändbar; auf die verschiedenen Differenzierungen nach § 54 SGB I kommt es soweit nicht an. Eine explizite Regelung zum Pfändungsschutz für das **Arbeitslosengeld II** fehlt im SGB II. In der Literatur wird teilweise die entsprechende Anwendung von § 17 SGB XII favorisiert.[96] In

---

88 Dazu BGH FamRZ 2004, 439.
89 LG Dresden Rpfleger 2008, 655 = VuR 2009, 188; LG Kassel VuR 2010, 393; zustimmend *Harks*, Rpfleger 2007, 588; KSW/*Knickrehm*, SGB II, § 16 d Rn 7; Gagel/*Kohte*, § 16 d SGB II Rn 40; Prütting/Gehrlein/*Ahrens*, ZPO, § 850 a Rn 9; Musielak/*Becker*, ZPO, 11. Aufl. 2014, § 850 a Rn 4; aA LG Görlitz FamRZ 2007, 299; unentschieden LPK-SGB II/*Thie*, 4. Aufl. 2011 § 16 d Rn 32.
90 Zur Ergänzungsfunktion des § 850 f ZPO für die Sozialleistungspfändung: *Mrozynski*, SGB I, § 54 Rn 23; Prütting/Gehrlein/*Ahrens*, ZPO, § 850 f Rn 8.
91 Zu diesem Leitbildwechsel BT-Drucks. 12/5187, S. 21; GK-SGB I/*von Maydell*, § 54 Rn 40; FK-InsO/*Kohte/Busch*, § 312 Rn 54.
92 So auch SG Kiel NZS 2014, 786, 787.
93 LG Darmstadt VuR 2008, 396 m. Anm. *Kohte*; *Zimmermann/Freeman*, ZVI 2008, 374 sowie *Zimmermann/Zipf*, ZVI 2008, 378.
94 Gagel/*Peters-Lange*, § 170 SGB III Rn 25 ff.
95 Zum Verfahren bei Wohnortwechsel LSG Thüringen 18.11.2009 – L 10 AL 41/06.
96 *Greiser*, in: Eicher/Spellbrink, SGB II, 3. Aufl. 2013, § 43 Rn 19; aA Gagel/*Hannes*, § 19 SGB II Rn 17.

der Rspr des BGH wird diese Analogie jedoch abgelehnt.[97] Eine Sonderregelung ist in § 54 Abs. 6 SGB I statuiert: Mit Verweisung auf § 53 Abs. 6 SGB I ist eine **gesamtschuldnerische Haftung für die Erstattung von zu Unrecht ausgezahlten Sozialleistungen** normiert worden, die dem Sozialleistungsträger die Möglichkeit einräumt, den Erstattungsanspruch durch Verwaltungsakt gegen den Leistungsberechtigten und gegen den neuen Gläubiger als Gesamtschuldner geltend zu machen.[98]

38   8. **Verfahren.** Im Unterschied zur früheren Fassung von § 54 SGB I enthält die Norm seit 1994 keine spezifischen Vorschriften für das Pfändungsverfahren, so dass die jeweils einschlägigen Verfahrensvorschriften des allgemeinen Zivilprozess- und Vollstreckungsrechts zu beachten sind. Nur zur **Bestimmung der jeweiligen Drittschuldner** finden sich in einzelnen sozialrechtlichen Normen, wie zB §§ 108 Abs. 2, 334 SGB III, spezifische Sondervorschriften.[99] Zuständig ist das jeweilige Vollstreckungsgericht bzw bei der Verwaltungsvollstreckung bei § 66 SGB X die entsprechende Vollstreckungsbehörde. An das zuständige Vollstreckungsgericht hat sich der Gläubiger mit seinem **Antrag auf Erlass eines Pfändungs- und Überweisungsbeschlusses** zu richten.

39   Dieser **Antrag** muss – wie auch generell im Zwangsvollstreckungsrecht – den Anforderungen des **Bestimmtheitsgrundsatzes** genügen. In den ersten Jahren nach Kodifikation des § 54 SGB I mussten die Gerichte häufiger unbestimmte Formulierungen rügen, mit denen zB „sämtliche Ansprüche gegen das Arbeitsamt" gepfändet werden sollten.[100] Ebenso musste festgestellt werden, dass mit einem Antrag auf Pfändung von Rentenleistungen noch nicht die Witwen- und Waisenrentenabfindungen mit umfasst worden waren.[101] Inzwischen sind die Kategorien weitgehend herausgearbeitet, wie eine hinreichend klare Angabe möglicher Forderungen formuliert werden kann, dabei ist vor allem auf das gegliederte System der deutschen sozialen Sicherung Rücksicht zu nehmen.[102] Für die Pfändung von Entgeltersatzleistungen ist weiter **§ 832 ZPO** zu beachten, denn Arbeitslosengeld und Renten sind als „in fortlaufenden Bezügen bestehende Forderungen" zu qualifizieren, so dass die Pfändung der aktuellen Forderung sich auch auf die künftigen Forderungen erstreckt.[103] In der früheren Judikatur hatte das BSG die Pfändung des Arbeitslosengeldes auch auf die Anschlussarbeitslosenhilfe erstreckt.[104] Nach dem heutigen Sozialrecht besteht zwischen Arbeitslosengeld I und Arbeitslosengeld II nicht mehr eine so enge Verbindung, so dass unabhängig von der Frage der Unpfändbarkeit des Arbeitslosengeldes II aus strukturellen Gründen § 832 ZPO für diese Konstellation nicht mehr angewandt werden kann.

40   Für die Pfändung laufender Geldleistungen gilt unproblematisch auch das **Anhörungsverbot** nach § 834 ZPO. Diese Wertung passt dagegen nicht für die Billigkeitspfändung nach § 54 Abs. 2 SGB I. Da diese nicht an § 850 c ZPO, sondern an § 850 b ZPO angelehnt ist, ist es auch konsequent, nach dem Vorbild von § 850 b Abs. 3 ZPO hier eine vorherige Anhörung der Beteiligten (s. § 850 b

---

97   BGH NZI 2013, 194; jurisPK-SGB I/*Pflüger*, § 54 Rn 73.1.
98   *Häusler*, in: Hauck/Noftz, SGB I, § 54 Rn 61; KSW/*Hänlein*, § 54 Rn 12.
99   Zu den Schwierigkeiten, den richtigen Drittschuldner für die Grundsicherung nach § 19 a SGB I zu bestimmen: BGH NJW-RR 2008, 733.
100 Dazu nur BSGE 53, 260, 262.
101 BSGE 60, 34, 36.
102 *Heilmann*, Zwangsvollstreckung, S. 111 ff; jurisPK-SGB I/*Pflüger*, § 54 Rn 29; *Häusler*, in: Hauck/Noftz, SGB I, § 54 Rn 20; ausf. Eichenhofer/Wenner/*Bigge*, § 54 SGB I Rn 14 ff.
103 BSGE 53, 182, 184; *Häusler*, in: Hauck/Noftz, SGB I, § 54 Rn 22; jurisPK-SGB I/*Pflüger*, § 54 Rn 26.
104 BSGE 64, 17, 20.

ZPO Rn 37) zu verlangen.[105] Das Vollstreckungsgericht hat seinen Beschluss mit einer knappen Darstellung seiner Erwägungen zur Billigkeit der Pfändung zu begründen (s. § 850 b ZPO Rn 38).[106]

Für die weiteren Verfahrensfragen ist der Rückgriff auf § 828 ZPO relativ unproblematisch. Die Differenzierung zwischen der Pfändung von Unterhaltsgläubigern nach § 850 d ZPO, bei denen das Amtsgericht als Vollstreckungsgericht eine fixierte Grenze für den Selbstbehalt des Schuldners formuliert, und den allgemeinen Pfändungen, bei denen ein Blankettbeschluss nach § 850 c ZPO ergeht, sind auch für die Pfändung laufender Geldleistungen im Sozialrecht maßgeblich. Für die in § 850 e ZPO nicht ausdrücklich geregelte Zusammenrechnung beim **Zusammentreffen von zwei laufenden pfändbaren Sozialleistungen** ist durch die Verweisung in § 54 Abs. 4 SGB I auf die Pfändung wegen Arbeitseinkommens eine klare Basis geschaffen.[107] Bei der Zusammenrechnung von Erwerbsunfähigkeitsrenten und Einkommen aus geringfügiger Beschäftigung ist auch § 850 a Nr. 1 ZPO analog heranzuziehen (s. § 850 a ZPO Rn 4).[108] Die **Rechtsbehelfe** ergeben sich ebenfalls aus den zivilprozessualen Vorschriften.[109] 41

Bei Pfändungen nach § 54 Abs. 4 SGB I ergeht ein **Blankettbeschluss**,[110] so dass der Sozialleistungsträger den Pfändungsfreibetrag nach § 850 c ZPO zu bestimmen hat. Insoweit steht ihm der Schutz nach § 407 BGB analog zu.[111] Im Fall des § 54 Abs. 2 SGB I sowie der Pfändung wegen gesetzlicher Unterhaltsansprüche hat der Sozialleistungsträger als Drittschuldner den vom Vollstreckungsgericht festgesetzten Betrag an den Vollstreckungsgläubiger ohne weiteren Verwaltungsakt[112] schlicht auszuzahlen. Wenn er die Auszahlung verweigert, steht dem Vollstreckungsgläubiger der Rechtsweg in der Regel zum **Sozialgericht** offen.[113] Typischerweise wird es sich um eine bereits bewilligte Leistung handeln, so dass ein Vorverfahren nicht statthaft und die Leistungsklage geboten ist.[114] Wenn Sozialleistungsträger eine überzahlte Leistung in der Insolvenz des Leistungsempfängers zurückfordern, gilt für sie die Sperre des § 89 InsO auch dann, wenn sie das Mittel des Verwaltungsakts wählen.[115] 42

Der Sozialleistungsträger hat grundsätzlich wie jeder Drittschuldner den Pfändungs- und Überweisungsbeschluss zu beachten und auszuführen. Da ihm aber nach §§ 14, 17 SGB I eine hinreichend deutliche **Schutzpflicht** gegenüber den Sozialleistungsberechtigten zukommt, hat er den Pfändungs- und Überweisungsbeschluss auf offenkundige Fehler zu überprüfen und den Vollstreckungsschuldner, der ja auch Gläubiger der Sozialleistung ist, auf diese Problematik hinzuweisen.[116] Ihm steht nach allgemeinen Regeln auch das Recht zu, Rechtsbehelfe ge- 43

---

105 So Stein/Jonas/*Brehm*, ZPO, § 850 i Rn 95; MüKo-ZPO/*Smid*, § 850 i Anh Rn 2; ebenso GK-SGB I/*von Maydell*, § 54 Rn 56; *Häusler*, in: Hauck/Noftz, SGB I, § 54 Rn 16; *Heilmann*, Zwangsvollstreckung, S. 50 ff.
106 Zöller/*Stöber*, ZPO, § 850 i Rn 30 mit Bezug auf KG OLGZ 1982, 443, 446; *Stöber*, Forderungspfändung, Rn 1354.
107 BGH FamRZ 2005, 1244, 1245; BGH ZInsO 2013, 2573; BGH ZVI 2015, 76; Prütting/Gehrlein/*Ahrens*, ZPO, § 850 e Rn 30 f.
108 AG Heidelberg ZVI 2015, 56 = VuR 2015, 69 m. Anm. *Kohte*.
109 Überblick zu den verschiedenen Konstellationen bei GK-SGB I/*von Maydell*, § 54 Rn 65 ff.
110 MüKo-ZPO/*Smid*, § 850 i Anh Rn 10.
111 SG Trier NZS 2011, 236.
112 *Mrozynski*, SGB I, § 54 Rn 46.
113 BSGE 53, 182, 183; 60, 34, 35.
114 BSGE 64, 17, 19 f.
115 SG München VuR 2014, 477 m. Anm. *Busch*.
116 BSG SozR 3-1200 § 54 Nr. 1, dazu auch *Kohte*, NJW 1992, 393, 397; vgl *Elling*, NZS 2000, 281, 286; *Bigge*, jurisPR-SozR 5/2015 Anm. 2.

gen einen als rechtswidrig zu qualifizierenden Beschluss einzulegen. Wegen der Schutzpflichten nach § 17 SGB I kann er in bestimmten Situationen dazu auch verpflichtet sein.[117]

---

117 Siehe jurisPK-SGB I/*Pflüger*, § 54 Rn 71.

4. Zwangsvollstreckung in Gesellschaftsanteile

Literatur:

Bauer, Die Zwangsvollstreckung in Aktien und andere Rechte des Aktiengesetzes, JurBüro 1976, 869; *Behr*, Die Vollstreckung in Personengesellschaften – Aktuelle Hinweise für den Praktiker, NJW 2000, 1137; *Bork*, Vinkulierte Namensaktien in Zwangsvollstreckung und Insolvenz des Aktionärs, Festschrift für W. Henckel, 1995, S. 23; *Heuer*, Der GmbH-Anteil in der Zwangsvollstreckung, ZIP 1998, 405; *R. Koch*, Vollstreckung durch Privatgläubiger eines Gesellschafters: Gesellschaftsvertraglicher Gestaltungsbedarf, DZWIR 2010, 441; *Mümmler*, Zwangsvollstreckung in das Gesellschaftsvermögen und in die Gesellschaftsanteile der Gesellschaft des bürgerlichen Rechts und der offenen Handelsgesellschaft, JurBüro 1982, 1607; *Röder*, Die Pfändung des GmbH-Geschäftsanteils und Hilfspfändung des GmbH-Anteilscheins im zivil- und verwaltungsrechtlichen Vollstreckungsverfahren, DGVZ 2007, 81; *Roth*, Pfändung und Verpfändung von Gesellschaftsanteilen, ZGR 2000, 187; *Schmidt, K.*, Der unveräußerliche Gesamthandsanteil – ein Vollstreckungsgegenstand?, JR 1977, 177; *Wertenbruch*, Die Haftung von Gesellschaften und Gesellschaftsanteilen in der Zwangsvollstreckung, 2000; *Weßling*, Zwangsvollstreckung in GmbH-Anteile, 2000; *Wössner*, Die Pfändung des Gesellschaftsanteils bei den Personengesellschaften, 2000.

I. Interessenlage und grundsätzliche Wertungen	1
II. Vollstreckungsgegenstände	2
1. BGB-Gesellschaft	3
2. Personenhandelsgesellschaften und Partnerschaftsgesellschaft	4
3. Kapitalgesellschaften	5
III. Grundlegende Unterschiede zwischen der Vollstreckung in Anteile an Personen- und Kapitalgesellschaften	6
1. BGB-Gesellschaft	7
2. Personenhandelsgesellschaften	8
3. Kapitalgesellschaften	9
IV. Die Pfändung von Gesellschaftsanteilen im Einzelnen	10
1. BGB-Gesellschaft	10
2. Personenhandelsgesellschaften	11
a) Vorbemerkung	11
b) Offene Handelsgesellschaft	12
aa) Pfändungsgegenstand und Verfahren	12
bb) Kündigungsrecht und -folgen	13
c) Kommanditgesellschaft	14
3. Europäische wirtschaftliche Interessenvereinigung	15
4. Partnerschaftsgesellschaft	16
5. Stille Gesellschaft	17
6. Gesellschaft mit beschränkter Haftung	18
a) Pfändung des Anteils	18
aa) Pfändbarkeit	18
bb) Pfändungsverfahren	19
cc) Umfang der Pfändung	20
dd) Auskunfts- und Einsichtsrechte	21
ee) Verwertung	22
b) Pfändung von Einzelansprüchen	23
7. Aktiengesellschaft	24
a) Vollstreckung in Anteilsrechte	24
b) Wandel- und Gewinnschuldverschreibungen	25
c) Gewinnanteil des Aktionärs	26
d) Bezugsrecht auf neue Aktien	27
8. Kommanditgesellschaft auf Aktien	28
9. Eingetragene Genossenschaft	29
a) Pfändungsgegenstand	29
b) Verfahren	30
c) Pfändung des auf einen Anteil entfallenden Teilguthabens	31
10. Verein	32
a) Rechtsfähiger Verein	32
b) Nicht rechtsfähiger Verein	33
V. Zwangsvollstreckung in Anteile an einer ausländischen Gesellschaft	34

I. Interessenlage und grundsätzliche Wertungen

1 Das Befriedigungsinteresse des Gläubigers und die Interessen der Mitgesellschafter des Schuldners stehen sich bei der Zwangsvollstreckung in Gesellschaftsanteile gegenüber. Der Gläubiger, der in einen Gesellschaftsanteil vollstreckt, greift in die Sphäre der Mitgesellschafter des Schuldners ein. Diese sind zwar von der Pfändung nicht unmittelbar betroffen, mögen aber eine Einflussnahme in die Belange der Gesellschaft durch einen Dritten als unzulässig, jedenfalls nicht wünschenswerten Eingriff empfinden.[1] Erst recht entspricht es nicht ihrem Interesse, die Gesellschaft mit einem unbekannten Dritten fortzuführen. Vor allem bei den Personengesellschaften nimmt die persönliche Verbundenheit der Gesellschafter einen hohen Stellenwert ein.[2] Ausdruck findet dieser Gedanke unter anderem darin, dass ein Gesellschafter über die Mitgliedschaft an einer Personengesellschaft nur mit Zustimmung der übrigen Gesellschafter verfügen kann.[3] Hingegen ist die Bindung der Gesellschafter einer Kapitalgesellschaft nach den gesetzlichen Vorschriften nicht so stark. Die Anteile an Kapitalgesellschaften sind grds. frei übertragbar (s. zB § 15 Abs. 1 GmbHG). Die Wertungen, die sich in diesen materiell-rechtlichen Grundaussagen widerspiegeln, führen auch zur unterschiedlichen Behandlung der Anteile in der Zwangsvollstreckung.

II. Vollstreckungsgegenstände

2 Als Vermögensgegenstände, in die ein Gläubiger vollstrecken kann, kommen das Gesellschaftsvermögen, der Anteil des Schuldners an der Gesellschaft und Einzelrechte des Gesellschafters in Betracht.

3 **1. BGB-Gesellschaft.** Der BGH hat im Jahre 2001 in einem Grundsatzurteil die Rechts- und Parteifähigkeit der Außengesellschaft bürgerlichen Rechts mit eigenem Gesamthandvermögen anerkannt.[4] Danach kann die BGB-Gesellschaft durch die Teilnahme am Rechtsverkehr eigene Rechte und Pflichten begründen. In das Gesellschaftsvermögen einer BGB-Gesellschaft kann vollstreckt werden, wenn ein Titel gegen alle Gesellschafter (§ 736 ZPO) oder gegen die Gesellschaft (s. dazu § 736 ZPO Rn 2 ff) vorliegt. Um in das Gesellschaftsvermögen zu vollstrecken, hat der Gläubiger mithin ein Wahlrecht, ob er einen Titel gegen die Gesellschaft oder gegen alle Gesellschafter erwirkt.[5] § 736 ZPO ist durch die Anerkennung der Rechts- und Parteifähigkeit der Außengesellschaft bürgerlichen Rechts nicht überflüssig geworden, sondern bestimmt, dass ein Titel gegen alle Gesellschafter zur Vollstreckung in das Gesellschaftsvermögen ausreicht.[6] Nicht möglich ist demnach die Vollstreckung in das Gesellschaftsvermögen durch Privatgläubiger, die lediglich über einen Titel gegen einen oder einzelne Gesellschafter verfügen. Über die Vorschrift des § 736 ZPO soll dies gerade verhindert werden.[7] Daraus ergibt sich die Relevanz einer Vollstreckung in das Vermögen des Gesellschafters und somit auch in den Anteil des Schuldners an einer Gesellschaft (zu Privatgläubigern, die zugleich Gesellschaftsgläubiger sind, s. § 859 ZPO

---

1 Zu dem Konflikt zwischen Gesellschaftsrecht und Zwangsvollstreckungsrecht *Heuer*, ZIP 1998, 405 ff; *Roth*, ZGR 2000, 187, 192.
2 *Heuer*, ZIP 1998, 405.
3 MüKo-BGB/*Schäfer*, § 719 Rn 21; Baumbach/Hopt/*Roth*, HGB, § 105 Rn 70. Allerdings ist die freie Übertragung der Mitgliedschaft möglich bei entspr. gesellschaftsvertraglicher Vereinbarung; *K. Schmidt*, GesR, § 45 III 2. Die dogmatische Einordnung der Übertragung der Mitgliedschaft und die Aussage des § 719 Abs. 1 BGB sind im Einzelnen umstritten; s. dazu MüKo-BGB/*Schäfer*, § 719 Rn 3 ff; grundlegend *Flume*, Personengesellschaft, § 17 I, II.
4 BGHZ 146, 1041 = NJW 2001, 1056.
5 Hk-ZPO/*Kindl*, § 736 Rn 1.
6 BGH NJW 2004, 3632, 3634; s. auch schon *K. Schmidt*, NJW 2001, 993, 1000.
7 BGHZ 146, 341, 353 = NJW 2001, 1056, 1059; ausf. *Wertenbruch*, S. 122 ff.

Rn 10). Privatgläubiger können ohne „direkten" Zugriff auf das Gesellschaftsvermögen immerhin auf den Anteil des Schuldners zugreifen. Schließlich ist auch eine Vollstreckung in Einzelansprüche des Gesellschafters, die übertragbar sind (§ 717 S. 2 BGB), möglich (§ 851 iVm § 857 Abs. 1 ZPO). Pfändbare Einzelansprüche sind etwa der Anspruch auf den Gewinn (§§ 721 f BGB), das (künftige) Auseinandersetzungsguthaben (§ 734 BGB) und die dem Gesellschafter aus seiner Geschäftsführung zustehenden Ansprüche (s. § 859 ZPO Rn 18).[8] Die Pfändung der Einzelansprüche setzt ebenfalls einen Titel gegen den Gesellschafter voraus.

2. Personenhandelsgesellschaften und Partnerschaftsgesellschaft. Zur Zwangsvollstreckung in das Gesellschaftsvermögen einer Personenhandelsgesellschaft bzw Partnerschaftsgesellschaft ist ein gegen die Gesellschaft gerichteter vollstreckbarer Schuldtitel erforderlich (OHG: § 124 Abs. 2 HGB; EWIV:[9] entspr. Anwendung der Vorschriften über die OHG, § 1 EWIV-AG; für die KG iVm § 161 Abs. 2 HGB; für die Partnerschaftsgesellschaft iVm § 7 Abs. 2 PartGG). Gegen die Gesellschafter bzw Partner findet aus diesem Titel die Zwangsvollstreckung nicht statt (OHG: § 129 Abs. 4 HGB; für die KG iVm § 161 Abs. 2 HGB; für die Partnerschaftsgesellschaft iVm § 8 Abs. 1 S. 2 PartGG). Eine Titelumschreibung gegen die haftenden Gesellschafter (§ 128 HGB) oder Partner (§ 8 Abs. 1 und 2 PartGG) kann nicht erfolgen.[10] Vielmehr ist für die Vollstreckung in den Anteil ein Titel gegen den einzelnen Gesellschafter notwendig. Der Privatgläubiger kann sodann in das Vermögen des Schuldners vollstrecken und dementsprechend auch in den Gesellschaftsanteil. Darüber hinaus kommt eine Vollstreckung in Einzelrechte in Betracht; insoweit kann auf die Ausführungen zur BGB-Gesellschaft verwiesen werden (s. Rn 4 sowie § 859 ZPO Rn 18 entspr.).

3. Kapitalgesellschaften. Auch bei den Kapitalgesellschaften ist zu differenzieren. Für die Verbindlichkeiten der Gesellschaft haftet den Gläubigern nur das Gesellschaftsvermögen (§ 13 Abs. 2 GmbHG; § 1 S. 2 AktG).[11] Aus einem Titel gegen die Gesellschaft kann nur gegen die juristische Person vorgegangen werden. Für eine Vollstreckung in den Anteil eines Gesellschafters ist ein Titel gegen diesen notwendig. Gläubiger, die (lediglich) einen Anspruch gegen einen Anteilseigner haben, müssen sich einen Titel gegen diesen verschaffen. Sie können dann im Rahmen der Zwangsvollstreckung auf den Gesellschaftsanteil zugreifen. Ebenfalls ist eine Vollstreckung in Einzelrechte möglich (s. Rn 23).

III. Grundlegende Unterschiede zwischen der Vollstreckung in Anteile an Personen- und Kapitalgesellschaften

Sowohl die Anteile an den Personen- als auch den Kapitalgesellschaften sind grds. pfändbar. Unterschiede ergeben sich vor allem in den Wirkungen der Pfändung und den Verwertungsmöglichkeiten.[12] Der Gesetzgeber hat jeweils verschie-

---

8 *Roth*, ZGR 2000, 187, 199; zu den Vorteilen einer Pfändung des Anteils MüKo-BGB/*Schäfer*, § 717 Rn 43, § 725 Rn 6 und 14; *K. Schmidt*, GesR, § 45 IV 1.
9 VO (EWG) Nr. 2137/85 des Rates vom 25.7.1985 über die Schaffung einer Europäischen wirtschaftlichen Interessenvereinigung (EWIV), ABl. EG L Nr. 199 vom 31.7.1985, S. 1; Gesetz zur Ausführung der EWG-Verordnung über die Europäische wirtschaftliche Interessenvereinigung (EWIV-Ausführungsgesetz) vom 14.4.1988, BGBl. I S. 514.
10 OLG Hamm NJW 1979, 51 ff; Baumbach/Hopt/*Roth*, HGB, § 129 Rn 15; *Stöber*, Forderungspfändung, Rn 1582.
11 Zur Haftung der Gesellschafter bei der GmbH s. Scholz/*Emmerich*, GmbHG, 10. Aufl. 2006, § 13 Rn 55 ff und (zum Haftungsdurchgriff) insb. Rn 76 ff; zur Haftung der Gesellschafter bei der AG s. Hüffer/*J. Koch*, AktG, 11. Aufl. 2014, § 1 Rn 8 f und 15 ff.
12 *Roth*, ZGR 2000, 187, 188 f.

dene Regelungsmodelle als gerechten Ausgleich zwischen den Interessen des Vollstreckungsgläubigers und der Mitgesellschafter erachtet.

7 **1. BGB-Gesellschaft.** Der Pfändungsgläubiger wird bei der BGB-Gesellschaft grds. nicht Gesellschafter. Da der Pfändungsgläubiger sich nicht unmittelbar aus dem gepfändeten Anteil befriedigen kann, sieht das Gesetz die Kündigungsmöglichkeit des § 725 Abs. 1 BGB vor. Die Kündigung der Gesellschaft nach § 725 Abs. 1 BGB führt zur Auflösung der Gesellschaft und damit zur Auseinandersetzung nach §§ 730 ff BGB. Ist im Gesellschaftsvertrag eine Fortsetzung unter den übrigen Gesellschaftern vereinbart (§ 736 Abs. 1 BGB), erfolgt durch die Kündigung keine Auflösung, sondern die partielle Auseinandersetzung nach § 738 BGB. Die Kündigung ist somit eine Vorstufe zum Zugriff auf das Auseinandersetzungsguthaben.[13] Ohne Kündigung kann der Pfändungsgläubiger lediglich den Gewinnanteil des Schuldners verlangen (§ 725 Abs. 2 BGB). Ein Dritter kann ausnahmsweise Gesellschafter werden, wenn die Veräußerung des Anteils an der Gesellschaft nach dem Gesellschaftsvertrag ohne Zustimmung der übrigen Gesellschafter möglich ist und das Gericht die Veräußerung des Anteils anordnet (§ 857 Abs. 5 ZPO).

8 **2. Personenhandelsgesellschaften.** Bei den Personenhandelsgesellschaften soll die Vollstreckung in den Anteil gleichfalls nicht dazu führen, dass ein Dritter Gesellschafter wird. Die Kündigung (§ 135 HGB; zur Anwendbarkeit bei den unterschiedlichen Gesellschaften s. Rn 13 ff) führt nach der gesetzlichen Regel zum Ausscheiden des Schuldners aus der Gesellschaft (§ 131 Abs. 3 S. 1 Nr. 3 HGB), so dass die Gesellschaft unter den übrigen Gesellschaftern fortgesetzt wird. Es erfolgt die partielle Auseinandersetzung nach § 738 BGB. Abweichende vertragliche Regelungen können vorsehen, dass durch die Kündigung die Gesellschaft aufgelöst wird. In diesem Fall hat die Kündigung durch den Gesellschaftsgläubiger die Auseinandersetzung nach §§ 730 ff BGB zur Folge. Ein Eintreten eines Dritten in die Gesellschaft ist auch bei den Personenhandelsgesellschaften nur möglich, wenn die Veräußerung des Anteils angeordnet werden kann (§ 857 Abs. 5 ZPO), etwa weil gesellschaftsvertraglich die freie Übertragbarkeit vereinbart ist.

9 **3. Kapitalgesellschaften.** Anders ist die Rechtslage bei den Kapitalgesellschaften. Bei der GmbH erfolgt die Verwertung durch freihändigen Verkauf oder im Wege der Versteigerung. Dies gilt auch dann, wenn die Geschäftsanteile vinkuliert sind (s. im Einzelnen Rn 22). Somit kann ein unbekannter Dritter Gesellschafter werden. Gleiches gilt für die AG, denn die Aktien werden als Wertpapiere gem. § 821 ZPO verwertet (s. § 821 ZPO Rn 4).

IV. Die Pfändung von Gesellschaftsanteilen im Einzelnen

10 **1. BGB-Gesellschaft.** Zur Pfändung von Anteilen an einer BGB-Gesellschaft s. § 859 ZPO Rn 3 ff (mit Hinweisen zur Formulierung des Antrags).[14]

11 **2. Personenhandelsgesellschaften. a) Vorbemerkung.** Bezüglich der Vollstreckung in Anteile an Personenhandelsgesellschaften kann im Wesentlichen auf die Ausführungen zur Vollstreckung in Anteile am Gesellschaftsvermögen einer BGB-Gesellschaft verwiesen werden (s. § 859 ZPO Rn 3 ff). Im Folgenden wird daher vor allem auf die Unterschiede hingewiesen. Die Formulierungen zur Stellung des Antrags zur BGB-Gesellschaft (s. § 859 ZPO Rn 4, 18) können auf die

---

13 Hk-BGB/*Saenger*, § 725 Rn 2.
14 Zu den Auswirkungen gesellschaftsvertraglicher Regelungen auf die Vollstreckung durch Privatgläubiger s. *R. Koch*, DZWiR 2010, 441 ff; zur Satzungsgestaltung im Hinblick auf das Risiko der Insolvenz eines Gesellschafters s. *Heckschen*, NZG 2010, 521 ff sowie *Geißler*, GmbHR 2012, 370 ff.

OHG und KG weitgehend übertragen werden. Ein Unterschied besteht allerdings darin, dass die Bezeichnung der Firma der Gesellschaft ausreicht. Schließlich kann es ratsam sein, auch die Pfändung des Auseinandersetzungsguthabens neben dem Gesellschaftsanteil ausdrücklich zu erwähnen (s. Rn 12).

b) Offene Handelsgesellschaft. aa) Pfändungsgegenstand und Verfahren. Der Anteil an dem Gesellschaftsvermögen einer OHG unterliegt wie der Anteil an einer BGB-Gesellschaft der Pfändung nach § 859 Abs. 1 S. 1 ZPO (zur dogmatischen Einordnung s. § 859 ZPO Rn 3). Die Vollstreckung erfolgt gem. § 857 Abs. 1 iVm § 829 ZPO. Aufgrund des Wortlauts des § 135 HGB (Pfändung *des Auseinandersetzungsguthabens*) wird geraten, neben der Pfändung des Anteils (§ 859 ZPO) auch die Pfändung desjenigen zu erwirken, das dem Gesellschafter bei der Auseinandersetzung zukommt (§ 717 S. 2 BGB).[15] Dies ist zwar unschädlich, jedoch nicht notwendig, da die Pfändung des Anteils das Auseinandersetzungsguthaben ohnehin erfasst.[16] Die Zustellung des Pfändungsbeschlusses erfolgt an die OHG als Drittschuldner.[17] Wie bei der BGB-Gesellschaft ist damit die Zustellung an einen geschäftsführenden Gesellschafter ausreichend (§ 170 Abs. 3 ZPO entspr.).[18]

bb) Kündigungsrecht und -folgen. Die Kündigung durch den Privatgläubiger, dh denjenigen, der nicht zugleich Gesellschaftsgläubiger ist (in § 135 HGB ist die Kündigung nur durch den *Privat*gläubiger ausdrücklich erwähnt;[19] zu den unterschiedlichen Auffassungen bei der BGB-Gesellschaft s. § 859 ZPO Rn 10), setzt anders als bei der BGB-Gesellschaft nicht nur die Pfändung des Gesellschaftsanteils (§ 829 ZPO; zur Rechtslage bei der BGB-Gesellschaft s. § 859 ZPO Rn 10), sondern auch die Überweisung zur Einziehung voraus (§ 835 Abs. 1 Alt. 1 ZPO, § 135 HGB). Darüber hinaus muss innerhalb der letzten sechs Monate eine Zwangsvollstreckung in das bewegliche Vermögen des Gesellschafters ohne Erfolg, dh ohne vollständige Befriedigung, versucht worden sein (§ 135 HGB). Weitere Vollstreckungsversuche, insb. in das unbewegliche Vermögen, müssen nicht abgewartet werden.[20] Die Kündigung ist sechs Monate vor dem Ende des Geschäftsjahrs für diesen Zeitpunkt möglich. Wie bei der BGB-Gesellschaft muss die Kündigung gegenüber allen Gesellschaftern erklärt werden, sofern nicht der Gesellschaftsvertrag abweichende Regelungen vorsieht (im Einzelnen s. § 859 ZPO Rn 12). Die Kündigung führt nach dem gesetzlich vorgesehenen Regelfall anders als bei der BGB-Gesellschaft zum Ausscheiden des Gesellschafters, dessen Anteil gepfändet wurde (§ 131 Abs. 3 S. 1 Nr. 4 HGB); abweichende vertragliche Regelungen können zur Auflösung der Gesellschaft führen.[21]

c) Kommanditgesellschaft. Die Vollstreckung in den Anteil an einer KG (auch GmbH & Co. KG) erfolgt wie die Vollstreckung in einen OHG-Anteil, denn die Vorschriften finden insoweit Anwendung (§ 161 Abs. 2 HGB). Gepfändet werden kann der Anteil eines Komplementärs oder eines Kommanditisten. Die KG ist Drittschuldner, wobei jedoch die Zustellung an mindestens einen Komplementär erfolgen muss. Die Zustellung an einen Kommanditisten reicht wegen der Regelung des § 170 HGB (keine Vertretungsbefugnis des Kommanditisten) nicht

---

15 Stein/Jonas/*Brehm*, § 859 Rn 12; *Roth*, ZGR 2000, 187, 205 f.
16 *Stöber*, Forderungspfändung, Rn 1583; *Roth*, ZGR 2000, 187, 205; *Mümmler*, JurBüro 1982, 1607, 1615.
17 BGHZ 97, 392, 396; K. *Schmidt*, JR 1977, 177, 178 f; nach Zöller/*Stöber*, § 859 Rn 7 sind die Mitgesellschafter Drittschuldner, wobei jedoch die Zustellung an die Gesellschaft erfolgen soll.
18 K. *Schmidt*, JR 1977, 177, 178 f; *Roth*, ZGR 2000, 187, 206.
19 S. dazu *Stöber*, Forderungspfändung, Rn 1591.
20 BGH NJW-RR 2009, 1698, 1699 = NZG 2009, 1106.
21 *Stöber*, Forderungspfändung, Rn 1593 a; dazu im Einzelnen *Roth*, ZGR 2000, 187, 208.

aus.[22] Die Kündigung muss auch den Kommanditisten gegenüber erklärt werden (gilt ebenfalls bei einer Publikums-KG).[23]

15 **3. Europäische wirtschaftliche Interessenvereinigung.** Die EWIV ist eine supranationale Rechtsform, die als Handelsgesellschaft iSd HGB gilt und der Rechtsform der OHG angenähert ist (§ 1 EWIV-AG).[24] Der Anteil an einer EWIV ist wie derjenige an einer OHG pfändbar.[25] Drittschuldner ist die Gesamthand;[26] die Zustellung des Pfändungsbeschlusses an einen bestellten Geschäftsführer (Art. 19, 20 EWG-VO) ist ausreichend. Wie bei der OHG führt die Kündigung (§ 135 HGB iVm § 1 EWIV-AG) durch den Pfändungsgläubiger zum Ausscheiden desjenigen Gesellschafters, dessen Anteil gepfändet wurde.[27] Die Auflösung der Gesellschaft findet aufgrund der Kündigung nicht statt. Das Auseinandersetzungsguthaben des Schuldners ist von der Pfändung erfasst.[28]

16 **4. Partnerschaftsgesellschaft.** In einer Partnerschaft schließen sich Angehörige Freier Berufe zur Ausübung ihrer Berufe zusammen (§ 1 Abs. 1 S. 1 PartGG).[29] Es handelt sich um eine rechtsfähige Personengesellschaft, die kein Handelsgewerbe ausübt, mit Gesamthandeigentum. Auf die Partnerschaft finden im Wesentlichen die Vorschriften des BGB über die Gesellschaft Anwendung (§ 1 Abs. 4 PartGG), darüber hinaus einige Vorschriften aus dem Recht der OHG (§§ 105 ff HGB). Die Pfändung des Anteils an einer Partnerschaftsgesellschaft erfolgt wie bei einer OHG, dh gem. §§ 859 Abs. 1 S. 1, 857 Abs. 1, 829 ZPO; die Einziehung gem. § 835 ZPO. Drittschuldner ist auch hier die Gesamthand, wobei die Zustellung an einen geschäftsführenden Partner ausreicht. Der Gläubiger kann die Gesellschaft gem. § 135 HGB iVm § 9 Abs. 1 PartGG kündigen (s. Rn 13). Dies führt nicht zur Auflösung der Gesellschaft, sondern nur zum Ausscheiden desjenigen Partners, dessen Anteil gepfändet wurde.[30] Formulierung des Antrags:

▶ Gepfändet wird der angebliche Anteil des Schuldners als Partner an dem Vermögen der ... (Name der Partnerschaft) Partnerschaft

– als Gesamthand Drittschuldnerin –

samt des Anspruchs auf Auszahlung des Auseinandersetzungsguthabens sowie der Anspruch des Schuldners gegen diese Drittschuldnerin auf Zahlung des aus der Geschäftsführung entstandenen und zukünftig entstehenden Entgelts. ◀

17 **5. Stille Gesellschaft.** Eine stille Gesellschaft (§ 230 HGB) entsteht, wenn sich jemand an dem Handelsgewerbe, das ein anderer betreibt, mit einer Vermögenseinlage beteiligt. Vermögensinhaber ist dabei der Inhaber des Handelsgeschäfts, nicht jedoch der stille Gesellschafter, der keine „dingliche" Beteiligung hat.[31] In das „Gesellschaftsvermögen"[32] kann daher nur vollstreckt werden, wenn ein Titel gegen den Inhaber vorliegt. Der stille Gesellschafter hat keinen pfändbaren Anteil an dem Vermögen, so dass dessen Gläubiger lediglich die Gewinnansprü-

---

22 *Zöller/Stöber*, § 859 Rn 10; *Roth*, ZGR 2000, 187, 206.
23 *Gottwald*, § 859 Rn 14; Schuschke/Walker/*Walker*, § 859 Rn 14.
24 Zu der hilfsweisen Geltung des OHG-Rechts s. MüKo-HGB/*K. Schmidt*, § 105 Rn 273.
25 Schuschke/Walker/*Walker*, § 859 Rn 12; *Stöber*, Forderungspfändung, Rn 1597.
26 Musielak/*Becker*, § 859 Rn 12; aA Zöller/*Stöber*, § 859 Rn 9 b (Drittschuldner sind die übrigen Gesellschafter).
27 Baumbach/Hopt/*Roth*, HGB, Anh. § 160 Rn 49; Schuschke/Walker/*Walker*, § 859 Rn 12.
28 Stein/Jonas/*Brehm*, § 859 Rn 17; *Stöber*, Forderungspfändung, Rn 1597.
29 Ausf. *K. Schmidt*, NJW 1995, 1 ff.
30 Zöller/*Stöber*, § 859 Rn 9 a; Schuschke/Walker/*Walker*, § 859 Rn 13.
31 MüKo-HGB/*K. Schmidt*, § 230 Rn 7.
32 Zu der Auffassung, dass kein der stillen Gesellschaft „dinglich" zugewiesenes Gesellschaftsvermögen besteht, s. MüKo-HGB/*K. Schmidt*, § 230 Rn 9.

che und den Anspruch auf das künftige Auseinandersetzungsguthaben pfänden können.[33] Die Pfändung dieser Ansprüche erfolgt nach § 829 ZPO. Der Inhaber des Handelsgeschäfts muss als Drittschuldner über die Höhe der Gewinnansprüche Auskunft erteilen.[34] Die Kündigung der Gesellschaft, die Voraussetzung für die Befriedigung aus dem Auseinandersetzungsguthaben ist,[35] richtet sich nach §§ 234 Abs. 1 S. 1, 135 HGB. Zur BGB-Innengesellschaft s. § 859 ZPO Rn 20.

6. Gesellschaft mit beschränkter Haftung. a) Pfändung des Anteils. aa) Pfändbarkeit. Für die Vollstreckung in Anteile an einer GmbH sieht die ZPO keine besonderen Regelungen vor. Geschäftsanteile (§ 14 GmbHG) sind von Gesetzes wegen frei veräußerlich und vererblich (§ 15 Abs. 1 GmbHG). Sie stellen somit „andere Vermögensrechte" dar und unterliegen der Pfändung gem. §§ 857 Abs. 1, 829 ZPO.[36] Dies gilt auch bei der Einpersonen-GmbH[37] und der Vor-GmbH[38] sowie dann, wenn die Übertragungsmöglichkeit des GmbH-Anteils satzungsmäßig an die Zustimmung der GmbH gebunden ist (s. § 15 Abs. 5 GmbHG), arg. e § 851 Abs. 2 ZPO.[39] Mehrere Geschäftsanteile behalten ihre Selbständigkeit (§ 15 Abs. 2 GmbHG) und sind dementsprechend selbständig pfändbar. Sollen alle Geschäftsanteile eines Schuldners gepfändet werden, muss der gerichtliche Beschluss diesbezüglich hinreichend bestimmt sein.[40] Ausgegebene Anteilsscheine können nicht selbständig, sondern nur im Wege der Hilfspfändung gepfändet werden.[41] Formulierung des Antrags:

▶ Gepfändet wird der angebliche Geschäftsanteil/werden die angeblichen Geschäftsanteile des Schuldners an der ... (Firma der GmbH) GmbH

– Drittschuldnerin –

samt der bestehenden und zukünftig entstehenden Ansprüche gegen diese Drittschuldnerin auf Auszahlung des Gewinns, auf Dienstleistungsvergütung und auf Aufwendungsersatz.[42] ◀

bb) Pfändungsverfahren. Der Pfändungsbeschluss ist an die GmbH als Drittschuldnerin gem. § 829 ZPO zuzustellen, und zwar auch dann, wenn der Schuldner alle Geschäftsanteile hält.[43] Der Pfändungsgläubiger wird nicht Gesellschaf-

---

33 *Stöber*, Forderungspfändung, Rn 1599.
34 Stein/Jonas/*Brehm*, § 859 Rn 18; *Stöber*, Forderungspfändung, Rn 1599.
35 Musielak/*Becker*, § 859 Rn 10; Schuschke/Walker/*Walker*, § 859 Rn 15.
36 Ausf. *Weßling*, S. 19 ff.
37 Musielak/*Becker*, § 859 Rn 13; Zöller/*Stöber*, § 859 Rn 13.
38 BGH GmbHR 1998, 633; BGHZ 91, 151 = NJW 1984, 2164; *Stöber*, Forderungspfändung, Rn 1629; nicht hingegen bei der Vorgründungs-GmbH, denn es handelt sich idR um eine GbR, so dass sich die Pfändbarkeit nach § 859 ZPO richtet; Stein/Jonas/*Brehm*, § 859 Rn 28.
39 BGHZ 32, 151, 155 f = NJW 1960, 1053 f; Baumbach/Hueck/*Fastrich*, GmbHG, § 15 Rn 61; MüKo-ZPO/*Smid*, § 859 Rn 28.
40 *Gottwald*, § 857 Rn 23; Schuschke/Walker/*Walker*, § 857 Rn 39; nach *Stöber*, Forderungspfändung, Rn 1614 ist der Pfändungsbeschluss im Zweifel so auszulegen, dass alle Geschäftsanteile gepfändet werden.
41 MüKo-ZPO/*Smid*, § 859 Rn 29; Stein/Jonas/*Brehm*, § 859 Rn 20.
42 Die Ansprüche auf Gewinn, Dienstleistungsvergütung und Aufwendungsersatz sind nach zustimmungswürdiger Ansicht von der Pfändung des Anteils erfasst; aufgrund der Unsicherheiten in der Praxis ist ihre Erwähnung allerdings zu empfehlen.
43 Heute hM: BGHZ 49, 197, 204 f; Musielak/*Becker*, § 859 Rn 14; Baumbach/*Hartmann*, Anh. § 859 ZPO Rn 4; Baumbach/Hueck/*Fastrich*, GmbHG, § 15 Rn 60; Stein/Jonas/*Brehm*, § 859 Rn 20; *Stöber*, Forderungspfändung, Rn 1613; *Roth*, ZGR 2000, 187, 213; aA (Pfändung als drittschuldnerloses Recht nach § 857 Abs. 2 ZPO) noch: RGZ 57, 414, 415 (für Verpfändung); OLG Köln OLGZ 13, 206; *Noack*, MDR 1970, 891.

ter, die Gesellschafterstellung verbleibt bei dem Schuldner.[44] Trotz Pfändung kann der Schuldner weiter das Stimmrecht ausüben und über seinen Anteil verfügen.[45] Die Zustimmung zur Einziehung des gepfändeten Anteils (§ 34 Abs. 1 GmbHG) kann der Schuldner nicht gegen den Willen des Gläubigers erteilen.[46] Eine gesellschaftsvertragliche Regelung, die bei Pfändung die Einziehung des Geschäftsanteils ohne Zustimmung des Anteilsberechtigten vorsieht (§ 34 Abs. 2 GmbHG), ist gegenüber dem Gläubiger wirksam, wenn sie gegen gleichwertiges Entgelt erfolgt.[47] Somit muss eine angemessene Abfindungszahlung an den Gesellschafter durch die Gesellschaft vereinbart sein. Unter dieser Voraussetzung wirkt das Einziehungsrecht auch gegen den pfändenden Gläubiger, denn der Geschäftsanteil beinhaltet diese Belastung. Die Einziehung ist grds. auch wirksam, wenn der Pfandgläubiger zugleich Mehrheitsgesellschafter ist, weil auch in dieser Konstellation über die Verwertung nach § 857 Abs. 5 ZPO die Gefahr besteht, dass ein Gesellschaftsfremder den Geschäftsanteil erwirbt.[48] Die Pfändung des Anteils sichert dem Gläubiger den Anspruch auf das Einziehungsentgelt, denn das Pfandrecht setzt sich an dem Abfindungsentgelt fort.[49] Aus diesem Grund kann eine Anteilspfändung gerade auch dann sinnvoll sein, wenn sie zur Einziehung des Geschäftsanteils gegen ein Entgelt führt. Eine Bestimmung, die bei Pfändung die Einziehung des Geschäftsanteils ohne gleichwertiges Entgelt (unter Verkehrswert) erlaubt, ist nichtig.[50] Wird die Abfindung allerdings nicht nur für den Fall der Pfändung, sondern generell auf den Buchwert begrenzt, ist die Regelung wirksam.[51] Zu beachten ist allerdings zusätzlich, dass die Abfindung aus dem über den Betrag des Stammkapitals hinausgehenden Gesellschaftsvermögen geleistet werden muss (§§ 34 Abs. 3, 30 Abs. 1 GmbHG). Bei anfänglichem Verstoß gegen § 30 Abs. 1 GmbHG ist der Einziehungsbeschluss ansonsten nichtig (§ 241 Abs. 1 Nr. 3 AktG analog).[52] Gleichfalls ist dann die Ausschließung nichtig, wenn insoweit ein untrennbarer Zusammenhang zur Einziehung besteht.[53] Enthält der Gesellschaftsvertrag insoweit keine Sonderregelung, erfolgt das Ausscheiden des Gesellschafters bereits mit Beschlussfassung und Zustellung des Be-

---

44 *Heuer*, ZIP 1998, 405, 408.
45 *Gottwald*, § 857 Rn 24; Musielak/*Becker*, § 859 Rn 14; aA (Verfügung und Stimmrechtsausübung nur mit Zustimmung des Gläubigers) *Heuer*, ZIP 1998, 405, 408. Nach Schuschke/Walker/*Walker*, § 857 Rn 40 darf das Stimmrecht nicht zum Nachteil des Gläubigers ausgeübt werden.
46 Stein/Jonas/*Brehm*, § 859 Rn 24.
47 BGHZ 65, 22, 24 f = NJW 1975, 1835; Baumbach/Hueck/*Fastrich*, GmbHG, § 15 Rn 61; Musielak/*Becker*, § 859 Rn 13; Zöller/*Stöber*, § 859 Rn 13.
48 OLG Hamm GmbHR 2009, 1161, 1163 (ggf bestehen allerdings Einschränkungen, wenn eine Vollstreckung wahrscheinlich erfolglos bleiben würde); Roth/Altmeppen/*Altmeppen*, § 34 Rn 42; *Römermann*, NZG 2010, 96, 97.
49 *Stöber*, Forderungspfändung, Rn 1616.
50 BGHZ 144, 365, 366 ff = NJW 2000, 2820; BGHZ 32, 151, 158 = NJW 1960, 1053, 1054.
51 BGH ZIP 2002, 258, 259; Musielak/*Becker*, § 859 Rn 13; im Einzelnen Stein/Jonas/ *Brehm*, § 859 Rn 24.
52 BGHZ 192, 236, 238 f = NZG 2012, 259; NJW 2011, 2294, 2295; NJW-RR 2009, 464 f = NZG 2009, 221 f = ZIP 2009, 314 f; BGHZ 144, 365, 369 f = NJW 2009, 2819, 2820; Ulmer/Habersack/Winter/*Ulmer*, GmbHG, 2006, § 34 Rn 62; Baumbach/ Hueck/*Fastrich*, § 34 Rn 40; mit Hinweisen auf Gestaltungsmöglichkeiten der Gesellschafter: *Grunewald*, GmbHR 2012, 769, 771; aA OLG Celle GmbHR 1998, 140, 141; Roth/Altmeppen/*Altmeppen*, § 34 Rn 22.
53 BGH NJW 2011, 2294, 2295.

schlusses an ihn.[54] Die verbleibenden Gesellschafter müssen Maßnahmen treffen, um trotz der Vernichtung des einzuziehenden Anteils die Konvergenz zwischen der Höhe des Stammkapitals und der Nennbetragssumme der verbleibenden Geschäftsanteile herzustellen (§ 5 Abs. 3 S. 2 GmbHG).[55] Ansonsten droht die Nichtigkeit des Einziehungsbeschlusses nach § 134 BGB.[56]

Insgesamt ist zu konstatieren, dass der Inhalt des Gesellschaftsvertrages die Pfändungsfolgen maßgeblich beeinflussen kann. Aus der Perspektive der Gesellschafter sind daher schon bei der Aufnahme von Bestimmungen in den Gesellschaftsvertrag die Folgen im Falle einer Pfändung zu bedenken. Für den Gläubiger ist der Satzungsinhalt relevant, weil sich darüber entscheidet, ob die Pfändung wirtschaftlich erfolgversprechend ist.

cc) **Umfang der Pfändung.** Die Pfändung umfasst die vermögensrechtlichen Ansprüche aus dem Gesellschaftsverhältnis. Umstritten ist lediglich, ob die Pfändung des Anteils automatisch auch den Anspruch auf den Gewinn erfasst (§ 29 GmbHG).[57] Richtigerweise wird man dies annehmen müssen, denn der Anspruch auf den Gewinn entspringt gerade dem gepfändeten Anteil.[58] Die Gegenansicht betont, dass die Vermutung des § 1213 Abs. 2 BGB, wonach der Pfandgläubiger zur Fruchtziehung berechtigt ist, gem. § 1273 Abs. 2 S. 2 BGB nicht auf das Pfandrecht an Rechten anwendbar sei. Aufgrund der bestehenden Unsicherheit ist für die Praxis zu empfehlen, vorsorglich den Anspruch auf den Gewinn ausdrücklich mitzupfänden.[59] Gleiches gilt für die Ansprüche auf Dienstleistungsvergütung und Aufwendungsersatz.[60] Von der Pfändung erfasst sind die Surrogate des Anteils, wie der Anspruch auf das Abfindungs- oder Auseinandersetzungsguthaben.[61] Die Nichtvermögensrechte, wie zB das Stimmrecht, sind von der Pfändung nicht betroffen.[62] Die wirtschaftliche Bedeutung der Pfändung des Gesellschaftsanteils, obwohl eine Gesellschafterstellung nicht erlangt wird, ergibt sich somit daraus, dass sie die vermögensrechtlichen Ansprüche aus dem Gesellschaftsverhältnis umfasst.

dd) **Auskunfts- und Einsichtsrechte.** Der Gläubiger ist, um seine Rechte auszuüben, auf bestimmte Informationen angewiesen. Daher kann er von dem Schuld-

---

54 BGHZ 192, 236, 239 = NZG 2012, 259 f; *Grunewald*, GmbHR 2012, 769, 770; *Schockenhoff*, NZG 2012, 449, 450 f. Bei nachträglichem Verstoß gegen § 30 Abs. 1 GmbHG nimmt der BGH nunmehr die (sofortige) Wirksamkeit des Einziehungsbeschlusses sowie eine anteilige Haftung der Gesellschafter an, die den Beschluss gefasst haben; BGHZ 192, 236, 240 ff = NZG 2012, 259, 260; dazu *Priester*, ZIP 2012, 658 ff.
55 Zu den Möglichkeiten, um dem Gebot des § 5 Abs. 3 S. 2 GmbHG gerecht zu werden, s. MüKo-GmbHG/*Strohn*, § 34 Rn 67 ff; *Haberstroh*, NZG 2010, 1094, 1095 f.
56 So OLG München 15.11.2011 – 7 U 2413/11, nv; LG Essen NZG 2010, 867 ff; tendenziell anders OLG Saarbrücken NZG 2012, 180 f (Revision wurde nicht zugelassen; Nichtzulassungsbeschwerde beim BGH anhängig unter Az II ZR 6/12); zur Diskussion *Ulmer*, DB 2010, 321 ff; *Römermann*, NZG 2010, 96, 99; *Wanner-Laufer*, NJW 2010, 1499, 1501 ff.
57 Dafür: *Roth*, ZGR 2000, 187, 213; dagegen: Baumbach/Hueck/*Fastrich*, GmbHG, § 15 Rn 62; *Gottwald*, § 857 Rn 24.
58 Schuschke/Walker/*Walker*, § 857 Rn 40.
59 Musielak/*Becker*, § 859 Rn 16; Schuschke/Walker/*Walker*, § 857 Rn 40; Stein/Jonas/*Brehm*, § 859 Rn 20; Wieczorek/Schütze/*Lüke*, § 857 Rn 42; Baur/Stürner/Bruns, Zwangsvollstreckungsrecht, Rn 32.10; *Stöber*, Forderungspfändung, Rn 1621; *Roth*, ZGR 2000, 187, 213.
60 Musielak/*Becker*, § 859 Rn 16; Stein/Jonas/*Brehm*, § 859 Rn 20; *Stöber*, Forderungspfändung, Rn 1621.
61 BGH BB 1972, 10, 11; *Roth*, ZGR 2000, 187, 213.
62 Zur Zulässigkeit gesellschaftsrechtlicher Strukturmaßnahmen nach Pfändung von Gesellschaftsanteilen *Rieder/Ziegler*, ZIP 2004, 481, 483 ff.

ner Auskunft nach § 836 Abs. 3 ZPO verlangen. Die Vorschrift ist auf die Vollstreckung in Gesellschaftsanteile anzuwenden.[63] Der Auskunftsanspruch umfasst auch Tatsachen, die erst nach der Pfändung eingetreten sind.[64] Er kann nach §§ 802 ff ZPO vollstreckt werden. Die Vollstreckung der Urkundenherausgabe erfolgt nach §§ 883, 886 ZPO.[65] Nach der Rspr des BGH kommt eine Pfändung der Informationsrechte des § 51 a GmbHG weder automatisch noch gesondert in Betracht, da diese untrennbarer Ausfluss der Gesellschafterstellung seien.[66] Entgegen der Rspr sollte der Gläubiger jedoch im Wege der Hilfspfändung auf das durch die Geschäftsführer zu erfüllende Informationsrecht des Schuldners gegen die GmbH aus § 51 a Abs. 1 GmbHG zugreifen können.[67] Dies gilt auch, wenn man dieses Recht als nicht übertragbar ansieht (arg. e § 857 Abs. 3 ZPO).[68] Das Interesse der Gesellschaft wird durch § 51 a Abs. 2 GmbHG gewahrt. Der Zugriff auf das Informationsrecht ist für den Pfandgläubiger vor allem deshalb von Bedeutung, weil die Drittschuldnererklärung der GmbH nach § 840 ZPO inhaltlich nur eine Auskunft darüber bedeuten würde, ob der Anteil besteht. Darüber hinaus ist im Übrigen auch fraglich, ob § 840 ZPO auf die Pfändung des Anteils überhaupt anwendbar ist.[69]

22 **ee) Verwertung.** Die Verwertung erfolgt durch Veräußerung nach §§ 844, 857 Abs. 5 ZPO, dh durch freihändigen Verkauf oder (idR) im Wege der Versteigerung.[70] Bei einem freihändigen Verkauf ist die Form des § 15 Abs. 3 GmbHG (notarielle Beurkundung) zu wahren, bei der Versteigerung gilt die Vorschrift nicht.[71] Eine Beschränkung der Übertragungsmöglichkeit in der Satzung hindert die Veräußerung nicht,[72] ebenfalls nicht die Einziehung aufgrund Satzungsänderung nach Pfändung. Ein gesellschaftsvertraglich vorgesehenes Genehmigungserfordernis (§ 15 Abs. 5 GmbHG) entfaltet keine Wirkung.[73] Die Überweisung zur Einziehung ist grds. nicht zulässig, denn eine § 725 BGB, § 135 HGB vergleichbare Kündigungsmöglichkeit besteht nicht. Wurde im Gesellschaftsvertrag die Kündigung als Auflösungsgrund festgesetzt (§ 60 Abs. 2 GmbHG), ist die Überweisung zur Einziehung allerdings zulässig.[74] Da regelmäßig die Veräußerung eine angemessene Verwertung sicherstellt, kommt die Einziehung aber praktisch nur in Frage, wenn die Veräußerung des Anteils ausscheidet.[75] Überwiesen werden dann lediglich die Einzelansprüche, die von der Pfändung erfasst sind (Anspruch auf das Auseinandersetzungsguthaben und den Gewinnanteil; s. Rn 20).[76] Eine Überweisung an Zahlungs statt kommt wegen eines fehlenden objektiven Nennwerts nicht in Betracht.

---

63 Weßling, S. 116.
64 Zöller/Stöber, § 836 Rn 10.
65 Musielak/Becker, § 836 Rn 7 f; Roth, ZGR 2000, 187, 213.
66 BGHZ 197, 181, 184 = NZG 2013, 665.
67 Roth, ZGR 2000, 187, 214; aA Ulmer/Habersack/Winter/Hüffer, § 51 a Rn 18. Das LG Essen Rpfleger 1973, 210 hält die Überlassung der Bilanzen für gerechtfertigt, nicht hingegen die Mitteilung der Gewinn- und Verlustrechnung; eine Rechtsgrundlage wird jeweils nicht genannt.
68 Weßling, S. 117 f; aA BGHZ 197, 181, 184 = NZG 2013, 665.
69 Zweifelnd Heuer, ZIP 1998, 405, 411.
70 Baumbach/Hueck/Fastrich, GmbHG, § 15 Rn 63; Gottwald, § 857 Rn 25; Stöber, Forderungspfändung, Rn 1625; Brox/Walker, Zwangsvollstreckungsrecht, Rn 798; K. Schmidt, GesR, § 35 II 2.
71 Baumbach/Hueck/Fastrich, GmbHG, § 15 Rn 27.
72 BGHZ 65, 22, 24 f; Rieder/Ziegler, ZIP 2004, 481, 482.
73 Schuschke/Walker/Walker, § 857 Rn 41; Stöber, Forderungspfändung, Rn 1627.
74 Gottwald, § 857 Rn 26; Stöber, Forderungspfändung, Rn 1624.
75 Stein/Jonas/Brehm, § 859 Rn 22.
76 Stöber, Forderungspfändung, Rn 1624.

b) Pfändung von Einzelansprüchen. Anstelle der Pfändung des Geschäftsanteils 23
können auch die Einzelansprüche des Schuldners gepfändet werden. Der Anspruch auf den Gewinn (§ 29 GmbHG) kann selbständig nach §§ 828 ff ZPO gepfändet werden (zur Notwendigkeit der gesonderten Pfändung s. Rn 20). Als künftige Ansprüche sind das Abfindungsguthaben bei Ausscheiden des Gesellschafters oder das Auseinandersetzungsguthaben bei Auflösung der Gesellschaft (§ 72 GmbHG) pfändbar. Wird der betroffene GmbH-Anteil jedoch vor der Entstehung der Forderung in der Person des Schuldners abgetreten, geht die Pfändung ins Leere und bleibt somit wirkungslos.[77] Die Pfändung des GmbH-Anteils, die nach der Pfändung des künftigen Abfindungs- oder Auseinandersetzungsguthabens, aber vor dessen Entstehen erfolgt, geht vor.[78] Dies ergibt sich daraus, dass die Pfändung des GmbH-Anteils sofort wirksam wird. Eine Anteilspfändung geht auch der (zeitlich früher erfolgten) Abtretung des künftigen Guthabenanspruchs vor.[79] Nicht selbständig gepfändet werden können die Verwaltungsrechte, wie etwa das Stimmrecht. Es handelt sich um ein personengebundenes Mitgliedschaftsrecht.[80]

7. Aktiengesellschaft. a) Vollstreckung in Anteilsrechte. Im Hinblick auf die 24
Vollstreckung in Anteilsrechte an einer AG sind verschiedene Zeitpunkte zu unterscheiden. Vor der Eintragung der Gesellschaft in das Handelsregister können Anteilsrechte nicht übertragen werden (§ 41 Abs. 4 AktG), so dass auch eine Pfändung ausscheidet (§ 851 Abs. 1 ZPO). Nach Eintragung der Gesellschaft, aber vor Ausgabe von Aktien oder Zwischenscheinen, erfolgt die Pfändung des Anteilsrechts nach § 857 ZPO. Sind die Aktien ausgegeben, können diese wie Wertpapiere gepfändet werden (s. im Einzelnen zur Vollstreckung in Wertpapiere § 821 ZPO Rn 2 ff). Dies gilt sowohl für Inhaber- und Namensaktien (§ 10 AktG) als auch für Zwischenscheine (§ 8 Abs. 6 AktG). Sie sind daher vom Gerichtsvollzieher gem. § 808 Abs. 1 ZPO in Besitz zu nehmen und nach § 821 ZPO zu verwerten. Dies gilt gleichermaßen für vinkulierte Namensaktien (§ 68 Abs. 2 AktG).[81] Die Verwertung, nicht schon die Pfändung, ist zustimmungsbedürftig.[82] Zur Pfändung von Wertpapieren in Sammelverwahrung (§ 5 DepotG) und von Wertpapieren eines Sammelbestands, die in einer Globalurkunde verbrieft sind, s. § 808 ZPO Rn 2.

b) Wandel- und Gewinnschuldverschreibungen. Ebenfalls als körperliche Sachen 25
nach § 808 ZPO gepfändet werden Wandel- und Gewinnschuldverschreibungen (§ 221 AktG) sowie Genuss- und Gewinnanteilsscheine. Die Verwertung erfolgt nach § 821 ZPO.[83]

c) Gewinnanteil des Aktionärs. Der Gewinnanteil des Aktionärs (§ 58 Abs. 4 26
AktG; sog. Dividende) ist selbständig pfändbar (auch als künftiger Anspruch).[84] Der Anspruch auf Auszahlung der Dividende ist nach § 828 ZPO zu pfänden.[85] Ein ausgestellter Gewinnschein (Dividendenschein)[86] verbrieft als Wertpapier den

---

77 BGHZ 104, 351, 353 = NJW 1989, 458; BGHZ 88, 205, 207 = NJW 1984, 492.
78 Zöller/*Stöber*, § 859 Rn 13; *Münzberg*, JZ 1989, 253 f.
79 *Armbrüster*, NJW 1991, 606, 607; krit. *Marotzke*, ZIP 1988, 1509, 1511 ff.
80 BGHZ 43, 261, 267; Musielak/*Becker*, § 859 Rn 16; *K. Schmidt*, GesR, § 19 III 4.
81 Zöller/*Stöber*, § 821 Rn 4; *Bork*, in: FS Henckel, 1995, S. 23, 28 ff; aA Musielak/*Becker*, § 859 Rn 18; Baumbach/*Hartmann*, Anh. § 859 ZPO Rn 3 (Verwertung nach § 857 ZPO).
82 Zöller/*Stöber*, § 821 Rn 4; *Bork*, in: FS Henckel, 1995, S. 23, 28 ff.
83 Musielak/*Becker*, § 859 Rn 18; *Stöber*, Forderungspfändung, Rn 1605.
84 RGZ 98, 318, 320; *Stöber*, Forderungspfändung, Rn 1606; zur Unterscheidung zwischen mitgliedschaftlichem Gewinnbeteiligungsanspruch und schuldrechtlichem Gewinnauszahlungsanspruch *Fleischer*, in: Schmidt/Lutter, AktG, § 58 Rn 44 f.
85 MüKo-AktG/*Bayer*, § 58 Rn 113.
86 S. dazu Hüffer/*J. Koch*, AktG, 11. Aufl. 2014, § 58 Rn 29.

Anspruch. Die Pfändung und Verwertung erfolgt durch den Gerichtsvollzieher nach §§ 808, 821 ZPO.[87]

27 **d) Bezugsrecht auf neue Aktien.** Das allgemeine Bezugsrecht auf neue Aktien ist von der Pfändung umfasst, denn es ist Bestandteil der Mitgliedschaft. Es unterliegt nicht der selbständigen Pfändung, auch nicht als künftiges Recht, weil es sich nicht um ein Sonderrecht handelt.[88] Von dem allgemeinen Bezugsrecht zu trennen ist jedoch der dem einzelnen Aktionär zustehende konkrete Bezugsanspruch nach einem wirksamen Kapitalerhöhungsbeschluss. Der konkrete Bezugsanspruch bedeutet für den Aktionär einen Anspruch gegen die Gesellschaft auf Zuteilung neuer Aktien. Der persönliche Anspruch des Aktionärs gegen die Gesellschaft kann selbständig gepfändet werden, und zwar nach §§ 857, 847 ZPO.[89] Möglich ist auch die Pfändung des künftigen konkreten Bezugsanspruchs.[90] Drittschuldner ist die AG; besteht lediglich ein mittelbarer Bezugsanspruch (§ 186 Abs. 5 AktG) gegen das Kreditinstitut bzw ein Unternehmen iSd § 186 Abs. 5 S. 1 AktG, ist das Kreditinstitut bzw Unternehmen Drittschuldner.

28 **8. Kommanditgesellschaft auf Aktien.** Im Hinblick auf die Vollstreckung in die Anteile an einer KGaA ist zwischen persönlich haftenden Gesellschaftern und Kommanditaktionären zu unterscheiden (vgl § 278 Abs. 1 AktG). Die Rechtsstellung der persönlich haftenden Gesellschafter richtet sich nach den Vorschriften des HGB über die KG (§§ 278 Abs. 2, 289 Abs. 1 AktG). Die Ausführungen zur Vollstreckung in den Anteil an einer KG gelten entsprechend (s. Rn 14). Der Anteil eines Kommanditaktionärs kann gepfändet werden. Pfändung und Verwertung der Aktien erfolgen wie bei der AG (s. Rn 24). Die Gläubiger des Kommanditaktionärs können die Gesellschaft aber nicht kündigen (§ 289 Abs. 3 S. 2 AktG), so dass sich in der Praxis eher eine Pfändung der Einzelrechte anbietet.

29 **9. Eingetragene Genossenschaft. a) Pfändungsgegenstand.** Der Geschäftsanteil bei den Genossenschaften ist kein Wertrecht, welches der Pfändung unterliegt.[91] Es handelt sich lediglich um eine Beteiligungs- bzw Rechengröße, die angibt, bis zu welchem Betrag sich die einzelnen Mitglieder mit Einlagen beteiligen können (§ 7 Nr. 1 GenG). Gepfändet werden können nach § 829 ZPO der Anspruch auf Auszahlung des Gewinns (§ 19 GenG), der Anspruch auf das Auseinandersetzungsguthaben (Geschäftsguthaben),[92] § 73 GenG) und der Anspruch auf Auszahlung des Anteils an der Ergebnisrücklage (falls ein solcher durch Satzung eingeräumt worden ist, § 73 Abs. 3 GenG). Ein bedingter und damit bereits pfändbarer Anspruch auf das Auseinandersetzungsguthaben entsteht mit der Einzahlung auf den Geschäftsanteil.[93] Formulierung des Antrags:

▶ Gepfändet werden die angeblichen bestehenden und zukünftig entstehenden Ansprüche des Schuldners als Genosse der ... (Firma der Genossenschaft) e.G.

– Drittschuldnerin –

gegen die Drittschuldnerin auf Auszahlung des Gewinns, des Auseinandersetzungsguthabens (Geschäftsguthabens) und des Anteils an der Ergebnisrücklage. ◀

---

87 Musielak/*Becker*, § 859 Rn 18; *Stöber*, Forderungspfändung, Rn 1606.
88 Wieczorek/Schütze/*Lüke*, § 857 Rn 97; Zöller/*Stöber*, § 859 Rn 12.
89 KölnKomm-AktG/*Lutter*, § 186 Rn 10; Musielak/*Becker*, § 859 Rn 18; Stein/Jonas/*Brehm*, § 857 Rn 97; Wieczorek/Schütze/*Lüke*, § 857 Rn 97; *Stöber*, Forderungspfändung, Rn 1607.
90 *Stöber*, Forderungspfändung, Rn 1607; aA Stein/Jonas/*Brehm*, § 857 Rn 97.
91 Musielak/*Becker*, § 859 Rn 17; Wieczorek/Schütze/*Lüke*, § 859 Rn 17; *Stöber*, Forderungspfändung, Rn 1632.
92 Freilich wird eine Umdeutung der Pfändung des Geschäftsanteils in eine Pfändung des Geschäftsguthabens möglich sein; *Stöber*, Forderungspfändung, Rn 1633.
93 LG Düsseldorf NJW 1968, 753; *Stöber*, Forderungspfändung, Rn 1633.

b) Verfahren. Drittschuldnerin ist die Genossenschaft; Zustellung erfolgt an den Vorstand (§§ 24 Abs. 1, 26 Abs. 1 GenG). Der Gläubiger erhält zwar anders als bei der BGB-Gesellschaft (§ 725 BGB) und den Personenhandelsgesellschaften (§ 135 HGB) kein eigenes Kündigungsrecht, Pfändung und Überweisung des Auseinandersetzungsguthabens berechtigen den Gläubiger aber zur Ausübung des Kündigungsrechts des Mitglieds (§ 65 GenG) an dessen Stelle (§ 66 GenG). Voraussetzung dafür ist ein nicht nur vorläufig vollstreckbarer Schuldtitel (§ 66 S. 2 GenG) sowie eine fruchtlose Zwangsvollstreckungsmaßnahme innerhalb der letzten sechs Monate (§ 66 S. 1 GenG). Die Kündigung, die schriftlich gegenüber dem Vorstand zu erklären ist, kann nur zum Schluss eines Geschäftsjahrs erfolgen und muss die satzungsmäßig vorgesehene bzw gesetzliche Frist wahren (§ 65 Abs. 2 S. 1 GenG). Ihr müssen eine beglaubigte Abschrift der vollstreckbaren Ausfertigung des Titels und der Bescheinigungen über den fruchtlosen Verlauf der Zwangsvollstreckung beigefügt sein (§ 66 Abs. 2 GenG). Das außerordentliche Kündigungsrecht gem. § 65 Abs. 3 GenG kann der Gläubiger nicht anstelle des Mitglieds ausüben.[94] Die Kündigung führt zum Ausscheiden des Mitglieds; das Geschäftsguthaben wird binnen sechs Monaten nach Beendigung der Mitgliedschaft ausgezahlt (§ 73 Abs. 2 GenG).

30

c) Pfändung des auf einen Anteil entfallenden Teilguthabens. Während die Teilpfändung eines Geschäftsanteils ausgeschlossen ist, kommt die Pfändung des auf einen Anteil entfallenden Teilguthabens in Betracht, wenn der Schuldner mit mehreren Geschäftsanteilen an der Genossenschaft beteiligt ist.[95] Die Zulässigkeit ergibt sich daraus, dass eine Kündigung nur einzelner Geschäftsanteile möglich ist (§ 67 Abs. 1 Hs 1 GenG). In Konsequenz dessen muss auch die Pfändung des Anspruchs auf Auszahlung des nur auf einzelne Geschäftsanteile entfallenden Guthabens realisierbar sein. Sinnvoll ist dies allerdings nicht: Zum einen ist eine Teilkündigung nicht möglich, wenn es sich nicht um sog. Pflichtbeteiligungen handelt (§ 67 b Abs. 1 Hs 2 GenG); zum anderen kann uU bei Kündigung nur einzelner Geschäftsanteile ein Anspruch auf Auszahlung eines anteiligen Geschäftsguthabens nicht bestehen.[96]

31

10. Verein. a) Rechtsfähiger Verein. Die Mitgliedschaft an einem rechtsfähigen Verein kann nicht übertragen werden (§ 38 S. 1 BGB), so dass der Mitgliedsanteil auch nicht der Pfändung unterliegt (§ 851 Abs. 1 ZPO). Die Regelung des § 38 S. 1 BGB ist allerdings disponibel (§ 40 BGB). Erlaubt die Satzung die Übertragung des Mitgliedsanteils, kann dieser gepfändet werden. Pfändbar sind die (künftigen) Ansprüche der Mitglieder gem. § 45 BGB.[97] Dazu gehören der Anspruch auf einen Gewinnanteil und der künftige Anteil am Vereinsvermögen. Darüber hinaus kann der Anspruch auf Aufwendungsersatz (§ 27 Abs. 3 iVm § 670 BGB) gepfändet werden. § 850 a Nr. 3 ZPO findet auf den Anspruch auf Sitzungsgeld, Aufwandsentschädigung und -erstattung keine Anwendung. Aus der systematischen Stellung der Vorschrift folgt, dass sie nur auf wiederkehrende Leistungen aus einem auf Dauer angelegten Vertrags- bzw Anstellungsverhältnis anwendbar ist, nicht jedoch auf Leistungen aus dem Mitgliedschaftsverhältnis, welches nicht auf wiederkehrende Leistungen ausgerichtet ist.[98]

32

b) Nicht rechtsfähiger Verein. Auf den nicht rechtsfähigen Verein sind entgegen § 54 BGB die §§ 21 ff BGB anwendbar.[99] Daher kann weder der Mitgliedsanteil

33

---

94 Pöhlmann/Fandrich/Bloehs/*Fandrich*, GenG, 4. Aufl. 2012, § 66 Rn 2; Musielak/*Becker*, § 859 Rn 17.
95 Musielak/*Becker*, § 859 Rn 17; Stein/Jonas/*Brehm*, § 859 Rn 19.
96 *Stöber*, Forderungspfändung, Rn 1635.
97 Stein/Jonas/*Brehm*, § 859 Rn 11; *Stöber*, Forderungspfändung, Rn 1773.
98 AG Leipzig NJW 2004, 375 (uU kann aber § 850 i ZPO eingreifen).
99 Palandt/*Ellenberger*, § 54 BGB Rn 1; im Einzelnen MüKo-BGB/*Reuter*, § 54 Rn 1 ff.

übertragen werden (§ 38 BGB) noch besteht bei Ausscheiden eines Mitglieds ein Auseinandersetzungsguthaben. Eine Pfändung des Mitgliedsanteils oder Auseinandersetzungsguthabens scheidet aus.[100]

V. Zwangsvollstreckung in Anteile an einer ausländischen Gesellschaft

34 Der Schuldner kann auch an einer ausländischen Gesellschaft beteiligt sein. Aus dem grenzüberschreitenden Sachverhalt ergeben sich dabei verschiedene Fragestellungen.[101] An dieser Stelle sei lediglich auf folgende Grundsätze hingewiesen: Auch in die Beteiligung an einer ausländischen Gesellschaft, wie zB in die Anteile (sog. *shares*)[102] an einer Private Company Limited by Shares (Ltd.) englischen Rechts,[103] kann vollstreckt werden. Die Pfändbarkeit von Gesellschaftsanteilen an einer ausländischen Gesellschaft richtet sich nach dem Recht des Vollstreckungsstaats.[104] Knüpft die Pfändbarkeit an die materiell-rechtliche Übertragbarkeit oder Belastbarkeit des Gesellschaftsanteils an (wie eben im deutschen Recht § 851 Abs. 1 ZPO), ist diese Frage wiederum nach dem Gesellschaftsstatut zu beantworten.[105]

---

100 Stein/Jonas/*Brehm*, § 859 Rn 11; *Stöber*, Forderungspfändung, Rn 1774.
101 Zu den Einzelheiten der internationalen Zwangsvollstreckung *Schütze*, Deutsches Internationales Zivilprozessrecht unter Einschluss des Europäischen Zivilprozessrechts, 2. Aufl. 2005, Rn 440 ff; *Riedel*, Grenzüberschreitende Zwangsvollstreckung, 2. Aufl. 2012; *Hök*, ZAP Fach 14, 519 ff; zur Vollstreckung deutscher Titel in Großbritannien *Buchhold*, NJW 2007, 2734.
102 Zu den unterschiedlichen Arten von Anteilen *Just*, Die englische Limited in der Praxis, 4. Aufl. 2012, Rn 213 ff.
103 Dazu ausf. *Schall*, WM 2011, 2249 ff; s. ferner *Fritz/Hermann*, Die Private Limited Company in Deutschland, 2008; *Heckschen*, Private Limited Company, 2. Aufl. 2007; *Heinz/Hartung*, Die englische Limited, 3. Aufl. 2012; *Just*, Die englische Limited in der Praxis, 4. Aufl. 2012; *Römermann*, Private Limited Company in Deutschland, 2006.
104 *Spahlinger/Wegen*, in: Spahlinger/Wegen, Internationales Gesellschaftsrecht in der Praxis, 2005, Rn 323; *Schack*, IPRax 1997, 318, 320.
105 MüKo-BGB/*Kindler*, IntGesR, Rn 611; Staudinger/*Großfeld*, IntGesR, Rn 341; *Spahlinger/Wegen*, in: Spahlinger/Wegen, Internationales Gesellschaftsrecht in der Praxis, 2005, Rn 323.

5. Zwangsvollstreckung in Immaterialgüterrechte

Literatur:
Benkard, Patentgesetz, Gebrauchsmustergesetz, Kommentar, 10. Aufl. 2006 (11. Aufl. 2015 in Vorb.); *Fezer*, Markenrecht, Kommentar, 4. Aufl. 2009; *Fromm/Nordemann*, Urheberrecht, Kommentar, 11. Aufl. 2014; *von Gamm*, Urheberrechtsgesetz, 1968; *Koos*, Der Name als Immaterialgut, GRUR 2004, 808; *Kraßer*, Patentrecht, 6. Aufl. 2009; *Möhring/Nicolini*, Urheberrechtsgesetz, Kommentar, 3. Aufl. 2014; *Rehbinder/Peukert*, Urheberrecht, 17. Aufl. 2015; *Repenn/Spitz*, Die Pfändung und Verwertung von Warenzeichen, WRP 1993, 737; *Schricker*, Verlagsrecht, Kommentar, 3. Aufl. 2001; *Schricker/Loewenheim*, Urheberrecht, Kommentar, 4. Aufl. 2010; *Tetzner*, Das materielle Patenrecht der Bundesrepublik Deutschland, 1972; *Ulmer*, Urheber- und Verlagsrecht, 3. Aufl. 1980; *Zimmermann*, Immaterialgüterrechte und ihre Zwangsvollstreckung, 1998; *Zimmermann*, Das Erfinderrecht in der Zwangsvollstreckung, GRUR 1999, 121; *Zimmermann*, Immaterialgüterrechte in der Zwangsvollstreckung, InVo 1999, 3.

I. Einleitung 1	VIII. Verfahren und Folgen der Vollstreckung 31
II. Vollstreckung in das Urheberrecht 2	1. Bestimmtheitsgrundsatz 32
1. Vollstreckung gegen den Urheber 3	2. Arrestatorium 34
2. Vollstreckung gegen den Rechtsnachfolger 8	3. Inhibitorium 37
3. Vollstreckung gegen den Nutzungsrechtsinhaber 9	4. Zustellung/Mitteilung des Pfändungsbeschlusses 40
III. Vollstreckung in das Verlagsrecht 10	a) Zustellung an den Drittschuldner 40
IV. Vollstreckung in das Patent 14	b) Mitteilung an Dritte 41
1. Erfinderrecht 15	IX. Wirkung der Pfändung 45
2. Erteilungsanspruch 16	1. Rechtsstellung des Schuldners 45
3. Patent 17	2. Rechtsstellung des Gläubigers 48
V. Vollstreckung in das Gebrauchsmusterrecht 18	3. Eintragung des Pfandrechts in die Register 50
1. Erfinderrecht 19	X. Verwertungsmöglichkeiten 51
2. Eintragungsanspruch 20	1. Überweisung an Zahlungs statt 52
3. Gebrauchsmusterrecht 21	2. Überweisung zur Einziehung 53
VI. Vollstreckung in das Markenrecht 22	a) Urheberrecht 53
1. Rechte durch Anmeldung ... 23	b) Patent/Gebrauchsmuster/ Marke 55
2. Förmliches Markenrecht 24	3. Andere Art der Verwertung 58
3. Personennamensmarken 25	4. Zugriff auf Werkstücke, Unterlagen und Urkunden .. 63
VII. Vollstreckung in die Lizenz 26	XI. Vorpfändung 68
1. Einfache Lizenz 27	
2. Ausschließliche Lizenz 28	
a) Frei übertragbar 29	
b) Gesetzlich unübertragbar 30	

I. Einleitung

Neben dem Zugriff auf die üblichen Vollstreckungsobjekte wie Grundstücke, Mobiliar und Geldforderungen gibt § 857 ZPO dem Gläubiger die Möglichkeit, auch in „andere Vermögensrechte" des Schuldners zu vollstrecken. Hier bietet sich dem Gläubiger der Zugriff auf Immaterialgüterrechte als Rechte an geistigen Gegenständen an.

II. Vollstreckung in das Urheberrecht

2 Gemäß § 1 UrhG steht Urhebern von Werken der Literatur, Wissenschaft und Kunst ein Urheberschutz zu. Das Urheberrecht schützt den Urheber nach § 11 UrhG sowohl in seinen geistigen und persönlichen Beziehungen zum Werk als auch in der wirtschaftlichen Nutzung des Werkes. Es beinhaltet nach §§ 12–14 UrhG als persönlichkeitsrechtlichen Bestandteil das Urheberpersönlichkeitsrecht. Daneben bestehen die Urheberverwertungsrechte (§§ 15 ff UrhG) als vermögensrechtlicher Teil (insb. das Vervielfältigungs-, Verbreitungs-, Ausstellungs-, Aufführungs-, Sende- und Wiedergaberecht).

3 **1. Vollstreckung gegen den Urheber.** Das Urheberrecht als Ganzes ist zwar nach § 28 Abs. 1 UrhG vererblich, jedoch nicht unter Lebenden übertragbar (§ 29 S. 2 UrhG) und daher als solches gem. § 857 Abs. 1 iVm § 851 Abs. 1 ZPO auch nicht pfändbar.[1] Ebenso scheidet eine Vollstreckung in das **Urheberpersönlichkeitsrecht** aufgrund der höchstpersönlichen Rechtsnatur aus.

4 Die Vollstreckung in die **Verwertungsrechte** des Urhebers ist spezialgesetzlich in § 113 UrhG geregelt. Danach sind nur Rechte und Befugnisse des Urhebers pfändbar, die in Form von Nutzungsrechten auf Dritte übertragen werden können. Eine Vollstreckung ist darüber hinaus nur mit **Einwilligung** des Urhebers zulässig, da die Persönlichkeitsrechte des Urhebers nach dem Willen des Gesetzgebers in der Zwangsvollstreckung den Vorrang vor den Gläubigerinteressen haben.

5 Diese Einwilligung, die formlos und auch konkludent erteilt werden kann, steht im Belieben des Urhebers, kann also ohne Vorliegen eines wichtigen Grundes verweigert und vom Gläubiger nicht erzwungen werden. Da sie nach § 113 S. 2 UrhG nicht durch den gesetzlichen **Vertreter** erteilt werden kann, ist die Vollstreckung gegen einen geschäftsunfähigen Urheber unmöglich. Die Einwilligung durch einen rechtsgeschäftlich bestellten Vertreter wird als zulässig angesehen, wobei die hM nur eine vom Urheber erteilte Spezialvollmacht als ausreichend erachtet.[2]

6 **Fehlt** die Einwilligung bei Beginn des Vollstreckungsverfahrens, so kann sie nicht nachgeholt werden. Eine ohne Einwilligung erfolgte Pfändung ist im Hinblick auf den Schutzzweck des § 113 UrhG **nichtig**.[3] Denn da die Norm dem Urheber die Befugnis gibt, sein Werk dem Zugriff der Gläubiger völlig zu entziehen, ist das Vorliegen einer wirksamen Einwilligung eine konstitutive Voraussetzung der Vollstreckung.

7 Im Zeitpunkt der Pfändung genügt die **schlüssige Behauptung** des Gläubigers gegenüber dem Vollstreckungsgericht, die Einwilligung sei ihm vom Urheber erteilt worden; der konkrete **Nachweis** ist erst bei der Verwertung erforderlich.[4]

---

1 *Brox/Walker*, Zwangsvollstreckungsrecht, Rn 833; *Rehbinder/Peukert*, Urheberrecht, S. 358 ff; MüKo-ZPO/*Smid*, § 857 Rn 16; Stein/Jonas/*Brehm*, § 857 ZPO Rn 22; *Stöber*, Forderungspfändung, Rn 1760.
2 *Stöber*, Forderungspfändung, Rn 1762; Schricker/Loewenheim/*Wild*, § 113 UrhG Rn 5; aA *Zimmermann*, Immaterialgüterrechte und ihre Zwangsvollstreckung, S. 188; Möhring/Nicolini/*Rudolph*, § 113 UrhG Rn 16; *Rehbinder/Peukert*, Urheberrecht, S. 358 ff. Für die Zulässigkeit auch einer Generalvollmacht spricht, dass § 113 UrhG nur die gesetzliche Vertretung ausschließt, nicht jedoch eine spezielle Formvorschrift für die rechtsgeschäftliche Vertretung enthält.
3 Fromm/Nordemann/*Boddien*, § 113 UrhG Rn 21; *von Gamm*, § 113 UrhG Rn 7; Möhring/Nicolini/*Rudolph*, § 113 UrhG Rn 12; Schricker/Loewenheim/*Wild*, § 113 UrhG Rn 3; *Zimmermann*, Immaterialgüterrechte und ihre Zwangsvollstreckung, S. 184 ff; aA *Stöber*, Forderungspfändung, Rn 1762, 746 ff.
4 Stein/Jonas/*Brehm*, § 857 ZPO Rn 23 Fn 117; *Zimmermann*, Immaterialgüterrechte und ihre Zwangsvollstreckung, S. 192; aA *Stöber*, Forderungspfändung, Rn 1762.

2. Vollstreckung gegen den Rechtsnachfolger. Auch die Vollstreckung gegen den Rechtsnachfolger des Urhebers (§ 30 UrhG) ist von einer **Einwilligung** abhängig (§ 115 S. 1 UrhG). Dies gilt allerdings nur bis zum Erscheinen des Werkes (§ 115 S. 2 UrhG), denn nur bis zu diesem Zeitpunkt nimmt der Rechtsnachfolger – der mangels einer vergleichbaren engen Bindung zum Werk wie der Urheber nicht in gleichem Maße schutzwürdig ist – die Veröffentlichungsbefugnis des Urhebers wahr. Erschienen bzw veröffentlicht ist ein Werk nach § 6 Abs. 2 UrhG, wenn mit Zustimmung des Berechtigten Vervielfältigungsstücke des Werkes in genügender Anzahl der Öffentlichkeit angeboten oder in Verkehr gebracht worden sind.

8

3. Vollstreckung gegen den Nutzungsrechtsinhaber. Richtet sich die Vollstreckung gegen einen **Dritten**, dem Nutzungsrechte eingeräumt wurden, hängt die Vollstreckung wiederum von der **Zustimmung** des Urhebers ab, weil auch die Nutzungsrechtseinräumung nach §§ 34, 35 UrhG einer solchen Zustimmung bedarf. Sie muss bereits im Zeitpunkt der Pfändung vorliegen und kann nicht erst im Rahmen der Verwertung[5] der Nutzungsrechte erteilt werden.[6] Einer Zustimmung des Urhebers bedarf es dann nicht, wenn dieser die freie Übertragung der Nutzungsrechte vertraglich gestattet hat oder ein Fall des § 34 Abs. 3 UrhG vorliegt.

9

III. Vollstreckung in das Verlagsrecht

Das Verlagsrecht ist ein urheberrechtliches Nutzungsrecht iSv § 31 UrhG. Die Einzelvollstreckung gegen den Verleger richtet sich nach § 857 ZPO. Es muss sich also bei dem Verlagsrecht um ein Recht handeln, das einen Vermögenswert derart verkörpert, dass die Pfandverwertung zur Befriedigung des Gläubigers führen kann.[7]

10

Ist das Verlagsrecht **frei übertragbar**, so ist eine Vollstreckung gegen den Verleger ohne weiteres möglich.

11

Haben die Parteien des Verlagsvertrages dagegen nach § 28 Abs. 1 S. 1 VerlG die Übertragbarkeit des Verlagsrechts **ausgeschlossen** oder **beschränkt**, bleibt dem Gläubiger die Vollstreckung nach § 857 Abs. 3 ZPO. Die nach § 28 VerlG in bestimmten Fällen erforderliche Zustimmung des Verfassers zur Übertragung des Verlagsrechts ist dann Voraussetzung der Pfändung.[8]

12

Kann der Verfasser die Zustimmung zur Übertragung wegen Vorliegens eines **wichtigen Grundes** verweigern (§ 28 Abs. 1 VerlG iVm § 34 UrhG), scheidet eine Vollstreckung in das Verlagsrecht aus. Ob ein solcher wichtiger Grund vorliegt, ist einer Interessenabwägung im Einzelfall vorbehalten.

13

IV. Vollstreckung in das Patent

Das Patent ist ein Schutzrecht für neue, gewerblich anwendbare technische Erfindungen (§ 1 Abs. 1 PatG). Man unterscheidet in der zeitlichen Abfolge der Ent-

14

---

5 So aber OLG Hamburg ZUM 1992, 547; Fromm/Nordemann/*Vinck*, 9. Aufl. 1998, § 112 UrhG Rn 4; *von Gamm*, § 34 UrhG Rn 19; Stein/Jonas/*Brehm*, § 857 ZPO Rn 36; *Stöber*, Forderungspfändung, Rn 1772; Möhring/Nicolini/*Rudolph*, § 112 UrhG Rn 43.
6 *Schricker*, § 28 VerlG Rn 32; *Brox/Walker*, Zwangsvollstreckungsrecht, Rn 837; *Rehbinder/Peukert*, Urheberrecht, S. 358 ff; Schricker/Loewenheim/*Wild*, § 112 UrhG Rn 11; *Ulmer*, Urheber- und Verlagsrecht, § 135 III; Fromm/Nordemann/*Boddien*, § 113 UrhG Rn 11.
7 BGH NJW 2005, 3353.
8 *Schricker*, § 28 VerlG Rn 32; *Brox/Walker*, Zwangsvollstreckungsrecht, Rn 838; Zöller/*Stöber*, § 857 ZPO Rn 2; aA Baumbach/*Hartmann*, Grundz § 704 ZPO Rn 110; Stein/Jonas/*Brehm*, § 857 ZPO Rn 37.

stehung das Erfinderrecht, den Anspruch auf Erteilung des Patents und das Patent selbst.

15 **1. Erfinderrecht.** Das Erfinderrecht setzt sich aus vermögensrechtlichen Elementen (Recht auf das Patent – § 6 PatG – und einfaches Benutzungsrecht) sowie persönlichkeitsrechtlichen Elementen (Erfinderpersönlichkeitsrecht) zusammen. Eine Vollstreckung in das Erfinderpersönlichkeitsrecht ist unzulässig.[9] Nach hM können die vermögensrechtlichen Bestandteile des Erfinderrechts erst gepfändet werden, wenn der Erfinder sein Veröffentlichungsrecht ausgeübt hat.[10] Der Schuldner muss also seinen Willen zu erkennen gegeben haben, die Erfindung als Vermögenswert wirtschaftlich zu verwerten.

16 **2. Erteilungsanspruch.** Der Erteilungsanspruch (§ 7 PatG) beinhaltet einen öffentlich-rechtlichen Anspruch gegen das Patentamt und eine privatrechtliche Anwartschaft auf das Vollrecht. Nach hM ist die mit Anmeldung entstehende (privatrechtliche) Anwartschaft pfändbar, da sie nach § 15 Abs. 1 PatG übertragbar ist.[11] Dagegen scheitert eine isolierte Pfändung des (öffentlich-rechtlichen) Erteilungsanspruchs gegen das Patentamt daran, dass es sich um ein unselbständiges Nebenrecht handelt, das mit dem Hauptrecht untrennbar verbunden und nicht isoliert übertragbar ist.[12]

17 **3. Patent.** Das Patent (§ 9 PatG) ist nach § 15 PatG übertragbar und unterliegt damit der Pfändung.[13] Ansprüche des Schuldners aus bereits geschlossenen Lizenzverträgen über das patentierte Recht oder auf Schadensersatz werden allerdings von der Pfändung des Patents nicht erfasst, sondern müssen als Geldforderungen selbständig nach §§ 829 ff ZPO gepfändet werden.[14]

V. Vollstreckung in das Gebrauchsmusterrecht

18 Das Gebrauchsmusterrecht ist ein Schutzrecht für Erfindungen, die neu sind, auf einem erfinderischen Schritt beruhen und gewerblich anwendbar sind (§ 1 GebrMG). Man unterscheidet in der zeitlichen Abfolge der Entstehung das Erfinderrecht, den Eintragungsanspruch und das Gebrauchsmusterrecht.

19 **1. Erfinderrecht.** Das Erfinderrecht (§ 13 Abs. 3 GebrMG iVm § 6 PatG) enthält das Recht auf das Gebrauchsmuster, ein einfaches Benutzungsrecht und das Erfinderpersönlichkeitsrecht. Letzteres ist aufgrund seiner Rechtsnatur einem zwangsweisen Zugriff entzogen. Die vermögensrechtlichen Teile des Erfinderrechts unterliegen aufgrund ihrer Übertragbarkeit (§§ 22 Abs. 1 S. 2, 11, 13 Abs. 3 GebrMG) nach hM der Vollstreckung, sobald der Erfinder sein Veröffentlichungsrecht ausgeübt, also zu erkennen gegeben hat, dass er das Recht als Vermögenswert wirtschaftlich verwerten möchte.[15]

---

9 *Kraßer*, § 40 III 3; Benkard/*Melullis*, § 6 PatG Rn 17 a; Benkard/*Ullmann*, § 15 PatG Rn 18; *Zimmermann*, Immaterialgüterrechte und ihre Zwangsvollstreckung, S. 214.

10 BGHZ 16, 172; Benkard/*Melullis*, § 6 PatG Rn 18; *Brox/Walker*, Zwangsvollstreckungsrecht, Rn 842; *Hubmann*, in: FS Lehmann, S. 812, 822 f; MüKo-ZPO/*Smid*, § 857 Rn 16; Stein/Jonas/*Brehm*, § 857 ZPO Rn 20; *Stöber*, Forderungspfändung, Rn 1720; krit. *Zimmermann*, Immaterialgüterrechte und ihre Zwangsvollstreckung, S. 216 ff.

11 BGHZ 125, 334; RGZ 52, 227; Benkard/*Ullmann*, § 15 PatG Rn 29; *Brox/Walker*, Zwangsvollstreckungsrecht, Rn 843; *Kraßer*, § 40 III 3; MüKo-ZPO/*Smid*, § 857 Rn 16; Stein/Jonas/*Brehm*, § 857 ZPO Rn 20; *Stöber*, Forderungspfändung, Rn 1721; Zöller/*Stöber*, § 857 ZPO Rn 7.

12 Ausf. *Zimmermann*, Immaterialgüterrechte und ihre Zwangsvollstreckung, S. 225 ff.

13 Hk-ZPO/*Kemper*, § 857 ZPO Rn 2.

14 Schuschke/Walker/*Walker*, § 857 ZPO Rn 39.

15 BGHZ 16, 172; Benkard/*Bruchhausen*, § 22 GebrMG Rn 1; *Brox/Walker*, Zwangsvollstreckungsrecht, Rn 844.

2. Eintragungsanspruch. Der Eintragungsanspruch beinhaltet einen öffentlich-rechtlichen Anspruch gegen das Patentamt auf Eintragung und eine privatrechtliche Anwartschaft auf das Vollrecht. Die privatrechtliche Anwartschaft ist pfändbar, nicht dagegen der öffentlich-rechtliche Eintragungsanspruch gegen das Patentamt, der nur ein unselbständiges Nebenrecht darstellt. 20

3. Gebrauchsmusterrecht. Das Gebrauchsmusterrecht schließlich unterliegt der Pfändung, da es nach § 22 Abs. 1 S. 2 GebrMG übertragbar ist.[16] 21

VI. Vollstreckung in das Markenrecht

Das Markenrecht ist ein Schutzrecht für Zeichen, die geeignet sind, Waren und Dienstleistungen eines Unternehmens von denjenigen anderer Unternehmen zu unterscheiden (§ 3 MarkenG). Das förmliche Markenrecht entsteht durch Eintragung der Marke in das Markenregister beim Patentamt (§ 4 Nr. 1 MarkenG). Vorher besteht vom Zeitpunkt der Anmeldung beim Patentamt an eine Anwartschaft auf das Markenrecht. 22

1. Rechte durch Anmeldung. Die durch Anmeldung begründeten Rechte (Anspruch auf Eintragung nach § 33 Abs. 2 S. 1 MarkenG, Widerspruchsrecht nach § 42 MarkenG, privatrechtliche Anwartschaft und einfaches Benutzungsrecht) unterliegen nach § 29 Abs. 1 Nr. 2 iVm § 31 MarkenG der Zwangsvollstreckung. 23

2. Förmliches Markenrecht. Das förmliche Markenrecht entsteht durch Eintragung der Marke in das Markenregister und kann nach § 29 Abs. 1 Nr. 2 MarkenG Gegenstand der Vollstreckung sein. 24

3. Personennamensmarken. Auch Rechte an Personennamensmarken sind pfändbar, da der durch die Namenswahl verbleibende personale Bezug zur Marke die Interessen des Gläubigers nicht überwiegt. Schon im Hinblick auf das Recht an der Firma vertrat die Rspr,[17] dass die persönlichkeitsrechtlichen Interessen des Inhabers nur dann der Pfändbarkeit entgegenstünden, wenn Firma oder Warenzeichen den bürgerlichen Namen des Inhabers enthielten. Denn da der Kaufmann gesetzlich gezwungen sei (§ 17 HGB), seinen bürgerlichen Namen zu verwenden, könne aus der Verwendung im Geschäftsverkehr nicht auf den fehlenden personalen Bezug geschlossen werden (sog. Unausweichlichkeitstheorie).[18] In diesem Sinne wird aber der Markenrechtsinhaber weder rechtlich noch tatsächlich gezwungen, seinen Namen als Marke zu verwenden, sondern trifft diese Entscheidung zur Verwendung im Geschäftsverkehr freiwillig.[19] 25

VII. Vollstreckung in die Lizenz

Bei der Vollstreckung in Lizenzen ist zwischen der einfachen und der ausschließlichen Lizenz zu unterscheiden. 26

1. Einfache Lizenz. Die einfache Lizenz ist ein schuldrechtliches Nutzungsrecht an dem geschützten Immaterialgut. Sie ist nach hM unpfändbar. Entweder ist sie nämlich als sog. **Betriebslizenz** an den Betrieb gebunden, der als solcher nicht gepfändet werden kann. Oder sie ist als **persönliche Lizenz** an die Person des Be- 27

---

16 Baumbach/*Hartmann*, Grundz § 704 ZPO Rn 76; Schuschke/Walker/*Walker*, § 857 ZPO Rn 38.
17 BGHZ 32, 103; 58, 322; 85, 221.
18 Vgl *Fezer*, § 29 MarkenG Rn 15 ff; *Koos*, GRUR 2004, 808, 809.
19 BGHZ 109, 367; *Fezer*, § 29 MarkenG Rn 23; *Stöber*, Forderungspfändung, Rn 1651 a; *Zimmermann*, InVo 1999, 3, 7.

rechtigten gebunden und kann damit weder übertragen noch zur Ausübung einem Dritten überlassen werden.[20]

28 **2. Ausschließliche Lizenz.** Die ausschließliche Lizenz gibt dem Lizenznehmer das alleinige Recht, die Befugnisse des lizenzierten Rechts im eingeräumten Umfang auszuüben.

29 **a) Frei übertragbar.** Ist die ausschließliche Lizenz **frei übertragbar**, so ist sie in Geld umsetzbar und damit pfändbar.[21] An der zwangsweisen Erfassbarkeit als Voraussetzung der Zwangsvollstreckung fehlt es nur dann, wenn sie einem Betrieb als Inhaber gewährt wurde, da der Betrieb als solcher nicht Gegenstand der Zwangsvollstreckung sein kann.[22]

30 **b) Gesetzlich unübertragbar.** Ist die Lizenz allerdings **gesetzlich unübertragbar** – zB weil sie sich auf ein Immaterialgüterrecht im Stadium vor Schutzrechtserteilung bezieht oder dem Lizenznehmer als persönliche Lizenz erteilt wurde – unterfällt sie nicht der Vollstreckung nach § 857 Abs. 1 ZPO. Die Möglichkeit einer Vollstreckung nach § 857 Abs. 3 ZPO hängt vom Gegenstand der Lizenz ab:

- Ist die Lizenz an einem Immaterialgüterrecht **vor Schutzrechtserteilung** eingeräumt worden, kann sie nicht zur Ausübung überlassen und daher auch nicht nach § 857 Abs. 3 ZPO gepfändet werden. Hier stehen das besondere Vertrauensverhältnis zum Lizenznehmer und das Geheimhaltungsinteresse entgegen.

- Ist die Lizenz als **persönliche** Lizenz eingeräumt worden, ist die Bindung des Rechts an die Person ihres Inhabers nicht so stark ausgeprägt. Zwar ist auch hier der Lizenznehmer gerade aufgrund seiner persönlichen Fähigkeiten ausgewählt worden. Allerdings verfügt er auch über eine größere Selbständigkeit, die sich zB in dem eigenen Abwehrrecht und dem fehlenden Einfluss des Lizenzgebers äußert. Da die Lizenz im Rahmen des § 857 Abs. 3 ZPO nicht auf einen Dritten übertragen, sondern ihm nur zur Ausübung überlassen wird, bleibt der Lizenznehmer sowohl Schuldner des Lizenzvertrages als auch (formaler) Inhaber des Rechts und kann in dieser Eigenschaft vom Lizenzgeber in Anspruch genommen werden. Eine Vollstreckung nach § 857 Abs. 3 ZPO ist damit möglich.

VIII. Verfahren und Folgen der Vollstreckung

31 Die nachfolgende Darstellung beschränkt sich auf diejenigen Bereiche des Vollstreckungsverfahrens, in denen im Hinblick auf den Vollstreckungsgegenstand (Immaterialgüterrecht) Besonderheiten zu beachten sind. Im Übrigen wird auf die Ausführungen in § 857 ZPO Rn 6 ff Bezug genommen.

32 **1. Bestimmtheitsgrundsatz.** Nach dem Bestimmtheitsgrundsatz ist das zu pfändende Recht im Antrag durch den Gläubiger so genau zu bezeichnen, dass seine Identität gegenüber anderen Rechten für alle Beteiligten zweifelsfrei ersichtlich ist. Dies ist problematisch, wenn das dem Recht zugrunde liegende Immaterialgut dem Gläubiger nicht oder nicht genau bekannt ist. Nach hM sind jedoch Ungenauigkeiten unschädlich, wenn sie nicht Anlass zu Zweifeln geben, welches

---

20 BGHZ 62, 272; Baumbach/*Hartmann*, Grundz § 704 ZPO Rn 93; Benkard/*Ullmann*, § 15 PatG Rn 48; *Brox/Walker*, Zwangsvollstreckungsrecht, Rn 847; MüKo-ZPO/ *Smid*, § 857 Rn 16; Stein/Jonas/*Brehm*, § 857 ZPO Rn 35; *Stöber*, Forderungspfändung, Rn 1649; *Zimmermann*, InVo 1999, 3, 8; Zöller/*Stöber*, § 857 ZPO Rn 2.
21 Baumbach/*Hartmann*, Grundz § 704 ZPO Rn 93; *Stöber*, Forderungspfändung, Rn 1649; *Zimmermann*, InVo 1999, 3, 8.
22 RGZ 134, 91, 96; Baumbach/*Hartmann*, Grundz § 704 ZPO Rn 93; *Göttlich*, MDR 1957, 11, 12; Stein/Jonas/*Brehm*, § 857 ZPO Rn 36.

Recht gemeint ist. Für den Gläubiger genügt es somit, wenn er das Immaterialgut, auf das sich das zu pfändende Recht bezieht, umschreiben kann.[23]

Im Bereich der Immaterialgüterrechte sind folgende **Formulierungen** für zulässig erachtet worden:

▶ „Gepfändet wird ...

- das angebliche Recht des Schuldners als Erfinder auf das Patent für einen noch nicht angemeldeten, als ... beschriebenen Gegenstand (Verfahren)."
- der durch die Anmeldung begründete angebliche Anspruch des Schuldners als Erfinder auf Erteilung des Patents für einen als ... beschriebenen Gegenstand (Verfahren)."
- das angebliche Recht des Schuldners als Erfinder auf das Gebrauchsmusterrecht für einen noch nicht angemeldeten, als ... beschriebenen Gegenstand."
- das angebliche Recht des Schuldners als Urheber auf das Urheberrecht für ein noch nicht veröffentlichtes, als ... beschriebenes Werk."
- alle angeblichen Nutzungs- und Verwertungsrechte, insbesondere die Befugnis zur Vervielfältigung und Verbreitung, die dem Schuldner als Alleinerben des ... aus dem Urheberrecht an dem noch nicht erschienen Werk ... zustehen." ◀

2. Arrestatorium. Wesentlicher Bestandteil des Pfändungsbeschlusses ist nach § 829 Abs. 1 ZPO das an den Drittschuldner gerichtete Verbot, an den Schuldner zu zahlen (arrestatorium). Bei der Pfändung von Immaterialgüterrechten existiert ein solcher Drittschuldner allerdings im Regelfall nicht, da es sich um Herrschaftsrechte an unkörperlichen Gegenständen handelt, die dem Rechtsinhaber gegenüber jedem Dritten zustehen. Im Rahmen des § 857 ZPO gibt es daher einen sog. **„weiten" Drittschuldnerbegriff.** Dieser bezieht nach hM alle Personen mit ein, die an dem gepfändeten Vermögensrecht in irgendeiner Weise beteiligt sind – entweder als gleichberechtigter Teilhaber oder weil ihre Leistung zur Ausübung des Rechts erforderlich ist – oder deren Rechtsstellung durch die Pfändung berührt wird.[24]

Der Drittschuldner fehlt insb. bei einer Pfändung

- der Urheberverwertungsrechte gegen den Urheber oder seinen Rechtsnachfolger;[25]
- der einem Dritten übertragenen urheberrechtlichen Nutzungsrechte;[26]
- der vermögensrechtlichen Bestandteile des Erfinderrechts (Patent, Gebrauchsmuster- und Markenrecht);

---

23 BGH NJW 1988, 2543; BGH NJW 1990, 2931; Stein/Jonas/*Brehm*, § 857 ZPO Rn 42; vgl auch die Beispielsformulierungen bei *Stöber*, Forderungspfändung, Rn 1718, 1758.

24 BGHZ 49, 197; Baumbach/*Hartmann*, § 857 ZPO Rn 11; *Brox/Walker*, Zwangsvollstreckungsrecht, Rn 727; MüKo-ZPO/*Smid*, § 857 Rn 2; Schuschke/Walker/*Walker*, § 857 ZPO Rn 6.

25 *Stöber*, Forderungspfändung, Rn 1763.

26 Nach hM (vgl *Schricker*, § 28 VerlG Rn 33; MüKo-ZPO/*Smid*, § 857 Rn 6; *Stöber*, Forderungspfändung, Rn 1778) ist bei Pfändung des Verlagsrechts der Verfasser kein Drittschuldner.

- der nach Anmeldung entstandenen privatrechtlichen Anwartschaft (Patent, Gebrauchsmuster- und Markenrecht);[27]
- eines lizenzierten Rechts.

36 Bei der Pfändung **einzelner Rechte des Verlegers** aus dem Verlagsvertrag nimmt der Verfasser die Stellung als Drittschuldner ein.[28] Bei Pfändung einer **ausschließlichen Lizenz** wird teilweise der Lizenzgeber als Drittschuldner angesehen.[29] Da der BGH diese Frage offen gelassen hat,[30] sollte mangels höchstrichterlicher Klärung die Zustellung aus Gründen anwaltlicher Vorsicht sowohl an den Lizenzgeber als auch an den Lizenznehmer erfolgen.

37 **3. Inhibitorium.** Das inhibitorium ist bei Fehlen eines Drittschuldners – also insb. im Bereich der Immaterialgüterrechte – ausnahmsweise für die Wirksamkeit der Pfändung und die Entstehung des Pfändungspfandrechts von wesentlicher Bedeutung (§ 857 Abs. 2 ZPO).[31] Das inhibitorium begründet ein **relatives Verfügungsverbot** nach §§ 135, 136 BGB und sichert so die Gläubigerinteressen.

38 Insbesondere bei denjenigen Immaterialgüterrechten, die ihren wirtschaftlichen Wert aus der Geheimhaltung des betreffenden Immaterialgutes ziehen, ist das Wort „Verfügung" nicht nur im technischen Sinne zu verstehen, sondern muss auch andere durch den Schuldner verursachte Verschlechterungen des Rechts zum Nachteil des Gläubigers umfassen. Dem Schuldner ist nicht nur zu untersagen, über das Immaterialgüterrecht zu verfügen. Er darf außerdem das Recht nicht allgemein bekannt machen, weil es dadurch seinen Vermögenswert verliert und für den Gläubiger eine Vollstreckung sinnlos wird.[32]

39 Das inhibitorium sollte diese Verbote ausdrücklich enthalten, um auch dem Schuldner als oftmals juristischem Laien verständlich zu sein. Rechtliche Bedenken bestehen dagegen nicht, da der genaue Wortlaut nicht zwingend vorgeschrieben ist und der Sinn der Anordnung – die Sicherung des gepfändeten Rechts für den Gläubiger – durch eine spezifische Formulierung effektiver erreicht werden kann.

40 **4. Zustellung/Mitteilung des Pfändungsbeschlusses. a) Zustellung an den Drittschuldner.** Nach §§ 829 Abs. 3, 857 Abs. 1 ZPO wird die Pfändung der Forderung mit **Zustellung** des Pfändungsbeschlusses an den Drittschuldner wirksam. Fehlt ein Drittschuldner, so wird gem. § 857 Abs. 2 ZPO die Pfändung mit Zustellung des Beschlusses mit inhibitorium an den Schuldner wirksam.

41 **b) Mitteilung an Dritte.** Teilweise ist die Mitteilung des Pfändungsbeschlusses auch an Dritte sinnvoll, wenn zu befürchten ist, dass der Dritte, ohne Drittschuldner zu sein, Leistungen an den Schuldner erbringen wird, aufgrund derer es dem Gläubiger erschwert oder unmöglich wird, sich aus dem gepfändeten

---

27 Das Patentamt ist bei Pfändung dieser Rechte kein Drittschuldner (*Fezer*, § 29 MarkenG Rn 26 f; *Hubmann*, in: FS Lehmann, S. 812, 831; *Repenn/Spitz*, WRP 1993, 737, 738; *Zimmermann*, Immaterialgüterrechte und ihre Zwangsvollstreckung, S. 286; Zöller/*Stöber*, § 857 ZPO Rn 10).
28 *Schricker*, § 28 VerlG Rn 33; MüKo-ZPO/*Smid*, § 857 Rn 3; Stein/Jonas/*Brehm*, § 857 ZPO Rn 97.
29 *Stöber*, Forderungspfändung, Rn 1649; aA Benkard/*Ullmann*, § 15 PatG Rn 30; Stein/Jonas/*Brehm*, § 857 ZPO Rn 98.
30 BGH NJW 1990, 2931.
31 BGHZ 49, 197; MüKo-ZPO/*Smid*, § 857 Rn 6; *Stöber*, Forderungspfändung, Rn 1463.
32 LG Gießen MDR 1986, 155; Stein/Jonas/*Brehm*, § 829 ZPO Rn 91; *Stöber*, Forderungspfändung, Rn 504.

Recht zu befriedigen oder wenn der Dritte in sonstiger Weise auf das gepfändete Recht Einfluss nehmen kann.[33]

So sollte bei einer Vollstreckung in das förmliche Markenrecht (§§ 4 Nr. 1, 29 Abs. 1 Nr. 2 MarkenG) die Pfändung dem Patentamt mitgeteilt werden. Denn nach § 29 Abs. 2 MarkenG werden solche Vollstreckungsmaßnahmen bei entsprechendem Nachweis in das **Markenregister** eingetragen. 42

Auch bei Pfändung der Anwartschaft auf das **Patent** ist ein Nachweis gegenüber dem **Patentamt** anzuraten.[34] Dieses nimmt einen Vermerk über die Pfändung zu den Akten, führt künftige Umschreibungen aufgrund Verfügungen über die Anmeldung nur noch mit Zustimmung des Gläubigers aus und übersendet diesem eine Mitteilung von allen wichtigen Beschlüssen. 43

Die Mitteilung des Pfändungsbeschlusses an den **Lizenznehmer** bei Pfändung eines lizenzierten Rechts dürfte zwar streng genommen nicht erforderlich sein, da der Lizenznehmer nicht in der Lage ist, auf das gepfändete Recht Einfluss zu nehmen oder Leistungen an den Lizenzgeber zu erbringen, die es dem Gläubiger erschweren oder unmöglich machen, sich aus dem gepfändeten Recht zu befriedigen. Bei den Lizenzgebühren handelt es sich um selbständige Geldforderungen, die nicht von der Pfändung des lizenzierten Rechts erfasst werden, sondern selbständig nach §§ 829 ff ZPO zu pfänden und entsprechend zu verwerten sind. Auch wenn die Lizenzgebühren weiterhin an den Schuldner gezahlt werden, verhindert dies nicht die spätere Verwertung des gepfändeten Rechts durch den Gläubiger. Aus Gründen äußerster Vorsicht kann eine solche Mitteilung allerdings trotzdem erfolgen, zumal Nachteile aus diesen Maßnahmen nicht zu befürchten sind. 44

IX. Wirkung der Pfändung

1. Rechtsstellung des Schuldners. Die Pfändung des Immaterialgüterrechts beeinflusst die **Verfügungsbefugnis** des Schuldners über das Immaterialgüterrecht,[35] ändert jedoch nichts an der **Rechtsinhaberschaft** des Schuldners, da die Pfändung keine Übertragung bewirkt. 45

Das Recht des Schuldners zur **Eigennutzung** des Immaterialgüterrechts wird durch die Pfändung nicht beeinträchtigt, solange die Eigennutzung nicht in einer Verfügung über das Recht im technischen Sinne besteht oder sie das Immaterialgüterrecht, das seinen Vermögenswert aus der Geheimhaltung bezieht, allgemein bekannt macht. 46

Der Schuldner verliert durch die Pfändung auch nicht die Befugnis, die Erfindung als Patent oder Gebrauchsmuster **anzumelden**. Die Anmeldebefugnis ist nämlich an die materielle Berechtigung am Immaterialgut anzuknüpfen, welche durch die Pfändung nicht berührt wird. Darüber hinaus handelt es sich bei der Anmeldung nicht um eine dem Gläubiger nachteilige Verfügung, da das Immaterialgüterrecht und die spätere Erlangung des Schutzrechts nicht beeinträchtigt, sondern vielmehr gesichert werden. 47

2. Rechtsstellung des Gläubigers. Die Pfändung des Immaterialgüterrechts bewirkt die **Beschlagnahme (Verstrickung)**, dh das Recht wird durch hoheitlichen Eingriff sichergestellt und im Interesse des Gläubigers der Verfügungsbefugnis 48

---

33 MüKo-ZPO/*Smid*, § 857 Rn 3; Stein/Jonas/*Brehm*, § 857 ZPO Rn 99; *Stöber*, Forderungspfändung, Rn 1525 und 1721.
34 DPA GRUR 1950, 294; MüKo-ZPO/*Smid*, § 857 Rn 3; *Stöber*, Forderungspfändung, Rn 1721.
35 BGHZ 125, 342; *Brox/Walker*, Zwangsvollstreckungsrecht, Rn 841; Benkard/*Ullmann*, § 15 PatG Rn 29; *Stöber*, Forderungspfändung, Rn 1772; *Zimmermann*, InVo 1999, 3, 10.

des Schuldners entzogen. Die Pfändung begründet für den Gläubiger ein Pfändungspfandrecht an dem Immaterialgüterrecht. Dagegen ist der Erwerb eines Nutzungsrechts mit der Pfändung nicht verbunden, da dies schon eine Befriedigung des Gläubigers darstellen würde.[36]

49 Auch erwirbt der Gläubiger mit der Pfändung kein Recht, das Immaterialgüterrecht zur Erteilung bzw Eintragung des staatlichen Schutzrechts anzumelden.[37] Berechtigt zur Anmeldung ist nach § 6 PatG, § 13 Abs. 3 GebrMG nur der Schöpfer oder sein Rechtsnachfolger.[38] Allein durch die Pfändung hat der Gläubiger keine dieser beiden Positionen eingenommen.

50 **3. Eintragung des Pfandrechts in die Register.** Maßnahmen der Zwangsvollstreckung, die das durch die Eintragung einer Marke begründete Recht betreffen, werden auf Antrag eines Beteiligten in das Register eingetragen, wenn sie dem Patentamt nachgewiesen sind (§ 29 Abs. 2 MarkenG).

X. Verwertungsmöglichkeiten

51 Bei Verwertung der nach § 857 Abs. 1 iVm § 829 ZPO gepfändeten Vermögensrechte gelten grds. die §§ 835, 844 ZPO. Dies bedeutet, dass als Verwertungsarten die Überweisung zur Einziehung, die Überweisung an Zahlungs statt und die „andere Art der Verwertung" in Betracht kommen.

52 **1. Überweisung an Zahlungs statt.** Die Verwertung der gepfändeten Immaterialgüterrechte durch Überweisung an Zahlungs statt nach § 835 Abs. 1 2. Alt. ZPO ist bei sämtlichen hier behandelten Rechten unzulässig, da die Rechte keinen Nennwert haben.[39] In Betracht käme lediglich eine Addition aller Lizenzgebühren oder Verwertungserträge, die mit diesen Rechte erzielt werden konnten oder können. Dies stellt aber keinen Nennwert iSd § 835 Abs. 1 2. Alt. ZPO dar, sondern nur den Ertragswert des jeweiligen Rechts.

53 **2. Überweisung zur Einziehung. a) Urheberrecht.** Eine Überweisung der **urheberrechtlichen Verwertungsrechte** zur Einziehung ist nach hM zulässig.[40] Sie setzt keinen abgeschlossenen Vertrag voraus, dessen Leistungen geltend gemacht werden sollen, sondern erfordert nur, dass das gepfändete Recht seiner Natur nach auch von einem anderem als dem Schuldner ausgeübt werden kann. Die Überweisung zur Einziehung bewirkt die Ermächtigung des Gläubigers, bis zu seiner Befriedigung die Rechte des Urhebers auszuüben.

54 Auch bei der Verwertung eines gepfändeten **Verlagsrechts** oder eines anderen urheberrechtlichen Nutzungsrechts ist die Überweisung zur Einziehung zulässig.[41] Nach Überweisung des Rechts nimmt der Gläubiger die Stellung des Verlegers oder Nutzungsberechtigten ein und kann dessen Rechte so lange ausüben, bis er in Höhe seiner Forderung befriedigt ist.

55 **b) Patent/Gebrauchsmuster/Marke.** Die Verwertung der **vor Anmeldung zum Schutzrechtsverfahren bestehenden Rechte** durch Überweisung zur Einziehung ist

---

36 BGHZ 125, 341; Benkard/*Ullmann*, § 15 PatG Rn 29; *Stöber*, Forderungspfändung, Rn 1725; *Fezer*, § 29 MarkenG Rn 22 ff.
37 AA *Brox/Walker*, Zwangsvollstreckungsrecht, Rn 842; *Stöber*, Forderungspfändung, Rn 1720 (zum Patent).
38 Die Regelung des § 7 PatG greift nicht ein, weil es nicht um einen Streit um die Feststellung des Erfinders geht. Der Gläubiger ist aber unstreitig kein Erfinder, sondern nur Inhaber des Pfändungspfandrechts.
39 *Stöber*, Forderungspfändung, Rn 1764.
40 *Rehbinder/Peukert*, Urheberrecht, S. 358 ff; Schuschke/Walker/*Walker*, § 857 ZPO Rn 37; *Stöber*, Forderungspfändung, Rn 1764.
41 *Schricker*, § 28 VerlG Rn 35; *Stöber*, Forderungspfändung, Rn 1778; *Ulmer*, Urheber- und Verlagsrecht, § 135 III.

ebenfalls möglich. Der Gläubiger kann aufgrund dieser Verwertung die dem Schuldner zustehenden Befugnisse ausüben, also das Immaterialgut für sich nutzen und zum Schutzrechtsverfahren anmelden.

Bei der **Anwartschaft auf das Patent** lehnt die hM eine Verwertung durch Überweisung zur Einziehung ab.[42] Zur Einziehung könne ein gepfändetes Recht nur überwiesen werden, wenn es seiner Natur nach auch von einem anderen ausgeübt werden könne. Die Ausübung des in der Entstehung begriffenen Rechts geschehe aber in der Durchführung des Patenterteilungsverfahrens. Dies könne nur der Anmelder selbst, weil nur er dem Patentamt gegenüber zu etwa notwendigen Erklärungen in der Lage und befugt sei. Dies überzeugt nicht.[43] Die notwendige Befugnis zur Abgabe von Erklärungen für den Schuldner wird dem Gläubiger gerade durch die Überweisung zur Einziehung erteilt. Die Überweisung zur Einziehung ist nur ausgeschlossen, wenn das Recht seiner Natur nach nicht durch eine andere Person als den Schuldner ausgeübt werden kann, nicht jedoch, wenn zur Durchführung dieser Ausübung ein bestimmter Wissens- oder Kenntnisstand erforderlich ist, den der Gläubiger (noch) nicht hat. Um diesen Mangel auszugleichen, ist gerade die Vorschrift des § 836 Abs. 3 ZPO geschaffen worden. 56

Die nach Abschluss des Schutzrechtsverfahrens entstandenen **Vollrechte** (Patent, Gebrauchsmuster- und Markenrecht) können ohne weiteres durch Überweisung zur Einziehung verwertet werden. Durch diese Verwertung kann der Gläubiger die Befugnisse des Schuldners aus dem Herrschafts- und Nutzungsrecht so lange ausüben, bis er in Höhe seiner Forderung befriedigt ist. 57

3. Andere Art der Verwertung. Eine Verwertung in Form der Veräußerung, der Versteigerung und der Überweisung an Zahlungs statt zu einem unter dem Nennwert liegenden Betrag ist bei denjenigen Immaterialgüterrechten unzulässig, die aufgrund ihrer gesetzlichen oder rechtsgeschäftlich vereinbarten Unveräußerlichkeit nur nach § 857 Abs. 3 ZPO gepfändet werden konnten. Es bleibt daher nur die Anordnung der Ausübung des Rechts durch einen anderen. Das Gericht kann insb. eine Verwaltung oder Verpachtung anordnen oder dem Gläubiger die Befugnis zur Lizenzierung des Rechts erteilen. 58

Bei den **Verlagsrechten** ist die Zulässigkeit einer Verwertung durch Veräußerung gem. § 857 Abs. 5 ZPO nicht davon abhängig, dass der Verfasser seine Zustimmung erklärt.[44] Denn ist ein Recht frei übertragbar und als solches auch gepfändet worden, dann stehen dem Gläubiger sämtliche Verwertungsarten zur Verfügung. 59

Bei Verwertung eines Immaterialgüterrechts, das sich **vor oder im Verfahren der Schutzrechtserteilung** befindet, ist dem Gläubiger eine Veräußerung des Rechts durch Versteigerung oder freihändigen Verkauf anzuraten. Da die Veräußerung des Rechts den Wechsel der Rechtsinhaberschaft mit sich bringt, ist der Gläubiger nunmehr als Rechtsnachfolger des Schuldners Verfahrensbeteiligter im Schutzrechtsverfahren. 60

Bei der **Überweisung zum Schätzwert** wird der Gläubiger Inhaber des Rechts und ist mit seiner Forderung in Höhe des vom Gericht festgesetzten Betrages als befriedigt anzusehen. Die Wertermittlung bei Immaterialgüterrechten ist allerdings 61

---

42 DPA GRUR 1950, 294; Benkard/*Ullmann*, § 15 PatG Rn 29; *Stöber*, Forderungspfändung, Rn 1725; Stein/Jonas/*Brehm*, § 857 ZPO Rn 108.
43 Ebenso *Hubmann*, in: FS Lehmann, S. 812, 834; Stein/Jonas/*Pohle*, 18. Aufl. 1956, § 857 ZPO Anm. III 1; *Tetzner*, Patentrecht, § 9 Rn 81.
44 AA *Schricker*, § 28 VerlG Rn 35.

schwierig. Es bietet sich am ehesten die Schätzung nach der Vergleichspreismethode oder die Beauftragung eines Sachverständigen an.[45]

62 Eine Verwertung in Form der öffentlich-rechtlichen oder privatrechtlichen **Versteigerung** stößt insb. bei Immaterialgüterrechten im Stadium vor Anmeldung auf Probleme. Im Rahmen der Versteigerung kann das Recht aufgrund der notwendigen Geheimhaltung den anwesenden Interessenten nicht detailliert beschrieben werden. Andererseits wird ein potentieller Erwerber auch kaum davon zu überzeugen sein, ein geheimes Recht zu ersteigern, das er in seiner Werthaltigkeit nicht abschätzen kann.

63 **4. Zugriff auf Werkstücke, Unterlagen und Urkunden.** Bei umfangreichen und komplizierten Erfindungen kann es vorkommen, dass der Gläubiger die Werkstücke, in denen das Immaterialgut verkörpert wurde, und die Unterlagen, Urkunden etc., die zu diesem Immaterialgut existieren, ebenfalls benötigt.

64 Im Bereich des **Urheberrechts** hat der Gesetzgeber die Vollstreckung in die Originale des Urhebers in den §§ 114, 116 UrhG geregelt. Bei einer Vollstreckung in die dem Urheber gehörenden, nicht veröffentlichten Originale ist dessen Einwilligung erforderlich (§ 114 Abs. 1 UrhG). Ihrer bedarf es nicht, wenn der Gläubiger ein Nutzungsrecht gepfändet hat, zu dessen Auswertung er nun das Original benötigt (§ 115 Abs. 2 Nr. 1 UrhG). Entsprechendes gilt über § 116 UrhG für die Vollstreckung gegen den Rechtsnachfolger. Nach § 114 Abs. 2 UrhG gepfändete Originalen muss der Gläubiger zurückgeben, wenn er sie nicht mehr benötigt (arg. § 114 Abs. 2 S. 2 UrhG). Soweit gegen den Besitzer des Gegenstandes ein Herausgabeanspruch nicht besteht, wird nur ein Anspruch auf vorübergehende Benutzung zwecks Anfertigung der Vervielfältigung anzuerkennen sein.

65 Bei den **übrigen Immaterialgüterrechten** wird zutreffend die Anwendung von § 836 Abs. 3 ZPO bejaht.[46] Nach der Verweisung des § 857 Abs. 1 ZPO gilt § 836 Abs. 3 ZPO auch für die Vollstreckung in andere Vermögensrechte. Die Patenturkunde und sonstige über das Recht ausgestellte **Urkunden** (zB Markenurkunden nach § 19 MarkenV) fallen als Beweisurkunden unter § 836 Abs. 3 S. 1 2. Alt. ZPO und können bei Weigerung des Schuldners nach §§ 836 Abs. 3, 883 ZPO herausverlangt werden. Gleiches gilt für Zeichnungen, Schriftstücke und Bilder, die der Schuldner angefertigt hat und die für die Ausübung des gepfändeten Rechts erforderlich sind. Es sind dies zwar keine Beweisurkunden, aber sie dienen zum näheren Verständnis des gepfändeten Gegenstandes, der aufgrund seiner „doppelten Unkörperlichkeit" nur bei umfassender Kenntnis genutzt werden kann.

66 Die Herausgabepflicht des Schuldners gilt auch für die von ihm hergestellten **Werkstücke**. Kann der Gläubiger nämlich die zur Ausübung des Rechts notwendigen Kenntnisse über das Immaterialgut nur anhand der bereits hergestellten Werkstücke erhalten, etwa weil nie Unterlagen über das Immaterialgut vorhanden waren oder vom Schuldner wieder vernichtet worden sind, so muss der Schuldner ihm in analoger Anwendung des § 836 Abs. 3 S. 1 ZPO zum Zwecke der Kenntniserlangung die Werkstücke zur Verfügung stellen.

67 Der Gläubiger kann die Herausgabe der Werkstücke nach § 883 ZPO mit dem Überweisungsbeschluss als Titel **vollstrecken**. Die Herausgabe unterscheidet sich

---

45 Zu diesen und anderen möglichen Bewertungsmethoden *Repenn/Spitz*, WRP 1993, 737. Die Kosten für diese Wertermittlung sind Kosten der Zwangsvollstreckung.
46 *Stöber*, Forderungspfändung, Rn 1726; Stein/Jonas/*Brehm*, § 857 ZPO Rn 103 (zur Patenturkunde und anderen Unterlagen über die patentierte Erfindung). Nach aA (*Hubmann*, in: FS Lehmann, S. 812, 835) kann der Gläubiger keine Herausgabe nach § 836 Abs. 3 ZPO fordern, wohl aber Zugang zu den Werkstücken und Unterlagen, um Kopien anzufertigen.

von den durch Klage zu erzwingenden Auskünften nämlich entscheidend dadurch, dass die Informationen schon verkörpert sind. Für eine Vollstreckung nach § 883 ZPO spricht weiterhin, dass die Herausgabe der Werkstücke keine unvertretbare Handlung ist, die durch Zwangsgeld oder Zwangshaft vollzogen werden muss. Soweit der Gläubiger zur Geltendmachung oder Ausübung des Immaterialgüterrechts darüber hinaus Auskünfte vom Schuldner benötigt, deren Informationsgehalt nicht in schriftlichen Unterlagen oder in einem Werkstück verkörpert ist, ist er gem. § 836 Abs. 3 S. 1 1. Alt. ZPO auf eine Auskunftsklage gegen den Schuldner angewiesen.

XI. Vorpfändung

Die Zulässigkeit einer Vorpfändung (§ 845 ZPO) wird im Bereich des § 857 ZPO und damit auch im Gebiet der Immaterialgüterrechte von der hM bejaht, da sich die Verweisung des § 857 Abs. 1 ZPO auch auf § 845 ZPO erstreckt.[47] Daraus ist zu folgern, dass nach dem Willen des Gesetzgebers eine Vorpfändung auch im Rahmen der Rechtspfändung zulässig sein sollte und zwar unabhängig von der Frage, ob es sich um drittschuldnerlose Rechte handelt oder nicht. Weiterhin spricht auch die Regelung der Vorpfändung an sich nicht gegen eine Anwendung auf die drittschuldnerlosen Rechte. Sie setzt eine Benachrichtigung von Drittschuldner und Schuldner voraus, womit auch in den Fällen einer Vorpfändung von drittschuldnerlosen Rechten ein Adressat für diese Benachrichtigung vorhanden ist.

68

---

[47] RGZ 71, 183; MüKo-ZPO/*Smid*, § 857 Rn 5; Schuschke/Walker/*Walker*, § 857 ZPO Rn 8; Stein/Jonas/*Brehm*, § 857 ZPO Rn 104; *Stöber*, Forderungspfändung, Rn 1461; aA *Tetzner*, Patentrecht, § 9 Rn 79 und 82.

6. Zwangsvollstreckung im Mietverhältnis

I. Einführung	1	bb) § 765 a ZPO	26
II. Ausgewählte Probleme	4	c) Durchführung der Räumungsvollstreckung	28
1. Räumungsvollstreckung	5	d) Kosten	32
a) Besonderheiten bei der Titulierung	5	e) Kostenreduziertes Räumungsverfahren: „Berliner Modell" (§ 885 a ZPO)	34
aa) Urteil, Vergleich, Zuschlagsbeschluss	5	2. Vollstreckung in Mietzinsforderungen	36
bb) Einstweilige Verfügung, § 940 a Abs. 1 ZPO	6	a) Verfahren	36
cc) Vollstreckbare Urkunde, § 794 Nr. 5 ZPO	9	b) Konkurrenz der Gläubiger	37
dd) Drittbetroffenheit	14	c) Pfändungsschutz des Vermieters	41
b) Räumungsfristen	23	d) Risiken des Mieters	43
aa) §§ 721 und 794 a ZPO	24		

I. Einführung

1 Auch im Mietrecht gilt der **Grundsatz des Selbsthilfeverbots**. Der Gläubiger muss also auch hier grds. „obrigkeitliche Hilfe" in Anspruch nehmen,[1] sich also der gesetzlich vorgesehenen Verfahren zur zwangsweisen Durchsetzung seiner Ansprüche bedienen, wenn der Schuldner nicht freiwillig leistet.

2 Aus dem Dauerschuldverhältnis Miete folgt eine Vielzahl mietrechtlicher Ansprüche. Die Verwertung aller Rechte des Mieters oder Vermieters als Bündel ist unserer Rechtsordnung fremd.[2] Sie führt daher in der Praxis zu einer ebenso großen Vielzahl von Einzelzwangsvollstreckungsmaßnahmen, bezogen auf den jeweils betroffenen Gegenstand (Sache, Forderung, Recht). Die Vollstreckungsmöglichkeiten und -notwendigkeiten in Mietsachen decken deshalb das **gesamte Spektrum des Zwangsvollstreckungsrechts** ab.

3 Erfüllt etwa der Mieter seine (Haupt-)Leistungspflicht zur Mietzinszahlung nicht, so wird der Vermieter letztlich die Zwangsvollstreckung wegen Geldforderungen gem. §§ 829 ff ZPO betreiben. Erfüllt der Vermieter seine (Haupt-)Leistungspflicht zur Gewährung des Gebrauchs des Mietgegenstandes nicht, so muss der Mieter letztlich die Zwangsvollstreckung zur Erwirkung der Herausgabe von Sachen gem. §§ 883 ff ZPO betreiben. Insbesondere im Bereich der Wohnraummietverhältnisse gibt es daneben zahlreiche weitere Ansprüche. So etwa den Anspruch des Mieters auf Erstellung der Nebenkostenabrechnung, dessen Nichterfüllung zur Vollstreckung nach § 888 ZPO (nicht vertretbare Handlungen) führt, den Anspruch des Vermieters auf Zustimmung zur Mieterhöhung (§§ 558 ff BGB), der zur Fiktion der Zustimmung des Mieters nach § 894 ZPO führt, und den Anspruch des Mieters auf Zustimmung und Duldung von baulichen Veränderungen für eine behindertengerechte Nutzung der Mietsache (§ 554 a BGB – Barrierefreiheit), der zur Fiktion der Zustimmung des Vermieters gem. § 894 ZPO (Fiktion der Abgabe einer Willenserklärung) iVm einer Duldungsvollstreckung gem. § 890 ZPO (Erzwingung von Unterlassungen und Duldungen) führt.

---

1 *Gaul/Schilken/Becker-Eberhard*, § 1 II 1. Zu den Ausnahmen s. etwa § 562 b BGB: Selbsthilfe im Rahmen der Geltendmachung des Vermieterpfandrechts.
2 *Bub/Treier*, Handbuch der Geschäfts- und Wohnraummiete, 3. Aufl. 1999, VII. A 1.2.

II. Ausgewählte Probleme

Der wohl wichtigste Fall der Zwangsvollstreckung im Mietrecht ist die zwangsweise Durchsetzung des Anspruchs des Vermieters auf Räumung des Wohnraums und damit die Herausgabevollstreckung gem. § 885 ZPO (s. Rn 5 ff). Von besonderer Bedeutung sind aber auch die Vollstreckung in Mietzinsansprüche durch persönliche und dingliche Gläubiger des Vermieters sowie der Fall des vorauszahlenden Mieters aufgrund des bestehenden Doppelzahlungsrisikos (s. Rn 43 ff).

1. Räumungsvollstreckung. a) Besonderheiten bei der Titulierung. aa) Urteil, Vergleich, Zuschlagsbeschluss. Mit Blick auf die für den Mieter oftmals existenzielle Bedeutung des Wohnraums bedarf es zur Räumungsvollstreckung grds. eines Urteils nach § 704 ZPO, welches gem. § 708 Nr. 7 ZPO für vorläufig vollstreckbar erklärt werden kann. Aber auch der vor dem Prozessgericht geschlossene Vergleich nach § 794 Abs. 1 S. 1 ZPO ist als Grundlage der Räumungsvollstreckung geeignet sowie der Zuschlagsbeschluss gem. § 93 ZVG und der Beschluss nach § 149 Abs. 2 ZVG gegen den die Zwangsvollstreckung gefährdenden Schuldner (s. § 885 ZPO Rn 5 mit weiteren Beispielen).[3]

bb) Einstweilige Verfügung, § 940 a Abs. 1 ZPO. Demgegenüber ist eine Titulierung des Räumungsanspruchs im einstweiligen Rechtsschutz wegen der geringeren Richtigkeitsgewähr einerseits und der meist doch endgültigen Folgen für den Mieter andererseits als problematisch anzusehen. Dennoch sind Ausnahmen nötig und vorgesehen, etwa in § 940 a Abs. 1 ZPO.[4]

Gegen eine **verbotene Eigenmacht** (§ 858 BGB) darf sich der Besitzer, ohne einen Titel erstreiten zu müssen, sogar im Wege der Selbsthilfe mit Gewalt zur Wehr setzen (§ 859 BGB). In rechtlich stimmiger Fortsetzung dieses Selbsthilferechts eröffnet § 940 a Abs. 1 ZPO hier einen engen Anwendungsbereich (beschränkt auf Wohnraum) für eine Räumungsverfügung.[5] Zweiter Anwendungsfall einer zulässigen einstweiligen Verfügung ist der Fall der **drohenden Gewalt**.[6] Entscheidend ist hier, ob eine **Gefahr für Leib oder Leben** dadurch besteht, dass der Antragsgegner die Räume bewohnt oder sich darin aufhält, auch wenn sich die Gefahr außerhalb der bewohnten Räume verwirklicht.[7]

Regelmäßig wird sich der Inhalt der einstweiligen Verfügung auf die **Räumung** von Wohnraum richten. Möglich ist aber auch, dass durch eine **Unterlassungsverfügung** das Betreten einer Wohnung untersagt wird.[8]

cc) Vollstreckbare Urkunde, § 794 Nr. 5 ZPO. Gemäß § 794 Nr. 5 ZPO findet die Zwangsvollstreckung auch aus einer Urkunde statt, die von einem deutschen Gericht oder Notar in der vorgeschriebenen Form aufgenommen worden ist, sofern die Urkunde über einen Anspruch errichtet ist, der einer vergleichsweisen Regelung zugänglich ist und der Schuldner sich wegen des bezeichneten Anspruchs der sofortigen Zwangsvollstreckung unterworfen hat.

Ausdrücklich **ausgenommen** werden Ansprüche, die den Bestand eines Mietverhältnisses über Wohnraum betreffen. Damit sind alle Ansprüche auf Räumung und Herausgabe von Wohnraum von der Titulierung ausgenommen, unabhängig

---

3 *Bub/Treier*, Handbuch der Geschäfts- und Wohnraummiete, VII. A 1.6.
4 Vgl auch §§ 49 ff FamFG.
5 Vgl MüKo-ZPO/*Drescher*, § 940 a Rn 1.
6 Eingefügt durch Art. 4 Nr. 11 des Gesetzes zur Verbesserung des zivilrechtlichen Schutzes bei Gewalttaten und Nachstellungen sowie zur Erleichterung der Überlassung der Ehewohnung bei Trennung vom 11.12.2001 (BGBl. I S. 3513, 3516); MüKo-ZPO/*Drescher*, § 940 a Rn 1.
7 MüKo-ZPO/*Drescher*, § 940 a Rn 4 mwN.
8 MüKo-ZPO/*Drescher*, § 940 a Rn 6 mvwN.

davon, auf welche Anspruchsgrundlage sie gestützt werden.[9] Diese **Unterwerfungssperre** greift jedoch dann nicht mehr, wenn sich die Parteien darüber einig sind, dass das Mietverhältnis bereits beendet ist, da der Mieter in diesem Fall auf den bezweckten Schutz nicht mehr angewiesen ist. Eine Unterwerfung nach Beendigung des Mietverhältnisses ist also möglich (s. § 794 ZPO Rn 43 f mit Formulierungsbeispiel).[10]

11 Nicht ausgenommen und damit **zulässig** sind eine Unterwerfung wegen der Mietzahlung, eine Unterwerfung des Vermieters wegen der Verschaffung von Mietbesitz zugunsten des Mieters, eine Unterwerfung wegen des Besitzverschaffungsanspruchs nach Kauf und die Unterwerfung wegen der Räumung von Geschäftsräumen (s. § 794 ZPO Rn 43).[11]

12 Bei **gemischten Mietverhältnissen** (teils Wohnraum, teils Geschäftsraum) ist zwischen trennbaren und untrennbar vermieteten Räumen zu unterscheiden: Bei trennbaren Mietverhältnissen iSd § 139 BGB gilt die Unterwerfungssperre nur für den Wohnteil; bei nicht trennbaren Mietverhältnissen entscheidet dessen Schwerpunkt über die Anwendbarkeit der Unterwerfungssperre.[12]

13 Ist die Unterwerfung unzulässigerweise erfolgt, stehen als **Rechtsbehelfe**, je nach Fallgestaltung, die Erinnerung oder die Klage gegen die Erteilung der Vollstreckungsklausel (§§ 797 Abs. 3, 732, 768 ZPO), die Erinnerung gegen die Vollstreckung trotz fehlender Voraussetzungen gem. § 766 ZPO und, mit Blick auf materielle Einwendungen, die Vollstreckungsabwehrklage gem. § 767 ZPO zur Verfügung (s. § 797 ZPO Rn 15 ff).[13]

14 **dd) Drittbetroffenheit.** Die Räumungsvollstreckung darf nach § 750 Abs. 1 S. 1 ZPO nur beginnen, wenn die Personen, gegen die sie stattfinden soll, in dem Titel oder in der beigefügten Vollstreckungsklausel **namentlich bezeichnet** sind. Nach der Rspr des BGH darf gegen andere als in dem Titel oder der Klausel bezeichneten Personen die Räumungsvollstreckung selbst dann nicht erfolgen, wenn zweifelsfrei feststeht, dass diese nach materiellem Recht zur Herausgabe an den Gläubiger verpflichtet sind.[14] Halten sich also in der zu räumenden Wohnung außer dem bezeichneten Vollstreckungsschuldner noch weitere Personen auf, besteht danach für den Gläubiger die Notwendigkeit, auf einen oder uU mehrere weitere Titel hinzuwirken, selbst wenn offensichtlich ist, dass diesen weiteren Personen kein Besitzrecht (§ 854 BGB) zusteht (s. § 885 ZPO Rn 10 ff).

15 Diese Aussage bedarf jedoch der Einschränkung: Ein gesonderter Titel gegenüber einem Dritten ist dann nicht erforderlich, wenn der Dritte weder Besitz noch Mitbesitz hat.[15] So bedarf es keines gesonderten Titels gegen **Besucher** oder **Bedienstete**, denn gegenüber diesen Personen findet gar keine Zwangsvollstreckung statt. Sie sind nicht gem. § 885 Abs. 1 ZPO aus dem Besitz zu setzen, da sie keinen haben. Ihre Zwangsräumung hat ihre Grundlage allein in der gegen den Mieter als Besitzer der Wohnung gerichteten Zwangsvollstreckung (s. § 885 ZPO Rn 16).[16]

---

9 MüKo-ZPO/*Wolfsteiner*, § 794 Rn 204 f.
10 Hk-ZPO/*Kindl*, § 794 Rn 31 und MüKo-ZPO/*Wolfsteiner*, § 794 Rn 210, jew. mwN. Eine richterliche Anordnung ist in diesen Fällen nicht nötig, s. § 758 a Abs. 2 ZPO und *Schultes*, DGVZ 1998, 177, 185.
11 MüKo-ZPO/*Wolfsteiner*, § 794 Rn 204 ff.
12 *Schultes*, DGVZ 1998, 177, 179 f; MüKo-ZPO/*Wolfsteiner*, § 794 Rn 208.
13 *Gaul/Schilken/Becker-Eberhard*, § 13 IV 6 und Thomas/Putzo/*Seiler*, § 794 Rn 60 ff. Zum (nicht bestehenden) Prüfungs- und Ablehnungsrecht des Gerichtsvollziehers in diesem Zusammenhang vgl *Schultes*, DGVZ 1998, 177, 180 f.
14 BGH NJW 2008, 3287 f für den Fall der Untermiete.
15 BGH NJW 2008, 1959.
16 BGH NJW 2008, 3287 f; *Gaul/Schilken/Becker-Eberhard*, § 70 II 2 b bb.

Umgekehrt bedarf es sicherlich eines weiteren Titels, wenn ein anderer als der Titelschuldner die Wohnung als **Mitmieter** oder **Untermieter** nutzt (s. § 885 ZPO Rn 13).[17]

Lange umstritten waren die Fälle, in denen neben dem Mieter weitere Personen die Wohnung nutzen, ohne selber Mieter zu sein, wie etwa **Ehegatten, Lebensgefährten, Kinder oder andere Familienangehörige**.[18] 16

Nach der Rspr des BGH kann aufgrund eines Titels allein gegen den mietenden **Ehegatten** nicht zugleich gegen den im Titel nicht aufgeführten Ehegatten vollstreckt werden, weil regelmäßig selbst dann beide Ehegatten Mitbesitzer der ehelichen Wohnung sind, wenn nur einer von ihnen Partei des Mietvertrages ist. Ob der Ehegatte nach materiellem Recht zur Herausgabe der Mietsache an den Gläubiger verpflichtet ist, ist nicht im formalisierten Zwangsvollstreckungsverfahren zu prüfen, sondern der Beurteilung im Erkenntnisverfahren vorbehalten. Der Gerichtsvollzieher hat im Räumungsverfahren nur die tatsächlichen Besitzverhältnisse zu prüfen (s. § 885 ZPO Rn 17).[19] 17

Diese Grundsätze sind nach der Rspr des BGH auf die Räumungsvollstreckung gegen einen **nichtehelichen Lebensgefährten** sinngemäß anzuwenden: Ist der nichteheliche Lebensgefährte Mitbesitzer der Wohnung, ist grds. auch gegen ihn ein Räumungstitel notwendig (s. § 885 ZPO Rn 21).[20] Allerdings kann hier, anders als bei Ehegatten, allein aus der Aufnahme in die Wohnung nicht auf den Mitbesitz geschlossen werden. Hier bedarf es vielmehr einer Prüfung im Einzelfall durch den Gerichtsvollzieher. Aus den Gesamtumständen muss klar und eindeutig hervorgehen, dass der Dritte Mitbesitzer ist, weil der Gläubiger vor Verschleierungen zwecks Vereitelung der Vollstreckung geschützt sein muss. Taugliche Anhaltspunkte sind eine Anzeige der Aufnahme des Dritten an den Vermieter oder eine Anmeldung des Dritten nach dem Meldegesetz.[21] 18

Minderjährige Kinder, die mit ihren Eltern zusammenleben, haben grds. keinen Mitbesitz an der Wohnung; sie sind lediglich Besitzdiener (§ 855 BGB). Für die Räumungsvollstreckung reicht deshalb ein Titel gegen die Eltern aus (vgl auch § 885 ZPO Rn 18).[22] Diese Besitzverhältnisse ändern sich im Regelfall nicht, wenn das **Kind volljährig** wird und mit seinen Eltern weiter zusammenwohnt.[23] Es bleibt hier regelmäßig bei der Besitzdienerschaft, selbst wenn das Kind unter der Adresse der Eltern angemeldet ist und der Vermieter die tatsächlichen Verhältnisse kennt. Etwas anderes kann nur gelten, wenn eine Änderung der Besitzverhältnisse nach außen eindeutig erkennbar geworden ist. Selbst der Umstand, dass die Tochter verheiratet ist und mit ihrem Ehemann in der elterlichen Wohnung (mit-)lebt, reicht für sich allein nicht aus, um einen Mitbesitz der Tochter anzunehmen.[24] Entsprechendes dürfte für **andere Familienangehörige** gelten. 19

Auch im Falle einer Hausbesetzung ist ein Titel gegen alle Gewahrsamsinhaber erforderlich. Nur in Ausnahmefällen kann auf die Bennennung aller **Hausbesetzer** verzichtet werden, etwa wenn der Gläubiger die Namen nicht mit zumutba- 20

---

17 BGH NJW 2008, 3287; *Gaul/Schilken/Becker-Eberhard*, § 70 II 2 b bb.
18 *Gaul/Schilken/Becker-Eberhard*, § 70 II 2 b bb.
19 So BGH NJW 2008, 1959.
20 So BGH NJW 2008, 1959.
21 So BGH NJW 2008, 1959.
22 BGH NJW 2008, 1959 mit Ausführungen auch zur gegenteiligen Ansicht.
23 BGH NJW 2008, 1959 mwN.
24 BGH NJW 2008, 1959.

rem Aufwand ermitteln kann und der Personenkreis räumlich und zeitlich feststeht (s. § 885 ZPO Rn 23).[25]

21 Für die **Praxis** heißt das: Der Vermieter sollte sich vor Erhebung der Räumungsklage so weit wie möglich Klarheit über die **Besitzverhältnisse in der Wohnung** verschaffen. Dazu kann er von seinem Mieter **Auskunft** über die Besitzverhältnisse verlangen. Der Mieter würde sich bei falscher Auskunft schadensersatzpflichtig machen.[26] Nach der jüngsten Rspr des BGH gehört zur Vorbereitung der Räumungsprozesses aber auch eine **Anfrage beim Einwohnermeldeamt**. Im Zweifel sollte vom Mitbesitz aller Bewohner ausgegangen werden.[27] Sollte sich erst im Verfahren herausstellen, dass es unbekannte Mitbesitzer gibt, sollte der Vermieter versuchen, auf einen Räumungsvergleich hinzuwirken, in den alle Mitbesitzer mit einzubeziehen sind, um eine nochmalige Klage zu vermeiden. In **Missbrauchsfällen**, wenn etwa ohne Wissen des Vermieters ein **Untermietverhältnis** während des Rechtsstreits begründet wird, um die drohende Zwangsvollstreckung zu verhindern, wird teilweise auch eine Vollstreckung gegen einen Mitbesitzer (hier: Untermieter) ohne gesonderten Titel für zulässig gehalten.[28]

22 Eine ähnliche Problematik ergibt sich, wenn eine **Gesellschaft bürgerlichen Rechts** Mieterin ist.[29] Hinsichtlich der Räumungsklage folgt aus der Anerkennung der Rechts- und Parteifähigkeit der Gesellschaft bürgerlichen Rechts, dass es neben[30] der Möglichkeit, alle Gesellschafter in Anspruch zu nehmen (§ 736 ZPO), auch die Möglichkeit gibt, die Gesellschaft selber, vertreten durch den Geschäftsführer, zu verklagen.[31] Da die Anerkennung der Rechtsfähigkeit u.a. mit einem erleichterten Vollstreckungszugriff begründet worden ist, folgt aus ihr ohne Weiteres auch die Parteifähigkeit im Zwangsvollstreckungsverfahren, so dass auch etwa der die Zwangsverwaltung anordnende Beschluss dem Geschäftsführer wirksam zugestellt werden kann. Hinsichtlich der Räumungsvollstreckung gilt aber, dass ein Titel gegen **alle besitzenden Gesellschafter** vorliegen muss, da diese im Verhältnis zur Gesellschaft nicht als Besitzdiener, sondern als Mitbesitzer anzusehen sind.

Praxishinweis: Im Räumungsprozess ist deshalb darauf zu achten, dass nicht (allein) die Gesellschaft bürgerlichen Rechts verklagt wird, sondern (zumindest auch) alle mitbesitzenden Gesellschafter. Entsprechendes gilt für die Gesellschafter juristischer Personen, die selber Mitgewahrsam erlangt haben (s. § 885 ZPO Rn 14).

22a Das Problem der grundsätzlichen Notwendigkeit eines Räumungstitels auch gegen die **dem Vermieter unbekannten Mitbesitzer** ist durch § 940 a Abs. 2 ZPO

---

25 MüKo-ZPO/*Gruber*, § 885 Rn 5 mwN. Siehe auch *Majer*, NZM 2012, 67, 69 m. krit. Würdigung des Entwurfs des nunmehr eingeführten § 940 a Abs. 3 ZPO; s. auch unten Rn 22 a, 22 b.
26 Der Schaden des Vermieters liegt in den bei richtiger Auskunft vermeidbaren Kosten erneuter Räumungsklagen.
27 Zu Vorschlägen *de lege ferenda* vgl *Schuschke*, NZM 1998, 10, 12 und *ders.*, NZM 1998, 681, 688.
28 So AG Hamburg-St. Georg 21.2.2007 – 903 a M 1682/06 im Falle einer Untervermietung durch eine Prostituierte an eine Kollegin; anders allerdings BGH NJW 2008, 3287 (Rn 14). Siehe auch MüKo-ZPO/*Gruber*, § 885 Rn 15 und *Majer*, NZM 2012, 67.
29 Vgl Palandt/*Sprau*, § 535 BGB Rn 7, § 705 BGB Rn 42.
30 BGH NJW 2007, 2257: Es steht dem Gläubiger frei, die GbR, die Gesellschafter oder beide zu verklagen.
31 *Wertenbruch*, NJW 2002, 324; MüKo-ZPO/*Schultes*, § 62 Rn 32 Fn 109: Sicherheitshalber (bei Zweifeln am Vorliegen einer GbR) sollten zusätzlich die Gesellschafter als einfache Streitgenossen mitverklagt werden und, wenn es auch um offene Mietforderungen geht, auch wegen der zusätzlichen Haftung des Privatvermögens der Gesellschafter.

entschärft werden. Danach wird in den Fällen, in denen der Vermieter bereits einen Räumungstitel gegen den oder die Mieter erlangt hat, die Räumung durch ergänzende einstweilige Verfügung auch gegen die genannten Personen ermöglicht.

Die Möglichkeit der Titulierung des Räumungsanspruchs im Wege der einstweiligen Verfügung ist auch dann gegeben, wenn der Vermieter eine **Räumungsklage wegen Zahlungsverzugs** erhoben hat und der Mieter eine in diesem Prozess erlassene Sicherungsanordnung nach § 283 a ZPO nicht befolgt. Die Regelung des § 940 a Abs. 3 ZPO dient dem Schutz des Vermieters, der über die Dauer des Räumungsverfahrens seine Leistung erbringen muss, ohne die Gegenleistung zu erhalten. 22b

b) Räumungsfristen. Der Gerichtsvollzieher darf mit der Zwangsvollstreckung nicht vor Ablauf einer etwaigen Räumungsfrist nach §§ 721, 794 a und 765 a ZPO beginnen. 23

aa) §§ 721 und 794 a ZPO. Der Mieter kann sowohl im Falle eines gegen ihn ergangenen **Räumungsurteils** (§ 721 ZPO) als auch im Falle eines **Räumungsvergleichs** (§ 794 a ZPO) eine angemessene Räumungsfrist beantragen, die insgesamt **nicht mehr als ein Jahr** betragen darf. Hinsichtlich des einzuhaltenden Verfahrens und der bei der Gewährung der Räumungsfrist abzuwägenden Gesichtspunkte wird auf die Kommentierungen der §§ 721 und 794 a ZPO verwiesen. 24

Der Mieter kann auf den **Räumungsschutz verzichten**, indem er etwa mit dem Vermieter aus konkretem Anlass vereinbart, den Antrag nach § 721 ZPO nicht zu stellen.[32] Er kann aber auch im Rahmen eines Räumungsvergleichs auf die Gewährung einer Räumungsfrist nach § 794 a ZPO verzichten.[33] Nach Auffassung des LG München I erfasst dieser Verzicht auch solche Umstände, die der Mieter beim Abschluss des Vergleichs nicht vorhergesehen hat oder nicht vorhersehen konnte.[34] Aber auch ohne erklärten Verzicht ist der Mieter im Falle eines Räumungsvergleichs auf Umstände beschränkt, die sich nach dem Vergleich und für ihn nicht vorhersehbar ergeben haben (s. § 794 a ZPO Rn 8). Allerdings ist in allen diesen Fällen weiterhin Raum für einen Schutzantrag nach § 765 a ZPO (s. § 765 a ZPO Rn 36, 49 ff). 25

bb) § 765 a ZPO. Kann der Mieter eine Räumungsfrist nach §§ 721, 794 a ZPO nicht mehr erreichen, etwa weil die Höchstdauer von einem Jahr abgelaufen ist, so ist auch ein weiteres Hinausschieben der Vollstreckung grds. nicht mehr möglich. Aufgabe des Vollstreckungsrechts ist es zu gewährleisten, dass ein Räumungstitel – von absoluten Ausnahmen abgesehen – durchsetzbar bleibt. Selbst dann, wenn mit der Zwangsvollstreckung eine konkrete Gefahr für Leben und Gesundheit des Schuldners verbunden ist, kann die Räumung nicht ohne Weiteres gem. § 765 a ZPO eingestellt werden. Erforderlich ist stets eine **Abwägung der Interessen im Einzelfall** (s. § 765 a ZPO Rn 34 ff, 49, 58 ff). Dabei kann nicht unberücksichtigt bleiben, dass der Gläubiger sich auf Grundrechte berufen kann: Ist der Räumungstitel nicht durchsetzbar, wird sein Grundrecht auf Schutz des Eigentums (Art. 14 Abs. 4 GG) und auf effektiven Rechtsschutz (Art. 19 Abs. 4 GG) beeinträchtigt. Dem Gläubiger dürfen auch keine Aufgaben überbürdet werden, die aufgrund des Sozialstaatsprinzips dem Staat und damit der Allgemein- 26

---

32 Schmidt-Futterer/*Blank*, Mietrecht, 9. Aufl. 2007, § 721 ZPO Rn 77 mwN.
33 LG München I NZM 2008, 839; LG Aachen WuM 1996, 568; Hk-ZPO/*Kindl*, § 794 a Rn 1; Schmidt-Futterer/*Blank*, Mietrecht, § 721 ZPO Rn 77; *Herrlein*, NJW 2009, 1250, 1254. AA MüKo-ZPO/*Wolfsteiner*, § 794 a Rn 1 unter Hinweis auf die soziale Komponente der Vorschrift.
34 LG München I NZM 2008, 839; zust. *Herrlein*, NJW 2009, 1250, 1254.

heit obliegen.[35] Deshalb muss das Vollstreckungsgericht im Rahmen seiner umfassenden Interessenabwägung auch in Fällen, in denen sich menschliche Tragödien abspielen, nach Wegen suchen, die einen Umzug des Schuldners ohne gesundheitlich nachteilige Folgen als durchführbar erscheinen lassen.[36] Bei **Suizidgefahr** (s. § 765 a ZPO Rn 25, 30, 47, 53 ff) ist zu prüfen, ob dieser Gefahr durch Ingewahrsamnahme des suizidgefährdeten Schuldners nach polizeirechtlichen Vorschriften oder durch dessen Unterbringung nach den einschlägigen Landesgesetzen möglich ist. Kann der Suizidgefahr so entgegengewirkt werden, scheidet die Einstellung der Zwangsvollstreckung aus. Kann ihr so nicht entgegengewirkt werden, so ist die Zwangsvollstreckung auf Zeit, nicht auf Dauer einzustellen. Dem Schuldner ist es im Interesse des Gläubigers zuzumuten, auf die Verbesserung seines Gesundheitszustandes hinzuarbeiten und den Stand seiner Behandlung regelmäßig mitzuteilen (s. näher § 765 a ZPO Rn 56 ff).[37]

27 Ein **vorheriger Verzicht** auf den Vollstreckungsschutz des § 765 a ZPO ist nicht möglich, auch nicht im Vergleichswege. Dagegen bleibt es dem Schuldner natürlich überlassen, ab Beginn der Zwangsvollstreckung den Antrag gem. § 765 a ZPO nicht zu stellen. Vor diesem Hintergrund ist auch ein Verzicht des Schuldners ab diesem Zeitpunkt wirksam möglich.[38]

28 c) **Durchführung der Räumungsvollstreckung.** Kommt der Schuldner seiner Verpflichtung, die Wohnung zu räumen und an den Gläubiger herauszugeben, nicht nach, so hat der Gerichtsvollzieher auf Antrag des Gläubigers den Schuldner aus dem Besitz zu setzen und den Gläubiger in den Besitz einzuweisen, § 885 Abs. 1 S. 1 ZPO (s. § 885 ZPO Rn 1 ff).[39] Gemäß § 758 Abs. 2 ZPO ist er befugt, die **verschlossenen Haustüren und Zimmertüren öffnen** zu lassen. Gemäß § 758 Abs. 3 ZPO ist er, wenn er Widerstand findet, zur Anwendung von Gewalt befugt und kann zu diesem Zweck die Unterstützung der polizeilichen Vollzugsorgane anfordern. Eine gesonderte richterliche Durchsuchungsanordnung (§ 758 ZPO) ist nicht erforderlich, soweit die Räumung durch Urteil bereits tituliert wurde.[40] Hier ist den Anforderungen des Art. 13 Abs. 2 GG (Grundrecht auf Unverletzlichkeit der Wohnung) durch den richterlichen Urteilsspruch Genüge getan. Eine nochmalige Befassung des Richters wäre reine Formelei.[41]

29 Allerdings ist die Räumung mit der Entfernung des Schuldners und etwaiger Dritter allenfalls dann erledigt, wenn es sich um eine **möblierte Wohnung** handelt, nicht aber dann, wenn der Schuldner seine persönlichen Gegenstände in die Wohnung verbracht hat, insb. Möbel und andere Einrichtungsgegenstände. Gemäß § 885 Abs. 2 ZPO muss der Gerichtsvollzieher diese **Gegenstände wegschaffen**, egal wem sie gehören. Selbst **Unrat** und **Müll** sind grds. aus der Wohnung zu schaffen.[42] Die aus den Räumen wegzuschaffenden Gegenstände sind gem. § 885 Abs. 2 ZPO dem Schuldner zu übergeben. Ist dieser nicht anwesend, verbringt der Gerichtsvollzieher die Gegenstände gem. § 885 Abs. 3 ZPO in das Pfandlokal

---

35 BGH NJW 2008, 1000; BGH NJW 2008, 586.
36 BGH NJW 2008, 1000.
37 BGH NJW 2008, 586; BGH NJW 2011, 2807 (Parallelfall der Grundstückszwangsvollstreckung) und *Kaiser*, NJW 2011, 2412 mit Checklisten aus Gläubiger- und Schuldnersicht.
38 HM, MüKo-ZPO/*Heßler*, § 765 a Rn 97 f mwN.
39 Zu Fallkonstellationen, in denen der Schuldner auf Dritte (Mieter) Einfluss nehmen oder zusätzlich vertretbare Handlungen vornehmen soll (Entfernung bestimmter Gegenstände) und in denen deshalb eine zusätzliche Vollstreckung nach § 888 ZPO oder nach § 887 ZPO in Frage kommt, vgl *Meller-Hannich*, DGVZ 2009, 85, 87 f.
40 Vgl *Bub/Treier*, Handbuch der Geschäfts- und Wohnraummiete, VII. A 1.7, auch zu nicht richterlichen Titeln.
41 *Bub/Treier*, Handbuch der Geschäfts- und Wohnraummiete, VII. A 1.7.
42 Vgl *Bub/Treier*, Handbuch der Geschäfts- und Wohnraummiete, VII. A 1.7.

oder an einen anderen Verwahrungsort, regelmäßig zu einem **Spediteur**. Die **Kosten** für **den Abtransport** und die **Verwahrung** sind vom Schuldner zu tragen, allerdings ist der Gläubiger vorschusspflichtig (s. Rn 32).

Der Schuldner kann die verwahrten Sachen jederzeit herausverlangen, allerdings 30 nur gegen Zahlung der angefallenen Kosten. Kommt es nicht dazu, kann das Vollstreckungsgericht gem. § 885 Abs. 4 S. 1 ZPO nach **einem Monat** den **Verkauf des Räumungsguts anordnen**. **Wertlose Sachen** dürfen vernichtet werden (§ 885 Abs. 4 S. 4 ZPO).

Die Einweisung des Gläubigers in den Besitz geschieht durch Einräumung der 31 tatsächlichen Sachherrschaft, zB durch Übergabe sämtlicher Schlüssel oder, wenn diese nicht verfügbar sind, durch Übergabe unter Auswechselung der Türschlösser.

d) **Kosten.** Die notwendigen Kosten der Zwangsvollstreckung fallen gem. § 788 32 ZPO dem Schuldner zur Last. Die Kosten umfassen die Kosten der Räumung, aber auch die Speditions- und Lagerkosten. Dem Gerichtsvollzieher gegenüber schuldet der Gläubiger hierfür einen Vorschuss. Erst wenn dieser dem Gerichtsvollzieher gegenüber geleistet ist, beginnt die Vollstreckung.

Während die Kosten für die reine Räumung vergleichsweise überschaubar sind, 33 belaufen sich die Speditions- und Lagerkosten regelmäßig auf ein Vielfaches der reinen Räumungskosten (s. Rn 34 ff).

e) **Kostenreduziertes Räumungsverfahren: „Berliner Modell"** (§ 885 a ZPO). 34 Durch das MietRÄndG vom 11.3.2013[43] wurde mWz 1.5.2013 die bereits zuvor anerkannte Möglichkeit, vom Gerichtsvollzieher eine reine Räumung, ohne Abtransport der beweglichen Sachen, z verlangen, mit der Regelung des § 885 a ZPO auf eine gesetzliche Grundlage gestellt.

Der BGH hatte zuvor die Frage dahin gehend entschieden, dass der Gläubiger die 35 Vollstreckung auf die Herausgabe der Wohnung beschränken kann, wenn er an sämtlichen in den Räumen befindlichen Gegenständen ein Vermieterpfandrecht geltend macht (s. § 885 ZPO Rn 26).[44] Der Gerichtsvollzieher durfte deshalb im konkreten Fall (in Berlin) keinen über den bereits geleisteten Kostenvorschuss von 400 € hinausgehenden Vorschuss iHv 6.500 € für die Hinzuziehung eines Tarnsportunternehmens verlangen. Der Gerichtsvollzieher sei als Vollstreckungsorgan nicht dafür zuständig, materiell-rechtliche Ansprüche der Parteien im Rahmen der Zwangsvollstreckung zu klären. Bei Streit über die Frage der Unpfändbarkeit von Gegenständen hätten die Gerichte zu entscheiden. Schutzwürdige Belange des Schuldners würden nicht in einem Ausmaß betroffen, dass von einer auf die Herausgabe begrenzten Vollstreckung abzusehen sei. Der Schuldner sei dadurch hinreichend geschützt, dass er die unpfändbaren Gegenstände vor Durchführung der Herausgabevollstreckung aus der Wohnung entfernen könne, solange er noch nicht aus dem Besitz gesetzt sei.[45]

Praxishinweis: Auch wenn sich die Kosten für die Herausgabevollstreckung auf diese Art und Weise begrenzen lassen,[46] ist der Weg bis zur Übergabe der Woh-

---

43 BGBl. I S. 434.
44 BGH NJW 2006, 848; BGH NJW 2006, 3273. Ablehnend *Flatow*, NJW 2006, 1396; *ders.*, NJW 2006, 3274; *Seip*, DGVZ 2006, 24. Kritisch auch *Meller-Hannich*, DGVZ 2009, 85, 89 unter Hinweis auf praktische und dogmatische Bedenken und MüKo-ZPO/*Gruber*, § 885 Rn 49 ff.
45 BGH NJW 2006, 3273 f.
46 Eine weitere Alternative ist die sog. **Hamburger Räumung**, bei der der Schuldner dem Gerichtsvollzieher seine neue Adresse angibt, damit der Spediteur den Hausstand an die angegebene Adresse liefern kann (statt ihn kostenintensiv einzulagern); zu den Einzelheiten und auch zum sog. **Frankfurter Modell** s. § 885 ZPO Rn 26.

nung an den Gläubiger dennoch lang und kostenintensiv, insb. wenn sich im Zwangsvollstreckungsverfahren herausstellt, dass es eines weiteren Titels gegen einen bisher unbekannten Mitbesitzer bedarf. Deshalb sollte der Vermieter in geeigneten Fällen von Anfang an (also schon vor Kündigung, jedenfalls vor Erhebung der Räumungsklage) überlegen, ob er nicht schneller und günstiger an sein Ziel kommt, wenn er auf den Mieter zugeht und ihm (evtl trotz eines Rückstands bei den Mietzahlungen) eine „Entschädigung" dafür anbietet, dass er möglichst bald freiwillig auszieht. Diese Vorgehensweise führt oft zu überraschend schnellen Lösungen.

36 **2. Vollstreckung in Mietzinsforderungen. a) Verfahren.** Die Pfändung von Mietzinsforderungen durch Gläubiger des Vermieters kann sich auf rückständige, auf laufende und insb. auch auf zukünftige Beträge beziehen. Dabei unterliegen die Pfändung und die Überweisung den Regeln der Zwangsvollstreckung in Geldforderungen (§§ 829, 835 ZPO). Die Wirksamkeit der Pfändung tritt gem. § 829 Abs. 3 ZPO mit der Zustellung des Pfändungsbeschlusses an den Drittschuldner, also den Mieter, ein und lässt zugunsten des vollstreckenden Gläubigers ein Pfändungspfandrecht entstehen. Ab diesem Zeitpunkt darf der Mieter nur noch an den Gläubiger leisten (§§ 829 Abs. 1 S. 1, 835 Abs. 1 ZPO).

37 **b) Konkurrenz der Gläubiger.** Aus der Sicht konkurrierender Titelgläubiger ist Folgendes zu beachten: Wird dieselbe Mietzinsforderung mehrfach gepfändet, steht das Pfändungspfandrecht an der Mietzinsforderung dem zuerst pfändenden Gläubiger zu (**Prioritätsprinzip**). Erst mit der vollständigen Befriedigung des ersten Gläubigers erlischt dessen Pfändungspfandrecht und das Pfändungspfandrecht der nachfolgenden Gläubiger rechtfertigt nun, dass an ihn gezahlt wird.

38 Eine besondere Situation ergibt sich, wenn sowohl ein persönlicher Gläubiger (der nur einen Zahlungstitel gegen den Vermieter in Händen hat) als auch ein dinglicher Gläubiger (der durch die Bestellung eines Grundpfandrechts, etwa einer Grundschuld, am Grundstück des Vermieters zusätzlich abgesichert ist) vollstrecken. Hier kommt es zur Konkurrenz der Vollstreckungsmaßnahmen, wenn der dingliche Gläubiger nicht (allein) auf das Grundstück (im Wege der Zwangsversteigerung) zugreift, sondern (auch) auf die Mietzinsforderungen im Wege der Zwangsverwaltung, §§ 146 Abs. 1, 20 ZVG. Letzteres ist dem dinglichen Gläubiger möglich, weil sich sein materielles Grundpfandrecht gem. § 1123 Abs. 1 BGB auch auf die Mietzinsforderungen erstreckt und nach § 865 Abs. 1 ZPO die Zwangsvollstreckung in das Grundstück auch die Mietzinsansprüche umfasst.

39 Da die Bestellung eines **Grundpfandrechts** zunächst nur der Absicherung des Gläubigers dient und nicht zwangsläufig eine Vollstreckung aufgrund des Grundpfandrechts nach sich zieht, stellt sich die Frage, ob die von dem Grundpfandrecht erfassten Mietzinsansprüche für den dinglichen Gläubiger quasi reserviert sind oder ob andere, nämlich persönliche Gläubiger, auf diese Forderungen zugreifen können. § 865 Abs. 2 S. 2 ZPO regelt das Verhältnis der Gläubiger zueinander dahingehend, dass ein Zugriff der persönlichen Gläubiger solange zulässig ist, bis eine Beschlagnahme zugunsten des dinglichen Gläubigers im Wege der Zwangsvollstreckung in das unbewegliche Vermögen (Zwangsverwaltung) erfolgt.

40 Wenn es zu einer demnach zulässigen Vollstreckung in die Mietzinsansprüche durch einen persönlichen Gläubiger kommt, stellt sich die weitere Frage, wie sich eine **nachfolgende Vollstreckung des dinglichen Gläubigers** auswirkt. Aus der Reglung in § 1124 BGB iVm § 865 Abs. 2 S. 2 ZPO ergibt sich, dass die Vollstreckung des persönlichen Gläubigers der nachfolgenden Beschlagnahme des dingli-

chen Gläubigers weichen muss.[47] Dem Grundpfandgläubiger soll die laufende Miete als Haftungsobjekt dienen. § 1124 Abs. 2 BGB schützt ihn vor einer Aushöhlung des Wertes der Sicherheit durch isolierte Verfügungen und auch Pfändungen. Der aus seinem dinglichen Recht vollstreckende Gläubiger geht also einem nur kraft persönlichen Rechts vollstreckenden Gläubiger grds. vor, und zwar unabhängig davon, ob sein Pfandrecht (basierend auf der Bestellung des Grundpfandrechts) Priorität besitzt oder nicht, denn § 1124 Abs. 2 BGB schränkt das Prioritätsprinzip ein. Die isolierte Pfändung der Mietzinsforderungen aufgrund eines persönlichen Titels verdient keinen besonderen Schutz.[48]

Praxishinweis: Der persönliche Gläubiger sollte sich für seine (titulierte) Forderung eine Zwangshypothek eintragen lassen, um anschließend über einen weiteren, dann dinglichen Titel in die Mietforderungen zu vollstrecken. Er geht dann sogar anderen persönlichen Gläubigern vor, wenn diese schon zuvor mit besserem Rang in die Mietforderungen vollstreckt haben.[49]

c) Pfändungsschutz des Vermieters. Eine Besonderheit hinsichtlich der Pfändung von Mietforderungen ergibt sich aus § 851 b ZPO, nach welcher der Vermieter die Aufhebung der von seinem Gläubiger veranlassten Pfändung der Mietforderungen beantragen kann, insb. soweit die Mieteinnahmen zur laufenden Unterhaltung des Grundstücks und zur Vornahme notwendiger Instandsetzungsarbeiten unentbehrlich sind. Das Gleiche gilt von der Pfändung von Barmitteln und Guthaben, die aus Miet- und Pachtzahlungen herrühren und zu den genannten Zwecken unentbehrlich sind. 41

Die Regelung des § 851 b ZPO dient weniger den Interessen des Vermieters (s. § 851 b ZPO Rn 2), als vielmehr der Erhaltung seiner Einkünfte zwecks Befriedigung der öffentlich-rechtlichen Grundstückslasten, wie der Grundsteuer, sowie der Befriedigung der privaten Grundpfandgläubiger.[50] Der Antrag des Gläubigers auf ganze oder teilweise Aufhebung der Pfändung ist innerhalb einer zweiwöchigen Frist, gerechnet ab Zustellung des Pfändungs- und Überweisungsbeschlusses, beim zuständigen Vollstreckungsgericht zu stellen (§ 851 b Abs. 1 S. 1 ZPO).[51] 42

d) Risiken des Mieters. Für die von einer Pfändung in Mietzinsforderungen betroffenen Mieter kann sich folgendes Problem ergeben: 43

Zugunsten des auf die Mietzinsforderungen im Wege der Zwangsverwaltung zugreifenden dinglichen Gläubigers (s. Rn 38) regelt § 1124 BGB nicht nur, dass die Vollstreckungsmaßnahmen des persönlichen Gläubigers zurücktreten, sondern auch die freiwillig vorgenommenen Vorausverfügungen des Vermieters. Hierzu zählt insb. die Einziehung des Mietzinses und damit auch der Fall der **Vorauszahlung des Mietzinses** durch den Mieter,[52] jedenfalls dann, wenn die Mietforderung nicht als Einmalzahlung vereinbart wurde, sondern nach periodischen Zeitabschnitten bemessen ist.[53] Zwar ist in § 1124 Abs. 2 BGB geregelt, dass die Vorausverfügung/Vorauszahlung insoweit wirksam ist, als sie sich auf den laufenden, uU (bei Beschlagnahme nach dem 15. des Monats) auch auf den folgenden Ka- 44

---

47 *Bub/Treier*, Handbuch der Geschäfts- und Wohnraummiete, VII. A 1.4.
48 BGH NJW 2008, 1599, 1600 mit Ausführungen zu den Besonderheiten bei der Zwangshypothek: Neben dem Zahlungstitel und der Eintragung der Zwangshypothek ist für die privilegierte Vollstreckung (§ 1124 Abs. 2 BGB) noch ein weiterer dinglicher Titel (§ 1147 BGB) erforderlich.
49 Vgl *Mock*, Vollstreckung effektiv 2007, 48, 49 mit Musterformulierung eines Antrags auf Erlass eines Pfändungs- und Überweisungsbeschlusses.
50 MüKo-ZPO/*Smid*, § 851 b Rn 1.
51 MüKo-ZPO/*Smid*, § 851 b Rn 3.
52 Vgl *Bub/Treier*, Handbuch der Geschäfts- und Wohnraummiete, VII. A 1.4.
53 So BGH NJW 2007, 2919.

lendermonat bezieht. Weiter in die Zukunft reichende Vorauszahlungen des Mieters sind aber unwirksam.[54]

45 Diese Rechtsfolge der Unwirksamkeit der Vorausverfügung und damit der Unwirksamkeit der Vorauszahlung des Mietzinses für Zeiträume von mehr als einem Monat ergibt sich auch im Fall der **Versteigerung** des Grundstücks, dann aus §§ 57, 57 b ZVG iVm §§ 566 b, 566 c BGB,[55] und zudem im Fall der **Veräußerung** des Grundstücks, dann unmittelbar aus §§ 566 b, 566 c BGB. Die Gleichbehandlung der Vorauszahlungen in den Fällen der Zwangsverwaltung, der Zwangsversteigerung und der Veräußerung folgt daraus, dass ihnen die dieselbe Wertung zugrunde liegt: Bezweckt ist der Schutz des jeweils nächsten Berechtigten vor dem Verlust des ihm zustehenden Mietzinsanspruchs.[56]

Praxishinweis: Ist die Vorauszahlung des Mieters in einer dieser Fallkonstellationen unwirksam, so folgt daraus, dass der Mieter, soweit die Unwirksamkeit reicht, den schon einmal entrichteten Mietzins an den neuen Berechtigten noch einmal zahlen muss.[57] Er selber ist auf einen Bereicherungsanspruch gegen den Vermieter beschränkt.[58] Dem Mieter kann daher nur angeraten werden, mit größeren Vorauszahlungen zurückhaltend zu sein, jedenfalls aber auf eine Absicherung seines nur bereicherungsrechtlichen Rückgriffsanspruchs zu achten.

---

54 Vgl BGH NJW 2007, 2919.
55 Vgl *Bub/Treier*, Handbuch der Geschäfts- und Wohnraummiete, VII. A 2.5.
56 Vgl BGH NJW 2007, 2919 f.
57 Vgl zu den Voraussetzungen im Einzelnen *Bub/Treier*, Handbuch der Geschäfts- und Wohnraummiete, VII. A 2.5.
58 Vgl *Bub/Treier*, Handbuch der Geschäfts- und Wohnraummiete, VII. A 1.4 und 2.5.

7. Zwangsvollstreckung und Gewaltschutzgesetz

I. Einleitung	1
II. Die gesetzlichen Regelungen der §§ 1 und 2 GewSchG im Einzelnen	7
1. Schutzanordnungen nach § 1 GewSchG	7
2. Wohnungsüberlassung nach § 2 GewSchG	10
III. Gerichtliche Zuständigkeit	12
IV. Vollstreckung der Wohnungsüberlassung nach § 2 GewSchG	13
1. Problemaufriss	13
2. Anzuwendende Vorschriften	14
3. Vollstreckungsvoraussetzungen	17
a) Antrag	18
b) Vollstreckbarkeit	19
c) Vollstreckungsklausel	23
d) Zustellung	24
e) Befristete Wohnungsüberlassung/Wirksamkeit des Titels	25
f) Vollziehungsfrist	28
4. Durchsuchungsbeschluss und Räumungsfrist	29
5. Bestimmtheit des Titels	30
6. Mehrfachvollstreckung/Rechtsmissbrauch	35
7. Kollision mit dem Polizeirecht	37
a) Vorheriger Platzverweis durch die Polizei und Zustellung	37
b) Vorheriger Platzverweis und „Wohnungseinweisung" durch das Gericht	39
V. Vollstreckung der Schutzanordnungen nach § 1 GewSchG	40
1. Zuständigkeit	40
2. Antrag, Rechtskraft, Vollstreckungsklausel	41
3. Zustellung	42
4. Durchsuchungsbeschluss	46
5. Befristung	47
6. Hinzuziehung des Gerichtsvollziehers	48
7. Mehrfachvollstreckung/Rechtsmissbrauch	50

I. Einleitung

Das Gewaltschutzgesetz (GewSchG)[1] ist seit dem 1.1.2002 als Kernstück des Gesetzes zur Verbesserung des zivilrechtlichen Schutzes bei Gewalttaten und Nachstellungen sowie zur Erleichterung der Überlassung der Ehewohnung bei Trennung in Kraft. Das Gesetz, welches lediglich vier Paragrafen umfasst, bietet zum einen die Möglichkeit, dem Opfer von Gewalttaten im sozialen Nahraum die mit dem Täter gemeinsam genutzte Wohnung zu überlassen (§ 2 GewSchG), und zum anderen das Opfer gegen den Täter mit konkreten Anordnungen zu schützen (§ 1 GewSchG). Die zivilrechtliche Handhabe für das Opfer aus §§ 1 und 2 GewSchG stellt neben strafrechtlichen und polizeirechtlichen Regelungen eine Säule des Schutzes vor Nachstellungen und häuslicher Gewalt dar. 1

Daneben stellt schon § 4 GewSchG einen Verstoß der nach § 1 Abs. 1 S. 1 oder 3 GewSchG, jeweils auch iVm Abs. 2 S. 1, getroffenen Anordnungen unter Strafe. Um einen noch effektiveren Schutz vor **Nachstellungen (stalking)** zu gewährleisten und einen Straftatbestand im Kernstrafrecht zu schaffen, der dem Gesamtbild des Nachstellens als kriminellem Unrecht gerecht wird,[2] ist mit dem „Gesetz zur Strafbarkeit beharrlicher Nachstellungen (40. StrÄndG)" vom 22.3.2007 u.a. mit **§ 238 StGB** ein **neuer Straftatbestand** eingeführt worden, mit dem seither das beharrliche, unbefugte Nachstellen zB durch Aufsuchen der Nähe des Opfers (vgl Abs. 1 Nr. 1), sog. Telefonterror (vgl Abs. 1 Nr. 2), Warenbestellungen unter dem 2

---

[1] Gesetz zum zivilrechtlichen Schutz vor Gewalttaten und Nachstellungen (Gewaltschutzgesetz – GewSchG) vom 11.12.2001 (BGBl. I S. 3513), verkündet als Art. 1 des Gesetzes zur Verbesserung des zivilrechtlichen Schutzes bei Gewalttaten und Nachstellungen sowie zur Erleichterung der Überlassung der Ehewohnung bei Trennung vom 11.12.2001 (BGBl. I S. 3513).
[2] Entwurf eines Gesetzes zur Strafbarkeit beharrlicher Nachstellungen, Begr. BT-Drucks. 16/575, S. 6.

Namen des Opfers (vgl Abs. 1 Nr. 3) und Bedrohung oder vergleichbare Handlungen (vgl Abs. 1 Nr. 4 und 5) unter Strafe gestellt werden.

3 Darüber hinaus schuf die überwiegende Anzahl der Bundesländer besondere Regelungen in den jeweiligen Polizei- bzw Ordnungsbehördengesetzen, mit denen zum Schutz vor häuslicher Gewalt – in jeweils unterschiedlicher Ausgestaltung – eine **Wohnungsverweisung** und der Ausspruch eines Rückkehr- bzw Betretungsverbotes durch die Polizei ermöglicht wurde, so zB in § 34 a POLG NRW, §§ 13, 14 RhPfPOG, § 29 a ASOGBln, § 31 Abs. 2 HSOG, § 17 Abs. 2 Nds. SOG und § 14 a Brem PolG.

4 Für das Jahr 2013 sind in der Polizeilichen Kriminalstatistik für Deutschland 23.831 Fälle der Nachstellung gem. § 238 StGB erfasst.[3] Diese Zahl mag schon die quantitative Erheblichkeit des Problems der Vollstreckung bei häuslicher Gewalt verdeutlichen. Nicht zu vergessen ist auch, dass die Betroffenen – ob Schuldner oder Gläubiger – sich in den meisten Fällen in persönlichen Krisen- und Ausnahmesituationen befinden.

5 **Träger der Vollstreckungslast** sind die Gerichtsvollzieherinnen und Gerichtsvollzieher.

6 Die **gerichtliche Zuständigkeit** für Verfahren nach dem GewSchG ist bei den **Familiengerichten** konzentriert.[4]

II. Die gesetzlichen Regelungen der §§ 1 und 2 GewSchG im Einzelnen

7 **1. Schutzanordnungen nach § 1 GewSchG.** Ist das Opfer vorsätzlich und widerrechtlich vom Antragsgegner an Körper, Gesundheit oder Freiheit verletzt (§ 1 Abs. 1) oder hat der Täter hiermit gedroht (§ 1 Abs. 2 Nr. 1) und besteht Wiederholungsgefahr, kann das Gericht auf Antrag insb. anordnen, dass der Täter es zu unterlassen hat,

- die Wohnung des Opfers zu betreten (§ 1 Abs. 1 S. 3 **Nr. 1**),
- sich diesem bis zu einem bestimmten Abstand zu nähern (§ 1 Abs. 1 S. 3 **Nr. 2**),
- bestimmte Orte aufzusuchen, an denen sich das Opfer regelmäßig aufhält (§ 1 Abs. 1 S. 3 **Nr. 3**),
- Verbindung zum Opfer – auch über Telekommunikationsmittel – aufzunehmen (§ 1 Abs. 1 S. 3 **Nr. 4**) oder
- ein Zusammentreffen mit diesem herbeizuführen (§ 1 Abs. 1 S. 3 **Nr. 5**).

8 Gleiches gilt bei Fällen von wiederholten Nachstellungen durch eine unzumutbare Belästigung gegen den ausdrücklich erklärten Willen oder durch „**Telefonterror**" oder bei Nachstellungen durch **Eindringen in die Wohnung** (Abs. 2 S. 1 Nr. 2 Buchst. a und b).

9 Die Anordnungen sollen **befristet** werden, die Frist ist verlängerbar (Abs. 1 S. 2). Die Wahrnehmung **berechtigter Interessen** durch den Täter steht einer Anordnung entgegen (Abs. 1 S. 3 aE, Abs. 2 S. 2). Die vorübergehende Berauschung des Täters durch **Alkohol** oder ähnliche Mittel, mit denen sich der Täter in einen die freie Willensbestimmung ausschließenden Zustand krankhafter Störung der Geistestätigkeit versetzt hat, steht der Anordnung von Maßnahmen nach Abs. 1 S. 1 oder Abs. 2 gem. § 1 Abs. 3 nicht entgegen. Handelte der Täter allerdings außerhalb der in § 1 Abs. 3 genannten Regelung im Zustand der Unzurechnungsfähig-

---

[3] Polizeiliche Kriminalstatistiken der Bundesrepublik Deutschland seit 1997, Berichtsjahr 2010, 42.
[4] Zur Rechtslage vor Inkrafttreten des FamFG mWz 1.9.2009 s. die Vorauflage (2. Aufl. 2013, aaO).

keit, liegen grds. die Voraussetzungen des Erlasses einer Entscheidung nach dem GewSchG nicht vor.[5]

2. Wohnungsüberlassung nach § 2 GewSchG. Unter den Voraussetzungen des § 1 Abs. 1 S. 1 GewSchG, ggf iVm Abs. 3, ermöglicht es die Regelung in § 2 GewSchG dem Opfer, das einen auf Dauer angelegten gemeinsamen Haushalt mit dem Täter führt, zu verlangen, dass dieser ihm überlassen wird. Der Täter wird unter dem Motto „Der Täter geht, das Opfer bleibt" entfernt. Auf die Art der Beziehung zwischen Täter und Opfer kommt es ebenso wenig an wie grds. auf die Frage, wer Mieter der Wohnung ist.

Sind Täter und Opfer Mitmieter oder Miteigentümer der Wohnung, ist die Anordnung zu **befristen** (§ 2 Abs. 2 S. 1 GewSchG). Ist nur der Täter Mieter oder alleiniger Eigentümer oder Miteigentümer oder Mitmieter mit einem Dritten, darf die Frist die Dauer von höchstens **sechs Monaten** nicht überschreiten (§ 2 Abs. 2 S. 2 GewSchG). Gleiches gilt, wenn das Nutzungsrecht an der Wohnung sich aus Nießbrauch oder Erbbaurecht ergibt. Im Rahmen der Beachtung des Verhältnismäßigkeitsgrundsatzes können besonders schwerwiegende Belange des Täters der Wohnungsüberlassung entgegenstehen (vgl § 2 Abs. 3 Nr. 3 GewSchG). Auch muss das Opfer die Überlassung der Wohnung innerhalb von drei Monaten nach der Tat von dem Täter schriftlich verlangt haben (vgl § 2 Abs. 3 Nr. 2 GewSchG). Weiter muss grds. eine Wiederholungsgefahr bestehen, es sei denn, dem Opfer ist wegen der Schwere der Tat ein weiteres Zusammenleben nicht zuzumuten (vgl § 2 Abs. 3 Nr. 1 GewSchG). Liegt dem Verlangen des Opfers „nur" eine Drohung des Täters zugrunde, muss nach § 2 Abs. 6 GewSchG durch diese Drohung eine „unbillige Härte" beim Opfer vorliegen.[6]

III. Gerichtliche Zuständigkeit

Das **Familiengericht** ist für alle Entscheidungen nach dem GewSchG zuständig (§§ 111 Nr. 6, 210 FamFG, § 23 a Abs. 1 GVG). Gemäß § 23 a Abs. 1 Nr. 1 GVG sind für Familiensachen die **Amtsgerichte** zuständig und zwar dort gem. § 23 b Abs. 1 GVG das Familiengericht. Die Definition der Familiensachen ergibt sich aus § 111 FamFG. Gewaltschutzsachen nach den §§ 1 und 2 GewSchG sind gem. §§ 111 Nr. 6, 210 FamFG immer Familiensachen.

IV. Vollstreckung der Wohnungsüberlassung nach § 2 GewSchG

1. Problemaufriss. Da die Überlassung der Wohnung an das Opfer nach § 2 GewSchG einen **auf Dauer angelegten gemeinsamen Haushalt** voraussetzt, liegen der Vollstreckung insoweit immer familiengerichtliche Entscheidungen zugrunde. Praxisrelevant sind hier die Besonderheiten bei den vom Gerichtsvollzieher anzuwendenden Vorschriften und den Vollstreckungsvoraussetzungen. Probleme können sich insb. aus einer unklaren Befristung des Titels, der unterschiedlichen – teils ungenauen – üblichen Wortwahl im Ausspruch sowie aus der nach § 96 Abs. 2 FamFG zulässigen Mehrfachvollstreckung ergeben, ferner aus einer möglichen Kollision mit dem Polizeirecht.

2. Anzuwendende Vorschriften. Die **Wohnungsüberlassung** wird gem. § 95 Abs. 1 Nr. 2 FamFG grds. entsprechend den Regeln der **Räumungsvollstreckung gem. § 885 ZPO** vollstreckt. Nach § 95 Abs. 1 FamFG ist die Zivilprozessordnung neben der Vollstreckung von Geldforderungen auch auf die Herausgabevollstreckung von beweglichen und unbeweglichen Sachen, zur Vornahme von vertretbaren und unvertretbaren Handlungen, zur Erzwingung von Duldungen und Unterlassungen und zur Abgabe von Willenserklärungen anzuwenden. Die

---

5 OLG Celle 24.8.2011 – 17 UF 3/11, juris (mwN).
6 Zum Ganzen: Nomos Erläuterungen zum Bundesrecht GewSchG/*Schumacher*, §§ 1, 2.

Gesetzesbegründung sieht die Räumungsvollstreckung bei Gewaltschutz- und Wohnungszuweisungssachen zwar als Vollstreckung von vertretbaren Handlungen gem. § 95 Abs. 1 Nr. 3 FamFG.[7] Da § 96 Abs. 2 S. 1 FamFG jedoch ausdrücklich die Möglichkeit der Mehrfacheinweisung „im Sinne des § 885 Abs. 1 der Zivilprozessordnung" anordnet, ändert dies an dem Charakter der Vollstreckung als Räumungsvollstreckung entsprechend § 885 ZPO nichts.

15 Nach § 95 Abs. 4 FamFG kann das Gericht nach pflichtgemäßem Ermessen auch auf die **Festsetzung eines Zwangsgeldes** gem. § 888 ZPO statt einer Vollstreckung nach den §§ 883, 885 ZPO zurückgreifen.

16 § 885 ZPO ist nur **entsprechend** anzuwenden. Die Vollstreckung hat also den Besonderheiten der angeordneten, lediglich **zeitweisen** Wohnungszuweisung gem. § 2 GewSchG Rechnung zu tragen. Die befristete Wohnungsüberlassung kann sich grds. nur auf die **Entfernung des Schuldners selbst** aus den Räumlichkeiten erstrecken; folglich sind die Absätze 2 bis 4 des § 885 ZPO, welche sich auf die Entfernung der Sachen des Schuldners beziehen, nicht anzuwenden.[8] Der Schuldner wird nur unter **Mitnahme seiner persönlichen Sachen** (Kleidung, Wäsche, Papiere) aus dem Besitz gesetzt (§ 128 Abs. 4 S. 5 GVGA). Die Nichtanwendung der Absätze 2 bis 4 des § 885 ZPO bedeutet auch, dass der Gerichtsvollzieher dem Schuldner den Räumungstermin nicht mitzuteilen hat und keinen Spediteur bestellt. Bei drohender Obdachlosigkeit ist unverzüglich die für die Unterbringung von Obdachlosen zuständige Verwaltungsbehörde gem. § 130 Abs. 3 S. 1 GVGA zu informieren. Nach § 885 Abs. 1 S. 2 ZPO, § 95 Abs. 1 FamFG hat der Gerichtsvollzieher den Schuldner aufzufordern, seine neue Anschrift zu nennen.

17 **3. Vollstreckungsvoraussetzungen.** Das Familiengericht kann durch Beschluss im Hauptsacheverfahren oder durch einstweilige Anordnung mit unterschiedlichen Folgen für das Vorliegen der Vollstreckungsvoraussetzungen entscheiden. Dies ist bei der Prüfung der Vollstreckungsvoraussetzungen durch den Gerichtsvollzieher zu beachten.

18 **a) Antrag.** Für die Zwangsvollstreckung ist der Antrag des Vollstreckungsgläubigers gem. § 95 Abs. 1 FamFG iVm § 753 ZPO erforderlich. Bei **einstweiligen Anordnungen** gilt allerdings Folgendes: Nach § 214 Abs. 1 S. 1, Abs. 2 Hs 1 FamFG kann eine Entscheidung des Familiengerichts nur auf Antrag erfolgen. Hat das Gericht bei einem Antrag auf einstweilige Anordnung ohne mündliche Verhandlung entschieden, gilt dieser Antrag – auch – als Auftrag zur Zustellung und zur Vollziehung durch den Gerichtsvollzieher unter Vermittlung der Geschäftsstelle (§ 214 Abs. 2 FamFG). Nach § 214 FamFG ist das Verfahren von einem Hauptverfahren unabhängig. Es muss weder ein Hauptsacheverfahren anhängig sein bzw mit Antragstellung anhängig gemacht werden noch muss ein diesbezüglicher Antrag auf Bewilligung von Verfahrenskostenhilfe eingereicht werden. Allerdings muss nach § 49 Abs. 1 FamFG zum Erlass einer einstweiligen Anordnung ein dringendes Bedürfnis für ein sofortiges Tätigwerden vorliegen. Dies ist nach § 214 Abs. 1 S. 2 FamFG idR gegeben, wenn eine Tat nach § 1 GewSchG begangen wurde oder aufgrund konkreter Umstände zu erwarten ist.

19 **b) Vollstreckbarkeit.** Das Familiengericht entscheidet gem. § 38 Abs. 1 FamFG sowohl bei Hauptsacheentscheidungen als auch bei einstweiligen Anordnungen durch Beschluss, der gem. § 86 Abs. 1 FamFG Grundlage der Vollstreckung ist. Die Vollstreckbarkeit dieser Beschlüsse knüpft gem. § 86 Abs. 2 FamFG an deren Wirksamkeit an. Diese tritt nach § 40 Abs. 1 FamFG grds. mit der Bekanntgabe an den Antragsgegner, sei es durch Verkündung im Termin gem. § 41 Abs. 2

---

7 Begr. RegE, BT-Drucks. 16/6308 vom 7.9.2007, S. 220 (zu Art. 1 zu § 95 Abs. 1 Nr. 2, Abs. 4).
8 *Harnacke*, DGVZ 2002, 65, 69.

FamFG, sei es durch Zustellung gem. § 41 Abs. 1 FamFG, ein. Eine Hauptsacheentscheidung in Gewaltschutzsachen wird allerdings – ohne besondere Anordnung des Gerichts – gem. §§ 216 Abs. 1 S. 1, 45 FamFG erst mit **Rechtskraft** wirksam; jedoch *soll* das Gericht nach § 216 Abs. 1 S. 2 FamFG die **sofortige Wirksamkeit anordnen**. Eine solche Anordnung wird das Gericht in aller Regel treffen.

Das Gericht wird darüber hinaus in aller Regel auch bei Hauptsacheentscheidungen gem. § 216 Abs. 2 S. 1 FamFG die **Zulässigkeit der Vollstreckung vor der Zustellung an den Antragsgegner anordnen**. In diesem Fall tritt die Wirksamkeit – und damit die Vollstreckbarkeit – des Beschlusses schon mit der Übergabe der Entscheidung an die Geschäftsstelle ein. Der Zeitpunkt der Übergabe ist auf der Entscheidung zu vermerken. Damit ergibt sich eine „**vorläufige Vollstreckbarkeit**" in Familiensachen.

Bei einer Anordnung nach dem GewSchG im Rahmen einer Hauptsacheentscheidung ist also zunächst zu prüfen, ob das Gericht die sofortige Wirksamkeit angeordnet hat mit der Folge der Wirksamkeit mit Bekanntgabe nach den §§ 40, 41 FamFG und ob es darüber hinaus die Zulässigkeit der Vollstreckung vor der Zustellung der Entscheidung angeordnet hat, so dass die Entscheidung mit Übergabe an die Geschäftsstelle wirksam und vollstreckbar wäre.

Für die **einstweilige Anordnung** in Gewaltschutzsachen gelten zunächst die allgemeinen Regeln aus den §§ 40, 41, 216 FamFG. Allerdings wird das Gericht gem. § 53 Abs. 2 S. 1 FamFG in aller Regel anordnen, dass die Vollstreckung der einstweiligen Anordnung vor der Zustellung an den Verpflichteten zulässig ist. In diesem Fall ist die einstweilige Anordnung schon mit ihrem Erlass wirksam und gem. § 53 Abs. 2 S. 2 FamFG vollstreckbar.

c) Vollstreckungsklausel. Die Vorschrift des § 53 FamFG regelt die Vollstreckung der **einstweiligen Anordnung**. Nach § 53 Abs. 1 FamFG ist bei einer einstweiligen Anordnung eine Vollstreckungsklausel grds. nicht erforderlich; nur bei der Vollstreckung für oder gegen einen anderen als den im Beschluss bezeichneten Beteiligten müsste eine Klausel vorliegen, was jedoch in Gewaltschutzsachen auszuschließen ist. Hauptsacheentscheidungen bedürfen gem. § 86 Abs. 3 FamFG der Vollstreckungsklausel im Übrigen nur, wenn die Vollstreckung nicht durch das Gericht erfolgt, welches den Titel erlassen hat. Vollstreckt – wie bei Gewaltschutzsachen – nicht das Gericht, sondern der Gerichtsvollzieher, ist danach für Hauptsacheentscheidungen eine Vollstreckungsklausel erforderlich.[9]

d) Zustellung. Sowohl die Hauptsacheentscheidung als auch die einstweilige Anordnung sind zuzustellen. Allerdings kann das Gericht in beiden Fällen die Zulässigkeit der Vollstreckung *vor* der Zustellung anordnen (§ 53 Abs. 2 S. 1 FamFG). § 53 Abs. 2 S. 2 FamFG ermöglicht daher, dass der Zeitpunkt vorverlagert wird, zu dem die Wirksamkeit des Beschlusses über die einstweilige Anordnung eintritt. Zu beachten ist allerdings, dass auf Verlangen des Antragstellers bei Erlass einer einstweiligen Anordnung ohne mündliche Verhandlung die Zustellung nicht vor der Vollziehung erfolgen darf (§ 214 Abs. 2, § 216 Abs. 2 S. 1 FamFG). Zweckmäßigerweise wird der Gerichtsvollzieher idR die Zustellung bei der Vollziehung vornehmen. Besondere Probleme bei der Zustellung können sich insb. bei der Kollision von gerichtlichen Entscheidungen und Anordnungen nach dem Polizeirecht ergeben (s. dazu Rn 37 ff).

e) Befristete Wohnungsüberlassung/Wirksamkeit des Titels. Ist die Wohnungsüberlassung gem. § 2 Abs. 2 S. 1 GewSchG befristet, stellt sich die Frage, wann die **Frist beginnt** und wann sie **endet**. Ist die Frist konkret mit einem Datum als

---

[9] HM, OLG Karlsruhe MDR 2007, 1453 mwN; Zöller/*Stöber*, § 794 ZPO Rn 21; *Harnacke*, DGVZ 2002, 65, 69.

Fristende – „bis zum …" – oder mit einer Formulierung „3 Monate ab Datum dieses Beschlusses" bestimmt, ist dies unproblematisch. Ist jedoch nur ein Zeitraum, zB „3 Monate", genannt, ist für den Beginn der Frist grds. auf den Zeitpunkt der Wirksamkeit des Titels abzustellen.[10] Lässt sich die Frist nicht aus dem Tenor selbst berechnen, beginnt sie danach bei endgültigen, nicht für sofort vollziehbar erklärten Entscheidungen gem. § 216 Abs. 1 FamFG mit Eintritt der Rechtskraft. Bei für sofort vollziehbar erklärten Endentscheidungen beginnt die Frist mit der Bekanntgabe, also gem. § 41 Abs. 2 FamFG mit Verkündung oder bei nicht verkündeten Entscheidungen gem. § 41 Abs. 1 FamFG mit der Zustellung an den Schuldner.

26 Ordnet das Gericht gem. § 216 Abs. 2 S. 1 FamFG die Zulässigkeit der Vollstreckung vor Zustellung an, beginnt die Frist mit der Übergabe des Beschlusses an die Geschäftsstelle. Denn in diesem Fall wird die Entscheidung gem. § 216 Abs. 2 FamFG mit Übergabe an die Geschäftsstelle wirksam; dies ist auf dem Titel zu vermerken.

27 Bei einstweiligen Anordnungen beginnt der Lauf der Frist, die sich nicht aus dem Tenor berechnen lässt, grds. mit dem Zeitpunkt der Bekanntgabe gem. §§ 40, 41 FamFG. Ordnet das Gericht gem. § 53 Abs. 2 S. 1 FamFG an, dass die Vollstreckung der einstweiligen Anordnung vor Zustellung an den Verpflichteten zulässig ist, läuft die Frist ab Erlass des Beschlusses, denn der Beschluss ist mit dem Zeitpunkt seines Erlasses gem. § 53 Abs. 2 S. 2 FamFG wirksam.

28 **f) Vollziehungsfrist.** Eine dem § 929 Abs. 2 ZPO aF vergleichbare Vollziehungsfrist (dort 1 Monat) existiert bei Entscheidungen des Familiengerichts nicht mehr.

29 **4. Durchsuchungsbeschluss und Räumungsfrist.** Da die zu vollstreckende Entscheidung nach § 2 GewSchG einen Räumungstitel darstellt, ist ein **Durchsuchungsbeschluss** gem. § 95 Abs. 1 FamFG, § 758 a Abs. 2 ZPO nicht erforderlich. Zwar sieht die Gesetzesbegründung zum FamFG die Vollstreckung nach § 2 GewSchG als Ersatzvornahme einer vertretbaren Handlung.[11] Dies ändert jedoch nichts an der Vollstreckung entsprechend § 885 ZPO, da die „Herausgabe von Räumen" iSd § 758 a ZPO mit der Anordnung, die Wohnung zu verlassen, tenoriert ist. Dies ergibt sich schon aus dem Verweis in § 96 Abs. 2 FamFG auf § 885 ZPO. Die grds. bei der Vollstreckung einer Wohnungsräumung zu beachtende **Räumungsfrist** von mindestens 3 Wochen ab Zustellung der Benachrichtigung ist gem. § 128 Abs. 2 S. 4 GVGA dann nicht einzuhalten, wenn der Gerichtsvollzieher nach den o.g. Grundsätzen einen Beschluss nach dem GewSchG vor seiner Zustellung vollstrecken darf.

30 **5. Bestimmtheit des Titels.** Fraglich ist bei einigen in der Praxis anzutreffenden Formulierungen die hinreichende Bestimmtheit und damit der vollstreckungsfähige Inhalt. Möglich sind Formulierungen, dass eine bestimmte Wohnung

- herauszugeben,
- zu überlassen,
- zu räumen,
- zu verlassen ist,
- der Schuldner auszuziehen hat oder
- dem Gläubiger zugewiesen wird.

31 Entscheidend ist, ob sich aus dem Titel – ggf in Auslegung unter Zuhilfenahme der Entscheidungsgründe – die Pflicht des Schuldners zur Besitzaufgabe zuguns-

---

10 *Harnacke*, DGVZ 2002, 65, 69.
11 Begr. RegE, BT-Drucks. 16/6308 vom 7.9.2007, S. 220.

ten des Gläubigers ergibt. Dies ist bei den Formulierungen **"herauszugeben/zu überlassen/zu räumen"** schon durch die Nennung in § 885 Abs. 1 ZPO anzunehmen. Auch aus den Begriffen **"zu verlassen"** und **"auszuziehen"** ergibt sich mE die oben genannte Pflicht zur Besitzaufgabe.[12]

Der Ausdruck „zugewiesen" ist – allein – nicht ausreichend zur Begründung der Räumungsvollstreckung, da er keine Leistungspflicht des Schuldners postuliert, sondern lediglich die Wohnung rechtlich zuordnet, ihr also nur ein rechtliches „Etikett" aufdrückt; in diesem Fall ist eine weitere Entscheidung des Gerichts zur Räumung nach § 885 ZPO erforderlich. 32

Ist der Inhalt des Tenors nicht eindeutig als Räumungsverpflichtung zu lesen, ist zu beachten, dass jeder Tenor unter Beachtung der Entscheidungsgründe **auslegungsfähig** ist.[13] Ein Räumungstitel kann also trotz des Tenors auf „Zuweisung" dann vorliegen, wenn sich aus den Entscheidungsgründen die Räumungsverpflichtung eindeutig ergibt. Diese wird sich im Rahmen des § 2 GewSchG auch in Zweifelsfällen aus der Entscheidungsbegründung einer Wohnungszuweisung mit den Begriffen „verlassen" oder „auszuziehen" entnehmen lassen. Der Tenor ist in diesem Fall als Räumungstitel auszulegen. 33

Die Bestimmtheit des Titels kann auch fraglich sein, wenn im Tenor **die zu räumende Wohnung nicht genannt** ist. Diese dürfte sich jedoch in Auslegung des Tenors aus dem Rubrum oder den Entscheidungsgründen entnehmen lassen. 34

6. Mehrfachvollstreckung/Rechtsmissbrauch. Gemäß § 96 Abs. 2 ZPO ist die Mehrfachvollstreckung von einstweiligen Anordnungen des Familiengerichts nach dem GewSchG, soweit Gegenstand der Verfahrens Regelungen aus dem Bereich der Wohnungszuweisung sind, möglich. Es braucht allerdings **nur einmal zugestellt** zu werden. Der Titel ist also **nicht durch die Vollstreckung verbraucht** (vgl § 130 Abs. 2 S. 1 GVGA). Der Titel ist nach jeder Erledigung eines Auftrags jeweils dem Gläubiger zurückzugeben, der einen neuen Vollstreckungsauftrag durch die erneute Übergabe erteilen kann (vgl § 130 Abs. 2 S. 2 GVGA). In der Konsequenz heißt das, dass der Gerichtsvollzieher selbst dann den Schuldner **erneut räumen** muss, wenn die Gläubigerin den Schuldner mehrfach freiwillig wieder in die Wohnung gelassen hat, aus der er vom Gerichtsvollzieher aufgrund der Entscheidung des Familiengerichts entfernt worden war. 35

Die Ablehnung der Vollstreckung wegen **Rechtsmissbrauchs** ist nicht möglich. Dies folgt schon daraus, dass der Gesetzgeber die Mehrfachvollstreckung ausdrücklich zulässt, ohne darauf abzustellen, aus welchem Grund erneut zu vollstrecken ist. Ein **"Mitverschulden"** des Opfers ist mithin nicht erheblich. Darüber hinaus ergibt sich der Einwand des Rechtsmissbrauchs aus § 242 BGB, also aus dem materiellen Recht. Der BGH hat nunmehr wiederholt auch zum Fall des Rechtsmissbrauchs klargestellt, dass der Gerichtsvollzieher zur Prüfung materiellen Rechts nicht befugt ist.[14] In krassen Ausnahmefällen dürfte hier eine Ansprache der Parteien angebracht sein. Eine Änderung der Entscheidung bzw eine Aussetzung der Vollstreckung kann in diesen Fällen nur der Schuldner durch einen Antrag nach §§ 54 Abs. 1, 55 Abs. 2 FamFG erreichen. 36

7. Kollision mit dem Polizeirecht. a) Vorheriger Platzverweis durch die Polizei und Zustellung. Hat der Täter bereits vor Zustellung der gerichtlichen Entscheidung zB aufgrund eines vorher erteilten **Platzverweises** durch die Polizei die gemeinsame Wohnung verlassen, stellt sich die Frage, wie die Entscheidung des Gerichts wirksam zuzustellen ist. Ist eine **neue Anschrift des Täters bekannt**, ergeben sich keine Probleme. 37

---

12 Str, Zöller/*Stöber*, § 885 ZPO Rn 2; *Harnacke*, DGVZ 2002, 65 ff mwN.
13 Hk-ZPO/*Kindl*, § 704 Rn 7; Zöller/*Stöber*, § 704 ZPO Rn 5 mwN.
14 BGH DGVZ 2009, 12, 13 mwN.

38 Ist eine – andere – Anschrift oder der Aufenthaltsort (Zustellung gem. § 177 ZPO) **nicht bekannt**, käme zunächst eine Ersatzzustellung an das Opfer als erwachsenen Familienangehörigen oder erwachsenen ständigen Mitbewohner gem. § 178 Nr. 1 ZPO in Betracht; diesem steht allerdings § 178 Abs. 2 ZPO entgegen. Eine Ersatzzustellung an eine Person, die an dem zugrunde liegenden Rechtsstreit beteiligt ist, ist unwirksam. Dies hat der Gerichtsvollzieher unbedingt zu beachten. Überprüft er anhand des zuzustellenden Beschlussinhalts nicht, ob der Empfänger in einem offenkundigen Interessenkonflikt zu den Zustellungsadressaten steht und ob eine entsprechende Anwendung von § 178 Abs. 2 ZPO in Betracht kommt, begeht er schuldhaft eine Amtspflichtverletzung.[15] Einer Ersatzzustellung durch Niederlegung in den Briefkasten an der Anschrift der gemeinsam genutzten Wohnung gem. § 180 ZPO steht die gemeinsame Nutzung mit dem Prozessgegner entgegen. Auch insoweit ist § 178 Abs. 2 ZPO anzuwenden. Die Zustellung durch Einlage des zuzustellenden Schriftstückes in den gemeinsamen Briefkasten der Parteien ist gem. § 178 Abs. 2 ZPO unwirksam.[16] Sollte danach die gerichtliche Entscheidung nicht zustellbar sein, hat dies vollstreckungsrechtlich für die – verkürzte – Räumungsvollstreckung im Rahmen des § 2 GewSchG dann keine Relevanz, wenn die Zustellung nicht Voraussetzung für das Wirksamwerden der Entscheidung ist. Dies dürfte idR der Fall sein, da das Gericht bei Eilentscheidungen die Vollziehbarkeit der Entscheidung **vor** der Zustellung anordnen wird.

39 **b) Vorheriger Platzverweis und „Wohnungseinweisung" durch das Gericht.** Polizeiliche Anordnungen und gerichtliche Entscheidungen können sich im Einzelfall auch widersprechen. Dies ist zB dann der Fall, wenn der Täter beim Familiengericht eine einstweilige Anordnung mit dem Tenor erwirkt, dass sein Partner oder seine Partnerin ihm den Zutritt zur gemeinsamen Wohnung und den Aufenthalt in derselben zu gestatten habe; tatsächlich bestand gegen ihn und nicht gegen die Antragsgegnerin ein befristeter Platzverweis durch die Polizei, den er verschwiegen hatte. Wird erst in der Vollstreckungssituation zB durch Herbeiziehen der Polizei im Rahmen des § 96 Abs. 1 FamFG die Situation klar, befindet sich der Gerichtsvollzieher im Konflikt zwischen Vollstreckungsrecht und Polizeirecht. Die Zwangsvollstreckung ist in diesem Fall gem. § 775 Nr. 2 ZPO, § 64 Abs. 2 GVGA analog einzustellen. Der nach dem Polizeirecht ausgesprochene Wohnungsverweis steht der Vollstreckbarkeit der zivilrechtlichen einstweiligen Verfügung entgegen. Die Vollstreckbarkeit der gerichtlichen Entscheidung ist gehemmt. Öffentliches Recht und Zivilrecht dürfen sich nicht widersprechen. Der Fall ist vergleichbar mit der Kollision zwischen der Vollstreckung aus einem Räumungstitel und der Einweisung des Schuldners in die zu räumende Wohnung.[17]

V. Vollstreckung der Schutzanordnungen nach § 1 GewSchG

40 **1. Zuständigkeit.** Für Entscheidungen nach § 1 GewSchG ist in allen Fällen das Familiengericht zuständig. Die Vollstreckung erfolgt gem. §§ 95 f FamFG, insb. nach § 96 FamFG.[18] Durch § 96 Abs. 1 FamFG ist der **Gerichtsvollzieher** hier in die Vollstreckung von Unterlassungsgeboten einbezogen. Der Gerichtsvollzieher hat die Vollstreckung im unmittelbaren Auftrag des Berechtigten zu bewirken (§ 95 Abs. 1 FamFG iVm § 753 Abs. 1 ZPO). Der Berechtigte kann wegen der Erteilung des Auftrags zur Vollstreckung auch die Mitwirkung der Geschäftsstelle in Anspruch nehmen; der von der Geschäftsstelle beauftragte Gerichtsvollzie-

---

15 OLG Celle DGVZ 2003, 8.
16 OLG Nürnberg NJW-RR 2004, 1517 ff.
17 Dazu Hk-ZPO/*Pukall*, § 885 ZPO Rn 17.
18 Zur Rechtslage vor Inkrafttreten des FamFG mWz 1.9.2009 s. die Vorauflage (2. Aufl. 2013, aaO).

her gilt dann als vom Berechtigten beauftragt (§ 95 Abs. 1 FamFG iVm § 753 Abs. 2 ZPO).

2. Antrag, Rechtskraft, Vollstreckungsklausel. Insoweit ergeben sich nach der Rechtslage des FamFG keine Unterschiede zur Vollstreckung einer Anordnung nach § 2 GewSchG. Es kann daher auf die Ausführungen in Rn 17–23 verwiesen werden. 41

3. Zustellung. Die einstweilige Anordnung muss gem. § 214 FamFG ebenso wie die einstweilige Verfügung gem. § 936 iVm § 922 Abs. 2 ZPO im **Parteibetrieb** zugestellt werden und zwar grds. vor einem Hinzuziehen des Gerichtsvollziehers gem. § 96 Abs. 1 FamFG. Ein Verstoß gegen die vom Gericht verfügten Gebote aus § 1 GewSchG setzt denknotwendig ihre Kenntnis voraus. Eine wirksame Zustellung ist Geltungsvoraussetzung gegenüber dem Schuldner. Die Anordnungen nach § 1 GewSchG stellen rechtsgestaltende Regelungsverfügungen dar, die zur Entstehung der Zustellung bedürfen. Erst mit der Zustellung kann überhaupt ein Prozessrechtsverhältnis zwischen den Parteien entstehen.[19] 42

Allerdings kann das Familiengericht die Zulässigkeit der Vollstreckung **vor** der Zustellung gem. § 216 Abs. 2 S. 1 FamFG anordnen. Ob hier der Gerichtsvollzieher gem. § 96 Abs. 1 FamFG tätig werden kann, ohne dass durch die Zustellung die Anordnung dem Schuldner bekannt gegeben worden ist, erscheint zweifelhaft.[20] Die Beseitigung einer Zuwiderhandlung gegen ein gerichtliches Verbot durch den Gerichtsvollzieher setzt voraus, dass spätestens dieser dem Schuldner die Anordnung bekannt gibt. In der Praxis wird sich diese Frage letztlich nicht stellen, da der Gerichtsvollzieher spätestens dann, wenn er zur Beseitigung der Zuwiderhandlung hinzugezogen wird, die Zustellung vornehmen wird. In vielen Fällen wird die Situation dadurch bereinigt sein. Sollte der Täter sich hiervon nicht beeindrucken lassen, liegen nunmehr die Voraussetzungen zur Beseitigung des Widerstands vor, so dass sich dieses Problem vollstreckungsrechtlich in der Praxis nicht auswirken wird. 43

Die Bekanntgabe der gerichtlichen Entscheidung durch den Gläubiger oder die Polizei allein kann die Zustellung **nicht ersetzen**. Dies gilt auch unter dem Gesichtspunkt einer **Heilung** von Zustellungsmängeln nach § 189 ZPO. Unverzichtbares Erfordernis einer Heilung ist, dass der Schuldner das zuzustellende Dokument auch tatsächlich erhält, die Ausfertigung einer gerichtlichen Entscheidung kann nicht durch die bloße Mitteilung ihres Inhaltes ersetzt werden. 44

Strafrechtlich ist der Täter nach **§ 4 GewSchG** nur zur Verantwortung zu ziehen, wenn er die gerichtliche Entscheidung kannte. Nur dann kann er sich strafrechtlich relevant über die Appellwirkung der Entscheidung hinwegsetzen. Die Strafbarkeit nach § 4 GewSchG setzt nach dem BGH grds. eine wirksame Zustellung mit Zustellungswillen voraus.[21] Die vom BGH in der genannten Entscheidung angestellten grundsätzlichen Erwägungen sind noch zur Rechtslage vor Inkrafttreten des FamFG ergangen. In einer neueren Entscheidung – im zeitlichen Geltungsbereich des FamFG – lässt der BGH ausdrücklich offen, ob dies auch gilt, wenn die Vorrausetzungen, unter denen eine Vollstreckung vor Zustellung möglich ist, vorlagen.[22] Grundsätzlich ist danach davon auszugehen, dass Verstöße gem. § 4 GewSchG erst dann strafrechtlich geahndet werden können, wenn der Schuldner durch förmliche Bekanntgabe des Schriftstücks, nämlich der Zustellung der Entscheidung, von diesem Kenntnis erlangt hat. 45

---

19 BGH NJW 2007, 1605, 1606.
20 Unklar Zöller/*Stöber*, § 892 a ZPO Rn 2.
21 BGH NJW 2007, 1605.
22 BGH 10.5.2012 – 4 StR 122/12, NStZ 2013, 108.

46 **4. Durchsuchungsbeschluss.** Der BGH verlangt bei Eingriffen in die Unverletzlichkeit der Wohnung, die keine Durchsuchung darstellen, zwar keine Durchsuchungserlaubnis, aber eine richterliche Ermächtigung.[23] Ist in der zu vollstreckenden Entscheidung die Duldung des Betretens der Wohnung durch den Schuldner angeordnet, ist dies ausreichend.[24] Zu beachten ist, dass ein Beschluss nach § 758 a ZPO auf jeden Fall bei Vorliegen von Gefahr im Verzug (§ 61 GVGA) entbehrlich ist.

47 **5. Befristung.** Auch Schutzanordnungen nach § 1 GewSchG sollen befristet werden (vgl § 1 Abs. 1 S. 2 GewSchG). Bei der Frage, wann der Lauf der Frist beginnt, kann hinsichtlich der Entscheidungen des Familiengerichts auf die obigen Ausführungen verwiesen werden (s. Rn 25 ff). Sind noch verkündete Entscheidungen der Zivilabteilung zu vollstrecken, ist auf den Zeitpunkt der Verkündung abzustellen; bei einem schriftlichen Versäumnisurteil auf dessen Zustellung. Bei nicht verkündeten Entscheidungen ist der Zeitpunkt der Zustellung an den Gläubiger entscheidend, an den nur von Amts wegen zugestellt wird, um nicht dem Gläubiger die Entscheidung über den Beginn der Frist zu überlassen.

48 **6. Hinzuziehung des Gerichtsvollziehers.** Die Hinzuziehung des Gerichtsvollziehers regelt § 96 Abs. 1 FamFG, der dem § 892 a ZPO entspricht. Das Opfer hat die Wahl, nach § 96 Abs. 1 S. 3 FamFG iVm § 890 ZPO einen Antrag beim Prozessgericht auf Verhängung eines Ordnungsgeldes/auf Ordnungshaft zu stellen oder den Gerichtsvollzieher gem. § 96 Abs. 1 S. 1 FamFG mit der Beseitigung der Zuwiderhandlung zu beauftragen. Ein Tätigwerden des Gerichtsvollziehers von Amts wegen kommt nicht in Betracht, § 95 Abs. 1 FamFG, § 753 ZPO. Dem Schuldner bleibt es auch überlassen, durch eine Anzeige die Polizei wegen des Verstoßes gegen § 4 GewSchG ggf nach § 238 StGB einzuschalten. Ob die Beauftragung des Gerichtsvollziehers hier immer das effektivste Mittel ist, die Zuwiderhandlung zu beenden und für die Zukunft auszuschließen, darf bezweifelt werden.

49 Der Gerichtsvollzieher wird zur Beseitigung der Zuwiderhandlung durch den Besitz einer Ausfertigung der zu vollstreckenden Entscheidung ermächtigt (vgl § 134 Abs. 2 S. 1 GVGA). Er prüft zunächst die bereits erörterten allgemeinen Voraussetzungen der Zwangsvollstreckung (vgl Rn 41 ff). Weiter setzt das Tätigwerden des Gerichtsvollziehers die von ihm selbständig zu prüfende, gem. § 96 Abs. 1 S. 1 FamFG, § 892 a ZPO **andauernde** Zuwiderhandlung gegen eine Verpflichtung aus § 1 GewSchG voraus, dh, der Verstoß gegen die Anordnung darf noch nicht beendet sein. Denkbar erscheint dies zB dann, wenn der Schuldner entgegen der Anordnung nach § 1 GewSchG sich unerlaubt in der Wohnung des Gläubigers aufhält.[25] Der Gerichtsvollzieher darf nicht verlangen, dass ihm dies durch das Opfer nachgewiesen wird, denn er ist im Rahmen seines pflichtgemäßen Ermessens zum Einschreiten verpflichtet.[26] Allerdings muss er das Andauern der Zuwiderhandlung nachprüfen.[27] Er muss sich hierbei nicht auf die Buchstaben des Tenors beschränken. Das Andauern einer Zuwiderhandlung „im Kern" ist ausreichend.[28] Ein Verstoß gegen die Unterlassungsanordnung liegt also nicht nur dann vor, wenn die im Wortlaut der Anordnung identischen Handlungen begangen werden. Insoweit ist auf die Rspr zu § 890 ZPO abzustellen. Danach reicht es auch aus, dass Äußerungen vorliegen, die ungeachtet etwaiger Abweichungen gleichwertig sind und die im Einzelnen den Äußerungskern unberührt

---

23 BGH NJW 2006, 3352.
24 Hk-ZPO/*Kindl*, § 758 a Rn 2.
25 Musielak/*Lackmann*, § 892 a ZPO Rn 3.
26 Hk-ZPO/*Pukall*, § 892 a Rn 3, § 892 Rn 9.
27 Zöller/*Stöber*, § 892 a ZPO Rn 2.
28 MüKo-BGB/*Gruber*, § 892 a Rn 4; *Harnacke*, DGVZ 2002, 65, 72.

lassen.[29] Ein Verstoß gegen den Kern der Anordnung sollte allerdings dann nicht vorliegen, wenn ein allgemeines **„Belästigungsverbot"** verhängt wurde und der Schuldner wiederholt versuchte, den Gläubiger anzurufen.[30] Die bloße Anordnung, das Opfer nicht zu belästigen, dürfte allerdings dem allgemeinen Bestimmtheitsgebot nicht entsprechen, da die Frage, wann eine Belästigung gegeben ist, in jedem Einzelfall unterschiedlich zu beurteilen ist und vom subjektiven Empfinden des Opfers abhängt.[31] Ein Verschulden des Schuldners ist nicht erforderlich.[32]

Zuwiderhandlungen sind unter Beachtung der §§ 758 Abs. 3, 759 ZPO zu überwinden (§ 134 Abs. 2 GVGA). Der Gerichtsvollzieher ist mithin gem. § 758 Abs. 3 ZPO zur **Anwendung von Gewalt befugt** und kann die Polizei um Unterstützung nachsuchen. Bei Überwindung von Widerstand sind gem. § 759 ZPO Zeugen hinzuzuziehen. Der Gerichtsvollzieher sollte jedenfalls auf eine genaue Protokollierung achten, da das Protokoll in einem anschließenden Strafverfahren nach § 4 GewSchG von erheblicher Bedeutung sein wird.

7. Mehrfachvollstreckung/Rechtsmissbrauch. Der Gerichtsvollzieher kann gem. § 96 Abs. 1 S. 1 FamFG, § 892 a ZPO zur Beseitigung einer „jeden" Zuwiderhandlung hinzugezogen werden. Die Mehrfachvollstreckung ist mithin auch hier ausdrücklich vorgesehen. Stellt sich aus Sicht des Vollstreckungsorgans die Mehrfachvollstreckung als rechtsmissbräuchlich dar, ist dies kein Grund, die – nochmalige – Vollstreckung abzulehnen (vgl hierzu ergänzend Rn 35 f).

---

29 BVerfG NJW-RR 2007, 859, 860.
30 OLG Karlsruhe NJW 2008, 450.
31 OLG Köln 15.8.2014 – 12 UF 61/14, juris.
32 *Schumacher*, FamRZ 2002, 645.

8. Auswirkungen des Insolvenzverfahrens auf die Einzelzwangsvollstreckung

Literatur:

Ahrens/Gehrlein/Ringstmeier (Hrsg.), Fachanwalts-Kommentar Insolvenzrecht, 2. Aufl. 2014 (zit. A/G/R-*Bearbeiter*); *Andres/Leithaus*, Insolvenzordnung, Kommentar, 3. Aufl. 2014; *Braun*, Insolvenzordnung, Kommentar, 6. Aufl. 2014; *Gottwald*, Insolvenzrechts-Handbuch, 4. Aufl. 2010; *Frankfurter Kommentar zur Insolvenzordnung* (FK-InsO), 7. Aufl. 2013, hrsg. v. Wimmer; *Hamburger Kommentar zum Insolvenzrecht:* InsO, EuInsO, Art. 102 EGInsO, InsVV, VbrInsVV, InsOBekV, Insolvenzstrafrecht, 5. Aufl. 2015, hrsg. v. Schmidt; *Heidelberger Kommentar zur Insolvenzordnung*, 7. Aufl. 2014, hrsg. v. Kreft (zit. HK/*Bearbeiter*); *Jaeger*, Insolvenzordnung, Großkommentar, 6 Bände, 2004 ff; *Kübler/Prütting*, Insolvenzordnung, Kommentar, Loseblatt; *Münchener Kommentar zur Insolvenzordnung*, 3 Bände, 3. Aufl. 2013, hrsg. v. Kirchhof/Lwowski/Stürner; *Nerlich/Römermann*, Insolvenzordnung, Loseblatt-Kommentar; *Uhlenbruck*, Insolvenzordnung, Kommentar, 13. Aufl. 2010.

I. Allgemeines Vollstreckungsverbot und Rückschlagsperre nach der InsO	1
1. Rechtsgrundlagen	1
2. Allgemeines	3
3. Verbot der Einzelzwangsvollstreckung für fällige Forderungen während der Dauer des Insolvenzverfahrens (§ 89 Abs. 1 InsO)	7
a) Voraussetzungen	7
aa) Insolvenzverfahren ..	7
bb) Vollstreckungsmaßnahme	8
cc) Insolvenzgläubiger ..	11
(1) Persönlicher Gläubiger	11
(2) Vermögensanspruch	15
dd) Dauer des Vollstreckungsverbots	16
ee) Schuldnervermögen	17
b) Rechtsfolgen	18
aa) Beachtung von Amts wegen	18
bb) Rechtsbehelfe bei Verstoß	19
cc) Bereicherungs- und Schadensersatzansprüche	23
dd) Heilung	25
4. Erweitertes Verbot der Einzelzwangsvollstreckung für künftige Forderungen während der Dauer des Insolvenzverfahrens (§ 89 Abs. 2 InsO)	26
a) Normzweck	26
b) Voraussetzungen	27
aa) Betroffene Gläubiger	27
bb) Künftige Dienstbezüge und an deren Stelle tretende Bezüge	28
c) Rechtsfolgen	30
5. Unwirksamkeit der vor Insolvenzeröffnung durch Zwangsvollstreckung erlangten Sicherung (§ 88 InsO)	31
a) Allgemeines	31
b) Voraussetzungen	32
aa) Insolvenzverfahren ..	32
bb) Vollstreckungsmaßnahme durch Insolvenzgläubiger	33
cc) Insolvenzmasse	36
dd) Sicherung	37
ee) Monatsfrist	40
c) Rechtsfolgen	42
aa) Beachtung von Amts wegen	42
bb) Rechtsbehelf	44
cc) Bereicherungs- und Schadensersatzansprüche	45
dd) Heilung	46
d) Sondervorschriften	49
II. Untersagung und Einstellung von Vollstreckungsmaßnahmen durch das Insolvenzgericht	51
1. Rechtsgrundlagen	51
2. Allgemeines	52
3. Voraussetzungen	54
4. Rechtsfolgen	56
III. Die Anfechtung von Zwangsvollstreckungsmaßnahmen	58
1. Rechtsgrundlagen	58
2. Allgemeines	61
3. Voraussetzungen	63

a) Inkongruente Deckung iSd § 131 InsO 63	stellung und objektive Zahlungsunfähigkeit (Nr. 2) 70
b) Zeitpunkt der Vollstreckungshandlung 65	dd) Handlung im zweiten oder dritten Monat vor Antragstellung und Kenntnis des Gläubigers von Gläubigerbenachteiligung (Nr. 3) 72
aa) Einführung 65	
bb) Handlung innerhalb eines Monats vor Antragstellung (Nr. 1) 66	
cc) Handlung im zweiten oder dritten Monat vor Antrag-	4. Rechtsfolgen 76

I. Allgemeines Vollstreckungsverbot und Rückschlagsperre nach der InsO

1. Rechtsgrundlagen

§ 88 InsO Vollstreckung vor Verfahrenseröffnung

(1) Hat ein Insolvenzgläubiger im letzten Monat vor dem Antrag auf Eröffnung des Insolvenzverfahrens oder nach diesem Antrag durch Zwangsvollstreckung eine Sicherung an dem zur Insolvenzmasse gehörenden Vermögen des Schuldners erlangt, so wird diese Sicherung mit der Eröffnung des Verfahrens unwirksam.

(2) Die in Absatz 1 genannte Frist beträgt drei Monate, wenn ein Verbraucherinsolvenzverfahren nach § 304 eröffnet wird.

§ 89 InsO Vollstreckungsverbot

(1) Zwangsvollstreckungen für einzelne Insolvenzgläubiger sind während der Dauer des Insolvenzverfahrens weder in die Insolvenzmasse noch in das sonstige Vermögen des Schuldners zulässig.

(2) ¹Zwangsvollstreckungen in künftige Forderungen auf Bezüge aus einem Dienstverhältnis des Schuldners oder an deren Stelle tretende laufende Bezüge sind während der Dauer des Verfahrens auch für Gläubiger unzulässig, die keine Insolvenzgläubiger sind. ²Dies gilt nicht für die Zwangsvollstreckung wegen eines Unterhaltsanspruchs oder einer Forderung aus einer vorsätzlichen unerlaubten Handlung in den Teil der Bezüge, der für andere Gläubiger nicht pfändbar ist.

(3) ¹Über Einwendungen, die auf Grund des Absatzes 1 oder 2 gegen die Zulässigkeit einer Zwangsvollstreckung erhoben werden, entscheidet das Insolvenzgericht. ²Das Gericht kann vor der Entscheidung eine einstweilige Anordnung erlassen; es kann insbesondere anordnen, daß die Zwangsvollstreckung gegen oder ohne Sicherheitsleistung einstweilen einzustellen oder nur gegen Sicherheitsleistung fortzusetzen sei.

2. Allgemeines. Gemäß § 1 S. 1 InsO ist es das wesentliche Ziel des Insolvenzverfahrens, die Gläubiger eines Schuldners gemeinschaftlich zu befriedigen. Hierunter ist die anteilige Befriedigung aller Gläubiger im Verhältnis ihrer Insolvenzforderungen zu verstehen. Es gilt der Grundsatz der **Gleichbehandlung** aller Insolvenzgläubiger.

Dieser Grundsatz würde verletzt, wenn einzelne Gläubiger trotz eines eröffneten Insolvenzverfahrens weiter die Einzelzwangsvollstreckung gegen den Schuldner betreiben könnten. Denn in diesem Fall stünden sie besser als die anderen Insolvenzgläubiger. Sie erhielten dann mehr als die ihnen zustehende Insolvenzquote; dies ginge zulasten der übrigen Gläubiger, deren Quote sich in diesem Fall entsprechend verringern würde.[1] § 89 Abs. 1 InsO zieht hieraus die Konsequenz,

---

[1] Jaeger/*Eckardt*, InsO, § 89 Rn 4; MüKo-InsO/*Breuer*, § 89 Rn 4.

dass Einzelzwangsvollstreckungen während der Dauer des Insolvenzverfahrens für einzelne Insolvenzgläubiger unzulässig sind.

5 Daneben statuiert § 1 S. 2 InsO das Ziel, dem redlichen Schuldner die **Restschuldbefreiung** zu ermöglichen. Diesem Ziel dient § 89 Abs. 2 InsO. Nach dieser Vorschrift gilt ein Verbot der Vollstreckung in Forderungen aus einem Dienstverhältnis, die erst nach Beendigung des Verfahrens entstehen. Das Vollstreckungsverbot betrifft alle Gläubiger mit Ausnahme von bestimmten Unterhalts- und Deliktsgläubigern. Zweck der Vorschrift ist es, die genannten Forderungen für ein dem Insolvenzverfahren nachfolgendes Restschuldbefreiungsverfahren zu reservieren.

6 § 88 InsO ordnet schließlich eine **Rückwirkung** des eröffneten Insolvenzverfahrens auf die Einzelzwangsvollstreckung an. Hat ein Insolvenzgläubiger im letzten Monat vor dem Antrag auf Eröffnung des Insolvenzverfahrens oder nach diesem Antrag durch Zwangsvollstreckung eine Sicherung am schuldnerischen Vermögen erlangt, wird diese Sicherung mit Eröffnung des Insolvenzverfahrens unwirksam. Wie § 89 InsO ist auch § 88 InsO von Amts wegen zu beachten. Insoweit unterscheidet sich die Vorschrift von der ebenfalls bedeutsamen Insolvenzanfechtung (s. dazu Rn 61 ff).

7 **3. Verbot der Einzelzwangsvollstreckung für fällige Forderungen während der Dauer des Insolvenzverfahrens (§ 89 Abs. 1 InsO). a) Voraussetzungen. aa) Insolvenzverfahren.** § 89 Abs. 1 InsO setzt die Eröffnung eines inländischen Insolvenzverfahrens voraus. Hierbei kann es sich auch um eine Eigenverwaltung handeln. § 89 Abs. 1 InsO gilt auch für ausländische Vollstreckungsorgane. Voraussetzung ist hierfür, dass das deutsche Verfahren im Ausland anerkannt wird. Die Vorschrift ist demgegenüber nicht anwendbar, wenn ein Insolvenzverfahren im Ausland eröffnet worden ist. In diesem Fall ist – die Anerkennung des ausländischen Insolvenzverfahrens im Inland vorausgesetzt (vgl Art. 16 ff EuInsVO, § 343 InsO) – die entsprechende Regelung des anwendbaren ausländischen Insolvenzrechts maßgeblich (s. Art. 4 Abs. 2 lit. f EuInsVO, § 335 InsO).[2]

8 **bb) Vollstreckungsmaßnahme.** § 89 Abs. 1 InsO verbietet Maßnahmen der Einzelzwangsvollstreckung während der Dauer des Insolvenzverfahrens. Der **Begriff** der Vollstreckungsmaßnahme ist weit auszulegen. Hierzu gehören sämtliche Vollstreckungen unter Einschluss der Anordnung und der Vollziehung von Arresten und einstweiligen Verfügungen.[3] Es ist gleich, ob die Vollstreckung aus einem in- oder ausländischen Titel betrieben wird.

9 Unzulässig ist ebenfalls das Verfahren zur Erwirkung einer eidesstattlichen Versicherung (§§ 807, 883, 899 ff ZPO).[4] Dasselbe gilt für den Erlass eines Haftbefehls (§ 901 ZPO).[5]

---

[2] Gottwald/*Gerhardt*, Insolvenzrechts-HdB, § 33 Rn 14; vgl zum Vorrang der EuInsVO vor dem deutschen Insolvenzkollisionsrecht auch BGHZ 188, 177 = DZWiR 2011, 410 m. Anm. *Gruber*.
[3] MüKo-InsO/*Breuer*, § 89 Rn 31 ff; Uhlenbruck/*Uhlenbruck*, § 89 Rn 1, 12; A/G/R-*Piekenbrock*, § 89 Rn 18, 24; s. auch RegE BT-Drucks. 12/2443, S. 137 re. Sp. (zum gleichlautenden § 100 RegE); aus der Rspr OLG Düsseldorf FamRZ 2006, 286; KG NJW 2005, 3734 (zum strafprozessualen Arrest).
[4] BGH NZI 2012, 560; Uhlenbruck/*Uhlenbruck*, § 89 Rn 10 mwN; s. bereits RegE BT-Drucks. 12/2443, S. 137; aA noch LG Würzburg NJW-RR 2000, 781; AG Hamburg NZI 2006, 646; FK-InsO/*App*, § 89 Rn 15.
[5] OLG Jena ZInsO 2002, 134; *Steder*, NZI 2000, 456; *Viertelhausen*, DGVZ 2001, 36, 37; aA AG Hamburg NZI 2006, 646.

Zulässig bleiben Maßnahmen, welche die Zwangsvollstreckung nur **vorbereiten**.[6] 10
Nach hM richtet sich die Abgrenzung danach, ob durch die Maßnahme unmittelbar Vollstreckungswirkung herbeigeführt wird.[7] Nach diesem Maßstab ist die Erteilung einer Vollstreckungsklausel von dem Verbot des § 89 Abs. 1 InsO nicht erfasst.[8] Hier kommt jedoch eine Unzulässigkeit wegen eines fehlenden Rechtsschutzbedürfnisses[9] bzw nach § 87 InsO in Betracht.[10]

cc) Insolvenzgläubiger. (1) Persönlicher Gläubiger. Der die Zwangsvollstreckung 11
betreibende Gläubiger muss ein „Insolvenzgläubiger" sein. Der Begriff des Insolvenzgläubigers richtet sich nach § 38 InsO. Erfasst werden auch nachrangige Insolvenzgläubiger iSd § 39 InsO[11] und solche Insolvenzgläubiger, die nicht an dem Insolvenzverfahren teilnehmen.[12]

Aussonderungsberechtigte Gläubiger stellen keine Insolvenzgläubiger dar (§ 47 12
S. 1 InsO). Sie können also weiterhin die Herausgabevollstreckung betreiben. Auch Gläubiger, die ein **Absonderungsrecht** verfolgen, werden durch § 89 Abs. 1 InsO nicht hieran gehindert.[13] Ein derartiges Absonderungsrecht kann sich auch aufgrund einer Pfändung ergeben, die – soweit dem nicht § 88 InsO entgegensteht (s. Rn 31) und vorbehaltlich einer Insolvenzanfechtung (s. Rn 61) – zu einem Pfändungspfandrecht geführt hat. Die Verwertung ist allerdings durch die §§ 49, 165 ff InsO und die §§ 30 d ff, 153 b ff ZVG eingeschränkt. Demgegenüber greift § 89 Abs. 1 InsO, wenn die absonderungsberechtigten Gläubiger ihren persönlichen Anspruch geltend machen.

Massegläubiger sind ebenfalls keine Insolvenzgläubiger. Für sie gilt die Sonderregelung 13
in § 90 InsO. Hiernach sind Zwangsvollstreckungen wegen Masseverbindlichkeiten für die Dauer von sechs Monaten seit der Eröffnung des Insolvenzverfahrens unzulässig (§ 90 Abs. 1 InsO). Keine derartige Einschränkung besteht nur für die in § 90 Abs. 2 InsO genannten Masseverbindlichkeiten.

Schließlich sind auch **Neugläubiger** keine Insolvenzgläubiger iSd § 38 InsO. Es 14
besteht jedoch Einigkeit, dass sie nicht in die Insolvenzmasse vollstrecken dürfen.[14] Die Zwangsvollstreckung durch Neugläubiger, die nicht zugleich Massegläubiger sind (s. Rn 13), kann damit nur in das insolvenzfreie, pfändbare Vermögen des Schuldners erfolgen.[15] Da derartiges Vermögen regelmäßig nicht vorliegt (vgl §§ 35, 36 InsO), hat diese Vollstreckungsmöglichkeit kaum praktische Relevanz. Ein Neugläubiger muss dementsprechend gegenüber dem Gerichtsvollzieher darlegen, dass der Schuldner Vermögen besitzt, welches nicht zur Insolvenzmasse gehört oder durch den Insolvenzverwalter freigegeben wurde.[16]

(2) Vermögensanspruch. Voraussetzung ist weiter, dass der persönliche Gläubiger 15
einen Vermögensanspruch geltend macht. Auch insoweit gelten die Maßstäbe

---

6 BGH ZInsO 2008, 155, 159 = NZI 2008, 198, 199; Uhlenbruck/*Uhlenbruck*, § 89 Rn 16; Braun/*Kroth*, § 89 Rn 3.
7 Uhlenbruck/*Uhlenbruck*, § 89 Rn 17; Kübler/Prütting/*Lüke*, § 89 Rn 12; FK-InsO/*App*, § 89 Rn 14.
8 BGH ZInsO 2008, 158 = ZIP 2008, 527 unter Verweis auf MüKo-InsO/*Breuer*, § 89 Rn 30 (jetzt Rn 42).
9 BGH ZInsO 2008, 158 = ZIP 2008, 527.
10 So Jaeger/*Eckardt*, InsO, § 89 Rn 55; A/G/R-*Piekenbrock*, § 89 Rn 27.
11 Ausdrücklich RegE BT-Drucks. 12/2443, S. 137 re. Sp.
12 Für alle Jaeger/*Eckardt*, InsO, § 89 Rn 11; Uhlenbruck/*Uhlenbruck*, § 89 Rn 19.
13 BGH NZI 2014, 565; LG Traunstein NZI 2000, 438; AG Hamburg ZInsO 2005, 1058, 1059; Jaeger/*Eckardt*, InsO, § 89 Rn 18.
14 Für alle MüKo-InsO/*Breuer*, § 89 Rn 16; HK/*Kayser*, § 89 Rn 14; Uhlenbruck/*Uhlenbruck*, § 89 Rn 11; Nerlich/Römermann/*Wittkowski/Kruth*, § 89 Rn 20; FK-InsO/*App*, § 89 Rn 6 (allerdings mit verfassungsrechtlichen Bedenken).
15 OLG Hamm ZIP 2011, 1068.
16 AG Stralsund DGVZ 2005, 185.

des § 38 InsO. Keinen Vermögensanspruch stellt der Anspruch auf Vornahme einer **unvertretbaren Handlung** (§ 888 ZPO) dar. Ein derartiger Anspruch kann nur durch die persönliche Tätigkeit des Schuldners erfüllt werden; er richtet sich also nicht gegen dessen Vermögen.[17] Dasselbe gilt für die Vollstreckung von **Unterlassungstiteln**.[18] Allerdings darf wegen des Zwangs- oder Ordnungsgeldes nicht in die Insolvenzmasse vollstreckt werden. Auch die Zwangsräumung einer Wohnung gegen den Schuldner ist trotz § 89 Abs. 1 InsO zulässig.[19] Demgegenüber können Ansprüche auf Vornahme einer **vertretbaren Handlung** Vermögensansprüche darstellen. Sie sind in diesem Fall gem. § 45 InsO mit den Kosten der Ersatzvornahme geltend zu machen.[20]

16 dd) **Dauer des Vollstreckungsverbots.** Das Vollstreckungsverbot des § 89 Abs. 1 InsO entsteht mit Verfahrenseröffnung. Der Zeitpunkt der Eröffnung wird hierbei im Eröffnungsbeschluss angegeben (§ 27 Abs. 2 Nr. 3 InsO). Das Vollstreckungsverbot gilt sodann bis zur Aufhebung bzw Einstellung des Insolvenzverfahrens (§§ 34, 200, 207, 211–213 InsO).

17 ee) **Schuldnervermögen.** Das Vollstreckungsverbot bezieht sich auf das **gesamte Schuldnervermögen**. Es kommt nicht darauf an, ob es zur Insolvenzmasse gehört oder insolvenzfrei ist. Auch die vom Insolvenzverwalter aus der Masse freigegebenen Gegenstände werden von § 89 Abs. 1 InsO erfasst.[21] Wegen § 93 InsO bezieht sich das Vollstreckungsverbot auch auf das Vermögen des persönlich haftenden Gesellschafters.[22]

18 b) **Rechtsfolgen. aa) Beachtung von Amts wegen.** Das Vollstreckungsverbot des § 89 Abs. 1 InsO ist **von Amts wegen** zu beachten. Verstößt das Vollstreckungsorgan gegen § 89 Abs. 1 InsO – nimmt also beispielsweise der Gerichtsvollzieher die Pfändung eines beweglichen Gegenstands vor –, entsteht zwar eine öffentlich-rechtliche Verstrickung, jedoch kein Pfändungspfandrecht.[23] Es kommt hierbei nicht darauf an, ob dem Gläubiger oder dem Vollstreckungsorgan die Eröffnung des Insolvenzverfahrens bekannt war oder bekannt sein musste.

19 bb) **Rechtsbehelfe bei Verstoß.** Wird ungeachtet des Verstoßes gegen § 89 Abs. 1 InsO vollstreckt, ist als Rechtsbehelf regelmäßig die **Erinnerung** (§ 766 ZPO) gegeben.[24] Erinnerungsbefugt ist grundsätzlich der Insolvenzverwalter. Betrifft die Vollstreckung jedoch das insolvenzfreie Vermögen, ist nicht der Insolvenzverwalter, sondern der Schuldner erinnerungsbefugt.[25] Wird unter Verstoß gegen §§ 89, 93 InsO in das Vermögen des persönlich haftenden Gesellschafters vollstreckt, können sowohl der Insolvenzverwalter als auch der Gesellschafter Erinnerung einlegen.[26]

---

17 LAG Düsseldorf ZIP 2004, 631 (Anspruch auf Erteilung eines Arbeitszeugnisses); ausgenommen sind Auskunftsansprüche, wenn die Hauptforderung, deren Durchsetzung der Auskunftsanspruch dient, eine Insolvenzforderung ist, Uhlenbruck/*Uhlenbruck*, § 89 Rn 10 f.
18 KG NJW-RR 2000, 1075; Uhlenbruck/*Uhlenbruck*, § 89 Rn 10; Nerlich/Römermann/ *Wittkowski/Kruth*, § 89 Rn 16.
19 AG Offenbach DGVZ 2005, 14.
20 Hamburger Kommentar/*Lüdtke*, § 38 Rn 26; auch Uhlenbruck/*Uhlenbruck*, § 89 Rn 10.
21 BGH NZI 2009, 382 = ZInsO 2009, 830; BGHZ 166, 74, 83 = NJW 2006, 1286; MüKo-InsO/*Breuer*, § 89 Rn 27; Uhlenbruck/*Uhlenbruck*, § 89 Rn 26.
22 OLG Jena ZInsO 2002, 134; Uhlenbruck/*Uhlenbruck*, § 89 Rn 27.
23 BGH NZI 2011, 600, 601; Hamburger Kommentar/*Kuleisa*, § 89 Rn 13; Kübler/ Prütting/*Lüke*, § 89 Rn 21.
24 RegE BT-Drucks. 12/2443, S. 138 li. Sp.
25 AG Dortmund ZInsO 2005, 836; MüKo-InsO/*Breuer*, § 89 Rn 68; *App*, NZI 1999, 138, 139; Kübler/Prütting/*Lüke*, § 89 Rn 37; FK-InsO/*App*, § 89 Rn 22.
26 Hamburger Kommentar/*Kuleisa*, § 89 Rn 18.

Zuständig für die Entscheidung über die Erinnerung ist nach § 89 Abs. 3 InsO das **Insolvenzgericht**. Es entscheidet der Richter, nicht der Rechtspfleger (§ 20 Abs. 1 Nr. 17 S. 2 RPflG).[27] Das Insolvenzgericht ist schließlich auch dann nach § 89 Abs. 3 InsO zuständig, wenn die Vollstreckungsorgane unter Hinweis auf § 89 InsO den Erlass einer vom Gläubiger beantragten Zwangsvollstreckungsmaßnahme ablehnen.[28]

Nach dem Wortlaut entscheidet das Insolvenzgericht allerdings nur über Einwendungen, die nach Maßgabe von § 89 Abs. 1 und 2 InsO erhoben werden. Soweit sonstige zwangsvollstreckungsrechtliche Einwendungen – wie etwa die Rüge einer zwecklosen Pfändung (§ 803 ZPO) – erhoben werden, hat das Insolvenzgericht nach wohl hM das Verfahren an das Vollstreckungsgericht abzugeben.[29]

Hat die angegriffene Maßnahme Entscheidungscharakter, ist anstelle der Erinnerung von vornherein nur die **sofortige Beschwerde** statthaft.[30] In diesem Fall gilt nach zutreffender Auffassung die Zuständigkeitsregelung des § 89 Abs. 3 InsO nicht.[31]

cc) Bereicherungs- und Schadensersatzansprüche. Wird eine gepfändete Sache unter Verstoß gegen § 89 Abs. 1 InsO versteigert, steht dies dem Rechtserwerb des Erstehers wegen der fortdauernden Verstrickung (s. Rn 18) nicht entgegen. Da aber kein Pfändungspfandrecht bestand (s. Rn 18), hat der Vollstreckungsgläubiger das Erlangte nach § 812 Abs. 1 S. 1 Alt. 2 BGB herauszugeben.[32] Daneben kann sich eine Schadensersatzhaftung aus §§ 280 ff BGB (Vollstreckungsverhältnis) bzw §§ 823 ff BGB ergeben.[33]

Im Falle einer Forderungspfändung wird der gutgläubige Drittschuldner nach Maßgabe von § 836 Abs. 2 ZPO von seiner Schuld frei. Auch hier bestehen jedoch Ansprüche auf Herausgabe der Bereicherung (§ 816 Abs. 2 BGB) bzw Schadensersatz gegen den Vollstreckungsgläubiger.

dd) Heilung. Wird eine unter Verstoß gegen § 89 Abs. 1 InsO gepfändete Sache vom Insolvenzverwalter nicht verwertet, so wird der Mangel ex nunc **geheilt**. Mit Insolvenzverfahrensbeendigung entsteht sodann das Pfändungspfandrecht.[34] Liegen unzulässige Vollstreckungen verschiedener Gläubiger vor, haben die mit Verfahrensbeendigung entstehenden Pfändungspfandrechte denselben Rang.[35]

4. Erweitertes Verbot der Einzelzwangsvollstreckung für künftige Forderungen während der Dauer des Insolvenzverfahrens (§ 89 Abs. 2 InsO). a) Normzweck. § 89 Abs. 2 S. 1 InsO sieht ein Vollstreckungsverbot für bestimmte künftige Forderungen vor. Der Regelungszweck der Vorschrift ist ein anderer als bei § 89 Abs. 1 InsO. Im Falle des § 89 Abs. 2 InsO geht es nicht um eine Gleichbehandlung der Insolvenzgläubiger, sondern darum, bestimmte Forderungen für ein sich anschließendes **Restschuldbefreiungsverfahren** zu reservieren. Der Schuldner soll durch die Vorschrift in den Stand gesetzt werden, seine pfändbaren Forderungen

---

27 BGH ZInsO 2005, 708 = NJW-RR 2005, 1299; BGH WM 2004, 834, 835; MüKo-InsO/*Breuer*, § 89 Rn 66; aA HK/*Kayser*, § 89 Rn 35; FK-InsO/*App*, § 89 Rn 25.
28 BGH ZInsO 2008, 39.
29 Jaeger/*Eckardt*, InsO, § 89 Rn 82; MüKo-InsO/*Ganter*, § 6 Rn 63; MüKo-InsO/*Breuer*, § 89 Rn 38; Kübler/Prütting/*Lüke*, § 89 Rn 34; FK-InsO/*App*, § 89 Rn 25; *ders.*, NZI 1999, 138, 140; aA AG Göttingen ZInsO 2007, 1165.
30 BGH NZI 2004, 447 = ZIP 2004, 1379; A/G/R-*Piekenbrock*, § 89 Rn 37.
31 A/G/R-*Piekenbrock*, § 89 Rn 40.
32 Uhlenbruck/*Uhlenbruck*, § 89 Rn 40, 47; FK-InsO/*App*, § 89 Rn 21.
33 Uhlenbruck/*Uhlenbruck*, § 89 Rn 41.
34 MüKo-InsO/*Breuer*, § 89 Rn 65; Hamburger Kommentar/*Kuleisa*, § 89 Rn 14; vgl allg. zur Heilungsmöglichkeit MüKo-ZPO/*Gruber*, § 804 Rn 22.
35 MüKo-InsO/*Breuer*, § 89 Rn 65.

auf Bezüge aus einem Dienstverhältnis zum Zwecke der Restschuldbefreiung an einen Treuhänder abzutreten.[36]

27 **b) Voraussetzungen. aa) Betroffene Gläubiger.** Die Vorschrift erfasst jeden Gläubiger, also insb. auch die Neugläubiger. Ausgenommen von dem Vollstreckungsverbot sind aber gem. § 89 Abs. 2 S. 2 InsO solche Gläubiger, die Unterhalt verlangen[37] oder eine Forderung aus einer vorsätzlich unerlaubten Handlung geltend machen. Diese als besonders schutzwürdig erachteten Gläubiger werden vom Gesetz privilegiert. Sie können in den Teil der Bezüge pfänden, der für sie erweitert pfändbar ist (§§ 850 d, 850 f Abs. 2 ZPO). Von der Privilegierung erfasst sind jedoch auch insoweit nur Neugläubiger, nicht Inhaber von Insolvenzforderungen.[38]

28 **bb) Künftige Dienstbezüge und an deren Stelle tretende Bezüge.** Das Vollstreckungsverbot betrifft Bezüge aus einem Dienstverhältnis des Schuldners sowie an deren Stelle tretende laufende Bezüge. § 89 Abs. 2 S. 1 InsO verwendet die Tatbestandsmerkmale, die auch bei § 287 Abs. 2 InsO (Abtretungserklärung des Schuldners bei der Beantragung der Restschuldbefreiung) maßgeblich sind. Erfasst werden alle Bezüge iSd § 850 ZPO.[39]

29 Unter künftigen Bezügen sind solche Bezüge zu verstehen, die erst nach Aufhebung bzw Einstellung des Insolvenzverfahrens entstehen bzw fällig werden.[40] Die sonstigen Bezüge fallen bereits unter § 89 Abs. 1 InsO.

30 **c) Rechtsfolgen.** Im Falle eines Verstoßes gegen § 89 Abs. 2 InsO ergeben sich die oben (s. Rn 23) beschriebenen Rechtsfolgen. Es entsteht kein Pfändungspfandrecht des Vollstreckungsgläubigers. Gegen die Vollstreckungsmaßnahme ist regelmäßig die **Erinnerung** (§ 766 ZPO) gegeben (s. Rn 19). Ferner können Ansprüche auf Herausgabe der Bereicherung sowie ggf Schadensersatz gegen den Vollstreckungsgläubiger entstehen (s. Rn 23).

31 **5. Unwirksamkeit der vor Insolvenzeröffnung durch Zwangsvollstreckung erlangten Sicherung (§ 88 InsO). a) Allgemeines.** § 88 InsO ergänzt das durch § 89 Abs. 1 InsO angeordnete Vollstreckungsverbot. Der Gläubiger soll daran gehindert werden, sich kurz vor Eröffnung des Insolvenzverfahrens noch einen Sondervorteil gegenüber den anderen Gläubigern zu verschaffen.[41] Gäbe es § 88 InsO nicht, könnten die von der Vorschrift erfassten Vollstreckungsmaßnahmen nur mit der Insolvenzanfechtung angegriffen werden, §§ 129 ff InsO (s. ausf. Rn 61). § 88 InsO führt im Unterschied zu den Vorschriften über die Insolvenzanfechtung allerdings zu einer automatischen Unwirksamkeit, die von den Vollstreckungsbehörden von Amts wegen zu beachten ist. Insoweit ist – bevor eine Insolvenzanfechtung in Erwägung gezogen wird – vorrangig zu prüfen, ob nicht eine Unwirksamkeit *ipso jure* nach § 88 InsO vorliegt.[42]

32 **b) Voraussetzungen. aa) Insolvenzverfahren.** § 88 InsO gilt im Falle eines in Deutschland eröffneten Insolvenzverfahrens. Wird ein ausländisches Insolvenzverfahren eröffnet, ist grundsätzlich, soweit dieses im Inland anerkannt wird, das ausländische Insolvenzrecht heranzuziehen (Art. 4 Abs. 2 lit. m EuInsVO, § 335

---

36 RegE BT-Drucks. 12/2443, S. 137 re. Sp.
37 Hierzu gehört der Anspruch aus § 844 Abs. 2 BGB nicht, BGH NZI 2006, 593 = ZInsO 2006, 1166.
38 BGH ZInsO 2008, 39; BGH FamRZ 2008, 257; BGH ZIP 2007, 2330 = Rpfleger 2008, 93 = DGVZ 2008, 24; BGH NZI 2006, 593 = ZInsO 2006, 1166; OLG Zweibrücken ZInsO 2001, 625; vgl auch RegE BT-Drucks. 12/2443, S. 137 re. Sp.
39 Hamburger Kommentar/*Kuleisa*, § 89 Rn 15; Uhlenbruck/*Uhlenbruck*, § 89 Rn 35.
40 Hamburger Kommentar/*Kuleisa*, § 89 Rn 15.
41 MüKo-InsO/*Breuer*, § 88 Rn 9.
42 Uhlenbruck/*Uhlenbruck*, § 88 Rn 1.

InsO; s. Rn 7). Allerdings ergibt sich zugunsten der Gläubiger eine Auflockerung dieser Anknüpfung aus Art. 13 EuInsVO und § 339 InsO.[43]

bb) Vollstreckungsmaßnahme durch Insolvenzgläubiger. § 88 InsO bezieht sich wie § 89 Abs. 1 InsO nur auf Vollstreckungsmaßnahmen durch Insolvenzgläubiger (s. Rn 11).[44] Die in § 89 Abs. 2 S. 2 InsO genannten Unterhalts- und Deliktsgläubiger sind von § 88 InsO nicht betroffen.[45]

Rechtsgeschäftlich erlangte Sicherungen werden von § 88 InsO nicht erfasst. Dies gilt auch dann, wenn die Sicherung gewährt worden ist, um eine Zwangsvollstreckungsmaßnahme abzuwenden.[46]

Nach verbreiteter Auffassung soll § 88 InsO anwendbar sein, wenn der Schuldner zur Abwendung der Zwangsvollstreckung an den Gerichtsvollzieher gezahlt, dieser aber den Erlös noch nicht an den Gläubiger weitergeleitet hat.[47] Hiergegen spricht, dass es sich um einen rechtsgeschäftlichen Erwerb, nicht um eine Zwangsvollstreckungsmaßnahme handelt.[48] Insoweit steht hier (nur) die Insolvenzanfechtung zur Verfügung (s. Rn 39).

cc) Insolvenzmasse. Die Vollstreckungsmaßnahme muss in die Insolvenzmasse erfolgt sein. Anders als § 89 InsO richtet sich § 88 InsO nicht gegen Maßnahmen der Einzelvollstreckung, die in das insolvenzfreie Vermögen des Schuldners erfolgt sind. Maßgeblich zur Bestimmung der Insolvenzmasse sind die §§ 35 ff InsO. Gehört ein Gegenstand nicht zur Insolvenzmasse, weil er unpfändbar ist (§ 36 Abs. 1 S. 1 InsO), folgt die Unzulässigkeit der Vollstreckung aus der jeweils verletzten Norm, welche die Unpfändbarkeit anordnet.

dd) Sicherung. § 88 InsO betrifft nur den Fall, dass der Gläubiger durch die Vollstreckung eine „Sicherung" erlangt hat.[49] Die bloße „Sicherung" ist abzugrenzen von einer „Befriedigung". Ob durch eine Vollstreckungsmaßnahme – etwa eine Pfändung – bereits eine Befriedigung oder (nur) eine Sicherung erlangt worden ist, hängt vom jeweiligen Titel ab.[50] Hat der Gläubiger (ausnahmsweise) nur einen Anspruch auf Bestellung eines Sicherungsrechts, tritt Befriedigung bereits durch Erlangung der Sicherheit ein.[51]

Hat der Gerichtsvollzieher dem Schuldner Geld weggenommen bzw den Versteigerungserlös empfangen, hat der Gläubiger (erst) eine Sicherung, aber noch keine Befriedigung erlangt. Die Gefahrtragungsregeln der §§ 815 Abs. 3, 819 ZPO ver-

---

43 Die Rückschlagsperre ist aufgrund ihrer Nähe zum Insolvenzanfechtungsrecht unter die genannten Vorschriften zu subsumieren, vgl etwa Jaeger/*Eckardt*, InsO, § 88 Rn 16; *Prager/Keller*, NZI 2011, 697, 699.
44 Für alle Uhlenbruck/*Uhlenbruck*, § 88 Rn 5; Jaeger/*Eckardt*, InsO, § 88 Rn 14.
45 RegE BT-Drucks. 12/2443, S. 137 li. Sp. (zum gleichlautenden § 99 RegE).
46 MüKo-InsO/*Breuer*, § 88 Rn 10; Jaeger/*Eckardt*, InsO, § 88 Rn 20; Braun/*Kroth*, § 88 Rn 3.
47 Gottwald/*Gerhardt*, Insolvenzrechts-HdB, § 33 Rn 31 Fn 87; Hamburger Kommentar/*Kuleisa*, § 88 Rn 7; Braun/*Kroth*, § 88 Rn 3.
48 Jaeger/*Eckardt*, InsO, § 88 Rn 21; Uhlenbruck/*Uhlenbruck*, § 88 Rn 9; s. auch (zur VglO) BGHZ 55, 307, 309. Nach Jaeger/*Eckardt*, aaO, tritt mit dem Empfang des Geldes durch den Gerichtsvollzieher nicht nur eine Sicherung, sondern eine von § 88 InsO nicht erfasste Befriedigung ein (vgl hierzu aber MüKo-ZPO/*Gruber*, § 815 Rn 19).
49 Fast allgM, s. etwa Kübler/Prütting/*Lüke*, § 88 Rn 9; MüKo-InsO/*Breuer*, § 88 Rn 10; Hamburger Kommentar/*Kuleisa*, § 88 Rn 7; vgl aber auch Uhlenbruck/*Uhlenbruck*, § 88 Rn 2, der in Erwägung zieht, auch bei nachfolgender Befriedigung ausschließlich auf die Unwirksamkeit der Sicherung abzustellen. Auf diese Weise komme man zu dem Ergebnis, dass „das zwecks Befriedigung an den Insolvenzverwalter herauszugeben ist"; abl. *Vallender*, ZIP 1997, 1993, 1995.
50 Uhlenbruck/*Uhlenbruck*, § 88 Rn 13; MüKo-InsO/*Breuer*, § 88 Rn 18; FK-InsO/*App*, § 88 Rn 8; Nerlich/Römermann/*Kruth*, § 88 Rn 3.
51 Uhlenbruck/*Uhlenbruck*, § 88 Rn 13.

lagern den Befriedigungszeitpunkt nicht nach vorne. Befriedigung tritt hier erst mit Auskehrung an den Gläubiger ein.[52]

39 Die Beschränkung von § 88 InsO auf die erlangte Sicherung wird in der Lit. verschiedentlich kritisiert. Tatsächlich erscheint es auf den ersten Blick widersprüchlich, dass der besonders intensiv vollstreckende Gläubiger, der (sogar) eine Befriedigung erreicht, nicht von § 88 InsO betroffen sein soll. Er wird damit besser gestellt als der Gläubiger, der es nur bis zu einer „Sicherung" schafft.[53] Der rechtstechnische Hintergrund hierfür liegt aber darin, dass § 88 InsO eine automatische Unwirksamkeit anordnet und damit eine (Anfechtungs-)Klage des Insolvenzverwalters verzichtbar macht (s. Rn 31).[54] Eine derartige automatische Unwirksamkeit wäre zwar auch mit Blick auf eine schon erlangte Befriedigung denkbar; sie würde aber eine Klage des Insolvenzverwalters gegen den Gläubiger auf Rückgewähr des Erlangten nicht entbehrlich machen. Dementsprechend bestehen keine Bedenken dagegen, dass der Insolvenzverwalter im Falle der Befriedigung des Gläubigers auf die Insolvenzanfechtung verwiesen wird (s. Rn 61).[55]

40 **ee) Monatsfrist.** Weitere Voraussetzung ist, dass die Sicherung im letzten **Monat vor dem Antrag** auf Eröffnung des Insolvenzverfahrens oder nach diesem Antrag erlangt worden ist. Es kommt hierbei grundsätzlich nicht darauf an, ob der Antrag zunächst mangelhaft oder bei einem unzuständigen Gericht gestellt wurde; maßgeblich ist nur, ob er im Ergebnis zu einer Eröffnung des Insolvenzverfahrens geführt hat.[56] Einzelheiten zur Fristberechnung ergeben sich aus § 139 InsO.[57] Liegen mehrere Anträge vor, kommt es auf den ersten zulässigen und begründeten Antrag an, selbst wenn das Verfahren aufgrund eines späteren Antrags eröffnet worden ist (§ 139 Abs. 2 S. 1 InsO). Wird das **Verbraucherinsolvenzverfahren** auf Antrag des Schuldners eröffnet, gilt abweichend von der Grundregel eine Drei-Monats-Frist (§ 89 Abs. 2 InsO).

41 Die Sicherung muss innerhalb dieser Frist begründet sein. Bei der Pfändung **beweglicher Sachen** wird das Pfandrecht durch die Inbesitznahme durch den Gerichtsvollzieher begründet (§ 808 Abs. 1 ZPO), bei der Pfändung von **Forderungen** durch die Zustellung an den Drittschuldner (§§ 829, 846 ZPO).[58] Dies gilt nach hL selbst bei einer Vorpfändung, die noch vor Fristbeginn erfolgt ist. Denn nach § 845 Abs. 2 ZPO tritt die Arrestwirkung nur ein, wenn auch die Pfändung bewirkt wird. Diese scheidet aber wegen § 88 InsO gerade aus.[59] Bei der Pfändung künftiger Forderungen entstehen das Pfandrecht und damit die Sicherung erst mit Entstehen der Forderung.[60] Kommt es für die Sicherung auf die Eintra-

---

52 BGHZ 179, 298 = NJW 2009, 1085 – dazu *Meller-Hannich*, ZJS 2009, 288; Jaeger/*Eckardt*, InsO, § 88 Rn 23; MüKo-InsO/*Breuer*, § 88 Rn 20; Kübler/Prütting/*Lüke*, § 88 Rn 10; aA *Grothe*, KTS 2001, 205, 231 f; *Vallender*, ZIP 1997, 1993, 1995.
53 MüKo-InsO/*Breuer*, § 88 Rn 10; Hamburger Kommentar/*Kuleisa*, § 88 Rn 1; HK/*Kayser*, § 88 Rn 2; Uhlenbruck/*Uhlenbruck*, § 88 Rn 3.
54 Hierin liegt der wesentliche Sinn von § 88 InsO; s. RegE BT-Drucks. 12/2443, S. 137 li. Sp. (zum gleichlautenden § 99 RegE); Jaeger/*Eckardt*, InsO, § 88 Rn 9 f.
55 Jaeger/*Eckardt*, InsO, § 88 Rn 10; A/G/R-*Piekenbrock*, § 88 Rn 3; abw. Uhlenbruck/*Uhlenbruck*, § 88 Rn 2.
56 BGH ZInsO 2011, 1413 = NZI 2011, 600; BayObLG ZInsO 2000, 455 = NZI 2000, 427; BayObLG ZInsO 2000, 402 = NZI 2000, 371.
57 Zu den Einzelheiten etwa MüKo-InsO/*Breuer*, § 88 Rn 28; Uhlenbruck/*Uhlenbruck*, § 88 Rn 16; FK-InsO/*App*, § 88 Rn 16 f.
58 Für alle Uhlenbruck/*Uhlenbruck*, § 88 Rn 17; MüKo-InsO/*Breuer*, § 88 Rn 30.
59 Kübler/Prütting/*Lüke*, § 88 Rn 16 mwN; FK-InsO/*App*, § 88 Rn 19; A/G/R-*Piekenbrock*, § 88 Rn 13; aA *Grothe*, KTS 2001, 205, 225 f. Siehe auch – zum Parallelproblem bei der Insolvenzanfechtung – BGHZ 167, 71 = NJW 2006, 1870.
60 BFHE 209, 34 = NZI 2005, 569, 570 f = ZIP 2005, 1182; OLG Frankfurt ZInsO 2003, 283; vgl auch (zur Insolvenzanfechtung) BGH NJW 2003, 2171 = NZI 2003, 320 m. zust. Anm. *Gundlach/Schirrmeister*.

gung in einem Register an – wie etwa bei der Sicherungshypothek oder der Zwangsvormerkung –, ist nach hM der Eintragungszeitpunkt und nicht der Zeitpunkt des Eingangs des Eintragungsantrags beim Grundbuchamt maßgeblich.[61]

c) Rechtsfolgen. aa) Beachtung von Amts wegen. § 88 InsO ordnet an, dass die kurz vor Verfahrenseröffnung erlangte Sicherung mit Eröffnung des Insolvenzverfahrens unwirksam wird. Auf die Rechtskraft des Eröffnungsbeschlusses kommt es nicht an.[62] Es handelt sich um eine **absolute Unwirksamkeit**.[63] Es entsteht kein Pfändungspfandrecht. 42

Allerdings bleibt – etwa bei der Pfändung von beweglichen Sachen – die öffentlich-rechtliche Verstrickung bestehen.[64] Das zuständige Vollstreckungsorgan hat von Amts wegen für die Entstrickung zu sorgen.[65] 43

bb) Rechtsbehelf. Der Insolvenzverwalter kann die Entstrickung nicht selbst bewirken, sondern nur beim zuständigen Vollstreckungsorgan darauf hinwirken. Ggf kann (nur) er Erinnerung gem. § 766 ZPO einlegen.[66] 44

cc) Bereicherungs- und Schadensersatzansprüche. Wird ungeachtet der Wirkung des § 88 InsO nach Eröffnung des Insolvenzverfahrens versteigert, so erwirbt der Ersteher – da die Verstrickung fortbesteht – Eigentum. Allerdings hat der Vollstreckungsgläubiger das Erlangte nach Maßgabe von § 812 Abs. 1 S. 1 Alt. 2 BGB an die Insolvenzmasse herauszugeben (vgl Rn 23). Daneben kommen auch hier Ansprüche auf Schadensersatz gegen den Vollstreckungsgläubiger (§§ 280 ff BGB, § 823 Abs. 1 BGB) in Betracht. Zahlt im Falle der Forderungspfändung ein Drittschuldner nach Insolvenzeröffnung an den Gläubiger, so wird er bei Gutgläubigkeit gem. § 836 Abs. 2 ZPO von seiner Schuld frei. Auch hier hat der Gläubiger das Erlangte nach Maßgabe von § 812 Abs. 1 S. 1 Alt. 2 BGB an die Insolvenzmasse herauszugeben bzw ggf Schadensersatz zu leisten. Kommt es in den genannten Fällen allerdings bereits *vor* Eröffnung des Insolvenzverfahrens zu einer Befriedigung des Gläubigers, ist § 88 InsO nicht anwendbar, da sich die Vorschrift nur auf die erlangte Sicherung, nicht die Befriedigung bezieht (s. Rn 52). 45

dd) Heilung. Nach verbreiteter Ansicht folgt aus § 88 InsO keine endgültige, sondern eine **schwebende Unwirksamkeit** der erlangten Sicherung.[67] Die Unwirksamkeit ende automatisch, wenn der Insolvenzverwalter den betreffenden Gegenstand freigebe oder das Insolvenzverfahren beendet werde, ohne dass der Gegenstand verwertet worden sei.[68] 46

Für die **Zwangshypothek** hat sich der BGH dieser Auffassung angeschlossen. Sicherungen eines Gläubigers, die infolge der Rückschlagsperre unwirksam geworden sind, werden nach Auffassung des BGH auch ohne Neueintragung wirksam, wenn sie als Buchposition erhalten sind und die Voraussetzungen für eine Neube- 47

---

61 OLG Brandenburg ZInsO 2010, 2097; OLG Köln ZInsO 2010, 1646; LG Bonn ZIP 2004, 1374; LG Berlin ZInsO 2001, 1066; Jaeger/*Eckardt*, InsO, § 88 Rn 41, 47; MüKo-InsO/*Breuer*, § 88 Rn 32; A/G/R-*Piekenbrock*, § 88 Rn 15; aA Kübler/Prütting/*Lüke*, § 88 Rn 17; FK-InsO/*App*, § 88 Rn 19.
62 BGHZ 166, 74, 76 = NJW 2006, 1286.
63 BGHZ 166, 74 = NJW 2006, 1286, 1287.
64 Für alle BGH NZI 2011, 600, 601; MüKo-InsO/*Breuer*, § 88 Rn 23.
65 Uhlenbruck/*Uhlenbruck*, § 88 Rn 24; *Landfermann*, Kölner Schrift zur InsO, S. 171 Rn 39; aA (nur auf Antrag des Insolvenzverwalters) Hamburger Kommentar/*Kuleisa*, § 88 Rn 14.
66 Jaeger/*Eckardt*, InsO, § 88 Rn 70.
67 Jaeger/*Eckardt*, InsO, § 88 Rn 57.
68 Jaeger/*Eckardt*, InsO, § 88 Rn 57.

gründung der Sicherung im Wege der Zwangsvollstreckung bestehen.[69] Gibt der Insolvenzverwalter ein Grundstück aus der Masse frei, welches buchmäßig mit einer durch die Rückschlagsperre unwirksam gewordenen Zwangshypothek belastet ist, wird die Zwangshypothek nach Ansicht des BGH im Zeitpunkt der Freigabe wieder wirksam. Der BGH folgert dies aus einer entsprechenden Anwendung von § 185 Abs. 2 S. 1 2. Var. BGB. Die Vorschrift sei entsprechend anwendbar, da der Vollstreckungsakt im Falle der Zwangshypothek nur die sonst nötige rechtsgeschäftliche Einigungserklärung (§ 873 BGB) und Eintragungsbewilligung des Schuldners ersetze.[70] Bestehen verschiedene Zwangshypotheken, werden sie mit der Freigabe gleichzeitig wirksam und erhalten nach Auffassung des BGH den gleichen Rang.[71] Kein automatisches Wirksamwerden ist demgegenüber anzunehmen, wenn die Sicherung des Gläubigers nicht einmal mehr als Buchposition besteht.

48 Wiederum anders scheint der BGH die außerhalb des Grundbuchs erlangten Sicherungen zu beurteilen.[72] In einem obiter dictum hat er mit Blick auf die **Forderungspfändung** ausgesprochen, dass zur (Neu-)Begründung eines Pfändungspfandrechts die erneute Zustellung des Pfändungs- und Überweisungsbeschlusses erforderlich sei.[73] Damit ist bis auf weiteres bei außerhalb des Grundbuchs erlangten Sicherungen von einer endgültigen Unwirksamkeit auszugehen.

49 **d) Sondervorschriften.** Ergänzende Vorschriften gelten für die Pfändung von Bezügen aus einem Dienstverhältnis. Nach § 114 Abs. 3 S. 3 InsO bleiben nur solche Zwangsvollstreckungsmaßnahmen wirksam, die sich auf die Bezüge für den zur Zeit der Eröffnung des Verfahrens laufenden Kalendermonat beziehen. Ist die Eröffnung nach dem fünfzehnten Tag des Monats erfolgt, so ist die Maßnahme auch für den folgenden Monat wirksam. Allerdings bleibt § 88 InsO nach § 114 Abs. 3 S. 3 InsO ausdrücklich unberührt. § 114 Abs. 3 S. 3 InsO hat damit nur insoweit Bedeutung, als nicht ohnehin eine Unwirksamkeit nach § 88 InsO vorliegt.[74]

50 Eine § 114 Abs. 3 S. 3 InsO entsprechende Regelung enthält § 110 Abs. 1, Abs. 2 S. 2 InsO für Ansprüche des Schuldners auf Zahlung von **Miete oder Pacht**. Allerdings fehlt hier der Hinweis auf § 88 InsO. Dessen Anwendung scheidet deshalb bei den genannten Forderungen aus.[75] Damit sind Pfändungen, die innerhalb des Zeitraums des § 88 InsO zu einer Sicherung führen, nicht automatisch unwirksam, sondern nur durch § 110 Abs. 1, Abs. 2 S. 2 InsO in ihrer zeitlichen Wirkung eingeschränkt.

---

69 BGHZ 166, 74, 81 f = NJW 2006, 1286, 1288; zust. *Thietz-Bartram*, ZInsO 2006, 527; abl. *Keller*, ZIP 2006, 1174 f; *Böttcher*, NotBZ 2007, 86; *Demharter*, Rpfleger 2006, 256; *Bestelmeyer*, Rpfleger 2006, 388; MüKo-InsO/*Breuer*, § 88 Rn 34.
70 BGHZ 166, 74, 80 f = NJW 2006, 1286, 1288.
71 BGHZ 166, 74, 82 = NJW 2006, 1286, 1288; aA A/G/R-*Piekenbrock*, § 88 Rn 20.
72 So iE auch MüKo-InsO/*Breuer*, § 88 Rn 34.
73 BGHZ 166, 74, 81 = NJW 2006, 1286, 1288; *Keller*, ZIP 2006, 1174, 1181; insoweit abl. Jaeger/*Eckardt*, InsO, § 88 Rn 68.
74 Die Vorschrift erfasst nicht denselben Regelungszeitraum: BGH NZI 2008, 563, 564 (Rn 20); OLG Nürnberg NZI 2014, 162, 163; HK/*Kayser*, § 88 Rn 8.
75 Uhlenbruck/*Uhlenbruck*, § 88 Rn 34; HK/*Marotzke*, § 110 Rn 12; aA Kübler/Prütting/*Lüke*, § 88 Rn 21.

II. Untersagung und Einstellung von Vollstreckungsmaßnahmen durch das Insolvenzgericht

1. Rechtsgrundlagen

§ 21 InsO Anordnung vorläufiger Maßnahmen

(1) ¹Das Insolvenzgericht hat alle Maßnahmen zu treffen, die erforderlich erscheinen, um bis zur Entscheidung über den Antrag eine den Gläubigern nachteilige Veränderung in der Vermögenslage des Schuldners zu verhüten. ²Gegen die Anordnung der Maßnahme steht dem Schuldner die sofortige Beschwerde zu.

(2) ¹Das Gericht kann insbesondere

1. einen vorläufigen Insolvenzverwalter bestellen, für den § 8 Abs. 3 und die §§ 56, 56 a, 58 bis 66 entsprechend gelten;

1a. einen vorläufigen Gläubigerausschuss einsetzen, für den § 67 Absatz 2 und die §§ 69 bis 73 entsprechend gelten; zu Mitgliedern des Gläubigerausschusses können auch Personen bestellt werden, die erst mit Eröffnung des Verfahrens Gläubiger werden;

2. dem Schuldner ein allgemeines Verfügungsverbot auferlegen oder anordnen, daß Verfügungen des Schuldners nur mit Zustimmung des vorläufigen Insolvenzverwalters wirksam sind;

3. Maßnahmen der Zwangsvollstreckung gegen den Schuldner untersagen oder einstweilen einstellen, soweit nicht unbewegliche Gegenstände betroffen sind;

4.–5. (…)

(3) (…)

2. Allgemeines. Wird ein Antrag auf Insolvenzeröffnung gestellt, sind die Gläubiger nicht daran gehindert, weiterhin die Einzelzwangsvollstreckung gegen den Schuldner zu betreiben. Zwar ordnet § 88 InsO an, dass – für den Fall, dass das Insolvenzverfahren später eröffnet wird – in der Einzelzwangsvollstreckung einen Monat vor Eröffnungsantrag erlangte Sicherungen mit Eröffnung automatisch unwirksam werden (§ 88 InsO). Jedoch bezieht sich § 88 InsO nur auf die durch die Einzelzwangsvollstreckung erlangten Sicherungen, nicht auf die Befriedigung (s. Rn 37). Dem Insolvenzverwalter bliebe in diesen Fällen nur die Möglichkeit, gegen den jeweiligen Gläubiger im Wege der Insolvenzanfechtung vorzugehen (s. ausf. Rn 61 ff).

Aus diesem Grund gibt § 21 Abs. 2 S. 1 Nr. 3 InsO dem Insolvenzgericht die Möglichkeit, schon vor der Eröffnung des Insolvenzverfahrens die Einzelzwangsvollstreckung einzustellen (im Hinblick auf laufende Vollstreckungsmaßnahmen) bzw zu untersagen (im Hinblick auf zukünftige Vollstreckungsmaßnahmen). Stellt der vorläufige Insolvenzverwalter fest, dass ein Gläubiger in voraussichtlich anfechtbarer Weise ein Pfändungspfandrecht erworben hat, sollte er somit eine einstweilige Einstellung der Zwangsvollstreckung beantragen. Auf diese Weise erspart er sich – und dem betroffenen Gläubiger – ein nachfolgendes Insolvenzanfechtungsverfahren.

3. Voraussetzungen. § 21 InsO setzt grundsätzlich einen **zulässigen Insolvenzantrag** voraus.[76] Weiterhin muss die Sicherungsmaßnahme im Einzelfall **erforderlich** erscheinen. An die Erforderlichkeit der Einstellung bzw Untersagung von Zwangsvollstreckungsmaßnahmen werden hierbei – verglichen mit anderen Sicherungsmaßnahmen – nur geringe Anforderungen gestellt.[77] Nach wohl hL be-

---

[76] Umstritten ist, ob das Gericht im Einzelfall schon Sicherungsmaßnahmen erlassen kann, wenn es noch nicht alle Zulässigkeitsvoraussetzungen abschließend geprüft hat (Hamburger Kommentar/*J.-S. Schröder*, § 21 Rn 2 mwN).

[77] Uhlenbruck/*Vallender*, § 21 Rn 5 mwN.

darf es nicht einmal des Nachweises, dass Zwangsvollstreckungsmaßnahmen schon ausgebracht sind bzw konkret drohen.[78]

55 Das Vollstreckungsverbot nach § 21 Abs. 2 S. 1 Nr. 3 InsO bezieht sich nur auf **bewegliche Gegenstände**.[79] Die Zwangsvollstreckung in das unbewegliche Vermögen kann nur nach Maßgabe von § 30 d Abs. 4 ZVG eingestellt werden.[80]

56 **4. Rechtsfolgen.** Liegt eine Anordnung iSd § 21 Abs. 2 S. 1 Nr. 3 InsO vor, haben die Vollstreckungsorgane bereits eingeleitete Zwangsvollstreckungsmaßnahmen einzustellen, wenngleich nicht aufzuheben (§§ 775 Nr. 2, 776 S. 2 ZPO). Wie weit die Einstellung bzw Untersagung von Zwangsvollstreckungsmaßnahmen reicht, richtet sich nach der Anordnung im Einzelfall. Soweit diese keine Einschränkungen enthält, gilt das Vollstreckungsverbot umfassend und betrifft u.a. auch Vollstreckungsmaßnahmen aussonderungsberechtigter Gläubiger.[81]

57 Wird ungeachtet dieser gerichtlichen Anordnung (weiter) die Einzelzwangsvollstreckung betrieben, können der Schuldner bzw der vorläufige Insolvenzverwalter (nach hM auch der „schwache" Insolvenzverwalter sowie jeder Insolvenzgläubiger) hiergegen Erinnerung (§ 766 ZPO) einlegen.[82] Wegen der Sachnähe besteht nach umstr. hM eine Zuständigkeit des Insolvenzgerichts analog § 89 Abs. 3 InsO.[83]

III. Die Anfechtung von Zwangsvollstreckungsmaßnahmen

1. Rechtsgrundlagen

58 **§ 129 InsO Grundsatz**

(1) Rechtshandlungen, die vor der Eröffnung des Insolvenzverfahrens vorgenommen worden sind und die Insolvenzgläubiger benachteiligen, kann der Insolvenzverwalter nach Maßgabe der §§ 130 bis 146 anfechten.

(2) Eine Unterlassung steht einer Rechtshandlung gleich.

59 **§ 131 InsO Inkongruente Deckung**

(1) Anfechtbar ist eine Rechtshandlung, die einem Insolvenzgläubiger eine Sicherung oder Befriedigung gewährt oder ermöglicht hat, die er nicht oder nicht in der Art oder nicht zu der Zeit zu beanspruchen hatte,

1. wenn die Handlung im letzten Monat vor dem Antrag auf Eröffnung des Insolvenzverfahrens oder nach diesem Antrag vorgenommen worden ist,

2. wenn die Handlung innerhalb des zweiten oder dritten Monats vor dem Eröffnungsantrag vorgenommen worden ist und der Schuldner zur Zeit der Handlung zahlungsunfähig war oder

3. wenn die Handlung innerhalb des zweiten oder dritten Monats vor dem Eröffnungsantrag vorgenommen worden ist und dem Gläubiger zur Zeit der Handlung bekannt war, daß sie die Insolvenzgläubiger benachteiligte.

---

78 *Stephan*, NZI 1999, 104, 105; Uhlenbruck/*Vallender*, § 21 Rn 5; wohl aA HK/*Kirchhof*, § 21 Rn 38.
79 Zu den Gründen hierfür s. Uhlenbruck/*Vallender*, § 21 Rn 26.
80 Uhlenbruck/*Vallender*, § 21 Rn 30; HK/*Kirchhof*, § 21 Rn 48.
81 Uhlenbruck/*Vallender*, § 21 Rn 28.
82 MüKo-InsO/*Breuer*, § 89 Rn 40; FK-InsO/*Schmerbach*, § 21 Rn 220.
83 LG Dessau, Urt. v. 3.11.2006 – 7 T 411/06; AG Göttingen ZInsO 2003, 770; FK-InsO/ *App*, § 89 Rn 25; Braun/*Kind*, § 21 Rn 79; FK-InsO/*Schmerbach*, § 6 Rn 126 f, § 21 Rn 222; MüKo-InsO/*Haarmeyer*, § 21 Rn 75; Uhlenbruck/*Vallender*, § 21 Rn 27; *Vallender*, ZIP 1997, 1993, 1996; aA AG Dresden ZIP 2004, 778; AG Rostock NZI 2000, 142; AG Köln NZI 1999, 381 = ZInsO 1999, 419 (Zuständigkeit des Vollstreckungsgerichts); Nerlich/Römermann/*Mönning*, § 21 Rn 209; Kübler/*Prütting*, § 89 Rn 36.

(2) ¹Für die Anwendung des Absatzes 1 Nr. 3 steht der Kenntnis der Benachteiligung der Insolvenzgläubiger die Kenntnis von Umständen gleich, die zwingend auf die Benachteiligung schließen lassen. ²Gegenüber einer Person, die dem Schuldner zur Zeit der Handlung nahestand (§ 138), wird vermutet, daß sie die Benachteiligung der Insolvenzgläubiger kannte.

§ 143 InsO Rechtsfolgen

(1) ¹Was durch die anfechtbare Handlung aus dem Vermögen des Schuldners veräußert, weggegeben oder aufgegeben ist, muß zur Insolvenzmasse zurückgewährt werden. ²Die Vorschriften über die Rechtsfolgen einer ungerechtfertigten Bereicherung, bei der dem Empfänger der Mangel des rechtlichen Grundes bekannt ist, gelten entsprechend.

(2) ¹Der Empfänger einer unentgeltlichen Leistung hat diese nur zurückzugewähren, soweit er durch sie bereichert ist. ²Dies gilt nicht, sobald er weiß oder den Umständen nach wissen muß, daß die unentgeltliche Leistung die Gläubiger benachteiligt.

(3) (...)

2. Allgemeines. Vielfach gehen Vollstreckungsgläubiger davon aus, dass sie – soweit kein Fall der §§ 88, 89 InsO gegeben ist – das durch die Einzelzwangsvollstreckung Erlangte endgültig behalten dürfen. Hierbei wird verkannt, dass Maßnahmen der Einzelzwangsvollstreckung nach Maßgabe der §§ 129 ff InsO angefochten werden können. Allein aus dem Umstand, dass man staatliche Organe zur Durchsetzung des Anspruchs eingeschaltet hat, folgt m.a.W. noch nicht, dass die erlangte Befriedigung insolvenzfest ist.

Anspruchsinhaber ist der Insolvenzverwalter. Bei der Eigenverwaltung steht der Anspruch dem Sachwalter zu (§ 280 InsO), im vereinfachten Insolvenzverfahren jedem Insolvenzgläubiger (§ 313 Abs. 2 InsO).

3. Voraussetzungen. a) Inkongruente Deckung iSd § 131 InsO. Maßnahmen der Zwangsvollstreckung stellen Rechtshandlungen dar, die die anderen Insolvenzgläubiger benachteiligen (§ 129 InsO). Sie sind damit tauglicher Gegenstand einer Insolvenzanfechtung.

Fraglich ist allein, ob sich die Insolvenzanfechtung nach § 130 InsO (kongruente Deckung) oder § 131 InsO (inkongruente Deckung) richtet. Nach ständiger Rspr des BGH liegt eine **inkongruente Deckung** iSd § 131 InsO vor.[84]

b) Zeitpunkt der Vollstreckungshandlung. aa) Einführung. § 131 Abs. 1 Nr. 1–3 InsO setzt weiter voraus, dass die maßgebliche Handlung in relativ kurzer Zeit vor dem Eröffnungsantrag vorgenommen wurde. Nr. 1–3 gehen hierbei von der Grundidee aus, dass der Gläubiger nicht schützenswert ist, wenn er sich kurz vor dem Eröffnungsantrag noch schnell einen Vorteil gegenüber anderen Gläubigern verschafft. Denn damit unterläuft er den insolvenzrechtlichen Gleichbehandlungsgrundsatz (s. Rn 3).

bb) Handlung innerhalb eines Monats vor Antragstellung (Nr. 1). Nr. 1 setzt voraus, dass die angefochtene Handlung bis zu einem Monat vor dem Eröffnungsantrag oder danach vorgenommen worden ist. Gemäß § 140 Abs. 1 InsO gilt eine Rechtshandlung als in dem **Zeitpunkt** vorgenommen, in dem ihre rechtlichen Wirkungen eintreten. Maßgeblich ist demnach der Zeitpunkt, in dem ein Pfändungspfandrecht entsteht.[85]

---

84 BGHZ 157, 350, 353 = NJW 2004, 1444; BGH ZIP 2003, 1304 = MDR 2003, 1199; BGH NJW 2002, 2568; BGHZ 136, 309 = NJW 1997, 3445; BGHZ 128, 196 = NJW 1995, 1090.
85 Vgl BGH ZInsO 2000, 333.

67 Bei der **Sachpfändung** kommt es damit auf die Inbesitznahme durch den Gerichtsvollzieher an (§§ 808, 826 ZPO). Bei der **Rechtspfändung** kommt es grundsätzlich auf die Zustellung des Pfändungsbeschlusses an den Drittschuldner an (§ 829 Abs. 3 ZPO).[86] Ist kein Drittschuldner vorhanden, ist auf den Zeitpunkt der Zustellung an den Schuldner abzustellen (§ 857 Abs. 2 ZPO). Fehlt es allerdings im Zeitpunkt der Zustellung noch an sonstigen Voraussetzungen für das Entstehen eines Pfändungspfandrechts, kommt es auf den Zeitpunkt des Eintritts dieser Voraussetzungen an. Bei der Pfändung **künftiger Forderungen** wird das Pfändungspfandrecht erst in dem Augenblick begründet, in dem die jeweils gepfändete Forderung entsteht.[87] Wird die Vorpfändung früher als drei Monate vor Eingang des Insolvenzantrags ausgebracht, fällt die Hauptpfändung dagegen in den von § 131 InsO erfassten Bereich, richtet sich die Anfechtung insgesamt nach der Vorschrift des § 131 InsO.[88]

68 Weitere Voraussetzungen sieht § 131 Abs. 1 Nr. 1 InsO nicht vor. Insbesondere ist nicht erforderlich, dass der Schuldner zahlungsunfähig war oder dem Gläubiger bekannt war, dass die Handlung andere Insolvenzgläubiger benachteiligte (e contrario Nr. 2 und 3).[89]

69 Soweit die Voraussetzungen des § 88 InsO vorliegen, ist die Sicherung mit Eröffnung des Verfahrens automatisch unwirksam. Es bedarf in diesem Fall keiner Insolvenzanfechtung mehr. Vielmehr haben die zuständigen Vollstreckungsorgane die Verstrickung von Amts wegen aufzuheben (s. Rn 43). Nach hM bleibt ungeachtet dessen eine Insolvenzanfechtungsklage grundsätzlich zulässig.[90]

70 **cc) Handlung im zweiten oder dritten Monat vor Antragstellung und objektive Zahlungsunfähigkeit (Nr. 2).** Nr. 2 betrifft Fälle, in denen die Rechtshandlung nicht im ersten Monat vor dem Eröffnungsantrag – dann gilt Nr. 1 (s. Rn 66) –, sondern innerhalb des zweiten oder dritten Monats vor dem Eröffnungsantrag vorgenommen worden ist. Aufgrund des größeren zeitlichen Abstands wird hier (zusätzlich) verlangt, dass der Schuldner bereits bei Vornahme der Rechtshandlung, also in dem durch § 140 InsO bestimmten Zeitpunkt, objektiv zahlungsunfähig war. Es kommt nicht darauf an, ob der Gläubiger von dieser Zahlungsunfähigkeit Kenntnis hatte.

71 Ob eine **Zahlungsunfähigkeit** vorlag, richtet sich nach § 17 InsO. Hiernach kommt es darauf an, ob der Schuldner nicht mehr in der Lage war, seine fälligen Zahlungspflichten zu erfüllen (§ 17 Abs. 2 S. 1 InsO). Die Zahlungsunfähigkeit ist vom Insolvenzverwalter zu beweisen. Allerdings hilft ihm die Vermutung des § 17 Abs. 2 S. 2 InsO. Zahlungsunfähigkeit ist hiernach idR anzunehmen, wenn der Schuldner seine Zahlungen eingestellt hat. Es reicht also zunächst aus, dass der Insolvenzverwalter diese Zahlungseinstellung nachweist.

72 **dd) Handlung im zweiten oder dritten Monat vor Antragstellung und Kenntnis des Gläubigers von Gläubigerbenachteiligung (Nr. 3).** Wie auch Nr. 2 bezieht sich Nr. 3 auf den Fall, dass die Rechtshandlung im zweiten oder dritten Monat vor dem Eröffnungsantrag vorgenommen worden ist. Alternativ zu dem in Nr. 2 vorgesehenen Merkmal der Zahlungsunfähigkeit des Schuldners lässt es Nr. 3 genügen, dass dem Anfechtungsgegner – also dem die Zwangsvollstreckung betreibenden Gläubiger – bekannt war, dass die Handlung die Insolvenzgläubiger benachteiligte. Hierbei reicht es gem. § 131 Abs. 2 S. 1 InsO aus, wenn der Anfech-

---

86 BGHZ 162, 143, 146 = NJW 2005, 1121.
87 BGH NJW 2003, 2171 = NZI 2003, 320 m. zust. Anm. *Gundlach/Schirrmeister*.
88 BGHZ 167, 11 = NJW 2006, 1870.
89 BAG ZInsO 2011, 1560 = NZI 2011, 644.
90 OLG Stuttgart ZIP 1994, 722 = KTS 1994, 501 (zur Unwirksamkeit nach §§ 104, 28 VglO); Uhlenbruck/*Hirte*, § 129 Rn 79, § 131 Rn 22 mwN; HK/*Thole*, § 131 Rn 27.

tungsgegner Umstände kannte, die zwingend auf eine Benachteiligung schließen lassen.

Vorausgesetzt wird hierbei nicht nur, dass der Gläubiger Kenntnis von der Inkongruenz hatte. Zusätzlich muss er Kenntnis von der kritischen wirtschaftlichen Situation des Schuldners gehabt haben.[91] Wie sich aus einem Umkehrschluss zu Nr. 2 ergibt, muss sich die Kenntnis aber nicht auf eine bereits vorhandene Zahlungsunfähigkeit beziehen. Es reicht, wenn der Anfechtungsgegner die Liquiditäts- und Vermögenslage des Schuldners als so unzulänglich einschätzt, dass dieser in absehbarer Zeit nicht mehr in der Lage sein wird, seine Zahlungsverpflichtungen vollständig zu erfüllen, so dass (einzelne) Gläubiger jedenfalls teilweise leer ausgehen.[92] 73

Die **Beweislast** für eine entsprechende Kenntnis des Anfechtungsgegners liegt beim Insolvenzverwalter.[93] Indiz für eine dem Anfechtungsgegner bekannte Kenntnis ist u.a. die bekannte mehrmalige Nichteinlösung von Schecks.[94] 74

Eine Umkehr der Beweislast findet sich in § 131 Abs. 2 S. 2 InsO. Hiernach wird gegenüber einer Person, die dem Schuldner im Zeitpunkt der Rechtshandlung iSd § 138 InsO nahe stand, die Kenntnis von der Benachteiligung der Insolvenzgläubiger vermutet. Es obliegt sodann dem Anfechtungsgegner, seine Unkenntnis zu beweisen. 75

4. Rechtsfolgen. In der Rechtsfolge führt die Insolvenzanfechtung dazu, dass der Gläubiger das, was aus dem Vermögen des Schuldners entzogen worden ist, zurückzugewähren hat (§ 143 Abs. 1 S. 1 InsO). Ist eine Rückgewähr nicht möglich, ist Wertersatz zu leisten.[95] § 143 Abs. 1 S. 2 InsO enthält eine Rechtsfolgenverweisung auf § 819 Abs. 1 BGB, so dass der Anfechtungsgegner der verschärften Haftung eines bösgläubigen Bereicherungsschuldners unterliegt.[96] Der Rückgewähranspruch umfasst daher auch die Nutzungen, etwa Zinsen, soweit der Schuldner diese schuldhaft nicht gezogen hat (§§ 819 Abs. 1, 818 Abs. 4, 292 Abs. 2, 987 BGB).[97] Auf den Einwand der Entreicherung kann sich der Anfechtungsgegner nicht berufen.[98] 76

---

[91] Näher Uhlenbruck/*Hirte*, § 131 Rn 36.
[92] Hamburger Kommentar/*Rogge*, § 131 Rn 39; HK/*Thole*, § 131 Rn 32.
[93] Für alle Uhlenbruck/*Hirte*, § 131 Rn 38.
[94] BGH ZInsO 2002, 125; ausf. zur Beweisführung Uhlenbruck/*Hirte*, § 131 Rn 40 ff.
[95] Uhlenbruck/*Hirte*, § 143 Rn 25 ff.
[96] BGH ZInsO 2008, 276 = NZI 2008, 238.
[97] BGHZ 171, 38 = ZInsO 2007, 261 = NZI 2007, 230; A/G/R-*Gehrlein*, § 143 Rn 16.
[98] BAG ZInsO 2011, 1560 = NZI 2011, 644; Andres/Leithaus/*Leithaus*, § 143 Rn 4.

9. Haftung wegen unberechtigter Zwangsvollstreckung

Literatur:

Arens, Prozeßrecht und materielles Recht, AcP 173 (1973), 250; *Becker-Eberhard*, § 15 Die Schadensersatz- und Bereicherungshaftung nach Aufhebung oder Abänderung des vorläufig vollstreckbaren Urteils, in: Gaul/Schilken/Becker-Eberhard, Zwangsvollstreckungsrecht, 12. Aufl. 2010; *Birmanns*, Die Staatshaftung für das fehlerhafte Verhalten des Vollstreckungsgehilfen, DGVZ 1984, 105; *Böhm*, Ungerechtfertigte Zwangsvollstreckung und materiellrechtliche Ausgleichsansprüche, 1971; *Bötticher*, Prozeßrecht und Materielles Recht, ZZP 85 (1972), 1; *Breit*, Die Vollstreckung nicht endgültiger Titel als rechtmäßige, aber zum Schadensersatze verpflichtende Handlung, 1933; *Fischer-Fischerhof*, Die Schadensersatzpflicht des Vollstreckungsgläubigers bei ungerechtfertigter Zwangsvollstreckung, 1934; *Gaul*, § 7 Rechtmäßige oder rechtswidrige Zwangsvollstreckung, in: Gaul/Schilken/Becker-Eberhard, Zwangsvollstreckungsrecht, 12. Aufl. 2010; *ders.*, Die Haftung aus dem Vollstreckungszugriff, ZZP 110 (1997), 3; *ders.*, Ungerechtfertigte Zwangsvollstreckung und materielle Ausgleichsansprüche, AcP 173 (1973), 323; *Gerlach*, Ungerechtfertigte Zwangsvollstreckung und ungerechtfertigte Bereicherung, 1986; *Gleußner*, Vollstreckungsverzögerungen durch den Gerichtsvollzieher in den neuen Bundesländern, DGVZ 1994, 145; *Gloede*, Haftet der Vollstreckungsgläubiger, der in schuldnerfremde bewegliche Sachen vollstrecken ließ, deren früherem Eigentümer aus ungerechtfertigter Bereicherung?, MDR 1972, 291; *Götz*, Zivilrechtliche Ersatzansprüche bei schädigender Rechtsverfolgung, 1989; *Haertlein*, Exekutionsintervention und Haftung, 2008; *ders.*, Staatshaftung wegen der Zwangsvollstreckung in Gegenstände Dritter?, DGVZ 2002, 81; *Häsemeyer*, Endgültige Zuweisung des Vollstreckungsschadens durch einstweilige Einstellung der Zwangsvollstreckung?, NJW 1986, 1028; *ders.*, Schadenshaftung im Zivilrechtsstreit, 1979; *Hellwig*, Schadensersatzpflichten aus prozessualem Verhalten, NJW 1968, 1072; *Henckel*, Prozeßrecht und materielles Recht, 1970; *Hopt*, Schadensersatz aus unberechtigter Verfahrenseinleitung, 1968 (dazu *Esser*, ZZP 83 [1970], 348; *Sturm*, JR 1972, 43; *Zeiss*, JZ 1970, 198); *Kaehler*, Vollstreckung in schuldnerfremde Sachen und Bereicherungsausgleich, JR 1972, 445; *Klöters*, Haftung für unrichtige Wertfestsetzung im Zwangsvollstreckungsverfahren?, BauR 2006, 713; *Knoche/Biersack*, Das zwangsvollstreckungsrechtliche Prioritätsprinzip und seine Vereitelung in der Praxis, NJW 2003, 476; *Konzen*, Rechtsverhältnisse zwischen Prozessparteien, 1976; *Kühn*, Die besondere Haftung des Gerichtsvollziehers, DGVZ 1993, 71; *Lindemann*, Die Haftung des Gläubigers für die ungerechtfertigte Einleitung eines gerichtlichen Verfahrens, 2002; *Lippross*, Schadensersatzhaftung aus privatrechtsähnlichen Vollstreckungsakten, JA 1980, 16; *Marcuse*, Die Haftung für ungerechtfertigten Vollstreckungsbetrieb, 1933; *Niederelz*, Die Rechtswidrigkeit des Gläubiger- und Gerichtsvollzieherverhaltens in der Zwangsvollstreckung unter besonderer Berücksichtigung der Verhaltensunrechtslehre, 1974; *Ordemann*, Rückzahlung beigetriebener Geldbeträge nach Aufhebung des Titels in der Revisionsinstanz, NJW 1962, 478; *Pecher*, Die Schadensersatzansprüche aus ungerechtfertigter Vollstreckung, 1967; *Rabback*, Die entsprechende Anwendbarkeit des den §§ 945, 717 Abs. 2, 641 g, 302 Abs. 4 S. 3, 600 Abs. 2, 1041 Abs. 1 S. 1 zugrunde liegenden Rechtsgedankens auf die einstweiligen Anordnungen in der ZPO, 1999; *Saenger*, Zur Schadensersatzpflicht bei vorzeitigen Vollstreckungsmaßnahmen des materiell berechtigten Gläubigers, JZ 1997, 222; *Schultes*, Zum Ermessen des Gerichtsvollziehers, einen Sachverständigen mit der Schätzung gemäß § 813 ZPO zu beauftragen, DGVZ 1994, 161; *Schultz-Süchting*, Dogmatische Untersuchungen zur Frage eines Schadensersatzanspruches bei ungerechtfertigter Inanspruchnahme eines gerichtlichen Verfahrens, 1971; *Stolz*, Einstweiliger Rechtsschutz und Schadensersatzpflicht, 1989; *Wieser*, Begriff und Grenzfälle der Zwangsvollstreckung, 1995; *Zeiss*, Die arglistige Prozeßpartei, 1967; *ders.*, Schadensersatzpflichten aus prozessualem Verhalten, NJW 1967, 703.

I. Berechtigte und unberechtigte Vollstreckung 1
  1. Vollstreckungsorgane 2
  2. Vollstreckungsgläubiger 7
    a) Vollstreckungsrechtliche Mängel 8
    b) Vollstreckung ohne Anspruch 10
    c) Verletzung materiellrechtlicher Pflichten 12
      aa) Pflichten aus Vollstreckungsvertrag ... 13
      bb) Vollstreckung in schuldnerfremde Sachen 14

cc) Unbegründete Intervention	17	b) Drittberechtigte	25
II. Staatshaftung	19	III. Haftung des Vollstreckungsgläubigers	29
1. Gegenüber dem Vollstreckungsgläubiger	20	1. Gegenüber dem Vollstreckungsschuldner	29
2. Gegenüber dem Vollstreckungsschuldner	22	a) Risikohaftung aus prozessualer Veranlassung	30
3. Gegenüber Dritten	23	b) Verschuldenshaftung	33
a) Erwerber	24	2. Gegenüber Dritten	37

I. Berechtigte und unberechtigte Vollstreckung

Bei der für die Haftung maßgeblichen Frage, ob die Zwangsvollstreckung als **berechtigt (rechtmäßig)** oder **unberechtigt (rechtswidrig)** zu beurteilen ist, muss zwischen dem öffentlich-rechtlichen Handeln der Vollstreckungsorgane und dem privatrechtlichen Gläubigerverhalten unterschieden werden.[1] **1**

1. Vollstreckungsorgane. Die Vollstreckungsorgane haben diejenigen vollstreckungsrechtlichen Vorschriften zu beachten, deren Anwendung innerhalb ihrer Prüfungskompetenz und Verantwortlichkeit liegt. Werden diese Vorschriften befolgt, dann ist die Zwangsvollstreckung, verstanden als **Ausübung hoheitlicher Befugnis**, berechtigt. Rechtswidrig sind Vollstreckungsmaßnahmen, die wegen Verstoßes gegen vollstreckungsrechtliche Vorschriften prozessual unzulässig sind.[2] **2**

Vollstreckungsakte können an verschiedenen Mängeln leiden, zB kann eine Vollstreckungsvoraussetzung fehlen oder die gesetzliche Form einer Vollstreckungsmaßnahme missachtet werden. **Fehlerhafte Vollstreckungsakte** können **nichtig (unwirksam) oder wirksam, aber anfechtbar** (vernichtbar) sein. Nach der Rspr. des BGH[3] sind staatliche Hoheitsakte im Vollstreckungsverfahren **grds. wirksam**, auch wenn sie bei richtiger Handhabung ganz unterbleiben oder anders hätten ergehen müssen. Ihre Fehlerhaftigkeit führt lediglich dazu, dass sie auf entsprechenden Rechtsbehelf hin oder von Amts wegen in den dafür vorgesehenen Verfahren **abzuändern oder aufzuheben** sind. Solange dies nicht geschieht, ist die betreffende Vollstreckungsmaßnahme gültig. **Nichtig** und ohne Wirkung sind Vollstreckungshandlungen nur ganz ausnahmsweise, nämlich **bei grundlegenden schweren Mängeln**. **3**

Demnach gilt: Ein Vollstreckungsakt ist **nichtig**, wenn er **wesentliche Verfahrensvorschriften verletzt** und der **Fehler offenkundig** ist. Beispiel dafür bildet die Vollstreckung ohne (für die gewählte Vollstreckungsart geeigneten) Titel[4] oder die Vollstreckung durch das funktionell unzuständige Vollstreckungsorgan. Ein Vollstreckungsakt ist **anfechtbar**, wenn **gegen nicht wesentliche Verfahrensvorschriften verstoßen** wurde, wie zB bei der Vollstreckung gegen einen anderen als den im Titel angegebenen Schuldner.[5] Einzelheiten sind str. **4**

Gegen fehlerhafte Vollstreckungsakte ist die **Erinnerung** (§ 766 ZPO) statthaft und stets ratsam, weil ein Amtshaftungsanspruch nicht entsteht, wenn der Verletzte es schuldhaft unterlassen hat, den Schaden durch Gebrauch eines Rechtsmittels abzuwenden (Haftungsausschluss gem. § 839 Abs. 3 BGB). **5**

Für die Rechtmäßigkeit oder Rechtswidrigkeit der Zwangsvollstreckung durch die Vollstreckungsorgane ist es bedeutungslos, ob der **titulierte Anspruch** be- **6**

---

1 S. *Gaul*, in: Gaul/Schilken/Becker-Eberhard, § 7 Rn 10.
2 *Gaul*, in: Gaul/Schilken/Becker-Eberhard, § 7 Rn 1; *Haertlein*, DGVZ 2002, 81, 82.
3 BGH NJW 1975, 2045.
4 BGHZ 121, 101; BGH NJW 1988, 1027.
5 BGHZ 30, 175.

steht.[6] Denn die Vollstreckungsorgane haben nur die formalisierten Vollstreckungsvoraussetzungen zu beachten, zu denen die **Existenz eines Vollstreckungstitels** gehört, aber nicht dessen materiell-rechtliche Richtigkeit, also nicht das Bestehen des vollstreckbaren Anspruchs.

7 2. Vollstreckungsgläubiger. Bei der Frage, ob der **Vollstreckungsbetrieb durch den Gläubiger** als rechtswidrig zu beurteilen ist, kommt es darauf an, in welcher Hinsicht die Vollstreckung rechtlich mangelhaft ist. Die Vollstreckung kann vollstreckungsrechtlich fehlerhaft sein, der vollstreckbare Anspruch kann fehlen oder es können sonstige materiell-rechtliche Pflichten verletzt werden.

8 a) **Vollstreckungsrechtliche Mängel.** Die Vollstreckungsvoraussetzungen sind in erster Linie Verhaltensanordnungen für die Vollstreckungsorgane[7] und richten sich nicht gleichermaßen an den Vollstreckungsgläubiger. Bei vollstreckungsrechtlichen Mängeln muss daher stets festgestellt werden, ob die verletzte Vorschrift sich auch an den Vollstreckungsgläubiger richtet. Wenn eine Vollstreckungsvoraussetzung nicht vorliegt, die auch vom Vollstreckungsgläubiger zu beachten ist, oder wenn die Vollstreckung für unzulässig erklärt ist, dann handelt ein Vollstreckungsgläubiger rechtswidrig, der die Vollstreckung dennoch betreibt. Für den paradigmatischen Fall der **Vollstreckung ohne Titel** ergibt sich dies mittelbar aus § 717 Abs. 2 ZPO. Danach haftet ein Vollstreckungsgläubiger auf Schadensersatz, wenn er mit einem Titel vollstreckt, der später entfällt. Diese prozessuale Risikohaftung ist zwar (wie eine Gefährdungshaftung) von Rechtswidrigkeit und Verschulden unabhängig. Jedoch versteht die höchstrichterliche Rspr[8] die Vorschrift des § 717 Abs. 2 ZPO als Tatbestand einer unerlaubten Handlung iwS, dh als Unrechtshaftung. Erst recht ist es dann im Verhältnis zwischen Vollstreckungsgläubiger und -schuldner als rechtswidrig zu beurteilen, wenn der Titel nicht – wie im Fall des § 717 Abs. 2 ZPO – später entfällt, sondern von vornherein fehlt.

9 Grundsätzlich wenden sich vollstreckungsrechtliche Vorschriften nur an das Vollstreckungsorgan und nicht auch an den Vollstreckungsgläubiger (zB § 811 ZPO). Die Missachtung vollstreckungsrechtlicher Vorschriften führt daher grds. nicht zur Verfahrensrechtswidrigkeit der Vollstreckung im Verhältnis zwischen Vollstreckungsgläubiger und -schuldner. Im Übrigen ist das Vollstreckungsorgan nicht **Erfüllungsgehilfe** (§ 278 BGB)[9] und nicht **Verrichtungsgehilfe** (§ 831 BGB)[10] des Vollstreckungsgläubigers.

10 b) **Vollstreckung ohne Anspruch.** Die Rechtswidrigkeit einer (verfahrensrechtlich einwandfreien) Vollstreckung, der materiell-rechtlich kein vollstreckbarer Anspruch zugrunde liegt, hängt nach der Rspr von besonderen Voraussetzungen ab. Nach ständiger höchstrichterlicher **Rspr** bestehen ein „**Rechtfertigungsgrund der** (gutgläubigen) **Inanspruchnahme eines staatlichen, gesetzlich eingerichteten und geregelten Verfahrens**" und ein „**Recht auf Irrtum**" beim Betrieb von Verfahren

---

6 *Gaul*, in: Gaul/Schilken/Becker-Eberhard, § 7 Rn 1.
7 *Gaul*, in: Gaul/Schilken/Becker-Eberhard, § 7 Rn 10.
8 BGH NJW 1963, 853; BGH NJW 1957, 1926. AA BGH WM 2007, 27, 29.
9 RGZ 104, 283, 285 f; *Becker-Eberhard*, in: Gaul/Schilken/Becker-Eberhard, § 25 Rn 65, jew. betr. Gerichtsvollzieher.
10 *Becker-Eberhard*, in: Gaul/Schilken/Becker-Eberhard, § 25 Rn 62 betr. Gerichtsvollzieher.

der Rechtspflege.[11] Als Ausprägung dieser Grundsätze soll auch im Vollstreckungsrecht gelten, dass die Vollstreckung eines ordnungsgemäß ergangenen Titels im ordnungsgemäßen Verfahren als rechtmäßig zu beurteilen ist.[12] Eine Verschuldenshaftung entsteht in solchen Fällen lediglich unter besonderen Umständen, die das Verhalten des Verfahrensbetreibenden als **sittenwidrig** erscheinen lassen (§ 826 BGB).[13] Einschränkend hat der BGH allerdings in einem Urteil angemerkt, dass eine Haftung wegen positiver Forderungsverletzung (§ 280 Abs. 1 BGB) in Betracht komme, wenn die Vollstreckung betrieben wird, obwohl leicht zu überprüfende Hinweise darauf hindeuten, dass der zu vollstreckende Anspruch nicht (mehr) besteht.[14]

Die Rspr des BGH zum Rechtfertigungsgrund der Inanspruchnahme staatlicher Rechtspflegeverfahren ist **nicht überzeugend begründet**,[15] **widersprüchlich** und insgesamt **abzulehnen:** Denn der BGH[16] vertritt die Auffassung, dass sich allein aus dem Vollstreckungseingriff und der Gestaltung des Vollstreckungsrechts eine rechtliche Sonderbeziehung zwischen dem Vollstreckungsgläubiger und einem etwaigen Drittberechtigten oder dem Vollstreckungsschuldner ergibt. Diese **gesetzliche Sonderverbindung privatrechtlicher Art**[17] (Prozessrechtsverhältnis)[18] soll Pflichten begründen, für deren Verletzung der Vollstreckungsgläubiger nach den Regeln über die positive Forderungsverletzung haftet (§ 280 Abs. 1 BGB).[19] Ferner kann nach der Rspr des BGH bereits die außergerichtliche Geltendmachung nicht bestehender eine Pflichtverletzung sein (§§ 280 Abs. 1, 241 Abs. 2 BGB), wenn dem Putativgläubiger erkennbar war, dass der Anspruch nicht besteht.[20] Demnach könnte erst recht ein Vollstreckungsgläubiger aufgrund der aus dem Vollstreckungsrechtsverhältnis resultierenden Sonderverbindung dazu verpflichtet sein, die materiell-rechtliche Begründetheit der Vollstreckung sorgfältig nachzuprüfen und ggf von ihr abzusehen oder sie aufzugeben (§ 241 Abs. 2 BGB). Bei schuldhafter Verletzung dieser Pflicht wäre er dem Vollstreckungsschuldner dann schadensersatzpflichtig (§ 280 Abs. 1 BGB). Die Doktrin von der Rechtfertigungswirkung verfahrensgemäßen Vollstreckungsbetriebs kollidiert folglich mit der Annahme einer vollstreckungsbegleitenden Sonderverbin-

11

---

11 Grundlegend BGHZ 36, 18 m. Anm. *Baur*, JZ 1962, 95; *Hauss*, LM Nr. 18 zu § 823 (Ai) BGB betr. Konkursantrag. Ferner BGHZ 154, 269, 271 m. Anm. *Bernsau*, LMK 2003, 136; *Lange*, WuB IV A. – § 826 BGB – 1.03; BGHZ 148, 175; BGH NJW 1980, 189, 190; BGHZ 20, 169, 171 f, jew. betr. Einleiten und Betreiben eines gerichtlichen Rechtsstreits; BGH Rpfleger 2005, 135 m. Anm. *Demharter*, Rpfleger 2005, 185 betr. Grundbuchberichtigungsantrag; BGH NJW 2004, 446 m. Anm. *Diehl*, zfs 2004, 111 betr. Verteidigung im gerichtlichen Rechtsstreit. AA BGHZ 38, 200; RG GRUR 1939, 787, 789; RG GRUR 1931, 640, jew. betr. Klage wegen Schutzrechtsverletzung; dagegen BGH ZIP 2004, 1919 m. Anm. *Lindacher*, EWiR 2004, 1123. S. dazu aber BGHZ (GS) 164, 1 m. Anm. *Faust*, JZ 2006, 365.
12 So BGH NJW 1963, 853, 854. Ferner BGH NJW 1957, 1926; RGZ 74, 249. AA RGZ 78, 202, 207 betr. § 945 ZPO („gegenständlich rechtswidriges Vorgehen").
13 So BGHZ 154, 269, 271 ff m. zust. Anm. *Bernsau*, LMK 2003, 136; BGHZ 148, 175, 181 f; BGH NJW 2004, 446 m. Anm. *Diehl*, zfs 2004, 111; BGHZ 36, 18, 20 f m. zust. Anm. *Hauss*, LM Nr. 18 zu § 823 (Ai) BGB.
14 BGHZ 74, 9, 17.
15 Dazu eingehend *Haertlein*, Exekutionsintervention, S. 352 ff.
16 BGHZ 58, 207, 214 f; BGHZ 67, 378, 383; BGHZ 74, 9, 11; BGH NJW 1985, 3080, 3081. Ähnl. BGHZ 157, 195. Zust. RGRK-BGB/*Alff*, § 278 Rn 17; *Heintzmann*, Zivilprozessrecht II, 2. Aufl. 1998, S. 175; *Lipross*, JA 1980, 16, 17; *Wolf/Müller*, NJW 2004, 1775.
17 So BGHZ 58, 207, 214 f; BGH NJW 1985, 3080, 3081.
18 So BGHZ 74, 9, 11.
19 So BGHZ 74, 9, 17; BGH NJW 1985, 3080, 3081. Ferner AG Gummersbach JurBüro 2001, 144.
20 BGHZ 179, 238; BGH NJW 2008, 1147 = ZIP 2008, 458 = MDR 2008, 373.

dung und einer Pflichtverletzung durch leichtfertiges Bedrängen mit nichtbestehenden Ansprüchen. Der BGH tendiert dabei deutlich zu einem **Vorrang der Haftungsprivilegierung** bei unbegründeter Inanspruchnahme staatlicher Verfahren der Rechtspflege (zu den Ausnahmen bei Vollstreckungsverträgen und bei der Vollstreckung in schuldnerfremde Sachen s. Rn 13 ff).

12 c) **Verletzung materiell-rechtlicher Pflichten.** Die Vollstreckung kann auch aus anderen Gründen als dem Fehlen eines vollstreckbaren Anspruchs materiell-rechtlich fehlerhaft sein. Auch hier erkennt die Rspr die insgesamt verfehlte Haftungsprivilegierung bei Inanspruchnahme von Rechtspflegeverfahren grds. an, macht aber für bestimmte Fallgruppen weitgehende Ausnahmen.

13 aa) **Pflichten aus Vollstreckungsvertrag.** Materiell-rechtlich rechtswidrig im Verhältnis zum Vollstreckungsschuldner sind Verletzungen von Gläubigerpflichten aus einem **Vollstreckungsvertrag**. Eine solche Pflichtverletzung liegt etwa vor, wenn der Gläubiger dem Schuldner zugesagt hat, dem Vollstreckungsgericht von sich aus Zahlungen des Schuldners mitzuteilen, damit gegen diesen kein Offenbarungsverfahren durchgeführt wird, und die Mitteilung sodann unterbleibt. Die Rspr lässt den Vollstreckungsgläubiger in einem solchen Fall gegenüber dem Schuldner haften (§ 280 Abs. 1 BGB) und **keine Rechtfertigung durch Verfahrenslegalität** gelten.[21] Ein Rückgriff auf die von der Rspr postulierte Sonderbindung kraft Vollstreckungszugriffs[22] ist allerdings nicht erforderlich.[23] Die Sonderverbindung resultiert bereits aus dem Vollstreckungsvertrag.

14 bb) **Vollstreckung in schuldnerfremde Sachen.** Die Vollstreckung in schuldnerfremde Sachen bewegt sich zwischen Eigentumsverletzung und Verfahrenslegalität.

15 Vollstreckungsübergriffe in Drittvermögen sind typischerweise **vollstreckungsrechtlich ordnungsgemäß**, weil nur die Gewahrsams- und nicht die Rechtsverhältnisse an Vollstreckungsgegenständen zu beachten sind (§§ 808 f ZPO). Es ist Sache betroffener Dritter, ihre Rechte mittels vollstreckungsexterner Rechtsbehelfe (§§ 771, 769 f ZPO, ggf § 28 ZVG) zur Geltung zu bringen und die Beschränkung, Einstellung oder Aufhebung der Vollstreckung zu erwirken (§§ 775 f ZPO).

16 Die Vollstreckung in Dritteigentum beschäftigt die Rspr seit jeher in erheblichem Maße. Bereits nach zutreffender Auffassung des RG sind die verspätete Freigabe und die Versteigerung einer gepfändeten schuldnerfremden Sache unerlaubte Handlungen des Vollstreckungsgläubigers.[24] Schon die Pfändung schuldnerfremder Sachen sei eine **widerrechtliche Eigentumsverletzung**.[25] Ebenso meint der BGH, die Vollstreckung in schuldnerfremde Gegenstände könne eine Haftung aus § 823 Abs. 1 BGB begründen, ohne dass die Inanspruchnahme des Vollstreckungsverfahrens Auswirkungen auf die Beurteilung der Widerrechtlichkeit habe.[26] Insbesondere kann es zu Schadensersatzansprüchen aus unerlaubter Handlung führen, wenn ein Vollstreckungsgläubiger eine Pfandsache nicht freigibt, obwohl ihm das den Widerspruch nach § 771 ZPO begründende Recht des Drittwiderspruchsklägers bei erforderlicher Sorgfalt ersichtlich ist. Denn die Vollstreckung in schuldnerfremdes Vermögen sei von Anfang an eine Störung der privaten Rechtslage. Nach insoweit zutreffendem Rechtsverständnis des BGH ist die

---

21 BGH NJW 1985, 3080.
22 So aber BGH NJW 1985, 3080.
23 S. dazu *Gaul*, in: Gaul/Schilken/Becker-Eberhard, § 7 Rn 18 f.
24 RGZ 156, 395, 400; RGZ 61, 430, 432; RG HRR 1940 Nr. 419.
25 RG JW 1911, 368. Ferner RGZ 61, 430, 432; RG HRR 1940 Nr. 419; RG LZ 1926, 1013; RG JW 1911, 978; RG Gruch 47, 659, 663.
26 BGH WM 1965, 863, 864 f. Ferner LG Berlin NJW 1972, 1675.

Privatrechtswidrigkeit mit der Rechtmäßigkeit des Vollstreckungseingriffs aus der Sicht des öffentlichen Verfahrensrechts vereinbar.[27] Wenn die formalen Vollstreckungsvoraussetzungen (Titel, Klausel, Zustellung, Schuldnergewahrsam) vorliegen, sind die Pfändung und Verwertung schuldnerfremder Sachen als staatliche Maßnahme rechtmäßig. Das Betreiben der Vollstreckung durch den Vollstreckungsgläubiger ist aber nur dann rechtmäßig, wenn der Vollstreckungsgegenstand zum Vermögen des Schuldners gehört, denn nur das Vermögen des Schuldners unterliegt rechtens dem Zugriff seiner Gläubiger.[28] Der Grundsatz, dass bei subjektiv redlichem Verhalten in einem gesetzlichen Rechtspflegeverfahren nicht schon die Beeinträchtigung von in § 823 BGB geschützten Rechtsgütern die Rechtswidrigkeit indiziert, gilt nach Auffassung des BGH nicht, wenn im Wege der Vollstreckung in Rechtsgüter verfahrensunbeteiligter Dritter eingegriffen wird, die sich gegen ungerechtfertigte Inanspruchnahme in dem Rechtspflegeverfahren selbst nicht hinreichend wehren können.[29] Die Haftung eines Vollstreckungsgläubigers wegen Vollstreckung in schuldnerfremde Sachen ist folglich nach der im Ergebnis (nicht aber in der Begründung) zutreffenden Rspr **nicht privilegiert.**

cc) **Unbegründete Intervention.** Spiegelbildlich zur Vollstreckung in Dritteigentum stellt sich die Haftungsfrage, wenn ein **Drittwiderspruchskläger** unbegründet (ohne Widerspruchsrecht) die Beschränkung, Einstellung oder Aufhebung der Zwangsvollstreckung erwirkt (§§ 771 Abs. 3, 769 f, 775 f ZPO, § 28 ZVG) und der Vollstreckungsgläubiger dadurch Schaden erleidet. Das RG entschied dazu, dass die Verfolgung eines veräußerungshindernden Rechts unter den Voraussetzungen des § 823 BGB (Eingriff in das Pfändungspfandrecht des Vollstreckungsgläubigers)[30] als zum Schadensersatz verpflichtende Handlung anzusehen sei. Entscheidend sei dabei, ob der Drittwiderspruchskläger die Unbegründetheit seines Rechtsbehelfs bei Anwendung der verkehrserforderlichen Sorgfalt (§ 276 BGB) erkennen konnte.[31]

Demgegenüber setzt der BGH bei der Frage, nach welcher Maßgabe ein Intervenient gem. § 823 Abs. 1 BGB haftet, der unberechtigt die Vollstreckungseinstellung gem. §§ 771 Abs. 3, 769 ZPO beantragt, erwirkt und aufrechterhalten hatte, bei den Rechtsprechungsgrundsätzen über die Rechtswidrigkeit der Einleitung und Durchführung gesetzlich geregelter Rechtspflegeverfahren (s. Rn 10) an. Diese Grundsätze seien auch in den Fällen der §§ 771 Abs. 3, 769 ZPO anwendbar, in denen die Rechtslage lediglich vorläufig und summarisch beurteilt wird und keine sicheren Verteidigungsmöglichkeiten für den Gegner bestehen.[32] Denn es gelte das Gebot der haftungsrechtlichen „Waffengleichheit" zwischen dem Vollstreckungsgläubiger und dem Dritten, der am Vollstreckungsgegenstand ein veräußerungshinderndes Recht geltend macht. Dem verfahrensunbeteiligten Dritten müsse es grds. erlaubt sein, seinen Standpunkt im Wege des Antrags aus § 771 Abs. 3 ZPO zur gerichtlichen Nachprüfung zu stellen. Eine Verkennung der Rechtslage durch den Dritten, die nur auf Fahrlässigkeit beruht, begründe daher auch in den Fällen des § 771 Abs. 3 ZPO nicht die Rechtswidrigkeit des Eingriffs

---

27 BGHZ 58, 207 m. Anm. *Bähr*, JuS 1972, 475; *Henckel*, JZ 1973, 32; *Pehle*, LM ZPO § 771 Nr. 8.
28 BGHZ 55, 20, 26. Zust. BGHZ 95, 10, 15. Ferner BGHZ 67, 378, 382 m. zust. Anm. *Merz*, LM Nr. 20 zu § 346 (Ea) HGB.
29 BGHZ 118, 201, 205 ff.
30 RG HRR 1925 Nr. 141.
31 RG SeuffArch 61 (1906), 206, 208 ff. IE ebenso OLG München NJW-RR 1989, 1471, 1472.
32 BGHZ 95, 10, 18 f.

in Gläubigerrechte.[33] Ein unberechtigter Dritter, der unbegründet einen Rechtsbehelf gegen einen Vollstreckungszugriff auf Schuldnereigentum geltend macht, kommt daher (unverdient) in den Genuss der **Haftungsprivilegierung**.

II. Staatshaftung

19 Staatshaftung wegen verfahrensfehlerhafter Vollstreckung durch die Vollstreckungsorgane (s. Rn 2 ff) kommt in Betracht gegenüber dem Vollstreckungsgläubiger, dem Vollstreckungsschuldner sowie gegenüber verfahrensunbeteiligten Dritten.

20 **1. Gegenüber dem Vollstreckungsgläubiger.** Die Vollstreckungsorgane haben den Vollstreckungsgläubigern gegenüber obliegende Amtspflichten zu beachten,[34] bei deren schuldhafter Verletzung **Amtshaftungsansprüche** eines Vollstreckungsgläubigers (§ 839 BGB) entstehen können, die gegen den Staat (dh das Bundesland) gerichtet sind, in dessen Dienst das Vollstreckungsorgan steht (Art. 34 GG). Eine Amtspflicht gegenüber dem Vollstreckungsgläubiger kann verletzt sein: wenn der Vollstreckungszugriff oder die Verwertung verzögert[35] oder ein Vollstreckungsgegenstand pflichtwidrig freigegeben wird;[36] bei Verletzung des vollstreckungsrechtlichen Prioritätsprinzips;[37] wenn ein Gerichtsvollzieher[38] unpfändbare Sachen pfändet, obwohl pfändbare Sachen vorhanden waren,[39] wenn er Pfandstücke beim Schuldner belässt (insb. Kfz)[40] oder ungeeignet verwahrt und dadurch die Gläubigerbefriedigung gefährdet[41] oder wenn er die Pfändung nur unzureichend kenntlich macht;[42] wenn eine gebotene Nachpfändung schuldhaft unterbleibt;[43] wenn der Gläubiger im Verfahren nicht hinzugezogen wird;[44] oder wenn eine Sache entgegen § 817a ZPO unter dem Mindestgebot versteigert wird.[45]

21 Ein Amtshaftungsanspruch entsteht nicht, wenn der Vollstreckungsgläubiger es schuldhaft unterlassen hat, den Schaden durch Gebrauch eines Rechtsmittels – insb. durch Erinnerung (§ 766 ZPO) – abzuwenden (§ 839 Abs. 3 BGB). Ferner ist die Subsidiarität der Amtshaftung (§ 839 Abs. 1 S. 2 BGB) zu beachten.

22 **2. Gegenüber dem Vollstreckungsschuldner.** Vollstreckungsrechtliche Amtspflichten, deren schuldhafte Verletzung unter den weiteren Voraussetzungen von § 839 BGB, Art. 34 GG mit **Amtshaftungsansprüchen** des Vollstreckungsschuldners bewehrt sind, sind zB[46] übermäßige (§ 758 Abs. 3 ZPO) Gewaltanwendung,[47] Überpfändung und Pfandverwertung über das zur Gläubigerbefriedigung

---

33 BGHZ 95, 10, 19 ff. Weitergehend *Gerhardt*, JR 1985, 511, 512. AA *Messer*, WuB VI E. – § 717 Abs. 2 ZPO – 1.85.
34 Übersicht bei *Becker-Eberhard*, in: Gaul/Schilken/Becker-Eberhard, § 25 Rn 52.
35 RGZ 79, 241; OLG Celle VersR 1963, 239.
36 RG JW 1936, 2096.
37 *Knoche/Biersack*, NJW 2003, 476.
38 Zur Anwendbarkeit von § 839 BGB, Art. 34 GG auf die Vollstreckungstätigkeit des Gerichtsvollziehers BGHZ 146, 17.
39 RGZ 72, 181.
40 OLG Hamburg MDR 1967, 763.
41 BGH MDR 1959, 282; LG Koblenz DGVZ 1986, 30. Zur Amtshaftung, wenn ein Gerichtsvollzieher Sachen aufgrund privatrechtlichen Vertrages in Verwahrung gegeben hat, s. *Becker-Eberhard*, in: Gaul/Schilken/Becker-Eberhard, § 25 Rn 58 f. Ferner *Birmanns*, DGVZ 1984, 105.
42 BGH NJW 1959, 1775 = JZ 1960, 176; RGZ 118, 276; RGZ 161, 109.
43 OLG Celle VersR 1963, 293.
44 BGHZ 7, 287; *Spring*, NJW 1994, 1108.
45 OLG Düsseldorf NJW-RR 1992, 1245.
46 Übersicht bei *Becker-Eberhard*, in: Gaul/Schilken/Becker-Eberhard, § 25 Rn 53.
47 BGH BB 1957, 163.

Erforderliche hinaus,[48] Zuschlagserteilung unter dem Mindestgebot (§ 817 a ZPO),[49] Verwertung eines Computers ohne vorherige Löschung der gespeicherten Daten,[50] verspätete oder unterlassene Benachrichtigung des Räumungsschuldners vom Räumungstermin[51] sowie unzureichende Sicherstellung gem. § 885 Abs. 2, 3 ZPO.[52]

3. Gegenüber Dritten. Vollstreckungsrechtliche Amtspflichten, die gegenüber verfahrensunbeteiligten Dritten bestehen und deren Verletzung **Amtshaftungsansprüche** (§ 839 BGB, Art. 34 GG) hervorbringen kann, richten sich auf den Schutz von zwei Personengruppen. Zum einen sind dies diejenigen, die in der Verwertungsphase Vollstreckungsgegenstände erwerben. Zum anderen bestehen Amtspflichten zum Schutz von Personen, die Rechte an Vollstreckungsgegenständen haben.[53]

a) Erwerber. Ein Amtshaftungsanspruch wegen **Erwerberbenachteiligung** kann zB entstehen, wenn einem Meistbietenden infolge eines Formfehlers bei der Zwangsversteigerung der Zuschlag versagt wird.[54] Ferner kann der Gerichtsvollzieher eine Amtspflicht gegenüber dem Ersteher verletzen, wenn er den von diesem gezahlten Kaufpreis vor der Ablieferung der zugeschlagenen Sache an den betreibenden Gläubiger abführt.[55] Gleiches gilt, wenn der Verkehrswert des Versteigerungsguts auf der Grundlage eines offensichtlich unzutreffenden Schätzgutachtens überschätzt wird (§ 813 ZPO).[56]

b) Drittberechtigte. Die Vollstreckung in **Gegenstände Dritter** ist idR nicht vollstreckungsrechtswidrig, weil Drittrechte in der Zwangsvollstreckung nur anhand ihres publizistischen Ausweises geprüft werden. So ist die Pfändung einer schuldnerfremden Sache **grds. verfahrensrechtlich einwandfrei**, wenn der Gerichtsvollzieher die Vorschriften der §§ 808, 809, 815 Abs. 2 ZPO beachtet hat (in der Immobiliarvollstreckung beugen die §§ 17, 28, 37 Nr. 5, 147 ZVG der Vollstreckung in Dritteigentum weitergehend vor). In solchen Fällen kommen keine Amtshaftungsansprüche in Betracht; ferner sind Ansprüche wegen Enteignung, enteignungsgleichen Eingriffs und wohl auch wegen enteignenden Eingriffs und aufgrund ausgleichspflichtiger Eigentumsinhaltsbestimmung ausgeschlossen.[57]

Ausnahmsweise kann auch die Vollstreckung in Gegenstände Dritter **vollstreckungsrechtlich unberechtigt** sein. Dies ist der Fall, wenn die §§ 808 f ZPO[58] oder die §§ 775 f ZPO missachtet werden oder wenn die Drittberechtigung trotz Schuldnergewahrsams offensichtlich ist,[59] ferner wenn der Versteigerungstermin entgegen § 816 ZPO fehlerhaft angesetzt oder unzureichend bekanntgemacht und dadurch einem Drittberechtigten die Interventionsmöglichkeit (§§ 771, 769 ZPO) genommen wird[60] oder wenn ein gem. § 805 ZPO geltend gemachtes Vermieterpfandrecht (§ 562 BGB) bei der Erlösauskehr nicht vorweg befriedigt wird.[61]

---

48 RGZ 51, 186.
49 OLG Düsseldorf NJW-RR 1992, 1245; OLG Frankfurt VersR 1980, 50; LG Essen DGVZ 1993, 138.
50 OLG Zweibrücken DGVZ 1993, 151.
51 RGZ 147, 136.
52 BGH VersR 1963, 88; RGZ 102, 77; RGZ 147, 136.
53 Übersicht bei *Becker-Eberhard*, in: Gaul/Schilken/Becker-Eberhard, § 25 Rn 54.
54 BGH NJW-RR 1987, 246 m. Anm. *Osterloh*, EWiR 1987, 123.
55 RGZ 153, 257.
56 Vgl KG NJW-RR 1986, 201.
57 *Haertlein*, DGVZ 2002, 81, 84 f.
58 BGH NJW 1957, 1877 = JZ 1958, 29.
59 BGH BB 1957, 163; *Gaul*, Rpfleger 1971, 81, 91.
60 RG JW 1931, 2437.
61 RGZ 151, 109; RGZ 87, 294.

27 In all jenen Fällen gegenüber Drittberechtigten unberechtigter Vollstreckung kommen **Amtshaftungsansprüche** (§ 839 BGB, Art. 34 GG) in Betracht.[62] Hier ist allerdings besonders die Subsidiarität der Amtshaftung (§ 839 Abs. 1 S. 2 BGB) zu beachten, weil anderweitige Ersatzansprüche des Drittbetroffenen gegen den Vollstreckungsgläubiger bestehen können oder gegen den anwaltlichen Vertreter des Drittberechtigten, der es schuldhaft versäumt hat, den Schaden durch Erwirkung eines Einstellungsbeschlusses (§§ 771 Abs. 3, 769 ZPO) abzuwenden. Im Übrigen können Drittberechtigte sich gegen verfahrensfehlerhafte Vollstreckungsmaßnahmen mit der Erinnerung (§ 766 ZPO) sowie (alternativ oder kumulativ) mit der Drittwiderspruchsklage (§ 771 ZPO) und dem sie flankierenden Eilrechtsschutz (§§ 771 Abs. 3, 769 ZPO) zur Wehr setzen.[63] Demgemäß sind Drittbetroffene im Hinblick auf § 839 Abs. 3 BGB gehalten, rechtzeitig von diesen Rechtsbehelfen Gebrauch zu machen.

28 Bei unberechtigter, in Drittrechte eingreifender Vollstreckung entstehen nach Ansicht der höchstrichterlichen Rspr und der hM im Schrifttum keine Ansprüche wegen **enteignungsgleichen Eingriffs**.[64] Denn solche Ansprüche setzen voraus, dass dem Berechtigten durch einen rechtswidrigen hoheitlichen Eingriff, der nach Inhalt und Wirkung enteignenden Charakter hat, **im Interesse der Allgemeinheit** ein **Sonderopfer** abverlangt wird.[65] Nach zweifelhafter Auffassung des BGH liegt das Sonderopfer, das ein verfahrensunbeteiligter Dritter erbringt, auf dessen Vermögensgegenstände die Vollstreckung übergreift, aber nicht im Gemein-, sondern im Individualinteresse des Vollstreckungsgläubigers.[66]

III. Haftung des Vollstreckungsgläubigers

29 **1. Gegenüber dem Vollstreckungsschuldner.** Die Haftung eines Vollstreckungsgläubigers gegenüber dem Vollstreckungsschuldner wegen unberechtigter Vollstreckung kann sich aus Tatbeständen der Risikohaftung aus prozessualer Veranlassung sowie der Verschuldenshaftung ergeben.

30 **a) Risikohaftung aus prozessualer Veranlassung.** Die Beständigkeit **vorläufig vollstreckbarer Urteile** sowie (nicht rechtskräftiger) **Arrestentscheidungen und einstweiliger Verfügungen** ist von vornherein unsicher. Das Gesetz erlaubt es dem Gläubiger einer solchen Entscheidung zwar, diese vollstrecken oder vollziehen zu lassen. Gleichzeitig wird aber der Vorläufigkeit bzw Einstweiligkeit der Entscheidung dadurch Rechnung getragen, dass der Gläubiger dem Schuldner nach Maßgabe der **§§ 717 Abs. 2, 3, 945 ZPO** (ebenso §§ 1041 Abs. 4, 1065 Abs. 2 S. 2 ZPO betr. Entscheidungen im schiedsgerichtlichen Verfahren) schadensersatz- oder erstattungspflichtig wird, wenn sich die Entscheidung als unbeständig erweist. Bei den genannten Vorschriften handelt es sich um Normen der Risikohaftung aus prozessualer Veranlassung, die dem Gläubiger die Gefahr der (materiell- oder verfahrensrechtlichen) Unbegründetheit seines Rechtsschutzbegehrens zuweisen, ohne auf Rechtswidrigkeit oder Verschulden abzustellen. Haftungsbe-

---

62 *Gaul*, in: Gaul/Schilken/Becker-Eberhard, § 41 Rn 190; *Haertlein*, DGVZ 2002, 81, 82 f; Wieczorek/Schütze/*Salzmann*, § 771 ZPO Rn 1. S. ferner BGHZ 32, 240, 242 ff betr. Vollstreckung einer Steuerforderung in Dritteigentum.
63 *Geißler*, NJW 1985, 1865, 1871; *Haertlein*, DGVZ 2002, 81, 82; *Jauernig/Berger*, § 13 Rn 32.
64 BGH BB 1967, 941; BGHZ 32, 240, 243 ff; *Gaul*, in: Gaul/Schilken/Becker-Eberhard, § 3 Rn 41, § 41 Rn 191; Maunz/Dürig/*Papier*, GG, Art. 14 Rn 705.
65 BGHZ 32, 240, 245.
66 BGH BB 1967, 941; BGHZ 32, 240, 244 ff. Ebenso *Gaul*, in: Gaul/Schilken/Becker-Eberhard, § 3 Rn 41; Maunz/Dürig/*Papier*, GG, Art. 14 Rn 705. Krit. dazu *Haertlein*, DGVZ 2002, 81, 83 f. S. ferner *Ossenbühl*, in: FS 50 Jahre Bundesgerichtshof, Band III, 2000, S. 887, 907.

gründend ist nach näherer Ausgestaltung der jeweiligen Vorschrift die Unbeständigkeit des Titels und nicht, dass die Vollstreckung unberechtigt ist. Gleichwohl steht die prozessuale Risikohaftung des Vollstreckungsgläubigers im engen Zusammenhang mit der Haftung wegen unberechtigter Vollstreckung, weil sie häufig Fälle der (verfahrensrechtlich ordnungsgemäßen) **Vollstreckung ohne Anspruch** (s. Rn 10 f) betrifft, bei denen die Rspr keine hinreichende Klarheit über den Anwendungsbereich von Vorschriften der Verschuldenshaftung schafft.[67]

Demnach ist ein Vollstreckungsgläubiger, wenn ein für vorläufig vollstreckbar erklärtes Urteil aufgehoben oder abgeändert wird, dem Vollstreckungsschuldner zum Ersatz des Schadens verpflichtet, der diesem durch die Vollstreckung oder durch eine zur Abwendung der Vollstreckung gemachte Leistung entsteht (§ 717 Abs. 2 S. 1 ZPO). Unter den Voraussetzungen des § 717 Abs. 3 S. 1 ZPO ist der Vollstreckungsgläubiger dem Schuldner gem. § 717 Abs. 3 S. 2–4 ZPO nur zur Erstattung des von diesem aufgrund des Urteils Gezahlten oder Geleisteten nach den Vorschriften über die Herausgabe einer ungerechtfertigten Bereicherung (Rechtsfolgenverweisung auf die §§ 818 ff BGB) verpflichtet. Ferner ist ein Arrest- oder Verfügungsgläubiger, wenn die Anordnung der Maßregel sich als von Anfang an ungerechtfertigt erweist oder wenn sie gem. § 926 Abs. 2 ZPO oder § 942 Abs. 3 ZPO aufgehoben wird, dem Arrest- bzw Verfügungsschuldner zum Ersatz des Schadens verpflichtet, der diesem aus der Vollziehung der angeordneten Maßregel oder dadurch entsteht, dass er Abwendungs- oder Aufhebungssicherheit leistet (§ 945 ZPO).

Umstritten ist die Risikohaftung aus prozessualer Veranlassung, wenn ein **Drittwiderspruchskläger** eine einstweilige Anordnung gem. §§ 771 Abs. 3, 769, 770 ZPO erwirkt und sodann von ihr Gebrauch macht, indem er sie dem Vollstreckungsorgan vorlegt, damit dieses nach Maßgabe der §§ 775 f ZPO verfährt. Der Intervenient betreibt in einem solchen Fall die Vollstreckung im weiteren Sinn[68] – vollstreckbar im weiteren Sinn sind Urteile, die staatlichen Handlungen ohne Zwang gegen den Schuldner zugrunde liegen[69] (im Gegensatz zur Vollstreckung im engeren Sinn, dh der Zwangsdurchsetzung von Leistungsbefehlen). Im Vollstreckungsverfahren des Drittwiderspruchsrechtsstreits ist der Intervenient Vollstreckungsgläubiger, der Vollstreckungsgläubiger des Ausgangsrechtsstreits (Drittwiderspruchsbeklagter) ist Vollstreckungsschuldner. Die Vorschriften der §§ 717 Abs. 2, 3, 945 ZPO sind auf die Vollziehung einstweiliger Anordnungen gem. §§ 771 Abs. 3, 769, 770 ZPO nicht direkt anwendbar. Ob und nach welcher Maßgabe die §§ 717 Abs. 2, 3, 945 ZPO entsprechend anwendbar sind,

---

67 S. einerseits BGH NJW 1963, 853, 854: Rechtmäßigkeit der Vollstreckung eines ordnungsgemäß ergangenen Titels im ordnungsgemäßen Verfahren; andererseits BGHZ 74, 9, 17: mögliche Haftung aus § 280 Abs. BGB bei ersichtlich fehlendem Anspruch.
68 Stein/Jonas/*Münzberg*, vor § 704 ZPO Rn 48; Wieczorek/Schütze/*Paulus*, vor § 704 ZPO Rn 56; *Wieser*, Zwangsvollstreckung, S. 99 ff.
69 S. Stein/Jonas/*Münzberg*, vor § 704 ZPO Rn 47 f; *Wieser*, Zwangsvollstreckung, S. 99 ff; *ders.*, ZZP 102 (1989), 261.

wird unterschiedlich beurteilt.[70] Der BGH lehnt bei Anordnungen gem. §§ 771 Abs. 3, 769, 770 ZPO jede Analogie zu den Risikohaftungsvorschriften ab.[71]

33 b) **Verschuldenshaftung.** Unberechtigte Vollstreckung kann Ansprüche des Vollstreckungsschuldners gegen den Vollstreckungsgläubiger aus Verschuldenshaftung begründen.

34 Wenn zwischen Vollstreckungsgläubiger und -schuldner eine Sonderverbindung besteht, dann kann die unberechtigte Vollstreckung eine Schutzpflicht (§ 241 Abs. 2 BGB) verletzen und damit einen Schadensersatzanspruch aus **§ 280 Abs. 1 BGB** auslösen (s. Rn 13). Nach Auffassung des BGH[72] ergibt sich allein aus dem Vollstreckungseingriff und der Gestaltung des Vollstreckungsrechts eine gesetzliche Sonderverbindung privatrechtlicher Art zwischen dem Vollstreckungsgläubiger und dem Vollstreckungsschuldner. Dieses materiell-rechtliche Vollstreckungsrechtsverhältnis soll Schutzpflichten (§ 241 Abs. 2 BGB) hervorbringen, deren Verletzung schadensersatzbewehrt (§ 280 Abs. 1 BGB) ist (s. Rn 11). Die gesetzliche Sonderverbindung privatrechtlicher Art infolge des Vollstreckungszugriffs ist allerdings äußerst zweifelhaft und wird im Schrifttum abgelehnt.[73]

35 Unberechtigte Vollstreckung kann auch eine **unerlaubte Handlung** verwirklichen. So verletzt etwa ein nichtberechtigter Intervenient (s. Rn 32), der im Drittwiderspruchsstreit (§ 771 ZPO) die Freigabe einer gepfändeten schuldnereigenen Sache erwirkt (§ 776 ZPO), das Pfändungspfandrecht (§ 804 ZPO) des Vollstreckungsgläubigers, das als sonstiges Recht iSv § 823 Abs. 1 BGB[74] anerkannt ist. Ein sonstiges Recht iSv § 823 Abs. 1 BGB ist auch die Zwangshypothek (§ 867 ZPO),[75] die verletzt wird, wenn sie im Interventionsrechtsstreit gem. § 868 ZPO

---

70 Für eine Analogie zu § 717 Abs. 2, 3 ZPO bei einstweiligen Anordnungen gem. §§ 771 Abs. 3, 769 ZPO: LG Frankfurt MDR 1980, 409; *Pecher*, S. 189. Dagegen: OLG München NJW-RR 1989, 1471, 1472; *Baur/Stürner/Bruns*, Rn 46.23; *Becker-Eberhard*, in: Gaul/Schilken/Becker-Eberhard, § 15 Rn 50; *Gaul*, in: Gaul/Schilken/Becker-Eberhard, § 41 Rn 176; Wieczorek/Schütze/*Heß*, § 717 ZPO Rn 48; *Jauernig/Berger*, § 13 Rn 31; Stein/Jonas/*Münzberg*, § 717 ZPO Rn 71, § 769 ZPO Rn 21, § 771 ZPO Rn 55; Wieczorek/Schütze/*Salzmann*, § 771 ZPO Rn 78; Schuschke/Walker/*Schuschke*, § 717 ZPO Rn 7, § 771 ZPO Rn 45. Für Analogie zu § 945 ZPO bei Anordnungen gem. §§ 771 Abs. 3, 769 ZPO: *Haertlein*, Exekutionsintervention, S. 232 ff. Dagegen: *Baur/Stürner/Bruns*, Rn 52.30; *Becker-Eberhard*, in: Berger, Einstweiliger Rechtsschutz im Zivilrecht, 2006, Kap. 10 Rn 12; Stein/Jonas/*Münzberg*, § 769 ZPO Rn 21; *Schilken*, in: Gaul/Schilken/Becker-Eberhard, § 80 Rn 2; *Stolz*, S. 129 f; Wieczorek/Schütze/*Thümmel*, § 945 ZPO Rn 5. Für Analogie zu § 717 Abs. 2, 3 ZPO bei Anordnungen gem. §§ 771 Abs. 3, 770 ZPO: *Haertlein*, Exekutionsintervention, S. 252 ff. Dagegen: *Baur/Stürner/Bruns*, Rn 46.23; Wieczorek/Schütze/*Heß*, § 717 ZPO Rn 48; Stein/Jonas/*Münzberg*, § 717 ZPO Rn 71; Wieczorek/Schütze/*Salzmann*, § 771 ZPO Rn 78; Schuschke/Walker/*Schuschke*, § 717 ZPO Rn 7, § 771 ZPO Rn 45. Für Rechtsanalogie: *Weber*, AcP 141 (1935), 257, 261 ff. Dagegen: RG SeuffArch 61 (1906), 206, 208 f; OLG München NJW-RR 1989, 1471, 1472; *Rabback*, S. 172 ff; Wieczorek/Schütze/*Thümmel*, § 945 ZPO Rn 5.
71 BGHZ 95, 10, 13 m. Anm. *Gerhardt*, JR 1985, 511, 512; *Messer*, WuB VI E. – § 717 Abs. 2 ZPO – 1.85.
72 BGHZ 58, 207, 214 f; BGHZ 67, 378, 383; BGHZ 74, 9, 11; BGH NJW 1985, 3080, 3081. Ähnl. BGHZ 157, 195. Zust. RGRK-BGB/*Alff*, § 278 Rn 17; *Heintzmann*, Zivilprozessrecht II, 2. Aufl. 1998, S. 175; *Lippross*, JA 1980, 16, 17; *Wolf/Müller*, NJW 2004, 1775.
73 S. *Gaul*, in: Gaul/Schilken/Becker-Eberhard, § 7 Rn 23; *Haertlein*, Exekutionsintervention, S. 535 ff.
74 RG HRR 1925 Nr. 141; *Messer*, WuB VI E. – 1.85; Staudinger/*Hager*, § 823 BGB Rn B 126; Stein/Jonas/*Münzberg*, § 804 ZPO Rn 20; *Schilken*, in: Gaul/Schilken/Becker-Eberhard, § 50 Rn 82. AA betr. Pfandrechte an Forderungen Bamberger/Roth/*Spindler*, § 823 BGB Rn 74; Soergel/*Zeuner*, 12. Bearb., § 823 BGB Rn 53.
75 Palandt/*Sprau*, § 823 BGB Rn 12.

in eine Eigentümergrundschuld umgewandelt wird. Eine Verletzung der Zwangshypothek durch Schmälerung des Haftungsverbandes (§§ 1120 ff BGB) ist es,[76] wenn ein nichtberechtigter Intervenient durch Vollstreckung im weiteren Sinn (§§ 775 f ZPO; s. Rn 32) Gegenstände des Haftungsverbandes der Verwertung entzieht. Hingegen ist das Befriedigungsrecht des Vollstreckungsgläubigers in der Liegenschaftsvollstreckung durch Zwangsversteigerung und -verwaltung (§ 10 ZVG) kein dingliches Recht[77] und kein sonstiges Recht iSd § 823 Abs. 1 BGB.

Bei der Verschuldenshaftung wegen unberechtigter Vollstreckung gelten **Besonderheiten**. Zunächst sind im Anwendungsbereich des § 717 Abs. 3 ZPO nicht nur Schadensersatzansprüche aus § 717 Abs. 2 ZPO ausgeschlossen (§ 717 Abs. 3 S. 1 ZPO), sondern auch Ansprüche der Verschuldenshaftung (ausgenommen § 826 BGB).[78] Ferner haftet der Vollstreckungsgläubiger nicht gem. §§ 280 Abs. 1, 278 BGB oder § 831 BGB für Fehler der Vollstreckungsorgane (s. Rn 9). Schließlich sind die Rechtsprechungsgrundsätze zur Rechtfertigung infolge Verfahrenslegalität (s. Rn 10, 13, 16, 18) zu beachten, die einer Verschuldenshaftung des Verfahrensbetreibenden (außer § 826 BGB) entgegenstehen können. 36

2. Gegenüber Dritten. Nach der Rspr des BGH[79] ist ein Vollstreckungsgläubiger Drittberechtigten gem. § 280 Abs. 1 BGB schadensersatzpflichtig, wenn er die Vollstreckung (weiter-)betreibt oder die Freigabe ohne genügenden Grund verzögert, obwohl er, namentlich aufgrund genügender Aufklärung durch den Dritten, das Drittrecht kannte oder kennen musste (Verletzung einer Schutzpflicht aus der gesetzlichen Sonderverbindung privatrechtlicher Art infolge des Vollstreckungszugriffs). Ferner verletzt die Vollstreckung in schuldnerfremde Gegenstände Dritteigentum (§ 823 Abs. 1 BGB) (s. Rn 16). Die Rechtsprechungsgrundsätze über die Verfahrenslegalität sind bei Vollstreckung in Drittvermögen nicht anzuwenden (s. Rn 16). 37

---

76 Soergel/*Spickhoff*, 13. Bearb., § 823 BGB Rn 91.
77 *Schilken*, in: Gaul/Schilken/Becker-Eberhard, § 62 Rn 21.
78 *Becker-Eberhard*, in: Gaul/Schilken/Becker-Eberhard, § 15 Rn 33; *Hau*, NJW 2005, 712; Stein/Jonas/*Münzberg*, § 717 ZPO Rn 53; Schuschke/Walker/*Schuschke*, § 717 ZPO Rn 29.
79 BGHZ 118, 201; BGHZ 58, 207 m. Anm. *Henckel*, JZ 1973, 32; ebenso bereits RG JW 1911, 368; KG JW 1929, 149 m. Anm. *Oertmann*, JW 1929, 149. Krit. *Baur/Stürner/Bruns*, Rn 46.25; *Gaul*, in: FS 50 Jahre Bundesgerichtshof, Band III, 2000, S. 521, 522 f, 566 f; *ders.*, ZZP 110 (1997), 3, 14 ff; *ders.*, in: Gaul/Schilken/Becker-Eberhard, § 41 Rn 189; *Götz*, S. 73 f; Stein/Jonas/*Münzberg*, § 771 ZPO Rn 88 ff.

10. Anerkennung und Vollstreckung ausländischer Entscheidungen

I. Anerkennung nach § 328 ZPO und Vollstreckungsurteil nach §§ 722, 723 ZPO 1	VI. Anerkennung und Vollstreckung bzw Vollstreckbarerklärung von Unterhaltstiteln nach dem AUG und §§ 108–110 FamFG 12
II. Anerkennung und Exequaturverfahren nach dem AVAG 2	1. Anwendungsbereich des AUG 12
III. Anerkennung und Vollstreckung ohne Exequatur nach dem 11. Buch der ZPO („Justizielle Zusammenarbeit in der Europäischen Union") 4	2. Anwendungsbereich des FamFG 13
	3. Verhältnis zum 11. Buch der ZPO bei Unterhaltstiteln 14
IV. Anerkennung und Vollstreckbarerklärung von ausländischen Schiedssprüchen nach § 1061 ZPO 10	4. Verhältnis zum AVAG bei Unterhaltstiteln 15
	VII. Anerkennung und Vollstreckung von erbrechtlichen Entscheidungen nach der EuErbVO 16
V. Anerkennung und Vollstreckbarerklärung von Ehesachen, sorge- und umgangsrechtlichen Entscheidungen aus der Brüssel IIa-VO nach dem IntFamRVG und § 107 FamFG 11	

I. Anerkennung nach § 328 ZPO und Vollstreckungsurteil nach §§ 722, 723 ZPO

1 Nach der ZPO ist die Vollstreckung eines ausländischen Urteils in Deutschland nur unter den Voraussetzungen der §§ 722, 723 ZPO möglich. Diese fordern ein Erkenntnisverfahren (Gestaltungsklage) mit dem Ausspruch der Zulässigkeit der Zwangsvollstreckung in einem **Vollstreckungsurteil**, welches die Rechtskraft und Anerkennungsfähigkeit des ausländischen Urteils nach § 328 ZPO voraussetzt. Vollstreckungstitel ist nur das deutsche Vollstreckungsurteil.[1]

II. Anerkennung und Exequaturverfahren nach dem AVAG

2 Im Bereich der Durchführung der **Brüssel I-VO**[2] sowie verschiedener internationaler Übereinkommen und Verträge (insb. **EuGVÜ, LugÜ**) tritt an die Stelle des Verfahrens zur Erlangung eines Vollstreckungstitels (s. Rn 1) dasjenige des AVAG. Es regelt die Vollstreckbarerklärung von Titeln in Zivil- und Handelssachen aus einem EU-Mitgliedstaat, soweit sie noch unter dem Geltungsbereich der Brüssel I-VO ergangen sind. Das sind Titel, die vor dem 10.1.2015 errichtet wurden, bzw – bei gerichtlichen Entscheidungen – Titel aus allen Verfahren, die vor dem 10.1.2015 eingeleitet wurden. Dies folgt aus der Übergangsregel des Art. 66 Brüssel Ia-VO.[3] Außerdem gilt das AVAG für Titel aus einem Staat, mit dem ein durch das AVAG auszuführender Anerkennungs- und Vollstreckungsvertrag (s. § 1 Abs. 1 AVAG) geschlossen wurde. Ziel des Verfahrens ist die **Erteilung**

---

[1] BGH NJW-RR 2009, 279.
[2] Verordnung (EG) Nr. 44/2001 des Rates vom 22. Dezember 2000 über die gerichtliche Zuständigkeit und die Anerkennung und Vollstreckung von Entscheidungen in Zivil- und Handelssachen (ABl. EG Nr. L 12 vom 16.1.2001, S. 1; ber. ABl. EG Nr. L 307 vom 24.11.2001, S. 28).
[3] Verordnung (EU) Nr. 1215/2012 des Europäischen Parlaments und des Rates vom 12. Dezember 2012 über die gerichtliche Zuständigkeit und die Anerkennung und Vollstreckung von Entscheidungen in Zivil- und Handelssachen (ABl. L 351 vom 20.12.2012, S. 1).

einer Vollstreckungsklausel für den ausländischen Titel zwecks einer Vollstreckung in Deutschland (Exequatur). Der Titel des Ursprungsstaates soll für die Zulassung zur Vollstreckung möglichst so behandelt werden, als sei er ein Titel des Vollstreckungsstaates.[4] Nach wohl hM ist formeller Vollstreckungstitel aber die nationale Vollstreckbarerklärung im Vollstreckungsstaat Deutschland (Schluss aus § 27 AVAG).[5]

Sofern das AVAG anwendbar ist, geht es als **lex specialis** den §§ 722 ff ZPO vor. 3 Ein ausländischer Vollstreckungstitel, der unter den Anwendungsbereich des AVAG fällt, *kann* insofern nicht nach den §§ 722, 723 ZPO für vollstreckbar erklärt werden. Einem entsprechenden Antrag fehlt jedenfalls das Rechtsschutzbedürfnis.[6] Wird allerdings im Einzelfall eine verfahrensrechtliche Frage weder durch die vom AVAG erfassten Verordnungen und Abkommen noch aus dem AVAG selbst beantwortet, ist auf die Vorschriften der ZPO zurückzugreifen.[7]

III. Anerkennung und Vollstreckung ohne Exequatur nach dem 11. Buch der ZPO („Justizielle Zusammenarbeit in der Europäischen Union")

Das 11. Buch der ZPO bezieht sich auf diejenigen europäischen Verordnungen, 4 nach denen Titel in Zivil- und Handelssachen ohne **Exequaturverfahren** vollstreckbar sind.

Das ist zunächst die Vollstreckung aus einem **europäischen Vollstreckungstitel** 5 **über unbestrittene Forderungen** nach der EuVTVO.[8] Hier ist eine Vollstreckbarerklärung im Vollstreckungsstaat nicht notwendig, sondern der Titel ist vom Ursprungsgericht auf Antrag für vollstreckbar zu erklären. Das nähere Verfahren richtet sich nach der EuVTVO und für Titel eines deutschen Ursprungsgerichts nach den **§§ 1079–1081 ZPO**, für in Deutschland zu vollstreckende Titel eines ausländischen Ursprungsgerichts nach den **§§ 1082–1086 ZPO**. Der Vollstreckbarkeit nach der EuVTVO steht ein Antrag im Rahmen der Brüssel I-VO/des AVAG entgegen.[9] Erwirkt ein Gläubiger die Vollstreckbarkeit nach EuVTVO oder Brüssel I-VO, fehlt es für das jeweils andere Verfahren am Rechtsschutzbedürfnis.[10] Die Besonderheit der EuVTVO gegenüber der Brüssel Ia-VO besteht nach wie vor darin, dass bei der EuVTVO keine Ordre-public-Kontrolle stattfindet. Zur EuVTVO und den Ausführungsbestimmungen s. jeweils näher die Kommentierungen.

Auch für die Vollstreckung aus einem **europäischen Zahlungsbefehl** nach der 6 EuMahnVO[11] bedarf es keines Exequaturverfahrens. Der aufgrund eines Europäischen Mahnverfahrens ergangene und vom Ursprungsgericht für vollstreckbar erklärte Zahlungsbefehl ist vielmehr unmittelbar Vollstreckungstitel gem. § 794 Abs. 1 Nr. 6 ZPO (s. auch **§§ 1087–1096 ZPO**). Zur EuMahnVO und den Ausführungsbestimmungen s. jeweils näher die Kommentierungen.

---

4 BT-Drucks. 11/351, S. 16.
5 BGH NJW 1986, 1440; Schuschke/Walker/*Jennissen*, AVAG, § 4 Rn 1; *Nagel/Gottwald*, Internationales Zivilprozessrecht, § 15 Rn 8 mwN; *Kropholler/von Hein*, Europäisches Zivilprozessrecht, Art. 38 EuGVO Rn 14 mwN.
6 KG Berlin FamRZ 1998, 383.
7 BT-Drucks. 11/351, S. 17.
8 Verordnung (EG) Nr. 805/2004 des Europäischen Parlaments und des Rates vom 21. April 2004 zur Einführung eines europäischen Vollstreckungstitels für unbestrittene Forderungen (ABl. EG Nr. L 143 vom 30.4.2004, S. 15).
9 BGH NJW-RR 2010, 571.
10 BGH IPRspr 2012, Nr. 267, 603-604.
11 Verordnung (EG) Nr. 1896/2006 des Europäischen Parlaments und des Rates vom 12. Dezember 2006 zur Einführung eines Europäischen Mahnverfahrens (ABl. EG Nr. L 399 vom 30.12.2006, S. 1).

7 Ein in einem europäischen **Verfahren für geringfügige Forderungen** nach der Eu-BagatellVO[12] ergangener Titel ist ebenfalls unmittelbar im Vollstreckungsstaat vollstreckbar. Das Verfahren in Deutschland richtet sich nach der EuBagatellVO und den §§ **1097–1109 ZPO**. Zur EuBagatellVO und den Ausführungsbestimmungen s. jeweils näher die Kommentierungen.

8 Auch die **neue Brüssel Ia-VO**[13] sieht kein Vollstreckbarerklärungsverfahren mehr vor, die im Ursprungsstaat erlassene vollstreckbare Ausfertigung des Titels ist, in einfach gelagerten Fällen sogar ohne Übersetzung, im Vollstreckungsstaat direkt vollstreckbar.[14] Erforderlich ist lediglich eine Bescheinigung, die Bestand und Vollstreckbarkeit des Titels dokumentiert und auf Antrag von der klauselerteilenden Stelle (in Deutschland Gericht oder Notar) ausgestellt wird.[15] Die Verfahrensregelungen finden sich in den neu eingefügten §§ **1110–1117 ZPO**. Zur Brüssel Ia-VO und den Ausführungsbestimmungen s. jeweils näher die Kommentierungen.

9 Die Vollstreckung selbst richtet sich immer nach inländischem Vollstreckungsrecht.

IV. Anerkennung und Vollstreckbarerklärung von ausländischen Schiedssprüchen nach § 1061 ZPO

10 Ausländische **Schiedssprüche** sind nach § 1061 ZPO und den dort genannten internationalen Übereinkommen und Staatsverträgen für vollstreckbar zu erklären.

V. Anerkennung und Vollstreckbarerklärung von Ehesachen, sorge- und umgangsrechtlichen Entscheidungen aus der Brüssel IIa-VO nach dem IntFamRVG und § 107 FamFG

11 Das Vollstreckbarerklärungsverfahren nach der **Brüssel IIa-VO**[16] richtet sich in Deutschland nach § 23 IntFamRVG,[17] während die frühere Brüssel II-VO[18] zunächst in das AVAG aufgenommen worden war. Außerhalb des Anwendungsbereichs der Brüssel IIa-VO gilt für ausländische Entscheidungen in Ehesachen § 107 FamFG (s. § 34 AVAG Rn 1). Demgegenüber gilt das AUG nur für Unterhaltstitel; im Übrigen hätte das AUG Vorrang.

---

12 Verordnung (EG) Nr. 861/2007 des Europäischen Parlaments und des Rates vom 11. Juli 2007 zur Einführung eines europäischen Verfahrens für geringfügige Forderungen (ABl. EG Nr. L 199 vom 31.7.2007, S. 1).
13 Verordnung (EU) Nr. 1215/2012 des Europäischen Parlaments und des Rates vom 12. Dezember 2012 über die gerichtliche Zuständigkeit und die Anerkennung und Vollstreckung von Entscheidungen in Zivil- und Handelssachen (ABl. L 351 vom 20.12.2012, S. 1).
14 BT-Drucks. 18/823, S. 15.
15 BT-Drucks. 18/823, S. 16.
16 Verordnung (EG) Nr. 2201/2003 des Rates vom 27. November 2003 über die Zuständigkeit und die Anerkennung und Vollstreckung von Entscheidungen in Ehesachen und in Verfahren betreffend die elterliche Verantwortung und zur Aufhebung der Verordnung (EG) Nr. 1347/2000 (ABl. EG Nr. L 338 vom 23.12.2003, S. 1).
17 Gesetz vom 26.1.2005 (BGBl. I S. 162), anwendbar seit 1.3.2005.
18 Verordnung (EG) Nr. 1347/2000 des Rates vom 29. Mai 2000 über die Zuständigkeit und die Anerkennung und Vollstreckung von Entscheidungen in Ehesachen und in Verfahren betreffend die elterliche Verantwortung für die gemeinsamen Kinder der Ehegatten (ABl. EG Nr. L 160 vom 30.6.2000, S. 19).

VI. Anerkennung und Vollstreckung bzw Vollstreckbarerklärung von Unterhaltstiteln nach dem AUG und §§ 108–110 FamFG

1. Anwendungsbereich des AUG. Das AUG enthält die entscheidenden nationalen Durchführungsbestimmungen zur Vollstreckbarerklärung von Unterhaltstiteln. Das betrifft die Vollstreckbarerklärung von Entscheidungen nach der EuUntVO[19] seit dem 18.6.2011 (vgl § 1 Abs. 3 AVAG). Diese Verordnung hat Vorrang vor der Brüssel I-VO und der Brüssel Ia-VO. Auch die Vollstreckbarerklärung von Entscheidungen nach dem HUVÜ 1973,[20] welches vor dem 18.6.2011 noch dem AVAG (§ 1 Abs. 1 Nr. 1 Buchst. c aF) unterfiel, richtet sich nach dem AUG. **Unterhaltstitel** nach dem **revidierten LugÜ**[21] (s. § 1 AUG Rn 4) und dem Abkommen zwischen der Union und **Dänemark**[22] (s. § 1 AUG Rn 3) unterfallen ebenfalls dem AUG; das AVAG gilt aber für sonstige Titel nach diesen Übereinkommen. Da die EuUntVO ihren Anwendungsvorrang gegenüber der Brüssel I-VO bzw Brüssel Ia-VO grds. erst für nach ihrem Inkrafttreten eingeleitete Verfahren entfaltet[23] (Art. 75 Abs. 1 EuUntVO) und Unterhaltsentscheidungen vorher regelmäßig in den Anwendungsbereich der Brüssel I-VO fielen, behält diese und damit das AVAG auch für Unterhaltsentscheidungen für eine Übergangszeit noch ihre Bedeutung. Aufgrund der Revision der Brüssel I-VO zur Brüssel Ia-VO bedeutet die Abschaffung des Exequaturs durch die EuUntVO inzwischen keine Erleichterung mehr für Unterhaltstitel gegenüber Titel in sonstigen Zivil- und Handelssachen. Für Titel aus dem Vereinigten Königreich (vgl Vor §§ 1 ff AUG Rn 2) gilt sogar, dass sie als Zivil- und Handelssache leichter vollstreckbar sind denn als Unterhaltssache. | 12

2. Anwendungsbereich des FamFG. Die Regelungen der §§ 108–110 FamFG zur Anerkennung und Vollstreckung nach autonomem nationalen Recht kommen nur zum Tragen, wenn weder der Anwendungsbereich einer europäischen Verordnung noch derjenige eines Übereinkommens iSd § 1 AUG eröffnet ist. Nur in den wenigen Fällen, in denen weder die in § 1 AUG aufgeführten Rechtsinstrumente noch sonstige Ausführungsgesetze gelten, richtet sich die Anerkennung und Vollstreckbarerklärung ausländischer Unterhaltsentscheidungen also nach dem FamFG.[24] | 13

3. Verhältnis zum 11. Buch der ZPO bei Unterhaltstiteln. Die EuUntVO steht in der Linie der Maßnahmen, die das Exequaturverfahren innerhalb der Mitgliedstaaten abschaffen, also der Brüssel I-VO, der EuVTVO, der EuMahnVO und der EuBagatellVO. Diese sind jeweils im 11. Buch der ZPO in das deutsche Recht umgesetzt. Der deutsche Gesetzgeber hat sich aber bewusst dagegen entschieden, auch die EuUntVO an dieser Stelle durchzuführen.[25] Das **europäische Mahnverfahren** wird durch die EuUntVO nicht verdrängt. Damit verdrängt das AUG auch nicht die §§ 1087–1096 ZPO. Ausdrücklich wird dies in § 29 AUG für die | 14

---

19 Verordnung (EG) Nr. 4/2009 des Rates vom 18. Oktober 2008 über die Zuständigkeit, das anwendbare Recht, die Anerkennung und Vollstreckung von Entscheidungen und die Zusammenarbeit in Unterhaltssachen (ABl. EG Nr. L 7 vom 10.1.2009, S. 1).
20 Haager Übereinkommen vom 2.10.1973 über die Anerkennung und Vollstreckung von Unterhaltsentscheidungen (BGBl. 1986 II S. 825).
21 Übereinkommen vom 30.10.2007 über die gerichtliche Zuständigkeit und die Anerkennung und Vollstreckung von Entscheidungen in Zivil- und Handelssachen (ABl. EU Nr. L 339 vom 21.12.2007, S. 3).
22 Abkommen vom 19.10.2005 zwischen der Europäischen Gemeinschaft und dem Königreich Dänemark über die gerichtliche Zuständigkeit und die Anerkennung und Vollstreckung von Entscheidungen in Zivil- und Handelssachen (ABl. EU Nr. L 299 vom 16.11.2005, S. 62).
23 Vgl *Botur*, FamRZ 2010, 1860, 1869.
24 BT-Drucks. 17/4887, S. 34.
25 BT-Drucks. 17/4887, S. 30.

Zuständigkeit bestätigt. Im gesamten Anwendungsbereich des AUG ist also auch in Unterhaltssachen ein Mahnverfahren möglich (s. auch § 75 AUG).[26] Verdrängt wird durch Art. 68 Abs. 2 EuUntVO (und durch das AUG) allerdings die **EuVTVO** (und damit die §§ 1082–1086 ZPO). Das gilt allerdings nicht für das Vereinigte Königreich, so dass titulierte Unterhaltspflichten hier weiterhin als Europäische Vollstreckungstitel bestätigt werden können.[27] Die **EuBagatellVO** schließlich findet auf Unterhaltsansprüche keine Anwendung, so dass auch die §§ 1097–1109 ZPO nicht gelten.

15 **4. Verhältnis zum AVAG bei Unterhaltstiteln.** Das AVAG ist das Durchführungsgesetz u.a. für das LugÜ 1988 und das LugÜ 2007 (s. näher Rn 2, 12). Die EuUntVO hat Vorrang vor der Brüssel I-VO (Art. 68 Abs. 1 EuUntVO), obwohl eine Unterhaltssache eine Zivil- und Handelssache ist. Entscheidungen nach dem LugÜ 2007 und dessen Vorgängerübereinkommen LugÜ 1988 können sowohl dem AVAG als auch dem AUG unterfallen, je nachdem, ob es sich um eine Unterhaltssache handelt oder nicht. Die EuUntVO hat die Vollstreckbarerklärung von Entscheidungen nach dem HUVÜ 1973 dem Anwendungsbereich der Brüssel I-VO entzogen und damit vom AVAG auf das AUG verlagert.

VII. Anerkennung und Vollstreckung von erbrechtlichen Entscheidungen nach der EuErbVO

16 Mit dem 17.8.2015 gilt die **EuErbVO**,[28] durch die die internationale Zuständigkeit in Erbsachen, die Bestimmung des Erbstatuts und die Anerkennung und Vollstreckung ausländischer Entscheidungen und anderer Vollstreckungstitel geregelt werden. Außerdem wird das Europäische Nachlasszeugnis eingeführt, das dem europäischen Bürger einen grenzüberschreitenden Nachweis einer Stellung als Erbe, Vermächtnisnehmer, Testamentsvollstrecker oder Nachlassverwalter mit einheitlichen Wirkungen in der EU ermöglichen soll.[29]

17 Im nationalen Recht wird die Erbrechtsverordnung durch das **Internationale Erbrechtsverfahrensgesetz (IntErbRVG)**[30] umgesetzt. Es ist am 17.8.2015 in Kraft getreten, entsprechend dem Geltungsbeginn der wesentlichen Teile der Erbrechtsverordnung (Art. 84 Abs. 2 EuErbVO).

18 Die Entscheidungen nach der Erbrechtsverordnung bedürfen einer **Vollstreckbarerklärung**, um in einem anderen Mitgliedstaat vollstreckbar zu sein (Art. 43, 45 ff EuErbVO). Das nationale Verfahren nach dem IntErbRVG entspricht inhaltlich den Regelungen des AVAG (s. dort).

---

26 *Eichel*, FamRZ 2011, 1441.
27 BT-Drucks. 17/4887, S. 28.
28 Verordnung (EU) Nr. 650/2012 des Europäischen Parlaments und des Rates vom 4. Juli 2012 über die Zuständigkeit, das anzuwendende Recht, die Anerkennung und Vollstreckung von Entscheidungen und die Annahme und Vollstreckung öffentlicher Urkunden in Erbsachen sowie zur Einführung eines Europäischen Nachlasszeugnisses (ABl. EU Nr. L 201 vom 27.7.2012, S. 107).
29 Ausf. dazu *Gaul*, in: FS Schilken 2015, S. 3.
30 Vom 29.6.2015 (BGBl. I S. 1042).

VERORDNUNG (EG) Nr. 44/2001 DES RATES
vom 22. Dezember 2000
über die gerichtliche Zuständigkeit und die Anerkennung und Vollstreckung von Entscheidungen in Zivil- und Handelssachen

(ABl. EG Nr. L 12 vom 16.1.2001, S. 1, ber. ABl. EG Nr. L 307 vom 24.11.2001, S. 28; zuletzt geändert durch Verordnung (EU) Nr. 566/2013 vom 18. Juni 2013, ABl. EU Nr. L 167 vom 19.6.2013, S. 29)

[aufgehoben durch Art. 80 der Verordnung (EU) Nr. 1215/2012 vom 12. Dezember 2012, ABl. EU L 351, S. 1, 20 mit Wirkung zum 10.1.2015]

– Auszug –

DER RAT DER EUROPÄISCHEN UNION –

gestützt auf den Vertrag zur Gründung der Europäischen Gemeinschaft, insbesondere auf Artikel 61 Buchstabe c und Artikel 67 Absatz 1,

auf Vorschlag der Kommission,[1]

nach Stellungnahme des Europäischen Parlaments,[2]

nach Stellungnahme des Wirtschafts- und Sozialausschusses,[3]

in Erwägung nachstehender Gründe:

(1) Die Gemeinschaft hat sich zum Ziel gesetzt, einen Raum der Freiheit, der Sicherheit und des Rechts, in dem der freie Personenverkehr gewährleistet ist, zu erhalten und weiterzuentwickeln. Zum schrittweisen Aufbau dieses Raums hat die Gemeinschaft unter anderem im Bereich der justiziellen Zusammenarbeit in Zivilsachen die für das reibungslose Funktionieren des Binnenmarkts erforderlichen Maßnahmen zu erlassen.

(2) Die Unterschiede zwischen bestimmten einzelstaatlichen Vorschriften über die gerichtliche Zuständigkeit und die Anerkennung von Entscheidungen erschweren das reibungslose Funktionieren des Binnenmarkts. Es ist daher unerlässlich, Bestimmungen zu erlassen, um die Vorschriften über die internationale Zuständigkeit in Zivil- und Handelssachen zu vereinheitlichen und die Formalitäten im Hinblick auf eine rasche und unkomplizierte Anerkennung und Vollstreckung von Entscheidungen aus den durch diese Verordnung gebundenen Mitgliedstaaten zu vereinfachen.

(3) Dieser Bereich fällt unter die justizielle Zusammenarbeit in Zivilsachen im Sinne von Artikel 65 des Vertrags.

(4) Nach dem in Artikel 5 des Vertrags niedergelegten Subsidiaritäts- und Verhältnismäßigkeitsprinzip können die Ziele dieser Verordnung auf der Ebene der Mitgliedstaaten nicht ausreichend erreicht werden; sie können daher besser auf Gemeinschaftsebene erreicht werden. Diese Verordnung beschränkt sich auf das zur Erreichung dieser Ziele notwendige Mindestmaß und geht nicht über das dazu Erforderliche hinaus.

(5) Am 27. September 1968 schlossen die Mitgliedstaaten auf der Grundlage von Artikel 293 vierter Gedankenstrich des Vertrags das Übereinkommen von Brüssel über die gerichtliche Zuständigkeit und die Vollstreckung gerichtlicher Entscheidungen in Zivil- und Handelssachen, dessen Fassung

---

1 ABl. C 376 vom 28.12.1999, S. 1.
2 Stellungnahme vom 21.9.2000 (noch nicht im Amtsblatt veröffentlicht).
3 ABl. C 117 vom 26.4.2000, S. 6.

durch die Übereinkommen über den Beitritt der neuen Mitgliedstaaten zu diesem Übereinkommen[4] geändert wurde (nachstehend „Brüsseler Übereinkommen" genannt). Am 16. September 1988 schlossen die Mitgliedstaaten und die EFTA-Staaten das Übereinkommen von Lugano über die gerichtliche Zuständigkeit und die Vollstreckung gerichtlicher Entscheidungen in Zivil- und Handelssachen, das ein Parallelübereinkommen zu dem Brüsseler Übereinkommen von 1968 darstellt. Diese Übereinkommen waren inzwischen Gegenstand einer Revision; der Rat hat dem Inhalt des überarbeiteten Textes zugestimmt. Die bei dieser Revision erzielten Ergebnisse sollten gewahrt werden.

(6) Um den freien Verkehr der Entscheidungen in Zivil- und Handelssachen zu gewährleisten, ist es erforderlich und angemessen, dass die Vorschriften über die gerichtliche Zuständigkeit und die Anerkennung und Vollstreckung von Entscheidungen im Wege eines Gemeinschaftsrechtsakts festgelegt werden, der verbindlich und unmittelbar anwendbar ist.

(7) Der sachliche Anwendungsbereich dieser Verordnung sollte sich, von einigen genau festgelegten Rechtsgebieten abgesehen, auf den wesentlichen Teil des Zivil- und Handelsrechts erstrecken.

(8) Rechtsstreitigkeiten, die unter diese Verordnung fallen, müssen einen Anknüpfungspunkt an das Hoheitsgebiet eines der Mitgliedstaaten aufweisen, die durch diese Verordnung gebunden sind. Gemeinsame Zuständigkeitsvorschriften sollten demnach grundsätzlich dann Anwendung finden, wenn der Beklagte seinen Wohnsitz in einem dieser Mitgliedstaaten hat.

(9) Beklagte ohne Wohnsitz in einem Mitgliedstaat unterliegen im Allgemeinen den nationalen Zuständigkeitsvorschriften, die im Hoheitsgebiet des Mitgliedstaats gelten, in dem sich das angerufene Gericht befindet, während Beklagte mit Wohnsitz in einem Mitgliedstaat, der durch diese Verordnung nicht gebunden ist, weiterhin dem Brüsseler Übereinkommen unterliegen.

(10) Um den freien Verkehr gerichtlicher Entscheidungen zu gewährleisten, sollten die in einem durch diese Verordnung gebundenen Mitgliedstaat ergangenen Entscheidungen in einem anderen durch diese Verordnung gebundenen Mitgliedstaat anerkannt und vollstreckt werden, und zwar auch dann, wenn der Vollstreckungsschuldner seinen Wohnsitz in einem Drittstaat hat.

(11) Die Zuständigkeitsvorschriften müssen in hohem Maße vorhersehbar sein und sich grundsätzlich nach dem Wohnsitz des Beklagten richten, und diese Zuständigkeit muss stets gegeben sein außer in einigen genau festgelegten Fällen, in denen aufgrund des Streitgegenstands oder der Vertragsfreiheit der Parteien ein anderes Anknüpfungskriterium gerechtfertigt ist. Der Sitz juristischer Personen muss in der Verordnung selbst definiert sein, um die Transparenz der gemeinsamen Vorschriften zu stärken und Kompetenzkonflikte zu vermeiden.

(12) Der Gerichtsstand des Wohnsitzes des Beklagten muss durch alternative Gerichtsstände ergänzt werden, die entweder aufgrund der engen Verbindung zwischen Gericht und Rechtsstreit oder im Interesse einer geordneten Rechtspflege zuzulassen sind.

---

4 ABl. L 304 vom 30.10.1978, S. 1.
  ABl. L 388 vom 31.12.1982, S. 1.
  ABl. L 285 vom 3.10.1989, S. 1.
  ABl. C 15 vom 15.1.1997, S. 1.
  Siehe konsolidierte Fassung in ABl. C 27 vom 26.1.1998, S. 1.

(13) Bei Versicherungs-, Verbraucher- und Arbeitssachen sollte die schwächere Partei durch Zuständigkeitsvorschriften geschützt werden, die für sie günstiger sind als die allgemeine Regelung.

(14) Vorbehaltlich der in dieser Verordnung festgelegten ausschließlichen Zuständigkeiten muss die Vertragsfreiheit der Parteien hinsichtlich der Wahl des Gerichtsstands, außer bei Versicherungs-, Verbraucher- und Arbeitssachen, wo nur eine begrenztere Vertragsfreiheit zulässig ist, gewahrt werden.

(15) Im Interesse einer abgestimmten Rechtspflege müssen Parallelverfahren so weit wie möglich vermieden werden, damit nicht in zwei Mitgliedstaaten miteinander unvereinbare Entscheidungen ergehen. Es sollte eine klare und wirksame Regelung zur Klärung von Fragen der Rechtshängigkeit und der im Zusammenhang stehenden Verfahren sowie zur Verhinderung von Problemen vorgesehen werden, die sich aus der einzelstaatlich unterschiedlichen Festlegung des Zeitpunkts ergeben, von dem an ein Verfahren als rechtshängig gilt. Für die Zwecke dieser Verordnung sollte dieser Zeitpunkt autonom festgelegt werden.

(16) Das gegenseitige Vertrauen in die Justiz im Rahmen der Gemeinschaft rechtfertigt, dass die in einem Mitgliedstaat ergangenen Entscheidungen, außer im Falle der Anfechtung, von Rechts wegen, ohne ein besonderes Verfahren, anerkannt werden.

(17) Aufgrund dieses gegenseitigen Vertrauens ist es auch gerechtfertigt, dass das Verfahren, mit dem eine in einem anderen Mitgliedstaat ergangene Entscheidung für vollstreckbar erklärt wird, rasch und effizient vonstatten geht. Die Vollstreckbarerklärung einer Entscheidung muss daher fast automatisch nach einer einfachen formalen Prüfung der vorgelegten Schriftstücke erfolgen, ohne dass das Gericht die Möglichkeit hat, von Amts wegen eines der in dieser Verordnung vorgesehenen Vollstreckungshindernisse aufzugreifen.

(18) Zur Wahrung seiner Verteidigungsrechte muss der Schuldner jedoch gegen die Vollstreckbarerklärung einen Rechtsbehelf im Wege eines Verfahrens mit beiderseitigem rechtlichen Gehör einlegen können, wenn er der Ansicht ist, dass einer der Gründe für die Versagung der Vollstreckung vorliegt. Die Möglichkeit eines Rechtsbehelfs muss auch für den Antragsteller gegeben sein, falls sein Antrag auf Vollstreckbarerklärung abgelehnt worden ist.

(19) Um die Kontinuität zwischen dem Brüsseler Übereinkommen und dieser Verordnung zu wahren, sollten Übergangsvorschriften vorgesehen werden. Dies gilt auch für die Auslegung der Bestimmungen des Brüsseler Übereinkommens durch den Gerichtshof der Europäischen Gemeinschaften. Ebenso sollte das Protokoll von 1971[5] auf Verfahren, die zum Zeitpunkt des Inkrafttretens dieser Verordnung bereits anhängig sind, anwendbar bleiben.

(20) Das Vereinigte Königreich und Irland haben gemäß Artikel 3 des dem Vertrag über die Europäische Union und dem Vertrag zur Gründung der Europäischen Gemeinschaft beigefügten Protokolls über die Position des Vereinigten Königreichs und Irlands schriftlich mitgeteilt, dass sie sich an der Annahme und Anwendung dieser Verordnung beteiligen möchten.

---

5 ABl. L 204 vom 2.8.1975, S. 28.
 ABl. L 304 vom 30.10.1978, S. 1.
 ABl. L 388 vom 31.12.1982, S. 1.
 ABl. L 285 vom 3.10.1989, S. 1.
 ABl. C 15 vom 15.1.1997, S. 1.
 Siehe konsolidierte Fassung in ABl. C 27 vom 26.1.1998, S. 28.

(21) Dänemark beteiligt sich gemäß den Artikeln 1 und 2 des dem Vertrag über die Europäische Union und dem Vertrag zur Gründung der Europäischen Gemeinschaft nicht an der Annahme dieser Verordnung, die daher für Dänemark nicht bindend und ihm gegenüber nicht anwendbar ist.

(22) Da in den Beziehungen zwischen Dänemark und den durch diese Verordnung gebundenen Mitgliedstaaten das Brüsseler Übereinkommen in Geltung ist, ist dieses sowie das Protokoll von 1971 im Verhältnis zwischen Dänemark und den durch diese Verordnung gebundenen Mitgliedstaaten weiterhin anzuwenden.

(23) Das Brüsseler Übereinkommen gilt auch weiter hinsichtlich der Hoheitsgebiete der Mitgliedstaaten, die in seinen territorialen Anwendungsbereich fallen und die aufgrund der Anwendung von Artikel 299 des Vertrags von der vorliegenden Verordnung ausgeschlossen sind.

(24) Im Interesse der Kohärenz ist ferner vorzusehen, dass die in spezifischen Gemeinschaftsrechtsakten enthaltenen Vorschriften über die Zuständigkeit und die Anerkennung von Entscheidungen durch diese Verordnung nicht berührt werden.

(25) Um die internationalen Verpflichtungen, die die Mitgliedstaaten eingegangen sind, zu wahren, darf sich diese Verordnung nicht auf von den Mitgliedstaaten geschlossene Übereinkommen in besonderen Rechtsgebieten auswirken.

(26) Um den verfahrensrechtlichen Besonderheiten einiger Mitgliedstaaten Rechnung zu tragen, sollten die in dieser Verordnung vorgesehenen Grundregeln, soweit erforderlich, gelockert werden. Hierzu sollten bestimmte Vorschriften aus dem Protokoll zum Brüsseler Übereinkommen in die Verordnung übernommen werden.

(27) Um in einigen Bereichen, für die in dem Protokoll zum Brüsseler Übereinkommen Sonderbestimmungen enthalten waren, einen reibungslosen Übergang zu ermöglichen, sind in dieser Verordnung für einen Übergangszeitraum Bestimmungen vorgesehen, die der besonderen Situation in einigen Mitgliedstaaten Rechnung tragen.

(28) Spätestens fünf Jahre nach dem Inkrafttreten dieser Verordnung unterbreitet die Kommission einen Bericht über deren Anwendung. Dabei kann sie erforderlichenfalls auch Anpassungsvorschläge vorlegen.

(29) Die Anhänge I bis IV betreffend die innerstaatlichen Zuständigkeitsvorschriften, die Gerichte oder sonst befugten Stellen und die Rechtsbehelfe sind von der Kommission anhand der von dem betreffenden Mitgliedstaat mitgeteilten Änderungen zu ändern. Änderungen der Anhänge V und VI sind gemäß dem Beschluss 1999/468/EG des Rates vom 28. Juni 1999 zur Festlegung der Modalitäten für die Ausübung der der Kommission übertragenen Durchführungsbefugnisse[6] zu beschließen –

HAT FOLGENDE VERORDNUNG ERLASSEN:

---

6 ABl. L 184 vom 17.7.1999, S. 23.

KAPITEL I ANWENDUNGSBEREICH

Artikel 1

(1) Diese Verordnung ist in Zivil- und Handelssachen anzuwenden, ohne dass es auf die Art der Gerichtsbarkeit ankommt. Sie erfasst insbesondere nicht Steuer- und Zollsachen sowie verwaltungsrechtliche Angelegenheiten.

(2) Sie ist nicht anzuwenden auf:
a) den Personenstand, die Rechts- und Handlungsfähigkeit sowie die gesetzliche Vertretung von natürlichen Personen, die ehelichen Güterstände, das Gebiet des Erbrechts einschließlich des Testamentsrechts;
b) Konkurse, Vergleiche und ähnliche Verfahren;
c) die soziale Sicherheit;
d) die Schiedsgerichtsbarkeit.

(3) In dieser Verordnung bedeutet der Begriff „Mitgliedstaat" jeden Mitgliedstaat mit Ausnahme des Königreichs Dänemark.

Siehe hierzu die Erläuterungen in Vor Art. 32 ff Rn 11 ff. 1

KAPITEL II ZUSTÄNDIGKEIT

Artikel 2–31 (nicht abgedruckt)

KAPITEL III ANERKENNUNG UND VOLLSTRECKUNG

Vorbemerkung zu Art. 32 ff

Literatur:

Kommentare zur Brüssel I-VO: *Dörner*, EuGVVO (Neufassung) (= Brüssel Ia-VO), in: Saenger, Zivilprozessordnung, Handkommentar, 6. Aufl. 2015 (zit. Hk-ZPO/*Dörner*); *Geimer/ Schütze*, Europäisches Zivilverfahrensrecht, 3. Aufl. 2010; *Kropholler/v. Hein*, Europäisches Zivilprozessrecht, 9. Aufl. 2011; *Magnus/Mankowski*, Brussels I-Regulation, 2. Aufl. 2011; *Münchener Kommentar zur Zivilprozessordnung*, Band 3, 4. Aufl. 2013; *Musielak*, Kommentar zur ZPO, 12. Aufl. 2015; *Rauscher*, Europäisches Zivilprozess- und Kollisionsrecht EuZPR/EuIPR, Kommentar, Bearbeitung 2011; *Schlosser*, EU-Zivilprozessrecht, 3. Aufl. 2009; *Thomas/Putzo*, Kommentar zur ZPO, 36. Aufl. 2015 (zur Brüssel Ia-VO); *Wieczorek/Schütze*, Zivilprozessordnung, Großkommentar, 1994 ff; *Zöller*, Zivilprozessordnung, 30. Aufl. 2014.

Handbücher/Monographien/Beiträge/Aufsätze: *Bach*, Grenzüberschreitende Vollstreckung in Europa, 2008; *Bajons*, Von der Internationalen zur Europäischen Urteilsanerkennung und -vollstreckung, in: FS Rechberger, 2005, S. 1; *von Bar/Mankowski*, Internationales Privatrecht, Band 1, 2. Aufl. 2003; *Cuniberti*, Some Remarks on the Efficiency of Exequatur, in: FS von Hoffmann, 2011, S. 568; *Domej*, Das neue schweizerische Arrestrecht – ausgewählte Probleme, in: FS Kaissis, 2012, S. 103; *Dutta/Heinze*, Anti-suit injunctions zum Schutz von Schiedsvereinbarungen, RIW 2007, 411; *Geimer*, Internationales Zivilprozessrecht, 6. Aufl. 2009; *Geimer/Schütze*, Internationaler Rechtsverkehr in Zivil- und Handelssachen, Loseblatt-Handbuch mit Texten, Kommentierungen und Länderberichten, 48. Aufl. 2014; *Harsági*, The notorial order for payment procedure as a Hungarian peculiarity, in: FS Kaissis, 2012, S. 343; *Heinze*, Grenzüberschreitende Vollstreckung englischer freezing injunctions, RIW 2007, 343; *Hess*, Die Reform der Verordnung Brüssel I und die Schiedsgerichtsbarkeit, in: FS von Hoffmann, 2011, S. 648; *Hess*, Europäisches Zivilprozessrecht, § 6, 2010; *Hess/Pfeiffer/Schlosser*, The Brussels I-Regulation (EC) No 44/2001: The Heidelberg Report on the Application of Regulation Brussels I in 25 Member States (Study ILS/C 4/2005/03), 2008; *Hub*, Die Neuregelung der Anerkennung und Vollstreckung in Zivil- und Handelssachen und das familienrechtliche Anerkennungs- und Vollstreckungsverfahren,

NJW 2001, 3145; *Huber*, Koordinierung europäischer Zivilprozessrechtsinstrumente, in: FS Kaissis, 2012, S. 413; *Illmer*, Der Kommissionsvorschlag zur Reform der Schnittstelle der EuGVO mit der Schiedsgerichtsbarkeit, SchiedsVZ 2011, 248; *Jenard*, Bericht zu dem Übereinkommen über die gerichtliche Zuständigkeit und die Vollstreckung gerichtlicher Entscheidungen in Zivil- und Handelssachen, ABl. EG C Nr. 59 vom 5.3.1979, S. 1 ff; *Kayser/Dornblüth*, Anerkennung und Vollstreckung italienischer Zahlungsbefehle nach der EuGVVO, ZIP 2013, 57; *Killias*, Rechtsprechung zum Lugano-Übereinkommen (2011), SZIER 2012, 697; *Kohler*, Vom EuGVÜ zur EuGVVO: Grenzen und Konsequenzen der Vergemeinschaftung, in: FS Geimer, 2002, S. 461; *Kössinger*, Rechtskraftprobleme im deutsch-französischen Rechtsverkehr, 1993; *Kronke*, Acceptable Transnational Anti-suit Injunctions, in: FS Kaissis, 2012, S. 549; *Kruis*, Anerkennung und Vollstreckung eines italienischen Mahnbescheids (decreto ingiuntivo) in Deutschland, IPRax 2001, 56; *Mankowski*, Schiedsgerichte und die Verordnungen des europäischen Internationalen Privat- und Verfahrensrechts, in: FS von Hoffmann, 2011, S. 1012; *Martiny*, Anerkennung ausländischer Entscheidungen nach autonomem Recht, in: Handbuch des internationalen Zivilverfahrensrechts, Band 3/1, 1984; *Martiny*, Anerkennung nach multilateralen Staatsverträgen, in: Handbuch des Internationalen Zivilverfahrensrechts, Band 3/2, 1984; *Meier*, Auslegungseinheit von LugÜ und EuGVVO – unter besonderer Berücksichtigung der Schweizer Beteiligung am Vorabentscheidungsverfahren vor dem EuGH, SZIER 2012, 633; *Micklitz/Rott*, Vergemeinschaftung des EuGVÜ in der Verordnung (EG) Nr. 44/2001, EuZW 2002, 15; *Nagel/Gottwald*, Internationales Zivilprozessrecht, 6. Aufl. 2007; *Payne*, Cross-Border Schemes of Arrangement and Forum Shopping, Paper No. 68/2013, University of Oxford Legal Research Paper Series; *Rauscher*, Internationales Privatrecht, 3. Aufl. 2009; *v. Rosenstiel/Brantuas/Durquet-Turek/Fries/Giese/Grompe/Kesek/Löring/Nardone/Rumpf/Turek/Ulbricht*, Grenzüberschreitende Zwangsvollstreckung, 2. Aufl. 2012; *Schack*, Internationales Zivilverfahrensrecht, 5. Aufl. 2010; *Schlosser*, Bericht zu dem Übereinkommen über den Beitritt des Königreichs Dänemark, Irlands und des Vereinigten Königreichs Großbritannien und Nordirland zum Übereinkommen über die gerichtliche Zuständigkeit und die Vollstreckung gerichtlicher Entscheidungen in Zivil- und Handelssachen, ABl. EG C Nr. 59 vom 5.3.1979, S. 71 ff; *Schlosser*, Grenzüberschreitende Vollstreckbarkeit von Nicht-Geldleistungsurteilen, in: FS Leipold, 2009, S. 435; *Schütze*, Deutsches Internationales Zivilprozessrecht, 2. Aufl. 2005; *Schütze*, Rechtsverfolgung im Ausland, 4. Aufl. 2009; *Stadler*, Die Revision des Brüsseler und des Lugano-Übereinkommens – Vollstreckbarerklärung und internationale Vollstreckung, in: Gottwald, Revision des EuGVÜ, 2000, S. 37; *Stürner*, Das grenzübergreifende Vollstreckungsverfahren in der Europäischen Union, in: FS Henckel, 1995, S. 873; *Tichý*, Die Verhinderung von Rechtsmissbrauch im Prozess am Beispiel der Brüssel I-Verordnung, in: FS Martiny, 2014, S. 851; *Tsikrikas*, Probleme der grenzüberschreitenden Vollstreckung von Maßnahmen des einstweiligen Rechtsschutzes in der Europäischen Union, ZZP 2011, 461; *Wagner*, Vom Brüsseler Übereinkommen über die Brüssel I-Verordnung zum Europäischen Vollstreckungstitel, IPRax 2002, 75; *Weller, Matthias*, Aufstieg und Fall des Doppelexequaturs in der deutschen Rechtsprechung, in: FS von Hoffmann, 2011, S. 1087.

I. Überblick zur Brüssel I-VO 1	a) Zivil- oder Handelssache, Art. 1 Abs. 1 11
1. Geschichtliche Entwicklung 1	
2. Rechtsgrundlage 2	b) Ausnahmen nach Art. 1 Abs. 2 13
3. Inhalt 3	
4. Auslegung 4	aa) Personenstand u.a., Art. 1 Abs. 2 lit. a) .. 13
II. Grundprinzipien der Anerkennung und Vollstreckung in der Brüssel I-VO 7	bb) Insolvenzverfahren, Art. 1 Abs. 2 lit. b) .. 14
III. Anwendungsbereich der Anerkennungs- und Vollstreckungsvorschriften der Brüssel I-VO ... 9	cc) Soziale Sicherheit, Art. 1 Abs. 2 lit. c) .. 17
1. Räumlicher Anwendungsbereich 9	dd) Schiedsgerichtsbarkeit, Art. 1 Abs. 2 lit. d) .. 18
a) Allgemein 9	c) Bindung an die Auffassung des Erstgerichts? ... 19
b) Dänemark 10	
2. Sachlicher Anwendungsbereich 11	d) Art der Gerichtsbarkeit unerheblich 20

3. Zeitlicher Anwendungsbereich 21	a) Verhältnis zur Brüssel Ia-VO 28a
a) Grundregel des Art. 66 Abs. 1 22	b) Verhältnis zur Brüssel IIa-VO (EheGVVO) und zur EuUntVO 29
b) Erweiterung durch Art. 66 Abs. 2 24	c) Verhältnis zur EuVTVO . 30
IV. Verhältnis zu anderen Rechtsquellen zur Anerkennung und Vollstreckung 27	d) EuMahnVO 31
	3. Verhältnis zu einschlägigen Staatsverträgen 32
1. Verhältnis zu den autonomen deutschen Anerkennungs- und Vollstreckungsvorschriften 27	a) EuGVÜ 32
	b) Luganer Übereinkommen 33
2. Verhältnis zu anderen EU-Verordnungen 28a	c) Sonstige multi- und bilaterale Staatsverträge 37

I. Überblick zur Brüssel I-VO

1. Geschichtliche Entwicklung. Die Verordnung (EG) Nr. 44/2001 des Rates vom 22. Dezember 2000 über die gerichtliche Zuständigkeit und die Anerkennung und Vollstreckung von Entscheidungen in Zivil- und Handelssachen („**Brüssel I-VO**" oder auch „**EuGVVO**") ist am 1.3.2002 in allen damaligen 15 Mitgliedstaaten mit Ausnahme von Dänemark (s. Rn 22) in Kraft getreten (Art. 76). Sie löste im Verhältnis untereinander das auf völkerrechtlicher Basis geschlossene Brüsseler EWG-Übereinkommen über die gerichtliche Zuständigkeit und die Vollstreckung gerichtlicher Entscheidungen in Zivil- und Handelssachen vom 27.9.1968 (**EuGVÜ**)[1] ab (Art. 68). Zwischenzeitlich galt sie auch in den 13 neuen Mitgliedstaaten, die seit 2004 hinzugekommen sind (s. Rn 22). Durch die **Brüssel Ia-VO**[2] wurde die **Brüssel I-VO mWv 10.1.2015 aufgehoben.**[3] Sie ist gem. Art. 66 Abs. 2 Brüssel Ia-VO seither nur noch auf Entscheidungen anzuwenden, die in Verfahren ergangen sind, die vor diesem Datum eingeleitet wurden, sowie für öffentliche Urkunden und Vergleiche, die vor diesem Datum errichtet bzw geschlossen wurden.[4] Zu Einzelheiten s. die Erläuterungen zu Art. 66 Brüssel Ia-VO in diesem Kommentar.

2. Rechtsgrundlage. Angestoßen wurde die Vergemeinschaftung der Regeln zur gerichtlichen Zuständigkeit und zur Anerkennung und Vollstreckung von Entscheidungen in Zivil- und Handelssachen durch den **Amsterdamer Vertrag**,[5] der einen neuen Titel IV (Art. 61–69) in den EG-Vertrag eingefügt hat, welcher den Aufbau eines „Raums der Freiheit, der Sicherheit und des Rechts" zu einer eigenständigen Aufgabe der Gemeinschaft erklärt (ex-Art. 61 Abs. 1 EG, jetzt Art. 67 AEUV). Das Ziel des „*einen Rechtsraums*" in der Union darf allerdings nicht als Auftrag zur vollständigen Vereinheitlichung (auch) des gesamten Zivilverfahrensrechts in den Mitgliedstaaten missverstanden werden. Es geht, wie sich aus Art. 81 AEUV (ex-Art. 65 EG) ergibt, nur um die „justizielle Zusammenarbeit in Zivilsachen *mit grenzüberschreitenden Bezügen*". In diesem Bereich soll die Ge-

---

[1] ABl. EG L Nr. 299 vom 31.12.1972, S. 32 ff = BGBl. II 1972 S. 773.
[2] Verordnung (EU) Nr. 1215/2012 des Europäischen Parlaments und des Rates vom 12. Dezember 2012 über die gerichtliche Zuständigkeit und die Anerkennung und Vollstreckung von Entscheidungen in Zivil- und Handelssachen (Neufassung), ABl. EU L Nr. 351 vom 20.12.2012, S. 1.
[3] Vgl Art. 80 Brüssel Ia-VO.
[4] Art. 66 Abs. 2 Brüssel Ia-VO.
[5] Vertrag von Amsterdam vom 2.10.1997 zur Änderung des Vertrags über die EU, der Verträge zur Gründung der Europäischen Gemeinschaften sowie einiger damit zusammenhängender Rechtsakte, ABl. EG C Nr. 340 vom 10.11.1997 = BGBl. II 1999 S. 296.

meinschaft Maßnahmen erlassen, soweit sie für das reibungslose Funktionieren des Binnenmarktes erforderlich sind. Dem liegt der Gedanke zugrunde, dass der innergemeinschaftliche grenzüberschreitende Handel nicht nur durch tarifäre und nichttarifäre Handelshindernisse iSd Art. 28, 30 und 34 AEUV (ex-Art. 23, 25 und 28 EG), sondern auch durch den Ausländer belastende Regeln des Zugangs zu den Gerichten oder der Verfahrensgestaltung in den einzelnen Mitgliedstaaten behindert werden kann. Wer sich beim Versuch, seine Ansprüche aus einem grenzüberschreitenden Geschäft in einem anderen Mitgliedstaat gerichtlich durchzusetzen, erheblich größeren Schwierigkeiten gegenübersieht, als sie ihm in einem reinen Inlandsgeschäft begegnen, der verzichtet möglicherweise auf eine Ausdehnung seiner Geschäftstätigkeit auf den europäischen Markt. Die grenzüberschreitende Tätigkeit im Binnenmarkt, deren Ausübung die Marktfreiheiten garantieren, bedarf also einer prozessualen Absicherung durch erleichterte Bedingungen des grenzüberschreitenden Rechtsschutzes.[6] Einen Teil davon liefert die Brüssel I-VO.

3 **3. Inhalt.** Der Name ist Programm: Wie ihr vollständiger Titel (s. Rn 1) verrät, enthält die Brüssel I-VO für den Bereich der Zivil- und Handelssachen einerseits gemeinschaftsweit einheitlich geltende Regeln über die (internationale) Entscheidungszuständigkeit und andererseits solche zur Anerkennung und Vollstreckung von Entscheidungen aus einem EU-Mitgliedstaat in der übrigen EU. Mit dem letzteren Aspekt beschäftigen sich die Art. 32–58.

4 **4. Auslegung.** Die in der Brüssel I-VO verwendeten Begriffe sind **autonom**, also nicht unter Rückgriff auf deren Bedeutung im nationalen Recht, auszulegen.[7] Davon hat der EuGH zwar in einigen wenigen Fällen eine Ausnahme gemacht,[8] diese betreffen aber nicht die Vorschriften zur Anerkennung und Vollstreckung (Art. 32–56) und können deshalb hier vernachlässigt werden.

5 Die Auslegung hat sich in erster Linie am *„effet utile"*, an der praktischen Wirksamkeit der Vorschriften, zu orientieren.[9] Innerhalb des klassischen Auslegungskanons, der daneben auch für die Brüssel I-VO gilt, steht die teleologische Auslegung im Vordergrund.[10] Hilfe zur Ermittlung des gesetzgeberischen Willens bieten die den eigentlichen Normen der Brüssel I-VO vorgeschalteten Erwägungsgründe und die Berichte von *Jenard*[11] und *Schlosser*[12] zu den Vorgängerregeln im EuGVÜ (s. Rn 32), soweit es sich um inhaltsgleiche oder zumindest ähnliche Vorschriften in der Brüssel I-VO handelt. Nur mit Vorsicht sind rechtsvergleichende Befunde aus den nationalen Rechtsordnungen in die Auslegung einzubeziehen,[13]

---

6 *Heß*, IPRax 2001, 389, 390.
7 EuGH 6.10.1976 – Rs. C-12/76 (Tessili), NJW 1977, 491; EuGH 8.11.2005 – Rs. C-443/03 (Götz Leffler/Berlin Chemie AG), IPRax 2006, 151; EuGH 2.5.2006 – Rs. C-341/04 (Eurofood ISFC Ltd), Rn 31 f; ausf. *Hess*, IPRax 2006, 348; Hk-ZPO/*Dörner*, Vorbem. zur EuGVVO (Neufassung) Rn 18 ff.
8 Insb. für Art. 5 Nr. 1 EuGVÜ = Art. 5 Nr. 1 lit. a) Brüssel I-VO, vgl EuGH 6.10.1976 – Rs. C-12/76 (Tessili), NJW 1977, 491; EuGH 28.9.1999 – Rs. C-440/97 (GIE Groupe Concorde u.a./Kapitän des Schiffes „Suhadiwarno Panjan" u.a.), NJW 2000, 719; BGH NJW-RR 2003, 1582; BGH NJW-RR 2005, 1518.
9 EuGH 13.7.1993 – Rs. C-125/92 (Mulox IBC Ltd/Hendrick Geels), IPRax 1997, 110; EuGH 20.3.1997 – Rs. C-295/95 (Jackie Farrell/James Long), IPRax 1998, 354; EuGH 9.1.1997 – Rs. C-383/95 (Petrus Wilhelmus Rutten/Cross Medical Ltd), IPRax 1999, 365.
10 EuGH 8.3.1988 – Rs. C-9/87 (Arcado/Haviland), NJW 1989, 1424; EuGH 4.3.1982 – Rs. C-38/81 (Effer SpA/Kantner), RIW 1982, 280, 281.
11 ABl. EG C Nr. 59 vom 5.3.1979, S. 1 ff.
12 ABl. EG C Nr. 59 vom 5.3.1979, S. 71 ff.
13 Weniger zurückhaltend Hk-ZPO/*Dörner*, Vorbem. zur EuGVVO (Neufassung) Rn 16; *Kropholler/v. Hein*, Einl. Rn 79 ff.

weil auch ein breiter Konsens in den Mitgliedstaaten über einen Begriffsinhalt für sich genommen nicht den erforderlichen Beleg liefert, dass er tatsächlich Eingang in die autonome Gemeinschaftsrechtsordnung gefunden hat.[14]

Die **Auslegungshoheit** für europäisches Recht steht dem EuGH zu. Stellen sich in einem Verfahren vor nationalen Gerichten Fragen zur Auslegung der Brüssel I-VO, bietet das **Vorabentscheidungsverfahren** die Möglichkeit, die Auffassung des EuGH zu erkunden. Die mit dem Amsterdamer Vertrag eingeführten diesbezüglichen Sonderregeln für Maßnahmen im Bereich der justiziellen Zusammenarbeit in Art. 68 EG sind mit dem **Lissaboner Vertrag** wieder verschwunden, so dass auch in diesem Bereich nunmehr Art. 267 AEUV (ex-Art. 234 EG) alleine Maß gibt. Danach *kann* jedes Mitgliedstaatengericht eine für den Verfahrensausgang entscheidende Auslegungsfrage über europäisches Primär- oder Sekundärrecht dem EuGH zur Entscheidung vorlegen; ein letztinstanzliches Gericht *muss* dies tun, es sei denn, am Ergebnis des Auslegungsprozesses bestehen keine „vernünftigen Zweifel" (acte clair-Doktrin).[15]

II. Grundprinzipien der Anerkennung und Vollstreckung in der Brüssel I-VO

Die Ausgestaltung der Anerkennungs- und Vollstreckungsvorschriften in der Brüssel I-VO basiert zum einen auf der Notwendigkeit, zum Wohle des Binnenmarktes den „Zugang zum Recht" bei grenzüberschreitenden Streitigkeiten (vgl Art. 67 Abs. 4 AEUV) insb. durch eine **rasche und effiziente Anerkennung und Vollstreckung** von Urteilen aus einem Mitgliedstaat in allen anderen zu erleichtern und abzusichern. Zum anderen herrscht laut Erwägungsgrund (16) innerhalb der Europäischen Union „gegenseitiges Vertrauen" in die Justiz der Mitgliedstaaten. Dieses Vertrauen, so ist hinzuzufügen, ist in Zivil- und Handelssachen darauf gerichtet, dass Entscheidungen in allen Mitgliedstaaten in einem rechtsstaatlichen Verfahren ergehen und zu einem dem anwendbaren Recht entsprechenden „richtigen" Ergebnis führen. Das Vertrauen rechtfertigt, dass (1) die Anerkennung von in einem Mitgliedstaat ergangenen Entscheidungen grds. **ohne ein besonderes Verfahren, dh inzidenter geprüft** wird (s. Art. 33 Abs. 1), und (2) nur aufgrund von **streng limitierten** und eng auszulegenden **Anerkennungshindernissen** verweigert werden darf (Art. 34 f); insb. ist es untersagt, die ausländische Entscheidung auf ihre inhaltliche Richtigkeit aus inländischer Sicht zu überprüfen (Art. 36, 45 Abs. 2). (3) Die dritte Folgerung ist, dass die Vollstreckbarerklärung, die trotz der ipso-iure-Anerkennung weiterhin erforderlich ist (s. Art. 33 Rn 14, Art. 38 Rn 3), in erster Instanz ohne Beteiligung des Schuldners „fast automatisch nach einer im Wesentlichen formalen Prüfung" (Erwägungsgrund (17)) erfolgt, ohne dass das Exequaturgericht die Möglichkeit hat, von Amts wegen eines der Anerkennungshindernisse aufzugreifen (Art. 41). Dies bleibt den Rechtsmittelinstanzen vorbehalten, so sie denn vom Schuldner angerufen werden (Art. 45).

Mit Inkrafttreten der Brüssel Ia-VO (s. Rn 1 aE) hat die Kommission ihr schon recht früh formuliertes rechtspolitisches Ziel erreicht, zur weiteren Vereinfachung der gemeinschaftsweiten Zirkulation von Gerichtsentscheidungen entsprechend zum Vorgehen beim Europäischen Vollstreckungstitel nach der EuVTVO (s. dort) auch im bisherigen Anwendungsbereich der Brüssel I-VO auf das Exe-

---

14 Vgl *Langenbucher*, in: Langenbucher (Hrsg.), Europarechtliche Bezüge des Privatrechts, 2. Aufl. 2008, § 1 Rn 10 a.
15 EuGH 6.10.1982 – Rs. C-283/81 (C.I.L.F.I.T./Ministero della sanita), NJW 1983, 1257; BGH IPRax 1990, 318; BGH NJW 1993, 2753.

quaturverfahren zu verzichten (s. Rn 1),[16] obwohl sich dieses im Großen und Ganzen bewährt hat.[17] Diese Forderung hatte schon Eingang in das „Stockholmer Programm" der Gemeinschaft gefunden,[18] wurde dort aber unverständlicherweise (u.a.) von einer weiteren Harmonisierung der Kollisionsnormen in den betreffenden Bereichen abhängig gemacht.

III. Anwendungsbereich der Anerkennungs- und Vollstreckungsvorschriften der Brüssel I-VO

9 **1. Räumlicher Anwendungsbereich. a) Allgemein.** Nur Entscheidungen, die von Gerichten eines **Mitgliedstaates der Europäischen Union** stammen, werden gem. Art. 32 in den anderen Mitgliedstaaten nach den Vorschriften der Brüssel I-VO anerkannt und ggf für vollstreckbar erklärt; für Entscheidungen aus Drittstaaten verbleibt es bei den autonomen nationalen Anerkennungs- und Vollstreckbarerklärungsvorschriften (in Deutschland §§ 328, 722 f ZPO) oder etwaig einschlägigen bi- oder multinationalen Abkommen (zB LugÜ, s. Rn 33 ff). Zur genauen Definition der Mitgliedstaatengebiete für die Zwecke des Europäischen Rechts s. Art. 355, 349 AEUV (ex-Art. 299 EG) und Art. 32 Rn 13.

10 **b) Dänemark.** Art. 65 EG, die Rechtsgrundlage für die Schaffung der Brüssel I-VO (s. Rn 2), war Teil des politisch heiklen Titel IV „Visa, Asyl, Einwanderung und andere Politiken betreffend den freien Personenverkehr", zu dem Großbritannien, Irland und Dänemark einen Vorbehalt erklärt haben (Art. 69 EG). Während Irland und Großbritannien sich bislang trotz dieses generellen Vorbehalts nach Art. 3 Nr. 4 des Protokolls zum Amsterdamer Vertrag an der justiziellen Zusammenarbeit auf der Basis von Art. 65 EG im vollen Umfang beteiligt haben,[19] blieb Dänemark von auf diese Bestimmung gestützten Harmonisierungsmaßnahmen grds. ausgenommen.[20] Am 1.7.2007[21] ist aber das Abkommen zwischen der EU und Dänemark vom 19.10.2005[22] in Kraft getreten, mit denen die Brüssel I-VO der Sache nach auf Dänemark ausgedehnt wurde (s. Art. 32 Rn 12). Damit sind für die praktische Arbeit trotz Art. 1 Abs. 3 dänische Gerichte als Gerichte eines Mitgliedstaates iSv Art. 32 anzusehen.

11 **2. Sachlicher Anwendungsbereich. a) Zivil- oder Handelssache, Art. 1 Abs. 1.** Die Vorschriften der Art. 32 ff können nur für solche Entscheidungen herangezogen werden, die in den sachlichen Anwendungsbereich der Brüssel I-VO fallen, die also nach Art. 1 Abs. 1 in **Zivil- und Handelssachen** außerhalb der in Art. 1 Abs. 2 ausgenommenen Bereiche ergangen sind.

12 Die Brüssel I-VO gibt eine negative Abgrenzung vor: Um eine zivil- oder handelsrechtliche Sache handelt es sich dann nicht, wenn Gegenstand des Streits eine öffentlich-rechtliche, also insb. eine steuer-, zoll- oder verwaltungsrechtliche Angelegenheit ist, Art. 1 Abs. 1 S. 2. Für die Einordnung als privat- oder öffentlich-rechtlich kommt es dabei nicht auf den Charakter des im Rechtsstreit geltend gemachten Anspruchs, sondern auf die **Natur des Streites zwischen den Parteien** an,

---

16 Vgl den Bericht der Europäischen Kommission vom 21.4.2009 über die Anwendung der VO 44/2001, KOM (2009) 174 endg, Nr. 3.1. Zu Recht krit. zu diesem Vorhaben *Schlosser*, IPRax 2009, 416 („waghalsig").
17 Vgl *Hess/Pfeiffer/Schlosser/Hess*, The Heidelberg Report on the Application of Regulation Brussels I in 25 Member States, 2008, Rn 454 ff.
18 Vgl die Ausführungen im Stockholmer Programm vom 4.5.2010, ABl. EU C 115/1 (S. 13); abrufbar unter http://eur-lex.europa.eu/LexUriServ/LexUriServ.do?uri=OJ:C:2010:115:0001:0038:en:PDF.
19 Näher *Meyring*, EuR 1999, 309, 311 ff.
20 Vgl *Heß*, NJW 2000, 23, 28.
21 ABl. EG L Nr. 94 vom 4.4.2007, S. 70.
22 ABl. EG L Nr. 299 vom 16.11.2005, S. 62.

oder – in den bekannten Worten des EuGH in der *Eurocontrol*-Entscheidung – auf die „Natur der zwischen den Parteien bestehenden Rechtsbeziehungen".[23] Stehen sich die Parteien in ihrem Streit gleichrangig gegenüber, handelt es sich um einen Zivilrechtsstreit; macht die eine Partei zur Begründung ihrer Position hoheitliche Befugnisse geltend, befindet man sich auf öffentlich-rechtlichem Parkett.[24]

Es ist deshalb bspw als eine zivilrechtliche Angelegenheit einzuordnen, wenn der Bürge gegen den Hauptschuldner eine im Wege der *cessio legis* auf ihn übergegangene Zollforderung geltend macht, denn der gesetzliche Forderungsübergang macht den von ihm Begünstigten nicht zu einem Hoheitsträger und die Geltendmachung des Regresses (anders als die Geltendmachung der Zölle durch die Zollbehörden) nicht zu einem Hoheitsakt.[25] Zivilrechtlich ist auch eine **Kartellschadenersatzklage gegen ein in öffentlich-rechtlicher Trägerschaft stehendes Unternehmen**, selbst wenn die infrage stehenden Entgelte durch nationale Rechtsvorschriften geregelt sind.[26] Ebenso unterfällt die Vollstreckung eines **Ordnungsgeldes** nach § 890 ZPO[27] oder eines **Zwangsgeldes** gem. § 888 ZPO[28] im EU-Ausland der Brüssel I-VO, weil und soweit das Rechtsverhältnis zwischen dem in Vollstreckungsstandschaft auftretenden Unterlassungs- bzw Handlungsgläubiger[29] und dem Vollstreckungsschuldner privatrechtlicher Natur ist; dass der (private) Gläubiger den Erlös an die Justizkasse des jeweiligen Bundeslandes abführen muss, schadet insoweit nicht (s. näher Art. 49 Rn 3). Umgekehrt hat ein öffentlich-rechtlicher Sozialhilfeträger, der nach Anspruchsüberleitung eine Unterhaltsforderung gegen den Unterhaltsschuldner geltend macht, im Verhältnis zu ihm keine Hoheitsbefugnisse und ist deshalb, wie es auch der eigentliche Unterhaltsgläubiger wäre, auf die Hilfe der Zivilgerichte angewiesen, deren internationale Zuständigkeit sich für diese Streitigkeit folgerichtig ungeachtet des Art. 1 Abs. 2 lit. c) nach der Brüssel I-VO bemisst,[30] die entsprechend auch die Antworten auf diesbezügliche Anerkennungs- und Vollstreckungsfragen gibt. Seit dem 18.6.2011 sind grenzüberschreitende familienrechtliche **Unterhaltssachen** in Europa nicht mehr nach der Brüssel I-VO, sondern über die vorrangige **EuUntVO** zu bearbeiten (s. Rn 29; s. ferner die Kommentierung der EuUntVO).

b) Ausnahmen nach Art. 1 Abs. 2. aa) Personenstand u.a., Art. 1 Abs. 2 lit. a). Nach dieser Regelung sind der Personenstand, die Rechts- und Handlungsfähigkeit sowie die gesetzliche Vertretung von natürlichen Personen, die ehelichen Güterstände sowie das Erbrecht vom Anwendungsbereich der Brüssel I-VO ausgenommen. Zum **Personenstand** zählen alle Streitigkeiten, die das familienrechtliche Verhältnis zweier natürlicher Personen betreffen,[31] also etwa Ehe- und Kindschaftssachen (die der Brüssel IIa-VO = EheGVVO [s. Rn 29] un-

13

---

23 EuGH 14.10.1976 – Rs. C-29/76 (LTU/Eurocontrol), Slg 1976, I-1541.
24 Beispiele für als zivil- oder handelsrechtlich eingestufte Streitigkeiten bei Thomas/Putzo/*Hüßtege*, Art. 1 Rn 3; Rauscher/*Mankowski*, EuZPR/EuIPR, Art. 1 Rn 1.
25 EuGH 5.2.2004 – Rs. C-265/02 (Frahuil), EuZW 2004, 351; dazu *Mäsch/Fountoulakis*, GPR 2005, 98.
26 EuGH 23.10.2014 – Rs. C-302/13 (flyLAL-Lithuanian Airlines AS), NZKart. 2015, 52.
27 EuGH 18.10.2011 – Rs. C-406/09 (Realchemie Nederland BV/Bayer CropScience AG), NJW 2011, 3568 m. Anm. *Giebel*, S. 3570; *Mankowski*, EWiR 2012, 85; *Sujecki*, EuZW 2011, 159.
28 Zutreffend *Giebel*, NJW 2011, 3568.
29 Vgl *Giebel*, IPRax 2009, 324, 326 f.
30 Vgl EuGH 14.11.2002 – Rs. C-271/00 (Baten), Slg 2002, I-10489, Tz 30, 34; EuGH 15.1.2004 – Rs. C-433/01 (Blijdenstein), JZ 2004, 407 m. Anm. *Schlosser*, S. 408; dazu *Martiny*, IPRax 2004, 195; *Mäsch/Fountoulakis*, GPR 2005, 98.
31 Näher Hk-ZPO/*Dörner*, Art. 1 Rn 8; Geimer/Schütze/*Pörnbacher*, IRV, Art. 1 Rn 10.

terliegen), nicht aber Unterhaltsansprüche (arg. Art. 5 Nr. 2). Die **Rechtsfähigkeit** natürlicher Personen berührt zB ausländische Todes- und Verschollenheitserklärungen, die deshalb in Deutschland nicht nach der Brüssel I-VO, sondern gem. § 108 FamFG anzuerkennen ist.[32] Die **gesetzliche Vertretung** meint Sorgerechts-, Vormundschafts-, Pflegschafts- und Betreuungssachen.[33] Unter die **ehelichen Güterstände** fallen neben den Güterständen im eigentlichen Sinne alle vermögensrechtlichen Beziehungen, die sich unmittelbar aus der Ehe oder deren Auflösung ergeben,[34] einschließlich des Versorgungsausgleichs[35] und der Zuteilung von Ehewohnung oder Hausrat,[36] aber mit Ausnahme ehelicher oder nachehelicher Unterhaltsansprüche.[37] Zum **Gebiet des Erbrechts** zählen insb. Erbscheinverfahren, das Innenverhältnis und die gerichtliche Auseinandersetzung von Erbengemeinschaften, Ansprüche von Erben und Vermächtnisnehmern auf und an den Nachlass, Pflichtteils- oder Pflichtteilsergänzungsklagen und Herabsetzungsklagen von Noterben sowie Prätendentenstreitigkeiten um den Nachlass.[38] Vermögensrechtliche Streitigkeiten zwischen Nachlassgläubigern und Erben oder umgekehrt zwischen Erben und Nachlassschuldnern fallen hingegen nicht aus dem Anwendungsbereich der Brüssel I-VO heraus.[39]

14 **bb) Insolvenzverfahren, Art. 1 Abs. 2 lit. b).** Nach dieser Regelung ist die Brüssel I-VO nicht auf Konkurse, Vergleiche und ähnliche Verfahren, also insgesamt auf **Insolvenzverfahren** anzuwenden. Hintergrund ist, dass sich die Zuständigkeit für solche Verfahren und ihre grenzüberschreitenden Wirkungen an der EuInsVO[40] messen. Die Anerkennung der Eröffnung eines Insolvenzverfahrens und seiner Wirkungen sowie die Anerkennung und ggf Vollstreckbarkeit der zu seiner Durchführung und Beendigung ergangenen Entscheidungen richtet sich daher im Verhältnis der EU-Mitgliedstaaten untereinander (mit Ausnahme Dänemarks) nach Art. 16 f, 25 EuInsVO und nicht nach Art. 32 ff.

15 Die EuInsVO und damit die Ausnahme in lit. b) schließen auch **Annexverfahren** zu einem Insolvenzverfahren ein, wobei die Reichweite dieses Begriffs unklar und umstritten ist.[41] Richtigerweise ist er eng auszulegen[42] und umfasst deshalb im Wesentlichen nur Streitigkeiten zwischen Insolvenzverwalter und Schuldner,[43] Haftungsklagen Dritter gegen den Insolvenzverwalter,[44] Haftungsklagen wegen Insolvenzverschleppung und wegen Existenzvernichtung, wenn ihre jeweilige na-

---

32 Vgl Bamberger/Roth/*Mäsch*, Art. 9 EGBGB Rn 14.
33 Näher Rauscher/*Mankowski*, EuZPR/EuIPR, Art. 1 Rn 10 a.
34 EuGH 27.3.1979 – Rs. C-143/78 (de Cavel/de Cavel), Slg 1979, I-1055; *Schlosser*-Bericht, Nr. 50; Rauscher/*Mankowski*, EuZPR/EuIPR, Art. 1 Rn 12; Hk-ZPO/*Dörner*, Art. 1 Rn 9.
35 Rauscher/*Mankowski*, EuZPR/EuIPR, Art. 1 Rn 12.
36 Hk-ZPO/*Dörner*, Art. 1 Rn 9; Rauscher/*Mankowski*, EuZPR/EuIPR, Art. 1 Rn 12.
37 Zur Abgrenzung von Güter- und Unterhaltsrecht s. EuGH 27.2.1997 – Rs. C-220/95 (Antonius van den Boogaard/Paula Laumen), EuGHE 1997 I 1147, 1184 Rn 22; Hk-ZPO/*Dörner*, Art. 1 Rn 9.
38 Rauscher/*Mankowski*, EuZPR/EuIPR, Art. 1 Rn 16.
39 Hk-ZPO/*Dörner*, Art. 1 Rn 13; *Kropholler/v. Hein*, Art. 1 Rn 28.
40 Verordnung (EG) Nr. 1346/2000 des Rates vom 29. Mai 2000 über Insolvenzverfahren, ABl. EG L Nr. 160 vom 30.6.2000, S. 1.
41 Ausf. Rauscher/*Mäsch*, EuZPR/EuIPR, Art. 1 EG-InsVO Rn 8 ff.
42 Vgl EuGH 2.7.2009 – Rs. C-111/08 (Alpenblume), Slg 2009, I-5655; *Schnichels/Stege*, EuZW 2010, 807, 811; BGer ZIP 2014, 2095.
43 *Virgós/Schmit*, Erläuternder Bericht zum EU-Übereinkommen über Insolvenzverfahren, Nr. 196, abgedruckt in: Stoll, Vorschläge und Gutachten zur Umsetzung des EU-Übereinkommens über Insolvenzverfahren im deutschen Recht, 1997; Pannen/*Riedemann*, EuInsVO (2007), Art. 25 Rn 20.
44 Duursma-Kepplinger/Duursma/Chalupsky/*Duursma-Kepplinger*, EuInsVO, 2007, Art. 25 Rn 54.

tionale Rechtsgrundlage insolvenzrechtlichen Charakter hat, also rechtsformneutral ausgestaltet ist, sowie die Geltendmachung von Ansprüchen aus Insolvenzanfechtung.[45]

Für die Anerkennung und Vollstreckung insolvenzrechtlicher Entscheidungen aus Dänemark gilt aus den in Rn 10, 14 genannten Gründen nicht die EuInsVO, sondern das jeweilige autonome internationale Insolvenzrecht des betroffenen Mitgliedstaates.[46] **16**

cc) **Soziale Sicherheit, Art. 1 Abs. 2 lit. c).** Die Regelung nimmt Fragen der **sozialen Sicherheit** aus dem Anwendungsbereich der Brüssel I-VO heraus. Da es sich hierbei weitgehend um öffentliches Recht handelt, hat die Vorschrift v.a. klarstellende Funktion.[47] Der Begriff der sozialen Sicherheit ist entsprechend Art. 4 der VO (EWG) Nr. 1408/71 vom 14.6.1971 über die Anwendung der Systeme der sozialen Sicherheit auf Arbeitnehmer und Selbständige[48] auszulegen.[49] Ausgeschlossen sind damit **Streitigkeiten zwischen dem Träger der sozialen Sicherheit und dem Leistungsempfänger** insb. in Bezug auf Leistungen bei Krankheit, Mutterschaft, Invalidität, Alter, Arbeitsunfällen, Berufskrankheiten und Arbeitslosigkeit sowie in Bezug auf Sterbegeld, Leistungen an Hinterbliebene und Familienleistungen. Die Brüssel I-VO soll aber Anwendung finden auf Beitragsforderungen deutscher tariflicher Sozialkassen gegen Arbeitgeber mit Sitz in einem anderen EU-Mitgliedstaat.[50] **17**

dd) **Schiedsgerichtsbarkeit, Art. 1 Abs. 2 lit. d).** Gemäß Art. 1 Abs. 2 lit. d) ist die Brüssel I-VO schließlich auf die **Schiedsgerichtsbarkeit** nicht anwendbar,[51] dies v.a. deshalb, weil es für diese Materie bereits das **New Yorker UN-Übereinkommen** über die Anerkennung und Vollstreckung ausländischer Schiedssprüche von 1958[52] mit derzeit 144 Vertragsstaaten sowie das weniger bedeutsame Genfer Europäische Übereinkommen über die internationale Handelsschiedsgerichtsbarkeit von 1961[53] gibt. Ausgenommen ist damit nicht nur die Anerkennung und Vollstreckung schiedsrichterlicher Entscheidungen (was sich schon aus Art. 32 ergibt, s. Art. 32 Rn 11), sondern auch von Entscheidungen staatlicher Gerichte, soweit sie einem Schiedsverfahren dienen, ein **Schiedsgericht unterstützen** oder seine Funktionsfähigkeit herstellen sollen,[54] wie etwa die Ernennung (vgl §§ 1034, 1035 ZPO) und Abberufung (vgl § 1037 Abs. 3 ZPO) von Schiedsrich- **18**

---

45 EuGH 12.2.2009 – Rs. C-339/07 (Deko Marty), NJW 2009, 2189; umfassende Begründung in dem Schlussantrag von Generalanwalt *Colomer* vom 16.10.2008, ZIP 2008, 2082 = ZInsO 2008, 1375 m. krit. Anm. *Mock*, ZInsO 2008, 1381; ebenso krit. *Keller/Stempfle*, EWiR 2009, 54. Vorlageentscheidung des BGH ZIP 2007, 1415 = EuZW 2007, 582 – Deko Marty Belgium; dazu etwa *Mörsdorf-Schulte*, NZI 2008, 282; *Dutta*, (2008) Lloyd´s Maritime and Commercial Law Quarterly, S. 88; *Panzani*, Il Fallimento 2008, S. 394.
46 Vgl Rauscher/*Mäsch*, EuZPR/EuIPR, Art. 16 EG-InsVO Rn 9.
47 Zöller/*Geimer*, Art. 1 Rn 41.
48 ABl. EG L Nr. 149 vom 5.7.1971, S. 2; in der konsolidierten Fassung der Verordnung (EG) Nr. 118/97 vom 2.12.1996, ABl. EG L Nr. 28 vom 30.1.1997, S. 4, zuletzt geändert durch Verordnung (EG) Nr. 647/2005 vom 13.4.2005, ABl. EG L Nr. 117 vom 4.5.2005, S. 1.
49 EuGH 14.11.2002 – Rs. C-271/00 (Gemeente Steenbergen/Luc Baten), EuZW 2003, 30, 32 = NJW 2003, 1923.
50 LAG Frankfurt IPRax 2008, 131 m. Anm. *Eichenhofer*, S. 109.
51 Zur Reform der Schnittstelle zur Schiedsgerichtsbarkeit im Rahmen des Kommissionsvorschlags zur Modernisierung der Brüssel I-VO (s. dazu Vor Art. 32 ff Rn 1) *Illmer*, SchiedsVZ 2011, 248.
52 BGBl. II 1961 S. 122.
53 BGBl. II 1964 S. 426.
54 *Schlosser*-Bericht, Nr. 64 f; BGH NJW-RR 2009, 999 = IPRax 2009, 428 m. Anm. *Schlosser*, S. 416.

tern,[55] oder die Anerkennung und Vollstreckbarerklärung ausländischer Schiedssprüche (vgl § 1061 ZPO), dh also insb. die in § 1062 ZPO genannten richterlichen Maßnahmen. Auch Gerichtsentscheidungen, die Schiedssprüche in sich inkorporieren, sind von der Brüssel I-VO ausgenommen.[56] Gleiches gilt für Entscheidungen staatlicher Gerichte, mit denen zum Schutz eines laufenden Schiedsverfahrens einer daran beteiligten Partei verboten wird, in der gleichen Sache staatliche Gerichte (auch eines anderen Landes) anzurufen („**anti-suit injunctions**").[57] Ein entgegen der *injunction* angegangenes ausländisches Gericht ist an diese nicht gebunden, weil ihm nicht die Befugnis (und Verpflichtung) genommen werden kann, über seine eigene Zuständigkeit ausschließlich nach Maßgabe der einschlägigen Vorschriften der Brüssel I-VO zu entscheiden.[58] Die (Nicht-)Anerkennung einer von einem ausländischen Schiedsgericht selbst erlassenen **anti-suit injunction** durch die Gerichte eines Mitgliedstaates richtet sich wegen lit. d) allein nach dessen nationalem Recht.[59] Zu den ausgeschlossenen staatlichen „Unterstützungsleistungen" sollen Maßnahmen des **einstweiligen Rechtsschutzes** durch staatliche Gerichte zur Sicherung von schiedsbefangenen Ansprüchen (vgl § 1033 ZPO) **nicht** gehören, weil sie nicht auf die Durchführung eines Schiedsverfahrens gerichtet sind, sondern „parallel" zu einem solchen Verfahren angeordnet werden.[60] Deshalb unterfallen sie der Brüssel I-VO[61] und sind nach deren Vorschriften in anderen Mitgliedstaaten der EU anzuerkennen und ggf für vollstreckbar zu erklären (s. allg. zur Anerkennung von Maßnahmen des einstweiligen Rechtsschutzes Art. 32 Rn 9).[62]

19 **c) Bindung an die Auffassung des Erstgerichts?** Die über die Anerkennung entscheidenden Gerichte des Zweitstaates sind nach einer allerdings bereits älteren Meinungsäußerungen des BGH[63] an die **Auffassung des Erstrichters über die sachliche Anwendbarkeit der Brüssel I-VO gebunden**. Das überzeugt nicht,[64] denn eine solche Bindung könnte sich nur aus der Brüssel I-VO selbst ergeben, was aber logisch die *vorherige* Feststellung ihrer Anwendbarkeit voraussetzt. Hat der Erstrichter das Vorliegen einer Zivil- oder Handelssache bejaht und eine Ausnahme nach Art. 1 Abs. 2 verneint, müssen und dürfen deutsche Gerichte also im Anerkennungs- oder Vollstreckungsverfahren diese Einschätzung nicht einfach übernehmen, sondern die sachliche Anwendbarkeit der Brüssel I-VO eigenständig prüfen und bei Zweifeln diese Frage dem EuGH vorlegen (s. Rn 6). Es ist zweifelhaft, ob sich daran etwas durch die „Gothaer"-Entscheidung des EuGH geändert hat (s. Art. 33 Rn 4).

20 **d) Art der Gerichtsbarkeit unerheblich.** Art. 1 hält ausdrücklich fest, dass die sachliche Anwendbarkeit der Brüssel I-VO nur von der inhaltlichen Einstufung

---

55 EuGH 17.11.1998 – Rs. C-391/95 (Van Uden Maritime BV/Kommanditgesellschaft in Firma Deco-Line u.a.), EuZW 1999, 413, 415; EuGH 25.7.1991 – Rs. C-190/89 (Mark Rich & Co. AG/Società Italiana Impianti PA), NJW 1993, 189, 190.
56 *Schlosser*-Bericht, Nr. 65; BGH NJW-RR 2009, 999 = IPRax 2009, 428 m. Anm. *Schlosser*, S. 416.
57 EuGH 10.2.2009 – Rs. C-185/07 (Allianz SpA/West Tankers Inc.), NJW 2009, 1655 Nr. 23; *Lehmann*, NJW 2009, 1645; *Pfeiffer*, LMK 2009, 276971; *Schnichels/Stege*, EuZW 2010, 807, 808.
58 EuGH 10.2.2009 – Rs. C-185/07 (Allianz SpA/West Tankers Inc.), NJW 2009, 1655 Nr. 27; *Schnichels/Stege*, EuZW 2010, 807, 808.
59 EuGH 13.5.2015 – Rs. C-536/13 (Gazprom).
60 Vgl BGH NJW-RR 2009, 999, 1000 = IPRax 2009, 428 m. Anm. *Schlosser*, S. 416.
61 EuGH 17.11.1998 – Rs. C-391/95 (Van Uden Maritime BV/Kommanditgesellschaft in Firma Deco-Line u.a.), EuZW 1999, 413, 415.
62 BGH NJW-RR 2009, 999 = IPRax 2009, 428 m. Anm. *Schlosser*, S. 416.
63 BGH NJW 1976, 478, 480 (zum EuGVÜ).
64 Im Ergebnis ebenso Hk-ZPO/*Dörner*, Vorbem. zu Art. 36–57 Rn 3; Geimer/Schütze/*Geimer*, Art. 32 Rn 9.

der fraglichen Streitsache als Zivil- und Handelssache und nicht von der Art der Gerichtsbarkeit abhängt (s. Art. 1 Abs. 1 S. 1). Entscheidet also ein EU-mitgliedstaatliches Strafgericht im Wege des Adhäsionsverfahrens auch über zivilrechtliche Schadenersatzansprüche gegen den Angeklagten, so ist über die internationale Zuständigkeit für *dieses* Verfahren und die Anerkennung und Vollstreckung *dieser* Entscheidung nach Maßgabe der Brüssel I-VO zu entscheiden.[65]

3. Zeitlicher Anwendungsbereich. Die zeitliche Anwendbarkeit der Vorschriften der Brüssel I-VO zur Anerkennung und Vollstreckbarerklärung EU-ausländischer Entscheidungen bestimmt sich nach der komplexen intertemporalen Regelung des Art. 66.

a) Grundregel des Art. 66 Abs. 1. Nach der Grundregel des Art. 66 Abs. 1 sind (auch) die Vorschriften der Brüssel I-VO zur Anerkennung und Vollstreckbarerklärung aus Gründen des Vertrauensschutzes[66] nur dann anwendbar, wenn die fragliche Entscheidung auf einer Klage beruht, die zu einem Zeitpunkt erhoben wurde, als die Brüssel I-VO bereits **in Kraft** war, und zwar **sowohl im Urteils- als auch im Anerkennungsstaat.**[67] In Kraft getreten ist die Brüssel I-VO in den 15 alten Mitgliedstaaten (mit Ausnahme Dänemarks) gem. Art. 76 am 1.3.2002. Für **Dänemark** gilt gem. Art. 9 Abs. 2, Art. 2 Abs. 2 lit. f) des Abkommens vom 19.10.2005 zwischen der EU und Dänemark (s. Rn 10) dessen Inkrafttretens-Datum (1.7.2007) als der maßgebliche Zeitpunkt. In den 10 Staaten der **EU-Osterweiterung 2004**[68] ist die Brüssel I-VO mit deren Beitritt, also am 1.5.2004, in Kraft getreten;[69] für Bulgarien und Rumänien ist das entsprechende Datum der 1.1.2007, für Kroatien der 1.7.2013.

Für die Bestimmung des Zeitpunkts, in dem eine Klage als „erhoben" gilt, sollte man nicht auf das jeweilige nationale Prozessrecht des angegangenen Gerichts abstellen,[70] sondern im Interesse einer einheitlichen europäischen Lösung Art. 30 analog anwenden.[71] Nach Art. 30 Nr. 1 gilt ein Gericht zu dem Zeitpunkt als angerufen (= eine Klage als erhoben), in dem das verfahrenseinleitende Schriftstück **bei Gericht eingereicht** worden ist; auf die etwa aus deutscher Sicht (§§ 253 Abs. 1, 261 Abs. 1 ZPO) maßgebliche Zustellung an den Beklagten kommt es damit nicht an.

b) Erweiterung durch Art. 66 Abs. 2. Die Vorschrift des Art. 66 Abs. 2 erweitert den intertemporalen Anwendungsbereich (nur) der Anerkennungs- und Vollstreckbarerklärungsvorschriften der Brüssel I-VO auf zwei Fallkonstellationen, in denen die der Entscheidung zugrunde liegende **Klage vor** Inkrafttreten der Brüssel I-VO in Erst- und Zweitstaat **erhoben** (s. Rn 23) wurde, bestimmte zusätzliche Voraussetzungen aber dafür sorgen, dass der dadurch erreichten Rückwirkung kein berechtigtes Vertrauen entgegensteht. Gemeinsam ist beiden Konstellationen, dass die anzuerkennende **Entscheidung nach** dem Inkrafttreten der Brüssel I-VO **erlassen** wurde, wobei insoweit der Moment maßgeblich ist, in welchem sie nach dem Recht des Urteilsstaates **Außenwirkung** erlangt (str).[72] Das ist bei

---

[65] Vgl EuGH 28.3.2000 – Rs. C-7/98 (Krombach/Bamberski), NJW 2000, 1853.
[66] MüKo-ZPO/*Gottwald*, Art. 66 Rn 1.
[67] Überzeugend *Becker/Müller*, IPRax 2006, 432, 437; EuGH NJW-RR 2012, 1532.
[68] Estland, Lettland, Litauen, Malta, Polen, Slowakei, Slowenien, Tschechien, Ungarn und Zypern.
[69] Rauscher/*Staudinger*, EuZPR/EuIPR, Art. 66 Rn 2.
[70] So aber Hk-ZPO/*Dörner*, Art. 66 Rn 42; Thomas/Putzo/*Hüßtege*, Art. 66 Rn 2; vgl zum EuGVÜ BGH NJW 1996, 1411, 1412.
[71] BGH WM 2006, 151; BGH NJW 2004, 1652, 1653; MüKo-ZPO/*Gottwald*, Art. 66 Rn 1.
[72] Rauscher/*Staudinger*, EuZPR/EuIPR, Art. 66 Rn 10; Hk-ZPO/*Dörner* (5. Aufl.), Art. 66 Rn 5; aA Geimer/Schütze/*Geimer*, Art. 66 Rn 6 (Rechtskraft entscheidend).

deutschen Entscheidungen regelmäßig in dem Zeitpunkt der Fall, in dem sie verkündet (§ 310 Abs. 1 ZPO) werden; bei Anerkenntnis- und Versäumnisurteilen ohne mündliche Verhandlung kommt es nach § 310 Abs. 3 ZPO ersatzweise auf die Zustellung an. Im Übrigen ist nach lit. a) und b) zu differenzieren:

25 Nach Art. 66 Abs. 2 **lit. a)** ist weitere Bedingung der Rückwirkung, dass zum Zeitpunkt der Klageerhebung sowohl im Erst- als auch im Zweitstaat das EuGVÜ (s. Rn 32) oder das Luganer Übereinkommen (LugÜ, s. Rn 33 ff) in Kraft war. Weil die Brüssel I-VO ganz wesentlich auf das EuGVÜ/LugÜ aufbaut, wirft in dieser Konstellation die Rückwirkung keine Vertrauensschutzprobleme auf.[73] Praktische Relevanz hat lit. a) v.a. für die Anerkennung von Entscheidungen in und aus Polen, weil Polen bereits vor dem EU-Beitritt und dem damit verbundenen Inkrafttreten der Brüssel I-VO mit Wirkung vom 1.2.2000 dem LugÜ beigetreten war.

26 Art. 66 Abs. 2 **lit. b)** schließlich hält einen Vertrauensschutz dann nicht für erforderlich, wenn zwar zur Zeit der Klageerhebung im Verhältnis zwischen Erst- und Zweitstaat weder das EuGVÜ noch das LugÜ galten, die internationale Entscheidungszuständigkeit des Erstgerichts aber auf eine Norm gestützt werden konnte, die inhaltlich mit einer der Zuständigkeitsvorschriften der Brüssel I-VO oder eines anderen Abkommens übereinstimmt, das im Zeitpunkt der Klageerhebung zwischen dem Erst- und Zweitstaat in Kraft war. Entgegen der Grundregel in Art. 35 Abs. 3 darf und muss das Exequaturgericht im Zweitstaat das Vorliegen einer solchen Zuständigkeitsnorm und ihre richtige Anwendung durch das Erstgericht **eigenständig** prüfen.[74]

IV. Verhältnis zu anderen Rechtsquellen zur Anerkennung und Vollstreckung

27 **1. Verhältnis zu den autonomen deutschen Anerkennungs- und Vollstreckungsvorschriften.** Die Brüssel I-VO ist – wie jede EU-Verordnung – gem. Art. 288 Abs. 2 S. 2 AEUV (ex-Art. 249 Abs. 2 S. 2 EG) in allen Mitgliedstaaten unmittelbar geltendes Recht. Sie genießt **Anwendungsvorrang** vor dem nationalen Recht.[75] Aus dem Anwendungsvorrang folgt die **Sperrwirkung**: Innerhalb des Anwendungsbereichs der VO darf nicht auf nationales Recht zurückgegriffen werden.[76] Damit verdrängt die Brüssel I-VO innerhalb ihres Anwendungsbereichs (s. Rn 9 ff) in der praktischen Anwendung die Anerkennungs- und Vollstreckbarerklärungsvorschriften der ZPO (§§ 328, 722 f ZPO). Für ein **Günstigkeitsprinzip**, nach dem ein unter der Brüssel I-VO nicht anerkennungs- oder vollstreckungsfähiges Urteil aufgrund für dieses vorteilhafterer autonomer mitgliedschaftlicher Bestimmungen anerkannt oder für vollstreckbar erklärt werden kann, ist aufgrund der europarechtlichen Vorgaben – anders als im Verhältnis der staatsvertraglichen Vorgaben des EuGVÜ (s. Rn 32) zum nationalen Recht der Vertragsstaaten – kein Raum.[77] Jedenfalls für Deutschland hat diese Frage aber keine praktische Bedeutung, weil §§ 328, 722 f ZPO im Vergleich zur Brüssel I-VO nicht anerkennungsfreundlicher sind.

28 Deutsche **Ausführungsbestimmungen** zu den Anerkennungs- und Vollstreckbarerklärungsregeln der Brüssel I-VO sind im Anerkennungs- und Vollstreckungsausführungsgesetz (AVAG; s. die Kommentierung in diesem Werk) enthalten. Zwar

---

73 Kropholler/v. Hein, Art. 66 Rn 5.
74 BGH IPRspr 79, Nr. 196; Rauscher/*Staudinger*, EuZPR/EuIPR, Art. 66 Rn 12; Hk-ZPO/*Dörner* (5. Aufl.), Art. 66 Rn 7.
75 EuGH 15.7.1964 – Rs. C.6/64 (Costa/Enel), NJW 1964, 2371.
76 Rauscher/*Staudinger*, EuZPR/EuIPR, Einl. Brüssel I-VO Rn 29.
77 Ausf. Rauscher/*Leible*, EuZPR/EuIPR, Art. 32 Rn 3.

ist in der seit dem 10.1.2015 geltenden Fassung des AVAG[78] die Brüssel I-VO ersatzlos und ohne Übergangsbestimmungen aus dem Anwendungsbereich des AVAG gestrichen worden, weil die Ausführungsbestimmungen zur ab diesem Zeitpunkt anzuwendenden **Brüssel Ia-VO** (s. Rn 1) in die §§ 1110–1117 ZPO ausgelagert wurden. Es ist aber davon auszugehen, dass die (alten) Vorschriften des AVAG in allen Alt-Vollstreckungsverfahren Anwendung erheischen, in denen nach der intertemporalen Kollisionsnorm des Art. 66 Abs. 2 Brüssel Ia-VO weiterhin die Brüssel I-VO maßgibt.[79]

2. Verhältnis zu anderen EU-Verordnungen. a) Verhältnis zur Brüssel Ia-VO. 28a
Die Brüssel Ia-VO (s. Rn 1) ersetzt die Brüssel I-VO seit dem 10.1.2015. Zur genauen Abgrenzung des zeitlichen Anwendungsbereichs der beiden Verordnungen s. die Kommentierung des Art. 66 Brüssel Ia-VO.

b) Verhältnis zur Brüssel IIa-VO (EheGVVO) und zur EuUntVO. Mit der Brüs- 29
sel IIa-VO (EheGVVO),[80] die Vorschriften über die Zuständigkeit und die Anerkennung und Vollstreckung von Entscheidungen in Ehe- und Sorgerechtssachen enthält, gibt es wegen der Ausnahmeregelung in Art. 1 Abs. 2 lit. a) (s. Rn 13) keine inhaltlichen Überschneidungen. Am 18.6.2011 ist die **EuUntVO**[81] in Kraft getreten. Die Verordnung schafft zusammen mit dem Haager Unterhaltsprotokoll 2007 (HUP 2007)[82] ein EU-weites System, das die grenzüberschreitende Durchsetzung von familienrechtlichen Unterhaltsansprüchen erleichtern soll. Sie „ersetzt" daher gem. Art. 68 Abs. 1 EuUntVO die für Unterhaltssachen geltenden Bestimmungen der Brüssel I-VO. Diese schwammige Formulierung ist dahin gehend zu verstehen, dass die EuUntVO innerhalb ihres zeitlichen und sachlichen Anwendungsbereichs den Rückgriff auf die Brüssel I-VO ausschließt.[83]

c) Verhältnis zur EuVTVO. Die seit dem 21.10.2005 geltende EuVTVO[84] schafft 30
für unbestrittene Forderungen einen Europäischen Vollstreckungstitel, der außerhalb des Ursprungslandes ohne Exequaturverfahren vollstreckbar ist. Die EuVTVO ist neben die Brüssel I-VO getreten und verdrängt diese auch nicht teilweise. Nach Erwägungsgrund (20) der EuVTVO steht es dem Gläubiger frei, eine Bestätigung als Europäischer Vollstreckungstitel für unbestrittene Forderungen zu beantragen oder sich für das Anerkennungs- und Vollstreckungsverfahren nach der Brüssel I-VO zu entscheiden. Liegt aber eine Bestätigung als Europäischer Vollstreckungstitel vor, scheidet eine Vollstreckbarerklärung auf der Grundlage der Brüssel I-VO wegen mangelnden Rechtsschutzbedürfnisses grds. aus.[85]

---

78 Art. 5 Nr. 1 des Gesetzes zur Durchführung der Verordnung (EU) Nr. 1215/2012 sowie zur Änderung sonstiger Vorschriften vom 8.7.2014 (BGBl. I S. 890, 892).
79 So auch *Meller-Hannich*, Vor §§ 1 ff AVAG Rn 2; Hk-ZPO/*Dörner*, vor § 1 AVAG Rn 3.
80 Verordnung (EG) Nr. 2201/2003 des Rates vom 27. November 2003 über die Zuständigkeit und die Anerkennung und Vollstreckung von Entscheidungen in Ehesachen und in Verfahren betreffend die elterliche Verantwortung und zur Aufhebung der Verordnung (EG) Nr. 1347/2000, ABl. EG L Nr. 338 vom 23.12.2003, S. 1.
81 Verordnung (EG) Nr. 4/2009 des Rates vom 18. Dezember 2008 über die Zuständigkeit, das anwendbare Recht, die Anerkennung und Vollstreckung von Entscheidungen und die Zusammenarbeit in Unterhaltssachen, ABl. EU Nr. L 7 vom 10.1.2009, S. 1.
82 Zum Zusammenspiel von EuUntVO und HUP 2007 s. OLG München 12.1.2012 – 12 UF 48/12, BeckRS 2012, 01683.
83 Rauscher/*Andrae*, EuZPR/EuIPR, Art. 68 EG-UntVO Rn 2.
84 Verordnung (EG) Nr. 805/2004 des Europäischen Parlaments und des Rates vom 21. April 2004 zur Einführung eines europäischen Vollstreckungstitels für unbestrittene Forderungen, ABl. EG L Nr. 143 vom 30.4.2004, S. 15.
85 BGH NJW-RR 2010, 571 = IPRax 2011, 81 m. Anm. *Bittmann*, S. 55 = LMK 2010, 303291 (Pfeiffer); OLG Stuttgart NJW-RR 2010, 134 = EuZW 2010, 37; BGH IPRspr. 2012, Nr. 267, 603.

31 **d) EuMahnVO.** Die im Wesentlichen seit dem 12.8.2008 geltende Verordnung zur Einführung eines Europäischen Mahnverfahrens (EuMahnVO)[86] tritt wie die EuVTVO (s. Rn 30) neben die Brüssel I-VO. Die EuMahnVO gibt dem Gläubiger die Möglichkeit, unter näher definierten Voraussetzungen einen **Europäischen Zahlungsbefehl** zu beantragen, der gem. Art. 19 EuMahnVO in den anderen Mitgliedstaaten anerkannt und vollstreckt wird, ohne dass es einer Vollstreckbarerklärung bedarf und ohne dass seine Anerkennung angefochten werden kann.[87]

32 **3. Verhältnis zu einschlägigen Staatsverträgen. a) EuGVÜ.** Die Brüssel I-VO hat gem. Art. 68 im Verhältnis der Vertragsstaaten untereinander das Brüsseler EWG-Übereinkommen über die gerichtliche Zuständigkeit und die Vollstreckung gerichtlicher Entscheidungen in Zivil- und Handelssachen vom 27.9.1968 (EuGVÜ, s. Rn 1) abgelöst. Da der Geltungsbereich der Brüssel I-VO mittlerweile auch auf Dänemark ausgeweitet wurde (s. Rn 10), hat das EuGVÜ heute (fast) keine Bedeutung mehr. Es gilt nur noch im Verhältnis zu Aruba, das nicht zur EU gehört und deshalb von der Brüssel I-VO nicht erfasst wird, wohl aber vom EuGVÜ, weil die Niederlande 1986 dessen Anwendungsbereich auf Aruba erstreckt haben.[88]

33 **b) Luganer Übereinkommen.** 1988 haben die damaligen EG-Mitgliedstaaten mit der Schweiz, Norwegen und Island das Luganer Übereinkommen über die gerichtliche Zuständigkeit und die Vollstreckung gerichtlicher Entscheidungen in Zivil- und Handelssachen (LugÜ) geschlossen.[89] Sein Inhalt ist weitgehend deckungsgleich[90] mit dem EuGVÜ in der Fassung des 4. Beitrittsübereinkommens vom 29.11.1996.[91]

34 Am 30.10.2007 wurde von der EU[92] und der Schweiz, Norwegen, Island sowie Dänemark eine revidierte Fassung des LugÜ unterzeichnet,[93] die am 18.5.2009 von der EU mit Wirkung für sämtliche EU-Staaten mit Ausnahme Dänemarks ratifiziert wurde. Dänemark folgte am 24.9.2009. Zuvor hatte Norwegen am 1.7.2009 als erster EFTA-Staat die Ratifikationsurkunde hinterlegt. Damit trat das Übereinkommen gem. Art. 69 Abs. 4 LugÜ 2007 am 1.1.2010 zwischen diesen Vertragsparteien in Kraft. Seit dem 1.1.2011 gilt das Abkommen auch gegenüber der Schweiz; weitere vier Monate später ist es schließlich gegenüber Island in Kraft getreten.[94]

35 Der Inhalt des revidierten LugÜ ist mit geringen Abweichungen mit der Brüssel I-VO identisch. Deshalb können die vorliegenden Erläuterungen zur Brüssel I-VO auch als **Kommentierung des LugÜ** dienen. Am Ende der Kommentierung einer jeden Einzelnorm ist vermerkt, ob ausnahmsweise und ggf in welchem Umfang die Schwesternorm im LugÜ abweichend gefasst ist.

---

86 Verordnung (EG) Nr. 1869/2006 des Europäischen Parlaments und des Rates vom 12. Dezember 2006 zur Einführung eines Europäischen Mahnverfahrens, ABl. EG L Nr. 399 vom 30.12.2006, S. 1.
87 *Sujecki*, NJW 2007, 1622; *Hess/Bittmann*, IPRax 2008, 305.
88 Erklärung der Niederlande von 1986, BGBl. II 1986 S. 919; Aruba unterliegt nach Art. 299 Abs. 3 iVm Anhang II EG nicht dem EG und damit auch nicht der Brüssel I-VO, s. dazu Geimer/Schütze/*Pörnbacher*, IRV, Einl. Rn 21; Rauscher/*Mankowski*, EuZPR/EuIPR, Art. 68 Rn 3.
89 BGBl. II 1994 S. 2660 = ABl. EG L Nr. 319 vom 25.11.1988, S. 9.
90 Geimer/Schütze/*Pörnbacher*, IRV, Einl. Rn 5.
91 ABl. EG C Nr. 15 vom 15.1.1997, S. 1.
92 Zur Kompetenz der EU statt der Mitgliedstaaten, das revidierte LugÜ zu unterzeichnen, s. das EuGH-Gutachten vom 7.2.2006, Slg 2006, I-01145.
93 Text der Neufassung unter http://www.admin.ch/ch/d/ff/2009/1841.pdf abrufbar.
94 S. http://www.bj.admin.ch/content/bj/de/home/themen/wirtschaft/internationales_privatrecht/lugue2007.html (Stand: Juli 2012).

Die Anerkennungs- und Vollstreckbarerklärungsvorschriften des LugÜ sind gem. 36
Art. 64 Abs. 2 lit. c) LugÜ von deutschen Gerichten immer dann anstelle der
Brüssel I-VO anzuwenden, wenn Entscheidungen aus der Schweiz, Norwegen
und Island in Deutschland anerkannt und/oder vollstreckt werden sollen. Im Verhältnis der EU-Mitgliedstaaten untereinander hat die Brüssel I-VO Vorrang.

c) Sonstige multi- und bilaterale Staatsverträge. Die Brüssel I-VO ersetzt innerhalb ihres zeitlichen und sachlichen Anwendungsbereichs gem. Art. 69 f alle unter den EU-Mitgliedstaaten geschlossenen bilateralen Anerkennungs- und Vollstreckungsabkommen. Unberührt lässt die Brüssel I-VO gem. Art. 71 aber Staatsverträge, denen die Mitgliedstaaten bereits vor Inkrafttreten der Brüssel I-VO angehörten und die für bestimmte Spezialgebiete Regeln zur Anerkennung und Vollstreckung ausländischer Entscheidungen enthalten,[95] sofern diese Regeln „abschließend und ausschließlich" sind.[96] Die Anerkennungs- und Vollstreckungsnormen eines solchen Abkommens gehen der Brüssel I-VO vor, Art. 71 Abs. 2 lit. b). Beispiele für solche vorrangigen spezialvertraglichen Anerkennungs- und Vollstreckungsregeln finden sich in Art. 2 Haager Übereinkommen über die Anerkennung und Vollstreckung von Entscheidungen auf dem Gebiet der Unterhaltspflicht gegenüber Kindern vom 15.4.1958[97] und in Art. 4 ff Haager Übereinkommen über die Anerkennung und Vollstreckung von Unterhaltsentscheidungen vom 2.10.1973.[98] Unter Berufung auf den rätselhaften Satz 3 des Art. 71 Abs. 2 lit. b meint der BGH, dass „daneben" auch die Anerkennungs- und Vollstreckungsbestimmungen der Brüssel I-VO angewandt werden können,[99] was freilich den von der Norm intendierten Vorrang „abschließender und ausschließlicher" Spezialregeln gleich wieder beseitigt. Art. 31 Abs. 2 und 3 CMR[100] sind keine abschließenden Regelungen der Anerkennungs- und Vollstreckungsvoraussetzungen und stehen schon deshalb der Anwendung der entsprechenden Regeln der Brüssel I-VO nicht entgegen.[101] 37

Artikel 32 [Begriff der Entscheidung]

Unter „Entscheidung" im Sinne dieser Verordnung ist jede von einem Gericht eines Mitgliedstaats erlassene Entscheidung zu verstehen, ohne Rücksicht auf ihre Bezeichnung wie Urteil, Beschluss, Zahlungsbefehl oder Vollstreckungsbescheid, einschließlich des Kostenfestsetzungsbeschlusses eines Gerichtsbediensteten.

I. Allgemeines

Art. 32 liefert eine **Legaldefinition** der „Entscheidungen", welche nach Kapitel III 1
der Brüssel I-VO anerkennungs- und vollstreckungsfähig sind. Zu beachten ist,
dass die fragliche Entscheidung in den sachlichen und zeitlichen **Anwendungsbereich der Brüssel I-VO** insgesamt fallen muss (s. dazu Vor Art. 32 ff Rn 9 ff).

---

95 Für eine Übersicht über diese Staatsverträge s. Hk-ZPO/*Dörner*, Art. 71 Rn 6; Rauscher/*Mankowski*, EuZPR/EuIPR, Art. 71 Rn 6 f.
96 EuGH 28.1.2010 – Rs. C-533/08 (TNT/AXA) (Schlussanträge Generalanwältin *Kokott*) Tz 44.
97 BGBl. II 1961 S. 1006.
98 BGBl. II 1986 S. 826; s. hierzu auch BGH JR 2010, 432 m. Anm. *Rauscher*, JR 2010, 437; *Gottwald*, FamRZ 2009, 2073.
99 BGH NJW-RR 2010, 1, 2.
100 Genfer Übereinkommen über den Beförderungsvertrag im Internationalen Straßengüterverkehr vom 19. Mai 1956, BGBl. II 1961 S. 1119.
101 EuGH 28.1.2010 – Rs. C-533/08 (TNT/AXA) (Schlussanträge Generalanwältin *Kokott*) Tz 102.

II. Der Begriff der Entscheidung

2 Der Begriff der Entscheidung ist, wie die beispielhafte Aufzählung „Urteil, Beschluss, Zahlungsbefehl oder Vollstreckungsbescheid, einschließlich des Kostenfestsetzungsbeschlusses" zeigt, **weit** zu verstehen und geht deutlich über den des „Urteils" hinaus, das allein Gegenstand der autonomen deutschen Anerkennungsregeln (§ 328 ZPO) ist. Die „Entscheidung" iSd Brüssel I-VO umfasst alle Entscheidungen, die von einem Rechtsprechungsorgan („Gericht", s. Rn 11) in einem justizförmigen Verfahren[1] kraft seines Auftrags über zwischen den Parteien eines Rechtsstreits bestehende Streitpunkte erlassen werden.[2] Deshalb fällt unter Art. 32 etwa auch die gerichtliche Genehmigung des Vergleichsplans einer nicht konkursiten Gesellschaft nach englischem Recht („Solvent Scheme of Arrangement").[3] Man wird in Fortführung der Rspr des EuGH zum einstweiligen Rechtsschutz (s. Rn 9) **Entscheidungen in ex-parte-Verfahren**, dh solchen Verfahren, die ohne Anhörung der Gegenpartei ergangen sind und nach dem Recht des Ursprungsstaates vollstreckt werden können, nicht als anerkennungsfähige Entscheidungen iSv Art. 32 ansehen können (hM).[4] Als ungeschriebenes Tatbestandsmerkmal ist das der **Außenwirkung** hinzuzufügen.[5] Rein **verfahrensleitende Entscheidungen** (Zwischenentscheidungen, wie etwa Beweis- und Aufklärungsbeschlüsse, Zeugenladungen) und Entscheidungen, die im Urteilsstaat nur eine **innerprozessuale Bindungswirkung** auslösen sollen (wie etwa das deutsche Grundurteil nach § 304 ZPO), sind damit nicht anerkennungsfähig.[6] Dagegen fallen einstweilige Verfügungen zur Durchsetzung von aus Sicht des Ursprungsstaates materiell-rechtlichen Ansprüchen auf Auskunfts- oder Informationsbeschaffung unter Art. 32.[7]

3 Öffentliche Urkunden und Prozessvergleiche sind keine gerichtlichen Entscheidungen iSd Art. 32; zu den Voraussetzungen für ihre Anerkennung und Vollstreckbarerklärung s. Art. 57 f.

4 Auf den Entscheidungsinhalt kommt es grds. nicht an. **Prozessurteile**[8] und **Nebenentscheidungen** wie die ausdrücklich erwähnten Kostenentscheidungen (gemeint sind nur solche über Kostenerstattungsansprüche der Parteien untereinander)[9] und von einem Gericht erlassene Kostenfestsetzungsbeschlüsse[10] sind deshalb ebenso anerkennungsfähig wie Entscheidungen in der Sache.

5 Nicht anerkennungsfähig sind Entscheidungen, die sich ihrem Regelungsgehalt nach ausschließlich auf das Gebiet des Gerichtsstaates beziehen, also gar keine grenzüberschreitenden Wirkungen entfalten sollen. Hierhin gehören insb. die An-

---

1 Hk-ZPO/*Dörner*, Art. 2 Rn 2.
2 EuGH 2.6.1994 – Rs. C-414/92 (Solo Kleinmotoren), NJW 1995, 38, 39.
3 Ausf. *Mäsch*, IPRax 2013, 234; *Petrovic*, ZInsO 2010, 265, 267 ff. Offen gelassen von BGH NJW 2012, 2113 (Equitable Life).
4 So für ein sofort für vollstreckbar erklärtes italienisches „*decreto ingiuntivo*" österr. OGH 19.9.2012 – 3Ob123/12 b, ZfRV-LS 2013/8; Rauscher/*Leible*, EuZPR/EuIPR, Art. 32 Rn 7 a und 12; *Schlosser*, EU-Zivilprozessrecht, Art. 32 EuGVVO Rn 6; *Kropholler/v. Hein*, Art. 34 EuGVVO Rn 29; OLG Zweibrücken 22.9.2005 – 3 W 175/05, BeckRS 2005, 11545.
5 Rauscher/*Leible*, EuZPR/EuIPR, Art. 32 Rn 5.
6 OLG Hamburg IPRax 2000, 530; OLG Hamm RIW 1989, 566 (frz. *ordonnance de référé expertise*); OLG Hamm EuZW 2009, 95 (Anordnung des persönlichen Erscheinens eines Zeugen); *Schlosser*, EuZPR, Art. 32 Rn 7 f.
7 BGH WM 2007, 373; OLG Nürnberg WuB 2011, 417, 418 m. Anm. *Mankowski*; *Schlosser*, EuZPR, Art. 32 Rn 9; MüKo-ZPO/*Gottwald*, Art. 32 Rn 17.
8 Hk-ZPO/*Dörner*, Art. 2 Rn 2; aA Geimer/Schütze/*Geimer*, Art. 32 Rn 16.
9 OLG Schleswig RIW 1997, 513; *Schlosser*, EuZPR, Art. 32 Rn 10; Geimer/Schütze/*Geimer*, Art. 32 Rn 36.
10 OLG Saarbrücken IPRax 1990, 232; OLG Koblenz IPRax 1987, 24.

erkennung drittstaatlicher Entscheidungen (keine **Doppelexequatur**) und die gerichtliche Aufhebung oder (Un-)Zulässigerklärung von Vollstreckungsmaßnahmen im Entscheidungsstaat.[11]

Welcher **Funktionsträger** oder welches Organ innerhalb des Mitgliedstaatengerichts die Entscheidung gefällt hat, ist unerheblich, wie aus der Erwähnung des nicht weiter spezifizierten „Gerichtsbediensteten" am Ende der Norm hervorgeht. Eine anzuerkennende Entscheidung kann deshalb zB auch von einem Rechtspfleger, Urkunds- oder Kostenbeamten ausgehen, sofern es inhaltlich um die Ausübung richterlicher = gerichtlicher Befugnisse (s. Rn 11) geht. Solche Befugnisse soll etwa der französische *huissier* (Gerichtsvollzieher) nicht haben.[12]

Ebenso unerheblich ist die **Form** der Entscheidung. Deshalb können auch abgekürzte, insb. begründungslose Entscheidungen anerkannt und vollstreckt werden.[13] Weil in diesen Fällen aber die Nachprüfung der Anerkennungsvoraussetzungen des Art. 34 schwierig ist, schließen in Deutschland §§ 313 a Abs. 3 Nr. 5, 313 b Abs. 3 ZPO den Verzicht auf Tatbestand und Entscheidungsgründe aus, wenn zu erwarten ist, dass das Urteil im Ausland „geltend gemacht" werden wird; stellt sich dies erst später heraus, folgt aus § 30 AVAG ein Recht auf Urteilsvervollständigung.

Die anzuerkennende Entscheidung muss nicht rechtskräftig sein,[14] wie sich schon aus der Regelung in Art. 37 Abs. 1 ergibt, die eine Aussetzung des Anerkennungsverfahrens ermöglicht, wenn im Ursprungsstaat gegen die Entscheidung ein ordentlicher Rechtsbehelf eingelegt wurde. Damit sind der richterliche Zahlungsbefehl (*ordinanza ingiuntiva di pagamento*) und der nach Einspruch für vorläufig vollstreckbar erklärte Mahnbescheid (*decreto ingiuntivo*) aus Italien anerkennungsfähig,[15] letzterer dagegen nicht, wenn er ohne rechtliches Gehör des Schuldners bereits anfänglich in sofort vollstreckbarer Form erlassen wurde.[16]

Weil die Rechtskraft, dh die Endgültigkeit der Entscheidung, ohne Belang ist, sind auch **Maßnahmen im einstweiligen Rechtsschutz** grds. anerkennungsfähig.[17] Der EuGH hat aber zum EuGVÜ, dem Vorgänger der Brüssel I-VO, entschieden, dass dies nur für solche einstweiligen Maßnahmen gilt, die in einem **kontradiktorischen Verfahren**, also nach Anhörung des Gegners in einer mündlichen Verhandlung, ergangen sind.[18] Der mit einstweiligen Maßnahmen oftmals verfolgte Überraschungseffekt lässt sich somit auf internationaler Ebene nur erreichen, wenn ihr Erlass im Vollstreckungsstaat selbst beantragt wird.[19] Deshalb wird

---

11 Rauscher/*Leible*, EuZPR/EuIPR, Art. 32 Rn 14; *Schlosser*, EuZPR, Art. 32 Rn 5 mit weiteren Beispielen zu schweizerischen territorial begrenzten Entscheidungen; zur Unzulässigkeit der Doppelexequatur von Schiedssprüchen s. BGH NJW 2009, 2826; *Zarth*/*Gruchinsky*, EWiR 2009, 759; *Schütze*, RIW 2009, 817; *Schütze*, in: FS Spellenberg, 2010, S. 511, 515 ff.
12 Rauscher/*Leible*, EuZPR/EuIPR, Art. 32 Rn 18.
13 *Kropholler*/*v. Hein*, Art. 32 Rn 13.
14 *Jenard*-Bericht, S. 44; OLG München NJW-RR 2008, 736; OLG Celle InVo 2007, 251, 253.
15 Zur „*ordinanza ingiuntiva di pagamento*": OGH ZfRV 2000, 231; OLG Stuttgart RIW 1997, 684; OLG Zweibrücken RIW 2006, 863; zum „*decreto ingiuntivo*": OLG Celle InVo 2007, 251; OLG Frankfurt aM OLGR 2005, 96; OLG Zweibrücken RIW 2006, 709; OLG Celle NJW-RR 2007, 718.
16 OLG Zweibrücken OLGR 2006, 218.
17 Rauscher/*Leible*, EuZPR/EuIPR, Art. 32 Rn 11; *Schlosser*, EuZPR, Art. 32 Rn 6. Umfassend zu den Problemen grenzüberschreitender Vollstreckung des einstweiligen Rechtsschutzes in der EU *Tsikrikas*, ZZP 124 (2011), 461.
18 EuGH 21.5.1980 – Rs. 125/79 (Denilauler), IPRax 1981, 95 m. Anm. *Hausmann*, S. 79; s.a. BGH NJW-RR 2007, 1573; OLG Stuttgart BeckRS 2015, 00928.
19 Rauscher/*Leible*, EuZPR/EuIPR, Art. 32 Rn 12 a.

von manchen Autoren in Frage gestellt, ob dem EuGH auch für die in diesem Bereich grundlegend umgestaltete Brüssel I-VO zu folgen ist.[20] Der BGH hat hingegen an der EuGH-Rechtsprechung festgehalten;[21] zu Recht, denn die durchaus großzügigen Anerkennungs- und Vollstreckungsvorschriften sowohl des EuGVÜ als auch der Brüssel I-VO lassen sich nur dann rechtfertigen, wenn der Betroffene zumindest die Möglichkeit hatte, bereits im Ursprungsstaat das Verfahren zu beeinflussen.[22] Einstweilige Maßnahmen, die von mitgliedstaatlichen Gerichten erlassen worden sind, deren internationale Zuständigkeit insoweit ausschließlich auf den Vorschritten des nationalen Verfahrensrechts beruht (vgl Art. 31) und bei denen gleichzeitig die vom EuGH zusätzlich geforderte reale Verknüpfung zwischen dem Gegenstand der Maßnahme und dem Gerichtsgebiet nicht besteht, werden nicht nach den Vorschriften der Brüssel I-VO in den anderen Mitgliedstaaten anerkannt und vollstreckt.[23] Gleiches gilt für (nur oberflächlich) **vorläufige Zahlungsverfügungen (interim payments, référé-provisions)**, da und soweit sie die Rückzahlung für den Fall nicht gewährleisten, dass der Antragsgegner im Hauptverfahren obsiegt.[24]

10 **Undertakings** aus dem Common-Law-Bereich, also Verpflichtungen, die eine Partei gegenüber dem Gericht zugunsten der anderen Seite eingeht,[25] dürften im Rahme der Brüssel I-VO anerkennungs- und vollstreckungsfähig sein, weil sie – insb. im Hinblick auf die Sanktionierung bei ihrer Verletzung – einer Gerichtsentscheidung zumindest gleichgestellt sind.[26]

III. Der Begriff des Gerichts

11 Ein Gericht iSd Brüssel I-VO ist jede Behörde mit **Rechtsprechungsfunktion**,[27] was – in Abgrenzung zu Verwaltungsbehörden – u.a. voraussetzt, dass sich die entscheidenden Personen in ihrer Entscheidung durch **sachliche Unabhängigkeit** statt Weisungsgebundenheit auszeichnen.[28] Die Art der Gerichtsbarkeit ist ohne Belang, so dass auch zivil- oder handelsrechtliche Entscheidungen erfasst sind, die ein **Strafgericht** im Annexverfahren[29] oder ein Verwaltungsgericht trifft oder die aus deutscher Sicht der Freiwilligen Gerichtsbarkeit zuzuordnen wären, sofern letztere nicht – wie idR – wegen Art. 1 Abs. 2 aus dem sachlichen Anwendungsbereich der Brüssel I-VO herausfallen (s. dazu Vor Art. 32 ff Rn 13).[30] Entscheidungen eines mitgliedstaatlichen Insolvenzgerichts werden wegen Art. 1 Abs. 2 lit. b) nicht nach der Brüssel I-VO, sondern der Europäischen Insolvenz-

---

20 Geimer/Schütze/*Geimer*, Art. 32 Rn 35; Rauscher/*Leible*, EuZPR/EuIPR, Art. 32 Rn 12; *Micklitz/Rott*, EuZW 2002, 15, 16 f.
21 BGH NJW-RR 2007, 1573.
22 EuGH 21.5.1980 – Rs. 125/79 (Denilauler), IPRax 1981, 95 m. Anm. *Hausmann*, S. 79, Tz 13 f, 17; BGH NJW-RR 2007, 1573, 1574.
23 EuGH 27.4.1999 – Rs. C-99/96 (Mietz/Intership Yachting), EuGHE 1999 I-2277; vgl *Tsikrikas*, ZZP 124 (2011), 461, 473; Rauscher/*Leible*, EuZPR/EuIPR, Art. 31 Brüssel I-VO Rn 38.
24 EuGH 17.11.1998 – Rs. C-391/95 (van Uden/Deco Line), EuGHE 1998 I-7091; EuGH 27.4.1999 – Rs. C- 99/96 (Mietz/Intership Yachting), EuGHE 1999 I-2277; vgl *Tsikrikas*, ZZP 124 (2011), 461, 473.
25 Näher *Schlosser*, RIW 2001, 81; vgl auch *Mäsch*, FamRZ 2002, 1070.
26 *Schlosser*, EuZPR, Art. 32 Rn 11.
27 Vgl EuGH 2.6.1994 – Rs. C-414/92 (Solo Kleinmotoren), NJW 1995, 38, 39 (Rechtsprechungsorgan).
28 *Schlosser*, EuZPR, Art. 32 Rn 4.
29 Vgl EuGH 21.4.1993 – Rs. C-172/91 (Sonntag), NJW 1993, 2091, 2092.
30 *Kropholler/v. Hein*, Art. 32 Rn 8; Hk-ZPO/*Dörner*, Art. 3 Rn 1.

verordnung (EuInsVO)[31] anerkannt.[32] Die Formulierung „Gericht eines Mitglied*staats*" deutet an, dass nur Entscheidungen staatlicher Gerichte, nicht von **Schiedsgerichten**[33] gemeint sind, was sich aber auch schon aus Art. 1 Abs. 2 lit. d) ergibt. Gleichermaßen sind Entscheidungen von **Verwaltungsbehörden** nicht nach der Brüssel I-VO anzuerkennen, selbst wenn sie in der Sache eine zivilrechtliche Frage betreffen.[34] Das gilt auch für Entscheidungen der Justizverwaltung, also etwa Gerichtskostenrechnungen,[35] und für Entscheidungen einer Anwaltskammer über Anwaltshonorare.[36] Gemäß Art. 62 sind in Ausnahme hierzu aber Entscheidungen eines schwedischen Amts für Betreibung (*kronofogdemyndighet*) im Rahmen eines Mahnverfahrens (*betalningsföreläggande*) und eines Beistandsverfahrens (*handräckning*) als nach der Brüssel I-VO anerkennungsfähige Gerichtsentscheidungen zu behandeln.

V. Das Gericht eines Mitgliedstaates

Die anzuerkennende Entscheidung muss von dem Gericht eines der derzeit 27 Mitgliedstaaten gefällt worden sein, was Entscheidungen eines supra- oder internationalen Gerichts ausschließt.[37] Trotz Art. 1 Abs. 3 sind auch **dänische Gerichte** als Gerichte eines Mitgliedstaates zu behandeln, weil die EG und das Königreich Dänemark mit einem Abkommen vom 19.10.2005,[38] in Kraft getreten am 1.7.2007,[39] die Vorschriften der Brüssel I-VO mit geringfügigen Anpassungen im Verhältnis zu Dänemark für anwendbar erklärt haben.[40]

Das für die Anwendung des EGV und damit auch der Brüssel I-VO maßgebliche **Territorium der Mitgliedstaaten** wird in Art. 349 AEUV (ex-Art. 299 EG) definiert. Von den Überseegebieten einzelner EU-Mitgliedstaaten sind erfasst: Frankreich: Französisch-Guyana, Guadeloupe, Martinique, La Réunion; Portugal: Madeira, Azoren; Spanien: Kanarische Inseln, Ceuta und Mellila. **Nicht zu den Mitgliedstaatengerichten** gehören Gerichte mit Sitz in folgenden Gebieten: Französisch-Polynesien, St. Pierre & Miquelon, Mayotte (Frankreich); Niederländisch-Antillen (Niederlande); Falkland-Inseln, St. Helena (Vereinigtes Königreich). Innerhalb des geographischen Gebiets der EU ausgeschlossen sind: Andorra, die Kanalinseln, die Färöer-Inseln, die Isle of Man, Monaco, San Marino, der Vatikanstaat und Grönland. Im Verhältnis zu Aruba (Niederlande) gilt nicht die Brüssel I-VO, sondern kraft Art. 68 weiterhin das EuGVÜ.[41] Gerichte in Gibraltar gelten als Gerichte des Vereinigten Königreichs, weshalb ihre Entscheidungen nach der Brüssel I-VO anerkannt werden (beachte aber die Erklärung des Vereinigten Königreichs zur notwendigen Beglaubigung von gibraltarischen Urteilen

---

31 ABl. EG L Nr. 160 vom 30.6.2000, S. 1 ff.
32 Zur Abgrenzung von Brüssel I-VO und EuInsVO im Einzelnen vgl Rauscher/*Mäsch*, EuZPR/EuIPR, Art. 25 EG-InsVO Rn 2 ff, Art. 1 EG-InsVO Rn 8 ff.
33 Rauscher/*Leible*, EuZPR/EuIPR, Art. 32 Rn 17; zur Unzulässigkeit der Doppelexequatur von Schiedssprüchen s. BGH NJW 2009, 2826; *Zarth/Gruchinsky*, EWiR 2009, 759; *Schütze*, RIW 2009, 817.
34 *Kropholler/v. Hein*, Art. 32 Rn 9; Rauscher/*Leible*, EuZPR/EuIPR, Art. 32 Rn 19.
35 BGH IPRspr 2000, Nr. 178, 391 = BeckRS 2000, 30118406.
36 BGH NJW-RR 2006, 143 (Vollstreckbarerklärung durch Präsidenten des Tribunal des Grandes Instances ist aber Entscheidung iSd Art. 32); OLG Koblenz IPRax 1987, 24 m. Anm. *Reinmüller*, S. 10; *Schlosser*, EuZPR, Art. 32 Rn 4.
37 Rauscher/*Leible*, EuZPR/EuIPR, Art. 32 Rn 17; Hk-ZPO/*Dörner*, Art. 2 Rn 8.
38 ABl. EG L Nr. 299 vom 16.11.2005, S. 62.
39 ABl. EG L Nr. 94 vom 4.4.2007, S. 70.
40 Vgl dazu *Jayme/Kohler*, IPRax 2006, 537, 543.
41 Näher dazu Rauscher/*Mankowski*, EuZPR/EuIPR, Art. 68 Rn 3.

durch das Londoner Ministerium für auswärtige Angelegenheiten und Commonwealth-Fragen).[42]

IV. Luganer Übereinkommen

14 Keine Abweichungen.

Abschnitt 1
Anerkennung

Literatur:

Bajons, Internationale Zustellung und Recht auf Verteidigung, in: FS Schütze, 1999, S. 49; *Bälz/Marienfeld*, Missachtung einer Schiedsklausel als Anerkennungshindernis iSv Art. 34–35 EuGVVO und § 328 ZPO?, RIW 2003, 51; *Basedow*, Die Verselbständigung des europäischen ordre public, in: FS Sonnenberger, 2004, S. 291; *Beck*, Ordre public und Schuldnerflucht nach England, ZVI 2012, 433; *Braun*, Der Beklagtenschutz nach Art. 27 Nr. 2 EuGVÜ, 1992; *Bruns*, Der anerkennungsrechtliche ordre public in Europa und den USA, JZ 1999, 278; *Frank*, Das verfahrenseinleitende Schriftstück in Art. 27 Nr. 2 EuGVÜ, Lugano-Übereinkommen und in Art. 6 Haager Unterhaltsübereinkommen 1973, 1998; *Geimer*, Gegenseitige Urteilsanerkennung im System der Brüssel I-Verordnung, in: FS Beys, 2003, S. 391; *Geimer*, Enge Auslegung der Ausnahmeklausel des Art. 34 Nr. 2 EuGVVO, IPRax 2008, 498; *Georganti*, Die Zukunft des ordre-public-Vorbehalts im Europäischen Zivilprozessrecht, 2006; *Hau*, Der Einwand des Prozessbetrugs in Brüssel I-Exequaturverfahren (BGH, S. 47), IPRax 2006, 20; *Heß*, Die Zustellung von Schriftstücken im europäischen Justizraum, NJW 2001, 15; *Hök*, Discovery-proceedings als Anerkennungshindernis, 1993; *Leipold*, Neuere Erkenntnisse des EuGH und des BGH zum anerkennungsrechtlichen ordre public, in: FS Stoll, 2001, S. 644; *Meller-Hannich*, Materiellrechtliche Einwendungen bei der grenzüberschreitenden Vollstreckung und die Konsequenzen von „Prism Investment" – Teil I/Teil II, GPR 2012, 90/153; *Rauscher*, Wie ordnungsgemäß muss die Zustellung für Brüssel I und Brüssel II sein?, in: FS Beys, 2003, S. 1285; *Renfert*, Über die Europäisierung der ordre public Klausel, 2003; *Requejo Insidro*, On Exequatur and the ECHR: Brussels I Regulation before the ECtHR, IPRax 2015, 69; *Roth*, Anerkennung von Entscheidungen nach Art. 34 Nr. 2 EuGVVO bei Verweigerung der Annahme des zustellenden Schriftstücks, IPRax 2005, 438; *Roth*, Zur verbleibenden Bedeutung der ordnungsgemäßen Zustellung bei Art. 34 Nr. 2 EuGVVO, IPRax 2008, 501; *Schütze*, Punitive Damages – Anerkennung und Vollstreckbarerklärung US-amerikanischer Urteile in Deutschland, RIW 1993, 139; *Völker*, Zur Dogmatik des ordre public, 1998.

Artikel 33 [Anerkennung einer Entscheidung]

(1) Die in einem Mitgliedstaat ergangenen Entscheidungen werden in den anderen Mitgliedstaaten anerkannt, ohne dass es hierfür eines besonderen Verfahrens bedarf.

(2) Bildet die Frage, ob eine Entscheidung anzuerkennen ist, als solche den Gegenstand eines Streites, so kann jede Partei, welche die Anerkennung geltend macht, in dem Verfahren nach den Abschnitten 2 und 3 dieses Kapitels die Feststellung beantragen, dass die Entscheidung anzuerkennen ist.

(3) Wird die Anerkennung in einem Rechtsstreit vor dem Gericht eines Mitgliedstaats, dessen Entscheidung von der Anerkennung abhängt, verlangt, so kann dieses Gericht über die Anerkennung entscheiden.

---

42 ABl. EG C Nr. 13 vom 16.1.2001, S. 1.

I. Allgemeines............................	1
II. Wesen und Wirkung der Anerkennung....................................	2
1. Grundsatz............................	2
2. Teilanerkennung.................	3
3. Einzelheiten zu den Anerkennungsfolgen..................	4
a) Rechtskrafterstreckung..	4
b) Gestaltungswirkung.....	7
c) Interventions- und Streitverkündungswirkung, Gewährleistungsklagen..	8
d) Prozessurteile...............	9
e) Tatbestandswirkung.....	10
f) Vollstreckungswirkung..	11
g) Wirkung gegenüber am Erstverfahren nicht beteiligter Dritter...................	12
III. Die Inzidentanerkennung (Abs. 1)............................	13
1. Grundsatz..........................	13
2. Ausnahme: Vollstreckungswirkung............................	14
IV. Das selbständige Anerkennungsverfahren (Abs. 2).................	15
V. Das „unselbständige" Anerkennungsverfahren (Abs. 3).........	20
VI. Luganer Übereinkommen.......	21

I. Allgemeines

Art. 33 enthält in seinen drei Absätzen drei zusammenhängende Aussagen dazu, 1
wie die Anerkennung von Entscheidungen aus anderen Mitgliedstaaten vor sich
geht. Grundsätzlich werden die Entscheidungen (zu diesem Begriff s. Art. 32
Rn 2 ff) **ipso iure** („automatisch") und damit inzident anerkannt, ohne dass ein
besonderes Verfahren zu durchlaufen ist (Abs. 1; s. Rn 13 f). Die an der Anerkennung interessierte Partei hat aber die Möglichkeit, ein selbständiges Anerkennungsverfahren mit dem Ziel einer förmlichen und bindenden Anerkennungsentscheidung zu betreiben (Abs. 2; s. Rn 15 ff). Schließlich kann im Rahmen eines
laufenden Rechtsstreits, in dem es auf die Anerkennung einer Entscheidung aus
einem Mitgliedstaat ankommt, diese zum Gegenstand eines „unselbständigen"
Feststellungsverfahrens gemacht werden (Abs. 3; s. Rn 20). In allen drei Fällen,
also trotz des in Abs. 1 fehlenden Hinweises auf Abschnitt 3 des Kapitels III auch
dann, wenn die Anerkennung nur inzident begehrt wird, müssen die in Art. 53 f
vorgesehenen Urkunden vorgelegt werden.[1]

II. Wesen und Wirkung der Anerkennung

1. Grundsatz. Die Brüssel I-VO definiert nicht, was unter „Anerkennung" zu 2
verstehen ist. Hierzu existieren verschiedene Ansichten.[2] Der EuGH hat sich in
Bezug auf das EuGVÜ (s. Vor Art. 32 ff Rn 32) im Anschluss an den *Jenard*-Bericht[3] für die **Theorie der Wirkungserstreckung** entschieden, wonach der ausländischen Entscheidung im Anerkennungsstaat die gleichen Wirkungen zukommen,
die sie im Ursprungsstaat hat.[4] Daran ist für die Brüssel I-VO festzuhalten,[5] weil
nur diese Sichtweise zu einer echten Freizügigkeit von Entscheidungen innerhalb
der Union führt.[6] Sie hat aber die unbequeme Folge, dass uU Entscheidungswirkungen zu akzeptieren und mit Leben zu füllen sind, die dem Recht des Anerkennungsstaates fremd sind;[7] eine Grenze bildet allein der ordre public des Anerkennungsstaates (Art. 34 Nr. 1). Im Inland „gänzlich unbekannte" ausländische Ur-

---

1 Thomas/Putzo/*Hüßtege*, Art. 33 Rn 6; MüKo-ZPO/*Gottwald*, Art. 33 Rn 23; Musielak/
Stadler, Art. 33 Rn 5; aA *Schlosser*, EuZPR, Art. 33 Rn 2.
2 Näher Rauscher/*Leible*, EuZPR/EuIPR, Art. 33 Rn 3; *Schack*, Rn 881 ff; Geimer/Schütze/
Geimer, Art. 33 Rn 1 f.
3 S. 43.
4 EuGH 4.2.1988 – Rs. 145/86 (Hoffmann/Krieg), NJW 1989, 663.
5 Hk-ZPO/*Dörner*, Art. 36 Rn 3; *Kropholler/v. Hein*, vor Art. 33 Rn 9; MüKo-ZPO/*Gottwald*, Art. 33 Rn 3; aA *Schack*, Rn 886.
6 Rauscher/*Leible*, EuZPR/EuIPR, Art. 33 Rn 3 a.
7 Hk-ZPO/*Dörner*, Art. 36 Rn 3.

teilswirkungen sollen nach einer Ansicht nicht anerkannt werden müssen,[8] was nicht nur wegen der damit einhergehenden Einschränkung der Urteilsfreizügigkeit,[9] sondern schon auch wegen der schwierigen Abgrenzung zu bloß „abweichenden" Urteilswirkungen bedenklich erscheint.

3   2. **Teilanerkennung.** Trotz des insoweit schweigenden Art. 33 ist es nach allgM möglich, eine teilbare ausländische Entscheidung nur **teilweise anzuerkennen,**[10] etwa weil von mehreren eigenständigen Ansprüchen, über die entschieden wurde, nur einer in den Anwendungsbereich der Brüssel I-VO fällt (s. Vor Art. 32 ff Rn 9 ff) oder nur für einen von ihnen Anerkennungshindernisse nach Art. 34 f vorliegen. Zur Möglichkeit der **Teilvollstreckbarerklärung** s. Art. 48.

4   3. **Einzelheiten zu den Anerkennungsfolgen. a) Rechtskrafterstreckung.** Die Folge der Anerkennung ist insb. die Erstreckung einer etwaig vorhandenen materiellen Rechtskraftwirkung (Rechtskraft ist für die Anerkennung nicht notwendig, s. Art. 32 Rn 8) der ausländischen Entscheidung auf das Inland. Weil die Brüssel I-VO der Theorie der Wirkungserstreckung folgt (s. Rn 2), muss man annehmen, dass sich die sachlichen und persönlichen Grenzen nach dem Recht des Entscheidungsstaates beurteilen.[11] Der EuGH hat sich zwar in einer Entscheidung für einen **autonomen europäischen Rechtskraftbegriff** ausgesprochen, der neben dem Tenor auch die Gründe umfasst und selbst einem Prozessurteil zukommen kann.[12] Es ist jedoch unklar, ob das über die *in concreto* visierten Ausführungen des Erstgerichts zu seiner Unzuständigkeit (kraft einer abweisenden Gerichtsstandsvereinbarung) verallgemeinerungsfähig ist, denn dieser Ansatz kann zu dem höchst zweifelhaften Resultat führen, dass Feststellungen in Rechtskraft erwachsen, die dies weder im Erst- noch im Zweitstaat tun.[13] Wird trotz der Rechtskraft eines anzuerkennenden ausländischen Urteils im Anerkennungsstaat erneut Klage über (aus Sicht des Entscheidungsstaates) denselben Streitgegenstand erhoben, ist diese unter dem Gesichtspunkt der res iudicata als unzulässig abzuweisen,[14] selbst wenn die Einholung der Vollstreckbarerklärung im Verfahren nach den Art. 38 ff kostspieliger sein sollte.[15] Die Rechtskraft muss auch ein etwaiger **Zessionar** gegen sich gelten lassen, der am ursprünglichen Verfahren nicht beteiligt war.[16] Die Unsicherheit, ob die Anerkennung eines im EU-Ausland erstrittenen Urteils eine erneute Klage im Inland blockiert, kann der Kläger über ein selbständiges Anerkennungsverfahren nach Abs. 2 (s. Rn 15 ff) beseitigen.

5   Wird im Inland nicht über denselben Streitgegenstand wie im Ausland gestritten, so kann das rechtskräftige ausländische Urteil **Präjudizwirkung** entfalten, und zwar innerhalb der vom ausländischen Recht gesteckten sachlichen Grenzen der Rechtskraft (s. Rn 4). Das gilt zB für die Rechtskrafterstreckung auf Aufrech-

---

8   MüKo-ZPO/*Gottwald*, § 328 ZPO Rn 5, ausdrücklich auch für Brüssel I-VO.
9   Vgl Zöller/*Geimer*, § 328 ZPO Rn 22: Im Rahmen der Brüssel I-VO müssen auch dem deutschen Recht unbekannte Urteilswirkungen anerkannt werden.
10 Vgl BGH NJW 1992, 3096, 3104 (zu § 328 ZPO); Musielak/*Stadler*, Art. 33 Rn 2; Hk-ZPO/*Dörner*, Art. 36 Rn 9.
11 Vgl BGH NJW-RR 2010, 1; OLG Frankfurt RIW 1985, 411; Geimer/Schütze/*Geimer*, Art. 33 Rn 36 ff; Hk-ZPO/*Dörner*, Art. 36 Rn 5.
12 EuGH 15.11.2012 – Rs. C-456/11 (Gothaer Allgemeine Versicherungen), EuZW 2013, 60 m. krit. Anm. *Bach*, S. 56.
13 *Bach*, EuZW 2013, 56, 59.
14 EuGH 30.11.1976 – Rs. 42/76 (de Wolf/Cox), NJW 1977, 495 (nur Tenor) = BeckRS 2004, 71158, Tz 9 ff; vgl OLG Karlsruhe NJW-RR 1994, 1286.
15 EuGH 30.11.1976 – Rs. 42/76 (de Wolf/Cox), Tz 14 f.
16 OLG Bremen BeckRS 2014, 09820.

nungsforderungen.[17] Auch können englische[18] und französische[19] Urteile nicht nur in Bezug auf die Entscheidung über den Streitgegenstand, sondern in unterschiedlichem Umfang auch in Bezug auf **im Erstprozess festgestellte entscheidungserhebliche Tatsachen, vorgreifliche Rechtsverhältnisse und (den Ausschluss von) Einwendungen** in Deutschland Bindungswirkung entfalten.[20] Es erscheint im Rahmen der eine größtmögliche Freizügigkeit für Gerichtsentscheidungen anstrebenden Brüssel I-VO zumindest fragwürdig, dagegen wie bei der Anerkennung nach autonomem Recht[21] mit dem Argument der „gänzlich unbekannten" Urteilswirkung vorgehen zu wollen.[22] Ob die ausländische Rechtskraft von Amts wegen (so das deutsche Recht) oder nur auf Einrede des Beklagten hin zu berücksichtigen ist, ist nach dem Recht des Anerkennungsstaates zu entscheiden, denn die Brüssel I-VO vereinheitlicht nicht die Art der Beschaffung des Prozessstoffs.[23]

Für eine eigenständige **Präklusionswirkung** des Abschlusses des ausländischen Verfahrens mit der Folge, dass sich die Parteien in späteren inländischen **Verfahren** ganz generell nicht mehr auf solche Tatsachen berufen dürfen, die sie bereits im Vorprozess hätten vorbringen können,[24] bietet die Brüssel I-VO schon deshalb keine geeignete Grundlage, weil sie auf die Anerkennung (und ggf Vollstreckbarerklärung) der ausländischen **Entscheidung** beschränkt ist. Damit ist nur ein solcher neuer Tatsachenvortrag ausgeschlossen, der gegen die ggf präjudiziellen Feststellungen der ausländischen Entscheidung (s. Rn 5 ff) verstößt. 6

b) **Gestaltungswirkung.** Die Gestaltungswirkung eines ausländischen Urteils (soweit sie sich nicht auf das Territorium des Urteilsstaates beschränkt, vgl Art. 32 Rn 5) erstreckt sich kraft Anerkennung auch auf das Inland, unabhängig davon, ob das deutsche Recht eine zumindest vergleichbare Gestaltungswirkung kennt (zB Überleitung von Arbeitsbezügen in einem niederländischen Unterhaltsurteil).[25] Als Gestaltungswirkung einzuordnen ist die **Ersetzungswirkung eines Urteils für eine Willenserklärung** wie nach dem deutschen § 894 ZPO mit der Folge, dass es insoweit keiner Vollstreckbarerklärung im Verfahren nach Art. 38 ff bedarf.[26] 7

c) **Interventions- und Streitverkündungswirkung, Gewährleistungsklagen.** Auch für Voraussetzungen, Inhalt und Umfang der Interventions- und Streitverkündungswirkung ist das Recht des Entscheidungsstaates maßgebend. Für Entscheidungen aufgrund einer Gewährleistungs- oder Interventionsklage (vgl Art. 6 Nr. 2, Art. 11) ergibt sich die Anerkennungsfähigkeit ausdrücklich aus Art. 65 Abs. 2. 8

d) **Prozessurteile.** Anders als nach § 328 ZPO kann im Rahmen der Brüssel I-VO auch ein **EU-ausländisches Prozessurteil** anzuerkennen sein und Wirkung im In- 9

---

17 *Schlosser*, EuZPR, Art. 33 Rn 3.
18 Vgl zur englischen Rechtskraftlehre insoweit *Andrews*, English Civil Procedure, 2003, Rn 40.01 ff.
19 Vgl zum französischem Recht *Kössinger*, Rechtskraftprobleme im deutsch-französischen Rechtsverkehr, 1993, S. 100 ff, 142 ff, 146 ff.
20 *Nagel/Gottwald*, § 11 Rn 21 f; zu Grenzen der Rechtskraft im englischen und französischen Recht s.a. *Schack*, Rn 1008 ff.
21 Vgl zum deutschen Recht MüKo-ZPO/*Gottwald*, § 328 ZPO Rn 151 f mwN; Musielak/*Stadler*, § 328 ZPO Rn 35.
22 Geimer/Schütze/*Geimer*, Art. 33 Rn 13, 37 ff; *Nagel/Gottwald*, § 11 Rn 22 f; aA *Schack*, Rn 882 ff.
23 MüKo-ZPO/*Gottwald*, Art. 33 Rn 4.
24 So offenbar Geimer/Schütze/*Geimer*, Art. 33 Rn 42 ff; *Kropholler/v. Hein*, vor Art. 33 Rn 14.
25 Vgl *Schlosser*, EuZPR, Art. 33 Rn 3.
26 *Schlosser*, EuZPR, Art. 33 Rn 3; *ders.*, in: FS Leipold, 2009, S. 435, 436 ff; aA *Stürner*, in: FS Henckel, 1995, S. 873 ff.

land zumindest hinsichtlich der Zuständigkeit entfalten: Eine Abweisung der Klage im Ausland mangels internationaler (oder soweit von Art. 2 ff Brüssel I-VO mitgeregelter örtlicher) Zuständigkeit hindert das angegangene inländische Gericht daran, seine eigene internationale (oder örtliche) Zuständigkeit mit dem Argument zu verneinen, tatsächlich sei das ausländische Gericht doch zuständig gewesen.[27] Andere Umstände, die zu einem Prozessurteil führen können (Prozessunfähigkeit etc.), lösen keine Bindungswirkung aus.

10   e) **Tatbestandswirkung.** Im Tatbestand mancher Normen des materiellen Rechts wird das Vorliegen einer gerichtlichen Entscheidung (für Deutschland etwa §§ 136, 197 Abs. 1 Nr. 3, 775 Abs. 1 Nr. 4 BGB) oder die Einleitung eines gerichtlichen Verfahrens (etwa § 204 Abs. 1 Nr. 1, 6 BGB) vorausgesetzt. Ob und unter welchen Voraussetzungen ein ausländisches Verfahren bzw eine ausländische Entscheidung dieses Tatbestandsmerkmal zu erfüllen vermag, ist im Wege der autonomen Auslegung der jeweiligen Norm des anzuwendenden Sachrechts zu ermitteln, deren Ergebnis auch für EU-Auslandsentscheidungen nicht von Art. 33 determiniert wird (allgM). Im deutschen Recht ist umstritten, unter welchen Voraussetzungen eine Klageerhebung oder die Zustellung der Streitverkündung im Ausland die Verjährung im Inland hemmt (§ 204 Abs. 1 Nr. 1, 6 BGB) bzw ein rechtskräftiges ausländisches Urteil die Verjährungsfrist nach § 197 Abs. 1 Nr. 3 BGB verlängert.[28] Mit der hM ist an der (autonomen) Auslegung festzuhalten, dass in letzterer Hinsicht nur ein Urteil in Frage kommt, das im Inland **anerkannt** werden kann,[29] für EU-ausländische Entscheidungen nach Maßgabe der Brüssel I-VO. Für die Verjährungshemmung im Inland durch Klageerhebung oder Streitverkündung im Ausland kommt es auf eine günstige **Anerkennungsprognose** für das möglicherweise am Ende des Verfahrens stehende Urteil an.[30]

11   f) **Vollstreckungswirkung.** Zur Vollstreckungswirkung, also der Eigenschaft einer Entscheidung, die Grundlage für Vollstreckungsmaßnahmen bilden zu können (Vollstreckungstitel), s. Rn 11.

12   g) **Wirkung gegenüber am Erstverfahren nicht beteiligter Dritter.** Die Bindung Dritter durch eine rechtskräftige Entscheidung richtet sich grds. nach dem Recht des Entscheidungsstaates. Die Grenze setzt im Inland der deutsche ordre public (Art. 34 Nr. 1). Wenn die ausländische Drittbindung über die in §§ 325–327 ZPO geregelten Konstellationen hinausgeht (Dritter ist Rechtsnachfolger der Partei oder hat in die Prozessführung durch die Partei eingewilligt), ist sie deshalb nur anzuerkennen, wenn dem Dritten im Verfahren wie einer Partei rechtliches Gehör (Art. 103 Abs. 1 GG) gewährt wurde.[31] Daran kann es insb. bei *representative proceedings* des englischen Rechts[32] fehlen. Zur Interventions- und Streitverkündungswirkung s. Rn 8.

---

27 OLG Celle IPRax 1997, 417; MüKo-ZPO/*Gottwald*, Art. 33 Rn 9; EuGH 15.11.2012 – Rs. C-456/11 (Gothaer Allgemeine Versicherungen), EuZW 2013, 60; aA Geimer/Schütze/*Geimer*, Art. 32 Rn 16 ff.
28 Überblick über den Streitstand bei MüKo-ZPO/*Gottwald*, § 328 ZPO Rn 165; MüKo-BGB/*Spellenberg*, Art. 32 EGBGB Rn 101 ff.
29 v. Bar/*Mankowski*, Rn 384; *Martiny*, § 3 Rn 432; *Schack*, Rn 867; *Looschelders*, IPRax 1998, 296, 301.
30 RGZ 129, 385, 389; OLG Düsseldorf NJW 1978, 1752; LG Deggendorf IPRax 1983, 125; MüKo-ZPO/*Gottwald*, § 328 ZPO Rn 165; *Nagel/Gottwald*, § 11 Rn 27, 132; *Taupitz*, ZZP 102 (1989), 288, 307 f (Streitverkündung); *ders.*, IPRax 1996, 140, 144 f; aA *Schack*, Rn 840 f; *Frank*, IPRax 1983, 108.
31 Geimer/Schütze/*Geimer*, Art. 33 Rn 36; zum deutschen Recht s. MüKo-ZPO/*Gottwald*, § 328 ZPO Rn 160; diff. *Nagel/Gottwald*, § 11 Rn 122.
32 Vgl zu diesen *Einhaus*, Kollektiver Rechtsschutz im englischen und deutschen Prozessrecht, 2008, S. 160 ff.

III. Die Inzidentanerkennung (Abs. 1)

1. Grundsatz. Die beschriebenen Wirkungen der Anerkennung treten nach Abs. 1 ipso iure, also ohne Durchführung eines besonderen Verfahrens, immer dann ein, wenn die gesetzlichen Voraussetzungen (Eröffnung des sachlichen Anwendungsbereichs der Brüssel I-VO, Entscheidung iSd Art. 32 und Fehlen von Anerkennungshindernissen nach Art. 34 f) vorliegen. Dies ist vom Entscheidungsträger in jedem behördlichen oder gerichtlichen Verfahren, für dessen Entscheidung es auf eine der oben beschriebenen Anerkennungswirkungen ankommt, inzident festzustellen. Diese Inzidentfeststellung bindet andere Behörden und Gerichte nicht. Zur bindenden Feststellung im Rahmen eines selbständigen Anerkennungsverfahrens s. Rn 15.

2. Ausnahme: Vollstreckungswirkung. Eine Ausnahme von der inzident festzustellenden „automatischen" Wirkungserstreckung gilt hinsichtlich der Vollstreckungswirkung: Eine Entscheidung aus einem anderen EU-Mitgliedstaat bildet nicht bereits kraft der Anerkennung die Grundlage für die Vollstreckung im Anerkennungsstaat, sondern bedarf zusätzlich der im Verfahren nach Art. 38 ff einzuholenden **Vollstreckbarerklärung** durch ein Gericht des Anerkennungsstaates. Für den Europäischen Vollstreckungstitel nach der EuVTVO gilt anderes (vgl dort).

IV. Das selbständige Anerkennungsverfahren (Abs. 2)

Der Grundsatz der ipso iure-Anerkennung ausländischer Entscheidungen ohne Bindungswirkung für andere inländische Behörden oder Gerichte (s. Rn 13) provoziert Unsicherheit und die **Gefahr widerstreitender Ergebnisse**,[33] insb. bei Gestaltungs- oder Feststellungsurteilen, denen mangels eines vollstreckungsbedürftigen Inhalts kein Vollstreckbarerklärungsverfahren folgt. Deshalb schafft Abs. 2 die Möglichkeit (nicht den Zwang), über ein selbständiges Anerkennungsverfahren eine bindende Feststellung der Anerkennungsfähigkeit zu erreichen. Das Verfahren richtet sich nach den Abschnitten 2 und 3, also nach Art. 38 ff und 53 ff; ergänzende Bestimmungen finden sich in §§ 25 f AVAG (zu Einzelheiten s. dort). Die örtliche Zuständigkeit ergibt sich aus Art. 39 Abs. 2, maßgeblich ist also der Wohnsitz des Schuldners oder der Ort, an dem die Zwangsvollstreckung durchgeführt werden soll. Kommt letztere nicht in Betracht, soll hilfsweise der Ort heranzuziehen sein, an dem das Feststellungsinteresse zu lokalisieren ist; ist dieser nicht zu bestimmen, ist analog § 15 Abs. 1 S. 2 ZPO der Sitz der Bundesregierung maßgeblich.[34]

Antragsberechtigt ist neben den Parteien des Ausgangsrechtsstreits und deren Rechtsnachfolger auch jeder Dritte, der ein Interesse an einer bindenden Feststellung hat.[35]

Nach dem Wortlaut von Abs. 2 und dem *Jenard*-Bericht zum EuGVÜ[36] kann nur ein positiver, nicht ein **negativer Feststellungsantrag** gestellt werden. Das Interesse der Partei, der aus der Anerkennung ungünstige Folgen drohen, an der bindenden Feststellung der Nichtanerkennung ist aber kaum weniger schützenswert als das der Gegenseite, so dass hier mit einer **analogen Anwendung** des Abs. 2 zu helfen ist (sehr str).[37] Für den positiven oder negativen Antrag reicht ein **allge-**

---

33 Rauscher/*Leible*, EuZPR/EuIPR, Art. 33 Rn 12.
34 *Kropholler/v. Hein*, Art. 33 Rn 8.
35 Rauscher/*Leible*, EuZPR/EuIPR, Art. 33 Rn 13.
36 Hk-ZPO/*Dörner*, Art. 36 Rn 12.
37 Geimer/Schütze/*Geimer*, Art. 33 Rn 85 f; Hk-ZPO/*Dörner*, Art. 36 Rn 12; *Schlosser*, EuZPR, Art. 33 Rn 4; aA MüKo-ZPO/*Gottwald*, Art. 33 Rn 13; *Kropholler/v. Hein*, Art. 33 Rn 8; Rauscher/*Leible*, EuZPR/EuIPR, Art. 33 Rn 13; *Schack*, Rn 886.

meines Rechtsschutzbedürfnis aus, es bedarf weder eines besonderen Feststellungsinteresses wie bei § 256 Abs. 2 ZPO noch – insoweit gegen den Wortlaut von Abs. 2 – eines „Streites" zwischen den Parteien über die Anerkennungsfähigkeit (allgM);[38] das Fehlen des letzteren kann aber dazu führen, dass auf die Beschwerde des Antragsgegners hin die Kosten des Verfahrens dem Antragsteller auferlegt werden (§ 26 AVAG).

18 Das Feststellungsverfahren nach Abs. 2 kann nicht nur selbständig betrieben, sondern auch mit dem Antrag auf Vollstreckbarerklärung nach Art. 38 ff verbunden werden (allgM),[39] nicht aber hilfsweise mit einem Leistungsantrag für den Fall der Ablehnung der Anerkennung, weil es sich nicht um dieselbe Prozessart handelt.[40]

19 Die Aufhebung oder Abänderung der Feststellungsanerkennung kann beantragt werden, wenn die anerkannte Entscheidung nachträglich im Urteilsstaat aufgehoben oder abgeändert wurde (§§ 29, 27 AVAG).

V. Das „unselbständige" Anerkennungsverfahren (Abs. 3)

20 Nach seinem Wortlaut regelt Abs. 3 nur, dass jedes Gericht im Rahmen eines vor ihm geführten Rechtsstreits inzident und ohne Bindungswirkung für zukünftige Verfahren über die Anerkennung einer ausländischen Entscheidung als Vorfrage entscheiden kann, solange es an einer förmlichen Anerkennungsentscheidung nach Abs. 2 fehlt.[41] Doch das ergibt sich bereits aus Abs. 1 (s. Rn 13). Eigenständigen Sinn macht Abs. 3 deshalb nur, wenn das Prozessgericht in einem Rechtsstreit, in dem es auf die Anerkennung einer Entscheidung aus einem Mitgliedstaat ankommt, darüber nicht nur inzident, sondern auf Antrag auch förmlich und mit bindender Wirkung entscheiden kann, selbst und gerade dann, wenn die Zuständigkeit für ein selbständiges Anerkennungsverfahren nach Abs. 2 (s. Rn 15) fehlt.[42] Ein solcher Antrag muss bis zum Schluss der letzten mündlichen Verhandlung gestellt werden.[43]

VI. Luganer Übereinkommen

21 Keine Abweichungen.

Artikel 34 [Gründe für die Nichtanerkennung]

Eine Entscheidung wird nicht anerkannt, wenn
1. die Anerkennung der öffentlichen Ordnung *(ordre public)* des Mitgliedstaats, in dem sie geltend gemacht wird, offensichtlich widersprechen würde;
2. dem Beklagten, der sich auf das Verfahren nicht eingelassen hat, das verfahrenseinleitende Schriftstück oder ein gleichwertiges Schriftstück nicht so rechtzeitig und in einer Weise zugestellt worden ist, dass er sich verteidigen

---

38 MüKo-ZPO/*Gottwald*, Art. 33 Rn 12; Rauscher/*Leible*, EuZPR/EuIPR, Art. 33 Rn 14; Geimer/Schütze/*Geimer*, Art. 33 Rn 95 f.
39 Kropholler/*v. Hein*, Art. 33 Rn 5; Rauscher/*Leible*, EuZPR/EuIPR, Art. 33 Rn 15; MüKo-ZPO/*Gottwald*, Art. 33 Rn 14.
40 Rauscher/*Leible*, EuZPR/EuIPR, Art. 33 Rn 15.
41 So Hk-ZPO/*Dörner*, Art. 36 Rn 13; Kropholler/*v. Hein*, Art. 33 Rn 10 f; MüKo-ZPO/ *Gottwald*, Art. 33 Rn 23.
42 MüKo-ZPO/*Gottwald*, Art. 33 Rn 24; Rauscher/*Leible*, EuZPR/EuIPR, Art. 33 Rn 17; *Schlosser*, EuZPR, Art. 33 Rn 5; Thomas/Putzo/*Hüßtege*, Art. 36 Rn 11.
43 Rauscher/*Leible*, EuZPR/EuIPR, Art. 33 Rn 17.

konnte, es sei denn, der Beklagte hat gegen die Entscheidung keinen Rechtsbehelf eingelegt, obwohl er die Möglichkeit dazu hatte;
3. sie mit einer Entscheidung unvereinbar ist, die zwischen denselben Parteien in dem Mitgliedstaat, in dem die Anerkennung geltend gemacht wird, ergangen ist;
4. sie mit einer früheren Entscheidung unvereinbar ist, die in einem anderen Mitgliedstaat oder in einem Drittstaat zwischen denselben Parteien in einem Rechtsstreit wegen desselben Anspruchs ergangen ist, sofern die frühere Entscheidung die notwendigen Voraussetzungen für ihre Anerkennung in dem Mitgliedstaat erfüllt, in dem die Anerkennung geltend gemacht wird.

I. Allgemeines 1	2. Rechtliches Gehör bei der
II. Die einzelnen Versagungsgründe 3	Verfahrenseinleitung (Nr. 2) 19
1. Ordre public (Nr. 1) 3	a) Allgemeines, Anwen-
a) Allgemeines 3	dungsbereich 19
b) Voraussetzungen eines	b) Das verfahrenseinlei-
Ordre-public-Verstoßes.. 6	tende Schriftstück 23
aa) Ordre-public-Ver-	c) Zustellung des verfah-
stoß nur als Folge	renseinleitenden Schrift-
der Anwendung aus-	stücks 25
ländischen Rechts ... 6	aa) Rechtzeitigkeit der
bb) Maßgeblichkeit des	Zustellung 25
„Ergebnisses" der	bb) Art und Weise der
Anwendung auslän-	Zustellung 29
dischen Rechts 7	d) Fehlendes Einlassen des
cc) Maßgeblicher Zeit-	Beklagten 30
punkt 8	e) Einlegung eines Rechts-
c) Inhalt des ordre public .. 9	behelfs im Urteilsstaat ... 33
aa) Allgemeines 9	f) Darlegungs- und Beweis-
bb) Ordre public	last 34
atténué 10	3. Unvereinbarkeit mit einer
cc) Der ordre public im	Entscheidung aus dem Aner-
Einzelnen 11	kennungsstaat (Nr. 3) 35
(1) Der materielle	a) Allgemeines 35
ordre public 12	b) Unvereinbarkeit der Ent-
(2) Der verfahrens-	scheidungen 38
rechtliche ordre	4. Unvereinbarkeit mit einer
public 13	Entscheidung aus einem
d) Darlegungs- und Beweis-	Drittstaat (Nr. 4) 41
last 16	III. Luganer Übereinkommen 44
e) Rechtsfolgen eines	
Ordre-public-Verstoßes.. 17	

I. Allgemeines

Art. 34 zählt gemeinsam mit Art. 35 **abschließend**[1] die Gründe auf, die der Anerkennung einer EU-ausländischen Entscheidung (s. Art. 32 Rn 2 ff) im Rahmen der Brüssel I-VO (zu deren sachlichen Anwendungsbereich s. Vor Art. 32 ff Rn 11 ff) entgegenstehen; hinzu kommt noch **Art. 61** für **Entscheidungen in einem Adhäsionsverfahren** (s. Rn 32). Diese Versagungsgründe stellen Ausnah- 1

---

[1] EuGH 13.10.2011 – Rs. C-139/10 (Prism Investments BV/Jaap Anne van der Meer), NJW 2011, 3506; BGH RIW 2013, 83; für das Luganer Übereinkommen: OLG Düsseldorf ZIP 2015, 344.

men dar und sind deshalb **eng auszulegen**.[2] Folgerichtig steht der Anerkennung nicht entgegen, dass der Entscheidung im Ursprungsmitgliedstaat nachgekommen wurde.[3]

2 Im Vollstreckbarerklärungsverfahren nach Art. 38 ff bleiben die Anerkennungsversagungsgründe aufgrund ausdrücklicher gesetzlicher Anordnung **in erster Instanz unbeachtet** und werden erst auf die Beschwerde des zunächst nicht beteiligten (Art. 41 S. 2) Schuldners hin überprüft (Art. 41 S. 1, 43). Daraus ist zu schließen, dass auch im **selbständigen Anerkennungsverfahren** nach Art. 33 Abs. 2 (s. Art. 33 Rn 15 ff) und bei allen Gelegenheiten, in denen ein Gericht oder eine Behörde die Anerkennung einer ausländischen Entscheidung **inzident** prüft (s. Art. 33 Rn 13 ff), keine Prüfung der Versagungsgründe von Amts wegen stattfindet (wohl aber der anderen Voraussetzungen; s. Art. 36 Rn 4), sondern sie erst **auf Einrede** des sich der Anerkennung widersetzenden Teils hin zu beachten sind (str);[4] zur Ausnahme des Art. 35 Abs. 1 (Verletzung ausschließlicher Zuständigkeitsvorschriften) s. Art. 35 Rn 4 ff. Es folgt weiterhin, dass dieser insoweit die **Darlegungs- und Beweislast** trägt (allgM).[5] Eine Ausnahme gilt wegen des Informationsvorsprungs des Klägers für die ordnungsgemäße und rechtzeitige Zustellung des verfahrenseinleitenden Schriftstücks (s. Art. 34 Rn 23 ff). Weitere Beweislastregeln finden sich in Art. 53 f (s. dort).

II. Die einzelnen Versagungsgründe

3 **1. Ordre public (Nr. 1). a) Allgemeines.** Der Ordre-public-Vorbehalt soll verhindern, dass ein Staat aus seiner Sicht gänzlich unannehmbare Entscheidungen anderer Staaten anerkennen (und ggf vollstrecken) muss. Dieses Sicherheitsventil ist wegen der immer noch bestehenden großen Unterschiede in den materiellen und Verfahrensrechten der EU-Mitgliedstaaten auch in deren Verhältnis untereinander notwendig, selbst wenn rechtspolitisch das Ziel sein muss, den Vorbehalt durch ein immer stärkeres Zusammenwachsen überflüssig zu machen.[6] *De lege lata* wird der Charakter des Ordre-public-Vorbehalts als *last resort* dadurch gewahrt, dass wegen der engen Auslegung (s. Rn 1) hohe Hürden zu überwinden sind, bevor ein Ordre-public-Verstoß bejaht werden kann.

4 Nr. 1 stellt ausdrücklich auf die öffentliche Ordnung des Mitgliedstaates ab, in dem die Anerkennung zu prüfen ist. Was dazu zählt, kann naturgemäß nur dieser Mitgliedstaat selbst entscheiden. Dem EuGH bleibt daher nur, „über die Grenzen zu wachen, innerhalb derer sich das Gericht eines Vertragsstaats auf diesen Begriff stützen darf, um der Entscheidung eines Gerichts eines anderen Vertragsstaats die Anerkennung zu versagen".[7] Der Rspr des EuGH ist im Hinblick auf diese „Grenzen" bislang positiv nur zu entnehmen, dass der allgemeine Grundsatz des **fairen Verfahrens** und speziell das **Recht auf rechtliches Gehör** in allen

---

2 EuGH 2.6.1994 – Rs. C-414/92 (Solo Kleinmotoren), NJW 1995, 38, 39; EuGH 28.3.2000 – Rs. C-7/98 (Krombach/Bamberski), NJW 2000, 1853, 1854; EuGH 11.5.2000 – Rs. C-38/98 (Renault/Maxicar), NJW 2000, 2185, 2186; Rauscher/*Leible*, EuZPR/EuIPR, Art. 34 Rn 2.
3 EuGH 13.10.2011 – Rs. C-139/10 (Prism Investments BV/Jaap Anne van der Meer), NJW 2011, 3506.
4 Rauscher/*Leible*, EuZPR/EuIPR, Art. 34 Rn 3; aA Hk-ZPO/*Dörner*, Art. 45 Rn 1.
5 BGH NJW-RR 2002, 1151; BGH NJW 1993, 3269, 3270; MüKo-ZPO/*Gottwald*, Art. 34 Rn 8; *Kropholler/v. Hein*, vor Art. 33 Rn 7; Rauscher/*Leible*, EuZPR/EuIPR, Art. 34 Rn 3 a.
6 *Kropholler/v. Hein*, Art. 34 Rn 3; Hk-ZPO/*Dörner*, Art. 45 Rn 2; Rauscher/*Leible*, EuZPR/EuIPR, Art. 34 Rn 4; vgl auch *Leipold*, in: FS Stoll, 2001, S. 644 ff.
7 EuGH 28.3.2000 – Rs. C-7/98 (Krombach/Bamberski), NJW 2000, 1853, 1854; EuGH 2.4.2009 – Rs. C-394/07 (Gambazzi), Slg 2009, I-2563; *Schnichels/Stege*, EuZW 2010, 807, 810.

Verfahren, die zu einer den Betroffenen beschwerenden Maßnahme führen können, von herausragender Bedeutung sind und ihre Verletzung nationale Gerichte eines Mitgliedstaates berechtigt, unter Verweis auf den ordre public die Anerkennung zu verweigern.[8] Bei der negativen Abgrenzung hilft wenig, dass nach Auffassung des EuGH der Begriff des ordre public eng auszulegen ist, damit die Anerkennungsverweigerung eine seltene Ausnahme bleibt (s. Rn 1); dies war schon zuvor unbestritten.

Nr. 1 ist ein **Auffangtatbestand**, der nur dann eingreift, wenn Nr. 2–4 und Art. 35 Abs. 1 und 2 nicht einschlägig sind (allgM). 5

b) Voraussetzungen eines Ordre-public-Verstoßes. aa) Ordre-public-Verstoß nur 6 **als Folge der Anwendung ausländischen Rechts.** Gegen den ordre public kann nur die **Anwendung ausländischen materiellen oder Verfahrensrechts** verstoßen. Wenn Normen der Brüssel I-VO zu einem Ergebnis führen, das aus der Sicht des Anerkennungsstaates nicht tragbar erscheint, bietet nicht Nr. 1, sondern allein die im Rahmen der Brüssel I-VO noch wenig ausgearbeitete Figur der Gesetzesumgehung oder des Rechtsmissbrauchs einen möglichen Ansatzpunkt.[9]

bb) Maßgeblichkeit des „Ergebnisses" der Anwendung ausländischen 7 **Rechts.** Auch wenn der Wortlaut von Nr. 1 weniger präzise ist als der anderer Ordre-public-Vorschriften (Art. 26 EuInsVO, Art. 6 EGBGB), ist unbestritten, dass nur das **konkrete Ergebnis der Anwendung einer ausländischen Norm** zählt. Ob die ausländische Vorschrift „als solche" mit grundlegenden inländischen Wertvorstellungen vereinbar ist, interessiert so lange nicht, als sich das im konkreten Fall nicht in einer störenden Wirkung im Anerkennungsstaat niederschlägt.[10] Das anstößige „Ergebnis" kann allerdings bereits in der verfahrensrechtlichen Benachteiligung eines Beteiligten liegen (s. Rn 13).

cc) Maßgeblicher Zeitpunkt. Die Vorstellungen darüber, was zur öffentlichen 8 Ordnung des Anerkennungsstaates zu zählen ist, können sich im Laufe der Zeit ändern. Maßgeblich für die Prüfung nach Nr. 1 ist der Zeitpunkt der Anerkennung, nicht der der anzuerkennenden Entscheidung (str).[11]

c) Inhalt des ordre public. aa) Allgemeines. Die „öffentliche Ordnung" besteht 9 (nur) aus den grundlegenden Gerechtigkeitsvorstellungen des betroffenen Staates, die ihrerseits im Wesentlichen in den verfassungsmäßig garantierten Rechten und Wertentscheidungen konkretisiert sind. Zudem muss das Ergebnis der Anwendung zum inländischen ordre public „offensichtlich" in so starkem Widerspruch stehen, dass es nach inländischen Vorstellungen untragbar erscheint. Darin schlägt sich der Wille des Gesetzgebers nieder, dass die Ordre-public-Klausel nur in Ausnahmefällen Anwendung finden soll (s. Rn 1).

bb) Ordre public atténué. Manche Stimmen in Deutschland, insb. der BGH, ver- 10 treten die Auffassung, dass im Rahmen der Entscheidungsanerkennung nur eine im Vergleich zu den kollisionsrechtlichen Vorschriften der Art. 6 EGBGB, Art. 21 Rom I-VO, Art. 26 Rom II-VO eingeschränkte Ordre-public-Prüfung stattzufinden hat, dh dass **besonders gravierende** Verstöße gegen deutsche Wertvorstellungen notwendig sind, um die Anerkennung verweigern zu können (sog. *ordre pu-*

---

8 EuGH 28.3.2000 – Rs. C-7/98 (Krombach/Bamberski), NJW 2000, 1853, 1855; EuGH 2.5.2006 – Rs. C-341/04 (Eurofood IFSC), EuZW 2006, 337, 340 f (zu Art. 26 EuInsVO); EuGH 2.4.2009 – Rs. C-394/07 (Gambazzi), Slg 2009, I-2563; *Schnichels/Stege,* EuZW 2010, 807, 810.
9 Ausführlicher dazu, allerdings nicht für das Anerkennungsstadium, *Thole,* ZZP 2009, 423; *Beck,* ZVI 2012, 433; OLG Köln NZI 2013, 506.
10 Hk-ZPO/*Dörner,* Art. 45 Rn 4.
11 OLG Köln NJW-RR 1995, 446, 448; Hk-ZPO/*Dörner,* Art. 45 Rn 4; aA Geimer/Schütze/*Geimer,* Art. 34 Rn 39.

blic atténué).[12] Dem ist mit zahlreichen Autoren[13] zu widersprechen: Sollen staatliche deutsche Stellen ihre Hand reichen, um einer ausländischen Entscheidung in einem Vollstreckungsverfahren gegen den Willen des Betroffenen zu inländischen Wirkungen zu verhelfen, so sind deutsche Gerechtigkeitsmaßstäbe im gleichen Maße zu beachten wie bei der Anwendung ausländischen Rechts im Erkenntnisverfahren, in dem es im Regelfall gleichfalls darum geht, eine Grundlage für Zwangs(-vollstreckungs-)Maßnahmen zu schaffen. Es macht für den Schuldner keinen Unterschied, ob deutsche Gerichte Hilfe im Erkenntnis- oder Anerkennungsverfahren verweigern. Die praktischen Auswirkungen dieses Streits sind allerdings gering, da die Anhänger des *ordre public atténué* bisher jegliche Versuche unterlassen haben, die Höhe der in ihrem System notwendigen zweiten Messlatte für das Anerkennungsverfahrens näher zu bestimmen. So hat der BGH in seiner Entscheidung zu Art. 2 Nr. 1 des deutsch-österreichischen Anerkennungs- und Vollstreckungsvertrages, in der er einleitend betont, dass im Rahmen der Anerkennung der „großzügigere" anerkennungsrechtliche ordre public gelte, im unmittelbaren Anschluss an dessen Definition exakt die gleichen Begriffe gewählt, die er auch im Rahmen des Art. 6 EGBGB verwendet.[14]

11 cc) **Der ordre public im Einzelnen.** Das anstößige Ergebnis kann durch die (auch fehlerhafte) Anwendung ausländischer materieller (s. Rn 12) oder prozessualer (s. Rn 13 ff) Normen verursacht werden, (nur) in besonderen Fällen durch ausländisches Kollisionsrecht.[15] Eine (vermeintlich) falsche Anwendung des Gemeinschaftsrechts durch das Erstgericht begründet keinen Ordre-public-Verstoß.[16]

12 (1) **Der materielle ordre public.** Innerhalb Europas dürfte es wenige Fälle geben, in denen ausländische materielle Normen zu einem Ergebnis führen, das mit grundlegenden inländischen Gerechtigkeitsvorstellungen „offensichtlich" unvereinbar ist. Der BGH sah den deutschen ordre public bislang zweimal berührt: bei einer „besonders krassen" **Ausbeutung des Angehörigen-Bürgen** (in casu verneint)[17] und bei der persönlichen Haftung eines Lehrers für einen Schülerunfall im Widerspruch zur deutschen **sozialversicherungsrechtlichen Haftungsfreistellung**.[18] Ein ausländisches Urteil auf Strafschadensersatz (**punitive damages**) verstößt nur gegen den deutschen ordre public, wenn er pauschaliert und in „nicht unerheblicher Höhe" zugesprochen wird.[19] Im Übrigen bieten die Kommentierungen zum kollisionsrechtlichen ordre public, insb. zu Art. 6 EGBGB, verlässliche Orientierungshilfen,[20] da ein davon abweichender, besonderer Maßstab für

---

12 Vgl BGH NJW 1986, 3027; BGH NJW 1998, 2358; Geimer/Schütze/*Geimer*, Art. 34 Rn 19 ff; Übersicht bei *Völker*, Zur Dogmatik des ordre public, S. 51; *Bruns*, JZ 1999, 278, 279.
13 Insb. mit gründlicher Analyse *Völker*, Zur Dogmatik des ordre public, S. 53 ff mwN, S. 89 ff, S. 254; *Hök*, Discovery-proceedings als Anerkennungshindernis, 1993, S. 264; vgl *Schütze*, RIW 1993, 139, 140 zum Verhältnis von § 328 Abs. 1 Nr. 4 ZPO zu Art. 38 EGBGB.
14 BGH NJW 1998, 2358; ohne Hinweis auf den *ordre public atténué* kommt BGH NJW 2010, 153 aus; allerdings verzichtet dort das Gericht überhaupt auf eine Definition des ordre public.
15 Zur gleichheitswidrigen Anknüpfung *Lorenz*, Mélanges Fritz Sturm, 1999, S. 1559 ff; zur Missachtung von Eingriffsnormen des Anerkennungsstaates Rauscher/*Leible*, EuZPR/EuIPR, Art. 34 Rn 19.
16 EuGH 11.5.2000 – Rs. C-38/98 (Renault/Maxicar), NJW 2000, 2185, 2186.
17 BGH NJW 1999, 2372.
18 BGH NJW 1993, 3269, 3272.
19 Vgl BGH NJW 1992, 3096; Palandt/*Thorn*, Anh. zu EGBGB Art. 38–42, Rom II 26, Rn 2 f.
20 MüKo-BGB/*Blumenwitz*, Art. 6 EGBGB; Bamberger/Roth/*Lorenz*, Art. 6 EGBGB; Staudinger/*Sturm*, Art. 6 EGBGB; Palandt/*Thorn*, Art. 6 EGBGB; Hk-BGB/*Dörner*, Art. 6 EGBGB.

den anerkennungsrechtlichen ordre public (*ordre public atténué*) nicht existiert (s. Rn 10).

(2) Der verfahrensrechtliche ordre public. Wichtiger als der materielle ist der **verfahrensrechtliche ordre public**. Denn obwohl prozessuale Regelungen in Europa ebenso selten mit deutschen Wertvorstellungen unvereinbar sein werden wie materielle Normen, kommt es dennoch nicht selten zu „grobe[n] Pannen"[21] im gerichtlichen Verfahren. Eine Entscheidung ist in Deutschland nicht anerkennungsfähig, wenn sie nicht als in einem geordneten rechtsstaatlichen Verfahren ergangen angesehen werden kann,[22] was nicht immer schon dann vorliegt, wenn zwingendes einfachgesetzliches deutsches Verfahrensrecht verletzt ist (allgM). Erforderlich ist vielmehr eine grobe Abweichung von den deutschen verfahrensrechtlichen Grundprinzipien der **Unabhängigkeit** und **Unparteilichkeit** des Gerichts, des **rechtlichen Gehörs**[23] (zum rechtlichen Gehör im Stadium der Verfahrenseinleitung s. Rn 19 ff), der **Gleichbehandlung** der Parteien sowie ganz allgemein des Anspruchs auf ein **faires Verfahren** (Art. 6 EMRK). Der verfahrensrechtliche ordre public ist beispielsweise verletzt, wenn ein Beteiligter wegen Missachtung des Gerichts (*contempt of court*) vom Verfahren ausgeschlossen wird und ihm kein Rechtsbehelf gegen diese Entscheidung zur Verfügung steht.[24] Die **Missachtung einer wirksamen Schiedsklausel** begründet ebenso einen Ordre-public-Verstoß (str)[25] wie eine Verurteilung trotz **fehlender Gerichtsbarkeit** im völkerrechtlichen Sinne[26] und das das Zuständigkeitssystem der Brüssel I-VO verletzende Verbot, in einer englischen **anti-suit injunction** ein gerichtliches Verfahren vor einem Gericht eines anderen Mitgliedstaates zu beginnen oder fortzusetzen.[27] Nach Ansicht des EuGH kann es keinen Ordre public-Verstoß im Vollstreckungsstaat begründen, wenn ein griechisch-zypriotisches Gericht eine Entscheidung bzgl eines im von der zypriotischen Regierung nicht kontrollierten Nordteil der Insel belegenen Grundstücks trifft (zw.).[28] Zu Recht hat das OLG Nürnberg in einer im Wege des einstweiligen Rechtsschutzes erlassenen und auf weltweite Sicherstellung von Vermögenswerten des Schuldners gerichteten Anordnung des britischen High Court of Justice (Worldwide Asset Freezing Order) keinen Verstoß gegen den deutschen ordre public sehen wollen.[29] Zur **mangelnden Bestimmtheit** einer Entscheidung als Anerkennungshindernis iSd Nr. 1 s. Art. 38 Rn 12 ff. Zum Vorwurf des **Prozessbetrugs** s. Rn 14; zum Vorwurf der **missbräuchlichen Zuständigkeitserschleichung**[30] s. Rn 6, 15.

13

---

21 *Schlosser*, EuZPR, Art. 34–36 Rn 2.
22 BGH NJW 1990, 2201, 2203.
23 BGH NJW 2009, 3306, 3308.
24 BGH NJW 2010, 153, 156 m. Anm. *Rauscher*.
25 *Schlosser*, EuZPR, Art. 34–36 Rn 5 a; *Haas*, IPRax 1992, 292, 294; *Dicey/Morris/Collins*, The Conflict of Laws Vol I, 2006, 14–197; außerhalb von Brüssel I-VO/EuGVÜ Tracomin S.A. v. Sudan Oil Seeds Co. Ltd., 1983, 1 Lloyd's Rep. 560; ga OLG Hamm NJW 1995, 189, 190; OLG Hamburg IPRax 1995, 391, 393; Hk-ZPO/*Dörner*, Art. 45 Rn 10; *Bälz/Marienfeld*, RIW 2003, 51, 53; *Goméz Jene*, IPRax 2005, 84, 91 mwN.
26 Rauscher/*Leible*, EuZPR/EuIPR, Art. 34 Rn 17; *Kropholler/v. Hein*, Art. 34 Rn 15.
27 EuGH 10.2.2009 – Rs. C-185/07 (Allianz SpA/West Tankers Inc.), NJW 2009, 1655 (Verbot der Klageerhebung wegen Schiedsabrede) = LMK 2009, 276971 m. Anm. *Pfeiffer*; vgl *Lehmann*, NJW 2009, 1645; EuGH 27.4.2004 – Rs. C-159/02 (Turner/Grovit), EuZW 2004, 468 = ZEuP 2005, 428 m. Anm. *Dutta/Heinze*; *Schnichels/Stege*, EuZW 2010, 807, 808.
28 EuGH 28.4.2009 – Rs. C-420/07 (Apostolides/Orams), EuGRZ 2009, 210 = BeckRS 2009, 70441; *Schnichels/Stege*, EuZW 2010, 807, 810.
29 OLG Nürnberg WM 2011, 700 m. Anm. *Mankowski*, WuB 2011, 417.
30 Ausführlich zur Problematik der Zuständigkeitserschleichung im erststaatlichen Verfahren *Thole*, ZZP 2009, 423.

14 Zu beachten ist aber, dass in Analogie zu Nr. 2 Hs 2 die Anerkennung nicht unter Berufung auf den verfahrensrechtlichen ordre public verweigert werden darf, wenn der Betroffene es versäumt hat, durch die mögliche und zumutbare **Einlegung eines Rechtsbehelfs im Urteilsstaat** eine Korrektur des fraglichen Verstoßes anzustreben (allgM). Das gilt gegen den BGH[31] auch dann, wenn der Beklagte, der sich im Ausland nicht eingelassen hat, den Vorwurf des **Prozessbetrugs** gegen den Kläger erhebt. Ohnehin kann in dem Vorwurf des Prozessbetrugs nicht die Behauptung eines Ordre-public-Verstoßes gesehen werden (str),[32] weil ein solcher auf das ausländische Verfahrensrecht oder seine Handhabung durch das ausländische Gericht zurückgehen muss.

15 Das bloße **Fehlen einer Entscheidungsbegründung** verstößt nicht gegen den verfahrensrechtlichen ordre public (str),[33] ebenso wenig das Fehlen einer Rechtsmittelinstanz,[34] eine ausschließlich mit Laien besetzte Richterbank[35] oder ein von inländischen Vorstellungen abweichendes Beweis(-verfahrens-)Recht. Die aus der Sicht des Anerkennungsstaates **fehlerhafte Bejahung der internationalen Zuständigkeit** durch das Gericht im Eröffnungsstaat ist nach überwiegender und zutreffender Auffassung außerhalb der von Art. 35 Abs. 1 erfassten Konstellationen (s. Art. 35 Rn 7 ff) ebenfalls keine Grundlage für die Verweigerung der Anerkennung.[36] Das gilt in **rechtlicher** wie in **tatsächlicher Hinsicht**, also nicht nur dann, wenn das Gericht im Ursprungsstaat die Brüssel I-VO übersehen oder Art. 2 ff nach Ansicht des Anerkennungsgerichts falsch ausgelegt hat, sondern auch dann, wenn es die richtigen Kriterien unsorgfältig geprüft haben soll. Angriffe gegen eine Entscheidung unter dem Gesichtspunkt der (vermeintlich) fehlenden internationalen Zuständigkeit müssen regelmäßig im Entscheidungsstaat mit den dort vorgesehenen Rechtsbehelfen vorgetragen werden; im Anerkennungsstadium ist es dafür zu spät. Zu in- und ausländischen Anerkennungsentscheidungen, in denen für weitere Konstellationen ein Verstoß gegen den verfahrensrechtlichen ordre public verneint wurde, vgl *Schlosser*, Art. 34–36 EuGVVO Rn 3 b; Rauscher/*Leible*, Art. 34 Brüssel I-VO Rn 14 ff.

16 d) **Darlegungs- und Beweislast.** Zur Darlegungs- und Beweislast s. Rn 34.

17 e) **Rechtsfolgen eines Ordre-public-Verstoßes.** Ist ein Ordre-public-Verstoß festgestellt, ist die Rechtsfolge, dass die Anerkennung versagt wird (und – bei einem vollstreckungsfähigen Inhalt – die Vollstreckung nicht erfolgt bzw die Vollstreckbarerklärung aufgehoben wird).

18 Trotz des insoweit indifferenten Wortlauts der Vorschrift sollte dies geschehen, „soweit" der Ordre-public-Verstoß reicht; es kommt also auch eine **teilweise** Nichtanerkennung und -vollstreckung in Betracht (vgl Art. 33 Rn 3). Dies setzt allerdings voraus, dass die anzuerkennende oder zu vollstreckende Entscheidung teilbar ist. Das kann etwa dann der Fall sein, wenn es um verschiedene prozessuale Ansprüche geht.

19 **2. Rechtliches Gehör bei der Verfahrenseinleitung (Nr. 2). a) Allgemeines, Anwendungsbereich.** Nr. 2 soll sicherstellen, dass ein Urteil nicht anerkannt und

---

31 BGH NJW 2004, 2386, 2388; wie hier *Hau*, IPRax 2006, 20, 21 f.
32 So aber BGH RIW 1999, 702 f; OLG Zweibrücken NJW-RR 2006, 207; Rauscher/*Leible*, EuZPR/EuIPR, Art. 34 Rn 18 a.
33 AA Cour de cassation Rev. crit. 92, 516 (deutsches Versäumnisurteil ohne Begründung).
34 OLG Düsseldorf IPRspr 1994, Nr. 171; OLG Düsseldorf RIW 2001, 620; OLG Stuttgart RIW 1997, 685.
35 OLG Saarbrücken NJW 1988, 3100; Rauscher/*Leible*, EuZPR/EuIPR, Art. 34 Rn 17.
36 OLG Düsseldorf NJW-RR 2006, 1079; *Kropholler/v. Hein*, Art. 35 Rn 3; Rauscher/*Leible*, EuZPR/EuIPR, Art. 34 Rn 17; OLG Köln NZI 2013, 506.

vollstreckt wird, wenn der Beklagte sich nicht effektiv verteidigen konnte.[37] Als lex specialis zu Nr. 1 erfasst Nr. 2 aber (nur) die Verletzung des rechtlichen Gehörs bei **Verfahrenseinleitung**; wird es später missachtet (etwa bei einer Klageänderung), ist deshalb Nr. 1 einschlägig (s. Rn 13).[38]

Nr. 2 ist nicht nur dann anwendbar, wenn eine **grenzüberschreitende Zustellung** stattfand oder hätte stattfinden müssen, sondern greift unabhängig davon immer ein, wenn eine Entscheidung aus einem Mitgliedstaat in einem anderen anerkannt werden soll.[39] Sie ist aber beschränkt auf **kontradiktorische Verfahren**; Entscheidungen, die nach innerstaatlichem Recht ohne Anhörung des Gegners ergehen dürfen (in Deutschland: Arrest und einstweilige Verfügungen), sollen deshalb nach Ansicht des EuGH gar nicht den Anerkennungsvorschriften der Brüssel I-VO unterfallen (s. Art. 32 Rn 9).   20

Weiterhin sind nur selbständige Hauptverfahren erfasst, nicht aber **Annexentscheidungen**,[40] die im Anschluss an ein Hauptverfahren ergehen und im Wesentlichen Rechenoperationen betreffen (etwa Kostenfestsetzungsbeschlüsse nach § 104 ZPO,[41] Festsetzung des Sachverständigenhonorars nach Art. 284 frz. *code de procédure civile*).[42] Für ihre Anerkennungsfähigkeit reicht aus, wenn die Einleitung des Hauptverfahrens selbst den Anforderungen der Nr. 2 genügt.[43] Ein Adhäsionsverfahren gehört nicht zu den Annexverfahren in diesem Sinne,[44] ebenso wenig ein Verfahren auf Festsetzung des Anwaltshonorars gegen den eigenen Mandanten (in Deutschland nach § 11 RVG, früher § 19 BRAGO), str.[45] Vom Hauptverfahren formell getrennte „**vorbereitende Verfahren**" wie das selbständige Beweisverfahren sind ebenso wie Annexverfahren ausgenommen[46] (zum das Hauptverfahren einleitenden Schriftstück in diesen Fällen s. Rn 23 f).   21

Hat sich der Beklagte auf das **Verfahren eingelassen** (s. Rn 30), besteht trotz fehlender, nicht rechtzeitiger oder unzureichender Zustellung des verfahrenseinleitenden Schriftstücks kein Anerkennungshindernis nach Nr. 2; die Regelung hat folglich im Wesentlichen Bedeutung für **Versäumnisurteile**. Die Anerkennung ist auch dann nicht gehindert, wenn der Beklagte die mögliche **Einlegung eines Rechtsmittels** versäumt (s. Rn 33).   22

---

37 EuGH 16.6.1981 – Rs. C-166/80 (Klomps/Michel), IPRax 1982, 14 Tz 9; EuGH 21.4.1993 – Rs. C-172/91 (Sonntag/Waidmann), NJW 1993, 2091 Tz 38; EuGH 13.7.1995 – Rs. C-474/93 (Hengst Import/Campese), IPRax 1996, 262 Tz 17; EuGH 10.10.1996 – Rs. C-78/95 (Hendrikman und Feyen/Magenta Druck), NJW 1997, 1061 Tz 15 mwN.
38 BGH IPRax 1987, 236; BGH NJW 1990, 2201; OLG Hamm RIW 1994, 244; OLG Köln EuZW 1995, 381; Geimer/Schütze/*Geimer*, Art. 34 Rn 89; MüKo-ZPO/*Gottwald*, Art. 34 Rn 16; Kropholler/v. Hein, Art. 34 Rn 31; *Schack*, Rn 942; *Schlosser*, EuZPR, Art. 34–36 Rn 8; aA bei schwerwiegenden nachträglichen Änderungen *Frank*, Das verfahrenseinleitende Schriftstück in Art. 27 Nr. 2 EuGVÜ, Lugano-Übereinkommen und in Art. 6 Haager Unterhaltsübereinkommen, 1973 (1998), S. 182 ff; *Heß*, IPRax 1994, 10, 16; *Rauscher*, IPR, S. 443; *Stürner*, JZ 1992, 325, 333; *Stürner/Bormann*, JZ 2000, 81, 86; *Schlosser*, EuZPR, Art. 34–36 Rn 9.
39 EuGH 11.6.1985 – Rs. C-49/84 (Debaecker und Plouvier/Bouwman), RIW 1985, 967.
40 *Kropholler/v. Hein*, Art. 34 Rn 26; *Schlosser*, EuZPR, Art. 34–36 Rn 10.
41 Hk-ZPO/*Dörner*, Art. 45 Rn 12; Rauscher/*Leible*, EuZPR/EuIPR, Art. 34 Rn 27.
42 *Schlosser*, EuZPR, Art. 34–36 Rn 10.
43 Geimer/Schütze/*Geimer*, Art. 34 Rn 108; *Kropholler/v. Hein*, Art. 34 Rn 26; Rauscher/*Leible*, EuZPR/EuIPR, Art. 34 Rn 27.
44 *Schlosser*, EuZPR, Art. 34–36 Rn 10.
45 OGH ZfRV 2001, 116; OLG Hamm IPRax 1996, 414; *Schlosser*, EuZPR, Art. 34–36 Rn 10; *Braun*, Der Beklagtenschutz nach Art. 27 Nr. 2 EuGVÜ, 1992, S. 74 ff; aA MüKo-ZPO/*Gottwald*, Art. 34 Rn 24.
46 *Schlosser*, EuZPR, Art. 34–36 Rn 10; MüKo-ZPO/*Gottwald*, Art. 34 Rn 25.

23 **b) Das verfahrenseinleitende Schriftstück.** Nach Auffassung des EuGH ist ein Schriftstück verfahrenseinleitend iSd Nr. 2, wenn seine rechtzeitige Zustellung den Antragsgegner vom Verfahren in Kenntnis und zugleich in die Lage versetzt, seine Rechte vor Erlass einer vollstreckbaren Entscheidung im Urteilsstaat geltend zu machen.[47] Wegen dieser Zielrichtung werden besondere inhaltliche Anforderungen an die Bezifferung des Anspruchs oder seine Begründung nicht gestellt.[48] In Deutschland sind verfahrenseinleitende Schriftstücke die **Klageschrift** und der **Mahnbescheid**, nicht aber der Vollstreckungsbescheid;[49] in Italien gehört u.a. das „**decreto ingiuntivo**"[50] (zusammen mit der Antragsschrift des Antragstellers) dazu, in Frankreich die „**citation**"[51] mit einer Aufforderung zur Einlassung, in England die „**claim form**", die – in ihrer früheren Ausformung als „*writ of summons*" – der Anlass war, die (überflüssigen) Worte „oder ein gleichwertiges Schriftstück" in die Vorgängervorschrift des Art. 34 Nr. 2 einzufügen.[52]

24 Urkunden in vom Hauptverfahren formell getrennten vorbereitenden Verfahren wie dem selbständigen Beweisverfahren sind keine verfahrenseinleitenden Schriftstücke.[53] Auch leitet ein Strafverfahren das zivilrechtliche Adhäsionsverfahren meist noch nicht ein.[54] Die nicht rechtzeitige Zustellung von **späteren Klageerweiterungen** berührt nicht Nr. 2, sondern Nr. 1 (str; s. Rn 19).[55]

25 **c) Zustellung des verfahrenseinleitenden Schriftstücks. aa) Rechtzeitigkeit der Zustellung.** Soll kein Hindernis für die Anerkennung bestehen, muss das verfahrenseinleitende Schriftstück dem Beklagten so rechtzeitig zugestellt worden sein, „dass er sich verteidigen konnte". Das ist dann der Fall, wenn er genügend Zeit zur Vorbereitung seiner Verteidigung hatte.[56] Dies wiederum ist ausschließlich anhand der **tatsächlichen Umstände des Einzelfalles** zu beurteilen, unabhängig von etwaigen richterlichen oder gesetzlichen Fristen im Urteilsstaat oder im Anerkennungsstaat.[57] Die Beurteilung obliegt allein dem Gericht, das über die Anerkennung entscheidet; daher ist ohne Belang, ob das Erstgericht ausdrücklich festgestellt hat, dass es die Zustellung für rechtzeitig hält.[58]

26 Für den **Beginn der tatsächlichen Vorbereitungsfrist** kommt es selbst dann auf die Zustellung des Schriftstücks an den Beklagten selber an, wenn nach dem Recht des Urteilsstaates die Zustellung bereits mit dem Eingang des diesbezüglichen Ersuchens beim deutschen Gericht bewirkt ist.[59] Da es nur auf die Möglichkeit zur Vorbereitung der Verteidigung ankommt, ist es unerheblich, ob der Beklagte das

---

47 EuGH 13.7.1995 – Rs. C-474/93 (Hengst Import/Campese), EuZW 1995, 803, 804; vgl auch BGH NJW 1999, 3198, 3200 (zur Anerkennung eines US-amerikanischen Urteils).
48 Hk-ZPO/*Dörner*, Art. 45 Rn 13.
49 Vgl EuGH 16.6.1981 – Rs. C-166/80 (Klomps/Michel), IPRax 1982, 14, 18 (zum früheren Zahlungsbefehl = heutiger Mahnbescheid).
50 EuGH 13.7.1995 – Rs. C-474/93 (Hengst Import/Campese), EuZW 1995, 803; näher Rauscher/*Leible*, EuZPR/EuIPR, Art. 34 Rn 29; *Kruis*, IPRax 2001, 56; *Bach*, IPRax 2011, 241 f.
51 LG Karlsruhe RIW 1985, 898.
52 Hk-ZPO/*Dörner*, Art. 45 Rn 13; MüKo-ZPO/*Gottwald*, Art. 34 Rn 25; *Schlosser*, EuZPR, Art. 34–36 Rn 9.
53 MüKo-ZPO/*Gottwald*, Art. 34 Rn 25; *Schlosser*, EuZPR, Art. 34–36 Rn 10.
54 *Schlosser*, EuZPR, Art. 34–36 Rn 10.
55 BGH IPRax 1987, 236; BGH NJW 1990, 220; *Kropholler/v. Hein*, Art. 34 Rn 31; aA *Schlosser*, EuZPR, Art. 34–36 Rn 9; *Frank*, Das verfahrenseinleitende Schriftstück, 1998, S. 182 ff.
56 Hk-ZPO/*Dörner*, Art. 45 Rn 18.
57 *Kropholler/v. Hein*, Art. 34 Rn 35; Rauscher/*Leible*, EuZPR/EuIPR, Art. 34 Rn 34; Hk-ZPO/*Dörner*, Art. 45 Rn 18.
58 EuGH 16.6.1981 – Rs. C-166/80 (Klomps/Michel), IPRax 1982, 14 Tz 16.
59 OLG Köln NJW-RR 2002, 360.

Schriftstück tatsächlich zur Kenntnis genommen hat;[60] deshalb bleiben auch fiktive (öffentliche) Zustellungen möglich.[61]

Für die Ermittlung des **Endes der tatsächlichen Vorbereitungszeit** hat das die Anerkennung prüfende Gericht denjenigen Zeitraum zu berücksichtigen, über den der Beklagte tatsächlich verfügt, um den Erlass einer nach der Brüssel I-VO vollstreckbaren Entscheidung zu verhindern.[62] Das kann, muss aber nicht der Zeitraum bis zum Termin der (ersten) mündlichen Verhandlung sein; wenn nach dem Recht des Urteilsstaates ein Versäumnisurteil erst bei Nichterscheinen des Beklagten auch zu einem zweiten Termin ergehen kann, ist die Zeit bis zu diesem Termin maßgeblich.[63] 27

(Nur) im Sinne einer Faustregel wird man Vorbereitungsfristen von **unter drei Wochen für nicht ausreichend** halten müssen;[64] in besonders gelagerten Einzelfällen haben deutsche Gerichte eine Wochenfrist genügen lassen.[65] 28

bb) Art und Weise der Zustellung. Das verfahrenseinleitende Schriftstück muss nicht nur so rechtzeitig, sondern auch in einer Art und Weise zugestellt worden sein, dass der Beklagte tatsächlich die Möglichkeit hatte, sich zu verteidigen.[66] Verstöße gegen die im konkreten Fall zu beachtenden Zustellungsvorschriften sind deshalb – anders als noch nach Art. 27 Abs. 2 EuGVÜ – kein Anerkennungshindernis, wenn sie tatsächlich die Verteidigungsmöglichkeiten nicht beeinträchtigen.[67] Liegen aber **schwerwiegende Zustellungsmängel** vor, besteht ein starkes Indiz dafür, dass dem Beklagten bei der Verfahrenseinleitung kein ausreichendes rechtliches Gehör gewährt wurde.[68] Letzteres dürfte regelmäßig bei einer Verletzung des Art. 8 EuZVO (Zustellung in einer anderen als nach dieser Regelung zulässigen Sprache) der Fall sein,[69] jedenfalls dann, wenn der Adressat deswegen berechtigterweise die Annahme verweigert hat.[70] Die Einhaltung der Zustellungsvorschriften indiziert umgekehrt, dass die Möglichkeiten des Beklagten zur Verteidigung nicht beeinträchtigt sind,[71] schließt das Gegenteil aber auch nicht aus. Ist nach dem Recht des Urteilsstaates eine **fiktive Inlandszustellung** an einen im Ausland ansässigen Beklagten (zB die *remise au parquet* des französischen Rechts)[72] zulässig, so hat diese Zustellung gerade wegen der bloßen Fikti- 29

---

60 EuGH 16.6.1981 – Rs. C-166/80 (Klomps/Michel), IPRax 1982, 14 Tz 19.
61 Näher Rauscher/*Leible*, EuZPR/EuIPR, Art. 34 Rn 36.
62 EuGH 16.6.1981 – Rs. C-166/80 (Klomps/Michel), IPRax 1982, 14; BGH NJW 1986, 2197; BGH NJW 1990, 2201; BGH NJW 1991, 641.
63 BGH NJW 2006, 701; vgl auch BGH NJW-RR 2002, 1151.
64 Vgl OLG Hamm NJW-RR 1988, 446; Köln OLGR 1994, 10; OLG Köln IPRax 1995, 256.
65 OLG Düsseldorf RIW 2002, 558; OLG Köln ZMR 2002, 348 f.
66 Hk-ZPO/*Dörner*, Art. 45 Rn 19; Rauscher/*Leible*, EuZPR/EuIPR, Art. 34 Rn 31; *Kropholler/v. Hein*, Art. 34 Rn 38; dies umfasst nicht zwingend die Zustellung einer Übersetzung von Beweisanhängen, sofern sie für das Verständnis von Gegenstand und Grund des Antrags nicht unerlässlich sind: EuGH 8.5.2008 – Rs. C-14/07 (Michael Weiss und Partner GbR/IHK Berlin), RIW 2008, 462.
67 EuGH 8.5.2008 – Rs. C-14/07 (Michael Weiss und Partner GbR/IHK Berlin), RIW 2008, 462; *Roth*, IPRax 2008, 501; OLG Stuttgart NJOZ 2010, 114.
68 BGH NJW-RR 2008, 586 m. Anm. *Roth*, IPRax 2008, 501.
69 OLG Celle IPRax 2005, 450 m. Anm. *Roth*, S. 438; Hk-ZPO/*Dörner*, Art. 45 Rn 19.
70 Rauscher/*Leible*, EuZPR, Art. 34 Rn 33; vgl auch EuGH 8.11.2005 – Rs. C-443/03 (Leffler/Berlin Chemie), NJW 2006, 491 Tz 68 m. Anm. *Rauscher*, JZ 2006, 253.
71 Rauscher/*Leible*, EuZPR/EuIPR, Art. 34 Rn 31; Hk-ZPO/*Dörner*, Art. 45 Rn 19.
72 Näher dazu *Nagel/Gottwald*, § 7 Rn 103; *Geimer*, Rn 2093; *Schack*, Rn 671; zum Verhältnis der „remise au parquet" zur EuZVO und zum HZÜ s. *Geimer*, Rn 2074 a; *Heß*, NJW 2001, 15, 19 Fn 68; *Schütze*, Rechtsverfolgung im Ausland, 3. Aufl. 2002, Rn 176; *Schack*, Rn 686 f, 688; *Stadler*, IPRax 2001, 514, 516 f; krit. zur „remise au parquet" OLG Karlsruhe RIW 1999, 539; *Lindacher*, ZZP 114 (2001), 179, 189 f.

on keine Indizwirkung.[73] Hier muss man als maßgeblich erachten, ob nachgewiesen ist, dass der Beklagte tatsächlich vom einleitenden Schriftstück erfahren hat.[74]

30 **d) Fehlendes Einlassen des Beklagten.** Hat sich der Beklagte auf das Verfahren eingelassen, scheidet eine Anerkennungsverweigerung aus, auch wenn die Zustellung des verfahrenseinleitenden Schriftstückes an einem der dargestellten Mängel (s. Rn 25 ff) leidet.[75] Als **Einlassen** auf das Verfahren genügt jedes Auftreten vor Gericht, aus dem sich ergibt, dass der Beklagte Kenntnis vom Verfahren hat, sich aber nicht auf den Standpunkt stellt, dass das **Verfahren als solches** wegen der Mängel der Zustellung oder aus sonstigen Gründen insgesamt **nicht anzuerkennen sei** und er sich dementsprechend überhaupt nicht zu verteidigen brauche.[76] Er muss nicht zur Sache verhandeln; es genügt für ein Einlassen iSd Nr. 2, wenn er auf prozessuale Fragen eingeht und etwa die Unzuständigkeit des Gerichts oder die fehlende Ordnungsgemäßheit oder Rechtzeitigkeit der Zustellung rügt.[77]

31 Tritt für den Beklagten ein **Vertreter** auf, muss er ordnungsgemäß von diesem **bevollmächtigt** worden sein; daher hat sich der Beklagte nicht eingelassen, wenn für ihn ein ohne sein Wissen bestellter (Zwangs-)Vertreter auftritt.[78]

32 Wer sich in einem Strafverfahren verteidigt oder von einem Vertreter verteidigen lässt, der lässt sich auch auf ein mit dem Strafverfahren verknüpftes zivilrechtliches **Adhäsionsverfahren** ein, wenn er eine gegenteilige Absicht nicht deutlich zum Ausdruck bringt.[79] Für die **Nichteinlassung im Adhäsionsverfahren** gelten nach Art. 61 S. 2 besondere Regeln: Kommt der außerhalb seines Heimatstaates wegen einer fahrlässigen Tat Angeklagte der Aufforderung des Strafgerichts zum persönlichen Erscheinen nicht nach und wird er (auch) zivilrechtlich verurteilt, ohne dass ein etwaiger Prozessvertreter angehört wird, so kann die Anerkennung der Zivilentscheidung in den anderen Mitgliedstaaten abgelehnt werden, ohne dass sonstige Anerkennungshindernisse aus Art. 34 f hinzutreten müssen.[80] Art. 61 S. 2 gibt dem über die Anerkennung entscheidenden Gericht einen Ermessensspielraum, der in Deutschland aber unter Beachtung des Verfassungsrechts auszunutzen ist.[81]

33 **e) Einlegung eines Rechtsbehelfs im Urteilsstaat.** Der Beklagte kann sich auf die dargestellten Mängel (s. Rn 25 ff) der Zustellung dann nicht berufen, wenn er keinen Rechtsbehelf gegen die später ergangene Entscheidung eingelegt hat, obwohl er die Möglichkeit dazu hatte.[82] Das ist der Fall, wenn er (1) Kenntnis vom Inhalt der Entscheidung erlangt hatte, was im Regelfall wiederum voraussetzt,

---

73 Vgl *Bach*, IPRax 2011, 241, 245; vgl auch EuGH NJW 2013, 443.
74 Hk-ZPO/*Dörner*, Art. 45 Rn 20; vgl BGH NJW-RR 2010, 1079.
75 BGH EuZW 2009, 391, 392.
76 OLG Hamm NJW-RR 1995, 189.
77 MüKo-ZPO/*Gottwald*, Art. 34 Rn 40; *Schlosser*, EuZPR, Art. 34–36 Rn 20.
78 EuGH 10.10.1996 – Rs. C-78/95 (Hendrikmann und Feyen/Magenta Druck), NJW 1997, 1061 Tz 18; BGH IPRax 1999, 373.
79 EuGH 21.4.1993 – Rs. C-172/91 (Sonntag/Waidmann), NJW 1993, 2091 Tz 41.
80 Zu Recht zweifelnd am Sinn der Beschränkung auf fahrlässige Taten und an der Vereinbarkeit mit Art. 18 AEUV (ex-Art. 12 EGV) Rauscher/*Staudinger*, EuZPR/EuIPR, Art. 61 Rn 1.
81 *Schlosser*, EuZPR, Art. 61 Rn 1.
82 Vgl EuGH 28.4.2009 – Rs. C-420/07 (Apostolides/Orams), EuGRZ 2009, 210 = BeckRS 2009, 70441; *Schnichels/Stege*, EuZW 2010, 807, 810; OLG Düsseldorf 1.3.2012 – I-3 W 104/11, 3 W 104/11.

dass sie ihm – nicht zwingend ordnungsgemäß[83] – zugestellt worden ist,[84] und (2) nach Kenntniserlangung gemäß den einschlägigen Vorschriften des ausländischen Verfahrensrechts (noch) die rechtliche Möglichkeit hatte, einen statthaften Rechtsbehelf gegen die Entscheidung einzulegen.[85] Nach dem OLG Düsseldorf reicht insoweit aus, wenn der Beklagte erst im Rahmen des Vollstreckbarerklärungsverfahrens von der Entscheidung Kenntnis erlangt hat.[86] Die Regelung soll verhindern, dass der Beklagte im weiteren Verlauf des Verfahrens treuwidrig unter Hinweis auf den Fehler bei seiner Einleitung die Hände in den Schoß legt, obwohl er sich gegen die Entscheidung noch wehren könnte.[87] Deshalb sind trotz des weiten Wortlauts nur solche Rechtsbehelfe erfasst, die es dem Beklagten gestatten, die fehlerhafte Zustellung zu rügen;[88] das kann auch ein Wiedereinsetzungsantrag sein.[89] Erst recht liegt kein Anerkennungshindernis vor, wenn der Vollstreckungsschuldner tatsächlich einen zulässigen Rechtsbehelf gegen den Ursprungstitel eingelegt hat, mit dem er geltend machen konnte, dass ihm das verfahrenseinleitende Schriftstück nicht so rechtzeitig und in einer Weise zugestellt worden sei, dass er sich habe verteidigen können;[90] das gilt selbstredend auch dann, wenn er von dem Titel erst im Rahmen des Exequaturverfahrens Kenntnis erlangt hat.[91] Erfolgt die Zustellung der für vollstreckbar zu erklärenden Entscheidung erst mit dem Antrag auf Vollstreckbarerklärung, hat das Beschwerdegericht erforderlichenfalls das Verfahren auszusetzen und eine Frist zu bestimmen, in der der Schuldner den Rechtsbehelf bei dem ausländischen Gericht einzulegen hat.[92]

f) Darlegungs- und Beweislast. Der Kläger im Ausgangsverfahren ist darlegungs- und beweispflichtig für die Rechtzeitigkeit und Ordnungsmäßigkeit der Zustellung im obigen Sinne.[93] Er muss nachweisen, dass das verfahrenseinleitende Schriftstück einschließlich der Terminsladung dem Beklagten tatsächlich und so rechtzeitig zugegangen ist, dass er eine hinreichende Vorbereitungszeit für seine Verteidigung hatte (s. Rn 25 ff).[94] 34

3. Unvereinbarkeit mit einer Entscheidung aus dem Anerkennungsstaat (Nr. 3). a) Allgemeines. Eine ausländische Entscheidung, die zu einer inländischen Entscheidung zwischen denselben Parteien iSd Art. 27[95] im Widerspruch steht, ist nach Nr. 3 nicht anzuerkennen. Die Regelung schützt die öffentliche Ordnung des Anerkennungsstaates und ist deshalb eine lex specialis zu Nr. 1 (allgM). Die inländische Entscheidung genießt **unabhängig von der zeitlichen Priorität** den Vorrang, und das auch dann, wenn sie unter Verstoß gegen die Regeln der Art. 27 ff trotz bei Verfahrenseinleitung bereits bestehender ausländi- 35

---

83 EuGH 14.12.2006 – Rs. C-283/05 (ASML Netherlands BV/SEMIS), NJW 2007, 825, 827 Tz 41 m. Anm. *Geimer*, IPRax 2008, 498, 499; BGH NJW-RR 2008, 586, 588.
84 EuGH 14.12.2006 – Rs. C-283/05 (ASML Netherlands BV/SEMIS), NJW 2007, 825, 827 Tz 40 m. Anm. *Geimer*, IPRax 2008, 498; BGH NJW-RR 2008, 586, 588.
85 BGH NJW-RR 2008, 586, 589.
86 OLG Düsseldorf BeckRS 2012, 19026.
87 Vgl zur ratio legis Rauscher/*Leible*, EuZPR/EuIPR, Art. 34 Rn 39; krit. zur dadurch bewirkten „Einschränkung der Beklagtenposition" Kropholler/v. *Hein*, Art. 34 Rn 42.
88 BGH EuZW 2010, 478 = LMK 2010, 308042 (Gebauer); Kropholler/v. *Hein*, Art. 34 Rn 43.
89 Rauscher/*Leible*, EuZPR/EuIPR, Art. 34 Rn 40; OLG Stuttgart BeckRS 2013, 21135.
90 OLG München EuZW 2011, 79 = GRUR-RR 2011, 78; BGH NJW 2014, 2365.
91 OLG Nürnberg WM 2011, 700.
92 BGH EuZW 2010, 478 = LMK 2010, 308042 (Gebauer).
93 OLG Karlsruhe EWS 196, 109; Rauscher/*Leible*, EuZPR/EuIPR, Art. 34 Rn 42.
94 Rauscher/*Leible*, EuZPR/EuIPR, Art. 34 Rn 42; abw. OLG Düsseldorf RIW 1985, 897: Im Regelfall muss der Schuldner den nicht rechtzeitigen Zugang beweisen.
95 Einzubeziehen ist der Rechtsnachfolger einer Partei, auf sich (wie nach § 325 ZPO) die Urteilswirkungen erstrecken, Kropholler/v. *Hein*, Art. 34 Rn 52.

scher Rechtshängigkeit ergangen ist.[96] Eine Entscheidung aus einem anderen Mitglied- oder Drittstaat steht der inländischen Anerkennung der ausländischen Entscheidung grds. nur unter den Voraussetzungen der Nr. 4 entgegen (s. Rn 41); als inländische Entscheidungen fallen **förmliche Anerkennungsentscheidungen zu ausländischen Urteilen** nach Art. 33 Abs. 2 und 3 (s. dazu Art. 33 Rn 15 ff) oder § 2 AdWirkG unter Nr. 3.

36 Der Begriff der Entscheidung richtet sich nach Art. 32, womit zugleich die zum EuGVÜ von den Vertragsparteien noch offen gelassene Frage[97] **negativ** beantwortet ist, ob die die Anerkennung hindernde inländische Entscheidung **rechtskräftig** sein muss (s. Art. 32 Rn 8).[98] Nr. 3 greift deshalb auch dann ein, wenn einer ausländischen, im Verfahren des vorläufigen Rechtsschutzes ergangenen Entscheidung eine ebensolche inländische Entscheidung mit unvereinbarem Inhalt entgegensteht.[99] Bloße inländische **Rechtshängigkeit** derselben Sache reicht als Anerkennungshindernis hingegen nicht aus.[100]

37 Eine **Teilanerkennung** ist möglich, wenn die anzuerkennende Entscheidung teilbar und nur teilweise mit einer inländischen Entscheidung unvereinbar ist (allgM).

38 **b) Unvereinbarkeit der Entscheidungen.** Entscheidungen sind nur dann **unvereinbar** iSd Nr. 3, wenn sich unter Berücksichtigung ihrer jeweils nach Recht des Urteilsstaates zu beurteilenden Wirkungen[101] (vgl. Art. 32 Rn 2 ff) ihre **Rechtsfolgen gegeneinander ausschließen**;[102] ob sich Ausführungen in den Urteilsgründen oder Tatsachenfeststellungen widersprechen, ist unerheblich.[103] Die Norm ist anwendbar, aber **nicht beschränkt** auf die Fälle des **identischen oder kontradiktorischen Streitgegenstands**.[104]

39 **Beispiele**[105] für unvereinbare Entscheidungen sind: Ausländisches Leistungsurteil und inländisches Feststellungsurteil über das Nichtbestehen des dem Leistungsurteil zugrunde liegenden Anspruchs oder Vertrages; widersprüchliche Entscheidungen über Leistung und Gegenleistung; ausländische Verurteilung zu Trennungsunterhalt und inländisches Scheidungsurteil (str).[106]

40 Als **vereinbar** gelten hingegen: die auf einer nur summarischen Prüfung beruhende inländische Versagung der Prozesskostenhilfe für eine Klage mangels hinreichender Erfolgsaussicht und ein ausländisches Urteil, das den Anspruch zuerkennt;[107] inländische Unterhaltsentscheidung und ausländische Unterhaltsabänderung; ausländische Verurteilung zur Zahlung des Kaufpreises und inländische Verurteilung zur Gewährleistung wegen Sachmängeln (zweifelhaft).[108]

---

96 *Kropholler/v. Hein*, Art. 34 Rn 54; MüKo-ZPO/*Gottwald*, Art. 34 Rn 48.
97 *Jenard*-Bericht, S. 45; *Kropholler/v. Hein*, Art. 34 Rn 53.
98 Diff. *Kropholler/v. Hein*, Art. 34 Rn 53: Die Anerkennung einer ausländischen rechtskräftigen Entscheidung sollte nur an einer inländischen Entscheidung scheitern, die ebenfalls rechtskräftig ist oder zumindest für vorläufig vollstreckbar erklärt wurde.
99 EuGH 6.6.2002 – Rs. C-80/00 (Italian Leather SpA/WECO Polstermöbel GmbH & Co.), NJW 2002, 2087.
100 Geimer/Schütze/*Geimer*, Art. 34 Rn 158; *Schlosser*, EuZPR, Art. 34–36 Rn 25.
101 *Kropholler/v. Hein*, Art. 34 Rn 49.
102 EuGH 4.2.1988 – Rs. C-145/86 (Hoffmann), NJW 1989, 663, 664.
103 AA MüKo-ZPO/*Gottwald*, Art. 34 Rn 51 (für „besonders krasse" Widersprüche in den Entscheidungsgründen).
104 Rauscher/*Leible*, EuZPR/EuIPR, Art. 34 Rn 45.
105 S. dazu auch *Kropholler/v. Hein*, Art. 34 Rn 50; Hk-ZPO/*Dörner*, Art. 45 Rn 25; Rauscher/*Leible*, EuZPR/EuIPR, Art. 34 Rn 46.
106 EuGH 4.2.1988 – Rs. C-145/86 (Hoffmann), NJW 1989, 663, 664; aA MüKo-ZPO/ *Gottwald*, Art. 34 Rn 51.
107 BGH NJW 1984, 568.
108 OLG Hamm IHR 2003, 243; zu Recht einschr. *Schlosser*, EuZPR, Art. 34–36 Rn 22.

4. Unvereinbarkeit mit einer Entscheidung aus einem Drittstaat (Nr. 4). Steht die 41
auf ihre Anerkennungsfähigkeit zu prüfende ausländische Entscheidung nicht mit
einer inländischen (s. Rn 35), sondern mit einer anderen ausländischen Entscheidung aus einem Mitglied- oder Drittstaat in Konflikt, so wird dieser gem. Nr. 4
nach dem **Prioritätsprinzip** gelöst, dh die frühere der beiden Entscheidungen geht
vor. Das setzt aber voraus, dass im Übrigen für beide die jeweiligen Anerkennungsvoraussetzungen gegeben sind, wobei sich diese für die Entscheidung aus
dem anderen Mitglied- oder Drittstaat auch aus anderen Rechtsquellen als der
Brüssel I-VO ergeben können (zB Brüssel IIa-VO, autonomes Recht, bilaterale
Verträge).[109] Ist die andere Mitglied- oder Drittstaatenentscheidung allerdings in
Deutschland bereits in einem **förmlichen Anerkennungsverfahren** anerkannt worden, so besteht ein Konflikt zu einer **inländischen** Entscheidung, der nach Nr. 3
zu beurteilen ist (s. Rn 35).

Welche der beiden Entscheidungen die zeitliche Priorität genießt, hängt vom 42
Zeitpunkt des jeweiligen Erlasses, dh des Wirksamwerdens, ab,[110] nicht vom
Zeitpunkt ihrer Zustellung oder der Einleitung des Verfahrens. Die Kriterien für
die Unvereinbarkeit der beiden Entscheidungen sind dieselben wie bei Nr. 3 (s.
daher Rn 38 ff).[111]

Nr. 4 sollte entsprechend auf die Kollision einer anerkennungsfähigen Gerichts- 43
entscheidung aus einem Mitgliedstaat mit einer Entscheidung aus **demselben
Mitgliedstaat** (str)[112] oder mit einem inländischen oder **anerkennungsfähigen
ausländischen Schiedsspruch** angewandt werden.[113] Der EuGH hat das mit wenig überzeugender Begründung allerdings abgelehnt.[114]

III. Luganer Übereinkommen
Keine Abweichungen. 44

Artikel 35 [Weitere Gründe für die Nichtanerkennung]

(1) Eine Entscheidung wird ferner nicht anerkannt, wenn die Vorschriften der
Abschnitte 3, 4 und 6 des Kapitels II verletzt worden sind oder wenn ein Fall des
Artikels 72 vorliegt.

(2) Das Gericht oder die sonst befugte Stelle des Mitgliedstaats, in dem die Anerkennung geltend gemacht wird, ist bei der Prüfung, ob eine der in Absatz 1 angeführten Zuständigkeiten gegeben ist, an die tatsächlichen Feststellungen gebunden, aufgrund deren das Gericht des Ursprungsmitgliedstaats seine Zuständigkeit
angenommen hat.

---

109 Vgl *Schlosser*-Bericht, Nr. 205.
110 *Kropholler/v. Hein*, Art. 34 Rn 57.
111 Hk-ZPO/*Dörner*, Art. 45 Rn 26; *Kropholler/v. Hein*, Art. 34 Rn 58; Geimer/Schütze/
 Geimer, Art. 34 Rn 182; aA Thomas/Putzo/*Hüßtege*, Art. 34 Rn 19 ff (für eine engere
 Auslegung der Unvereinbarkeit bei Art. 45 Abs. 1 Buchst. d).
112 Wie hier Rauscher/*Leible*, EuZPR/EuIPR, Art. 34 Brüssel I-VO Rn 49 a; Hk-ZPO/
 Dörner (5. Aufl.), Art. 34 Rn 25; Prütting/Gehrlein/*Schinkels*, ZPO, 5. Aufl., Art. 34
 EuGVVO Rn 12; *Müller*, IPRax 2009, 484, 486; aA BGH WM 2012, 662 (Vorlagebeschluss); *Kropholler/v. Hein*, Art. 34 EuGVVO Rn 56; *Schlosser*, EuZPR, Art. 34–36
 EuGVVO Rn 26; MüKo-ZPO/*Gottwald*, Art. 34 Rn 52; Hk-ZPO/*Dörner*, Art. 45
 Rn 26.
113 *Schlosser*, EuZPR, Art. 34–36 Rn 29; *Schlosser*, Revue de l'arbitrage 1981, S. 388 ff.
114 EuGH 26.9.2013 – Rs. C-157/12 (Salzgitter Mannesmann Handel GmbH/SC Lamiorul SA), EuZW 2013, 903 m. krit. Anm. *Mäsch*.

(3) Die Zuständigkeit der Gerichte des Ursprungsmitgliedstaats darf, unbeschadet der Bestimmungen des Absatzes 1, nicht nachgeprüft werden. Die Vorschriften über die Zuständigkeit gehören nicht zur öffentlichen Ordnung *(ordre public)* im Sinne des Artikels 34 Nummer 1.

I. Allgemeines 1	4. Abkommen mit Drittstaaten (Abs. 1)....................... 13
II. Grundsatz: Keine Nachprüfung der Zuständigkeit des Erstgerichts (Abs. 3)..................... 3	5. Bindung an tatsächliche Feststellungen des Erstgerichts (Abs. 2)................. 15
III. Ausnahmen...................... 4	IV. Luganer Übereinkommen 18
1. Allgemeines................. 4	1. Art. 64 Abs. 3 LugÜ......... 19
2. Versicherungs- und Verbrauchersachen (Abs. 1).......... 7	2. Art. 67 Abs. 4 LugÜ......... 20
3. Ausschließliche Zuständigkeiten (Abs. 1).............. 10	

I. Allgemeines

1 In Ergänzung zu den in Art. 34 aufgeführten Anerkennungshindernissen widmet sich Art. 35 der Frage, inwieweit die Auffassung des Zweitgerichts, das Erstgericht habe zu Unrecht seine internationale Zuständigkeit angenommen, die Verweigerung der Anerkennung der Entscheidung rechtfertigt. Die Antwort fällt in bewusster Abweichung vom autonomen Recht (vgl für Deutschland § 328 Abs. 1 Nr. 1 ZPO) wegen des „gegenseitigen Vertrauens in die Justiz im Rahmen der Gemeinschaft", das sich nach Erwägungsgrund (16) die Mitgliedstaaten schulden, gem. Abs. 3 im Grundsatz negativ aus (s. Rn 3). (Nur) für Versicherungs- und Verbrauchersachen sowie die ausschließlichen Zuständigkeiten des Art. 22 wird dieser Grundsatz durchbrochen (s. Rn 4 ff). Zu beachten sind weiterhin Art. 72 (s. Rn 13) und die Übergangsvorschrift des Art. 66 Abs. 2 (s. Rn 6).

2 Wie sich schon aus dem Wortlaut von Abs. 3 ergibt, geht es nur um die **internationale** Zuständigkeit. Vorschriften zur örtlichen und sachlichen Zuständigkeit sind interne Angelegenheiten des Urteilsstaates, weshalb ihre (vermeintliche) Verletzung auch ohne eine ausdrückliche Norm wie Abs. 3 kein Anerkennungshindernis bilden kann.[1] Auch die aus Sicht des Zweitgerichts fehlende **Gerichtsbarkeit** des Urteilsstaates berührt Art. 35 nicht, sondern ist unter dem Gesichtspunkt des ordre public zu würdigen (s. Art. 34 Rn 13). Das Gleiche gilt, wenn es um die die Anerkennung oder die Vollstreckung einer von einem Gericht eines anderen Mitgliedstaates erlassenen Entscheidung geht, die ein Grundstück in einem Gebiet dieses Staates betrifft, über das dessen Regierung keine tatsächliche Kontrolle ausübt (Zypern/Nordzypern; s. Art. 34 Rn 13).

II. Grundsatz: Keine Nachprüfung der Zuständigkeit des Erstgerichts (Abs. 3)

3 Nach Abs. 3 S. 1 darf das Exequaturgericht aus der nach seiner Auffassung fehlerhaften Bejahung der internationalen Zuständigkeit durch das Erstgericht **kein Anerkennungshindernis** ableiten. Satz 2 versperrt ausdrücklich auch den Umweg über den ordre public (Art. 34 Nr. 1) mit dem gleichen Ziel. Das Verbot gilt **unabhängig von Art und Schwere** des (vermeintlichen) Fehlers: Die Fehlinterpretation der Zuständigkeitsvorschriften der Brüssel I-VO, die irrige oder bewusste Anwendung autonomer Vorschriften anstelle der eigentlich einschlägigen Brüssel I-VO oder schließlich die Verkennung oder bewusst falsche Auslegung der eigenen

---

[1] MüKo-ZPO/*Gottwald*, Art. 35 Rn 1; *Kropholler/v. Hein*, Art. 35 Rn 1; anders Rauscher/*Leible*, EuZPR/EuIPR, Art. 35 Rn 4.

Zuständigkeitsvorschriften stehen sich gleich.[2] Zum Streit über eine Ausnahme bei besonders gravierenden Verstößen s. Rn 5.

III. Ausnahmen

1. Allgemeines. Nach Abs. 1 darf das Exequaturgericht die Anerkennung verweigern, wenn nach seiner Meinung das Erstgericht gegen die Zuständigkeitsregeln für Versicherungs- und Verbrauchersachen oder ausschließliche Zuständigkeiten nach Art. 22 verstoßen hat. Als Grund hierfür wird das zweifelhafte Argument angeführt, dass diese Normen zum ordre public zählen oder zwingenden bzw „Schutzcharakter"[3] zugunsten der schwächeren Partei aufweisen.[4] Es handelt sich jedenfalls um eine **abschließende Aufzählung**, die keine weiteren Ausnahmen zulässt,[5] auch wenn die daraus etwa folgende Zurücksetzung der Zuständigkeitsvorschriften für individualarbeitsvertragliche Streitigkeiten (Art. 18 ff) gegenüber den Verbrauchersachen rechtspolitisch wenig Sinn macht.[6] 4

Selbst die Inanspruchnahme einer der im innergemeinschaftlichen Rechtsverkehr ausdrücklich geächteten „exorbitanten" Zuständigkeiten nach Art. 3 iVm Anhang I erlaubt die Verweigerung der Anerkennung nicht,[7] und zwar auch dann nicht, wenn sie zu Lasten eines Drittstaatenangehörigen herangezogen wird (str).[8] Stützt sich das Erstgericht auf eine Zuständigkeit, die gegen Art. 6 Abs. 1 EMRK (Recht auf ein faires Verfahren) verstößt, ist hingegen die Anerkennung ausgeschlossen,[9] weil die Menschenrechte der EMRK im Rang oberhalb der Brüssel I-VO stehen; freilich dürfte das kaum jemals angenommen werden können.[10] 5

Nach Art. 66 Abs. 2 lit. a) werden Entscheidungen, die im Urteilsstaat nach Inkrafttreten der Brüssel I-VO, aber auf der Grundlage einer noch unter Geltung des EuGVÜ erhobenen Klage erlassen worden sind, nach Maßgabe der Brüssel I-VO anerkannt (und vollstreckt). Der Verordnungsgeber dürfte damit aber keine Erschwerung der Anerkennung im Vergleich zum vorherigen Rechtsstand nach dem EuGVÜ intendiert haben.[11] Deshalb sollte in diesen Übergangsfällen im Rahmen der Anerkennungsprüfung etwa für Verbrauchersachen die diesbezüglichen Zuständigkeitsvorschriften des EuGVÜ und nicht der Brüssel I-VO zugrunde gelegt werden.[12] 6

2. Versicherungs- und Verbrauchersachen (Abs. 1). Die Ausnahme vom Verbot der Nachprüfung der internationalen Zuständigkeit des Erstgerichts für Versicherungs- und Verbrauchersachen (Abschnitte 3 und 4 des Kapitels II) wird mit dem Schutzcharakter dieser Normen für den Versicherungsnehmer oder Verbraucher begründet (s. Rn 4). Hält man sich an den Wortlaut, kann sie sich aber auch zu Lasten dieser Personen auswirken, nämlich dann, wenn die Versicherung oder 7

---

2 Rauscher/*Leible*, EuZPR/EuIPR, Art. 35 Rn 5; MüKo-ZPO/*Gottwald*, Art. 35 Rn 2; Musielak/*Stadler*, Art. 35 Rn 1.
3 Hk-ZPO/*Dörner*, Art. 45 Rn 30.
4 Rauscher/*Leible*, EuZPR/EuIPR, Art. 35 Rn 6.
5 *Schlosser*, EuZPR, Art. 34–36 Rn 31; MüKo-ZPO/*Gottwald*, Art. 35 Rn 6; Hk-ZPO/*Dörner*, Art. 45 Rn 29.
6 Vgl Rauscher/*Leible*, EuZPR/EuIPR, Art. 35 Rn 12 und die dort in Fn 31 Genannten.
7 EuGH 28.3.2000 – Rs. C-7/98 (Krombach/Bamberski), NJW 2000, 1853, 1854.
8 Vgl MüKo-ZPO/*Gottwald*, Art. 35 Rn 3; *Stoll*, in: Tomuschat/Neuhold/Kropholler, Völkerrechtlicher Vertrag und Drittstaaten, 1988, S. 152 ff; aA Musielak/*Stadler*, Art. 35 Rn 4.
9 Rauscher/*Leible*, EuZPR/EuIPR, Art. 35 Rn 5; *Schlosser*, EuZPR, Art. 34–36 Rn 30.
10 IE ebenso MüKo-ZPO/*Gottwald*, Art. 35 Rn 3; dazu zuletzt EGMR NLMR 2014, 41.
11 OLG Köln RIW 2004, 866, 867; Rauscher/*Leible*, EuZPR/EuIPR, Art. 35 Rn 11 a.
12 OLG Köln RIW 2004, 866, 867; Rauscher/*Leible*, EuZPR/EuIPR, Art. 35 Rn 11 a.

der Arbeitgeber die inländische Anerkennung (und Vollstreckung) eines gegen sie ergangenen ausländischen Zahlungstitels unter Hinweis auf die internationale Unzuständigkeit des Erstgerichts torpedieren. Einige Stimmen möchten deshalb zu Recht Abs. 1 teleologisch reduzieren und dem Zweitgericht die Nachprüfung der internationalen Zuständigkeit des Erstgerichts nur in den Fällen erlauben, in denen letzteres **zu Lasten des beklagten Versicherungsnehmers/Verbrauchers** entschieden hat.[13] Der EuGH hat dazu noch keine Stellung bezogen, ebenso wenig wie zur merkwürdigen Auffassung des BGH[14] und anderer,[15] dass die Anerkennung der gerichtlichen Genehmigung des Vergleichsplans einer nicht konkursiten Versicherungsgesellschaft nach englischem Recht („Solvent Scheme of Arrangement") im Verhältnis zu einem in Deutschland ansässigen Versicherungsnehmer an Art. 35 Abs. 1 scheitert. Es wird ihr Geheimnis bleiben, wie das Absegnen eines Vergleichsplans als einer gestaltenden Verfahrensentscheidung, von der alle Gläubiger der zu restrukturierenden Gesellschaft betroffen sind, unter den offensichtlich auf individualvertragliche Streitigkeiten abzielenden Begriff der „Klage in Versicherungssachen" iSd Art. 8 subsumiert werden kann.

8 Hat sich der Versicherungsnehmer/Verbraucher im Urteilsstaat iSd Art. 24 auf das Verfahren eingelassen, so ist das (zuständigkeitsbegründend) zu berücksichtigen, weil Art. 24 auf Versicherungs- und Verbrauchersachen (anders als auf Art. 22) anwendbar ist.[16]

9 Zu den Auswirkungen der Übergangsvorschrift des Art. 66 Abs. 2 lit. a) s. Rn 6.

10 **3. Ausschließliche Zuständigkeiten (Abs. 1).** Das Exequaturgericht hat nach wohl hM einen etwaigen Verstoß des Erstgerichts gegen die ausschließliche Zuständigkeit gem. Art. 22 wegen der involvierten öffentlichen Interessen **von Amts wegen** zu beachten,[17] auch wenn ansonsten die Anerkennungshinderungsgründe bilden (s. Art. 34 Rn 2). Es lässt sich mit dem Wortlaut der Vorschrift und dem Interesse der Parteien an Rechtssicherheit nicht vereinbaren, den Anerkennungsrichter lediglich für berechtigt, nicht aber für verpflichtet zu halten, aus dem von ihm angenommenen Verstoß gegen eine aus Art. 22 folgende inländische ausschließliche Zuständigkeit (im Gegensatz zu der Verletzung der ausschließlichen Zuständigkeit anderer Mitgliedstaaten) auf ein Anerkennungsverbot zu schließen.[18]

11 Art. 22 grenzt lediglich die Zuständigkeit unter den Mitgliedstaaten ab. Deshalb besteht kein Anerkennungshindernis, wenn das Erstgericht nach Meinung des Zweitgerichts die ausschließliche Zuständigkeit eines Drittstaates verletzt haben sollte.[19]

12 Gerichtsstandsvereinbarungen begründen nach Art. 23, sofern nicht ausdrücklich anderes vereinbart, Zuständigkeiten, die ebenso ausschließlich sind wie diejenigen nach Art. 22. Dennoch ist Art. 23 in Abs. 1 nicht genannt, weshalb hier der

---

13 OLG Düsseldorf NJW-RR 2006, 1079; Rauscher/*Leible*, EuZPR/EuIPR, Art. 35 Rn 6; *Schlosser*, EuZPR, Art. 34–36 Rn 32; aA BGH NJW 1980, 1223 (stillschweigend); MüKo-ZPO/*Gottwald*, Art. 35 Rn 10; Thomas/Putzo/*Hüßtege*, Art. 45 Rn 29.
14 BGH NJW 2012, 2113.
15 *Schaloske*, VersR 2009, 23, 28.
16 OLG Koblenz IPRax 2001, 334 m. abl. Anm. *Mankowski*, S. 310; MüKo-ZPO/*Gottwald*, Art. 24 Rn 3; Hk-ZPO/*Dörner*, Art. 26 Rn 2.
17 Rauscher/*Leible*, EuZPR/EuIPR, Art. 35 Rn 7; Hk-ZPO/*Dörner*, Art. 45 Rn 32.
18 Rauscher/*Leible*, EuZPR/EuIPR, Art. 35 Rn 7; MüKo-ZPO/*Gottwald*, Art. 35 Rn 16; aA Geimer/Schütze/*Geimer*, Art. 35 Rn 56 f.
19 MüKo-ZPO/*Gottwald*, Art. 35 Rn 15; *Kropholler/v. Hein*, Art. 35 Rn 11; Hk-ZPO/*Dörner*, Art. 45 Rn 31.

Grundsatz des Verbots der Nachprüfung der internationalen Zuständigkeit des Erstgerichts aus Abs. 3 greift.[20]

4. Abkommen mit Drittstaaten (Abs. 1). Nach Art. 72 bestehen bilaterale Verträge fort, in denen sich – auf der Basis des nicht in die Brüssel I-VO übernommenen Art. 59 EuGVÜ – einzelne Mitgliedstaaten gegenüber Drittstaaten verpflichtet haben, in anderen Mitgliedstaaten gegen Angehörige dieses Drittstaates in einem exorbitanten Gerichtsstand nach Art. 3 Abs. 2 ergangene Urteile nicht anzuerkennen. Um diese völkerrechtliche Verpflichtung wahren zu können, muss dem betreffenden Mitgliedstaat das Recht eingeräumt werden, im Rahmen der Anerkennungsprüfung die (rechtliche) Grundlage der vom Urteilsstaat in Anspruch genommenen internationalen Zuständigkeit zu prüfen.   13

Für deutsche Anerkennungsrichter ist die Regelung ohne Bedeutung, weil für Deutschland keine einschlägigen Abkommen mehr bestehen,[21] nachdem das Luganer Übereinkommen an die Stelle des deutsch-norwegischen Anerkennungs- und Vollstreckungsvertrages[22] getreten ist.   14

5. Bindung an tatsächliche Feststellungen des Erstgerichts (Abs. 2). Um zu verhindern, dass der Beklagte das Anerkennungsverfahren mit immer neuen Tatsachenbehauptungen in die Länge zieht,[23] ist das Exequaturgericht auch in den Konstellationen, in denen es nach Abs. 1 die internationale Zuständigkeit der Gerichte des Erststaates nachprüfen darf, an die tatsächlichen Feststellungen des Erstgerichts gebunden; es kann die Anerkennungsverweigerung also grds. nur auf eine abweichende rechtliche Wertung stützen.[24] Um tatsächliche Feststellungen handelt es sich auch bei der Auslegung von Verträgen einschließlich vorformulierter Vertragsbedingungen (AGB).[25]   15

Nach überwiegender Meinung präkludiert Abs. 2 auch **neuen** tatsächlichen Vortrag, der trotz der Möglichkeit dazu nicht in das Verfahren vor dem Erstrichter eingebracht worden war.[26] Der Wortlaut der Norm zwingt dazu freilich nicht, und es ist zumindest zweifelhaft, ob man wirklich dem Betroffenen im Anerkennungsstadium das rechtliche Gehör bzgl solcher Tatsachen verweigern darf, die noch nicht Gegenstand gerichtlicher Erörterungen (im Erststaat) waren.[27]   16

Mit dem Gesetzeszweck (Verhinderung von Verzögerungstaktiken des Beklagten, vgl Rn 15) hingegen gut vereinbar erscheint, die Norm gegen ihren weiten Wortlaut **nicht** auf anerkennungsfreundliche Tatsachen[28] anzuwenden, die der Kläger trotz abweichender Feststellungen des Erstgerichts im Anerkennungsverfahren vorträgt (sehr str).[29]   17

IV. Luganer Übereinkommen

Das Luganer Übereinkommen sieht in seinem Art. 35 Abs. 1 zusätzlich vor, dass „die Anerkennung einer Entscheidung versagt werden [kann], wenn ein Fall des Artikels 64 Absatz 3 oder des Artikels 67 Absatz 4 vorliegt".   18

---

20 Kropholler/v. Hein, Art. 35 Rn 14; Hk-ZPO/Dörner, Art. 45 Rn 32; Rauscher/Leible, EuZPR/EuIPR, Art. 35 Rn 13; Urteilszusammenfassung EuZW 2005, 517.
21 Kropholler/v. Hein, Art. 72 Rn 1.
22 Rauscher/Mankowski, EuZPR/EuIPR, Art. 72 Rn 2.
23 Jenard-Bericht, S. 46; MüKo-ZPO/Gottwald, Art. 35 Rn 21.
24 Rauscher/Leible, EuZPR/EuIPR, Art. 35 Rn 17; Schlosser, EuZPR, Art. 34–36 Rn 33.
25 MüKo-ZPO/Gottwald, Art. 35 Rn 21; Rauscher/Leible, EuZPR/EuIPR, Art. 35 Rn 16.
26 Rauscher/Leible, EuZPR/EuIPR, Art. 35 Rn 15; Thomas/Putzo/Hüßtege, Art. 45 Rn 31.
27 Mit anderer Begründung abl. MüKo-ZPO/Gottwald, Art. 35 Rn 23; Kropholler/v. Hein, Art. 35 Rn 23.
28 Geimer/Schütze/Geimer, Art. 35 Rn 45.
29 Dafür Zöller/Geimer, Art. 35 Rn 27; aA Hk-ZPO/Dörner, Art. 45 Rn 29; Thomas/Putzo/Hüßtege, Art. 45 Rn 31; Rauscher/Leible, EuZPR/EuIPR, Art. 35 Rn 15.

19 **1. Art. 64 Abs. 3 LugÜ.** Nach Art. 64 Abs. 3 LugÜ kann[30] die Anerkennung einer aus einem EU-Mitgliedstaat stammenden Entscheidung in jedem Vertragsstaat des LugÜ (also auch in einem anderen EU-Staat) verweigert werden, wenn der Beklagte seinen Wohnsitz in einem Nicht-EU-Vertragsstaat (Schweiz, Island, Norwegen) hat und sich das Erstgericht (irrtümlich, vgl Art. 64 Abs. 2 LugÜ) auf eine Zuständigkeitsnorm der Brüssel I-VO gestützt hat, die im LugÜ keine Entsprechung findet; das soll allerdings nur gelten, wenn das Gericht im Erststaat nicht auch aufgrund einer anderen Norm des LugÜ zuständig gewesen wäre.[31] Nach der Neufassung des LugÜ und seiner damit einhergehenden Anpassung an die Brüssel I-VO dürfte diese Regelung ihre praktische Bedeutung verloren haben, weil Zuständigkeitsdivergenzen zu Lasten des LugÜ nicht mehr existieren (Art. 5 Nr. 2 LugÜ ist weiter als Art. 5 Nr. 2 Brüssel I-VO).

20 **2. Art. 67 Abs. 4 LugÜ.** Art. 67 Abs. 4 LugÜ erlaubt seinerseits die Versagung der Anerkennung von Entscheidungen gegen eine Person mit (Wohn-)Sitz im Anerkennungsstaat, wenn sich die internationale Zuständigkeit der Gerichte des Urteilsstaates allein aus einem neben dem LugÜ fortgeltenden Spezialabkommen dieses Staates mit Drittstaaten für besondere Rechtsgebiete[32] ableitet, dem der Anerkennungsstaat nicht angehört.[33] Davon erfasst ist nicht der Fall, dass das Erstgericht eine Zuständigkeitsnorm aus einer **anderen Quelle** herangezogen hat, während das Exequaturgericht der Auffassung ist, richtigerweise hätte nur das Spezialabkommen helfen können.[34]

Artikel 36 [Verbot der Sachprüfung]

Die ausländische Entscheidung darf keinesfalls in der Sache selbst nachgeprüft werden.

I. Allgemeines

1 Art. 36 hat lediglich klarstellende Funktion. Das Verbot, die anzuerkennende Entscheidung auf ihre sachliche Richtigkeit zu überprüfen (**Verbot der révision au fond**), ergibt sich nicht nur aus dem Wesen jeder „echten" Anerkennung[1] (und findet sich deshalb auch im autonomen Recht, § 723 Abs. 1 ZPO) und dem innergemeinschaftlichen Vertrauensgrundsatz (Erwägungsgrund (16)),[2] sondern im Rahmen der Brüssel I-VO auch zwangsläufig aus dem beschränkten und abschließenden Katalog der Anerkennungshindernisse in Art. 34 f.

2 Das Exequaturgericht darf das ausländische Urteil **weder in tatsächlicher noch in materiell- oder verfahrensrechtlicher Hinsicht** überprüfen, damit auch nicht auf Fehler in der Beweiswürdigung, bei der Anwendung des Gemeinschaftsrechts[3] oder des Kollisionsrechts;[4] die zum letzteren Aspekt noch in Art. 27 Nr. 4

---

30 Zu dem insoweit gewährten Ermessen vgl *Trunk*, Die Erweiterung des EuGVÜ-Systems am Vorabend des Europäischen Binnenmarktes, 1991, S. 55 f.
31 Schweizerisches Bundesgericht (BG, BGE 127 III 186).
32 Eine Liste der neben der Brüssel I-VO fortgeltenden Übereinkommen findet sich etwa bei Rauscher/*Mankowski*, EuZPR/EuIPR, Art. 71 Rn 6 f; Anhang VII zum LugÜ enthält eine Liste der gem. Art. 65 LugÜ ersetzten Überkommen.
33 Vgl *Jenard/Möller*-Bericht zum LugÜ zu Art. 57, Rn 82.
34 *Schlosser*, EuZPR, Art. 71 Rn 10.
1 MüKo-ZPO/*Gottwald*, Art. 36 Rn 1; vgl OLG Düsseldorf RIW 2004, 391.
2 Hk-ZPO/*Dörner*, Art. 52 Rn 1.
3 EuGH 11.5.2000 – Rs. C-38/98 (Régie nationale des usines Renault SA/Maxicar SpA und Orazio Formento), NJW 2000, 2185, 2186.
4 OLG Köln IPRspr 2002, Nr. 194.

EuGVÜ enthaltenen Ausnahmen wurden zu Recht nicht in die Brüssel I-VO übernommen.

Die **Ausnahmen** zum Verbot der révision au fond sind in Art. 34 f enthalten: Soweit sich sachliche Fehler des Erstgerichts in Verstößen gegen die dort genannten Versagensgründe manifestieren, insb. in einer Verletzung des materiellen oder verfahrensrechtlichen ordre public (Art. 34 Nr. 1), ist die Anerkennung des ausländischen Urteils zu verweigern. 3

Art. 36 enthebt das Zweitgericht selbstverständlich nicht der Verpflichtung zu prüfen, ob die sonstigen Voraussetzungen für eine Anerkennung erfüllt sind (Eröffnung des Anwendungsbereichs der Brüssel I-VO, „Entscheidung" iSd Art. 32 [vgl Art. 32 Rn 2 ff], Vorliegen von Versagungsgründen nach Art. 34 f). 4

II. Luganer Übereinkommen
Keine Abweichungen. 5

Artikel 37 [Aussetzung des Verfahrens]

(1) Das Gericht eines Mitgliedstaats, vor dem die Anerkennung einer in einem anderen Mitgliedstaat ergangenen Entscheidung geltend gemacht wird, kann das Verfahren aussetzen, wenn gegen die Entscheidung ein ordentlicher Rechtsbehelf eingelegt worden ist.

(2) Das Gericht eines Mitgliedstaats, vor dem die Anerkennung einer in Irland oder im Vereinigten Königreich ergangenen Entscheidung geltend gemacht wird, kann das Verfahren aussetzen, wenn die Vollstreckung der Entscheidung im Ursprungsmitgliedstaat wegen der Einlegung eines Rechtsbehelfs einstweilen eingestellt ist.

I. Allgemeines, Anwendungsbereich

Nach der Brüssel I-VO anerkennungsfähig sind grds. auch noch nicht rechtskräftige ausländische Entscheidungen (s. Art. 32 Rn 18). Das schafft die Gefahr, dass eine Entscheidung im Anerkennungsstaat auf einer ausländischen Entscheidung aufbaut, die später auf ein Rechtsbehelf im Ursprungsstaat hin aufgehoben oder geändert wird. Dieser Gefahr will Art. 37 begegnen, indem dem Zweitgericht die Möglichkeit gewährt wird, das vor ihm schwebende Verfahren bis zur Rechtskraft des anzuerkennenden Urteils auszusetzen. 1

Abs. 1 findet nur in Konstellationen Anwendung, in denen ein Gericht oder eine Behörde **inzident**, ohne besonderes Verfahren, über die Anerkennung einer EU-ausländischen Entscheidung befindet (s. Art. 33 Rn 13 f),[1] weil die eigene Entscheidung davon abhängt. Für selbständige und „unselbständige" **Anerkennungsverfahren** nach Art. 33 Abs. 2 und 3 (zu diesem umstrittenen Verständnis von Art. 33 Abs. 3 s. Art. 33 Rn 20) sowie für das Verfahren auf Vollstreckbarerklärung schafft **Art. 46** kraft ausdrücklicher Verweisung als lex specialis eine Aussetzungsmöglichkeit. 2

---

[1] MüKo-ZPO/*Gottwald*, Art. 37 Rn 3; Rauscher/*Leible*, EuZPR/EuIPR, Art. 37 Rn 2; Kropholler/*v. Hein*, Art. 37 Rn 2; Geimer/Schütze/*Geimer*, Art. 37 Rn 1; Hk-ZPO/*Dörner*, Art. 38 Rn 1.

II. Die Aussetzung des Verfahrens nach Abs. 1

3 Voraussetzung für die Aussetzung des Verfahrens im Zweitstaat ist, dass im Erststaat ein „ordentlicher Rechtsbehelf" eingelegt worden ist. In den Augen des EuGH ist ein solcher jeder Rechtsbehelf, der zur Aufhebung oder Abänderung der anzuerkennenden Entscheidung führen kann und für dessen Einlegung im Urteilsstaat eine gesetzliche Frist bestimmt ist, die durch die Entscheidung selbst in Lauf gesetzt wird;[2] es kommt nicht darauf an, ob der Rechtsbehelf einen die Vollstreckbarkeit im Urteilsstaat hemmenden (= Suspensiv-)Effekt hat.[3] Darunter fallen etwa Berufung, Revision und Rekurs nach österreichischem Recht, die Kassationsbeschwerde in den Mitgliedstaaten des romanischen Rechtskreises und der Einspruch gegen ein Versäumnisurteil,[4] nicht aber ein Wiederaufnahmeverfahren,[5] Verfassungsbeschwerden, Menschenrechtsbeschwerden zum EGR, Vollstreckungsgegenklagen (str, s. Art. 46 Rn 5) oder die Einleitung eines Schiedsverfahrens zur Hauptsache[6] bzw die Einleitung des Hauptsacheverfahrens gegen eine Maßnahme des einstweiligen Rechtsschutzes.[7] Manche Stimmen wollen gegen die Definition des EuGH eine **unbefristete Beschwerde** in den Kreis der ordentlichen Rechtsbehelfe einbeziehen, sofern die Beschwerde bereits eingelegt ist.[8]

4 Art. 37 schafft für das Gericht im Zweitstaat die Möglichkeit zur Aussetzung des vor ihm schwebenden Verfahrens, übt aber keinen Zwang in dieser Hinsicht aus; das Gericht verfügt über ein **Ermessen**,[9] in dessen Rahmen zunächst gründlich zu prüfen ist, ob die ausländische Entscheidung wirklich Auswirkungen für das eigene Urteil hat;[10] fehlt es daran, besteht kein Anlass für eine Aussetzung. Weiterhin sollte das Zweitgericht die Anerkennungshindernisse der Art. 34 f vor der Aussetzung prüfen, denn steht ein solches der Anerkennung im Wege, kommt es auf den (Miss-)Erfolg des Rechtsbehelfs im Urteilsstaat nicht an.[11] Ist die **Vorgreiflichkeit** hingegen zu **bejahen** und fehlen Versagungsgründe, sollte der Gefahr sich widersprechender Entscheidungen im Erst- und Zweitstaat außerhalb ganz besonderer Umstände (etwa: sicher vorauszusagende Erfolglosigkeit des Rechtsbehelfs im Urteilsstaat) regelmäßig mit der Aussetzung des Zweitverfahrens begegnet werden.[12]

5 Die Art und Weise der Aussetzung bestimmt sich nach nationalem Prozessrecht, in Deutschland daher nach § 148 ZPO.[13] Ein Aussetzungsantrag ist nicht erforderlich.[14] Die Aussetzung endet mit Erledigung des ausländischen Erstverfahrens,

---

2 EuGH 22.11.1977 – Rs. C-43/77 (Industrial Diamond Supplies/Riva), NJW 1978, 1107 (nur Tenor).
3 Hk-ZPO/*Dörner*, Art. 38 Rn 3.
4 Vgl *Kropholler/v. Hein*, Art. 37 Rn 3; Hk-ZPO/*Dörner*, Art. 38 Rn 3; Rauscher/*Leible*, EuZPR/EuIPR, Art. 37 Rn 4.
5 OLG Karlsruhe RIW 1986, 467 (zum franz. *rencours en révision*, der dem deutschen Wiederaufnahmeverfahren entspricht).
6 OLG Hamm NJW-RR 1995, 189, 191.
7 MüKo-ZPO/*Gottwald*, Art. 37 Rn 4; *Schlosser*, EuZPR, Art. 46 Rn 2.
8 Rauscher/*Leible*, EuZPR/EuIPR, Art. 37 Rn 4; MüKo-ZPO/*Gottwald*, Art. 37 Rn 5.
9 *Kropholler/v. Hein*, Art. 37 Rn 5; *Schlosser*, EuZPR, Art. 37 Rn 1.
10 Geimer/Schütze/*Geimer*, Art. 37 Rn 5.
11 Ebenso Rauscher/*Leible*, EuZPR/EuIPR, Art. 37 Rn 5; vorsichtiger Hk-ZPO/*Dörner*, Art. 38 Rn 2; *Kropholler/v. Hein*, Art. 37 Rn 5 unter Bezugnahme auf den *Jenard*-Bericht, S. 47: Art. 34 f „können" vorab geprüft werden, Prüfung der Versagungsgründe vor Aussetzung nicht ausgeschlossen.
12 S. aber *Schlosser*, EuZPR, Art. 37 Rn 1: Gericht kann von der an der Aussetzung interessierten Partei die Akzeptanz „zumutbarer Interimsvereinbarungen" fordern.
13 Hk-ZPO/*Dörner*, Art. 51 Rn 2; *Kropholler/v. Hein*, Art. 37 Rn 5.
14 *Schlosser*, EuZPR, Art. 37 Rn 1.

also mit der Entscheidung über den in diesem eingelegten ordentlichen Rechtsbehelf.[15]

III. Die Sonderregel für die Anerkennung von Entscheidungen aus Irland und dem Vereinigten Königreich (Abs. 2)

Abs. 2 enthält eine Sonderregel für die Anerkennung von Entscheidungen aus den Common-Law-Staaten Irland und Vereinigtes Königreich. Sie kennen keine Unterscheidung zwischen ordentlichen und außerordentlichen Rechtsbehelfen,[16] weshalb die genau daran anknüpfende Lösung des Abs. 1 hier nicht funktionieren kann. Die Aussetzungsbefugnis wird deshalb von der einstweiligen Einstellung der Zwangsvollstreckung im Ursprungsstaat aufgrund der Einlegung (irgend-)eines Rechtsbehelfs ausgelöst.   6

IV. Luganer Übereinkommen

Keine Abweichungen.   7

Abschnitt 2
Vollstreckung

Literatur:

Bach, Grenzüberschreitende Vollstreckung in Europa, 2008; *Bitter*, Vollstreckbarerklärung und Zwangsvollstreckung ausländischer Titel in der Europäischen Union, 2009; *Böttger*, Deutsche einstweilige Verfügung: Durchsetzung im europäischen Ausland, GRUR-Prax 2013, 484; *Cypra*, Die Rechtsbehelfe im Verfahren der Vollstreckbarerklärung nach dem EuGVÜ, 1996; *Gärtner*, Probleme der Auslandsvollstreckung von Nichtgeldleistungsentscheidungen im Bereich der Europäischen Gemeinschaft, 1991; *Gottwald*, Die internationale Zwangsvollstreckung, IPRax 1991, 285; *Gruber*, Inländisches Vollstreckbarerklärungsverfahren und Auslandskonkurs, IPRax 2007, 426; *Hau*, Zum Rechtsschutz gegen die Vollstreckbarerklärung gemäß Art. 36 bis 38 EuGVÜ, IPRax 1996, 322; *Heiderhoff*, Kenntnisnahme ersetzt nicht die Zustellung im Vollstreckbarerklärungsverfahren, IPRax 2007, 202; *Hess*, Die Unzulässigkeit materiellrechtlicher Einwendungen im Beschwerdeverfahren nach Art. 43 ff EuGVO, IPRax 2008, 25; *Hess/Bittmann*, Die Effektuierung des Exequaturverfahrens nach der Europäischen Gerichtsstands- und Vollstreckungsverordnung, IPRax 2007, 277; *Heß/Hub*, Die vorläufige Vollstreckbarkeit ausländischer Urteile im Binnenmarktprozess, IPRax 2003, 93; *Kramberger Škerl*, European Public Policy (with an Emphasis on Exequatur-Proceedings), Journal of Private International Law 2011, 461; *Mankowski*, Zur Regelung von Sprachfragen im europäischen Internationalen Zivilverfahrensrecht, in: FS Kaissis, 2012, S. 607; *Mauch*, Die Sicherungsvollstreckung gemäß Art. 47 EuGVVO, Art. 39 EuGVÜ und Art. 39 Luganer Übereinkommen, 2003; *Mennicke*, Berücksichtigung einer Schutzschrift des Antragsgegners bei der Entscheidung über die Vollstreckbarerklärung nach EuGVÜ, IPRax 2000, 294; *Münzberg*, Berücksichtigung oder Präklusion sachlicher Einwendungen im Exequaturverfahren, in: FS Geimer, 2002, S. 745; *Prütting*, Probleme des europäischen Vollstreckungsrechts, IPRax 1985, 137; *Remien*, Rechtsverwirklichung durch Zwangsgeld, 1992; *Roth*, Herausbildung von Prinzipien im europäischen Vollstreckungsrecht, IPRax 1989, 14; *Roth*, Systembedingt offene Auslandstitel, IPRax 2006, 22; *Roth*, Der Streit um die Schuldneridentität im Verfahren der Vollstreckbarerklärung nach Art. 41, 43 EuGVVO, IPRax 2007, 423; *Schlosser*, Balance zwischen Effizienz und Schuldnerschutz in der Zwangsvollstreckung aus Titeln anderer EG-Mitgliedstaaten, IPRax 2007, 239; *Schlosser*, Grenzüberschreitende Vollstreckbarkeit von Nicht-Geldleistungsurteilen, in: FS Leipold, 2009, S. 435; *Spickhoff*, Zur Kostenfestsetzung bei der Vollstreckung inländischer Titel im Ausland, IPRax 2002, 290; *Stadler*, Die Revision des Brüsseler und des Lugano-Übereinkommens – Vollstreckbarerklärung und internationale Vollstreckung, in: Gottwald, Revision des EuGVÜ, 2000, S. 37; *Stadler*, Inländisches Zwangsgeld bei grenzüberschreiten-

---

15 Kropholler/v. Hein, Art. 37 Rn 5; Rauscher/*Leible*, EuZPR/EuIPR, Art. 37 Rn 5.
16 *Schlosser*-Bericht, Nr. 204.

der Handlungsvollstreckung, IPRax 2003, 430; *Stürner*, Das grenzübergreifende Vollstreckungsverfahren in der Europäischen Union, in: FS Henckel, 1995, S. 873.

Artikel 38 [Vollstreckbare Entscheidungen]

(1) Die in einem Mitgliedstaat ergangenen Entscheidungen, die in diesem Staat vollstreckbar sind, werden in einem anderen Mitgliedstaat vollstreckt, wenn sie dort auf Antrag eines Berechtigten für vollstreckbar erklärt worden sind.

(2) Im Vereinigten Königreich jedoch wird eine derartige Entscheidung in England und Wales, in Schottland oder in Nordirland vollstreckt, wenn sie auf Antrag eines Berechtigten zur Vollstreckung in dem betreffenden Teil des Vereinigten Königreichs registriert worden ist.

I. Allgemeines	1	1. Zustellung der Entscheidung	17
II. Sperrwirkung des Vollstreckbarerklärungsverfahrens	7	2. Zuständigkeit	18
III. Negative Feststellungsklage des Schuldners	8	3. Antrag, Antragsfrist, Antragsgegner	19
IV. Voraussetzungen der Vollstreckbarerklärung	9	4. Prüfungsumfang im Klauselerteilungsverfahren	20
1. Anwendbarkeit der Art. 38 f	9	5. Entscheidung durch Beschluss ohne Anhörung des Schuldners	21
2. Vollstreckbarkeit im Ursprungsstaat	10	6. Rechtsmittel	22
3. Keine Aufhebung oder Änderung der Entscheidung im Ursprungsstaat	11	VI. Verfahrenskosten	23
		VII. Sonderregel für das Vereinigte Königreich (Abs. 2)	24
4. Ausreichend bestimmter Inhalt	12	VIII. Luganer Übereinkommen	25
5. Fremdwährungsschulden	15		
V. Verfahren der Vollstreckbarerklärung	16		

I. Allgemeines

1 Abs. 1 normiert die **Voraussetzungen für die Vollstreckbarerklärung** einer EU-ausländischen Entscheidung im Inland (s. Rn 9 ff). In Abs. 2 finden sich Sonderregeln für das Vereinigte Königreich (s. Rn 24).

2 Der Bestimmung des Art. 38 bedarf es deshalb, weil die Vollstreckbarkeit im Inland – anders als die Erstreckung anderer Urteilswirkungen (s. Art. 33 Rn 13) – nicht die „automatische" Folge der Anerkennung einer ausländischen Entscheidung ist. Schon aus praktischen Gründen richtet sich der in ihr enthaltene, auf die (notfalls zwangsweise) Durchsetzung gerichtete Vollstreckungsbefehl nur an das auf dem eigenen Territorium waltende Vollstreckungspersonal.[1] Zur Vollstreckung aus einem ausländischen Titel im Inland bedarf es deshalb über die Anerkennung hinaus einer besonderen, **als Vollstreckungstitel**[2] **konstitutiv wirkenden inländischen Vollstreckbarerklärung**, die in ihrer Wirkung ebenso territorial beschränkt ist wie der originäre Vollstreckungsbefehl des anzuerkennenden Urteils.[3]

---

1 Hk-ZPO/*Dörner*, Vorbem. zu Art. 39–44 Rn 2; Rauscher/*Mankowski*, EuZPR/EuIPR, Art. 38 Rn 2.
2 Geimer/Schütze/*Geimer*, Art. 38 Rn 6.
3 Rauscher/*Mankowski*, EuZPR, Art. 38 Rn 6; *Kropholler/v. Hein*, Art. 38 Rn 4.

Im **autonomen Recht** ist für die Vollstreckung aus einer ausländischen Entscheidung nach § 722 ZPO ein deutsches **Vollstreckungsurteil** notwendig, das am Ende eines mit einer Klageschrift eingeleiteten „gewöhnlichen" kontradiktorischen Erkenntnisverfahrens steht. Demgegenüber, aber auch im Vergleich zur früheren Regelung im EuGVÜ,[4] ist das Verfahren zur Erlangung der **Vollstreckbarerklärung** in der Brüssel I-VO mit dem Ziel der **Förderung der Freizügigkeit** nationaler zivil- und handelsrechtlicher Gerichtsentscheidungen im Binnenmarkt[5] stark vereinfacht, auch wenn es ein (**besonderes**) **Erkenntnisverfahren** geblieben ist.[6] In der ersten Instanz wird der Vollstreckungsgegner nicht gehört (einseitiges Antragsverfahren)[7] und es findet im Wesentlichen nur eine formale Prüfung der vom Vollstreckungsgläubiger vorzulegenden Urkunden (Art. 53 f) statt; die inhaltliche Prüfung der Anerkennungs- und Vollstreckungsvoraussetzungen und die Anhörung des Vollstreckungsgegners ist der Beschwerdeinstanz vorbehalten. 3

Im Binnenmarkt muss das Ziel sein, selbst dieses verschlankte Verfahren[8] stufenweise ganz abzuschaffen,[9] auch wenn es bis dahin noch ein weiter Weg ist. Ein erster Schritt ist mit dem Europäischen Vollstreckungstitel für unbestrittene Forderungen nach der EuVTVO gemacht, der in allen Mitgliedstaaten der EU (mit Ausnahme Dänemarks)[10] aus sich heraus ohne besondere Vollstreckbarerklärung vollstreckt werden kann. 4

Der Gläubiger ist grds. nicht daran gehindert, die Vollstreckung seines in einem EU-Mitgliedstaat erlangten Titels nach seiner Wahl auch in einem oder mehreren anderen EU-Mitgliedstaaten (und darüber hinaus) zu betreiben. Schutz vor übermäßiger Mehrfachvollstreckung kann nur das jeweilige nationale Vollstreckungsrecht bieten, in Deutschland also uU § 765 a ZPO.[11] Ist der Gläubiger durch Vollstreckungsmaßnahmen in einem anderen Land bereits befriedigt, kann der Schuldner im Inland Vollstreckungsgegenklage erheben (§ 767 ZPO).[12] Bei inländischen Zwangsvollstreckungsmaßnahmen trotz zuvor erfolgter, zur Sicherheit des Gläubigers hinreichender Pfändungen beweglicher Sachen im Ausland, kommt auch der Weg über die Erinnerung nach § 777 ZPO in Betracht.[13] 5

Die Brüssel I-VO enthält keine Regeln zur Vollstreckung selbst, diese bestimmt sich deshalb allein nach nationalem Recht. Auf europäischer Ebene sind aber Bemühungen im Gang, durch eine Harmonisierung der einschlägigen Bestimmungen die Möglichkeiten einer grenzüberschreitenden Vollstreckung in Forderungen insb. im Wege der (vorläufigen) Kontopfändung zu verbessern.[14] 6

---

4 MüKo-ZPO/*Gottwald*, Vorbem. zu Art. 38 Rn 1.
5 MüKo-ZPO/*Gottwald*, Art. 38 Rn 2; Rauscher/*Mankowski*, EuZPR/EuIPR, Art. 38 Rn 1.
6 Rauscher/*Mankowski*, EuZPR/EuIPR, Art. 38 Rn 4; Geimer/Schütze/*Geimer*, Art. 38 Rn 11.
7 MüKo-ZPO/*Gottwald*, Art. 38 Rn 17.
8 Das Verfahren wird u.a. als einfach, schnell und effizient bezeichnet, *Hess*, The Brussels I Regulation 44/2001, Application and Enforcement in the EU, Rn 446 u. 454.
9 Vgl Mitteilung der Kommission vom 10.6.2009, KOM (2009) 262 endg., S. 11 zum „Stockholmer Programm".
10 *Sujecki*, ZEuP 2008, 458; Rauscher/*Rauscher/Pabst*, EuZPR/EuIPR, Einl. EG-VollstrTitelVO Rn 25.
11 Hk-ZPO/*Dörner*, Vorbem. zu Art. 39–44 Rn 2; Rauscher/*Mankowski*, EuZPR/EuIPR, Art. 38 Rn 6; *Schlosser*, EuZPR, Art. 38 Rn 1.
12 MüKo-ZPO/*Gottwald*, Art. 38 Rn 7.
13 MüKo-ZPO/*Gottwald*, Art. 38 Rn 7; allerdings ist im internen deutschen Recht str, ob die Absicherung des Gläubigers durch *Pfändungs*pfandrechte unter § 777 ZPO fällt, vgl Hk-ZPO/*Kindl*, § 777 ZPO Rn 3 mwN.
14 Vgl das Grünbuch der Kommission „zur effizienteren Vollstreckung von Urteilen in der Europäischen Union: vorläufige Kontenpfändung", KOM/2006/0618 endg.

II. Sperrwirkung des Vollstreckbarerklärungsverfahrens

7 Ausländische Entscheidungen iSd Art. 32, die in den Anwendungsbereich der Brüssel I-VO fallen (s. Vor Art. 32 ff Rn 9 ff), können nur im Wege des Vollstreckbarerklärungsverfahrens nach Art. 38 ff zur Grundlage von Vollstreckungsversuchen im Inland gemacht werden. Wegen des Vorrangs und der daraus folgenden **Sperrwirkung des Gemeinschaftsrechts**[15] scheidet eine Vollstreckungsklage nach § 722 ZPO selbst in zweifelhaften Fällen ebenso aus, wie ein Rückgriff auf bilaterale Anerkennungs- und Vollstreckungsabkommen (vgl aber Art. 69 f für aus der Brüssel I-VO ausgeschlossene Rechtsgebiete).[16] Eine neue Leistungsklage im Inland scheitert an der Rechtskraftwirkung einer anzuerkennenden ausländischen Entscheidung (s. Art. 33 Rn 4) und vor deren Rechtskraft an der Rechtshängigkeitssperre.[17]

III. Negative Feststellungsklage des Schuldners

8 Der Schuldner, der befürchtet, dass der Gläubiger auf der Basis seines ausländischen Titels im Inland vollstrecken möchte, kann sich nach der hier vertretenen, aber umstrittenen Auffassung, analog Art. 33 Abs. 2 im Wege des selbständigen Feststellungsverfahrens wehren (vgl Art. 33 Rn 17), ist in diesem aber beschränkt auf die Geltendmachung von Anerkennungshindernissen nach Art. 34 f. Im Übrigen, also insb. im Hinblick auf die sonstigen Voraussetzungen der Vollstreckbarerklärung (s. Rn 9 ff), steht ihm in Deutschland die **negative Feststellungsklage** zur Verfügung.[18]

IV. Voraussetzungen der Vollstreckbarerklärung

9 **1. Anwendbarkeit der Art. 38 f.** Die Brüssel I-VO muss anwendbar (s. Vor Art. 32 ff Rn 9 ff) und die zu vollstreckende Entscheidung aus einem Mitgliedstaat der EU eine solche iSd Art. 32 (s. Art. 32 Rn 2 ff) sein, die also insb. auch grenzüberschreitende Wirkungen entfalten soll (s. Art. 32 Rn 5).

10 **2. Vollstreckbarkeit im Ursprungsstaat.** Die ausländische Entscheidung muss einen vollstreckungsfähigen Inhalt haben und nach Maßgabe des ausländischen Rechts auch **im Ursprungsstaat** (abstrakt)[19] **vollstreckbar** sein, was durch eine **Bescheinigung nach Art. 53** nachzuweisen ist. Ob die Vollstreckbarkeit eine endgültige oder nur vorläufige ist, ist ebenso unerheblich[20] wie konkrete Zwangsvollstreckungshindernisse (Pfändungsfreigrenzen etc.) im Urteilsstaat.[21] Hängt die Zwangsvollstreckung nach dem Inhalt des Titels von einer Sicherheitsleistung, dem Ablauf einer Frist oder dem Eintritt einer anderen Tatsache ab (etwa ordnungsgemäßes Angebot der Gegenleistung bei einer Verurteilung Zug um Zug), so ist gem. § 7 Abs. 1 S. 1 AVAG nach dem Recht des Urteilsstaates zu entscheiden, inwieweit der Antragsteller insoweit einen besonderen Nachweis erbringen muss; zur Form dieses Nachweises s. § 7 Abs. 1 S. 2, Abs. 2 AVAG. **Fällt**

---

15 EuGH 9.3.1978 – Rs. C-106/77 (Simmenthal II), Slg 1978, I-629 Tz 17/18; vgl *Calliess*, in: Calliess/Ruffert, Das Verfassungsrecht der Europäischen Union, 3. Aufl. 2007, Art. 5 EGV Rn 32; anders MüKo-ZPO/*Gottwald*, Art. 38 Rn 4: mangelndes Rechtsschutzbedürfnis.

16 Im Verhältnis des EuGVÜ zum autonomen Recht bzw zu bilateralen Abkommen galt hingegen das Günstigkeitsprinzip; vgl MüKo-ZPO/*Gottwald*, Art. 38 Rn 4.

17 Vgl MüKo-ZPO/*Becker-Eberhard*, § 261 ZPO Rn 74 ff.

18 Näher, insb. zur schwierigen Frage der internationalen Zuständigkeit, Rauscher/*Mankowski*, EuZPR/EuIPR, Art. 38 Rn 32 ff.

19 Rauscher/*Mankowski*, EuZPR/EuIPR, Art. 38 Rn 11.

20 Hk-ZPO/*Dörner* (5. Aufl.), Art. 38 Rn 2; Rauscher/*Mankowski*, EuZPR/EuIPR, Art. 38 Rn 11 f; *Kropholler/v. Hein*, Art. 38 Rn 10.

21 Rauscher/*Mankowski*, EuZPR/EuIPR, Art. 38 Rn 11.

die (vorläufige) Vollstreckbarkeit nach Antragstellung weg, kann der Schuldner darauf eine Beschwerde gegen die Vollstreckbarerklärung nach Art. 43, § 11 AVAG stützen,[22] nach Ablauf der Beschwerdefrist muss er deren Aufhebung im Verfahren nach § 27 AVAG betreiben.[23] Eine zeitliche begrenzte Zulassung zur inländischen Vollstreckung als Reaktion auf die Aussetzung der Vollstreckbarkeit im Ursprungsstaat ist nicht möglich.[24]

3. Keine Aufhebung oder Änderung der Entscheidung im Ursprungsstaat. Eine Vollstreckbarerklärung kommt nicht in Betracht, wenn das Exequaturgericht erfährt, dass die erststaatliche Entscheidung aufgehoben wurde, auch wenn dies erst nach Beginn des Vollstreckbarerklärungsverfahrens erfolgt ist,[25] bei einer Abänderung ist die geänderte Entscheidung das Objekt der Vollstreckbarerklärung.[26] Aufhebung oder Abänderung nach Abschluss des Vollstreckbarerklärungsverfahrens muss der Schuldner im Verfahren nach § 27 AVAG geltend machen. 11

4. Ausreichend bestimmter Inhalt. Nur eine nach inländischen Maßstäben **hinreichend bestimmte** ausländische Entscheidung hat einen im Inland vollstreckungsfähigen Inhalt und kann deshalb vollstreckt werden.[27] Dies ergibt sich aus der Natur der Sache, manche möchten aber als Begründung zusätzlich Art. 34 Nr. 1 (ordre public) hinzuziehen.[28] 12

Möglich und erforderlich ist nicht selten – insb. bei im ausländischen Titel nicht präzise ausgewiesenen Nebenforderungen[29] und bei Indexierungen[30] – eine **ergänzende Auslegung**,[31] die schon deshalb dem inländischen Exequaturrichter und nicht erst den Vollstreckungsorganen obliegt,[32] weil sie einhergehen muss mit einer formalen Anpassung des Titels an deutsche Gepflogenheiten auf der Basis des gefundenen Auslegungsergebnisses.[33] Die für die ergänzende Auslegung erforderlichen Kenntnisse über das ausländische Recht können nach § 293 ZPO durch eigene Nachforschungen (auch unter Mithilfe der Parteien),[34] idR aber durch die Einholung eines Gutachtens oder über eine Auskunft nach dem Europäischen Übereinkommen betreffend Auskünfte über ausländisches Recht vom 7.6.1968[35] beschafft werden, wobei die Erfahrungen mit dem zweiten Weg nicht ermutigend sind.[36] Soweit es um Tatsachen geht (etwa amtliche Indices 13

---

22 MüKo-ZPO/*Gottwald*, Art. 38 Rn 10.
23 BGH NJW-RR 2010, 1079, 1080 = IHR 2010, 274, 275; MüKo-ZPO/*Gottwald*, Art. 38 Rn 10.
24 BGH NJW-RR 2010, 1079, 1080 = IHR 2010, 274, 275 m. krit. Anm. *Prudentino*.
25 BGH NJW 1980, 2022.
26 Rauscher/*Mankowski*, EuZPR/EuIPR, Art. 38 Rn 14 b.
27 AA *Schlosser*, EuZPR, Art. 38 Rn 3 b; Rauscher/*Mankowski*, EuZPR/EuIPR, Art. 38 Rn 22; Geimer/Schütze/*Geimer*, Art. 38 Rn 7.
28 BGH NJW 1993, 1801, 1802; Hk-ZPO/*Dörner*, Art. 39 Rn 4; *Kropholler/v. Hein*, Art. 38 Rn 13.
29 Eingehend dazu *Schlosser*, EuZPR, Art. 38 Rn 13; Rauscher/*Mankowski*, EuZPR/EuIPR, Art. 38 Rn 23.
30 Eingehend dazu BGH NJW 1986, 1440; Rauscher/*Mankowski*, EuZPR/EuIPR, Art. 38 Rn 25; *Kropholler/v. Hein*, Art. 38 Rn 12; BGH NJW 2014, 702.
31 Hk-ZPO/*Dörner*, Art. 39 Rn 4.
32 BGH NJW 1993, 1801; *Kropholler/v. Hein*, Art. 38 Rn 12.
33 Rauscher/*Mankowski*, EuZPR/EuIPR, Art. 38 Rn 26.
34 Vgl *Roth*, IPRax 1994, 350.
35 BGBl. 1974 II S. 938.
36 MüKo-ZPO/*Prütting*, § 293 ZPO Rn 46; vgl BGH IPRax 2002, 302 m. Anm. *Hüßtege*, S. 292; *Jastrow*, IPRax 2004, 402; ausf. *Schellack*, Selbstermittlung oder ausländische Auskunft unter dem europäischen Rechtsauskunftsübereinkommen, 1998.

oder Statistiken), kann der beweisbelastete Antragsteller in die Pflicht genommen werden.[37]

14 Ist auch im Wege der ergänzenden Auslegung (s. Rn 13) kein eindeutiges Ergebnis erreichbar oder sind die insoweit erforderlichen Tatsachen- und Rechtsgrundlagen nicht ermittelbar, dann ist die Vollstreckbarerklärung zu verweigern. Der Exequaturrichter hat keine Befugnis zur Ergänzung oder Änderung der Entscheidung, so schwierig auch die Grenzziehung zur ergänzenden Auslegung sein mag.[38]

15 **5. Fremdwährungsschulden.** Weder bei der echten noch der unechten Valutaschuld[39] findet im Klauselerteilungsverfahren eine Umrechnung statt. Die mögliche Ersetzungsbefugnis des Schuldners aus § 244 BGB und die Frage nach dem Umrechnungskurs sind erst in der Zwangsvollstreckung selbst relevant.

V. Verfahren der Vollstreckbarerklärung

16 In Deutschland liegt gem. § 4 Abs. 1 AVAG die Vollstreckbarerklärung in der Erteilung der Vollstreckungsklausel (deshalb auch Klauselerteilungsverfahren). Einzelheiten sind in den Art. 38 ff sowie ergänzend in §§ 4 ff AVAG geregelt.

17 **1. Zustellung der Entscheidung.** Eine Zustellung der ausländischen Entscheidung vor der Einleitung des Vollstreckbarerklärungsverfahrens ist anders als früher nach dem EuGVÜ nicht mehr erforderlich.[40] Das ergibt sich schon daraus, dass Art. 42 Abs. 2 ausdrücklich die gleichzeitige Zustellung der Entscheidung mit der Vollstreckbarerklärung ermöglicht, weshalb konsequenterweise die Bescheinigung des Urteilsstaates nach Art. 54 (s. Art. 54 Rn 5) keine Angaben zur Zustellung der Entscheidung enthalten muss.

18 **2. Zuständigkeit.** Das für den Antrag auf Vollstreckbarerklärung zuständige Gericht ergibt sich aus Art. 39 (s. Art. 39 Rn 4).

19 **3. Antrag, Antragsfrist, Antragsgegner.** Der nach Art. 38 Abs. 1, § 4 AVAG notwendige Antrag zur Einleitung des Klauselerteilungsverfahrens muss von einem **Antragsberechtigten** gestellt werden. Antragsberechtigt ist der Titelgläubiger, als Antragsgegner ist der im Titel genannte Schuldner zu benennen.[41] Nach § 7 Abs. 1 AVAG kann die Vollstreckungsklausel aber auch zugunsten eines anderen als den im Titel bezeichneten Gläubiger oder gegen einen anderen als den darin bezeichneten Schuldner beantragt werden, soweit das Recht des Urteilsstaates das gestattet und die Berechtigung/Verpflichtung, sofern nicht offenkundig, durch Urkunden, hilfsweise in der Form des § 7 Abs. 2 AVAG nachgewiesen ist. Einzelheiten zu **Inhalt**, **Form** und den dem Antrag beizufügenden **Urkunden** regelt im Übrigen **Art. 40**.

20 **4. Prüfungsumfang im Klauselerteilungsverfahren.** Zum Prüfungsumfang im Rahmen des Klauselerteilungsverfahrens s. Art. 41.

21 **5. Entscheidung durch Beschluss ohne Anhörung des Schuldners.** Die Entscheidung ergeht in erster Instanz grds. ohne Anhörung des Schuldners durch Beschluss, vgl Art. 41, §§ 6, 8 AVAG.

22 **6. Rechtsmittel.** Zum Rechtsmittel der Rechtsbeschwerde vgl Art. 44 iVm Anhang IV.

---

37 Rauscher/*Mankowski*, EuZPR/EuIPR, Art. 38 Rn 27.
38 MüKo-ZPO/*Gottwald*, Art. 38 Rn 13; Geimer/Schütze/*Geimer*, Art. 38 Rn 27 ff.
39 Hk-BGB/*Schulze*, § 244 BGB Rn 10 ff.
40 Rauscher/*Mankowski*, EuZPR/EuIPR, Art. 38 Rn 28 f.
41 MüKo-ZPO/*Gottwald*, Art. 38 Rn 16 f.

VI. Verfahrenskosten

Zu den Gerichtskosten s. Art. 52. Obsiegt der Gläubiger, sind seine Kosten des Vollstreckbarerklärungsverfahrens gem. § 8 Abs. 1 S. 4 AVAG, § 788 ZPO erstattungsfähig (zu Einzelheiten s. jeweils dort). Für Vollstreckungsversuche im Ausland entstandene, nach dortigem Recht nicht erstattungsfähige Kosten können bei der inländischen Kostenfestsetzung nicht berücksichtigt werden, weil sie nicht Kosten der (inländischen) Zwangsvollstreckung iSd § 8 Abs. 1 S. 4 AVAG sind (str).[42] Wird der Antrag auf Vollstreckbarerklärung abgelehnt, sind im Beschluss die Kosten des Verfahrens dem Antragsteller aufzuerlegen, § 8 Abs. 2 S. 2 AVAG. 23

VII. Sonderregel für das Vereinigte Königreich (Abs. 2)

Abs. 2 enthält eine Sonderregel, die einerseits wegen der im Vereinigten Königreich bestehenden **Rechtsspaltung** zwischen England/Wales, Schottland und Nordirland und andererseits durch den Umstand notwendig geworden ist, dass dort für die Vollstreckbarkeit eines ausländischen Titels nicht die Erteilung einer Vollstreckungsklausel, sondern die **Registrierung** der Entscheidung in einem Gerichtsbezirk erforderlich ist. Auf eine eingehendere Darstellung wird hier verzichtet.[43] 24

VIII. Luganer Übereinkommen

Keine Abweichungen. 25

Artikel 39 [Zuständiges Gericht]

(1) Der Antrag ist an das Gericht oder die sonst befugte Stelle zu richten, die in Anhang II aufgeführt ist.

(2) Die örtliche Zuständigkeit wird durch den Wohnsitz des Schuldners oder durch den Ort, an dem die Zwangsvollstreckung durchgeführt werden soll, bestimmt.

I. Allgemeines

Art. 39 normiert in Abs. 1 die **sachliche** und **funktionelle** sowie in Abs. 2 die **örtliche Zuständigkeit** für das Vollstreckbarerklärungsverfahren. Die **internationale Zuständigkeit** ist nicht ausdrücklich angesprochen; sie folgt nicht aus Art. 22 Nr. 5,[1] sondern aus dem Territorialitätsprinzip (Zuständigkeit der Gerichte des Staates, in dem die Zwangsvollstreckung stattfinden soll).[2] 1

Das angegangene Gericht hat seine Zuständigkeit schon deshalb **von Amts wegen** zu prüfen, weil der Schuldner nach Art. 41 S. 2 in erster Instanz nicht gehört wird und deshalb gar nicht die Einrede der Unzuständigkeit erheben oder sich rügelos einlassen kann. Folgerichtig findet auch § 513 Abs. 2 ZPO keine Anwendung,[3] so dass der Schuldner in der **Beschwerdeinstanz die örtliche Unzuständigkeit rügen** kann. 2

---

42 MüKo-ZPO/*Gottwald*, Art. 38 Rn 23; OLG Hamm IPRax 2002, 301, 302; aA OLG Düsseldorf RIW 1990, 501; *Spickhoff*, IPRax 2002, 290.
43 S. aber *Kropholler/v. Hein*, Art. 38 Rn 18 ff.
1 Vgl Rauscher/*Mankowski*, EuZPR/EuIPR, Art. 22 Rn 58 f.
2 MüKo-ZPO/*Gottwald*, Art. 39 Rn 2.
3 Vgl Hk-ZPO/*Dörner* (5. Aufl.), Art. 39 Rn 3; OLG Köln RIW 1993, 498, 499; ferner BGHZ 153, 82, 83 ff = NJW 2003, 426 (Rüge der internationalen Unzuständigkeit in der Revision).

3 Anträge an ein unzuständiges Gericht sind nach nationalem Recht zu behandeln.[4] In Deutschland hat ein sachlich oder örtlich unzuständiges Gericht nach § 281 ZPO auf Antrag des Antragsstellers das Verfahren an ein zuständiges deutsches Gericht zu verweisen, nicht aber an ein ausländisches Gericht, da § 281 ZPO die internationale Zuständigkeit nicht betrifft.[5] Ein wegen Unzuständigkeit (und mangels Verweisungsantrags) als unzulässig zurückgewiesener Antrag kann später jederzeit erneut beim zuständigen Gericht gestellt werden.[6]

II. Die sachliche und funktionelle Zuständigkeit in Deutschland (Abs. 1)

4 Gemäß Abs. 1 iVm Anhang II zur Brüssel I-VO und § 3 AVAG ist in Deutschland sachlich **ausschließlich** das Landgericht und funktionell der Vorsitzende einer Zivilkammer des Landgerichts zuständig. Dabei ist es unschädlich, wenn der Antrag (Art. 40) allgemein an „das Landgericht" gerichtet wird.[7] Die Regelung zur funktionellen Zuständigkeit wurde unverändert aus dem EuGVÜ übernommen, was angesichts des nach Art. 41 stark zusammengestrichenen Prüfungsumfangs mehr als fragwürdig erscheint.[8] Trotz Art. 55 Abs. 1 AVAG gilt die Zuständigkeit des Vorsitzenden einer **Zivilkammer** auch und gerade für die Verfahren nach Art. 38 ff Brüssel I-VO.[9] Der Vorsitzende kann die Zuständigkeit nicht an einen seiner Beisitzer delegieren,[10] eine etwaige funktionelle Unzuständigkeit kann aber durch eine fehlende Rüge in der Beschwerdeinstanz geheilt werden.[11] Ob für die Entscheidung über den Streitgegenstand des vollstreckbar zu erklärenden Urteils in Deutschland ein anderer Rechtsweg (etwa zu den Arbeitsgerichten) oder eine andere funktionelle Zuständigkeit (etwa bei Unterhaltsforderungen) bestünde, ist unerheblich.[12]

III. Die örtliche Zuständigkeit (Abs. 2)

5 **1. Allgemeines.** Der Antragsteller hat die Wahl zwischen dem Wohnsitz des Schuldners und dem prospektiven Vollstreckungsort. Beide Orte sind – anders als früher nach dem EuGVÜ – **gleichwertig**.[13] Zur Rüge der örtlichen Unzuständigkeit durch den Schuldner in der Berufungsinstanz s. Rn 2.

6 **2. Wohnsitz des Schuldners (Alt. 1).** Der Schuldner, auf dessen Wohnsitz es ankommt, ist der Antragsgegner im Vollstreckbarerklärungsverfahren (s. Art. 38 Rn 18). Das ist idR der Titelschuldner, es kann aber auch eine dritte Person sein, gegen die die ausländische Entscheidung ebenfalls wirkt.

7 Zur Bestimmung des Wohnsitzes einer natürlichen Person ist im Vollstreckbarerklärungsverfahren vor deutschen Gerichten nach Art. 59 Abs. 1 das materielle deutsche Recht (§§ 7–11 BGB) heranzuziehen; bei juristischen Personen enthält

---

4 Rauscher/*Mankowski*, EuZPR/EuIPR, Art. 39 Rn 1 b.
5 OLG Düsseldorf RIW 2001, 63; OLG Köln NJW 1988, 2182; MüKo-ZPO/*Prütting*, § 281 ZPO Rn 5 mwN.
6 Vgl OLG Köln OLGR 2008, 98; Rauscher/*Mankowski*, EuZPR/EuIPR, Art. 40 Rn 13.
7 LG Hamburg IPRspr 1975, Nr. 160, 391 und Nr. 162, 395.
8 Krit. auch *Hess/Bittmann*, IPRax 2007, 277.
9 Vgl OLG Köln IPRspr 2004, Nr. 163, 365; BT-Drucks. 14/7207 v. 22.10.2001, S. 7; Zöller/*Geimer*, § 55 AVAG Rn 1; Rauscher/*Mankowski*, EuZPR/EuIPR, Art. 39 Rn 2; *Kropholler/v. Hein*, Art. 39 Rn 3.
10 Geimer/Schütze/*Geimer*, Art. 39 Rn 7.
11 OLG Köln IPRspr 2004, Nr. 163, 365.
12 OLG Düsseldorf IPRspr 1983, Nr. 180, 472; OLG Köln FamRZ 1995, 1430; Hk-ZPO/*Dörner* (5. Aufl.), Art. 39 Rn 2; *Kropholler/v. Hein*, Art. 39 Rn 3.
13 Rauscher/*Mankowski*, EuZPR/EuIPR, Art. 39 Rn 4; zumindest missverständlich MüKo-ZPO/*Gottwald*, Art. 39 Rn 10: Art. 39 stellt „primär" auf den Wohnsitz und „sekundär" auf den Vollstreckungsort ab.

Art. 60 selbst die maßgeblichen Kriterien. Bei mehreren gemeinsam verurteilten Schuldnern sollte man den Gerichtsstand der Streitgenossenschaft aus Art. 6 Nr. 1 hierin übernehmen,[14] so dass der Gläubiger für alle Schuldner zwischen allen Gerichten wählen kann, in deren Gebiet einer der Schuldner seinen Wohnsitz hat. Eine Zuständigkeitsbestimmung analog § 36 Nr. 3 ZPO scheidet aus (str).[15]

Zeitlich ist grds. der (Wohn-)Sitz bei Verfahrenseinleitung maßgeblich. Nach dem auch hier geltenden Grundsatz der perpetuatio fori aus § 261 Abs. 3 Nr. 2 ZPO schadet ein späterer Wegzug des Schuldners nicht,[16] während ein späterer Zuzug des Schuldners an den Gerichtsort diesem zur Zuständigkeit verhilft.[17]

Ist dem Gläubiger der Wohnsitz des Schuldners unbekannt[18] oder liegt dieser im Ausland, geht die Zuständigkeit aus Abs. 2 Alt. 1 ins Leere.

3. Vollstreckungsort (Alt. 2). Für die Zuständigkeit aus Abs. 2 Alt. 2 ist schon nach dem Wortlaut die **Vollstreckungsabsicht** des Gläubigers maßgeblich. Erforderlich, aber auch hinreichend ist deshalb seine substantiierte Behauptung, an dem betreffenden Ort vollstrecken zu wollen.[19] Dazu reichen belastbare Ausführungen dazu aus, dass ein **potenzielles Vollstreckungsobjekt** dort zu finden ist oder die Möglichkeit besteht, dass ein solches vom Schuldner dorthin verbracht werden wird;[20] letzteres bedeutet, dass der Gläubiger sich eine **Vollstreckbarerklärung auf Vorrat** besorgen darf.[21] In welchem Verhältnis der Wert des potenziellen Vollstreckungsgegenstands zur Forderung des Gläubigers steht, ist für die Zuständigkeit unerheblich; überhaupt muss und darf das Gericht die Erfolgsaussichten der inländischen Zwangsvollstreckung nicht bewerten.[22] Forderungen des Schuldners sind wie nach autonomem Recht (§ 23 S. 2 ZPO) grds. am Sitz des Drittschuldners belegen.[23]

IV. Luganer Übereinkommen

Keine Abweichungen.

Artikel 40 [Verfahren]

(1) Für die Stellung des Antrags ist das Recht des Vollstreckungsmitgliedstaats maßgebend.

(2) Der Antragsteller hat im Bezirk des angerufenen Gerichts ein Wahldomizil zu begründen. Ist das Wahldomizil im Recht des Vollstreckungsmitgliedstaats nicht

---

14 Rauscher/*Mankowski*, EuZPR/EuIPR, Art. 39 Rn 7; *Kropholler/v. Hein*, Art. 39 Rn 11; Geimer/Schütze/*Geimer*, Art. 39 Rn 5.
15 *Kropholler/v. Hein*, Art. 39 Rn 11; *Schlosser*, EuZPR, Art. 39 Rn 2; aA OLG München, NJW 1975, 504 mwN.
16 BGH RIW 1998, 146.
17 BGH RIW 1998, 146; OLG Saarbrücken IPRspr 1992, Nr. 219, 531.
18 Vgl OLG Saarbrücken RIW 1993, 672.
19 BGH RIW 1998, 146; OLG Saarbrücken IPRspr 1992, Nr. 219, 531; *Kropholler/v. Hein*, Art. 39 Rn 8.
20 Vgl BGH RIW 1998, 146; Rauscher/*Mankowski*, EuZPR/EuIPR, Art. 39 Rn 8, 11.
21 *Schlosser*, EuZPR, Art. 39 Rn 5; Geimer/Schütze/*Geimer*, Art. 39 Rn 2; Hk-ZPO/*Dörner* (5. Aufl.), Art. 39 Rn 5; Rauscher/*Mankowski*, EuZPR/EuIPR, Art. 39 Rn 11.
22 OLG München GRUR-RR 2011, 78, 79; Hk-ZPO/*Dörner* (5. Aufl.), Art. 39 Rn 5; Rauscher/*Mankowski*, EuZPR/EuIPR, Art. 39 Rn 10.
23 Rauscher/*Mankowski*, EuZPR/EuIPR, Art. 39 Rn 8 mwN.

vorgesehen, so hat der Antragsteller einen Zustellungsbevollmächtigten zu benennen.
(3) Dem Antrag sind die in Artikel 53 angeführten Urkunden beizufügen.

I. Allgemeines

1 Abs. 1 weist die Regelung der Einzelheiten der Antragstellung auf Vollstreckbarerklärung (Anwaltszwang, Form, Inhalt, Sprache, Zahl der Ausfertigungen etc.) dem internen Recht des Vollstreckungsstaates zu. Nur im Hinblick auf die dem Antrag beizufügenden Urkunden verweist Abs. 3 auf Art. 53. Abs. 2 gibt dem Antragsteller zwecks rascherer Zustellungen die Begründung eines Wahldomizils oder die Benennung eines Zustellungsbevollmächtigten auf.

II. Antrag auf Vollstreckbarerklärung (Abs. 1)

2 Die Formalia der Antragstellung richten sich in Deutschland nach §§ 4, 6 Abs. 3 AVAG (kein Anwaltszwang; s. im Einzelnen dort), hilfsweise nach den Bestimmungen der ZPO,[1] letzteres etwa im Hinblick auf die Möglichkeit und Voraussetzungen einer Prozessstandschaft, auf Kostenfragen[2] oder Erledigterklärungen.[3] Eine Antragsrücknahme ist in der gleichen Form wie der Antrag und mit der Kostenfolge des § 269 Abs. 3 ZPO möglich.[4] Ein aus formellen Gründen zurückgewiesener Antrag kann später unter Behebung des Mangels jederzeit erneut gestellt werden.[5]

III. Wahldomizil oder Benennung eines Zustellungsbevollmächtigten (Abs. 2)

3 Weil das deutsche Recht kein Wahldomizil für Zustellungszwecke kennt, ist für Vollstreckbarerklärungsverfahren in Deutschland allein **Abs. 2 S. 2** von Bedeutung.[6] Einzelheiten zur Benennung eines Zustellungsbevollmächtigten sind in § 5 AVAG unter Verweis auf § 184 Abs. 1 S. 1 ZPO geregelt (s. dort). Benennt der Antragsteller keinen Zustellungsbevollmächtigten und hat er auch keinen Verfahrensbevollmächtigten in Deutschland, werden Zustellungen durch Aufgabe zur Post bewirkt (§ 5 Abs. 1, 2 AVAG).

IV. Beifügung von Urkunden (Abs. 3)

4 Der Antragsteller muss seinem Antrag grds. die in Art. 53 bezeichneten Urkunden beifügen (s. Art. 53 Rn 1 ff). Aus Art. 55, der eine entsprechende Fristsetzung durch das Gericht vorsieht, ergibt sich aber, dass er sie bis in die Beschwerdeinstanz hinein nachreichen kann.[7] Hat die Fristsetzung keinen Erfolg, ist der An-

---

1 OLG Frankfurt RIW 2001, 543.
2 Rauscher/*Mankowski*, EuZPR/EuIPR, Art. 40 Rn 5.
3 OLG Zweibrücken IPRspr 1998, Nr. 183, 363; OLG Düsseldorf IPRax 1998, 279 (die Aufhebung des anzuerkennenden Urteils ist kein Fall der Erledigung des auf Erteilung der Vollstreckungsklausel gerichteten Verfahrens); BGH IPRax 2011, 81 („Im Verfahren der Vollstreckbarerklärung eines ausländischen Titels kommt eine Erledigung der Hauptsache allenfalls in Betracht, wenn sich das erledigende Ereignis erst im Beschwerderechtszug eignet.").
4 OLG Frankfurt aM IPRspr 1998, Nr. 182 b, 358, 361; Rauscher/*Mankowski*, EuZPR/EuIPR, Art. 40 Rn 5.
5 MüKo-ZPO/*Gottwald*, Art. 42 Rn 5; Schweizerisches Bundesgericht BGE 127 III 186; OLG Stuttgart IPRspr 1980, Nr. 163; OLG Frankfurt IPRspr 1988, Nr. 198.
6 Hk-ZPO/*Dörner* (5. Aufl.), Art. 40 Rn 3; Rauscher/*Mankowski*, EuZPR/EuIPR, Art. 40 Rn 10.
7 Kropholler/v. Hein, Art. 40 Rn 9; Hk-ZPO/*Dörner* (5. Aufl.), Art. 40 Rn 4.

trag als unzulässig abzuweisen (zur Möglichkeit der erneuten Antragstellung s. Rn 2).[8]

Artikel 41 [Unverzügliche Entscheidung]

Sobald die in Artikel 53 vorgesehenen Förmlichkeiten erfüllt sind, wird die Entscheidung unverzüglich für vollstreckbar erklärt, ohne dass eine Prüfung nach den Artikeln 34 und 35 erfolgt. Der Schuldner erhält in diesem Abschnitt des Verfahrens keine Gelegenheit, eine Erklärung abzugeben.

I. Allgemeines

Mit dem Ziel der Vereinfachung und Beschleunigung des Vollstreckbarerklärungsverfahrens ist die erste Instanz als einseitiges Verfahren ohne Beteiligung des Schuldners (S. 2) ausgelegt und der Prüfungsumfang des Exequaturgerichts in erster Instanz – insoweit abweichend vom EuGVÜ – fast vollständig auf formale Aspekte reduziert worden (S. 1).[1] Zudem soll die Entscheidung des Gerichts „unverzüglich" fallen. 1

II. Prüfungsumfang in erster Instanz (S. 1)

Nach S. 1 darf das Exequaturgericht sich nicht mit der Frage beschäftigen, ob Anerkennungshindernisse nach Art. 34 und 35 vorliegen; dies bleibt, auch im Hinblick auf den ordre public des Art. 34 Nr. 1, dem Beschwerdegericht vorbehalten, wenn es denn vom Schuldner angerufen wird.[2] Damit ist in erster Instanz neben der Zuständigkeit (Art. 39) und den Formalien des Antrags (Art. 40) lediglich zu prüfen, ob die in Art. 38 Rn 9 ff genannten Voraussetzungen gegeben sind (Anwendbarkeit der Brüssel I-VO; Entscheidung iSd Art. 32; Gerichtsbarkeit des Erststaates; keine Aufhebung oder Änderung der Entscheidung im Ursprungsstaat; Vollstreckbarkeit der Entscheidung im Ursprungsstaat; Bestimmtheit des Titels) und die nach Art. 40 iVm Art. 53 erforderlichen Urkunden vorgelegt wurden; ist letzteres nicht der Fall, kann eine Frist zu deren Nachreichung gesetzt werden (s. Art. 40 Rn 4). 2

III. Einseitiges Verfahren ohne Schuldneranhörung oder -benachrichtigung (S. 2)

Der Antragsgegner wird nach S. 2 in der ersten Instanz grds. nicht angehört; er ist auf die Einlegung der Beschwerde verwiesen, um seine Position zu Gehör zu bringen.[3] Dementsprechend ist das Vollstreckbarerklärungsverfahren in Deutschland nach § 6 Abs. 2 S. 1 AVAG als **rein schriftliches Verfahren** ohne kontradiktorische mündliche Verhandlung konzipiert. Eine mündliche **Anhörung nur des Gläubigers** findet aber gem. § 6 Abs. 2 S. 2 AVAG statt, wenn sie dem Gericht zur Beschleunigung des Verfahrens notwendig erscheint und der Antragsteller hiermit einverstanden ist. Der Schuldner ist zur Wahrung des Überraschungseffekts 3

---

8 Rauscher/*Mankowski*, EuZPR/EuIPR, Art. 40 Rn 13.
1 Zu Recht krit. etwa Rauscher/*Mankowski*, EuZPR/EuIPR, Art. 41 Rn 4 f; *Kohler*, in: FS Geimer, 2002, S. 461, 482.
2 Vgl *Wagner*, IPRax 2002, 75, 83.
3 Zur Vereinbarkeit dieser Lösung mit dem Recht auf rechtliches Gehör aus Art. 103 Abs. 1 GG vgl Musielak/*Lackmann*, Art. 41 Rn 1; Hk-ZPO/*Dörner* (5. Aufl.), Art. 41 Rn 3.

nicht einmal von der Antragstellung **zu benachrichtigen**; verstößt das Gericht hiergegen, riskiert es Amtshaftungsansprüche.[4]

4 **Auf Antrag des Gläubigers** kann das deutsche Exequaturgericht nach § 7 Abs. 2 AVAG in Vollstreckbarerklärungsverfahren außerhalb der Brüssel I-VO (vgl § 55 Abs. 1 AVAG) den **Schuldner anhören** oder sogar eine mündliche Verhandlung mit beiden Parteien anordnen, wenn der Gläubiger den ihm obliegenden Beweis der Vollstreckbarkeit des Titels im Urteilsstaat in der Sondersituation des § 7 Abs. 1 (vgl Art. 38 Rn 10) nicht mit Urkunden zu erbringen vermag. Eine analoge Anwendung dieses Regelungsgedankens dürfte trotz der apodiktischen Formulierung in Art. 41 S. 2, die einen ausnahmslosen Ausschluss des Schuldners aus der ersten Instanz nahelegt,[5] mit der Brüssel I-VO vereinbar sein,[6] denn Art. 41 S. 2 soll zugunsten des Gläubigers den Überraschungseffekt wahren und Verzögerungen durch Einwände des Schuldner ausschließen.[7] Diese Schutzrichtung spricht dafür, dass das Gericht dem Wunsch des Gläubigers folgen und den Schuldner mit dem Ziel der Stärkung der Gläubigerposition einbeziehen darf.[8] Konsequenterweise sollte das auch außerhalb der konkreten Situation des § 7 Abs. 1 AVAG möglich sein.[9]

5 Dem Schuldner ist unbenommen, vorsorglich eine **Schutzschrift** bei dem potentiell mit dem Vollstreckbarerklärungsverfahren befassten Gericht zu hinterlegen,[10] wie es im regelmäßig ebenfalls einseitigen Verfahren des einstweiligen Rechtsschutzes häufig geschieht.[11] Wenn die Schutzschrift dem zur Entscheidung befugten Vorsitzenden Richter einer Zivilkammer zusammen mit dem Antrag auf Vollstreckbarerklärung vorgelegt wird – was von der Effizienz der Gerichtsorganisation abhängt und keinesfalls gesichert ist –, muss er sie auch zur Kenntnis nehmen (str).[12] Sinn macht eine Schutzschrift freilich nur, wenn sie Ausführungen zu Fragen innerhalb des (äußerst begrenzten) Prüfungsprogramms des Gerichts (s. Rn 2) enthält; insb. ist es – anders als früher nach dem EuGVÜ – verlorene Liebesmühe, den Richter von etwaigen Anerkennungshindernissen nach Art. 34 und 35 überzeugen zu wollen.[13] Zu weit gehen aber diejenigen, die meinen, dass sich deshalb die Problematik der Berücksichtigung von Schutzschriften gänzlich erübrigt hat.[14]

IV. Unverzügliche Entscheidung

6 S. 1 gibt dem Exequaturrichter auf, seine Entscheidung „**unverzüglich**", also ohne schuldhaftes Zögern (so schnell wie möglich), zu fällen. Eine Sanktionsmög-

---

4 *Schlosser*, EuZPR, Art. 41 Rn 1.
5 Vgl Rauscher/*Mankowski*, EuZPR/EuIPR, Art. 41 Rn 7: Das zweitstaatliche Gericht ist auch in Ausnahmefällen nicht befugt, den Schuldner anzuhören.
6 So auch *Schack*, Rn 1045.
7 *Jenard*-Bericht, S. 50; *Schlosser*, EuZPR, Art. 41 Rn 1; Geimer/Schütze/*Geimer*, Art. 41 Rn 2 ff.
8 Vgl dazu auch BT-Drucks. 11/351 v. 25.5.1987, S. 20 f zum Verhältnis von § 6 AVAG aF und Art. 34 EuGVÜ.
9 *Schlosser*, EuZPR, Art. 41 Rn 1.
10 S. dazu ausf. *Mennicke*, IPRax 2000, 294.
11 Zu Schutzschriften im einstweiligen Rechtsschutz s. Thomas/Putzo/*Reichold*, § 935 ZPO Rn 9; Hk-ZPO/*Kemper*, § 935 ZPO Rn 16 ff.
12 LG Darmstadt IPRax 2000, 309; *Schlosser*, EuZPR, Art. 41 Rn 2; Rauscher/*Mankowski*, EuZPR/EuIPR, Art. 41 Rn 9; aA Zöller/*Geimer*, Art. 41 Rn 3; Thomas/Putzo/*Hüßtege*, Art. 41 Rn 1; *Mennicke*, IPRax 2000, 294; Geimer/Schütze/*Geimer*, Art. 41 Rn 7.
13 *Schlosser*, EuZPR, Art. 41 Rn 2.
14 So *Micklitz/Rott*, EuZW 2002, 15, 21.

lichkeit bei Verletzung dieses Beschleunigungsgebots besteht nicht; auch deshalb wurde darauf verzichtet, eine konkrete Frist festzulegen.[15]

Das Gericht entscheidet durch Beschluss, vgl § 8 Abs. 1 AVAG. Zum Inhalt, zur Tenorierung und zu den Kosten der dem Antrag stattgebenden Entscheidung s. §§ 8 Abs. 1, 9 AVAG; zum ablehnenden Beschluss s. § 8 Abs. 2 AVAG. Zum Rechtsmittel der Beschwerde s. Art. 43. Ergeht irrtümlich ein Urteil, sind nach dem Meistbegünstigungsprinzip sowohl Beschwerde als auch Berufung statthaft.[16] Eine übereinstimmende Erledigungserklärung in der Hauptsache mit der Kostenfolge des § 91a ZPO sollte möglich sein (str).[17] 7

V. Luganer Übereinkommen

Keine Abweichungen. 8

Artikel 42 [Mitteilung/Zustellung der Entscheidung]

(1) Die Entscheidung über den Antrag auf Vollstreckbarerklärung wird dem Antragsteller unverzüglich in der Form mitgeteilt, die das Recht des Vollstreckungsmitgliedstaats vorsieht.

(2) Die Vollstreckbarerklärung und, soweit dies noch nicht geschehen ist, die Entscheidung werden dem Schuldner zugestellt.

I. Information des Antragstellers (Abs. 1)

Dass der Antragsteller über den Erfolg oder Misserfolg seines Antrags informiert werden muss (Abs. 1), ist eine Selbstverständlichkeit; ebenso die Anordnung, dass dies, um ggf einen raschen Zugriff des Antragstellers auf Vermögenswerte des Schuldners zu ermöglichen, „unverzüglich", also ohne schuldhaftes Zögern (so schnell wie möglich), zu erfolgen hat. 1

In welcher Form der Antragsteller informiert wird, überlässt Abs. 1 dem Recht des Exequaturstaates. § 10 Abs. 3 AVAG (zu Einzelheiten s. dort) sieht im **Erfolgsfall** eine formlose Mitteilung (ggf an den Zustellungsbevollmächtigten nach Art. 40, § 5 AVAG)[1] vor, zusammen mit einer beglaubigten Abschrift der Entscheidung, der mit der Vollstreckungsklausel versehenen Ausfertigung des Titels und „einer Bescheinigung über die bewirkte Zustellung". Letzteres scheint einer Mitteilung an den Gläubiger **vor** Zustellung an den Schuldner nach Abs. 2 entgegenzustehen. Weil die Information des Gläubigers nach dem Schuldner aber einerseits dem ersteren jede Chance auf einen (für den Vollstreckungserfolg oft wesentlichen) überraschenden Angriff nähme, und andererseits in Abs. 2 der Zusatz „unverzüglich" aus Abs. 1 fehlt, darf und soll die Mitteilung jedenfalls dann zuerst an den Gläubiger erfolgen, wenn er dies anregt und glaubhaft machen kann, 2

---

15 *Jenard*-Bericht zu Art. 34 EuGVÜ, S. 50; Rauscher/*Mankowski*, EuZPR/EuIPR, Art. 41 Rn 10 mwN.
16 OLG Hamm MDR 1978, 324; vgl ferner OLG Frankfurt NJW-RR 1993, 958 zur Wahlmöglichkeit des Schuldners zwischen der Beschwerde nach dem irrtümlich angewandten AVAG und dem Widerruf nach dem richtigerweise einschlägigen deutschösterreichischen Anerkennungs- und Vollstreckungsabkommen von 1959.
17 Wie hier *Schlosser*, EuZPR, Art. 41 Rn 5; wohl auch BGH IPRax 2011, 81; aA OLG Hamburg NJW 1987, 2165.
1 Hk-ZPO/*Dörner* (5. Aufl.), Art. 42 Rn 1.

dass der Überraschungseffekt für ihn wesentlich ist (str).[2] Einen Anspruch auf die Einhaltung dieser Reihenfolge hat der Gläubiger nicht.[3]

3 Ein die Vollstreckbarerklärung **ablehnender Beschluss** muss dem Antragsteller bzw seinem Zustellungsbevollmächtigten nach Art. 40, § 5 AVAG wegen der darin enthaltenen und einen Vollstreckungstitel zu Gunsten der Justizkasse darstellenden Kostenentscheidung (§ 8 Abs. 2 S. 2 AVAG) analog § 329 Abs. 3 ZPO förmlich zugestellt werden.[4]

II. Zustellung an den Schuldner (Abs. 2)

4 Die Vollstreckbarerklärung und, falls noch nicht geschehen, der ausländische Titel selbst sind nach Abs. 2 dem Schuldner förmlich zuzustellen. In Deutschland geschieht dies von Amts wegen; Einzelheiten regelt § 10 Abs. 1 AVAG. Ist im Ausland zuzustellen, sind je nach Lage des Einzelfalles die EuZVO, das HZÜ oder die §§ 183 ff ZPO zu beachten.[5] Zur zeitlichen Reihenfolge von Information des Gläubigers und Zustellung an den Schuldner s. Rn 2.

5 Eine Zustellung des die Vollstreckbarerklärung **ablehnenden Beschlusses** an den Antragsgegner, oder zumindest eine entsprechende Mitteilung an ihn, sehen Art. 42 und das AVAG nicht vor.[6] War der Schuldner ausnahmsweise auf Wunsch des Gläubigers am Verfahren beteiligt (s. Art. 41 Rn 4), stellt der Beschluss auch für seine Kosten einen Vollstreckungstitel dar[7] (für die Gerichtskosten s. Rn 3) und muss ihm deshalb auch ohne entsprechende Anordnung in der Brüssel I-VO mitgeteilt werden.

III. Luganer Übereinkommen

6 Keine Abweichungen.

Artikel 43 [Einlegung eines Rechtsbehelfs]

(1) Gegen die Entscheidung über den Antrag auf Vollstreckbarerklärung kann jede Partei einen Rechtsbehelf einlegen.

(2) Der Rechtsbehelf wird bei dem in Anhang III aufgeführten Gericht eingelegt.

(3) Über den Rechtsbehelf wird nach den Vorschriften entschieden, die für Verfahren mit beiderseitigem rechtlichen Gehör maßgebend sind.

(4) Lässt sich der Schuldner auf das Verfahren vor dem mit dem Rechtsbehelf des Antragstellers befassten Gericht nicht ein, so ist Artikel 26 Absätze 2 bis 4 auch dann anzuwenden, wenn der Schuldner seinen Wohnsitz nicht im Hoheitsgebiet eines Mitgliedstaats hat.

(5) Der Rechtsbehelf gegen die Vollstreckbarerklärung ist innerhalb eines Monats nach ihrer Zustellung einzulegen. Hat der Schuldner seinen Wohnsitz im Hoheitsgebiet eines anderen Mitgliedstaats als dem, in dem die Vollstreckbarerklärung ergangen ist, so beträgt die Frist für den Rechtsbehelf zwei Monate und be-

---

2 *Schlosser*, EuZPR, Art. 42 Rn 1; Rauscher/*Mankowski*, EuZPR/EuIPR, Art. 42 Rn 3; aA OLG Saarbrücken RIW 1994, 1048.
3 Hk-ZPO/*Dörner* (5. Aufl.), Art. 42 Rn 2; *Schlosser*, EuZPR, Art. 42 Rn 1; Rauscher/ *Mankowski*, EuZPR/EuIPR, Art. 42 Rn 8.
4 Rauscher/*Mankowski*, EuZPR/EuIPR, Art. 42 Rn 4; MüKo-ZPO/*Gottwald*, Art. 42 Rn 4; *Kropholler/v. Hein*, Art. 42 Rn 2; Geimer/Schütze/*Geimer*, Art. 42 Rn 6.
5 Rauscher/*Mankowski*, EuZPR/EuIPR, Art. 42 Rn 6.
6 *Kropholler/v. Hein*, Art. 43 Rn 17; Geimer/Schütze/*Zerr*, IRV, Art. 43 Rn 4.
7 Geimer/Schütze/*Geimer*, Art. 42 Rn 6.

ginnt von dem Tage an zu laufen, an dem die Vollstreckbarerklärung ihm entweder in Person oder in seiner Wohnung zugestellt worden ist. Eine Verlängerung dieser Frist wegen weiter Entfernung ist ausgeschlossen.

I. Allgemeines	1	IV. Befristete Beschwerde des	
II. Allgemeine Verfahrensregeln	3	Antragsgegners (Abs. 5)	13
III. Unbefristete Beschwerde des		V. Kosten	20
Antragstellers	10	VI. Luganer Übereinkommen	21

I. Allgemeines

Zur Einlegung eines Rechtsmittels befugt sind (nur) die Parteien des Verfahrens[1] **1** (s. Art. 38 Rn 19), soweit sie beschwert sind,[2] je nach Erfolg oder Misserfolg des Antrags auf Vollstreckbarerklärung also der Antragsteller (Gläubiger) oder der Antragsgegner (Schuldner), bei gemischtem Ausgang (etwa wegen teilweiser Unbestimmtheit des Titels, vgl Art. 38 Rn 12 ff) beide. Rechtsmittel Dritter sind hier (noch) ausgeschlossen;[3] sie können allenfalls in der sich ggf anschließenden Zwangsvollstreckung die ihnen nach dem internen Recht des Vollstreckungsstaats zustehenden Rechtsbehelfe ergreifen. Auch eine Streitverkündung ist nicht statthaft.[4]

Das Rechtsmittelverfahren ist zur Wahrung des rechtlichen Gehörs des Schuld- **2** ners nach Abs. 3 kontradiktorisch ausgestaltet, dh der Antragsgegner ist in jedem Fall (s. Rn 10) zu hören, vgl § 13 Abs. 1 S. 2 AVAG. Für ihn, der in der ersten Instanz allenfalls auf Initiative des Gläubigers zur Unterstützung von dessen Position beteiligt wird (vgl Art. 41 Rn 4), besteht in der Rechtsmittelinstanz erstmals die Möglichkeit, die Anerkennungshindernisgründe der Art. 34 und 35 in das Verfahren einzubringen (vgl Art. 41 Rn 2).

II. Allgemeine Verfahrensregeln

Art. 43 wird im deutschen Recht durch §§ 11–14 AVAG (mit den Einschränkun- **3** gen und Modifikationen des § 55 AVAG) ergänzt, hilfsweise durch die ZPO. Nach § 11 AVAG ist für beide Parteien der statthafte Rechtsbehelf im Vollstreckbarerklärungsverfahren die **Beschwerde zum Oberlandesgericht**. Hat das Exequaturgericht irrtümlich durch Urteil, und nicht durch Beschluss, entschieden, ist daneben auch die Berufung statthaft (s. Art. 41 Rn 7).

Art. 43 hat nichts zu tun mit den **binnenrechtlichen Rechtsbehelfen im Zwangs- 4 vollstreckungsverfahren** selbst im Anschluss an die Vollstreckbarerklärung und lässt diese deshalb grds. unberührt.[5] Allerdings ist ein Schuldner **in der Zwangsvollstreckung** mit Einwendungen **präkludiert**, die er mit der von ihm nicht eingelegten Beschwerde gegen die Vollstreckbarerklärung hätte geltend machen können.[6] Zur Präklusion **im Beschwerdeverfahren** mit Einwendungen gegen den ausländischen Titel selbst s. Rn 19.

Zur **Form** der Beschwerde s. § 11 Abs. 1 AVAG. **5**

Die Beschwerde ist gem. Abs. 2 iVm Anhang III und § 11 Abs. 1 S. 2 AVAG in **6** Abweichung von § 569 ZPO nicht wahlweise beim iudex a quo oder iudex ad

---

1 Vgl dazu EuGH 23.4.2009 – Rs. C-167/08 (Draka NK Cables Ltd u.a./Omnipol Ltd.), NJW 2009, 1937, 1938; EuZW 2010, 807, 811.
2 Geimer/Schütze/*Geimer*, Art. 43 Rn 14 f.
3 EuGH 23.4.2009 – Rs. C-167/08 (Draka NK Cables Ltd u.a./Omnipol Ltd.), NJW 2009, 1937, 1938; Hk-ZPO/*Dörner* (5. Aufl.), Art. 43 Rn 3.
4 *Hess*, IPRax 1994, 10, 15.
5 Rauscher/*Mankowski*, EuZPR/EuIPR, Art. 43 Rn 5.
6 EuGH 4.2.1988 – Rs. 145/86 (Hoffmann), NJW 1989, 663, 665.

quem, sondern zwingend beim **Oberlandesgericht als Beschwerdegericht einzulegen.** Es entscheidet der Senat und nicht analog § 568 ZPO der originäre Einzelrichter.[7] Wird die Beschwerde irrtümlich beim Landgericht eingelegt, so ist sie deswegen nicht unzulässig,[8] sondern gem. § 11 Abs. 2 AVAG von Amts wegen unverzüglich dem zuständigen Oberlandesgericht zuzuleiten.

7 Eine **Frist** besteht nur für die Beschwerde des Schuldners (s. Rn 10). **Anwaltszwang**[9] besteht wegen § 13 Abs. 2 S. 2 AVAG iVm § 215 ZPO nur für den Fall der in das Ermessen[10] des Gerichts gestellten Anordnung einer **mündlichen Verhandlung** (§ 11 Abs. 2 AVAG). Das Gericht sollte sich für eine mündliche Verhandlung entscheiden, wenn der Schuldner im Rahmen von Art. 12 Abs. 1 AVAG Einwendungen gegen den in der ausländischen Entscheidung titulierten Anspruch geltend macht (s. Rn 19).[11]

8 Wird über das Vermögen des Schuldners die **Insolvenz** eröffnet, so führt dies nach § 240 ZPO zur Unterbrechung des inländischen Rechtsmittelverfahrens.[12]

9 Der Beschluss ist nach Maßgabe des § 13 Abs. 1 S. 1 AVAG zu **begründen** und den Parteien von Amts wegen **zuzustellen**, § 13 Abs. 3 AVAG.

III. Unbefristete Beschwerde des Antragstellers

10 Für die Beschwerde des Antragstellers gegen die vollständige oder teilweise Ablehnung seines Antrags auf Vollstreckbarerklärung ist weder in der Brüssel I-VO noch im AVAG eine **Frist** bestimmt. Dem Schuldner ist nach **Abs. 3** iVm § 13 Abs. 1 S. 2 AVAG ausnahmslos eine Gelegenheit zur Stellungnahme zu geben (vgl Rn 7), selbst dann, wenn das erstinstanzliche Gericht den Antrag auf Erteilung der Vollstreckungsklausel aus rein formalen Gründen (wegen nicht rechtzeitig vorgelegter Urkunden) zurückgewiesen hatte.[13]

11 **Lässt sich der Schuldner** auf das durch die Beschwerde des Gläubigers in Gang gesetzte Rechtsmittelverfahren **nicht ein** (zum Begriff der Nichteinlassung s. Art. 34 Rn 30), so muss das Gericht nach **Abs. 4** iVm Art. 26 Abs. 2–4 **aussetzen**, bis festgestellt ist, dass er zumindest die zumutbare Möglichkeit gehabt hat, seine Verteidigungsrechte zu wahren. Das bedingt die Prüfung, ob die einschlägigen Vorschriften für die Zustellung der Beschwerde des Antragstellers und der sie begleitenden Dokumente an den Schuldner eingehalten worden sind,[14] also je nach Wohnsitz des Schuldners die §§ 170 ff ZPO, Art. 19 EuZVO oder Art. 15 HZÜ 1965. Anders als nach Art. 26 in direkter Anwendung ist die Aussetzungsverpflichtung als solche unabhängig vom Wohnsitz des Schuldners (vgl demgegenüber Art. 26 Abs. 1).

12 Die Beschwerde des Antragstellers ist **begründet**, wenn nach Prüfung durch das Beschwerdegericht die Voraussetzungen für die Vollstreckbarerklärung der ausländischen Entscheidung vorliegen (vgl Art. 38 Rn 9 ff) und kein Anerkennungshindernis nach Art. 34 und 35 gegeben ist. Zur Frage der Darlegungs- und Beweislast in letzterer Hinsicht s. Art. 34 Rn 2.

---

7 OLG Köln IPRax 2003, 354; Geimer/Schütze/*Geimer*, Art. 43 Rn 44.
8 Geimer/Schütze/*Geimer*, Art. 43 Rn 40.
9 OLG Frankfurt RIW 2001, 543, 544; Zöller/*Geimer*, Anh. III § 13 AVAG Rn 1; *Kropholler/v. Hein*, Art. 43 Rn 10.
10 BGH IPRax 1985, 101.
11 Hk-ZPO/*Dörner* (5. Aufl.), Art. 43 Rn 6; Rauscher/*Mankowski*, EuZPR/EuIPR, Art. 43 Rn 14; *Kropholler*, Art. 43 Rn 10.
12 OLG Zweibrücken NJW-RR 2001, 985.
13 EuGH 12.7.1984 – Rs. C-178/83 (Firma P.), RIW 1984, 815 = IPRax 1985, 274 m. Anm. *Stürner*, S. 254; ausf. dazu *Kropholler/v. Hein*, Art. 43 Rn 9.
14 Vgl Hk-ZPO/*Dörner* (5. Aufl.), Art. 43 Rn 5 mit Art. 26 Rn 7.

IV. Befristete Beschwerde des Antragsgegners (Abs. 5)

Die regelmäßige Beschwerdefrist für den Schuldner, der seinen (**Wohn-)Sitz im** **13** **Vollstreckungsstaat** hat (zum Sitz- und Wohnsitzbegriff s. Rn 17, Art. 39 Rn 7), beträgt nach **Abs. 5 S. 1 einen Monat** ab Zustellung der Vollstreckbarerklärung (zur Zustellung s. Art. 42 Rn 4). Die Zustellung muss (in Deutschland nach §§ 166 ff ZPO) ordnungsgemäß erfolgt sein; die bloße Tatsache, dass der Vollstreckungsschuldner von der Vollstreckbarerklärung Kenntnis erlangt hat, reicht nicht aus, um die Frist auszulösen.[15] Die genaue **Berechnung** von Fristanfang und -ende ist bei einer Vollstreckbarerklärung in Deutschland auf der Grundlage der entsprechenden deutschen Vorschriften vorzunehmen (§ 222 ZPO iVm §§ 187 ff BGB).[16]

Die Beschwerdefrist ist nach § 11 Abs. 3 S. 3 AVAG eine **Notfrist** iSd § 224 **14** Abs. 1 ZPO, bei ihrer Nichteinhaltung ist Wiedereinsetzung in den vorherigen Stand deshalb unter den Voraussetzungen der §§ 233 ff ZPO möglich.[17] Die Frist kann nicht verlängert werden (§ 224 Abs. 2 Hs 2 ZPO).[18]

Wohnt der Schuldner **in einem anderen Mitgliedstaat der EU** (mit Dänemark, s. **15** Vor Art. 32 ff Rn 10), beträgt die Frist gem. **Abs. 5 S. 2 zwei Monate**. Sie kann verlängert werden, aber nicht mit dem Argument des weit entfernten Wohnsitz des Schuldners, **Abs. 5 S. 3**.[19] Die Vorschriften zur Fristberechnung sind auch hier die des Vollstreckungsstaates (s. Rn 13), nur der **Fristbeginn** ist in **Abs. 5 S. 2** autonom festgelegt: Es ist der Tag, an dem die Vollstreckbarerklärung dem Schuldner entweder in Person oder in seiner Wohnung (nach den Regeln der EuZVO) zugestellt worden ist. Die Zustellung „in der Wohnung" meint die Aushändigung der fraglichen Dokumente an eine sich dort befindliche Person, die nach dem Recht des Zustellungsstaates zur Entgegennahme mit Wirkung gegen den Schuldner berechtigt ist, hilfsweise an eine zuständige Behörde.[20] Eine andere nach der EuZVO und den Regeln im Zustellungsland mögliche Zustellungsart (insb. öffentliche Bekanntmachung) löst den Fristlauf nicht aus.[21]

Hat der Schuldner seinen (**Wohn-)Sitz in einem Drittstaat**, bleibt es grds. bei der **16** Ein-Monats-Frist aus Abs. 5 S. 1. Da Abs. 5 S. 3 nur die Verlängerung der Zwei-Monats-Frist aus Abs. 5 S. 2 für Schuldner aus EU-Staaten sperrt,[22] besteht hier aber eine richterliche Verlängerungsmöglichkeit, wie sie für Deutschland § 10 Abs. 2 AVAG vorsieht. Es kann um mehr als einen Monat verlängert werden; die Zwei-Monats-Frist des Abs. 5 S. 2 bildet nicht die Höchstgrenze.[23]

Zur **Bestimmung des Wohnsitzes** natürlicher Personen und des Sitzes juristischer **17** Personen s. Art. 59 f. Nicht aufklärbare Zweifel an der die Beschwerdefrist auslö-

---

15 EuGH 16.2.2006 – Rs. C-3/05 (Verdoliva/Van der Hoeven BV u.a.), NJW 2006, 1114, 1116; vgl auch BGH NJW-RR 1998, 141: Die Zustellung einer nicht nach § 8 Abs. 3 AVAG ordnungsgemäß unterzeichneten Vollstreckungsklausel setzt die Beschwerdefrist nicht in Lauf.
16 Hk-ZPO/*Dörner* (5. Aufl.), Art. 43 Rn 12.
17 Rauscher/*Mankowski*, EuZPR/EuIPR, Art. 43 Rn 19.
18 Hk-ZPO/*Dörner* (5. Aufl.), Art. 43 Rn 9.
19 *Schlosser*, EuZPR, Art. 43 Rn 9.
20 *Jenard*-Bericht zu Art. 36 EuGVÜ, S. 51 (Fn 1); Hk-ZPO/*Dörner* (5. Aufl.), Art. 43 Rn 10; *Kropholler/v. Hein*, Art. 43 Rn 15.
21 *Kropholler/v. Hein*, Art. 43 Rn 15.
22 Hk-ZPO/*Dörner* (5. Aufl.), Art. 43 Rn 11; *Schlosser*, EuZPR, Art. 43 Rn 7; *Kropholler/v. Hein*, Art. 43 Rn 21.
23 BT-Drucks. VI/3426, S. 16 (amtl. Begr. zu § 9 AGGVÜ); *Kropholler/v. Hein*, Art. 43 Rn 21.

senden Zustellung oder deren Ordnungsgemäßheit gehen zu Lasten des Gläubigers, weil sie sich der Kontrolle durch den Schuldner entziehen.[24]

18 Die Beschwerde des Schuldners hat **keinen Suspensiveffekt**.[25]

19 Die Beschwerde des Schuldners ist gegen den Wortlaut von Art. 45 Abs. 1 begründet, wenn mindestens eine der Voraussetzungen für die Vollstreckbarerklärung der ausländischen Entscheidung fehlt (vgl Art. 38 Rn 9 ff; **str**)[26] oder ein Anerkennungshindernis nach Art. 34 und 35 gegeben ist, was in diesem Verfahrensstadium erstmals berücksichtigt wird. Die Versagungsgründe sind von Amts wegen, und nicht nur auf eine entsprechende Rüge des Schuldners hin, zu prüfen (str).[27] Eine Verpflichtung zur Amtsermittlung für die Entscheidung erheblichen Tatsachen besteht aber nicht,[28] weshalb sich die Frage der Darlegungs- und Beweislast stellt (s. dazu Art. 34 Rn 34). Der Schuldner ist nach Art. 45 in der Beschwerdeinstanz mit Einwendungen **präkludiert**, die sich gegen den in der zu vollstreckenden ausländischen Entscheidung titulierten Anspruch wenden und die er bereits mit einem Rechtsmittel gegen diese hätte geltend machen können.[29] Zur Geltendmachung von später entstandenen materiellen Einwendungen s. Art. 45 Rn 4.

V. Kosten

20 Ist die Beschwerde des Antragstellers erfolgreich, fallen über §§ 13 Abs. 4, 8 Abs. 1 S. 4 AVAG und § 788 ZPO die Kosten dem Schuldner zur Last. Bei erfolgreicher Beschwerde des Schuldners gilt § 91 ZPO. Eine erfolglose Beschwerde von Antragsteller oder -gegner führt zur Anwendung des § 97 ZPO.[30]

VI. Luganer Übereinkommen

21 Keine Abweichungen.

Artikel 44 [Rechtsbeschwerde]

Gegen die Entscheidung, die über den Rechtsbehelf ergangen ist, kann nur ein Rechtsbehelf nach Anhang IV eingelegt werden.

I. Allgemeines

1 Aus Art. 44 folgt, dass es nach der Beschwerdeinstanz eine weitere (und letzte) Kontrolle im Vollstreckbarerklärungsverfahren gibt. Gemäß Anhang IV kann in Deutschland gegen die Entscheidung des Oberlandesgerichts als Beschwerdege-

---

24 *Schlosser*, EuZPR, Art. 43 Rn 10.
25 BGHZ 87, 259; *Schlosser*, EuZPR, Art. 47 Rn 1; in Deutschland ergibt sich das aus § 15 Abs. 1 AVAG iVm §§ 574, 575 Abs. 5, 570 Abs. 1 ZPO.
26 Wie hier Hk-ZPO/*Dörner* (5. Aufl.), Art. 45 Rn 2; aA *Hub*, NJW 2001, 3145, 3147; Thomas/Putzo/*Hüßtege* (35. Aufl.), Art. 45 Rn 2 f.
27 BGH NJW-RR 2008, 586, 588; Musielak/*Stadler*, Art. 34 Rn 1; *Schlosser*, EuZPR, Art. 34–36 Rn 21; Baumbach/Lauterbach/*Hartmann*, Art. 34 Rn 6; *Schack*, Rn 974; Hk-ZPO/*Dörner* (5. Aufl.), Art. 45 Rn 1; Thomas/Putzo/*Hüßtege* (35. Aufl.), Art. 45 Rn 5; Geimer/Schütze/*Tschauner*, IRV, Art. 34 Rn 51; aA Geimer/Schütze/*Geimer*, Art. 34 Rn 101; Rauscher/*Leible*, EuZPR/EuIPR, Art. 34 Rn 41; nun wohl auch *Kropholler/v. Hein*, vor Art. 33 Rn 6 u. Art. 34 Rn 45.
28 BGH NJW-RR 2008, 586, 588.
29 BGH NJW-RR 2010, 571; BGH NJW 1983, 2773; OLG München GRUR-RR 2011, 78, 79; *Kropholler/v. Hein*, Art. 43 Rn 26.
30 Hk-ZPO/*Dörner* (5. Aufl.), Art. 43 Rn 13.

richt (vgl Art. 43 Rn 3) die **Rechtsbeschwerde** eingelegt werden. Zuständig ist der **Bundesgerichtshof** (§ 133 GVG, § 16 Abs. 1 AVAG). Verfahren und Prüfungsumfang richten sich nach §§ 15–17 AVAG und den Vorschriften der ZPO zur Rechtsbeschwerde des autonomen Rechts (§§ 574 ff ZPO), hilfsweise nach den allgemeinen ZPO-Vorschriften.

Wie in der Beschwerdeinstanz (vgl Art. 43 Rn 1) ist die Rechtsbehelfsbefugnis auf die Parteien des Vollstreckbarerklärungsverfahrens beschränkt, soweit sie beschwert sind; Dritte haben selbst dann keinen Rechtsbehelf gegen die Beschwerdeentscheidung, wenn das nationale Recht des Vollstreckungsstaates einen solchen vorsieht.[1] 2

II. Angriffsgegenstand

Mit der Rechtsbeschwerde kann ausweislich der Formulierung „Entscheidung, die über den Rechtsbehelf ergangen ist", nur die **Endentscheidung des Beschwerdegerichts** über die Vollstreckbarerklärung angegriffen werden, nicht aber eine Zwischenentscheidung wie etwa die Anordnung einer Beweiserhebung,[2] die Aussetzung nach Art. 46[3] oder die (verweigerte) Auferlegung einer Sicherheitsleistung nach Art. 46 Abs. 3,[4] auch wenn sie formal mit der Entscheidung über den Rechtsbehelf eine Einheit bildet. 3

III. Prüfungsumfang

Es entspricht dem Wesen der Rechtsbeschwerde[5] und ist auch von der Brüssel I-VO intendiert,[6] dass der BGH die Tatsachenwürdigung des Beschwerdegerichts nicht zu wiederholen hat, sondern auf die Prüfung von **Rechtsverletzungen** (insb. der Normen der Brüssel I-VO selbst) beschränkt ist. Art. 45 Abs. 1, der den Prüfungsrahmen weiter einzuschränken scheint, ist nicht wörtlich zu nehmen (s. Art. 45 Rn 2). Nicht jede Rechtsverletzung öffnet aber den Weg zum BGH: Obwohl die entsprechende Begrenzung in den Revisionsgründen des § 545 ZPO mit dem FGG-ReformG vom 17.12.2008[7] aufgehoben wurde, schließt § 17 Abs. 1 S. 1 AVAG (wie auch § 576 Abs. 1 ZPO) unverständlicherweise[8] weiterhin die Rüge der **Fehlanwendung ausländischen Rechts** mit der Rechtsbeschwerde aus, obwohl kaum zu bezweifeln ist, dass die Gerichte hier mehr noch als im deutschen Recht der Anleitung durch den BGH bedürfen. Es ist durchaus fraglich, ob diese deutsche Lösung mit europarechtlichen Vorgaben im Allgemeinen[9] und dem Geist der Brüssel I-VO im Besonderen vereinbar ist. Die Auswirkungen der gesetzgeberischen Fehlleistung halten sich aber in engen Grenzen, weil der BGH sich auch ohne überzeugende Begründung die Freiheit nimmt, die **Fremdrechtsauslegung der Vorinstanz** zu überprüfen, wenn sie der Begründung oder Ablehnung eines **Ordre-public-Verstoßes** dient.[10] Und genau hier (vgl Art. 34 Nr. 1) 4

---

1 EuGH 21.4.1993 – Rs. C 172/91 (Sonntag/Waidmann), NJW 1993, 2091, 2092, Nr. 30 ff.
2 EuGH 27.11.1984 – Rs. C 258/83 (Brennero/Wendel), Slg 1984, 03971, Nr. 15.
3 EuGH 11.8.1995 – Rs. C 432/93 (SISRO/Ampersand), NJW 1997, 45.
4 BGH NJW 1994, 2156.
5 *Jenard*-Bericht, S. 51.
6 *Schlosser*-Bericht, Nr. 217.
7 Art. 29 Nr. 14 a FGG-ReformG (BGBl. I 2008 S. 2586).
8 Zur Kritik an § 545 Abs. 1 ZPO aF s. nur *Mäsch*, EuZW 2004, 321.
9 Vgl dazu *Gotsche*, Der BGH im Wettbewerb der Zivilrechtsordnungen, 2008, S. 193.
10 Vgl OGHBrZ Köln NJW 1951, 73; BGH NJW 1993, 848; BGH NJW 1997, 2114 f; krit. dazu *Gotsche*, Der BGH im Wettbewerb der Zivilrechtsordnungen, 2008, S. 128 f; instruktiv zur Durchbrechung des revisionsrechtlichen Überprüfungsverbots *Schütze*, Deutsches internationales Zivilprozessrecht, Rn 283; *Wiedemann*, Die Revisibilität ausländischen Rechts im Zivilprozess, S. 42.

dürfte der Schwerpunkt der Ausführungen der Beschwerdegerichte zu ausländischem Recht liegen. Zudem liegt in einer Verletzung der **richterlichen Pflicht zur sorgfältigen Ermittlung des ausländischen Rechts** eine Verletzung des deutschen (Verfahrens-)Rechts, die mit der Rechtsbeschwerde gerügt werden kann.[11]

5 Unproblematisch ist, dass die Rechtsbeschwerde nach § 17 Abs. 1 S. 2 AVAG nicht darauf gestützt werden kann, dass das Exequaturgericht seine **örtliche Zuständigkeit** (vgl Art. 39 Rn 5 ff) zu Unrecht angenommen hat. Dies gilt nicht für die internationale Zuständigkeit (s. Art. 39 Rn 1), die aber kaum einmal in Zweifel stehen dürfte.

IV. Verfahren

6 Zulässig ist die Rechtsbeschwerde nach § 15 Abs. 1 AVAG iVm § 574 Abs. 1 Nr. 1, Abs. 2 nur dann, wenn die Rechtssache grundsätzliche Bedeutung hat oder die Fortbildung des Rechts oder die Sicherung einer einheitlichen Rechtsprechung eine Entscheidung des Rechtsbeschwerdegerichts erfordert.[12] Zur Ein-Monats-Frist und ihrem Beginn s. § 15 Abs. 2 und 3 AVAG. Der Beschwerdeführer muss sich nach § 78 Abs. 1 ZPO zwingend eines beim BGH zugelassenen Anwalts bedienen.[13] Zum Verfahren im Übrigen vgl §§ 16 f AVAG und die dort enthaltenen Verweisungen auf verschiedene ZPO-Vorschriften zur Rechtsbeschwerde.

V. Luganer Übereinkommen

7 Keine Abweichungen.

Artikel 45 [Prüfungsumfang]

(1) Die Vollstreckbarerklärung darf von dem mit einem Rechtsbehelf nach Artikel 43 oder Artikel 44 befassten Gericht nur aus einem der in den Artikeln 34 und 35 aufgeführten Gründe versagt oder aufgehoben werden. Das Gericht erlässt seine Entscheidung unverzüglich.

(2) Die ausländische Entscheidung darf keinesfalls in der Sache selbst nachgeprüft werden.

I. Allgemeines

1 Abs. 2 ist eine an die Adresse der Rechtsmittelgerichte gerichtete überflüssige Wiederholung von Art. 36 (**Verbot der révison au fond**); zu Einzelheiten s. dort. Auch das (sanktionslose) **Beschleunigungsgebot** des Abs. 1 S. 2 ist aus Art. 41 bereits bekannt; zu Einzelheiten s. dort.

2 Abs. 1 S. 1 seinerseits soll wohl die Folge aus Abs. 2, nämlich das beschränkte Prüfungsprogramm der Rechtsmittelgerichte, verdeutlichen, schießt dabei aber über das Ziel hinaus: Es ist in der Sache unabdingbar und deshalb trotz des Wortlauts der Norm hM, dass die Rechtsmittelgerichte nicht nur das **Fehlen von Anerkennungshindernissen** nach Art. 34 und 35, sondern auch das **Vorliegen der Vollstreckbarerklärungsvoraussetzungen** (Anwendbarkeit der Art. 38 ff; Vollstreckbarkeit im Ursprungsland; hinreichende Bestimmtheit des ausländischen

---

11 Vgl zur Revisibilität der Verletzung des § 293 ZPO Hk-ZPO/*Saenger*, § 293 Rn 27 ff.
12 Vgl BGH NJW-RR 2010, 1.
13 BGH NJW 2002, 2181.

Titels etc.; vgl Art. 38 Rn 12 ff) überprüfen dürfen und müssen.[1] Andernfalls würde zum einen das rechtliche Gehör des Antragsgegners zu stark beschnitten, denn das erstinstanzliche Verfahren vor dem Exequaturgericht, in dem die Vollstreckbarerklärungsvoraussetzungen ansonsten allein geprüft würden, findet nach Art. 41 S. 2 grds. ohne seine Beteiligung statt.[2] Zum anderen wären auch die Rechtsmittel des Antragstellers gegen eine Versagung der Vollstreckbarerklärung vollständig entwertet, dürften die Rechtsmittelgerichte die Gründe nicht nachprüfen, auf die die Versagung allein gestützt werden konnte.[3]

Die Anerkennungshindernisse sind in den Rechtsmittelinstanzen **von Amts wegen** und nicht nur auf eine entsprechende Rüge des Schuldners hin zu prüfen (str).[4] Eine Verpflichtung zur Amtsermittlung der für die Entscheidung erheblichen Tatsachen besteht aber nicht.[5] Zur Frage der **Darlegungs- und Beweislast** s. Art. 34 Rn 34.

3

II. Materielle Einwendungen des Schuldners

Aus Abs. 2 folgt, dass der Schuldner in den Rechtsmittelinstanzen jedenfalls keine Einwendungen geltend machen kann, die sich gegen den in der zu vollstreckenden ausländischen Entscheidung titulierten Anspruch wenden und die er bereits mit einem Rechtsmittel gegen diese hätte geltend machen können (s. Art. 43 Rn 19). § 12 Abs. 1 AVAG zieht daraus den Schluss, dass materielle Einwendungen insoweit zuzulassen sind, „als die Gründe, auf denen sie beruhen, erst nach dem Erlass der Entscheidung entstanden sind". Zwar haben in der Vergangenheit manche bezweifelt, dass das mit der Brüssel I-VO und speziell mit Art. 45 vereinbar ist.[6] Der BGH ist dieser Auffassung aber zu Recht entgegengetreten,[7] weil eine **Zulassung „nachträglicher"** materieller Einwendungen (etwa zwischenzeitliche Erfüllung)[8] keine durch Abs. 2 untersagte *révision au fond* der *zuvor* getroffenen ausländischen Entscheidung bedeutet.[9] Zudem dient es der Prozessökonomie, den Schuldner insoweit nicht auf seine Rechtsbehelfe in der Zwangsvollstreckung selbst (in Deutschland insb. § 767 ZPO) zu verweisen.[10] Im autonomen

4

---

1 Rauscher/*Mankowski*, EuZPR/EuIPR, Art. 45 Rn 3 mwN; zum Prüfungsumfang vgl EuGH 13.10.2011 – Rs. C-139/10 (Prism Investments BV/Jaap Anne van der Meer), NJW 2011, 3506 m. Anm. *Bach*, EuZW 2011, 871.
2 Vgl Rauscher/*Mankowski*, EuZPR/EuIPR, Art. 45 Rn 3; *Kropholler/v. Hein*, Art. 45 Rn 6.
3 Vgl Rauscher/*Mankowski*, EuZPR/EuIPR, Art. 45 Rn 3.
4 BGH NJW-RR 2008, 586, 588; Musielak/*Stadler*, Art. 34 Rn 1; *Schlosser*, EuZPR, Art. 34–36 Rn 21; Baumbach/Lauterbach/*Hartmann*, Art. 34 Rn 6; *Schack*, Rn 974; Hk-ZPO/*Dörner* (5. Aufl.), Art. 45 Rn 1; Thomas/Putzo/*Hüßtege* (35. Aufl.), Art. 45 Rn 5; Geimer/Schütze/*Tschauner*, IRV, Art. 34 Rn 51; aA Geimer/Schütze/*Geimer*, Art. 34 Rn 101; Rauscher/*Leible*, EuZPR/EuIPR, Art. 34 Rn 41; nun wohl auch *Kropholler/v. Hein*, vor Art. 33 Rn 6 u. Art. 34 Rn 45.
5 BGH NJW-RR 2008, 586, 588.
6 OLG Koblenz OLGR Koblenz 2005, 276; OLG Oldenburg NdsRpfl 2006, 274; Hk-ZPO/*Dörner* (5. Aufl.), Art. 45 Rn 4; MüKo-ZPO/*Gottwald*, Art. 43 Rn 7. Differenzierend: OLG Düsseldorf NJW-RR 2005, 933, 934 f; OLG Düsseldorf FamRZ 2006, 803, 804; OLG Köln OLGR Köln 2004, 359, 360; *Geimer*, IPRax 2003, 337, 339; *Münzberg*, in: FS Geimer, 2002, S. 745, 751 f; Musielak/*Lackmann*, Art. 45 Rn 2 u. § 12 AVAG Rn 2: Zugelassen sind nur liquide Einwendungen, dh solche, die entweder unstreitig oder rechtskräftig festgestellt sind. Ausf. zum Ganzen Rauscher/*Mankowski*, EuZPR/EuIPR, Art. 45 Rn 6 f.
7 BGH NJW 2007, 3432, 3435; BGH NJW-RR 2008, 586, 590.
8 Vgl OLG Düsseldorf EuLF 2008, II-106; BGH NJW 2007, 3432, 3435.
9 So auch BGH NJW-RR 2008, 586, 590; OLG Düsseldorf EuLF 2008, II-106.
10 Rauscher/*Mankowski*, EuZPR/EuIPR, Art. 45 Rn 4; *Kropholler/v. Hein*, Art. 45 Rn 6; *Roth*, IPRax 1989, 14, 17.

internationalen Prozessrecht war diese Lösung deshalb längst anerkannt.[11] Der EuGH hat im Jahr 2011 den Ansatz des BGH aufgrund einer Vorlage des niederländischen *Hoge Raad* mit dem für die Rechtsmittelinstanz offensichtlich **nicht zutreffenden Argument verworfen**, das Verfahren der Vollstreckbarerklärung erschöpfe sich in einer formalen Prüfung der vom Antragsteller vorgelegten Schriftstücke.[12] Weil diese falsche, aber bindende Entscheidung (nur) den speziellen Fall einer im Hinblick auf die geltend gemachte Gegenforderung umstrittene Aufrechnung betraf, sollte sie jedenfalls der Berücksichtigung **liquider Einwendungen** auch in Zukunft nicht entgegenstehen (aA hM).[13] Kein Hindernis ist insoweit die jüngste Änderung von § 55 AVAG, nach dessen neuer Fassung § 12 AVAG nicht im Geltungsbereich des Luganer Übereinkommens anzuwenden ist. Diese Regelung kann schon deshalb nicht auf Verfahren nach der Brüssel I-VO analog angewendet werden,[14] weil es an einer planwidrigen Lücke mangelt: Art. 66 Abs. 2 Brüssel Ia-VO, der (nur) für Altfälle die Fortgeltung der Brüssel I-VO anordnet, „versteinert" für diese Konstellationen auch die einschlägigen nationalen Ausführungsvorschriften (s. Vor Art. 32 ff Rn 28).

III. Vollstreckungsbeschränkende Vereinbarungen

5 Nachträgliche vollstreckungsbeschränkende Vereinbarungen mit dem Gläubiger[15] kann der Schuldner in entsprechender Anwendung des § 12 Abs. 1 AVAG ebenfalls bereits mit der Beschwerde gegen die Vollstreckbarerklärung und nicht erst in der folgenden Zwangsvollstreckung (analog § 767 ZPO) geltend machen.[16]

IV. Luganer Übereinkommen

6 Keine Abweichungen.

Artikel 46 [Aussetzung bei Rechtsbehelf im Ursprungsstaat]

(1) Das nach Artikel 43 oder Artikel 44 mit dem Rechtsbehelf befasste Gericht kann auf Antrag des Schuldners das Verfahren aussetzen, wenn gegen die Entscheidung im Ursprungsmitgliedstaat ein ordentlicher Rechtsbehelf eingelegt oder die Frist für einen solchen Rechtsbehelf noch nicht verstrichen ist; in letzterem Fall kann das Gericht eine Frist bestimmen, innerhalb deren der Rechtsbehelf einzulegen ist.

(2) Ist die Entscheidung in Irland oder im Vereinigten Königreich ergangen, so gilt jeder im Ursprungsmitgliedstaat statthafte Rechtsbehelf als ordentlicher Rechtsbehelf im Sinne von Absatz 1.

---

11 Vgl BGH NJW 1987, 1146, 1147; Hk-ZPO/*Kindl*, § 723 ZPO Rn 14.
12 EuGH 13.10.2011 – C-139/10 (Prism Investments BV v Jaap Anne van der Meer), NJW 2011, 3506, 3507 (Nr. 42) m. zust. Anm. *Bach*, EuZW 2011, 871.
13 Pessimistischer in diesem Kommentar *Meller-Hannich*, § 12 AVAG Rn 4: Die EuGH-Entscheidung lässt für die Geltendmachung von materiellen Einwendungen im Verfahren nach § 12 AVAG insgesamt keinen Raum mehr; so inzwischen auch BGH 10.10.2013 – IX ZB 87/11, BeckRS 2013, 18480; OLG Düsseldorf BeckRS 2015, 00696; OLG Koblenz BeckRS 2013, 17339; OLG Stuttgart BeckRS 2013 21135; noch offen gelassen von BGH RIW 2013, 83.
14 So aber Musielak/*Lackmann*, AVAG § 55 Rn 1.
15 Vgl dazu im internen Recht BGH NJW 1991, 2295, 2296; BGH NJW 2002, 1788; ferner *K. Schmidt*, in: FS 50 Jahre BGH, Bd. III, 2000, S. 498.
16 BGH NJW-RR 2008, 586, 590.

(3) Das Gericht kann auch die Zwangsvollstreckung von der Leistung einer Sicherheit, die es bestimmt, abhängig machen.

I. Allgemeines, Anwendungsbereich	1	einigte Königreich (Abs. 2)	6
II. Aussetzung des Verfahrens (Abs. 1)	4	2. Ermessensentscheidung	7
1. Voraussetzungen	4	3. Verfahren	10
a) Antrag des Schuldners	4	4. Rechtsfolgen	11
b) Ordentlicher Rechtsbehelf	5	III. Sicherheitsleistung des Gläubigers (Abs. 3)	12
aa) Allgemein	5	IV. Rechtsbehelf	15
bb) Sonderregel für Irland und das Ver-		V. Luganer Übereinkommen	16

I. Allgemeines, Anwendungsbereich

Nach der Brüssel I-VO anerkennungsfähig sind grds. auch noch nicht rechtskräftige ausländische Entscheidungen (s. Art. 32 Rn 8). Das schafft die Gefahr, dass eine ausländische Entscheidung im Inland vollstreckt wird, die später auf einen Rechtsbehelf im Ursprungsstaat hin aufgehoben oder geändert wird. Dieser Gefahr will Art. 46 begegnen, indem den Rechtsmittelinstanzen im Vollstreckbarerklärungsverfahren die Möglichkeit gewährt wird, das schwebende Verfahren bis zur Rechtskraft des anzuerkennenden Urteils auszusetzen (Abs. 1) oder vom Gläubiger eine Sicherheitsleistung zu verlangen (Abs. 3), letzteres nach Ansicht des EuGH aber nur zusammen mit der Entscheidung über den Rechtsbehelf selbst (s. Rn 12 ff). § 36 AVAG wiederholt Art. 46 ohne inhaltliche Änderung oder Ergänzung. 1

Art. 46 findet im Vollstreckbarerklärungsverfahren nach Art. 38 ff **Anwendung**, kraft der Verweisung in Art. 33 Abs. 2 auf den Abschnitt 2 dieses Kapitels aber auch in den selbstständigen und unselbstständigen **Anerkennungsverfahren** nach Art. 33 Abs. 2 und 3 (zu diesem Verständnis von Art. 33 Abs. 3 s. Art. 33 Rn 20). Befindet ein Gericht oder eine Behörde im Inland **inzident**, ohne besonderes Verfahren, über die **Anerkennung** einer EU-ausländischen Entscheidung, weil die eigene Entscheidung davon abhängt (s. Art. 33 Rn 13), so schafft Art. 37 eine dem Abs. 1 entsprechende Aussetzungsmöglichkeit (zu Einzelheiten s. dort). 2

Die Aussetzungsbefugnis und das Recht zur Auferlegung einer Sicherheitsleistung stehen nach dem klaren Wortlaut nur den Rechtsmittelgerichten nach Art. 43 und 44 und nicht dem mit dem Antrag auf Vollstreckbarerklärung in erster Instanz befassten Exequaturgericht zu.[1] 3

II. Aussetzung des Verfahrens (Abs. 1)

1. **Voraussetzungen. a) Antrag des Schuldners.** Im Gegensatz zur Aussetzung nach Art. 37 erfolgt die Aussetzung im Rahmen von Art. 46 nur auf Antrag des Schuldners (Antragsgegners). 4

b) **Ordentlicher Rechtsbehelf. aa) Allgemein.** Zum Begriff „ordentlicher Rechtsbehelf" s. Art. 37 Rn 3. Ein ausländischer Rechtsbehelf des Typs „Vollstreckungsgegenklage" fällt nicht darunter, weil er selbst im Erfolgsfall nicht die ausländische Entscheidung als Titelgrundlage beseitigt (str).[2] Die Aussetzung des 5

---

[1] OLG Düsseldorf RIW 1998, 969.
[2] Näher Rauscher/*Mankowski*, EuZPR/EuIPR, Art. 46 Rn 8; ebenso (zu Art. 37) Rauscher/*Leible*, EuZPR/EuIPR, Art. 37 Rn 4; aA Hk-ZPO/*Dörner*, Art. 51 Rn 3; *Schlosser*, EuZPR, Art. 46 Rn 2; *Kropholler/v. Hein*, Art. 46 Rn 3.

Verfahrens ist möglich, wenn ein ordentliches Rechtsmittel im Ursprungsstaat eingelegt ist oder noch fristgerecht eingelegt werden kann. Im letzteren Fall kann das Rechtsmittelgericht nach Abs. 1 Hs 2 eine Frist zur Einlegung des Rechtsbehelfs setzen, was allerdings nur bei einer extrem langen ausländischen Rechtsmittelfrist oder im Fall eines unbefristeten Rechtsbehelfs Sinn macht, etwa im Sonderfall des Abs. 2.

6 **bb) Sonderregel für Irland und das Vereinigte Königreich (Abs. 2).** Abs. 2 enthält eine Sonderregel für die Vollstreckbarerklärung von Entscheidungen aus den Common-Law-Staaten Irland und Vereinigtes Königreich. Sie kennen nicht die Unterscheidung zwischen ordentlichen und außerordentlichen Rechtsbehelfen,[3] wie sie von Abs. 1 vorausgesetzt wird, weshalb sie für diese Länder aufgegeben und die Aussetzungsbefugnis von **jedem** in diesen Staaten **statthaften Rechtsbehelf** ausgelöst wird. Zur Fristsetzung nach Abs. 1 Hs 2 in diesem Fall s. Rn 5.

7 **2. Ermessensentscheidung.** Das Rechtsmittelgericht „kann", aber muss das schwebende Vollstreckbarerklärungsverfahren in der von Art. 46 vorausgesetzten Situation nicht aussetzen. Schon deshalb ist allein die Tatsache, dass das ausländische Urteil wegen des eingelegten Rechtsbehelfs vorläufigen Charakter hat, kein hinreichender Grund für eine „automatische" Aussetzung.[4] Vielmehr ist eine **Ermessensentscheidung** zu treffen.[5] In deren Rahmen sollte das Gericht – wie bei Art. 37 (s. Art. 37 Rn 4) – zunächst die Versagungsgründe der Art. 34 und 35 prüfen, denn steht ein solches der Anerkennung im Wege, kommt es auf den (Miss-)Erfolg des Rechtsbehelfs im Urteilsstaat nicht an.[6] Gleiches gilt, wenn aus anderen Gründen das Vollstreckbarerklärungsverfahren wenig Erfolgsaussichten hat.[7] Fehlen Anerkennungs- oder sonstige Hindernisse, ist eine **Prognose** über die **Erfolgsaussichten des im Erststaat eingelegten Rechtsbehelfs**[8] zu wagen: Erscheint es dem Gericht als wahrscheinlich, dass die Entscheidung aufgehoben werden wird, sollte es vorbehaltlich der bloßen Auferlegung einer Sicherheitsleistung (s. Rn 12) aussetzen,[9] wenn die möglichen Folgen für den Schuldner bei Verfahrensfortsetzung schwerer wiegen als die wirtschaftlichen Risiken der Aussetzung für den Gläubiger.[10] Dabei ist auch zu berücksichtigen, ob die Vollstreckung (auch) im Inland nach dem ausländischen Titel von einer Sicherheitsleistung abhängt, die ihrer Höhe nach (auch) etwaige Schäden aus der inländischen Vollstreckung abdeckt,[11] oder dass der Vollstreckungsschuldner im Ursprungsmitgliedstaat zu erkennen gegeben hat, dass er mit dem Inkraftbleiben des (im einstweiligen Rechtsschutz erwirkten) Titels bis zum Beginn des Hauptsacheverfahrens einverstanden ist.[12]

---

3 *Schlosser*-Bericht, Nr. 204.
4 OLG Köln GRUR-RR 2005, 34, 36; Hk-ZPO/*Dörner*, Art. 51 Rn 5.
5 *Schlosser*, EuZPR, Art. 46 Rn 3; Hk-ZPO/*Dörner*, Art. 51 Rn 5.
6 OLG Stuttgart NJW-RR 1998, 280, 282; ebenso (zu Art. 37) Rauscher/*Leible*, EuZPR, Art. 37 Rn 5; vorsichtiger Hk-ZPO/*Dörner*, Art. 38 Rn 2; *Kropholler/v. Hein*, Art. 37 Rn 5 unter Bezugnahme auf den *Jenard*-Bericht zu Art. 30 EuGVÜ, S. 47: Art. 34 f „können" vorab geprüft werden.
7 OLG Stuttgart NJW-RR 1998, 280, 282; Geimer/Schütze/*Schütze*, Internationale Urteilsanerkennung, S. 1216; *Stadler*, IPRax 1995, 220, 222.
8 OLG Stuttgart NJOZ 2010, 2093.
9 OLG Saarbrücken RIW 1998, 632; Hk-ZPO/*Dörner* (5. Aufl.), Art. 46 Rn 6; *Kropholler/v. Hein*, Art. 46 Rn 5; *Schlosser*, EuZPR, Art. 46 Rn 3; Geimer/Schütze/*Geimer*, Art. 46 Rn 6, 17 f.
10 Vgl Rauscher/*Mankowski*, EuZPR/EuIPR, Art. 46 Rn 14; Appellationsgericht Basel-Stadt BJM 1999, 105, 107; OLG Düsseldorf NJW-RR 2001, 1575, 1576.
11 OLG Nürnberg WM 2011, 700; *Kropholler/v. Hein*, Art. 46 Rn 7; Rauscher/*Mankowski*, EuZPR/EuIPR, Art. 46 Rn 17 b (je zur Sicherheitsleistung nach Abs. 3).
12 OLG Nürnberg WM 2011, 700.

Die Grundlagen für die Prognose über den Erfolg des ausländischen Rechtsbehelfs hat der Schuldner zu liefern.[13] Der EuGH vertritt die Meinung, dass das Gericht wegen des Verbots der Révision au fond (Art. 45 Abs. 2) aber solche Aufhebungsgründe nicht verwerten darf, die der Schuldner schon im Erststaat (erfolglos) geltend gemacht hat oder hätte geltend machen können.[14] Das erscheint fragwürdig, denn die Einschätzung der Erfolgsaussichten eines Rechtsmittels ist etwas anderes als eine eigene Überprüfung und Korrektur des angegriffenen Urteils.[15] Auf der Linie des Art. 45 Abs. 2 liegt es aber, wenn das Exequaturgericht die Erwägungen respektiert, mit denen ein Gericht im Erststaat im Rahmen eines Verfahrens über die Aussetzung der Vollstreckung die Erfolgsaussichten der Berufung bewertet hat.[16] 8

Das Rechtsmittelgericht darf das Vollstreckbarerklärungsverfahren trotz einer wahrscheinlich bevorstehenden Aufhebung des ausländischen Titels im Ursprungsstaat (s. Rn 7) nicht aussetzen, wenn – was regelmäßig zu bejahen sein wird – den Interessen des Schuldners dadurch hinreichend Genüge getan ist, dass dem **Gläubiger** eine **Sicherheitsleistung** nach Abs. 3 auferlegt wird.[17] Gegebenenfalls ist eine Kombination von Teilaussetzung und teilweiser Auferlegung einer Sicherheitsleistung in Betracht zu ziehen.[18] Eine Aussetzung gegen **Sicherheitsleistung des Schuldners** mag in manchen Fällen sinnvoll erscheinen,[19] wird aber vom Wortlaut und Konzept der Norm (es geht nur um „Opfer" des Gläubigers) nicht gedeckt.[20] 9

3. Verfahren. Die Art und Weise der Aussetzung bestimmt sich nach nationalem Prozessrecht, in Deutschland daher nach § 148 ZPO.[21] Die Aussetzung endet mit Erledigung des ausländischen Erstverfahrens, also mit der Entscheidung über den in diesem eingelegten ordentlichen Rechtsbehelf.[22] Das Gericht ist befugt, die Aussetzung aufzuheben oder zu ändern.[23] 10

4. Rechtsfolgen. Setzt das Gericht das Vollstreckbarerklärungsverfahren aus, so kann der Gläubiger für die Dauer der Aussetzung nur eine Sicherungsvollstreckung nach Art. 47 Abs. 3 betreiben (s. näher Art. 47 Rn 11 ff). 11

III. Sicherheitsleistung des Gläubigers (Abs. 3)

Statt das Verfahren auszusetzen, kann das Gericht alternativ die Fortsetzung der Zwangsvollstreckung gem. Abs. 3 von einer Sicherheitsleistung des Gläubigers abhängig machen. Zwangsläufig gelten hierfür zunächst die gleichen Regeln, insb. zur Ermessensausübung, wie für die Aussetzungsentscheidung nach Abs. 1 (s. Rn 7 ff). Die hM in Deutschland will allerdings in einer wenig überzeugend 12

---

13 Geimer/Schütze/*Geimer*, Art. 46 Rn 23.
14 EuGH Rs. C-183/90 (B.J. v. Dalfsen/B. v. Loon) Slg 1991, I-4743 = EWS 1993, 119, 121; zust. BGH NJW 1994, 2156, 2157; Hk-ZPO/*Dörner*, Art. 51 Rn 5; Kropholler/*v. Hein*, Art. 46 Rn 5; *Stadler*, IPRax 1995, 220, 222; *Schlosser*, EuZPR, Art. 46 Rn 3.
15 Vgl Rauscher/*Mankowski*, EuZPR/EuIPR, Art. 46 Rn 13; *Grunsky*, IPRax 1995, 218, 220.
16 OLG Nürnberg WM 2011, 700.
17 OLG Düsseldorf NJW-RR 1997, 572; OLG Hamm NJW-RR 1995, 189, 191; Kropholler/*v. Hein*, Art. 46 Rn 1.
18 Rauscher/*Mankowski*, EuZPR/EuIPR, Art. 46 Rn 3; *Schlosser*, EuZPR, Art. 46 Rn 3; Hk-ZPO/*Dörner* (5. Aufl.), Art. 46 Rn 6.
19 Vgl Petereit v. Babcock International Holdings Ltd., [1990] 2 All E.R. 135 (Q.B.); Kropholler/*v. Hein*, Art. 46 Rn 6; Rauscher/*Mankowski*, EuZPR/EuIPR, Art. 46 Rn 15.
20 IE ebenso OLG Stuttgart NJOZ 2010, 2093.
21 Zöller/*Greger*, § 148 ZPO Rn 2; Geimer/Schütze/*Schütze*, Internationale Urteilsanerkennung, § 159 IV 3.
22 Hk-ZPO/*Wöstmann*, § 148 ZPO Rn 8; Zöller/*Greger*, § 148 ZPO Rn 8.
23 *Hau*, IPRax 1996, 322, 323.

begründeten, iE gleichwohl zu begrüßenden, Differenzierung die vom EuGH für Abs. 1 postulierte (und hier abgelehnte) Beschränkung auf solche Aufhebungsgründe für die Erstentscheidung, die der Schuldner vor dem Gericht des Urteilsstaates noch nicht geltend machen konnte (s. Rn 8), für Abs. 3 nicht übernehmen; hier seien „alle Umstände des Falles zu berücksichtigen".[24] Zur Sicherheitsleistung als dem im Vergleich zur Aussetzung **schwächeren Eingriff** ist jedenfalls zu greifen, wenn sie die wirtschaftlichen Interessen des Schuldners nicht schlechter schützt als die Aussetzung.[25]

13 Für **Art und Höhe** der Sicherheitsleistung gilt das Recht des Vollstreckungsstaates, in Deutschland also § 108 ZPO. Die Höhe richtet sich nach dem drohenden Vollstreckungsschaden in diesem Land; die Urteilssumme im Erststaat bietet insoweit (nicht mehr als) eine Orientierungshilfe.[26] Die **Kosten** für die Sicherheit (zB Kosten einer Bankbürgschaft) fallen als Kosten für die Zwangsvollstreckungsvorbereitung unter § 788 ZPO.[27]

14 Ein speziell auf die Auferlegung einer Sicherheitsleistung gerichteter **Antrag** des Schuldners ist nicht erforderlich; die Norm begreift die Auferlegung einer Sicherheitsleistung als ein **Minus**, **nicht** ein **Aliud** zur Aussetzung des Verfahrens, das von dem auf diese gerichteten Antrag nach Abs. 1 mit abgedeckt ist. Der Schuldner kann seinen Antrag auf die Auferlegung einer Sicherheitsleistung nach Abs. 3 beschränken;[28] tut er dies, dürfte für die Entscheidung des Gerichts der Grundsatz *„ne ultra petita"* gelten. Keinesfalls darf das Gericht eine Sicherheitsleistung des Gläubigers von Amts wegen anordnen.[29]

IV. Rechtsbehelf

15 Den Parteien steht gem. Art. 43 Abs. 1 und 44 Abs. 1 gegen die Entscheidung, das Verfahren auszusetzen oder eine Sicherheitsleistung anzuordnen, und gegen die Ablehnung beider Maßnahmen kein Rechtsbehelf zur Verfügung. Sie können nur die Endentscheidung des Beschwerdegerichts angreifen (s. Art. 44 Rn 3).

V. Luganer Übereinkommen

16 Keine Abweichungen.

Artikel 47 [Zwangsvollstreckung vor Abschluss des Rechtsbehelfsverfahrens]

(1) Ist eine Entscheidung nach dieser Verordnung anzuerkennen, so ist der Antragsteller nicht daran gehindert, einstweilige Maßnahmen einschließlich solcher, die auf eine Sicherung gerichtet sind, nach dem Recht des Vollstreckungsmitglied-

---

24 BGH NJW 1994, 2156, 2157; OLG Köln IHR 2005, 161, 163; Hk-ZPO/*Dörner* (5. Aufl.), Art. 46 Rn 8; *Kropholler/v. Hein*, Art. 46 Rn 7; Thomas/Putzo/*Hüßtege* (35. Aufl.), Art. 46 Rn 1.
25 *Kropholler/v. Hein*, Art. 46 Rn 1.
26 BGHZ 87, 259, 262; *Prütting*, IPRax 1985, 137, 138; Rauscher/*Mankowski*, EuZPR/EuIPR, Art. 46 Rn 18.
27 Rauscher/*Mankowski*, EuZPR/EuIPR, Art. 46 Rn 18.
28 Vgl zur hilfsweisen Geltendmachung des Antrags auf Sicherheitsleistung OLG Köln NJW-RR, 2005, 932.
29 Zum Verbot der Aussetzung von Amts wegen vgl Rauscher/*Mankowski*, EuZPR/EuIPR, Art. 46 Rn 5; Geimer/Schütze/*Schütze*, Internationale Urteilsanerkennung, S. 1216.

staats in Anspruch zu nehmen, ohne dass es einer Vollstreckbarerklärung nach Artikel 41 bedarf.
(2) Die Vollstreckbarerklärung gibt die Befugnis, solche Maßnahmen zu veranlassen.
(3) Solange die in Artikel 43 Absatz 5 vorgesehene Frist für den Rechtsbehelf gegen die Vollstreckbarerklärung läuft und solange über den Rechtsbehelf nicht entschieden ist, darf die Zwangsvollstreckung in das Vermögen des Schuldners nicht über Maßnahmen zur Sicherung hinausgehen.

I. Allgemeines

Art. 47 beschäftigt sich mit dem einstweiligen Rechtsschutz des Gläubigers **bis zum rechtskräftigen Abschluss des Vollstreckbarerklärungsverfahrens**. Abs. 1 betrifft den Zeitraum bis zur Vollstreckbarerklärung, Abs. 2 denjenigen danach. Abs. 3 hält für beide Zeiträume fest, dass zum einstweiligen Schutz des Gläubigers nur Sicherungsmaßnahmen gestattet sind. Ergänzende Bestimmungen finden sich in §§ 13 Abs. 4 S. 2 und 19–24 AVAG.[1]

1

II. Einstweilige Maßnahmen vor der Vollstreckbarerklärung (Abs. 1)

Der Gläubiger, der eine ausländische Entscheidung gegen den Schuldner erwirkt hat, kann im Inland nach der Maßgabe des inländischen Rechts einstweiligen Rechtsschutz beanspruchen, noch **bevor** er eine inländische Vollstreckbarerklärung erlangt, ja bevor er überhaupt ein Vollstreckbarerklärungsverfahren mit einem Antrag nach Art. 38 eingeleitet hat.[2] Damit ist es dem Gläubiger möglich, zunächst in mehreren Staaten den Versuch der Sistierung von Vermögenswerten des Schuldners zu starten, um erst danach zu entscheiden, in welchem Staat er tatsächlich die Vollstreckbarerklärung einholen und die endgültige Zwangsvollstreckung betreiben möchte.[3]

2

Maßgeblich für die Ausgestaltung des einstweiligen Rechtsschutzes im Einzelnen einschließlich der Bestimmung der für den Antrag zuständigen Stelle ist das nationale Recht des Vollstreckungsstaates. In Deutschland kommen damit je nach Lage des Falls Arrest (§§ 916 ff ZPO), einstweilige Verfügung (§§ 935 ff ZPO), Sicherungsvollstreckung (§ 720 a ZPO) und Vorpfändung (§ 845 ZPO) in Betracht,[4] wobei die letztere zwar kostenmäßig attraktiv ist,[5] mit der Monatsfrist bis zur endgültigen Pfändung aus § 845 Abs. 2 ZPO aber ein praktisch wichtiges Handicap aufweist.[6] Weil auch eine bloße Sicherungsvollstreckung, etwa die Pfändung von Bankkonten, den Schuldner empfindlich treffen kann, ohne dass Art. 46 f insoweit Abhilfe schaffen,[7] gibt ihm § 20 AVAG die Möglichkeit, die Sicherungsvollstreckung des Gläubigers durch **Sicherheitsleistung** in Höhe des Betrages abzuwenden, wegen dessen der Gläubiger vollstrecken darf.

3

Voraussetzung des einstweiligen Rechtsschutzes ist zunächst, dass der Gläubiger gem. Art. 53 eine Ausfertigung der ausländischen Entscheidung samt Übersetzung, aber **ohne Formblatt nach Art. 54 Abs. 2, Anhang V** vorlegt.[8] Das ange-

4

---

1 § 18 AVAG findet gem. § 55 Abs. 1 AVAG keine Anwendung.
2 MüKo-ZPO/*Gottwald*, Art. 47 Rn 2.
3 Rauscher/*Mankowski*, EuZPR/EuIPR, Art. 47 Rn 11.
4 MüKo-ZPO/*Gottwald*, Art. 47 Rn 2; eingehend *Heß/Hub*, IPRax 2003, 93, 95.
5 Vgl *Heß/Hub*, IPRax 2003, 93, 95; Rauscher/*Mankowski*, EuZPR/EuIPR, Art. 47 Rn 4.
6 *Heß/Hub*, IPRax 2003, 93, 95.
7 MüKo-ZPO/*Gottwald*, Art. 47 Rn 2.
8 Vgl (krit.) *Heß/Hub*, IPRax 2003, 93, 98; Rauscher/*Mankowski*, EuZPR/EuIPR, Art. 47 Rn 10.

gangene Gericht muss daraufhin feststellen, ob es sich um eine anerkennungsfähige Entscheidung iSd Art. 32 (s. Art. 32 Rn 2 ff) im Anwendungsbereich der Brüssel I-VO handelt (s. Vor Art. 32 ff Rn 9 ff).[9]

5 Umstritten ist, ob das Gericht auch zu prüfen hat, ob **Anerkennungshindernisse** gem. Art. 34 und 35 vorliegen.[10] Die besseren Argumente, insb. die Regelung des Art. 41 für das Vollstreckbarerklärungsverfahren, sprechen dagegen.[11] Da das Gericht keine Amtsermittlungspflicht[12] trifft und der Schuldner im Regelfall nicht gehört wird (s. Art. 41 Rn 3), wird in der Praxis aber ohnehin zumeist ein Anhaltspunkt für die geforderte Prüfung fehlen und der Streit deshalb vor allem akademischer Natur bleiben.

6 Beim Arrest und der einstweiligen Verfügung ist der **Arrest- bzw Verfügungsgrund glaubhaft** zu machen;[13] der Arrest- bzw Verfügungsanspruch ergibt sich aus der ausländischen Entscheidung.[14] Hauptsachegericht iSd § 919 ZPO ist das Exequaturgericht.[15]

7 Hat der Antrag auf einstweiligen Rechtsschutz keinen Erfolg, hat der Gläubiger die nach nationalem Recht vorgesehenen Rechtsbehelfe.[16] In Deutschland kommt hier vor allem die Erinnerung nach § 766 ZPO in Betracht (s. § 19 AVAG).[17]

III. Einstweilige Maßnahmen nach der Vollstreckbarerklärung (Abs. 2)

8 Im Unterschied zu Abs. 1 gibt Abs. 2 dem Gläubiger für den Zeitraum **nach** der Vollstreckbarerklärung durch das Exequaturgericht einen aus der Brüssel I-VO fließenden eigenen Anspruch auf Schutz durch einstweilige Maßnahmen, während Abs. 1 ihn (auch) insoweit auf das Recht des Vollstreckungsstaates verweist.[18] Die auf die Brüssel I-VO gestützte Befugnis des Gläubigers zur Sicherungsvollstreckung entsteht ipso iure mit der Vollstreckbarerklärung erster Instanz und braucht vom Exequaturgericht nicht ausdrücklich erteilt werden.[19] Aus Abs. 2 folgt, dass das nationale Recht einerseits Instrumente zur Sicherungsvollstreckung für den Gläubiger bereithalten muss[20] und es andererseits das Recht des Gläubigers nicht durch eine besondere Prüfung der Eilbedürftigkeit[21] oder des konkreten Sicherungsbedürfnisses[22] oder durch Ausschlussfristen, Genehmigungsvorbehalte oder Rechtsbehelfe des Schuldners mit Suspensiveffekt einschränken darf.[23]

9 Die Ausgestaltung des einstweiligen Rechtsschutzes im Übrigen, etwa im Hinblick auf das Anordnungsverfahren, auf die Wirkungen der Sicherungsvollstreckung, den Schuldner- und Drittschutz sowie etwaiger Schadensersatzforderungen bei ungerechtfertigter Sicherungsvollstreckung bleibt wie bei Abs. 1 dem na-

---

9 MüKo-ZPO/*Gottwald*, Art. 47 Rn 4.
10 Bejahend zB Hk-ZPO/*Dörner* (5. Aufl.), Art. 47 Rn 2; Rauscher/*Mankowski*, EuZPR/EuIPR, Art. 47 Rn 7; abl. MüKo-ZPO/*Gottwald*, Art. 47 Rn 4.
11 S. *Heß/Hub*, IPRax 2003, 93, 94.
12 Vgl *Kropholler/v. Hein*, vor Art. 33 Rn 6 ff.
13 AA Geimer/Schütze/*Geimer*, Art. 47 Rn 23.
14 Rauscher/*Mankowski*, EuZPR/EuIPR, Art. 47 Rn 4 a.
15 *Heß/Hub*, IPRax 2003, 93, 95.
16 Rauscher/*Mankowski*, EuZPR/EuIPR, Art. 47 Rn 7.
17 Vgl *Coester-Waltjen*, IPRax 1990, 65.
18 *Kropholler/v. Hein*, Art. 47 Rn 9.
19 EuGH 3.10.1985 – Rs. 119/84 (Capelloni/Pelkmans), RIW 1986, 300.
20 *Schlosser*-Bericht, Nr. 221; Rauscher/*Mankowski*, EuZPR/EuIPR, Art. 47 Rn 12.
21 Rauscher/*Mankowski*, EuZPR/EuIPR, Art. 47 Rn 12.
22 *König*, in: FS Rechberger, 2005, S. 317, 323 f.
23 EuGH 3.10.1985 – Rs. 119/84 (Capelloni/Pelkmans), RIW 1986, 300.

tionalen Recht vorbehalten.²⁴ In Deutschland sind insb. §§ 928, 930 ZPO und §§ 938, 940 ZPO (analog) heranzuziehen.²⁵ § 20 AVAG, der dem Schuldner die Möglichkeit gibt, die Sicherungsvollstreckung des Gläubigers durch **Sicherheitsleistung abzuwenden** (s. Rn 3), gilt auch hier.

Manche Stimmen in Deutschland fordern in Anlehnung an (den unmittelbar nicht gefragten) § 750 ZPO die Zustellung der Vollstreckbarerklärung an den Schuldner gem. Art. 42 vor Beginn der Sicherungsvollstreckung nach Abs. 2.²⁶ Dem ist nicht zu folgen (vgl Art. 42 Rn 2). Abs. 2 fordert nicht nur seinem Wortlaut nach lediglich die Erteilung der Vollstreckbarerklärung und nicht ihre Zustellung an den Schuldner, sondern intendiert auch die damit verbundene Möglichkeit einer effektiven Sicherung des Schuldners unter Ausnutzung eines Überraschungseffekts.²⁷ 10

IV. Beschränkung auf Sicherungsmaßnahmen (Abs. 3)

Abs. 3 soll verhindern, dass während der ersten Instanz des Vollstreckbarerklärungsverfahrens, das grds. ohne Anhörung des Schuldners verläuft (Art. 41 S. 2), bereits vollendete Tatsachen zugunsten des Gläubigers geschaffen werden. Der einstweilige Rechtsschutz darf deshalb nur zur Sicherung, nicht zur Befriedigung des Schuldners führen.²⁸ 11

Die Beschränkung des Abs. 3 ist für Deutschland ohne große Bedeutung, da die hier nach Abs. 1 und 2 möglichen (und oben genannten, s. Rn 2 ff) einstweiligen Maßnahmen ohnehin nur solche sind, die über die Sicherung des Gläubigers nicht hinausgehen dürfen.²⁹ Gemäß § 9 Abs. 1 AVAG ist aber die Beschränkung auf Sicherungsmaßnahmen in die Vollstreckungsklausel mit aufzunehmen. Der Rechtsbehelf des Schuldners gegen exzessive Vollstreckungsmaßnahmen ist nach § 19 AVAG die Vollstreckungserinnerung gem. § 766 ZPO. 12

Die Beschränkung auf Sicherungsmaßnahmen nach Abs. 3 gilt nach dem klaren Wortlaut der Norm nur, wenn erst das Oberlandesgericht als Beschwerdeinstanz die ausländische Entscheidung für vollstreckbar erklärt und der Gläubiger daraufhin vollstrecken möchte.³⁰ Da aber auch für den Fall Sorge getragen werden muss, dass die inländische Vollstreckbarkeit des Titels auf die mögliche Rechtsbeschwerde des Schuldners hin wieder aufgehoben wird, eröffnet § 22 Abs. 2 AVAG dem Beschwerdegericht die Möglichkeit, auf Antrag des Verpflichteten anzuordnen, dass bis zum Ablauf der Frist zur Einlegung der Rechtsbeschwerde oder bis zur Entscheidung über diese Beschwerde die Zwangsvollstreckung nicht oder nur gegen Sicherheitsleistung über Maßregeln zur Sicherung hinausgehen darf. Wird Rechtsbeschwerde eingelegt, so steht die gleiche Befugnis dem BGH zu (§ 22 Abs. 3 S. 1 AVAG); er kann auch eine nach § 22 Abs. 2 AVAG erlassene Anordnung des Oberlandesgerichts abändern oder aufheben. § 22 Abs. 2 und 3 haben keine Grundlage in der Brüssel I-VO,³¹ verstoßen aber auch 13

---

24 Rauscher/*Mankowski*, EuZPR/EuIPR, Art. 47 Rn 12 a.
25 Rauscher/*Mankowski*, EuZPR/EuIPR, Art. 47 Rn 12.
26 *Pirrung*, IPRax 1989, 18, 21; *Haas*, IPRax 1995, 223; *Hök*, JurBüro 1988, 1453, 1457.
27 LG Stuttgart RIW 1988, 563, 564 m. Anm. *Laborde*; Rauscher/*Mankowski*, EuZPR/EuIPR, Art. 47 Rn 12 b; MüKo-ZPO/*Gottwald*, Art. 47 Rn 7; *Kropholler/v. Hein*, Art. 47 Rn 13.
28 Rauscher/*Mankowski*, EuZPR/EuIPR, Art. 47 Rn 13.
29 Vgl *Schlosser*, EuZPR, Art. 47 Rn 1.
30 *Schlosser*, EuZPR, Art. 47 Rn 8.
31 MüKo-ZPO/*Gottwald*, Art. 47 Rn 18.

nicht gegen sie, weil sie sich auf einen Zeitraum beziehen, für den diese gerade keine Regelung vorgesehen hat.[32]

V. Luganer Übereinkommen

14 Keine Abweichungen.

Artikel 48 [Beschränkte Vollstreckbarerklärung]

(1) Ist durch die ausländische Entscheidung über mehrere mit der Klage geltend gemachte Ansprüche erkannt und kann die Vollstreckbarerklärung nicht für alle Ansprüche erteilt werden, so erteilt das Gericht oder die sonst befugte Stelle sie für einen oder mehrere dieser Ansprüche.

(2) Der Antragsteller kann beantragen, dass die Vollstreckbarerklärung nur für einen Teil des Gegenstands der Verurteilung erteilt wird.

I. Teilvollstreckbarerklärung (Abs. 1)

1 Wenn die Voraussetzungen für die Anerkennung und/oder Vollstreckbarerklärung nur für einen Teil einer ausländischen Entscheidung vorliegen, muss das Gericht im Zweitstaat nach Abs. 2 ebendiesen Teil für vollstreckbar erklären, statt den Antrag insgesamt abzuweisen. Die Regelung gilt gleichermaßen für das Exequaturgericht wie für die Rechtsmittelinstanzen, auch wenn ihr Prüfungsprogramm unterschiedlichen Umfang hat (s. Art. 41 Rn 2 einerseits, Art. 45 Rn 2 andererseits).

2 Gegen den Wortlaut der Norm ist nicht Voraussetzung, dass das ausländische Gericht über mehrere (prozessuale) Ansprüche entschieden hat.[1] Es ist hinreichend, dass der Ausspruch teilbar ist.[2] So kann sich eine bloß teilweise Vollstreckbarkeit aus der Unbestimmtheit (vgl Art. 38 Rn 12) nur der Verurteilung zu Zinszahlungen[3] oder (in der Rechtsmittelinstanz) aus der teilweisen Erfüllung einer titulierten Geldforderung oder aus dem teilweisen Verstoß einer Verurteilung zur Zahlung von punitive damages gegen den deutschen ordre public (s. Art. 34 Rn 12)[4] ergeben.

3 Ein ausdrücklicher (Hilfs-)Antrag auf Teilvollstreckbarerklärung ist nicht erforderlich; er ist stillschweigend in jedem Antrag auf (vollständige) Vollstreckbarerklärung der ausländischen Entscheidung mit enthalten.[5]

4 Gemäß § 9 Abs. 2 AVAG ist in Deutschland die teilweise Vollstreckbarerklärung von Amts wegen durch Erteilung einer „Teil-Vollstreckungsklausel" kenntlich zu machen.

II. Antrag auf teilweise Vollstreckbarerklärung (Abs. 2)

5 Abs. 2 stellt klar, dass der Gläubiger bei einem vollständig anerkennungs- und vollstreckungsfähigem ausländischem Titel aus freien Stücken den Antrag auf

---

32 Zur Vereinbarkeit von § 22 Abs. 2 und 3 AVAG mit der Brüssel I-VO vgl auch MüKo-ZPO/*Gottwald*, Art. 47 Rn 17; *Cypra*, Die Rechtsbehelfe im Verfahren der Vollstreckbarerklärung nach dem EuGVÜ, 1996, S. 132 ff.
1 Rauscher/*Mankowski*, EuZPR/EuIPR, Art. 48 Rn 1; Geimer/Schütze/*Tschauner*, IRV, Art. 48 Rn 3; aA Thomas/Putzo/*Hüßtege* (35. Aufl.), Art. 48 Rn 1.
2 OLG Saarbrücken NJW 1988, 3100; Rauscher/*Mankowski*, EuZPR, Art. 48 Rn 1.
3 Vgl OLG Saarbrücken NJW 1988, 3100.
4 Rauscher/*Mankowski*, EuZPR/EuIPR, Art. 48 Rn 2; *Schlosser*, EuZPR, Art. 48 Rn 1.
5 Hk-ZPO/*Dörner* (5. Aufl.), Art. 48 Rn 1; aA *Kropholler/v. Hein*, Art. 48 Rn 2.

Vollstreckbarerklärung auf einen Teil begrenzen kann.⁶ Teilbarkeit im dargestellten (s. Rn 2) Sinne ist auch hier erforderlich. Der Gläubiger muss seinen Antrag auf Teilvollstreckbarerklärung nicht ausdrücklich als solchen bezeichnen, vielmehr kann ihm dieser Inhalt auch durch Auslegung beigelegt werden.⁷ Dem Gläubiger ist auch im letzteren Fall unbenommen, für den zunächst nicht mit einbezogenen Teil später einen weiteren Teilvollstreckbarerklärungsantrag zu stellen.⁸

Erklärt das Exequaturgericht trotz eines bloßen Teilvollstreckbarerklärungsantrags die gesamte ausländische Entscheidung für vollstreckbar, so ist der überschießende Teil der Vollstreckbarerklärung wirksam,⁹ aber jedenfalls für den Schuldner mit der Beschwerde angreifbar.¹⁰ Das Rechtsmittelgericht muss im Übrigen den Verstoß bei einem zulässigen Rechtsmittel von Amts wegen beachten.¹¹ Ob auch der Gläubiger dagegen vorgehen kann, ist wegen seiner zweifelhaften Beschwer umstritten,¹² sollte aber bejaht werden, denn es muss ausreichen (wie bei einem Verstoß gegen das nationale „*ne ultra petita*" aus § 308 ZPO),¹³ dass seinem Antrag nicht entsprochen wurde.¹⁴

III. Luganer Übereinkommen
Keine Abweichungen.

Artikel 49 [Vollstreckbarerklärung von Zwangsgeldentscheidungen]

Ausländische Entscheidungen, die auf Zahlung eines Zwangsgelds lauten, sind im Vollstreckungsmitgliedstaat nur vollstreckbar, wenn die Höhe des Zwangsgelds durch die Gerichte des Ursprungsmitgliedstaats endgültig festgesetzt ist.

I. Allgemeines

Hat der Gläubiger im Ausland ein Urteil erstritten, das dem Schuldner eine Handlung oder Unterlassung aufgibt, so kann er nach Art. 38 ff den titulierten Anspruch im Inland für vollstreckbar erklären lassen und dann nach den inländischen Vorschriften (§§ 883 ff ZPO) vollstrecken.¹ Art. 49 gibt ihm eine zusätzliche Option: Wenn im ausländischen Urteil zur Durchsetzung des Anspruchs dem Schuldner ein Zwangsgeld auferlegt wird, kann auch diese Verpflichtung im Inland für vollstreckbar erklärt werden.

Der Gläubiger kann zwischen beiden Wegen frei wählen (*enforcement shopping*)² und diese auch miteinander und mit Vollstreckungsversuchen im Urteils-

---

6 *Schlosser*, EuZPR, Art. 48 Rn 1.
7 OLG Düsseldorf RIW 2001, 303; Rauscher/*Mankowski*, EuZPR/EuIPR, Art. 48 Rn 4 a.
8 OLG Düsseldorf RIW 2001, 303; Hk-ZPO/*Dörner* (5. Aufl.), Art. 48 Rn 2.
9 Geimer/Schütze/*Geimer*, Art. 48 Rn 5; Rauscher/*Mankowski*, EuZPR/EuIPR, Art. 48 Rn 7.
10 Rauscher/*Mankowski*, EuZPR/EuIPR, Art. 48 Rn 7.
11 Geimer/Schütze/*Geimer*, Art. 48 Rn 5; Rauscher/*Mankowski*, EuZPR/EuIPR, Art. 48 Rn 7.
12 Pro: Rauscher/*Mankowski*, EuZPR/EuIPR, Art. 48 Rn 7; MüKo-ZPO/*Gottwald*, Art. 48 Rn 3; contra: Geimer/Schütze/*Geimer*, Art. 48 Rn 5.
13 Vgl BGH NJW 2004, 2019, 2020; BGH NJW 1991, 703; Zöller/*Heßler*, vor § 511 Rn 13; aA MüKo-ZPO/*Rimmelspacher*, vor §§ 511 ff Rn 14.
14 Rauscher/*Mankowski*, EuZPR/EuIPR, Art. 48 Rn 7.
1 Rauscher/*Mankowski*, EuZPR/EuIPR, Art. 49 Rn 1.
2 OLG Köln IPRax 2003, 446, 447; näher *Schlosser*, in: FS Leipold, 2009, S. 435, 448 ff.

oder weiteren Staaten kombinieren.³ Dadurch können sich Zwangsgelder häufen; der (vernünftige) Vorschlag, zweitstaatliche Zwangsgeldanordnungen auszuschließen, wenn es solche bereits im Urteilsstaat gegeben hat,⁴ findet allerdings in der Brüssel I-VO keine Stütze.⁵ Der Schuldner ist immerhin insoweit geschützt, als die Vollstreckung des Zwangsgeldes ausscheidet, sobald er die primär geschuldete Handlung oder Unterlassung erbracht hat,⁶ und die Gerichte ihr Ermessen dergestalt ausüben müssen, dass eine unzumutbare Häufung von Zwangsmitteln vermieden wird.⁷

II. Tatbestandsvoraussetzungen

3   1. **Zwangsgeld.** Art. 49 setzt voraus, dass die Gerichte des Ursprungsmitgliedstaates international zur Festsetzung von Zwangsgeldern zuständig sind.⁸ Die Norm erfasst jedenfalls Zwangsgeldentscheidungen nach Art der französischen oder belgischen *astreinte*⁹ und der niederländischen *dwangsom* (s. aber Rn 5), die den Schuldner zur Zahlung einer Zwangssumme an den **Gläubiger** verpflichten.¹⁰ Da der Zahlungsempfänger im Wortlaut der Vorschrift nicht aufscheint, sind nach hM aber auch Zwangsgelder nach dem deutschen Modell erfasst, das eine Zahlung an die Staatskasse vorsieht (Ordnungsgeld, *contempt fine*).¹¹ Diese fallen nicht als öffentlich-rechtliche Forderungen über Art. 1 Abs. 1 aus dem Anwendungsbereich der Brüssel I-VO heraus, weil sie den privatrechtlichen Charakter des im Erststaat titulierten Anspruchs teilen, zu dessen Durchsetzung sie dienen.¹² Dieser Auffassung hat sich für das deutsche Ordnungsgeld nach § 890 ZPO inzwischen auch der EuGH angeschlossen.¹³ Für eine Modifikation solcher staatsnütziger Zwangsgelder dergestalt, dass sie bei einer Vollstreckung im Ausland dem Gläubiger zufließen,¹⁴ besteht weder Anlass noch Raum.¹⁵

4   Unerheblich für die Vollstreckbarerklärung einer ausländischen Zwangsgeldfestsetzung ist, ob nach dem Recht des Vollstreckungsstaates Handlungs- oder Unterlassungsverurteilungen nur real vollstreckt werden können.¹⁶

5   2. **Endgültige Festsetzung.** Ein ausländisches Zwangsgeld kann nur dann im Inland via Vollstreckbarerklärung beigetrieben werden, wenn es im Urteilsstaat

---

3   Vgl *Kropholler/v. Hein*, Art. 49 Rn 3.
4   *Remien*, Rechtsverwirklichung durch Zwangsgeld, S. 330; *von Falck*, Implementierung offener ausländischer Vollstreckungstitel, S. 186 f.
5   Abl. auch Rauscher/*Mankowski*, EuZPR/EuIPR, Art. 49 Rn 9; Geimer/Schütze/*Tschauner*, IRV, Art. 49 Rn 6.
6   *Schlosser*, EuZPR, Art. 49 Rn 4.
7   *Kropholler/v. Hein*, Art. 49 Rn 3.
8   BGH EuZW 2010, 115; vgl ferner *Schlosser*, EuZPR, Art. 49 Rn 4; MüKo-ZPO/*Gottwald*, Art. 49 Rn 1; diff. *Bruns*, ZZP 118 (2005), 3, 14, 16.
9   Vgl EuGH v. 12.4.2011 – Rs. C-235/09 (DHL Express SAS/Chronopost SA), EuZW 2011, 686 = GRUR 2011, 518 = GRUR Int 2011, 514.
10 Vgl *Jenard*-Bericht, S. 53 f unter Hinweis auf Art. 7 des deutsch-niederländischen Vertrages über die gegenseitige Anerkennung und Vollstreckung gerichtlicher Entscheidungen und anderer Schuldtitel in Zivil- und Handelssachen vom 30.8.1962; ausf. *Schlosser*, EuZPR, Art. 49 Rn 1 ff sowie *ders.*, in: FS Leipold, 2009, S. 435, 443 ff.
11 MüKo-ZPO/*Gottwald*, Art. 49 Rn 4; *Kropholler/v. Hein*, Art. 49 Rn 1; Hk-ZPO/*Dörner*, Art. 55 Rn 1; Rauscher/*Mankowski*, EuZPR/EuIPR, Art. 49 Rn 3; aA *Schlosser*, EuZPR, Art. 49 Rn 4 aE.
12 Rauscher/*Mankowski*, EuZPR/EuIPR, Art. 49 Rn 4.
13 EuGH 18.10.2011 – Rs. C-406/09 (Realchemie Nederland BV/Bayer CropScience AG), NJW 2011, 3568 m. Anm. *Giebel*, S. 3570.
14 So *Schack*, Rn 1080.
15 Ebenso MüKo-ZPO/*Gottwald*, Art. 49 Rn 5; Rauscher/*Mankowski*, EuZPR/EuIPR, Art. 49 Rn 3.
16 Vgl *Remien*, Rechtsverwirklichung durch Zwangsgeld, S. 327.

(nicht nur angedroht, sondern) bereits endgültig festgesetzt und **in der Höhe genau beziffert** ist. Diese Bezifferung muss nicht in der Entscheidung über die durchzusetzende Primärverpflichtung enthalten sein, sondern kann später gesondert erfolgen.[17] Es reicht aber nicht aus, dass das Exequaturgericht die Zwangsgeldhöhe aus den Angaben in der ausländischen Entscheidung errechnen könnte;[18] erst recht nicht, wenn der **Gläubiger** die endgültige Höhe festsetzen darf, wie es der Regelfall für die niederländische *dwangsom* sein soll.[19] Auch eine ziffernmäßige Festsetzung „für jede" Zuwiderhandlung ist unbehelflich, weil damit für das Exequaturgericht die Gesamthöhe nicht ohne weitere Nachforschungen feststeht.[20]

III. Rechtsfolgen

Sind die Tatbestandsvoraussetzungen (s. Rn 3 ff) erfüllt, kann die Zwangsgeld-Zahlungsverpflichtung nach Maßgabe der Art. 38 ff für vollstreckbar erklärt werden (zum unterschiedlichen Prüfungsprogramm des Exequaturgerichts und der Rechtsmittelgerichte s. Art. 41 Rn 2 und Art. 45 Rn 2). So kann die Vollstreckbarerklärung einer Zwangsgeldfestsetzung in der Rechtsmittelinstanz etwa wegen Unverhältnismäßigkeit am deutschen ordre public (Art. 34 Nr. 1) scheitern.[21]

6

IV. Luganer Übereinkommen

Keine Abweichungen.

7

Artikel 50 [Erstreckung von Prozesskostenhilfe]

Ist dem Antragsteller im Ursprungsmitgliedstaat ganz oder teilweise Prozesskostenhilfe oder Kosten- und Gebührenbefreiung gewährt worden, so genießt er in dem Verfahren nach diesem Abschnitt hinsichtlich der Prozesskostenhilfe oder der Kosten- und Gebührenbefreiung die günstigste Behandlung, die das Recht des Vollstreckungsmitgliedstaats vorsieht.

I. Allgemeines, Normzweck

Hat der bedürftige Gläubiger im Ausland Prozesskostenhilfe für das Verfahren erhalten, das zu der nunmehr im Inland für vollstreckbar zu erklärenden Entscheidung geführt hat, soll ihm das ohne einen erneuten Antrag im Inland, der eine zeitraubende erneute Prüfung seiner wirtschaftlichen Verhältnisse und ggf der Erfolgsaussichten in der Sache nach sich ziehen würde, auch im Inland zugute kommen.[1] Da angesichts der höchst unterschiedlichen Prozesskostenhilfe-Sys-

1

---

17 MüKo-ZPO/*Gottwald*, Art. 49 Rn 2; vgl *Schlosser*-Bericht, Nr. 213.
18 Rauscher/*Mankowski*, EuZPR/EuIPR, Art. 49 Rn 6 mwN; aA *Schlosser*, in: FS Leipold, 2009, S. 435, 446 ff.
19 Näher Rauscher/*Mankowski*, EuZPR/EuIPR, Art. 49 Rn 7 a; OLG Köln GRUR-RR 2005, 34, 36 unter Bezugnahme auf *Remien*, Rechtsverwirklichung durch Zwangsgeld, S. 82 f.
20 Musielak/*Lackmann*, Art. 49 Rn 1.
21 Rauscher/*Mankowski*, EuZPR/EuIPR, Art. 49 Rn 1 a.
1 An diesem Zeitfaktor hat die PKH-Richtlinie (Richtlinie 2002/8/EG des Rates vom 27. Januar 2003 zur Verbesserung des Zugangs zum Recht bei Streitsachen mit grenzüberschreitendem Bezug durch Festlegung gemeinsamer Mindestvorschriften für die Prozesskostenhilfe in derartigen Streitsachen, ABl. EG L Nr. 26 vom 31.1.2003, S. 41) mit ihrer Harmonisierung der Antragsbedingungen für eine grenzüberschreitende Prozesskostenhilfe nichts geändert.

teme in den EU-Mitgliedstaaten[2] eine einfache Erstreckung der im Ursprungsstaat erhaltenen Unterstützung auf das in einem anderen Staat geführten Vollstreckbarerklärungsverfahren nicht in Betracht kommt, ordnet Art. 50 an, dass im Zweitstaat zwingend nach den dortigen Bestimmungen Prozesskostenhilfe der höchsten Stufe gewährt werden muss (Meistbegünstigung; s. näher Rn 4).

II. Anwendungsbereich

2 Art. 50 gilt seinem Wortlaut nach nur für das **Vollstreckbarerklärungsverfahren** nach Art. 38 ff, seinem Sinn nach aber auch für die **Sicherungsvollstreckung** auf der Basis des Art. 47[3] und aufgrund der Verweisung in Art. 33 Abs. 2 schließlich auch für das **förmliche Anerkennungsverfahren**.[4] Weil für den Gläubiger das Vollstreckbarerklärungsverfahren nur ein notwendiger Zwischenschritt auf dem Weg zu der eigentlich intendierten **Vollstreckung nach nationalem Recht** des Vollstreckungsstaates ist, sollte der Anspruch auf Meistbegünstigung aber auch für das Zwangsvollstreckungsverfahren gelten (str).[5]

III. Voraussetzungen

3 Voraussetzung des Anspruchs auf Meistbegünstigung im Zweitstaat ist, dass dem Gläubiger im Ursprungsstaat in irgendeiner Form „Prozesskostenhilfe" gewährt worden ist, ihm also gerade aufgrund seiner persönlichen wirtschaftlichen Lage eine finanzielle Unterstützung im Hinblick auf die seine Kräfte übersteigenden Anwalts- und/oder Gerichtskosten des Verfahrens zuteil wurde, die potenteren Parteien verwehrt bleibt.[6] Diese Hilfe kann, wie Art. 50 ausdrücklich hervorhebt, die Form einer Kosten- oder Gebührenbefreiung annehmen.

IV. Rechtsfolge: Meistbegünstigung

4 Art. 50 verlangt ausnahmslos die „günstigste Behandlung", die das Recht des Vollstreckungsstaates zur Unterstützung einkommensschwacher Parteien vorsieht. In Deutschland bedeutet das einen Anspruch auf Prozesskostenhilfe ohne Eigenbeteiligung unter Beiordnung eines Rechtsanwalts und mit den Wirkungen des § 122 ZPO,[7] auch und gerade dann, wenn im Ursprungsstaat der bedürftigen Partei nach Maßgabe ihrer wirtschaftlichen Verhältnisse in weit geringerem Umfang unter die Arme gegriffen wurde.[8] Der Gesetzgeber hat diesen möglichen *windfall profit* des (gar nicht so) bedürftigen Gläubigers bewusst in Kauf genommen. Die Gerichte im Vollstreckungsstaat hat nicht zu interessieren, ob die Prozesskostenhilfe im Urteilsstaat nach den dortigen Bestimmungen zu Recht gewährt wurde;[9] erst recht ist ihnen eine Prüfung anhand des Maßstabes des eigenen Rechts verwehrt.[10] Nur wenn das Recht des Vollstreckungsstaates überhaupt keine Prozesskostenhilfe kennt, muss sie auch im Vollstreckbarerklärungsverfahren nicht gewährt werden.[11]

---

2 Vgl die an praktischen Bedürfnissen orientierte Übersicht auf http://ec.europa.eu/civil-justice/legal_aid/legal_aid_gen_de.htm.
3 *Schlosser*, EuZPR, Art. 50 Rn 2; Thomas/Putzo/*Hüßtege* (35. Aufl.), Art. 50 Rn 3.
4 MüKo-ZPO/*Gottwald*, Art. 50 Rn 1.
5 *Schlosser*, EuZPR, Art. 50 Rn 2; aA MüKo-ZPO/*Gottwald*, Art. 50 Rn 1.
6 Vgl Art. 5 Abs. 1 PKH-Richtlinie (Richtlinie 2002/8/EG).
7 Hk-ZPO/*Dörner* (5. Aufl.), Art. 50 Rn 2; Rauscher/*Mankowski*, EuZPR/EuIPR, Art. 50 Rn 4; *Schlosser*, EuZPR, Art. 50 Rn 1.
8 Vgl Rauscher/*Mankowski*, EuZPR, Art. 50 Rn 5.
9 *Kropholler/v. Hein*, Art. 50 Rn 2, 4; Hk-ZPO/*Dörner* (5. Aufl.), Art. 50 Rn 1.
10 Rauscher/*Mankowski*, EuZPR/EuIPR, Art. 50 Rn 3.
11 Rauscher/*Mankowski*, EuZPR/EuIPR, Art. 50 Rn 2.

V. Eigenständige Bewilligung von Prozesskostenhilfe im Zweitstaat

Hat der Gläubiger im Ursprungsstaat der ausländischen Entscheidung keine Prozesskostenhilfe genossen, so hindert Art. 50 nicht die eigenständige Bewilligung von Prozesskostenhilfe im Vollstreckungsstaat auf der Basis der dort geltenden nationalen Vorschriften.[12] Auch kann sich der Gläubiger ggf auf (noch) günstigere Regelungen eines etwaig einschlägigen multi- oder bilateralen Abkommens berufen.[13]

VI. Sonderregel für Vollstreckbarerklärungsverfahren bzgl dänischer Unterhaltsentscheidungen

Das Abkommen zwischen der EU und Dänemark über die Anwendung der Brüssel I-VO auch im Verhältnis zum letzteren Staat (s. dazu Vor Art. 32 ff Rn 10)[14] enthält eine als Abs. 2 dem Art. 50 hinzugefügte Sonderregel für die Gewährung von Prozesskostenhilfe in Vollstreckbarerklärungsverfahren für in Dänemark von einer Verwaltungsbehörde angeordnete Unterhaltszahlungen:

„Der Antragsteller, der die Vollstreckung einer Entscheidung einer Verwaltungsbehörde begehrt, die in Dänemark in Bezug auf die Anordnung von Unterhaltsleistungen ergangen ist, kann in dem ersuchten Mitgliedstaat Anspruch auf die in Absatz 1 genannten Vorteile erheben, wenn er eine Erklärung des dänischen Justizministeriums darüber vorlegt, dass er die finanziellen Voraussetzungen für die vollständige oder teilweise Bewilligung der Prozesskostenhilfe oder für die Kostenbefreiung erfüllt."

VII. Luganer Übereinkommen

Keine Abweichungen, außer dass Art. 50 LugÜ mit einem der dänischen Sonderregel zur Brüssel I-VO (s. Rn 6) entsprechenden Abs. 2 für Entscheidungen einer Verwaltungsbehörde aus Dänemark, Island oder Norwegen versehen ist.

Artikel 51 [Verbot von Ausländersicherheit]

Der Partei, die in einem Mitgliedstaat eine in einem anderen Mitgliedstaat ergangene Entscheidung vollstrecken will, darf wegen ihrer Eigenschaft als Ausländer oder wegen Fehlens eines inländischen Wohnsitzes oder Aufenthalts eine Sicherheitsleistung oder Hinterlegung, unter welcher Bezeichnung es auch sei, nicht auferlegt werden.

I. Allgemeines

Art. 51 verbietet dem Vollstreckungsstaat, dem Gläubiger allein deswegen für die zu erwartenden Kosten des Vollstreckbarerklärungsverfahrens eine Sicherheitsleistung aufzuerlegen, weil er Ausländer ist oder einen ausländischen (Wohn-)Sitz hat. Der Gesetzgeber wollte damit vor allem Verzögerungen durch Sicherheitenanordnung und -gestellung vermeiden, für die im vergleichsweise kostengünstigen Vollstreckungsverfahren keine wirkliche Notwendigkeit besteht.[1] Folge ist, dass der im Vollstreckbarerklärungsverfahren siegreiche Schuldner seinen Kostener-

---

12 Hk-ZPO/*Dörner* (5. Aufl.), Art. 50 Rn 2; *Kropholler/v. Hein*, Art. 50 Rn 6.
13 Geimer/Schütze/*Geimer*, Art. 50 Rn 6; MüKo-ZPO/*Gottwald*, Art. 50 Rn 9.
14 ABl. EG L Nr. 299 vom 16.11.2005, S. 62.
1 Vgl *Jenard*-Bericht, S. 54; Rauscher/*Mankowski*, EuZPR/EuIPR, Art. 51 Rn 1.

stattungsanspruch gegen den Gläubiger (s. Art. 44 Rn 20) ggf im Ausland vollstrecken muss, innerhalb der EU über Art. 38 ff.[2]

2 Art. 51 betrifft nur die Kosten des Vollstreckbarerklärungsverfahrens, nicht diejenigen des erststaatlichen Erkenntnisverfahrens, in dem der ausländische Titel erstritten wurde,[3] oder von erfolgreichen Rechtsmitteln des Schuldners im tatsächlichen Vollstreckungsverfahren im Zweitstaat. Sicherheitsleistungen, die **aus anderen Gründen** als der ausländischen Staatsangehörigkeit oder des ausländischen Sitzes der betroffenen Partei angeordnet werden können, werden von Art. 51 ebenfalls nicht berührt;[4] Beispiele im Vollstreckbarerklärungsverfahren hierfür sind Art. 46 Abs. 3 und § 22 Abs. 2 und 3 AVAG.

3 Art. 51 ist für EU-Ausländer lediglich deklaratorischer Natur, weil der EuGH sie belastende Ausländersicherheiten als unzulässige Diskriminierung verworfen hat;[5] in Deutschland wurde § 110 ZPO entsprechend angepasst. Eigenständige Bedeutung hat Art. 51 deshalb nur noch für in **Drittstaaten** ansässige Gläubiger, die ein im EU-Ausland erstrittenes Urteil im Inland vollstrecken möchten: Auch ihnen darf für die Kosten des Vollstreckbarerklärungsverfahrens keine Sicherheitsleistung wegen ihres (Wohn-)Sitzes abverlangt werden, obwohl § 110 ZPO dies erlauben würde.[6]

II. Luganer Übereinkommen

4 Keine Abweichungen.

Artikel 52 [Gebühren]

Im Vollstreckungsmitgliedstaat dürfen im Vollstreckbarerklärungsverfahren keine nach dem Streitwert abgestuften Stempelabgaben oder Gebühren erhoben werden.

I. Allgemeines

1 Art. 52 untersagt die Staffelung der Gerichtsgebühren im Vollstreckbarerklärungsverfahren nach der Höhe des Streitwertes und soll so die Verfahrenskosten reduzieren[1] und zugleich eine Ungleichbehandlung der Gläubiger durch unterschiedliche Kostenberechnungssysteme in den einzelnen Mitgliedstaaten der EU verhindern.[2] Gebühren und Honorare von Rechtsanwälten werden von Art. 52 nicht berührt.[3]

---

2 *Schlosser*, EuZPR, Art. 51 Rn 2.
3 Rauscher/*Mankowski*, EuZPR/EuIPR, Art. 51 Rn 1.
4 Hk-ZPO/*Dörner* (5. Aufl.), Art. 51 Rn 2; MüKo-ZPO/*Gottwald*, Art. 51 Rn 3; *Kropholler/v. Hein*, Art. 51 Rn 3.
5 EuGH 1.7.1993 – Rs. C-20/92 (Anthony Hubbard/Peter Hamburger), NJW 1993, 2431 Tz 14 f; EuGH 16.9.1996 – Rs. C-43/95 (Data Delecta Aktiebolag und Ronny Forsberg/MSL Dynamics), NJW 1996, 3407 Tz 15 ff; EuGH 20.3.1997 – Rs. C-323/95 (David Charles Hayes und Jeannette Karen Hayes/Kronenberger GmbH in Liquidation), NJW 1998, 2127 Tz 17 ff; EuGH 2.10.1997 – Rs. C-122/96 (Stephen Austin Saldanha und MTS Securities Corp/Hiross Holding), NJW 1997, 3299 Tz 15–30; vgl auch *Mäsch*, in: Langenbucher (Hrsg.), Europarechtliche Bezüge des Privatrechts, § 9 Rn 10 ff.
6 Rauscher/*Mankowski*, EuZPR/EuIPR, Art. 51 Rn 3.
1 Begr. der Kommission BR-Drucks. 534/99, S. 25.
2 *Jenard*-Bericht, S. 63.
3 Hk-ZPO/*Dörner* (5. Aufl.), Art. 52 Rn 1; *Kropholler/v. Hein*, Art. 52 Rn 1; zur Berechnung der Rechtsanwaltsgebühren Rauscher/*Mankowski*, EuZPR/EuIPR, Art. 52 Rn 3.

Die Forderung des Art. 52 ist in den starren Gebührensätzen nach Nr. 1510 KV GKG (Vollstreckbarerklärungsverfahren in erster Instanz: 240 €), Nr. 1512 KV GKG (Ausstellung einer Bescheinigung nach § 56 AVAG aF: 15 €) und Nr. 1520 KV GKG (Rechtsmittelverfahren: 360 €) umgesetzt.[4] 2

II. Luganer Übereinkommen

Keine Abweichungen. 3

Abschnitt 3
Gemeinsame Vorschriften

Artikel 53 [Urkunden]

(1) Die Partei, die die Anerkennung einer Entscheidung geltend macht oder eine Vollstreckbarerklärung beantragt, hat eine Ausfertigung der Entscheidung vorzulegen, die die für ihre Beweiskraft erforderlichen Voraussetzungen erfüllt.

(2) Unbeschadet des Artikels 55 hat die Partei, die eine Vollstreckbarerklärung beantragt, ferner die Bescheinigung nach Artikel 54 vorzulegen.

I. Allgemeines

Ausweislich der Abschnittsüberschrift „Gemeinsame Vorschriften" bilden Art. 53–56 den „Allgemeinen Teil"[1] für das Anerkennungs- (Art. 33 ff) und Vollstreckbarerklärungsverfahren (Art. 38 ff). Dieser Allgemeine Teil gibt sich aber bescheiden: Er präzisiert nur, welche Unterlagen in welcher Form für die Anerkennung und Vollstreckbarerklärung ausländischer Entscheidungen (iSv Art. 32; s. Art. 32 Rn 2 ff) vorgelegt werden müssen. Für öffentliche Urkunden und Prozessvergleiche gelten die Vorschriften kraft der Verweisungen in Art. 58 S. 1, 57 Abs. 4. 1

Fehlen die in Art. 53 f genannten Unterlagen bei Stellung des Antrags, so kann das Gericht den Antrag zwar sofort zurückweisen, sollte sein Ermessen aber anders ausüben (s. Art. 55 Rn 3), denn sie können nachgereicht werden, auch noch in der Rechtsmittelinstanz.[2] Für die Bescheinigung nach Art. 54 ergibt sich das aus Art. 55 (s. näher Art. 55 Rn 5), für die Ausfertigung der ausländischen Entscheidung aus der Formulierung „sobald" in Art. 41. Ein wegen Nichtvorlage der Dokumente zurückgewiesener Antrag kann erneut gestellt werden.[3] 2

Die strengen Anforderungen an die vom Gläubiger nach Art. 53 f vorzulegenden Urkunden sind ein Ausgleich dafür, dass das förmliche Anerkennungsverfahren nach Art. 33 Abs. 2 und das Vollstreckbarerklärungsverfahren nach Art. 38 ff grds. ohne Anhörung des Schuldners stattfinden (Art. 41 S. 2).[4] Geht es „nur" um eine Inzidentanerkennung im Rahmen eines kontradiktorischen Verfahrens (s. Art. 33 Rn 13), in dem sich der Schuldner wehren kann, sollte das Gericht 3

---

4 Rauscher/*Mankowski*, EuZPR/EuIPR, Art. 52 Rn 2; MüKo-ZPO/*Gottwald*, Art. 52 Rn 1.
1 Rauscher/*Staudinger*, EuZPR/EuIPR, Art. 53 Rn 1.
2 EuGH 14.3.1996 – Rs. C-275/94 (Roger Van der Linden), RIW 1996, 505, 506; OLG Hamburg RIW 1995, 680; Hk-ZPO/*Dörner* (5. Aufl.), Vorbem. zu Art. 53–56 Rn 2; vgl ferner Schweizerisches Bundesgericht BGE 127 III 186; OLG Stuttgart IPRspr 1980, Nr. 163; OLG Frankfurt IPRspr 1988, Nr. 198.
3 Hk-ZPO/*Dörner* (5. Aufl.), Vorbem. zu Art. 53–56 Rn 3; *Schlosser*, EuZPR, Vorbem. zu Art. 53 Rn 1.
4 *Schlosser*, EuZPR, Art. 53 Rn 3.

deshalb gegen den insoweit zu weiten Wortlaut des Art. 53 zunächst eine einfache Kopie der Entscheidung ausreichen lassen und die Einhaltung der Förmlichkeiten des Abs. 1 (s. Rn 4 ff) erst dann fordern, wenn der Schuldner die Authentizität der Entscheidung bestreitet.[5]

II. Urteilsausfertigung (Abs. 1)

4 Dem Exequaturgericht ist eine **Ausfertigung** der ausländischen Entscheidung vorzulegen, „die die für ihre Beweiskraft erforderlichen Voraussetzungen erfüllt". Diese schiefe Formulierung (klarer ist etwa die englische Fassung „*a copy of the judgment which satisfies the conditions necessary to establish its authenticity*") stellt zunächst einmal klar, dass eine **bloße Kopie** oder einfache Abschrift der Entscheidung jedenfalls nicht genügt.[6] Vielmehr müssen besondere formale Anforderungen zum **Nachweis der Echtheit** der Ausfertigung erfüllt sein.[7] Grundsätzlich sind diese formalen Anforderungen im **nationalen Recht des Urteilsstaates** zu suchen.[8] Für deutsche Entscheidungen, die im Ausland anerkannt oder vollstreckt werden sollen, gibt deshalb § 317 Abs. 3 ZPO Maß.[9] Ein deutsches Gericht müsste sich folgerichtig eigentlich auf einem der durch § 293 ZPO eröffneten Wege (insb. Rechtsgutachten)[10] die Gewissheit (§ 285 ZPO) verschaffen, dass in Bezug auf die anzuerkennende oder für vollstreckbar zu erklärende ausländische Entscheidung deren heimatlichen Vorschriften zum Beleg der Authentizität Genüge getan ist. Da aber wegen Art. 56 der ausländischen Urteilsausfertigung auch ohne Legalisation oder Apostille die **Echtheitsvermutung** des § 437 Abs. 1 ZPO zukommt (s. Art. 56 Rn 1), reicht unabhängig von den Vorschriften des Rechts des Urteilsstaates aus, wenn die ausländische Entscheidung den **äußeren Anschein der Echtheit** hat; dies ist der Fall, wenn sie mit dem Originalabdruck des Gerichtssiegels, einer Originalunterschrift und einer Amtsbezeichnung des Unterzeichnenden versehen ist.[11] Nur wenn das Gericht aufgrund besonderer Umstände des Einzelfalles einen Manipulationsverdacht hat, muss es weitere Nachforschungen anstellen. Können die Zweifel nicht ausgeräumt werden, gehen sie zu Lasten des Antragstellers. Zur Sonderregel für **Gibraltar** s. Rn 9. Zur Möglichkeit, eine formgerechte Ausfertigung **nachzureichen**, s. Rn 3.

5 Das Exequaturgericht setzt nach § 9 Abs. 3 AVAG die Vollstreckungsklausel auf die Ausfertigung des ausländischen Titels (oder auf ein damit zu verbindendes Beiblatt); es kann diesen dann dem Antragsteller wieder zurückgeben[12] oder bei den Akten behalten.[13]

6 Gemäß § 4 Abs. 4 AVAG sind neben der formgerechten Ausfertigung (s. Rn 4) **zwei gewöhnliche Abschriften** (Kopien) der ausländischen Entscheidung vorzulegen. Zur Möglichkeit, zusätzlich eine **Übersetzung** zu fordern, s. Art. 55.

7 Ein besonderer Nachweis der **Zustellung** der für vollstreckbar zu erklärenden ausländischen Entscheidung wird von Art. 53 nicht gefordert – dies deshalb, weil die Zustellung selbst nach der Brüssel I-VO keine Vorbedingung für die Voll-

---

5 *Schlosser*, EuZPR, Art. 53 Rn 3.
6 Rauscher/*Staudinger*, EuZPR/EuIPR, Art. 53 Rn 2.
7 Vgl Rauscher/*Staudinger*, EuZPR/EuIPR, Art. 53 Rn 2; *Kropholler/v. Hein*, Art. 53 Rn 2.
8 Hk-ZPO/*Dörner*, Art. 37 Rn 1.
9 Hk-ZPO/*Dörner* (5. Aufl.), Art. 53 Rn 2; *Kropholler/v. Hein*, Art. 53 Rn 3; Rauscher/ *Staudinger*, EuZPR/EuIPR, Art. 53 Rn 2; *Schlosser*, EuZPR, Art. 53 Rn 1.
10 Vgl Hk-ZPO/*Saenger*, § 293 ZPO Rn 15.
11 *Schlosser*, EuZPR, Art. 53 Rn 1.
12 BGH NJW 1980, 527, 528; Hk-ZPO/*Dörner* (5. Aufl.), Art. 53 Rn 3.
13 Rauscher/*Staudinger*, EuZPR/EuIPR, Art. 53 Rn 2; *Kropholler/v. Hein*, Art. 53 Rn 2.

streckbarerklärung ist.[14] Ist sie es nach dem Recht des Urteilsstaates, so fehlt, wenn sie unterblieben ist, eine materielle Voraussetzung für die Vollstreckbarerklärung im Ausland (vgl Art. 38 Rn 10). Zur Bescheinigung der Zustellung des **verfahrenseinleitenden Schriftstücks** auf dem Formblatt nach Art. 54 iVm Anhang V im Falle einer Säumnisentscheidung s. Art. 54 Rn 3.

III. Bescheinigung des Erstgerichts (Abs. 2)

Systemwidrig, weil dem intendierten Charakter der Art. 53 ff als „Allgemeiner Teil" der Anerkennungs- und Vollstreckbarerklärungsvorschriften (s. Rn 1) widersprechend, enthält Abs. 2 eine Regelung, die nur die **Vollstreckbarerklärung** betrifft: Einem diesbezüglichen Antrag ist zusätzlich die **Bescheinigung nach Art. 54** (zu Einzelheiten s. dort) beizufügen. Wird die Bescheinigung nicht mit dem Antrag vorgelegt, bestimmt sich das weitere Vorgehen nach Art. 55 (zu Einzelheiten s. dort). 8

IV. Sonderregel für Entscheidungen aus Gibraltar

Für den Nachweis der Authentizität von Entscheidungen aus Gibraltar (s. Rn 4) ist die folgende Erklärung[15] des Vereinigten Königreichs zur notwendigen Beglaubigung von gibraltarischen Urteilen durch das Londoner Ministerium für auswärtige Angelegenheiten und Commonwealth-Fragen zu beachten. Dem Wortlaut nach betrifft diese Erklärung nur das Vollstreckbarerklärungsverfahren, nicht die bloße (inzidente oder förmliche) Anerkennung. 9

„In accordance with arrangements notified in Council document 7998/00 of 19 April 2000, where decisions of a Gibraltar court are to be directly enforced by a court or other enforcement authority in another Member State under the relevant provisions of this Regulation, the documents containing such decisions of the Gibraltar court will be certified as authentic by the United Kingdom/Gibraltar Liaison Unit for EU Affairs of the Foreign and Commonwealth Office based in London (‚the Unit'). To this effect the Gibraltar court will make the necessary request to the Unit. The certification will take the form of a note."

V. Luganer Übereinkommen

Keine Abweichungen. 10

Artikel 54 [Nachweis auf Formblatt]

Das Gericht oder die sonst befugte Stelle des Mitgliedstaats, in dem die Entscheidung ergangen ist, stellt auf Antrag die Bescheinigung unter Verwendung des Formblatts in Anhang V dieser Verordnung aus.

I. Allgemeines

Die Zusammenfassung formaler Details (wie Aktenzeichen, Parteibezeichnung etc.) der ausländischen Entscheidung auf einem einheitlich aufgebauten und in allen Amtssprachen der EU verfügbaren Formblatt erleichtert den inländischen Richtern den Umgang mit dem Urteil auch und gerade dann, wenn das Formular in einer für sie fremden Sprache ausgefüllt wurde.[1] Art. 54 verpflichtet deshalb die Behörden des Erststaates, ein solches Formblatt auszufüllen, damit es der 1

---

14 *Schlosser*, EuZPR, Art. 53 Rn 4.
15 ABl. C 13 vom 16.1.2001, S. 1.
1 *Schlosser*, EuZPR, Art. 54 Rn 1.

Gläubiger, der die Vollstreckbarerklärung der Entscheidung im Zweitstaat beantragt, gem. Art. 53 Abs. 2 dort vorlegen kann. Tut er es nicht, kann das Exequaturgericht nach Art. 55 Abs. 1 vorgehen (s. näher Art. 55 Rn 2 ff).

II. Inhalt des Formblatts

2 Aufbau und Inhalt des Formblatts ist in **Anhang V** zur Brüssel I-VO vorgegeben, dessen deutsche Version hier im Anhang V (nach Art. 76) wiedergegeben ist. Die Behörden des Ursprungsstaates füllen das Formblatt in ihrer Gerichtssprache aus; das Exequaturgericht kann aber nach Art. 55 Abs. 2 eine Übersetzung verlangen.

3 Inhaltlich hervorzuheben ist lediglich, dass (nur) im Falle eines Verfahrens, auf das sich der Beklagte nicht eingelassen hat, nach **Ziff. 4.4** des Formblatts das Datum der Zustellung des verfahrenseinleitenden Schriftstücks angegeben werden muss, um (dem Rechtsmittelgericht, vgl Art. 45) die Prüfung eines möglichen Anerkennungshindernisses nach Art. 34 Nr. 2 zu erleichtern.[2] Die Rechtzeitigkeit der Zustellung ist schon deshalb nicht zu bescheinigen, weil sie nicht nach den Fristen des Urteilsstaates, sondern autonom zu beurteilen ist (s. Art. 34 Rn 25). Von Ziff. 4.4 sind alle Säumnis-[3] und darüber hinaus sonstigen Verfahren erfasst, die „programmgemäß" ohne Mitwirkung des Verfahrensgegners stattfinden, wie Vollstreckungsbescheide und vergleichbare ausländische Entscheidungen[4] oder die Vergütungsfestsetzung nach § 11 RVG,[5] nicht aber ohne Anhörung des Antragsgegners erlassene Arreste und einstweilige Verfügungen,[6] weil diese ohnehin nicht als anerkennungs- und vollstreckungsfähige Entscheidungen iSd Art. 32 gelten (s. Art. 32 Rn 9).

4 Die Bescheinigung nach Art. 54 ist eine **öffentliche Urkunde** iSd § 418 ZPO[7] mit der entsprechenden inländischen Beweiswirkung, wenn sie dem äußeren Anschein nach manipulationsfrei ist und deshalb über Art. 56 wie eine inländische öffentliche Urkunde iSd § 437 ZPO die Vermutung der Echtheit in sich trägt (s. Art. 53 Rn 4).

III. Verfahren

5 Die Bescheinigung wird nur auf **Antrag** ausgestellt. Antragsberechtigt ist derjenige, der auch ein Vollstreckbarerklärungsverfahren einleiten kann, regelmäßig also der Titelgläubiger (s. Art. 38 Rn 19).[8] Der Antrag ist **nicht fristgebunden**,[9] sollte aber zweckmäßigerweise gemeinsam mit dem auf Urteilsausfertigung gestellt werden.[10] Die sachliche, örtliche und funktionelle **Zuständigkeit** für die Ausstellung der Bescheinigung ergibt sich für deutsche Entscheidungen aus § 56 AVAG aF (zu Einzelheiten s. die Kommentierung zu § 57 AVAG nF).

---

2 Hk-ZPO/*Dörner* (5. Aufl.), Art. 54 Rn 7.
3 Vgl OLG Düsseldorf IPRax 2000, 307 (belgisches Versäumnisurteil).
4 OLG Düsseldorf RIW 1996, 67, 68 (Vollstreckbarerklärung eines Kostenbescheides einer Standesvereinigung niederländischer Rechtsanwälte gegen in Deutschland wohnenden Mandanten).
5 OLG Hamm IPRax 1996, 414 (vereinfachtes Vergütungsfestsetzungsverfahren nach § 19 BRAGO des Rechtsanwalts gegen den in den Niederlanden wohnenden Mandanten).
6 Hk-ZPO/*Dörner* (5. Aufl.), Art. 54 Rn 6; Thomas/Putzo/*Hüßtege*, Art. 53 Rn 5.
7 *Schlosser*, EuZPR, Art. 54 Rn 1.
8 Thomas/Putzo/*Hüßtege*, Art. 54 Rn 1.
9 *Kropholler/v. Hein*, Art. 54 Rn 3; Hk-ZPO/*Dörner* (5. Aufl.), Art. 54 Rn 2.
10 *Schlosser*, EuZPR, Art. 54 Rn 4.

Gemäß § 56 S. 4 AVAG aF analog kann die Entscheidung über die Ausstellung der Bescheinigung mit der Beschwerde nach Art. 43 und die Beschwerdeentscheidung mit der Rechtsbeschwerde nach Art. 44 angefochten werden. 6

IV. Luganer Übereinkommen
Keine Abweichungen. 7

Artikel 55 [Fehlen von Urkunden; Übersetzung]

(1) Wird die Bescheinigung nach Artikel 54 nicht vorgelegt, so kann das Gericht oder die sonst befugte Stelle eine Frist bestimmen, innerhalb deren die Bescheinigung vorzulegen ist, oder sich mit einer gleichwertigen Urkunde begnügen oder von der Vorlage der Bescheinigung befreien, wenn es oder sie eine weitere Klärung nicht für erforderlich hält.

(2) Auf Verlangen des Gerichts oder der sonst befugten Stelle ist eine Übersetzung der Urkunden vorzulegen. Die Übersetzung ist von einer hierzu in einem der Mitgliedstaaten befugten Person zu beglaubigen.

I. Allgemeines
Die beiden Absätze behandeln zwei gänzlich unterschiedliche Fragen: die Folgen der Nichtvorlage der Bescheinigung nach Art. 54 durch den Gläubiger (Abs. 1) und die Möglichkeit des Exequaturgerichts, eine Übersetzung der nach Art. 53 f notwendigen Unterlagen zu verlangen (Abs. 2). 1

II. Nichtvorlage der Bescheinigung nach Art. 54 (Abs. 1)

1. Allgemeines. a) Reaktionsmöglichkeiten des Gerichts. Das Exequaturgericht hat vier Möglichkeiten zu reagieren, wenn der Antragsteller im Vollstreckbarerklärungsverfahren seinem Antrag gegen Art. 53 Abs. 2 nicht die Bescheinigung nach Art. 54 beigelegt hat: Es kann (1) eine Frist zur Nachreichung der Bescheinigung setzen, (2) den Antragsteller auffordern, „gleichwertige" Unterlagen vorzulegen, oder (3) ihn von der Vorlage der Bescheinigung gänzlich befreien. Die vierte, nicht in Art. 54 genannte Möglichkeit ist die umgehende Zurückweisung des Antrags unter Hinweis auf Art. 40 Abs. 3, 41.[1] 2

Das Gericht hat nach seinem Ermessen[2] unter diesen Möglichkeiten zu wählen, wobei die letztere Variante regelmäßig nicht die vorzugswürdige sein wird, weil sie den Antragsteller ins kontradiktorisch ausgestaltete Rechtsmittelverfahren zwingt und ihm damit den Überraschungseffekt der ersten Instanz (Art. 41 S. 2) nimmt.[3] Sie dürfte allenfalls dann angemessen sein, wenn es sich um eine wiederholte Antragstellung ohne Beifügung der Bescheinigung handelt. 3

b) Nichtvorlage der Urteilsausfertigung nach Art. 53 Abs. 1. In Art. 55 nicht geregelt ist der Fall, dass der Antragsteller es unterlässt, dem Antrag eine Ausfertigung der zu vollstreckenden Entscheidung in der durch Art. 53 Abs. 1 geforderten Form (zu Einzelheiten s. dort) beizufügen. Jedoch ergibt sich aus der Formulierung „sobald" in Art. 41, dass auch hier die Möglichkeit zur Nachreichung bestehen muss (iE allgM). Daraus wiederum wird geschlossen, dass das Gericht insoweit ebenfalls eine Frist setzen kann, wobei in Deutschland hierfür unterstüt- 4

---

1 Rauscher/*Staudinger*, EuZPR, Art. 55 Rn 2; Hk-ZPO/*Dörner* (5. Aufl.), Art. 55 Rn 2, 5.
2 Geimer/Schütze/*Tschauner*, IRV, Art. 55 Rn 3; Rauscher/*Staudinger*, EuZPR/EuIPR, Art. 55 Rn 2; Hk-ZPO/*Dörner* (5. Aufl.), Art. 55 Rn 2, 5.
3 Rauscher/*Staudinger*, EuZPR/EuIPR, Art. 55 Rn 2.

zend auf eine analoge Anwendung von § 142 ZPO hingewiesen wird.[4] Je nach Lage des Einzelfalles kommt stattdessen auch ein Vorgehen nach § 7 Abs. 2 AVAG in Betracht.[5]

5   **2. Fristsetzung (Abs. 1 Var. 1).** Der Ablauf einer Frist nach Abs. 1 Var. 1 hat keine Präklusionswirkung; sie entbindet das Gericht daher nicht davon, eine danach, aber vor der Abfassung der Entscheidung eingereichte Bescheinigung zu berücksichtigen.[6] Wird der Antrag auf Vollstreckbarerklärung wegen erfolgloser Fristablaufs abgelehnt, kann er erneut gestellt werden (s. Art. 53 Rn 2).

6   **3. Forderung nach Vorlage gleichwertiger Urkunden (Abs. 1 Var. 2).** Das Gericht kann sich damit begnügen, vom Antragsteller statt der Bescheinigung die Vorlage „gleichwertiger" Dokumente zu fordern. „Gleichwertig" sind vor allem beglaubigte Kopien aus den ausländischen Gerichtsakten, denen die gleichen Informationen wie dem Formblatt in Anhang V nach Art. 54 zu entnehmen sind.[7]

7   **4. Befreiung von der Vorlage der Bescheinigung (Abs. 1 Var. 3).** Das Gericht sollte von seiner Möglichkeit, den Antragsteller von seiner Obliegenheit zur Vorlage der Bescheinigung nach Art. 54 gänzlich zu befreien, zurückhaltend Gebrauch machen. Dieses Vorgehen bietet sich nur an, wenn dem Antragsteller die Vorlage der Bescheinigung unmöglich oder unzumutbar[8] ist oder wenn der Sachverhalt zwischen den Parteien (in den Rechtsmittelinstanzen oder bei ausnahmsweiser Beteiligung des Schuldners in der ersten Instanz, s. Art. 41 Rn 4), unstreitig ist.[9] Zwar wird vertreten, dass dem der Fall gleichzustellen ist, dass der Gläubiger den Beweis der in die Bescheinigung aufzunehmenden Umstände zur Überzeugung des Gerichts anderweitig erbracht hat,[10] doch dürfte insoweit eher Abs. 1 Var. 2 (Vorlage gleichwertiger Dokumente, s. Rn 6) einschlägig sein.

III. Verlangen nach einer Übersetzung (Abs. 2)

8   Abs. 2 betrifft anders als Abs. 1 **alle** nach Art. 53 f vorzulegende **Unterlagen**, also die formgerechte Ausfertigung des anzuerkennenden oder zu vollstreckenden Urteils (Art. 53 Abs. 1) ebenso wie die Bescheinigung nach Art. 53 Abs. 2, 54.[11] Nicht berührt wird die Frage, wie vorzugehen ist, wenn entgegen § 184 GVG der **Antrag** auf Vollstreckbarerklärung selbst nicht in Deutsch abgefasst ist; hiermit beschäftigt sich § 4 Abs. 3 AVAG (zu Einzelheiten s. dort).

9   Die für die Anerkennung und/oder Vollstreckung in Deutschland vorzulegenden Dokumente sind, wenn es nicht um eine österreichische oder (im Rahmen des LugÜ) deutschschweizerische Entscheidung geht, typischerweise fremdsprachig. Eine deutsche Übersetzung muss dem. Abs. 2 dennoch nur beigebracht werden, wenn das Gericht es **verlangt.** Dieses kann darauf verzichten, wenn es die für die Behandlung des Falls notwendige Fremdsprachenkenntnis selbst zu haben meint.[12]

---

4   *Schlosser*, EuZPR, Art. 55 Rn 2; Rauscher/*Staudinger*, EuZPR/EuIPR, Art. 55 Rn 1.
5   Thomas/Putzo/*Hüßtege* (35. Aufl.), Art. 55 Rn 1.
6   *Schlosser*, EuZPR, Art. 55 Rn 2.
7   Vgl BGH NJW-RR 2009, 586, 587; Hk-ZPO/*Dörner* (5. Aufl.), Art. 55 Rn 2.
8   Vgl *Jenard*-Bericht, S. 56 (Urkunden vernichtet).
9   Hk-ZPO/*Dörner* (5. Aufl.), Art. 55 Rn 2; Rauscher/*Staudinger*, EuZPR/EuIPR, Art. 55 Rn 2; Geimer/Schütze/*Geimer*, Art. 55 Rn 10.
10 Geimer/Schütze/*Geimer*, Art. 55 Rn 10; Hk-ZPO/*Dörner* (5. Aufl.), Art. 55 Rn 2; Rauscher/*Staudinger*, EuZPR, Art. 55 Rn 2.
11 *Kropholler/v. Hein*, Art. 55 Rn 3.
12 Zum Streit zu § 142 Abs. 3 ZPO, ob bei einem Kollegialgericht die Sprachkenntnisse eines Mitgliedes des Spruchkörpers ausreichen, vgl MüKo-ZPO/*Wagner*, §§ 142–144 ZPO Rn 16 m. Fn 25.

Die Übersetzung muss anders als nach § 142 Ab. 3 ZPO nicht von einem in Deutschland amtlich ermächtigten Übersetzer stammen, sondern lediglich von einer in den Mitgliedstaaten (nicht notwendigerweise im Erst- oder Zweitstaat) hierzu **befugten Person beglaubigt** werden. Nicht geklärt ist im Gesetz oder in den Gesetzesmaterialien, welche Person und welche Art von „Beglaubigung" damit gemeint sind. Die Beglaubigung von Abschriften, wie sie etwa in Deutschland der Notar vollzieht (§ 42 BeurkG), passt nicht, weil damit nur die Übereinstimmung der Abschrift mit dem Original, nicht aber die Richtigkeit einer Übersetzung bestätigt werden kann. Man muss deshalb wohl die „Beglaubigung" iSd Abs. 2 als die Bestätigung eines in einem Mitgliedstaat für die fraglichen Sprachen amtlich bestellten oder zugelassenen **Übersetzers** verstehen, dass die Übersetzung den Inhalt des Originals korrekt wiedergibt.[13]

Trotz des Wortlauts der Norm („ist ... zu beglaubigen") kann das Gericht auch eine unbeglaubigte Übersetzung akzeptieren.[14] Es sollte dies angesichts der Unklarheit über den zur „Beglaubigung" befugten Personenkreis (s. Rn 10) jedenfalls dann regelmäßig tun, wenn ein Jurist aus der Anwaltskanzlei des Antragstellers die Übersetzung angefertigt hat.[15]

Die Kosten der Übersetzung fallen zunächst dem Antragsteller zur Last; sie sind aber gem. § 8 Abs. 1 S. 4 AVAG, § 788 ZPO erstattungsfähig, wenn er obsiegt.

IV. Luganer Übereinkommen

Keine Abweichungen.

Artikel 56 [Keine Legalisation]

Die in Artikel 53 und in Artikel 55 Absatz 2 angeführten Urkunden sowie die Urkunde über die Prozessvollmacht, falls eine solche erteilt wird, bedürfen weder der Legalisation noch einer ähnlichen Förmlichkeit.

I. Allgemeines

Die **Legalisation**, dh die Bestätigung der Echtheit einer ausländischen öffentlichen Urkunde (zur Definition der öffentlichen Urkunde s. Art. 57 Rn 8) durch einen im Errichtungsland tätigen inländischen Konsularbeamten mittels Anbringung eines entsprechenden Vermerks auf der Urkunde (sog. **Überbeglaubigung**, vgl § 438 Abs. 2 ZPO) oder „ähnliche" Förmlichkeiten, dh vor allem die von der zuständigen Behörde des Errichtungsstaates statt der Überbeglaubigung angebrachte **Apostille** nach dem Haager Übereinkommen vom 5.10.1961 zur Befreiung ausländischer öffentlicher Urkunden von der Legalisation,[1] dienen im gerichtlichen Verfahren oder Verwaltungsverfahren der Gleichstellung ausländischer öffentlicher Urkunden mit inländischen öffentlichen Urkunden. Bedeutung hat dies insb. im Hinblick auf die **Echtheitsvermutung** (in Deutschland § 437 ZPO) und die **Beweiskraft** einer öffentlichen Urkunde (§ 415 ZPO).[2] Wenn nun Art. 56 sagt, dass in Bezug auf die Ausfertigung der ausländischen Entscheidung nach Art. 53 Abs. 1, die Bescheinigung nach Art. 53 Abs. 2, 54 und etwaige Übersetzungen nach Art. 55 Abs. 2 eine Legalisation oder Apostille nicht gefordert werden dürfen, so kann das nur dahingehend verstanden werden, dass die ge-

---

13 Vgl Geimer/Schütze/*Tschauner*, IRV, Art. 55 Rn 6.
14 BGH NJW 1980, 527.
15 So zu Recht *Schlosser*, EuZPR, Art. 55 Rn 7.
1 BGBl. 1965 II S. 876.
2 Näher Bamberger/Roth/*Mäsch*, Art. 11 EGBGB Rn 72.

nannten ausländischen Urkunden auch ohne diese Förmlichkeiten inländischen Urkunden in Bezug auf Echtheitsvermutung und Beweiskraft gleichgestellt sind (str).[3]

2 Art. 56 befreit auch die **Prozessvollmacht** vom Echtheitsbeweis durch Legalisation oder eine andere Förmlichkeit. Dies betrifft zunächst die Vollmacht für das selbständige Anerkennungsverfahren gem. Art. 33 Abs. 2 und das Vollstreckbarerklärungsverfahren nach Art. 38 ff, sollte aber auf das sich ggf anschließende **Vollstreckungsverfahren**[4] und den **Nachweis der gesetzlichen Vertretungsmacht** für prozessunfähige Parteien,[5] etwa durch einen Registerauszug, ausgedehnt werden. Für die Prozessvollmacht ist das in Deutschland allerdings nur im Fall des § 80 Abs. 2 ZPO von Belang. Im Übrigen reicht der Nachweis durch eine Privaturkunde aus, für die Legalisation und Apostille ohnehin nicht passen und eine „ähnliche Förmlichkeit" schon deshalb nicht einzuhalten ist, weil im deutschen Recht hinsichtlich Beweiskraft und Echtheitsbeweis nicht zwischen in- und ausländischen Privaturkunden unterschieden wird (vgl §§ 439 f ZPO).

II. Luganer Übereinkommen

3 Keine Abweichungen.

KAPITEL IV ÖFFENTLICHE URKUNDEN UND PROZESSVERGLEICHE

Literatur:

Dürrenmatt-Atteslander, Der Prozessvergleich im internationalen Verhältnis, 2006; *Fleischhauer*, Vollstreckbare Notarurkunden im europäischen Rechtsverkehr, MittBayNot 2002, 15; *Frische*, Verfahrenswirkungen und Rechtskraft gerichtlicher Vergleiche, 2006; *Geimer*, Freizügigkeit notarieller Urkunden im Europäischen Wirtschaftsraum, IPRax 2000, 366; *Koch*, Anerkennungsfähigkeit ausländischer Prozessvergleiche, in: FS Schumann, 2001, S. 267; *Lambert*, Die europäische öffentliche Urkunde, in: FS Weißmann, 2003, S. 477; *Leutner*, Die vollstreckbare Urkunde im europäischen Rechtsverkehr, 1997; *Mankowski*, Prozessvergleiche im europäischen Rechtsverkehr, EWS 1994, 379; *Püls*, Die Vollstreckung aus notariellen Urkunden in Europa, in: FS Spellenberg, 2010, S. 481; *Rechberger*, Perspektiven der grenzüberschreitenden Zirkulation und Vollstreckung notarieller Urkunden in Europa, in: FS Geimer, 2002, S. 903; *Rechberger*, Die Vollstreckung notarieller Urkunden nach der EuGVVO, in: FS Weißmann, 2003, S. 771; *Stürner*, Die notarielle Urkunde im europäischen Rechtsverkehr, DNotZ 1995, 343; *Trittmann/Merz*, Die Durchsetzbarkeit des Anwaltsvergleichs im Rahmen des EuGVÜ/LugÜ, IPRax 2001, 178.

Artikel 57 [Öffentliche Urkunden]

(1) Öffentliche Urkunden, die in einem Mitgliedstaat aufgenommen und vollstreckbar sind, werden in einem anderen Mitgliedstaat auf Antrag in dem Verfahren nach den Artikeln 38 ff. für vollstreckbar erklärt. Die Vollstreckbarerklärung ist von dem mit einem Rechtsbehelf nach Artikel 43 oder Artikel 44 befassten Gericht nur zu versagen oder aufzuheben, wenn die Zwangsvollstreckung aus der Urkunde der öffentlichen Ordnung *(ordre public)* des Vollstreckungsmitgliedstaats offensichtlich widersprechen würde.

---

[3] So Hk-ZPO/*Dörner*, Art. 61 Rn 1 mwN; aA *Schlosser*, EuZPR, Art. 56 Rn 1.
[4] *Kropholler/v. Hein*, Art. 56 Rn 2; *Schlosser*, EuZPR, Art. 56 Rn 2.
[5] MüKo-ZPO/*Gottwald*, Art. 56 Rn 3, *Schlosser*, EuZPR, Art. 56 Rn 2; aA Hk-ZPO/*Dörner*, Art. 61 Rn 1; Thomas/Putzo/*Hüßtege*, Art. 61 Rn 1.

(2) Als öffentliche Urkunden im Sinne von Absatz 1 werden auch vor Verwaltungsbehörden geschlossene oder von ihnen beurkundete Unterhaltsvereinbarungen oder -verpflichtungen angesehen.
(3) Die vorgelegte Urkunde muss die Voraussetzungen für ihre Beweiskraft erfüllen, die in dem Mitgliedstaat, in dem sie aufgenommen wurde, erforderlich sind.
(4) Die Vorschriften des Abschnitts 3 des Kapitels III sind sinngemäß anzuwenden. Die befugte Stelle des Mitgliedstaats, in dem eine öffentliche Urkunde aufgenommen worden ist, stellt auf Antrag die Bescheinigung unter Verwendung des Formblatts in Anhang VI dieser Verordnung aus.

I. Allgemeines................... 1	III. Verfahren der Vollstreckbarerklärung........................ 13
II. Vollstreckbare öffentliche Urkunden...................... 4	IV. Prüfungsbefugnisse der Gerichte im Vollstreckungsstaat.......... 17
1. Errichtung in einem Mitgliedstaat der EU............ 4	1. Exequaturgericht............ 17
2. Eröffnung des Anwendungsbereichs der Brüssel I-VO... 5	2. Rechtsmittelgerichte......... 18
3. Öffentliche Urkunde........ 8	3. Materielle Einwendungen des Schuldners............... 20
4. Vollstreckbarkeit im Ursprungsstaat.............. 11	V. Luganer Übereinkommen....... 21

I. Allgemeines

Ausländische vollstreckbare öffentliche Urkunden und ausländische Prozessvergleiche sind keine Entscheidungen iSd Art. 32 (s. Art. 32 Rn 3). Art. 57 (für vollstreckbare öffentliche Urkunden) und Art. 58 (für Prozessvergleiche) machen es aber möglich, diese ebenso wie Entscheidungen im Inland für vollstreckbar erklären zu lassen. Zu diesem Zwecke wird im Wesentlichen auf die für Entscheidungen geltenden Art. 38 ff verwiesen. 1

Vollstreckbare Urkunden und Prozessvergleiche können auch bereits im Ursprungsland zum Gegenstand eines europäischen Vollstreckungstitels nach der EuVTVO gemacht werden, der zur Vollstreckung in einem anderen EU-Mitgliedstaat keiner Vollstreckbarerklärung nach der Brüssel I-VO bedarf (s. im Einzelnen dort).[1] 2

Die Vollstreckbarerklärung einer Urkunde aus einem Drittstaat in einem EU-Mitgliedstaat kann wegen des Verbots der Doppelexequatur (s. Art. 32 Rn 5) nicht zum Gegenstand eines Vollstreckbarerklärungsverfahrens in einem anderen EU-Staat gemacht werden.[2] 3

II. Vollstreckbare öffentliche Urkunden

1. Errichtung in einem Mitgliedstaat der EU. Art. 57 setzt in Entsprechung zu Art. 32 zunächst voraus, dass die Urkunde in einem Mitgliedstaat der EU errichtet wurde. Trotz Art. 1 Abs. 3 schließt das Urkunden aus Dänemark ein (s. Vor Art. 32 ff Rn 10). Konsularische Urkunden (vgl für Deutschland § 10 KonsularG) gelten als im Entsendestaat, nicht am Ort des Konsulats aufgenommen.[3] (Wohn-)Sitz und Staatsangehörigkeit der Parteien sind ohne Belang.[4] 4

---

[1] MüKo-ZPO/*Gottwald*, Art. 57 Rn 14.
[2] Geimer/Schütze/*Geimer*, Art. 57 Rn 25; MüKo-ZPO/*Gottwald*, Art. 57 Rn 9; instruktiv hierzu auch *Schütze*, in: FS Spellenberg, 2010, S. 511 ff.
[3] *Münch*, in: FS Rechberger, 2005, S. 399; Hk-ZPO/*Dörner*, Art. 58 Rn 1; Rauscher/ *Staudinger*, EuZPR/EuIPR, Art. 57 Rn 7.
[4] Rauscher/*Staudinger*, EuZPR/EuIPR, Art. 57 Rn 7.

5 **2. Eröffnung des Anwendungsbereichs der Brüssel I-VO.** Damit eine ausländische öffentliche Urkunde nach Maßgabe der Art. 57, 38 ff im Inland für vollstreckbar erklärt werden kann, muss zunächst der Anwendungsbereich der Brüssel I-VO eröffnet sein. Das heißt in **zeitlicher Hinsicht** gem. Art. 66 Abs. 1, dass die Urkunde nach dem Inkrafttreten der Brüssel I-VO im Ursprungsstaat (für die EU-15 am 1.3.2002; für die 10 Staaten der EU-Osterweiterung am 1.5.2004; für Bulgarien und Rumänien am 1.1.2007) errichtet worden sein muss. Ob die Urkunde in **sachlicher Hinsicht** in den Anwendungsbereich der Brüssel I-VO fällt (s. Vor Art. 32 ff Rn 11 ff), bemisst sich nach ihrem Gegenstand, also dem in ihr verkörperten Anspruch.[5] Deshalb sind etwa öffentlich-rechtliche Kostenforderungen deutscher Notare (§§ 154 ff KostO) anders als die zivilrechtlichen Honorarforderungen ihrer niederländischen Kollegen nicht über Art. 57 im Ausland vollstreckbar.[6] Ist der Schuldgrund aus der Urkunde nicht ersichtlich, soll Art. 57 ohne Weiteres eingreifen.[7] Das erscheint bedenklich, wird doch dergestalt dem Gläubiger die Beweislast für das Vorliegen der Tatbestandsvoraussetzungen der Norm ohne erkennbaren Grund von den Schultern genommen.

6 Wie bei Entscheidungen (s. Art. 32 Rn 4) ist eine **Teil-Vollstreckbarerklärung** denkbar, wenn von mehreren in der Urkunde verbrieften Ansprüchen nur ein Teil sachlich von der Brüssel I-VO erfasst wird.[8]

7 Für eine **analoge Anwendung** des Art. 57 auf Gegenstände, die wegen Art. 1 Abs. 2 aus der Brüssel I-VO ausgeschlossen sind, besteht weder Raum noch ein erkennbares praktisches Bedürfnis.[9] Dies gilt auch dann, wenn – was, wenn überhaupt, sehr selten vorkommen wird – man es mit einer gemischten Urkunde zu tun hat, bei der sich nach Art. 1 Abs. 1 einbezogene Ansprüche nicht einfach von den nach Art. 1 Abs. 2 ausgeschlossenen Ansprüchen trennen lassen (str),[10] denn das ist ein Phänomen, das nicht auf vollstreckbare Urkunden beschränkt ist, in Bezug auf die Vollstreckbarerklärung von **Entscheidungen** aber noch niemanden dazu gebracht hat, den gesetzgeberischen Willen zum Ausschluss der in Art. 1 Abs. 2 genannten Bereiche einfach zu ignorieren.

8 **3. Öffentliche Urkunde.** Die **Definition** der öffentlichen Urkunde in Art. 4 Nr. 3 EuVTVO kann auch im Rahmen der Brüssel I-VO herangezogen werden.[11] Danach ist eine öffentliche Urkunde

„a) ein Schriftstück, das als öffentliche Urkunde aufgenommen oder registriert worden ist, wobei die Beurkundung

i) sich auf die Unterschrift und den Inhalt der Urkunde bezieht und

ii) von einer Behörde oder einer anderen von dem Ursprungsmitgliedstaat hierzu ermächtigten Stelle vorgenommen worden ist; oder

b) eine vor einer Verwaltungsbehörde geschlossene oder von ihr beurkundete Unterhaltsvereinbarung oder -verpflichtung".

9 Lit. b findet sich in Art. 57 Abs. 2 wieder.

---

5 *Kropholler/v. Hein*, Art. 57 Rn 1.
6 *Schlosser*, EuZPR, Art. 57 Rn 1.
7 MüKo-ZPO/*Gottwald*, Art. 57 Rn 7.
8 Vgl *Schlosser*, EuZPR, Art. 57 Rn 5.
9 So aber *Schlosser*, EuZPR, Art. 57 Rn 5; MüKo-ZPO/*Gottwald*, Art. 57 Rn 7; Geimer/Schütze/*Geimer*, Art. 57 Rn 24; iE wie hier Hk-ZPO/*Dörner*, Art. 58 Rn 1; Rauscher/*Staudinger*, EuLPR/EuIPR, Art. 57 Rn 1; *Kropholler/v. Hein*, Art. 57 Rn 1.
10 So auch *Münch*, in: FS Rechberger, 2005, S. 401, der ein solches „Huckepack-Verfahren" ablehnt; MüKo-ZPO/*Gottwald*, Art. 57 Rn 7; aA *Schlosser*, EuZPR, Art. 57 Rn 5; Geimer/Schütze/*Geimer*, Art. 57 Rn 24.
11 *Schlosser*, EuZPR, Art. 57 Rn 1.

Ein Schriftstück ist nur „als öffentliche Urkunde" aufgenommen, wenn es „das Ergebnis der geistigen und bewertenden Tätigkeit einer öffentlich bestellten Urkundsperson"[12] ist, womit bloß öffentlich **beglaubigte** Schriftstücke ausscheiden.[13] Erst recht scheiden **reine Privaturkunden** aus, selbst dann, wenn sie nach dem Recht des Ausstellungsortes die Grundlage für Zwangsvollstreckungsmaßnahmen darstellen können.[14] Ebenfalls nicht unter Art. 57 fällt die französische *ordonnance exécutoire*, die eine Entscheidung iSd Art. 32 ist.[15] Ein Vergleich vor einer Gütestelle gem. § 797 a ZPO ist hingegen ebenso eine öffentliche Urkunde[16] wie der Beschluss des Prozessgerichts oder eines Notars gem. § 794 Abs. 1 Nr. 4 b ZPO, mit dem ein Anwaltsvergleich nach § 796 a ZPO für vollstreckbar erklärt wird,[17] der *titre exécutoire* eines französischen *huissier*[18] oder ein von einem spanischen *corredor colegiado de comercio* beurkundeter Vertrag.[19] Wegen Abs. 2 sind auch Urkunden der Jugendämter nach §§ 59 f SGB VIII über Unterhaltsverpflichtungen von § 57 erfasst.[20]

4. Vollstreckbarkeit im Ursprungsstaat. Selbstverständlich ist, dass eine ausländische öffentliche Urkunde nur dann zur Zwangsvollstreckung im Inland zuzulassen ist, wenn sie auch im Ursprungsstaat (abstrakt) vollstreckbar ist (zur entsprechenden Bedingung bei Entscheidungen s. Art. 38 Rn 10).[21] Deshalb kann etwa eine italienische Urkunde über andere vertretbare Leistungen als Geld nicht in Deutschland für vollstreckbar erklärt werden, da das italienische Recht vollstreckbare Urkunden nur für Geldforderungen kennt.[22] Die Vollstreckbarkeit im Ursprungsstaat ist in der Bescheinigung nach Abs. 4 S. 2 iVm Anhang VI durch die befugte Stelle des Ursprungsstaates zu bestätigen, so dass das Exequaturgericht insoweit keine eigenen Nachforschungen anstellen muss.

Dass der Zweitstaat im eigenen Recht keine aus sich heraus vollstreckbaren öffentlichen Urkunden kennt, gibt dem Exequaturgericht hingegen nicht die Berechtigung, die Vollstreckbarerklärung einer solchen ausländischen Urkunde zu verweigern.[23]

III. Verfahren der Vollstreckbarerklärung

In Deutschland ist für die Erteilung des Exequatur für eine ausländische öffentliche Urkunde gem. Art. 57 Abs. 1 iVm Art. 39 Abs. 1 und Anhang II zur Brüssel I-VO jeder **Notar** sachlich und funktionell zuständig. Örtlich zuständig ist nach Art. 39 Abs. 2 der Notar am Wohnsitz des Schuldners oder am Belegenheitsort von Vermögensgegenständen des Schuldners. Im Übrigen ist das Verfahren der Vollstreckbarerklärung einer ausländischen vollstreckbaren öffentlichen Urkunde durch den Verweis in Abs. 1 entsprechend Art. 38 ff geregelt (s. im Einzelnen dort).

---

12 EuGH 2.2.1999 – Rs. C-260/97, IPRax 2000, 409.
13 *Schlosser*, EuZPR, Art. 57 Rn 2.
14 EuGH 29.4.1999 – Rs. C-267/97, IPRax 2000, 18.
15 BGH NJW-RR 2006, 144; *Reinmüller*, IPRax 1989, 142, 143.
16 *Schlosser*, EuZPR, Art. 57 Rn 2.
17 *Trittmann/Merz*, IPRax 2001, 178; aA *Schlosser*, EuZPR, Art. 57 Rn 2.
18 *Kropholler/v. Hein*, Art. 57 Rn 3; rechtsvergleichender Überblick über ausländische vollstreckbare öffentliche Urkunden bei *Leutner*, Die vollstreckbare Urkunde im europäischen Rechtsverkehr, S. 57 ff.
19 *Kropholler/v. Hein*, Art. 57 Rn 3, Cour d'appel Aix en Provence vom 2.3.2000, Rev.crit. dr.i.p. 2001, 153 m. Anm. *Légier*.
20 MüKo-ZPO/*Gottwald*, Art. 57 Rn 11.
21 Hk-ZPO/*Dörner*, Art. 58 Rn 5; *Kropholler/v. Hein*, Art. 57 Rn 6; Rauscher/*Staudinger*, EuZPR/EuIPR, Art. 57 Rn 8.
22 So *Kropholler/v. Hein*, Art. 57 Rn 6.
23 MüKo-ZPO/*Gottwald*, Art. 57 Rn 4; Geimer/Schütze/*Geimer*, Art. 57 Rn 17.

14 Insbesondere gelten nach **Abs. 4 S. 1** die Art. 53–56 entsprechend. Damit muss zum Zwecke der Vollstreckbarerklärung eine Ausfertigung der öffentlichen Urkunde vorgelegt werden.[24] Nach **Abs. 3** muss die vorgelegte Urkunde – entsprechend der Regelung für Entscheidungen in Art. 53 Abs. 1 – die „für ihre Beweiskraft" erforderlichen Voraussetzungen erfüllen, also den formalen Anforderungen zum **Nachweis ihrer Echtheit** genügen (s. dazu und zum Folgenden Art. 53 Rn 4). Abs. 3 hält ausdrücklich fest, dass diese formalen Anforderungen im **nationalen Recht des Urteilsstaates** zu suchen sind. Da aber wegen Abs. 4 iVm Art. 56 der ausländischen öffentlichen Urkunde im Inland auch ohne Legalisation oder Apostille die gleiche **Echtheitsvermutung** wie einer inländischen zukommt (s. Art. 56 Rn 1), reicht unabhängig von den Vorschriften des Rechts des Errichtungsstaates aus, wenn die ausländische öffentliche Urkunde den **äußeren Anschein der Echtheit** hat. Dies ist der Fall, wenn sie mit dem Originalabdruck des Dienstsiegels der die Urkunde aufnehmenden Stelle, einer Originalunterschrift und einer Amtsbezeichnung des Unterzeichnenden versehen ist.[25]

15 Weiterhin muss gem. **Abs. 4 S. 2** eine mit Hilfe des Formblatts im Anhang VI zur Brüssel I-VO erstellte Bescheinigung des Ursprungsstaates zu den formalen Details der Urkunde (wie zB Bezeichnung der an der Aufnahme der Urkunde beteiligten öffentlichen Stelle, Aktenzeichen, Parteibezeichnung, Vollstreckbarkeit im Ursprungsstaat) beigefügt werden. Die Zuständigkeit zur Ausstellung dieser Bescheinigung ergibt sich für in Deutschland errichtete Urkunden aus § 56 AVAG aF (s. im Einzelnen dort; zur Fortgeltung der alten AVAG-Regeln s. Vor Art. 32 ff Rn 28).

16 Zur Möglichkeit, eine Übersetzung der beiden Dokumente einzufordern, s. Art. 55 Abs. 2.

IV. Prüfungsbefugnisse der Gerichte im Vollstreckungsstaat

17 **1. Exequaturgericht.** Das Exequaturgericht hat sich wegen des Verweises in Abs. 1 S. 1 auf Art. 38 ff wie auch bei der Vollstreckbarerklärung von Entscheidungen (s. Art. 41 Rn 2 ff) auf eine im Wesentlichen **formale Prüfung** zu beschränken: Es muss feststellen, ob die Tatbestandsvoraussetzungen des Art. 57 erfüllt sind (s. Rn 4 ff), eine formgerechte Ausfertigung der Urkunde und die Bescheinigung nach Abs. 4 S. 2 iVm Anhang VI zur Brüssel I-VO vorliegen (s. Rn 13 ff)[26] und ob der zugrunde liegende Anspruch dem vollstreckungsrechtlichen Bestimmtheitsgebot (s. dazu Art. 38 Rn 12) gerecht wird.[27] Zur Möglichkeit, die Dokumente nachzureichen, und zur diesbezüglichen Fristsetzung s. Art. 55 Rn 4 f.

18 **2. Rechtsmittelgerichte.** Die Rechtsmittelgerichte können und müssen sich anders als das Exequaturgericht auch fragen, ob der Vollstreckbarerklärung **Anerkennungshindernisse** entgegenstehen. Aus dem Katalog des Art. 34 ist für öffentliche Urkunden allerdings nur der ordre public der Nr. 1 von Bedeutung, auf den deshalb **Abs. 1 S. 2** das Prüfungsprogramm der Rechtsmittelgerichte ausdrücklich einschränkt. **Ordre-public-Verstöße** können das materielle Recht, dh den zugrunde liegenden Anspruch sowie das Rechtsverhältnis betreffen, aus dem sich dieser ergibt, sich aber auch aus dem Beurkundungsverfahren ergeben.[28] Praktische Beispiele dafür gibt es bislang jedenfalls in der deutschen Rspr allerdings nicht. Ins-

---

24 *Schlosser*, EuZPR, Art. 57 Rn 6.
25 Vgl *Schlosser*, EuZPR, Art. 53 Rn 1 für Entscheidungen.
26 Hk-ZPO/*Dörner*, Art. 58 Rn 8.
27 *Kropholler/v. Hein*, Art. 57 Rn 10.
28 *Kropholler/v. Hein*, Art. 57 Rn 13; Hk-ZPO/*Dörner*, Art. 58 Rn 9; Rauscher/*Staudinger*, EuZPR/EuIPR, Art. 57 Rn 15.

besondere kann die aus der Sicht des Vollstreckungsstaates fehlende internationale Beurkundungszuständigkeit des Erststaates nicht als Grundlage eines Ordre-public-Verstoßes herangezogen werden,[29] arg. Art. 35 Abs. 4 S. 2; dies gilt auch bei der Inanspruchnahme einer exorbitanten Zuständigkeit.[30]

Über den Wortlaut von Abs. 1 S. 2 hinaus haben die Rechtsmittelgerichte auch zu prüfen, ob dem Exequaturgericht im Rahmen des ihm obliegenden Prüfungsprogramms (s. Rn 17) ein Fehler unterlaufen ist (zur entsprechende Frage bei der Vollstreckbarerklärung von Entscheidungen s. Art. 45 Rn 2).[31] 19

3. **Materielle Einwendungen des Schuldners.** Gemäß § 12 Abs. 2 AVAG kann der Schuldner mit der Beschwerde und der Rechtsbeschwerde auch materielle Einwendungen gegen den der vollstreckbaren Urkunde zugrunde liegenden Anspruch geltend machen, unabhängig davon, wann sie entstanden sind. Für diese Lösung spricht die Prozessökonomie, weil damit der Schuldner nicht darauf verwiesen ist, in einem zweiten Verfahren über § 767 ZPO gegen die folgende Zwangsvollstreckung vorzugehen (zum Parallelproblem bei der Vollstreckbarerklärung von Entscheidungen s. Art. 45 Rn 4). § 14 Abs. 1 AVAG schränkt eben wegen § 12 Abs. 2 AVAG umgekehrt den Anwendungsbereich der Vollstreckungsabwehrklage aus § 767 ZPO auf die Fälle ein, in denen die erhobenen materiellen Einwände in zeitlicher Hinsicht nicht per Beschwerde im Vollstreckbarerklärungsverfahren geltend gemacht werden konnten. Es ist nicht ersichtlich, warum die Lösung der §§ 12, 14 AVAG gegen das Europarecht im Allgemeinen und die Brüssel I-VO im Speziellen verstoßen und deshalb unanwendbar sein soll (sehr str).[32] Art. 45 Abs. 2 gilt für öffentliche Urkunden nicht, und der Wortlaut von Abs. 1 S. 2 ist schon deshalb kein Hindernis, weil er nach allgemeiner Ansicht ohnehin zu eng geraten ist (s. Rn 19). 20

V. Luganer Übereinkommen

Keine Abweichungen.[33] 21

Artikel 58 [Gerichtliche Vergleiche]

Vergleiche, die vor einem Gericht im Laufe eines Verfahrens geschlossen und in dem Mitgliedstaat, in dem sie errichtet wurden, vollstreckbar sind, werden in dem Vollstreckungsmitgliedstaat unter denselben Bedingungen wie öffentliche Urkunden vollstreckt. Das Gericht oder die sonst befugte Stelle des Mitgliedstaats, in dem ein Prozessvergleich geschlossen worden ist, stellt auf Antrag die Bescheinigung unter Verwendung des Formblatts in Anhang V dieser Verordnung aus.

---

29 BGH IPRspr 2005, Nr. 158, 433; Rauscher/*Staudinger*, EuZPR/EuIPR, Art. 57 Rn 16.
30 Vgl EuGH 28.3.2000 – Rs. C-7/98 (Krombach/Bamberski), JZ 2000, 723, 724 Rn 37; Rauscher/*Staudinger*, EuZPR/EuIPR, Art. 57 Rn 16.
31 Vgl Hk-ZPO/*Dörner*, Art. 58 Rn 11; Kropholler/v. Hein, Art. 57 Rn 16; Rauscher/*Staudinger*, EuZPR/EuIPR, Art. 57 Rn 17.
32 Wie hier: *Kropholler/v. Hein*, Art. 57 Rn 17; Geimer/Schütze/*Geimer*, Art. 57 Rn 56 ff; Thomas/Putzo/*Hüßtege*, Art. 58 Rn 8; aA Rauscher/*Staudinger*, EuZPR/EuIPR, Art. 57 Rn 18; Hk-ZPO/*Dörner* (5. Aufl.), Art. 57 Rn 12.
33 Zu Besonderheiten bei der Vollstreckung aus ausländischen öffentlichen Urkunden in der Schweiz s. *Schlosser*, EuZPR, Art. 57 Rn 8.

I. Allgemeines

1 Ein vor dem Gericht eines anderen EU-Mitgliedstaates geschlossener Prozessvergleich wird nach Art. 58 im Inland unter denselben Bedingungen für vollstreckbar erklärt wie eine öffentliche Urkunde (s. im Einzelnen Art. 57 Rn 13 ff). Allein das von der zuständigen Stelle des Erststaates auszufüllende Formblatt richtet sich nicht nach Anhang VI, sondern, weil der Prozessvergleich insoweit einer gerichtlichen Entscheidung nähersteht, nach dem für die Letztere geltenden Anhang V.

2 Wie bei öffentlichen Urkunden (und bei Entscheidungen) setzt die Vollstreckbarerklärung von Prozessvergleichen voraus, dass für sie der **Anwendungsbereich der Brüssel I-VO** eröffnet ist. In **sachlicher Hinsicht** entscheiden die Ansprüche, die Gegenstand des Vergleichs sind. Deshalb sind etwa auch Prozessvergleiche über Unterhaltsansprüche nach Art. 58 für vollstreckbar zu erklären,[1] wegen Art. 1 Abs. 2 lit. a) nicht aber solche auf dem Gebiet „des Erbrechts" (str).[2] Letzteres ist jedoch eng definiert und schließt zB die Anwendung der Brüssel I-VO (und damit des Art. 58) auf vermögensrechtliche Streitigkeiten zwischen Nachlassgläubigern und Erben oder zwischen Erben und Nachlassschuldnern nicht aus.[3] Vergleiche im Rahmen eines Insolvenzverfahrens fallen wegen Art. 1 Abs. 2 lit. b nicht unter die Brüssel I-VO; eine gerichtliche Bestätigung eines solchen Vergleichs wird aber über Art. 25 Abs. 1 S. 2 EuInsVO im Verfahren nach Art. 38 ff vollstreckt.[4] In **zeitlicher Hinsicht** dürften nach dem insoweit nicht ganz klaren Art. 66 die Regeln für die Vollstreckbarerklärung von Entscheidungen gelten (Art. 66 Abs. 1: Klagerhebung nach Inkrafttreten der Brüssel I-VO im Erststaat, s. dazu Art. 57 Rn 5, und Erweiterung in Art. 66 Abs. 2).[5]

3 Prozessvergleiche können auch Gegenstand eines europäischen Vollstreckungstitels nach der EuVTVO sein (s. Art. 57 Rn 2).

II. Der Begriff des Prozessvergleichs

4 Ein Prozessvergleich ist jede auf dem Parteiwillen beruhende konsensuale Streitbeendigung, wenn sie im Rahmen eines gerichtlichen Verfahrens erfolgt.[6] Ein Verfahren ist nur dann ein gerichtliches, wenn die mit ihm befasste Stelle die Kompetenz zur hoheitlich-verbindlichen Entscheidung eines Rechtsstreits hat.[7] Das gilt für die in Deutschland aufgrund Landesrechts (vgl § 15 a Abs. 6 EGZPO) von den Justizverwaltungen eingerichteten Gütestellen nicht,[8] weshalb Art. 58 für vor ihnen geschlossene Vergleiche nicht greift.[9] Auch der Vergleich vor einem Mediator oder einer Einigungsstelle nach § 15 UWG zur gütlichen Beilegung von Wettbewerbsstreitigkeiten[10] fällt nicht unter Art. 58. Ersterer gilt aber nach Protokollierung gem. § 492 Abs. 3 ZPO als Prozessvergleich,[11] Letzterer

---

1 Rauscher/*Staudinger*, EuZPR/EuIPR, Art. 58 Rn 1.
2 Rauscher/*Staudinger*, EuZPR/EuIPR, Art. 58 Rn 2; Geimer/Schütze/*Tschauner*, IRV, Art. 58 Rn 2; *Jenard*-Bericht, S. 56; aA Zöller/*Geimer*, Art. 1 Rn 40; Geimer/Schütze/*Geimer*, Art. 1 Rn 83, Art. 58 Rn 9.
3 Hk-ZPO/*Dörner*, Art. 1 Rn 13; vgl ferner *Kropholler/v. Hein*, Art. 1 Rn 28; Rauscher/*Mankowski*, EuZPR/EuIPR, Art. 1 Rn 17.
4 Rauscher/*Staudinger*, EuZPR/EuIPR, Art. 58 Rn 4 a.
5 Vgl Rauscher/*Staudinger*, EuZPR/EuIPR, Art. 66 Rn 14.
6 Vgl Bamberger/Roth/*Schwerdtfeger*, § 779 BGB Rn 60.
7 Vgl *Schellhammer*, Zivilprozess, Rn 1314.
8 S. dazu Zöller/*Heßler*, § 15 a EGZPO Rn 1 ff.
9 Für die Anwendung von Art. 57 Rauscher/*Staudinger*, EuZPR/EuIPR, Art. 58 Rn 9; Geimer/Schütze/*Tschauner*, IRV, Art. 58 Rn 6; MüKo-ZPO/*Gottwald*, Art. 58 Rn 2.
10 Zur fehlenden Gerichtsqualität der Einigungsstelle Piper/Ohly/*Piper*, UWG, 4. Aufl. 2006, § 15 Rn 2.
11 Hk-ZPO/*Saenger*, § 278 ZPO Rn 20.

kann als öffentliche Urkunde (vgl § 15 Abs. 7 UWG) über Art. 57 in anderen Mitgliedstaaten für vollstreckbar erklärt werden.[12] Gleichermaßen hilft Art. 58 bei einem außergerichtlichen Anwaltsvergleich nicht weiter, wohl aber Art. 57 im Hinblick auf den Beschluss des Gerichts oder Notars über seine Vollstreckbarerklärung (§§ 796 b f ZPO, s. Art. 57 Rn 10). Art. 58 ergreift hingegen den Vergleich im Güteverfahren nach § 54 Abs. 3 ArbGG[13] ebenso wie den schriftsätzlichen Prozessvergleich (§ 278 Abs. 6 S. 1 ZPO).[14] Von einer gerichtlichen Entscheidung mit einem von den Parteien vereinbartem Inhalt (etwa einem *judgment by consent*)[15] unterscheidet sich der Prozessvergleich durch die ihm fehlende materielle Rechtskraft.[16] Im Rahmen oder „im Laufe" eines gerichtlichen Verfahrens, wie Art. 58 sagt, ist ein Vergleich auch dann zustande gekommen, wenn er nicht vor dem Richter, sondern einem Justizbeamten geschlossen wird.[17]

Der Prozessvergleich muss im Erststaat nach dem dort geltenden Recht (abstrakt) vollstreckbar sein (s. dazu Art. 38 Rn 10). Das Exequaturgericht kann sich insoweit auf die Angabe im Formblatt (s. Anhang V nach Art. 76) verlassen. 5

III. Luganer Übereinkommen
Keine Abweichungen. 6

KAPITEL V ALLGEMEINE VORSCHRIFTEN
Artikel 59–65 (nicht abgedruckt)

KAPITEL VI ÜBERGANGSVORSCHRIFTEN
Artikel 66 [Zeitlicher Anwendungsbereich]

(1) Die Vorschriften dieser Verordnung sind nur auf solche Klagen und öffentliche Urkunden anzuwenden, die erhoben bzw. aufgenommen worden sind, nachdem diese Verordnung in Kraft getreten ist.

(2) Ist die Klage im Ursprungsmitgliedstaat vor dem Inkrafttreten dieser Verordnung erhoben worden, so werden nach diesem Zeitpunkt erlassene Entscheidungen nach Maßgabe des Kapitels III anerkannt und zur Vollstreckung zugelassen,

a) wenn die Klage im Ursprungsmitgliedstaat erhoben wurde, nachdem das Brüsseler Übereinkommen oder das Übereinkommen von Lugano sowohl im Ursprungsmitgliedstaat als auch in dem Mitgliedstaat, in dem die Entscheidung geltend gemacht wird, in Kraft getreten war;

b) in allen anderen Fällen, wenn das Gericht aufgrund von Vorschriften zuständig war, die mit den Zuständigkeitsvorschriften des Kapitels II oder eines Abkommens übereinstimmen, das im Zeitpunkt der Klageerhebung zwischen dem Ursprungsmitgliedstaat und dem Mitgliedstaat, in dem die Entscheidung geltend gemacht wird, in Kraft war.

Siehe hierzu Vor Art. 32 ff Rn 21 ff. 1

---

12 *Kropholler/v. Hein*, Art. 58 Rn 1.
13 *Rauscher/Staudinger*, EuZPR/EuIPR, Art. 58 Rn 7.
14 *Rauscher/Staudinger*, EuZPR/EuIPR, Art. 58 Rn 7.
15 *Andrews*, English Civil Procedure, 2003, Rn 23.37.
16 *Schlosser*, EuZPR, Art. 58 Rn 1.
17 Hk-ZPO/*Dörner*, Art. 59 Rn 2.

KAPITEL VII VERHÄLTNIS ZU ANDEREN RECHTSINSTRUMENTEN
Artikel 67–72 (nicht abgedruckt)

KAPITEL VIII SCHLUSSVORSCHRIFTEN
Artikel 73–75 (nicht abgedruckt)

Artikel 76 [Inkrafttreten]
Diese Verordnung tritt am 1. März 2002 in Kraft.

Diese Verordnung ist in allen ihren Teilen verbindlich und gilt gemäß dem Vertrag zur Gründung der Europäischen Gemeinschaft unmittelbar in den Mitgliedstaaten.

Anhang I
Innerstaatliche Zuständigkeitsvorschriften im Sinne von Artikel 3 Absatz 2 und Artikel 4 Absatz 2

- In Belgien: Artikel 5 bis 14 des Gesetzes vom 16. Juli 2004 über Internationales Privatrecht,
- in Bulgarien: Artikel 4 Absatz 1 Nummer 2 des Gesetzbuches über Internationales Privatrecht,
- in der Tschechischen Republik: Artikel 86 des Gesetzes Nr. 99/1963 Slg., Zivilprozessordnung (občanský soudní řád), in geänderter Fassung,
- in Dänemark: Artikel 246 Absätze 2 und 3 der Prozessordnung (lov om rettens pleje),
- in Deutschland: § 23 der Zivilprozessordnung,
- in Estland: Artikel 86 der Zivilprozessordnung (tsiviilkohtumenetluse seadustik),
- in Griechenland: Artikel 40 der Zivilprozessordnung (Κώδικας Πολιτικής Δικονομίας),
- in Frankreich: Artikel 14 und 15 des Zivilgesetzbuches (Code civil),
- in Kroatien: Artikel 46 Absatz 2 des Gesetzes über die Lösung von Kollisionen mit Vorschriften anderer Länder in bestimmten Beziehungen (Zakon o rješavanju sukoba zakona s propisima drugih zemalja u određenim odnosima) in Bezug auf Artikel 47 Absatz 2 der Zivilprozessordnung (Zakon o parničnom postupku) und Artikel 54 Absatz 1 des Gesetzes über die Lösung von Kollisionen mit Vorschriften anderer Länder in bestimmten Beziehungen (Zakon o rješavanju sukoba zakona s propisima drugih zemalja u određenim odnosima) in Bezug auf Artikel 58 Absatz 1 der Zivilprozessordnung (Zakon o parničnom postupku),
- in Irland: Vorschriften, nach denen die Zuständigkeit durch Zustellung eines verfahrenseinleitenden Schriftstücks an den Beklagten während dessen vorübergehender Anwesenheit in Irland begründet wird,
- in Italien: Artikel 3 und 4 des Gesetzes Nr. 218 vom 31. Mai 1995,
- in Zypern: Abschnitt 21 Absatz 2 des Gerichtsgesetzes Nr. 14 von 1960 in geänderter Fassung,
- in Lettland: Abschnitt 27 und Abschnitt 28 Absätze 3, 5, 6 und 9 der Zivilprozessordnung (Civilprocesa likums),
- in Litauen: Artikel 31 der Zivilprozessordnung (Civilinio proceso kodeksas),
- in Luxemburg: Artikel 14 und 15 des Zivilgesetzbuches (Code civil),
- in Ungarn: Artikel 57 der Gesetzesverordnung Nr. 13 von 1979 über Internationales Privatrecht (a nemzetközi magánjogról szóló 1979. évi 13. törvényerejű rendelet),
- in Malta: Artikel 742, 743 und 744 der Gerichtsverfassungs- und Zivilprozessordnung – Kap. 12 (Kodiċi ta' Organizzazzjoni u Proċedura Ċivili – Kap. 12) und Artikel 549 des Handelsgesetzbuches – Kap. 13 (Kodiċi talkummerċ – Kap. 13),
- in Österreich: § 99 der Jurisdiktionsnorm,
- in Polen: Artikel 1103 Absatz 4 und Artikel 1110 der Zivilprozessordnung (Kodeksu postępowania cywilnego), sofern diese die Zuständigkeit aus-

schließlich aufgrund eines der folgenden Kriterien bestimmen: Der Kläger besitzt die polnische Staatsbürgerschaft oder hat seinen gewöhnlichen Aufenthalt, Wohnsitz oder Sitz in Polen.

- in Portugal: Artikel 65 Absatz 1 Buchstabe b der Zivilprozessordnung (Código de Processo Civil), insofern als nach diesem Artikel ein exorbitanter Gerichtsstand begründet werden kann: zum Beispiel ist das Gericht des Ortes zuständig, an dem sich die Zweigniederlassung, Agentur oder sonstige Niederlassung befindet (sofern sie sich in Portugal befindet), wenn der Beklagte die (im Ausland befindliche) Hauptverwaltung ist, und Artikel 10 der Arbeitsprozessordnung (Código de Processo do Trabalho), insofern als nach diesem Artikel ein exorbitanter Gerichtsstand begründet werden kann: zum Beispiel ist in einem Verfahren, das ein Arbeitnehmer in Bezug auf einen individuellen Arbeitsvertrag gegen einen Arbeitgeber angestrengt hat, das Gericht des Ortes zuständig, an dem der Kläger seinen Wohnsitz hat,
- in Rumänien: die Artikel 148 bis 157 des Gesetzes Nr. 105/1992 über internationale privatrechtliche Beziehungen,
- in Slowenien: Artikel 48 Absatz 2 des Gesetzes über Internationales Privat- und Zivilprozessrecht (Zakon o medarodnem zasebnem pravu in postopku) in Bezug auf Artikel 47 Absatz 2 der Zivilprozessordnung (Zakon o pravdnem postopku) und Artikel 58 des Gesetzes über Internationales Privat- und Zivilprozessrecht (Zakon o medarodnem zasebnem pravu in postopku) in Bezug auf Artikel 59 der Zivilprozessordnung (Zakon o pravdnem postopku),
- in der Slowakei: die Artikel 37 bis 37 e des Gesetzes Nr. 97/1963 über Internationales Privatrecht und die entsprechenden Verfahrensvorschriften,
- in Finnland: Kapitel 10 § 18 Absatz 1 Unterabsätze 1 und 2 der Prozessordnung (oikeudenkäymiskaari/rättegångsbalken),
- in Schweden: Kapitel 10 § 3 Absatz 1 Satz 1 der Prozessordnung (rättegångsbalken),
- im Vereinigten Königreich: Vorschriften, nach denen die Zuständigkeit begründet wird durch:
  a) die Zustellung eines verfahrenseinleitenden Schriftstücks an den Beklagten während dessen vorübergehender Anwesenheit im Vereinigten Königreich,
  b) das Vorhandensein von Vermögenswerten des Beklagten im Vereinigten Königreich oder
  c) die Beschlagnahme von Vermögenswerten im Vereinigten Königreich durch den Kläger.

Anhang II

Anträge nach Artikel 39 sind bei folgenden Gerichten oder sonst befugten Stellen einzubringen:
- in Belgien beim tribunal de première instance oder bei der rechtbank van eerste aanleg oder beim erstinstanzlichen Gericht,
- in Bulgarien beim окръжния съд,
- in der Tschechischen Republik beim okresní soud oder soudní exekutor,
- in Dänemark beim byret,
- in Deutschland
   a) beim Vorsitzenden einer Kammer des *Landgerichts*,
   b) bei einem Notar für die Vollstreckbarerklärung einer öffentlichen Urkunde,
- in Estland beim maakohus,
- in Griechenland beim Μονομελές Πρωτοδικείο,
- in Spanien beim Juzgado de Primera Instancia,
- in Frankreich:
   a) beim greffier en chef du tribunal de grande instance,
   b) beim Präsidenten der *chambre départementale des notaires* im Falle eines Antrags auf Vollstreckbarerklärung einer notariellen Urkunde,
- in Kroatien beim općinski sud in Zivilsachen und beim trgovački sud in Handelssachen;
- in Irland beim High Court,
- in Italien bei der corte d'appello;
- in Zypern beim Επαρχιακό Δικαστήριο oder für Entscheidungen in Unterhaltssachen beim Οικογενειακό Δικαστήριο,
- in Lettland beim rajona (pilsētas) tiesa,
- in Litauen beim Lietuvos apeliacinis teismas,
- in Luxemburg beim Präsidenten des tribunal d'arrondissement,
- in Ungarn beim megyei bíróság székhelyén működő helyi bíróság und in Budapest beim Budai Központi Kerületi Bíróság,
- in Malta beim Prim' Awla tal-Qorti Ċivili oder Qorti tal-Maġistrati ta' Għawdex fil-ġurisdizzjoni superjuri tagħha oder für Entscheidungen in Unterhaltssachen beim Reġistratur tal-Qorti auf Befassung durch den Ministru responsabbli għall- Ġustizzja,
- in den Niederlanden beim voorzieningenrechter van de rechtbank,
- in Österreich beim Bezirksgericht,
- in Polen beim sąd okręgowy,
- in Portugal beim Tribunal de Comarca,
- in Rumänien beim Tribunal,
- in Slowenien beim okrožno sodišče,
- in der Slowakei beim okresný súd,
- in Finnland beim käräjäoikeus/tingsrätt,
- in Schweden beim Svea hovrätt,

- im Vereinigten Königreich:
  a) in England und Wales beim *High Court of Justice* oder für Entscheidungen in Unterhaltssachen beim *Magistrates´ Court* über den Secretary of State,
  b) in Schottland beim *Court of Session* oder für Entscheidungen in Unterhaltssachen beim *Sheriff Court* über die Scottish Ministers,
  c) in Nordirland beim *High Court of Justice* oder für Entscheidungen in Unterhaltssachen beim *Magistrates´ Court* über das Department of Justice,
  d) in Gibraltar beim *Supreme Court of Gibraltar* oder für Entscheidungen in Unterhaltssachen beim *Magistrates´ Court* über den Attorney General of Gibraltar.

Anhang III

Die Rechtsbehelfe nach Artikel 43 Absatz 2 sind bei folgenden Gerichten einzulegen:
- in Belgien
  a) im Falle des Schuldners beim tribunal de première instance oder bei der rechtbank van eerste aanleg oder beim erstinstanzlichen Gericht,
  b) im Falle des Antragstellers bei der *cour d'appel* oder beim *hof van beroep*,
- in Bulgarien beim Апелативен съд – София,
- in der Tschechischen Republik beim odvolací soud über das okresní soud,
- in Dänemark beim landsret,
- in Deutschland beim Oberlandesgericht,
- in Estland beim ringkonnakohus,
- in Griechenland beim Εφετείο,
- in Spanien bei der Audiencia Provincial über das Juzgado de Primera Instancia, das die Entscheidung erlassen hat,
- in Frankreich:
  a) bei der *cour d'appel* in Bezug auf Entscheidungen zur Genehmigung des Antrags,
  b) beim vorsitzenden Richter des *tribunal de grande instance* in Bezug auf Entscheidungen zur Ablehnung des Antrags,
- in Kroatien beim općinski sud in Zivilsachen und beim trgovački sud in Handelssachen,
- in Irland beim High Court,
- in Italien bei der corte d'appello,
- in Zypern beim Επαρχιακό Δικαστήριο oder für Entscheidungen in Unterhaltssachen beim Οικογενειακό Δικαστήριο,
- in Lettland beim Apgabaltiesa über das rajona (pilsētas) tiesa,
- in Litauen beim Lietuvos apeliacinis teismas,
- in Luxemburg bei der Cour supérieure de Justice als Berufungsinstanz für Zivilsachen,
- in Ungarn beim megyei bíróság, in Budapest beim Fövárosi Bíróság;
- in Malta beim Qorti ta' l-Appell nach dem in der Zivilprozessordnung (Kodiċi ta' Organizzazzjoni u Proċedura Ċivili – Kap. 12) festgelegten Verfahren oder für Entscheidungen in Unterhaltssachen durch ċitazzjoni vor dem Prim' Awla tal-Qorti Ċivili jew il-Qorti tal-Maġistrati ta' Għawdex fil-ġurisdizzjoni superjuri tagħha',
- in den Niederlanden bei der rechtbank,
- in Österreich beim Landesgericht über das Bezirksgericht,
- in Polen beim sąd apelacyjny über das sąd okręgowy,
- in Portugal beim Tribunal da Relação über das Gericht, das die Entscheidung erlassen hat,
- in Rumänien bei der Curtea de Apel,
- in Slowenien beim okrožno sodišče,

- in der Slowakei beim okresný súd,
- in Finnland beim hovioikeus/hovrätt,
- in Schweden beim svea hovrätt,
- im Vereinigten Königreich:
    a) in England und Wales beim *High Court of Justice* oder für Entscheidungen in Unterhaltssachen beim *Magistrates´ Court*,
    b) in Schottland beim *Court of Session* oder für Entscheidungen in Unterhaltssachen beim *Sheriff Court*,
    c) in Nordirland beim *High Court of Justice* oder für Entscheidungen in Unterhaltssachen beim *Magistrates´ Court*,
    d) in Gibraltar beim *Supreme Court of Gibraltar* oder für Entscheidungen in Unterhaltssachen beim *Magistrates´ Court*.

Anhang IV

Nach Artikel 44 können folgende Rechtsbehelfe eingelegt werden:
- in Belgien, Griechenland, Spanien, Frankreich, Italien, Luxemburg und den Niederlanden: die Kassationsbeschwerde,
- in Bulgarien: обжалване пред Върховния касационен съд,
- in der Tschechischen Republik: dovolání und žaloba pro zmatečnost,
- in Dänemark: ein Rechtsbehelf beim Højesteret mit Genehmigung durch den Procesbevillingsnævnet,
- in Deutschland: die Rechtsbeschwerde,
- in Estland: kassatsioonikaebus,
- in Kroatien: ein Rechtsbehelf beim Vrhovni sud Republike Hrvatske,
- in Irland: ein auf Rechtsfragen beschränkter Rechtsbehelf beim Supreme Court,
- in Zypern: ein Rechtsbehelf beim obersten Gericht Ανώτατο Δικαστήριο,
- in Lettland: eine Kassationsbeschwerde beim Augstākās tiesas Senātā über das Apgabaltiesā,
- Litauen: eine Kassationsbeschwerde beim Lietuvos Aukščiausiasis Teismas,
- in Ungarn: felülvizsgálati kérelem,
- in Malta: Es können keine weiteren Rechtsbehelfe eingelegt werden; bei Entscheidungen in Unterhaltssachen Qorti ta′ l-Appell nach dem in der Gerichtsverfassungs- und Zivilprozessordnung (kodiċi ta′ Organizzazzjoni u Procedura Ċivili – Kap. 12) für Rechtsbehelfe festgelegten Verfahren,
- in Österreich: der Revisionsrekurs,
- in Polen: skarga kasacyjna,
- in Portugal: ein auf Rechtsfragen beschränkter Rechtsbehelf,
- in Rumänien: contestatie in anulare oder revizuire,
- in Slowenien: ein Rechtsbehelf beim Vrhovno sodišče Republike Slovenije,
- in der Slowakei: dovolanie,
- in Finnland: ein Rechtsbehelf beim korkein oikeus/högsta domstolen,
- in Schweden: ein Rechtsbehelf beim Högsta domstolen,
- im Vereinigten Königreich: ein einziger auf Rechtsfragen beschränkter Rechtsbehelf.

Anhang V
Bescheinigung nach den Artikeln 54 und 58 der Verordnung betreffend gerichtliche Entscheidungen und Prozessvergleiche

(Deutsch, alemán, allemand, tedesco, ...)

1 Ursprungsmitgliedstaat
2 Gericht oder sonst befugte Stelle, das/die die vorliegende Bescheinigung ausgestellt hat
   2.1 Name
   2.2 Anschrift
   2.3 Tel./Fax/E-Mail
3 Gericht, das die Entscheidung erlassen hat/vor dem der Prozessvergleich geschlossen wurde*
   3.1 Bezeichnung des Gerichts
   3.2 Gerichtsort
4 Entscheidung/Prozessvergleich*
   4.1 Datum
   4.2 Aktenzeichen
   4.3 Die Parteien der Entscheidung/des Prozessvergleichs*
      4.3.1 Name(n) des (der) Kläger(s)
      4.3.2 Name(n) des (der) Beklagten
      4.3.3 gegebenenfalls Name(n) (der) anderen(r) Partei(en)
   4.4 Datum der Zustellung des verfahrenseinleitenden Schriftstücks, wenn die Entscheidung in einem Verfahren erging, auf das sich der Beklagte nicht eingelassen hat
   4.5 Wortlaut des Urteilsspruchs/des Prozessvergleichs* in der Anlage zu dieser Bescheinigung
5 Namen der Parteien, denen Prozesskostenhilfe gewährt wurde

Die Entscheidung/der Prozessvergleich* ist im Ursprungsmitgliedstaat vollstreckbar (Artikel 38 und 58 der Verordnung) gegen:

Name:

Geschehen zu .... am ....
Unterschrift und/oder Dienstsiegel ....

---

* Nichtzutreffendes streichen.

Anhang VI
Bescheinigung nach Artikel 57 Absatz 4 der Verordnung betreffend öffentliche Urkunden

(Deutsch, alemán, allemand, tedesco, ...)

1. Ursprungsmitgliedstaat
2. Befugte Stelle, die die vorliegende Bescheinigung ausgestellt hat
    - 2.1 Name
    - 2.2 Anschrift
    - 2.3 Tel./Fax/E-Mail
3. Befugte Stelle, aufgrund deren Mitwirkung eine öffentliche Urkunde vorliegt
    - 3.1 Stelle, die an der Aufnahme der öffentlichen Urkunde beteiligt war (falls zutreffend)
        - 3.1.1 Name und Bezeichnung dieser Stelle
        - 3.1.2 Sitz dieser Stelle
    - 3.2 Stelle, die die öffentliche Urkunde registriert hat (falls zutreffend)
        - 3.2.1 Art der Stelle
        - 3.2.2 Sitz dieser Stelle
4. Öffentliche Urkunde
    - 4.1 Bezeichnung der Urkunde
    - 4.2 Datum
        - 4.2.1 an dem die Urkunde aufgenommen wurde
        - 4.2.2 falls abweichend: an dem die Urkunde registriert wurde
    - 4.3 Aktenzeichen
    - 4.4 Die Parteien der Urkunde
        - 4.4.1 Name des Gläubigers
        - 4.4.2 Name des Schuldners
5. Wortlaut der vollstreckbaren Verpflichtung in der Anlage zu dieser Bescheinigung

Die öffentliche Urkunde ist im Ursprungsmitgliedstaat gegen den Schuldner vollstreckbar (Artikel 57 Absatz 1 der Verordnung)

Geschehen zu .... am ....
Unterschrift und/oder Dienstsiegel ....

Gesetz zur Ausführung zwischenstaatlicher Verträge und zur Durchführung von Abkommen der Europäischen Union auf dem Gebiet der Anerkennung und Vollstreckung in Zivil- und Handelssachen (Anerkennungs- und Vollstreckungsausführungsgesetz – AVAG)

Neugefasst durch Bekanntmachung vom 3. Dezember 2009 (BGBl. I S. 3830) (BGBl. III 319-101)

zuletzt geändert durch Art. 1 des Gesetzes zur Durchführung des Haager Übereinkommens vom 30. Juni 2005 über Gerichtsstandsvereinbarungen sowie zur Änderung des Rechtspflegergesetzes, des Gerichts- und Notarkostengesetzes, des Altersteilzeitgesetzes und des Dritten Buches Sozialgesetzbuch vom 10. Dezember 2014 (BGBl. I S. 2082)

Vorbemerkung zu §§ 1 ff

Das AVAG trat am 8.6.1988 in Kraft.[1] Zum 1.1.2010 wurde es zur Durchführung des LugÜ 2007 neu bekanntgemacht.[2] Die letzten Änderungen betrafen die Anpassung an die EuUntVO und das AUG und zum 10.1.2015[3] die Bereinigung um einige Regelungen aufgrund des Inkrafttretens der Brüssel Ia-VO sowie die Einfügung eines Abschnitts zur Durchführung des Haager Übereinkommens von 2005 über Gerichtsstandsvereinbarungen, der aber erst mit Inkrafttreten des Übereinkommens in Kraft tritt.[4] 1

Das AVAG regelt die Ausführung und Durchführung von Verordnungen und Übereinkommen, bei denen **für die Vollstreckbarkeit** ein **Exequaturverfahren** durchlaufen werden muss. Die wichtigste durch das AVAG ausgeführte Verordnung ist die **Brüssel I-VO**, die allerdings nur noch für vor dem 10.1.2015 eingeleitete Verfahren relevant ist, Art. 66 Abs. 2 Brüssel Ia-VO. Das AVAG enthält keine Übergangsvorschriften für die Vollstreckbarerklärung von Alt-Titeln. Es ist aber davon auszugehen, dass die in Art. 66 Abs. 2 Brüssel Ia-VO enthaltene Verweisung auf den alten Text auch die dazugehörigen nationalen Ausführungsvorschriften erfasst. 2

Siehe auch den Schwerpunktbeitrag 10 „Anerkennung und Vollstreckung ausländischer Entscheidungen", Rn 2 f.

Der **Allgemeine Teil des AVAG** (= Teil 1) regelt in seinem Ersten Abschnitt den Anwendungsbereich (§ 1) sowie einzelne Begriffsbestimmungen (§ 2) und in den weiteren acht Abschnitten das Verfahren zur Erteilung der Vollstreckungsklausel. 3

Der **Besondere Teil** (= Teil 2) führt spezielle Regelungen für die einzelnen vom AVAG erfassten Übereinkommen, Verträge und Verordnungen auf. Bedeutung hat hier insb. der **Ausnahmekatalog des § 55 Abs. 1 für die Brüssel I-VO** (s. § 55

---

[1] Erste Fassung vom 30.5.1988 (BGBl. I S. 662), anwendbar ab dem 8.6.1988.
[2] Neufassung durch Bekanntmachung vom 3.12.2009 (BGBl. I S. 3830) aufgrund Art. 6 des Gesetzes vom 10.12.2008 (BGBl. I S. 2399, 2340).
[3] Art. 5 des Gesetzes zur Durchführung der Verordnung (EU) Nr. 1215/2012 sowie zur Änderung sonstiger Vorschriften vom 8.7.2014 (BGBl. I S. 890, 892).
[4] Art. 1 des Gesetzes zur Gesetzes zur Durchführung des Haager Übereinkommens vom 30. Juni 2005 über Gerichtsstandsvereinbarungen sowie zur Änderung des Rechtspflegergesetzes, des Gerichts- und Notarkostengesetzes, des Altersteilzeitgesetzes und des Dritten Buches Sozialgesetzbuch vom 10.12.2014 (BGBl. I S. 2082).

Rn 1), das **LugÜ 2007** (s. § 1 Rn 2, 5; Vor §§ 35–57 Rn 1) und den Vertrag mit **Dänemark** (s. § 1 Rn 1; Vor §§ 35–57 Rn 1). Anstelle von § 3 (Zuständigkeit), § 6 Abs. 1 (Verfahren ohne Anhörung), § 7 Abs. 1 S. 2 und Abs. 2 (Nachweis durch Urkunden), § 11 Abs. 1 S. 2 und Abs. 3 S. 1 Hs 1 und S. 2 (Beschwerdeverfahren) und § 18 (Sicherungsmaßnahmen) gelten die Regeln der Brüssel I-VO unmittelbar. Inhaltlich bestehen allerdings nur zT Abweichungen, da der Ausnahmekatalog vielfach nur dem bei unmittelbar anwendbarem Gemeinschaftsrecht geltenden Wiederholungsverbot (s. § 1 Rn 7) dient. Auf abweichende Regelungen wird bei der Kommentierung der Einzelnormen eingegangen.

4 Im Überblick stellt sich das **Verfahren nach dem Allgemeinen Teil** (zur dogmatischen Einordnung s. § 6 Rn 2) so dar, dass in einer ersten Instanz die Vollstreckbarerklärung des ausländischen Titels beim nach § 3 ausschließlich zuständigen Landgericht beantragt wird. Das Landgericht entscheidet durch Beschluss, gegen den in einer zweiten Instanz das Rechtsmittel der Beschwerde beim zuständigen Oberlandesgericht möglich ist. Gegen den Beschluss des Beschwerdegerichts ist die Rechtsbeschwerde zum Bundesgerichtshof statthaft. Die Vollstreckung des für vollstreckbar erklärten ausländischen Titels bestimmt sich nach nationalem Vollstreckungsrecht.

5 **Voraussetzung für die Klauselerteilung** sind neben einem Antrag und der Vorlage der im AVAG vorgesehenen Urkunden vornehmlich diejenigen, die die Brüssel I-VO bzw die von § 1 Abs. 1 erfassten Vertragswerke aufstellen. Titel nach der Brüssel I-VO werden jedenfalls gemäß deren Art. 33 ipso iure anerkannt und die Vollstreckbarerklärung erfolgt gem. Art. 38 ff Brüssel I-VO, insb. Art. 41 Brüssel I-VO, ohne Prüfung der Anerkennungsvoraussetzungen der Art. 34 und 35 Brüssel I-VO (s. näher dort). Die Regelungen des AVAG zur Zulassung der Zwangsvollstreckung ergänzen jedoch die Verfahrensregelungen der Art. 38 ff Brüssel I-VO.[5]

Teil 1
Allgemeines
Abschnitt 1
Anwendungsbereich; Begriffsbestimmungen

§ 1 Anwendungsbereich

(1) Diesem Gesetz unterliegen
1. die Ausführung folgender zwischenstaatlicher Verträge (Anerkennungs- und Vollstreckungsverträge):
   a) Übereinkommen vom 27. September 1968 über die gerichtliche Zuständigkeit und die Vollstreckung gerichtlicher Entscheidungen in Zivil- und Handelssachen (BGBl. 1972 II S. 773);
   b) Übereinkommen vom 16. September 1988 über die gerichtliche Zuständigkeit und die Vollstreckung gerichtlicher Entscheidungen in Zivil- und Handelssachen (BGBl. 1994 II S. 2658);
   c) Vertrag vom 17. Juni 1977 zwischen der Bundesrepublik Deutschland und dem Königreich Norwegen über die gegenseitige Anerkennung und Vollstreckung gerichtlicher Entscheidungen und anderer Schuldtitel in Zivil- und Handelssachen (BGBl. 1981 II S. 341);

---

5 *Kropholler/von Hein*, Europäisches Zivilprozessrecht, Einl. EuGVO Rn 39.

d) Vertrag vom 20. Juli 1977 zwischen der Bundesrepublik Deutschland und dem Staat Israel über die gegenseitige Anerkennung und Vollstreckung gerichtlicher Entscheidungen in Zivil- und Handelssachen (BGBl. 1980 II S. 925);

e) Vertrag vom 14. November 1983 zwischen der Bundesrepublik Deutschland und Spanien über die Anerkennung und Vollstreckung von gerichtlichen Entscheidungen und Vergleichen sowie vollstreckbaren öffentlichen Urkunden in Zivil- und Handelssachen (BGBl. 1987 II S. 34);

2. *[seit 10.1.2015 geltende Fassung]*[1] die Durchführung des Übereinkommens vom 30. Oktober 2007 über die gerichtliche Zuständigkeit und die Anerkennung und Vollstreckung von Entscheidungen in Zivil- und Handelssachen.

2. *[bis 9.1.2015 geltende Fassung]*[2] die Durchführung folgender Verordnungen und Abkommen der Europäischen Gemeinschaft:

a) der Verordnung (EG) Nr. 44/2001 des Rates vom 22. Dezember 2000 über die gerichtliche Zuständigkeit und die Anerkennung und Vollstreckung von Entscheidungen in Zivil- und Handelssachen (ABl. EG Nr. L 12 S. 1);

b) des Abkommens vom 19. Oktober 2005 zwischen der Europäischen Gemeinschaft und dem Königreich Dänemark über die gerichtliche Zuständigkeit und die Anerkennung und Vollstreckung von Entscheidungen in Zivil- und Handelssachen (ABl. EU Nr. L 299 S. 62);

c) des Übereinkommens vom 30. Oktober 2007 über die gerichtliche Zuständigkeit und die Anerkennung und Vollstreckung von Entscheidungen in Zivil- und Handelssachen (ABl. EU Nr. L 339 S. 3).

2. *[zukünftige Fassung]*[3] die Durchführung folgender Abkommen der Europäischen Union:

a) Übereinkommen vom 30. Oktober 2007 über die gerichtliche Zuständigkeit und die Anerkennung und Vollstreckung von Entscheidungen in Zivil- und Handelssachen;

b) Haager Übereinkommen vom 30. Juni 2005 über Gerichtsstandsvereinbarungen.

(2) ¹Abkommen nach Absatz 1 Nummer 2 werden als unmittelbar geltendes Recht der Europäischen Union durch die Durchführungsbestimmungen dieses Gesetzes nicht berührt. ²Unberührt bleiben auch die Regelungen der Anerkennungs- und Vollstreckungsverträge; dies gilt insbesondere für die Regelungen über

1. den sachlichen Anwendungsbereich,

2. die Art der Entscheidungen und sonstigen Titel, die im Inland anerkannt oder zur Zwangsvollstreckung zugelassen werden können,

---

1 Art. 5 Nr. 3 Buchst. a des Gesetzes zur Durchführung der Verordnung (EU) Nr. 1215/2012 sowie zur Änderung sonstiger Vorschriften vom 8.7.2014 (BGBl. I S. 890, 892).

2 § 1 Abs. 1 Nr. 2 in der vom **18.6.2011–9.1.2015** geltenden, für **Altfälle** weiterhin relevanten Fassung (s. Vor §§ 1 ff Rn 1).

3 § 1 Abs. 1 Nr. 2 idF des Art. 1 Nr. 2 des Gesetzes zur Durchführung des Haager Übereinkommens vom 30. Juni 2005 über Gerichtsstandsvereinbarungen sowie zur Änderung des Rechtspflegergesetzes, des Gerichts- und Notarkostengesetzes, des Altersteilzeitgesetzes und des Dritten Buches Sozialgesetzbuch vom 10.12.2014 (BGBl. I S. 2082). – Die **Änderung** wird **wirksam**, sobald das Haager Übereinkommen vom 30. Juni 2005 über Gerichtsstandsvereinbarungen nach seinem Art. 31 Abs. 1 für die Europäische Union mit Ausnahme Dänemarks in Kraft tritt (s. Art. 8 Abs. 1 S. 1 ÄndG).

3. das Erfordernis der Rechtskraft der Entscheidungen,
4. die Art der Urkunden, die im Verfahren vorzulegen sind, und
5. die Gründe, die zur Versagung der Anerkennung oder Zulassung der Zwangsvollstreckung führen.

(3) Der Anwendungsbereich des Auslandsunterhaltsgesetzes vom 23. Mai 2011 (BGBl. I S. 898) bleibt unberührt.

I. Anerkennungs- und Vollstreckungsverträge, Verordnungen und Abkommen der Europäischen Gemeinschaft (Abs. 1)

1 **Abs. 1 Nr. 1 Buchst. a** erfasst das **EuGVÜ**. Es ist seit Geltung der Brüssel I-VO nicht mehr anwendbar auf mitgliedstaatliche Titel, da die Brüssel I-VO nach ihrem Art. 68 in den Mitgliedstaaten der Europäischen Union an die Stelle des EuGVÜ getreten ist; außerhalb des europäischen Rechtsraums war das EuGVÜ ohnehin nicht anwendbar. Bedeutung hat Buchst. a noch im Hinblick auf „alte" Titel, dh solche aus Verfahren, die vor Inkrafttreten der Brüssel I-VO rechtshängig wurden (Art. 66 Brüssel I-VO), sowie im Verhältnis zu wenigen abhängigen, vom Mutterland eines Mitgliedstaates (v.a. Frankreich, Vereinigtes Königreich)[4] räumlich getrennten, idR überseeischen Gebieten (Art. 68 Abs. 1 Brüssel I-VO iVm Art. 355 AEUV). Seit dem 1.7.2007 gilt die Brüssel I-VO auch für und im Verhältnis zu Dänemark,[5] so dass auch hier der Anwendungsbereich des EuGVÜ nicht mehr eröffnet ist (s. Rn 4).

2 **Abs. 1 Nr. 1 Buchst. b** führt das alte **LugÜ 1988** in den Anwendungsbereich des AVAG. Es gilt im Verhältnis zur Schweiz, zu Island und Norwegen, wurde aber durch das revidierte LugÜ 2007[6] (s. Rn 5) ersetzt (s. Art. 69 revidiertes LugÜ). Das alte LugÜ gilt noch übergangsweise für Verfahren, die vor Inkrafttreten des revidierten LugÜ rechtshängig wurden (s. Art. 63 revidiertes LugÜ).

3 **Abs. 1 Nr. 1 Buchst. c–e** erfassen bilaterale Abkommen mit Norwegen, Israel und Spanien. Die Abkommen mit Spanien und Norwegen haben wegen des LugÜ (Norwegen) und der Brüssel I-VO (Spanien) nur noch geringe Bedeutung.[7] Bei dem Abkommen mit Israel bestehen inhaltlich viele Übereinstimmungen mit dem EuGVÜ.[8]

4 **Abs. 1 Nr. 2** (idF seit 10.1.2015) bezieht sich auf das **revidierte LugÜ 2007**, mit dem das alte LugÜ 1988 an die Regelungen der Brüssel I-VO angepasst wurde.[9] Durch die Streichung des Fundstellenverweises soll verdeutlicht werden, dass es sich um eine dynamische Verweisung handelt.[10] Auch das revidierte LugÜ gilt im Verhältnis zu Island, Norwegen und der Schweiz. Unterhaltstitel nach dem revidierten LugÜ unterfallen allerdings inzwischen nicht mehr dem AVAG, sondern gem. Abs. 3 iVm § 1 Abs. 1 Nr. 1 Buchst. c AUG diesem Gesetz (s. Rn 9).

5 **Abs. 1 Nr. 2 aF** (idF bis 9.1.2015) Buchst. a benennt die maßgeblichste gemeinschaftsrechtliche Verordnung im europäischen Zivilprozessrecht, nämlich die **Brüssel I-VO**. In Dänemark ist sie wegen deren Art. 1 Abs. 3 nur über das in **Abs. 1 Nr. 2 aF Buchst. b** genannte Abkommen anwendbar. Die neue **Brüssel Ia-**

---

4 Aufzählung *Kropholler/von Hein*, Europäisches Zivilprozessrecht, Einl. EuGVO Rn 77 ff.
5 Dazu *R. Wagner*, EuZW 2006, 426.
6 ABl. EU Nr. L 339, S. 1 f, 3 ff.
7 *Nagel/Gottwald*, Internationales Zivilprozessrecht, § 15 Rn 171 ff, 179 ff.
8 *Nagel/Gottwald*, Internationales Zivilprozessrecht, § 15 Rn 146 ff, auch zu den einzelnen Versagungsgründen.
9 Erwägungsgrund 3 und 4, ABl. EU Nr. L 339, S. 1.
10 BT-Drucks. 18/823, S. 25.

VO[11] sieht kein Exequaturverfahren mehr vor. Sie wird nicht mehr vom Regelungsbereich des AVAG erfasst, das AVAG wurde – ohne ausdrückliche Übergangsregelung (s. Vor §§ 1 ff Rn 2) – um die entsprechenden Vorschriften bereinigt.[12] Die Vorschriften zur Durchführung der Brüssel Ia-VO wurden in Buch 11 der ZPO („Justizielle Zusammenarbeit in der Europäischen Union"), dort als §§ 1110–1117 ZPO, eingefügt (s. Kommentierung dort). Zu Abs. 1 Nr. 2 aF Buchst. c siehe Nr. 2 idF seit 10.1.2015 (s. Rn 4).

Zu **Abs. 1 Nr. 2 nF** (zukünftige Fassung) **Buchst. a** siehe Nr. 2 idF seit 10.1.2015 (s. Rn 4). Sobald das Haager Übereinkommen vom 30. Juni 2005 über Gerichtsstandsvereinbarungen nach seinem Art. 31 Abs. 1 für die Europäische Union (mit Ausnahme Dänemarks) in Kraft tritt, wird es ebenfalls vom Anwendungsbereich des AVAG, dann in **Nr. 2 nF Buchst. b**, erfasst. Das Übereinkommen wurde durch die Europäische Union bereits unterzeichnet, aber noch nicht ratifiziert.[13]   5a

Eine **nach Ländern sortierte Übersicht** über die für Anerkennung und Vollstreckung von Entscheidungen einschlägigen Rechtsakte bietet etwa das Online-Justizportal zur Internationalen Rechtshilfe.[14]   6

II. Unmittelbare Geltung der Europäischen Verordnungen und Abkommen; Unberührtheit der zwischenstaatlichen Verträge (Abs. 2)

Die Brüssel I-VO und das LugÜ 2007 haben ebenso wie die zwischenstaatlichen Verträge nach Abs. 1 Nr. 1 **Vorrang vor dem AVAG**. Die Brüssel I-VO schafft in Art. 38 ff Vorgaben und Verfahren für die Vollstreckbarerklärung, die in Deutschland unmittelbar gelten und durch das AVAG **weder wiederholt noch geändert** werden dürfen. Der Vorrang der Brüssel I-VO bedeutet also, dass widersprechende Regelungen des AVAG nicht gelten und dass auch Doppelregelungen ausgeschlossen sind. Der für Altfälle (s. Vor §§ 1 ff Rn 2) nach wie vor geltende § 55 (alter Anwendungsbereich) sieht deshalb vor, dass einige Regeln des AVAG auf die Vollstreckbarerklärung von Titeln im Anwendungsbereich der Brüssel I-VO keine Anwendung finden. Im Hinblick auf Neufälle erfasst der Abschnitt 6 nur noch das LugÜ 2007, nicht mehr die Brüssel I-VO. Das **Verbot des Widerspruchs zur Brüssel I-VO** führt dazu, dass das AVAG die Anerkennung und Vollstreckbarerklärung gegenüber der Brüssel I-VO, aber auch den sonstigen Abkommen und zwischenstaatlichen Verträgen nicht erschweren darf.[15] Das umfasst auch die Interpretation des europäischen Zivilprozessrechts durch den EuGH, die deshalb bei der Auslegung des AVAG zu beachten ist.[16] Konsequenz ist, dass auch Regelungen des AVAG, die nicht schon durch § 55 ausgeschlossen sind, nur **eingeschränkte oder gar keine Anwendung** finden können (s. etwa Diskussion zu: Bekanntgabe – § 10 Rn 3; materielle Einwendungen – § 12 Rn 3 ff u. § 14 Rn 2; einstweiliger Rechtsschutz – §§ 18–24 Rn 3).   7

Die in Abs. 2 aufgeführten **durchnummerierten Beispiele** für mögliche Kollisionspunkte illustrieren den Nachrang des AVAG im Hinblick auf die wichtigsten Voraussetzungen, die die internationalen Regelungen des Abs. 1 aufführen. Die Aufzählung ist nicht abschließend, weist aber darauf hin, dass die Beantwortung der   8

---

11 Verordnung (EU) Nr. 1215/2012 des Europäischen Parlaments und des Rates vom 12. Dezember 2012 über die gerichtliche Zuständigkeit und die Anerkennung und Vollstreckung von Entscheidungen in Zivil- und Handelssachen (ABl. L 351 vom 20.12.2012, S. 1).
12 BT-Drucks. 18/823, S. 16.
13 Aktueller Status des Übereinkommens abrufbar unter http://www.hcch.net/index_de.php?act=conventions.status&cid=98 (zuletzt abgerufen am 8.5.2015).
14 Siehe www.ir-online.nrw.de/landliste.jsp (zuletzt abgerufen am 8.5.2015).
15 BT-Drucks. 11/351, S. 8.
16 *Kropholler/von Hein*, Europäisches Zivilprozessrecht, Art. 38 EuGVO Rn 6.

III. Unberührtheit des AUG (Abs. 3)

9 Einige bislang durch das AVAG geregelte Sachverhalte sind seit dem 18.6.2011 Regelungsgegenstand des AUG.[18] Das betrifft insb. die EuUntVO sowie Unterhaltstitel nach dem LugÜ 2007 und dem HZVÜ 1973. Abs. 3 stellt klar, dass das AUG insoweit dem AVAG vorgeht. Obwohl die EuUntVO in Dänemark keine Anwendung findet, richtet sich die Vollstreckung von Unterhaltstiteln aus Dänemark wegen Abs. 3 iVm § 1 Abs. 1 Nr. 1 Buchst. c AUG ebenfalls nach dem AUG und nicht nach dem AVAG.

§ 2 Begriffsbestimmungen

Im Sinne dieses Gesetzes ist
1. Mitgliedstaat jeder Mitgliedstaat der Europäischen Union,
2. Titel jede Entscheidung, jeder gerichtliche Vergleich und jede öffentliche Urkunde, auf die oder den der jeweils auszuführende Anerkennungs- und Vollstreckungsvertrag nach § 1 Absatz 1 Nummer 1 oder das jeweils durchzuführende Abkommen nach § 1 Absatz 1 Nummer 2 Anwendung findet, und
3. Vertragsstaat jeder Staat, mit dem die Bundesrepublik Deutschland einen Anerkennungs- und Vollstreckungsvertrag nach § 1 Absatz 1 Nummer 1 abgeschlossen hat.

1 Zu Nr. 1. Inzwischen ist die Brüssel I-VO auch in Dänemark anwendbar (s. § 1 Rn 4).

2 Zu Nr. 2. Das AVAG meint mit „Titel" all diejenigen Urkunden, auf die die von seinem § 1 Abs. 1 erfassten Übereinkommen und Verträge Anwendung finden. Sowohl richterliche Entscheidungen (einschließlich einstweiliger Verfügungen)[1] als auch Prozessvergleiche und öffentliche Urkunden sind erfasst. Speziell für die noch übergangsweise geltende Brüssel I-VO führt dies zur Anwendbarkeit des AVAG auf sämtliche von Art. 32 Brüssel I-VO erfassten gerichtlichen Entscheidungen in Zivil- und Handelssachen (Art. 1 Brüssel I-VO). Im Hinblick auf nichtrichterliche Titel (öffentliche Urkunden und Prozessvergleiche) gilt im Anwendungsbereich der Brüssel I-VO deren Art. 57.

Abschnitt 2
Zulassung der Zwangsvollstreckung aus ausländischen Titeln

§ 3 Zuständigkeit

(1) Für die Vollstreckbarerklärung von Titeln aus einem anderen Staat ist das Landgericht ausschließlich zuständig.

(2) ¹Örtlich zuständig ist ausschließlich das Gericht, in dessen Bezirk der Verpflichtete seinen Wohnsitz hat, oder, wenn er im Inland keinen Wohnsitz hat, das Gericht, in dessen Bezirk die Zwangsvollstreckung durchgeführt werden soll.

---

17 BT-Drucks. 11/351, S. 18.
18 *Eichel*, GPR 2011, 193.
1 Zuletzt OLG München EuZW 2011, 79.

²Der Sitz von Gesellschaften und juristischen Personen steht dem Wohnsitz gleich.

(3) Über den Antrag auf Erteilung der Vollstreckungsklausel entscheidet der Vorsitzende einer Zivilkammer.

I. Sachliche, örtliche und funktionale Zuständigkeit

Die Zuständigkeiten sind sämtlich **ausschließlich**. Sachlich ist das Landgericht zuständig (Abs. 1); **örtlich** vorrangig das Gericht des Schuldner(wohn)sitzes (Abs. 2 S. 1 Var. 1). Nur falls ein inländischer Schuldnersitz nicht besteht, ist subsidiär das Gericht des Ortes zuständig, an dem die Vollstreckung stattfinden soll (Abs. 2 S. 1 Var. 2). Entscheidend ist für Letzteres der Vortrag des Antragstellers, nicht aber die tatsächliche Erfolgsaussicht der Vollstreckung an diesem Ort. Behauptet der Gläubiger, an dem von ihm angegebenen Ort vollstrecken zu wollen, weil sich dort Vermögen befinde, genügt dies für die örtliche Zuständigkeit.[1] Die **funktionale** Zuweisung an den Vorsitzenden einer Zivilkammer (Abs. 3) meint diesen als eigenständigen Spruchkörper und nicht als „Einzelrichter" iSd §§ 348 ff ZPO mit der Folge, dass über eine Beschwerde der Zivilsenat zu entscheiden hat und nicht der Einzelrichter des Oberlandesgerichts gem. § 568 ZPO.[2] Die Zuständigkeit kann im Beschwerdeverfahren nach §§ 11 ff, nicht aber im Rechtsbeschwerdeverfahren gerügt werden.[3]

1

II. Keine Anwendbarkeit bei Titeln, die der Brüssel I-VO unterfallen

§ 3 ist nach § 55 Abs. 1 (alter Anwendungsbereich) wegen des Widerspruchs- und Wiederholungsverbots (vgl § 1 Rn 7) nicht auf die Brüssel I-VO anwendbar. Auch nach Art. 39 Abs. 1 Brüssel I-VO (s. näher dort) iVm Anhang II zur Brüssel I-VO ist der Vorsitzende einer Kammer des Landgerichts sachlich und funktionell zuständig, im Fall der Vollstreckbarerklärung eines notariellen Titels auch ein Notar. Im Hinblick auf die örtliche Zuständigkeit ergibt sich aus Art. 39 Abs. 2 Brüssel I-VO – anders als bei § 3 Abs. 2 S. 1 – ein vom inländischen Sitz des Schuldners unabhängiges Wahlrecht zwischen dem Schuldnersitz und dem Ort der Vollstreckung. Auch im Hinblick auf das revidierte LugÜ gilt die Regelung wegen § 55 nicht.

2

Im Fall mehrerer Schuldner bestimmt sich die Zuständigkeit analog Art. 6 Nr. 1 Brüssel I-VO, dh, örtlich ist jedes Landgericht zuständig, in dem einer der Schuldner seinen (Wohn-)Sitz hat.[4]

3

III. Weitere Sonderregeln

Sonderregeln ergeben sich auch aus § 44 Abs. 1 (Abkommen mit Norwegen), § 49 Abs. 1 (Abkommen mit Israel), § 1 Abs. 2 S. 2 iVm Art. 32 EuGVÜ (entspricht aber Art. 39 Brüssel I-VO; s. dazu Rn 2).

4

---

1 OLG München EuZW 2011, 79.
2 OLG Nürnberg WM 2011, 700; OLG Köln InVo 2006, 332, jew. mwN.
3 OLG Köln OLGZ 1994, 370; Hk-ZPO/*Dörner*, AVAG Rn 8; Zöller/*Geimer*, ZPO, Anh. III. AVAG, § 3 Rn 1; Musielak/*Lackmann*, ZPO, Anhang 3. AVAG, § 3 Rn 2, teils einschr. *ders.*, aaO, EuGVVO Art. 45 Rn 1 a.
4 Musielak/*Lackmann*, ZPO, Anhang 3. AVAG, § 3 Rn 2.

§ 4 Antragstellung

(1) Der in einem anderen Staat vollstreckbare Titel wird dadurch zur Zwangsvollstreckung zugelassen, dass er auf Antrag mit der Vollstreckungsklausel versehen wird.

(2) Der Antrag auf Erteilung der Vollstreckungsklausel kann bei dem zuständigen Gericht schriftlich eingereicht oder mündlich zu Protokoll der Geschäftsstelle erklärt werden.

(3) Ist der Antrag entgegen § 184 des Gerichtsverfassungsgesetzes nicht in deutscher Sprache abgefasst, so kann das Gericht dem Antragsteller aufgeben, eine Übersetzung des Antrags beizubringen, deren Richtigkeit von einer
1. in einem Mitgliedstaat der Europäischen Union oder in einem anderen Vertragsstaat des Abkommens über den Europäischen Wirtschaftsraum oder
2. in einem Vertragsstaat des jeweils auszuführenden Anerkennungs- und Vollstreckungsvertrags

hierzu befugten Person bestätigt worden ist.

(4) Der Ausfertigung des Titels, der mit der Vollstreckungsklausel versehen werden soll, und seiner Übersetzung, soweit eine solche vorgelegt wird, sollen zwei Abschriften beigefügt werden.

I. Antragsverfahren

1 Das Verfahren wird nach Abs. 1 durch **Antrag** eingeleitet. Der Antrag ist an das nach § 3 zuständige Gericht zu richten. Bei **schriftlichen** Anträgen finden grds. die Soll-Vorgaben des § 130 ZPO Anwendung, aus denen sich nach allgemeiner Ansicht das zwingende Erfordernis einer Unterschrift ergibt.[1] Ein Nachholen der Unterschrift kommt bis zum Ende des Vollstreckbarerklärungsverfahrens (einschließlich Beschwerdeinstanz) in Betracht.[2] Auch ein **mündlicher** Antrag zu Protokoll ist möglich (Abs. 2). **Anwaltszwang** besteht wegen § 6 Abs. 3 nicht, obwohl eine ausschließliche landgerichtliche Zuständigkeit (§ 3 Abs. 1) gegeben ist. Das Gericht kann nach Abs. 3 bei **nicht deutschsprachigen Anträgen** eine Übersetzung verlangen. Die Deutschsprachigkeit ist zwar von § 184 GVG gefordert, die Formulierung macht aber deutlich, dass ein fremdsprachiger Antrag nicht unzulässig ist. Beantragt wird (vgl § 8),

▶ das Urteil ... mit der Vollstreckungsklausel zu versehen.[3] ◀

2 Beigefügt werden nach Abs. 4 die **Ausfertigung des Titels**, ggf einschließlich seiner Übersetzung, sowie zwei Abschriften. Hier genügt auch eine unbeglaubigte Übersetzung.[4] **Antragsteller** ist der Titelgläubiger, **Antragsgegner** ist der Titelschuldner. Im Fall der Rechtsnachfolge gilt § 7 Abs. 1 S. 1.

3 Die **Voraussetzungen** für einen begründeten Antrag, der zur Erteilung des Exequaturs führt, ergeben sich aus den Verträgen gem. § 1 Abs. 1 bzw der Brüssel I-VO (s. Art. 38 Brüssel I-VO). Jedenfalls ist eine **Vollstreckbarkeit des Titels im Ursprungsstaat** erforderlich, und der Titel muss im Hinblick auf Inhalt und Umfang der Leistungspflicht **hinreichend bestimmt** sein (s. Rn 4). Eine inhaltliche Überprüfung des Titels, dh vornehmlich die **Nachprüfung** der Gesetzmäßigkeit

---

1 BGH NJW-RR 2013, 1395.
2 OLG Nürnberg IPRspr 2011, Nr. 267, 706.
3 Musterantrag für das Verfahren nach Art. 38 EuGVVO s. *Eberl/Eberl*, in: Saenger/Ullrich/Siebert, ZPO, Gesetzesformulare, Kommentiertes Prozessformularbuch, Nr. 1212.
4 BGHZ 75, 167.

der ausländischen Entscheidung, ist **ausgeschlossen** (**Verbot der révision au fond**). Ein Exequatur eines Exequaturs ist nicht möglich.

II. Bestimmtheit des Titels

Der Titel muss für einen erfolgreichen Antrag hinreichend bestimmt sein (vgl Art. 38 Brüssel I-VO). Schwierigkeiten kann dies bereiten, wenn sein Inhalt erst mit Hilfe äußerer Umstände ermittelt werden kann (zB ausländische Wertsicherungsklauseln, Indizes; sog. **systembedingt offene Auslandstitel**).[5] Grundsätzlich gelten hier dieselben Vorgaben wie nach dem Bestimmtheitsgebot für deutsche Titel (vgl § 704 ZPO). Möglich ist aber, die ausländischen Titel im Vollstreckbarerklärungsverfahren anhand der in ihnen bezeichneten Berechnungs- und Bewertungskriterien zu **konkretisieren**.[6] Der Inhalt der Konkretisierung wird in die Klausel aufgenommen (vgl § 9 Rn 2). Ihre Grenze findet die Konkretisierungsbefugnis am Verbot der inhaltlichen Überprüfung (s. Rn 3) der Entscheidung. Davon ist auszugehen, wenn es an einer festen und allgemein zugänglichen Bezugsgröße fehlt; die Vollstreckungsklausel ist dann zu versagen.[7] Neben dem inländischen Bestimmtheitsgebot finden für die Titelauslegung auch die Regeln des ausländischen Ursprungsstaates Anwendung. Das bedeutet, dass Forderungen, die im ausländischen Titel nicht ausdrücklich erwähnt sind, aber im Ursprungsstaat auch ohne eine solche Titulierung beigetrieben werden dürfen, auch im Inland für vollstreckbar erklärt werden können.[8]

4

III. Sonderregeln

Für das Verfahren nach der Brüssel I-VO sehen Art. 40, 53–55, 57, 58 Brüssel I-VO (s. näher jeweils dort sowie § 57 Rn 1) weitere Urkunden vor, die neben denjenigen des Abs. 4 vorgelegt werden müssen. Die Übersetzung des Titels oder der sonstigen Anlagen kann hier nach Art. 55 Abs. 2 Brüssel I-VO gefordert werden.

5

§ 5 Zustellungsempfänger

(1) Hat die antragstellende Person in dem Antrag keinen Zustellungsbevollmächtigten im Sinn des § 184 Absatz 1 Satz 1 der Zivilprozessordnung benannt, so können bis zur nachträglichen Benennung alle Zustellungen an sie durch Aufgabe zur Post (§ 184 Absatz 1 Satz 2 und Absatz 2 der Zivilprozessordnung) bewirkt werden.

(2) Absatz 1 gilt nicht, wenn die antragstellende Person einen Verfahrensbevollmächtigten für das Verfahren bestellt hat, an den im Inland zugestellt werden kann.

Art. 40 Abs. 2 Brüssel I-VO sowie die Übereinkommen nach § 1 Abs. 1[1] fordern die Benennung eines Zustellungsbevollmächtigten. Wenn kein Zustellungsbevollmächtigter benannt wurde, ermöglicht § 5 eine **fiktive Inlandszustellung** nach § 184 ZPO per Post an den im Ausland ansässigen **Antragsteller**.[2] Das Gericht

1

---

5 *H. Roth*, IPRax 2006, 22.
6 BGH NJW 1990, 3084; BGH NJW 1986, 1440; OLG Köln FamFR 2011, 344; OLG Zweibrücken IPRax 2006, 49; OLG Köln IPRax 2006, 51; *Gaul*, in: Gaul/Schilken/Becker-Eberhard, Zwangsvollstreckungsrecht, § 10 Rn 40; *Lakkis*, ebd., § 12 Rn 24.
7 OLG Köln FamFR 2011, 344 („Ein Viertel aller Arten des Arbeitslohns").
8 BGH NJW 2014, 702.
1 Musielak/*Lackmann*, ZPO, Anhang 3. AVAG, § 5 Rn 1 mwN.
2 Nicht anwendbar aber für Zustellungen, etwa des Titels, an den Schuldner im Rahmen der EuZVO (Verordnung EG Nr. 1348/2000): BGHZ 188, 164.

darf aber nicht an Stelle des Verfahrens nach § 5 selbst einen Zustellungsbevollmächtigten benennen. Ersetzt werden kann das Verfahren nach Abs. 1 durch die Bestellung eines Verfahrensbevollmächtigten (nicht zwingend Rechtsanwalt, s. § 6 Abs. 3) nach Abs. 2.

§ 6 Verfahren

(1) Das Gericht entscheidet ohne Anhörung des Verpflichteten.

(2) ¹Die Entscheidung ergeht ohne mündliche Verhandlung. ²Jedoch kann eine mündliche Erörterung mit dem Antragsteller oder seinem Bevollmächtigten stattfinden, wenn der Antragsteller oder der Bevollmächtigte hiermit einverstanden ist und die Erörterung der Beschleunigung dient.

(3) Im ersten Rechtszug ist die Vertretung durch einen Rechtsanwalt nicht erforderlich.

1 Das Vollstreckbarerklärungsverfahren ist ein **Beschlussverfahren** (s. dazu § 8). Für Ausschluss oder Zulassung der **mündlichen Verhandlung** ist auch § 7 Abs. 2 zu beachten. Die Regelung des § 6 gilt gem. § 55 (alter Anwendungsbereich) wegen des Wiederholungsverbots (§ 1 Rn 7) nicht für das Verfahren nach der Brüssel I-VO; inhaltlich entspricht aber Art. 41 S. 2 Brüssel I-VO den Vorgaben des § 6.

2 Das erstinstanzliche Verfahren der Vollstreckbarerklärung nach dem AVAG ist – anders als dasjenige nach §§ 722 ff ZPO,[1] welches es gerade ersetzt[2] – kein kontradiktorisches Verfahren.[3] Es ist ein formalisiertes Zwischenverfahren zwischen Erkenntnis- und Vollstreckungsverfahren.[4] Die allgemeinen Vorschriften der ZPO im ersten Rechtszug – etwa Unterbrechung wegen Insolvenz oder Möglichkeit der Erledigung der Hauptsache[5] – finden also keine Anwendung. Erst das Beschwerdeverfahren (§§ 11 ff) ist ein kontradiktorisches Erkenntnisverfahren.[6]

§ 7 Vollstreckbarkeit ausländischer Titel in Sonderfällen

(1) ¹Hängt die Zwangsvollstreckung nach dem Inhalt des Titels von einer dem Berechtigten obliegenden Sicherheitsleistung, dem Ablauf einer Frist oder dem Eintritt einer anderen Tatsache ab oder wird die Vollstreckungsklausel zugunsten eines anderen als des in dem Titel bezeichneten Berechtigten oder gegen einen anderen als den darin bezeichneten Verpflichteten beantragt, so ist die Frage, inwieweit die Zulassung der Zwangsvollstreckung von dem Nachweis besonderer Voraussetzungen abhängig oder ob der Titel für oder gegen den anderen vollstreckbar ist, nach dem Recht des Staates zu entscheiden, in dem der Titel errichtet ist. ²Der Nachweis ist durch Urkunden zu führen, es sei denn, dass die Tatsachen bei dem Gericht offenkundig sind.

(2) ¹Kann der Nachweis durch Urkunden nicht geführt werden, so ist auf Antrag des Berechtigten der Verpflichtete zu hören. ²In diesem Falle sind alle Beweismittel zulässig. ³Das Gericht kann auch die mündliche Verhandlung anordnen.

---

1 BGH FamRZ 2008, 1749.
2 BT-Drucks. 11/351, S. 19.
3 BGH NJW-RR 2010, 571.
4 Vgl EuGH NJW 2011, 3506 („Prism Investment").
5 BGH NJW-RR 2010, 571.
6 OLG Köln ZIP 2007, 2287 mwN; *Gruber*, IPRax 2007, 426.

I. Besondere Voraussetzungen für die Vollstreckbarkeit

Die Norm regelt, wie die für die Vollstreckbarerklärung notwendige (s. § 4 Rn 3) Vollstreckbarkeit im Ursprungsstaat in Sonderfällen nachgewiesen werden muss. Betroffen sind Titel, nach deren Inhalt der Vollstreckungsbeginn von besonderen Voraussetzungen (Kalendertag, Sicherheitsleistung etc.) abhängig ist, oder bei denen eine titelergänzende oder titelübertragende Klausel mit konstitutiver Bedeutung beantragt ist. Entscheidend ist dabei, inwieweit der **Ursprungsstaat** die Zulassung der Zwangsvollstreckung regelt und **ob** er die Vollstreckbarkeit gegen andere zulässt. Die Vollstreckbarerklärung setzt nämlich immer die Vollstreckbarkeit im Ursprungsstaat voraus, so dass sich auch die besonderen Voraussetzungen für die Vollstreckbarkeit nach dem Recht dieses Staates richten. Wie der Nachweis zu führen ist, wird aber von Abs. 1 S. 2 und Abs. 2 vorgegeben. So genügt etwa die Offenkundigkeit der Tatsachen, von denen die Vollstreckung abhängt, und es sind auch Privaturkunden zulässig.[1] Im Verfahren nach Anhörung sind alle Beweismittel zulässig. Das Gericht kann die mündliche Verhandlung zulassen.

II. Keine Anwendbarkeit auf Verfahren nach der Brüssel I-VO, dem revidierten LugÜ 2007 und den Vertrag mit Dänemark

§ 55 (alter Anwendungsbereich) sieht vor, dass § 7 Abs. 1 S. 2 und Abs. 2 (s. Art. 55 Brüssel I-VO) keine Anwendung findet. Die Vorschriften der Brüssel I-VO lassen insoweit auch inhaltlich keinen Raum.[2] An die Stelle treten für die Beweisführung und Anhörung Art. 40 Abs. 3, 41, 53–55 Brüssel I-VO bzw das revidierte LugÜ (s. jew. dort). Das gilt auch für die anderen von § 1 Abs. 1 Nr. 2 erfassten Abkommen. Da § 7 Abs. 1 S. 2 nicht anzuwenden ist, kann etwa der Nachweis der Rechtsnachfolge mit allen Beweismitteln geführt werden.[3]

Der Anwendungsbereich des Abs. 1 S. 1 wird jedoch nicht ausgeschlossen; er entspricht vielmehr der Natur des Vollstreckbarerklärungsverfahrens auch nach der Brüssel I-VO, da jedenfalls die Vollstreckbarkeit im Ursprungsstaat erforderlich ist.[4]

§ 8 Entscheidung

(1) ¹Ist die Zwangsvollstreckung aus dem Titel zuzulassen, so beschließt das Gericht, dass der Titel mit der Vollstreckungsklausel zu versehen ist. ²In dem Beschluss ist die zu vollstreckende Verpflichtung in deutscher Sprache wiederzugeben. ³Zur Begründung des Beschlusses genügt in der Regel die Bezugnahme auf das durchzuführende Abkommen der Europäischen Union oder den auszuführenden Anerkennungs- und Vollstreckungsvertrag sowie auf von dem Antragsteller vorgelegte Urkunden. ⁴Auf die Kosten des Verfahrens ist § 788 der Zivilprozessordnung entsprechend anzuwenden.

(2) ¹Ist der Antrag nicht zulässig oder nicht begründet, so lehnt ihn das Gericht durch mit Gründen versehenen Beschluss ab. ²Die Kosten sind dem Antragsteller aufzuerlegen.

---

1 BT-Drucks. 11/351, S. 20; grds. ist der Nachweis der Rechtsnachfolge durch Urkunden zu führen, BGH IPRspr 2012, Nr. 259 b, 577-581 (12.1.2012).
2 *Eichel*, GPR 2011, 193, 195; *Meller-Hannich*, GPR 2012, 90, 92 (aber str; aA etwa Rauscher/*Staudinger*, EuZPR/EuIPR (2011), Art. 55 Brüssel I-VO Rn 1 mit Fn 5).
3 BGH IPRspr 2012, Nr. 259 b, 577-581.
4 BGH NJW-RR 2006, 1290 mwN.

I. Entscheidung durch Beschluss

1 Der Vorsitzende prüft, ob der Antrag zulässig und begründet ist, wobei die Prüfung sachlich nur darauf bezogen ist, ob der vorgelegte Titel in den Anwendungsbereich der Brüssel I-VO oder eines der in § 1 Abs. 1 aufgeführten Abkommen fällt, und ob nach deren Vorgaben ein Versagungsgrund für die Vollstreckbarerklärung vorliegt. Er entscheidet entweder, dass der **Titel mit einer Vollstreckungsklausel zu versehen** ist, oder lehnt den Antrag ab. Der **ablehnende Beschluss** ist zu **begründen** (Abs. 2 S. 1). Bei stattgebendem Beschluss werden die Akten der Geschäftsstelle zugeleitet und die Klausel durch den **Urkundsbeamten der Geschäftsstelle** mit dem Inhalt des § 9 erteilt. Gegebenenfalls ist der Inhalt des Titels zu konkretisieren (s. § 4 Rn 4, § 9 Rn 2). Soweit der Titel auf eine Fremdwährung lautet, erfolgt die Umrechnung nicht in dem Beschluss, sondern im Vollstreckungsverfahren durch das jeweilige Vollstreckungsorgan.[1] Für die Kosten gilt § 788 ZPO entsprechend (Abs. 1 S. 4), so dass die Kosten zu den **Kosten der Zwangsvollstreckung** gehören und damit zugleich mit dem titulierten Anspruch beigetrieben werden. Diese Regelung macht aber nur bei stattgebendem Beschluss Sinn. Wurde der Antrag zurückgewiesen, müssen die allgemeinen Grundsätze der ZPO (§§ 91 ff ZPO) im Hinblick auf die Kosten Anwendung finden.[2]

II. Bekanntgabe des Beschlusses und Rechtsbehelfe

2 Der Beschluss ist gemäß den Vorgaben des § 10 bekanntzugeben. Gegen die Entscheidung kann Beschwerde nach §§ 11 ff eingelegt werden.

§ 9 Vollstreckungsklausel

(1) [1]Auf Grund des Beschlusses nach § 8 Absatz 1 erteilt der Urkundsbeamte der Geschäftsstelle die Vollstreckungsklausel in folgender Form:

„Vollstreckungsklausel nach § 4 des Anerkennungs- und Vollstreckungsausführungsgesetzes. Gemäß dem Beschluss des .... (Bezeichnung des Gerichts und des Beschlusses) ist die Zwangsvollstreckung aus .... (Bezeichnung des Titels) zugunsten .... (Bezeichnung des Berechtigten) gegen .... (Bezeichnung des Verpflichteten) zulässig.

Die zu vollstreckende Verpflichtung lautet:

.... (Angabe der dem Verpflichteten aus dem ausländischen Titel obliegenden Verpflichtung in deutscher Sprache; aus dem Beschluss nach § 8 Absatz 1 zu übernehmen). Die Zwangsvollstreckung darf über Maßregeln zur Sicherung nicht hinausgehen, bis der Gläubiger eine gerichtliche Anordnung oder ein Zeugnis vorlegt, dass die Zwangsvollstreckung unbeschränkt stattfinden darf."

[2]Lautet der Titel auf Leistung von Geld, so ist der Vollstreckungsklausel folgender Zusatz anzufügen:

„Solange die Zwangsvollstreckung über Maßregeln zur Sicherung nicht hinausgehen darf, kann der Schuldner die Zwangsvollstreckung durch Leistung einer Sicherheit in Höhe von .... (Angabe des Betrages, wegen dessen der Berechtigte vollstrecken darf) abwenden."

(2) Wird die Zwangsvollstreckung nur für einen oder mehrere der durch die ausländische Entscheidung zuerkannten oder in einem anderen ausländischen Titel

---

1 Hk-ZPO/*Kindl*, §§ 722, 723 ZPO Rn 15.
2 BT-Drucks. 11/351, S. 21.

niedergelegten Ansprüche oder nur für einen Teil des Gegenstands der Verpflichtung zugelassen, so ist die Vollstreckungsklausel als „Teil-Vollstreckungsklausel nach § 4 des Anerkennungs- und Vollstreckungsausführungsgesetzes" zu bezeichnen.

(3) ¹Die Vollstreckungsklausel ist von dem Urkundsbeamten der Geschäftsstelle zu unterschreiben und mit dem Gerichtssiegel zu versehen. ²Sie ist entweder auf die Ausfertigung des Titels oder auf ein damit zu verbindendes Blatt zu setzen. ³Falls eine Übersetzung des Titels vorliegt, ist sie mit der Ausfertigung zu verbinden.

I. Erteilung der Klausel auf Anordnung des Vorsitzenden

Soweit der Vorsitzende den Antrag für zulässig und begründet hält (s. §§ 3, 4) und dem Antrag auf Erteilung der Vollstreckungsklausel entspricht, ordnet er damit die Erteilung der Vollstreckungsklausel durch den Urkundsbeamten der Geschäftsstelle an. Maßgeblicher nach außen gerichteter Entscheidungsinhalt ist der Beschluss iSd § 8. Soweit eine Konkretisierung des Titels notwendig und möglich ist (s. § 4 Rn 4), wird sie im Beschluss vorgenommen. Die Erteilung der Klausel ist nur eine innere Angelegenheit des Gerichts, so dass sie für sich allein nicht selbständig beschwerdefähig ist. Die Förmlichkeiten für das Vorgehen des Urkundsbeamten beschreibt Abs. 3. Im Hinblick auf Abs. 3 S. 2 und 3 ist auf § 4 Abs. 4 zu verweisen.

II. Inhalt der Klausel

Die Klausel soll es dem Vollstreckungsorgan ermöglichen, aus dem ausländischen Titel wie aus einem inländischen zu vollstrecken.[1] Der ggf konkretisierte (s. § 4 Rn 4) Inhalt der Verpflichtung ist aus dem richterlichen Beschluss in die Klausel zu übernehmen. Im Hinblick auf das dem Schuldner bislang nicht gewährte Gehör (§ 6 Abs. 1) darf die Vollstreckung bis zum Ablauf der Beschwerdefrist bzw bis zur Entscheidung über die Beschwerde nicht über **Sicherungsmaßnahmen** hinausgehen (§§ 18–24). Eine Befriedigung des Vollstreckungsgläubigers ist also zunächst ausgeschlossen, bis die Zwangsvollstreckung unbeschränkt stattfinden darf. Dies ist gegenüber dem Vollstreckungsorgan zu bezeugen (s. §§ 23, 24). Fehlt der Vermerk über die Beschränkung der Vollstreckung in der Klausel, kann dagegen ebenso wie bei einer Nichtbeachtung der Beschränkung durch das Vollstreckungsorgan mit der Erinnerung (§ 19, § 766 ZPO) vorgegangen werden.[2] Im Falle der Vollstreckung aus einer Geldforderung kann der Schuldner die Vollstreckung ohne besondere weitere Anordnung **durch Sicherheitsleistung abwenden**. Es dürfen dann keine Vollstreckungsmaßnahmen mehr stattfinden, und schon vorgenommene Pfändungen sind aufzuheben. Erst wenn bezeugt wird, dass die Zwangsvollstreckung unbeschränkt stattfinden darf, kann sie fortgesetzt werden. Eine **Teilvollstreckungsklausel (Abs. 2)** ist etwa möglich bei von vornherein beschränktem Antrag.

§ 10 Bekanntgabe der Entscheidung

(1) Im Falle des § 8 Absatz 1 sind dem Verpflichteten eine beglaubigte Abschrift des Beschlusses, eine beglaubigte Abschrift des mit der Vollstreckungsklausel versehenen Titels und gegebenenfalls seiner Übersetzung sowie der gemäß § 8 Absatz 1 Satz 3 in Bezug genommenen Urkunden von Amts wegen zuzustellen.

---

1 BT-Drucks. 11/351, S. 21.
2 Zöller/*Geimer*, ZPO, Anh. III. AVAG, § 9 Rn 1; Hk-ZPO/*Dörner*, AVAG Rn 14.

(2) ¹Muss die Zustellung an den Verpflichteten im Ausland oder durch öffentliche Bekanntmachung erfolgen und hält das Gericht die Beschwerdefrist nach § 11 Absatz 3 Satz 1 nicht für ausreichend, so bestimmt es in dem Beschluss nach § 8 Absatz 1 oder nachträglich durch besonderen Beschluss, der ohne mündliche Verhandlung ergeht, eine längere Beschwerdefrist. ²Die Bestimmungen über den Beginn der Beschwerdefrist bleiben auch im Falle der nachträglichen Festsetzung unberührt.

(3) ¹Dem Antragsteller sind eine beglaubigte Abschrift des Beschlusses nach § 8, im Falle des § 8 Absatz 1 ferner die mit der Vollstreckungsklausel versehene Ausfertigung des Titels und eine Bescheinigung über die bewirkte Zustellung, zu übersenden. ²In den Fällen des Absatzes 2 ist die festgesetzte Frist für die Einlegung der Beschwerde auf der Bescheinigung über die bewirkte Zustellung zu vermerken.

I. Zustellung an den Schuldner (Abs. 1 und 2)

1 Die Zustellung erfolgt von Amts wegen unter Beifügung der in Abs. 1 vorgesehenen Unterlagen. Sie setzt die Beschwerdefrist des § 11 in Gang. Ist im Ausland zuzustellen, kann diese Frist nach Abs. 2 verlängert werden.

II. Übersendung an den Gläubiger (Abs. 3)

2 Die Regelung kann dazu führen, dass der Schuldner über die Vollstreckbarerklärung früher informiert wird als der Gläubiger, dem die Ausfertigung des Schuldtitels erst zusammen mit einer Bescheinigung über die bewirkte Zustellung übersandt wird.[1] Jedenfalls kann der Gläubiger die Zwangsvollstreckung erst beginnen, wenn er alle Urkunden iSd Abs. 3 vorliegen hat.

III. Sonderregeln für das LugÜ und die Brüssel I-VO

3 § 10 wird im Hinblick auf die Verlängerungsmöglichkeit der Frist durch § 35 für das alte LugÜ 1988 modifiziert. Weitere Modifizierungen sieht § 38 Abs. 2 vor, so dass eine Beschwerdefristverlängerung nur im Falle der Zustellung durch öffentliche Bekanntmachung, nicht aber im Falle der Auslandszustellung erfolgt. Inwieweit Abs. 3 S. 1 im Hinblick auf den Überraschungseffekt für die **Zustellung nach Art. 42 Brüssel I-VO** („unverzüglich") zu modifizieren ist, ist umstritten.[2] Zu beachten ist hier auch, dass ein im Ausland wohnender Gläubiger einen Zustellungsbevollmächtigten zu benennen hat (Art. 40 Brüssel I-VO), so dass die Mitteilung an ihn idR keine Schwierigkeiten bereiten dürfte.[3] Zudem sind schon vor Erteilung der Klausel Sicherungsmaßnahmen möglich (Art. 47 Abs. 1 Brüssel I-VO, s. dort). Jedenfalls findet nach § 55 für das LugÜ 2007 § 10 Abs. 2 und 3 S. 2 keine Anwendung, so dass eine Fristverlängerung ausscheidet. Die Beschwerdefrist richtet sich immer nach § 55 Abs. 2.

Abschnitt 3
Beschwerde, Vollstreckungsabwehrklage

§ 11 Einlegung der Beschwerde; Beschwerdefrist

(1) ¹Die Beschwerde gegen die im ersten Rechtszug ergangene Entscheidung über den Antrag auf Erteilung der Vollstreckungsklausel wird bei dem Beschwerdege-

---

1 Zöller/*Geimer*, ZPO, Anh. III. AVAG, § 10 Rn 2; dazu BT-Drucks. 11/351, S. 21.
2 Zuletzt *Eichel*, GPR 2011, 193, 196 mwN.
3 *Kropholler/von Hein*, Europäisches Zivilprozessrecht, Art. 42 EuGVO Rn 1.

richt durch Einreichen einer Beschwerdeschrift oder durch Erklärung zu Protokoll der Geschäftsstelle eingelegt. ²Beschwerdegericht ist das Oberlandesgericht. ³Der Beschwerdeschrift soll die für ihre Zustellung erforderliche Zahl von Abschriften beigefügt werden.

(2) Die Zulässigkeit der Beschwerde wird nicht dadurch berührt, dass sie statt bei dem Beschwerdegericht bei dem Gericht des ersten Rechtszuges eingelegt wird; die Beschwerde ist unverzüglich von Amts wegen an das Beschwerdegericht abzugeben.

(3) ¹Die Beschwerde des Verpflichteten gegen die Zulassung der Zwangsvollstreckung ist innerhalb eines Monats, im Falle des § 10 Absatz 2 Satz 1 innerhalb der nach dieser Vorschrift bestimmten längeren Frist einzulegen. ²Die Beschwerdefrist beginnt mit der Zustellung nach § 10 Absatz 1. ³Sie ist eine Notfrist.

(4) Die Beschwerde ist dem Beschwerdegegner von Amts wegen zuzustellen.

I. Verfahren

Gegen die in der ersten Instanz (§ 3) ergangene Entscheidung ist die Beschwerde zum Oberlandesgericht statthaft. Es entscheidet die Kammer (s. § 3 Rn 1). Die Beschwerdefrist des Abs. 3 gilt nur für den Schuldner. Ist die Beschwerdefrist abgelaufen, setzt auch eine nochmalige Zustellung sie nicht wieder in Lauf, selbst wenn in ihr erneut eine Rechtsmittelbelehrung erteilt wurde.[1] Anwaltszwang für die Einlegung der Beschwerde besteht nur, wenn eine mündliche Verhandlung angeordnet ist (vgl § 13 Abs. 2, § 78 Abs. 3 ZPO).[2] Rechtsbehelfe Dritter sind ausgeschlossen.[3] Auch wenn die Beschwerde beim Landgericht eingelegt wird (Abs. 2), kann dieses ihr nicht abhelfen.[4] Wird die Zulassung der Zwangsvollstreckung auf die Beschwerde aufgehoben oder abgeändert, hat der Gläubiger an den Schuldner den durch die ungerechtfertigte Vollstreckung entstandenen **Schaden zu ersetzen** (§ 28).

1

II. Prüfungsumfang

Im Beschwerdeverfahren wird vornehmlich überprüft, ob der Schuldtitel im Hinblick auf die Versagungsgründe der internationalen Verträge iSd § 1 Abs. 1 nicht für vollstreckbar hätte erklärt werden dürfen. Zudem kann vorgebracht werden, der entsprechende Titel unterfalle gar nicht dem Anwendungsbereich der in § 1 Abs. 1 genannten internationalen Regelungen. Einwendungen gegen den titulierten Anspruch selbst können nur im Rahmen von § 12 geltend gemacht werden.

2

III. Sonderregeln

An die Stelle des Abs. 1 S. 2 sowie Abs. 3 S. 1 und 2 treten wegen § 55 (alter Anwendungsbereich) für das revidierte LugÜ 2007 die inhaltlich gleichen Regelungen des **Art. 43 Brüssel I-VO**. Modifizierungen für das EuGVÜ sieht § 35 EuGVÜ vor.

3

---

1 BGH NJW-RR 2006, 563.
2 Musielak/*Lackmann*, ZPO, Anhang 3. AVAG, § 11 Rn 2, § 13 Rn 2; Zöller/*Geimer*, ZPO, Anh. III. AVAG, § 11 Rn 4 mwN.
3 OLG Düsseldorf IPRax 2007, 453; *H. Roth*, IPRax 2007, 423.
4 BT-Drucks. 11/351, S. 22; OLG Celle IPRax 2005, 451; OLG Zweibrücken IPRax 2006, 487.

§ 12 Einwendungen gegen den zu vollstreckenden Anspruch im Beschwerdeverfahren

(1) Der Verpflichtete kann mit der Beschwerde, die sich gegen die Zulassung der Zwangsvollstreckung aus einer Entscheidung richtet, auch Einwendungen gegen den Anspruch selbst insoweit geltend machen, als die Gründe, auf denen sie beruhen, erst nach dem Erlass der Entscheidung entstanden sind.

(2) Mit der Beschwerde, die sich gegen die Zulassung der Zwangsvollstreckung aus einem gerichtlichen Vergleich oder einer öffentlichen Urkunde richtet, kann der Verpflichtete die Einwendungen gegen den Anspruch selbst ungeachtet der in Absatz 1 enthaltenen Beschränkung geltend machen.

I. Art der Einwendungen und Präklusion

1 Es handelt sich um die Art von Einwendungen, für die in Inlandssachverhalten die **Vollstreckungsabwehrklage** (§ 767 ZPO) einschlägig ist.[1] Für die **Präklusionsfrage** (Abs. 1 Hs 2) ist das nationale Recht des Ursprungsstaates insb. dazu einschlägig, bis wann Einwendungen im Erkenntnisverfahren geltend gemacht werden den können. Die Einwendung muss jedenfalls **nachträglich entstanden** sein, so dass es sich um **rechtsvernichtende oder rechtshemmende Einwendungen** handelt. So kann etwa die nachträgliche Erfüllung,[2] der Wechsel des Titelgläubigers aufgrund einer Legalzession[3] oder die Beendigung der titulierten Trennungsunterhaltspflicht durch Scheidung[4] Gegenstand des Verfahrens sein. Abänderungsgründe iSd § 323 ZPO sind keine nachträglich entstandenen Einwendungen, sondern richten sich gegen die ursprüngliche Prognoseentscheidung des Titels.[5] Ob nachträgliche Vereinbarungen, die die Vollstreckung beschränken, analog § 12 geltend gemacht werden können, obwohl sie den Anspruch selbst nicht berühren, hat der BGH tendenziell – und richtigerweise – angenommen, letztlich aber offen gelassen.[6]

II. Keine Präklusion bei öffentlichen Urkunden und Prozessvergleichen und Sonderregeln

2 Für **Prozessvergleiche** und **öffentliche Urkunden** gilt die Präklusionsregelung nicht (**Abs. 2**). Dies wird durch § 44 Abs. 3 im Verhältnis zu Norwegen und durch § 49 Abs. 2 im Verhältnis zu Israel ausgeschlossen. Abs. 2 findet hier also keine Anwendung; Abs. 1 gilt für Prozessvergleiche sinngemäß. Im Anwendungsbereich der Brüssel I-VO ist dies umstritten (s. dazu Rn 3).

III. Anwendung auf die Brüssel I-VO

3 § 12 ist im Verfahren nach der Brüssel I-VO nicht anwendbar, weil dies nicht mit Art. 45 Brüssel I-VO vereinbar wäre.[7] Bei der Vollstreckbarerklärung von Entscheidungen dürfen nämlich nur die Anerkennungsversagungsgründe, **nicht** aber **materielle Einwendungen gegen den titulierten Anspruch** geprüft werden. Ob der

---

1 BGH FamRZ 2011, 802; BGH NJW 2010, 1750.
2 BGH FamRZ 2011, 802; OLG Saarbrücken 4.2.2013 – 5 W 181/11.
3 BGH FamRZ 2011, 802.
4 BGH NJW 2010, 1750.
5 BGHZ 171, 310.
6 BGH FamRZ 2008, 586.
7 EuGH NJW 2011, 3506 („Prism Investments"); OLG Koblenz 23.7.2013 – 2 U 156/13; *Hub*, NJW 2001, 3146; *Gottwald*, FamRZ 2007, 993 f; *Hess*, IPRax 2008, 25 ff; *Botur*, FamRZ 2010, 1860, 1867; offen gelassen von BGH NJW 2012, 2663; BGH FamRZ 2008, 586 mwN; BT-Drucks. 11/351, S. 22.

Einwendungsausschluss auch im Fall unstreitiger oder rechtskräftig festgestellter Einwendungen gelten soll, wurde allerdings nicht ausdrücklich entschieden,[8] ist aber zu bejahen.[9] Str ist schließlich, ob gegen vollstreckbare Urkunden **Einwendungen unabhängig von ihrem Entstehungszeitpunkt** geltend gemacht werden können (s. auch Art. 57 Brüssel I-VO). Zu Recht wird dies als europarechtswidrig angesehen, so dass Abs. 2 keine Anwendung findet und nachträgliche Einwendungen präkludiert sind.[10] Folge ist der Verweis auf Rechtsbehelfe im Vollstreckungsverfahren (s. Rn 4 sowie § 56).

IV. Verhältnis zur Vollstreckungsabwehrklage und zur Abänderung nach § 27

Neben der Geltendmachung im Beschwerdeverfahren kommt die Geltendmachung materiellrechtlicher Einwendungen im Ursprungsstaat in Betracht. Kommt es daraufhin zur Aufhebung der Entscheidung oder ihrer Vollstreckbarkeit im Ursprungsstaat, gilt § 27. Anders als § 12 meint § 14 solche Einwendungen, die nach Ablauf der Beschwerdefrist oder nach Beendigung des Beschwerdeverfahrens entstanden sind. Da materiellrechtliche Einwendungen im Anwendungsbereich der Brüssel I-VO (s. Rn 3) bei § 12 nicht länger zulässig sind, hat dies Folgen für die Vollstreckungsabwehrklage (§ 767 ZPO) nach nationalem Recht, deren Präklusionsfrist nach vorne verlagert ist (s. § 14 Rn 2, § 56). 4

§ 13 Verfahren und Entscheidung über die Beschwerde

(1) [1]Das Beschwerdegericht entscheidet durch Beschluss, der mit Gründen zu versehen ist und ohne mündliche Verhandlung ergehen kann. [2]Der Beschwerdegegner ist vor der Entscheidung zu hören.

(2) [1]Solange eine mündliche Verhandlung nicht angeordnet ist, können zu Protokoll der Geschäftsstelle Anträge gestellt und Erklärungen abgegeben werden. [2]Wird die mündliche Verhandlung angeordnet, so gilt für die Ladung § 215 der Zivilprozessordnung.

(3) Eine vollständige Ausfertigung des Beschlusses ist dem Berechtigten und dem Verpflichteten auch dann von Amts wegen zuzustellen, wenn der Beschluss verkündet worden ist.

(4) [1]Soweit nach dem Beschluss des Beschwerdegerichts die Zwangsvollstreckung aus dem Titel erstmals zuzulassen ist, erteilt der Urkundsbeamte der Geschäftsstelle des Beschwerdegerichts die Vollstreckungsklausel. [2]§ 8 Absatz 1 Satz 2 und 4, §§ 9 und 10 Absatz 1 und 3 Satz 1 sind entsprechend anzuwenden. [3]Ein Zusatz, dass die Zwangsvollstreckung über Maßregeln zur Sicherung nicht hinausgehen darf, ist nur aufzunehmen, wenn das Beschwerdegericht eine Anordnung nach diesem Gesetz (§ 22 Absatz 2, § 40 Absatz 1 Nummer 1 oder § 45 Absatz 1 Nummer 1) erlassen hat. [4]Der Inhalt des Zusatzes bestimmt sich nach dem Inhalt der Anordnung.

Es handelt sich um ein **kontradiktorisches Erkenntnisverfahren** (vgl § 6 Rn 2). Das Beschwerdeverfahren kann aber ohne mündliche Verhandlung ablaufen; vor 1

---

8 Der Schlussantrag nahm insoweit noch eine differenzierte Wertung vor (Schlussantrag Generalanwältin *Kokott* vom 16.6.2011, Rs. C-139/10, juris); andeutungsweise zur Unterscheidung zwischen streitigen und unstreitigen Einwendungen auch EuGH NJW 2011, 3506 („Prism Investments", Rn 35).
9 BGH 10.10.2013 – IX ZB 87/11; *Meller-Hannich*, GPR 2012, 90, 94.
10 Schuschke/Walker/*Jennissen*, AVAG § 12 Rn 4; zuletzt *Eichel*, GPR 2011, 194 mwN.

der Entscheidung ist allerdings der Beschwerdegegner zu hören (Abs. 1). Gelegenheit zur Äußerung im Rahmen des **rechtlichen Gehörs** ist jedenfalls zu gewähren.[1]

2 Ist die mündliche Verhandlung nicht angeordnet, können Erklärungen zu Protokoll der Geschäftsstelle abgegeben werden (Abs. 2 S. 1). Ist die mündliche Verhandlung angeordnet, besteht **Anwaltszwang**. Es ist nach § 215 ZPO zu laden (Abs. 2 S. 2). Die Entscheidung erfolgt durch **Beschluss der Kammer** (s. § 3 Rn 1), der **beiden Parteien** von Amts wegen **zuzustellen** ist (Abs. 3). Da der Beschluss der Rechtsbeschwerde unterliegt (§ 17), muss die **Begründung** den Sachverhalt zumindest in den wesentlichen Zügen beinhalten.[2] Für das **Verfahren im Übrigen** gelten die allgemeinen Regeln der §§ 567 ff ZPO zum Beschwerdeverfahren.[3] Im Beschwerdeverfahren gilt der Freibeweis.[4] Ein geringeres Beweismaß folgt daraus nicht.

3 Wird aufgrund der Beschwerde die Zwangsvollstreckung aus dem Titel erstmals zugelassen, sind die **Vorschriften der ersten Instanz** im Hinblick auf Entscheidung und Bekanntgabe entsprechend anzuwenden (Abs. 4). Das gilt vor allem für den Inhalt der Entscheidung nach § 8, denjenigen der Klausel nach § 9 und die Zustellung und Bekanntgabe nach § 10. Gegen die Entscheidung ist die **Rechtsbeschwerde** statthaft (§ 17). Gleichgültig, in welcher Instanz die Vollstreckbarkeit angeordnet wird, orientiert sich die Zwangsvollstreckung am nationalen Recht.

4 Einwendungen, die im Beschwerdeverfahren hätten vorgebracht werden können, aber nicht geltend gemacht wurden, sind **präkludiert** (vgl § 14). In der Rechtsbeschwerde (§ 17) gilt dies schon deshalb, weil dort keine neuen Tatsachen vorgetragen werden können.

§ 14 Vollstreckungsabwehrklage

(1) Ist die Zwangsvollstreckung aus einem Titel zugelassen, so kann der Verpflichtete Einwendungen gegen den Anspruch selbst in einem Verfahren nach § 767 der Zivilprozessordnung nur geltend machen, wenn die Gründe, auf denen seine Einwendungen beruhen, erst

1. nach Ablauf der Frist, innerhalb deren er die Beschwerde hätte einlegen können, oder

2. falls die Beschwerde eingelegt worden ist, nach Beendigung dieses Verfahrens entstanden sind.

(2) [1]Die Klage nach § 767 der Zivilprozessordnung ist bei dem Gericht zu erheben, das über den Antrag auf Erteilung der Vollstreckungsklausel entschieden hat. [2]Soweit die Klage einen Unterhaltstitel zum Gegenstand hat, ist das Familiengericht zuständig; für die örtliche Zuständigkeit gelten die Vorschriften des Gesetzes über das Verfahren in Familiensachen und in den Angelegenheiten der freiwilligen Gerichtsbarkeit für Unterhaltssachen.

1 Es handelt sich um materiell-rechtliche Einwendungen (vgl § 12), die erst nach Ablauf der Beschwerdefrist oder nach Beendigung des fristgerecht eingeleiteten Beschwerdeverfahrens entstanden sind. Sie können im Rahmen des Verfahrens

---

1 BGH NJW-RR 2005, 1727.
2 BGH NJW 2002, 2648; BT-Drucks. 11/351, S. 23.
3 BGH NJW 2008, 1531.
4 BGH NJW 2008, 1531.

nach §§ 3 ff ebenso wie im Rahmen des § 12 noch nicht geltend gemacht werden. Zuständig ist das klauselerteilende Gericht.

Materielle Einwendungen, die im Vollstreckbarerklärungsverfahren von Brüssel I-VO-Titeln nicht nach § 12 geltend gemacht werden können, weil dort nur die Anerkennungshindernisse geprüft werden dürfen (s. § 12 Rn 3), sind – auch wenn § 14 nicht gilt (§ 55) – in der Vollstreckungsabwehrklage statthaft.[1] Der Titel steht nämlich nach Exequatur einem inländischen Titel gleich.[2] Dies ergibt sich auch aus § 56. Die Statthaftigkeit der Vollstreckungsabwehrklage hängt dabei auch nicht davon ab, ob die Einwendungen im Verfahren nach § 12 schon geltend gemacht und zurückgewiesen wurden.[3] Der EuGH geht nämlich davon aus, dass nicht beide Verfahren durchlaufen werden müssen, sondern nachträgliche materielle Einwendungen ausschließlich in die Vollstreckungsabwehrklage und nicht in die Beschwerde gehören.[4]

2

Da die **Rechtsbeschwerde** (§ 17) nur die Richtigkeit der Beschwerdeentscheidung überprüft, sind neue Tatsachen dort jedenfalls präkludiert. Zur **Geltendmachung im Ursprungsstaat**, so dort eine zulässige Einwendung gegeben ist, besteht ein Wahlrecht (s. § 12 Rn 4). Erweist sich dort die Einwendung als begründet, gilt § 27.

3

Abschnitt 4
Rechtsbeschwerde

§ 15 Statthaftigkeit und Frist

(1) Gegen den Beschluss des Beschwerdegerichts findet die Rechtsbeschwerde nach Maßgabe des § 574 Absatz 1 Nummer 1, Absatz 2 der Zivilprozessordnung statt.

(2) Die Rechtsbeschwerde ist innerhalb eines Monats einzulegen.

(3) Die Rechtsbeschwerdefrist ist eine Notfrist und beginnt mit der Zustellung des Beschlusses (§ 13 Absatz 3).

§ 16 Einlegung und Begründung

(1) Die Rechtsbeschwerde wird durch Einreichen der Beschwerdeschrift bei dem Bundesgerichtshof eingelegt.

(2) ¹Die Rechtsbeschwerde ist zu begründen. ²§ 575 Absatz 2 bis 4 der Zivilprozessordnung ist entsprechend anzuwenden. ³Soweit die Rechtsbeschwerde darauf gestützt wird, dass das Beschwerdegericht von einer Entscheidung des Gerichtshofs der Europäischen Union abgewichen sei, muss die Entscheidung, von der der angefochtene Beschluss abweicht, bezeichnet werden.

(3) Mit der Beschwerdeschrift soll eine Ausfertigung oder beglaubigte Abschrift des Beschlusses, gegen den sich die Rechtsbeschwerde richtet, vorgelegt werden.

---

1 So wohl auch EuGH NJW 2011, 3506 („Prism Investments", Rn 40); Schuschke/Walker/Jennissen, AVAG § 12 Rn 3, § 14 Rn 3 unter Begründung mit dem Meistbegünstigungsprinzip.
2 *Meller-Hannich*, GPR 2012, 156.
3 So aber Schuschke/Walker/*Jennissen*, AVAG § 12 Rn 3.
4 EuGH NJW 2011, 3506 („Prism Investments", Rn 41 f).

§ 17 Verfahren und Entscheidung

(1) ¹Der Bundesgerichtshof kann nur überprüfen, ob der Beschluss auf einer Verletzung des Rechts der Europäischen Union, eines Anerkennungs- und Vollstreckungsvertrags, sonstigen Bundesrechts oder einer anderen Vorschrift beruht, deren Geltungsbereich sich über den Bezirk eines Oberlandesgerichts hinaus erstreckt. ²Er darf nicht prüfen, ob das Gericht seine örtliche Zuständigkeit zu Unrecht angenommen hat.

(2) ¹Der Bundesgerichtshof kann über die Rechtsbeschwerde ohne mündliche Verhandlung entscheiden. ²Auf das Verfahren über die Rechtsbeschwerde sind § 574 Absatz 4, § 576 Absatz 3 und § 577 der Zivilprozessordnung entsprechend anzuwenden.

(3) ¹Soweit die Zwangsvollstreckung aus dem Titel erstmals durch den Bundesgerichtshof zugelassen wird, erteilt der Urkundsbeamte der Geschäftsstelle dieses Gerichts die Vollstreckungsklausel. ²§ 8 Absatz 1 Satz 2 und 4, §§ 9 und 10 Absatz 1 und 3 Satz 1 gelten entsprechend. ³Ein Zusatz über die Beschränkung der Zwangsvollstreckung entfällt.

I. Zulässigkeit der Rechtsbeschwerde (§§ 15, 16)

1 Gegen den Beschluss des Beschwerdegerichts kann die Rechtsbeschwerde zum Bundesgerichtshof eingelegt werden (§ 15 Abs. 1, §§ 574 ff ZPO). Sie ist innerhalb eines Monats (§ 15 Abs. 2) nach der Zustellung des Beschwerdebeschlusses (§ 15 Abs. 3) schriftlich mittels einer Beschwerdeschrift (§ 16) einzulegen und zu begründen. Der Verweis in § 15 Abs. 1 auf § 574 Abs. 1 Nr. 1, Abs. 2 ZPO bedeutet, dass die Rechtsbeschwerde zwar durch das Oberlandesgericht nicht zugelassen werden muss, die Rechtssache aber **grundsätzliche Bedeutung** haben oder die Entscheidung des Bundesgerichtshofes zur Fortbildung des Rechts oder zur Sicherung einer einheitlichen Rechtsprechung erforderlich sein muss. Andernfalls ist die Rechtsbeschwerde nicht statthaft. Im Rechtsbeschwerdeverfahren besteht jedenfalls Anwaltszwang (zugelassener BGH-Anwalt).[1]

II. Gegenstand der Rechtsbeschwerde (§ 17 Abs. 1)

2 In der Rechtsbeschwerde wird nur die **Rechtmäßigkeit** der Beschwerdeentscheidung (§ 17 Abs. 1 S. 1) im Hinblick auf die Anwendbarkeit der iSd § 1 Abs. 1 jeweilig auszuführenden internationalen Regeln sowie die sich aus ihnen ergebenden Voraussetzungen überprüft. **Tatsächliche Feststellungen** dürfen nicht selbständig durch das Rechtsbeschwerdegericht getroffen werden. Dies gilt im Hinblick auf das Vorliegen von Sachentscheidungsvoraussetzungen aber nicht unbeschränkt.[2] Nur die örtliche Zuständigkeit darf nicht überprüft werden (§ 17 Abs. 1 S. 2). Wird der ausländische Titel im Ursprungsstaat geändert, ist dies im Rechtsbeschwerdeverfahren zu berücksichtigen (ansonsten § 27).[3] Nachträglich entstandene Einwendungen können nur im Rahmen von § 12 oder § 14 berücksichtigt werden, nicht jedoch in der Rechtsbeschwerde.[4]

III. Entscheidung der Rechtsbeschwerde (§ 17 Abs. 2, 3)

3 Auf das Verfahren finden die Regelungen zur Rechtsbeschwerde nach der ZPO entsprechende Anwendung. Das Rechtsbeschwerdegericht (BGH) kann aber oh-

---

1 BGH NJW 2002, 2181.
2 BGH NJW 1992, 627 (Prozessvollmacht); BGHZ 44, 46 sowie Köln InVo 2004, 424 mwN (internationale Zuständigkeit).
3 BGH NJW 1980, 2022.
4 Vgl BGH NJW 2002, 2181.

ne mündliche Verhandlung entscheiden (§ 17 Abs. 2 S. 1). Insbesondere steht die Anschlussrechtsbeschwerde offen (§ 17 Abs. 2 S. 2, § 574 Abs. 4 ZPO); ergänzend gilt das Revisionsrecht (§§ 576 Abs. 3, 546, 547, 556, 560 ZPO).

Ist die Rechtsbeschwerde unzulässig, wird sie verworfen (§ 17 Abs. 2 S. 2, § 577 Abs. 1 ZPO). Ist zwar eine Rechtsverletzung gegeben, die Entscheidung aber aus anderen Gründen richtig, wird die Rechtsbeschwerde zurückgewiesen (§ 17 Abs. 2 S. 2, § 577 Abs. 3 ZPO). Ist die Rechtsbeschwerde begründet, wird die angefochtene Entscheidung aufgehoben und die Sache unter Bindung des Oberlandesgerichts an die rechtliche Beurteilung des Bundesgerichtshofes zurückverwiesen (§ 17 Abs. 2 S. 2, § 577 Abs. 4 ZPO). Ausnahmsweise entscheidet das Rechtsbeschwerdegericht auch in der Sache selbst (§ 17 Abs. 2 S. 2, § 577 Abs. 5 ZPO). 4

Lässt **erstmals** der **Bundesgerichtshof** die Zwangsvollstreckung zu, erteilt dessen Urkundsbeamter die Vollstreckungsklausel, wobei die maßgeblichen Regeln der §§ 8–10 entsprechend gelten (**§ 17 Abs. 3 S. 1**). Ein Zusatz über die Beschränkung der Vollstreckung entfällt aber (§ 17 Abs. 3 S. 2), da die Entscheidung über die Rechtsbeschwerde sofort rechtskräftig ist. Gleichgültig, in welcher Instanz die Vollstreckbarkeit angeordnet wird, orientiert sich die Zwangsvollstreckung am nationalen Recht. Wird die Zulassung der Zwangsvollstreckung auf die Rechtsbeschwerde aufgehoben oder abgeändert, so ist der Gläubiger dem Schuldner zum **Schadensersatz** wegen ungerechtfertigter Vollstreckung verpflichtet (§ 28). 5

IV. Sonderregeln

Besondere Verfahrensvorschriften sehen § 43 (Norwegen) und § 48 (Israel) für die Rechtsbeschwerde vor. Zu beachten ist bei Titeln aus dem **Anwendungsbereich der Brüssel I-VO** die Möglichkeit der Aussetzung nach Art. 46 Brüssel I-VO (s. dort). 6

Abschnitt 5
Beschränkung der Zwangsvollstreckung auf Sicherungsmaßregeln und unbeschränkte Fortsetzung der Zwangsvollstreckung

§ 18 Beschränkung kraft Gesetzes

Die Zwangsvollstreckung ist auf Sicherungsmaßregeln beschränkt, solange die Frist zur Einlegung der Beschwerde noch läuft und solange über die Beschwerde noch nicht entschieden ist.

§ 19 Prüfung der Beschränkung

Einwendungen des Verpflichteten, dass bei der Zwangsvollstreckung die Beschränkung auf Sicherungsmaßregeln nach dem auszuführenden Anerkennungs- und Vollstreckungsvertrag, nach § 18 dieses Gesetzes oder auf Grund einer auf diesem Gesetz beruhenden Anordnung (§ 22 Absatz 2, §§ 40, 45) nicht eingehalten werde, oder Einwendungen des Berechtigten, dass eine bestimmte Maßnahme der Zwangsvollstreckung mit dieser Beschränkung vereinbar sei, sind im Wege der Erinnerung nach § 766 der Zivilprozessordnung bei dem Vollstreckungsgericht (§ 764 der Zivilprozessordnung) geltend zu machen.

§ 20 Sicherheitsleistung durch den Verpflichteten

(1) Solange die Zwangsvollstreckung aus einem Titel, der auf Leistung von Geld lautet, nicht über Maßregeln der Sicherung hinausgehen darf, ist der Verpflichtete befugt, die Zwangsvollstreckung durch Leistung einer Sicherheit in Höhe des Betrages abzuwenden, wegen dessen der Berechtigte vollstrecken darf.

(2) Die Zwangsvollstreckung ist einzustellen und bereits getroffene Vollstreckungsmaßregeln sind aufzuheben, wenn der Verpflichtete durch eine öffentliche Urkunde die zur Abwendung der Zwangsvollstreckung erforderliche Sicherheitsleistung nachweist.

§ 21 Versteigerung beweglicher Sachen

Ist eine bewegliche Sache gepfändet und darf die Zwangsvollstreckung nicht über Maßregeln zur Sicherung hinausgehen, so kann das Vollstreckungsgericht auf Antrag anordnen, dass die Sache versteigert und der Erlös hinterlegt werde, wenn sie der Gefahr einer beträchtlichen Wertminderung ausgesetzt ist oder wenn ihre Aufbewahrung unverhältnismäßige Kosten verursachen würde.

§ 22 Unbeschränkte Fortsetzung der Zwangsvollstreckung; besondere gerichtliche Anordnungen

(1) Weist das Beschwerdegericht die Beschwerde des Verpflichteten gegen die Zulassung der Zwangsvollstreckung zurück oder lässt es auf die Beschwerde des Berechtigten die Zwangsvollstreckung aus dem Titel zu, so kann die Zwangsvollstreckung über Maßregeln zur Sicherung hinaus fortgesetzt werden.

(2) [1]Auf Antrag des Verpflichteten kann das Beschwerdegericht anordnen, dass bis zum Ablauf der Frist zur Einlegung der Rechtsbeschwerde (§ 15) oder bis zur Entscheidung über diese Beschwerde die Zwangsvollstreckung nicht oder nur gegen Sicherheitsleistung über Maßregeln zur Sicherung hinausgehen darf. [2]Die Anordnung darf nur erlassen werden, wenn glaubhaft gemacht wird, dass die weitergehende Vollstreckung dem Verpflichteten einen nicht zu ersetzenden Nachteil bringen würde. [3]§ 713 der Zivilprozessordnung ist entsprechend anzuwenden.

(3) [1]Wird Rechtsbeschwerde eingelegt, so kann der Bundesgerichtshof auf Antrag des Verpflichteten eine Anordnung nach Absatz 2 erlassen. [2]Der Bundesgerichtshof kann auf Antrag des Berechtigten eine nach Absatz 2 erlassene Anordnung des Beschwerdegerichts abändern oder aufheben.

§ 23 Unbeschränkte Fortsetzung der durch das Gericht des ersten Rechtszuges zugelassenen Zwangsvollstreckung

(1) Die Zwangsvollstreckung aus dem Titel, den der Urkundsbeamte der Geschäftsstelle des Gerichts des ersten Rechtszuges mit der Vollstreckungsklausel versehen hat, ist auf Antrag des Berechtigten über Maßregeln zur Sicherung hinaus fortzusetzen, wenn das Zeugnis des Urkundsbeamten der Geschäftsstelle dieses Gerichts vorgelegt wird, dass die Zwangsvollstreckung unbeschränkt stattfinden darf.

(2) Das Zeugnis ist dem Berechtigten auf seinen Antrag zu erteilen,
1. wenn der Verpflichtete bis zum Ablauf der Beschwerdefrist keine Beschwerdeschrift eingereicht hat,
2. wenn das Beschwerdegericht die Beschwerde des Verpflichteten zurückgewiesen und keine Anordnung nach § 22 Absatz 2 erlassen hat,
3. wenn der Bundesgerichtshof die Anordnung des Beschwerdegerichts nach § 22 Absatz 2 aufgehoben hat (§ 22 Absatz 3 Satz 2) oder
4. wenn der Bundesgerichtshof den Titel zur Zwangsvollstreckung zugelassen hat.

(3) Aus dem Titel darf die Zwangsvollstreckung, selbst wenn sie auf Maßregeln der Sicherung beschränkt ist, nicht mehr stattfinden, sobald ein Beschluss des Beschwerdegerichts, dass der Titel zur Zwangsvollstreckung nicht zugelassen werde, verkündet oder zugestellt ist.

§ 24 Unbeschränkte Fortsetzung der durch das Beschwerdegericht zugelassenen Zwangsvollstreckung

(1) Die Zwangsvollstreckung aus dem Titel, zu dem der Urkundsbeamte der Geschäftsstelle des Beschwerdegerichts die Vollstreckungsklausel mit dem Zusatz erteilt hat, dass die Zwangsvollstreckung auf Grund der Anordnung des Gerichts nicht über Maßregeln zur Sicherung hinausgehen darf (§ 13 Absatz 4 Satz 3), ist auf Antrag des Berechtigten über Maßregeln zur Sicherung hinaus fortzusetzen, wenn das Zeugnis des Urkundsbeamten der Geschäftsstelle dieses Gerichts vorgelegt wird, dass die Zwangsvollstreckung unbeschränkt stattfinden darf.

(2) Das Zeugnis ist dem Berechtigten auf seinen Antrag zu erteilen,
1. wenn der Verpflichtete bis zum Ablauf der Frist zur Einlegung der Rechtsbeschwerde (§ 15 Absatz 2) keine Beschwerdeschrift eingereicht hat,
2. wenn der Bundesgerichtshof die Anordnung des Beschwerdegerichts nach § 22 Absatz 2 aufgehoben hat (§ 22 Absatz 3 Satz 2) oder
3. wenn der Bundesgerichtshof die Rechtsbeschwerde des Verpflichteten zurückgewiesen hat.

I. Allgemeines

Die Bestimmungen des 5. Abschnitts beschränken den Vollstreckungszugriff auf **Maßnahmen der Sicherung**. Dies gilt, solange die Beschwerdefrist noch läuft und über die Beschwerde noch nicht entschieden ist (§ 18). Auch für eine Sicherungsvollstreckung bedarf es der Vollstreckbarkeit des Titels im Ursprungsstaat.[1]

Die Regelungen der §§ 18–24 sind im Zusammenhang mit dem in § 9 beschriebenen Inhalt der Klausel zu sehen (s. dort). Kombiniert werden Ansätze des einstweiligen Rechtsschutzes (§§ 930 ff ZPO) und der Sicherungsvollstreckung (vgl § 720 a ZPO). Erfasst ist der Zeitraum ab Erteilung des deutschen Exequaturs.

II. Besonderheiten für die Vollstreckbarerklärung nach der Brüssel I-VO

Nach **Art. 47 Abs. 1 Brüssel I-VO** können einstweilige Vollstreckungsmaßnahmen nach dem Recht des Vollstreckungsstaates schon ergriffen werden, *bevor* das Verfahren der Vollstreckbarerklärung begonnen hat und die Klausel erteilt

---

1 BGH WM 2010, 897.

ist. Deshalb findet § 18 auf Titel nach der Brüssel I-VO (auch revidiertes LugÜ 2007) keine Anwendung (s. § 55 Abs. 1). Ab Erteilung der Klausel existiert durch **Art. 47 Abs. 2** Brüssel I-VO ein selbständiger, vom nationalen Vollstreckungsrecht unabhängiger Anspruch auf die Durchführung einstweiliger Maßnahmen; die Klausel ist also sachlich wie ein Arrestbeschluss zu behandeln.[2] Die Anordnung des **Art. 47 Abs. 3** Brüssel I-VO findet ihren Ausdruck in der auch für Brüssel I-VO-Titel geltenden Vorgabe für den Inhalt der Vollstreckungsklausel in § 9. Insbesondere § 22 Abs. 2 und 3 hat hier Bedeutung, da Art. 47 Abs. 3 Brüssel I-VO den Fall, dass erst das Beschwerdegericht die Entscheidung für vollstreckbar erklärt, nicht regelt. Mit Ausnahme von § 18 haben damit die Regelungen des 5. Abschnitts Bedeutung auch für die Vollstreckbarkeit von Brüssel I-VO-Titeln und stehen **nicht im Widerspruch zu Art. 47 Brüssel I-VO**[3] (s. auch dort).

III. Inhalt der möglichen Sicherungsmaßregeln (§§ 18, 21)

4 Solange die Zwangsvollstreckung auf Sicherungsmaßregeln beschränkt ist (§ 18), darf der Gläubiger keine Befriedigung aus der Vollstreckung erreichen. Das Vermögen des Schuldners darf also nur gepfändet, nicht aber verwertet werden. Das endgültige Befriedigungsrecht kann aber im Rang schon gesichert werden. Herangezogen werden können im Hinblick auf **Geldforderungen** (§ 21) die §§ 930 ff ZPO. Bewegliche Sachen werden lediglich gepfändet und nicht versteigert (§ 930 Abs. 1 ZPO). Bei der Pfändung beweglicher Sachen kann zudem auf Antrag die Versteigerung angeordnet werden, wenn der Erlös hinterlegt wird und andernfalls eine beträchtliche Wertminderung oder unverhältnismäßige Kosten entstünden (§ 21, § 930 Abs. 3 ZPO, s. § 20 Abs. 1 Nr. 16 a RPflG). Gepfändetes Geld wird hinterlegt, nicht ausgezahlt (§ 930 Abs. 2 ZPO). Bei der Immobiliarvollstreckung ist lediglich die Hypothek, nicht aber sind Zwangsverwaltung und Zwangsversteigerung zulässig (§ 932 ZPO). Forderungen werden nur gepfändet, nicht aber überwiesen (§ 930 Abs. 1 ZPO). Vergleichbares folgt aus § 720 a ZPO. Die allgemeinen zwangsvollstreckungsrechtlichen Vorschriften der ZPO sind ergänzend heranzuziehen.[4] Wie bei der Vollstreckung wegen **nicht auf Zahlung gerichteter Ansprüche** vorzugehen ist, ist offen. Diskutiert wird die befriedigende Vollstreckung gegen Sicherheitsleistung.[5] Zu erwägen ist, die Möglichkeiten bei der Vollziehung einer einstweiligen Verfügung heranzuziehen (zB Sicherstellung von Sachen durch Wegnahme beweglicher Sachen oder Sequestration von Grundstücken).

IV. Abwendungsbefugnis (§ 20)

5 Solange die Zwangsvollstreckung noch nicht über Sicherungsmaßnahmen hinausgehen darf, kann der Schuldner sie durch Leistung einer Sicherheit abwenden (§ 20 Abs. 1). Dazu bedarf es keiner besonderen Anordnung. § 20 Abs. 2 orientiert sich an § 775 Nr. 3 ZPO und § 776 S. 1 ZPO (s. jeweils dort).

V. Rechtsbehelf (§ 19)

6 Der Streit über die Wahrung, Unter- oder Überschreitung der gestatteten Sicherungsmaßnahmen wird gem. § 19 in der **Erinnerung nach § 766 ZPO** geklärt, auch wenn nach der ZPO die sofortige Beschwerde nach § 793 ZPO statthaft wäre.

---

2 *Nagel/Gottwald*, Internationales Zivilprozessrecht, § 15 Rn 49 f.
3 *Eichel*, GPR 2011, 193, 197.
4 BT-Drucks. 11/351, S. 25.
5 Zöller/*Geimer*, ZPO, Anh. III. AVAG, § 18 Rn 2 mwN; Musielak/*Lackmann*, ZPO, Anhang 3. AVAG, § 18 Rn 2 (analog Art. 46 Abs. 3 Brüssel I-VO).

VI. Unbeschränkte Fortsetzung der Vollstreckung (§§ 22–24)

Sobald der Beschluss des Oberlandesgerichts ergangen ist, mit dem die Beschwerde des Schuldners als unzulässig verworfen oder als unbegründet zurückgewiesen wird oder mit dem der Beschwerde des Gläubigers stattgegeben wird (§ 22), kann die Zwangsvollstreckung über die Sicherungsmaßnahmen hinaus fortgesetzt werden. Dasselbe gilt, sobald die nach §§ 23, 24 notwendigen Zeugnisse beigebracht werden. 7

VII. Sonderregeln

Abweichungen von §§ 22, 23 und 24 sehen §§ 40 und 41 (Norwegen) sowie §§ 45, 46 und 47 (Israel) vor. Zur Brüssel I-VO und zum revidierten LugÜ s. Rn 3. 8

Abschnitt 6
Feststellung der Anerkennung einer ausländischen Entscheidung

§ 25 Verfahren und Entscheidung in der Hauptsache

(1) Auf das Verfahren, das die Feststellung zum Gegenstand hat, ob eine Entscheidung aus einem anderen Staat anzuerkennen ist, sind die §§ 3 bis 6, 8 Absatz 2, die §§ 10 bis 12, § 13 Absatz 1 bis 3, die §§ 15 und 16 sowie § 17 Absatz 1 und 2 entsprechend anzuwenden.

(2) Ist der Antrag auf Feststellung begründet, so beschließt das Gericht, dass die Entscheidung anzuerkennen ist.

§ 26 Kostenentscheidung

¹In den Fällen des § 25 Absatz 2 sind die Kosten dem Antragsgegner aufzuerlegen. ²Dieser kann die Beschwerde (§ 11) auf die Entscheidung über den Kostenpunkt beschränken. ³In diesem Falle sind die Kosten dem Antragsteller aufzuerlegen, wenn der Antragsgegner nicht durch sein Verhalten zu dem Antrag auf Feststellung Veranlassung gegeben hat.

Hat eine Partei Interesse an der **gerichtlichen Bestätigung der Anerkennungsfähigkeit** einer Entscheidung, kann sie die bloße Anerkennung zum Gegenstand des Verfahrens machen. Für die Brüssel I-VO ergeben sich Einzelheiten aus Art. 33 (s. dort). Die Vorschriften des Vollstreckbarerklärungsverfahrens finden entsprechende Anwendung (§ 25 Abs. 1). Wegen § 44 Abs. 4 gelten die §§ 25 und 26 nicht für den Vertrag mit Norwegen. 1

Abschnitt 7
Aufhebung oder Änderung der Beschlüsse über die Zulassung der Zwangsvollstreckung oder die Anerkennung

§ 27 Verfahren nach Aufhebung oder Änderung des für vollstreckbar erklärten ausländischen Titels im Ursprungsstaat

(1) Wird der Titel in dem Staat, in dem er errichtet worden ist, aufgehoben oder geändert und kann der Verpflichtete diese Tatsache in dem Verfahren der Zulassung der Zwangsvollstreckung nicht mehr geltend machen, so kann er die Aufhebung oder Änderung der Zulassung in einem besonderen Verfahren beantragen.

(2) Für die Entscheidung über den Antrag ist das Gericht ausschließlich zuständig, das im ersten Rechtszug über den Antrag auf Erteilung der Vollstreckungsklausel entschieden hat.

(3) ^{1}Der Antrag kann bei dem Gericht schriftlich oder durch Erklärung zu Protokoll der Geschäftsstelle gestellt werden. ^{2}Über den Antrag kann ohne mündliche Verhandlung entschieden werden. ^{3}Vor der Entscheidung, die durch Beschluss ergeht, ist der Berechtigte zu hören. ^{4}§ 13 Absatz 2 und 3 gilt entsprechend.

(4) ^{1}Der Beschluss unterliegt der Beschwerde nach den §§ 576 bis 577 der Zivilprozessordnung. ^{2}Die Notfrist für die Einlegung der sofortigen Beschwerde beträgt einen Monat.

(5) ^{1}Für die Einstellung der Zwangsvollstreckung und die Aufhebung bereits getroffener Vollstreckungsmaßregeln sind die §§ 769 und 770 der Zivilprozessordnung entsprechend anzuwenden. ^{2}Die Aufhebung einer Vollstreckungsmaßregel ist auch ohne Sicherheitsleistung zulässig.

§ 28 Schadensersatz wegen ungerechtfertigter Vollstreckung

(1) ^{1}Wird die Zulassung der Zwangsvollstreckung auf die Beschwerde (§ 11) oder die Rechtsbeschwerde (§ 15) aufgehoben oder abgeändert, so ist der Berechtigte zum Ersatz des Schadens verpflichtet, der dem Verpflichteten durch die Vollstreckung des Titels oder durch eine Leistung zur Abwendung der Vollstreckung entstanden ist. ^{2}Das Gleiche gilt, wenn die Zulassung der Zwangsvollstreckung nach § 27 aufgehoben oder abgeändert wird, sofern die zur Zwangsvollstreckung zugelassene Entscheidung zum Zeitpunkt der Zulassung nach dem Recht des Staats, in dem sie ergangen ist, noch mit einem ordentlichen Rechtsmittel angefochten werden konnte.

(2) Für die Geltendmachung des Anspruchs ist das Gericht ausschließlich zuständig, das im ersten Rechtszug über den Antrag, den Titel mit der Vollstreckungsklausel zu versehen, entschieden hat.

§ 29 Aufhebung oder Änderung ausländischer Entscheidungen, deren Anerkennung festgestellt ist

Wird die Entscheidung in dem Staat, in dem sie ergangen ist, aufgehoben oder abgeändert und kann die davon begünstigte Partei diese Tatsache nicht mehr in dem Verfahren über den Antrag auf Feststellung der Anerkennung (§ 25) geltend machen, so ist § 27 Absatz 1 bis 4 entsprechend anzuwenden.

Auch wenn die Vollstreckbarkeit eines Titels im Vollstreckungsstaat rechtskräftig angeordnet wurde, können im **Ursprungsstaat** ggf noch **Rechtsbehelfe gegen den Titel** eingelegt werden, zumal die Vollstreckbarerklärung schon vor Rechtskraft des Titels möglich ist. Im Rahmen der Brüssel I-VO besteht die Möglichkeit der Aussetzung nach Art. 32, 46 Brüssel I-VO (s. jeweils dort). Wird der Titel im Ursprungsstaat aufgehoben oder geändert oder wird seine Vollstreckbarkeit aufgehoben oder ausgesetzt, verliert er seine **Vollstreckungskraft im Ursprungsstaat.** Damit fehlt es an einer anzuerkennenden Entscheidung. Auch die bloße Sicherungsvollstreckung ist ausgeschlossen.[1] Der 7. Abschnitt des AVAG sieht in den §§ 27–29 vor, welches Verfahren dem Schuldner zur Verfügung steht, wenn er die fehlende Vollstreckungskraft nicht mehr im Verfahren der Zulassung der Zwangsvollstreckung (§§ 27, 3 ff) oder im Verfahren auf Feststellung der Anerkennung (§§ 29, 25, 3 ff) geltend machen kann. Das Verfahren nach § 27 ist also **subsidiär** zur Prüfung der Vollstreckbarkeit des Titels im Inland im Vollstreckbarerklärungsverfahren oder im Feststellungsverfahren über die Anerkennungsfähigkeit. Insofern ist es einschlägig, wenn es aufgrund eines erfolgreichen Rechtsbehelfs im Ursprungsstaat nachträglich zum Wegfall der Vollstreckbarkeit kommt. 1

Der Schuldner kann nach § 27 die **Aufhebung oder Änderung der Zulassung zur Zwangsvollstreckung** erreichen. Damit erspart er sich, eine Vollstreckungsabwehrklage einzulegen.[2] Das Verfahren nach § 27 hat Erfolg, wenn es dem Titel an einer Vollstreckbarkeit im Ursprungsstaat fehlt. Dies ist auch dann der Fall, wenn die Entscheidung dort zwar für einen begrenzten Zeitraum vollstreckbar war, die Vollstreckbarkeit aber schließlich entfallen ist.[3] Eine zeitlich begrenzte Zulassung zur Vollstreckung ist nämlich nicht möglich. Im Erfolgsfalle kann der Schuldner wegen der vorher stattgefundenen Vollstreckung nach § 28 **Schadensersatz** beanspruchen (vgl §§ 717 Abs. 2, 945 ZPO). Die Schadensersatzregel gilt auch bei einer Aufhebung oder Abänderung auf die Beschwerde oder die Rechtsbeschwerde hin. § 29 ordnet die entsprechende Anwendung des § 27 mit Ausnahme von dessen Abs. 5 für den Fall an, dass die fehlende Vollstreckungskraft nicht mehr im Verfahren über die Feststellung der Anerkennung geltend gemacht werden kann. 2

Abschnitt 8
Vorschriften für Entscheidungen deutscher Gerichte und für das Mahnverfahren

§ 30 Vervollständigung inländischer Entscheidungen zur Verwendung im Ausland

(1) ¹Will eine Partei ein Versäumnis- oder Anerkenntnisurteil, das nach § 313 b der Zivilprozessordnung in verkürzter Form abgefasst worden ist, in einem anderen Vertrags- oder Mitgliedstaat geltend machen, so ist das Urteil auf ihren Antrag zu vervollständigen. ²Der Antrag kann bei dem Gericht schriftlich oder durch Erklärung zu Protokoll der Geschäftsstelle gestellt werden. ³Über den Antrag wird ohne mündliche Verhandlung entschieden.

(2) Zur Vervollständigung des Urteils sind der Tatbestand und die Entscheidungsgründe nachträglich abzufassen, von den Richtern besonders zu unter-

---

1 BGH WM 2010, 897.
2 BT-Drucks. 11/351, S. 28.
3 BGH WM 2010, 897.

schreiben und der Geschäftsstelle zu übergeben; der Tatbestand und die Entscheidungsgründe können auch von Richtern unterschrieben werden, die bei dem Urteil nicht mitgewirkt haben.

(3) [1]Für die Berichtigung des nachträglich abgefassten Tatbestands gilt § 320 der Zivilprozessordnung entsprechend. [2]Jedoch können bei der Entscheidung über einen Antrag auf Berichtigung auch solche Richter mitwirken, die bei dem Urteil oder der nachträglichen Anfertigung des Tatbestands nicht mitgewirkt haben.

(4) Die vorstehenden Absätze gelten entsprechend für die Vervollständigung von Arrestbefehlen, einstweiligen Anordnungen und einstweiligen Verfügungen, die in einem anderen Vertrags- oder Mitgliedstaat geltend gemacht werden sollen und nicht mit einer Begründung versehen sind.

§ 31 Vollstreckungsklausel zur Verwendung im Ausland

Vollstreckungsbescheide, Arrestbefehle und einstweilige Verfügungen oder einstweilige Anordnungen, deren Zwangsvollstreckung in einem anderen Vertrags- oder Mitgliedstaat betrieben werden soll, sind auch dann mit der Vollstreckungsklausel zu versehen, wenn dies für eine Zwangsvollstreckung im Inland nach § 796 Absatz 1, § 929 Absatz 1 und § 936 der Zivilprozessordnung oder nach § 53 Absatz 1 und § 119 des Gesetzes über das Verfahren in Familiensachen und in den Angelegenheiten der freiwilligen Gerichtsbarkeit nicht erforderlich wäre.

§ 32 Mahnverfahren mit Zustellung im Ausland

(1) [1]Das Mahnverfahren findet auch statt, wenn die Zustellung des Mahnbescheids in einem anderen Vertrags- oder Mitgliedstaat erfolgen muss. [2]In diesem Falle kann der Anspruch auch die Zahlung einer bestimmten Geldsumme in ausländischer Währung zum Gegenstand haben.

(2) Macht der Antragsteller geltend, dass das Gericht auf Grund einer Gerichtsstandsvereinbarung zuständig sei, so hat er dem Mahnantrag die erforderlichen Schriftstücke über die Vereinbarung beizufügen.

(3) Die Widerspruchsfrist (§ 692 Absatz 1 Nummer 3 der Zivilprozessordnung) beträgt einen Monat.

I. Allgemeines

1 Der 8. Abschnitt beschäftigt sich mit **deutschen Titeln**, soweit diese in einem Vertrags- oder Mitgliedstaat verwendet werden sollen.

II. Urteile in verkürzter Form (§ 30)

2 So können **Versäumnis- oder Anerkenntnisurteile**, die in verkürzter Form (§ 313 b ZPO) abgefasst sind, im Verfahren nach § 30 vervollständigt werden. Dafür bedarf es lediglich eines Antrags der Partei (§ 30 Abs. 1 S. 2 und 3). Der Tatbestand und die Entscheidungsgründe werden nachträglich hergestellt, wobei sich die Richter (nicht unbedingt diejenigen, die den Titel erlassen haben) auf den Akteninhalt stützen können (§ 30 Abs. 2).[1] Auch eine **Urteilsberichtigung** iSd § 320 ZPO ist möglich (§ 30 Abs. 3). Obwohl **Arresturteile** und Beschlüsse sowie einstweilige Verfügungen nach § 922 Abs. 1 S. 2 ZPO ohnehin zu begründen

---

1 BT-Drucks. 11/351, S. 29.

sind, wenn sie im Ausland geltend gemacht werden sollen, sieht § 30 Abs. 4 ihre Vervollständigung in derselben Weise vor, falls etwa erst im Nachhinein die Vollstreckung im Ausland notwendig wird.

III. Titel ohne inländische Klausel (§ 31)

Auch die deutschen Titel, die nach deutschem Recht keiner Vollstreckungsklausel bedürfen (Vollstreckungsbescheide, Arrestbefehle, einstweilige Verfügungen), sind nach § 31 mit einer solchen zu versehen, damit im ausländischen Vollstreckbarerklärungsverfahren keine notwendigen Urkunden fehlen.

3

IV. Grenzüberschreitende Mahnverfahren (§ 32)

Durch § 32 wird die Statthaftigkeit des **Mahnverfahrens** erweitert und dem Rechtspfleger überantwortet, anhand der beizufügenden Unterlagen zu prüfen, ob die internationale Zuständigkeit aufgrund einer Gerichtsstandsvereinbarung gegeben ist. Zudem wird die Widerspruchsfrist durch § 32 Abs. 3 von zwei Wochen auf einen Monat verlängert.

4

Abschnitt 9
Verhältnis zu besonderen Anerkennungsverfahren; Konzentrationsermächtigung

§ 33 (weggefallen)

§ 34 Konzentrationsermächtigung

(1) ¹Die Landesregierungen werden für die Durchführung dieses Gesetzes ermächtigt, durch Rechtsverordnung die Entscheidung über Anträge auf Erteilung der Vollstreckungsklausel zu ausländischen Titeln in Zivil- und Handelssachen, über Anträge auf Aufhebung oder Abänderung dieser Vollstreckungsklausel und über Anträge auf Feststellung der Anerkennung einer ausländischen Entscheidung für die Bezirke mehrerer Landgerichte einem von ihnen zuzuweisen, sofern dies der sachlichen Förderung oder schnelleren Erledigung der Verfahren dient. ²Von der Ermächtigung kann für jeden der in § 1 Absatz 1 Nummer 1 Buchstabe a und b genannten Anerkennungs- und Vollstreckungsverträge und für *das in § 1 Absatz 1 Nummer 2 genannte [zukünftig: „jedes der in § 1 Absatz 1 Nummer 2 genannten"]*[1] Abkommen der Europäischen Union einzeln Gebrauch gemacht werden.

(2) Die Landesregierungen können die Ermächtigung durch Rechtsverordnung auf die Landesjustizverwaltungen übertragen.

Die Vorschrift ermächtigt die Landesregierungen, die Zuständigkeiten zur Ausführung der Brüssel I-VO und der anderen in § 1 Abs. 1 genannten Abkommen bei einzelnen Landgerichten zu **konzentrieren**, wobei die Ermächtigung durch

1

---

[1] § 34 Abs. 1 S. 2 idF des Art. 1 Nr. 3 des Gesetzes zur Durchführung des Haager Übereinkommens vom 30. Juni 2005 über Gerichtsstandsvereinbarungen sowie zur Änderung des Rechtspflegergesetzes, des Gerichts- und Notarkostengesetzes, des Altersteilzeitgesetzes und des Dritten Buches Sozialgesetzbuch vom 10.12.2014 (BGBl. I S. 2082). – Die **Änderung wird wirksam**, sobald das Haager Übereinkommen vom 30. Juni 2005 über Gerichtsstandsvereinbarungen nach seinem Art. 31 Abs. 1 für die Europäische Union mit Ausnahme Dänemarks in Kraft tritt (s. Art. 8 Abs. 1 S. 1 ÄndG). – Siehe dazu auch § 1 Rn 5 a.

Rechtsverordnung auch auf die Landesjustizverwaltung übertragen werden kann und auch für die einzelnen internationalen Regelungen isoliert erfolgen kann. Thüringen[2] und Sachsen-Anhalt[3] haben die Ermächtigung auf den Justizminister übertragen. Gebrauch gemacht wurde von der Ermächtigung zur Konzentration nicht.

Teil 2
Besonderes

Vorbemerkung zu §§ 35–57

1 Der Besondere Teil enthält zu den von § 1 Abs. 1 erfassten Staatsverträgen spezielle Vorschriften, die die Anwendbarkeit einiger Bestimmungen des Allgemeinen Teils ausschließen. Dadurch werden unzulässige Doppelregelungen und Widersprüche vermieden (s. § 1 Rn 7). Bedeutung für die Brüssel I-VO hat vornehmlich § 55 Abs. 1 (s. dort Rn 1). § 55 gilt für das revidierte LugÜ 2007. Verwiesen werden kann für die Systematisierung auf § 1 Rn 8 und iÜ auf die Kommentierung zur Brüssel I-VO (einschließlich revidiertes LugÜ). Bei der Kommentierung der einzelnen Regelungen des Allgemeinen Teils werden die Sonderregeln und Anwendungsausschließungen für alle von § 1 Abs. 1 erfassten Verträge jeweils erwähnt.

Abschnitt 1
Übereinkommen über die gerichtliche Zuständigkeit und die Vollstreckung gerichtlicher Entscheidungen in Zivil- und Handelssachen vom 27. September 1968 und vom 16. September 1988

§ 35 Sonderregelungen über die Beschwerdefrist

¹Die Frist für die Beschwerde des Verpflichteten gegen die Entscheidung über die Zulassung der Zwangsvollstreckung beträgt zwei Monate und beginnt von dem Tage an zu laufen, an dem die Entscheidung dem Verpflichteten entweder in Person oder in seiner Wohnung zugestellt worden ist, wenn der Verpflichtete seinen Wohnsitz oder seinen Sitz in einem anderen Vertragsstaat dieser Übereinkommen hat. ²Eine Verlängerung dieser Frist wegen weiter Entfernung ist ausgeschlossen. ³§ 10 Absatz 2 und 3 Satz 2 sowie § 11 Absatz 3 Satz 1 und 2 finden in diesen Fällen keine Anwendung.

§ 36 Aussetzung des Beschwerdeverfahrens

(1) ¹Das Oberlandesgericht kann auf Antrag des Verpflichteten seine Entscheidung über die Beschwerde gegen die Zulassung der Zwangsvollstreckung aussetzen, wenn gegen die Entscheidung im Ursprungsstaat ein ordentliches Rechtsmittel eingelegt oder die Frist hierfür noch nicht verstrichen ist; im letzteren Falle

---

2 § 1 Nr. 3 Thüringer Verordnung zur Übertragung von Ermächtigungen zum Erlass von Rechtsverordnungen im Bereich der Rechtspflege vom 25.10.2004, gültig seit 1.5.2011.
3 § 1 Nr. 32 Verordnung zur Übertragung von Verordnungsermächtigungen im Bereich der Justiz vom 28.3.2008, gültig seit 27.7.2010.

kann das Oberlandesgericht eine Frist bestimmen, innerhalb deren das Rechtsmittel einzulegen ist. ²Das Gericht kann die Zwangsvollstreckung auch von einer Sicherheitsleistung abhängig machen.

(2) Absatz 1 ist im Verfahren auf Feststellung der Anerkennung einer Entscheidung (§§ 25 und 26) entsprechend anzuwenden.

Abschnitt 2
(weggefallen)

§§ 37–39 (weggefallen)

Teil 2 Abschnitt 2 (= §§ 37–39) wurde aufgehoben durch Art. 6 Nr. 7 des Gesetzes vom 23.5.2011[1] mit Wirkung zum 18.6.2011 (AUG). Siehe dazu den Schwerpunktbeitrag 10 „Anerkennung und Vollstreckung ausländischer Entscheidungen" (Rn 12) sowie die Kommentierung zum AUG. 1

Abschnitt 3
Vertrag vom 17. Juni 1977 zwischen der Bundesrepublik Deutschland und dem Königreich Norwegen über die gegenseitige Anerkennung und Vollstreckung gerichtlicher Entscheidungen und anderer Schuldtitel in Zivil- und Handelssachen

§ 40 Abweichungen von § 22

(1) Weist das Oberlandesgericht die Beschwerde des Verpflichteten gegen die Zulassung der Zwangsvollstreckung zurück oder lässt es auf die Beschwerde des Berechtigten die Zwangsvollstreckung aus dem Titel zu, so entscheidet es abweichend von § 22 Absatz 1 zugleich darüber, ob die Zwangsvollstreckung über Maßregeln zur Sicherung hinaus fortgesetzt werden kann:

1. Ist bei einer auf eine bestimmte Geldsumme lautenden Entscheidung der Nachweis, dass die Entscheidung rechtskräftig ist, nicht geführt, so ordnet das Oberlandesgericht an, dass die Vollstreckung erst nach Vorlage einer norwegischen Rechtskraftbescheinigung nebst Übersetzung (Artikel 14 Absatz 1 Nummer 2 und 6 und Absatz 2 des Vertrags) unbeschränkt stattfinden kann.
2. Ist der Nachweis, dass die Entscheidung rechtskräftig ist, geführt oder ist der Titel ein gerichtlicher Vergleich, so ordnet das Oberlandesgericht an, dass die Zwangsvollstreckung unbeschränkt stattfinden darf.

(2) § 22 Absatz 2 und 3 bleibt unberührt.

§ 41 Abweichungen von § 23

(1) Die Zwangsvollstreckung aus dem Titel, den der Urkundsbeamte der Geschäftsstelle des Landgerichts mit der Vollstreckungsklausel versehen hat, ist auf Antrag des Berechtigten auch dann über Maßregeln zur Sicherung hinaus fortzusetzen (§ 23 Absatz 1), wenn eine gerichtliche Anordnung nach § 40 Absatz 1

---

1 BGBl. I S. 898, 915.

Nummer 1 oder § 22 Absatz 2 und 3 vorgelegt wird und die darin bestimmten Voraussetzungen erfüllt sind.

(2) ¹Ein Zeugnis gemäß § 23 Absatz 1 ist dem Berechtigten auf seinen Antrag abweichend von § 23 Absatz 2 Nummer 1 nur zu erteilen, wenn der Verpflichtete bis zum Ablauf der Beschwerdefrist keine Beschwerdeschrift eingereicht hat und wenn

1. der Berechtigte bei einer auf eine bestimmte Geldsumme lautenden Entscheidung nachweist, dass die Entscheidung rechtskräftig ist (Artikel 14 Absatz 1 Nummer 2 und 6 und Absatz 2 des Vertrags),
2. die Entscheidung nicht auf eine bestimmte Geldsumme lautet oder
3. der Titel ein gerichtlicher Vergleich ist.

²§ 23 Absatz 2 Nummer 2 bis 4 findet keine Anwendung.

(3) § 23 Absatz 3 bleibt unberührt.

§ 42 Abweichungen von § 24

¹Die Zwangsvollstreckung aus dem Titel, zu dem der Urkundsbeamte der Geschäftsstelle des Oberlandesgerichts die Vollstreckungsklausel erteilt hat, ist abweichend von § 24 Absatz 1 auf Antrag des Berechtigten nur im Rahmen einer gerichtlichen Anordnung nach § 40 oder § 22 Absatz 2 und 3 fortzusetzen. ²Eines besonderen Zeugnisses des Urkundsbeamten der Geschäftsstelle bedarf es nicht.

§ 43 Folgeregelungen für das Rechtsbeschwerdeverfahren

(1) Auf das Verfahren über die Rechtsbeschwerde sind neben den in § 17 Absatz 2 Satz 2 aufgeführten Vorschriften auch die §§ 40 und 42 sinngemäß anzuwenden.

(2) ¹Hat der Bundesgerichtshof eine Anordnung nach Absatz 1 in Verbindung mit § 40 Absatz 1 Nummer 1 erlassen, so ist in Abweichung von § 17 Absatz 3 Satz 3 ein Zusatz aufzunehmen, dass die Zwangsvollstreckung über Maßregeln zur Sicherung nicht hinausgehen darf. ²Der Inhalt des Zusatzes bestimmt sich nach dem Inhalt der Anordnung.

§ 44 Weitere Sonderregelungen

(1) Hat der Verpflichtete keinen Wohnsitz im Inland, so ist für die Vollstreckbarerklärung von Entscheidungen und gerichtlichen Vergleichen auch das Landgericht örtlich zuständig, in dessen Bezirk der Verpflichtete Vermögen hat.

(2) Ist die Entscheidung auf die Leistung einer bestimmten Geldsumme gerichtet, so bedarf es für die Zulassung zur Zwangsvollstreckung nicht des Nachweises, dass die Entscheidung rechtskräftig ist (Artikel 10 Absatz 2 und Artikel 17 Absatz 1 Satz 2 des Vertrags).

(3) ¹Auf das Verfahren über die Beschwerde des Verpflichteten gegen die Zulassung der Zwangsvollstreckung findet § 12 Absatz 2 keine Anwendung. ²§ 12 Absatz 1 gilt für die Beschwerde, die sich gegen die Zulassung der Zwangsvollstreckung aus einem gerichtlichen Vergleich richtet, sinngemäß.

(4) Die Vorschriften über die Feststellung der Anerkennung einer Entscheidung (§§ 25 und 26) und über die Aufhebung oder Änderung dieser Feststellung (§ 29 in Verbindung mit § 27) finden keine Anwendung.

Abschnitt 4
Vertrag vom 20. Juli 1977 zwischen der Bundesrepublik Deutschland und dem Staat Israel über die gegenseitige Anerkennung und Vollstreckung gerichtlicher Entscheidungen in Zivil- und Handelssachen

§ 45 Abweichungen von § 22

(1) Weist das Oberlandesgericht die Beschwerde des Verpflichteten gegen die Zulassung der Zwangsvollstreckung zurück oder lässt es auf die Beschwerde des Berechtigten die Zwangsvollstreckung aus dem Titel zu, so entscheidet es abweichend von § 22 Absatz 1 zugleich darüber, ob die Zwangsvollstreckung über Maßregeln zur Sicherung hinaus fortgesetzt werden kann:
1. Ist der Nachweis, dass die Entscheidung rechtskräftig ist, nicht geführt, so ordnet das Oberlandesgericht an, dass die Vollstreckung erst nach Vorlage einer israelischen Rechtskraftbescheinigung nebst Übersetzung (Artikel 15 Absatz 1 Nummer 2 und 7 des Vertrags) unbeschränkt stattfinden darf.
2. Ist der Nachweis, dass die Entscheidung rechtskräftig ist, erbracht oder hat die Entscheidung eine Unterhaltspflicht zum Gegenstand oder ist der Titel ein gerichtlicher Vergleich, so ordnet das Oberlandesgericht an, dass die Zwangsvollstreckung unbeschränkt stattfinden darf.

(2) § 22 Absatz 2 und 3 bleibt unberührt.

§ 46 Abweichungen von § 23

(1) Die Zwangsvollstreckung aus dem Titel, den der Urkundsbeamte der Geschäftsstelle des Landgerichts mit der Vollstreckungsklausel versehen hat, ist auf Antrag des Berechtigten auch dann über Maßregeln zur Sicherung hinaus fortzusetzen (§ 23 Absatz 1), wenn eine gerichtliche Anordnung nach § 45 Absatz 1 Nummer 1 oder § 22 Absatz 2 und 3 vorgelegt wird und die darin bestimmten Voraussetzungen erfüllt sind.

(2) [1]Ein Zeugnis gemäß § 23 Absatz 1 ist dem Berechtigten auf seinen Antrag abweichend von § 23 Absatz 2 Nummer 1 nur zu erteilen, wenn der Verpflichtete bis zum Ablauf der Beschwerdefrist keine Beschwerdeschrift eingereicht hat und wenn
1. der Berechtigte den Nachweis führt, dass die Entscheidung rechtskräftig ist (Artikel 21 des Vertrags),
2. die Entscheidung eine Unterhaltspflicht zum Gegenstand hat (Artikel 20 des Vertrags) oder
3. der Titel ein gerichtlicher Vergleich ist.
[2]§ 23 Absatz 2 Nummer 2 bis 4 findet keine Anwendung.

(3) § 23 Absatz 3 bleibt unberührt.

§ 47 Abweichungen von § 24

¹Die Zwangsvollstreckung aus dem Titel, zu dem der Urkundsbeamte der Geschäftsstelle des Oberlandesgerichts die Vollstreckungsklausel erteilt hat, ist abweichend von § 24 Absatz 1 auf Antrag des Berechtigten nur im Rahmen einer gerichtlichen Anordnung nach § 45 oder § 22 Absatz 2 und 3 fortzusetzen. ²Eines besonderen Zeugnisses des Urkundsbeamten der Geschäftsstelle bedarf es nicht.

§ 48 Folgeregelungen für das Rechtsbeschwerdeverfahren

(1) Auf das Verfahren über die Rechtsbeschwerde sind neben den in § 17 Absatz 2 Satz 2 aufgeführten Vorschriften auch die §§ 45 und 47 sinngemäß anzuwenden.

(2) ¹Hat der Bundesgerichtshof eine Anordnung nach Absatz 1 in Verbindung mit § 45 Absatz 1 Nummer 1 erlassen, so ist in Abweichung von § 17 Absatz 3 Satz 3 ein Zusatz aufzunehmen, dass die Zwangsvollstreckung über Maßregeln zur Sicherung nicht hinausgehen darf. ²Der Inhalt des Zusatzes bestimmt sich nach dem Inhalt der Anordnung.

§ 49 Weitere Sonderregelungen

(1) Hat der Verpflichtete keinen Wohnsitz im Inland, so ist für die Vollstreckbarerklärung von Entscheidungen und gerichtlichen Vergleichen auch das Landgericht örtlich zuständig, in dessen Bezirk der Verpflichtete Vermögen hat.

(2) ¹Auf das Verfahren über die Beschwerde des Verpflichteten gegen die Zulassung der Zwangsvollstreckung findet § 12 Absatz 2 keine Anwendung. ²§ 12 Absatz 1 gilt für die Beschwerde, die sich gegen die Zulassung der Zwangsvollstreckung aus einem gerichtlichen Vergleich richtet, sinngemäß.

Abschnitt 5 (weggefallen)

§§ 50–54 (weggefallen)

Abschnitt 6
Übereinkommen vom 30. Oktober 2007 über die gerichtliche Zuständigkeit und die Anerkennung und Vollstreckung von Entscheidungen in Zivil- und Handelssachen[1]

§ 55 Abweichungen von Vorschriften des Allgemeinen Teils; ergänzende Regelungen

(1) Die §§ 3, 6 Absatz 1, § 7 Absatz 1 Satz 2 und Absatz 2, § 10 Absatz 2 und 3 Satz 2, § 11 Absatz 1 Satz 2 und Absatz 3 Satz 1 und 2 sowie die §§ 12, 14 und 18 finden keine Anwendung.

(2) ¹Die Beschwerde gegen die Zulassung der Zwangsvollstreckung ist einzulegen
1. innerhalb eines Monats nach Zustellung, wenn der Verpflichtete seinen Wohnsitz im Inland hat;
2. innerhalb von zwei Monaten nach Zustellung, wenn der Verpflichtete seinen Wohnsitz im Ausland hat.

²Die Frist beginnt mit dem Tag, an dem die Vollstreckbarerklärung dem Verpflichteten entweder persönlich oder in seiner Wohnung zugestellt worden ist. ³Eine Verlängerung dieser Frist wegen weiter Entfernung ist ausgeschlossen.

(3) ¹In einem Verfahren, das die Vollstreckbarerklärung einer notariellen Urkunde zum Gegenstand hat, kann diese Urkunde auch von einem Notar für vollstreckbar erklärt werden. ²Die Vorschriften für das Verfahren der Vollstreckbarerklärung durch ein Gericht gelten sinngemäß.

Neben den in § 55 aufgeführten ausgeschlossenen Vorschriften (s. jew. ebd., insb. § 12 und § 14) ist die Anwendung umstritten bei § 22 (s. § 22 Rn 3) und bei den nicht schon durch § 55 ausgeschlossenen Teilen von § 7 (s. § 7 Rn 2) und § 10 (s. § 10 Rn 3). 1

§ 56 Sonderregelungen für die Vollstreckungsabwehrklage

(1) ¹Ist die Zwangsvollstreckung aus einem Titel zugelassen, so kann der Verpflichtete Einwendungen gegen den Anspruch selbst in einem Verfahren nach § 767 der Zivilprozessordnung oder, wenn der Titel eine Unterhaltssache betrifft, in einem Verfahren nach § 120 Absatz 1 des Gesetzes über das Verfahren in Familiensachen und in den Angelegenheiten der freiwilligen Gerichtsbarkeit in Verbindung mit § 767 der Zivilprozessordnung geltend machen. ²Handelt es sich bei dem Titel um eine gerichtliche Entscheidung, so gilt dies nur, soweit die Gründe, auf denen die Einwendungen beruhen, erst nach dem Erlass der Entscheidung entstanden sind.

(2) ¹Die Klage nach § 767 der Zivilprozessordnung und der Antrag nach § 120 Absatz 1 des Gesetzes über das Verfahren in Familiensachen und in den Angelegenheiten der freiwilligen Gerichtsbarkeit in Verbindung mit § 767 der Zivilprozessordnung sind bei dem Gericht zu erheben, das über den Antrag auf Erteilung der Vollstreckungsklausel entschieden hat. ²Soweit der Antrag einen Unterhaltstitel zum Gegenstand hat, ist das Familiengericht zuständig; für die örtliche Zu-

---

1 Fassung vom 18.6.2011–9.1.2015: „Abschnitt 6: Verordnungen und Abkommen der Europäischen Gemeinschaft nach § 1 Absatz 1 Nummer 2". – Weiterhin relevant für Altfälle (s. Vor §§ 1 ff Rn 1 ff).

ständigkeit gelten die Vorschriften des Gesetzes über das Verfahren in Familiensachen und in den Angelegenheiten der freiwilligen Gerichtsbarkeit für Unterhaltssachen.

1 Die Norm stellt klar, dass im Rahmen des § 767 ZPO der Erlass der ausländischen Entscheidung der für die Präklusion maßgebliche Zeitpunkt ist[1] (s. § 14 Rn 2).

§ 57 Bescheinigungen zu inländischen Titeln

[1]Die Bescheinigungen nach den Artikeln 54, 57 und 58 des Übereinkommens vom 30. Oktober 2007 über die gerichtliche Zuständigkeit und die Anerkennung und Vollstreckung von Entscheidungen in Zivil- und Handelssachen werden von dem Gericht, der Behörde oder der mit öffentlichem Glauben versehenen Person ausgestellt, der die Erteilung einer vollstreckbaren Ausfertigung des Titels obliegt. [2]Soweit danach die Gerichte für die Ausstellung der Bescheinigung zuständig sind, wird diese von dem Gericht des ersten Rechtszuges und, wenn das Verfahren bei einem höheren Gericht anhängig ist, von diesem Gericht ausgestellt. [3]Funktionell zuständig ist die Stelle, der die Erteilung einer vollstreckbaren Ausfertigung des Titels obliegt. [4]Für die Anfechtbarkeit der Entscheidung über die Ausstellung der Bescheinigung gelten die Vorschriften über die Anfechtbarkeit der Entscheidung über die Erteilung der Vollstreckungsklausel sinngemäß.

1 Die Norm regelt die sachliche, örtliche und funktionelle **Zuständigkeit** für die Ausstellung der bei der Vollstreckbarkeit von Entscheidungen im Anwendungsbereich der Brüssel I-VO notwendigen Bescheinigungen nach Art. 54 Brüssel I-VO (Formblatt für Entscheidungen), Art. 57 Brüssel I-VO (Formblatt für öffentliche Urkunden) und Art. 58 Brüssel I-VO (Formblatt für Prozessvergleiche).

2 Zuständig ist das Gericht oder die sonst befugte Stelle des Ursprungsgerichts, die auch für die Erteilung einer vollstreckbaren Ausfertigung des Titels zuständig ist (Urkundsbeamter, Notar).

Abschnitt 7
Haager Übereinkommen vom 30. Juni 2005 über Gerichtsstandsvereinbarungen [zukünftige Geltung][1]

§ 58 Bescheinigungen zu inländischen Titeln [zukünftige Geltung][1]

(1) Bescheinigungen nach Artikel 13 Absatz 1 Buchstabe e und Absatz 3 des Haager Übereinkommens vom 30. Juni 2005 über Gerichtsstandsvereinbarungen werden von dem Gericht ausgestellt, dem die Erteilung einer vollstreckbaren Ausfertigung des Titels obliegt.

---

1 BT-Drucks. 17/10492, S. 13.
1 Angefügt durch Art. 1 Nr. 4 des Gesetzes zur Durchführung des Haager Übereinkommens vom 30. Juni 2005 über Gerichtsstandsvereinbarungen sowie zur Änderung des Rechtspflegergesetzes, des Gerichts- und Notarkostengesetzes, des Altersteilzeitgesetzes und des Dritten Buches Sozialgesetzbuch vom 10.12.2014 (BGBl. I S. 2082). – Die **Neuregelung** wird **wirksam**, sobald das Haager Übereinkommen vom 30. Juni 2005 über Gerichtsstandsvereinbarungen nach seinem Art. 31 Abs. 1 für die Europäische Union mit Ausnahme Dänemarks in Kraft tritt (s. Art. 8 Abs. 1 S. 1 ÄndG).
1 Wie vor.

(2) ¹Die Entscheidung über die Ausstellung der Bescheinigung nach Artikel 13 Absatz 3 des Haager Übereinkommens vom 30. Juni 2005 über Gerichtsstandsvereinbarungen ist anfechtbar. ²Hierfür gelten die Vorschriften über die Anfechtbarkeit der Entscheidung über die Erteilung der Vollstreckungsklausel sinngemäß.

Es geht um Bescheinigungen nach Art. 13 des HUÜ 2005 für einen gerichtlichen Vergleich. Sie werden vom Ursprungsgericht erteilt. Art. 13 Abs. 1 Buchst. e meint dabei die Bestätigung der Vollstreckbarkeit, Abs. 3 die zusätzliche optionale Bescheinigung über den Inhalt und Ablauf des Verfahrens.[2] 1

---

[2] BT-Drucks. 18/2846, S. 11.

VERORDNUNG (EU) Nr. 1215/2012 DES EUROPÄISCHEN PARLAMENTS UND DES RATES
vom 12. Dezember 2012
über die gerichtliche Zuständigkeit und die Anerkennung und Vollstreckung von Entscheidungen in Zivil- und Handelssachen (Neufassung)

(ABl. EU L 351 vom 20.12.2012, S. 1;
zuletzt geändert durch Verordnung (EU) 2015/281 vom 26.11.2014,
ABl. EU L 54 vom 25.2.2015, S. 1)

[Kommentierung der §§ 1110–1117 ZPO im Anhang zur Brüssel Ia-VO]

– Auszug –

DAS EUROPÄISCHE PARLAMENT UND DER RAT DER EUROPÄISCHEN UNION –

gestützt auf den Vertrag über die Arbeitsweise der Europäischen Union, insbesondere auf Artikel 67 Absatz 4 und Artikel 81 Absatz 2 Buchstaben a, c und e,

auf Vorschlag der Europäischen Kommission,

nach Zuleitung des Entwurfs des Gesetzgebungsakts an die nationalen Parlamente,

nach Stellungnahme des Europäischen Wirtschafts- und Sozialausschusses,[1]

gemäß dem ordentlichen Gesetzgebungsverfahren,[2]

in Erwägung nachstehender Gründe:

(1) Am 21. April 2009 hat die Kommission einen Bericht über die Anwendung der Verordnung (EG) Nr. 44/2001 des Rates vom 22. Dezember 2000 über die gerichtliche Zuständigkeit und die Anerkennung und Vollstreckung von Entscheidungen in Zivil- und Handelssachen[3] angenommen. Dem Bericht zufolge herrscht allgemein Zufriedenheit mit der Funktionsweise der genannten Verordnung, doch könnten bei der Anwendung bestimmter Vorschriften, der freie Verkehr gerichtlicher Entscheidungen sowie der Zugang zum Recht noch weiter verbessert werden. Da einige weitere Änderungen erfolgen sollen, sollte die genannte Verordnung aus Gründen der Klarheit neu gefasst werden.

(2) Der Europäische Rat hat auf seiner Tagung vom 10./11. Dezember 2009 in Brüssel ein neues mehrjähriges Programm mit dem Titel „Das Stockholmer Programm – Ein offenes und sicheres Europa im Dienste und zum Schutz der Bürger"[4] angenommen. Im Stockholmer Programm vertritt der Europäische Rat die Auffassung, dass der Prozess der Abschaffung aller zwischengeschalteten Maßnahmen (Exequaturverfahren) während des von dem Programm abgedeckten Zeitraums fortgeführt werden sollte. Gleichzeitig sollte die Abschaffung der Exequaturverfahren von einer Reihe von Schutzvorkehrungen begleitet werden.

---

1 ABl. C 218 vom 23.7.2011, S. 78.
2 Standpunkt des Europäischen Parlaments vom 20. November 2012 (noch nicht im Amtsblatt veröffentlicht) und Beschluss des Rates vom 6. Dezember 2012.
3 ABl. L 12 vom 16.1.2001, S. 1.
4 ABl. C 115 vom 4.5.2010, S. 1.

(3) Die Union hat sich zum Ziel gesetzt, einen Raum der Freiheit, der Sicherheit und des Rechts zu erhalten und weiterzuentwickeln, indem unter anderem der Zugang zum Recht, insbesondere durch den Grundsatz der gegenseitigen Anerkennung gerichtlicher und außergerichtlicher Entscheidungen in Zivilsachen, erleichtert wird. Zum schrittweisen Aufbau eines solchen Raums hat die Union im Bereich der justiziellen Zusammenarbeit in Zivilsachen, die einen grenzüberschreitenden Bezug aufweisen, Maßnahmen zu erlassen, insbesondere wenn dies für das reibungslose Funktionieren des Binnenmarkts erforderlich ist.

(4) Die Unterschiede zwischen bestimmten einzelstaatlichen Vorschriften über die gerichtliche Zuständigkeit und die Anerkennung von Entscheidungen erschweren das reibungslose Funktionieren des Binnenmarkts. Es ist daher unerlässlich, Bestimmungen zu erlassen, um die Vorschriften über die internationale Zuständigkeit in Zivil- und Handelssachen zu vereinheitlichen und eine rasche und unkomplizierte Anerkennung und Vollstreckung von Entscheidungen zu gewährleisten, die in einem Mitgliedstaat ergangen sind.

(5) Diese Bestimmungen fallen in den Bereich der justiziellen Zusammenarbeit in Zivilsachen im Sinne von Artikel 81 des Vertrags über die Arbeitsweise der Europäischen Union (AEUV).

(6) Um den angestrebten freien Verkehr der Entscheidungen in Zivil- und Handelssachen zu verwirklichen, ist es erforderlich und angemessen, dass die Vorschriften über die gerichtliche Zuständigkeit und die Anerkennung und Vollstreckung von Entscheidungen im Wege eines Unionsrechtsakts festgelegt werden, der verbindlich und unmittelbar anwendbar ist.

(7) Am 27. September 1968 schlossen die seinerzeitigen Mitgliedstaaten der Europäischen Gemeinschaften auf der Grundlage von Artikel 220 vierter Gedankenstrich des Vertrags zur Gründung der Europäischen Wirtschaftsgemeinschaft das Übereinkommen von Brüssel über die gerichtliche Zuständigkeit und die Vollstreckung gerichtlicher Entscheidungen in Zivil- und Handelssachen, dessen Fassung danach durch die Übereinkommen über den Beitritt neuer Mitgliedstaaten zu diesem Übereinkommen[5] geändert wurde („Brüsseler Übereinkommen von 1968"). Am 16. September 1988 schlossen die seinerzeitigen Mitgliedstaaten der Europäischen Gemeinschaften und bestimmte EFTA-Staaten das Übereinkommen von Lugano über die gerichtliche Zuständigkeit und die Vollstreckung gerichtlicher Entscheidungen in Zivil- und Handelssachen[6] („Übereinkommen von Lugano von 1988"), das ein Parallelübereinkommen zu dem Brüsseler Übereinkommen von 1968 darstellt. Am 1. Februar 2000 wurde das Übereinkommen von Lugano von 1988 auf Polen anwendbar.

(8) Am 22. Dezember 2000 nahm der Rat die Verordnung (EG) Nr. 44/2001 an, die das Brüsseler Übereinkommen von 1968 im Verhältnis der Mitgliedstaaten zueinander mit Ausnahme Dänemarks hinsichtlich der Hoheitsgebiete der Mitgliedstaaten ersetzt, die in den Anwendungsbereich des AEUV fallen. Mit dem Beschluss 2006/325/EG des Rates[7] schloss die Gemeinschaft mit Dänemark ein Abkommen über die Anwendung der Bestimmungen der Verordnung (EG) Nr. 44/2001 in Dänemark. Das Übereinkommen von Lugano von 1988 wurde durch das am 30. Oktober 2007 von der Ge-

---

5 ABl. L 299 vom 31.12.1972, S. 32; ABl. L 304 vom 30.10.1978, S. 1; ABl. L 388 vom 31.12.1982, S. 1; ABl. L 285 vom 3.10.1989, S. 1; ABl. C 15 vom 15.1.1997, S. 1. Siehe konsolidierte Fassung in ABl. C 27 vom 26.1.1998, S. 1.
6 ABl. L 319 vom 25.11.1988, S. 9.
7 ABl. L 120 vom 5.5.2006, S. 22.

meinschaft, Dänemark, Island, Norwegen und der Schweiz in Lugano unterzeichnete Übereinkommen über die gerichtliche Zuständigkeit und die Anerkennung und Vollstreckung von Entscheidungen in Zivil- und Handelssachen[8] („Übereinkommen von Lugano von 2007") geändert.

(9) Das Brüsseler Übereinkommen von 1968 gilt weiter hinsichtlich der Hoheitsgebiete der Mitgliedstaaten, die in seinen territorialen Anwendungsbereich fallen und die aufgrund der Anwendung von Artikel 355 AEUV von der vorliegenden Verordnung ausgeschlossen sind.

(10) Der sachliche Anwendungsbereich dieser Verordnung sollte sich, von einigen genau festgelegten Rechtsgebieten abgesehen, auf den wesentlichen Teil des Zivil- und Handelsrechts erstrecken; aufgrund der Annahme der Verordnung (EG) Nr. 4/2009 des Rates vom 18. Dezember 2008 über die Zuständigkeit, das anwendbare Recht, die Anerkennung und Vollstreckung von Entscheidungen und die Zusammenarbeit in Unterhaltssachen[9] sollten insbesondere die Unterhaltspflichten vom Anwendungsbereich dieser Verordnung ausgenommen werden.

(11) Für die Zwecke dieser Verordnung sollten zu den Gerichten der Mitgliedstaaten auch gemeinsame Gerichte mehrerer Mitgliedstaaten gehören, wie der Benelux-Gerichtshof, wenn er seine Zuständigkeit in Angelegenheiten ausübt, die in den Anwendungsbereich dieser Verordnung fallen. Daher sollten Entscheidungen dieser Gerichte gemäß dieser Verordnung anerkannt und vollstreckt werden.

(12) Diese Verordnung sollte nicht für die Schiedsgerichtsbarkeit gelten. Sie sollte die Gerichte eines Mitgliedstaats nicht daran hindern, die Parteien gemäß dem einzelstaatlichen Recht an die Schiedsgerichtsbarkeit zu verweisen, das Verfahren auszusetzen oder einzustellen oder zu prüfen, ob die Schiedsvereinbarung hinfällig, unwirksam oder nicht erfüllbar ist, wenn sie wegen eines Streitgegenstands angerufen werden, hinsichtlich dessen die Parteien eine Schiedsvereinbarung getroffen haben.

Entscheidet ein Gericht eines Mitgliedstaats, ob eine Schiedsvereinbarung hinfällig, unwirksam oder nicht erfüllbar ist, so sollte diese Entscheidung ungeachtet dessen, ob das Gericht darüber in der Hauptsache oder als Vorfrage entschieden hat, nicht den Vorschriften dieser Verordnung über die Anerkennung und Vollstreckung unterliegen.

Hat hingegen ein nach dieser Verordnung oder nach einzelstaatlichem Recht zuständiges Gericht eines Mitgliedstaats festgestellt, dass eine Schiedsvereinbarung hinfällig, unwirksam oder nicht erfüllbar ist, so sollte die Entscheidung des Gerichts in der Hauptsache dennoch gemäß dieser Verordnung anerkannt oder vollstreckt werden können. Hiervon unberührt bleiben sollte die Zuständigkeit der Gerichte der Mitgliedstaaten, über die Anerkennung und Vollstreckung von Schiedssprüchen im Einklang mit dem am 10. Juni 1958 in New York unterzeichneten Übereinkommen über die Anerkennung und Vollstreckung ausländischer Schiedssprüche („Übereinkommen von New York von 1958") zu entscheiden, das Vorrang vor dieser Verordnung hat.

Diese Verordnung sollte nicht für Klagen oder Nebenverfahren insbesondere im Zusammenhang mit der Bildung eines Schiedsgerichts, den Befugnissen von Schiedsrichtern, der Durchführung eines Schiedsverfahrens oder sonstigen Aspekten eines solchen Verfahrens oder für eine Klage oder eine

---

8 ABl. L 147 vom 10.6.2009, S. 5.
9 ABl. L 7 vom 10.1.2009, S. 1.

Entscheidung in Bezug auf die Aufhebung, die Überprüfung, die Anfechtung, die Anerkennung oder die Vollstreckung eines Schiedsspruchs gelten.

(13) Zwischen den Verfahren, die unter diese Verordnung fallen, und dem Hoheitsgebiet der Mitgliedstaaten muss ein Anknüpfungspunkt bestehen. Gemeinsame Zuständigkeitsvorschriften sollten demnach grundsätzlich dann Anwendung finden, wenn der Beklagte seinen Wohnsitz in einem Mitgliedstaat hat.

(14) Beklagte ohne Wohnsitz in einem Mitgliedstaat sollten im Allgemeinen den einzelstaatlichen Zuständigkeitsvorschriften unterliegen, die im Hoheitsgebiet des Mitgliedstaats gelten, in dem sich das angerufene Gericht befindet. Allerdings sollten einige Zuständigkeitsvorschriften in dieser Verordnung unabhängig vom Wohnsitz des Beklagten gelten, um den Schutz der Verbraucher und der Arbeitnehmer zu gewährleisten, um die Zuständigkeit der Gerichte der Mitgliedstaaten in Fällen zu schützen, in denen sie ausschließlich zuständig sind, und um die Parteiautonomie zu achten.

(15) Die Zuständigkeitsvorschriften sollten in hohem Maße vorhersehbar sein und sich grundsätzlich nach dem Wohnsitz des Beklagten richten. Diese Zuständigkeit sollte stets gegeben sein außer in einigen genau festgelegten Fällen, in denen aufgrund des Streitgegenstands oder der Vertragsfreiheit der Parteien ein anderes Anknüpfungskriterium gerechtfertigt ist. Der Sitz juristischer Personen muss in der Verordnung selbst definiert sein, um die Transparenz der gemeinsamen Vorschriften zu stärken und Kompetenzkonflikte zu vermeiden.

(16) Der Gerichtsstand des Wohnsitzes des Beklagten sollte durch alternative Gerichtsstände ergänzt werden, die entweder aufgrund der engen Verbindung zwischen Gericht und Rechtsstreit oder im Interesse einer geordneten Rechtspflege zuzulassen sind. Das Erfordernis der engen Verbindung soll Rechtssicherheit schaffen und verhindern, dass die Gegenpartei vor einem Gericht eines Mitgliedstaats verklagt werden kann, mit dem sie vernünftigerweise nicht rechnen konnte. Dies ist besonders wichtig bei Rechtsstreitigkeiten, die außervertragliche Schuldverhältnisse infolge der Verletzung der Privatsphäre oder der Persönlichkeitsrechte einschließlich Verleumdung betreffen.

(17) Der Eigentümer eines Kulturguts im Sinne des Artikels 1 Nummer 1 der Richtlinie 93/7/EWG des Rates vom 15. März 1993 über die Rückgabe von unrechtmäßig aus dem Hoheitsgebiet eines Mitgliedstaats verbrachten Kulturgütern[10] sollte eine auf Eigentum gestützte Zivilklage gemäß dieser Verordnung zur Wiedererlangung dieses Gutes vor dem Gericht des Ortes, an dem sich das Kulturgut zum Zeitpunkt der Anrufung des Gerichts befindet, erheben können. Solche Klagen sollten nach der Richtlinie 93/7/EWG eingeleitete Verfahren unberührt lassen.

(18) Bei Versicherungs-, Verbraucher- und Arbeitsverträgen sollte die schwächere Partei durch Zuständigkeitsvorschriften geschützt werden, die für sie günstiger sind als die allgemeine Regelung.

(19) Vorbehaltlich der in dieser Verordnung festgelegten ausschließlichen Zuständigkeiten sollte die Vertragsfreiheit der Parteien hinsichtlich der Wahl des Gerichtsstands, außer bei Versicherungs-, Verbraucher- und Arbeitsverträgen, wo nur eine begrenztere Vertragsfreiheit zulässig ist, gewahrt werden.

---

10 ABl. L 74 vom 27.3.1993, S. 74.

(20) Stellt sich die Frage, ob eine Gerichtsstandsvereinbarung zugunsten eines Gerichts oder der Gerichte eines Mitgliedstaats materiell nichtig ist, so sollte sie nach dem Recht einschließlich des Kollisionsrechts des Mitgliedstaats des Gerichts oder der Gerichte entschieden werden, die in der Vereinbarung bezeichnet sind.

(21) Im Interesse einer abgestimmten Rechtspflege müssen Parallelverfahren so weit wie möglich vermieden werden, damit nicht in verschiedenen Mitgliedstaaten miteinander unvereinbare Entscheidungen ergehen. Es sollte eine klare und wirksame Regelung zur Klärung von Fragen der Rechtshängigkeit und der im Zusammenhang stehenden Verfahren sowie zur Verhinderung von Problemen vorgesehen werden, die sich aus der einzelstaatlich unterschiedlichen Festlegung des Zeitpunkts ergeben, von dem an ein Verfahren als rechtshängig gilt. Für die Zwecke dieser Verordnung sollte dieser Zeitpunkt autonom festgelegt werden.

(22) Um allerdings die Wirksamkeit von ausschließlichen Gerichtsstandsvereinbarungen zu verbessern und missbräuchliche Prozesstaktiken zu vermeiden, ist es erforderlich, eine Ausnahme von der allgemeinen Rechtshängigkeitsregel vorzusehen, um eine befriedigende Regelung in einem Sonderfall zu erreichen, in dem es zu Parallelverfahren kommen kann. Dabei handelt es sich um den Fall, dass ein Verfahren bei einem Gericht, das nicht in einer ausschließlichen Gerichtsstandsvereinbarung vereinbart wurde, anhängig gemacht wird und später das vereinbarte Gericht wegen desselben Anspruchs zwischen denselben Parteien angerufen wird. In einem solchen Fall muss das zuerst angerufene Gericht das Verfahren aussetzen, sobald das vereinbarte Gericht angerufen wurde, und zwar so lange, bis das letztere Gericht erklärt, dass es gemäß der ausschließlichen Gerichtsstandsvereinbarung nicht zuständig ist. Hierdurch soll in einem solchen Fall sichergestellt werden, dass das vereinbarte Gericht vorrangig über die Gültigkeit der Vereinbarung und darüber entscheidet, inwieweit die Vereinbarung auf den bei ihm anhängigen Rechtsstreit Anwendung findet. Das vereinbarte Gericht sollte das Verfahren unabhängig davon fortsetzen können, ob das nicht vereinbarte Gericht bereits entschieden hat, das Verfahren auszusetzen.

Diese Ausnahmeregelung sollte nicht für Fälle gelten, in denen die Parteien widersprüchliche ausschließliche Gerichtsstandsvereinbarungen geschlossen haben oder in denen ein in einer ausschließlichen Gerichtsstandsvereinbarung vereinbartes Gericht zuerst angerufen wurde. In solchen Fällen sollte die allgemeine Rechtshängigkeitsregel dieser Verordnung Anwendung finden.

(23) Diese Verordnung sollte eine flexible Regelung enthalten, die es den Gerichten der Mitgliedstaaten ermöglicht, vor den Gerichten von Drittstaaten anhängige Verfahren zu berücksichtigen, wobei insbesondere die Frage, ob eine in einem Drittstaat ergangene Entscheidung in dem betreffenden Mitgliedstaat nach dem Recht dieses Mitgliedstaats anerkannt und vollstreckt werden kann, sowie die geordnete Rechtspflege zu berücksichtigen sind.

(24) Bei der Berücksichtigung der geordneten Rechtspflege sollte das Gericht des betreffenden Mitgliedstaats alle Umstände des bei ihm anhängigen Falles prüfen. Hierzu können Verbindungen des Streitgegenstands und der Parteien zu dem betreffenden Drittstaat zählen wie auch die Frage, wie weit das Verfahren im Drittstaat zu dem Zeitpunkt, an dem ein Verfahren vor dem Gericht des Mitgliedstaats eingeleitet wird, bereits fortgeschritten ist, sowie die Frage, ob zu erwarten ist, dass das Gericht des Drittstaats innerhalb einer angemessenen Frist eine Entscheidung erlassen wird.

Dabei kann auch die Frage geprüft werden, ob das Gericht des Drittstaats unter Umständen, unter denen ein Gericht eines Mitgliedstaats ausschließlich zuständig wäre, im betreffenden Fall ausschließlich zuständig ist.

(25) Unter den Begriff einstweilige Maßnahmen einschließlich Sicherungsmaßnahmen sollten zum Beispiel Anordnungen zur Beweiserhebung oder Beweissicherung im Sinne der Artikel 6 und 7 der Richtlinie 2004/48/EG des Europäischen Parlaments und des Rates vom 29. April 2004 zur Durchsetzung der Rechte des geistigen Eigentums[11] fallen. Nicht mit eingeschlossen sein sollten Maßnahmen, die nicht auf Sicherung gerichtet sind, wie Anordnungen zur Zeugenvernehmung. Die Anwendung der Verordnung (EG) Nr. 1206/2001 des Rates vom 28. Mai 2001 über die Zusammenarbeit zwischen den Gerichten der Mitgliedstaaten auf dem Gebiet der Beweisaufnahme in Zivil- oder Handelssachen[12] sollte hiervon unberührt bleiben.

(26) Das gegenseitige Vertrauen in die Rechtspflege innerhalb der Union rechtfertigt den Grundsatz, dass eine in einem Mitgliedstaat ergangene Entscheidung in allen Mitgliedstaaten anerkannt wird, ohne dass es hierfür eines besonderen Verfahrens bedarf. Außerdem rechtfertigt die angestrebte Reduzierung des Zeit- und Kostenaufwands bei grenzüberschreitenden Rechtsstreitigkeiten die Abschaffung der Vollstreckbarerklärung, die der Vollstreckung im ersuchten Mitgliedstaat bisher vorausgehen musste. Eine von den Gerichten eines Mitgliedstaats erlassene Entscheidung sollte daher so behandelt werden, als sei sie im ersuchten Mitgliedstaat ergangen.

(27) Für die Zwecke des freien Verkehrs von gerichtlichen Entscheidungen sollte eine in einem Mitgliedstaat ergangene Entscheidung in einem anderen Mitgliedstaat selbst dann anerkannt und vollstreckt werden, wenn sie gegen eine Person ohne Wohnsitz in einem Mitgliedstaat ergangen ist.

(28) Enthält eine Entscheidung eine Maßnahme oder Anordnung, die im Recht des ersuchten Mitgliedstaats nicht bekannt ist, so wird diese Maßnahme oder Anordnung, einschließlich des in ihr bezeichneten Rechts, soweit möglich an eine Maßnahme oder Anordnung angepasst, mit der nach dem Recht dieses Mitgliedstaats vergleichbare Wirkungen verbunden sind und die ähnliche Ziele verfolgt. Wie und durch wen diese Anpassung zu erfolgen hat, sollte durch die einzelnen Mitgliedstaaten bestimmt werden.

(29) Die unmittelbare Vollstreckung ohne Vollstreckbarerklärung einer in einem anderen Mitgliedstaat ergangenen Entscheidung im ersuchten Mitgliedstaat sollte nicht die Achtung der Verteidigungsrechte beeinträchtigen. Deshalb sollte der Schuldner die Versagung der Anerkennung oder der Vollstreckung einer Entscheidung beantragen können, wenn er der Auffassung ist, dass einer der Gründe für die Versagung der Anerkennung vorliegt. Hierzu sollte der Grund gehören, dass ihm nicht die Gelegenheit gegeben wurde, seine Verteidigung vorzubereiten, wenn die Entscheidung in einer Zivilklage innerhalb eines Strafverfahrens in Abwesenheit ergangen ist. Auch sollten hierzu die Gründe gehören, die auf der Grundlage eines Abkommens zwischen dem ersuchten Mitgliedstaat und einem Drittstaat geltend gemacht werden könnten, das nach Artikel 59 des Brüsseler Übereinkommens von 1968 geschlossen wurde.

(30) Eine Partei, die die Vollstreckung einer in einem anderen Mitgliedstaat ergangenen Entscheidung anficht, sollte so weit wie möglich im Einklang mit dem Rechtssystem des ersuchten Mitgliedstaats in der Lage sein, im selben Verfahren außer den in dieser Verordnung genannten Versagungsgründen

---

11 ABl. L 157 vom 30.4.2004, S. 45.
12 ABl. L 174 vom 27.6.2001, S. 1.

auch die im einzelstaatlichen Recht vorgesehenen Versagungsgründe innerhalb der nach diesem Recht vorgeschriebenen Fristen geltend zu machen. Allerdings sollte die Anerkennung einer Entscheidung nur versagt werden, wenn mindestens einer der in dieser Verordnung genannten Versagungsgründe gegeben ist.

(31) Solange ein Verfahren zur Anfechtung der Vollstreckung einer Entscheidung anhängig ist, sollten die Gerichte des ersuchten Mitgliedstaats während des gesamten Verfahrens aufgrund einer solchen Anfechtung, einschließlich dagegen gerichteter Rechtsbehelfe, den Fortgang der Vollstreckung unter der Voraussetzung zulassen können, dass die Vollstreckung einer Beschränkung unterliegt oder eine Sicherheit geleistet wird.

(32) Um den Schuldner über die Vollstreckung einer in einem anderen Mitgliedstaat ergangenen Entscheidung zu unterrichten, sollte die gemäß dieser Verordnung ausgestellte Bescheinigung – erforderlichenfalls zusammen mit der Entscheidung – dem Schuldner innerhalb einer angemessenen Frist vor der ersten Vollstreckungsmaßnahme zugestellt werden. In diesem Zusammenhang sollte als erste Vollstreckungsmaßnahme die erste Vollstreckungsmaßnahme nach einer solchen Zustellung gelten.

(33) Werden einstweilige Maßnahmen, einschließlich Sicherungsmaßnahmen, von einem Gericht angeordnet, das in der Hauptsache zuständig ist, so sollte ihr freier Verkehr nach dieser Verordnung gewährleistet sein. Allerdings sollten einstweilige Maßnahmen, einschließlich Sicherungsmaßnahmen, die angeordnet wurden, ohne dass der Beklagte vorgeladen wurde, nicht gemäß dieser Verordnung anerkannt und vollstreckt werden, es sei denn, die die Maßnahme enthaltende Entscheidung ist dem Beklagten vor der Vollstreckung zugestellt worden. Dies sollte die Anerkennung und Vollstreckung solcher Maßnahmen gemäß einzelstaatlichem Recht nicht ausschließen. Werden einstweilige Maßnahmen, einschließlich Sicherungsmaßnahmen, von einem Gericht eines Mitgliedstaats angeordnet, das für die Entscheidung in der Hauptsache nicht zuständig ist, sollte die Wirkung dieser Maßnahmen auf das Hoheitsgebiet des betreffenden Mitgliedstaats gemäß dieser Verordnung beschränkt werden.

(34) Um die Kontinuität zwischen dem Brüsseler Übereinkommen von 1968, der Verordnung (EG) Nr. 44/2001 und dieser Verordnung zu wahren, sollten Übergangsvorschriften vorgesehen werden. Dies gilt auch für die Auslegung des Brüsseler Übereinkommens von 1968 und der es ersetzenden Verordnungen durch den Gerichtshof der Europäischen Union.

(35) Um die internationalen Verpflichtungen, die die Mitgliedstaaten eingegangen sind, zu wahren, darf sich diese Verordnung nicht auf von den Mitgliedstaaten geschlossene Übereinkommen in besonderen Rechtsgebieten auswirken.

(36) Unbeschadet der Pflichten der Mitgliedstaaten nach den Verträgen sollte diese Verordnung nicht die Anwendung der bilateralen Übereinkünfte und Vereinbarungen berühren, die vor dem Inkrafttreten der Verordnung (EG) Nr. 44/2001 zwischen einem Drittstaat und einem Mitgliedstaat geschlossen wurden und in dieser Verordnung geregelte Angelegenheiten betreffen.

(37) Um sicherzustellen, dass die im Zusammenhang mit der Anerkennung oder Vollstreckung von Entscheidungen, öffentlichen Urkunden und gerichtlichen Vergleichen nach dieser Verordnung zu verwendenden Bescheinigungen stets auf dem neuesten Stand sind, sollte der Kommission die Befugnis übertragen werden, gemäß Artikel 290 AEUV Rechtsakte hinsichtlich Änderungen der Anhänge I und II dieser Verordnung zu erlassen. Es ist beson-

ders wichtig, dass die Kommission bei ihren vorbereitenden Arbeiten angemessene Konsultationen auch auf Expertenebene durchführt. Bei der Vorbereitung und Ausarbeitung delegierter Rechtsakte sollte die Kommission dafür sorgen, dass die einschlägigen Dokumente dem Europäischen Parlament und dem Rat gleichzeitig, rechtzeitig und auf angemessene Weise übermittelt werden.

(38) Diese Verordnung steht im Einklang mit den Grundrechten und Grundsätzen, die mit der Charta der Grundrechte der Europäischen Union anerkannt wurden, insbesondere mit dem in Artikel 47 der Charta verbürgten Recht auf einen wirksamen Rechtsbehelf und ein unparteiisches Gericht.

(39) Da das Ziel dieser Verordnung auf der Ebene der Mitgliedstaaten nicht hinreichend verwirklicht werden kann und besser auf Unionsebene zu erreichen ist, kann die Union im Einklang mit dem Subsidiaritätsprinzip nach Artikel 5 des Vertrags über die Europäische Union (EUV) tätig werden. In Übereinstimmung mit dem in demselben Artikel genannten Grundsatz der Verhältnismäßigkeit geht diese Verordnung nicht über das zur Erreichung dieses Ziels erforderliche Maß hinaus.

(40) Das Vereinigte Königreich und Irland haben sich gemäß Artikel 3 des dem EUV und dem seinerzeitigen Vertrag zur Gründung der Europäischen Gemeinschaft beigefügten Protokolls über die Position des Vereinigten Königreichs und Irlands an der Annahme und Anwendung der Verordnung (EG) Nr. 44/2001 beteiligt. Gemäß Artikel 3 des dem EUV und dem AEUV beigefügten Protokolls Nr. 21 über die Position des Vereinigten Königreichs und Irlands hinsichtlich des Raums der Freiheit, der Sicherheit und des Rechts haben das Vereinigte Königreich und Irland mitgeteilt, dass sie sich an der Annahme und Anwendung dieser Verordnung beteiligen möchten.

(41) Gemäß den Artikeln 1 und 2 des dem EUV und dem AEUV beigefügten Protokolls Nr. 22 über die Position Dänemarks beteiligt sich Dänemark nicht an der Annahme dieser Verordnung und ist weder durch diese Verordnung gebunden noch zu ihrer Anwendung verpflichtet; dabei steht es Dänemark jedoch gemäß Artikel 3 des Abkommens vom 19. Oktober 2005 zwischen der Europäischen Gemeinschaft und dem Königreich Dänemark über die gerichtliche Zuständigkeit und die Anerkennung und Vollstreckung von Entscheidungen in Zivil- und Handelssachen[13] frei, die Änderungen der Verordnung (EG) Nr. 44/2001 anzuwenden –

HABEN FOLGENDE VERORDNUNG ERLASSEN:

KAPITEL I ANWENDUNGSBEREICH UND BEGRIFFSBESTIMMUNGEN

Artikel 1 [Anwendungsbereich]

(1) Diese Verordnung ist in Zivil- und Handelssachen anzuwenden, ohne dass es auf die Art der Gerichtsbarkeit ankommt. Sie gilt insbesondere nicht für Steuer- und Zollsachen sowie verwaltungsrechtliche Angelegenheiten oder die Haftung des Staates für Handlungen oder Unterlassungen im Rahmen der Ausübung hoheitlicher Rechte (acta iure imperii).

---

13 ABl. L 299 vom 16.11.2005, S. 62.

(2) Sie ist nicht anzuwenden auf:
a) den Personenstand, die Rechts- und Handlungsfähigkeit sowie die gesetzliche Vertretung von natürlichen Personen, die ehelichen Güterstände oder Güterstände aufgrund von Verhältnissen, die nach dem auf diese Verhältnisse anzuwendenden Recht mit der Ehe vergleichbare Wirkungen entfalten,
b) Konkurse, Vergleiche und ähnliche Verfahren,
c) die soziale Sicherheit,
d) die Schiedsgerichtsbarkeit,
e) Unterhaltspflichten, die auf einem Familien-, Verwandtschafts- oder eherechtlichen Verhältnis oder auf Schwägerschaft beruhen,
f) das Gebiet des Testaments- und Erbrechts, einschließlich Unterhaltspflichten, die mit dem Tod entstehen.

Zum sachlichen Anwendungsbereich der Brüssel Ia-VO s. die Erläuterungen Vor Art. 36 ff Rn 6. 1

Artikel 2 [Begriffsbestimmungen]

Für die Zwecke dieser Verordnung bezeichnet der Ausdruck
a) „Entscheidung" jede von einem Gericht eines Mitgliedstaats erlassene Entscheidung ohne Rücksicht auf ihre Bezeichnung wie Urteil, Beschluss, Zahlungsbefehl oder Vollstreckungsbescheid, einschließlich des Kostenfestsetzungsbeschlusses eines Gerichtsbediensteten.

Für die Zwecke von Kapitel III umfasst der Ausdruck „Entscheidung" auch einstweilige Maßnahmen einschließlich Sicherungsmaßnahmen, die von einem nach dieser Verordnung in der Hauptsache zuständigen Gericht angeordnet wurden. Hierzu gehören keine einstweiligen Maßnahmen einschließlich Sicherungsmaßnahmen, die von einem solchen Gericht angeordnet wurden, ohne dass der Beklagte vorgeladen wurde, es sei denn, die Entscheidung, welche die Maßnahme enthält, wird ihm vor der Vollstreckung zugestellt;
b) „gerichtlicher Vergleich" einen Vergleich, der von einem Gericht eines Mitgliedstaats gebilligt oder vor einem Gericht eines Mitgliedstaats im Laufe eines Verfahrens geschlossen worden ist;
c) „öffentliche Urkunde" ein Schriftstück, das als öffentliche Urkunde im Ursprungsmitgliedstaat förmlich errichtet oder eingetragen worden ist und dessen Beweiskraft
   i) sich auf die Unterschrift und den Inhalt der öffentlichen Urkunde bezieht und
   ii) durch eine Behörde oder eine andere hierzu ermächtigte Stelle festgestellt worden ist;
d) „Ursprungsmitgliedstaat" den Mitgliedstaat, in dem die Entscheidung ergangen, der gerichtliche Vergleich gebilligt oder geschlossen oder die öffentliche Urkunde förmlich errichtet oder eingetragen worden ist;
e) „ersuchter Mitgliedstaat" den Mitgliedstaat, in dem die Anerkennung der Entscheidung geltend gemacht oder die Vollstreckung der Entscheidung, des gerichtlichen Vergleichs oder der öffentlichen Urkunde beantragt wird;
f) „Ursprungsgericht" das Gericht, das die Entscheidung erlassen hat, deren Anerkennung geltend gemacht oder deren Vollstreckung beantragt wird.

I. Allgemeines

1 Wie die meisten anderen neueren internationalprivat- oder verfahrensrechtlichen Verordnungen liefert die Brüssel Ia-VO einleitend **Legaldefinitionen** einiger zentraler Begriffe, um jedenfalls für diese zu verhindern, dass die mitgliedstaatlichen Gerichte zur Auslegung vertraute nationale Konzepte zu Rate ziehen, statt **verordnungsautonom** vorzugehen (vgl Vor Art. 32 ff Brüssel I-VO Rn 4 ff). Bedauerlich ist, dass auf eine allgemeine Definition des „**Gerichts**" verzichtet und in Art. 3 nur zwei ungarische und schwedische Besonderheiten aufgenommen wurden. Die Bestimmung des Begriffs in der EuInsVO (dort Art. 2 lit. d) kann wegen des anderen Sachzusammenhangs nicht unbesehen für die Brüssel Ia-VO herangezogen werden. Zum „Gericht" s. deshalb Art. 36 Rn 1.

II. Einzelne Begriffsbestimmungen

2 Die Definition des Begriffs „**Entscheidung**" in lit. a) UAbs. 1 wurde unverändert aus Art. 32 Brüssel I-VO übernommen; vgl daher im Einzelnen die Erläuterungen bei Art. 32 Brüssel I-VO Rn 2 ff. Die Bestimmung in lit. a) UAbs. 2 nimmt sich **neu** der **einstweiligen Maßnahmen** an und gießt die Rspr des EuGH in Gesetzesform, nach der diese nur dann unter dem Brüssel-Regime anerkennungsfähig seien, wenn sie von einem in der Hauptsache zuständigen Gericht stammen und in einem kontradiktorischen Verfahren ergangen sind, der Antragsgegner also die Möglichkeit hatte, sich in einer mündlichen Verhandlung im Ursprungsland gegen die Maßnahme zu wehren (s. näher Art. 32 Brüssel I-VO Rn 9). Ausreichend ist nach lit. a) UAbs. 2 S. 2 Hs 2 allerdings auch, wenn die Entscheidung, die die Maßnahme enthält, dem Gegner vor Vollstreckungsbeginn nach den Regeln des Vollstreckungsstaates zugestellt wird, weil ihm das ermöglicht, die Verteidigungsmöglichkeiten nach dem Recht dieses Staates zu ergreifen.

3 Zum Begriff des **gerichtlichen Vergleichs** (lit. b) s. Art. 58 Brüssel I-VO Rn 4. Die Definition in Art. 2 bringt trotz der zusätzlichen Variante der „Billigung" durch das Gericht nichts Neues; es bleibt dabei, dass ein **judgment by consent** kein Vergleich iSv Art. 2 und 59 ist (vgl Art. 58 Brüssel I-VO Rn 4).

4 Auch für die **öffentliche Urkunde** (lit. c) gilt, dass sich gegenüber dem „definitionslosen" Zustand unter der Brüssel I-VO inhaltlich nichts geändert hat; vgl daher Art. 57 Brüssel I-VO Rn 4 ff. Die damals hilfsweise herangezogene Begriffsbestimmung aus der EuVTVO entspricht mit nur leichten sprachlichen Abweichungen der hiesigen Definition.

5 Die Bestimmung der Begriffe „**Ursprungsmitgliedstaat**" (lit. d), „**ersuchter Mitgliedstaat**" (lit. e) und „**Ursprungsgericht**" (lit. f) wirft keine besonderen Verständnisprobleme auf; auf eine Erläuterung wird deshalb verzichtet.

Artikel 3 [Begriff „Gericht"]

Für die Zwecke dieser Verordnung umfasst der Begriff „Gericht" die folgenden Behörden, soweit und sofern sie für eine in den Anwendungsbereich dieser Verordnung fallende Angelegenheit zuständig sind:
a) in Ungarn, bei summarischen Mahnverfahren (fizetési meghagyásos eljárás), den Notar (közjegyző),
b) in Schweden, bei summarischen Mahnverfahren (betalningsföreläggande) und Beistandsverfahren (handräckning), das Amt für Beitreibung (Kronofogdemyndigheten).

1 Siehe dazu die Erläuterung in Art. 2 Rn 1.

KAPITEL II ZUSTÄNDIGKEIT
Artikel 4–35 (nicht abgedruckt)

KAPITEL III ANERKENNUNG UND VOLLSTRECKUNG
Vorbemerkung zu Art. 36 ff

Literatur:

Kommentare zur Brüssel Ia-VO: *Dickinson/Lein*, The Brussels I Regulation Recast, 2015; *Rauscher*, Europäisches Zivilprozess- und Kollisionsrecht EuZPR/EuIPR, Band I: Brüssel Ia-VO, 2015; *Saenger* (Hrsg.), Zivilprozessordnung, 6. Aufl. 2015; *Thomas/Putzo*, Zivilprozessordnung, 36. Aufl. 2015.

Aufsätze: *Alio*, Die Neufassung der Brüssel I-Verordnung, NJW 2014, 2395; *Geimer*, Das Anerkennungsregime der neuen Brüssel I-Verordnung (EU) Nr. 1215/2012, in: FS Torggler, 2013, S. 311 ff; *Grohmann*, Die Reform der EuGVVO, ZIP 2015, 16; *von Hein*, Die Neufassung der Europäischen Gerichtsstands- und Vollstreckungsverordnung (EuGVVO), RIW 2013, 97; *Lenaerts/Stapper*, Die Entwicklung der Brüssel I-Verordnung im Dialog des Europäischen Gerichtshofs mit dem Gesetzgeber, RabelsZ 78 (2014), 252; *Pohl*, Die Neufassung der EuGVVO – im Spannungsfeld zwischen Vertrauen und Kontrolle, IPRax 2013, 109; *Reinmüller*, Neufassung der EuGVVO („Brüssel Ia-VO") seit Januar 2015, IHR 2015, 1; *Wagner*, Die Brüssel Ia-Verordnung. Praktisch bedeutsame Unterschiede zur Vorfassung, TranspR 2015, 45; *Weller*, Das Ratsprodukt und der Parlamentsentwurf zur Reform der Brüssel I-VO, GPR 2012, 328.

I. Von der Brüssel I-VO zur Brüssel Ia-VO

Die runderneuerte Brüssel I-VO (= EuGVVO) soll nach den Hoffnungen des Gesetzgebers den „Zugang zum Recht" und vor allem den „freien Verkehr gerichtlicher Entscheidungen" in Europa (weiter) verbessern.[1] Das letztgenannte Ziel führte zu einer tiefgreifenden Änderung im Bereich der Anerkennung und Vollstreckung, nämlich zur **Abschaffung des Exequaturverfahrens** für Titel aus anderen EU-Mitgliedstaaten.[2] Zur Kenntlichmachung dieses Spurwechsels im Vergleich zur Brüssel I-VO bürgert sich für die Neufassung – in Analogie zur reformierten „Brüssel IIa-VO" (vgl vor Art. 21 ff Brüssel IIa-VO Rn 1) – mehr und mehr die Bezeichnung „**Brüssel Ia-VO**" (englisch: Brussels Ibis Regulation) ein, die deshalb auch hier verwendet werden soll. 1

Der Verzicht auf eine Vollstreckbarerklärung, wie sie noch unter der Brüssel I-VO erforderlich war (Art. 38 Brüssel I-VO), bringt es zum einen mit sich, dass erhöhte und einheitliche formale Anforderungen an den ausländischen Titel und an ihn begleitende Bescheinigungen (vgl Art. 42, 53) gestellt werden, damit die inländischen Vollstreckungsorgane sich unmittelbar auf ihn stützen können. Zum anderen stehen dem Schuldner nunmehr grds. nur noch die Rechtsbehelfe zur Verfügung, die er auch in einem reinen Binnen-Vollstreckungsverfahren ergreifen könnte – mit drei Ausnahmen: Er kann zusätzlich Antrag auf Versagung der (1) Anerkennung oder der (2) Vollstreckung stellen oder (3) ein negatives Anerkennungsfeststellungsverfahren einleiten (Art. 45 Rn 1); hat er Erfolg, ist die Vollstreckbarkeit ex nunc beseitigt. 2

Die **deutschen Ausführungsvorschriften** zur Brüssel Ia-VO finden sich, anders noch als die zur Brüssel I-VO (s. Vor Art. 32 ff Brüssel I-VO Rn 28), nicht im AVAG, sondern in den neuen §§ 1110–1117 ZPO, weil insoweit die gemeinsame Klammer der AVAG-Bestimmungen, die Notwendigkeit eines Exequaturverfah- 3

---

1 Vgl Erwägungsgrund (1).
2 Dazu und zu den weiteren wesentlichen Änderungen in der Brüssel Ia-VO knapp *Alio*, NJW 2014, 2395.

rens, nicht mehr greift. Zu den Erläuterungen der §§ 1110–1117 ZPO s. den Anhang zur Brüssel Ia-VO.

II. Rechtsgrundlage, Auslegungsprinzipien

4 An der Rechtsgrundlage, den Auslegungsprinzipien und der Auslegungshoheit hat sich im Vergleich zur Brüssel I-VO nichts geändert. Vgl deshalb Vor Art. 32 ff Brüssel I-VO Rn 2 ff.

III. Anwendungsbereich der Anerkennungs- und Vollstreckungsvorschriften der Brüssel Ia-VO

5 1. In räumlicher Hinsicht ergreifen die Anerkennungs- und Vollstreckungsvorschriften der Brüssel Ia-VO nur Entscheidungen, die von Gerichten eines Mitgliedstaates der Europäischen Union stammen.[3] Trotz des dänischen Vorbehalts zu allen Rechtsakten auf der Basis von Art. 81 AEUV (ex-Art. 65 EG) gehört für Zwecke der Brüssel Ia-VO auch Dänemark dazu (s. Vor Art. 32 ff Brüssel I-VO Rn 10).

6 2. Am sachlichen Anwendungsbereich hat sich trotz einiger sprachlicher Feinschliffe und Ergänzungen nichts geändert. Siehe insoweit deshalb die Erläuterungen Vor Art. 32 ff. Brüssel I-VO Rn 11–21.

7 3. Zeitlich sind die Anerkennungs- und Vollstreckungsvorschriften der Brüssel Ia-VO gem. Art. 66 Abs. 1 auf alle Entscheidungen iSv Art. 2 lit. a) anwendbar, die in Verfahren ergangen sind, welche am oder nach dem **10.1.2015** eingeleitet wurden. Ferner sind gerichtliche Vergleiche iSv Art. 2 lit. b) und öffentliche Urkunden iSv Art. 2 lit. c) erfasst, die an oder nach diesem Datum geschlossen oder gebilligt bzw förmlich errichtet oder eingetragen worden sind. Für eine rückwirkende Erweiterung des zeitlichen Anwendungsbereichs, wie sie in Art. 66 Abs. 2 aF für die Anerkennungs- und Vollstreckungsvorschriften der Brüssel I-VO vorgesehen war, besteht für die Brüssel Ia-VO weder Raum noch Bedürfnis.

8 Für die Bestimmung des Zeitpunkts, in dem ein Verfahren als „**eingeleitet**" gilt, sollte man entsprechend der in diesem Kommentar für die Brüssel I-VO vorgeschlagenen Lösung (s. Vor Art. 32 ff Brüssel I-VO Rn 23) nicht auf das jeweilige nationale Prozessrecht des angegangenen Gerichts abstellen, was für Deutschland nach herrschender, aber vom Wortlaut nicht unbedingt gedeckter Auffassung zur „Klageerhebung" iSv § 253 Abs. 1 ZPO und damit zur Zustellung der Klageschrift an die beklagte Partei führen würde, sondern im Interesse einer einheitlichen europäischen Lösung Art. 32 analog anwenden (str; aA wohl hM[4]). Danach ist der Zeitpunkt entscheidend, in dem das **verfahrenseinleitende Schriftstück (Klageschrift) bei Gericht eingereicht** worden ist.

IV. Verhältnis zu anderen Rechtsquellen zur Anerkennung und Vollstreckung

9 Das Verhältnis der Brüssel Ia-VO zu den autonomen deutschen Anerkennungs- und Vollstreckungsvorschriften und zu anderen einschlägigen EU-Verordnungen sowie Staatsverträgen entspricht demjenigen der Brüssel I-VO. Es wird deshalb auf die Erläuterungen Vor Art. 32 ff Brüssel I-VO Rn 27 ff verwiesen.

---

3 Zur genaueren Definition der Mitgliedstaatengebiete der EU s. Art. 355, 349 AEUV und Art. 32 Brüssel I-VO Rn 13.
4 Etwa Hk-ZPO/*Dörner*, Art. 66 EuGVVO Rn 2 mwN; Dickinson/Lein/*Dickinson*, The Brussels I Regulation Recast, Tz 16.04.

Abschnitt 1
Anerkennung

Artikel 36 [Anerkennung einer Entscheidung]

(1) Die in einem Mitgliedstaat ergangenen Entscheidungen werden in den anderen Mitgliedstaaten anerkannt, ohne dass es hierfür eines besonderen Verfahrens bedarf.

(2) Jeder Berechtigte kann gemäß dem Verfahren nach Abschnitt 3 Unterabschnitt 2 die Feststellung beantragen, dass keiner der in Artikel 45 genannten Gründe für eine Versagung der Anerkennung gegeben ist.

(3) Wird die Anerkennung in einem Rechtsstreit vor dem Gericht eines Mitgliedstaats, dessen Entscheidung von der Versagung der Anerkennung abhängt, verlangt, so kann dieses Gericht über die Anerkennung entscheiden.

Art. 36 entspricht mit nur kosmetischen Änderungen in Abs. 2 dem Art. 33 Brüssel I-VO, auf dessen Erläuterungen verwiesen wird, insb. auch zum Wesen der Anerkennung (Wirkungserstreckung) und zu ihrer Ausgestaltung als Inzidentanerkennung oder als selbständiges (Abs. 2) oder „unselbständiges" (Abs. 3) Anerkennungsverfahrens. Der Begriff „Entscheidung" ist nicht mehr in Art. 32 aF, sondern in Art. 2 lit. a) definiert. Für den Terminus des „Gerichts" fehlt es (mit Ausnahme der in Art. 3 angesprochenen Sonderfälle) nach wie vor an einer Bestimmung. Deswegen kann und sollte weiter mit dem in der Praxis zur Brüssel I-VO entwickelten Begriffsinhalt gearbeitet werden, s. dazu Art. 32 Brüssel I-VO Rn 11. Zur Entscheidung „aus einem Mitgliedstaat" s. Art. 32 Brüssel I-VO Rn 12 f. 1

Der Wortlaut von **Abs. 2** sieht ebenso wie früher Art. 33 Abs. 2 Brüssel I-VO nur ein „positives", dh auf **Feststellung der Anerkennung** gerichtetes selbständiges Anerkennungsverfahren vor. Art. 38 lit. b) erlaubt aber ausdrücklich einem inländischen Gericht, vor dem inzident die Anerkennung eines ausländischen Urteils geltend gemacht wird, das Verfahren auch dann auszusetzen kann, wenn vor einem anderen inländischen Richter ein auf die **Feststellung der Nichtanerkennung** abzielendes Verfahren anhängig gemacht wird. Damit ist nunmehr die zur Brüssel I-VO stark umstrittene Frage nach der Zulässigkeit negativer Feststellungsanträge im selbständigen Anerkennungsverfahren (s. Art. 33 Brüssel I-VO Rn 17) positiv entschieden. 2

Artikel 37 [Vorlegung der Entscheidung und der Bescheinigung]

(1) Eine Partei, die in einem Mitgliedstaat eine in einem anderen Mitgliedstaat ergangene Entscheidung geltend machen will, hat Folgendes vorzulegen:
a) eine Ausfertigung der Entscheidung, die die für ihre Beweiskraft erforderlichen Voraussetzungen erfüllt, und
b) die nach Artikel 53 ausgestellte Bescheinigung.

(2) Das Gericht oder die Behörde, bei dem oder der eine in einem anderen Mitgliedstaat ergangene Entscheidung geltend gemacht wird, kann die Partei, die sie geltend macht, gegebenenfalls auffordern, eine Übersetzung oder eine Transliteration des Inhalts der in Absatz 1 Buchstabe b genannten Bescheinigung nach Artikel 57 zur Verfügung zu stellen. Kann das Gericht oder die Behörde das Verfahren ohne eine Übersetzung der eigentlichen Entscheidung nicht fortsetzen, so

kann es oder sie die Partei auffordern, eine Übersetzung der Entscheidung statt der Übersetzung des Inhalts der Bescheinigung zur Verfügung zu stellen.

I. Allgemeines

1 „Geltend machen" einer im EU-Ausland ergangenen Entscheidung heißt, dass eine Partei sich in einem inländischen Verfahren auf ihre Anerkennung beruft, sei es, um sich inzident auf die Anerkennungswirkungen (s. dazu im Einzelnen Art. 33 Brüssel I-VO Rn 2 ff) zu stützen, sei es, um einen Antrag auf inländische Vollstreckung zu stellen (vgl Art. 42) oder schließlich, um ein Feststellungsverfahren nach Art. 36 Abs. 2 zu betreiben.

2 Art. 37 ist wie die gesamte Verordnung **zwingendes Recht**, von dem der Richter nicht abweichen darf, da und soweit die Verordnung ihm diese Freiheit nicht ausdrücklich gewährt. Deshalb kann er sich nicht mit geringeren Anforderungen bzgl der nach Art. 37 vorzulegenden Urkunden (etwa einfache Entscheidungskopie statt beweiskräftiger Ausfertigung, Übersetzung durch Parteivertreter) begnügen, selbst wenn er der Meinung ist, dass er sich die notwendige Überzeugung von der Existenz und dem Inhalt der anzuerkennenden Entscheidung auch auf diesem Wege zu bilden in der Lage ist (str).[1] Art. 55 Abs. 1 Brüssel I-VO, der für die alte Vollstreckbarkeitsbescheinigung dem Gericht einen gewissen Spielraum ließ, hat in der neuen Verordnung bewusst keine Entsprechung.

II. Zwingend vorzulegende Urkunden

3 Zur Geltendmachung einer EU-ausländischen Entscheidung hat die Partei (1) eine hinsichtlich der Echtheit beweiskräftige Ausfertigung von dieser vorzulegen (s. im Einzelnen Art. 53 Brüssel I-VO Rn 4) und (2) die Bescheinigung nach Art. 53 auf dem im Anhang I vorgegebenen Formblatt. Diese Bescheinigung wird gelegentlich – wie noch im Zusammenhang mit der Brüssel I-VO (dort Art. 54) – „Vollstreckbarkeitsbescheinigung" genannt,[2] was heute missverständlich ist, weil sich aus Art. 37 klar ergibt, dass sie nicht mehr nur bei beabsichtigter Vollstreckung notwendig ist.

III. Übersetzung/Transliteration nur nach gerichtlicher Aufforderung

4 Entscheidungsausfertigung und Bescheinigung können, wie sich im Umkehrschluss aus Abs. 2 ergibt, in der Originalsprache vorgelegt werden. Wenn das Anerkennungsgericht meint, mit ihnen umgehen zu können, hat es damit sein Bewenden; wenn es eine ihm nähere sprachliche Version braucht, kann es nach pflichtgemäßem Ermessen zunächst die nach Maßgabe des Art. 57 erstellte Übersetzung/Transliteration[3] der Bescheinigung nach Art. 53 verlangen; benötigt das Gericht darüber hinaus eine Übersetzung der Entscheidung selbst (etwa zur exakten Bestimmung der Grenzen der Rechtskraftwirkung), kann es auch diese anfordern. Urheber der Übersetzung muss eine nach Art. 57 Abs. 3 dafür zugelassene Person sein.

5 Die **Kosten** der Übersetzung oder Transliteration hat zunächst die Partei zu tragen, die die ausländische Entscheidung „geltend macht". Sie sind Teil der Verfahrenskosten, die am Ende nach den üblichen Kriterien verteilt werden.

6 Spezielle **Rechtsbehelfe** sind weder gegen die Aufforderung zur Vorlage einer Übersetzung/Transliteration noch gegen den Verzicht auf sie vorgesehen; aller-

---

1 AA Dickinson/Lein/*Franzina*, The Brussels I Regulation Recast, Tz 13.106 und 13.112.
2 ZB Hk-ZPO/*Dörner*, Art. 37 EuGVVO Rn 1.
3 Zu letzterem Begriff s. BeckOK-BGB/*Mäsch*, Art. 10 EGBGB Rn 19.

dings erscheint denkbar, dass der ermessensfehlerhafte Verzicht auf eine Übersetzung als Angriffspunkt einer Verfahrensrüge nach §§ 513, 545 ZPO dient.

IV. Folgen der Nichtvorlage notwendiger Dokumente

Werden die nach Abs. 1 erforderlichen oder nach Abs. 2 angeforderten Dokumente nicht oder nicht in der vorgeschriebenen Form oder nicht mit dem vorgeschriebenen Urheber (Übersetzung) oder nicht in der nach der lex fori gesetzten Frist vorgelegt, so richten sich die (Verfahrens-)Folgen mangels Festlegung in der Verordnung nach der lex fori (etwa zweite Chance zur Vorlage oder sofortige Präklusion, Heilung durch Vorlage in zweiter Instanz).[4] 7

Artikel 38 [Aussetzung des Verfahrens]

Das Gericht oder die Behörde, bei dem bzw. der eine in einem anderen Mitgliedstaat ergangene Entscheidung geltend gemacht wird, kann das Verfahren ganz oder teilweise aussetzen, wenn

a) die Entscheidung im Ursprungsmitgliedstaat angefochten wird oder

b) die Feststellung, dass keiner der in Artikel 45 genannten Gründe für eine Versagung der Anerkennung gegeben ist, oder die Feststellung, dass die Anerkennung aus einem dieser Gründe zu versagen ist, beantragt worden ist.

Der Anwendungsbereich (**nur Inzidentanerkennungen**) und die Funktionsweise 1
des Art. 38 sowie der Aussetzungsgrund in lit. a) entsprechen Art. 37 Abs. 1 Brüssel I-VO; s. deshalb die dortigen Erläuterungen. Lit. b) fügt als weiteren Aussetzungsgrund die Einleitung eines selbständigen positiven oder negativen Anerkennungsverfahrens (s. zu dieser Unterscheidung Art. 36 Rn 2) im Inland hinzu, denn auch auf diesem Wege könnte der Inzidentanerkennung die Grundlage entzogen werden.

Eine Regelung zur Aussetzung im Verfahren auf Vollstreckungsversagung findet 2
sich in Art. 51.

Abschnitt 2
Vollstreckung

Artikel 39 [Vollstreckbarkeit]

Eine in einem Mitgliedstaat ergangene Entscheidung, die in diesem Mitgliedstaat vollstreckbar ist, ist in den anderen Mitgliedstaaten vollstreckbar, ohne dass es einer Vollstreckbarerklärung bedarf.

I. Allgemeines

In Art. 39 steckt die wichtigste sachliche Änderung, die der Übergang von der 1
Brüssel I-VO zur Brüssel Ia-VO mit sich bringt: der **Abschied vom Exequaturverfahren** für Entscheidungen aus anderen EU-Mitgliedstaaten. Bedurften solche Entscheidungen früher noch einer gesonderten Vollstreckbarerklärung durch ein Gericht des Vollstreckungsstaates, so bringt ihre inländische ipso iure-Anerkennung gem. Art. 36 Abs. 1 nunmehr „automatisch" auch die Qualität als inländischer Vollstreckungstitel mit sich. Voraussetzung ist lediglich, dass die fragliche

---

[4] Dickinson/Lein/*Franzina*, The Brussels I Regulation Recast, Tz 13.105.

Entscheidung auch im Ursprungsstaat selber vollstreckbar ist. Auf eine etwaige Differenzierung im Ursprungsstaat nach vorläufiger oder endgültiger Vollstreckbarkeit kommt es hingegen nicht an.

2 Zur Vollstreckung aus öffentlichen Urkunden und gerichtlichen Vergleichen s. Art. 58 f.

II. Prüfungsumfang

3 Aus dem Verzicht auf eine inländische Vollstreckbarerklärung und damit auch auf das darauf gerichtete Verfahren folgt, dass der Vollstreckungsgläubiger sich mit seinem ausländischen Titel nunmehr unmittelbar an das für die angestrebte Vollstreckungshandlung nach den inländischen Vorschriften örtlich und funktionell zuständige Vollstreckungsorgan wendet. Dieses prüft zusätzlich zu den Voraussetzungen in einem reinen Binnenfall lediglich, ob (1) die Verordnung anwendbar ist (s. Vor Art. 36 Rn 5 ff), (2) die notwendigen Urkunden nach Art. 42, 53 vorliegen und (3) aus ihnen hervorgeht, dass es sich um eine im Ursprungsland vollstreckbare Entscheidung iSv Art. 36, Art. 2 lit. a) handelt.

4 Die **Anerkennungshindernisse** nach Art. 45 sind in diesem Stadium **nicht** zu prüfen, weil das einem gesonderten Verfahren auf Vollstreckungsversagung (Art. 46) oder einer Vollstreckungsabwehrklage nach § 1117 ZPO vorbehalten ist.

III. Zustellung

5 Die erste Maßnahme des Vollstreckungsorgans dürfte gem. Art. 43 Abs. 1 regelmäßig die Zustellung der Bescheinigung nach Art. 53 und ggf auch der zugrunde liegenden Entscheidung sein.

Artikel 40 [Sicherungsmaßnahmen]

Eine vollstreckbare Entscheidung umfasst von Rechts wegen die Befugnis, jede Sicherungsmaßnahme zu veranlassen, die im Recht des ersuchten Mitgliedstaats vorgesehen ist.

1 Nach dem alten Modell der Brüssel I-VO war zwischen dem einstweiligen Rechtsschutz des Gläubigers im Zeitraum bis zur rechtskräftigen Vollstreckbarerklärung (Art. 47 Abs. 1 und 3 Brüssel I-VO) und danach (Art. 47 Abs. 2 Brüssel I-VO) zu unterscheiden. Art. 40 zieht aus dem ersatzlosen Wegfall des auf die Vollstreckbarerklärung gerichteten Exequaturverfahrens die Konsequenz und stellt fest, dass die nunmehrige inländische ipso-iure-Vollstreckbarkeit des ausländischen Titels (s. Vor Art. 36 Rn 1 ff) dem Gläubiger *ab initio* die gleichen Möglichkeiten des einstweiligen Rechtsschutzes im Inland eröffnet wie ein inländischer Titel, in Deutschland also je nach Strategie und Vollstreckungsobjekt die Sicherungsvollstreckung (§ 720 a ZPO), die Vorpfändung (§ 845 ZPO), den Arrest (§ 916 ZPO) und die einstweilige Verfügung (§ 935 ZPO), vgl Art. 47 Brüssel I-VO Rn 2 ff.

2 Ob Art. 40 mehr ist als eine Klarstellung und zusätzlich auch die **internationale Zuständigkeit** für Maßnahmen des einstweiligen Rechtsschutzes beinhaltet, wie manche[1] trotz der insoweit deutlich näherliegenden Norm des Art. 35 meinen, ist ohne erkennbare praktische Relevanz, weil das Ergebnis dasselbe ist: Jeder Mitgliedstaat ist international zuständig für alle vorläufigen Maßnahmen, die in seinem Hoheitsgebiet durchgeführt werden sollen.

---

1 Hk-ZPO/*Dörner*, Art. 40 EuGVVO Rn 2.

Artikel 41 [Recht des Verfahrens zur Vollstreckung]

(1) Vorbehaltlich der Bestimmungen dieses Abschnitts gilt für das Verfahren zur Vollstreckung der in einem anderen Mitgliedstaat ergangenen Entscheidungen das Recht des ersuchten Mitgliedstaats. Eine in einem Mitgliedstaat ergangene Entscheidung, die im ersuchten Mitgliedstaat vollstreckbar ist, wird dort unter den gleichen Bedingungen vollstreckt wie eine im ersuchten Mitgliedstaat ergangene Entscheidung.

(2) Ungeachtet des Absatzes 1 gelten die im Recht des ersuchten Mitgliedstaats für die Verweigerung oder Aussetzung der Vollstreckung vorgesehenen Gründe, soweit sie nicht mit den in Artikel 45 aufgeführten Gründen unvereinbar sind.

(3) Von der Partei, die die Vollstreckung einer in einem anderen Mitgliedstaat ergangenen Entscheidung beantragt, kann nicht verlangt werden, dass sie im ersuchten Mitgliedstaat über eine Postanschrift verfügt. Es kann von ihr auch nicht verlangt werden, dass sie im ersuchten Mitgliedstaat über einen bevollmächtigten Vertreter verfügt, es sei denn, ein solcher Vertreter ist ungeachtet der Staatsangehörigkeit oder des Wohnsitzes der Parteien vorgeschrieben.

Zu Art. 41 gab es in der Brüssel I-VO kein Pendant. Dennoch ist der in Abs. 1 ausgesprochene Grundsatz, dass die Vollstreckungsbehörden bei der inländischen Vollstreckung des ausländischen Titels auf der Basis der ihnen vertrauten lex fori arbeiten, keine Neuigkeit, sondern selbstverständlich. Auch die in der Norm angesprochenen Ausnahmen vom Prinzip haben nur einen beschränkten Überraschungswert: Dass die Behörden zusätzlich die Bestimmungen der Verordnung zu beachten haben (**Abs. 1 S. 1**; daraus folgt etwa, dass keine Vollstreckungsklausel verlangt werden darf,[1] vgl auch § 1112 ZPO) und nicht die abweichenden Regeln der lex fori für die Verweigerung oder Aussetzung der Vollstreckung gegen diese durchsetzen dürfen (**Abs. 2**; in Deutschland gilt das etwa für §§ 723 Abs. 2 S. 2, 328 ZPO), ergibt sich schon aus der unmittelbaren Geltung der Verordnung in jedem Mitgliedstaat gem. Art. 288 Abs. 1 AEUV und der daraus folgenden Sperrwirkung in ihrem Anwendungsbereich gegenüber divergierendem nationalen Recht.[2]

Nur **Abs. 3** versteht sich nicht von selbst: Anders als noch nach Art. 40 Brüssel I-VO darf der nicht im Vollstreckungsstaat ansässigen Partei nicht aufgegeben werden, dort eine Zustellanschrift zu begründen (frühere Bezeichnung: „Wahldomizil", im deutschen Recht ohnehin nicht vorgesehen); die Bestellung eines Zustellungsbevollmächtigten darf nur gefordert werden, wenn eine solche Verpflichtung ausländische Parteien nicht diskriminiert, dh auch für Parteien mit Wohnsitz im Vollstreckungsstaat besteht (was in Deutschland bspw für den Anwaltszwang gem. § 78 Abs. 1 ZPO für Vollstreckungsabwehrklagen nach § 767 ZPO vor dem Landgericht gilt). Damit kann im Anwendungsbereich der Brüssel Ia-VO die Regelung des § 184 ZPO nicht angewendet werden.[3]

Artikel 42 [Vorlegung der Entscheidung und der Bescheinigung]

(1) Soll in einem Mitgliedstaat eine in einem anderen Mitgliedstaat ergangene Entscheidung vollstreckt werden, hat der Antragsteller der zuständigen Vollstreckungsbehörde Folgendes vorzulegen:

---

1 Hk-ZPO/*Dörner*, Art. 41 EuGVVO Rn 3.
2 EuGH 3.6.1964 – Rs. 6/64 (Costa/E.N.E.L.), Slg. 1964, 1141 = NJW 1964, 2371.
3 Thomas/Putzo/*Hüßtege*, Art. 41 EuGVVO Rn 4.

a) eine Ausfertigung der Entscheidung, die die für ihre Beweiskraft erforderlichen Voraussetzungen erfüllt, und
b) die nach Artikel 53 ausgestellte Bescheinigung, mit der bestätigt wird, dass die Entscheidung vollstreckbar ist, und die einen Auszug aus der Entscheidung sowie gegebenenfalls relevante Angaben zu den erstattungsfähigen Kosten des Verfahrens und der Berechnung der Zinsen enthält.

(2) Soll in einem Mitgliedstaat eine in einem anderen Mitgliedstaat ergangene Entscheidung vollstreckt werden, mit der eine einstweilige Maßnahme einschließlich einer Sicherungsmaßnahme angeordnet wird, hat der Antragsteller der zuständigen Vollstreckungsbehörde Folgendes vorzulegen:
a) eine Ausfertigung der Entscheidung, die die für ihre Beweiskraft erforderlichen Voraussetzungen erfüllt,
b) die nach Artikel 53 ausgestellte Bescheinigung, die eine Beschreibung der Maßnahme enthält und mit der bestätigt wird, dass
   i) das Gericht in der Hauptsache zuständig ist,
   ii) die Entscheidung im Ursprungsmitgliedstaat vollstreckbar ist, und
c) wenn die Maßnahme ohne Vorladung des Beklagten angeordnet wurde, den Nachweis der Zustellung der Entscheidung.

(3) Die zuständige Vollstreckungsbehörde kann gegebenenfalls vom Antragsteller gemäß Artikel 57 eine Übersetzung oder Transliteration des Inhalts der Bescheinigung verlangen.

(4) Die zuständige Vollstreckungsbehörde darf vom Antragsteller eine Übersetzung der Entscheidung nur verlangen, wenn sie das Verfahren ohne eine solche Übersetzung nicht fortsetzen kann.

I. Grundsatz (Abs. 1)

1 Wer aus einer EU-ausländischen Entscheidung im Inland vollstrecken möchte, hat nach Abs. 1 grds. die gleichen Dokumente vorzulegen wie derjenige, der (nur) deren Anerkennung betreibt; s. deshalb zunächst die Erläuterungen zu Art. 37. Es wird zusätzlich präzisiert, dass die Bescheinigung nach Art. 53 bestimmte (vollstreckungsrelevante) Angaben zu den ggf mit einzutreibenden Verfahrenskosten und zur Zinsberechnung enthalten muss.

II. Einstweilige Maßnahmen (Abs. 2)

2 Ganz entsprechend verfährt Abs. 2, der für die Vollstreckung einer von einem Gericht in einem anderen EU-Mitgliedstaat verhängten einstweiligen Maßnahme im Anschluss an Art. 2 lit. a) UAbs. 2 fordert, dass in der Bescheinigung nach Art. 53 dessen Zuständigkeit für die Hauptsache und die Durchführung eines kontradiktorischen Verfahrens bestätigt wird. Fehlt es an Letzterem, muss hilfsweise der Nachweis der Zustellung an den Antragsgegner erbracht werden.

III. Übersetzung/Transliteration (Abs. 3 und 4)

3 Abs. 3 wiederholt den Inhalt von Art. 37 Abs. 2 S. 1. Die Regelung des Abs. 4 weicht insoweit von Art. 37 Abs. 2 S. 2 ab, als eine zu Zwecken der inländischen Vollstreckung *notwendige* Übersetzung/Transliteration der ausländischen Entscheidung *zusätzlich* zur und nicht statt der Übersetzung/Transliteration der Entscheidung selbst gefordert werden kann. Eine solche Notwendigkeit dürfte allerdings nur in den (hoffentlich seltenen) Fällen entstehen, in denen das Ursprungsgericht seine Aufgabe, in der Bescheinigung nach Art. 53 unter Ziff. 4.6.2.1 eine „Kurzdarstellung des Streitgegenstandes und der angeordneten Maßnahme" zu

verfassen, nicht hinreichend ernstgenommen hat. Zum Anspruch des **Schuldners** auf eine Übersetzung vgl Art. 43 Rn 3 ff.

Artikel 43 [Zustellung der Bescheinigung; Übersetzung]

(1) Soll eine in einem anderen Mitgliedstaat ergangene Entscheidung vollstreckt werden, so wird die gemäß Artikel 53 ausgestellte Bescheinigung dem Schuldner vor der ersten Vollstreckungsmaßnahme zugestellt. Der Bescheinigung wird die Entscheidung beigefügt, sofern sie dem Schuldner noch nicht zugestellt wurde.

(2) Hat der Schuldner seinen Wohnsitz in einem anderen Mitgliedstaat als dem Ursprungsmitgliedstaat, so kann er eine Übersetzung der Entscheidung verlangen, um ihre Vollstreckung anfechten zu können, wenn die Entscheidung nicht in einer der folgenden Sprachen abgefasst ist oder ihr keine Übersetzung in einer der folgenden Sprachen beigefügt ist:

a) einer Sprache, die er versteht, oder

b) der Amtssprache des Mitgliedstaats, in dem er seinen Wohnsitz hat, oder, wenn es in diesem Mitgliedstaat mehrere Amtssprachen gibt, in der Amtssprache oder einer der Amtssprachen des Ortes, an dem er seinen Wohnsitz hat.

Wird die Übersetzung der Entscheidung gemäß Unterabsatz 1 verlangt, so darf die Zwangsvollstreckung nicht über Sicherungsmaßnahmen hinausgehen, solange der Schuldner die Übersetzung nicht erhalten hat.

Dieser Absatz gilt nicht, wenn die Entscheidung dem Schuldner bereits in einer der in Unterabsatz 1 genannten Sprachen oder zusammen mit einer Übersetzung in eine dieser Sprachen zugestellt worden ist.

(3) Dieser Artikel gilt nicht für die Vollstreckung einer in einer Entscheidung enthaltenen Sicherungsmaßnahme oder wenn der Antragsteller Sicherungsmaßnahmen gemäß Artikel 40 erwirkt.

I. Rechtliches Gehör des Schuldners vor Einleitung der Vollstreckung (Abs. 1)

1. Allgemeines. Abs. 1 soll sicherstellen, dass der Schuldner vor der inländischen Vollstreckung aus einer ausländischen Entscheidung über deren bevorstehende Einleitung informiert ist und seine strategischen Optionen abwägen kann (insb. Antrag auf Vollstreckungsversagung nach Art. 46 und auf Vollstreckungsbeschränkung nach Art. 44).[1] Zu diesem Zwecke muss ihm die Bescheinigung nach Art. 53 (Abs. 1 S. 1) und, falls im Ursprungsmitgliedstaat noch nicht geschehen, auch die ausländische Entscheidung selbst (Abs. 1 S. 2) zugestellt werden. Die Zustellung ist gem. § 1111 ZPO von Amts wegen vorzunehmen. Ausgenommen von diesen Verpflichtungen ist die Vollstreckung von Sicherungsmaßnahmen (Abs. 3; s. Rn 7). Je nach dem Ort, an dem zugestellt werden muss, sind die inländischen Zustellungsvorschriften, die EuZVO oder das Haager Zustellungsübereinkommen (HZÜ)[2] zu beachten.

2. Frist vor Einleitung der Vollstreckung? Es stellt sich die vom Wortlaut der Norm nicht beantwortete Frage, ob mit der Vollstreckung in dem Moment begonnen werden kann, in dem die Zustellung der Bescheinigung und ggf des Urteils an den Schuldner vollzogen ist. Ist Zweck der Vorschrift der Rechtsschutz

---

1 Dickinson/Lein/*Kramer*, The Brussels I Regulation Recast, Tz 13.238.
2 Haager Übereinkommen über die Zustellung gerichtlicher und außergerichtlicher Schriftstücke im Ausland in Zivil- oder Handelssachen (Haager Zustellungsübereinkommen – HZÜ) vom 15.11.1965 (BGBl. II 77, 1452).

des Schuldners (s. Rn 1), so kann die Antwort nur negativ sein; Erwägungsgrund (32) stützt diese Lösung mit der Bemerkung, dass die Bescheinigung „innerhalb einer **angemessenen Frist vor** der ersten Vollstreckungsmaßnahme zugestellt werden" sollte (Hervorhebung hinzugefügt). Es ist zu bedauern, dass der deutsche Gesetzgeber es versäumt hat, in den Ausführungsbestimmungen der §§ 1110 ff ZPO die Länge der als „angemessen" anzusehenden Frist zu präzisieren. Wenig hilfreich erscheint die Idee, hilfsweise auf den Anerkennungsversagungsgrund des **Art. 43 Abs. 1 lit. b)** zu rekurrieren,[3] denn die dortige Forderung, das verfahrenseinleitende Schriftstück an den Beklagten so „rechtzeitig" zuzustellen, dass er sich effektiv verteidigen kann, unterscheidet sich nur sprachlich, nicht aber hinsichtlich der inhaltlichen Vagheit (es kommt auf den Einzelfall an, vgl Art. 34 Brüssel I-VO Rn 25 ff) von der hier im Raume stehenden Angemessenheitsprüfung. Stattdessen sollte man sich an der **Einmonats-/Zweimonats-Frist des Art. 43 Abs. 5 Brüssel I-VO** (je nach Wohnsitz des Schuldners inner- oder außerhalb des Vollstreckungsstaats) für die Beschwerde des Schuldners gegen die (damals noch erforderliche) Vollstreckbarerklärung orientieren, so wie es auch der niederländische Gesetzgeber getan hat.[4]

II. Anspruch des Schuldners auf eine Übersetzung (Abs. 2)

3 **1. Allgemeines.** Der nicht im Ursprungsmitgliedstaat ansässige (s. dazu Art. 62 f) Vollstreckungsschuldner hat einen Anspruch auf Übermittlung einer Übersetzung der zu vollstreckenden Entscheidung nach Maßgabe des Art. 57, damit sichergestellt ist, dass er tatsächlich eine informierte Einschätzung der Erfolgsaussichten etwaiger Abwehrmaßnahmen (s. Rn 1) vornehmen kann. Folgerichtig besteht dieser Anspruch nicht, wenn ihm die Entscheidung oder eine Übersetzung hiervon ohnehin bereits in einer ihm verständlichen Sprache oder (einer) der Amtssprache(n) seines Wohnsitzes zugestellt wurde. Macht der Vollstreckungsschuldner seinen Anspruch auf Übersetzung geltend, so kann nach Abs. 2 S. 2 die Zwangsvollstreckung auf **Sicherungsmaßnahmen iSv Art. 35** beschränkt werden. Zum Verständnis dieses Begriffs nach deutschem Recht s. Art. 47 Brüssel I-VO Rn 3. Zur Möglichkeit des **Vollstreckungsorgans**, im *eigenen Interesse* eine Übersetzung der Entscheidung anzufordern, s. Art. 42 Rn 3.

4 **2. Erfordernis einer Belehrung?** Abs. 2 schweigt zu der Frage, ob der Schuldner, wenn ihm gem. Abs. 1, § 1111 ZPO die Bescheinigung nach Art. 53 zugestellt wird, über sein Recht zu belehren ist, nach Maßgabe des Abs. 2 eine Übersetzung der zu vollstreckenden Entscheidung zu fordern. Da einerseits die Erfüllung dieses Anspruchs dem Schuldner die Entscheidung darüber erleichtert soll, ob und in welcher Form er sich mit Einwendungen gegen den durch die ausländische Entscheidung festgestellten Anspruch gegen die Vollstreckung wehrt, und andererseits ein Anspruch, von dem der Inhaber nichts weiß, nichts wert ist und nicht zu seinem Rechtsschutz beitragen kann, sollte zur Stärkung des „effet utile" (vgl Vor Art. 32 ff Brüssel I-VO Rn 5) der Vorschrift eine **Belehrungspflicht nach dem Rechtsgedanken des § 232 ZPO** entnommen werden.

5 **3. Frist vor Einleitung der Vollstreckung.** Da der Anspruch aus Abs. 2 (nur) den Zweck hat, den von Abs. 1 intendierten Rechtsschutz des Schuldners nicht an Sprachbarrieren scheitern zu lassen, gelten für die Frage, ob ab Übermittlung der Übersetzung eine angemessene Frist bis zum Beginn der über Sicherungsmaßnahmen hinausgehenden Zwangsvollstreckung zu verstreichen hat, die obigen Überlegungen (s. Rn 2) entsprechend. Es ist also auch hier von einer **Einmonats-/**

---

3 So aber Dickinson/Lein/*Kramer*, The Brussels I Regulation Recast, Tz 13.238.
4 Art. 9 Uitvoeringswet EU-executieverordening en Verdrag van Lugano, BWBR0015325, in der Fassung durch das Gesetz vom 26.11.2014, Stb 2014, 540.

Zweimonats-Frist analog Art. 43 Abs. 5 Brüssel I-VO ab Zugang der Entscheidungsübersetzung beim Schuldner auszugehen.

4. Frist zur Geltendmachung des Anspruchs. Das führt zu dem weiteren in Abs. 2 nicht gelösten Problem, ob dem Schuldner zur Geltendmachung seines Anspruchs auf Übermittlung einer Entscheidungsübersetzung eine Frist einzuräumen ist, nach deren ungenutztem Ablauf über Sicherungsmaßnahmen (Abs. 3) hinausgehende Vollstreckungsmaßnahmen ergriffen werden können. Diejenigen, die wie hier eine Belehrungspflicht über diesen Anspruch annehmen (s. Rn 4), können in Anlehnung an die entsprechende Regelung zum verbraucherrechtlichen Widerruf (Art. 9 der Verbraucherrechterichtlinie[5]) dem Schuldner eine **14-tägige Überlegungsfrist** einräumen; alle anderen dürften sich schwertun, den uU völlig ahnungslosen Schuldner allein wegen Zeitablaufs seines Rechts zu berauben. 6

III. Kein rechtliches Gehör vor Sicherungsmaßnahmen (Abs. 3)

Die Pflicht, die Bescheinigung nach Art. 53 und ggf das ausländische Urteil selbst und (nach Geltendmachung des entsprechenden Anspruchs nach Abs. 2) eine Übersetzung vor Einleitung der inländischen Zwangsvollstreckung zuzustellen, besteht nach Abs. 3 nicht, wenn und soweit Letzteres auf Sicherungsmaßnahmen (zum Begriff s. Rn 3) beschränkt ist, also keinen irreparablen Schaden beim Schuldner anzurichten in der Lage ist. Insoweit kann der Gläubiger also auch bei der grenzüberschreitenden Vollstreckung auf einen gewissen Überraschungseffekt setzen. Allerdings ist hier zu beachten, dass die Vollstreckung von Sicherungsmaßnahmen, die nicht das inländische Vollstreckungsorgan, sondern ein ausländisches, in der Hauptsache zuständiges Gericht im Wege des einstweiligen Rechtsschutzes angeordnet hat, ohnehin nur dann möglich ist, wenn dem Schuldner entweder vor der Anordnung rechtliches Gehör gewährt oder die Entscheidung zugestellt worden war (Art. 42 Abs. 2). 7

Artikel 44 [Antrag auf Versagung der Vollstreckung]

(1) Wurde eine Versagung der Vollstreckung einer Entscheidung gemäß Abschnitt 3 Unterabschnitt 2 beantragt, so kann das Gericht im ersuchten Mitgliedstaat auf Antrag des Schuldners

a) das Vollstreckungsverfahren auf Sicherungsmaßnahmen beschränken,
b) die Vollstreckung von der Leistung einer vom Gericht zu bestimmenden Sicherheit abhängig machen oder
c) das Vollstreckungsverfahren insgesamt oder teilweise aussetzen.

(2) Die zuständige Behörde des ersuchten Mitgliedstaats setzt das Vollstreckungsverfahren auf Antrag des Schuldners aus, wenn die Vollstreckbarkeit der Entscheidung im Ursprungsmitgliedstaat ausgesetzt ist.

I. Überblick

Art. 44 vereint zwei disparate Regelungen: Während **Abs. 1** die Regelung des Art. 46 komplettiert und dem Schuldner, der einen Antrag auf Vollstreckungsver- 1

---

5 Richtlinie 2011/83/EU des Europäischen Parlaments und des Rates vom 25. Oktober 2011 über die Rechte der Verbraucher, zur Abänderung der Richtlinie 93/13/EWG des Rates und der Richtlinie 1999/44/EG des Europäischen Parlaments und des Rates sowie zur Aufhebung der Richtlinie 85/577/EWG des Rates und der Richtlinie 97/7/EG des Europäischen Parlaments und des Rates (ABl. EU L 304 vom 22.11.2011, S. 64).

sagung gestellt hat, es ermöglicht, diesen mit verschiedenen Vollstreckungsschutzanträgen zu garnieren, setzt **Abs. 2** kein Vollstreckungsversagungsverfahren voraus, sondern macht es dem zuständigen Vollstreckungsorgan auf Antrag zur Pflicht, das laufende inländische Vollstreckungsverfahren auszusetzen, wenn Gleiches bereits im Ursprungsstaat geschehen ist. Die Vorschrift ist in beiden Teilen nicht nur auf die Vollstreckung von **Entscheidungen**, sondern – wegen der Verweisungen in Art. 58 und 59 – auch auf diejenige aus **öffentlichen Urkunden** (Art. 59) und **Vergleichen** anzuwenden.[1]

II. Abs. 1

1. Zuständigkeit, Verfahren. Die Behandlung der Vollstreckungsschutzanträge während des Vollstreckungsversagungsverfahrens obliegt dem für dieses aus § 1115 ZPO zuständigen Gericht. Es entscheidet gem. § 1115 Abs. 6 S. 1 ZPO im Beschlusswege durch einstweilige Anordnung (oder Ablehnung derselben) in Anlehnung an § 769 Abs. 1 ZPO.

2. Die einzelnen Vollstreckungsschutzanträge. Zum Begriff der Sicherungsmaßnahme (lit. a) s. Art. 47 Brüssel I-VO Rn 3; für Art und Höhe der vom Titelgläubiger zu leistenden Sicherheit (lit b) gelten §§ 108, 709 ZPO entsprechend.[2] Der Schuldner kann nach lit. c) einen Antrag auf ganze oder teilweise Aussetzung der Vollstreckung stellen; im letzteren Fall muss er den Teil, auf den sich sein Antrag bezieht, beziffern.[3]

3. Ermessensentscheidung. Anders als im Rahmen von Abs. 2 (s. Rn 6) trifft das Gericht seine Entscheidung über den Vollstreckungsschutzantrag nach pflichtgemäßem Ermessen. Geht es um die Festsetzung einer Sicherheit (lit. b), sind also die Erfolgsaussichten des Vollstreckungsversagungsantrags und der dem Schuldner durch eine Vollstreckung drohende Schaden abzuwägen.[4] Eine inländische Festsetzung einer Sicherheitsleistung kommt unabhängig von den Erfolgsaussichten des Schuldners im Vollstreckungsversagungsverfahren nicht in Betracht, wenn eine solche bereits im Ursprungsmitgliedstaat zu leisten und der Höhe nach geeignet ist, auch den möglichen inländischen Schaden abzudecken.[5] Das ausländische Urteil selbst darf bei der Entscheidung über den Vollstreckungsschutzantrag keiner Überprüfung unterzogen werden (Art. 52).

4. Rechtsbehelf. Ein Rechtsmittel gegen eine stattgebende oder ablehnende Verbescheidung eines Vollstreckungsschutzantrags nach Abs. 1 ist gem. **§ 1115 Abs. 6 S. 2 ZPO nicht gegeben**.[6] Zwar dürfte dieser Regelung nach Art. 41 Abs. 1 durch die Kompetenz des nationalen Gesetzgebers zur Ausgestaltung seines Vollstreckungsverfahrens gedeckt sein; auch entspricht sie der hM zur (auf eine Analogie zu § 707 Abs. 2 S. 2 ZPO gestützten) Unanfechtbarkeit einstweiliger Anordnungen nach § 769 ZPO (s. ausf. § 769 ZPO Rn 7). Wichtiger als die *formale* Parallele zu § 769 ZPO erscheint aber, dass die binnenrechtliche *inhaltliche* Entsprechung zu den Vollstreckungsschutzanträgen nach 44 Abs. 1 in den Vollstreckungsschutzanträgen nach § 765 a ZPO zu finden ist. Es hätte sich deshalb angeboten, den Parteien hier wie dort (vgl § 793 ZPO Rn 2) die **sofortige Beschwerde nach § 793 ZPO** als Rechtsmittel in die Hand zu geben. Ob der EuGH die entgegengesetzte Entscheidung des deutschen Gesetzgebers als Verstoß gegen das europäische Äquivalenzprinzip werten wird, das eine diskriminierende Ungleich-

---

1 Thomas/Putzo/*Hüßtege*, Art. 44 EuGVVO Rn 3.
2 Thomas/Putzo/*Hüßtege*, Art. 44 EuGVVO Rn 6.
3 Thomas/Putzo/*Hüßtege*, Art. 44 EuGVVO Rn 7.
4 Hk-ZPO/*Dörner*, Art. 44 EuGVVO Rn 3.
5 Hk-ZPO/*Dörner*, Art. 44 EuGVVO Rn 3.
6 (Möglicherweise nur irrtümlich) aA Thomas/Putzo/*Hüßtege*, Art. 44 EuGVVO Rn 8, der unklar von einer Überprüfungsmöglichkeit per „Beschwerde" spricht.

behandlung europäischer und nationaler Rechtspositionen verbietet,[7] wird die Zukunft weisen müssen. Jedenfalls ist aber gerade wegen der Unanfechtbarkeit der Entscheidung die **Gehörsrüge nach** § **321 a ZPO** statthaft, die allerdings nur die Überprüfung auf eine Verletzung des Anspruchs auf rechtliches Gehör ermöglicht.

III. Abs. 2

1. Allgemeines. Die Regelung in Abs. 2 zieht die Konsequenz aus der Tatsache, dass aus ausländischen Entscheidungen im Inland nur dann vollstreckt werden kann, wenn sie auch im Ursprungsstaat vollstreckbar sind (Art. 39). Wird letztere ausgesetzt, **muss** auf Antrag Gleiches auch im Inland geschehen; das Gericht hat einerseits kein Ermessen und darf andererseits auch nicht von Amts wegen die inländische Aussetzung anordnen, wenn es auf anderem Wege als durch einen Antrag des Schuldners von der Aussetzung im Ursprungsmitgliedstaat erfährt. Ob die dortige Aussetzung vorläufig ist oder endgültig ist, ist ebenso unerheblich wie die Rechtskraft der diesbezüglichen Entscheidung.[8] Zuständig ist das jeweilige Vollstreckungsorgan, da für einen Antrag nach Abs. 2 kein laufendes Vollstreckungsversagungsverfahren Voraussetzung ist. 6

2. Verfahren, Rechtsmittel. Siehe dazu § 1116 ZPO und die dortigen Erläuterungen. 7

Abschnitt 3
Versagung der Anerkennung und Vollstreckung

Unterabschnitt 1 Versagung der Anerkennung

Artikel 45 [Anerkennungshindernisse]

(1) Die Anerkennung einer Entscheidung wird auf Antrag eines Berechtigten versagt, wenn

a) die Anerkennung der öffentlichen Ordnung (ordre public) des ersuchten Mitgliedstaats offensichtlich widersprechen würde;

b) dem Beklagten, der sich auf das Verfahren nicht eingelassen hat, das verfahrenseinleitende Schriftstück oder ein gleichwertiges Schriftstück nicht so rechtzeitig und in einer Weise zugestellt worden ist, dass er sich verteidigen konnte, es sei denn, der Beklagte hat gegen die Entscheidung keinen Rechtsbehelf eingelegt, obwohl er die Möglichkeit dazu hatte;

c) die Entscheidung mit einer Entscheidung unvereinbar ist, die zwischen denselben Parteien im ersuchten Mitgliedstaat ergangen ist;

d) die Entscheidung mit einer früheren Entscheidung unvereinbar ist, die in einem anderen Mitgliedstaat oder in einem Drittstaat in einem Rechtsstreit wegen desselben Anspruchs zwischen denselben Parteien ergangen ist, sofern die frühere Entscheidung die notwendigen Voraussetzungen für ihre Anerkennung im ersuchten Mitgliedstaat erfüllt, oder

---

7 Vgl zum Staatshaftungsrecht etwa EuGH 26.1.2010 – C-118/08 (Transportes Urbanos y Servicios Generales SAL), EWS 2010, 87.
8 Thomas/Putzo/*Hüßtege*, Art. 44 EuGVVO Rn 9.

e) die Entscheidung unvereinbar ist
   i) mit Kapitel II Abschnitte 3, 4 oder 5, sofern der Beklagte Versicherungsnehmer, Versicherter, Begünstigter des Versicherungsvertrags, Geschädigter, Verbraucher oder Arbeitnehmer ist, oder
   ii) mit Kapitel II Abschnitt 6.

(2) Das mit dem Antrag befasste Gericht ist bei der Prüfung, ob eine der in Absatz 1 Buchstabe e angeführten Zuständigkeiten gegeben ist, an die tatsächlichen Feststellungen gebunden, aufgrund deren das Ursprungsgericht seine Zuständigkeit angenommen hat.

(3) Die Zuständigkeit des Ursprungsgerichts darf, unbeschadet des Absatzes 1 Buchstabe e, nicht nachgeprüft werden. Die Vorschriften über die Zuständigkeit gehören nicht zur öffentlichen Ordnung (ordre public) im Sinne des Absatzes 1 Buchstabe a.

(4) Der Antrag auf Versagung der Anerkennung ist gemäß den Verfahren des Unterabschnitts 2 und gegebenenfalls des Abschnitts 4 zu stellen.

I. Allgemeines

1 Abs. 1 übernimmt aus Art. 34 f Brüssel I-VO unverändert den dort wie hier abschließend gemeinten Katalog von Anerkennungshindernissen. Liegt eines der Hindernisse vor, folgt je nach Verfahrenslage daraus, dass (a) eine Inzidentanerkennung nach Art. 36 Abs. 3 scheitert, (b) ein vom Gläubiger eingeleitetes Anerkennungsfeststellungsverfahren nach Art. Art. 36 Abs. 2 erfolglos bleibt, (c) ein Vollstreckungsversagungsantrag des Schuldners gem. Art. 46, (d) ein von diesem initiiertes Anerkennungsversagungsverfahren (s. Rn 4) oder schließlich (e) ein negatives Anerkennungsfeststellungsverfahren (s. Art. 36 Rn 2) Erfolg hat. Zur Systematik, zu den Prüfungspflichten der Gerichte und zur Darlegungs- und Beweislast s. Art. 34 Brüssel I-VO Rn 1 f.

II. Die einzelnen Anerkennungsversagungsgründe (Abs. 1)

2 S. dazu im Einzelnen Art. 34 Brüssel I-VO Rn 3 ff und Art. 35 Rn 4 ff.

III. Grundsatz mit Ausnahme: Keine Nachprüfung der Zuständigkeit des Erstgerichts (Abs. 2, 3)

3 Abs. 2 und 3 stammen im Wesentlichen unverändert aus der Brüssel I-VO; s. daher im Einzelnen Art. 35 Brüssel I-VO Rn 1 ff.

IV. Das Anerkennungsversagungsverfahren (Abs. 4)

4 Abs. 4 eröffnet dem Schuldner die Möglichkeit, nach den Regeln des Verfahrens auf Versagung *der Vollstreckung* auch einen Antrag auf Versagung (schon) der *Anerkennung* zu stellen. Für diesen Antrag gilt auch die Ausführungsvorschrift des § 1115 Abs. 1–5 ZPO (s. im Einzelnen dort). Angesichts der beiden anderen Möglichkeiten des Schuldners, eine rechtskräftige Entscheidung über die Nichtanerkennung des ausländischen Urteils gegen ihn zu erreichen (s. Rn 1), erscheint fraglich, ob für das Verfahren nach Abs. 4 ein wirkliches praktisches Bedürfnis besteht.

Unterabschnitt 2 Versagung der Vollstreckung
Artikel 46 [Versagung]

Die Vollstreckung einer Entscheidung wird auf Antrag des Schuldners versagt, wenn festgestellt wird, dass einer der in Artikel 45 genannten Gründe gegeben ist.

I. Allgemeines

Art. 46 gibt dem Schuldner die Möglichkeit, sich mit einem Antrag auf Versagung der Vollstreckung gegen die vom Gläubiger initiierte inländische Vollstreckung zu wehren. Notwendig wurde dieser Rechtsbehelf, weil nach der Brüssel Ia-VO Entscheidungen aus anderen EU-Mitgliedstaaten grds. „automatisch" (ipso iure) im Inland vollstreckbar sind, es anders als früher nach der Brüssel I-VO also kein Exequaturverfahren mehr gibt, in dessen Rahmen der Schuldner nach Art. 43 Brüssel I-VO Beschwerde gegen die Vollstreckbarerklärung einlegen konnte.

II. Prüfungsgegenstand

1. Allgemeines. Nach Art. 46 hat der Antrag des Schuldners dann Erfolg, wenn das Gericht das Vorliegen eines Anerkennungsversagungsgrundes nach Art. 45 feststellt.

2. Materielle Einwendungen gegen den titulierten Anspruch? Zweifelhaft ist, ob im Verfahren nach Art. 46 auch materielle Einwendungen des Schuldners gegen den im Ausland titulierten Anspruch zu berücksichtigen sind, wenn und soweit er sie im Ursprungsmitgliedstaat weder im Erkenntnisverfahren vor dem Ursprungsgericht noch mit einem dortigen Rechtsmittel geltend machen konnte. Dies wurde im Rahmen der Brüssel I-VO für das vergleichbare Problem der Beschwerde gegen die Vollstreckbarerklärung (Art. 43 Brüssel I-VO, § 12 AVAG) von der in Deutschland hM bejaht, vom EuGH aber in einer fragwürdigen Entscheidung von 2011 verworfen (s. dazu ausf. Art. 45 Brüssel I-VO Rn 4 mwN). War das tragende Argument des EuGH (das Gericht führe nur eine formale Prüfung durch) schon für das Beschwerdeverfahren unter der Brüssel I-VO falsch, so kann seine Entscheidung erst recht keine Geltung für das Verfahren nach Art. 46 Brüssel Ia-VO beanspruchen. Deshalb sollte man mit dem Hinweis auf die Prozessökonomie dem Schuldner ermöglichen, **im Vollstreckungsversagungsverfahren auch materielle Einwendungen** vorzubringen,[1] dies aber auf die Konstellation beschränken, in der der Schuldner sie **neben einem Anerkennungsversagungsgrund** nach Art. 45 geltend macht[2] – andernfalls würde man nicht (durch die Verhinderung eines Zwangs zu zwei Verfahren) der Prozessökonomie dienen, sondern dem Schuldner unnötigerweise die freie Wahl geben, ob er zur Geltendmachung materieller Einwendungen nach Art. 46 oder §§ 1117, 767 ZPO vorgehen möchte.

III. Verfahren

Verfahrensregeln für die Behandlung eines Antrags auf Vollstreckungsversagung finden sich in Art. 47 ff und in § 1115 ZPO.

---

1 *v. Hein*, RIW 2013, 97, 110; *Pohl*, IPRax 2014, 109, 114; Hk-ZPO/*Dörner*, Art. 46 EuGVVO Rn 2.
2 *Domej*, RabelsZ 78 (2014), 508, 516; *Grohmann*, ZIP 2015, 16, 18; grds. zustimmend, aber noch enger Thomas/Putzo/*Hüßtege*, Art. 46 EuGVVO Rn 5: Zugelassen sind neben Anerkennungsversagungsgründen nur liquide materielle Einwendungen.

IV. Verhältnis zum selbständigen Anerkennungsverfahren (Art. 36 Abs. 2) und zum Anerkennungsversagungsverfahren (Art. 45 Abs. 4)

5 Das Vollstreckungsversagungsverfahren ist nicht subsidiär zu den Verfahren nach Art. 36 Abs. 2 und Art. 45 Abs. 4, sondern steht dem Schuldner **neben** und unabhängig von diesen zur Verfügung. Hat eines dieser Verfahren allerdings bereits mit einer rechtskräftigen Entscheidung zur Anerkennungsfrage geendet, so bindet diese insoweit das Gericht auch im Vollstreckungsversagungsverfahren.[3]

Artikel 47 [Gerichtliche Zuständigkeit; anzuwendendes Recht]

(1) Der Antrag auf Versagung der Vollstreckung ist an das Gericht zu richten, das der Kommission von dem betreffenden Mitgliedstaat gemäß Artikel 75 Buchstabe a mitgeteilt wurde.

(2) Für das Verfahren zur Versagung der Vollstreckung ist, soweit es nicht durch diese Verordnung geregelt ist, das Recht des ersuchten Mitgliedstaats maßgebend.

(3) Der Antragsteller legt dem Gericht eine Ausfertigung der Entscheidung und gegebenenfalls eine Übersetzung oder Transliteration der Entscheidung vor.

Das Gericht kann auf die Vorlage der in Unterabsatz 1 genannten Schriftstücke verzichten, wenn ihm die Schriftstücke bereits vorliegen oder wenn es das Gericht für unzumutbar hält, vom Antragsteller die Vorlage der Schriftstücke zu verlangen. Im letztgenannten Fall kann das Gericht von der anderen Partei verlangen, diese Schriftstücke vorzulegen.

(4) Von der Partei, die die Versagung der Vollstreckung einer in einem anderen Mitgliedstaat ergangenen Entscheidung beantragt, kann nicht verlangt werden, dass sie im ersuchten Mitgliedstaat über eine Postanschrift verfügt. Es kann von ihr auch nicht verlangt werden, dass sie im ersuchten Mitgliedstaat über einen bevollmächtigten Vertreter verfügt, es sei denn, ein solcher Vertreter ist ungeachtet der Staatsangehörigkeit oder des Wohnsitzes der Parteien vorgeschrieben.

1 Art. 47 normiert zentrale prozessuale Regeln für die Einleitung und Durchführung des Vollstreckungsversagungsverfahrens und fordert in Abs. 2 den nationalen Gesetzgeber auf, die Details eigenständig zu regeln. Der deutsche Gesetzgeber ist dem in § 1115 ZPO nachgekommen.

2 Die **Zuständigkeit** (ausschließliche Zuständigkeit des Landgerichts), die formalen Anforderungen an den verfahrenseröffnenden **Antrag, Form und Zustellung** der gerichtlichen Entscheidung (Beschluss) und die Regelungen zur mündlichen Verhandlung (fakultativ) und zur (zwingenden) Anhörung des Titelgläubigers finden sich dementsprechend in § 1115 ZPO, auf dessen Kommentierung verwiesen wird.

3 Zu den nach Abs. 3 S. 1 vom Schuldner **vorzulegenden Urkunden** s. Art. 37 Rn 3 ff. Das Gericht kann nach seinem Ermessen gem. Abs. 3 S. 2 den Schuldner von der Vorlagepflicht befreien (etwa bei unangemessen hohen Übersetzungskosten) und diese dem Titelgläubiger auferlegen. Die Bescheinigung nach Art. 53 wird in Abs. 3 deshalb nicht erwähnt, weil diese der Gläubiger bereits vor Beginn der inländischen Zwangsvollstreckung, gegen die sich der Schuldner nun wendet, vorlegen musste (Art. 37 Abs. 1 lit. b).

---

3 *Hau*, MDR 2014, 1417, 1419.

Postanschrift und Vertreterbestellung im Inland (Abs. 4). Die Regelung ist eine überflüssige Wiederholung des Art. 41 Abs. 3. Zu Einzelheiten s. dort.

Zu den **Vollstreckungsschutzanträgen**, die der Schuldner ergänzend zu seinem Antrag auf Vollstreckungsversagung stellen kann, s. Art. 44 Abs. 1.

Artikel 48 [Unverzügliche Entscheidung]

Das Gericht entscheidet unverzüglich über den Antrag auf Versagung der Vollstreckung.

Art. 48 ist nicht mehr als ein Appell an den zuständigen Richter, so schnell wie möglich über den Antrag zu entscheiden. Weder schreibt die Verordnung die Einhaltung einer spezifizierten Frist vor, noch enthält sie Vorgaben für eine Sanktion des säumigen Gerichts.

Artikel 49 [Rechtsbehelf]

(1) Gegen die Entscheidung über den Antrag auf Versagung der Vollstreckung kann jede Partei einen Rechtsbehelf einlegen.

(2) Der Rechtsbehelf ist bei dem Gericht einzulegen, das der Kommission von dem betreffenden Mitgliedstaat gemäß Artikel 75 Buchstabe b mitgeteilt wurde.

In Deutschland kann die beschwerte Partei gem. § 1115 Abs. 5 ZPO innerhalb einer einmonatigen Notfrist die sofortige Beschwerde entweder bei dem Gericht einlegen, dessen Entscheidung sie anfechten will, oder beim Beschwerdegericht. Beschwerdegericht ist das OLG (§ 119 Abs. 1 Nr. 2 GVG). Eine Streitverkündung ist nicht statthaft.[1]

Artikel 50 [Weiterer Rechtsbehelf]

Gegen die Entscheidung, die über den Rechtsbehelf ergangen ist, kann nur ein Rechtsbehelf eingelegt werden, wenn der betreffende Mitgliedstaat der Kommission gemäß Artikel 75 Buchstabe c mitgeteilt hat, bei welchen Gerichten ein weiterer Rechtsbehelf einzulegen ist.

Statthafter Rechtsbehelf gegen die Entscheidung des Beschwerdegerichts ist die Rechtsbeschwerde zum BGH (§§ 1115 Abs. 5 S. 3, 574 ff ZPO, § 133 GVG).

Artikel 51 [Aussetzung des Verfahrens]

(1) Das mit einem Antrag auf Verweigerung der Vollstreckung befasste Gericht oder das nach Artikel 49 oder Artikel 50 mit einem Rechtsbehelf befasste Gericht kann das Verfahren aussetzen, wenn gegen die Entscheidung im Ursprungsmitgliedstaat ein ordentlicher Rechtsbehelf eingelegt wurde oder die Frist für einen solchen Rechtsbehelf noch nicht verstrichen ist. Im letztgenannten Fall kann das Gericht eine Frist bestimmen, innerhalb derer der Rechtsbehelf einzulegen ist.

---

1 Hk-ZPO/*Dörner*, Art. 49 EuGVVO Rn 2.

(2) Ist die Entscheidung in Irland, Zypern oder im Vereinigten Königreich ergangen, so gilt jeder im Ursprungsmitgliedstaat statthafte Rechtsbehelf als ordentlicher Rechtsbehelf im Sinne des Absatzes 1.

1 Art. 51 übernimmt wortgleich die Bestimmung des Art. 46 Abs. 1 und 2 Brüssel I-VO (nicht jedoch Abs. 3). Zu Einzelheiten s. deshalb die dortigen Erläuterungen dieser Vorschrift.

Abschnitt 4
Gemeinsame Vorschriften

Artikel 52 [Keine Nachprüfung in der Sache selbst]

Eine in einem Mitgliedstaat ergangene Entscheidung darf im ersuchten Mitgliedstaat keinesfalls in der Sache selbst nachgeprüft werden.

1 Art. 52 ist deckungsgleich mit Art. 36 Brüssel I-VO. Es wird deshalb auf die dortige Kommentierung verwiesen.

Artikel 53 [Ausstellung der Bescheinigung]

Das Ursprungsgericht stellt auf Antrag eines Berechtigten die Bescheinigung unter Verwendung des Formblatts in Anhang I aus.

I. Bescheinigung

1 **1. Allgemeines.** Will eine Partei die **Anerkennung** einer Entscheidung in einem anderen als dem Ursprungsstaat erreichen, muss sie gem. Art. 37 Abs. 1 lit. b) eine vom Ursprungsgericht ausgestellte Bescheinigung über diese Entscheidung vorlegen. Gleiches gilt nach Art. 42 Abs. 1 lit. b) für den Titelgläubiger, der aus einem Urteil in einem anderen als im EU-Ursprungsmitgliedstaat **vollstrecken** möchte, wobei im letzteren Fall die Bescheinigung zusätzlich dem Schuldner vor der ersten Vollstreckungsmaßnahme zugestellt werden muss, Art. 43 Abs. 1 S. 1. Die Vorschrift des Art. 53 präzisiert für beide Fälle, dass das Ursprungsgericht **verpflichtet** ist, (1) einem entsprechenden Antrag der interessierten Partei nachzukommen und (2) dafür das in Anhang I enthaltene **Formblatt** zu benutzen. Nur durch diese Bescheinigung mit ihrem genormten, in der gesamten EU einheitlich strukturierten und im Vergleich zur früheren Bescheinigung nach Art. 54 mit Anhang V der Brüssel I-VO wesentlich ausführlicherem Inhalt ist es überhaupt möglich, eine ausländische Entscheidung ohne Umweg über das Exequaturverfahren zur Grundlage der von inländischen Vollstreckungsorganen durchzuführenden inländischen Vollstreckung zu machen. Für die bloße Anerkennung ist die Bescheinigung zwar nicht zwingend erforderlich (unter der Brüssel I-VO ging es insoweit auch ohne, vgl Art. 53 Abs. 1 Brüssel I-VO), aber auch sie wird mit ihrer Hilfe wesentlich erleichtert.

2 **2. Antrag eines „Berechtigten".** Es herrscht Streit über die Frage, wer als „Berechtigter" eine Bescheinigung nach Art. 53 erwirken kann. *Hüßtege* meint, es komme allein der Titelgläubiger in Betracht.[1] Mit Blick auf den in der Verordnung vorgesehenen Anwendungsbereich der Bescheinigung erscheint es überzeu-

---

1 Thomas/Putzo/*Hüßtege*, Art. 53 EuGVVO Rn 1.

gender, am Wortlaut zB der englischen Fassung[2] anzusetzen und denjenigen für berechtigt anzusehen, der ein „Interesse" an der Bescheinigung geltend machen kann.[3] Ein Interesse hat diejenige Partei, die in einem Verfahren in einem anderen EU-Mitgliedstaat die Bescheinigung vorlegen muss, um sich auf die Entscheidung des Ursprungsgericht berufen zu können, also jeder, der (1) die Inzidentanerkennung geltend macht (Art. 37 Abs. 1), (2) ein positives oder negatives selbständiges Anerkennungsverfahren betreiben will (Art. 36 Abs. 2; s. Art. 36 Rn 2) oder (3) sich im Wege eines Antrags auf Anerkennungs- oder Vollstreckungsversagung gegen die Anerkennung/Vollstreckung der Entscheidung (Art. 45 Abs. 4, Art. 46) zur Wehr setzt. Das werden in aller Regel, aber nicht zwingend die Parteien des Ursprungsrechtsstreits sein,[4] denn vor allem in Fällen der Rechtskrafterstreckung auf am Verfahren Unbeteiligte (wie etwa nach §§ 325–327 ZPO) ist denkbar, dass sich ein Dritter in einem anderen Land auf die Vorgreiflichkeit der Ursprungsentscheidung berufen will und deshalb gem. Art. 37 Abs. 1 auf die Bescheinigung nach Art. 53 angewiesen ist.

II. Übersetzung der Entscheidung und der Bescheinigung (Abs. 2)

Es dürfte nur wenige Konstellationen geben, in denen zur Anerkennung/Vollstreckung zusätzlich eine **Übersetzung der ausländischen Entscheidung** (vgl Art. 37 Abs. 2 S. 2, 42 Abs. 4) vonnöten ist. Häufiger werden die inländischen Behörden aber auf eine **Übersetzung der Bescheinigung** selbst angewiesen sein (vgl Art. 37 Abs. 2 S. 1, 42 Abs. 3). 3

III. Deutsche Ausführungsbestimmungen

Die deutschen Ausführungsbestimmungen zur **Zuständigkeit** und zur **verfahrensmäßigen Behandlung** des Antrags auf Ausstellung der Bescheinigung sowie zur **Anfechtung** der entsprechenden Entscheidung finden sich §§ **1110, 1111** ZPO. Auf die dortige Kommentierung wird verwiesen. 4

Artikel 54 [Anpassung einer unbekannten Maßnahme; Übersetzung]

(1) Enthält eine Entscheidung eine Maßnahme oder Anordnung, die im Recht des ersuchten Mitgliedstaats nicht bekannt ist, so ist diese Maßnahme oder Anordnung soweit möglich an eine im Recht dieses Mitgliedstaats bekannte Maßnahme oder Anordnung anzupassen, mit der vergleichbare Wirkungen verbunden sind und die ähnliche Ziele und Interessen verfolgt.

Eine solche Anpassung darf nicht dazu führen, dass Wirkungen entstehen, die über die im Recht des Ursprungsmitgliedstaats vorgesehenen Wirkungen hinausgehen.

(2) Jede Partei kann die Anpassung der Maßnahme oder Anordnung vor einem Gericht anfechten.

(3) Die Partei, die die Entscheidung geltend macht oder deren Vollstreckung beantragt, kann erforderlichenfalls aufgefordert werden, eine Übersetzung oder Transliteration der Entscheidung zur Verfügung zu stellen.

---

2 „The court of origin shall, at the request of any interested party, issue the certificate using the form set out in Annex I."
3 So auch Dickinson/Lein/*Fitchen*, The Brussels I Regulation Recast, Tz 13.477 – leider ohne weitere Präzisierungen.
4 Auf diese möchte Hk-ZPO/*Dörner*, Art. 53 EuGVVO Rn 2 die Antragsberechtigung begrenzen.

I. Anpassung einer unbekannten Maßnahme (Abs. 1)

1 **1. Allgemeines.** Die nach wie vor bestehenden Unterschiede zwischen den materiellen und Prozessrechten der EU-Mitgliedstaaten bringen (wohl nicht allzu häufig) die Möglichkeit mit sich, dass die im Inland zu vollstreckende ausländische Entscheidung Maßnahmen beinhaltet, die im inländischen Recht – genauer: den inländischen Vollstreckungsorganen – fremd sind. Damit die Letzteren nicht einfach ihre Hände in den Schoß legen und die ausländische Entscheidung ihrer inländischen Wirkung berauben, fordert Art. 53 von den inländischen Behörden, die fragliche Maßnahme so zu modifizieren, dass sie in ihr eigenes Zwangsvollstreckungssystem passt, ohne sich allzu weit von Inhalt und Zielrichtung der Ursprungsmaßnahme zu entfernen.

2 **2. Maßnahme im Inland „nicht bekannt".** Aus dem Ziel der Brüssel Ia-VO, der ausländischen Entscheidung im Inland dieselben Wirkungen zukommen zu lassen wie im Ursprungsstaat (vgl Art. 33 Brüssel I-VO Rn 2), folgt, dass die inländischen Behörden nicht leichtfertig annehmen dürfen, eine im ausländischen Titel angeordnete Maßnahme sei im eigenen Recht unbekannt. Vielmehr müssen sie sich bemühen, den Titel möglichst unverfälscht zu vollstrecken. Diese Situation ähnelt phänotypisch der **Anpassung/Angleichung im Kollisionsrecht infolge eines Statutenwechsels** (auch **Substitution** oder **Transposition** genannt[1]), wie sie etwa Art. 43 Abs. 2 EGBGB im internationalen Sachenrecht für dem inländischen *numerus clausus* der Sachenrechte nicht entsprechende ausländische dingliche Rechtspositionen anordnet; auch Art. 31 EuErbVO gehört in diese Kategorie. Auch wenn Einzelheiten nach wie vor heftig umstritten sind,[2] bildet sich dort mittlerweile als hM die Überzeugung heraus, dass jedenfalls innerhalb des europäischen Binnenmarktes wegen der **Grundfreiheiten**, deren Beschränkung nur aus „zwingenden Gründen des Allgemeinwohls" zulässig ist, von einer **hohen Eingriffsschwelle** auszugehen ist.[3] Weil die Brüssel Ia-VO in ihrem anerkennungs- und vollstreckungsrechtlichen Teil der **Titelfreizügigkeit** und damit einer Grundfreiheit dient (vgl Erwägungsgrund (6)), ist dieser Ansatz auch hier der richtige. Damit kann nicht ausreichen, dass eine vom ausländischen Ursprungsgericht angeordnete Zwangsvollstreckungsmaßnahme dem inländischen Prozessrecht „unbekannt" ist, sondern muss darüber hinaus gefordert werden, dass **ihre Durchsetzung durch inländische Vollstreckungsorgane ganz und gar unmöglich** erscheint, weil ihnen das notwendige Instrumentarium dazu fehlt. So liegt es etwa in dem vom EuGH (rein theoretisch) angesprochenen Fall, dass im Recht des Vollstreckungsstaates das Instrument des Zwangsgeldes, wie es vom ausländischen Gericht angeordnet wurde, gar nicht vorgesehen ist.[4] Ein weiteres Beispiel für eine etwaig erforderliche Anpassung sollen ausländische Titel sein, die für die inländischen Vollstreckungsorgane zu unbestimmt sind, als dass sie sie mit ihren gewohnten Werkzeugen vollstrecken könnten.[5] Allerdings erscheint fraglich, inwieweit eine Konkretisierung des *Tenors* des Titels mit der Anpassung einer vom ausländischen Gericht geforderten *Maßnahme* deckungsgleich ist.

3 **3. Anpassung.** Erwägungsgrund (28) meint, „[w]ie und durch wen diese Anpassung zu erfolgen hat, sollte durch die einzelnen Mitgliedstaaten bestimmt wer-

---

1 So auch ausdrücklich die italienische, portugiesische und spanische Delegation im Rahmen der Verhandlungen zur Brüssel Ia-VO, die betonten, dass die „Anpassung" iSv Art. 54 ein Synonym für „Transposition" darstelle und mit dem Konzept der „Substitution" eng verbunden sei; hier zitiert nach Dickinson/Lein/*Fitchen*, The Brussels I Regulation Recast, Tz 13.483 mit Fn 764.
2 Vgl die Darstellung bei Staudinger/*Mansel*, Neubearb. 2015, Art. 43 EGBGB Rn 1213 ff.
3 Vgl Staudinger/*Mansel*, Neubearb. 2015, Art. 43 EGBGB Rn 1275 mwN.
4 EuGH 12.4.2011 – C-235/09 (DHL Express SAS/Chronopost SA), EuZW 2011, 686.
5 *v. Hein*, RIW 2013, 97, 110; Hk-ZPO/*Dörner*, Art. 54 EuGVVO Rn 1.

den." Jedenfalls für das „Wie" ist diese Aussage unzutreffend, denn Abs. 1 S. 1 gibt den Vollstreckungsbehörden des ersuchten Mitgliedstaates das Ziel der Operation vor: Die ausländische Maßnahme ist dergestalt in eine Maßnahme nach inländischem Recht „zu übersetzen", dass sie ihre beabsichtigte Wirkung im Inland entfalten kann. Das entspricht in seinen Anforderungen der materiellrechtlichen **Umdeutung** gem. § 140 BGB, wird hier aber dadurch verkompliziert, dass uU diffizile rechtsvergleichende Nachforschungen anzustellen sind, um herauszufinden, welche inländische Anordnung in ihren Folgewirkungen den intendierten Wirkungen der ausländischen Maßnahme entspricht.[6] Ein Grund mehr, die Norm restriktiv einzusetzen (s. Rn 2).

Die Warnung des Abs. 1 S. 2, der ausländischen Maßnahme im Wege der Anpassung nicht über die Wirkungen hinauszugehen, die sie nach dem Recht des Ursprungsmitgliedstaates hätte, ist vor dem Hintergrund, dass ohnehin auf „vergleichbare" Wirkungen zu achten ist, eine überflüssige Wiederholung. 4

4. Zuständigkeit. Nach Erwägungsgrund (28) (s. Rn 3) soll der nationale Gesetzgeber über die Zuständigkeit für die Anpassung entscheiden. Der deutsche Gesetzgeber hat insoweit keine ausdrückliche Regelung getroffen; aus der nach Vollstreckungsorganen differenzierenden Rechtsbehelfsregelung in § 1114 ZPO ist aber indirekt zu schließen, dass das für die jeweils beantragte Zwangsvollstreckungsmaßnahme zuständige Vollstreckungsorgan auch für deren Anpassung zuständig ist.[7] Jedenfalls der Gerichtsvollzieher dürfte damit allerdings überfordert sein. 5

II. Anfechtung der Anpassung (Abs. 2)

Die Rechtsbehelfe gegen eine von einem deutschen Vollstreckungsorgan vorgenommene Anpassung finden sich in § 1114 ZPO. Auf die dortige Kommentierung wird daher verwiesen. 6

III. Übersetzung/Transliteration der zu vollstreckenden Entscheidung (Abs. 3)

Die für die Anpassung des Titels notwendige genaue Analyse der zu vollstreckenden Entscheidung erfordert uU einen Blick des zuständigen Vollstreckungsorgans auf den Text der Entscheidung selbst. Ist das Organ der Sprache der Entscheidung nicht hinreichend mächtig, kann es deshalb von der Partei, die die Anerkennung geltend macht oder die Vollstreckung beantragt, die Vorlage einer Übersetzung oder Transliteration der Entscheidung gem. Art. 57 fordern. 7

Artikel 55 [Zwangsgeld]

In einem Mitgliedstaat ergangene Entscheidungen, die auf Zahlung eines Zwangsgelds lauten, sind im ersuchten Mitgliedstaat nur vollstreckbar, wenn die Höhe des Zwangsgelds durch das Ursprungsgericht endgültig festgesetzt ist.

Art. 55 entspricht inhaltlich Art. 49 Brüssel I-VO. Auf die dortige Kommentierung wird daher verwiesen. 1

---

6 Ebenso Hk-ZPO/*Dörner*, Art. 54 EuGVVO Rn 2.
7 Im Ergebnis ebenso Thomas/Putzo/*Hüßtege*, Art. 54 EuGVVO Rn 3.

Artikel 56 [Keine Sicherheitsleistung wegen Ausländereigenschaft]

Der Partei, die in einem Mitgliedstaat eine in einem anderen Mitgliedstaat ergangene Entscheidung vollstrecken will, darf wegen ihrer Eigenschaft als Ausländer oder wegen Fehlens eines Wohnsitzes oder Aufenthalts im ersuchten Mitgliedstaat eine Sicherheitsleistung oder Hinterlegung, unter welcher Bezeichnung es auch sei, nicht auferlegt werden.

1 Art. 56 ist identisch mit Art. 51 Brüssel I-VO. Auf die dortige Kommentierung wird daher verwiesen.

Artikel 57 [Übersetzung, Transliteration]

(1) Ist nach dieser Verordnung eine Übersetzung oder Transliteration erforderlich, so erfolgt die Übersetzung oder Transliteration in die Amtssprache des betreffenden Mitgliedstaats oder, wenn es in diesem Mitgliedstaat mehrere Amtssprachen gibt, nach Maßgabe des Rechts dieses Mitgliedstaats in die oder in eine der Verfahrenssprachen des Ortes, an dem eine in einem anderen Mitgliedstaat ergangene Entscheidung geltend gemacht oder ein Antrag gestellt wird.

(2) Bei den in den Artikeln 53 und 60 genannten Formblättern kann eine Übersetzung oder Transliteration auch in eine oder mehrere andere Amtssprachen der Organe der Union erfolgen, die der betreffende Mitgliedstaat für diese Formblätter zugelassen hat.

(3) Eine Übersetzung aufgrund dieser Verordnung ist von einer Person zu erstellen, die zur Anfertigung von Übersetzungen in einem der Mitgliedstaaten befugt ist.

I. Sprache der Übersetzung (Abs. 1 und 2)

1 Abs. 1 und 2 präzisieren, welche Zielsprache zu verwenden ist, wenn nach der Brüssel Ia-VO eine Übersetzung oder Transliteration[1] der Ursprungsentscheidung oder der Bescheinigung nach Art. 53 erforderlich ist (etwa nach Art. 37 Abs. 2, 42 Abs. 3 und 4, 43 Abs. 2, 54 Abs. 3). Soweit die Übersetzung/Transliteration zum Gebrauch durch deutsche Zwangsvollstreckungsbehörden und -organe dient, ist **allein eine Übersetzung ins Deutsche zulässig** (§ 1113 ZPO).

II. Übersetzung durch „befugte Person" (Abs. 3)

2 Zur näheren Bestimmung des Personenkreises, von dem die Übersetzung stammen muss, s. Art. 55 Brüssel I-VO Rn 10.

KAPITEL IV ÖFFENTLICHE URKUNDEN UND GERICHTLICHE VERGLEICHE

Vorbemerkung zu Art. 58 ff

1 Der Systemwechsel, den die Brüssel Ia-VO für die grenzüberschreitende Vollstreckung von gerichtlichen Entscheidungen aus EU-Mitgliedstaaten vollzieht, wird von Art. 58 ff konsequenterweise auf andere Vollstreckungstitel erstreckt, namentlich auf **öffentliche Urkunden** (Art. 58) und **gerichtliche Vergleiche** (Art. 59). Auch sie sind nunmehr **in den anderen Mitgliedstaaten ipso iure vollstreckbar**,

---

1 Zu diesem Begriff vgl BeckOK-BGB/*Mäsch*, Art. 10 EGBGB Rn 19.

wenn sie es im Ursprungsmitgliedstaat sind. Auch bei ihnen ist insoweit erforderlich, dass die Urkunde/der Vergleich in einer beweiskräftigen Ausfertigung (Art. 58 Abs. 2, Art. 59) und zusammen mit einer Bescheinigung (hier nach Art. 60, ggf mit Übersetzung(en) vorgelegt werden (Art. 58 Abs. 1 S. 2, Art. 59, Art. 42 Abs. 1). Auch bei ihnen kann sich der Schuldner gegen die Vollstreckung mit den **Rechtsbehelfen wehren, die das nationale Recht** im Vollstreckungsstaat vorsieht (Art. 58 Abs. 1 S. 2, Art. 59, Art. 41 Abs. 2), oder den **Weg des Antrags auf Vollstreckungsversagung** beschreiten (Art. 58 Abs. 1 S. 2, Art. 59, Art. 46 ff).

Artikel 58 [Öffentliche Urkunden]

(1) Öffentliche Urkunden, die im Ursprungsmitgliedstaat vollstreckbar sind, sind in den anderen Mitgliedstaaten vollstreckbar, ohne dass es einer Vollstreckbarerklärung bedarf. Die Zwangsvollstreckung aus der öffentlichen Urkunde kann nur versagt werden, wenn sie der öffentlichen Ordnung (ordre public) des ersuchten Mitgliedstaats offensichtlich widersprechen würde.

Die Vorschriften des Kapitels III Abschnitt 2, des Abschnitts 3 Unterabschnitt 2 und des Abschnitts 4 sind auf öffentlichen Urkunden sinngemäß anzuwenden.

(2) Die vorgelegte öffentliche Urkunde muss die Voraussetzungen für ihre Beweiskraft erfüllen, die im Ursprungsmitgliedstaat erforderlich sind.

I. Begriff der öffentlichen Urkunde und förmliche Anforderungen

Zum **Begriff** der öffentlichen Urkunde und den sonstigen Anwendungsvoraussetzungen des Art. 58 (Errichtung in einem Mitgliedstaat, Eröffnung des zeitlichen und sachlichen Anwendungsbereichs der Brüssel Ia-VO, Vollstreckbarkeit im Ursprungsstaat) sowie zur Frage der Teil-Vollstreckbarkeit s. Art. 57 Brüssel I-VO Rn 4–12. 1

Zu den **förmlichen Anforderungen** an die vorgelegte Ausfertigung der öffentlichen Urkunde nach Abs. 2 s. Art. 58 Brüssel I-VO Rn 4. 2

II. Verweisung des Abs. 1 UAbs. 2

Der Verweis auf die Vorschriften des Kapitels III Abschnitt 2 (Art. 39–44), des Abschnitts 3 Unterabschnitt 2 (Art. 46–51) und des Abschnitts 4 (Art. 52–57) macht deutlich, dass die Prinzipien und Regeln, die die Vollstreckung aus ausländischen Gerichtsentscheidungen beherrschen, auch für die aus öffentlichen Urkunden gelten, insbesondere (aber nicht ausschließlich): 3

- die grundsätzliche Anwendung der lex fori der ersuchten Vollstreckungsbehörde auf die Durchführung der Vollstreckung (Art. 41);
- die Befugnis zu Sicherungsmaßnahmen nach inländischem Recht auf der Basis einer ausländischen öffentlichen Urkunde (Art. 40);
- die Pflicht zur Vorlage nicht nur einer beweiskräftigen Ausfertigung der öffentlichen Urkunde, sondern auch einer gesonderten Bescheinigung über deren Inhalt (Art. 42 lit b) mit Art. 60);
- das Recht der Vollstreckungsbehörde, eine Übersetzung der Bescheinigung nach Art. 60 und ggf auch, wenn notwendig, der vollstreckbaren Urkunde zu fordern (Art. 42 Abs. 3 und 4);
- die Pflicht zur Zustellung der ausländischen öffentlichen Urkunde und der Bescheinigung und ggf einer Übersetzung an den Schuldner (Art. 43);

- die Möglichkeit des Schuldners, ein Vollstreckbarkeitsversagungsverfahren anzustrengen (Art. 46);
- die Möglichkeit der Anpassung der in der Urkunde enthaltenen Anordnung nach Art. 54.

III. Vollstreckungsversagungsgründe (Abs. 1 S. 2)

4 Da die in Art. 45 Abs. 1 lit. b)–e) für die Anerkennungs- und Vollstreckungsversagung einer ausländischen gerichtlichen Entscheidung genannten Gründe auf öffentliche Urkunden nicht passen, hebt Abs. 1 S. 2 hervor, dass die Vollstreckung Letzterer allein am **Ordre public** scheitern kann. Praktische Beispiele dafür gibt es freilich bislang nicht (vgl Art. 58 Brüssel I-VO Rn 18).

IV. Vollstreckungsversagungsverfahren

5 **1. Zuständigkeit.** Die Zuständigkeit für die Behandlung eines Antrags auf Vollstreckungsversagung ergibt sich aus § 1115 Abs. 2 ZPO.[1] Für das Verfahren gelten Art. 46–51 und § 1115 ZPO entsprechend.

6 **2. Prüfungsgegenstand.** Zur Frage, ob das Gericht im Vollstreckungsversagungsverfahren auf die Prüfung des Versagungsgrunds des Ordre public beschränkt ist oder sich vielmehr auch mit materiellen Einwänden beschäftigen darf, s. Art. 57 Brüssel I-VO Rn 20 und oben Art. 46 Rn 3.

V. Vollstreckungsabwehrklage

7 Im Übrigen kann der Schuldner gem. § 1117 ZPO Vollstreckungsabwehrklage erheben, ohne der Präklusionshürde des § 767 Abs. 2 zu unterliegen (§ 1117 Abs. 2 ZPO). Die Zuständigkeit für diese Klage ergibt sich aus §§ 1117 Abs. 1, 1086 Abs. 2 ZPO.

VI. EuVTVO

8 Öffentliche Urkunden können auch zum Gegenstand eines europäischen Vollstreckungstitels nach der EuVTVO gemacht werden (s. im Einzelnen dort). Der Vorteil, den die EuVTVO gegenüber der Brüssel I-VO bot (kein Exequaturverfahren), ist gegenüber der Brüssel Ia-VO freilich entfallen.

Artikel 59 [Gerichtliche Vergleiche]

Gerichtliche Vergleiche, die im Ursprungsmitgliedstaat vollstreckbar sind, werden in den anderen Mitgliedstaaten unter denselben Bedingungen wie öffentliche Urkunden vollstreckt.

1 Art. 59 verweist für die grenzüberschreitende Vollstreckung aus gerichtlichen Vergleichen aus anderen EU-Mitgliedstaaten auf die Regeln, die für die Vollstreckung aus vollstreckbaren öffentlichen Urkunden gelten. Siehe dazu zunächst die Erläuterungen zu Art. 58. Zur Eröffnung des **sachlichen und zeitlichen Anwendungsbereichs** der Brüssel Ia-VO auf gerichtliche Vergleiche s. Art. 58 Brüssel I-VO Rn 2.

2 Zum **Begriff** des gerichtlichen oder Prozessvergleichs s. Art. 59 Brüssel I-VO Rn 4 f. Die Einigung vor einem während eines laufenden Verfahrens eingeschalteten Mediators (§ 278 Abs. 5 S. 2 ZPO) ist kein Prozessvergleich.

---

1 Thomas/Putzo/*Hüßtege*, Art. 58 EuGVVO Rn 6.

EuVTVO: Prozessvergleiche können auch zum Gegenstand eines europäischen Vollstreckungstitels nach der EuVTVO gemacht werden (s. im Einzelnen dort). Der Vorteil, den die EuVTVO gegenüber der Brüssel I-VO bot (kein Exequaturverfahren), ist gegenüber der Brüssel Ia-VO freilich entfallen.

Artikel 60 [Bescheinigung über eine öffentliche Urkunde]

Die zuständige Behörde oder das Gericht des Ursprungsmitgliedstaats stellt auf Antrag eines Berechtigten die Bescheinigung mit einer Zusammenfassung der in der öffentlichen Urkunde beurkundeten vollstreckbaren Verpflichtung oder der in dem gerichtlichen Vergleich beurkundeten Parteivereinbarung unter Verwendung des Formblatts in Anhang II aus.

Die Bescheinigung nach Art. 60, für die das Formblatt in Anhang II zu verwenden ist, erfüllt für öffentliche Urkunden und Prozessvergleiche die gleiche Funktion wie die Bescheinigung nach Art. 53 für gerichtliche Entscheidungen. Siehe deshalb zunächst die dortigen Erläuterungen, insb. auch zur Frage des „Berechtigten". Insbesondere ist die Bescheinigung vom Gläubiger gemeinsam mit seinem Vollstreckungsantrag vorzulegen (Art. 58 Abs. 1 UAbs. 2, Art. 59 iVm Art. 42 Abs. 1 lit. b).

Die deutschen Ausführungsbestimmungen zur **Zuständigkeit** und zur **verfahrensmäßigen Behandlung** des Antrags auf Ausstellung der Bescheinigung sowie zur **Anfechtung** der entsprechenden Entscheidung finden sich §§ 1110 f ZPO. Auf die dortige Kommentierung wird verwiesen.

KAPITEL V ALLGEMEINE VORSCHRIFTEN

Artikel 61 [Anerkennung von Urkunden]

Im Rahmen dieser Verordnung bedarf es hinsichtlich Urkunden, die in einem Mitgliedstaat ausgestellt werden, weder der Legalisation noch einer ähnlichen Förmlichkeit.

Die Regelung entspricht inhaltlich derjenigen des **Art. 56 Brüssel I-VO** (s. deshalb im Einzelnen die Erläuterungen dort zu ihren Rechtsfolgen), hat aber einen weiteren Anwendungsbereich: Während dort nur die Ausfertigung der zu vollstreckenden Urkunde sowie die Vollstreckbarkeitsbescheinigung einschl. evtl. Übersetzung sowie etwaige Prozessvollmachtenden von einer möglichen einzelstaatlichen Pflicht zur Legalisation oder einer Apostille[1] befreit wurden, gilt dies nunmehr für jede ausländische öffentliche Urkunde, die im Rahmen der Brüssel Ia-VO zur inländischen Vollstreckung oder deren Bekämpfung vorzulegen ist.

Artikel 62–65 (nicht abgedruckt)

---

[1] Zu diesen Begriffen knapp Bamberger/Roth/*Mäsch*, Art. 11 EGBGB Rn 72.

KAPITEL VI ÜBERGANGSVORSCHRIFTEN

Artikel 66

(1) Diese Verordnung ist nur auf Verfahren, öffentliche Urkunden oder gerichtliche Vergleiche anzuwenden, die am 10. Januar 2015 oder danach eingeleitet, förmlich errichtet oder eingetragen bzw. gebilligt oder geschlossen worden sind.

(2) Ungeachtet des Artikels 80 gilt die Verordnung (EG) Nr. 44/2001 weiterhin für Entscheidungen, die in vor dem 10. Januar 2015 eingeleiteten gerichtlichen Verfahren ergangen sind, für vor diesem Zeitpunkt förmlich errichtete oder eingetragene öffentliche Urkunden sowie für vor diesem Zeitpunkt gebilligte oder geschlossene gerichtliche Vergleiche, sofern sie in den Anwendungsbereich der genannten Verordnung fallen.

1 Zum zeitlichen Anwendungsbereich der Anerkennungs- und Vollstreckungsvorschriften der Brüssel Ia-VO s. Vor Art. 36 ff Rn 7.

KAPITEL VII VERHÄLTNIS ZU ANDEREN RECHTSINSTRUMENTEN

Artikel 67–73 (nicht abgedruckt)

1 Zum Verhältnis der Brüssel Ia-VO zu anderen Rechtsakten der Europäischen Union und zu Staatsverträgen auf dem Gebiet des Zivilverfahrensrechts s. Vor Art. 36 ff Rn 9.

KAPITEL VIII SCHLUSSVORSCHRIFTEN

Artikel 74–79 (nicht abgedruckt)

Artikel 80 [Aufhebung]

Die Verordnung (EG) Nr. 44/2001 wird durch diese Verordnung aufgehoben. Bezugnahmen auf die aufgehobene Verordnung gelten als Bezugnahmen auf die vorliegende Verordnung und sind nach Maßgabe der Entsprechungstabelle in Anhang III zu lesen.

1 Trotz der Aufhebung der Brüssel I-VO gilt diese gem. Art. 66 Abs. 2 weiter für alle Verfahren, die vor dem 10.1.2015 eingeleitet worden sind, sowie für vor diesem Zeitpunkt errichtete öffentliche Urkunden oder geschlossene gerichtliche Vergleiche; insoweit gilt dann ergänzend auch das AVAG in der alten Fassung fort.[1]

Artikel 81 [Inkrafttreten]

Diese Verordnung tritt am zwanzigsten Tag nach ihrer Veröffentlichung im Amtsblatt der Europäischen Union in Kraft.

Sie gilt ab dem 10. Januar 2015, mit Ausnahme der Artikel 75 und 76, die ab dem 10. Januar 2014 gelten.

---

1 *Hau*, MDR 2014, 1417, 1420; Thomas/Putzo/*Hüßtege*, Art. 80 EuGVVO Rn 1.

ANHANG I

BESCHEINIGUNG ÜBER EINE ENTSCHEIDUNG IN ZIVIL- UND HANDELSSACHEN

Artikel 53 der Verordnung (EU) Nr. 1215/2012 des Europäischen Parlaments und des Rates über die gerichtliche Zuständigkeit und die Anerkennung und Vollstreckung von Entscheidungen in Zivil- und Handelssachen

1. URSPRUNGSGERICHT
1.1. Bezeichnung:
1.2. Anschrift:
1.2.1. Straße und Hausnummer/Postfach:
1.2.2. PLZ und Ort:
1.2.3. Mitgliedstaat:

AT ☐ BE ☐ BG ☐ CY ☐ CZ ☐ DK ☐ DE ☐ EE ☐ EL ☐ ES ☐ FI ☐ FR ☐ HR ☐ HU ☐ IE ☐ IT ☐ LT ☐ LU ☐ LV ☐ MT ☐ NL ☐ PL ☐ PT ☐ RO ☐ SE ☐ SI ☐ SK ☐ UK ☐

1.3. Telefon:
1.4. Fax:
1.5. E-Mail (falls verfügbar):
2. KLÄGER (¹)
2.1. Name, Vorname/Name der Firma oder Organisation:
2.2. Identifizierungsnummer (falls vorhanden und falls verfügbar):
2.3. Geburtsdatum (TT/MM/JJJJ) und Geburtsort oder, bei juristischen Personen, Datum der Gründung/Erlangung der Rechtsfähigkeit/Registrierung (falls relevant und falls verfügbar):
2.4. Anschrift:
2.4.1. Straße und Hausnummer/Postfach:
2.4.2. PLZ und Ort:
2.4.3. Land:

AT ☐ BE ☐ BG ☐ CY ☐ CZ ☐ DK ☐ DE ☐ EE ☐ EL ☐ ES ☐ FI ☐ FR ☐ HR ☐ HU ☐ IE ☐ IT ☐ LT ☐ LU ☐ LV ☐ MT ☐ NL ☐ PL ☐ PT ☐ RO ☐ SE ☐ SI ☐ SK ☐ UK ☐ Sonstige (bitte angeben (ISO-Code)) ☐

2.5. E-Mail (falls verfügbar):
3. BEKLAGTE(R) (²)
3.1. Name, Vorname/Name der Firma oder Organisation:
3.2. Identifizierungsnummer (falls vorhanden und falls verfügbar):
3.3. Geburtsdatum (TT/MM/JJJJ) und Geburtsort oder, bei juristischen Personen, Datum der Gründung/Erlangung der Rechtsfähigkeit/Registrierung (falls relevant und falls verfügbar):
3.4. Anschrift:
3.4.1. Straße und Hausnummer/Postfach:
3.4.2. PLZ und Ort:
3.4.3. Land:

AT ☐ BE ☐ BG ☐ CY ☐ CZ ☐ DK ☐ DE ☐ EE ☐ EL ☐ ES ☐ FI ☐ FR ☐ HR ☐ HU ☐ IE ☐ IT ☐ LT ☐ LU ☐ LV ☐ MT ☐ NL ☐ PL ☐ PT ☐ RO ☐ SE ☐ SI ☐ SK ☐ UK ☐ Sonstige (bitte angeben (ISO-Code)) ☐

3.5. E-Mail (falls verfügbar):

4. ENTSCHEIDUNG

4.1. Datum (TT/MM/JJJJ) der Entscheidung:

4.2. Aktenzeichen der Entscheidung:

4.3. Ist die Entscheidung ergangen, ohne dass sich der Beklagte auf das Verfahren eingelassen hat?

4.3.1. ☐ Nein

4.3.2. ☐ Ja (bitte das Datum (TT/MM/JJJJ) angeben, zu dem das verfahrenseinleitende Schriftstück oder ein gleichwertiges Schriftstück dem Beklagten zugestellt wurde):

4.4. Die Entscheidung ist im Ursprungsmitgliedstaat vollstreckbar, ohne dass weitere Bedingungen erfüllt sein müssen:

4.4.1. ☐ Ja (bitte gegebenenfalls das Datum (TT/MM/JJJJ) angeben, zu dem die Entscheidung für vollstreckbar erklärt wurde):

4.4.2. ☐ Ja, aber nur gegenüber folgender/folgenden Person(en) (bitte angeben):

4.4.3. ☐ Ja, aber nur für einen Teil/Teile der Entscheidung (bitte angeben):

4.4.4. ☐ Die Entscheidung enthält keine vollstreckbare Verpflichtung.

4.5. War die Entscheidung dem/den Beklagten zum Zeitpunkt der Ausstellung der Bescheinigung bereits zugestellt worden?

4.5.1. ☐ Ja (bitte das Datum der Zustellung (TT/MM/JJJJ) angeben, falls bekannt):

4.5.1.1. Die Entscheidung wurde in der/den folgenden Sprache(n) zugestellt:

BG ☐ ES ☐ CS ☐ DK ☐ DE ☐ ET ☐ EL ☐ EN ☐ FR ☐ HR ☐ GA ☐ IT ☐ LV ☐ LT ☐ HU ☐ MT ☐ NL ☐ PL ☐ PT ☐ RO ☐ SK ☐ SL ☐ FI ☐ SV ☐ Sonstige (bitte angeben (ISO-Code)) ☐

4.5.2. ☐ Dem Gericht nicht bekannt

4.6. Tenor der Entscheidung und zugesprochene Zinszahlung:

4.6.1. Entscheidung über eine Geldforderung (^{3})

4.6.1.1. Kurzdarstellung des Streitgegenstands:

4.6.1.2. Das Gericht hat:

.... (Name, Vorname(n)/Name der Firma oder Organisation) (^{4})

angewiesen, eine Zahlung zu leisten an:

.... (Name, Vorname(n)/Name der Firma oder Organisation)

4.6.1.2.1. Wurde mehr als eine Person bezeichnet, die für den Anspruch haftet, kann jede der bezeichneten Personen für den gesamten Betrag in Anspruch genommen werden:

4.6.1.2.1.1. ☐ Ja

4.6.1.2.1.2. ☐ Nein

4.6.1.3. Währung:

☐ Euro (EUR) ☐ bulgarischer Lew (BGN) ☐ tschechische Krone (CZK) ☐ dänische Krone (DKK) ☐ kroatische Kuna (HRK) ☐ ungarischer Forint (HUF) ☐ polnischer Zloty (PLN) ☐ Pfund Sterling (GBP) ☐ rumänischer Leu (RON) ☐ schwedische Krone (SEK) ☐ Sonstige (bitte angeben (ISO-Code)):

4.6.1.4. Hauptforderung:

4.6.1.4.1. ☐ Einmalzahlung

4.6.1.4.2. ☐ Ratenzahlung (⁵)

Fälligkeit (TT/MM/JJJJ)	Betrag

4.6.1.4.3. ☐ Regelmäßige Zahlung

4.6.1.4.3.1. ☐ Täglich

4.6.1.4.3.2. ☐ Wöchentlich

4.6.1.4.3.3. ☐ Sonstige (bitte Häufigkeit angeben):

4.6.1.4.3.4. Ab Datum (TT/MM/JJJJ) oder Ereignis:

4.6.1.4.3.5. Falls zutreffend, bis (Datum (TT/MM/JJJJ) oder Ereignis):

4.6.1.5. Zinsen (falls zutreffend):

4.6.1.5.1. Zinsen:

4.6.1.5.1.1. ☐ Nicht in der Entscheidung angegeben

4.6.1.5.1.2. ☐ Ja, in der Entscheidung folgendermaßen angegeben:

4.6.1.5.1.2.1. Betrag:

oder:

4.6.1.5.1.2.2. Zinssatz ... %

4.6.1.5.1.2.3. Zinsen sind fällig ab .... (Datum (TT/MM/JJJJ) oder Ereignis) bis .... (Datum (TT/MM/JJJJ) oder Ereignis) (⁶)

4.6.1.5.2. ☐ Gesetzliche Zinsen (falls zutreffend), zu berechnen gemäß (bitte entsprechendes Gesetz angeben):

4.6.1.5.2.1. Zinsen sind fällig ab .... (Datum (TT/MM/JJJJ) oder Ereignis) bis .... (Datum (TT/MM/JJJJ) oder Ereignis) (⁶)

4.6.1.5.3. ☐ Kapitalisierung der Zinsen (falls zutreffend, bitte angeben):

4.6.2. Entscheidung über die Anordnung einer einstweiligen Maßnahme, einschließlich Sicherungsmaßnahme:

4.6.2.1. Kurzdarstellung des Streitgegenstands und der angeordneten Maßnahme:

4.6.2.2. Die Maßnahme wurde von einem Gericht angeordnet, das in der Hauptsache zuständig ist

4.6.2.2.1. ☐ Ja

4.6.3. Sonstige Entscheidungsarten:

4.6.3.1. Kurzdarstellung des Streitgegenstands und der Entscheidung des Gerichts:

4.7. Kosten (⁷):

4.7.1. Währung:

☐ Euro (EUR) ☐ bulgarischer Lew (BGN) ☐ tschechische Krone (CZK) ☐ dänische Krone (DKK) ☐ kroatische Kuna (HRK) ☐ ungarischer Forint (HUF) ☐ polnischer Zloty (PLN) ☐ Pfund Sterling (GBP) ☐ rumänischer Leu (RON) ☐ schwedische Krone (SEK) ☐ Sonstige (bitte angeben (ISO-Code)):

4.7.2. Dem/den folgenden Schuldner(n) wurden die Kosten aufgegeben:

4.7.2.1. Name, Vorname/Name der Firma oder Organisation: (⁸)

4.7.2.2. Wurden mehr als einer Person die Kosten aufgegeben, kann jede der bezeichneten Personen für den gesamten Betrag in Anspruch genommen werden:

4.7.2.2.1.	☐ Ja	
4.7.2.2.2.	☐ Nein	
4.7.3.	Folgende Kosten werden geltend gemacht: ([^8])	
4.7.3.1.	☐ Die Kosten wurden in der Entscheidung in Form eines Gesamtbetrags festgesetzt (bitte Betrag angeben):	
4.7.3.2.	☐ Die Kosten wurden in der Entscheidung in Form eines Prozentsatzes der Gesamtkosten festgesetzt (bitte Prozentsatz der Gesamtkosten angeben):	
4.7.3.3.	☐ Die Haftung für die Kosten wurde in der Entscheidung festgelegt, und es handelt sich um folgende Beträge:	
4.7.3.3.1.	☐ Gerichtsgebühren:	
4.7.3.3.2.	☐ Rechtsanwaltsgebühren:	
4.7.3.3.3.	☐ Zustellungskosten:	
4.7.3.3.4.	☐ Sonstige Kosten:	
4.7.3.4.	☐ Sonstige (bitte angeben):	
4.7.4.	Zinsen auf Kosten:	
4.7.4.1.	☐ Nicht zutreffend	
4.7.4.2.	☐ In der Entscheidung angegebene Zinsen	
4.7.4.2.1.	☐ Betrag:	
	oder	
4.7.4.2.2.	☐ Zinssatz … %	
4.7.4.2.2.1.	Zinsen sind fällig ab …………… (Datum (TT/MM/JJJJ) oder Ereignis) bis …………… (Datum (TT/MM/JJJJ) oder Ereignis) ([^6])	
4.7.4.3.	☐ Gesetzliche Zinsen (falls zutreffend), zu berechnen gemäß (bitte entsprechendes Gesetz angeben):	
4.7.4.3.1.	Zinsen sind fällig ab …………… (Datum (TT/MM/JJJJ) oder Ereignis) bis …………… (Datum (TT/MM/JJJJ) oder Ereignis) ([^6])	
4.7.4.4.	☐ Kapitalisierung der Zinsen (falls zutreffend, bitte angeben):	

Geschehen zu: …

Unterschrift und/oder Dienstsiegel des Ursprungsgerichts:

([^1]) Betrifft die Entscheidung mehr als einen Kläger, sind die betreffenden Angaben für sämtliche Kläger einzutragen.
([^2]) Betrifft die Entscheidung mehr als einen Beklagten, sind die betreffenden Angaben für sämtliche Beklagten einzutragen.
([^3]) Betrifft die Entscheidung allein eine Kostenfeststellung im Zusammenhang mit einem Anspruch, der Gegenstand einer vorherigen Entscheidung war, ist Ziffer 4.6.1 nicht auszufüllen und zu Ziffer 4.7 überzugehen.
([^4]) Wurde mehr als eine Person angewiesen, eine Zahlung zu leisten, sind die betreffenden Angaben für sämtliche Personen einzutragen.
([^5]) Es sind die betreffenden Angaben für die einzelnen Ratenzahlungen einzutragen.
([^6]) Bei mehr als einem Zinszeitraum sind die betreffenden Angaben für sämtliche Zinszeiträume einzutragen.
([^7]) Dieser Punkt betrifft auch Fälle, in denen die Kosten in einer gesonderten Entscheidung zugesprochen werden.
([^8]) Bei mehr als einer Person sind die betreffenden Angaben für sämtliche Personen einzutragen.
([^9]) Falls mehrere Personen für die Kosten in Anspruch genommen werden können, ist die Aufschlüsselung für jede Person gesondert einzutragen.

ANHANG II

BESCHEINIGUNG ÜBER EINE ÖFFENTLICHE URKUNDE/EINEN GERICHTLICHEN VERGLEICH ([1]) IN EINER ZIVIL- ODER HANDELSSACHE

Artikel 60 der Verordnung (EU) Nr. 1215/2012 des Europäischen Parlaments und des Rates über die gerichtliche Zuständigkeit und die Anerkennung und Vollstreckung von Entscheidungen in Zivil- und Handelssachen

1.	GERICHT ODER SONST BEFUGTE STELLE, DAS/DIE DIE BESCHEINIGUNG AUSSTELLT
1.1.	Bezeichnung:
1.2.	Anschrift:
1.2.1.	Straße und Hausnummer/Postfach:
1.2.2.	PLZ und Ort:
1.2.3.	Mitgliedstaat: AT ☐ BE ☐ BG ☐ CY ☐ CZ ☐ DK ☐ DE ☐ EE ☐ EL ☐ ES ☐ FI ☐ FR ☐ HR ☐ HU ☐ IE ☐ IT ☐ LT ☐ LU ☐ LV ☐ MT ☐ NL ☐ PL ☐ PT ☐ RO ☐ SE ☐ SI ☐ SK ☐ UK ☐
1.3.	Telefon:
1.4.	Fax:
1.5.	E-Mail (falls verfügbar):
2.	ÖFFENTLICHE URKUNDE
2.1.	Stelle, die die öffentliche Urkunde errichtet hat (wenn dies eine andere Stelle als diejenige ist, die die Bescheinigung ausstellt)
2.1.1.	Name und Bezeichnung dieser Stelle:
2.1.2.	Anschrift:
2.2.	Datum (TT/MM/JJJJ), zu dem die öffentliche Urkunde durch die unter Ziffer 2.1 genannte Stelle errichtet wurde:
2.3.	Nummer der öffentlichen Urkunde (falls zutreffend):
2.4.	Datum (TT/MM/JJJJ), zu dem die öffentliche Urkunde in dem Ursprungsmitgliedstaat eingetragen wurde (nur auszufüllen, wenn das Datum der Eintragung für die Rechtswirkung der Urkunde maßgeblich ist und dieses Datum ein anderes als das unter Ziffer 2.2 angegebene Datum ist):
2.4.1.	Nummer der Eintragung (falls zutreffend):
3.	GERICHTLICHER VERGLEICH
3.1.	Gericht, das den gerichtlichen Vergleich gebilligt hat oder vor dem der gerichtliche Vergleich geschlossen wurde (wenn dies ein anderes Gericht als dasjenige ist, das die Bescheinigung ausstellt)
3.1.1.	Bezeichnung des Gerichts:
3.1.2.	Anschrift:
3.2.	Datum (TT/MM/JJJJ) des gerichtlichen Vergleichs:
3.3.	Aktenzeichen des gerichtlichen Vergleichs:
4.	PARTEIEN DER ÖFFENTLICHEN URKUNDE/DES GERICHTLICHEN VERGLEICHS:
4.1.	Name(n) des/der Gläubiger(s) (Name, Vorname(n)/Name der Firma oder Organisation) ([2]):
4.1.1.	Identifizierungsnummer (falls vorhanden und falls verfügbar):
4.1.2.	Geburtsdatum (TT/MM/JJJJ) und Geburtsort oder, bei juristischen Personen, Datum der Gründung/Erlangung der Rechtsfähigkeit/Registrierung (falls relevant und falls verfügbar):
4.2.	Name(n) des/der Schuldner(s) (Name, Vorname(n)/Name der Firma oder Organisation) ([3]):
4.2.1.	Identifizierungsnummer (falls vorhanden und falls verfügbar):
4.2.2.	Geburtsdatum (TT/MM/JJJJ) und Geburtsort oder, bei juristischen Personen, Datum der Gründung/Erlangung der Rechtsfähigkeit/Registrierung (falls relevant und falls verfügbar):
4.3.	Ggf. Name der anderen Parteien (Name, Vorname(n)/Name der Firma oder Organisation) ([4]):

4.3.1.	Identifizierungsnummer (falls vorhanden und falls verfügbar):
4.3.2.	Geburtsdatum (TT/MM/JJJJ) und Geburtsort oder, bei juristischen Personen, Datum der Gründung/Erlangung der Rechtsfähigkeit/Registrierung (falls relevant und falls verfügbar):
5.	VOLLSTRECKBARKEIT DER ÖFFENTLICHEN URKUNDE/DES GERICHTLICHEN VERGLEICHS IM URSPRUNGSMITGLIEDSTAAT
5.1.	Die öffentliche Urkunde/der gerichtliche Vergleich ist im Ursprungsmitgliedstaat vollstreckbar:
5.1.1.	☐ Ja
5.2.	Inhalt der öffentlichen Urkunde/des gerichtlichen Vergleichs und Zinsen
5.2.1.	Öffentliche Urkunde/gerichtlicher Vergleich über eine Geldforderung
5.2.1.1.	Kurzdarstellung des Gegenstands:
5.2.1.2.	Gemäß der öffentlichen Urkunde/dem gerichtlichen Vergleich muss:

.... (Name, Vorname(n)/Name der Firma oder Organisation) (^{5})

eine Zahlung leisten an:

.... (Name, Vorname(n)/Name der Firma oder Organisation)

5.2.1.2.1.	Wurde mehr als eine Person bezeichnet, die für den Anspruch haftet, kann jede der bezeichneten Personen für den gesamten Betrag in Anspruch genommen werden:
5.2.1.2.1.1.	☐ Ja
5.2.1.2.1.2.	☐ Nein
5.2.1.3.	Währung:

☐ Euro (EUR) ☐ bulgarischer Lew (BGN) ☐ tschechische Krone (CZK) ☐ dänische Krone (DKK) ☐ kroatische Kuna(HRK) ☐ ungarischer Forint (HUF) ☐ polnischer Zloty (PLN) ☐ Pfund Sterling (GBP) ☐ rumänischer Leu (RON) ☐ schwedische Krone (SEK) ☐ Sonstige (bitte angeben (ISO-Code)):

5.2.1.4.	Hauptforderung:
5.2.1.4.1.	☐ Einmalzahlung
5.2.1.4.2.	☐ Ratenzahlung (^{6})

Fälligkeit (TT/MM/JJJJ)	Betrag

5.2.1.4.3.	☐ Regelmäßige Zahlung
5.2.1.4.3.1.	☐ Täglich
5.2.1.4.3.2.	☐ Wöchentlich
5.2.1.4.3.3.	☐ Sonstige (bitte Häufigkeit angeben):
5.2.1.4.3.4.	Ab (Datum (TT/MM/JJJJ) oder Ereignis:
5.2.1.4.3.5.	Gegebenenfalls bis .... (Datum (TT/MM/JJJJ) oder Ereignis)
5.2.1.5.	Zinsen (falls zutreffend)
5.2.1.5.1.	Zinsen:
5.2.1.5.1.1.	☐ Nicht in der öffentlichen Urkunde/dem gerichtlichen Vergleich angegeben
5.2.1.5.1.2.	☐ Ja, in der öffentlichen Urkunde/dem gerichtlichen Vergleich folgendermaßen angegeben:

5.2.1.5.1.2.1. Betrag:

oder

5.2.1.5.1.2.2. Zinssatz ... %

5.2.1.5.1.2.3. Zinsen sind fällig ab .... (Datum (TT/MM/JJJJ) oder Ereignis) bis .... (Datum (TT/MM/JJJJ) oder Ereignis) ([7])

5.2.1.5.2. ☐ Gesetzliche Zinsen (falls zutreffend), zu berechnen gemäß (bitte entsprechendes Gesetz angeben):

5.2.1.5.2.1. Zinsen sind fällig ab .... (Datum (TT/MM/JJJJ) oder Ereignis) bis .... (Datum (TT/MM/JJJJ) oder Ereignis) ([7])

5.2.1.5.3. ☐ Kapitalisierung der Zinsen (falls zutreffend, bitte angeben):

5.2.2. Öffentliche Urkunde/gerichtlicher Vergleich über eine nichtmonetäre vollstreckbare Verpflichtung:

5.2.2.1. Kurzdarstellung der vollstreckbaren Verpflichtung

5.2.2.2. Die unter Ziffer 5.2.2.1 genannte Verpflichtung ist vollstreckbar gegen die folgende(n) Person(en) ([8]) (Name, Vorname(n)/Name der Firma oder Organisation):

Geschehen zu: ...

Stempel und/oder Unterschrift des Gerichts oder zuständigen Behörde, welche die Bescheinigung ausstellt:

([1]) Unzutreffendes in der gesamten Bescheinigung jeweils streichen.
([2]) Bei mehreren Gläubigern sind die betreffenden Angaben für sämtliche Gläubiger einzutragen.
([3]) Bei mehreren Schuldnern sind die betreffenden Angaben für sämtliche Schuldner einzutragen.
([4]) Ggf. sind die betreffenden Angaben für sämtliche anderen Parteien einzutragen.
([5]) Wurde mehr als eine Person angewiesen, eine Zahlung zu leisten, sind die betreffenden Angaben für sämtliche Personen einzutragen.
([6]) Es sind die betreffenden Angaben für die einzelnen Ratenzahlungen einzutragen.
([7]) Bei mehr als einem Zinszeitraum sind die betreffenden Angaben für sämtliche Zinszeiträume einzutragen.
([8]) Bei mehr als einer Person sind die betreffenden Angaben für sämtliche Personen einzutragen."

ANHANG III

ENTSPRECHUNGSTABELLE

Verordnung (EG) Nr. 44/2001	Diese Verordnung
Artikel 1 Absatz 1	Artikel 1 Absatz 1
Artikel 1 Absatz 2 Einleitung	Artikel 1 Absatz 2 Einleitung
Artikel 1 Absatz 2 Buchstabe a	Artikel 1 Absatz 2 Buchstaben a und f
Artikel 1 Absatz 2 Buchstaben b bis d	Artikel 1 Absatz 2 Buchstaben b bis d
—	Artikel 1 Absatz 2 Buchstabe e
Artikel 1 Absatz 3	—
—	Artikel 2
Artikel 2	Artikel 4
Artikel 3	Artikel 5
Artikel 4	Artikel 6
Artikel 5, einleitende Worte	Artikel 7, einleitende Worte
Artikel 5 Nummer 1	Artikel 7 Nummer 1
Artikel 5 Nummer 2	—
Artikel 5 Nummern 3 und 4	Artikel 7 Nummern 2 und 3
—	Artikel 7 Nummer 4
Artikel 5 Nummern 5 bis 7	Artikel 7 Nummern 5 bis 7
Artikel 6	Artikel 8
Artikel 7	Artikel 9
Artikel 8	Artikel 10
Artikel 9	Artikel 11
Artikel 10	Artikel 12
Artikel 11	Artikel 13
Artikel 12	Artikel 14
Artikel 13	Artikel 15
Artikel 14	Artikel 16
Artikel 15	Artikel 17
Artikel 16	Artikel 18
Artikel 17	Artikel 19
Artikel 18	Artikel 20
Artikel 19 Nummern 1 und 2	Artikel 21 Absatz 1
—	Artikel 21 Absatz 2
Artikel 20	Artikel 22
Artikel 21	Artikel 23
Artikel 22	Artikel 24
Artikel 23 Absätze 1 und 2	Artikel 25 Absätze 1 und 2

Entsprechungstabelle

Verordnung (EG) Nr. 44/2001	Diese Verordnung
Artikel 23 Absatz 3	—
Artikel 23 Absätze 4 und 5	Artikel 25 Absätze 3 und 4
—	Artikel 25 Absatz 5
Artikel 24	Artikel 26 Absatz 1
—	Artikel 26 Absatz 2
Artikel 25	Artikel 27
Artikel 26	Artikel 28
Artikel 27 Absatz 1	Artikel 29 Absatz 1
—	Artikel 29 Absatz 2
Artikel 27 Absatz 2	Artikel 29 Absatz 3
Artikel 28	Artikel 30
Artikel 29	Artikel 31 Absatz 1
—	Artikel 31 Absatz 2
—	Artikel 31 Absatz 3
—	Artikel 31 Absatz 4
Artikel 30	Artikel 32 Absatz 1 Buchstaben a und b
—	Artikel 32 Absatz 1 Unterabsatz 2
—	Artikel 32 Absatz 2
—	Artikel 33
—	Artikel 34
Artikel 31	Artikel 35
Artikel 32	Artikel 2 Buchstabe a
Artikel 33	Artikel 36
—	Artikel 37
—	Artikel 39
—	Artikel 40
—	Artikel 41
—	Artikel 42
—	Artikel 43
—	Artikel 44
Artikel 34	Artikel 45 Absatz 1 Buchstaben a bis d
Artikel 35 Absatz 1	Artikel 45 Absatz 1 Buchstabe e
Artikel 35 Absatz 2	Artikel 45 Absatz 2
Artikel 35 Absatz 3	Artikel 45 Absatz 3
	Artikel 45 Absatz 4
Artikel 36	Artikel 52
Artikel 37 Absatz 1	Artikel 38 Buchstabe a
Artikel 38	—

Verordnung (EG) Nr. 44/2001	Diese Verordnung
Artikel 39	—
Artikel 40	—
Artikel 41	—
Artikel 42	—
Artikel 43	—
Artikel 44	—
Artikel 45	—
Artikel 46	—
Artikel 47	—
Artikel 48	—
—	Artikel 46
—	Artikel 47
—	Artikel 48
—	Artikel 49
—	Artikel 50
—	Artikel 51
—	Artikel 54
Artikel 49	Artikel 55
Artikel 50	—
Artikel 51	Artikel 56
Artikel 52	—
Artikel 53	—
Artikel 54	Artikel 53
Artikel 55 Absatz 1	—
Artikel 55 Absatz 2	Artikel 37 Absatz 2, Artikel 47 Absatz 3 und Artikel 57
Artikel 56	Artikel 61
Artikel 57 Absatz 1	Artikel 58 Absatz 1
Artikel 57 Absatz 2	—
Artikel 57 Absatz 3	Artikel 58 Absatz 2
Artikel 57 Absatz 4	Artikel 60
Artikel 58	Artikel 59 und Artikel 60
Artikel 59	Artikel 62
Artikel 60	Artikel 63
Artikel 61	Artikel 64
Artikel 62	Artikel 3
Artikel 63	—
Artikel 64	—
Artikel 65	Artikel 65 Absätze 1 und 2

Verordnung (EG) Nr. 44/2001	Diese Verordnung
—	Artikel 65 Absatz 3
Artikel 66	Artikel 66
Artikel 67	Artikel 67
Artikel 68	Artikel 68
Artikel 69	Artikel 69
Artikel 70	Artikel 70
Artikel 71	Artikel 71
Artikel 72	Artikel 72
—	Artikel 73
Artikel 73	Artikel 79
Artikel 74 Absatz 1	Artikel 75 Absatz 1 Buchstaben a, b und c und Artikel 76 Absatz 1 Buchstabe a
Artikel 74 Absatz 2	Artikel 77
—	Artikel 78
—	Artikel 80
Artikel 75	—
Artikel 76	Artikel 81
Anhang I	Artikel 76 Absatz 1 Buchstabe a
Anhang II	Artikel 75 Buchstabe a
Anhang III	Artikel 75 Buchstabe b
Anhang IV	Artikel 75 Buchstabe c
Anhang V	Anhang I und Anhang II
Anhang VI	Anhang II
—	Anhang III

Anhang zur Brüssel Ia-VO: §§ 1110–1117 ZPO

Abschnitt 7
Anerkennung und Vollstreckung nach der Verordnung (EU) Nr. 1215/2012

Vorbemerkung zu §§ 1110 ff ZPO

1 §§ 1110–1117 ZPO enthalten die ergänzenden Durchführungsvorschriften zur Verordnung (EU) Nr. 1215/2012 über die gerichtliche Zuständigkeit und die Anerkennung und Vollstreckung von Entscheidungen in Zivil- und Handelssachen (**Brüssel Ia-VO**).[1] Nach dieser Verordnung können Entscheidungen aus einem EU-Mitgliedstaat in einem anderen EU-Mitgliedstaat vollstreckt werden, ohne dass eine gerichtliche Vollstreckbarerklärung erwirkt werden muss. Seltener als bisher muss eine Übersetzung vorgelegt werden. Benötigt wird freilich eine Bescheinigung des Ursprungsgerichts, die – wie eine Vollstreckungsklausel – Funktion, Bestand und Vollstreckbarkeit des Titels dokumentiert. Es ist nach wie vor ein Vollstreckungsversagungsverfahren seitens des Schuldners möglich. Die Brüssel Ia-VO und die Durchführungsregeln gelten in allen Mitgliedstaaten der Europäischen Union. Da aufgrund des zwischen der EU und dem Königreich Dänemark bestehenden Übereinkommens vom 10.10.2005 Dänemark die Änderungen der Verordnung umsetzt, gilt die Brüssel Ia-VO auch im Verhältnis zu Dänemark.[2]

2 Die neuen Normen der §§ 1110–1117 ZPO wurden durch Art. 1 Nr. 14 des Gesetzes vom 8.7.2014[3] mit Wirkung vom **10.1.2015** in das 11. Buch der ZPO eingefügt. Die Brüssel Ia-VO enthält in Art. 66 Abs. 2 eine Übergangsregelung für vor dem 10.1.2015 anhängige Verfahren bzw vorher errichtete Titel. Diese Übergangsregelung gilt auch im Hinblick auf das Durchführungsgesetz. Bis zum 9.1.2015 gilt also die Brüssel I-VO und ihre Durchführung im AVAG;[4] ab dem 10.1.2015 gilt die Brüssel Ia-VO und ihre Durchführung in Abschnitt 7 des 11. Buches der ZPO. Die Regelungen zur Durchführung der Brüssel Ia-VO wurden nicht im AVAG verankert, weil dieses das Vollstreckbarerklärungsverfahren regelt, das mit Geltung der Brüssel Ia-VO entfällt.[5]

3 In der Systematik des 7. Abschnitts wird zunächst die Bescheinigung über inländische Titel geregelt, die diese für die Vollstreckung in einem anderen EU-Mitgliedstaat benötigen (Titel 1, §§ 1110, 1111 ZPO). Es folgen die Vorschriften zur Anerkennung und Vollstreckung von Titeln aus anderen EU-Mitgliedstaaten im Inland (Titel 2, §§ 1112–1117 ZPO).

---

1 Verordnung (EU) Nr. 1215/2012 des Europäischen Parlaments und des Rates vom 12. Dezember 2012 über die gerichtliche Zuständigkeit und die Anerkennung und Vollstreckung von Entscheidungen in Zivil- und Handelssachen (ABl. EU L 351 vom 20.12.2012, S. 1); *Hau*, MDR 2014, 1417.
2 S. ABl. EU L 229 vom 16.11.2005, S. 62 und L 79 vom 21.2.2013, S. 4; BT-Drucks. 18/823, S. 15.
3 Gesetz zur Durchführung der Verordnung (EU) Nr. 1215/2012 sowie zur Änderung sonstiger Vorschriften vom 8.7.2014 (BGBl. I S. 890).
4 *Hau*, MDR 2014, 1417, 1420.
5 BT-Drucks. 18/823, S. 1, 16.

Titel 1
Bescheinigung über inländische Titel

§ 1110 ZPO Zuständigkeit

Für die Ausstellung der Bescheinigung nach den Artikeln 53 und 60 der Verordnung (EU) Nr. 1215/2012 sind die Gerichte oder Notare zuständig, denen die Erteilung einer vollstreckbaren Ausfertigung des Titels obliegt.

Die Norm dient der Durchführung der Art. 53 und 60 Brüssel Ia-VO. Es geht um die internationale und funktionale Zuständigkeit, wenn für einen in Deutschland ergangenen Titel die Bescheinigung zur Vollstreckung in einem anderen EU-Mitgliedstaat ausgestellt werden soll. Zuständig sind immer die Stellen (Gericht oder Notar), denen auch die Erteilung einer vollstreckbaren Ausfertigung des Titels obliegt, denn die Bescheinigung ist funktionsäquivalent zur Vollstreckungsklausel.[1] Es besteht also eine Entsprechung zu §§ 724, 795 b, 797 ZPO. Die Bescheinigung erfordert nicht, dass vorher eine Vollstreckungsklausel erteilt wurde. Die Bescheinigung selbst kann aber mehrfach erteilt werden. Das kommt etwa bei der Vollstreckung in mehreren Mitgliedstaaten in Betracht. 1

§ 1111 ZPO Verfahren

(1) ¹Bescheinigungen nach den Artikeln 53 und 60 der Verordnung (EU) Nr. 1215/2012 sind ohne Anhörung des Schuldners auszustellen. ²In den Fällen des § 726 Absatz 1 und der §§ 727 bis 729 kann der Schuldner vor der Ausstellung der Bescheinigung gehört werden. ³Eine Ausfertigung der Bescheinigung ist dem Schuldner von Amts wegen zuzustellen.

(2) Für die Anfechtbarkeit der Entscheidung über die Ausstellung der Bescheinigung nach Absatz 1 gelten die Vorschriften über die Anfechtbarkeit der Entscheidung über die Erteilung der Vollstreckungsklausel entsprechend.

Die Norm dient der Durchführung der Art. 53 und 60 Brüssel Ia-VO. Die dort beschriebene Bescheinigung spielt nach der Abschaffung des Exequaturverfahrens die entscheidende Rolle für die Vollstreckbarkeit im Vollstreckungsstaat. Sie erfolgt auf einem Formblatt, wobei eine Übersetzung (s. § 1113 ZPO Rn 1) verlangt werden kann. Grundsätzlich erfolgt die Erteilung der Bescheinigung ohne Anhörung (Abs. 1 S. 1). Etwas anderes gilt nur bei titelergänzenden oder titelübertragenden Klauseln (Abs. 1 S. 2). Die Bescheinigung ist nach Art. 43 Abs. 1 S. 1 Brüssel Ia-VO vor der ersten Vollstreckungsmaßnahme dem Schuldner zuzustellen. Dies geschieht von Amts wegen (Abs. 1 S. 3). 1

Gegen die Erteilung der Bescheinigung bzw gegen die Zurückweisung des Antrags auf Erteilung der Bescheinigung sind die Rechtsbehelfe möglich, die das nationale Recht im Klauselerteilungsverfahren vorsieht (Abs. 2). Es handelt sich dabei beim Schuldner um die Erinnerung nach § 723 ZPO oder – im Falle einer qualifizierten Klausel – die Klauselgegenklage nach § 768 ZPO. Beim Gläubiger sind die Erinnerung gegen die Entscheidung des Urkundsbeamten der Geschäftsstelle nach § 573 ZPO, die sofortige Beschwerde gegen Entscheidungen des Rechtspflegers nach § 567 ZPO, § 11 Abs. 1 RPflG, die Beschwerde bei Entscheidungen des Notars nach § 54 BeurkG und die Klauselerteilungsklage nach § 731 ZPO statthaft. 2

---

1 BT-Drucks. 18/823, S. 16, 20; *Schwörer*, AnwBl 2015, 57.

Titel 2
Anerkennung und Vollstreckung ausländischer Titel im Inland

§ 1112 ZPO Entbehrlichkeit der Vollstreckungsklausel

Aus einem Titel, der in einem anderen Mitgliedstaat der Europäischen Union vollstreckbar ist, findet die Zwangsvollstreckung im Inland statt, ohne dass es einer Vollstreckungsklausel bedarf.

1 Es geht um Titel aus EU-Mitgliedstaaten, die in Deutschland vollstreckt werden sollen. Die Vollstreckbarerklärung durch Exequatur ist entfallen. Auch eine nationale Vollstreckungsklausel ist nicht notwendig.

2 Ansonsten gelten die Allgemeinen Voraussetzungen der Zwangsvollstreckung, insb. die Notwendigkeit der Zustellung nach § 750 ZPO.[1] Das Vollstreckungsorgan hat zudem zu prüfen, ob der Anwendungsbereich der Brüssel Ia-VO eröffnet ist (Art. 1, 66 Brüssel Ia-VO) und die Voraussetzungen des Art. 42 Abs. 1 bzw 2 Brüssel Ia-VO erfüllt sind. Das betrifft die nach dieser Norm vorzulegenden Unterlagen, insb. die Bescheinigung nach Art. 53 Brüssel Ia-VO, die Ausfertigung der Entscheidung und ggf eine Übersetzung oder Transliteration (vgl auch § 1113 ZPO). Dabei stellt die Bescheinigung nach Art. 42 Abs. 1 Buchst. b bzw Abs. 2 Buchst. b Brüssel Ia-VO einen tauglichen Nachweis über die Sicherheitsleistung dar, so dass auch dem Erfordernis des § 751 Abs. 2 ZPO genügt ist.[2]

3 Gegen entsprechende Maßnahmen des Vollstreckungsorgans ist die Erinnerung statthaft, § 766 ZPO.[3]

§ 1113 ZPO Übersetzung oder Transliteration

Hat eine Partei nach Artikel 57 der Verordnung (EU) Nr. 1215/2012 eine Übersetzung oder eine Transliteration vorzulegen, so ist diese in deutscher Sprache abzufassen und von einer in einem Mitgliedstaat der Europäischen Union hierzu befugten Person zu erstellen.

1 Im Hinblick auf die Übersetzung ist zwischen derjenigen der Bescheinigung (Art. 42 Abs. 3, 53, 57 Brüssel Ia-VO) und derjenigen der Entscheidung (Art. 42 Abs. 4, 57 Brüssel Ia-VO) zu differenzieren. Eine Übersetzung der Entscheidung darf nur in dem Falle, dass ansonsten das Verfahren nicht fortgesetzt werden kann, gefordert werden. Ob eine Übersetzung der Bescheinigung gefordert wird, steht im Ermessen des Vollstreckungsorgans. Art. 57 Abs. 2 Brüssel Ia-VO eröffnet die Möglichkeit, bei der Bescheinigung (Art. 53, 60) weitere Sprachen als diejenige des Vollstreckungsstaats zuzulassen. Das schließt § 1113 ZPO aus, der jedenfalls deutsche Sprache und die Übersetzung durch eine „befugte Person" fordert.

2 Es ist davon auszugehen, dass die Frage der Übersetzungspflicht zu erheblicher Rechtsunsicherheit führen wird, da Art. 42 Abs. 3 und 4 Brüssel Ia-VO die Übersetzungspflicht – jedenfalls was die Entscheidung selbst angeht – nur in Ausnahmefällen erlaubt. Der deutsche Gesetzgeber geht davon aus, dass eine Übersetzung der Bescheinigung verlangt werden kann, wenn die Bescheinigung über

---

1 BT-Drucks. 18/823, S. 21.
2 BT-Drucks. 18/823, S. 21.
3 BT-Drucks. 18/823, S. 21.

die routinemäßigen Eintragungen hinaus zusätzliche Angaben enthalte.[1] Eine Übersetzung der Entscheidung könne etwa verlangt werden, wenn es um die Einstellung oder Aufhebung der Zwangsvollstreckung nach § 1116 ZPO aufgrund einer Beschränkung der Vollstreckbarkeit im Ursprungsstaat gehe.[2]

§ 1114 ZPO Anfechtung der Anpassung eines Titels

Für die Anfechtung der Anpassung eines Titels (Artikel 54 der Verordnung (EU) Nr. 1215/2012) sind folgende Rechtsgrundlagen entsprechend anzuwenden:
1. im Fall von Maßnahmen des Gerichtsvollziehers oder des Vollstreckungsgerichts § 766,
2. im Fall von Entscheidungen des Vollstreckungsgerichts oder von Vollstreckungsmaßnahmen des Prozessgerichts § 793 und
3. im Fall von Vollstreckungsmaßnahmen des Grundbuchamts § 71 der Grundbuchordnung.

Die Norm steht im Kontext der Durchführung von Art. 54 Brüssel Ia-VO und dem dort vorgesehenen **Anpassungsverfahren**. Danach ist eine Auslegung des Titels mit der Folge einer Titelanpassung möglich, die grds. dem Vollstreckungsorgan zustehen soll. Wenn die Möglichkeiten der Titelanpassung nicht ausgeschöpft oder überschritten werden, sieht Art. 54 Abs. 2 Brüssel Ia-VO eine **Anfechtungsmöglichkeit** vor, deren nähere Ausgestaltung das nationale Recht vornimmt.[1] § 1114 ZPO sieht die entsprechende Geltung der allgemeinen Rechtsbehelfsmöglichkeiten vor: Nr. 1 verweist auf die Erinnerung (§ 766 ZPO) gegen die Art und Weise der Zwangsvollstreckung durch den Gerichtsvollzieher oder Maßnahmen des Vollstreckungsgerichts. Nr. 2 verweist auf die sofortige Beschwerde (§ 793 ZPO) gegen Entscheidungen des Vollstreckungsgerichts oder Vollstreckungsmaßnahmen des Prozessgerichts und Nr. 3 verweist auf die Beschwerde gegen Entscheidungen des Grundbuchamts (§ 71 GBO). 1

§ 1115 ZPO Versagung der Anerkennung oder der Vollstreckung

(1) Für Anträge auf Versagung der Anerkennung oder der Vollstreckung (Artikel 45 Absatz 4 und Artikel 47 Absatz 1 der Verordnung (EU) Nr. 1215/2012) ist das Landgericht ausschließlich zuständig.

(2) [1]Örtlich zuständig ist ausschließlich das Landgericht, in dessen Bezirk der Schuldner seinen Wohnsitz hat. [2]Hat der Schuldner im Inland keinen Wohnsitz, ist ausschließlich das Landgericht zuständig, in dessen Bezirk die Zwangsvollstreckung durchgeführt werden soll. [3]Der Sitz von Gesellschaften und juristischen Personen steht dem Wohnsitz gleich.

(3) Der Antrag auf Versagung kann bei dem zuständigen Landgericht schriftlich eingereicht oder mündlich zu Protokoll der Geschäftsstelle erklärt werden.

(4) [1]Über den Antrag auf Versagung entscheidet der Vorsitzende einer Zivilkammer durch Beschluss. [2]Der Beschluss ist zu begründen und kann ohne mündliche Verhandlung ergehen. [3]Der Antragsgegner ist vor der Entscheidung zu hören.

---

1 Vgl BT-Drucks. 18/823, S. 21.
2 BT-Drucks. 18/823, S. 23.
1 BT-Drucks. 18/823, S. 22.

(5) ¹Gegen die Entscheidung findet die sofortige Beschwerde statt. ²Die Notfrist des § 569 Absatz 1 Satz 1 beträgt einen Monat und beginnt mit der Zustellung der Entscheidung. ³Gegen den Beschluss des Beschwerdegerichts findet die Rechtsbeschwerde statt.

(6) ¹Über den Antrag auf Aussetzung oder Beschränkung der Vollstreckung und den Antrag, die Vollstreckung von der Leistung einer Sicherheit abhängig zu machen (Artikel 44 Absatz 1 der Verordnung (EU) Nr. 1215/2012), wird durch einstweilige Anordnung entschieden. ²Die Entscheidung ist unanfechtbar.

1 Dem Schuldner steht nach Art. 45 Abs. 4, 47 ff Brüssel Ia-VO ein Vollstreckungsversagungsverfahren zur Verfügung, das als Antragsverfahren im Vollstreckungsstaat ausgestaltet ist. Inhaltlich werden hier die Anerkennungsversagungsgründe geprüft (Art. 45, 46 Brüssel Ia-VO). Eine materiell-rechtliche Überprüfung der Entscheidung ist nicht gestattet. Das gilt auch für nachträgliche materiell-rechtliche Einwendungen, die nicht in das Versagungsverfahren, sondern allein in die Vollstreckungsabwehrklage nach § 1117 ZPO gehören.¹

2 Die Durchführung des Versagungsverfahrens regelt § 1115 ZPO.² Allzu viel Regelungsspielraum des nationalen Gesetzgebers besteht dabei nicht. Jedenfalls musste aber die Zuständigkeit für das Verfahren nach nationalem Recht bestimmt werden. Auffällig ist dabei,³ dass – anders als bislang und nach guten Erfahrungen mit dem AVAG – nicht das OLG, sondern die **LG** für den **Antrag** zuständig ist (**Abs. 1**). Die örtliche Zuständigkeit folgt dem Wohnsitzbezirk des Schuldners (**Abs. 2**).

3 Es handelt sich um ein **kontradiktorisches Verfahren**, dessen nähere Ausgestaltung aus Abs. 3 und 4 folgt. **Anwaltszwang** besteht nicht (Abs. 3, § 78 Abs. 2 ZPO).⁴ Eine Frist für die Verfahrenseinleitung besteht nicht.⁵ Im Übrigen gelten die Regeln der ZPO.⁶

4 Das Verfahren kann im Falle eines Rechtsbehelfs im Ursprungsstaat auf Antrag ausgesetzt werden (Abs. 6, Art. 51 Brüssel Ia-VO) oder die Vollstreckung von einer Sicherheitsleistung abhängig gemacht werden (Abs. 6, Art. 44 Abs. 1 Brüssel Ia-VO). Beantragt der Schuldner dies zugleich mit der Versagung, kann hierüber im Wege der einstweiligen Anordnung entschieden werden (Abs. 6). Das nähere Verfahren richtet sich insb. nach §§ 769, 779 ZPO; Vorbild ist die Durchführungsvorschrift zur EuVTVO in § 1084 Abs. 3 ZPO (s. dort).⁷

5 Hat das Versagungsverfahren Erfolg, wird die Vollstreckbarkeit für das jeweilige Inland mit ex tunc-Wirkung beseitigt.⁸ Als Rechtsbehelf steht die Beschwerde – mit gesonderter Frist! – zur Verfügung (**Abs. 5**), deren Verfahren sich im Übrigen nach 567, 569 ZPO richtet. Auch die Rechtsbeschwerde ist zugelassen.

6 Werden ein Anerkennungsversagungsverfahren und ein gegenläufiges Anerkennungsfeststellungsverfahren des Gläubigers (Art. 36 Abs. 2 Brüssel Ia-VO) eingeleitet, so entfaltet die zuerst ergehende Entscheidung Bindungswirkung.⁹ Die Inzidentprüfung iSv Art. 36 Abs. 3 Brüssel Ia-VO sollte ausgesetzt werden, wenn

---

1 *Hau*, MDR 2014, 1417, 1419 (str, wN ebd.).
2 *Schwörer*, AnwBl 2015, 57.
3 *Hau*, MDR 2014, 1417, 1419.
4 BT-Drucks. 18/823, S. 22.
5 *Hau*, MDR 2014, 1417, 1419.
6 *Hau*, MDR 2014, 1417, 1419.
7 BT-Drucks. 18/823, S. 23.
8 *Hau*, MDR 2014, 1417, 1419.
9 *Hau*, MDR 2014, 1417, 1418.

ein Anerkennungsfeststellungs- oder ein Anerkennungsversagungsverfahren anhängig sind.[10]

§ 1116 ZPO Wegfall oder Beschränkung der Vollstreckbarkeit im Ursprungsmitgliedstaat

Auf Antrag des Schuldners (Artikel 44 Absatz 2 der Verordnung (EU) Nr. 1215/2012) ist die Zwangsvollstreckung entsprechend § 775 Nummer 1 und 2 und § 776 auch dann einzustellen oder zu beschränken, wenn der Schuldner eine Entscheidung eines Gerichts des Ursprungsmitgliedstaats über die Nichtvollstreckbarkeit oder über die Beschränkung der Vollstreckbarkeit vorlegt. Auf Verlangen des Vollstreckungsorgans ist eine Übersetzung der Entscheidung vorzulegen. § 1108 gilt entsprechend.

Die Norm steht im Kontext der Beantragung einer Versagung der Vollstreckung nach § 1115 ZPO. Diese ist unter anderem möglich, wenn es der zu vollstreckenden Entscheidung an der Vollstreckbarkeit fehlt (Art. 39, 46 ff Brüssel Ia-VO). An der Vollstreckbarkeit wiederum fehlt es, wenn der Titel im Ursprungsstaat aufgehoben oder die Vollstreckung im Ursprungsstaat eingestellt oder beschränkt wurde. Dem soll § 1116 ZPO gerecht werden, indem die Norm an den Wegfall oder die Beschränkung der Vollstreckbarkeit im Ursprungsstaat die Möglichkeit der Einstellung oder Beschränkung der Zwangsvollstreckung im Vollstreckungsstaat knüpft. Auch Art. 44 Abs. 2 Brüssel Ia-VO regelt einen solchen Fall, nämlich denjenigen der Aussetzung der Vollstreckbarkeit im Ursprungsstaat. Über diesen Teilaspekt hinaus soll § 1116 ZPO klarstellen und ergänzen, dass die Vorlage eines Nachweises über den Wegfall oder die Beschränkung der Vollstreckbarkeit im Ursprungsstaat einen Antrag entsprechend § 775 Nr. 1 und 2 ZPO bzw § 776 ZPO eröffnet.[1] § 775 ZPO meint dabei die Einstellung oder Beschränkung der Zwangsvollstreckung, § 776 ZPO die aus einigen Anwendungsfällen des § 775 ZPO folgende Möglichkeit der Aufhebung bereits stattgefundener Vollstreckungsmaßregeln durch Beseitigung ihrer Wirkungen. Es ist für die Anwendung des § 776 ZPO der mit § 775 ZPO korrespondierende ausländische Tatbestand zu finden und die Rechtsfolge des § 776 ZPO, also die Aufhebung von Vollstreckungsmaßregeln, zu wählen.[2] 1

Die Regelung ist § 1085 ZPO sowie § 32 AUG nachgebildet (s. jew. dort). 2

Es handelt sich um Fälle, in denen idR eine Übersetzung der ausländischen Entscheidung gefordert werden kann (vgl Art. 42 Abs. 3 und 4, Art. 57 Brüssel Ia-VO).[3] 3

§ 1117 ZPO Vollstreckungsabwehrklage

(1) Für Klagen nach § 795 Satz 1 in Verbindung mit § 767 gilt § 1086 Absatz 1 entsprechend.

(2) Richtet sich die Klage gegen die Vollstreckung aus einem gerichtlichen Vergleich oder einer öffentlichen Urkunde, ist § 767 Absatz 2 nicht anzuwenden.

---

10 *Hau*, MDR 2014, 1417, 1418.
1 BT-Drucks. 18/823, S. 23; *Hau*, MDR 2014, 1417, 1419.
2 BT-Drucks. 18/823, S. 23.
3 BT-Drucks. 18/823, S. 23.

1 Eine Vollstreckungsabwehrklage nach § 767 ZPO ist möglich, da die Entscheidung aus einem EU-Mitgliedstaat einer inländischen Entscheidung gleichsteht, gegen die ebenfalls nachträgliche materiell-rechtliche Einwendungen möglich sind.[1] Gegen das Verbot der inhaltlichen Überprüfung der ausländischen Entscheidung verstößt dies auch deshalb nicht, weil die verschiedenen Präklusionsfristen Sorge tragen, dass tatsächlich nur nachträgliche Einwendungen eine Überprüfung ermöglichen. Im Einzelnen gilt hier Folgendes:

2 Aus **Abs. 1** ergibt sich, dass für gerichtliche Entscheidungen die Präklusionsvorschrift nach § 767 Abs. 2 ZPO entsprechend gilt: Die Einwendungen müssen nach dem Zeitpunkt entstanden sein, in dem sie im ausländischen Verfahren spätestens hätten geltend gemacht werden müssen.[2] § 1086 Abs. 1 ZPO (s. dort) gilt entsprechend.

3 Aus **Abs. 2** ergibt sich, dass bei gerichtlichen Vergleichen und öffentlichen Urkunden die allgemeine Präklusionsregel des § 797 Abs. 4 ZPO gilt: Die Einwendungen unterliegen keiner Präklusion, sondern die Berechtigung des Anspruchs kann vollständig gerichtlich überprüft werden.[3] Hat allerdings bereits ein Vollstreckungsabwehrverfahren stattgefunden, sind diejenigen Einwendungen, die bereits in diesem Verfahren hätten geltend gemacht werden können, im Verfahren einer wiederholenden Vollstreckungsgegenklage präkludiert (vgl § 797 ZPO Rn 25). § 1086 Abs. 2 ZPO, der dies für die EuVTVO anders regelt, gilt hier nicht.

4 Die (ausschließliche) **internationale Zuständigkeit** für die Vollstreckungsabwehrklage ergibt sich aus Art. 24 Nr. 5 Brüssel Ia-VO. Für die örtliche Zuständigkeit gilt § 1086 ZPO entsprechend: Zuständig ist das Gericht, in dessen Bezirk der Schuldner seinen Wohnsitz hat, hilfsweise dasjenige, in dessen Bezirk die Zwangsvollstreckung stattfindet. Die sachliche Zuständigkeit richtet sich nach den allgemeinen Vorschriften der §§ 23, 71 GVG.[4]

---

1 *Meller-Hannich*, GPR 2012, 153.
2 BT-Drucks. 18/823, S. 24.
3 Vgl BT-Drucks. 18/823, S. 24.
4 BT-Drucks. 18/823, S. 23.

VERORDNUNG (EG) Nr. 805/2004 DES EUROPÄISCHEN PARLAMENTS UND DES RATES
vom 21. April 2004
zur Einführung eines europäischen Vollstreckungstitels für unbestrittene Forderungen

(ABl. Nr. L 143 vom 30.4.2004, S. 15, berichtigt in ABl. Nr. L 97 vom 15.4.2005, S. 64 und ABl. Nr. L 50 vom 23.2.2008, S. 71; zuletzt geändert durch Verordnung (EG) Nr. 1103/2008 vom 22.10.2008, ABl. Nr. L 304 vom 14.11.2008, S. 80)

[Kommentierung der §§ 1079–1086 ZPO im Anhang zur EuVTVO]

DAS EUROPÄISCHE PARLAMENT UND DER RAT DER EUROPÄISCHEN UNION –

gestützt auf den Vertrag zur Gründung der Europäischen Gemeinschaft, insbesondere auf Artikel 61 Buchstabe c) und Artikel 67 Absatz 5 zweiter Gedankenstrich,

auf Vorschlag der Kommission,[1]

nach Stellungnahme des Europäischen Wirtschafts- und Sozialausschusses,[2]

gemäß dem Verfahren des Artikels 251 des Vertrags,[3]

in Erwägung nachstehender Gründe:

(1) Die Gemeinschaft hat sich zum Ziel gesetzt, einen Raum der Freiheit, der Sicherheit und des Rechts, in dem der freie Personenverkehr gewährleistet ist, zu erhalten und weiterzuentwickeln. Dazu erlässt die Gemeinschaft unter anderem im Bereich der justiziellen Zusammenarbeit in Zivilsachen die für das reibungslose Funktionieren des Binnenmarkts erforderlichen Maßnahmen.

(2) Am 3. Dezember 1998 nahm der Rat den Aktionsplan des Rates und der Kommission zur bestmöglichen Umsetzung der Bestimmungen des Amsterdamer Vertrags über den Aufbau eines Raums der Freiheit, der Sicherheit und des Rechts[4] an (Wiener Aktionsplan).

(3) Auf seiner Tagung vom 15. und 16. Oktober 1999 in Tampere bekräftigte der Europäische Rat den Grundsatz der gegenseitigen Anerkennung gerichtlicher Entscheidungen als Eckpfeiler für die Schaffung eines echten europäischen Rechtsraums.

(4) Am 30. November 2000 verabschiedete der Rat ein Programm über Maßnahmen zur Umsetzung des Grundsatzes der gegenseitigen Anerkennung gerichtlicher Entscheidungen in Zivil- und Handelssachen.[5] Dieses Programm sieht in seiner ersten Phase die Abschaffung des Vollstreckbarerklärungsverfahrens, d.h. die Einführung eines Europäischen Vollstreckungstitels für unbestrittene Forderungen vor.

---

1 ABl. C 203 E vom 27.8.2002, S. 86.
2 ABl. C 85 vom 8.4.2003, S. 1.
3 Stellungnahme des Europäischen Parlaments vom 8. April 2003 (ABl. C 64 E vom 12.3.2004, S. 79). Gemeinsamer Standpunkt des Rates vom 6. Februar 2004 (noch nicht im Amtsblatt veröffentlicht) und Standpunkt des Europäischen Parlaments vom 30. März 2004 (noch nicht im Amtsblatt veröffentlicht).
4 ABl. C 19 vom 23.1.1999, S. 1.
5 ABl. C 12 vom 15.1.2001, S. 1.

(5) Der Begriff „unbestrittene Forderung" sollte alle Situationen erfassen, in denen der Schuldner Art oder Höhe einer Geldforderung nachweislich nicht bestritten hat und der Gläubiger gegen den Schuldner entweder eine gerichtliche Entscheidung oder einen vollstreckbaren Titel, der die ausdrückliche Zustimmung des Schuldners erfordert, wie einen gerichtlichen Vergleich oder eine öffentliche Urkunde, erwirkt hat.

(6) Ein fehlender Widerspruch seitens des Schuldners im Sinne von Artikel 3 Absatz 1 Buchstabe b) liegt auch dann vor, wenn dieser nicht zur Gerichtsverhandlung erscheint oder einer Aufforderung des Gerichts, schriftlich mitzuteilen, ob er sich zu verteidigen beabsichtigt, nicht nachkommt.

(7) Diese Verordnung sollte auch für Entscheidungen, gerichtliche Vergleiche und öffentliche Urkunden über unbestrittene Forderungen und solche Entscheidungen gelten, die nach Anfechtung von als Europäischer Vollstreckungstitel bestätigten Entscheidungen, gerichtlichen Vergleichen und öffentlichen Urkunden ergangen sind.

(8) Der Europäische Rat hat in seinen Schlussfolgerungen von Tampere die Auffassung vertreten, dass der Zugang zur Vollstreckung einer Entscheidung in einem anderen Mitgliedstaat als dem, in dem die Entscheidung ergangen ist, durch den Verzicht auf die dort als Voraussetzung einer Vollstreckung erforderlichen Zwischenmaßnahmen beschleunigt und vereinfacht werden sollte. Eine Entscheidung, die vom Gericht des Ursprungsmitgliedstaats als Europäischer Vollstreckungstitel bestätigt worden ist, sollte im Hinblick auf die Vollstreckung so behandelt werden, als wäre sie im Vollstreckungsmitgliedstaat ergangen. So erfolgt beispielsweise im Vereinigten Königreich die Registrierung einer bestätigten ausländischen Entscheidung nach den gleichen Vorschriften wie die Registrierung einer Entscheidung aus einem anderen Teil des Vereinigten Königreichs und darf nicht mit einer inhaltlichen Überprüfung der ausländischen Entscheidung verbunden sein. Die Umstände der Vollstreckung dieser Entscheidung sollten sich weiterhin nach innerstaatlichem Recht richten.

(9) Dieses Verfahren sollte gegenüber dem Vollstreckbarerklärungsverfahren der Verordnung (EG) Nr. 44/2001 des Rates vom 22. Dezember 2000 über die gerichtliche Zuständigkeit und die Anerkennung und Vollstreckung von Entscheidungen in Zivil- und Handelssachen[6] einen erheblichen Vorteil bieten, der darin besteht, dass auf die Zustimmung des Gerichts eines zweiten Mitgliedstaats mit den daraus entstehenden Verzögerungen und Kosten verzichtet werden kann.

(10) Auf die Nachprüfung einer gerichtlichen Entscheidung, die in einem anderen Mitgliedstaat über eine unbestrittene Forderung in einem Verfahren ergangen ist, auf das sich der Schuldner nicht eingelassen hat, kann nur dann verzichtet werden, wenn eine hinreichende Gewähr besteht, dass die Verteidigungsrechte beachtet worden sind.

(11) Diese Verordnung soll der Förderung der Grundrechte dienen und berücksichtigt die Grundsätze, die insbesondere mit der Charta der Grundrechte der Europäischen Union anerkannt wurden. Sie zielt insbesondere darauf ab, die uneingeschränkte Wahrung des Rechts auf ein faires Verfahren, wie es in Artikel 47 der Charta verankert ist, zu gewährleisten.

(12) Für das gerichtliche Verfahren sollten Mindestvorschriften festgelegt werden, um sicherzustellen, dass der Schuldner so rechtzeitig und in einer Wei-

---

[6] ABl. L 12 vom 16.1.2001, S. 1. Zuletzt geändert durch die Verordnung (EG) Nr. 1496/2002 der Kommission (ABl. L 225 vom 22.8.2002, S. 13).

se über das gegen ihn eingeleitete Verfahren, die Notwendigkeit seiner aktiven Teilnahme am Verfahren, wenn er die Forderung bestreiten will, und über die Folgen seiner Nichtteilnahme unterrichtet wird, dass er Vorkehrungen für seine Verteidigung treffen kann.

(13) Wegen der Unterschiede im Zivilprozessrecht der Mitgliedstaaten, insbesondere bei den Zustellungsvorschriften, müssen die Mindestvorschriften präzise und detailliert definiert sein. So kann insbesondere eine Zustellungsform, die auf einer juristischen Fiktion beruht, im Hinblick auf die Einhaltung der Mindestvorschriften nicht als ausreichend für die Bestätigung einer Entscheidung als Europäischer Vollstreckungstitel angesehen werden.

(14) Alle in den Artikeln 13 und 14 aufgeführten Zustellungsformen sind entweder durch eine absolute Gewissheit (Artikel 13) oder ein hohes Maß an Wahrscheinlichkeit (Artikel 14) dafür gekennzeichnet, dass das zugestellte Schriftstück dem Empfänger zugegangen ist. In der zweiten Kategorie sollte eine Entscheidung nur dann als Europäischer Vollstreckungstitel bestätigt werden, wenn der Ursprungsmitgliedstaat über einen geeigneten Mechanismus verfügt, der es dem Schuldner unter bestimmten Voraussetzungen ermöglicht, eine vollständige Überprüfung der Entscheidung gemäß Artikel 19 zu verlangen, und zwar dann, wenn das Schriftstück dem Empfänger trotz Einhaltung des Artikels 14 ausnahmsweise nicht zugegangen ist.

(15) Die persönliche Zustellung an bestimmte andere Personen als den Schuldner selbst gemäß Artikel 14 Absatz 1 Buchstaben a) und b) sollte die Anforderungen der genannten Vorschriften nur dann erfüllen, wenn diese Personen das betreffende Schriftstück auch tatsächlich erhalten haben.

(16) Artikel 15 sollte auf Situationen Anwendung finden, in denen der Schuldner sich nicht selbst vor Gericht vertreten kann, etwa weil er eine juristische Person ist, und in denen er durch eine gesetzlich bestimmte Person vertreten wird, sowie auf Situationen, in denen der Schuldner eine andere Person, insbesondere einen Rechtsanwalt, ermächtigt hat, ihn in dem betreffenden gerichtlichen Verfahren zu vertreten.

(17) Die für die Nachprüfung der Einhaltung der prozessualen Mindestvorschriften zuständigen Gerichte sollten gegebenenfalls eine einheitliche Bestätigung als Europäischer Vollstreckungstitel ausstellen, aus der die Nachprüfung und deren Ergebnis hervorgeht.

(18) Gegenseitiges Vertrauen in die ordnungsgemäße Rechtspflege in den Mitgliedstaaten rechtfertigt es, dass das Gericht nur eines Mitgliedstaats beurteilt, ob alle Voraussetzungen für die Bestätigung der Entscheidung als Europäischer Vollstreckungstitel vorliegen, so dass die Vollstreckung der Entscheidung in allen anderen Mitgliedstaaten möglich ist, ohne dass im Vollstreckungsmitgliedstaat zusätzlich von einem Gericht nachgeprüft werden muss, ob die prozessualen Mindestvorschriften eingehalten worden sind.

(19) Diese Verordnung begründet keine Verpflichtung für die Mitgliedstaaten, ihr innerstaatliches Recht an die prozessualen Mindestvorschriften in dieser Verordnung anzupassen. Entscheidungen werden in anderen Mitgliedstaaten jedoch nur dann effizienter und schneller vollstreckt, wenn diese Mindestvorschriften beachtet werden, so dass hier ein entsprechender Anreiz für die Mitgliedstaaten besteht, ihr Recht dieser Verordnung anzupassen.

(20) Dem Gläubiger sollte es frei stehen, eine Bestätigung als Europäischer Vollstreckungstitel für unbestrittene Forderungen zu beantragen oder sich für das Anerkennungs- und Vollstreckungsverfahren nach der Verordnung (EG) Nr. 44/2001 oder für andere Gemeinschaftsrechtsakte zu entscheiden.

(21) Ist ein Schriftstück zum Zwecke der Zustellung von einem Mitgliedstaat in einen anderen Mitgliedstaat zu versenden, so sollte diese Verordnung, insbesondere die darin enthaltenen Zustellungsvorschriften, zusammen mit der Verordnung (EG) Nr. 1348/2000 des Rates vom 29. Mai 2000 über die Zustellung gerichtlicher und außergerichtlicher Schriftstücke in Zivil- oder Handelssachen in den Mitgliedstaaten,[7] und insbesondere mit deren Artikel 14 in Verbindung mit den Erklärungen der Mitgliedstaaten nach deren Artikel 23, gelten.

(22) Da die Ziele der beabsichtigten Maßnahmen auf Ebene der Mitgliedstaaten nicht ausreichend erreicht werden können und daher wegen ihres Umfangs und ihrer Wirkungen besser auf Gemeinschaftsebene zu erreichen sind, kann die Gemeinschaft im Einklang mit dem in Artikel 5 des Vertrags niedergelegten Subsidiaritätsprinzip tätig werden. Entsprechend dem in demselben Artikel genannten Verhältnismäßigkeitsprinzip geht diese Verordnung nicht über das zur Erreichung dieser Ziele erforderliche Maß hinaus.

(23) Die zur Durchführung dieser Verordnung erforderlichen Maßnahmen sollten gemäß dem Beschluss 1999/468/EG des Rates vom 28. Juni 1999 zur Festlegung der Modalitäten für die Ausübung der der Kommission übertragenen Durchführungsbefugnisse[8] erlassen werden.

(24) Gemäß Artikel 3 des dem Vertrag über die Europäische Union und dem Vertrag zur Gründung der Europäischen Gemeinschaft beigefügten Protokolls über die Position des Vereinigten Königreichs und Irlands haben diese Mitgliedstaaten mitgeteilt, dass sie sich an der Annahme und Anwendung dieser Verordnung beteiligen möchten.

(25) Dänemark beteiligt sich gemäß den Artikeln 1 und 2 des dem Vertrag über die Europäische Union und dem Vertrag zur Gründung der Europäischen Gemeinschaft beigefügten Protokolls über die Position Dänemarks nicht an der Annahme dieser Verordnung, die für Dänemark somit nicht bindend oder anwendbar ist.

(26) Gemäß Artikel 67 Absatz 5 zweiter Gedankenstrich des Vertrags ist für die in dieser Verordnung geregelten Maßnahmen ab dem 1. Februar 2003 das Mitentscheidungsverfahren anzuwenden –

HABEN FOLGENDE VERORDNUNG ERLASSEN:

Vorbemerkung zur EuVTVO

Literatur:
Kommentare zur EuVTVO:

Adolphsen, in: MüKo-ZPO, 4. Aufl. 2013, Anhang zu §§ 1079 ff ZPO; *Arnold/Hilbig/Zenker*, in: Geimer/Schütze (Hrsg.), Internationaler Rechtsverkehr in Zivil- und Handelssachen, 40. EL, Stand: Juni 2011 (Nr. 541) (zit.: Geimer/Schütze/*Bearbeiter*, IRV); *Bittmann*, Verordnung über den europäischen Vollstreckungstitel (EuVTVO), in: Gebauer/Wiedmann (Hrsg.), Zivilrecht unter europäischem Einfluss, 2. Aufl. 2010 (Kap. 28); *Geimer*, in: Zöller, Zivilprozessordnung, 30. Aufl. 2014 (Anhang II Buchst. E); *ders.*, in: Geimer/Schütze, Europäisches Zivilverfahrensrecht, 3. Aufl. 2010 (A.6); *Halfmeier*, in: Prütting/Gehrlein (Hrsg.), ZPO, 6. Aufl. 2014 (Anhang nach § 1086 ZPO); *Hüßtege*, in: Thomas/Putzo, ZPO, 35. Aufl. 2014 (Anhang zu § 1086 ZPO); *Jennissen*, in: Schuschke/Walker (Hrsg.), Vollstreckung und Vorläufiger Rechtsschutz, 5. Aufl. 2011 (S. 2258 ff); *Kropholler/von Hein*, Europäisches Zivilprozessrecht, 9. Aufl. 2011 (Teil II); *Lackmann*, in: Musielak (Hrsg.), ZPO,

---

7 ABl. L 160 vom 30.6.2000, S. 37.
8 ABl. L 184 vom 17.7.1999, S. 23.

11. Aufl. 2014; *Pabst*, in: Rauscher (Hrsg.), Europäisches Zivilprozess- und Kollisionsrecht (EuZPR/EuIPR), 4. Aufl. 2015 (unter A.I.3); *Schlosser*, EU-Zivilprozessrecht, 3. Aufl. 2009 (2. Teil, I.).

Handbücher/Monographien/Beiträge/Aufsätze:

Bach, Grenzüberschreitende Vollstreckung in Europa, 2008; *Baur/Stürner/Bruns*, Zwangsvollstreckungsrecht, 13. Aufl. 2006, § 55 VII; *Bittmann*, Vom Exequatur zum qualifizierten Klauselerteilungsverfahren – Die Implementierung des Europäischen Vollstreckungstitels für unbestrittene Forderungen in den nationalen Zivilprozessordnungen, 2008; *ders.*, Der Europäische Vollstreckungstitel – einfach und gut? Bilanz eines Pilotprojekts nach fünf Jahren und einigen Gerichtsentscheidungen, AnwBl 2011, 378; *ders.*, Das Verhältnis der EuVTVO zur EuGVVO, IPRax 2011, 55; *Caponi*, Titolo esecutivo europeo: esordio nella prassi, Foro italiano 2009, I, 937; *Coester-Waltjen*, Einige Überlegungen zu einem künftigen europäischen Vollstreckungstitel, in: FS Beys, 2003, S. 183 ff; *dies.*, Der neue europäische Vollstreckungstitel, Jura 2005, 394; *dies.*, Der europäische Vollstreckungstitel – Bestandsaufnahme und kritische Bewertung, in: FS Ansay, 2006, S. 47 ff; *dies.*, Und noch einmal: Der europäische Vollstreckungstitel, in: FS Yessiou-Faltsi, 2007, S. 39 ff; *Gerling*, Die Gleichstellung ausländischer mit inländischen Vollstreckungstiteln durch die Verordnung zur Einführung eines europäischen Vollstreckungstitels für unbestrittene Forderungen: Im Vergleich zum bisherigen Recht und zur Rechtslage in den USA, 2006; *Giebel*, Fünf Jahre Europäischer Vollstreckungstitel in der deutschen Gerichtspraxis – Zwischenbilanz und fortbestehender Klärungsbedarf, IPRax 2011, 529; *Heinig*, Die Konkurrenz der EuGVVO mit dem übrigen Gemeinschaftsrecht, GPR 2010, 36; *Heringer*, Der europäische Vollstreckungstitel für unbestrittene Forderungen, 2007; *Hess*, Neue Rechtsakte und Rechtssetzungsmethoden im Europäischen Justizraum, ZSR 2006, 183; *ders.*, Europäisches Zivilprozessrecht, 2010 (§ 10 Rn 2–38); *Kienle*, Effektiver Zugang zum (doppelten) Recht? Ein Zwischenruf zum Verhältnis von EuGVO und EuVTVO, EuZW 2010, 334; *Lehmann*, Europäischer Vollstreckungstitel (§ 19), in: Leible/Terhechte (Hrsg.), Europäisches Rechtsschutz- und Verfahrensrecht (EnzEuR Band 3), 2014, S. 717 ff; *Leible/Freitag*, Forderungsbeitreibung in der EU, 2008, § 5; *Mankowski*, Wie viel Bedeutung verliert die EuGVVO durch den Europäischen Vollstreckungstitel?, in: FS Kropholler, 2008, S. 829 ff; *Müller*, Notarielle Vollstreckungstitel, RNotZ 2010, 167; *Nagel/Gottwald*, Internationales Zivilprozessrecht, 7. Aufl. 2013 (§ 14); *Oberhammer*, Der Europäische Vollstreckungstitel: Rechtspolitische Ziele und Methoden, JBl 2006, 477–503; *Pfeiffer*, Verhältnis der Vollstreckbarkeit nach der EuVTVO und der EuGVVO, LMK 2010, 303291; *Ptak*, Der Europäische Vollstreckungstitel und das rechtliche Gehör des Schuldners. Eine Analyse der EuVTVO anhand der deutschen und polnischen Anpassungsvorschriften, 2014; *Rauscher*, Der Europäische Vollstreckungstitel für unbestrittene Forderungen, 2004; *Rellermeyer*, Der Europäische Vollstreckungstitel für unbestrittene Forderungen, Rpfleger 2005, 389; *Riedel*, Der Europäische Vollstreckungstitel für unbestrittene Forderungen, 2005; *Röthel/Sparmann*, Der europäische Vollstreckungstitel für unbestrittene Forderungen, WM 2006, 2285; *Stadler*, Das Europäische Zivilprozessrecht – Wie viel Beschleunigung verträgt Europa? IPRax 2004, 2; *dies.*, Kritische Anmerkungen zum Europäischen Vollstreckungstitel, RIW 2004, 801; *Stein*, Der Europäische Vollstreckungstitel für unbestrittene Forderungen tritt in Kraft – Aufruf zu einer nüchternen Betrachtung, IPRax 2004, 181; *M. Stürner*, Die Bedeutung nationaler Kodifikationen im Zeitalter der Europäisierung des Zivilprozessrechts, in: Jahrbuch für Italienisches Recht 23 (2010), S. 93 ff; *ders.*, Die EuVTVO als Baustein des Europäischen Zivilprozessrechts, in: FS Simotta, 2012, S. 587 ff; *Sujecki*, Die Möglichkeiten und Grenzen der Abschaffung des ordre public-Vorbehalts im Europäischen Zivilprozessrecht, ZEuP 2008, 458; *ders.*, Entwicklung im Europäischen Privat- und Zivilprozessrecht im Jahr 2010, EuZW 2011, 287; *Tarzia*, Il titolo esecutivo Europeo per i crediti non contestati, in: FS Schlosser, 2005, S. 985 ff; *R. Wagner*, Vom Brüsseler Übereinkommen über die Brüssel-I-Verordnung zum Europäischen Vollstreckungstitel, IPRax 2002, 75; *ders.*, Die neue EG-Verordnung zum Europäischen Vollstreckungstitel, IPRax 2005, 189; *ders.*, Der Europäische Vollstreckungstitel, NJW 2005, 1157; *Weitz*, Probleme bei der Anwendung der Verordnung über den Europäischen Vollstreckungstitel für unbestrittene Forderungen in Polen, in: Kengyel/Harsági (Hrsg.), Der Einfluss des Europäischen Zivilverfahrensrechts auf die nationalen Rechtsordnungen, 2009, S. 175 ff; *Windolf/Zemmrich*, Europäische Vollstreckungstitel – Schon jetzt ein „Dauerbrenner" im Europäischen Zivilprozessrecht?, JuS 2007, 803; *Zenker*, Zur Vollstreckbarkeit insolvenzrechtlicher Titel nach der EuVTVO – zugleich ein Beitrag zur Auslegung von Art. 25 EuInsVO, in: FS Simotta, 2012, S. 741 ff.

I. Entstehungsgeschichte

1. Justizielle Zusammenarbeit. Der Vertrag von Amsterdam sieht den Aufbau eines Raums der Freiheit, der Sicherheit und des Rechts vor. In diesem Rahmen wurde ein weiterer Abbau der Hindernisse im Bereich der justiziellen Zusammenarbeit angestrebt. Die rasche Beitreibung von Forderungen entspricht einem dringenden Bedürfnis im europäischen Binnenmarkt. Im Anschluss an die Schlussfolgerungen des Europäischen Rates von Tampere vom 15./16.10.1999[1] sah das Programm der Kommission und des Rates vom 30.11.2000 über Maßnahmen zur Umsetzung des Grundsatzes der gegenseitigen Anerkennung gerichtlicher Entscheidungen in Zivil- und Handelssachen[2] als erste Phase die Abschaffung des Exequaturs vor. Die EuVTVO bedeutet hier einen entscheidenden Schritt zu einer größeren **Urteilsfreizügigkeit:** Titulierte unbestrittene Geldforderungen, die als **Europäischer Vollstreckungstitel** bestätigt wurden, bedürfen danach keines Anerkennungs- oder Vollstreckbarerklärungsverfahrens mehr im Vollstreckungsstaat.

Die **Rechtsgrundlage** für die EuVTVO enthalten die ex-Art. 61 lit. c, 65 lit. a, 67 Abs. 5 EG (nunmehr: Art. 81 AEUV), die der EG für die justizielle Zusammenarbeit in Zivilsachen eine Kompetenz zum Erlass von Maßnahmen geben, die die Verbesserung und Vereinfachung der Anerkennung und Vollstreckung von Entscheidungen in Zivil- und Handelssachen zum Ziel haben.

2. Gesetzgebungsgeschichte.[3] Relevante Materialien zur EuVTVO sind der Kommissionsvorschlag vom 18.2.2002[4] und der im Rahmen des Mitentscheidungsverfahrens nach Stellungnahmen des Europäischen Wirtschafts- und Sozialausschlusses und des Europäischen Parlaments nochmals geänderte Vorschlag der Kommission vom 11.6.2003.[5] Die EuVTVO trat am 21.1.2005 in Kraft; die verfahrensrechtlich relevanten Teile gelten erst seit dem 21.10.2005 (Art. 33; zum Übergangsrecht s. Art. 26 Rn 1).

II. Auslegung und Vorabentscheidungsverfahren

1. Auslegung. Die Auslegung der EuVTVO folgt allgemeinen unionsrechtlichen Grundsätzen. Es gilt das Postulat der **autonomen Auslegung,** die allein auf der Grundlage des primären und sekundären Gemeinschafts- bzw Unionsrechts erfolgt.[6] Nur eine autonome Auslegung vermag eine einheitliche Anwendung von Sekundärrecht in allen Mitgliedstaaten zu gewährleisten.[7] Der EuGH verfährt hierbei nach einer teleologisch-systematischen Methode, die eine gemeinschaftsrechtliche Norm in ihrem Zusammenhang im Lichte des gesamten Gemeinschaftsrechts betrachtet.[8] In hohem Maße rekurriert der EuGH dabei auf den Gedanken des **effet utile,** also der praktischen Wirksamkeit des Rechtsaktes. Typischerweise wird integrationsfreundlich ausgelegt.[9]

2. Vorabentscheidungsverfahren. Das **Auslegungsmonopol** für primäres wie sekundäres Unionsrecht liegt nach Art. 267 Abs. 1 lit. a AEUV beim EuGH. Prak-

---

1 Abgedr. in NJW 2000, 1925.
2 ABl. EG 2001 Nr. C 12, S. 1.
3 Näher R. *Wagner,* IPRax 2002, 75–77; *Rauscher,* Der Europäische Vollstreckungstitel, Rn 8–11; *Kropholler/von Hein,* Einl. EuVTVO Rn 1–8; Geimer/Schütze/*Arnold,* IRV, Einl. EuVTVO Rn 1–9.
4 KOM(2002) 159 endg.
5 KOM(2003) 341 endg.
6 *Grundmann/Riesenhuber,* JuS 2001, 529.
7 EuGH 20.1.2005 – Rs. C-464/01 (Gruber), Slg. 2005, I-439, Rn 31.
8 EuGH 6.10.1982 – Rs. 283/81 (CILFIT), Slg. 1982, 3415, Rn 20; EuGH 23.3.2000 – Rs. C-208/98 (Berliner Kindl), Slg. 2000, 1741, Rn 24–26.
9 Vgl EuGH 14.10.1999 – Rs. C-223/98 (Adidas), Slg. 1999, 7081, Rn 24.

tisch umgesetzt wird dieses über das Vorabentscheidungsverfahren nach Art. 267 AEUV:[10] Bei Zweifeln über die Auslegung von Unionsrecht besteht ein Vorlagerecht eines nationalen Gerichts; dieses verdichtet sich zu einer **Vorlagepflicht**, wenn die Entscheidung des Gerichts im konkreten Verfahren nicht mehr mit ordentlichen Rechtsmitteln anfechtbar ist.[11] Die früher nach Art. 68 Abs. 1 EG im Bereich der justiziellen Zusammenarbeit bestehende Einschränkung (kein Vorlagerecht von Instanzgerichten)[12] wurde durch den Vertrag von Lissabon aufgehoben. Nach der vom EuGH noch immer aufrecht erhaltenen **Acte-clair-Doktrin** muss die Frage nur dann nicht vorgelegt werden, wenn die richtige Anwendung des Unionsrechts derart offenkundig ist, dass keine vernünftigen Zweifel am Auslegungsergebnis bestehen.[13] Im Rahmen der EuVTVO kann eine Vorlage sowohl von Gerichten des Ursprungsstaates (im Zusammenhang mit dem Bestätigungsverfahren) als auch von solchen des Vollstreckungsstaates erfolgen (etwa im Rahmen von Anträgen nach Art. 21 und 23).[14] Lange Zeit gab es keine Entscheidung des EuGH zur EuVTVO.[15] Nunmehr liegen mit den Rechtssachen *de Visser*[16] (s. Art. 14 Rn 2) und *Vapenik*[17] (s. Art. 6 Rn 8) zwei erste Judikate vor.

III. Verhältnis zu anderen Rechtsquellen

1. Verhältnis zu anderen EG-Verordnungen.[18] **a) Verhältnis zur VO (EG) Nr. 44/2001 (Brüssel I-VO) bzw zur VO (EU) Nr. 1215/2012 (Brüssel Ia-VO).** Nach Art. 27 lässt die EuVTVO die **Brüssel I-VO** unberührt. Der Gläubiger kann damit wählen, nach welcher Verordnung er im Rahmen der Vollstreckung vorgeht (s. näher Art. 27 Rn 1 ff). Die seit dem 10.1.2015 anwendbare revidierte Brüssel Ia-VO (s. Art. 1 Rn 4) hat das Exequaturverfahren abgeschafft, so dass die Vollstreckung über die EuVTVO kaum noch Vorteile bietet. 6

b) Verhältnis zur VO (EG) Nr. 1348/2000 bzw zur VO (EG) 1393/2007 (EuZustVO). Ebenfalls unberührt von der EuVTVO bleibt nach Art. 28 die Geltung der (reformierten) **EuZustVO** (s. näher Art. 28 Rn 1). 7

c) Verhältnis zur VO (EG) Nr. 1896/2006 des Europäischen Parlaments und des Rates vom 12.12.2006 zur Einführung eines Europäischen Mahnverfahrens (EuMahnVO).[19] Die seit dem 12.12.2008 geltende EuMahnVO führt einen **europäischen Zahlungsbefehl** und damit einen echten europäischen Titel ein.[20] Nach Art. 19 EuMahnVO wird das Exequaturverfahren für den auf der Grund- 8

---

10 Dazu *Hess*, Europäisches Zivilprozessrecht, § 12; *Pechstein*, EU-Prozessrecht, 4. Aufl. 2011, Rn 740 ff.
11 Dazu *Pechstein*, EU-Prozessrecht, 4. Aufl. 2011, Rn 825 ff.
12 Dazu *Hess*, ZZP 108 (1995), 59; *ders.*, RabelsZ 66 (2002), 470; *Kokott/Henze/Sobotta*, JZ 2006, 633.
13 EuGH 6.10.1982 – Rs. 283/81 (CILFIT), Slg. 1982, 3415. Krit. dazu etwa *Hess*, RabelsZ 66 (2002), 471, 493 ff.
14 *R. Wagner*, IPRax 2005, 189, 199.
15 Kritisch zur mangelnden Vorlagebereitschaft der deutschen Gerichte *Hau*, GPR 2010, 246, 254; Geimer/Schütze/*Arnold*, IRV, Einl. EuVTVO Rn 22 f.
16 EuGH 15.3.2012 – Rs. C-292/10 (de Visser), IPRax 2013, 341.
17 EuGH 5.12.2013 – Rs. C-508/12 (Vapenik), NJW 2014, 841.
18 Vgl *McGuire*, ecolex 2008, 100; *Bittmann*, Vom Exequatur zum qualifizierten Klauselerteilungsverfahren, S. 209 ff.
19 Dazu *Pérez-Ragone*, Europäisches Mahnverfahren, 2005; *Kormann*, Das neue Europäische Mahnverfahren im Vergleich zu den Mahnverfahren in Deutschland und Österreich, 2007; *Sujecki*, Mahnverfahren, 2007; *ders.*, NJW 2007, 1622; *Freitag*, IPRax 2007, 509; *Hess/Bittmann*, IPRax 2008, 305, 306 ff.
20 Zu den Reformvorschlägen der Kommission vom 19.11.2013, KOM(2013) 794 endg. *Huber*, GPR 2014, 242.

lage der EuMahnVO ergangenen Zahlungsbefehl abgeschafft. Das Europäische Mahnverfahren bildet eine **fakultative Alternative** zu einem rein nationalen Verfahren mit anschließender Bestätigung als Europäischem Vollstreckungstitel (Erwägungsgrund Nr. 10 EuMahnVO).[21]

9 d) **Verhältnis zur VO (EG) Nr. 861/2007 des Europäischen Parlaments und des Rates vom 11. Juli 2007 zur Einführung eines europäischen Verfahrens für geringfügige Forderungen (EuBagatellVO).**[22] Ein weiterer europäischer Titel wird mit der seit dem 1.1.2009 geltenden sog. **Bagatell- oder Small-Claims-Verordnung** geschaffen. Deren sachlicher Anwendungsbereich (Art. 2 EuBagatellVO) ist enger als der von EuVTVO und Brüssel I-VO; auch werden nur Verfahren mit einem Streitwert von bis zu 2.000 € erfasst.[23] Art. 20 EuBagatellVO sieht vor, dass ein in diesem Verfahren ergangener Titel ohne Exequatur in jedem Mitgliedstaat vollstreckbar ist. Es handelt sich dabei um die qualitative Erweiterung eines ohne Exequatur zu vollstreckenden europäischen Titels auf bestrittene Forderungen in geringfügiger Höhe (Erwägungsgrund Nr. 30 EuBagatellVO). Auch diese Möglichkeit zur einfachen Erlangung eines Titels besteht **fakultativ:** Die Durchführung eines nach der lex fori gegebenen Verfahrens mit anschließender Bestätigung des Titels als Europäischem Vollstreckungstitel ist ebenso möglich (Erwägungsgrund Nr. 8 EuBagatellVO).

10 e) **Verhältnis zur VO (EG) Nr. 4/2009 über die Zuständigkeit, das anwendbare Recht, die Anerkennung und Vollstreckung von Entscheidungen und die Zusammenarbeit in Unterhaltssachen (EuUntVO).** Die seit dem 18.6.2011 geltende EuUntVO tritt nach ihrem Art. 68 Abs. 2 hinsichtlich **Unterhaltssachen** für diejenigen Staaten an die Stelle der EuVTVO, die das Haager Protokoll vom 23.11.2007 über das auf Unterhaltspflichten anzuwendende Recht gezeichnet haben.[24] Am 30.11.2009 hat der Rat den Abschluss des Haager Protokolls durch die Gemeinschaft beschlossen.[25] Auf dieser Grundlage sind die Mitgliedstaaten[26] ebenfalls an das Protokoll gebunden. Dies hat zur Folge, dass Unterhaltsforderungen nach ihrem Inkrafttreten allein nach der EuUntVO vollstreckt werden können und nicht mehr nach der EuVTVO (zur früheren Rechtslage s. Art. 2 Rn 4). Die EuUntVO sieht in ihrem Art. 17 ebenfalls eine Abschaffung des Exequaturverfahrens für Unterhaltsentscheidungen vor, die von Gerichten derjenigen Mitgliedstaaten erlassen wurden, die an das Haager Protokoll gebunden sind. Für alle anderen Entscheidungen erfolgt eine Vollstreckung auf der Grundlage der Art. 23 ff EuUntVO.

11 Eine Sonderstellung nehmen das **Vereinigte Königreich** und **Dänemark** ein. Für sie gilt die EuUntVO nach den Erwägungsgründen Nr. 47 und 48 EuUntVO im Grundsatz nicht. Das Vereinigte Königreich beteiligt sich aber an der Verordnung genauso wie Dänemark. Beide Länder sind daher als Mitgliedstaaten iSd

---

21 Zu Vor- und Nachteilen der jeweiligen Verfahren *Einhaus*, IPRax 2008, 323.
22 Dazu *Jahn*, NJW 2007, 2890; *Haibach*, EuZW 2008, 137; *Hess/Bittmann*, IPRax 2008, 305, 311 ff; *Kramer*, ZEuP 2008, 355; *Kern*, JZ 2012, 389; *M. Stürner*, in: Enzyklopädie des Europarechts, Band 3, 2014, § 21.
23 Zu den Reformvorschlägen der Kommission vom 19.11.2013, KOM(2013) 794 endg. *Huber*, GPR 2014, 242.
24 Dazu etwa *Janzen*, FPR 2008, 218; *Andrae*, FPR 2008, 196; Rauscher/*Andrae*, Art. 68 EG-UntVO Rn 5 ff; *M. Stürner*, in: FS Simotta, S. 587, 590 f.
25 Beschluss 2009/941/EG (ABl. Nr. L 331 S. 17); vorausgegangen war ein entsprechender Vorschlag der Kommission, KOM(2009) 81 endg. Nach Art. 4 des Beschlusses gilt das Haager Protokoll für die Mitgliedstaaten der EU unabhängig davon, ob es bis zum 18.6.2011 (vgl Art. 76 EuUntVO) auch völkerrechtlich in Kraft getreten ist. Vgl näher *Mankowski*, FamRZ 2010, 1487.
26 Mit Ausnahme des Vereinigten Königreichs und von Dänemark, vgl Art. 3 des Beschlusses 2009/941/EG.

Art. 1 Abs. 2 EuUntVO anzusehen.[27] Für das Verhältnis zur EuVTVO ist jedoch nach Art. 68 Abs. 2 EuUntVO entscheidend, ob das Haager Protokoll gezeichnet wurde oder nicht. Damit wird im Verhältnis zum Vereinigten Königreich in Unterhaltssachen weiterhin die EuVTVO anwendbar sein.[28] Für Dänemark gilt die EuVTVO nach Art. 2 Abs. 3 nicht.

f) Verhältnis zur VO (EG) Nr. 2201/2003 (EuEheVO). Die sachlichen Anwendungsbereiche von EuVTVO und **EuEheVO** überschneiden sich nicht. Zu beachten ist aber, dass in Bezug auf Entscheidungen zum Umgangsrecht und zur Rückgabe des Kindes in den Art. 40 Abs. 1, 41 ff EuEheVO Bescheinigungen vorgesehen sind, aufgrund derer diese Titel europäische Vollstreckungstitel werden.[29]

2. Verhältnis zum nationalen Recht. Es besteht ein **(Anwendungs-)Vorrang** des europäischen Verordnungsrechts: Innerhalb des Anwendungsbereichs von EuVTVO und Brüssel I-VO gehen diese dem nationalen Recht vor. Das nationale Recht darf die praktische Wirksamkeit (effet utile, s. Rn 4) des europäischen Rechts nicht einschränken. Durchführungsbestimmungen zum Europäischen Vollstreckungstitel finden sich in den §§ 1079–1086 ZPO. Es wird auf die dortigen Erl. verwiesen (s. dazu „Anhang zur EuVTVO: §§ 1079–1086 ZPO").

12

13

KAPITEL I GEGENSTAND, ANWENDUNGSBEREICH UND BEGRIFFSBESTIMMUNGEN

Literatur:

Adolphsen/Bachmann, Die Bestätigung von Zug-um-Zug-Titeln als Europäische Vollstreckungstitel, IPRax 2014, 267; *Arnold*, Zur Trennung des öffentlichen vom privaten Recht – Vollstreckung von Ordnungsgeldern im europäischen Justizraum, ZEuP 2012, 315; *Bittmann*, Ordnungsgeldbeschlüsse nach § 890 ZPO als Europäische Vollstreckungstitel?, IPRax 2012, 62; *ders.*, Die Vollstreckbarerklärung von Ordnungsgeldbeschlüssen gemäß § 890 ZPO nach der EuGVVO, GPR 2012, 84; *Georganti*, Die Zukunft des ordre public-Vorbehalts im Europäischen Zivilprozeßrecht, 2006; *Heggen*, Zur Vollstreckung von deutschen Ordnungsgeldern in anderen Mitgliedstaaten, Rpfleger 2010, 526; *Martiny*, Grenzüberschreitende Unterhaltsdurchsetzung nach europäischem und internationalem Recht, FamRZ 2008, 1681; *H. Roth*, Der Kostenfestsetzungsbeschluss für eine einstweilige Verfügung als Anwendungsfall des Europäischen Vollstreckungstitels für unbestrittene Forderungen, IPRax 2008, 235; *Stoffregen*, Grenzüberschreitende Vollstreckung von Ordnungsgeldern, WRP 2010, 839.

Artikel 1 Gegenstand

Mit dieser Verordnung wird ein Europäischer Vollstreckungstitel für unbestrittene Forderungen eingeführt, um durch die Festlegung von Mindestvorschriften den freien Verkehr von Entscheidungen, gerichtlichen Vergleichen und öffentlichen Urkunden in allen Mitgliedstaaten zu ermöglichen, ohne dass im Vollstreckungsmitgliedstaat ein Zwischenverfahren vor der Anerkennung und Vollstreckung angestrengt werden muss.

I. Zielsetzung und Inhalt der EuVTVO

Die Entscheidung eines Gerichts entfaltet ihre Wirkung grds. nur im Hoheitsbereich des Urteilsstaates. Um Geltung auch auf dem Gebiet eines anderen Staates zu erlangen, etwa zum Zwecke der Zwangsvollstreckung, bedarf es ihrer **Aner-**

1

---

27 Dazu näher Rauscher/*Andrae*, Art. 1 EG-UntVO Rn 48 ff.
28 Vgl Hk-ZPO/*Dörner*, Art. 68 EuUnthVO Rn 1; *M. Stürner*, in: FS Simotta, S. 587, 590.
29 Näher *Solomon*, FamRZ 2004, 1409, 1418; *Rausch*, FuR 2005, 112, 115.

kennung durch das Recht dieses Staates. Auch anerkennungsfreundliche Rechtsordnungen behalten sich aber stets eine Kontrolle ausländischer Entscheidungen daraufhin vor, ob sie Friktionen mit Grundwertungen des eigenen Rechtssystems erzeugen, ob sie also gegen den ordre public verstoßen. Auf der Grundlage des in Art. 36 Abs. 1 Brüssel Ia-VO normierten europäischen Anerkennungs- und Vollstreckungsrechts ist die in einem Mitgliedstaat ergangene Entscheidung in jedem anderen Mitgliedstaat anzuerkennen, es sei denn, es liegen die in Art. 45 Brüssel Ia-VO genannten Anerkennungs- und Vollstreckungshindernisse vor. Vor der eigentlichen Zwangsvollstreckung in einem Mitgliedstaat war bisher ein **Vollstreckbarerklärungsverfahren (Exequatur)** nach Art. 38 Brüssel I-VO durchzuführen. Eine Vollstreckbarerklärung erfolgte nicht, wenn die in Art. 34, 35 Brüssel I-VO genannten Gründe vorlagen. Dieses Exequaturverfahren wurde im Rahmen der Revision der Brüssel I-VO abgeschafft; die Anerkennungsversagungsgründe wurden jedoch in Art. 45 Brüssel Ia-VO beibehalten (s. Rn 4).

2 Die EuVTVO geht im Vergleich zur Brüssel I-VO einen wesentlichen Schritt weiter: Sie ordnet in Art. 5 den **Wegfall des Exequaturs** im Vollstreckungsstaat bei der Vollstreckung eines im Ursprungsmitgliedstaat als Europäischer Vollstreckungstitel bestätigten Titels an (s. näher Art. 5 Rn 2). Im Unterschied zur herkömmlichen Vollstreckung einer Entscheidung im Ausland fällt die Erwirkung einer Vollstreckbarerklärung im Vollstreckungsstaat für eine im Urteilsstaat als Europäischer Vollstreckungstitel bestätigte Entscheidung weg. Im Vollstreckungsstaat selbst ist im Grundsatz keine Kontrolle einer als Europäischer Vollstreckungstitel bestätigten ausländischen Entscheidung mehr möglich. Grundlage dieser **Urteilsfreizügigkeit** ist das gegenseitige **Vertrauen** in die Qualität und Gleichwertigkeit der Justiz in den Mitgliedstaaten (Erwägungsgrund Nr. 18 EuVTVO; ebenso bereits Erwägungsgrund Nr. 16 Brüssel I-VO sowie Erwägungsgrund Nr. 26 Brüssel Ia-VO); dieses bleibt jedoch angesichts weiterhin bestehender Unterschiede in den Verfahrensordnungen der Mitgliedstaaten bloße Fiktion.[1] Die Freizügigkeit erstreckt sich auch auf gerichtliche Vergleiche (Art. 24) und öffentliche Urkunden (Art. 25).

3 Mit der EuVTVO wurde im Vergleich zur Brüssel I-VO ein „**Systemwechsel**" herbeigeführt:[2] Obliegt es herkömmlicherweise den Gerichten des Vollstreckungsstaates, eine ausländische Entscheidung insb. daraufhin zu überprüfen, ob ihre Anerkennung und Vollstreckung im Inland einen Verstoß gegen die öffentliche Ordnung (ordre public) des Vollstreckungsstaates bedeuten würde, so wird ihnen diese Kompetenz bei einer als Europäischer Vollstreckungstitel bestätigten Entscheidung genommen. Die Kontrolle einer ausländischen Entscheidung im Vollstreckungsstaat wird – mit der Ausnahme des Art. 21 – vollständig aufgegeben. Ihre Rolle übernehmen nun funktional die Gerichte des Ursprungsmitgliedstaates, die für die Erteilung der Bestätigung als Europäischer Vollstreckungstitel zuständig sind (s. näher Art. 6 Rn 1 ff).[3] Nur dessen Organe wachen über die Einhaltung der von der EuVTVO vorgegebenen Mindeststandards; der Vollstreckungsstaat und dessen Organe vollziehen diese Entscheidung lediglich. Dementsprechend hat der Schuldner **Rechtsschutz** vorrangig im Urteilsstaat zu suchen: Er kann sich dort einerseits gegen den Titel selbst wenden (s. Art. 23 Rn 3), andererseits gegen dessen Bestätigung als Europäischer Vollstreckungstitel (s.

---

1 *Rauscher*, Der Europäische Vollstreckungstitel, Rn 15. Vgl MüKo-ZPO/*Adolphsen*, Vorbem VO (EG) 805/2004 Rn 8 f sowie für ein praktisches Beispiel *H. Roth*, IPRax 2006, 466. Zu einer positiveren rechtspolitischen Einschätzung *Lehmann*, in: Leible/Terhechte, EnzEuR Bd. 3, § 19 Rn 13 ff.
2 *Kohler*, in: Baur/Mansel, Systemwechsel im Europäischen Kollisionsrecht, S. 147, 153; *Stadler*, IPRax 2004, 2, 5.
3 Zur Kritik dazu *Rauscher*, Der Europäische Vollstreckungstitel, Rn 15–40. Positiv zur Abschaffung der Ordre-public-Kontrolle etwa *Hüßtege*, in: FS Jayme, S. 371.

Art. 10 Rn 1). Im Vollstreckungsstaat schließlich sieht die EuVTVO nur die Verweigerung der Vollstreckung bei Unvereinbarkeit mit einer früheren Entscheidung vor (s. Art. 21 Rn 2 ff); davon unberührt bleiben aber die von der lex fori vorgesehenen vollstreckungsrechtlichen Rechtsbehelfe (s. Art. 20 Rn 4).

Die von der Kommission vorgeschlagene **Revision der Brüssel I-VO** vom 14.12.2010,[4] die eine Verallgemeinerung und Erweiterung dieses Ansatzes zum Ziel hatte,[5] insb. eine **Abschaffung des Exequaturverfahrens** für alle der Brüssel I-VO unterfallenden Entscheidungen, wurde im weiteren Verfahren deutlich abgeschwächt. Zwar sieht die seit 10.1.2015 anwendbare Neufassung („**Brüssel Ia-VO**" – Verordnung (EU) Nr. 1215/2012 vom 12.12.2012, ABl. EU Nr. L 351/1 vom 20.12.2012) wie vorgeschlagen eine Abschaffung des Vollstreckbarerklärungsverfahrens vor (Art. 39 Brüssel Ia-VO). Allerdings bleiben die Anerkennungsversagungsgründe wie bisher erhalten (Art. 45 Brüssel Ia-VO); sie werden nunmehr auf Antrag des Schuldners geprüft (Art. 46 Brüssel Ia-VO). Folgerichtig bleibt auch das Verhältnis zur EuVTVO unberührt.[6] Siehe näher dazu Art. 27 Rn 1. 4

II. Implikationen für die Prozessparteien

1. Leichtere Vollstreckbarkeit. Die Verkürzung der Ordre-public-Kontrolle und ihre Verlagerung in den Urteilsstaat ziehen für die Parteien vielfältige Konsequenzen nach sich. Dem **Gläubiger** bringt die Möglichkeit der Erwirkung eines Europäischen Vollstreckungstitels regelmäßig eine schnellere und einfachere Vollstreckbarkeit. Durch **Antrag** an das Gericht des Erkenntnisverfahrens erhält er einen **Vollstreckungstitel**, der in allen Mitgliedstaaten gilt. Darin liegt eine Vereinfachung auch gegenüber dem System der Brüssel Ia-VO, da dort noch immer umfangreichere Einwendungsmöglichkeiten des Schuldners bestehen. Gleichzeitig muss der Gläubiger aber wegen der Notwendigkeit der Einhaltung gewisser **Mindestvorgaben** wie der Zustellungserfordernisse in den Art. 13 ff, die über die nach nationalem Recht oder der Brüssel Ia-VO bestehenden Vorgaben zur Zustellung und zu sonstigen Informationsanforderungen möglicherweise hinausgehen (s. Art. 12 Rn 7), bereits vor Einleitung des Verfahrens überlegen, ob er einen Europäischen Vollstreckungstitel beantragen will, wenn die Forderung unbestritten bleibt.[7] 5

2. Erhöhte Prozessführungslast. Der **Schuldner** hat nur äußerst beschränkte Möglichkeiten, sich im Vollstreckungsstaat gegen die Vollstreckung zur Wehr zu setzen. Sämtliche Einwendungen gegen die Forderung sind bereits im Urteilsstaat zu erheben. Den Schuldner trifft damit eine **erhöhte Prozessführungslast** im Urteilsstaat; insb. folgt daraus das Gebot der Ausschöpfung aller nach der lex fori gegebenen Rechtsbehelfe.[8] Angesichts der mittlerweile erreichten Größe der EU und der Sprachenvielfalt bedeutet dies eine erhebliche Belastung des Schuldners. Der Schuldner ist am Bestätigungsverfahren nicht beteiligt; die Rechtsbehelfsmöglichkeiten gegen die Bestätigung als Europäischer Vollstreckungstitel sind eingeschränkt (s. näher Art. 10 Rn 1, 8). Seine Rechtfertigung erfährt dieser Umstand durch die Tatsache, dass der Schuldner die gegen ihn geltend gemachte 6

---

[4] Vorschlag für eine Verordnung des Europäischen Parlaments und des Rates über die gerichtliche Zuständigkeit und die Anerkennung und Vollstreckung von Entscheidungen in Zivil- und Handelssachen (Neufassung), KOM(2010) 748 endg. Vorausgegangen war ein Grünbuch zur Überprüfung der Brüssel I-VO vom 21.4.2009, KOM(2009) 175 endg.
[5] Dazu etwa *Hess*, IPRax 2011, 125; *Bach*, ZRP 2011, 97.
[6] *Geimer*, in: FS Schütze, 2014, S. 109, 120 f.
[7] *Rauscher*, Der Europäische Vollstreckungstitel, Rn 64.
[8] Vgl *Stadler*, IPRax 2004, 1, 9; *R. Wagner*, IPRax 2004, 189, 200; *Mankowski*, in: FS Kropholler, S. 829, 847 f.

Forderung nicht bestritten hat. Wegen der gravierenden Konsequenzen des Nichtbestreitens soll der Schuldner rechtzeitig und umfassend über die gegen ihn erhobene Forderung und die Notwendigkeit der aktiven Teilnahme am Verfahren informiert werden (Erwägungsgrund Nr. 12).

3. Praktische Bedeutung. Nach Angaben des Europäischen Wirtschafts- und Sozialausschusses machen unbestrittene Geldforderungen iSd EuVTVO etwa 90 % aller Zivil- und Handelssachen aus.[9] Die praktische Bedeutung des Europäischen Vollstreckungstitels könnte angesichts dieser Zahlen in Zukunft eminent sein.[10] Gemessen an der veröffentlichten Rspr ist die rechtstatsächliche Bedeutung der EuVTVO aber auch zehn Jahre nach Inkrafttreten marginal.[11] Nach der Abschaffung des Exequaturverfahrens im Rahmen der Revision der Brüssel I-VO (s. Rn 4) wird ist mit einem weiteren Rückgang der Verfahren nach der EuVTVO zu rechnen (s.a. Art. 27 Rn 3).[12]

Artikel 2 Anwendungsbereich

(1) Diese Verordnung ist in Zivil- und Handelssachen anzuwenden, ohne dass es auf die Art der Gerichtsbarkeit ankommt. Sie erfasst insbesondere nicht Steuer- und Zollsachen, verwaltungsrechtliche Angelegenheiten sowie die Haftung des Staates für Handlungen oder Unterlassungen im Rahmen der Ausübung hoheitlicher Rechte („acta jure imperii").

(2) Diese Verordnung ist nicht anzuwenden auf

a) den Personenstand, die Rechts- und Handlungsfähigkeit sowie die gesetzliche Vertretung von natürlichen Personen, die ehelichen Güterstände, das Gebiet des Erbrechts einschließlich des Testamentsrechts;

b) Konkurse, Vergleiche und ähnliche Verfahren;

c) die soziale Sicherheit;

d) die Schiedsgerichtsbarkeit.

(3) In dieser Verordnung bedeutet der Begriff „Mitgliedstaaten" die Mitgliedstaaten mit Ausnahme Dänemarks.

I. Sachlicher Anwendungsbereich

Der sachliche Anwendungsbereich der EuVTVO deckt sich mit dem der Brüssel Ia-VO, daher kann die zum EuGVÜ und zur Brüssel I-VO ergangene Rspr des EuGH zur Auslegung von Art. 2 herangezogen werden. Hoheitlich veranlasste Handlungen und Unterlassungen (sog. **acta iure imperii**) werden nicht von der Verordnung erfasst werden. Dies entspricht der bisherigen Rspr des EuGH.[1]

1. Zivil- und Handelssachen (Abs. 1). a) Definition. Der Begriff „Zivil- und Handelssachen" wird vom EuGH in stRspr **autonom ausgelegt**.[2] Die vom EuGH

---

9 S. ABl. EU Nr. C 85/1, Nr. 3.1.
10 Zweifelnd aber wegen der Beschränkungen der Vollstreckung gegenüber Verbrauchern (s. Art. 6 Rn 8 ff) Wieczorek/Schütze/*Schütze*, vor § 1079 ZPO Rn 1.
11 Vgl *Bittmann*, Vom Exequatur zum qualifizierten Klauselerteilungsverfahren, S. 237 f; *ders.*, AnwBl 2011, 378; *Hüßtege*, IPRax 2009, 321, 322.
12 Daher für eine Konsolidierung der verschiedenen Rechtsakte in einer Horizontalverordnung *Lehmann*, in: Leible/Terhechte, EnzEuR Bd. 3, § 19 Rn 65.

1 S. EuGH 15.2.2007 – Rs. C-292/05 (Lechouritou), Slg. 2007, I-1519; dazu *M. Stürner*, GPR 2007, 300.
2 EuGH 14.10.1976 – Rs. 29/76 (LTU/Eurocontrol), Slg. 1976, 1541; zu weiteren Urteilen *Freitag*, IPRax 2004, 305, 306 f.

entwickelten Abgrenzungskriterien sind nicht leicht handhabbar; es hat sich eine nicht immer stringente Kasuistik herausgebildet.[3] Nach der Rspr des EuGH kann eine Rechtssache alternativ wegen der Natur der zwischen den Parteien bestehenden Rechtsbeziehungen oder wegen des Gegenstandes des Rechtsstreits vom Anwendungsbereich der Verordnung ausgeschlossen sein. Öffentlich-rechtliche Streitigkeiten sind von der Verordnung nicht erfasst: Sobald der Gegenstand des Rechtsstreits im Zusammenhang mit der Ausübung **hoheitlicher Befugnisse** steht, wenn also eine Seite Befugnisse hat, die von den zwischen Privaten geltenden Regeln abweichen, liegt keine Zivil- oder Handelssache mehr vor.[4]

Auch **Ordnungsmittelbeschlüsse nach § 890 ZPO** sind nach einer Entscheidung des BGH Zivil- und Handelssachen.[5] Diese sind Ergebnis einer Auseinandersetzung zweier privater Parteien; sie werden in einem auf Antrag des Unterlassungsgläubigers in Gang gesetzten Parteiverfahren auf der Grundlage des bereits bestehenden Unterlassungstitels herbeigeführt.[6] Abzugrenzen ist die Vollziehung des Ordnungsmittelbeschlusses nach § 890 ZPO damit von anderen Ordnungsmittelverfahren, wie etwa bei Ausbleiben einer Partei zum Termin trotz Anordnung persönlichen Erscheinens nach § 141 Abs. 3 ZPO, dem ein solcher privatrechtlicher Titel gerade nicht zugrunde liegt.[7] In systematischer Hinsicht stützt sich der BGH auf die Regelung des Art. 49 Brüssel I-VO, die nicht nur für die *astreinte* des romanischen Rechtskreises gelte, sondern bei autonomer Auslegung auch für andere Zwangsgelder.[8] Im Ergebnis ebenso hat auch der EuGH in der Sache *Realchemie* – entgegen den Schlussanträgen von Generalanwalt *Mengozzi*[9] – für die parallele Problematik bei der Brüssel I-VO entschieden.[10] Zur Bestätigung von Ordnungsmittelbeschlüssen als Europäische Vollstreckungstitel s. näher Art. 4 Rn 7. Zur Antragsberechtigung s. Art. 6 Rn 2. 2a

b) Gerichtsbarkeit. Unerheblich ist dabei, um welche Art der Gerichtsbarkeit es sich handelt. Hier bestehen erhebliche Unterschiede zwischen den Mitgliedstaaten, so dass eine Abgrenzung nach diesem Kriterium untauglich wäre. Daher ist die EuVTVO auch auf einen im Rahmen eines Strafverfahrens geltend gemachten Schadensersatzanspruch anwendbar.[11] 3

---

3 Dazu etwa *Kropholler/von Hein*, Art. 1 EuGVVO Rn 6–10.
4 EuGH 21.4.1993 – Rs. C-172/91 (Sonntag), Slg. 1993, I-1963, Rn 22.
5 BGHZ 185, 124 = NJW 2010, 1883, 1884 f. S. dazu (zust.) *Heggen*, Rpfleger 2010, 526; Schuschke/Walker/*Jennissen*, Art. 2 EuVTVO Rn 2 a mwN; Geimer/Schütze/*Arnold*, IRV, Art. 2 EuVTVO Rn 4 (eine Vorlage zum EuGH anmahnend); Zöller/*Geimer*, Art. 2 EuVTVO Rn 6 sowie (krit.) *Stoffregen*, WRP 2010, 839; *Bittmann*, IPRax 2012, 62.
6 Dazu näher BeckOK-ZPO/*M. Stürner* (15. Edition, Stand: 15.12.2014), § 890 ZPO Rn 48 ff.
7 Eine Vollstreckung solcher Titel im Ausland kommt nicht in Betracht, vgl. OLG Hamm NJW 2009, 1090.
8 Krit. zu diesem Argument etwa *Bittmann*, GPR 2012, 84, 85 f.
9 Schlussanträge vom 5.4.2011, Rz 58 ff. Das Ordnungsgeld habe zivil- und öffentlich-rechtliche Facetten. Entscheidend sei jedoch, dass es sich dabei um eine Zwangsmaßnahme handele, die repressiven Charakter aufweise.
10 EuGH 18.10.2011 – Rs. C-406/09 (Realchemie Nederland BV/Bayer CropScience AG), NJW 2011, 3568 (Rz 41 ff) m. zust. Anm. *Giebel*; dazu auch *Bittmann*, GPR 2012, 84; *Sujecki*, EuZW 2012, 159; *Schröler*, WRP 2012, 185 sowie eingehend *Arnold*, ZEuP 2012, 315.
11 EuGH 28.3.2000 – Rs. C-7/98 (Krombach), Slg. 2000, I-1935, Rn 30 (zum EuGVÜ).

4 c) **Unterhaltssachen.** Als Zivil- und Handelssachen galten ursprünglich auch die praktisch relevanten Unterhaltssachen[12] (s. nunmehr aber Rn 5) unter Einbeziehung der vor einer Verwaltungsbehörde geschlossenen oder von ihr beurkundeten Unterhaltsvereinbarung oder -verpflichtung (Art. 4 Nr. 3 lit. b), also etwa eine vor dem Jugendamt geschlossene Unterhaltsvereinbarung (§§ 59, 60 SGB VIII).

5 Seit dem Inkrafttreten der **EuUntVO** am 18.6.2011 (s. Vor Rn 10) sind Unterhaltssachen ab diesem Zeitpunkt ausschließlich auf der Grundlage der EuUntVO vollstreckbar (s. dazu im Einzelnen die Erl. zur EuUntVO). Die EuVTVO wurde insoweit durch die EuUntVO ersetzt (Art. 68 Abs. 2 EuUntVO). Eine Ausnahme gilt für im Vereinigten Königreich ergangene Entscheidungen (s. Vor Rn 11): Hier besteht kein Vorrang, so dass EuUntVO und EuVTVO parallel anwendbar sind.

6 In **intertemporaler Hinsicht** gilt Folgendes: Ist das Verfahren über die Unterhaltsforderung vor dem 18.6.2011 eingeleitet worden oder wurde die entsprechende öffentliche Urkunde bis zu diesem Zeitpunkt errichtet, so kann eine Vollstreckung – bei Vorliegen der weiteren Voraussetzungen – nach der EuVTVO erfolgen. Für alle anderen Fälle gilt ausschließlich die EuUntVO.

7 **2. Nicht erfasste Rechtsgebiete (Abs. 2).** Abs. 2 schließt ausdrücklich einige Rechtsgebiete vom Anwendungsbereich der Verordnung aus. Es besteht dabei eine inhaltliche Übereinstimmung mit Art. 1 Abs. 2 Brüssel Ia-VO.[13] Ausgeschlossen sind vor allem **Ehe- und Kindschaftssachen** (hierfür gilt die EuEheVO, s. Vor Rn 12) sowie **Vormundschafts- und Nachlasssachen (lit. a)**. Von der Bereichsausnahme umfasst sind auch Ausgleichsansprüche nach Beendigung des Güterstands.[14] **Unterhaltsansprüche** werden jedoch von der EuVTVO jedenfalls insoweit erfasst, als das sie betreffende Verfahren vor dem Inkrafttreten der EuUntVO eingeleitet wurde (s. Rn 6).

8 Nicht in den Anwendungsbereich der EuVTVO fallen auch **Konkurse, Vergleiche und ähnliche Verfahren (lit. b)**; diese regelt die EuInsVO. Für die sog. insolvenzrechtlichen Annexverfahren ist eine differenzierte Betrachtung angebracht: Entstammen diese Verfahren unmittelbar dem Insolvenzverfahren, so ist die EuInsVO anwendbar, ansonsten Brüssel Ia-VO bzw EuVTVO.[15]

9 Weiterhin ausgeschlossen sind Streitigkeiten, die unmittelbar das Gebiet der **sozialen Sicherheit** betreffen, also nur zwischen Sozialversicherungsträgern und Empfängern bestehende Forderungen (**lit. c**).[16]

10 Schließlich bleibt auch die **Schiedsgerichtsbarkeit** ausgeklammert (**lit. d**).[17]

---

12 Dazu *Hohloch*, FPR 2006, 244, 249 f; *Rausch*, FamRBint 2005, 79; *ders.*, FuR 2005, 437; *K. Gebauer*, FPR 2006, 252, 253; *Martiny*, FamRZ 2008, 1681. Zur Problematik der dynamisierten Unterhaltstitel *R. Wagner*, in: FS Sonnenberger, 2004, S. 727, 741 f; *Knittel*, JAmt 2006, 477, 479 f.
13 Näher dazu *Kropholler/von Hein*, Art. 1 EuGVVO Rn 16–47; Hk-ZPO/*Dörner*, Art. 1 EuGVVO Rn 7–13.
14 Vgl die Entscheidungen KG IPRax 2011, 510 ff; s. dazu *Rauscher*, IPRax 2011, 484.
15 Vgl im Einzelnen *Haubold*, IPRax 2002, 159, 161 ff; *M. Stürner*, IPRax 2005, 416, 418 ff; *Mäsch*, in: Rauscher, EuZPR/EuIPR (2010), Art. 1 EuInsVO Rn 5–9; eingehend auch *Zenker*, FS Simotta, S. 741 ff.
16 Näher *Kropholler/von Hein*, Art. 1 EuGVVO Rn 40.
17 Vgl EuGH 25.7.1991 – Rs. C-190/89 (Marc Rich), Slg. 1991, I-3855 = NJW 1993, 189.

II. Räumlicher Anwendungsbereich (Abs. 3)

Die EuVTVO gilt unabhängig von Nationalität und Wohnsitz der Parteien für Titel aus allen Mitgliedstaaten der Europäischen Union mit Ausnahme von Dänemark, das an der justiziellen Zusammenarbeit nicht teilnimmt (Abs. 3).[18] **11**

III. Zeitlicher Anwendungsbereich

Die EuVTVO ist am 21.1.2005 in Kraft getreten, gilt aber in ihrem prozessrechtlich relevanten Teil erst seit dem **21.10.2005** (Art. 33). Das heißt, dass seit diesem Zeitpunkt die Möglichkeit besteht, solche Entscheidungen, gerichtlichen Vergleiche und öffentlichen Urkunden über unbestrittene Forderungen, die am 21.1.2005 oder danach ergangen sind bzw errichtet wurden, als Europäische Vollstreckungstitel bestätigen zu lassen (s. Art. 26 Rn 1). **12**

Artikel 3 Vollstreckungstitel, die als Europäischer Vollstreckungstitel bestätigt werden

(1) Diese Verordnung gilt für Entscheidungen, gerichtliche Vergleiche und öffentliche Urkunden über unbestrittene Forderungen.

Eine Forderung gilt als „unbestritten", wenn

a) der Schuldner ihr im gerichtlichen Verfahren ausdrücklich durch Anerkenntnis oder durch einen von einem Gericht gebilligten oder vor einem Gericht im Laufe eines Verfahrens geschlossenen Vergleich zugestimmt hat oder

b) der Schuldner ihr im gerichtlichen Verfahren zu keiner Zeit nach den maßgeblichen Verfahrensvorschriften des Rechts des Ursprungsmitgliedstaats widersprochen hat oder

c) der Schuldner zu einer Gerichtsverhandlung über die Forderung nicht erschienen oder dabei nicht vertreten worden ist, nachdem er zuvor im gerichtlichen Verfahren der Forderung widersprochen hatte, sofern ein solches Verhalten nach dem Recht des Ursprungsmitgliedstaats als stillschweigendes Zugeständnis der Forderung oder des vom Gläubiger behaupteten Sachverhalts anzusehen ist oder

d) der Schuldner die Forderung ausdrücklich in einer öffentlichen Urkunde anerkannt hat.

(2) Diese Verordnung gilt auch für Entscheidungen, die nach Anfechtung von als Europäischer Vollstreckungstitel bestätigten Entscheidungen, gerichtlichen Vergleichen oder öffentlichen Urkunden ergangen sind.

I. Die als Europäischer Vollstreckungstitel vollstreckbaren Entscheidungen (Abs. 1 S. 1, Abs. 2)

1. Erfasste Titel (Abs. 1). Als Europäischer Vollstreckungstitel bestätigt werden können **Entscheidungen** (Definition: Art. 4 Nr. 1), **gerichtliche Vergleiche** (Abs. 1 S. 2 lit. a und Art. 24 Abs. 1) sowie **öffentliche Urkunden** (Definition: Art. 4 Nr. 3 und Art. 25 Abs. 1), dies aber nur, soweit darin **unbestrittene Geldforderungen** (Definition Forderung: Art. 4 Nr. 2) tituliert werden. Es können zwei Gruppen von unbestrittenen Forderungen unterschieden werden (Erwägungsgrund Nr. 5): Solche Forderungen, die ausdrücklich im gerichtlichen Verfahren oder in der öffentlichen Urkunde anerkannt wurden („aktiv unbestrittene Forderung", s. **1**

---

18 Näher zur Stellung Dänemarks *Kropholler/von Hein*, Einl. EuVTVO Rn 16.

Rn 7 f), und solche, die im Laufe des Verfahrens nicht mehr bestritten wurden („passiv unbestrittene Forderung", s. Rn 9 f). Hinzu kommen die „nur anfänglich bestrittenen Forderungen" (s. Rn 11).

2. Rechtsbehelf gegen als Europäischer Vollstreckungstitel bestätigten Titel schadet nicht (Abs. 2). a) Bedeutung. Der ursprüngliche Entwurf der EuVTVO sah noch vor, dass nur rechtskräftige Entscheidungen als Europäischer Vollstreckungstitel bestätigt werden können. Dies wurde dahingehend geändert, dass die vorläufige Vollstreckbarkeit genügt (vgl Art. 6 Abs. 1 lit. a; s. Art. 6 Rn 5). Als Konsequenz regelt Abs. 2 (mit Erwägungsgrund Nr. 7) den Fall, dass eine vollstreckbare, aber nicht rechtskräftige Entscheidung, die als Europäischer Vollstreckungstitel bestätigt, aber mit einem Rechtsbehelf angefochten wurde, nicht aus dem Anwendungsbereich der EuVTVO herausfällt. Dies ist nicht selbstverständlich, da dem Rechtsbehelf nach der lex fori die Wirkung eines Widerspruchs gegen die Forderung zukommen kann und diese damit nicht mehr unbestritten ist.[1] Ohne die Klarstellung in Abs. 2 hätten Zweifel bestehen können, ob die ursprüngliche Bestätigung als Europäischer Vollstreckungstitel auch nach Einlegung eines Rechtsbehelfs gegen die Entscheidung noch Wirkung entfaltet.

3 Die in einem solchen Rechtsbehelfsverfahren ergangene Entscheidung kann wiederum als Europäischer Vollstreckungstitel bestätigt werden (Ersatzbestätigung, Art. 6 Abs. 3). Es ist umstritten, inwieweit hierfür **erneut die Voraussetzungen des Art. 3 Abs. 1** vorliegen müssen, ob die Forderung also auch im Rechtsbehelfsverfahren unbestritten sein muss,[2] oder ob eine Ersatzbestätigung auch dann ausgestellt werden kann, wenn das Rechtsbehelfsverfahren streitig beendet wird.[3] Für die erstgenannte Ansicht spricht ganz allgemein der Regelungsbereich der EuVTVO, die nur unbestrittene (oder nicht mehr bestrittene) Forderungen erfasst (s. Rn 1), jedenfalls aber fordert, dass die Forderung im letzten Verfahrensstadium nicht mehr bestritten wird. Die Regelung des Abs. 2 hat nach dieser Ansicht nur deklaratorischen Charakter. Demgegenüber kann sich die wohl **herrschende zweite Ansicht** auf die Intention des Verordnungsgebers berufen, eine Entscheidung trotz Einlegung eines Rechtsbehelfs nicht mehr aus dem Anwendungsbereich der EuVTVO herausfallen zu lassen, auch wenn diese dann nicht mehr unbestritten ist. Dahinter steht ein erzieherischer Effekt: Indem ein Bestreiten im Rechtsbehelfsverfahren nach Bestätigung einer Entscheidung als Europäischer Vollstreckungstitel diesen nicht mehr automatisch wirkungslos werden lässt, soll der Schuldner zu einem rechtzeitigen Einspruch gegen das Urteil angehalten werden;[4] ganz allgemein wird dem Schuldner signalisiert, dass er die Vollstreckung durch die Einlegung aussichtsloser Rechtsbehelfe nicht verzögern kann. Letztere Ansicht unterstellt nach streitigem Verfahren ergangene Rechtsbehelfsentscheidungen nicht mehr den besonderen Vorschriften der Art. 12 ff; sie kann sich hier-

---

1 Vgl *R. Wagner*, IPRax 2005, 189, 193.
2 So *Rauscher*, Der Europäische Vollstreckungstitel, Rn 75–78; Rauscher/*Pabst*, Art. 3 EuVTVO Rn 48–50 sowie Art. 6 EuVTVO Rn 42; *Rellermeyer*, Rpfleger 2005, 389, 393; *Burgstaller/Neumayr*, ÖJZ 2006, 179, 182; *Schlosser*, Art. 3 EuVTVO Rn 7; Prütting/Gehrlein/*Halfmeier*, Art. 3 EuVTVO Rn 10; Gebauer/Wiedmann/*Bittmann*, Art. 3 EuVTVO Rn 28; Geimer/Schütze/*Arnold*, IRV, Art. 3 EuVTVO Rn 23.
3 So *R. Wagner*, IPRax 2005, 189, 193; Kropholler/von Hein, Art. 3 EuVTVO Rn 12 f und Art. 6 EuVTVO Rn 18; *Gerling*, Die Gleichstellung ausländischer mit inländischen Vollstreckungstiteln, S. 74, 82; Zöller/*Geimer*, Art. 3 EuVTVO Rn 11; Thomas/Putzo/*Hüßtege*, Art. 3 EuVTVO Rn 5; *Coester-Waltjen*, in: FS Ansay, S. 47, 52 f; *Jennissen*, InVo 2006, 218, 223; *Röthel/Sparmann*, WM 2006, 2285, 2290; MüKo-ZPO/*Adolphsen*, Art. 3 VO (EG) 805/2004 Rn 15; Musielak/*Lackmann*, Art. 3 EuVTVO Rn 7; *Heringer*, Der Europäische Vollstreckungstitel, S. 81; Schuschke/Walker/*Jennissen*, Art. 6 EuVTVO Rn 12; Geimer/Schütze/*Hilbig*, IRV, Art. 6 EuVTVO Rn 70.
4 *Coester-Waltjen*, in: FS Ansay, S. 47, 52 f.

bei auf Art. 12 Abs. 2 stützen. Auch wenn die erstgenannte Ansicht im Sinne des Schuldnerschutzes einiges für sich hat, so sprechen daher doch Systematik und Zweck der EuVTVO für die hM.

b) Europäischer Vollstreckungstitel nach Rechtsbehelfsverfahren. Hat der Rechtsbehelf keinen Erfolg, so bleibt der Europäische Vollstreckungstitel nach Abs. 2 trotz Bestrittenseins bestehen. In diesem Fall kann sich der Gläubiger eine Ersatzbestätigung nach Art. 6 Abs. 3 ausstellen lassen (s. Art. 6 Rn 13 ff). Hat der Rechtsbehelf hingegen Erfolg, so kann der Schuldner eine Bestätigung der Nichtvollstreckbarkeit nach Art. 6 Abs. 2 beantragen (s. Art. 6 Rn 11 f). 4

c) Rechtsbehelf vor Bestätigung als Europäischer Vollstreckungstitel. Nicht einschlägig ist Abs. 2 dagegen für den Fall, dass ein Rechtsbehelf gegen die Entscheidung bereits **vor ihrer Bestätigung als Europäischer Vollstreckungstitel** eingelegt wird; die Forderung ist dann nicht mehr unbestritten.[5] Der Schuldner kann also auch nach Stellung eines Antrags auf Bestätigung als Europäischer Vollstreckungstitel diese durch Einlegung eines Rechtsbehelfs verhindern. Unerheblich ist insoweit, dass der Antrag auf Bestätigung als Europäischer Vollstreckungstitel vor Einlegung des Rechtsbehelfs in der Hauptsache gestellt wurde.[6] 5

3. Kein grenzüberschreitender Bezug des Rechtsstreits. Für die Bestätigung als Europäischer Vollstreckungstitel ist ein Auslands- oder gar Drittstaatenbezug nicht erforderlich.[7] Auch ein **reiner Inlandstitel** kann als Europäischer Vollstreckungstitel bestätigt werden, sofern nur eine irgendwie geartete Vollstreckungsabsicht im EU-Ausland dargetan wird.[8] Darin besteht ein wesentlicher Unterschied zur EuMahnVO und zur EuBagatellVO: Diese führen ein echtes europäisches Verfahren ein und fordern daher grenzüberschreitenden Bezug der Streitigkeit (s. Vor Rn 8 f). Daraus folgt weiter, dass auch ein Titel als Europäischer Vollstreckungstitel bestätigt werden kann, der auf einer nach autonomem Prozessrecht eines Mitgliedstaates bestehenden (möglicherweise exorbitanten)[9] Zuständigkeit begründet wurde. Angesichts der vergleichbaren Regelung in Art. 35 Abs. 3 Brüssel I-VO erscheint diese Konsequenz aber hinnehmbar.[10] 6

II. Die „aktiv unbestrittene" Forderung

1. Anerkenntnis oder gerichtlicher Vergleich (Abs. 1 S. 2 lit. a). Ein **Anerkenntnis** ist die vom Beklagten abgegebene einseitige Erklärung, dass der vom Kläger geltend gemachte (prozessuale) Anspruch ganz oder zum Teil bestehe.[11] Das darauf folgende Anerkenntnisurteil (§ 307 Abs. 1 ZPO) kann als Europäischer Vollstreckungstitel bestätigt werden. Eine unbestrittene Forderung kann aber auch in einem Endurteil tituliert werden, wenn der Schuldner die Forderung ausdrücklich zugesteht (§ 288 ZPO) oder jedenfalls nicht bestritten hat (§ 138 Abs. 3 ZPO).[12] Zweifelhaft ist die Erfüllung dieser Anforderungen bei außergerichtlichen Vergleichen in Massenverfahren, etwa nach niederländischem Recht (Art. 7:900 ff Burgerlijk Wetboek).[13] Denn weder liegt hier ein gerichtlicher Vergleich im ei- 7

---

5 R. *Wagner*, IPRax 2005, 189, 193; *Kropholler/von Hein*, Art. 3 EuVTVO Rn 14.
6 Vgl östOGH 14.6.2007 – 1 R 85/07 p und hierzu zust. *Pichler*, GPR 2008, 99.
7 *Kropholler/von Hein*, Art. 3 EuVTVO Rn 1 mwN; Zöller/*Geimer*, Art. 1 EuVTVO Rn 3; *Giebel*, IPRax 2011, 529, 530.
8 S. OLG Düsseldorf Rpfleger 2010, 604. Anders für einen reinen Inlandsfall (allerdings in anderem Kontext) Hamm OLGR 2008, 157 f.
9 Etwa § 23 ZPO.
10 Ebenso R. *Wagner*, IPRax 2005, 189, 191.
11 BGHZ 10, 333, 335.
12 Vgl Thomas/Putzo/*Hüßtege*, Art. 3 EuVTVO Rn 2.
13 Eingehend zu diesem Verfahren *Mom*, Kollektiver Rechtsschutz in den Niederlanden, 2011, S. 311 ff.

gentlichen Sinne vor, noch erscheint gesichert, dass wirklich alle Beteiligten dem Vergleich zugestimmt haben.[14] Die Vollstreckbarerklärung eines **gerichtlichen Vergleichs** ist in Art. 24 geregelt (s. näher Art. 24 Rn 4).

8 **2. Öffentliche Urkunde (Abs. 1 S. 2 lit. d).** Der Begriff der öffentlichen Urkunde ist in Art. 4 Nr. 3 definiert (vgl näher Art. 25 Rn 1).

III. Die „passiv unbestrittene" Forderung

9 **1. Allgemeines.** Erklärt der Schuldner nicht ausdrücklich im Verfahren, die gegen ihn gerichtete Forderung nicht zu bestreiten, sondern äußert er sich überhaupt nicht zur Sache, so kann eine daraufhin ergehende Entscheidung trotzdem als Europäischer Vollstreckungstitel bestätigt werden. Problematisch ist dabei, inwieweit die Abwesenheit des Schuldners tatsächlich dahingehend verstanden werden kann, dass er die Forderung nicht bestreitet. Dem trägt die EuVTVO ein Stück weit Rechnung, indem für passiv unbestrittene Forderungen nach Art. 6 Abs. 1 lit. c zusätzlich die Einhaltung der in Art. 12 ff genannten Mindestvorschriften erforderlich ist. Überdies werden Verbraucher als Schuldner besonders geschützt (s. näher Art. 6 Rn 8 f).

10 **2. Forderung zu keiner Zeit bestritten (Abs. 1 S. 2 lit. b).** Lit. b erfasst die Fälle, in denen der Schuldner die Forderung zwar nicht ausdrücklich anerkennt, aber dennoch diese in der Sache nicht bestreitet. Dies kann etwa dann gegeben sein, wenn nur die Zuständigkeit gerügt wird, ohne sich zur Sache einzulassen (anders daher bei hilfsweiser Einlassung zur Sache).[15] Nicht ausreichend ist es auch, wenn der Schuldner um Zahlungsaufschub bittet, denn auf diese Weise wird der Bestand der Forderung selbst nicht in Frage gestellt.[16] Typischerweise wird es sich aber um ein **Versäumnisurteil** handeln (§ 331 ZPO) oder um einen unwidersprochenen Mahnbescheid, aufgrund dessen ein **Vollstreckungsbescheid** erlassen werden kann (§ 699 ZPO) (vgl Erwägungsgrund Nr. 6). Ein außergerichtlicher Widerspruch gegen die Forderung genügt nicht; das Mahnverfahren zählt hierbei als gerichtliches Verfahren. Von lit. b erfasst sind aber auch etwa Kostenfestsetzungsbeschlüsse, sofern der Kostenfestsetzung nicht widersprochen wurde (s. näher Art. 7 Rn 1).

11 **3. Forderung nicht mehr bestritten (Abs. 1 S. 2 lit. c).** Über das bloße Nichtbestreiten der Forderung hinausgehend lässt es lit. c ausreichen, wenn der Schuldner zwar anfänglich im gerichtlichen Verfahren die Forderung bestritten hat, dann aber einer Gerichtsverhandlung über die Forderung fernbleibt. Dies soll die verbreitete Verzögerungstaktik etwa im Mahnverfahren verhindern, wo der Schuldner gegen eine Forderung routinemäßig Widerspruch einlegt, um Zeit zu gewinnen, dann aber ein Versäumnisurteil gegen sich ergehen lässt.[17] Als unbestritten gilt daneben auch ein Versäumnisurteil, das nach anfänglichem Bestreiten in einem weiteren Termin ergeht, aber auch – trotz des zwischenzeitlichen Einspruchs – das **technisch zweite Versäumnisurteil** (§ 345 ZPO).[18] Dagegen liegen die Voraussetzungen des lit. c bei einer nach streitiger Verhandlung über einen Einspruch gegen ein Versäumnisurteil ergangenen, dieses aufrechterhaltenden Entscheidung (§ 343 ZPO) nicht vor, da hier das Bestreiten der Forderung nach der Säumnis lag. Die Säumnis des in erster Instanz in einem streitigen Verfahren

---

14 Dazu *Stadler*, in: FS Kaissis, 2012, S. 951, 962 f; *M. Stürner*, in: Brömmelmeyer (Hrsg.), Die EU-Sammelklage – Status und Perspektiven, 2013, S. 109, 122.
15 Vgl *Rauscher*, Der Europäische Vollstreckungstitel, Rn 55. Für ein weiteres Verständnis indessen Geimer/Schütze/*Arnold*, IRV, Art. 3 EuVTVO Rn 11.
16 Vgl nur *Kropholler/von Hein*, Art. 3 EuVTVO Rn 5 mwN; großzügiger Geimer/Schütze/*Arnold*, IRV, Art. 3 EuVTVO Rn 12.
17 *Stein*, IPRax 2004, 181, 188.
18 Dazu näher Geimer/Schütze/*Arnold*, IRV, Art. 3 EuVTVO Rn 19.

unterlegenen Beklagten in der Berufung führt hingegen nicht zu einer Entscheidung, die als Europäischer Vollstreckungstitel bestätigt werden könnte, da mit dem Versäumnisurteil lediglich die Berufung zurückgewiesen wird (§ 539 Abs. 1 ZPO), die Forderung selbst aber weiterhin als bestritten gilt.[19]

Ob die Säumnis der Beklagten **verschuldet** war oder nicht, ist unerheblich.[20] Dem unverschuldet säumigen Vollstreckungsschuldner bietet Art. 19 einen gewissen Schutz (s. Art. 19 Rn 3 ff).

12

4. Relevanz der lex fori. Ob eine Forderung im gerichtlichen Verfahren bestritten wurde oder nicht (mehr), richtet sich für passiv unbestrittene Forderungen (lit. b und c) nach der **lex fori**. Damit trägt die EuVTVO der Tatsache Rechnung, dass die verschiedenen Verfahrensordnungen der Mitgliedstaaten durchaus Unterschiede aufweisen und eine konsistente europäische Regelung angesichts der Vielzahl der möglichen Fallgestaltungen unrealistisch wäre.[21]

13

Beispiel: Bestreitet der persönlich erschienene Beklagte in einem Verfahren vor dem Landgericht die Forderung, so geht dies mangels Postulationsfähigkeit (§ 78 Abs. 1 S. 1 ZPO) ins Leere; die Forderung gilt als nicht bestritten. Nach englischem Recht hingegen gibt es grds. in keiner Instanz einen Anwaltszwang, so dass ein Bestreiten der Forderung durch den nicht anwaltlich vertretenen Beklagten dort stets beachtlich ist.

Artikel 4 Begriffsbestimmungen

Im Sinne dieser Verordnung gelten folgende Begriffsbestimmungen:

1. „Entscheidung": jede von einem Gericht eines Mitgliedstaats erlassene Entscheidung ohne Rücksicht auf ihre Bezeichnung wie Urteil, Beschluss, Zahlungsbefehl oder Vollstreckungsbescheid, einschließlich des Kostenfestsetzungsbeschlusses eines Gerichtsbediensteten.
2. „Forderung": eine Forderung auf Zahlung einer bestimmten Geldsumme, die fällig ist oder deren Fälligkeitsdatum in der Entscheidung, dem gerichtlichen Vergleich oder der öffentlichen Urkunde angegeben ist.
3. „Öffentliche Urkunde":
   a) ein Schriftstück, das als öffentliche Urkunde aufgenommen oder registriert worden ist, wobei die Beurkundung
      i) sich auf die Unterschrift und den Inhalt der Urkunde bezieht und
      ii) von einer Behörde oder einer anderen von dem Ursprungsmitgliedstaat hierzu ermächtigten Stelle vorgenommen worden ist;
      oder
   b) eine vor einer Verwaltungsbehörde geschlossene oder von ihr beurkundete Unterhaltsvereinbarung oder -verpflichtung.
4. „Ursprungsmitgliedstaat": der Mitgliedstaat, in dem eine Entscheidung ergangen ist, ein gerichtlicher Vergleich gebilligt oder geschlossen oder eine öffentliche Urkunde ausgestellt wurde und in dem diese als Europäischer Vollstreckungstitel zu bestätigen sind.

---

19 *Kropholler/von Hein*, Art. 3 EuVTVO Rn 9; ebenso *Zöller/Geimer*, Art. 3 EuVTVO Rn 8.
20 Näher *Kropholler/von Hein*, Art. 3 EuVTVO Rn 10.
21 S. auch Gebauer/Wiedmann/*Bittmann*, Art. 3 EuVTVO Rn 26; *Giebel*, IPRax 2011, 529, 531 f.

5. „Vollstreckungsmitgliedstaat": der Mitgliedstaat, in dem die Vollstreckung der/des als Europäischer Vollstreckungstitel bestätigten Entscheidung, gerichtlichen Vergleichs oder öffentlichen Urkunde betrieben wird.
6. „Ursprungsgericht": das Gericht, das mit dem Verfahren zum Zeitpunkt der Erfüllung der Voraussetzungen nach Artikel 3 Absatz 1 Buchstaben a), b), und c) befasst war.
7. Bei den summarischen Mahnverfahren in Schweden (betalningsföreläggande) umfasst der Begriff „Gericht" auch die schwedische kronofogdemyndighet (Amt für Beitreibung).

I. Allgemeines

1 Die Vorschrift enthält **Definitionen** häufig verwendeter Begriffe und Klarstellungen. Während die Nr. 4–7 aus sich heraus verständlich sind, bedürfen die Nr. 1–3 näherer Erläuterung.

II. Entscheidung (Nr. 1)

2 **1. Begriff.** Die Definition der Entscheidung wurde aus derjenigen in Art. 32 Brüssel I-VO (nunmehr: Art. 2 lit. a Brüssel Ia-VO) übernommen. Eine als Europäischer Vollstreckungstitel zu bestätigende Entscheidung muss von einem mitgliedstaatlichen Gericht erlassen worden sein. Entscheidend ist, dass das Erkenntnisverfahren nach mitgliedstaatlichen Standards abgelaufen ist. Daher kann die Vollstreckbarerklärung einer aus einem **Drittstaat** stammenden Entscheidung durch ein mitgliedstaatliches Gericht nicht ihrerseits als Europäischer Vollstreckungstitel bestätigt werden.[1]

3 Für das EuGVÜ und daran anschließend auch die Brüssel I-VO hat der EuGH entschieden, dass **einstweilige Anordnungen** dann nicht als vollstreckungsfähige Entscheidungen angesehen werden können, wenn sie ex parte, also ohne Beteiligung des Gegners, ergangen sind.[2] Daraus folgt, dass einstweilige Anordnungen zwar grds. dem Anwendungsbereich der EuVTVO unterfallen, diese aber auch dort ohne Gewährung rechtlichen Gehörs nicht als Europäischer Vollstreckungstitel bestätigt werden können.[3] Etwas anderes kann für die im Zusammenhang mit der einstweiligen Anordnung ergangene (isolierte) Kostenentscheidung gelten (s. näher Rn 5).

4 Art. 4 enthält keine Definition des **gerichtlichen Vergleichs**; hierzu kann auf die zu Art. 58 Brüssel I-VO (bzw Art. 2 lit. b Brüssel Ia-VO) ergangene Rspr zurückgegriffen werden.[4] Wie sich aus Art. 24 ergibt, erfasst die EuVTVO aber auch **gerichtlich bestätigte Vergleiche**. Ebenso lautet nunmehr die Definition in Art. 2 lit. b Brüssel Ia-VO.

5 **2. Isolierter Kostenfestsetzungsbeschluss.** Ausdrücklich erwähnt ist auch der Kostenfestsetzungsbeschluss. Dieser kann als Europäischer Vollstreckungstitel bestätigt werden, sofern das Verfahren als solches dem sachlichen Anwendungs-

---

1 *Gerling*, Die Gleichstellung ausländischer mit inländischen Vollstreckungstiteln, S. 46.
2 EuGH 21.5.1980 – Rs. 125/79 (Denilauler), Slg. 1980, 1553.
3 MüKo-ZPO/*Adolphsen*, Art. 4 VO (EG) 805/2004 Rn 4 ff; Rauscher/*Pabst*, Art. 4 EuVTVO Rn 6 (der allerdings davon ausgeht, dass hier häufig die Mindestanforderungen an den Europäischen Vollstreckungstitel nicht eingehalten werden); *Leible/Freitag*, Forderungsbeitreibung in der EU, § 5 Rn 14; in diese Richtung auch *H. Roth*, IPRax 2008, 235, 236 sowie OLG Stuttgart NJW-RR 2007, 1583, 1584 und nun auch *Kropholler/von Hein*, Art. 4 EuVTVO Rn 2. AA noch *Kropholler*, 5. Aufl. 2006, Art. 4 EuVTVO Rn 2; *K. Gebauer*, FPR 2006, 252, 253; vgl auch *R. Wagner*, IPRax 2002, 75, 89. Offen gelassen von BGHZ 185, 124, 131.
4 Vgl dazu Hk-ZPO/*Dörner*, Art. 2 Brüssel Ia-VO Rn 9.

bereich der EuVTVO (Art. 2) unterfällt.[5] Wie sich im Umkehrschluss aus Art. 7 ergibt, der die bezifferte **Kostenentscheidung** als Teil der Hauptsacheentscheidung regelt, ist es hingegen für die isolierte Kostenentscheidung nicht erforderlich, dass die Hauptsacheentscheidung selbst als Europäischer Vollstreckungstitel bestätigt werden könnte (s. Art. 7 Rn 3).[6] Daraus folgt, dass eine isolierte Kostenentscheidung auch dann als Europäischer Vollstreckungstitel bestätigt werden kann, wenn die Klage in der Hauptsache (teilweise) abgewiesen wurde oder wenn die Hauptsache nicht auf eine Geldforderung gerichtet war.[7]

III. Forderung (Nr. 2)

Als Europäischer Vollstreckungstitel kommen nur **Geldforderungen** als im Bereich der Zivil- und Handelssachen zentrale Forderungsart in Betracht. Nicht erfasst sind daher Forderungen auf Warenlieferung oder Forderungen, die eine Unterlassung zum Gegenstand haben.[8]

Als Geldforderung iSd Nr. 2 anzusehen sind nach einer Entscheidung des BGH[9] auch die in einem Ordnungsmittelbeschluss gem. § 890 Abs. 1 ZPO ausgesprochene **Verurteilung zu einem Ordnungsgeld**.[10] Obwohl hierbei eine öffentliche Stelle zur Durchsetzung einer eigenen Forderung tätig wird, liegt eine Zivil- und Handelssache vor, da der Ursprung des Titels in einem privatrechtlichen Streit liegt. Der EuGH hat für die Brüssel I-VO ebenso entschieden.[11] Solche Ordnungsmittelbeschlüsse unterfallen also grds. dem sachlichen Anwendungsbereich der EuVTVO (s. Art. 2 Rn 1). Der autonom auszulegende Forderungsbegriff der Nr. 2 steht dem nicht entgegen: Er setzt seinem Wortlaut nach nicht voraus, dass der Anspruch materiell notwendig der Person zusteht, die die Bestätigung beantragt.[12] Zur Antragsberechtigung s. Art. 6 Rn 2.

Gleichwohl kam, wie auch der BGH feststellt, eine Vollstreckbarkeit auf der Grundlage der EuVTVO regelmäßig nicht in Betracht, da die Mindestvoraussetzungen des Art. 6 Abs. 1 lit. c iVm Art. 17 (Belehrung über Bestreitensmöglichkeit; s. dazu Art. 17 Rn 1 f) regelmäßig nicht gegeben waren.[13] Auch eine Heilung durch nachträgliche Belehrung über Rechtsbehelfsmöglichkeiten nach Art. 18 EuVTVO bestand bisher nicht. Die europaweite Vollstreckbarkeit nach der EuVTVO war damit für diese Titel faktisch ausgeschlossen. Dem Vorschlag, Art. 18 Abs. 1 lit. b EuVTVO für Beschlüsse, die ihrer Natur nach keine Säum-

---

5 *Rauscher*, Der Europäische Vollstreckungstitel, Rn 46.
6 OLG Stuttgart NJW-RR 2007, 1583, 1584; zust. *H. Roth*, IPRax 2008, 235, 236; *Leible/Freitag*, Forderungsbeitreibung in der EU, § 5 Rn 15; *Bittmann*, Vom Exequatur zum qualifizierten Klauselerteilungsverfahren, S. 40 f; *ders.*, IPRax 2011, 361, 363; offen gelassen in OLG München NJW-RR 2007, 1582, 1583.
7 Ebenso Rauscher/*Pabst*, Art. 7 EuVTVO Rn 19; Zöller/*Geimer*, Art. 7 EuVTVO Rn 1. AA aber *R. Wagner*, IPRax 2005, 189, 196; *Kropholler/von Hein*, Art. 7 EuVTVO Rn 3 mwN.
8 OLG München NJW-RR 2007, 1582, 1583.
9 BGHZ 185, 124; dazu (zust.) *Heggen*, Rpfleger 2010, 526; Schuschke/Walker/*Jennissen*, Art. 2 EuVTVO Rn 2 a mwN; Geimer/Schütze/*Arnold*, IRV, Art. 2 EuVTVO Rn 4 (eine Vorlage zum EuGH anmahnend) sowie (krit.) *Stoffregen*, WRP 2010, 839; Gebauer/Wiedmann/*Bittmann*, Art. 4 EuVTVO Rn 34 a; *ders.*, IPRax 2012, 62. AA noch OLG München IPRax 2009, 342 (Vorinstanz); krit. dazu *Giebel*, IPRax 2009, 324.
10 Zu deren Inhalt näher BeckOK-ZPO/M. *Stürner* (15. Edition, Stand: 15.12.2014), § 890 ZPO Rn 48 ff.
11 EuGH 18.10.2011 – Rs. C-406/09 (Realchemie Nederland BV/Bayer CropScience AG), NJW 2011, 3568 (Rz 41 ff).
12 BGHZ 185, 124 = NJW 2010, 1883, 1885; ebenso *Kropholler/von Hein*, Art. 4 EuVTVO Rn 3.
13 Vgl BGHZ 185, 124, 131 ff.

nissituation voraussetzen, teleologisch zu reduzieren,[14] hat der BGH eine Absage erteilt.[15] Allerdings hat das am 1.1.2014 in Kraft getretene „Gesetz zur Einführung einer Rechtsbehelfsbelehrung im Zivilprozess und zur Änderung anderer Vorschriften"[16] mit der Einführung eines neuen § 232 ZPO eine Änderung der Rechtslage bewirkt (s. dazu näher Art. 17 Rn 2).

9 Um eine möglichst problemlose Vollstreckung zu gewährleisten, muss die Geldforderung **fällig** sein. Mindestens muss das Fälligkeitsdatum auf der Entscheidung oder Urkunde angegeben sein. Damit können auch die praktisch wichtigen Unterhaltsforderungen, bei denen die einzelnen Raten erst in der Zukunft fällig werden, jedenfalls dann als Europäischer Vollstreckungstitel bestätigt werden, wenn sie nicht (vorrangig) der EuUntVO unterfallen (s. Art. 2 Rn 5 f).[17] Weiterhin muss die Geldforderung **hinreichend bestimmt** sein. Problematisch ist dies insb. bei Zinsforderungen. Diesbezüglich genügt es jedoch nach hM, wenn die Zinshöhe durch eine leichte Rechenoperation ermittelt werden kann.[18]

10 Problematisch ist eine Verurteilung zur Leistung **Zug um Zug**. Hier ist die titulierte Hauptforderung zwar fällig,[19] die Leistungspflicht des Schuldners hängt aber von der Bereitschaft des Gläubigers zur entsprechenden Gegenleistung ab. Eine Bestätigung als Europäischer Vollstreckungstitel kommt daher iE nur dann in Betracht, wenn der Gläubiger nachweist, dass er vorgeleistet oder seine Leistung in einer den Annahmeverzug begründenden Weise dem Schuldner angeboten hat.[20]

IV. Öffentliche Urkunde (Nr. 3)

11 Der Begriff der öffentlichen Urkunde findet sich auch in Art. 2 lit. c, Art. 59 Brüssel Ia-VO. Die in Nr. 3 lit. a enthaltene Definition geht auf die Rspr des EuGH zu Art. 57 Abs. 1 Brüssel I-VO zurück.[21] Die in Nr. 3 lit. b genannte verwaltungsbehördliche Unterhaltsvereinbarung ist hingegen nur für diejenigen Fälle relevant, in denen die EuUntVO nicht greift (s. Vor Rn 10 f).

KAPITEL II DER EUROPÄISCHE VOLLSTRECKUNGSTITEL

Literatur:

U. *Becker*, Grundrechtsschutz bei der Anerkennung und Vollstreckbarerklärung im europäischen Zivilverfahrensrecht, 2004; *Bittmann*, Der Kostenfestsetzungsbeschluss nach § 104 ZPO als Europäischer Vollstreckungstitel, Rpfleger 2009, 369; *Coester-Waltjen*, Der Europäische Vollstreckungstitel – Bestandsaufnahme und kritische Bewertung, in: FS Ansay,

---

14 H. Roth, IPRax 2008, 235, 237.
15 BGHZ 185, 124 = NJW 2010, 1883, 1885.
16 Gesetz vom 5.12.2012 (BGBl. I S. 2418).
17 Vgl im Einzelnen *Kropholler/von Hein*, Art. 4 EuVTVO Rn 5–6.
18 Näher Geimer/Schütze/*Arnold*, IRV, Art. 4 EuVTVO Rn 11 ff mwN.
19 Dies wird allerdings vielfach bestritten, vgl *Rauscher*, Der Europäische Vollstreckungstitel, Rn 51; *R. Wagner*, IPRax 2005, 189, 192; *Kropholler/von Hein*, Art. 4 EuVTVO Rn 5; Rauscher/*Pabst*, Art. 4 EuVTVO Rn 14; Musielak/*Lackmann*, Art. 4 EuVTVO Rn 1 a; Prütting/Gehrlein/*Halfmeier*, Art. 4 EuVTVO Rn 4; Gebauer/Wiedmann/*Bittmann*, Art. 4 EuVTVO Rn 34; *Nagel/Gottwald*, Internationales Zivilprozessrecht, 7. Aufl. 2013, § 14 Rn 15. Ebenso iE Geimer/Schütze/*Arnold*, IRV, Art. 4 EuVTVO Rn 16.
20 So nun auch OLG Karlsruhe IPRax 2014, 287; zust *Adolphsen/Bachmann*, IPRax 2014, 267. Ebenso bereits *Rellermeyer*, Rpfleger 2005, 389, 399; *Franzmann*, MittBayNot 2005, 470, 472; MüKo-ZPO/*Adolphsen*, Art. 4 VO (EG) 805/2004 Rn 20 sowie § 1080 ZPO Rn 15; *Heringer*, Der europäische Vollstreckungstitel, S. 60, 124; ähnl. Geimer/Schütze/*Zenker*, IRV, Art. 24 EuVTVO Rn 20.
21 Vgl EuGH 17.6.1999 – Rs. C-260/97 (Unibank), Slg. 1999, I-3715, Rn 17.

2006, S. 47 ff; *Freitag*, Anerkennung und Rechtskraft europäischer Titel nach EuVTVO, EuMahnVO und EuBagatellVO, in: FS Kropholler, 2008, S. 759 ff; *Klöpfer/Ramić*, Der Europäische Vollstreckungstitel in C2C-Streitigkeiten – zugleich Anmerkung zu EuGH, Urt. v. 5.12.2013, Rs. C-508/12 Vapenik ./. Thurner, GPR 2014, 107; *Kramme*, Keine Ordre-Public-Überprüfung von Europäischen Vollstreckungstiteln! – Anmerkung zum Urteil des BGH vom 24.4.2014 – VII ZB 28/13, GPR 2014, 296; *Mankowski*, Prozessualer Verbraucherschutz beim Europäischen Vollstreckungstitel, VuR 2010, 16; *Stein*, Europäische Vollstreckungstitel für unbestrittene Forderungen – Einstieg in den Ausstieg aus dem Exequaturverfahren bei Auslandsvollstreckungen, EuZW 2004, 679; *M. Stürner*, Rechtsschutz gegen fehlerhafte Europäische Vollstreckungstitel, GPR 2010, 43.

Artikel 5   Abschaffung des Vollstreckbarerklärungsverfahrens

Eine Entscheidung, die im Ursprungsmitgliedstaat als Europäischer Vollstreckungstitel bestätigt worden ist, wird in den anderen Mitgliedstaaten anerkannt und vollstreckt, ohne dass es einer Vollstreckbarerklärung bedarf und ohne dass die Anerkennung angefochten werden kann.

I. Regelungsgehalt

Die Zentralnorm des Art. 5 enthält die wesentliche Neuerung der EuVTVO: die **Abschaffung des Exequaturs** im Vollstreckungsstaat und die fortschreitende Implementierung eines prozessualen Herkunftslandprinzips. Die Vorschrift ist damit Ausdruck eines **Systemwechsels** im Europäischen Zivilprozessrecht, der in der EuMahnVO und der EuBagatellVO (s. Vor Rn 8 f) seine Fortführung gefunden hat (zur Revision der Brüssel I-VO s. Art. 1 Rn 4). Im deutschen Recht regelt die Durchführungsbestimmung des § 1082 ZPO, dass ein als Europäischer Vollstreckungstitel bestätigter Titel in Deutschland ohne Erteilung einer Vollstreckungsklausel vollstreckt wird (s. § 1082 ZPO Rn 2).   1

II. Abschaffung der Residualkontrolle im Vollstreckungsstaat

1. Abschaffung der Anerkennungshindernisse. Im Rahmen der Vollstreckung einer Entscheidung auf der Grundlage der Brüssel Ia-VO bieten die Art. 45 ff Brüssel Ia-VO im Vollstreckungsstaat die Möglichkeit der Kontrolle der Einhaltung wesentlicher Anforderungen an ein faires Verfahren: Gegen die Vollstreckbarerklärung eines ausländischen Titels können nach Art. 46 Brüssel Ia-VO nur die in den Art. 45 Brüssel Ia-VO angeführten Versagungsgründe eingewandt werden. Die EuVTVO enthält diese Kontrolle – bis auf eine einzige Ausnahme – nicht mehr, vielmehr ist sie wesentlich reduziert und komplett in den Urteilsstaat verlagert: Einzig bei **Unvereinbarkeit** der als Europäischer Vollstreckungstitel bestätigten Entscheidung mit einer **früheren Entscheidung**, die denselben Streitgegenstand hat, kann nach Art. 21 Abs. 1 die Vollstreckung auf Antrag des Schuldners im Vollstreckungsstaat verweigert werden (s. näher Art. 21 Rn 3 ff). Eine funktional Art. 45 Brüssel Ia-VO entsprechende Kontrolle ist nach den Maßgaben des Art. 6 Abs. 1 nunmehr im Urteilsstaat durchzuführen (s. Art. 6 Rn 6 ff). Dass im Vollstreckungsstaat keine Ordre-public-Kontrolle mehr durchzuführen ist, hat für den Fall der unterbliebenen Zustellung des verfahrenseinleitenden Schriftstücks und des Zahlungsbefehls selbst mittlerweile auch der BGH bestätigt.[1]   2

2. Evidenzkontrolle im Vollstreckungsstaat? Nach wohl hM ist daneben im Vollstreckungsstaat nicht einmal eine Kontrolle daraufhin zulässig, ob die Bestäti-   3

---

1 BGHZ 201, 22 (Rn 13 ff); iE zust. *M. Stürner*, jurisPR-BGHZivilR 12/2014 Anm. 1; *Kramme*, GPR 2014, 296; *Sujecki*, EuZW 2014, 559; *Kreutz*, Rpfleger 2014, 530.

gung als Europäischer Vollstreckungstitel überhaupt in den (sachlichen, zeitlichen oder räumlichen) Anwendungsbereich der EuVTVO fällt.[2] Dies wird u.a. damit begründet, dass nach Art. 21 Abs. 2 eine révision au fond in Bezug auf die Entscheidung und deren Bestätigung als Europäischer Vollstreckungstitel ausgeschlossen ist. Nach dieser Auffassung wäre der Schuldner auch bei evident kompetenzwidrig erteilten Bestätigungen als Europäischer Vollstreckungstitel ausschließlich auf Rechtsbehelfe im Urteilsstaat gem. Art. 10 verwiesen. Dabei ist zu bedenken, dass es sich bei der Kontrolle, ob der **Anwendungsbereich der EuVTVO** eröffnet ist, nicht um eine inhaltliche Überprüfung des Titels selbst handelt, Art. 21 Abs. 2 mithin keine Sperre begründet. Vielmehr ist dieser außerhalb der Kompetenz des ausstellenden Gerichts ergangen, so dass er auch im Vollstreckungsstaat keine Wirkung entfalten kann.[3] Dieselbe Überlegung gilt auch für die Vollstreckung auf der Grundlage der Brüssel Ia-VO: Hier ist anerkannt, dass eine ungeschriebene Vollstreckungsvoraussetzung die Anwendbarkeit der Verordnung ist.[4] Ist diese nicht gegeben, etwa weil dem Urteilsstaat aus Gründen der Staatenimmunität die Gerichtsbarkeit fehlte, so kommt eine Vollstreckbarerklärung einer dennoch ergangenen Entscheidung auf der Grundlage der Brüssel Ia-VO nicht in Betracht.[5] Der Schuldner kann damit im Vollstreckungsstaat einen Antrag auf **Verweigerung der Vollstreckung** stellen; dessen Voraussetzungen richten sich mangels Anwendbarkeit der EuVTVO nach der lex fori (s. näher Art. 21 Rn 9). Die Rechtsbehelfe des Art. 10 stehen dem Schuldner gleichwohl weiterhin offen (s. Art. 10 Rn 6). Der BGH hat diesen Gesichtspunkt ausdrücklich offen gelassen, da in dem zu entscheidenden Fall lediglich ein einfacher Rechtsanwendungsfehler Beschwerdegegenstand war.[6]

4 Davon zu unterscheiden ist die Frage, ob im Vollstreckungsstaat ein **Rechtsbehelf** gegen einen im Urteilsstaat erschlichenen Titel besteht, etwa auf der Grundlage von § 826 BGB. Dies ist zu verneinen, da bei der Klage auf Titelherausgabe gerade das Zustandekommen der Entscheidung im Urteilsstaat angegriffen wird und damit eine révision au fond erfolgt (vgl Art. 20 Rn 4).

5 **3. Ordre-public-Kontrolle über Art. 6 Abs. 1 EMRK?** Der Grundsatz des fairen Verfahrens, wie ihn Art. 6 Abs. 1 EMRK garantiert, findet in seinem materiellen Gehalt über Art. 6 Abs. 3 EUV auch im Bereich der unionsrechtlichen Rechtsakte Beachtung.[7] Inhaltsgleich ist Art. 47 Grundrechte-Charta.

6 Zu seiner Durchsetzung kommt die Einlegung einer **Individualbeschwerde** zum EGMR in Betracht.[8] Wird mit ihr die Vollstreckung aus dem Europäischen Voll-

---

2 R. *Wagner*, IPRax 2005, 189, 199; *Kropholler/von Hein*, Art. 5 EuVTVO Rn 9; ebenso Rauscher/*Pabst*, Art. 5 EuVTVO Rn 25; Zöller/*Geimer*, Art. 2 EuVTVO Rn 1, Art. 6 EuVTVO Rn 18 und Art. 20 EuVTVO Rn 3; Geimer/Schütze/*Hilbig*, IRV, Art. 5 EuVTVO Rn 14 ff.
3 Ebenso *Kohler*, in: Reichelt/Rechberger, Europäisches Kollisionsrecht, S. 63, 78 mit Fn 43; *Jayme/Kohler*, IPRax 2004, 481, 486 Fn 73; positiv auch *Burgstaller/Neumayr*, ÖJZ 2006, 179, 183 sowie *Bittmann*, Vom Exequatur zum qualifizierten Klauselerteilungsverfahren, S. 154; zust. für den Fall, dass die EuVTVO in zeitlicher Hinsicht nicht anwendbar war, Geimer/Schütze/*Zenker*, IRV, Art. 33 EuVTVO Rn 5. Zumindest für Nachprüfung im Vollstreckungsstaat, ob der Ursprungsmitgliedstaat Gerichtsgewalt hatte, *Schack*, Internationales Zivilverfahrensrecht, 5. Aufl. 2010, Rn 1054. Zum Ganzen M. *Stürner*, GPR 2010, 43, 46 ff.
4 Vgl EuGH 14.7.1977 – Rs. 9 u. 10/77 (Bavaria Fluggesellschaft u. Germanair/Eurocontrol), Slg. 1977, 1517, Rn 5.
5 Näher dazu M. *Stürner*, IPRax 2008, 197, 199 mwN.
6 BGHZ 201, 22 (Rn 30).
7 Allg. zum Verhältnis von EMRK und europäischem Zivilverfahrensrecht etwa *Hess*, in: FS Jayme, 2004, Bd. 1, S. 339; *Becker*, Grundrechtsschutz, S. 100 ff.
8 *Rauscher*, Der Europäische Vollstreckungstitel, Rn 28–29; ebenso Rauscher/*Pabst*, Art. 5 EuVTVO Rn 17; Wieczorek/Schütze/*Schütze*, § 1081 ZPO Rn 13.

streckungstitel angegriffen und begreift man die Individualbeschwerde damit als Ersatz der weggefallenen ordre-public-ähnlichen Kontrolle im Vollstreckungsstaat, so setzt dies voraus, dass man in der Vollstreckung einen erneuten und zusätzlichen Eingriff in die Rechte des Schuldners sieht.[9] Zweifelhaft ist diesbezüglich bereits, ob eine Individualbeschwerde wegen Verletzung von Art. 6 Abs. 1 EMRK überhaupt zulässig wäre,[10] da der EGMR eine Kontrolle von Gemeinschafts- bzw Unionsrecht derzeit ablehnt, solange auf EU-Ebene ein effektiver Grundrechtsschutz besteht.[11] Ähnliches gilt mutatis mutandis für die **Verfassungsbeschwerde**: Nach der Rspr des BVerfG insb. aus der „Solange-II-Entscheidung",[12] iE bestätigt durch die „Maastricht-Entscheidung",[13] werden auf EU-Grundlage beruhende Rechtsakte nicht am Maßstab der Grundrechte überprüft, solange der Grundrechtsstandard auf EU-Ebene gleich hoch ist wie vom GG verlangt.[14] Damit kann eine Ordre-public-Kontrolle durch diese Rechtsbehelfe gegen die Vollstreckung selbst nicht erreicht werden.

Die Überwachung der Einhaltung von **Verfahrensgrundrechten** obliegt damit dem EuGH. Prozessual ist diese Kontrolle – nachrangig zu dem nach Art. 19 vorgesehenen Rechtsbehelf im Ursprungsmitgliedstaat – durch einen **Aussetzungsantrag zum Vollstreckungsgericht** zu erreichen, das den EuGH dann im Wege des beschleunigten Verfahrens zur Klärung der Frage anrufen kann bzw muss, ob eine Vollstreckung wegen Verletzung von Verfahrensgrundrechten auszuscheiden hat.[15] Ob dieser Weg in der Praxis eingeschlagen wird, erscheint derzeit ebenso offen wie die Frage, inwieweit sich überhaupt eine Kontrolle der Einhaltung von Verfahrensgrundrechten im Rahmen der EuVTVO durchsetzen kann. 7

Hiervon zu unterscheiden ist die Möglichkeit der Erhebung einer Individualbeschwerde zum EGMR bzw einer Verfassungsbeschwerde gegen die **Entscheidung** selbst. Prüfungsgegenstand ist hier nicht ein Rechtsakt, der seine Grundlage in einer EG-Verordnung hat. Angegriffen wird nicht der Europäische Vollstreckungstitel bzw die Vollstreckung hieraus, sondern die auf dem autonomen Recht des Urteilsstaates beruhende Entscheidung eines Gerichts. Die Möglichkeit der Aussetzung der Vollstreckung nach Art. 23 lit. c kann dabei als Mittel dienen, um den jeweiligen Rechtsbehelf effektiv werden zu lassen (s. näher Art. 23 Rn 4). 8

III. Mitregelung der Anerkennung in der EuVTVO

Regelungsziel der EuVTVO ist, wie sich auch aus Art. 11 ergibt, nur die Vollstreckung einer unbestrittenen Geldforderung, nicht aber deren **Anerkennung**.[16] Daraus wurde in Bezug auf den insoweit nicht eindeutig formulierten ersten Kom- 9

---

9 Verneinend *Kropholler/von Hein*, Art. 5 EuVTVO Rn 13.
10 Abl. *R. Wagner*, IPRax 2004, 75, 87; *Stein*, IPRax 2004, 181, 186 f.
11 Vgl insb. die Entscheidung der Europäischen Kommission für Menschenrechte vom 9.2.1990, Nr. 13258/87 (Melchers), ZaöRV 50 (1990), 865. Dazu eingehend *Becker*, Grundrechtsschutz, S. 85 ff; *Gerling*, Die Gleichstellung ausländischer mit inländischen Vollstreckungstiteln, S. 169 ff. Weitere Nachw. bei MüKo-ZPO/*Adolphsen*, Art. 5 VO (EG) 805/2004 Rn 4 ff. Vgl nun die Regelung des Art. 6 Abs. 3 EUV.
12 BVerfGE 79, 339.
13 BVerfGE 89, 155.
14 Eingehend dazu *Becker*, Grundrechtsschutz, S. 69 ff; *Gerling*, Die Gleichstellung ausländischer mit inländischen Vollstreckungstiteln, S. 155 ff, insb. S. 168 sowie MüKo-ZPO/*Adolphsen*, Art. 5 VO (EG) 805/2004 Rn 4; vgl auch *Baur/Stürner/Bruns*, Zwangsvollstreckungsrecht, Rn 55.80.
15 So *Hess*, JZ 2005, 540, 545 f; ähnl. auch MüKo-ZPO/*Adolphsen*, Art. 5 VO (EG) 805/2004 Rn 8 f und *Burgstaller/Neumayr*, ÖJZ 2006, 179, 190. Für eine Nachprüfungsmöglichkeit im Vollstreckungsstaat grds. auch *Kohler*, in: Reichelt/Rechberger, Europäisches Kollisionsrecht, S. 63, 77 f.
16 *Freitag*, in: FS Kropholler, S. 759, 765 f.

missionsvorschlag geschlossen, dass für Anerkennungsfragen allein die Brüssel I-VO (bzw Brüssel Ia-VO) einschlägig sei.[17] Das könnte zu dem Resultat führen, dass ein Titel, der unter Verstoß gegen die Art. 34, 35 Brüssel I-VO (bzw Art. 45 Brüssel Ia-VO) ergangen ist, zwar als Europäischer Vollstreckungstitel vollstreckt werden kann, im Vollstreckungsstaat aber auf der Grundlage der Brüssel I-VO (bzw Brüssel Ia-VO) nicht anerkennungsfähig wäre.[18] Aus der Formulierung des Art. 5 („Eine Entscheidung ... wird in den anderen Mitgliedstaaten *anerkannt und* vollstreckt ...") kann vielmehr geschlossen werden, dass im Geltungsbereich der EuVTVO die Bestätigung einer Entscheidung als Europäischer Vollstreckungstitel nicht nur deren Vollstreckbarkeit bewirkt, sondern auch – wie dies bereits Art. 36 Abs. 1 Brüssel Ia-VO anordnet – deren Anerkennung nach sich zieht.[19] Umgekehrt ist jedoch eine isolierte Anerkennung ohne Vollstreckbarerklärung auf der Grundlage der EuVTVO nicht möglich.[20]

10 Die Anerkennungswirkungen werden indirekt von Art. 11 geregelt: Sie gehen im Vollstreckungsstaat nicht weiter als im Ursprungsstaat (s. Art. 11 Rn 2). Der EuGH hat entschieden, dass eine Entscheidung, die nach Art. 26 EuGVÜ anerkannt wird, im Anerkennungsstaat dieselben Wirkungen haben muss wie im Urteilsstaat.[21] Anerkennung heißt demnach auch im Geltungsbereich der EuVTVO **Wirkungserstreckung**.[22]

11 Eine Anerkennung von **Vergleichen** und **öffentlichen Urkunden** kommt dagegen nicht in Betracht; dies ergibt sich aus Art. 24 Abs. 2, 25 Abs. 2, denn dort wird nur deren Vollstreckung geregelt. Im Übrigen sind diese Titel ohnehin keiner materiellen Rechtskraft fähig und kommen daher für eine Anerkennung nicht in Frage.[23]

Artikel 6 Voraussetzungen für die Bestätigung als Europäischer Vollstreckungstitel

(1) Eine in einem Mitgliedstaat über eine unbestrittene Forderung ergangene Entscheidung wird auf jederzeitigen Antrag an das Ursprungsgericht als Europäischer Vollstreckungstitel bestätigt, wenn

a) die Entscheidung im Ursprungsmitgliedstaat vollstreckbar ist, und

b) die Entscheidung nicht im Widerspruch zu den Zuständigkeitsregeln in Kapitel II Abschnitte 3 und 6 der Verordnung (EG) Nr. 44/2001 steht, und

c) das gerichtliche Verfahren im Ursprungsmitgliedstaat im Fall einer unbestrittenen Forderung im Sinne von Artikel 3 Absatz 1 Buchstabe b) oder c) den Voraussetzungen des Kapitels III entsprochen hat, und

---

17 *Coester-Waltjen*, in: FS Beys, 2003, Bd. 1, S. 183, 196 f. In diesem Sinne noch immer *Burgstaller/Neumayr*, ÖJZ 2006, 179, 188; *Schlosser*, Art. 5 EuVTVO Rn 2.
18 So in der Tat *Schlosser*, Art. 5 EuVTVO Rn 2.
19 *Rauscher*, Der Europäische Vollstreckungstitel, Rn 66; *R. Wagner*, IPRax 2005, 189, 199 mit Fn 178; Rauscher/*Pabst*, Art. 5 EuVTVO Rn 7; *Kropholler/von Hein*, Art. 5 EuVTVO Rn 1; *Rechberger/Frauenberger-Pfeiler*, in: FS Peter Fischer, S. 399, 412; *Mankowski*, in: FS Kropholler, S. 829, 836 f; Schuschke/Walker/*Jennissen*, Art. 5 EuVTVO Rn 3; Geimer/Schütze/*Hilbig*, IRV, Art. 5 EUVTVO Rn 26 ff.
20 Zöller/*Geimer*, Art. 5 EuVTVO Rn 2; ausf. dazu *Freitag*, in: FS Kropholler, S. 759, 762 ff.
21 EuGH 4.2.1988 – Rs. 145/86 (Hoffmann/Krieg), Slg. 1988, 645, Rn 11.
22 Vgl MüKo-ZPO/*Adolphsen*, Art. 11 VO (EG) 805/2004 Rn 2; *Coester-Waltjen*, in: FS Yessiou-Faltsi, S. 39, 52.
23 Zöller/*Geimer*, Art. 5 EuVTVO Rn 4.

d) die Entscheidung in dem Mitgliedstaat ergangen ist, in dem der Schuldner seinen Wohnsitz im Sinne von Artikel 59 der Verordnung (EG) Nr. 44/2001 hat, sofern
- die Forderung unbestritten im Sinne von Artikel 3 Absatz 1 Buchstabe b) oder c) ist,
- sie einen Vertrag betrifft, den eine Person, der Verbraucher, zu einem Zweck geschlossen hat, der nicht der beruflichen oder gewerblichen Tätigkeit dieser Person zugerechnet werden kann und
- der Schuldner der Verbraucher ist.

(2) Ist eine als Europäischer Vollstreckungstitel bestätigte Entscheidung nicht mehr vollstreckbar oder wurde ihre Vollstreckbarkeit ausgesetzt oder eingeschränkt, so wird auf jederzeitigen Antrag an das Ursprungsgericht unter Verwendung des Formblatts in Anhang IV eine Bestätigung der Nichtvollstreckbarkeit bzw. der Beschränkung der Vollstreckbarkeit ausgestellt.

(3) Ist nach Anfechtung einer Entscheidung, die als Europäischer Vollstreckungstitel gemäß Absatz 1 bestätigt worden ist, eine Entscheidung ergangen, so wird auf jederzeitigen Antrag unter Verwendung des Formblatts in Anhang V eine Ersatzbestätigung ausgestellt, wenn diese Entscheidung im Ursprungsmitgliedstaat vollstreckbar ist; Artikel 12 Absatz 2 bleibt davon unberührt.

I. Bestätigung der Vollstreckbarkeit (Abs. 1) 1	5. Zusätzliche Bestimmungen bei Forderungen gegen Verbraucher (Abs. 1 lit. d) 8
1. Allgemeines 1	a) Schutzmechanismus bei passiv unbestrittenen Forderungen 8
a) Voraussetzungen 1	
b) Jederzeitiger Antrag 2	
c) Zuständigkeit 4	b) Schutzlücke bei aktiv unbestrittenen Forderungen? 10
2. Vollstreckbarkeit im Ursprungsstaat (Abs. 1 lit. a) 5	
3. Einhaltung von Mindestvorschriften über die Zuständigkeit (Abs. 1 lit. b) 6	II. Bestätigung der Nichtvollstreckbarkeit (Abs. 2) 11
4. Weitere Voraussetzungen bei passiv unbestrittenen Forderungen (Abs. 1 lit. c) 7	III. Ersatzbestätigung (Abs. 3) 13

I. Bestätigung der Vollstreckbarkeit (Abs. 1)

1. Allgemeines. a) Voraussetzungen. Art. 6 regelt die Voraussetzungen für die Bestätigung einer Entscheidung[1] als Europäischer Vollstreckungstitel und entspricht somit funktional den Anerkennungshindernissen des Art. 45 Brüssel Ia-VO. In jedem Falle muss die Entscheidung im Ursprungsstaat vollstreckbar sein (lit. a; s. Rn 5). Handelt es sich um eine „aktiv unbestrittene" Forderung, dann sind die in **lit. b** genannten Mindestvorschriften über die Zuständigkeit einzuhalten (s. Rn 6). Im Falle einer „passiv unbestrittenen" Forderung ist nach **lit. c** zusätzlich die Einhaltung gewisser verfahrensrechtlicher Mindestvoraussetzungen zu überprüfen (s. Rn 7). Für passiv unbestrittene Forderungen gegen einen Verbraucher enthält **lit. d** weitere Voraussetzungen (s. Rn 8 ff). Zum Verfahren der Bestätigung als Europäischer Vollstreckungstitel s. näher Art. 9 Rn 1 ff. 1

b) Jederzeitiger Antrag. Der Antrag auf Bestätigung als Europäischer Vollstreckungstitel kann „jederzeit" gestellt werden. Damit kann der Antrag bereits vor Erlass der Entscheidung gestellt werden, etwa gleichzeitig mit der Klage, was den 2

---

1 Für gerichtliche Vergleiche und öffentliche Urkunden gelten die Art. 24 und 25.

Überraschungseffekt der Vollstreckung erhöht.[2] Das Antragsrecht besteht auch nach Erlass der Entscheidung fort; eine Befristung des Antragsrechts nach nationalem Recht wäre unzulässig. Eine äußerste Grenze bildet dabei die nach nationalem Recht bestehende **Titelverjährung**. Dies ergibt sich daraus, dass die Vollstreckungswirkungen im Vollstreckungsstaat nicht weiter gehen dürfen, als das nationale Recht des Ursprungsmitgliedstaates dies zugesteht. Für Titel aus Deutschland gilt nach § 197 Abs. 1 Nr. 3 BGB eine Vollstreckungsverjährung von 30 Jahren.[3] **Antragsberechtigt** ist der Titelgläubiger.[4]

2a Problematisch erscheint die Antragsberechtigung bei der Vollstreckung von **Ordnungsgeldern** auf der Grundlage von § 890 ZPO. Solche Forderungen unterfallen grds. der EuVTVO (s. Art. 2 Rn 2 a). Gleichwohl stehen sie materiell nicht dem Gläubiger zu, sondern dem Staat.[5] Demgegenüber sieht der BGH die Vollstreckung nur als letzte Stufe der Durchsetzung von Unterlassungsansprüchen, deren Geltendmachung den Parteien obliege. Dies sollte erst recht auch für die grenzüberschreitende Durchsetzung gelten. Die Möglichkeit der Bestätigung des Ordnungsmittelanspruchs als Europäischer Vollstreckungstitels verschafft dem ursprünglich erwirkten Unterlassungstitel eine größere Effizienz.[6] Einer Vollstreckung solcher Ordnungsgelder nach der EuVTVO steht aber jedenfalls derzeit die Nichteinhaltung der Mindeststandards nach Art. 12 ff EuVTVO entgegen (s. Art. 4 Rn 8).

3 Unproblematisch sind auch nach nationalem Recht bestehende Präklusionswirkungen für wiederholte, erfolglose Anträge auf Bestätigung als Europäischer Vollstreckungstitel, die das deutsche Recht jedoch derzeit nicht enthält (s. § 1080 ZPO Rn 6).[7]

4 c) **Zuständigkeit**. Zuständig zur Entgegennahme des Antrags ist das **Ursprungsgericht** (Definition: Art. 4 Nr. 6). Jeder Mitgliedstaat bestimmt aber selbst, welches Gericht über die **Ausstellung der Bestätigung** entscheidet; vgl die Durchführungsbestimmung des § 1079 ZPO. Darin liegt ein Kompromiss zwischen dem Gedanken der Sachnähe (wonach das Ursprungsgericht auch für die Bestätigung als Europäischer Vollstreckungstitel zuständig sein müsste, so der ursprüngliche Kommissionsvorschlag) und den Erwägungen der Kontrolleffizienz, wonach die im Bestätigungsverfahren zu prüfenden Mindestvoraussetzungen möglichst auf eine nicht mit dem Ausgangsverfahren befasste Instanz verlagert werden sollten.

5 **2. Vollstreckbarkeit im Ursprungsstaat (Abs. 1 lit. a).** Die EuVTVO nimmt in Art. 11 den allgemeinen vollstreckungsrechtlichen Grundsatz auf, dass der Vollstreckungsstaat der Entscheidung keine weitergehenden Wirkungen verleiht, als dieser nach dem Recht des Urteilsstaates zukommen. Abs. 1 lit. a fordert daher für die Bestätigung als Europäischer Vollstreckungstitel eine Vollstreckbarkeit der Entscheidung nach der lex fori; ausreichend ist ausweislich der Entstehungsgeschichte der EuVTVO, deren erster Entwurf zunächst ausdrücklich Rechtskraft

---

2 *Stein*, EuZW 2004, 679, 680.
3 Zu den Voraussetzungen im Einzelnen NK-BGB/*Mansel/Stürner*, 2. Aufl. 2012, § 197 BGB Rn 44 ff.
4 *Kropholler/von Hein*, Art. 6 EuVTVO Rn 2.
5 Beitreibung von Amts wegen nach § 1 Abs. 1 Nr. 3 JBeitrO. Gegen Antragsberechtigung des Titelgläubigers daher *Bittmann*, GPR 2012, 84, 86; ebenso bereits OLG München IPRax 2009, 342.
6 BGHZ 185, 124 = NJW 2010, 1883, 1885; zust. etwa *Kropholler/von Hein*, Art. 6 EuVTVO Rn 2; *Arnold*, ZEuP 2012, 315, 330 f.
7 Zöller/*Geimer*, § 1079 ZPO Rn 12; ebenso Rauscher/*Pabst*, Art. 6 EuVTVO Rn 5; Gebauer/Wiedmann/*Bittmann*, Art. 9 EuVTVO Rn 80; Geimer/Schütze/*Hilbig*, IRV, Art. 9 EuVTVO Rn 10 (im Extremfall aber Fehlen des Rechtsschutzbedürfnisses).

der Entscheidung forderte, die **vorläufige Vollstreckbarkeit**.[8] Weitere als die in der EuVTVO genannten Vollstreckungsvoraussetzungen, die möglicherweise im autonomen nationalen Recht des Urteilsstaates bestehen, sind nicht zu prüfen.[9]

3. Einhaltung von Mindestvorschriften über die Zuständigkeit (Abs. 1 lit. b). Das für die Bestätigung als Europäischer Vollstreckungstitel zuständige Gericht hat bei der Bestätigung von Entscheidungen als Europäischer Vollstreckungstitel die Einhaltung ausgewählter Vorschriften über die Zuständigkeit zu überprüfen. Hierbei handelt es sich um die Vorschriften über die Zuständigkeiten in **Versicherungssachen** (Art. 8–14 Brüssel I-VO bzw Art. 10– 6 Brüssel Ia-VO) und die **ausschließlichen Zuständigkeiten** des Art. 22 Brüssel I-VO (bzw Art. 24 Brüssel Ia-VO). Die Zuständigkeiten für **Verbrauchersachen** (Art. 15–17 Brüssel I-VO bzw Art. 17–19 Brüssel Ia-VO) werden in lit. b hingegen nicht genannt; für sie enthält lit. d einen eigenen Schutzmechanismus (s. Rn 8 ff). Die Nichteinhaltung weiterer Zuständigkeitsregeln, als solcher der Brüssel Ia-VO, schadet nicht (vgl hierzu wiederum die Parallelbestimmung des Art. 45 Abs. 3 Brüssel Ia-VO). Dies gilt insb. auch für Zuständigkeitsvorschriften in **arbeitsrechtlichen Streitigkeiten**, obwohl der Arbeitnehmer hier durchaus auch als Schuldner auftreten kann und nicht nur als Gläubiger, wie dies der Verordnungsgeber annimmt.[10]

4. Weitere Voraussetzungen bei passiv unbestrittenen Forderungen (Abs. 1 lit. c). In lit. c wird die Differenzierung zwischen aktiv und passiv unbestrittenen Forderungen aufgenommen (s. Art. 3 Rn 7 f, 9 ff); für Letztere werden weitere Voraussetzungen aufgestellt, die vor einer Bestätigung der Entscheidung als Europäischer Vollstreckungstitel zu überprüfen sind. Schutzzweck dieser in den Art. 13 ff geregelten **verfahrensrechtlichen Mindestanforderungen** ist es, sicherzustellen, dass der Schuldner hinreichend über die gegen ihn laufende gerichtliche Verfahren und die bestehenden Verteidigungsmöglichkeiten informiert wurde. Bei aktiv unbestrittenen Forderungen bedarf es dieser Kautelen hingegen nicht. Bei **Nichteinhaltung** der Mindestanforderungen kommt eine Vollstreckung der Entscheidung auf der Grundlage der Brüssel Ia-VO in Betracht.[11]

5. Zusätzliche Bestimmungen bei Forderungen gegen Verbraucher (Abs. 1 lit. d). a) Schutzmechanismus bei passiv unbestrittenen Forderungen. Einen besonderen Schutz im Rahmen der Vollstreckung erfahren **Verbraucher**.[12] Eine Entscheidung über eine passiv unbestrittene Forderung, die eine Verbrauchersache betrifft und gegen einen Verbraucher gerichtet ist, kann nach lit. d nur dann als Europäischer Vollstreckungstitel bestätigt werden, wenn die Entscheidung im **Wohnsitzstaat** (Art. 62 Brüssel Ia-VO) des Verbrauchers ergangen ist. Eine **Verbrauchersache** liegt dann vor, wenn die Forderung „einen Vertrag betrifft, den eine Person ... zu einem Zweck geschlossen hat, der nicht der beruflichen oder gewerblichen Tätigkeit dieser Person zugerechnet werden kann". Die in Art. 17 Abs. 1 Brüssel Ia-VO enthaltenen Differenzierungen nach Vertragstyp und die Notwendigkeit einer Beziehung des Vertragspartners zum Wohnsitzstaat des Verbrauchers hat die EuVTVO nicht übernommen. Der EuGH hat in der Rechtssache *Vapenik*[13] entschieden, dass die EuVTVO unanwendbar ist auf Verträge, die zwischen zwei nicht berufs- oder gewerbebezogen handelnden Personen geschlos-

---

8 *Kropholler/von Hein*, Art. 6 EuVTVO Rn 5.
9 *Gebauer/Wiedmann/Bittmann*, Art. 6 EuVTVO Rn 49 mwN – auch zur Gegenansicht.
10 Krit. dazu *Rauscher/Pabst*, Art. 6 EuVTVO Rn 23 f. Vgl auch die bei *Gerling*, Die Gleichstellung ausländischer mit inländischen Vollstreckungstiteln, S. 91 ff geäußerten verfassungsrechtlichen Bedenken.
11 Vgl *Rauscher/Pabst*, Art. 6 EuVTVO Rn 30.
12 Eingehend dazu *Mankowski*, VuR 2010, 16; *Geimer/Schütze/Hilbig*, IRV, Art. 6 EuVTVO Rn 31 ff.
13 EuGH 5.12.2013 – Rs. C-508/12 (Vapenik), NJW 2014, 841.

sen wurden. Begründet wurde dies hauptsächlich mit dem Erfordernis eines Gleichlaufs zur Brüssel I-VO sowie mit dem Erfordernis einer Ungleichgewichtslage, die dem prozessualen Verbraucherschutz in dieser Verordnung zugrunde liege und die in C2C-Konstellationen fehle.[14]

9 Im Ergebnis erfährt der Verbraucher insofern einen recht weitgehenden Schutz, als eine Bestätigung einer Entscheidung als Europäischer Vollstreckungstitel bei gegen einen Verbraucher gerichteten Forderungen aus Verbrauchersachen nur dann erfolgen kann, wenn dieser Vermögen außerhalb seines Wohnsitzstaates hat.[15] In der Rechtswirklichkeit könnte dem Verbraucher dieser Schutz gleichwohl nicht immer ohne weiteres zuteil werden, da es mangels Einlassung des Verbrauchers im Prozess regelmäßig schwer fallen dürfte, im späteren Bestätigungsverfahren dessen Verbrauchereigenschaft zu überprüfen. Diesbezüglich können Anhaltspunkte nur aus den Einlassungen des Klägers gewonnen werden.[16]

10 **b) Schutzlücke bei aktiv unbestrittenen Forderungen?** Auf aktiv unbestrittene Entscheidungen (Art. 3 Abs. 1 lit. a) ist lit. d nach seinem klaren Wortlaut nicht anwendbar.[17] Dies hat die Konsequenz, dass ein gegen einen Verbraucher ergangenes Anerkenntnisurteil auch dann als Europäischer Vollstreckungstitel bestätigt werden kann, wenn es im Widerspruch zu den Zuständigkeitsregeln der Art. 17–19 Brüssel Ia-VO ergangen ist. Während die hM diese Konsequenz hinnimmt, weil sich der Verbraucher durch die Anerkenntnis seines Schutzes begeben habe,[18] befürwortet die Gegenansicht eine **analoge Anwendung von lit. b** auf gegen den Verbraucher ergangene Anerkenntnisurteile und verlangt die Einhaltung der Art. 17–19 Brüssel Ia-VO. Auf diese Weise soll ein Gleichlauf mit Art. 5 Abs. 1 Brüssel Ia-VO erreicht werden.[19]

10a Typischerweise wird aber ohnehin bei Anerkenntnisurteilen, die unter Verletzung von Art. 18 Abs. 2 Brüssel Ia-VO ergangen sind, eine **rügelose Einlassung** des Verbrauchers nach Art. 26 Brüssel Ia-VO vorliegen.[20] Unklar ist indessen, wie sich eine Missachtung der nunmehr nach Art. 26 Abs. 2 Brüssel Ia-VO bestehenden Hinweispflicht des Gerichts in Verbrauchersachen auswirkt. Vertreten lässt sich sicherlich, dass dies die Unwirksamkeit der rügelosen Einlassung zu Folge hat,[21] so dass der Anerkennungsversagungsgrund des Art. 45 Abs. 1 lit. e i) Brüssel Ia-VO bestünde.[22] Für diesen Fall stünde der Verbraucher bei Vollstreckung

---

14 Zust. etwa *Mansel/Thorn/Wagner*, IPRax 2014, 1, 18; iE auch *Mankowski*, EWiR 2014, 371; Rauscher/*Pabst*, Art. 6 EuVTVO Rn 40; mit guten Gründen krit. *Klöpfer/Ramić*, GPR 2014, 107; *Sujecki*, EuZW 2014, 149. Anders zuvor auch die Vorauflage (2. Aufl. 2013, aaO).
15 Vgl *Stein*, EuZW 2004, 679, 680.
16 *Röthel/Sparmann*, WM 2006, 2285, 2289.
17 Rauscher/*Pabst*, Art. 6 EuVTVO Rn 33–38 geht insoweit von einem Redaktionsversehen aus.
18 *R. Wagner*, IPRax 2005, 189, 194; *Kropholler/von Hein*, Art. 6 EuVTVO Rn 15; MüKo-ZPO/*Adolphsen*, Art. 6 VO (EG) 805/2004 Rn 19; Thomas/Putzo/*Hüßtege*, Art. 6 EuVTVO Rn 6; Musielak/*Lackmann*, Art. 6 EuVTVO Rn 9; *Burgstaller/Neumayr*, ÖJZ 2006, 179, 184; *Leible/Freitag*, Forderungsbeitreibung in der EU, § 5 Rn 24; *Lehmann*, in: Leible/Terhechte, EnzEuR Bd. 3, § 19 Rn 42 mit Fn 79; wohl auch Prütting/Gehrlein/*Halfmeier*, Art. 6 EuVTVO Rn 5.
19 *Rauscher*, Der Europäische Vollstreckungstitel, Rn 96; Rauscher/*Pabst*, Art. 6 EuVTVO Rn 37.
20 Auch Verbraucher können sich rügelos einlassen: EuGH 20.1.2005 – Rs. C-464/01 (Gruber), Slg 2005 I-439, Rn 53 (wohl obiter); EuGH 20.5.2010 – Rs. C-111/09 (Bilas), Slg. 2010, I-4545, Rn 30 – beide zu Art. 24 Brüssel I-VO.
21 Dies entspräche der für amtsgerichtliche Verfahren bestehenden Rechtslage im autonomen deutschen Recht (§§ 39 S. 2, 504 ZPO).
22 *von Hein*, RIW 2013, 97, 109.

nach der EuVTVO schlechter als nach der Brüssel Ia-VO. Der Verordnungsgeber hat diese Konsequenz offenbar pauschal hingenommen.

II. Bestätigung der Nichtvollstreckbarkeit (Abs. 2)

Die Reichweite des Europäischen Vollstreckungstitels soll nicht weitergehen, als das Recht des Ursprungsstaates dies anordnet (vgl Rn 2 sowie Art. 11). Nachdem die vorläufige Vollstreckbarkeit der Entscheidung für die Bestätigung als Europäischer Vollstreckungstitel ausreicht (s. Rn 5), kann es zu Widersprüchen zu einer im weiteren Verlauf des Rechtsstreits ergangenen Änderung der ursprünglichen Entscheidung kommen. Abs. 2 gibt dem Schuldner daher die Möglichkeit, durch Antrag an das Ursprungsgericht seinerseits eine Bestätigung darüber zu erhalten, dass die Vollstreckbarkeit eingeschränkt oder weggefallen ist, so dass aus dem Europäischen Vollstreckungstitel nicht mehr vollstreckt werden kann. Dies kann etwa dann der Fall sein, wenn der Schuldner im **Rechtsbehelfsverfahren obsiegt** hat oder wenn die Vollstreckung von einer Sicherheitsleistung abhängig gemacht wurde. Diese oder weitere Umstände sind unter Ziff. 5 auf dem Formblatt in Anhang IV zur EuVTVO anzugeben. 11

Im deutschen Recht dienen § 1079 ZPO (Zuständigkeit für Bestätigung; s. § 1079 ZPO Rn 5) und § 1085 ZPO (Berücksichtigung der Bestätigung bei Vollstreckung aus einen ausländischen Europäischen Vollstreckungstitel durch Verweis auf die §§ 775, 776 ZPO; s. § 1085 ZPO Rn 1) der konkreten Durchführung des Abs. 2. 12

III. Ersatzbestätigung (Abs. 3)

Abs. 3 Hs 1 regelt die im Vergleich zu Abs. 2 umgekehrte Konstellation, nämlich den Fall, dass nach Bestätigung einer Entscheidung als Europäischer Vollstreckungstitel gegen die Entscheidung ein Rechtsbehelf eingelegt wird und hierauf wiederum eine vollstreckbare Entscheidung ergeht. Der Gläubiger kann dann anstelle der ursprünglichen Bestätigung eine Ersatzbestätigung beantragen, die die ursprüngliche Bestätigung ersetzt. Praktische Relevanz hat die Ersatzbestätigung vor allem dann, wenn der Schuldner im Rechtsbehelfsverfahren teilweise obsiegt und eine Bestätigung der Nichtvollstreckbarkeit nach Abs. 2 beantragt. Die Ersatzbestätigung kann auch dann erteilt werden, wenn der Schuldner im Rechtsbehelfsverfahren der Forderung widersprochen hat und dieses Verfahren mithin **streitig** beendet wurde. Der Wortlaut des Abs. 3 ist insoweit zwar nicht eindeutig, diese Konsequenz folgt jedoch aus Art. 3 Abs. 2, der die Anwendbarkeit der EuVTVO auch auf Rechtsbehelfsentscheidungen erstreckt, die nach einer Bestätigung als Europäischer Vollstreckungstitel ergangen sind (zu Nachweisen s. Art. 3 Rn 2). 13

Abs. 3 Hs 2 lässt Art. 12 Abs. 2 unberührt. Danach gelten die **Mindestanforderungen der Art. 13 ff** auch für die Ersatzbestätigung nach Abs. 3, „wenn zum Zeitpunkt dieser Entscheidung die Bedingungen nach Artikel 3 Absatz 1 Buchstabe b) oder c) erfüllt sind". Diese Formulierung könnte dahin verstanden werden, dass die Mindestanforderungen auch im Rechtsbehelfsverfahren eingehalten werden müssen, sofern es sich um eine passiv unbestrittene Forderung handelt.[23] Bei Zugrundelegung der wohl hM behält der ursprünglich ausgestellte Europäische Vollstreckungstitel auch dann seine Wirkung, wenn die Forderung im Rechtsbehelfsverfahren nicht mehr unbestritten war (s. Art. 3 Rn 3). Die Anforderungen der Art. 13 ff sind aber nur dann zu beachten, wenn die Forderung auch im Rechtsbehelfsverfahren unbestritten iSv Art. 3 Abs. 1 lit. b und c ist (s. näher Art. 12 Rn 11). 14

---

23 So Rauscher/*Pabst*, Art. 6 EuVTVO Rn 57.

15 Eine Ersatzbestätigung käme nach dem Wortlaut von Abs. 3 auch dann in Betracht, wenn der Schuldner im Rechtsbehelfsverfahren obsiegt und eine Kostenentscheidung zu seinen Gunsten erwirkt: Der **Kostenfestsetzungsbeschluss** könnte dann als Europäischer Vollstreckungstitel bestätigt werden. Wenn auch Art. 3 Abs. 2 nicht hiergegen spricht, so entspräche diese Auslegung doch wohl nicht der Intention des Verordnungsgebers.[24]

16 Eine Ersatzbestätigung wird nur ausgestellt, wenn die Entscheidung (**vorläufig**) **vollstreckbar** ist. Die Voraussetzungen von Abs. 1 lit. b–d werden hingegen nicht erneut geprüft.[25] Auch für die Ersatzbestätigung findet sich in Anhang V zur EuVTVO ein Vordruck, der der einfachen und schnellen Durchführung des Bestätigungsverfahrens dient.

Artikel 7 Kosten in Verbindung mit dem gerichtlichen Verfahren

Umfasst eine Entscheidung eine vollstreckbare Entscheidung über die Höhe der mit dem gerichtlichen Verfahren verbundenen Kosten, einschließlich Zinsen, wird sie auch hinsichtlich dieser Kosten als Europäischer Vollstreckungstitel bestätigt, es sei denn, der Schuldner hat im gerichtlichen Verfahren nach den Rechtsvorschriften des Ursprungsmitgliedstaats der Verpflichtung zum Kostenersatz ausdrücklich widersprochen.

I. Regelungszweck

1 Art. 7 stellt klar, dass auch eine im Hauptausspruch konkret **bezifferte Kostenentscheidung** als Europäischer Vollstreckungstitel bestätigt wird, sofern der Schuldner nicht dem gegen ihn gerichteten Kostenerstattungsanspruch nach den Regeln der lex fori widersprochen hat. Voraussetzung ist dabei, dass die Hauptsacheentscheidung ebenfalls die Voraussetzungen eines Europäischen Vollstreckungstitels erfüllt; dies ergibt sich aus dem Wortlaut des Art. 7, der eine Bestätigung *auch* hinsichtlich der Kostenentscheidung zulässt.[1] Einen konkreten Kostenausspruch in der Hauptsacheentscheidung kennt etwa das österreichische Recht (§ 54 Abs. 1 öZPO).

2 Eine solche **Akzessorietät** zwischen Hauptsache- und Kostenentscheidung gilt indessen nicht für die isolierte Kostenentscheidung. Diese kann als Europäischer Vollstreckungstitel bestätigt werden, auch wenn die Hauptsacheentscheidung nicht auf eine Geldforderung gerichtet ist (s. Rn 3).

II. Relevanz für das deutsche Recht

3 Für einen deutschen Titel hat die Regelung keine Relevanz, da die ZPO einen bezifferten Kostenausspruch idR nicht kennt:[2] Mit dem Hauptausspruch erfolgt lediglich eine Kostengrundentscheidung hinsichtlich der Verteilung der angefallenen Kosten (§§ 91 ff ZPO). Die konkrete Bezifferung erfolgt hingegen erst im Kostenfestsetzungsverfahren (§§ 103 ff ZPO) durch einen Kostenfestsetzungsbeschluss nach § 104 ZPO.[3] Dieser **isolierte Kostenfestsetzungsbeschluss** ist eine Entscheidung iSd Art. 4 Nr. 1 und kann daher bereits auf der Grundlage des

---

24 Vgl *Coester-Waltjen*, in: FS Ansay, S. 47, 53.
25 Rauscher/*Pabst*, Art. 6 EuVTVO Rn 55 f.
1 Vgl *R. Wagner*, IPRax 2005, 189, 196.
2 Zu Ausnahmen Musielak/*Lackmann*, Art. 7 EuVTVO Rn 1.
3 Näher dazu Hk-ZPO/*Gierl*, Vor §§ 91–107 ZPO Rn 20–23.

Art. 3 als Europäischer Vollstreckungstitel bestätigt werden (s. Art. 4 Rn 5).[4] Dagegen ist diesbezüglich nicht erforderlich, dass auch die Hauptsacheentscheidung als Europäischer Vollstreckungstitel bestätigt werden könnte.[5]

Dies hat allerdings zur Folge, dass regelmäßig die in Art. 17 lit. b normierte Mindestvoraussetzung für deutsche Kostenfestsetzungsbeschlüsse nicht erfüllt ist, da die ZPO insoweit keine Rechtsbehelfsbelehrung vorsieht.[6] Hält man eine Anwendung von Art. 18 Abs. 2 für ausgeschlossen,[7] dann bleibt nur eine Heilung über Art. 18 Abs. 1, was bisher eine teleologische Reduktion des Art. 18 Abs. 1 lit. b voraussetzte (s. Art. 18 Rn 7).[8] Die Einführung des § 232 ZPO nF, der mit Wirkung vom 1.1.2014 eine generelle Rechtsbehelfsbelehrung in Zivilsachen vorsieht (s. Art. 17 Rn 2), ermöglicht nun eine Bestätigung solcher Entscheidungen als Europäische Vollstreckungstitel. 4

Ist der Kostenfestsetzungsbeschluss im **einstweiligen Rechtsschutzverfahren** ergangen (s. Art. 4 Rn 3), so ist die zwischen einstweiliger Maßnahme und Kostenentscheidung bestehende Akzessorietät zu beachten,[9] was dazu führen kann, dass der Kostenfestsetzungsbeschluss bei Aufhebung der einstweiligen Maßnahme unwirksam wird. Hat der Schuldner Widerspruch gegen die einstweilige Maßnahme eingelegt, so kann er analog Art. 23 auch dann Vollstreckungsschutz beantragen, wenn der (rechtskräftige) Kostenfestsetzungsbeschluss bereits als Europäischer Vollstreckungstitel bestätigt wurde.[10] 5

Artikel 8   Teilbarkeit der Bestätigung als Europäischer Vollstreckungstitel

Wenn die Entscheidung die Voraussetzungen dieser Verordnung nur in Teilen erfüllt, so wird die Bestätigung als Europäischer Vollstreckungstitel nur für diese Teile ausgestellt.

I. Allgemeines

Art. 8 wurde im Vergleich zum ersten Kommissionsvorschlag (s. Vor Rn 3), der sich an Art. 48 Brüssel I-VO orientierte, wesentlich vereinfacht, ohne dass damit inhaltliche Änderungen beabsichtigt waren. Eine Entscheidung kann auch dann als Europäischer Vollstreckungstitel bestätigt werden, wenn sie nicht in allen Teilen den Voraussetzungen der EuVTVO genügt. 1

---

4 OLG Stuttgart NJW-RR 2007, 1583, 1584; *H. Roth*, IPRax 2008, 235, 236. AA *Schlosser*, Art. 7 EuVTVO Rn 2.
5 Wie hier *Rauscher*, Der Europäische Vollstreckungstitel, Rn 46; MüKo-ZPO/*Adolphsen*, Art. 4 VO (EG) 805/2004 Rn 12; *H. Roth*, IPRax 2008, 235, 236; *Leible/Freitag*, Forderungsbeitreibung in der EU, § 5 Rn 15; *Bittmann*, Vom Exequatur zum qualifizierten Klauselerteilungsverfahren, S. 40 f; Gebauer/Wiedmann/*Bittmann*, Art. 7 EuVTVO Rn 70 mwN; *ders.*, IPRax 2011, 361, 363; Geimer/Schütze/*Hilbig*, IRV, Art. 7 EuVTVO Rn 11 ff. Anders aber (unter Hinweis auf den Rechtsgedanken des Art. 7) *R. Wagner*, IPRax 2005, 189, 196; Kropholler/von Hein, Art. 7 EuVTVO Rn 3; *Burgstaller/Neumayr*, ÖJZ 2006, 179, 183; *Gerling*, Die Gleichstellung ausländischer mit inländischen Vollstreckungstiteln, S. 116 f; *Heringer*, Der europäische Vollstreckungstitel, S. 72; Prütting/Gehrlein/*Halfmeier*, Art. 7 EuVTVO Rn 2.
6 OLG Nürnberg Rpfleger 2010, 92; *H. Roth*, IPRax 2008, 235, 236 f; ebenso iE *Bittmann*, Rpfleger 2009, 369.
7 So *H. Roth*, IPRax 2008, 235, 237; anders Thomas/Putzo/*Hüßtege*, Art. 18 EuVTVO Rn 2.
8 *H. Roth*, IPRax 2008, 235, 237.
9 Thomas/Putzo/*Hüßtege*, § 103 ZPO Rn 3 ff.
10 *H. Roth*, IPRax 2008, 235, 237.

II. Regelungsgehalt

2 Art. 8 erfasst im Wesentlichen drei Fallgruppen, die im ersten Kommissionsvorschlag (dort Art. 6) noch im Detail erwähnt waren:

3 **1. Mehrere verschiedenartige Forderungen.** Die Entscheidung betrifft mehrere Forderungen, die nicht alle auf Zahlung von Geld gerichtet sind. Es kann ein Europäischer Vollstreckungstitel ausgestellt werden für diejenigen Teile, die eine fällige, bezifferte Geldforderung zum Gegenstand haben. Hierher gehört auch der Fall, dass sich der Titel gegen zwei Schuldner richtet, die Voraussetzungen der Art. 3, 6 EuVTVO aber nur hinsichtlich eines Schuldners vorlagen.[1]

4 **2. Teilbare Geldforderung.** Die Entscheidung betrifft eine Geldforderung, die jedoch nicht in allen Teilen fällig oder genau beziffert ist oder vom Beklagten in Teilen bestritten wurde. Auch hier kommt eine Bestätigung als Europäischer Vollstreckungstitel für diejenigen Teile in Betracht, die eine fällige, unbestrittene Geldforderung zum Gegenstand haben.

5 **3. Teilantrag.** Darüber hinaus bleibt es dem Gläubiger unbenommen, einen Europäischen Vollstreckungstitel nur für einen Teil der Forderung zu beantragen, auch wenn die Voraussetzungen der Bestätigung auch für die anderen Teile der Forderung gegeben sind.

Artikel 9 Ausstellung der Bestätigung als Europäischer Vollstreckungstitel

(1) Die Bestätigung als Europäischer Vollstreckungstitel wird unter Verwendung des Formblatts in Anhang I ausgestellt.

(2) Die Bestätigung als Europäischer Vollstreckungstitel wird in der Sprache ausgestellt, in der die Entscheidung abgefasst ist.

I. Bestätigungsverfahren (Abs. 1)

1 Das Verfahren zur Bestätigung einer Entscheidung als Europäischer Vollstreckungstitel (zu deren Voraussetzungen s. Art. 6 Rn 5 ff) findet **ohne Beteiligung des Schuldners** statt (vgl § 1080 Abs. 1 S. 1 ZPO). Dessen Recht auf rechtliches Gehör wird erst im (eingeschränkten) Rechtsbehelfsverfahren nach Art. 10 (s. Art. 10 Rn 1 ff) berücksichtigt. Das **ex parte-Verfahren** dient der Beschleunigung und damit den Interessen des Gläubigers; im Übrigen wäre eine Beteiligung des Schuldners im Bestätigungsverfahren auch nicht sinnvoll, da er in diesem Stadium ohnehin keine Einwendungen vorbringen kann. Wird eine Bestätigung als Europäischer Vollstreckungstitel erteilt, so ist diese nach den deutschen Durchführungsbestimmungen dem Schuldner zuzustellen (§ 1080 Abs. 1 S. 2 ZPO); vgl dazu näher die Erl. bei § 1080 ZPO. Eine solche Zustellung wird von der EuVTVO aber nicht gefordert.[1]

2 Die EuVTVO enthält keine Regelung über mögliche **Rechtsbehelfe des Gläubigers** gegen die Versagung der Bestätigung einer Entscheidung als Europäischer Vollstreckungstitel. Art. 10 regelt nur **Rechtsmittel des Schuldners** gegen die Ausstellung der Bestätigung. Den dadurch entstehenden **Regelungsspielraum** können

---

1 BGH 14.6.2014 – IX ZB 245/10 (Rn 4), juris.
1 *Strasser*, Rpfleger 2007, 249, 251; Gebauer/Wiedmann/*Bittmann*, Art. 9 EuVTVO Rn 77; *Lehmann*, in: Leible/Terhechte, EnzEuR Bd. 3, § 19 Rn 45; AG Augsburg IPRax 2013, 269; aA *Burgstaller/Neumayr*, ÖJZ 2006, 179, 187.

die Mitgliedstaaten für eigene Regelungen nutzen.[2] § 1080 Abs. 2 ZPO sieht hier über den Verweis auf § 724 Abs. 2 ZPO insb. die sofortige Beschwerde vor (s. § 1080 ZPO Rn 5). Unbenommen bleibt dem Gläubiger in jedem Fall ein erneuter Antrag (s. Art. 6 Rn 3).

II. Formblätter

Die Bestätigung als Europäischer Vollstreckungstitel wird auf den in den Anhängen I–VI abgedruckten Formblättern erteilt.[3] Sie stehen im **Europäischen Gerichtsatlas** online[4] zur Verfügung (s. Art. 29 Rn 1). Solche **Formblätter** bestehen für die Bestätigung einer Entscheidung (Anhang I), eines gerichtlichen Vergleichs (Anhang II) und einer öffentlichen Urkunde (Anhang III) als Europäischer Vollstreckungstitel. Anhang IV enthält ein Formblatt für eine Bestätigung über die Aussetzung oder Einschränkung der Vollstreckbarkeit nach Art. 6 Abs. 2. Anhang V regelt die Ersatzbestätigung als Europäischer Vollstreckungstitel infolge eines Rechtsbehelfs nach Art. 6 Abs. 3. Anhang VI enthält schließlich einen Antrag auf Berichtigung oder Widerruf der Bestätigung als Europäischer Vollstreckungstitel (Art. 10 Abs. 3). 3

Die Verwendung der Formblätter ist – mit Ausnahme des Formblatts in Anhang VI (s. dazu Art. 10 Rn 3) – **zwingende Voraussetzung** für die Erteilung eines Europäischen Vollstreckungstitels.[5] Die EuVTVO knüpft damit an die bereits in anderen europäischen Verordnungen verwendete Technik an, die der Vereinfachung der Ausstellung des Europäischen Vollstreckungstitels und damit auch der Beschleunigung dient; insb. werden dadurch zeitaufwendige und fehleranfällige Übersetzungen gerichtlicher Beschlüsse entbehrlich (vgl aber Rn 5). Gleichwohl erscheint das Risiko des falschen Ausfüllens der Formblätter durchaus gegeben. 4

III. Die Sprachproblematik (Abs. 2)

Das Formblatt wird nach Abs. 2 in der **Sprache des Ursprungsmitgliedstaates** ausgefüllt. Die Formblätter sind in allen Mitgliedstaaten gleich aufgebaut; dennoch sieht Art. 20 Abs. 2 lit. c „gegebenenfalls" eine Übersetzung in die Sprache des jeweiligen Vollstreckungsmitgliedstaates vor, also dann, wenn die Sprache des Ursprungsstaates nicht nach Art. 30 Abs. 1 lit. b auch im Vollstreckungsstaat zugelassen ist.[6] Die wohl hM hält demgegenüber eine Übersetzung des Formblatts nur dann für erforderlich, wenn das Formblatt ausnahmsweise durch **individuelle Eintragungen** ergänzt wurde (s. näher Art. 20 Rn 7).[7] Eine Übersetzung der Entscheidung selbst ist hingegen – anders als nach Art. 55 Abs. 2 Brüssel I-VO (vgl Art. 37, 42 Brüssel Ia-VO) – stets entbehrlich; die Vollstreckung erfolgt allein aus den auf dem Formblatt gemachten Angaben. 5

---

2 Dies ergibt sich aus der Entstehungsgeschichte, vgl dazu *Kropholler/von Hein*, Art. 9 EuVTVO Rn 7. Ebenso östOGH 14.6.2007 – 1 R 85/07 p.
3 Die Formblätter wurden im Zuge der Erweiterung der EU durch die VO (EG) Nr. 1869/2005 der Kommission vom 16. November 2005 zur Ersetzung der Anhänge der Verordnung (EG) Nr. 805/2004 des Europäischen Parlaments und des Rates zur Einführung eines Europäischen Vollstreckungstitels für unbestrittene Forderungen angepasst, aber nicht inhaltlich verändert.
4 Unter http://ec.europa.eu/justice_home/judicialatlascivil/html/index_de.htm.
5 Rauscher/*Pabst*, Art. 9 EuVTVO Rn 3.
6 Rauscher/*Pabst*, Art. 20 EuVTVO Rn 13.
7 So etwa *Kropholler/von Hein*, Art. 9 EuVTVO Rn 2; *Musielak/Lackmann*, Art. 9 EuVTVO Rn 1.

Artikel 10 Berichtigung oder Widerruf der Bestätigung als Europäischer Vollstreckungstitel

(1) Die Bestätigung als Europäischer Vollstreckungstitel wird auf Antrag an das Ursprungsgericht
a) berichtigt, wenn die Entscheidung und die Bestätigung aufgrund eines materiellen Fehlers voneinander abweichen;
b) widerrufen, wenn sie hinsichtlich der in dieser Verordnung festgelegten Voraussetzungen eindeutig zu Unrecht erteilt wurde.

(2) Für die Berichtigung oder den Widerruf der Bestätigung als Europäischer Vollstreckungstitel ist das Recht des Ursprungsmitgliedstaats maßgebend.

(3) Die Berichtigung oder der Widerruf der Bestätigung als Europäischer Vollstreckungstitel können unter Verwendung des Formblatts in Anhang VI beantragt werden.

(4) Gegen die Ausstellung einer Bestätigung als Europäischer Vollstreckungstitel ist kein Rechtsbehelf möglich.

I. Regelungsgehalt

1 Art. 10 regelt **abschließend** (so die Aussage des missverständlich formulierten Abs. 4; s. Rn 8) die Rechtsbehelfe, die dem Schuldner gegen die Bestätigung einer **Entscheidung** als Europäischer Vollstreckungstitel zur Verfügung stehen. Über Art. 24 Abs. 3, 25 Abs. 3 gilt die Norm auch für **gerichtliche Vergleiche** und **öffentliche Urkunden**. Nach **Abs. 1** kann der Schuldner Berichtigung (lit. a; s. Rn 4 f) oder Widerruf (lit. b; s. Rn 6 f) beantragen. Der Antrag ist an das Ursprungsgericht (Art. 4 Nr. 6) zu richten. Die Bestimmung der Zuständigkeit für die Entscheidung über den Antrag ist hingegen ebenso dem nationalen Recht überlassen wie die Ausgestaltung des Berichtigungs- und Widerrufsverfahrens (**Abs. 2**); das deutsche Recht regelt dies in § 1081 ZPO (s. § 1081 ZPO Rn 3 ff).

2 Berichtigung und Widerruf haben **keine Suspensivwirkung**, so dass aus dem fehlerhaft oder eindeutig zu Unrecht erteilten Europäischen Vollstreckungstitel trotz Einlegung eines Rechtsbehelfs nach Abs. 1 weiter vollstreckt werden kann.[1] Der Schuldner kann jedoch im Vollstreckungsstaat nach Art. 23 einen Antrag auf Aussetzung der Zwangsvollstreckung stellen (s. Art. 23 Rn 9).

3 Die Verwendung des Formblatts in Anhang VI ist im Unterschied zu den sonstigen Formblättern (s. Art. 9 Rn 3) nach der Formulierung in **Abs. 3** („können unter Verwendung des Formblatts ...") fakultativ.[2]

II. Berichtigung (Abs. 1 lit. a)

4 Der **Schuldner** kann nach Abs. 1 lit. a die Berichtigung des Europäischen Vollstreckungstitels beantragen, „wenn die Entscheidung und die Bestätigung aufgrund eines materiellen Fehlers voneinander abweichen". Wann ein solcher „**materieller**" **Fehler** vorliegt, erschließt sich aus der Systematik der Verordnung nicht. Aus den Gesetzgebungsmaterialien ergibt sich, dass „inhaltliche Fehler", etwa „Schreibfehler", erfasst sein sollen.[3] Angesichts der Bedeutung, die die Bestätigung als Europäischer Vollstreckungstitel im Vollstreckungsstaat hat, ist **jede Abweichung von der Entscheidung** zu berichtigen, insb. jeder Fehler bei den An-

---

1 Zöller/*Geimer*, Art. 10 EuVTVO Rn 7; *Ptak*, Der Europäische Vollstreckungstitel und das rechtliche Gehör des Schuldners, 2014, S. 187 ff.
2 *Kropholler/von Hein*, Art. 10 EuVTVO Rn 9; Rauscher/*Pabst*, Art. 10 EuVTVO Rn 21.
3 KOM(2004) 90 endg., S. 3.

gaben in Ziff. 2–6 des Formblatts in Anhang I.[4] Als Leitlinie gilt, dass eine Berichtigung dann zu erfolgen hat, wenn nach deutschem Recht eine Urteilsberichtigung nach § 319 ZPO durchzuführen wäre.[5]

Der Wortlaut von Abs. 1 eröffnet auch dem **Gläubiger** die Möglichkeit eines Antrags auf Berichtigung, wenn etwa auf dem Europäischen Vollstreckungstitel eine geringere Forderungssumme bestätigt wurde, als in der Entscheidung tituliert.[6] Von Art. 10 nicht erfasst ist dagegen der Fall, dass die Bestätigung verweigert wird: Über mögliche Rechtsbehelfe entscheidet die lex fori (s. Art. 9 Rn 2).

III. Widerruf (Abs. 1 lit. b)

Ein Widerruf der Bestätigung erfolgt nach Abs. 1 lit. b auf Antrag des **Schuldners**, wenn diese „eindeutig zu Unrecht" erteilt wurde. Zu Unrecht erfolgte die Bestätigung, wenn die in Art. 3, 6 genannten Voraussetzungen missachtet wurden, wenn also etwa dem Europäischen Vollstreckungstitel keine Geldforderung zugrunde lag, die Forderung nicht unbestritten war oder die Mindestanforderungen des Art. 6 Abs. 1 lit. b nicht eingehalten worden sind. Die hM lässt den Widerruf insb. auch bei **Verletzungen des Art. 2** zu.[7] Dem ist zuzustimmen, da die Missachtung der Grenzen des sachlichen Anwendungsbereichs der EuVTVO sicherlich den klarsten Fall einer zu Unrecht erteilten Bestätigung darstellt. Nach der hier vertretenen Ansicht (s. Art. 5 Rn 3; Art. 21 Rn 9; dort auch zur herrschenden Gegenansicht) ist der Schuldner jedoch nicht auf die Beantragung eines Widerrufs nach lit. b im Ursprungsstaat beschränkt. Vielmehr kann ein kompetenzwidrig ausgestellter Europäischer Vollstreckungstitel im Vollstreckungsstaat nicht Grundlage einer Zwangsvollstreckung sein, so dass dem Schuldner auch dort Rechtsschutz gewährt werden kann, ohne dass der Geltungsanspruch der EuVTVO berührt wäre. Diese Doppelung des Rechtsschutzes für den Schuldner lässt sich mit dem **Grundsatz der Meistbegünstigung**[8] rechtfertigen:[9] Bei formaler Betrachtung wäre zwar der Anwendungsbereich der EuVTVO überhaupt nicht eröffnet und damit auch der Widerruf nach lit. b nicht statthaft. Der Fehler des Gerichts bei der Bestätigung der Entscheidung als Europäischer Vollstreckungstitel darf aber nicht zu Lasten des Schuldners gehen, so dass die Möglichkeit des Widerrufs weiterhin gegeben sein muss.

Klärungsbedürftig ist, wann ein Europäischer Vollstreckungstitel „eindeutig" zu Unrecht erteilt wurde. Der Zweck der EuVTVO, die grenzüberschreitende Vollstreckung zu vereinfachen und zu beschleunigen (s. Art. 1 Rn 2 ff), könnte dafür sprechen, lit. b auf Evidenzfälle zu beschränken. Indessen würde eine solche Sichtweise die berechtigten Interessen des Schuldners nur unzureichend berücksichtigen. Richtigerweise sollte dem Kriterium der Eindeutigkeit keine beschränkende Wirkung beigemessen werden: Jede im o.g. Sinne unrichtig erteilte Bestäti-

---

4 Rauscher/*Pabst*, Art. 10 EuVTVO Rn 13; eingehend Geimer/Schütze/*Hilbig*, IRV, Art. 10 EuVTVO Rn 24 ff.
5 S. *Stein*, IPRax 2004, 181, 190; ebenso Kropholler/von Hein, Art. 10 EuVTVO Rn 4; *Schlosser*, Art. 10 EuVTVO Rn 2.
6 Ebenso Rauscher/*Pabst*, Art. 10 EuVTVO Rn 18; Wieczorek/Schütze/*Schütze*, § 1081 ZPO Rn 11; *Lehmann*, in: Leible/Terhechte, EnzEuR Bd. 3, § 19 EU Rn 52.
7 R. *Wagner*, IPRax 2005, 189, 197; *Kropholler/von Hein*, Art. 10 EuVTVO Rn 6; Rauscher/*Pabst*, Art. 10 EuVTVO Rn 17; Zöller/*Geimer*, Art. 10 EuVTVO Rn 6.
8 Zu dessen Anwendung im deutschen Zivilprozessrecht MüKo-ZPO/*Rimmelspacher*, vor §§ 511 ff ZPO Rn 89 ff.
9 Zust. Geimer/Schütze/*Zenker*, IRV, Art. 33 EuVTVO Rn 5.

gung ist auch eindeutig zu Unrecht erteilt.[10] Sinnvoll erscheint es allenfalls, eine Art Darlegungslast für den Schuldner in Bezug auf den Mangel der Bestätigung auf das Kriterium der Eindeutigkeit zu gründen.[11]

IV. Keine weiteren Rechtsbehelfe gegen die Bestätigung (Abs. 4)

8 Die missverständliche Formulierung des Abs. 4 könnte vermuten lassen, dass die Bestätigung unanfechtbar ist. Sie ist Ergebnis eines politischen Kompromisses.[12] Aus der Möglichkeit von Berichtigung und Widerruf in Abs. 1 ergibt sich aber, dass Abs. 4 nur **weitere** Rechtsbehelfe gegen die Bestätigung ausschließt.[13] Im deutschen Recht regelt § 1081 ZPO diese Frage (s. § 1081 ZPO Rn 9).

9 Von den in Art. 10 behandelten Rechtsbehelfen gegen die Bestätigung sind die nach der lex fori im Ursprungsstaat bestehenden **Rechtsbehelfe gegen die Entscheidung selbst** zu unterscheiden; diese bleiben von der EuVTVO unberührt (s. Art. 23 Rn 3 ff).

Artikel 11 Wirkung der Bestätigung als Europäischer Vollstreckungstitel

Die Bestätigung als Europäischer Vollstreckungstitel entfaltet Wirkung nur im Rahmen der Vollstreckbarkeit der Entscheidung.

1 Art. 11 enthält den allgemeinen Grundsatz, dass die Wirkungen eines Titels im Vollstreckungsstaat nicht weiter gehen dürfen, als ihm nach dem Recht des Urteilsstaates zukommen (s. auch Art. 20 Rn 1). Eine (etwa durch einen Rechtsbehelf bewirkte) Änderung der Vollstreckbarkeit des Titels nach der lex fori schlägt damit auch auf den Europäischen Vollstreckungstitel durch. Praktisch wird diese Einschränkung durch die vom Schuldner nach Art. 6 Abs. 2 zu beantragende **Bestätigung der Nichtvollstreckbarkeit** umgesetzt, die im Vollstreckungsstaat der Vollstreckung entgegengehalten werden kann (s. Art. 6 Rn 11 f).[1]

2 Gleiches gilt auch für die **Anerkennungswirkungen**, die über den Europäischen Vollstreckungstitel im Vollstreckungsstaat eintreten (s. näher Art. 5 Rn 9): Der Vollstreckungsstaat ist nicht verpflichtet, in Bezug auf eine als Europäischer Vollstreckungstitel bestätigte Entscheidung weitergehende Wirkungen anzuerkennen, als dieser nach dem Recht des Ursprungsstaates zukommen.

---

10 R. *Wagner*, IPRax 2005, 189, 197; ebenso *Burgstaller/Neumayr*, ÖJZ 2006, 179, 187 f; MüKo-ZPO/*Adolphsen*, Art. 10 VO (EG) 805/2004 Rn 6; *Schlosser*, Art. 10 EuVTVO Rn 3; Prütting/Gehrlein/*Halfmeier*, Art. 10 EuVTVO Rn 3; Gebauer/Wiedmann/*Bittmann*, Art. 10 EuVTVO Rn 85; Geimer/Schütze/*Hilbig*, IRV, Art. 10 EuVTVO Rn 39 ff.
11 So *Rauscher*, Der Europäische Vollstreckungstitel, Rn 168 f; Rauscher/*Pabst*, Art. 10 EuVTVO Rn 16; *Kropholler/von Hein*, Art. 10 EuVTVO Rn 7. Krit., iE aber zust. hierzu Wieczorek/Schütze/*Schütze*, § 1081 ZPO Rn 4; abl. *Schlosser*, Art. 10 EuVTVO Rn 3; Geimer/Schütze/*Hilbig*, IRV, Art. 10 EuVTVO Rn 45.
12 Zur Normgenese Rauscher/*Pabst*, Art. 10 EuVTVO Rn 5–10.
13 R. *Wagner*, IPRax 2005, 189, 197; *Stein*, IPRax 2004, 181, 190; *Kropholler/von Hein*, Art. 10 EuVTVO Rn 10.
1 Anders offenbar die französische Cour de cassation vom 6.1.2012, n° 10-23518, wonach die Gerichte des Vollstreckungsstaates auf der Grundlage des Art. 11 die Vollstreckung einstellen können, wenn die Entscheidung, die als Europäischer Vollstreckungstitel bestätigt wurde, im Ursprungsstaat im Rechtsmittelzug aufgehoben wird. Für diesen Fall sieht aber Art. 6 Abs. 2 die Bestätigung der Nichtvollstreckbarkeit im Ursprungsstaat vor.

KAPITEL III MINDESTVORSCHRIFTEN FÜR VERFAHREN ÜBER UNBESTRITTENE FORDERUNGEN

Literatur:
Hüßtege, Der Europäische Vollstreckungstitel in der Praxis, IPRax 2009, 321; *Nordmeier*, Verordnungsveranlasstes Zivilprozessrecht: Zum Einfluss der EuVTVO auf die Auslegung von § 338 S. 2 ZPO, GPR 2011, 158; *Rauscher*, Der Wandel von Zustellungsstandards zu Zustellungsvorschriften im Europäischen Zivilprozessrecht, in: FS Kropholler, 2008, S. 851; *H. Roth*, Probleme um die Bestätigung als Europäischer Vollstreckungstitel nach der EuVTVO, IPRax 2013, 239.

Artikel 12 Anwendungsbereich der Mindestvorschriften

(1) Eine Entscheidung über eine unbestrittene Forderung im Sinne von Artikel 3 Absatz 1 Buchstabe b) oder c) kann nur dann als Europäischer Vollstreckungstitel bestätigt werden, wenn das gerichtliche Verfahren im Ursprungsmitgliedstaat den verfahrensrechtlichen Erfordernissen nach diesem Kapitel genügt hat.

(2) Dieselben Erfordernisse gelten auch für die Ausstellung der Bestätigung als Europäischer Vollstreckungstitel oder einer Ersatzbestätigung im Sinne des Artikels 6 Absatz 3 für eine Entscheidung, die nach Anfechtung einer Entscheidung ergangen ist, wenn zum Zeitpunkt dieser Entscheidung die Bedingungen nach Artikel 3 Absatz 1 Buchstabe b) oder c) erfüllt sind.

I. Einhaltung der „Mindestvorschriften"

1. Normzweck und -inhalt. Der Verzicht auf die Ordre-public-Kontrolle im Vollstreckungsstaat setzt insb. bei den sog. passiv unbestrittenen Forderungen (Art. 3 Abs. 1 lit. b und c; s. Art. 3 Rn 9 ff) voraus, dass der Schuldner rechtzeitig und umfassend über die Konsequenzen seiner Nichtteilnahme am Verfahren belehrt wird (vgl Erwägungsgründe Nr. 10–12).[1] Dies sicherzustellen, ist Aufgabe der Art. 12–19. Art. 12 präzisiert damit die Vorgaben des Art. 6 Abs. 1 lit. c (s. Art. 6 Rn 7). 1

Der praktisch eminent wichtige Punkt der **Sprache** bei der Zustellung und Unterrichtung wird in den Art. 12 ff nicht geregelt. Dadurch wird der durch die Mindestvorschriften bezweckte Schuldnerschutz wieder beeinträchtigt: Die EuVTVO begründet faktisch eine Obliegenheit des beklagten Schuldners, eine in einer ihm nicht geläufigen Sprache abgefasste Ladung aus dem Ausland notfalls übersetzen zu lassen, da die Zustellung der Klage in der Sprache des Ursprungsstaates für die Einhaltung der Mindestvorgaben ausreicht.[2] 2

2. Systematik der Art. 13–19. Art. 13–15 enthalten Mindestvorschriften für die Durchführung der Zustellung verfahrenseinleitender oder gleichwertiger Schriftstücke sowie von Ladungen. 3

Art. 13 behandelt dabei die Zustellung ohne, **Art. 14** die Zustellung mit Empfangsbestätigung. **Art. 15** stellt klar, dass die Zustellung auch an einen Vertreter des Schuldners erfolgen kann. Die verschiedenen Zustellungsformen sind gleichwertig; dies ergibt sich aus der Formulierung in Art. 14 Abs. 1, der die Zustellung „auch" in den dort genannten Formen zulässt. Es muss also nicht zunächst die 4

---

1 Eingehend zur Bedeutung des rechtlichen Gehörs in der EuVTVO *Ptak*, Der Europäische Vollstreckungstitel und das rechtliche Gehör des Schuldners, 2014, S. 68 ff, 111 ff, 136 ff.

2 Krit. daher *Stadler*, RIW 2004, 801, 807 f; ebenso Rauscher/*Pabst*, Art. 12 EuVTVO Rn 2.

Zustellung mit Empfangsnachweis nach Art. 13 versucht werden; die Ersatzzustellung nach Art. 14 genügt.[3]

5 Art. 16 und 17 enthalten Mindestvorgaben bezüglich des Inhalts des zuzustellenden Schriftstücks. Hierin muss der Schuldner sowohl über die geltend gemachte Forderung (**Art. 16**) als auch über die zu deren Bestreiten erforderlichen Verfahrensschritte (**Art. 17**) informiert werden.

6 Auch bei Nichteinhaltung der Art. 13–17 ist eine Bestätigung als Europäischer Vollstreckungstitel möglich, wenn die Voraussetzungen der Heilung nach **Art. 18** eingehalten wurden. **Art. 19** enthält schließlich einen zusätzlichen Mindeststandard für diejenigen Fälle, in denen sich der Schuldner ohne eigenes Verschulden nicht verteidigen konnte.

7 3. **Mindestvorschriften als „Beurteilungsregeln".** Die Mindestvorschriften in den Art. 13 ff setzen keine zwingenden Standards in dem Sinne, dass die Mitgliedstaaten ihre Zustellungsvorschriften anzupassen hätten (vgl Erwägungsgrund Nr. 19). Sie sind bloße **Beurteilungsregeln**.[4] Die Zustellungen selbst erfolgen nach dem im Einzelfall anwendbaren nationalen Recht bzw nach der EuZustVO (s. Art. 28 Rn 1). Gleichwohl kommt den Mindestvorschriften erhebliche Bedeutung zu, da ein Europäischer Vollstreckungstitel nicht erteilt werden kann, wenn ihre Anforderungen im Verfahren nicht erfüllt wurden (Art. 6 Abs. 1 lit. c). Stellt das Recht eines Mitgliedstaates also geringere Anforderungen an die ordnungsgemäße Zustellung einer Klage als die Art. 13 ff (s. näher Art. 14 Rn 3 ff), so sind diese Vorschriften des nationalen Rechts nicht unionsrechtswidrig; eine auf Grundlage dieser Vorgaben ergangene Entscheidung kann aber nicht als Europäischer Vollstreckungstitel bestätigt werden. Da die Beurteilung der Einhaltung der Mindestvorgaben jedoch erst ex post, nämlich nach Erlass der Entscheidung, erfolgt, können die Fehler – vorbehaltlich der Möglichkeit der Heilung nach Art. 18 – nicht mehr korrigiert werden. Gläubiger haben also bereits **bei Klageeinleitung** darauf zu achten, dass die Mindestvorschriften der Art. 13 ff eingehalten werden (s. dazu Art. 1 Rn 5). Obwohl die EU keine Kompetenz für die Vereinheitlichung rein nationaler Verfahren hat (Art. 81 AEUV betrifft nur grenzüberschreitende Verfahren), wird über die Aufstellung der Beurteilungsregeln ein gewisser **Anpassungsdruck** auf die Mitgliedstaaten ausgeübt, die ein Interesse daran haben, dass Entscheidungen ihrer eigenen Gerichte als Europäischer Vollstreckungstitel bestätigt werden können.[5] Vorschriften, die ein Mitgliedstaat im Hinblick auf die in den Art. 13 ff enthaltenen Vorgaben erlässt, können als **verordnungsveranlasstes Recht** bezeichnet werden.[6] Die unionsrechtliche Prägung solcher Vorschriften ist bei ihrer Auslegung zu berücksichtigen.[7]

8 Auch erscheint es naheliegend, die Art. 13 ff bei der Auslegung von anderem Unionsrecht zu berücksichtigen. Auch wenn es sich dabei um bloße Beurteilungsregeln handelt (s. Rn 7), so präzisieren sie doch die Vorstellungen des Unionsgesetzgebers, welche Zustellungen als ausreichend anzusehen sind, um dem Beklag-

---

3 R. *Wagner*, IPRax 2005, 189, 195; *Kropholler/von Hein*, Art. 14 EuVTVO Rn 3; Zöller/*Geimer*, Art. 12 EuVTVO Rn 9; ebenso nun auch Thomas/Putzo/*Hüßtege*, Art. 13 EuVTVO Rn 1 und Art. 14 EuVTVO Rn 1.
4 *Kohler*, in: Reichelt/Rechberger, Europäisches Kollisionsrecht, S. 63, 72; *Kropholler/von Hein*, Art. 12 EuVTVO Rn 7 f.
5 Rauscher/*Pabst*, Art. 12 EuVTVO Rn 5; *Rauscher*, in: FS Kropholler, S. 851, 855. Zur Funktion der Mindestvorgaben als Wegbereiter einer weitergehenden Harmonisierung M. *Stürner*, in: FS Simotta, S. 587, 597 ff.
6 So *Nordmeier*, GPR 2011, 158.
7 Dazu eingehend *Nordmeier*, GPR 2011, 158, 162 ff am Beispiel von § 338 S. 2 ZPO aF. Zur Rolle der EuVTVO bei der Auslegung dieser Norm auch BGH NJW 2011, 522, 524.

ten die Möglichkeit der effektiven Verteidigung zu geben. Sie sind daher als Maßstab zur Konkretisierung des Art. 45 Abs. 1 lit. b Brüssel Ia-VO geeignet.[8]

Die Vorschriften des deutschen Rechts genügen den Anforderungen der Art. 13 ff, so dass eine auf eine passiv unbestrittene Forderung hin ergangene Entscheidung eines deutschen Gerichts bei Erfüllung der weiteren Voraussetzungen der EuVTVO als Europäischer Vollstreckungstitel bestätigt werden kann.[9] Zum Sonderfall des Kostenfestsetzungsbeschlusses s. Art. 7 Rn 3 ff. 9

II. Anwendungsbereich

Abs. 1 legt fest, dass die Mindestvorschriften nur für die sog. passiv unbestrittenen Forderungen (Art. 3 Abs. 1 lit. b und c) gelten. Hat ein Schuldner die Forderung hingegen aktiv anerkannt, so bedarf er des Schutzes der Art. 13 ff nicht. 10

Abs. 2 kann in zweifacher Hinsicht verstanden werden, je nachdem, welche Auslegung man Art. 3 Abs. 2 gibt (s. Art. 3 Rn 3): Hält man mit der zutreffenden hM über Art. 3 Abs. 2 eine Bestätigung als Europäischer Vollstreckungstitel auch dann für möglich, wenn die Forderung im Rechtsbehelfsverfahren vom Schuldner bestritten wurde, ist Art. 12 Abs. 2 so zu verstehen, dass die Mindestvorschriften der Art. 13 ff *nur* für die Fälle der passiv unbestrittenen Forderungen (Art. 3 Abs. 1 lit. b und c) gelten, nicht aber für die im Rechtsbehelfsverfahren bestrittenen Forderungen.[10] Fordert man hingegen auch für die Rechtsbehelfsentscheidung, dass die Voraussetzungen des Art. 3 Abs. 1 vorliegen müssen, so folgt aus Art. 12 Abs. 2 die Bestätigung, dass die Mindestanforderungen der Art. 13 ff auch im Rechtsbehelfsverfahren eingehalten werden müssen, sofern es sich *in diesem Verfahrensstadium* um passiv unbestrittene Forderungen handelt.[11] Zur Funktion des Abs. 2 s. bereits Art. 3 Rn 2. 11

Artikel 13 Zustellung mit Nachweis des Empfangs durch den Schuldner

(1) Das verfahrenseinleitende Schriftstück oder ein gleichwertiges Schriftstück kann dem Schuldner wie folgt zugestellt worden sein:

a) durch persönliche Zustellung, bei der der Schuldner eine Empfangsbestätigung unter Angabe des Empfangsdatums unterzeichnet, oder

b) durch persönliche Zustellung, bei der die zuständige Person, die die Zustellung vorgenommen hat, ein Dokument unterzeichnet, in dem angegeben ist, dass der Schuldner das Schriftstück erhalten hat oder dessen Annahme unberechtigt verweigert hat und an welchem Datum die Zustellung erfolgt ist, oder

c) durch postalische Zustellung, bei der der Schuldner die Empfangsbestätigung unter Angabe des Empfangsdatums unterzeichnet und zurückschickt, oder

---

8 Abl. indessen BGH EuZW 2010, 478, 479; krit. dazu *Bach*, IPRax 2011, 241, 243 ff. Zutr. daher OLG Stuttgart JbItalR 23 (2010), 191, 194, das im Falle der Nichtannahme eines verfahrenseinleitenden Schriftstücks für die Auslegung von Art. 14 EuZustVO die Regelung des Art. 14 EuVTVO herangezogen hat. S. dazu *M. Stürner*, in: FS Simotta, S. 587, 597 f.

9 *Kropholler/von Hein*, Art. 12 EuVTVO Rn 9; Rauscher/*Pabst*, Art. 12 EuVTVO Rn 9. So auch die Regierungsbegründung zum EG-Vollstreckungstitel-Durchführungsgesetz, BT-Drucks. 15/5222, S. 10. Rechtsvergleichend dazu *Bittmann*, Vom Exequatur zum qualifizierten Klauselerteilungsverfahren, S. 60 ff.

10 So etwa *Kropholler/von Hein*, Art. 6 EuVTVO Rn 18.

11 So Rauscher/*Pabst*, Art. 6 EuVTVO Rn 57.

d) durch elektronische Zustellung wie beispielsweise per Fax oder E-Mail, bei der der Schuldner eine Empfangsbestätigung unter Angabe des Empfangsdatums unterzeichnet und zurückschickt.

(2) Eine Ladung zu einer Gerichtsverhandlung kann dem Schuldner gemäß Absatz 1 zugestellt oder mündlich in einer vorausgehenden Verhandlung über dieselbe Forderung bekannt gemacht worden sein, wobei dies im Protokoll dieser Verhandlung festgehalten sein muss.

I. Regelungsgehalt

1   Abs. 1 enthält Mindestanforderungen für **Zustellungsformen mit Empfangsbestätigung**, denen Zustellungen verfahrenseinleitender oder gleichwertiger Schriftstücke (vgl. Art. 45 Abs. 1 lit. b Brüssel Ia-VO) und **Ladungen** (Abs. 2) genügen müssen, damit die Entscheidung als Europäischer Vollstreckungstitel bestätigt werden kann. Dabei betreffen **lit. a, c und d** Fälle, in denen die Empfangsbestätigung vom Schuldner unterzeichnet wurde, **lit. b** hingegen eine Zustellung, die von der Zustellungsperson dokumentiert wurde und die auch eine unberechtigte Annahmeverweigerung des Schuldners umfasst (s. Rn 6 f).

2   Die Empfangsbestätigungen sind zwingende Voraussetzung für die Bestätigung als Europäischer Vollstreckungstitel und nicht bloßes Beweismittel für eine ordnungsgemäße Zustellung.[1]

II. Zustellung mit Empfangsbestätigung durch den Schuldner (Abs. 1 lit. a, c, d)

3   **1. Persönliche Zustellung mit Empfangsbestätigung (lit. a).** Bei der persönlichen Zustellung lässt lit. a es genügen, dass der Schuldner die Empfangsbestätigung mit Angabe des Datums unterzeichnet. Eine Rücksendung der Bestätigung ist daher im Unterschied zu lit. c und d nicht erforderlich. Lit. a ist nur einschlägig bei Zustellung durch eine zuständige Amtsperson. Insbesondere das Übergabe-Einschreiben genügt den Anforderungen von lit. a daher nicht.[2] Den Mindeststandard von lit. a erfüllt etwa die Zustellung gegen Empfangsbekenntnis nach § 174 ZPO.

4   **2. Postalische Zustellung (lit. c).** Wird nicht persönlich, sondern postalisch zugestellt, so genügt die bloße Bestätigung des Empfangs mit Datum nicht; vielmehr muss der Schuldner die Bestätigung auch zurückschicken. Beispiel: Einschreiben mit Rückschein nach § 175 ZPO, nicht aber Übergabe-Einschreiben (hier fehlt es an der Rücksendung).

5   **3. Elektronische Zustellung (lit. d).** Auch die dem deutschen Recht noch unbekannte elektronische Zustellung (per **Fax** oder **E-Mail**) genügt, sofern der Schuldner den Empfang mit Datum bestätigt und die Bestätigung zurückschickt. Eine Rücksendung auf elektronischem Wege muss hierfür genügen. Ausreichend ist also die Bestätigung per Fax, per E-Mail aber nur dann, wenn der Schuldner durch eine elektronische Signatur eindeutig zu identifizieren ist.[3]

III. Persönliche Zustellung mit Empfangsbestätigung durch die Zustellungsperson (Abs. 1 lit. b)

6   Eine Sonderstellung nimmt lit. b ein, da hier die Empfangsbestätigung nicht durch den Schuldner erfolgt, sondern durch die Zustellungsperson. Wer die zur

---

[1] *Rauscher*, Der Europäische Vollstreckungstitel, Rn 117; Rauscher/*Pabst*, Art. 13 EuVTVO Rn 21; *Kropholler/von Hein*, Art. 13 EuVTVO Rn 1.
[2] *Kropholler/von Hein*, Art. 13 EuVTVO Rn 3.
[3] Rauscher/*Pabst*, Art. 13 EuVTVO Rn 19.

Zustellung „zuständige Person" ist, bestimmt sich nach der lex fori.[4] Wie bei lit. a muss die Zustellung persönlich an den Schuldner (oder seinen Vertreter, Art. 15) erfolgen. Im Falle der Übergabe an den Schuldner genügt eine Bestätigung hierüber durch die **Zustellungsperson**. Vgl für das deutsche Recht die Zustellung mit Zustellungsauftrag nach §§ 176 ff ZPO.

Verweigert der Schuldner die Annahme und ist diese Weigerung „unberechtigt", so genügt dieser Zustellungsversuch gleichwohl den Mindeststandards. Die Unbestimmtheit des Tatbestandsmerkmals der **„unberechtigten Verweigerung"** ist problematisch.[5] Die EuVTVO liefert keine Anhaltspunkte für die Konkretisierung. Ein möglicher Verweigerungsgrund ist entsprechend Art. 8 EuZustVO gegeben, wenn der Schuldner die Sprache des Schriftstücks nicht versteht.[6] Die lex fori kann genauso Weigerungsrechte enthalten wie das Recht des Zustellungsstaates.[7] Art. 13 verlangt nicht, dass das Schriftstück bei Annahmeverweigerung am Zustellungsort zurückgelassen werden muss.[8]

IV. Ladung zu einer Gerichtsverhandlung (Abs. 2)

Wird die **Ladung** zu einer Gerichtsverhandlung nicht ohnehin zusammen mit dem verfahrenseinleitenden Schriftstück zugestellt, so verweist Abs. 2 für ihre gesonderte Zustellung auf die in Abs. 1 genannten Mindeststandards. Alternativ genügt eine mündliche Ladung während einer vorausgehenden Gerichtsverhandlung, sofern diese im Protokoll festgehalten wird. Dies setzt eine Anwesenheit des Schuldners oder eines Vertreters beim Gerichtstermin voraus.[9]

Artikel 14 Zustellung ohne Nachweis des Empfangs durch den Schuldner

(1) Das verfahrenseinleitende Schriftstück oder ein gleichwertiges Schriftstück sowie eine Ladung zu einer Gerichtsverhandlung kann dem Schuldner auch in einer der folgenden Formen zugestellt worden sein:

a) persönliche Zustellung unter der Privatanschrift des Schuldners an eine in derselben Wohnung wie der Schuldner lebende Person oder an eine dort beschäftigte Person;

b) wenn der Schuldner Selbstständiger oder eine juristische Person ist, persönliche Zustellung in den Geschäftsräumen des Schuldners an eine Person, die vom Schuldner beschäftigt wird;

c) Hinterlegung des Schriftstücks im Briefkasten des Schuldners;

d) Hinterlegung des Schriftstücks beim Postamt oder bei den zuständigen Behörden mit entsprechender schriftlicher Benachrichtigung im Briefkasten des Schuldners, sofern in der schriftlichen Benachrichtigung das Schriftstück eindeutig als gerichtliches Schriftstück bezeichnet oder darauf hingewiesen wird, dass die Zustellung durch die Benachrichtigung als erfolgt gilt und damit Fristen zu laufen beginnen;

e) postalisch ohne Nachweis gemäß Absatz 3, wenn der Schuldner seine Anschrift im Ursprungsmitgliedstaat hat;

---

4 S. KOM(2002) 159 endg., S. 12.
5 *Stadler*, RIW 2004, 801, 806.
6 So KOM(2004) 90 endg., S. 5.
7 Näher *Rauscher*, Der Europäische Vollstreckungstitel, Rn 112.
8 Rauscher/*Pabst*, Art. 13 EuVTVO Rn 13.
9 Vgl Thomas/Putzo/*Hüßtege*, Art. 13 EuVTVO Rn 3.

f) elektronisch, mit automatisch erstellter Sendebestätigung, sofern sich der Schuldner vorab ausdrücklich mit dieser Art der Zustellung einverstanden erklärt hat.

(2) Für die Zwecke dieser Verordnung ist eine Zustellung gemäß Absatz 1 nicht zulässig, wenn die Anschrift des Schuldners nicht mit Sicherheit ermittelt werden kann.

(3) Die Zustellung nach Absatz 1 Buchstaben a) bis d) wird bescheinigt durch

a) ein von der zuständigen Person, die die Zustellung vorgenommen hat, unterzeichnetes Schriftstück mit den folgenden Angaben:
   i) die gewählte Form der Zustellung und
   ii) das Datum der Zustellung sowie,
   iii) falls das Schriftstück einer anderen Person als dem Schuldner zugestellt wurde, der Name dieser Person und die Angabe ihres Verhältnisses zum Schuldner,

oder

b) eine Empfangsbestätigung der Person, der das Schriftstück zugestellt wurde, für die Zwecke von Absatz 1 Buchstaben a) und b).

I. Regelungszweck

1 **1. Sicherung der Kenntnisnahme des Schriftstücks.** Art. 14 lässt auch die **Ersatzzustellung** von verfahrenseinleitenden und gleichwertigen Schriftstücken sowie von Ladungen (s. Art. 13 Rn 8) ausreichen. Im Unterschied zu Art. 13 ist eine Empfangsbestätigung durch den Schuldner hier nicht erforderlich. Gleichwohl geht der Verordnungsgeber davon aus, dass die Anforderungen des Art. 14 „ein hohes Maß an Wahrscheinlichkeit" dafür gewähren, dass das zugestellte Schriftstück dem Empfänger tatsächlich zugegangen ist (Erwägungsgrund Nr. 14), so dass es dem Schuldner obliegt, das in seinen Herrschaftsbereich gelangte Schriftstück zur Kenntnis zu nehmen. Für die Fälle der unverschuldeten Verhinderung gilt ergänzend Art. 19 Abs. 1 lit. a (s. Art. 19 Rn 5 f). Trotz der im Vergleich zu Art. 13 abgesenkten Voraussetzungen stehen beide Zustellungsformen **gleichberechtigt** nebeneinander. Es besteht keine Pflicht, zunächst eine persönliche Zustellung nach Art. 13 zu versuchen (s. Art. 12 Rn 4). Voraussetzung für die Bestätigung einer Entscheidung als Europäischer Vollstreckungstitel nach Ersatzzustellung ist eine Bescheinigung nach Abs. 3 (s. Rn 14).

2 **2. Richtige Anschrift des Schuldners (Abs. 2).** Wenn Abs. 1 eine Ersatzzustellung genügen lässt, so stellt Abs. 2 klar, dass dies nicht für die Fälle gilt, in denen die Anschrift des Schuldners nicht mit Sicherheit ermittelt werden kann. Damit sind sämtliche Fälle der **fiktiven Zustellungen** ausgeschlossen (Erwägungsgrund Nr. 13). Betroffen sind davon insb. die öffentliche Zustellung nach § 185 ZPO[1] und die französische remise au parquet.[2] Ausgeschlossen sind damit auch diejenigen Fälle, in denen der Wohnsitz oder die Niederlassung des Schuldners unbekannt ist.[3]

---

1 KG 27.6.2011 – 12 W 30/11, juris.
2 Dazu *Heckel*, IPRax 2008, 218, 220.
3 EuGH 15.3.2012 – Rs. C-292/10 (G/Cornelius de Visser), EuZW 2012, 381 m. Anm. *Bach*, Rn 61 ff.

II. Die einzelnen Zustellungsformen (Abs. 1)

Abs. 1 führt abschließend[4] sechs verschiedene Zustellungsformen auf, die den Mindestvoraussetzungen genügen und die allesamt gleichwertig sind. Lit. a und b betreffen dabei die persönliche Ersatzzustellung (s. Rn 4 ff), lit. c und d die Ersatzzustellung durch Hinterlegung (s. Rn 8 ff), lit. e den Sonderfall, dass der Schuldner seine Anschrift im Ursprungsmitgliedstaat hat (s. Rn 11 f) und schließlich lit. f die elektronische Ersatzzustellung (s. Rn 13).

1. Persönliche Zustellung an Person in der Wohnung des Schuldners (lit. a).
Die Mindestanforderungen sind gewahrt, wenn die Zustellungsperson das Schriftstück oder die Ladung an eine in der **Wohnung** des Schuldners lebende oder dort beschäftigte Person tatsächlich übergibt. In Betracht kommen etwa Familienangehörige, Haushaltshilfen oder sonstige Bedienstete. Nachdem die Ersatzzustellung „ein hohes Maß an Wahrscheinlichkeit" für die tatsächliche Kenntnisnahme des Schriftstücks durch den Schuldner bieten muss (s. Rn 1), wird man eine gewisse Festigkeit der Beziehung zwischen der dritten Person und dem Schuldner verlangen müssen.

Auch muss der Dritte in der Lage sein, für die Weiterleitung des Schriftstücks an den Schuldner zu sorgen. Auch wenn lit. a im Gegensatz zum ersten Kommissionsvorschlag nicht die Volljährigkeit des Dritten verlangt, so ist ein **Mindestmaß an Verständigkeit** zu verlangen, das im Regelfall erst ab einem Alter von etwa 14 Jahren gegeben sein dürfte.[5] Entscheidend sind jedoch immer die Umstände des Einzelfalles.[6]

Der von Art. 14 neu eingeführte Begriff der **Privatanschrift** ist autonom auszulegen; er dürfte regelmäßig am Lebensmittelpunkt des Schuldners liegen.[7] Im Unterschied zu Art. 13 Abs. 1 lit. b genügt es für die Zwecke der Zustellung nicht, wenn die dritte Person die Annahme verweigert (Erwägungsgrund Nr. 15). Von lit. a zu unterscheiden sind Zustellungen an einen **Vertreter** des Schuldners (Art. 15).

2. Persönliche Zustellung an Beschäftigten in den Geschäftsräumen des Schuldners (lit. b).
Lit. b setzt zunächst voraus, dass der Schuldner Selbständiger oder juristische Person ist (vgl Art. 63 Abs. 1 Brüssel Ia-VO).[8] In allen anderen Fällen kommt nur die Zustellung nach lit. a in Betracht. Eine Ersatzzustellung – die wie in lit. a tatsächlich erfolgt sein muss (s. Rn 4) – kann an alle in den **Geschäftsräumen** vom Schuldner beschäftigten Personen erfolgen. Auf die Art und Weise der Beschäftigung kommt es nicht an. In Betracht kommen daher auch Volontäre, Praktikanten, Auszubildende oder mitarbeitende Familienangehörige. Ein Bezug der geltend gemachten Forderung zum Geschäftsbetrieb des Schuldners ist nicht erforderlich.[9] Eine Zustellung nach § 178 Abs. 1 Nr. 2 ZPO genügt den Anforderungen des lit. b.

3. Hinterlegung im Briefkasten des Schuldners (lit. c).
Besondere Anforderungen an den **Briefkasten** des Schuldners stellt lit. c nicht. Gleichwohl ergibt sich aus dem Zusammenhang mit lit. a und b einerseits sowie mit Abs. 2 andererseits, dass eine gewisse räumliche Verbindung zur Wohnung bzw zu den Geschäftsräu-

---

4 *Kropholler/von Hein*, Art. 14 EuVTVO Rn 5.
5 *Kropholler/von Hein*, Art. 14 EuVTVO Rn 9 (unter Hinweis auf § 178 Abs. 1 Nr. 1 ZPO); Geimer/Schütze/*Arnold*, IRV, Art. 14 EuVTVO Rn 8; ohne Altersgrenze hingegen Rauscher/*Pabst*, Art. 14 EuVTVO Rn 12.
6 Zöller/*Geimer*, Art. 14 EuVTVO Rn 5.
7 *Kropholler/von Hein*, Art. 14 EuVTVO Rn 8; Rauscher/*Pabst*, Art. 14 EuVTVO Rn 11.
8 Zum Begriff der juristischen Person Hk-ZPO/*Dörner*, Art. 63 Brüssel Ia-VO Rn 2.
9 Rauscher/*Pabst*, Art. 14 EuVTVO Rn 14; *Kropholler/von Hein*, Art. 14 EuVTVO Rn 14. AA indessen Geimer/Schütze/*Arnold*, IRV, Art. 14 EuVTVO Rn 16.

men des Schuldners gegeben sein muss.[10] Eine besondere Eignung des Briefkastens für die Hinterlegung von gerichtlichen Schriftstücken fordert lit. c dagegen im Gegensatz zu früheren Entwürfen nicht mehr. Damit trägt der Schuldner das Risiko des Abhandenkommens des Schriftstücks.[11] Die Ersatzzustellung nach § 180 ZPO stellt strengere Anforderungen als lit. c und genügt daher dessen Anforderungen.

9 **4. Hinterlegung beim Postamt oder der zuständigen Behörde (lit. d).** Lit. d lässt auch eine **Hinterlegung beim Postamt** oder den zuständigen Behörden (insb. Gerichten) genügen, dies aber nur dann, wenn der Schuldner durch eine in seinem Briefkasten (wie lit. c; s. Rn 8) eingeworfene **Benachrichtigung** ausdrücklich darauf hingewiesen wird, dass ein gerichtliches Schriftstück hinterlegt wurde, oder alternativ,[12] dass die Zustellung mit Einwurf der Benachrichtigung als erfolgt gilt und damit auch Fristen zu laufen beginnen.

10 Die nach deutschem Recht subsidiäre Ersatzzustellung durch Niederlegung nach § 181 ZPO erfordert für die Benachrichtigung des Schuldners keinen eindeutigen Hinweis darauf, dass es sich um ein gerichtliches Schriftstück handelt oder dass Fristen laufen und genügt daher lit. d nicht.[13]

11 **5. Postalische Zustellung ohne Empfangsnachweis (lit. e).** Im Unterschied zu lit. a–d lässt lit. e die einfache postalische Zustellung ohne Nachweis genügen, sofern der Schuldner seine Anschrift im Ursprungsmitgliedstaat hat und damit keine Auslandszustellung vorliegt. Hat der Schuldner mehrere Anschriften (etwa eine Privatanschrift nach lit. a und eine Geschäftsanschrift nach lit. b), so genügt es, wenn sich eine davon im Ursprungsmitgliedstaat befindet.[14]

12 Die nach deutschem Recht nach § 184 ZPO in bestimmten Fällen auch bei Auslandszustellungen ausreichende Zustellung durch einfache Post genügt den Anforderungen des lit. e damit nicht.[15]

13 **6. Elektronische Zustellung (lit. f).** Wie in Art. 13 Abs. 1 lit. d kennt auch Art. 14 die Möglichkeit der elektronischen Zustellung, lit. f. Im Unterschied zu der erstgenannten Vorschrift fordert lit. f aber keine Empfangsbestätigung (arg. Abs. 3), sondern lässt die Sendebestätigung etwa des Faxgerätes ausreichen.[16] Diese Erleichterung greift aber nur dann, wenn der Schuldner sich mit dieser Zustellungsform vorher ausdrücklich – aber nicht notwendig in Bezug auf das konkrete Verfahren und sogar formlos[17] – einverstanden erklärt hat.

III. Zustellungsbescheinigung und Empfangsbestätigung (Abs. 3)

14 Wie bei Art. 13 ist auch bei Art. 14 der **Nachweis** über den Zustellungsvorgang zwingende Voraussetzung für die Erfüllung der Mindestvoraussetzungen (vgl

---

10 *Kropholler/von Hein*, Art. 14 EuVTVO Rn 16; ähnl. Rauscher/*Pabst*, Art. 14 EuVTVO Rn 19; großzügiger wohl Zöller/*Geimer*, Art. 14 EuVTVO Rn 9.
11 *Stadler*, RIW 2004, 801, 806; Rauscher/*Pabst*, Art. 14 EuVTVO Rn 19; *Kropholler/von Hein*, Art. 14 EuVTVO Rn 17. Strenger Geimer/Schütze/*Arnold*, IRV, Art. 14 EuVTVO Rn 19.
12 *Kropholler/von Hein*, Art. 14 EuVTVO Rn 20 mwN; anders Rauscher/*Pabst*, Art. 14 EuVTVO Rn 22, der von einem Redaktionsversehen ausgeht und beide Voraussetzungen kumulativ fordert.
13 Rauscher/*Pabst*, Art. 14 EuVTVO Rn 23; anders *Kropholler/von Hein*, Art. 14 EuVTVO Rn 20 mwN.
14 Rauscher/*Pabst*, Art. 14 EuVTVO Rn 25.
15 Vgl etwa die Entscheidung des OLG Stuttgart Rpfleger 2008, 319; dazu auch *Hüßtege*, IPRax 2009, 321.
16 Näher Rauscher/*Pabst*, Art. 14 EuVTVO Rn 27.
17 Rauscher/*Pabst*, Art. 14 EuVTVO Rn 28.

Art. 13 Rn 2).[18] Abs. 3 unterscheidet dabei zwischen den einzelnen Zustellungsformen des Abs. 1 (s. Rn 3 ff):

- Für die Ersatzzustellungen nach Abs. 1 lit. a bis d muss eine **Zustellungsbestätigung** nach Abs. 3 lit. a vorliegen, in der die Zustellungsperson Datum und Form der Zustellung festgehalten hat.
- Im Falle der Zustellung an eine andere Person als den Schuldner (Abs. 1 lit. a und b) ist zusätzlich deren Name aufzuführen sowie ihr Verhältnis zum Schuldner. Die Zustellungsurkunde nach § 182 Abs. 2 ZPO erfüllt diese Anforderungen.
- In den Fällen der Ersatzzustellung an eine dritte Person (Abs. 1 lit. a und b) genügt nach Abs. 3 lit. b alternativ auch eine von dieser ausgestellte **Empfangsbestätigung**; diese muss wegen des systematischen Zusammenhangs mit Abs. 3 lit. a den dort aufgestellten Anforderungen genügen.[19]

Artikel 15 Zustellung an die Vertreter des Schuldners

Die Zustellung gemäß Artikel 13 oder Artikel 14 kann auch an den Vertreter des Schuldners bewirkt worden sein.

I. Der Begriff des Vertreters

Aus Erwägungsgrund Nr. 16 ergibt sich, dass sowohl der **gesetzliche Vertreter** als auch der **gewillkürte Vertreter** von der Vorschrift des Art. 15 erfasst sind. Ob der **gewillkürte Vertreter** Vertretungsmacht hatte, bestimmt sich hingegen nicht nach der insoweit schweigsamen EuVTVO, sondern nach dem IPR der lex fori.[1]

1

II. Zustellung an Vertreter

Die autonom nach der EuVTVO zu bestimmende Zulässigkeit der Zustellung an einen Vertreter ist nach Art. 15 sowohl für die Zustellung nach Art. 13 als auch für die Ersatzzustellung nach Art. 14 stets gegeben. Davon zu unterscheiden ist die Zulässigkeit der Zustellung an einen Vertreter für das **Erkenntnisverfahren**; diese bestimmt sich allein nach der lex fori. Daher kann es vorkommen, dass eine Zustellung nach nationalem Recht als unwirksam betrachtet wird, aber gleichwohl den Mindeststandards des Art. 15 genügen würde und die Entscheidung daher als Europäischer Vollstreckungstitel bestätigt werden könnte, obwohl sie nach nationalem Recht möglicherweise anfechtbar wäre.[2]

2

Artikel 16 Ordnungsgemäße Unterrichtung des Schuldners über die Forderung

Um sicherzustellen, dass der Schuldner ordnungsgemäß über die Forderung unterrichtet worden ist, muss das verfahrenseinleitende Schriftstück oder das gleichwertige Schriftstück folgende Angaben enthalten haben:

a) den Namen und die Anschrift der Parteien;
b) die Höhe der Forderung;

---

18 *Rauscher*, Der Europäische Vollstreckungstitel, Rn 131.
19 Rauscher/*Pabst*, Art. 14 EuVTVO Rn 33.
1 Rauscher/*Pabst*, Art. 15 EuVTVO Rn 2.
2 Vgl Rauscher/*Pabst*, Art. 15 EuVTVO Rn 4.

c) wenn Zinsen gefordert werden, den Zinssatz und den Zeitraum, für den Zinsen gefordert werden, es sei denn, die Rechtsvorschriften des Ursprungsmitgliedstaats sehen vor, dass gesetzliche Zinsen automatisch der Hauptforderung hinzugefügt werden;
d) die Bezeichnung des Forderungsgrundes.

I. Regelungszweck

1 Das Erfordernis der Information über Art und Umfang der Forderung im verfahrenseinleitenden Schriftstück (s. Art. 12 Rn 1) dient dazu, dass der Schuldner die Folgen einer möglichen Säumnis abschätzen kann. Hieraus legitimiert sich die Miteinbeziehung der passiv unbestrittenen Forderungen in Art. 3 Abs. 1 lit. b und c (s. Art. 3 Rn 9 ff).

II. Mindestinformation des Schuldners

2 Das verfahrenseinleitende Schriftstück muss nach den Art. 13–15 wirksam zugestellt worden sein. Es genügt nicht, dass der Schuldner nachweislich bereits auf andere Weise informiert worden war.[1]

3 Es müssen **Namen und Anschriften** von Gläubiger und Schuldner aufgeführt sein (**lit. a**).

4 Die geltend gemachte **Forderung** (Art. 4 Nr. 2; s. Art. 4 Rn 6 ff) muss konkret beziffert sein (**lit. b**); ein unspezifizierter Antrag auf Zahlung von Schmerzensgeld genügt nicht. **Zinsforderungen** sind nur dann näher anzugeben, wenn das Recht des Ursprungsmitgliedstaates nicht ohnehin ex lege gesetzliche Zinsen der Hauptforderung zuschlägt (**lit. c**). Dieser Verweis auf das Recht des Ursprungsmitgliedstaates (Art. 4 Nr. 4) schließt wegen der verbreiteten Anknüpfung des Zinsanspruchs an das Statut der Hauptforderung auch das Kollisionsrecht des Ursprungsmitgliedstaates mit ein, andernfalls würde die für gesetzliche Zinsansprüche normierte Ausnahme in lit. c nur für die Fälle greifen, in denen Haupt- und Zinsforderung nach dem Recht des Ursprungsmitgliedstaates zu beurteilen sind.[2]

5 Die **Bezeichnung des Forderungsgrundes** (**lit. d**) soll den Schuldner in die Lage versetzen, den gegen ihn gerichteten Anspruch einzuordnen. Nicht erforderlich ist eine substantiierte Darlegung des Sachverhalts oder der Anspruchsgründe.[3] Als Leitlinie kann gelten, dass die Anforderungen für den Mahnantrag nach § 690 Abs. 1 Nr. 3 ZPO den Mindeststandards von lit. d genügen.[4]

Artikel 17 Ordnungsgemäße Unterrichtung des Schuldners über die Verfahrensschritte zum Bestreiten der Forderung

In dem verfahrenseinleitenden Schriftstück, einem gleichwertigen Schriftstück oder einer Ladung zu einer Gerichtsverhandlung oder in einer zusammen mit diesem Schriftstück oder dieser Ladung zugestellten Belehrung muss deutlich auf Folgendes hingewiesen worden sein:

---

1 Rauscher/*Pabst*, Art. 16 EuVTVO Rn 4.
2 Näher *Kropholler/von Hein*, Art. 16 EuVTVO Rn 3; ähnl. Rauscher/*Pabst*, Art. 16 EuVTVO Rn 10.
3 Dies ergibt sich aus der Entstehungsgeschichte, näher *Kropholler/von Hein*, Art. 16 EuVTVO Rn 4.
4 Thomas/Putzo/*Hüßtege*, Art. 16 EuVTVO Rn 1.

a) auf die verfahrensrechtlichen Erfordernisse für das Bestreiten der Forderung; dazu gehören insbesondere die Frist, innerhalb deren die Forderung schriftlich bestritten werden kann bzw. gegebenenfalls der Termin der Gerichtsverhandlung, die Bezeichnung und die Anschrift der Stelle, an die die Antwort zu richten bzw. vor der gegebenenfalls zu erscheinen ist, sowie die Information darüber, ob die Vertretung durch einen Rechtsanwalt vorgeschrieben ist;

b) auf die Konsequenzen des Nichtbestreitens oder des Nichterscheinens, insbesondere die etwaige Möglichkeit einer Entscheidung oder ihrer Vollstreckung gegen den Schuldner und der Verpflichtung zum Kostenersatz.

I. Regelungszweck

Gegen die geltend gemachte Forderung kann sich der Schuldner nur dann effektiv wehren, wenn er im verfahrenseinleitenden Schriftstück (s. Art. 13 Rn 1) nicht nur über den genauen Forderungsinhalt (Art. 16), sondern auch über die ihm nach der lex fori zustehenden Verteidigungsmöglichkeiten informiert wird. Diesbezüglich stellt Art. 17 **Mindestanforderungen** auf. Ein nach deutschem Recht durchgeführtes Verfahren genügt diesen jedenfalls durch die Neufassung der §§ 215 Abs. 1,[1] 276 Abs. 2, 338 S. 2 aF, 499 ZPO durch das EG-Vollstreckungstitel-Durchführungsgesetz vom 18.8.2005.[2] Problematisch waren Entscheidungen, die nicht als Versäumnisurteile ergingen, da das deutsche Recht hierfür keine Rechtsmittelbelehrung vorsah;[3] dies betraf insb. Kostenfestsetzungsbeschlüsse (s. Rn 6). 1

Durch den mit Gesetz zur Einführung einer Rechtsbehelfsbelehrung im Zivilprozess und zur Änderung anderer Vorschriften (RechtsBehEG) vom 5.12.2012,[4] in Kraft getreten am 1.1.2014, eingefügten § 232 ZPO nF muss nunmehr jede anfechtbare gerichtliche Entscheidung eine **Belehrung über den statthaften Rechtsbehelf** und wichtige formale Voraussetzungen seiner Einlegung enthalten. Dies gilt grds. nicht für Verfahren mit Anwaltszwang. Damit folgt das Gesetz dem Vorbild der §§ 39, 17 FamFG. Zu belehren ist über den jeweils statthaften Rechtsbehelf (Rechtsmittel, Einspruch, Widerspruch oder Erinnerung) sowie über das Gericht, bei dem diese Rechtsbehelfe einzulegen sind, dessen Sitz und über die einzuhaltende Form und Frist. Die unterbliebene oder fehlerhafte Rechtsbehelfsbelehrung wird bei einem Wiedereinsetzungsantrag berücksichtigt (§ 233 S. 2 ZPO). Damit soll u.a. eine Heilung nach Art. 18 erleichtert werden, wenn die Mindeststandards nach Art. 16, 17 nicht erfüllt sind.[5] Die Änderung verallgemeinert damit das Modell des (durch das RechtsBehEG aufgehobenen) § 338 S. 2 ZPO aF, der genau diese Hinweispflicht für den Fall des Versäumnisurteils aufstellte. 2

Auch Art. 17 regelt nicht, in welcher **Sprache** die Belehrung zu erfolgen hat (zum Sprachenproblem s. Art. 9 Rn 5 sowie Art. 12 Rn 2). Es gilt die EuZustVO bzw außerhalb von deren Anwendungsbereich das auf die Zustellung anwendbare Recht.[6] 3

II. Verfahrensrechtliche Bestreitensanforderungen (lit. a)

Die in lit. a aufgezählten **verfahrensrechtlichen Anforderungen** an das Bestreiten der Forderung sind nicht abschließend („insbesondere"), schließlich unterliegt 4

---

1 Dazu BGH MDR 2010, 1340.
2 BGBl. I S. 2477.
3 Vgl nur MüKo-ZPO/*Rimmelspacher*, vor §§ 511 ff ZPO Rn 9.
4 BGBl. I S. 2418.
5 S. RegE vom 15.8.2012, BT-Drucks. 17/10490, S. 11 f.
6 Näher Rauscher/*Pabst*, Art. 17 EuVTVO Rn 5 f. Krit. *Stadler*, IPRax 2004, 2, 10.

das jeweilige Verfahren den Besonderheiten der lex fori. Lit. a zählt daher einige Gesichtspunkte auf, die typischerweise den Rahmen für die Möglichkeit des Bestreitens der Forderung abstecken, also eine Frist, innerhalb derer die Forderung bestritten werden muss, ggf. einen Termin zur Gerichtsverhandlung, Bezeichnung und Anschrift der Stelle, gegenüber der das Bestreiten der Forderung zu erklären ist, sowie möglicherweise das Erfordernis anwaltlicher Vertretung.

III. Konsequenzen des Nichterscheinens oder des Nichtbestreitens (lit. b)

5 **1. Inhalt.** Auch die Aufzählung der Konsequenzen des Nichterscheinens oder des Nichtbestreitens in lit. b ist wegen der Besonderheiten der insoweit maßgeblichen lex fori nicht abschließend („insbesondere"). Mindestens hinzuweisen ist auf die Möglichkeit des Erlasses eines (Versäumnis-)Urteils, die Möglichkeit der Vollstreckung gegen den Schuldner und dessen Verpflichtung zum Kostenersatz. Dagegen ist ein Hinweis auf die mögliche Bestätigung einer Entscheidung als Europäischer Vollstreckungstitel und die daraus folgenden Konsequenzen nicht erforderlich; dies erklärt sich daraus, dass lit. b nur die nach der lex fori entstehenden Konsequenzen des Nichterscheinens oder Nichtbestreitens erfassen will.

6 **2. Keine Belehrung bei Kostenentscheidung.** Ein Sonderproblem stellte sich für isolierte Kostenfestsetzungsbeschlüsse. Diese können auch dann als Europäischer Vollstreckungstitel bestätigt werden, wenn die Hauptsacheentscheidung nicht auf eine Geldforderung gerichtet oder nicht unbestritten geblieben ist (s. Art. 4 Rn 5). Eine gesonderte Belehrung iSv lit. b sah das deutsche Recht jedoch im Kostenfestsetzungsverfahren bisher nicht vor. Dies hatte die Konsequenz, dass ein in einem deutschen Verfahren ergangener, unbestrittener Kostenfestsetzungsbeschluss nicht den Mindestvoraussetzungen des Art. 17 genügte und damit nicht als Europäischer Vollstreckungstitel bestätigt werden konnte.[7] Von der Unterrichtung kann auch dann nicht abgesehen werden, wenn der Gegner anwaltlich vertreten ist.[8] Wegen der durch § 232 ZPO nF mit Wirkung vom 1.1.2014 statuierten Belehrungspflicht kann nunmehr aber eine Heilung nach Art. 18 Abs. 1 lit. b erfolgen (s. Art. 18 Rn 7).

Artikel 18 Heilung der Nichteinhaltung von Mindestvorschriften

(1) Genügte das Verfahren im Ursprungsmitgliedstaat nicht den in den Artikeln 13 bis 17 festgelegten verfahrensrechtlichen Erfordernissen, so sind eine Heilung der Verfahrensmängel und eine Bestätigung der Entscheidung als Europäischer Vollstreckungstitel möglich, wenn

a) die Entscheidung dem Schuldner unter Einhaltung der verfahrensrechtlichen Erfordernisse nach Artikel 13 oder Artikel 14 zugestellt worden ist, und

b) der Schuldner die Möglichkeit hatte, einen eine uneingeschränkte Überprüfung umfassenden Rechtsbehelf gegen die Entscheidung einzulegen, und er in oder zusammen mit der Entscheidung ordnungsgemäß über die verfahrensrechtlichen Erfordernisse für die Einlegung eines solchen Rechtsbehelfs, einschließlich der Bezeichnung und der Anschrift der Stelle, bei der der Rechtsbehelf einzulegen ist, und gegebenenfalls der Frist unterrichtet wurde, und

c) der Schuldner es versäumt hat, einen Rechtsbehelf gegen die Entscheidung gemäß den einschlägigen verfahrensrechtlichen Erfordernissen einzulegen.

---

[7] Thomas/Putzo/*Hüßtege*, Art. 17 EuVTVO Rn 1; *Leible/Lehmann*, NotBZ 2004, 453, 459.
[8] S. OLGR Stuttgart 2008, 699.

(2) Genügte das Verfahren im Ursprungsmitgliedstaat nicht den verfahrensrechtlichen Erfordernissen nach Artikel 13 oder Artikel 14, so ist eine Heilung dieser Verfahrensmängel möglich, wenn durch das Verhalten des Schuldners im gerichtlichen Verfahren nachgewiesen ist, dass er das zuzustellende Schriftstück so rechtzeitig persönlich bekommen hat, dass er Vorkehrungen für seine Verteidigung treffen konnte.

I. Normzweck und -struktur

Art. 18 regelt die Möglichkeit der **Heilung** im Falle der Nichteinhaltung von Mindestvorschriften der Art. 13–17. Deren Zweck erschöpft sich im Schutz des Schuldners, der durch eine möglichst zuverlässige Information über die Art und Weise der gegen ihn geltend gemachten Forderung erreicht werden soll (s. Art. 12 Rn 1). Dementsprechend ist die unbedingte Einhaltung der Mindestvorschriften nicht in jedem Falle erforderlich, sofern der Schuldnerschutz auch auf andere Weise gesichert ist. Art. 18 lässt entsprechend dem bereits in Art. 45 Abs. 1 lit. b Brüssel Ia-VO enthaltenen Rechtsgedanken daher eine Heilung grds. bei jedem Verstoß gegen die Mindestvorschriften zu.

Die beiden Absätze von Art. 18 enthalten zwei verschiedene, alternativ geltende Heilungstatbestände: Ist eine der in den Art. 13–17 aufgestellten Voraussetzungen nicht erfüllt, so kommt eine Heilung nur nach Abs. 1 in Betracht (s. Rn 3 ff). Im Falle eines Zustellungsmangels (Art. 13–14) müssen hingegen für eine Heilung die Voraussetzungen des Abs. 2 vorliegen (s. Rn 9).

II. Heilung von Verfahrensmängeln (Abs. 1)

1. Normzweck. Für die Nichteinhaltung der Mindestvorschriften an die Zustellung und die Unterrichtung des Schuldners in den Art. 13–17 stellt Abs. 1 eine Heilung nur dann in Aussicht, wenn die Anforderungen der lit. a–c **kumulativ** erfüllt sind. Die ratio der Vorschrift ist, dass ein Schuldner, der von einer gegen ihn ergangenen Entscheidung Kenntnis hatte oder haben musste und es trotz entsprechender Unterrichtung und realer Möglichkeit versäumt hat, diese mit **Rechtsbehelfen** anzugreifen, nicht schutzwürdig ist, mit der Konsequenz, dass die nicht angefochtene Entscheidung als Europäischer Vollstreckungstitel gegen ihn bestätigt werden kann.

2. Zustellung der Entscheidung (lit. a). Unabhängig davon, ob die Voraussetzungen der Art. 13, 14 für die Zustellung des verfahrenseinleitenden oder gleichwertigen Schriftstücks eingehalten worden sind, ist eine Heilung nach lit. a dann möglich, wenn jedenfalls die **Entscheidung** nach diesen Anforderungen zugestellt wurde und somit davon ausgegangen werden kann, dass der Schuldner von der Entscheidung auch tatsächliche Kenntnis hatte.

3. Möglichkeit zur Einlegung eines Rechtsbehelfs (lit. b). Neben der Kenntnisnahme von der Entscheidung muss der Schuldner die Möglichkeit zur Einlegung eines **Rechtsbehelfs** gegen diese gehabt haben, mit dem eine „uneingeschränkte Überprüfung" der Entscheidung erreicht werden konnte. Nicht ausreichend wäre danach ein Rechtsbehelf, der lediglich auf eine rechtliche Überprüfung der Entscheidung gerichtet ist.[1]

Lit. b erfordert weiter eine **Unterrichtung** des Schuldners über die genauen Rechtsbehelfsvoraussetzungen wie Art des Rechtsbehelfs, genaue Bezeichnung, Anschrift der Stelle, bei der der Rechtsbehelf einzureichen ist, sowie Rechtsbehelfsfristen. Eine solche Belehrung war in § 338 S. 2 ZPO aF für den Fall des Ver-

---

[1] Rauscher/*Pabst*, Art. 18 EuVTVO Rn 5 f.

säumnisurteils enthalten.[2] Die Norm wurde mit Wirkung vom 1.1.2014 durch das RechtsBehEG[3] aufgehoben; ihr Regelungsgehalt findet sich nun in verallgemeinerter Form in § 232 ZPO nF.

7 Eine Belehrung iSv. lit. b war für **isolierte Kostenfestsetzungsbeschlüsse** durch das deutsche Kostenrecht und auch für alle weiteren Fälle der unter Art. 3 lit. b fallenden Entscheidungen in Beschlussform vor Inkrafttreten des RechtsBehEG nicht vorgesehen (s. Art. 7 Rn 4 sowie Art. 17 Rn 6). Eine Heilung nach Abs. 1 ist dem Wortlaut nach ausgeschlossen.[4] Vorgeschlagen wurde eine teleologische Reduktion von lit. b für Beschlüsse, die ihrer Natur nach keine Säumnissituation voraussetzen.[5] Die Einführung des neuen § 232 ZPO nF durch das RechtsBehEG hat insoweit Abhilfe geschaffen, als das Gesetz nunmehr für jede gerichtliche Entscheidung eine Belehrungspflicht vorsieht (s. dazu Art. 17 Rn 2).

8 **4. Versäumung des Rechtsbehelfs (lit. c).** Schließlich muss es der Schuldner versäumt haben, diesen Rechtsbehelf den Anforderungen der lex fori gemäß einzulegen. Eine Heilung nach Abs. 1 kann daher frühestens mit Ablauf der danach bestehenden **Rechtsbehelfsfrist** eintreten. Auch ein Antrag auf Wiedereinsetzung in den vorigen Stand bei Fristversäumnis kann die Heilung verhindern.[6]

III. Heilung bei Zustellungsmängeln (Abs. 2)

9 Über Abs. 2 können nur Mängel in der Zustellung nach Art. 13, 14 geheilt werden, nicht aber Unterrichtungsmängel nach Art. 16, 17. Zustellungsmängel sind dann unschädlich, wenn der Schuldner durch sein Verhalten im gerichtlichen Verfahren zu erkennen gibt, dass er trotz der Mängel Kenntnis vom betreffenden Schriftstück erlangt hat und dass er daher ausreichend Gelegenheit hatte, seine Verteidigung vorzubereiten. In diesem Fall erfordert die ratio der Mindestvorschriften, die ausreichende Information des Schuldners über die gegen ihn gerichtete Forderung (s. Art. 12 Rn 1), keine Sanktion des Zustellungsmangels. Dies gilt aber insb. auch für die Fälle der Ersatzzustellung nach Art. 14 nur dann, wenn nachgewiesen ist, dass der Schuldner das Schriftstück persönlich erhalten hat.[7] Dieser Nachweis kann nur durch ein entsprechendes **aktives Verhalten** des Schuldners im Prozess geführt werden, das Rückschlüsse auf dessen Kenntnis vom Inhalt des Schriftstücks zulässt. Bleibt der Schuldner dem Termin trotz Kenntnis des Inhalts des verfahrenseinleitenden oder sonstigen Schriftstücks hingegen fern, so kommt eine Heilung nicht in Betracht.[8] Eine bewusste Missachtung der Mindestvorschriften der Art. 13, 14 führt damit nur dann zu einer möglichen Heilung, wenn sich der Schuldner dennoch aktiv in das Verfahren einlässt.

---

2 S. dazu auch BGH NJW 2011, 522, 524 (zum Urteil *Nordmeier*, GPR 2011, 158).
3 Vom 5.12.2012 (BGBl. I S. 2418).
4 BGH NJW 2012, 858, 859; krit. *H. Roth*, IPRax 2013, 239.
5 *H. Roth*, IPRax 2008, 235, 237. Anders Thomas/Putzo/*Hüßtege*, Art. 18 EuVTVO Rn 2, der Abs. 2 anwenden will; in diese Richtung (iE aber abl.) auch OLGR Stuttgart 2008, 699; abl. auch OLG Nürnberg Rpfleger 2010, 92 sowie *Bittmann*, IPRax 2011, 361, 364 und Geimer/Schütze/*Arnold*, IRV, Art. 18 EuVTVO Rn 8. Vgl auch Rauscher/*Pabst*, Art. 18 EuVTVO Rn 12, der die Mindestvorschriften in Kapitel III nur auf Säumnisentscheidungen anwenden will.
6 Rauscher/*Pabst*, Art. 18 EuVTVO Rn 8; ebenso *Kropholler/von Hein*, Art. 18 EuVTVO Rn 8.
7 Rauscher/*Pabst*, Art. 18 EuVTVO Rn 15.
8 Rauscher/*Pabst*, Art. 18 EuVTVO Rn 16 f; *Kropholler/von Hein*, Art. 18 EuVTVO Rn 10. Fallbeispiel: OLGR Stuttgart 2008, 699.

Artikel 19 Mindestvorschriften für eine Überprüfung in Ausnahmefällen

(1) Ergänzend zu den Artikeln 13 bis 18 kann eine Entscheidung nur dann als Europäischer Vollstreckungstitel bestätigt werden, wenn der Schuldner nach dem Recht des Ursprungsmitgliedstaats berechtigt ist, eine Überprüfung der Entscheidung zu beantragen, falls

a) i) das verfahrenseinleitende oder ein gleichwertiges Schriftstück oder gegebenenfalls die Ladung zu einer Gerichtsverhandlung in einer der in Artikel 14 genannten Formen zugestellt wurden, und

ii) die Zustellung ohne Verschulden des Schuldners nicht so rechtzeitig erfolgt ist, dass er Vorkehrungen für seine Verteidigung hätte treffen können,

oder

b) der Schuldner aufgrund höherer Gewalt oder aufgrund außergewöhnlicher Umstände ohne eigenes Verschulden der Forderung nicht widersprechen konnte,

wobei in beiden Fällen jeweils vorausgesetzt wird, dass er unverzüglich tätig wird.

(2) Dieser Artikel berührt nicht die Möglichkeit der Mitgliedstaaten, eine Überprüfung der Entscheidung unter großzügigeren Bedingungen als nach Absatz 1 zu ermöglichen.

I. Regelungsgehalt

Art. 19 steht selbständig neben den Art. 13–18. **Abs. 1** enthält eine weitere **Mindestvoraussetzung** für die Bestätigung einer Entscheidung als Europäischer Vollstreckungstitel: Diese kann nur dann erfolgen, wenn das Recht des Ursprungsmitgliedstaates die Möglichkeit der (vollständigen, vgl Erwägungsgrund Nr. 14) Überprüfung der Entscheidung für diejenige Fälle vorsieht, in denen der Schuldner ohne eigenes Verschulden an der Verteidigung gehindert war. Eine Verpflichtung der Mitgliedstaaten zur Einführung eines solchen Überprüfungsverfahrens besteht nicht; auch Art. 19 enthält bloße **Beurteilungsregeln** (s. näher Art. 12 Rn 7). Kennt das Recht des Ursprungsmitgliedstaates jedoch kein Art. 19 entsprechendes Überprüfungsverfahren, so kann eine dort ergangene Entscheidung auch nicht als Europäischer Vollstreckungstitel bestätigt werden. Die Beurteilung dieses Mindeststandards erfolgt nicht im individuellen Verfahren, sondern abstrakt; auf diese Weise entsteht wiederum ein Anpassungsdruck auf die Mitgliedstaaten (Art. 12 Abs. 7). 1

Abs. 2 stellt klar, dass ein Mitgliedstaat eine Überprüfung auch unter weitergehenden Voraussetzungen zulassen kann als der in Abs. 1 festgelegte Mindeststandard. Dies gilt etwa für das deutsche Recht, das einer Partei neben der Wiedereinsetzung in den vorigen Stand (§ 233 ZPO) nach §§ 338, 700 ZPO die Möglichkeit des Einspruchs auch dann gibt, wenn die Säumnis verschuldet war. 2

II. Überprüfung der Entscheidung in Ausnahmefällen (Abs. 1)

1. Überblick. Abs. 1 nennt zwei Fallgruppen, in denen eine Überprüfungsmöglichkeit gegeben sein muss: 3

- zum einen die **Ersatzzustellung**, die nicht so rechtzeitig erfolgt ist, dass sich der Schuldner effektiv verteidigen konnte (lit. a; s. Rn 5 f),
- zum anderen lit. b, der generalklauselartig Fälle erfasst, in denen **höhere Gewalt** oder andere außergewöhnliche Umstände ein Widersprechen des Schuldners gegen die Forderung verhindert haben (s. Rn 7).

4 Beide Fallgruppen setzen voraus, dass der Schuldner „**unverzüglich** tätig wird". Dies bedeutet jedoch nicht, dass der nach nationalem Recht bestehende Rechtsbehelf in jedem Fall fristgebunden sein muss, denn **Abs. 2** erlaubt auch eine **großzügigere Überprüfungsmöglichkeit** (s. Rn 2). Der Mindeststandard ist vielmehr bereits dann gewahrt, wenn das Recht des Mitgliedstaates einen Rechtsbehelf vorsieht, der jedenfalls bei unverzüglichem Tätigwerden des Schuldners zu einer Überprüfung der Entscheidung führt.[1]

5 2. Ersatzzustellung (lit. a). Die Ersatzzustellung nach Art. 14 vermag keine vollständige Sicherheit darüber zu bieten, dass der Schuldner tatsächlich rechtzeitig Kenntnis vom zugestellten Schriftstück erhalten hat, sondern nur einen hohen Grad an Wahrscheinlichkeit. Als eine Art Korrektiv fordert lit. a daher als Mindeststandard eine Überprüfungsmöglichkeit für den Fall, dass der Schuldner **unverschuldet verspätet Kenntnis** vom Inhalt des Schriftstücks nehmen konnte. Der Wortlaut des **lit. a sublit. ii** stellt zwar missverständlich auf die „Zustellung" ab; auf diese hat der Schuldner jedoch keinerlei Einfluss, so dass es nur auf die **Kenntnis** ankommen kann.[2] Eine verschuldete Unkenntnis des Schuldners kann etwa vorliegen, wenn er fahrlässig eingehende Post nicht kontrolliert.

6 Für die **persönliche Zustellung** nach Art. 13 greift lit. a hingegen nicht. Wurde das Schriftstück daher dem Schuldner zwar persönlich zugestellt, aber nicht so rechtzeitig, dass ausreichend Zeit zur Vorbereitung der Verteidigung zur Verfügung stand, so ist diesbezüglich allein der Mindeststandard des lit. b zu wahren.[3]

7 3. Höhere Gewalt (lit. b). Unabhängig von der Art der Zustellung fordert lit. b die Möglichkeit der Überprüfung der Entscheidung für den Fall, dass **höhere Gewalt** oder ähnliche **außergewöhnliche Umstände** den Schuldner daran gehindert haben, der Forderung zu widersprechen, und den Schuldner kein Verschulden trifft.

KAPITEL IV VOLLSTRECKUNG

Literatur:
Hess, Europäischer Vollstreckungstitel und nationale Vollstreckungsgegenklage, IPRax 2004, 493; *McGuire*, Rechtsbehelfe des Schuldners gegen den EU-Vollstreckungstitel, ecolex 2006, 83; *Rijavec*, Der Europäische Vollstreckungstitel – am Beispiel Sloweniens, ZZPInt 12 (2007), 155; *Slonina*, Aussetzung der Vollstreckung aus Europäischen Vollstreckungstiteln nach Art 23 EuVTVO, ecolex 2012, 881; *Strasser*, Praxisprobleme bei der Zwangsvollstreckung aus einem Europäischen Vollstreckungstitel, Rpfleger 2007, 249; *Tsikrikas*, Die Einlegung von Rechtsbehelfen im Vollstreckungsverfahren aufgrund eines europäischen Vollstreckungstitels, ZZPInt 11 (2006), 51; *R. Wagner*, Das Gesetz zur Durchführung der Verordnung (EG) Nr. 805/2004 zum Europäischen Vollstreckungstitel – unter besonderer Berücksichtigung der Vollstreckungsabwehrklage, IPRax 2005, 401.

Artikel 20 Vollstreckungsverfahren

(1) Unbeschadet der Bestimmungen dieses Kapitels gilt für das Vollstreckungsverfahren das Recht des Vollstreckungsmitgliedstaats.

---

1 S. *Rauscher*, Der Europäische Vollstreckungstitel, Rn 162; *R. Wagner*, IPRax 2005, 189, 195; *Kropholler/von Hein*, Art. 19 EuVTVO Rn 9.
2 Rauscher/*Pabst*, Art. 19 EuVTVO Rn 9.
3 *Kropholler/von Hein*, Art. 19 EuVTVO Rn 6. Anders Rauscher/*Pabst*, Art. 19 EuVTVO Rn 10, der eine analoge Anwendung von lit. a befürwortet.

Eine als Europäischer Vollstreckungstitel bestätigte Entscheidung wird unter den gleichen Bedingungen vollstreckt wie eine im Vollstreckungsmitgliedstaat ergangene Entscheidung.

(2) Der Gläubiger ist verpflichtet, den zuständigen Vollstreckungsbehörden des Vollstreckungsmitgliedstaats Folgendes zu übermitteln:

a) eine Ausfertigung der Entscheidung, die die für ihre Beweiskraft erforderlichen Voraussetzungen erfüllt, und

b) eine Ausfertigung der Bestätigung als Europäischer Vollstreckungstitel, die die für ihre Beweiskraft erforderlichen Voraussetzungen erfüllt, und

c) gegebenenfalls eine Transkription der Bestätigung als Europäischer Vollstreckungstitel oder eine Übersetzung dieser Bestätigung in die Amtssprache des Vollstreckungsmitgliedstaats oder — falls es in diesem Mitgliedstaat mehrere Amtssprachen gibt — nach Maßgabe der Rechtsvorschriften dieses Mitgliedstaats in die Verfahrenssprache oder eine der Verfahrenssprachen des Ortes, an dem die Vollstreckung betrieben wird, oder in eine sonstige Sprache, die der Vollstreckungsmitgliedstaat zulässt. Jeder Mitgliedstaat kann angeben, welche Amtssprache oder Amtssprachen der Organe der Europäischen Gemeinschaft er neben seiner oder seinen eigenen für die Ausstellung der Bestätigung zulässt. Die Übersetzung ist von einer hierzu in einem der Mitgliedstaaten befugten Person zu beglaubigen.

(3) Der Partei, die in einem Mitgliedstaat eine Entscheidung vollstrecken will, die in einem anderen Mitgliedstaat als Europäischer Vollstreckungstitel bestätigt wurde, darf wegen ihrer Eigenschaft als Ausländer oder wegen Fehlens eines inländischen Wohnsitzes oder Aufenthaltsorts eine Sicherheitsleistung oder Hinterlegung, unter welcher Bezeichnung es auch sei, nicht auferlegt werden.

I. Das im Vollstreckungsverfahren anwendbare Recht (Abs. 1)

1. Recht des Vollstreckungsstaates. Das Vollstreckungsverfahren unterliegt im Grundsatz dem Recht des Vollstreckungsstaates, soweit nicht die Art. 20–23 Sonderregelungen hierfür enthalten (**Abs. 1 S. 1**). Dabei wird das **gesamte Vollstreckungsverfahren** vom jeweils anwendbaren nationalen Recht geregelt, dies gilt für die Voraussetzungen der Zwangsvollstreckung über deren Durchführung bis zu den Rechtsbehelfen des Schuldners im Vollstreckungsverfahren.[1] Die als Europäischer Vollstreckungstitel bestätigte Entscheidung aus dem Ursprungsmitgliedstaat wird so behandelt wie ein inländischer Titel (**Abs. 1 S. 2**). Dagegen braucht der Vollstreckungsstaat keine etwa nach dem Recht des Ursprungsmitgliedstaates bestehenden, weitergehenden Vollstreckungsmöglichkeiten zur Verfügung zu stellen; es besteht keine Verpflichtung zur Besserstellung des ausländischen Gläubigers gegenüber einem inländischen.[2] Der von einem ausländischen Gericht ausgefertigte Europäische Vollstreckungstitel kann daher nicht einen Pfändungs- und Überweisungsbeschluss ersetzen, der nach § 828 ZPO vom zuständigen deutschen Gericht zu erlassen ist.[3]

Der vollstreckbare Inhalt des Titels richtet sich hingegen nach dem Recht des Ursprungsmitgliedstaates (s. Art. 11 Rn 1 f).

2. Vollstreckungsverfahren nach deutschem Recht. Im Grundsatz richtet sich die Vollstreckung einer als Europäischer Vollstreckungstitel bestätigten Entscheidung nach den §§ 704 ff ZPO. Zu beachten sind insb. die §§ 1082–1086 ZPO, die Sonderregelungen für den Europäischen Vollstreckungstitel enthalten. Möglich

---

1 Dazu BGH EuZW 2010, 159.
2 Zöller/*Geimer*, Art. 20 EuVTVO Rn 2.
3 LSG Niedersachsen-Bremen BeckRS 2012, 71502.

ist daher auch die Parteizustellung nach § 750 ZPO,[4] sofern nicht die EuZustVO eingreift (s. näher § 1082 ZPO Rn 2). Da für die Vollstreckung eines Europäischen Vollstreckungstitels – wie von § 1082 ZPO bestätigt – keine Vollstreckungsklausel benötigt wird (s. Art. 5 Rn 1), finden insb. die §§ 724 ff ZPO keine Anwendung.[5] Das nationale Vollstreckungsorgan hat den Vollstreckungstitel bei Unklarheiten in der Titulierung nach den Grundsätzen der lex fori auszulegen.[6]

4 Der Schuldner kann auf die nach dem Recht des Vollstreckungsstaates gegen die Zwangsvollstreckung bestehenden **Rechtsbehelfe** zurückgreifen. Dies betrifft insb. die §§ 766, 767 ZPO, aber auch § 771 ZPO.[7] Da hier die Entscheidung nicht in der Sache selbst nachgeprüft wird, steht der Zulassung dieser vollstreckungsrechtlichen Rechtsbehelfe auch Art. 21 Abs. 2 nicht entgegen.[8] Für die **Vollstreckungsabwehrklage** nach § 767 ZPO wird dies ausdrücklich von § 1086 ZPO bestätigt (s. näher § 1086 ZPO Rn 1). Der Schuldner kann damit etwa ein nachträgliches Erlöschen der als Europäischer Vollstreckungstitel titulierten Forderung durch Erfüllung im Vollstreckungsstaat nach § 767 ZPO einwenden. Anders zu beurteilen ist hingegen die Klage auf **Titelherausgabe nach § 826 BGB**. Diese bietet zwar grds. eine Handhabe gegen die Vollstreckung aus erschlichenen Titeln. Kern ist jedoch die Prüfung der materiellen Unrichtigkeit des Titels; genau diese verbietet jedoch Art. 21 Abs. 2 (s. näher § 1086 ZPO Rn 2).[9] Möglich ist auch eine Schadensersatzforderung wegen ungerechtfertigter Vollstreckung nach § 717 Abs. 2 ZPO.[10] Insoweit besteht eine Parallele zur Vollstreckung nach Brüssel I-VO (vgl § 28 AVAG).

II. Zusätzliche Voraussetzungen für die Vollstreckung (Abs. 2)

5 **Zur Einleitung des Vollstreckungsverfahrens** im Vollstreckungsstaat muss der Gläubiger der nach der lex fori zuständigen Vollstreckungsbehörde die in Abs. 2 genannten Urkunden übermitteln. Wird ein Europäischer Vollstreckungstitel in Deutschland vollstreckt, so hat das zuständige Vollstreckungsorgan nach § 750 ZPO zu überprüfen, ob der Antrag den Anforderungen des Abs. 2 entspricht.[11]

6 **1. Ausfertigung von Entscheidung und Bestätigung als Europäischer Vollstreckungstitel (lit. a und b).** Der Gläubiger hat zur Einleitung der Vollstreckung lediglich eine (nicht notwendig vollstreckbare) **Ausfertigung** der Entscheidung sowie eine Ausfertigung der Bestätigung als Europäischer Vollstreckungstitel der

---

4 S. AG Augsburg IPRax 2013, 269; *H. Roth*, IPRax 2013, 239.
5 *Kropholler/von Hein*, Art. 20 EuVTVO Rn 11; MüKo-ZPO/*Adolphsen*, Art. 20 VO (EG) 805/2004 Rn 6.
6 S. BGH NJW 2010, 2137 (für eine unklare Parteibezeichnung).
7 Vgl *Coester-Waltjen*, Jura 2005, 394, 397; eingehend Geimer/Schütze/*Hilbig*, IRV, Art. 20 EuVTVO Rn 46 ff.
8 So die hM, vgl OLG Köln IPRspr. 2012, Nr. 272, S. 612 Rn 54 ff (rkr.); *R. Wagner*, IPRax 2005, 401, 407 f; *Kropholler/von Hein*, Art. 20 EuVTVO Rn 13; Rauscher/*Pabst*, Art. 20 EuVTVO Rn 36; Zöller/*Geimer*, § 1086 ZPO Rn 1; *Coester-Waltjen*, in: FS Yessiou-Faltsi, S. 39, 53; *Schlosser*, Art. 20 EuVTVO Rn 7; *Röthel/Sparmann*, WM 2006, 2285, 2292; Geimer/Schütze/*Hilbig*, IRV, Art. 20 EuVTVO Rn 50. AA für die Vollstreckungsgegenklage *Hess*, IPRax 2004, 493; *Leible/Lehmann*, NotBZ 2004, 453, 461; *Leible/Freitag*, Forderungsbeitreibung in der EU, § 5 Rn 47; *Bittmann*, Vom Exequatur zum qualifizierten Klauselerteilungsverfahren, S. 198 ff; Gebauer/Wiedmann/*Bittmann*, Art. 21 EuVTVO Rn 173.
9 *Gerling*, Die Gleichstellung ausländischer mit inländischen Vollstreckungstiteln, S. 248 ff; MüKo-ZPO/*Adolphsen*, Art. 20 VO (EG) 805/2004 Rn 9; Geimer/Schütze/*Hilbig*, IRV, Art. 20 EuVTVO Rn 49; *M. Stürner*, RabelsZ 71 (2007), 597, 633 ff; iE auch (aber ohne Bezugnahme auf § 826 BGB) OLG Köln IPRspr. 2012, Nr. 272, S. 612 Rn 64 (rkr.).
10 *Heringer*, Der europäische Vollstreckungstitel, S. 146 f.
11 Dazu Hk-ZPO/*Kindl*, § 750 ZPO Rn 3 ff.

Vollstreckungsbehörde vorzulegen. Beide Ausfertigungen brauchen nicht übersetzt zu werden (vgl aber lit. c; s. dazu Rn 7 f) und müssen „die für ihre Beweiskraft erforderlichen Voraussetzungen" erfüllen. Mit dieser wie in Art. 53 Abs. 1 Brüssel I-VO (Art. 37 Abs. 1 lit. a, Art. 42 Abs. 1 lit. a, Abs. 2 lit. a Brüssel Ia-VO) formulierten Anforderung[12] soll die **Echtheit der Urkunden** gewährleistet und eine Mehrfachvollstreckung aus der als Europäischer Vollstreckungstitel bestätigten Entscheidung verhindert werden.[13] Daraus ergibt sich, dass eine bloße Fotokopie nicht ausreicht. Welche Anforderungen im Einzelnen an die Ausfertigung zu stellen sind, richtet sich wie bei Art. 53 Abs. 1 Brüssel I-VO (bzw Art. 37 Abs. 1 lit. a, Art. 42 Abs. 1 lit. a, Abs. 2 lit. a Brüssel Ia-VO) nach dem Recht des Ursprungsstaates.[14] Für eine von einem deutschen Gericht erlassene Entscheidung ist § 317 Abs. 4 ZPO maßgeblich.

2. Übersetzung der Bestätigung (lit. c). Daneben ist „gegebenenfalls" eine Transkription bzw Übersetzung der Bestätigung als Europäischer Vollstreckungstitel (nicht aber der Entscheidung selbst)[15] vorzulegen. Nach wohl hM wird eine Übersetzung der Bestätigung nur dann für erforderlich gehalten, wenn das Formblatt ausnahmsweise durch **individuelle Eintragungen** ergänzt wurde.[16] Auch der deutsche Gesetzgeber scheint diese Ansicht zu teilen (s. näher § 1083 ZPO Rn 2).[17] Nachdem solche individuellen Eintragungen regelmäßig ausgeschlossen sind, liefe lit. c zumeist leer. Vorzugswürdig erscheint daher eine Pflicht zur Beibringung einer Übersetzung immer dann, wenn die Bestätigung als Europäischer Vollstreckungstitel nicht in einer im Vollstreckungsstaat nach Art. 30 Abs. 1 lit. b mitgeteilten Sprache erteilt wurde.[18] Eine solche Auslegung des Wortes „gegebenenfalls" dient auch der Beschleunigung des Verfahrens, indem den Vollstreckungsbehörden von vornherein Übersetzungen des Formblattes übermittelt werden. Wegen der Standardisierung der Bestätigung in Formblätter erscheint das Erfordernis einer Übersetzung auch nicht als übermäßiges Vollstreckungshindernis. Im Übrigen wird auch von der hM für Europäische Vollstreckungstitel griechischer und zypriotischer Gerichte stets eine Transkription verlangt.[19]

7

Die Übersetzung kann wie in Art. 57 Abs. 3 Brüssel Ia-VO von jeder in einem der Mitgliedstaaten zugelassenen Stelle angefertigt werden (lit. c S. 3). Siehe näher § 1083 ZPO Rn 3.

8

III. Grundsatz der Nicht-Diskriminierung (Abs. 3)

Abs. 3 verbietet es in enger Anlehnung an Art. 51 Brüssel I-VO (Art. 56 Brüssel Ia-VO) den Mitgliedstaaten, dem Gläubiger im Vollstreckungsverfahren eine Si-

9

---

12 Zu dessen Verständnis Hk-ZPO/*Dörner*, Art. 42 Brüssel Ia-VO Rn 2.
13 Vgl Rauscher/*Pabst*, Art. 20 EuVTVO Rn 8 mit Hinweis auf die anderen Sprachfassungen.
14 *Kropholler/von Hein*, Art. 53 EuGVVO Rn 2.
15 Unzutr. *Luckey*, ZGS 2005, 420, 422.
16 So etwa östOGH IPRax 2008, 440, 443; LG München II JurBüro 2011, 382; *Kropholler/von Hein*, Art. 9 EuVTVO Rn 2 und Art. 20 Rn 7; Thomas/Putzo/*Hüßtege*, § 1083 ZPO Rn 1; *Schlosser*, Art. 1 EuVTVO Rn 4; *Leible/Lehmann*, NotBZ 2004, 453, 458; *Rellermeyer*, Rpfleger 2005, 389, 398, 401; *Franzmann*, MittBayNot 2005, 470, 474; *Musielak/Lackmann*, Art. 9 EuVTVO Rn 1; *Röthel/Sparmann*, WM 2006, 2285, 2287; *Heringer*, Der europäische Vollstreckungstitel, S. 128; *Bittmann*, IPRax 2008, 445, 448; Geimer/Schütze/*Hilbig*, IRV, Art. 20 EuVTVO Rn 13.
17 BT-Drucks. 15/5222, S. 14.
18 Rauscher/*Pabst*, Art. 20 EuVTVO Rn 12 ff; Prütting/Gehrlein/*Halfmeier*, § 1083 ZPO Rn 1; vgl auch K. *Gebauer*, NJ 2006, 103, 106 (eine entsprechende Pflicht könne nach dem Recht des Vollstreckungsstaates eingeführt werden).
19 *Rellermeyer*, Rpfleger 2005, 389, 401; ebenso *Röthel/Sparmann*, WM 2006, 2285, 2287.

cherheitsleistung, gleich welcher Art, aufzuerlegen, weil dieser Ausländer oder nicht im Inland ansässig ist.[20] Die Norm konkretisiert damit das **Diskriminierungsverbot** des Art. 18 AEUV.[21] Sie unterscheidet nicht zwischen Gläubigern aus Mitgliedstaaten und Drittstaaten. Das Diskriminierungsverbot greift daher auch dann, wenn ein Angehöriger eines Drittstaates eine in einem Mitgliedstaat als Europäischer Vollstreckungstitel bestätigte Entscheidung vollstreckt.

Artikel 21 Verweigerung der Vollstreckung

(1) Auf Antrag des Schuldners wird die Vollstreckung vom zuständigen Gericht im Vollstreckungsmitgliedstaat verweigert, wenn die als Europäischer Vollstreckungstitel bestätigte Entscheidung mit einer früheren Entscheidung unvereinbar ist, die in einem Mitgliedstaat oder einem Drittland ergangen ist, sofern

a) die frühere Entscheidung zwischen denselben Parteien wegen desselben Streitgegenstands ergangen ist und

b) die frühere Entscheidung im Vollstreckungsmitgliedstaat ergangen ist oder die notwendigen Voraussetzungen für ihre Anerkennung im Vollstreckungsmitgliedstaat erfüllt und

c) die Unvereinbarkeit im gerichtlichen Verfahren des Ursprungsmitgliedstaats nicht geltend gemacht worden ist und nicht geltend gemacht werden konnte.

(2) Weder die Entscheidung noch ihre Bestätigung als Europäischer Vollstreckungstitel dürfen im Vollstreckungsmitgliedstaat in der Sache selbst nachgeprüft werden.

I. Regelungsgehalt

1 Nach dem System der EuVTVO findet im Vollstreckungsstaat keine Ordre-public-Kontrolle mehr statt; diese wird vielmehr komplett in den Ursprungsmitgliedstaat verlagert (s. Art. 5 Rn 2). **Abs. 1** macht hiervon eine enge Ausnahme: Der Schuldner kann sich im Vollstreckungsstaat gegen die Vollstreckung aus dem Europäischen Vollstreckungstitel zur Wehr setzen, wenn die als Europäischer Vollstreckungstitel bestätigte Entscheidung unvereinbar ist mit einer früher ergangenen Entscheidung (s. Rn 2 ff). Eine gewisse Parallele besteht zum (weiter gefassten) Art. 45 Abs. 1 lit. c, d Brüssel Ia-VO. **Abs. 2** stellt klar, dass eine Nachprüfung der Entscheidung oder ihrer Bestätigung als Europäischer Vollstreckungstitel „in der Sache selbst" nicht erfolgen darf (**Verbot der révision au fond**, s. Rn 8 f).

II. Unvereinbarkeit mit einer früheren Entscheidung (Abs. 1)

2 Abs. 1 normiert verschiedene Voraussetzungen, unter denen eine Vollstreckung durch den Schuldner verhindert werden kann.

3 **1. Antrag.** Der Schuldner muss einen Antrag auf Einstellung der Zwangsvollstreckung an das zuständige Vollstreckungsgericht (nach deutschem Recht das Amtsgericht, s. § 1084 ZPO Rn 2) richten; dieses wird nicht von Amts wegen tätig.

4 **2. Unvereinbarkeit mit früherer Entscheidung.** Vollstreckungshindernis ist eine frühere Entscheidung, wobei unerheblich ist, ob diese aus einem Mitgliedstaat

---

20 Vgl in diesem Zusammenhang auch die Entscheidung EuGH 1.7.1993 – Rs. C-20/92 (Hubbard), Slg. 1993, I-3777 = NJW 1993, 2431 (Prozesskostensicherheit für Ausländer nach § 110 ZPO aF).
21 Rauscher/*Pabst*, Art. 20 EuVTVO Rn 23.

oder einem Drittstaat stammt. Unabhängig von der Herkunft der Entscheidung (anders Art. 45 Abs. 1 lit. c, d Brüssel Ia-VO) gilt das **Prioritätsprinzip**. Unvereinbarkeit ist gegeben, wenn die Entscheidungen Rechtsfolgen haben, die sich gegeneinander ausschließen.[1]

3. Identität von Parteien und Streitgegenstand (lit. a). Eine Unvereinbarkeit kann nur dann vorliegen, wenn die Entscheidungen dieselben Parteien und denselben Streitgegenstand betreffen. Obwohl die Sprachfassungen von lit. a („Streitgegenstand") und Art. 45 Abs. 1 lit. d Brüssel Ia-VO („Anspruch") voneinander abweichen, liegt in der Sache kein Unterschied vor, so dass auf die zu EuGVÜ und Brüssel I-VO ergangene Rspr zurückgegriffen werden kann.[2] Der Rspr des EuGH liegt ein verordnungsautonomer Streitgegenstandsbegriff zugrunde, der sich nicht nach dem Klageantrag und dem ihm zugrunde liegenden Lebenssachverhalt richtet, sondern danach, was der **Kernpunkt** des Verfahrens ist.[3]

4. Besondere Voraussetzungen für die frühere Entscheidung (lit. b). Zusätzlich zu den Voraussetzungen von lit. a muss die früher ergangene Entscheidung entweder im Vollstreckungsstaat ergangen oder zumindest dort anerkennungsfähig sein (lit. b). Unter welchen Voraussetzungen eine Entscheidung im Vollstreckungsstaat die notwendigen Voraussetzungen für die **Anerkennung** erfüllt, richtet sich nach der Herkunft dieser Entscheidung: Stammt sie aus einem EU-Mitgliedstaat, so müssen die Voraussetzungen der Art. 33 ff Brüssel I-VO bzw Art. 36 ff Brüssel Ia-VO vorliegen, stammt sie aus einem Drittstaat, dann sind etwa bestehende staatsvertragliche Vereinbarungen oder in Ermangelung dieser die Regelungen des autonomen nationalen Anerkennungsrechts des Vollstreckungsstaates zu befragen.

5. Geltendmachung im Ursprungsmitgliedstaat nicht möglich (lit. c). Als weitere, kumulativ zu erfüllende Voraussetzung ist nach lit. c die Unvereinbarkeit der früheren Entscheidung nur dann beachtlich, wenn sie im Verfahren im Ursprungsmitgliedstaat weder geltend gemacht wurde noch überhaupt geltend gemacht werden konnte. Im Interesse der Beschleunigung des Verfahrens wird dem Schuldner eine möglichst frühe Geltendmachung auferlegt (zur durch die EuVTVO erhöhten Prozessführungslast des Schuldners s. bereits Art. 1 Rn 6); nur bei unverschuldeter Unterlassung kann der Einwand auch noch im Vollstreckungsverfahren nachgeholt werden. Praktisch dürfte dies höchst selten vorkommen.[4]

III. Keine révision au fond (Abs. 2)

1. Reichweite. Eröffnet Abs. 1 eine sehr enge Residualkontrolle im Vollstreckungsstaat (s. Rn 2 ff), so verbietet Abs. 2 – wie auch Art. 52 Brüssel Ia-VO – eine **Nachprüfung der Entscheidung in der Sache selbst**. Ein solches Verbot ist auch im autonomen deutschen Anerkennungsrecht enthalten und wird ausdrücklich normiert in § 723 Abs. 1 ZPO.[5] Der Schuldner kann demnach im Vollstreckungsverfahren keine materiellen Einwände gegen die Entscheidung vorbrin-

---

1 EuGH 4.2.1988 – Rs. 145/86 (Hoffmann/Krieg), Slg. 1988, 645, Rn 22: Unvereinbarkeit einer Entscheidung, in der zu Unterhalt auf der Grundlage einer bestehenden Ehe verurteilt wird, mit einem Scheidungsurteil aus einem anderen Staat.
2 Nachw. bei *Kropholler/von Hein*, Art. 34 EuGVVO Rn 52, 58. Vorsichtiger Geimer/Schütze/*Hilbig*, IRV, Art. 21 EuVTVO Rn 16.
3 EuGH 8.12.1987 – Rs. C-144/86 (Gubisch Maschinenfabrik/Palumbo), Slg. 1987, 4861, Rn 16; EuGH 6.12.1994 – Rs. C-406/92 (Tatry/Maciej Rataj), Slg. 1994, I-5439, Rn 43.
4 Näher Schuschke/Walker/*Jennissen*, Art. 21 EuVTVO Rn 2; Geimer/Schütze/*Hilbig*, IRV, Art. 21 EuVTVO Rn 22.
5 Das Verbot der révision au fond gilt auch für die Anerkennung, vgl Zöller/*Geimer*, § 328 ZPO Rn 208.

gen.⁶ Damit wird noch einmal bestätigt, was bereits Art. 5 zum Ausdruck bringt, nämlich die Abschaffung einer Ordre-public-Kontrolle im Vollstreckungsstaat (s. Art. 5 Rn 3).⁷

9 **2. Evidenzkontrolle.** Auch die **Bestätigung als Europäischer Vollstreckungstitel** kann nicht in der Sache selbst nachgeprüft werden. Die hM leitet daraus ab, dass auch dann, wenn ein Europäischer Vollstreckungstitel bestätigt wurde, ohne dass die EuVTVO überhaupt (zeitlich, sachlich oder räumlich) anwendbar war, im Vollstreckungsstaat keine Kontrolle erfolgen darf.⁸ Nach der hier vertretenen Ansicht kann die Entscheidung des Gerichts des Ursprungsmitgliedstaates, das kompetenzwidrig einen Europäischen Vollstreckungstitel ausstellt, im Vollstreckungsstaat nicht die Rechtswirkung eines Europäischen Vollstreckungstitels entfalten (s. Art. 5 Rn 3). Gegen eine solche **Kompetenzanmaßung** muss sich der Schuldner auch im Vollstreckungsstaat wehren können.⁹ Einer analogen Anwendung des Abs. 1 bedarf es indessen nicht, da der Anwendungsbereich der EuVTVO insoweit nicht eröffnet ist. Vielmehr ist derjenige Rechtsbehelf einschlägig, der dem Schuldner zur Verfügung stünde, wäre die Vollstreckung von vornherein nicht auf die EuVTVO gestützt worden. Im Regelfall wäre nach deutschem Recht die Erinnerung nach § 766 ZPO zu erheben, da der Schuldner die Art und Weise der Vollstreckung rügt, die ohne das normalerweise vorrangige Vollstreckbarerklärungsverfahren durchgeführt werden sollte.¹⁰ Gleichwohl ist dem Schuldner in jedem Falle zur Einlegung des Widerspruchs im Ursprungsmitgliedstaat zu raten: Nach dem **Grundsatz der Meistbegünstigung** ist dieser weiterhin statthaft, auch wenn der Anwendungsbereich der EuVTVO bei formaler Betrachtung nicht eröffnet ist (s. Art. 10 Rn 6).

Artikel 22 Vereinbarungen mit Drittländern

Diese Verordnung lässt Vereinbarungen unberührt, durch die sich die Mitgliedstaaten vor Inkrafttreten der Verordnung (EG) Nr. 44/2001 im Einklang mit Artikel 59 des Brüsseler Übereinkommens über die gerichtliche Zuständigkeit und die Vollstreckung gerichtlicher Entscheidungen in Zivil- und Handelssachen verpflichtet haben, Entscheidungen insbesondere der Gerichte eines anderen Vertragsstaats des genannten Übereinkommens gegen Beklagte, die ihren Wohnsitz oder gewöhnlichen Aufenthalt im Hoheitsgebiet eines Drittlands haben, nicht anzuerkennen, wenn die Entscheidungen in den Fällen des Artikels 4 des genannten Übereinkommens nur in einem der in Artikel 3 Absatz 2 des genannten Übereinkommens angeführten Gerichtsstände ergehen können.

1 Die EuVTVO respektiert etwaige Vereinbarungen von Mitgliedstaaten mit **Drittstaaten**, bestimmte Entscheidungen weder anzuerkennen noch zu vollstrecken. Sie entspricht weitgehend Art. 72 Brüssel I-VO bzw. Art. 72 Brüssel Ia-VO. Da die Bundesrepublik Deutschland kein nach Art. 22 relevantes Übereinkommen

---

6 *Stadler*, IPRax 2004, 2, 6.
7 BGHZ 201, 22 (Rn 13 ff).
8 R. *Wagner*, IPRax 2005, 189, 199; *Kropholler/von Hein*, Art. 5 EuVTVO Rn 9; ebenso Rauscher/*Pabst*, Art. 20 EuVTVO Rn 19 ff; Zöller/*Geimer*, Art. 2 EuVTVO Rn 1, Art. 6 EuVTVO Rn 18 und Art. 20 EuVTVO Rn 3.
9 Zust. für den Fall, dass der zeitliche Anwendungsbereich der EuVTVO noch nicht eröffnet war, Geimer/Schütze/*Zenker*, IRV, Art. 33 EuVTVO Rn 5.
10 Krit. *Kropholler/von Hein*, Art. 20 EuVTVO Rn 12 mit Fn 15. Bei der Erinnerung nach § 766 ZPO geht es allerdings zunächst nur um die als formal zu qualifizierende Frage, ob die Vollstreckungsvoraussetzungen vorliegen (hier: Fehlen der erforderlichen Klausel), s. dazu nur Zöller/*Stöber*, § 766 ZPO Rn 10.

geschlossen hat, ist die Vorschrift allenfalls für Entscheidungen aus Deutschland bedeutsam, die in einem anderen Mitgliedstaat vollstreckt werden sollen.[1]

Artikel 23 Aussetzung oder Beschränkung der Vollstreckung

Hat der Schuldner
- einen Rechtsbehelf gegen eine als Europäischer Vollstreckungstitel bestätigte Entscheidung eingelegt, wozu auch ein Antrag auf Überprüfung im Sinne des Artikels 19 gehört, oder
- die Berichtigung oder den Widerruf einer Bestätigung als Europäischer Vollstreckungstitel gemäß Artikel 10 beantragt,

so kann das zuständige Gericht oder die befugte Stelle im Vollstreckungsmitgliedstaat auf Antrag des Schuldners
a) das Vollstreckungsverfahren auf Sicherungsmaßnahmen beschränken oder
b) die Vollstreckung von der Leistung einer von dem Gericht oder der befugten Stelle zu bestimmenden Sicherheit abhängig machen oder
c) unter außergewöhnlichen Umständen das Vollstreckungsverfahren aussetzen.

I. Allgemeines

Art. 23 enthält gegenüber Art. 21 Abs. 1 keine Erweiterung der Vollstreckungseinwände. Die Norm bietet aber dem Schuldner eine Handhabe gegen die vorbehaltlose Vollstreckung, während die im Ursprungsstaat eingelegten Rechtsbehelfe gegen die Entscheidung anhängig sind. Art. 23 bildet damit ein gewisses **Korrektiv** dazu, dass bereits die vorläufige Vollstreckbarkeit für eine Bestätigung als Europäischer Vollstreckungstitel ausreicht (s. Art. 6 Rn 5). Dabei kann es sich zum einen um die nach der lex fori statthaften Rechtsbehelfe gegen die Entscheidung selbst handeln (s. Rn 3 ff), zum anderen um die Berichtigung oder den Widerruf nach Art. 10. Die Beschränkung oder Aussetzung der Vollstreckung wird vom zuständigen Gericht (für das deutsche Recht: das Amtsgericht als Vollstreckungsgericht, s. § 1084 ZPO Rn 2) nur auf **Antrag** des Schuldners angeordnet. Dieser Antrag ist erst mit Anhängigkeit des Rechtsbehelfs im Ursprungsmitgliedstaat statthaft („Hat der Schuldner ... eingelegt").[1]

Für öffentliche Urkunden (Art. 24 Abs. 3) und **gerichtliche Vergleiche** (Art. 25 Abs. 3) gilt Art. 23 entsprechend.

II. Rechtsbehelf im Ursprungsmitgliedstaat

1. Rechtsbehelfe der lex fori. Voraussetzung für den Antrag nach Art. 23 ist die Einlegung eines Rechtsbehelfs im Ursprungsmitgliedstaat. Der erste Spiegelstrich des Art. 23 nennt hier insb. die nach Art. 19 postulierte Möglichkeit der Überprüfung der Einhaltung der Mindeststandards (s. Art. 19 Rn 1). Art. 23 beinhaltet im Unterschied zu Art. 37 Abs. 1 Brüssel I-VO keine Beschränkung auf „ordentliche" Rechtsbehelfe (weiter gefasst nun auch Art. 38 Brüssel Ia-VO). Erfasst sind daher sämtliche von der lex fori vorgesehenen Rechtsbehelfe gegen die Entscheidung, primär die **ordentlichen Rechtsbehelfe**; für das deutsche Recht also Berufung, Revision und Beschwerde. Mit einbezogen sind aber auch **außerordentliche Rechtsbehelfe**. Entscheidend ist, dass der Rechtsbehelf zu einer möglichen Abänderung der angefochtenen Entscheidung führt.

---

1 Vgl *R. Wagner*, IPRax 2005, 189, 198.
1 *Kropholler/von Hein*, Art. 23 EuVTVO Rn 2.

4 **2. Sonderfälle.** Umstritten ist, ob auch die **Verfassungsbeschwerde** nach Art. 93 Abs. 1 Nr. 4 a GG und die **Individualbeschwerde** nach Art. 34 EMRK gegen die Entscheidung als Rechtsbehelfe iSd Art. 23 anzusehen sind.[2] Während sich die Verfassungsbeschwerde noch als Rechtsbehelf des Ursprungsstaates einordnen lässt und schon deswegen Art. 23 unterfallen sollte,[3] ist die Individualbeschwerde zum EuGMR kein nationaler Rechtsbehelf.[4] Für eine **Miteinbeziehung** spricht dennoch, dass dadurch ein gewisses Gegengewicht zur Abschaffung der Ordre-public-Kontrolle im Vollstreckungsstaat entstünde und der Schuldner effektiver geschützt würde.[5] Auch dient die EuVTVO nach Erwägungsgrund Nr. 11 der Förderung der Grundrechte und der Wahrung eines fairen Verfahrens. Bei der Schaffung der EuVTVO wurde an die Individualbeschwerde aber offenbar nicht gedacht, so dass eine Miteinbeziehung als nicht gesichert gelten kann.[6]

5 Hiervon zu unterscheiden ist der Fall, dass mit der Verfassungsbeschwerde bzw der Individualbeschwerde gegen die Vollstreckung auf der Grundlage des Europäischen Vollstreckungstitels vorgegangen wird. Diesbezüglich sind jene Rechtsbehelfe unzulässig (s. Art. 5 Rn 6).

III. Rechtsfolgen (lit. a–c)

6 **1. Allgemeines.** Sind die Voraussetzungen des Art. 23 gegeben, so liegt die Entscheidung über die Art und Weise der Beschränkung der Vollstreckung im **Ermessen** des Gerichts („kann"). Für die Ausübung dieses Ermessens sind die Erfolgsaussichten des im Ursprungsstaat eingelegten Rechtsbehelfs sowie Ausmaß und Wahrscheinlichkeit eines durch die Durchführung der Vollstreckung entstehenden, irreparablen Schadens zu bewerten.[7] Die Ermessensprüfung kann auch ergeben, dass die Vollstreckung vorbehaltlos weitergeführt wird.

7 **2. Die einzelnen Maßnahmen.** Das Gericht kann zunächst das Vollstreckungsverfahren auf **Sicherungsmaßnahmen** beschränken (**lit. a**). Nachdem sich die Vollstreckung nach dem Recht des Vollstreckungsstaates richtet (Art. 20 Abs. 1), beurteilen sich die zulässigen Sicherungsmaßnahmen ebenfalls nach der lex fori. Für das deutsche Recht kommen etwa in Betracht die Eintragung einer Sicherungshypothek (§ 932 ZPO) oder die nach §§ 938, 940 ZPO zulässigen Maßnahmen.[8]

8 Weiterhin kann das Gericht die Vollstreckung von einer **Sicherheitsleistung** abhängig machen (**lit. b**). Sind die Schuldnerinteressen bereits durch Maßnahmen

---

2 Dafür *Rauscher*, Der Europäische Vollstreckungstitel, Rn 28–29; Rauscher/*Pabst*, Art. 23 EuVTVO Rn 2; zust. *Rellermeyer*, Rpfleger 2005, 389, 403; *Burgstaller/Neumayr*, ÖJZ 2006, 179, 189 f (zweifelhaft der dort befürwortete analoge Anwendung von Art. 21); *McGuire*, ecolex 2006, 83, 84; *Oberhammer*, JBl 2006, 477, 502; MüKo-ZPO/*Adolphsen*, Art. 23 VO (EG) 805/2004 Rn 6; *Schlosser*, Art. 23 EuVTVO Rn 3; Prütting/Gehrlein/*Halfmeier*, Art. 23 EuVTVO Rn 2; Geimer/Schütze/*Hilbig*, IRV, Art. 23 EuVTVO Rn 13 f; *Ptak*, Der Europäische Vollstreckungstitel und das rechtliche Gehör des Schuldners, 2014, S. 198. Dagegen *R. Wagner*, IPRax 2005, 189, 198; *Kropholler/von Hein*, Art. 23 EuVTVO Rn 4; Zöller/*Geimer*, Art. 23 EuVTVO Rn 2; Gebauer/Wiedmann/*Bittmann*, Art. 23 EuVTVO Rn 176; tendenziell abl. auch Musielak/*Lackmann*, Art. 23 EuVTVO Rn 2.
3 Abl. dennoch *R. Wagner*, IPRax 2005, 189, 198; *Kropholler/von Hein*, Art. 23 EuVTVO Rn 3 mwN.
4 Für Beschränkung der Reichweite des Art. 23 auf Rechtsbehelfe im Ursprungsmitgliedstaat *Stein*, EuZW 2004, 679, 682. Gegen Einbeziehung der Individualbeschwerde auch *Tsikrikas*, ZZPInt 11 (2006), 51, 60 mit Fn 21.
5 Dies konzediert auch *R. Wagner*, IPRax 2005, 189, 198.
6 *Kropholler/von Hein*, Art. 23 EuVTVO Rn 4 mwN zum Streitstand.
7 S. KOM(2002) 159 endg., S. 15; ebenso *Kropholler/von Hein*, Art. 23 EuVTVO Rn 6.
8 Vgl näher *Kropholler/von Hein*, Art. 47 EuGVVO Rn 13.

im Ursprungsmitgliedstaat (etwa durch dort angeordnete Sicherheitsleistung) ausreichend gewahrt, so scheidet lit. b aus.[9]

Die schärfste Maßnahme bildet schließlich die **Aussetzung** des Vollstreckungsverfahrens (**lit. c**). Sie wird nur „unter außergewöhnlichen Umständen" angeordnet. Daraus ergibt sich zunächst ein Vorrang von lit. a und lit. b, so dass die Aussetzung nur dann angeordnet werden kann, wenn diese Maßnahmen die Interessen des Schuldners nicht ausreichend wahren. Vorgeschlagen wird, außergewöhnliche Umstände insb. dann anzunehmen, wenn mit dem im Ursprungsmitgliedstaat eingelegten Rechtsbehelf ein Mangel der Entscheidung geltend gemacht wird, der eine Verletzung des ordre public des Vollstreckungsstaates bedeuten würde.[10] Auf diese Weise würde lit. c zu einer verkappten Ordre-public-Kontrolle, die eine Vollstreckung aber nur für die Dauer des Rechtsbehelfsverfahrens im Ursprungsstaat aufhalten könnte. Möglich erscheint auch, im Rahmen von lit. c die Aussetzung von einer Sicherheitsleistung abhängig zu machen.[11] 9

KAPITEL V GERICHTLICHE VERGLEICHE UND ÖFFENTLICHE URKUNDEN

Literatur:
Franzmann, Die Verordnung (EG) Nr. 805/2004 – notarielle Urkunden europaweit vollstreckbar, MittBayNot 2004, 404; *ders.*, Der Europäische Vollstreckungstitel für unbestrittene Forderungen – Hinweise für die notarielle Praxis, MittBayNot 2005, 470; *Leible/ Lehmann*, Die Verordnung über den europäischen Vollstreckungstitel für unbestrittene Forderungen und ihre Auswirkungen auf die notarielle Praxis, NotBZ 2004, 453; *Münch*, Die vollstreckbare Notariatsurkunde im Anwendungsbereich der VO Nr. 805/2004, in: FS Rechberger, 2005, S. 395 ff.

Artikel 24 Gerichtliche Vergleiche

(1) Ein Vergleich über eine Forderung im Sinne von Artikel 4 Nummer 2, der von einem Gericht gebilligt oder vor einem Gericht im Laufe eines Verfahrens geschlossen wurde, und der in dem Mitgliedstaat, in dem er gebilligt oder geschlossen wurde, vollstreckbar ist, wird auf Antrag an das Gericht, das ihn gebilligt hat oder vor dem er geschlossen wurde, unter Verwendung des Formblatts in Anhang II als Europäischer Vollstreckungstitel bestätigt.

(2) Ein Vergleich, der im Ursprungsmitgliedstaat als Europäischer Vollstreckungstitel bestätigt worden ist, wird in den anderen Mitgliedstaaten vollstreckt, ohne dass es einer Vollstreckbarerklärung bedarf und ohne dass seine Vollstreckbarkeit angefochten werden kann.

(3) Die Bestimmungen von Kapitel II (mit Ausnahme von Artikel 5, Artikel 6 Absatz 1 und Artikel 9 Absatz 1) sowie von Kapitel IV (mit Ausnahme von Artikel 21 Absatz 1 und Artikel 22) finden entsprechende Anwendung.

I. Einbeziehung gerichtlicher Vergleiche

1. Allgemeines. Dass gerichtliche oder gerichtlich bestätigte Vergleiche über Geldforderungen dem Anwendungsbereich der EuVTVO unterfallen, ergibt sich bereits aus Art. 3 Abs. 1. Es handelt sich dabei um eine „aktiv unbestrittene For- 1

---

9 *Kropholler/von Hein*, Art. 23 EuVTVO Rn 9; Rauscher/*Pabst*, Art. 23 EuVTVO Rn 9.
10 *Rauscher*, Der Europäische Vollstreckungstitel, Rn 182; Rauscher/*Pabst*, Art. 23 EuVTVO Rn 16; zust. Geimer/Schütze/*Hilbig*, IRV, Art. 23 EuVTVO Rn 27.
11 So östOGH ecolex 2012, 885 m. Anm. *Slonina*, 881.

derung" iSd Art. 3 Abs. 1 S. 2 lit. a (s. Art. 3 Rn 7 f). Im Unterschied zu Art. 58 Brüssel I-VO genügt es, dass der **Vergleich vom Gericht gebilligt** wurde, er muss nicht vor Gericht geschlossen worden sein (so nun auch Art. 2 lit. b Brüssel Ia-VO). Ein Beispiel aus dem deutschen Recht ist der **gerichtlich bestätigte Anwaltsvergleich** iSd § 796 a ZPO.[1] Der Anwaltsvergleich als solcher fällt nicht unter die EuVTVO, kann aber als gerichtlich bestätigter Anwaltsvergleich als Europäischer Vollstreckungstitel bestätigt werden.[2] Der **notarielle Vergleich** iSd § 796 c ZPO ist hingegen kein gerichtlicher Vergleich; er unterfällt jedoch Art. 25 und kann als öffentliche Urkunde als Europäischer Vollstreckungstitel bestätigt werden (s. Art. 25 Rn 2).[3]

2 **2. Abschaffung des Exequaturs (Abs. 2).** Abs. 2 stellt klar, dass auch für die Vollstreckung von gerichtlichen Vergleichen das Exequaturverfahren abgeschafft wird (für die Entscheidung vgl Art. 5 Rn 2).

3 **3. Anwendbarkeit der Bestimmungen der EuVTVO (Abs. 3).** Die allgemeinen Vorschriften in Kapitel I sind auch für den Vergleich entsprechend anwendbar. Abs. 3 erklärt daneben die meisten Vorschriften in Kapitel II und IV auch für den Vergleich für entsprechend anwendbar, insb. die Regelung über Berichtigung und Widerruf der Bestätigung in Art. 10. Bei Kapitel II sind lediglich Art. 5, Art. 6 Abs. 1 und Art. 9 Abs. 1 ausgenommen, da Art. 24 Abs. 1 und 2 hierfür Sonderregelungen bereithält. Art. 9 Abs. 2 ist hingegen auch für den Vergleich anwendbar (vgl dazu Art. 9 Rn 5). Von den Bestimmungen in Kapitel IV sind lediglich Art. 21 Abs. 1 und 22 unanwendbar; die Berufung auf eine mit dem Vergleich unvereinbare, früher ergangene Entscheidung kommt also nicht in Betracht. Die in Kapitel III enthaltenen Mindestvorschriften sind auf die „passiv unbestrittenen" Forderungen (s. Art. 3 Rn 3 ff) zugeschnitten und passen daher auf den Vergleich nicht (s. Rn 1).

II. Voraussetzungen der Bestätigung als Europäischer Vollstreckungstitel (Abs. 1)

4 Die Bestätigung des Vergleichs als Europäischer Vollstreckungstitel setzt voraus, dass eine Vollstreckbarkeit im Ursprungsmitgliedstaat selbst gegeben ist (vgl für die Entscheidung bereits Art. 6 Abs. 1 lit. a). Wurde ein aufschiebend bedingter Widerrufsvorbehalt vereinbart, so kann eine Bestätigung als Europäischer Vollstreckungstitel damit erst nach Ablauf der Widerrufsfrist erfolgen.[4] Die Bestätigung setzt einen **Antrag** voraus; zuständig ist dasjenige Gericht des Ursprungsstaates, das den Vergleich bestätigt hat oder vor dem der Vergleich bestätigt wurde. Welches Gericht die Bestätigung ausstellt, sagt Art. 24 nicht (für die Entscheidung vgl Art. 6 Rn 4); die Frage ist vielmehr dem nationalen Recht überlassen. Nach dem deutschen Recht ist gem. § 1079 ZPO dasjenige Gericht für die Erteilung der Bestätigung als Europäischer Vollstreckungstitel zuständig, dem die Erteilung der vollstreckbaren Ausfertigung des Vergleichs obliegt (s. näher § 1079 ZPO Rn 5). Die Bestätigung erfolgt (zwingend, s. Art. 9 Rn 4) auf dem Formblatt in Anhang II.

---

1 *Lehmann*, in: Leible/Terhechte, EnzEuR Bd. 3, § 19 Rn 27; Geimer/Schütze/*Zenker*, IRV, Art. 24 EuVTVO Rn 37 mwN – auch zur Gegenansicht. S. dazu – vornehmlich aus nationaler Perspektive – auch *Leutner/Hacker*, NJW 2012, 1318.
2 R. *Wagner*, IPRax 2005, 189, 192. Anders *Rellermeyer*, Rpfleger 2005, 389, 392, der Art. 3 Abs. 1 lit. d anwenden will.
3 Zu weiteren Fallgruppen MüKo-ZPO/*Adolphsen*, § 1079 ZPO Rn 5 f.
4 Näher dazu Rauscher/*Pabst*, Art. 24 EuVTVO Rn 5 f.

Artikel 25 Öffentliche Urkunden

(1) Eine öffentliche Urkunde über eine Forderung im Sinne von Artikel 4 Absatz 2, die in einem Mitgliedstaat vollstreckbar ist, wird auf Antrag an die vom Ursprungsmitgliedstaat bestimmte Stelle unter Verwendung des Formblatts in Anhang III als Europäischer Vollstreckungstitel bestätigt.

(2) Eine öffentliche Urkunde, die im Ursprungsmitgliedstaat als Europäischer Vollstreckungstitel bestätigt worden ist, wird in den anderen Mitgliedstaaten vollstreckt, ohne dass es einer Vollstreckbarerklärung bedarf und ohne dass ihre Vollstreckbarkeit angefochten werden kann.

(3) Die Bestimmungen von Kapitel II (mit Ausnahme von Artikel 5, Artikel 6 Absatz 1 und Artikel 9 Absatz 1) sowie von Kapitel IV (mit Ausnahme von Artikel 21 Absatz 1 und Artikel 22) finden entsprechende Anwendung.

I. Allgemeines

Art. 25 entspricht nahezu vollständig Art. 24; die Norm regelt die Bestätigung von öffentlichen Urkunden (Art. 4 Nr. 3) als Europäischer Vollstreckungstitel, sofern diese Geldforderungen titulieren (zur Einbeziehung in den Anwendungsbereich der EuVTVO vgl bereits Art. 3 Abs. 1). Ein notarieller Vergleich iSd § 796 c ZPO fällt unter Art. 25.[1] Abs. 2 stellt auch für die öffentliche Urkunde klar, dass im Vollstreckungsstaat kein Exequaturverfahren durchgeführt wird (für die Entscheidung vgl Art. 5 Rn 2). Abs. 3 erklärt für die öffentliche Urkunde dieselben Bestimmungen der EuVTVO für (entsprechend) anwendbar, die auch für den Vergleich gelten (s. Art. 24 Rn 3). 1

II. Voraussetzungen der Bestätigung als Europäischer Vollstreckungstitel (Abs. 1)

Wie beim gerichtlichen Vergleich (Art. 24) fordert Art. 25 für die öffentliche Urkunde deren **Vollstreckbarkeit nach der lex fori** (in Deutschland: § 794 Abs. 1 Nr. 5 ZPO). Es ist ein Antrag an die vom Ursprungsmitgliedstaat zuständige Stelle erforderlich (in Deutschland: die Gerichte, Behörden und Notare, die für die Erteilung der vollstreckbaren Ausfertigung der öffentlichen Urkunde zuständig sind, s. § 1079 ZPO Rn 5).[2] Zwingend (vgl Art. 9 Rn 4) ist die Verwendung des Formblatts in Anhang III für die Bestätigung als Europäischer Vollstreckungstitel. 2

KAPITEL VI ÜBERGANGSBESTIMMUNG

Artikel 26 Übergangsbestimmung

Diese Verordnung gilt nur für nach ihrem Inkrafttreten ergangene Entscheidungen, gerichtlich gebilligte oder geschlossene Vergleiche und aufgenommene oder registrierte öffentliche Urkunden.

Die Norm regelt den **zeitlichen Anwendungsbereich** der EuVTVO (vgl Art. 2 Rn 12). Sie ist im Zusammenhang mit Art. 33 zu lesen. Eine Entscheidung kann als Europäischer Vollstreckungstitel bestätigt werden, wenn sie **nach dem 21.1.2005** ergangen ist. Bei gerichtlich bestätigten Vergleichen kommt es auf den 1

---

1 *Leible/Lehmann*, NotBZ 2004, 453, 456; *Kropholler/von Hein*, Art. 24 EuVTVO Rn 2; *Rellermeyer*, Rpfleger 2005, 389, 392; Rauscher/*Pabst*, Art. 4 EuVTVO Rn 39.
2 Vgl dazu die der Kommission von den Mitgliedstaaten nach Art. 30 Abs. 1 lit. c mitgeteilten Listen, abgedruckt bei Rauscher/*Pabst*, Art. 30 EuVTVO Rn 7 ff.

Zeitpunkt der entsprechenden Entscheidung des Gerichts an;[1] bei öffentlichen Urkunden auf den Zeitpunkt der öffentlichen Aufnahme oder Registrierung. Solche Bestätigungen waren wegen des zeitversetzten Inkrafttretens der verfahrensrechtlich relevanten Teile der EuVTVO nach Art. 33 S. 2 EuVTVO erst mit dem 21.10.2005 auszustellen.[2]

2 Die Verordnung definiert nicht, wann eine Entscheidung **ergangen** ist. Wie bei der Parallelvorschrift des Art. 66 Abs. 2 Brüssel I-VO (bzw Art. 66 Brüssel Ia-VO) ist hierbei auf die lex fori zurückzugreifen.[3] Nach deutschem Verständnis ist eine Entscheidung ergangen, wenn sie nach außen wirksam geworden ist, also dann, wenn sie verkündet (§ 310 Abs. 1 ZPO) oder im Falle des Versäumnisurteils den Parteien zugestellt wurde (§ 310 Abs. 3 ZPO).

KAPITEL VII VERHÄLTNIS ZU ANDEREN RECHTSAKTEN DER GEMEINSCHAFT

Artikel 27 Verhältnis zur Verordnung (EG) Nr. 44/2001

Diese Verordnung berührt nicht die Möglichkeit, die Anerkennung und Vollstreckung einer Entscheidung über eine unbestrittene Forderung, eines gerichtlichen Vergleichs oder einer öffentlichen Urkunde gemäß der Verordnung (EG) Nr. 44/2001 zu betreiben.

1 Die Verordnung (EG) Nr. 44/2001 („Brüssel I-VO") wurde mit Wirkung vom 10.1.2015 durch die Verordnung (EU) Nr. 1215/2012 („Brüssel Ia-VO")[1] ersetzt (s. Art. 1 Rn 4). Art. 27 ist demnach als Verweis auf die **Brüssel Ia-VO** zu lesen. Art. 27 statuiert eine Parallelität der Systeme von Brüssel I-VO (bzw Brüssel Ia-VO) und EuVTVO. Danach besteht ein **Wahlrecht des Gläubigers**, ob er nach Brüssel I-VO (bzw Brüssel Ia-VO) vollstreckt oder nach EuVTVO. Dieses Wahlrecht besteht auch dann, wenn die Voraussetzungen der Bestätigung als Europäischer Vollstreckungstitel gegeben sind.[2] Da vor allem bei passiv unbestrittenen Forderungen (s. Art. 3 Rn 9 ff) die zusätzlichen Voraussetzungen der Art. 12 ff zu beachten sind (s. Art. 12 Rn 1), deren Einhaltung aber erst bei der Erteilung eines Europäischen Vollstreckungstitels ex post geprüft wird, muss sich der Gläubiger bereits vor Einleitung des Verfahrens entscheiden, ob er die möglicherweise erhöhten Anforderungen des Kapitels III einhalten will. Nur dann kommt ihm die vereinfachte Vollstreckung zugute, sollte die Forderung unbestritten bleiben.

2 Auch wenn der Wortlaut des Erwägungsgrundes Nr. 20 im Sinne einer Alternativität der Anträge interpretiert werden könnte, steht es dem Gläubiger frei, **parallel** Anträge auf Vollstreckung nach Brüssel I-VO und nach EuVTVO zu stellen.[3] Auf diese Weise kann aus demjenigen Titel vollstreckt werden, der zuerst vor-

---

1 *R. Wagner*, IPRax 2005, 189, 191 Fn 45.
2 *R. Wagner*, NJW 2005, 1157, 1158; *Kropholler/von Hein*, Art. 26 EuVTVO Rn 1; Rauscher/*Pabst*, Art. 26 EuVTVO Rn 2 f; *Burgstaller/Neumayr*, ÖJZ 2006, 179, 180. In diesem Sinne auch der polnische OGH in einer Entscheidung vom 14.5.2009, Bericht bei *Bobrzynski/Tereszkiewicz*, GPR 2011, 284, 285 f. Verfehlt daher offenbar OLG München NJW-RR 2007, 1582, 1583 hinsichtlich eines am 2.3.2005 ergangenen Kostenfestsetzungsbeschlusses.
3 Dazu *Kropholler/von Hein*, Art. 66 EuGVVO Rn 4.
1 Verordnung (EU) Nr. 1215/2012 des Europäischen Parlaments und des Rates vom 12. Dezember 2012 über die gerichtliche Zuständigkeit und die Anerkennung und Vollstreckung von Entscheidungen in Zivil- und Handelssachen (ABl. EU Nr. L 351/1 vom 20.12.2012).
2 *Mankowski*, in: FS Kropholler, S. 829, 833 ff.
3 *R. Wagner*, IPRax 2005, 189, 190 f.

liegt. Wurde ein Europäischer Vollstreckungstitel ausgestellt, entfällt jedoch das **Rechtsschutzbedürfnis** für den Antrag auf Vollstreckung nach der Brüssel I-VO.[4] Auf diese Weise kann der Gefahr der Mehrfachvollstreckung am wirksamsten begegnet werden.[5] Der umgekehrte Zusammenhang gilt wegen der weiter reichenden Wirkungen des Europäischen Vollstreckungstitels (keine Ordre-public-Kontrolle im Vollstreckungsstaat; Vollstreckbarkeit im gesamten Geltungsbereich der EuVTVO) nicht. Dies bedeutet zweierlei: Zum einen kann ein Europäischer Vollstreckungstitel auch dann noch beantragt werden, wenn bereits ein Exequatur auf der Grundlage der Brüssel I-VO erwirkt wurde.[6] Zum anderen verhindert die Verweigerung des Exequaturs nach Art. 38 Brüssel I-VO bzw die Versagung der Vollstreckung nach Art. 46 ff Brüssel Ia-VO nicht die Beantragung eines Europäischen Vollstreckungstitels nach der EuVTVO.[7]

Die Kostentragungspflicht des Schuldners erstreckt sich jedenfalls nur auf eines der beiden Verfahren (das aber nicht das kostengünstigere sein muss).[8] In aller Regel dürfte es anwaltlicher Umsicht entsprechen, bei einer als möglich erachteten Vollstreckbarkeit der eingeklagten Forderung im EU-Ausland bereits mit Klageeinreichung einen Antrag auf Bestätigung als Europäischer Vollstreckungstitel zu stellen. Liegt ein Titel vor, so kann nach den eben genannten Grundsätzen parallel zum Bestätigungsverfahren im Urteilsstaat eine Bescheinigung nach Art. 54, 58 und 57 Abs. 4 Brüssel I-VO iVm Anhang V und VI Brüssel I-VO (bzw Art. 42 Abs. 1 lit. b, 53 Brüssel Ia-VO iVm Anhang I Brüssel Ia-VO) beantragt werden. Sollte die Bestätigung als Europäischer Vollstreckungstitel noch nicht vorliegen oder (etwa wegen Nichteinhaltung der Mindeststandards) nicht erteilt worden sein, kann die Vollstreckung auf der Grundlage der Brüssel I-VO bzw Brüssel Ia-VO betrieben werden – dies entweder in Altfällen durch Antrag auf Vollstreckbarerklärung nach Art. 38 Abs. 1 Brüssel I-VO im Vollstreckungsstaat oder aber unter Geltung der Brüssel Ia-VO durch direkte Vollstreckung. Die Revision der Brüssel I-VO bringt dem Gläubiger gegenüber der EuVTVO (zu deren Modell s. Art. 9 Rn 1 ff) dadurch einen wesentlichen Vorteil, dass im Rahmen der Ausstellung der Bestätigung nach Anhang I eine gesonderte Prüfung der Mindeststandards entfällt. Eine Vollstreckung nach der EuVTVO bringt mithin nur dann Vorteile, wenn unsicher erscheint, ob vom Schuldner Anerkennungsversagungsgründe nach Art. 45 Brüssel Ia-VO geltend gemacht werden könnten.[9]

Artikel 28 Verhältnis zur Verordnung (EG) Nr. 1348/2000

Diese Verordnung lässt die Anwendung der Verordnung (EG) Nr. 1348/2000 unberührt.

---

4 Zöller/*Geimer*, Art. 1 EuVTVO Rn 7; ebenso nun BGH WM 2010, 433; BGH 14.6.2014 – IX ZB 245/10 (Rn 2), juris; OLG Stuttgart EuZW 2010, 37; *Kienle*, EuZW 2010, 334, 335; *Bittmann*, IPRax 2011, 55; Gebauer/Wiedmann/*Bittmann*, Art. 27 EuVTVO Rn 199; *Kropholler/von Hein*, Art. 27 EuVTVO Rn 3; Geimer/Schütze/*Zenker*, IRV, Art. 27 EuVTVO Rn 6; *Pfeiffer*, LMK 2010, 303291. AA hingegen *Mankowski*, in: FS Kropholler, S. 829, 834 f; *Mansel/Thorn/Wagner*, IPRax 2010, 1, 18 f; *Hess*, Europäisches Zivilprozessrecht, § 10 Rn 37 f; Musielak/*Stadler*, Vorbem. EuGVVO Rn 14.
5 S. den Fall OLG Stuttgart EuZW 2010, 37, 38 f.
6 *Kropholler/von Hein*, Art. 27 EuVTVO Rn 3. Anders (aber obiter) offenbar BGH WM 2010, 433 sowie BGH 14.6.2014 – IX ZB 245/10 (Rn 2), juris.
7 BGH WM 2010, 433.
8 *Burgstaller/Neumayr*, ÖJZ 2006, 179, 183.
9 *Lehmann*, in: Leible/Terhechte, EnzEuR Bd. 3, § 19 Rn 64.

1 Die Verordnung (EG) Nr. 1348/2000 wurde mit Wirkung vom 13.12.2008 durch die Verordnung (EG) Nr. 1393/2007 ersetzt.[1] Der Verweis in Art. 28 ist demnach auf die **reformierte EuZustVO** zu lesen. Danach gilt die EuZustVO parallel zur EuVTVO, dh, dass bei der Zustellung von Schriftstücken beide Verordnungen gelten sollten (so ausdrücklich Erwägungsgrund Nr. 21). Zwar weichen die in den Art. 13, 14 enthaltenen Mindestanforderungen an die Zustellung teilweise von den Regeln der EuZustVO ab; gleichwohl besteht hier keine Normenkonkurrenz, da die Art. 13, 14 nur einen Beurteilungsmaßstab für die Bestätigung einer Entscheidung als Europäischer Vollstreckungstitel bilden, die Zustellung als solche also nicht unwirksam ist, wenn die Vorgaben der EuVTVO nicht erfüllt sind (s. Art. 12 Rn 7). In diesem Fall kann eine Vollstreckung aber nicht nach der EuVTVO erfolgen, sondern allenfalls nach der Brüssel I-VO bzw der Brüssel Ia-VO. Werden die Regeln der EuZustVO verletzt, so kann die daraufhin ergangene Entscheidung dennoch als Europäischer Vollstreckungstitel bestätigt werden, sofern nur die Mindestvorgaben des Kapitels III eingehalten wurden.[2]

KAPITEL VIII ALLGEMEINE UND SCHLUSSBESTIMMUNGEN

Artikel 29 Informationen über Vollstreckungsverfahren und -behörden

Die Mitgliedstaaten arbeiten zusammen, um der Öffentlichkeit und den Fachkreisen folgende Informationen zur Verfügung zu stellen:

a) Informationen über die Vollstreckungsverfahren und -methoden in den Mitgliedstaaten und

b) Informationen über die zuständigen Vollstreckungsbehörden in den Mitgliedstaaten,

insbesondere über das mit der Entscheidung 2001/470/EG des Rates[1] eingerichtete Europäische Justizielle Netz für Zivil- und Handelssachen.

1 Um die grenzüberschreitende Vollstreckung zu erleichtern, wurde im Rahmen der Justiziellen Zusammenarbeit der sog. **Europäische Gerichtsatlas** eingerichtet, in dem die nach Art. 29 übermittelten Informationen zugänglich gemacht werden.[2] Hier finden sich etwa Informationen darüber, welche Stelle im Vollstreckungsstaat für die Einleitung des Verfahrens zuständig ist.

Artikel 30 Angaben zu den Rechtsbehelfen, Sprachen und Stellen

(1) Die Mitgliedstaaten teilen der Kommission Folgendes mit:

a) das in Artikel 10 Absatz 2 genannte Berichtigungs- und Widerrufsverfahren sowie das in Artikel 19 Absatz 1 genannte Überprüfungsverfahren;

---

1 Zur Reform *Sujecki*, NJW 2008, 1628.
2 *Rellermeyer*, Rpfleger 2005, 389, 395; Rauscher/*Pabst*, Art. 28 EuVTVO Rn 2; Geimer/Schütze/*Zenker*, IRV, Art. 28 EuVTVO Rn 4 mwN. Eingehend zum Verhältnis der EuZustVO zur EuVTVO *Ptak*, Der Europäische Vollstreckungstitel und das rechtliche Gehör des Schuldners, 2014, S. 78 ff.
1 ABl. L 174 vom 27.6.2001, S. 25.
2 Der Europäische Gerichtsatlas findet sich unter http://ec.europa.eu/justice_home/judicialatlascivil/html/index_de.htm.

b) die gemäß Artikel 20 Absatz 2 Buchstabe c) zugelassenen Sprachen;
c) die Listen der in Artikel 25 genannten Stellen;
sowie alle nachfolgenden Änderungen.

(2) Die Kommission macht die nach Absatz 1 mitgeteilten Informationen durch Veröffentlichung im *Amtsblatt der Europäischen Union* und durch andere geeignete Mittel öffentlich zugänglich.

Art. 30 verpflichtet die Mitgliedstaaten zur Übermittlung von Informationen über die nach dem jeweiligen nationalen Recht im Zusammenhang mit der EuVTVO bestehenden Rechtsbehelfe. Diese Informationen werden im Amtsblatt veröffentlicht, sind aber auch über den **Europäischen Gerichtsatlas** (s. Art. 29 Rn 1) zugänglich. Auf diese Weise soll die Transparenz der einzelnen Vollstreckungssysteme in den Mitgliedstaaten erhöht werden.[1]

Artikel 31 Änderungen der Anhänge

Die Kommission ändert die in den Anhängen enthaltenen Formblätter. Diese Maßnahmen zur Änderung nicht wesentlicher Bestimmungen dieser Verordnung werden nach dem in Artikel 32 Absatz 2 genannten Regelungsverfahren mit Kontrolle erlassen.

Artikel 32 Ausschuss

(1) Die Kommission wird von dem in Artikel 75 der Verordnung (EG) Nr. 44/2001 genannten Ausschuss unterstützt.

(2) Wird auf diesen Absatz Bezug genommen, so gelten Artikel 5 a Absätze 1 bis 4 und Artikel 7 des Beschlusses 1999/468/EG unter Beachtung von dessen Artikel 8.

Artikel 33 Inkrafttreten

Diese Verordnung tritt am 21. Januar 2005 in Kraft.

Sie gilt ab dem 21. Oktober 2005 mit Ausnahme der Artikel 30, 31 und 32, die ab dem 21. Januar 2005 gelten.

Es wird auf die Erl. zu Art. 26 verwiesen.

Diese Verordnung ist in allen ihren Teilen verbindlich und gilt gemäß dem Vertrag zur Gründung der Europäischen Gemeinschaft unmittelbar in den Mitgliedstaaten.

---

1 Näher dazu Rauscher/*Pabst*, Art. 30 EuVTVO Rn 1 ff.

ANHANG I
BESTÄTIGUNG ALS EUROPÄISCHER VOLLSTRECKUNGSTITEL – ENTSCHEIDUNG

1. Ursprungsmitgliedstaat: Belgien ☐ Tschechische Republik ☐ Deutschland ☐ Estland ☐ Griechenland ☐ Spanien ☐ Frankreich ☐ Irland ☐ Italien ☐ Zypern ☐ Lettland ☐ Litauen ☐ Luxemburg ☐ Ungarn ☐ Malta ☐ Niederlande ☐ Österreich ☐ Polen ☐ Portugal ☐ Slowakei ☐ Slowenien ☐ Finnland ☐ Schweden ☐ Vereinigtes Königreich ☐

2. Gericht, das die Bestätigung ausgestellt hat
2.1 Bezeichnung:
2.2 Anschrift:
2.3 Tel./Fax/E-Mail:

3. Falls abweichend, Gericht, das die Entscheidung erlassen hat
3.1 Bezeichnung:
3.2 Anschrift:
3.3 Tel./Fax/E-Mail:

4. Entscheidung
4.1 Datum:
4.2 Aktenzeichen:
4.3 Parteien
4.3.1 Name(n) und Anschrift(en) des/der Gläubiger(s):
4.3.2 Name(n) und Anschrift(en) des/der Schuldner(s):

5. Geldforderung laut Bestätigung
5.1 Betrag:
5.1.1 Währung:

Euro ☐	Zypern-Pfund ☐	tschechische Krone ☐	estnische Krone ☐
Pfund Sterling ☐	Forint ☐	Litas ☐	Lats ☐
maltesische Lira ☐	Zloty ☐	schwedische Krone ☐	slowakische Krone ☐
Tolar ☐			
andere Währung ☐ (bitte angeben)			

5.1.2 Falls sich die Geldforderung auf eine wiederkehrende Leistung bezieht
5.1.2.1 Höhe jeder Rate:
5.1.2.2 Fälligkeit der ersten Rate:
5.1.2.3 Fälligkeit der nachfolgenden Raten:

wöchentlich ☐ monatlich ☐ andere Zeitabstände (bitte angeben) ☐

5.1.2.4 Laufzeit der Forderung
5.1.2.4.1 Derzeit unbestimmt ☐ oder
5.1.2.4.2 Fälligkeit der letzten Rate:

5.2 Zinsen

5.2.1 Zinssatz

5.2.1.1 … % oder

5.2.1.2 … % über dem Basissatz der EZB ([1])

5.2.1.3 Anderer Wert (bitte angeben):

5.2.2 Fälligkeit der Zinsen:

5.3 Höhe der zu ersetzenden Kosten, falls in der Entscheidung angegeben:

6. Die Entscheidung ist im Ursprungsmitgliedstaat vollstreckbar ☐

7. Gegen die Entscheidung kann noch ein Rechtsmittel eingelegt werden

  Ja ☐   Nein ☐

8. Gegenstand der Entscheidung ist eine unbestrittene Forderung im Sinne von Artikel 3 Absatz 1 ☐

9. Die Entscheidung steht im Einklang mit Artikel 6 Absatz 1 Buchstabe b ☐

10. Die Entscheidung betrifft Verbrauchersachen

  Ja ☐   Nein ☐

10.1 Wenn ja:

  Der Schuldner ist der Verbraucher

  Ja ☐   Nein ☐

10.2 Wenn ja:

  Der Schuldner hat seinen Wohnsitz im Ursprungsmitgliedstaat (im Sinne von Artikel 59 der Verordnung (EG) Nr. 44/2001) ☐

11. Zustellung des verfahrenseinleitenden Schriftstücks nach Maßgabe von Kapitel III, sofern anwendbar

  Ja ☐   Nein ☐

11.1 Die Zustellung ist gemäß Artikel 13 erfolgt ☐

  oder die Zustellung ist gemäß Artikel 14 erfolgt ☐

  oder der Schuldner hat das Schriftstück nachweislich im Sinne von Artikel 18 Absatz 2 erhalten ☐

11.2 Ordnungsgemäße Unterrichtung

  Der Schuldner wurde nach Maßgabe der Artikel 16 und 17 unterrichtet ☐

12. Zustellung von Ladungen, sofern anwendbar

  Ja ☐   Nein ☐

([1]) Von der Europäischen Zentralbank auf ihre Hauptrefinanzierungsoperationen angewendeter Zinssatz.

12.1 Die Zustellung ist gemäß Artikel 13 erfolgt ☐

oder die Zustellung ist gemäß Artikel 14 erfolgt ☐

oder der Schuldner hat die Ladung nachweislich im Sinne von Artikel 18 Absatz 2 erhalten ☐

12.2 Ordnungsgemäße Unterrichtung

Der Schuldner wurde nach Maßgabe des Artikels 17 unterrichtet ☐

13. Heilung von Verfahrensmängeln infolge der Nichteinhaltung der Mindestvorschriften gemäß Artikel 18 Absatz 1

13.1 Die Entscheidung wurde gemäß Artikel 13 zugestellt ☐

oder die Entscheidung wurde gemäß Artikel 14 zugestellt ☐

oder der Schuldner hat die Entscheidung nachweislich im Sinne von Artikel 18 Absatz 2 erhalten ☐

13.2 Ordnungsgemäße Unterrichtung

Der Schuldner wurde nach Maßgabe des Artikels 18 Absatz 1 Buchstabe b unterrichtet ☐

13.3 Der Schuldner hatte die Möglichkeit, einen Rechtsbehelf gegen die Entscheidung einzulegen

Ja ☐   Nein ☐

13.4 Der Schuldner hat keinen Rechtsbehelf gemäß den einschlägigen Verfahrensvorschriften eingelegt

Ja ☐   Nein ☐

Geschehen zu .... am ....

....
Unterschrift und/oder Stempel

ANHANG II
BESTÄTIGUNG ALS EUROPÄISCHER VOLLSTRECKUNGSTITEL – GERICHTLICHER VERGLEICH

1. Ursprungsmitgliedstaat: Belgien ☐ Tschechische Republik ☐ Deutschland ☐ Estland ☐ Griechenland ☐ Spanien ☐ Frankreich ☐ Irland ☐ Italien ☐ Zypern ☐ Lettland ☐ Litauen ☐ Luxemburg ☐ Ungarn ☐ Malta ☐ Niederlande ☐ Österreich ☐ Polen ☐ Portugal ☐ Slowakei ☐ Slowenien ☐ Finnland ☐ Schweden ☐ Vereinigtes Königreich ☐

2. Gericht, das die Bestätigung ausgestellt hat

2. Bezeichnung:

2.2 Anschrift:

2.3 Tel./Fax/E-Mail:

3. Falls abweichend, Gericht, das den Vergleich gebilligt hat oder vor dem er geschlossen wurde

3.1 Bezeichnung:

3.2 Anschrift:

3.3 Tel./Fax/E-Mail:

4. Gerichtlicher Vergleich

4.1 Datum:

4.2 Aktenzeichen:

4.3 Parteien

4.3.1 Name(n) und Anschrift(en) des/der Gläubiger(s):

4.3.2 Name(n) und Anschrift(en) des/der Schuldner(s):

5. Geldforderung laut Bestätigung

5.1 Betrag:

5.1.1 Währung: Euro ☐ Zypern-Pfund ☐ tschechische Krone ☐ estnische Krone ☐
Pfund Sterling ☐ Forint ☐ Litas ☐ Lats ☐
maltesische Lira ☐ Zloty ☐ schwedische Krone ☐ slowakische Krone ☐
Tolar ☐
andere Währung
(bitte angeben) ☐

5.1.2 Falls sich die Geldforderung auf eine wiederkehrende Leistung bezieht

5.1.2.1 Höhe jeder Rate:

5.1.2.2 Fälligkeit der ersten Rate:

5.1.2.3 Fälligkeit der nachfolgenden Raten:

wöchentlich ☐ monatlich ☐ andere Zeitabstände (bitte angeben) ☐

5.1.2.4 Laufzeit der Forderung

5.1.2.4.1 Derzeit unbestimmt ☐ oder

5.1.2.4.2 Fälligkeit der letzten Rate:

5.2 Zinsen

5.2.1 Zinssatz

5.2.1.1 ... % oder

5.2.1.2 ... % über dem Basissatz der EZB ([1])

5.2.1.3 Anderer Wert (bitte angeben):

5.2.2 Fälligkeit der Zinsen:

5.3 Höhe der zu ersetzenden Kosten, falls im gerichtlichen Vergleich angegeben:

6. Der gerichtliche Vergleich ist im Ursprungsmitgliedstaat vollstreckbar ☐

Geschehen zu .... am ....

....
Unterschrift und/oder Stempel

([1]) Von der Europäischen Zentralbank auf ihre Hauptrefinanzierungsoperationen angewendeter Zinssatz.

ANHANG III
BESTÄTIGUNG ALS EUROPÄISCHER VOLLSTRECKUNGSTITEL – ÖFFENTLICHE URKUNDE

1. Ursprungsmitgliedstaat: Belgien ☐ Tschechische Republik ☐ Deutschland ☐ Estland ☐ Griechenland ☐ Spanien ☐ Frankreich ☐ Irland ☐ Italien ☐ Zypern ☐ Lettland ☐ Litauen ☐ Luxemburg ☐ Ungarn ☐ Malta ☐ Niederlande ☐ Österreich ☐ Polen ☐ Portugal ☐ Slowakei ☐ Slowenien ☐ Finnland ☐ Schweden ☐ Vereinigtes Königreich ☐

2. Gericht/befugte Stelle, das/die die Bestätigung ausgestellt hat

2.1 Bezeichnung:

2.2 Anschrift:

2.3 Tel./Fax/E-Mail:

3. Falls abweichend, Gericht/befugte Stelle, das/die die öffentliche Urkunde aufgenommen oder registriert hat

3.1 Bezeichnung:

3.2 Anschrift:

3.3 Tel./Fax/E-Mail:

4. Öffentliche Urkunde

4.1 Datum:

4.2 Aktenzeichen:

4.3 Parteien

4.3.1 Name(n) und Anschrift(en) des/der Gläubiger(s):

4.3.2 Name(n) und Anschrift(en) des/der Schuldner(s):

5. Geldforderung laut Bestätigung

5.1 Betrag:

5.1.1 Währung: Euro ☐ Zypern-Pfund ☐ tschechische Krone ☐ estnische Krone ☐
Pfund Sterling ☐ Forint ☐ Litas ☐ Lats ☐
maltesische Lira ☐ Zloty ☐ schwedische Krone ☐ slowakische Krone ☐
Tolar ☐
andere Währung
(bitte angeben) ☐

5.1.2 Falls sich die Geldforderung auf eine wiederkehrende Leistung bezieht

5.1.2.1 Höhe jeder Rate:

5.1.2.2 Fälligkeit der ersten Rate:

5.1.2.3 Fälligkeit der nachfolgenden Raten:

wöchentlich ☐ monatlich ☐ andere Zeitabstände (bitte angeben) ☐

5.1.2.4 Laufzeit der Forderung

5.1.2.4.1 Derzeit unbestimmt ☐ oder

5.1.2.4.2 Fälligkeit der letzten Rate:

5.2 Zinsen

5.2.1 Zinssatz

5.2.1.1 ... % oder

5.2.1.2 ... % über dem Basissatz der EZB (¹)

5.2.1.3 Anderer Wert (bitte angeben):

5.2.2 Fälligkeit der Zinsen:

5.3 Höhe der zu ersetzenden Kosten, falls in der öffentlichen Urkunde angegeben:

6. Die öffentliche Urkunde ist im Ursprungsmitgliedstaat vollstreckbar ☐

Geschehen zu .... am ....

....
Unterschrift und/oder Stempel

(¹) Von der Europäischen Zentralbank auf ihre Hauptrefinanzierungsoperationen angewendeter Zinssatz.

ANHANG IV
BESTÄTIGUNG ÜBER DIE AUSSETZUNG ODER EINSCHRÄNKUNG DER VOLLSTRECKBARKEIT

(Artikel 6 Absatz 2)

1. Ursprungsmitgliedstaat: Belgien ☐ Tschechische Republik ☐ Deutschland ☐ Estland ☐ Griechenland ☐ Spanien ☐ Frankreich ☐ Irland ☐ Italien ☐ Zypern ☐ Lettland ☐ Litauen ☐ Luxemburg ☐ Ungarn ☐ Malta ☐ Niederlande ☐ Österreich ☐ Polen ☐ Portugal ☐ Slowakei ☐ Slowenien ☐ Finnland ☐ Schweden ☐ Vereinigtes Königreich ☐

2. Gericht/befugte Stelle, das/die die Bestätigung ausgestellt hat
2.1 Bezeichnung:
2.2 Anschrift:
2.3 Tel./Fax/E-Mail:

3. Falls abweichend,
   — Gericht, das die Entscheidung erlassen hat (*)
   — Gericht, von dem der gerichtliche Vergleich gebilligt bzw. vor dem er geschlossen wurde (*)
   — Gericht/befugte Stelle, das/die die öffentliche Urkunde aufgenommen oder registriert hat (*)
3.1 Bezeichnung:
3.2 Anschrift:
3.3 Tel./Fax/E-Mail:

4. Entscheidung/gerichtlicher Vergleich/öffentliche Urkunde (*)
4.1 Datum:
4.2 Aktenzeichen:
4.3 Parteien
4.3.1 Name(n) und Anschrift(en) des/der Gläubiger(s):
4.3.2 Name(n) und Anschrift(en) des/der Schuldner(s):

5. Die Entscheidung/der gerichtliche Vergleich/die öffentliche Urkunde (*) wurde als Europäischer Vollstreckungstitel bestätigt, jedoch
5.1 ist die Entscheidung/der gerichtliche Vergleich/die öffentliche Urkunde (*) nicht mehr vollstreckbar ☐
5.2 ist die Vollstreckung einstweilig
5.2.1 ausgesetzt ☐
5.2.2 auf Sicherungsmaßnahmen beschränkt ☐
5.2.3 von der Leistung einer Sicherheit abhängig gemacht, die noch aussteht ☐
5.2.3.1 Höhe der Sicherheit:
5.2.3.2 Währung: Euro ☐ Zypern-Pfund ☐ tschechische Krone ☐ estnische Krone ☐
Pfund Sterling ☐ Forint ☐ Litas ☐ Lats ☐
maltesische Lira ☐ Zloty ☐ schwedische Krone ☐ slowakische Krone ☐
Tolar ☐
andere Währung (bitte angeben) ☐
5.2.4 Sonstiges (bitte angeben) ☐

Geschehen zu .... am ....

....
Unterschrift und/oder Stempel

(*) Unzutreffendes streichen.

ANHANG V
ERSATZBESTÄTIGUNG ALS EUROPÄISCHER VOLLSTRECKUNGSTITEL INFOLGE EINES RECHTSBEHELFS

(Artikel 6 Absatz 3)

A. Gegen folgende(n), als Europäischer Vollstreckungstitel bestätigte(n) Entscheidung/gerichtlichen Vergleich/öffentliche Urkunde (*) wurde ein Rechtsbehelf eingelegt:

1. Ursprungsmitgliedstaat: Belgien ☐ Tschechische Republik ☐ Deutschland ☐ Estland ☐ Griechenland ☐ Spanien ☐ Frankreich ☐ Irland ☐ Italien ☐ Zypern ☐ Lettland ☐ Litauen ☐ Luxemburg ☐ Ungarn ☐ Malta ☐ Niederlande ☐ Österreich ☐ Polen ☐ Portugal ☐ Slowakei ☐ Slowenien ☐ Finnland ☐ Schweden ☐ Vereinigtes Königreich ☐

2. Gericht/befugte Stelle, das/die die Bestätigung ausgestellt hat
2.1 Bezeichnung:
2.2 Anschrift:
2.3 Tel./Fax/E-Mail:

3. Falls abweichend,
 — Gericht, das die Entscheidung erlassen hat (*)
 — Gericht, von dem der gerichtliche Vergleich gebilligt bzw. vor dem er geschlossen wurde (*)
 — Gericht/befugte Stelle, das/die die öffentliche Urkunde aufgenommen oder registriert hat (*)

3.1 Bezeichnung:
3.2 Anschrift:
3.3 Tel./Fax/E-Mail:

4. Entscheidung/gerichtlicher Vergleich/öffentliche Urkunde (*)
4.1 Datum:
4.2 Aktenzeichen:
4.3 Parteien
4.3.1 Name(n) und Anschrift(en) des/der Gläubiger(s):
4.3.2 Name(n) und Anschrift(en) des/der Schuldner(s):

B. Auf diesen Rechtsbehelf hin ist folgende Entscheidung ergangen, die hiermit als Europäischer Vollstreckungstitel bestätigt wird, der den ursprünglichen Europäischen Vollstreckungstitel ersetzt

1. Gericht
1.1 Bezeichnung:
1.2 Anschrift:
1.3 Tel./Fax/E-Mail:

2. Entscheidung
2.1 Datum:
2.2 Aktenzeichen:

3. Geldforderung laut Bestätigung
3.1 Betrag:

(*) Unzutreffendes streichen.

3.1.1 Währung: Euro ☐ Zypern-Pfund ☐ tschechische Krone ☐ estnische Krone ☐
Pfund Sterling ☐ Forint ☐ Litas ☐ Lats ☐
maltesische Lira ☐ Zloty ☐ schwedische Krone ☐ slowakische Krone ☐
Tolar ☐
andere Währung
(bitte angeben) ☐

3.1.2 Falls sich die Geldforderung auf eine wiederkehrende Leistung bezieht

3.1.2.1 Höhe jeder Rate:

3.1.2.2 Fälligkeit der ersten Rate:

3.1.2.3 Fälligkeit der nachfolgenden Raten:

wöchentlich ☐   monatlich ☐   andere Zeitabstände (bitte angeben) ☐

3.1.2.4 Laufzeit der Forderung

3.1.2.4.1 Derzeit unbestimmt ☐ oder

3.1.2.4.2 Fälligkeit der letzten Rate:

3.2 Zinsen

3.2.1 Zinssatz

3.2.1.1 ... % oder

3.2.1.2 ... % über dem Basissatz der EZB

3.2.1.3 Anderer Wert (bitte angeben):

3.2.2 Fälligkeit der Zinsen:

3.3 Höhe der zu ersetzenden Kosten, falls in der Entscheidung angegeben:

4. Die Entscheidung ist im Ursprungsmitgliedstaat vollstreckbar ☐

5. Gegen die Entscheidung können noch weitere Rechtsbehelfe eingelegt werden

Ja ☐   Nein ☐

6. Die Entscheidung steht im Einklang mit Artikel 6 Absatz 1 Buchstabe b ☐

7. Die Entscheidung betrifft Verbrauchersachen

Ja ☐   Nein ☐

7.1 Wenn ja:

Der Schuldner ist der Verbraucher

Ja ☐   Nein ☐

7.2 Wenn ja:

Der Schuldner hat seinen Wohnsitz im Ursprungsmitgliedstaat im Sinne von Artikel 59 der Verordnung (EG) Nr. 44/2001 ☐

8. Zum Zeitpunkt der Entscheidung nach Einlegung des Rechtsbehelfs ist die Forderung unbestritten im Sinne des Artikels 3 Absatz 1 Buchstaben b oder c

Ja ☐   Nein ☐

Wenn ja:

8.1 Zustellung des den Rechtsbehelf einleitenden Schriftstücks

Hat der Schuldner Rechtsbehelf eingelegt?

Ja ☐   Nein ☐

Wenn ja:

8.1.1 Die Zustellung ist gemäß Artikel 13 erfolgt ☐

oder die Zustellung ist gemäß Artikel 14 erfolgt ☐

oder der Schuldner hat das Schriftstück nachweislich im Sinne von Artikel 18 Absatz 2 erhalten ☐

8.1.2 Ordnungsgemäße Unterrichtung

Der Schuldner wurde nach Maßgabe der Artikel 16 und 17 unterrichtet ☐

8.2 Zustellung von Ladungen, sofern anwendbar

Ja ☐   Nein ☐

8.2.1 Die Zustellung ist gemäß Artikel 13 erfolgt ☐

oder die Zustellung ist gemäß Artikel 14 erfolgt ☐

oder der Schuldner hat die Ladung nachweislich im Sinne von Artikel 18 Absatz 2 erhalten ☐

8.2.2 Ordnungsgemäße Unterrichtung

Der Schuldner wurde nach Maßgabe des Artikels 17 unterrichtet ☐

8.3 Heilung von Verfahrensmängeln infolge der Nichteinhaltung der Mindestvorschriften gemäß Artikel 18 Absatz 1

8.3.1 Die Entscheidung wurde gemäß Artikel 13 zugestellt ☐

oder die Entscheidung wurde gemäß Artikel 14 zugestellt ☐

oder der Schuldner hat die Entscheidung nachweislich im Sinne von Artikel 18 Absatz 2 erhalten ☐

8.3.2 Ordnungsgemäße Unterrichtung

Der Schuldner wurde nach Maßgabe des Artikels 18 Absatz 1 Buchstabe b unterrichtet ☐

Geschehen zu .... am ....

....
Unterschrift und/oder Stempel

ANHANG VI
ANTRAG AUF BERICHTIGUNG ODER WIDERRUF DER BESTÄTIGUNG ALS EUROPÄISCHER VOLLSTRECKUNGSTITEL
(Artikel 10 Absatz 3)

DER FOLGENDE EUROPÄISCHE VOLLSTRECKUNGSTITEL

1. Ursprungsmitgliedstaat: Belgien ☐ Tschechische Republik ☐ Deutschland ☐ Estland ☐ Griechenland ☐ Spanien ☐ Frankreich ☐ Irland ☐ Italien ☐ Zypern ☐ Lettland ☐ Litauen ☐ Luxemburg ☐ Ungarn ☐ Malta ☐ Niederlande ☐ Österreich ☐ Polen ☐ Portugal ☐ Slowakei ☐ Slowenien ☐ Finnland ☐ Schweden ☐ Vereinigtes Königreich ☐

2. Gericht/befugte Stelle, das/die die Bestätigung ausgestellt hat
2.1 Bezeichnung:
2.2 Anschrift:
2.3 Tel./Fax/E-Mail:

3. Falls abweichend
   — Gericht, das die Entscheidung erlassen hat (*)
   — Gericht, von dem der gerichtliche Vergleich gebilligt bzw. vor dem er geschlossen wurde (*)
   — Gericht/befugte Stelle, das/die die öffentliche Urkunde aufgenommen oder registriert hat (*)
3.1 Bezeichnung:
3.2 Anschrift:
3.3 Tel./Fax/E-Mail:

4. Entscheidung/gerichtlicher Vergleich/öffentliche Urkunde
4.1 Datum:
4.2 Aktenzeichen:
4.3 Parteien
4.3.1 Name(n) und Anschrift(en) des/der Gläubiger(s):
4.3.2 Name(n) und Anschrift(en) des/der Schuldner(s):

5. MUSS BERICHTIGT WERDEN, da aufgrund eines materiellen Fehlers der Europäische Vollstreckungstitel und die zugrunde liegende Entscheidung/der zugrunde liegende gerichtliche Vergleich/die zugrunde liegende öffentliche Urkunde folgende Abweichung aufweisen (bitte darlegen) ☐

6. MUSS WIDERRUFEN WERDEN, da
6.1 die bestätigte Entscheidung einen Verbrauchervertrag betrifft, jedoch in einem Mitgliedstaat ergangen ist, in dem der Verbraucher keinen Wohnsitz im Sinne von Artikel 59 der Verordnung (EG) Nr. 44/2001 hat ☐
6.2 die Bestätigung als Europäischer Vollstreckungstitel aus einem anderem Grund eindeutig zu Unrecht erteilt wurde (bitte darlegen) ☐

Geschehen zu .... am ....

....
Unterschrift und/oder Stempel

(*) Unzutreffendes streichen.

Anhang zur EuVTVO: §§ 1079–1086 ZPO

Abschnitt 4
Europäische Vollstreckungstitel nach der Verordnung (EG) Nr. 805/2004

Literatur:

Halfmeier, Die Vollstreckungsgegenklage im Recht der internationalen Zuständigkeit, IPRax 2007, 381; *Reichel*, Das EG-Vollstreckungstitel-Durchführungsgesetz und die Auswirkungen auf das arbeitsgerichtliche Verfahren, NZA 2005, 1096; *Strasser*, Praxisprobleme bei der Zwangsvollstreckung aus einem Europäischen Vollstreckungstitel, Rpfleger 2007, 249; *R. Wagner*, Das Gesetz zur Durchführung der Verordnung (EG) Nr. 805/2004 zum Europäischen Vollstreckungstitel – unter besonderer Berücksichtigung der Vollstreckungsabwehrklage, IPRax 2005, 401.

Titel 1
Bestätigung inländischer Titel als Europäische Vollstreckungstitel

§ 1079 ZPO Zuständigkeit

Für die Ausstellung der Bestätigungen nach
1. Artikel 9 Abs. 1, Artikel 24 Abs. 1, Artikel 25 Abs. 1 und
2. Artikel 6 Abs. 2 und 3

der Verordnung (EG) Nr. 805/2004 sind die Gerichte, Behörden oder Notare zuständig, denen die Erteilung einer vollstreckbaren Ausfertigung des Titels obliegt.

I. Funktion der Bestätigungen nach der EuVTVO

1 Die EuVTVO schafft einen **Europäischen Vollstreckungstitel** für unbestrittene Geldforderungen. Europäisch ist dabei nicht das Erkenntnisverfahren, sondern nur die Vollstreckung aus dem nationalen Titel, die **ohne Exequaturverfahren** im Vollstreckungsstaat durchgeführt werden kann. Im Unterschied zur herkömmlichen Vollstreckung einer Entscheidung im Ausland, in deren Rahmen zunächst das Exequatur, also die Vollstreckbarerklärung, im Vollstreckungsstaat erwirkt werden muss, fällt dieser Schritt für eine als Europäischer Vollstreckungstitel bestätigte Entscheidung weg. Im Vollstreckungsstaat selbst ist im Grundsatz keine Kontrolle einer als Europäischer Vollstreckungstitel bestätigten ausländischen Entscheidung mehr möglich. Als eine Art Ersatz dient eine Residualkontrolle, die im Urteilsstaat durchgeführt wird, bevor eine Bestätigung als Europäischer Vollstreckungstitel ausgestellt wird (s. Art. 1 EuVTVO Rn 3).

2 Als Verordnung ist die EuVTVO direkt anwendbar, ohne dass es einer Umsetzung bedürfte. Die §§ 1079–1086 ZPO dienen gleichwohl als **Durchführungsbestimmungen**,[1] da die EuVTVO die Regelung des Vollstreckungsverfahrens und insb. der Zuständigkeiten dem nationalen Recht überlässt (Art. 20 Abs. 1 EuVTVO). Dabei regeln die §§ 1079–1081 ZPO das Verfahren zur Bestätigung eines inländischen Titels als Europäischer Vollstreckungstitel, die §§ 1082–1086

---

[1] Eingeführt durch das Gesetz zur Durchführung der Verordnung (EG) Nr. 805/2004 über einen Europäischen Vollstreckungstitel für unbestrittene Forderungen (EG-Vollstreckungstitel-Durchführungsgesetz) vom 18.8.2005 (BGBl. I S. 2477).

ZPO hingegen die Vollstreckung eines ausländischen Europäischen Vollstreckungstitels in Deutschland.

Das Gesetz zur Durchführung der Verordnung (EU) Nr. 1215/2012 sowie zur Änderung sonstiger Vorschriften vom 8.7.2014[2] hat in § 1079 ZPO eine redaktionelle Änderung vorgenommen: Ein vollständiges Zitat der EuVTVO erschien mit Blick auf § 794 Abs. 1 Nr. 7 ZPO überflüssig.[3]

Für den Antrag auf Bestätigung einer Entscheidung als Europäischer Vollstreckungstitel stellt die EuVTVO ein im Geltungsbereich der Verordnung einheitliches **Formblatt** zur Verfügung (s. Art. 9 EuVTVO Rn 3 f).

II. Zuständigkeit für die Bestätigungen als Europäischer Vollstreckungstitel

1. Die Bestätigung als Europäischer Vollstreckungstitel. § 1079 ZPO dient der näheren Ausgestaltung von Art. 6 und 9 sowie Art. 24 und 25 EuVTVO. Als Europäischer Vollstreckungstitel können danach Entscheidungen (Art. 6, 9 EuVTVO), gerichtliche Vergleiche (Art. 24 EuVTVO) und öffentliche Urkunden (Art. 25 EuVTVO) bestätigt werden, sofern sie **unbestrittene Geldforderungen** titulieren. Eine Bestätigung wird auch ausgestellt im Falle des Fehlens oder der Einschränkung der Vollstreckbarkeit im Vergleich zum ursprünglich ausgestellten Europäischen Vollstreckungstitel (Art. 6 Abs. 2 EuVTVO). Schließlich regelt Art. 6 Abs. 3 EuVTVO die Ersatzbestätigung für den Fall, dass im Anschluss an die Ausstellung eines Europäischen Vollstreckungstitels ein Rechtsbehelfsverfahren durchgeführt wurde und diese Entscheidung im Urteilsstaat vollstreckbar ist.

2. Zuständigkeit nach nationalem Recht. Nach Art. 6 EuVTVO ist der Antrag auf Bestätigung als Europäischer Vollstreckungstitel an das Ursprungsgericht (Art. 4 Nr. 6 EuVTVO) zu richten. Welche Stelle die Bestätigung ausstellt, überlässt die EuVTVO dem nationalen Recht (s. Art. 6 EuVTVO Rn 4). Nach § 1079 ZPO ist für die Bestätigung als Europäischer Vollstreckungstitel diejenige Stelle zuständig, der die Erteilung einer vollstreckbaren Ausfertigung des Titels obliegt.[4] Bei Entscheidungen und Prozessvergleichen ist dies das Gericht erster Instanz, ansonsten das jeweils zuständige Rechtsmittelgericht (§ 724 Abs. 2 ZPO); die funktionelle Zuständigkeit liegt nach § 20 Nr. 11 RPflG beim **Rechtspfleger**.[5] Für das Bestätigungsverfahren besteht in diesem Fall nach § 13 RPflG kein Anwaltszwang. Bei gerichtlichen Urkunden und öffentlichen Urkunden erteilt diejenige Stelle die Bestätigung, die zur Erteilung der vollstreckbaren Ausfertigung zuständig ist, also im ersten Fall die Geschäftsstelle (§ 797 Abs. 1 ZPO), im zweiten Fall der die Urkunde verwahrende Notar (§ 797 Abs. 2 ZPO iVm § 45 BeurkG).

§ 1080 ZPO Entscheidung

(1) Bestätigungen nach Artikel 9 Abs. 1, Artikel 24 Abs. 1, Artikel 25 Abs. 1 und Artikel 6 Abs. 3 der Verordnung (EG) Nr. 805/2004 sind ohne Anhörung des Schuldners auszustellen. Eine Ausfertigung der Bestätigung ist dem Schuldner von Amts wegen zuzustellen.

---

2 BGBl. I S. 890.
3 S. BT-Drucks. 18/823, S. 19.
4 „Formelhafte Selbstbestätigung" befürchten etwa *Stadler*, RIW 2004, 801, 805; *Schack*, Internationales Zivilverfahrensrecht, 6. Aufl. 2014, Rn 1056; krit. auch *Bittmann*, Vom Exequatur zum qualifizierten Klauselerteilungsverfahren, 2008, S. 94 ff.
5 Zu möglichen Ausnahmen *R. Wagner*, IPRax 2005, 401, 403.

(2) Wird der Antrag auf Ausstellung einer Bestätigung zurückgewiesen, so sind die Vorschriften über die Anfechtung der Entscheidung über die Erteilung einer Vollstreckungsklausel entsprechend anzuwenden.

I. Ausstellung der Bestätigung als Europäischer Vollstreckungstitel (Abs. 1)

1 1. **Keine Anhörung des Schuldners (Abs. 1 S. 1).** Die Bestätigung einer Entscheidung, eines gerichtlichen oder gerichtlich bestätigten Vergleichs oder einer öffentlichen Urkunde als Europäischer Vollstreckungstitel erfolgt auf einem der im Anhang zur EuVTVO enthaltenen Formblätter (s. näher Art. 9 EuVTVO Rn 3 f). Abs. 1 regelt auch das Verfahren zur Ausstellung der Ersatzbestätigung nach Art. 6 Abs. 3 EuVTVO (s. Art. 6 EuVTVO Rn 13 ff), nicht aber die Bescheinigung über die Nichtvollstreckbarkeit nach Art. 6 Abs. 2 EuVTVO, da Antragsteller hier der Schuldner selbst ist (s. Art. 6 EuVTVO Rn 11 f). Abs. 1 S. 1 stellt klar, dass es einer **Anhörung des Schuldners** im Bestätigungsverfahren **nicht** bedarf. Ähnliches gilt für das Klauselerteilungsverfahren in rein nationalen Verfahren nach § 724 ZPO.[1] Ohnehin kann der Schuldner im Bestätigungsverfahren keine Einwände vorbringen; ihm steht lediglich die Möglichkeit eines Antrags auf Berichtigung oder Widerruf offen (s. Rn 3).

2 2. **Übermittlung der Bestätigung (Abs. 1 S. 2).** Zur Wahrung der Verteidigungsrechte des Schuldners sieht Abs. 1 S. 2 vor, dass diesem eine Ausfertigung der Bestätigung von Amts wegen zuzustellen ist. Für die **Zustellung** gelten die §§ 166 ff ZPO, bei grenzüberschreitenden Zustellungen in andere EU-Mitgliedstaaten (außer Dänemark) die EuZustVO, ansonsten insb. das Haager Zustellungsübereinkommen. Daneben ist eine Ausfertigung der Bestätigung auch (formlos) dem Gläubiger zu übersenden, die dieser für die Vollstreckung in den anderen Mitgliedstaat benötigt.[2]

3 3. **Rechtsbehelfe.** Wird die Bestätigung erteilt, kann der Schuldner einen Antrag auf **Berichtigung** oder **Widerruf** stellen (Art. 10 EuVTVO iVm § 1081 ZPO; s. § 1081 ZPO Rn 9). Ein anderer Rechtsbehelf gegen die Bestätigung existiert nicht. Die befristete Erinnerung nach § 11 Abs. 2 RPflG ist wegen Art. 10 Abs. 4 EuVTVO nicht statthaft.[3] Siehe aber § 1081 ZPO Rn 9.

II. Zurückweisung des Antrags (Abs. 2)

4 1. **Zurückweisung durch Beschluss.** Liegen die Voraussetzungen für die Ausstellung einer Bestätigung als Europäischer Vollstreckungstitel nicht vor, etwa weil die Voraussetzungen des Art. 6 Abs. 1 EuVTVO nicht gegeben sind, so weist die zuständige Stelle (s. § 1079 ZPO Rn 5) den Antrag per Beschluss zurück;[4] dies gilt auch für den Antrag auf Bestätigung der Nichtvollstreckbarkeit nach Art. 6 Abs. 2 EuVTVO.

5 2. **Rechtsbehelfe.** Die EuVTVO regelt nicht, welche Rechtsbehelfe gegen die Zurückweisung bestehen (s. Art. 9 EuVTVO Rn 2) und eröffnet damit einen **Regelungsspielraum** für die Mitgliedstaaten. Der Verweis in Abs. 2 erklärt die Regelungen über die Anfechtung der Entscheidung über die Erteilung einer Vollstre-

---

1 Vgl Hk-ZPO/*Kindl*, § 724 ZPO Rn 3.
2 S. Regierungsbegründung BT-Drucks. 15/5222, S. 13; Musielak/*Lackmann*, § 1080 ZPO Rn 3.
3 So aber *Rellermeyer*, Rpfleger 2005, 389, 400; eher abl. Zöller/*Geimer*, § 1079 ZPO Rn 10.
4 Vgl Musielak/*Lackmann*, § 1080 ZPO Rn 2.

ckungsklausel für entsprechend anwendbar (§ 724 ZPO).[5] Demnach ist zu unterscheiden:[6] Handelt es sich um eine gerichtliche Entscheidung mit Zuständigkeit des Rechtspflegers (s. § 1079 ZPO Rn 5), so ist die sofortige Beschwerde nach § 11 Abs. 1 RPflG, § 567 ZPO statthaft.[7] Bei einer öffentlichen Urkunde ist gegen die abweisende Entscheidung des Notars die Beschwerde nach § 54 BeurkG statthaft; dies gilt über § 1 Abs. 2 BeurkG auch im Falle der Zuständigkeit des Jugendamtes nach § 60 SGB VIII.

3. Erneuter Antrag. Art. 6 Abs. 1 S. 1 EuVTVO lässt wiederholte Anträge nach Ablehnung des Antrags auf Ausstellung einer Bestätigung als Europäischer Vollstreckungstitel zu (s. Art. 6 EuVTVO Rn 3). Die §§ 1079 ff ZPO enthalten indessen keine Regelung über die Möglichkeit eines erneuten Antrags des Gläubigers. Nach den allgemeinen Regeln besteht eine innerprozessuale Bindung des Gerichts an die ablehnende Entscheidung grds. nicht; es handelt sich dabei um einen abänderbaren Beschluss.[8] Die **Abänderung** ist dabei einerseits ein Mittel zur Selbstkorrektur bei Verfahrensverstößen, andererseits kann auf diese Weise einer veränderten Tatsachenlage Rechnung getragen werden.

6

§ 1081 ZPO Berichtigung und Widerruf

(1) Ein Antrag nach Artikel 10 Abs. 1 der Verordnung (EG) Nr. 805/2004 auf Berichtigung oder Widerruf einer gerichtlichen Bestätigung ist bei dem Gericht zu stellen, das die Bestätigung ausgestellt hat. Über den Antrag entscheidet dieses Gericht. Ein Antrag auf Berichtigung oder Widerruf einer notariellen oder behördlichen Bestätigung ist an die Stelle zu richten, die die Bestätigung ausgestellt hat. Die Notare oder Behörden leiten den Antrag unverzüglich dem Amtsgericht, in dessen Bezirk sie ihren Sitz haben, zur Entscheidung zu.

(2) Der Antrag auf Widerruf durch den Schuldner ist nur binnen einer Frist von einem Monat zulässig. Ist die Bestätigung im Ausland zuzustellen, beträgt die Frist zwei Monate. Sie ist eine Notfrist und beginnt mit der Zustellung der Bestätigung, jedoch frühestens mit der Zustellung des Titels, auf den sich die Bestätigung bezieht. In dem Antrag auf Widerruf sind die Gründe darzulegen, weshalb die Bestätigung eindeutig zu Unrecht erteilt worden ist.

(3) § 319 Abs. 2 und 3 ist auf die Berichtigung und den Widerruf entsprechend anzuwenden.

I. Regelungsgehalt

Die Norm dient der Konkretisierung von Art. 10 EuVTVO. Danach steht dem **Schuldner** gegen die Bestätigung eines Titels als Europäischer Vollstreckungstitel ausschließlich die Möglichkeit eines Antrags auf Berichtigung oder auf Widerruf zur Verfügung (s. Art. 10 EuVTVO Rn 1, 8). Auch der Gläubiger kann antragsberechtigt sein (s. Art. 10 EuVTVO Rn 5). Dabei betrifft die **Berichtigung** Abweichungen von Titel und Bestätigung, etwa **Schreibfehler**. Der **Widerruf** erfolgt nach Art. 10 Abs. 1 lit. b EuVTVO nur dann, wenn die Bestätigung „eindeutig zu

1

---

5 Anders Thomas/Putzo/*Hüßtege*, § 1080 ZPO Rn 3 (§ 732 ZPO analog); diff. Wieczorek/Schütze/*Schütze*, § 1080 ZPO Rn 3 ff (§ 731 ZPO bzw § 732 ZPO analog). Ablehnend hinsichtlich der Klauselerinnerung nach § 732 ZPO OLG Düsseldorf Rpfleger 2010, 604.
6 Näher MüKo-ZPO/*Adolphsen*, § 1080 Rn 9 ff; Hk-ZPO/*Kindl*, § 724 ZPO Rn 11; Zöller/*Stöber*, § 724 ZPO Rn 13.
7 OLG Düsseldorf Rpfleger 2010, 604.
8 Dazu Hk-ZPO/*Saenger*, § 329 ZPO Rn 19.

Unrecht erteilt wurde", also bei Missachtung der Voraussetzungen der EuVTVO. Die **Ausgestaltung** dieser Verfahren überlasst die EuVTVO den Mitgliedstaaten (Art. 10 Abs. 2 EuVTVO).

2 § 1081 ZPO ist angelehnt an die **Urteilsberichtigung** nach § 319 ZPO. **Abs. 1** unterscheidet danach, ob die Bestätigung von einem Gericht ausgestellt wurde (Abs. 1 S. 1, 2; s. Rn 3) oder von einer sonstigen Stelle (Abs. 1 S. 3, 4; s. Rn 4). Der Antrag auf Berichtigung unterliegt keiner Frist;[1] der Antrag auf Widerruf ist hingegen befristet (**Abs. 2;** s. Rn 5). Fakultativ ist die Verwendung des **Formblatts** in Anhang VI zur EuVTVO für Berichtigung oder Widerruf (Art. 10 Abs. 3 EuVTVO). **Abs. 3** regelt schließlich die Entscheidung und die Frage der Rechtsbehelfe im Berichtigungs- und Widerrufsverfahren durch Verweis auf § 319 Abs. 2 und 3 ZPO (s. Rn 7 ff).

II. Zuständigkeit (Abs. 1)

3 **1. Bestätigung durch Gericht.** Wurde die Bestätigung als Europäischer Vollstreckungstitel von einem Gericht ausgestellt, so ist dieses auch für Anträge auf Berichtigung oder Widerruf zuständig (**Abs. 1 S. 1**). Gleichzeitig wird auch die Entscheidungszuständigkeit auf dieses Gericht übertragen (**Abs. 1 S. 2**). Funktional ist wie bei der Erteilung der Bestätigung (s. § 1079 ZPO Rn 5) der **Rechtspfleger** nach § 20 Nr. 11 RPflG zuständig. Es erfolgt damit lediglich eine Selbstkontrolle, was zwar wegen der Vorbefassung des Rechtspflegers mit der Sache durchaus einen gewissen Beschleunigungseffekt haben mag. Den **Schuldnerinteressen** an einer Überprüfung von einer unabhängigen Stelle wird damit aber erst in einem möglichen Rechtsbehelfsverfahren entsprochen (s. Rn 9).[2]

4 **2. Bestätigung durch sonstige Stelle.** Haben Behörden oder Notare die Bestätigung ausgestellt (s. § 1079 ZPO Rn 5 aE), so ist ein Antrag zwar an den Aussteller der Bestätigung zu richten (**Abs. 1 S. 3**); zur Entscheidung ist jedoch das Amtsgericht zuständig, in dessen Bezirk sich die betreffende Stelle befindet (**Abs. 1 S. 4**). Der Antrag ist „unverzüglich" an das Gericht weiterzuleiten. In diesem Fall findet eine gerichtliche Überprüfung statt, für die wiederum funktional der Rechtspfleger nach § 20 Nr. 11 RPflG zuständig ist.

III. Besondere Formalia beim Antrag auf Widerruf (Abs. 2)

5 **1. Frist (Abs. 2 S. 1–3).** Für den Antrag auf Widerruf hat der Schuldner eine **Notfrist** (**Abs. 2 S. 3**) von einem Monat bzw zwei Monaten bei Zustellung der Bestätigung im Ausland einzuhalten. Die Frist beginnt mit der Zustellung der Bestätigung, frühestens aber mit der Zustellung des Titels, auf den sich die Bestätigung bezieht. Auf diese Weise wird der Schuldner erst in die Lage versetzt, Abweichungen von Titel und Bestätigung zu beurteilen. Mit der Befristung des Antragsrechts soll den Interessen des Gläubigers an einer Klarheit über die Vollstreckbarkeit nach Fristablauf Rechnung getragen werden.[3] Obwohl Art. 43 Abs. 5 Brüssel I-VO für den Rechtsbehelf gegen die Entscheidung über die Vollstreckbarerklärung nach der Brüssel I-VO vergleichbare Fristen vorsieht (der

---

1 Vgl Zöller/*Geimer*, § 1081 ZPO Rn 5.
2 Krit. daher *Stadler*, RIW 2004, 801, 805; *Rauscher*, Der Europäische Vollstreckungstitel für unbestrittene Forderungen, 2004, Rn 72.
3 BT-Drucks. 15/5222, S. 14. Vgl auch MüKo-ZPO/*Adolphsen*, § 1081 Rn 5; Wieczorek/Schütze/*Schütze*, § 1081 ZPO Rn 10; *Bittmann*, Vom Exequatur zum qualifizierten Klauselerteilungsverfahren, 2008, S. 135; *Jennissen*, InVo 2006, 263, 268.

Rechtsbehelf nach Art. 47 Abs. 1 Brüssel Ia-VO unterliegt keiner Frist), wird darin teilweise ein Verstoß gegen Art. 10 EuVTVO gesehen.[4]

2. Begründung (Abs. 2 S. 4). Der Antrag auf Widerruf ist zu begründen; insb. hat der Schuldner darzulegen, warum er die Bestätigung als eindeutig zu Unrecht erteilt ansieht.[5] Die Begründung ist **zwingendes Zulässigkeitserfordernis**.

IV. Verfahren, Entscheidung und Rechtsbehelfe (Abs. 3)

1. Verfahren. Das Verfahren folgt bei Berichtigungs- wie bei Widerrufsanträgen dem Muster des § 319 ZPO (Abs. 3). Eine mündliche Verhandlung ist nicht erforderlich (§ 128 Abs. 4 ZPO), jedoch ist beiden Parteien rechtliches Gehör zu gewähren, sofern es sich nicht im Rahmen des Berichtigungsantrags um reine Formalien handelt.[6]

2. Entscheidung durch Beschluss. Die Entscheidung im Berichtigungs- und im Widerrufsverfahren erfolgt entsprechend § 319 Abs. 2 ZPO durch Beschluss. Hierbei ist auch über die **Kosten** zu entscheiden.[7] Berichtigung und Widerruf sind auf der Bestätigung zu vermerken (Abs. 3 iVm § 319 Abs. 2 S. 1 ZPO).

3. Rechtsbehelfe. Art. 10 Abs. 4 EuVTVO steht der Zulassung von Rechtsbehelfen durch die lex fori nicht entgegen, da er sich nur auf Rechtsbehelfe außerhalb von Berichtigung und Widerruf bezieht.[8] Der Verweis in Abs. 3 auf § 319 Abs. 3 Hs 2 ZPO gibt dem Gläubiger gegen den stattgebenden Beschluss die **sofortige Beschwerde**.[9] Bei Ablehnung des Antrags durch den Rechtspfleger ist die **befristete Erinnerung** nach § 11 Abs. 2 RPflG statthaft (Abs. 3 iVm § 319 Abs. 3 Hs 2 ZPO).[10] Hält der daraufhin mit der Sache befasste Richter den Widerruf für zulässig und begründet, so ist hiergegen die sofortige Beschwerde statthaft.[11] Nachdem dies für den umgekehrten Fall, dass der Widerruf erneut abgelehnt wird, gesetzlich nicht vorgesehen ist (§ 319 Abs. 3 Hs 1 ZPO), liegt eine problematische Besserstellung des Gläubigers vor.[12] Nachdem nach der Rspr des BGH nach Inkrafttreten des ZPO-Reformgesetzes zum 1.1.2002 außerordentliche Rechtsbehelfe nicht mehr statthaft sind,[13] bleibt dem Schuldner nur der Weg über die Gehörsrüge aus § 321 a ZPO.

---

4 Thomas/Putzo/*Hüßtege*, § 1081 ZPO Rn 6; ähnl. Musielak/*Lackmann*, § 1081 ZPO Rn 4; *Leible/Lehmann*, NotBZ 2004, 453, 460; *Franzmann*, MittBayNot 2005, 470, 473; *Leible/Freitag*, Forderungsbeitreibung in der EU, 2008, § 5 Rn 34; Prütting/Gehrlein/*Halfmeier*, Art. 10 EuVTVO Rn 4.
5 Näher Wieczorek/Schütze/*Schütze*, § 1081 ZPO Rn 11.
6 Vgl Hk-ZPO/*Saenger*, § 319 ZPO Rn 17.
7 Musielak/*Lackmann*, § 1081 ZPO Rn 5.
8 *R. Wagner*, IPRax 2005, 189, 197; Rauscher/*Pabst*, EuZPR/EuIPR, 4. Aufl. 2015, Art. 10 EuVTVO Rn 2.
9 Vgl beispielhaft OLG Stuttgart NJW-RR 2007, 1583 (dazu *H. Roth*, IPRax 2008, 235) sowie OLG Stuttgart NJW-RR 2009, 934, 935 und nun BGH NJW 2012, 858.
10 OLG Zweibrücken Rpfleger 2009, 222.
11 BGH NJW 2012, 858 f; ebenso OLG Nürnberg Rpfleger 2010, 92 (Vorinstanz); zust. *Bittmann*, IPRax 2011, 361; *Giebel*, IPRax 2011, 529, 533 f. AA noch OLG Stuttgart 12.5.2009 – 8 W 199/09, juris.
12 Vgl Schuschke/Walker/*Jennissen*, 5. Aufl. 2011, § 1081 Rn 5; *Bittmann*, IPRax 2011, 361 f; Geimer/Schütze/*Hilbig*, IRV, Art. 10 EuVTVO Rn 49; *Kropholler/von Hein*, Europäisches Zivilprozessrecht, 9. Aufl. 2011, Art. 10 EuVTVO Rn 18. BGH NJW 2012, 858 geht hierauf nicht näher ein.
13 BGH NJW-RR 2004, 1654, 1655 unter Verweis auf den Grundsatz der Rechtsmittelklarheit; Zöller/*Vollkommer*, § 319 ZPO Rn 27.

Titel 2
Zwangsvollstreckung aus Europäischen Vollstreckungstiteln im Inland

§ 1082 ZPO Vollstreckungstitel

Aus einem Titel, der in einem anderen Mitgliedstaat der Europäischen Union nach der Verordnung (EG) Nr. 805/2004 als Europäischer Vollstreckungstitel bestätigt worden ist, findet die Zwangsvollstreckung im Inland statt, ohne dass es einer Vollstreckungsklausel bedarf.

I. Regelungsgehalt

1 Die §§ 1082–1086 ZPO regeln die Vollstreckung aus ausländischen Europäischen Vollstreckungstiteln im Inland. Sie dienen daher der Durchführung von Art. 20 EuVTVO (s. Art. 20 EuVTVO Rn 3 f). Nach Art. 5 EuVTVO findet eine Vollstreckung aus einem Europäischen Vollstreckungstitel statt, ohne dass es eines inländischen Vollstreckbarerklärungsverfahrens bedarf. § 1082 ZPO stellt daher klar, dass eine Vollstreckungsklausel nicht beantragt werden muss.

II. Anzuwendende Vorschriften

2 Die Vollstreckung aus einem Europäischen Vollstreckungstitel erfolgt unter den gleichen Voraussetzungen wie aus einem **nationalen Titel**. Es gelten daher über Art. 20 Abs. 1 EuVTVO die allgemeinen Bestimmungen der §§ 704 ff ZPO mit Ausnahme der §§ 724 ff ZPO, da die Vollstreckungsklausel durch die Bestätigung als Europäischer Vollstreckungstitel ersetzt wird. Auch ist ein Nachweis der Zustellung der Bestätigung an den Schuldner keine Vollstreckungsvoraussetzung.[1] Die EuVTVO enthält keine diesbezügliche Vorgaben; § 1080 Abs. 1 S. 2 ZPO gilt nur für das Bestätigungsverfahren in Deutschland. Das Vollstreckungsorgan hat nach § 750 ZPO die Vollständigkeit der nach Art. 20 Abs. 2 EuVTVO erforderlichen Unterlagen zu überprüfen (s. Art. 20 EuVTVO Rn 5). Der ausländische Gläubiger kann sich direkt an die Vollstreckungsbehörden im Inland wenden.[2] Nach Art. 750 Abs. 1 S. 2 ZPO ist damit im Rahmen des Vollstreckungsverfahrens auch die **Parteizustellung** möglich.

§ 1083 ZPO Übersetzung

Hat der Gläubiger nach Artikel 20 Abs. 2 Buchstabe c der Verordnung (EG) Nr. 805/2004 eine Übersetzung vorzulegen, so ist diese in deutscher Sprache zu verfassen und von einer hierzu in einem der Mitgliedstaaten der Europäischen Union befugten Person zu beglaubigen.

1 Nach Art. 20 Abs. 2 lit. c EuVTVO hat der Gläubiger den zuständigen Behörden des Vollstreckungsstaates u.a. „gegebenenfalls eine Transkription der Bestätigung als Europäischer Vollstreckungstitel oder eine Übersetzung dieser Bestätigung in die Amtssprache des Vollstreckungsmitgliedstaats" vorzulegen. Diesbezüglich

---

[1] *Strasser*, Rpfleger 2007, 249, 250 f; vgl auch Zöller/*Geimer*, § 1082 ZPO Rn 6.
[2] *Kropholler/von Hein*, Europäisches Zivilprozessrecht, 9. Aufl. 2011, Art. 20 EuVTVO Rn 5; Rauscher/*Pabst*, EuZPR/EuIPR, 4. Aufl. 2015, Art. 20 EuVTVO Rn 3 ff; Zöller/*Geimer*, § 1079 ZPO Rn 2; *Rellermeyer*, Rpfleger 2005, 389, 401.

konkretisiert § 1083 ZPO, dass eine solche Übersetzung in deutscher Sprache zu verfassen ist.

Umstritten ist, in welchen Fällen („gegebenenfalls") eine solche Übersetzung beizubringen ist. Die Begründung des Regierungsentwurfs zu § 1083 ZPO geht davon aus, dass dies nur dann erforderlich ist, wenn das Formblatt, auf dem der Europäische Vollstreckungstitel bestätigt wurde, ausnahmsweise durch **individuelle Eintragungen** ergänzt wurde.[1] Die wohl hM teilt diesen Standpunkt.[2] Vorzugswürdig erscheint jedoch eine Pflicht zur Beibringung einer Übersetzung immer dann, wenn der Europäische Vollstreckungstitel nicht in deutscher Sprache ausgestellt ist (s. Art. 20 EuVTVO Rn 7). 2

Die Übersetzung kann von jeder hierzu **autorisierten Person** angefertigt werden.[3] Unerheblich ist, in welchem Mitgliedstaat die Übersetzung angefertigt wird. Diese kann für die Vollstreckung in jedem Staat verwendet werden, der die betreffende Sprache zugelassen hat.[4] 3

§ 1084 ZPO Anträge nach den Artikeln 21 und 23 der Verordnung (EG) Nr. 805/2004

(1) Für Anträge auf Verweigerung, Aussetzung oder Beschränkung der Zwangsvollstreckung nach den Artikeln 21 und 23 der Verordnung (EG) Nr. 805/2004 ist das Amtsgericht als Vollstreckungsgericht zuständig. Die Vorschriften des Buches 8 über die örtliche Zuständigkeit des Vollstreckungsgerichts sind entsprechend anzuwenden. Die Zuständigkeit nach den Sätzen 1 und 2 ist ausschließlich.

(2) Die Entscheidung über den Antrag nach Artikel 21 der Verordnung (EG) Nr. 805/2004 ergeht durch Beschluss. Auf die Einstellung der Zwangsvollstreckung und die Aufhebung der bereits getroffenen Vollstreckungsmaßregeln sind § 769 Abs. 1 und 3 sowie § 770 entsprechend anzuwenden. Die Aufhebung einer Vollstreckungsmaßregel ist auch ohne Sicherheitsleistung zulässig.

(3) Über den Antrag auf Aussetzung oder Beschränkung der Vollstreckung nach Artikel 23 der Verordnung (EG) Nr. 805/2004 wird durch einstweilige Anordnung entschieden. Die Entscheidung ist unanfechtbar.

I. Regelungsgehalt

Art. 21 und 23 EuVTVO geben dem Schuldner eine beschränkte Möglichkeit, die Vollstreckung im Vollstreckungsstaat zu verhindern oder wenigstens aufzuhalten. Art. 21 EuVTVO setzt dabei voraus, dass die als Europäischer Vollstreckungstitel bestätigte Entscheidung unvereinbar ist mit einer früher ergangenen Entscheidung (s. näher Art. 21 EuVTVO Rn 4). Da für die Bestätigung als Europäischer Vollstreckungstitel vorläufige Vollstreckbarkeit genügt (s. Art. 6 EuVTVO Rn 5), im Urteilsstaat eingelegte Rechtsbehelfe die Vollstreckung also ggf. nicht per se aufhalten, kann der Schuldner nach Art. 23 EuVTVO eine Beschränkung oder 1

---

1 BT-Drucks. 15/5222, S. 14.
2 So etwa östOGH IPRax 2008, 440, 443; *Kropholler/von Hein*, Europäisches Zivilprozessrecht, 9. Aufl. 2011, Art. 9 EuVTVO Rn 2 und Art. 20 EuVTVO Rn 7; *Thomas/Putzo/Hüßtege*, § 1083 ZPO Rn 1; *Leible/Lehmann*, NotBZ 2004, 453, 458; *Rellermeyer*, Rpfleger 2005, 389, 401; *Röthel/Sparmann*, WM 2006, 2285, 2287; Wieczorek/Schütze/*Schütze*, § 1083 ZPO Rn 1.
3 Dazu Wieczorek/Schütze/*Schütze*, § 1083 ZPO Rn 3.
4 Vgl dazu die Länderübersichten bei Rauscher/*Pabst*, EuZPR/EuIPR, 4. Aufl. 2015, Art. 30 EuVTVO Rn 7 ff.

Aussetzung der Vollstreckung beantragen. § 1084 ZPO dient der Durchführung beider Verfahren. Die Norm regelt die Zuständigkeit für solche Anträge (**Abs. 1**; s. Rn 2 ff) sowie die Verfahren bei einem Antrag nach Art. 21 EuVTVO (**Abs. 2**; s. Rn 5 f) und nach Art. 23 EuVTVO (**Abs. 3**; s. Rn 7).

II. Zuständigkeit (Abs. 1)

2   Abs. 1 S. 1 überträgt die **sachliche** Zuständigkeit für Anträge nach Art. 21 und 23 EuVTVO (ausschließlich, Abs. 1 S. 3) dem **Amtsgericht als Vollstreckungsgericht**.

3   Die örtliche Zuständigkeit bestimmt sich nach den Vorschriften des 8. Buches der ZPO (Abs. 1 S. 2). Einschlägig ist grds. der Gerichtsstand der (beabsichtigten) Vollstreckung, § 764 Abs. 2 ZPO. Über § 828 Abs. 2 ZPO ist bei der Zwangsvollstreckung in Forderungen und andere Vermögensrechte eine Zuständigkeit am allgemeinen Gerichtsstand des Schuldners, oder, wenn kein solcher im Inland besteht, der Gerichtsstand des Vermögens nach § 23 ZPO begründet. Sind danach mehrere Zuständigkeiten gegeben, so obliegt dem Schuldner die Entscheidung darüber, an welchem Gerichtsstand er eine Zuständigkeit begründet (vgl § 35 ZPO).[1] Auch die örtliche Zuständigkeit ist als **ausschließliche** konzipiert (Abs. 1 S. 3 in Gleichlauf zu § 802 ZPO), so dass insb. Vereinbarungen über die Zuständigkeit ausgeschlossen sind (vgl. § 40 Abs. 2 Nr. 2 ZPO).

4   **Funktional** ist wegen der Prüfung der Unvereinbarkeit einer früheren Entscheidung der Richter zuständig, nicht der Rechtspfleger.[2]

III. Antrag nach Art. 21 EuVTVO (Abs. 2)

5   Über den Antrag nach Art. 21 EuVTVO wird durch **Beschluss** entschieden (Abs. 2 S. 1); es gelten die allgemeinen Verfahrensgrundsätze. Nach Abs. 2 S. 2 iVm §§ 769 Abs. 1, 3, 770 ZPO sind einstweilige Anordnungen über die Einstellung, Beschränkung oder Aufhebung von Vollstreckungsmaßnahmen gegen oder auch (wegen Abs. 2 S. 3) ohne Sicherheitsleistung möglich.

6   Die isolierte **Anfechtung** einer einstweiligen Maßnahme ist (wie bei §§ 769, 770 ZPO) nicht möglich, vielmehr ist der gesamte Beschluss anzugreifen.[3] Hierzu steht nach den allgemeinen Regeln die sofortige Beschwerde (§ 793 ZPO) zur Verfügung.

IV. Antrag nach Art. 23 EuVTVO (Abs. 3)

7   Über den Antrag aus Art 23 EuVTVO wird wegen des besonderen Beschleunigungsbedürfnisses durch einstweilige Anordnung entschieden (Abs. 3 S. 1). Die Entscheidung erfolgt durch **Beschluss**; dieser ist unanfechtbar (Abs. 3 S. 2; vgl § 707 Abs. 2 S. 2 ZPO).[4] Die im Rahmen der einstweiligen Anordnung getroffenen Maßnahmen gelten nur so lange, bis im Ursprungsmitgliedstaat über den Rechtsbehelf des Schuldners entschieden ist.[5]

---

1   Dazu Musielak/*Lackmann*, § 1084 ZPO Rn 2.
2   Vgl BT-Drucks. 15/5222, S. 15; *R. Wagner*, IPRax 2005, 401, 404.
3   Thomas/Putzo/*Hüßtege*, § 1084 ZPO Rn 3.
4   Vgl BT-Drucks. 15/5222, S. 15.
5   BT-Drucks. 15/5222, S. 15; *R. Wagner*, IPRax 2005, 401, 404; Thomas/Putzo/*Hüßtege*, § 1084 ZPO Rn 4; Musielak/*Lackmann*, § 1084 ZPO Rn 4; Hk-ZPO/*Saenger*, § 1084 ZPO Rn 4.

§ 1085 ZPO Einstellung der Zwangsvollstreckung

Die Zwangsvollstreckung ist entsprechend den §§ 775 und 776 auch dann einzustellen oder zu beschränken, wenn die Ausfertigung einer Bestätigung über die Nichtvollstreckbarkeit oder über die Beschränkung der Vollstreckbarkeit nach Artikel 6 Abs. 2 der Verordnung (EG) Nr. 805/2004 vorgelegt wird.

Die Norm dient der Durchführung von Art. 6 Abs. 2 EuVTVO (s. dazu Art. 6 EuVTVO Rn 11 f). Legt der Schuldner die Ausfertigung einer Bestätigung über die Nichtvollstreckbarkeit oder die Beschränkung der Vollstreckbarkeit nach Art. 6 Abs. 2 EuVTVO vor, so ist die Zwangsvollstreckung nach § 775 ZPO einzustellen oder zu beschränken; Vollstreckungsmaßregeln sind nach § 776 ZPO aufzuheben.[1] Bei der Anwendung von § 776 ZPO ist zu berücksichtigen, dass die ausländischen Vollstreckungswirkungen möglicherweise nicht mit denjenigen korrespondieren, die in § 775 ZPO genannt sind. Es ist daher zunächst zu prüfen, welche Nummer des § 775 ZPO mit der ausländischen Entscheidungswirkung vergleichbar ist; für diese ist die entsprechende Rechtsfolge des § 776 ZPO anzuwenden.[2] 1

Unabhängig vom Vorliegen einer Bescheinigung nach Art. 6 Abs. 2 EuVTVO bleiben die §§ 775, 776 ZPO auf die Zwangsvollstreckung anwendbar („auch dann").[3] Der praktisch wichtigste Fall ist die Einstellung der Zwangsvollstreckung wegen Befriedigung des Gläubigers (§ 775 Nr. 5 ZPO).[4] 2

§ 1086 ZPO Vollstreckungsabwehrklage

(1) Für Klagen nach § 795 Satz 1 in Verbindung mit § 767 ist das Gericht ausschließlich örtlich zuständig, in dessen Bezirk der Schuldner seinen Wohnsitz hat, oder, wenn er im Inland keinen Wohnsitz hat, das Gericht, in dessen Bezirk die Zwangsvollstreckung stattfinden soll oder stattgefunden hat. Der Sitz von Gesellschaften oder juristischen Personen steht dem Wohnsitz gleich.

(2) § 767 Abs. 2 ist entsprechend auf gerichtliche Vergleiche und öffentliche Urkunden anzuwenden.

I. Regelungsgehalt

1. Statthaftigkeit der Vollstreckungsabwehrklage. Nach dem Konzept der EuVTVO ist Rechtsschutz gegen den als Europäischer Vollstreckungstitel bestätigten Titel möglichst im Ursprungsmitgliedstaat zu suchen (s. Art. 1 EuVTVO Rn 3). Nach **Abs. 1 S. 1** ist jedoch die **Vollstreckungsabwehrklage** nach § 767 ZPO im Vollstreckungsstaat auch gegen die Vollstreckung aus Titeln, die als Europäischer Vollstreckungstitel bestätigt wurden, statthaft. Damit wird den Bedürfnissen des Schuldners Rechnung getragen, nach Titelentstehung eingetretene Veränderungen (auch) im Vollstreckungsstaat geltend machen zu können. Das Gesetz zur Durchführung der Verordnung (EU) Nr. 1215/2012 sowie zur Änderung sonstiger Vorschriften vom 8.7.2014[1] hat in Abs. 1 S. 1 klarstellend[2] einen Verweis auf § 795 ZPO eingefügt, da § 767 ZPO nicht unmittelbar für die in 1

---

1 Näher dazu Musielak/*Lackmann*, § 1085 ZPO Rn 2.
2 BT-Drucks. 15/5222, S. 15; Wieczorek/Schütze/*Schütze*, § 1085 ZPO Rn 5; MüKo-ZPO/*Adolphsen*, § 1085 Rn 3.
3 Wieczorek/Schütze/*Schütze*, § 1085 ZPO Rn 4.
4 Vgl *R. Wagner*, IPRax 2005, 401, 405.
1 BGBl. I S. 890.
2 S. BT-Drucks. 18/823, S. 19.

§ 794 Abs. 1 Nr. 6 und 7 ZPO genannten Vollstreckungstitel gilt. Damit wird der Wortlaut an § 1117 ZPO angepasst, dessen Abs. 1 auf § 1086 Abs. 1 ZPO verweist. Weitere Verweise auf diese Vorschrift finden sich in §§ 1096 Abs. 2, 1109 Abs. 2 ZPO.

1a Die Vollstreckungsgegenklage ist eine prozessuale Gestaltungsklage, die zwar nicht die materielle Rechtskraft des zu vollstreckenden Titels durchbricht, diesem aber seine Vollstreckbarkeit nimmt.[3] Sie geht damit über die bloße Einstellung der Zwangsvollstreckung nach § 775 Nr. 5 ZPO (s. § 1085 ZPO Rn 2) hinaus. Eine Nachprüfung der Entscheidung in der Sache selbst ist damit aber nicht verbunden, weshalb auch kein Verstoß gegen Art. 21 Abs. 2 EuVTVO vorliegt (vgl Art. 20 EuVTVO Rn 4).[4] Im deutschen Schrifttum hat sich hiergegen beachtlicher Widerstand geregt.[5] Die vorgebrachten Argumente dürften indessen nicht durchschlagen.[6] Denn für die mit der Vollstreckungsabwehrklage geltend gemachten Einwände besteht im Urteilsstaat nicht notwendig ein Forum – für den Vollstreckungsstaat kann dagegen Art. 22 Nr. 5 Brüssel I-VO (bzw Art. 24 Nr. 5 Brüssel Ia-VO) herangezogen werden. Die Vollstreckungsabwehrklage verwirklicht damit das Recht des Schuldners auf effektiven Rechtsschutz.[7] Auch der EuGH hat in der zur Brüssel I-VO ergangenen Entscheidung in der Rechtssache *Prism Investments* implizit die Statthaftigkeit einer Vollstreckungsabwehrklage nach nationalem Recht bestätigt.[8] Im Rahmen der jeweils bestehenden Präklusionsnormen (s. Rn 4 f) hat der Schuldner damit die Wahl, ob er nachträglich entstandene Einwendungen im Ursprungsmitgliedstaat oder im Vollstreckungsstaat geltend macht (sofern das Recht des Vollstreckungsstaates einen § 767 ZPO vergleichbaren Rechtsbehelf kennt).[9]

2 **2. Keine Rechtskraftdurchbrechung nach § 826 BGB.**[10] Dagegen kann im Vollstreckungsstaat nicht eine Klage nach § 826 BGB auf Titelherausgabe[11] erhoben werden, denn Streitgegenstand ist dabei gerade die materielle Unrichtigkeit des

---

3 BGHZ 22, 54, 56; MüKo-ZPO/*K. Schmidt/Brinkmann*, § 767 Rn 3.
4 Vgl eingehend R. *Wagner*, IPRax 2005, 401, 405 ff; *Gerling*, Die Gleichstellung ausländischer mit inländischen Vollstreckungstiteln durch die Einführung eines Europäischen Vollstreckungstitels für unbestrittene Forderungen, 2006, S. 132 ff; ebenso Zöller/*Geimer*, § 1086 ZPO Rn 1; Wieczorek/Schütze/*Schütze*, § 1086 ZPO Rn 1; MüKo-ZPO/*Adolphsen*, § 1086 Rn 1; Thomas/Putzo/*Hüßtege*, § 1086 ZPO Rn 1; Hk-ZPO/*Saenger*, § 1086 ZPO Rn 1; *Coester-Waltjen*, Jura 2005, 394, 397; *dies.*, in: FS Yessiou-Faltsi, 2007, S. 39, 53; *Jennissen*, InVo 2006, 263, 270; *Pfeiffer*, BauR 2005, 1541, 1550.
5 *Hess*, IPRax 2004, 493; *Leible/Lehmann*, NotBZ 2004, 453, 461; *Halfmeier*, IPRax 2007, 381, 386 ff; *Leible/Freitag*, Forderungsbeitreibung in der EU, 2008, § 5 Rn 47.
6 OLG Köln IPRspr. 2012, Nr. 272, S. 612 Rn 54 ff (rkr.). Eingehend zur Parallelproblematik bei EuMahnVO und EuBagatellVO *Gsell*, EuZW 2011, 87.
7 S. *Gsell*, EuZW 2011, 87, 90 f.
8 EuGH 13.10.2011 – Rs. C-139/10 (*Prism Investments*), EuZW 2011, 869, Rn 37 ff m. Anm. *Bach*. Dazu eingehend *Meller-Hannich*, GPR 2012, 90.
9 Wieczorek/Schütze/*Schütze*, § 1086 ZPO Rn 2; MüKo-ZPO/*Adolphsen*, § 1086 Rn 1.
10 Allg. zur Klage nach § 826 BGB gegen ausländische Urteile M. *Stürner*, RabelsZ 71 (2007), 597, insb. 633 ff (zur EuVTVO).
11 Zu deren Voraussetzungen etwa Zöller/*Vollkommer*, Vor § 322 ZPO Rn 74; Hk-ZPO/*Saenger*, § 322 ZPO Rn 53.

Titels (vgl Art. 20 EuVTVO Rn 4).[12] Diesbezüglich steht das Verbot der Nachprüfung in der Sache aus Art. 21 Abs. 2 EuVTVO entgegen; im Ergebnis würde mit einer Zulassung der Klage aus § 826 BGB eine verkappte Ordre-public-Kontrolle eingeführt, deren Abschaffung das Ziel der EuVTVO war.[13]

II. Zuständigkeit

Die **internationale Zuständigkeit** deutscher Gerichte für die Vollstreckungsabwehrklage ergibt sich – nach allerdings nicht unbestrittener Ansicht – aus der Rspr des EuGH zu Art. 22 Nr. 5 Brüssel I-VO.[14] Die **örtliche Zuständigkeit** besteht beim Gericht des (Wohn-)Sitzes des Schuldners (§§ 13, 17 ZPO) oder, wenn ein solcher im Inland nicht besteht, hilfsweise am Ort der (prospektiven) Zwangsvollstreckung (Abs. 1). Die **sachliche Zuständigkeit** ist in § 1086 ZPO nicht geregelt. Es gelten daher die allgemeinen Vorschriften (§§ 23, 71 GVG). In Unterhaltssachen entscheidet das Familiengericht (§ 23 b GVG).[15]   3

III. Präklusion

1. Entscheidungen. Nach dem über Abs. 1 entsprechend anwendbaren § 767 Abs. 2 ZPO können nur solche Einwendungen berücksichtigt werden, die nach dem Zeitpunkt der letzten mündlichen Verhandlung des Erkenntnisverfahrens entstanden sind. Umstritten ist, nach welchem Recht sich Existenz und Umfang dieser Einwendungen richten. Naheliegend ist es, das deutsche IPR als das Kollisionsrecht der lex fori zu befragen.[16] Nach der Gegenansicht ist zur Vermeidung   4

---

12 Ebenso *Kropholler/von Hein*, Europäisches Zivilprozessrecht, 9. Aufl. 2011, Art. 20 EuVTVO Rn 12; MüKo-ZPO/*Adolphsen*, § 1082 Rn 8; Wieczorek/Schütze/*Schütze*, § 1086 ZPO Rn 12; *Röthel/Sparmann*, WM 2006, 2285, 2293; *Gerling*, Die Gleichstellung ausländischer mit inländischen Vollstreckungstiteln durch die Einführung eines Europäischen Vollstreckungstitels für unbestrittene Forderungen, 2006, S. 248 ff; *Jennissen*, InVo 2006, 263, 270 f; *Bach*, Grenzüberschreitende Vollstreckung in Europa, 2008, S. 212; *Bittmann*, Vom Exequatur zum qualifizierten Klauselerteilungsverfahren, 2008, S. 208; Geimer/Schütze/*Hilbig*, Internationaler Rechtsverkehr in Zivil- und Handelssachen, 40. EL (Stand: 2011), Art. 20 EuVTVO Rn 49. AA aber *Schlosser*, EU-Zivilprozessrecht, 3. Aufl. 2009, Art. 20 EuVTVO Rn 8; *Rauscher*, Der Europäische Vollstreckungstitel für unbestrittene Forderungen, 2004, Rn 67; Rauscher/*Pabst*, EuZPR/EuIPR, 4. Aufl. 2015, Art. 20 EuVTVO Rn 37 (es dürfe jedoch keine Überprüfung in der Sache selbst erfolgen); offen auch *Oberhammer*, JBl 2006, 477, 499 f.
13 Für Zulassung der Klage nach § 826 BGB bei sittenwidriger Titel*ausnutzung Jennissen*, InVo 2006, 263, 271; Schuschke/Walker/*Jennissen*, § 1086 ZPO Rn 6; ebenso Rauscher/*Pabst*, EuZPR/EuIPR, 4. Aufl. 2015, Art. 20 EuVTVO Rn 37. Problematisch ist wegen Art. 21 Abs. 2 EuVTVO, dass auch bei dieser Fallgruppe die Unrichtigkeit des ausländischen Titels Anspruchsvoraussetzung ist.
14 EuGH 4.7.1985 – Rs. 220/84 (AS-Autoteile/Malhé), Slg. 1985, 2267, Rn 12; zust. *R. Wagner*, IPRax 2005, 401, 405 ff mwN; *Kropholler/von Hein*, Europäisches Zivilprozessrecht, 9. Aufl. 2011, Art. 22 EuGVVO Rn 61; *H. Roth*, RabelsZ 68 (2004), 379, 384; Wieczorek/Schütze/*Schütze*, § 1086 ZPO Rn 7; Zöller/*Geimer*, Art. 22 EuGVVO Rn 34 ff und § 1086 ZPO Rn 4; *Tsikrikas*, ZZPInt 11 (2006), 51, 58. AA etwa *Nelle*, Anspruch, Titel und Vollstreckung im internationalen Rechtsverkehr, 2000, S. 366 ff; *Hess*, IPRax 2004, 493, 494; *Halfmeier*, IPRax 2007, 381, 385.
15 BT-Drucks. 15/5222, S. 15; Thomas/Putzo/*Hüßtege*, § 1086 ZPO Rn 2; MüKo-ZPO/*Adolphsen*, § 1086 Rn 2; Musielak/*Lackmann*, § 1086 ZPO Rn 2; Zöller/*Geimer*, § 1086 ZPO Rn 6. AA Wieczorek/Schütze/*Schütze*, § 1086 ZPO Rn 9 (ausschließliche Zuständigkeit des Amtsgerichts als Vollstreckungsgericht).
16 Stein/Jonas/*Münzberg*, § 723 ZPO Rn 6 mit Fn 18; *Nelle*, Anspruch, Titel und Vollstreckung, 2000, S. 315 ff, 591; *Spiecker gen. Döhmann*, Die Anerkennung von Rechtskraftwirkungen ausländischer Urteile, 2002, S. 141.

von Widersprüchen die vom Erstgericht angewandte Rechtsordnung einschlägig.[17] Nach der Vergemeinschaftung des Kollisionsrechts durch die Rom I-VO und die Rom II-VO, deren Anwendungsbereich sich weitgehend mit dem der EuVTVO deckt, kommen beide Ansichten bis auf wenige Ausnahmen zum selben Ergebnis.

5 2. **Gerichtliche Vergleiche und öffentliche Urkunden (Abs. 2).** Abs. 2 erstreckt die Präklusionswirkungen des § 767 Abs. 2 ZPO, der auf nicht der Rechtskraft fähige Titel keine Anwendung findet (vgl § 797 Abs. 4 ZPO), auch auf als Europäischer Vollstreckungstitel bestätigte gerichtliche Vergleiche und öffentliche Urkunden. Dieser Umstand ist den Art. 24 Abs. 2, 25 Abs. 2 EuVTVO geschuldet, die eine Anfechtung der Vollstreckbarkeit dieser Titel verbieten. Aus der Zusammenschau mit Art. 20 EuVTVO ergibt sich aber, dass die Geltendmachung nachträglich entstandener Einwendungen dadurch nicht verhindert wird.[18] Abs. 2 legt diesen **Zeitpunkt** entsprechend der Präklusion nach § 767 Abs. 2 ZPO fest. Damit können nur solche Einwendungen geltend gemacht werden, die nach gerichtlicher Bestätigung des Vergleichs oder Errichtung der öffentlichen Urkunde entstanden sind.

---

17 Zöller/*Geimer*, § 722 ZPO Rn 88; *Geimer*, Internationales Zivilprozessrecht, 6. Aufl. 2009, Rn 3152 mwN; *Schack*, Internationales Zivilverfahrensrecht, 6. Aufl. 2014, Rn 1039; *Nagel/Gottwald*, Internationales Zivilprozessrecht, 7. Aufl. 2013, § 14 Rn 126; Thomas/Putzo/*Hüßtege*, § 723 ZPO Rn 13; *Gerling*, Die Gleichstellung ausländischer mit inländischen Vollstreckungstiteln durch die Einführung eines Europäischen Vollstreckungstitels für unbestrittene Forderungen, 2006, S. 142 f. Ebenso wohl BGH WM 1994, 394, 399 (insoweit in BGHZ 124, 237 nicht abgedruckt).
18 BT-Drucks. 15/5222, S. 15; *R. Wagner*, IPRax 2005, 401, 408.

VERORDNUNG (EG) Nr. 1896/2006 DES EUROPÄISCHEN PARLAMENTS UND DES RATES
vom 12. Dezember 2006
zur Einführung eines Europäischen Mahnverfahrens

(ABl. L 399 vom 30.12.2006, S. 1, berichtigt in ABl. L 46 vom 21.2.2008, S. 52 und ABl. L 333 vom 11.12.2008, S. 17; geändert durch Verordnung (EU) Nr. 936/2012 vom 4. Oktober 2012, ABl. L 283 vom 16.10.2012, S. 1)

[Kommentierung der §§ 1087–1096 ZPO im Anhang zur EuMahnVO]

DAS EUROPÄISCHE PARLAMENT UND DER RAT DER EUROPÄISCHEN UNION –

gestützt auf den Vertrag zur Gründung der Europäischen Gemeinschaft, insbesondere auf Artikel 61 Buchstabe c,

auf Vorschlag der Kommission,

nach Stellungnahme des Europäischen Wirtschafts- und Sozialausschusses,[1]

gemäß dem Verfahren des Artikels 251 des Vertrages,[2]

in Erwägung nachstehender Gründe:

(1) Die Gemeinschaft hat sich zum Ziel gesetzt, einen Raum der Freiheit, der Sicherheit und des Rechts, in dem der freie Personenverkehr gewährleistet ist, zu erhalten und weiterzuentwickeln. Zur schrittweisen Schaffung eines solchen Raums erlässt die Gemeinschaft unter anderem im Bereich der justiziellen Zusammenarbeit in Zivilsachen mit grenzüberschreitendem Bezug die für das reibungslose Funktionieren des Binnenmarkts erforderlichen Maßnahmen.

(2) Gemäß Artikel 65 Buchstabe c des Vertrags schließen diese Maßnahmen die Beseitigung der Hindernisse für eine reibungslose Abwicklung von Zivilverfahren ein, erforderlichenfalls durch Förderung der Vereinbarkeit der in den Mitgliedstaaten geltenden zivilrechtlichen Verfahrensvorschriften.

(3) Auf seiner Tagung am 15. und 16. Oktober 1999 in Tampere forderte der Europäische Rat den Rat und die Kommission auf, neue Vorschriften zu jenen Aspekten auszuarbeiten, die unabdingbar für eine reibungslose justizielle Zusammenarbeit und einen verbesserten Zugang zum Recht sind, und nannte in diesem Zusammenhang ausdrücklich auch das Mahnverfahren.

(4) Am 30. November 2000 verabschiedete der Rat ein gemeinsames Programm der Kommission und des Rates über Maßnahmen zur Umsetzung des Grundsatzes der gegenseitigen Anerkennung gerichtlicher Entscheidungen in Zivil- und Handelssachen.[3] Darin wird die Schaffung eines besonderen, gemeinschaftsweit einheitlichen oder harmonisierten Verfahrens zur Erwirkung einer gerichtlichen Entscheidung in speziellen Bereichen, darunter die Beitreibung unbestrittener Forderungen, in Erwägung gezogen. Dies wurde durch das vom Europäischen Rat am 5. November 2004 angenom-

---

1 ABl. C 221 vom 8.9.2005, S. 77.
2 Stellungnahme des Europäischen Parlaments vom 13. Dezember 2005 (noch nicht im Amtsblatt veröffentlicht), Gemeinsamer Standpunkt des Rates vom 30. Juni 2006 (noch nicht im Amtsblatt veröffentlicht), Standpunkt des Europäischen Parlaments vom 25. Oktober 2006. Beschluss des Rates vom 11. Dezember 2006.
3 ABl. C 12 vom 15.1.2001, S. 1.

mene Haager Programm, in dem eine zügige Durchführung der Arbeiten am Europäischen Zahlungsbefehl gefordert wird, weiter vorangebracht.

(5) Am 20. Dezember 2002 nahm die Kommission ein Grünbuch über ein Europäisches Mahnverfahren und über Maßnahmen zur einfacheren und schnelleren Beilegung von Streitigkeiten mit geringem Streitwert an. Mit dem Grünbuch wurde eine Anhörung zu den möglichen Zielen und Merkmalen eines einheitlichen oder harmonisierten Europäischen Mahnverfahrens zur Beitreibung unbestrittener Forderungen eingeleitet.

(6) Für die Wirtschaftsbeteiligten der Europäischen Union ist die rasche und effiziente Beitreibung ausstehender Forderungen, die nicht Gegenstand eines Rechtsstreits sind, von größter Bedeutung, da Zahlungsverzug eine der Hauptursachen für Zahlungsunfähigkeit ist, die vor allem die Existenz von kleinen und mittleren Unternehmen bedroht und für den Verlust zahlreicher Arbeitsplätze verantwortlich ist.

(7) Alle Mitgliedstaaten versuchen, dem Problem der Beitreibung unzähliger unbestrittener Forderungen beizukommen, die meisten Mitgliedstaaten im Wege eines vereinfachten Mahnverfahrens, doch gibt es bei der inhaltlichen Ausgestaltung der einzelstaatlichen Vorschriften und der Effizienz der Verfahren erhebliche Unterschiede. Überdies sind die derzeitigen Verfahren in grenzüberschreitenden Rechtssachen häufig entweder unzulässig oder praktisch undurchführbar.

(8) Der daraus resultierende erschwerte Zugang zu einer effizienten Rechtsprechung bei grenzüberschreitenden Rechtssachen und die Verfälschung des Wettbewerbs im Binnenmarkt aufgrund des unterschiedlichen Funktionierens der verfahrensrechtlichen Instrumente, die den Gläubigern in den einzelnen Mitgliedstaaten zur Verfügung stehen, machen eine Gemeinschaftsregelung erforderlich, die für Gläubiger und Schuldner in der gesamten Europäischen Union gleiche Bedingungen gewährleistet.

(9) Diese Verordnung hat Folgendes zum Ziel: die Vereinfachung und Beschleunigung grenzüberschreitender Verfahren im Zusammenhang mit unbestrittenen Geldforderungen und die Verringerung der Verfahrenskosten durch Einführung eines Europäischen Mahnverfahrens sowie die Ermöglichung des freien Verkehrs Europäischer Zahlungsbefehle in den Mitgliedstaaten durch Festlegung von Mindestvorschriften, bei deren Einhaltung die Zwischenverfahren im Vollstreckungsmitgliedstaat, die bisher für die Anerkennung und Vollstreckung erforderlich waren, entfallen.

(10) Das durch diese Verordnung geschaffene Verfahren sollte eine zusätzliche und fakultative Alternative für den Antragsteller darstellen, dem es nach wie vor freisteht, sich für die im nationalen Recht vorgesehenen Verfahren zu entscheiden. Durch diese Verordnung sollen mithin die nach nationalem Recht vorgesehenen Mechanismen zur Beitreibung unbestrittener Forderungen weder ersetzt noch harmonisiert werden.

(11) Der Schriftverkehr zwischen dem Gericht und den Parteien sollte soweit wie möglich mit Hilfe von Formblättern abgewickelt werden, um die Abwicklung der Verfahren zu erleichtern und eine automatisierte Verarbeitung der Daten zu ermöglichen.

(12) Bei der Entscheidung darüber, welche Gerichte dafür zuständig sind, einen Europäischen Zahlungsbefehl zu erlassen, sollten die Mitgliedstaaten dem Erfordernis, den Zugang der Bürger zur Justiz zu gewährleisten, gebührend Rechnung tragen.

(13) Der Antragsteller sollte verpflichtet sein, in dem Antrag auf Erlass eines Europäischen Zahlungsbefehls Angaben zu machen, aus denen die geltend gemachte Forderung und ihre Begründung klar zu entnehmen sind, damit der Antragsgegner anhand fundierter Informationen entscheiden kann, ob er Einspruch einlegen oder die Forderung nicht bestreiten will.

(14) Dabei muss der Antragsteller auch eine Bezeichnung der Beweise, der zum Nachweis der Forderung herangezogen wird, beifügen. Zu diesem Zweck sollte in dem Antragsformular eine möglichst erschöpfende Liste der Arten von Beweisen enthalten sein, die üblicherweise zur Geltendmachung von Geldforderungen angeboten werden.

(15) Die Einreichung eines Antrags auf Erlass eines Europäischen Zahlungsbefehls sollte mit der Entrichtung der gegebenenfalls fälligen Gerichtsgebühren verbunden sein.

(16) Das Gericht sollte den Antrag, einschließlich der Frage der gerichtlichen Zuständigkeit und der Bezeichnung der Beweise, auf der Grundlage der im Antragsformular enthaltenen Angaben prüfen. Dies ermöglicht es dem Gericht, schlüssig zu prüfen, ob die Forderung begründet ist, und unter anderem offensichtlich unbegründete Forderungen oder unzulässige Anträge auszuschließen. Die Prüfung muss nicht von einem Richter durchgeführt werden.

(17) Gegen die Zurückweisung des Antrags kann kein Rechtsmittel eingelegt werden. Dies schließt allerdings eine mögliche Überprüfung der zurückweisenden Entscheidung in derselben Instanz im Einklang mit dem nationalen Recht nicht aus.

(18) Der Europäische Zahlungsbefehl sollte den Antragsgegner darüber aufklären, dass er entweder den zuerkannten Betrag an den Antragsteller zu zahlen hat oder, wenn er die Forderung bestreiten will, innerhalb von 30 Tagen eine Einspruchsschrift versenden muss. Neben der vollen Aufklärung über die vom Antragsteller geltend gemachte Forderung sollte der Antragsgegner auf die rechtliche Bedeutung des Europäischen Zahlungsbefehls und die Folgen eines Verzichts auf Einspruch hingewiesen werden.

(19) Wegen der Unterschiede im Zivilprozessrecht der Mitgliedstaaten, insbesondere bei den Zustellungsvorschriften, ist es notwendig, die im Rahmen des Europäischen Mahnverfahrens anzuwendenden Mindestvorschriften präzise und detailliert zu definieren. So sollte insbesondere eine Zustellungsform, die auf einer juristischen Fiktion beruht, im Hinblick auf die Einhaltung der Mindestvorschriften nicht als ausreichend für die Zustellung eines Europäischen Zahlungsbefehls angesehen werden.

(20) Alle in den Artikeln 13 und 14 aufgeführten Zustellungsformen gewähren entweder eine absolute Gewissheit (Artikel 13) oder ein hohes Maß an Wahrscheinlichkeit (Artikel 14) dafür, dass das zugestellte Schriftstück dem Empfänger zugegangen ist.

(21) Die persönliche Zustellung an bestimmte andere Personen als den Antragsgegner selbst gemäß Artikel 14 Absatz 1 Buchstaben a und b sollte die Anforderungen der genannten Vorschriften nur dann erfüllen, wenn diese Personen den Europäischen Zahlungsbefehl auch tatsächlich erhalten haben.

(22) Artikel 15 sollte auf Situationen Anwendung finden, in denen der Antragsgegner sich nicht selbst vor Gericht vertreten kann, etwa weil er eine juristische Person ist, und in denen er durch einen gesetzlichen Vertreter vertreten wird, sowie auf Situationen, in denen der Antragsgegner eine andere Per-

son, insbesondere einen Rechtsanwalt, ermächtigt hat, ihn in dem betreffenden gerichtlichen Verfahren zu vertreten.

(23) Der Antragsgegner kann seinen Einspruch unter Verwendung des in dieser Verordnung enthaltenen Formblatts einreichen. Die Gerichte sollten allerdings auch einen in anderer Form eingereichten schriftlichen Einspruch berücksichtigen, sofern dieser klar erklärt ist.

(24) Ein fristgerecht eingereichter Einspruch sollte das Europäische Mahnverfahren beenden und zur automatischen Überleitung der Sache in einen ordentlichen Zivilprozess führen, es sei denn, der Antragsteller hat ausdrücklich erklärt, dass das Verfahren in diesem Fall beendet sein soll. Für die Zwecke dieser Verordnung sollte der Begriff „ordentlicher Zivilprozess" nicht notwendigerweise im Sinne des nationalen Rechts ausgelegt werden.

(25) Nach Ablauf der Frist für die Einreichung des Einspruchs sollte der Antragsgegner in bestimmten Ausnahmefällen berechtigt sein, eine Überprüfung des Europäischen Zahlungsbefehls zu beantragen. Die Überprüfung in Ausnahmefällen sollte nicht bedeuten, dass der Antragsgegner eine zweite Möglichkeit hat, Einspruch gegen die Forderung einzulegen. Während des Überprüfungsverfahrens sollte die Frage, ob die Forderung begründet ist, nur im Rahmen der sich aus den vom Antragsgegner angeführten außergewöhnlichen Umständen ergebenden Begründungen geprüft werden. Zu den anderen außergewöhnlichen Umständen könnte auch der Fall zählen, dass der Europäische Zahlungsbefehl auf falschen Angaben im Antragsformular beruht.

(26) Gerichtsgebühren nach Artikel 25 sollten beispielsweise keine Anwaltshonorare oder Zustellungskosten einer außergerichtlichen Stelle enthalten.

(27) Ein Europäischer Zahlungsbefehl, der in einem Mitgliedstaat ausgestellt wurde und der vollstreckbar geworden ist, sollte für die Zwecke der Vollstreckung so behandelt werden, als ob er in dem Mitgliedstaat ausgestellt worden wäre, in dem die Vollstreckung betrieben wird. Gegenseitiges Vertrauen in die ordnungsgemäße Rechtspflege in den Mitgliedstaaten rechtfertigt es, dass das Gericht nur eines Mitgliedstaats beurteilt, ob alle Voraussetzungen für den Erlass eines Europäischen Zahlungsbefehls vorliegen und der Zahlungsbefehl in allen anderen Mitgliedstaaten vollstreckbar ist, ohne dass im Vollstreckungsmitgliedstaat zusätzlich von einem Gericht geprüft werden muss, ob die prozessualen Mindestvorschriften eingehalten worden sind. Unbeschadet der in dieser Verordnung enthaltenen Vorschriften, insbesondere der in Artikel 22 Absätze 1 und 2 und in Artikel 23 enthaltenen Mindestvorschriften, sollte das Verfahren der Vollstreckung des Europäischen Zahlungsbefehls nach wie vor im nationalen Recht geregelt bleiben.

(28) Die Berechnung der Fristen sollte nach Maßgabe der Verordnung (EWG, Euratom) Nr. 1182/71 des Rates vom 3. Juni 1971 zur Festlegung der Regeln für die Fristen, Daten und Termine[4] erfolgen. Der Antragsgegner sollte darüber unterrichtet sowie darauf hingewiesen werden, dass dabei die gesetzlichen Feiertage in dem Mitgliedstaat des Gerichts, das den Europäischen Zahlungsbefehl erlässt, berücksichtigt werden.

(29) Da die Ziele dieser Verordnung, nämlich die Schaffung eines einheitlichen, zeitsparenden und effizienten Instruments zur Beitreibung unbestrittener Geldforderungen in der Europäischen Union, auf Ebene der Mitgliedstaaten nicht ausreichend verwirklicht werden können und wegen ihres Umfangs und ihrer Wirkung daher besser auf Gemeinschaftsebene zu verwirkli-

---

[4] ABl. L 124 vom 8.6.1971, S. 1.

chen sind, kann die Gemeinschaft im Einklang mit dem in Artikel 5 des Vertrags niedergelegten Subsidiaritätsprinzip tätig werden. Entsprechend dem in demselben Artikel genannten Grundsatz der Verhältnismäßigkeit geht diese Verordnung nicht über das für die Erreichung dieser Ziele erforderliche Maß hinaus.

(30) Die zur Durchführung dieser Verordnung erforderlichen Maßnahmen sind nach Maßgabe des Beschlusses 1999/468/EG des Rates vom 28. Juni 1999 zur Festlegung der Modalitäten für die Ausübung der der Kommission übertragenen Durchführungsbefugnisse[5] zu erlassen.

(31) Das Vereinigte Königreich und Irland haben gemäß Artikel 3 des dem Vertrag über die Europäische Union und dem Vertrag zur Gründung der Europäischen Gemeinschaft beigefügten Protokolls über die Position des Vereinigten Königreichs und Irlands mitgeteilt, dass sie sich an der Annahme und Anwendung der vorliegenden Verordnung beteiligen möchten.

(32) Gemäß den Artikeln 1 und 2 des dem Vertrag über die Europäische Union und dem Vertrag zur Gründung der Europäischen Gemeinschaft beigefügten Protokolls über die Position Dänemarks beteiligt sich Dänemark nicht an der Annahme dieses Beschlusses, der für Dänemark nicht bindend und nicht auf Dänemark anwendbar ist –

HABEN FOLGENDE VERORDNUNG ERLASSEN:

Vorbemerkung zur EuMahnVO

Literatur:

Einhaus, Qual der Wahl: Europäisches oder internationales deutsches Mahnverfahren?, IPRax 2008, 323; *Einhaus*, Erste Erfahrungen mit dem Europäischen Zahlungsbefehl – Probleme und Verbesserungsmöglichkeiten, EuZW 2011, 865; *Freitag*, Rechtsschutz des Schuldners gegen den Europäischen Zahlungsbefehl nach der EuMahnVO, IPRax 2007, 509; *Freitag/Leible*, Erleichterung der grenzüberschreitenden Forderungsbeitreibung in Europa: Das europäische Mahnverfahren, BB 2008, 2750; *Graf v. Bernstorff*, Der Europäische Zahlungsbefehl, RiW 2008, 548; *Gsell*, Die Geltendmachung nachträglicher materieller Einwendungen im Wege der Vollstreckungsgegenklage bei Titeln aus dem Europäischen Mahn- oder Bagatellverfahren, EuZW 2011, 87; *Hess*, Kommunikation im europäischen Zivilprozess, AnwBl 2011, 321; *Hess/Bittmann*, Die Verordnungen zur Einführung eines Europäischen Mahnverfahrens und eines Europäischen Verfahrens für geringfügige Forderungen – ein substantieller Integrationsschritt im Europäischen Zivilprozessrecht, IPRax 2008, 305; *Kresse*, Das Europäische Mahnverfahren, EWS 2008, 508; *Kropholler/v. Hein*, Europäisches Zivilprozessrecht, 2011; *Mock*, Verschuldete und unverschuldete Fristversäumnis im Europäischen Mahnverfahren, IPRax 2014, 309; *Niesert/Stöckel*, Aktuelle Entwicklungen im Europäischen Zivilprozessrecht – Das Europäische Mahnverfahren und das Europäische Bagatellverfahren in der (insolvenzrechtlichen) Praxis, NZI 2010, 638; *Rauscher* (Hrsg.), Europäisches Zivilprozess- und Kollisionsrecht – EuZPR/EuIPR, Band II, 4. Aufl. 2015; *Rellermeyer*, Grundzüge des Europäischen Mahnverfahrens, Rpfleger 2009, 11; *Röthel/Sparmann*, Das Europäische Mahnverfahren, WM 2007, 1101; *Salten*, Das neue Europäische Mahnverfahren, MDR 2008, 1141; *Schütze*, Das Internationale Zivilprozessrecht in der ZPO, 2011; *Sujecki*, Das neue Europäische Mahnverfahren im Vergleich zu den Mahnverfahren in Deutschland und Österreich, 2007; *Sujecki*, Das Europäische Mahnverfahren, NJW 2007, 1622; *Vollkommer/Huber*, Neues Europäisches Zivilverfahrensrecht in Deutschland, NJW 2009, 1105.

---

5 ABl. L 184 vom 17.7.1999, S. 23. Geändert durch den Beschluss 2006/512/EG (ABl. L 200 vom 22.7.2006, S. 11).

I. Regelungsziel

1 Das Regelungsziel der EuMahnVO entspricht weitgehend dem der EuBagatellVO (s. Vor EuBagatellVO Rn 1 ff). Auch das Europäische Mahnverfahren soll die grenzüberschreitende Rechtsverfolgung vereinfachen und beschleunigen sowie die Kosten der Rechtsverfolgung verringern (Art. 1 lit. a) und die grenzüberschreitende Vollstreckbarkeit Europäischer Zahlungsbefehle ohne Exequaturverfahren ermöglichen (Art. 1 lit. b). Die Verordnung basiert wie auch die EuVTVO und die EuBagatellVO auf den Zielen der justiziellen Zusammenarbeit, wie sie durch den Europäischen Rat in Tampere beschlossenen wurden.[1]

2 Mit der EuMahnVO hat der europäische Gesetzgeber erstmalig ein **einheitlich europäisches Erkenntnisverfahren** für den Binnenmarkt geschaffen. Es steht Gläubigern **alternativ** neben den nationalen Verfahren zur Verfügung (Art. 1 Abs. 2) und wird durch die Verfahrensvorschriften der *lex fori* ergänzt (Art. 26). Bei der Anwendung der EuMahnVO sind daher immer auch die entsprechenden **nationalen Ausführungsbestimmungen** zu beachten (vgl §§ 1087 ff ZPO).

3 Die EuMahnVO ist einer von zahlreichen Rechtsakten (zB Brüssel Ia-VO, Brüssel IIa-VO, EuErbVO, EuVTVO, EuBagatellVO und EuUntVO), die die grenzüberschreitende Titelvollstreckung in der EU unmittelbar regeln und deren horizontale Abstimmung (auch mit der EuZVO) Defizite aufweist. Die teilweise Überlagerung, Verdrängung und Ergänzung der Rechtsakte untereinander führen zu Unübersichtlichkeit und damit auch zu Rechtsunsicherheit, die eine Konsolidierung des Besitzstands im Europäischen Zivilverfahrensrecht erforderlich machen.[2]

II. Anwendungsbereich

4 Der **persönliche** Anwendungsbereich der EuMahnVO erstreckt sich wegen der Beschränkung der Kompetenzgrundlage in Art. 61 lit. c, 65 lit. c EGV (Art. 67 Abs. 4, 81 Abs. 2 lit. f AEUV) nur auf **grenzüberschreitende Rechtssachen** (Art. 3). **Sachlich** entspricht der Anwendungsbereich weitgehend dem der Brüssel Ia-VO (vgl Art. 2 Abs. 1 und Art. 1 Brüssel Ia-VO), wobei wegen der Besonderheiten des Europäischen Mahnverfahrens weitere Ausnahmen für besondere Sachgebiete vorgesehen sind (Art. 2 Abs. 2) und das Europäische Mahnverfahren auf die Beitreibung **bezifferter Geldforderungen** (Art. 4) beschränkt ist. Der **räumliche** Anwendungsbereich umfasst alle Mitgliedstaaten der EU mit Ausnahme Dänemarks (Art. 2 Abs. 3).

5 Die EuMahnVO spielt in der Praxis im Vergleich zum Mahnverfahren nach der ZPO eine kleinere Rolle. Ihre Bedeutung steigt jedoch. Beim dem in Deutschland ausschließlich zuständigen AG Wedding (vgl § 1087 ZPO) wurden im Jahr 2009 rund 2.000 Anträge eingereicht.[3] Mittlerweile sind es ca. 3.500 Anträge im Jahr. Das AG Wedding rechnet mit einer weiteren Steigerung, sobald die elektronische Antragstellung möglich wird (s. Art. 7 Abs. 5 und 6 iVm § 1088 ZPO).

III. Verfahrenscharakter

6 **1. Beschleunigter und vereinfachter Verfahrensablauf.** Die im Anhang der VO abgedruckten **Formblätter** erleichtern den Parteien die Durchführung des Verfahrens erheblich (vgl Erwägungsgrund 11). Dadurch sollen die Verfahrensbeteilig-

---

[1] Vgl Erwägungsgrund 4 und Punkt 30 der Schlussfolgerungen des Ratsvorsitzes, abgedr. in NJW 2000, 1925.
[2] In diese Richtung auch *Hess*, Europäisches Zivilprozessrecht, 2010, S. 684; *Hess/Bittmann*, IPRax 2008, 305, 314; *Nardone*, Rpfleger 2009, 72, 74; ausf. *Netzer*, Status quo und Konsolidierung des Europäischen Zivilverfahrensrechts – Vorschlag zum Erlass einer EuZPO, 2011, S. 10 ff.
[3] *Hess*, Kommunikation im europäischen Zivilprozess, AnwBl 2011, 321, 325.

ten möglichst **ohne anwaltliche Beratung und Vertretung** auskommen (Art. 24). Die Formblätter und Informationen über die Ausführungsbestimmungen der Mitgliedstaaten (Art. 25) werden im **Europäischen Gerichtsatlas** veröffentlicht und können im Internet abgerufen werden.[4] Die nachfolgende Übersicht zum Verfahrensablauf stellt das AG Wedding im Internet bereit.[5]

Übersicht: Ablauf des Europäischen Mahnverfahrens

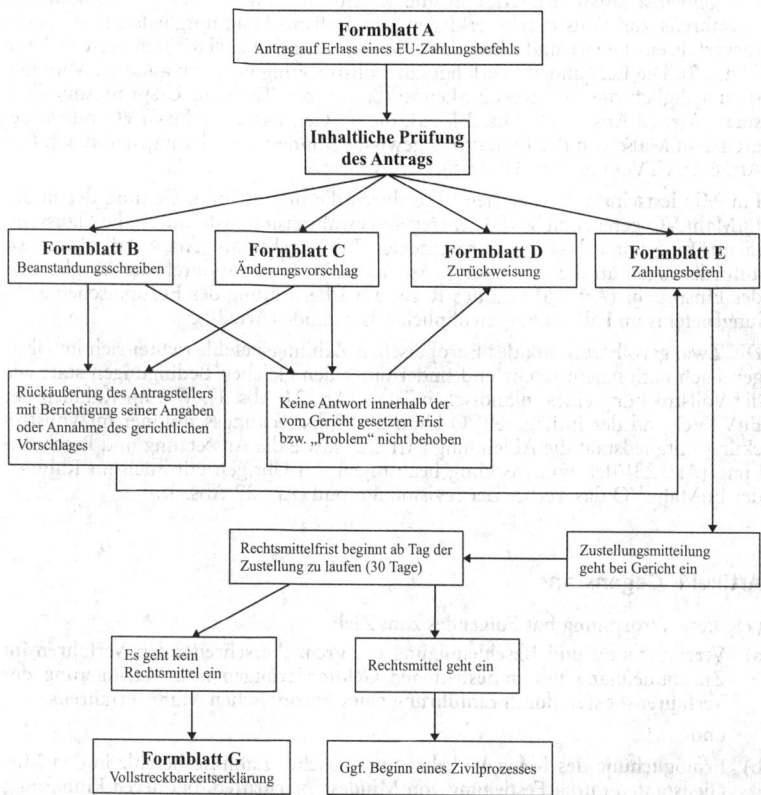

2. Besonderheiten des Verfahrens. Für den Erlass des Europäischen Zahlungsbefehls ist regelmäßig das **Gericht im Wohnsitzmitgliedstaat des Antragsgegners zuständig** (vgl Art. 6 iVm Art. 4 ff und Art. 80 S. 2 Brüssel Ia-VO). Neben den formellen Voraussetzungen für den Erlass des Europäischen Zahlungsbefehls prüft das Gericht nur, ob das Formblatt A vollständig ausgefüllt ist und keine Angaben enthält, die *offensichtlich* (s. Art. 11 Abs. 1 lit. b) die Begründetheit entfallen lassen. Es findet daher eine reine **Plausibilitätsprüfung** statt (s. Art. 8 Rn 4).

Gegen den Europäischen Zahlungsbefehl kann der Antragsgegner innerhalb einer 30-Tages-Frist Einspruch einlegen (Art. 16). Nach dem wirksamen Einspruch fin-

---
4 S. http://ec.europa.eu/justice_home/judicialatlascivil/html/index_de.htm.
5 Übersicht zum Verfahrensablauf online abrufbar unter http://www.berlin.de/sen/justiz/gerichte/kg/formularserver/mahnsachen.html.

det im Regelfall die Überleitung in das streitige Verfahren statt (Art. 17). Eine zweite Einspruchsmöglichkeit sieht die EuMahnVO nicht vor. Im Gegensatz zum deutschen Mahnverfahren (§§ 699 f ZPO) ist das Europäische Mahnverfahren daher **einstufig** ausgestaltet (s. aber Art. 20).

9   **3. Abschaffung von Exequaturverfahren und ordre-public-Kontrolle.** Um die Anerkennung und Vollstreckung zu erleichtern, wird der Europäische Zahlungsbefehl **gemeinschaftsweit anerkannt und vollstreckt**, ohne dass es eines besonderen Verfahrens zur Vollstreckbarerklärung im Vollstreckungsmitgliedstaat (Exequaturverfahren) bedarf und ohne dass die Anerkennung angefochten werden kann (Art. 19). Die EuMahnVO verlangt zur Vollstreckung in einem anderen Mitgliedstaat lediglich die Vollstreckbarkeitserklärung des Titels im Ursprungsmitgliedstaat (Art. 18 Abs. 1, 21 Abs. 2 lit. a), die im Gegensatz zur EuVTVO nur in begrenztem Maße von der Einhaltung gewisser Mindestanforderungen abhängt (vgl Art. 6 EuVTVO und Art. 18 Rn 5).

10 Ein **Mindestschutz der Parteien** wird durch die unmittelbare Geltung der in der EuMahnVO geregelten Verfahrensregeln gewährleistet, insb. durch die Plausibilitätsprüfung vor Erlass des Europäischen Zahlungsbefehls (Art. 8), die Mindestanforderungen an die Zustellung (Art. 13 und 14) sowie durch die Möglichkeit des Einspruchs (Art. 16) und das Recht auf Überprüfung des Europäischen Zahlungsbefehls im Falle außergewöhnlicher Umstände (Art. 20).

11 Die **Zwangsvollstreckung** des Europäischen Zahlungsbefehls richtet sich im Übrigen nach nationalem Recht und findet unter den gleichen Bedingungen statt wie die Vollstreckung eines inländischen Titels (Art. 21 Abs. 1). Wie im Rahmen der EuVTVO und der EuBagatellVO kann der Vollstreckungsschuldner im Vollstreckungsmitgliedstaat die Ablehnung (Art. 22) sowie die Aussetzung und Beschränkung (Art. 23) der Vollstreckung beantragen. Im Übrigen gilt auch im Rahmen der EuMahnVO das **Verbot der révision au fond** (Art. 22 Abs. 3).

Artikel 1 Gegenstand

(1) Diese Verordnung hat Folgendes zum Ziel:

a) Vereinfachung und Beschleunigung der grenzüberschreitenden Verfahren im Zusammenhang mit unbestrittenen Geldforderungen und Verringerung der Verfahrenskosten durch Einführung eines Europäischen Mahnverfahrens, und

b) Ermöglichung des freien Verkehrs Europäischer Zahlungsbefehle in den Mitgliedstaaten durch Festlegung von Mindestvorschriften, bei deren Einhaltung die Zwischenverfahren im Vollstreckungsmitgliedstaat, die bisher für die Anerkennung und Vollstreckung erforderlich waren, entfallen.

(2) Diese Verordnung stellt es dem Antragsteller frei, eine Forderung im Sinne von Artikel 4 im Wege eines anderen Verfahrens nach dem Recht eines Mitgliedstaats oder nach Gemeinschaftsrecht durchzusetzen.

I. Regelungsgegenstand

1   Die Vorschrift enthält in Abs. 1 eine klarstellende Beschreibung der Regelungsziele der EuMahnVO (vgl Erwägungsgründe 9 und 29). Abs. 2 regelt das Verhältnis zum nationalen Verfahrensrecht und dem übrigen Unionsrecht.

II. Regelungsziele der EuMahnVO (Abs. 1)

Die in Abs. 1 beschriebenen Regelungsziele der EuMahnVO sind bei der Anwendung bzw Auslegung der EuMahnVO und ihrer nationalen Ausführungsbestimmungen (vgl Art. 26) zu berücksichtigen. Die Auslegung darf daher nicht dem Ziel einer **vereinfachten und beschleunigten Forderungsdurchsetzung** über Binnengrenzen hinweg und der **Verringerung der Verfahrenskosten** (zur Höhe der Kosten vgl Art. 26 und § 1090 ZPO Rn 8 f) widersprechen. Der Hinweis auf unbestrittene Geldforderungen bezieht sich auf den Charakter des Mahnverfahrens, stellt jedoch keine zusätzliche Einschränkung des Anwendungsbereichs der EuMahnVO (vgl Art. 2, 3 und 4) dar.

III. Fakultative Geltung der EuMahnVO (Abs. 2)

Einen eigenen Regelungsgehalt enthält Abs. 2, der die zusätzliche und **fakultative Geltung** des Europäischen Mahnverfahrens neben den Vorschriften der nationalen Rechte der Mitgliedstaaten bestimmt (vgl Erwägungsgrund 10).

Der Gläubiger hat daher bei Vorliegen der Voraussetzungen der EuMahnVO die **Wahl**, ob er einen europaweit vollstreckbaren Europäischen Zahlungsbefehl beantragt (§ 688 Abs. 4 ZPO iVm §§ 1087 ff ZPO) oder ein nationales Erkenntnisverfahren (vgl § 688 Abs. 3 ZPO iVm § 32 AVAG) einleitet und den Titel im Wege der Brüssel Ia-VO (Art. 36 ff Brüssel Ia-VO) oder der EuVTVO (vgl Art. 3 Abs. 1 lit. b EuVTVO) anerkennen und vollstrecken lässt.[1]

Artikel 2 Anwendungsbereich

(1) Diese Verordnung ist in grenzüberschreitenden Rechtssachen in Zivil- und Handelssachen anzuwenden, ohne dass es auf die Art der Gerichtsbarkeit ankommt. Sie erfasst insbesondere nicht Steuer- und Zollsachen, verwaltungsrechtliche Angelegenheiten sowie die Haftung des Staates für Handlungen oder Unterlassungen im Rahmen der Ausübung hoheitlicher Rechte („acta jure imperii").

(2) Diese Verordnung ist nicht anzuwenden auf

a) die ehelichen Güterstände, das Gebiet des Erbrechts einschließlich des Testamentsrechts,

b) Konkurse, Verfahren im Zusammenhang mit dem Abwickeln zahlungsunfähiger Unternehmen oder anderer juristischer Personen, gerichtliche Vergleiche, Vergleiche und ähnliche Verfahren,

c) die soziale Sicherheit,

d) Ansprüche aus außervertraglichen Schuldverhältnissen, soweit

　i) diese nicht Gegenstand einer Vereinbarung zwischen den Parteien oder eines Schuldanerkenntnisses sind,
　　oder

　ii) diese sich nicht auf bezifferte Schuldbeträge beziehen, die sich aus gemeinsamem Eigentum an unbeweglichen Sachen ergeben.

(3) In dieser Verordnung bedeutet der Begriff „Mitgliedstaat" die Mitgliedstaaten mit Ausnahme Dänemarks.

---

[1] Hk-ZPO/*Gierl*, § 1096 ZPO Anh Art. 1 Rn 3; Thomas/Putzo/*Hüßtege*, § 1096 Anh Art. 1 Rn 2.

I. Regelungsgegenstand

1 Die Vorschrift definiert zusammen mit Art. 3 und 4 den Anwendungsbereich der EuMahnVO. Sie **entspricht weitgehend Art. 1 Brüssel Ia-VO**. Abs. 1 enthält aber zusätzlich die Beschränkung auf grenzüberschreitende Rechtssachen (vgl. Art. 3) und Abs. 2 lit. d regelt eine weitere Bereichsausnahme für außervertragliche Schuldverhältnisse. Abs. 3 definiert den räumlichen Anwendungsbereich der Verordnung.

2 Im Gegensatz zur EuBagatellVO gilt die EuMahnVO **nur für Geldforderungen** (s. Art. 4), ist jedoch nicht auf geringfügige Streitigkeiten bis zu einer bestimmten Streitwerthöhe beschränkt (vgl Art. 2 Rn 1 EuBagatellVO: 2.000 €).

II. Zivil- und Handelssachen

3 Die Verordnung gilt ebenso wie die Brüssel Ia-VO **in allen Zivil- und Handelssachen** mit Ausnahme der in Abs. 1 S. 2 und Abs. 2 genannten Rechtsgebiete (vgl Art. 36 ff Brüssel Ia-VO Rn 6 und Vor Art. 32 ff Brüssel I-VO Rn 11 f).

4 Im Unterschied zur EuBagatellVO (vgl Art. 1 Abs. 2 lit. b, f und g EuBagatellVO) erfasst die EuMahnVO auch Geldforderungen aus dem **Unterhaltsrecht** (zur Zuständigkeit s. Art. 6 Rn 4) sowie dem **Miet- und Pachtrecht**. **Arbeitsrechtliche Geldforderungen** können ebenfalls im Rahmen des Europäischen Mahnverfahrens geltend gemacht werden (vgl § 46 b ArbGG). Hinweise auf den Anwendungsbereich der EuMahnVO enthält die nicht abschließende Aufzählung der möglichen Anspruchsgrundlagen in Formblatt A, Abschnitt 6.

III. Bereichsausnahmen

5 1. Bereichsausnahmen entsprechend Art. 1 Brüssel Ia-VO (Abs. 1 S. 2 und Abs. 2 lit. a–c). Die in Abs. 1 S. 2 geregelten Ausnahmen für **Steuer- und Zollsachen**, verwaltungsrechtliche Angelegenheiten und **Staatshaftung** entsprechen Art. 1 Abs. 1 S. 2 Brüssel Ia-VO (s. Vor Art. 36 ff Brüssel Ia-VO Rn 6 und Art. 32 ff Brüssel I-VO Rn 12).

6 Die Ausnahme für **eheliche Güterstände und das Erbrecht** in Abs. 2 lit. a entspricht weitgehend Art. 1 Abs. 2 lit. a und f Brüssel Ia-VO auf (s. Vor Art. 36 ff Brüssel Ia-VO Rn 6 und Vor Art. 32 ff Brüssel I-VO Rn 13). Der in Art. 1 Abs. 2 lit. a Brüssel Ia-VO zusätzlich aufgeführte Personenstand, die Rechts- und Handlungsfähigkeit sowie die gesetzliche Vertretung von natürlichen Personen fallen unter die Bereichsausnahme in Abs. 2 lit. b (s. Rn 10). Die EuMahnVO gilt im Gegensatz zur Brüssel Ia-VO (vgl. Art. 1 Abs. 2 lit. e Brüssel Ia-VO) auch für unterhaltsrechtliche Geldforderungen (vgl. Rn 4).

7 Die Ausnahme für **insolvenzrechtliche Streitigkeiten** in Abs. 2 **lit. b** entspricht inhaltlich Art. 1 Abs. 2 lit. b Brüssel Ia-VO (s. Vor Art. 36 ff Brüssel Ia-VO Rn 6 und Vor Art. 32 ff Brüssel I-VO Rn 14 ff). Die Erweiterung auf Verfahren im Zusammenhang mit der Abwicklung zahlungsunfähiger Unternehmen oder anderer juristischer Personen hat klarstellende Bedeutung.

8 Für die Bereichsausnahme der **sozialen Sicherheit** in Abs. 2 **lit. c** kann ebenfalls auf die Kommentierung zu Art. 1 Abs. 2 lit. c der Brüssel Ia-VO verwiesen werden (s. Vor Art. 36 ff Brüssel Ia-VO Rn 6 und Vor Art. 32 ff Brüssel I-VO Rn 17).

9 Vom Anwendungsbereich ausgenommen sind auch alle Streitigkeiten im Anwendungsbereich von **Schiedsvereinbarungen**, obwohl die Schiedsgerichtsbarkeit im Gegensatz zu Art. 2 Abs. 2 lit. e EuBagatellVO und Art. 2 Abs. 2 lit. d Brüssel Ia-VO nicht ausdrücklich erwähnt ist. Immer dann, wenn die Forderung in den Anwendungsbereich einer Schiedsvereinbarung fällt, muss der Gläubiger den Weg

der Schiedsgerichtsbarkeit gehen. Die fakultative Geltung der EuMahnVO gilt in diesem Fall nicht.

2. Außervertragliche Schuldverhältnisse (Abs. 2 lit. d). Die EuMahnVO findet keine Anwendung auf **außervertragliche Ansprüche**, es sei denn, eine der beiden in lit. d i) und ii) genannten Alternativen ist einschlägig. Für die Definition der Ansprüche aus außervertraglichen Schuldverhältnissen kann auf **Art. 2 Rom II-VO**[1] zurückgegriffen werden.[2]

10

Unter Ansprüche auf Geldleistung (vgl Art. 4), die ihren **Ursprung in einer Parteivereinbarung** haben (lit. d i)), fallen insb. alle vertraglichen Ansprüche auf Geldleistung, also auch solche aus Nebenpflichten oder vorvertraglichen Leistungspflichten wie Aufklärungs-, Beratungs- oder Rücksichtnahmepflichten.

11

IV. Räumlicher Anwendungsbereich (Abs. 3)

Die EuMahnVO gilt mit **Ausnahme Dänemarks** in allen Mitgliedstaaten der EU einschließlich Irland und dem Vereinigten Königreich, die beide von ihrem Recht auf ein opt-in Gebrauch machten.[3] Sie findet daher keine Anwendung vor dänischen Gerichten, und der grenzüberschreitende Bezug kann nicht durch einen Wohnsitz oder gewöhnlichen Aufenthalt (vgl Art. 3 Abs. 1) in Dänemark begründet werden (zum Hoheitsgebiet Dänemarks vgl Art. 355 AEUV).[4]

12

Ein Europäischer Zahlungsbefehl ist in Dänemark auch nicht nach der EuMahnVO vollstreckbar. Der Gläubiger kann den in einem anderen Mitgliedstaat erlassenen Europäischen Zahlungsbefehl jedoch unter den Voraussetzungen der Brüssel Ia-VO (vgl Art. 36 ff Brüssel Ia-VO) in Dänemark vollstrecken (s. Vor Art. 36 ff Brüssel Ia-VO Rn 5 und Vor Art. 32 ff Brüssel I-VO Rn 10).

13

Artikel 3 Grenzüberschreitende Rechtssachen

(1) Eine grenzüberschreitende Rechtssache im Sinne dieser Verordnung liegt vor, wenn mindestens eine der Parteien ihren Wohnsitz oder gewöhnlichen Aufenthalt in einem anderen Mitgliedstaat als dem des befassten Gerichts hat.

(2) Der Wohnsitz wird nach den Artikeln 59 und 60 der Verordnung (EG) Nr. 44/2001 des Rates vom 22. Dezember 2000 über die gerichtliche Zuständigkeit und die Anerkennung und Vollstreckung von Entscheidungen in Zivil- und Handelssachen[1] bestimmt.

(3) Der maßgebliche Augenblick zur Feststellung, ob eine grenzüberschreitende Rechtssache vorliegt, ist der Zeitpunkt, zu dem der Antrag auf Erlass eines Europäischen Zahlungsbefehls nach dieser Verordnung eingereicht wird.

I. Regelungsgegenstand

Die Vorschrift definiert den Begriff der grenzüberschreitenden Rechtssache und konkretisiert den in Art. 2 Abs. 1 umschriebenen Anwendungsbereich der EuMahnVO.

1

---

1 Verordnung (EG) Nr. 864/2007 vom 11.7.2007 über das auf außervertragliche Schuldverhältnisse anzuwendende Recht.
2 Hk-ZPO/*Gierl*, § 1096 ZPO Anh Art. 2 Rn 5; Thomas/Putzo/*Hüßtege*, § 1096 Anh Art. 2 Rn 2; aA MüKo-ZPO/*Ulrici*, Art. 2 VO (EG) Nr. 1896/2006 Rn 11.
3 Vgl Erwägungsgründe 31 und 32.
4 Wieczorek/Schütze/*Schütze*, § 1087 ZPO Rn 5.
1 ABl. L 12 vom 16.1.2001, S. 1. Zuletzt geändert durch die Verordnung (EG) Nr. 2245/2004 der Kommission (ABl. L 381 vom 28.12.2004, S. 10).

2 Die Beschränkung des Anwendungsbereichs der EuMahnVO auf grenzüberschreitende Rechtssachen war zwischen Kommission und Rat umstritten. Sie ist wegen der begrenzten Kompetenzgrundlage des Art. 61 lit. c und Art. 65 EGV (jetzt: Art. 67 und 81 AEUV), die nur Maßnahmen auf dem Gebiet der justiziellen Zusammenarbeit in Zivilsachen mit grenzüberschreitendem Bezug zulässt, erforderlich (vgl dazu Art. 3 EuBagatellVO Rn 1).

II. Grenzüberschreitende Rechtssache

3 **1. Definition (Abs. 1 und 2).** Eine grenzüberschreitende Rechtssache liegt nur vor, wenn sie **Anknüpfungspunkte in zwei Mitgliedstaaten** aufweist. Dabei kommt es nur auf den Wohnsitz oder gewöhnlichen Aufenthalt der Parteien sowie auf die Belegenheit des zuständigen Gerichts (vgl Art. 6) an. Es ist ausreichend, dass eine der Parteien ihren Wohnsitz oder gewöhnlichen Aufenthalt in einem Mitgliedstaat hat, in dem nicht das zuständige Gericht belegen ist. Die Bestimmung des Wohnsitzes erfolgt gem. Art. 62 und 63 Brüssel Ia-VO (s. Art. 80 S. 2 Brüssel Ia-VO).

4 Keine Rolle spielt, ob sich **Vermögen des Schuldners** im Ausland befindet und daher potenziell eine Auslandsvollstreckung des Europäischen Zahlungsbefehls bevorsteht.

5 Der grenzüberschreitende Bezug kann nicht durch einen Wohnsitz oder gewöhnlichen Aufenthalt in Dänemark begründet werden (vgl Art. 2 Rn 12).

6 **2. Zeitpunkt der Feststellung (Abs. 3).** Der grenzüberschreitende Charakter der Rechtssache muss zum **Zeitpunkt der Antragstellung** des Europäischen Zahlungsbefehls (vgl Art. 7) bei dem zuständigen Gericht (vgl Art. 6) vorliegen. Fällt einer der Anknüpfungspunkte zu einem späteren Zeitpunkt weg, bleibt die EuMahnVO weiterhin anwendbar. Das Fehlen des grenzüberschreitenden Charakters kann jedoch nicht durch nachträgliche Verlegung des Wohnsitzes oder gewöhnlichen Aufenthalts geheilt werden.[2]

Artikel 4 Europäisches Mahnverfahren

Das Europäische Mahnverfahren gilt für die Beitreibung bezifferter Geldforderungen, die zum Zeitpunkt der Einreichung des Antrags auf Erlass eines Europäischen Zahlungsbefehls fällig sind.

I. Regelungsgegenstand

1 Die Vorschrift begrenzt den in Art. 2 beschriebenen Anwendungsbereich der EuMahnVO auf bezifferte und fällige Geldforderungen. Herausgabeansprüche können daher nicht im Wege des Europäischen Mahnverfahrens geltend gemacht werden.[1]

II. Bezifferte Geldforderung

2 Eine Geldforderung ist beziffert, wenn sie **auf Zahlung** eines in der Höhe bestimmten Geldbetrages **gerichtet** ist. Eine Wertgrenze besteht im Gegensatz zur EuBagatellVO (s. Art. 2 Abs. 1 EuBagatellVO: 2.000 €) nicht. Die Forderung

---

2 Hk-ZPO/*Gierl*, § 1096 ZPO Anh Art. 3 Rn 4; MüKo-ZPO/*Ulrici*, Art. 3 VO (EG) Nr. 1896/2006 Rn 4.
1 Kropholler/*v. Hein*, Art. 4 EuMVVO Rn 1.

kann grds. in jeder Währung angegeben werden (vgl Formblatt A, Abschnitt 5.2). Dies gilt auch für Europäische Mahnverfahren in Deutschland.[2]

Der **Zinsanspruch** kann unter Angabe des Zinssatzes und des Zeitraumes geltend gemacht werden (vgl Art. 7 Abs. 2 lit. b und c sowie Formblatt A, Abschnitt 7).[3] Der Antragsteller muss daher keinen festen Zinsbetrag angeben,[4] sondern kann die Berechnung dem Mahngericht überlassen (vgl. Formblatt E). 3

III. Fällige Geldforderung

Die EuMahnVO findet nur Anwendung auf fällige Geldforderungen. Der Eintritt der Fälligkeit beurteilt sich nach dem auf die Forderung anwendbaren materiellen Recht.[5] Die Fälligkeit der Forderung muss **zum Zeitpunkt der Antragstellung** auf Erlass eines Europäischen Zahlungsbefehls (vgl Art. 7) bei dem zuständigen Gericht (vgl Art. 6) vorliegen. 4

Artikel 5 Begriffsbestimmungen

Im Sinne dieser Verordnung bezeichnet der Ausdruck

1. „Ursprungsmitgliedstaat" den Mitgliedstaat, in dem ein Europäischer Zahlungsbefehl erlassen wird,
2. „Vollstreckungsmitgliedstaat" den Mitgliedstaat, in dem die Vollstreckung eines Europäischen Zahlungsbefehls betrieben wird,
3. „Gericht" alle Behörden der Mitgliedstaaten, die für einen Europäischen Zahlungsbefehl oder jede andere damit zusammenhängende Angelegenheit zuständig sind,
4. „Ursprungsgericht" das Gericht, das einen Europäischen Zahlungsbefehl erlässt.

Artikel 6 Zuständigkeit

(1) Für die Zwecke der Anwendung dieser Verordnung wird die Zuständigkeit nach den hierfür geltenden Vorschriften des Gemeinschaftsrechts bestimmt, insbesondere der Verordnung (EG) Nr. 44/2001.

(2) Betrifft die Forderung jedoch einen Vertrag, den eine Person, der Verbraucher, zu einem Zweck geschlossen hat, der nicht der beruflichen oder gewerblichen Tätigkeit dieser Person zugerechnet werden kann, und ist der Verbraucher Antragsgegner, so sind nur die Gerichte des Mitgliedstaats zuständig, in welchem der Antragsgegner seinen Wohnsitz im Sinne des Artikels 59 der Verordnung (EG) Nr. 44/2001 hat.

---

2 AA – mit Verweis auf § 688 Abs. 1 ZPO – Wieczorek/Schütze/*Schütze*, § 1087 ZPO Rn 7.
3 Hk-ZPO/*Gierl*, § 1096 ZPO Anh Art. 4 Rn 3.
4 EuGH EuZW 2013, 147 m. Anm. *Sujecki*, EuZW 2013, 150 und *Kreuzer*, Rpfleger 2013, 547.
5 Thomas/Putzo/*Hüßtege*, Art. 4 EuMVVO Rn 2; MüKo-ZPO/*Ulrici*, Art. 4 VO (EG) Nr. 1896/2006 Rn 5; Rauscher/*Gruber*, EuZPR/EuIPR, EG-MahnVO Art. 4 Rn 5; aA Zöller/*Geimer*, EuMahnverfVO Art. 1 Rn 8.

I. Regelungsgegenstand

1 Die Vorschrift regelt die **internationale Zuständigkeit** für den Erlass des Europäischen Zahlungsbefehls. Sie verweist dazu auf die Brüssel Ia-VO (Abs. 1 iVm Art. 80 S. 2 Brüssel Ia-VO) und schützt Verbraucher im Passivverfahren vor einem ausländischen Gerichtsstand (Abs. 2).

2 Die **sachliche und örtliche Zuständigkeit** richtet sich nach nationalem Recht (vgl Art. 29 Abs. 1 lit. a). In Deutschland ist außer in Arbeitsgerichtssachen (vgl § 46 b ArbGG) das **AG Wedding** als zentrales Mahngericht ausschließlich zuständig (§ **1087 ZPO**). Funktionell zuständig ist in Deutschland der Rechtspfleger (§ 20 Abs. 1 Nr. 7 RPflG).

II. Internationale Zuständigkeit nach der Brüssel Ia-VO (Abs. 1)

3 Die internationale Zuständigkeit für den Erlass des Europäischen Zahlungsbefehls richtet sich vorbehaltlich der Regelung in Abs. 2 nach den Vorschriften der **Brüssel Ia-VO**. Die Art. 17–19 Brüssel Ia-VO finden daher nur subsidiär Anwendung, wenn die Voraussetzungen der ausschließlichen Zuständigkeit nach Abs. 2 nicht vorliegen. Zwischen mehreren zuständigen Gerichtsständen hat der Antragsteller die Wahl.[1]

4 Obwohl nicht ausdrücklich erwähnt, finden auch die Zuständigkeitsregeln der **EuUntVO** direkte Anwendung, sofern Ansprüche aus dem Unterhaltsrecht im Wege des Europäischen Zahlungsbefehls geltend gemacht werden (vgl Art. 2 Rn 4).

III. Internationale Zuständigkeit in Verbrauchersachen (Abs. 2)

5 Im **Passivverfahren gegen einen Verbraucher** ist ausschließlich das Gericht des Mitgliedstaates für den Erlass des Europäischen Zahlungsbefehls zuständig (vgl Art. 29 Abs. 1), in dem der Verbraucher seinen **Wohnsitz** hat. Der Verbraucherbegriff entspricht dem des Art. 17 Brüssel Ia-VO;[2] das Gericht prüft die Verbrauchereigenschaft jedoch nur im Sinne einer Plausibilitätskontrolle (vgl Art. 8 Rn 4). Die Bestimmung des Wohnsitzes richtet sich nach Art. 62 Brüssel Ia-VO (s. Art. 80 S. 2 Brüssel Ia-VO). Der **gewöhnliche Aufenthalt** des Verbrauchers begründet keine Zuständigkeit nach Abs. 2.

6 Eine abweisende Zuständigkeitsvereinbarung ist selbst dann unbeachtlich, wenn sie die in Art. 19 Brüssel Ia-VO geregelten Voraussetzungen erfüllt.

7 Im **Aktivverfahren eines Verbrauchers** gegen einen anderen Verbraucher oder einen Unternehmer richtet sich die Zuständigkeit für den Erlass eines Europäischen Zahlungsbefehls nach Art. 17–19 Brüssel Ia-VO. Der Europäische Zahlungsbefehl eines Verbrauchers kann entweder vor den Gerichten des Mitgliedstaates erhoben werden, in dessen Hoheitsgebiet dieser Vertragspartner seinen Wohnsitz hat, oder vor dem Gericht des Ortes, an dem der Verbraucher seinen Wohnsitz hat (vgl Art. 18 Abs. 1 Brüssel Ia-VO).

Artikel 7 Antrag auf Erlass eines Europäischen Zahlungsbefehls

(1) Der Antrag auf Erlass eines Europäischen Zahlungsbefehls ist unter Verwendung des Formblatts A gemäß Anhang I zu stellen.

---

[1] Hk-ZPO/*Gierl*, § 1096 ZPO Anh Art. 6 Rn 2; MüKo-ZPO/*Ulrici*, Art. 6 VO (EG) Nr. 1896/2006 Rn 8.
[2] Hk-ZPO/*Gierl*, § 1096 ZPO Anh Art. 6 Rn 3.

(2) Der Antrag muss Folgendes beinhalten:
a) die Namen und Anschriften der Verfahrensbeteiligten und gegebenenfalls ihrer Vertreter sowie des Gerichts, bei dem der Antrag eingereicht wird;
b) die Höhe der Forderung einschließlich der Hauptforderung und gegebenenfalls der Zinsen, Vertragsstrafen und Kosten;
c) bei Geltendmachung von Zinsen der Zinssatz und der Zeitraum, für den Zinsen verlangt werden, es sei denn, gesetzliche Zinsen werden nach dem Recht des Ursprungsmitgliedstaats automatisch zur Hauptforderung hinzugerechnet;
d) den Streitgegenstand einschließlich einer Beschreibung des Sachverhalts, der der Hauptforderung und gegebenenfalls der Zinsforderung zugrunde liegt;
e) eine Bezeichnung der Beweise, die zur Begründung der Forderung herangezogen werden;
f) die Gründe für die Zuständigkeit,
und
g) den grenzüberschreitenden Charakter der Rechtssache im Sinne von Artikel 3.

(3) In dem Antrag hat der Antragsteller zu erklären, dass er die Angaben nach bestem Wissen und Gewissen gemacht hat, und anzuerkennen, dass jede vorsätzliche falsche Auskunft angemessene Sanktionen nach dem Recht des Ursprungsmitgliedstaats nach sich ziehen kann.

(4) Der Antragsteller kann in einer Anlage zu dem Antrag dem Gericht gegenüber erklären, dass er die Überleitung in ein ordentliches Verfahren im Sinne des Artikels 17 für den Fall ablehnt, dass der Antragsgegner Einspruch einlegt. Dies hindert den Antragsteller nicht daran, das Gericht zu einem späteren Zeitpunkt, in jedem Fall aber vor Erlass des Zahlungsbefehls, hierüber zu informieren.

(5) Die Einreichung des Antrags erfolgt in Papierform oder durch andere – auch elektronische – Kommunikationsmittel, die im Ursprungsmitgliedstaat zulässig sind und dem Ursprungsgericht zur Verfügung stehen.

(6) Der Antrag ist vom Antragsteller oder gegebenenfalls von seinem Vertreter zu unterzeichnen. Wird der Antrag gemäß Absatz 5 auf elektronischem Weg eingereicht, so ist er nach Artikel 2 Nummer 2 der Richtlinie 1999/93/EG des Europäischen Parlaments und des Rates vom 13. Dezember 1999 über gemeinschaftliche Rahmenbedingungen für elektronische Signaturen[1] zu unterzeichnen. Diese Signatur wird im Ursprungsmitgliedstaat anerkannt, ohne dass weitere Bedingungen festgelegt werden können.

Eine solche elektronische Signatur ist jedoch nicht erforderlich, wenn und insoweit es bei den Gerichten des Ursprungsmitgliedstaats ein alternatives elektronisches Kommunikationssystem gibt, das einer bestimmten Gruppe von vorab registrierten und authentifizierten Nutzern zur Verfügung steht und die sichere Identifizierung dieser Nutzer ermöglicht. Die Mitgliedstaaten unterrichten die Kommission über derartige Kommunikationssysteme.

I. Regelungsgegenstand	1	2. Namen und Anschriften (lit. a)	6
II. Verwendung des Formblatts A (Abs. 1)	3	3. Höhe der Forderung (lit. b)	8
III. Pflichtangaben (Abs. 2)	5	4. Zinsen (lit. c)	9
1. Allgemeines	5	5. Streitgegenstand (lit. d)	10

---

[1] ABl. L 13 vom 19.1.2000, S. 12.

6.	Beweismittel (lit. e)	12	
7.	Gründe für die gerichtliche Zuständigkeit (lit. f)	14	
8.	Grenzüberschreitender Charakter (lit. g)	15	
IV.	Erklärung nach bestem Wissen und Gewissen (Abs. 3)	16	
V.	Ablehnung der Überleitung in ein ordentliches Verfahren (Abs. 4)	17	
VI.	Form (Abs. 5)	19	
VII.	Unterzeichnung (Abs. 6)	20	

I. Regelungsgegenstand

1 Die Vorschrift regelt die Voraussetzungen eines Antrags auf Erlass eines Europäischen Zahlungsbefehls. Sie dient der Vereinheitlichung und Vereinfachung der Verfahrensabwicklung und unterscheidet zwischen zwingenden (Abs. 1, 2, 3, 5 und 6) und fakultativen (Abs. 4) Angaben bzw Voraussetzungen.

2 Durch die einheitliche Gestaltung der Anträge und Verwendung der **Formblätter** (Abs. 1 iVm Anhang I–VII) soll eine automatisierte Verarbeitung der Daten ermöglicht werden (vgl § 1088 ZPO).[2] Die Verpflichtung zur Angabe bestimmter **Mindestinformationen** (Abs. 2) soll gewährleisten, dass dem Antrag auf Erlass eines Europäischen Zahlungsbefehls die geltend gemachte Forderung und ihre Begründung klar zu entnehmen sind und der Antragsgegner anhand fundierter Informationen entscheiden kann, ob er Einspruch einlegen oder die Forderung nicht bestreiten will.[3]

II. Verwendung des Formblatts A (Abs. 1)

3 Für den Antrag auf Erlass eines Europäischen Zahlungsbefehls ist das in Anhang I abgedruckte **Formblatt A zwingend zu verwenden**. Das Formblatt wird von den zuständigen Gerichten der Mitgliedstaaten bereitgestellt[4] und kann auch online über den Europäischen Gerichtsatlas abgerufen und ausgefüllt werden.[5] Es enthält auf der letzten Seite eine Anleitung zum Ausfüllen des Formblatts.

4 Verwendet der Antragsteller nicht das Formblatt A, so ist der Antrag nicht etwa von vornherein unzulässig, sondern es gilt Art. 9. Das Gericht räumt dem Antragsteller die Möglichkeit ein, den Antrag zu vervollständigen (s. Formblatt B). Gleiches gilt, wenn das Formblatt A nicht mit individuellen Angaben **in der oder einer der Gerichtssprachen** (vgl § 184 GVG) versehen wird (vgl Art. 9 Rn 2); das Formblatt A selbst muss wegen der einheitlichen Gestaltung nicht zwingend in der Fassung der Gerichtssprache verwendet werden.[6]

III. Pflichtangaben (Abs. 2)

5 **1. Allgemeines.** Abs. 2 regelt die Pflichtangaben eines Antrags auf Erlass eines Europäischen Zahlungsbefehls. Liegt eine der Voraussetzungen nicht vor, gilt Art. 9. Das Formblatt bietet zwar an mehreren Stellen die Gelegenheit, zusätzliche erläuternde Angaben zu machen (s. insb. Nr. 11), dies ist jedoch nicht zwingend erforderlich. Fakultativ ist u.a. die Angabe einer Bankverbindung in Abschnitt 5 des Formblatts A iVm dessen Anlage 1, die dem Antragsgegner nicht zugestellt wird (vgl Art. 12 Abs. 2 S. 2).

---

2 Vgl Erwägungsgrund 11.
3 Vgl Erwägungsgrund 13.
4 Vom AG Wedding auch online unter http://www.berlin.de/sen/justiz/gerichte/ag/wedd/eumav/wichtigehinweise.de.html.
5 S. http://ec.europa.eu/justice_home/judicialatlascivil/html/index_de.htm; s. zum Ausfüllen der Formulare *Einhaus*, EuZW 2011, 865, 867.
6 Ebenso Hk-ZPO/*Gierl*, § 1096 ZPO Anh Art. 7 Rn 2; Thomas/Putzo/*Hüßtege*, Art. 7 EuMVVO Rn 3; strenger MüKo-ZPO/*Ulrici*, Art. 7 VO (EG) Nr. 1896/2006 Rn 4; Zöller/*Geimer*, EuMahnverfVO Art. 7 Rn 1.

2. Namen und Anschriften (lit. a). In Abschnitt 1 des Formblatts A sind der Name und die Anschrift des **zuständigen Gerichts** und in Abschnitt 2 Name und Anschrift der **Verfahrensbeteiligten** bzw eines rechtsgeschäftlichen und/oder gesetzlichen Vertreters anzugeben. Da im Europäischen Mahnverfahren grds. kein Anwaltszwang herrscht (Art. 24), genügt regelmäßig die Angabe der Verfahrensbeteiligten und gesetzlichen Vertreter. Die Angabe des voraussichtlich verfahrensbevollmächtigten Rechtsanwalts der Gegenseite ist weder zwingend noch zu empfehlen, da dieser bei Antragstellung häufig noch nicht feststeht und daher eine wirksame Zustellung mit Zustellung an den Verfahrensbeteiligten selbst erfolgt.

Die Angabe von **Identifikationsnummer** (siehe Anleitung zum Ausfüllen des Formblatts A), **E-Mail-Adresse, Fax- oder Telefonnummer**, Beruf und sonstigen Informationen ist **nicht zwingend**. Sie kann aber hilfreich sein, um den Zustellungsorganen bei Unzustellbarkeit an der angegebenen Adresse Anhaltspunkte für die Identifikation des Empfängers und ggf für Ermittlung eines alternativen Zustellungsortes zu geben.

3. Höhe der Forderung (lit. b). Die Höhe der mit dem Mahnantrag geltend gemachten **Hauptforderung** ist in Abschnitt 6 des Formblatts A anzugeben. Zinsen sind in Abschnitt 6 nur dann anzugeben, wenn sie als Hauptforderung geltend gemacht werden (s. Rn 9). Kosten der Antragstellung bzw Rechtsverfolgung und Vertragsstrafen können in den Abschnitten 8 und 9 des Formblatts A angegeben werden.

4. Zinsen (lit. c). Die **auf die Hauptforderung zu zahlenden Zinsen** (einschließlich Zinssatz und Zeitraum, für den Zinsen verlangt werden) sind in Formblatt A, Abschnitt 7, anzugeben. Werden gesetzliche Zinsen nach dem Recht des Ursprungsmitgliedstaates automatisch zur Hauptforderung hinzugerechnet, sind sie zu der in Abschnitt 6 angegebenen Hauptforderung zu addieren (s. Rn 8).

5. Streitgegenstand (lit. d). In Abschnitt 6 des Formblatts A ist der Streitgegenstand des Europäischen Mahnverfahrens einschließlich einer **Beschreibung des Sachverhalts**, der der Hauptforderung und ggf der Zinsforderung zugrunde liegt, anzugeben. Durch Kombination von Codes für die (i) Anspruchsgrundlage, (ii) Umstände, mit denen die Forderung begründet wird, und (iii) sonstige Angaben wie Ort, Zeitpunkt oder Zweck der Leistungsverpflichtung kann der Streitgegenstand relativ einfach konkretisiert werden. Das Formblatt ermöglicht ferner die Angabe einer Forderungsabtretung.

Sollte die geltend gemachte Forderung nicht in die im Formblatt angegebenen Kategorien fallen, so sollte im Abschnitt 6 die Auswahl „sonstige Forderungen" (Nr. 25) und/oder „sonstige Probleme" (Nr. 36) bzw „sonstige Angaben" (Nr. 48) gewählt und der Streitgegenstand ggf in einer Anlage näher beschrieben werden.

6. Beweismittel (lit. e). In Abschnitt 10 des Formblatts A sind die vorhandenen Beweismittel einzutragen. Das Antragsformular A enthält eine Liste der Arten von Beweisen, die üblicherweise zur Geltendmachung von Geldforderungen angeboten werden. Die **Liste ist nicht abschließend**[7] und hindert den Antragsteller auch nicht, nach Überleitung in das streitige Verfahren (vgl Art. 16 Abs. 2) weitere Beweismittel anzubieten.

---

7 Vgl Erwägungsgrund 14.

13 Die Beweismittel sind nur zu **benennen**,[8] jedoch nicht mitzuschicken.[9] Im Rahmen des Europäischen Mahnverfahrens findet keine Beweisaufnahme statt.[10]

14 **7. Gründe für die gerichtliche Zuständigkeit (lit. f).** Die Gründe für die Zuständigkeit des angerufenen Gerichts (Art. 6) sind in Abschnitt 3 des Formblatts A anzugeben. Liegt eine Verbrauchersache vor und ist daher ausschließlich das Gericht des Mitgliedstaates zuständig, in dem der Verbraucher seinen Wohnsitz hat (Art. 6 Abs. 2), so ist dies in Abschnitt 6 näher zu erläutern.

15 **8. Grenzüberschreitender Charakter (lit. g).** Der grenzüberschreitende Charakter der Rechtssache (Art. 3) ist in Abschnitt 4 des Formblatts A zu erläutern. Er liegt vor, wenn der Sitz des zuständigen Gerichts in einem anderen Mitgliedstaat als dem Mitgliedstaat liegt, in dem eine der Parteien ihren Wohnsitz hat (vgl Art. 3 Rn ff).

IV. Erklärung nach bestem Wissen und Gewissen (Abs. 3)

16 Auch im Europäischen Zivilverfahrensrecht gilt der Grundsatz der prozessualen **Wahrheitspflicht** (vgl § 138 Abs. 1 ZPO). Mit seiner Unterschrift unter den Antrag auf Erlass eines Europäischen Zahlungsbefehls erklärt der Antragsteller, dass er die Angaben nach bestem Wissen und Gewissen gemacht hat und ihm bekannt ist, dass falsche Angaben zu Sanktionen im Ursprungsmitgliedstaat führen können. Macht der Antragsteller **falsche Angaben**, liegt ggf Prozessbetrug vor und dem Antragsgegner steht auch nach Ablauf der Einspruchsfrist der außerordentliche Rechtsbehelf gem. Art. 20 Abs. 2 zur Verfügung.[11]

V. Ablehnung der Überleitung in ein ordentliches Verfahren (Abs. 4)

17 Bei fristgerechtem Einspruch des Antragsgegners (Art. 16 Abs. 2) findet eine **Überleitung in das streitige Verfahren von Amts wegen** statt. Eines Antrags auf Durchführung des streitigen Verfahrens entsprechend § 696 Abs. 1 ZPO bedarf es nicht.[12] Der Antragsteller kann der **Überleitung** jedoch mit Hilfe der Anlage 2 zu Formblatt A **widersprechen** (vgl Art. 17 Abs. 1), um das Verfahren frühzeitig zu beenden, bevor zusätzliche Kosten für das streitige Verfahren angefallen sind.[13]

18 Die Anlage 2 zu dem Antrag auf Erlass eines Europäischen Zahlungsbefehls kann zusammen mit dem Antragsformular A oder zu einem späteren Zeitpunkt unter Angabe des entsprechenden Aktenzeichens bei Gericht eingereicht werden. Sie wird dem Antragsgegner nicht zugestellt (vgl Art. 12 Abs. 2 S. 2).

VI. Form (Abs. 5)

19 Der Antrag muss **ausgedruckt, unterschrieben und in Papierform** (auch per Fax) eingereicht werden, sofern nicht elektronische Kommunikationsmittel im Ursprungsstaat zulässig sind und zur Verfügung stehen (vgl § 1088 ZPO). Die Verfügbarkeit elektronischer Kommunikationsmittel ist von den Mitgliedstaaten der Kommission anzuzeigen, wird im Amtsblatt veröffentlicht (Art. 29 Abs. 1 lit. c

---

8 Ebenso Hk-ZPO/*Gierl*, § 1096 ZPO Anh Art. 7 Rn 3; MüKo-ZPO/*Ulrici*, Art. 7 VO (EG) Nr. 1896/2006 Rn 16; Musielak/*Voit*, Vor §§ 1087 ff Rn 11; aA Rauscher/*Gruber*, EuZPR/EuIPR (2014), EG-MahnVO Art. 7 Rn 13: Benennung nicht erforderlich.
9 AA Thomas/Putzo/*Hüßtege*, Art. 7 EuMVVO Rn 3.
10 Thomas/Putzo/*Hüßtege*, Art. 7 EuMVVO Rn 3.
11 Hk-ZPO/*Gierl*, § 1096 ZPO Anh Art. 7 Rn 4; MüKo-ZPO/*Ulrici*, Art. 7 VO (EG) Nr. 1896/2006 Rn 19; *Vollkommer/Huber*, NJW 2009, 1105, 1106.
12 Wieczorek/Schütze/*Schütze*, § 1090 ZPO Rn 1.
13 Hk-ZPO/*Gierl*, § 1096 ZPO Anh Art. 7 Rn 6; Kropholler/*v. Hein*, Art. 7 EuMVVO Rn 28.

und Abs. 2) und kann beim Europäischen Gerichtsatlas online abgerufen werden.[14]

VII. Unterzeichnung (Abs. 6)

Das Antragsformular ist vom Antragsteller, dessen bevollmächtigten oder gesetzlichen Vertreter (Abs. 2 lit. a) eigenhändig zu unterzeichnen. 20

Eröffnet der Ursprungsmitgliedstaat die Möglichkeit, den Antrag mittels elektronischer Kommunikationsmittel einzureichen (Abs. 5), so ist er mit einer **elektronischen Signatur** zu versehen, es sei denn, der Ursprungsmitgliedstaat sieht alternative Identifikationsmittel vor. Auch über diese Möglichkeit informiert der Europäische Gerichtsatlas online.[15] 21

Artikel 8 Prüfung des Antrags

Das mit einem Antrag auf Erlass eines Europäischen Zahlungsbefehls befasste Gericht prüft so bald wie möglich anhand des Antragsformulars, ob die in den Artikeln 2, 3, 4, 6 und 7 genannten Voraussetzungen erfüllt sind und ob die Forderung begründet erscheint. Diese Prüfung kann im Rahmen eines automatisierten Verfahrens erfolgen.

I. Regelungsgegenstand

Die Vorschrift regelt den gerichtlichen **Prüfungsumfang** und das **Prüfungsverfahren** für den Erlass des Europäischen Zahlungsbefehls. Liegen die in Art. 8 genannten Voraussetzungen vor, erlässt das Gericht den Europäischen Zahlungsbefehl (Art. 12). Liegt eine der Voraussetzungen nicht (vollumfänglich) vor, kann der Antrag vom Antragsteller unter bestimmten Voraussetzungen vervollständigt oder berichtigt (Art. 9) oder geändert (Art. 10) werden, um eine Zurückweisung (Art. 11) zu verhindern. 1

II. Prüfungsumfang (S. 1)

Das Gericht prüft anhand des Antragsformulars die in Art. 2, 3, 4, 6 und 7 genannten Zulässigkeitsvoraussetzungen und ob die Forderung begründet erscheint. 2

1. Zulässigkeit. Das Gericht prüft zunächst anhand der Angaben des Antragstellers im Formblatt A die in den **Art. 2, 3, 4, 6 und 7 genannten formellen Voraussetzungen** für den Erlass des Europäischen Zahlungsbefehls. Liegt eine der formellen Voraussetzungen nicht vor, gibt das Gericht dem Antragsteller die Möglichkeit, den Antrag zu vervollständigen bzw zu berichtigen (Art. 9) und weist den Antrag erst zurück, wenn auch nach dieser Aufforderung die Voraussetzungen weiterhin nicht erfüllt sind (Art. 11 Abs. 1 lit. a, c und d). Liegen die Voraussetzungen für einen Teil der geltend gemachten Forderung(en) vor, schlägt das Gericht dem Antragsteller die Änderung des Antrags vor (Art. 10). 3

2. Begründetheit. Neben den formellen Voraussetzungen für den Erlass des Europäischen Zahlungsbefehls prüft das Gericht nur, ob das Formblatt A vollständig ausgefüllt ist und keine Angaben enthält, die *offensichtlich* (s. Art. 11 Abs. 1 lit. b) die Begründetheit entfallen lassen. Zwar wird teilweise mit Verweis auf Erwägungsgrund 16 eine inhaltliche Schlüssigkeitsprüfung befürwortet,[1] für 4

---

14 S. http://ec.europa.eu/justice_home/judicialatlascivil/html/index_de.htm.
15 S. http://ec.europa.eu/justice_home/judicialatlascivil/html/index_de.htm.
1 MüKo-ZPO/*Ulrici*, Art. 8 VO (EG) Nr. 1896/2006 Rn 9 und 12 ff mwN.

eine reine **Plausibilitätsprüfung** spricht jedoch, dass die Prüfung im Rahmen eines automatisierten Verfahrens erfolgen kann und nicht durch einen Richter durchgeführt werden muss (s. S. 2 und Erwägungsgrund 11).[2] Eine echte Schlüssigkeitsprüfung kann im Rahmen eines solchen Verfahrens nicht erfolgen.

5 Macht der Antragsteller **falsche Angaben**, steht dem Antragsgegner auch nach Ablauf der Einspruchsfrist der Rechtsbehelf gem. Art. 20 Abs. 2 zur Seite (vgl Erwägungsgrund 25).

III. Prüfungsverfahren (S. 2)

6 Die Prüfung kann auch im Rahmen eines automatisierten Verfahrens erfolgen. Die EuMahnVO überlässt die Regelung der **funktionellen Zuständigkeit** dem nationalen Gesetzgeber. Insbesondere muss die Prüfung nicht von einem Richter durchgeführt werden.[3] In Deutschland ist der **Rechtspfleger** funktionell zuständig (§ 20 Abs. 1 Nr. 7 RPflG).

Artikel 9 Vervollständigung und Berichtigung des Antrags

(1) Das Gericht räumt dem Antragsteller die Möglichkeit ein, den Antrag zu vervollständigen oder zu berichtigen, wenn die in Artikel 7 genannten Voraussetzungen nicht erfüllt sind und die Forderung nicht offensichtlich unbegründet oder der Antrag unzulässig ist. Das Gericht verwendet dazu das Formblatt B gemäß Anhang II.

(2) Fordert das Gericht den Antragsteller auf, den Antrag zu vervollständigen oder zu berichtigen, so legt es dafür eine Frist fest, die ihm den Umständen nach angemessen erscheint. Das Gericht kann diese Frist nach eigenem Ermessen verlängern.

I. Regelungsgegenstand und -zweck

1 Die Vorschrift bestimmt die **Rechtsfolgen eines unvollständig oder unzutreffend ausgefüllten Antrags** auf Erlass eines Europäischen Zahlungsbefehls. Vor der Zurückweisung (Art. 11) gewährt das Gericht dem Antragsteller **rechtliches Gehör** und fordert ihn auf, den Antrag zu vervollständigen bzw berichtigen. Kommt der Antragsteller der Aufforderung nach, erlässt das Gericht den Europäischen Zahlungsbefehl (vgl Art. 12). Lässt er die Möglichkeit ungenutzt verstreichen, ist der Antrag zurückzuweisen. Der Antragsteller kann dann ggf einen neuen Antrag stellen. Neben dem Anspruch auf rechtliches Gehör dient die Vorschrift daher der **Prozessökonomie**.

II. Vervollständigung oder Berichtigung des Antrags (Abs. 1)

2 **1. Voraussetzungen (S. 1).** Eine Vervollständigung bzw Berichtigung des Antrags kommt nur in Betracht, wenn der Antragsteller das **Formblatt A nicht verwendet** hat (s. Art. 7 Rn 3 f), eine der in Art. 7 genannten Mindestangaben fehlt oder das Antragsformblatt **offensichtlich fehlerhaft** ausgefüllt worden ist. Der Antrag ist außerdem zu berichtigen, wenn das Formblatt A nicht in der Amtssprache oder in einer der Amtssprachen des Ursprungsmitgliedstaates ausgefüllt ist (vgl Formblatt B, Anhang II). Es muss wegen der einheitlichen Gestaltung der Formblätter

---

2 Hk-ZPO/*Gierl*, § 1096 ZPO Anh Art. 8 Rn 3; Kropholler/*v. Hein*, Art. 8 EuMVVO Rn 11; Thomas/Putzo/*Hüßtege*, Art. 8 EuMVVO Rn 2; *Sujecki*, EuZW 2005, 45; *Röthel/Sparmann*, WM 2007, 1101.
3 Vgl Erwägungsgrund 16.

jedoch nicht zwingend in der Fassung der Gerichtssprache verwendet werden (s. Art. 7 Rn 4).[1]

Eine Vervollständigung oder Berichtigung ist **nicht** möglich, wenn der Antrag bereits unzulässig oder offensichtlich unbegründet ist. Der Antrag ist dann unverzüglich und ohne Anhörung des Antragstellers[2] zurückzuweisen (vgl Art. 11 Abs. 1 lit. a und b). Die Zurückweisung ohne Gelegenheit zur Vervollständigung oder Berichtigung kommt jedoch nur in Betracht, wenn die Unzulässigkeit oder offensichtliche Unbegründetheit zweifelsfrei feststeht. 3

2. Form und Frist (S. 2). Das Gericht fordert den Antragsteller mit Hilfe des in Anhang II abgedruckten **Formblatts B** zur Vervollständigung oder Berichtigung auf. Die Zustellung des Formblatts B erfolgt grds. nach dem nationalen Recht des Zustellungsmitgliedstaates. Im Falle einer Auslandszustellung gelten die Regelungen der EuZVO[3] bzw des HZÜ.[4] Die in den Art. 13–15 geregelten Mindeststandards finden keine Anwendung. 4

Das Gericht sollte dem Antragsteller möglichst deutlich durch Erläuterungen auf dem Formblatt B zu erkennen geben, inwieweit es eine Vervollständigung oder Berichtigung des Antrags für erforderlich hält. 5

Für die Vervollständigung oder Berichtigung des Antrags setzt das Gericht dem Antragsteller eine **angemessene Frist**, die einseitig vom Gericht verlängert werden kann.[5] Das Formblatt B sieht keinen Fristbeginn ab Zustellung vor, sondern verlangt von dem Gericht die Angabe eines **konkreten Datums**. Die Länge der Frist hängt von den Postlaufzeiten im Einzelfall ab. In der Regel ist eine Frist von **zwei bis vier Wochen ab Versendung** des Formblatts B durch das Gericht angemessen und berücksichtigt ausreichend den Zweck eines beschleunigten Verfahrens (vgl Art. 1 Abs. 1 lit. a). 6

Lässt der Antragsteller die Frist ungenutzt verstreichen, weist das Gericht den Antrag auf Erlass des Europäischen Zahlungsbefehls zurück (vgl Art. 11 Abs. 1 S. 1 lit. c). 7

Artikel 10 Änderung des Antrags

(1) Sind die in Artikel 8 genannten Voraussetzungen nur für einen Teil der Forderung erfüllt, so unterrichtet das Gericht den Antragsteller hiervon unter Verwendung des Formblatts C gemäß Anhang III. Der Antragsteller wird aufgefordert, den Europäischen Zahlungsbefehl über den von dem Gericht angegebenen Betrag anzunehmen oder abzulehnen; er wird zugleich über die Folgen seiner Entscheidung belehrt. Die Antwort des Antragstellers erfolgt durch Rücksendung des von dem Gericht übermittelten Formblatts C innerhalb der von dem Gericht gemäß Artikel 9 Absatz 2 festgelegten Frist.

(2) Nimmt der Antragsteller den Vorschlag des Gerichts an, so erlässt das Gericht gemäß Artikel 12 einen Europäischen Zahlungsbefehl für den Teil der Forderung, dem der Antrageseller zugestimmt hat. Die Folgen hinsichtlich des verbleibenden Teils der ursprünglichen Forderung unterliegen nationalem Recht.

---

1 Hk-ZPO/*Gierl*, § 1096 ZPO Anh Art. 7 Rn 2; Thomas/Putzo/*Hüßtege*, Art. 7 EuMVVO Rn 3; strenger MüKo-ZPO/*Ulrici*, Art. 7 VO (EG) Nr. 1896/2006 Rn 4; Zöller/*Geimer*, EuMahnverfVO Art. 7 Rn 1.
2 Hk-ZPO/*Gierl*, § 1096 ZPO Anh Art. 9 Rn 2; Kropholler/*v. Hein*, Art. 9 EuMVVO Rn 3; anders Musielak/*Voit*, Vor §§ 1087 ff ZPO Rn 19: § 691 Abs. 1 S. 2 ZPO entsprechend.
3 Vgl Art. 27.
4 BGBl. II 1977, S. 1452.
5 Hk-ZPO/*Gierl*, § 1096 ZPO Anh Art. 9 Rn 3; Kropholler/*v. Hein*, Art. 9 EuMVVO Rn 6.

(3) Antwortet der Antragsteller nicht innerhalb der von dem Gericht festgelegten Frist oder lehnt er den Vorschlag des Gerichts ab, so weist das Gericht den Antrag auf Erlass eines Europäischen Zahlungsbefehls insgesamt zurück.

I. Regelungsgegenstand

1 Die Vorschrift regelt den **Teilerlass** eines Europäischen Zahlungsbefehls, wenn die Erlassvoraussetzungen gem. Art. 8 nur für einen abgrenzbaren Teil des Antrags vorliegen. Die Vorschrift dient in erster Linie dem **rechtlichen Gehör des Antragstellers** und der **Prozessökonomie**. Denn das Gericht muss bei teilweiser Unzulässigkeit oder offensichtlicher Unbegründetheit den ggf bereits nach Art. 9 vervollständigten oder berichtigten Antrag nicht vollständig zurückweisen und der Antragsteller muss keinen neuen Antrag stellen, sondern kann den Antrag unter den Voraussetzungen des Art. 10 ändern.

II. Voraussetzungen der Änderung (Abs. 1)

2 Das Gericht schlägt dem Antragsteller die Änderung des Antrags auf Erlass eines Europäischen Zahlungsbefehls vor, wenn die **Voraussetzungen** für den Erlass des Zahlungsbefehls (vgl Art. 8) nur für einen **abgrenzbaren Teil** der geltend gemachten Forderung oder eine von mehreren geltend gemachten Forderungen **erfüllt** sind (S. 1).

3 Für die Unterrichtung des Antragstellers ist das in Anhang III abgedruckte **Formblatt C** zu verwenden, das dem Antragsteller nach dem nationalen Recht des Zustellungsmitgliedstaates zuzustellen ist. Im Falle einer Auslandszustellung gelten die Regelungen der EuZVO[1] bzw des HZÜ.[2] Die in den Art. 13–15 geregelten Mindeststandards finden keine Anwendung.

4 Das Gericht bestimmt gem. Art. 9 Abs. 2 eine angemessene Frist zur Rücksendung des Formblatts C (S. 3). In dem Formblatt ist ein konkretes Datum für den Ablauf der Frist zu bestimmen. Die Länge der Frist hängt von den Postlaufzeiten im Einzelfall ab. In der Regel ist eine Frist von **zwei bis vier Wochen ab Versendung** des Änderungsvorschlags durch das Gericht angemessen und berücksichtigt ausreichend den Zweck eines beschleunigten Verfahrens (vgl Art. 1 Abs. 1 lit. a).

III. Rechtsfolgen der Änderung (Abs. 2)

5 Nimmt der Antragsteller den Änderungsvorschlag des Gerichts an, erlässt dieses gem. Art. 12 den Europäischen Zahlungsbefehl **mit entsprechend geändertem Umfang** (S. 1). Das Gericht weist den Antrag im Übrigen nicht zurück. Der Antragsteller kann den fallengelassenen Teil der geltend gemachten Forderung(en) im Europäischen Mahnverfahren durch Nachbesserung des Antrags oder ggf in einem anderen Verfahren nach dem nationalen Recht eines Mitgliedstaates geltend machen (S. 2 iVm Art. 11 Abs. 3).[3] Darauf wird der Antragsteller in Formblatt C hingewiesen.

IV. Ablehnung des Änderungsvorschlags (Abs. 3)

6 Nimmt der Antragsteller den Vorschlag des Gerichts nicht unverändert an oder reagiert er nicht innerhalb der ihm gesetzten Frist (s. Rn 4), **weist das Gericht den Antrag** auf Erlass des Europäischen Zahlungsbefehls **vollständig zurück** (vgl Art. 11 Abs. 1 S. 1 lit. d). Eine teilweise Stattgabe kommt nach dem eindeutigen

---

1 Vgl Art. 27.
2 BGBl. II 1977, S. 1452.
3 Hk-ZPO/*Gierl*, § 1096 ZPO Anh Art. 10 Rn 5; Thomas/Putzo/*Hüßtege*, Art. 10 EuMV-VO Rn 2.

Wortlaut des Abs. 3 auch dann nicht in Betracht, wenn die in Art. 8 genannten Voraussetzungen für einen Teil des Antrags vorliegen.

Auch in diesem Fall kann der Antragsteller die Forderung(en) in einem neuen Europäischen Mahnverfahren durch Nachbesserung des Antrags oder ggf in einem anderen Verfahren nach dem nationalen Recht eines Mitgliedstaates weiterverfolgen (Art. 11 Abs. 3).[4]

Artikel 11 Zurückweisung des Antrags

(1) Das Gericht weist den Antrag zurück,

a) wenn die in den Artikeln 2, 3, 4, 6 und 7 genannten Voraussetzungen nicht erfüllt sind,

oder

b) wenn die Forderung offensichtlich unbegründet ist,

oder

c) wenn der Antragsteller nicht innerhalb der von dem Gericht gemäß Artikel 9 Absatz 2 gesetzten Frist seine Antwort übermittelt,

oder

d) wenn der Antragsteller gemäß Artikel 10 nicht innerhalb der von dem Gericht gesetzten Frist antwortet oder den Vorschlag des Gerichts ablehnt.

Der Antragsteller wird anhand des Formblatts D gemäß Anhang IV von den Gründen der Zurückweisung in Kenntnis gesetzt.

(2) Gegen die Zurückweisung des Antrags kann kein Rechtsmittel eingelegt werden.

(3) Die Zurückweisung des Antrags hindert den Antragsteller nicht, die Forderung mittels eines neuen Antrags auf Erlass eines Europäischen Zahlungsbefehls oder eines anderen Verfahrens nach dem Recht eines Mitgliedstaats geltend zu machen.

I. Regelungsgegenstand

Die Vorschrift regelt die Zurückweisung des Antrags auf Erlass eines Europäischen Zahlungsbefehls. Abs. 1 zählt die Zurückweisungsgründe abschließend auf, während Abs. 2 und 3 die Überprüfung und Rechtskraft der Zurückweisung regeln.

II. Zurückweisungsgründe (Abs. 1)

Der Antrag ist zurückzuweisen, wenn

- er gem. Art. 8 unzulässig (lit. a) oder offensichtlich unbegründet ist (lit. b),
- die gem. Art. 9 Abs. 2 gesetzte Frist zur Vervollständigung oder Berichtigung des Antrags verstrichen ist (lit. c) oder
- der Antragsteller den Änderungsvorschlag des Gerichts gem. Art. 10 Abs. 3 abgelehnt hat (lit. d).

Die Zurückweisung erfolgt mit Hilfe des in Anhang IV abgedruckten **Formblatts D** (S. 2).

---

4 Hk-ZPO/*Gierl*, § 1096 ZPO Anh Art. 10 Rn 6; Thomas/Putzo/*Hüßtege*, Art. 10 EuMV-VO Rn 3.

III. Kein Rechtsbehelf gegen die Zurückweisung (Abs. 2)

4 Gegen die Zurückweisung des Antrags auf Erlass des Europäischen Zahlungsbefehls ist grds. kein Rechtsbehelf zulässig.[1] Eine Überprüfung der Zurückweisung nach nationalem Recht durch das angerufene Gericht ist jedoch nicht ausgeschlossen.[2] In Deutschland gilt § 11 Abs. 2 RPflG.[3]

IV. Neuer Antrag nach Zurückweisung (Abs. 3)

5 Der Antragsteller kann nach der Zurückweisung seines Antrags einen neuen Antrag auf Erlass eines Europäischen Zahlungsbefehls stellen. Die Zurückweisung des Antrags entfaltet im Gegensatz zum Europäischen Zahlungsbefehl[4] keine materielle Rechtskraft. Die Hemmung bzw der Neubeginn der Verjährung der erfolglos mit Hilfe des Antrags auf Erlass eines Europäischen Zahlungsbefehls geltend gemachten Forderung richtet sich nach nationalem Recht. In Deutschland gilt § 691 Abs. 2 ZPO entsprechend.[5]

Artikel 12 Erlass eines Europäischen Zahlungsbefehls

(1) Sind die in Artikel 8 genannten Voraussetzungen erfüllt, so erlässt das Gericht so bald wie möglich und in der Regel binnen 30 Tagen nach Einreichung eines entsprechenden Antrags einen Europäischen Zahlungsbefehl unter Verwendung des Formblatts E gemäß Anhang V.

Bei der Berechnung der 30-tägigen Frist wird die Zeit, die der Antragsteller zur Vervollständigung, Berichtigung oder Änderung des Antrags benötigt, nicht berücksichtigt.

(2) Der Europäische Zahlungsbefehl wird zusammen mit einer Abschrift des Antragsformulars ausgestellt. Er enthält nicht die vom Antragsteller in den Anlagen 1 und 2 des Formblatts A gemachten Angaben.

(3) In dem Europäischen Zahlungsbefehl wird der Antragsgegner davon in Kenntnis gesetzt, dass er

a) entweder den im Zahlungsbefehl aufgeführten Betrag an den Antragsteller zahlen kann,

oder

b) gegen den Europäischen Zahlungsbefehl bei dem Ursprungsgericht Einspruch einlegen kann, indem er innerhalb von 30 Tagen ab dem Zeitpunkt der Zustellung des Zahlungsbefehls an ihn seinen Einspruch versendet.

(4) In dem Europäischen Zahlungsbefehl wird der Antragsgegner davon unterrichtet, dass

a) der Zahlungsbefehl ausschließlich auf der Grundlage der Angaben des Antragstellers erlassen und vom Gericht nicht nachgeprüft wurde,

---

[1] Vgl Erwägungsgrund 17, S. 1.
[2] Vgl Erwägungsgrund 17, S. 2.
[3] Kropholler/v. Hein, Art. 11 EuMVVO Rn 7; MüKo-ZPO/Ulrici, Art. 11 VO (EG) Nr. 1896/2006 Rn 11; Rauscher/Gruber, EuZPR/EuIPR (2014), EG-MahnVO Art. 11 Rn 18 f; Vollkommer/Huber, NJW 2009, 1105, 1106.
[4] Freitag, IPRax 2007, 509, 512 f.
[5] Hk-ZPO/Gierl, § 1096 ZPO Anh Art. 11 Rn 5 mit Verweis auf § 691 ZPO Rn 14 ff; Kropholler/v. Hein, Art. 11 EuMVVO Rn 12; Musielak/Voit, Vor §§ 1087 ff ZPO Rn 20; Rauscher/Gruber, EuZPR/EuIPR (2014), EG-MahnVO Art. 11 Rn 23.

b) der Zahlungsbefehl vollstreckbar wird, wenn nicht bei dem Gericht nach Artikel 16 Einspruch eingelegt wird,

c) im Falle eines Einspruchs das Verfahren von den zuständigen Gerichten des Ursprungsmitgliedstaats gemäß den Regeln eines ordentlichen Zivilprozesses weitergeführt wird, es sei denn, der Antragsteller hat ausdrücklich beantragt, das Verfahren in diesem Fall zu beenden.

(5) Das Gericht stellt sicher, dass der Zahlungsbefehl dem Antragsgegner gemäß den nationalen Rechtsvorschriften in einer Weise zugestellt wird, die den Mindestvorschriften der Artikel 13, 14 und 15 genügen muss.

I. Regelungsgegenstand

Art. 12 regelt den Erlass des Europäischen Zahlungsbefehls. Während die Abs. 1– 4 die Anforderungen an Frist, Form und Inhalt des Europäischen Zahlungsbefehls enthalten, verweist Abs. 5 für die Zustellung auf die Mindeststandards in Art. 13–15. Die Vorschrift wird ergänzt durch § 1089 ZPO.

II. Frist und Form

Das Gericht erlässt den Europäischen Zahlungsbefehl, wenn die in Art. 8 genannten Voraussetzungen vorliegen (Abs. 1 S. 1), spätestens **innerhalb von 30 Tagen** ab Eingang des Antrags auf Erlass eines Europäischen Zahlungsbefehls. Wurde der Antragsteller zur Vervollständigung oder Berichtigung (Art. 9) oder Änderung (Art. 10) aufgefordert, beginnt die Frist ebenfalls mit Eingang des Antrags. Die Zeit zwischen Versendung und Annahme des Vorschlags zur Vervollständigung, Berichtigung oder Änderung wird jedoch nicht mitgerechnet (Abs. 1 S. 2).

Der Europäische Zahlungsbefehl wird mit Hilfe des im Anhang V abgedruckten **Formblatts E** erlassen (Abs. 1 S. 1). Zusätzlich hat das Gericht gem. Abs. 2 eine Abschrift des (vervollständigten bzw. berichtigten) Antragsformblatts anzufertigen. Diese enthält nicht die in den Anlagen 1 und 2 des Formblatts A gemachten Angaben des Antragstellers über dessen Bankverbindung sowie die Ablehnung der Überleitung in ein ordentliches Verfahren (vgl. Art. 7 Abs. 4). Das für die Änderung des ursprünglichen Antrags durch den Antragsteller zu verwendende Formblatt C (vgl. Art. 10) muss für den Erlass des Zahlungsbefehls nicht ausgefertigt werden.

III. Inhalt

Der Inhalt des Europäischen Zahlungsbefehls ist durch das Formblatt E vorgegeben. Das Formblatt enthält **rechtliche Hinweise**, dass der Antragsgegner den genannten Betrag zahlen (Abs. 3 lit. a) oder innerhalb von 30 Tagen nach Zustellung des Europäischen Zahlungsbefehls Einspruch einlegen kann (Abs. 3 lit. b und Art. 16). Der Antragsgegner wird außerdem auf den beschränkten Prüfungsumfang des Gerichts (Abs. 4 lit. a und Art. 8), die unverzügliche Vollstreckbarkeit des Zahlungsbefehls (Abs. 4 lit. b und Art. 18 Abs. 1) sowie die etwaige Fortsetzung des Verfahrens im Falle eines Einspruchs (Abs. 4 lit. c und Art. 17) hingewiesen.

IV. Zustellung (Abs. 5)

Der Europäischen Zahlungsbefehl ist zusammen mit der Abschrift des Antragsformblatts (Abs. 2) und dem Formblatt F für den Einspruch (vgl. Art. 16 Abs. 1) zuzustellen. Die Zustellung richtet sich grds. nach dem **nationalen Recht.** In Deutschland gilt für Inlandszustellungen Art. 26 iVm **§§ 1089 Abs. 1**, 166–182 und 189, 190 ZPO. Im Fall einer Auslandszustellung gelten die Regelungen der

EuZVO[1] (vgl Art. 27 und § 1089 Abs. 2 ZPO) bzw des HZÜ[2] (vgl Art. 26 iVm § 183 ZPO).[3]

6 Jede Zustellung des Europäischen Zahlungsbefehls, egal ob ins In- oder Ausland, muss jedoch die in den **Art. 13–15 geregelten Mindestanforderungen erfüllen**. Werden diese oder die nationalen Zustellungsvorschriften nicht eingehalten, liegt keine wirksame Zustellung vor. Bei unwirksamer Zustellung beginnt die Einspruchsfrist (Art. 16 Abs. 2) nicht zu laufen und der Europäische Zahlungsbefehl kann nicht vollstreckt werden (vgl Art. 16 Rn 8 und Art. 18 Rn 5).[4]

7 Die Zustellung erfolgt grds. **von Amts wegen**, es sei denn, das nationale Recht des Ursprungsmitgliedstaates schreibt die Zustellung im Parteibetrieb ausdrücklich vor. Das Gericht muss jedoch auch bei Zustellung im Parteibetrieb die Einhaltung der in Art. 13–15 geregelten Mindestanforderungen sicherstellen. Es muss den Antragsteller zum **Nachweis verordnungskonformer Zustellung** auffordern (vgl aber Art. 18 Abs. 1 S. 2). Problematisch ist daran, dass immer noch kein einheitliches europäisches Zustellungsformular existiert, auf dem die Art und Weise der Zustellung genau festgehalten werden kann.

Artikel 13 Zustellung mit Nachweis des Empfangs durch den Antragsgegner

Der Europäische Zahlungsbefehl kann nach dem Recht des Staats, in dem die Zustellung erfolgen soll, dem Antragsgegner in einer der folgenden Formen zugestellt werden:

a) durch persönliche Zustellung, bei der der Antragsgegner eine Empfangsbestätigung unter Angabe des Empfangsdatums unterzeichnet,

b) durch persönliche Zustellung, bei der die zuständige Person, die die Zustellung vorgenommen hat, ein Dokument unterzeichnet, in dem angegeben ist, dass der Antragsgegner das Schriftstück erhalten hat oder dessen Annahme unberechtigt verweigert hat und an welchem Datum die Zustellung erfolgt ist,

c) durch postalische Zustellung, bei der der Antragsgegner die Empfangsbestätigung unter Angabe des Empfangsdatums unterzeichnet und zurückschickt,

d) durch elektronische Zustellung wie beispielsweise per Fax oder E-Mail, bei der der Antragsgegner eine Empfangsbestätigung unter Angabe des Empfangsdatums unterzeichnet und zurückschickt.

I. Regelungsgegenstand

1 Die Vorschrift regelt zusammen mit Art. 14 und 15 die **Zustellung des Europäischen Zahlungsbefehls** (vgl auch Art. 12 Abs. 5). Für die Zustellung der Form-

---

1 Verordnung (EG) Nr. 1393/2007 des Europäischen Parlaments und des Rates vom 13. November 2007 über die Zustellung gerichtlicher und außergerichtlicher Schriftstücke in Zivil- oder Handelssachen in den Mitgliedstaaten („Zustellung von Schriftstücken") und zur Aufhebung der Verordnung (EG) Nr. 1348/2000 des Rates (ABl. Nr. L 324 vom 10.12.2007, S. 79).
2 BGBl. II 1977, S. 1452.
3 Kropholler/*v. Hein*, Art. 12 EuMVVO Rn 17; MüKo-ZPO/*Ulrici*, Art. 12 VO (EG) Nr. 1896/2006 Rn 12; Rauscher/*Gruber*, EuZPR/EuIPR (2014), EG-MahnVO Art. 12 Rn 12.
4 Hk-ZPO/*Gierl*, § 1096 ZPO Anh Art. 18 Rn 6 f; MüKo-ZPO/*Ulrici*, Art. 12 VO (EG) Nr. 1896/2006 Rn 14 f; Rauscher/*Gruber*, EuZPR/EuIPR (2014), EG-MahnVO Art. 12 Rn 18; Thomas/Putzo/*Hüßtege*, Art. 13 EuMVVO Rn 4.

blätter B (vgl Art. 9) und C (vgl Art. 10) finden die Art. 13–15 keine Anwendung (s. Art. 9 Rn 4 und Art. 10 Rn 3).

Bei den in Art. 13–15 geregelten Zustellungsformen handelt es sich um **Mindestanforderungen**. Sie sollen sowohl bei innerstaatlicher als auch grenzüberschreitender Zustellung absolute Gewissheit (Art. 13) bzw ein hohes Maß an Wahrscheinlichkeit (Art. 14) der Zustellung an den Empfänger gewährleisten (s. Erwägungsgrund 20). Die Art. 13–15 begründen jedoch kein unmittelbar geltendes Europäisches Zustellungsrecht. Die Zustellung richtet sich daher auch im Rahmen des Europäischen Mahnverfahrens nach dem nationalen Recht iVm der EuZVO bzw dem HZÜ[1] (vgl Art. 12 Rn 5).

II. Zustellungsformen

Für die Wirksamkeit der Zustellung genügt es, wenn eine der alternativen Mindestanforderungen in Art. 13 und 14 erfüllt ist.[2] Die EuMahnVO kennt daher **kein Rangverhältnis** zwischen den angebotenen Zustellungsalternativen.[3] Ein Rangverhältnis kann sich aber aus dem nationalen Recht bzw der EuZVO oder dem HZÜ ergeben.

1. Persönliche Zustellung mit Empfangsbestätigung (lit. a). Die Zustellung entspricht den in lit. a geregelten Anforderungen, wenn sie als persönliche Zustellung erfolgt, bei der der **Antragsgegner** eine **Empfangsbestätigung** unter Angabe des Empfangsdatums **unterzeichnet** und an das Gericht zurücksendet. Die unterschriebene Empfangsbestätigung dient als Nachweis des Empfangs.

2. Persönliche Zustellung mit Empfangsnachweis (lit. b). Die persönliche Zustellung entspricht den in lit. b geregelten Anforderungen, wenn die zuständige **Zustellperson** einen **Empfangsnachweis unterzeichnet** und in diesem angibt, dass der Antragsgegner das Schriftstück erhalten oder dessen Annahme unberechtigt verweigert hat und an welchem Datum die Zustellung oder Zustellungsverweigerung erfolgt ist. Die Zustellung setzt daher voraus, dass das Schriftstück dem Antragsgegner persönlich und unmittelbar von der Zustellperson übergeben wurde und die Übergabe oder Rücksendung des Empfangsbekenntnisses durch den Antragsgegner selbst nicht möglich ist oder der Antragsgegner die Entgegennahme des Schriftstückes verweigert.

Die persönliche Zustellung an den Antragsgegner, bei der kein Empfangsbekenntnis durch den Antragsteller selbst unterzeichnet wird, sondern nur die Zustellperson den Nachweis des Empfangs bestätigt, gewährt nicht die absolute Gewissheit der Zustellung (vgl Erwägungsgrund 20). Sie hätte daher in Art. 14 geregelt werden sollen.

3. Postalische Zustellung mit Empfangsbestätigung (lit. c). Die Zustellung kann auch auf dem Postweg erfolgen, sofern der Antragsteller den Zugang durch **Rücksendung der unterschriebenen Empfangsbestätigung** unter Angabe des Empfangsdatums bestätigt. Ist die Zustellung auf dem Postweg nach dem nationalen Recht jedoch nicht zulässig (s. Art. 12 Rn 5), ist die postalische Zustellung trotz Art. 13 lit. c unwirksam (s. Art. 12 Rn 6).

4. Elektronische Zustellung mit Empfangsbestätigung (lit. d). Die Zustellung kann auch per E-Mail oder Fax erfolgen, sofern der Antragsteller den Zugang mittels unterschriebenen Empfangsbekenntnisses zurücksendet. Die Rücksendung kann dabei auf dem gleichen Weg wie die Zustellung erfolgen.

---

1 BGBl. II 1977, S. 1452.
2 Hk-ZPO/*Gierl*, § 1096 ZPO Anh Vor Art. 13 ff Rn 2.
3 Thomas/Putzo/*Hüßtege*, Art. 13 EuMVVO Rn 2.

Artikel 14 Zustellung ohne Nachweis des Empfangs durch den Antragsgegner

(1) Der Europäische Zahlungsbefehl kann nach dem Recht des Staats, in dem die Zustellung erfolgen soll, dem Antragsgegner auch in einer der folgenden Formen zugestellt werden:

a) persönliche Zustellung unter der Privatanschrift des Antragsgegners an eine in derselben Wohnung wie der Antragsgegner lebende Person oder an eine dort beschäftigte Person;

b) wenn der Antragsgegner Selbstständiger oder eine juristische Person ist, persönliche Zustellung in den Geschäftsräumen des Antragsgegners an eine Person, die vom Antragsgegner beschäftigt wird;

c) Hinterlegung des Zahlungsbefehls im Briefkasten des Antragsgegners;

d) Hinterlegung des Zahlungsbefehls beim Postamt oder bei den zuständigen Behörden mit entsprechender schriftlicher Benachrichtigung im Briefkasten des Antragsgegners, sofern in der schriftlichen Benachrichtigung das Schriftstück eindeutig als gerichtliches Schriftstück bezeichnet oder darauf hingewiesen wird, dass die Zustellung durch die Benachrichtigung als erfolgt gilt und damit Fristen zu laufen beginnen;

e) postalisch ohne Nachweis gemäß Absatz 3, wenn der Antragsgegner seine Anschrift im Ursprungsmitgliedstaat hat;

f) elektronisch, mit automatisch erstellter Sendebestätigung, sofern sich der Antragsgegner vorab ausdrücklich mit dieser Art der Zustellung einverstanden erklärt hat.

(2) Für die Zwecke dieser Verordnung ist eine Zustellung nach Absatz 1 nicht zulässig, wenn die Anschrift des Antragsgegners nicht mit Sicherheit ermittelt werden kann.

(3) Die Zustellung nach Absatz 1 Buchstaben a, b, c und d wird bescheinigt durch

a) ein von der zuständigen Person, die die Zustellung vorgenommen hat, unterzeichnetes Schriftstück mit den folgenden Angaben:

   i) die gewählte Form der Zustellung,
   und

   ii) das Datum der Zustellung sowie,
   und

   iii) falls der Zahlungsbefehl einer anderen Person als dem Antragsgegner zugestellt wurde, der Name dieser Person und die Angabe ihres Verhältnisses zum Antragsgegner,

oder

b) eine Empfangsbestätigung der Person, der der Zahlungsbefehl zugestellt wurde, für die Zwecke von Absatz 1 Buchstaben a und b.

I. Regelungsgegenstand

1   Die Vorschrift regelt zusammen mit Art. 13 und 15 die Zustellung des Europäischen Zahlungsbefehls (vgl Art. 13 Rn 1 f). Die in Art. 14 aufgezählten Zustellungsformen zeichnen sich dadurch aus, dass sie keine absolute Gewissheit, sondern nur ein hohes Maß an Wahrscheinlichkeit der Zustellung garantieren (s. Erwägungsgrund 20). Denn in allen Varianten des Art. 14 ist keine Rücksendung eines Empfangsbekenntnisses durch den Antragsgegner erforderlich (s. Abs. 3).

II. Zustellungsformen (Abs. 1)

1. Persönliche Zustellung unter der Privatanschrift oder in den Geschäftsräumen 2
(lit. a und b). Die persönliche Zustellung kann nicht nur an den Antragsteller
selbst (vgl Art. 13), sondern auch an eine unter der Privatanschrift oder in den
Geschäftsräumen des Antragsgegners oder in derselben Wohnung lebende oder
von dem Antragsgegner beschäftigte Person erfolgen.

2. Hinterlegung (lit. c und d). Die Zustellung kann auch durch Hinterlegung des 3
Europäischen Zahlungsbefehls in den Briefkasten des Antragsgegners (lit. c) oder
beim Postamt erfolgen, sofern der Antragsgegner schriftlich über den Europäischen Zahlungsbefehl und die Folgen der Zustellung durch Hinterlegung benachrichtigt wird (lit. d).

3. Postalische Zustellung ohne Nachweis (lit. e). Bei inländischen Zustellungen 4
im Ursprungsmitgliedstaat genügt eine postalische Zustellung ohne Nachweis des
Empfangs den Anforderungen der EuMahnVO. Ob die Zustellung so bewirkt
werden kann, richtet sich – wie bei allen anderen in der EuMahnVO geregelten
Zustellungsalternativen auch – nach dem nationalen Recht (s. Art. 12 Rn 5).

4. Elektronische Zustellung mit automatischer Sendebestätigung (lit. f). Eine 5
elektronische Zustellung mit automatischer Sendebestätigung ist nur wirksam,
wenn der Antragsgegner zuvor zugestimmt hat. Vorstellbar ist diese Variante bislang nur bei Zustellung im Parteibetrieb (s. Art. 12 Rn 7), wenn die Verfahrensbeteiligten bereits vorher die Zustellung auf dieser Art vereinbart haben.

III. Zustellung nach Art. 14 nicht zulässig (Abs. 2)

Ist die **Anschrift des Antragstellers nicht sicher ermittelbar,** so ist eine Zustellung 6
nach Art. 14 nicht zulässig. Es bleibt nur die Zustellung nach Art. 13. Auch fiktive Ersatzzustellungen wie die französische *remise au parquet* sind im Rahmen
der EuMahnVO nicht wirksam.

IV. Nachweis der Zustellung (Abs. 3)

In den Fällen des Abs. 1 muss der Antragsteller kein Empfangsbekenntnis unter- 7
zeichnen und zurücksende. Daher muss die Zustellperson oder die Person, die
das Schriftstück gem. Abs. 1 lit. a und b entgegengenommen hat (lit. b), die Zustellung unter Angabe von Datum, Form und Empfänger (lit. a) bescheinigen.
Liegt ein solcher Nachweis nicht vor, gilt die Zustellung als nicht wirksam erfolgt.

Artikel 15 Zustellung an einen Vertreter

Die Zustellung nach den Artikeln 13 oder 14 kann auch an den Vertreter des Antragsgegners bewirkt werden.

Die Vorschrift regelt zusammen mit Art. 13 und 14 die Zustellung des Europä- 1
ischen Zahlungsbefehls (vgl Art. 13 Rn 1 f).

Art. 15 lässt für eine wirksame Zustellung die Zustellung an den gesetzlichen 2
oder rechtsgeschäftlichen Vertreter zu, wobei die in den Art. 13 und 14 geregelten Mindestanforderungen erfüllt sein müssen. Der Vertreter tritt daher für die
Zustellung an die Stelle des Antragsgegners. Die Vertretereigenschaft richtet sich
nach dem nationalen Recht des Staates, in dem die Zustellung bewirkt werden
soll.

Artikel 16 Einspruch gegen den Europäischen Zahlungsbefehl

(1) Der Antragsgegner kann beim Ursprungsgericht Einspruch gegen den Europäischen Zahlungsbefehl unter Verwendung des Formblatts F gemäß Anhang VI einlegen, das dem Antragsgegner zusammen mit dem Europäischen Zahlungsbefehl zugestellt wird.

(2) Der Einspruch muss innerhalb von 30 Tagen ab dem Tag der Zustellung des Zahlungsbefehls an den Antragsgegner versandt werden.

(3) Der Antragsgegner gibt in dem Einspruch an, dass er die Forderung bestreitet, ohne dass er dafür eine Begründung liefern muss.

(4) Der Einspruch ist in Papierform oder durch andere – auch elektronische – Kommunikationsmittel, die im Ursprungsmitgliedstaat zulässig sind und dem Ursprungsgericht zur Verfügung stehen, einzulegen.

(5) Der Einspruch ist vom Antragsgegner oder gegebenenfalls von seinem Vertreter zu unterzeichnen. Wird der Einspruch gemäß Absatz 4 auf elektronischem Weg eingelegt, so ist er nach Artikel 2 Nummer 2 der Richtlinie 1999/93/EG zu unterzeichnen. Diese Signatur wird im Ursprungsmitgliedstaat anerkannt, ohne dass weitere Bedingungen festgelegt werden können.

Eine solche elektronische Signatur ist jedoch nicht erforderlich, wenn und insoweit es bei den Gerichten des Ursprungsmitgliedstaats ein alternatives elektronisches Kommunikationssystem gibt, das einer bestimmten Gruppe von vorab registrierten und authentifizierten Nutzern zur Verfügung steht und die sichere Identifizierung dieser Nutzer ermöglicht. Die Mitgliedstaaten unterrichten die Kommission über derartige Kommunikationssysteme.

I. Regelungsgegenstand

1 Die Vorschrift regelt die Voraussetzungen des einzigen ordentlichen Rechtsbehelfs gegen den Europäischen Zahlungsbefehl. Das Europäische Mahnverfahren ist daher im Gegensatz zum deutschen Mahnverfahren (s. §§ 699 f ZPO) einstufig ausgestaltet. In Ausnahmefällen ist eine Überprüfung des Europäischen Zahlungsbefehls gem. Art. 20 möglich.

2 Während Abs. 1, 4 und 5 die Zuständigkeit und Form des Einspruchs regeln, bestimmt Abs. 2 die Einspruchsfrist. Der Einspruch bedarf keiner Begründung (Abs. 3).

II. Zuständigkeit und Form (Abs. 1, 4 und 5)

3 Der Einspruch gegen den Europäischen Zahlungsbefehl ist **beim Ursprungsgericht** einzulegen.

4 Die Einlegung wird dem Antragsgegner dadurch erleichtert, dass ihm zusammen mit dem Europäischen Zahlungsbefehl und der Abschrift des Antragsformblatts (vgl Art. 12 Abs. 1 und 2) das Formblatt F zugestellt wird (Abs. 1). Die **Verwendung des Formblatts F** ist aber **nicht zwingend**.[1] Jede andere **schriftliche Mitteilung** genügt, solange sie die in Formblatt F vorgesehenen Angaben enthält. Sie muss den Europäischen Zahlungsbefehl, gegen den Einspruch eingelegt wird, eindeutig identifizieren, den Aussteller erkennen lassen und zum Ausdruck bringen, dass der Antragsgegner die Forderung bestreitet (Abs. 3).

---

[1] Vgl Erwägungsgrund 23; ebenso Hk-ZPO/*Gierl*, § 1096 ZPO Anh Art. 16 Rn 3; MüKo-ZPO/*Ulrici*, Art. 16 VO (EG) Nr. 1896/2006 Rn 4; Thomas/Putzo/*Hüßtege*, Art. 16 EuMVVO Rn 2; im Ergebnis auch Rauscher/*Gruber*, EuZPR/EuIPR (2014), EG-MahnVO Art. 16 Rn 1.

Um den Einspruch einzulegen, sendet der Antragsteller das Formblatt F bzw. die schriftliche Mitteilung des Einspruchs **per Post** oder – sofern im Ursprungsmitgliedstaat vorgesehen (vgl Art. 29 Abs. 1 lit. c) – unter Verwendung moderner Telekommunikationsmittel (Fax, E-Mail) ausgefüllt zurück an das Ursprungsgericht (Abs. 4).

Der Einspruch ist **vom Antragsgegner eigenhändig zu unterschreiben**, mit einer elektronischen Signatur zu versehen oder der Antragsgegner ist durch sonstige im Ursprungsmitgliedstaat zugelassene Methoden zu identifizieren (Abs. 5 iVm § 1088 ZPO). Die Einlegung muss nicht durch einen anwaltlichen Vertreter erfolgen (vgl Art. 24 lit. b).

III. Frist (Abs. 2)

Der Einspruch ist innerhalb einer Frist von **30 Tagen ab ordnungsgemäßer Zustellung** des Europäischen Zahlungsbefehls (Abs. 1 und Art. 12 Abs. 5) einzulegen. Für die Fristberechnung gilt Erwägungsgrund 28 iVm Verordnung (EWG, Euratom) Nr. 1182/71 des Rates vom 3.6.1972 zur Festlegung der Regeln für die Fristen, Daten und Termine.[2] Fällt der letzte Tag der Frist auf einen Samstag, Sonntag oder Feiertag, so endet die Frist am darauffolgenden Arbeitstag. Dabei sind die gesetzlichen Feiertage in dem Mitgliedstaat des Gerichts, das den Europäischen Zahlungsbefehl erlässt, zu berücksichtigen (vgl Erwägungsgrund 28). Werden die in den **Art. 13–15 geregelten Mindestanforderungen** und die nationalen Zustellungsvorschriften einschließlich der EuZVO (vgl Art. 12 Rn 5 und Art. 27)[3] nicht eingehalten, liegt keine wirksame Zustellung vor. Die Einspruchsfrist beginnt dann nicht zu laufen; der Europäische Zahlungsbefehl kann nicht vollstreckt werden (vgl Art. 12 Rn 6 und Art. 18 Rn 5).

Die Frist wird durch das rechtzeitige **Absenden des Einspruchs** gewahrt (s. auch Art. 18 Rn 3), wobei der Einspruchsführer die Beweislast für die Rechtzeitigkeit des Einspruchs trägt.[4] Der Antragsgegner sollte diesen Zeitpunkt daher dokumentieren.[5]

Bei **schuldloser Fristversäumung** kann der Antragsgegner den außerordentlichen Rechtsbehelf gem. Art. 20 einlegen. Eine Wiedereinsetzung in den vorigen Stand nach nationalem Recht ist ausgeschlossen (vgl § 1092 Abs. 4 ZPO).

IV. Keine Begründung (Abs. 3)

Der Einspruch gegen den Europäischen Zahlungsbefehl bedarf keiner Begründung. Es reicht aus, dass der Antragsgegner das Formblatt F ausfüllt und an das Ursprungsgericht zurücksendet. Der Einspruch stellt keine Einlassung in der Sache dar, sondern dient nur dem Bestreiten der Forderung. Er kann auch dann nicht als rügelose Einlassung gem. Art. 24 Brüssel I-VO bzw Art. 26 Brüssel Ia-VO angesehen werden, wenn er Vorbringen zur Hauptsache enthält (vgl Art. 17 Rn 3).[6]

---

2 ABl. L 124 vom 8.6.1971, S. 1.
3 Hk-ZPO/*Gierl*, § 1096 ZPO Anh Art. 18 Rn 7; MüKo-ZPO/*Ulrici*, Art. 16 VO (EG) Nr. 1896/2006 Rn 8; aA Rauscher/*Gruber*, EuZPR/EuIPR (2014), EG-MahnVO Art. 16 Rn 8.
4 Kropholler/*v. Hein*, Art. 16 EuMVVO Rn 5; *Schlosser*, Art. 16 MahnVO Rn 2.
5 Hk-ZPO/*Gierl*, § 1096 ZPO Anh Art. 16 Rn 8.
6 EuGH NJW 2013, 2657 m. Anm. *Koutsoukou*, IPRax 2014, 44; *Sujecki*, EuZW 2013, 628; *Netzer*, LMK 2013, 349130.

Artikel 17 Wirkungen der Einlegung eines Einspruchs

(1) Wird innerhalb der in Artikel 16 Absatz 2 genannten Frist Einspruch eingelegt, so wird das Verfahren vor den zuständigen Gerichten des Ursprungsmitgliedstaats gemäß den Regeln eines ordentlichen Zivilprozesses weitergeführt, es sei denn, der Antragsteller hat ausdrücklich beantragt, das Verfahren in einem solchen Fall zu beenden.

Hat der Antragsteller seine Forderung im Wege des Europäischen Mahnverfahrens geltend gemacht, so wird seine Stellung in nachfolgenden ordentlichen Zivilprozessen durch keine Maßnahme nach nationalem Recht präjudiziert.

(2) Die Überleitung in ein ordentliches Zivilverfahren im Sinne des Absatzes 1 erfolgt nach dem Recht des Ursprungsmitgliedstaats.

(3) Dem Antragsteller wird mitgeteilt, ob der Antragsgegner Einspruch eingelegt hat und ob das Verfahren als ordentlicher Zivilprozess weitergeführt wird.

I. Regelungsgegenstand

1   Die Vorschrift regelt die Rechtsfolgen des fristgerechten Einspruchs (vgl Art. 16) gegen den Europäischen Zahlungsbefehl. Sie wird ergänzt durch § 1090 ZPO und in Arbeitssachen durch § 46 b Abs. 3 ArbGG.

II. Überleitung in den ordentlichen Zivilprozess (Abs. 1 und 2)

2   Hat der Antragsgegner frist- und formgerecht Einspruch gegen den Europäischen Zahlungsbefehl eingelegt (vgl Art. 16), findet **im Regelfall** die Überleitung in den ordentlichen Zivilprozess statt. Etwas anderes gilt nur dann, wenn der Antragsteller die Überleitung ausdrücklich abgelehnt hat (vgl Art. 7 Abs. 4). Die Überleitung des Verfahrens in den ordentlichen Zivilprozess richtet sich nach dem nationalen Recht des Ursprungsmitgliedstaates. In Deutschland gilt § 1090 ZPO und in Arbeitssachen § 46 b Abs. 3 ArbGG.

3   Der anschließende ordentliche Zivilprozess wird nicht zwangsläufig bei dem für das Mahnverfahren zuständigen Gericht geführt. Der Einspruch, mit dem der Mangel der Zuständigkeit des Gerichts des Ursprungsmitgliedstaates nicht geltend gemacht wird, stellt daher keine rügelose Einlassung nach Art. 24 Brüssel I-VO oder Art. 26 Brüssel Ia-VO dar, selbst wenn er Vorbringen zur Hauptsache enthält.[1]

III. Mitteilung des Einspruchs und der Überleitung des Verfahrens (Abs. 3)

4   Der Antragsteller ist vom Gericht über den erfolgreichen Einspruch des Antragsgegners und ggf über die Überleitung in den ordentlichen Zivilprozess zu informieren. Für diese Mitteilung steht kein Formblatt zur Verfügung. Sie ist **formlos möglich**. Obwohl nicht ausdrücklich geregelt, muss auch der Antragsgegner über die Wirkung des Einspruchs unterrichtet werden.

Artikel 18 Vollstreckbarkeit

(1) Wurde innerhalb der Frist des Artikels 16 Absatz 2 unter Berücksichtigung eines angemessenen Zeitraums für die Übermittlung kein Einspruch beim Ursprungsgericht eingelegt, so erklärt das Gericht den Europäischen Zahlungsbe-

---

1   EuGH NJW 2013, 2657 m. Anm. *Koutsoukou*, IPRax 2014, 44; *Sujecki*, EuZW 2013, 628; *Netzer*, LMK 2013, 349130.

fehl unter Verwendung des Formblatts G gemäß Anhang VII unverzüglich für vollstreckbar. Das Ursprungsgericht überprüft das Zustellungsdatum des Europäischen Zahlungsbefehls.

(2) Unbeschadet des Absatzes 1 richten sich die Voraussetzungen der Zwangsvollstreckung für die Vollstreckbarkeit nach den Rechtsvorschriften des Ursprungsmitgliedstaats.

(3) Das Gericht übersendet dem Antragsteller den vollstreckbaren Europäischen Zahlungsbefehl.

I. Regelungsgegenstand

Die Vorschrift regelt die **Voraussetzungen der Vollstreckbarkeit** des Europäischen Zahlungsbefehls. Der Europäische Zahlungsbefehl ist unmittelbar, dh ohne Exequaturverfahren, in einem anderen Mitgliedstaat vollstreckbar (Art. 19). Der Ablauf der Einspruchsfrist (Art. 16 Abs. 2) allein genügt jedoch nicht.[1] Die Vollstreckbarkeit setzt voraus, dass eine Vollstreckbarerklärung erteilt (Abs. 1 und 2) und dem Antragsteller übersandt wird (Abs. 3). 1

II. Erteilung der Vollstreckbarerklärung (Abs. 1 und 2)

Das zuständige Gericht, das den Europäischen Zahlungsbefehl erlassen hat (vgl § 1087 ZPO), erklärt diesen **von Amts wegen** für vollstreckbar, sofern der Zahlungsbefehl ordnungsgemäß zugestellt wurde und der Antragsgegner nicht oder nicht rechtzeitig Einspruch eingelegt hat. Die Vollstreckbarerklärung erteilt in Deutschland der Rechtspfleger (vgl § 20 Abs. 1 Nr. 7 RPflG). 2

1. Ablauf der Einspruchsfrist. Der Einspruch ist nicht rechtzeitig eingelegt, wenn das Formblatt F (Art. 16 Abs. 1) nicht innerhalb der **Frist von 30 Tagen ab Zugang** des Europäischen Zahlungsbefehls abgesendet wurde (Art. 16 Abs. 2). Dazu prüft das Gericht das Zustellungsdatum des Europäischen Zahlungsbefehls (Abs. 1 S. 2). 3

Da es für die rechtzeitige Einlegung des Einspruchs auf die rechtzeitige Absendung ankommt (vgl Art. 16 Rn 8), wartet das Gericht mit der Erteilung der Vollstreckbarerklärung bis zum Ablauf einer **angemessenen Übermittlungsfrist**. Die Länge liegt im Ermessen des Gerichts, das bei der Bestimmung die üblichen Postlaufzeiten vom Wohnsitz des Antragsgegners zum Gerichtsort und das Beschleunigungsziel der EuMahnVO (vgl Art. 1 Abs. 1 lit. a) berücksichtigen sollte.[2] 4

2. Ordnungsgemäße Zustellung des Zahlungsbefehls. Liegt dem Gericht kein rechtzeitiger Einspruch vor, prüft es vor der Erteilung der Vollstreckbarerklärung die Ordnungsmäßigkeit der Zustellung des Europäischen Zahlungsbefehls.[3] Nur wenn die **Mindestanforderungen der Art. 13–15 eingehalten** sind, beginnt die Einspruchsfrist zu laufen (vgl Art. 12 Rn 6 und Art. 16 Rn 8) und kann die Vollstreckbarerklärung erteilt werden.[4] Die Vollstreckbarerklärung des Europäischen Zahlungsbefehls übernimmt daher teilweise die Funktion der Bestätigung des Europäischen Vollstreckungstitels (vgl Art. 6 EuVTVO). 5

---

1 Hk-ZPO/*Gierl*, § 1096 ZPO Anh Art. 18 Rn 1.
2 Hk-ZPO/*Gierl*, § 1096 ZPO Anh Art. 18 Rn 8; MüKo-ZPO/*Ulrici*, Art. 18 VO (EG) Nr. 1896/2006 Rn 5; Rauscher/*Gruber*, EuZPR/EuIPR (2014), EG-MahnVO Art. 18 Rn 4.
3 Hk-ZPO/*Gierl*, § 1096 ZPO Anh Art. 18 Rn 5; MüKo-ZPO/*Ulrici*, Art. 18 VO (EG) Nr. 1896/2006 Rn 5; Thomas/Putzo/*Hüßtege*, Art. 18 EuMVVO Rn 1; aA *Röthel/Sparmann*, WM 2008, 1101, 1107: nur das Zustellungsdatum.
4 Hk-ZPO/*Gierl*, § 1096 ZPO Anh Art. 18 Rn 5 f; Rauscher/*Gruber*, EuZPR/EuIPR (2014), EG-MahnVO Art. 12 Rn 18 ff und Art. 18 Rn 3; Thomas/Putzo/*Hüßtege*, Art. 13 EuMVVO Rn 4 und Art. 18 EuMVVO Rn 1.

6 **3. Voraussetzungen des nationalen Rechts.** Im Übrigen richtet sich die Erteilung der Vollstreckbarkeitserklärung nach dem **nationalen Recht des Ursprungsmitgliedstaates** (Abs. 2). Sieht der Ursprungsmitgliedstaat zusätzliche Voraussetzungen für die Vollstreckbarkeitserklärung eines inländischen Titels vor, so finden diese auch auf die Erteilung der Vollstreckbarkeitserklärung des Europäischen Zahlungsbefehls Anwendung.

7 **4. Form der Vollstreckbarerklärung.** Die Erteilung der Vollstreckbarerklärung erfolgt mit Hilfe des **Formblatts G**, Anhang VII.

III. Mitteilung der Vollstreckbarerklärung (Abs. 3)

8 Das Formblatt G ist dem Antragsteller zusammen mit einer Ausfertigung des Europäischen Zahlungsbefehls zu übermitteln. Die Voraussetzungen der Art. 13–15 müssen für diese Übermittlung nicht eingehalten werden.

Artikel 19 Abschaffung des Exequaturverfahrens

Der im Ursprungsmitgliedstaat vollstreckbar gewordene Europäische Zahlungsbefehl wird in den anderen Mitgliedstaaten anerkannt und vollstreckt, ohne dass es einer Vollstreckbarerklärung bedarf und ohne dass seine Anerkennung angefochten werden kann.

1 Die Vorschrift ergänzt Art. 18 und regelt die unionsweite Vollstreckbarkeit des Europäischen Zahlungsbefehls. Ein Exequaturverfahren im Vollstreckungsstaat ist nicht erforderlich; die Art. 36 ff Brüssel Ia-VO finden daher keine Anwendung. Die Regelung entspricht Art. 5 EuVTVO und Art. 20 Abs. 1 EuBagatellVO.

2 Bei Vollstreckung eines vom AG Wedding erlassenen Europäischen Zahlungsbefehls in Deutschland bedarf es keiner Vollstreckungsklausel (vgl § 1093 ZPO Rn 3).

Artikel 20 Überprüfung in Ausnahmefällen

(1) Nach Ablauf der in Artikel 16 Absatz 2 genannten Frist ist der Antragsgegner berechtigt, bei dem zuständigen Gericht des Ursprungsmitgliedstaats eine Überprüfung des Europäischen Zahlungsbefehls zu beantragen, falls

a) i) der Zahlungsbefehl in einer der in Artikel 14 genannten Formen zugestellt wurde,

und

ii) die Zustellung ohne Verschulden des Antragsgegners nicht so rechtzeitig erfolgt ist, dass er Vorkehrungen für seine Verteidigung hätte treffen können,

oder

b) der Antragsgegner aufgrund höherer Gewalt oder aufgrund außergewöhnlicher Umstände ohne eigenes Verschulden keinen Einspruch gegen die Forderung einlegen konnte,

wobei in beiden Fällen vorausgesetzt wird, dass er unverzüglich tätig wird.

(2) Ferner ist der Antragsgegner nach Ablauf der in Artikel 16 Absatz 2 genannten Frist berechtigt, bei dem zuständigen Gericht des Ursprungsmitgliedstaats eine Überprüfung des Europäischen Zahlungsbefehls zu beantragen, falls der Eu-

ropäische Zahlungsbefehl gemessen an den in dieser Verordnung festgelegten Voraussetzungen oder aufgrund von anderen außergewöhnlichen Umständen offensichtlich zu Unrecht erlassen worden ist.

(3) Weist das Gericht den Antrag des Antragsgegners mit der Begründung zurück, dass keine der Voraussetzungen für die Überprüfung nach den Absätzen 1 und 2 gegeben ist, bleibt der Europäische Zahlungsbefehl in Kraft. Entscheidet das Gericht, dass die Überprüfung aus einem der in den Absätzen 1 und 2 genannten Gründe gerechtfertigt ist, wird der Europäische Zahlungsbefehl für nichtig erklärt.

I. Regelungsgegenstand	1	4. Außerordentliche Umstände (Abs. 2)	8
II. Voraussetzungen	4	5. Antrag	10
1. Zuständigkeit	4	6. Frist	12
2. Ablauf der Einspruchsfrist	5	III. Rechtsfolge des Überprüfungsantrags (Abs. 3)	13
3. Verletzung rechtlichen Gehörs (Abs. 1)	6		

I. Regelungsgegenstand

Die Vorschrift stellt dem Antragsgegner den einzigen **außerordentlichen Rechtsbehelf** gegen den bereits vollstreckbaren Europäischen Zahlungsbefehl im Ursprungsmitgliedstaat zur Verfügung. Sie gewährt **keine zweite Einspruchsmöglichkeit** (vgl Erwägungsgrund 25), sondern greift nur in Ausnahmefällen wie der Verletzung rechtlichen Gehörs (Abs. 1) oder sonstigen außergewöhnlichen Umständen (Abs. 2). Art. 20 gilt unabhängig davon, ob der Europäische Zahlungsbefehl später im Ursprungsmitgliedstaat selbst oder in einem anderen Mitgliedstaat vollstreckt wird. 1

Die Vorschrift wird ergänzt durch die Ausführungsbestimmung in § 1092 ZPO. 2

Der **einstweilige Rechtsschutz** gegen Europäische Zahlungsbefehle, die in einem anderen Mitgliedstaat als dem Vollstreckungsmitgliedstaat erlassen wurden, richtet sich während des Überprüfungsverfahrens nach Art. 23 (vgl §§ 1095 f ZPO). 3

II. Voraussetzungen

1. Zuständigkeit. Die Überprüfung ist beim zuständigen **Gericht des Ursprungsmitgliedstaates** zu beantragen (vgl Art. 29 Abs. 1 lit. c). Für einen in Deutschland erlassenen Europäischen Zahlungsbefehl ist das AG Wedding ausschließlich zuständig (§ 1087 ZPO). § 707 ZPO gilt für in Deutschland erlassene Zahlungsbefehle entsprechend (§ 1095 Abs. 1 ZPO). 4

2. Ablauf der Einspruchsfrist. Eine Überprüfung des Europäischen Zahlungsbefehls ist erst nach **Ablauf der 30-tägigen Einspruchsfrist** (Art. 16 Abs. 2) möglich.[1] 5

3. Verletzung rechtlichen Gehörs (Abs. 1). Die Überprüfung hat Erfolg, wenn die Zustellung des Europäischen Zahlungsbefehls nur einer der **in Art. 14 geregelten Mindestanforderungen** genügte, also keine persönliche Zustellung an den Antragsgegner erfolgte, und dieser nicht rechtzeitig innerhalb der Einspruchsfrist (Art. 16 Abs. 2) Einspruch einlegen konnte (lit. a). 6

Unabhängig von der Zustellungsform ist die Überprüfung erfolgreich, wenn der Antragsgegner ohne eigenes Verschulden aufgrund **höherer Gewalt**[2] oder anderer 7

---

[1] Hk-ZPO/*Gierl*, § 1096 ZPO Anh Art. 20 Rn 3; Thomas/Putzo/*Hüßtege*, § 1092 ZPO Rn 7; Wieczorek/Schütze/*Schütze*, § 1092 ZPO Rn 2.
[2] Vgl zum Begriff Wieczorek/Schütze/*Schütze*, § 1092 ZPO Rn 4.

außergewöhnlicher Umstände unverschuldet nicht oder nicht rechtzeitig innerhalb der Einspruchsfrist (Art. 16 Abs. 2) Einspruch einlegen konnte (lit. b).

4. Außerordentliche Umstände (Abs. 2). Die Überprüfung wegen außergewöhnlicher Umstände oder weil der Zahlungsbefehl offensichtlich zu Unrecht erlassen wurde, ist **auf enge Ausnahmefälle beschränkt,** wenn der Fehler innerhalb der Einspruchsfrist nicht erkennbar war. Denn Art. 20 gewährt keine zweite Einspruchsmöglichkeit (s. Rn 1).[3] Anhaltspunkte für den Überprüfungsumfang bietet Erwägungsgrund 25. Danach ist die Überprüfung veranlasst, wenn der Europäische Zahlungsbefehl auf offensichtlich **falschen Angaben im Antragsformular** beruht. Darüber hinaus hat eine Überprüfung Erfolg, wenn der Europäische Zahlungsbefehl **offensichtlich zu Unrecht erlassen** wurde, zB weil er sich gegen den falschen Antragsgegner richtet oder über die im Antragsformular geltend gemachte Forderung hinausgeht. Es genügt nicht, dass eine der in Art. 8 genannten Voraussetzungen nicht vorliegt; der Fehler muss „ins Auge" springen.[4]

Unter Abs. 2 fällt **nicht** der **Erfüllungseinwand.** Zahlt der Antragsgegner die Forderung nach Erlass des Europäischen Zahlungsbefehls, greift Art. 22 Abs. 2 als *lex specialis.* Hat der Antragsgegner die Forderung bereits vor Erlass des Europäischen Zahlungsbefehls bezahlt, muss er die Möglichkeit zum Einspruch gegen den Europäischen Zahlungsbefehl nutzen. Eine zweite Einspruchsmöglichkeit nach Ablauf der 30-Tages-Frist (vgl Art. 16 Abs. 2) gewährt Art. 20 nicht (vgl Erwägungsgrund 25).

5. Antrag. Für den Antrag steht kein Formblatt zur Verfügung. Die Form der Antragstellung richtet sich daher nach nationalem Recht. Regelmäßig ist der Antrag **schriftlich** beim zuständigen Gericht (vgl § 1087 ZPO) einzureichen.

Der Antrag muss dabei den Europäischen Zahlungsbefehl eindeutig bezeichnen. Darüber hinaus ist der **Grund der Überprüfung** anzugeben und glaubhaft zu machen (vgl § 1092 ZPO iVm § 294 ZPO). Im Fall des Art. 20 Abs. 1 ist die **Unverzüglichkeit** der Antragstellung vom Antragsteller darzulegen (s. Rn 12). Er sollte daher das Zustellungsdatum des Europäischen Zahlungsbefehls bzw das Datum der Kenntnisnahme vom Erlass des Europäischen Zahlungsbefehls mitteilen.

6. Frist. Der Antrag ist **unverzüglich nach Kenntnisnahme** eines in Abs. 1 geregelten Überprüfungsgrundes, also regelmäßig innerhalb von zwei Wochen (vgl § 234 ZPO),[5] zu stellen. Wie bei der Versendung des Einspruchs (Art. 16 Abs. 2) genügt die rechtzeitige Absendung des Antrags auf Überprüfung.

III. Rechtsfolge des Überprüfungsantrags (Abs. 3)

Liegen die in Abs. 1 und 2 genannten Voraussetzungen nicht vor, weist das Gericht den Antrag auf Überprüfung des Europäischen Zahlungsbefehls zurück. Der Europäische Zahlungsbefehl bleibt in Kraft und ist vollstreckbar (S. 1).

Erkennt das Gericht, dass die in Abs. 1 und 2 genannten Voraussetzungen vorliegen, erklärt es den Europäischen Zahlungsbefehl für nichtig (S. 2), ohne dass es darauf ankommt, ob das Gericht die Forderung für (un-)begründet hält (vgl Er-

---

[3] MüKo-ZPO/*Ulrici,* Art. 20 VO (EG) Nr. 1896/2006 Rn 16; Rauscher/*Gruber,* EuZPR/EuIPR (2014), EG-MahnVO Art. 20 Rn 29; Wieczorek/Schütze/*Schütze,* § 1092 ZPO Rn 8.
[4] Hk-ZPO/*Gierl,* § 1096 ZPO Anh Art. 20 Rn 9; *Röthel/Sparmann,* WM 2007, 1101, 1104.
[5] Hk-ZPO/*Gierl,* § 1096 ZPO Anh Art. 20 Rn 6; Wieczorek/Schütze/*Schütze,* § 1092 ZPO Rn 7.

wägungsgrund 25). Eine Überleitung in das streitige Verfahren findet in keinem der Fälle des Art. 20 statt (vgl § 1092 ZPO Rn 6).[6]

Die Entscheidung über den Antrag auf Überprüfung des Europäischen Zahlungsbefehls ist beiden Verfahrensbeteiligten von Amts wegen zu übermitteln. Die Art. 13–15 finden auf die Übermittlung keine Anwendung.

Artikel 21 Vollstreckung

(1) Unbeschadet der Bestimmungen dieser Verordnung gilt für das Vollstreckungsverfahren das Recht des Vollstreckungsmitgliedstaats.

Ein vollstreckbar gewordener Europäischer Zahlungsbefehl wird unter den gleichen Bedingungen vollstreckt wie eine im Vollstreckungsmitgliedstaat vollstreckbar gewordene Entscheidung.

(2) Zur Vollstreckung in einem anderen Mitgliedstaat legt der Antragsteller den zuständigen Vollstreckungsbehörden dieses Mitgliedstaats folgende Dokumente vor:

a) eine Ausfertigung des von dem Ursprungsgericht für vollstreckbar erklärten Europäischen Zahlungsbefehls, die die für seine Beweiskraft erforderlichen Voraussetzungen erfüllt,

und

b) gegebenenfalls eine Übersetzung des Europäischen Zahlungsbefehls in die Amtssprache des Vollstreckungsmitgliedstaats oder – falls es in diesem Mitgliedstaat mehrere Amtssprachen gibt – nach Maßgabe der Rechtsvorschriften dieses Mitgliedstaats in die Verfahrenssprache oder eine der Verfahrenssprachen des Ortes, an dem die Vollstreckung betrieben wird, oder in eine sonstige Sprache, die der Vollstreckungsmitgliedstaat zulässt. Jeder Mitgliedstaat kann angeben, welche Amtssprache oder Amtssprachen der Organe der Europäischen Union er neben seiner oder seinen eigenen für den Europäischen Zahlungsbefehl zulässt. Die Übersetzung ist von einer hierzu in einem der Mitgliedstaaten befugten Person zu beglaubigen.

(3) Einem Antragsteller, der in einem Mitgliedstaat die Vollstreckung eines in einem anderen Mitgliedstaat erlassenen Europäischen Zahlungsbefehls beantragt, darf wegen seiner Eigenschaft als Ausländer oder wegen Fehlens eines inländischen Wohnsitzes oder Aufenthaltsorts im Vollstreckungsmitgliedstaat eine Sicherheitsleistung oder Hinterlegung, unter welcher Bezeichnung es auch sei, nicht auferlegt werden.

I. Regelungsgegenstand

Die Vorschrift regelt zusammen mit Art. 19 die Grundsätze und den Ablauf der Zwangsvollstreckung aus einem Europäischen Zahlungsbefehl. Sie entspricht weitgehend Art. 20 EuVTVO und wird ergänzt durch die Ausführungsbestimmungen in §§ 1093 ff ZPO.

II. Grundsätze der Zwangsvollstreckung (Abs. 1)

Die Vollstreckung des Europäischen Zahlungsbefehls richtet sich vorrangig nach Art. 21 ff EuMahnVO. Ergänzend gilt das Recht des Vollstreckungsmitgliedstaa-

---

[6] Hk-ZPO/*Gierl*, § 1096 ZPO Anh Art. 20 Rn 10; MüKo-ZPO/*Ulrici*, Art. 20 VO (EG) Nr. 1896/2006 Rn 31; aA Rauscher/*Gruber*, EuZPR/EuIPR (2014), EG-MahnVO Art. 20 Rn 9 ff; in Ausnahmefällen: Zöller/*Geimer*, § 1092 ZPO Rn 3.

tes (S. 1), wobei die Vollstreckung im Vergleich zu einem inländischen Titel nicht durch nationale Vorschriften erschwert werden darf (Abs. 1 S. 2). Die Vorschrift verlangt **keine absolute Gleichbehandlung**. Die Vollstreckung eines Europäischen Mahnbefehls kann daher – unter Einhaltung der in der Verordnung geregelten Voraussetzungen – auch unter erleichterten Bedingungen erfolgen.

III. Einleitung der Zwangsvollstreckung (Abs. 2)

3   Zur Einleitung der Vollstreckung bedarf es der in lit. a und b genannten Urkunden durch den Vollstreckungsgläubiger bei der nach dem Recht des Vollstreckungsmitgliedstaates **zuständigen Vollstreckungsbehörde** (vgl. Art. 28 lit. b). Die Informationen über die zuständigen Behörden werden im Amtsblatt veröffentlicht und sind über den Europäischen Gerichtsatlas zugänglich.[1]

4   **1. Ausfertigung des Europäischen Zahlungsbefehls (lit. a).** Der Vollstreckungsgläubiger hat eine **Ausfertigung des Europäischen Zahlungsbefehls und der Vollstreckbarerklärung** des Europäischen Zahlungsbefehls vorzulegen.[2] Die Vorlage von Kopien genügt nicht (vgl. auch Art. 20 EuVTVO Rn 6). Die Anforderungen an die Ausfertigung richten sich nach dem Recht des Ursprungsmitgliedstaates.

5   Liegen die Voraussetzungen nicht vor und erfolgt dennoch eine Vollstreckung, ist in Deutschland die Erinnerung gem. § 766 ZPO statthaft.

6   **2. Übersetzung (lit. b).** Eine Übersetzung in die Amts- bzw Verfahrenssprache ist wegen der starken Strukturierung der Formblätter E und G (Anhang V und VII der EuMahnVO) **nur ausnahmsweise erforderlich**, etwa wenn der Zahlungsbefehl individuelle Angaben in den Feldern „Sonstige Angaben" enthält.[3]

7   Die jeweiligen Vollstreckungsstaat zugelassenen Amts- bzw Verfahrenssprachen werden nach der Bekanntgabe an die Kommission (Art. 25 Abs. 1 lit. d) im Amtsblatt und Europäischen Gerichtsatlas veröffentlicht.[4] Bei Vollstreckung **in Deutschland** gilt § 1094 ZPO; danach ist die Übersetzung in deutscher Sprache zu verfassen.

8   Der **Umfang** der Übersetzung erfasst den gesamten Inhalt des Europäischen Zahlungsbefehls und nicht nur die individuell auszufüllenden Felder. Dabei kann selbstverständlich auf das Standardformblatt in der jeweiligen Sprache zurückgegriffen werden.

9   Die **Qualität** der Übersetzung ist dadurch gesichert, dass diese von einer zur Übersetzung befugten Person beglaubigt werden muss (S. 3 iVm vgl § 1094 ZPO). Eine Übersetzung, die den Sinn des Originaldokuments verfälscht oder unverständlich ist, erfüllt nicht die Anforderungen des Abs. 2.

IV. Diskriminierungsverbot (Abs. 3)

10 Das Diskriminierungsverbot bei der Vollstreckung ausländischer Zahlungsbefehle in Abs. 3 greift die Regelungen in Art. 56 Brüssel Ia-VO und Art. 20 Abs. 3 EuVTVO auf. Es findet auch Anwendung zugunsten einer Partei mit Drittstaatsangehörigkeit, Wohnsitz oder Aufenthalt in einem Drittstaat (vgl auch Art. 20 EuVTVO Rn 9).

---

1   S. http://ec.europa.eu/justice_home/judicialatlascivil/html/index_de.htm.
2   BT-Drucks. 16/8839, S. 25.
3   BT-Drucks. 16/8839, S. 25.
4   S. http://ec.europa.eu/justice_home/judicialatlascivil/html/index_de.htm.

Artikel 22 Verweigerung der Vollstreckung

(1) Auf Antrag des Antragsgegners wird die Vollstreckung vom zuständigen Gericht im Vollstreckungsmitgliedstaat verweigert, wenn der Europäische Zahlungsbefehl mit einer früheren Entscheidung oder einem früheren Zahlungsbefehl unvereinbar ist, die bzw. der in einem Mitgliedstaat oder einem Drittland ergangen ist, sofern

a) die frühere Entscheidung oder der frühere Zahlungsbefehl zwischen denselben Parteien wegen desselben Streitgegenstands ergangen ist,

und

b) die frühere Entscheidung oder der frühere Zahlungsbefehl die notwendigen Voraussetzungen für die Anerkennung im Vollstreckungsmitgliedstaat erfüllt,

und

c) die Unvereinbarkeit im gerichtlichen Verfahren des Ursprungsmitgliedstaats nicht geltend gemacht werden konnte.

(2) Auf Antrag wird die Vollstreckung ebenfalls verweigert, sofern und insoweit der Antragsgegner den Betrag, der dem Antragsteller in einem Europäischen Zahlungsbefehl zuerkannt worden ist, an diesen entrichtet hat.

(3) Ein Europäischer Zahlungsbefehl darf im Vollstreckungsmitgliedstaat in der Sache selbst nicht nachgeprüft werden.

I. Regelungsgegenstand

Die Vorschrift regelt den **Vollstreckungsrechtsbehelf** der Verweigerung. Sie stellt 1
eine Ausnahme vom Grundsatz der Vollstreckbarkeit ohne Nachprüfung im Vollstreckungsstaat (vgl Erwägungsgrund 27) dar. Der Vollstreckungsschuldner kann sich im Vollstreckungsmitgliedstaat mit dem Einwand entgegenstehender Rechtskraft **gegen die doppelte Zwangsvollstreckung** wegen eines einzigen Anspruchs wehren (Abs. 1).[1] Art. 20 Abs. 1 ist im Gegensatz zu Abs. 2, der ein Spezifikum der EuMahnVO darstellt, dem Art. 21 EuVTVO nachgebildet.

Auch in der EuMahnVO gilt jedoch – wie gem. Art. 21 Abs. 2 EuVTVO und 2
Art. 45 Brüssel Ia-VO – das **Verbot der révision au fond** (Abs. 3). Zusammen mit der Abschaffung der ordre-public-Kontrolle wird dadurch der Rechtsschutz des Schuldners nahezu vollständig auf den Ursprungsmitgliedstaat verlagert.

Die Ausführungsbestimmungen finden sich in § 1096 Abs. 1 S. 1 und Abs. 2 S. 1 3
ZPO.

II. Rechtsnatur

Der Vollstreckungsschuldner kann sich unmittelbar auf den **autonomen Rechts-** 4
behelf des Art. 22 berufen. Bei Art. 22 handelt es sich entgegen des missverständlichen Wortlauts in Erwägungsgrund 27 nicht um eine bloße Mindestanforderung an das nationale Recht. Wie bei Art. 18 EuBagatellVO (s. Art. 18 EuBagatellVO Rn 3) erklärt sich die Bezeichnung als Mindestvorschrift bzw Mindeststandard durch die Ausnahme von der Regel in Art. 21 Abs. 1, der die Vollstreckung aus dem Europäischen Zahlungsbefehl dem nationalen Recht des Vollstreckungsmitgliedstaates unterstellt.

---

1 *Freitag*, IPRax 2007, 509, 511f.

III. Voraussetzungen

5 **1. Zulässigkeit.** Der **Antrag** auf Vollstreckungsverweigerung ist von dem Antragsgegner beim zuständigen Gericht bzw der zuständigen Behörde im Vollstreckungsmitgliedstaat (vgl Art. 28 lit. b) einzulegen. Das Verfahren richtet sich nach dem nationalen Recht des Vollstreckungsmitgliedstaates. In Deutschland gelten § 1084 Abs. 1 und 2 und § 1086 Abs. 1 ZPO entsprechend (§ 1096 Abs. 1 S. 1 und Abs. 2 S. 1 ZPO).

6 **2. Begründetheit. a) Entgegenstehende Rechtskraft (Abs. 1).** Die Vollstreckung kann verweigert werden, wenn der Europäische Zahlungsbefehl mit einer früheren Entscheidung (vgl Art. 4 Nr. 1 EuVTVO), einem früheren Europäischen Zahlungsbefehl oder einem nationalen Zahlungsbefehl, der in einem der EuMahnVO vergleichbaren Verfahren erlassen wurde,[2] unvereinbar ist und die in lit. a–c genannten **kumulativen Voraussetzungen** erfüllt sind.[3]

7 Ob die Entscheidungen wegen desselben Streitgegenstand ergangen sind (**lit. a**), richtet sich nach dem **europäischen Streitgegenstandsbegriff**, soweit sich ein solcher bereits herausgebildet hat.[4] Ob die frühere Entscheidung im Vollstreckungsmitgliedstaat anerkannt wird (**lit. b**), richtet sich danach, ob es sich um eine Entscheidung aus einem Drittstaat (§ 328 ZPO) oder einem anderen Mitgliedstaat (Art. 36 ff Brüssel Ia-VO) handelt.

8 Der Antragsgegner kann die Vollstreckung nur verweigern, wenn er die Unvereinbarkeit im Ursprungsmitgliedstaat nicht geltend machen konnte (**lit. c**). Dies ist der Fall, wenn er bis zum Ablauf der Einspruchsfrist (Art. 16 Abs. 2) **keine Kenntnis von einer früheren, im Ursprungsmitgliedstaat anerkennungsfähigen Entscheidung** hatte (subjektive Verhinderung).[5] Legt der Antragsgegner trotz Kenntnis von der anerkennungsfähigen Entscheidung keinen Einspruch ein, ist sein Einwand im Vollstreckungsmitgliedstaat präkludiert. Ist die Entscheidung im Ursprungsmitgliedstaat nicht anerkennungsfähig und würde daher im ordentlichen Zivilprozess keine Berücksichtigung finden, darf der Antragsgegner jedoch nicht zum Einspruch und zu dem aussichtslosen Folgeprozess gezwungen werden (objektive Verhinderung).[6] Der Antragsgegner kann auch in diesem Fall die Unvereinbarkeit gem. Art. 22 Abs. 1 geltend machen.

9 Konnte der Antragsgegner keinen Einspruch einlegen, weil er nicht rechtzeitig Kenntnis vom Erlass des Europäischen Zahlungsbefehls hatte, ist Art. 20 der vorrangige Rechtsbehelf.[7]

10 **b) Erfüllungseinwand (Abs. 2).** Die zeitliche Grenze für den Erfüllungseinwand ist umstritten.[8] Der Antragsgegner kann die Vollstreckung jedenfalls dann verweigern, wenn er die im Europäischen Zahlungsbefehl zuerkannte **Forderung nach Ablauf der Einspruchsfrist beglichen** hat.[9] Zahlt der Schuldner vor der Zustellung des Europäischen Zahlungsbefehls, obliegt es ihm, innerhalb der Einspruchsfrist Einspruch einzulegen (vgl Art. 16). Unterlässt er dies, ist er mit dem

---

2 MüKo-ZPO/*Ulrici*, Art. 22 VO (EG) Nr. 1896/2006 Rn 1; Thomas/Putzo/*Hüßtege*, Art. 22 EuMVVO Rn 1; Kropholler/*v. Hein*, Art. 22 EuMVVO Rn 4 f mwN zur aA.
3 Hk-ZPO/*Gierl*, § 1096 ZPO Anh Art. 22 Rn 2; Thomas/Putzo/*Hüßtege*, Art. 22 EuMVVO Rn 1.
4 Vgl Wieczorek/Schütze/*Schütze*, § 1096 ZPO Rn 6.
5 Kropholler/*v. Hein*, Art. 22 EuMVVO Rn 6; Rauscher/*Gruber*, EuZPR/EuIPR (2014), EG-MahnVO Art. 22 Rn 11; aA MüKo-ZPO/*Ulrici*, Art. 22 VO (EG) Nr. 1896/2006 Rn 15: nur bei objektiver Verhinderung.
6 Hk-ZPO/*Gierl*, § 1096 ZPO Anh. Art. 22 Rn 3; Kropholler/*v. Hein*, Art. 22 EuMVVO Rn 6; *Freitag*, IPRax 2007, 509, 512.
7 Kropholler/*v. Hein*, Art. 22 EuMVVO Rn 6.
8 Vgl die Übersicht bei MüKo-ZPO/*Ulrici*, Art. 22 VO (EG) Nr. 1896/2006 Rn 19 f.
9 Thomas/Putzo/*Hüßtege*, Art. 22 EuMVVO Rn 6; *Freitag*, IPRax 2007, 509, 513.

Erfüllungseinwand präkludiert.[10] Zahlt der Schuldner **nach der Zustellung des Europäischen Zahlungsbefehls** und vor dem Ablauf der Einspruchsfrist, steht ihm nicht die volle Einspruchsfrist zur Verfügung und er kann den Erfüllungseinwand erheben.[11] Dafür spricht, dass Art. 12 Abs. 3 und die Belehrung in Formblatt E den Antragsgegner zur Zahlung *oder* Einlegung eines Einspruchs auffordern. Zum Schutz des Schuldners sollte Abs. 2 daher weit ausgelegt werden.

Andere Arten der Erfüllung wie die Aufrechnung fallen wegen des klaren Wortlauts der Vorschrift **nicht** unter Abs. 2.[12] Sie können ggf nach den Ausführungsbestimmungen des nationalen Rechts des Vollstreckungsstaates geltend gemacht werden (s. Art. 21 Abs. 1 und Art. 26 iVm §§ 1096 Abs. 2 S. 2, 1095 Abs. 2 ZPO iVm § 767 ZPO; vgl § 1096 ZPO Rn 4).

c) **Keine Nachprüfung in der Sache (Abs. 3).** Eine Nachprüfung des Europäischen Zahlungsbefehls in der Sache selbst (*révision au fond*) findet im Vollstreckungsstaat nicht statt.

Artikel 23 Aussetzung und Beschränkung der Vollstreckung

Hat der Antragsgegner eine Überprüfung nach Artikel 20 beantragt, so kann das zuständige Gericht im Vollstreckungsmitgliedstaat auf Antrag des Antragsgegners

a) das Vollstreckungsverfahren auf Sicherungsmaßnahmen beschränken,

oder

b) die Vollstreckung von der Leistung einer von dem Gericht zu bestimmenden Sicherheit abhängig machen,

oder

c) unter außergewöhnlichen Umständen das Vollstreckungsverfahren aussetzen.

I. Regelungsgegenstand

Die Vorschrift regelt die **einstweilige Einstellung der Zwangsvollstreckung** aus einem ausländischen Europäischen Zahlungsbefehl während des Überprüfungsverfahrens gem. Art. 20. Die Vorschrift ist Art. 23 EuVTVO nachgebildet und wird ergänzt durch die Ausführungsbestimmung in § 1096 Abs. 1 S. 2 ZPO.

II. Anwendungsbereich

Art. 23 gilt nur für die Aussetzung und Beschränkung der Vollstreckung eines **Europäischen Zahlungsbefehls aus einem anderen Mitgliedstaat** als dem Vollstreckungsmitgliedstaat. Dafür sprechen sowohl der Wortlaut in Art. 23 und Erwägungsgrund 27 als auch das Fehlen einer Art. 15 Abs. 2 EuBagatellVO vergleichbaren Vorschrift in der EuMahnVO. Diese Lücke hat der deutsche Gesetzgeber mit **§ 1095 Abs. 1 ZPO** geschlossen, der dem Schuldner bei Überprüfung eines in

---

10 Kropholler/*v. Hein*, Art. 22 EuMVVO Rn 13; Musielak/*Voit*, Vor §§ 1087 ff ZPO Rn 33; aA MüKo-ZPO/*Ulrici*, Art. 22 VO (EG) Nr. 1896/2006 Rn 20: keine zeitliche Grenze für den Erfüllungseinwand.
11 Ebenso Wieczorek/Schütze/*Schütze*, § 1096 ZPO Rn 19.
12 Hk-ZPO/*Gierl*, § 1096 ZPO Anh Art. 22 Rn 4; MüKo-ZPO/*Ulrici*, Art. 22 VO (EG) Nr. 1896/2006 Rn 18; Rauscher/*Gruber*, EuZPR/EuIPR (2014), EG-MahnVO Art. 22 Rn 30; Thomas/Putzo/*Hüßtege*, Art. 22 EuMVVO Rn 5; *Freitag*, IPRax 2007, 509, 513; aA *Vollkommer/Huber*, NJW 2009, 1105, 1107.

Deutschland erlassenen Europäischen Zahlungsbefehls einen vergleichbaren Rechtsschutz an die Hand gibt (vgl § 1095 ZPO Rn 1).[1]

III. Voraussetzungen

3 **1. Zulässigkeit.** Der Antrag ist von dem Antragsgegner beim zuständigen Gericht bzw der zuständigen Behörde im Vollstreckungsmitgliedstaat (vgl Art. 28 lit. b) einzulegen. Das Verfahren richtet sich nach dem nationalen Recht des Vollstreckungsmitgliedstaates (§ 1096 Abs. 1 S. 2 iVm **§ 1084 Abs. 1 und 3 ZPO**).

4 **2. Begründetheit.** Der Antrag auf Aussetzung und Beschränkung der Vollstreckung des Europäischen Zahlungsbefehls ist begründet, wenn einer der in lit. a–c geregelten **alternativen Voraussetzungen** vorliegt (vgl die Kommentierung zu Art. 23 EuVTVO).

Artikel 24 Rechtliche Vertretung

Die Vertretung durch einen Rechtsanwalt oder sonstigen Rechtsbeistand ist nicht zwingend

a) für den Antragsteller im Hinblick auf die Beantragung eines Europäischen Zahlungsbefehls,

b) für den Antragsgegner bei Einlegung des Einspruchs gegen einen Europäischen Zahlungsbefehl.

I. Regelungsgegenstand

1 Die Vorschrift regelt den Grundsatz des fehlenden Anwaltszwangs im Europäischen Mahnverfahren.

II. Antrag auf Erlass eines Europäischen Zahlungsbefehls und Einspruch

2 Die Beantragung des Europäischen Zahlungsbefehls (lit. a) und der Einspruch gegen den Europäischen Zahlungsbefehl (lit. b) können auch **ohne Vertretung durch einen Rechtsanwalt** vorgenommen werden. Dies gilt unabhängig von der Höhe des Streitwerts[1] und nicht nur für die Stellung des Antrags auf Erlass eines Europäischen Zahlungsbefehls im engeren Sinn (Art. 7), sondern auch für die Vervollständigung und Berichtigung des Antrags (Art. 9).[2]

III. Übrige Verfahrenshandlungen

3 Die Vorschrift regelt nicht die anwaltliche Vertretung für das gesamte Europäische Mahnverfahren und alle in der Verordnung geregelten Verfahrenshandlungen. Für alle nicht in lit. a und b ausdrücklich genannten Verfahrenshandlungen, insb. die Einlegung der in den Art. 20, 22 und 23 vorgesehenen Rechtsbehelfe, richtet sich der Anwaltszwang nach dem jeweiligen **nationalen Recht** (vgl

---

1 Hk-ZPO/*Gierl*, § 1096 ZPO Anh Art. 23 Rn 2; Kropholler/*v. Hein*, Art. 23 EuMVVO Rn 1; Rauscher/*Gruber*, EuZPR/EuIPR (2014), EG-MahnVO Art. 23 Rn 2; Thomas/Putzo/*Hüßtege*, Art. 23 EuMVVO Rn 1; aA MüKo-ZPO/*Ulrici*, Art. 23 VO (EG) Nr. 1896/2006 Rn 2: Art. 23 auch bei Identität von Ursprungs- und Vollstreckungsstaat.
1 Kropholler/*v. Hein*, Art. 24 EuMVVO Rn 1.
2 Kropholler/*v. Hein*, Art. 24 EuMVVO Rn 1; MüKo-ZPO/*Ulrici*, Art. 24 VO (EG) Nr. 1896/2006 Rn 3.

Art. 26).[3] Gleiches gilt auch nach der Überleitung des Verfahrens in den ordentlichen Zivilprozess (vgl Art. 17).

Im Verfahren der Überprüfung in Deutschland erlassener Europäischer Zahlungsbefehle besteht nach § 78 Abs. 5 ZPO ebenfalls kein Anwaltszwang. 4

Artikel 25 Gerichtsgebühren

(1) Die Gerichtsgebühren eines Europäischen Mahnverfahrens und eines ordentlichen Zivilprozesses, der sich an die Einlegung eines Einspruchs gegen den Europäischen Zahlungsbefehl in einem Mitgliedstaat anschließt, dürfen insgesamt nicht höher sein als die Gerichtsgebühren eines ordentlichen Zivilprozesses ohne vorausgehendes Europäisches Mahnverfahren in diesem Mitgliedstaat.

(2) Für die Zwecke dieser Verordnung umfassen die Gerichtsgebühren die dem Gericht zu entrichtenden Gebühren und Abgaben, deren Höhe nach dem nationalen Recht festgelegt wird.

I. Regelungsgegenstand

Die Höhe der Gerichtsgebühren, die für die Durchführung oder Rechtsbehelfe im Rahmen eines Europäischen Mahnverfahrens anfallen, richtet sich nach nationalem Recht (vgl Art. 26; zur Höhe der Kosten s. § 1090 ZPO Rn 8 f). Art. 25 sieht jedoch gewisse Beschränkungen vor, die garantieren, dass die Etablierung des Europäischen Mahnverfahrens nicht an überhöhten Gerichtskosten scheitert. 1

II. Maximale Gerichtsgebühr (Abs. 1)

Abs. 1 regelt die maximale Höhe der Gerichtsgebühr für die Durchführung des Europäischen Mahnverfahrens. Sie entspricht der Gerichtsgebühr, die nach dem nationalen Recht des Ursprungsmitgliedstaates für die **Durchführung eines ordentlichen Zivilprozesses** anfällt. Dies gilt auch dann, wenn sich an das Europäische Mahnverfahren ein ordentlicher Zivilprozess anschließt, weil der Schuldner Einspruch gegen den Europäischen Zahlungsbefehl eingelegt hat (vgl Art. 16). 2

In Deutschland fällt für die Durchführung des Europäischen Mahnverfahrens gem. Nr. 1100 KV GKG eine Gerichtsgebühr von 0,5 – mindestens jedoch 23,00 € – an. Für die anwaltliche Vertretung fallen Gebühren gem. Nr. 3305–3307 VV RVG an (vgl § 1090 ZPO Rn 8 f). 3

III. Definition der Gerichtsgebühr (Abs. 2)

Abs. 2 enthält eine Definition der Gerichtsgebühr und fasst darunter **sämtliche dem Gericht zu entrichtende Gebühren und Abgaben**. Die Regelung soll verhindern, dass sich über im nationalen Recht geregelte Abgaben die Maximalhöhe der anfallenden Kosten erhöht. 4

Gerichtsgebühren nach Art. 25 enthalten keine Anwaltshonorare oder Zustellungskosten einer außergerichtlichen Stelle (vgl Erwägungsgrund 26). Die Höhe des Anwaltshonorars wird durch Art. 25 nicht beschränkt und richtet sich ausschließlich nach nationalem Recht. 5

---

3   MüKo-ZPO/*Ulrici*, Art. 24 VO (EG) Nr. 1896/2006 Rn 1; Rauscher/*Gruber*, EuZPR/EuIPR (2014), EG-MahnVO Art. 24 Rn 2.

Artikel 26   Verhältnis zum nationalen Prozessrecht

Sämtliche verfahrensrechtlichen Fragen, die in dieser Verordnung nicht ausdrücklich geregelt sind, richten sich nach den nationalen Rechtsvorschriften.

1   Die Vorschrift regelt das Verhältnis zwischen der EuMahnVO und dem nationalen Recht. Für den Erlass des Europäischen Zahlungsbefehls erklärt Art. 26 das nationale Verfahrensrecht des Ursprungsmitgliedstaates – einschließlich der Brüssel Ia-VO als Teil des nationalen Rechts – für subsidiär anwendbar. Für das Vollstreckungsverfahren regelt **Art. 21 Abs. 1 als lex specialis** die subsidiäre Anwendung des nationalen Rechts des Vollstreckungsmitgliedstaates.

2   Die Anwendung nationalen Rechts darf den **Zielen der EuMahnVO nicht widersprechen** und die Anwendbarkeit der Vorschriften der EuMahnVO nicht beeinträchtigen.

Artikel 27   Verhältnis zur Verordnung (EG) Nr. 1348/2000

Diese Verordnung berührt nicht die Anwendung der Verordnung (EG) Nr. 1348/2000 des Rates vom 29. Mai 2000 über die Zustellung gerichtlicher und außergerichtlicher Schriftstücke in Zivil- und Handelssachen in den Mitgliedstaaten.[1]

1   Die Vorschrift regelt das Verhältnis zwischen Art. 13 und 15 EuMahnVO und der EuZVO.[2] Die EuZVO findet auch für die grenzüberschreitende Zustellung der im Rahmen des Europäischen Mahnverfahrens zuzustellenden Schriftstücke unmittelbar Anwendung, wobei die in den Art. 13–15 aufgeführten Mindeststandards einzuhalten sind.

Artikel 28   Informationen zu den Zustellungskosten und zur Vollstreckung

Die Mitgliedstaaten arbeiten zusammen, um der Öffentlichkeit und den Fachkreisen folgende Informationen zur Verfügung zu stellen:

a) Informationen zu den Zustellungskosten,

und

b) Information darüber, welche Behörden im Zusammenhang mit der Vollstreckung für die Anwendung der Artikel 21, 22 und 23 zuständig sind,

insbesondere über das mit der Entscheidung 2001/470/EG des Rates[1] eingerichtete Europäische Justizielle Netz für Zivil- und Handelssachen.

---

1 ABl. L 160 vom 30.6.2000, S. 37.
2 Nunmehr Verordnung (EG) Nr. 1393/2007 des Europäischen Parlaments und des Rates vom 13. November 2007 über die Zustellung gerichtlicher und außergerichtlicher Schriftstücke in Zivil- oder Handelssachen in den Mitgliedstaaten („Zustellung von Schriftstücken") und zur Aufhebung der Verordnung (EG) Nr. 1348/2000 des Rates (ABl. Nr. L 324 vom 10.12.2007, S. 79).
1 ABl. L 174 vom 27.6.2001, S. 25.

Die Informationen zu den Zustellungskosten und über die für die Anwendung   1
der Art. 21, 22 und 23 zuständigen Vollstreckungsbehörden können im Europäischen Gerichtsatlas eingesehen werden.²

Artikel 29 Angaben zu den zuständigen Gerichten, den Überprüfungsverfahren, den Kommunikationsmitteln und den Sprachen

(1) Die Mitgliedstaaten teilen der Kommission bis zum 12. Juni 2008 Folgendes mit:

a) die Gerichte, die dafür zuständig sind, einen Europäischen Zahlungsbefehl zu erlassen;

b) Informationen über das Überprüfungsverfahren und die für die Anwendung des Artikels 20 zuständigen Gerichte;

c) die Kommunikationsmittel, die im Hinblick auf das Europäische Mahnverfahren zulässig sind und den Gerichten zur Verfügung stehen;

d) die nach Artikel 21 Absatz 2 Buchstabe b zulässigen Sprachen.

Die Mitgliedstaaten unterrichten die Kommission über alle späteren Änderungen dieser Angaben.

(2) Die Kommission macht die nach Absatz 1 mitgeteilten Angaben durch Veröffentlichung im Amtsblatt der Europäischen Union und durch andere geeignete Mittel öffentlich zugänglich.

Die Vorschrift verpflichtet die Mitgliedstaaten zur Übermittlung von Informationen   1
über die nach nationalem Recht zuständigen Gerichte sowie die zulässigen
Kommunikationsmittel, Sprachen und Rechtsbehelfe. Die Informationen werden
im Amtsblatt veröffentlicht und können im **Europäischen Gerichtsatlas** eingesehen werden.¹

Artikel 30 Änderung der Anhänge

Die Formblätter in den Anhängen werden nach dem in Artikel 31 Absatz 2 vorgesehenen Verfahren aktualisiert oder in technischer Hinsicht angepasst; solche Änderungen müssen den Vorschriften dieser Verordnung vollständig entsprechen.

Die Anhänge und darin enthaltenen Formblätter wurden bis Juli 2012 nicht geändert.   1

Artikel 31 Ausschuss

(1) Die Kommission wird von dem nach Artikel 75 der Verordnung (EG) Nr. 44/2001 eingesetzten Ausschuss unterstützt.

(2) Wird auf diesen Absatz Bezug genommen, so gelten Artikel 5 a Absätze 1 bis 4 und Artikel 7 des Beschlusses 1999/468/EG, unter Beachtung von dessen Artikel 8.

(3) Der Ausschuss gibt sich eine Geschäftsordnung.

---

2 S. http://ec.europa.eu/justice_home/judicialatlascivil/html/index_de.htm.
1 S. http://ec.europa.eu/justice_home/judicialatlascivil/html/index_de.htm.

Artikel 32 Überprüfung

Die Kommission legt dem Europäischen Parlament, dem Rat und dem Europäischen Wirtschafts- und Sozialausschuss bis zum 12. Dezember 2013 einen detaillierten Bericht über die Überprüfung des Funktionierens des Europäischen Mahnverfahrens vor. Dieser Bericht enthält eine Bewertung des Funktionierens des Verfahrens und eine erweiterte Folgenabschätzung für jeden Mitgliedstaat.

Zu diesem Zweck und damit gewährleistet ist, dass die vorbildliche Praxis in der Europäischen Union gebührend berücksichtigt wird und die Grundsätze der besseren Rechtsetzung zum Tragen kommen, stellen die Mitgliedstaaten der Kommission Angaben zum grenzüberschreitenden Funktionieren des Europäischen Zahlungsbefehls zur Verfügung. Diese Angaben beziehen sich auf die Gerichtsgebühren, die Schnelligkeit des Verfahrens, die Effizienz, die Benutzerfreundlichkeit und die internen Mahnverfahren der Mitgliedstaaten.

Dem Bericht der Kommission werden gegebenenfalls Vorschläge zur Anpassung der Verordnung beigefügt.

Artikel 33 Inkrafttreten

Diese Verordnung tritt am Tag nach ihrer Veröffentlichung im *Amtsblatt der Europäischen Union* in Kraft.

Sie gilt ab dem 12. Dezember 2008 mit Ausnahme der Artikel 28, 29, 30 und 31, die ab dem 12. Juni 2008 gelten.

Diese Verordnung ist in allen ihren Teilen verbindlich und gilt gemäß dem Vertrag zur Gründung der Europäischen Gemeinschaft unmittelbar in den Mitgliedstaaten.

ANHANG I

Antrag auf Erlass eines Europäischen Zahlungsbefehls

Formblatt A — Artikel 7 Absatz 1 der Verordnung (EG) Nr. 1896/2006 des Europäischen Parlaments und des Rates zur Einführung eines Europäischen Mahnverfahrens

Bitte lesen Sie zum besseren Verständnis dieses Formblatts zuerst die Leitlinien auf der letzten Seite!

Dieses Formblatt ist in der Sprache oder in einer der Sprachen auszufüllen, die das zu befassende Gericht anerkennt.
Das Formblatt ist in allen Amtssprachen der Europäischen Union erhältlich, so dass Sie es in der verlangten Sprache ausfüllen können.

1. Gericht

Gericht			Aktenzeichen (vom Gericht auszufüllen)	
Anschrift			Eingang beim Gericht (Tag/Monat/Jahr)	
PLZ	Ort	Land	Unterschrift und/oder Stempel	

2. Parteien und ihre Vertreter

Codes:
- 01 Antragsteller
- 02 Antragsgegner
- 03 Vertreter des Antragstellers *
- 04 Vertreter des Antragsgegners *
- 05 Gesetzlicher Vertreter des Antragstellers **
- 06 Gesetzlicher Vertreter des Antragsgegners **

Code	Name der Firma oder Organisation		(ggf.) Identifikationsnummer	
	Name		Vorname	
	Anschrift	PLZ	Ort	Land
	Telefon ***	Fax ***	E-Mail ***	
	Beruf ***	Sonstige Angaben ***		

Code	Name der Firma oder Organisation		(ggf.) Identifikationsnummer	
	Name		Vorname	
	Anschrift	PLZ	Ort	Land
	Telefon ***	Fax ***	E-Mail ***	
	Beruf ***	Sonstige Angaben ***		

Code	Name der Firma oder Organisation		(ggf.) Identifikationsnummer	
	Name		Vorname	
	Anschrift	PLZ	Ort	Land
	Telefon ***	Fax ***	E-Mail ***	
	Beruf ***	Sonstige Angaben ***		

Code	Name der Firma oder Organisation		(ggf.) Identifikationsnummer	
	Name		Vorname	
	Anschrift	PLZ	Ort	Land
	Telefon ***	Fax ***	E-Mail ***	
	Beruf ***	Sonstige Angaben ***		

* z.B. Rechtsanwalt   ** z.B. Elternteil, Vormund, Geschäftsführer   *** fakultativ

3. Begründung der gerichtlichen Zuständigkeit

Codes:
- 01 Wohnsitz des Antragsgegners oder eines Mitantragsgegners
- 02 Erfüllungsort
- 03 Ort des schädigenden Ereignisses
- 04 Wenn es sich um Streitigkeiten aus dem Betrieb einer Zweigniederlassung, einer Agentur oder einer sonstigen Niederlassung handelt, Ort, an dem sich diese befindet,
- 05 Ort, an dem der Trust seinen Sitz hat
- 06 Wenn es sich um eine Streitigkeit wegen der Zahlung von Berge- und Hilfslohn handelt, der für Bergungs- und Hilfeleistungsarbeiten gefordert wird, die zugunsten einer Ladung oder einer Frachtforderung erbracht worden sind, der Ort des Gerichts, in dessen Zuständigkeitsbereich diese Ladung oder die entsprechende Frachtforderung mit Arrest belegt worden ist oder mit Arrest hätte belegt werden können
- 07 In Versicherungssachen Wohnsitz des Versicherungsnehmers, des Versicherten oder des Begünstigten
- 08 Wohnsitz des Verbrauchers
- 09 Ort, an dem der Arbeitnehmer seine Arbeit verrichtet
- 10 Ort der Niederlassung, die den Arbeitnehmer eingestellt hat
- 11 Ort, an dem die unbewegliche Sache belegen ist
- 12 Gerichtsstandsvereinbarung
- 13 Wohnsitz des Unterhaltsgläubigers
- 14 Sonstiger Zuständigkeitsgrund (bitte näher erläutern)

Code	Erläuterungen (gilt nur für Code 14)

4. Gründe dafür, dass die Sache als grenzüberschreitend anzusehen ist

Codes:
- 01 Belgien
- 02 Bulgarien
- 03 Tschechische Republik
- 04 Deutschland
- 05 Estland
- 06 Griechenland
- 07 Spanien
- 08 Frankreich
- 09 Irland
- 10 Italien
- 11 Zypern
- 12 Lettland
- 13 Litauen
- 14 Luxemburg
- 15 Ungarn
- 16 Malta
- 17 Niederlande
- 18 Österreich
- 19 Polen
- 20 Portugal
- 21 Rumänien
- 22 Slowenien
- 23 Slowakei
- 24 Finnland
- 25 Schweden
- 26 Vereinigtes Königreich
- 27 Sonstige

Wohnsitz oder gewöhnlicher Aufenthaltsort des Antragstellers	Wohnsitz oder gewöhnlicher Aufenthaltsort des Antragsgegners	Land des Gerichts

5. Bankverbindung (fakultativ)

5.1 Zahlung der Gerichtsgebühren durch den Antragsteller

Codes:
- 01 Überweisung
- 02 Kreditkarte
- 03 Einziehung vom Bankkonto des Antragstellers durch das Gericht
- 04 Prozesskostenhilfe
- 05 Sonstige (bitte näher erläutern)

Bei Code 02 oder 03 bitte die Bankverbindung in Anlage 1 eintragen

Code	Im Falle von Code 05 bitte näher erläutern

5.2 Zahlung der zuerkannten Summe durch den Antragsgegner

Kontoinhaber	Bankadresse (BIC) oder andere anwendbare Bankkennung
Kontonummer	Internationale Bankkontonummer (IBAN)

Anhang I | EuMahnVO

EUR	Euro	BGN	Bulgarischer Lew	CZK	Tschechische Krone	GBP	Britisches Pfund	HUF	Ungarischer Forint
LTL	Litauischer Litas	LVL	Lettischer Lats	PLN	Polnischer Zloty	RON	Rumänischer Leu	SEK	Schwedische Krone

6. Hauptforderung		Währung	Sonstige (gemäß internationalem Bankcode)
			Gesamtwert der Hauptforderung, ohne Zinsen und Kosten

Anspruchsgrundlage (Code 1)

01 Kaufvertrag
02 Mietvertrag über bewegliche Sachen
03 Miet-/Pachtvertrag über Immobilien
04 Mietvertrag über Betriebs-/Büroräume
05 Vertrag über Dienstleistungen - Elektrizität, Gas, Wasser, Telefon
06 Vertrag über Dienstleistungen - medizinische Versorgung
07 Vertrag über Dienstleistungen - Beförderungsleistungen
08 Vertrag über Dienstleistungen - rechtliche, steuerliche oder technische Beratung
09 Vertrag über Dienstleistungen - Hotel- und Gaststättengewerbe
10 Vertrag über Dienstleistungen - Reparaturen
11 Vertrag über Dienstleistungen - Maklerleistungen
12 Vertrag über Dienstleistungen - Sonstiges (bitte näher erläutern)
13 Bauvertrag
14 Versicherungsvertrag
15 Darlehen
16 Bürgschaft oder sonstige Sicherheit
17 Außervertragliche Schuldverhältnisse, sofern sie einer Vereinbarung zwischen den Parteien oder einer Schuldanerkenntnis unterliegen (z.B. Schadensbegleichung, ungerechtfertigte Bereicherung)
18 Aus dem gemeinsamen Eigentum an Vermögensgegenständen erwachsende Forderungen
19 Schadensersatz aus Vertragsverletzung
20 Abonnement (Zeitung, Zeitschrift)
21 Mitgliedsbeitrag
22 Arbeitsvertrag
23 Außergerichtlicher Vergleich
24 Unterhaltsvertrag
25 Sonstige Forderungen (bitte näher erläutern)

Umstände, mit denen die Forderung begründet wird (Code 2)

30 Ausgebliebene Zahlung
31 Unzureichende Zahlung
32 Verspätete Zahlung
33 Ausgebliebene Lieferung von Waren/Erbringung von Dienstleistungen
34 Lieferung schadhafter Waren/Erbringung mangelhafter Dienstleistungen
35 Erzeugnis bzw. Dienstleistung entspricht nicht der Bestellung
36 Sonstige Probleme (bitte näher erläutern)

Sonstige Angaben (Code 3)

40 Ort des Vertragsabschlusses
41 Ort der Leistung
42 Zeitpunkt des Vertragsabschlusses
43 Zeitpunkt der Leistung
44 Art der betreffenden Ware(n)
45 Adresse einer Liegenschaft oder eines Gebäudes
46 Bei Darlehen, Zweck des Darlehens: Verbraucherkredit
47 Bei Darlehen, Zweck des Darlehens: Hypothekendarlehen
48 Sonstige Angaben (bitte näher erläutern)

ID 1	Code 1	Code 2	Code 3	Erläuterungen	Datum* (oder Zeitraum)	Betrag
ID 2	Code 1	Code 2	Code 3	Erläuterungen	Datum* (oder Zeitraum)	Betrag
ID 3	Code 1	Code 2	Code 3	Erläuterungen	Datum* (oder Zeitraum)	Betrag
ID 4	Code 1	Code 2	Code 3	Erläuterungen	Datum* (oder Zeitraum)	Betrag

* Datumsformat: Tag/Monat/Jahr

Die Forderung ist dem Antragsteller von folgendem Gläubiger abgetreten worden (falls zutreffend)

Name der Firma oder Organisation	(ggf.) Identifikationsnummer		
Name	Vorname		
Anschrift	PLZ	Ort	Land

Zusätzliche Angaben für Forderungen, die sich auf einen Verbrauchervertrag beziehen (falls zutreffend)

Die Forderung bezieht sich auf einen Verbrauchervertrag	Der Antragsgegner ist der Verbraucher	Der Antragsgegner hat einen Wohnsitz im Sinne von Artikel 59 der Verordnung (EG) Nr. 44/2001 in dem Mitgliedstaat, dessen Gerichte angerufen werden
ja nein	ja nein	ja nein

EuMahnVO | Anhang I

7. Zinsen
Codes (bitte die entsprechende Ziffer und den entsprechenden Buchstaben einsetzen):

01 Gesetzlicher Zinssatz	02 Vertraglicher Zinssatz	03 Kapitalisierung der Zinsen	04 Zinssatz für ein Darlehen **	05 Vom Antragsteller berechneter Betrag	06 Sonstige ***
A jährlich	B halbjährlich	C vierteljährlich	D monatlich	E sonstige ***	
ID *	Code	Zinssatz (%)	% über dem Basissatz der EZB	auf (Betrag)	Ab	bis
ID *	Code	Zinssatz (%)	% über dem Basissatz der EZB	auf (Betrag)	Ab	bis
ID *	Code	Zinssatz (%)	% über dem Basissatz der EZB	auf (Betrag)	Ab	bis
ID *	Code	Zinssatz (%)	% über dem Basissatz der EZB	auf (Betrag)	Ab	bis

ID * Bitte näher erläutern im Falle von Code 6 und/oder E

* Bitte die entsprechende Forderungskennung (ID) einsetzen   ** vom Antragsteller mindestens in der Höhe der Hauptforderung aufgenommen   *** Bitte näher erläutern

8. Vertragsstrafe (falls zutreffend)

Betrag	Bitte näher erläutern

9. Kosten (falls zutreffend)

Codes: 01 Antragsgebühren   02 Sonstige (bitte näher erläutern)

Code	Erläuterungen (gilt nur für Code 02)	Währung	Betrag
Code	Erläuterungen (gilt nur für Code 02)	Währung	Betrag
Code	Erläuterungen (gilt nur für Code 02)	Währung	Betrag
Code	Erläuterungen (gilt nur für Code 02)	Währung	Betrag

10. Vorhandene Beweismittel, auf die sich die Forderung stützt

Codes: 01 Urkundsbeweis   02 Zeugenbeweis   03 Sachverständigengutachten   04 Inaugenscheinnahme eines Gegenstands   05 Sonstige (bitte näher erläutern)

ID *	Code	Bezeichnung der Beweismittel	Datum (Tag/Monat/Jahr)
ID *	Code	Bezeichnung der Beweismittel	Datum (Tag/Monat/Jahr)
ID *	Code	Bezeichnung der Beweismittel	Datum (Tag/Monat/Jahr)
ID *	Code	Bezeichnung der Beweismittel	Datum (Tag/Monat/Jahr)

* Bitte die entsprechende Forderungskennung (ID) einsetzen

11. Zusätzliche Erklärungen und weitere Angaben (falls erforderlich)

Ich beantrage hiermit, dass das Gericht den/die Antragsgegner anweist, die Hauptforderung in der oben genannten Höhe, gegebenenfalls zuzüglich Zinsen, Vertragsstrafen und Kosten, an den/die Antragsteller zu zahlen.

Ich erkläre, dass die obigen Angaben nach bestem Wissen und Gewissen gemacht wurden.

Mir ist bekannt, dass falsche Angaben zu Sanktionen nach dem Recht des Ursprungsmitgliedstaats führen können.

Ort	Datum (Tag/Monat/Jahr)	Unterschrift und/oder Stempel

Anlage 1 zum Antrag auf Erlass eines Europäischen Zahlungsbefehls
Bankverbindung für die Zahlung der Gerichtsgebühren durch den Antragsteller

Codes: 02 Kreditkarte   03 Einziehung vom Bankkonto des Antragstellers durch das Gericht

Code	Kontoinhaber / Karteninhaber	Bankadresse (BIC) oder andere anwendbare Bankkennung / Kreditkartenunternehmen

Kontonummer / Kreditkartennummer	Internationale Bankkontonummer (IBAN) / Gültigkeit und Kartenprüfnummer der Kreditkarte

Anlage 2 zum Antrag auf Erlass eines Europäischen Zahlungsbefehls
Ablehnung der Überleitung in ein ordentliches Verfahren

Aktenzeichen (auszufüllen, falls die Anlage dem Gericht gesondert vom Antragsformblatt übermittelt wird)

Name der Firma oder Organisation	Name	Vorname
Ort	Datum (Tag/Monat/Jahr)	Unterschrift und/oder Stempel

ANLEITUNG ZUM AUSFÜLLEN DES ANTRAGSFORMBLATTS

Wichtiger Hinweis

Dieses Formblatt ist in der Sprache oder in einer der Sprachen auszufüllen, die das zu befassende Gericht anerkennt. Das Formblatt ist in allen Amtssprachen der Europäischen Union erhältlich, so dass Sie es in der verlangten Sprache ausfüllen können.

Legt der Antragsgegner Einspruch gegen Ihre Forderung ein, so wird das Verfahren vor den zuständigen Gerichten gemäß den Regeln eines ordentlichen Zivilprozesses weitergeführt. Wünschen Sie diese Weiterführung nicht, so unterschreiben Sie bitte auch Anlage 2 zu diesem Formblatt. Diese Anlage muss beim Gericht eingehen, bevor der Europäische Zahlungsbefehl ausgestellt wird.

Betrifft der Antrag eine Forderung gegen einen Verbraucher, die sich auf einen Verbrauchervertrag bezieht, so ist er bei dem zuständigen Gericht des Mitgliedstaats einzureichen, in dem der Verbraucher seinen Wohnsitz hat. Anderenfalls ist er bei dem gemäß der Verordnung (EG) Nr. 44/2001 des Rates über die gerichtliche Zuständigkeit und die Anerkennung und Vollstreckung von Entscheidungen in Zivil- und Handelssachen zuständigen Gericht einzureichen. Informationen über die Vorschriften für die gerichtliche Zuständigkeit finden Sie im Europäischen Gerichtsatlas (http://ec.europa.eu/justice_home/judicialatlascivil/html/index_de.htm).

Vergessen Sie bitte nicht, das Formblatt auf der letzten Seite ordnungsgemäß zu unterzeichnen und zu datieren.

Leitlinien

Bei jedem Abschnitt sind spezifische Codes aufgeführt, die gegebenenfalls in die entsprechenden Felder einzutragen sind.

1. Gericht Bei der Auswahl des Gerichts ist auf die gerichtliche Zuständigkeit zu achten.

2. Parteien und ihre Vertreter In diesem Feld sind die Parteien und gegebenenfalls ihre Vertreter unter Verwendung der im Formblatt vorgegebenen Codes anzugeben. Das Kästchen [Identifikationsnummer] bezieht sich gegebenenfalls auf die besondere Nummer, über die die Sachwalter in einigen Mitgliedstaaten für Zwecke der elektronischen Kommunikation mit dem Gericht verfügen (vgl. Artikel 7 Absatz 6 Unterabsatz 2 der Verordnung (EG) Nr. 1896/2006), auf die Registrierungsnummer von Unternehmen oder Organisationen oder auf sonstige Identifikationsnummern von natürlichen Personen. Das Kästchen [Sonstige Angaben] kann weitere Informationen enthalten, die der Identifizierung der Person dienen (z.B. Geburtsdatum, Stellung der betreffenden Person in dem jeweiligen Unternehmen oder der jeweiligen Organisation). Sind mehr als vier Parteien und/oder Vertreter beteiligt, verwenden Sie bitte das Feld [11].

3. Begründung der gerichtlichen Zuständigkeit Siehe „Wichtiger Hinweis".

4. Grenzüberschreitende Bezüge der Rechtssache Damit dieses Europäische Mahnverfahren in Anspruch genommen werden kann, müssen sich mindestens zwei Kästchen in diesem Feld auf unterschiedliche Staaten beziehen.

5. Bankverbindung (fakultativ) In Feld [5.1] können Sie dem Gericht die zur Begleichung der Gerichtsgebühren gewünschte Zahlungsart mitteilen. Bitte beachten Sie, dass bei dem befassten Gericht nicht unbedingt alle in diesem Feld aufgeführten Zahlungsarten möglich sind. Vergewissern Sie sich, welche Zahlungsart das Gericht akzeptiert. Sie können sich dazu mit dem betreffenden Gericht in Verbindung setzen oder die Webseite des Europäischen Justiziellen Netzes für Zivil- und Handelssachen konsultieren (http://ec.europa.eu/civiljustice/). Falls Sie per Kreditkarte zahlen oder dem Gericht eine Einzugsermächtigung erteilen wollen, tragen Sie bitte in Anlage 1 zu diesem Formblatt die nötigen Angaben zur Kreditkarten-/Bankkontoverbindung ein.

Bitte geben Sie in Feld [5.2] die erforderlichen Informationen für die Zahlung des geschuldeten Betrags durch den Antragsgegner an. Falls Sie eine Überweisung wünschen, geben Sie bitte die entsprechende Bankverbindung an.

6. Hauptforderung Dieses Feld muss anhand der vorgegebenen Codes eine Beschreibung der Hauptforderung und der Umstände, auf denen die Forderung beruht, enthalten. Für jede Forderung ist eine Identifikationsnummer („ID") von 1 bis 4 zu verwenden. Jede Forderung ist in der Zeile neben dem ID-Nummer-Kästchen mit den entsprechenden Codenummern 1, 2 und 3 zu beschreiben. Brauchen Sie mehr Platz, so verwenden Sie bitte das Feld [11]. Das Kästchen [Datum (oder Zeitraum)] bezieht sich beispielsweise auf den Zeitpunkt des Vertragsabschlusses oder des schädigenden Ereignisses oder auf den Zeitraum der Miete/Pacht.

7. Zinsen Werden Zinsen gefordert, so ist dies für jede in Feld [6] aufgeführte Forderung mit den entsprechenden Codes anzugeben. Der Code muss sowohl die entsprechende Ziffer (erste Reihe der Codes) als auch den entsprechenden Buchstaben (zweite Reihe der Codes) enthalten. Wurde der Zinssatz beispielsweise mit jährlicher Fälligkeit vertraglich vereinbart, so lautet der Code 02A. Entscheidet das Gericht über die Höhe der Zinsen, so ist das letzte Kästchen [bis] leer zu lassen und der Code 06E anzugeben. Code 01 bezieht sich auf einen gesetzlichen Zinssatz. Code 02 bezieht sich auf einen vertraglichen Zinssatz. Bei Code 03 (Kapitalisierung der Zinsen) bildet der vermerkte Betrag die Grundlage für die restliche Laufzeit. Die Kapitalisierung der Zinsen betrifft den Fall, dass die aufgelaufenen Zinsen der Hauptforderung zugerechnet werden und für die Berechnung der weiteren Zinsen berücksichtigt werden. Beim Geschäftsverkehr im Sinne der Richtlinie 2000/35/EG vom 29. Juni 2000 zur Bekämpfung von Zahlungsverzug im Geschäftsverkehr ergibt sich bei dem gesetzliche Zinssatz aus der Summe des Zinssatzes, der von der Europäischen Zentralbank auf ihr letztes Hauptrefinanzierungsgeschäft angewandt wurde, das vor dem ersten Kalendertag des betreffenden Halbjahres durchgeführt wurde („Bezugszinssatz"), zuzüglich mindestens sieben Prozentpunkten. Für Mitgliedstaaten, die nicht an der dritten Stufe der Wirtschafts- und Währungsunion teilnehmen, ist der Bezugszinssatz der auf nationaler Ebene (z.B. von ihrer Zentralbank) festgesetzte entsprechende Zinssatz. In beiden Fällen findet der Bezugszinssatz, der am ersten Kalendertag in dem betreffenden Halbjahr in Kraft ist, für die folgenden sechs Monate Anwendung (vgl. Artikel 3 Absatz 1 Buchstabe d der Richtlinie 2000/35/EG). Der „Basissatz der EZB" bezieht sich auf den von der Europäischen Zentralbank für ihre Hauptrefinanzierungsgeschäfte angewandten Zinssatz

8. Vertragsstrafe (falls zutreffend)

9. Kosten (gegebenenfalls) Wird eine Erstattung der Kosten gefordert, so sind diese anhand der vorgegebenen Codes zu beschreiben. Das Kästchen [Erläuterungen] ist nur für Code 02 auszufüllen, d.h. wenn eine Erstattung außergerichtlicher Kosten gefordert wird. Diese sonstigen Kosten können z.B. Honorare des Vertreters des Antragstellers oder vorprozessuale Kosten umfassen. Wenn Sie eine Erstattung der Gerichtsgebühren beantragen, aber deren genauen Betrag nicht kennen, tragen Sie in das Kästchen [Code] (01) ein und lassen das Kästchen [Betrag] leer; dieses wird dann vom Gericht ausgefüllt. Die Kosten sind in derselben Währung anzugeben wie die Hauptforderung.

10. Vorhandene Beweismittel, auf die sich die Forderung stützt Wird eine Erstattung der Kosten gefordert, so sind diese anhand der vorgegebenen Codes zu beschreiben. Das Kästchen [Erläuterungen] ist nur für Code 02 auszufüllen, d.h. wenn eine Erstattung außergerichtlicher Kosten gefordert wird. Diese sonstigen Kosten können z.B. Honorare des Vertreters des Antragstellers oder vorprozessuale Kosten umfassen. Wenn Sie eine Erstattung der Gerichtsgebühren beantragen, aber deren genauen Betrag nicht kennen, tragen Sie in das Kästchen [Code] (01) ein und lassen das Kästchen [Betrag] leer; dieses wird dann vom Gericht ausgefüllt. Die Kosten sind in derselben Währung anzugeben wie die Hauptforderung.

11. Zusätzliche Erklärungen und weitere Angaben (falls erforderlich) Sie können dieses Feld verwenden, wenn der Platz bei einem der vorgenannten Felder nicht ausreicht, oder um dem Gericht – falls erforderlich – zusätzliche nützliche Informationen zu geben. Sind beispielsweise mehrere Antragsgegner jeweils für einen Teil der Forderung haftbar, sind hier die Beträge einzutragen, die jeweils von den einzelnen Antragsgegnern geschuldet werden.

Anlage 1 Hier ist die Kreditkarten- oder Bankkontoverbindung anzugeben, falls Sie die Gerichtsgebühren per Kreditkarte zahlen oder dem Gericht eine Einzugsermächtigung erteilen. Bitte beachten Sie, dass bei dem befassten Gericht nicht unbedingt alle in diesem Feld aufgeführten Zahlungsarten möglich sind. Die Angaben in Anlage 1 werden dem Antragsgegner nicht mitgeteilt.

Anlage 2 Hier ist dem Gericht mitzuteilen, ob das Verfahren eingestellt werden soll, falls der Antragsgegner Einspruch erhebt. Wenn Sie diese Informationen an das Gericht übermitteln, nachdem Sie das Antragsformblatt abgeschickt haben, vergewissern Sie sich bitte, dass Sie das vom Gericht vergebene Aktenzeichen angegeben haben. Die Angaben in Anlage 2 werden dem Antragsgegner nicht mitgeteilt.

ANHANG II

Aufforderung zur Vervollständigung und/oder Berichtigung eines Antrags auf Erlass eines Europäischen Zahlungsbefehls

Formblatt B — Artikel 9 Absatz 1 der Verordnung (EG) Nr. 1896/2006 des Europäischen Parlaments und des Rates zur Einführung eines Europäischen Mahnverfahrens

1. Gericht

Gericht			Aktenzeichen		
			Ort		Datum (Tag/Monat/Jahr)
Anschrift			Unterschrift und/oder Stempel		
PLZ	Ort	Land			

2. Parteien und ihre Vertreter

Codes:
- 01 Antragsteller
- 02 Antragsgegner
- 03 Vertreter des Antragstellers *
- 04 Vertreter des Antragsgegners *
- 05 Gesetzlicher Vertreter des Antragstellers **
- 06 Gesetzlicher Vertreter des Antragsgegners **

Code	Name der Firma oder Organisation		(ggf.) Identifikationsnummer	
	Name		Vorname	
	Anschrift	PLZ	Ort	Land
	Telefon ***	Fax ***	E-Mail ***	
	Beruf ***	Sonstige Angaben ***		
Code	Name der Firma oder Organisation		(ggf.) Identifikationsnummer	
	Name		Vorname	
	Anschrift	PLZ	Ort	Land
	Telefon ***	Fax ***	E-Mail ***	
	Beruf ***	Sonstige Angaben ***		
Code	Name der Firma oder Organisation		(ggf.) Identifikationsnummer	
	Name		Vorname	
	Anschrift	PLZ	Ort	Land
	Telefon ***	Fax ***	E-Mail ***	
	Beruf ***	Sonstige Angaben ***		
Code	Name der Firma oder Organisation		(ggf.) Identifikationsnummer	
	Name		Vorname	
	Anschrift	PLZ	Ort	Land
	Telefon ***	Fax ***	E-Mail ***	
	Beruf ***	Sonstige Angaben ***		

* z.B. Rechtsanwalt   ** z.B. Elternteil, Vormund, Geschäftsführer   *** fakultativ

Anhang II | EuMahnVO

Nachdem Ihr Antrag auf Erlass eines Europäischen Zahlungsbefehls geprüft worden ist, werden Sie gebeten, den beiliegenden Antrag in Bezug auf die nachstehenden Angaben so schnell wie möglich zu vervollständigen und/oder zu berichtigen, spätestens aber bis zum:

_____ / _____ / _____

Ihr ursprünglicher Antrag ist in der Sprache oder in einer der Sprachen des befassten Gerichts zu vervollständigen und/oder zu berichtigen.

Bei Nichteinhaltung der vorgenannten Frist für die Vervollständigung und/oder Berichtigung wird der Antrag vom Gericht nach Maßgabe der Verordnung zurückgewiesen.

Ihr Antrag wurde nicht in der richtigen Sprache ausgefüllt. Bitte füllen Sie ihn in einer der folgenden Sprachen aus:

01 Bulgarisch	06 Griechisch	11 Ungarisch	16 Rumänisch	21 Englisch
02 Tschechisch	07 Französisch	12 Maltesisch	17 Slowakisch	22 Sonstige (bitte angeben)
03 Deutsch	08 Italienisch	13 Niederländisch	18 Slowenisch	
04 Estnisch	09 Lettisch	14 Polnisch	19 Finnisch	
05 Spanisch	10 Litauisch	15 Portugiesisch	20 Schwedisch	

Sprachcode	Angabe der Sprache (gilt nur für Code 20)

Ihr Antrag ist in folgenden Punkten zu vervollständigen oder zu berichtigen:

Codes:

01 Parteien und ihre Vertreter	04 Bankverbindung	07 Vertragsstrafe
02 Begründung der gerichtlichen Zuständigkeit	05 Hauptforderung	08 Kosten
03 Grenzüberschreitender Bezug der Streitsache	06 Zinsen	09 Beweismittel

10 Zusätzliche Erklärungen
11 Unterschrift

Code	Erläuterungen
Code	Erläuterungen
Code	Erläuterungen
Code	Erläuterungen
Code	Erläuterungen

ANHANG III

Vorschlag an den Antragsteller zur Änderung seines Antrags auf Erlass eines Europäischen Zahlungsbefehls

Formblatt C — Artikel 10 Absatz 1 der Verordnung (EG) Nr. 1896/2006 des Europäischen Parlaments und des Rates zur Einführung eines Europäischen Mahnverfahrens

1. Gericht

Gericht			Aktenzeichen	
Anschrift			Ort	Datum (Tag/Monat/Jahr)
PLZ	Ort	Land	Unterschrift und/oder Stempel	

2. Parteien und ihre Vertreter

Codes:
- 01 Antragsteller
- 02 Antragsgegner
- 03 Vertreter des Antragstellers *
- 04 Vertreter des Antragsgegners *
- 05 Gesetzlicher Vertreter des Antragstellers **
- 06 Gesetzlicher Vertreter des Antragsgegners **

Code	Name der Firma oder Organisation			(ggf.) Identifikationsnummer	
	Name			Vorname	
	Anschrift		PLZ	Ort	Land
	Telefon ***	Fax ***		E-Mail ***	
	Beruf ***		Sonstige Angaben ***		

Code	Name der Firma oder Organisation			(ggf.) Identifikationsnummer	
	Name			Vorname	
	Anschrift		PLZ	Ort	Land
	Telefon ***	Fax ***		E-Mail ***	
	Beruf ***		Sonstige Angaben ***		

Code	Name der Firma oder Organisation			(ggf.) Identifikationsnummer	
	Name			Vorname	
	Anschrift		PLZ	Ort	Land
	Telefon ***	Fax ***		E-Mail ***	
	Beruf ***		Sonstige Angaben ***		

Code	Name der Firma oder Organisation			(ggf.) Identifikationsnummer	
	Name			Vorname	
	Anschrift		PLZ	Ort	Land
	Telefon ***	Fax ***		E-Mail ***	
	Beruf ***		Sonstige Angaben ***		

* z.B. Rechtsanwalt   ** z.B. Elternteil, Vormund, Geschäftsführer   *** fakultativ

Anhang III | EuMahnVO

Nach Prüfung Ihres Antrags auf Erlass eines Europäischen Zahlungsbefehls ist das Gericht zu der Auffassung gelangt, dass nur ein Teil der Forderung die erforderlichen Voraussetzungen erfüllt. Daher schlägt das Gericht vor, den Antrag wie folgt zu ändern:

Bitte übermitteln Sie dem Gericht Ihre Antwort so schnell wie möglich und spätestens bis zum _____/_____/_____

Bei Nichteinhaltung der vorgenannten Frist für die Rücksendung Ihrer Antwort oder bei Ablehnung dieses Vorschlags wird das Gericht Ihren Antrag auf Erlass eines Europäischen Zahlungsbefehls gemäß den in der Verordnung festgelegten Voraussetzungen insgesamt zurückweisen.

Bei Annahme des Vorschlags wird das Gericht den Europäischen Zahlungsbefehl für diesen Teil der Forderung erlassen. Die Möglichkeit, den verbleibenden Teil Ihrer ursprünglichen Forderung, der nicht durch den Europäischen Zahlungsbefehl abgedeckt ist, in weiteren Verfahren zu betreiben, richtet sich nach dem Recht des Mitgliedstaats, dessen Gerichte befasst werden.

Ich nehme den vorgenannten Vorschlag des Gerichts an		Ich lehne den vorgenannten Vorschlag des Gerichts ab	
Name der Firma oder Organisation		Name	Vorname
Ort	Datum (Tag/Monat/Jahr)	Unterschrift und/oder Stempel	

ANHANG IV

Entscheidung über die Zurückweisung eines Antrags auf Erlass eines Europäischen Zahlungsbefehls

Formblatt D — Artikel 11 Absatz 1 der Verordnung (EG) Nr. 1896/2006 des Europäischen Parlaments und des Rates zur Einführung eines Europäischen Mahnverfahrens

1. Gericht

Gericht		
Anschrift		
PLZ	Ort	Land

Aktenzeichen	
Ort	Datum (Tag/Monat/Jahr)
Unterschrift und/oder Stempel	

2. Parteien und ihre Vertreter

Codes:
01 Antragsteller   03 Vertreter des Antragstellers *   05 Gesetzlicher Vertreter des Antragstellers **
02 Antragsgegner   04 Vertreter des Antragsgegners *   06 Gesetzlicher Vertreter des Antragsgegners **

Code	Name der Firma oder Organisation		(ggf.) Identifikationsnummer	
	Name		Vorname	
	Anschrift	PLZ	Ort	Land
	Telefon ***	Fax ***	E-Mail ***	
	Beruf ***	Sonstige Angaben ***		

Code	Name der Firma oder Organisation		(ggf.) Identifikationsnummer	
	Name		Vorname	
	Anschrift	PLZ	Ort	Land
	Telefon ***	Fax ***	E-Mail ***	
	Beruf ***	Sonstige Angaben ***		

Code	Name der Firma oder Organisation		(ggf.) Identifikationsnummer	
	Name		Vorname	
	Anschrift	PLZ	Ort	Land
	Telefon ***	Fax ***	E-Mail ***	
	Beruf ***	Sonstige Angaben ***		

Code	Name der Firma oder Organisation		(ggf.) Identifikationsnummer	
	Name		Vorname	
	Anschrift	PLZ	Ort	Land
	Telefon ***	Fax ***	E-Mail ***	
	Beruf ***	Sonstige Angaben ***		

* z.B. Rechtsanwalt   ** z.B. Elternteil, Vormund, Geschäftsführer   *** fakultativ

Anhang IV | EuMahnVO

Das Gericht weist Ihren Antrag auf Erlass eines Europäischen Zahlungsbefehls nach Prüfung gemäß Artikel 8 der Verordnung (EG) Nr. 1896/2006 aus folgendem Grund/folgenden Gründen zurück:

01 Der Antrag fällt nicht in den Anwendungsbereich von Artikel 2 der Verordnung (Artikel 11 Absatz 1 Buchstabe a).
02 Der Antrag bezieht sich nicht auf eine grenzüberschreitende Rechtssache im Sinne von Artikel 3 der Verordnung (Artikel 11 Absatz 1 Buchstabe a).
03 Der Antrag bezieht sich nicht auf eine fällige bezifferte Geldforderung im Sinne des Artikels 4 der Verordnung (Artikel 11 Absatz 1 Buchstabe a).
04 Das Gericht ist nach Artikel 6 der Verordnung nicht zuständig (Artikel 11 Absatz 1 Buchstabe a).
05 Der Antrag erfüllt nicht die in Artikel 7 der Verordnung genannten Erfordernisse (Artikel 11 Absatz 1 Buchstabe a).
06 Die Forderung ist offensichtlich unbegründet (Artikel 11 Absatz 1 Buchstabe b).
07 Der Antrag wurde nicht innerhalb der vom Gericht festgesetzten Frist vervollständigt bzw. berichtigt (Artikel 9 Absatz 2 und Artikel 11 Absatz 1 Buchstabe c).
08 Der Antrag wurde nicht innerhalb der vom Gericht festgesetzten Frist geändert (Artikel 10 und Artikel 11 Absatz 1 Buchstabe d).

Grund/Gründe für die Abweisung (bitte Code benutzen)	
Code	Erforderlichenfalls weitere Angaben
Code	Erforderlichenfalls weitere Angaben
Code	Erforderlichenfalls weitere Angaben
Code	Erforderlichenfalls weitere Angaben

Gegen diese Zurückweisung kann kein Rechtsmittel eingelegt werden. Jedoch besteht die Möglichkeit, einen neuen Antrag auf Erlass eines Europäischen Zahlungsbefehls einzureichen oder ein anderes Verfahren nach dem Recht eines Mitgliedstaats in Anspruch zu nehmen.

ANHANG V

Europäischer Zahlungsbefehl

Formblatt E — Artikel 12 Absatz 1 der Verordnung (EG) Nr. 1896/2006 des Europäischen Parlaments und des Rates zur Einführung eines Europäischen Mahnverfahrens

1. Gericht

Gericht			Aktenzeichen	
Anschrift			Ort	Datum (Tag/Monat/Jahr)
PLZ	Ort	Land	Unterschrift und/oder Stempel	

2. Parteien und ihre Vertreter

Codes:
- 01 Antragsteller
- 02 Antragsgegner
- 03 Vertreter des Antragstellers *
- 04 Vertreter des Antragsgegners *
- 05 Gesetzlicher Vertreter des Antragstellers **
- 06 Gesetzlicher Vertreter des Antragsgegners **

Code	Name der Firma oder Organisation		(ggf.) Identifikationsnummer	
	Name		Vorname	
	Anschrift	PLZ	Ort	Land
	Telefon ***	Fax ***	E-Mail ***	
	Beruf ***	Sonstige Angaben ***		
Code	Name der Firma oder Organisation		(ggf.) Identifikationsnummer	
	Name		Vorname	
	Anschrift	PLZ	Ort	Land
	Telefon ***	Fax ***	E-Mail ***	
	Beruf ***	Sonstige Angaben ***		
Code	Name der Firma oder Organisation		(ggf.) Identifikationsnummer	
	Name		Vorname	
	Anschrift	PLZ	Ort	Land
	Telefon ***	Fax ***	E-Mail ***	
	Beruf ***	Sonstige Angaben ***		
Code	Name der Firma oder Organisation		(ggf.) Identifikationsnummer	
	Name		Vorname	
	Anschrift	PLZ	Ort	Land
	Telefon ***	Fax ***	E-Mail ***	
	Beruf ***	Sonstige Angaben ***		

* z.B. Rechtsanwalt   ** z.B. Elternteil, Vormund, Geschäftsführer   *** fakultativ

Anhang V | EuMahnVO

EUR	Euro	BGN	Bulgarischer Lew	CZK	Tschechische Krone	GBP	Britisches Pfund	HUF	Ungarischer Forint
LTL	Litauischer Litas	LVL	Lettischer Lats	PLN	Polnischer Zloty	RON	Rumänischer Leu	SEK	Schwedische Krone
					Sonstige (gemäß Internationalem Bankcode)				

Das Gericht hat diesen Europäischen Zahlungsbefehl nach Artikel 12 der Verordnung (EG) Nr. 1896/2006 auf der Grundlage des beigefügten Antrags erlassen. Mit dieser Entscheidung wird die Begleichung des folgenden Betrags zugunsten des Antragstellers angeordnet:

Antragsgegner 1		Name		Vorname	Name der Firma oder Organisation
		Währung		Betrag	Datum (Tag/Monat/Jahr)
Hauptforderung					
Zinsen (ab …)					
Vertragsstrafe					
Kosten					
Gesamtbetrag*					
Antragsgegner 2		Name		Vorname	Name der Firma oder Organisation
		Währung		Betrag	Datum (Tag/Monat/Jahr)
Hauptforderung					
Zinsen (ab …)					
Vertragsstrafe					
Kosten					
Gesamtbetrag*					
☐ Gesamtschuldnerische Haftung					

* Siehe Buchstabe f unter „Wichtige Hinweise für den Antragsgegner"

WICHTIGE HINWEISE FÜR DEN ANTRAGSGEGNER

Wir teilen Ihnen Folgendes mit:

a. Sie haben die Möglichkeit,
   i. den in diesem Zahlungsbefehl angegebenen Betrag an den Antragsteller zu zahlen oder
   ii. Einspruch einzulegen, indem Sie innerhalb der unter Buchstabe b vorgesehenen Frist Einspruch bei dem Gericht einlegen, das den Zahlungsbefehl erlassen hat.
b. Der Einspruch muss innerhalb von 30 Tagen, nachdem Ihnen dieser Zahlungsbefehl zugestellt wurde, an das Gericht versandt werden. Die Frist von 30 Tagen beginnt ab dem auf die Zustellung des Zahlungsbefehls folgenden Tag, Samstage, Sonntage und Feiertage eingerechnet. Fällt der letzte Tag einer solchen Frist auf einen Samstag, Sonntag oder Feiertag, so endet die Frist am darauffolgenden Arbeitstag (vgl. Verordnung (EWG, Euratom) Nr. 1182/71 des Rates vom 3. Juni 1971*). Es werden die Feiertage desjenigen Mitgliedstaates zugrunde gelegt, in dem das Gericht seinen Sitz hat.
c. Dieser Zahlungsbefehl wurde ausschließlich auf der Grundlage der Angaben des Antragstellers erlassen. Diese Angaben werden vom Gericht nicht nachgeprüft.
d. Der Zahlungsbefehl wird vollstreckbar, wenn nicht bei dem Gericht innerhalb der unter Buchstabe b vorgesehenen Frist Einspruch eingelegt wird.
e. Im Falle eines Einspruchs wird das Verfahren von den zuständigen Gerichten des Mitgliedstaats, in dem dieser Zahlungsbefehl erlassen wurde, gemäß den Regeln eines ordentlichen Zivilprozesses weitergeführt, es sei denn, der Antragsteller hat ausdrücklich beantragt, das Verfahren in diesem Fall einzustellen.
f. Es können nach einzelstaatlichem Recht bis zur Vollstreckung dieses Zahlungsbefehls Zinsen anfallen. In diesem Fall erhöht sich der zu zahlende Gesamtbetrag.

* ABl. L 124 vom 8.6.1971, S. 1 (de, fr, it, nl)
Englische Sonderausgabe: Reihe I Kapitel 1971(II), S. 354
Griechische Sonderausgabe: Kapitel 01 Band 1, S. 131.
Portugiesische und spanische Sonderausgaben: Kapitel 01 Band 1, S. 149.
Finnische und schwedische Sonderausgabe: Kapitel 1 Band 1, S. 71
Tschechische, estnische, ungarische, lettische, litauische, maltesische, polnische, slowakische und slowenische Sonderausgaben: Kapitel 01 Band 1, S. 51.
Bulgarische und rumänische Sonderausgaben: Kapitel 01 Band 01, S. 16

EuMahnVO | Anhang VI

ANHANG VI

Einspruch gegen einen Europäischen Zahlungsbefehl

Formblatt F — Artikel 16 Absatz 1 der Verordnung (EG) Nr. 1896/2006 des Europäischen Parlaments und des Rates zur Einführung eines Europäischen Mahnverfahrens

1. Gericht

Gericht	Aktenzeichen (vom Gericht auszufüllen)
Anschrift	Eingang beim Gericht (Tag/Monat/Jahr)
PLZ / Ort / Land	Unterschrift und/oder Stempel

2. Parteien und ihre Vertreter

Codes:
- 01 Antragsteller
- 02 Antragsgegner
- 03 Vertreter des Antragstellers *
- 04 Vertreter des Antragsgegners *
- 05 Gesetzlicher Vertreter des Antragstellers **
- 06 Gesetzlicher Vertreter des Antragsgegners **

Code	Name der Firma oder Organisation	(ggf.) Identifikationsnummer
	Name	Vorname
	Anschrift / PLZ	Ort / Land
	Telefon *** / Fax ***	E-Mail ***
	Beruf ***	Sonstige Angaben ***

(Block wiederholt für weitere Parteien)

* z.B. Rechtsanwalt   ** z.B. Elternteil, Vormund, Geschäftsführer   *** fakultativ

Hiermit lege ich Einspruch ein gegen den Europäischen Zahlungsbefehl vom

_____ / _____ / _____

Name der Firma oder Organisation	Name	Vorname
Ort	Datum (Tag/Monat/Jahr)	Unterschrift und/oder Stempel

Anhang VII | EuMahnVO

ANHANG VII

Vollstreckbarerklärung

Formblatt G — Artikel 18 Absatz 1 der Verordnung (EG) Nr. 1896/2006 des Europäischen Parlaments und des Rates zur Einführung eines Europäischen Mahnverfahrens

1. Gericht

Gericht			Aktenzeichen		
Anschrift			Ort		Datum (Tag/Monat/Jahr)
PLZ	Ort	Land	Unterschrift und/oder Stempel		

2. Parteien und ihre Vertreter

Codes:
- 01 Antragsteller
- 02 Antragsgegner
- 03 Vertreter des Antragstellers *
- 04 Vertreter des Antragsgegners *
- 05 Gesetzlicher Vertreter des Antragstellers **
- 06 Gesetzlicher Vertreter des Antragsgegners **

Code	Name der Firma oder Organisation			(ggf.) Identifikationsnummer		
	Name			Vorname		
	Anschrift		PLZ	Ort		Land
	Telefon ***	Fax ***		E-Mail ***		
	Beruf ***		Sonstige Angaben ***			
Code	Name der Firma oder Organisation			(ggf.) Identifikationsnummer		
	Name			Vorname		
	Anschrift		PLZ	Ort		Land
	Telefon ***	Fax ***		E-Mail ***		
	Beruf ***		Sonstige Angaben ***			
Code	Name der Firma oder Organisation			(ggf.) Identifikationsnummer		
	Name			Vorname		
	Anschrift		PLZ	Ort		Land
	Telefon ***	Fax ***		E-Mail ***		
	Beruf ***		Sonstige Angaben ***			
Code	Name der Firma oder Organisation			(ggf.) Identifikationsnummer		
	Name			Vorname		
	Anschrift		PLZ	Ort		Land
	Telefon ***	Fax ***		E-Mail ***		
	Beruf ***		Sonstige Angaben ***			

* z.B. Rechtsanwalt   ** z.B. Elternteil, Vormund, Geschäftsführer   *** fakultativ

---

Hiermit erklärt das Gericht, dass der beigefügte Europäische Zahlungsbefehl

der ausgestellt wurde am ____/____/____ gegen _____

und zugestellt wurde am ____/____/____

gemäß Artikel 18 der Verordnung (EG) Nr. 1896/2006 vollstreckbar ist.

Wichtiger Hinweis

Dieser Europäische Zahlungsbefehl ist in allen Mitgliedstaaten der Europäischen Union, mit Ausnahme Dänemarks, von Rechts wegen vollstreckbar, ohne dass es einer weiteren Vollstreckbarerklärung im Vollstreckungsmitgliedstaat bedarf und ohne dass seine Anerkennung angefochten werden kann. Sofern in der Verordnung nichts anderes vorgesehen ist, unterliegen die Vollstreckungsverfahren dem Recht des Vollstreckungsmitgliedstaats.

Anhang zur EuMahnVO: §§ 1087–1096 ZPO

Abschnitt 5
Europäisches Mahnverfahren nach der Verordnung (EG) Nr. 1896/2006

Titel 1
Allgemeine Vorschriften

§ 1087 ZPO Zuständigkeit

Für die Bearbeitung von Anträgen auf Erlass und Überprüfung sowie die Vollstreckbarerklärung eines Europäischen Zahlungsbefehls nach der Verordnung (EG) Nr. 1896/2006 ist das Amtsgericht Wedding in Berlin ausschließlich zuständig.

I. Regelungsgegenstand

1 Die Vorschrift regelt die örtliche und sachliche Zuständigkeit für den Erlass und die Überprüfung eines Europäischen Zahlungsbefehls in Deutschland (vgl Art. 29 Abs. 1 lit. a und b EuMahnVO). Die internationale Zuständigkeit richtet sich gem. Art. 6 EuMahnVO iVm Art. 80 S. 2 Brüssel Ia-VO nach der Brüssel Ia-VO.

2 Die nach der EuMahnVO zu verwendenden **Formblätter** (s. Anhänge I bis VII EuMahnVO), ein **Merkblatt** zur Durchführung des Europäischen Mahnverfahrens sowie eine Übersicht des Verfahrensablaufs (s. Vor EuMahnVO Rn 6) können auf den Internetseiten der Berliner Justiz abgerufen werden.[1]

II. Gerichtliche Zuständigkeit

3 1. **Örtliche und sachliche Zuständigkeit.** Das AG Wedding in Berlin ist für die Durchführung des Europäischen Mahnverfahrens in Deutschland, außer in Arbeitsgerichtssachen (vgl § 46 b Abs. 2 ArbGG), **ausschließlich zuständig**. In die Zuständigkeit des AG Wedding fällt das gesamte Verfahren von der Antragstellung bis zum Erlass des Europäischen Zahlungsbefehls (Art. 12 EuMahnVO), die Vollstreckbarerklärung (Art. 17 EuMahnVO) und die Überprüfung (Art. 20 EuMahnVO) des Europäischen Zahlungsbefehls. Die **Zuständigkeitskonzentration** dient der Übersichtlichkeit und Klarheit und damit dem Ziel der EuMahnVO, unbestrittene Geldforderungen einfach und schnell europaweit durchsetzen zu können (s. Art. 1 Abs. 1 EuMahnVO).[2]

4 2. **Funktionelle Zuständigkeit.** Der **Rechtspfleger** ist gem. § 20 Abs. 1 Nr. 7 RPflG funktionell zuständig für den Erlass des Europäischen Zahlungsbefehls. Die Zuständigkeit erstreckt sich auch auf die Abgabe des Verfahrens an das für das streitige Verfahren als zuständig bezeichnete Gericht (vgl Art. 17 Abs. 2 EuMahnVO iVm § 1090 ZPO).

5 Die Überprüfung des Europäischen Zahlungsbefehls und das streitige Verfahren (vgl § 1090 ZPO) bleiben dem **Richter** vorbehalten.[3]

---

1 S. http://www.berlin.de/sen/justiz/gerichte/ag/wedd/eumav/wichtigehinweise.de.html und http://www.berlin.de/sen/justiz/gerichte/kg/formularserver/mahnsachen.html.
2 BT-Drucks. 16/8839, S. 22.
3 Hk-ZPO/*Gierl*, § 1087 Rn 2.

§ 1088 ZPO Maschinelle Bearbeitung

(1) ¹Der Antrag auf Erlass des Europäischen Zahlungsbefehls und der Einspruch können in einer nur maschinell lesbaren Form bei Gericht eingereicht werden, wenn diese dem Gericht für seine maschinelle Bearbeitung geeignet erscheint. ²§ 130 a Abs. 3 gilt entsprechend.

(2) Der Senat des Landes Berlin bestimmt durch Rechtsverordnung, die nicht der Zustimmung des Bundesrates bedarf, den Zeitpunkt, in dem beim Amtsgericht Wedding die maschinelle Bearbeitung der Mahnverfahren eingeführt wird; er kann die Ermächtigung durch Rechtsverordnung auf die Senatsverwaltung für Justiz des Landes Berlin übertragen.

I. Regelungsgegenstand

Das Europäische Mahnverfahren wird mit Hilfe der in den Anhängen I bis VII der EuMahnVO abgedruckten **Formblätter A–G** geführt (vgl. Art. 7 EuMahnVO Rn 2 f). Diese sind grds. in Papierform bzw per Fax einzureichen. Zur Förderung eines automatisierten Verfahrens genügt jedoch eine elektronische Antragstellung, wenn der jeweilige Mitgliedstaat eine solche zulässt (vgl. Art. 7 Abs. 5 und 6, Art. 16 Abs. 4 und 5 iVm Art. 8 S. 2 EuMahnVO). Von dieser Möglichkeit hat der deutsche Gesetzgeber in § 1088 ZPO Gebrauch gemacht und die Zuständigkeit zur Regelung der **automatisierten Durchführung** des Europäischen Mahnverfahrens dem Land Berlin übertragen.

II. Maschinell lesbare Form (Abs. 1 S. 1)

Der Antrag auf Erlass eines Europäischen Zahlungsbefehls (Art. 7 EuMahnVO) sowie der Einspruch gegen den Europäischen Zahlungsbefehl (Art. 16 EuMahnVO) können in einer **nur** (!) **maschinell lesbaren Form** beim AG Wedding (vgl. § 1087 ZPO) eingereicht werden, sofern das AG Wedding dafür die notwendigen Hilfsmittel zur Verfügung stellt. Eine elektronische Lösung wird bislang nur für Großkunden angeboten.[1] Bis zur Einführung des elektronischen Verfahrens kann das Antrags- bzw Einspruchsformular zwar online über die Internetseite des Europäischen Gerichtsatlasses[2] oder das Portal des AG Wedding ausgefüllt werden. Es ist aber weiterhin in **Papierform oder per Fax** beim AG Wedding einzureichen.[3]

III. Fristberechnung (Abs. 1 S. 2)

Für die Fristwahrung kommt es bei elektronischer Einreichung gem. § 130 a Abs. 3 ZPO auf den Zeitpunkt an, zu dem die für den Empfang bestimmte Einrichtung den Antrag bzw Einspruch gespeichert hat, nicht jedoch auf den Zeitpunkt des Ausdrucks.[4]

IV. Regelung durch Rechtsverordnung (Abs. 2)

Die Einführung des automatisierten Europäischen Mahnverfahrens beim AG Wedding steht unter dem **Vorbehalt einer Regelung durch Rechtsverordnung** des Landes Berlin. Sobald die Voraussetzungen für die elektronische Antragstellung

---

1 S. http://www.berlin.de/sen/justiz/gerichte/ag/wedd/eumav/wichtigehinweise.de.html.
2 S. http://ec.europa.eu/justice_home/judicialatlascivil/html/index_de.htm; s. zum Ausfüllen der Formulare *Einhaus*, EuZW 2011, 865, 867.
3 S. http://www.berlin.de/sen/justiz/gerichte/ag/wedd/eumav/wichtigehinweise.de.html.
4 BT-Drucks. 16/8839, S. 23.

geschaffen sind, ist die Europäische Kommission darüber zu informieren (s. Art. 29 Abs. 1 lit. c EuMahnVO).[5]

§ 1089 ZPO Zustellung

(1) [1]Ist der Europäische Zahlungsbefehl im Inland zuzustellen, gelten die Vorschriften über das Verfahren bei Zustellungen von Amts wegen entsprechend. [2]Die §§ 185 bis 188 sind nicht anzuwenden.

(2) Ist der Europäische Zahlungsbefehl in einem anderen Mitgliedstaat der Europäischen Union zuzustellen, gelten die Vorschriften der Verordnung (EG) Nr. 1393/2007 sowie für die Durchführung § 1068 Abs. 1 und § 1069 Abs. 1 entsprechend.

I. Regelungsgegenstand

1 Die Vorschrift regelt die **Zustellung des Europäischen Mahnbefehls** (vgl Art. 12 Abs. 5 iVm Art. 13–15 EuMahnVO), wenn der Antragsteller den Erlass des Europäischen Zahlungsbefehls bei dem in Deutschland zuständigen AG Wedding (vgl § 1087 ZPO) beantragt. Sie unterscheidet zwischen Zustellung im Inland (Abs. 1) und Zustellung im Ausland (Abs. 2). In beiden Fällen sind die in den Art. 13–15 EuMahnVO geregelten Mindestanforderungen (vgl Art. 13 EuMahnVO Rn 2) einzuhalten.

II. Zustellung im Inland (Abs. 1)

2 Die Zustellung im Inland erfolgt **von Amts wegen** durch das AG Wedding. Es gelten grds. dieselben Regelungen für die Zustellung wie in jedem anderen gerichtlichen Verfahren nach der ZPO, also §§ 166–182 und 189, 190 ZPO. Diese Vorschriften genügen den Anforderungen der Art. 13–15 EuMahnVO.[1]

3 Die §§ 185–188 ZPO finden **keine Anwendung**, weil die öffentliche Zustellung nicht den Mindestvoraussetzungen der EuMahnVO entspricht.[2] Denn nach Art. 14 Abs. 2 EuMahnVO ist eine Zustellung ohne Nachweis des Empfangs durch den Antragsgegner nicht zulässig, wenn seine Anschrift nicht mit Sicherheit ermittelt werden kann.[3]

III. Zustellung im Ausland (Abs. 2)

4 Zustellungen in einem anderen Mitgliedstaat richten sich vorrangig nach der **EuZVO**[4] **iVm den entsprechenden nationalen Ausführungsbestimmungen** (vgl Art. 27 EuMahnVO).[5] Abs. 2 hat daher nur klarstellenden Charakter. Für Zustellungen in einem Drittstaat gelten die Regelungen des HZÜ[6] (vgl Art. 26 iVm § 183 ZPO).[7]

---

5 BT-Drucks. 16/8839, S. 23.
1 Vgl BT-Drucks. 16/8839, S. 23; ebenso MüKo-ZPO/*Ulrici*, § 1089 Rn 5; Thomas/Putzo/*Hüßtege*, § 1089 ZPO Rn 1; Zöller/*Geimer*, § 1089 ZPO Rn 1.
2 Hk-ZPO/*Gierl*, § 1089 Rn 2; Wieczorek/Schütze/*Schütze*, § 1089 ZPO Rn 4; Zöller/*Geimer*, § 1089 ZPO Rn 1.
3 BT-Drucks. 16/8839, S. 23.
4 ABl. Nr. L 324 vom 10.12.2007, S. 79.
5 Hk-ZPO/*Gierl*, § 1089 Rn 3.
6 BGBl. II 1977, S. 1452.
7 Kropholler/*v. Hein*, Art. 12 EuMVVO Rn 17; Rauscher/*Gruber*, EuZPR/EuIPR (2015), Art. 12 EG-MahnVO Rn 12.

Titel 2
Einspruch gegen den Europäischen Zahlungsbefehl

§ 1090 ZPO Verfahren nach Einspruch

(1) ¹Im Fall des Artikels 17 Abs. 1 der Verordnung (EG) Nr. 1896/2006 fordert das Gericht den Antragsteller mit der Mitteilung nach Artikel 17 Abs. 3 der Verordnung (EG) Nr. 1896/2006 auf, das Gericht zu bezeichnen, das für die Durchführung des streitigen Verfahrens zuständig ist. ²Das Gericht setzt dem Antragsteller hierfür eine nach den Umständen angemessene Frist und weist ihn darauf hin, dass dem für die Durchführung des streitigen Verfahrens bezeichneten Gericht die Prüfung seiner Zuständigkeit vorbehalten bleibt. ³Die Aufforderung ist dem Antragsgegner mitzuteilen.

(2) ¹Nach Eingang der Mitteilung des Antragstellers nach Absatz 1 Satz 1 gibt das Gericht, das den Europäischen Zahlungsbefehl erlassen hat, das Verfahren von Amts wegen an das vom Antragsteller bezeichnete Gericht ab. ²§ 696 Abs. 1 Satz 3 bis 5, Abs. 2, 4 und 5 sowie § 698 gelten entsprechend.

(3) Die Streitsache gilt als mit Zustellung des Europäischen Zahlungsbefehls rechtshängig geworden, wenn sie nach Übersendung der Aufforderung nach Absatz 1 Satz 1 und unter Berücksichtigung der Frist nach Absatz 1 Satz 2 alsbald abgegeben wird.

I. Regelungsgegenstand

Die Vorschrift regelt die **Überleitung in den ordentlichen Zivilprozess** nach fristgerechtem Einspruch gegen den Europäischen Zahlungsbefehl (vgl. Art. 16 und 17 EuMahnVO). In Arbeitssachen gilt vorrangig § 46 b Abs. 3 ArbGG. 1

II. Aufforderung zur Bezeichnung des zuständigen Gerichts (Abs. 1)

Hat der Antragsgegner rechtzeitig Einspruch gegen den Europäischen Zahlungsbefehl eingelegt (Art. 16 Abs. 2 EuMahnVO) und der Antragsteller die **Überleitung** in den ordentlichen Zivilprozess **nicht ausdrücklich abgelehnt** (vgl. Art. 7 Abs. 1 und 4 iVm Formblatt A, Anlage 2, EuMahnVO), unterrichtet das AG Wedding den Antragsteller über den rechtzeitigen Einspruch (Art. 17 Abs. 3 EuMahnVO). Gleichzeitig fordert es den Antragsteller zur Bezeichnung des für die Durchführung des streitigen Verfahrens örtlich und sachlich[1] zuständigen Gerichts auf. Das für die Antragstellung zwingend vorgeschriebene Formblatt A sieht eine entsprechende Angabe nicht vor.[2] Die **Aufforderung** ist **entbehrlich**, wenn das Formblatt A dennoch eine Angabe des zuständigen Gerichts unter „Zusätzliche Erklärungen und weitere Angaben" enthält.[3] 2

Nach der Gesetzesbegründung fordert das Gericht den Antragsteller gleichzeitig und vor Abgabe des Verfahrens zur Begleichung des weiteren **Kostenvorschusses** nach § 12 Abs. 3 S. 3 GKG auf.[4] Der fehlende Verweis in § 12 Abs. 4 S. 1 GKG auf § 12 Abs. 3 S. 3 GKG scheint ein gesetzgeberisches Versehen zu sein. 3

Die Aufforderung erfolgt durch schriftliche Mitteilung des Gerichts ohne Anwendung der Art. 13–15 EuMahnVO. Ein besonderes Formblatt steht für die Mittei- 4

---

1 Hk-ZPO/*Gierl*, § 1090 Rn 3; aA Thomas/Putzo/*Hüßtege*, § 1090 ZPO Rn 2: nur die örtliche Zuständigkeit.
2 Hk-ZPO/*Gierl*, § 1090 Rn 3.
3 Wieczorek/Schütze/*Schütze*, § 1090 ZPO Rn 4.
4 BT-Drucks. 16/8839, S. 23; BR-Drucks. 95/08, S. 33; ebenso Hk-ZPO/*Gierl*, § 1090 Rn 4; Zöller/*Geimer*, § 1090 ZPO Rn 3.

lung nicht zur Verfügung. Dem Antragsgegner ist die Aufforderung an den Antragsteller ebenfalls mitzuteilen (S. 3).[5]

5 Das Gericht setzt dem Antragsteller eine **angemessene Frist** zur Mitteilung des zuständigen Gerichts. Sie sollte bei Antragstellern mit Wohnsitz in Deutschland **zwei Wochen** betragen.[6] Bei Antragstellern mit Wohnsitz im Ausland sind die längeren Postlaufzeiten zu berücksichtigen.[7] In der Regel ist eine Frist von zwei bis vier Wochen ab Versendung der Aufforderung durch das Gericht angemessen und berücksichtigt ausreichend den Zweck eines beschleunigten Verfahrens (vgl Art. 1 Abs. 1 lit. a).

III. Abgabe des Verfahrens (Abs. 2)

6 Das Verfahren wird vom AG Wedding **von Amts wegen** nach Einzahlung des Gerichtskostenvorschusses an das von dem Antragsteller bezeichnete Gericht abgegeben, ohne dass das AG Wedding die Zuständigkeit dieses Gerichts für die Durchführung des ordentlichen Zivilprozesses prüft. Eine Abgabe an ein ausländisches Gericht erfolgt nicht.[8]

7 Die **Abgabeverfügung** des Rechtspflegers (vgl § 1087 Rn 4) ist **nicht anfechtbar** (§ 696 Abs. 1 S. 3 ZPO); sie ist für das Streitgericht allerdings auch nicht bindend (§ 696 Abs. 5 ZPO). Etwaige Streitfragen zur Zuständigkeit sind vor dem Streitgericht zu klären. Die Parteien sind über den Umstand und den Zeitpunkt der Abgabe bzw der Nichtabgabe des Verfahrens vom AG Wedding zu informieren (§ 696 Abs. 1 S. 3 ZPO).

IV. Kosten

8 Die Kosten des Europäischen Mahnverfahrens richten sich grds. nach den **Regelungen für das Mahnverfahren** nach der ZPO.[9] Für die Durchführung des Europäischen Mahnverfahrens entstehen daher Gerichtskosten gem. Nr. 1100 KV GKG (Gebühr von 0,5 – mindestens jedoch 32,00 €); für die anwaltliche Vertretung fallen Gebühren nach Nr. 3305–3307 VV RVG an.

9 Der Einspruch gegen einen Europäischen Zahlungsbefehl lässt die volle Verfahrensgebühr iHv 1,3 gem. Nr. 3100 VV RVG entstehen.[10] Nach Nr. 1210 KV GKG wird die für das Europäische Mahnverfahren angefallene Gebühr nach dem Wert des Streitgegenstands angerechnet, der infolge des Einspruchs in das Prozessverfahren übergegangen ist. Gleiches gilt für die Rechtsanwaltsvergütung: Die Gebühr ist auf die Verfahrensgebühr für das streitige Verfahren anzurechnen (s. Nr. 3305 und 3307 VV RVG). Bei Durchführung des streitigen Verfahrens gelten die Kosten des Europäischen Mahnverfahrens als Kosten des Rechtsstreits (Abs. 2 S. 2 iVm §§ 696 Abs. 1 S. 5, 281 Abs. 3 S. 1 ZPO).[11] Es erfolgt daher eine einheitliche Kostenentscheidung.[12] Für die Höhe der Gerichtsgebühren gilt im Übrigen die Grenze des Art. 25 EuMahnVO.

---

5 Hk-ZPO/*Gierl*, § 1090 Rn 4; MüKo-ZPO/*Ulrici*, § 1090 Rn 4; Zöller/*Geimer*, § 1090 ZPO Rn 3.
6 Wieczorek/Schütze/*Schütze*, § 1090 ZPO Rn 3.
7 BT-Drucks. 16/8839, S. 23; Hk-ZPO/*Gierl*, § 1090 Rn 4.
8 Thomas/Putzo/*Hüßtege*, § 1090 ZPO Rn 5; *Vollkommer/Huber*, NJW 2009, 1105, 1106.
9 BT-Drucks. 16/8839, S. 31.
10 OLG Nürnberg MDR 2010, 294; Hk-ZPO/*Gierl*, § 1096 Anh. Art. 17 Rn 4.
11 BT-Drucks. 16/8839, S. 24.
12 Hk-ZPO/*Saenger*, § 281 Rn 30.

V. Rechtshängigkeit (Abs. 3)

Abs. 3 regelt die Fiktion der Rechtshängigkeit mit Zustellung des Europäischen Zahlungsbefehls bei alsbaldiger Abgabe an das zuständige Gericht (vgl § 167 ZPO). § 696 Abs. 3 ZPO findet keine Anwendung.

§ 1091 ZPO Einleitung des Streitverfahrens

§ 697 Abs. 1 bis 3 gilt entsprechend.

Der Einspruch gegen den Europäischen Zahlungsbefehl kann nicht zurückgenommen werden. § 697 Abs. 4 und 5 ZPO findet keine Anwendung. Will der Antragsgegner das Verfahren kostengünstig beenden, bleibt ihm die Möglichkeit, den Anspruch nach § 307 ZPO im streitigen Verfahren anzuerkennen.[1]

Titel 3
Überprüfung des Europäischen Zahlungsbefehls in Ausnahmefällen

§ 1092 ZPO Verfahren

(1) ¹Die Entscheidung über einen Antrag auf Überprüfung des Europäischen Zahlungsbefehls nach Artikel 20 Abs. 1 oder Abs. 2 der Verordnung (EG) Nr. 1896/2006 ergeht durch Beschluss. ²Der Beschluss ist unanfechtbar.

(2) Der Antragsgegner hat die Tatsachen, die eine Aufhebung des Europäischen Zahlungsbefehls begründen, glaubhaft zu machen.

(3) Erklärt das Gericht den Europäischen Zahlungsbefehl für nichtig, endet das Verfahren nach der Verordnung (EG) Nr. 1896/2006.

(4) Eine Wiedereinsetzung in die Frist nach Artikel 16 Abs. 2 der Verordnung (EG) Nr. 1896/2006 findet nicht statt.

I. Regelungsgegenstand

Die Vorschrift regelt das Verfahren und die Rechtsfolgen des **außerordentlichen Rechtsbehelfs der Überprüfung** des Europäischen Zahlungsbefehls wegen fehlender Verteidigungsmöglichkeit (vgl Art. 20 Abs. 1 EuMahnVO) oder Missbrauchs des Verfahrens (vgl Art. 20 Abs. 2 EuMahnVO).

II. Anwendungsbereich

Da der Rechtsbehelf gem. Art. 20 EuMahnVO zwingend im Ursprungsmitgliedstaat eingelegt werden muss, findet § 1092 ZPO nur auf Europäische Zahlungsbefehle Anwendung, die in Deutschland vom AG Wedding (§ 1087 ZPO) erlassen wurden.[1]

---

1 BT-Drucks. 16/8839, S. 24.
1 Vgl Hk-ZPO/*Gierl*, § 1092 Rn 2; MüKo-ZPO/*Ulrici*, § 1092 Rn 3; Thomas/Putzo/*Hüßtege*, § 1092 ZPO Rn 2 und 7; Zöller/*Geimer*, § 1092 ZPO Rn 1.

III. Verfahren (Abs. 1)

3 Die Überprüfung erfolgt auf **Antrag**, der schriftlich oder zu Protokoll der Geschäftsstelle abgegeben werden kann; es besteht **kein Anwaltszwang** (s. Art. 24 EuMahnVO).[2] Mit dem Antrag kann eine einstweilige Einstellung der Zwangsvollstreckung gem. §§ 1095 Abs. 1, 707 ZPO verbunden werden.[3]

IV. Glaubhaftmachung (Abs. 2)

4 Der Antragsteller muss gem. § 294 ZPO **glaubhaft machen**, dass die Zustellung ohne sein Verschulden nicht so rechtzeitig erfolgt ist, dass er Vorkehrungen für seine Verteidigung hätte treffen können (Art. 20 Abs. 1 lit. a ii) EuMahnVO), der Antragsgegner aufgrund höherer Gewalt oder aufgrund außergewöhnlicher Umstände ohne eigenes Verschulden keinen Einspruch gegen die Forderung einlegen konnte (Art. 20 Abs. 1 lit. b EuMahnVO) oder der Europäische Zahlungsbefehl gemessen an den in Art. 2–8 EuMahnVO festgelegten Voraussetzungen oder aufgrund von anderen außergewöhnlichen Umständen offensichtlich zu Unrecht erlassen worden ist (Art. 20 Abs. 2 EuMahnVO), also zB auf falschen Angaben im Antragsformular beruht (vgl Art. 20 EuMahnVO Rn 8).

V. Form der Entscheidung (Abs. 1)

5 Die Entscheidung über den Antrag auf Überprüfung des Europäischen Zahlungsbefehls ergeht durch **Beschluss**. Zuständig ist gem. § 20 Abs. 1 Nr. 7 RPflG der Richter.[4] Sowohl der zurückweisende als auch der stattgebende Beschluss sind **unanfechtbar**.[5]

VI. Inhalt der Entscheidung (Abs. 3)

6 **1. Nichtigkeit des Zahlungsbefehls.** Hat der Antragsteller die **Gründe für die Überprüfung** (vgl Art. 20 Abs. 1 und 2 EuMahnVO) des Europäischen Zahlungsbefehls **glaubhaft gemacht** und hält das AG Wedding (vgl § 1087 ZPO) den Antrag für begründet, so erklärt es den Europäischen Zahlungsbefehl für nichtig (Art. 20 Abs. 3 S. 2 EuMahnVO). Das Europäische Mahnverfahren endet. Im Gegensatz zum fristgerechten Einspruch gegen den Europäischen Zahlungsbefehl (vgl Art. 16 Abs. 1 EuMahnVO)[6] findet **keine Überleitung in einen ordentlichen Zivilprozess** statt.[7] Insofern unterscheidet sich die EuMahnVO von der EuBagatellVO (vgl § 1104 ZPO).[8]

7 Die Nichtigkeitserklärung des Europäischen Zahlungsbefehls hat **keine materielle Rechtskraftwirkung** in Bezug auf das Nichtbestehen des geltend gemachten Anspruchs. Der Antragsteller kann den Anspruch in einem neuen Erkenntnisverfahren – auch durch Antrag auf Erlass eines Europäischen Zahlungsbefehls – erneut geltend machen.[9]

---

[2] Hk-ZPO/*Gierl*, § 1092 Rn 3; Thomas/Putzo/*Hüßtege*, § 1092 ZPO Rn 9.
[3] Hk-ZPO/*Gierl*, § 1092 Rn 7; MüKo-ZPO/*Ulrici*, § 1092 Rn 11.
[4] Hk-ZPO/*Gierl*, § 1092 Rn 6; Thomas/Putzo/*Hüßtege*, § 1092 ZPO Rn 11; *Rellermeyer*, Rpfleger 2009, 11, 15.
[5] Hk-ZPO/*Gierl*, § 1092 Rn 8; MüKo-ZPO/*Ulrici*, § 1092 Rn 10; Thomas/Putzo/*Hüßtege*, § 1092 ZPO Rn 13.
[6] Hk-ZPO/*Gierl*, § 1092 Rn 9.
[7] BT-Drucks. 16/8839, S. 24; Wieczorek/Schütze/*Schütze*, § 1092 ZPO Rn 13; Thomas/Putzo/*Hüßtege*, § 1092 ZPO Rn 14; Zöller/*Geimer*, § 1092 ZPO Rn 3.
[8] BT-Drucks. 16/8839, S. 24; Hk-ZPO/*Gierl*, § 1092 Rn 9; Zöller/*Geimer*, § 1092 ZPO Rn 3.
[9] Hk-ZPO/*Gierl*, § 1092 Rn 9; Thomas/Putzo/*Hüßtege*, § 1092 ZPO Rn 14; Wieczorek/Schütze/*Schütze*, § 1092 ZPO Rn 13.

2. Zurückweisung des Antrags. Der Antrag auf Überprüfung des Europäischen 8
Zahlungsbefehls ist zurückzuweisen, wenn die Voraussetzungen in Art. 20 Abs. 1
und 2 EuMahnVO nicht glaubhaft gemacht wurden. Der Europäische Zahlungsbefehl bleibt dann in Kraft (Art. 20 Abs. 3 S. 1 EuMahnVO). Obwohl nicht zwingend erforderlich, sollte das Gericht dies zur Klarstellung in seiner Entscheidung
tenorieren.[10]

3. Kosten. Die Kostenentscheidung richtet sich nach §§ 91 ff ZPO.[11] Für die an- 9
waltliche Vertretung im Rahmen des Art. 20 EuMahnVO fällt neben den für die
Durchführung des Europäischen Mahnverfahrens entstandenen Kosten
(s. § 1090 ZPO Rn 8 f) keine gesonderte Vergütung an (vgl § 19 Abs. 1 S. 2 Nr. 5
Buchst. d RVG).[12]

VII. Keine Wiedereinsetzung (Abs. 4)

Abs. 4 schließt die Anwendung der Regelungen über die Wiedereinsetzung in den 10
vorigen Stand bei Versäumen der Einspruchsfrist nach Art. 16 Abs. 2
EuMahnVO aus. **Art. 20 EuMahnVO** enthält eine **abschließende Regelung** der
Rechtsbehelfe bei verspätetem Einspruch.[13]

Titel 4
Zwangsvollstreckung aus dem Europäischen Zahlungsbefehl

§ 1093 ZPO Vollstreckungsklausel

Aus einem nach der Verordnung (EG) Nr. 1896/2006 erlassenen und für vollstreckbar erklärten Europäischen Zahlungsbefehl findet die Zwangsvollstreckung
im Inland statt, ohne dass es einer Vollstreckungsklausel bedarf.

I. Regelungsgegenstand

Die Vorschrift ergänzt Art. 18 EuMahnVO und regelt die Vollstreckbarerklärung 1
eines vom AG Wedding oder von einem Gericht eines anderen Mitgliedstaates
gem. Art. 8 EuMahnVO erlassenen Europäischen Zahlungsbefehls in Deutschland.

II. Voraussetzungen der Zwangsvollstreckung

Die Vollstreckung aus einem Europäischen Zahlungsbefehl findet statt, wenn 2
dieser nach Art. 18 EuMahnVO für vollstreckbar erklärt wurde (vgl Form-
blatt G, Anhang VII EuMahnVO). Erst mit der **Vollstreckbarerklärung** liegt ein
Vollstreckungstitel vor (§ 794 Abs. 1 Nr. 6 ZPO).[1] Darüber hinaus sind die in
Art. 21 EuMahnVO iVm § 1094 ZPO genannten Unterlagen dem zuständigen
Vollstreckungsorgan **vorzulegen**.

---

10 Vgl Hk-ZPO/*Gierl*, § 1092 Rn 10.
11 Hk-ZPO/*Gierl*, § 1092 Rn 11.
12 Mayer/Kroiß/*Ebert*, RVG, § 19 Rn 60 d; MüKo-ZPO/*Ulrici*, § 1092 Rn 14.
13 Vgl BT-Drucks. 16/8839, S. 24; Hk-ZPO/*Gierl*, § 1092 Rn 2; MüKo-ZPO/*Ulrici*,
 § 1092 Rn 2; Musielak/*Voit*, Vor §§ 1087 ff ZPO Rn 36; Zöller/*Geimer*, § 1092 ZPO
 Rn 4; Thomas/Putzo/*Hüßtege*, § 1092 Rn 1; Wieczorek/Schütze/*Schütze*, § 1092
 ZPO Rn 14; aA *Vollkommer/Huber*, NJW 2009, 1105, 1006; *Freitag/Leible*, BB 2008,
 2750, 2754.

1 Hk-ZPO/*Gierl*, § 1093 Rn 2; Zöller/*Geimer*, § 1093 ZPO Rn 1.

3 Für die Vollstreckung bedarf es **keiner Vollstreckungsklausel** gem. § 796 Abs. 1 iVm §§ 724 f ZPO. Denn ein Zwischenverfahren findet nicht statt (Art. 19 EuMahnVO) und die Vollstreckbarerklärung gem. Art. 18 EuMahnVO erfüllt auch die Zwecke einer vollstreckbaren Ausfertigung mit Vollstreckungsklausel gem. §§ 724, 725 ZPO. Dies gilt sowohl für inländische als auch für ausländische Europäische Zahlungsbefehle. §§ 727, 728 und 729 ZPO bleiben anwendbar.[2]

4 Kraft Verweisung auf die allgemeinen Vorschriften in § 795 S. 1 ZPO müssen im Übrigen die **allgemeinen Voraussetzungen der Zwangsvollstreckung** gem. § 750 ZPO vorliegen (vgl Art. 21 Abs. 1 EuMahnVO).[3]

III. Rechtsbehelf gegen die Vollstreckbarerklärung

5 Gegen die Art und Weise der Zwangsvollstreckung findet die Erinnerung nach § 766 ZPO statt.[4] Im Übrigen gelten die Art. 22 und 23 EuMahnVO iVm §§ 1095 f ZPO.

§ 1094 ZPO Übersetzung

Hat der Gläubiger nach Artikel 21 Abs. 2 Buchstabe b der Verordnung (EG) Nr. 1896/2006 eine Übersetzung vorzulegen, so ist diese in deutscher Sprache zu verfassen und von einer in einem der Mitgliedstaaten der Europäischen Union hierzu befugten Person zu beglaubigen.

1 Die Vorschrift ergänzt die Voraussetzungen der Zwangsvollstreckung aus dem Europäischen Zahlungsbefehl. Sie verlangt – soweit erforderlich – die Vorlage der **Übersetzungen** (Art. 21 Abs. 2 lit. b EuMahnVO) **in deutscher Sprache** und die **Beglaubigung** der Übersetzungen von einer Person, die in einem der Mitgliedstaaten (Art. 2 Abs. 3 EuMahnVO) hierzu befugt ist. Die Vorlage in einer anderen Amtssprache genügt nicht.

2 Da die Formblätter E und G (Anhang V und VII der EuMahnVO) im Regelfall keine individuellen Angaben verlangen und aus sich heraus verständlich sind, ist eine **Übersetzung nur ausnahmsweise erforderlich**, etwa wenn der Zahlungsbefehl individuelle Angaben in den Feldern „Sonstige Angaben" enthält.[1]

§ 1095 ZPO Vollstreckungsschutz und Vollstreckungsabwehrklage gegen den im Inland erlassenen Europäischen Zahlungsbefehl

(1) ¹Wird die Überprüfung eines im Inland erlassenen Europäischen Zahlungsbefehls nach Artikel 20 der Verordnung (EG) Nr. 1896/2006 beantragt, gilt § 707 entsprechend. ²Für die Entscheidung über den Antrag nach § 707 ist das Gericht zuständig, das über den Antrag nach Artikel 20 der Verordnung (EG) Nr. 1896/2006 entscheidet.

---

2 Hk-ZPO/*Gierl*, § 1093 Rn 5; Musielak/*Voit*, Vor §§ 1087 ff ZPO Rn 29.
3 Hk-ZPO/*Gierl*, § 1093 Rn 3; Thomas/Putzo/*Hüßtege*, § 1093 ZPO Rn 4; Zöller/*Geimer*, § 1093 ZPO Rn 3.
4 BT-Drucks. 16/8839, S. 25.
1 BT-Drucks. 16/8839, S. 25; Hk-ZPO/*Gierl*, § 1094 Rn 1; MüKo-ZPO/*Ulrici*, § 1094 Rn 3; Thomas/Putzo/*Hüßtege*, § 1094 ZPO Rn 1; Zöller/*Geimer*, § 1094 ZPO Rn 1.

(2) Einwendungen, die den Anspruch selbst betreffen, sind nur insoweit zulässig, als die Gründe, auf denen sie beruhen, nach Zustellung des Europäischen Zahlungsbefehls entstanden sind und durch Einspruch nach Artikel 16 der Verordnung (EG) Nr. 1896/2006 nicht mehr geltend gemacht werden können.

I. Regelungsgegenstand

Die Vorschrift gilt für die Vollstreckung eines **in Deutschland erlassenen Europäischen Zahlungsbefehls**. Sie stellt dem Schuldner die gleichen Vollstreckungsrechtsbehelfe zur Verfügung wie gegen einen sonstigen Vollstreckungstitel nach der ZPO.[1]

Abs. 1 ergänzt Art. 23 EuMahnVO (iVm § 1096 ZPO), der nur auf Europäische Zahlungsbefehle Anwendung findet, die in einem anderen Mitgliedstaat als dem Vollstreckungsmitgliedstaat erlassen wurden (vgl Art. 23 EuMahnVO Rn 2).[2] Abs. 2 und § 1096 Abs. 2 S. 2 ZPO iVm § 767 ZPO ergänzen Art. 22 Abs. 2 EuMahnVO, der auf den Zahlungseinwand beschränkt ist.[3]

II. Vollstreckungsschutz (Abs. 1)

Abs. 1 schützt den Vollstreckungsschuldner vor der Vollstreckung aus einem inländischen Europäischen Zahlungsbefehl, gegen den ein Überprüfungsantrag gem. Art. 20 Abs. 2 EuMahnVO iVm § 1092 ZPO beim AG Wedding (vgl § 1087 ZPO) anhängig ist. Die Vorschrift bietet daher einen **vergleichbaren Vollstreckungsschutz wie Art. 23 EuMahnVO**. Das zuständige **AG Wedding** (S. 2 iVm § 1087 ZPO) kann die Zwangsvollstreckung eines in Deutschland erlassenen Europäischen Zahlungsbefehls gem. § 707 ZPO auf **Antrag** (i) gegen oder ohne Sicherheitsleistung einstweilen einstellen, (ii) nur gegen Sicherheitsleistung zulassen oder (iii) die Vollstreckungsmaßregeln gegen Sicherheitsleistung aufheben.

Das Gericht gibt dem Antrag statt, wenn es nach **summarischer Prüfung** davon ausgeht, dass der Antrag auf Überprüfung des Europäischen Zahlungsbefehls gem. Art. 20 EuMahnVO Aussicht auf Erfolg hat.[4] Die einstweilige Einstellung der Zwangsvollstreckung ohne Sicherheitsleistung ist nur zulässig, wenn **glaubhaft gemacht** wird, dass der Schuldner zur Sicherheitsleistung nicht in der Lage ist und die Vollstreckung einen nicht zu ersetzenden Nachteil bringen würde (§ 707 Abs. 1 S. 2 ZPO).

Die Entscheidung ergeht durch **nicht anfechtbaren Beschluss** (§ 707 Abs. 2 ZPO).

III. Vollstreckungsgegenklage (Abs. 2)

Einwendungen im Rahmen einer Vollstreckungsabwehrklage gegen die Zwangsvollstreckung aus einem in Deutschland erlassenen Europäischen Zahlungsbefehl gem. **§ 767 ZPO** (s. § 1096 Abs. 2 S. 2 ZPO) sind nur insoweit zulässig, als die Gründe, auf denen sie beruhen, nach Zustellung des Europäischen Zahlungsbefehls entstanden sind und durch Einspruch (Art. 16 EuMahnVO) nicht mehr geltend gemacht werden konnten.

Der Vollstreckungsschuldner kann daher den **Erfüllungseinwand** erheben, wenn er nach Zustellung des Europäischen Zahlungsbefehls gezahlt, aber keinen Ein-

---

1 Vgl BT-Drucks. 16/8839, S. 25.
2 Hk-ZPO/*Gierl*, § 1095 Rn 2.
3 Hk-ZPO/*Gierl*, § 1095 Rn 10 und § 1096 Rn 6 ff.
4 Vgl BT-Drucks. 16/8839, S. 25.

spruch eingelegt hat und der Gläubiger gleichwohl die Vollstreckung betreibt.[5] Solange das Formblatt E (s. Anhang V der EuMahnVO) nicht explizit darauf hinweist, sondern Einspruch und Erfüllung der Forderung als Alternativen darstellt, kann von dem Antragsgegner auch nicht verlangt werden, dass er gleichzeitig die Möglichkeit des Einspruchs nutzen muss (vgl Art. 22 EuMahnVO Rn 10).[6] Die Präklusion berührt jedoch nicht das Verfahren der Überprüfung des Europäischen Zahlungsbefehls gem. Art. 20 EuMahnVO.[7]

8 § 767 ZPO gilt für die einstweilige Einstellung der Zwangsvollstreckung entsprechend.[8]

§ 1096 ZPO Anträge nach den Artikeln 22 und 23 der Verordnung (EG) Nr. 1896/2006; Vollstreckungsabwehrklage

(1) ¹Für Anträge auf Verweigerung der Zwangsvollstreckung nach Artikel 22 Abs. 1 der Verordnung (EG) Nr. 1896/2006 gilt § 1084 Abs. 1 und 2 entsprechend. ²Für Anträge auf Aussetzung oder Beschränkung der Zwangsvollstreckung nach Artikel 23 der Verordnung (EG) Nr. 1896/2006 ist § 1084 Abs. 1 und 3 entsprechend anzuwenden.

(2) ¹Für Anträge auf Verweigerung der Zwangsvollstreckung nach Artikel 22 Abs. 2 der Verordnung (EG) Nr. 1896/2006 gilt § 1086 Abs. 1 entsprechend. ²Für Klagen nach § 795 Satz 1 in Verbindung mit § 767 sind § 1086 Abs. 1 und § 1095 Abs. 2 entsprechend anzuwenden.

I. Regelungsgegenstand

1 Die Vorschrift ergänzt die Regelungen zur Vollstreckungsverweigerung (Art. 22 Abs. 1 und 2 EuMahnVO) sowie zur Aussetzung und Beschränkung der Vollstreckung aus einem Europäischen Zahlungsbefehl (Art. 23 EuMahnVO).

II. Zuständigkeit und Verfahren (Abs. 1)

2 Da Art. 22 Abs. 1 und Art. 23 EuMahnVO den entsprechenden Regelungen der EuVTVO nachgebildet sind, verweist Abs. 1 für die Zuständigkeit und das Verfahren der Vollstreckungsverweigerung (Art. 22 Abs. 1 EuMahnVO) sowie der Aussetzung und Beschränkung der Vollstreckung (Art. 23 EuMahnVO) auf die Ausführungsbestimmung in § 1084 ZPO.

III. Vollstreckungsabwehrklage (Abs. 2)

3 Der Antrag nach Art. 22 Abs. 2 EuMahnVO, mit dem der Schuldner den **Einwand der Bezahlung** des im Europäischen Zahlungsbefehl zuerkannten Betrags geltend machen kann, ähnelt der Vollstreckungsabwehrklage gem. § 767 ZPO. Die örtliche Zuständigkeit für die Entscheidung über den Antrag gem. Art. 22 Abs. 2 EuMahnVO richtet sich daher nach § 1086 Abs. 1 ZPO.

4 **Andere Einwendungen**, wie zB die Aufrechnung, kann der Antragsgegner im Wege der Vollstreckungsabwehrklage nach § 767 ZPO geltend machen (vgl Art. 21

---

5 Hk-ZPO/*Gierl*, § 1095 Rn 9; Thomas/Putzo/*Hüßtege*, § 1095 ZPO Rn 6; Zöller/*Geimer*, § 1095 ZPO Rn 4.
6 Anders die Regierungsbegründung, BT-Drucks. 16/8839, S. 25: Vollstreckungsschuldner muss die Möglichkeit des Einspruchs nutzen.
7 BT-Drucks. 16/8839, S. 25; Hk-ZPO/*Gierl*, § 1095 Rn 10; Wieczorek/Schütze/*Schütze*, § 1095 ZPO Rn 12; Zöller/*Geimer*, § 1095 ZPO Rn 5.
8 Hk-ZPO/*Gierl*, § 1095 Rn 9; Thomas/Putzo/*Hüßtege*, § 1095 ZPO Rn 6.

Abs. 1 und Art. 26 EuMahnVO).[1] Voraussetzung ist, dass die Gründe, auf denen sie beruhen, nach Zustellung des Europäischen Zahlungsbefehls entstanden sind und durch Einspruch gem. Art. 16 EuMahnVO nicht mehr geltend gemacht werden können (vgl § 1095 Abs. 2 ZPO). Eine Überprüfung des Europäischen Zahlungsbefehls in der Sache selbst ist gem. Art. 22 Abs. 3 EuMahnVO unzulässig.

Die Zuständigkeit für die Entscheidung über die Vollstreckungsabwehrklage richtet sich nach § 1086 Abs. 1 ZPO. 5

IV. Kosten

Die Gerichtsgebühren richten sich nach Nr. 2119 KV GKG. Die Höhe der Rechtsanwaltsgebühren richtet sich nach Nr. 3100 VV RVG (besondere Angelegenheit nach § 18 Abs. 1 Nr. 6 RVG). 6

---

1 *Gsell*, EuZW 2011, 87; Hk-ZPO/*Gierl*, § 1096 Rn 7; Thomas/Putzo/*Hüßtege*, § 1096 ZPO Rn 6; Zöller/*Geimer*, § 1096 ZPO Rn 3.

VERORDNUNG (EG) Nr. 861/2007 DES EUROPÄISCHEN PARLAMENTS UND DES RATES
vom 11. Juli 2007
zur Einführung eines europäischen Verfahrens für geringfügige Forderungen

(ABl. EU L 199 vom 31.7.2007, S. 1; zuletzt geändert durch Verordnung (EU) Nr. 517/2013 vom 13.5.2013, ABl. EU L 158 vom 10.6.2013, S. 1)

[Kommentierung der §§ 1097–1109 ZPO im Anhang zur EuBagatellVO]

DAS EUROPÄISCHE PARLAMENT UND DER RAT DER EUROPÄISCHEN UNION –

gestützt auf den Vertrag zur Gründung der Europäischen Gemeinschaft, insbesondere auf Artikel 61 Buchstabe c und Artikel 67,

auf Vorschlag der Kommission,

nach Stellungnahme des Europäischen Wirtschafts- und Sozialausschusses,[1]

gemäß dem Verfahren des Artikels 251 des Vertrags,[2]

in Erwägung nachstehender Gründe:

(1) Die Gemeinschaft hat sich zum Ziel gesetzt, einen Raum der Freiheit, der Sicherheit und des Rechts, in dem der freie Personenverkehr gewährleistet ist, zu erhalten und weiterzuentwickeln. Zur schrittweisen Schaffung eines solchen Raums erlässt die Gemeinschaft unter anderem im Bereich der justiziellen Zusammenarbeit in Zivilsachen mit grenzüberschreitendem Bezug die für das reibungslose Funktionieren des Binnenmarkts erforderlichen Maßnahmen.

(2) Gemäß Artikel 65 Buchstabe c des Vertrags schließen diese Maßnahmen die Beseitigung der Hindernisse für eine reibungslose Abwicklung von Zivilverfahren ein, erforderlichenfalls durch Förderung der Vereinbarkeit der in den Mitgliedstaaten geltenden zivilrechtlichen Verfahrensvorschriften.

(3) Bisher hat die Gemeinschaft in diesem Bereich unter anderem bereits folgende Maßnahmen erlassen: Verordnung (EG) Nr. 1348/2000 des Rates vom 29. Mai 2000 über die Zustellung gerichtlicher und außergerichtlicher Schriftstücke in Zivil- oder Handelssachen in den Mitgliedstaaten,[3] Verordnung (EG) Nr. 44/2001 des Rates vom 22. Dezember 2000 über die gerichtliche Zuständigkeit und die Anerkennung und Vollstreckung von Entscheidungen in Zivil- und Handelssachen,[4] Entscheidung 2001/470/EG des Rates vom 28. Mai 2001 über die Einrichtung eines Europäischen Justiziellen Netzes für Zivil- und Handelssachen,[5] Verordnung (EG) Nr. 805/2004 des Europäischen Parlaments und des Rates vom 21. April 2004 zur Einführung eines europäischen Vollstreckungstitels für unbestrittene Forderun-

---

1 ABl. C 88 vom 11.4.2006, S. 61.
2 Stellungnahme des Europäischen Parlaments vom 14. Dezember 2006 (noch nicht im Amtsblatt veröffentlicht) und Beschluss des Rates vom 13. Juni 2007.
3 ABl. L 160 vom 30.6.2000, S. 37.
4 ABl. L 12 vom 16.1.2001, S. 1. Geändert durch die Verordnung (EG) Nr. 1791/2006 (ABl. L 363 vom 20.12.2006, S. 1).
5 ABl. L 174 vom 27.6.2001, S. 25.

gen⁶ und Verordnung (EG) Nr. 1896/2006 des Europäischen Parlaments und des Rates vom 12. Dezember 2006 zur Einführung eines Europäischen Mahnverfahrens.⁷

(4) Der Europäische Rat forderte auf seiner Tagung vom 15. und 16. Oktober 1999 in Tampere den Rat und die Kommission auf, gemeinsame Verfahrensregeln für vereinfachte und beschleunigte grenzüberschreitende Gerichtsverfahren bei verbraucher- und handelsrechtlichen Ansprüchen mit geringem Streitwert zu verabschieden.

(5) Am 30. November 2000 verabschiedete der Rat ein gemeinsames Programm der Kommission und des Rates über Maßnahmen zur Umsetzung des Grundsatzes der gegenseitigen Anerkennung gerichtlicher Entscheidungen in Zivil- und Handelssachen.⁸ In dem Programm wird auf die Vereinfachung und Beschleunigung der Beilegung grenzüberschreitender Streitigkeiten Bezug genommen. Dies wurde durch das vom Europäischen Rat am 5. November 2004 angenommene Haager Programm,⁹ in dem eine aktive Durchführung der Arbeiten zu geringfügigen Forderungen gefordert wird, weiter vorangebracht.

(6) Am 20. Dezember 2002 nahm die Kommission ein Grünbuch über ein Europäisches Mahnverfahren und über Maßnahmen zur einfacheren und schnelleren Beilegung von Streitigkeiten mit geringem Streitwert an. Mit dem Grünbuch wurde eine Konsultation über Maßnahmen zur Vereinfachung und Beschleunigung von Streitigkeiten mit geringem Streitwert eingeleitet.

(7) Viele Mitgliedstaaten haben vereinfachte zivilrechtliche Verfahren für Bagatellsachen eingeführt, da der Zeit-/Kostenaufwand und die Schwierigkeiten, die mit der Rechtsverfolgung verbunden sind, nicht unbedingt proportional zum Wert der Forderung abnehmen. Die Hindernisse für ein schnelles Urteil mit geringen Kosten verschärfen sich in grenzüberschreitenden Fällen. Es ist daher erforderlich, ein europäisches Verfahren für geringfügige Forderungen einzuführen. Ziel eines solchen europäischen Verfahrens sollte der erleichterte Zugang zur Justiz sein. Die Verzerrung des Wettbewerbs im Binnenmarkt aufgrund des unterschiedlichen Funktionierens der verfahrensrechtlichen Instrumente, die den Gläubigern in den einzelnen Mitgliedstaaten zur Verfügung stehen, machen eine Gemeinschaftsregelung erforderlich, die für Gläubiger und Schuldner in der gesamten Europäischen Union gleiche Bedingungen gewährleistet. Bei der Festsetzung der Kosten für die Behandlung von Klagen im Rahmen des europäischen Verfahrens für geringfügige Forderungen sollten die Grundsätze der Einfachheit, der Schnelligkeit und der Verhältnismäßigkeit berücksichtigt werden müssen. Zweckdienlicherweise sollten die Einzelheiten zu den zu erhebenden Gebühren veröffentlicht werden und die Modalitäten zur Festsetzung dieser Gebühren transparent sein.

(8) Mit dem europäischen Verfahren für geringfügige Forderungen sollten Streitigkeiten mit geringem Streitwert in grenzüberschreitenden Fällen vereinfacht und beschleunigt und die Kosten verringert werden, indem ein fakultatives Instrument zusätzlich zu den Möglichkeiten geboten wird, die nach dem Recht der Mitgliedstaaten bestehen und unberührt bleiben. Mit

---

6 ABl. L 143 vom 30.4.2004, S. 15. Geändert durch die Verordnung (EG) Nr. 1869/2005 der Kommission (ABl. L 300 vom 17.11.2005, S. 6).
7 ABl. L 399 vom 30.12.2006, S. 1.
8 ABl. C 12 vom 15.1.2001, S. 1.
9 ABl. C 53 vom 3.3.2005, S. 1.

dieser Verordnung sollte es außerdem einfacher werden, die Anerkennung und Vollstreckung eines Urteils zu erwirken, das im europäischen Verfahren für geringfügige Forderungen in einem anderen Mitgliedstaat ergangen ist.

(9) Diese Verordnung soll der Förderung der Grundrechte dienen und berücksichtigt insbesondere die Grundsätze, die mit der Charta der Grundrechte der Europäischen Union anerkannt wurden. Das Gericht sollte das Recht auf ein faires Verfahren sowie den Grundsatz des kontradiktorischen Verfahrens wahren, insbesondere wenn es über das Erfordernis einer mündlichen Verhandlung und über die Erhebung von Beweisen und den Umfang der Beweisaufnahme entscheidet.

(10) Zur Vereinfachung der Berechnung des Streitwertes sollten dabei Zinsen, Ausgaben und Auslagen unberücksichtigt bleiben. Dies sollte weder die Befugnis des Gerichts, diese in seinem Urteil zuzusprechen, noch die nationalen Zinsberechnungsvorschriften berühren.

(11) Zur Erleichterung der Einleitung des europäischen Verfahrens für geringfügige Forderungen sollte der Kläger ein Klageformblatt ausfüllen und beim zuständigen Gericht einreichen. Das Klageformblatt sollte nur bei einem zuständigen Gericht eingereicht werden.

(12) Dem Klageformblatt sollten gegebenenfalls zweckdienliche Beweisunterlagen beigefügt werden. Dies steht der Einreichung weiterer Beweisstücke durch den Kläger während des Verfahrens jedoch nicht entgegen. Der gleiche Grundsatz sollte für die Antwort des Beklagten gelten.

(13) Die Begriffe „offensichtlich unbegründet" im Zusammenhang mit der Zurückweisung einer Forderung und „unzulässig" im Zusammenhang mit der Abweisung einer Klage sollten nach Maßgabe des nationalen Rechts bestimmt werden.

(14) Das europäische Verfahren für geringfügige Forderungen sollte schriftlich durchgeführt werden, sofern nicht das Gericht eine mündliche Verhandlung für erforderlich hält oder eine der Parteien einen entsprechenden Antrag stellt. Das Gericht kann einen solchen Antrag ablehnen. Diese Ablehnung kann nicht separat angefochten werden.

(15) Die Parteien sollten nicht verpflichtet sein, sich durch einen Rechtsanwalt oder sonstigen Rechtsbeistand vertreten zu lassen.

(16) Der Begriff der „Widerklage" sollte im Sinne des Artikels 6 Absatz 3 der Verordnung (EG) Nr. 44/2001 als Widerklage verstanden werden, die auf denselben Vertrag oder Sachverhalt wie die Klage selbst gestützt wird. Die Artikel 2 und 4 sowie Artikel 5 Absätze 3, 4 und 5 sollten entsprechend für Widerklagen gelten.

(17) Macht der Beklagte während des Verfahrens ein Recht auf Aufrechnung geltend, so sollte diese Forderung nicht als Widerklage im Sinne dieser Verordnung gelten. Daher sollte der Beklagte nicht verpflichtet sein, das in Anhang I vorgegebene Klageformblatt A für die Inanspruchnahme eines solchen Rechts zu verwenden.

(18) Der Empfangsmitgliedstaat für die Zwecke der Anwendung des Artikels 6 sollte der Mitgliedstaat sein, in dem die Zustellung oder in den die Versendung eines Schriftstücks erfolgt. Damit die Kosten verringert und die Fristen verkürzt werden, sollten Unterlagen den Parteien vorzugsweise durch Postdienste mit Empfangsbestätigung zugestellt werden, aus der das Datum des Empfangs hervorgeht.

(19) Eine Partei kann die Annahme eines Schriftstücks zum Zeitpunkt der Zustellung oder durch Rücksendung innerhalb einer Woche verweigern, wenn

dieses nicht in einer Sprache abgefasst ist, die die Partei versteht oder die Amtssprache des Empfangsmitgliedstaates ist, (wenn es in diesem Mitgliedstaat mehrere Amtssprachen gibt, der Amtssprache oder einer der Amtssprachen des Ortes, an dem die Zustellung erfolgen soll oder an den das Schriftstück gesandt werden soll) und ihm auch keine Übersetzung in diese Sprache beiliegt.

(20) Bei der mündlichen Verhandlung und der Beweisaufnahme sollten die Mitgliedstaaten vorbehaltlich der nationalen Rechtsvorschriften des Mitgliedstaats, in dem das Gericht seinen Sitz hat, den Einsatz moderner Kommunikationsmittel fördern. Das Gericht sollte sich für die einfachste und kostengünstigste Art und Weise der Beweisaufnahme entscheiden.

(21) Die praktische Hilfestellung, die die Parteien beim Ausfüllen der Formblätter erhalten sollen, sollte Informationen zur technischen Verfügbarkeit und zum Ausfüllen der Formblätter umfassen.

(22) Informationen zu Verfahrensfragen können auch vom Gerichtspersonal nach Maßgabe des einzelstaatlichen Rechts erteilt werden.

(23) Angesichts des Ziels dieser Verordnung, Streitigkeiten mit geringem Streitwert in grenzüberschreitenden Rechtssachen zu vereinfachen und zu beschleunigen, sollte das Gericht auch in den Fällen, in denen diese Verordnung keine Frist für einen bestimmten Verfahrensabschnitt vorsieht, so schnell wie möglich tätig werden.

(24) Die Berechnung der in dieser Verordnung vorgesehenen Fristen sollte nach Maßgabe der Verordnung (EWG, Euratom) Nr. 1182/71 des Rates vom 3. Juni 1971 zur Festlegung der Regeln für die Fristen, Daten und Termine[10] erfolgen.

(25) Zur schnelleren Durchsetzung geringfügiger Forderungen sollte das Urteil ohne Rücksicht auf seine Anfechtbarkeit und ohne Sicherheitsleistung vollstreckbar sein, sofern in dieser Verordnung nichts anderes bestimmt ist.

(26) Immer wenn in dieser Verordnung auf Rechtsmittel Bezug genommen wird, sollten alle nach dem einzelstaatlichen Recht möglichen Rechtsmittel umfasst sein.

(27) Dem Gericht muss eine Person angehören, die nach nationalem Recht dazu ermächtigt ist, als Richter tätig zu sein.

(28) Wenn das Gericht eine Frist setzt, sollte es die betroffene Partei über die Folgen der Nichtbeachtung dieser Frist informieren.

(29) Die unterlegene Partei sollte die Kosten des Verfahrens tragen. Die Kosten des Verfahrens sollten nach einzelstaatlichem Recht festgesetzt werden. Angesichts der Ziele der Einfachheit und der Kosteneffizienz sollte das Gericht anordnen, dass eine unterlegene Partei lediglich die Kosten des Verfahrens tragen muss, einschließlich beispielsweise sämtlicher Kosten, die aufgrund der Tatsache anfallen, dass sich die Gegenpartei durch einen Rechtsanwalt oder sonstigen Rechtsbeistand hat vertreten lassen, oder sämtlicher Kosten für die Zustellung oder Übersetzung von Dokumenten, die im Verhältnis zum Streitwert stehen oder die notwendig waren.

(30) Um die Anerkennung und Vollstreckung zu erleichtern, sollte ein im europäischen Verfahren für geringfügige Forderungen ergangenes Urteil in einem anderen Mitgliedstaat anerkannt werden und vollstreckbar sein, ohne dass es einer Vollstreckbarerklärung bedarf und ohne dass die Anerkennung angefochten werden kann.

---

10 ABl. L 124 vom 8.6.1971, S. 1.

(31) Es sollte Mindeststandards für die Überprüfung eines Urteils in den Fällen geben, in denen der Beklagte nicht imstande war, die Forderung zu bestreiten.

(32) Im Hinblick auf die Ziele der Einfachheit und Kosteneffizienz sollte die Partei, die ein Urteil vollstrecken lassen will, in dem Vollstreckungsmitgliedstaat – außer bei den Stellen, die gemäß dem einzelstaatlichen Recht dieses Mitgliedstaats für das Vollstreckungsverfahren zuständig sind – keine Postanschrift nachweisen und auch keinen bevollmächtigten Vertreter haben müssen.

(33) Kapitel III dieser Verordnung sollte auch auf die Kostenfestsetzungsbeschlüsse durch Gerichtsbedienstete aufgrund eines im Verfahren nach dieser Verordnung ergangenen Urteils Anwendung finden.

(34) Die zur Durchführung dieser Verordnung erforderlichen Maßnahmen sollten gemäß dem Beschluss 1999/468/EG des Rates vom 28. Juni 1999 zur Festlegung der Modalitäten für die Ausübung der der Kommission übertragenen Durchführungsbefugnisse[11] erlassen werden.

(35) Insbesondere sollte die Kommission die Befugnis erhalten, die zur Durchführung dieser Verordnung erforderlichen Maßnahmen im Zusammenhang mit Aktualisierungen oder technischen Änderungen der in den Anhängen vorgegebenen Formblätter zu erlassen. Da es sich hierbei um Maßnahmen von allgemeiner Tragweite handelt, die eine Änderung bzw Streichung von nicht wesentlichen Bestimmungen und eine Hinzufügung neuer nicht wesentlicher Bestimmungen der vorliegenden Verordnung bewirken, sind diese Maßnahmen gemäß dem Regelungsverfahren mit Kontrolle des Artikels 5 a des Beschlusses 1999/468/EG zu erlassen.

(36) Da die Ziele dieser Verordnung, nämlich die Schaffung eines Verfahrens zur Vereinfachung und Beschleunigung von Streitigkeiten mit geringem Streitwert in grenzüberschreitenden Rechtssachen und die Reduzierung der Kosten, auf Ebene der Mitgliedstaaten nicht ausreichend verwirklicht werden können und daher wegen ihres Umfangs und ihrer Wirkung besser auf Gemeinschaftsebene zu verwirklichen sind, kann die Gemeinschaft im Einklang mit dem in Artikel 5 des Vertrags niedergelegten Subsidiaritätsprinzip tätig werden. Entsprechend dem in demselben Artikel genannten Grundsatz der Verhältnismäßigkeit geht diese Verordnung nicht über das zur Erreichung dieser Ziele erforderliche Maß hinaus.

(37) Das Vereinigte Königreich und Irland haben gemäß Artikel 3 des dem Vertrag über die Europäische Union und dem Vertrag zur Gründung der Europäischen Gemeinschaft beigefügten Protokolls über die Position des Vereinigten Königreichs und Irlands mitgeteilt, dass sie sich an der Annahme und Anwendung dieser Verordnung beteiligen möchten.

(38) Gemäß den Artikeln 1 und 2 des dem Vertrag über die Europäische Union und dem Vertrag zur Gründung der Europäischen Gemeinschaft beigefügten Protokolls über die Position Dänemarks beteiligt sich Dänemark nicht an der Annahme dieser Verordnung, die für Dänemark nicht bindend und nicht auf Dänemark anwendbar ist –

HABEN FOLGENDE VERORDNUNG ERLASSEN:

---

11 ABl. L 184 vom 17.7.1999, S. 23. Geändert durch den Beschluss 2006/512/EG (ABl. L 200 vom 22.7.2006, S. 11).

Vorbemerkung zur EuBagatellVO

Literatur:

Brokamp, Das Europäische Verfahren für geringfügige Forderungen, 2008; *Cuypers*, Internationale Zuständigkeit, Brüssel I und small claim regulation, GPR 2009, 34; *Engels*, Europäisches Bagatellverfahren ab 2009, AnwBl. 2008, 51; *Freitag/Leible*, Erleichterung der grenzüberschreitenden Forderungsbeitreibung in Europa: Das europäische Verfahren für geringfügige Forderungen, BB 2009, 2; *Hackenberg*, Small-Claims-Verordnung: Neue Wege zur Durchsetzung grenzüberschreitender Forderungen in der EU, BC 2007, 338; *Haibach*, Zur Einführung des ersten europäischen Zivilverfahrens: Verordnung (EG) Nr. 861/2007, EuZW 2008, 137; *Hau*, Das neue europäische Verfahren zur Beitreibung geringfügiger Forderungen, JuS 2008, 1056; *Heger*, Europa ganz praktisch – Das Gesetz zur Verbesserung der grenzüberschreitenden Forderungsdurchsetzung und Zustellung, DStR 2009, 435; *Hess*, Europäisches Zivilprozessrecht, 2010; *Hess/Bittmann*, Die Verordnungen zur Einführung eines Europäischen Mahnverfahrens und eines Europäischen Verfahrens für geringfügige Forderungen – ein substantieller Integrationsschritt im Europäischen Zivilprozessrecht, IPRax 2008, 305; *Jahn*, Das Europäische Verfahren für geringfügige Forderungen, NJW 2007, 2890; *Kramer*, The European Small Claims Procedure: Striking the Balance between Simplicity and Fairness in European Litigation, ZEuP 2008, 355; *Kropholler/v. Hein*, Europäisches Zivilprozessrecht, 9. Aufl. 2011; *Mayer/Lindemann/Haibach*, Small Claims Verordnung, 2009; *Nardone*, Das Europäische Verfahren für geringfügige Forderungen, Rpfleger 2009, 72; *Niesert/Stöckel*, Aktuelle Entwicklungen im Europäischen Zivilprozessrecht – Das Europäische Mahnverfahren und das Europäische Bagatellverfahren in der (insolvenzrechtlichen) Praxis, NZI 2010, 638; *Rauscher* (Hrsg.), Europäisches Zivilprozess- und Kollisionsrecht – EuZPR/EuIPR, Band II, 4. Aufl. 2015; *Salten*, Das Europäische Verfahren für geringfügige Forderungen, MDR 2009, 255; *Scheuer*, Die Verordnung zur Einführung eines europäischen Verfahrens für geringfügige Forderungen, ZAK 2007, 226; *Schlosser*, EU-Zivilprozessrecht, Kommentar, 3. Aufl. 2009; *Schoibl*, Miszellen zum Europäischen Bagatellverfahren, in: Stürner/Matsumoto/Lüke u.a. (Hrsg.), Festschrift für Dieter Leipold zum 70. Geburtstag, 2009, S. 335; *Sujecki*, Vereinheitlichung des Erkenntnisverfahrens in Europa: Das Europäische Verfahren für geringfügige Forderungen, EWS 2008, 323; *Vollkommer/Huber*, Neues Europäisches Zivilverfahrensrecht in Deutschland, NJW 2009, 1105.

I. Regelungsziel

1 Der oft unverhältnismäßige Zeit- und Kostenaufwand sowie die Unkenntnis der fremden Rechtsordnung halten Gläubiger gerade bei geringfügigen Forderungen von einer Rechtsverfolgung im Ausland ab. Mit dem europäischen Verfahren für geringfügige Forderungen soll daher die **grenzüberschreitende Rechtsverfolgung** bei geringem Streitwert **vereinfacht und beschleunigt** sowie die Kosten der Rechtsverfolgung verringert werden (Art. 1 S. 1). Die EuBagatellVO dient so einem erleichterten Zugang zur Justiz.[1] Sie basiert wie auch die EuVTVO und die EuMahnVO auf den durch den Europäischen Rat in Tampere beschlossenen Zielen der justiziellen Zusammenarbeit.[2]

2 Mit der EuBagatellVO hat der europäische Gesetzgeber ein **einheitlich europäisches** und nach der EuMahnVO erstmals kontradiktorisches **Erkenntnisverfahren** für den Binnenmarkt geschaffen, das nicht auf Geldforderungen beschränkt ist. Es steht Gläubigern **alternativ** neben den nationalen Verfahren zur Verfügung (Art. 1 S. 2) und wird durch die Verfahrensvorschriften der *lex fori* lediglich ergänzt (Art. 19). Bei der Anwendung der EuBagatellVO sind daher immer auch die entsprechenden **nationalen Ausführungsbestimmungen** zu beachten (vgl §§ 1097 ff ZPO).

---

1 Erwägungsgrund 7 S. 4.
2 Vgl Erwägungsgrund 4 und Punkt 30 der Schlussfolgerungen des Ratsvorsitzes, abgedr. in NJW 2000, 1925.

Die EuBagatellVO ist einer von zahlreichen Rechtsakten (zB Brüssel Ia-VO, Brüssel IIa-VO, EuErbVO, EuVTVO, EuMahnVO und EuUnterhaltsVO), die die grenzüberschreitende Titelvollstreckung in der EU unmittelbar regeln und deren horizontale Abstimmung (auch mit der EuZVO) Defizite aufweist. Die teilweise Überlagerung, Verdrängung und Ergänzung der Rechtsakte untereinander führen zu Unübersichtlichkeit und damit auch zu Rechtsunsicherheit, die eine Konsolidierung des Besitzstands im Europäischen Zivilverfahrensrecht erforderlich machen.[3]   3

II. Anwendungsbereich

Der **persönliche** Anwendungsbereich der EuBagatellVO erstreckt sich wegen der Beschränkung der Kompetenzgrundlage in Art. 61 lit. c, 65 lit. c EGV (Art. 67 Abs. 4, 81 Abs. 2 lit. f AEUV) nur auf **grenzüberschreitende Rechtssachen** (Art. 3). **Sachlich** entspricht er weitgehend dem der Brüssel Ia-VO (vgl Art. 2 Abs. 1 und Art. 1 Brüssel Ia-VO), wobei wegen der Besonderheiten des Verfahrens weitere Ausnahmen für besondere Sachgebiete vorgesehen sind (Art. 2 Abs. 2). Der **räumliche** Anwendungsbereich umfasst alle Mitgliedstaaten der EU mit Ausnahme Dänemarks (Art. 2 Abs. 3).   4

III. Verfahrenscharakter

1. Beschleunigter und vereinfachter Verfahrensablauf. Der Ablauf des regelmäßig **schriftlichen Verfahrens** (Art. 4 und 5) ist durch die Vorgabe **kurzer Fristen** sowohl für die Parteien als auch das Gericht geprägt (vgl Art. 12). Bis zum Urteil sieht die Verordnung eine regelmäßige Verfahrensdauer von ca. sechs Monaten vor, soweit nicht ausnahmsweise eine mündliche Verhandlung (Art. 8) erforderlich ist (vgl Art. 5 und 7). Bei Fristversäumnis einer Partei erlässt das Gericht ein Urteil nach Lage der Akten (Art. 7 Abs. 3).   5

Durch die Bereitstellung der **im Anhang der VO abgedruckten Formblätter** wird den Parteien die Abfassung der verfahrensleitenden Schriftstücke erheblich erleichtert (vgl Art. 4 Abs. 5). Dadurch und durch die praktische Hilfestellung zum Ausfüllen dieser Formblätter (Art. 11) soll das Verfahren möglichst **ohne anwaltliche Beratung und Vertretung** (Art. 10) durchführbar sein.   6

Die Formblätter und Informationen über die Ausführungsbestimmungen der Mitgliedstaaten (Art. 25) werden im **Europäischen Gerichtsatlas** veröffentlicht und sind im Internet abrufbar.[4]   7

2. Verhältnismäßigkeit von Kosten und Aufwand. Das Verfahren für geringfügige Forderungen ist geprägt durch den Grundsatz der Verhältnismäßigkeit von Aufwand und Kosten zu Bedeutung und Wert der Streitigkeit.[5] Er findet insb. Ausdruck in den durch den Grundsatz des **Freibeweises** gekennzeichneten Vorschriften über die Beweisaufnahme (Art. 9 Abs. 2 und 3) und in der nur im Ausnahmefall und ggf mit modernen Kommunikationsmitteln durchzuführenden mündlichen Verhandlung (Art. 5 Abs. 1 und 8). Die Kosteneffizienz und Beschleunigung des Verfahrens lagen auch den Regelungen zur **vorzugsweisen Zustellung der Schriftstücke durch Postdienste** (Art. 13 Abs. 1) und den Regelungen über die Festsetzung der Verfahrenskosten (Art. 16) zugrunde.   8

---

3 In diese Richtung auch *Hess*, Europäisches Zivilprozessrecht, 2010, S. 684; *Hess/Bittmann*, IPRax 2008, 305, 314; *Nardone*, Rpfleger 2009, 72, 74; ausf. *Netzer*, Status quo und Konsolidierung des Europäischen Zivilverfahrensrechts – Vorschlag zum Erlass einer EuZPO, 2011, S. 10 ff.
4 Der Europäische Gerichtsatlas findet sich unter http://ec.europa.eu/justice_home/judicialatlascivil/html/index_de.htm.
5 *Jahn*, NJW 2007, 2890, 2892.

9 **3. Abschaffung von Exequaturverfahren und ordre-public-Kontrolle.** Um die Anerkennung und Vollstreckung zu erleichtern, wird ein im europäischen Verfahren für geringfügige Forderungen ergangenes Urteil sofort (Art. 15 Abs. 1) **gemeinschaftsweit anerkannt und vollstreckt**, ohne dass es eines besonderen Verfahrens zur Vollstreckbarerklärung im Vollstreckungsmitgliedstaat (Exequaturverfahren) bedarf und ohne dass die Anerkennung angefochten werden kann (Art. 20 Abs. 1). Die EuBagatellVO verlangt zur Vollstreckung in einem anderen Mitgliedstaat lediglich die **Bestätigung der Entscheidung** als im Verfahren für geringfügige Forderungen ergangenes Urteil (Art. 20 Abs. 2, 21 Abs. 2 lit. b), die im Gegensatz zur EuVTVO nicht von der Einhaltung gewisser Mindestanforderungen abhängt (vgl Art. 6 EuVTVO).

10 Ein Mindestschutz der Parteien im Erkenntnisverfahren wird durch die unmittelbare Geltung der in der EuBagatellVO geregelten Verfahrensregeln gewährleistet, insb. durch das einheitliche Fristen- (Art. 4, 5 und 7 sowie Art. 12) und Zustellungsrecht (Art. 13) sowie durch das Recht auf Überprüfung des Urteils bei unverschuldeter Säumnis des Beklagten (Art. 18).

11 Die **Zwangsvollstreckung** der im Verfahren für geringfügige Forderungen ergangenen Urteile findet unter den gleichen Bedingungen wie die inländischer Urteile statt (Art. 21 Abs. 1 S. 2). Wie im Rahmen der EuVTVO und der EuMahnVO kann der Vollstreckungsschuldner im Vollstreckungsmitgliedstaat die Ablehnung (Art. 22) sowie die Aussetzung und Beschränkung (Art. 23) der Vollstreckung beantragen. Im Übrigen gilt auch im Rahmen der EuBagatellVO das **Verbot der révision au fond** (Art. 22 Abs. 2).

KAPITEL I GEGENSTAND UND ANWENDUNGSBEREICH

Artikel 1 Gegenstand

Mit dieser Verordnung wird ein europäisches Verfahren für geringfügige Forderungen eingeführt, damit Streitigkeiten in grenzüberschreitenden Rechtssachen mit geringem Streitwert einfacher und schneller beigelegt und die Kosten hierfür reduziert werden können. Das europäische Verfahren für geringfügige Forderungen steht den Rechtssuchenden als eine Alternative zu den in den Mitgliedstaaten bestehenden innerstaatlichen Verfahren zur Verfügung.

Mit dieser Verordnung wird außerdem die Notwendigkeit von Zwischenverfahren zur Anerkennung und Vollstreckung der in anderen Mitgliedstaaten im Verfahren für geringfügige Forderungen ergangenen Urteile beseitigt.

1 Die Vorschrift enthält eine klarstellende Beschreibung von Ziel und Gegenstand der EuBagatellVO (s. auch die Erwägungsgründe 8 und 30). Dabei kommt der autonom europäische Charakter des Verfahrens zum Ausdruck (S. 1 und 2). Die Regelungen der EuBagatellVO finden **unmittelbare Anwendung vor nationalen Gerichten** und beinhalten daher nicht nur Mindestanforderungen an ein nationales Erkenntnisverfahren (vgl insb. Art. 13 Rn 1 und Art. 18 Rn 3). Sie werden durch nationale Ausführungsbestimmungen zur Durchführung des Verfahrens ergänzt (vgl Art. 19 und die §§ 1091 ff ZPO).

2 Einen eigenen Regelungsgehalt enthält nur S. 2, der die **fakultative Geltung** des Verfahrens, nicht nur gegenüber innerstaatlichen Verfahren, sondern auch gegenüber anderen europäischen Rechtsdurchsetzungsmechanismen wie der EuMahnVO,[1] bestimmt. S. 3 kündigt den Verzicht auf Zwischenverfahren zur

---

[1] Rauscher/*Varga*, EuZPR/EuIPR (2014), Art. 1 EG-BagatellVO Rn 2.

Anerkennung und Vollstreckung der in anderen Mitgliedstaaten im Verfahren für geringfügige Forderungen ergangenen Urteile an (vgl Art. 20 Abs. 1).

Artikel 2 Anwendungsbereich

(1) Diese Verordnung gilt für grenzüberschreitende Rechtssachen in Zivil- und Handelssachen, ohne dass es auf die Art der Gerichtsbarkeit ankommt, wenn der Streitwert der Klage ohne Zinsen, Kosten und Auslagen zum Zeitpunkt des Eingangs beim zuständigen Gericht 2.000 EUR nicht überschreitet. Sie erfasst insbesondere nicht Steuer- und Zollsachen, verwaltungsrechtliche Angelegenheiten sowie die Haftung des Staates für Handlungen oder Unterlassungen im Rahmen der Ausübung hoheitlicher Rechte („acta iure imperii").

(2) Diese Verordnung ist nicht anzuwenden auf:

a) den Personenstand, die Rechts- und Handlungsfähigkeit sowie die gesetzliche Vertretung von natürlichen Personen,

b) die ehelichen Güterstände, das Unterhaltsrecht und das Gebiet des Erbrechts einschließlich des Testamentsrechts,

c) Konkurse, Verfahren im Zusammenhang mit der Abwicklung zahlungsunfähiger Unternehmen oder anderer juristischer Personen, gerichtliche Vergleiche, Vergleiche und ähnliche Verfahren,

d) die soziale Sicherheit,

e) die Schiedsgerichtsbarkeit,

f) das Arbeitsrecht,

g) die Miete oder Pacht unbeweglicher Sachen, mit Ausnahme von Klagen wegen Geldforderungen, oder

h) die Verletzung der Privatsphäre oder der Persönlichkeitsrechte, einschließlich der Verletzung der Ehre.

(3) In dieser Verordnung bedeutet der Begriff „Mitgliedstaat" die Mitgliedstaaten mit Ausnahme Dänemarks.

I. Regelungsgegenstand

Art. 2 definiert den **Anwendungsbereich** der Verordnung. Abs. 1 entspricht Art. 1 Abs. 1 EuGVO, enthält aber zusätzlich die den Bagatellcharakter des Verfahrens prägende Einschränkung auf Streitigkeiten mit einem **Streitwert bis 2.000 €** sowie die Beschränkung auf grenzüberschreitende Rechtssachen (vgl Art. 3). Im Gegensatz zur EuMahnVO gilt die EuBagatellVO nicht nur für Geldforderungen (vgl Formblatt A, Nr. 7). Auch Feststellungsklagen sind vom Anwendungsbereich umfasst.[1] Abs. 2 enthält weitere Bereichsausnahmen, die in lit. a–e weitgehend mit Art. 1 Abs. 2 lit. a–d EuGVO übereinstimmen. Abs. 3 schränkt den räumlichen Anwendungsbereich der Verordnung ein.

Ist der Anwendungsbereich der Verordnung nicht eröffnet und wird trotzdem Klage erhoben, verfährt das Gericht nach Art. 4 Abs. 3 (s. Art. 4 Rn 8).

---

[1] *Kropholler/v. Hein*, EuZPR, Art. 2 EuGFVO Rn 8; MüKo-ZPO/*Hau*, Art. 2 VO (EG) 861/2007 Rn 6; Musielak/*Voit*, Vor §§ 1097 ff ZPO Rn 6; Hk-ZPO/*Pukall*, Vor §§ 1097 ff ZPO Rn 4: negative Feststellungsklage; aA Rauscher/*Varga*, EuZPR/EuIPR (2014), Art. 2 EG-BagatellVO Rn 3.

II. Zivil- und Handelssachen (Abs. 1 S. 1)

3 Die Verordnung gilt ebenso wie die Brüssel Ia-VO nur in Zivil- und Handelssachen (vgl Vor Art. 36 ff Brüssel Ia-VO Rn 6 und Vor Art. 32 ff Brüssel I-VO Rn 11 f).

III. Streitwert (Abs. 1 S. 1)

4 Das Verfahren für geringfügige Forderungen ist begrenzt auf Streitigkeiten über Forderungen mit einem Streitwert bis 2.000 €. Dies gilt sowohl für die (Teil-)[2]Klage als auch für die Widerklage (vgl Art. 5 Abs. 7 S. 1), deren Streitwerte nicht addiert werden.[3] Auch die Prozessaufrechnung führt nicht zu einer Addition der Streitwerte.[4] Zur Vereinfachung der Berechnung des Streitwertes bleiben Zinsen, Ausgaben und Auslagen unberücksichtigt. Davon unberührt bleibt jedoch die Befugnis des Gerichts, diese im Urteil nach den nationalen Zinsberechnungsvorschriften zuzusprechen.[5] Die Streitwertberechnung bei unentgeltlichen, aber in Geldwert ausdrückbaren Forderungen wie Herausgabeansprüchen[6] richtet sich nach nationalem Recht.[7] Ist der Streitwert zwischen den Parteien streitig, verfährt das Gericht nach Art. 5 Abs. 5.

IV. Bereichsausnahmen entsprechend der Brüssel Ia-VO (Abs. 1 S. 2 und Abs. 2 lit. a–e)

5 Die Beschränkung des sachlichen Anwendungsbereichs in **Abs. 1 S. 2** (Steuer- und Zollsachen, verwaltungsrechtliche Angelegenheiten, **acta jure imperii**) entspricht derjenigen des Art. 1 Abs. 1 S. 2 Brüssel Ia-VO (s. Vor Art. 36 ff Brüssel Ia-VO Rn 6 und Vor Art. 32 ff Brüssel I-VO Rn 12).

6 Abs. 2 lit. a und b entspricht inhaltlich Art. 1 Abs. 2 lit. a, e und f Brüssel Ia-VO (s. Vor Art. 36 ff Brüssel Ia-VO Rn 6 und Art. 32 ff Brüssel I-VO Rn 13). Abs. 2 lit. c ergänzt die entsprechende Regelung in Art. 1 Abs. 2 lit. b Brüssel Ia-VO zwar dem Wortlaut nach um „Verfahren im Zusammenhang mit der Abwicklung zahlungsunfähiger Unternehmen oder anderer juristischer Personen" sowie um „gerichtliche Vergleiche", enthält dadurch aber keine weitergehende Ausnahme als die Brüssel Ia-VO (s. Vor Art. 36 ff Brüssel Ia-VO Rn 6 und Vor Art. 32 ff Brüssel I-VO Rn 14 ff).

7 Für die soziale Sicherheit (Abs. 2 **lit. d**) und für Schiedsverfahren (Abs. 2 **lit. e**) kann ebenfalls auf die Kommentierung zu Art. 1 Abs. 2 lit. c und d Brüssel Ia-VO verwiesen werden (s. Vor Art. 36 ff Brüssel Ia-VO Rn 6 und Vor Art. 32 ff Brüssel I-VO Rn 17 f).

V. Sonstige Ausnahmen (Abs. 2 lit. f–h)

8 **1. Allgemeines.** Die in Abs. 2 lit. f–h genannten Bereichsausnahmen verengen den sachlichen Anwendungsbereich gegenüber der Brüssel Ia-VO und sind dem beschleunigten und vereinfachten Verfahrenscharakter der Verordnung geschul-

---

2 Musielak/*Voit*, Vor §§ 1097 ff ZPO Rn 6; Prütting/Gehrlein/*Halfmeier*, Anh. § 1109 ZPO, Art. 2 Rn 2.
3 *Leible/Freitag*, BB 2009, 2, 3; *Schlosser*, EuZPR, Art. 5 BagatellVO Rn 5; Musielak/*Voit*, Vor §§ 1097 ff ZPO Rn 6.
4 *Hess/Bittmann*, IPRax 2008, 305, 311; *Leible/Freitag*, BB 2009, 2, 3.
5 Vgl Erwägungsgrund 10.
6 Rauscher/*Varga*, EuZPR/EuIPR (2014), Art. 2 EG-BagatellVO Rn 3.
7 Musielak/*Voit*, Vor §§ 1097 ff ZPO Rn 6; MüKo-ZPO/*Hau*, Art. 2 VO (EG) 861/2007 Rn 7; *Jahn*, NJW 2007, 2890, 2891; *Freitag/Leible*, BB 2009, 2, 3; aA Prütting/Gehrlein/ *Halfmeier*, Anh. § 1109 ZPO, Art. 2 Rn 2.

det. Sie sind in ihrer Aufzählung **abschließend**, bedürfen aber im Einzelnen der Auslegung.

2. Arbeitsrecht (lit. f). Die EuBagatellVO ist nicht anwendbar in arbeitsrechtlichen Streitigkeiten. Dazu gehören alle Verfahren über die Ansprüche aus dem Rechtsverhältnis zwischen Arbeitgeber und Arbeitnehmer. 9

3. Miet- und Pachtrecht (lit. g). Die Ausnahme für Miet- und Pachtsachen ist beschränkt auf Streitigkeiten über unbewegliche Sachen. Ausgeschlossen werden sollten insb. Streitigkeiten über die Begründung und die Beendigung des Miet- oder Pachtverhältnisses. Dagegen fallen Geldforderungen aus dem Miet- oder Pachtverhältnis unter die EuBagatellVO. 10

4. Persönlichkeitsrechte (lit. h). Die Bereichsausnahme in Abs. 2 lit. h erfasst Streitigkeiten über die Verletzung des Allgemeinen Persönlichkeitsrechts. Neben der genannten Verletzung der Privatsphäre und der Verletzung der Ehre fallen darunter auch die Verletzung sonstiger allgemeiner Persönlichkeitsrechte, wie zB das Recht auf den eigenen Namen oder das eigene Bild, sowie die Verletzung der informationellen Selbstbestimmung. 11

VI. Räumlicher Anwendungsbereich (Abs. 3)

Die EuBagatellVO gilt mit Ausnahme Dänemarks in allen Mitgliedstaaten der EU, auch in Irland und dem Vereinigten Königreich, die jeweils von ihrem Recht auf ein opt-in Gebrauch machten.[8] Sie findet daher keine Anwendung vor dänischen Gerichten, und der grenzüberschreitende Bezug kann nicht durch einen Wohnsitz oder gewöhnlichen Aufenthalt (vgl. Art. 3 Abs. 1) in Dänemark begründet werden. Urteile, die im Verfahren für geringfügige Forderungen ergingen, sind in Dänemark nicht nach der EuBagatellVO vollstreckbar; es steht dann nur der Weg über die Brüssel Ia-VO bzw für Verfahren, die vor dem 10.1.2015 eingeleitet wurde, die Brüssel I-VO offen. 12

Artikel 3 Grenzüberschreitende Rechtssachen

(1) Eine grenzüberschreitende Rechtssache im Sinne dieser Verordnung liegt vor, wenn mindestens eine der Parteien ihren Wohnsitz oder gewöhnlichen Aufenthalt in einem anderen Mitgliedstaat als dem des angerufenen Gerichts hat.

(2) Der Wohnsitz bestimmt sich nach den Artikeln 59 und 60 der Verordnung (EG) Nr. 44/2001.

(3) Maßgeblicher Augenblick zur Feststellung, ob eine grenzüberschreitende Rechtssache vorliegt, ist der Zeitpunkt, zu dem das Klageformblatt beim zuständigen Gericht eingeht.

I. Regelungsgegenstand

Art. 3 konkretisiert den **persönlichen Anwendungsbereich** der EuBagatellVO (Art. 2 Abs. 1 S. 1) und **definiert** dazu den Begriff der **grenzüberschreitenden Rechtssache**. Die Beschränkung auf grenzüberschreitende Rechtssachen war zwischen Kommission und Rat umstritten,[1] aber wegen der begrenzten Kompetenzgrundlage in Art. 61 lit. c und Art. 65 EGV (jetzt: Art. 67 Abs. 4, 81 Abs. 2 lit. f 1

---

8 Vgl die Erwägungsgründe 37 und 38.
1 Vgl KOM(2005) 87, S. 7; Gutachten des Juristischen Dienstes des Rats vom 30.6.2005, 10748/05, S. 7; Vermerk des Vorsitzes vom 2.5.2006, 8408/06 JUSTCIV 100.

AEUV), die nur Maßnahmen auf dem Gebiet der justiziellen Zusammenarbeit in Zivilsachen mit grenzüberschreitendem Bezug zuließ, erforderlich.[2]

II. Grenzüberschreitende Rechtssache

2 **1. Definition (Abs. 1).** Eine grenzüberschreitende Rechtssache liegt nur vor, wenn sie Anknüpfungspunkte in zwei Mitgliedstaaten aufweist, wobei es nur auf den Wohnsitz oder gewöhnlichen Aufenthalt der Parteien sowie die Belegenheit des Gerichts ankommt. Keine Rolle spielt, ob sich Vermögen des Schuldners im Ausland befindet und daher potenziell eine Auslandsvollstreckung des Urteils bevorsteht.

3 Der grenzüberschreitende Bezug kann nicht durch einen Wohnsitz oder gewöhnlichen Aufenthalt in Dänemark begründet werden (vgl Art. 2 Rn 12). Er liegt jedoch vor, wenn ein Kläger in Dänemark oder einem Drittstaat Klage vor dem Gericht eines Mitgliedstaates gegen einen Beklagten mit Wohnsitz in einem anderen Mitgliedstaat erhebt oder der Beklagte im Drittstaat oder in Dänemark wohnt und sich der Klägerwohnsitz in einem anderen Mitgliedstaat als das Gericht befindet.[3]

4 **2. Wohnsitz (Abs. 2).** Die Bestimmung des Wohnsitzes erfolgt nach Art. 62 und 63 Brüssel Ia-VO (s. Art. 80 S. 2 Brüssel Ia-VO). Auf die dortige Kommentierung wird verwiesen.

5 **3. Zeitpunkt der Feststellung (Abs. 3).** Eine grenzüberschreitende Rechtssache muss zum Zeitpunkt des Eingangs des Klageformblatts A (Art. 4 Abs. 1 S. 1) beim zuständigen Gericht (vgl Art. 4 Rn 5) vorliegen. Fällt einer der Anknüpfungspunkte zu einem späteren Zeitpunkt weg, bleibt die EuBagatellVO weiterhin anwendbar.[4]

KAPITEL II DAS EUROPÄISCHE VERFAHREN FÜR GERINGFÜGIGE FORDERUNGEN

Artikel 4 Einleitung des Verfahrens

(1) Der Kläger leitet das europäische Verfahren für geringfügige Forderungen ein, indem er das in Anhang I vorgegebene Klageformblatt A ausgefüllt direkt beim zuständigen Gericht einreicht oder diesem auf dem Postweg übersendet oder auf anderem Wege übermittelt, der in dem Mitgliedstaat, in dem das Verfahren eingeleitet wird, zulässig ist, beispielsweise per Fax oder e-Mail. Das Klageformblatt muss eine Beschreibung der Beweise zur Begründung der Forderung enthalten; gegebenenfalls können ihm als Beweismittel geeignete Unterlagen beigefügt werden.

(2) Die Mitgliedstaaten teilen der Kommission mit, welche Übermittlungsarten sie zulassen. Diese Mitteilung wird von der Kommission bekannt gemacht.

(3) Fällt die erhobene Klage nicht in den Anwendungsbereich dieser Verordnung, so unterrichtet das Gericht den Kläger darüber. Nimmt der Kläger die Klage dar-

---

2 Einen Überblick zur kontroversen Diskussion bietet *Jahn*, NJW 2007, 2890; krit. zur Beschränkung insb. *Haibach*, EuZW 2007, 137, 140.
3 So auch für Drittstaaten Rauscher/*Varga*, EuZPR/EuIPR (2014), Art. 3 EG-BagatellVO Rn 6 und 7; Musielak/*Voit*, Vor §§ 1097 ff ZPO Rn 4, hält die Anwendung der EuBagatellVO auf Antragsgegner mit Wohnsitz in einem Drittstaat für zweifelhaft.
4 MüKo-ZPO/*Hau*, Art. 3 VO (EG) 861/2007 Rn 7; Rauscher/*Varga*, EuZPR/EuIPR (2014), Art. 3 EG-BagatellVO Rn 9.

aufhin nicht zurück, so verfährt das Gericht mit ihr nach Maßgabe des Verfahrensrechts des Mitgliedstaats, in dem das Verfahren durchgeführt wird.

(4) Sind die Angaben des Klägers nach Ansicht des Gerichts unzureichend oder nicht klar genug, oder ist das Klageformblatt nicht ordnungsgemäß ausgefüllt und ist die Klage nicht offensichtlich unbegründet oder nicht offensichtlich unzulässig, so gibt das Gericht dem Kläger Gelegenheit, das Klageformblatt zu vervollständigen oder zu berichtigen oder ergänzende Angaben zu machen oder Unterlagen vorzulegen oder die Klage zurückzunehmen, und setzt hierfür eine Frist fest. Das Gericht verwendet dafür das in Anhang II vorgegebene Formblatt B. Ist die Klage offensichtlich unbegründet oder offensichtlich unzulässig oder versäumt es der Kläger, das Klageformblatt fristgerecht zu vervollständigen oder zu berichtigen, so wird die Klage zurück- bzw. abgewiesen.

(5) Die Mitgliedstaaten sorgen dafür, dass das Klageformblatt bei allen Gerichten, in denen das europäische Verfahren für geringfügige Forderungen eingeleitet werden kann, erhältlich ist.

I. Regelungsgegenstand............ 1	III. Anwendungsbereich nicht eröffnet (Abs. 3)...................... 8
II. Erhebung der Klage (Abs. 1 und 2).................. 2	IV. Aufforderung zur Berichtigung (Abs. 4 S. 2 und 3)................ 9
1. Inhalt...................... 2	V. Offensichtliche Unzulässigkeit oder Unbegründetheit der Klage (Abs. 4 S. 3)........................ 13
2. Sprachliche Fassung......... 4	
3. Übermittlung an das Gericht.................... 5	
4. Zuständigkeit des Gerichts.. 6	
5. Kein Gerichtskostenvorschuss..................... 7	

I. Regelungsgegenstand

Art. 4 regelt die Einleitung des Verfahrens durch Erhebung der Klage sowie die 1
Folgen fehlender Eröffnung des Anwendungsbereichs und offensichtlicher Unzulässigkeit oder Unbegründetheit. Die Vorschrift wird ergänzt durch die Ausführungsbestimmungen in §§ 1097 und 1100 Abs. 2 ZPO.

II. Erhebung der Klage (Abs. 1 und 2)

1. Inhalt. Zur Erhebung der Klage ist zwingend[1] das in Anhang I EuBagatellVO 2
abgedruckte **Klageformblatt A** zu verwenden und vollständig ausgefüllt beim zuständigen Gericht einzureichen (**Abs. 1 S. 1**), wobei der Kläger nicht der Mitwirkung eines Rechtsanwalts bedarf (Art. 10). Es genügt eine Ausfertigung des Formblatts; Kopien für die Beklagten müssen zwar nicht beigelegt werden, jedoch empfiehlt sich eine Übersetzung zur Vermeidung der Annahmeverweigerung durch den Beklagten (vgl Rn 4 und Art. 6 Rn 3). Das Klageformblatt ist von allen Gerichten zur Verfügung zu stellen, in denen das europäische Verfahren für geringfügige Forderungen eingeleitet werden kann (Abs. 5). Gleiches sollte auch für das Antwortformblatt C gelten (vgl Art. 5 Abs. 2). **Rechtshängigkeit** tritt bereits mit Klageeingang und nicht erst mit Zustellung (Art. 13 ff) ein.[2]

Neben der erforderlichen Beschreibung der Beweise sowie einer kurzen Begrün- 3
dung der Zuständigkeit des Gerichts und der geltend gemachten Forderung können geeignete Unterlagen als Beweismittel der Klage beigefügt werden (**Abs. 1**

---

1 MüKo-ZPO/*Hau*, Art. 4 VO (EG) 861/2007 Rn 1; Musielak/*Voit*, Vor §§ 1097 ff ZPO Rn 7.
2 MüKo-ZPO/*Hau*, Art. 4 VO (EG) 861/2007 Rn 22; Musielak/*Voit*, Vor §§ 1097 ff ZPO Rn 17.

S. 2). Die Vorlage einer Kopie genügt.[3] Es besteht aber **keine Pflicht zur Vorlage der Beweisunterlagen** mit Klageerhebung. Dafür spricht, dass die Auswahl der zulässigen Beweismittel im Ermessen des Gerichts steht (s. Art. 9 Rn 5). Beweisunterlagen können daher auch zu einem späteren Zeitpunkt bis zum Erlass eines Urteils nachgereicht werden (Erwägungsgrund 12 S. 2 und Art. 9; zur Präklusion s. Art. 7 Rn 5 f).[4]

Bei **mehreren** Beklagten oder Klägern sind **zusätzliche Formblätter** zu verwenden (vgl Anhang I, Abschnitte 2 und 3).[5]

4 2. Sprachliche Fassung. Die Klage ist, wie auch die anderen dem Gericht zu übermittelnden Schriftstücke (Berichtigung, Antwort, Widerklage, Antwort auf die Widerklage; vgl Abs. 4, Art. 5 Abs. 3 und 6), in einer der **Gerichtssprachen** oder zusammen mit einer **Übersetzung** in eine Gerichtssprache einzureichen (vgl Art. 6 Abs. 1 und 2).[6] Die Verordnung sollte insoweit um eine Mitteilungspflicht iSd Art. 25 Abs. 1 ergänzt werden. Davon ungeachtet kann bei Zustellung an den Beklagten eine weitere Übersetzung notwendig werden (vgl Art. 6 Rn 3).[7]

5 3. Übermittlung an das Gericht. Die Übermittlung der Klage kann entweder unmittelbar, auf dem Postweg oder auf andere, nach der *lex fori* zulässigen Weise (Fax oder E-Mail) geschehen (Abs. 1 S. 1). Dies gilt auch dann, wenn ein Mitgliedstaat, nicht wie von **Abs. 2** vorgesehen, der Kommission die zulässigen Übermittlungsarten mitgeteilt hat oder die Mitteilung nicht von der Kommission bekannt gemacht worden ist (vgl Art. 25 Abs. 1 lit. b).[8] In Deutschland findet sowohl auf die Übermittlung des Klageformblatts als auch der anderen Formblätter B und C (vgl Abs. 4 und Art. 5 Abs. 3) und auf sonstige Anträge oder Erklärungen § 130 a ZPO Anwendung (dazu und zur Erklärung zu Protokoll der Geschäftsstelle s. § 1097 Abs. 1 ZPO).

6 4. Zuständigkeit des Gerichts. Die **örtliche** und **internationale** Zuständigkeit des Gerichts ist in der EuBagatellVO nicht ausdrücklich geregelt und richtet sich daher vorrangig nach den Art. 4 ff Brüssel Ia-VO, ergänzend nach den Vorschriften der *lex fori* (in Deutschland: §§ 12–35 a ZPO).[9] Eine abweichende Regelung für Verbrauchersachen entsprechend Art. 6 Abs. 1 lit. d EuVTVO oder Art. 6 Abs. 2 EuMahnVO enthält die EuBagatellVO nicht.[10] Die **sachliche** Zuständigkeit richtet sich nach nationalem Recht (§§ 23, 71 GVG).

Die Zuständigkeit kann auch durch **rügeloses Einlassen** begründet werden (Art. 26 Brüssel Ia-VO). Abs. 4 S. 3 findet daher auf die Zuständigkeit keine Anwendung. Auf Rüge des Beklagten erfolgt – außer bei fehlender internationaler Zuständigkeit – eine nationale **Verweisung** an das örtlich und sachlich zuständige Gericht.[11] In Deutschland gilt Art. 19 iVm § 281 ZPO.

---

3 *Schlosser*, EuZPR, Art. 4 BagatellVO Rn 5.
4 Dafür *Jahn*, NJW 2007, 2890, 2893; *Kramer*, ZEuP 2008, 363; *Sujecki*, EWS 2008, 326; *Leible/Freitag*, BB 2009, 2, 4.
5 MüKo-ZPO/*Hau*, Art. 4 VO (EG) 861/2007 Rn 5; gegen die Zulässigkeit der Streitgenossenschaft im Bagatellverfahren *Schlosser*, EuZPR, Art. 19 BagatellVO Rn 4.
6 *Kramer*, ZEuP 2008, 364; *Sujecki*, EWS 2008, 326; aA *Nardone*, Rpfleger 2009, 74.
7 *Jahn*, NJW 2007, 2890, 2893.
8 Die Informationen werden im Amtsblatt veröffentlicht und sind über den Europäischen Gerichtsatlas zugänglich, abrufbar unter http://ec.europa.eu/justice_home/judicialatlascivil/html/index_de.htm.
9 Thomas/Putzo/*Reichhold*, § 1097 ZPO Vorbem Rn 4; *Hau*, JuS 2008, 1056, 1057.
10 Krit. *Kramer*, ZEuP 2008, 363; *Sujecki*, EWS 2008, 325.
11 Ebenso *Kropholler/v. Hein*, EuZPR, Art. 4 EuGFVO Rn 14; MüKo-ZPO/*Hau*, Art. 4 VO (EG) 861/2007 Rn 19; aA Musielak/*Voit*, Vor §§ 1097 ff ZPO Rn 14.

5. Kein Gerichtskostenvorschuss. Zur Durchführung des Verfahrens für geringfügige Forderungen vor einem deutschen Gericht muss kein Gerichtskostenvorschuss geleistet werden (vgl § 12 Abs. 2 Nr. 2 GKG).

III. Anwendungsbereich nicht eröffnet (Abs. 3)

Ist der sachliche oder räumliche Anwendungsbereich der Verordnung nicht oder nach Klageänderung (Streitwertgrenze gem. Art. 2 Abs. 1 überschritten)[12] nicht mehr eröffnet, erteilt das Gericht dem Kläger einen **Hinweis** (S. 1). Der Kläger hat so die Möglichkeit zur Kostenreduzierung durch (teilweise) **Klagerücknahme**. In Deutschland gilt § 269 Abs. 3 ZPO. Nimmt er die Klage nicht zurück, so verfährt das Gericht nach der *lex fori* (S. 2); vgl die Ausführungsbestimmung in § 1097 Abs. 2 ZPO (Überleitung in den ordentlichen Zivilprozess).

IV. Aufforderung zur Berichtigung (Abs. 4 S. 2 und 3)

Sind die Angaben auf dem Klageformblatt unzureichend, nicht verständlich oder ist das Klageformblatt nicht ordnungsgemäß ausgefüllt, fordert das Gericht den Kläger unter Fristsetzung zur Behebung des Mangels auf (S. 1). Es verwendet dazu das in Anhang II EuBagatellVO abgedruckte **Formblatt B** (S. 2).

Das Gericht setzt dem Kläger eine **Berichtigungsfrist**. Eine Frist von 30 Tagen wie für die Absendung der Klageerwiderung (Art. 5 Abs. 3) wird nur in seltenen Fällen erforderlich sein. Im Regelfall dürfte eine Frist von zwei Wochen genügen, wenn bei erforderlicher Übermittlung in einen anderen Mitgliedstaat die verlängerten Postlaufzeiten beachtet werden. Die Frist beginnt mit der Zustellung des Hinweises (zur Fristwahrung durch rechtzeitige Absendung s. Art. 14 Rn 4). Die Frist kann gem. Art. 14 Abs. 2 verlängert werden.

Anstatt den Mangel zu beheben und das Klageformblatt zu vervollständigen, zu berichtigen oder ergänzende Angaben zu machen oder Unterlagen vorzulegen, kann der Kläger die **Klage** auch **zurücknehmen** (S. 1).

Versäumt es der Kläger, das Formblatt fristgerecht zu vervollständigen oder zu berichtigen, weist das Gericht die Klage zurück (S. 3). Auf diese Rechtsfolge wird der Kläger im Formblatt B hingewiesen (vgl Art. 14 Abs. 1).

V. Offensichtliche Unzulässigkeit oder Unbegründetheit der Klage (Abs. 4 S. 3)

Ist die Klage offensichtlich unbegründet oder offensichtlich unzulässig und besteht deshalb **keine Aussicht auf Behebung des Mangels** durch Berichtigung, weist das Gericht die Klage als unbegründet zurück bzw als unzulässig ab. Die Klage ist **offensichtlich unzulässig**, wenn wenigstens eine Zulässigkeitsvoraussetzung (mit Ausnahme der Zuständigkeit; s. Rn 7) nicht vorliegt und sich dies eindeutig aus den Angaben des Klägers ergibt. **Offensichtlich unbegründet** ist die Klage, wenn der geltend gemachte Anspruch aufgrund von eindeutigen, aus dem Formblatt zu entnehmenden und nicht korrigierbaren Angaben nicht besteht.

Die Sachabweisung ist der Rechtskraft fähig.[13] Das Gericht unterrichtet den Kläger daher vor Klageabweisung und gibt ihm Gelegenheit zur Stellungnahme analog Abs. 3 S. 1.[14]

---

12 Rauscher/*Varga*, EuZPR/EuIPR (2014), Art. 2 EG-BagatellVO Rn 10.
13 *Schlosser*, EuZPR, Art. 4 BagatellVO Rn 6; Musielak/*Voit*, Vor §§ 1097 ff ZPO Rn 15.
14 Im Ergebnis auch Musielak/*Voit*, Vor §§ 1097 ff ZPO Rn 15.

15 Gegen die Zurück- bzw Abweisung sieht die EuBagatellVO keinen Rechtsbehelf vor. In Deutschland ist gem. Art. 19 iVm § 567 Abs. 1 Nr. 2 ZPO die sofortige Beschwerde statthaft.[15]

Artikel 5 Durchführung des Verfahrens

(1) Das europäische Verfahren für geringfügige Forderungen wird schriftlich durchgeführt. Das Gericht hält eine mündliche Verhandlung ab, wenn es diese für erforderlich hält oder wenn eine der Parteien einen entsprechenden Antrag stellt. Das Gericht kann einen solchen Antrag ablehnen, wenn es der Auffassung ist, dass in Anbetracht der Umstände des Falles ein faires Verfahren offensichtlich auch ohne mündliche Verhandlung sichergestellt werden kann. Die Ablehnung ist schriftlich zu begründen. Gegen die Abweisung des Antrags ist kein gesondertes Rechtsmittel zulässig.

(2) Nach Eingang des ordnungsgemäß ausgefüllten Klageformblatts füllt das Gericht Teil I des in Anhang III vorgegebenen Standardantwortformblatts C aus. Es stellt dem Beklagten gemäß Artikel 13 eine Kopie des Klageformblatts und gegebenenfalls der Beweisunterlagen zusammen mit dem entsprechend ausgefüllten Antwortformblatt zu. Diese Unterlagen sind innerhalb von 14 Tagen nach Eingang des ordnungsgemäß ausgefüllten Klageformblatts abzusenden.

(3) Der Beklagte hat innerhalb von 30 Tagen nach Zustellung des Klageformblatts und des Antwortformblatts zu antworten, indem er Teil II des Formblatts C ausfüllt und es gegebenenfalls mit als Beweismittel geeigneten Unterlagen an das Gericht zurücksendet oder indem er auf andere geeignete Weise ohne Verwendung des Antwortformblatts antwortet.

(4) Innerhalb von 14 Tagen nach Eingang der Antwort des Beklagten ist eine Kopie der Antwort gegebenenfalls zusammen mit etwaigen als Beweismittel geeigneten Unterlagen an den Kläger abzusenden.

(5) Macht der Beklagte in seiner Antwort geltend, dass der Wert einer nicht lediglich auf eine Geldzahlung gerichteten Klage die in Artikel 2 Absatz 1 festgesetzten Wertgrenze übersteigt, so entscheidet das Gericht innerhalb von 30 Tagen nach Absendung der Antwort an den Kläger, ob die Forderung in den Anwendungsbereich dieser Verordnung fällt. Gegen diese Entscheidung ist ein gesondertes Rechtsmittel nicht zulässig.

(6) Etwaige Widerklagen, die mittels Formblatt A zu erheben sind, sowie etwaige Beweisunterlagen werden dem Kläger gemäß Artikel 13 zugestellt. Die Unterlagen sind innerhalb von 14 Tagen nach deren Eingang bei Gericht abzusenden. Der Kläger hat auf eine etwaige Widerklage innerhalb von 30 Tagen nach Zustellung zu antworten.

(7) Überschreitet die Widerklage die in Artikel 2 Absatz 1 festgesetzte Wertgrenze, so werden die Klage und die Widerklage nicht nach dem europäischen Verfahren für geringfügige Forderungen, sondern nach Maßgabe des Verfahrensrechts des Mitgliedstaats, in dem das Verfahren durchgeführt wird, behandelt. Artikel 2 und Artikel 4 sowie die Absätze 3, 4 und 5 des vorliegenden Artikels gelten entsprechend für Widerklagen.

---

15 Rauscher/*Varga*, EuZPR/EuIPR (2014), Art. 4 EG-BagatellVO Rn 16; Musielak/*Voit*, Vor §§ 1097 ff ZPO Rn 15; aA MüKo-ZPO/*Hau*, Art. 4 VO (EG) 861/2007 Rn 21: Berufung statthaft.

I. Regelungsgegenstand

Art. 5 regelt die Durchführung des Verfahrens für geringfügige Forderungen. Die Vorschrift wird ergänzt durch die Ausführungsbestimmungen zur Widerklage in § 1099 ZPO.

II. Grundsatz der Schriftlichkeit (Abs. 1)

Das Verfahren wird **grds. schriftlich** durchgeführt (S. 1); eine bestimmte Form der Schriftlichkeit schreibt die EuBagatellVO jedoch nur teilweise vor (vgl Art. 4 Rn 2 und Art. 5 Rn 6).

Eine **mündliche Verhandlung** ordnet das Gericht **von Amts wegen** nur an, wenn es diese für erforderlich hält (S. 2 Alt. 1). **Erforderlich** kann eine mündliche Verhandlung insb. sein, wenn die Vernehmung eines Zeugen notwendig wird (vgl aber Art. 9 Rn 6 ff) oder eine der Parteien sich schriftlich nicht zu äußern vermag. Das Gericht kann die mündliche Verhandlung auch über Video-Konferenz oder unter Zuhilfenahme anderer Mittel der Kommunikationstechnologie abhalten (vgl Art. 8). Für die Wahl der Verfahrenssprache gilt Art. 6 Abs. 1 und 2 entsprechend.[1]

Eine **mündliche Verhandlung** ist außerdem **auf Antrag** einer der Parteien anzuordnen (S. 2 Alt. 2). Im Gegensatz zu § 495 a S. 2 ZPO kann der Antrag aber aus Kostengründen zurückgewiesen werden, wenn das Gericht der Auffassung ist, dass ein faires Verfahren offensichtlich auch ohne mündliche Verhandlung sichergestellt werden kann (S. 2). Der Antrag ist insb. dann zurückzuweisen, wenn er nur zur Abschreckung der anderen Partei erhoben wird, um diese von der weiteren Rechtsverfolgung abzuhalten.[2] Die Ablehnung ist schriftlich zu begründen (S. 3) und kann nicht mit einem gesonderten Rechtsmittel angegriffen werden (S. 4). Ist ein faires Verfahren gesichert (insb. rechtliches Gehör), verstößt die Schriftlichkeit des Verfahrens nicht gegen Art. 6 Abs. 1 EMRK.[3]

III. Antwort an den Beklagten (Abs. 2)

Das Gericht unterrichtet den Beklagten über die Klage unter Verwendung des in Anhang III vorgegebenen **Standardantwortformblatts C** durch **förmliche Zustellung** (Art. 13) zusammen mit einer Kopie des vom Kläger eingereichten Klageformblatts und der Beweisunterlagen (S. 1 und 2). Die Frist für das Gericht zur Absendung der Unterlagen beträgt 14 Tage nach Eingang des (nach Art. 4 Abs. 4 berichtigten) Klageformblatts (S. 3); bei Fristversäumung gilt Art. 14 Abs. 3. Ein früher erster Termin (§ 275 ZPO) findet nicht statt (vgl § 1100 Abs. 2 ZPO).

IV. Klageerwiderung (Abs. 3–5)

Die Klageerwiderung erfolgt entweder unter Verwendung des **Antwortformblatts C**, das der Beklagte zusammen mit als Beweismittel geeigneten Unterlagen an das Gericht zurücksendet, oder formlos auf **andere geeignete Weise (Abs. 3)**.[4] Für die Übermittlung gilt Art. 4 Abs. 1 S. 1 entsprechend. Die Frist zur Klageerwiderung beträgt **30 Tage**, beginnend mit Zustellung des Klageformblatts (zur Fristwahrung durch rechtzeitige Absendung s. Art. 14 Rn 4). Die Frist kann gem.

---

1 *Jahn*, NJW 2007, 2890, 2893.
2 Vgl auch Hk-ZPO/*Pukall*, § 1100 ZPO Rn 1.
3 *Jahn*, NJW 2007, 2890, 2892 mwN; krit. MüKo-ZPO/*Hau*, Art. 5 VO (EG) 861/2007 Rn 2; Rauscher/*Varga*, EuZPR/EuIPR (2014), Art. 5 EG-BagatellVO Rn 3 f; *Schoibl*, in: Stürner/Matsumoto/Lüke u.a. (Hrsg.), FS Leipold, 2009, S. 336 ff.
4 *Schlosser*, EuZPR, Art. 5 BagatellVO Rn 3; MüKo-ZPO/*Hau*, Art. 5 VO (EG) 861/2007 Rn 4; Musielak/*Voit*, Vor §§ 1097 ff ZPO Rn 19; Rauscher/*Varga*, EuZPR/EuIPR (2014), Art. 5 EG-BagatellVO Rn 6; aA Zöller/*Geimer*, § 1097 ZPO Rn 1.

Art. 14 Abs. 2 verlängert werden. Bei Fristversäumnis gilt Art. 7 Abs. 3 (s. Art. 7 Rn 10).

7 Das Gericht leitet eine Kopie der Klageerwiderung innerhalb von 14 Tagen an den Kläger weiter (**Abs. 4**); bei Fristversäumung gilt Art. 14 Abs. 3.

8 Macht der Beklagte in seiner Antwort geltend, dass der Streitwert einer nicht lediglich auf Geldzahlung gerichteten Klage über der Streitwertgrenze in Art. 2 Abs. 1 (2.000 €) liegt, entscheidet das Gericht (erneut) über die **Eröffnung des Anwendungsbereichs**. Die Frist zur Entscheidung beträgt 30 Tage ab Absendung der Antwort an den Kläger (**Abs. 5 S. 1**). Ein gesondertes Rechtsmittel ist gegen die Entscheidung nicht zulässig (**Abs. 5 S. 2**).

9 Nicht ausdrücklich geregelt ist, ob die Entscheidung einer **Begründung** bedarf und ob dem Kläger vor dem Erlass einer Entscheidung zu seinen Lasten ein **richterlicher Hinweis** zu erteilen und **rechtliches Gehör** zu gewähren ist. Dafür spricht, dass der Kläger auch in diesem Fall noch die Möglichkeit zur **Klagerücknahme** haben sollte (vgl Art. 4 Abs. 4) und Einwände gegen die Beurteilung des Streitwertes erheben können muss, sofern die Beurteilung und die Einwände des Beklagten auf bislang unberücksichtigten Tatsachen beruhen. Dagegen spricht auch nicht das Ziel der Verfahrensbeschleunigung im Bagatellverfahren (vgl Erwägungsgrund 8), da bei Nichteröffnung des Anwendungsbereichs nach der *lex fori* zu verfahren ist (Art. 4 Abs. 3 S. 2 gilt entsprechend) und regelmäßig die Überleitung in das ordentliche Verfahren erfolgt (vgl § 1097 Abs. 2 ZPO).

V. Widerklage und Aufrechnung (Abs. 6 und 7)

10 Die Widerklage wird unter Verwendung des **Formblatts A** erhoben und das Gericht verfährt entsprechend dem für die Klage geltenden Verfahrensablauf (**Abs. 6**). Voraussetzung ist, dass die **Widerklage** entsprechend Art. 8 Nr. 3 Brüssel Ia-VO (vgl Erwägungsgrund 16 iVm Art. 80 S. 2 Brüssel Ia-VO) auf denselben Vertrag oder Sachverhalt wie die Klage gestützt wird (**Konnexität**).[5] Für die **Aufrechnung** gelten die Einschränkungen der Formbedürftigkeit und des inneren Zusammenhangs nicht (s. Erwägungsgrund 17).[6]

11 Die Widerklage muss **als Klage zulässig** sein. Art. 2 und Art. 4 sowie die Abs. 3, 4 und 5 des Art. 5 gelten entsprechend (**Abs. 7 S. 2**).

12 Liegt der **Streitwert** der Widerklage über der in Art. 2 Abs. 1 festgesetzten Grenze von 2.000 €, findet die Verordnung sowohl auf die Klage als auch auf die Widerklage keine Anwendung (**Abs. 7 S. 1**); das Verfahren wird für beide Klagen nach der *lex fori* fortgeführt (vgl § 1099 Abs. 2 ZPO). Der Beklagte kann daher mit der Widerklage die Anwendung der EuBagatellVO und die unmittelbar grenzüberschreitende Vollstreckbarkeit des Titels verhindern.[7] Allerdings prüft auch bei der Widerklage das Gericht zunächst deren offensichtliche Unbegründetheit (vgl Rn 13). Vor der Überleitung in das nationale Erkenntnisverfahren hat der Kläger in Deutschland einen Gerichtskostenvorschuss zu leisten (s. § 12 Abs. 3 GKG).

13 Fällt die Widerklage aus einem anderen Grund als durch die Überschreitung der Streitwertgrenze nicht in den Anwendungsbereich der Verordnung (vgl Rn 10 f) oder ist sie **offensichtlich unzulässig oder unbegründet**, ist sie als unbegründet

---

[5] Allgemein zur Widerklage vgl Rauscher/*Leible*, EuZPR/EuIPR (2010), Art. 6 Brüssel I-VO Rn 23 f.
[6] MüKo-ZPO/*Hau*, Art. 5 VO (EG) 861/2007 Rn 11; Musielak/*Voit*, Vor §§ 1097 ff ZPO Rn 21.
[7] Dazu Wieczorek/Schütze/*Schütze*, § 1099 ZPO Rn 13.

bzw unzulässig abzuweisen; Art. 4 Abs. 3 und Abs. 4 S. 3 finden gem. Abs. 7 S. 2 entsprechende Anwendung (vgl auch § 1099 Abs. 1 ZPO).

Artikel 6 Sprachen

(1) Das Klageformblatt, die Antwort, etwaige Widerklagen, die etwaige Antwort auf eine Widerklage und eine etwaige Beschreibung etwaiger Beweisunterlagen sind in der Sprache oder einer der Sprachen des Gerichts vorzulegen.

(2) Werden dem Gericht weitere Unterlagen nicht in der Verfahrenssprache vorgelegt, so kann das Gericht eine Übersetzung der betreffenden Unterlagen nur dann anfordern, wenn die Übersetzung für den Erlass des Urteils erforderlich erscheint.

(3) Hat eine Partei die Annahme eines Schriftstücks abgelehnt, weil es nicht in
a) der Amtssprache des Empfangsmitgliedstaats oder – wenn es in diesem Mitgliedstaat mehrere Amtssprachen gibt – der Amtssprache oder einer der Amtssprachen des Ortes, an dem die Zustellung erfolgen soll oder an den das Schriftstück gesandt werden soll, oder
b) einer Sprache, die der Empfänger versteht,

abgefasst ist, so setzt das Gericht die andere Partei davon in Kenntnis, damit diese eine Übersetzung des Schriftstücks vorlegt.

I. Regelungsgegenstand

Art. 6 regelt die Sprachfassung und die Übersetzung von Schriftstücken bei der Übermittlung an das Gericht (Abs. 1 und 2) sowie das Annahmeverweigerungsrecht des Empfängers (Abs. 3). Abs. 3 ist der Regelung zum Annahmeverweigerungsrecht in Art. 8 Abs. 1 und 2 EuZVO nachgebildet und soll die Kenntnis des Empfängers vom Inhalt des verfahrensleitenden Schriftstücks gewährleisten und den Anspruch auf rechtliches Gehör sichern. Die Vorschrift wird ergänzt durch die Ausführungsbestimmung in § 1098 ZPO.

II. Übermittlung von Schriftstücken an das Gericht (Abs. 1 und 2)

Alle Formblätter und eine etwaige Beschreibung von Beweisunterlagen sind in der Sprache oder einer der Sprachen des Gerichts vorzulegen (**Abs. 1**). Geschieht dies nicht, muss das Gericht wegen Art. 6 Abs. 1 EMRK und Art. 103 Abs. 1 GG auf den Mangel vor Klageabweisung oder Säumnisentscheidung (vgl Art. 7 Abs. 3) hinweisen und Gelegenheit zur Übersetzung geben.[1]

Weitere Unterlagen wie Beweisunterlagen sind zunächst nicht zwingend zu übersetzen.[2] Das Gericht kann jedoch eine Übersetzung anfordern, wenn dies für den Erlass des Urteils erforderlich erscheint (**Abs. 2**). Dazu setzt es der Partei unter Berücksichtigung des Umfangs der Übersetzung eine angemessene Frist von idR 30 Tagen.

III. Annahmeverweigerungsrecht (Abs. 3)

1. Annahmeverweigerungsgründe. Eine Partei hat das Recht, die Annahme eines ihr zuzustellenden Schriftstücks abzulehnen, wenn dieses weder in einer der Amtssprachen des Empfangsmitgliedstaates noch in einer Sprache abgefasst ist, die sie versteht. Das Annahmeverweigerungsrecht gilt sowohl für den Beklagten

---

1 Musielak/*Voit*, Vor §§ 1097 ff ZPO Rn 8 und 19.
2 Vgl auch EuGH Rs. C-14/07 (*Weiss und Partner*), NJW 2008, 1721 Rn 86 ff.

als auch für den Kläger. Es steht dem Empfänger auch bei Zustellungen in der Gerichtssprache zu, denn andernfalls hätte es neben Abs. 1 keine Bedeutung.[3]

4 Sowohl Umfang als auch **Qualität der Übersetzung** sind nicht ausdrücklich geregelt. Die Übersetzung wird durch die vorgedruckten Formblätter (s. Anhang) in der jeweiligen Sprachfassung erleichtert, darf sich aber nicht nur auf die durch die Partei aufgeführten individuellen Angaben im Formblatt beschränken.[4] Die Übersetzung muss außerdem so verständlich sein, dass der Empfänger ohne weitere Hilfsmittel dazu in der Lage ist, die erforderlichen Informationen einer effektiven Verteidigung dem Schriftstück zu entnehmen.

5 Das **Niveau der Sprachkenntnis** muss den Empfänger in die Lage versetzen, amtliche Dokumente und die verwendete Justizsprache zu verstehen.[5] Es kommt bei Zustellung an eine juristische Person dabei nicht auf die Organwalter an, sondern darauf, ob generell leitende Angestellte mit entsprechender Sprachkenntnis zur Bearbeitung des Vorgangs bereitstehen.[6] Der Zustellung vorausgegangener Schriftverkehr zwischen den Parteien begründet zwar keine Vermutung für Sprachkenntnisse, stellt aber einen Anhaltspunkt für das Gericht dar.[7] Für das Vorliegen der Sprachkenntnis ist der **Absender beweisbelastet**, wenn er sich auf die Wirksamkeit der Zustellung beruft.[8]

6 Macht der Empfänger von seinem Annahmeverweigerungsrecht **keinen Gebrauch**, ist die Zustellung auch dann wirksam, wenn das Schriftstück in keiner der zulässigen Sprachen vorliegt. Die Übersetzungslast trägt dann der Empfänger selbst.

7 **2. Ausübung des Annahmeverweigerungsrechts.** Die Annahme des Schriftstücks kann entweder **direkt bei der Zustellung** gegenüber der Zustellperson verweigert werden oder das Schriftstück ist **binnen einer Woche zurückzusenden** (Erwägungsgrund 19).[9] Die Frist ist eine Notfrist[10] und beginnt mit der Zustellung des Schriftstücks (Art. 19 iVm § 1098 ZPO; zur Fristwahrung s. Art. 14 Rn 4).

8 Macht der Empfänger von seiner **einwöchigen Verweigerungsfrist** Gebrauch, hat er das Schriftstück entweder direkt an das Gericht oder bei grenzüberschreitender Zustellung nach den Regeln der EuZVO an die jeweilige, in Art. 8 Abs. 1 und 5 EuZVO genannte Stelle zurückzusenden. Dabei muss nicht das Schriftstück selbst versandt werden,[11] es genügt auch eine eindeutige schriftliche Erklärung der Annahmeverweigerung.

9 Das Gericht setzt anschließend die andere Partei über die Ausübung des Annahmeverweigerungsrechts in Kenntnis, damit diese eine Übersetzung des Schriftstücks vorlegt.

---

3 AA *Schlosser*, EuZPR, Art. 6 BagatellVO Rn 4, Art. 13 BagatellVO Rn 2.
4 *Schlosser*, EuZPR, Art. 13 BagatellVO Rn 2; zum Umfang der Übersetzung s. auch EuGH Rs. C-14/07 (*Weiss und Partner*), NJW 2008, 1721, bespr. von *Ahrens*, NJW 2008, 2817; *Hess*, IPRax 2008, 400.
5 *Schlosser*, EuZPR, Art. 8 EuZVO Rn 2.
6 *Schlosser*, EuZPR, Art. 8 EuZVO Rn 2; Wieczorek/Schütze/*Schütze*, § 1098 ZPO Rn 9: das für juristische Fragen zuständige Organmitglied.
7 EuGH Rs. C-14/07 (*Weiss und Partner*), NJW 2008, 1721 Rn 86 ff.
8 *Stadler*, IPRax 2002, 474; Rauscher/*Heiderhoff*, EuZPR/EuIPR (2010), Art. 8 EG-ZustVO 2007 Rn 29; *Schlosser*, EuZPR, Art. 8 EuZVO Rn 2.
9 *Kropholler/v. Hein*, EuZPR, Art. 6 EuGFVO Rn 10; MüKo-ZPO/*Hau*, Art. 6 VO (EG) 861/2007 Rn 5; Prütting/Gehrlein/*Halfmeier*, dskr. § 1109 ZPO, Art. 6 Rn 2; Rauscher/*Varga*, EuZPR/EuIPR (2014), Art. 6 EG-BagatellVO Rn 3; aA Baumbach/*Hartmann*, § 1098 ZPO Rn 1: Art. 19 EuBagatellVO.
10 Wieczorek/Schütze/*Schütze*, § 1098 ZPO Rn 12.
11 *Schlosser*, EuZPR, Art. 6 BagatellVO Rn 4.

3. Rückgriff auf Art. 8 EuZVO. a) Allgemeines. Die Belehrung über das Annahmeverweigerungsrecht und die Rechtsfolgen seiner Ausübung sind in Abs. 3 nicht oder nur teilweise geregelt. Ergänzend kann auf **Art. 8 EuZVO**[12] zurückgegriffen werden.[13] Auch Art. 13 regelt die Zustellung im Verfahren über geringfügige Forderungen autonom, jedoch bedarf es der ergänzenden Anwendung der EuZVO (vgl Art. 13 Rn 6). Der Rückgriff auf nationales Recht (Art. 19) und die durch unterschiedliche Regelungen hervorgerufene Rechtszersplitterung und Rechtsunsicherheit sollten vermieden werden.

b) Belehrung. Der Empfänger ist über sein Recht auf Annahmeverweigerung zu belehren (Art. 8 Abs. 1 EuZVO) und dabei insb. auf die Frist zur Ausübung des Annahmeverweigerungsrechts hinzuweisen. Bei Verfahren vor einem deutschen Gericht ergibt sich dies auch aus der Ausführungsbestimmung in § 1098 S. 3 ZPO. Da die EuBagatellVO in keinem der Formblätter einen Vordruck über die Belehrung enthält, muss auf das **Formblatt in Anhang II der EuZVO** zurückgegriffen werden. Das Gericht sollte daher jeder ausländischen Zustellung an den Beklagten, die vorzugsweise im Wege der postalischen Direktzustellung erfolgt (vgl Art. 5 Abs. 2 S. 2 und Art. 13 Abs. 1), das Formblatt der EuZVO in einer der Amtssprachen des Empfangsmitgliedstaates beilegen. Zusätzlich ist der Beklagte gesondert über die Möglichkeiten einer Wiedereinsetzung in den vorigen Stand nach der *lex fori* zu belehren (vgl § 1098 ZPO Rn 3).

c) Rechtsfolgen. Die berechtigte Annahmeverweigerung führt zur Unwirksamkeit der Zustellung, die geheilt werden kann, indem das Schriftstück zusammen mit einer Übersetzung in einer der vorgesehenen Sprachen dem Empfänger erneut zugestellt wird (Abs. 3 und Art. 8 Abs. 3 S. 1 EuZVO). Die **erneute Zustellung** sollte innerhalb einer Frist von 30 Tagen erfolgen (Art. 7).[14] Das Datum der Zustellung ist das der zweiten Zustellung, wobei es im Verhältnis zum Antragsteller auf den nach Art. 9 Abs. 2 EuZVO ermittelten Tag ankommt, an dem das erste Schriftstück zugestellt worden ist, wenn nach dem Recht eines Mitgliedstaates ein Schriftstück innerhalb einer bestimmten Frist zuzustellen ist (Art. 8 Abs. 3 S. 2 und 3 EuZVO).

Ist die Annahmeverweigerung des Empfängers **nicht berechtigt**, gilt die Zustellung trotz verweigerter Annahme als bewirkt. Eine erneute Zustellung ist nicht erforderlich.

Artikel 7 Abschluss des Verfahrens

(1) Innerhalb von 30 Tagen, nachdem die Antworten des Beklagten oder des Klägers unter Einhaltung der Frist des Artikels 5 Absatz 3 oder Absatz 6 eingegangen sind, erlässt das Gericht ein Urteil oder verfährt wie folgt:

a) Es fordert die Parteien innerhalb einer bestimmten Frist, die 30 Tage nicht überschreiten darf, zu weiteren die Klage betreffenden Angaben auf,

b) es führt eine Beweisaufnahme nach Artikel 9 durch,

---

12 Verordnung (EG) Nr. 1393/2007 des Europäischen Parlaments und des Rates vom 13. November 2007 über die Zustellung gerichtlicher und außergerichtlicher Schriftstücke in Zivil- oder Handelssachen in den Mitgliedstaaten („Zustellung von Schriftstücken") und zur Aufhebung der Verordnung (EG) Nr. 1348/2000 des Rates (ABl. Nr. L 324 vom 10.12.2007, S. 79).
13 MüKo-ZPO/*Hau*, Art. 6 VO (EG) 861/2007 Rn 4; Prütting/Gehrlein/*Halfmeier*, Anh. § 1109 ZPO, Art. 6 Rn 2.
14 Hk-ZPO/*Pukall*, § 1098 ZPO Rn 3.

c) es lädt die Parteien zu einer mündlichen Verhandlung vor, die innerhalb von 30 Tagen nach der Vorladung stattzufinden hat.

(2) Das Gericht erlässt sein Urteil entweder innerhalb von 30 Tagen nach einer etwaigen mündlichen Verhandlung oder nach Vorliegen sämtlicher Entscheidungsgrundlagen. Das Urteil wird den Parteien gemäß Artikel 13 zugestellt.

(3) Ist bei dem Gericht innerhalb der in Artikel 5 Absatz 3 oder Absatz 6 gesetzten Frist keine Antwort der betreffenden Partei eingegangen, so erlässt das Gericht zu der Klage oder der Widerklage ein Urteil.

I. Regelungsgegenstand

1 Art. 7 regelt den Abschluss des Verfahrens durch Urteil. Die Vorschrift wird ergänzt durch die Ausführungsbestimmungen in den §§ 1102 und 1103 ZPO.

II. Urteil im streitigen Verfahren

2 Der Erlass des Urteils (s. Rn 8) erfolgt **innerhalb von 30 Tagen ab Entscheidungsreife** (Abs. 2), frühestens jedoch nach Eingang der Klageerwiderung und der Antwort auf die Widerklage (Abs. 1). Kann das Gericht das Urteil ausnahmsweise nicht innerhalb dieser Regelfrist erlassen, bleibt dies sanktionslos; es gilt Art. 14 Abs. 3.

3 **1. Verfahren bis zum Urteil (Abs. 1). a) Ablauf.** Ist die Sache nach Eingang der Klageerwiderung und ggf der Antwort des Klägers auf die Widerklage (Abs. 1) **noch nicht zur Entscheidung reif**, so verfährt das Gericht innerhalb von 30 Tagen nach Abs. 1 lit. a–c. Dabei hat es die Ziele der Verordnung zu berücksichtigen, ein beschleunigtes, vereinfachtes und kostengünstiges Verfahren zu schaffen (vgl Erwägungsgründe 7, 8 und Art. 1 S. 1). Die lit. a–c unterliegen zwar keiner ausdrücklichen **Rangfolge**, diese ergibt sich aber aus dem Grundsatz der Schriftlichkeit (Art. 5 Abs. 1 S. 1) und dem Zweck des Verfahrens (s. Vor Rn 5). Nur wenn die Aufforderung zu weiteren Angaben nicht ausreichend ist oder Erfolg verspricht (lit. a), sollte das Gericht zur mündlichen Verhandlung (Art. 8) laden (lit. c). Auch die Beweisaufnahme nach Art. 9 (lit. b) steht unter dem Erfordernis der Verhältnismäßigkeit (vgl Art. 9 Rn 1 und 5 ff).

5 **b) Aufforderung zu weiteren Angaben (lit. a).** Die Aufforderung zu weiteren Angaben muss innerhalb von 30 Tagen erfolgen. Den Parteien steht dann entsprechend Art. 5 Abs. 3 jeweils eine **Frist von weiteren 30 Tagen** zu, um dieser Aufforderung nachzukommen bzw um ggf auf die neuen Angaben der anderen Partei zu antworten. Die Frist kann nach Art. 14 Abs. 2 verlängert werden. Neues Vorbringen ist noch bis zum Erlass eines Urteils nach Lage der Akten (vgl Rn 10 ff) zu berücksichtigen. Die Präklusion verspäteten Vorbringens ist in der EuBagatellVO nicht ausdrücklich geregelt;[1] ergänzend finden daher die *lex fori* und in Deutschland §§ 282, 296 ZPO Anwendung (Art. 19).[2] Im Übrigen kann das Gericht auch nach Art. 19 iVm § 128 Abs. 2 S. 2 ZPO vorgehen.[3]

6 **c) Beweisaufnahme (lit. b).** Stehen die von den Parteien vorgebrachten Tatsachen noch nicht zur Überzeugung des Gerichts fest (vgl Art. 9 Rn 10), so ordnet es unter Berücksichtigung der Verhältnismäßigkeit von Kosten und Aufwand eine Beweisaufnahme an (vgl Art. 9 Rn 5 ff). Werden Beweismittel schriftlich eingereicht,

---

1 *Jahn*, NJW 2007, 2890, 2893.
2 *Jahn*, NJW 2007, 2890, 2893; *Leible/Freitag*, BB 2009, 2, 4; *Sujecki*, EWS 2008, 323, 326; nur §§ 282, 296 Abs. 2 ZPO: Musielak/*Voit*, Vor §§ 1097 ff ZPO Rn 9; aA *Schlosser*, EuZPR, Art. 5 BagatellVO Rn 7; Rauscher/*Varga*, EuZPR/EuIPR (2014), Art. 4 EG-BagatellVO Rn 10; zurückhaltend auch *Brokamp*, S. 30.
3 *Schlosser*, EuZPR, Art. 5 BagatellVO Rn 1 und 7.

so setzt das Gericht der beweisbelasteten Partei eine Frist zur Übermittlung der Unterlagen, sofern dies nicht schon mit Klageerhebung erfolgt ist (vgl Art. 4 Abs. 1 S. 2). Mit Ablauf der Frist erlässt das Gericht ein Urteil nach Lage der Akten (s. Rn 5, 10 ff).

d) Mündliche Verhandlung (lit. c). Die mündliche Verhandlung sollte innerhalb von 30 Tagen nach der Ladung der Parteien stattfinden. Zwischen Zugang der Ladung und dem Termin der mündlichen Verhandlung sollten aber mindestens zwei Wochen liegen, bei Anreise aus dem Ausland erscheint eine Frist von 30 Tagen angemessen. 7

2. Urteilserlass (Abs. 2). a) Form und Inhalt. Zur Klarstellung der sofortigen Vollstreckbarkeit (Art. 15 Abs. 1) und der besonderen Rechtsbehelfe (Art. 18) sollte der **Urteilstenor** kenntlich machen, dass die Entscheidung als Urteil im „Europäischen Verfahren für geringfügige Forderungen" ergangen ist.[4] Auf Tatbestand und Entscheidungsgründe kann unter den Voraussetzungen des Art. 19 iVm § 313 a ZPO verzichtet werden.[5] Der Tenor enthält darüber hinaus die Kostenentscheidung, bei Erlass durch ein deutsches Gericht auch einen Ausspruch zur vorläufigen Vollstreckbarkeit (vgl § 1105 Abs. 1 S. 1 ZPO). 8

b) Zustellung (S. 2). Zur Wirksamkeit ist das Urteil beiden Parteien **nach Art. 13 zuzustellen** (S. 2). Wegen Art. 6 Abs. 1 S. 2 EMRK und Art. 47 Abs. 2 EuGRC ist das Urteil aber in jedem Fall durch öffentliche Verkündung oder durch andere Mittel der Öffentlichkeit zugänglich zu machen (s. aber § 1102 ZPO Rn 2),[6] selbst wenn vorher mündlich verhandelt wurde. 9

III. Urteil bei Säumnis der Parteien (Abs. 3)

1. Säumnis. Geht bei Gericht keine Klageerwiderung oder Antwort auf die Widerklage innerhalb der in Art. 5 Abs. 3 oder 6 gesetzten Fristen ein, erlässt das Gericht auch ohne Anhörung der betreffenden Partei ein Urteil (zur Säumniswirkung vgl § 1103 ZPO Rn 2). Einen entsprechenden Hinweis enthält Formblatt C. Zur Fristwahrung genügt die rechtzeitige Absendung der Klageerwiderung (vgl Art. 14 Rn 4). 10

Obwohl nicht ausdrücklich geregelt, gilt Gleiches auch für das **Versäumen weiterer Fristen** (Abs. 1 lit. a)[7] oder bei Nichterscheinen in der nach Abs. 1 lit. c anberaumten mündlichen Verhandlung (vgl § 1103 ZPO Rn 3). Auf diese Rechtsfolge sind die Parteien ebenfalls vorher hinzuweisen. Abs. 3 findet außerdem entsprechende Anwendung bei Säumnis beider Parteien in der mündlichen Verhandlung; in Deutschland gilt § 251 a Abs. 1 ZPO (vgl § 1103 ZPO Rn 3). 11

2. Entschuldigung. Eine berechtigte Entschuldigung der säumigen Partei muss das Gericht zur Wahrung des Anspruchs auf rechtliches Gehör nach Art. 6 Abs. 1 EMRK berücksichtigen. Das Gericht erlässt dann kein Urteil, sondern setzt der säumigen Partei eine **neue Frist** oder bestimmt einen **neuen Termin**. Ist trotz unverschuldeter Versäumnis des Beklagten ein Urteil ergangen, kann er eine Überprüfung des Urteils im Ursprungsmitgliedstaat nach Art. 18 iVm § 1104 ZPO beantragen. 12

---

4 *Schlosser*, EuZPR, Art. 15 BagatellVO Rn 3.
5 Hk-ZPO/*Pukall*, Vor §§ 1097–1109 ZPO Rn 16.
6 Vgl EGMR NJW 1986, 2177; EGMR NJW 2009, 2873; *Brokamp*, S. 130; krit. auch MüKo-ZPO/*Hau*, Art. 7 VO (EG) 861/2007 Rn 11; Musielak/*Voit*, Vor §§ 1097 ff ZPO Rn 25; Prütting/Gehrlein/*Halfmeier*, § 1102 ZPO Rn 1; aA Wieczorek/Schütze/*Schütze*, § 1102 ZPO Rn 2: Verkündung im Belieben des Gerichts; Zöller/*Geimer*, § 1102 ZPO Rn 1.
7 Hk-ZPO/*Pukall*, § 1103 ZPO Rn 1; Zöller/*Geimer*, § 1103 ZPO Rn 2.

13 3. Entscheidungsgrundlage. Das Urteil ergeht auf **Grundlage des bisherigen Parteivorbringens**. Im Übrigen bleibt die Frage der Geständniswirkung dem nationalen Gesetzgeber überlassen.[8] § 1103 S. 1 ZPO bestimmt, dass eine Geständniswirkung entsprechend § 331 ZPO nicht besteht und das Vorbringen des Klägers nicht wie beim echten Versäumnisurteil als zugestanden gilt. Stattdessen erlässt das Gericht ein Urteil nach Lage der Akten (§ 331 a ZPO); vgl § 1103 ZPO.

Artikel 8 Mündliche Verhandlung

Das Gericht kann eine mündliche Verhandlung über Video-Konferenz oder unter Zuhilfenahme anderer Mittel der Kommunikationstechnologie abhalten, wenn die entsprechenden technischen Mittel verfügbar sind.

I. Regelungsgegenstand

1 Art. 8 regelt die Ausgestaltung der mündlichen Verhandlung. Die Vorschrift wird ergänzt durch die Ausführungsbestimmung in § 1100 ZPO.

II. Neue Kommunikationstechnologie

2 Die Durchführung der mündlichen Verhandlung mittels **Video-Konferenz** oder anderer moderner Kommunikationsmittel steht im pflichtgemäßen **Ermessen des Gerichts**, das sich am Zweck der Verordnung orientiert, ein beschleunigtes, vereinfachtes und kostengünstiges Verfahren zu schaffen (vgl Erwägungsgründe 7, 8 und Art. 1 S. 1). Die Verwendung moderner Kommunikationsmittel steht unter dem Vorbehalt der technischen Verfügbarkeit in den Mitgliedstaaten und abweichender innerstaatlicher Vorschriften (Erwägungsgrund 20). Das Einverständnis der Parteien ist nicht erforderlich (s. § 1100 ZPO Rn 2). Eine Video-Konferenz zur Vernehmung oder Befragung von Zeugen oder Parteien aus dem Ausland ist der mündlichen Verhandlung unter Anwesenheit der Beteiligten regelmäßig vorzuziehen (vgl Vor Rn 5).

Artikel 9 Beweisaufnahme

(1) Das Gericht bestimmt die Beweismittel und den Umfang der Beweisaufnahme, die im Rahmen der für die Zulässigkeit von Beweisen geltenden Bestimmungen für sein Urteil erforderlich sind. Es kann die Beweisaufnahme mittels schriftlicher Aussagen von Zeugen oder Sachverständigen oder schriftlicher Parteivernehmung zulassen. Des Weiteren kann es die Beweisaufnahme über Video-Konferenz oder mit anderen Mitteln der Kommunikationstechnologie zulassen, wenn die entsprechenden technischen Mittel verfügbar sind.

(2) Das Gericht kann Sachverständigenbeweise oder mündliche Aussagen nur dann zulassen, wenn dies für sein Urteil erforderlich ist. Dabei trägt es den Kosten Rechnung.

(3) Das Gericht wählt das einfachste und am wenigsten aufwändige Beweismittel.

I. Regelungsgegenstand

1 Art. 9 regelt die Auswahl der Beweismittel und den Umfang der Beweisaufnahme. Durch die Einführung des **Freibeweises** und die Orientierung der Auswahl-

---

8 *Scheuer*, ZAK 2007, 226, 228.

entscheidung an der Erforderlichkeit und den Kosten des Beweismittels trägt die Vorschrift dem Grundsatz der **Verhältnismäßigkeit von Kosten und Aufwand** Rechnung und trägt dazu bei, ein möglichst einfaches, schnelles und kostengünstiges Verfahren zu schaffen (vgl Erwägungsgründe 7, 8 und Art. 1 S. 1; s. auch Vor Rn 8). Die Vorschrift wird ergänzt durch die Ausführungsbestimmung in § 1101 ZPO.

II. Anordnung der Beweisaufnahme

1. Grundsatz des Freibeweises. Die Auswahl des richtigen Beweismittels und der Umfang der Beweisaufnahme liegen im Ermessen des Gerichts (vgl § 284 ZPO); es gilt der **Grundsatz des Freibeweises**.[1] Das Gericht ist aber an die geltenden Bestimmungen des nationalen Rechts zur Zulässigkeit der Beweismittel gebunden. In Deutschland darf die Vorlage von Urkunden verlangt werden, auf die sich die beweisführende Partei bezogen hat (§ 142 ZPO). Ein Beweisantrag zur Ausforschung ist unzulässig.[2] Außerdem ist das Freibeweisverfahren durch die Verhältnismäßigkeit der Beweisaufnahme begrenzt (s. Rn 5 ff).[3] 2

2. Erforderlichkeit der Beweisaufnahme. Die Erforderlichkeit einer Beweisaufnahme richtet sich nach den für die Zulässigkeit von Beweisen geltenden Bestimmungen der *lex fori* (Abs. 1 S. 1 und Abs. 2 S. 1). 3

Im deutschen Recht gilt der **Verhandlungsgrundsatz**.[4] Die von den Parteien vorgetragenen entscheidungserheblichen Tatsachen bedürfen des Beweises, wenn sie von der Gegenseite bestritten werden; nicht ausdrücklich bestrittene Tatsachen gelten als zugestanden (Art. 19 iVm § 138 Abs. 3 ZPO). Nach dem Vorbringen neuer Tatsachen ist der Gegenseite vom Gericht Gelegenheit zum Bestreiten der Behauptungen zu geben (vgl Art. 7 Abs. 1 lit. a) und nicht anwaltlich vertretenen Parteien ggf ein Hinweis zu erteilen (vgl Art. 12). Einer Aufforderung zum Bestreiten der Forderung bedarf es aber auch dann nicht, wenn ein ausländischer Anwalt tätig ist.[5] 4

III. Rangfolge der Beweismittel

1. Verhältnismäßigkeit von Kosten und Aufwand. Das Gericht wählt das erforderliche Beweismittel nach Ermessen (vgl Rn 2). Es hat dabei das Ziel der Verordnung im Auge zu behalten und orientiert sich bei der Auswahl des erforderlichen Beweismittels an der **Verhältnismäßigkeit von Kosten und Aufwand** des Beweismittels zu Bedeutung und Wert der Streitigkeit (vgl auch Vor Rn 8).[6] Das Gericht kann jedoch nicht aus ökonomischen Gründen gänzlich auf die Beweisaufnahme verzichten und diese durch eine Beweislastentscheidung ersetzen.[7] Die Aufzählung der zulässigen Beweismittel ist nicht abschließend. 5

2. Schriftliche Aussagen (Abs. 1 S. 1 und 2). **Vorzugswürdig** ist daher grds. die Vorlage von **Urkunden** und die Beweisaufnahme mittels **schriftlicher Aussagen** von Zeugen und Sachverständigen sowie mittels schriftlicher Parteivernehmung, die auch per E-Mail zugesandt werden können. Die schriftliche Aussage eines Sachverständigen meint dabei die von einer Partei im eigenen Auftrag erstellten 6

---

1 Vgl zu § 1101 ZPO BT-Drucks. 16/9639, S. 44.
2 Hk-ZPO/*Pukall*, § 1101 ZPO Rn 1.
3 *Jahn*, NJW 2007, 2890, 2892.
4 Hk-ZPO/*Saenger*, Einf Rn 66 ff und § 284 ZPO Rn 4.
5 AA *Schlosser*, EuZPR, Art. 9 BagatellVO Rn 1.
6 *Jahn*, NJW 2007, 2890, 2892.
7 MüKo-ZPO/*Hau*, Art. 9 VO (EG) 861/2007 Rn 3; Wieczorek/Schütze/*Schütze*, § 1101 ZPO Rn 4.

und eingereichten schriftlichen Gutachten.[8] Diese können als Beweismittel und nicht als bloßer Parteivortrag behandelt werden, wobei der **Beweiswert** von der Partei vorgelegter selbst erstellter oder in Auftrag gegebener Zeugenaussagen und Sachverständigengutachten kritisch zu bewerten ist.[9] Zulässige Beweismittel sind auch die Versicherung an Eides statt oder äquivalente Formen der Glaubhaftmachung. Die Form richtet sich nach dem jeweiligen nationalen Recht.

7   3. **Einsatz moderner Kommunikationsmittel (Abs. 1 S. 3).** Bedarf es der mündlichen Vernehmung von Zeugen oder Sachverständigen, so sollte bei zur Verfügung stehenden technischen Mitteln zunächst der Einsatz **moderner Kommunikationsmittel** wie die **Video-Konferenz** erwogen werden; vgl § 1101 Abs. 2 ZPO. Gleiches gilt für die Augenscheinseinnahme, bei der ebenfalls der Einsatz moderner Kommunikationsmittel denkbar ist.[10] Eine Beweisaufnahme kann aber auch im Ausland im Wege der Rechtshilfe nach der EuBewVO (iVm §§ 1072 ff ZPO),[11] die durch die EuBagatellVO nicht verdrängt wird,[12] oder nach dem HBÜ[13] vorgenommen werden. Die Vorladung zur Beweisaufnahme beim Ursprungsgericht ist durch Abs. 1 S. 3 aber nicht ausgeschlossen, insb. bei Zweifeln an der Glaubwürdigkeit wegen Verdachts der Manipulation kann das persönliche Erscheinen erforderlich sein (vgl Rn 9).[14]

8   4. **Sachverständigenbeweis und mündliche Vernehmung (Abs. 2).** Insbesondere die Einholung eines Sachverständigengutachtens durch das Gericht und die Vorladung zur mündlichen Vernehmung unterliegen einer **Abwägung** zwischen der Erforderlichkeit des Beweismittels (Abs. 2 S. 1) und den dadurch entstehenden Kosten (Abs. 2 S. 2). Ein Gutachten sollte dann nicht eingeholt werden, wenn die Kosten in keinem angemessenen Verhältnis zum Streitwert stehen; betragen sie mehr als die Hälfte des Streitwertes, kann das Beweismittel aber trotzdem zugelassen werden, wenn die Kosten der beweisbelasteten Partei auch im Fall des Obsiegens auferlegt werden (vgl Art. 16 S. 2).[15] Dies ist insb. dann erforderlich, wenn dem Kläger nur ein Beweismittel zur Verfügung steht und das Gericht die Beweisaufnahme trotz unangemessener Kosten nicht verweigern kann. Um die Kostenlast abzuwenden, kann der Kläger auch den Übergang in ein für ihn günstigeres nationales Erkenntnisverfahren beantragen.

9   5. **Einfachstes und am wenigsten aufwändiges Beweismittel (Abs. 3).** Das Gericht hat zwischen mehreren geeigneten Beweismitteln generell das **einfachste und am wenigsten aufwändige Beweismittel** zu wählen (Abs. 3). Da der Grundsatz der Beweismittelerschöpfung nicht gilt, muss das Gericht nicht alle Beweismittel der Parteien berücksichtigen.[16] Abgesehen von der Kostenfrage (Abs. 2) sollte das Gericht von der Erhebung zulässiger und rechtzeitig angetretener Beweise nur dann absehen, wenn das Beweismittel völlig ungeeignet oder die Richtigkeit der unter Beweis gestellten Tatsache bereits erwiesen oder zugunsten des Antragstellers zu unterstellen ist.[17]

---

8   *Schlosser*, EuZPR, Art. 9 BagatellVO Rn 2.
9   *Schlosser*, EuZPR, Art. 9 BagatellVO Rn 2 und 3.
10 Hk-ZPO/*Pukall*, Vor §§ 1097–1109 ZPO Rn 15; MüKo-ZPO/*Hau*, Art. 9 VO (EG) 861/2007 Rn 6; Musielak/*Voit*, Vor §§ 1097 ff ZPO Rn 23.
11 Verordnung (EG) Nr. 1206/2001 des Rates vom 28. Mai 2001 über die Zusammenarbeit zwischen den Gerichten der Mitgliedstaaten auf dem Gebiet der Beweisaufnahme in Zivil- oder Handelssachen (ABl. Nr. L 174 vom 27.6.2001, S. 1).
12 *Vollkommer/Huber*, NJW 2009, 1105, 1108.
13 Haager Übereinkommen über die Beweisaufnahme im Ausland in Zivil- oder Handelssachen vom 18. März 1970 (BGBl. 1977 II, S. 1472 ff).
14 Hk-ZPO/*Pukall*, § 1101 ZPO Rn 2.
15 *Schlosser*, EuZPR, Art. 9 BagatellVO Rn 4.
16 *Schlosser*, EuZPR, Art. 9 BagatellVO Rn 5.
17 Vgl zum deutschen Recht BGH NJW 2000, 3718, 3720.

IV. Beweiswürdigung

Entscheidungsgrundlage für den Erlass des Urteils sind die tatsächlichen Feststellungen des Gerichts.[18] Die Beweiswürdigung sowie die Folgen der Nichterweislichkeit (Entscheidung nach Beweislast) richten sich nach dem nationalen Recht.[19] In Deutschland gelten daher das Beweismaß der ZPO (Regelbeweismaß der vollen Überzeugung)[20] und der **Grundsatz der freien Beweiswürdigung** (Art. 19 iVm § 286 ZPO).[21] Die überwiegende Wahrscheinlichkeit einer Tatsache kann aber genügen und auf weiteren Beweis verzichtet werden, wenn das nationale Recht Formen der Glaubhaftmachung zulässt (vgl Rn 6) oder die Verhältnismäßigkeit von Kosten und Aufwand keine zusätzliche Beweisaufnahme zulässt.[22] Das Verbot der vorweggenommenen Beweiswürdigung gilt auch hier und wird durch Abs. 3 nicht ausgehebelt. Daher kann die Ablehnung eines Beweismittels nicht darauf gestützt werden, dass das Gericht vom Gegenteil der zu beweisenden Tatsache bereits überzeugt ist.[23]

10

Das Gericht hat den Parteien Gelegenheit zu geben, zu den Ergebnissen der Beweisaufnahme schriftlich oder im Rahmen der mündlichen Verhandlung Stellung zu nehmen.[24]

11

Artikel 10 Vertretung der Parteien

Die Vertretung durch einen Rechtsanwalt oder einen sonstigen Rechtsbeistand ist nicht verpflichtend.

In Deutschland gelten die Regelungen zum Parteiprozess nach § 79 ZPO. Die Vertretung durch einen Rechtsanwalt ist auch bei Zuständigkeit der Landgerichte (§ 71 GVG; vgl Art. 4 Rn 6) nicht notwendig.

1

Artikel 11 Hilfestellung für die Parteien

Die Mitgliedstaaten gewährleisten, dass die Parteien beim Ausfüllen der Formblätter praktische Hilfestellung erhalten können.

Art. 11 verpflichtet die Mitgliedstaaten, praktische Hilfestellung für das Ausfüllen der Formblätter zu gewährleisten. Die Hilfestellung umfasst die Bereitstellung von Informationen zur technischen Verfügbarkeit und zum Ausfüllen der Formblätter (vgl Erwägungsgrund 11). Der bloße Verweis auf die Freiheit der Anwaltswahl genügt diesen Anforderungen nicht.[1] In Deutschland fehlt es zwar an einer konkreten Ausführung des Art. 11, jedoch kann auf Art. 19 iVm §§ 496, 129 a ZPO zurückgegriffen werden, die eine **Erklärung zu Protokoll der Ge-**

1

---

18 Hk-ZPO/*Pukall*, Vor §§ 1097–1109 ZPO Rn 16.
19 Hk-ZPO/*Pukall*, § 1101 ZPO Rn 4.
20 MüKo-ZPO/*Hau*, Art. 9 VO (EG) 861/2007 Rn 3; Thomas/Putzo/ *Reichold*, § 1101 ZPO Rn 1; Wieczorek/Schütze/*Schütze*, § 1101 ZPO Rn 1; aA *Schlosser*, EuZPR, Art. 9 BagatellVO Rn 5: notfalls Entscheidung nach überwiegender Wahrscheinlichkeit.
21 Hk-ZPO/*Pukall*, Vor §§ 1097–1109 ZPO Rn 16; Thomas/Putzo/*Reichold*, § 1101 ZPO Rn 1.
22 Vgl *Schlosser*, EuZPR, Art. 9 BagatellVO Rn 5.
23 Vgl zum deutschen Recht BGH NJW-RR 2002, 1072, 1073.
24 Hk-ZPO/*Pukall*, Vor §§ 1097–1109 ZPO Rn 15 d; Musielak/*Voit*, Vor §§ 1097 ff ZPO Rn 24.
1 *Schlosser*, EuZPR, Art. 11 BagatellVO.

schäftsstelle erlauben (zu den Übermittlungswegen in Deutschland vgl § 1097 ZPO).[2]

Artikel 12 Aufgaben des Gerichts

(1) Das Gericht verpflichtet die Parteien nicht zu einer rechtlichen Würdigung der Klage.
(2) Das Gericht unterrichtet die Parteien erforderlichenfalls über Verfahrensfragen.
(3) Soweit angemessen, bemüht sich das Gericht um eine gütliche Einigung der Parteien.

I. Regelungsgegenstand

1 Art. 12 regelt die Aufgaben des Gerichts zur Förderung des Verfahrens und der gütlichen Streitbeilegung.

II. Rechtliche Würdigung der Klage (Abs. 1)

2 Abs. 1 bestätigt die in Deutschland geltende **Substantiierungstheorie**, nach der die Parteien Tatsachenbehauptungen vortragen müssen und Rechtsausführungen zwar zulässig, aber nicht notwendig sind (*iura novit curia*).[1] Auch die Klagebegründung verlangt nur die Bezeichnung der Forderung und die Beschreibung des zugrunde liegenden Lebenssachverhalts. Das Gericht prüft dann das Bestehen der Forderung unter allen rechtlichen Gesichtspunkten.

III. Unterrichtung über Verfahrensfragen (Abs. 2)

3 Die Erteilung von richterlichen Hinweisen und Informationen über Verfahrensfragen (Abs. 2) dient der **Förderung des Verfahrens** und sollte insb. dann erfolgen, wenn eine Partei nicht anwaltlich vertreten ist (vgl Art. 10) und allgemein vor Klageabweisung. Ergänzend kann auf die *lex fori* zurückgegriffen werden (vgl Erwägungsgrund 22); in Deutschland gilt Art. 19 iVm § 139 ZPO.[2]

IV. Bemühen um gütliche Einigung (Abs. 3)

4 Die Aufforderung zum Bemühen um eine gütliche Streitbeilegung in Abs. 3 entspricht § 278 Abs. 1 ZPO. Schließen die Parteien einen Vergleich, so hängt dessen grenzüberschreitende Vollstreckbarkeit davon ab, ob er nach der *lex fori* als Urteil erlassen wird und damit die Art. 20 ff Anwendung finden oder andernfalls als gerichtlicher Vergleich nach Art. 3 Abs. 2 lit. a und 24 EuVTVO zu vollstrecken ist.[3]

Artikel 13 Zustellung von Unterlagen

(1) Unterlagen werden durch Postdienste mit Empfangsbestätigung zugestellt, aus der das Datum des Empfangs hervorgeht.

---

2 Hk-ZPO/*Pukall*, § 1097 ZPO Rn 2.
1 Vgl Hk-ZPO/*Wöstmann*, § 138 ZPO Rn 4; Hk-ZPO/*Saenger*, § 284 ZPO Rn 13.
2 *Jahn*, NJW 2007, 2890, 2894.
3 *Schlosser*, EuZPR, Art. 20 BagatellVO Rn 2.

(2) Ist eine Zustellung gemäß Absatz 1 nicht möglich, so kann die Zustellung auf eine der Arten bewirkt werden, die in den Artikeln 13 und 14 der Verordnung (EG) Nr. 805/2004 festgelegt sind.

I. Regelungsgegenstand

Art. 13 regelt die förmliche Zustellung und gilt für **alle in- und ausländischen** 1 **Zustellungen** gerichtlicher und außergerichtlicher Schriftstücke im Verfahren für geringfügige Forderungen. Die EuBagatellVO enthält – im Gegensatz zu den Mindestvorschriften der EuVTVO (vgl Art. 13 EuVTVO Rn 1) und EuMahnVO (vgl Art. 13 EuMahnVO Rn 2) – erstmalig europaweit einheitliche und autonom anwendbare Regelungen der Zustellung an den Empfänger;[1] zur sprachlichen Fassung und Übersetzungslast zuzustellender Schriftstücke vgl Art. 6.

II. Postzustellung (Abs. 1)

Die postalische Zustellung ist in Abs. 1 erstmals im Europäischen Zivilverfah- 2 rensrecht als vorrangige Zustellungsart bestimmt. Die Regelung entspricht Art. 14 EuZVO, gilt aber auch für reine Inlandszustellungen.

Die Zustellung muss **persönlich** an den Zustellungsempfänger erfolgen, der die 3 Empfangsbestätigung eigenhändig zu unterschreiben hat. Die erfolgreiche postalische Zustellung kann nur subsidiär (Abs. 2) und bei inländischer Zustellung durch die zuständige Zustellperson selbst bescheinigt werden (Art. 14 Abs. 1 lit. e iVm Abs. 3 EuVTVO; vgl Art. 14 EuVTVO Rn 11 f).

III. Zustellung nach der EuVTVO (Abs. 2)

Erst wenn die Postzustellung nicht möglich ist, findet die Zustellung **subsidiär** 4 nach den in **Art. 13 und 14 EuVTVO** genannten Zustellungsarten statt, die im Rahmen der EuVTVO nur Mindeststandards für die nationalen Rechtsordnungen bereithalten (Art. 13 EuVTVO Rn 1), durch den Verweis der EuBagatellVO jedoch im Verfahren für geringfügige Forderungen unmittelbar für die Zustellung anzuwenden sind.[2] Der Verweis gilt auch für Art. 15 EuVTVO.

Die Unmöglichkeit der Zustellung nach Abs. 1 liegt insb. dann vor, wenn nicht 5 der Zustellungsempfänger selbst angetroffen wird oder ein ernsthaftes Risiko besteht, dass die postalische Zustellung nicht ordnungsgemäß erfolgt.[3] Für die Zustellung nach Art. 13–15 EuVTVO wird auf die Kommentierung zur EuVTVO verwiesen. Die Hinterlegung im Briefkasten oder beim Postamt (Art. 14 Abs. 1 lit. c und d EuVTVO) kann nicht durch die Postdienste selbst durchgeführt werden.[4]

IV. Ergänzende Anwendung der EuZVO

Obwohl Art. 13 erstmals den Versuch der europaweit einheitlichen Regelung des 6 gesamten Zustellvorgangs unternimmt,[5] bedarf es bei der Zustellung in einen anderen Mitgliedstaat der ergänzenden Anwendung der EuZVO iVm §§ 1069 ff ZPO für die Frage der Art und Weise der Grenzüberschreitung, durch Rechtshil-

---

1 *Jahn*, NJW 2007, 2890, 2893; *Hess/Bittmann*, IPRax 2008, 305, 312; Rauscher/*Varga*, EuZPR/EuIPR (2014), Art. 13 EG-BagatellVO Rn 1; aA *Heger*, DStR 2009, 435, 437.
2 Rauscher/*Varga*, EuZPR/EuIPR (2014), Art. 13 EG-BagatellVO Rn 6; *Hess/Bittmann*, IPRax 2008, 305, 312.
3 *Schlosser*, EuZPR, Art. 13 BagatellVO Rn 1.
4 Dies ergibt sich aus dem Vergleich des Art. 14 lit. c und d EuVTVO mit Art. 14 lit. e EuVTVO.
5 Vgl *Sujecki*, EWS 2008, 323, 326.

fe oder Direktzustellung (vgl Art. 4 ff EuZVO). Für die Zustellung im Empfangsstaat gelten dann die Art. 13–15 EuVTVO.

V. Heilung und Rechtsbehelfe

7 Das Verfahren kann nur bei ordnungsgemäßer Zustellung weitergeführt werden. Eine Vorschrift zur Heilung nicht ordnungsgemäßer Zustellungen enthält die Verordnung nicht. Aus Art. 18, der die Überprüfung des Urteils nur vorsieht, wenn die fehlerhafte Zustellung zu einer Verletzung des rechtlichen Gehörs des Empfängers führte (s. Art. 18 Rn 5 ff), lässt sich aber schließen, dass die Zustellung geheilt werden kann, wenn dem Empfänger trotz fehlerhafter Zustellung eine effektive Verteidigung möglich war.

Artikel 14 Fristen

(1) Setzt das Gericht eine Frist fest, so ist die betroffene Partei über die Folgen der Nichteinhaltung dieser Frist zu informieren.

(2) Das Gericht kann die Fristen nach Artikel 4 Absatz 4, Artikel 5 Absätze 3 und 6 und Artikel 7 Absatz 1 ausnahmsweise verlängern, wenn dies notwendig ist, um die Rechte der Parteien zu wahren.

(3) Kann das Gericht die Fristen nach Artikel 5 Absätze 2 bis 6 sowie Artikel 7 ausnahmsweise nicht einhalten, veranlasst es so bald wie möglich die nach diesen Vorschriften erforderlichen Verfahrensschritte.

I. Regelungsgegenstand

1 Art. 14 enthält Informationspflichten des Gerichts und regelt die Fristverlängerung. Die EuBagatellVO enthält keine eigene Regelung zur Fristberechnung. Für den Fristbeginn und die Fristberechnung gilt nicht ergänzend die *lex fori* (Art. 19 iVm §§ 221, 222 und 224 Abs. 1 und 3 ZPO), sondern die Verordnung (EG) Nr. 1182/71[1] (vgl Erwägungsgrund 24).[2]

II. Belehrung über Säumnisfolgen (Abs. 1)

2 Die Parteien sind über die **Säumnisfolgen** zu belehren (Abs. 1). Dies trifft wegen Art. 4 Abs. 4 S. 3 auf die Klageergänzungsfrist und insb. auch auf die Klageerwiderungsfrist (Art. 5 Abs. 3 und Abs. 6 S. 3) zu, da bei Säumnis ein Urteil auch ohne Antwort der säumigen Partei ergehen kann (Art. 7 Abs. 3). Eine Belehrung hat aus diesem Grund auch bei weiterer Fristsetzung und bei der Ladung zur mündlichen Verhandlung (Art. 7 Abs. 1 lit. a und c) zu erfolgen, denn das Gericht entscheidet auch bei Säumnis oder Nichterscheinen in der mündlichen Verhandlung über die Klage oder Widerklage (vgl Art. 7 Rn 11 und § 1103 ZPO).

III. Fristverlängerung (Abs. 2)

3 Eine Fristverlängerung zur Wahrung des rechtlichen Gehörs einer Partei ist immer dann möglich, wenn an die Säumnis bestimmte Rechtsfolgen geknüpft sind (zB Art. 7 Abs. 3, Art. 4 Abs. 4) und die Partei **berechtigte Gründe** für die Verlän-

---

1 Verordnung (EWG, Euratom) Nr. 1182/71 des Rates vom 3. Juni 1971 zur Festlegung der Regeln für die Fristen, Daten und Termine (ABl. Nr. L 124 vom 8.6.1971, S. 1).
2 Ebenso *Kropholler/v. Hein*, EuZPR, Art. 14 EuGFVO Rn 1; MüKo-ZPO/*Hau*, Art. 14 VO (EG) 861/2007 Rn 1; Prütting/Gehrlein/*Halfmeier*, Anh. § 1109 ZPO, Art. 14 Rn 1; aA *Schlosser*, EuZPR, Art. 14 BagatellVO Rn 3.

gerung vorträgt. Eine vorherige Anhörung des Gegners ist im Gegensatz zu § 225 Abs. 2 ZPO nicht erforderlich.[3]

IV. Fristwahrung

Probleme bereitet die Frage der Fristwahrung im Europäischen Bagatellverfahren. Die unterschiedlichen und immer noch unregelmäßigen Postlaufzeiten in Europa sowie die teilweise kurz bemessenen Fristen (vgl § 1098 ZPO[4]) sprechen grds. für die Fristwahrung durch **rechtzeitige Absendung** der Prozesserklärung (vgl Art. 16 Abs. 2 EuMahnVO). Andernfalls würden die den Parteien gewährten Fristen mitunter höchst unterschiedlich ausfallen. Darüber hinaus sind die in den Formblättern enthaltenen Hinweise nicht so eindeutig formuliert, dass ein Verbraucher zweifellos davon ausgehen kann, dass das Schriftstück innerhalb der jeweiligen Frist beim Gericht eingegangen sein muss (vgl Formblatt C „Rücksendung innerhalb von 30 Tagen"; „innerhalb von 30 Tagen antworten"). Andererseits ist mit dem Abstellen auf die rechtzeitige Absendung eine gewisse Rechtsunsicherheit verbunden. Das Gericht sollte daher auf die rechtzeitige Versendung abstellen und erst nach Ablauf von 30 Tagen zzgl. eines angemessenen Zeitraumes für die Postzustellung von einer Säumnis ausgehen[5] oder ausdrücklich auf die Fristwahrung mit Eingang des Schriftstücks hinweisen und die ggf unterschiedlichen Postlaufzeiten bei der Fristsetzung berücksichtigen. Erlässt das Gericht trotz Fristwahrung ein Urteil, kann die Überprüfung des Urteils gem. Art. 18 Abs. 1 lit. b beantragt werden. 4

V. Versäumnis durch das Gericht (Abs. 3)

Versäumt das Gericht selbst eine der Fristen, so holt es die erforderliche Handlung unverzüglich nach (Abs. 3). 5

Artikel 15 Vollstreckbarkeit des Urteils

(1) Das Urteil ist ungeachtet eines möglichen Rechtsmittels vollstreckbar. Es darf keine Sicherheitsleistung verlangt werden.

(2) Artikel 23 ist auch anzuwenden, wenn das Urteil in dem Mitgliedstaat zu vollstrecken ist, in dem es ergangen ist.

I. Regelungsgegenstand

Art. 15 regelt die sofortige Vollstreckbarkeit des im Verfahren für geringfügige Forderungen ergangenen Urteils (Abs. 1) und den Schutz des Schuldners gegen die Vollstreckung inländischer Titel (Abs. 2). Die Vorschrift wird ergänzt durch die Ausführungsbestimmung in § 1105 ZPO. 1

---

3 *Schlosser*, EuZPR, Art. 14 BagatellVO Rn 3.
4 Vgl zur Parallelnorm des Art. 8 EuZVO die Kritik bei Rauscher/*Heiderhoff*, EuZPR/ EuIPR (2010), Art. 8 EG-ZustVO 2007 Rn 26.
5 Für Fristwahrung durch rechtzeitige Absendung: Prütting/Gehrlein/*Halfmeier*, Anh. § 1109 ZPO, Art. 5 Rn 2. Für Fristwahrung durch Eingang bei Gericht: *Kropholler/v. Hein*, EuZPR, Art. 5 EuGFVO Rn 9; MüKo-ZPO/*Hau*, Art. 5 VO (EG) 861/2007 Rn 7; Musielak/*Voit*, Vor §§ 1097 ff ZPO Rn 19.

II. Vollstreckbarkeit (Abs. 1)

2 Das im Verfahren für geringfügige Forderungen erlassene Urteil ist **sofort vollstreckbar**. Die Anordnung der vorläufigen Vollstreckbarkeit entsprechend § 708 ZPO ist nach Abs. 1 S. 1 daher nicht erforderlich (vgl aber § 1105 Abs. 1 ZPO).

3 Die Vollstreckung findet auch vor Eintritt der formellen Rechtskraft **ohne Sicherheitsleistung** statt und kann auch nicht durch Sicherheitsleistung abgewendet werden (Abs. 1 S. 2); die §§ 709 S. 1 und 710–714 ZPO finden keine Anwendung.[1]

III. Vollstreckungsschutz gegen inländische Titel (Abs. 2)

4 Auch bei der Vollstreckung eines im Verfahren nach der EuBagatellVO im Inland erlassenen Urteils ist der Schuldner durch die Aussetzung und Beschränkung der Vollstreckung nach **Art. 23** geschützt (Abs. 2), der die nationalen Schuldnerschutzvorschriften des deutschen Rechts in **§§ 712, 719 Abs. 1 S. 1 iVm § 707 ZPO verdrängt**. Macht das Gericht die Vollstreckung von einer Sicherheitsleistung nach Art. 23 lit. a abhängig, so bestimmt sich deren Höhe nach § 709 S. 2 ZPO.[2]

5 Für den Vollstreckungsschutz nach Art. 15 Abs. 2 iVm Art. 23 enthält **§ 1105 Abs. 2 ZPO** Ausführungsbestimmungen, die die Zuständigkeit des Gerichts der Hauptsache regeln (vgl § 1105 ZPO Rn 4). Dieses erlässt eine unanfechtbare Entscheidung im Wege einstweiliger Anordnung, wenn die tatsächlichen Voraussetzungen des Art. 23 glaubhaft gemacht wurden. Die Entscheidung ist in berechtigten Fällen, etwa aufgrund neuen Vorbringens, jederzeit abänderbar.[3]

Artikel 16 Kosten

Die unterlegene Partei trägt die Kosten des Verfahrens. Das Gericht spricht der obsiegenden Partei jedoch keine Erstattung für Kosten zu, soweit sie nicht notwendig waren oder in keinem Verhältnis zu der Klage stehen.

I. Regelungsgegenstand

1 Art. 16 regelt die Kostenlast und gilt auch im Rechtsmittelverfahren (Art. 17 Abs. 2). Die Höhe der Kosten richtet sich dagegen nach der *lex fori* (s. Rn 4).

II. Kostenlast

2 Im Grundsatz trägt die **unterlegene Partei** die Kosten des Verfahrens (S. 1), jedoch nur dann, wenn die Kosten notwendig waren und nicht außer Verhältnis zur Forderung stehen (S. 2). Dies gilt insb. dann, wenn entgegen Art. 9 eine überflüssige **Beweisaufnahme** durchgeführt worden ist. Selbst bei notwendiger Beweisaufnahme kann das Gericht im Vergleich zum Streitwert unverhältnismäßig hohe Kosten für die Beweisaufnahme (zB Sachverständigengutachten, Reisekosten für die mündliche Verhandlung) der obsiegenden Partei auferlegen (zur Auswahl zwischen mehreren Beweismitteln vgl Art. 9 Rn 5 ff).[1]

3 Die gesetzlichen Gebühren und Auslagen des Rechtsanwalts, insb. die Stundensätze für die **anwaltliche Beratung**, müssen in einem angemessenen Verhältnis

---

1 BT-Drucks. 16/8839, S. 29.
2 BT-Drucks. 16/8839, S. 29.
3 BT-Drucks. 16/8839, S. 29.
1 *Jahn*, NJW 2007, 2890, 2893; Musielak/*Voit*, Vor §§ 1097 ff ZPO Rn 29.

zum Streitwert stehen (Erwägungsgrund 29). Die Beauftragung eines Rechtsanwalts ist trotz des vereinfachten Verfahrens häufig schon wegen des grenzüberschreitenden Bezugs notwendig. Ob darüber hinaus überhaupt eine Beurteilung der Notwendigkeit anwaltlicher Beratung vorzunehmen ist, ist fraglich. Zumindest in Deutschland ist die generelle Erstattungsfähigkeit der Anwaltskosten Bestandteil der Rechtskultur.[2] Die gesetzlichen Gebühren nach dem RVG stehen jedenfalls im Verhältnis zur Klage.[3]

Die **Kostenfestsetzung** richtet sich nach der *lex fori* (Erwägungsgrund 29). Die **Gerichtsgebühren** richten sich nach § 1 Abs. 3 Nr. 1 GKG iVm Nr. 1210 ff KV GKG. Eine Vorauszahlung ist gem. § 12 Abs. 2 Nr. 2 GKG nicht erforderlich (vgl aber § 1097 ZPO Rn 3). Die **Rechtsanwaltsgebühren** richten sich in Deutschland nach Nr. 3100 ff VV RVG; eine Terminsgebühr fällt nur an, wenn dem Urteil kein rein schriftliches Verfahren vorausging.[4] 4

Artikel 17 Rechtsmittel

(1) Die Mitgliedstaaten teilen der Kommission mit, ob ihr Verfahrensrecht ein Rechtsmittel gegen ein im europäischen Verfahren für geringfügige Forderungen ergangenes Urteil zulässt und innerhalb welcher Frist das Rechtsmittel einzulegen ist. Diese Mitteilung wird von der Kommission bekannt gemacht.

(2) Artikel 16 gilt auch für das Rechtsmittelverfahren.

Art. 17 regelt die Mitteilungspflicht der Mitgliedstaaten für die gegen das Urteil nach nationalem Recht zulässigen Rechtsmittel und jeweiligen Rechtsmittelfristen (Abs. 1). Die Mitgliedstaaten sind daher frei und weder verpflichtet noch eingeschränkt, Rechtsmittel gegen die Entscheidung nach der *lex fori* zuzulassen. Sind Rechtsmittel vorgesehen, richtet sich die Kostenentscheidung nach Art. 16 (Abs. 2). Die Mitteilungen sind im Europäischen Gerichtsatlas[1] veröffentlicht und enthalten auch Informationen zur Zuständigkeit (s. Art. 25 Abs. 1 lit. c). In Deutschland sind gegen das Urteil die Rechtsmittel der Berufung und Revision nach den §§ 511 ff und 542 ff ZPO statthaft. 1

Artikel 18 Mindeststandards für die Überprüfung des Urteils

(1) Der Beklagte ist berechtigt, beim zuständigen Gericht des Mitgliedstaats, in dem das Urteil im europäischen Verfahren für geringfügige Forderungen ergangen ist, eine Überprüfung des Urteils zu beantragen, sofern

a) i) ihm das Klageformblatt oder die Ladung zur Verhandlung ohne persönliche Empfangsbestätigung gemäß Artikel 14 der Verordnung (EG) Nr. 805/2004 zugestellt wurde und

ii) die Zustellung ohne sein Verschulden nicht so rechtzeitig erfolgt ist, dass er Vorkehrungen für seine Verteidigung hätte treffen können,

oder

---

2 So *Schlosser*, EuZPR, Art. 16 BagatellVO Rn 2.
3 *Schlosser*, EuZPR, Art. 16 BagatellVO Rn 2.
4 Hk-ZPO/*Pukall*, Vor §§ 1097–1109 ZPO Rn 21; Zöller/*Geimer*, § 1097 ZPO Rn 4.
1 Abrufbar unter http://ec.europa.eu/justice_home/judicialatlascivil/html/index_de.htm.

b) der Beklagte aufgrund höherer Gewalt oder aufgrund außergewöhnlicher Umstände ohne eigenes Verschulden daran gehindert war, das Bestehen der Forderung zu bestreiten,

wobei in beiden Fällen vorausgesetzt wird, dass er unverzüglich tätig wird.

(2) Lehnt das Gericht die Überprüfung mit der Begründung ab, dass keiner der in Absatz 1 genannten Gründe zutrifft, so bleibt das Urteil in Kraft.

Entscheidet das Gericht, dass die Überprüfung aus einem der in Absatz 1 genannten Gründe gerechtfertigt ist, so ist das im europäischen Verfahren für geringfügige Forderungen ergangene Urteil nichtig.

I. Regelungsgegenstand

1 Art. 18 regelt die zeitlich unbeschränkte Möglichkeit, **Urteile** nach Lage der Akten (Art. 7 Abs. 3), die **trotz unverschuldeter Säumnis des Beklagten** ergingen, **überprüfen** zu lassen. Zusammen mit den Vorschriften über die Zustellung dient Art. 18 dem Schutz des rechtlichen Gehörs des Beklagten und soll die Abschaffung von Exequaturverfahren und ordre-public-Kontrolle im Vollstreckungsmitgliedstaat kompensieren (vgl Vor Rn 9 ff). Die Vorschrift ist Ausdruck des Bestrebens, eine Nachprüfung der Fehler auf dem Weg zum Urteil allein im Ursprungsmitgliedstaat zuzulassen (vgl auch Art. 22 Rn 1).[1] Eine inhaltliche Überprüfung des Urteils sieht Art. 18 nicht vor. Sie ist den Rechtsbehelfen des nationalen Rechts vorbehalten (vgl Art. 17).

2 Art. 18 wird ergänzt durch die Ausführungsbestimmung in § 1104 ZPO.

II. Rechtsnatur

3 Art. 18 ist im Gegensatz zu den in Art. 19 EuVTVO geregelten Mindeststandards an das nationale Erkenntnisverfahren (s. Art. 19 EuVTVO Rn 1) als **verordnungsautonomer Rechtsbehelf** ausgestaltet.[2] Der Beklagte kann sich demnach direkt auf Art. 18 berufen. Dafür spricht schon, dass die EuBagatellVO im Gegensatz zu Art. 6 EuVTVO kein Bestätigungsverfahren als Voraussetzung eines europaweit vollstreckbaren Titels vorsieht, in dem die Einhaltung gewisser von der Verordnung aufgestellter rechtsstaatlicher Mindestanforderungen erneut zu prüfen sind (vgl Vor Rn 9 und Art. 20 Rn 4). Der insoweit missverständliche Begriff der Mindeststandards erklärt sich durch die Ausnahme von der Regel in Art. 17, der Rechtsbehelfe gegen das im Verfahren für geringfügige Forderungen ergangene Urteil dem nationalen Recht im Ursprungsmitgliedstaat überlässt.

III. Zuständigkeit (Abs. 1)

4 Zuständig für die Entscheidung über den Rechtsbehelf sind die nach der *lex fori* bestimmten **Gerichte des Ursprungsmitgliedstaates**. Die EuBagatellVO kennt keinen Devolutiveffekt des Antrags. In Deutschland ist das Gericht zuständig, das über die angegriffene Entscheidung entschieden hat (vgl § 1104 ZPO). Die der Kommission mitzuteilenden Informationen über die zuständigen Gerichte (Art. 25 Abs. 1 lit. a) werden im Amtsblatt veröffentlicht und sind über den Europäischen Gerichtsatlas zugänglich.[3]

---

1 *Schlosser*, EuZPR, Art. 18 BagatellVO Rn 1.
2 Ebenso Hk-ZPO/*Pukall*, Vor §§ 1097–1109 ZPO Rn 20; MüKo-ZPO/*Hau*, Art. 18 VO (EG) 861/2007 Rn 1; *Brokamp*, S. 133 f.
3 Der Europäische Gerichtsatlas findet sich unter http://ec.europa.eu/justice_home/judicialatlascivil/html/index_de.htm.

IV. Verletzung rechtlichen Gehörs (Abs. 1)

1. Allgemeines. Abs. 1 nennt zwei **Fallgruppen** der **Gehörsverletzung**, in denen eine Überprüfungsmöglichkeit gegeben ist: Zustellungsmängel und höhere Gewalt. Sie sind den Mindeststandards in Art. 19 Abs. 1 EuVTVO und den Fallgruppen des Rechtsbehelfs in Art. 20 Abs. 1 EuMahnVO nachgebildet. Der Schuldner muss in beiden Fallgruppen **unverzüglich tätig werden** (Abs. 1 aE) und die Gehörsverletzung gem. §§ 1104 Abs. 2, 294 ZPO **glaubhaft machen**. Ebenso wie bei Art. 19 EuVTVO könnte das nationale Recht auch eine großzügigere Überprüfungsmöglichkeit als unverzügliches Tätigwerden zulassen (vgl Art. 19 EuVTVO Rn 4). Der Überprüfungsgrund in Art. 20 Abs. 2 EuMahnVO hat keinen Eingang in die EuBagatellVO gefunden.

2. Ersatzzustellung (lit. a). Da eine Ersatzzustellung nach Art. 13 Abs. 2 iVm Art. 14 EuVTVO keine vollständige Sicherheit über die tatsächliche Kenntnisnahme des Schuldners vom zugestellten Schriftstück garantiert, gewährt Abs. 1 lit. a einen außerordentlichen Rechtsbehelf, wenn der Schuldner **unverschuldet verspätet Kenntnis** vom Inhalt des Schriftstücks erhält. Obwohl der Wortlaut in lit. a sublit. ii auf die „Zustellung" abstellt, kommt es auch hier wie im Rahmen des Art. 18 Abs. 1 lit. a EuVTVO nicht auf die Zustellung an, sondern auf die rechtzeitige Kenntnisnahme von dem zuzustellenden Schriftstück (vgl Art. 19 EuVTVO Rn 5).[4] Die Rechtzeitigkeit der Zustellung ist im Gegensatz zur Kenntnisnahme durch die in den Art. 4 und 5 vorgesehenen Fristen gewahrt, deren Lauf erst mit der ordnungsgemäßen Zustellung beginnt.

3. Persönliche Zustellung. Der außerordentliche Rechtsbehelf nach Abs. 1 lit. a steht dem Beklagten entsprechend auch bei postalischer oder persönlicher Zustellung nach Art. 13 Abs. 1 oder Abs. 2 iVm Art. 13 EuVTVO zu (aA zu Art. 19 EuVTVO *Stürner*, der lit. b anwenden will, s. Art. 19 EuVTVO Rn 6). Denn auch in diesen Fällen kann dem Beklagten eine rechtzeitige Verteidigung unmöglich sein, weil entweder wie bei Art. 13 Abs. 1 lit. b EuVTVO ein Zusammenfallen von Kenntnisnahme und Zustellung nicht garantiert ist oder die Verordnung wie bei der Ladung zur mündlichen Verhandlung keine oder eine zu kurze Vorbereitungsfrist vorsieht (vgl Art. 7 Rn 7). Liegt keine rechtzeitige Kenntnisnahme vor, so kommt es auf die Zustellungsart entgegen lit. a sublit. i daher nicht mehr an.[5]

4. Höhere Gewalt (lit. b). Nach Abs. 1 lit. b steht dem Beklagten ein außerordentlicher Rechtsbehelf zu, wenn er unverschuldet durch höhere Gewalt[6] oder ähnliche außergewöhnliche Umstände daran gehindert wurde, der Forderung zu widersprechen. In Ergänzung zu lit. a, der nur einen Unterfall von lit. b darstellt,[7] schützt lit. b den Schuldner v.a. in den Fällen der Wiederaufnahme des Verfahrens, wie sie von § 233 ZPO erfasst sind.[8]

V. Rechtsfolgen (Abs. 2)

Der Antrag auf Überprüfung des Urteils hat **keine Suspensivwirkung**.[9] Der Antragsteller kann aber die Aussetzung oder Beschränkung der Vollstreckung nach Art. 23 erreichen (s. Art. 23 Rn 4).

---

4 Rauscher/*Varga*, EuZPR/EuIPR (2014), Art. 18 EG-BagatellVO Rn 9.
5 Vgl *Schlosser*, EuZPR, Art. 18 BagatellVO Rn 3.
6 Dazu Wieczorek/Schütze/*Schütze*, § 1104 ZPO Rn 5 f.
7 *Schlosser*, EuZPR, Art. 18 BagatellVO Rn 3.
8 Vgl Hk-ZPO/*Saenger*, § 233 ZPO Rn 18 ff.
9 MüKo-ZPO/*Hau*, Art. 18 VO (EG) 861/2007 Rn 7; Musielak/*Voit*, Vor §§ 1097 ff ZPO Rn 33.

10 Liegen die Voraussetzungen des Abs. 1 vor, hilft das Gericht dem Antrag nach Anhörung des Klägers[10] ab. Das angegriffene Urteil ist **kraft Gesetzes nichtig** (Abs. 2 S. 2).[11] Nach § 1104 Abs. 1 ZPO wird das Verfahren fortgeführt und in die Lage zurückversetzt, in dem es sich vor Erlass des Urteils befand. Dem unverschuldet säumig gebliebenen Beklagten ist dann Gelegenheit zu geben, die versäumte Prozesshandlung nachzuholen. Dazu kann eine erneute Zustellung geboten sein.[12]

11 Liegen die Voraussetzungen des Abs. 1 nicht vor und weist das Gericht den Antrag zurück, bleibt das Urteil in Kraft (Abs. 2 S. 1). Gegen die Zurückweisung ist die Beschwerde gem. Art. 19 iVm §§ 567 ff ZPO statthaft.[13]

Artikel 19 Anwendbares Verfahrensrecht

Sofern diese Verordnung nichts anderes bestimmt, gilt für das europäische Verfahren für geringfügige Forderungen das Verfahrensrecht des Mitgliedstaats, in dem das Verfahren durchgeführt wird.

1 Art. 19 erklärt das nationale Verfahrensrecht des Ursprungsmitgliedstaates für subsidiär anwendbar. Die Ziele und Vorschriften der Verordnung dürfen dadurch nicht beeinträchtigt werden. So sind die Vorschriften der ZPO zur Beweisaufnahme durch die Regelung zum Freibeweis in Art. 9 weitgehend verdrängt (vgl Art. 9 Rn 2).[1] Bei Streitwerten bis zu 600 € gilt in Deutschland § 495 a ZPO,[2] soweit die Vorschrift nicht den Regelungen der EuBagatellVO widerspricht.

2 Andere europäische Verordnungen (Brüssel Ia-VO, EuBewVO[3] und EuZVO[4]) gelten als Teil des nationalen Rechts in ihrem Anwendungsbereich ergänzend auch im Verfahren für geringfügige Forderungen.[5]

---

10 MüKo-ZPO/*Hau*, Art. 18 VO (EG) 861/2007 Rn 5; Wieczorek/Schütze/*Schütze*, § 1104 ZPO Rn 9.
11 Baumbach/*Hartmann*, § 1104 ZPO Rn 5; *Kropholler/v. Hein*, EuZPR, Art. 18 EuGFVO Rn 8; MüKo-ZPO/*Hau*, Art. 18 VO (EG) 861/2007 Rn 8; Musielak/*Voit*, Vor §§ 1097 ff ZPO Rn 32 und 26; aA Wieczorek/Schütze/*Schütze*, § 1104 ZPO Rn 12: Beschluss hat konstitutive Wirkung.
12 *Schlosser*, EuZPR, Art. 18 BagatellVO Rn 2.
13 MüKo-ZPO/*Hau*, Art. 18 VO (EG) 861/2007 Rn 9; Wieczorek/Schütze/*Schütze*, § 1104 ZPO Rn 14.
1 *Schlosser*, EuZPR, Art. 19 BagatellVO Rn 1.
2 Baumbach/*Hartmann*, § 1100 ZPO Rn 2; Rauscher/*Varga*, EuZPR/EuIPR (2014), Art. 19 EG-BagatellVO Rn 3; *Schlosser*, EuZPR, Art. 19 BagatellVO Rn 2; aA Wieczorek/Schütze/*Schütze*, § 1100 ZPO Rn 3.
3 Verordnung (EG) Nr. 1206/2001 des Rates vom 28. Mai 2001 über die Zusammenarbeit zwischen den Gerichten der Mitgliedstaaten auf dem Gebiet der Beweisaufnahme in Zivil- oder Handelssachen (ABl. Nr. L 174 vom 27.6.2001, S. 1).
4 Verordnung (EG) Nr. 1393/2007 des Europäischen Parlaments und des Rates vom 13. November 2007 über die Zustellung gerichtlicher und außergerichtlicher Schriftstücke in Zivil- oder Handelssachen in den Mitgliedstaaten („Zustellung von Schriftstücken") und zur Aufhebung der Verordnung (EG) Nr. 1348/2000 des Rates (ABl. Nr. L 324 vom 10.12.2007, S. 79).
5 Rauscher/*Varga*, EuZPR/EuIPR (2014), Art. 19 EG-BagatellVO Rn 2.

KAPITEL III ANERKENNUNG UND VOLLSTRECKUNG IN EINEM ANDEREN MITGLIEDSTAAT

Artikel 20 Anerkennung und Vollstreckung

(1) Ein im europäischen Verfahren für geringfügige Forderungen ergangenes Urteil wird in einem anderen Mitgliedstaat anerkannt und vollstreckt, ohne dass es einer Vollstreckbarerklärung bedarf und ohne dass die Anerkennung angefochten werden kann.

(2) Auf Antrag einer Partei fertigt das Gericht eine Bestätigung unter Verwendung des in Anhang IV vorgegebenen Formblatts D zu einem im europäischen Verfahren für geringfügige Forderungen ergangenen Urteil ohne zusätzliche Kosten aus.

I. Regelungsgegenstand

Art. 20 regelt die unmittelbare Anerkennung und Vollstreckung eines im Verfahren für geringfügige Forderungen ergangenen und sofort vollstreckbaren (vgl. Art. 15) Urteils ohne Zwischenverfahren im Vollstreckungsmitgliedstaat (Abs. 1) sowie das Bestätigungsverfahren im Ursprungsmitgliedstaat (Abs. 2). Die Vorschrift wird ergänzt durch die Ausführungsbestimmungen in §§ 1106 und 1107 ZPO. 1

II. Abschaffung des Exequaturverfahrens und ordre-public-Vorbehalts (Abs. 1)

Die Vorschrift setzt in Abs. 1 das in Art. 1 angedeutete Ziel der Abschaffung von Exequaturverfahren und ordre-public-Vorbehalt um (vgl. Vor Rn 9 ff); die Art. 36 ff Brüssel Ia-VO finden keine Anwendung. Dies gilt auch für Kostenfestsetzungsbeschlüsse (Erwägungsgrund 33).[1] 2

III. Bestätigung als europäischer Vollstreckungstitel (Abs. 2)

Voraussetzung der europaweiten Vollstreckbarkeit ist die Bestätigung der Entscheidung als im europäischen Verfahren für geringfügige Forderungen ergangenes Urteil. Die Bestätigung ersetzt die innerstaatliche Vollstreckungsklausel (§§ 724 f ZPO) und hat die Funktion, den Bestand und die Vollstreckbarkeit der Entscheidung (vgl. Art. 15) zu dokumentieren (s. 1107 ZPO).[2] 3

Die Bestätigung ist auf **Antrag** unter Verwendung des in Anhang IV vorgegebenen **Formblatts D** ohne zusätzliche Kosten zu erteilen und eine Ausfertigung nach Art. 21 Abs. 2 lit. b den zuständigen Behörden **im Vollstreckungsmitgliedstaat vorzulegen** (vgl. Art. 21 Rn 7). Der Antrag ist bereits im Klageformblatt A enthalten; zur Zuständigkeit und zum Verfahren s. § 1106 ZPO. 4

Im Gegensatz zu Art. 6 Abs. 1 EuVTVO überprüft das Gericht für den Erlass der Bestätigung nicht die Einhaltung der Verfahrensregeln nach der EuBagatellVO. Dennoch sieht § 1106 Abs. 2 ZPO die vorherige Anhörung des Schuldners vor (vgl § 1106 ZPO Rn 3). 5

---

[1] Jahn, NJW 2007, 2890, 2894.
[2] Thomas/Putzo/Hüßtege, § 1106 ZPO Rn 1; Zöller/Geimer, § 1106 ZPO Rn 1.

Artikel 21 Vollstreckungsverfahren

(1) Unbeschadet der Bestimmungen dieses Kapitels gilt für das Vollstreckungsverfahren das Recht des Vollstreckungsmitgliedstaats.

Jedes im europäischen Verfahren für geringfügige Forderungen ergangene Urteil wird unter den gleichen Bedingungen vollstreckt wie ein im Vollstreckungsmitgliedstaat ergangenes Urteil.

(2) Die Partei, die die Vollstreckung beantragt, muss Folgendes vorlegen:
a) eine Ausfertigung des Urteils, die die Voraussetzungen für den Nachweis seiner Echtheit erfüllt; und
b) eine Ausfertigung der Bestätigung im Sinne des Artikels 20 Absatz 2 sowie, falls erforderlich, eine Übersetzung davon in die Amtssprache des Vollstreckungsmitgliedstaats oder – falls es in diesem Mitgliedstaat mehrere Amtssprachen gibt – nach Maßgabe der Rechtsvorschriften dieses Mitgliedstaats in die Verfahrenssprache oder eine der Verfahrenssprachen des Ortes, an dem die Vollstreckung betrieben wird, oder in eine sonstige Sprache, die der Vollstreckungsmitgliedstaat zulässt. Jeder Mitgliedstaat kann angeben, welche Amtssprache oder Amtssprachen der Organe der Europäischen Union er neben seiner oder seinen eigenen für das europäische Verfahren für geringfügige Forderungen zulässt. Der Inhalt des Formblatts D ist von einer Person zu übersetzen, die zur Anfertigung von Übersetzungen in einem der Mitgliedstaaten befugt ist.

(3) Für die Vollstreckung eines Urteils, das in dem europäischen Verfahren für geringfügige Forderungen in einem anderen Mitgliedstaat erlassen worden ist, darf von der Partei, die die Vollstreckung beantragt, nicht verlangt werden, dass sie im Vollstreckungsstaat über
a) einen bevollmächtigten Vertreter oder
b) eine Postanschrift

außer bei den Vollstreckungsagenten verfügt.

(4) Von einer Partei, die in einem Mitgliedstaat die Vollstreckung eines im europäischen Verfahren für geringfügige Forderungen in einem anderen Mitgliedstaat ergangenen Urteils beantragt, darf weder wegen ihrer Eigenschaft als Ausländer noch wegen Fehlens eines inländischen Wohnsitzes oder Aufenthaltsorts im Vollstreckungsmitgliedstaat eine Sicherheitsleistung oder Hinterlegung, unter welcher Bezeichnung auch immer, verlangt werden.

I. Regelungsgegenstand

1   Art. 21 regelt die Grundsätze und den Ablauf der Zwangsvollstreckung eines im Verfahren für geringfügige Forderungen erlassenen Urteils. Die Vorschrift knüpft dabei an den Grundsatz der Vollstreckung ohne Exequaturverfahren aus Art. 20 Abs. 1 an und verlangt die unmittelbare Vollstreckung (Art. 15) im Vollstreckungsmitgliedstaat unter denselben Bedingungen wie für die Vollstreckung eines inländischen Urteils (Abs. 1 S. 2).

2   Die Vorschrift entspricht weitgehend Art. 20 EuVTVO und wird ergänzt durch die Ausführungsbestimmung zur Übersetzungslast in § 1108 ZPO.

II. Im Vollstreckungsverfahren anwendbares Recht (Abs. 1)

3   Vorrangig richtet sich auch die Vollstreckung des im Verfahren für geringfügige Forderungen erlassenen Urteils nach den Vorschriften der EuBagatellVO. Lediglich ergänzend findet das Recht des Vollstreckungsmitgliedstaates Anwendung.

III. Vorlage des Urteils und der Bestätigung (Abs. 2)

Zur Einleitung der Vollstreckung bedarf es nur der Vorlage der in Abs. 2 genannten Urkunden durch den Vollstreckungsgläubiger bei der nach dem Recht des Vollstreckungsmitgliedstaates **zuständigen Vollstreckungsbehörde** (vgl Art. 25 Abs. 1 lit. e). Die Informationen über die zuständigen Behörden werden im Amtsblatt veröffentlicht und sind über den Europäischen Gerichtsatlas zugänglich.[1] Die Vorlage weiterer Unterlagen als der in Abs. 2 genannten darf nicht verlangt werden. 4

1. Ausfertigung des Urteils (lit. a). Der Vollstreckungsgläubiger hat eine Ausfertigung des Urteils vorzulegen. Weder die Ausfertigung noch das Urteil selbst müssen übersetzt werden.[2] Die ebenfalls vorzulegende Bestätigung (lit. b) enthält alle für die Vollstreckung notwendigen Informationen, die ggf zu übersetzen sind (vgl Rn 8). 5

Der Nachweis der **Echtheit der Ausfertigung** soll einer Mehrfachvollstreckung entgegenwirken. Die Vorlage einer bloßen Kopie genügt daher nicht (vgl auch Art. 20 EuVTVO Rn 6). Die Anforderungen an die Ausfertigung richten sich nach dem Recht des Ursprungsmitgliedstaates. Für ein von einem deutschen Gericht erlassenes Urteil gilt § 317 Abs. 2–6 ZPO. 6

2. Vorlage einer Ausfertigung der Bestätigung (lit. b). Daneben ist die Vorlage einer **Ausfertigung der Bestätigung** einschließlich Übersetzung in eine vom Vollstreckungsmitgliedstaat zugelassene Sprache (s. Rn 8) erforderlich (S. 1). Die Erteilung der Bestätigung richtet sich nach Art. 20 Abs. 2 iVm dem nationalen Recht des Ursprungsstaates (s. § 1106 ZPO); für die Erteilung einer Ausfertigung gilt § 317 ZPO entsprechend. Obwohl nach dem Wortlaut der Vorschrift nicht ausdrücklich vorgesehen, muss auch hier (vgl Art. 20 Abs. 1 lit. a EuVTVO; s. Art. 20 EuVTVO Rn 6) die Ausfertigung der Bestätigung als Grundlage der Vollstreckung (s. Art. 20 Rn 3) die Voraussetzungen für den **Nachweis der Echtheit** erfüllen (vgl Rn 6). Dafür spricht auch, dass es für die Vollstreckung schon wegen des Übersetzungserfordernisses (s. Rn 8) gerade auf die Bestätigung ankommt. 7

3. Übersetzung. Nur die **Ausfertigung der Bestätigung** bedarf der Übersetzung, sofern dies für die Durchführung der Vollstreckung des Urteils erforderlich ist (S. 2). Die Übersetzung ist zur Information der Vollstreckungsbehörden notwendig, wenn weder die Ausfertigung des Urteils selbst oder die der Bestätigung in einer der im Vollstreckungsmitgliedstaat zugelassenen Amtssprachen (S. 3) vorgelegt wird (vgl auch Art. 20 EuVTVO Rn 7 mwN). Dies gilt jedenfalls im Fall individuell handschriftlicher Angaben. Die zugelassenen Amtssprachen sind nach der Bekanntgabe an die Kommission (Art. 25 Abs. 1 lit. d) im Amtsblatt veröffentlicht und über den Europäischen Gerichtsatlas zugänglich.[3] Bei Vollstreckung in Deutschland gilt § 1108 ZPO; danach ist die Übersetzung in deutscher Sprache zu verfassen. 8

Der **Umfang** der Übersetzung erfasst grds. den gesamten Inhalt des für die Bestätigung vorgesehenen Formblatts D (S. 4) und nicht nur die individuell auszufül- 9

---

1 Der Europäische Gerichtsatlas findet sich unter http://ec.europa.eu/justice_home/judicial-atlascivil/html/index_de.htm.
2 *Schlosser*, EuZPR, Art. 21 BagatellVO Rn 2.
3 Der Europäische Gerichtsatlas findet sich unter http://ec.europa.eu/justice_home/judicial-atlascivil/html/index_de.htm.

lenden Felder.⁴ Dabei kann selbstverständlich auf das Standardformblatt in der jeweiligen Sprache zurückgegriffen werden.⁵

10 Die **Qualität** der Übersetzung ist dadurch gesichert, dass diese von einer zur Übersetzung befugten Person angefertigt werden muss (S. 4; vgl auch § 1108 ZPO). Im Gegensatz zu Art. 20 Abs. 2 lit. c S. 3 EuVTVO bedarf es jedoch keiner Beglaubigung der Übersetzung.

IV. Keine Vertretung im Vollstreckungsstaat (Abs. 3)

11 Die Regelung über die Vertretung bei den Vollstreckungsagenten hat für die Vollstreckung in Deutschland keine Bedeutung, sondern ist auf die *„huissiers de justice"* zugeschnitten.⁶

V. Diskriminierungsverbot (Abs. 4)

12 Das Diskriminierungsverbot bei der Vollstreckung ausländischer Urteile in Abs. 4 greift die Regelungen in Art. 56 Brüssel Ia-VO und Art. 20 Abs. 3 EuVTVO auf. Es findet auch Anwendung zugunsten einer Partei mit Drittstaatsangehörigkeit, Wohnsitz oder Aufenthalt in einem Drittstaat (vgl auch Art. 20 EuVTVO Rn 9). Die Regelung schützt die ausländische Partei aber nicht davor, wegen der Schwierigkeit der Rückgewinnung eines zu Unrecht abgeflossenen Vollstreckungserlöses im Drittstaat im Einzelfall zu einer Sicherheitsleistung verpflichtet zu werden.⁷ In Mitgliedstaaten der EU ist diese Einschränkung wegen der justiziellen Zusammenarbeit in Zivilsachen aber nicht gerechtfertigt.

Artikel 22 Ablehnung der Vollstreckung

(1) Auf Antrag der Person, gegen die die Vollstreckung gerichtet ist, wird die Vollstreckung vom zuständigen Gericht im Vollstreckungsmitgliedstaat abgelehnt, wenn das im europäischen Verfahren für geringfügige Forderungen ergangene Urteil mit einem früheren in einem Mitgliedstaat oder einem Drittland ergangenen Urteil unvereinbar ist, sofern

a) das frühere Urteil zwischen denselben Parteien wegen desselben Streitgegenstandes ergangen ist,

b) das frühere Urteil im Vollstreckungsmitgliedstaat ergangen ist oder die Voraussetzungen für die Anerkennung im Vollstreckungsmitgliedstaat erfüllt und

c) die Unvereinbarkeit im gerichtlichen Verfahren des Mitgliedstaats, in dem das Urteil im europäischen Verfahren für geringfügige Forderungen ergangen ist, nicht geltend gemacht wurde und nicht geltend gemacht werden konnte.

(2) Keinesfalls darf ein im europäischen Verfahren für geringfügige Forderungen ergangenes Urteil im Vollstreckungsmitgliedstaat in der Sache selbst nachgeprüft werden.

I. Regelungsgegenstand

1 Art. 22 regelt die Ablehnung der Vollstreckung im Vollstreckungsmitgliedstaat und entspricht weitgehend Art. 21 EuVTVO. Die Vorschrift greift in Abs. 1 die

---

4 AA *Vollkommer/Huber*, NJW 2009, 1105, 1108; Wieczorek/Schütze/*Schütze*, § 1108 ZPO Rn 2 f.
5 Für eine Pflicht der Verwendung der Formblätter *Schlosser*, EuZPR, Art. 21 BagatellVO Rn 3.
6 Vgl *Schlosser*, EuZPR, Art. 21 BagatellVO Rn 4; *Scheuer*, ZAK 2007, 226, 229.
7 Vgl auch *Schlosser*, EuZPR, Art. 21 BagatellVO Rn 5.

Regelung aus Art. 34 Nr. 3 und 4 EuGVVO auf und stellt so eine **Ausnahme von der Abschaffung der Anerkennungsversagungsgründe** dar. Der Vollstreckungsschuldner kann im Vollstreckungsmitgliedstaat den Einwand entgegenstehender Rechtskraft geltend machen und so die Vollstreckung der Entscheidung verhindern.

Darüber hinaus gilt in der EuBagatellVO – wie auch nach Art. 21 Abs. 2 EuVTVO und Art. 36 EuGVVO – das **Verbot der révision au fond** (Abs. 2). Zusammen mit der Abschaffung der ordre-public-Kontrolle wird dadurch der Rechtsschutz des Schuldners nahezu vollständig auf den Ursprungsmitgliedstaat verlagert. 2

Die Vorschrift wird ergänzt durch die Ausführungsbestimmung in § 1109 ZPO. 3

II. Einwand entgegenstehender Rechtskraft (Abs. 1)

Die Voraussetzungen des Einwands der Unvereinbarkeit mit einer anderen Entscheidung entsprechen denjenigen in Art. 21 Abs. 1 EuVTVO (s. Art. 21 EuVTVO Rn 2 ff). In Deutschland ist für die Entscheidung das Amtsgericht als Vollstreckungsgericht zuständig und das Verfahren richtet sich ergänzend nach den §§ 1109 Abs. 1 S. 1, 1084 Abs. 1 und 2 ZPO. 4

III. Keine Nachprüfung in der Sache selbst (Abs. 2)

Nach Abs. 2 darf die zu vollstreckende Entscheidung – ebenso wie die Bestätigung eines im Verfahren für geringfügige Forderungen ergangenen Urteils (vgl auch Art. 21 EuVTVO Rn 8 f) – im Vollstreckungsmitgliedstaat nicht in der Sache selbst nachgeprüft werden (**Verbot der révision au fond**). Dadurch sind dem Vollstreckungsschuldner grds. materielle Einwände gegen die Entscheidung im Vollstreckungsmitgliedstaat abgeschnitten. Eine Ausnahme gilt nur für die nach Erlass der Entscheidung entstandenen Einwände, die vorher nicht geltend gemacht werden konnten (vgl dazu § 1109 ZPO Rn 1). 5

Artikel 23 Aussetzung oder Beschränkung der Vollstreckung

Hat eine Partei ein im europäischen Verfahren für geringfügige Forderungen ergangenes Urteil angefochten oder ist eine solche Anfechtung noch möglich oder hat eine Partei eine Überprüfung nach Artikel 18 beantragt, so kann das zuständige Gericht oder die zuständige Behörde im Vollstreckungsmitgliedstaat auf Antrag der Partei, gegen die sich die Vollstreckung richtet,

a) das Vollstreckungsverfahren auf Sicherungsmaßnahmen beschränken

b) die Vollstreckung von der Leistung einer von dem Gericht zu bestimmenden Sicherheit abhängig machen oder

c) unter außergewöhnlichen Umständen das Vollstreckungsverfahren aussetzen.

I. Regelungsgegenstand

Art. 23 regelt die Aussetzung und Beschränkung der Vollstreckung des Urteils im Vollstreckungsmitgliedstaat. Die Vorschrift findet auch Anwendung bei inländischer Vollstreckung eines Urteils im Ursprungsmitgliedstaat (Art. 15 Abs. 2). Sie entspricht Art. 23 EuVTVO und wird ergänzt durch die Ausführungsbestimmung in § 1109 ZPO. 1

II. Voraussetzungen

1. Zuständigkeit. Zuständig für den Erlass vollstreckungsbeschränkender Maßnahmen ist das durch das **nationale Recht** des Vollstreckungsmitgliedstaates zu bestimmende zuständige Gericht oder die zuständige Behörde im Vollstreckungsmitgliedstaat (vgl Art. 25 Abs. 1 lit. e). Die Informationen werden im Amtsblatt veröffentlicht und sind über den Europäischen Gerichtsatlas zugänglich.[1] In Deutschland ist bei Vollstreckung inländischer Urteile nach § 1105 Abs. 2 ZPO das Gericht der Hauptsache zuständig, bei Vollstreckung ausländischer Entscheidungen gilt § 1109 Abs. 1 ZPO.

2. Antrag und Verfahren. Die Aussetzung oder Beschränkung der Vollstreckung kann nur auf Antrag des Vollstreckungsschuldners gewährt werden. Das Verfahren richtet sich in Deutschland nach § 1105 Abs. 2 ZPO.

3. Voraussetzung der Urteilsanfechtung. Voraussetzung einer Aussetzung oder Beschränkung der Vollstreckung ist die **Anfechtung des Urteils**. Neben dem autonomen Rechtsbehelf in Art. 18 und den ordentlichen Rechtsbehelfen der *lex fori* im Ursprungsmitgliedstaat sind im Gegensatz zu Art. 37 Abs. 1 EuGVVO grds. auch die außerordentlichen nationalen Rechtsbehelfe von Art. 23 erfasst (ebenso zu Art. 23 EuVTVO die hL, vgl Art. 23 EuVTVO Rn 3).

Die Aussetzung und Beschränkung der Vollstreckung kann auch bei Einlegung einer **nationalen Verfassungsbeschwerde** (Art. 93 Abs. 1 Nr. 4 a GG) und der **Individualbeschwerde zum EGMR** nach Art. 34 EMRK angeordnet werden. Wie bei Art. 23 EuVTVO (zum Meinungsstand bei Art. 23 EuVTVO s. Art. 23 EuVTVO Rn 4) gilt auch hier, dass die Berücksichtigung beider außerordentlicher Rechtsbehelfe einen Mindestschutz des Schuldners trotz Abschaffung von Exequaturverfahren und ordre-public-Vorbehalt aufrechterhält (vgl auch Art. 23 EuVTVO Rn 4). Aufgrund der regelmäßig langen Verfahrensdauer bei beiden Rechtsbehelfen sollte das Gericht aber besondere Zurückhaltung bei seiner Ermessensentscheidung (vgl Rn 7) üben, um das Ziel der EuBagatellVO, ein beschleunigtes Verfahren zu schaffen, nicht zu gefährden. Dem Schuldner darf durch eine großzügige Anwendung nicht die Gelegenheit des Missbrauchs von Art. 23 zur Verhinderung der Vollstreckung gegeben werden.

Art. 23 lässt die Anfechtbarkeit des Urteils genügen. Dies gilt entgegen des ungenauen Wortlauts auch für den Rechtsbehelf aus Art. 18. Bei ordentlichen Rechtsbehelfen nach der *lex fori* des Ursprungsmitgliedstaates darf daher die **Rechtsbehelfsfrist noch nicht abgelaufen** sein. Hat der Vollstreckungsschuldner den Rechtsbehelf noch nicht eingelegt, so kann ihm das Gericht, das über den Antrag nach Art. 23 entscheidet, aufgeben, dies innerhalb einer angemessenen Frist nachzuholen. Kommt er dieser Aufforderung nicht nach, hebt das Gericht die vollstreckungsbeschränkende Maßnahme wieder auf.

III. Rechtsfolge

1. Maßnahmen (lit. a–c). Das Gericht entscheidet nach eigenem pflichtgemäßem **Ermessen** über das Ob und die Art und Weise der zu erlassenden Maßnahme. Es hat dabei die Erfolgsaussichten des eingelegten Rechtsbehelfs sowie das Ausmaß und die Wahrscheinlichkeit eines bei Durchführung unbeschränkter Vollstreckung irreparablen Schadens zu berücksichtigen (zu Art. 23 EuVTVO s. Art. 23 EuVTVO Rn 6 mwN). Die Aussetzung der Vollstreckung in lit. c ist nur unter außergewöhnlichen Umständen anzuordnen, wenn lit. a und b keinen ausreichen-

---

1 Der Europäische Gerichtsatlas findet sich unter http://ec.europa.eu/justice_home/judicialatlascivil/html/index_de.htm.

den Schutz des Schuldners bieten;[2] zu den einzelnen Maßnahmen s. Art. 23 EuVTVO Rn 7 ff.

2. Reichweite. Die Anordnung vollstreckungsbeschränkender Maßnahmen nach Art. 23 **wirkt nur im jeweiligen Vollstreckungsmitgliedstaat** selbst. Sie wird in anderen Mitgliedstaaten nicht anerkannt und muss für jede weitere Vollstreckung in einem anderen Mitgliedstaat erneut beantragt werden. Dies gilt auch im Fall der Vollstreckung des Urteils im Ursprungsmitgliedstaat nach Art. 15 Abs. 2.

KAPITEL IV SCHLUSSBESTIMMUNGEN

Artikel 24 Information

Die Mitgliedstaaten arbeiten insbesondere im Rahmen des gemäß der Entscheidung 2001/470/EG eingerichteten Europäischen Justiziellen Netzes für Zivil- und Handelssachen zusammen, um die Öffentlichkeit und die Fachwelt über das europäische Verfahren für geringfügige Forderungen, einschließlich der Kosten, zu informieren.

Im Rahmen des Europäischen Justiziellen Netzes für Zivil- und Handelssachen[1] wurde der sog. **Europäische Gerichtsatlas** eingerichtet, der die von den Mitgliedstaaten der Kommission zu übermittelnden Informationen zum Verfahren für geringfügige Forderungen zugänglich macht (vgl Art. 25).[2]

Artikel 25 Angaben zu den zuständigen Gerichten, den Kommunikationsmitteln und den Rechtsmitteln

(1) Die Mitgliedstaaten teilen der Kommission bis zum 1. Januar 2008 mit,
a) welche Gerichte dafür zuständig sind, ein Urteil im europäischen Verfahren für geringfügige Forderungen zu erlassen;
b) welche Kommunikationsmittel für die Zwecke des europäischen Verfahrens für geringfügige Forderungen zulässig sind und den Gerichten nach Artikel 4 Absatz 1 zur Verfügung stehen;
c) ob nach ihrem Verfahrensrecht Rechtsmittel im Sinne des Artikels 17 eingelegt werden können, und bei welchem Gericht sie eingelegt werden können;
d) welche Sprachen nach Artikel 21 Absatz 2 Buchstabe b zugelassen sind; und
e) welche Behörden für die Vollstreckung zuständig sind und welche Behörden für die Zwecke der Anwendung des Artikels 23 zuständig sind.
Die Mitgliedstaaten unterrichten die Kommission über alle späteren Änderungen dieser Angaben.

(2) Die Kommission macht die nach Absatz 1 mitgeteilten Angaben durch Veröffentlichung im *Amtsblatt der Europäischen Union* und durch alle anderen geeigneten Mittel öffentlich zugänglich.

Art. 25 verpflichtet die Mitgliedstaaten zur Übermittlung von Informationen über die nach nationalem Recht zuständigen Gerichte sowie die zulässigen Kom-

---

2 Rauscher/*Varga*, EuZPR/EuIPR (2014), Art. 23 EG-BagatellVO Rn 11; Thomas/Putzo/*Hüßtege*, § 1109 ZPO Rn 7.
1 Informationen dazu unter http://ec.europa.eu/civiljustice/index_de.htm.
2 Siehe http://ec.europa.eu/justice_home/judicialatlascivil/html/index_de.htm.

munikationsmittel und Rechtsbehelfe. Die Informationen werden im Amtsblatt veröffentlicht und sind über den **Europäischen Gerichtsatlas** zugänglich.[1]

Artikel 26 Durchführungsmaßnahmen

Die Maßnahmen zur Änderung nicht wesentlicher Bestimmungen dieser Verordnung, einschließlich durch Hinzufügung neuer nicht wesentlicher Bestimmungen, die eine Aktualisierung oder eine technische Änderung der Formblätter in den Anhängen bewirken, werden nach dem in Artikel 27 Absatz 2 genannten Regelungsverfahren mit Kontrolle erlassen.

Artikel 27 Ausschuss

(1) Die Kommission wird von einem Ausschuss unterstützt.

(2) Wird auf diesen Absatz Bezug genommen, so gelten Artikel 5 a Absätze 1 bis 4 und Artikel 7 des Beschlusses 1999/468/EG unter Beachtung von dessen Artikel 8.

Artikel 28 Überprüfung

Die Kommission legt dem Europäischen Parlament, dem Rat und dem Europäischen Wirtschafts- und Sozialausschuss bis zum 1. Januar 2014 einen detaillierten Bericht über die Überprüfung des Funktionierens des europäischen Verfahrens für geringfügige Forderungen, einschließlich der Wertgrenze einer Klage gemäß Artikel 2 Absatz 1, vor. Dieser Bericht enthält eine Bewertung des Funktionierens des Verfahrens und eine erweiterte Folgenabschätzung für jeden Mitgliedstaat.

Zu diesem Zweck, und damit gewährleistet ist, dass die vorbildliche Praxis in der Europäischen Union gebührend berücksichtigt wird und die Grundsätze der besseren Rechtsetzung zum Tragen kommen, stellen die Mitgliedstaaten der Kommission Angaben zum grenzüberschreitenden Funktionieren des europäischen Verfahrens für geringfügige Forderungen zur Verfügung. Diese Angaben beziehen sich auf die Gerichtsgebühren, die Schnelligkeit des Verfahrens, die Effizienz, die Benutzerfreundlichkeit und die internen Verfahren für geringfügige Forderungen der Mitgliedstaaten.

Dem Bericht der Kommission werden gegebenenfalls Vorschläge zur Anpassung der Verordnung beigefügt.

Artikel 29 Inkrafttreten

Diese Verordnung tritt am Tag nach ihrer Veröffentlichung im *Amtsblatt der Europäischen Union* in Kraft.

Sie gilt ab dem 1. Januar 2009, mit Ausnahme des Artikels 25, der ab dem 1. Januar 2008 gilt.

---

1 Der Europäische Gerichtsatlas findet sich unter http://ec.europa.eu/justice_home/judicial-atlascivil/html/index_de.htm.

Diese Verordnung ist in allen ihren Teilen verbindlich und gilt gemäß dem Vertrag zur Gründung der Europäischen Gemeinschaft unmittelbar in den Mitgliedstaaten.

Anhang I

EUROPÄISCHES VERFAHREN FÜR GERINGFÜGIGE FORDERUNGEN

FORMBLATT A

KLAGEFORMBLATT

(Artikel 3 Absatz 1 der Verordnung (EG) Nr. 861/2007 des Europäischen Parlaments und des Rates zur Einführung eines europäischen Verfahrens für geringfügige Forderungen)

Aktenzeichen (*):

Eingang beim Gericht: ___/___/____ (*)

(*) Vom Gericht auszufüllen.

WICHTIGER HINWEIS

BITTE LESEN SIE DIE ANLEITUNG ZU BEGINN JEDES ABSCHNITTS — SIE ERLEICHTERT IHNEN DAS AUSFÜLLEN DIESES FORMBLATTS

Sprache

Dieses Formblatt ist in der Sprache des Gerichts auszufüllen, bei dem Sie Ihre Klage einreichen. Das Formblatt ist auf der Internetseite des Europäischen Justiziellen Atlanten unter http://ec.europa.eu/justice_home/judicialatlascivil/html/index_de.htm in allen Amtssprachen der Organe der Europäischen Union erhältlich; möglicherweise hilft Ihnen dies, das Formblatt in der vorgeschriebenen Sprache auszufüllen.

Beweisunterlagen

Diesem Klageformblatt sollten gegebenenfalls alle zweckdienlichen Beweisunterlagen beigefügt werden. Dies hindert Sie jedoch nicht daran, gegebenenfalls im Laufe des Verfahrens weitere Beweisunterlagen vorzulegen.

Eine Kopie des Klageformblatts und gegebenenfalls vorgelegter Beweisunterlagen wird dem Beklagten zugestellt. Der Beklagte erhält Gelegenheit, dazu Stellung zu nehmen.

1. *Gericht*

In diesem Feld ist das Gericht anzugeben, bei dem Sie die Klage einreichen. Bei der Auswahl des Gerichts ist dessen Zuständigkeit für das Verfahren zuprüfen. Unter Abschnitt 4 ist eine nicht erschöpfende Aufzählung von Beispielen, worauf sich die gerichtliche Zuständigkeit gründen könnte, zu finden.

---

1. *Bei welchem Gericht reichen Sie die Klage ein?*

1.1 Bezeichnung:

1.2 Straße und Hausnummer/Postfach:

1.3 PLZ und Ort:

1.4 Staat:

---

2. *Kläger*

In diesem Feld sind Sie als Kläger und gegebenenfalls Ihr Vertreter anzugeben. Sie sind nicht verpflichtet, sich durch einen Rechtsanwalt oder sonstigen Rechtsbeistand vertreten zu lassen.

In manchen Ländern reicht es vielleicht nicht aus, als Anschrift nur ein Postfach anzugeben; daher sollten Sie den Straßennamen und die Hausnummer mit einer Postleitzahl angeben. Das Fehlen dieser Angaben kann dazu führen, dass das Dokument nicht zugestellt wird.

Unter „Sonstige Angaben" können Sie zusätzliche Informationen zur Feststellung Ihrer Person eingetragen werden, z. B. Ihr Geburtsdatum, berufliche Tätigkeit, Stellung im Unternehmen, persönliche Identifikationsnummer und Unternehmensregisternummer in bestimmten Mitgliedstaaten.

Bei mehr als einem Kläger verwenden Sie bitte zusätzliche Blätter.

2. *Angaben zum Kläger*

2.1. Name, Vorname/Name der Firma oder Organisation:

2.2. Straße und Hausnummer/Postfach:

2.3. PLZ und Ort:

2.4. Staat:

2.5. Telefon (*):

2.6. E-Mail (*):

2.7. Ggf. Vertreter des Klägers und Kontaktadresse: (*)

2.8. Sonstige Angaben (*):

3. *Beklagter*

Geben Sie in diesem Feld bitte den Beklagten und, falls bekannt, seinen Vertreter an. Auch der Beklagte ist nicht verpflichtet, sich durch einen Rechtsanwalt oder sonstigen Rechtsbeistand vertreten zu lassen.

In manchen Ländern reicht es vielleicht nicht aus, als Anschrift nur ein Postfach anzugeben; daher sollten Sie den Straßennamen und die Hausnummer mit einer Postleitzahl angeben. Das Fehlen dieser Angaben kann dazu führen, dass das Dokument nicht zugestellt wird.

Unter „Sonstige Angaben" können Sie zusätzliche Informationen zur Feststellung der Person eintragen, z. B. Geburtsdatum, berufliche Tätigkeit, Stellung im Unternehmen, persönliche Identifikationsnummer und Unternehmensregisternummer in bestimmten Mitgliedstaaten. Bei mehr als einem Beklagten verwenden Sie bitte zusätzliche Blätter.

3. *Angaben zum Beklagten*

3.1. Name, Vorname/Name der Firma oder Organisation:

3.2. Straße und Hausnummer/Postfach:

3.3. PLZ und Ort:

3.4. Staat:

3.5. Telefon (*):

3.6. E-Mail (*):

3.7. Vertreter des Beklagten, falls bekannt, und Kontaktadresse: (*)

3.8. Sonstige Angaben (*):

4. *Gerichtliche Zuständigkeit*

Die Klage ist bei dem Gericht einzureichen, das für seine Bearbeitung zuständig ist. Das Gericht muss gemäß der Verordnung (EG) Nr. 44/2001 über die gerichtliche Zuständigkeit und die Anerkennung und Vollstreckung von Entscheidungen in Zivil- und Handelssachen zuständig sein.

Dieser Abschnitt enthält eine nicht erschöpfende Aufzählung von möglichen Begründungen der gerichtlichen Zuständigkeit.

Informationen über die Vorschriften für die gerichtliche Zuständigkeit finden Sie im Europäischen Gerichtsatlas unter der Webseite http://ec.europa.eu/justice_home/judicalatlascivil/html/index_de.htm.

Sie können auch die Webseite http://ec.europa.eu/civiljustice/glossary/glossary_de.htm konsultieren, auf der einige der hier verwendeten Rechtsbegriffe erklärt werden.

(*) Fakultativ.

4.	*Womit begründen Sie die Zuständigkeit des Gerichts?*
4.1.	Wohnsitz des Beklagten ☐
4.2.	Wohnsitz des Verbrauchers ☐
4.3.	In Versicherungssachen, Wohnsitz des Versicherungsnehmers, des Versicherten oder des Begünstigten ☐
4.4.	Erfüllungsort/Leistungsort ☐
4.5.	Ort des schädigenden Ereignisses ☐
4.6.	Ort, an dem die unbewegliche Sache belegen ist ☐
4.7.	Gerichtsstandsvereinbarung zwischen den Parteien
4.8.	Sonstiger Zuständigkeitsgrund (bitte näher erläutern): _____

5. *Grenzüberschreitender Sachverhalt*

Damit das europäische Verfahren für geringfügige Forderungen in Anspruch genommen werden kann, muss ein grenzüberschreitender Sachverhalt vorliegen. Bei einem Rechtsstreit liegt ein grenzüberschreitender Sachverhalt dann vor, wenn mindestens eine der Parteien ihren Wohnsitz oder gewöhnlichen Aufenthalt in einem anderen Mitgliedstaat als dem des Gerichts hat.

5.	*Grenzüberschreitender Sachverhalt*
5.1.	Staat des Wohnsitzes oder gewöhnlichen Aufenthalts des Klägers: _____
5.2.	Staat des Wohnsitzes oder gewöhnlichen Aufenthalts des Beklagten: _____
5.3.	Mitgliedstaat des Gerichts: _____

6. *Bankverbindung (fakultativ)*

In Feld 6.1 können Sie dem Gericht mitteilen, auf welche Art Sie die Gerichtsgebühr zu zahlen wünschen. Bitte beachten Sie, dass bei dem Gericht, bei dem Sie die Klage einreichen, nicht unbedingt alle Zahlungsarten möglich sind. Vergewissern Sie sich, welche Zahlungsarten das Gericht akzeptiert. Sie können sich dazu mit dem betreffenden Gericht in Verbindung setzen oder die Webseite des Europäischen Justiziellen Netzes für Zivil- und Handelssachen (http://ec.europa.eu/civiljustice) konsultieren.

Falls Sie per Kreditkarte zahlen oder dem Gericht eine Einzugsermächtigung erteilen wollen, tragen Sie bitte in Anlage I zu diesem Formblatt die nötigen Angaben zu Ihrer Kreditkarten- oder Bankkontoverbindung ein. Die Anlage I dient ausschließlich der Unterrichtung des Gerichts und wird nicht an den Beklagten weitergeleitet.

In Feld 6.2 haben Sie die Möglichkeit, die erforderlichen Informationen für eine etwaige Zahlung des geschuldeten Betrags durch den Beklagten an Sie anzugeben, beispielsweise für den Fall, dass der Beklagte unverzüglich zahlen möchte, noch bevor ein Urteil ergangen ist. Falls Sie eine Überweisung wünschen, geben Sie bitte die entsprechende Bankverbindung an.

6.	*Bankverbindung (*)*	
6.1.	Wie werden Sie die Gerichtsgebühren begleichen?	
6.1.1.	Per Banküberweisung	☐
6.1.2.	Per Kreditkarte	☐ (bitte Anlage I ausfüllen)
6.1.3.	Per Lastschrift von Ihrem Bankkonto	☐ (bitte Anlage I ausfüllen)
6.1.4.	Sonstige Zahlungsart (bitte genau angeben):	
6.2.	Auf welches Konto soll der Beklagte den geforderten bzw. zuerkannten Betrag überweisen?	
6.2.1.	Kontoinhaber:	
6.2.2.	Bankadresse, BIC oder andere einschlägige Bankkennung:	
6.2.3.	Kontonummer/IBAN:	

7. Forderung

Anwendungsbereich: Bitte beachten Sie, dass das europäische Verfahren für geringfügige Forderungen einen eingeschränkten Anwendungsbereich hat. Über Klagen, deren Streitwert 2000 EUR übersteigt oder die in Artikel 2 der Verordnung (EG) Nr. 861/2007 des Europäischen Parlaments und des Rates zur Einführung eines Verfahrens für geringfügige Forderungen aufgeführt sind, kann im Rahmen dieses Verfahrens nicht verhandelt werden. Steht Ihre Klage nicht in Zusammenhang mit einem Sachverhalt im Anwendungsbereich der Verordnung gemäß Artikel 2, so wird das Verfahren vor den zuständigen Gerichten gemäß den Regeln eines ordentlichen Zivilprozesses weitergeführt. Wünschen Sie diese Weiterführung nicht, so ziehen Sie Ihre Klage bitte zurück.

Geldforderung oder nicht auf Zahlung gerichtete Forderung: Bitte geben Sie an, ob Sie eine Geldforderung und/oder eine andere (nicht auf Zahlung gerichtete) Forderung, z. B. die Lieferung von Waren, geltend machen, und machen Sie dann die entsprechenden Angaben unter Nummer 7.1 und/oder 7.2. Ist Ihre Forderung nicht auf Zahlung eines Geldbetrags gerichtet, geben Sie bitte den geschätzten Wert Ihrer Forderung an. In diesem Fall sollten Sie auch angeben, ob Sie statt dessen einen Anspruch auf Schadenersatz geltend machen, für den Fall, dass die ursprüngliche Forderung nicht erfüllt werden kann.

Falls Sie die Erstattung der Verfahrenskosten fordern (z. B. Übersetzungskosten, Anwaltshonorare, Zustellungskosten usw.), geben Sie dies bitte unter Nummer 7.3 an. Bitte beachten Sie, dass die Regeln für die Kosten, die die Gerichte zusprechen können, je nach Mitgliedstaat unterschiedlich sind. Einzelheiten zu den Kostenkategorien der einzelnen Mitgliedstaaten sind auf der Webseite des Europäischen Justiziellen Netzes für Zivil- und Handelssachen (http://ec.europa.eu/civiljustice) zu finden.

Falls Sie vertragliche Zinsen geltend machen, z. B. bei einem Darlehen, sollten Sie den Zinssatz und den Beginn der Laufzeit angeben. Das Gericht kann, falls Ihrem Antrag stattgegeben wird, gesetzliche Zinsen zusprechen. Bitte geben Sie an, ob Sie Zinsen fordern und, ab welchem Zeitpunkt die Zinsen zu laufen beginnen sollen.

---

7. Zu Ihrer Forderung

☐ 7.1. Geldforderung

    7.1.1. Betrag (ohne Zinsen und Gebühren): _____

    7.1.2. Währung

☐ Euro (EUR)	☐ bulgarischer Lev (BGN)	☐ Zypern-Pfund (CYP)
☐ tschechische Krone (CZK)	☐ estnische Krone (EEK)	☐ Pfund Sterling (GBP)
☐ ungarischer Forint (HUF)	☐ lettischer Lats (LVL)	☐ litauischer Litas (LTL)
☐ maltesische Lira (MTL)	☐ polnischer Zloty (PLN)	☐ rumänischer Leu (RON)
☐ schwedische Krone (SEK)	☐ slowakische Krone (SKK)	

☐ Andere Währung (bitte angeben): _____

☐ 7.2. Andere Forderung:

    7.2.1. Bitte genau angeben, was Sie fordern: _____

    7.2.2. Geschätzter Wert der Forderung: _____

Währung:

☐ Euro (EUR)	☐ bulgarischer Lev (BGN)	☐ Zypern-Pfund (CYP)
☐ tschechische Krone (CZK)	☐ estnische Krone (EEK)	☐ Pfund Sterling (GBP)
☐ ungarischer Forint (HUF)	☐ lettischer Lats (LVL)	☐ litauischer Litas (LTL)
☐ maltesische Lira (MTL)	☐ polnischer Zloty (PLN)	☐ rumänischer Leu (RON)
☐ schwedische Krone (SEK)	☐ slowakische Krone (SKK)	

☐ Andere Währung (bitte angeben): _____

7.3. Fordern Sie die Erstattung der Verfahrenskosten?

7.3.1. Ja ☐

7.3.2. Nein ☐

7.3.3. Wenn ja, machen Sie bitte präzise Angaben zur Art der Kosten und zur Höhe der Forderung bzw. der bisher entstandenen Kosten:

7.4. Fordern Sie Zinsen?
   Ja ☐
   Nein ☐
   Wenn ja,
   vertraglicher Zinssatz? ☐ Wenn ja, gehen Sie zu Nummer 7.4.1
   gesetzlicher Zinssatz? ☐ Wenn ja, gehen Sie zu Nummer 7.4.2

7.4.1. im Falle eines vertraglichen Zinssatzes
   1. der Zinssatz beträgt:
      ☐ _____ %
      ☐ _____ % über dem Basiszinssatz der EZB
      ☐ anderer Wert: _____
   2. Zinsen ab: ___/___/_____ (Datum)

7.4.2. Zinsen im Falle eines gesetzlichen
   Zinsen ab: ___/___/_____ (Datum)

8. *Einzelheiten zur Klage*

Sie sollten unter Nummer 8.1 kurz ausführen, womit Sie Ihre Klage begründen.

Sie sollten unter Nummer 8.2 die erheblichen Beweismittel beschreiben. Dabei kann es sich beispielsweise um Urkundenbeweise (z. B. Vertrag, Quittung usw.) oder mündliche/schriftliche Zeugenaussagen handeln. Bitte geben Sie für jedes Beweismittel an, welcher Aspekt Ihrer Forderung dadurch jeweils begründet werden soll.

Falls der Platz nicht ausreicht, können Sie weitere Blätter hinzufügen.

---

8. *Einzelheiten zur Klage*

8.1. Bitte begründen Sie Ihre Klage; geben Sie beispielsweise an, was wann und wo passiert ist.

8.2. Beschreiben Sie bitte, welche Beweismittel Sie zur Begründung Ihrer Klage vorlegen möchten, und geben Sie bitte an, welche Aspekte der Klage dadurch begründet werden. Bitte fügen Sie gegebenenfalls zweckdienliche Beweisunterlagen bei.

8.2.1. Urkundenbeweis ☐ bitte unten näher ausführen

8.2.2. Zeugenbeweis ☐ bitte unten näher ausführen

8.2.3. Sonstiges Beweismittel ☐ bitte unten näher ausführen

Mündliche Verhandlung: Beachten Sie bitte, dass es sich bei dem europäischen Verfahren für geringfügige Forderungen um ein schriftliches Verfahren handelt. Sie können jedoch in diesem Formblatt oder zu einem späteren Zeitpunkt die Durchführung einer mündlichen Verhandlung beantragen. Das Gericht kann eine mündliche Verhandlung anordnen, wenn es diese zur Gewährleistung eines fairen Verfahrens für notwendig erachtet, oder sie unter Berücksichtigung aller Umstände der Rechtssache ablehnen.

8.3. Wünschen Sie eine mündliche Verhandlung?
   Ja ☐
   Nein ☐
   Wenn ja, führen Sie bitte die Gründe an (*):

9. *Bestätigung*

Ein in einem Mitgliedstaat im Rahmen des europäischen Verfahrens für geringfügige Forderungen erlassenes Urteil kann in einem anderen Mitgliedstaat anerkannt und vollstreckt werden. Haben Sie die Absicht, die Anerkennung und Vollstreckung in einem anderen Mitgliedstaat als dem des Gerichts zu beantragen, so können Sie in diesem Formblatt das Gericht darum ersuchen, nach Erlass eines Urteils zu Ihren Gunsten eine Bestätigung dieses Urteils auszustellen.

---

9. *Bestätigung*

Ich bitte das Gericht um Ausstellung einer Bestätigung des Urteils.

Ja ☐

Nein ☐

---

10. *Datum und Unterschrift*

Vergessen Sie bitte nicht, auf der letzten Seite des Formblatts Ihren Namen deutlich lesbar einzutragen und die Klage zu unterzeichnen und zu datieren.

---

10. *Datum und Unterschrift*

Ich beantrage hiermit den Erlass eines Urteils gegen den Beklagten auf der Grundlage meiner Klage.

Ich erkläre, dass ich die vorstehenden Angaben nach meinem bestem Wissen und Gewissen gemacht habe.

Ort: _____

Datum: ___/___/_____

Name und Unterschrift:

Anlage zum Klageformblatt (Formblatt A)

Bankverbindung (*) für die Zahlung der Gerichtsgebühren

Kontoinhaber/Kreditkarteninhaber:

Bankadresse, BIC oder andere einschlägige Bankkennung (BLZ)/Kreditkartenunternehmen:

Kontonummer oder IBAN-/Kreditkarten-Nummer, Gültigkeit und Kartenprüfnummer der Kreditkarte:

Anhang II

EUROPÄISCHES VERFAHREN FÜR GERINGFÜGIGE FORDERUNGEN

FORMBLATT B

AUFFORDERUNG DES GERICHTS ZUR VERVOLLSTÄNDIGUNG UND/ODER BERICHTIGUNG DES KLAGEFORMBLATTS

(Artikel 4 Absatz 4 der Verordnung (EG) Nr. 861/2007 des Europäischen Parlaments und des Rates zur Einführung eines europäischen Verfahrens für geringfügige Forderungen)

Vom Gericht auszufüllen

Aktenzeichen:

Eingang beim Gericht: ___/___/_____.

1. *Gericht*
1.1. Bezeichnung:
1.2. Straße und Hausnummer/Postfach:
1.3. PLZ und Ort:
1.4. Staat:

2. *Kläger*
2.1. Name, Vorname/Name der Firma oder Organisation:
2.2. Straße und Hausnummer/Postfach:
2.3. PLZ und Ort:
2.4. Staat:
2.5. Telefon (*):
2.6. E-Mail (*):
2.7. Ggf. Vertreter des Klägers und Kontaktadresse (*):
2.8. Sonstige Angaben (*):

3. *Beklagter*
3.1. Name, Vorname/Firmenname:
3.2. Straße und Hausnummer/Postfach:
3.3. PLZ und Ort:
3.4. Staat:
3.5. Telefon (*):
3.6. E-Mail (*):
3.7. Ggf. Vertreter des Beklagten und Kontaktadresse (*):
3.8. Sonstige Angaben (*):

(*) Fakultativ.

Anhang II | EuBagatellVO

Das Gericht hat Ihr Klageformblatt geprüft und befunden, dass die Angaben unzureichend oder nicht klar genug sind oder das Klageformblatt nicht ordnungsgemäß ausgefüllt wurde: Bitte vervollständigen und/oder berichtigen Sie das Formblatt in der nachstehend angegebenen Sprache des Gerichts so schnell wie möglich, spätestens aber bis _____.

Bei Nichteinhaltung der vorgenannten Frist für die Vervollständigung und/oder Berichtigung wird die Klage vom Gericht nach Maßgabe der Verordnung (EG) Nr. 861/2007 zurück- bzw. abgewiesen.

Ihr Klageformblatt wurde nicht in der richtigen Sprache ausgefüllt. Bitte füllen Sie es in einer der folgenden Sprachen aus:

Bulgarisch	☐	Tschechisch	☐	Deutsch	☐
Estnisch	☐	Spanisch	☐	Griechisch	☐
Französisch	☐	Irisch	☐	Italienisch	☐
Lettisch	☐	Litauisch	☐	Ungarisch	☐
Maltesisch	☐	Niederländisch	☐	Polnisch	☐
Portugiesisch	☐	Rumänisch	☐	Slowakisch	☐
Slowenisch	☐	Finnisch	☐	Schwedisch	☐
Englisch	☐	Sonstige: (bitte angeben) _____			

Folgende Abschnitte des Klageformblatts sind wie folgt zu vervollständigen und/oder zu berichtigen:

—

—

—

—

Ort: _____

Datum: ___/___/_____

Unterschrift und/oder Stempel:

Anhang III

EUROPÄISCHES VERFAHREN FÜR GERINGFÜGIGE FORDERUNGEN

FORMBLATT C

ANTWORTFORMBLATT

(Artikel 5 Absätze 2 und 3 der Verordnung (EG) Nr. 861/2007 des Europäischen Parlaments und des Rates zur Einführung eines europäischen Verfahrens für geringfügige Forderungen)

WICHTIGER HINWEIS UND LEITLINIEN FÜR DEN BEKLAGTEN

Gegen Sie wurde im Rahmen des europäischen Verfahrens für geringfügige Forderungen die unter Verwendung des beigefügten Klageformblatts aufgeführte Klage geltend gemacht.

Die Erwiderung kann durch Ausfüllen des Teils II dieses Formblatts und durch Rücksendung an das Gericht oder in jeder anderen geeigneten Form innerhalb von 30 Tagen nach Zustellung des Klageformblatts und des Antwortformblatts an Sie erfolgen.

Wenn Sie nicht innerhalb von 30 Tagen antworten, erlässt das Gericht ein Urteil.

Vergessen Sie bitte nicht, auf der letzten Seite dieses Antwortformblatts Ihren Namen deutlich lesbar einzutragen sowie das Formblatt zu unterzeichnen und zu datieren.

Lesen Sie bitte auch die im Klageformblatt enthaltene Anleitung, der Sie Hinweise für die Abfassung Ihrer Antwort entnehmen können.

Sprache: Bitte antworten Sie auf die Klage in der Sprache des Gerichts, das Ihnen das Formblatt übermittelt hat.

Das Formblatt ist unter http://ec.europa.eu/justice_home/judicialatlascivil/html/index._de.htm in allen Amtssprachen der Europäischen Union erhältlich, so dass Sie es in der verlangten Sprache ausfüllen können.

Mündliche Verhandlung: Beachten Sie bitte, dass es sich bei dem europäischen Verfahren für geringfügige Forderungen um ein schriftliches Verfahren handelt. Sie können jedoch in diesem Formblatt oder zu einem späteren Zeitpunkt die Durchführung einer mündlichen Verhandlung beantragen. Das Gericht kann eine mündliche Verhandlung anordnen, wenn es diese zur Gewährleistung eines fairen Verfahrens für notwendig erachtet, oder sie unter Berücksichtigung aller Umstände der Rechtssache ablehnen.

Beweisunterlagen: Sie können Beweismittel angeben und gegebenenfalls Beweisunterlagen beifügen.

Widerklage: Falls Sie eine Klage gegen den Kläger erheben möchten (Widerklage), so sollten Sie ein ausgefülltes Formblatt A beifügen; Sie können dieses im Internet unter http://ec.europa.eu/justice_home/judicialatlascivil/html/fillinginformation_de.htm finden oder bei dem Gericht anfordern, das Ihnen das Formblatt übermittelt hat. Bitte beachten Sie, dass Sie für die Zwecke der Widerklage als Kläger angesehen werden.

Berichtigung der Sie betreffenden Angaben: Unter Nummer 6 „Sonstige Angaben" können Sie die Angaben zu Ihrer Person (z. B. Kontaktadresse, Vertreter usw.) berichtigen oder ergänzen.

Zusatzblätter: Falls der Platz nicht ausreicht, können Sie zusätzliche Blätter hinzufügen.

Teil I (vom Gericht auszufüllen)

Name des Klägers:

Name des Beklagten:

Gericht:

Forderung:

Aktenzeichen:

Teil II (vom Beklagten auszufüllen)

1. Erkennen Sie die Forderung an?

    Ja ☐

    Nein ☐

    Teilweise ☐

    Wenn Sie mit Nein oder teilweise mit Nein geantwortet haben, geben Sie bitte die Gründe dafür an:

    Die Klage fällt nicht in den Anwendungsbereich des europäischen Verfahrens für geringfügige Forderungen ☐
    Bitte unten näher ausführen

    Sonstige Gründe ☐
    Bitte unten näher ausführen

2. Erkennen Sie die Forderung nicht an, so beschreiben Sie bitte, welche Beweismittel Sie zur Bestreitung der Forderung vorzulegen gedenken. Geben Sie bitte an, welche Aspekte Ihrer Antwort durch die Beweismittel begründet werden. Bitte fügen Sie gegebenenfalls als Beweismittel geeignete Unterlagen bei.

    2.1. Urkundenbeweis ☐ bitte unten näher ausführen

    2.2. Zeugenbeweis ☐ bitte unten näher ausführen

    2.3. Sonstiges Beweismittel ☐ bitte unten näher ausführen

3. Wünschen Sie eine mündliche Verhandlung?

    Ja ☐

    Nein ☐

    Wenn ja, führen Sie bitte die Gründe an (*):

4. Fordern Sie die Erstattung der Verfahrenskosten?

    4.1. Ja ☐

    4.2. Nein ☐

    4.3. Wenn ja, machen Sie bitte präzise Angaben zur Art der Kosten und — wennmöglich — zur Höhe der Forderung bzw. der bisher entstandenen Kosten:

5. Wollen Sie eine Widerklage erheben?

    5.1. Ja ☐

    5.2. Nein ☐

    5.3. Wenn ja, fügen Sie bitte ein ausgefülltes getrenntes Formblatt A bei.

6. Sonstige Angaben (*)

7. Datum und Unterschrift

    Ich erkläre, dass ich die vorstehenden Angaben nach meinem bestem Wissen und Gewissen gemacht habe.

    Ort: _____

    Datum: ___/___/_____

    Name und Unterschrift:

(*) Fakultativ.

Anhang IV

EUROPÄISCHES VERFAHREN FÜR GERINGFÜGIGE FORDERUNGEN

FORMBLATT D

BESTÄTIGUNG EINES IM EUROPÄISCHEN VERFAHREN FÜR GERINGFÜGIGE FORDERUNGEN ERGANGENEN URTEILS

(Artikel 20 Absatz 2 der Verordnung (EG) Nr. 861/2007 des Europäischen Parlaments und des Rates zur Einführung eines europäischen Verfahrens für geringfügige Forderungen)

Vom Gericht auszufüllen

---

1. *Gericht*
1.1. Bezeichnung:
1.2. Straße und Hausnummer/Postfach:
1.3. PLZ und Ort:
1.4. Staat:

2. *Kläger*
2.1. Name, Vorname/Name der Firma oder Organisation:
2.2. Straße und Hausnummer/Postfach:
2.3. PLZ und Ort:
2.4. Staat:
2.5. Telefon (*):
2.6. E-Mail (*):
2.7. Ggf. Vertreter des Klägers und Kontaktadresse (*):

2.8. Sonstige Angaben (*):

3. *Beklagter*
3.1. Name, Vorname/Name der Firma oder Organisation:
3.2. Straße und Hausnummer/Postfach:
3.3. PLZ und Ort:
3.4. Staat:
3.5. Telefon (*):
3.6. E-Mail (*):
3.7. Ggf. Vertreter des Beklagten und Kontaktadresse (*):

3.8. Sonstige Angaben (*):

(*) Fakultativ.

4. *Urteil*
4.1. Datum:
4.2. Aktenzeichen:
4.3. Inhalt des Urteils:
4.3.1. Das Gericht hat _____ verurteilt, an _____ zu zahlen
   1. Hauptforderung:
   2. Zinsen:
   3. Kosten:
4.3.2. Das Gericht hat _____ verurteilt, _____ zu _____.

(Wenn das Urteil von einem Berufungsgericht erlassen wurde oder bei Überprüfung eines Urteils)

Dieses Urteil hat Vorrang vor dem am ___/___/___ unter dem Aktenzeichen _____ ergangenen Urteil und der dazu etwaig ausgestellten Bestätigung.

DIESES URTEIL WIRD IN EINEM ANDEREN MITGLIEDSTAAT ANERKANNT UND VOLLSTRECKT, OHNE DASS ES EINER VOLLSTRECKBARERKLÄRUNG BEDARF UND OHNE DASS SEINE ANERKENNUNG ANGEFOCHTEN WERDEN KANN.

Ort: _____
Datum: ___/___/___
Unterschrift und/oder Stempel:

Anhang zur EuBagatellVO: §§ 1097–1109 ZPO

Abschnitt 6
Europäisches Verfahren für geringfügige Forderungen nach der Verordnung (EG) Nr. 861/2007

Titel 1
Erkenntnisverfahren

§ 1097 ZPO Einleitung und Durchführung des Verfahrens

(1) Die Formblätter gemäß der Verordnung (EG) Nr. 861/2007 und andere Anträge oder Erklärungen können als Schriftsatz, als Telekopie oder nach Maßgabe des § 130 a als elektronisches Dokument bei Gericht eingereicht werden.

(2) Im Fall des Artikels 4 Abs. 3 der Verordnung (EG) Nr. 861/2007 wird das Verfahren über die Klage ohne Anwendung der Vorschriften der Verordnung (EG) Nr. 861/2007 fortgeführt.

I. Regelungsgegenstand

1 Die Vorschrift regelt die Übermittlung der Formblätter und der anderen Anträge oder Erklärungen an das Gericht (Abs. 1) sowie die Fortführung des Verfahrens, wenn die Klage nicht in den Anwendungsbereich der EuBagatellVO fällt (Abs. 2). Sie ergänzt daher die Verweisungen auf die *lex fori* in Art. 4 Abs. 1 S. 1 und Art. 4 Abs. 3 S. 2 EuBagatellVO.

II. Übermittlung von Schriftstücken (Abs. 1)

2 Zur Erleichterung und Beschleunigung des Verfahrens dürfen die dem Gericht zu übermittelnden Schriftstücke mittels jeder auch in der ZPO zugelassenen Übermittlungsform eingereicht werden (§§ 129, 130 a ZPO). Nur die **Erklärung zu Protokoll der Geschäftsstelle** (§ 129 a ZPO) ist in Abs. 1 nicht ausdrücklich vorgesehen.[1] Zwar ist die Einlegung der Klage durch die zur Verfügung gestellten Formblätter erheblich erleichtert (vgl Art. 4 Abs. 5 EuBagatellVO), jedoch verlangt die Pflicht zur Gewähr einer praktischen Hilfestellung beim Ausfüllen der Formblätter (Art. 11 EuBagatellVO) die **Anwendung der §§ 496, 129 a ZPO**.[2]

III. Fortführung der Klage (Abs. 2)

3 Fällt die Klage nicht in den Anwendungsbereich der EuBagatellVO (vgl Art. 2, 3 und 4 Abs. 1 EuBagatellVO), ist der Kläger hiervon in Kenntnis zu setzen (Art. 4 Abs. 3 EuBagatellVO). Nimmt er daraufhin die Klage nicht zurück, ist diese nicht als unzulässig abzuweisen, sondern nach deutschem Prozessrecht fortzuführen (Abs. 2). Durch die Anordnung der Fortführung der Klage wird eine **zweite Klageerhebung vermieden**. Dies gilt aber nur, sofern das ausgefüllte Klageformblatt A den deutschen Anforderungen an die Klageschrift genügt (vgl § 253 ZPO) und der Kläger den **Prozesskostenvorschuss** leistet (§ 12 Abs. 4 S. 2 GKG). § 495 a ZPO findet wegen der geringeren Streitwertgrenze (600 € im Vergleich zu 2.000 €, vgl Art. 2 Abs. 1 S. 1 EuBagatellVO) nur Anwendung, wenn die Klage aus sonstigen Gründen nicht in den Anwendungsbereich der EuBagatellVO fällt.

---

1 Vgl BT-Drucks. 16/8839, S. 26.
2 Hk-ZPO/*Pukall*, § 1097 Rn 2; iE auch Musielak/*Voit*, Vor §§ 1097 ff ZPO Rn 7.

§ 1098 ZPO Annahmeverweigerung auf Grund der verwendeten Sprache

¹Die Frist zur Erklärung der Annahmeverweigerung nach Artikel 6 Abs. 3 der Verordnung (EG) Nr. 861/2007 beträgt eine Woche. ²Sie ist eine Notfrist und beginnt mit der Zustellung des Schriftstücks. ³Der Empfänger ist über die Folgen einer Versäumung der Frist zu belehren.

I. Regelungsgegenstand

Die Vorschrift regelt die Frist zur Annahmeverweigerung eines zuzustellenden Schriftstücks. Sie ergänzt Art. 6 Abs. 3 EuBagatellVO. 1

II. Frist zur Annahmeverweigerung (S. 1 und 2)

Die Vorschrift wiederholt die schon in Erwägungsgrund 19 S. 1 EuBagatellVO eingeräumte Wochenfrist zur Ausübung des Annahmeverweigerungsrechts (S. 1). Diese beginnt mit dem Empfang des zuzustellenden Schriftstücks (S. 2) und wird durch das Absenden der Verweigerungserklärung an das Gericht oder die Empfangsstelle gewahrt (s. Art. 6 EuBagatellVO Rn 7). 2

Als **Notfrist** (S. 2) unterliegt die Frist zur Annahmeverweigerung den Regelungen zur **Wiedereinsetzung in den vorigen Stand** nach Art. 19 EuBagatellVO iVm §§ 233 ff ZPO.[1] Dabei kann die Versäumnis aber nicht auf die Notwendigkeit einer Übersetzung und Überprüfung der Begründetheit der Klageforderung gestützt werden. Denn wer die Übersetzung selbst vornimmt, kann später die Annahme nicht mehr wegen fehlender Übersetzung verweigern.[2] Der Empfänger muss sich innerhalb der Wochenfrist nur darüber klar werden, ob die sprachliche Fassung des Schriftstücks keiner der Amtssprachen seines Wohnsitzstaates entspricht und er sie auch nicht versteht. 3

III. Belehrung (S. 3)

Die Belehrung über das Annahmeverweigerungsrecht muss auch die Belehrung über die Frist zur Ausübung des Rechts beinhalten und sollte daher unter Verwendung des Formblatts in Anhang II der EuZVO erfolgen (vgl Art. 6 EuBagatellVO Rn 6). Sie muss nach S. 3 auch die Rechtsfolge der Fristversäumnis umfassen (Verlust des Annahmeverweigerungsrechts) und dazu gehört auch die **Möglichkeit der Wiedereinsetzung** in den vorigen Stand.[3] Da sich Letzteres nicht aus dem Formblatt der EuZVO ergibt, bedarf es eines besonderen Hinweises. 4

§ 1099 ZPO Widerklage

(1) Eine Widerklage, die nicht den Vorschriften der Verordnung (EG) Nr. 861/2007 entspricht, ist außer im Fall des Artikels 5 Abs. 7 Satz 1 der Verordnung (EG) Nr. 861/2007 als unzulässig abzuweisen.

(2) ¹Im Fall des Artikels 5 Abs. 7 Satz 1 der Verordnung (EG) Nr. 861/2007 wird das Verfahren über die Klage und die Widerklage ohne Anwendung der Vorschriften der Verordnung (EG) Nr. 861/2007 fortgeführt. ²Das Verfahren wird in der Lage übernommen, in der es sich zur Zeit der Erhebung der Widerklage befunden hat.

---

1 Thomas/Putzo/*Reichold*, § 1098 ZPO Rn 1; Zöller/*Geimer*, § 1098 ZPO Rn 3.
2 Vgl aber die Kritik bei Baumbach/*Hartmann*, § 1098 ZPO Rn 2.
3 Hk-ZPO/*Pukall*, § 1098 Rn 2.

I. Regelungsgegenstand

1 § 1099 ZPO ergänzt die Regelung zur Widerklage in Art. 5 Abs. 7 S. 1 EuBagatellVO.

II. Abweisung als unzulässig (Abs. 1)

2 Fällt die Widerklage nicht in den **Anwendungsbereich der EuBagatellVO** und wurde der Widerkläger darüber unterrichtet (vgl Art. 5 Abs. 7 S. 2 EuBagatellVO), ist sie, außer in den Fällen der Überschreitung der Streitwertgrenze von 2.000 €, durch Prozessurteil als unzulässig abzuweisen. Für die Klage gilt weiterhin die EuBagatellVO.

III. Fortführung von Klage und Widerklage nach deutschem Recht (Abs. 2)

3 Überschreitet die Widerklage die Streitwertgrenze von 2.000 € und fällt deshalb nicht in den Anwendungsbereich der EuBagatellVO, findet nationales Prozessrecht Anwendung (Art. 5 Abs. 7 S. 1 EuBagatellVO). Nach Abs. 2 sind Klage und Widerklage nach deutschem Verfahrensrecht fortzuführen (S. 1), nachdem der Kläger den **Prozesskostenvorschuss** geleistet hat (§ 12 Abs. 4 S. 2 GKG). Das Verfahren wird dann in der Lage übernommen, in der es sich vor Einlegung der Widerklage befand (S. 2); bis zum Zeitpunkt der Fortführung nach deutschem Recht vorgenommene Prozesshandlungen und Erklärungen der Parteien, Entscheidungen des Gerichts oder Beweisergebnisse bleiben wirksam.[1]

§ 1100 ZPO Mündliche Verhandlung

(1) [1]Das Gericht kann den Parteien sowie ihren Bevollmächtigten und Beiständen gestatten, sich während einer Verhandlung an einem anderen Ort aufzuhalten und dort Verfahrenshandlungen vorzunehmen. [2]§ 128 a Abs. 1 Satz 2 und Abs. 3 bleibt unberührt.

(2) Die Bestimmung eines frühen ersten Termins zur mündlichen Verhandlung (§ 275) ist ausgeschlossen.

I. Regelungsgegenstand

1 § 1100 ZPO regelt die Durchführung der mündlichen Verhandlung im grds. schriftlichen (vgl Art. 5 EuBagatellVO Rn 2) Bagatellverfahren und ergänzt damit Art. 8 EuBagatellVO; zur Beweisaufnahme mittels moderner Kommunikationsmittel s. Art. 9 Abs. 1 S. 3 EuBagatellVO und § 1101 Abs. 2 ZPO.

II. Mündliche Verhandlung mittels moderner Kommunikationsmittel (Abs. 1)

2 Die Vorschrift dient in Abs. 1 der technischen Umsetzung der Verwendung moderner Kommunikationsmittel, insb. der Videokonferenz nach § 128 a Abs. 1 S. 2 ZPO (vgl Art. 8 EuBagatellVO). Die Parteien können zu diesem Zweck Verfahrenshandlungen von einem anderen Ort aus vornehmen (Abs. 1 S. 1). Ein Einverständnis der Parteien ist im Gegensatz zu § 128 a Abs. 1 S. 1 ZPO nicht erforderlich.[1] Die Entscheidung des Gerichts ist nicht anfechtbar (Abs. 1 S. 2 iVm § 128 a

---

1 BT-Drucks. 16/8839, S. 27.
1 Hk-ZPO/*Pukall*, § 1100 Rn 3; Thomas/Putzo/*Reichold*, § 1100 ZPO Rn 1; Zöller/*Geimer*, § 1100 ZPO Rn 2.

Abs. 3 S. 2 ZPO). Eine Aufzeichnung der **Videokonferenz** findet nicht statt (Abs. 1 S. 2 iVm § 128 a Abs. 3 S. 1 ZPO).

III. Kein früher erster Termin (Abs. 2)

Die mündliche Verhandlung kann erst nach schriftlicher Vorbereitung angeordnet werden, wenn der Beklagte die Klageerwiderung an das Gericht zurückgesendet hat (vgl Art. 7 Abs. 1 EuBagatellVO). Daher kann das Gericht im Verfahren für geringfügige Forderungen keinen frühen ersten Termin zur mündlichen Verhandlung iSd § 275 ZPO bestimmen; Abs. 2 hat daher rein deklaratorischen Charakter.[2]

3

§ 1101 ZPO Beweisaufnahme

(1) Das Gericht kann die Beweise in der ihm geeignet erscheinenden Art aufnehmen, soweit Artikel 9 Abs. 2 und 3 der Verordnung (EG) Nr. 861/2007 nichts anderes bestimmt.

(2) [1]Das Gericht kann einem Zeugen, Sachverständigen oder einer Partei gestatten, sich während einer Vernehmung an einem anderen Ort aufzuhalten. [2]§ 128 a Abs. 2 Satz 2, 3 und Abs. 3 bleibt unberührt.

I. Regelungsgegenstand

§ 1101 ZPO ergänzt die Regelung zur Beweisaufnahme in Art. 9 EuBagatellVO (zur Beweiswürdigung s. Art. 9 EuBagatellVO Rn 11).

1

II. Grundsatz des Freibeweises (Abs. 1)

Die Vorschrift wiederholt in Abs. 1 lediglich den schon in Art. 9 Abs. 1 S. 1 EuBagatellVO festgelegten Grundsatz des Freibeweises (vgl Art. 9 EuBagatellVO Rn 2) und hat insoweit nur klarstellenden Charakter.

2

III. Verwendung moderner Kommunikationsmittel (Abs. 2)

Abs. 2 entspricht sinngemäß § 1100 Abs. 1 ZPO und klärt die technische Umsetzung der Verwendung moderner Kommunikationsmittel bei der Beweisaufnahme (Art. 9 Abs. 1 S. 3 EuBagatellVO). Die Vorschrift ermöglicht es den Parteien, Verfahrenshandlungen von einem anderen Ort aus vorzunehmen. Sie übernimmt dazu in Abs. 2 S. 1 die Regelungen des § 128 a Abs. 1 S. 1 und Abs. 2 S. 1 ZPO, wobei ein Einverständnis der Parteien nicht erforderlich ist. Die Verhandlung ist zeitgleich in Bild und Ton an den Ort, an dem sich die Parteien, Bevollmächtigten und Beistände aufhalten, und in das Sitzungszimmer zu übertragen (§ 128 Abs. 1 S. 2, Abs. 2 S. 2 und 3 ZPO).

3

Zur Wahrung des Grundsatzes der Öffentlichkeit der Verhandlung (Art. 6 Abs. 1 EMRK) ist der Termin der mündlichen Verhandlung auch bei Durchführung einer **Videokonferenz** öffentlich bekannt zu geben. Auf die Beweisaufnahme finden die §§ 357 ff ZPO Anwendung.[1]

4

---

2 *Leible/Freitag*, BB 2009, 2, 4.
1 Baumbach/*Hartmann*, § 1101 ZPO Rn 6; Wieczorek/Schütze/*Schütze*, § 1101 ZPO Rn 9.

§ 1102 ZPO Urteil

¹Urteile bedürfen keiner Verkündung. ²Die Verkündung eines Urteils wird durch die Zustellung ersetzt.

I. Regelungsgegenstand

1 Die Vorschrift regelt die Verkündung des Urteils. Sie ergänzt Art. 7 Abs. 1 und 2 EuBagatellVO.

II. Wirksamkeit durch Zustellung

2 Das Urteil im Verfahren für geringfügige Forderungen ergeht grds. im **schriftlichen Verfahren** (vgl Art. 5 EuBagatellVO Rn 2). Der Erlass des Urteils erfolgt entweder durch Verkündung oder durch Übergabe an die Geschäftsstelle (S. 1).[1] Wegen Art. 6 Abs. 1 S. 2 EMRK ist das Urteil, falls es nicht verkündet wird, auf andere Weise der Öffentlichkeit zugänglich zu machen (s. Art. 7 Rn 9 EuBagatellVO).[2]

3 **Wirksam** wird das Urteil erst **mit Zustellung** an die Beteiligten gem. Art. 13 EuBagatellVO (Art. 7 Abs. 2 S. 2 EuBagatellVO iVm § 1102 S. 2 ZPO). Dies gilt auch bei der Verkündung des Urteils im Rahmen einer mündlichen Verhandlung nach § 310 ZPO. Die Rechtsmittelfristen beginnen erst mit der Zustellung des Urteils zu laufen und die Vollstreckung (§§ 1106 ff ZPO) kann erst nach der Zustellung erfolgen.[3]

§ 1103 ZPO Säumnis

¹Äußert sich eine Partei binnen der für sie geltenden Frist nicht oder erscheint sie nicht zur mündlichen Verhandlung, kann das Gericht eine Entscheidung nach Lage der Akten erlassen. ²§ 251 a ist nicht anzuwenden.

I. Regelungsgegenstand

1 Die Vorschrift regelt den Erlass eines Urteils bei Säumnis der Parteien. Sie ergänzt Art. 7 Abs. 3 EuBagatellVO.

II. Urteil nach Lage der Akten (S. 1)

2 Die EuBagatellVO regelt nur die Möglichkeit zum Erlass eines Urteils bei Säumnis einer der Parteien auf Grundlage des bisherigen Parteivorbringens (vgl Art. 7 EuBagatellVO Rn 13). Nicht ausdrücklich geregelt und daher dem nationalen Gesetzgeber überlassen ist die Frage der Säumniswirkung. § 1103 S. 1 ZPO bestimmt, dass **keine Geständniswirkung** entsprechend § 331 ZPO besteht und daher das Vorbringen des Klägers nicht wie beim echten Versäumnisurteil als zugestanden gilt. Stattdessen erlässt das Gericht ein Urteil nach Lage der Akten (§ 331 a ZPO).

---

1 Vgl BT-Drucks. 16/8839, S. 28.
2 Vgl EGMR NJW 1986, 2177; EGMR NJW 2009, 2873; *Brokamp*, Das Europäische Verfahren für geringfügige Forderungen, 2008, S. 130; krit. zu § 1102 ZPO auch Musielak/*Voit*, Vor §§ 1097 ff ZPO Rn 25; *Hau*, JuS 2008, 1056, 1058; Prütting/Gehrlein/*Halfmeier*, § 1102 ZPO Rn 1; aA Wieczorek/Schütze/*Schütze*, § 1102 ZPO Rn 2: Verkündung im Belieben des Gerichts; Zöller/*Geimer*, § 1102 ZPO Rn 1.
3 Wieczorek/Schütze/*Schütze*, § 1102 ZPO Rn 3.

III. Anwendung des § 251a ZPO (S. 2)

Das Urteil ergeht ohne die Voraussetzungen des § 251a ZPO. Insbesondere muss vor dem Urteil **kein erster Termin zur mündlichen Verhandlung** nach § 251a Abs. 2 ZPO durchgeführt worden sein (vgl auch § 1100 Abs. 2 ZPO). Der Ausschluss des § 251a Abs. 1 ZPO überzeugt allerdings nicht, denn Art. 7 Abs. 3 EuBagatellVO findet bei Säumnis beider Parteien entsprechende Anwendung (Art. 7 EuBagatellVO Rn 11).[1] 3

§ 1104 ZPO Abhilfe bei unverschuldeter Säumnis des Beklagten

(1) [1]Liegen die Voraussetzungen des Artikels 18 Abs. 1 der Verordnung (EG) Nr. 861/2007 vor, wird das Verfahren fortgeführt; es wird in die Lage zurückversetzt, in der es sich vor Erlass des Urteils befand. [2]Auf Antrag stellt das Gericht die Nichtigkeit des Urteils durch Beschluss fest.

(2) Der Beklagte hat die tatsächlichen Voraussetzungen des Artikels 18 Abs. 1 der Verordnung (EG) Nr. 861/2007 glaubhaft zu machen.

I. Regelungsgegenstand

Die Vorschrift regelt die Voraussetzungen des außerordentlichen Rechtsbehelfs in Art. 18 Abs. 1 EuBagatellVO. 1

II. Fortführung des Verfahrens (Abs. 1)

Liegen die Voraussetzungen des Art. 18 Abs. 1 EuBagatellVO vor, hilft das Gericht dem Antrag ab und führt das Verfahren in der Lage fort, in der es sich vor Erlass des Urteils befand (Abs. 1 S. 1). Die Wirkungen des Rechtsbehelfs gem. Art. 18 EuBagatellVO entsprechen § 342 ZPO.[1] Dem unverschuldet säumig gebliebenen Beklagten ist Gelegenheit zu geben, die versäumte Prozesshandlung nachzuholen (vgl Art. 18 EuBagatellVO Rn 9). 2

Das angegriffene Urteil ist **kraft Gesetzes nichtig**, wenn die Voraussetzungen des Art. 18 EuBagatellVO vorliegen und die Überprüfung Erfolg hat (s. Art. 18 EuBagatellVO Rn 9); eine Aufhebung des Urteils ist nicht erforderlich.[2] Die Feststellung der Nichtigkeit durch Beschluss erfolgt daher nur auf Antrag (Abs. 1 S. 2) und hat klarstellenden Charakter.[3] Sie dient dem Schutz des Beklagten vor Vollstreckung aus einem unwirksamen Titel. 3

III. Glaubhaftmachung (Abs. 2)

Der Beklagte hat die Voraussetzungen des Art. 18 Abs. 1 EuBagatellVO nur nach § 294 ZPO glaubhaft zu machen. Eines Vollbeweises bedarf es wegen der Eilbedürftigkeit des Verfahrens aufgrund der drohenden europaweiten Vollstreckbarkeit nicht. 4

---

1 Für Entscheidungen nach Lage der Akten bei Säumnis beider Parteien auch Wieczorek/Schütze/*Schütze*, § 1103 ZPO Rn 5.
1 Hk-ZPO/*Pukall*, § 1104 Rn 4.
2 Zöller/*Geimer*, § 1104 ZPO Rn 2.
3 Musielak/*Voit*, Vor §§ 1097 ff ZPO Rn 26; Baumbach/*Hartmann*, § 1104 ZPO Rn 5; aA Wieczorek/Schütze/*Schütze*, § 1104 ZPO Rn 12: Beschluss hat konstitutive Wirkung.

Titel 2
Zwangsvollstreckung

§ 1105 ZPO Zwangsvollstreckung inländischer Titel

(1) ¹Urteile sind für vorläufig vollstreckbar ohne Sicherheitsleistung zu erklären. ²Die §§ 712 und 719 Abs. 1 Satz 1 in Verbindung mit § 707 sind nicht anzuwenden.

(2) ¹Für Anträge auf Beschränkung der Zwangsvollstreckung nach Artikel 15 Abs. 2 in Verbindung mit Artikel 23 der Verordnung (EG) Nr. 861/2007 ist das Gericht der Hauptsache zuständig. ²Die Entscheidung ergeht im Wege einstweiliger Anordnung. ³Sie ist unanfechtbar. ⁴Die tatsächlichen Voraussetzungen des Artikels 23 der Verordnung (EG) Nr. 861/2007 sind glaubhaft zu machen.

I. Regelungsgegenstand

1 § 1105 ZPO ergänzt die Regelungen zur Zwangsvollstreckung aus Urteilen, die im Verfahren für geringfügige Forderungen von einem deutschen Gericht erlassen wurden (Art. 15 und 23 EuBagatellVO).

II. Vorläufige Vollstreckbarkeit (Abs. 1)

2 Nach Art. 15 Abs. 1 EuBagatellVO sind Urteile im Verfahren für geringfügige Forderungen immer sofort und ohne Sicherheitsleistung auch vor Eintritt der formellen Rechtskraft vollstreckbar. Die Tenorierung der vorläufigen Vollstreckbarkeit (Abs. 1 S. 1) ist nach der EuBagatellVO wie bei § 708 Nr. 11 ZPO nicht erforderlich und daher rein deklaratorischer Natur.[1] Sie soll lediglich die Gleichstellung der Urteile mit anderen im Inland erlassenen Vollstreckungstiteln klarstellen.

III. Beschränkung der Zwangsvollstreckung (Abs. 2)

3 **1. Abschließender Schutz durch Art. 23 EuBagatellVO.** Der Vollstreckungsschuldner wird vor Eintritt der formellen Rechtskraft des Urteils (§ 705 ZPO) abschließend durch Art. 23 EuBagatellVO geschützt (vgl Art. 23 EuBagatellVO Rn 5). **Schuldnerschutzanordnungen** nach §§ 712, 719 Abs. 1 S. 1 iVm § 707 ZPO (Abs. 2 S. 2) und die **Abwendungsbefugnis** des Schuldners nach § 711 ZPO sind daher **ausgeschlossen**.[2] Die übrigen Vorschriften der ZPO, die eine Sicherheitsleistung voraussetzen (§§ 709 S. 1, 710, 713 und 714), finden wegen Art. 15 Abs. 1 S. 2 EuBagatellVO ebenfalls keine Anwendung. Auch § 719 Abs. 1 S. 2 ZPO findet keine Anwendung, da das Verfahren für geringfügige Forderungen ein Versäumnisurteil mit Geständniswirkung nicht kennt (vgl Art. 7 EuBagatellVO Rn 13, § 1103 ZPO Rn 2).[3]

4 **2. Verfahren.** Der **Antrag** auf Aussetzung oder Beschränkung der Zwangsvollstreckung (Art. 23 EuBagatellVO) gilt auch bei inländischen Urteilen (Art. 15 Abs. 2 EuBagatellVO). Für die unanfechtbare (Abs. 2 S. 3) Entscheidung durch Beschluss im Wege der **einstweiligen Anordnung** (Abs. 2 S. 2) ist das Gericht der Hauptsache zuständig (Abs. 2 S. 1). Wegen der Eilbedürftigkeit des Verfahrens genügt die **Glaubhaftmachung** des Tatsachenvorbringens nach § 294 ZPO (Abs. 2 S. 4).

---

1 Musielak/*Voit*, Vor §§ 1097 ff ZPO Rn 28.
2 *Jahn*, NJW 2007, 2890, 2894; Hk-ZPO/*Pukall*, § 1105 Rn 1 und 3; Wieczorek/Schütze/*Schütze*, § 1105 ZPO Rn 2.
3 Zöller/*Geimer*, § 1105 ZPO Rn 2.

Eine **Anhörung des Antragsgegners** ist nicht erforderlich.[4] Bei Veränderung der 5
Umstände oder bei neuem Parteivorbringen kann das Gericht eine Abänderung
der Entscheidung erlassen.[5] Die Höhe einer nach Art. 23 lit. b EuBagatellVO anzuordnenden Sicherheitsleistung bestimmt sich nach § 709 S. 2 ZPO.[6]

§ 1106 ZPO Bestätigung inländischer Titel

(1) Für die Ausstellung der Bestätigung nach Artikel 20 Abs. 2 der Verordnung (EG) Nr. 861/2007 ist das Gericht zuständig, dem die Erteilung einer vollstreckbaren Ausfertigung des Titels obliegt.

(2) [1]Vor Ausfertigung der Bestätigung ist der Schuldner anzuhören. [2]Wird der Antrag auf Ausstellung einer Bestätigung zurückgewiesen, so sind die Vorschriften über die Anfechtung der Entscheidung über die Erteilung einer Vollstreckungsklausel entsprechend anzuwenden.

I. Regelungsgegenstand

Die Vorschrift regelt den Erlass der Bestätigung eines in Deutschland im Verfahren für geringfügige Forderungen erlassenen Urteils. Sie ergänzt Art. 20 Abs. 2 EuBagatellVO. 1

II. Zuständigkeit (Abs. 1)

Sachlich und örtlich zuständig für den Erlass der Bestätigung ist nach den Vorschriften über die Erteilung einer vollstreckbaren Ausfertigung nach § 724 Abs. 2 ZPO das Gericht, bei dem die Hauptsache anhängig ist. Funktionell zuständig ist der Rechtspfleger nach § 20 Abs. 1 Nr. 11 RPflG. 2

III. Verfahren (Abs. 2)

Die Bestätigung des Urteils ist dem Schuldner – im Gegensatz zum Urteil selbst (s. Art. 7 Abs. 2 S. 2 EuBagatellVO iVm § 1102 S. 2 ZPO) und zur Bestätigung iSd Art. 6 Abs. 1 EuVTVO (vgl § 1080 Abs. 1 S. 2 ZPO) – **nicht förmlich zuzustellen**.[1] 3

Im Verfahren zur Erteilung der Bestätigung bedarf es nach Abs. 2 S. 1 der **Anhörung des Schuldners** (zur EuVTVO vgl § 1080 Abs. 1 S. 1 ZPO).[2] Der Gesetzgeber begründet die Anhörungspflicht damit, dass die EuBagatellVO im Gegensatz zu Art. 10 EuVTVO keinen Rechtsbehelf gegen die Bestätigung vorsehe.[3] Die Anhörung wäre aber zum Schutz des Schuldners nicht erforderlich,[4] denn der Erlass der Bestätigung ist im Gegensatz zu Art. 6 Abs. 1 EuVTVO nicht an die Einhaltung von Mindeststandards geknüpft, die vorher nicht geprüft werden, und eine vorherige Anhörung schützt nicht gegen Verschreiben (vgl auch Art. 10 EuVTVO 4

---

4 Hk-ZPO/*Pukall*, § 1105 Rn 4; Thomas/Putzo/*Hüßtege*, § 1105 ZPO Rn 5.
5 Vgl Hk-ZPO/*Pukall*, § 1105 Rn 4; Zöller/*Geimer*, § 1105 ZPO Rn 5; Thomas/Putzo/*Hüßtege*, § 1105 ZPO Rn 5.
6 Hk-ZPO/*Pukall*, § 1105 Rn 2; Thomas/Putzo/*Hüßtege*, § 1105 ZPO Rn 1; Zöller/*Geimer*, § 1105 ZPO Rn 3.
1 BT-Drucks. 16/8839, S. 29.
2 Hk-ZPO/*Pukall*, § 1106 Rn 2; Thomas/Putzo/*Hüßtege*, § 1106 ZPO Rn 4; Zöller/*Geimer*, § 1106 ZPO Rn 2.
3 BT-Drucks. 16/8839, S. 29; ebenso Thomas/Putzo/*Hüßtege*, § 1106 ZPO Rn 4; Wieczorek/Schütze/*Schütze*, § 1106 ZPO Rn 5; Baumbach/*Hartmann*, § 1106 ZPO Rn 4: Stellungnahmefrist von 2 bzw 4 Wochen.
4 *Leible/Freitag*, BB 2009, 2, 5; *Hess/Bittmann*, IPRax 2008, 305, 313.

Rn 4). Der Schuldner könnte zwar einwenden, dass die Entscheidung nicht im Verfahren für geringfügige Forderungen ergangen ist; für diesen Fall und den des Verschreibens ist aber **Art. 10 Abs. 1 lit. a und b EuVTVO analog** anzuwenden.[5] Der Schuldner kann dann nach Art. 23 EuBagatellVO die Beschränkung oder Aussetzung der Vollstreckung beantragen. Ein Rechtsmittel gegen das Urteil (Art. 17 EuBagatellVO) iVm Art. 23 EuBagatellVO[6] hilft dem Schuldner nicht, wenn der Fehler beim Erlass der Bestätigung geschieht. Abs. 2 S. 1 stellt zwar eine vermeidbare Verfahrensverzögerung dar, ist aber nicht verordnungswidrig.[7]

5 Gegen die Zurückweisung des Antrags durch den Rechtspfleger findet die sofortige Beschwerde nach § 11 Abs. 2 RPflG iVm § 567 Abs. 1 Nr. 1 ZPO statt (Abs. 2 S. 2).[8] Für die Klage auf Erteilung der Bestätigung gilt § 731 ZPO entsprechend.[9]

§ 1107 ZPO Ausländische Vollstreckungstitel

Aus einem Titel, der in einem Mitgliedstaat der Europäischen Union nach der Verordnung (EG) Nr. 861/2007 ergangen ist, findet die Zwangsvollstreckung im Inland statt, ohne dass es einer Vollstreckungsklausel bedarf.

1 § 1107 ZPO ergänzt die Regelung zur Abschaffung des Exequaturverfahrens in Art. 20 Abs. 1 EuBagatellVO und bestätigt, dass die nach Art. 20 Abs. 2 EuBagatellVO zu erteilende Bestätigung die innerstaatliche Vollstreckungsklausel (§§ 724 f ZPO) ersetzt.[1] Bei Vollstreckung für oder gegen einen anderen als den im Urteil bezeichneten Gläubiger bzw Schuldner gelten die §§ 727 ff ZPO entsprechend.[2]

2 Im Übrigen gelten die Vorschriften über die Zwangsvollstreckung im Inland (Art. 21 Abs. 1 S. 1 EuBagatellVO). Die weiteren Voraussetzungen der Zwangsvollstreckung richten sich nach §§ 750 ff ZPO,[3] wobei die vorherige Zustellung der Bestätigung nicht erforderlich ist (s. § 1106 ZPO Rn 3). Gegen die Art und Weise der Zwangsvollstreckung findet die Rechtsbehelfe nach §§ 766, 793 ZPO statt (s. auch § 1109 ZPO Rn 1).[4]

§ 1108 ZPO Übersetzung

Hat der Gläubiger nach Artikel 21 Abs. 2 Buchstabe b der Verordnung (EG) Nr. 861/2007 eine Übersetzung vorzulegen, so ist diese in deutscher Sprache zu

---

5 Eine analoge Anwendung von Art. 10 Abs. 1 lit. a EuVTVO befürwortend *Schlosser*, EuZPR, Art. 20 BagatellVO Rn 4; aA *Hess/Bittmann*, IPRax 2008, 305, 313.
6 Dafür Thomas/Putzo/*Hüßtege*, § 1106 ZPO Rn 7; Wieczorek/Schütze/*Schütze*, § 1106 ZPO Rn 7.
7 AA *Hess/Bittmann*, IPRax 2008, 305, 313; *Leible/Freitag*, BB 2009, 2, 5, die § 1106 Abs. 2 S. 1 ZPO für verordnungswidrig und daher unanwendbar halten.
8 Hk-ZPO/*Pukall*, § 1106 ZPO Rn 3; Thomas/Putzo/*Hüßtege*, § 1106 ZPO Rn 6.
9 Wieczorek/Schütze/*Schütze*, § 1106 ZPO Rn 8; Baumbach/*Hartmann*, § 1106 ZPO Rn 4.
1 Hk-ZPO/*Pukall*, § 1107 ZPO Rn 1; Thomas/Putzo/*Hüßtege*, § 1107 ZPO Rn 1; Wieczorek/Schütze/*Schütze*, § 1107 ZPO Rn 1.
2 Wieczorek/Schütze/*Schütze*, § 1107 ZPO Rn 5.
3 Hk-ZPO/*Pukall*, § 1107 Rn 2; Zöller/*Geimer*, § 1107 ZPO Rn 2; Thomas/Putzo/*Hüßtege*, § 1107 ZPO Rn 3.
4 BT-Drucks. 16/8839, S. 30.

verfassen und von einer in einem der Mitgliedstaaten der Europäischen Union hierzu befugten Person zu erstellen.

§ 1108 ZPO ergänzt Art. 21 Abs. 2 lit. b EuBagatellVO. Danach ist die Ausfertigung der Bestätigung (s. Formblatt D) zu übersetzen, sofern dies für die Vollstreckung des Urteils erforderlich ist. § 1108 ZPO verlangt die Vorlage einer Übersetzung in deutscher Sprache. Im Gegensatz zu Art. 20 Abs. 2 lit. c S. 3 EuVTVO bedarf es keiner Beglaubigung der Übersetzung. 1

§ 1109 ZPO Anträge nach den Artikeln 22 und 23 der Verordnung (EG) Nr. 861/2007; Vollstreckungsabwehrklage

(1) [1]Auf Anträge nach Artikel 22 der Verordnung (EG) Nr. 861/2007 ist § 1084 Abs. 1 und 2 entsprechend anzuwenden. [2]Auf Anträge nach Artikel 23 der Verordnung (EG) Nr. 861/2007 ist § 1084 Abs. 1 und 3 entsprechend anzuwenden.

(2) § 1086 gilt entsprechend.

§ 1109 ZPO verweist für die Anträge auf Ablehnung (Art. 22 EuBagatellVO) und Aussetzung oder Beschränkung der Vollstreckung (Art. 23 EuBagatellVO) auf die zu den entsprechenden Vorschriften der EuVTVO erlassenen Ausführungsbestimmungen. Gegen die Vollstreckung kann der Vollstreckungsschuldner mit der **Vollstreckungsabwehrklage nach § 767 ZPO** vorgehen (Abs. 2).[1] Auf die Kommentierung zu §§ 1084 und 1086 ZPO wird verwiesen; zur Zulässigkeit der §§ 766, 767 ZPO s. Art. 20 EuVTVO Rn 4 und § 1086 ZPO Rn 4 f. 1

Kosten: Gerichtsgebühr nach Nr. 2119 KV-GKG. Verfahrensgebühr nach Nr. 3100 VV-RVG (besondere Angelegenheit nach § 18 Abs. 1 Nr. 6 RVG). 2

---

1 Hk-ZPO/*Pukall*, § 1109 Rn 3; Kropholler/*v. Hein*, Art. 21 EuGFVO Rn 1 und Art. 20 EuVTVO Rn 13 mwN; *Vollkommer/Huber*, NJW 2009, 1105, 1108; krit. *Leible/Freitag*, BB 2009, 2, 6; aA *Hess/Bittmann*, IPRax 2008, 305, 313 und 310 f.

VERORDNUNG (EG) Nr. 2201/2003 DES RATES
vom 27. November 2003
über die Zuständigkeit und die Anerkennung und Vollstreckung von Entscheidungen in Ehesachen und in Verfahren betreffend die elterliche Verantwortung und zur Aufhebung der Verordnung (EG) Nr. 1347/2000

(ABl. EU Nr. L 338 vom 23.12.2003, S. 1;
geändert durch Verordnung (EG) Nr. 2116/2004 vom 2.12.2004,
ABl. EU Nr. L 367 vom 14.12.2004, S. 1)

– Auszug –

DER RAT DER EUROPÄISCHEN UNION

gestützt auf den Vertrag zur Gründung der Europäischen Gemeinschaft, insbesondere auf Artikel 61 Buchstabe c) und Artikel 67 Absatz 1,

auf Vorschlag der Kommission,[1]

nach Stellungnahme des Europäischen Parlaments,[2]

nach Stellungnahme des Wirtschafts- und Sozialausschusses,[3]

in Erwägung nachstehender Gründe:

(1) Die Europäische Gemeinschaft hat sich die Schaffung eines Raums der Freiheit, der Sicherheit und des Rechts zum Ziel gesetzt, in dem der freie Personenverkehr gewährleistet ist. Hierzu erlässt die Gemeinschaft unter anderem die Maßnahmen, die im Bereich der justiziellen Zusammenarbeit in Zivilsachen für das reibungslose Funktionieren des Binnenmarkts erforderlich sind.

(2) Auf seiner Tagung in Tampere hat der Europäische Rat den Grundsatz der gegenseitigen Anerkennung gerichtlicher Entscheidungen, der für die Schaffung eines echten europäischen Rechtsraums unabdingbar ist, anerkannt und die Besuchsrechte als Priorität eingestuft.

(3) Die Verordnung (EG) Nr. 1347/2000 des Rates vom 29. Mai 2000[4] enthält Vorschriften für die Zuständigkeit und die Anerkennung und Vollstreckung von Entscheidungen in Ehesachen sowie aus Anlass von Ehesachen ergangenen Entscheidungen über die elterliche Verantwortung für die gemeinsamen Kinder der Ehegatten. Der Inhalt dieser Verordnung wurde weitgehend aus dem diesbezüglichen Übereinkommen vom 28. Mai 1998 übernommen.[5]

(4) Am 3. Juli 2000 hat Frankreich eine Initiative im Hinblick auf den Erlass einer Verordnung des Rates über die gegenseitige Vollstreckung von Entscheidungen über das Umgangsrecht vorgelegt.[6]

---

1 ABl. C 203 E vom 27.8.2002, S. 155.
2 Stellungnahme vom 20. September 2002 (noch nicht im Amtsblatt veröffentlicht).
3 ABl. C 61 vom 14.3.2003, S. 76.
4 ABl. L 160 vom 30.6.2000, S. 19.
5 Bei der Annahme der Verordnung (EG) Nr. 1347/2000 hatte der Rat den von Frau Professorin Alegria Borras erstellten erläuternden Bericht zu dem Übereinkommen zur Kenntnis genommen (ABl. C 221 vom 16.7.1998, S. 27).
6 ABl. C 234 vom 15.8.2000, S. 7.

(5) Um die Gleichbehandlung aller Kinder sicherzustellen, gilt diese Verordnung für alle Entscheidungen über die elterliche Verantwortung, einschließlich der Maßnahmen zum Schutz des Kindes, ohne Rücksicht darauf, ob eine Verbindung zu einem Verfahren in Ehesachen besteht.

(6) Da die Vorschriften über die elterliche Verantwortung häufig in Ehesachen herangezogen werden, empfiehlt es sich, Ehesachen und die elterliche Verantwortung in einem einzigen Rechtsakt zu regeln.

(7) Diese Verordnung gilt für Zivilsachen, unabhängig von der Art der Gerichtsbarkeit.

(8) Bezüglich Entscheidungen über die Ehescheidung, die Trennung ohne Auflösung des Ehebandes oder die Ungültigerklärung einer Ehe sollte diese Verordnung nur für die Auflösung einer Ehe und nicht für Fragen wie die Scheidungsgründe, das Ehegüterrecht oder sonstige mögliche Nebenaspekte gelten.

(9) Bezüglich des Vermögens des Kindes sollte diese Verordnung nur für Maßnahmen zum Schutz des Kindes gelten, das heißt i) für die Bestimmung und den Aufgabenbereich einer Person oder Stelle, die damit betraut ist, das Vermögen des Kindes zu verwalten, das Kind zu vertreten und ihm beizustehen, und ii) für Maßnahmen bezüglich der Verwaltung und Erhaltung des Vermögens des Kindes oder der Verfügung darüber. In diesem Zusammenhang sollte diese Verordnung beispielsweise für die Fälle gelten, in denen die Eltern über die Verwaltung des Vermögens des Kindes im Streit liegen. Das Vermögen des Kindes betreffende Maßnahmen, die nicht den Schutz des Kindes betreffen, sollten weiterhin unter die Verordnung (EG) Nr. 44/2001 des Rates vom 22. Dezember 2000 über die gerichtliche Zuständigkeit und die Anerkennung und Vollstreckung von Entscheidungen in Zivil- und Handelssachen[7] fallen.

(10) Diese Verordnung soll weder für Bereiche wie die soziale Sicherheit oder Maßnahmen allgemeiner Art des öffentlichen Rechts in Angelegenheiten der Erziehung und Gesundheit noch für Entscheidungen über Asylrecht und Einwanderung gelten. Außerdem gilt sie weder für die Feststellung des Eltern-Kind-Verhältnisses, bei der es sich um eine von der Übertragung der elterlichen Verantwortung gesonderte Frage handelt, noch für sonstige Fragen im Zusammenhang mit dem Personenstand. Sie gilt ferner nicht für Maßnahmen, die im Anschluss an von Kindern begangenen Straftaten ergriffen werden.

(11) Unterhaltspflichten sind vom Anwendungsbereich dieser Verordnung ausgenommen, da sie bereits durch die Verordnung (EG) Nr. 44/2001 geregelt werden. Die nach dieser Verordnung zuständigen Gerichte werden in Anwendung des Artikels 5 Absatz 2 der Verordnung (EG) Nr. 44/2001 in der Regel für Entscheidungen in Unterhaltssachen zuständig sein.

(12) Die in dieser Verordnung für die elterliche Verantwortung festgelegten Zuständigkeitsvorschriften wurden dem Wohle des Kindes entsprechend und insbesondere nach dem Kriterium der räumlichen Nähe ausgestaltet. Die Zuständigkeit sollte vorzugsweise dem Mitgliedstaat des gewöhnlichen Aufenthalts des Kindes vorbehalten sein außer in bestimmten Fällen, in denen sich der Aufenthaltsort des Kindes geändert hat oder in denen die Träger der elterlichen Verantwortung etwas anderes vereinbart haben.

---

[7] ABl. L 12 vom 16.1.2001, S. 1. Zuletzt geändert durch die Verordnung (EG) Nr. 1496/2002 der Kommission (ABl. L 225 vom 22.8.2002, S. 13).

(13) Nach dieser Verordnung kann das zuständige Gericht den Fall im Interesse des Kindes ausnahmsweise und unter bestimmten Umständen an das Gericht eines anderen Mitgliedstaats verweisen, wenn dieses den Fall besser beurteilen kann. Allerdings sollte das später angerufene Gericht nicht befugt sein, die Sache an ein drittes Gericht weiterzuverweisen.

(14) Die Anwendung des Völkerrechts im Bereich diplomatischer Immunitäten sollte durch die Wirkungen dieser Verordnung nicht berührt werden. Kann das nach dieser Verordnung zuständige Gericht seine Zuständigkeit aufgrund einer diplomatischen Immunität nach dem Völkerrecht nicht wahrnehmen, so sollte die Zuständigkeit in dem Mitgliedstaat, in dem die betreffende Person keine Immunität genießt, nach den Rechtsvorschriften dieses Staates bestimmt werden.

(15) Für die Zustellung von Schriftstücken in Verfahren, die auf der Grundlage der vorliegenden Verordnung eingeleitet wurden, gilt die Verordnung (EG) Nr. 1348/2000 des Rates vom 29. Mai 2000 über die Zustellung gerichtlicher und außergerichtlicher Schriftstücke in Zivil- oder Handelssachen in den Mitgliedstaaten.[8]

(16) Die vorliegende Verordnung hindert die Gerichte eines Mitgliedstaats nicht daran, in dringenden Fällen einstweilige Maßnahmen einschließlich Schutzmaßnahmen in Bezug auf Personen oder Vermögensgegenstände, die sich in diesem Staat befinden, anzuordnen.

(17) Bei widerrechtlichem Verbringen oder Zurückhalten eines Kindes sollte dessen Rückgabe unverzüglich erwirkt werden; zu diesem Zweck sollte das Haager Übereinkommen vom 24. Oktober 1980, das durch die Bestimmungen dieser Verordnung und insbesondere des Artikels 11 ergänzt wird, weiterhin Anwendung finden. Die Gerichte des Mitgliedstaats, in den das Kind widerrechtlich verbracht wurde oder in dem es widerrechtlich zurückgehalten wird, sollten dessen Rückgabe in besonderen, ordnungsgemäß begründeten Fällen ablehnen können. Jedoch sollte eine solche Entscheidung durch eine spätere Entscheidung des Gerichts des Mitgliedstaats ersetzt werden können, in dem das Kind vor dem widerrechtlichen Verbringen oder Zurückhalten seinen gewöhnlichen Aufenthalt hatte. Sollte in dieser Entscheidung die Rückgabe des Kindes angeordnet werden, so sollte die Rückgabe erfolgen, ohne dass es in dem Mitgliedstaat, in den das Kind widerrechtlich verbracht wurde, eines besonderen Verfahrens zur Anerkennung und Vollstreckung dieser Entscheidung bedarf.

(18) Entscheidet das Gericht gemäß Artikel 13 des Haager Übereinkommens von 1980, die Rückgabe abzulehnen, so sollte es das zuständige Gericht oder die Zentrale Behörde des Mitgliedstaats, in dem das Kind vor dem widerrechtlichen Verbringen oder Zurückhalten seinen gewöhnlichen Aufenthalt hatte, hiervon unterrichten. Wurde dieses Gericht noch nicht angerufen, so sollte dieses oder die Zentrale Behörde die Parteien entsprechend unterrichten. Diese Verpflichtung sollte die Zentrale Behörde nicht daran hindern, auch die betroffenen Behörden nach nationalem Recht zu unterrichten.

(19) Die Anhörung des Kindes spielt bei der Anwendung dieser Verordnung eine wichtige Rolle, wobei diese jedoch nicht zum Ziel hat, die diesbezüglich geltenden nationalen Verfahren zu ändern.

(20) Die Anhörung eines Kindes in einem anderen Mitgliedstaat kann nach den Modalitäten der Verordnung (EG) Nr. 1206/2001 des Rates vom 28. Mai

---

[8] ABl. L 160 vom 30.6.2000, S. 37.

2001 über die Zusammenarbeit zwischen den Gerichten der Mitgliedstaaten auf dem Gebiet der Beweisaufnahme in Zivil- oder Handelssachen[9] erfolgen.

(21) Die Anerkennung und Vollstreckung der in einem Mitgliedstaat ergangenen Entscheidungen sollten auf dem Grundsatz des gegenseitigen Vertrauens beruhen und die Gründe für die Nichtanerkennung auf das notwendige Minimum beschränkt sein.

(22) Zum Zwecke der Anwendung der Anerkennungs- und Vollstreckungsregeln sollten die in einem Mitgliedstaat vollstreckbaren öffentlichen Urkunden und Vereinbarungen zwischen den Parteien „Entscheidungen" gleichgestellt werden.

(23) Der Europäische Rat von Tampere hat in seinen Schlussfolgerungen (Nummer 34) die Ansicht vertreten, dass Entscheidungen in familienrechtlichen Verfahren „automatisch unionsweit anerkannt" werden sollten, „ohne dass es irgendwelche Zwischenverfahren oder Gründe für die Verweigerung der Vollstreckung geben" sollte. Deshalb sollten Entscheidungen über das Umgangsrecht und über die Rückgabe des Kindes, für die im Ursprungsmitgliedstaat nach Maßgabe dieser Verordnung eine Bescheinigung ausgestellt wurde, in allen anderen Mitgliedstaaten anerkannt und vollstreckt werden, ohne dass es eines weiteren Verfahrens bedarf. Die Modalitäten der Vollstreckung dieser Entscheidungen unterliegen weiterhin dem nationalen Recht.

(24) Gegen die Bescheinigung, die ausgestellt wird, um die Vollstreckung der Entscheidung zu erleichtern, sollte kein Rechtsbehelf möglich sein. Sie sollte nur Gegenstand einer Klage auf Berichtigung sein, wenn ein materieller Fehler vorliegt, d.h., wenn in der Bescheinigung der Inhalt der Entscheidung nicht korrekt wiedergegeben ist.

(25) Die Zentralen Behörden sollten sowohl allgemein als auch in besonderen Fällen, einschließlich zur Förderung der gütlichen Beilegung von die elterliche Verantwortung betreffenden Familienstreitigkeiten, zusammenarbeiten. Zu diesem Zweck beteiligen sich die Zentralen Behörden an dem Europäischen Justiziellen Netz für Zivil- und Handelssachen, das mit der Entscheidung des Rates vom 28. Mai 2001 zur Einrichtung eines Europäischen Justiziellen Netzes für Zivil- und Handelssachen[10] eingerichtet wurde.

(26) Die Kommission sollte die von den Mitgliedstaaten übermittelten Listen mit den zuständigen Gerichten und den Rechtsbehelfen veröffentlichen und aktualisieren.

(27) Die zur Durchführung dieser Verordnung erforderlichen Maßnahmen sollten gemäß dem Beschluss 1999/468/EG des Rates vom 28. Juni 1999 zur Festlegung der Modalitäten für die Ausübung der der Kommission übertragenen Durchführungsbefugnisse[11] erlassen werden.

(28) Diese Verordnung tritt an die Stelle der Verordnung (EG) Nr. 1347/2000, die somit aufgehoben wird.

(29) Um eine ordnungsgemäße Anwendung dieser Verordnung sicherzustellen, sollte die Kommission deren Durchführung prüfen und gegebenenfalls die notwendigen Änderungen vorschlagen.

---

9 ABl. L 174 vom 27.6.2001, S. 1.
10 ABl. L 174 vom 27.6.2001, S. 25.
11 ABl. L 184 vom 17.7.1999, S. 23.

(30) Gemäß Artikel 3 des dem Vertrag über die Europäische Union und dem Vertrag zur Gründung der Europäischen Gemeinschaft beigefügten Protokolls über die Position des Vereinigten Königreichs und Irlands haben diese Mitgliedstaaten mitgeteilt, dass sie sich an der Annahme und Anwendung dieser Verordnung beteiligen möchten.

(31) Gemäß den Artikeln 1 und 2 des dem Vertrag über die Europäische Union und dem Vertrag zur Gründung der Europäischen Gemeinschaft beigefügten Protokolls über die Position Dänemarks beteiligt sich Dänemark nicht an der Annahme dieser Verordnung, die für Dänemark nicht bindend oder anwendbar ist.

(32) Da die Ziele dieser Verordnung auf Ebene der Mitgliedstaaten nicht ausreichend erreicht werden können und daher besser auf Gemeinschaftsebene zu erreichen sind, kann die Gemeinschaft im Einklang mit dem in Artikel 5 des Vertrags niedergelegten Subsidiaritätsprinzip tätig werden. Entsprechend dem in demselben Artikel genannten Verhältnismäßigkeitsprinzip geht diese Verordnung nicht über das für die Erreichung dieser Ziele erforderliche Maß hinaus.

(33) Diese Verordnung steht im Einklang mit den Grundrechten und Grundsätzen, die mit der Charta der Grundrechte der Europäischen Union anerkannt wurden. Sie zielt insbesondere darauf ab, die Wahrung der Grundrechte des Kindes im Sinne des Artikels 24 der Grundrechtscharta der Europäischen Union zu gewährleisten –

HAT FOLGENDE VERORDNUNG ERLASSEN:

KAPITEL I ANWENDUNGSBEREICH UND BEGRIFFSBESTIMMUNGEN

Artikel 1 Anwendungsbereich

(1) Diese Verordnung gilt, ungeachtet der Art der Gerichtsbarkeit, für Zivilsachen mit folgendem Gegenstand:

a) die Ehescheidung, die Trennung ohne Auflösung des Ehebandes und die Ungültigerklärung einer Ehe,

b) die Zuweisung, die Ausübung, die Übertragung sowie die vollständige oder teilweise Entziehung der elterlichen Verantwortung.

(2) Die in Absatz 1 Buchstabe b) genannten Zivilsachen betreffen insbesondere:

a) das Sorgerecht und das Umgangsrecht,

b) die Vormundschaft, die Pflegschaft und entsprechende Rechtsinstitute,

c) die Bestimmung und den Aufgabenbereich jeder Person oder Stelle, die für die Person oder das Vermögen des Kindes verantwortlich ist, es vertritt oder ihm beisteht,

d) die Unterbringung des Kindes in einer Pflegefamilie oder einem Heim,

e) die Maßnahmen zum Schutz des Kindes im Zusammenhang mit der Verwaltung und Erhaltung seines Vermögens oder der Verfügung darüber.

(3) Diese Verordnung gilt nicht für

a) die Feststellung und die Anfechtung des Eltern-Kind-Verhältnisses,

b) Adoptionsentscheidungen und Maßnahmen zur Vorbereitung einer Adoption sowie die Ungültigerklärung und den Widerruf der Adoption,

c) Namen und Vornamen des Kindes,

d) die Volljährigkeitserklärung,
e) Unterhaltspflichten,
f) Trusts und Erbschaften,
g) Maßnahmen infolge von Straftaten, die von Kindern begangen wurden.

Artikel 2 Begriffsbestimmungen

Für die Zwecke dieser Verordnung bezeichnet der Ausdruck

1. „Gericht" alle Behörden der Mitgliedstaaten, die für Rechtssachen zuständig sind, die gemäß Artikel 1 in den Anwendungsbereich dieser Verordnung fallen;
2. „Richter" einen Richter oder Amtsträger, dessen Zuständigkeiten denen eines Richters in Rechtssachen entsprechen, die in den Anwendungsbereich dieser Verordnung fallen;
3. „Mitgliedstaat" jeden Mitgliedstaat mit Ausnahme Dänemarks;
4. „Entscheidung" jede von einem Gericht eines Mitgliedstaats erlassene Entscheidung über die Ehescheidung, die Trennung ohne Auflösung des Ehebandes oder die Ungültigerklärung einer Ehe sowie jede Entscheidung über die elterliche Verantwortung, ohne Rücksicht auf die Bezeichnung der jeweiligen Entscheidung, wie Urteil oder Beschluss;
5. „Ursprungsmitgliedstaat" den Mitgliedstaat, in dem die zu vollstreckende Entscheidung ergangen ist;
6. „Vollstreckungsmitgliedstaat" den Mitgliedstaat, in dem die Entscheidung vollstreckt werden soll;
7. „elterliche Verantwortung" die gesamten Rechte und Pflichten, die einer natürlichen oder juristischen Person durch Entscheidung oder kraft Gesetzes oder durch eine rechtlich verbindliche Vereinbarung betreffend die Person oder das Vermögen eines Kindes übertragen wurden. Elterliche Verantwortung umfasst insbesondere das Sorge- und das Umgangsrecht;
8. „Träger der elterlichen Verantwortung" jede Person, die die elterliche Verantwortung für ein Kind ausübt;
9. „Sorgerecht" die Rechte und Pflichten, die mit der Sorge für die Person eines Kindes verbunden sind, insbesondere das Recht auf die Bestimmung des Aufenthaltsortes des Kindes;
10. „Umgangsrecht" insbesondere auch das Recht, das Kind für eine begrenzte Zeit an einen anderen Ort als seinen gewöhnlichen Aufenthaltsort zu bringen;
11. „widerrechtliches Verbringen oder Zurückhalten eines Kindes" das Verbringen oder Zurückhalten eines Kindes, wenn
    a) dadurch das Sorgerecht verletzt wird, das aufgrund einer Entscheidung oder kraft Gesetzes oder aufgrund einer rechtlich verbindlichen Vereinbarung nach dem Recht des Mitgliedstaats besteht, in dem das Kind unmittelbar vor dem Verbringen oder Zurückhalten seinen gewöhnlichen Aufenthalt hatte,
    und
    b) das Sorgerecht zum Zeitpunkt des Verbringens oder Zurückhaltens allein oder gemeinsam tatsächlich ausgeübt wurde oder ausgeübt worden wäre, wenn das Verbringen oder Zurückhalten nicht stattgefunden hät-

te. Von einer gemeinsamen Ausübung des Sorgerechts ist auszugehen, wenn einer der Träger der elterlichen Verantwortung aufgrund einer Entscheidung oder kraft Gesetzes nicht ohne die Zustimmung des anderen Trägers der elterlichen Verantwortung über den Aufenthaltsort des Kindes bestimmen kann.

KAPITEL II ZUSTÄNDIGKEIT
Artikel 3–20 (nicht abgedruckt)

KAPITEL III ANERKENNUNG UND VOLLSTRECKUNG
Abschnitt 1
Anerkennung

Vorbemerkung zu Art. 21 ff

Literatur:
Kommentare zur Brüssel IIa-VO: *Andrae*, Internationales Familienrecht, 2. Aufl. 2006; *Gebauer/Wiedmann*, Zivilrecht unter europäischem Einfluss – Kommentierung der wichtigsten EU-Verordnungen, 2. Aufl. 2010; *Geimer/Schütze*, Internationaler Rechtsverkehr in Zivil- und Handelssachen, Stand: 48. Erg.-Lfg. Juni 2014; *Kropholler/von Hein*, Europäisches Zivilprozessrecht, 9. Aufl. 2011; *Münchener Kommentar zur Zivilprozessordnung*, Band 4, 2. Aufl. 2013; *Musielak/Borth*, Familiengerichtliches Verfahren, Kommentar, 4. Aufl. 2013; *Rauscher*, Europäisches Zivilprozess- und Kollisionsrecht EuZPR/EuIPR, Kommentar, Bd. I Bearb. 2011, Bd. IV Bearb. 2015; *Saenger*, Zivilprozessordnung, Handkommentar, 6. Aufl. 2015; *Schulz/Hauß*, Familienrecht, Handkommentar, 2. Aufl. 2012; *Zöller*, Zivilprozessordnung, 30. Aufl. 2014.

Handbücher/Monographien/Beiträge/Aufsätze: *Andrae*, Zur Abgrenzung des räumlichen Anwendungsbereichs von EheVO, MSA, KSÜ und autonomem IZPR/IPR, IPRax 2006, 82; *Britz*, Grundrechtsschutz in der justiziellen Zusammenarbeit – zur Titelfreizügigkeit in Familiensachen, JZ 2013, 105; *Coester*, Kooperation statt Konfrontation: Die Rückgabe entführter Kinder nach der Brüssel IIa-Verordnung, in: FS Schlosser, 2005, S. 135; *Coester-Waltjen*, Die Berücksichtigung des Kindeswohls in der neuen EU-Verordnung „Brüssel IIa", FamRZ 2005, 241; *Dutta*, Die Entscheidungsbescheinigungen nach der Brüssel IIa-Verordnung – ein Erfolgsmodell?, StAZ 2011, 33; *Dutta/Schulz*, Erste Meilensteine im europäischen Kindschaftsverfahrensrecht: Die Rechtsprechung des Europäischen Gerichtshofs zur Brüssel-IIa-Verordnung von C bis Mercredi, ZEuP 2012, 526; *Gruber, Urs Peter*, Das HKÜ, die Brüssel IIa-Verordnung und das Internationale Familienrechtsverfahrensgesetz, FPR 2008, 214; *Hess*, Europäisches Zivilprozessrecht, § 7, 2010; *Holzmann*, Verfahren betreffend die elterliche Verantwortung nach der Brüssel IIa-VO, FPR 2010, 497; *Kropholler*, Europäisches Internationales Zivilverfahrensrecht ohne europäisches Kollisionsrecht – ein Torso. Das Beispiel der Kinderschutzmaßnahmen, in: FS Schlosser, 2005, S. 449; *Laborde*, Abschaffung des Exequaturverfahrens im Europäischen Familienrecht?, in: Symposium Spellenberg, 2006, S. 78; *Looschelders*, Die Europäisierung des Internationalen Verfahrensrechts für Entscheidungen über die elterliche Verantwortung, JR 2006, 45; *Martiny*, Die Entwicklung des Europäischen Internationalen Familienrechts – ein juristischer Hürdenlauf, FPR 2008, 187; *Martiny*, Kindesentführung, vorläufige Sorgerechtsregelung und einstweilige Maßnahmen nach der Brüssel IIa-VO, FPR 2010, 493; *Rieck*, Scheidungsfolgenvereinbarung gem. § 630 ZPO und ihre Anerkennung und Vollstreckung nach der EheEuGVO 2003, FPR 2007, 425; *Rieck*, Kindesentführung und die Konkurrenz zwischen HKÜ und der EheEuGVO 2003 (Brüssel IIa), NJW 2008, 182; *Schulte-Bunert*, Die Vollstreckung von Entscheidungen über die elterliche Verantwortung nach der VO (EG) 2201/2003 in Verbindung mit dem IntFamRVG, FamRZ 2007, 1608; *Schulz*, Das Haager Kindesentführungsübereinkommen und die Brüssel IIa-Verordnung, in: FS Kropholler, 2008, S. 435; *Solomon*, „Brüssel IIa" – Die neuen europäischen Regeln zum internationalen Verfahrensrecht in Fragen der elterlichen Verantwortung, FamRZ 2004, 1409; *Völker*, Die wesentlichen Aussagen des Bundesverfassungsgerichts zum Haager Kindesentführungsübereinkommen – zugleich ein Überblick über die Neuerungen im HKÜ-Verfahren aufgrund der Brüssel IIa-Verordnung, FamRZ 2010, 157; *Völker/Steinfatt*, Die Kindesanhörung als Fallstrick bei der Anwendung der Brüssel IIa-Verordnung, FPR 2005, 415.

I. Überblick zur Brüssel IIa-VO ... 1	IV. Verhältnis zu anderen Rechtsquellen zur Anerkennung und Vollstreckung 12
1. Geschichtliche Entwicklung 1	
2. Rechtsgrundlage und Auslegung 2	1. Verhältnis zu den autonomen deutschen Anerkennungs- und Vollstreckungsvorschriften 12
3. Inhalt 3	
II. Grundprinzipien der Anerkennung und Vollstreckung in der Brüssel IIa-VO 4	
	2. Verhältnis zu anderen EU-Verordnungen 14
III. Anwendungsbereich der Anerkennungs- und Vollstreckungsvorschriften der Brüssel IIa-VO 5	3. Verhältnis zu Staatsverträgen 15
	a) KSÜ 15
1. Räumlicher Anwendungsbereich 5	b) Luxemburger Europäisches Sorgerechtsübereinkommen von 1980/ Haager Kindesentführungsübereinkommen von 1980 16
2. Sachlicher Anwendungsbereich 7	
a) Ehesachen 7	
b) Elterliche Verantwortung 8	
3. Zeitlicher Anwendungsbereich 11	

I. Überblick zur Brüssel IIa-VO

1. Geschichtliche Entwicklung. Die VO Nr. 2201/2003 (hier als „Brüssel IIa-VO" bezeichnet) hat mit Wirkung vom 1.3.2005 die VO Nr. 1347/2000 abgelöst. Letztere trug den Namen „Brüssel II-VO", weil sie die auf allgemeine Zivil- und Handelssachen beschränkte VO Nr. 44/2001 (Brüssel I-VO) für **Ehesachen** und mit ihnen **zusammenhängende Kindschaftsangelegenheiten** ergänzte. Die heutige Brüssel IIa-VO hat einen auf **isolierte Kindschaftssachen** ausgedehnten Anwendungsbereich. Daraus erklärt sich die Bezeichnung als „Brüssel IIa-VO".[1] Nach der Transformation der Brüssel I-VO in die Brüssel Ia-VO, die sich insbesondere durch die Abschaffung des Exequaturverfahrens auszeichnet, wird verstärkt über eine Revision der Brüssel IIa-VO nachgedacht.[2] Greifbare Ergebnisse sind noch nicht zu verzeichnen.

2. Rechtsgrundlage und Auslegung. Zur Rechtsgrundlage der Brüssel IIa-VO und den Methoden ihrer Auslegung s. – *mutatis mutandis* – Vor Art. 32 ff Brüssel I-VO Rn 2 und 4 ff.[3]

3. Inhalt. Die Brüssel IIa-VO enthält für Ehesachen (womit im Wesentlichen die **Scheidung** und die dieser nach manchen ausländischen Rechtsordnungen vorangehende **gerichtliche Trennung von Tisch und Bett** gemeint sind, vgl Art. 1 Abs. 1 lit. a) und für die Verteilung der **elterlichen Verantwortung** (elterliche Sorge) sowie für behördliche Eingriffe in dieselbe, Umgangsstreitigkeiten und Kindesentführungen einerseits gemeinschaftsweit einheitlich geltende Regeln über die (in-

---

[1] Ausführlicher zur Geschichte der Brüssel IIa-VO zB *Hess*, Europäisches Zivilprozessrecht, § 7 Rn 1 ff.
[2] Vgl dazu umfassend die in Heft 1/2015 (S. 1–42) der *Nederlands Internationaal Privaatrecht* (NIPR) versammelten (englischsprachigen) Aufsätze von *Curry-Summer, Borrás, de Boer, Mellone, Scott und Forcada Miranda*.
[3] Krit. zur Gesetzgebungskompetenz der Gemeinschaft und zum Regelungsbedürfnis Rauscher/*Rauscher*, EuZPR/EuIPR, Einl. Brüssel IIa-VO Rn 3 f.

ternationale) Entscheidungszuständigkeit und andererseits solche zur **Anerkennung und Vollstreckung von Entscheidungen aus einem EU-Mitgliedstaat in der übrigen EU**. Mit dem letzteren Aspekt beschäftigen sich die hier kommentierten Art. 21–52.

II. Grundprinzipien der Anerkennung und Vollstreckung in der Brüssel IIa-VO

Zum Bestreben des AEUV, den „Zugang zum Recht" bei grenzüberschreitenden Streitigkeiten zu gewährleisten, s. zunächst Vor Art. 32 ff Brüssel I-VO Rn 7. Aus diesem Ziel folgt (auch) für die Brüssel IIa-VO, dass (1) die Anerkennung von in einem Mitgliedstaat ergangenen Entscheidungen grds. **ohne ein besonderes Verfahren, dh inzidenter geprüft** wird (s. Art. 21 Abs. 1) und (2) nur aufgrund von **streng limitierten** und eng auszulegenden **Anerkennungshindernissen** verweigert werden darf (Art. 22 f); insb. ist es untersagt, die ausländische Entscheidung auf ihre inhaltliche Richtigkeit aus inländischer Sicht zu überprüfen (Art. 24). (3) Die dritte Folgerung ist, dass die **Vollstreckbarerklärung** für die besonders eilbedürftigen Umgangs- und Kindesrückführungsentscheidungen für überflüssig erklärt wird (Art. 41 f). In den Fällen, in denen sie weiterhin erforderlich ist, hat das Exequaturgericht allerdings die Anerkennungshindernisse zu prüfen (Art. 31 Abs. 2); diese Prüfung wird nicht, wie in der Brüssel I-VO, in die Rechtsmittelinstanz verschoben (Art. 45 Brüssel I-VO). Die Vollstreckungsmaßnahmen selbst unterliegen dem nationalen Recht des Vollstreckungsstaates. In Deutschland wurde darüber hinaus zur Durchführung der Brüssel IIa-VO das IntFamRVG geschaffen (s. Rn 13; Art. 28 Rn 5). 4

III. Anwendungsbereich der Anerkennungs- und Vollstreckungsvorschriften der Brüssel IIa-VO

1. Räumlicher Anwendungsbereich. Nur Entscheidungen, die von Gerichten eines **Mitgliedstaates der Europäischen Union** stammen, werden gem. Art. 21 in den anderen Mitgliedstaaten nach den Vorschriften der Brüssel I-VO anerkannt und ggf für vollstreckbar erklärt; (nur) für Entscheidungen aus Drittstaaten verbleibt es bei den autonomen nationalen Anerkennungs- und Vollstreckbarerklärungsvorschriften (in Deutschland §§ 107 f FamFG) oder etwaig einschlägigen bi- oder multinationalen Abkommen. Das Prinzip der Inzidentanerkennung setzt sich im Anwendungsbereich der Brüssel IIa-VO damit auch gegen das Anerkennungsmonopol der Landesjustizverwaltungen in Ehesachen nach § 107 FamFG durch.[4] 5

Zur genauen Definition der Mitgliedstaatengebiete für die Zwecke des Europäischen Rechts s. Art. 52 EUV (ex-Art. 299 EG) und Art. 32 Brüssel I-VO Rn 13. **Dänemark zählt nicht als Mitgliedstaat** (Art. 2 Nr. 3).[5] 6

2. Sachlicher Anwendungsbereich. a) Ehesachen. Der sachliche Anwendungsbereich der Brüssel IIa-VO wird durch Art. 1 bestimmt. Der Bereich der **Ehesachen** umfasst nach Art. 1 Abs. 1 die Ehescheidung, die gerichtliche Trennung ohne Auflösung des Ehebandes (die das deutsche materielle Recht nicht, zB aber das italienische Recht als notwendige Vorstufe zur Scheidung kennt, Art. 150 CC) und die Ungültigerklärung der Ehe; Letzteres ergreift alle Rechtsbehelfe, die die Ehe zu Lebzeiten beider Parteien wegen Mängeln der Eheschließung, etwa Willensmängeln, mit Wirkung *ex tunc* oder *ex nunc* beseitigen.[6] Privatscheidungen 7

---

4 Rauscher/*Rauscher*, EuZPR/EuIPR, Einl. Brüssel IIa-VO Rn 16.
5 Zu den Gründen s. Rauscher/*Rauscher*, EuZPR/EuIPR, Einl. Brüssel IIa-VO Rn 26.
6 Rauscher/*Rauscher*, EuZPR/EuIPR, Art. 1 Brüssel IIa-VO Rn 3.

fallen nicht unter die Brüssel IIa-VO;[7] bei Feststellungsanträgen ist dies streitig.[8] Weil die Entscheidungen in Ehesachen Gestaltungs- (oder Feststellungs-)urteile sind, bedürfen sie **keiner Vollstreckung** und haben deswegen im Rahmen dieses Kommentars keine große Bedeutung.

8 b) **Elterliche Verantwortung.** Der Begriff der **elterlichen Verantwortung** stammt aus dem KSÜ 1996, ist in Art. 2 Nr. 7 legaldefiniert und in Anlehnung an Art. 3 f KSÜ in Art. 1 Abs. 2 durch einen nicht abschließenden Positivkatalog von einbezogenen Materien sowie in Abs. 2 durch einen Negativkatalog ausgeschlossener Bereiche konturiert. Der Brüssel IIa-VO unterfallen insb. die gerichtliche oder behördliche **Zuweisung und Übertragung, Eingriffe/Unterstützung in die bzw bei der Ausübung** sowie die vollständige oder teilweise **Entziehung der elterlichen Sorge** einschl. **umgangsrechtlicher Regelungen.**[9] Der Negativkatalog stellt in erster Linie klar, dass **Statusfragen,** also gerichtliche Verfahren, die das wirksame Bestehen einer Eltern-Kind-Beziehung betreffen (Adoption, Feststellung und Anfechtung der Elternschaft), sowie das Namensrecht **ausgenommen** sind. Der Brüssel IIa-VO unterfällt hingegen eine Entscheidung, die die sofortige Inobhutnahme und die Unterbringung eines Kindes außerhalb der eigenen Familie in einer Pflegefamilie anordnet, auch dann, wenn die Entscheidung im Rahmen des dem öffentlichen Recht unterliegenden Kindesschutzes ergangen ist.[10]

9 Die **Minderjährigkeit** des Kindes, die Voraussetzung für das Bestehen elterlicher Verantwortung iSd Brüssel IIa-VO ist,[11] wird in dieser selbst nicht bestimmt.[12] Das insoweit anzuwendende Recht ist von deutschen Gerichten oder Behörden über **Art. 7 EGBGB** zu bestimmen. Nur folgerichtig ist, dass auch die gerichtliche Volljährigkeitserklärung nicht erfasst wird (Art. 1 Abs. 3 lit. d).

10 **Unterhaltspflichten** sind ebenfalls ausgenommen, weil sie (ehemals der Brüssel I-VO und nun) der EuUntVO unterfallen. Auf die Kommentierung der EuUntVO wird verwiesen.

11 **3. Zeitlicher Anwendungsbereich.** Der zeitliche Anwendungsbereich der Anerkennungs- und Vollstreckungsvorschriften ergibt sich aus Art. 64 Abs. 1. Sie ergreifen alle Entscheidungen, die im Rahmen von Verfahren erlassen wurden, welche **eingeleitet** worden sind, nachdem die Brüssel IIa-VO sowohl im **Urteils-** als auch im **Anerkennungsstaat**[13] in Kraft getreten ist. Dieses Datum ist gem. Art. 72 Abs. 2 der 1.3.2005, nur für Bulgarien und Rumänien gilt das Datum ihres Beitritts (1.1.2007). Die Ausdehnung des zeitlichen Anwendungsbereichs durch Art. 64 Abs. 2 und 3 dürfte heute keine praktische Rolle mehr spielen.

IV. Verhältnis zu anderen Rechtsquellen zur Anerkennung und Vollstreckung

12 **1. Verhältnis zu den autonomen deutschen Anerkennungs- und Vollstreckungsvorschriften.** Die Brüssel IIa-VO ist – wie jede EU-Verordnung – gem. Art. 288 Abs. 2 AEUV (ex-Art. 249 Abs. 2 S. 2 EG) in allen Mitgliedstaaten **unmittelbar geltendes Recht.** Sie genießt **Anwendungsvorrang** vor dem nationalen Recht.[14] Aus dem Anwendungsvorrang folgt die **Sperrwirkung:** Innerhalb des Anwen-

---

7 Rauscher/*Rauscher*, EuZPR/EuIPR, Art. 1 Brüssel IIa-VO Rn 12.
8 Näher Rauscher/*Rauscher*, EuZPR/EuIPR, Art. 1 Brüssel IIa-VO Rn 13.
9 Rauscher/*Rauscher*, EuZPR/EuIPR, Art. 1 Brüssel IIa-VO Rn 26.
10 EuGH 27.11.2007 – Rs. C-435/06, IPRax 2008, 509.
11 Geimer/Schütze/*Dilger*, Art. 1 Rn 10.
12 Wegen der Gefahr negativer Kompetenzkonflikte zu Recht krit. Rauscher/*Rauscher*, EuZPR/EuIPR, Art. 1 Brüssel IIa-VO Rn 24.
13 Überzeugend *Becker/Müller*, IPRax 2006, 432, 437 (für die Brüssel I-VO).
14 EuGH 15.7.1964 – Rs. C.6/64 (Costa/Enel), NJW 1964, 2371.

dungsbereichs der VO darf nicht auf nationales Recht zurückgegriffen werden.[15] Damit verdrängt die Brüssel I-VO innerhalb ihres Anwendungsbereichs (s. Rn 5 ff) in der praktischen Anwendung die Anerkennungs- und Vollstreckbarerklärungsvorschriften des FamFG (§§ 107 f FamFG). Für ein **Günstigkeitsprinzip**, nach dem eine unter der Brüssel IIa-VO nicht anerkennungs- oder vollstreckungsfähige Entscheidung aufgrund für dieses vorteilhafterer autonomer mitgliedschaftlicher Bestimmungen anerkannt oder für vollstreckbar erklärt werden kann, ist aufgrund der europarechtlichen Vorgaben kein Raum.[16] Jedenfalls für Deutschland hat diese Frage aber keine praktische Bedeutung, weil das FamFG im Vergleich zur Brüssel IIa-VO nicht anerkennungsfreundlicher ist.

Deutsche **Ausführungsbestimmungen** zu den Anerkennungs- und Vollstreckbarerklärungsregeln der Brüssel IIa-VO sind im „Gesetz zur Aus- und Durchführung bestimmter Rechtsinstrumente auf dem Gebiet des internationalen Familienrechts (Internationales Familienrechtsverfahrensgesetz – IntFamRVG) vom 26.1.2005[17] enthalten. 13

2. Verhältnis zu anderen EU-Verordnungen. Mit anderen EU-Verordnungen auf dem Gebiet der Anerkennung und Vollstreckung von gerichtlichen Entscheidungen (Brüssel I-VO bzw Brüssel Ia-VO, EuUntVO) gibt es keine sachlichen Überschneidungen. 14

3. Verhältnis zu Staatsverträgen. a) KSÜ. Das Konkurrenzverhältnis zum KSÜ löst sich über Art. 61 lit. b): Danach geht die Brüssel IIa-VO vor, wenn es um die Anerkennung oder Vollstreckung einer Entscheidung aus einem EU-Mitgliedstaat (mit Ausnahme Dänemarks; s. Rn 6) geht. 15

b) Luxemburger Europäisches Sorgerechtsübereinkommen von 1980/Haager Kindesentführungsübereinkommen von 1980. Gleiches gilt gem. Art. 60 für das Luxemburger Europäisches Sorgerechtsübereinkommen von 1980 und das praktisch viel bedeutsamere **Haager Kindesentführungsübereinkommen von 1980**. In letzter Hinsicht verweist Art. 11 für die Rückführungsentscheidung mit leichten Modifikationen auf das Verfahren nach dem Kindesentführungsübereinkommen. Das hat für die Anerkennung und Vollstreckung allerdings keine Bedeutung – hier bleibt es bei den Art. 21 ff. 16

Artikel 21 Anerkennung einer Entscheidung

(1) Die in einem Mitgliedstaat ergangenen Entscheidungen werden in den anderen Mitgliedstaaten anerkannt, ohne dass es hierfür eines besonderen Verfahrens bedarf.

(2) Unbeschadet des Absatzes 3 bedarf es insbesondere keines besonderen Verfahrens für die Beschreibung in den Personenstandsbüchern eines Mitgliedstaats auf der Grundlage einer in einem anderen Mitgliedstaat ergangenen Entscheidung über Ehescheidung, Trennung ohne Auflösung des Ehebandes oder Ungültigerklärung einer Ehe, gegen die nach dem Recht dieses Mitgliedstaats keine weiteren Rechtsbehelfe eingelegt werden können.

(3) Unbeschadet des Abschnitts 4 kann jede Partei, die ein Interesse hat, gemäß den Verfahren des Abschnitts 2 eine Entscheidung über die Anerkennung oder Nichtanerkennung der Entscheidung beantragen.

---

15 Rauscher/*Staudinger*, EuZPR/EuIPR, Einl. Brüssel I-VO Rn 29.
16 Ausf. Rauscher/*Leible*, EuZPR/EuIPR, Art. 32 Brüssel I-VO Rn 3.
17 BGBl. I S. 162, zuletzt geändert durch Art. 6 des Gesetzes vom 8.7.2014 (BGBl. I S. 890).

Das örtlich zuständige Gericht, das in der Liste aufgeführt ist, die jeder Mitgliedstaat der Kommission gemäß Artikel 68 mitteilt, wird durch das nationale Recht des Mitgliedstaats bestimmt, in dem der Antrag auf Anerkennung oder Nichtanerkennung gestellt wird.

(4) Ist in einem Rechtsstreit vor einem Gericht eines Mitgliedstaats die Frage der Anerkennung einer Entscheidung als Vorfrage zu klären, so kann dieses Gericht hierüber befinden.

I. Entscheidungsanerkennung

1 **1. Entscheidung.** Anzuerkennen sind nach Art. 21 Entscheidungen aus anderen EU-Mitgliedstaaten mit Ausnahme Dänemarks (s. Vor Art. 21 ff Rn 6) im sachlichen Anwendungsbereich der Brüssel IIa-VO (s. Vor Art. 21 ff Rn 7 ff), also in Ehesachen (Art. 1 Abs. 1 lit. a) und im Bereich der elterlichen Verantwortung (Art. 1 Abs. 1 lit. b).

2 Der Begriff der Entscheidung ist in Art. 2 Nr. 4 nur insoweit legaldefiniert, als ihr „Etikett" im Ursprungsstaat für belanglos erklärt wird. Es gelten aber die gleichen Überlegungen, wie sie zur Brüssel I-VO angestellt werden (s. Art. 32 Brüssel I-VO Rn 2 ff).

3 Aus Abs. 2 ist der Gegenschluss zu ziehen, dass die anzuerkennende Entscheidung grundsätzlich **nicht** (formell) **rechtskräftig** sein muss. Nur für die Beischreibung von Statusänderungen in Personenstandsbüchern wird formelle Rechtskraft der Entscheidung gefordert, um ein unerfreuliches Hin und Her zu vermeiden.

4 **2. Eilmaßnahmen.** Weil außer im Fall des Abs. 2 Rechtskraft nicht gefordert wird, sind grds. auch **einstweilige Maßnahmen** anzuerkennen.[1] Auch wenn der EuGH sich insoweit noch nicht ausdrücklich geäußert hat,[2] wird man seine Rspr. zur Anerkennung einstweiliger Maßnahmen nach der Brüssel I-VO auf die Brüssel IIa-VO übertragen können.[3] Demnach sind nur solche Eilmaßnahmen anzuerkennen, vor deren Erlass der Antragsgegner **gehört** worden ist (s. Art. 32 Brüssel I-VO Rn 9).

5 **Einstweilige Maßnahmen** im Bereich des Sorgerechts bzw der elterlichen Verantwortung **nach Art. 20** stellen aber nach Auffassung des EuGH **keine** anerkennungsfähigen Entscheidungen dar, auf die Art. 21 ff anwendbar sind,[4] was schon deshalb richtig ist, weil die Gerichte im Rahmen des Art. 20 auf ihr *nationales* Zuständigkeitsregime zurückgreifen, womit der Maßnahme eine Basis in den Zuständigkeitsvorschriften der Brüssel IIa-VO fehlt, die ihrerseits die Grundlage für die einfache und „automatische" Anerkennung in anderen EU-Mitgliedstaaten bilden. Allerdings ist diese Hürde schon überwunden, wenn das Erstgericht erklärt, seine Zuständigkeit auf Art. 8 gestützt zu haben, denn diese Behauptung darf das Exequaturgericht nicht auf ihre Richtigkeit nachprüfen (Art. 24).[5]

6 **3. Gestaltungsurteile.** Auch wenn der Rechtskraft als solche keine Voraussetzung der Anerkennungsfähigkeit ist (s. Rn 3), so ist doch zu beachten, dass ausländische Gestaltungsurteile (insb. Scheidungsurteile) in aller Regel selbst ihre **Gestal-**

---

1 BGH NJW 2011, 855.
2 Undeutlich in diese Richtung aber EuGH 15.7.2010 – Rs. C-256/09 (Purrucker/Vallés Pérez), NJW 2010, 2861, 2862 Nr. 95 f = LMK 2010, 308380 (*Heiderhoff*) = IPRax 2011, 378 m. zust. Anm. *Pirrung*, S. 351. Vorlagebeschluss des BGH NJW 2009, 2768; Folgeentscheidung BGH NJW 2011, 855.
3 Rauscher/*Rauscher*, EuZPR/EuIPR, Art. 20 Brüssel IIa-VO Rn 24.
4 EuGH 15.7.2010 – Rs. C-256/09 (Purrucker/Vallés Pérez), NJW 2010, 2861 = LMK 2010, 308380 (*Heiderhoff*) = IPRax 2011, 378 m. zust. Anm. *Pirrung*, S. 351.
5 Zutr. *Heiderhoff*, LMK 2010, 308380; so auch BGH NJW-RR 2011, 855; OLG Stuttgart BeckRS 2014, 05813.

tungswirkung von der **Rechtskraft** abhängig machen. Das gilt dann auch im Inland.

4. Anerkennung. Die Brüssel IIa-VO definiert ebenso wenig wie die Brüssel I-VO, was unter „Anerkennung" zu verstehen ist; man wird hier ebenso wie bei der Brüssel I-VO von der Theorie der **Wirkungserstreckung** auszugehen haben (allgM; s. näher Art. 33 Brüssel I-VO Rn 2). 7

Trotz des insoweit schweigenden Art. 21 ist es nach allgM möglich, eine teilbare ausländische Entscheidung nur **teilweise anzuerkennen**,[6] etwa weil von mehreren eigenständigen Fragen, über die entschieden wurde, nur eine in den Anwendungsbereich der Brüssel IIa-VO fällt oder nur für eine von ihnen Anerkennungshindernisse nach Art. 22 f vorliegen. Zur Möglichkeit der **Teilvollstreckbarerklärung** s. Art. 36. 8

5. Kein Zwang, aber die Möglichkeit zu einem Anerkennungsverfahren. Die erfassten Entscheidungen aus anderen EU-Mitgliedstaaten in Ehesachen und im Bereich der elterlichen Verantwortung (s. Rn 1) sind anzuerkennen, **ohne** dass ein **besonderes Verfahren** zu durchlaufen ist (Abs. 1); es gilt der Grundsatz der *ipso iure*- oder Inzidentanerkennung (vgl näher Art. 33 Brüssel I-VO Rn 13). Das gilt auch und insb. für Scheidungen (§ 107 FamFG ist im Anwendungsbereich der VO gegenstandslos) sowie – wie Abs. 2 klarstellt – auch für die Eintragung eines durch eine ausländische Entscheidung in einer Ehesache geänderten Status in Personenstandsbücher. Die an der Anerkennung interessierte Partei hat aber die **Möglichkeit**, ein **selbständiges Anerkennungsverfahren** mit dem Ziel einer förmlichen und bindenden Anerkennungsentscheidung zu betreiben (Abs. 3; s. ausf. Art. 33 Brüssel I-VO Rn 15 ff); zudem kann im Rahmen eines laufenden Rechtsstreits, in dem es als „Vorfrage" auf die Anerkennung einer Entscheidung aus einem Mitgliedstaat ankommt, diese zum Gegenstand eines „unselbständigen" Feststellungsverfahrens (= Zwischenfeststellungsantrags) gemacht werden (str; s. näher Art. 33 Brüssel I-VO Rn 20).[7] In allen drei Fällen, also auch dann, wenn die Anerkennung nur inzident begehrt wird, müssen die in **Art. 37 vorgesehenen Urkunden** vorgelegt werden. 9

Einzelheiten zum selbständigen Anerkennungsverfahren nach Abs. 3 finden sich gem. § 32 IntFamRVG in §§ **16–31 IntFamRVG**. Die örtliche und sachliche Zuständigkeit richtet sich nach § 10 IntFamRVG. 10

6. Auch Verfahren auf Nichtanerkennung möglich. Nach dem klaren Wortlaut von Abs. 3 kann ein selbständiges Verfahren auch mit dem Ziel der **Nichtanerkennung** einer ausländischen Entscheidung betrieben werden, sofern hierfür ein Rechtsschutzbedürfnis besteht.[8] Ein solches Verfahren setzt nicht voraus, dass zuvor ein entgegengesetzter Antrag auf Anerkennung dieser Entscheidung gestellt wurde.[9] Art. 31 Abs. 1 gilt aber nicht entsprechend, so dass der Antragsgegner, der die Anerkennung begehrt, im Verfahren auf Nichtanerkennung eine Erklärung abgeben kann.[10] Gegen eine Entscheidung, die in einem solchen Verfahren ergangen ist, ist die Rechtsbeschwerde statthaft.[11] 11

---

6 Vgl BGH NJW 1992, 3096, 3104 (zu § 328 ZPO); Musielak/*Stadler*, Art. 33 EuGVVO Rn 2; Hk-ZPO/*Dörner*, Art. 36 EuGVVO Rn 9 (je zur Brüssel I-VO).
7 Wie hier Hk-ZPO/*Dörner*, Art. 21 EheGVVO Rn 8; Rauscher/*Rauscher*, EuZPR/EuIPR, Art. 21 Brüssel IIa-VO Rn 22 f mwN; aA *Helms*, FamRZ 2001, 257, 262.
8 Beispiele für ein fehlendes Rechtsschutzbedürfnis: BGH NJW-RR 2011, 865.
9 EuGH 11.7.2008 – C-195/08 (Inga Rinau), NJW 2008, 2973.
10 EuGH 11.7.2008 – C-195/08 (Inga Rinau), NJW 2008, 2973.
11 BGH NJW-RR 2012, 1155.

II. Vollstreckung

12 Eine Ausnahme von der „automatischen" Erstreckung der Wirkungen einer EU-ausländischen Entscheidung in das Inland qua Inzidentanerkennung gilt für die Entscheidungen über die elterliche Verantwortung, die der **Vollstreckung** bedürfen: Wie aus Art. 28 ff folgt, ist insoweit eine **Vollstreckbarerklärung** erforderlich, die in einem besonderen Verfahren beantragt werden muss. Das gilt nach Art. 41 f nicht für Entscheidungen über das Umgangsrecht sowie über die Rückgabe des Kindes – hier genügt eine besondere „Bescheinigung" des Ursprungsstaates.

Artikel 22 Gründe für die Nichtanerkennung einer Entscheidung über eine Ehescheidung, Trennung ohne Auflösung des Ehebandes oder Ungültigerklärung einer Ehe

Eine Entscheidung, die die Ehescheidung, die Trennung ohne Auflösung des Ehebandes oder die Ungültigerklärung einer Ehe betrifft, wird nicht anerkannt,

a) wenn die Anerkennung der öffentlichen Ordnung des Mitgliedstaats, in dem sie beantragt wird, offensichtlich widerspricht;

b) wenn dem Antragsgegner, der sich auf das Verfahren nicht eingelassen hat, das verfahrenseinleitende Schriftstück oder ein gleichwertiges Schriftstück nicht so rechtzeitig und in einer Weise zugestellt wurde, dass er sich verteidigen konnte, es sei denn, es wird festgestellt, dass er mit der Entscheidung eindeutig einverstanden ist;

c) wenn die Entscheidung mit einer Entscheidung unvereinbar ist, die in einem Verfahren zwischen denselben Parteien in dem Mitgliedstaat, in dem die Anerkennung beantragt wird, ergangen ist; oder

d) wenn die Entscheidung mit einer früheren Entscheidung unvereinbar ist, die in einem anderen Mitgliedstaat oder in einem Drittstaat zwischen denselben Parteien ergangen ist, sofern die frühere Entscheidung die notwendigen Voraussetzungen für ihre Anerkennung in dem Mitgliedstaat erfüllt, in dem die Anerkennung beantragt wird.

Artikel 23 Gründe für die Nichtanerkennung einer Entscheidung über die elterliche Verantwortung

Eine Entscheidung über die elterliche Verantwortung wird nicht anerkannt,

a) wenn die Anerkennung der öffentlichen Ordnung des Mitgliedstaats, in dem sie beantragt wird, offensichtlich widerspricht, wobei das Wohl des Kindes zu berücksichtigen ist;

b) wenn die Entscheidung – ausgenommen in dringenden Fällen – ergangen ist, ohne dass das Kind die Möglichkeit hatte, gehört zu werden, und damit wesentliche verfahrensrechtliche Grundsätze des Mitgliedstaats, in dem die Anerkennung beantragt wird, verletzt werden;

c) wenn der betreffenden Person, die sich auf das Verfahren nicht eingelassen hat, das verfahrenseinleitende Schriftstück oder ein gleichwertiges Schriftstück nicht so rechtzeitig und in einer Weise zugestellt wurde, dass sie sich verteidigen konnte, es sei denn, es wird festgestellt, dass sie mit der Entscheidung eindeutig einverstanden ist;

d) wenn eine Person dies mit der Begründung beantragt, dass die Entscheidung in ihre elterliche Verantwortung eingreift, falls die Entscheidung ergangen ist, ohne dass diese Person die Möglichkeit hatte, gehört zu werden;
e) wenn die Entscheidung mit einer späteren Entscheidung über die elterliche Verantwortung unvereinbar ist, die in dem Mitgliedstaat, in dem die Anerkennung beantragt wird, ergangen ist;
f) wenn die Entscheidung mit einer späteren Entscheidung über die elterliche Verantwortung unvereinbar ist, die in einem anderen Mitgliedstaat oder in dem Drittstaat, in dem das Kind seinen gewöhnlichen Aufenthalt hat, ergangen ist, sofern die spätere Entscheidung die notwendigen Voraussetzungen für ihre Anerkennung in dem Mitgliedstaat erfüllt, in dem die Anerkennung beantragt wird;

oder

g) wenn das Verfahren des Artikels 56 nicht eingehalten wurde.

I. Allgemeines: Auslegung wie bei Art. 34 Brüssel I-VO

Art. 22 und 23 enthalten **abschließend**[1] – getrennt nach Ehe- und Kindschaftssachen – die Gründe, aus denen die Anerkennung versagt werden kann. Inhaltlich lehnen sich die Vorschriften weitgehend an Art. 34 Brüssel I-VO an, was kein Wunder ist, geht es doch hier wie dort darum, (nur) solche Entscheidungen aus der Anerkennungspflicht herauszunehmen, die mit **elementaren Werten der inländischen Rechtsordnung** kollidieren, also dem inländischen **Ordre public** (Art. 34 Nr. 1 Brüssel I-VO, Art. 22/23 lit. a), dem Gedanken des **rechtsstaatlichen Verfahrens** oder *fair trial* und als Teilaspekt desselben das rechtliche Gehör der Parteien und sonstiger betroffener Personen (Art. 34 Nr. 2 Brüssel I-VO, Art. 22 lit. b/Art. 23 lit. b–d) und der friedensstiftenden **Rechtskraft** (Art. 34 Nr. 3 und 4 Brüssel I-VO/Art. 22 lit. c und d/Art. 23 lit. e und f). Deshalb kann die Kommentierung des Art. 34 Brüssel I-VO – *mutatis mutandis* – auch hier herangezogen werden. Keine Entsprechung in Art. 34 Brüssel I-VO hat Art. 23 lit. g (s. Rn 6). 1

II. Abweichungen von/Ergänzungen zu Art. 34 Brüssel I-VO

1. Art. 22 lit. b): Rechtliches Gehör. Nach Art. 34 Nr. 2 Brüssel I-VO kann sich der Beklagte, der sich auf das Verfahren nicht eingelassen hat, nicht auf die fehlende oder nicht rechtzeitige Zustellung der Klageschrift berufen, wenn er **keinen Rechtsbehelf** gegen die später ergangene Entscheidung eingelegt hat, weil dies die Vermutung zulässt, dass der Betroffene die Entscheidung in der Sache akzeptiert (s. näher Art. 34 Brüssel I-VO Rn 19 ff). Nach Art. 22 lit. b schadet hingegen **nicht** bereits die **bloße Passivität**, sondern es muss **positiv und eindeutig festgestellt** werden können, dass der Antragsgegner mit der Statusentscheidung letztlich einverstanden war. Die **Beweislast** hierfür trifft denjenigen, der die Anerkennung geltend macht. 2

2. Art. 22 lit. c) und d): Unvereinbarkeit mit inländischer oder im Inland anzuerkennender früherer Entscheidung. Eine zur Anerkennung anstehende (gestaltende) Statusentscheidung ist mit einer inländischen oder im Inland anzuerkennenden früheren Entscheidung unvereinbar, wenn sie – bei identischen Parteien – Wirkungen haben soll, die auf Grundlage der durch die andere (vorrangige) Entscheidung geschaffenen Rechtslage nicht eintreten können.[2] So ist etwa ein ausländisches Scheidungsurteil mit einem inländischen unvereinbar; Gleiches gilt für 3

---

1 Rauscher/*Rauscher*, EuZPR/EuIPR, Art. 22 Brüssel IIa-VO Rn 3.
2 Vgl Rauscher/*Rauscher*, EuZPR/EuIPR, Art. 22 Brüssel IIa-VO Rn 22 mwN.

das Zusammentreffen mit einer inländischen Nichtigerklärung (eine bereits aufgelöste oder für unwirksam erklärte Ehe kann nicht noch einmal aufgelöst werden). Umgekehrt ist gerade wegen ihrer *ex tunc*-Wirkung eine ausländische Eheaufhebung zwar logisch mit einer die Ehe bloß *ex nunc* auflösenden inländischen Scheidung vereinbar; wegen der in rechtsvergleichender Betrachtung aber zufälligen Grenzziehung zwischen Eheaufhebung und Ehescheidung sollte aber auch hier Unvereinbarkeit angenommen werden (str).[3] Strittig ist ebenfalls, ob eine Gerichtsentscheidung, die einen Scheidungs- oder Nichtigerklärungsantrag zurückweist, mit einer Entscheidung unvereinbar ist, die einem entsprechenden Antrag stattgibt. Auch hier führt die Logik zu einer Vereinbarkeit; auch hier sprechen Wertungsgesichtspunkte dafür, dieses Ergebnis zu revidieren.[4]

4 **3. Art. 23 lit. a): Ordre public.** Die Vollstreckung einer Entscheidung kann im Vollstreckungsmitgliedstaat nicht deshalb verweigert werden, weil sie aufgrund einer seit Erlass der Entscheidung eingetretenen **Änderung der Umstände** das Wohl des Kindes schwerwiegend gefährden könnte. Eine solche Änderung muss nach Auffassung des EuGH (zB im Wege eines Antrags auf Aussetzung der Vollstreckung) vor dem zuständigen Gericht des Ursprungsmitgliedstaates geltend gemacht werden.[5] Dieser Gedanke schließt aus, die Anerkennung der Entscheidung im Vollstreckungsstaat unter Hinweis auf das in Art. 23 lit. a) ausdrücklich genannte Kindeswohl zu verweigern.

5 **4. Art. 23 lit. b): Anhörung des Kindes.** Die unterlassene Anhörung des Kindes stellt nur dann ein Anerkennungshindernis dar, wenn dadurch **wesentliche verfahrensrechtliche Grundsätze** des Anerkennungsmitgliedstaates verletzt werden.[6] Für die Anerkennung in Deutschland wird damit auf den Maßstab des § 159 FamFG verwiesen.[7]

6 **5. Art. 23 lit. g): Zustimmung der Zentralen Behörde oder einer anderen Behörde des Aufnahmestaates.** Nach Art. 56 Abs. 1 und 2 bedarf eine gerichtliche Entscheidung, die die **Unterbringung** eines Kindes in einem Heim oder einer Pflegefamilie in einem **anderen als dem Mitgliedstaat des Gerichts** zum Gegenstand hat, der **Zustimmung der Zentralen Behörde** (Art. 53) oder einer anderen zuständigen Behörde dieses Mitgliedstaates, sofern in diesem Mitgliedstaat für die innerstaatlichen Fälle der Unterbringung von Kindern die Einschaltung einer Behörde vorgesehen ist. Diese Regelung soll verhindern, dass die Behörden des Ursprungsstaates das unterzubringende Kind dem Anerkennungsstaat gegen dessen Willen aufdrängen kann.

7 In Deutschland erteilen die Landesjugendämter die Zustimmung (§ 45 S. 1 IntFamRVG), bei einem ausländischen Kind nach Stellungnahme der Ausländerbehörde (§ 46 Abs. 4 IntFamRVG). Das Landesjugendamt entscheidet anhand des abschließenden[8] Kriterienkatalogs des § 46 IntFamRVG. Es bedarf für die Zustimmung der Genehmigung des FamG (§ 47 Abs. 1 IntFamRVG); auch insoweit hält das Gericht einen Kriterienkatalog bereit (§ 47 Abs. 1 Nr. 1 und 2 IntFamRVG). Örtlich zuständig ist das FamG am Sitz des Oberlandesgerichts, in

---

3 Rauscher/*Rauscher*, EuZPR/EuIPR, Art. 22 Brüssel IIa-VO Rn 24; aA Staudinger/*Spellenberg*, Art. 22 EheGVO Rn 81.
4 Näher Rauscher/*Rauscher*, EuZPR/EuIPR, Art. 22 Brüssel IIa-VO Rn 26 m. Nachw. zum Streitstand.
5 EuGH 1.7.2010 – C-211/10 (Povse/Alpago), BeckRS 2010, 90833 = NJW 2010, 2863 (LS) = LMK 2010, 308104 (*Halfmeier*) m. Anm. Urs Peter *Gruber*, GPR 2011, 153.
6 Näher dazu *Schlauß*, FPR 2006, 228; vgl OLG Schleswig FamRZ 2008, 1761.
7 Rauscher/*Rauscher*, EuZPR/EuIPR, Art. 23 Brüssel IIa-VO Rn 9; für eine niedrigere Messlatte plädierend *Schlauß*, FPR 2006, 228, 229.
8 § 46 Abs. 1 IntFamRVG zählt (abschließend: *Schlauß*, FPR 2004, 279, 281) die vom Jugendamt bei der Entscheidung über die Zustimmung zu prüfenden Umstände auf.

dessen Zuständigkeitsbereich das Kind untergebracht werden soll. Sowohl die Zustimmung des Landesjugendamtes als auch die Genehmigung des FamG sind unanfechtbar (§ 46 Abs. 5 S. 2 IntFamRVG, § 47 Abs. 3 IntFamRVG).

Artikel 24 Verbot der Nachprüfung der Zuständigkeit des Gerichts des Ursprungsmitgliedstaats

Die Zuständigkeit des Gerichts des Ursprungsmitgliedstaats darf nicht überprüft werden. Die Überprüfung der Vereinbarkeit mit der öffentlichen Ordnung gemäß Artikel 22 Buchstabe a) und Artikel 23 Buchstabe a) darf sich nicht auf die Zuständigkeitsvorschriften der Artikel 3 bis 14 erstrecken.

Artikel 25 Unterschiede beim anzuwendenden Recht

Die Anerkennung einer Entscheidung darf nicht deshalb abgelehnt werden, weil eine Ehescheidung, Trennung ohne Auflösung des Ehebandes oder Ungültigerklärung einer Ehe nach dem Recht des Mitgliedstaats, in dem die Anerkennung beantragt wird, unter Zugrundelegung desselben Sachverhalts nicht zulässig wäre.

Artikel 26 Ausschluss einer Nachprüfung in der Sache

Die Entscheidung darf keinesfalls in der Sache selbst nachgeprüft werden.

Die Art. 24–26 enthalten einen **Negativkatalog** von Argumenten, die nicht zur Verweigerung der Anerkennung einer EU-ausländischen Entscheidung herangezogen werden können. Da bereits Art. 22 und 23 **abschließend** die Gründe aufzählen, die gegen die Anerkennung sprechen, sind Art. 24–26 eigentlich überflüssig. Zur Klarstellung sind sie gleichwohl hilfreich. Das gilt weniger für das in Art. 25 und 26 ausgesprochene Verbot der *révision au fond*, weil diese ein Grundbaustein jeder „echten" anerkennungsrechtlichen Regelung ist (in Deutschland § 723 Abs. 1 ZPO, § 109 Abs. 5 FamFG), wohl aber für Art. 24, denn im autonomen internationalen Verfahrensrecht vieler Staaten ist die internationale Zuständigkeit des Erstgerichts aus der Sicht des Anerkennungsstaates (Spiegelbildprinzip) eine wichtige Anerkennungsvoraussetzungen; so auch in Deutschland (§ 328 Abs. 1 Nr. 1 ZPO; § 109 Abs. 1 Nr. 1 FamFG). In diesem Zusammenhang ächtet Art. 24 S. 2 ausdrücklich den naheliegenden Trick, die eigenen Vorstellungen zu einer „richtigen" Zuständigkeitsordnung mit dem Argument des Ordre public durch die Hintertür gegen eine ausländische Entscheidung durchzusetzen. 1

Obwohl eine Art. 35 Abs. 2 Brüssel I-VO entsprechende Vorschrift fehlt, muss das **Verbot der Nachprüfung der inhaltlichen Richtigkeit** der anzuerkennenden Entscheidung auch in **tatsächlicher Hinsicht** gelten, weil es sonst zu leicht zu umgehen wäre. Das Exequaturgericht hat es also nicht in der Hand zu prüfen, ob das Erstgericht den Sachverhalt richtig aufgeklärt hat. Zum Streit, ob damit auch **neues tatsächliches Vorbringen präkludiert** ist, s. Art. 35 Brüssel I-VO Rn 16. Dorthin verwiesen werden kann auch hinsichtlich des Streits über die Frage, ob liquide Einwendungen berücksichtigt werden können. Das wurde in diesem Zu- 2 sammenhang zuletzt vom OLG Koblenz[1] bejaht. Vor dem Hintergrund der neuen Gesetzeslage (Wegfall des § 44 AUG) und neuerer Urteile zur Brüssel I-VO (s. die Erl. zur Brüssel I-VO Art. 45 Rn 4 und Fn 514) ist das aber zu bezweifeln.

Artikel 27 Aussetzung des Verfahrens

(1) Das Gericht eines Mitgliedstaats, vor dem die Anerkennung einer in einem anderen Mitgliedstaat ergangenen Entscheidung beantragt wird, kann das Verfahren aussetzen, wenn gegen die Entscheidung ein ordentlicher Rechtsbehelf eingelegt wurde.

(2) Das Gericht eines Mitgliedstaats, bei dem die Anerkennung einer in Irland oder im Vereinigten Königreich ergangenen Entscheidung beantragt wird, kann das Verfahren aussetzen, wenn die Vollstreckung der Entscheidung im Ursprungsmitgliedstaat wegen der Einlegung eines Rechtsbehelfs einstweilen eingestellt ist.

1 Art. 27 ist identisch mit Art. 37 Brüssel I-VO. Siehe deshalb die Kommentierung dort.

Abschnitt 2
Antrag auf Vollstreckbarerklärung

Artikel 28 Vollstreckbare Entscheidungen

(1) Die in einem Mitgliedstaat ergangenen Entscheidungen über die elterliche Verantwortung für ein Kind, die in diesem Mitgliedstaat vollstreckbar sind und die zugestellt worden sind, werden in einem anderen Mitgliedstaat vollstreckt, wenn sie dort auf Antrag einer berechtigten Partei für vollstreckbar erklärt wurden.

(2) Im Vereinigten Königreich wird eine derartige Entscheidung jedoch in England und Wales, in Schottland oder in Nordirland erst vollstreckt, wenn sie auf Antrag einer berechtigten Partei zur Vollstreckung in dem betreffenden Teil des Vereinigten Königreichs registriert worden ist.

I. Allgemeines

1 Art. 28 entspricht in seinem Regelungsgehalt im Wesentlichen Art. 38 Brüssel I-VO; für Einzelheiten siehe deshalb zunächst – *mutatis mutandis* – die Kommentierung dort. Art. 28 ist auf „Entscheidungen über die elterliche Verantwortung" beschränkt, weil ausländische Entscheidungen in Ehesachen als Gestaltungsurteile keiner Vollstreckung bedürfen; insoweit genügt die inländische *ipso iure*-Anerkennung aus Art. 21. Das gilt allerdings nur für den Ausspruch in der Statusfrage selbst, während der Gläubiger eines ihm in derselben Entscheidung zugesprochenen **Kostenerstattungsanspruchs** durchaus auf die Hilfe von inländischen Vollstreckungsinstanzen angewiesen sein kann. Nach Art. 49 sind diese Ansprüche deshalb ebenfalls über die Art. 28 ff zu vollstrecken.

---

1 OLG Koblenz FamRZ 2013, 574 m. Anm. *Eichel*.

II. Das Vollstreckbarerklärungsverfahren

Art. 28 ff orientieren sich am Modell des Vollstreckbarerklärungsverfahren der Art. 38 ff Brüssel I-VO, dh, sie sehen ein (erleichtertes) Exequaturverfahren vor, das zur Vollstreckbarkeitsklausel durch das zuständige Gericht im Vollstreckungsstaat nach Art. 31 führen soll.

In Ausnahme dazu ist nach Art. 40 ff für eine EU-ausländische Umgangs- und Kindesrückgabeentscheidung keine Vollstreckungsklausel erforderlich, sondern es findet die inländische Vollstreckung auf der Basis einer besonderen **Vollstreckbarkeitsbescheinigung aus dem Ursprungsstaat** statt.

III. Vorherige Zustellung des ausländischen Titels erforderlich

Ein wichtiger Unterschied zur Brüssel I-VO ist, dass nach dem klaren Wortlaut von Abs. 1 die zu vollstreckende Entscheidung bereits **zugestellt worden sein muss**, wenn die Vollstreckung beginnt. Ein Überraschungseffekt kann damit im Rahmen der grenzüberschreitenden Vollstreckung nicht erzielt werden; er wäre in Sorgerechtsverfahren aber auch nicht angemessen. Die Regelung steht aber nicht einer Nachholung der Titelzustellung während des Vollstreckbarerklärungsverfahrens (einschl. des Rechtsbehelfsverfahrens) entgegen, solange sie nur vor der Einleitung konkreter Vollstreckungsmaßnahmen geschieht und dem Betroffenen noch genug Zeit bleibt, der Anordnung freiwillig nachzukommen.[1]

IV. Deutsche Ausführungsbestimmungen – IntFamRVG

Die deutschen Ausführungsbestimmungen für die nicht in den Art. 28 ff geregelten Details des Vollstreckbarerklärungsverfahrens sind im Internationalen Familienrechtsverfahrensgesetz (**IntFamRVG**) vom 26.1.2005[2] enthalten.

Artikel 29 Örtlich zuständiges Gericht

(1) Ein Antrag auf Vollstreckbarerklärung ist bei dem Gericht zu stellen, das in der Liste aufgeführt ist, die jeder Mitgliedstaat der Kommission gemäß Artikel 68 mitteilt.

(2) Das örtlich zuständige Gericht wird durch den gewöhnlichen Aufenthalt der Person, gegen die die Vollstreckung erwirkt werden soll, oder durch den gewöhnlichen Aufenthalt eines Kindes, auf das sich der Antrag bezieht, bestimmt.

Befindet sich keiner der in Unterabsatz 1 angegebenen Orte im Vollstreckungsmitgliedstaat, so wird das örtlich zuständige Gericht durch den Ort der Vollstreckung bestimmt.

In Deutschland sind gem. Art. 68 iVm § 12 IntFamRVG die **Familiengerichte** sachlich zuständig. Die örtliche Zuständigkeit bestimmt sich alternativ nach dem gewöhnlichen Aufenthaltsort[1] des Kindes oder des Vollstreckungsadressaten; Letzterer ist – rein formell bestimmt – der Antragsgegner im Vollstreckbarerklärungsverfahren.[2] Nur **subsidiär**, also wenn beide gewöhnlichen Aufenthaltsorte

---

[1] Vgl EuGH 14.3.1996 – C-275/94 (Roger van der Linden/Berufsgenossenschaft der Feinmechanik und Elektrotechnik), IPRax 1997, 186.
[2] BGBl. I S. 162, zuletzt geändert durch Art. 6 des Gesetzes vom 8.7.2014 (BGBl. I S. 890).
[1] Zur Definition des gewöhnlichen Aufenthalts iSd Brüssel IIa-VO s. zB Rauscher/*Rauscher*, EuZPR/EuIPR, Art. 8 Brüssel IIa-VO Rn 11 ff.
[2] Rauscher/*Rauscher*, EuZPR/EuIPR, Art. 29 Brüssel IIa-VO Rn 3.

nicht im Vollstreckungsstaat liegen, kommt es auf den Ort an, an dem die Vollstreckung durchgeführt werden soll.

2 Zu beachten ist, dass nach § 12 IntFamRVG die örtliche Zuständigkeit in Deutschland beim **Familiengericht am Sitz eines OLG** konzentriert ist; in Berlin ist es das Familiengericht Pankow/Weißensee (§ 12 Abs. 2 IntFamRVG).

Artikel 30 Verfahren

(1) Für die Stellung des Antrags ist das Recht des Vollstreckungsmitgliedstaats maßgebend.

(2) Der Antragsteller hat für die Zustellung im Bezirk des angerufenen Gerichts ein Wahldomizil zu begründen. Ist das Wahldomizil im Recht des Vollstreckungsmitgliedstaats nicht vorgesehen, so hat der Antragsteller einen Zustellungsbevollmächtigten zu benennen.

(3) Dem Antrag sind die in den Artikeln 37 und 39 aufgeführten Urkunden beizufügen.

I. Allgemeines (Abs. 1)

1 Vor deutschen Gerichten bestimmt sich das Verfahren nach dem IntFamRVG. Der Antrag muss gem. § 16 IntFamRVG schriftlich oder mündlich zu Protokoll der Geschäftsstelle gestellt werden. Geschieht dies in einer fremden Sprache, kann das Gericht den Antragsteller auffordern, eine durch eine hierzu befugte Person[1] bestätigte Übersetzung beizubringen. Titelabschriften wie nach § 4 Abs. 4 IntFamRVG müssen hingegen nicht vorgelegt werden. Es besteht kein Anwaltszwang (§ 18 Abs. 2 IntFamRVG).

II. Wahldomizil oder Benennung eines Zustellungsbevollmächtigten (Abs. 2)

2 Weil das deutsche Recht kein Wahldomizil für Zustellungszwecke kennt, ist für Vollstreckbarerklärungsverfahren in Deutschland allein Abs. 2 S. 2 von Bedeutung. Einzelheiten zur Benennung eines Zustellungsbevollmächtigten sind in § 17 IntFamRVG unter Verweis auf § 184 Abs. 1 S. 1 ZPO geregelt. Benennt der Antragsteller keinen Zustellungsbevollmächtigten und hat er auch keinen Verfahrensbevollmächtigten in Deutschland, werden Zustellungen durch Aufgabe zur Post bewirkt (§ 17 Abs. 1, 2 IntFamRVG).

III. Beifügung von Urkunden (Abs. 3)

3 Der Antragsteller muss seinem Antrag grds. die in Art. 37 und 39 bezeichneten Urkunden beifügen. Aus Art. 38, der eine entsprechende Fristsetzung durch das Gericht vorsieht, ergibt sich aber, dass er sie bis in die Beschwerdeinstanz hinein nachreichen kann. Hat die Fristsetzung keinen Erfolg, ist der Antrag als unzulässig abzuweisen.

Artikel 31 Entscheidung des Gerichts

(1) Das mit dem Antrag befasste Gericht erlässt seine Entscheidung ohne Verzug und ohne dass die Person, gegen die die Vollstreckung erwirkt werden soll, noch

---

1 Zu deren Bestimmung s. Art. 55 Brüssel I-VO Rn 10.

das Kind in diesem Abschnitt des Verfahrens Gelegenheit erhalten, eine Erklärung abzugeben.
(2) Der Antrag darf nur aus einem der in den Artikeln 22, 23 und 24 aufgeführten Gründe abgelehnt werden.
(3) Die Entscheidung darf keinesfalls in der Sache selbst nachgeprüft werden.

I. Allgemeines

Mit dem Ziel der Vereinfachung und Beschleunigung des Vollstreckbarerklärungsverfahrens ist die erste Instanz als einseitiges Verfahren ohne Beteiligung des Vollstreckungsgegners oder des Kindes ausgelegt. Anders als nach der Brüssel I-VO (Art. 41 Brüssel I-VO) ist aber der **Prüfungsumfang des Exequaturgerichts in erster Instanz nicht auf formale Aspekte reduziert** worden. Dennoch soll die Entscheidung des Gerichts „unverzüglich" fallen.   1

II. Prüfungsumfang

Das Exequaturgericht hat zur Entscheidungsfindung folgendes Prüfungsprogramm: 2

- Zuständigkeit (Art. 29);
- Formalia des Antrags (§ 16 IntFamRVG, Art. 30 Abs. 3);
- Anwendbarkeit der Brüssel IIa-VO (s. Vor Art. 21 ff Rn 5);
- Entscheidung iSd Art. 2 Nr. 4;
- Gerichtsbarkeit des Erststaates;
- keine Aufhebung oder Änderung der Entscheidung im Ursprungsstaat;
- Vollstreckbarkeit der Entscheidung im Ursprungsstaat;
- Bestimmtheit des Titels;
- Bestehen von Anerkennungshindernissen nach Art. 22 oder 23 (Abs. 2).

Das Gericht prüft von Amts wegen, ohne dass es eine Verpflichtung zur Ermittlung der entscheidungserheblichen Tatsachen hat.[1]   3

Abs. 3 wiederholt überflüssigerweise, dass das Gericht keine *révision au fond* vornehmen darf (Art. 26).   4

III. Einseitiges Verfahren ohne Antragsgegneranhörung oder -benachrichtigung

Der Antragsgegner und das Kind werden nach Abs. 1 in der ersten Instanz grds. nicht angehört; der Erstere wird auf die Einlegung der Beschwerde nach Art. 33, § 23 IntFamRVG verwiesen, um seine Position zu Gehör zu bringen (zur Schutzschrift s. Rn 6). Folgerichtig ist das Vollstreckbarerklärungsverfahren in Deutschland nach § 18 Abs. 1 S. 2 IntFamRVG als **rein schriftliches Verfahren** ohne kontradiktorische mündliche Verhandlung konzipiert. Eine mündliche **Anhörung nur des Antragstellers** findet aber gem. § 18 Abs. 1 S. 3 IntFamRVG statt, wenn sie dem Gericht zur Beschleunigung des Verfahrens notwendig erscheint und der Antragsteller hiermit einverstanden ist. Der Antragsgegner ist zur Wahrung des Überraschungseffekts **nicht** einmal von der Antragstellung zu **benachrichtigen**; verstößt das Gericht hiergegen, riskiert es Amtshaftungsansprüche.[2] Zur Brüssel I-VO wird von einigen zu Recht vertreten, dass in Analogie zu § 7 Abs. 2   5

---

1 Hk-ZPO/*Dörner*, Art. 31 EuGVVO Rn 1.
2 *Schlosser*, EuZPR, Art. 41 Rn 1 (zur Brüssel I-VO).

AVAG der Antragsgegner auf **Antrag des Antragstellers** angehört werden kann (s. Art. 41 Brüssel I-VO Rn 4). Weil Art. 31 zugunsten des Antragstellers mutwillige Verzögerungen durch den Antragsgegner verhindern möchte, spricht auch ohne eine Analogiebasis im IntFamRVG nichts dagegen, diesen Schutz auch hier für verzichtbar zu halten.

6 Ebenso spricht nichts dagegen, dem Antragsgegner wie im Rahmen des Verfahrens nach der Brüssel I-VO die Möglichkeit einzuräumen, vorsorglich eine **Schutzschrift** bei dem potentiell mit dem Vollstreckbarerklärungsverfahren befassten Gericht zu hinterlegen (s. näher Art. 41 Brüssel I-VO Rn 5).[3] Wegen des größeren Prüfungsprogramms des Exequaturgerichts im hiesigen Verfahren (Anerkennungshindernisse!; s. Rn 1 f) ist eine Schutzschrift hier sogar eine schärfere taktische Waffe als im Rahmen der Brüssel I-VO.

IV. Unverzügliche Entscheidung

7 Abs. 1 gibt dem Exequaturrichter auf, seine Entscheidung „**ohne Verzug**", also ohne schuldhaftes Zögern (so schnell wie möglich), zu fällen. Eine Sanktionsmöglichkeit bei Verletzung dieses Beschleunigungsgebots besteht nicht; deshalb ist es unerheblich, dass keine konkrete Frist festgelegt wurde.

8 Das Gericht entscheidet durch Beschluss (vgl § 20 Abs. 1 IntFamRVG). Zum Inhalt, zur Tenorierung und zu den Kosten der dem Antrag stattgebenden Entscheidung s. § 20 Abs. 1, 2 IntFamRVG; zum (**mit Gründen zu versehenden**) **ablehnenden Beschluss** § 20 Abs. 3 IntFamRVG. Zum Rechtsmittel der Beschwerde s. Art. 33, § 24 IntFamRVG. Ergeht irrtümlich ein Urteil, dürften nach dem Meistbegünstigungsprinzip sowohl die Beschwerde als auch die Berufung statthaft sein.[4] Eine übereinstimmende Erledigungserklärung in der Hauptsache mit der Kostenfolge des § 91 a ZPO sollte ebenfalls möglich sein (str).[5]

9 Nach § 22 IntFamRVG muss, vorbehaltlich der Ausnahme gem. § 22 Abs. 2 IntFamRVG, im Beschluss darauf hingewiesen werden, dass er erst **mit formeller Rechtskraft wirksam** wird, dh mit fruchtlosem Ablauf der Beschwerdefrist aus § 24 Abs. 3 IntFamRVG oder Abschluss des Rechtsbehelfsverfahrens. Allerdings kann das OLG nach Einlegung der Beschwerde die sofortige Wirksamkeit anordnen (§ 27 IntFamRVG); Gleiches ist dem BGH nach Einlegung der Rechtsbeschwerde möglich (§ 31 IntFamRVG).

V. Vollstreckungsklausel

10 Gemäß § 23 Abs. 1 IntFamRVG erteilt der Urkundsbeamte im Falle eines positiven Beschlusses die Vollstreckungsklausel mit einem in dieser Norm genau vorgeschriebenen Wortlaut. Nach § 23 Abs. 3 IntFamRVG ist die Klausel von dem Urkundsbeamten der Geschäftsstelle zu unterschreiben und mit dem Gerichtssiegel zu versehen sowie entweder auf die Ausfertigung des Titels oder auf ein damit zu verbindendes Blatt zu setzen. Falls eine Übersetzung des Titels vorliegt, ist sie mit der vollstreckbaren Ausfertigung zu verbinden.

---

[3] So auch Rauscher/*Rauscher*, EuZPR/EuIPR, Art. 31 Brüssel IIa-VO Rn 5.
[4] OLG Hamm MDR 1978, 324; vgl ferner OLG Frankfurt NJW-RR 1993, 958 zur Wahlmöglichkeit des Schuldners zwischen der Beschwerde nach dem irrtümlich angewandten AVAG und dem Widerruf nach dem richtigerweise einschlägigen deutsch-österreichischen Anerkennungs- und Vollstreckungsabkommen von 1959.
[5] Wie hier *Schlosser*, EuZPR, Art. 41 Rn 5; aA OLG Hamburg NJW 1987, 2165 (je zur Brüssel I-VO).

Artikel 32 Mitteilung der Entscheidung

Die über den Antrag ergangene Entscheidung wird dem Antragsteller vom Urkundsbeamten der Geschäftsstelle unverzüglich in der Form mitgeteilt, die das Recht des Vollstreckungsmitgliedstaats vorsieht.

I. Allgemeines

Es ist selbstverständlich, dass die Betroffenen über den Erfolg oder Misserfolg des Antrags auf Vollstreckbarkeitserklärung informiert werden müssen. Art. 32 beschäftigt sich nur mit dem Antragsteller (s. Rn 4). Das IntFamRVG füllt die Lücke.

II. Mitteilung an den Antragsgegner

Das IntFamRVG ordnet in § 21 Abs. 1 richtigerweise zunächst an, dass im Falle eines **erfolgreichen Antrags** dem **Antragsgegner** eine beglaubigte Abschrift des Beschlusses, eine beglaubigte Abschrift des noch nicht mit der Vollstreckungsklausel versehenen Titels und ggf seiner Übersetzung sowie der gem. § 20 Abs. 1 S. 3 in Bezug genommenen Urkunden **von Amts wegen zuzustellen** ist. Ist im Ausland zuzustellen, sind je nach Lage des Einzelfalles die EuZVO, das HZÜ oder die §§ 183 ff ZPO zu beachten.

Ein die Vollstreckbarerklärung **ablehnender Beschluss** ist dem Antragsgegner formlos mitzuteilen (§ 21 Abs. 1 S. 2 IntFamRVG).

III. Mitteilung an den Antragsteller

In welcher Form der Antragsteller informiert wird, überlässt Art. 32 dem Recht des Exequaturstaates. Gemäß § 21 Abs. 2 S. 1 IntFamRVG ist in Deutschland dem Antragsteller eine beglaubigte Abschrift des Beschlusses (ggf an den Zustellungsbevollmächtigten nach Art. 30, § 17 IntFamRVG) zuzustellen, im Erfolgsfall zusammen mit einem Nachweis über die Zustellung an den Antragsgegner (s. Rn 2). Damit kann es trotz des „unverzüglich" in Art. 32 einige Zeit dauern, bis der Antragsteller informiert ist.

Die mit der **Vollstreckungsklausel** versehene Ausfertigung des Titels ist dem Antragsteller nach § 21 Abs. 2 S. 2 IntFamRVG erst dann zu übersenden, wenn der Beschluss nach § 20 Abs. 1 wirksam geworden ist (s. Art. 31 Rn 9).

IV. Mitteilung an weitere Personen

Nach § 21 Abs. 3 IntFamRVG müssen Beschlüsse zum Antrag auf Vollstreckbarerklärung einer die elterliche Verantwortung betreffenden Entscheidung (und nur um die geht es hier – wenn man die Vollstreckung von Kostenersatzansprüchen aus Eheverfahren, s. Art. 49, außer Betracht lässt) auch an den gesetzlichen Vertreter des Kindes, an den Vertreter des Kindes im (Rechtsbehelfs-)Verfahren, an das Kind selbst, soweit es das 14. Lebensjahr vollendet hat, an einen Elternteil, soweit er nicht ohnehin formell am Verfahren beteiligt ist, sowie an das örtlich zuständige Jugendamt zugestellt werden.

Handelt es sich bei der für vollstreckbar erklärten Maßnahme um eine Unterbringung, so ist der Beschluss formlos dem Leiter der Einrichtung oder der Pflegefamilie bekannt zu machen, in der das Kind untergebracht werden soll (§ 21 Abs. 4 IntFamRVG).

Artikel 33 Rechtsbehelf

(1) Gegen die Entscheidung über den Antrag auf Vollstreckbarerklärung kann jede Partei einen Rechtsbehelf einlegen.

(2) Der Rechtsbehelf wird bei dem Gericht eingelegt, das in der Liste aufgeführt ist, die jeder Mitgliedstaat der Kommission gemäß Artikel 68 mitteilt.

(3) Über den Rechtsbehelf wird nach den Vorschriften entschieden, die für Verfahren mit beiderseitigem rechtlichen Gehör maßgebend sind.

(4) Wird der Rechtsbehelf von der Person eingelegt, die den Antrag auf Vollstreckbarerklärung gestellt hat, so wird die Partei, gegen die die Vollstreckung erwirkt werden soll, aufgefordert, sich auf das Verfahren einzulassen, das bei dem mit dem Rechtsbehelf befassten Gericht anhängig ist. Lässt sich die betreffende Person auf das Verfahren nicht ein, so gelten die Bestimmungen des Artikels 18.

(5) Der Rechtsbehelf gegen die Vollstreckbarerklärung ist innerhalb eines Monats nach ihrer Zustellung einzulegen. Hat die Partei, gegen die die Vollstreckung erwirkt werden soll, ihren gewöhnlichen Aufenthalt in einem anderen Mitgliedstaat als dem, in dem die Vollstreckbarerklärung erteilt worden ist, so beträgt die Frist für den Rechtsbehelf zwei Monate und beginnt mit dem Tag, an dem die Vollstreckbarerklärung ihr entweder persönlich oder in ihrer Wohnung zugestellt worden ist. Eine Verlängerung dieser Frist wegen weiter Entfernung ist ausgeschlossen.

I. Allgemeines	1	V. Befristete Beschwerde des Antragsgegners (Abs. 3)	9
II. Allgemeine Verfahrensregeln	2	VI. Entscheidung	12
III. Beschwerdeberechtigung	6	VII. Kosten	15
IV. Unbefristete Beschwerde des Antragstellers	7		

I. Allgemeines

1 Die Vorschrift ist weitgehend identisch mit Art. 43 Brüssel I-VO; siehe deshalb zunächst die dortige Kommentierung. Das Rechtsmittelverfahren ist nach Abs. 3 zur Wahrung des rechtlichen Gehörs des Antragsgegners, der in der ersten Instanz nicht beteiligt wird (Art. 31 Abs. 1), **kontradiktorisch** ausgestaltet.

II. Allgemeine Verfahrensregeln

2 Art. 33 wird im deutschen Recht durch §§ 24-27 IntFamRVG ergänzt, hilfsweise durch die ZPO. Nach § 24 Abs. 1 IntFamRVG ist für beide Parteien der statthafte Rechtsbehelf im Vollstreckbarerklärungsverfahren die **Beschwerde zum Oberlandesgericht**. Hat das Exequaturgericht irrtümlich durch Urteil und nicht durch Beschluss entschieden, ist daneben auch die Berufung statthaft (s. Art. 31 Rn 8).

3 Zu **Form** und Adressat der Beschwerde s. § 24 Abs. 1 S. 2 IntFamRVG: Sie ist schriftlich oder durch Erklärung zum Protokoll der Geschäftsstelle nicht wahlweise beim *iudex a quo* oder *iudex ad quem*, sondern **zwingend beim Oberlandesgericht als Beschwerdegericht** einzulegen. Richtet sich der Beschwerdeführer irrtümlich an das Ausgangsgericht (FamG), so wird die Beschwerde nicht als unzulässig zurückgewiesen, sondern ist gem. § 24 Abs. 2 IntFamRVG von Amts wegen unverzüglich dem zuständigen OLG zuzuleiten. Beim OLG entscheidet der Senat (§ 26 Abs. 1 IntFamRVG), nicht ein originärer Einzelrichter.

4 Eine **Frist** besteht nur für die Beschwerde des Antragsgegners (s. Rn 9). **Anwaltszwang** besteht wegen § 26 Abs. 2 S. 2 IntFamRVG iVm § 215 ZPO nur für den Fall der in das Ermessen des Gerichts gestellten Anordnung einer **mündlichen Verhandlung**. Das Gericht sollte sich für eine mündliche Verhandlung entschei-

den, wenn der Antragsgegner im Rahmen von § 25 IntFamRVG Einwendungen gegen den in der ausländischen Entscheidung titulierten Anspruch geltend macht (s. Rn 13).[1]

Die Beschwerde ist dem Beschwerdegegner von Amts wegen zuzustellen (§ 24 Abs. 5 IntFamRVG). 5

Ist gem. § 22 IntFamRVG die sofortige Wirksamkeit eines Beschlusses anzuordnen, kann das Beschwerdegericht die Vollstreckung des angefochtenen Beschlusses einstweilig einstellen (§ 24 Abs. 6 IntFamRVG). 5a

III. Beschwerdeberechtigung

Umstritten ist, ob neben Antragsteller und Antragsgegner (soweit beschwert) auch das Kind, das nicht selbst Partei ist, beschwerdeberechtigt ist. Weil dem Kind in erster Instanz gem. Art. 31 Abs. 1 kein rechtliches Gehör gewährt wird, ist diese Frage zu bejahen. Als Begründung kann zusätzlich angeführt werden, dass der Kreis der Beschwerdeberechtigten mit dem der materiell Betroffenen deckungsgleich sein sollte.[2] Einer bisher nicht beteiligten Behörde kann dieses Argument aber nicht die Beschwerdeberechtigung verschaffen (str).[3] Die Beschwerde des Kindes ist (nur) dann befristet, wenn es sich **gegen** die Zulassung der Zwangsvollstreckung wehrt, § 24 Abs. 3 IntFamRVG. 6

IV. Unbefristete Beschwerde des Antragstellers

Für die Beschwerde des Antragstellers gegen die vollständige oder teilweise Ablehnung seines Antrags auf Vollstreckbarerklärung ist weder in der Brüssel I-VO noch im IntFamRVG eine **Frist** bestimmt. Dem Antragsgegner ist nach **Abs. 4** Gelegenheit zur Stellungnahme zu geben, selbst dann, wenn das erstinstanzliche Gericht den Antrag auf Erteilung der Vollstreckungsklausel aus rein formalen Gründen (wegen nicht rechtzeitig vorgelegter Urkunden) zurückgewiesen hatte.[4] 7

Lässt sich der Antragsgegner auf das durch die Beschwerde des Antragstellers in Gang gesetzte Rechtsmittelverfahren **nicht ein** (zum Begriff der Nichteinlassung s. Art. 34 Brüssel I-VO Rn 30), so muss das Gericht nach **Abs. 4** iVm Art. 18 **aussetzen**, bis festgestellt ist, dass er zumindest die zumutbare Möglichkeit gehabt hat, seine Verteidigungsrechte zu wahren. Das bedingt die Prüfung, ob die einschlägigen Vorschriften für die Zustellung der Beschwerde des Antragstellers und der sie begleitenden Dokumente an den Antragsgegner eingehalten worden sind, also je nach Wohnsitz des Antragsgegners die §§ 170 ff ZPO, Art. 19 EuZVO oder Art. 15 HZÜ 1965. Anders als nach Art. 18 in direkter Anwendung ist die Aussetzungsverpflichtung als solche unabhängig vom gewöhnlichen Aufenthalt des Antragsgegners. 8

---

1 Hk-ZPO/*Dörner*, 5. Aufl., Art. 43 EuGVVO Rn 6; Rauscher/*Mankowski*, EuZPR/EuIPR, Art. 43 Brüssel I-VO Rn 14; *Kropholler/v. Hein*, Art. 43 Rn 10 (alle zur Brüssel I-VO).
2 MüKo-ZPO/*Gottwald*, Art. 33 EheGVO Rn 3; Rauscher/*Rauscher*, EuZPR/EuIPR, Art. 33 Brüssel IIa-VO Rn 3 mwN; Hk-ZPO/*Dörner*, Art. 33 EheGVVO Rn 2.
3 Wie hier Rauscher/*Rauscher*, EuZPR/EuIPR, Art. 33 Brüssel IIa-VO Rn 4; aA MüKo-ZPO/*Gottwald*, Art. 33 EheGVO Rn 3.
4 EuGH 12.7.1984 – Rs. C-178/83 (Firma P.), RIW 1984, 815 = IPRax 1985, 274 m. Anm. *Stürner*, S. 254; ausf. dazu *Kropholler/v. Hein*, Art. 43 Rn 9 (zur Brüssel I-VO).

V. Befristete Beschwerde des Antragsgegners (Abs. 3)

9 Die regelmäßige Beschwerdefrist für den Antragsgegner, der seinen gewöhnlichen Aufenthalt[5] im **Vollstreckungsstaat** hat, beträgt nach **Abs. 3 S. 1 einen Monat** ab Zustellung der Vollstreckbarerklärung (zur Zustellung an den Antragsgegner s. Art. 32 Rn 4). Die Zustellung muss (in Deutschland nach §§ 166 ff ZPO) ordnungsgemäß erfolgt sein. Die bloße Tatsache, dass der Antragsgegner von der Vollstreckbarerklärung Kenntnis erlangt hat, reicht nicht aus, um die Frist auszulösen. Die genaue **Berechnung** von Fristanfang und -ende ist bei einer Vollstreckbarerklärung in Deutschland auf der Grundlage der entsprechenden deutschen Vorschriften vorzunehmen (§ 222 ZPO iVm §§ 187 ff BGB).

10 Die Beschwerdefrist ist nach § 24 Abs. 4 IntFamRVG eine **Notfrist** iSd § 224 Abs. 1 ZPO, bei ihrer Nichteinhaltung ist Wiedereinsetzung in den vorherigen Stand deshalb unter den Voraussetzungen der §§ 233 ff ZPO möglich. Die Frist kann nicht verlängert werden (§ 224 Abs. 2 Hs 2 ZPO).

11 Hat der Antragsgegner seinen **gewöhnlichen Aufenthalt im Ausland**, beträgt die Frist gem. **Abs. 3 Nr. 2 zwei Monate**. Sie kann verlängert werden, aber nicht mit dem Argument des weit entfernten Wohnsitzes des Antragsgegners (**Abs. 3 Nr. 2 S. 3**).[6] Die Vorschriften zur Fristberechnung sind auch hier die des Vollstreckungsstaates (s. Rn 8), nur der **Fristbeginn** ist in **Abs. 3 Nr. 2** autonom festgelegt: Es ist der Tag, an dem die Vollstreckbarerklärung dem Antragsgegner entweder in Person oder in seiner Wohnung (nach den Regeln der EuZVO) zugestellt worden ist. Die Zustellung „in der Wohnung" meint die Aushändigung der fraglichen Dokumente an eine sich dort befindliche Person, die nach dem Recht des Zustellungsstaates zur Entgegennahme mit Wirkung gegen den Antragsgegner berechtigt ist, hilfsweise an eine zuständige Behörde. Eine andere nach der EuZVO und den Regeln im Zustellungsstaat mögliche Zustellungsart (insb. öffentliche Bekanntmachung) löst den Fristlauf nicht aus.[7] Nicht aufklärbare Zweifel an der die Beschwerdefrist auslösenden Zustellung oder deren Ordnungsgemäßheit gehen zu Lasten des Antragstellers, weil sie sich der Kontrolle durch den Antragsgegner entziehen.[8]

VI. Entscheidung

12 Die Beschwerde des **Antragstellers** ist **begründet**, wenn nach Prüfung durch das Beschwerdegericht die Voraussetzungen für die Vollstreckbarerklärung der ausländischen Entscheidung vorliegen (vgl Art. 28 Rn 2 ff) und kein Anerkennungshindernis nach Art. 22 oder Art. 23 gegeben ist. Zur Frage der Darlegungs- und Beweislast in letzterer Hinsicht s. Art. 34 Brüssel I-VO Rn 2.

13 Die Beschwerde des **Antragsgegners** ist **begründet**, wenn mindestens eine der Voraussetzungen für die Vollstreckbarerklärung der ausländischen Entscheidung fehlt (vgl Art. 28 Rn 2 ff) oder ein Anerkennungshindernis nach Art. 22 oder Art. 23 gegeben ist. Die Versagungsgründe sind von Amts wegen und nicht nur auf eine entsprechende Rüge des Antragsgegners hin zu prüfen.[9] Eine Verpflichtung zur Amtsermittlung der für die Entscheidung erheblichen Tatsachen besteht aber nicht,[10] weshalb sich die Frage der Darlegungs- und Beweislast stellt (s. dazu Art. 34 Brüssel I-VO Rn 34). Der Antragsgegner kann nach § 25 IntFamRVG

---

5 Zur Definition des gewöhnlichen Aufenthalts iSd Brüssel IIa-VO s. zB Rauscher/*Rauscher*, EuZPR/EuIPR, Art. 8 Brüssel IIa-VO Rn 11 ff.
6 *Schlosser*, EuZPR, Art. 43 Rn 9 (zur Brüssel I-VO).
7 *Kropholler/v. Hein*, Art. 43 Rn 15 (zur Brüssel I-VO).
8 *Schlosser*, EuZPR, Art. 43 Rn 10 (zur Brüssel I-VO).
9 BGH NJW-RR 2008, 586, 588 (zur Brüssel I-VO).
10 BGH NJW-RR 2008, 586, 588 (zur Brüssel I-VO).

in der Beschwerdeinstanz Einwendungen geltend machen, die sich gegen den in der zu vollstreckenden ausländischen Entscheidung **titulierten Anspruch** wenden, sofern sie erst nach Erlass des Titels entstanden sind. Es ist zweifelhaft, inwieweit das im Lichte der neueren EuGH-Rspr zum Parallelproblem in der Brüssel I-VO[11] noch Geltung beanspruchen kann (s. Art. 45 Brüssel I-VO Rn 4).

Der Beschluss ist nach Maßgabe des § 26 Abs. 1 IntFamRVG zu **begründen** und den Parteien von Amts wegen **zuzustellen** (§ 26 Abs. 3 IntFamRVG).   14

VII. Kosten

Die Gerichtsgebühren betragen 360 € (Nr. 1520 KV GKG).   15

Artikel 34 Für den Rechtsbehelf zuständiges Gericht und Anfechtung der Entscheidung über den Rechtsbehelf

Die Entscheidung, die über den Rechtsbehelf ergangen ist, kann nur im Wege der Verfahren angefochten werden, die in der Liste genannt sind, die jeder Mitgliedstaat der Kommission gemäß Artikel 68 mitteilt.

I. Allgemeines

Aus Art. 44 iVm Art. 68 und § 28 IntFamRVG folgt, dass die Beschwerdeentscheidung des OLG mit der **Rechtsbeschwerde zum BGH** angegriffen werden kann. Verfahren und Prüfungsumfang richten sich nach §§ 28–31 IntFamRVG und den Vorschriften der ZPO zur Rechtsbeschwerde des autonomen Rechts (§§ 574 ff ZPO), hilfsweise nach den Regeln zum Verfahren in der ersten Instanz des Exequaturverfahrens (vgl § 30 Abs. 3 IntFamVFG).   1

Die **Befugnis** zur Einlegung der Rechtsbeschwerde entspricht der Beschwerdebefugnis (Art. 33 Rn 6).[1]   2

II. Angriffsgegenstand

Mit der Rechtsbeschwerde kann ausweislich der Formulierung „Entscheidung, die über den Rechtsbehelf ergangen ist", nur die **Endentscheidung des Beschwerdegerichts** über die Vollstreckbarerklärung angegriffen werden, nicht aber eine Zwischenentscheidung, wie etwa die Anordnung einer Beweiserhebung oder die Aussetzung nach Art. 35 (vgl Art. 44 Brüssel I-VO Rn 3).   3

III. Prüfungsumfang

Es entspricht dem Wesen der „Rechts"-Beschwerde und wird im vorliegenden Zusammenhang durch § 30 Abs. 1 IntFamRVG deutlich, dass der BGH die Tatsachenwürdigung des Beschwerdegerichts nicht zu wiederholen hat, sondern auf die Prüfung von **Rechtsverletzungen** (insb. der Normen der Brüssel IIa-VO selbst) beschränkt ist. Nicht jede Rechtsverletzung öffnet aber den Weg zum BGH: Obwohl die entsprechende Begrenzung in den Revisionsgründen des § 545 ZPO mit dem FGG-ReformG vom 17.12.2008[2] aufgehoben wurde, schließt § 30 Abs. 1 S. 1 IntFamRVG (wie auch § 576 Abs. 1 ZPO) unverständlicherweise[3] weiterhin die Rüge der **Fehlanwendung ausländischen Rechts** mit der Rechtsbeschwerde   4

---

[11] EuGH 13.10.2011 – C-139/10 (Prism Investments BV/Jaap Anne van der Meer), NJW 2011, 3506, 3507 Nr. 42 m. zust. Anm. *Bach*, EuZW 2011, 871.
[1] So auch Rauscher/*Rauscher*, EuZPR/EuIPR, Art. 34 Brüssel IIa-VO Rn 2.
[2] Art. 29 Nr. 14 a FGG-ReformG (BGBl. I 2008 S. 2586).
[3] Zur Kritik an § 545 Abs. 1 ZPO aF s. nur *Mäsch*, EuZW 2004, 321.

aus, obwohl kaum zu bezweifeln ist, dass die Gerichte hier mehr noch als im deutschen Recht der Anleitung durch den BGH bedürfen (ausführlichere Kritik bei Art. 44 Brüssel I-VO Rn 4; dort auch zur Verfahrensrüge der Verletzung der richterlichen Pflicht zur sorgfältigen Ermittlung des ausländischen Rechts).

5 Nach § 30 Abs. 1 S. 2 IntFamRVG kann die Rechtsbeschwerde nicht darauf gestützt werden kann, dass das Exequaturgericht seine **örtliche Zuständigkeit** (vgl Art. 29 Rn 1 f) zu Unrecht angenommen hat. Dies gilt nicht für die internationale Zuständigkeit, die aber kaum einmal in Zweifel stehen dürfte.

IV. Verfahren

6 Zulässig ist die Rechtsbeschwerde nach § 28 IntFamRVG iVm § 574 Abs. 1 Nr. 1, Abs. 2 ZPO nur dann, wenn die Rechtssache grundsätzliche Bedeutung hat oder die Fortbildung des Rechts oder die Sicherung einer einheitlichen Rechtsprechung eine Entscheidung des Rechtsbeschwerdegerichts erfordert.[4] Für Frist (1-Monats-Notfrist), Form und Begründung der Rechtsbeschwerde gilt gem. § 29 S. 1 IntFamRVG § 575 ZPO entsprechend. Soweit die Rechtsbeschwerde darauf gestützt wird, dass das Oberlandesgericht von einer Entscheidung des EuGH abgewichen sei, muss nach § 29 S. 2 IntFamRVG die Entscheidung, von der der angefochtene Beschluss abweicht, bezeichnet werden.

7 Der Beschwerdeführer muss sich nach § 78 Abs. 1 ZPO zwingend eines beim BGH zugelassenen Anwalts bedienen.[5] Zum Verfahren im Übrigen vgl §§ 30 f IntFamRVG und die dort enthaltenen Verweisungen auf verschiedene ZPO-Vorschriften zur Rechtsbeschwerde.

Artikel 35 Aussetzung des Verfahrens

(1) Das nach Artikel 33 oder Artikel 34 mit dem Rechtsbehelf befasste Gericht kann auf Antrag der Partei, gegen die die Vollstreckung erwirkt werden soll, das Verfahren aussetzen, wenn im Ursprungsmitgliedstaat ein ordentlicher Rechtsbehelf gegen die Entscheidung eingelegt wurde oder die Frist für einen solchen Rechtsbehelf noch nicht verstrichen ist. In letzterem Fall kann das Gericht eine Frist bestimmen, innerhalb deren der Rechtsbehelf einzulegen ist.

(2) Ist die Entscheidung in Irland oder im Vereinigten Königreich ergangen, so gilt jeder im Ursprungsmitgliedstaat statthafte Rechtsbehelf als ordentlicher Rechtsbehelf im Sinne des Absatzes 1.

1 Die Vorschrift ist – bis auf die Nummerierung der in Bezug genommenen Artikel – wortgleich mit Art. 46 Abs. 1 und 2 Brüssel I-VO; siehe deshalb – *mutatis mutandis* – die Kommentierung dort.

2 Art. 46 Abs. 3 Brüssel I-VO, der die Aussetzung der Vollstreckung gegen Sicherheitsleistung möglich macht, hat in der Brüssel I-VO keine Entsprechung. Was die Vollstreckung von Kostenentscheidungen (Art. 49) angeht, erscheint das als planwidrige Lücke, die (nur) insoweit mithilfe einer Analogie zu Art. 46 Abs. 3 Brüssel I-VO zu schließen ist (str).[1]

---

4 Vgl BGH NJW-RR 2010, 1 (zur Brüssel I-VO); BGH NJW-RR 2012, 1155.
5 BGH NJW 2002, 2181 (zur Brüssel I-VO).
1 Rauscher/*Rauscher*, EuZPR/EuIPR, Art. 35 Brüssel IIa-VO Rn 7; aA MüKo-ZPO/*Gottwald*, Art. 35 EheGVO Rn 3.

Artikel 36 Teilvollstreckung

(1) Ist mit der Entscheidung über mehrere geltend gemachte Ansprüche entschieden worden und kann die Entscheidung nicht in vollem Umfang zur Vollstreckung zugelassen werden, so lässt das Gericht sie für einen oder mehrere Ansprüche zu.

(2) Der Antragsteller kann eine teilweise Vollstreckung beantragen.

Die Vorschrift entspricht trotz abweichenden Wortlauts inhaltlich Art. 48 Brüssel I-VO; siehe deshalb – *mutatis mutandis* – die Kommentierung dort. 1

Abschnitt 3
Gemeinsame Bestimmungen für die Abschnitte 1 und 2

Artikel 37 Urkunden

(1) Die Partei, die die Anerkennung oder Nichtanerkennung einer Entscheidung oder deren Vollstreckbarerklärung erwirken will, hat Folgendes vorzulegen:

a) eine Ausfertigung der Entscheidung, die die für ihre Beweiskraft erforderlichen Voraussetzungen erfüllt,

und

b) die Bescheinigung nach Artikel 39.

(2) Bei einer im Versäumnisverfahren ergangenen Entscheidung hat die Partei, die die Anerkennung einer Entscheidung oder deren Vollstreckbarerklärung erwirken will, ferner Folgendes vorzulegen:

a) die Urschrift oder eine beglaubigte Abschrift der Urkunde, aus der sich ergibt, dass das verfahrenseinleitende Schriftstück oder ein gleichwertiges Schriftstück der Partei, die sich nicht auf das Verfahren eingelassen hat, zugestellt wurde,

oder

b) eine Urkunde, aus der hervorgeht, dass der Antragsgegner mit der Entscheidung eindeutig einverstanden ist.

I. Allgemeines

Art. 37 bildet zusammen mit Art. 38 und 39 ausweislich der Abschnittsüberschrift „Gemeinsame Vorschriften" einen bescheidenen „Allgemeinen Teil"[1] für das Anerkennungs- (Art. 33 ff) und Vollstreckbarerklärungsverfahren (Art. 38 ff). Er präzisiert, welche Unterlagen in welcher Form für die Anerkennung (auch und gerade für die Fälle der „inzidenten" Anerkennung nach Art. 21 Abs. 1) und Vollstreckbarerklärung ausländischer Entscheidungen vorgelegt werden müssen. Für öffentliche Urkunden und Prozessvergleiche gelten die Vorschriften kraft der Verweisungen in Art. 52. Art. 37 Abs. 1 entspricht funktionell Art. 53 Brüssel I-VO. 1

Fehlen die in Art. 37 genannten Unterlagen bei Stellung des Antrags, so kann das Gericht den Antrag zwar sofort zurückweisen, sollte sein Ermessen aber anders ausüben, denn sie können nachgereicht werden, auch noch in der Rechtsmittelin- 2

---

1 Rauscher/*Staudinger*, EuZPR/EuIPR, Art. 53 Brüssel I-VO Rn 1 (zur Schwestervorschrift des Art. 53 Brüssel I-VO).

stanz.² Für die Bescheinigung nach Art. 39 ergibt sich das aus Art. 38 (s. näher dort), für die Ausfertigung der ausländischen Entscheidung und ggf die Zustellbescheinigung nach Abs. 2 aus einer Analogie zu §§ 139, 142 ZPO.³ Ein wegen Nichtvorlage der Dokumente zurückgewiesener Antrag kann erneut gestellt werden.⁴

3 Zur Möglichkeit des Gerichts, im Falle einer Inzidentanerkennung im Rahmen eines kontradiktorischen Verfahrens gegen den insoweit zu weiten Wortlaut des Art. 37 zunächst eine **einfache Kopie der Entscheidung** ausreichen zu lassen und die Einhaltung der Förmlichkeiten des Abs. 1 lit. a (s. Rn 4) erst dann zu fordern, wenn der Schuldner die Authentizität der Entscheidung bestreitet, s. Art. 53 Brüssel I-VO Rn 3.

4 Zur Möglichkeit, zu allen in Art. 37 genannten Urkunden zusätzlich eine **Übersetzung** zu fordern, s. Art. 38 Abs. 2.

II. Urteilsausfertigung (Abs. 1 lit. a)

5 Zur Bedeutung der gesetzlichen Forderung, eine **Ausfertigung** der ausländischen Entscheidung vorzulegen, „die die für ihre Beweiskraft erforderlichen Voraussetzungen erfüllt", s. Art. 53 Brüssel I-VO Rn 4.

6 Das Exequaturgericht setzt nach § 23 Abs. 3 IntFamRVG die Vollstreckungsklausel auf die Ausfertigung des ausländischen Titels (oder auf ein damit zu verbindendes Beiblatt). Diese mit der Vollstreckungsklausel versehene Ausfertigung des Titels ist gem. § 21 Abs. 2 IntFamRVG der antragstellenden Person erst dann zu übersenden, wenn der Beschluss nach § 20 Abs. 1 IntFamRVG wirksam geworden ist.

III. Bescheinigung des Erstgerichts nach Art. 39 (Abs. 1 lit. b)

7 Zu Einzelheiten zur **Bescheinigung nach Art. 39** s. dort.

IV. Zusätzlich vorzulegende Urkunden bei Versäumnisentscheidung (Abs. 2)

8 Abs. 2 hat in der Brüssel I-VO keine Entsprechung. Versäumnisentscheidungen sind alle Entscheidungen (iSd Art. 21), die ergangen sind, ohne dass der Antragsgegner sich auf das Verfahren eingelassen hat. Zum Begriff des **Einlassens** s. Art. 34 Brüssel I-VO Rn 30. **Kostenfestsetzungsverfahren** im Anschluss an ein streitiges Verfahren zählen nicht zu den Versäumnisentscheidungen, unabhängig von einer fehlenden Einlassung des Kostenschuldners.⁵

9 Nach Abs. 2 lit. a ist in erster Linie der **Zustellungsnachweis** für das verfahrenseinleitende Schriftstück (s. dazu Art. 34 Brüssel I-VO Rn 23 f) im Original oder beglaubigter Abschrift⁶ vorzulegen. Über den Wortlaut der Vorschrift müssen aus dem Nachweis Zustellungsform (öffentliche Zustellung oder auch *remise au parquet*) und -datum hervorgehen, denn er soll dem Gericht die Beurteilung eines möglichen Anerkennungshindernisses nach Art. 22 lit. b oder Art. 23 lit. c ermöglichen.

---

2 EuGH 14.3.1996 – Rs. C-275/94 (Roger Van der Linden), RIW 1996, 505, 506; OLG Hamburg RIW 1995, 680; Hk-ZPO/*Dörner*, Art. 38 Rn 2; vgl ferner Schweizerisches Bundesgericht BGE 127 III 186; OLG Stuttgart IPRspr 1980, Nr. 163; OLG Frankfurt IPRspr 1988, Nr. 198 (zu EuGVÜ, Brüssel I-VO und LugÜ).
3 Rauscher/*Rauscher*, EuZPR/EuIPR, Art. 38 Brüssel II-VO Rn 2.
4 Hk-ZPO/*Dörner*, Art. 38 Rn 2; *Schlosser*, Vorbem. zu Art. 53 Rn 1.
5 Hk-ZPO/*Dörner*, Art. 37 EheGVVO Rn 5; Rauscher/*Rauscher*, EuZPR/EuIPR, Art. 37 Brüssel IIa-VO Rn 10 mwN.
6 Rauscher/*Rauscher*, EuZPR/EuIPR, Art. 37 Brüssel IIa-VO Rn 12 mwN.

Statt des Zustellungsnachweises kann der Antragsteller nach Abs. 2 lit. a einen Beleg beibringen, aus dem sich ergibt, dass der Antragsgegner mit der Entscheidung **tatsächlich einverstanden** war (zu diesem Begriff s. Art. 23 f Rn 2). Als Beleg kommen alle Schriftstücke, öffentliche Urkunden wie private, in Betracht (allgM). Der Beweiswert der Letzteren unterliegt der freien Würdigung durch das Exequaturgericht, während für die Ersteren Art. 52 zu berücksichtigen ist (inhaltsgleich Art. 56 Brüssel I-VO, s. die dortige Kommentierung). 10

Es ist kein Grund dafür ersichtlich, Abs. 2 lit. b gegen den weiten Wortlaut teleologisch auf Ehesachen zu reduzieren.[7] 11

Die **Wahl** zwischen dem Zustellungsnachweis nach lit. a und dem Beleg des tatsächlichen Einverständnisses des Antragsgegners nach lit. b steht dem Antragsteller zu, weil ihn auch die objektive Beweislast im Falle eines *non liquet* trifft. 12

Artikel 38 Fehlen von Urkunden

(1) Werden die in Artikel 37 Absatz 1 Buchstabe b) oder Absatz 2 aufgeführten Urkunden nicht vorgelegt, so kann das Gericht eine Frist setzen, innerhalb deren die Urkunden vorzulegen sind, oder sich mit gleichwertigen Urkunden begnügen oder von der Vorlage der Urkunden befreien, wenn es eine weitere Klärung nicht für erforderlich hält.

(2) Auf Verlangen des Gerichts ist eine Übersetzung der Urkunden vorzulegen. Die Übersetzung ist von einer hierzu in einem der Mitgliedstaaten befugten Person zu beglaubigen.

I. Nichtvorlage von Urkunden (Abs. 1)

Das Gericht hat, wenn gegen Art. 37 Abs. 1 lit. b) die **Bescheinigung nach Art. 39** und/oder der **Zustellungs- bzw Einverständnisnachweis** nach Art. 37 Abs. 2 nicht vorgelegt werden, insgesamt **vier Möglichkeiten**, zwischen denen es nach pflichtgemäßem Ermessen wählen kann: 1

1. Das Gericht kann den Antrag auf Anerkennung oder Vollstreckbarerklärung ohne Weiteres zurückweisen (das dürfte selten ermessensfehlerfrei sein)[1] oder sich an Art. 38 Abs. 1 halten, der drei weiterer Optionen eröffnet.
2. Das Gericht kann dem Vorlageverpflichteten eine Nachfrist setzen, deren Dauer ebenfalls in seinem Ermessen liegt,[2] wobei eine großzügige Handhabung angezeigt und zudem eine Verlängerung nach § 16 Abs. 2 FamFG iVm § 224 Abs. 2 ZPO möglich ist.[3] Wohl zu Recht wird vertreten, dass dieser Weg vorrangig ist vor den weiteren Handlungsmöglichkeiten, weil diese den Schutz des Vollstreckungsgegners nicht im gleichen Maße wahren.[4]
3. Das Gericht kann sich anstelle der Originalurkunden mit anderen „gleichwertigen" Dokumenten zufrieden geben, wenn die Originale nicht oder nur unter unzumutbaren Schwierigkeiten aufgetrieben werden können, was der Verpflichtete dartun muss (ist das Gericht mit den angegebenen Gründen

---

[7] So aber Rauscher/*Rauscher*, EuZPR/EuIPR, Art. 37 Brüssel IIa-VO Rn 15; wie hier Hk-ZPO/*Dörner*, Art. 37 EheGVVO Rn 6.
[1] Vgl Rauscher/*Rauscher*, EuZPR/EuIPR, Art. 38 Brüssel IIa-VO Rn 3.
[2] Rauscher/*Rauscher*, EuZPR/EuIPR, Art. 38 Brüssel IIa-VO Rn 4.
[3] MüKo-BGB/*Gottwald*, Art. 38 Rn 2; Rauscher/*Rauscher*, EuZPR/EuIPR, Art. 38 Brüssel IIa-VO Rn 4.
[4] Rauscher/*Rauscher*, EuZPR/EuIPR, Art. 38 Brüssel IIa-VO Rn 3.

nicht zufrieden oder ist ihr Bestehen nicht zu seiner Überzeugung nachgewiesen, weist es den Antrag auf Anerkennung oder Vollstreckbarerklärung ab).

4. Schließlich kann das Gericht den Antragsteller auch ganz von der Pflicht zur Vorlage der Original- oder einer Ersatzurkunde befreien, wenn die durch sie zu beweisenden Tatsachen anderweitig nachgewiesen sind. Weil das die Position des Antragsgegners schwächt, ist von dieser Möglichkeit nur sehr zurückhaltend Gebrauch zu machen.

2 Zur Nachforderung der anderen nach Art. 37 vorzulegenden Urkunden s. Art. 37 Rn 8 ff.

3 Zur Möglichkeit des Gerichts, sich bis zur Rüge durch die gegnerische Partei mit Kopien zu begnügen, s. Art. 37 Rn 3.

II. Übersetzung von Urkunden (Abs. 2)

4 Siehe die Kommentierung zum inhaltsgleichen Art. 55 Abs. 2 Brüssel I-VO.

Artikel 39 Bescheinigung bei Entscheidungen in Ehesachen und bei Entscheidungen über die elterliche Verantwortung

Das zuständige Gericht oder die zuständige Behörde des Ursprungsmitgliedstaats stellt auf Antrag einer berechtigten Partei eine Bescheinigung unter Verwendung des Formblatts in Anhang I (Entscheidungen in Ehesachen) oder Anhang II (Entscheidungen über die elterliche Verantwortung) aus.

1 Die Norm entspricht Art. 54 Brüssel I-VO. Sie nimmt über den Verweis auf Anhang I und II einheitliche Vordrucke in Bezug, die vom Erstgericht in seiner eigenen Sprache mit den für die Anerkennung und Vollstreckung im Ausland notwendigen Informationen ausgefüllt und vom Exequaturgericht dank des einheitlichen Aufbaus auch ohne Kenntnis dieser Sprache verstanden wird.[1]

2 Jede „berechtigte" Partei kann den Antrag auf eine solche Bescheinigung stellen. Berechtigt ist jeder, der als Antragsgegner oder -steller Beteiligter in einem Anerkennungsverfahren nach Art. 21 Abs. 3 (oder Zwischenverfahren nach Abs. 4) oder einem Verfahren auf Vollstreckbarerklärung sein kann.[2]

3 Die Zuständigkeit für die Ausstellung der Bescheinigung richtet sich nach dem innerstaatlichen Recht des Erstgerichts. In Deutschland wird die Bescheinigung gem. § 48 Abs. 1 IntFamRVG vom Urkundsbeamten der Geschäftsstelle des Gerichts des ersten Rechtszugs und, wenn das Verfahren bei einem höheren Gericht anhängig ist, von dem Urkundsbeamten der Geschäftsstelle dieses Gerichts ausgestellt.

4 Für die Vollstreckbarerklärung von Kostenerstattungsansprüchen, für die Art. 37 über Art. 49 auch gilt, geht der Verweis auf Art. 39 und die Formblätter im Anhang ins Leere, weil diese die insoweit notwendigen Informationen (Zustellung der Erstentscheidung und ihre Vollstreckbarkeit im Ursprungsstaat) gar nicht enthalten.[3]

---

1 OLG München NJW-Spezial 2015, 165.
2 Hk-ZPO/*Dörner*, Art. 39 EheGVVO Rn 1.
3 Rauscher/*Rauscher*, EuZPR/EuIPR, Art. 39 Brüssel IIa-VO Rn 8.

Abschnitt 4
Vollstreckbarkeit bestimmter Entscheidungen über das Umgangsrecht und bestimmter Entscheidungen, mit denen die Rückgabe des Kindes angeordnet wird

Artikel 40 Anwendungsbereich

(1) Dieser Abschnitt gilt für
a) das Umgangsrecht
und
b) die Rückgabe eines Kindes infolge einer die Rückgabe des Kindes anordnenden Entscheidung gemäß Artikel 11 Absatz 8.

(2) Der Träger der elterlichen Verantwortung kann ungeachtet der Bestimmungen dieses Abschnitts die Anerkennung und Vollstreckung nach Maßgabe der Abschnitte 1 und 2 dieses Kapitels beantragen.

Für Entscheidungen über das Umgangsrecht und zur Kindesrückgabe, deren Vollstreckung wegen der drohenden Entfremdung des Kindes besonders eilbedürftig ist, verzichtet die Brüssel IIa-VO auf das wegen des umfänglichen Prüfungsprogramms und der Rechtsmittel der Beschwerde und Rechtsbeschwerde zeitraubende Exequaturverfahren. Es wird ersetzt durch eine **Bescheinigung durch ein Gericht des Ursprungsmitgliedstaates**, die die Rolle der **Vollstreckbarerklärung** übernimmt[1] – ein Modell, das später Eingang in die EuVTVO (s. dort Art. 10 ff) und jetzt auch in die Brüssel Ia-VO gefunden hat. In Povse vs. Austria[2] stand in Frage, ob die Vollstreckung einer ausländischen Anordnung ohne Exequaturverfahren vor dem Hintergrund der Europäischen Menschenrechtskonvention problematisch ist. Diesen Bedenken ist der EGMR mit dem Argument entgegengetreten, dass die Konformität der zu vollstreckenden Entscheidung mit der EMRK vor den Gerichten des Ursprungsmitgliedstaates überprüft werden kann und, sollte dem kein Erfolg beschieden sein, nach Erschöpfung des Rechtswegs ein Verfahren gegen den Ursprungsmitgliedstaat selbst vor dem EGMR angestrengt werden kann.

Antragsberechtigt für dieses Verfahren ist der Träger der elterlichen Verantwortung, wie er in Art. 2 Nr. 8 definiert ist. Im vorliegenden Kontext ist hervorzuheben, dass mit diesem Begriff auch der Umgangsberechtigte gemeint ist.[3]

Der Träger der elterlichen Verantwortung ist antragsberechtigt, **nicht aber antragsverpflichtet**. Nach Abs. 2 kann er auch das „normale" Vollstreckbarerklärungsverfahren wählen.

Artikel 41 Umgangsrecht

(1) Eine in einem Mitgliedstaat ergangene vollstreckbare Entscheidung über das Umgangsrecht im Sinne des Artikels 40 Absatz 1 Buchstabe a), für die eine Be-

---

1 Krit. zu diesem Modell *Dutta*, StAZ 2011, 33. Zu den mit ihm verbundenen Problemen insb. bei Umgangsentscheidungen Rauscher/*Rauscher*, EuZPR/EuIPR, Art. 40 Brüssel IIa-VO Rn 6 f.
2 EGMR 18.6.2013 (Povse/Austria), Application No. 3890/11; so auch schon EuGH 22.12.2010 – C-491/10 PPU (Aguirre Zarraga/Pelz), FamRZ 2011, 355.
3 Rauscher/*Rauscher*, EuZPR/EuIPR, Art. 2 Brüssel IIa-VO Rn 24.

scheinigung nach Absatz 2 im Ursprungsmitgliedstaat ausgestellt wurde, wird in einem anderen Mitgliedstaat anerkannt und kann dort vollstreckt werden, ohne dass es einer Vollstreckbarerklärung bedarf und ohne dass die Anerkennung angefochten werden kann.

Auch wenn das nationale Recht nicht vorsieht, dass eine Entscheidung über das Umgangsrecht ungeachtet der Einlegung eines Rechtsbehelfs von Rechts wegen vollstreckbar ist, kann das Gericht des Ursprungsmitgliedstaats die Entscheidung für vollstreckbar erklären.

(2) Der Richter des Ursprungsmitgliedstaats stellt die Bescheinigung nach Absatz 1 unter Verwendung des Formblatts in Anhang III (Bescheinigung über das Umgangsrecht) nur aus, wenn

a) im Fall eines Versäumnisverfahrens das verfahrenseinleitende Schriftstück oder ein gleichwertiges Schriftstück der Partei, die sich nicht auf das Verfahren eingelassen hat, so rechtzeitig und in einer Weise zugestellt wurde, dass sie sich verteidigen konnte, oder wenn in Fällen, in denen bei der Zustellung des betreffenden Schriftstücks diese Bedingungen nicht eingehalten wurden, dennoch festgestellt wird, dass sie mit der Entscheidung eindeutig einverstanden ist;

b) alle betroffenen Parteien Gelegenheit hatten, gehört zu werden,

und

c) das Kind die Möglichkeit hatte, gehört zu werden, sofern eine Anhörung nicht aufgrund seines Alters oder seines Reifegrads unangebracht erschien.

Das Formblatt wird in der Sprache ausgefüllt, in der die Entscheidung abgefasst ist.

(3) Betrifft das Umgangsrecht einen Fall, der bei der Verkündung der Entscheidung einen grenzüberschreitenden Bezug aufweist, so wird die Bescheinigung von Amts wegen ausgestellt, sobald die Entscheidung vollstreckbar oder vorläufig vollstreckbar wird. Wird der Fall erst später zu einem Fall mit grenzüberschreitendem Bezug, so wird die Bescheinigung auf Antrag einer der Parteien ausgestellt.

I. Erleichterte Auslandsvollstreckung einer Umgangsentscheidung

1 Entscheidungen zum „Umgangsrecht" sind in Art. 2 Nr. 10 legaldefiniert, dürften aber auch in der Abgrenzung keine besonderen Schwierigkeiten bereiten. Über den Wortlaut von Art. 2 Nr. 10 hinaus sind aber auch Entscheidungen zum Umgangsrecht von Personen ohne elterliche Verantwortung erfasst (zB Großeltern, Stiefelternteil).[1]

2 Entscheidungen, die die elterliche Sorge einem Elternteil zusprechen und zugleich das Umgangsrecht des anderen Teils regeln, sind aufzuspalten: Das vereinfachte Vollstreckungsverfahren nach Art. 41 steht nur für die Umgangsregelung offen.[2]

3 Grundlage für die Vollstreckung einer solchen Entscheidung in einem anderen EU-Mitgliedstaat als dem Ursprungsstaat ist eine nach Abs. 2 von einem Gericht des Letzteren ausgestellte „Bescheinigung" über die Vollstreckbarkeit (auch) im Ausland unter Verwendung eines unionsweit einheitlichen Formblatts. Liegt der grenzüberschreitende Bezug des Sachverhalts schon im Moment der Entscheidung des Erstgerichts klar zu Tage, wird diese Bescheinigung **von Amts wegen** ausgestellt, andernfalls bedarf es eines **Antrags** einer der (am Erstverfahren beteiligten) Parteien. Hat das Ursprungsgericht die Bescheinigung ausgestellt, so tritt

---

1 Hk-ZPO/*Dörner*, Art. 41 EheGVVO Rn 2.
2 *Solomon*, FamRZ 2004, 1409, 1419.

die Anerkennung (und die Vollstreckbarkeit) *ex lege* ein; sie kann nach Abs. 1 S. 1 nicht angefochten werden. Insbesondere können im Vollstreckungsstaat die Anerkennungsversagungsgründe des Art. 23 nicht geltend gemacht werden.

Weil mit Art. 23 auch die Kontrolle im Vollstreckungsstaat wegfällt, ob das der 4 Entscheidung zugrunde liegende Verfahren grundlegenden rechtsstaatlichen Anforderungen genügt, insb. ob den Parteien und ggf dem Kind rechtliches Gehör gewährt wurde, muss der **Richter im Ursprungsstaat nach Abs. 2 lit. a)–c) diese Prüfung selbst** vornehmen, bevor er die Bescheinigung ausstellt.[3] Zu den einzelnen Prüfungspunkten s. Art. 22, 23 Rn 2 ff. Zu beachten ist, dass der Maßstab, an dem gemessen wird, ob die betroffenen Parteien und insb. das Kind die Möglichkeit hatten, gehört zu werden, derjenige des Ursprungsmitgliedstaates ist (in Deutschland § 159 FamFG), der nicht mit dem des Vollstreckungsstaates übereinstimmen muss.[4]

In Deutschland wird die Bescheinigung nach den Art. 41 und 42 in der ersten In- 5 stanz von dem Familienrichter, in Verfahren vor dem OLG oder BGH von dem Vorsitzenden des Senats für Familiensachen ausgestellt (§ 48 Abs. 2 IntFamRVG).

Nach Abs. 1 S. 1 muss die Entscheidung im Ursprungsstaat (zumindest vorläufig) 6 vollstreckbar sein. Ist sie das nicht, so kann das Gericht des Ursprungsstaates die Entscheidung nach Abs. 1 S. 2 für vollstreckbar erklären, um eine Rechtsmitteleinlegung nur des Zeitgewinns wegen zu verhindern. Ob das Recht im Vollstreckungsstaat eine vorläufige Vollstreckbarkeit ohne Sicherheitsleistung generell oder in der konkreten Situation einer Umgangsentscheidung kennt, ist unerheblich. Das Gericht entscheidet nach billigem Ermessen und wird dabei insb. die Erfolgsaussichten des Rechtsbehelfs würdigen.[5]

Zu den Rechtsbehelfen gegen die Versagung oder Erteilung der Bescheinigung s. 7 Art. 43 Abs. 2 und die dortige Kommentierung.

II. Einflussnahmemöglichkeiten des Vollstreckungsstaats

1. Keine Kontrolle der Voraussetzungen des Art. 41. Es entspricht der inneren 8 Logik und dem angestrebten Beschleunigungseffekt der erleichterten Verfahrens nach Art. 40 ff, dass die zuständigen Organe des Vollstreckungsstaats keine eigene Prüfung vornehmen dürfen, ob die Voraussetzungen für die Erteilung der Bescheinigung nach Art. 41 Abs. 2 vorliegen.[6]

2. Durchführung der Vollstreckung, Modalitäten der Ausübung des Umgangs- 9 **rechts.** Durchgeführt wird die Vollstreckung aber nach dem innerstaatlichen Recht des Vollstreckungsstaates (Art. 47 Abs. 1). Zudem können die Gerichte des Vollstreckungsstaates nach Art. 48 Abs. 1 vom Ursprungsgericht unterlassene Regelungen zu den praktischen Modalitäten der Ausübung des Umgangsrechts treffen (zB Holen und Bringen des Kindes, Feiertagsregelung, Ferienumgang etc.). Holt das zuständige Gericht die Detailbestimmungen nach, so treten die vom Vollstreckungsstaat getroffenen Maßnahmen außer Kraft (Abs. 2).

3. Ordre public-Prüfung. Der besondere Mechanismus des Art. 41 soll einen 10 Zeitgewinn realisieren (s. Art. 40 Rn 1), nicht aber den Vollstreckungsstaat zur Durchführung von Vollstreckungsmaßnahmen zwingen, die gegen seine elementaren rechtsstaatlichen Grundsätze verstoßen. Deshalb ist der hM zuzustimmen, die dem Vollstreckungsstaat gestatten möchte, im Rahmen der im Vollstre-

---

3 Zur Effektivität dieser Selbstkontrolle *Dutta*, StAZ 2011, 33.
4 Kritisch *Coester-Waltjen*, FamRZ 2004, 241, 248.
5 Rauscher/*Rauscher*, EuZPR/EuIPR, Art. 41 Brüssel IIa-VO Rn 14.
6 EuGH 22.12.2010 – C-491/10 (Zarraga/Pelz), NJOZ 2011, 529 – dazu *Schulz*, FamRZ 2011, 355.

ckungsverfahren nach binnenstaatlichem Recht zur Verfügung stehenden Rechtsbehelfen seinen **vollstreckungsrechtlichen Ordre public** durchzusetzen (str).[7]

11 4. **Abänderung.** Die *ex lege*-Vollstreckbarkeit der als vollstreckbar bescheinigten Umgangsentscheidung verhindert richtiger Auffassung nach nicht deren Abänderung durch ein Gericht des Vollstreckungsstaates, wenn dieses nach Art. 8 insoweit international zuständig (geworden) ist.[8] S. dazu aber die abweichende Auffassung des EuGH bei Art. 47 Rn 3.

III. Widersprechende Entscheidungen

12 Kollidiert die „automatisch" anzuerkennende ausländische Entscheidung mit einer späteren inländischen oder einer hier anzuerkennenden anderen ausländischen Entscheidung, so kann man Art. 47 Abs. 2 S. 2 entnehmen, dass der Vorrang der Letzteren aus Art. 23 lit. e) und f) auch hier gelten soll. Wie dieser Vorrang durchzusetzen ist, bleibt der *lex fori* vorbehalten.[9]

Artikel 42 Rückgabe des Kindes

(1) Eine in einem Mitgliedstaat ergangene vollstreckbare Entscheidung über die Rückgabe des Kindes im Sinne des Artikels 40 Absatz 1 Buchstabe b), für die eine Bescheinigung nach Absatz 2 im Ursprungsmitgliedstaat ausgestellt wurde, wird in einem anderen Mitgliedstaat anerkannt und kann dort vollstreckt werden, ohne dass es einer Vollstreckbarerklärung bedarf und ohne dass die Anerkennung angefochten werden kann.

Auch wenn das nationale Recht nicht vorsieht, dass eine in Artikel 11 Absatz 8 genannte Entscheidung über die Rückgabe des Kindes ungeachtet der Einlegung eines Rechtsbehelfs von Rechts wegen vollstreckbar ist, kann das Gericht des Ursprungsmitgliedstaats die Entscheidung für vollstreckbar erklären.

(2) Der Richter des Ursprungsmitgliedstaats, der die Entscheidung nach Artikel 40 Absatz 1 Buchstabe b) erlassen hat, stellt die Bescheinigung nach Absatz 1 nur aus, wenn

a) das Kind die Möglichkeit hatte, gehört zu werden, sofern eine Anhörung nicht aufgrund seines Alters oder seines Reifegrads unangebracht erschien,

b) die Parteien die Gelegenheit hatten, gehört zu werden, und

c) das Gericht beim Erlass seiner Entscheidung die Gründe und Beweismittel berücksichtigt hat, die der nach Artikel 13 des Haager Übereinkommens von 1980 ergangenen Entscheidung zugrunde liegen.

Ergreift das Gericht oder eine andere Behörde Maßnahmen, um den Schutz des Kindes nach seiner Rückkehr in den Staat des gewöhnlichen Aufenthalts sicherzustellen, so sind diese Maßnahmen in der Bescheinigung anzugeben.

Der Richter des Ursprungsmitgliedstaats stellt die Bescheinigung von Amts wegen unter Verwendung des Formblatts in Anhang IV (Bescheinigung über die Rückgabe des Kindes) aus.

Das Formblatt wird in der Sprache ausgefüllt, in der die Entscheidung abgefasst ist.

---

7 Rauscher/*Rauscher*, EuZPR/EuIPR, Art. 40 Brüssel IIa-VO Rn 9 mwN zum Streitstand.
8 Rauscher/*Rauscher*, EuZPR/EuIPR, Art. 41 Brüssel IIa-VO Rn 9.
9 Rauscher/*Rauscher*, EuZPR/EuIPR, Art. 41 Brüssel IIa-VO Rn 10.

I. Allgemeines

Die Grundstruktur der erleichterten Auslandsvollstreckung einer Rückgabeentscheidung via Vollstreckbarkeitsbescheinigung des Ausgangsgerichts entspricht der erleichterten Vollstreckung einer Umgangsentscheidung nach Art. 41. Siehe deshalb zunächst die dortige Kommentierung.

II. Erleichterte Auslandsvollstreckung einer Rückgabeentscheidung

Wie sich aus Abs. 1 S. 2 und Art. 40 Abs. 1 lit. b) ergibt, erfasst die erleichterte Vollstreckbarkeit aus Art. 42 nur **Rückgabeentscheidungen nach Art. 11 Abs. 8**, also solche des Herkunftsstaates des Kindes, die seine Rückgabe anordnen, nachdem ein Gericht des Verbringungsstaates diese gestützt auf Art. 13 Haager Kindesentführungsübereinkommen (HKÜ)[1] (insb. vermeintliche Gefahr schwerwiegender Schäden für das Kind durch die Rückführung) gerade verweigert hat.

Nach Abs. 1 S. 1 muss die Rückgabeentscheidung im Ursprungsstaat (zumindest vorläufig) vollstreckbar sein. Ist sie das nicht (wie zB in Deutschland, § 40 Abs. 1 IntFamRVG; s. aber auch § 40 Abs. 3 IntFamRVG), so kann das Gericht des Ursprungsstaates die Entscheidung nach Abs. 1 S. 2 dennoch für vollstreckbar erklären. Zum Grund für diese Regelung und zum maßgeblichen Ermessenskriterium s. Art. 41 Rn 6.

Solange das Kind nicht tatsächlich in sein Herkunftsland zurückgeführt worden ist, ist für die Ausstellung der Bescheinigung belanglos, ob die „Verweigerungsentscheidung" des Verbringungsstaates ausgesetzt, abgeändert, aufgehoben oder jedenfalls nicht rechtskräftig geworden oder durch eine Entscheidung, mit der die Rückgabe des Kindes angeordnet wird, ersetzt worden ist.[2]

In der Bescheinigung der Vollstreckbarkeit (s. grds. dazu Art. 41 Rn 3 ff) sind nach Abs. 2 S. 2 etwaige Maßnahmen zum Schutz des Kindes bei dessen Rückkehr in den Staat seines gewöhnlichen Aufenthaltes im Einzelnen anzugeben.

III. Behandlung widersprechender Entscheidungen

Die Behandlung widersprechender Entscheidungen weicht von Art. 41 (s. dort Rn 12) ab, weil Art. 11 Abs. 8 insoweit vorrangig ist. Vgl im Einzelnen dazu Rauscher/*Rauscher*, EuZPR/EuIPR, Art. 42 Brüssel IIa-VO Rn 7 ff.

Artikel 43 Klage auf Berichtigung

(1) Für Berichtigungen der Bescheinigung ist das Recht des Ursprungsmitgliedstaats maßgebend.
(2) Gegen die Ausstellung einer Bescheinigung gemäß Artikel 41 Absatz 1 oder Artikel 42 Absatz 1 sind keine Rechtsbehelfe möglich.

Gegen die **Ausstellung der Bescheinigung** der Vollstreckbarkeit im Ursprungsstaat ist nach Abs. 2 **kein Rechtsbehelf** gegeben. Sie kann deshalb nur gem. Abs. 1 von Amts wegen (auch auf Anregung hin) nach Maßgabe des Rechts des Ursprungsstaates berichtigt werden. In Deutschland wird über § 49 IntFamRVG entsprechend § 319 ZPO berichtigt.

---

1 Haager Übereinkommen über die zivilrechtlichen Aspekte internationaler Kindesentführung vom 25.10.1980 (BGBl. 1990 II S. 207).
2 EuGH 11.7.2008 – C-195/08 (Inga Rinau), NJW 2008, 2973.

2 Die **Versagung der Ausstellung der Bescheinigung** ist nicht Gegenstand der Regelung des Abs. 2. Seine ratio (Beschleunigung des Verfahrens) spricht nicht für eine Ausdehnung der Unanfechtbarkeit auf diesen Fall. Hier darf und muss deshalb die *lex fori* des Ursprungsstaates entscheiden, ob es eine Anfechtungsmöglichkeit geben soll.[1] Da das IntFamRVG für Deutschland wohl nur deshalb schweigt, weil der Regelungsbedarf in dieser Frage – anders als bei der EuVTVO – übersehen wurde, kann und sollte hierzulande in entsprechender Anwendung des § 1080 Abs. 2 ZPO der Rechtsbehelf bei Versagung der Vollstreckungsklausel (§ 724 ZPO) eröffnet werden.[2]

Artikel 44 Wirksamkeit der Bescheinigung

Die Bescheinigung ist nur im Rahmen der Vollstreckbarkeit des Urteils wirksam.

1 Die Bestimmung entspricht, knapper formuliert, Art. 11 EuVTVO. Sie stellt klar, dass die Rechtsfolgen der Bescheinigung sich auf das beschränken, was in Art. 41 Abs. 1 und Art. 42 Abs. 1 angeordnet ist (Verzicht auf das Exequaturverfahren im Vollstreckungsstaat). Die Bescheinigung verleiht dem Titel damit insb. keine weitergehenden Wirkungen im Vollstreckungsstaat, als ihm nach dem Recht des Ursprungsstaats zukommen (vgl Art. 11 EuVTVO Rn 1).

Artikel 45 Urkunden

(1) Die Partei, die die Vollstreckung einer Entscheidung erwirken will, hat Folgendes vorzulegen:

a) eine Ausfertigung der Entscheidung, die die für ihre Beweiskraft erforderlichen Voraussetzungen erfüllt,

und

b) die Bescheinigung nach Artikel 41 Absatz 1 oder Artikel 42 Absatz 1.

(2) Für die Zwecke dieses Artikels

– wird der Bescheinigung gemäß Artikel 41 Absatz 1 eine Übersetzung der Nummer 12 betreffend die Modalitäten der Ausübung des Umgangsrechts beigefügt;

– wird der Bescheinigung gemäß Artikel 42 Absatz 1 eine Übersetzung der Nummer 14 betreffend die Einzelheiten der Maßnahmen, die ergriffen wurden, um die Rückgabe des Kindes sicherzustellen, beigefügt.

Die Übersetzung erfolgt in die oder in eine der Amtssprachen des Vollstreckungsmitgliedstaats oder in eine andere von ihm ausdrücklich zugelassene Sprache. Die Übersetzung ist von einer hierzu in einem der Mitgliedstaaten befugten Person zu beglaubigen.

1 Wer unter Bezugnahme auf eine Bescheinigung nach Art. 41 Abs. 1 oder Art. 42 Abs. 1 die Vollstreckung einer Umgangsregelung oder einer Rückgabeentscheidung in einem anderen EU-Mitgliedstaat als dem Ursprungsstaat ohne Exequaturverfahren erreichen will, muss eine Ausfertigung der Entscheidung vorlegen, die „die für ihre Beweiskraft erforderlichen Voraussetzungen erfüllt" (s. dazu im Einzelnen Art. 53 Brüssel I-VO Rn 4), sowie die Bescheinigung nach Art. 41

---

1 Rauscher/*Rauscher*, EuZPR/EuIPR, Art. 43 Brüssel IIa-VO Rn 4 mwN.
2 Hk-ZPO/*Saenger*, § 1080 Rn 4.

Abs. 1 oder Art. 42 Abs. 1 mit einer entsprechenden Übersetzung des Formblatts gem. Anh. II Nr. 12 oder Anh. IV Nr. 14. Die Übersetzung ist von einer hierzu in einem der Mitgliedstaaten befugten Person zu beglaubigen (Abs. 2 S. 3).

Die zuständigen Organe des Vollstreckungsstaats prüfen die vorgelegten Urkunden grds. nur in formaler Hinsicht. Eine Kontrolle, ob die materiellen Voraussetzungen zur Erteilung der Klausel (Art. 41 Abs. 2; Art. 42 Abs. 2) tatsächlich vorliegen, dürfen sie nicht vornehmen.[1] Eine Ordre-public-Prüfung kann ihnen aber nicht verwehrt bleiben (s. Art. 41 Rn 10; str). 2

Zuständig sind in Deutschland die „zentralisierten" Familiengerichte am Sitz eines OLG nach §§ 10, 12 IntFamRVG. Zu den zugelassenen Vollstreckungsmaßnahmen s. Art. 47 Rn 1 ff. 3

Abschnitt 5
Öffentliche Urkunden und Vereinbarungen

Artikel 46

Öffentliche Urkunden, die in einem Mitgliedstaat aufgenommen und vollstreckbar sind, sowie Vereinbarungen zwischen den Parteien, die in dem Ursprungsmitgliedstaat vollstreckbar sind, werden unter denselben Bedingungen wie Entscheidungen anerkannt und für vollstreckbar erklärt.

Öffentliche Urkunden (iSv Art. 57 Brüssel I-VO) und Parteivereinbarungen (zB gerichtlicher Vergleich) aus einem Mitgliedstaat, die dort vollstreckbar sind, werden Entscheidungen iSd Art. 21 gleichgestellt und in den anderen EU-Mitgliedstaaten in gleicher Weise und unter den gleichen Voraussetzungen anerkannt (Art. 21 ff) und vollstreckt (Art. 28 ff) wie die Letzteren, soweit der sachliche und zeitliche Anwendungsbereich der Anerkennungs- und Vollstreckungsvorschriften der Brüssel IIa-VO eröffnet ist (s. Vor Art. 21 ff Rn 5 ff). 1

Der Antragsteller muss insb. analog Art. 37 Abs. 1 lit. a) eine Ausfertigung der vollstreckbaren Urkunde oder der Vereinbarung vorlegen, die Gewähr für ihre Echtheit bietet (s. Art. 37 Rn 5), sowie analog Art. 37 Abs. 1 lit. b) eine Bescheinigung nach Art. 39. 2

Abschnitt 6
Sonstige Bestimmungen

Artikel 47 Vollstreckungsverfahren

(1) Für das Vollstreckungsverfahren ist das Recht des Vollstreckungsmitgliedstaats maßgebend.

(2) Die Vollstreckung einer von einem Gericht eines anderen Mitgliedstaats erlassenen Entscheidung, die gemäß Abschnitt 2 für vollstreckbar erklärt wurde oder für die eine Bescheinigung nach Artikel 41 Absatz 1 oder Artikel 42 Absatz 1 ausgestellt wurde, erfolgt im Vollstreckungsmitgliedstaat unter denselben Bedingungen, die für in diesem Mitgliedstaat ergangene Entscheidungen gelten.

---

1 Hk-ZPO/*Dörner*, Art. 45 EheGVVO Rn 4 mwN.

Insbesondere darf eine Entscheidung, für die eine Bescheinigung nach Artikel 41 Absatz 1 oder Artikel 42 Absatz 1 ausgestellt wurde, nicht vollstreckt werden, wenn sie mit einer später ergangenen vollstreckbaren Entscheidung unvereinbar ist.

I. Vollstreckungsverfahren: lex fori (Abs. 1)

1 Die Brüssel IIa-VO regelt nur, unter welchen **Voraussetzungen** ausländische Titel in ihrem Anwendungsbereich im Inland anerkannt und vollstreckt werden müssen. Das Vollstreckungsverfahren bestimmt sich nach Abs. 1 folgerichtig allein nach dem Recht des Vollstreckungsstaats. § 44 IntFamRVG hat hierfür ein eigenständiges Vollstreckungssystem in Deutschland aus Ordnungshaft, Ordnungsgeld und unmittelbarem Zwang geschaffen, das manche Regeln des FamFG vorwegnahm.[1]

II. Bedingungen der Vollstreckung (Abs. 2 S. 1)

2 Die Bedingungen für die Vollstreckung einer unter die Brüssel IIa-VO fallenden Entscheidung dürfen nach Abs. 2 S. 1 keine anderen sein als für inländische Entscheidungen.

III. Unvereinbare Entscheidungen (Abs. 2 S. 2)

3 Eine wegen der Bescheinigung nach Art. 41 Abs. 1 oder Art. 42 Abs. 1 ohne Exequaturverfahren vollstreckbare Entscheidung darf nach Abs. 2 S. 2 nicht vollstreckt werden, „wenn sie mit einer [inländischen oder im Inland anzuerkennenden] später ergangenen vollstreckbaren Entscheidung unvereinbar ist". Damit ist sinnvollerweise (nur) gemeint, dass jeder Mitgliedstaat nach Maßgabe seines eigenen Rechts befugt ist, eine inhaltlich überholte Entscheidung abzuändern und ihr damit die Vollstreckungsfähigkeit zu nehmen, und dass dies auch für ausländische Entscheidungen gilt, die im Ursprungsstaat mit einer Vollstreckbarkeitsbescheinigung versehen wurden.[2] Der EuGH ist dieser Sichtweise allerdings entgegengetreten und hat entschieden, dass die Vollstreckung einer mit einer Bescheinigung versehenen ausländischen Entscheidung nicht deshalb verweigert werden darf, weil sie auf Grund einer seit Erlass der Entscheidung eingetretenen Änderung der Umstände das Wohl des Kindes schwerwiegend gefährden könnte. Eine solche Änderung müsse vielmehr vor dem zuständigen Gericht des Ursprungsmitgliedstaats geltend gemacht werden, bei dem auch ein etwaiger Antrag auf Aussetzung der Vollstreckung seiner Entscheidung zu stellen sei.[3]

Artikel 48 Praktische Modalitäten der Ausübung des Umgangsrechts

(1) Die Gerichte des Vollstreckungsmitgliedstaats können die praktischen Modalitäten der Ausübung des Umgangsrechts regeln, wenn die notwendigen Vorkehrungen nicht oder nicht in ausreichendem Maße bereits in der Entscheidung der für die Entscheidung der in der Hauptsache zuständigen Gerichte des Mitgliedstaats getroffen wurden und sofern der Wesensgehalt der Entscheidung unberührt bleibt.

---

1 Vgl *Schulte-Bunert*, FamRZ 2007, 1608, 1613; *Rausch*, FuR 2005, 115.
2 Rauscher/*Rauscher*, EuZPR/EuIPR, Art. 47 Brüssel IIa-VO Rn 6 mwN.
3 EuGH 1.7.2010 – Rs. C-211/10 (Povse/Alpago), BeckRS 2010, 90833 = NJW 2010, 2863 (LS) = LMK 2010, 308104 (*Halfmeier*) m. Anm. *Urs Peter Gruber*, GPR 2011, 153.

(2) Die nach Absatz 1 festgelegten praktischen Modalitäten treten außer Kraft, nachdem die für die Entscheidung in der Hauptsache zuständigen Gerichte des Mitgliedstaats eine Entscheidung erlassen haben.

Auf die Erl. zu Art. 41 Rn 6 wird verwiesen. 1

Artikel 49 Kosten

Die Bestimmungen dieses Kapitels mit Ausnahme der Bestimmungen des Abschnitts 4 gelten auch für die Festsetzung der Kosten für die nach dieser Verordnung eingeleiteten Verfahren und die Vollstreckung eines Kostenfestsetzungsbeschlusses.

Kostenfestsetzungsbeschlüsse im Zusammenhang mit Verfahren, die in den sachlichen Anwendungsbereich der VO fallen (Verfahren in Ehesachen und zur elterlichen Sorge, vgl Vor Art. 21 ff Rn 7 ff), werden wie diese *ipso iure* anerkannt und im Wege des Exequaturverfahrens nach Art. 28 ff für vollstreckbar erklärt. Das vereinfachte Verfahren nach Art. 40 ff steht für diese selbst dann nicht offen, wenn sie sich auf Entscheidungen beziehen, die ihrerseits kraft Ursprungslandsbescheinigung nach Art. 41 oder Art. 42 vollstreckbar sind. 1

Artikel 50 Prozesskostenhilfe

Wurde dem Antragsteller im Ursprungsmitgliedstaat ganz oder teilweise Prozesskostenhilfe oder Kostenbefreiung gewährt, so genießt er in dem Verfahren nach den Artikeln 21, 28, 41, 42 und 48 hinsichtlich der Prozesskostenhilfe oder der Kostenbefreiung die günstigste Behandlung, die das Recht des Vollstreckungsmitgliedstaats vorsieht.

Auf die Erl. zum inhaltsgleichen Art. 50 Brüssel I-VO wird verwiesen. 1

Artikel 51 Sicherheitsleistung, Hinterlegung

Der Partei, die in einem Mitgliedstaat die Vollstreckung einer in einem anderen Mitgliedstaat ergangenen Entscheidung beantragt, darf eine Sicherheitsleistung oder Hinterlegung, unter welcher Bezeichnung es auch sei, nicht aus einem der folgenden Gründe auferlegt werden:
a) weil sie in dem Mitgliedstaat, in dem die Vollstreckung erwirkt werden soll, nicht ihren gewöhnlichen Aufenthalt hat, oder
b) weil sie nicht die Staatsangehörigkeit dieses Staates besitzt oder, wenn die Vollstreckung im Vereinigten Königreich oder in Irland erwirkt werden soll, ihr „domicile" nicht in einem dieser Mitgliedstaaten hat.

Auf die Erl. zum – wenn auch nicht wort-, so doch – inhaltsgleichen Art. 51 Brüssel I-VO wird verwiesen. 1

Artikel 52 Legalisation oder ähnliche Förmlichkeit

Die in den Artikeln 37, 38 und 45 aufgeführten Urkunden sowie die Urkunde über die Prozessvollmacht, falls eine solche erteilt wird, bedürfen weder der Legalisation noch einer ähnlichen Förmlichkeit.

1 Auf die Erl. zum inhaltsgleichen Art. 56 Brüssel I-VO wird verwiesen.

KAPITEL IV ZUSAMMENARBEIT ZWISCHEN DEN ZENTRALEN BEHÖRDEN BEI VERFAHREN BETREFFEND DIE ELTERLICHE VERANTWORTUNG

Artikel 53–58 (nicht abgedruckt)

KAPITEL V VERHÄLTNIS ZU ANDEREN RECHTSINSTRUMENTEN

Artikel 59–63 (nicht abgedruckt)

KAPITEL VI ÜBERGANGSVORSCHRIFTEN

Artikel 64 (nicht abgedruckt)

KAPITEL VII SCHLUSSBESTIMMUNGEN

Artikel 65–71 (nicht abgedruckt)

Artikel 72 In-Kraft-Treten

Diese Verordnung tritt am 1. August 2004 in Kraft.

Sie gilt ab 1. März 2005 mit Ausnahme der Artikel 67, 68, 69 und 70, die ab dem 1. August 2004 gelten.

Diese Verordnung ist in allen ihren Teilen verbindlich und gilt gemäß dem Vertrag zur Gründung der Europäischen Gemeinschaft unmittelbar in den Mitgliedstaaten.

ANHANG I

BESCHEINIGUNG GEMÄSS ARTIKEL 39 ÜBER ENTSCHEIDUNGEN IN EHESACHEN ([^1])

1. Ursprungsmitgliedstaat

2. Ausstellendes Gericht oder ausstellende Behörde

    2.1. Bezeichnung

    2.2. Anschrift

    2.3. Telefon/Fax/E-Mail

3. Angaben zur Ehe

    3.1. Ehefrau

        3.1.1. Name, Vornamen

        3.1.2. Anschrift

        3.1.3. Staat und Ort der Geburt

        3.1.4. Geburtsdatum

    3.2. Ehemann

        3.2.1. Name, Vornamen

        3.2.2. Anschrift

        3.2.3. Staat und Ort der Geburt

        3.2.4. Geburtsdatum

    3.3. Staat, Ort (soweit bekannt) und Datum der Eheschließung

        3.3.1. Staat der Eheschließung

        3.3.2. Ort der Eheschließung (soweit bekannt)

        3.3.3. Datum der Eheschließung

4. Gericht, das die Entscheidung erlassen hat

    4.1. Bezeichnung des Gerichts

    4.2. Gerichtsort

5. Entscheidung

    5.1. Datum

    5.2. Aktenzeichen

    5.3. Art der Entscheidung

        5.3.1. Scheidung

        5.3.2. Ungültigerklärung der Ehe

        5.3.3. Trennung ohne Auflösung des Ehebandes

[^1]: Verordnung (EG) Nr. 2201/2003 des Rates vom 27. November 2003 über die Zuständigkeit und Anerkennung und Vollstreckung von Entscheidungen in Ehesachen und in Verfahren betreffend die elterliche Verantwortung und zur Aufhebung der Verordnung (EG) Nr. 1347/2000.

5.4. Erging die Entscheidung im Versäumnisverfahren?

    5.4.1. Nein

    5.4.2. Ja (¹)

6. Namen der Parteien, denen Prozesskostenhilfe gewährt wurde

7. Können gegen die Entscheidung nach dem Recht des Ursprungsmitgliedstaats weitere Rechtsbehelfe eingelegt werden?

    7.1. Nein

    7.2. Ja

8. Datum der Rechtswirksamkeit in dem Mitgliedstaat, in dem die Entscheidung erging

    8.1. Scheidung

    8.2. Trennung ohne Auflösung des Ehebandes

Geschehen zu .... am ....

                                                     Unterschrift und/oder Dienstsiegel

---

(¹) Die in Artikel 37 Absatz 2 genannten Urkunden sind vorzulegen.

ANHANG II

BESCHEINIGUNG GEMÄSS ARTIKEL 39 ÜBER ENTSCHEIDUNGEN ÜBER DIE ELTERLICHE VERANTWORTUNG ([1])

1. Ursprungsmitgliedstaat

2. Ausstellendes Gericht oder ausstellende Behörde

    2.1. Bezeichnung

    2.2. Anschrift

    2.3. Telefon/Fax/E-Mail

3. Träger eines Umgangsrechts

    3.1. Name, Vornamen

    3.2. Anschrift

    3.3. Geburtsdatum und -ort (soweit bekannt)

4. Träger der elterlichen Verantwortung, die nicht in Nummer 3 genannt sind ([2])

    4.1.

        4.1.1. Name, Vornamen

        4.1.2. Anschrift

        4.1.3 Geburtsdatum und -ort (soweit bekannt)

    4.2.

        4.2.1. Name, Vornamen

        4.2.2. Anschrift

        4.2.3. Geburtsdatum und -ort (soweit bekannt)

    4.3.

        4.3.1. Name, Vornamen

        4.3.2. Anschrift

        4.3.3. Geburtsdatum und -ort (soweit bekannt)

5. Gericht, das die Entscheidung erlassen hat

    5.1. Bezeichnung des Gerichts

    5.2. Gerichtsort

6. Entscheidung

    6.1. Datum

    6.2. Aktenzeichen

    6.3. Erging die Entscheidung im Versäumnisverfahren?

        6.3.1. Nein

        6.3.2. Ja ([3])

([1]) Verordnung (EG) Nr. 2201/2003 des Rates vom 27. November 2003 über die Zuständigkeit und Anerkennung und Vollstreckung von Entscheidungen in Ehesachen und in Verfahren betreffend die elterliche Verantwortung und zur Aufhebung der Verordnung (EG) Nr. 1347/2000.
([2]) Im Fall des gemeinsamen Sorgerechts kann die in Nummer 3 genannte Person auch in Nummer 4 genannt werden.
([3]) Die in Artikel 37 Absatz 2 genannten Urkunden sind vorzulegen.

Brüssel IIa-VO | Anhang II

7. Kinder, für die die Entscheidung gilt (¹)

   7.1. Name, Vornamen und Geburtsdatum

   7.2. Name, Vornamen und Geburtsdatum

   7.3. Name, Vornamen und Geburtsdatum

   7.4. Name, Vornamen und Geburtsdatum

8. Namen der Parteien, denen Prozesskostenhilfe gewährt wurde

9. Bescheinigung über die Vollstreckbarkeit und Zustellung

   9.1. Ist die Entscheidung nach dem Recht des Ursprungsmitgliedstaats vollstreckbar?

      9.1.1. Ja

      9.1.2. Nein

   9.2. Ist die Entscheidung der Partei, gegen die vollstreckt werden soll, zugestellt worden?

      9.2.1. Ja

         9.2.1.1. Name, Vornamen der Partei

         9.2.1.2. Anschrift

         9.2.1.3. Datum der Zustellung

      9.2.2. Nein

10. Besondere Angaben zu Entscheidungen über das Umgangsrecht, wenn die Vollstreckbarkeitserklärung gemäß Artikel 28 beantragt wird. Diese Möglichkeit ist in Artikel 40 Absatz 2 vorgesehen:

    10.1. Modalitäten der Ausübung des Umgangsrechts (soweit in der Entscheidung angegeben)

       10.1.1. Datum, Uhrzeit

          10.1.1.1. Beginn

          10.1.1.2. Ende

       10.1.2. Ort

       10.1.3. Besondere Pflichten des Trägers der elterlichen Verantwortung

       10.1.4. Besondere Pflichten des Umgangsberechtigten

       10.1.5. Etwaige Beschränkungen des Umgangsrechts

11. Besondere Angaben zu Entscheidungen über die Rückgabe von Kindern, wenn die Vollstreckbarkeitserklärung gemäß Artikel 28 beantragt wird. Diese Möglichkeit ist in Artikel 40 Absatz 2 vorgesehen:

    11.1. In der Entscheidung wird die Rückgabe der Kinder angeordnet.

    11.2. Rückgabeberechtigter (soweit in der Entscheidung angegeben)

       11.2.1. Name, Vornamen

       11.2.2 Anschrift

Geschehen zu .... am ....

Unterschrift und/oder Dienstsiegel

(¹) Gilt die Entscheidung für mehr als vier Kinder, ist ein weiteres Formblatt zu verwenden.

ANHANG III

BESCHEINIGUNG GEMÄSS ARTIKEL 41 ABSATZ 1 ÜBER ENTSCHEIDUNGEN ÜBER DAS UMGANGSRECHT ([1])

1. Ursprungsmitgliedstaat

2. Ausstellendes Gericht bzw. ausstellende Behörde

    2.1. Bezeichnung

    2.2. Anschrift

    2.3. Telefon/Fax/E-Mail

3. Träger eines Umgangsrechts

    3.1. Name, Vornamen

    3.2. Anschrift

    3.3. Geburtsdatum und -ort (soweit vorhanden)

4. Träger der elterlichen Verantwortung, die nicht in Nummer 3 genannt sind ([2]) ([3])

    4.1.

        4.1.1. Name, Vornamen

        4.1.2. Anschrift

        4.1.3 Geburtsdatum und -ort (soweit bekannt)

    4.2.

        4.2.1. Name, Vornamen

        4.2.2. Anschrift

        4.2.3. Geburtsdatum und -ort (soweit bekannt)

    4.3. Andere

        4.3.1. Name, Vornamen

        4.3.2. Anschrift

        4.3.3. Geburtsdatum und -ort (soweit bekannt)

5. Gericht, das die Entscheidung erlassen hat

    5.1. Bezeichnung des Gerichts

    5.2. Gerichtsort

6. Entscheidung

    6.1. Datum

    6.2. Aktenzeichen

([1]) Verordnung (EG) Nr. 2201/2003 des Rates vom 27. November 2003 über die Zuständigkeit und Anerkennung und Vollstreckung von Entscheidungen in Ehesachen und in Verfahren betreffend die elterliche Verantwortung und zur Aufhebung der Verordnung (EG) Nr. 1347/2000.
([2]) Im Fall des gemeinsamen Sorgerechts kann die in Nummer 3 genannte Person auch in Nummer 4 genannt werden.
([3]) Das Feld ankreuzen, das der Person entspricht, gegenüber der die Entscheidung zu vollstrecken ist.

7. Kinder, für die die Entscheidung gilt ([1])

   7.1. Name, Vornamen und Geburtsdatum

   7.2. Name, Vornamen und Geburtsdatum

   7.3. Name, Vornamen und Geburtsdatum

   7.4. Name, Vornamen und Geburtsdatum

8. Ist die Entscheidung im Ursprungsmitgliedstaat vollstreckbar?

   8.1. Ja

   8.2. Nein

9. Im Fall des Versäumnisverfahrens wurde das verfahrenseinleitende Schriftstück oder ein gleichwertiges Schriftstück der säumigen Person so rechtzeitig und in einer Weise zugestellt, dass sie sich verteidigen konnte, oder, falls es nicht unter Einhaltung dieser Bedingungen zugestellt wurde, wurde festgestellt, dass sie mit der Entscheidung eindeutig einverstanden ist.

10. Alle betroffenen Parteien hatten Gelegenheit, gehört zu werden.

11. Die Kinder hatten die Möglichkeit, gehört zu werden, sofern eine Anhörung nicht aufgrund ihres Alters oder ihres Reifegrads unangebracht erschien.

12. Modalitäten der Ausübung des Umgangsrechts (soweit in der Entscheidung angegeben)

    12.1. Datum, Uhrzeit

       12.1.1. Beginn

       12.1.2. Ende

    12.2. Ort

    12.3. Besondere Pflichten des Trägers der elterlichen Verantwortung

    12.4. Besondere Pflichten des Umgangsberechtigten

    12.5. Etwaige Beschränkungen des Umgangsrechts

13. Namen der Parteien, denen Prozesskostenhilfe gewährt wurde

Geschehen zu .... am ....

                                                            Unterschrift und/oder Dienstsiegel

---

([1]) Gilt die Entscheidung für mehr als vier Kinder, ist ein weiteres Formblatt zu verwenden.

ANHANG IV

BESCHEINIGUNG GEMÄSS ARTIKEL 42 ABSATZ 1 ÜBER ENTSCHEIDUNGEN ÜBER DIE RÜCKGABE DES KINDES ([1])

1. Ursprungsmitgliedstaat

2. Ausstellendes Gericht oder ausstellende Behörde

    2.1. Bezeichnung

    2.2. Anschrift

    2.3. Telefon/Fax/E-Mail

3. Rückgabeberechtigter (soweit in der Entscheidung angegeben)

    3.1. Name, Vornamen

    3.2. Anschrift

    3.3. Geburtsdatum und -ort (soweit bekannt)

4. Träger der elterlichen Verantwortung ([2])

    4.1. Mutter

        4.1.1. Name, Vornamen

        4.1.2. Anschrift

        4.1.3 Geburtsdatum und -ort (soweit bekannt)

    4.2. Vater

        4.2.1. Name, Vornamen

        4.2.2. Anschrift

        4.2.3. Geburtsdatum und -ort (soweit bekannt)

    4.3. Andere

        4.3.1. Name, Vornamen

        4.3.2. Anschrift (soweit bekannt)

        4.3.3. Geburtsdatum und -ort (soweit bekannt)

5. Beklagte Partei (soweit bekannt)

    5.1. Name, Vornamen

    5.2. Anschrift (soweit bekannt)

6. Gericht, das die Entscheidung erlassen hat

    6.1. Bezeichnung des Gerichts

    6.2. Gerichtsort

([1]) Verordnung (EG) Nr. 2201/2003 des Rates vom 27. November 2003 über die Zuständigkeit und Anerkennung und Vollstreckung von Entscheidungen in Ehesachen und in Verfahren betreffend die elterliche Verantwortung und zur Aufhebung der Verordnung (EG) Nr. 1347/2000.
([2]) Dieser Punkt ist fakultativ.

7. Entscheidung

   7.1. Datum

   7.2. Aktenzeichen

8. Kinder, für die die Entscheidung gilt (¹)

   8.1. Name, Vornamen und Geburtsdatum

   8.2. Name, Vornamen und Geburtsdatum

   8.3. Name, Vornamen und Geburtsdatum

   8.4. Name, Vornamen und Geburtsdatum

9. In der Entscheidung wird die Rückgabe des Kindes angeordnet.

10. Ist die Entscheidung im Ursprungsmitgliedstaat vollstreckbar?

    10.1. Ja

    10.2. Nein

11. Die Kinder hatten die Möglichkeit, gehört zu werden, sofern eine Anhörung nicht aufgrund ihres Alters oder ihres Reifegrads unangebracht erschien.

12. Die Parteien hatten die Möglichkeit, gehört zu werden.

13. In der Entscheidung wird die Rückgabe der Kinder angeordnet, und das Gericht hat in seinem Urteil die Gründe und Beweismittel berücksichtigt, auf die sich die nach Artikel 13 des Haager Übereinkommens vom 25. Oktober 1980 über die zivilrechtlichen Aspekte internationaler Kindesentführung ergangene Entscheidung stützt.

14. Gegebenenfalls die Einzelheiten der Maßnahmen, die von Gerichten oder Behörden ergriffen wurden, um den Schutz des Kindes nach seiner Rückkehr in den Mitgliedstaat seines gewöhnlichen Aufenthalts sicherzustellen

15. Namen der Parteien, denen Prozesskostenhilfe gewährt wurde

Geschehen zu .... am ....

Unterschrift und/oder Dienstsiegel

(¹) Gilt die Entscheidung für mehr als vier Kinder, ist ein weiteres Formblatt zu verwenden.

ANHANG V

ENTSPRECHUNGSTABELLE ZUR VERORDNUNG (EG) Nr. 1347/2000

Aufgehobene Artikel	Entsprechende Artikel des neuen Textes	Aufgehobene Artikel	Entsprechende Artikel des neuen Textes
1	1, 2	25	32
2	3	26	33
3	12	27	34
4		28	35
5	4	29	36
6	5	30	50
7	6	31	51
8	7	32	37
9	17	33	39
10	18	34	38
11	16, 19	35	52
12	20	36	59
13	2, 49, 46	37	60, 61
14	21	38	62
15	22, 23	39	
16		40	63
17	24	41	66
18	25	42	64
19	26	43	65
20	27	44	68, 69
21	28	45	70
22	21, 29	46	72
23	30	Anhang I	68
24	31	Anhang II	68
		Anhang III	68
		Anhang IV	Anhang I
		Anhang V	Anhang II

ANHANG VI

Erklärungen Schwedens und Finnlands nach Artikel 59 Absatz 2 Buchstabe a) der Verordnung des Rates über die Zuständigkeit und Anerkennung und Vollstreckung von Entscheidungen in Ehesachen und in Verfahren betreffend die elterliche Verantwortung und zur Aufhebung der Verordnung (EG) Nr. 1347/2000.

Erklärung Schwedens

Gemäß Artikel 59 Absatz 2 Buchstabe a) der Verordnung des Rates über die Zuständigkeit und Anerkennung und Vollstreckung von Entscheidungen in Ehesachen und in Verfahren betreffend die elterliche Verantwortung und zur Änderung der Verordnung (EG) Nr. 1347/2000 erklärt Schweden, dass das Übereinkommen vom 6. Februar 1931 zwischen Dänemark, Finnland, Island, Norwegen und Schweden mit Bestimmungen des internationalen Verfahrensrechts über Ehe, Adoption und Vormundschaft einschließlich des Schlussprotokolls anstelle dieser Verordnung ganz auf die Beziehungen zwischen Schweden und Finnland anwendbar ist.

Erklärung Finnlands

Gemäß Artikel 59 Absatz 2 Buchstabe a) der Verordnung des Rates über die Zuständigkeit und Anerkennung und Vollstreckung von Entscheidungen in Ehesachen und in Verfahren betreffend die elterliche Verantwortung und zur Änderung der Verordnung (EG) Nr. 1347/2000 erklärt Finnland, dass das Übereinkommen vom 6. Februar 1931 zwischen Finnland, Dänemark, Island, Norwegen und Schweden mit Bestimmungen des internationalen Verfahrensrechts über Ehe, Adoption und Vormundschaft einschließlich des Schlussprotokolls anstelle dieser Verordnung in den gegenseitigen Beziehungen zwischen Finnland und Schweden in vollem Umfang zur Anwendung kommt.

Gesetz zur Aus- und Durchführung bestimmter Rechtsinstrumente auf dem Gebiet des internationalen Familienrechts (Internationales Familienrechtsverfahrensgesetz – IntFamRVG)[1]

Vom 26. Januar 2005 (BGBl. I S. 162)
(FNA 319-109)
zuletzt geändert durch Art. 6 des Gesetzes zur Durchführung der Verordnung (EU) Nr. 1215/2012 sowie zur Änderung sonstiger Vorschriften vom 8. Juli 2014 (BGBl. I S. 890, 893)

Abschnitt 1
Anwendungsbereich; Begriffsbestimmungen

§ 1 Anwendungsbereich

Dieses Gesetz dient
1. der Durchführung der Verordnung (EG) Nr. 2201/2003 des Rates vom 27. November 2003 über die Zuständigkeit und die Anerkennung und Vollstreckung von Entscheidungen in Ehesachen und in Verfahren betreffend die elterliche Verantwortung und zur Aufhebung der Verordnung (EG) Nr. 1347/2000 (ABl. EU Nr. L 338 S. 1);
2. der Ausführung des Haager Übereinkommens vom 19. Oktober 1996 über die Zuständigkeit, das anzuwendende Recht, die Anerkennung, Vollstreckung und Zusammenarbeit auf dem Gebiet der elterlichen Verantwortung und der Maßnahmen zum Schutz von Kindern (BGBl. 2009 II S. 602, 603) – im Folgenden: Haager Kinderschutzübereinkommen;
3. der Ausführung des Haager Übereinkommens vom 25. Oktober 1980 über die zivilrechtlichen Aspekte internationaler Kindesentführung (BGBl. 1990 II S. 207) – im Folgenden: Haager Kindesentführungsübereinkommen;
4. der Ausführung des Luxemburger Europäischen Übereinkommens vom 20. Mai 1980 über die Anerkennung und Vollstreckung von Entscheidungen über das Sorgerecht für Kinder und die Wiederherstellung des Sorgeverhältnisses (BGBl. 1990 II S. 220) – im Folgenden: Europäisches Sorgerechtsübereinkommen.

§ 2 Begriffsbestimmungen

Im Sinne dieses Gesetzes sind „Titel" Entscheidungen, Vereinbarungen und öffentliche Urkunden, auf welche die durchzuführende EG-Verordnung oder das jeweils auszuführende Übereinkommen Anwendung findet.

---

[1] Verkündet als Art. 1 des Gesetzes v. 26.1.2005 (BGBl. I S. 162); Inkrafttreten gem. Art. 3 S. 2 dieses Gesetzes am 1.3.2005 mit Ausnahme der §§ 12 Abs. 3 und 47 Abs. 2, die gem. Art. 3 S. 1 am 1.2.2005 in Kraft getreten sind.

Abschnitt 2
Zentrale Behörde; Jugendamt

§ 3 Bestimmung der Zentralen Behörde

(1) Zentrale Behörde nach
1. Artikel 53 der Verordnung (EG) Nr. 2201/2003,
2. Artikel 29 des Haager Kinderschutzübereinkommens,
3. Artikel 6 des Haager Kindesentführungsübereinkommens,
4. Artikel 2 des Europäischen Sorgerechtsübereinkommens

ist das Bundesamt für Justiz.

(2) Das Verfahren der Zentralen Behörde gilt als Justizverwaltungsverfahren.

§ 4 Übersetzungen bei eingehenden Ersuchen

(1) Die Zentrale Behörde, bei der ein Antrag aus einem anderen Staat nach der Verordnung (EG) Nr. 2201/2003 oder nach dem Europäischen Sorgerechtsübereinkommen eingeht, kann es ablehnen, tätig zu werden, solange Mitteilungen oder beizufügende Schriftstücke nicht in deutscher Sprache abgefasst oder von einer Übersetzung in diese Sprache begleitet sind.

(2) Ist ein Schriftstück nach Artikel 54 des Haager Kinderschutzübereinkommens oder nach Artikel 24 Abs. 1 des Haager Kindesentführungsübereinkommens ausnahmsweise nicht von einer deutschen Übersetzung begleitet, so veranlasst die Zentrale Behörde die Übersetzung.

§ 5 Übersetzungen bei ausgehenden Ersuchen

(1) Beschafft die antragstellende Person erforderliche Übersetzungen für Anträge, die in einem anderen Staat zu erledigen sind, nicht selbst, veranlasst die Zentrale Behörde die Übersetzungen auf Kosten der antragstellenden Person.

(2) Das Amtsgericht befreit eine antragstellende natürliche Person, die ihren gewöhnlichen Aufenthalt oder bei Fehlen eines gewöhnlichen Aufenthalts im Inland ihren tatsächlichen Aufenthalt im Gerichtsbezirk hat, auf Antrag von der Erstattungspflicht nach Absatz 1, wenn sie die persönlichen und wirtschaftlichen Voraussetzungen für die Gewährung von Verfahrenskostenhilfe ohne einen eigenen Beitrag zu den Kosten nach den Vorschriften des Gesetzes über das Verfahren in Familiensachen und in Angelegenheiten der freiwilligen Gerichtsbarkeit erfüllt.

§ 6 Aufgabenerfüllung durch die Zentrale Behörde

(1) [1]Zur Erfüllung der ihr obliegenden Aufgaben veranlasst die Zentrale Behörde mit Hilfe der zuständigen Stellen alle erforderlichen Maßnahmen. [2]Sie verkehrt unmittelbar mit allen zuständigen Stellen im In- und Ausland. [3]Mitteilungen leitet sie unverzüglich an die zuständigen Stellen weiter.

(2) [1]Zum Zweck der Ausführung des Haager Kindesentführungsübereinkommens und des Europäischen Sorgerechtsübereinkommens leitet die Zentrale Behörde erforderlichenfalls gerichtliche Verfahren ein. [2]Im Rahmen dieser Überein-

kommen gilt sie zum Zweck der Rückgabe des Kindes als bevollmächtigt, im Namen der antragstellenden Person selbst oder im Weg der Untervollmacht durch Vertreter gerichtlich oder außergerichtlich tätig zu werden. ³Ihre Befugnis, zur Sicherung der Einhaltung der Übereinkommen im eigenen Namen entsprechend zu handeln, bleibt unberührt.

§ 7 Aufenthaltsermittlung

(1) Die Zentrale Behörde trifft alle erforderlichen Maßnahmen einschließlich der Einschaltung von Polizeivollzugsbehörden, um den Aufenthaltsort des Kindes zu ermitteln, wenn dieser unbekannt ist und Anhaltspunkte dafür vorliegen, dass sich das Kind im Inland befindet.

(2) Soweit zur Ermittlung des Aufenthalts des Kindes erforderlich, darf die Zentrale Behörde bei dem Kraftfahrt-Bundesamt erforderliche Halterdaten nach § 33 Abs. 1 Satz 1 Nr. 2 des Straßenverkehrsgesetzes erheben und die Leistungsträger im Sinne der §§ 18 bis 29 des Ersten Buches Sozialgesetzbuch um Mitteilung des derzeitigen Aufenthalts einer Person ersuchen.

(3) ¹Unter den Voraussetzungen des Absatzes 1 kann die Zentrale Behörde die Ausschreibung zur Aufenthaltsermittlung durch das Bundeskriminalamt veranlassen. ²Sie kann auch die Speicherung eines Suchvermerks im Zentralregister veranlassen.

(4) Soweit andere Stellen eingeschaltet werden, übermittelt sie ihnen die zur Durchführung der Maßnahmen erforderlichen personenbezogenen Daten; diese dürfen nur für den Zweck verwendet werden, für den sie übermittelt worden sind.

§ 8 Anrufung des Oberlandesgerichts

(1) Nimmt die Zentrale Behörde einen Antrag nicht an oder lehnt sie es ab, tätig zu werden, so kann die Entscheidung des Oberlandesgerichts beantragt werden.

(2) Zuständig ist das Oberlandesgericht, in dessen Bezirk die Zentrale Behörde ihren Sitz hat.

(3) ¹Das Oberlandesgericht entscheidet im Verfahren der freiwilligen Gerichtsbarkeit. ²§ 14 Abs. 1 und 2 sowie die Abschnitte 4 und 5 des Buches 1 des Gesetzes über das Verfahren in Familiensachen und in den Angelegenheiten der freiwilligen Gerichtsbarkeit gelten entsprechend.

§ 9 Mitwirkung des Jugendamts an Verfahren

(1) ¹Unbeschadet der Aufgaben des Jugendamts bei der grenzüberschreitenden Zusammenarbeit unterstützt das Jugendamt die Gerichte und die Zentrale Behörde bei allen Maßnahmen nach diesem Gesetz. ²Insbesondere
1. gibt es auf Anfrage Auskunft über die soziale Lage des Kindes und seines Umfelds,
2. unterstützt es in jeder Lage eine gütliche Einigung,
3. leistet es in geeigneten Fällen Unterstützung bei der Durchführung des Verfahrens, auch bei der Sicherung des Aufenthalts des Kindes,

4. leistet es in geeigneten Fällen Unterstützung bei der Ausübung des Rechts zum persönlichen Umgang, der Heraus- oder Rückgabe des Kindes sowie der Vollstreckung gerichtlicher Entscheidungen.

(2) ¹Zuständig ist das Jugendamt, in dessen Bereich sich das Kind gewöhnlich aufhält. ²Solange die Zentrale Behörde oder ein Gericht mit einem Herausgabe- oder Rückgabeantrag oder dessen Vollstreckung befasst ist, oder wenn das Kind keinen gewöhnlichen Aufenthalt im Inland hat, oder das zuständige Jugendamt nicht tätig wird, ist das Jugendamt zuständig, in dessen Bereich sich das Kind tatsächlich aufhält. ³In den Fällen des Artikels 35 Absatz 2 Satz 1 des Haager Kinderschutzübereinkommens ist das Jugendamt örtlich zuständig, in dessen Bezirk der antragstellende Elternteil seinen gewöhnlichen Aufenthalt hat.

(3) Das Gericht unterrichtet das zuständige Jugendamt über Entscheidungen nach diesem Gesetz auch dann, wenn das Jugendamt am Verfahren nicht beteiligt war.

Abschnitt 3
Gerichtliche Zuständigkeit und Zuständigkeitskonzentration

§ 10 Örtliche Zuständigkeit für die Anerkennung und Vollstreckung

Örtlich ausschließlich zuständig für Verfahren nach
- Artikel 21 Abs. 3 und Artikel 48 Abs. 1 der Verordnung (EG) Nr. 2201/2003 sowie für die Zwangsvollstreckung nach den Artikeln 41 und 42 der Verordnung (EG) Nr. 2201/2003,
- den Artikeln 24 und 26 des Haager Kinderschutzübereinkommens,
- dem Europäischen Sorgerechtsübereinkommen

ist das Familiengericht, in dessen Zuständigkeitsbereich zum Zeitpunkt der Antragstellung

1. die Person, gegen die sich der Antrag richtet, oder das Kind, auf das sich die Entscheidung bezieht, sich gewöhnlich aufhält oder
2. bei Fehlen einer Zuständigkeit nach Nummer 1 das Interesse an der Feststellung hervortritt oder das Bedürfnis der Fürsorge besteht,
3. sonst das im Bezirk des Kammergerichts zur Entscheidung berufene Gericht.

§ 11 Örtliche Zuständigkeit nach dem Haager Kindesentführungsübereinkommen

Örtlich zuständig für Verfahren nach dem Haager Kindesentführungsübereinkommen ist das Familiengericht, in dessen Zuständigkeitsbereich

1. sich das Kind beim Eingang des Antrags bei der Zentralen Behörde aufgehalten hat oder
2. bei Fehlen einer Zuständigkeit nach Nummer 1 das Bedürfnis der Fürsorge besteht.

§ 12 Zuständigkeitskonzentration

(1) In Verfahren über eine in den §§ 10 und 11 bezeichnete Sache sowie in Verfahren über die Vollstreckbarerklärung nach Artikel 28 der Verordnung (EG) Nr. 2201/2003 entscheidet das Familiengericht, in dessen Bezirk ein Oberlandesgericht seinen Sitz hat, für den Bezirk dieses Oberlandesgerichts.

(2) Im Bezirk des Kammergerichts entscheidet das Familiengericht Pankow/ Weißensee.

(3) ¹Die Landesregierungen werden ermächtigt, diese Zuständigkeit durch Rechtsverordnung einem anderen Familiengericht des Oberlandesgerichtsbezirks oder, wenn in einem Land mehrere Oberlandesgerichte errichtet sind, einem Familiengericht für die Bezirke aller oder mehrerer Oberlandesgerichte zuzuweisen. ²Sie können die Ermächtigung auf die Landesjustizverwaltungen übertragen.

§ 13 Zuständigkeitskonzentration für andere Familiensachen

(1) ¹Das Familiengericht, bei dem eine in den §§ 10 bis 12 bezeichnete Sache anhängig wird, ist von diesem Zeitpunkt an ungeachtet des § 137 Abs. 1 und 3 des Gesetzes über das Verfahren in Familiensachen und in den Angelegenheiten der freiwilligen Gerichtsbarkeit für alle dasselbe Kind betreffenden Familiensachen nach § 151 Nr. 1 bis 3 des Gesetzes über das Verfahren in Familiensachen und in den Angelegenheiten der freiwilligen Gerichtsbarkeit einschließlich der Verfügungen nach § 44 und den §§ 35 und 89 bis 94 des Gesetzes über das Verfahren in Familiensachen und in den Angelegenheiten der freiwilligen Gerichtsbarkeit zuständig. ²Die Zuständigkeit nach Satz 1 tritt nicht ein, wenn der Antrag offensichtlich unzulässig ist. ³Sie entfällt, sobald das angegangene Gericht auf Grund unanfechtbarer Entscheidung unzuständig ist; Verfahren, für die dieses Gericht hiernach seine Zuständigkeit verliert, sind nach näherer Maßgabe des § 281 Abs. 2 und 3 Satz 1 der Zivilprozessordnung von Amts wegen an das zuständige Gericht abzugeben.

(2) Bei dem Familiengericht, das in dem Oberlandesgerichtsbezirk, in dem sich das Kind gewöhnlich aufhält, für Anträge der in Absatz 1 Satz 1 genannten Art zuständig ist, kann auch eine andere Familiensache nach § 151 Nr. 1 bis 3 des Gesetzes über das Verfahren in Familiensachen und in den Angelegenheiten der freiwilligen Gerichtsbarkeit anhängig gemacht werden, wenn ein Elternteil seinen gewöhnlichen Aufenthalt in einem anderen Mitgliedstaat der Europäischen Union oder in einem anderen Vertragsstaat des Haager Kinderschutzübereinkommens, des Haager Kindesentführungsübereinkommens oder des Europäischen Sorgerechtsübereinkommens hat.

(3) ¹Im Falle des Absatzes 1 Satz 1 hat ein anderes Familiengericht, bei dem eine dasselbe Kind betreffende Familiensache nach § 151 Nr. 1 bis 3 des Gesetzes über das Verfahren in Familiensachen und in den Angelegenheiten der freiwilligen Gerichtsbarkeit im ersten Rechtszug anhängig ist oder anhängig wird, dieses Verfahren von Amts wegen an das nach Absatz 1 Satz 1 zuständige Gericht abzugeben. ²Auf übereinstimmenden Antrag beider Elternteile sind andere Familiensachen, an denen diese beteiligt sind, an das nach Absatz 1 oder Absatz 2 zuständige Gericht abzugeben. ³§ 281 Abs. 2 Satz 1 bis 3 und Abs. 3 Satz 1 der Zivilprozessordnung gilt entsprechend.

(4) ¹Das Familiengericht, das gemäß Absatz 1 oder Absatz 2 zuständig oder an das die Sache gemäß Absatz 3 abgegeben worden ist, kann diese aus wichtigen Gründen an das nach den allgemeinen Vorschriften zuständige Familiengericht

abgeben oder zurückgeben, soweit dies nicht zu einer erheblichen Verzögerung des Verfahrens führt. ²Als wichtiger Grund ist es in der Regel anzusehen, wenn die besondere Sachkunde des erstgenannten Gerichts für das Verfahren nicht oder nicht mehr benötigt wird. ³§ 281 Abs. 2 und 3 Satz 1 der Zivilprozessordnung gilt entsprechend. ⁴Die Ablehnung einer Abgabe nach Satz 1 ist unanfechtbar.

(5) §§ 4 und 5 Abs. 1 Nr. 5, Abs. 2 und 3 des Gesetzes über das Verfahren in Familiensachen und in den Angelegenheiten der freiwilligen Gerichtsbarkeit bleibt unberührt.

§ 13 a Verfahren bei grenzüberschreitender Abgabe

(1) ¹Ersucht das Familiengericht das Gericht eines anderen Vertragsstaats nach Artikel 8 des Haager Kinderschutzübereinkommens um Übernahme der Zuständigkeit, so setzt es eine Frist, innerhalb derer das ausländische Gericht die Übernahme der Zuständigkeit mitteilen kann. ²Setzt das Familiengericht das Verfahren nach Artikel 8 des Haager Kinderschutzübereinkommens aus, setzt es den Parteien eine Frist, innerhalb derer das ausländische Gericht anzurufen ist. ³Ist die Frist nach Satz 1 abgelaufen, ohne dass das ausländische Gericht die Übernahme der Zuständigkeit mitgeteilt hat, so ist in der Regel davon auszugehen, dass das ersuchte Gericht die Übernahme der Zuständigkeit ablehnt. ⁴Ist die Frist nach Satz 2 abgelaufen, ohne dass eine Partei das ausländische Gericht angerufen hat, bleibt es bei der Zuständigkeit des Familiengerichts. ⁵Das Gericht des ersuchten Staates und die Parteien sind auf diese Rechtsfolgen hinzuweisen.

(2) Ersucht ein Gericht eines anderen Vertragsstaats das Familiengericht nach Artikel 8 des Haager Kinderschutzübereinkommens um Übernahme der Zuständigkeit oder ruft eine Partei das Familiengericht nach dieser Vorschrift an, so kann das Familiengericht die Zuständigkeit innerhalb von sechs Wochen übernehmen.

(3) Die Absätze 1 und 2 sind auf Anträge, Ersuchen und Entscheidungen nach Artikel 9 des Haager Kinderschutzübereinkommens entsprechend anzuwenden.

(4) ¹Der Beschluss des Familiengerichts,
1. das ausländische Gericht nach Absatz 1 Satz 1 oder nach Artikel 15 Absatz 1 Buchstabe b der Verordnung (EG) Nr. 2201/2003 um Übernahme der Zuständigkeit zu ersuchen,
2. das Verfahren nach Absatz 1 Satz 2 oder nach Artikel 15 Absatz 1 Buchstabe a der Verordnung (EG) Nr. 2201/2003 auszusetzen,
3. das zuständige ausländische Gericht nach Artikel 9 des Kinderschutzübereinkommens oder nach Artikel 15 Absatz 2 Buchstabe c der Verordnung (EG) Nr. 2201/2003 um Abgabe der Zuständigkeit zu ersuchen,
4. die Parteien einzuladen, bei dem zuständigen ausländischen Gericht nach Artikel 9 des Haager Kinderschutzübereinkommens die Abgabe der Zuständigkeit an das Familiengericht zu beantragen, oder
5. die Zuständigkeit auf Ersuchen eines ausländischen Gerichts oder auf Antrag der Parteien nach Artikel 9 des Haager Kinderschutzübereinkommens an das ausländische Gericht abzugeben,

ist mit der sofortigen Beschwerde in entsprechender Anwendung der §§ 567 bis 572 der Zivilprozessordnung anfechtbar. ²Die Rechtsbeschwerde ist ausgeschlossen. ³Die in Satz 1 genannten Beschlüsse werden erst mit ihrer Rechtskraft wirksam. ⁴Hierauf ist in dem Beschluss hinzuweisen.

(5) Im Übrigen sind Beschlüsse nach den Artikeln 8 und 9 des Haager Kinderschutzübereinkommens und nach Artikel 15 der Verordnung (EG) Nr. 2201/2003 unanfechtbar.

(6) ¹Parteien im Sinne dieser Vorschrift sowie der Artikel 8 und 9 des Haager Kinderschutzübereinkommens und des Artikels 15 der Verordnung (EG) Nr. 2201/2003 sind die in § 7 Absatz 1 und 2 Nummer 1 des Gesetzes über das Verfahren in Familiensachen und in den Angelegenheiten der freiwilligen Gerichtsbarkeit genannten Beteiligten. ²Die Vorschriften über die Hinzuziehung weiterer Beteiligter bleiben unberührt.

Abschnitt 4
Allgemeine gerichtliche Verfahrensvorschriften

§ 14 Familiengerichtliches Verfahren

Soweit nicht anders bestimmt, entscheidet das Familiengericht
1. über eine in den §§ 10 und 12 bezeichnete Ehesache nach den hierfür geltenden Vorschriften des Gesetzes über das Verfahren in Familiensachen und in den Angelegenheiten der freiwilligen Gerichtsbarkeit,
2. über die übrigen in den §§ 10, 11, 12 und 47 bezeichneten Angelegenheiten als Familiensachen im Verfahren der freiwilligen Gerichtsbarkeit.

§ 15 Einstweilige Anordnungen

Das Gericht kann auf Antrag oder von Amts wegen einstweilige Anordnungen treffen, um Gefahren von dem Kind abzuwenden oder eine Beeinträchtigung der Interessen der Beteiligten zu vermeiden, insbesondere um den Aufenthaltsort des Kindes während des Verfahrens zu sichern oder eine Vereitelung oder Erschwerung der Rückgabe zu verhindern; Abschnitt 4 des Buches 1 des Gesetzes über das Verfahren in Familiensachen und in den Angelegenheiten der freiwilligen Gerichtsbarkeit gilt entsprechend.

Abschnitt 5
Zulassung der Zwangsvollstreckung, Anerkennungsfeststellung und Wiederherstellung des Sorgeverhältnisses

Unterabschnitt 1 Zulassung der Zwangsvollstreckung im ersten Rechtszug

§ 16 Antragstellung

(1) Mit Ausnahme der in den Artikeln 41 und 42 der Verordnung (EG) Nr. 2201/2003 aufgeführten Titel wird der in einem anderen Staat vollstreckbare Titel dadurch zur Zwangsvollstreckung zugelassen, dass er auf Antrag mit der Vollstreckungsklausel versehen wird.

(2) Der Antrag auf Erteilung der Vollstreckungsklausel kann bei dem zuständigen Familiengericht schriftlich eingereicht oder mündlich zu Protokoll der Geschäftsstelle erklärt werden.

(3) Ist der Antrag entgegen § 184 des Gerichtsverfassungsgesetzes nicht in deutscher Sprache abgefasst, so kann das Gericht der antragstellenden Person aufgeben, eine Übersetzung des Antrags beizubringen, deren Richtigkeit von einer
1. in einem Mitgliedstaat der Europäischen Union oder
2. in einem anderen Vertragsstaat eines auszuführenden Übereinkommens
hierzu befugten Person bestätigt worden ist.

§ 17 Zustellungsbevollmächtigter

(1) Hat die antragstellende Person in dem Antrag keinen Zustellungsbevollmächtigten im Sinne des § 184 Abs. 1 Satz 1 der Zivilprozessordnung benannt, so können bis zur nachträglichen Benennung alle Zustellungen an sie durch Aufgabe zur Post (§ 184 Abs. 1 Satz 2, Abs. 2 der Zivilprozessordnung) bewirkt werden.

(2) Absatz 1 gilt nicht, wenn die antragstellende Person einen Verfahrensbevollmächtigten für das Verfahren bestellt hat, an den im Inland zugestellt werden kann.

§ 18 Einseitiges Verfahren

(1) [1]Im Anwendungsbereich der Verordnung (EG) Nr. 2201/2003 und des Haager Kinderschutzübereinkommens erhält im erstinstanzlichen Verfahren auf Zulassung der Zwangsvollstreckung nur die antragstellende Person Gelegenheit, sich zu äußern. [2]Die Entscheidung ergeht ohne mündliche Verhandlung. [3]Jedoch kann eine mündliche Erörterung mit der antragstellenden oder einer von ihr bevollmächtigten Person stattfinden, wenn diese hiermit einverstanden ist und die Erörterung der Beschleunigung dient.

(2) Abweichend von § 114 Absatz 1 des Gesetzes über das Verfahren in Familiensachen und in den Angelegenheiten der freiwilligen Gerichtsbarkeit ist in Ehesachen im ersten Rechtszug eine anwaltliche Vertretung nicht erforderlich.

§ 19 Besondere Regelungen zum Europäischen Sorgerechtsübereinkommen

Die Vollstreckbarerklärung eines Titels aus einem anderen Vertragsstaat des Europäischen Sorgerechtsübereinkommens ist auch in den Fällen der Artikel 8 und 9 des Übereinkommens ausgeschlossen, wenn die Voraussetzungen des Artikels 10 Abs. 1 Buchstabe a oder b des Übereinkommens vorliegen, insbesondere wenn die Wirkungen des Titels mit den Grundrechten des Kindes oder eines Sorgeberechtigten unvereinbar wären.

§ 20 Entscheidung

(1) [1]Ist die Zwangsvollstreckung aus dem Titel zuzulassen, so beschließt das Gericht, dass der Titel mit der Vollstreckungsklausel zu versehen ist. [2]In dem Beschluss ist die zu vollstreckende Verpflichtung in deutscher Sprache wiederzugeben. [3]Zur Begründung des Beschlusses genügt in der Regel die Bezugnahme auf die Verordnung (EG) Nr. 2201/2003 oder den auszuführenden Anerkennungs-

und Vollstreckungsvertrag sowie auf die von der antragstellenden Person vorgelegten Urkunden.

(2) Auf die Kosten des Verfahrens ist § 81 des Gesetzes über das Verfahren in Familiensachen und in den Angelegenheiten der freiwilligen Gerichtsbarkeit entsprechend anzuwenden; in Ehesachen gilt § 788 der Zivilprozessordnung entsprechend.

(3) [1]Ist der Antrag nicht zulässig oder nicht begründet, so lehnt ihn das Gericht durch mit Gründen versehenen Beschluss ab. [2]Für die Kosten gilt Absatz 2; in Ehesachen sind die Kosten dem Antragsteller aufzuerlegen.

§ 21 Bekanntmachung der Entscheidung

(1) [1]Im Falle des § 20 Abs. 1 sind der verpflichteten Person eine beglaubigte Abschrift des Beschlusses, eine beglaubigte Abschrift des noch nicht mit der Vollstreckungsklausel versehenen Titels und gegebenenfalls seiner Übersetzung sowie der gemäß § 20 Abs. 1 Satz 3 in Bezug genommenen Urkunden von Amts wegen zuzustellen. [2]Ein Beschluss nach § 20 Abs. 3 ist der verpflichteten Person formlos mitzuteilen.

(2) [1]Der antragstellenden Person sind eine beglaubigte Abschrift des Beschlusses nach § 20, im Falle des § 20 Abs. 1 ferner eine Bescheinigung über die bewirkte Zustellung zu übersenden. [2]Die mit der Vollstreckungsklausel versehene Ausfertigung des Titels ist der antragstellenden Person erst dann zu übersenden, wenn der Beschluss nach § 20 Abs. 1 wirksam geworden und die Vollstreckungsklausel erteilt ist.

(3) In einem Verfahren, das die Vollstreckbarerklärung einer die elterliche Verantwortung betreffenden Entscheidung zum Gegenstand hat, sind Zustellungen auch an den gesetzlichen Vertreter des Kindes, an den Vertreter des Kindes im Verfahren, an das Kind selbst, soweit es das 14. Lebensjahr vollendet hat, an einen Elternteil, der nicht am Verfahren beteiligt war, sowie an das Jugendamt zu bewirken.

(4) Handelt es sich bei der für vollstreckbar erklärten Maßnahme um eine Unterbringung, so ist der Beschluss auch dem Leiter der Einrichtung oder der Pflegefamilie bekannt zu machen, in der das Kind untergebracht werden soll.

§ 22 Wirksamwerden der Entscheidung

(1) [1]Der Beschluss nach § 20 wird erst mit Rechtskraft wirksam. [2]Hierauf ist in dem Beschluss hinzuweisen.

(2) [1]Absatz 1 gilt nicht für den Beschluss, mit dem eine Entscheidung über die freiheitsentziehende Unterbringung eines Kindes nach Artikel 56 der Verordnung (EG) Nr. 2201/2003 für vollstreckbar erklärt wird. [2]In diesem Fall hat das Gericht die sofortige Wirksamkeit des Beschlusses anzuordnen. [3]§ 324 Absatz 2 Satz 2 Nummer 3 und Satz 3 des Gesetzes über das Verfahren in Familiensachen und in Angelegenheiten der freiwilligen Gerichtsbarkeit gilt entsprechend.

§ 23 Vollstreckungsklausel

(1) Auf Grund eines wirksamen Beschlusses nach § 20 Abs. 1 erteilt der Urkundsbeamte der Geschäftsstelle die Vollstreckungsklausel in folgender Form:

„Vollstreckungsklausel nach § 23 des Internationalen Familienrechtsverfahrensgesetzes vom 26. Januar 2005 (BGBl. I S. 162). Gemäß dem Beschluss des ... (Bezeichnung des Gerichts und des Beschlusses) ist die Zwangsvollstreckung aus ... (Bezeichnung des Titels) zugunsten ... (Bezeichnung der berechtigten Person) gegen ... (Bezeichnung der verpflichteten Person) zulässig.

Die zu vollstreckende Verpflichtung lautet:

... (Angabe der aus dem ausländischen Titel der verpflichteten Person obliegenden Verpflichtung in deutscher Sprache; aus dem Beschluss nach § 20 Abs. 1 zu übernehmen)."

(2) Wird die Zwangsvollstreckung nur für einen oder mehrere der durch den ausländischen Titel zuerkannten oder in einem anderen ausländischen Titel niedergelegten Ansprüche oder nur für einen Teil des Gegenstands der Verpflichtung zugelassen, so ist die Vollstreckungsklausel als „Teil-Vollstreckungsklausel nach § 23 des Internationalen Familienrechtsverfahrensgesetzes vom 26. Januar 2005 (BGBl. I S. 162)" zu bezeichnen.

(3) [1]Die Vollstreckungsklausel ist von dem Urkundsbeamten der Geschäftsstelle zu unterschreiben und mit dem Gerichtssiegel zu versehen. [2]Sie ist entweder auf die Ausfertigung des Titels oder auf ein damit zu verbindendes Blatt zu setzen. [3]Falls eine Übersetzung des Titels vorliegt, ist sie mit der Ausfertigung zu verbinden.

Unterabschnitt 2 Beschwerde

§ 24 Einlegung der Beschwerde; Beschwerdefrist

(1) [1]Gegen die im ersten Rechtszug ergangene Entscheidung findet die Beschwerde zum Oberlandesgericht statt. [2]Die Beschwerde wird bei dem Oberlandesgericht durch Einreichen einer Beschwerdeschrift oder durch Erklärung zu Protokoll der Geschäftsstelle eingelegt.

(2) Die Zulässigkeit der Beschwerde wird nicht dadurch berührt, dass sie statt bei dem Oberlandesgericht bei dem Gericht des ersten Rechtszugs eingelegt wird; die Beschwerde ist unverzüglich von Amts wegen an das Oberlandesgericht abzugeben.

(3) Die Beschwerde gegen die Zulassung der Zwangsvollstreckung ist einzulegen

1. innerhalb eines Monats nach Zustellung, wenn die beschwerdeberechtigte Person ihren gewöhnlichen Aufenthalt im Inland hat;
2. innerhalb von zwei Monaten nach Zustellung, wenn die beschwerdeberechtigte Person ihren gewöhnlichen Aufenthalt im Ausland hat. Die Frist beginnt mit dem Tag, an dem die Vollstreckbarerklärung der beschwerdeberechtigten Person entweder persönlich oder in ihrer Wohnung zugestellt worden ist. Eine Verlängerung dieser Frist wegen weiter Entfernung ist ausgeschlossen.

(4) Die Beschwerdefrist ist eine Notfrist.

(5) Die Beschwerde ist dem Beschwerdegegner von Amts wegen zuzustellen.

(6) Im Fall des § 22 Absatz 2 kann das Beschwerdegericht durch Beschluss die Vollstreckung des angefochtenen Beschlusses einstweilen einstellen.

§ 25 Einwendungen gegen den zu vollstreckenden Anspruch

Die verpflichtete Person kann mit der Beschwerde gegen die Zulassung der Zwangsvollstreckung aus einem Titel über die Erstattung von Verfahrenskosten auch Einwendungen gegen den Anspruch selbst insoweit geltend machen, als die Gründe, auf denen sie beruhen, erst nach Erlass des Titels entstanden sind.

§ 26 Verfahren und Entscheidung über die Beschwerde

(1) Der Senat des Oberlandesgerichts entscheidet durch Beschluss, der mit Gründen zu versehen ist und ohne mündliche Verhandlung ergehen kann.

(2) [1]Solange eine mündliche Verhandlung nicht angeordnet ist, können zu Protokoll der Geschäftsstelle Anträge gestellt und Erklärungen abgegeben werden. [2]Wird in einer Ehesache die mündliche Verhandlung angeordnet, so gilt für die Ladung § 215 der Zivilprozessordnung.

(3) Eine vollständige Ausfertigung des Beschlusses ist den Beteiligten auch dann von Amts wegen zuzustellen, wenn der Beschluss verkündet worden ist.

(4) § 20 Abs. 1 Satz 2, Abs. 2 und 3, § 21 Abs. 1, 2 und 4 sowie § 23 gelten entsprechend.

§ 27 Anordnung der sofortigen Wirksamkeit

(1) [1]Der Beschluss des Oberlandesgerichts nach § 26 wird erst mit seiner Rechtskraft wirksam. [2]Hierauf ist in dem Beschluss hinzuweisen.

(2) Das Oberlandesgericht kann in Verbindung mit der Entscheidung über die Beschwerde die sofortige Wirksamkeit eines Beschlusses anordnen.

Unterabschnitt 3 Rechtsbeschwerde

§ 28 Statthaftigkeit der Rechtsbeschwerde

Gegen den Beschluss des Oberlandesgerichts findet die Rechtsbeschwerde zum Bundesgerichtshof nach Maßgabe des § 574 Abs. 1 Nr. 1, Abs. 2 der Zivilprozessordnung statt.

§ 29 Einlegung und Begründung der Rechtsbeschwerde

[1]§ 575 Abs. 1 bis 4 der Zivilprozessordnung ist entsprechend anzuwenden. [2]Soweit die Rechtsbeschwerde darauf gestützt wird, dass das Oberlandesgericht von einer Entscheidung des Gerichtshofs der Europäischen Gemeinschaften abgewichen sei, muss die Entscheidung, von der der angefochtene Beschluss abweicht, bezeichnet werden.

§ 30 Verfahren und Entscheidung über die Rechtsbeschwerde

(1) [1]Der Bundesgerichtshof kann nur überprüfen, ob der Beschluss auf einer Verletzung des Rechts der Europäischen Gemeinschaft, eines Anerkennungs- und

Vollstreckungsvertrags, sonstigen Bundesrechts oder einer anderen Vorschrift beruht, deren Geltungsbereich sich über den Bezirk eines Oberlandesgerichts hinaus erstreckt. ²Er darf nicht prüfen, ob das Gericht seine örtliche Zuständigkeit zu Unrecht angenommen hat.

(2) ¹Der Bundesgerichtshof kann über die Rechtsbeschwerde ohne mündliche Verhandlung entscheiden. ²§ 574 Abs. 4, § 576 Abs. 3 und § 577 der Zivilprozessordnung sind entsprechend anzuwenden; in Angelegenheiten der freiwilligen Gerichtsbarkeit bleiben § 574 Abs. 4 und § 577 Abs. 2 Satz 1 bis 3 der Zivilprozessordnung sowie die Verweisung auf § 556 in § 576 Abs. 3 der Zivilprozessordnung außer Betracht.

(3) § 20 Abs. 1 Satz 2, Abs. 2 und 3, § 21 Abs. 1, 2 und 4 sowie § 23 gelten entsprechend.

§ 31 Anordnung der sofortigen Wirksamkeit

Der Bundesgerichtshof kann auf Antrag der verpflichteten Person eine Anordnung nach § 27 Abs. 2 aufheben oder auf Antrag der berechtigten Person erstmals eine Anordnung nach § 27 Abs. 2 treffen.

Unterabschnitt 4 Feststellung der Anerkennung

§ 32 Anerkennungsfeststellung

¹Auf das Verfahren über einen gesonderten Feststellungsantrag nach Artikel 21 Absatz 3 der Verordnung (EG) Nr. 2201/2003, nach Artikel 24 des Haager Kinderschutzübereinkommens oder nach dem Europäischen Sorgerechtsübereinkommen, einen Titel aus einem anderen Staat anzuerkennen oder nicht anzuerkennen, sind die Unterabschnitte 1 bis 3 entsprechend anzuwenden. ²§ 18 Absatz 1 Satz 1 ist nicht anzuwenden, wenn die antragstellende Person die Feststellung begehrt, dass ein Titel aus einem anderen Staat nicht anzuerkennen ist. ³§ 18 Absatz 1 Satz 3 ist in diesem Falle mit der Maßgabe anzuwenden, dass die mündliche Erörterung auch mit weiteren Beteiligten stattfinden kann.

Unterabschnitt 5 Wiederherstellung des Sorgeverhältnisses

§ 33 Anordnung auf Herausgabe des Kindes

(1) Umfasst ein vollstreckungsfähiger Titel im Anwendungsbereich der Verordnung (EG) Nr. 2201/2003, des Haager Kinderschutzübereinkommens oder des Europäischen Sorgerechtsübereinkommens nach dem Recht des Staates, in dem er geschaffen wurde, das Recht auf Herausgabe des Kindes, so kann das Familiengericht die Herausgabeanordnung in der Vollstreckungsklausel oder in einer nach § 44 getroffenen Anordnung klarstellend aufnehmen.

(2) Liegt im Anwendungsbereich des Europäischen Sorgerechtsübereinkommens ein vollstreckungsfähiger Titel auf Herausgabe des Kindes nicht vor, so stellt das Gericht nach § 32 fest, dass die Sorgerechtsentscheidung oder die von der zuständigen Behörde genehmigte Sorgerechtsvereinbarung aus dem anderen Vertragsstaat anzuerkennen ist, und ordnet zur Wiederherstellung des Sorgeverhältnisses auf Antrag an, dass die verpflichtete Person das Kind herauszugeben hat.

Unterabschnitt 6 Aufhebung oder Änderung von Beschlüssen

§ 34 Verfahren auf Aufhebung oder Änderung

(1) ¹Wird der Titel in dem Staat, in dem er errichtet worden ist, aufgehoben oder abgeändert und kann die verpflichtete Person diese Tatsache in dem Verfahren der Zulassung der Zwangsvollstreckung nicht mehr geltend machen, so kann sie die Aufhebung oder Änderung der Zulassung in einem besonderen Verfahren beantragen. ²Das Gleiche gilt für den Fall der Aufhebung oder Änderung von Entscheidungen, Vereinbarungen oder öffentlichen Urkunden, deren Anerkennung festgestellt ist.

(2) Für die Entscheidung über den Antrag ist das Familiengericht ausschließlich zuständig, das im ersten Rechtszug über den Antrag auf Erteilung der Vollstreckungsklausel oder auf Feststellung der Anerkennung entschieden hat.

(3) ¹Der Antrag kann bei dem Gericht schriftlich oder durch Erklärung zu Protokoll der Geschäftsstelle gestellt werden. ²Die Entscheidung ergeht durch Beschluss.

(4) Auf die Beschwerde finden die Unterabschnitte 2 und 3 entsprechend Anwendung.

(5) ¹Im Falle eines Titels über die Erstattung von Verfahrenskosten sind für die Einstellung der Zwangsvollstreckung und die Aufhebung bereits getroffener Vollstreckungsmaßregeln die §§ 769 und 770 der Zivilprozessordnung entsprechend anzuwenden. ²Die Aufhebung einer Vollstreckungsmaßregel ist auch ohne Sicherheitsleistung zulässig.

§ 35 Schadensersatz wegen ungerechtfertigter Vollstreckung

(1) ¹Wird die Zulassung der Zwangsvollstreckung aus einem Titel über die Erstattung von Verfahrenskosten auf die Rechtsbeschwerde aufgehoben oder abgeändert, so ist die berechtigte Person zum Ersatz des Schadens verpflichtet, welcher der verpflichteten Person durch die Vollstreckung des Titels oder durch eine Leistung zur Abwendung der Vollstreckung entstanden ist. ²Das Gleiche gilt, wenn die Zulassung der Zwangsvollstreckung nach § 34 aufgehoben oder abgeändert wird, sofern der zur Zwangsvollstreckung zugelassene Titel zum Zeitpunkt der Zulassung nach dem Recht des Staates, in dem er ergangen ist, noch mit einem ordentlichen Rechtsbehelf angefochten werden konnte.

(2) Für die Geltendmachung des Anspruchs ist das Gericht ausschließlich zuständig, das im ersten Rechtszug über den Antrag, den Titel mit der Vollstreckungsklausel zu versehen, entschieden hat.

Unterabschnitt 7 Vollstreckungsabwehrklage

§ 36 Vollstreckungsabwehrklage bei Titeln über Verfahrenskosten

(1) Ist die Zwangsvollstreckung aus einem Titel über die Erstattung von Verfahrenskosten zugelassen, so kann die verpflichtete Person Einwendungen gegen den Anspruch selbst in einem Verfahren nach § 767 der Zivilprozessordnung nur geltend machen, wenn die Gründe, auf denen ihre Einwendungen beruhen, erst

1. nach Ablauf der Frist, innerhalb deren sie die Beschwerde hätte einlegen können, oder
2. falls die Beschwerde eingelegt worden ist, nach Beendigung dieses Verfahrens entstanden sind.

(2) Die Klage nach § 767 der Zivilprozessordnung ist bei dem Gericht zu erheben, das über den Antrag auf Erteilung der Vollstreckungsklausel entschieden hat.

Abschnitt 6
Verfahren nach dem Haager Kindesentführungsübereinkommen

§ 37 Anwendbarkeit

Kommt im Einzelfall die Rückgabe des Kindes nach dem Haager Kindesentführungsübereinkommen und dem Europäischen Sorgerechtsübereinkommen in Betracht, so sind zunächst die Bestimmungen des Haager Kindesentführungsübereinkommens anzuwenden, sofern die antragstellende Person nicht ausdrücklich die Anwendung des Europäischen Sorgerechtsübereinkommen begehrt.

§ 38 Beschleunigtes Verfahren

(1) [1]Das Gericht hat das Verfahren auf Rückgabe eines Kindes in allen Rechtszügen vorrangig zu behandeln. [2]Mit Ausnahme von Artikel 12 Abs. 3 des Haager Kindesentführungsübereinkommens findet eine Aussetzung des Verfahrens nicht statt. [3]Das Gericht hat alle erforderlichen Maßnahmen zur Beschleunigung des Verfahrens zu treffen, insbesondere auch damit die Entscheidung in der Hauptsache binnen der in Artikel 11 Abs. 3 der Verordnung (EG) Nr. 2201/2003 genannten Frist ergehen kann.

(2) Das Gericht prüft in jeder Lage des Verfahrens, ob das Recht zum persönlichen Umgang mit dem Kind gewährleistet werden kann.

(3) Die Beteiligten haben an der Aufklärung des Sachverhalts mitzuwirken, wie es einem auf Förderung und Beschleunigung des Verfahrens bedachten Vorgehen entspricht.

§ 39 Übermittlung von Entscheidungen

Wird eine inländische Entscheidung nach Artikel 11 Abs. 6 der Verordnung (EG) Nr. 2201/2003 unmittelbar dem zuständigen Gericht oder der Zentralen Behörde im Ausland übermittelt, ist der Zentralen Behörde zur Erfüllung ihrer Aufgaben nach Artikel 7 des Haager Kindesentführungsübereinkommens eine Abschrift zu übersenden.

§ 40 Wirksamkeit der Entscheidung; Rechtsmittel

(1) Eine Entscheidung, die zur Rückgabe des Kindes in einen anderen Vertragsstaat verpflichtet, wird erst mit deren Rechtskraft wirksam.

(2) ¹Gegen eine im ersten Rechtszug ergangene Entscheidung findet die Beschwerde zum Oberlandesgericht nach Unterabschnitt 1 des Abschnitts 5 des Buches 1 des Gesetzes über das Verfahren in Familiensachen und in den Angelegenheiten der freiwilligen Gerichtsbarkeit statt; § 65 Abs. 2, § 68 Abs. 4 sowie § 69 Abs. 1 Satz 2 bis 4 jenes Gesetzes sind nicht anzuwenden. ²Die Beschwerde ist innerhalb von zwei Wochen einzulegen und zu begründen. ³Die Beschwerde gegen eine Entscheidung, die zur Rückgabe des Kindes verpflichtet, steht nur dem Antragsgegner, dem Kind, soweit es das 14. Lebensjahr vollendet hat, und dem beteiligten Jugendamt zu. ⁴Eine Rechtsbeschwerde findet nicht statt.

(3) ¹Das Beschwerdegericht hat nach Eingang der Beschwerdeschrift unverzüglich zu prüfen, ob die sofortige Wirksamkeit der angefochtenen Entscheidung über die Rückgabe des Kindes anzuordnen ist. ²Die sofortige Wirksamkeit soll angeordnet werden, wenn die Beschwerde offensichtlich unbegründet ist oder die Rückgabe des Kindes vor der Entscheidung über die Beschwerde unter Berücksichtigung der berechtigten Interessen der Beteiligten mit dem Wohl des Kindes zu vereinbaren ist. ³Die Entscheidung über die sofortige Wirksamkeit kann während des Beschwerdeverfahrens abgeändert werden.

§ 41 Bescheinigung über Widerrechtlichkeit

¹Über einen Antrag, die Widerrechtlichkeit des Verbringens oder des Zurückhaltens eines Kindes nach Artikel 15 Satz 1 des Haager Kindesentführungsübereinkommens festzustellen, entscheidet das Familiengericht,

1. bei dem die Sorgerechtsangelegenheit oder Ehesache im ersten Rechtszug anhängig ist oder war, sonst
2. in dessen Bezirk das Kind seinen letzten gewöhnlichen Aufenthalt im Geltungsbereich dieses Gesetzes hatte, hilfsweise
3. in dessen Bezirk das Bedürfnis der Fürsorge auftritt.

²Die Entscheidung ist zu begründen.

§ 42 Einreichung von Anträgen bei dem Amtsgericht

(1) ¹Ein Antrag, der in einem anderen Vertragsstaat zu erledigen ist, kann auch bei dem Amtsgericht als Justizverwaltungsbehörde eingereicht werden, in dessen Bezirk die antragstellende Person ihren gewöhnlichen Aufenthalt oder, mangels eines solchen im Geltungsbereich dieses Gesetzes, ihren tatsächlichen Aufenthalt hat. ²Das Gericht übermittelt den Antrag nach Prüfung der förmlichen Voraussetzungen unverzüglich der Zentralen Behörde, die ihn an den anderen Vertragsstaat weiterleitet.

(2) Für die Tätigkeit des Amtsgerichts und der Zentralen Behörde bei der Entgegennahme und Weiterleitung von Anträgen werden mit Ausnahme der Fälle nach § 5 Abs. 1 Kosten nicht erhoben.

§ 43 Verfahrenskosten- und Beratungshilfe

Abweichend von Artikel 26 Abs. 2 des Haager Kindesentführungsübereinkommens findet eine Befreiung von gerichtlichen und außergerichtlichen Kosten bei

Verfahren nach diesem Übereinkommen nur nach Maßgabe der Vorschriften über die Beratungshilfe und Verfahrenskostenhilfe statt.

Abschnitt 7
Vollstreckung

§ 44 Ordnungsmittel; Vollstreckung von Amts wegen

(1) ¹Bei Zuwiderhandlung gegen einen im Inland zu vollstreckenden Titel nach Kapitel III der Verordnung (EG) Nr. 2201/2003, nach dem Haager Kinderschutzübereinkommen, dem Haager Kindesentführungsübereinkommen oder dem Europäischen Sorgerechtsübereinkommen, der auf Herausgabe von Personen oder die Regelung des Umgangs gerichtet ist, soll das Gericht Ordnungsgeld und für den Fall, dass dieses nicht beigetrieben werden kann, Ordnungshaft anordnen. ²Verspricht die Anordnung eines Ordnungsgeldes keinen Erfolg, soll das Gericht Ordnungshaft anordnen.

(2) Für die Vollstreckung eines in Absatz 1 genannten Titels ist das Oberlandesgericht zuständig, sofern es die Anordnung für vollstreckbar erklärt, erlassen oder bestätigt hat.

(3) ¹Ist ein Kind heraus- oder zurückzugeben, so hat das Gericht die Vollstreckung von Amts wegen durchzuführen, es sei denn, die Anordnung ist auf Herausgabe des Kindes zum Zweck des Umgangs gerichtet. ²Auf Antrag der berechtigten Person soll das Gericht hiervon absehen.

Abschnitt 8
Grenzüberschreitende Unterbringung

§ 45 Zuständigkeit für die Zustimmung zu einer Unterbringung

¹Zuständig für die Erteilung der Zustimmung zu einer Unterbringung eines Kindes nach Artikel 56 der Verordnung (EG) Nr. 2201/2003 oder nach Artikel 33 des Haager Kinderschutzübereinkommens im Inland ist der überörtliche Träger der öffentlichen Jugendhilfe, in dessen Bereich das Kind nach dem Vorschlag der ersuchenden Stelle untergebracht werden soll, andernfalls der überörtliche Träger, zu dessen Bereich die Zentrale Behörde den engsten Bezug festgestellt hat. ²Hilfsweise ist das Land Berlin zuständig.

§ 46 Konsultationsverfahren

(1) Dem Ersuchen soll in der Regel zugestimmt werden, wenn

1. die Durchführung der beabsichtigten Unterbringung im Inland dem Wohl des Kindes entspricht, insbesondere weil es eine besondere Bindung zum Inland hat,

2. die ausländische Stelle einen Bericht und, soweit erforderlich, ärztliche Zeugnisse oder Gutachten vorgelegt hat, aus denen sich die Gründe der beabsichtigten Unterbringung ergeben,

3. das Kind im ausländischen Verfahren angehört wurde, sofern eine Anhörung nicht auf Grund des Alters oder des Reifegrades des Kindes unangebracht erschien,

4. die Zustimmung der geeigneten Einrichtung oder Pflegefamilie vorliegt und der Vermittlung des Kindes dorthin keine Gründe entgegenstehen,
5. eine erforderliche ausländerrechtliche Genehmigung erteilt oder zugesagt wurde,
6. die Übernahme der Kosten geregelt ist.

(2) Im Falle einer Unterbringung, die mit Freiheitsentziehung verbunden ist, ist das Ersuchen ungeachtet der Voraussetzungen des Absatzes 1 abzulehnen, wenn
1. im ersuchenden Staat über die Unterbringung kein Gericht entscheidet oder
2. bei Zugrundelegung des mitgeteilten Sachverhalts nach innerstaatlichem Recht eine Unterbringung, die mit Freiheitsentziehung verbunden ist, nicht zulässig wäre.

(3) Die ausländische Stelle kann um ergänzende Informationen ersucht werden.

(4) Wird um die Unterbringung eines ausländischen Kindes ersucht, ist die Stellungnahme der Ausländerbehörde einzuholen.

(5) ¹Die zu begründende Entscheidung ist auch der Zentralen Behörde und der Einrichtung oder der Pflegefamilie, in der das Kind untergebracht werden soll, mitzuteilen. ²Sie ist unanfechtbar.

§ 47 Genehmigung des Familiengerichts

(1) ¹Die Zustimmung des überörtlichen Trägers der öffentlichen Jugendhilfe nach den §§ 45 und 46 ist nur mit Genehmigung des Familiengerichts zulässig. ²Das Gericht soll die Genehmigung in der Regel erteilen, wenn
1. die in § 46 Abs. 1 Nr. 1 bis 3 bezeichneten Voraussetzungen vorliegen und
2. kein Hindernis für die Anerkennung der beabsichtigten Unterbringung erkennbar ist.
³§ 46 Abs. 2 und 3 gilt entsprechend.

(2) ¹Örtlich zuständig ist das Familiengericht am Sitz des Oberlandesgerichts, in dessen Zuständigkeitsbereich das Kind untergebracht werden soll, für den Bezirk dieses Oberlandesgerichts. ²§ 12 Abs. 2 und 3 gilt entsprechend.

(3) Der zu begründende Beschluss ist unanfechtbar.

Abschnitt 9
Bescheinigungen zu inländischen Entscheidungen nach der Verordnung (EG) Nr. 2201/2003

§ 48 Ausstellung von Bescheinigungen

(1) Die Bescheinigung nach Artikel 39 der Verordnung (EG) Nr. 2201/2003 wird von dem Urkundsbeamten der Geschäftsstelle des Gerichts des ersten Rechtszugs und, wenn das Verfahren bei einem höheren Gericht anhängig ist, von dem Urkundsbeamten der Geschäftsstelle dieses Gerichts ausgestellt.

(2) Die Bescheinigung nach den Artikeln 41 und 42 der Verordnung (EG) Nr. 2201/2003 wird beim Gericht des ersten Rechtszugs von dem Familienrichter, in Verfahren vor dem Oberlandesgericht oder dem Bundesgerichtshof von dem Vorsitzenden des Senats für Familiensachen ausgestellt.

§ 49 Berichtigung von Bescheinigungen

Für die Berichtigung der Bescheinigung nach Artikel 43 Abs. 1 der Verordnung (EG) Nr. 2201/2003 gilt § 319 der Zivilprozessordnung entsprechend.

Abschnitt 10
Kosten

§§ 50–53 (aufgehoben)

§ 54 Übersetzungen

Die Höhe der Vergütung für die von der Zentralen Behörde veranlassten Übersetzungen richtet sich nach dem Justizvergütungs- und -entschädigungsgesetz.

Abschnitt 11
Übergangsvorschriften

§ 55 Übergangsvorschriften zu der Verordnung (EG) Nr. 2201/2003

Dieses Gesetz findet sinngemäß auch auf Verfahren nach der Verordnung (EG) Nr. 1347/2000 des Rates vom 29. Mai 2000 über die Zuständigkeit und die Anerkennung und Vollstreckung von Entscheidungen in Ehesachen und in Verfahren betreffend die elterliche Verantwortung für die gemeinsamen Kinder der Ehegatten (ABl. EG Nr. L 160 S. 19) mit folgender Maßgabe Anwendung:

Ist ein Beschluss nach § 21 an die verpflichtete Person in einem weder der Europäischen Union noch dem Übereinkommen vom 16. September 1988 über die gerichtliche Zuständigkeit und die Vollstreckung gerichtlicher Entscheidungen in Zivil- und Handelssachen (BGBl. 1994 II S. 2658) angehörenden Staat zuzustellen und hat das Familiengericht eine Beschwerdefrist nach § 10 Abs. 2 und § 50 Abs. 2 Satz 4 und 5 des Anerkennungs- und Vollstreckungsausführungsgesetzes bestimmt, so ist die Beschwerde der verpflichteten Person gegen die Zulassung der Zwangsvollstreckung innerhalb der vom Gericht bestimmten Frist einzulegen.

§ 56 Übergangsvorschriften zum Sorgerechtsübereinkommens-Ausführungsgesetz

[1]Für Verfahren nach dem Haager Kindesentführungsübereinkommen und dem Europäischen Sorgerechtsübereinkommen, die vor Inkrafttreten dieses Gesetzes eingeleitet wurden, finden die Vorschriften des Sorgerechtsübereinkommens-Ausführungsgesetzes vom 5. April 1990 (BGBl. I S. 701), zuletzt geändert durch Artikel 2 Abs. 6 des Gesetzes vom 19. Februar 2001 (BGBl. I S. 288, 436), weiter Anwendung. [2]Für die Zwangsvollstreckung sind jedoch die Vorschriften dieses Gesetzes anzuwenden. [3]Hat ein Gericht die Zwangsvollstreckung bereits eingeleitet, so bleibt seine funktionelle Zuständigkeit unberührt.

VERORDNUNG (EG) Nr. 4/2009 DES RATES
vom 18. Dezember 2008
über die Zuständigkeit, das anwendbare Recht, die Anerkennung und Vollstreckung von Entscheidungen und die Zusammenarbeit in Unterhaltssachen

(ABl. L 7 vom 10.1.2009, S. 1, berichtigt durch ABl. L 131 vom 18.5.2011, S. 26, ABl. L 8 vom 12.1.2013, S. 19 und ABl. L 281 vom 23.10.2013, S. 29; zuletzt geändert durch Verordnung (EU) Nr. 228/2015 vom 17.2.2015, ABl. L 49 vom 20.2.2015, S. 1)

DER RAT DER EUROPÄISCHEN UNION –

gestützt auf den Vertrag zur Gründung der Europäischen Gemeinschaft, insbesondere auf Artikel 61 Buchstabe c und Artikel 67 Absatz 2,

auf Vorschlag der Kommission,

nach Stellungnahme des Europäischen Parlaments,[1]

nach Stellungnahme des Europäischen Wirtschafts- und Sozialausschusses,[2]

in Erwägung nachstehender Gründe:

(1) Die Gemeinschaft hat sich zum Ziel gesetzt, einen Raum der Freiheit, der Sicherheit und des Rechts, in dem der freie Personenverkehr gewährleistet ist, zu erhalten und weiterzuentwickeln. Zur schrittweisen Schaffung eines solchen Raums erlässt die Gemeinschaft unter anderem Maßnahmen im Bereich der justiziellen Zusammenarbeit in Zivilsachen mit grenzüberschreitenden Bezügen, soweit dies für das reibungslose Funktionieren des Binnenmarkts erforderlich ist.

(2) Nach Artikel 65 Buchstabe b des Vertrags betreffen solche Maßnahmen unter anderem die Förderung der Vereinbarkeit der in den Mitgliedstaaten geltenden Kollisionsnormen und der Vorschriften zur Vermeidung von Kompetenzkonflikten.

(3) Die Gemeinschaft hat hierzu unter anderem bereits folgende Maßnahmen erlassen: die Verordnung (EG) Nr. 44/2001 des Rates vom 22. Dezember 2000 über die gerichtliche Zuständigkeit und die Anerkennung und Vollstreckung von Entscheidungen in Zivil- und Handelssachen,[3] die Entscheidung 2001/470/EG des Rates vom 28. Mai 2001 über die Einrichtung eines Europäischen Justiziellen Netzes für Zivil- und Handelssachen,[4] die Verordnung (EG) Nr. 1206/2001 des Rates vom 28. Mai 2001 über die Zusammenarbeit zwischen den Gerichten der Mitgliedstaaten auf dem Gebiet der Beweisaufnahme in Zivil- oder Handelssachen,[5] die Richtlinie 2003/8/EG des Rates vom 27. Januar 2003 zur Verbesserung des Zugangs zum Recht bei Streitsachen mit grenzüberschreitendem Bezug durch Festlegung gemeinsamer Mindestvorschriften für die Prozesskostenhilfe in derar-

---

1 Stellungnahme des Europäischen Parlaments vom 13. Dezember 2007 (noch nicht im Amtsblatt veröffentlicht) und Stellungnahme des Europäischen Parlaments vom 4. Dezember 2008 infolge erneuter Anhörung (noch nicht im Amtsblatt veröffentlicht).
2 Stellungnahme des Europäischen Wirtschafts- und Sozialausschusses nach nicht obligatorischer Anhörung (ABl. C 185 vom 8.8.2006, S. 35).
3 ABl. L 12 vom 16.1.2001, S. 1.
4 ABl. L 174 vom 27.6.2001, S. 25.
5 ABl. L 174 vom 27.6.2001, S. 1.

tigen Streitsachen,[6] die Verordnung (EG) Nr. 2201/2003 des Rates vom 27. November 2003 über die Zuständigkeit und die Anerkennung und Vollstreckung von Entscheidungen in Ehesachen und in Verfahren betreffend die elterliche Verantwortung,[7] die Verordnung (EG) Nr. 805/2004 des Europäischen Parlaments und des Rates vom 21. April 2004 zur Einführung eines europäischen Vollstreckungstitels für unbestrittene Forderungen[8] sowie die Verordnung (EG) Nr. 1393/2007 des Europäischen Parlaments und des Rates vom 13. November 2007 über die Zustellung gerichtlicher und außergerichtlicher Schriftstücke in Zivil- oder Handelssachen in den Mitgliedstaaten (Zustellung von Schriftstücken).[9]

(4) Der Europäische Rat hat auf seiner Tagung vom 15. und 16. Oktober 1999 in Tampere den Rat und die Kommission aufgefordert, besondere gemeinsame Verfahrensregeln für die Vereinfachung und Beschleunigung der Beilegung grenzüberschreitender Rechtsstreitigkeiten unter anderem bei Unterhaltsansprüchen festzulegen. Er hat ferner die Abschaffung der Zwischenmaßnahmen gefordert, die notwendig sind, um die Anerkennung und Vollstreckung einer in einem anderen Mitgliedstaat ergangenen Entscheidung, insbesondere einer Entscheidung über einen Unterhaltsanspruch, im ersuchten Staat zu ermöglichen.

(5) Am 30. November 2000 wurde ein gemeinsames Maßnahmenprogramm der Kommission und des Rates zur Umsetzung des Grundsatzes der gegenseitigen Anerkennung gerichtlicher Entscheidungen in Zivil- und Handelssachen[10] verabschiedet. Dieses Programm sieht die Abschaffung des Exequaturverfahrens bei Unterhaltsansprüchen vor, um die Wirksamkeit der Mittel, die den Anspruchsberechtigten zur Durchsetzung ihrer Ansprüche zur Verfügung stehen, zu erhöhen.

(6) Am 4. und 5. November 2004 hat der Europäische Rat auf seiner Tagung in Brüssel ein neues Programm mit dem Titel „Haager Programm zur Stärkung von Freiheit, Sicherheit und Recht in der Europäischen Union" (nachstehend das „Haager Programm" genannt)[11] angenommen.

(7) Der Rat hat auf seiner Tagung vom 2. und 3. Juni 2005 einen Aktionsplan des Rates und der Kommission[12] angenommen, mit dem das Haager Programm in konkrete Maßnahmen umgesetzt wird und in dem der Annahme von Vorschlägen zur Unterhaltspflicht als notwendig erachtet wird.

(8) Im Rahmen der Haager Konferenz für Internationales Privatrecht haben die Gemeinschaft und ihre Mitgliedstaaten an Verhandlungen teilgenommen, die am 23. November 2007 mit der Annahme des Übereinkommens über die internationale Geltendmachung der Unterhaltsansprüche von Kindern und anderen Familienangehörigen (nachstehend das „Haager Übereinkommen von 2007" genannt) und des Protokolls über das auf Unterhaltspflichten anzuwendende Recht (nachstehend das „Haager Protokoll von 2007" genannt) abgeschlossen wurden. Daher ist diesen beiden Instrumenten im Rahmen der vorliegenden Verordnung Rechnung zu tragen.

---

6 ABl. L 26 vom 31.1.2003, S. 41.
7 ABl. L 338 vom 23.12.2003, S. 1.
8 ABl. L 143 vom 30.4.2004, S. 15.
9 ABl. L 324 vom 10.12.2007, S. 79.
10 ABl. C 12 vom 15.1.2001, S. 1.
11 ABl. C 53 vom 3.3.2005, S. 1.
12 ABl. C 198 vom 12.8.2005, S. 1.

(9) Es sollte einem Unterhaltsberechtigten ohne Umstände möglich sein, in einem Mitgliedstaat eine Entscheidung zu erwirken, die automatisch in einem anderen Mitgliedstaat ohne weitere Formalitäten vollstreckbar ist.

(10) Um dieses Ziel zu erreichen, sollte ein gemeinschaftliches Rechtsinstrument betreffend Unterhaltssachen geschaffen werden, in dem die Bestimmungen über Kompetenzkonflikte, Kollisionsnormen, die Anerkennung, Vollstreckbarkeit und die Vollstreckung von Entscheidungen sowie über Prozesskostenhilfe und die Zusammenarbeit zwischen den Zentralen Behörden zusammengeführt werden.

(11) Der Anwendungsbereich dieser Verordnung sollte sich auf sämtliche Unterhaltspflichten erstrecken, die auf einem Familien-, Verwandtschafts-, oder eherechtlichen Verhältnis oder auf Schwägerschaft beruhen; hierdurch soll die Gleichbehandlung aller Unterhaltsberechtigten gewährleistet werden. Für die Zwecke dieser Verordnung sollte der Begriff „Unterhaltspflicht" autonom ausgelegt werden.

(12) Um den verschiedenen Verfahrensweisen zur Regelung von Unterhaltsfragen in den Mitgliedstaaten Rechnung zu tragen, sollte diese Verordnung sowohl für gerichtliche Entscheidungen als auch für von Verwaltungsbehörden ergangene Entscheidungen gelten, sofern jene Behörden Garantien insbesondere hinsichtlich ihrer Unparteilichkeit und des Anspruchs der Parteien auf rechtliches Gehör bieten. Diese Behörden sollten daher sämtliche Vorschriften dieser Verordnung anwenden.

(13) Aus den genannten Gründen sollte in dieser Verordnung auch die Anerkennung und Vollstreckung gerichtlicher Vergleiche und öffentlicher Urkunden sichergestellt werden, ohne dass dies das Recht einer der Parteien eines solchen Vergleichs oder einer solchen Urkunde berührt, solche Instrumente vor einem Gericht des Ursprungsmitgliedstaats anzufechten.

(14) In dieser Verordnung sollte vorgesehen werden, dass der Begriff „berechtigte Person" für die Zwecke eines Antrags auf Anerkennung und Vollstreckung einer Unterhaltsentscheidung auch öffentliche Aufgaben wahrnehmende Einrichtungen umfasst, die das Recht haben, für eine unterhaltsberechtigte Person zu handeln oder die Erstattung von Leistungen zu fordern, die der berechtigten Person anstelle von Unterhalt erbracht wurden. Handelt eine öffentliche Aufgaben wahrnehmende Einrichtung in dieser Eigenschaft, so sollte sie Anspruch auf die gleichen Dienste und die gleiche Prozesskostenhilfe wie eine berechtigte Person haben.

(15) Um die Interessen der Unterhaltsberechtigten zu wahren und eine ordnungsgemäße Rechtspflege innerhalb der Europäischen Union zu fördern, sollten die Vorschriften über die Zuständigkeit, die sich aus der Verordnung (EG) Nr. 44/2001 ergeben, angepasst werden. So sollte der Umstand, dass ein Antragsgegner seinen gewöhnlichen Aufenthalt in einem Drittstaat hat, nicht mehr die Anwendung der gemeinschaftlichen Vorschriften über die Zuständigkeit ausschließen, und auch eine Rückverweisung auf die innerstaatlichen Vorschriften über die Zuständigkeit sollte nicht mehr möglich sein. Daher sollte in dieser Verordnung festgelegt werden, in welchen Fällen ein Gericht eines Mitgliedstaats eine subsidiäre Zuständigkeit ausüben kann.

(16) Um insbesondere Fällen von Rechtsverweigerung begegnen zu können, sollte in dieser Verordnung auch eine Notzuständigkeit (forum necessitatis) vorgesehen werden, wonach ein Gericht eines Mitgliedstaats in Ausnahmefällen über einen Rechtsstreit entscheiden kann, der einen engen Bezug zu einem Drittstaat aufweist. Ein solcher Ausnahmefall könnte gegeben sein,

wenn ein Verfahren sich in dem betreffenden Drittstaat als unmöglich erweist, beispielsweise aufgrund eines Bürgerkriegs, oder wenn vom Kläger vernünftigerweise nicht erwartet werden kann, dass er ein Verfahren in diesem Staat einleitet oder führt. Die Notzuständigkeit kann jedoch nur ausgeübt werden, wenn der Rechtsstreit einen ausreichenden Bezug zu dem Mitgliedstaat des angerufenen Gerichts aufweist, wie beispielsweise die Staatsangehörigkeit einer der Parteien.

(17) In einer zusätzlichen Zuständigkeitsvorschrift sollte vorgesehen werden, dass – außer unter besonderen Umständen – ein Verfahren zur Änderung einer bestehenden Unterhaltsentscheidung oder zur Herbeiführung einer neuen Entscheidung von der verpflichteten Person nur in dem Staat eingeleitet werden kann, in dem die berechtigte Person zu dem Zeitpunkt, zu dem die Entscheidung ergangen ist, ihren gewöhnlichen Aufenthalt hatte und in dem sie weiterhin ihren gewöhnlichen Aufenthalt hat. Um eine gute Verknüpfung zwischen dem Haager Übereinkommen von 2007 und dieser Verordnung zu gewährleisten, sollte diese Bestimmung auch für Entscheidungen eines Drittstaats, der Vertragspartei jenes Übereinkommens ist, gelten, sofern das Übereinkommen zwischen dem betreffenden Staat und der Gemeinschaft in Kraft ist, und in dem betreffenden Staat und in der Gemeinschaft die gleichen Unterhaltspflichten abdeckt.

(18) Für die Zwecke der Anwendung dieser Verordnung sollte vorgesehen werden, dass der Begriff „Staatsangehörigkeit" in Irland durch den Begriff „Wohnsitz" ersetzt wird; gleiches gilt für das Vereinigte Königreich, sofern diese Verordnung in diesem Mitgliedstaat nach Artikel 4 des Protokolls über die Position des Vereinigten Königreichs und Irlands, das dem Vertrag über die Europäische Union und dem Vertrag zur Gründung der Europäischen Gemeinschaft beigefügt ist, anwendbar ist.

(19) Im Hinblick auf eine größere Rechtssicherheit, Vorhersehbarkeit und Eigenständigkeit der Vertragsparteien sollte diese Verordnung es den Parteien ermöglichen, den Gerichtsstand anhand bestimmter Anknüpfungspunkte einvernehmlich zu bestimmen. Um den Schutz der schwächeren Partei zu gewährleisten, sollte eine solche Wahl des Gerichtsstands bei Unterhaltspflichten gegenüber einem Kind, das das 18. Lebensjahr noch nicht vollendet hat, ausgeschlossen sein.

(20) In dieser Verordnung sollte vorgesehen werden, dass für die Mitgliedstaaten, die durch das Haager Protokoll von 2007 gebunden sind, die in jenem Protokoll enthaltenen Bestimmungen über Kollisionsnormen gelten. Hierzu sollte eine Bestimmung aufgenommen werden, die auf das genannte Protokoll verweist. Die Gemeinschaft wird das Haager Protokoll von 2007 rechtzeitig abschließen, um die Anwendung dieser Verordnung zu ermöglichen. Um der Möglichkeit Rechnung zu tragen, dass das Haager Protokoll von 2007 nicht für alle Mitgliedstaaten gilt, sollte hinsichtlich der Anerkennung, der Vollstreckbarkeit und der Vollstreckung von Entscheidungen zwischen den Mitgliedstaaten, die durch das Haager Protokoll von 2007 gebunden sind und jenen, die es nicht sind, unterschieden werden.

(21) Es sollte im Rahmen dieser Verordnung präzisiert werden, dass diese Kollisionsnormen nur das auf die Unterhaltspflichten anzuwendende Recht bestimmen; sie bestimmen nicht, nach welchem Recht festgestellt wird, ob ein Familienverhältnis besteht, das Unterhaltspflichten begründet. Die Feststellung eines Familienverhältnisses unterliegt weiterhin dem einzelstaatlichen Recht der Mitgliedstaaten, einschließlich ihrer Vorschriften des internationalen Privatrechts.

(22) Um die rasche und wirksame Durchsetzung einer Unterhaltsforderung zu gewährleisten und missbräuchlichen Rechtsmitteln vorzubeugen, sollten in einem Mitgliedstaat ergangene Unterhaltsentscheidungen grundsätzlich vorläufig vollstreckbar sein. Daher sollte in dieser Verordnung vorgesehen werden, dass das Ursprungsgericht die Entscheidung für vorläufig vollstreckbar erklären können sollte, und zwar auch dann, wenn das einzelstaatliche Recht die Vollstreckbarkeit von Rechts wegen nicht vorsieht und auch wenn nach einzelstaatlichem Recht ein Rechtsbehelf gegen die Entscheidung eingelegt wurde oder noch eingelegt werden könnte.

(23) Um die mit den Verfahren gemäß dieser Verordnung verbundenen Kosten zu begrenzen, wäre es zweckdienlich, so umfassend wie möglich auf die modernen Kommunikationstechnologien zurückzugreifen, insbesondere bei der Anhörung der Parteien.

(24) Die durch die Anwendung der Kollisionsnormen gebotenen Garantien sollten es rechtfertigen, dass Entscheidungen in Unterhaltssachen, die in einem durch das Haager Protokoll von 2007 gebundenen Mitgliedstaat ergangen sind, ohne weiteres Verfahren und ohne jegliche inhaltliche Prüfung im Vollstreckungsmitgliedstaat in den anderen Mitgliedstaaten anerkannt werden und vollstreckbar sind.

(25) Alleiniger Zweck der Anerkennung einer Unterhaltsentscheidung in einem Mitgliedstaat ist es, die Durchsetzung der in der Entscheidung festgelegten Unterhaltsforderung zu ermöglichen. Sie bewirkt nicht, dass dieser Mitgliedstaat das Familien-, Verwandtschafts-, eherechtliche oder auf Schwägerschaft beruhende Verhältnis anerkennt, auf der die Unterhaltspflichten, die Anlass zu der Entscheidung gegeben haben, gründen.

(26) Für Entscheidungen, die in einem nicht durch das Haager Protokoll von 2007 gebundenen Mitgliedstaat ergangen sind, sollte in dieser Verordnung ein Verfahren zur Anerkennung und Vollstreckbarerklärung vorgesehen werden. Dieses Verfahren sollte sich an das Verfahren und die Gründe für die Verweigerung der Anerkennung anlehnen, die in der Verordnung (EG) Nr. 44/2001 vorgesehen sind. Zur Beschleunigung des Verfahrens und damit die berechtigte Person ihre Forderung rasch durchsetzen kann, sollte vorgesehen werden, dass die Entscheidung des angerufenen Gerichts außer unter außergewöhnlichen Umständen innerhalb bestimmter Fristen ergehen muss.

(27) Ferner sollten die Formalitäten für die Vollstreckung, die Kosten zulasten des Unterhaltsberechtigten verursachen, so weit wie möglich reduziert werden. Hierzu sollte in dieser Verordnung vorgesehen werden, dass der Unterhaltsberechtigte nicht verpflichtet ist, über eine Postanschrift oder einen bevollmächtigten Vertreter im Vollstreckungsmitgliedstaat zu verfügen, ohne damit im Übrigen die interne Organisation der Mitgliedstaaten im Bereich der Vollstreckungsverfahren zu beeinträchtigen.

(28) Zur Begrenzung der mit den Vollstreckungsverfahren verbundenen Kosten sollte sollte keine Übersetzung verlangt werden, außer wenn die Vollstreckung angefochten wird, und unbeschadet der Vorschriften für die Zustellung der Schriftstücke.

(29) Um die Achtung der Grundsätze eines fairen Verfahrens zu gewährleisten, sollte in dieser Verordnung vorgesehen werden, dass ein Antragsgegner, der nicht vor dem Ursprungsgericht eines durch das Haager Protokoll von 2007 gebundenen Mitgliedstaats erschienen ist, in der Phase der Vollstreckung der gegen ihn ergangenen Entscheidung die erneute Prüfung dieser Entscheidung beantragen kann. Der Antragsgegner sollte diese erneute Prüfung

allerdings innerhalb einer bestimmten Frist beantragen, die spätestens ab dem Tag laufen sollte, an dem in der Phase des Vollstreckungsverfahrens seine Vermögensgegenstände zum ersten Mal ganz oder teilweise seiner Verfügung entzogen wurden. Dieses Recht auf erneute Prüfung sollte ein außerordentliches Rechtsbehelf darstellen, das dem Antragsgegner, der sich in dem Verfahren nicht eingelassen hat, gewährt wird, und das nicht die Anwendung anderer außerordentlicher Rechtsbehelfe berührt, die nach dem Recht des Ursprungsmitgliedstaats bestehen, sofern diese Rechtsbehelfe nicht mit dem Recht auf erneute Prüfung nach dieser Verordnung unvereinbar sind.

(30) Um die Vollstreckung einer Entscheidung eines durch das Haager Protokoll von 2007 gebundenen Mitgliedstaats in einem anderen Mitgliedstaat zu beschleunigen, sollten die Gründe für eine Verweigerung oder Aussetzung der Vollstreckung, die die verpflichtete Person aufgrund des grenzüberschreitenden Charakters der Unterhaltspflicht geltend machen könnte, begrenzt werden. Diese Begrenzung sollte nicht die nach einzelstaatlichem Recht vorgesehenen Gründe für die Verweigerung oder Aussetzung beeinträchtigen, die mit den in dieser Verordnung angeführten Gründen nicht unvereinbar sind, wie beispielsweise die Begleichung der Forderung durch die verpflichtete Person zum Zeitpunkt der Vollstreckung oder die Unpfändbarkeit bestimmter Güter.

(31) Um die grenzüberschreitende Durchsetzung von Unterhaltsforderungen zu erleichtern, sollte ein System der Zusammenarbeit zwischen den von den Mitgliedstaaten benannten Zentralen Behörden eingerichtet werden. Diese Behörden sollten die berechtigten und die verpflichteten Personen darin unterstützen, ihre Rechte in einem anderen Mitgliedstaat geltend zu machen, indem sie die Anerkennung, Vollstreckbarerklärung und Vollstreckung bestehender Entscheidungen, die Änderung solcher Entscheidungen oder die Herbeiführung einer Entscheidung beantragen. Sie sollten ferner erforderlichenfalls Informationen austauschen, um die verpflichteten und die berechtigten Personen ausfindig zu machen und soweit erforderlich deren Einkünfte und Vermögen festzustellen. Sie sollten schließlich zusammenarbeiten und allgemeine Informationen auszutauschen sowie die Zusammenarbeit zwischen den zuständigen Behörden ihres Mitgliedstaats fördern.

(32) Eine nach dieser Verordnung benannte Zentrale Behörde sollte ihre eigenen Kosten tragen, abgesehen von speziell festgelegten Ausnahmen, und jeden Antragsteller unterstützen, der seinen Aufenthalt in ihrem Mitgliedstaat hat. Das Kriterium für das Recht einer Person auf Unterstützung durch eine Zentrale Behörde sollte weniger streng sein als das Anknüpfungskriterium des „gewöhnlichen Aufenthalts", das sonst in dieser Verordnung verwendet wird. Das Kriterium des „Aufenthalts" sollte jedoch die bloße Anwesenheit ausschließen.

(33) Damit sie die unterhaltsberechtigten und -verpflichteten Personen umfassend unterstützen und die grenzüberschreitende Durchsetzung von Unterhaltsforderungen optimal fördern können, sollten die Zentralen Behörden gewisse personenbezogene Daten einholen können. Diese Verordnung sollte daher die Mitgliedstaaten verpflichten sicherzustellen, dass ihre Zentralen Behörden Zugang zu solchen Angaben bei den öffentlichen Behörden oder Stellen, die im Rahmen ihrer üblichen Tätigkeiten über die betreffenden Angaben verfügen, erhalten. Es sollte jedoch jedem Mitgliedstaat überlassen sein bleiben, die Modalitäten für diesen Zugang festzulegen. So sollte ein Mitgliedstaat befugt sein, die öffentlichen Behörden oder Verwaltungen zu bezeichnen, die gehalten sind, der Zentralen Behörde die Angaben im Ein-

klang mit dieser Verordnung zur Verfügung zu stellen, gegebenenfalls einschließlich der bereits im Rahmen anderer Regelungen über den Zugang zu Informationen benannten öffentlichen Behörden oder Verwaltungen. Bezeichnet ein Mitgliedstaat öffentliche Behörden oder Verwaltungen, sollte er sicherstellen, dass seine Zentrale Behörde in der Lage ist, Zugang zu den gemäß dieser Verordnung erforderlichen Angaben, die im Besitz jener Behörden oder Verwaltungen sind, zu erhalten. Die Mitgliedstaaten sollten ferner befugt sein, ihrer Zentralen Behörde den Zugang zu den erforderlichen Angaben bei jeder anderen juristischen Person zu ermöglichen, die diese besitzt und für deren Verarbeitung verantwortlich ist.

(34) Im Rahmen des Zugangs zu personenbezogenen Daten sowie deren Verwendung und Weiterleitung ist es angebracht, die Anforderungen der Richtlinie 95/46/EG des Europäischen Parlaments und des Rates vom 24. Oktober 1995 zum Schutz natürlicher Personen bei der Verarbeitung personenbezogener Daten und zum freien Datenverkehr,[13] wie sie in das einzelstaatliche Recht der Mitgliedstaaten umgesetzt ist, zu beachten.

(35) Es ist angebracht, die spezifischen Bedingungen für den Zugang zu personenbezogenen Daten, deren Verwendung und Weiterleitung für die Anwendung dieser Verordnung festzulegen. In diesem Zusammenhang wurde die Stellungnahme des Europäischen Datenschutzbeauftragten[14] berücksichtigt. Die Benachrichtigung der von der Datenerhebung betroffenen Person sollte im Einklang mit dem einzelstaatlichen Recht erfolgen. Es sollte jedoch die Möglichkeit vorgesehen werden, diese Benachrichtigung zu verzögern, um zu verhindern, dass die verpflichtete Person ihre Vermögensgegenstände transferiert und so die Durchsetzung der Unterhaltsforderung gefährdet.

(36) Angesichts der Verfahrenskosten sollte eine sehr günstige Regelung der Prozesskostenhilfe vorgesehen werden, nämlich die uneingeschränkte Übernahme der Kosten in Verbindung mit Verfahren betreffend Unterhaltspflichten gegenüber Kindern, die das 21. Lebensjahr noch nicht vollendet haben, die über die Zentralen Behörden eingeleitet wurden. Folglich sollten die aufgrund der Richtlinie 2003/8/EG bestehenden Vorschriften über die Prozesskostenhilfe in der Europäischen Union durch spezifische Vorschriften ergänzt werden, mit denen ein besonderes System der Prozesskostenhilfe in Unterhaltssachen geschaffen wird. Dabei sollte die zuständige Behörde des ersuchten Mitgliedstaats befugt sein, in Ausnahmefällen die Kosten bei einem unterlegenen Antragsteller, der eine unentgeltliche Prozesskostenhilfe bezieht, beizutreiben, sofern seine finanziellen Verhältnisse dies zulassen. Dies wäre insbesondere bei einer vermögenden Person, die wider Treu und Glauben gehandelt hat, der Fall.

(37) Darüber hinaus sollte für andere als die im vorstehenden Erwägungsgrund genannten Unterhaltspflichten allen Parteien die gleiche Behandlung hinsichtlich der Prozesskostenhilfe bei der Vollstreckung einer Entscheidung in einem anderen Mitgliedstaat garantiert werden. So sollten die Bestimmungen dieser Verordnung über die Weitergewährung der Prozesskostenhilfe so ausgelegt werden, dass sie eine solche Hilfe auch einer Partei gewähren, die beim Verfahren zur Herbeiführung oder Änderung einer Entscheidung im Ursprungsmitgliedstaat keine Prozesskostenhilfe erhalten hat, die aber später im selben Mitgliedstaat im Rahmen eines Antrags auf Vollstreckung der Entscheidung in den Genuss der Prozesskostenhilfe gekommen ist. Gleichermaßen sollte eine Partei, die berechtigterweise ein unentgeltliches Verfahren

---

13 ABl. L 281 vom 23.11.1995, S. 31.
14 ABl. C 242 vom 7.10.2006, S. 20.

vor einer der in Anhang X aufgeführten Verwaltungsbehörden in Anspruch genommen hat, im Vollstreckungsmitgliedstaat in den Genuss der günstigsten Prozesskostenhilfe oder umfassendsten Kosten- und Gebührenbefreiung kommen, sofern sie nachweisen kann, dass sie diese Vergünstigungen auch im Ursprungsmitgliedstaat erhalten hätte.

(38) Um die Kosten für die Übersetzung von Beweisunterlagen zu reduzieren, sollte das angerufene Gericht unbeschadet der Verteidigungsrechte und der für die Zustellung der Schriftstücke geltenden Vorschriften die Übersetzung dieser Unterlagen nur verlangen, wenn sie tatsächlich notwendig ist.

(39) Um die Anwendung dieser Verordnung zu erleichtern, sollte eine Verpflichtung für die Mitgliedstaaten vorgesehen werden, der Kommission die Namen und Kontaktdaten ihrer Zentralen Behörden sowie sonstige Informationen mitzuteilen. Diese Informationen sollten Praktikern und der Öffentlichkeit durch eine Veröffentlichung im Amtsblatt der Europäischen Union oder durch Ermöglichung des elektronischen Zugangs über das mit der Entscheidung 2001/470/EG eingerichtete Europäische Justizielle Netz für Zivil- und Handelssachen bereitgestellt werden. Darüber hinaus sollte die Verwendung der in dieser Verordnung vorgesehenen Formblätter die Kommunikation zwischen den Zentralen Behörden erleichtern und beschleunigen und die elektronische Vorlage von Ersuchen ermöglichen.

(40) Die Beziehung zwischen dieser Verordnung und den bilateralen Abkommen oder multilateralen Übereinkünften in Unterhaltssachen, denen die Mitgliedstaaten angehören, sollte geregelt werden. Dabei sollte vorgesehen werden, dass die Mitgliedstaaten, die Vertragspartei des Übereinkommens vom 23. März 1962 zwischen Schweden, Dänemark, Finnland, Island und Norwegen über die Geltendmachung von Unterhaltsansprüchen sind, dieses Übereinkommen weiterhin anwenden können, da es günstigere Bestimmungen über die Anerkennung und die Vollstreckung enthält als diese Verordnung. Was künftige bilaterale Abkommen in Unterhaltssachen mit Drittstaaten betrifft, sollten die Verfahren und Bedingungen, unter denen die Mitgliedstaaten ermächtigt wären, in ihrem eigenen Namen solche Abkommen auszuhandeln und zu schließen, im Rahmen der Erörterung eines von der Kommission vorzulegenden Vorschlags zu diesem Thema festgelegt werden.

(41) Die Berechnung der in dieser Verordnung vorgesehenen Fristen und Termine sollte nach Maßgabe der Verordnung (EWG, Euratom) Nr. 1182/71 des Rates vom 3. Juni 1971 zur Festlegung der Regeln für die Fristen, Daten und Termine[15] erfolgen.

(42) Die zur Durchführung dieser Verordnung erforderlichen Maßnahmen sollten nach Maßgabe des Beschlusses 1999/468/EG des Rates vom 28. Juni 1999 zur Festlegung der Modalitäten für die Ausübung der der Kommission übertragenen Durchführungsbefugnisse erlassen[16] werden.

(43) Insbesondere sollte die Kommission die Befugnis erhalten, alle Änderungen der in dieser Verordnung vorgesehenen Formblätter nach dem in Artikels 3 des Beschlusses 1999/468/EG genannten Beratungsverfahren des zu erlassen. Für die Erstellung der Liste der Verwaltungsbehörden, die in den Anwendungsbereich dieser Verordnung fallen, sowie der Liste der zuständigen Behörden für die Bescheinigung von Prozesskostenhilfe sollte die Kommission die Befugnis erhalten, das Verwaltungsverfahren nach Artikel 4 jenes Beschlusses anzuwenden.

---

15 ABl. L 124 vom 8.6.1971, S. 1.
16 ABl. L 184 vom 17.7.1999, S. 23.

(44) Diese Verordnung sollte die Verordnung (EG) Nr. 44/2001 ändern, indem sie deren auf Unterhaltssachen anwendbare Bestimmungen ersetzt. Vorbehaltlich der Übergangsbestimmungen dieser Verordnung sollten die Mitgliedstaaten bei Unterhaltssachen, ab dem Zeitpunkt der Anwendbarkeit dieser Verordnung die Bestimmungen dieser Verordnung über die Zuständigkeit, die Anerkennung, die Vollstreckbarkeit und die Vollstreckung von Entscheidungen und über die Prozesskostenhilfe anstelle der entsprechenden Bestimmungen der Verordnung (EG) Nr. 44/2001 anwenden.

(45) Da die Ziele dieser Verordnung, nämlich die Schaffung eines Instrumentariums zur effektiven Durchsetzung von Unterhaltsforderungen in grenzüberschreitenden Situationen und somit zur Erleichterung der Freizügigkeit der Personen innerhalb der Europäischen Union, auf Ebene der Mitgliedstaaten nicht hinreichend verwirklicht und daher aufgrund des Umfangs und der Wirkungen dieser Verordnung besser auf Gemeinschaftsebene erreicht werden können, kann die Gemeinschaft im Einklang mit dem in Artikel 5 des Vertrags niedergelegten Subsidiaritätsprinzip tätig werden. Entsprechend dem in demselben Artikel genannten Grundsatz der Verhältnismäßigkeit geht diese Verordnung nicht über das für die Erreichung dieser Ziele erforderliche Maß hinaus.

(46) Gemäß Artikel 3 des dem Vertrag über die Europäische Union und dem Vertrag zur Gründung der Europäischen Gemeinschaft beigefügten Protokolls über die Position des Vereinigten Königreichs und Irlands hat Irland mitgeteilt, dass es sich an der Annahme und Anwendung dieser Verordnung beteiligen möchte.

(47) Gemäß den Artikeln 1 und 2 des dem Vertrag über die Europäische Union und dem Vertrag zur Gründung der Europäischen Gemeinschaft beigefügten Protokolls über die Position des Vereinigten Königreichs und Irlands beteiligt sich das Vereinigte Königreich nicht an der Annahme dieser Verordnung, und ist weder durch diese gebunden noch zu ihrer Anwendung verpflichtet. Dies berührt jedoch nicht die Möglichkeit für das Vereinigte Königreich, gemäß Artikel 4 des genannten Protokolls nach der Annahme dieser Verordnung mitzuteilen, dass es die Verordnung anzunehmen wünscht.

(48) Gemäß den Artikeln 1 und 2 des dem Vertrag über die Europäische Union und dem Vertrag zur Gründung der Europäischen Gemeinschaft beigefügten Protokolls über die Position Dänemarks beteiligt sich Dänemark nicht an der Annahme dieser Verordnung und ist weder durch diese gebunden noch zu ihrer Anwendung verpflichtet, unbeschadet der Möglichkeit für Dänemark, den Inhalt der an der Verordnung (EG) Nr. 44/2001 vorgenommenen Änderungen gemäß Artikel 3 des Abkommens vom 19. Oktober 2005 zwischen der Europäischen Gemeinschaft und dem Königreich Dänemark über die gerichtliche Zuständigkeit und die Anerkennung und Vollstreckung von Entscheidungen in Zivil- und Handelssachen[17] anzuwenden.

HAT FOLGENDE VERORDNUNG ERLASSEN:

Vorbemerkung zur EuUntVO

Literatur:

Adolphsen, Perspektive der Europäischen Union – Gegenwartsfragen der Anerkennung im Internationalen Zivilverfahrensrecht, in: Hess (Hrsg.), Die Anerkennung im Internationalen

---

17 ABl. L 299 vom 16.11.2005, S. 62.

Zivilprozessrecht – Europäisches Vollstreckungsrecht (2014) 1; *Althammer* (Hrsg), Brüssel IIa – Rom III (2014); *Amos*, Englisches Unterhaltsrecht – paternalistisch oder pragmatisch?, in: Coester-Waltjen/Lipp/Schumann/Veit (Hrsg.), Europäisches Unterhaltsrecht: 8. Göttinger Workshop zum Familienrecht 2009 (2010) 39; *Ancel/Watt*, Aliments sans frontières. Le règlement CE No 4/2009 du 18 décembre 2008 relatif à la compétence, la loi applicable, la reconnaissance et l'exécution des décisions et la coopération en matière d'obligations alimentaires, Rev. crit. dr. int. pr. 99 (2010) 457; *Andrae*, Zum Verhältnis der Haager Unterhaltskonvention 2007 und des Haager Protokolls zur geplanten EU-Unterhaltsverordnung, FPR 2008, 196; *dies.*, Das neue Auslandsunterhaltsgesetz, NJW 2011, 2545; *dies.*, Der Unterhaltsregress öffentlicher Einrichtungen nach der EuUntVO, dem HUÜ 2007 und dem HUP, FPR 2013, 38; *Arnold*, Entscheidungseinklang und Harmonisierung im internationalen Unterhaltsrecht, IPRax 2012, 311; *Beaumont*, International Family Law in Europe – the Maintenance Project, the Hague Conference and the EC: A Triumph of Reverse Subsidiarity, RabelsZ 73 (2009) 509; *Binder*, Der Schutz des Kindes im Internationalen Zivilverfahrensrecht und Internationalen Privatrecht am Beispiel der Europäischen Unterhaltsverordnung, in: Clavora/Garber (Hrsg.), Die Rechtsstellung von wirtschaftlich, sozial und gesellschaftlich Benachteiligten im Zivilverfahren (2012) 205; *Boele-Woelki/Mom*, Europäisierung des Unterhaltsrechts – Vereinheitlichung des Kollisionsrechts und Angleichung des materiellen Rechts, FPR 2006, 232; *dies.*, Vereinheitlichung des internationalen Unterhaltsrechts in der Europäischen Union – ein historischer Schritt, FPR 2010, 485; *Bonomi*, Explanatory Report on the Protocol of 23 November 2007 on the Law Applicable to Maintenance Obligations (2009); *Borrás/Degeling*, Explanatory Report on the Hague Convention of 23 November 2007 on the international Recovery of Child Support and other Forms of Family Maintenance (2009); *Botur*, Besonderheiten bei der Vollstreckbarerklärung englischer Unterhaltsentscheidungen in Deutschland, FPR 2010, 519; *Breuer*, Übernationale Rechtsgrundlagen für die Anerkennung und Vollstreckung von Unterhaltstiteln, FamRB 2014, 30; *Brückner*, Unterhaltsregreß im internationalen Privat- und Verfahrensrecht (1994); *Burgstaller/Neumayr/Geroldinger/Schmaranzer* (Hrsg.), Internationales Zivilverfahrensrecht, Loseblatt (Stand: 17. Ergänzungslieferung, 2014) (zit. Burgstaller/Neumayr u.a./*Bearbeiter*, IZVR); *Coester-Waltjen*, Einführung, in: Coester-Waltjen/Lipp/Schumann/ Veit (Hrsg.), Europäisches Unterhaltsrecht: 8. Göttinger Workshop zum Familienrecht 2009 (2010) 39; *dies.*, Die Abänderung von Unterhaltstiteln – Intertemporale Fallen und Anknüpfungsumfang, IPRax 2012, 528; *Conti*, Grenzüberschreitende Durchsetzung von Unterhaltsansprüchen in Europa (2012); *Curry-Summer*, Administrative co-operation and free legal aid in international child maintenance recovery – What is added value of the European Maintenance Regulation, NIPR 2010, 611; *Dechamps*, Le règlement européen 4/2009 relatif aux aliments, Rev. trim. dr. fam. 2011, 801; *Dörner*, Der Vorschlag für eine europäische Verordnung zum Internationalen Unterhalts- und Unterhaltsverfahrensrechts, in: FS Yamauchi (2006) 81; *ders.*, Vorschlag für eine Unterhaltsverordnung – Vorsicht bei Gebrauch der deutschen Fassung!, IPRax 2006, 550; *Dose*, Das deutsche Unterhaltsrecht unter dem Einfluss der Unterhalts-VO und der Haager Unterhaltsübereinkommen – Vollstreckbarkeit ausländischer Unterhaltstitel, in: Coester-Waltjen/Lipp/Schumann/Veit (Hrsg.), Europäisches Unterhaltsrecht: 8. Göttinger Workshop zum Familienrecht 2009 (2010) 81; *Duncan*, The Development of the New Hague Convention on the International Recovery of Child Support and Other Forms of Family Maintenance, Family Law Quarterly 2004, 663; *ders.*, The New Hague Convention on the International Recovery of Child Support and Other Forms of Family Maintenance, IFL 2008, 13; *Eichel*, Europarechtliche Fallstricke im Vollstreckbarerklärungsverfahren nach dem AVAG und dem neuen Auslandsunterhaltsgesetz (AUG), GPR 2011, 193; *Fasching/Konecny* (Hrsg.), Kommentar zu den Zivilprozessgesetzen – Band V/1: EuGVVO, EuBVO, EuVTVO, §§ 39, 39 a JN, §§ 63 bis 73, 283, 291 a bis 291 c ZPO, 2. Aufl. 2008 (zit. Fasching/Konecny/*Bearbeiter*, Kommentar V/1); *dies.* (Hrsg.), Kommentar zu den Zivilprozessgesetzen – Band V/2: EuEheKindVO, EuMahnVO, EuBagatellVO, EuZVO, EuUVO, §§ 38 bis 40 JN, §§ 11, 12 ZustG, 2. Aufl. 2010 (zit. Fasching/ Konecny/*Bearbeiter*, Kommentar V/2); *Ferrand*, The Council Regulation (EC) No 4/2009 of 18 December 2008 on jurisdiction, applicable law, recognition and enforcement of decisions and cooperation in matters relating to maintenance, obligations, in: Campuzano Díaz/ Czepelak/Rodríguez Benot/Rodríguez Vázquez, Latest Developments in EU Private International Law (2011) 83; *Finger*, Verordnung EG Nr. 4/2009 des Rates (EuUnterhaltsVO), FuR 2011, 254; *Fucik*, Unterhaltsansprüche in der Europäischen Union, FamZ 2007, 97; *ders.*, Unterhaltsdurchsetzung mit Auslandsbezug, iFamZ 2007, 315; *ders.*, Das neue Haager Unterhaltsprotokoll – globales Einheitskollisionsrecht gezeichnet, iFamZ 2008, 90; *ders.*,

Rechtsdurchsetzung von Unterhalt im Ausland, iFamZ 2008, 356; *ders.*, Habemus Regulationem! Europäische Unterhaltsverordnung beschlossen, iFamZ 2009, 126; *ders.*, Das Haager Unterhaltsübereinkommen – Gemeinschaftsrechtliche Kooperations- und Anerkennungsmechanismen, iFamZ 2009, 219; *ders.*, Die neue Unterhaltsverordnung (und weitere Projekte im Bereich des Familienrechts), in: König/Mayr (Hrsg.), Europäisches Zivilverfahrensrecht in Österreich II: 10 Jahre nach dem Vertrag von Amsterdam (2009) 105; *ders.*, Die neue Europäische Unterhaltsverordnung: Gemeinschaftsrechtliche Zuständigkeits- und Kooperationsmechanismen, iFamZ 2009, 245; *ders.*, Die neue Unterhaltsverordnung: Gemeinsame Anerkennungs- und Vollstreckungsmechanismen, iFamZ 2009, 305; *ders.*, Fachbereich Außerstreit, ÖRPfl 2011, H. 2, 12; *ders.*, Neues zur Unterhaltsdurchsetzung im Ausland: Europäische Unterhaltsverordnung ist ab 18.6.2011 anwendbar, iFamZ 2011, 170; *Garber*, Zum Begriff der Ehe iSd Art. 1 Abs. 1 lit. a EuEheKindVO, in: FS Simotta (2012) 145; *ders.*, Zur Anerkennung zivilgerichtlicher Entscheidungen über die Auflösung gleichgeschlechtlicher Ehen und Partnerschaften in Österreich, in: Clavora/Garber (Hrsg.), Die Rechtsstellung von wirtschaftlich, sozial und gesellschaftlich Benachteiligten im Zivilverfahren (2012) 273; *ders.*, Einstweiliger Rechtsschutz nach der neuen EuGVVO, ecolex 2013, 1071; *ders.*, EuUntVO, in: Angst/Oberhammer (Hrsg.), Kommentar zur Exekutionsordnung, Vor § 79 Rn 283 ff, 3. Aufl. (in Druck; erscheint 2015) (zit. Angst/Oberhammer/*Garber*, EO); *Garber/Neumayr*, Europäisches Zivilverfahrensrecht (Brüssel I/Brüssel IIa u.a.), in: Eilmansberger/Herzig (Hrsg.), Jahrbuch Europarecht 11 (2011) 255; *dies.*, Europäisches Zivilverfahrensrecht (Brüssel I/Brüssel IIa u.a.), in: Eilmansberger/Herzig (Hrsg.), Jahrbuch Europarecht 12 (2012) 235; *dies.*, Europäisches Zivilverfahrensrecht (Brüssel I/Brüssel IIa u.a.), in: Herzig (Hrsg.), Jahrbuch Europarecht 13 (2013) 211; *dies.*, Europäisches Zivilverfahrensrecht (Brüssel I/Brüssel IIa u.a.), in: Herzig (Hrsg.), Jahrbuch Europarecht 14 (2014) 199; *dies.*, Europäisches Zivilverfahrensrecht (Brüssel I/Brüssel IIa u.a.), in: Herzig (Hrsg.), Jahrbuch Europarecht 15 (in Druck; erscheint 2015); *Gebauer*, Vollstreckung von Unterhaltstiteln nach der EuVTVO und der geplanten Unterhaltsverordnung, FPR 2006, 252; *Geimer/Schütze* (Hrsg.), Internationaler Rechtsverkehr in Zivil- und Handelssachen, Loseblatt-Handbuch mit Texten, Kommentierungen und Länderberichten (Stand: 48. Ergänzungslieferung, 2014) (zit. Geimer/Schütze/*Bearbeiter*, IRV); *Gebauer/Wiedmann* (Hrsg.), Zivilrecht unter europäischem Einfluss – Die richtlinienkonforme Auslegung des BGB und anderer Gesetze. Kommentierung der wichtigsten EU-Verordnungen. Kapitel 36: Europäische Unterhaltsverordnung (EuUntVO), 2. Aufl. 2010; *Gottwald*, Probleme der Vereinheitlichung des Internationalen Familienverfahrensrechts ohne gleichzeitige Kollisionsrechtsvereinheitlichung, in: Freitag/Leible/Sippel/Wanitzek (Hrsg.), Internationales Familienrecht für das 21. Jahrhundert (2006) 55; *ders.*, Prozessuale Zweifelsfragen der geplanten EU-Verordnung in Unterhaltssachen, in: Liber amicorum Walter F. Lindacher (2007) 13; *Gruber*, Die neue EG-Unterhaltsverordnung, IPRax 2010, 128; *ders.*, Die Vollstreckbarkeit ausländischer Unterhaltstitel – altes und neues Recht, IPRax 2013, 325; *Gsell/Netzer*, Vom grenzüberschreitenden zum potenziell grenzüberschreitenden Sachverhalt – Art. 19 EuUnterhVO als Paradigmenwechsel im Europäischen Zivilverfahrensrecht, IPRax 2010, 403; *Hau*, Das Zuständigkeitssystem der Europäischen Unterhaltsverordnung – Überlegungen aus der Perspektive des deutschen Rechts, in: Coester-Waltjen/Lipp/Schumann/Veit (Hrsg.), Europäisches Unterhaltsrecht: 8. Göttinger Workshop zum Familienrecht 2009 (2010) 57; *ders.*, Die Zuständigkeitsgründe der Europäischen Unterhaltsverordnung, FamRZ 2010, 516; *Heger*, Die europäische Unterhaltsverordnung, ZKJ 2010, 52; *ders.*, Haager Unterhaltsübereinkommen und UnterhaltsVO der Europäischen Union, in: Coester-Waltjen/Lipp/Schumann/Veit (Hrsg.), Europäisches Unterhaltsrecht: 8. Göttinger Workshop zum Familienrecht 2009 (2010) 5; *Heger/Selg*, Die europäische Unterhaltsverordnung und das neue Auslandsunterhaltsgesetz – Die erleichterte Durchsetzung von Unterhaltsansprüchen im Ausland, FamRZ 2011, 1101; *Heiderhoff*, Wann ist ein „Clean Break" unterhaltsrechtlich zu qualifizieren?, IPRax 2011, 156; *Hess*, Die Verordnung Nr. 4/2009 zum Unterhaltsrecht (EU-Unterhaltsverordnung), in: Schmidt (Hrsg.), Internationale Unterhaltsrealisierung (2011) 27; *Hess/Mack*, Der Verordnungsvorschlag der EG-Kommission zum Unterhaltsrecht, Das Jugendamt 2007, 229; *Hess/Spancken*, Die Durchsetzung von Unterhaltstiteln mit Auslandsbezug nach dem AUG, FPR 2013, 27; *Hilbig*, Der Begriff des Familienverhältnisses in Art. 1 HPUnt 2007 und Art. 1 EuUntVO, GPR 2011, 310; *Hilbig-Lugani*, Forderungsübergang als materielle Einwendung im Exequatur- und Vollstreckungsgegenantragsverfahren, IPRax 2012, 333; *Hirsch*, The New Hague Convention on the International Recovery of Child Support and Other Forms of Family Maintenance, IFL 2008, 13; *dies.*, Das neue Haager Unterhaltsübereinkommen und das Haager Protokoll über das auf Unterhaltspflichten anzuwendende Recht, in: Coester-Waltjen/Lipp/Schumann/Veit (Hrsg.), Europäisches Unterhaltsrecht: 8. Göttinger Workshop zum Familienrecht 2009 (2010) 17; *Hohloch*, Grenzüberschreitende Unterhaltsvollstreckung, FPR 2004, 315; *ders.*, Grenzüberschreitende Unterhaltsdurchsetzung und ordre public – Zur Verjährung und Verwirkung im internationalen Unterhaltsrecht, in: FS Frank (2008) 141; *ders.*, Internationale Vollstreckung familienrechtlicher Titel, FPR 2012, 495; *Hoff/Schmidt*, Die Verordnung (EG) Nr 4/2009 oder „Viele Wege führen zum Unterhalt", JAmt 2011, 433; *Janzen*, Die neuen Haager Übereinkünfte zum Unterhaltsrecht und die Arbeiten an einer EG-Unterhaltsverordnung, FPR 2008, 218; *Junggeburth*, Grenzüberschreitender Unterhalt im Übergang: Internationale und europäische Rechtsinstrumente, in: Schmidt (Hrsg.), Internationale Unterhaltsrealisierung (2011) 47; *Junker*, Das Internationale Zivilverfahrensrecht der Europäischen Unterhaltsverordnung, in: FS Simotta (2012) 263; *Karsten*, The new Hague Convention and EU Regulation on Maintenance Obligations – an English Perspective, in: Coester-Waltjen/Lipp/Schumann/Veit (Hrsg.), Europäisches Unterhaltsrecht: 8. Göttinger Workshop zum Familienrecht 2009 (2010) 47; *Kohler/Pintens*, Entwicklungen im europäischen Familien- und Erbrecht 2008–2009, FamRZ 2009, 1529; *Kropholler/von Hein*, Europäisches Zivilprozessrecht, Kommentar, 9. Aufl. 2011; *Laborde*, Abschaffung des Exequaturverfahrens im Europäischen Internationalen Familienverfahrensrecht?, in: Freitag/Leible/Sippel/Wanitzek (Hrsg.), Internationales Familienrecht für das 21. Jahrhundert (2006) 77; *Linke*, Die Europäisierung des Unterhaltsverfahrensrechts, FPR 2006, 237; *Lipp*, EG-UntVO, in: Münchener Kommentar zum FamFG, 2. Aufl. 2013 (zit. MüKo-FamFG/*Lipp*); *Looschelders/Boos*, Das grenzüberschreitende Unterhaltsrecht in der internationalen und europäischen Entwicklung, FamRZ 2006, 374; *Mankowski*, Hängepartie dank Kodifikationspolitik, FamRZ 2010, 1487; *Mansel/Thorn/Wagner*, Europäisches Kollisionsrecht 2009: Hoffnungen durch den Vertrag von Lissabon, IPRax 2010, 1; *Martiny*, Die Entwicklung des Europäischen Internationalen Familienrechts – ein juristischer Hürdenlauf, FPR 2008, 187; *ders.*, Grenzüberschreitende Unterhaltsdurchsetzung nach europäischem und internationalem Recht, FamRZ 2008, 1681; *ders.*, Unterhaltsrückgriff durch öffentliche Träger im europäischen internationalen Privat- und Verfahrensrecht, IPRax 2004, 194; *ders.*, § 17: Zuständigkeit/Anerkennung/Vollstreckung in Unterhaltssachen, in: Enzyklopädie Europarecht III, 2014 (zit. EnzEuR III/*Martiny*); *Moser*, Das Kollisionsrecht für Unterhaltssachen nach der EuUnterhaltsVO und dem Haager Unterhaltsprotokoll, JAP 2013/2014, 108; *Motzer*, Anwendungsbeginn der EU-Unterhaltsverordnung, FamRBint 2011, 56; *Nademleinsky*, Der internationale Unterhaltsstreit, EF-Z 2009, 115; *ders.*, Die neue EU-Unterhaltsverordnung samt dem neuen Haager Unterhaltsprotokoll, EF-Z 2011, 130; *Nademleinsky/Neumayr*, Internationales Familienrecht, 2007; *Niepmann/Schwarz*, Die Entwicklungen des Unterhaltsrechts seit Mitte 2014, NJW 2015, 668; *Nimmerrichter*, Handbuch internationales Unterhaltsrecht (2012); *Nohe*, Unterhaltsrealisierung im Ausland, FPR 2013, 31; *Pietsch*, Vom großen Vorschlag zum kleinen Rückschlag, AnwBl 2009, 486; *ders.*, Die grenzüberschreitenden zivilrechtlichen Vollstreckungsmechanismen in der EU, AnwBl 2013, 639; *Prinz*, Das neue Internationale europäische Unterhaltsrecht unter europäischem Einfluss (2013); *Rausch*, Unterhaltsvollstreckung im Ausland, FPR 2007, 448; *Rauscher*, Vollstreckung von Zivilentscheidungen aus Europa und Drittstaaten in Deutschland – Ein Versuch der Systematisierung, Int. Journal Proecdural Law, Volume I (2011) 02, 265; *ders.* (Hrsg.), Europäisches Zivilprozess- und Kollisionsrecht (EuZPR/EuIPR) – Brüssel IIa-VO, EG-UntVO, HUntVerfÜbk 2007, EU-EheGüterVO-E, EU-LP-GüterVO-E, EU-SchutzVO, Band IV, 4. Aufl. 2015 (zit. Rauscher/*Bearbeiter*, EuZPR/EuIPR IV); *Rechberger/Simotta*, Zivilprozessrecht (Österreichisches Recht) – Erkenntnisverfahren, 8. Aufl. 2010; *Reuß*, Unterhaltsregress revisited – Die internationale gerichtliche Zuständigkeit für Unterhaltsregressklagen nach der EuUntVO, in: FS Simotta (2012) 483; *Rieck*, Durchsetzung und Abänderung eines in einem durch das Haager Unterhaltsprotokoll gebundenen EU-Mitgliedstaat geschlossenen Unterhaltsvergleichs in Deutschland, FamFR 2013, 558; *Roth/Egger*, EU-Unterhaltsverordnung, ecolex 2009, 818; *Schmidt* (Hrsg.), Internationale Unterhaltsrealisierung: Rechtsgrundlagen und praktische Anwendung (2011); *Schneider*, Die Abänderung von Unterhaltsentscheidungen, JBl 2012, 705, 774; *Simotta*, Zur Gerichtsstandsvereinbarung in Unterhaltssachen nach Art. 4 EuUnterhaltsVO, in: GedS Koussoulis (2010) 527; *Trenk-Hinterberger*, Der Unterhaltsregress im Europäischen Zivilrecht, EuLF 2003, 87; *Wagner*, Der Wettstreit um neue kollisionsrechtliche Vorschriften im Unterhaltsrecht, FamRZ 2006, 979; *ders.*, Die Vereinheitlichung des Internationalen Privat- und Zivilverfahrensrechts zehn Jahre nach dem Inkrafttreten des Amsterdamer Vertrags, NJW 2009, 1911; *Weber*, Das anwendbare Recht im Unterhaltsstreit, Zak 2011, 267; *ders.*, Der sachliche Anwendungsbereich der EU-Unterhaltsverordnung, ÖJZ 2011, 947; *ders.*, Die Zuständigkeitstatbestände des Art. 3 EU-Unterhaltsverordnung, EF-Z 2012, 13; *ders.*, Der europäische Unterhaltsstreit, EF-Z 2012, 88.

I. Entstehungsgeschichte

Die internationale Zuständigkeit für unterhaltsrechtliche Klagen sowie die Voraussetzungen für die Anerkennung und Vollstreckung von Entscheidungen in Unterhaltssachen wurden bereits im EuGVÜ und der dem Übereinkommen nachfolgenden Brüssel I-VO geregelt. Um Unterhaltsansprüche effektiv durchsetzen zu können, hat der Europäische Rat auf seiner Tagung in Tampere vom 15. und 16.10.1999 u.a. besondere gemeinsame Verfahrensregeln für eine vereinfachte und beschleunigte Beilegung grenzüberschreitender Streitigkeiten sowie die Abschaffung von Zwischenmaßnahmen, die notwendig sind, um die Anerkennung und Vollstreckung einer in einem Mitgliedstaat ergangenen Entscheidung im ersuchten Staat zu ermöglichen, gefordert.[1] Aus diesem Grund sollte nach dem gemeinsamen Maßnahmenprogramm der Kommission und des Rates vom 30.11.2000 zur Umsetzung des Grundsatzes der gegenseitigen Anerkennung gerichtlicher Entscheidungen in Zivil- und Handelssachen[2] das Exequaturverfahren bei Entscheidungen über Unterhaltsansprüche gänzlich abgeschafft werden. Dadurch sollte die Wirksamkeit der Mittel, die den Anspruchsberechtigten zur Durchsetzung ihrer Ansprüche zur Verfügung stehen, erhöht werden. In diesem Programm wurde ferner drauf hingewiesen, dass auf europäischer Ebene in Bezug auf unterhaltsrechtliche Streitigkeiten Verfahrensvorschriften festzulegen sind. Die Dringlichkeit entsprechender Maßnahmen wurde – angesichts der großen praktischen Bedeutung von grenzüberschreitenden Unterhaltsstreitigkeiten – in dem am 15.4.2004 von der Kommission vorgelegten Grünbuch „Unterhaltspflichten",[3] in dem bestimmte Rechtsfragen zur Regelung grenzüberschreitender Unterhaltsstreitigkeiten formuliert wurden, besonders betont. 1

Die Kommission wurde im Haager Programm vom 4. und 5.11.2004 zur Stärkung von Freiheit, Sicherheit und Recht in der Europäischen Union[4] ersucht, im Jahr 2005 den Entwurf eines Rechtsinstruments zur Anerkennung und Vollstreckung von Unterhaltsentscheidungen einschließlich Sicherungsmaßnahmen und vorläufige Vollstreckung vorzulegen; die Kommission veröffentlichte am 15.12.2005 den ersten Entwurf.[5] Am 21.10.2008 wurde ein neuerlicher Entwurf vorgelegt, der zT erheblich vom ersten Entwurf abwich. Dieser Entwurf wurde vom Rat in dessen Sitzung vom 18.12.2008 beschlossen ist am 30.1.2009 in Kraft getreten und grds.[6] seit 18.6.2011[7] in der gesamten Europäischen Union einschließlich Irland, dem Vereinigten Königreich und – mit Ausnahme des Kapitels III (Anwendbares Recht) und Kapitels VII (Zusammenarbeit der Zentralen Behörden) – in Dänemark (s. dazu Art. 1 Rn 44) anzuwenden. 2

II. Regelungsziel

Die EuUntVO regelt – neben dem Anwendungsbereich sowie den allgemeinen Begriffsbestimmungen in Kapitel I – die internationale Zuständigkeit einschließlich Fragen zur Rechtshängigkeit und zu zusammenhängenden Verfahren (Kapi- 3

---

1 Die Schlussfolgerungen sind zT abgedruckt in NJW 2000, 1925.
2 ABl. C 12 vom 15.1.2001, S. 1.
3 KOM(2004) 254 endg.
4 ABl. C 53 vom 3.3.2005, S. 1; s. dazu Schmidt/*Hess*, Unterhaltsrealisierung, Teil 1 Rn 4.
5 KOM(2005) 649 endg.
6 Zu den Ausnahmen s. Art. 76 Abs. 2.
7 Dazu ausf. *Garber/Neumayr*, in: Jahrbuch Europarecht 11, S. 255, 259; *Mankowski*, FamRZ 2010, 1487.

tel II), das Kollisionsrecht (Kapitel III), die Anerkennung und Vollstreckung von Entscheidungen, gerichtlichen Vergleichen und öffentlichen Urkunden (Kapitel IV und VI), die Prozesskostenhilfe (Kapitel V) sowie die Zusammenarbeit auf Verwaltungsebene über Zentrale Behörden (Kapitel VII). Ferner enthalten Kapitel VIII Sonderbestimmungen für öffentliche Aufgaben wahrnehmende Einrichtungen und Kapitel IX schließlich allgemeine Bestimmungen und Schlussbestimmungen.

4 Ziel der Verordnung ist es, die effektive Durchsetzung von Unterhaltsansprüchen in grenzüberschreitenden Streitigkeiten zu gewährleisten,[8] um dadurch den freien Personenverkehr innerhalb des Europäischen Binnenmarktes erheblich zu erleichtern (vgl ErwGr. 45) und somit zu einem möglichst reibungslosen Funktionieren des europäischen Binnenmarktes beizutragen (vgl ErwGr. 1 und 2). Dies wird insb. durch den weitgehenden **Verzicht** auf ein im Vollstreckungsmitgliedstaat durchzuführendes **Exequaturverfahren** erreicht (vgl. Art. 17). Ferner wird die bisherige Pluralität der internationalverfahrensrechtlichen Bestimmungen, aufgrund derer sich die Durchsetzung von Unterhaltsansprüchen in der Praxis als undurchsichtig und schwierig gestaltete,[9] beseitigt, wodurch ebenfalls die Geltendmachung von Unterhaltsansprüchen in grenzüberschreitenden Streitigkeiten vereinfacht werden soll.[10]

5 Aus ErwGr. 15 folgt als weiteres Ziel der Verordnung, dass der Unterhaltsberechtigte als die grds. wirtschaftlich schwächere Partei besonders geschützt werden soll.[11] Da die EuUntVO eine möglichst umfassende Regelung unterhaltsrechtlicher Fragen bezweckt,[12] enthält die EuUntVO allerdings auch Regelungen, die für den Unterhaltsberechtigten nachteilig sein können. So werden etwa auch Entscheidungen, die eine Klage auf Unterhaltszahlung abweisen, sowie sonstige für den Unterhaltsberechtigten ungünstige Entscheidungen nach den Bestimmungen der Verordnung anerkannt, vollstreckt bzw für vollstreckbar erklärt (s. dazu Art. 16 Rn 14).

III. Auslegung und Vorabentscheidungsverfahren

6 **1. Auslegung.** Die EuUntVO ist nach den allgemeinen unionsrechtlichen Grundsätzen auszulegen.[13] Um eine einheitliche Anwendung der EuUntVO zu gewährleisten, sind die in der Verordnung verwendeten Begriffe grds. **unionsrechtlich autonom** auszulegen (s. Vor EuVTVO Rn 4), wobei auch Schrifttum und Rspr zu anderen Unionsrechtsakten – insb. zu Art. 5 Nr. 2 EuGVÜ bzw Brüssel I-VO sowie Art. 1 Abs. 2 lit. e Brüssel Ia-VO – zu beachten sind.[14]

7 Ferner kann ErwGr. 8 und 17 entnommen werden, dass für die Auslegung der EuUntVO grds. auch das HUP 2007 sowie das HÜU 2007 von Bedeutung sind.[15]

---

8 Fasching/Konecny/*Fucik*, Kommentar V/2, Vor Art. 1 EuUVO Rn 2.
9 Geimer/Schütze/*Hilbig/Picht/Reuß*, IRV, Vor Art. 1 VO Nr. 4/2009 Rn 14; s. auch *Conti*, Durchsetzung von Unterhaltsansprüchen, S. 7; *Pietsch*, AnwBl 2009, 486, 487 f.
10 Geimer/Schütze/*Hilbig/Picht/Reuß*, IRV, Vor Art. 1 VO Nr. 4/2009 Rn 14.
11 *Coester-Waltjen*, Einführung, in: Coester-Waltjen/Lipp/Schumann/Veit, Europ. Unterhaltsrecht, S. 1, 2; *Gruber*, IPRax 2010, 128, 129; Thomas/Putzo/*Hüßtege*, ZPO, Vorbem. Art. 1 EuUnterhaltsVO Rn 34.
12 Vgl ErwGr. 10; s. auch Rauscher/*Andrae*, EuZPR/EuIPR IV, Einl. EG-UntVO Rn 13 ff; Gebauer/Wiedmann/*Bittmann*, Zivilrecht, Kap. 36 Rn 1.
13 Fasching/Konecny/*Fucik*, Kommentar V/2, Vor Art. 1 EuUVO Rn 8; Burgstaller/Neumayr u.a./*Weber*, IZVR, Vor Art. 1 EuUntVO Rn 32.
14 Vgl nur Geimer/Schütze/*Hilbig/Picht/Reuß*, IRV, Vor Art. 1 VO Nr. 4/2009 Rn 19; MüKo-FamFG/*Lipp*, Vor Art. 1 ff EG-UntVO Rn 24.
15 *Gruber*, IPRax 2010, 128, 129; Geimer/Schütze/*Hilbig/Picht/Reuß*, IRV, Vor Art. 1 VO Nr. 4/2009 Rn 19.

Da die EuUntVO als supranationale Verordnung zT allerdings andere Ziele als die genannten völkerrechtlichen Übereinkommen bezweckt, können sich in Einzelfällen auch Abweichungen zwischen der Verordnung und den genannten Übereinkommen ergeben.[16] Ein Gleichlauf zwischen der EuUntVO und dem HUP 2007 bzw dem HÜU 2007 ist demnach nicht zwingend erforderlich.

2. Vorabentscheidungsverfahren. Für die Auslegung der EuUntVO kann der EuGH angerufen werden (s. dazu Art. 267 AEUV).[17] Ist die Entscheidung des Gerichts nach innerstaatlichem Recht nicht mehr anfechtbar, ist das Gericht verpflichtet, eine entscheidungswesentliche Auslegungsfrage dem EuGH vorzulegen.[18]   8

IV. Rechtsnatur und Verhältnis zu anderen Unionsrechtsakte

1. Allgemeines. Die EuUntVO ist als Verordnung in allen Mitgliedstaaten (s. dazu Art. 1 Rn 42 ff) unmittelbar anwendbares Recht (Art. 288 AEUV, ex-Art. 249 EG); eine Umsetzung in das innerstaatliche Recht ist nicht erforderlich.   9

2. Verhältnis zur Brüssel I-VO, Brüssel Ia-VO und EuVTVO. Die Verordnung ersetzt in ihrem Anwendungsbereich die maßgeblichen Vorschriften der Brüssel I-VO bzw Brüssel Ia-VO (vgl ErwGr. 44 und Art. 68 Abs. 1; s. allerdings die Übergangsbestimmung in Art. 75 Abs. 2 U.Abs. 2, nach der die Brüssel I-VO für die am Tag des Beginns der Anwendbarkeit der EuUntVO laufenden Anerkennungs- und Vollstreckungsverfahren weiter gilt). Unterhaltpflichten, die auf einem Familien-, Verwandtschafts- oder eherechtlichen Verhältnis oder auf Schwägerschaft beruhen, werden in Art. 1 Abs. 2 lit. e Brüssel Ia-VO ausdrücklich vom Anwendungsbereich ausgenommen (vgl auch ErwGr. 10 zur Brüssel Ia-VO).[19]   10

Ferner verdrängt die EuUntVO – zumindest grds. – die Regelungen der EuVTVO (vgl Art. 68 Abs. 2). Titel über unbestrittene Unterhaltsforderungen aus Staaten, die nicht an das HUP 2007 gebunden sind, können nach der EuVTVO – dh ohne Vollstreckbarerklärungsverfahren – vollstreckt werden; insofern kann der Gläubiger bei der Vollstreckung einer Entscheidung zwischen den Bestimmungen der EuUntVO und jenen der EuVTVO wählen. Derzeit sind Dänemark und das Vereinigte Königreich nicht an das HUP 2007 gebunden. Da für Dänemark die EuVTVO nicht gilt (Art. 2 Abs. 3 EuVTVO; s. dazu auch Vor EuVTVO Rn 11), können nur Entscheidungen aus dem Vereinigten Königreich wahlweise nach den Bestimmungen der EuUntVO oder der EuVTVO vollstreckt werden.[20]   11

V. Durchführung im deutschen Recht: Auslandsunterhaltsgesetz (AUG)

Da die EuUntVO in einigen Fragen der Ergänzung durch innerstaatliche Bestimmungen bedarf, hat der deutsche Gesetzgeber das „Gesetz zur Durchführung der Verordnung (EG) Nr. 4/2009 und zur Neuordnung bestehender Aus- und Durchführungsbestimmungen auf dem Gebiet des internationalen Unterhaltsverfahrensrechts" vom 23.5.2011[21] erlassen. Dessen Art. 1 bildet das „Gesetz zur Gel-   12

---

16 Geimer/Schütze/*Picht*, IRV, Art. 1 VO Nr. 4/2009 Rn 16.
17 Rauscher/*Andrae*, EuZPR/EuIPR IV, Einl. EG-UntVO Rn 33; *Fucik*, Die neue Unterhaltsverordnung, in: König/Mayr, Europäisches Zivilverfahrensrecht, S. 105, 110; Thomas/Putzo/*Hüßtege*, ZPO, Vorbem. Art. 1 EuUnterhaltsVO Rn 34.
18 Dazu jüngst *Posani*, Vorlagevoraussetzungen und -grenzen sowie Ablauf des Vorlageverfahrens vor den Zivilgerichten, in: Clavora/Garber (Hrsg.), Das Vorabentscheidungsverfahren in der Zivilgerichtsbarkeit (2014) 105.
19 S. dazu *Garber/Neumayr*, in: Jahrbuch Europarecht 13, S. 211, 217.
20 S. dazu. *Garber/Neumayr*, in: Jahrbuch Europarecht 12, S. 235, 237 Fn 8; *Rechberger/Simotta*, Grundriss, Rn 1331; Burgstaller/Neumayr u.a./*Weber*, IZVR, Art. 68 EuUntVO Rn 5, jew. mwN.
21 BGBl. I S. 898, berichtigt durch BGBl. I S. 2094 idF BGBl. I S. 273.

tendmachung von Unterhaltsansprüchen im Verkehr mit ausländischen Staaten (Auslandsunterhaltstesetz – AUG)" vom 23.5.2011.[22]

13 Zum AUG s. die Kommentierung in diesem Werk sowie etwa *Andrae*, Das neue Auslandsunterhaltsgesetz, NJW 2011, 2545; *Heger/Selg*, Die europäische Unterhaltsverordnung und das neue Auslandsunterhaltsgesetz – Die erleichterte Durchsetzung von Unterhaltsansprüchen im Ausland, FamRZ 2011, 1101; *Hess/Spancken*, Die Durchsetzung von Unterhaltstiteln mit Auslandsbezug nach dem AUG, FPR 2013, 27; *Niethammer-Jürgens*, Gesetz zur Durchführung der VO (EG) Nr. 4/2009 und zur Neuordnung bestehender Aus- und Durchführungsbestimmungen auf dem Gebiet des internationalen Unterhaltsverfahrensrechts, FamRBint 2011, 60; *Lipp*, AUG, in: MüKo-FamFG, 2. Aufl. 2013, S. 2883 ff.

KAPITEL I ANWENDUNGSBEREICH UND BEGRIFFSBESTIMMUNGEN

Artikel 1 Anwendungsbereich

(1) Diese Verordnung findet Anwendung auf Unterhaltspflichten, die auf einem Familien-, Verwandtschafts-, oder eherechtlichen Verhältnis oder auf Schwägerschaft beruhen.

(2) In dieser Verordnung bezeichnet der Begriff „Mitgliedstaat" alle Mitgliedstaaten, auf die diese Verordnung anwendbar ist.

I. Allgemeines	1		c) Eherechtliches Verhältnis	21
II. Sachlicher Anwendungsbereich	2		d) Schwägerschaft	27
1. Einführung	2		e) Familienverhältnis	28
a) Allgemeines	2	4.	Rechtsgrund der Unterhaltspflicht	34
b) Beschränkung auf Zivilsachen	3		a) Allgemeines	34
c) Die vom Anwendungsbereich der EuUntVO u.a. ausgenommenen Rechtssachen – Zur Abgrenzung unterhaltsrechtlicher Ansprüche von erb- und (ehe-)güterrechtlichen Ansprüchen	7		b) Vertragliche Unterhaltspflichten	35
			c) Zahlungen aufgrund eines Delikts	36
		5.	Vom Anwendungsbereich der EuUntVO erfasste Verfahren	37
2. Begriff der Unterhaltspflichten	11		a) Klagen/Anträge des Unterhaltsberechtigten	37
3. Familien-, Verwandtschafts- oder eherechtliches Verhältnis oder Schwägerschaft	16		b) Klagen/Anträge des Unterhaltsverpflichteten	38
a) Allgemeines	16		c) Regressansprüche	39
b) Verwandtschaftsverhältnis	18	III.	Räumlicher Anwendungsbereich	42

I. Allgemeines

1 Art. 1 bestimmt den sachlichen und – zumindest zT – den räumlichen Anwendungsbereich der Verordnung. Zum zeitlichen Anwendungsbereich s. Art. 76, zum räumlich-persönlichen Anwendungsbereich s. Rn 42 ff sowie Art. 16 Rn 10.

---

22 BGBl. I S. 898, zuletzt geändert durch Art. 10 des Gesetzes vom 31.8.2013 (BGBl. I S. 3533).

II. Sachlicher Anwendungsbereich

1. Einführung. a) Allgemeines. Nach Abs. 1 gelten die Bestimmungen der EuUntVO für Unterhaltspflichten, die auf einem „Familien-, Verwandtschafts-, oder eherechtlichen Verhältnis oder auf Schwägerschaft beruhen". Die Formulierung entspricht im Wesentlichen Art. 1 Abs. 1 HUP 2007 sowie Art. 1 Abs. 1 HÜU 2007, sodass Schrifttum und Rspr zu den genannten Bestimmungen grds. auch für die Auslegung des Abs. 1 zu beachten sind (zur Auslegung allgemein s. Vor EuUntVO Rn 6 f).[1] 2

b) Beschränkung auf Zivilsachen. Der Anwendungsbereich der Verordnung beschränkt sich – trotz Fehlens einer ausdrücklichen Bestimmung – auf **Zivilsachen**.[2] Dies folgt aus Art. 61 lit. c EG, der iVm Art. 65 und 67 EG (vgl nunmehr Art. 81 AEUV) die Kompetenzgrundlage für die Erlassung der Verordnung bildete;[3] die Bestimmungen erlaubten es dem europäischen Gesetzgeber – wie nunmehr Art. 81 AEUV – nämlich nur, Maßnahmen im Bereich der justiziellen Zusammenarbeit anzuordnen. 3

Der **Begriff der Zivilsache** ist **unionsrechtlich autonom** – dh ohne Rückgriff auf die lex causae bzw die lex fori – **auszulegen**; die Abgrenzung zu öffentlich-rechtlichen Streitigkeiten bestimmt sich nach der zu Art. 1 EuGVÜ, Art. 1 Brüssel I-VO (entspricht Art. 1 Brüssel Ia-VO) ergangenen Rspr des EuGH,[4] wonach zivilrechtliche Streitigkeiten im Unterschied zu öffentlich-rechtlichen Streitigkeiten nicht im Zusammenhang mit der Ausübung hoheitlicher Befugnisse stehen bzw der geltend gemachte Anspruch seinen Ursprung nicht in der Ausübung einer hoheitlichen Tätigkeit hat (s. dazu ausf. Vor Art. 32 ff Brüssel I-VO Rn 11 f).[5] 4

Da sich der Begriff der Zivilsache ausschließlich **nach materiell-rechtlichen Kriterien** bestimmt, ist für die Frage, ob der Anwendungsbereich der EuUntVO eröffnet ist, die Art des Verfahrens, in dem der Anspruch durchzusetzen ist, ohne Bedeutung. Die Bestimmungen der EuUntVO gelten daher unabhängig davon, ob die vom sachlichen Anwendungsbereich erfassten unterhaltsrechtlichen Ansprüche in der streitigen oder in der freiwilligen Gerichtsbarkeit durchzusetzen sind.[6] Zur Anerkennung und Vollstreckung von Entscheidungen einer Verwaltungsbehörde s. Art. 16 Rn 13. 5

Auch die **Beteiligung einer öffentlichen Einrichtung** schließt das Vorliegen einer vom Anwendungsbereich der EuUntVO erfassten Zivilsache nicht grds. aus.[7] Nach Auffassung des EuGH stellen **Unterhaltsregressklagen**, die von öffentlichen Einrichtungen erhoben werden, eine Zivilsache dar, wenn der Anspruch zivilrechtlicher Natur ist; für die Grundlage der Klage und die Modalitäten ihrer Erhebung müssen die allgemeinen Vorschriften über die Unterhaltsverpflichtung 6

---

1 Vgl auch *Gruber*, IPRax 2010, 128, 129 f.
2 Rauscher/*Andrae*, EuZPR/EuIPR IV, Art. 1 EG-UntVO Rn 44; *Andrae*, FPR 2013, 40; Zöller/*Geimer*, ZPO, Anh. II EG-VO Zuständigkeit Unterhaltssachen Art. 1 Rn 1; Geimer/Schütze/*Reuß*, IRV, Art. 1 VO Nr. 4/2009 Rn 2; *Reuß*, in: FS Simotta, S. 483, 484; *Weber*, ÖJZ 2011, 947, 951 Fn 50; Burgstaller/Neumayr u.a./*Weber*, IZVR, Art. 1 EuUntVO Rn 22 Fn 112.
3 Vgl vor ErwGr. 1; dazu ausf. *Conti*, Durchsetzung von Unterhaltsansprüchen, S. 24.
4 EuGH 14.10.1976 – Rs. 29/76 (*LTU/Eurocontrol*), Slg 1976, 1541; EuGH 16.12.1980 – Rs. 814/79 (*Niederlande/Rüffer*), Slg 1980, 3807.
5 Geimer/Schütze/*Reuß*, IRV, Art. 1 VO Nr. 4/2009 Rn 4; aA Rauscher/*Andrae*, EuZPR/EuIPR IV, Art. 1 EG-UntVO Rn 45.
6 Geimer/Schütze/*Reuß*, IRV, Art. 1 VO Nr. 4/2009 Rn 2; *Reuß*, in: FS Simotta, S. 483, 484 Fn 5.
7 *Mankowski*, IPRax 2014, 249 f; Geimer/Schütze/*Reuß*, IRV, Art. 1 VO Nr. 4/2009 Rn 5; EuGH 14.11.2002 – Rs. C-271/00 (*Gemeente Steenbergen/Baten*), Slg 2002, I-10849.

gelten.[8] Werden durch das innerstaatliche Recht der handelnden staatlichen Stelle hoheitliche Sonderrechte eingeräumt, ist der Anwendungsbereich der Verordnung hingegen nicht eröffnet; eine entsprechende Entscheidung des EuGH betraf den Anwendungsbereich der Brüssel I-VO, ist allerdings auch für die EuUntVO von Bedeutung.[9]

7 c) **Die vom Anwendungsbereich der EuUntVO u.a. ausgenommenen Rechtssachen – Zur Abgrenzung unterhaltsrechtlicher Ansprüche von erb- und (ehe-)güterrechtlichen Ansprüchen.** Vom sachlichen Anwendungsbereich der EuUntVO sind u.a. Ansprüche, die dem **Erb-**[10] bzw dem **(Ehe-)Güterrecht**[11] zuzuordnen sind, nicht erfasst. Die Verordnung enthält zwar keine entsprechende ausdrückliche Regelung, die Beschränkung des Anwendungsbereichs ergibt sich vielmehr aus der Entstehungsgeschichte der Verordnung. Da durch die EuUntVO nämlich nur die unterhaltsrechtlichen Regelungen der Brüssel I-VO ersetzt werden sollen,[12] ist der in Art. 1 Abs. 2 Brüssel I-VO[13] normierte Ausschluss erb- bzw (ehe-)güterrechtlicher Ansprüche auch für die EuUntVO von Bedeutung. Da für erbrechtliche Streitigkeiten ab 17.8.2015 die „Verordnung (EU) Nr. 650/2012 des Europäischen Parlaments und des Rates vom 4. Juli 2012 über die Zuständigkeit, das anzuwendende Recht, die Anerkennung und die Vollstreckung von Entscheidungen und die Annahme und Vollstreckung öffentlicher Urkunden in Erbsachen sowie die Einführung eines Europäischen Nachlasszeugnisses"[14] (**EuErbVO**) gilt und für güterrechtliche Streitigkeiten die derzeit in Vorbereitung befindliche „Verordnung über die Zuständigkeit, das anzuwendende Recht, die Anerkennung und die Vollstreckung von Entscheidungen im Bereich des Ehegüterrechts"[15] sowie die ebenfalls in Vorbereitung befindliche „Verordnung über die Zuständigkeit, das anzuwendende Recht, die Anerkennung und die Vollstreckung von Entscheidungen im Bereich des Güterrechts eingetragener Partnerschaften"[16] Anwendung finden sollen, besteht auch keine Notwendigkeit, die genannten Materien in der EuUntVO zu regeln.

8 Die **Abgrenzung** zwischen unterhaltsrechtlichen Streitigkeiten und erb- bzw (ehe-)güterrechtlichen Streitigkeiten hat anhand der **Funktion des der Streitigkeit**

---

8 EuGH 14.11.2002 – Rs. C-271/00 (*Gemeente Steenbergen/Baten*), Slg 2002, I-10849.
9 Geimer/Schütze/*Reuß*, IRV, Art. 1 VO Nr. 4/2009 Rn 4; aA Rauscher/*Andrae*, EuZPR/EuIPR IV, Art. 1 EG-UntVO Rn 45 ff; Burgstaller/Neumayr u.a./*Weber*, IZVR, Art. 1 EuUntVO Rn 22.
10 *Conti*, Durchsetzung von Unterhaltsansprüchen, S. 52 f; Zöller/*Geimer*, ZPO, Anh. II EG-VO Zuständigkeit Unterhaltssachen Art. 1 Rn 1; *Rechberger/Simotta*, Grundriss, Rn 184/3; *Weber*, ÖJZ 2011, 947, 952; Burgstaller/Neumayr u.a./*Weber*, IZVR, Art. 1 EuUntVO Rn 28.
11 Rauscher/*Andrae*, EuZPR/EuIPR IV, Art. 1 EG-UntVO Rn 24; Gebauer/Wiedmann/*Bittmann*, Zivilrecht, Kap. 36 Rn 12; *Conti*, Durchsetzung von Unterhaltsansprüchen, S. 48; *Rechberger/Simotta*, Grundriss, Rn 184/3; aA wohl *Fucik*, iFamZ 2009, 245 Fn 10; Fasching/Konecny/*Fucik*, Kommentar V/2, Art. 1 EuUVO Rn 1.
12 *Gruber*, IPRax 2010, 128, 130.
13 Auch die Brüssel Ia-VO gilt nicht für erb- und (ehe-)güterrechtliche Ansprüche (vgl Art. 1 Abs. 2 lit. a und f Brüssel Ia-VO).
14 ABl. L 201 vom 27.7.2012, S. 107; dazu *Fucik*, EuErbVO verabschiedet, ÖJZ 2012, 625.
15 KOM(2011) 126/2 endg; zum aktuellen Stand s. *Garber/Neumayr*, in: Jahrbuch Europarecht 15 (im Erscheinen).
16 KOM(2011) 127/2 endg; zum aktuellen Stand s. *Garber/Neumayr*, in: Jahrbuch Europarecht 15 (im Erscheinen).

zugrunde liegenden Anspruchs zu erfolgen.[17] Dient der Anspruch nicht der Sicherung der Lebensbedürfnisse des Berechtigten (s. dazu Rn 11 ff), sondern der Regelung der Vermögensnachfolge, der Aufteilung der Güter zwischen den Ehegatten bzw den eingetragenen Partnern oder der Regelung der vermögensrechtlichen Beziehungen, die sich unmittelbar aus der Ehe/registrierten Partnerschaft bzw deren Auflösung ergeben,[18] sind die Bestimmungen der EuUntVO nicht anzuwenden. Die Sicherung der Lebensbedürfnisse erfasst – im Sinne einer weiten Auslegung – auch den Anspruch des Berechtigten gegen den Verpflichteten auf Tragung der Beerdigungskosten. Daher ist etwa der Anspruch nach § 1615 Abs. 2 BGB vom Anwendungsbereich der EuUntVO erfasst.

Auch eine im Rahmen eines Scheidungsverfahrens ergangene Entscheidung, durch die die Zahlung eines Pauschalbetrages und die Übertragung des Eigentums an bestimmten Gegenständen von einem ehemaligen Ehegatten auf den anderen angeordnet werden, ist als unterhaltsrechtlich zu qualifizieren, sofern durch die Anordnung der Unterhalt des begünstigten ehemaligen Ehegatten gesichert werden soll.[19] Der Unterhaltscharakter wird in diesem Fall auch nicht dadurch in Frage gestellt, dass zugleich die Übertragung des Eigentums an bestimmten Gegenständen zwischen den früheren Ehegatten angeordnet wird, weil dadurch Kapital gebildet werden soll, das den Unterhalt eines Ehegatten sichern soll.[20] 9

Sofern **durch eine Leistung mehrere Zwecke** erreicht werden sollen, ist bei der Frage, ob der Anwendungsbereich der Verordnung eröffnet ist, zu differenzieren: Besteht eine Leistung aus mehreren Teilen, die eindeutig voneinander abgrenzbar sind, sind nur jene Teile der Leistung vom Anwendungsbereich der EuUntVO erfasst, deren Zweck die Sicherung des Lebensbedürfnisses des Berechtigten ist.[21] Ist hingegen keine eindeutige Abgrenzung der einzelnen Teile möglich, ist die gesamte Leistung als unterhaltsrechtlich zu qualifizieren, sofern sie überwiegend der Sicherung des Lebensbedarfs dient.[22] 10

2. Begriff der Unterhaltspflichten. Der Begriff der Unterhaltspflichten wird in der Verordnung nicht definiert. Auch das HUP 2007 und das HÜU 2007 enthalten keine Legaldefinition des Begriffs, auf die zurückgegriffen werden könnte, allerdings können Schrifttum und Rspr zu Art. 1 Abs. 1 HUP 2007 und Art. 1 11

---

17 Rauscher/*Andrae*, EuZPR/EuIPR IV, Art. 1 EG-UntVO Rn 21, 24 f; Geimer/Schütze/*Reuß*, IRV, Art. 1 VO Nr. 4/2009 Rn 24; EuGH 27.2.1997 – Rs. C-220/95 (*van den Boogaard/Laumen*), Slg 1997, I-1147; vgl auch BGH FamRZ 2009, 1659; s. auch *Dose*, Das deutsche Unterhaltsrecht, in: Coester-Waltjen/Lipp/Schumann/Veit, Europ. Unterhaltsrecht, S. 81, 89.
18 EuGH 27.3.1979 – Rs. 143/78 (*de Cavel/de Cavel*), Slg 1979, 1055; EuGH 31.3.1981 – Rs. 25/81 (*C. H. W./G. J. H.*), Slg 1982, 1189; vgl auch *Conti*, Durchsetzung von Unterhaltsansprüchen, S. 48.
19 EuGH 27.2.1997 – Rs. C-220/95 (*van den Boogaard/Laumen*), Slg 1997, I-1147; vgl auch *Amos*, Englisches Unterhaltsrecht, in: Coester-Waltjen/Lipp/Schumann/Veit, Europ. Unterhaltsrecht, S. 39, 40 sowie Nagel/Gottwald, IZPR, 7. Aufl., § 4 Rn 98.
20 EuGH 27.2.1997 – Rs. C-220/95 (*van den Boogaard/Laumen*), Slg 1997, I-1147; vgl auch *Amos*, Englisches Unterhaltsrecht, in: Coester-Waltjen/Lipp/Schumann/Veit, Europ. Unterhaltsrecht, S. 39, 40.
21 EuGH 27.2.1997 – Rs. C-220/95 (*van den Boogaard/Laumen*), Slg 1997, I-1147; vgl auch Rauscher/*Andrae*, EuZPR/EuIPR IV, Art. 1 EG-UntVO Rn 27; Geimer/Schütze/*Reuß*, IRV, Art. 1 VO Nr. 4/2009 Rn 26; *Karsten*, The new Hague Convention, in: Coester-Waltjen/Lipp/Schumann/Veit, Europ. Unterhaltsrecht, S. 47, 53; *Weber*, ÖJZ 2011, 947, 949; Burgstaller/Neumayr u.a./*Weber*, IZVR, Art. 1 EuUntVO Rn 11.
22 Rauscher/*Andrae*, EuZPR/EuIPR IV, Art. 1 EG-UntVO Rn 27; Geimer/Schütze/*Reuß*, IRV, Art. 1 VO Nr. 4/2009 Rn 26; *Weber*, ÖJZ 2011, 947, 949; Burgstaller/Neumayr u.a./*Weber*, IZVR, Art. 1 EuUntVO Rn 11; zu Art. 5 Nr. 2 Brüssel I-VO s. Fasching/Konecny/*Simotta*, Kommentar V/1, Art. 5 EuGVVO Rn 229.

Abs. 1 HÜU 2007 bei der Auslegung des Begriffs der Unterhaltspflichten – zumindest grds. – berücksichtigt werden (zur Auslegung allgemein s. Vor EuUntVO Rn 6 f).[23] Als Auslegungshilfe können auch die im Auftrag der Europäischen Kommission erstellte Übersicht über die Unterhaltsansprüche in der EU[24] sowie Lehre und Rspr zu Art. 5 Nr. 2 Brüssel I-VO und Art. 1 Abs. 2 lit. e Brüssel Ia-VO dienen (zur Auslegung allgemein s. Vor EuUntVO Rn 6 f).[25]

12 Der Begriff der Unterhaltspflichten ist – wie in ErwGr. 11 ausdrücklich normiert wird – **unionsrechtlich autonom** auszulegen, sodass für dessen Bestimmung weder die lex fori noch die lex causae maßgeblich ist.[26] Aus ErwGr. 11 und der Aufzählung der verschiedenen personenrechtlichen Verhältnisse in Abs. 1 folgt auch, dass der Begriff der Unterhaltspflichten **weit** auszulegen ist.[27]

13 Für die Bestimmung des Begriffs ist nicht die innerstaatliche Bezeichnung des Anspruchs, sondern die **Funktion des jeweiligen Anspruchs, dem Berechtigten das Bestreiten seines Lebensunterhalts zu ermöglichen**, maßgeblich,[28] wobei es unerheblich ist, ob die Leistung in Geld oder Sachwerten erfolgen soll.[29]

14 Um einen Anspruch als unterhaltsrechtlich qualifizieren zu können, orientiert sich dessen Höhe idR zudem wesentlich an der **Bedürftigkeit des Berechtigten** und der **Leistungsfähigkeit des Verpflichteten**.[30] Unterhalt wird nämlich grds. nur gewährt, wenn die berechtigte Person auch tatsächlich bedürftig ist – andernfalls hat sie für ihren Lebensbedarf selbst aufzukommen – und wenn der Verpflichtete tatsächlich im Stande ist, Leistungen zu erbringen.[31] Durch den Umstand, dass auch andere Kriterien bei der Bemessung der Höhe des Unterhalts berücksichtigt werden – wie etwa der Grad des Verschuldens eines Ehegatten an der Scheidung –, wird nicht verhindert, dass ein Anspruch als unterhaltsrechtlich qualifiziert

---

23 *Fucik*, Die neue Unterhaltsverordnung, in: König/Mayr, Europäisches Zivilverfahrensrecht, S. 105, 107; Fasching/Konecny/*Fucik*, Kommentar V/2, Art. 1 EuUVO Rn 1.
24 Abgedruckt bei *Fucik*, FamZ 2007, 97; s. auch Fasching/Konecny/*Fucik*, Kommentar V/2, Art. 1 EuUVO Rn 1; Burgstaller/Neumayr u.a./*Weber*, IZVR, Art. 1 EuUntVO Rn 4.
25 *Gruber*, IPRax 2010, 128, 130; *Nimmerrichter*, Handbuch internationales Unterhaltsrecht, Rn 115.
26 *Binder*, Schutz des Kindes, in: Clavora/Garber, Rechtsstellung von wirtschaftlich, sozial und gesellschaftlich Benachteiligten, S. 205, 209; Fasching/Konecny/*Fucik*, Kommentar V/2, Art. 1 EuUVO Rn 1; *Rechberger/Simotta*, Grundriss, Rn 184/1; M. *Roth/Egger*, ecolex 2009, 818; *Weber*, ÖJZ 2011, 947, 948; Burgstaller/Neumayr u.a./*Weber*, IZVR, Art. 1 EuUntVO Rn 2, 7; vgl auch *Kohler/Pintens*, FamRZ 2009, 1529, 1530.
27 Rauscher/*Andrae*, EuZPR/EuIPR IV, Art. 1 EG-UntVO Rn 22; Gebauer/Wiedmann/*Bittmann*, Zivilrecht, Kap. 36 Rn 17; *Junker*, in: FS Simotta 263, 264; *Kohler/Pintens*, FamRZ 2009, 1529, 1530; *Mansel/Thorn/Wagner*, IPRax 2010, 1, 7.
28 Rauscher/*Andrae*, EuZPR/EuIPR IV, Art. 1 EG-UntVO Rn 23; *Binder*, Schutz des Kindes, in: Clavora/Garber, Rechtsstellung von wirtschaftlich, sozial und gesellschaftlich Benachteiligten, S. 205, 209; MüKo-FamFG/*Lipp*, Art. 1 EG-UntVO Rn 9; *Nimmerrichter*, Handbuch internationales Unterhaltsrecht, Rn 115; *Rechberger/Simotta*, Grundriss, Rn 184/1; Geimer/Schütze/*Reuß*, IRV, Art. 1 VO Nr. 4/2009 Rn 19; *Weber*, ÖJZ 2011, 947, 948; Burgstaller/Neumayr u.a./*Weber*, IZVR, Art. 1 EuUntVO Rn 2; zu Art. 5 Nr. 2 s. EuGH 27.2.1997 – Rs. C-220/95 (*van den Boogaard/Laumen*), Slg 1997, I-1147 sowie Fasching/Konecny/*Simotta*, Kommentar V/1, Art. 5 EuGVVO Rn 222.
29 Fasching/Konecny/*Fucik*, Kommentar V/2, Art. 1 EuUVO Rn 1; Angst/Oberhammer/*Garber*, EO, Vor § 79 Rn 288; Geimer/Schütze/*Reuß*, IRV, Art. 1 VO Nr. 4/2009 Rn 19.
30 Rauscher/*Andrae*, EuZPR/EuIPR IV, Art. 1 EG-UntVO Rn 23; *Rechberger/Simotta*, Grundriss, Rn 184/1; Geimer/Schütze/*Reuß*, IRV, Art. 1 VO Nr. 4/2009 Rn 19; *Weber*, ÖJZ 2011, 947, 948; Burgstaller/Neumayr u.a./*Weber*, IZVR, Art. 1 EuUntVO Rn 2; vgl auch EuGH 27.2.1997 – Rs. C-220/95 (*van den Boogaard/Laumen*), Slg 1997, I-1147.
31 Geimer/Schütze/*Reuß*, IRV, Art. 1 VO Nr. 4/2009 Rn 19.

werden kann.[32] Die Bemessung des Anspruchs nach Maßgabe der Bedürftigkeit des Berechtigten und der Leistungsfähigkeit des Verpflichteten stellt daher lediglich ein **Indiz** und kein zwingendes Tatbestandsmerkmal für die Qualifikation eines vom Anwendungsbereich der EuUntVO erfassten unterhaltsrechtlichen Anspruchs dar.[33]

Der Begriff des Unterhalts setzt **nicht** voraus, dass der Anspruch auf Leistung **periodischer Zahlungen** gerichtet ist. Sofern die genannten Voraussetzungen vorliegen, können auch **Einmalzahlungen** als unterhaltsrechtlich qualifiziert werden.[34] Einmalige Zahlungen sind etwa in jenen Fällen, in denen der Betrag so festgesetzt ist, dass er ein zuvor festgelegtes Einkommensniveau sichert, vom Anwendungsbereich der EuUntVO erfasst.[35] Auch einmalige Zahlungen zur Deckung des Sonderbedarfs bei Kindesunterhalt sind als unterhaltsrechtlich iSd Abs. 1 zu qualifizieren.[36] Der Anwendungsbereich der Verordnung erfasst ferner Ansprüche nach § 1613 Abs. 2 BGB,[37] Ansprüche des Ehegatten gegenüber dem anderen auf Leistung eines Prozesskostenvorschusses nach § 1360 a Abs. 4 BGB[38] (dies gilt freilich selbst dann, wenn es sich bei dem Verfahren um eine nicht von der EuUntVO erfasste Rechtssache handelt)[39] sowie Ansprüche eines geschiedenen oder dauernd getrennt lebenden Ehegatten gegen den anderen Ehegatten auf Erstattung des ihm durch das begrenzte Realsplitting entstandenen Nachteils.[40]

3. Familien-, Verwandtschafts- oder eherechtliches Verhältnis oder Schwägerschaft. a) Allgemeines. Nach dem ausdrücklichen Wortlaut des Abs. 1 muss die Unterhaltspflicht auf einem Familien-, Verwandtschafts- oder eherechtlichen Verhältnis oder auf Schwägerschaft beruhen. Unterhaltspflichten, die sich nicht aus einem der genannten Verhältnisse ergeben, sind vom Anwendungsbereich der EuUntVO nicht erfasst.

---

32 *Weber*, ÖJZ 2011, 947, 950; Burgstaller/Neumayr u.a./*Weber*, IZVR, Art. 1 EuUntVO Rn 16.
33 Angst/Oberhammer/*Garber*, EO, Vor § 79 Rn 288; MüKo-FamFG/*Lipp*, Art. 1 EG-UntVO Rn 10.
34 *Binder*, Schutz des Kindes, in: Clavora/Garber, Rechtsstellung von wirtschaftlich, sozial und gesellschaftlich Benachteiligten, S. 205, 209; *Rechberger/Simotta*, Grundriss, Rn 184/1; vgl auch *Dose*, Das deutsche Unterhaltsrecht, in: Coester-Waltjen/Lipp/Schumann/Veit, Europ. Unterhaltsrecht, S. 81, 89.
35 EuGH 27.2.1997 – Rs. C-220/95 (*van den Boogaard/Laumen*), Slg 1997, I-1147; s. auch Rauscher/*Andrae*, EuZPR/EuIPR IV, Art. 1 EG-UntVO Rn 25; *Weber*, ÖJZ 2011, 947, 949; Burgstaller/Neumayr u.a./*Weber*, IZVR, Art. 1 EuUntVO Rn 6.
36 *Binder*, Schutz des Kindes, in: Clavora/Garber, Rechtsstellung von wirtschaftlich, sozial und gesellschaftlich Benachteiligten, S. 205, 209; Geimer/Schütze/*Reuß*, IRV, Art. 1 VO Nr. 4/2009 Rn 21; *Weber*, ÖJZ 2011, 947, 948 f; Burgstaller/Neumayr u.a./*Weber*, IZVR, Art. 1 EuUntVO Rn 3.
37 *Weber*, ÖJZ 2011, 947, 949; Burgstaller/Neumayr u.a./*Weber*, IZVR, Art. 1 EuUntVO Rn 9; zu Art. 5 Nr. 2 Brüssel I-VO s. Fasching/Konecny/*Simotta*, Kommentar V/1, Art. 5 EuGVVO Rn 224.
38 *Nagel/Gottwald*, IZPR, 7. Aufl., § 4 Rn 98; Geimer/Schütze/*Reuß*, IRV, Art. 1 VO Nr. 4/2009 Rn 21; *Weber*, ÖJZ 2011, 947, 948 f; Burgstaller/Neumayr u.a./*Weber*, IZVR, Art. 1 EuUntVO Rn 3.
39 *Geimer*, IZPR, 7. Aufl., Rn 3197 p; *Nagel/Gottwald*, IZPR, 7. Aufl., § 4 Rn 98.
40 *Nagel/Gottwald*, IZPR, 7. Aufl., § 4 Rn 98; *Weber*, ÖJZ 2011, 947, 949; Burgstaller/Neumayr u.a./*Weber*, IZVR, Art. 1 EuUntVO Rn 9; vgl auch BGH NJW-RR 2008, 156; aA Zöller/*Geimer*, ZPO, Anh. II EG-VO Zuständigkeit Unterhaltssachen Art. 1 Rn 1; Geimer/Schütze/*Reuß*, IRV, Art. 1 VO Nr. 4/2009 Rn 22; wie hier zu Art. 5 Nr. 2 Brüssel I-VO Fasching/Konecny/*Simotta*, Kommentar V/1, Art. 5 EuGVVO Rn 225.

17 Die in Abs. 1 genannten besonderen Verhältnisse sind **unionsrechtlich autonom** – dh ohne Rückgriff auf die lex fori bzw auf die lex causae – auszulegen,[41] wobei Lehre und Rspr zu Art. 1 HUP 2007 bzw Art. 1 HÜÜ 2007 grds. zu berücksichtigen sind (zur Auslegung allgemein s. Vor EuUntVO Rn 6 f). Aufgrund der unionsrechtlichen Auslegung ist der Anwendungsbereich der EuUntVO auch dann eröffnet, wenn die betreffende Beziehung nach dem Recht des Mitgliedstaats, dessen Gerichte für das Erkenntnisverfahren oder die Anerkennung, Vollstreckbarkeit bzw Vollstreckung angerufen werden, nicht als Familien-, Verwandtschafts-, eherechtliches oder auf Schwägerschaft beruhendes Verhältnis qualifiziert wird.[42]

18 b) **Verwandtschaftsverhältnis.** Zu den Unterhaltspflichten aus dem Verwandtschaftsverhältnis zählen alle Unterhaltspflichten zwischen Personen, die in gerader Linie verwandt sind – etwa Unterhaltspflichten der Eltern gegenüber den Kindern[43] bzw umgekehrt[44] oder der Großeltern gegenüber den Enkelkindern bzw umgekehrt[45] – sowie zwischen Personen, die in der Seitenlinie verwandt sind, etwa zwischen Geschwistern[46] oder Cousinen/Cousins.[47]

19 Der Grad der Verwandtschaft ist nicht maßgeblich.[48] Auch die Art der Begründung des Verwandtschaftsverhältnisses – also etwa durch Geburt, Adoption[49] oder Vaterschaftsanerkenntnis[50] – ist für die Frage des Vorliegens einer verwandtschaftlichen Beziehung zwischen den Parteien ohne Bedeutung.[51] Erfasst wird sowohl die rechtliche als auch die genetische Verwandtschaft; der Anwendungsbereich der Verordnung erfasst demnach auch eine allfällige Unterhaltspflicht der Leihmutter bzw der Wunschmutter bei einer Leihmutterschaft[52] sowie eines „Zahlvaters", dh eine Unterhaltspflicht eines Mannes, der mit dem Kind nicht verwandt ist, weil es aus einer anderen Beziehung seiner Partnerin

---

41 *Weber*, ÖJZ 2011, 947, 953; Burgstaller/Neumayr u.a./*Weber*, IZVR, Art. 1 EuUntVO Rn 37; zT abweichend Rauscher/*Andrae*, EuZPR/EuIPR IV, Art. 1 EG-UntVO Rn 17 f, sowie *Hilbig*, GPR 2011, 310, 312, nach deren Auffassung der Begriff „Familie" nicht unionsrechtlich autonom auszulegen ist (s. dazu Rn 28 ff).
42 Rauscher/*Andrae*, EuZPR/EuIPR IV, Art. 1 EG-UntVO Rn 2.
43 Rauscher/*Andrae*, EuZPR/EuIPR IV, Art. 1 EG-UntVO Rn 6; Gebauer/Wiedmann/*Bittmann*, Zivilrecht, Kap. 36 Rn 17; *Rechberger/Simotta*, Grundriss, Rn 184/2.
44 *Martiny*, FamRZ 2008, 1681, 1689. Unterhaltsansprüche eines Kindes gegenüber einem Elternteil (bzw umgekehrt) werden ungeachtet des Familienstandes der Eltern erfasst, sodass auch die Ansprüche eines unehelichen Kindes gegenüber dem Elternteil (bzw umgekehrt) erfasst werden (Rauscher/*Andrae*, EuZPR/EuIPR IV, Art. 1 EG-UntVO Rn 2; *Binder*, Schutz des Kindes, in: Clavora/Garber, Rechtsstellung von wirtschaftlich, sozial und gesellschaftlich Benachteiligten, S. 205, 208; Gebauer/Wiedmann/ *Bittmann*, Zivilrecht, Kap. 36 Rn 17).
45 Rauscher/*Andrae*, EuZPR/EuIPR IV, Art. 1 EG-UntVO Rn 6; *Conti*, Durchsetzung von Unterhaltsansprüchen, S. 37; Angst/Oberhammer/*Garber*, EO, Vor § 79 Rn 291.
46 Rauscher/*Andrae*, EuZPR/EuIPR IV, Art. 1 EG-UntVO Rn 6; *Conti*, Durchsetzung von Unterhaltsansprüchen, S. 37; *Weber*, ÖJZ 2011, 947, 952; Burgstaller/Neumayr u.a./ *Weber*, IZVR, Art. 1 EuUntVO Rn 27.
47 *Conti*, Durchsetzung von Unterhaltsansprüchen, S. 37 f, 46.
48 *Conti*, Durchsetzung von Unterhaltsansprüchen, S. 37; Geimer/Schütze/*Reuß*, IRV, Art. 1 VO Nr. 4/2009 Rn 41.
49 Rauscher/*Andrae*, EuZPR/EuIPR IV, Art. 1 EG-UntVO Rn 7; Angst/Oberhammer/*Garber*, EO, Vor § 79 Rn 291.
50 Geimer/Schütze/*Reuß*, IRV, Art. 1 VO Nr. 4/2009 Rn 41.
51 Rauscher/*Andrae*, EuZPR/EuIPR IV, Art. 1 EG-UntVO Rn 7; *Weber*, ÖJZ 2011, 947, 952; Burgstaller/Neumayr u.a./*Weber*, IZVR, Art. 1 EuUntVO Rn 29; Geimer/Schütze/ *Reuß*, IRV, Art. 1 VO Nr. 4/2009 Rn 41.
52 Rauscher/*Andrae*, EuZPR/EuIPR IV, Art. 1 EG-UntVO Rn 7 a.

stammt.[53] Eine verwandtschaftliche Beziehung iSd Abs. 1 liegt auch dann vor, wenn zwischen dem Unterhaltsberechtigten und dem Unterhaltsverpflichteten keine enge persönliche Beziehung besteht; daher sind auch Unterhaltszahlungen des biologischen Vaters, der in seiner Vaterrolle auf die Pflicht zur Zahlung von Unterhalt beschränkt wird, vom Anwendungsbereich der EuUntVO erfasst. Auch eine allfällig bestehende Unterhaltspflicht des nicht biologischen Vaters gegenüber einem Kind ist vom Anwendungsbereich der EuUntVO erfasst.[54] Ihr Verhältnis zueinander kann idR zumindest als Familienverhältnis qualifiziert werden (s. dazu Rn 28 ff).

Als Unterhalt aufgrund eines Verwandtschaftsverhältnisses sind nach deutschem Recht insb. Ansprüche nach §§ 1601 ff BGB zu qualifizieren. Als eine vom Anwendungsbereich der Verordnung erfasste Unterhaltsleistung aufgrund eines Verwandtschaftsverhältnisses ist auch der Anspruch des Elternteils gegenüber dem anderen Elternteil auf Zahlung von Unterhalt aufgrund Geburt sowie der Pflege und Erziehung des Kindes erfasst.[55] Nach deutschem Recht fallen daher auch Unterhaltsansprüche nach § 1570 BGB in den Anwendungsbereich der Verordnung. 20

c) **Eherechtliches Verhältnis.** Zu den Unterhaltspflichten, die auf einem eherechtlichen Verhältnis beruhen, gehören Unterhaltspflichten zwischen den Eheleuten bei bestehender Ehe, der Trennung ohne Auflösung des Ehebandes sowie Unterhaltspflichten zwischen ehemaligen Ehegatten nach der Scheidung bzw (sonstiger) Auflösung der Ehe.[56] 21

Der **Begriff der Ehe** ist iSd Art. 1 Abs. 1 lit. a Brüssel IIa-VO auszulegen.[57] Demnach ist unter einer Ehe eine auf einer entsprechenden Willensentschließung der Parteien beruhende, auf Dauer angelegte Gemeinschaft zweier verschiedengeschlechtlicher Personen unter Ausschluss dritter Personen, für deren Begründung – zumindest grds. – die Mitwirkung einer hoheitlichen Stelle, dh des Staats oder der Kirche, erforderlich ist, zu verstehen.[58] Wird allerdings – wie etwa nach slowenischem Recht[59] – eine eheähnliche Lebensgemeinschaft aufgrund der Dauer ipso facto zur Ehe, die nur mehr in einem förmlichen gerichtlichen Verfahren geschieden werden kann, stellt die Lebensgemeinschaft – trotz fehlender Mitwirkung einer hoheitlichen Stelle bei ihrer Begründung – ab dem Zeitpunkt, ab dem 22

---

53 Rauscher/*Andrae*, EuZPR/EuIPR IV, Art. 1 EG-UntVO Rn 7 b; EnzEuR III/*Martiny*, § 17 Rn 7.
54 Rauscher/*Andrae*, EuZPR/EuIPR IV, Art. 1 EG-UntVO Rn 7; *Weber*, ÖJZ 2011, 947, 952; Burgstaller/Neumayr u.a./*Weber*, IZVR, Art. 1 EuUntVO Rn 29; aA Geimer/Schütze/*Reuß*, IRV, Art. 1 VO Nr. 4/2009 Rn 43.
55 Rauscher/*Andrae*, EuZPR/EuIPR IV, Art. 1 EG-UntVO Rn 6; Geimer/Schütze/*Reuß*, IRV, Art. 1 VO Nr. 4/2009 Rn 42; *Weber*, ÖJZ 2011, 947, 952; Burgstaller/Neumayr u.a./*Weber*, IZVR, Art. 1 EuUntVO Rn 29.
56 Rauscher/*Andrae*, EuZPR/EuIPR IV, Art. 1 EG-UntVO Rn 3; *Conti*, Durchsetzung von Unterhaltsansprüchen, S. 38; *Weber*, ÖJZ 2011, 947, 952; Burgstaller/Neumayr u.a./*Weber*, IZVR, Art. 1 EuUntVO Rn 26.
57 Rauscher/*Andrae*, EuZPR/EuIPR IV, Art. 1 EG-UntVO Rn 3 Fn 9; *Rechberger/Simotta*, Grundriss, Rn 184/2.
58 *Garber*, Anerkennung zivilgerichtlicher Entscheidungen, in: Clavora/Garber, Rechtsstellung von wirtschaftlich, sozial und gesellschaftlich Benachteiligten, S. 273, 284; *ders.*, in: FS Simotta, S. 145, 149 mwN.
59 *Zupančič/Novak*, in: Bergmann/Ferid, Ehe- und Kindschaftsrecht Slowenien, Loseblatt, 180. Lfg. (1.12.2008), S. 39.

sie nur mehr in einem förmlichen gerichtlichen Verfahren geschieden werden kann, eine Ehe iSd Art. 1 Abs. 1 Brüssel IIa-VO/EuUntVO dar.[60]

23 Da dem Begriff der Ehe die **traditionelle Bedeutung als rechtliche Verbindung zwischen Mann und Frau** zugrunde liegt, stellen Ehen zwischen Personen desselben Geschlechts keine Ehe iSd Art. 1 Abs. 1 Brüssel IIa-VO/EuUntVO dar.[61] Zur Frage, ob homosexuelle Ehen unter den Begriff der Familie subsumiert werden können, s. Rn 33.

24 Aufgrund der dem Begriff der Ehe zugrunde liegenden traditionellen Bedeutung als rechtliche Verbindung zwischen Mann und Frau können registrierte Partnerschaften homosexueller Personen nicht als eine Ehe iSd Art. 1 Abs. 1 Brüssel IIa-VO/EuUntVO qualifiziert werden.[62] Auch eine registrierte Partnerschaft heterosexueller Personen stellt als bloß formalisierte nichteheliche Art des Zusammenlebens keine Ehe iSd Art. 1 Abs. 1 lit. a Brüssel IIa-VO dar.[63] Zur Frage, ob **registrierte Partnerschaften** hetero- bzw homosexueller Personen unter den Begriff der Familie subsumiert werden können, s. Rn 33.

25 Nach deutschem Recht sind Ansprüche nach §§ 1569 ff BGB als auf einem eherechtlichen Verhältnis beruhende Unterhaltsansprüche zu qualifizieren und sind daher vom Anwendungsbereich der EuUntVO erfasst.

26 Auch die Geltendmachung des Ruhens des Unterhaltsanspruchs im Falle des Eingehens einer Lebensgemeinschaft oder des Erlöschens des Unterhaltsanspruchs aufgrund einer Wiederverehelichung des Unterhaltsberechtigten sowie die Geltendmachung der Verwirkung des Anspruchs sind vom sachlichen Anwendungsbereich der EuUntVO erfasst.[64]

---

60 *Garber*, Anerkennung zivilgerichtlicher Entscheidungen, in: Clavora/Garber, Rechtsstellung von wirtschaftlich, sozial und gesellschaftlich Benachteiligten, S. 273, 284; *ders.*, in: FS Simotta, S. 145, 149; Staudinger/*Spellenberg*, EGBGB/IPR, Art. 1 EheGVO Rn 13.
61 Rauscher/*Andrae*, EuZPR/EuIPR IV, Art. 1 EG-UntVO Rn 4; Althammer/*Arnold*, Brüssel IIa, Art. 1 Rn 5 f; Geimer/Schütze/*Reuß*, IRV, Art. 1 VO Nr. 4/2009 Rn 36; aA *Conti*, Durchsetzung von Unterhaltsansprüchen, S. 39 ff; zum Meinungsstand *Garber*, Anerkennung zivilgerichtlicher Entscheidungen, in: Clavora/Garber, Rechtsstellung von wirtschaftlich, sozial und gesellschaftlich Benachteiligten, S. 273, 285 ff; *ders.*, in: FS Simotta, S. 145, 155 ff.
62 Rauscher/*Andrae*, EuZPR/EuIPR IV, Art. 1 EG-UntVO Rn 4; Geimer/Schütze/*Reuß*, IRV, Art. 1 VO Nr. 4/2009 Rn 37; *Weber*, ÖJZ 2011, 947, 952; Burgstaller/Neumayr u.a./*Weber*, IZVR, Art. 1 EuUntVO Rn 26; aA *Conti*, Durchsetzung von Unterhaltsansprüchen, S. 39 ff, insb. 45; wie hier zum Anwendungsbereich der Brüssel IIa-VO *Dilger*, Die Regelungen zur internationalen Zuständigkeit in Ehesachen in der Verordnung (EG) Nr. 2201/2003, 2014, Rn 107; *Gruber*, IPRax 2005, 293; *Nademleinsky/Neumayr*, Internationales Familienrecht, Rn 05.07; *Neumayr/Thoma-Twaroch*, FamZ 2006, 112 f; *Niklas*, Die europäische Zuständigkeitsordnung in Ehe- und Kindschaftsverfahren, 2003, S. 34.
63 Vgl nur Althammer/*Arnold*, Brüssel IIa, Art. 1 Rn 7 mwN. Sofern durch die Eintragung der Partnerschaft allerdings nahezu dieselben Wirkungen wie durch das Eingehen einer Ehe begründet werden, sollte die registrierte Partnerschaft mE vom sachlichen Anwendungsbereich der Brüssel IIa-VO erfasst werden. Andernfalls könnte der nationale Gesetzgeber durch die Bezeichnung einer Lebensgemeinschaft als Ehe oder als registrierte Partnerschaft über die Anwendbarkeit der Brüssel IIa-VO disponieren. Dies würde der gebotenen unionsrechtlich autonomen Auslegung des Begriffs der Ehe widersprechen (s. dazu *Garber*, in: FS Simotta, S. 145, 153 f).
64 *Weber*, ÖJZ 2011, 947, 952; Burgstaller/Neumayr u.a./*Weber*, IZVR, Art. 1 EuUntVO Rn 16.

d) **Schwägerschaft.** Schwägerschaft besteht zwischen den Ehegatten und den Verwandten des anderen Ehegatten[65] einschließlich dessen Stiefkinder, Adoptivkinder[66] und unehelicher Kinder.[67] Nicht maßgeblich ist, ob das Verwandtschaftsverhältnis in gerader Linie oder in Seitenlinie besteht. Wird die Ehe, durch die die Schwägerschaft begründet wurde, aufgelöst, besteht die Schwägerschaft fort.[68] 27

e) **Familienverhältnis.** Die Bestimmungen der EuUntVO gelten auch für Unterhaltspflichten, die auf einem Familienverhältnis beruhen. 28

Der **Begriff der Familie** wird in der EuUntVO nicht definiert. Nach ErwGr. 8 zur Rom I-VO und ErwGr. 10 zur Rom II-VO ist unter dem Begriff des Familienverhältnisses die Verwandtschaft in gerader Linie, die Ehe, die Schwägerschaft und die Verwandtschaft in der Seitenlinie zu verstehen. Demnach hat der Begriff der Familie im Anwendungsbereich der beiden Verordnungen keine eigenständige Bedeutung, sondern stellt lediglich den die Verwandtschaft, Ehe und Schwägerschaft zusammenfassenden Begriff dar.[69] Dieses Verständnis entspricht auch dem HÜU 1973.[70] Demgegenüber ist laut dem *Bonomi*-Bericht zum HUP 2007 der **Katalog von Verwandtschaft, Ehe und Schwägerschaft nicht abschließend**; der Begriff der Familie ist vielmehr weiter zu verstehen, um der Dynamik der Auslegung, welche Beziehungen zum Unterhalt verpflichtende Familienbeziehungen sein können, Rechnung zu tragen. Aufgrund der engen Beziehung zwischen EuUntVO und HUP 2007[71] hat der europäische Gesetzgeber wohl darauf verzichtet, eine Übereinstimmung mit der Rom I-VO und der Rom II-VO zu erzielen[72] und den **Begriff der Familie iSd HUP 2007** verstanden.[73] 29

Dass der Begriff der Familie nicht nur Verwandtschaft, Ehe und Schwägerschaft erfasst, folgt auch aus den Formblättern, auf denen angegeben werden kann, dass die Unterhaltspflicht auf einer eheähnlichen Gemeinschaft oder auf einem sonstigen Umstand beruht.[74] 30

Die Frage, ob der Begriff der Familie **unionsrechtlich autonom** auszulegen ist, ist in der Literatur umstritten.[75] Da der Begriff der Familie im Anwendungsbereich des HUP 2007 nicht für alle Vertragsstaaten einheitlich ausgelegt wird, sondern sich der Begriff nach den innerstaatlichen Rechtsordnungen der Vertragsstaaten 31

---

65 Rauscher/*Andrae*, EuZPR/EuIPR IV, Art. 1 EG-UntVO Rn 8; Geimer/Schütze/*Reuß*, IRV, Art. 1 VO Nr. 4/2009 Rn 40; *Weber*, ÖJZ 2011, 947, 952; Burgstaller/Neumayr u.a./*Weber*, IZVR, Art. 1 EuUntVO Rn 30.
66 Geimer/Schütze/*Reuß*, IRV, Art. 1 VO Nr. 4/2009 Rn 40.
67 Rauscher/*Andrae*, EuZPR/EuIPR IV, Art. 1 EG-UntVO Rn 8; *Weber*, ÖJZ 2011, 947, 952; Burgstaller/Neumayr u.a./*Weber*, IZVR, Art. 1 EuUntVO Rn 30; Geimer/Schütze/*Reuß*, IRV, Art. 1 VO Nr. 4/2009 Rn 40.
68 Rauscher/*Andrae*, EuZPR/EuIPR IV, Art. 1 EG-UntVO Rn 8; *Conti*, Durchsetzung von Unterhaltsansprüchen, S. 38; Geimer/Schütze/*Reuß*, IRV, Art. 1 VO Nr. 4/2009 Rn 40.
69 Vgl auch Rauscher/*Andrae*, EuZPR/EuIPR IV, Art. 1 EG-UntVO Rn 10; *Hilbig*, GPR 2011, 310 f; *Weber*, ÖJZ 2011, 947, 952; Burgstaller/Neumayr u.a./*Weber*, IZVR, Art. 1 EuUntVO Rn 32.
70 Rauscher/*Andrae*, EuZPR/EuIPR IV, Art. 1 EG-UntVO Rn 12.
71 Vgl etwa Art. 15 EuUntVO.
72 Rauscher/*Andrae*, EuZPR/EuIPR IV, Art. 1 EG-UntVO Rn 11; *Weber*, ÖJZ 2011, 947, 953; Burgstaller/Neumayr u.a./*Weber*, IZVR, Art. 1 EuUntVO Rn 33.
73 *Conti*, Durchsetzung von Unterhaltsansprüchen, S. 46.
74 *Conti*, Durchsetzung von Unterhaltsansprüchen, S. 43; *Hilbig*, GPR 2011, 310, 312 f; *Gruber*, IPRax 2010, 128, 130; *Lipp*, ZZP 126 (2013) 377, 379 (Rez.).
75 Bejahend: Angst/Oberhammer/*Garber*, EO, Vor § 79 Rn 294; *Lipp*, ZZP 126 (2013) 377, 379 (Rez.); EnzEuR III/*Martiny*, § 17 Rn 7; Geimer/Schütze/*Reuß*, IRV, Art. 1 VO Nr. 4/2009 Rn 44; *Weber*, ÖJZ 2011, 947, 953 f; Burgstaller/Neumayr u.a./*Weber*, IZVR, Art. 1 EuUntVO Rn 37; verneinend: Rauscher/*Andrae*, EuZPR/EuIPR IV, Art. 1 EG-UntVO Rn 17 f; *Hilbig*, GPR 2011, 310, 311 f.

bestimmt,[76] soll dies nach einem Teil der Lehre[77] – zumindest derzeit – auch für die EuUntVO gelten. In Deutschland soll sich der Begriff der Familie nach der „funktionellen Qualifikationsmethode" bestimmen, nach der alle Beziehungen, die nach deutschem Sachrecht familienrechtlichen Charakter haben, sowie alle Beziehungen, die in der deutschen Rechtsordnung nicht oder noch nicht als familienrechtliche Beziehungen anerkannt sind, aber die durch besondere persönliche Beziehungen eigener Art gekennzeichnet sind (etwa gleichgeschlechtliche Ehen), vom Begriff der Familie erfasst sind.[78]

32 Durch diese Auslegung wird der Begriff der Familie nicht in allen Mitgliedstaaten einheitlich ausgelegt, wodurch erhebliche Rechtsunsicherheiten entstehen können.[79] Daher ist der Begriff der Familie mE **unionsrechtlich autonom** auszulegen.[80] Dadurch wird gewährleistet, dass sich aus der Verordnung für alle Mitgliedstaaten und betroffenen Personen die gleichen Rechte und Pflichten ergeben.[81] Die Notwendigkeit einer einheitlichen Auslegung ergibt sich auch aus ErwGr. 11, nach dem durch die Verordnung die Gleichbehandlung aller Unterhaltsberechtigten gewährleistet werden soll; dieses Ziel kann nur durch eine unionsrechtlich autonome Auslegung des Begriffs der Familie erreicht werden. Da die Mitgliedstaaten der EuUntVO auf einer höheren Integrationsstufe als die Vertragsstaaten des HUP 2007 stehen, erscheint eine vom HUP 2007 abweichende Auslegung gerechtfertigt.[82]

33 Vom Begriff der Familie sind **gleichgeschlechtliche Ehen**[83] sowie **registrierte Partnerschaften hetero- bzw homosexueller Personen**[84] erfasst. Auch **faktisch gelebte Lebensgemeinschaften** können – ebenso wie im Anwendungsbereich der

---

76 Rauscher/*Andrae*, EuZPR/EuIPR IV, Art. 1 EG-UntVO Rn 17; *Hilbig*, GPR 2011, 310, 311; aA *Weber*, Zak 2011, 267.
77 Rauscher/*Andrae*, EuZPR/EuIPR IV, Art. 1 EG-UntVO Rn 17 f; *Hilbig*, GPR 2011, 310, 312.
78 *Hilbig*, GPR 2011, 310, 312; vgl auch Rauscher/*Andrae*, EuZPR/EuIPR IV, Art. 1 EG-UntVO Rn 5 a.
79 Geimer/Schütze/*Reuß*, IRV, Art. 1 VO Nr. 4/2009 Rn 44.
80 So auch Geimer/Schütze/*Reuß*, IRV, Art. 1 VO Nr. 4/2009 Rn 44; *Weber*, ÖJZ 2011, 947, 953 f; Burgstaller/Neumayr u.a./*Weber*, IZVR, Art. 1 EuUntVO Rn 37.
81 EuGH 14.7.1977 – Rs. 9, 10/77 (*Bavaria Fluggesellschaft und Germanair/Eurocontrol*), Slg 1977, 1517; EuGH 22.2.1979 – Rs. 133/78 (*Gourdain/Nadler*), Slg 1979, 733; EuGH 16.12.1980 – Rs. 814/79 (*Niederländischer Staat/Rüffer*), Slg 1980, 3807; EuGH 21.4.1993 – Rs. C-172/91 (*Sonntag/Waidmann*), Slg 1993, I-1963; EuGH 14.11.2002 – Rs. C-271/00 (*Gemeente Steenbergen/Baten*), Slg 2002, I-10489.
82 *Weber*, ÖJZ 2011, 947, 953; Burgstaller/Neumayr u.a./*Weber*, IZVR, Art. 1 EuUntVO Rn 37.
83 *Garber*, Anerkennung zivilgerichtlicher Entscheidungen, in: Clavora/Garber, Rechtsstellung von wirtschaftlich, sozial und gesellschaftlich Benachteiligten, S. 273, 288; *ders.*, in: FS Simotta, S. 145, 152 Fn 47 sowie S. 158 Fn 84; *Lipp*, ZZP 126 (2013) 377, 379 (Rez.); *Weber*, ÖJZ 2011, 947, 954; Burgstaller/Neumayr u.a./*Weber*, IZVR, Art. 1 EuUntVO Rn 39; vgl auch *Gruber*, IPRax 2010, 128, 130; *Hilbig*, GPR 2011, 310, 313 sowie iE auch *Nademleinsky*, EFZ 2011, 130; die Frage offen lassend *Rechberger/Simotta*, Grundriss, Rn 184/2.
84 Gebauer/Wiedmann/*Bittmann*, Zivilrecht, Kap. 36 Rn 17; *Garber*, in: FS Simotta, S. 145, 152 Fn 47 sowie S. 158 Fn 84; *Lipp*, ZZP 126 (2013) 377, 379 (Rez.); *Weber*, ÖJZ 2011, 947, 954; Burgstaller/Neumayr u.a./*Weber*, IZVR, Art. 1 EuUntVO Rn 39; vgl auch *Gruber*, IPRax 2010, 128, 130; *Hilbig*, GPR 2011, 310, 314.

EMRK[85] – unter den Begriff der Familie subsumiert werden.[86] Eine familiäre Beziehung iSd Abs. 1 kann auch **zwischen Pflegeeltern und Pflegekindern** bestehen, sodass auch insofern der sachliche Anwendungsbereich der EuUntVO eröffnet ist.[87]

4. Rechtsgrund der Unterhaltspflicht. a) Allgemeines. Die Unterhaltspflicht muss nach Abs. 1 ihren Grund in der Familienbeziehung der Parteien haben. Der Anwendungsbereich der EuUntVO erfasst demnach idR **nur gesetzliche Unterhaltsansprüche**.[88] 34

b) Vertragliche Unterhaltspflichten. Demgegenüber sind rein vertraglich geschaffene Unterhaltspflichten vom Anwendungsbereich der Verordnung gänzlich ausgenommen.[89] Diese haben ihren Ursprung nämlich nicht in einem der in Abs. 1 genannten Familienverhältnisse. Wird demgegenüber eine gesetzlich bestehende Unterhaltspflicht durch einen Vertrag lediglich konkretisiert, sind entsprechende vertragliche Abreden vom Anwendungsbereich der EuUntVO erfasst;[90] die Grundlage der vertraglichen Vereinbarung bildet nämlich der gesetzlich bestehende Unterhaltsanspruch.[91] 35

c) Zahlungen aufgrund eines Delikts. Da der Anwendungsbereich der Verordnung nur Unterhaltspflichten erfasst, die ihren Grund in der Familienbeziehung der Parteien haben, gelten die Bestimmungen der EuUntVO auch nicht für Zahlungen aufgrund eines Delikts.[92] Dies gilt selbst dann, wenn der Schädiger dem Geschädigten periodisch wiederkehrende Leistungen zur Abdeckung eines durch das schädigende Ereignis verursachten erhöhten Unterhaltsbedarfs zu erbringen 36

---

85 EGMR 12.7.2001 – 25702/94 (*K. u.T./Finnland*), NJW 2003, 809.
86 *Conti*, Durchsetzung von Unterhaltsansprüchen, S. 46 f; Zöller/*Geimer*, ZPO, Anh. II EG-VO Zuständigkeit Unterhaltssachen Art. 1 Rn 1; *Hilbig*, GPR 2011, 310, 315; Thomas/Putzo/*Hüßtege*, ZPO, Vorbem. Art. 1 EuUnterhaltsVO Rn 13; *Weber*, ÖJZ 2011, 947, 954; Burgstaller/Neumayr u.a./*Weber*, IZVR, Art. 1 EuUntVO Rn 39; aA Gebauer/Wiedmann/*Bittmann*, Zivilrecht, Kap. 36 Rn 17 mit der Begründung, es bestünde kein gefestigtes Band, das ein Schutz- und Fürsorgebedürfnis begründet, das dem der explizit genannten Verhältnisse entspricht. Dem ist entgegenzuhalten, dass dann, wenn eine Rechtsordnung Unterhaltsansprüche gewährt und diese aufgrund der besonderen Nahebeziehung der faktischen Partner, der Stabilität und Kontinuität der Verbindung, der Folgen eines gemeinsamen Lebensplans eingeräumt werden, kein Grund besteht, die Einordnung als Familienverhältnis zu verneinen (so zutr. *Hilbig*, GPR 2011, 310, 316).
87 MüKo-FamFG/*Lipp*, Art. 1 EG-UntVO Rn 14; EnzEuR III/*Martiny*, § 17 Rn 7; Geimer/Schütze/*Reuß*, IRV, Art. 1 VO Nr. 4/2009 Rn 49.
88 Vgl nur *Fucik*, iFamZ 2009, 126; *ders.*, Die neue Unterhaltsverordnung, in: König/Mayr, Europäisches Zivilverfahrensrecht, S. 105, 107.
89 *Binder*, Schutz des Kindes, in: Clavora/Garber, Rechtsstellung von wirtschaftlich, sozial und gesellschaftlich Benachteiligten, S. 205, 209; Fasching/Konecny/*Fucik*, Kommentar V/2, Art. 1 EuUVO Rn 3; Geimer/Schütze/*Reuß*, IRV, Art. 1 VO Nr. 4/2009 Rn 20; aA *Conti*, Durchsetzung von Unterhaltsansprüchen, S. 48 ff; MüKo-FamFG/*Lipp*, Art. 1 EG-UntVO Rn 22 ff; EnzEuR III/*Martiny*, § 17 Rn 8.
90 Rauscher/*Andrae*, EuZPR/EuIPR IV, Art. 1 EG-UntVO Rn 30; *Binder*, Schutz des Kindes, in: Clavora/Garber, Rechtsstellung von wirtschaftlich, sozial und gesellschaftlich Benachteiligten, S. 205, 209; Fasching/Konecny/*Fucik*, Kommentar V/2, Art. 1 EuUVO Rn 3; Zöller/*Geimer*, ZPO, Anh. II EG-VO Zuständigkeit Unterhaltssachen Art. 1 Rn 1; *Hilbig*, GPR 2011, 310, 316; *Weber*, ÖJZ 2011, 947, 950; Burgstaller/Neumayr u.a./*Weber*, IZVR, Art. 1 EuUntVO Rn 13.
91 Gebauer/Wiedmann/*Bittmann*, Zivilrecht, Kap. 36 Rn 13.
92 Rauscher/*Andrae*, EuZPR/EuIPR IV, Art. 1 EG-UntVO Rn 29; Gebauer/Wiedmann/*Bittmann*, Zivilrecht, Kap. 36 Rn 12; *Conti*, Durchsetzung von Unterhaltsansprüchen, S. 48, 51 f; Fasching/Konecny/*Fucik*, Kommentar V/2, Art. 1 EuUVO Rn 3; Angst/Oberhammer/*Garber*, EO, Vor § 79 Rn 296; *Hilbig*, GPR 2011, 310, 315; *Rechberger/Simotta*, Grundriss, Rn 184/3; aA wohl *Nagel/Gottwald*, IZPR, 7. Aufl., § 4 Rn 98.

hat, weil auch in diesem Fall die Grundlage der Verpflichtung nicht ein in Abs. 1 genanntes Familienverhältnis ist.[93]

37 5. Vom Anwendungsbereich der EuUntVO erfasste Verfahren. a) Klagen/Anträge des Unterhaltsberechtigten. Der sachliche Anwendungsbereich der EuUntVO erfasst Klagen/Anträge des Unterhaltsberechtigten gegen den Unterhaltsschuldner[94] – etwa Klagen/Anträge auf Feststellung des Bestehens einer Unterhaltspflicht,[95] auf Zahlung von Unterhalt,[96] auf Zahlung von rückständigem Unterhalt[97] oder auf Erhöhung des Unterhalts[98] – bzw die über diese Klagen/Anträge ergehenden Entscheidungen.

38 b) Klagen/Anträge des Unterhaltsverpflichteten. Aus Art. 3 und Art. 8 folgt, dass auch Verfahren aufgrund von Klagen/Anträgen des Unterhaltsverpflichteten gegen den Unterhaltsberechtigten – etwa Klagen/Anträge auf Feststellung des Nichtbestehens einer Unterhaltspflicht,[99] Klagen/Anträge auf Herabsetzung der Unterhaltsplicht[100] oder Klagen auf Rückforderung von Unterhalt[101] – bzw die über diese Klagen/Anträge ergehenden Entscheidungen in den Anwendungsbereich der Verordnung fallen.

39 c) Regressansprüche. Str ist, ob der sachliche Anwendungsbereich der EuUntVO auch für Regressansprüche privater Personen oder öffentlicher Einrichtungen, die anstelle des Unterhaltsverpflichteten Unterhalt geleistet haben, erfasst sind.

40 Dies ist mE in jenen Fällen zu bejahen, in denen der dritten Person der Anspruch durch Legalzession übertragen wird, weil der Anspruch in diesem Fall seinen unterhaltsrechtlichen Charakter behält.[102] Ist die Anspruchsgrundlage hingegen nicht originär unterhaltsrechtlich, gelten die Bestimmungen der EuUntVO nicht.[103] Daher sind etwa Ansprüche Dritter aufgrund Geschäftsführung ohne

---

93 *Weber*, ÖJZ 2011, 947, 950; Burgstaller/Neumayr u.a./*Weber*, IZVR, Art. 1 EuUntVO Rn 12.
94 Gebauer/Wiedmann/*Bittmann*, Zivilrecht, Kap. 36 Rn 15; *Junker*, in: FS Simotta, S. 263, 264; *Rechberger/Simotta*, Grundriss, Rn 184/5.
95 *Rechberger/Simotta*, Grundriss, Rn 184/5.
96 Thomas/Putzo/*Hüßtege*, ZPO, Vorbem. Art. 1 EuUnterhaltsVO Rn 13.
97 Geimer/Schütze/*Reuß*, IRV, Art. 1 VO Nr. 4/2009 Rn 23; *Rechberger/Simotta*, Grundriss, Rn 184/5; *Weber*, ÖJZ 2011, 947, 951; Burgstaller/Neumayr u.a./*Weber*, IZVR, Art. 1 EuUntVO Rn 23.
98 *Weber*, ÖJZ 2011, 947, 951; Burgstaller/Neumayr u.a./*Weber*, IZVR, Art. 1 EuUntVO Rn 23; vgl auch *Hau*, Zuständigkeitssystem, in: Coester-Waltjen/Lipp/Schumann/Veit, Europ. Unterhaltsrecht, S. 57, 75; *ders.*, FamRZ 2010, 516, 518.
99 *Binder*, Schutz des Kindes, in: Clavora/Garber, Rechtsstellung von wirtschaftlich, sozial und gesellschaftlich Benachteiligten, S. 205, 209; *Gruber*, IPRax 2010, 128, 130; *Hau*, Zuständigkeitssystem, in: Coester-Waltjen/Lipp/Schumann/Veit, Europ. Unterhaltsrecht, S. 57, 74; *ders.*, FamRZ 2010, 516, 518; Thomas/Putzo/*Hüßtege*, ZPO, Vorbem. Art. 1 EuUnterhaltsVO Rn 13; *Junker*, in: FS Simotta, S. 263, 264; s. auch *Hess/Mack*, Das Jugendamt 2007, 229, 230.
100 Gebauer/Wiedmann/*Bittmann*, Zivilrecht, Kap. 36 Rn 15; Fasching/Konecny/*Fucik*, Kommentar V/2, Art. 1 EuUVO Rn 4; *Gruber*, IPRax 2010, 128, 130; *Weber*, ÖJZ 2011, 947, 951; Burgstaller/Neumayr u.a./*Weber*, IZVR, Art. 1 EuUntVO Rn 24; vgl auch *Hau*, Zuständigkeitssystem, in: Coester-Waltjen/Lipp/Schumann/Veit, Europ. Unterhaltsrecht, S. 57, 75; *ders.*, FamRZ 2010, 516, 518.
101 MüKo-FamFG/*Lipp*, Art. 1 EG-UntVO Rn 46.
102 *Weber*, ÖJZ 2011, 947, 951; Burgstaller/Neumayr u.a./*Weber*, IZVR, Art. 1 EuUntVO Rn 21; vgl auch *Martiny*, IPRax 2004, 194, 199; dazu ausf. Fasching/Konecny/*Kodek*, Kommentar V/1, Art. 1 EuGVVO Rn 66; aA Gebauer/Wiedmann/*Bittmann*, Zivilrecht, Kap. 36 Rn 16, nach dessen Ansicht Regressansprüche privater Dritter vom Anwendungsbereich der Verordnung nicht erfasst seien.
103 *Weber*, ÖJZ 2011, 947, 951; Burgstaller/Neumayr u.a./*Weber*, IZVR, Art. 1 EuUntVO Rn 21; diff. Geimer/Schütze/*Reuß*, IRV, Art. 1 VO Nr. 4/2009 Rn 30 und 33; aA MüKo-FamFG/*Lipp*, Art. 1 EG-UntVO Rn 49 ff.

Auftrag,[104] Schadensersatzes[105] oder ungerechtfertigter Bereicherung[106] mE nicht vom Anwendungsbereich der EuUntVO erfasst. Demnach fällt der Regressanspruch des vermeintlichen Vaters gegenüber dem tatsächlichen Vater nicht in den Anwendungsbereich der EuUntVO.[107]

Zu beachten ist, dass nach Art. 64 eine öffentliche Aufgaben wahrnehmende Einrichtung, der anstelle von Unterhalt erbrachte Leistungen zu erstatten sind, für die Zwecke eines Antrags auf Anerkennung, Vollstreckung und Vollstreckbarerklärung von Entscheidungen einer „berechtigten Person" iSd Art. 2 Abs. 1 Nr. 10 gleichgestellt wird (vgl auch ErwGr. 14). Aufgrund der Einschränkung des Anwendungsbereichs („für die Zwecke eines Antrags auf Anerkennung, Vollstreckung und Vollstreckbarerklärung von Entscheidungen") ist die Bestimmung der internationalen Zuständigkeit für die gerichtliche Geltendmachung von Unterhaltsregressansprüchen strittig.[108] 41

III. Räumlicher Anwendungsbereich

Die Bestimmungen der EuUntVO finden in allen Mitgliedstaaten der EU einschließlich Irland und dem Vereinigten Königreich (s. dazu Rn 43) sowie – zumindest grds. (s. dazu Rn 44) – Dänemark Anwendung. 42

Gemäß (des im Zeitpunkt zur Erlassung der EuUntVO in Kraft stehenden)[109] Art. 1 des dem Vertrag über die Europäische Union und dem Vertrag zur Gründung der Europäischen Gemeinschaft beigefügten Protokolls (Nr. 4) vom 2.10.1997 über die Position des Vereinigten Königreichs und Irlands hinsichtlich des Raums der Freiheit, der Sicherheit und des Rechts[110] nehmen das Vereinigte Königreich und Irland nicht an Maßnahmen im Bereich der justiziellen Zusammenarbeit in Zivilsachen teil; die in diesem Bereich gefassten Maßnahmen sind daher für diese Mitgliedstaaten nicht bindend, sofern sie sich nicht freiwillig an einzelnen Maßnahmen beteiligen (s. dazu Art. 3 leg. cit.). **Irland** hat bereits vor der Erlassung der Verordnung erklärt, dass es sich der Annahme und Anwendung dieser Verordnung beteiligen möchte (vgl auch ErwGr. 46); das **Vereinigte Königreich** hat am 15.1.2009 eine entsprechende Erklärung abgegeben.[111] Die Verordnung ist somit in den beiden genannten Staaten bzw im Verhältnis zu diesen Staaten anwendbar. 43

---

104 Rauscher/*Andrae*, EuZPR/EuIPR IV, Art. 1 EG-UntVO Rn 37.
105 Rauscher/*Andrae*, EuZPR/EuIPR IV, Art. 1 EG-UntVO Rn 37.
106 Thomas/Putzo/*Hüßtege*, ZPO, Vorbem. Art. 1 EuUnterhaltsVO Rn 13; *Junker*, in: FS Simotta, S. 263, 265; *Rechberger/Simotta*, Grundriss, Rn 184/4; *Weber*, ÖJZ 2011, 947, 951; Burgstaller/Neumayr u.a./*Weber*, IZVR, Art. 1 EuUntVO Rn 21.
107 *Weber*, ÖJZ 2011, 947, 952; Burgstaller/Neumayr u.a./*Weber*, IZVR, Art. 1 EuUntVO Rn 21; aA Rauscher/*Andrae*, EuZPR/EuIPR IV, Art. 1 EG-UntVO Rn 37; MüKoFamFG/*Lipp*, Art. 1 EG-UntVO Rn 51; Geimer/Schütze/*Reuß*, IRV, Art. 1 VO Nr. 4/2009 Rn 33.
108 Zum Meinungsstand s. *Andrae*, FPR 2013, 41 f; *Mankowski*, IPRax 2014, 249 f; Geimer/Schütze/*Reuß*, IRV, Art. 1 VO Nr. 4/2009 Rn 32; *Reuß*, in: FS Simotta, S. 483 ff.
109 Zur Sonderrolle des Vereinigten Königreichs und Irlands nach Inkrafttreten des AEUV s. Protokoll (Nr. 21) über die Position des Vereinigten Königreichs und Irlands hinsichtlich des Raums der Freiheit, der Sicherheit und des Rechts, ABl. C 115 vom 9.5.2008, S. 295.
110 ABl. C 340 vom 10.11.1997, S. 99.
111 KOM(2009) 181 endg. sowie ABl. L 149 vom 8.6.2009, S. 73.

44 Dänemark[112] hat die nach Art. 3 des Abkommens vom 19.10.2005 zwischen der EG und dem Königreich Dänemark über die gerichtliche Zuständigkeit und die Anerkennung und Vollstreckung von Entscheidungen in Zivil- und Handelssachen[113] bestehende Möglichkeit, den Inhalt der an der Brüssel I-VO vorgenommenen Änderungen anzuwenden, wahrgenommen und mit Erklärung vom 14.1.2009[114] mitgeteilt, dass die EuUntVO mit Ausnahme der Bestimmungen über das anwendbare Recht (Kapitel III) und die Zusammenarbeit der Zentralen Behörde (Kapitel VII) auch im Verhältnis zu Dänemark gelten soll.[115]

Artikel 2 Begriffsbestimmungen

(1) Im Sinne dieser Verordnung bezeichnet der Begriff

1. „Entscheidung" eine von einem Gericht eines Mitgliedstaats in Unterhaltssachen erlassene Entscheidung ungeachtet ihrer Bezeichnung wie Urteil, Beschluss, Zahlungsbefehl oder Vollstreckungsbescheid, einschließlich des Kostenfestsetzungsbeschlusses eines Gerichtsbediensteten. Für die Zwecke der Kapitel VII und VIII bezeichnet der Begriff „Entscheidung" auch eine in einem Drittstaat erlassene Entscheidung in Unterhaltssachen;
2. „gerichtlicher Vergleich" einen von einem Gericht gebilligten oder vor einem Gericht im Laufe eines Verfahrens geschlossenen Vergleich in Unterhaltssachen;
3. „öffentliche Urkunde"
    a) ein Schriftstück in Unterhaltssachen, das als öffentliche Urkunde im Ursprungsmitgliedstaat förmlich errichtet oder eingetragen worden ist und dessen Beweiskraft
        i) sich auf die Unterschrift und den Inhalt der öffentlichen Urkunde bezieht und
        ii) durch eine Behörde oder eine andere hierzu ermächtigte Stelle festgestellt worden ist; oder
    b) eine mit einer Verwaltungsbehörde des Ursprungsmitgliedstaats geschlossene oder von ihr beglaubigte Unterhaltsvereinbarung;
4. „Ursprungsmitgliedstaat" den Mitgliedstaat, in dem die Entscheidung ergangen, der gerichtliche Vergleich gebilligt oder geschlossen oder die öffentliche Urkunde ausgestellt worden ist;
5. „Vollstreckungsmitgliedstaat" den Mitgliedstaat, in dem die Vollstreckung der Entscheidung, des gerichtlichen Vergleichs oder der öffentlichen Urkunde betrieben wird;
6. „ersuchender Mitgliedstaat" den Mitgliedstaat, dessen Zentrale Behörde einen Antrag nach Kapitel VII übermittelt;
7. „ersuchter Mitgliedstaat" den Mitgliedstaat, dessen Zentrale Behörde einen Antrag nach Kapitel VII erhält;

---

112 Die Sonderrolle Dänemarks ergab sich aus dem Protokoll (Nr. 5) vom 2.10.1997 über die Position Dänemarks zum Amsterdamer Vertrag, ABl. C 340 vom 10.11.1997, S. 101; zur Sonderrolle Dänemarks nach Inkrafttreten des AEUV s. Protokoll (Nr. 22) über die Position Dänemarks, ABl. C 115 vom 9.5.2008, S. 299.
113 ABl. L 299 vom 16.11.2005, S. 62.
114 ABl. L 149 vom 12.6.2009, S. 73.
115 Dazu ausf. *Conti*, Durchsetzung von Unterhaltsansprüchen, S. 62; *Mansel/Thorn/Wagner*, IPRax 2010, 1, 6 f.

8. „Vertragsstaat des Haager Übereinkommens von 2007" einen Vertragsstaat des Haager Übereinkommens vom 23. November 2007 über die internationale Geltendmachung der Unterhaltsansprüche von Kindern und anderen Familienangehörigen (nachstehend „Haager Übereinkommen von 2007" genannt), soweit dieses Übereinkommen zwischen der Gemeinschaft und dem betreffenden Staat anwendbar ist;
9. „Ursprungsgericht" das Gericht, das die zu vollstreckende Entscheidung erlassen hat;
10. „berechtigte Person" jede natürliche Person, der Unterhalt zusteht oder angeblich zusteht;
11. „verpflichtete Person" jede natürliche Person, die Unterhalt leisten muss oder angeblich leisten muss.

(2) Im Sinne dieser Verordnung schließt der Begriff „Gericht" auch die Verwaltungsbehörden der Mitgliedstaaten mit Zuständigkeit in Unterhaltssachen ein, sofern diese Behörden ihre Unparteilichkeit und das Recht der Parteien auf rechtliches Gehör garantieren und ihre Entscheidungen nach dem Recht des Mitgliedstaats, in dem sie ihren Sitz hat,

i) vor Gericht angefochten oder von einem Gericht nachgeprüft werden können und

ii) eine mit einer Entscheidung eines Gerichts zu der gleichen Angelegenheit vergleichbare Rechtskraft und Wirksamkeit haben.

Die betreffenden Verwaltungsbehörden sind in Anhang X aufgelistet. Dieser Anhang wird auf Antrag des Mitgliedstaats, in dem die betreffende Verwaltungsbehörde ihren Sitz hat, nach dem Verwaltungsverfahren des Artikels 73 Absatz 2 erstellt und geändert.

(3) Im Sinne der Artikel 3, 4 und 6 tritt der Begriff „Wohnsitz" in den Mitgliedstaaten, die diesen Begriff als Anknüpfungspunkt in Familiensachen verwenden, an die Stelle des Begriffs „Staatsangehörigkeit".

Im Sinne des Artikels 6 gilt, dass Parteien, die ihren „Wohnsitz" in verschiedenen Gebietseinheiten desselben Mitgliedstaats haben, ihren gemeinsamen „Wohnsitz" in diesem Mitgliedstaat haben.

KAPITEL II ZUSTÄNDIGKEIT
Artikel 3–14 (nicht abgedruckt)

KAPITEL III ANWENDBARES RECHT
Artikel 15 Bestimmung des anwendbaren Rechts

Das auf Unterhaltspflichten anwendbare Recht bestimmt sich für die Mitgliedstaaten, die durch das Haager Protokoll vom 23. November 2007 über das auf Unterhaltspflichten anzuwendende Recht (nachstehend „Haager Protokoll von 2007" genannt) gebunden sind, nach jenem Protokoll.

KAPITEL IV ANERKENNUNG, VOLLSTRECKBARKEIT UND VOLLSTRECKUNG VON ENTSCHEIDUNGEN

Artikel 16 Geltungsbereich dieses Kapitels

(1) Dieses Kapitel regelt die Anerkennung, die Vollstreckbarkeit und die Vollstreckung der unter diese Verordnung fallenden Entscheidungen.

(2) Abschnitt 1 gilt für Entscheidungen, die in einem Mitgliedstaat, der durch das Haager Protokoll von 2007 gebunden ist, ergangen sind.

(3) Abschnitt 2 gilt für Entscheidungen, die in einem Mitgliedstaat, der nicht durch das Haager Protokoll von 2007 gebunden ist, ergangen sind.

(4) Abschnitt 3 gilt für alle Entscheidungen.

I. Allgemeines 1
II. Verhältnis der Abschnitte 1 und 2 zueinander sowie zur Brüssel I-VO, Brüssel Ia-VO und zur EuVTVO 5
   1. Charakter 5
   2. Erster Korridor 7
   3. Zweiter Korridor 8
III. Allgemeine Voraussetzungen für die Anwendbarkeit des Kapitels IV 9
   1. Anwendungsbereich der EuUntVO muss eröffnet sein 9
   2. Entscheidung aus einem Mitgliedstaat 12
   3. Grenzüberschreitender Bezug 15

I. Allgemeines

1 Der Europäische Rat hat bereits auf seiner Tagung vom 15. und 16.10.1999 in Tampere den Verzicht auf alle Zwischenmaßnahmen, die notwendig sind, um die Anerkennung und Vollstreckung einer in einem Mitgliedstaat ergangenen Entscheidung im ersuchten Staat zu ermöglichen, gefordert.[1] Nach dem gemeinsamen Maßnahmenprogramm der Kommission und des Rates vom 30.11.2000 zur Umsetzung des Grundsatzes der gegenseitigen Anerkennung gerichtlicher Entscheidungen in Zivil- und Handelssachen[2] soll das **Exequaturverfahren** bei Entscheidungen über Unterhaltsansprüche gänzlich **abgeschafft** werden, um „die Wirksamkeit der Mittel, die den Anspruchsberechtigten zur Durchsetzung ihrer Ansprüche zur Verfügung stehen, zu erhöhen". Auch nach dem am 10. und 11.12.2009 vom Europäischen Rat angenommenen Stockholmer Programm, in dem der Fahrplan für die Weiterentwicklung des europäischen Rechtsraums in den Jahren 2010 bis 2014 festgelegt wurde,[3] soll u.a. für den Bereich des Zivilverfahrensrechts die bereits in einzelnen Bereichen erfolgte Abschaffung des Exequaturverfahrens[4] weiter fortgesetzt werden.

2 Der ursprüngliche Entwurf zur EuUntVO sah vor, dass das Exequaturverfahren als Voraussetzung für die Vollstreckung einer ausländischen Entscheidung gänz-

---

1 Die Schlussfolgerungen sind zT abgedruckt in NJW 2000, 1925.
2 ABl. C 12 vom 15.1.2001, S. 1.
3 ABl. C 115 vom 4.5.2010, S. 1; s. dazu *Garber/Neumayr*, in: Jahrbuch Europarecht 11, S. 255, 256 f; *Pollak*, Das Stockholmer Programm – Ein offenes und sicheres Europa im Dienste und zum Schutz der Bürger, ÖJZ 2010, 49; *Saupe*, Stockholm-Programm, AnwBl 2009, 382; *Schneiderhan*, Gegenseitige Anerkennung im Stockholmer Programm – weiter wie bisher?, DRiZ 2009, 294; *Wagner*, Die politischen Leitlinien zur justiziellen Zusammenarbeit in Zivilsachen im Stockholmer Programm, IPRax 2010, 97.
4 Vgl Art. 40 ff. Brüssel IIa-VO, Art. 1 ff. EuVTVO, Art. 19 EuMahnVO sowie Art. 20 EuBagatellVO.

lich entfallen sollte; eine vom Anwendungsbereich der Verordnung erfasste Entscheidung sollte in allen Mitgliedstaaten der Verordnung unmittelbar, dh wie eine im Inland ergangene Entscheidung, vollstreckt werden.[5] Nach der in Kraft getretenen Fassung der EuUntVO entfällt das Vollstreckbarerklärungsverfahren nur für Entscheidungen aus jenen Mitgliedstaaten, deren Gerichte bzw Behörden im Zeitpunkt der Verfahrenseinleitung das HUP 2007 anzuwenden haben.[6] Entscheidungen aus Mitgliedstaaten, in denen das HUP 2007 nicht gilt (derzeit Dänemark und das Vereinigte Königreich),[7] müssen hingegen vor ihrer Vollstreckung im Vollstreckungsmitgliedstaat für vollstreckbar erklärt werden; dieses Exequaturverfahren entspricht weitgehend dem Verfahren nach der Brüssel I-VO. Im Ergebnis entsteht für die Anerkennung, Vollstreckbarkeit und Vollstreckung ein **zweispuriges System**,[8] das als **Zwei-Korridor-System** bezeichnet wird:[9]

- Für Entscheidungen aus Mitgliedstaaten, deren Gerichte bzw Behörden das HUP 2007 anzuwenden haben, gelten Abschnitte 1 und 3 des Kapitels IV der EuUntVO (Art. 17–22, 39–43).

- Für Entscheidungen aus Mitgliedstaaten, in denen das HUP 2007 zum Zeitpunkt der Verfahrenseinleitung keine Anwendung findet bzw fand, gelten Abschnitte 2 und 3 des Kapitels 4 der EuUntVO (Art. 23–38 sowie Art. 39–43).

Der erste Korridor gilt für alle Entscheidungen, die in Verfahren ergehen, die nach dem Zeitpunkt der Anwendbarkeit des HUP 2007 innerhalb der Europäischen Gemeinschaft[10] – dh am 18.6.2011 oder danach – in einem Mitgliedstaat der EU mit Ausnahme von Dänemark und dem Vereinigten Königreich eingeleitet wurden bzw werden.[11] Der zweite Korridor gilt für alle anderen Entscheidungen, dh für Entscheidungen aus Dänemark und dem Vereinigten Königreich sowie für Entscheidungen aus den anderen Mitgliedstaaten der EU, sofern das Verfahren, in dem sie ergehen, vor Anwendbarkeit des HUP 2007 innerhalb der Europäischen Gemeinschaft[12] – dh vor dem 18.6.2011 – eingeleitet worden ist (s. dazu auch Art. 75 Abs. 2 und die dort normierten Voraussetzungen).[13]

3

Die **Differenzierung** zwischen Entscheidungen aus Mitgliedstaaten, deren Gerichte bzw Behörden an das HUP 2007 gebunden sind, und Entscheidungen aus

4

---

5 *Linke*, FPR 2006, 237, 239; *Pietsch*, AnwBl 2009, 486, 490.
6 So bereits der Entwurf des Rates vom 21.10.2008, 14066/08, JUSTCIV 216.
7 Vgl ABl. L 331 vom 16.12.2009, S. 17 (Art. 3); vgl auch *Botur*, FPR 2010, 519, 522; zur Statustabelle s. http://www.hcch.net/index_de.php?act=conventions.status2&cid=1 33.
8 Zöller/*Geimer*, ZPO, Anh. II EG-VO Zuständigkeit Unterhaltssachen Art. 16 Rn 1; MüKo-FamFG/*Lipp*, Art. 16 EG-UntVO Rn 1.
9 *Binder*, Schutz des Kindes, in: Clavora/Garber, Rechtsstellung von wirtschaftlich, sozial und gesellschaftlich Benachteiligten, S. 205, 221; *Fucik*, iFamZ 2009, 305; Fasching/Konecny/*Fucik*, Kommentar V/2, Art. 16 EuUVO Rn 1; *Fucik*, iFamZ 2011, 170; Angst/Oberhammer/*Garber*, EO, Vor § 79 Rn 302; *Nademleinsky*, EF-Z 2011, 130, 133.
10 ABl. L 331 vom 16.12.2009, S. 17.
11 Vgl auch OLG München 12.1.2012 – 12 UF 48/12, IPRax 2013, 351.
12 Vgl auch OLG München 12.1.2012 – 12 UF 48/12, IPRax 2013, 351.
13 Rauscher/*Andrae/Schimrick*, EuZPR/EuIPR IV, Art. 16 EG-UntVO Rn 12; Burgstaller/Neumayr u.a./*Weber*, IZVR, Art. 16 EuUntVO Rn 4; OGH 29.10.2013 – 3 Ob 149/13 b, JBl 2014, 330 = Zak 2014/66, 39; s. auch OLG München 12.1.2012 – 12 UF 48/12, IPRax 2013, 351 (das Gericht stütze sich allerdings nicht auf Art. 75 Abs. 2, sondern auf die Erwägung, dass das HUP 2007 nicht auf Unterhaltsansprüche Anwendung finde, die für einen Zeitraum noch vor Inkrafttreten des Protokolls geltend gemacht werden würden); s. allerdings OLG Karlsruhe 6.12.2011 – 8 W 34/11, IPRax 2013, 354, das irrtümlich noch die Brüssel I-VO für einschlägig hielt (s. dazu *Gruber*, IPRax 2013, 328).

Staaten, in denen das HUP 2007 keine Anwendung findet, war nicht zwingend;[14] eine Vollstreckung ohne Exequaturverfahren wäre auch ohne Anwendung vereinheitlichten Kollisionsrechts möglich.[15] Das Vorgehen entspricht allerdings den Vorgaben des Stockholmer Programms,[16] nach dem die Abschaffung des Exequaturverfahrens u.a. die Vereinheitlichung der Kollisionsnormen voraussetzt (vgl auch ErwGr. 24). Haben die Gerichte der einzelnen Staaten dieselben Kollisionsnormen anzuwenden, besteht nämlich – verglichen mit jenen Fällen, in denen in den Mitgliedstaaten unterschiedliche Kollisionsnormen gelten – im weitaus geringeren Ausmaß die Gefahr des forum shopping.[17] Um den Anreiz zum forum shopping zu beschränken, müssen Entscheidungen aus Mitgliedstaaten, deren Gerichte nicht das für alle anderen Mitgliedstaaten geltende einheitliche Kollisionsrecht anwenden, vor ihrer Vollstreckung für vollstreckbar erklärt werden.[18]

II. Verhältnis der Abschnitte 1 und 2 zueinander sowie zur Brüssel I-VO, Brüssel Ia-VO und zur EuVTVO

5 **1. Charakter.** Der Gläubiger kann **nicht** zwischen der Anwendung des Abschnitts 1 und des Abschnitts 2 des Kapitels IV **wählen**; das zweispurige System hat demnach **zwingenden Charakter.**[19]

6 Für die Frage, ob Kapitel IV Abschnitt 1 oder 2 der EuUntVO anzuwenden ist, ist lediglich entscheidend, in welchem Mitgliedstaat der EuUntVO die Entscheidung erlassen wurde. In welchem Mitgliedstaat die Entscheidung anzuerkennen, zu vollstrecken bzw für vollstreckbar zu erklären ist, ist hingegen nicht von Bedeutung. Daher gilt Kapitel IV Abschnitt 1 der EuUntVO auch dann, wenn die Entscheidung von den Gerichten eines Mitgliedstaats, in dem das HUP 2007 Anwendung findet, erlassen worden ist und in einem Staat anerkannt bzw vollstreckt werden soll, in dem das HUP 2007 nicht gilt.[20] Daher können etwa die von deutschen Gerichten erlassenen Unterhaltsentscheidungen auch in Dänemark und im Vereinigten Königreich nach den Bestimmungen der EuUntVO ohne Exequaturverfahren vollstreckt werden, während Unterhaltsentscheidungen, die von Gerichten Dänemarks oder des Vereinigten Königreichs erlassen worden sind, auch nach Anwendbarkeit der EuUntVO für vollstreckbar erklärt werden müssen, um sie in einem anderen Mitgliedstaat vollstrecken zu können.[21]

7 **2. Erster Korridor.** Entscheidungen aus Mitgliedstaaten, deren Gerichte bzw Behörden das HUP 2007 anzuwenden haben, können daher nicht nach Kapitel IV Abschnitt 2 der EuUntVO anerkannt und für vollstreckbar erklärt werden; es be-

---

14 *Mansel/Thorn/Wagner*, IPRax 2010, 1, 8; hierzu krit. *Kohler/Pintens*, FamRZ 2009, 1529, 1530 f; EnzEuR III/*Martiny*, § 17 Rn 38.
15 *Mansel/Thorn/Wagner*, IPRax 2010, 1, 8.
16 ABl. C 115 vom 4.5.2010, S. 1.
17 S. auch *Fucik*, iFamZ 2009, 126; *Garber/Neumayr*, in: Jahrbuch Europarecht 12, S. 235, 239; *Heger*, Haager Unterhaltsübereinkommen, in: Coester-Waltjen/Lipp/Schumann/Veit, Europ. Unterhaltsrecht, S. 5, 12; *Nademleinsky*, EF-Z 2011, 130, 133; vgl auch *Junker*, in: FS Simotta, S. 263, 270 f.
18 *Garber/Neumayr*, in: Jahrbuch Europarecht 12, S. 235, 239; *Heger*, Haager Unterhaltsübereinkommen, in: Coester-Waltjen/Lipp/Schumann/Veit, Europ. Unterhaltsrecht, S. 5, 12; s. hierzu krit. Fasching/Konecny/*Fucik*, Kommentar V/2, Art. 16 EuUVO Rn 1; *Kohler/Pintens*, FamRZ 2009, 1529, 1530.
19 Angst/Oberhammer/*Garber*, EO, Vor § 79 Rn 304; Geimer/Schütze/*Hilbig*, IRV, Art. 16 VO Nr. 4/2009 Rn 7.
20 *Botur*, FPR 2010, 519, 522; *Gruber*, IPRax 2010, 128, 138; Geimer/Schütze/*Hilbig*, IRV, Art. 16 VO Nr. 4/2009 Rn 6; krit. Rauscher/*Andrae/Schimrick*, EuZPR/EuIPR IV, Art. 16 EG-UntVO Rn 12 b; *Karsten*, The new Hague Convention, in: Coester-Waltjen/Lipp/Schumann/Veit, Europ. Unterhaltsrecht, S. 47, 51.
21 *Botur*, FPR 2010, 519, 522.

steht auch nicht die Möglichkeit, die Entscheidung nach der Brüssel I-VO/Brüssel Ia-VO anzuerkennen bzw vollstrecken zu lassen. Die Entscheidung kann auch nicht nach den Bestimmungen der EuVTVO als Europäischer Vollstreckungstitel bestätigt werden.[22] Die Beschränkung der Vollstreckungsoptionen dient der Rechtsvereinfachung.[23] Für den Gläubiger entstehen dadurch keine Nachteile, weil die Anerkennung und Vollstreckung nach Kapitel IV Abschnitt 1 der EuUntVO im Vergleich mit den anderen unionsrechtlichen Regelungen am einfachsten und am wenigsten aufwändig ist.[24]

3. Zweiter Korridor. Entscheidungen aus Staaten, deren Gerichte nicht an das HUP 2007 gebunden sind, können nur nach Kapitel IV Abschnitt 2 der EuUntVO, nicht aber nach den Bestimmungen der Brüssel I-VO/Brüssel Ia-VO anerkannt und vollstreckt werden. Nur Entscheidungen über unbestrittene (zum Begriff s. Art. 3 EuVTVO Rn 7 ff) Unterhaltsforderungen aus Staaten, in denen das HUP 2007 nicht anwendbar ist, können nach der EuVTVO, dh ohne Vollstreckbarerklärungsverfahren, vollstreckt werden; insofern kann der Gläubiger bei der Vollstreckung einer Entscheidung zwischen den Bestimmungen der EuUntVO und jenen der EuVTVO wählen (Art. 68 Abs. 2).[25] Da für Dänemark die EuVTVO nicht gilt (Art. 2 Abs. 3 EuVTVO; s. dazu auch Vor EuVTVO Rn 11), können nur Entscheidungen aus dem Vereinigten Königreich wahlweise nach den Bestimmungen der EuUntVO oder der EuVTVO vollstreckt werden. 8

III. Allgemeine Voraussetzungen für die Anwendbarkeit des Kapitels IV

1. Anwendungsbereich der EuUntVO muss eröffnet sein. Damit Entscheidungen nach den Bestimmungen der EuUntVO anerkannt, vollstreckt oder für vollstreckbar erklärt werden können, muss sowohl der zeitliche als auch der räumliche und sachliche Anwendungsbereich der Verordnung eröffnet sein (s. dazu Art. 1 Rn 2 ff; s. auch § 30 AUG Rn 4). 9

Im Unterschied zu den Bestimmungen über die internationale Zuständigkeit für die Erlassung einer Entscheidung enthält Kapitel IV der EuUntVO keine Vorschriften zum persönlichen Anwendungsbereich. Für die Frage, ob eine Entscheidung nach den Bestimmungen der Verordnung anerkannt, vollstreckt oder für vollstreckbar erklärt werden kann, ist daher weder der (Wohn-)Sitz der Parteien noch deren gewöhnlicher Aufenthalt noch deren Staatsangehörigkeit maßgebend.[26] 10

Die Frage, ob der Anwendungsbereich der Verordnung eröffnet ist, ist von Gerichten bzw Behörden des Staats, in dem die Anerkennung, Vollstreckung oder Vollstreckbarerklärung der ausländischen Entscheidung begehrt wird, selbständig zu prüfen;[27] eine Bindung an die Rechtsansicht der Gerichte des Staats, in dem die Entscheidung erlassen worden ist, besteht bei der Prüfung der Frage der Anwendbarkeit der Verordnung nicht (s. dazu Vor Art. 32 ff Brüssel I-VO 11

---

22 S. dazu Geimer/Schütze/*Hilbig*, IRV, Art. 16 VO Nr. 4/2009 Rn 7.
23 Geimer/Schütze/*Hilbig*, IRV, Art. 16 VO Nr. 4/2009 Rn 7.
24 Geimer/Schütze/*Hilbig*, IRV, Art. 16 VO Nr. 4/2009 Rn 7.
25 S. dazu Garber/*Neumayr*, in: Jahrbuch Europarecht 12, S. 235, 237 Fn 8; *Rechberger/Simotta*, Grundriss, Rn 1331; Burgstaller/Neumayr u.a./*Weber*, IZVR, Art. 68 EuUntVO Rn 5, jew. mwN.
26 Burgstaller/Neumayr/*Weber*, IZVR, Art. 16 EuUntVO Rn 8.
27 Rauscher/*Andrae/Schimrick*, EuZPR/EuIPR IV, Art. 16 EG-UntVO Rn 5; Fasching/Konecny/*Fucik*, Kommentar V/2, Art. 16 EuUVO Rn 3; Angst/Oberhammer/*Garber*, EO, Vor § 79 Rn 308; *Gruber*, IPRax 2013, 328; Burgstaller/Neumayr u.a./*Weber*, IZVR, Art. 16 EuUntVO Rn 9; aA Geimer/Schütze/*Reuß*, IRV, Art. 1 VO Nr. 4/2009 Rn 51.

Rn 19).²⁸ Auch aus dem Auszug der Entscheidung, der unter Verwendung des in Anhang I bzw in Anhang II zur EuUntVO vorgesehenen Formblatts im Urteilsmitgliedstaat zu erstellen und im Vollstreckungsmitgliedstaat vorzulegen ist (Art. 20, 28), folgt keine bindende Feststellung, dass der Anwendungsbereich der Verordnung eröffnet ist.²⁹

12 **2. Entscheidung aus einem Mitgliedstaat.** Kapitel IV der EuUntVO erfasst nur Entscheidungen, die in einem Mitgliedstaat ergangen sind. Die Bestimmungen des genannten Kapitels der EuUntVO finden daher keine Anwendung auf Entscheidungen aus einem Drittstaat (zu den Ausnahmen s. Art. 2 Abs. 1 Nr. 1 S. 2).³⁰

13 Der **Begriff** der **Entscheidung** wird in Art. 2 Abs. 1 Nr. 1 definiert; die Begriffsbestimmung entspricht Art. 32 Brüssel I-VO bzw Art. 2 lit. a Brüssel Ia-VO. Der Begriff der Entscheidung erfasst auch die in der demonstrativen Aufzählung nicht genannten **einstweiligen Maßnahmen**. In Übereinstimmung mit Art. 2 lit. a U.Abs. 2 Brüssel Ia-VO sollten nur jene einstweiligen Maßnahmen unter den Begriff der Entscheidung subsumiert werden, die vom Hauptsachegericht – dh nicht von einem nach Art. 14 EuUntVO iVm dem innerstaatlichen Recht zuständigen Gericht³¹ – angeordnet werden und vor deren Erlassung der Gegner der gefährdeten Partei vorgeladen wurde oder – sofern er nicht vorgeladen wurde – ihm die Entscheidung vor Vollstreckung zugestellt wurde. Wenngleich die enge Definition der Entscheidung nicht überzeugt,³² sollte sie auch für die Auslegung des Art. 2 Abs. 1 Nr. 1 beachtet werden, um einen Gleichklang zwischen den Verordnungen herzustellen.³³ Neben Entscheidungen von einem staatlichen Gericht (zum Begriff s. Art. 32 Brüssel I-VO Rn 11 sowie Art. 36 Brüssel Ia-VO Rn 1) sind nach Art. 2 Abs. 2 auch jene Entscheidungen, die von einer in Anhang X der Verordnung genannten Verwaltungsbehörde erlassen worden sind, vom Anwendungsbereich der EuUntVO erfasst.

14 Durch die EuUntVO soll zwar die Vereinfachung der Durchsetzung der Unterhaltsansprüche des Unterhaltsberechtigten erreicht sowie die Position des Unterhaltsberechtigten gestärkt werden;³⁴ der Anwendungsbereich der Verordnung erfasst – wie sich aus der weiten Legaldefinition des Begriffs der Entscheidung in Art. 2 Abs. 1 Nr. 1 ergibt – allerdings auch Entscheidungen, die eine Klage auf

---

28 Fasching/Konecny/*Fucik*, Kommentar V/2, Art. 16 EuUVO Rn 3; Burgstaller/Neumayr u.a./*Weber*, IZVR, Art. 16 EuUntVO Rn 9; aA Geimer/Schütze/*Reuß*, IRV, Art. 1 VO Nr. 4/2009 Rn 51.
29 *Gruber*, IPRax 2013, 328; wohl auch MüKo-FamFG/*Lipp*, Art. 16 EG-UntVO Rn 5.
30 Rauscher/Andrae/*Schimrick*, EuZPR/EuIPR IV, Art. 16 EG-UntVO Rn 8; Geimer/Schütze/*Hilbig*, IRV, Art. 16 VO Nr. 4/2009 Rn 1 Fn 3.
31 AA *Hau*, Zuständigkeitssystem, in: Coester-Waltjen/Lipp/Schumann/Veit, Europ. Unterhaltsrecht, S. 57, 77 f, nach dessen Auffassung Art. 14 EuUntVO eigenständige zuständigkeitsbegründende Wirkung zukommt, sodass ein Rückgriff auf das innerstaatliche Recht nicht erforderlich ist; wie hier Fasching/Konecny/*Fucik*, Kommentar V/2, Art. 14 EuUVO Rn 1; zur vergleichbaren Regelung des Art. 35 Brüssel Ia-VO – allerdings kennt die Brüssel Ia-VO keine Art. 6 und 7 entsprechenden Zuständigkeitstatbestände – s. *Garber*, ecolex 2013, 1072 f.
32 Dazu ausf. *Garber*, ecolex 2013, 1073 f.
33 AA MüKo-FamFG/*Lipp*, Art. 16 EG-UntVO Rn 7.
34 Zöller/*Geimer*, ZPO, Anh. II EG-VO Zuständigkeit Unterhaltssachen Art. 17 Rn 2.

Unterhaltszahlung abweisen,[35] sowie sonstige für den Unterhaltsschuldner günstige Entscheidungen.[36]

3. Grenzüberschreitender Bezug. Der für die Anwendbarkeit des Kapitels IV der EuUntVO erforderliche grenzüberschreitende Bezug wird dadurch hergestellt, dass die Entscheidung in einem anderen Mitgliedstaat als dem, in dem sie ergangen ist, anerkannt, vollstreckt oder für vollstreckbar erklärt werden soll.[37] 15

Der Sachverhalt, der der anzuerkennenden, zu vollstreckenden oder für vollstreckbar zu erklärenden Entscheidung zugrunde liegt, muss demgegenüber keinen grenzüberschreitenden Sachverhalt betreffen.[38] Die EuUntVO verpflichtet die Mitgliedstaaten vielmehr zur Anerkennung, Vollstreckung bzw Vollstreckbarerklärung aller vom Anwendungsbereich der Verordnung erfassten gerichtlichen Entscheidungen aus den anderen Mitgliedstaaten der EuUntVO. Diese Pflicht beschränkt sich daher nicht auf jene Fälle, in denen die Mitgliedstaaten, deren Gerichte die Entscheidung erlassen haben, nach den Bestimmungen der EuUntVO oder anderer unionsrechtlicher Rechtsakte zuständig waren, sondern erfasst auch jene Fälle, in denen die Gerichte des Erststaats aufgrund des innerstaatlichen Zuständigkeitsrechts zuständig waren.[39] 16

Auch in jenen Fällen, in denen die Gerichte des Mitgliedstaats, in dem die Entscheidung ergangen ist, ihre internationale Unzuständigkeit zu Unrecht angenommen haben, etwa indem sie ihre Zuständigkeit zu Unrecht auf das innerstaatliche Zuständigkeitsrecht anstatt auf die Bestimmungen der EuUntVO stützten, besteht die Verpflichtung, die Entscheidung anzuerkennen, zu vollstrecken bzw für vollstreckbar zu erklären (vgl Art. 24 lit. a).[40] 17

ABSCHNITT 1
In einem Mitgliedstaat, der durch das Haager Protokoll von 2007 gebunden ist, ergangene Entscheidungen

Artikel 17 Abschaffung des Exequaturverfahrens

(1) Eine in einem Mitgliedstaat, der durch das Haager Protokoll von 2007 gebunden ist, ergangene Entscheidung wird in einem anderen Mitgliedstaat anerkannt, ohne dass es hierfür eines besonderen Verfahrens bedarf und ohne dass die Anerkennung angefochten werden kann.

(2) Eine in einem Mitgliedstaat, der durch das Haager Protokoll von 2007 gebunden ist, ergangene Entscheidung, die in diesem Staat vollstreckbar ist, ist in

---

35 Saenger/*Dörner*, ZPO, Art. 16 EuUnthVO Rn 2; Fasching/Konecny/*Fucik*, Kommentar V/2, Art. 17 EuUVO Rn 3; Zöller/*Geimer*, ZPO, Anh. II EG-VO Zuständigkeit Unterhaltssachen Art. 17 Rn 2; *Gruber*, IPRax 2010, 128, 131.
36 Zöller/*Geimer*, ZPO, Anh. II EG-VO Zuständigkeit Unterhaltssachen Art. 17 Rn 2; *Gruber*, IPRax 2010, 128, 131; Geimer/Schütze/*Hilbig*, IRV, Art. 17 VO Nr. 4/2009 Rn 30.
37 Rauscher/*Andrae/Schimrick*, EuZPR/EuIPR IV, Art. 16 EG-UntVO Rn 6; zu den Anforderungen des grenzüberschreitenden Bezugs hinsichtlich der Bestimmung der internationalen Zuständigkeit s. ausf. Geimer/Schütze/*Reuß*, IRV, Art. 1 VO Nr. 4/2009 Rn 7 ff.
38 Rauscher/*Andrae/Schimrick*, EuZPR/EuIPR IV, Art. 16 EG-UntVO Rn 6; *Gsell/Netzer*, IPRax 2010, 403, 406; Burgstaller/Neumayr u.a./*Weber*, IZVR, Art. 16 EuUntVO Rn 8.
39 Burgstaller/Neumayr u.a./*Weber*, IZVR, Art. 16 EuUntVO Rn 8.
40 Vgl nur Geimer/Schütze/*Geimer*, EuZVR, Art. 32 EuGVVO Rn 10.

einem anderen Mitgliedstaat vollstreckbar, ohne dass es einer Vollstreckbarerklärung bedarf.

I. Allgemeines

1 Art. 17 regelt die Anerkennung einer Entscheidung ohne Möglichkeit der Anfechtung der Anerkennung (Abs. 1) und den gänzlichen Entfall eines im Vollstreckungsmitgliedstaat durchzuführenden Exequaturverfahrens als Voraussetzung für die Vollstreckung der Entscheidung (Abs. 2). Dadurch soll die grenzüberschreitende Durchsetzung von Unterhaltsentscheidungen erheblich erleichtert werden.[1]

2 Art. 17 entspricht in seinem Regelungsgehalt Art. 5 EuVTVO; im Unterschied zum Anwendungsbereich der EuVTVO ist nach der EuUntVO allerdings keine Bestätigung der Entscheidung als Europäischer Vollstreckungstitel, aus der sich u.a. ergibt, dass die in der Verordnung normierten Mindeststandards eingehalten worden sind (s. Art. 6 EuVTVO Rn 7), erforderlich.[2]

II. Anerkennung

3 **1. Allgemeines.** Die vom Anwendungsbereich des Kapitels IV Abschnitt 1 erfassten Entscheidungen sind – wie nach den Bestimmungen der Brüssel Ia-VO – ipso iure anzuerkennen;[3] ein Verfahren, in dem die Anerkennung der Entscheidung festgestellt werden muss, damit die Entscheidungen im Zweitstaat Wirkungen entfalten können, ist daher nicht erforderlich.

4 **2. Wirkungen der Anerkennung.** Die Anerkennung führt zu einer Erstreckung all jener Wirkungen, die die Entscheidung nach dem Recht des Erststaats entfaltet, auf den Anerkennungsstaat (**Grundsatz der Wirkungserstreckung**).[4] Wirkungen, welche einer Entscheidung im Ursprungsmitgliedstaat nicht zukommen, werden demnach nicht auf den Anerkennungsstaat erstreckt (s. dazu ausf. Art. 33 Brüssel Ia-VO Rn 2 ff). Die Anerkennung und Vollstreckung einer Entscheidung nach Kapitel IV Abschnitt 1 der EuUntVO beschränkt sich gem. Art. 22 in ihren Wirkungen auf die Durchsetzung der Unterhaltspflicht; das der Unterhaltsentscheidung zugrunde liegende Familien-, Verwandtschafts-, eherechtliche oder auf Schwägerschaft beruhende Verhältnis von Unterhaltspflichtigen und Unterhaltsgläubigern wird daher nicht anerkannt (vgl auch ErwGr. 25 sowie Art. 22 Rn 1 ff).

5 **3. Anerkennungsversagungsgründe.** Im Unterschied zur Brüssel Ia-VO können im Anwendungsbereich der EuUntVO **keine Anerkennungsversagungsgründe** geltend gemacht werden (arg.: „ohne dass die Anerkennung angefochten werden

---

1 *Beaumont*, RabelsZ 73 (2009) 509, 527; Gebauer/Wiedmann/*Bittmann*, Zivilrecht, Kap. 36 Rn 86; *Boele-Woelki/Mom*, FPR 2010, 485, 488; *Garber/Neumayr*, in: Jahrbuch Europarecht 12, S. 235, 237 f.
2 *Conti*, Durchsetzung von Unterhaltsansprüchen, S. 158; *Geimer*, IZPR, 7. Aufl., Rn 3197 f; Zöller/*Geimer*, ZPO, Anh. II EG-VO Zuständigkeit Unterhaltssachen Art. 17 Rn 3; *Gruber*, IPRax 2010, 128, 137; *Gsell/Netzer*, IPRax 2010, 403, 406; *Nademleinsky*, EF-Z 2011, 130, 133; s. hierzu krit. Schmidt/*Hess*, Unterhaltsrealisierung, Teil 1 Rn 17 sowie MüKo-FamFG/*Lipp*, Art. 17 EG-UntVO Rn 3.
3 *Conti*, Durchsetzung von Unterhaltsansprüchen, S. 158; *Nimmerrichter*, Handbuch internationales Unterhaltsrecht, Rn 135.
4 Rauscher/*Andrae/Schimrick*, EuZPR/EuIPR IV, Art. 17 EG-UntVO Rn 3; Gebauer/Wiedmann/*Bittmann*, Zivilrecht, Kap. 36 Rn 87; Fasching/Konecny/*Fucik*, Kommentar V/2, Art. 17 EuUVO Rn 2; MüKo-FamFG/*Lipp*, Art. 17 EG-UntVO Rn 34; Burgstaller/Neumayr u.a./*Weber*, IZVR, Art. 17 EuUntVO Rn 4 f.

kann").[5] Eine Anfechtung der Anerkennung ist daher – idR – nicht zulässig. Auch die in Art. 21 normierten Gründe, die die Vollstreckung der Entscheidung verhindern, können im Anerkennungsstaat – zumindest grds. – nicht geltend gemacht werden.[6] Für diese Auffassung kann der Wortlaut des Art. 21 angeführt werden, nach dem sich die Bestimmung nur auf die „Vollstreckung" bezieht. Sofern in derselben Sache zwischen den Parteien eine weitere Entscheidung ergangen ist, die mit der ersten Entscheidung unvereinbar ist, sollte nach zutr. Ansicht[7] Art. 21 Abs. 2 U.Abs. 2 analog angewendet werden, um die Anerkennung der früher oder später ergangenen Entscheidung verhindern zu können.

In allen anderen Fällen muss die Entscheidung im Ursprungsmitgliedstaat angefochten werden, um die Erstreckung der Wirkungen dieser Entscheidung auf alle anderen Mitgliedstaaten zu beseitigen.[8]

4. Kein selbständiges Anerkennungsverfahren. Bildet die Frage, ob eine Entscheidung anzuerkennen ist, den Gegenstand eines Streites, kann kein selbständiges Anerkennungsfeststellungsverfahren durchgeführt werden (s. auch Art. 23 Rn 5).[9]

III. Vollstreckung

1. Allgemeines. Nach Abs. 2 entfällt das im Vollstreckungsmitgliedstaat durchzuführende Exequaturverfahren als Voraussetzung der Vollstreckung einer in einem anderen Staat als dem Zweitstaat ergangenen Entscheidung. Nach dem Konzept des Kapitels IV Abschnitt 1 der EuUntVO kann eine Entscheidung in allen Mitgliedstaaten der EU mit Ausnahme von Dänemark und dem Vereinigten Königreich **unmittelbar** – dh wie eine im Inland ergangene Entscheidung – vollstreckt werden.[10]

2. Überprüfung im Vollstreckungsmitgliedstaat. Jegliche Kontrolle im Vollstreckungsmitgliedstaat, insb. die Überprüfung der Vereinbarkeit der ausländischen Entscheidung mit dem ordre public,[11] **entfällt.** Auch die Frage, ob die Gerichte des Staats, die die Entscheidung erlassen haben, die in der EuUntVO normierten

---

5 Rauscher/*Andrae*/*Schimrick*, EuZPR/EuIPR IV, Art. 17 EG-UntVO Rn 1; *Conti*, Durchsetzung von Unterhaltsansprüchen, S. 158 f; MüKo-FamFG/*Lipp*, Art. 17 EG-UntVO Rn 5; Burgstaller/Neumayr u.a./*Weber*, IZVR, Art. 17 EuUntVO Rn 4.
6 Rauscher/*Andrae*/*Schimrick*, EuZPR/EuIPR IV, Art. 17 EG-UntVO Rn 1.
7 Geimer/Schütze/*Hilbig*, IRV, Art. 17 VO Nr. 4/2009 Rn 31; MüKo-FamFG/*Lipp*, Art. 17 EG-UntVO Rn 9; aA Burgstaller/Neumayr u.a./*Weber*, IZVR, Art. 17 EuUntVO Rn 5, nach dessen Auffassung Art. 24 U.Abs. 1 lit. c EuUntVO analog anzuwenden sei; vgl auch Rauscher/*Andrae*/*Schimrick*, EuZPR/EuIPR IV, Art. 17 EG-UntVO Rn 5 ff, die die analoge Anwendung von Art. 21 Abs. 2 U.Abs. 2 EuUntVO oder von Art. 24 U.Abs. 1 lit. c EuUntVO vorschlagen, iE allerdings der analogen Anwendung des Art. 21 Abs. 2 U.Abs. 2 EuUntVO den Vorzug einzuräumen scheinen.
8 Rauscher/*Andrae*/*Schimrick*, EuZPR/EuIPR IV, Art. 17 EG-UntVO Rn 1.
9 Rauscher/*Andrae*/*Schimrick*, EuZPR/EuIPR IV, Art. 17 EG-UntVO Rn 2; EnzEuR III/*Martiny*, § 17 Rn 46; aA MüKo-FamFG/*Lipp*, Art. 17 EG-UntVO Rn 7 und 12.
10 Vgl auch *Dose*, Das deutsche Unterhaltsrecht, in: Coester-Waltjen/Lipp/Schumann/Veit, Europ. Unterhaltsrecht, S. 81, 87.
11 *Adolphsen*, Gegenwartsfragen, in: Hess, Anerkennung, S. 1, 21; Gebauer/Wiedmann/Bittmann, Zivilrecht, Kap. 36 Rn 89; *Conti*, Durchsetzung von Unterhaltsansprüchen, S. 160 ff; Saenger/*Dörner*, ZPO, Vorbem. zu Art. 17–22 EuUnthVO Rn 1; Schmidt/Hess, Unterhaltsrealisierung, Teil 1 Rn 16; Fasching/Konecny/*Fucik*, Kommentar V/2, Art. 17 EuUVO Rn 4; *Garber*/Neumayr, in: Jahrbuch Europarecht 12, S. 235, 238; Zöller/*Geimer*, ZPO, Anh. II EG-VO Zuständigkeit Unterhaltssachen Art. 17 Rn 1; *Janzen*, FPR 2008, 218, 220; Kohler/Pintens, FamRZ 2009, 1529, 1530; *Looschelders/Boos*, FamRZ 2006, 374, 382; *Nademleinsky*, EF-Z 2011, 133; Burgstaller/Neumayr u.a./*Weber*, IZVR, Art. 17 EuUntVO Rn 10; vgl auch *Looschelders/Boos*, FamRZ 2006, 374, 382.

Zuständigkeitsbestimmungen[12] bzw die Kollisionsnormen richtig angewandt haben, darf im Vollstreckungsmitgliedstaat nicht geprüft werden.[13] Im Unterschied zum Anwendungsbereich der EuVTVO wird auch die Einhaltung von bestimmten Mindeststandards nicht geprüft.[14] Die Vollstreckung ist allerdings bei Vorliegen eines sich **aus dem Völkerrecht ergebenden Hindernisses** – etwa der Mangel der inländischen Gerichtsbarkeit des Ursprungsmitgliedstaats für die Erlassung der Entscheidung oder des Vollstreckungsmitgliedstaats für die Vollstreckung – unmittelbar und von Amts wegen zu verweigern.

10 **3. Rechtsschutz des Vollstreckungsschuldners im Ursprungsmitgliedstaat.** Um sich gegen die drohende Vollstreckung zu wehren, muss der Schuldner im Ursprungsmitgliedstaat einen Rechtsbehelf einlegen.[15] Im Ursprungsmitgliedstaat stehen ihm alle nach der innerstaatlichen Rechtsordnung dieses Staats bestehenden Rechtsbehelfe, die in Art. 19 normierten Rechtsbehelfe (s. Art. 19 Rn 1 ff) sowie ein Rechtsbehelf gegen die Ausstellung des Formblatts I (s. Art. 20 Rn 15) zur Verfügung.

11 **4. Rechtsschutz des Vollstreckungsschuldners im Vollstreckungsmitgliedstaat.** Im Vollstreckungsmitgliedstaat besteht die Möglichkeit, einen Rechtsbehelf im Rahmen des Art. 21 einzulegen (s. dazu Art. 21 Rn 1 ff). Der Schuldner kann – trotz Fehlens einer ausdrücklichen Norm – im Vollstreckungsmitgliedstaat auch geltend machen, dass der räumliche, sachliche und/oder zeitliche Anwendungsbereich der EuUntVO bzw der Anwendungsbereich des Kapitels IV Abschnitt 1 nicht eröffnet ist,[16] dass die Vollstreckbarkeit offensichtlich nicht gegeben ist[17] oder dass ein sich aus dem Völkerrecht ergebendes Hindernis – etwa der Mangel der inländischen Gerichtsbarkeit des Ursprungsmitgliedstaats für die Erlassung der Entscheidung oder des Vollstreckungsmitgliedstaats für die Vollstreckung – vorliegt.

Artikel 18 Sicherungsmaßnahmen

Eine vollstreckbare Entscheidung umfasst von Rechts wegen die Befugnis, alle auf eine Sicherung gerichteten Maßnahmen zu veranlassen, die im Recht des Vollstreckungsmitgliedstaats vorgesehen sind.

I. Allgemeines

1 Art. 18 ermöglicht dem Gläubiger, im Vollstreckungsmitgliedstaat aufgrund einer – zumindest vorläufig – vollstreckbaren Entscheidung vorläufige Maßnahmen zur Sicherung zu veranlassen.[1] Eine im Ursprungsmitgliedstaat (vorläufig) voll-

---

12 Geimer/Schütze/*Hilbig*, IRV, Art. 17 VO Nr. 4/2009 Rn 35; *Nadelmeinsky*, EF-Z 2011, 130, 133.
13 Fasching/Konecny/*Fucik*, Kommentar V/2, Art. 17 EuUVO Rn 4; *Nadelmeinsky*, EF-Z 2011, 130, 133.
14 *Geimer*, IZPR, 7. Aufl., Rn 3197 f; Zöller/*Geimer*, ZPO, Anh. II EG-VO Zuständigkeit Unterhaltssachen Art. 17 Rn 3; Burgstaller/Neumayr u.a./*Weber*, IZVR, Art. 17 EuUntVO Rn 10.
15 Gebauer/Wiedmann/*Bittmann*, Zivilrecht, Kap. 36 Rn 89; Burgstaller/Neumayr u.a./*Weber*, IZVR, Art. 17 EuUntVO Rn 10.
16 Gebauer/Wiedmann/*Bittmann*, Zivilrecht, Kap. 36 Rn 89; Geimer/Schütze/*Hilbig*, IRV, Art. 17 VO Nr. 4/2009 Rn 44; Burgstaller/Neumayr u.a./*Weber*, IZVR, Art. 17 EuUntVO Rn 11; aA Geimer/Schütze/*Reuß*, IRV, Art. 1 VO Nr. 4/2009 Rn 51.
17 Geimer/Schütze/*Hilbig*, IRV, Art. 17 VO Nr. 4/2009 Rn 44.
1 Gebauer/Wiedmann/*Bittmann*, Zivilrecht, Kap. 36 Rn 90; Fasching/Konecny/*Fucik*, Kommentar V/2, Art. 18 EuUVO Rn 1.

streckbare Entscheidung schließt daher ex lege die Befugnis ein, die im Vollstreckungsmitgliedstaat vorgesehenen Sicherungsmaßnahmen zu beantragen.[2] Dadurch kann verhindert werden, dass der Schuldner die spätere Zwangsvollstreckung vereitelt, indem er über seine Vermögenswerte zum Nachteil des Gläubigers verfügt.[3]

Zwar wird nach den Bestimmungen des Kapitels IV Abschnitt 1 der EuUntVO eine in einem anderen Mitgliedstaat ergangene Entscheidung vor ihrer Vollstreckung nicht mehr für vollstreckbar erklärt – es bedarf daher keiner Sicherungsmaßnahmen bis zur Vollstreckbarerklärung –, allerdings besteht auch im Anwendungsbereich der EuUntVO ein Bedürfnis, den Erfolg der späteren Zwangsvollstreckung mit Hilfe von Sicherungsmaßnahmen zu gewährleisten.[4] Ein solches Bedürfnis besteht etwa in jenen Fällen, in denen die zuständige Stelle des Vollstreckungsmitgliedstaats die Vollstreckung aufgrund eines vom Schuldner eingelegten Rechtsbehelfs nach Art. 21 ausgesetzt hat,[5] oder wenn nach innerstaatlichem Recht des Vollstreckungsmitgliedstaats für den Beginn von endgültigen Zwangsvollstreckungsmaßnahmen die Zustellung der Entscheidung erforderlich ist, nicht aber für die Erlassung von Sicherungsmaßnahmen und dadurch ein „Überraschungseffekt" erreicht werden kann.[6] 2

II. Art der Sicherungsmaßnahmen

Die ursprünglich vorgesehene Regelung, wonach unionsrechtlich autonome – dh für alle Mitgliedstaaten einheitliche – Maßnahmen zur Sicherung der Vollstreckung zu erlassen sind,[7] wurde mangels Kompatibilität mit dem Vollstreckungsrecht der einzelnen Mitgliedstaaten nicht umgesetzt.[8] Welche Sicherungsmaßnahmen erlassen werden können, bestimmt sich nach der endgültigen Fassung der EuUntVO nach dem **innerstaatlichen Recht des Vollstreckungsmitgliedstaats** (Art. 41).[9] Die im Ursprungsmitgliedstaat gewährten Sicherungsmaßnahmen können im Vollstreckungsmitgliedstaat daher nur angeordnet werden, wenn sie auch nach der innerstaatlichen Rechtsordnung des Vollstreckungsmitgliedstaats zulässig sind; ein Export von Sicherungsmaßnahmen des Ursprungsmitgliedstaats auf den Vollstreckungsmitgliedstaat wird in der Verordnung nicht normiert.[10] 3

---

2 Fasching/Konecny/*Fucik*, Kommentar V/2, Art. 18 EuUVO Rn 1.
3 Rauscher/*Andrae/Schimrick*, EuZPR/EuIPR IV, Art. 18 EG-UntVO Rn 1; Geimer/Schütze/*Hilbig*, IRV, Art. 18 VO Nr. 4/2009 Rn 1; Burgstaller/Neumayr u.a./*Weber*, IZVR, Art. 18 EuUntVO Rn 2.
4 Rauscher/*Andrae/Schimrick*, EuZPR/EuIPR IV, Art. 18 EG-UntVO Rn 3.
5 Rauscher/*Andrae/Schimrick*, EuZPR/EuIPR IV, Art. 18 EG-UntVO Rn 3; Fasching/Konecny/*Fucik*, Kommentar V/2, Art. 18 EuUVO Rn 3; Geimer/Schütze/*Hilbig*, IRV, Art. 18 VO Nr. 4/2009 Rn 1; Burgstaller/Neumayr u.a./*Weber*, IZVR, Art. 18 EuUntVO Rn 5.
6 Geimer/Schütze/*Hilbig*, IRV, Art. 18 VO Nr. 4/2009 Rn 1; Fasching/Konecny/*Fucik*, Kommentar V/2, Art. 18 EuUVO Rn 3.
7 Vgl Art. 34 (Anordnung monatlicher Pfändungen) und Art. 35 (Anordnung einer vorübergehenden Kontensperrung) des Entwurfs vom 15.12.2005 (KOM[2005] 649 endg.); s. dazu *Dörner*, IPrax 2006, 550, 552; *Gebauer*, FPR 2006, 252, 255; *Linke*, FPR 2006, 237, 240.
8 S. dazu ausf. Geimer/Schütze/*Hilbig*, IRV, Art. 18 VO Nr. 4/2009 Rn 7 ff.
9 Rauscher/*Andrae/Schimrick*, EuZPR/EuIPR IV, Art. 18 EG-UntVO Rn 4; Gebauer/Wiedmann/*Bittmann*, Zivilrecht, Kap. 36 Rn 90; Geimer/Schütze/*Hilbig*, IRV, Art. 18 VO Nr. 4/2009 Rn 11; MüKo-FamFG/*Lipp*, Art. 18 EG-UntVO Rn 1; Burgstaller/Neumayr u.a./*Weber*, IZVR, Art. 18 EuUntVO Rn 6.
10 Vgl Rauscher/*Andrae/Schimrick*, EuZPR/EuIPR IV, Art. 18 EG-UntVO Rn 4.

4   Die zu erlassende Maßnahme darf nur der Sicherung der Vollstreckung dienen,[11] endgültige Zustände[12] dürfen durch die Anordnung der Sicherungsmaßnahme nicht geschaffen werden.[13]

5   Nach deutschem Recht sind der **Arrest** (§§ 111 Nr. 8, 112 Nr. 1, 119 Abs. 2 FamFG iVm §§ 916 ff ZPO) und die **einstweilige Anordnung** (§§ 49 ff, 111 Nr. 8, 112 Nr. 1, 119 Abs. 1 FamFG, §§ 246 ff FamFG, § 945 ZPO) zur Sicherung der Zwangsvollstreckung zulässig, nicht aber die einstweilige Verfügung (§§ 935 ff ZPO), die durch das FamFG ausdrücklich ausgeschlossen ist.[14] Als weitere Sicherungsmaßnahmen kommen die **Sicherungsvollstreckung** (§ 720 a ZPO) und die **Vorpfändung** (§ 845 ZPO) in Betracht.[15]

III. Voraussetzungen

6   **1. Vollstreckbarkeit.** Die Entscheidung muss vollstreckbar sein,[16] wobei vorläufige Vollstreckbarkeit genügt (s. Art. 26 Rn 2 und Art. 39).[17] Da gem Art. 17 Abs. 2 die Vollstreckbarkeit auf den Vollstreckungsmitgliedstaat erstreckt wird, ist der Zeitpunkt, in dem die Entscheidung im Ursprungsmitgliedstaat vollstreckbar wird, für den Eintritt der Vollstreckbarkeit im Vollstreckungsmitgliedstaat maßgeblich.[18]

7   **2. Formale Voraussetzungen.** Bei Beantragung der Sicherungsmaßnahme müssen die in Art. 20 genannten Urkunden vorgelegt werden.[19] Dadurch wird gewährleistet, dass das zuständige Organ im Vollstreckungsmitgliedstaat prüfen kann, ob eine vollstreckbare Entscheidung vorliegt.[20]

8   **3. Weitere Voraussetzungen.** Die weiteren Voraussetzungen, die vorliegen müssen, um eine Sicherungsmaßnahme anordnen zu können, werden nach dem innerstaatlichen Recht des Vollstreckungsmitgliedstaats bestimmt.[21] Nach dem Recht des Vollstreckungsmitgliedstaats bestimmt sich etwa, ob vor Beginn der Sicherungsvollstreckung dem Schuldner die zu vollstreckende Entscheidung zugestellt werden muss,[22] ob neben dem Sicherungsanspruch ein Sicherungsgrund vorliegen muss[23] und ob der Gläubiger zwischen mehreren in Betracht kommenden Sicherungsmitteln wählen kann oder ob die Wahl der zu erlassenden Sicherungsmaßnahme dem Ermessen der zuständigen Stelle obliegt.[24] Auch die Dauer

---

11   Rauscher/*Andrae*/*Schimrick*, EuZPR/EuIPR IV, Art. 18 EG-UntVO Rn 6.
12   S. dazu *Garber*, Einstweiliger Rechtsschutz nach der EuGVVO, 2012, S. 126 ff.
13   Gebauer/Wiedmann/*Bittmann*, Zivilrecht, Kap. 36 Rn 90.
14   S. dazu Geimer/Schütze/*Hilbig*, IRV, Art. 18 VO Nr. 4/2009 Rn 13.
15   MüKo-FamFG/*Lipp*, Art. 18 EG-UntVO Rn 5 mwN.
16   Rauscher/*Andrae*/*Schimrick*, EuZPR/EuIPR IV, Art. 18 EG-UntVO Rn 5; Geimer/Schütze/*Hilbig*, IRV, Art. 18 VO Nr. 4/2009 Rn 14.
17   Gebauer/Wiedmann/*Bittmann*, Zivilrecht, Kap. 36 Rn 90; Geimer/Schütze/*Hilbig*, IRV, Art. 18 VO Nr. 4/2009 Rn 14.
18   MüKo-FamFG/*Lipp*, Art. 18 EG-UntVO Rn 6.
19   Rauscher/*Andrae*/*Schimrick*, EuZPR/EuIPR IV, Art. 18 EG-UntVO Rn 6; Geimer/Schütze/*Hilbig*, IRV, Art. 18 VO Nr. 4/2009 Rn 15.
20   Rauscher/*Andrae*/*Schimrick*, EuZPR/EuIPR IV, Art. 18 EG-UntVO Rn 6; Geimer/Schütze/*Hilbig*, IRV, Art. 18 VO Nr. 4/2009 Rn 2.
21   Burgstaller/Neumayr u.a./*Weber*, IZVR, Art. 18 EuUntVO Rn 8.
22   Geimer/Schütze/*Hilbig*, IRV, Art. 18 VO Nr. 4/2009 Rn 18; aA Rauscher/*Andrae*/*Schimrick*, EuZPR/EuIPR IV, Art. 18 EG-UntVO Rn 7; MüKo-FamFG/*Lipp*, Art. 18 EG-UntVO Rn 11.
23   Geimer/Schütze/*Hilbig*, IRV, Art. 18 VO Nr. 4/2009 Rn 18; aA Rauscher/*Andrae*/*Schimrick*, EuZPR/EuIPR IV, Art. 18 EG-UntVO Rn 7; Fasching/Konecny/*Fucik*, Kommentar V/2, Art. 18 EuUVO Rn 4.
24   Geimer/Schütze/*Hilbig*, IRV, Art. 18 VO Nr. 4/2009 Rn 18.

der Sicherungsmaßnahme bestimmt sich nach innerstaatlichem Recht des Vollstreckungsmitgliedstaats.[25]

IV. Rechtsbehelfe des Schuldners

Der Schuldner kann gegen eine erlassene Sicherungsmaßnahme die Vollstreckungsverweigerungs- bzw Vollstreckungsaussetzungsgründe des Art. 21 Abs. 2 und 3 geltend machen.[26] Wird die Vollstreckung aufgrund eines anhängigen Nachprüfungsantrages nach Art. 21 Abs. 3 U.Abs. 1 ausgesetzt, obliegt die Entscheidung, ob die Sicherungsmaßnahme aufzuheben oder aufrechtzuerhalten ist, dem Ermessen der zuständigen Stelle des Vollstreckungsmitgliedstaats.[27]

Dem Schuldner stehen zudem die gegen die Sicherungsmaßnahmen eröffneten Rechtsbehelfe des innerstaatlichen Rechts des Vollstreckungsmitgliedstaats zur Verfügung.[28] Für Deutschland ist daher nach § 65 AUG und § 120 FamFG das Rechtsbehelfsystem der ZPO maßgeblich, wobei zu beachten ist, dass gem. § 57 S. 1 FamFG die einstweilige Anordnung unanfechtbar ist. Gegen Vollstreckungsmaßnahmen ist demnach grds. die **Erinnerung gegen Art und Weise der Zwangsvollstreckung an das Vollstreckungsgericht nach § 766 ZPO** eröffnet, sofern keine nach § 793 ZPO anzufechtende Entscheidung des Gerichts vorliegt.[29] Eine Erinnerung nach § 766 ZPO ist auch dann einzulegen, wenn die beantragte oder getroffene Maßnahme die Begrenzung auf Sicherungsmaßnahmen gem. Art. 18 missachtet.[30]

V. Rechtsbehelfe des Gläubigers

Dem Gläubiger stehen gegen die Weigerung eines Vollstreckungsorgans, eine Sicherungsmaßnahme zu erlassen, die **Rechtsbehelfe des innerstaatlichen Rechts** zur Verfügung.[31] S. dazu auch Rn 10.

Artikel 19 Recht auf Nachprüfung

(1) Ein Antragsgegner, der sich im Ursprungsmitgliedstaat nicht auf das Verfahren eingelassen hat, hat das Recht, eine Nachprüfung der Entscheidung durch das zuständige Gericht dieses Mitgliedstaats zu beantragen, wenn

a) ihm das verfahrenseinleitende Schriftstück oder ein gleichwertiges Schriftstück nicht so rechtzeitig und in einer Weise zugestellt worden ist, dass er sich verteidigen konnte, oder

b) er aufgrund höherer Gewalt oder aufgrund außergewöhnlicher Umstände ohne eigenes Verschulden nicht in der Lage gewesen ist, Einspruch gegen die Unterhaltsforderung zu erheben,

---

25 Geimer/Schütze/*Hilbig*, IRV, Art. 18 VO Nr. 4/2009 Rn 18; MüKo-FamFG/*Lipp*, Art. 18 EG-UntVO Rn 12.
26 Rauscher/*Andrae/Schimrick*, EuZPR/EuIPR IV, Art. 18 EG-UntVO Rn 10; Geimer/Schütze/*Hilbig*, IRV, Art. 18 VO Nr. 4/2009 Rn 16; MüKo-FamFG/*Lipp*, Art. 18 EG-UntVO Rn 18; Burgstaller/Neumayr u.a./*Weber*, IZVR, Art. 18 EuUntVO Rn 10.
27 Rauscher/*Andrae/Schimrick*, EuZPR/EuIPR IV, Art. 18 EG-UntVO Rn 10; Geimer/Schütze/*Hilbig*, IRV, Art. 18 VO Nr. 4/2009 Rn 16; aA MüKo-FamFG/*Lipp*, Art. 18 EG-UntVO Rn 14.
28 Geimer/Schütze/*Hilbig*, IRV, Art. 18 VO Nr. 4/2009 Rn 17; MüKo-FamFG/*Lipp*, Art. 18 EG-UntVO Rn 15.
29 MüKo-FamFG/*Lipp*, Art. 18 EG-UntVO Rn 16.
30 MüKo-FamFG/*Lipp*, Art. 18 EG-UntVO Rn 17.
31 MüKo-FamFG/*Lipp*, Art. 18 EG-UntVO Rn 15.

es sei denn, er hat gegen die Entscheidung keinen Rechtsbehelf eingelegt, obwohl er die Möglichkeit dazu hatte.

(2) Die Frist für den Antrag auf Nachprüfung der Entscheidung beginnt mit dem Tag, an dem der Antragsgegner vom Inhalt der Entscheidung tatsächlich Kenntnis genommen hat und in der Lage war, entsprechend tätig zu werden, spätestens aber mit dem Tag der ersten Vollstreckungsmaßnahme, die zur Folge hatte, dass die Vermögensgegenstände des Antragsgegners ganz oder teilweise dessen Verfügung entzogen wurden. Der Antragsgegner wird unverzüglich tätig, in jedem Fall aber innerhalb einer Frist von 45 Tagen. Eine Verlängerung dieser Frist wegen weiter Entfernung ist ausgeschlossen.

(3) Weist das Gericht den Antrag auf Nachprüfung nach Absatz 1 mit der Begründung zurück, dass keine der Voraussetzungen für eine Nachprüfung nach jenem Absatz erfüllt ist, bleibt die Entscheidung in Kraft.

Entscheidet das Gericht, dass eine Nachprüfung aus einem der in Absatz 1 genannten Gründe gerechtfertigt ist, so wird die Entscheidung für nichtig erklärt. Die berechtigte Person verliert jedoch nicht die Vorteile, die sich aus der Unterbrechung der Verjährungs- oder Ausschlussfristen ergeben, noch das Recht, im ursprünglichen Verfahren möglicherweise zuerkannte Unterhaltsansprüche rückwirkend geltend zu machen.

I. Allgemeines 1	aufgrund höherer Gewalt oder außergewöhnlicher Umstände (Abs. 1 lit. b) 23
II. Verhältnis zu den Rechtsbehelfen des innerstaatlichen Rechts der Mitgliedstaaten 5	a) Anwendungsvoraussetzungen 23
III. Zuständigkeit und Verfahren 7	b) Darlegungs- und Beweislast 27
1. Prüfung auf Antrag 7	V. Weitere Voraussetzungen 28
2. Zuständigkeit 8	1. Nichteinlassung des Schuldners 28
3. Sonstige Verfahrensbestimmungen 11	2. Wahrnehmung der nach innerstaatlichem Recht der Mitgliedstaaten bestehenden Rechtsbehelfsmöglichkeit ... 29
4. Frist 13	
a) Beginn der Frist 13	
b) Dauer 14	
c) Fristberechnung 17	3. Kein grenzüberschreitender Bezug erforderlich 31
IV. Nachprüfungsgründe 18	VI. Rechtsfolgen 32
1. Allgemeines 18	1. Wirkungen 32
2. Mängel bei der Zustellung des verfahrenseinleitenden Schriftstücks (Abs. 1 lit. a) .. 19	2. Anfechtbarkeit der Entscheidung über den Nachprüfungsantrag 35
a) Anwendungsvoraussetzungen 19	VII. Nachprüfungsantrag nach deutschem Recht 36
b) Darlegungs- und Beweislast 22	
3. Nichterhebung eines Einspruchs gegen die Forderung	

I. Allgemeines

1 Art. 19 dient dem Schutz des Antragsgegners, dem die Möglichkeit eingeräumt wird, unter bestimmten Voraussetzungen einen (befristeten) außerordentlichen Rechtsbehelf im Ursprungsmitgliedstaat[1] zu erheben. Mit diesem Rechtsbehelf

---

1 S. dazu *Heger*, Haager Unterhaltsübereinkommen, in: Coester-Waltjen/Lipp/Schumann/Veit, Europ. Unterhaltsrecht, S. 5, 11.

können bestimmte **Verstöße gegen das rechtliche Gehör** geltend gemacht werden.[2]

Da die **Gründe** in Abs. 1 lit. a und b **taxativ** aufgezählt werden, wird das rechtliche Gehör allerdings nur in der verfahrenseinleitenden Phase geschützt; eine danach eintretende Verletzung des rechtlichen Gehörs kann hingegen nicht mit dem Rechtsbehelf nach Art. 19 geltend gemacht werden.[3] Auch Verstöße gegen andere grundlegende Verfahrensrechte sind aufgrund der abschließenden Aufzählung der Gründe nicht von Anwendungsbereich des Art. 19 erfasst.[4] 2

Der Rechtsbehelf nach Art. 19 stellt – ebenso wie der Rechtsbehelf nach Art. 18 EuBagatellVO und Art. 20 EuMahnVO – einen **autonomen Rechtsbehelf** dar[5] (anders Art. 19 EuVTVO; s. die dortige Kommentierung), der gegen alle vom Anwendungsbereich der EuUntVO erfassten Unterhaltsentscheidungen – daher auch gegen eine den Unterhaltsanspruch ablehnende Entscheidung – erhoben werden kann.[6] 3

Die Normierung eines autonomen Rechtsbehelfs und der dadurch gewährleistete Schutz des rechtlichen Gehörs war – neben der Schaffung einheitlicher Kollisionsnormen – **Voraussetzung für den Entfall des Exequaturverfahrens**.[7] 4

II. Verhältnis zu den Rechtsbehelfen des innerstaatlichen Rechts der Mitgliedstaaten

Neben dem Rechtsbehelf des Art. 19 stehen dem Schuldner die durch das innerstaatliche Recht des Ursprungsmitgliedstaats normierten Rechtsbehelfe zur Verfügung, sofern diese nicht mit Art. 19 unvereinbar sind. 5

Zu diesen Rechtsbehelfen kann etwa die Möglichkeit, offenkundige Übertragungsfehler (etwa von der Entscheidung in das Formblatt nach Anhang I) zu berichtigen, zählen.[8] Nach deutschem Recht sind insb. der Einspruch des Antragsgegners gegen ein echtes Versäumungsurteil (§ 111 Nr. 8, § 112 Nr. 1, § 113 Abs. 1 S. 2 FamFG iVm §§ 338 ff ZPO) sowie die Wiedereinsetzung (§ 113 Abs. 1 S. 2 FamFG iVm §§ 233 ff ZPO), die Wiederaufnahme (§§ 578 ff ZPO) bzw die Gehörsrüge (§ 321 a ZPO) zulässig. 6

III. Zuständigkeit und Verfahren

1. Prüfung auf Antrag. Die in Art. 19 normierten Gründe werden nicht von Amts wegen,[9] sondern nur auf **Antrag** einer Partei, dh des Beklagten bzw des Antragsgegners im vorangegangenen Unterhaltsverfahren, geprüft.[10] Die EuUntVO 7

---

2 Gebauer/Wiedmann/*Bittmann*, Zivilrecht, Kap. 36 Rn 91, 99.
3 Geimer/Schütze/*Hilbig*, IRV, Art. 19 VO Nr. 4/2009 Rn 6.
4 Geimer/Schütze/*Hilbig*, IRV, Art. 19 VO Nr. 4/2009 Rn 6.
5 Rauscher/*Andrae*/*Schimrick*, EuZPR/EuIPR IV, Art. 19 EG-UntVO Rn 6; Gebauer/Wiedmann/*Bittmann*, Zivilrecht, Kap. 36 Rn 99; Zöller/*Geimer*, ZPO, Anh. II EG-VO Zuständigkeit Unterhaltssachen Art. 19 Rn 1; Geimer/Schütze/*Hilbig*, IRV, Art. 19 VO Nr. 4/2009 Rn 9; Burgstaller/Neumayr/*Weber*, IZVR, Art. 19 EuUntVO Rn 2.
6 MüKo-FamFG/*Lipp*, Art. 19 EG-UntVO Rn 4.
7 Fasching/Konecny/*Fucik*, Kommentar V/2, Art. 19 EuUVO Rn 1; *Heger*, Haager Unterhaltsübereinkommen, in: Coester-Waltjen/Lipp/Schumann/Veit, Europ. Unterhaltsrecht, S. 5, 12; Geimer/Schütze/*Hilbig*, IRV, Art. 19 VO Nr. 4/2009 Rn 1; Burgstaller/Neumayr u.a./*Weber*, IZVR, Art. 19 EuUntVO Rn 2.
8 Gebauer/Wiedmann/*Bittmann*, Zivilrecht, Kap. 36 Rn 92; Burgstaller/Neumayr u.a./*Weber*, IZVR, Art. 19 EuUntVO Rn 4.
9 Fasching/Konecny/*Fucik*, Kommentar V/2, Art. 19 EuUVO Rn 1; Geimer/Schütze/*Hilbig*, IRV, Art. 19 VO Nr. 4/2009 Rn 13.
10 Rauscher/*Andrae*/*Schimrick*, EuZPR/EuIPR IV, Art. 19 EG-UntVO Rn 9; MüKo-FamFG/*Lipp*, Art. 19 EG-UntVO Rn 10.

enthält kein eigenes Formblatt für den Antrag,[11] sodass sich die maßgeblichen Formvorschriften nach der lex fori bestimmen.[12]

8 **2. Zuständigkeit.** Der Antrag auf Nachprüfung ist nicht im Vollstreckungsmitgliedstaat, sondern **im Ursprungsmitgliedstaat** einzubringen.[13] Wird ein Antrag nach Art. 19 gestellt, kann gem. Art. 21 Abs. 3 im Vollstreckungsmitgliedstaat nur ein Antrag auf Aussetzung der Vollstreckung gestellt werden.

9 Das für den Antrag auf Nachprüfung sachlich und örtlich zuständige Gericht des Ursprungsmitgliedstaats wird – mangels eigenständiger Regelung in der EuUntVO – durch das innerstaatliche Recht des Ursprungsmitgliedstaats bestimmt (vgl dazu Art. 71 Abs. 1 lit. c).[14]

10 Die Mitgliedstaaten haben die Möglichkeit, auch das Gericht, das die Entscheidung erlassen hat, als zuständiges Gericht zu bestimmen. Als Rechtfertigung für die Zuständigkeit dieses Gerichts können prozessökonomische Erwägungen angeführt werden; das Gericht kann idR nämlich am schnellsten über diesen Antrag entscheiden.[15] Ferner erscheint dieses auch für die Entscheidung über den Rechtsbehelf nach Art. 19 besonders sachnah zu sein.[16] Zu bedenken ist allerdings, dass das Gericht, das die Entscheidung erlassen hat, idR eigene Fehler feststellen muss, wodurch sich erhebliche Friktionen ergeben könnten.[17] Trotz dieser Bedenken hat sich der deutsche Gesetzgeber für die Zuständigkeit des Gerichts, das die Entscheidung erlassen hat, entschieden (vgl § 70 Abs. 1 S. 1 AUG).[18]

11 **3. Sonstige Verfahrensbestimmungen.** Die Durchführung des Verfahrens wird – mangels ausdrücklicher Regelungen in der EuUntVO – von der lex fori des Ursprungsmitgliedstaats bestimmt.[19] So richtet sich etwa die Frage, ob man im Verfahren anwaltlich vertreten sein muss, nach dem innerstaatlichen Recht des Ursprungsmitgliedstaats.[20]

12 Die EuUntVO regelt nur die Frist, innerhalb der der Rechtsbehelf einzubringen ist (s. dazu Rn 13).

13 **4. Frist. a) Beginn der Frist.** Die Frist für den Antrag beginnt nicht mit dem Datum der Zustellung der Entscheidung,[21] sondern mit dem Tag, an dem der Antragsgegner Kenntnis von deren Inhalt hat und in der Lage ist, entsprechend tätig zu werden. Nach Abs. 2 beginnt die Frist allerdings spätestens an dem Tag, zu welchem dem Schuldner zum ersten Mal zum Zwecke der Vollstreckung Vermögensgegenstände entzogen werden. Nach dem ausdrücklichen Wortlaut reicht der Antrag an das Vollstreckungsorgan, tätig zu werden, nicht aus.[22] Vielmehr be-

---

11 Geimer/Schütze/*Hilbig*, IRV, Art. 19 VO Nr. 4/2009 Rn 13.
12 Gebauer/Wiedmann/*Bittmann*, Zivilrecht, Kap. 36 Rn 101.
13 *Dose*, Das deutsche Unterhaltsrecht, in: Coester-Waltjen/Lipp/Schumann/Veit, Europ. Unterhaltsrecht, S. 81, 87; Fasching/Konecny/*Fucik*, Kommentar V/2, Art. 19 EuUVO Rn 2; *Heger*, Haager Unterhaltsübereinkommen, in: Coester-Waltjen/Lipp/Schumann/Veit, Europ. Unterhaltsrecht, S. 5, 11.
14 Rauscher/*Andrae/Schimrick*, EuZPR/EuIPR IV, Art. 19 EG-UntVO Rn 6, 11; Gebauer/Wiedmann/*Bittmann*, Zivilrecht, Kap. 36 Rn 100.
15 Gebauer/Wiedmann/*Bittmann*, Zivilrecht, Kap. 36 Rn 100; Geimer/Schütze/*Hilbig*, IRV, Art. 19 VO Nr. 4/2009 Rn 14.
16 Geimer/Schütze/*Hilbig*, IRV, Art. 19 VO Nr. 4/2009 Rn 14.
17 Rauscher/*Andrae/Schimrick*, EuZPR/EuIPR IV, Art. 19 EG-UntVO Rn 6; Geimer/Schütze/*Hilbig*, IRV, Art. 19 VO Nr. 4/2009 Rn 14.
18 Zu Recht krit. Geimer/Schütze/*Hilbig*, IRV, Art. 19 VO Nr. 4/2009 Rn 54 für jene Fälle, in denen es darum geht, eigene Verfahrensmängel festzustellen.
19 Gebauer/Wiedmann/*Bittmann*, Zivilrecht, Kap. 36 Rn 101; Geimer/Schütze/*Hilbig*, IRV, Art. 19 VO Nr. 4/2009 Rn 47.
20 Gebauer/Wiedmann/*Bittmann*, Zivilrecht, Kap. 36 Rn 101.
21 Gebauer/Wiedmann/*Bittmann*, Zivilrecht, Kap. 36 Rn 102.
22 Gebauer/Wiedmann/*Bittmann*, Zivilrecht, Kap. 36 Rn 102.

ginnt die Frist erst mit dem tatsächlichen Zugriff des Organs auf das Vermögen des Antragsgegners.[23]

b) Dauer. Der Antragsteller muss den Rechtsbehelf unverzüglich, in jedem Fall aber innerhalb – der nicht erstreckbaren Frist[24] – von **45 Tagen** erheben. Wird der Antragsteller zwar innerhalb von 45 Tagen, aber nicht unverzüglich tätig, scheint nach dem Wortlaut der Antrag verfristet zu sein.[25] Aus Gründen der Rechtssicherheit sollte allerdings auch in diesem Fall eine (Maximal-)Frist von 45 Tagen gelten.[26] 14

Die nationalen Gesetzgeber können **keine kürzeren Fristen** normieren.[27] Andernfalls wäre eine einheitliche Anwendung der Bestimmung nicht gewährleistet, wodurch große Rechtsunsicherheiten entstehen könnten.[28] Für diese Auffassung kann auch die Begründung der Kommission zum Entwurf vom Dezember 2005 angeführt werden, nach der das „Anerkennungs- und Vollstreckungsverfahren ... in allen Mitgliedstaaten unmissverständlich und einheitlich" sein müsse und „den Mitgliedstaaten kein Ermessensspielraum" bleiben dürfe.[29] 15

Den nationalen Gesetzgebern ist es nach dem ausdrücklichen Wortlaut des Abs. 2 S. 2 auch verwehrt, die Frist **wegen weiter Entfernung** zu verlängern.[30] Befindet sich der Wohnsitz, Sitz oder gewöhnliche Aufenthalt des Antragstellers daher in einem anderen Mitgliedstaat, darf die Frist nicht verlängert werden. Dies sollte – um eine einheitliche Anwendung der EuUntVO zu gewährleisten – auch in allen anderen Fällen gelten, sodass eine Fristverlängerung jedenfalls ausgeschlossen ist.[31] 16

c) Fristberechnung. Für die Berechnung der Frist sind die Bestimmungen der Verordnung (EWG, Euratom) Nr. 1182/71 des Rates vom 3.6.1971 zur Festlegung der Regeln für die Fristen, Daten und Termine[32] maßgeblich.[33] Der Tag, in den das fristauslösende Ereignis fällt, ist nach Art. 3 nicht mitzurechnen. Die Frist endet um 24 Uhr am letzten Tag der Frist. Sofern die Frist auf einen Feiertag, Sonntag oder Sonnabend fällt, so endet die Frist um 24 Uhr des folgenden Arbeitstages. 17

---

23 Gebauer/Wiedmann/*Bittmann*, Zivilrecht, Kap. 36 Rn 102.
24 *Fucik*, iFamZ 2009, 305, 306; Fasching/Konecny/*Fucik*, Kommentar V/2, Art. 19 EuUVO Rn 6; Burgstaller/Neumayr u.a./*Weber*, IZVR, Art. 19 EuUntVO Rn 9.
25 Fasching/Konecny/*Fucik*, Kommentar V/2, Art. 19 EuUVO Rn 6; Angst/Oberhammer/*Garber*, EO, Vor § 79 Rn 321.
26 Burgstaller/Neumayr u.a./*Weber*, IZVR, Art. 19 EuUntVO Rn 9; so wohl auch iE Rauscher/*Andrae/Schimrick*, EuZPR/EuIPR IV, Art. 19 EG-UntVO Rn 12; Saenger/*Dörner*, ZPO, Vorbem. zu Art. 17–22 EuUnthVO Rn 2; M. *Roth/Egger*, ecolex 2009, 818, 820; aA wohl MüKo-FamFG/*Lipp*, Art. 19 EG-UntVO Rn 12.
27 Geimer/Schütze/*Hilbig*, IRV, Art. 19 VO Nr. 4/2009 Rn 19; aA Gebauer/Wiedmann/*Bittmann*, Zivilrecht, Kap. 36 Rn 103, nach dessen Auffassung die nationalen Gesetzgeber auch eine kürzere Frist normieren können, wenn dadurch die Möglichkeit des Rechtsschutzes nicht entwertet wird.
28 Geimer/Schütze/*Hilbig*, IRV, Art. 19 VO Nr. 4/2009 Rn 19.
29 KOM(2005) 649 endg. 9 f.
30 Gebauer/Wiedmann/*Bittmann*, Zivilrecht, Kap. 36 Rn 103.
31 AA Geimer/Schütze/*Hilbig*, IRV, Art. 19 VO Nr. 4/2009 Rn 20.
32 ABl. 1971 L 124, S. 1 i.d.g.F.
33 Gebauer/Wiedmann/*Bittmann*, Zivilrecht, Kap. 36 Rn 103; Geimer/Schütze/*Hilbig*, IRV, Art. 19 VO Nr. 4/2009 Rn 23.

IV. Nachprüfungsgründe

18 **1. Allgemeines.** Abs. 1 nennt **zwei Gründe**, die mit dem Rechtsbehelf geltend gemacht werden können:

- dass dem Antragsgegner im Verfahren im Ursprungsmitgliedstaat (= Antragsteller im Rechtsbehelfsverfahren) das verfahrenseinleitende Schriftstück oder ein gleichwertiges Schriftstück nicht so rechtzeitig und in einer Weise zugestellt worden ist, dass er sich verteidigen konnte (lit. a), oder

- dass er aufgrund höherer Gewalt oder aufgrund außergewöhnlicher Umstände ohne eigenes Verschulden nicht in der Lage gewesen ist, Einspruch gegen die Unterhaltsforderung zu erheben (lit. b).

19 **2. Mängel bei der Zustellung des verfahrenseinleitenden Schriftstücks (Abs. 1 lit. a). a) Anwendungsvoraussetzungen.** Voraussetzung für die Anwendbarkeit des Abs. 1 lit. a ist, dass dem Antragsgegner im Verfahren im Ursprungsmitgliedstaat (= Antragsteller im Rechtsbehelfsverfahren) das verfahrenseinleitende Schriftstück – dh ein Schriftstück, durch dessen Zustellung der Antragsgegner erstmals Kenntnis vom Verfahren erlangt und in die Lage versetzt wird, seine Rechte vor der Erlassung einer Entscheidung effizient wahrzunehmen (s. dazu ausf. Art. 34 Brüssel I-VO Rn 19 ff) – oder ein dem verfahrenseinleitenden Schriftstück gleichwertiges Schriftstück[34] nicht rechtzeitig oder nicht in einer Weise zugestellt worden ist, dass er sich verteidigen konnte.

20 Der Tatbestand ist erfüllt, wenn dem Antragsteller innerhalb der ihm zur Verfügung stehenden Frist nach Zustellung nicht genügend Zeit zur Vorbereitung einer sachgerechten Beteiligung am Verfahren blieb (s. dazu ausf. Art. 34 Brüssel I-VO Rn 35).[35] Maßgeblich ist daher nicht die Zeitspanne zwischen der Zustellung und dem Beginn des Verfahrens, sondern jener **Zeitraum, der dem Antragsgegner tatsächlich zur Verfügung steht**, um seine Verteidigung effektiv vorzubereiten.[36] Für die Beurteilung sind stets die **Umstände des Einzelfalls** maßgeblich;[37] feste Zeitgrenzen bestehen nicht.[38] Zu beachten ist etwa, ob eine Übersetzung des verfahrenseinleitenden Schriftstücks erforderlich oder ob die Kontaktierung eines spezialisierten Rechtsanwalts notwendig ist.[39]

21 **Formale Zustellmängel** führen für sich allein betrachtet nicht zur Anwendung des Art. 19.[40] Verstöße gegen die Zustellbestimmungen sind vielmehr nur dann maßgeblich, wenn sie gleichzeitig zu einer Einschränkung der Verteidigungsmöglichkeit führen.[41] Umgekehrt ist es möglich, dass zwar die Zustellung ordnungsgemäß, aber dennoch nicht rechtzeitig erfolgte.[42]

---

34 Unter diesem Begriff des dem verfahrenseinleitenden Schriftstück gleichwertigen Schriftstücks sind solche Schriftstücke zu verstehen, die eine wesentliche Änderung oder Erweiterung des Verfahrensgegenstands beinhalten und dies dem Antragsteller zur Kenntnis bringen (Geimer/Schütze/*Hilbig*, IRV, Art. 19 VO Nr. 4/2009 Rn 29).
35 Rauscher/*Andrae/Schimrick*, EuZPR/EuIPR IV, Art. 19 EG-UntVO Rn 17; Burgstaller/Neumayr u.a./*Weber*, IZVR, Art. 19 EuUntVO Rn 12.
36 Gebauer/Wiedmann/*Bittmann*, Zivilrecht, Kap. 36 Rn 95; MüKo-FamFG/*Lipp*, Art. 19 EG-UntVO Rn 20.
37 Burgstaller/Neumayr u.a./*Weber*, IZVR, Art. 19 EuUntVO Rn 12.
38 Gebauer/Wiedmann/*Bittmann*, Zivilrecht, Kap. 36 Rn 95; Geimer/Schütze/*Hilbig*, IRV, Art. 19 VO Nr. 4/2009 Rn 31.
39 Rauscher/*Andrae/Schimrick*, EuZPR/EuIPR IV, Art. 19 EG-UntVO Rn 17; Burgstaller/Neumayr u.a./*Weber*, IZVR, Art. 19 EuUntVO Rn 12.
40 Rauscher/*Andrae/Schimrick*, EuZPR/EuIPR IV, Art. 19 EG-UntVO Rn 6, 18; Gebauer/Wiedmann/*Bittmann*, Zivilrecht, Kap. 36 Rn 95.
41 Geimer/Schütze/*Hilbig*, IRV, Art. 19 VO Nr. 4/2009 Rn 32; Burgstaller/Neumayr u.a./*Weber*, IZVR, Art. 19 EuUntVO Rn 13.
42 Rauscher/*Andrae/Schimrick*, EuZPR/EuIPR IV, Art. 19 EG-UntVO Rn 17.

b) Darlegungs- und Beweislast. Die Darlegungs- und Beweislast für das Vorliegen der Voraussetzungen liegt nach den allgemeinen Regeln grds. beim Antragsteller des Nachprüfungsverfahrens.[43]

3. Nichterhebung eines Einspruchs gegen die Forderung aufgrund höherer Gewalt oder außergewöhnlicher Umstände (Abs. 1 lit. b). a) Anwendungsvoraussetzungen. Voraussetzung für die Anwendbarkeit des Abs. 1 lit. b ist, dass der Antragsgegner im Verfahren im Ursprungsmitgliedstaat (= Antragsteller im Rechtsbehelfsverfahren) aufgrund höherer Gewalt oder aufgrund außergewöhnlicher Umstände ohne eigenes Verschulden nicht in der Lage gewesen ist, Einspruch gegen die Unterhaltsforderung zu erheben. Die Begriffe „höhere Gewalt" und „außergewöhnliche Umstände" sind – in Übereinstimmung mit Art. 19 Abs. 1 EuVTVO bzw Art. 20 EuMahnVO[44] – **unionsrechtlich autonom** auszulegen.[45]

Fälle **höherer Gewalt** sind jene, die zur Gänze außerhalb des Einflussbereichs des Antragsgegners liegen.[46] Sie sind von außen kommende, unverschuldete und unabwendbare Ereignisse, die auch durch äußerste Sorgfalt nicht verhindert werden konnten.[47] Zu ihnen zählt zB jener Fall, in dem der Antragsgegner aufgrund eines Naturereignisses gehindert ist, zum Termin zu erscheinen.[48]

Außergewöhnliche Umstände sind jene, die im Machtbereich des Nachprüfungsantragstellers liegen.[49] Zu ihnen zählen die krankheitsbedingte Abwesenheit vom Termin[50] sowie ein Fehler eines zuverlässigen Angestellten bei ordnungsgemäßer Büroorganisation.[51]

Der Antragsteller darf nach dem ausdrücklichen Wortlaut der Bestimmung **nicht schuldhaft** gehandelt haben („ohne eigenes Verschulden").[52] Ein Verschulden, auch leichte Fahrlässigkeit, schließt daher die Zulässigkeit des Rechtsbehelfes nach Art. 19 aus.

b) Darlegungs- und Beweislast. Darlegungs- und Beweislast für das Vorliegen der Voraussetzungen obliegt nach allgemeinen Grundsätzen dem Antragsteller des Nachprüfungsverfahrens.[53]

V. Weitere Voraussetzungen

1. Nichteinlassung des Schuldners. Voraussetzung für den Antrag nach Art. 19 ist, dass sich der Antragsgegner im Verfahren im Ursprungsmitgliedstaat (= Antragsteller im Rechtsbehelfsverfahren) vor dem Gericht des Ursprungsmitglied-

---

43 Gebauer/Wiedmann/*Bittmann*, Zivilrecht, Kap. 36 Rn 96.
44 Gebauer/Wiedmann/*Bittmann*, Zivilrecht, Kap. 36 Rn 97; *Conti*, Durchsetzung von Unterhaltsansprüchen, S. 172.
45 Rauscher/*Andrae*/*Schimrick*, EuZPR/EuIPR IV, Art. 19 EG-UntVO Rn 19; Gebauer/Wiedmann/*Bittmann*, Zivilrecht, Kap. 36 Rn 97; *Conti*, Durchsetzung von Unterhaltsansprüchen, S. 172; Geimer/Schütze/*Hilbig*, IRV, Art. 19 VO Nr. 4/2009 Rn 36.
46 Rauscher/*Andrae*/*Schimrick*, EuZPR/EuIPR IV, Art. 19 EG-UntVO Rn 19; *Conti*, Durchsetzung von Unterhaltsansprüchen, S. 172.
47 Geimer/Schütze/*Hilbig*, IRV, Art. 19 VO Nr. 4/2009 Rn 37.
48 Rauscher/*Andrae*/*Schimrick*, EuZPR/EuIPR IV, Art. 19 EG-UntVO Rn 19; *Conti*, Durchsetzung von Unterhaltsansprüchen, S. 172.
49 Geimer/Schütze/*Hilbig*, IRV, Art. 19 VO Nr. 4/2009 Rn 37.
50 Rauscher/*Andrae*/*Schimrick*, EuZPR/EuIPR IV, Art. 19 EG-UntVO Rn 19; Gebauer/Wiedmann/*Bittmann*, Zivilrecht, Kap. 36 Rn 97.
51 Geimer/Schütze/*Hilbig*, IRV, Art. 19 VO Nr. 4/2009 Rn 38.
52 Rauscher/*Andrae*/*Schimrick*, EuZPR/EuIPR IV, Art. 19 EG-UntVO Rn 19; Burgstaller/Neumayr u.a./*Weber*, IZVR, Art. 19 EuUntVO Rn 14.
53 Rauscher/*Andrae*/*Schimrick*, EuZPR/EuIPR IV, Art. 19 EG-UntVO Rn 20; Gebauer/Wiedmann/*Bittmann*, Zivilrecht, Kap. 36 Rn 96; Burgstaller/Neumayr u.a./*Weber*, IZVR, Art. 19 EuUntVO Rn 16.

staats nicht auf das Verfahren eingelassen hat. Das Vorliegen der Nichteinlassung ist nach **unionsrechtlich autonomen** Kriterien zu bestimmen.[54] **Einlassung** ist in Übereinstimmung mit Art. 11[55] jedes Verhalten, aus dem sich ergibt, dass der Gegner von dem gegen ihn eingeleiteten Verfahren Kenntnis erlangt und eine Verteidigungsmöglichkeit gegen den Angriff des Klägers erhalten hat (s. dazu ausf. Art. 34 Brüssel Ia-VO Rn 30).[56]

29 **2. Wahrnehmung der nach innerstaatlichem Recht der Mitgliedstaaten bestehenden Rechtsbehelfsmöglichkeit.** Der Rechtsbehelf nach Art. 19 ist ausgeschlossen, wenn der Antragsteller im Ursprungsmitgliedstaat – trotz entsprechender Möglichkeit – nicht rechtzeitig einen Rechtsbehelf gegen die Entscheidung eingelegt hat. Rechtsbehelfe, die der Antragsteller jedenfalls erheben muss, sind allerdings nur jene, die das Recht des Ursprungsmitgliedstaats wegen der in Abs. 1 lit. a und b genannten Umstände eröffnet.[57] Nach deutschem Recht muss der Antragsteller zunächst etwa Einspruch gegen ein Versäumnisurteil nach §§ 338 ff ZPO, ggf die Beschwerde gegen ein zweites Versäumnisurteil (§§ 111 Nr. 8, 112 Nr. 1, 113 Abs. 1 S. 2 FamFG iVm § 321 a ZPO) bzw die Wiedereinsetzung in den vorigen Stand (§ 113 Abs. 1 S. 2 FamFG iVm §§ 233 ff ZPO), die Wiederaufnahme (§ 48 Abs. 2 FamFG iVm §§ 578 ff ZPO) bzw die Gehörsrüge (§ 321 a ZPO) erheben bzw beantragen.

30 Die Voraussetzung ist nur dann gegeben, wenn (1) der Antragsgegner im Verfahren im Ursprungsmitgliedstaat (= Antragsteller im Rechtsbehelfsverfahren) Kenntnis vom Inhalt der Entscheidung erlangt hat, was wiederum voraussetzt, dass sie ihm – nicht zwingend ordnungsgemäß – zugestellt worden ist, und (2) er nach Kenntniserlangung nach den maßgeblichen Verfahrensbestimmungen (noch) die rechtliche Möglichkeit hatte, einen statthaften Rechtsbehelf gegen die Entscheidung einzulegen (s. dazu Art. 34 Brüssel I-VO Rn 33).

31 **3. Kein grenzüberschreitender Bezug erforderlich.** Der Rechtsbehelf nach Art. 19 setzt weder voraus, dass die Unterhaltssache einen grenzüberschreitenden Bezug aufweist, noch dass eine Vollstreckung im Ausland bevorsteht.[58] Die Auffassung ist zwar mangels einer bestehenden Kompetenz des europäischen Gesetzgebers zur Regelung von Sachverhalten ohne grenzüberschreitenden Bezug bedenklich,[59] folgt aber aus der Normierung der Frist, die mit Kenntnisnahme der Entscheidung zu laufen beginnt.[60] Der Antragsgegner im Verfahren im Ursprungsmitgliedstaat (= Antragsteller im Rechtsbehelfsverfahren) muss ab diesem Zeitpunkt handeln, auch wenn noch keine Vollstreckungshandlung gesetzt worden ist und das Gericht daher noch nicht wissen kann, ob die Entscheidung im Ausland vollstreckt wird.[61]

---

54 Rauscher/*Andrae*/*Schimrick*, EuZPR/EuIPR IV, Art. 19 EG-UntVO Rn 15; Gebauer/Wiedmann/*Bittmann*, Zivilrecht, Kap. 36 Rn 94; Burgstaller/Neumayr u.a./*Weber*, IZVR, Art. 19 EuUntVO Rn 10.
55 Gebauer/Wiedmann/*Bittmann*, Zivilrecht, Kap. 36 Rn 94.
56 Burgstaller/Neumayr u.a./*Weber*, IZVR, Art. 19 EuUntVO Rn 10.
57 Rauscher/*Andrae*/*Schimrick*, EuZPR/EuIPR IV, Art. 19 EG-UntVO Rn 16; Gebauer/Wiedmann/*Bittmann*, Zivilrecht, Kap. 36 Rn 98.
58 Rauscher/*Andrae*/*Schimrick*, EuZPR/EuIPR IV, Art. 19 EG-UntVO Rn 7; *Gsell*/*Netzer*, IPRax 2010, 403, 405 ff; Burgstaller/Neumayr u.a./*Weber*, IZVR, Art. 19 EuUntVO Rn 5.
59 *Gsell*/*Netzer*, IPRax 2010, 403, 407 ff; MüKo-FamFG/*Lipp*, Art. 19 EG-UntVO Rn 5; Burgstaller/Neumayr u.a./*Weber*, IZVR, Art. 19 EuUntVO Rn 5; aA Zöller/*Geimer*, ZPO, Anh. II EG-VO Zuständigkeit Unterhaltssachen Art. 17 Rn 4.
60 Rauscher/*Andrae*/*Schimrick*, EuZPR/EuIPR IV, Art. 19 EG-UntVO Rn 7.
61 Burgstaller/Neumayr u.a./*Weber*, IZVR, Art. 19 EuUntVO Rn 5; s. auch MüKo-FamFG/*Lipp*, Art. 19 EG-UntVO Rn 5.

VI. Rechtsfolgen

1. Wirkungen. Ist der Antrag unbegründet, bleibt die Entscheidung freilich in Kraft. Sind die Voraussetzungen hingegen gegeben, entfaltet die Entscheidung ex tunc[62] keine Wirkung mehr zwischen den Parteien.[63] Der erfolgreiche Antrag führt daher nicht zu einer Nachprüfung der Entscheidung,[64] sondern zu einer Aufhebung der Entscheidung bzw zu einer Aufhebung der bisherigen Verfahrensergebnisse; insofern ist die Bezeichnung des Antrags als Nachprüfungsantrag missverständlich.[65]

Entgegen einem Teil der Lehre[66] führt ein erfolgreicher Antrag nicht dazu, dass der Unterhaltsberechtigte neuerlich Klage erheben muss;[67] vielmehr kann – insb. aus verfahrensökonomischen Erwägungen – das Verfahren auch fortgesetzt werden, sofern die während oder wegen der entschuldigten Nichteinlassung gewonnenen Ergebnisse nicht berücksichtigt werden.[68] Die Ausgestaltung des weiteren Verfahrensfortgangs obliegt den jeweiligen nationalen Gesetzgebern.

Unabhängig von der Ausgestaltung des weiteren Verfahrensfortgangs darf nach dem ausdrücklichen Wortlaut des Abs. 3 S. 2 und 3 ein erfolgreicher Nachprüfungsantrag nicht dazu führen, dass der Unterhaltsberechtigte mit seiner Forderung präkludiert ist.[69] Ferner wird durch die genannte Bestimmung gewährleistet, dass die Vorteile der Anhängigkeit aufrecht bleiben, also **Verjährungs- und Präklusionsfristen unterbrochen** bleiben.[70]

2. Anfechtbarkeit der Entscheidung über den Nachprüfungsantrag. Ob die Entscheidung über den Nachprüfungsantrag weiter anfechtbar ist, wird durch die lex fori des Ursprungsmitgliedstaats bestimmt;[71] das AUG sieht kein Rechtsmittel gegen die Entscheidung über den Nachprüfungsantrag vor.

VII. Nachprüfungsantrag nach deutschem Recht

Zur Durchführung des Art. 19 hat der deutsche Gesetzgeber § 70 AUG erlassen (s. die dortige Kommentierung).

---

62 Gebauer/Wiedmann/*Bittmann*, Zivilrecht, Kap. 36 Rn 104; Geimer/Schütze/*Hilbig*, IRV, Art. 19 VO Nr. 4/2009 Rn 49.
63 Gebauer/Wiedmann/*Bittmann*, Zivilrecht, Kap. 36 Rn 104.
64 Gebauer/Wiedmann/*Bittmann*, Zivilrecht, Kap. 36 Rn 105.
65 Geimer/Schütze/*Hilbig*, IRV, Art. 19 VO Nr. 4/2009 Rn 10; Burgstaller/Neumayr u.a./ *Weber*, IZVR, Art. 19 EuUntVO Rn 10.
66 *Conti*, Durchsetzung von Unterhaltsansprüchen, S. 173.
67 *Fucik*, Die neue Unterhaltsverordnung, in: König/Mayr, Europäisches Zivilverfahrensrecht, S. 105, 129; Fasching/Konecny/*Fucik*, Kommentar V/2, Art. 19 EuUVO Rn 9; Zöller/*Geimer*, ZPO, Anh. II EG-VO Zuständigkeit Unterhaltssachen Art. 19 Rn 6; Burgstaller/Neumayr u.a./*Weber*, IZVR, Art. 19 EuUntVO Rn 20.
68 Geimer/Schütze/*Hilbig*, IRV, Art. 19 VO Nr. 4/2009 Rn 9; EnzEuR III/*Martiny*, § 17 Rn 49; Burgstaller/Neumayr u.a./*Weber*, IZVR, Art. 19 EuUntVO Rn 51.
69 Gebauer/Wiedmann/*Bittmann*, Zivilrecht, Kap. 36 Rn 105.
70 Fasching/Konecny/*Fucik*, Kommentar V/2, Art. 19 EuUVO Rn 9.
71 Rauscher/*Andrae*/*Schimrick*, EuZPR/EuIPR IV, Art. 19 EG-UntVO Rn 23; Gebauer/ Wiedmann/*Bittmann*, Zivilrecht, Kap. 36 Rn 100; Geimer/Schütze/*Hilbig*, IRV, Art. 19 VO Nr. 4/2009 Rn 9; Burgstaller/Neumayr u.a./*Weber*, IZVR, Art. 19 EuUntVO Rn 22; aA Fasching/Konecny/*Fucik*, Kommentar V/2, Art. 19 EuUVO Rn 10 und EnzEuR III/ *Martiny*, § 17 Rn 49, nach deren Auffassung die Entscheidung nicht angefochten werden kann.

Artikel 20 Schriftstücke zum Zwecke der Vollstreckung

(1) Für die Vollstreckung einer Entscheidung in einem anderen Mitgliedstaat legt der Antragsteller den zuständigen Vollstreckungsbehörden folgende Schriftstücke vor:
a) eine Ausfertigung der Entscheidung, die die für ihre Beweiskraft erforderlichen Voraussetzungen erfüllt,
b) einen Auszug aus der Entscheidung, den die zuständige Behörde des Ursprungsmitgliedstaats unter Verwendung des in Anh. I vorgesehenen Formblatts erstellt hat;
c) gegebenenfalls ein Schriftstück, aus dem die Höhe der Zahlungsrückstände und das Datum der Berechnung hervorgehen;
d) gegebenenfalls eine[1] Transskript oder eine Übersetzung des Inhalts des in Buchstabe b genannten Formblatts in die Amtssprache des Vollstreckungsmitgliedstaats oder – falls es in diesem Mitgliedstaat mehrere Amtssprachen gibt – nach Maßgabe des Rechts dieses Mitgliedstaats in die Verfahrenssprache oder eine der Verfahrenssprachen des Ortes, an dem die Vollstreckung betrieben wird, oder in eine sonstige Sprache, für die der Vollstreckungsmitgliedstaat erklärt hat, dass er sie zulässt. Jeder Mitgliedstaat kann angeben, welche Amtssprache oder Amtssprachen der Organe der Europäischen Union er neben seiner oder seinen eigenen für das Ausfüllen des Formblatts zulässt.

(2) Die zuständigen Behörden des Vollstreckungsmitgliedstaats können vom Antragsteller nicht verlangen, dass dieser eine Übersetzung der Entscheidung vorlegt. Eine Übersetzung kann jedoch verlangt werden, wenn die Vollstreckung der Entscheidung angefochten wird.

(3) Eine Übersetzung aufgrund dieses Artikels ist von einer Person zu erstellen, die zur Anfertigung von Übersetzungen in einem der Mitgliedstaaten befugt ist.

I. Allgemeines	1	a) Allgemeines	11
II. Vorzulegende Unterlagen (Abs. 1)	2	b) Rechtsbehelfe gegen die Entscheidung über die Ausstellung des Formblatts I	15
1. Allgemeines	2	c) Transkriptionen und Übersetzungen	16
2. Ausfertigung der Entscheidung (lit. a)	5	4. Schriftstück über Zahlungsrückstände (lit. c)	17
a) Allgemeines	5		
b) Übersetzung	7		
3. Auszug aus der Entscheidung gem. Formblatt I (lit. b)	11		

I. Allgemeines

1 Art. 20 regelt die Frage, welche Schriftstücke der Antragsteller den nach der lex fori zuständigen Vollstreckungsbehörden vorzulegen hat, um die Entscheidung in einem anderen Mitgliedstaat als dem Staat, in dem sie ergangen ist, vollstrecken zu können. Die notwendigen Formalitäten sollten nach ErwGr. 27 „so weit wie möglich" reduziert werden, um die Durchsetzung der Unterhaltsansprüche zu erleichtern.[2]

---

[1] Sic!
[2] Vgl auch Fasching/Konecny/*Fucik*, Kommentar V/2, Art. 20 EuUVO Rn 1; Burgstaller/Neumayr u.a./*Weber*, IZVR, Art. 20 EuUntVO Rn 1.

II. Vorzulegende Unterlagen (Abs. 1)

1. Allgemeines. Der Antragsteller hat gem. Abs. 1 folgende Urkunden vorzulegen: 2
- eine Ausfertigung der Entscheidung (lit. a),
- einen Auszug aus der Entscheidung nach Formblatt I (lit. b),
- allenfalls eine Rückstandsaufstellung (lit. c),
- allenfalls ein Transkript oder eine Übersetzung des Auszugs in die Amtssprache oder in eine der Amtssprachen des Vollstreckungsmitgliedstaats (lit. d).

Die Aufzählung in Art. 20 ist grds. **taxativ**;[3] die Vorlage weiterer Unterlagen darf 3 daher – mit Ausnahme „praktisch" notwendiger Unterlagen wie etwa eines Antrags auf Vollstreckung[4] – nicht verlangt werden. Für die Vollstreckung in Deutschland gelten die Voraussetzungen des § 750 ZPO, weil die Vollstreckung von ausländischen Unterhaltsentscheidungen wie von Unterhaltsentscheidungen, die von deutschen Gerichten erlassenen worden sind, erfolgt (§ 65 AUG, § 120 Abs. 1 FamFG). Da Art. 20 abschließend normiert, wie der Nachweis des Unterhaltstitels und seiner Vollstreckbarkeit zu erfolgen hat, darf die Vollstreckungsklausel nach § 750 ZPO nicht verlangt werden.[5]

Ob die in Art. 20 genannten Unterlagen vorliegen, hat die zuständige Stelle des 4 Vollstreckungsmitgliedstaats zu prüfen.[6]

2. Ausfertigung der Entscheidung (lit. a). a) Allgemeines. Der Gläubiger hat 5 dem zuständigen Vollstreckungsorgan eine Ausfertigung der im Ursprungsmitgliedstaat ergangenen Entscheidung vorzulegen, die die „für die Beweiskraft erforderlichen Voraussetzungen" erfüllt. Der letzte Halbsatz ist missverständlich;[7] gemeint ist, dass die **Echtheit der Ausfertigung** nachgewiesen werden muss (s. dazu auch Art. 53 Brüssel I-VO Rn 4, Art. 37 Brüssel Ia-VO Rn 3 sowie Art. 42 Brüssel Ia-VO).[8] Die formalen Voraussetzungen des Nachweises der Echtheit werden durch das innerstaatliche Recht des Staats, dessen Gerichte die Entscheidung erlassen haben, bestimmt.[9] Soll eine deutsche Entscheidung im Ausland vollstreckt werden, ist gem. § 113 Abs. 1 S. 2 FamFG iVm § 317 Abs. 4 ZPO eine Ausfertigung mit der Unterschrift eines Urkundsbeamten der Geschäftsstelle und dem Gerichtssiegel erforderlich.[10] Zum Nachweis der Echtheit ausländischer Entscheidungen, die in Deutschland vollstreckt werden sollen, s. Art. 53 Brüssel I-VO Rn 4.

Aus der Bestimmung folgt auch, dass die Entscheidung im **Original** vorgelegt 6 werden muss, eine Kopie oder Abschrift der Entscheidung genügt hingegen nicht.[11]

---

3 Rauscher/*Andrae/Schimrick*, EuZPR/EuIPR IV, Art. 20 EG-UntVO Rn 2; EnzEuR III/*Martiny*, § 17 Rn 50; Burgstaller/Neumayr u.a./*Weber*, IZVR, Art. 20 EuUntVO Rn 2.
4 Geimer/Schütze/*Hilbig*, IRV, Art. 20 VO Nr. 4/2009 Rn 5.
5 MüKo-FamFG/*Lipp*, Art. 20 EG-UntVO Rn 16.
6 Geimer/Schütze/*Hilbig*, IRV, Art. 20 VO Nr. 4/2009 Rn 7.
7 *Conti*, Durchsetzung von Unterhaltsansprüchen, S. 168.
8 Gebauer/Wiedmann/*Bittmann*, Zivilrecht, Kap. 36 Rn 110; *Conti*, Durchsetzung von Unterhaltsansprüchen, S. 168; Geimer/Schütze/*Hilbig*, IRV, Art. 20 VO Nr. 4/2009 Rn 10.
9 Rauscher/*Andrae/Schimrick*, EuZPR/EuIPR IV, Art. 20 EG-UntVO Rn 3.
10 Rauscher/*Andrae/Schimrick*, EuZPR/EuIPR IV, Art. 20 EG-UntVO Rn 3; Gebauer/Wiedmann/*Bittmann*, Zivilrecht, Kap. 36 Rn 110.
11 Geimer/Schütze/*Hilbig*, IRV, Art. 20 VO Nr. 4/2009 Rn 10; vgl auch Burgstaller/Neumayr u.a./*Weber*, IZVR, Art. 20 EuUntVO Rn 5.

7 **b) Übersetzung.** Eine Übersetzung der Entscheidung muss den Vollstreckungsbehörden nicht vorgelegt werden; eine solche kann nach Abs. 2 von den zuständigen Stellen nur dann verlangt werden, wenn die Entscheidung im Vollstreckungsverfahren mit einem unionsrechtlich autonomen oder mitgliedstaatlichen Rechtsbehelf nach Art. 21 angefochten wird bzw eine Aussetzung gem. Art. 21 Abs. 3 beantragt wird.[12]

8 Ob eine Übersetzung vorzulegen ist, liegt **im Ermessen** des zuständigen Gerichts (arg.: „kann").[13] Eine Übersetzung der Entscheidung ist nur dann erforderlich, wenn das Gericht den Inhalt der Entscheidung – etwa in jenem Fall, in dem die Vollstreckungsverweigerung wegen einer Titelkollision geltend gemacht wird[14] – erfassen muss[15] und die Entscheidung mangels eigener Sprachkompetenz nicht verstehen kann.[16]

9 Welche Partei die Übersetzung beizubringen hat[17] und welche Partei die Kosten zu tragen hat, bestimmt sich nach dem innerstaatlichen Recht des Vollstreckungsmitgliedstaats.[18]

10 Sofern eine Übersetzung der Entscheidung erforderlich ist, ist sie von einer Person zu erstellen, die zur Anfertigung von Übersetzungen in einem der Mitgliedstaaten befugt ist. Der Gläubiger hat demnach die Wahl, in welchem Mitgliedstaat er die Übersetzung vornehmen lässt;[19] die Übersetzung muss daher nicht im Ursprungs- oder im Vollstreckungsmitgliedstaat erfolgen.

11 **3. Auszug aus der Entscheidung gem. Formblatt I (lit. b). a) Allgemeines.** Neben der Entscheidung ist zwingend[20] ein Auszug aus der Entscheidung, den die zuständige Behörde des Ursprungsmitgliedstaats unter Verwendung des in **Anhang I** vorgesehenen **Formblatts** erstellt hat, vorzulegen, der in einer Amtssprache der EU verfasst sein muss (s. Art. 28 Rn 4). Dabei handelt es sich um ein **Standardformular**, das die zur praktischen Durchführung der Vollstreckung erforderlichen Informationen – etwa Angaben zu der den Titel erlassenden Behörde, zu den Parteien und zur Unterhaltsforderung – enthält.[21] Durch die Verwendung eines Standardformulars kann idR das Erfordernis einer kostenintensiven

---

12 Rauscher/*Andrae/Schimrick*, EuZPR/EuIPR IV, Art. 20 EG-UntVO Rn 9; Gebauer/Wiedmann/*Bittmann*, Zivilrecht, Kap. 36 Rn 117.
13 Rauscher/*Andrae/Schimrick*, EuZPR/EuIPR IV, Art. 20 EG-UntVO Rn 9; Gebauer/Wiedmann/*Bittmann*, Zivilrecht, Kap. 36 Rn 117; Geimer/Schütze/*Hilbig*, IRV, Art. 20 VO Nr. 4/2009 Rn 15; Burgstaller/Neumayr u.a./*Weber*, IZVR, Art. 20 EuUntVO Rn 6.
14 Geimer/Schütze/*Hilbig*, IRV, Art. 20 VO Nr. 4/2009 Rn 15.
15 Rauscher/*Andrae/Schimrick*, EuZPR/EuIPR IV, Art. 20 EG-UntVO Rn 9; vgl auch Fasching/Konecny/*Fucik*, Kommentar V/2, Art. 20 EuUVO Rn 4.
16 Gebauer/Wiedmann/*Bittmann*, Zivilrecht, Kap. 36 Rn 117.
17 AA Rauscher/*Andrae/Schimrick*, EuZPR/EuIPR IV, Art. 20 EG-UntVO Rn 9, nach deren Auffassung der Gläubiger die Übersetzung beizubringen hat.
18 Geimer/Schütze/*Hilbig*, IRV, Art. 20 VO Nr. 4/2009 Rn 17; Fasching/Konecny/*Fucik*, Kommentar V/2, Art. 20 EuUVO Rn 3; Burgstaller/Neumayr u.a./*Weber*, IZVR, Art. 20 EuUntVO Rn 8.
19 Rauscher/*Andrae/Schimrick*, EuZPR/EuIPR IV, Art. 20 EG-UntVO Rn 10; Gebauer/Wiedmann/*Bittmann*, Zivilrecht, Kap. 36 Rn 118.
20 Demgegenüber gewährt Art. 29 dem Gericht für den Fall, dass der Gläubiger den Auszug aus der Entscheidung nicht mittels des Formblatts in Anhang II vorgelegt hat, mehrere Handlungsalternativen: So kann es sich etwa mit einem gleichwertigen Schriftstück begnügen oder überhaupt von der Vorlage des Auszugs absehen, etwa dann, wenn die Entscheidung bereits in einer Amtssprache des Vollstreckungsmitgliedstats vorliegt (s. dazu Art. 28 Rn 2).
21 Gebauer/Wiedmann/*Bittmann*, Zivilrecht, Kap. 36 Rn 111; Geimer/Schütze/*Hilbig*, IRV, Art. 20 VO Nr. 4/2009 Rn 23.

und zeitaufwändigen Übersetzung entfallen (s. Art. 28 Rn 4).[22] Der Auszug aus der Entscheidung dient als Ersatz für die nicht erfolgte Übersetzung der Entscheidung.

Das Formblatt ist von der für den Erlass des zu vollstreckenden Titels zuständigen Behörde auszufüllen, wobei der Antrag auf Ausstellung des Formblatts I jederzeit – dh auch während des Verfahrens bzw zu einem Zeitpunkt, zu dem noch nicht feststeht, dass die Entscheidung im Ausland vollstreckt werden muss – gestellt werden kann.[23] 12

Gemäß § 71 Abs. 1 Nr. 1 AUG sind in Deutschland die Stellen, denen die Erteilung einer vollstreckbaren Ausfertigung obliegt, für die Ausstellung des Formblatts I sachlich und örtlich zuständig. Für Entscheidungen ist das Gericht zuständig (§ 120 Abs. 1 FamFG iVm § 724 Abs. 2 ZPO), für gerichtliche Urkunden das verwahrende Gericht (§ 797 Abs. 1 ZPO), für notarielle Urkunden der verwahrende Notar bzw die verwahrende Behörde (§ 797 Abs. 2 ZPO) und für Jugendamtsurkunden der Jugendamtsmitarbeiter, dem die Beurkundung der Verpflichtungserklärung übertragen ist (§§ 59 Abs. 1 S. 1 Nr. 3, Nr. 4, § 60 S. 3 Nr. 1 SGB VIII). Funktionell zuständig ist die Stelle, der die Erteilung der vollstreckbaren Ausfertigung obliegt. Ist sachlich ein Gericht zuständig, ist der Rechtspfleger funktionell zuständig (§ 20 Abs. 1 Nr. 10 RPflG). 13

Die zuständige Stelle hat bei der Ausstellung des Formblatts I zu prüfen, ob der zeitliche, sachliche und räumliche Anwendungsbereich des Kapitels IV Abschnitt 1 der EuUntVO eröffnet ist[24] und ob die Entscheidung nach dem Recht des Entscheidungsstaats – zumindest vorläufig[25] – vollstreckbar ist.[26] 14

b) Rechtsbehelfe gegen die Entscheidung über die Ausstellung des Formblatts I. 15
Sofern die Übertragung fehlerhaft bzw gänzlich unrichtig ist, bestimmt sich – mangels unionsrechtlicher Regelungen – das **Verfahren zur Berichtigung** nach dem innerstaatlichen Recht des Staats, dessen Stelle das Formblatt I ausgestellt hat. Nach deutschem Recht ist § 319 ZPO entsprechend anzuwenden.[27] § 71 Abs. 2 S. 3 AUG verweist für die Anfechtbarkeit der Entscheidung über die Ausstellung des Formblatts I auf die Vorschriften über die Anfechtbarkeit der Entscheidung über die Erteilung der Vollstreckungsklausel.[28] Sofern der Schuldner geltend macht, dass die Voraussetzungen für die Ausstellung des Formblatts nicht gegeben waren, ist § 732 ZPO analog anzuwenden.[29] Rügt der Schuldner einen Verstoß gegen § 726 Abs. 1, §§ 727–729, 738, 742, 744, 745 Abs. 2 und § 749 ZPO, ist § 768 ZPO analog anzuwenden.[30] Ferner besteht die Möglichkeit, eine Klage auf Ausstellung des Formblatts (analog der Klage auf Erteilung der Vollstreckungsklausel nach § 731 ZPO), die sofortige Beschwerde (§ 567 Abs. 1 ZPO iVm § 11 Abs. 1 RPflG) und gegen die Versagung durch den Notar die Beschwerde nach § 54 BeurkG zu erheben.[31]

---

22 Gebauer/Wiedmann/*Bittmann*, Zivilrecht, Kap. 36 Rn 111; *Conti*, Durchsetzung von Unterhaltsansprüchen, S. 167; Geimer/Schütze/*Hilbig*, IRV, Art. 20 VO Nr. 4/2009 Rn 23; vgl auch *Martiny*, FamRZ 2008, 1681, 1690.
23 Geimer/Schütze/*Hilbig*, IRV, Art. 20 VO Nr. 4/2009 Rn 32.
24 *Andrae*, NJW 2011, 2545, 2547; Rauscher/*Andrae*/*Schimrick*, EuZPR/EuIPR IV, Art. 20 EG-UntVO Rn 17; Geimer/Schütze/*Hilbig*, IRV, Art. 20 VO Nr. 4/2009 Rn 34 ff.
25 *Gebauer*, FPR 2006, 252, 254.
26 Dazu ausf. Rauscher/*Andrae*/*Schimrick*, EuZPR/EuIPR IV, Art. 20 EG-UntVO Rn 16 a; Geimer/Schütze/*Hilbig*, IRV, Art. 20 VO Nr. 4/2009 Rn 37 ff.
27 Gebauer/Wiedmann/*Bittmann*, Zivilrecht, Kap. 36 Rn 113.
28 Geimer/Schütze/*Hilbig*, IRV, Art. 20 VO Nr. 4/2009 Rn 69.
29 Geimer/Schütze/*Hilbig*, IRV, Art. 20 VO Nr. 4/2009 Rn 69.
30 Geimer/Schütze/*Hilbig*, IRV, Art. 20 VO Nr. 4/2009 Rn 69.
31 Geimer/Schütze/*Hilbig*, IRV, Art. 20 VO Nr. 4/2009 Rn 69.

16 c) **Transkriptionen und Übersetzungen.** Gegebenenfalls kann eine **Transkription** – dh eine Übertragung in eine andere Schrift, wie etwa aus dem Griechischen (Griechenland, Zypern) bzw Kyrillischen (Bulgarien) ins Lateinische und umgekehrt – bzw eine **Übersetzung** des Formblatts nach Anhang I von den zuständigen Stellen verlangt werden (s. Art. 28 Rn 4). Eine solche Transkription bzw Übersetzung ist nur in Ausnahmefällen erforderlich, weil das Formblatt so gestaltet ist, dass idR nur Namen, Adressen, Daten und Beträge auszufüllen sind.[32] Daher kann nur unter der Voraussetzung, dass das Formblatt nach Anhang I zusätzliche Angaben enthält, indem es durch individuelle Einträge ergänzt wird, eine Transkription bzw Übersetzung verlangt werden,[33] sofern die zuständige Stelle das Formblatt nach Anhang I nicht – etwa aufgrund eigener Sprachkompetenz – verstehen kann. S. dazu auch Rn 8.

17 4. **Schriftstück über Zahlungsrückstände (lit. c).** Der Antragsteller hat gem. Abs. 1 lit. c ggf ein Schriftstück vorzulegen, aus dem sich die Höhe der Zahlungsrückstände und das Datum der Berechnung ergeben. Die Bestimmung hat in jenen Fällen Bedeutung, in denen der Unterhaltsverpflichtete mit Zahlungen in Verzug ist und sich die Rückstände nicht aus der Entscheidung oder dem Formblatt ergeben, weil sie erst nach deren Erlassung bzw nach dessen Ausstellung entstanden sind.[34] Dadurch soll gewährleistet werden, dass die Vollstreckungsbehörde Zwangsvollstreckungsmaßnahmen vornehmen kann.

18 Die EuUntVO enthält keine Bestimmungen zur Form des Schriftstückes. Nach hM[35] genügt ein **vom Berechtigten verfasstes Schreiben**; eine amtliche oder gerichtliche Bestätigung ist hingegen nicht erforderlich. Aus dem Schriftstück müssen sich jedenfalls das Datum, seit dem sich der Verpflichtete im Rückstand befindet, und die Höhe der Rückstände ergeben.

Artikel 21 Verweigerung oder Aussetzung der Vollstreckung

(1) Die im Recht des Vollstreckungsmitgliedstaats vorgesehenen Gründe für die Verweigerung oder Aussetzung der Vollstreckung gelten, sofern sie nicht mit der Anwendung der Absätze 2 und 3 unvereinbar sind.

(2) Die zuständige Behörde des Vollstreckungsmitgliedstaats verweigert auf Antrag der verpflichteten Person die Vollstreckung der Entscheidung des Ursprungsgerichts insgesamt oder teilweise, wenn das Recht auf Vollstreckung der Entscheidung des Ursprungsgerichts entweder nach dem Recht des Ursprungsmitgliedstaats oder nach dem Recht des Vollstreckungsmitgliedstaats verjährt ist, wobei die längere Verjährungsfrist gilt.

Darüber hinaus kann die zuständige Behörde des Vollstreckungsmitgliedstaats auf Antrag der verpflichteten Person die Vollstreckung der Entscheidung des Ur-

---

32 Rauscher/*Andrae*/*Schimrick*, EuZPR/EuIPR IV, Art. 20 EG-UntVO Rn 5; Gebauer/Wiedmann/*Bittmann*, Zivilrecht, Kap. 36 Rn 117; MüKo-FamFG/*Lipp*, Art. 20 EG-UntVO Rn 9; Burgstaller/Neumayr u.a./*Weber*, IZVR, Art. 20 EuUntVO Rn 4.
33 Gebauer/Wiedmann/*Bittmann*, Zivilrecht, Kap. 36 Rn 116; Geimer/Schütze/*Hilbig*, IRV, Art. 20 VO Nr. 4/2009 Rn 58; vgl auch Fasching/Konecny/*Fucik*, Kommentar V/2, Art. 20 EuUVO Rn 2.
34 *Conti*, Durchsetzung von Unterhaltsansprüchen, S. 169; Geimer/Schütze/*Hilbig*, IRV, Art. 20 VO Nr. 4/2009 Rn 72; vgl auch Gebauer/Wiedmann/*Bittmann*, Zivilrecht, Kap. 36 Rn 115; Zöller/*Geimer*, ZPO, Anh. II EG-VO Zuständigkeit Unterhaltssachen Art. 20 Rn 1.
35 Gebauer/Wiedmann/*Bittmann*, Zivilrecht, Kap. 36 Rn 115; *Conti*, Durchsetzung von Unterhaltsansprüchen, S. 170; Zöller/*Geimer*, ZPO, Anh. II EG-VO Zuständigkeit Unterhaltssachen Art. 20 Rn 1; Geimer/Schütze/*Hilbig*, IRV, Art. 20 VO Nr. 4/2009 Rn 74.

sprungsgerichts insgesamt oder teilweise verweigern, wenn die Entscheidung mit einer im Vollstreckungsmitgliedstaat ergangenen Entscheidung oder einer in einem anderen Mitgliedstaat oder einem Drittstaat ergangenen Entscheidung, die die notwendigen Voraussetzungen für ihre Anerkennung im Vollstreckungsmitgliedstaat erfüllt, unvereinbar ist.

Eine Entscheidung, die bewirkt, dass eine frühere Unterhaltsentscheidung aufgrund geänderter Umstände geändert wird, gilt nicht als unvereinbare Entscheidung im Sinne des Unterabsatzes 2.

(3) Die zuständige Behörde des Vollstreckungsmitgliedstaats kann auf Antrag der verpflichteten Person die Vollstreckung der Entscheidung des Ursprungsgerichts insgesamt oder teilweise aussetzen, wenn das zuständige Gericht des Ursprungsmitgliedstaats mit einem Antrag auf Nachprüfung der Entscheidung des Ursprungsgerichts nach Artikel 19 befasst wurde.

Darüber hinaus setzt die zuständige Behörde des Vollstreckungsmitgliedstaats auf Antrag der verpflichteten Person die Vollstreckung der Entscheidung des Ursprungsgerichts aus, wenn die Vollstreckbarkeit im Ursprungsmitgliedstaat ausgesetzt ist.

I. Allgemeines 1	IV. Aussetzung der Vollstreckung (Abs. 3) 21
II. Anwendung des innerstaatlichen Rechts des Vollstreckungsmitgliedstaats (Abs. 1) 3	1. Allgemeines 21
	2. Verfahren 22
1. Allgemeines 3	a) Allgemeines 22
2. Gründe 4	b) Zuständigkeit 23
III. Verweigerung der Zwangsvollstreckung (Abs. 2) 6	c) Darlegungs- und Beweislast 24
1. Allgemeines 6	3. Aussetzung der Vollstreckung wegen eines Nachprüfungsantrages nach Art. 19 (U.Abs. 1) 25
2. Verfahren 7	
a) Allgemeines 7	
b) Deutsches Recht 8	
c) Darlegungs- und Behauptungslast 11	a) Allgemeines 25
3. Vollstreckungsverweigerung wegen Titelverjährung 12	b) Entscheidung des Gerichts 27
4. Vollstreckungsverweigerung wegen Unvereinbarkeit der zu vollstreckenden Entscheidung mit einer anderen Entscheidung 14	c) Deutsches Recht 28
	4. Aussetzung der Vollstreckung wegen der im Ursprungsmitgliedstaat erfolgten Aussetzung der Vollstreckbarkeit (U.Abs. 2) 29
a) Allgemeines 14	a) Allgemeines 29
b) Begriff der Unvereinbarkeit 15	b) Entscheidung des Gerichts 32
c) Keine Präklusionsnorm .. 17	c) Deutsches Recht 33
d) Rechtsfolgen 18	

I. Allgemeines

Nach dem Konzept des Kapitels IV Abschnitt 1 der EuUntVO sind alle Rechtsbehelfe gegen die Entscheidung im Ursprungsmitgliedstaat zu erheben, im Vollstreckungsmitgliedstaat kann lediglich die Vollstreckung der Entscheidung verweigert oder ausgesetzt werden. Die unionsrechtlich autonomen Gründe für eine Verweigerung oder Aussetzung der Vollstreckung werden durch Art. 21 erheblich eingeschränkt. Dadurch sollen die Effektivität und die Beschleunigung der Vollstreckung gewährleistet werden.[1]

2 Die in Art. 21 normierten Fälle betreffen nach dem ausdrücklichen Wortlaut nur die **Verweigerung bzw Aussetzung der Vollstreckung**, nicht aber die Verweigerung bzw Aussetzung der Anerkennung (s. Art. 17 Rn 5 f).[2] Eine Ausnahme besteht nur in jenen Fällen, in denen in derselben Sache zwischen den Parteien eine weitere Entscheidung ergangen ist, die mit der ersten Entscheidung unvereinbar ist. Um die Anerkennung der früher oder später ergangenen Entscheidung verhindern zu können, ist Abs. 2 U.Abs. 2 analog anzuwenden (s. Art. 17 Rn 5).

II. Anwendung des innerstaatlichen Rechts des Vollstreckungsmitgliedstaats (Abs. 1)

3 **1. Allgemeines.** Die Voraussetzungen für die Verweigerung und Aussetzung der Vollstreckung bestimmen sich grds. nach dem Recht des Vollstreckungsmitgliedstaats;[3] allerdings dürfen die entsprechenden Normen der innerstaatlichen Rechtsordnungen der Mitgliedstaaten die in Abs. 2 und 3 normierten Gründe des Unionsrechts nicht konterkarieren. Liegt daher ein in Abs. 2 bzw 3 genannter Grund vor, kann die Vollstreckung nur bei Vorliegen der in der Bestimmung normierten Voraussetzungen verweigert bzw ausgesetzt werden; ein Rückgriff auf Anforderungen des innerstaatlichen Rechts des Vollstreckungsmitgliedstaats ist nicht zulässig, wobei unerheblich ist, ob das autonome Recht im Vergleich zum Unionsrecht strengere oder weniger strenge Voraussetzungen normiert.[4] Eine weitere Einschränkung der Anwendbarkeit des innerstaatlichen Rechts des Vollstreckungsmitgliedstaats folgt aus Art. 42, nach dem die Entscheidung in der Sache keinesfalls geprüft werden darf.[5] Nach deutschem Recht ist insb. der Vollstreckungsabwehrantrag (§ 66 AUG iVm § 767 ZPO) zulässig, mit dem vor allem die Erfüllung und Verwirkung der titulierten Ansprüche geltend gemacht werden können,[6] – freilich dürfen die Gründe, auf denen die Einwendungen beruhen, erst nach dem Erlass der Entscheidung entstanden sein – nicht aber die Titelverjährung, weil Art. 21 Abs. 2 U.Abs. 1 insoweit eine abschließende Sonderregelung vorsieht.[7] Zu den weiteren Rechtsbehelfen nach deutschem Recht s. § 31 AUG Rn 2.

4 **2. Gründe.** Die zulässig bleibenden – und in praxi wohl bedeutsamsten[8] – Gründe für eine Verweigerung bzw Aussetzung der Vollstreckung nach innerstaatlichem Recht des Vollstreckungsmitgliedstaats sind etwa die zeitlich nach der Ent-

---

1 Vgl auch ErwGr. 30 sowie Gebauer/Wiedmann/*Bittmann*, Zivilrecht, Kap. 36 Rn 119; Burgstaller/Neumayr u.a./*Weber*, IZVR, Art. 21 EuUntVO Rn 1.
2 Geimer/Schütze/*Hilbig*, IRV, Art. 21 VO Nr. 4/2009 Rn 2.
3 S. dazu krit. Rauscher/*Andrae/Schimrick*, EuZPR/EuIPR IV, Art. 21 EG-UntVO Rn 1, die zu Recht ausführen, dass durch den zulässigen Rückgriff auf die im autonomen Recht der Mitgliedstaaten normierten Rechtsbehelfe die Vereinheitlichung und Reduzierung der Vollstreckungsverweigerungs- und Vollstreckungsaussetzungsgründe nicht erreicht werden.
4 Geimer/Schütze/*Hilbig*, IRV, Art. 21 VO Nr. 4/2009 Rn 60; aA wohl Gebauer/Wiedmann/*Bittmann*, Zivilrecht, Kap. 36 Rn 120.
5 Gebauer/Wiedmann/*Bittmann*, Zivilrecht, Kap. 36 Rn 120.
6 *Hilbig-Lugani*, IPRax 2012, 336; s. auch OGH 24.3.2010 – 3 Ob 10/12 a iFamZ 2010/167 (*Fucik*) = Zak 2010/378.
7 EnzEuR III/*Martiny*, § 17 Rn 52.
8 Gebauer/Wiedmann/*Bittmann*, Zivilrecht, Kap. 36 Rn 121.

scheidung erfolgte **Erfüllung** der Unterhaltsforderung durch den Unterhaltsschuldner sowie die **Unpfändbarkeit** bestimmter Güter (vgl auch ErwGr. 30).[9]
Der Schuldner kann sich daher erfolgreich auf die im Vollstreckungsmitgliedstaat geltenden Pfändungsfreigrenzen, nicht aber auf die im Ursprungsmitgliedstaat geltenden Pfändungsfreigrenzen berufen.[10]

III. Verweigerung der Zwangsvollstreckung (Abs. 2)

1. Allgemeines. In Abs. 2 werden zwei Vollstreckungsverweigerungs- bzw Vollstreckungsaussetzungsgründe genannt; die Vollstreckung kann demnach verweigert bzw ausgesetzt werden, wenn

- das Recht auf Vollstreckung der Entscheidung über die Unterhaltsforderung nach dem Recht des Ursprungsmitgliedstaats und des Vollstreckungsmitgliedstaats verjährt ist (gemeint ist daher die Titelverjährung, nicht diejenige des eingeklagten materiell-rechtlichen Anspruchs)[11] (U.Abs. 1) oder
- die zu vollstreckende Entscheidung mit einer im Zweitstaat ergangenen oder anzuerkennenden Entscheidung unvereinbar ist (U.Abs. 2).

2. Verfahren. a) Allgemeines. Die Vollstreckung kann nicht von Amts wegen, sondern nur auf Antrag des Schuldners verweigert werden.[12] Für die Entscheidung über einen solchen Antrag sind die Gerichte des Vollstreckungsmitgliedstaats zuständig; die sachliche und örtliche Zuständigkeit bestimmt sich – mangels ausdrücklicher Regelung – nach der lex fori.[13] Auch der Ablauf des Verfahrens bestimmt sich – da die Verordnung keine entsprechenden Regelungen enthält – nach dem Recht des Vollstreckungsmitgliedstaats.

b) Deutsches Recht. Nach deutschem Recht ist das **Amtsgericht als Vollstreckungsgericht** sachlich zuständig (§ 31 Abs. 1 S. 1 AUG); die örtliche Zuständigkeit bestimmt sich nach § 764 Abs. 2 ZPO. Funktionell ist nicht der Rechtspfleger, sondern der Richter zuständig (vgl § 20 RPflG).

Gemäß § 31 Abs. 2 S. 1 AUG entscheidet das Gericht über Anträge nach Abs. 2 durch Beschluss. Bis zur Entscheidung kann das Gericht durch Beschluss die Zwangsvollstreckung gegen oder ohne Sicherheitsleistung einstellen, gegen Sicherheitsleistung fortsetzen und Vollstreckungsmaßnahmen gegen Sicherheitsleistungen aufheben (§ 31 Abs. 2 S. 4 AUG iVm §§ 770, 769 Abs. 1, 3 ZPO). Das Gericht kann in der Entscheidung über den Antrag Anordnungen nach § 769 ZPO erlassen, aufheben, abändern oder bestätigen (§ 31 Abs. 2 S. 2 AUG iVm § 770 ZPO).

Der Beschluss ist mit sofortiger Beschwerde (§ 793 ZPO) anfechtbar (§ 31 Abs. 2 S. 3 AUG).

c) Darlegungs- und Behauptungslast. Die Darlegungs- und Behauptungslast für das Vorliegen eines Verweigerungsgrundes liegt beim Schuldner.[14]

---

9 *Conti*, Durchsetzung von Unterhaltsansprüchen, S. 174; Gebauer/Wiedmann/*Bittmann*, Zivilrecht, Kap. 36 Rn 121; Fasching/Konecny/*Fucik*, Kommentar V/2, Art. 21 EuUVO Rn 1 f; *M. Roth/Egger*, ecolex 2009, 818, 820.
10 Rauscher/*Andrae/Schimrick*, EuZPR/EuIPR IV, Art. 21 EG-UntVO Rn 30; *Conti*, Durchsetzung von Unterhaltsansprüchen, S. 175; Fasching/Konecny/*Fucik*, Kommentar V/2, Art. 21 EuUVO Rn 2.
11 Vgl auch MüKo-FamFG/*Lipp*, Art. 21 EG-UntVO Rn 8; EnzEuR III/*Martiny*, § 17 Rn 52.
12 Gebauer/Wiedmann/*Bittmann*, Zivilrecht, Kap. 36 Rn 123.
13 Gebauer/Wiedmann/*Bittmann*, Zivilrecht, Kap. 36 Rn 123; Geimer/Schütze/*Hilbig*, IRV, Art. 21 VO Nr. 4/2009 Rn 8.
14 Gebauer/Wiedmann/*Bittmann*, Zivilrecht, Kap. 36 Rn 123; Geimer/Schütze/*Hilbig*, IRV, Art. 21 VO Nr. 4/2009 Rn 14.

12 **3. Vollstreckungsverweigerung wegen Titelverjährung.** Der Schuldner kann die Verweigerung der Zwangsvollstreckung beantragen,[15] wenn das Recht auf Vollstreckung der Entscheidung über die Unterhaltsforderung nach dem Recht des Ursprungs- oder nach dem Recht des Vollstreckungsmitgliedstaats **verjährt** ist. Maßgeblich soll nach dem Wortlaut der Bestimmung die jeweils längere Verjährungsfrist sein. Der Wortlaut der Bestimmung ist missverständlich;[16] gemeint ist, dass das Recht auf Vollstreckung der Entscheidung **sowohl nach dem Recht des Ursprungsmitgliedstaats als auch nach dem Recht des Vollstreckungsmitgliedstaats** verjährt ist,[17] sodass in jenem Fall, in dem aufgrund unterschiedlicher Regelungen zum Fristbeginn die längere Verjährungsfrist, nicht aber die kürzere Verjährungsfrist abgelaufen ist, auch die kürzere Frist abgelaufen sein muss, um die Bestimmung anwenden zu können.[18] Die nach dem Recht des Zweitstaats zuständige Stelle hat demnach zu prüfen, ob die Verjährung nach der lex fori (in Deutschland nach § 197 Abs. 1 Nr. 3, 4 BGB [Rückstände und Einmalleistungen] bzw nach § 197 Abs. 2, §§ 195, 199 BGB [künftige regelmäßige Unterhaltsleistungen]; für den Neubeginn nach einem Vollstreckungsversuch gilt § 212 Abs. 1 Nr. 2 BGB)[19] und nach dem Recht des Ursprungsmitgliedstaats eingetreten ist.[20]

13 Ist das Recht auf Vollstreckung der Entscheidung über die Unterhaltsforderung verjährt, hat die zuständige Stelle die Vollstreckung zu verweigern; ein Ermessen besteht nicht.[21]

14 **4. Vollstreckungsverweigerung wegen Unvereinbarkeit der zu vollstreckenden Entscheidung mit einer anderen Entscheidung. a) Allgemeines.** Der Schuldner kann die Verweigerung der Zwangsvollstreckung beantragen, wenn die zu vollstreckende Entscheidung mit einer im Zweitstaat ergangenen oder anzuerkennenden Entscheidung unvereinbar ist, wobei es nicht maßgeblich ist, ob die Entscheidung von den Gerichten des Vollstreckungsmitgliedstaats, eines anderen Mitgliedstaats oder eines Drittstaats erlassen worden ist.[22] Stammt die Entscheidung aus einem anderen Staat als dem Vollstreckungsmitgliedstaat, muss die Entscheidung im Vollstreckungsmitgliedstaat anzuerkennen sein. Die Anerkennung muss nicht beantragt worden sein (idR erfolgt sie ohnehin ipso iure);[23] vielmehr genügt es, dass sie theoretisch anerkannt werden könnte;[24] dh wenn die Voraussetzungen für die Anerkennung erfüllt sind. Aufgrund welcher Rechtsgrundlage –

---

15 Fasching/Konecny/*Fucik*, Kommentar V/2, Art. 21 EuUVO Rn 8; Geimer/Schütze/*Hilbig*, IRV, Art. 21 VO Nr. 4/2009 Rn 8.
16 Fasching/Konecny/*Fucik*, Kommentar V/2, Art. 21 EuUVO Rn 4.
17 Rauscher/*Andrae/Schimrick*, EuZPR/EuIPR IV, Art. 21 EG-UntVO Rn 3; *Fucik*, iFamZ 2009, 305, 306 Fn 16; *ders.*, Die neue Unterhaltsverordnung, in: König/Mayr, Europäisches Zivilverfahrensrecht, S. 105, 130 Fn 56; Fasching/Konecny/*Fucik*, Kommentar V/2, Art. 21 EuUVO Rn 4; Geimer/Schütze/*Hilbig*, IRV, Art. 21 VO Nr. 4/2009 Rn 11; Burgstaller/Neumayr u.a./*Weber*, IZVR, Art. 21 EuUntVO Rn 5; so wohl auch Gebauer/Wiedmann/*Bittmann*, Zivilrecht, Kap. 36 Rn 124.
18 S. auch *Fucik*, iFamZ 2009, 305, 306 Fn 16; Fasching/Konecny/*Fucik*, Kommentar V/2, Art. 21 EuUVO Rn 4; MüKo-FamFG/*Lipp*, Art. 21 EG-UntVO Rn 9; Burgstaller/Neumayr u.a./*Weber*, IZVR, Art. 21 EuUntVO Rn 5.
19 Gebauer/Wiedmann/*Bittmann*, Zivilrecht, Kap. 36 Rn 124; MüKo-FamFG/*Lipp*, Art. 21 EG-UntVO Rn 10.
20 Gebauer/Wiedmann/*Bittmann*, Zivilrecht, Kap. 36 Rn 124; *Fucik*, iFamZ 2009, 305, 306 Fn 16; Fasching/Konecny/*Fucik*, Kommentar V/2, Art. 21 EuUVO Rn 4.
21 Geimer/Schütze/*Hilbig*, IRV, Art. 21 VO Nr. 4/2009 Rn 16.
22 *Conti*, Durchsetzung von Unterhaltsansprüchen, S. 175; Gebauer/Wiedmann/*Bittmann*, Zivilrecht, Kap. 36 Rn 125.
23 Gebauer/Wiedmann/*Bittmann*, Zivilrecht, Kap. 36 Rn 125.
24 Gebauer/Wiedmann/*Bittmann*, Zivilrecht, Kap. 36 Rn 125.

etwa aufgrund des Unionsrechts oder des innerstaatlichen Rechts – die Entscheidung anzuerkennen ist, ist unerheblich.[25]

b) **Begriff der Unvereinbarkeit.** Der Begriff der Unvereinbarkeit ist **unionsrechtlich autonom** auszulegen.[26] Entscheidungen sind miteinander unvereinbar, wenn sich die im Vollstreckungsmitgliedstaat eintretenden Rechtswirkungen der Entscheidungen wechselseitig ausschließen (s. Art. 34 Brüssel I-VO Rn 38),[27] wobei zu beachten ist, dass die in Art. 45 Abs. 1 lit. d Brüssel Ia-VO und Art. 21 Abs. 1 lit. a EuVTVO normierte Einschränkung, nach der die genannten Bestimmungen nur anzuwenden sind, sofern die beiden miteinander unvereinbaren Entscheidungen zwischen denselben Parteien in Bezug auf denselben Streitgegenstand ergangen sind, nicht in die EuUntVO übernommen worden ist.[28] Die Anwendung der Bestimmung setzt ferner nicht voraus, dass beide Entscheidungen in den Anwendungsbereich der EuUntVO fallen; daher kann eine Entscheidung auch mit einer Statusentscheidung unvereinbar sein (s. auch Art. 24 Rn 6).[29] 15

Unvereinbar sind etwa Unterhaltsentscheidungen, die hinsichtlich eines Unterhaltsanspruchs, der dasselbe familienrechtliche Verhältnis und dieselbe hieraus resultierende Unterhaltspflicht während desselben Zeitraumes betrifft, unterschiedlich urteilen.[30] Demgegenüber ist – wie sich aus Abs. 2 S. 2 ausdrücklich ergibt – eine Entscheidung über eine Unterhaltsforderung mit einer **Abänderungsentscheidung** nie unvereinbar, sodass beide Entscheidungen im selben Staat vollstreckt werden können (s. auch Art. 24 Rn 7).[31] Abänderungsentscheidungen sind Entscheidungen, die die Wertungen der ursprünglichen Entscheidung an die geänderten wirtschaftlichen, rechtlichen oder tatsächlichen Verhältnisse anpassen.[32] 16

c) **Keine Präklusionsnorm.** Im Unterschied zu Art. 21 Abs. 1 lit. c EuVTVO ist es für die Anwendung des Abs. 2 nicht erforderlich, dass die Unvereinbarkeit im gerichtlichen Verfahren des Ursprungsmitgliedstaats geltend gemacht worden ist bzw nicht hätte geltend gemacht werden können.[33] 17

d) **Rechtsfolgen.** Die EuUntVO enthält keine Regelung, welche Entscheidung Wirkungen entfaltet (s. auch § 31 AUG Rn 5). Vielmehr liegt es im **Ermessen** der 18

---

25 Rauscher/*Andrae/Schimrick*, EuZPR/EuIPR IV, Art. 21 EG-UntVO Rn 12; Gebauer/Wiedmann/*Bittmann*, Zivilrecht, Kap. 36 Rn 125.
26 Rauscher/*Andrae/Schimrick*, EuZPR/EuIPR IV, Art. 21 EG-UntVO Rn 8.
27 Rauscher/*Andrae/Schimrick*, EuZPR/EuIPR IV, Art. 21 EG-UntVO Rn 8.
28 Gebauer/Wiedmann/*Bittmann*, Zivilrecht, Kap. 36 Rn 126; *Conti*, Durchsetzung von Unterhaltsansprüchen, S. 175; Geimer/Schütze/*Hilbig*, IRV, Art. 21 VO Nr. 4/2009 Rn 27.
29 Rauscher/*Andrae/Schimrick*, EuZPR/EuIPR IV, Art. 21 EG-UntVO Rn 13; Zöller/*Geimer*, ZPO, Anh. II EG-VO Zuständigkeit Unterhaltssachen Art. 21 Rn 2; Geimer/Schütze/*Hilbig*, IRV, Art. 21 VO Nr. 4/2009 Rn 28 und 29; Burgstaller/Neumayr u.a./*Weber*, IZVR, Art. 21 EuUntVO Rn 7.
30 Angst/Oberhammer/*Garber*, EO, Vor § 79 Rn 323; MüKo-FamFG/*Lipp*, Art. 21 EG-UntVO Rn 16.
31 Gebauer/Wiedmann/*Bittmann*, Zivilrecht, Kap. 36 Rn 126; Fasching/Konecny/*Fucik*, Kommentar V/2, Art. 21 EuUVO Rn 4 und 6; Burgstaller/Neumayr u.a./*Weber*, IZVR, Art. 21 EuUntVO Rn 9.
32 Rauscher/*Andrae/Schimrick*, EuZPR/EuIPR IV, Art. 21 EG-UntVO Rn 17; Geimer/Schütze/*Hilbig*, IRV, Art. 21 VO Nr. 4/2009 Rn 28; Burgstaller/Neumayr u.a./*Weber*, IZVR, Art. 21 EuUntVO Rn 9.
33 Geimer/Schütze/*Hilbig*, IRV, Art. 21 VO Nr. 4/2009 Rn 37.

zuständigen Stelle des Vollstreckungsmitgliedstaats, ob im konkreten Einzelfall die früher oder die später ergangene Entscheidung Wirkungen entfalten soll.[34]

19 Bei Unvereinbarkeit zweier Unterhaltsentscheidungen wird idR die spätere Entscheidung Rechtswirkung entfalten, wenn sie den aktuellen Lebensumständen mehr gerecht wird; im Einzelfall kann allerdings anderes gelten.[35] Eine Ausnahme erscheint etwa geboten, wenn das zweite Verfahren die Anhängigkeit des ersten Verfahrens missachtet hat.[36]

20 Ist die Unterhaltsentscheidung mit einer Statusentscheidung unvereinbar, hat idR die Statusentscheidung Vorrang.[37] Die Statusentscheidung bestimmt nämlich den Status der betreffenden Person im Anerkennungs- bzw Vollstreckungsstaat. Damit unvereinbare Unterhaltsentscheidungen führen zu Widersprüchen in dessen Rechtsordnung, auch wenn die Statusentscheidung später ergeht oder anerkannt wird.[38]

IV. Aussetzung der Vollstreckung (Abs. 3)

21 **1. Allgemeines.** Die Aussetzung der Zwangsvollstreckung nach Abs. 3 kann der Schuldner beantragen, wenn

- das zuständige Gericht des Ursprungsmitgliedstaats mit einem Antrag auf Nachprüfung der Entscheidung des Ursprungsgerichts nach Art. 19 befasst wurde (U.Abs. 1) oder
- die Vollstreckbarkeit im Ursprungsmitgliedstaat ausgesetzt ist (U.Abs. 2).

22 **2. Verfahren. a) Allgemeines.** Nach dem ausdrücklichen Wortlaut der Bestimmung kann die Vollstreckung nicht von Amts wegen, sondern nur auf **Antrag des Schuldners** ausgesetzt werden.[39] Nach aA[40] hat das Gericht von Amts wegen bei Vorliegen der Voraussetzungen des U.Abs. 2 die Vollstreckung auszusetzen. Angesichts des ausdrücklichen Wortlauts überzeugt die letztgenannte Auffassung nicht.[41]

23 **b) Zuständigkeit.** Die Zuständigkeit ergibt sich – mangels einer ausdrücklichen Regelung in der EuUntVO – aus der lex fori. Nach deutschem Recht ist das **Amtsgericht als Vollstreckungsgericht** sachlich zuständig (§ 31 Abs. 1 S. 1 AUG); die örtliche Zuständigkeit bestimmt sich nach § 764 Abs. 2 ZPO. Funktionell ist der Richter, nicht der Rechtspfleger zuständig.

---

34 Rauscher/*Andrae/Schimrick*, EuZPR/EuIPR IV, Art. 21 EG-UntVO Rn 9; Zöller/*Geimer*, ZPO, Anh. II EG-VO Zuständigkeit Unterhaltssachen Art. 21 Rn 2; Geimer/Schütze/*Hilbig*, IRV, Art. 21 VO Nr. 4/2009 Rn 31; MüKo-FamFG/*Lipp*, Art. 21 EG-UntVO Rn 19; Burgstaller/Neumayr u.a./*Weber*, IZVR, Art. 21 EuUntVO Rn 8.
35 Rauscher/*Andrae/Schimrick*, EuZPR/EuIPR IV, Art. 21 EG-UntVO Rn 10; MüKo-FamFG/*Lipp*, Art. 21 EG-UntVO Rn 22; Burgstaller/Neumayr u.a./*Weber*, IZVR, Art. 21 EuUntVO Rn 8.
36 MüKo-FamFG/*Lipp*, Art. 21 EG-UntVO Rn 22.
37 Rauscher/*Andrae/Schimrick*, EuZPR/EuIPR IV, Art. 21 EG-UntVO Rn 14 a.
38 MüKo-FamFG/*Lipp*, Art. 21 EG-UntVO Rn 23.
39 Gebauer/Wiedmann/*Bittmann*, Zivilrecht, Kap. 36 Rn 128; Fasching/Konecny/*Fucik*, Kommentar V/2, Art. 21 EuUVO Rn 8; Angst/Oberhammer/*Garber*, EO, Vor § 79 Rn 324; Burgstaller/Neumayr u.a./*Weber*, IZVR, Art. 21 EuUntVO Rn 13; aA Rauscher/*Andrae/Schimrick*, EuZPR/EuIPR (Bearb. 2010), Art. 21 EG-UntVO Rn 33, nach deren Ansicht in den Fällen des Art. 21 Abs. 3 U.Abs. 2 EuUntVO eine Aussetzung von Amts wegen zu erfolgen hat; die Auffassung wurde in der Folgeauflage aufgegeben (Rauscher/*Andrae/Schimrick*, EuZPR/EuIPR IV, Art. 21 EG-UntVO Rn 23).
40 Rauscher/*Andrae/Schimrick*, EuZPR/EuIPR (Bearb. 2010), Art. 21 EG-UntVO Rn 32 f; anders nunmehr Rauscher/*Andrae/Schimrick*, EuZPR/EuIPR IV, Art. 21 EG-UntVO Rn 23.
41 Geimer/Schütze/*Hilbig*, IRV, Art. 21 VO Nr. 4/2009 Rn 54.

c) Darlegungs- und Beweislast. Die Darlegungs- und Beweislast für das Vorliegen der Aussetzungsgründe liegt beim Schuldner.[42] 24

3. Aussetzung der Vollstreckung wegen eines Nachprüfungsantrages nach Art. 19 (U.Abs. 1). a) Allgemeines. Ein Aussetzungsgrund liegt vor, wenn das zuständige Gericht des Ursprungsmitgliedstaats mit einem Rechtsbehelf nach Art. 19 befasst wurde. Aus dem Wortlaut ergibt sich, dass der Antrag auf Aussetzung erst nach Anhängigkeit des Rechtsbehelfs nach Art. 19 zulässig ist (arg.: „befasst wurde"),[43] wobei es mE genügt, dass der Antrag auf Aussetzung gleichzeitig mit Erhebung des Rechtsbehelfs nach Art. 19 gestellt wird. 25

Die Anwendung des U.Abs. 1 setzt ferner das Vorliegen eines **grenzüberschreitenden Bezugs** voraus; für reine Inlandssachverhalte ohne einen solchen Bezug gilt die Bestimmung nicht.[44] Zwar kann der Rechtsbehelf nach Art. 19 auch in reinen Binnensachverhalten erhoben werden (s. dazu Art. 19 Rn 31); die Möglichkeit, die Vollstreckung nach Art. 21 auszusetzen, wurde allerdings als Ausgleich für den gänzlichen Entfall des Vollstreckbarerklärungsverfahrens geschaffen, sodass die Bestimmung nur bei der Vollstreckung in einem anderen Mitgliedstaat als dem Ursprungsmitgliedstaat anzuwenden ist.[45] Bei reinen Binnensachverhalten kann sich eine Aussetzung nur aus dem innerstaatlichen Recht des Vollstreckungsmitgliedstaats ergeben.[46] 26

b) Entscheidung des Gerichts. Ob die Vollstreckung ausgesetzt wird, obliegt dem **Ermessen** der zuständigen Stelle des Vollstreckungsmitgliedstaats.[47] Bei dieser Entscheidung sind etwa die Erfolgsaussichten des eingelegten Rechtsbehelfs[48] sowie die bei einer Vollstreckung eintretenden Schäden beim Schuldner zu berücksichtigen.[49] 27

c) Deutsches Recht. Gemäß § 31 Abs. 3 S. 1 AUG entscheidet das Gericht über Anträge nach Abs. 3 durch einstweilige Anordnung. Damit soll der besonderen Eilbedürftigkeit Rechnung getragen werden. Der Beschluss des Gerichts ist gem. § 31 Abs. 3 S. 2 AUG unanfechtbar. 28

4. Aussetzung der Vollstreckung wegen der im Ursprungsmitgliedstaat erfolgten Aussetzung der Vollstreckbarkeit (U.Abs. 2). a) Allgemeines. Der Aussetzungsgrund nach U.Abs. 2 liegt vor, wenn im Ursprungsmitgliedstaat die Vollstreckung **bereits ausgesetzt** wurde.[50] Im Unterschied zu Art. 46 Brüssel I-VO und Art. 23 29

---

42 Gebauer/Wiedmann/*Bittmann*, Zivilrecht, Kap. 36 Rn 128; Geimer/Schütze/*Hilbig*, IRV, Art. 21 VO Nr. 4/2009 Rn 43.
43 Geimer/Schütze/*Hilbig*, IRV, Art. 21 VO Nr. 4/2009 Rn 43.
44 Rauscher/*Andrae*/*Schimrick*, EuZPR/EuIPR IV, Art. 21 EG-UntVO Rn 21; Geimer/Schütze/*Hilbig*, IRV, Art. 21 VO Nr. 4/2009 Rn 39.
45 Rauscher/*Andrae*/*Schimrick*, EuZPR/EuIPR IV, Art. 21 EG-UntVO Rn 21; Geimer/Schütze/*Hilbig*, IRV, Art. 21 VO Nr. 4/2009 Rn 39.
46 Rauscher/*Andrae*/*Schimrick*, EuZPR/EuIPR IV, Art. 21 EG-UntVO Rn 21.
47 Fasching/Konecny/*Fucik*, Kommentar V/2, Art. 21 EuUVO Rn 8; Geimer/Schütze/*Hilbig*, IRV, Art. 21 VO Nr. 4/2009 Rn 44. Vgl auch Burgstaller/Neumayr u.a./*Weber*, IZVR, Art. 21 EuUntVO Rn 14, nach dessen Auffassung ein Aussetzungsantrag nur dann abzuweisen ist, wenn der Antrag auf Nachprüfung der Entscheidung des Ursprungsgerichts so mangelhaft abgefasst ist, dass schon abstrakt eine Nichtigerklärung der angefochtenen Entscheidung nicht in Betracht kommt. Allerdings ist der Rechtsbehelf nach Art. 19 einzubringen, sodass die Stelle des Vollstreckungsmitgliedstaats den Antrag nicht prüfen kann.
48 Rauscher/*Andrae*/*Schimrick*, EuZPR/EuIPR IV, Art. 21 EG-UntVO Rn 19; Geimer/Schütze/*Hilbig*, IRV, Art. 21 VO Nr. 4/2009 Rn 44; MüKo-FamFG/*Lipp*, Art. 21 EG-UntVO Rn 28.
49 Rauscher/*Andrae*/*Schimrick*, EuZPR/EuIPR IV, Art. 21 EG-UntVO Rn 19; Geimer/Schütze/*Hilbig*, IRV, Art. 21 VO Nr. 4/2009 Rn 44.
50 Rauscher/*Andrae*/*Schimrick*, EuZPR/EuIPR IV, Art. 21 EG-UntVO Rn 23.

EuVTVO genügt es daher nicht, dass im Ursprungsmitgliedstaat ein Rechtsbehelf eingelegt worden ist.[51] Der Aussetzungsgrund nach U.Abs. 2 ist – in (nunmehriger) Übereinstimmung mit Art. 44 Abs. 2 Brüssel Ia-VO – insb. dann gegeben, wenn der Schuldner gegen die Entscheidung im Ursprungsmitgliedstaat einen Rechtsbehelf mit Suspensiveffekt – wie etwa die Berufung oder die Revision – eingelegt hat.[52] Möglich ist auch, dass die Vollstreckbarkeit im Ursprungsmitgliedstaat bis zur Leistung einer Sicherheit ausgesetzt wurde.[53]

30 Demgegenüber genügen die Anhängigkeit einer Verfassungsbeschwerde nach Art. 93 Abs. 1 Nr. 4 a GG sowie die Anhängigkeit einer Individualbeschwerde nach Art. 34 EMRK beim EGMR nicht, da keiner der beiden Rechtsbehelfe einen Suspensiveffekt hat.[54] De lege ferenda wäre es sinnvoll – insb. im Hinblick auf die Gewährung eines effektiven Rechtsschutzes – die Vollstreckung auch in diesen Fällen aussetzen zu können.

31 Die Anwendung des U.Abs. 2 setzt – ebenso wie die Anwendung des U.Abs. 1 – das Vorliegen eines **grenzüberschreitenden Bezugs** voraus (s. dazu Rn 26).

32 **b) Entscheidung des Gerichts.** Wurde im Ursprungsmitgliedstaat die Vollstreckbarkeit bereits ausgesetzt, ist die Vollstreckung zwingend im Vollstreckungsmitgliedstaat auszusetzen; das Gericht hat daher in diesem Fall **kein Ermessen**.[55] Dies bedingt die Regelung in Art. 17 Abs. 2, wonach die Vollstreckbarkeit ipso iure auf alle anderen Mitgliedstaaten erstreckt wird. Entfällt die Vollstreckbarkeit im Ursprungsstaat oder wird sie dort ausgesetzt, erstreckt sich der Wegfall bzw die Aussetzung ebenfalls ipso iure auf alle anderen Staaten.[56]

33 **c) Deutsches Recht.** Zum deutschen Recht s. Rn 28.

Artikel 22 Keine Auswirkung auf das Bestehen eines Familienverhältnisses

Die Anerkennung und Vollstreckung einer Unterhaltsentscheidung aufgrund dieser Verordnung bewirkt in keiner Weise die Anerkennung von Familien-, Verwandtschafts-, oder eherechtlichen Verhältnissen oder Schwägerschaft, die der Unterhaltspflicht zugrunde liegen, die zu der Entscheidung geführt hat.

1 Die Anerkennung und Vollstreckung einer Entscheidung nach Kapitel IV Abschnitt 1 der EuUntVO beschränkt sich in ihren Wirkungen auf die Beachtung bzw Durchsetzung der Unterhaltspflicht (vgl auch Art. 19 Abs. 2 HÜU 2007, Art. 1 Abs. 2 HUP 2007). Das der Unterhaltsentscheidung zugrunde liegende Familien-, Verwandtschafts-, eherechtliche oder auf Schwägerschaft beruhende Verhältnis von Unterhaltspflichtigem und Unterhaltsgläubiger wird daher nicht anerkannt (vgl auch ErwGr. 25); aus der Anerkennung bzw Vollstreckung der Unterhaltsentscheidung folgt demnach nicht, dass zwischen Gläubiger und Schuldner

---

51 Rauscher/*Andrae*/*Schimrick*, EuZPR/EuIPR IV, Art. 21 EG-UntVO Rn 24.
52 Gebauer/Wiedmann/*Bittmann*, Zivilrecht, Kap. 36 Rn 127; Geimer/Schütze/*Hilbig*, IRV, Art. 21 VO Nr. 4/2009 Rn 55.
53 Geimer/Schütze/*Hilbig*, IRV, Art. 21 VO Nr. 4/2009 Rn 55.
54 Gebauer/Wiedmann/*Bittmann*, Zivilrecht, Kap. 36 Rn 127; Geimer/Schütze/*Hilbig*, IRV, Art. 21 VO Nr. 4/2009 Rn 56; aA *Conti*, Durchsetzung von Unterhaltsansprüchen, S. 166, 177 f.
55 Fasching/Konecny/*Fucik*, Kommentar V/2, Art. 21 EuUVO Rn 8; Geimer/Schütze/*Hilbig*, IRV, Art. 21 VO Nr. 4/2009 Rn 57; Burgstaller/Neumayr u.a./*Weber*, IZVR, Art. 21 EuUntVO Rn 14.
56 MüKo-FamFG/*Lipp*, Art. 21 EG-UntVO Rn 30.

eine Ehe besteht, eine Adoption wirksam ist oder ein Verwandtschaftsverhältnis vorliegt.[1]

Ob ein Familien-, Verwandtschafts-, eherechtliches oder auf Schwägerschaft beruhendes Verhältnis zwischen den Parteien vorliegt, bestimmt sich weiterhin ausschließlich nach dem innerstaatlichen Recht der Mitgliedstaaten einschließlich ihrer Vorschriften des Internationalen Privatrechts (vgl ErwGr. 21). 2

Selbst in jenen Fällen, in denen in einer Entscheidung sowohl über das Bestehen eines Familien-, Verwandtschafts-, eherechtlichen oder auf Schwägerschaft beruhenden Verhältnisses als auch über das Bestehen eines Unterhaltsanspruchs entschieden wird, gelten die Bestimmungen des Kapitels IV Abschnitt 1 der EuUntVO nicht für die Statusentscheidung, sondern nur für den unterhaltsrechtlichen Teil dieser Entscheidung.[2] 3

Aus Art. 22 folgt auch, dass die Anerkennung und Vollstreckung einer Entscheidung nach Kapitel IV Abschnitt 1 der EuUntVO nicht voraussetzt, dass die Entscheidung über das Bestehen eines Familien-, Verwandtschafts-, eherechtlichen oder auf Schwägerschaft beruhenden Verhältnisses im Zweitstaat anerkannt wird.[3] Eine in den Anwendungsbereich der EuUntVO fallende Entscheidung kann vielmehr auch dann anerkannt und vollstreckt werden, wenn das der Unterhaltsentscheidung zugrunde liegende Familien-, Verwandtschafts-, eherechtliche oder auf Schwägerschaft beruhende Verhältnis nicht anerkannt wird. 4

Im Rahmen der Anerkennung und Vollstreckung der vom Anwendungsbereich der EuUntVO erfassten Entscheidung kann nach Art. 21 Abs. 2 U.Abs. 2 allerdings die Unvereinbarkeit mit einer Statusentscheidung eingewandt werden (Art. 21 Rn 20). In allen anderen Fällen darf die Frage der Anerkennung der Statusentscheidung hingegen nicht – auch nicht als Vorfrage – geprüft werden.[4] 5

ABSCHNITT 2
In einem Mitgliedstaat, der nicht durch das Haager Protokoll von 2007 gebunden ist, ergangene Entscheidungen

Artikel 23 Anerkennung

(1) Die in einem Mitgliedstaat, der nicht durch das Haager Protokoll von 2007 gebunden ist, ergangenen Entscheidungen werden in den anderen Mitgliedstaaten anerkannt, ohne dass es hierfür eines besonderen Verfahrens bedarf.

(2) Bildet die Frage, ob eine Entscheidung anzuerkennen ist, als solche den Gegenstand eines Streites, so kann jede Partei, welche die Anerkennung geltend

---

1 Rauscher/*Andrae/Schimrick*, EuZPR/EuIPR IV, Art. 22 EG-UntVO Rn 2; Zöller/*Geimer*, ZPO, Anh. II EG-VO Zuständigkeit Unterhaltssachen Art. 17 Rn 23; EnzEuR III/*Martiny*, § 17 Rn 55.
2 Rauscher/*Andrae/Schimrick*, EuZPR/EuIPR IV, Art. 22 EG-UntVO Rn 2; Gebauer/Wiedmann/*Bittmann*, Zivilrecht, Kap. 36 Rn 129; EnzEuR III/*Martiny*, § 17 Rn 55.
3 Rauscher/*Andrae/Schimrick*, EuZPR/EuIPR IV, Art. 22 EG-UntVO Rn 3; Geimer/Schütze/*Hilbig*, IRV, Art. 22 VO Nr. 4/2009 Rn 5; Burgstaller/Neumayr u.a./*Weber*, IZVR, Art. 22 EuUntVO Rn 1.
4 Außerhalb des Anwendungsbereichs der EuUntVO wird zT im Rahmen der Anerkennung und Vollstreckung einer Unterhaltsentscheidung unter Berufung auf den ordre public auch die Anerkennung des vorgreiflichen Statusverhältnisses bzw der vorgreiflichen Statusentscheidung geprüft (vgl etwa BGH 24.3.2010 – XII ZB 193/07, FamRZ 2010, 996 = NJW 2010, 1750; s. auch die Nachweise bei MüKo-FamFG/*Lipp*, Art. 1 EG-UntVO Rn 4 Fn 3). Im Anwendungsbereich der EuUntVO ist eine solche Prüfung ausgeschlossen.

macht, in dem Verfahren nach diesem Abschnitt die Feststellung beantragen, dass die Entscheidung anzuerkennen ist.

(3) Wird die Anerkennung in einem Rechtsstreit vor dem Gericht eines Mitgliedstaats, dessen Entscheidung von der Anerkennung abhängt, verlangt, so kann dieses Gericht über die Anerkennung entscheiden.

1 Das Vollstreckbarerklärungsverfahren entfällt für Entscheidungen aus jenen Mitgliedstaaten, deren Gerichte bzw Behörden das HUP 2007 anzuwenden haben (Art. 17–22).[1] Dagegen müssen Entscheidungen aus Mitgliedstaaten, in denen das HUP 2007 nicht gilt (derzeit Dänemark und das Vereinigte Königreich),[2] vor ihrer Vollstreckung im Vollstreckungsmitgliedstaat **für vollstreckbar erklärt werden** (s. Art. 16 Rn 3).[3] Gemäß Art. 75 Abs. 2 gilt der Abschnitt weiters für Titel aus vor dem 18.6.2011 eingeleitete Verfahren (s. Art. 16 Rn 3).[4]

2 Das **Exequaturverfahren (Art. 23–38)** entspricht weitgehend dem Verfahren nach den Art. 33–52 Brüssel I-VO (vgl ErwGr. 44). Angesichts des eingeschränkten räumlichen Anwendungsbereichs hält sich die praktische Bedeutung der Bestimmungen des Abschnitts 2 auf längere Sicht in Grenzen;[5] eine größere Rolle spielt der Abschnitt 2 für Titel aus vor dem 18.6.2011 eingeleiteten Verfahren (Art. 75 Abs. 2).

3 Parallel zur Anerkennung und Vollstreckbarerklärung nach den Art. 23–38 steht für Titel aus dem Vereinigten Königreich noch der Weg über die **EuVTVO** zur Verfügung (Art. 68 Abs. 2). Dänemark ist nicht Mitgliedstaat iSd EuVTVO (Art. 2 Abs. 3 EuVTVO).[6]

4 Art. 23 entspricht fast wortwörtlich dem Art. 33 Brüssel I-VO; inhaltliche Abweichungen gibt es nicht.

5 **Abs. 1** statuiert **keine anderen Rechtsfolgen als Art. 17** Abs. 1 für Entscheidungen aus Staaten, die durch das HUP 2007 gebunden sind. Allerdings ist im Anwendungsbereich des Art. 17 – im Unterschied zur Brüssel I-VO (s. Art. 33 Brüssel I-VO Rn 15) – kein selbständiges Anerkennungsfeststellungsverfahren vorgesehen (s. Art. 17 Rn 7).[7]

6 Bedeutung hat die (bloße) **Anerkennung** vor allem für Entscheidungen iSd Definition in Art. 2 Abs. 1 Nr. 1, die nicht für vollstreckbar erklärt werden können, speziell für **abweisende Entscheidungen**[8] oder negative Feststellungsentscheidungen;[9] auch an ihre Einmaligkeits- und Bindungswirkung ist der Europäische Justizraum gebunden (s. Vor EuUntVO Rn 5 und Art. 16 Rn 14).[10] Ebenso wie in der Brüssel Ia-VO können aber auch solche Entscheidungen in einem formellen

---

1 So bereits der Entwurf des Rates vom 21.10.2008, 14066/08, JUSTCIV 216.
2 Vgl ABl. L 331 vom 16.12.2009, S. 17 (Art. 3); vgl auch *Botur*, FPR 2010, 519, 522; zur Statustabelle s. http://www.hcch.net/index_de.php?act=conventions.status2&cid=133.
3 Umgekehrt sind deutsche Entscheidungen in Dänemark und im Vereinigten Königreich nach Maßgabe von Art. 17 ff ohne Weiteres ipso iure anzuerkennen und zu vollstrecken: *Junker*, in: FS Simotta, S. 263, 272; MüKo-FamFG/*Lipp*, Vor Art. 23 ff EG-UntVO Rn 1.
4 Burgstaller/Neumayr u.a./*Weber*, IZVR, Art. 23 EuUntVO Rn 1; Fasching/Konecny/*Fucik*, Kommentar V/2, Vor Art. 23 EuUVO Rn 1; Geimer/Schütze/*Hilbig*, IRV, Vor Art. 23–38 VO Nr. 4/2009 Rn 1; *Junker*, in: FS Simotta, S. 263, 272.
5 Fasching/Konecny/*Fucik*, Kommentar V/2, Vor Art. 23 EuUVO Rn 1.
6 Geimer/Schütze/*Hilbig*, IRV, Vor Art. 23–38 VO Nr. 4/2009 Rn 1.
7 Rauscher/*Andrae*/*Schimrick*, EuZPR/EuIPR IV, Art. 17 EG-UntVO Rn 2.
8 S. *Gruber*, IPRax 2010, 128, 136.
9 Gebauer/Wiedmann/*Bittmann*, Zivilrecht, Kap. 36 Rn 132.
10 Fasching/Konecny/*Fucik*, Kommentar V/2, Art. 23 EuUVO Rn 3.

Verfahren anerkannt werden, die an sich einer Vollstreckung zugänglich wären; Anerkennungsverfahren und Vollstreckbarerklärungsverfahren schließen einander nach hM nicht aus.[11]

In einem **selbständigen Anerkennungsverfahren** (**Abs. 2**) kann sowohl ein **positives** als auch ein **negatives Anerkennungsbegehren** gestellt werden (s. Art. 33 Brüssel I-VO Rn 17);[12] Letzteres ist auf die Feststellung gerichtet, dass die Entscheidung nicht anerkannt wird, weil Anerkennungsversagungsgründe vorliegen. Zur **Zuständigkeit** für ein selbständiges Anerkennungsverfahren s. § 35 AUG. 7

Wird die Anerkennung **als Vorfrage** in einem anderen Verfahren geltend gemacht (**Abs. 3**), hat das mit der Hauptfrage befasste Gericht darüber zu entscheiden. Die Entscheidung über die Vorfrage entfaltet aber keine Bindungswirkung für Folgeverfahren, außer die Vorfrage würde zum Gegenstand einer Zwischenfeststellung (§ 256 Abs. 2 ZPO) gemacht.[13] 8

Artikel 24 Gründe für die Versagung der Anerkennung

Eine Entscheidung wird nicht anerkannt,
a) wenn die Anerkennung der öffentlichen Ordnung (ordre public) des Mitgliedstaats, in dem sie geltend gemacht wird, offensichtlich widersprechen würde. Die Vorschriften über die Zuständigkeit gehören nicht zur öffentlichen Ordnung (ordre public);
b) wenn dem Antragsgegner, der sich in dem Verfahren nicht eingelassen hat, das verfahrenseinleitende Schriftstück oder ein gleichwertiges Schriftstück nicht so rechtzeitig und in einer Weise zugestellt worden ist, dass er sich verteidigen konnte, es sei denn, der Antragsgegner hat gegen die Entscheidung keinen Rechtsbehelf eingelegt, obwohl er die Möglichkeit dazu hatte;
c) wenn sie mit einer Entscheidung unvereinbar ist, die zwischen denselben Parteien in dem Mitgliedstaat, in dem die Anerkennung geltend gemacht wird, ergangen ist;
d) wenn sie mit einer früheren Entscheidung unvereinbar ist, die in einem anderen Mitgliedstaat oder in einem Drittstaat zwischen denselben Parteien in einem Rechtsstreit wegen desselben Anspruchs ergangen ist, sofern die frühere Entscheidung die notwendigen Voraussetzungen für ihre Anerkennung in dem Mitgliedstaat erfüllt, in dem die Anerkennung geltend gemacht wird.

Eine Entscheidung, die bewirkt, dass eine frühere Unterhaltsentscheidung aufgrund geänderter Umstände geändert wird, gilt nicht als unvereinbare Entscheidung im Sinne der Buchstaben c oder d.

Die in Art. 24 vorgesehenen Ausnahmen von dem in Art. 23 verankerten Grundsatz der ipso iure-Anerkennung entsprechen inhaltlich weitgehend den Art. 34–36 Brüssel I-VO, weshalb auf die Kommentierung dieser Bestimmungen verwiesen werden kann. In der Praxis spielen die Anerkennungsversagungsgründe – ebenso wie im Anwendungsbereich der Brüssel I-VO – die wesentliche Rolle im Vollstreckbarerklärungsverfahren. Ebenso wie im Anwendungsbereich der Brüs- 1

---

11 Burgstaller/Neumayr u.a./*Weber*, IZVR, Art. 23 EuUntVO Rn 7.
12 Sehr str; dafür etwa *Gruber*, IPRax 2010, 128, 136; Burgstaller/Neumayr u.a./*Weber*, IZVR, Art. 23 EuUntVO Rn 8; aA etwa Prütting/Helms/*Hau*, FamFG, Anhang 3 zu § 110 FamFG Rn 114.
13 Burgstaller/Neumayr u.a./*Weber*, IZVR, Art. 23 EuUntVO Rn 9; Gebauer/Wiedmann/*Bittmann*, Zivilrecht, Kap. 36 Rn 133.

sel I-VO (Art. 41 Brüssel I-VO) sind sie im Verfahren erster Instanz **nicht von Amts wegen** wahrzunehmen (vgl Art. 30 S. 2). Im Hinblick darauf, dass Anerkennungsversagungsgründe nicht zur Disposition der Beteiligten stehen, kann und muss das Rechtsmittelgericht aus Anlass der Erhebung eines Rechtsbehelfs durch den Schuldner auch Versagungsgründe prüfen, die im Rechtsbehelf nicht geltend gemacht worden waren.[1]

2 Für den Anwendungsbereich der EuUntVO ist die Aufzählung in Art. 24 grds. **taxativ**; weitere im Vollstreckungsmitgliedstaat (ausnahmsweise von Amts wegen wahrzunehmende) Versagungsgründe können sich aber aus dem Völkerrecht (zB Immunität)[2] oder aus dem fehlenden Anwendungsbereich der Verordnung ergeben (s. Art. 16 Rn 9 und Art. 17 Rn 11).

3 Da die Verweigerungsgründe ein Hindernis für die Verwirklichung eines der grundlegenden Ziele der Verordnung – des freien Entscheidungsverkehrs – darstellen, sind sie **eng auszulegen**.[3] Bei der Prüfung der Nichtanerkennungsgründe gilt das **Verbot der révision au fond** (Art. 42).

4 Zur Effektuierung des **Verbots der Nachprüfung der Zuständigkeit des Ursprungsmitgliedstaats** im Vollstreckungsmitgliedstaat wurde in lit. a der erklärende Zusatz aufgenommen, dass die Vorschriften über die Zuständigkeit des Ursprungsmitgliedstaats **nicht** unter dem ordre public-Vorbehalt stehen (vgl Art. 35 Abs. 3 S. 2 Brüssel I-VO [entspricht Art. 45 Abs. 3 S. 2 Brüssel Ia-VO]). So wie im Anwendungsbereich der Brüssel I-VO/Brüssel Ia-VO obliegt es allein den Gerichten des Ursprungsmitgliedstaats, für die Einhaltung der Zuständigkeitsvorschriften der EuUntVO zu sorgen, ohne dass es eine nachprüfende Kontrolle der Zuständigkeit des Ursprungsmitgliedstaats im Vollstreckungsmitgliedstaat gäbe, selbst wenn die Zuständigkeit zu Unrecht angenommen wurde.[4] Für den Schuldner ergibt sich aus dem Verbot der Nachprüfung der Zuständigkeit eine erhebliche Verteidigungslast im Urteilsstaat.[5]

5 In Bezug auf **unvereinbare Entscheidungen** iSd **lit. c und d** fällt auf, dass nicht die Wertungen des Art. 21 Abs. 2 U.Abs. 2 übernommen werden, die das Ermessen des Richters beim Vorrang in den Mittelpunkt stellen, sondern dass das (nicht unkritisch beurteilte) Konzept der Brüssel I-VO, das auf einen strikten Vorrang der inländischen Entscheidung im Anerkennungsmitgliedstaat (lit. c) bzw bei einer Entscheidung aus einem anderen Staat (lit. d) auf die zeitliche Priorität abstellt,[6] fortgeschrieben wird.[7]

6 **Unvereinbare Entscheidungen** iSd lit. c und d liegen jedenfalls dann vor, wenn sie sich auf dieselben Personen und denselben Unterhaltsanspruchszeitraum beziehen.[8] Darüber hinaus kann auch eine inländische oder anzuerkennende Statusentscheidung (Scheidung, Abstammung, Adoption) einer ausländischen Unterhaltsentscheidung entgegenstehen (s. Art. 21 Rn 15).[9]

---

1 Prütting/Helms/*Hau*, FamFG, Anhang 3 zu § 110 FamFG Rn 116.
2 *Kropholler/v. Hein*, EuZPR, vor Art. 33 EuGVO Rn 5.
3 EuGH 2.6.1994 – Rs. C-414/92 (*Solo Kleinmotoren/Boch*), Slg 1994, I-2237; EuGH 28.3.2000 – Rs. C-7/98 (*Krombach/Bamberski*), Slg 2000, I-1935; MüKo-FamFG/*Lipp*, Art. 24 EG-UntVO Rn 1.
4 Prütting/Helms/*Hau*, FamFG, Anhang 3 zu § 110 FamFG Rn 125.
5 *Nimmerrichter*, Handbuch internationales Unterhaltsrecht, Rn 136; Prütting/Helms/ *Hau*, FamFG, Anhang 3 zu § 110 FamFG Rn 125.
6 Geimer/Schütze/*Hilbig*, IRV, Art. 24 VO Nr. 4/2009 Rn 10.
7 Geimer/Schütze/*Hilbig*, IRV, Art. 24 VO Nr. 4/2009 Rn 8.
8 Geimer/Schütze/*Hilbig*, IRV, Art. 24 VO Nr. 4/2009 Rn 10.
9 Rauscher/*Andrae*, EuZPR/EuIPR IV, Art. 21 EG-UntVO Rn 22.

Im Hinblick auf die Unterhaltsentscheidungen innewohnende **Umstandsklausel** ist auf wesentliche Änderungen der tatsächlichen oder rechtlichen[10] Verhältnisse mit einer **neuen Entscheidung** zu reagieren. Da eine solche neue Entscheidung nicht gegen, sondern neben die frühere Entscheidung tritt (die frühere Entscheidung fällt ja nicht gänzlich weg, sondern gilt ab einem bestimmten Zeitpunkt nicht mehr),[11] bestimmt der **Schlusssatz des Art. 24**, dass die neue Entscheidung keine „unvereinbare Entscheidung" iSd lit. c und d ist (s. auch Art. 21 Rn 16). Mit anderen Worten kann die Abänderungsentscheidung ohne Probleme mit der Unvereinbarkeit im Vollstreckungsmitgliedstaat anerkannt werden. Allzu häufig wird dieser Fall allerdings im Hinblick auf die Zuständigkeitsvorschrift des Art. 8, die die Abänderung im Ursprungsmitgliedstaat in den Vordergrund rückt, nicht auftreten.

Artikel 25 Aussetzung des Anerkennungsverfahrens

Das Gericht eines Mitgliedstaats, vor dem die Anerkennung einer Entscheidung geltend gemacht wird, die in einem Mitgliedstaat ergangenen ist, der nicht durch das Haager Protokoll von 2007 gebunden ist, setzt das Verfahren aus, wenn die Vollstreckung der Entscheidung im Ursprungsmitgliedstaat wegen der Einlegung eines Rechtsbehelfs einstweilen eingestellt ist.

Art. 25 entspricht im Wesentlichen einer Kombination der Abs. 1 und 2 des Art. 37 Brüssel I-VO, mit der Maßgabe, dass die Aussetzung zwingend vorgeschrieben und **nicht** in das **Ermessen** des Gerichts im Vollstreckungsmitgliedstaat gestellt ist.[1]

Art. 25 betrifft (nur) **Inzidentanerkennungen**.[2] Eine Parallelnorm findet sich in Art. 35, die dann eingreift, wenn ein Rechtsbehelf gegen die Anerkennung in einem selbständigen Anerkennungsverfahren oder gegen die Vollstreckbarerklärung eingelegt wird.[3] Die verba legalia sind in beiden Normen ident („setzt das Verfahren aus, wenn die Vollstreckung der Entscheidung im Ursprungsmitgliedstaat wegen der Einlegung eines Rechtsbehelfs einstweilen eingestellt ist").

Die „einstweilige Einstellung" der Vollstreckung der Entscheidung im Ursprungsmitgliedstaat ist missverständlich. Typischerweise ist im Ursprungsmitgliedstaat ja gerade kein Vollstreckungsverfahren anhängig. Gemeint ist die **vorläufige Beseitigung der Vollstreckbarkeit der Entscheidung im Ursprungsmitgliedstaat,** wie andere Sprachfassungen zeigen (engl.: *„if the enforceability of the decision is suspended";* frz.: *„si la force exécutoire de la décision est suspendue").* Diese vorläufige Beseitigung der Vollstreckbarkeit muss **kausal** auf der Einlegung eines Rechtsbehelfs im Ursprungsmitgliedstaat beruhen.[4]

---

10 Wendl/*Dose*, Das Unterhaltsrecht in der familienrichterlichen Praxis, 8. Aufl. 2011, § 9 Rn 684.
11 Fasching/Konecny/*Fucik*, Kommentar V/2, Art. 24 EuUVO Rn 4.
1 Rauscher/*Andrae*, EuZPR/EuIPR IV, Vorbem. Artt. 23 ff EG-UntVO Rn 4–6.
2 Gebauer/Wiedmann/*Bittmann*, Zivilrecht, Kap. 36 Rn 139; aA MüKo-FamFG/*Lipp*, Art. 25 EG-UntVO Rn 5 (Anwendung des Art. 25 auch auf das selbständige Anerkennungsverfahren).
3 Gebauer/Wiedmann/*Bittmann*, Zivilrecht, Kap. 36 Rn 139; Prütting/Helms/*Hau*, FamFG, Anhang 3 zu § 110 FamFG Rn 126.
4 Geimer/Schütze/*Hilbig*, IRV, Art. 25 VO Nr. 4/2009 Rn 4; MüKo-FamFG/*Lipp*, Art. 25 EG-UntVO Rn 3.

Artikel 26 Vollstreckbarkeit

Eine Entscheidung, die in einem Mitgliedstaat ergangen ist, der nicht durch das Haager Protokoll von 2007 gebunden ist, die in diesem Staat vollstreckbar ist, wird in einem anderen Mitgliedstaat vollstreckt, wenn sie dort auf Antrag eines Berechtigten für vollstreckbar erklärt worden ist.

1 Art. 26 ist die zentrale Bestimmung des Abschnitts 2: Während für Entscheidungen aus einem Mitgliedstaat, der durch das HUP 2007 gebunden ist, nach Art. 17 keine Vollstreckbarerklärung notwendig ist, statuiert Art. 26 für Entscheidungen aus nicht durch das HUP 2007 gebundenen Staaten, dass als Voraussetzung für die Vollstreckung das der Brüssel-I VO entsprechende Vollstreckbarerklärungsverfahren als Zwischenverfahren einzuhalten ist. Die Vollstreckbarerklärung eines ausländischen Unterhaltstitels in Deutschland erfolgt dadurch, dass er mit der Vollstreckungsklausel versehen wird (§ 36 Abs. 1 AUG).

2 Art. 26 entspricht Art. 38 Abs. 1 Brüssel I-VO. Die für vollstreckbar zu erklärende Entscheidung muss im Ursprungsmitgliedstaat noch nicht rechtskräftig, wohl aber **vollstreckbar** sein, wobei vorläufige Vollstreckbarkeit bzw sofortige Wirksamkeit ausreicht (vgl Art. 39).[1] Zu den Anforderungen an die **Bestimmtheit** des ausländischen Titels s. Art. 41 Rn 5.

3 Die Vollstreckbarerklärung setzt einen **Antrag** des Gläubigers – ggf auch einer öffentliche Aufgaben wahrnehmenden Einrichtung (Art. 64) – voraus (s. auch § 36 AUG). Das zuständige Gericht ergibt sich aus Art. 27 und § 35 AUG. Ist ein in Deutschland einlangender Antrag nicht in deutscher Sprache verfasst, kann das Gericht eine Übersetzung des Antrags verlangen (§ 36 Abs. 3 AUG). Dem Antrag sind die in Art. 28 genannten **Schriftstücke anzuschließen**. Der für vollstreckbar zu erklärende Titel ist in einer Ausfertigung möglichst mit zwei Abschriften, ggf auch der Übersetzung, vorzulegen (§ 36 Abs. 4 AUG).

4 Im ersten Rechtszug ist **keine anwaltliche Vertretung** erforderlich (§ 38 Abs. 2 AUG). Die Regelungen über den **Zustellungsempfänger** (§ 37 Abs. 1 und 2 AUG) gelten im Hinblick auf Art. 41 Abs. 2 (s. Art. 41 Rn 9 ff) nicht für Titel im Anwendungsbereich der EuUntVO (§ 37 Abs. 3 AUG).

5 Die Entscheidung über den Exequaturantrag ergeht grds. ohne mündliche Verhandlung (§ 38 Abs. 1 AUG); sie wird mit Bekanntgabe an die Beteiligten wirksam (§ 40 Abs. 3 AUG).

6 Besonderheiten von aufschiebenden Bedingungen und der Rechtsnachfolge auf Gläubiger- und Schuldnerseite regelt § 39 AUG; für die Beurteilung ist das Recht anzuwenden, unter dem der Titel errichtet wurde (§ 39 Abs. 1 S. 1 AUG). Grundsätzlich ist der **Nachweis** durch Urkunden zu führen; ist dies nicht möglich, so kann auch der **Antragsgegner gehört** werden (s. näher § 39 Abs. 2 AUG).

Artikel 27 Örtlich zuständiges Gericht

(1) Der Antrag auf Vollstreckbarerklärung ist an das Gericht oder an die zuständige Behörde des Vollstreckungsmitgliedstaats zu richten, das beziehungsweise die der Kommission von diesem Mitgliedstaat gemäß Artikel 71 notifiziert wurde.

---

1 *Kropholler/v. Hein*, EuZPR, Art. 38 Rn 10; Prütting/Helms/*Hau*, FamFG, Anhang 3 zu § 110 FamFG Rn 128.

(2) Die örtliche Zuständigkeit wird durch den Ort des gewöhnlichen Aufenthalts der Partei, gegen die die Vollstreckung erwirkt werden soll, oder durch den Ort, an dem die Vollstreckung durchgeführt werden soll, bestimmt.

Art. 27 entspricht inhaltlich dem Art. 39 Brüssel I-VO. Anders als Art. 39 Abs. 2 Brüssel I-VO stellt **Abs. 2 1. Alt.** nicht auf den Wohnsitz, sondern auf den **gewöhnlichen Aufenthalt** des Schuldners zum Zeitpunkt der Antragstellung ab. „Kindbezogen" findet sich der Begriff des gewöhnlichen Aufenthalts bspw in Art. 8 Brüssel IIa-VO. Nach der Rspr des EuGH zu dieser Bestimmung ist er ausschließlich anhand der **tatsächlichen Umstände des Einzelfalls** zu bestimmen;[1] zentral ist eine gewisse soziale und familiäre Integration des Kindes, ohne dass auf eine Mindestdauer abgestellt wird. Als Kriterien für diese Integration des Kindes zieht der EuGH insb. die Dauer, die Regelmäßigkeit und die Umstände des Aufenthalts in einem Mitgliedstaat sowie die Gründe für diesen Aufenthalt und den Umzug der Familie in diesen Staat, die Staatsangehörigkeit des Kindes, Ort und Umstände der Einschulung, die Sprachkenntnisse sowie die familiären und sozialen Bindungen des Kindes in dem betreffenden Staat heran. Letztlich überlässt es der EuGH dem nationalen Gericht, unter Bedachtnahme auf alle tatsächlichen Umstände des Einzelfalls den gewöhnlichen Aufenthalt des Kindes festzustellen.[2] 1

Der alternativ zur Verfügung stehende Ort, an dem die **Vollstreckung durchgeführt** werden soll, ist derjenige, an dem nach dem Willen des Gläubigers in das Vermögen des Schuldners vollstreckt werden soll. Ob dort die Vollstreckung voraussichtlich erfolgreich sein wird, ist für die Frage der Zuständigkeit ohne Bedeutung.[3] 2

Art. 27 spricht ausdrücklich nur die örtliche Zuständigkeit an; die Regelung der **sachlichen und funktionalen Zuständigkeit** wird dem mitgliedstaatlichen Recht überlassen.[4] Die **internationale Zuständigkeit** für die Vollstreckbarerklärung liegt „aus der Natur der Sache" in dem Staat, in dem die Vollstreckbarerklärung begehrt wird.[5] 3

Im **deutschen Recht** regelt § 35 AUG die Zuständigkeit für die Vollstreckbarerklärung. Sachlich ist ausschließlich das Amtsgericht als Familiengericht zuständig (§ 35 Abs. 1 AUG). Örtlich zuständig ist das Amtsgericht, das für den Sitz des OLG zuständig ist, in dessen Zuständigkeitsbezirk der Vollstreckungsschuldner seinen gewöhnlichen Aufenthalt hat oder die Vollstreckung durchgeführt werden soll (§ 35 Abs. 1 S. 1 AUG). Funktionell zuständig ist der Richter, nicht der Rechtspfleger. Für die Vollstreckbarerklärung von notariellen Urkunden sind neben den Gerichten auch die Notare zuständig, wobei auf das Verfahren die für die Gerichte geltenden Vorschriften entsprechende Anwendung finden (§ 35 Abs. 3 AUG). 4

---

1 EuGH 2.4.2009 – Rs. C-523/07 (A), Slg 2009, I-2805 = FamRZ 2009, 843 = NJW 2009, 1868.
2 S. auch Gebauer/Wiedmann/*Frank*, Zivilrecht, Kap. 29 Art. 1 EuEheVO Rn 24; Geimer/Schütze/*Geimer*, EuZVR, Art. 3 VO (EG) Nr. 2201/2003 Rn 31.
3 Gebauer/Wiedmann/*Bittmann*, Zivilrecht, Kap. 36 Rn 147; MüKo-FamFG/*Lipp*, Art. 27 EG-UntVO Rn 4.
4 Gebauer/Wiedmann/*Bittmann*, Zivilrecht, Kap. 36 Rn 144 f.
5 *Conti*, Durchsetzung von Unterhaltsansprüchen, S. 180.

Artikel 28 Verfahren

(1) Dem Antrag auf Vollstreckbarerklärung sind folgende Schriftstücke beizufügen:

a) eine Ausfertigung der Entscheidung, die die für ihre Beweiskraft erforderlichen Voraussetzungen erfüllt,

b) einen durch das Ursprungsgericht unter Verwendung des Formblatts in Anhang II erstellten Auszug aus der Entscheidung, unbeschadet des Artikels 29;

c) gegebenenfalls eine Transskript oder eine Übersetzung des Inhalts des in Buchstabe b genannten Formblatts in die Amtssprache des Vollstreckungsmitgliedstaats oder – falls es in diesem Mitgliedstaat mehrere Amtssprachen gibt – nach Maßgabe des Rechts dieses Mitgliedstaats – in die oder eine der Verfahrenssprachen des Ortes, an dem der Antrag gestellt wird, oder in eine sonstige Sprache, die der Vollstreckungsmitgliedstaat für zulässig erklärt hat. Jeder Mitgliedstaat kann angeben, welche Amtssprache oder Amtssprachen der Organe der Europäischen Union er neben seiner oder seinen eigenen für das Ausfüllen des Formblatts zulässt.

(2) Das Gericht oder die zuständige Behörde, bei dem beziehungsweise bei der der Antrag gestellt wird, kann vom Antragsteller nicht verlangen, dass dieser eine Übersetzung der Entscheidung vorlegt. Eine Übersetzung kann jedoch im Rahmen des Rechtsbehelfs nach Artikel 32 oder Artikel 33 verlangt werden.

(3) Eine Übersetzung aufgrund dieses Artikels ist von einer Person zu erstellen, die zur Anfertigung von Übersetzungen in einem der Mitgliedstaaten befugt ist.

1 Anders als die meisten übrigen Vorschriften dieses Abschnitts, der für Entscheidungen aus nicht durch das HUP 2007 gebundene Mitgliedstaaten (Dänemark, Vereinigtes Königreich) gilt, beruht Art. 28 nicht auf einem Vorbild in der Brüssel I-VO; vielmehr entspricht die Regelung weitgehend dem Art. 20 („Schriftstücke zum Zweck der Vollstreckung"). Es überrascht, warum die beiden Bestimmungen sowie die Parallelbestimmung in Art. 40 nicht gleich überschrieben sind. Zum Inhalt kann auf die Kommentierung zu Art. 20 verwiesen werden. **Ziel der Norm** ist ebenfalls die Erleichterung der grenzüberschreitenden Vollstreckung, indem verstärkt auf den Einsatz von **Formblättern** gesetzt wird.[1]

2 Die Vorlage der in Abs. 1 – abschließend[2] – angeführten Schriftstücke ist an sich **zwingend** (s. Art. 20 Rn 3). Anders als bei Art. 20[3] gewährt allerdings Art. 29 dem Gericht für den Fall, dass der Gläubiger den Auszug aus der Entscheidung nicht mittels des Formblatts in Anhang II vorgelegt hat, mehrere Handlungsalternativen. So kann es sich etwa mit einem gleichwertigen Schriftstück begnügen oder überhaupt von der Vorlage des Auszugs absehen, etwa dann, wenn die Entscheidung bereits in einer Amtssprache des Vollstreckungsmitgliedstaats vorliegt.[4]

3 Die Ausfertigung der Entscheidung ist für das erstinstanzliche Vollstreckbarerklärungsverfahren **nicht zu übersetzen**; im Rechtsbehelfsverfahren kann das Gericht bei entsprechendem Erfordernis vom Antragsteller eine Übersetzung anfordern, die den Anforderungen des Abs. 3 entspricht.[5]

---

1 Gebauer/Wiedmann/*Bittmann*, Zivilrecht, Kap. 36 Rn 148.
2 Gebauer/Wiedmann/*Bittmann*, Zivilrecht, Kap. 36 Rn 149.
3 *Conti*, Durchsetzung von Unterhaltsansprüchen, S. 169 bezeichnet die Differenzierung als rätselhaft.
4 Gebauer/Wiedmann/*Bittmann*, Zivilrecht, Kap. 36 Rn 155.
5 *Conti*, Durchsetzung von Unterhaltsansprüchen, S. 168; Fasching/Konecny/*Fucik*, Kommentar V/2, Art. 28 EuUVO Rn 4.

An die Stelle der Bescheinigung nach Art. 55 Brüssel I-VO tritt im Unterhaltsbereich ein **Auszug aus der Entscheidung** (Abs. 1 lit. b), vor allem um eine fremdsprachige Entscheidung leichter erfassbar zu machen und eine kostenintensive Übersetzung zu ersparen (s. Art. 20 Rn 16).[6] Der Auszug muss in einer Amtssprache der EU verfasst sein (s. Art. 20 Rn 4).[7] Zur Zuständigkeit für die Ausstellung des Formblatts s. Art. 20 Rn 13. „Echte" **Übersetzungen** fallen beim Formblatt nur selten an, weil idR das Ausfüllen von Namen und Daten ausreicht (s. Art. 20 Rn 16).[8] Unter **Transkript** (Transliteration) ist die Übertragung in eine andere Schrift zu verstehen, zB aus dem griechischen Alphabet (Griechenland, Zypern) oder dem kyrillischen Alphabet (Bulgarien) in das lateinische Alphabet (s. Art. 20 Rn 16).[9]

Im Vergleich zu Art. 20 fehlt in Art. 28 der Hinweis auf die Möglichkeit der Vorlage eines Schriftstücks, aus dem die Höhe der Zahlungsrückstände und das Datum der Berechnung hervorgehen (Art. 20 Abs. 1 lit. c). Der Zweck dieses Schriftstücks ist damit zu erklären, dass im Fall des Art. 20 der ausländische Titel ohne vorherige Vollstreckbarerklärung durchzusetzen ist (vgl Art. 20 Rn 17); im Fall einer Vollstreckbarerklärung kann sich das Vollstreckungsorgan an deren Inhalt orientieren.[10]

Artikel 29 Nichtvorlage des Auszugs

(1) Wird der Auszug nach Artikel 28 Absatz 1 Buchstabe b nicht vorgelegt, so kann das Gericht oder die zuständige Behörde eine Frist bestimmen, innerhalb deren er vorzulegen ist, oder sich mit einem gleichwertigen Schriftstück begnügen oder von der Vorlage des Auszugs befreien, wenn es eine weitere Klärung nicht für erforderlich hält.

(2) In dem Fall nach Absatz 1 ist auf Verlangen des Gerichts oder der zuständigen Behörde eine Übersetzung der Schriftstücke vorzulegen. Die Übersetzung ist von einer Person zu erstellen, die zur Anfertigung von Übersetzungen in einem der Mitgliedstaaten befugt ist.

Art. 29 entspricht inhaltlich dem Art. 55 Brüssel I-VO. Anders als bei Art. 20 gewährt **Abs. 1** dem Gericht für den Fall der Nichtvorlage des Formblatts aus Anhang II mehrere – abschließend aufgezählte und nicht in einer Rangfolge stehende[1] – **Handlungsalternativen**, bis hin zum Absehen von der Vorlage des Auszugs.[2] Die Nichtvorlage führt also nicht zwingend zur sofortigen Zurückweisung des Antrags auf Vollstreckbarerklärung. Sinn und Zweck der Regelung ist die Vermeidung eines übertriebenen Formalismus.[3]

Nach **Abs. 2** kann das Gericht im Vollstreckungsmitgliedstaat dann, wenn es nicht auf der Vorlage des Auszugs besteht, eine Übersetzung der vorgelegten Dokumente verlangen. Zweck der Art. 28 und 29 ist ja, dass das Gericht und die

---

6 Fasching/Konecny/*Fucik*, Kommentar V/2, Art. 28 EuUVO Rn 2.
7 Fasching/Konecny/*Fucik*, Kommentar V/2, Art. 28 EuUVO Rn 3.
8 Fasching/Konecny/*Fucik*, Kommentar V/2, Art. 40 EuUVO Rn 3.
9 Fasching/Konecny/*Fucik*, Kommentar V/2, Art. 40 EuUVO Rn 3.
10 Vgl MüKo-FamFG/*Lipp*, Art. 28 EG-UntVO Rn 4.
1 Gebauer/Wiedmann/*Bittmann*, Zivilrecht, Kap. 36 Rn 154.
2 Nach Gebauer/Wiedmann/*Bittmann*, Zivilrecht, Kap. 36 Rn 155, kommt diese Alternative vor allem dann in Betracht, wenn bereits der Entscheidung die erforderlichen Angaben entnommen werden können.
3 *Conti*, Durchsetzung von Unterhaltsansprüchen, S. 169; MüKo-FamFG/*Lipp*, Art. 29 EG-UntVO Rn 2.

Parteien Kenntnis vom Inhalt der Entscheidung haben. Daher darf der Antrag auf Vollstreckbarerklärung nicht zurückgewiesen werden, solange der Gläubiger bereit ist, eine Übersetzung der Entscheidung beizubringen.[4]

Artikel 30 Vollstreckbarerklärung

Sobald die in Artikel 28 vorgesehenen Förmlichkeiten erfüllt sind, spätestens aber 30 Tage nachdem diese Förmlichkeiten erfüllt sind, es sei denn, dies erweist sich aufgrund außergewöhnlicher Umstände als nicht möglich, wird die Entscheidung für vollstreckbar erklärt, ohne dass eine Prüfung gemäß Artikel 24 erfolgt. Die Partei, gegen die die Vollstreckung erwirkt werden soll, erhält in diesem Abschnitt des Verfahrens keine Gelegenheit, eine Erklärung abzugeben.

1 Art. 30 beruht auf Art. 41 Brüssel I-VO, bringt aber insofern eine – in ErwGr. 26 letzter Satz angesprochene – Neuerung, als für den Regelfall eine **Höchstfrist von dreißig Tagen** für die Entscheidung über den Antrag auf Vollstreckbarerklärung vorgesehen ist; in Art. 41 S. 1 Brüssel I-VO heißt es, dass die Entscheidung „unverzüglich für vollstreckbar erklärt" wird. Maßgebend für die Fristberechnung ist nach ErwGr. 41 die Verordnung (EWG, Euratom) Nr. 1182/71 des Rates vom 3. Juni 1971 zur Festlegung der Regeln für die Fristen, Daten und Termine[1] (s. Art. 19 Rn 17). Sanktionen für die Nichteinhaltung der Höchstfrist sind in der EuUntVO nicht vorgesehen; bei Untätigkeit des Gerichts ist der Antragsteller auf den Rechtsschutz nach dem nationalen Verfahrensrecht angewiesen. Als unionsrechtliche Sanktion droht höchstens ein Vertragsverletzungsverfahren.[2]

2 Sonderliche Probleme sollte die Dreißig-Tage-Frist nicht bereiten, handelt es sich doch beim erstinstanzlichen Exequaturverfahren regelmäßig um ein reines Aktenverfahren ohne Anhörungen und Erhebungen, das der Klauselerteilung ähnelt;[3] die Erkenntnisgrundlagen und Prüfungskompetenzen sind im Interesse der Beschleunigung **beschränkt**.[4] Der Schuldner ist mit seinen Einwendungen auf den Rechtsbehelf verwiesen.[5] Angesichts des Zwecks ist der **Ausnahmetatbestand der außergewöhnlichen Umstände** in S. 1 eng auszulegen. Überlastung der zuständigen Stelle, etwa wegen Personalmangels, fällt nicht darunter;[6] die Schwierigkeiten müssen in der Sache selbst begründet sein.[7]

3 Eine **mündliche Verhandlung** vor der Vollstreckbarerklärung ist in § 38 AUG nicht vorgesehen; nur in den in § 39 AUG genannten Sonderfällen kann das Gericht auch den Schuldner einbeziehen, was im Hinblick auf den Zweck des Art. 30 S. 2, den Gläubiger vor Verzögerungen zu schützen, mit dem dort vorgesehenen Anhörungsverbot vereinbar ist.[8] Liegen die Voraussetzungen für die Vollstreckbarerklärung des ausländischen Titels vor, wird er mit Beschluss, dass er mit der Vollstreckungsklausel zu versehen ist, **für vollstreckbar erklärt** (§ 36 Abs. 1, § 40 Abs. 1 S. 1 AUG).

---

4 Gebauer/Wiedmann/*Bittmann*, Zivilrecht, Kap. 36 Rn 156.
1 ABl. L 124 vom 8.6.1971, S. 1 i.d.g.F.
2 Geimer/Schütze/*Hilbig*, IRV, Art. 30 VO Nr. 4/2009 Rn 2.
3 Fasching/Konecny/*Fucik*, Kommentar V/2, Art. 30 EuUVO Rn 3; Gebauer/Wiedmann/ *Bittmann*, Zivilrecht, Kap. 36 Rn 157.
4 MüKo-FamFG/*Lipp*, Art. 30 EG-UntFG Rn 8 und 9.
5 Wendl/*Dose*, Das Unterhaltsrecht in der familienrichterlichen Praxis, 8. Aufl. 2011, § 9 Rn 685.
6 Gebauer/Wiedmann/*Bittmann*, Zivilrecht, Kap. 36 Rn 157.
7 Gebauer/Wiedmann/*Bittmann*, Zivilrecht, Kap. 36 Rn 172.
8 AA *Eichel*, GPR 2011, 193, 195.

Das weitere Verfahren nach der Vollstreckbarerklärung richtet sich (weitgehend) 4
nach innerstaatlichem Recht (s. Art. 41). Die Ausführungsbestimmungen finden
sich vorwiegend im AUG.

Artikel 31 Mitteilung der Entscheidung über den Antrag auf Vollstreckbarerklärung

(1) Die Entscheidung über den Antrag auf Vollstreckbarerklärung wird dem Antragsteller unverzüglich in der Form mitgeteilt, die das Recht des Vollstreckungsmitgliedstaats vorsieht.

(2) Die Vollstreckbarerklärung und, soweit dies noch nicht geschehen ist, die Entscheidung werden der Partei, gegen die die Vollstreckung erwirkt werden soll, zugestellt.

Art. 31 entspricht Art. 42 Brüssel I-VO. Im innerstaatlichen Recht ist die Bekanntgabe der Entscheidung in § 42 AUG geregelt. § 42 Abs. 2 AUG sieht die Zustellung des die Vollstreckbarerklärung ablehnenden Beschlusses an den Antragsteller vor.

Artikel 32 Rechtsbehelf gegen die Entscheidung über den Antrag

(1) Gegen die Entscheidung über den Antrag auf Vollstreckbarerklärung kann jede Partei einen Rechtsbehelf einlegen.

(2) Der Rechtsbehelf wird bei dem Gericht eingelegt, das der betreffende Mitgliedstaat der Kommission nach Artikel 71 notifiziert hat.

(3) Über den Rechtsbehelf wird nach den Vorschriften entschieden, die für Verfahren mit beiderseitigem rechtlichen Gehör maßgebend sind.

(4) Lässt sich die Partei, gegen die die Vollstreckung erwirkt werden soll, in dem Verfahren vor dem mit dem Rechtsbehelf des Antragstellers befassten Gericht nicht ein, so ist Artikel 11 auch dann anzuwenden, wenn die Partei, gegen die die Vollstreckung erwirkt werden soll, ihren gewöhnlichen Aufenthalt nicht im Hoheitsgebiet eines Mitgliedstaats hat.

(5) Der Rechtsbehelf gegen die Vollstreckbarerklärung ist innerhalb von 30 Tagen nach ihrer Zustellung einzulegen. Hat die Partei, gegen die die Vollstreckung erwirkt werden soll, ihren gewöhnlichen Aufenthalt im Hoheitsgebiet eines anderen Mitgliedstaats als dem, in dem die Vollstreckbarerklärung ergangen ist, so beträgt die Frist für den Rechtsbehelf 45 Tage und beginnt von dem Tage an zu laufen, an dem die Vollstreckbarerklärung ihr entweder in Person oder in ihrer Wohnung zugestellt worden ist. Eine Verlängerung dieser Frist wegen weiter Entfernung ist ausgeschlossen.

Art. 32, der einen einheitlichen Rechtsbehelf der Parteien gegen stattgebende und ablehnende Entscheidungen im Exequaturverfahren vorsieht, entspricht großteils dem Art. 43 Brüssel I-VO. Abweichend von der Brüssel I-VO sind die **Fristen** für die Einlegung eines Rechtsbehelfs gestaltet (**Abs. 5**): Hat die Partei, gegen die die Vollstreckung erwirkt werden soll, ihren gewöhnlichen Aufenthalt in dem Mitgliedstaat, in dem die Vollstreckbarkeitsentscheidung ergangen ist, so beträgt die Frist **30 Tage** (Brüssel I-VO: 1 Monat) ab ordnungsgemäßer Zustellung der Vollstreckbarerklärung. Hat sie ihren gewöhnlichen Aufenthalt in einem anderen Mitgliedstaat, beträgt die Frist **45 Tage** (Brüssel I-VO: 2 Monate). Maßgebend für die Fristberechnung ist nach ErwGr. 41 die Verordnung (EWG, Euratom) Nr. 1182/71 des Rates vom 3. Juni 1971 zur Festlegung der Regeln für die Fristen, Daten und Termine[1] (s. Art. 19 Rn 17). Zu beachten ist die schuldnerschützende Einschränkung des Zustellungsmodus auf „in Person oder in der Wohnung", womit öffentliche Zustellungen oder solche nach § 184 ZPO den Lauf der Frist nicht auslösen (s. auch § 43 Abs. 4 S. 2 AUG, wo allerdings die Einschränkung – entgegen dem abschließenden Charakter des Abs. 5 – generell auf Inlandszustellungen ausgedehnt wird).

2 Die Möglichkeit einer Fristerstreckung wegen **weiter Entfernung** ist sowohl nach Art. 43 Abs. 5 letzter Satz Brüssel I-VO als auch nach Abs. 5 letzter Satz ausgeschlossen. Hat die Partei, gegen die die Vollstreckung erwirkt werden soll, ihren gewöhnlichen Aufenthalt in einem **Drittstaat**, so beträgt die Frist – entsprechend der hM zur Brüssel I-VO (s. Art. 43 Brüssel I-VO Rn 16) – **30 Tage** mit der Möglichkeit einer Fristerstreckung wegen weiter Entfernung.[2]

3 Nach hM ist die **Beschwerde des Gläubigers** gegen die Ablehnung der Vollstreckbarerklärung nicht an eine Frist gebunden.[3]

4 In seinem Rechtsbehelf kann der Schuldner das Vorliegen von Anerkennungsversagungsgründen (vgl Art. 34 Abs. 1), aber – über den Wortlaut des Art. 34 Abs. 1 hinaus – auch das Fehlen der Voraussetzungen für die Vollstreckbarerklärung geltend machen.[4] Das aufgrund des Rechtsbehelfs angerufene Gericht ist bei seiner Entscheidung nicht auf die im Rechtsbehelf angesprochenen Gründe beschränkt, sondern kann und muss[5] auch weitere Versagungsgründe prüfen, etwa einen Verstoß gegen den ordre public, soweit sich Anhaltspunkte dafür aus den Akten ergeben (s. Art. 24 Rn 1 und Art. 43 Brüssel I-VO Rn 19).

5 Die Einleitung des Beschwerdeverfahrens ist im deutschen Recht in § 43 AUG geregelt. Einzubringen ist die Beschwerde beim Ausgangsgericht. Zuständig für die Entscheidung über die Beschwerde ist das **Oberlandesgericht**. Für das Beschwerdeverfahren und die Entscheidung über die Beschwerde gilt § 45 AUG. Abs. 3 des Art. 32 verlangt, dass es sich bei dem Verfahren um ein **kontradiktorisches Verfahren** handelt, dh, es ist beiden Parteien effektiv rechtliches Gehör zu gewähren (s. auch Abs. 4 für den Fall, dass sich der Schuldner nicht auf das Verfahren vor dem Beschwerdegericht einlässt). **Anwaltszwang** besteht erst und nur, nachdem eine mündliche Verhandlung angeordnet ist (§ 45 Abs. 2 AUG).

6 Da der EuGH in der Rs C-139/10 entschieden hat, dass die Vollstreckbarerklärung nicht mit Berufung darauf verweigert werden könne, dass der Titelanspruch erfüllt worden sei,[6] wurde der rechtsvernichtende und rechtshemmende Einwendungen zulassende § 44 AUG infolge seiner Unionsrechtswidrigkeit mit dem AU-

---

1 ABl. L 124 vom 8.6.1971, S. 1 i.d.g.F.
2 Fasching/Konecny/*Fucik*, Kommentar V/2, Art. 32 EuUVO Rn 2.
3 *Kropholler/v. Hein*, EuZPR, Art. 43 EuGVO Rn 13; Rauscher/*Mankowski*, EuZPR/EuIPR, Art. 43 Brüssel I-VO Rn 20; *Eichel*, GPR 2011, 193, 197 mit Hinweis auf EuGH 16.2.2006 – Rs. C-3/05 (*Verdoliva/Van der Hoeven*), NJW 2006, 1114 = IPrax 2007, 215 (*Heiderhoff* 202). Für eine Fristsetzungskompetenz im innerstaatlichen Recht (§ 63 Abs. 1 FamFG) Geimer/Schütze/*Geimer*, EuZVR, Art. 43 EuGVVO Rn 4.
4 *Kropholler/v. Hein*, EuZPR, Art. 45 EuGVO Rn 6.
5 Prütting/Helms/*Hau*, FamFG, Anhang 3 zu § 110 FamFG Rn 116.
6 EuGH 13.10.2011 – Rs. C-139/10 (*Prism/Arilco*), NJW 2011, 3506 = EuZW 2011, 869 (*Bach*).

GuaÄndG[7] aufgehoben. Sachliche Einwendungen gegen den Unterhaltstitel sind im Verfahren nach § 66 AUG, § 767 ZPO geltend zu machen.

Artikel 33 Rechtsmittel gegen die Entscheidung über den Rechtsbehelf

Die über den Rechtsbehelf ergangene Entscheidung kann nur im Wege des Verfahrens angefochten werden, das der betreffende Mitgliedstaat der Kommission nach Artikel 71 notifiziert hat.

Art. 33 entspricht Art. 44 Brüssel I-VO. Damit wird den Parteien des Exequaturverfahrens ohne Zulassung ein weiteres Rechtsmittel gegen die Beschwerdeentscheidung eröffnet. 1

Im deutschen Recht regeln § 46 AUG Statthaftigkeit und Frist der **Rechtsbeschwerde** an den BGH, § 47 AUG die Einlegung und Begründung der Rechtsbeschwerde sowie § 48 AUG das Verfahren und die Entscheidung über die Rechtsbeschwerde. Für die Vertretung durch einen Rechtsanwalt gilt § 114 Abs. 2 FamFG. 2

Artikel 34 Versagung oder Aufhebung einer Vollstreckbarerklärung

(1) Die Vollstreckbarerklärung darf von dem mit einem Rechtsbehelf nach Artikel 32 oder Artikel 33 befassten Gericht nur aus einem der in Artikel 24 aufgeführten Gründe versagt oder aufgehoben werden.

(2) Vorbehaltlich des Artikels 32 Absatz 4 erlässt das mit einem Rechtsbehelf nach Artikel 32 befasste Gericht seine Entscheidung innerhalb von 90 Tagen nach seiner Befassung, es sei denn, dies erweist sich aufgrund außergewöhnlicher Umstände als nicht möglich.

(3) Das mit einem Rechtsbehelf nach Artikel 33 befasste Gericht erlässt seine Entscheidung unverzüglich.

Abs. 1 und 2 beruhen auf Art. 45 Abs. 1 Brüssel I-VO, wobei – ähnlich wie in Art. 30 für die Entscheidung über den Antrag auf Vollstreckbarerklärung in erster Instanz (s. Art. 30 Rn 1) – eine 90-Tage-Frist für die Entscheidung durch das zweitinstanzliche Gericht über den Rechtsbehelf festgelegt ist. Zur Fristberechnung s. Art. 19 Rn 17. Die Bezugnahme auf die „außergewöhnlichen Umstände" ist eng auszulegen (s. Art. 30 Rn 2). Die Entscheidung über einen Rechtsbehelf gegen die zweitinstanzliche Entscheidung hat „unverzüglich" zu ergehen; dies entspricht Art. 45 Abs. 1 S. 2 Brüssel I-VO. Zur Abhilfe bei Nichtbeachtung der Entscheidungsfristen s. Art. 30 Rn 1. 1

Abs. 1 betont, dass die Vollstreckbarerklärung der ausländischen Entscheidung nur in eng umgrenzten Fällen versagt oder aufgehoben werden kann, nämlich dann, wenn einer der Anerkennungsversagungsgründe des Art. 24 vorliegt. 2

Über die in Art. 24 angeführten Anerkennungsversagungsgründe hinaus sind – von Amts wegen – weitere Schranken der Vollstreckbarerklärung zu beachten, die die formellen Voraussetzungen der Vollstreckbarerklärung betreffen, etwa 3

---

[7] Gesetz zur Durchführung des Haager Übereinkommens vom 23. November 2007 über die internationale Geltendmachung der Unterhaltsansprüche von Kindern und anderen Familienangehörigen sowie zur Änderung von Vorschriften auf dem Gebiet des internationalen Unterhaltsverfahrensrechts und des materiellen Unterhaltsrechts vom 20.2.2013 (BGBl. I S. 273).

den fehlenden Anwendungsbereich der Verordnung (s. Art. 16 Rn 9 und Art. 17 Rn 11), die fehlende Vollstreckbarkeit des Titels im Ursprungsmitgliedstaat[1] oder die Unzulässigkeit der Vollstreckung nach Völkerrecht, zB weil Immunität vorliegt (s. Art. 24 Rn 2). Zu rechtsvernichtenden und rechtshemmenden Einwendungen aus dem materiellen Recht s. Art. 32 Rn 6.

Artikel 35 Aussetzung des Verfahrens

Das mit einem Rechtsbehelf nach Artikel 32 oder Artikel 33 befasste Gericht setzt auf Antrag der Partei, gegen die die Vollstreckung erwirkt werden soll, das Verfahren aus, wenn die Vollstreckung der Entscheidung im Ursprungsmitgliedstaat wegen der Einlegung eines Rechtsbehelfs einstweilen eingestellt ist.

1 Art. 35 beruht auf Art. 46 Brüssel I-VO. Die Bestimmung stellt einen Ausgleich dafür her, dass auch – im Ursprungsmitgliedstaat – noch nicht rechtskräftige, wohl aber bereits vollstreckbare Entscheidungen im Vollstreckungsmitgliedstaat für vollstreckbar erklärt werden können; mittels Art. 35 soll die Schaffung unumkehrbarer Zustände vermieden werden.[1] Formelle Voraussetzung für die Aussetzung ist – wie nach Art. 46 Abs. 1 und 2 Brüssel I-VO –

- die Einlegung eines Rechtsmittels gegen die zu vollstreckende Entscheidung im Ursprungsmitgliedstaat,
- die Erhebung eines Rechtsmittels gegen die Vollstreckbarerklärung und
- ein Antrag des Schuldners auf Aussetzung des Verfahrens, sowie

– über Art. 46 Abs. 1 und 2 Brüssel I-VO hinausgehend –

- die „einstweilige Einstellung der Vollstreckung der Entscheidung im Ursprungsmitgliedstaat".

2 Während die Parallelnorm in Art. 25 Inzidentanerkennungen betrifft, greift Art. 35 dann ein, wenn ein Rechtsbehelf gegen die Anerkennung in einem selbständigen Anerkennungsverfahren oder gegen die Vollstreckbarerklärung eingelegt wird. Die verba legalia sind in beiden Normen ident („setzt ... das Verfahren aus, wenn die Vollstreckung der Entscheidung im Ursprungsmitgliedstaat wegen der Einlegung eines Rechtsbehelfs einstweilen eingestellt ist").

3 So wie in Art. 25 ist die „einstweilige Einstellung" der Vollstreckung der Entscheidung im Ursprungsmitgliedstaat missverständlich. Typischerweise ist im Ursprungsmitgliedstaat ja gerade kein Vollstreckungsverfahren anhängig. Gemeint ist die **vorläufige Beseitigung der Vollstreckbarkeit der Entscheidung im Ursprungsmitgliedstaat**, wie etwa die – in Bezug auf Art. 25 und 35 identische – englische Sprachfassung zeigt („*if the enforceability of the decision is suspended*"). Interessanterweise differenziert die französische Sprachfassung zwischen Art. 25 („*si la force exécutoire de la décision est suspendue*") und Art. 35 („*l'exécution de la décision est suspendue*"). Die vorläufige Beseitigung der Vollstreckbarkeit muss **kausal** auf der Einlegung eines Rechtsbehelfs beruhen.[2] Eine Differenzierung zwischen ordentlichen und sonstigen Rechtsbehelfen wird nicht

---

1 Prütting/Helms/*Hau*, FamFG, Anhang 3 zu § 110 FamFG Rn 145.
1 Gebauer/Wiedmann/*Bittmann*, Zivilrecht, Kap. 36 Rn 173; in Bezug auf den Zweck der Vorschrift aA MüKo-FamFG/*Lipp*, Art. 35 EG-UntVO Rn 2: Gläubigerschutz, nicht Schuldnerschutz.
2 Geimer/Schütze/*Hilbig*, IRV, Art. 25 VO Nr. 4/2009 Rn 4.

vorgenommen: Jeder statthafte Rechtsbehelf, der zur Aufhebung oder Änderung der Entscheidung führen kann, führt zur Aussetzung.³

Art. 35 ist – anders als Art. 46 Abs. 1 Brüssel I-VO – nicht als „Kann-Bestimmung" formuliert; bei Vorliegen der Voraussetzungen ist die Aussetzung **zwingend** auszusprechen.⁴ Im Gegensatz zu Art. 46 Abs. 3 Brüssel I-VO ist nicht vorgesehen, dass das Gericht die Aussetzung von einer Sicherheitsleistung abhängig machen kann.⁵

Artikel 36 Einstweilige Maßnahmen einschließlich Sicherungsmaßnahmen

(1) Ist eine Entscheidung nach diesem Abschnitt anzuerkennen, so ist der Antragsteller nicht daran gehindert, einstweilige Maßnahmen einschließlich solcher, die auf eine Sicherung gerichtet sind, nach dem Recht des Vollstreckungsmitgliedstaats in Anspruch zu nehmen, ohne dass es einer Vollstreckbarerklärung nach Artikel 30 bedarf.

(2) Die Vollstreckbarerklärung umfasst von Rechts wegen die Befugnis, solche Maßnahmen zu veranlassen.

(3) Solange die in Artikel 32 Absatz 5 vorgesehene Frist für den Rechtsbehelf gegen die Vollstreckbarerklärung läuft und solange über den Rechtsbehelf nicht entschieden ist, darf die Zwangsvollstreckung in das Vermögen der Partei, gegen die die Vollstreckung erwirkt werden soll, nicht über Maßnahmen zur Sicherung hinausgehen.

Art. 36 entspricht Art. 47 Brüssel I-VO. Die von Art. 47 Abs. 2 Brüssel I-VO abweichende Formulierung in Abs. 2 („umfasst von Rechts wegen die Befugnis" statt „gibt die Befugnis") ist – insb. unter Bedachtnahme auf andere Sprachfassungen – lediglich als Konkretisierung der Formulierung aus der Brüssel I-VO zu verstehen.¹

Solange noch keine Entscheidung über den Antrag auf Vollstreckbarerklärung vorliegt, kann der Gläubiger einstweilige Maßnahmen nach dem Recht des Vollstreckungsmitgliedstaats in Anspruch nehmen (**Abs. 1**). Die Bestimmung greift unabhängig davon ein, ob ein Antrag auf Vollstreckbarerklärung gestellt wurde.² Ob die Entscheidung anzuerkennen ist, ist vom Vollstreckungsgericht als Vorfrage zu beurteilen.

Sobald die Vollstreckbarerklärung – wenn auch noch nicht rechtskräftig – erteilt ist, ist der Gläubiger befugt, Sicherungsmaßnahmen nach dem Recht des Vollstreckungsmitgliedstaats zu veranlassen (**Abs. 2**). Bis zur Entscheidung über den (ersten) Rechtsbehelf bzw das Verstreichen der für einen Rechtsbehelf vorgesehenen Frist darf die Zwangsvollstreckung nicht über Sicherungsmaßnahmen hinausgehen (**Abs. 3**).

Auf Sicherung gerichtete Maßnahmen iSd Art. 36 sind in Deutschland in § 720 a Abs. 1 und 2 und § 845 ZPO sowie in § 119 FamFG (mit Verweis auf §§ 916 ff, 935 ff ZPO) geregelt.³ Zu beachten sind auch die Vorschriften in §§ 49 ff AUG.

---

3 MüKo-FamFG/*Lipp*, Art. 35 EG-UntVO Rn 6.
4 Rauscher/*Andrae*, EuZPR/EuIPR IV, Vorbem. Artt. 23 ff EG-UntVO Rn 14.
5 Geimer/Schütze/*Hilbig*, IRV, Art. 35 VO Nr. 4/2009 Rn 3.
1 Geimer/Schütze/*Hilbig*, IRV, Art. 36 VO Nr. 4/2009 Rn 2; Fasching/Konecny/*Fucik*, Kommentar V/2, Art. 36 EuUVO Rn 1.
2 Gebauer/Wiedmann/*Bittmann*, Zivilrecht, Kap. 36 Rn 177.
3 Prütting/Helms/*Hau*, FamFG, Anhang 3 zu § 110 FamFG Rn 148.

Artikel 37 Teilvollstreckbarkeit

(1) Ist durch die Entscheidung über mehrere mit dem Antrag geltend gemachte Ansprüche erkannt worden und kann die Vollstreckbarerklärung nicht für alle Ansprüche erteilt werden, so erteilt das Gericht oder die zuständige Behörde sie für einen oder mehrere dieser Ansprüche.

(2) Der Antragsteller kann beantragen, dass die Vollstreckbarerklärung nur für einen Teil des Gegenstands der Entscheidung erteilt wird.

1 Art. 37 entspricht Art. 48 Brüssel I-VO. Zur Teil-Vollstreckungsklausel im deutschen Recht s. § 41 Abs. 2 AUG.

Artikel 38 Keine Stempelabgaben oder Gebühren

Im Vollstreckungsmitgliedstaat dürfen im Vollstreckbarerklärungsverfahren keine nach dem Streitwert abgestuften Stempelabgaben oder Gebühren erhoben werden.

1 Art. 38 entspricht Art. 52 Brüssel I-VO. Die Erhebung von Gerichtsgebühren für die Vollstreckbarerklärung ist nicht generell verboten; unzulässig ist nur eine Staffelung nach dem Streitwert. Die Norm bezieht sich auf das Vollstreckbarerklärungsverfahren, nicht auf das Zwangsvollstreckungsverfahren selbst. Auch Rechtsanwaltshonorare sind nicht erfasst.[1]

ABSCHNITT 3
Gemeinsame Bestimmungen

Artikel 39 Vorläufige Vollstreckbarkeit

Das Ursprungsgericht kann die Entscheidung ungeachtet eines etwaigen Rechtsbehelfs für vorläufig vollstreckbar erklären, auch wenn das innerstaatliche Recht keine Vollstreckbarkeit von Rechts wegen vorsieht.

I. Allgemeines

1 Die Art. 39–43 enthalten „gemeinsame Bestimmungen", die sich nach Art. 16 Abs. 4 sowohl auf Abschnitt 1 (Art. 17–22) als auch Abschnitt 2 (Art. 23–38) beziehen und somit unabhängig davon gelten, ob die Entscheidung aus einem durch das HUP 2007 gebundenen Mitgliedstaat stammt oder aus einem Staat, für den dies nicht gilt (aktuell Dänemark und das Vereinigte Königreich).[1]

II. Vorläufige Vollstreckbarkeit der Entscheidung

2 Gemäß dem dem Art. 41 Abs. 1 S. 2 Brüssel IIa-VO (betreffend Entscheidungen zum Umgangsrecht) nachgebildeten Art. 39 kann die Entscheidung – trotz eines allenfalls von einer Partei dagegen erhobenen Rechtsbehelfs – vom Ursprungsgericht für vorläufig vollstreckbar (sofort wirksam) erklärt werden, selbst wenn das innerstaatliche Recht des Ursprungsmitgliedstaats eine vorläufige Vollstreckbar-

---

1 *Kropholler/v. Hein*, EuZPR, Art. 55 EuGVO Rn 1.
1 Vgl ABl. L 331 vom 16.12.2009, S. 17 (Art. 3); vgl auch *Botur*, FPR 2010, 519, 522.

keit nicht kennt.² Hintergrund der Regelung ist, dass die von der EuUntVO erfassten Entscheidungen ihrem Inhalt nach in besonderem Maß der raschen und wirksamen Durchsetzung bedürfen, damit der Unterhaltsberechtigte die Grundbedürfnisse des täglichen Lebens decken kann und einer Verzögerung der Vollstreckung durch den Schuldner vorgebeugt wird (s. ErwGr. 22).³

Die Entscheidung des **Ursprungsgerichts**, der Entscheidung vorläufige Vollstreckbarkeit beizulegen, ist sowohl auf **Antrag** als auch **von Amts wegen** möglich;⁴ sie ist in das **Ermessen** des Ursprungsgerichts gestellt („kann").⁵ Aus ErwGr. 22 leuchtet als Vorgabe für die Ermessensausübung hervor, dass grds. die vorläufige Vollstreckbarkeit angeordnet werden soll.⁶ Die vorläufige Vollstreckbarkeit kann vom Ursprungsgericht **ausnahmsweise** – nach den Bestimmungen des innerstaatlichen Rechts⁷ – auch von der Leistung einer **Sicherheit** durch den Gläubiger abhängig gemacht werden;⁸ eine solche Anordnung kommt aber in Bezug auf die Hereinbringung des laufenden Unterhalts regelmäßig nicht in Betracht, weil der Unterhaltsgläubiger zur Deckung seiner täglichen Bedürfnisse auf den laufenden Unterhalt angewiesen ist (in diesem Sinn auch § 708 Nr. 8 ZPO).⁹ Wird die Leistung einer Sicherheit aufgetragen, kann das Formblatt laut Anhang I bzw Anhang II erst nach Leistung der Sicherheit ausgestellt werden (ähnlich § 751 Abs. 2 ZPO);¹⁰ ebenso können gerichtliche Aufträge – wie nach Art. 29 – erst nach Erbringung der Sicherheit ergehen.¹¹

3

Str ist, ob Art. 39 auch auf Fälle **ohne grenzüberschreitenden Bezug** anwendbar ist.¹² Angesichts des Umstands, dass dem Entscheidungsorgan im Ursprungsmitgliedstaat regelmäßig nicht bekannt sein wird, ob der Gläubiger im In- oder im Ausland vollstrecken wird, erfasst die Norm grds. auch Binnenfälle;¹³ die Frage des Auslandsbezugs bzw dessen Fehlen wird allerdings bei der Ausübung des Ermessens eine Rolle spielen.¹⁴ Für das deutsche Recht ist die Frage aber von geringer praktischer Bedeutung, weil dieses die Anordnung der sofortigen Wirksamkeit kennt (§ 116 Abs. 3 FamFG), die die vorläufige Vollstreckbarkeit ersetzt.¹⁵

4

---

2 Laut *Conti*, Durchsetzung von Unterhaltsansprüchen, S. 182 kennen neben Deutschland Belgien, Frankreich, Griechenland, Italien, Luxemburg, die Niederlande, Portugal und Spanien das Institut der vorläufigen Vollstreckbarkeit in ihrem innerstaatlichen Recht. In Österreich kann in Kindesunterhaltsverfahren die vorläufige Vollstreckbarkeit angeordnet werden (§ 44 Abs. 1 AußStrG).
3 Geimer/Schütze/*Hilbig*, IRV, Art. 39 VO Nr. 4/2009 Rn 5.
4 Rauscher/*Andrae/Schimrick*, EuZPR/EuIPR IV, Art. 39 EG-UntVO Rn 2; *Conti*, Durchsetzung von Unterhaltsansprüchen, S. 183; Fasching/Konecny/*Fucik*, Kommentar V/2, Art. 39 EuUVO Rn 1.
5 Rauscher/*Andrae/Schimrick*, EuZPR/EuIPR IV, Art. 39 EG-UntVO Rn 2; *Conti*, Durchsetzung von Unterhaltsansprüchen, S. 183; *Gruber*, IPRax 2010, 128, 138; aA Gebauer/Wiedmann/*Bittmann*, Zivilrecht, Kap. 36 Rn 185 (kein Ermessensspielraum).
6 Rauscher/*Andrae/Schimrick*, EuZPR/EuIPR IV, Art. 39 EG-UntVO Rn 2.
7 Rauscher/*Andrae/Schimrick*, EuZPR/EuIPR IV, Art. 39 EG-UntVO Rn 6.
8 Geimer/Schütze/*Hilbig*, IRV, Art. 39 VO Nr. 4/2009 Rn 13.
9 Rauscher/*Andrae/Schimrick*, EuZPR/EuIPR IV, Art. 39 EG-UntVO Rn 6; Burgstaller/Neumayr u.a./*Weber*, IZVR, Art. 39 EuUntVO Rn 4.
10 AA Geimer/Schütze/*Hilbig*, IRV, Art. 39 VO Nr. 4/2009 Rn 14.
11 Rauscher/*Andrae/Schimrick*, EuZPR/EuIPR IV, Art. 39 EG-UntVO Rn 7.
12 Geimer/Schütze/*Hilbig*, IRV, Art. 39 VO Nr. 4/2009 Rn 11 f; Rauscher/*Andrae/Schimrick*, EuZPR/EuIPR IV, Art. 39 EG-UntVO Rn 2.
13 Ebenso Rauscher/*Andrae/Schimrick*, EuZPR/EuIPR IV, Art. 39 EG-UntVO Rn 3 f; Burgstaller/Neumayr u.a./*Weber*, IZVR, Art. 39 EuUntVO Rn 3; MüKo-FamFG/*Lipp*, Art. 39 EG-UntVO Rn 5.
14 *Gruber*, IPRax 2010, 128, 138; aA MüKo-FamFG/*Lipp*, Art. 35 EG-UntVO Rn 5.
15 Geimer/Schütze/*Hilbig*, IRV, Art. 39 VO Nr. 4/2009 Rn 16.

5 Aus dem aus ErwGr. 22 hervorleuchtenden Zweck der Norm ist abzuleiten, dass sich Art. 39 auf den Unterhalt **zusprechende Entscheidungen** bezieht (s. Rn 2). In diesem Sinn ist Art. 39 auf Entscheidungen über die **Rückforderung zuviel gezahlten Unterhalts** sowie auf Kostenentscheidungen **nicht anwendbar**.[16] Solche Entscheidungen können nur dann vorläufig vollstreckbar sein, wenn dies im innerstaatlichen Recht vorgesehen ist.

6 Ein Gegengewicht zur Vollstreckung bei bloß vorläufiger Vollstreckbarkeit besteht im deutschen Recht in Form des **Schadensersatzanspruchs** nach § 69 AUG.[17]

Artikel 40 Durchsetzung einer anerkannten Entscheidung

(1) Eine Partei, die in einem anderen Mitgliedstaat eine im Sinne des Artikel 17 Absatz 1 oder des Abschnitt 2 anerkannte Entscheidung geltend machen will, hat eine Ausfertigung der Entscheidung vorzulegen, die die für ihre Beweiskraft erforderlichen Voraussetzungen erfüllt.

(2) Das Gericht, bei dem die anerkannte Entscheidung geltend gemacht wird, kann die Partei, die die anerkannte Entscheidung geltend macht, gegebenenfalls auffordern, einen vom Ursprungsgericht erstellten Auszug unter Verwendung des Formblatts in Anhang I beziehungsweise in Anhang II vorzulegen.

Das Ursprungsgericht erstellt diesen Auszug auch auf Antrag jeder betroffenen Partei.

(3) Gegebenenfalls übermittelt die Partei, die die anerkannte Entscheidung geltend macht, eine Transskript oder eine Übersetzung des Inhalts des in Absatz 2 genannten Formblatts in die Amtssprache des betreffenden Mitgliedstaats oder – falls es in diesem Mitgliedstaat mehrere Amtssprachen gibt – nach Maßgabe der Rechtsvorschriften dieses Mitgliedstaats – in die oder eine der Verfahrenssprachen des Ortes, an dem die anerkannte Entscheidung geltend gemacht wird, oder in eine sonstige Sprache, die der betreffende Mitgliedstaat für zulässig erklärt hat. Jeder Mitgliedstaat kann angeben, welche Amtssprache oder Amtssprachen der Organe der Europäischen Union er neben seiner oder seinen eigenen für das Ausfüllen des Formblatts zulässt.

(4) Eine Übersetzung aufgrund dieses Artikels ist von einer Person zu erstellen, die zur Anfertigung von Übersetzungen in einem der Mitgliedstaaten befugt ist.

1 Anders als die von ihrem Wortlaut ähnliche Regelung des Art. 28 und anders als die missverständliche Überschrift in der deutschen Sprachfassung[1] vermuten lässt, betrifft Art. 40 nicht die Vollstreckung von Unterhaltsentscheidungen, sondern deren inzidente Beachtung in anderen Verfahren, etwa bei der Abänderung

---

16 *Gruber*, IPRax 2010, 128, 138; Geimer/Schütze/*Hilbig*, IRV, Art. 39 VO Nr. 4/2009 Rn 5; Fasching/Konecny/*Fucik*, Kommentar V/2, Art. 39 EuUVO Rn 4; aA MüKo-FamFG/*Lipp*, Art. 39 EG-UntVO Rn 4 und Prütting/Helms/*Hau*, FamFG, Anhang 3 zu § 110 FamFG Rn 150 mit Hinweis auf die Erwähnung des Kostenfestsetzungsbeschlusses in Art. 2 Abs. 1 Nr. 1.
17 Geimer/Schütze/*Hilbig*, IRV, Art. 39 VO Nr. 4/2009 Rn 18.
1 *Conti*, Durchsetzung von Unterhaltsansprüchen, S. 184, weist zutreffend darauf hin, dass die englische Sprachfassung („*Invoking a recognised decision*") für Klarheit sorgt, was gemeint ist, nämlich dass sich eine Partei auf die Entscheidung beruft. Vgl auch die Überschrift in der französischen Sprachfassung: „*Invocation d'une décision reconnue*" (Geltendmachung). Im Text der deutschen Sprachfassung kommt die „Durchsetzung" nur in der Überschrift vor, während in Abs. 1 die Wortfolge „geltend machen" verwendet wird.

einer Entscheidung infolge maßgeblicher Änderung der tatsächlichen oder rechtlichen Verhältnisse,[2] im Fall einer Aufrechnung des Gläubigers mit Forderungen aus diesem Unterhaltstitel oder im Fall der Erhebung des Einwands entgegenstehender Rechtskraft einer ausländischen Entscheidung.[3] Will eine Partei erreichen, dass eine Entscheidung aus einem anderen Mitgliedstaat von einem Gericht für dessen Entscheidung berücksichtigt wird, hat sie die in Abs. 1, allenfalls auch die in Abs. 2 und 3 genannten Dokumente vorzulegen.

Auszulegen ist die Vorschrift wie Art. 20 und 28.[4] Zwingend ist die Vorlage der Entscheidung, deren Beachtung begehrt wird; nicht zwingend ist die Vorlage eines Auszugs der Entscheidung in Form des Formulars im Anhang I oder II; nach **Abs. 2** kann das Vollstreckungsgericht die Vorlage einer solchen Kurzform des Titels verlangen, wenn es ihn benötigt (s. ErwGr. 38). Tatsächlich wird das auf Unterhaltszusprüche zugeschnittene Formblatt nicht immer passen, erfasst doch Art. 40 auch antragsabweisende und negative Feststellungsentscheidungen.[5] Zur Zuständigkeit für die Ausstellung des Formblatts s. Art. 20 Rn 13 und § 71 AUG. 2

„Echte" **Übersetzungen** fallen beim Formblatt nur selten an, weil praktisch nur Namen und Daten auszufüllen sind.[6] Eine etwaige Übersetzung muss in Deutschland in deutscher Sprache vorgelegt werden.[7] Unter einem **Transkript** (Transliteration; s. auch Art. 20 und 28) ist die Übertragung in eine andere Schrift zu verstehen, zB aus dem griechischen Alphabet (Griechenland, Zypern) oder dem kyrillischen Alphabet (Bulgarien) in das lateinische Alphabet (s. Art. 20 Rn 16 sowie Art. 28 Rn 4).[8] 3

Nicht von Art. 40 geregelt ist die **Übersetzung der Entscheidung** selbst. Zweckmäßig ist eine gewisse Anlehnung an Art. 28 Abs. 2 S. 2: Eine Übersetzung der Entscheidung kann vom Gericht, vor dem ihre Beachtung geltend gemacht wird, vor allem dann verlangt werden, wenn das Formblatt für das Verständnis des Gerichts nicht ausreicht.[9] Die Verständnismöglichkeit der Gegenpartei mag für die Aufforderung des Gerichts, auch eine Übersetzung vorzulegen, eine Rolle spielen; maßgeblich ist sie nicht. 4

Artikel 41 Vollstreckungsverfahren und Bedingungen für die Vollstreckung

(1) Vorbehaltlich der Bestimmungen dieser Verordnung gilt für das Verfahren zur Vollstreckung der in einem anderen Mitgliedstaat ergangenen Entscheidungen das Recht des Vollstreckungsmitgliedstaats. Eine in einem Mitgliedstaat ergangene Entscheidung, die im Vollstreckungsmitgliedstaat vollstreckbar ist, wird dort unter den gleichen Bedingungen vollstreckt wie eine im Vollstreckungsmitgliedstaat ergangene Entscheidung.

---

2 Burgstaller/Neumayr u.a./*Weber*, IZVR, Art. 40 EuUntVO Rn 1.
3 Rauscher/*Andrae/Schimrick*, EuZPR/EuIPR IV, Art. 40 EG-UntVO Rn 1; Gebauer/Wiedmann/*Bittmann*, Zivilrecht, Kap. 36 Rn 186; *Conti*, Durchsetzung von Unterhaltsansprüchen, S. 184.
4 Rauscher/*Andrae/Schimrick*, EuZPR/EuIPR IV, Art. 40 EG-UntVO Rn 2; Burgstaller/Neumayr u.a./*Weber*, IZVR, Art. 40 EuUntVO Rn 2.
5 Gebauer/Wiedmann/*Bittmann*, Zivilrecht, Kap. 36 Rn 187.
6 Fasching/Konecny/*Fucik*, Kommentar V/2, Art. 40 EuUVO Rn 3.
7 S. http://ec.europa.eu/justice_home/judicialatlascivil/html/mo_communications_de_de.ht m (8.3.2015).
8 Fasching/Konecny/*Fucik*, Kommentar V/2, Art. 40 EuUVO Rn 3.
9 Ähnlich Geimer/Schütze/*Hilbig*, IRV, Art. 40 VO Nr. 4/2009 Rn 9; MüKo-FamFG/*Lipp*, Art. 40 EG-UntVO Rn 8.

(2) Von der Partei, die die Vollstreckung einer Entscheidung beantragt, die in einem anderen Mitgliedstaat ergangen ist, kann nicht verlangt werden, dass sie im Vollstreckungsmitgliedstaat über eine Postanschrift oder einen bevollmächtigten Vertreter verfügt, außer bei den Personen, die im Bereich der Vollstreckungsverfahren zuständig sind.

I. Maßgeblichkeit des (innerstaatlichen) Rechts des Vollstreckungsmitgliedstaats im Vollstreckungsverfahren (Abs. 1)

1 Für das Vollstreckungsverfahren selbst verweist Art. 41 – so wie auch Art. 20 Abs. 1 S. 1 EuVTVO, Art. 21 Abs. 1 U.Abs. 1 EuMahnVO oder Art. 21 Abs. 1 U.Abs. 1 EuBagatellVO – auf das **Recht des Vollstreckungsmitgliedstaats**. Unabhängig vom anzuwendenden materiellen Recht ist daher die Zwangsvollstreckung in Deutschland nach den entsprechenden innerstaatlichen Bestimmungen – § 65 AUG, § 120 FamFG; §§ 753 ff, 803 ff ZPO – zu vollziehen,[1] sodass sich etwa der Pfändungsschutz bei einer Vollstreckung in Deutschland nach deutschem Recht richtet (s. Art. 21 Rn 4 f).[2] Zu Rechtsbehelfen im Vollstreckungsverfahren nach deutschem Recht s. § 31 AUG Rn 2.

2 Der Verweis auf das mitgliedstaatliche Recht wird durch ein **Diskriminierungsverbot** („unter den gleichen Bedingungen") ergänzt: Eine vollstreckbare Entscheidung aus einem anderen Mitgliedstaat darf im Vollstreckungsmitgliedstaat in Bezug auf ihre Durchsetzung nicht schlechter gestellt werden als eine inländische Entscheidung.[3] Eine Besserstellung ausländischer Titel wird nicht gefordert; insb. müssen Vollstreckungsmöglichkeiten oder -begrenzungen aus dem Ursprungsmitgliedstaat vom Vollstreckungsmitgliedstaat nicht „importiert" werden (s. auch Art. 18 Rn 3 und Art. 21 Rn 5).[4]

3 Ausgehend von dem Verweis auf das mitgliedstaatliche Vollstreckungsrecht („vorbehaltlich der Bestimmungen dieser Verordnung") ergibt sich im Vollstreckungsverfahren folgende **Normenrangordnung:** Vorrang genießen die (wenigen) Bestimmungen der EuUntVO, die sich direkt oder indirekt auf das eigentliche Vollstreckungsverfahren beziehen, wie die Anordnung der vorläufigen Vollstreckbarkeit (Art. 39), das Diskriminierungsverbot (Art. 41 Abs. 2 S. 2) und das Verbot des Vorrangs der Kosteneintreibung (Art. 43). Bei Titeln, die keines Exequatur bedürfen, sind die entsprechenden Vorgaben zu beachten (Art. 17 ff). In zweiter Linie sind die mitgliedstaatlichen Umsetzungsbestimmungen zu beachten und schließlich die allgemeinen Bestimmungen des mitgliedstaatlichen Vollstreckungsrechts. Art. 70 U.Abs. 1 lit. d verpflichtet die Mitgliedstaaten, im Rahmen des Europäischen Justiziellen Netzes Informationen zu den innerstaatlichen Vollstreckungsvorschriften und -verfahren (einschließlich Informationen über alle Vollstreckungsbeschränkungen, insb. über Vorschriften zum Schutz von verpflichteten Personen und zu Verjährungsfristen) zur Verfügung zu stellen.

4 Für Titel, für die die EuUntVO kein Exequatur vorschreibt (Art. 17 bzw Art. 48), ist nach dem innerstaatlichen deutschen Recht **keine Vollstreckungsklausel erforderlich** (s. § 30 AUG Rn 1 f); eine Vollstreckungsklausel nach Art. 41 Abs. 1 AUG ist dagegen bei Titeln notwendig, für die nach Art. 26 oder Art. 48 ein Exequaturerfordernis besteht (§ 36 Abs. 1 AUG).

5 Der ausländische Titel muss grds. den **Bestimmtheitsanforderungen** entsprechen, die das deutsche Recht an einen Vollstreckungstitel stellt (s. § 34 AUG Rn 1). In den Fällen, in denen (infolge des Erfordernisses eines Exequatur) eine **Vollstre-**

---

1 Heger, ZKJ 2010, 52, 55.
2 Geimer/Schütze/*Hilbig*, IRV, Art. 41 VO Nr. 4/2009 Rn 6.
3 Gebauer/Wiedmann/*Bittmann*, Zivilrecht, Kap. 36 Rn 188.
4 Geimer/Schütze/*Hilbig*, IRV, Art. 41 VO Nr. 4/2009 Rn 13.

ckungsklausel notwendig ist (§ 36 Abs. 1 AUG), kann damit die für die Vollstreckung erforderliche Bestimmtheit des Titels hergestellt werden, sofern sich die Kriterien, nach denen sich die Leistungspflicht bestimmt, aus den ausländischen Vorschriften oder sonst sicher feststellbaren Umständen ergeben (zB Höhe gesetzlicher Zinsen, Indexsicherung, Währungsanpassungsklauseln)[5] und der Titel daher den durchzusetzenden Anspruch – ohne Notwendigkeit einer gerichtlichen Ergänzung – in objektiv bestimmbarer Weise angibt (s. näher § 34 AUG Rn 2). Kann auch auf diese Weise die Bestimmtheit des durchzusetzenden Anspruchs nicht hergestellt werden, ist der Antrag auf Vollstreckung zurückzuweisen.[6]

Ist (mangels Exequaturerfordernisses) eine **Vollstreckungsklausel nicht erforderlich** (§ 30 Abs. 1 AUG), kann der Gläubiger bei dem nach § 35 Abs. 1 AUG zuständigen Gericht die Konkretisierung des Titels beantragen, wenn das Vollstreckungsorgan die Zwangsvollstreckung mangels hinreichender Bestimmtheit ablehnt (§ 34 Abs. 1 AUG). Gegen den Beschluss des Gerichts, vor dessen Erlassung auch der Schuldner anzuhören ist (§ 34 Abs. 2 AUG), ist die Beschwerde ohne die Einschränkungen nach § 61 FamFG statthaft (§ 34 Abs. 4 AUG). 6

Legt der Schuldner eine Entscheidung eines Gerichts des Ursprungsmitgliedstaats über die Nichtvollstreckbarkeit oder über eine Beschränkung der Vollstreckbarkeit vor, **ist die Zwangsvollstreckung entsprechend § 775 Nr. 1 ZPO und § 776 ZPO einzustellen oder zu beschränken** (§ 32 AUG). Auch dann, wenn der Schuldner im Ursprungsmitgliedstaat die Wiedereinsetzung beantragt oder gegen die zu vollstreckende Entscheidung einen Rechtsbehelf oder ein Rechtsmittel eingelegt hat, kann das Gericht entsprechend § 120 FamFG iVm §§ 707, 719 ZPO – mit oder ohne Sicherheitsleistung – die einstweilige Einstellung der Zwangsvollstreckung anordnen (§ 33 AUG). 7

II. Zustellungen an die Parteien im Vollstreckungsverfahren (Abs. 2)

Für die **Zustellung** der Entscheidung an den **Unterhaltsschuldner** vor und während der Vollstreckung gilt – mangels Regelung in der Verordnung – das Recht des Vollstreckungsmitgliedstaats (§ 750 ZPO).[7] 8

In Bezug auf die **Zustellung an den Unterhaltsgläubiger** ist der Zweck des Abs. 2 in ErwGr. 27 dargelegt. Demnach sollen die Formalitäten für die Vollstreckung, die Kosten zulasten des Unterhaltsberechtigten verursachen, so weit wie möglich reduziert werden; aus diesem Grund ist der Unterhaltsberechtigte – anders als nach Art. 40 Abs. 2 Brüssel I-VO – nicht verpflichtet, über eine Postanschrift oder einen bevollmächtigten Vertreter im Vollstreckungsmitgliedstaat zu verfügen (s. auch § 37 Abs. 3 AUG). Auf diese Weise kommt es zwar zum vermehrten Erfordernis zeitaufwändigerer grenzüberschreitender Zustellungen (an den Unterhaltsgläubiger) im Vollstreckungsverfahren; dies wird allerdings dadurch etwas ausgeglichen, dass der Rechtsschutz des Unterhaltsschuldners großteils in den Ursprungsmitgliedstaat verlagert ist, wo typischerweise der Unterhaltsgläubiger seinen gewöhnlichen Aufenthalt hat und deshalb Inlandszustellungen an ihn möglich sind. 9

Auch wenn in Abs. 2 explizit nur das Vollstreckungsverfahren angesprochen wird, ergibt sich aus dem Zweck der Norm doch deutlich, dass sie auch im **Vollstreckbarerklärungsverfahren** anzuwenden ist.[8] 10

---

5 Rauscher/*Andrae/Schimrick*, EuZPR/EuIPR IV, Art. 41 EG-UntVO Rn 9.
6 Vgl BGHZ 122, 16, 19 = NJW 1993, 1801, 1803 zu dem in einem italienischen Titel enthaltenen Währungsausgleich.
7 Rauscher/*Andrae/Schimrick*, EuZPR/EuIPR IV, Art. 41 EG-UntVO Rn 10; Geimer/Schütze/*Hilbig*, IRV, Art. 41 VO Nr. 4/2009 Rn 22.
8 Geimer/Schütze/*Hilbig*, IRV, Art. 41 VO Nr. 4/2009 Rn 15.

11 Kryptisch ist die in Abs. 2 enthaltene Ausnahme „außer bei den Personen, die im Bereich der Vollstreckungsverfahren zuständig sind". Der Sinn erschließt sich im Zusammenhang mit der (noch kryptischeren) Parallelbestimmung in Art. 21 Abs. 3 EuBagatellVO: Angesprochen sind die in einigen Mitgliedstaaten eingerichteten besonderen Stellen für das Vollstreckungsverfahren („Vollstreckungsagenten": **Huissiers de Justice** in Belgien, Frankreich und Luxemburg; Gerechtsdeurwaarder in Belgien und in den Niederlanden),[9] weshalb die Ausnahmebestimmung für Deutschland ohne Bedeutung ist.[10]

12 Fraglich ist, ob die innerstaatlichen Regeln zur **Anwaltspflicht** unberührt bleiben. Angesichts des Inhalts der Ausnahmebestimmung (s. Rn 3) kann das Aufrechtbleiben der Anwaltspflicht (im Rechtsmittelverfahren) nicht aus dem letzten Halbsatz des Abs. 2 abgeleitet werden,[11] sondern ergibt sich aus der Maßgeblichkeit der innerstaatlichen Regeln im Zwangsvollstreckungsverfahren (Abs. 1).

Artikel 42 Verbot der sachlichen Nachprüfung

Eine in einem Mitgliedstaat ergangene Entscheidung darf in dem Mitgliedstaat, in dem die Anerkennung, die Vollstreckbarkeit oder die Vollstreckung beantragt wird, in der Sache selbst nicht nachgeprüft werden.

1 Das im gegebenen Kontext selbstverständliche **Verbot der „révision au fond"** durch die Gerichte des Vollstreckungsmitgliedstaats findet sich in verschiedensten Regeln des Zivilprozessrechts (zB § 723 Abs. 1 ZPO, § 109 Abs. 5 FamFG, Art. 36 Brüssel I-VO, Art. 28 HÜU 2007). Das Verbot umfasst nicht die Überprüfung der Einhaltung des **Anwendungsbereichs** der Verordnung (s. Art. 16 Rn 9 und Art. 17 EuUntVO Rn 11) und die Einhaltung völkerrechtlicher Verpflichtungen wie der Immunität.[1]

2 Art. 42 verbietet die Prüfung materieller Einwendungen gegen den Titel selbst, dh die Infragestellung der Entscheidung des Ursprungsmitgliedstaats. Nicht verhindert wird ein **Vollstreckungsabwehrantrag** aus Gründen, die erst nach Erlass des Titels entstanden sind (s. § 66 AUG Rn 3), etwa wegen Erfüllung des Anspruchs (ErwGr. 30; s. Art. 21 Rn 4), oder die **Abänderung** einer aufrechten Unterhaltsentscheidung **wegen geänderter Verhältnisse** (§ 238 FamFG; s. Art. 8); im letztgenannten Fall sind ggf die Grundlagen der Erstentscheidung zu wahren (§ 238 Abs. 4 FamFG).[2] Zur Frage der Vereinbarkeit von §§ 12, 14 AVAG (und § 66 AUG) mit den europarechtlichen Vorgaben s. Art. 45 Brüssel I-VO Rn 4.

Artikel 43 Kein Vorrang der Eintreibung von Kosten

Die Eintreibung von Kosten, die bei der Anwendung dieser Verordnung entstehen, hat keinen Vorrang vor der Geltendmachung von Unterhaltsansprüchen.

1 Mit der Regelung, dass aus der Eintreibung von Unterhaltsforderungen entstehende Kosten (im Exequatur- und im Vollstreckungsverfahren) keinen Vorrang

---

9 AA Rauscher/*Andrae/Schimrick*, EuZPR/EuIPR IV, Art. 41 EG-UntVO Rn 11, die meinen, dass damit die Postulationsfähigkeit angesprochen ist, die der Regelung durch das innerstaatliche Recht überlassen bleibt.
10 *Schlosser*, EU-ZPR, Art. 21 EuBagatellVO Rn 4.
11 So aber Rauscher/*Andrae/Schimrick*, EuZPR/EuIPR IV, Art. 41 EG-UntVO Rn 11.
1 Burgstaller/Neumayr u.a./*Weber*, IZVR, Art. 42 EuUntVO Rn 2 mwN.
2 Rauscher/*Andrae/Schimrick*, EuZPR/EuIPR IV, Art. 42 EG-UntVO Rn 1.

vor den Unterhaltsansprüchen genießen, folgt nicht umgekehrt ein Vorrang der Unterhaltsansprüche: Kosten haben zwar keinen Vorrang, aber auch keinen Nachrang.[1] Art. 43 schließt somit nur jegliche Rangverhältnisse der Forderungen zueinander aus.[2] Eine mitgliedstaatliche Regelung, wonach Zahlungseingänge proportional auf Unterhaltsansprüche und Kosten aufgeteilt werden, widerspricht demnach nicht Art. 43,[3] wohl aber eine Regelung wie § 367 Abs. 1 BGB, wonach ein Erlös – mangels anderer Bestimmung im Titel – zuerst auf die Kosten, dann auf die Zinsen und schließlich auf die Hauptforderung anzurechnen ist. Da Art. 43 den Gläubiger schützen will, kann dieser auf die Anwendung der Norm verzichten.[4]

KAPITEL V ZUGANG ZUM RECHT
Artikel 44–47 (nicht abgedruckt)

KAPITEL VI GERICHTLICHE VERGLEICHE UND ÖFFENTLICHE URKUNDEN

Artikel 48 Anwendung dieser Verordnung auf gerichtliche Vergleiche und öffentliche Urkunden

(1) Die im Ursprungsmitgliedstaat vollstreckbaren gerichtlichen Vergleiche und öffentlichen Urkunden sind in einem anderen Mitgliedstaat ebenso wie Entscheidungen gemäß Kapitel IV anzuerkennen und in der gleichen Weise vollstreckbar.

(2) Die Bestimmungen dieser Verordnung gelten, soweit erforderlich, auch für gerichtliche Vergleiche und öffentliche Urkunden.

(3) Die zuständige Behörde des Ursprungsmitgliedstaats erstellt auf Antrag jeder betroffenen Partei einen Auszug des gerichtlichen Vergleichs oder der öffentlichen Urkunde unter Verwendung, je nach Fall, der in den Anhängen I und II oder in den Anhängen III und IV vorgesehenen Formblätter.

I. Allgemeines 1	
II. Gerichtlicher Vergleich 3	
III. Öffentliche Urkunde 6	
1. Definition 6	
2. Voraussetzungen für die Anerkennung und Vollstreckbarkeit 7	
3. Beispiele 8	
IV. Anerkennung und Vollstreckung 9	
1. Allgemeines 9	
2. Kein Vollstreckbarerklärungsverfahren notwendig . . 11	
a) Einleitung des Verfahrens 11	
b) Vollstreckungsbezogene Rechtsbehelfe des Schuldners nach der EuUntVO 14	
c) Vollstreckungsbezogene Rechtsbehelfe des Schuldners nach dem innerstaatlichen Recht des Vollstreckungsmitgliedstaats 17	
d) Zuständigkeit und Instanzenzug 18	
3. Vollstreckbarerklärung notwendig 20	
4. Änderungsentscheidung 24	

---

1 Fasching/Konecny/*Fucik*, Kommentar V/2, Art. 43 EuUVO Rn 2.
2 Rauscher/*Andrae/Schimrick*, EuZPR/EuIPR IV, Art. 43 EG-UntVO Rn 1.
3 Geimer/Schütze/*Hilbig*, IRV, Art. 43 VO Nr. 4/2009 Rn 5.
4 MüKo-FamFG/*Lipp*, Art. 43 EG-UntVO Rn 4.

I. Allgemeines

1 Ähnlich wie Art. 57 f Brüssel I-VO, aber durch das weitgehende Fehlen eines Vollstreckbarerklärungsverfahrens darüber hinausgehend erstreckt Art. 48 die Vorschriften über die Behandlung von Entscheidungen auf die Behandlung **gerichtlicher Vergleiche** und **öffentlicher Urkunden** im Vollstreckungsmitgliedstaat. Dies dient dem Zweck, einvernehmliche Regelungen – im Vergleich zu autoritativen Entscheidungen – nicht zu entwerten, sondern dem Gerichtsspruch möglichst gleichzustellen.[1] Erfasst sind auch – unter Art. 48 fallende – Titel, in denen es um die **Rückerstattung zu viel gezahlten Unterhalts** oder um den **Verzicht auf Unterhaltsansprüche** geht.[2]

2 Die EuUntVO findet nach ihrem Art. 75 Abs. 1 auf nach dem Datum ihrer Anwendbarkeit (18.6.2011) eingeleitete Verfahren, gebilligte oder geschlossene gerichtliche Vergleiche und ausgestellte öffentliche Urkunden Anwendung. Diese Regel gilt generell für alle gerichtlichen Vergleiche und öffentlichen Urkunden aus Staaten, die durch das HUP 2007 gebunden sind. Im Hinblick darauf, dass diese Titel zuvor der Brüssel I-VO unterlagen, enthält Art. 75 Abs. 2 lit. a für gerichtliche Vergleiche und öffentliche Urkunden aus Staaten, die nicht durch das HUP 2007 gebunden sind, insofern eine Sonderregelung, als die Regeln über die Anerkennung und die Vollstreckung für vor dem 18.6.2011 geschlossene oder gebilligte gerichtliche Vergleiche und für vor dem 18.6.2011 ausgestellte öffentliche Urkunden gelten, wenn deren Anerkennung bzw Vollstreckbarerklärung nach diesem Zeitpunkt beantragt wird. Zur Möglichkeit der Bestätigung von Unterhaltstiteln als Europäische Vollstreckungstitel s. Art. 68 Abs. 2.

II. Gerichtlicher Vergleich

3 Ein **gerichtlicher Vergleich** wird in Art. 2 Abs. 1 Nr. 2 **definiert** als ein von einem (mitgliedstaatlichen) Gericht gebilligter (genehmigter) oder ein vor einem (mitgliedstaatlichen) Gericht im Laufe eines Verfahrens geschlossener Vergleich in Unterhaltssachen. Der Begriff ist im weiten Sinn zu verstehen; erfasst werden auch solche Vergleiche, bei deren Abschluss die materielle Rechtslage nicht mehr strittig ist.[3]

4 Vor einem „Gericht" bedeutet nicht unbedingt vor einem „Richter"; auch vor einem Rechtspfleger kann ein Vergleich geschlossen werden. Nicht unter den Begriff des gerichtlichen Vergleichs fallen Anwalts- oder Mediationsvergleiche, die nicht vom Gericht für vollstreckbar erklärt wurden (§§ 796 a–796 c ZPO), ebenso wenig Schiedsvergleiche. Anerkenntnis- und Verzichtsentscheidungen werden ebenso wie judgements by consent als Entscheidungen erfasst.

5 Die Vollstreckung eines Vergleichs im Vollstreckungsmitgliedstaat setzt nach allgemeinen Grundsätzen voraus, dass er im Ursprungsmitgliedstaat **vollstreckbar** ist.

III. Öffentliche Urkunde

6 **1. Definition.** In weitgehender Übereinstimmung mit Art. 4 Nr. 3 EuVTVO[4] wird eine **öffentliche Urkunde** in Art. 2 Abs. 1 Nr. 3 **definiert** als

a) ein Schriftstück in Unterhaltssachen, das als öffentliche Urkunde im Ursprungsmitgliedstaat förmlich errichtet oder in ein Register eingetragen worden

---

1 Fasching/Konecny/*Fucik*, Kommentar V/2, Art. 48 EuUVO Rn 1.
2 *Gruber*, IPRax 2010, 128, 136 f.
3 Rauscher/*Andrae*, EuZPR/EuIPR IV, Art. 48 EG-UntVO Rn 4.
4 Die dortige Definition geht wiederum auf die EuGH-Rspr zu Art. 50 EuGVÜ zurück: EuGH 17.6.1999 – Rs. C-260/97 (*Unibank A/S/Christensen*), Slg 1999, I-3715 (Rn 14).

ist und dessen Echtheit[5] (i) sich auf die Unterschrift und den Inhalt der öffentlichen Urkunde bezieht und (ii) durch eine Behörde (meist einem Gericht) oder eine andere hierzu ermächtigte Stelle (meist einen Notar) festgestellt worden ist; oder

b) eine mit einer Verwaltungsbehörde des Ursprungsmitgliedstaats geschlossene oder von ihr beglaubigte Unterhaltsvereinbarung.

2. Voraussetzungen für die Anerkennung und Vollstreckbarkeit. Grundlegende Voraussetzung ist, dass die öffentliche Urkunde im Anwendungsbereich der EuUntVO errichtet wurde und dass sie im Ausstellungsstaat vollstreckbar ist (vollstreckbare öffentliche Urkunde). Die „Beweiskraft" (Echtheit; s. Art. 20 Rn 5)[6] muss sich auf Inhalt und Unterschrift beziehen, sodass durch bloße Unterschriftsbeglaubigung der Begriff der öffentlichen Urkunde nicht erfüllt wird. Weiters muss die Urkunde von einer dazu berechtigten Behörde oder staatlichen Stelle (meist einem Gericht) oder von einem Organ bzw einer Amtsperson, also einer mit hoheitlichen Befugnissen ausgestatteten Person (meist einem Notar), ausgestellt worden sein. 7

3. Beispiele. Als öffentliche Urkunden gelten insb. vollstreckbare notarielle Urkunden (§ 794 Abs. 1 Nr. 5 ZPO), Urkunden zur Unterhaltspflicht, die von Urkundspersonen des Jugendamts erstellt wurden (Zahlungsverpflichtungserklärungen nach §§ 59 f SGB VIII), und mit einer Verwaltungsbehörde des Ursprungsmitgliedstaats geschlossene Unterhaltsvereinbarungen wie in Schweden oder Österreich. Grundsätzlich kann es sich sowohl um **beurkundete Vereinbarungen** als auch um **einseitige Erklärungen** handeln.[7] 8

IV. Anerkennung und Vollstreckung

1. Allgemeines. Die im Ursprungsmitgliedstaat vollstreckbaren gerichtlichen Vergleiche und öffentlichen Urkunden sind in den anderen Mitgliedstaaten nach Kapitel IV anzuerkennen und für vollstreckbar zu erklären. Die Anerkennung von öffentlichen Urkunden hat einen **anderen Charakter** als die Anerkennung von gerichtlichen Entscheidungen: Während bei Letzteren die Urteilswirkungen als Hoheitsakt eines Gerichts auf die anderen Mitgliedstaaten erstreckt werden, wird bei öffentlichen Urkunden die besondere „Beweiskraft", die sie im Ursprungsmitgliedstaat hat, anerkannt und in den Vollstreckungsmitgliedstaat übernommen.[8] Ebenso wie gerichtliche Entscheidungen sind auch gerichtliche Vergleiche und öffentliche Urkunden nur im Ursprungsmitgliedstaat anzufechten (s. auch ErwGr. 13). 9

Anerkennung und Vollstreckbarerklärung „nach Kapitel IV" bedeutet, dass für das einzuhaltende Verfahren iSd Zwei-Korridor-Systems danach zu **differenzieren** ist, ob der Ursprungsmitgliedstaat an das HUP 2007 gebunden ist (Art. 17 ff) oder nicht (Art. 23 ff).[9] 10

---

5 Zutreffend verweist *Conti*, Durchsetzung von Unterhaltsansprüchen, S. 168 auf die Missverständlichkeit des in der deutschen Sprachfassung verwendeten Begriffs „Beweiskraft" hin, hinter dem die Echtheit steht.
6 *Conti*, Durchsetzung von Unterhaltsansprüchen, S. 168.
7 Rauscher/*Andrae*, EuZPR/EuIPR IV, Art. 48 EG-UntVO Rn 2; Geimer/Schütze/*Hilbig*, IRV, Art. 48 VO Nr. 4/2009 Rn 3.
8 Rauscher/*Andrae*, EuZPR/EuIPR IV, Art. 48 EG-UntVO Rn 6; Prütting/Helms/*Hau*, FamFG, Anhang 3 zu § 110 FamFG Rn 158 mit zutreffender Ablehnung der Ansicht, dass das materiell-rechtliche Subsumtionsergebnis zu übernehmen ist (so aber möglicherweise Geimer/Schütze/*Hilbig*, IRV, Art. 48 VO Nr. 4/2009 Rn 6).
9 Saenger/*Dörner*, ZPO, Art. 48 EuUntVO Rn 1.

11 **2. Kein Vollstreckbarerklärungsverfahren notwendig. a) Einleitung des Verfahrens.** Ist Art. 17 sinngemäß anzuwenden (**kein Exequatur**), erfolgt die Anerkennung des gerichtlichen Vergleichs bzw der öffentlichen Urkunde ohne die Möglichkeit der Berücksichtigung von Anerkennungsversagungsgründen nach Art. 24; die Vollstreckbarkeit wird unmittelbar vom Ursprungsmitgliedstaat auf den Vollstreckungsmitgliedstaat erstreckt. Die Vollstreckung kann nur aus den in Art. 21 genannten Gründen verweigert oder ausgesetzt werden (s. Rn 16).

12 Der Gläubiger hat eine (vollstreckbare) Ausfertigung des gerichtlichen Vergleichs oder der öffentlichen Urkunde unter Verwendung der **Formblätter I und III vorzulegen.**[10] Das Formblatt „soll" mit dem zu vollstreckenden Titel untrennbar verbunden sein (§ 30 Abs. 2 AUG); die fehlende Verbindung bildet kein Vollstreckungshindernis (s. § 30 AUG Rn 6).[11] Einer Vollstreckungsklausel bedarf es nicht (§ 30 Abs. 1 AUG).

13 Anwendbar sind insb. Art. 18 (Sicherungsmaßnahmen) und Art. 20 (iVm Art. 48 Abs. 3: vorzulegende Schriftstücke) der EuUntVO.

14 **b) Vollstreckungsbezogene Rechtsbehelfe des Schuldners nach der EuUntVO.** Für den Einwand, dass der Anspruch nicht der EuUntVO unterliegt und deshalb der Vollstreckbarerklärung bedarf, oder den Einwand, dass keine öffentliche Urkunde iSd Art. 48 Abs. 1 vorliegt, sieht die EuUntVO keinen eigenen Rechtsbehelf vor; diese Einwände richten sich nach innerstaatlichem Recht im Vollstreckungsmitgliedstaat (s. Rn 17).

15 Art. 19 (**Recht auf Nachprüfung** im Ursprungsmitgliedstaat) ist auf Säumnisentscheidungen bezogen und hat bei gerichtlichen Vergleichen und öffentlichen Urkunden kaum einen Anwendungsbereich. In Betracht zu ziehen ist die Anwendung des Art. 19, wenn der Antragsgegner nicht an der Schaffung des Titels beteiligt war.[12]

16 Der Einwand der **Vollstreckungsverjährung** nach Art. 21 Abs. 2 U.Abs. 1 kann auch in Bezug auf gerichtliche Vergleiche und öffentliche Urkunden erhoben werden, ebenso der Einwand **entgegenstehender Entscheidungen** nach Art. 21 Abs. 2 U.Abs. 2. Dieser Einwand kann analog für das Verhältnis verschiedener gerichtlicher Vergleiche oder öffentlicher Urkunden zueinander herangezogen werden.[13] Weiters kommt der Einwand der **Aussetzung der Vollstreckbarkeit** im Ursprungsmitgliedstaat nach Art. 21 Abs. 3 U.Abs. 2 auch für gerichtliche Vergleiche und öffentliche Urkunden in Betracht.

17 **c) Vollstreckungsbezogene Rechtsbehelfe des Schuldners nach dem innerstaatlichen Recht des Vollstreckungsmitgliedstaats.** Entsprechend Art. 21 Abs. 1 stehen dem Schuldner die im Recht des Vollstreckungsmitgliedstaats vorgesehenen Gründe für die Verweigerung oder Aussetzung der Vollstreckung zur Verfügung, soweit sie nicht mit Art. 21 Abs. 2 und 3 unvereinbar sind. Da sie sich nicht gegen den Inhalt des Titels an sich richten, kommen im deutschen Recht als Rechtsbehelfe des Schuldners im Vollstreckungsverfahren vor allem die **Erinnerung** nach § 766 ZPO und der **Vollstreckungsabwehrantrag** nach § 66 AUG in Betracht (s. näher § 31 AUG Rn 2).[14] Um nicht das Verbot der Sachüberprüfung nach Art. 42 zu umgehen, müssen Einwendungen gegen den titulierten Anspruch präkludiert sein, soweit die Gründe schon vor dem Erlass des Titels bestanden

---

10 Rauscher/*Andrae*, EuZPR/EuIPR IV, Art. 48 EG-UntVO Rn 12.
11 *Andrae*, NJW 2011, 2545, 2547.
12 Vgl Geimer/Schütze/*Hilbig*, IRV, Art. 48 VO Nr. 4/2009 Rn 10.
13 Rauscher/*Andrae*, EuZPR/EuIPR IV, Art. 48 EG-UntVO Rn 16.
14 Rauscher/*Andrae*, EuZPR/EuIPR IV, Art. 48 EG-UntVO Rn 18; Geimer/Schütze/*Hilbig*, IRV, Art. 48 VO Nr. 4/2009 Rn 10.

(s. § 44 AUG Rn 1).¹⁵ Mit Vollstreckungsabwehrantrag iSd § 767 ZPO kann etwa auch der Einwand erhoben werden, dass der Anspruch nicht in den Anwendungsbereich der EuUntVO fällt (s. dazu auch § 30 AUG Rn 4), oder der Einwand, dass keine öffentliche Urkunde iSd Art. 48 Abs. 1 vorliegt.¹⁶

d) Zuständigkeit und Instanzenzug. Für Anträge im Zusammenhang mit der Verweigerung, Beschränkung oder Aussetzung der Vollstreckung ist das Amtsgericht als Vollstreckungsgericht zuständig. Örtlich zuständig ist das in § 764 Abs. 2 ZPO benannte Gericht (§ 31 Abs. 1 AUG). 18

Die Entscheidung über die Verweigerung der Vollstreckung ergeht durch Beschluss, der der sofortigen Beschwerde nach § 793 ZPO unterliegt (§ 31 Abs. 2 AUG). Beschwerdegericht ist das Oberlandesgericht (§ 43 Abs. 1 AUG). Über den Antrag auf Aussetzung oder Beschränkung der Zwangsvollstreckung entscheidet das Gericht durch einstweilige Anordnung; diese Entscheidung ist unanfechtbar (§ 31 Abs. 3 AUG). 19

3. Vollstreckbarerklärung notwendig. Ist der Ursprungsmitgliedstaat **nicht durch das HUP 2007 gebunden** (Vereinigtes Königreich, Dänemark), sind die von dort stammenden gerichtlichen Vergleiche und öffentlichen Urkunden zwar ebenfalls ipso iure anzuerkennen, doch können **Anerkennungsversagungsgründe** nach Art. 24 geltend gemacht werden. Möglich ist auch ein selbständiges Anerkennungsverfahren in Bezug auf gerichtliche Vergleiche und öffentliche Urkunden (s. Art. 23 Rn 7). Die Vollstreckung setzt eine Vollstreckbarerklärung voraus. 20

Nicht völlig geglückt ist der in Abs. 1 enthaltene generelle Verweis (auch) auf die **Anerkennungsversagungsgründe** des Art. 24. In Art. 57 Brüssel I-VO ist demgegenüber nur die ordre public-Widrigkeit als Anerkennungsversagungsgrund normiert; mit weiteren Gründen muss sich der Schuldner an die Gerichte im Ursprungsmitgliedstaat wenden. Die Fassung des Art. 48 ist demgegenüber offenbar dem Umstand geschuldet, dass sich die Unanwendbarkeit weiterer Anerkennungsversagungsgründe nach Art. 24 „sowieso" von selbst ergäbe. Durchaus denkbar ist der Ausschlussgrund der Unvereinbarkeit (von öffentlichen Urkunden untereinander oder von öffentlichen Urkunden und Entscheidungen; s. auch Art. 21 Abs. 2 bei Fehlen des Exequaturerfordernisses); zweckmäßigerweise hätte darauf bei der Formulierung des Art. 24 lit. d besser Rücksicht genommen werden sollen.¹⁷ 21

Die Zulassung des Titels zur Zwangsvollstreckung erfolgt dadurch, dass er auf Antrag mit der Vollstreckungsklausel versehen wird (§ 36 Abs. 1 AUG). Ggf kann eine Übersetzung eines nicht in deutscher Sprache verfassten Antrags verlangt werden (§ 36 Abs. 3 AUG). 22

Für die Vollstreckbarerklärung von notariellen Urkunden sind neben den Gerichten (§ 35 Abs. 1 AUG) auch die Notare zuständig, wobei auf das Verfahren die für die Gerichte geltenden Vorschriften entsprechende Anwendung finden (§ 35 Abs. 3 AUG). 23

4. Änderungsentscheidung. Sofern nicht die Umstandsklausel wirksam ausgeschlossen wurde, kann jede in einem gerichtlichen Vergleich oder in einer öffentlichen Urkunde enthaltene Unterhaltsregelung bei einer wesentlichen Änderung der tatsächlichen oder rechtlichen Umstände mit einer **Änderungsentscheidung** abgeändert werden. Die Zuständigkeit richtet sich nach den Art. 3 ff; auch Art. 8 ist zu beachten. 24

---

15 Geimer/Schütze/*Hilbig*, IRV, Art. 48 VO Nr. 4/2009 Rn 10.
16 Rauscher/*Andrae*, EuZPR/EuIPR IV, Art. 48 EG-UntVO Rn 18; vgl auch *Andrae*, NJW 2011, 2545, 2548: analoge Anwendung von § 768 ZPO.
17 Rauscher/*Andrae*, EuZPR/EuIPR IV, Art. 48 EG-UntVO Rn 8, 16.

KAPITEL VII ZUSAMMENARBEIT DER ZENTRALEN BEHÖRDEN

Artikel 49 Bestimmung der Zentralen Behörden

(1) Jeder Mitgliedstaat bestimmt eine Zentrale Behörde, welche die ihr durch diese Verordnung übertragenen Aufgaben wahrnimmt.

(2) Einem Mitgliedstaat, der ein Bundesstaat ist, einem Mitgliedstaat mit mehreren Rechtssystemen oder einem Mitgliedstaat, der aus autonomen Gebietseinheiten besteht, steht es frei, mehrere Zentrale Behörden zu bestimmen, deren räumliche und persönliche Zuständigkeit er festlegt. Macht ein Mitgliedstaat von dieser Möglichkeit Gebrauch, so bestimmt er die Zentrale Behörde, an die Mitteilungen zur Übermittlung an die zuständige Zentrale Behörde in diesem Staat gerichtet werden können. Wurde eine Mitteilung an eine nicht zuständige Zentrale Behörde gerichtet, so hat diese die Mitteilung an die zuständige Zentrale Behörde weiterzuleiten und den Absender davon in Kenntnis zu setzen.

(3) Jeder Mitgliedstaat unterrichtet die Kommission im Einklang mit Artikel 71 über die Bestimmung der Zentralen Behörde oder der Zentralen Behörden sowie über deren Kontaktdaten und gegebenenfalls deren Zuständigkeit nach Absatz 2.

Artikel 50 Allgemeine Aufgaben der Zentralen Behörden

(1) Die Zentralen Behörden
a) arbeiten zusammen, insbesondere durch den Austausch von Informationen, und fördern die Zusammenarbeit der zuständigen Behörden ihrer Mitgliedstaaten, um die Ziele dieser Verordnung zu verwirklichen;
b) suchen, soweit möglich, nach Lösungen für Schwierigkeiten, die bei der Anwendung dieser Verordnung auftreten.

(2) Die Zentralen Behörden ergreifen Maßnahmen, um die Anwendung dieser Verordnung zu erleichtern und die Zusammenarbeit untereinander zu stärken. Hierzu wird das mit der Entscheidung 2001/470/EG eingerichtete Europäische Justizielle Netz für Zivil- und Handelssachen genutzt.

Artikel 51 Besondere Aufgaben der Zentralen Behörden

(1) Die Zentralen Behörden leisten bei Anträgen nach Artikel 56 Hilfe, indem sie insbesondere
a) diese Anträge übermitteln und entgegennehmen;
b) Verfahren bezüglich dieser Anträge einleiten oder die Einleitung solcher Verfahren erleichtern.

(2) In Bezug auf diese Anträge treffen die Zentralen Behörden alle angemessenen Maßnahmen, um
a) Prozesskostenhilfe zu gewähren oder die Gewährung von Prozesskostenhilfe zu erleichtern, wenn die Umstände es erfordern;
b) dabei behilflich zu sein, den Aufenthaltsort der verpflichteten oder der berechtigten Person ausfindig zu machen, insbesondere in Anwendung der Artikel 61, 62 und 63;
c) die Erlangung einschlägiger Informationen über das Einkommen und, wenn nötig, das Vermögen der verpflichteten oder der berechtigten Person ein-

schließlich der Belegenheit von Vermögensgegenständen zu erleichtern, insbesondere in Anwendung der Artikel 61, 62 und 63;
d) gütliche Regelungen zu fördern, um die freiwillige Zahlung von Unterhalt zu erreichen, wenn angebracht durch Mediation, Schlichtung oder ähnliche Mittel;
e) die fortlaufende Vollstreckung von Unterhaltsentscheidungen einschließlich der Zahlungsrückstände zu erleichtern;
f) die Eintreibung und zügige Überweisung von Unterhalt zu erleichtern;
g) unbeschadet der Verordnung (EG) Nr. 1206/2001 die Beweiserhebung, sei es durch Urkunden oder durch andere Beweismittel, zu erleichtern;
h) bei der Feststellung der Abstammung Hilfe zu leisten, wenn dies zur Geltendmachung von Unterhaltsansprüchen notwendig ist;
i) Verfahren zur Erwirkung notwendiger vorläufiger Maßnahmen, die auf das betreffende Hoheitsgebiet beschränkt sind und auf die Absicherung des Erfolgs eines anhängigen Unterhaltsantrags abzielen, einzuleiten oder die Einleitung solcher Verfahren zu erleichtern;
j) unbeschadet der Verordnung (EG) Nr. 1393/2007 die Zustellung von Schriftstücken zu erleichtern.

(3) Die Aufgaben, die nach diesem Artikel der Zentralen Behörde übertragen sind, können in dem vom Recht des betroffenen Mitgliedstaats vorgesehenen Umfang von öffentliche Aufgaben wahrnehmenden Einrichtungen oder anderen der Aufsicht der zuständigen Behörden dieses Mitgliedstaats unterliegenden Stellen wahrgenommen werden. Der Mitgliedstaat teilt der Kommission gemäß Artikel 71 die Bestimmung solcher Einrichtungen oder anderen Stellen sowie deren Kontaktdaten und Zuständigkeit mit.

(4) Dieser Artikel und Artikel 53 verpflichten eine Zentrale Behörde nicht zur Ausübung von Befugnissen, die nach dem Recht des ersuchten Mitgliedstaats ausschließlich den Gerichten zustehen.

Artikel 52 Vollmacht

Die Zentrale Behörde des ersuchten Mitgliedstaats kann vom Antragsteller eine Vollmacht nur verlangen, wenn sie in seinem Namen in Gerichtsverfahren oder in Verfahren vor anderen Behörden tätig wird, oder um einen Vertreter für diese Zwecke zu bestimmen.

Artikel 53 Ersuchen um Durchführung besonderer Maßnahmen

(1) Eine Zentrale Behörde kann unter Angabe der Gründe eine andere Zentrale Behörde auch dann ersuchen, angemessene besondere Maßnahmen nach Artikel 51 Absatz 2 Buchstaben b, c, g, h, i und j zu treffen, wenn kein Antrag nach Artikel 56 anhängig ist. Die ersuchte Zentrale Behörde trifft, wenn sie es für notwendig erachtet, angemessene Maßnahmen, um einem potenziellen Antragsteller bei der Einreichung eines Antrags nach Artikel 56 oder bei der Feststellung behilflich zu sein, ob ein solcher Antrag gestellt werden soll.

(2) Im Falle eines Ersuchens hinsichtlich besonderer Maßnahmen im Sinne des Artikels 51 Absatz 2 Buchstaben b und c holt die ersuchte Zentrale Behörde die erbetenen Informationen ein, erforderlichenfalls in Anwendung von Artikel 61.

Informationen nach Artikel 61 Absatz 2 Buchstaben b, c und d dürfen jedoch erst eingeholt werden, wenn die berechtigte Person eine Ausfertigung einer zu vollstreckenden Entscheidung, eines zu vollstreckenden gerichtlichen Vergleichs oder einer zu vollstreckenden öffentlichen Urkunde, gegebenenfalls zusammen mit dem Auszug nach den Artikeln 20, 28 oder 48, vorlegt.

Die ersuchte Zentrale Behörde übermittelt die eingeholten Informationen an die ersuchende Zentrale Behörde. Wurden diese Informationen in Anwendung von Artikel 61 eingeholt, wird dabei nur die Anschrift des potenziellen Antragsgegners im ersuchten Mitgliedstaat übermittelt. Im Rahmen eines Ersuchens im Hinblick auf die Anerkennung, die Vollstreckbarkeitserklärung oder die Vollstreckung wird dabei im Übrigen nur angegeben, ob überhaupt Einkommen oder Vermögen der verpflichteten Person in diesem Staat bestehen.

Ist die ersuchte Zentrale Behörde nicht in der Lage, die erbetenen Informationen zur Verfügung zu stellen, so teilt sie dies der ersuchenden Zentralen Behörde unverzüglich unter Angabe der Gründe mit.

(3) Eine Zentrale Behörde kann auf Ersuchen einer anderen Zentralen Behörde auch besondere Maßnahmen in einem Fall mit Auslandsbezug treffen, der die Geltendmachung von Unterhaltsansprüchen betrifft und im ersuchenden Mitgliedstaat anhängig ist.

(4) Die Zentralen Behörden verwenden für Ersuchen nach diesem Artikel das in Anhang V vorgesehene Formblatt.

Artikel 54 Kosten der Zentralen Behörde

(1) Jede Zentrale Behörde trägt die Kosten, die ihr durch die Anwendung dieser Verordnung entstehen.

(2) Die Zentralen Behörden dürfen vom Antragsteller für ihre nach dieser Verordnung erbrachten Dienstleistungen keine Gebühren erheben, außer für außergewöhnliche Kosten, die sich aus einem Ersuchen um besondere Maßnahmen nach Artikel 53 ergeben.

Für die Zwecke dieses Absatzes gelten die Kosten im Zusammenhang mit der Feststellung des Aufenthaltsorts der verpflichteten Person nicht als außergewöhnlich.

(3) Die ersuchte Zentrale Behörde kann sich die außergewöhnlichen Kosten nach Absatz 2 nur erstatten lassen, wenn der Antragsteller im Voraus zugestimmt hat, dass die Dienstleistungen mit einem Kostenaufwand in der betreffenden Höhe erbracht werden.

Artikel 55 Übermittlung von Anträgen über die Zentralen Behörden

Anträge nach diesem Kapitel sind über die Zentrale Behörde des Mitgliedstaats, in dem der Antragsteller seinen Aufenthalt hat, bei der Zentralen Behörde des ersuchten Mitgliedstaats zu stellen.

Artikel 56 Zur Verfügung stehende Anträge

(1) Eine berechtigte Person, die Unterhaltsansprüche nach dieser Verordnung geltend machen will, kann Folgendes beantragen:

a) Anerkennung oder Anerkennung und Vollstreckbarerklärung einer Entscheidung;
b) Vollstreckung einer im ersuchten Mitgliedstaat ergangenen oder anerkannten Entscheidung;
c) Herbeiführen einer Entscheidung im ersuchten Mitgliedstaat, wenn keine Entscheidung vorliegt, einschließlich, soweit erforderlich, der Feststellung der Abstammung;
d) Herbeiführen einer Entscheidung im ersuchten Mitgliedstaat, wenn die Anerkennung und Vollstreckbarerklärung einer Entscheidung, die in einem anderen Staat als dem ersuchten Mitgliedstaat ergangen ist, nicht möglich ist;
e) Änderung einer im ersuchten Mitgliedstaat ergangenen Entscheidung;
f) Änderung einer Entscheidung, die in einem anderen Staat als dem ersuchten Mitgliedstaat ergangen ist.

(2) Eine verpflichtete Person, gegen die eine Unterhaltsentscheidung vorliegt, kann Folgendes beantragen:
a) Anerkennung einer Entscheidung, die die Aussetzung oder Einschränkung der Vollstreckung einer früheren Entscheidung im ersuchten Mitgliedstaat bewirkt;
b) Änderung einer im ersuchten Mitgliedstaat ergangenen Entscheidung;
c) Änderung einer Entscheidung, die in einem anderen Staat als dem ersuchten Mitgliedstaat ergangen ist.

(3) Bei Anträgen nach diesem Artikel werden der Beistand und die Vertretung nach Artikel 45 Buchstabe b durch die Zentrale Behörde des ersuchten Mitgliedstaats entweder unmittelbar oder über öffentliche Aufgaben wahrnehmende Einrichtungen oder andere Stellen oder Personen geleistet.

(4) Sofern in dieser Verordnung nichts anderes bestimmt ist, werden Anträge gemäß den Absätzen 1 und 2 nach dem Recht des ersuchten Mitgliedstaats behandelt und unterliegen den in diesem Mitgliedstaat geltenden Zuständigkeitsvorschriften.

Artikel 57 Inhalt des Antrags

(1) Für Anträge nach Artikel 56 ist das in Anhang VI oder in Anhang VII vorgesehene Formblatt zu verwenden.

(2) Anträge nach Artikel 56 müssen mindestens folgende Angaben enthalten:
a) eine Erklärung in Bezug auf die Art des Antrags oder der Anträge;
b) den Namen und die Kontaktdaten des Antragstellers, einschließlich seiner Anschrift und seines Geburtsdatums;
c) den Namen und, sofern bekannt, die Anschrift sowie das Geburtsdatum des Antragsgegners;
d) den Namen und das Geburtsdatum jeder Person, für die Unterhalt verlangt wird;
e) die Gründe, auf die sich der Antrag stützt;
f) wenn die berechtigte Person den Antrag stellt, Angaben zu dem Ort, an dem die Unterhaltszahlungen geleistet oder an den sie elektronisch überwiesen werden sollen;

g) den Namen und die Kontaktdaten der Person oder Stelle in der Zentralen Behörde des ersuchenden Mitgliedstaats, die für die Bearbeitung des Antrags zuständig ist.

(3) Für die Zwecke des Absatzes 2 Buchstabe b kann die persönliche Anschrift des Antragstellers im Falle familiärer Gewalt durch eine andere Anschrift ersetzt werden, sofern das innerstaatliche Recht des ersuchten Mitgliedstaats nicht vorschreibt, dass der Antragsteller für die Zwecke des Verfahrens seine persönliche Anschrift angibt.

(4) Wenn angebracht und soweit bekannt, muss der Antrag außerdem Folgendes enthalten:
a) Angaben über die finanziellen Verhältnisse der berechtigten Person;
b) Angaben über die finanziellen Verhältnisse der verpflichteten Person, einschließlich des Namens und der Anschrift des Arbeitgebers der verpflichteten Person, sowie Art und Belegenheit der Vermögensgegenstände der verpflichteten Person;
c) alle anderen Angaben, die es gestatten, den Aufenthaltsort des Antragsgegners ausfindig zu machen.

(5) Dem Antrag sind alle erforderlichen Angaben oder schriftlichen Belege einschließlich gegebenenfalls Unterlagen zum Nachweis des Anspruchs des Antragstellers auf Prozesskostenhilfe beizufügen. Anträgen nach Artikel 56 Absatz 1 Buchstaben a und b und Absatz 2 Buchstabe a sind je nach Fall nur die in den Artikeln 20, 28 oder 48 oder die in Artikel 25 des Haager Übereinkommens von 2007 aufgeführten Schriftstücke beizufügen.

Artikel 58 Übermittlung, Entgegennahme und Bearbeitung der Anträge und Fälle durch die Zentralen Behörden

(1) Die Zentrale Behörde des ersuchenden Mitgliedstaats ist dem Antragsteller behilflich, sicherzustellen, dass der Antrag alle Schriftstücke und Angaben umfasst, die nach Kenntnis dieser Behörde für seine Prüfung notwendig sind.

(2) Nachdem sich die Zentrale Behörde des ersuchenden Mitgliedstaats davon überzeugt hat, dass der Antrag den Erfordernissen dieser Verordnung entspricht, übermittelt sie ihn der Zentralen Behörde des ersuchten Mitgliedstaats.

(3) Innerhalb von 30 Tagen ab dem Tag des Eingangs des Antrags bestätigt die ersuchte Zentrale Behörde den Eingang des Antrags unter Verwendung des in Anhang VIII vorgesehenen Formblatts, benachrichtigt die Zentrale Behörde des ersuchenden Mitgliedstaats über die ersten Maßnahmen, die zur Bearbeitung des Antrags getroffen wurden oder werden, und fordert gegebenenfalls die von ihr für notwendig erachteten zusätzlichen Schriftstücke oder Angaben an. Innerhalb derselben Frist von 30 Tagen teilt die ersuchte Zentrale Behörde der ersuchenden Zentralen Behörde den Namen und die Kontaktdaten der Person oder Dienststelle mit, die damit beauftragt ist, Fragen im Hinblick auf den Stand des Antrags zu beantworten.

(4) Innerhalb von 60 Tagen nach der Empfangsbestätigung unterrichtet die ersuchte Zentrale Behörde die ersuchende Zentrale Behörde über den Stand des Antrags.

(5) Die ersuchende und die ersuchte Zentrale Behörde unterrichten einander
a) über die Person oder Dienststelle, die für einen bestimmten Fall zuständig ist;
b) über den Stand des Verfahrens
und beantworten Auskunftsersuchen rechtzeitig.

(6) Die Zentralen Behörden behandeln einen Fall so zügig, wie es eine sachgemäße Prüfung seines Gegenstands zulässt.

(7) Die Zentralen Behörden benutzen untereinander die schnellsten und effizientesten Kommunikationsmittel, die ihnen zur Verfügung stehen.

(8) Eine ersuchte Zentrale Behörde kann die Bearbeitung eines Antrags nur ablehnen, wenn offensichtlich ist, dass die Voraussetzungen dieser Verordnung nicht erfüllt sind. In diesem Fall unterrichtet die betreffende Zentrale Behörde die ersuchende Zentrale Behörde umgehend unter Verwendung des in Anhang IX vorgesehenen Formblatts über die Gründe für ihre Ablehnung.

(9) Die ersuchte Zentrale Behörde kann einen Antrag nicht allein deshalb ablehnen, weil zusätzliche Schriftstücke oder Angaben erforderlich sind. Die ersuchte Zentrale Behörde kann die ersuchende Zentrale Behörde jedoch auffordern, solche zusätzlichen Schriftstücke oder Angaben zu übermitteln. Geschieht dies nicht innerhalb von 90 Tagen oder einer von der ersuchten Zentralen Behörde gesetzten längeren Frist, so kann diese Behörde beschließen, die Bearbeitung des Antrags zu beenden. In diesem Fall unterrichtet sie die ersuchende Zentrale Behörde unter Verwendung des in Anhang IX vorgesehenen Formblatts.

Artikel 59 Sprachenregelung

(1) Das Formblatt für das Ersuchen oder den Antrag ist in der Amtssprache des ersuchten Mitgliedstaats oder, wenn es in diesem Mitgliedstaat mehrere Amtssprachen gibt, der Amtssprache oder einer der Amtssprachen des Ortes, an dem sich die betreffende Zentrale Behörde befindet, oder in einer sonstigen Amtssprache der Organe der Europäischen Union, die der ersuchte Mitgliedstaat für zulässig erklärt hat, auszufüllen, es sei denn, die Zentrale Behörde dieses Mitgliedstaats verzichtet auf eine Übersetzung.

(2) Unbeschadet der Artikel 20, 28, 40 und 66 werden die dem Formblatt für das Ersuchen oder den Antrag beigefügten Schriftstücke nur dann in die gemäß Absatz 1 bestimmte Sprache übersetzt, wenn eine Übersetzung für die Gewährung der beantragten Hilfe erforderlich ist.

(3) Die sonstige Kommunikation zwischen den Zentralen Behörden erfolgt in der nach Absatz 1 bestimmten Sprache, sofern die Zentralen Behörden nichts anderes vereinbaren.

Artikel 60 Zusammenkünfte

(1) Zur leichteren Anwendung dieser Verordnung finden regelmäßig Zusammenkünfte der Zentralen Behörden statt.

(2) Die Einberufung dieser Zusammenkünfte erfolgt im Einklang mit der Entscheidung 2001/470/EG.

Artikel 61 Zugang der Zentralen Behörden zu Informationen

(1) Nach Maßgabe dieses Kapitels und abweichend von Artikel 51 Absatz 4 setzt die ersuchte Zentrale Behörde alle geeigneten und angemessenen Mittel ein, um die Informationen gemäß Absatz 2 einzuholen, die erforderlich sind, um in einem bestimmten Fall den Erlass, die Änderung, die Anerkennung, die Vollstreckbarerklärung oder die Vollstreckung einer Entscheidung zu erleichtern.

Die Behörden oder Verwaltungen, die im Rahmen ihrer gewöhnlichen Tätigkeit im ersuchten Mitgliedstaat über die Informationen nach Absatz 2 verfügen und für ihre Verarbeitung im Sinne der Richtlinie 95/46/EG verantwortlich sind, stellen diese Informationen vorbehaltlich der Beschränkungen, die aus Gründen der nationalen oder öffentlichen Sicherheit gerechtfertigt sind, der ersuchten Zentralen Behörde auf Anfrage in den Fällen, in denen die ersuchte Zentrale Behörde keinen direkten Zugang zu diesen Informationen hat, zur Verfügung.

Die Mitgliedstaaten können die Behörden oder Verwaltungen bestimmen, die geeignet sind, der ersuchten Zentralen Behörde die Informationen nach Absatz 2 zur Verfügung zu stellen. Nimmt ein Mitgliedstaat eine solche Bestimmung vor, so achtet er darauf, dass er die Behörden und Verwaltungen so auswählt, dass seine Zentrale Behörde Zugang zu den erforderlichen Informationen gemäß diesem Artikel erhält.

Andere juristische Personen, die im ersuchten Mitgliedstaat über die Informationen nach Absatz 2 verfügen und für ihre Verarbeitung im Sinne der Richtlinie 95/46/EG verantwortlich sind, stellen diese Informationen der ersuchten Zentralen Behörde auf Anfrage zur Verfügung, wenn sie nach dem Recht des ersuchten Mitgliedstaats dazu befugt sind.

Die ersuchte Zentrale Behörde leitet die so erlangten Informationen erforderlichenfalls an die ersuchende Zentrale Behörde weiter.

(2) Bei den Informationen im Sinne dieses Artikels muss es sich um solche handeln, über die die Behörden, Verwaltungen oder Personen nach Absatz 1 bereits verfügen. Diese Informationen sind angemessen und erheblich und gehen nicht über das Erforderliche hinaus; sie betreffen Folgendes:

a) Anschrift der verpflichteten oder der berechtigten Person,

b) Einkommen der verpflichteten Person,

c) Nennung des Arbeitgebers der verpflichteten Person und/oder der Bankverbindung(en) der verpflichteten Person und

d) Vermögen der verpflichteten Person.

Zur Herbeiführung oder Änderung einer Entscheidung kann die ersuchte Zentrale Behörde nur die Angaben nach Buchstabe a anfordern.

Für die Anerkennung, Vollstreckbarerklärung oder Vollstreckung einer Entscheidung kann die ersuchte Zentrale Behörde alle Angaben nach Unterabsatz 1 anfordern. Die Angaben nach Buchstabe d können jedoch nur dann angefordert werden, wenn die Angaben nach den Buchstaben b und c nicht ausreichen, um die Vollstreckung der Entscheidung zu ermöglichen.

Artikel 62 Weiterleitung und Verwendung der Informationen

(1) Die Zentralen Behörden leiten die in Artikel 61 Absatz 2 genannten Informationen innerhalb ihres Mitgliedstaats je nach Fall an die zuständigen Gerichte, die für die Zustellung von Schriftstücken zuständigen Behörden und die mit der Vollstreckung einer Entscheidung betrauten zuständigen Behörden weiter.

(2) Jede Behörde oder jedes Gericht, der/dem Informationen aufgrund von Artikel 61 übermittelt wurden, darf diese nur zur Erleichterung der Durchsetzung von Unterhaltsforderungen verwenden.

Mit Ausnahme der Informationen, die sich einzig darauf beziehen, ob eine Anschrift, Einkommen oder Vermögen im ersuchten Mitgliedstaat bestehen, dürfen, vorbehaltlich der Anwendung von Verfahrensregeln vor einem Gericht, die Informationen nach Artikel 61 Absatz 2 nicht der Person gegenüber offen gelegt werden, die die ersuchende Zentrale Behörde angerufen hat.

(3) Jede Behörde, die eine ihr aufgrund von Artikel 61 übermittelte Information bearbeitet, bewahrt diese nur so lange auf, wie es für die Zwecke, für die die Information übermittelt wurde, erforderlich ist.

(4) Jede Behörde, die ihr aufgrund von Artikel 61 übermittelte Informationen bearbeitet, gewährleistet die Vertraulichkeit dieser Informationen nach Maßgabe des innerstaatlichen Rechts.

Artikel 63 Benachrichtigung der von der Erhebung der Informationen betroffenen Person

(1) Die Benachrichtigung der von der Erhebung der Informationen betroffenen Person über die Übermittlung dieser Informationen in Teilen oder ihrer Gesamtheit erfolgt gemäß dem innerstaatlichen Recht des ersuchten Mitgliedstaats.

(2) Falls diese Benachrichtigung die Gefahr birgt, die wirksame Geltendmachung des Unterhaltsanspruchs zu beeinträchtigen, kann sie um höchstens 90 Tage ab dem Tag, an dem die Informationen der ersuchten Zentralen Behörde übermittelt wurden, aufgeschoben werden.

Zur Zusammenarbeit der zentralen Behörden s. §§ 4 ff AUG sowie die dortige Kommentierung. 1

KAPITEL VIII ÖFFENTLICHE AUFGABEN WAHRNEHMENDE EINRICHTUNGEN

Artikel 64 Öffentliche Aufgaben wahrnehmende Einrichtungen als Antragsteller

(1) Für die Zwecke eines Antrags auf Anerkennung und Vollstreckbarerklärung von Entscheidungen oder für die Zwecke der Vollstreckung von Entscheidungen schließt der Begriff „berechtigte Person" eine öffentliche Aufgaben wahrnehmende Einrichtung, die für eine unterhaltsberechtigte Person handelt, oder eine Einrichtung, der anstelle von Unterhalt erbrachte Leistungen zu erstatten sind, ein.

(2) Für das Recht einer öffentliche Aufgaben wahrnehmenden Einrichtung, für eine unterhaltsberechtigte Person zu handeln oder die Erstattung der der berechtigten Person anstelle von Unterhalt erbrachten Leistung zu fordern, ist das Recht maßgebend, dem die Einrichtung untersteht.

(3) Eine öffentliche Aufgaben wahrnehmende Einrichtung kann die Anerkennung und Vollstreckbarerklärung oder Vollstreckung folgender Entscheidungen beantragen:
a) einer Entscheidung, die gegen eine verpflichtete Person auf Antrag einer öffentliche Aufgaben wahrnehmenden Einrichtung ergangen ist, welche die Bezahlung von Leistungen verlangt, die anstelle von Unterhalt erbracht wurden;

b) einer zwischen einer berechtigten und einer verpflichteten Person ergangenen Entscheidung, soweit der der berechtigten Person Leistungen anstelle von Unterhalt erbracht wurden.

(4) Die öffentliche Aufgaben wahrnehmende Einrichtung, welche die Anerkennung und Vollstreckbarerklärung einer Entscheidung geltend macht oder deren Vollstreckung beantragt, legt auf Verlangen alle Schriftstücke vor, aus denen sich ihr Recht nach Absatz 2 und die Erbringung von Leistungen an die berechtigte Person ergeben.

KAPITEL IX ALLGEMEINE BESTIMMUNGEN UND SCHLUSSBESTIMMUNGEN

Artikel 65 Legalisation oder ähnliche Förmlichkeiten

Im Rahmen dieser Verordnung bedarf es weder der Legalisation noch einer ähnlichen Förmlichkeit.

Artikel 66 Übersetzung der Beweisunterlagen

Unbeschadet der Artikel 20, 28 und 40 kann das angerufene Gericht für Beweisunterlagen, die in einer anderen Sprache als der Verfahrenssprache vorliegen, nur dann eine Übersetzung von den Parteien verlangen, wenn es der Ansicht ist, dass dies für die von ihm zu erlassende Entscheidung oder für die Wahrung der Verteidigungsrechte notwendig ist.

Artikel 67 Kostenerstattung

Unbeschadet des Artikels 54 kann die zuständige Behörde des ersuchten Mitgliedstaats von der unterliegenden Partei, die unentgeltliche Prozesskostenhilfe aufgrund von Artikel 46 erhält, in Ausnahmefällen und wenn deren finanzielle Verhältnisse es zulassen, die Erstattung der Kosten verlangen.

Artikel 68 Verhältnis zu anderen Rechtsinstrumenten der Gemeinschaft

(1) Vorbehaltlich des Artikels 75 Absatz 2 wird mit dieser Verordnung die Verordnung (EG) Nr. 44/2001 dahin gehend geändert, dass deren für Unterhaltssachen geltende Bestimmungen ersetzt werden.

(2) Diese Verordnung tritt hinsichtlich Unterhaltssachen an die Stelle der Verordnung (EG) Nr. 805/2004, außer in Bezug auf Europäische Vollstreckungstitel über Unterhaltspflichten, die in einem Mitgliedstaat, der nicht durch das Haager Protokoll von 2007 gebunden ist, ausgestellt wurden.

(3) Im Hinblick auf Unterhaltssachen bleibt die Anwendung der Richtlinie 2003/8/EG vorbehaltlich des Kapitels V von dieser Verordnung unberührt.

(4) Die Anwendung der Richtlinie 95/46/EG bleibt von dieser Verordnung unberührt.

Artikel 69 Verhältnis zu bestehenden internationalen Übereinkommen und Vereinbarungen

(1) Diese Verordnung berührt nicht die Anwendung der Übereinkommen und bilateralen oder multilateralen Vereinbarungen, denen ein oder mehrere Mitgliedstaaten zum Zeitpunkt der Annahme dieser Verordnung angehören und die die in dieser Verordnung geregelten Bereiche betreffen, unbeschadet der Verpflichtungen der Mitgliedstaaten gemäß Artikels 307 des Vertrags.

(2) Ungeachtet des Absatzes 1 und unbeschadet des Absatzes 3 hat diese Verordnung im Verhältnis der Mitgliedstaaten untereinander jedoch Vorrang vor Übereinkommen und Vereinbarungen, die sich auf Bereiche, die in dieser Verordnung geregelt sind, erstrecken und denen Mitgliedstaaten angehören.

(3) Diese Verordnung steht der Anwendung des Übereinkommens vom 23. März 1962 zwischen Schweden, Dänemark, Finnland, Island und Norwegen über die Geltendmachung von Unterhaltsforderungen durch die ihm angehörenden Mitgliedstaaten nicht entgegen, da dieses Übereinkommen in Bezug auf die Anerkennung, die Vollstreckbarkeit und die Vollstreckung von Entscheidungen Folgendes vorsieht:

a) vereinfachte und beschleunigte Verfahren für die Vollstreckung von Entscheidungen in Unterhaltssachen und

b) eine Prozesskostenhilfe, die günstiger ist als die Prozesskostenhilfe nach Kapitel V dieser Verordnung.

Die Anwendung des genannten Übereinkommens darf jedoch nicht bewirken, dass dem Antragsgegner der Schutz nach den Artikeln 19 und 21 dieser Verordnung entzogen wird.

Artikel 70–74 (nicht abgeruckt)

Artikel 75 Übergangsbestimmungen

(1) Diese Verordnung findet vorbehaltlich der Absätze 2 und 3 nur auf ab dem Datum ihrer Anwendbarkeit eingeleitete Verfahren, gebilligte oder geschlossene gerichtliche Vergleiche und ausgestellte öffentliche Urkunden Anwendung.

(2) Kapitel IV Abschnitte 2 und 3 findet Anwendung auf

a) Entscheidungen, die in den Mitgliedstaaten vor dem Tag des Beginns der Anwendbarkeit dieser Verordnung ergangen sind und deren Anerkennung und Vollstreckbarerklärung ab diesem Zeitpunkt beantragt wird;

b) Entscheidungen, die ab dem Tag des Beginns der Anwendbarkeit dieser Verordnung in Verfahren, die vor diesem Zeitpunkt eingeleitet wurden, ergangen sind,

soweit diese Entscheidungen für die Zwecke der Anerkennung und Vollstreckung in den Anwendungsbereich der Verordnung (EG) Nr. 44/2001 fallen.[1]

Die Verordnung (EG) Nr. 44/2001 gilt weiterhin für die am Tag des Beginns der Anwendbarkeit dieser Verordnung laufenden Anerkennungs- und Vollstreckungsverfahren.

---

1 Berichtigung durch ABl. L 8 vom 12.1.2013, S. 19; s. dazu *Garber/Neumayr*, in: Jahrbuch Europarecht 14, S. 199, 209.

Die Unterabsätze 1 und 2 geltend sinngemäß auch für in den Mitgliedstaaten gebilligte oder geschlossene gerichtliche Vergleiche und ausgestellte öffentliche Urkunden.

(3) Kapitel VII über die Zusammenarbeit zwischen Zentralen Behörden findet auf Ersuchen und Anträge Anwendung, die ab dem Tag des Beginns der Anwendung dieser Verordnung bei der Zentralen Behörde eingehen.

Artikel 76 Inkrafttreten

Diese Verordnung tritt am zwanzigsten Tag nach ihrer Veröffentlichung im Amtsblatt der Europäischen Union in Kraft.

Artikel 2 Absatz 2, Artikel 47 Absatz 3, Artikel 71, 72 und 73 gelten ab dem 18. September 2010.

Diese Verordnung findet, mit Ausnahme der in Unterabsatz 2 genannten Vorschriften, ab dem 18. Juni 2011 Anwendung, sofern das Haager Protokoll von 2007 zu diesem Zeitpunkt in der Gemeinschaft anwendbar ist. Anderenfalls findet diese Verordnung ab dem Tag des Beginns der Anwendbarkeit jenes Protokolls in der Gemeinschaft Anwendung.

Diese Verordnung ist in allen ihren Teilen verbindlich und gilt gemäß dem Vertrag zur Gründung der Europäischen Gemeinschaft unmittelbar in den Mitgliedstaaten.

Anhänge I–XI

[Die Anhänge I–XI sind hier nicht abgedruckt]

Gesetz zur Geltendmachung von Unterhaltsansprüchen im Verkehr mit ausländischen Staaten (Auslandsunterhaltsgesetz – AUG)

Vom 23. Mai 2011 (BGBl. I S. 898)[1]

zuletzt geändert durch Art. 10 des Gesetzes zur Änderung des Prozesskostenhilfe- und Beratungshilferechts vom 31. August 2013 (BGBl. I S. 3533, 3537)

Vorbemerkung zu §§ 1 ff

I. Regelungsgegenstand des AUG

Das AUG regelt die inländische Durchführung **aller unterhaltsverfahrensrechtlicher Verordnungen, Abkommen und Verträge** in einem Gesetz. Es dient dabei vor allem der Durchführung der Europäischen Unterhaltsverordnung (EuUntVO).[1] Betroffen sind damit Unterhaltsansprüche, die innerhalb der Europäischen Union durchgesetzt werden. Hier gilt nicht länger die Brüssel I-VO (s. Schwerpunktbeitrag 10 „Anerkennung und Vollstreckung ausländischer Entscheidungen" Rn 15). Auch die Vollstreckung von Unterhaltstiteln nach dem alten[2] (LugÜ 1988) und dem revidierten[3] Lugano-Übereinkommen (LugÜ 2007) sowie dem Haager Unterhaltsübereinkommens 1973[4] (HUVÜ 1973) richtet sich nach dem AUG (zum Anwendungsbereich insgesamt s. § 1 Rn 2–7). Das AUG unterscheidet sich entscheidend vom **alten AUG 1986**, das die Durchsetzung von Unterhaltsansprüchen nur im Verhältnis zu solchen Staaten, mit denen die Gegenseitigkeit förmlich verbürgt ist, regelte. Auch solche Drittstaatenkonstellationen sind aber vom AUG nach wie vor erfasst. 1

Regelungsgegenstand des AUG ist erstens die **Anerkennung und Vollstreckung** ausländischer Unterhaltstitel. Das AUG **differenziert** dabei entscheidend zwischen **Unterhaltstiteln**, die für die Vollstreckung eines **Exequaturs bedürfen** (§§ 36–64), und solchen, bei denen dies **nicht der Fall** ist (§§ 30–34). Voraussetzung für die Vollstreckbarkeit ohne Exequatur ist, dass der Titel aus einem Mitgliedstaat stammt, in dem die EuUntVO gilt (alle außer Dänemark)[5] *und* der an 2

---

1 Verkündet als Art. 1 des Gesetzes zur Durchführung der Verordnung (EG) Nr. 4/2009 und zur Neuordnung bestehender Aus- und Durchführungsbestimmungen auf dem Gebiet des internationalen Unterhaltsverfahrensrechts vom 23.5.2011 (BGBl. I S. 898).
1 Verordnung (EG) Nr. 4/2009 des Europäischen Parlaments und des Rates vom 18. Dezember 2008 über die Zuständigkeit, das anwendbare Recht, die Anerkennung und Vollstreckung von Entscheidungen und die Zusammenarbeit in Unterhaltssachen (ABl. L 7 vom 10.1.2009, S. 1 idF der Verordnung (EU) Nr. 517/2013 des Rates vom 13. Mai 2013 (ABl. L 158 vom 10.6.2013, S. 1).
2 Vom 16.9.1988 über die gerichtliche Zuständigkeit und die Vollstreckung gerichtlicher Entscheidungen in Zivil- und Handelssachen (BGBl. 1994 II S. 2658).
3 Vom 30.10.2007 (ABl. L 339 vom 21.12.2007, S. 3).
4 Haager Übereinkommen vom 2.10.1973 über die Anerkennung und Vollstreckung von Unterhaltsentscheidungen (BGBl. II 1986, S. 826).
5 Für Dänemark gilt die EuUntVO nicht; auf der Grundlage eines Abkommens vom 10.10.2005 der Europäischen Gemeinschaft hat sich Dänemark aber verpflichtet, die mit der EuUntVO vorgenommenen Änderungen der Brüssel I-VO umzusetzen (s. ABl. EU L 149 vom 12.6.2009, S. 80). Die EuUntVO gilt also hinsichtlich solcher Gegenstände, die sich mit denen der Brüssel I-VO decken, dh nicht im Hinblick auf die Verfahrenskostenhilfe, das anwendbare Recht und die behördliche Zusammenarbeit; s. auch Thomas/Putzo/*Hüßtege*, Vor Art. 1 EuUntVO Rn 3 sowie Nachw. Fn 12.

das Haager Unterhaltsprotokoll 2007[6] (Haager Protokoll 2007) gebunden ist (alle außer Dänemark[7] und dem Vereinigten Königreich[8]). Für Urteile aus Dänemark und dem Vereinigten Königreich bedarf es also eines Exequaturverfahrens, ebenfalls geregelt im AUG. Im Hinblick auf das Exequaturverfahren ist also für Zivil- und Handelssachen durch die Brüssel Ia-VO eine Erleichterung eingetreten, die für Unterhaltsverfahren jedenfalls im Hinblick auf Dänemark und das Vereinigte Königreich nicht gilt. Hintergrund der Differenzierung ist, dass die EuUntVO in Art. 15 auf das Haager Protokoll 2007 verweist, so dass es (nur) bei den gebundenen Staaten zu einer Kollisionsrechtsvereinheitlichung gekommen ist. Im Hinblick auf Dänemark und das Vereinigte Königreich entspricht das AUG großteils den Regelungen des AVAG.[9] Auch für das LugÜ 2007 und das HUVÜ 1973 ist ein Exequaturverfahren erforderlich und, vergleichbar dem AVAG, im AUG geregelt. Bei der Vollstreckung von mitgliedstaatlichen Titeln *in* dem **Vereinigten Königreich** oder **Dänemark** bedarf es aber keines Exequaturverfahrens, soweit der Ursprungsstaat des Titels an das Haager Protokoll 2007 gebunden ist.[10] Freilich kommen hier im Hinblick auf das AUG nur die Regelungen zur Anwendung, die sich auf deutsche Titel beziehen (§§ 70 ff).

3 Die EuUntVO und das AUG wollen zweitens eine verstärkte **Zusammenarbeit der Zentralen Behörden** (in Deutschland das Bundesamt für Justiz in Bonn) jedes Mitgliedstaates herbeiführen und regeln die **Verfahrenskostenhilfe**. Dies gilt für alle Mitgliedstaaten (auch Vereinigtes Königreich)[11] außer Dänemark.[12]

4 Soweit die EuUntVO durchgeführt wird, gilt für das AUG ein **Wiederholungs- und Widerspruchsverbot** im Verhältnis zur Europäischen Verordnung (s. entsprechend § 1 AVAG Rn 7). Weder widersprechende noch (selbst wortgleich) wiederholende Regelungen sind gestattet. Die Regelungen der EuUntVO sind unmittelbar in Deutschland geltendes Recht, die durch das AUG nur in den Bereichen, die die EuUntVO nicht regelt, ergänzt werden dürfen.[13]

5 Das AUG (s. auch § 2) sieht das in ihm geregelte Verfahren als **familiengerichtliches Verfahren** an[14] und verweist vielerorts auf das FamFG. Das führt insb. zur Zuständigkeit der Familiengerichte, wenn das Gesetz eine amtsgerichtliche Zuständigkeit vorsieht. Die Vollstreckung selbst richtet sich nach nationalem Zwangsvollstreckungsrecht.

---

6 Haager Protokoll vom 23.11.2007 über das auf Unterhaltspflichten anzuwendende Recht; in Kraft getreten am 1.8.2013 (aufgrund der Ratifikation durch Serbien am 10.4.2013) gem. Art. 25 Abs. 1; zum Haager Protokoll 2007 etwa *Conti/Bißmaier*, FamRBint 2011, 62; *Andrae*, GPR 2010, 196; *Kohler/Pintens*, FamRZ 2011, 1433, 1434 f.
7 S. *Conti/Bißmaier*, FamRBint 2011, 62.
8 Das Vereinigte Königreich hat sich im Gegensatz zu Irland nicht für den Anschluss an die Billigung des Haager Protokolls 2007 entschieden; BT-Drucks. 17/4887, S. 29; ABl. 2009, L 331/17; *Conti/Bißmaier*, FamRBint 2011, 62.
9 BT-Drucks. 17/4887, S. 30.
10 *Hau*, FamRBint 2012, 19, 21.
11 Hier gilt die EuUntVO, das Vereinigte Königreich ist aber nicht an das Haager Protokoll 2007 gebunden.
12 Die Verpflichtung Dänemarks zur Umsetzung der mit der EuUntVO vorgenommenen Änderungen der Brüssel I-VO (s. Fn 5) bezieht sich nur auf die Gegenstände, bei denen sich EuUntVO und Brüssel I-VO decken. Da die Brüssel I-VO eine Zusammenarbeit der zentralen Behörden und eine Verfahrenskostenhilfe nicht regelt, gilt insoweit weder die Umsetzungspflicht Dänemarks, noch gelten im Verhältnis zu Dänemark die Regelungen im 1. Kapitel des AUG zur Zusammenarbeit der zentralen Behörden und zur Verfahrenskostenhilfe; s. *Andrae*, NJW 2011, 2545; BT-Drucks. 17/4887, S. 33.
13 *Andrae*, NJW 2011, 2545, 2551.
14 BT-Drucks. 17/4887, S. 30, 31.

II. Die Regelungen des AUG im Überblick

Das AUG ist grds. auf alle in § 1 genannten Verordnungen, Abkommen und Verträge anwendbar. Abweichungen für einzelne Rechtsinstrumente sind besonders erwähnt. Das 1. Kapitel regelt vor allem die Einrichtung der **Zentralen Behörde** und ihre Aktivitäten bei ausgehenden und eingehenden Ersuchen sowie die **Verfahrenskostenhilfe** und gilt für alle Rechtsinstrumente. Bei der Zusammenarbeit ist Dänemark ausgenommen (s. Rn 3). Die entscheidenden Regelungen des AUG sind diejenigen des 2. Kapitels der §§ 30 ff zur **Anerkennung und Vollstreckung.** Hier folgt das AUG zunächst der Differenzierung der EuUntVO zwischen den Staaten, die durch das Haager Protokoll 2007 gebunden sind, und denjenigen, bei denen dies nicht der Fall ist (vgl Rn 2). Erstere erfordern kein Exequatur. Es gibt allerdings Möglichkeiten zur Verweigerung, Beschränkung, Aussetzung oder Einstellung der Vollstreckung sowie zur Konkretisierung des Titels (§§ 31–34). Für Letztere ist ein Exequatur- und ein Anerkennungsfeststellungsverfahren geregelt (§§ 36 ff). Auch für die Vollstreckung von Unterhaltstiteln nach völkerrechtlichen Verträgen (§§ 57 ff) und bei förmlicher Gegenseitigkeit (§ 64) gilt das 2. Kapitel. Das 3. Kapitel (§§ 65 ff) regelt die Vollstreckung im Inland, insb. eine **Vollstreckungsabwehrklage** und den **Schadensersatz wegen ungerechtfertigter Vollstreckung.** Schließlich sind im 4. Kapitel die nationalen Vorgaben bei der Vollstreckung eines **deutschen Titels im Ausland** sowie für ein **Mahnverfahren** mit Zustellung im Ausland geregelt. Es folgen im 5. Kapitel Vorschriften zu **Kosten** und Übergangsregelungen.

6

Kapitel 1 Allgemeiner Teil
Abschnitt 1
Anwendungsbereich; Begriffsbestimmungen

§ 1 Anwendungsbereich

(1) [1]Dieses Gesetz dient
1. der Durchführung folgender Verordnung und folgender Abkommen der Europäischen Union:
   a) der Verordnung (EG) Nr. 4/2009 des Rates vom 18. Dezember 2008 über die Zuständigkeit, das anwendbare Recht, die Anerkennung und Vollstreckung von Entscheidungen und die Zusammenarbeit in Unterhaltssachen (ABl. L 7 vom 10.1.2009, S. 1);
   b) des Abkommens vom 19. Oktober 2005 zwischen der Europäischen Gemeinschaft und dem Königreich Dänemark über die gerichtliche Zuständigkeit und die Anerkennung und Vollstreckung von Entscheidungen in Zivil- und Handelssachen (ABl. L 299 vom 16.11.2005, S. 62), soweit dieses Abkommen auf Unterhaltssachen anzuwenden ist;
   c) des Übereinkommens vom 30. Oktober 2007 über die gerichtliche Zuständigkeit und die Anerkennung und Vollstreckung von Entscheidungen in Zivil- und Handelssachen (ABl. L 339 vom 21.12.2007, S. 3), soweit dieses Übereinkommen auf Unterhaltssachen anzuwenden ist;
2. der Ausführung folgender völkerrechtlicher Verträge:
   a) des Haager Übereinkommens vom 23. November 2007 über die internationale Geltendmachung der Unterhaltsansprüche von Kindern und anderen Familienangehörigen (ABl. L 192 vom 22.7.2011, S. 51) nach Maßgabe des Beschlusses des Rates der Europäischen Union vom 9. Juni

2011 (ABl. L 192 vom 22.7.2011, S. 39) über die Genehmigung dieses Übereinkommens;
b) des Haager Übereinkommens vom 2. Oktober 1973 über die Anerkennung und Vollstreckung von Unterhaltsentscheidungen (BGBl. 1986 II S. 826);
c) des Übereinkommens vom 16. September 1988 über die gerichtliche Zuständigkeit und die Vollstreckung gerichtlicher Entscheidungen in Zivil- und Handelssachen (BGBl. 1994 II S. 2658), soweit dieses Übereinkommen auf Unterhaltssachen anzuwenden ist;
d) des New Yorker UN-Übereinkommens vom 20. Juni 1956 über die Geltendmachung von Unterhaltsansprüchen im Ausland (BGBl. 1959 II S. 150);
3. der Geltendmachung von gesetzlichen Unterhaltsansprüchen, wenn eine der Parteien im Geltungsbereich dieses Gesetzes und die andere Partei in einem anderen Staat, mit dem die Gegenseitigkeit verbürgt ist, ihren gewöhnlichen Aufenthalt hat.

[2]Die Gegenseitigkeit nach Satz 1 Nummer 3 ist verbürgt, wenn das Bundesministerium der Justiz dies festgestellt und im Bundesgesetzblatt bekannt gemacht hat (förmliche Gegenseitigkeit). [3]Staaten im Sinne des Satzes 1 Nummer 3 sind auch Teilstaaten und Provinzen eines Bundesstaates.

(2) [1]Regelungen in völkerrechtlichen Vereinbarungen gehen, soweit sie unmittelbar anwendbares innerstaatliches Recht geworden sind, den Vorschriften dieses Gesetzes vor. [2]Die Regelungen der in Absatz 1 Satz 1 Nummer 1 genannten Verordnung und Abkommen werden als unmittelbar geltendes Recht der Europäischen Union durch die Durchführungsbestimmungen dieses Gesetzes nicht berührt.

I. Allgemeines

1 Die Norm benennt die Verordnungen, Abkommen und Verträge, auf die das AUG Anwendung findet. Differenziert wird zwischen der Verordnung und den Abkommen der Europäischen Union (Abs. 1 S. 1 Nr. 1) und den (sonstigen) völkerrechtlichen Verträgen (Abs. 1 S. 1 Nr. 2). Außerdem findet das AUG Anwendung bei der Geltendmachung von gesetzlichen Unterhaltsansprüchen im Falle der förmlichen Gegenseitigkeit (Abs. 1 S. 1 Nr. 3). Diese Differenzierung findet sich im 2. Kapitel des AUG wieder, wo sich der 1., der 2. und der 3. Abschnitt mit der Verordnung und den Abkommen der Europäischen Union beschäftigen, der 4. Abschnitt die Anerkennung und Vollstreckung von Unterhaltstiteln nach völkerrechtlichen Verträgen und der 5. Abschnitt die Verfahren bei Gegenseitigkeit regeln.

II. Verordnung und Abkommen der Europäischen Union (Abs. 1 S. 1 Nr. 1)

2 Abs. 1 S. 1 Nr. 1 Buchst. a bezeichnet die **EuUntVO**. Der **Begriff des Unterhalts** ist hier weit auszulegen.[1] Erfasst sind auch nichtperiodische Leistungen, Ansprüche von Unterhaltspflichtigen und solche der öffentlichen Hand, soweit sie zivilrechtlichen Charakter haben (also insbes. Regressansprüche).[2] Im Hinblick auf Ansprüche von Unterhaltspflichtigen ist dies allerdings insoweit einzuschränken, als bereicherungsrechtliche Rückzahlungsansprüche nicht in den Anwendungsbe-

---

1 BT-Drucks. 17/4887, S. 33.
2 BT-Drucks. 17/4887, S. 33; s. auch *Andrae*, FPR 2013, 38, 40 f; *Hau*, FamRBint 2012, 19, 21; *Veith*, in: Schmidt (Hrsg.), Internationale Unterhaltsrealisierung, § 12 Rn 49; *Mankowski*, IPrax 2014, 249; *Martiny*, FamRZ 2014, 429.

reich der EuUntVO fallen. Dennoch hält der Gesetzgeber des AUG eine Anwendung der EuUntVO und des AUG zumindest in den Fällen, in denen ein Abänderungsbegehren mit einer Rückforderung verbunden geltend gemacht wird, für angezeigt.[3]

Abs. 1 S. 1 Nr. 1 Buchst. b erfasst den Vertrag mit **Dänemark**, das die mit der EuUntVO vorgenommenen Änderungen der Brüssel I-VO umzusetzen verpflichtet ist (s. Vor §§ 1 ff Rn 2). Das AUG gilt im Hinblick auf die Zusammenarbeit der Zentralen Behörden nicht (s. Vor §§ 1 ff Rn 3). 3

Abs. 1 S. 1 Nr. 1 Buchst. c ist das **LugÜ 2007** (Schweiz, Island, Norwegen). Nur im Hinblick auf Unterhaltssachen ist hier das AUG das maßgebliche Ausführungsgesetz. Ansonsten gilt für das LugÜ 2007 das AVAG (s. § 1 AVAG Rn 5). 4

III. Völkerrechtliche Verträge (Abs. 1 S. 1 Nr. 2)

Abs. 1 S. 1 Nr. 2 Buchst. a meint das Haager Übereinkommen über die internationale Geltendmachung der Unterhaltsansprüche von Kindern und anderen Familienangehörigen vom 23.11.2007 (**HUÜ 2007**).[4] Es wurde mit Wirkung vom 1.8.2014 eingefügt. In Zukunft soll es die in Buchst. b und d genannten Übereinkommen (s. Rn 5 a und 7) verdrängen und wurde daher an erster Stelle platziert.[5] Das Haager Übereinkommen schränkt den Anwendungsbereich des HUVÜ 1973 ein.[6] Das Übereinkommen erfasst auch Regressansprüche öffentlicher Leistungsträger. 5

Abs. 1 S. 1 Nr. 2 Buchst. b meint das **HUVÜ 1973**. Hier geht es nur um familienrechtliche Unterhaltsansprüche einschließlich der Erstattungsansprüche öffentlicher Leistungsträger. Während das Verhältnis des HUVÜ 1973 zur Brüssel I-VO sich so gestaltete, dass ein Wahlrecht zwischen der Vollstreckbarerklärung nach dem Übereinkommen und der Verordnung bestand,[7] besagt Art. 69 Abs. 2 EuUntVO, dass die Verordnung im Verhältnis der Mitgliedstaaten untereinander Vorrang hat, soweit der Bereich in der Verordnung geregelt ist. 5a

Abs. 1 S. 1 Nr. 2 Buchst. c ist das **LugÜ 1988**. Auch hier gilt ansonsten das AVAG (s. § 1 AVAG Rn 2). Es gilt der Vorrang des Art. 69 Abs. 2 EuUntVO. 6

Abs. 1 S. 1 Nr. 2 Buchst. d bezieht das **New Yorker UN-Übereinkommen über die Geltendmachung von Unterhaltsansprüchen im Ausland** (UNUÜ) ein. Auf diesem Übereinkommen basiert derzeit die zwischenstaatliche Zusammenarbeit zu vielen Staaten[8] (nicht USA, Kanada, Südafrika, s. § 64 Rn 1). Eine Staatenliste ist auf der Internetseite des Bundesamts für Justiz präsentiert.[9] Für Mitgliedstaaten untereinander gilt auch hier der Vorrang des Art. 69 Abs. 2 EuUntVO. 7

---

3 BT-Drucks. 17/4887, S. 33.
4 Haager Übereinkommen vom 23. November 2007 über die internationale Geltendmachung der Unterhaltsansprüche von Kindern und anderen Familienangehörigen (ABl. L 192 vom 22.7.2011, S. 51); für die Europäische Union in Kraft getreten am 1.8.2014 (aufgrund der Genehmigung am 9.4.2014) gem. Art. 60 Abs. 2 Buchst. a HUÜ 2007.
5 BT-Drucks. 17/10492, S. 12; dazu *Hoff/Schmidt*, JAmt 2011, 433, 437.
6 BT-Drucks. 17/4887, S. 32 f; *Andrae*, NJW 2011, 2545, 2546; zum Stand des Inkrafttretens s. die Statustabelle zum Übereinkommen www.hcch.net; zu den Hindernissen *Heger*, in: Schmidt (Hrsg.), Internationale Unterhaltsrealisierung, § 2 Rn 31 ff.
7 BGHZ 177, 310; *Junggeburth*, in: Schmidt (Hrsg.), Internationale Unterhaltsrealisierung, § 3 Rn 18 ff.
8 *Andrae*, NJW 2011, 2545, 2546.
9 Siehe https://www.bundesjustizamt.de/DE/Themen/Buergerdienste/AU/UN/Vertragsstaaten/Vertragsstaaten_node.html (zuletzt abgerufen am 8.5.2015).

IV. Förmliche Gegenseitigkeit (Abs. 1 S. 1 Nr. 3, S. 2 und 3)

8 Eine entsprechende Liste der Staaten, zu denen auf der Grundlage staatsvertraglicher Vereinbarungen Gegenseitigkeit verbürgt ist, wurde aus Anlass des AUG im Bundesgesetzblatt bekannt gemacht.[10] Vor allem geht es um die meisten Bundesstaaten der USA, einen Großteil der kanadischen Provinzen und die Republik Südafrika (s. § 64).

V. Sonstige Unterhaltstitel

9 Falls ein Unterhaltstitel nicht in den Anwendungsbereich der in § 1 genannten Verordnung, Verträge und Abkommen fällt und die Gegenseitigkeit nicht förmlich verbürgt ist, kommt eine Vollstreckung eines ausländischen Titels in Deutschland nur nach den Regeln der §§ **108 ff FamFG** in Betracht.[11] Betroffen sind hier insb. afrikanische, asiatische und lateinamerikanische Staaten; die Verbürgung der Gegenseitigkeit ist hier gerichtlich aufzuklären und zu entscheiden.[12]

VI. Vorrang der im nationalen Recht unmittelbar geltenden völkerrechtlichen Vereinbarungen; Unberührtheit der Europäischen Verordnung und Abkommen (Abs. 2)

10 Die Verordnung und die Übereinkommen haben Anwendungsvorrang. Die Norm entspricht § 97 FamFG. Sie hat keine eigenständige Funktion.

§ 2 Allgemeine gerichtliche Verfahrensvorschriften

Soweit in diesem Gesetz nichts anderes geregelt ist, werden die Vorschriften des Gesetzes über das Verfahren in Familiensachen und in den Angelegenheiten der freiwilligen Gerichtsbarkeit angewendet.

1 Soweit ein Gegenstand nicht in der EuUntVO oder im AUG geregelt ist, gilt das FamFG. Das AUG verweist zudem nicht nur an vielen Stellen auf das FamFG, sondern wiederholt dieses auch. Auch bei den Begrifflichkeiten wird deutlich, dass es sich um ein familiengerichtliches Verfahren (s. Vor §§ 1 ff Rn 5) handelt („Antrag" statt „Klage", „Beschluss" statt „Urteil" etc.). Entscheidungen bedürfen einer Rechtsbehelfsbelehrung. Die sachliche Zuständigkeit des Amtsgerichts führt zur funktionalen Zuständigkeit des Familiengerichts.

§ 3 Begriffsbestimmungen

Im Sinne dieses Gesetzes
1. sind Mitgliedstaaten die Mitgliedstaaten der Europäischen Union,
2. sind völkerrechtliche Verträge multilaterale und bilaterale Anerkennungs- und Vollstreckungsverträge,

---

10 BGBl. I 2011, S. 1109 – Bekanntmachung über die Feststellung der Gegenseitigkeit für die Geltendmachung von Unterhaltsansprüchen nach dem Auslandsunterhaltsgesetz.
11 *Riegner*, FPR 2013, 4.
12 Prütting/Helms/*Hau*, FamFG, § 109 FamFG Rn 68; *Veith*, in: Schmidt (Hrsg.), Internationale Unterhaltsrealisierung, § 12 Rn 57; eine nach Staaten gegliederte Liste bietet Zöller/*Geimer*, ZPO, Anhang IV.

3. sind Berechtigte
   a) natürliche Personen, die einen Anspruch auf Unterhaltsleistungen haben oder geltend machen,
   b) öffentlich-rechtliche Leistungsträger, die Unterhaltsansprüche aus übergegangenem Recht geltend machen, soweit die Verordnung (EG) Nr. 4/2009 oder der auszuführende völkerrechtliche Vertrag auf solche Ansprüche anzuwenden ist,
4. sind Verpflichtete natürliche Personen, die Unterhalt schulden oder denen gegenüber Unterhaltsansprüche geltend gemacht werden,
5. sind Titel gerichtliche Entscheidungen, gerichtliche Vergleiche und öffentliche Urkunden, auf welche die durchzuführende Verordnung oder der jeweils auszuführende völkerrechtliche Vertrag anzuwenden ist,
6. ist Ursprungsstaat der Staat, in dem ein Titel errichtet worden ist, und
7. ist ein Exequaturverfahren das Verfahren, mit dem ein ausländischer Titel zur Zwangsvollstreckung im Inland zugelassen wird.

Zu Nr. 1. Im Hinblick auf Dänemark gilt die EuUntVO bis auf die Kapitel 3 und 7 (s. Vor §§ 1 ff Rn 2 f).

Zu Nr. 2. Gemeint sind auch Übereinkommen und Abkommen.

Zu Nr. 3. Im Hinblick auf die EuUntVO ergibt sich schon aus deren Art. 2 Abs. 1 Nr. 10, dass Berechtigter die Person ist, der Unterhalt (angeblich) zusteht. Die Formulierung des Buchst. b zielt eher auf eine Klarstellung des Anwendungsbereichs der Verordnung (EG) Nr. 4/2009 und des HUÜ 2007 dergestalt, dass auch Regressansprüche der öffentlichen Hand erfasst sind (s. § 1 Rn 2, 5).

Zu Nr. 4. Siehe auch Art. 2 Abs. 1 Nr. 11 EuUntVO.

Zu Nr. 5. In den Anwendungsbereich fallen alle Titel (Urteile, andere gerichtliche Entscheidungen, Prozessvergleiche, öffentliche Urkunden), die von der EuUntVO oder einem der in § 1 genannten Abkommen und Verträge erfasst werden. S. auch Art. 2 Abs. 1 Nr. 1 EuUntVO.

Zu Nr. 6. Siehe auch Art. 2 Abs. 1 Nr. 4 EuUntVO.

Zu Nr. 7. Enthalten ist eine Legaldefinition des Exequaturs. Es ist notwendig, wenn die EuUntVO nicht gilt oder sie zwar gilt, der Ursprungsstaat aber nicht an das Haager Protokoll 2007 gebunden ist (s. Vor §§ 1 ff Rn 2).

Abschnitt 2
Zentrale Behörde

§ 4 Zentrale Behörde

(1) ¹Zentrale Behörde für die gerichtliche und außergerichtliche Geltendmachung von Ansprüchen in Unterhaltssachen nach diesem Gesetz ist das Bundesamt für Justiz. ²Die zentrale Behörde verkehrt unmittelbar mit allen zuständigen Stellen im In- und Ausland. ³Mitteilungen leitet sie unverzüglich an die zuständigen Stellen weiter.

(2) Das Verfahren der zentralen Behörde gilt als Justizverwaltungsverfahren.

(3) ¹Das Bundesministerium der Justiz wird ermächtigt, Aufgaben der zentralen Behörde entsprechend Artikel 51 Absatz 3 der Verordnung (EG) Nr. 4/2009 oder Artikel 6 Absatz 3 des Haager Übereinkommens vom 23. November 2007 über die internationale Geltendmachung der Unterhaltsansprüche von Kindern und

anderen Familienangehörigen auf eine andere öffentliche Stelle zu übertragen oder eine juristische Person des Privatrechts mit den entsprechenden Aufgaben zu beleihen. ²Die Beliehene muss grundlegende Erfahrungen bei der Durchsetzung von Unterhaltsansprüchen im Ausland nachweisen können. ³Den Umfang der Aufgabenübertragung legt das Bundesministerium der Justiz fest. ⁴Die Übertragung ist vom Bundesministerium der Justiz im Bundesanzeiger bekannt zu geben. ⁵Die Beliehene unterliegt der Fachaufsicht des Bundesministeriums der Justiz. ⁶§ 5 Absatz 6 und die §§ 7 und 9 werden auf die Tätigkeit der Beliehenen nicht angewendet.

I. Die zentrale Behörde

1 Zentrale Behörde ist in Deutschland das Bundesamt für Justiz in Bonn (www.bundesjustizamt.de). Dessen Internetseite bietet auch umfängliche Informationen über die Tätigkeit des Bundesamts für Justiz zur Geltendmachung und Durchsetzung von Ansprüchen auf Auslandsunterhalt sowie eine Broschüre zum Download. Es war schon vorher für die Verfahren bei förmlicher Gegenseitigkeit zuständig, so dass die bestehenden Strukturen, Erfahrungen und Kontakte genutzt werden können.[1] Ausgehende Ersuchen auf Unterstützung in Unterhaltssachen bedürfen allerdings einer Vorprüfung (s. §§ 7 ff) und können nicht direkt an die zentrale Behörde gerichtet werden. Die Geltendmachung von Unterhaltsansprüchen soll auch dann über die zentrale Behörde erfolgen, wenn dies der auszuführende völkerrechtliche Vertrag nicht vorsieht. Die Tätigkeiten der zentralen Behörde als Übermittlungs- und Empfangsstelle sind grds. gebührenfrei.[2] Selbst in den Fällen, in denen die EuUntVO vorsieht, dass die zentrale Behörde Kosten geltend machen kann (Art. 54 Abs. 2 EuUntVO), sieht das AUG davon ab.[3]

2 Parallel besteht auch die Möglichkeit, einen Anspruch nicht über den Behördenweg und damit über das gerichtliche Vorprüfungsverfahren geltend zu machen, sondern sich **direkt an das zuständige ausländische** Gericht bzw die zuständige ausländische Behörde (**Vollstreckungsorgan**) zu wenden.[4]

II. Aufgabenzuweisung

3 Die Befugnisse ergeben sich aus § 5 AUG ggf iVm Art. 50, 51, 53 und 58 EuUntVO (s. jew. dort). Insbesondere koordinieren die zentralen Behörden das grenzüberschreitende Verfahren und unterstützen die Gläubiger bei der Informationseinholung (Art. 61 EuUntVO).[5] Ausführlich ist die (umfassende) Befugnis zur Datenerhebung durch die zentrale Behörde in den §§ 16 ff AUG geregelt. Das Verfahren der zentralen Behörde ist nach Abs. 2 ein Justizverwaltungsverfahren iSd §§ 23 ff EGGVG.

III. Übertragung von Aufgaben der zentralen Behörde

4 Abs. 3 sieht vor, dass Aufgaben der zentralen Behörde im Wege der Beleihung übertragen werden können. In Betracht kommt hier etwa das Deutsche Institut

---

1 Vgl BT-Drucks. 17/4887, S. 34; *Heger/Selg*, FamRZ 2011, 1101, 1103 f; *Veith*, FPR 2013, 46.
2 Vgl BT-Drucks. 17/4887, S. 29.
3 BT-Drucks. 17/4887, S. 35.
4 BT-Drucks. 17/4887, S. 34; *Hoff/Schmidt*, JAmt 2011, 433, 435.
5 *Hess*, in: Schmidt (Hrsg.), Internationale Unterhaltsrealisierung, § 1 Rn 24 ff.

für Jugendhilfe und Familienrecht, das bei der internationalen Unterhaltsrealisierung schon bislang tätig ist.[6]

§ 5 Aufgaben und Befugnisse der zentralen Behörde

(1) Die gerichtliche und außergerichtliche Geltendmachung von Unterhaltsansprüchen nach diesem Gesetz erfolgt über die zentrale Behörde als Empfangs- und Übermittlungsstelle.

(2) [1]Die zentrale Behörde unternimmt alle geeigneten Schritte, um den Unterhaltsanspruch des Berechtigten durchzusetzen. [2]Sie hat hierbei die Interessen und den Willen des Berechtigten zu beachten.

(3) Im Anwendungsbereich der Verordnung (EG) Nr. 4/2009 richten sich die Aufgaben der zentralen Behörde nach den Artikeln 50, 51, 53 und 58 dieser Verordnung.

(4) Im Anwendungsbereich des Haager Übereinkommens vom 23. November 2007 über die internationale Geltendmachung der Unterhaltsansprüche von Kindern und anderen Familienangehörigen richten sich die Aufgaben der zentralen Behörde nach den Artikeln 5, 6, 7 und 12 dieses Übereinkommens.

(5) [1]Die zentrale Behörde gilt bei eingehenden Ersuchen als bevollmächtigt, im Namen des Antragstellers selbst oder im Wege der Untervollmacht durch Vertreter außergerichtlich oder gerichtlich tätig zu werden. [2]Sie ist insbesondere befugt, den Unterhaltsanspruch im Wege eines Vergleichs oder eines Anerkenntnisses zu regeln. [3]Falls erforderlich, darf sie auch einen Unterhaltsantrag stellen und die Vollstreckung eines Unterhaltstitels betreiben.

(6) [1]Die zentrale Behörde übermittelt die von den Verpflichteten eingezogenen Unterhaltsgelder an die Berechtigten nach den für Haushaltsmittel des Bundes geltenden Regeln. [2]Satz 1 gilt für die Rückübermittlung überzahlter Beträge oder für andere bei der Wahrnehmung der Aufgaben der zentralen Behörde erforderlich werdende Zahlungen entsprechend.

I. Empfangs- und Übermittlungsstelle für die Geltendmachung von Unterhaltsansprüchen (Abs. 1)

Die Funktion als Empfangs- und Übermittlungsstelle für eingehende und ausgehende Ersuchen ist die wichtigste Funktion der zentralen Behörde (Bundesamt für Justiz). Die zentrale Behörde leitet ausgehende Ersuchen (§§ 7–12) an die zentrale Behörde des ersuchten Staates weiter und empfängt eingehende Ersuchen (§§ 13–15). Die **Art der Anträge** ist in Art. 56 EuUntVO aufgezählt. **Ausgehende Ersuchen** sind etwa dasjenige nach § 11, wenn ein deutscher Titel im Ausland vollstreckt werden soll. Der erforderliche Inhalt eines Antrags im Hinblick auf ein im Geltungsbereich der EuUntVO ausgehendes Ersuchen ist in Art. 57 EuUntVO bestimmt (s. dort). Außerhalb des Geltungsbereichs der EuUntVO ist der notwendige Inhalt eines Antrags in § 8 bestimmt. Ein **eingehendes Ersuchen** ist etwa dasjenige um Datenerhebung für die Durchsetzung einer im Ausland titulierten Unterhaltsforderung nach § 17. Die zentrale Behörde kann auch tätig

1

---

6 *Hoff/Schmidt*, JAmt 2011, 433, 435; *Hess*, in: Schmidt (Hrsg.), Internationale Unterhaltsrealisierung, § 1 Rn 27; *Veith*, in: Schmidt (Hrsg.), Internationale Unterhaltsrealisierung, § 12 Rn 3.

werden, wenn sich ein Unterhaltspflichtiger an sie wendet, insb. bei Entscheidungsabänderungen (vgl Art. 56 Abs. 2 EuUntVO).[1]

II. Weitere Tätigkeiten der zentralen Behörde (Abs. 2)

2 Als geeignete Schritte sind neben der Tätigkeit als Empfangs- und Übermittlungsstelle nach Abs. 1 die umfassenden Auskünfte und Datenerhebungen, die der Behörde nach §§ 16 ff zustehen, zu nennen.

III. Im Anwendungsbereich der EuUntVO (Abs. 3)

3 Das AUG verweist auf die Aufgaben, die der zentralen Behörde nach den Art. 50, 51, 53 und 58 EuUntVO obliegen (insb. Übermittlung und Entgegennahme von Anträgen nach Art. 56, Einleitung von Verfahren und Hilfestellung im Hinblick auf Durchsetzung von Unterhalt, Vollstreckung von Entscheidungen und Überweisung an die Berechtigten, Hilfestellung bei der Informationsgewinnung);[2] s. ansonsten jew. dort.

IV. Im Anwendungsbereich des HUÜ 2007 (Abs. 4)

4 Die Norm enthält Modifikationen im Hinblick auf die Aufgaben der zentralen Behörde.

V. Außergerichtliche Vollmacht und Prozessvollmacht (Abs. 5)

5 Eine Vollmacht kann nach Art. 52 EuUntVO nur in bestimmten Fällen verlangt werden. Geregelt wird eine Fiktion gegenüber Dritten, nicht im Verhältnis zum Antragsteller.[3]

VI. Abwicklung des Zahlungsverkehrs (Abs. 6)

6 Die zentrale Behörde ist ermächtigt, den Zahlungsverkehr abzuwickeln, was der effizienten Durchsetzung der Unterhaltsansprüche dient – eine Praxis, die sich bereits in den Verfahren mit förmlicher Gegenseitigkeit bewährt hat.[4] Sie *muss* dies tun, wenn der Partnerstaat es für die Gegenseitigkeit fordert.[5] Ansonsten kann sie – im Falle, dass der Gläubiger der Abwicklung des Zahlungsverkehrs über die zentrale Behörde nicht bedarf – davon auch absehen, etwa wenn der Schuldner regelmäßig Unterhalt geleistet hat.[6] Die Zahlungen sind zwar Fremdgelder, dennoch gelten die Vorschriften des Haushaltsrechts.

§ 6 Unterstützung durch das Jugendamt

Wird die zentrale Behörde tätig, um Unterhaltsansprüche Minderjähriger und junger Volljähriger, die das 21. Lebensjahr noch nicht vollendet haben, geltend zu machen und durchzusetzen, kann sie das Jugendamt um Unterstützung ersuchen.

---

1 Prütting/Helms/*Hau*, FamFG, Anhang 2 zu § 110 FamFG Rn 9; *Veith*, in: Schmidt (Hrsg.), Internationale Unterhaltsrealisierung, § 12 Rn 51.
2 *Veith*, in: Schmidt (Hrsg.), Internationale Unterhaltsrealisierung, § 12 Rn 50.
3 BT-Drucks. 17/4887, S. 35.
4 *Andrae*, NJW 2011, 2545, 2549.
5 BT-Drucks. 17/2887, S. 35.
6 BT-Drucks. 17/4887, S. 35; *Andrae*, NJW 2011, 2545, 2549.

Wenn die zentrale Behörde bei der Geltendmachung und Durchsetzung von Unterhaltsansprüchen Minderjähriger oder junger Erwachsener (bis 20 Jahre) tätig wird, kann sie das Jugendamt um Unterstützung ersuchen. Die Aufgaben des Jugendamts sollen nicht über das hinausgehen, was den Jugendämtern schon bislang übertragen war (§§ 18, 59 SGB VIII), etwa Beurkundung von Unterhaltspflichten, Terminswahrnehmung vor Gericht, Zurverfügungstellung von bereits vorhandenen Informationen über Unterhaltsrückstände.[1]   1

Abschnitt 3
Ersuchen um Unterstützung in Unterhaltssachen

Unterabschnitt 1 Ausgehende Ersuchen

§ 7 Vorprüfung durch das Amtsgericht; Zuständigkeitskonzentration

(1) [1]Die Entgegennahme und Prüfung eines Antrages auf Unterstützung in Unterhaltssachen erfolgt durch das für den Sitz des Oberlandesgerichts, in dessen Bezirk der Antragsteller seinen gewöhnlichen Aufenthalt hat, zuständige Amtsgericht. [2]Für den Bezirk des Kammergerichts entscheidet das Amtsgericht Pankow-Weißensee.

(2) Das Vorprüfungsverfahren ist ein Justizverwaltungsverfahren.

(3) Für das Vorprüfungsverfahren werden keine Kosten erhoben.

§ 8 Inhalt und Form des Antrages

(1) Der Inhalt eines an einen anderen Mitgliedstaat mit Ausnahme des Königreichs Dänemark gerichteten Antrages richtet sich nach Artikel 57 der Verordnung (EG) Nr. 4/2009.

(2) Der Inhalt eines an einen anderen Vertragsstaat des Haager Übereinkommens vom 23. November 2007 über die internationale Geltendmachung der Unterhaltsansprüche von Kindern und anderen Familienangehörigen gerichteten Antrages richtet sich nach Artikel 11 dieses Übereinkommens.

(3) [1]In den nicht von den Absätzen 1 und 2 erfassten Fällen soll der Antrag alle Angaben enthalten, die für die Geltendmachung des Anspruchs von Bedeutung sein können, insbesondere
1. den Familiennamen und die Vornamen des Berechtigten; ferner seine Anschrift, den Tag seiner Geburt, seine Staatsangehörigkeit, seinen Beruf oder seine Beschäftigung sowie gegebenenfalls den Namen und die Anschrift seines gesetzlichen Vertreters,
2. den Familiennamen und die Vornamen des Verpflichteten; ferner seine Anschrift, den Tag, den Ort und das Land seiner Geburt, seine Staatsangehörigkeit, seinen Beruf oder seine Beschäftigung, soweit der Berechtigte diese Angaben kennt, und
3. nähere Angaben
   a) über die Tatsachen, auf die der Anspruch gestützt wird;
   b) über die Art und Höhe des geforderten Unterhalts;

---

1 BT-Drucks. 17/4887, S. 35.

c) über die finanziellen und familiären Verhältnisse des Berechtigten, sofern diese Angaben für die Entscheidung bedeutsam sein können;

d) über die finanziellen und familiären Verhältnisse des Verpflichteten, soweit diese bekannt sind.

²Ein Antrag eines Berechtigten im Sinne des § 3 Nummer 3 Buchstabe b soll die in den Nummern 1 und 3 Buchstabe c genannten Angaben der Person enthalten, deren Anspruch übergegangen ist.

(4) ¹Einem Antrag nach Absatz 3 sollen die zugehörigen Personenstandsurkunden und andere sachdienliche Schriftstücke beigefügt sein. ²Das in § 7 benannte Gericht kann von Amts wegen alle erforderlichen Ermittlungen anstellen.

(5) ¹In den Fällen des Absatzes 3 ist der Antrag vom Antragsteller, von dessen gesetzlichem Vertreter oder von einem bevollmächtigten Vertreter unter Beifügung einer Vollmacht zu unterschreiben. ²Soweit dies nach dem Recht des zu ersuchenden Staates erforderlich ist, ist die Richtigkeit der Angaben vom Antragsteller oder von dessen gesetzlichem Vertreter eidesstattlich zu versichern. ³Besonderen Anforderungen des zu ersuchenden Staates an Form und Inhalt des Ersuchens ist zu genügen, soweit dem keine zwingenden Vorschriften des deutschen Rechts entgegenstehen.

(6) In den Fällen des Absatzes 3 ist der Antrag an die Empfangsstelle des Staates zu richten, in dem der Anspruch geltend gemacht werden soll.

§ 9 Umfang der Vorprüfung

(1) ¹Der Vorstand des Amtsgerichts oder der im Rahmen der Verteilung der Justizverwaltungsgeschäfte bestimmte Richter prüft

1. in Verfahren mit förmlicher Gegenseitigkeit (§ 1 Absatz 1 Satz 1 Nummer 3), ob nach dem deutschen Recht die beabsichtigte Rechtsverfolgung hinreichende Aussicht auf Erfolg haben würde,

2. in den übrigen Fällen, ob der Antrag mutwillig oder offensichtlich unbegründet ist.

²Bejaht er in den Fällen des Satzes 1 Nummer 1 die Erfolgsaussicht, stellt er hierüber eine Bescheinigung aus, veranlasst deren Übersetzung in die Sprache des zu ersuchenden Staates und fügt diese Unterlagen dem Ersuchen bei.

(2) ¹Hat die beabsichtigte Rechtsverfolgung keine hinreichende Aussicht auf Erfolg (Absatz 1 Satz 1 Nummer 1) oder ist der Antrag mutwillig oder offensichtlich unbegründet (Absatz 1 Satz 1 Nummer 2), lehnt der Richter die Weiterleitung des Antrages ab. ²Die ablehnende Entscheidung ist zu begründen und dem Antragsteller mit einer Rechtsmittelbelehrung zuzustellen. ³Sie ist nach § 23 des Einführungsgesetzes zum Gerichtsverfassungsgesetz anfechtbar.

(3) Liegen keine Ablehnungsgründe vor, übersendet das Gericht den Antrag nebst Anlagen und vorliegenden Übersetzungen mit je drei beglaubigten Abschriften unmittelbar an die zentrale Behörde.

(4) Im Anwendungsbereich des New Yorker UN-Übereinkommens vom 20. Juni 1956 über die Geltendmachung von Unterhaltsansprüchen im Ausland (BGBl. 1959 II S. 150) legt der Richter in den Fällen des Absatzes 2 Satz 1 den Antrag der zentralen Behörde zur Entscheidung über die Weiterleitung des Antrages vor.

§ 10 Übersetzung des Antrages

(1) ¹Der Antragsteller hat dem Antrag nebst Anlagen von einem beeidigten Übersetzer beglaubigte Übersetzungen in der Sprache des zu ersuchenden Staates beizufügen. ²Die Artikel 20, 28, 40, 59 und 66 der Verordnung (EG) Nr. 4/2009 bleiben hiervon unberührt. ³Ist im Anwendungsbereich des jeweils auszuführenden völkerrechtlichen Vertrages eine Übersetzung von Schriftstücken in eine Sprache erforderlich, die der zu ersuchende Staat für zulässig erklärt hat, so ist die Übersetzung von einer Person zu erstellen, die zur Anfertigung von Übersetzungen in einem der Vertragsstaaten befugt ist.

(2) Beschafft der Antragsteller trotz Aufforderung durch die zentrale Behörde die erforderliche Übersetzung nicht selbst, veranlasst die zentrale Behörde die Übersetzung auf seine Kosten.

(3) Das nach § 7 Absatz 1 zuständige Amtsgericht befreit den Antragsteller auf Antrag von der Erstattungspflicht für die Kosten der von der zentralen Behörde veranlassten Übersetzung, wenn der Antragsteller die persönlichen und wirtschaftlichen Voraussetzungen einer ratenfreien Verfahrenskostenhilfe nach § 113 des Gesetzes über das Verfahren in Familiensachen und in den Angelegenheiten der freiwilligen Gerichtsbarkeit in Verbindung mit § 115 der Zivilprozessordnung erfüllt.

(4) § 1077 Absatz 4 der Zivilprozessordnung bleibt unberührt.

§ 11 Weiterleitung des Antrages durch die zentrale Behörde

(1) ¹Die zentrale Behörde prüft, ob der Antrag den förmlichen Anforderungen des einzuleitenden ausländischen Verfahrens genügt. ²Sind diese erfüllt, so leitet sie den Antrag an die im Ausland zuständige Stelle weiter. ³Soweit erforderlich, fügt sie dem Ersuchen eine Übersetzung dieses Gesetzes bei.

(2) Die zentrale Behörde überwacht die ordnungsmäßige Erledigung des Ersuchens.

(3) Lehnt die zentrale Behörde die Weiterleitung des Antrages ab, ist § 9 Absatz 2 Satz 2 und 3 entsprechend anzuwenden.

§ 12 Registrierung eines bestehenden Titels im Ausland

¹Liegt über den Unterhaltsanspruch bereits eine inländische gerichtliche Entscheidung oder ein sonstiger Titel im Sinne des § 3 Nummer 5 vor, so kann der Berechtigte auch ein Ersuchen auf Registrierung der Entscheidung im Ausland stellen, soweit das dort geltende Recht dies vorsieht. ²Die §§ 7 bis 11 sind entsprechend anzuwenden; eine Prüfung der Gesetzmäßigkeit des vorgelegten inländischen Titels findet nicht statt.

I. Allgemeines

Der Unterabschnitt 1 (§§ 7–12) regelt **ausgehende** Ersuchen.

II. Vorprüfung (§§ 7, 9)

Die ausgehenden Anträge sind nicht direkt beim Bundesamt für Justiz, sondern beim Amtsgericht – Familiengericht – einzureichen (§ 7 Abs. 1). Es findet eine inländische Vorprüfung statt. Zuständig ist das Gericht, das für den Sitz des OLG zuständig ist, in dem der Antragsteller seinen gewöhnlichen Aufenthalt hat (§ 7 Abs. 1). Die funktionale Zuständigkeit für die Entgegennahme des Ersuchens liegt beim Rechtspfleger (§ 29 Nr. 2 RPflG). Der Richter prüft Form, Vollständigkeit und Inhalt des Gesuchs, ggf werden notwendige Ergänzungen angeregt oder vorgenommen. Soll ein deutscher Titel im Ausland durchgesetzt werden, bedarf der Antragsteller der Bescheinigung iSd § 71 AUG (s. § 71 Rn 4 ff). Fehlt es in Verfahren mit förmlicher Gegenseitigkeit an der hinreichenden Erfolgsaussicht oder ist – das gilt für den gesamten übrigen Rechtsverkehr – der Antrag mutwillig[1] oder offensichtlich unbegründet, lehnt das Amtsgericht den Antrag ab (§ 9 Abs. 2). Die Anfechtung folgt nach § 23 GVG. Kosten für die Vorprüfung entstehen nicht (§ 7 Abs. 3). Das Gericht übersendet den Antrag nebst Anlagen und vorliegenden Übersetzungen mit je drei beglaubigten Abschriften unmittelbar an die zentrale Behörde (§ 9 Abs. 3), die den Antrag an die zentrale Behörde des ersuchten Staates weiterleitet (s. § 11). §§ 7 und 9 gelten nicht im Falle der Einziehung des Unterhalts nach § 4 Abs. 3.

III. Antrag und Übersetzungskosten (§§ 8, 10)

3 Im Geltungsbereich der EuUntVO bestimmt sich der Antragsinhalt nach Art. 57 und 58 EuUntVO. Die Antragsvorgaben und Modifizierungen des § 8 gelten also nur für den übrigen Rechtsverkehr.[2] Für Fälle der EuUntVO bleibt es also auch bei der Empfangszuständigkeit des Amtsgerichts nach § 7 Abs. 1, da § 8 Abs. 6 nicht gilt. In § 8 Abs. 2 wurde inzwischen das HUÜ 2007 eingefügt.

4 Alle Tätigkeiten der zentralen Behörde als Übermittlungs- und Empfangsstelle sind grds. gebührenfrei (s. § 4 Rn 1). Im Hinblick auf **Übersetzungskosten** sieht aber § 10 (für alle Anträge) vor, dass der Antragsteller für die beglaubigte Übersetzung des Antrags und der Anlagen zu sorgen hat (§ 10 Abs. 1). Damit kann abgewartet werden, bis das Amtsgericht positiv geprüft hat und die zentrale Behörde den Antragsteller zur Beibringung der Unterlagen, die tatsächlich der Übersetzung bedürfen, auffordert.[3] Versäumt er dies, veranlasst die zentrale Behörde die Übersetzung auf Kosten des Antragstellers (§ 10 Abs. 2). Es ist möglich, einen Antrag auf Befreiung von der Erstattungspflicht zu stellen (§ 10 Abs. 3). Es entscheidet der Rechtspfleger (§ 29 Nr. 2 RPflG). Die Regelungen der Prozesskostenhilfe-Richtlinie werden nicht verdrängt (§ 10 Abs. 4); s. auch § 1077 Abs. 4 ZPO.

IV. Weiterleitung (§ 11)

5 Die zentrale Behörde ist an die inhaltliche Vorprüfung des Amtsgerichts gebunden.[4] Vor der Weiterleitung prüft sie (nur noch), ob das Gesuch den förmlichen Anforderungen an ein Verfahren im Empfangsstaat entspricht und leitet es dann an dessen zentrale Behörde weiter. Sie verfolgt das Gesuch im Hinblick auf seine ordnungsgemäße Erledigung. Lehnt es die Weiterleitung ab, ist eine Anfechtung der ablehnenden Entscheidung nach § 23 EGGVG statthaft.

V. Registrierung (§ 12)

6 Erleichtert wird die Registrierung von Titeln.

---

1 Kritisch im Hinblick auf dieses Kriterium für den Anwendungsbereich der EuUntVO: Prütting/Helms/*Hau*, FamFG, Anhang 2 zu § 110 FamFG Rn 17.
2 *Andrae*, NJW 2011, 2545, 2549.
3 *Andrae*, NJW 2011, 2545, 2549.
4 *Andrae*, NJW 2011, 2545, 2549.

Unterabschnitt 2 Eingehende Ersuchen

§ 13 Übersetzung des Antrages

(1) Ist eine Übersetzung von Schriftstücken erforderlich, so ist diese in deutscher Sprache abzufassen.

(2) Die Richtigkeit der Übersetzung ist von einer Person zu beglaubigen, die in den nachfolgend genannten Staaten hierzu befugt ist:
1. in einem der Mitgliedstaaten oder in einem anderen Vertragsstaat des Abkommens über den Europäischen Wirtschaftsraum;
2. in einem Vertragsstaat des jeweils auszuführenden völkerrechtlichen Vertrages oder
3. in einem Staat, mit dem die Gegenseitigkeit förmlich verbürgt ist (§ 1 Absatz 1 Satz 1 Nummer 3).

(3) [1]Die zentrale Behörde kann es ablehnen, tätig zu werden, solange Mitteilungen oder beizufügende Schriftstücke nicht in deutscher Sprache abgefasst oder in die deutsche Sprache übersetzt sind. [2]Im Anwendungsbereich der Verordnung (EG) Nr. 4/2009 ist sie hierzu jedoch nur befugt, wenn sie nach dieser Verordnung eine Übersetzung verlangen darf.

(4) Die zentrale Behörde kann in Verfahren mit förmlicher Gegenseitigkeit (§ 1 Absatz 1 Satz 1 Nummer 3) im Verkehr mit bestimmten Staaten oder im Einzelfall von dem Erfordernis einer Übersetzung absehen und die Übersetzung selbst besorgen.

§ 14 Inhalt und Form des Antrages

(1) Der Inhalt eines Antrages aus einem anderen Mitgliedstaat mit Ausnahme des Königreichs Dänemark richtet sich nach Artikel 57 der Verordnung (EG) Nr. 4/2009.

(2) Der Inhalt eines Antrages aus einem anderen Vertragsstaat des Haager Übereinkommens vom 23. November 2007 über die internationale Geltendmachung der Unterhaltsansprüche von Kindern und anderen Familienangehörigen richtet sich nach Artikel 11 dieses Übereinkommens.

(3) [1]In den nicht von den Absätzen 1 und 2 erfassten Fällen soll der Antrag alle Angaben enthalten, die für die Geltendmachung des Anspruchs von Bedeutung sein können, insbesondere
1. bei einer Indexierung einer titulierten Unterhaltsforderung die Modalitäten für die Berechnung dieser Indexierung und
2. bei einer Verpflichtung zur Zahlung von gesetzlichen Zinsen den gesetzlichen Zinssatz sowie den Beginn der Zinspflicht.

[2]Im Übrigen gilt § 8 Absatz 3 entsprechend.

(4) [1]In den Fällen des Absatzes 3 soll der Antrag vom Antragsteller, von dessen gesetzlichem Vertreter oder von einem bevollmächtigten Vertreter unter Beifügung einer Vollmacht unterschrieben und mit einer Stellungnahme der ausländischen Stelle versehen sein, die den Antrag entgegengenommen und geprüft hat. [2]Diese Stellungnahme soll auch den am Wohnort des Berechtigten erforderlichen Unterhaltsbetrag nennen. [3]Der Antrag und die Anlagen sollen zweifach übermittelt werden. [4]Die zugehörigen Personenstandsurkunden und andere sachdienliche Schriftstücke sollen beigefügt und sonstige Beweismittel genau bezeichnet sein.

§ 15 Behandlung einer vorläufigen Entscheidung

¹In Verfahren mit förmlicher Gegenseitigkeit (§ 1 Absatz 1 Satz 1 Nummer 3) gilt eine ausländische Entscheidung, die ohne die Anhörung des Verpflichteten vorläufig und vorbehaltlich der Bestätigung durch das ersuchte Gericht ergangen ist, als eingehendes Ersuchen auf Erwirkung eines Unterhaltstitels. ²§ 8 Absatz 3 und § 14 Absatz 3 Satz 1 gelten entsprechend.

I. Allgemeines

1 Der Unterabschnitt 2 (§§ 13–15) behandelt eingehende Ersuchen.

II. Antrag (§§ 13, 14)

2 Es ist allein die deutsche Sprache zugelassen (§ 13). Liegen die erforderlichen Übersetzungen nicht vor, richtet sich in Verfahren nach der EuUntVO das weitere Vorgehen nach Art. 58 Abs. 9 EuUntVO. Für den Inhalt des Antrags verweist § 14 Abs. 1 auf die EuUntVO, § 14 Abs. 2 verweist auf das HUÜ 2007. Ansonsten gilt § 14 Abs. 3 und 4.

III. Behandlung einer vorläufigen Entscheidung (§ 15)

3 Betroffen sind Verfahren mit förmlicher Gegenseitigkeit. Die vorläufigen Entscheidungen werden nicht gem. § 64 für vollstreckbar erklärt, sondern als (eingehende) Rechtshilfeersuchen wie bei untitulierten Ansprüchen behandelt.[1] Eine inhaltliche Bindung des deutschen Gerichts besteht nicht.

Abschnitt 4
Datenerhebung durch die zentrale Behörde

§ 16 Auskunftsrecht der zentralen Behörde zur Herbeiführung oder Änderung eines Titels

(1) Ist der gegenwärtige Aufenthaltsort des Berechtigten oder des Verpflichteten nicht bekannt, so darf die zentrale Behörde zur Erfüllung der ihr nach § 5 obliegenden Aufgaben bei einer zuständigen Meldebehörde Angaben zu dessen Anschriften sowie zu dessen Haupt- und Nebenwohnung erheben.

(2) Soweit der Aufenthaltsort nach Absatz 1 nicht zu ermitteln ist, darf die zentrale Behörde folgende Daten erheben:
1. von den Trägern der gesetzlichen Rentenversicherung die dort bekannte derzeitige Anschrift, den derzeitigen oder zukünftigen Aufenthaltsort des Betroffenen;
2. vom Kraftfahrt-Bundesamt die Halterdaten des Betroffenen nach § 33 Absatz 1 Satz 1 Nummer 2 des Straßenverkehrsgesetzes;
3. wenn der Betroffene ausländischen Streitkräften angehört, die in Deutschland stationiert sind, von der zuständigen Behörde der Truppe die ladungsfähige Anschrift des Betroffenen.

(3) Kann die zentrale Behörde den Aufenthaltsort des Verpflichteten nach den Absätzen 1 und 2 nicht ermitteln, darf sie einen Suchvermerk im Zentralregister veranlassen.

---

1 Prütting/Helms/*Hau*, FamFG, Anhang 2 zu § 110 FamFG Rn 24.

§ 17 Auskunftsrecht zum Zweck der Anerkennung, Vollstreckbarerklärung und Vollstreckung eines Titels

(1) ¹Ist die Unterhaltsforderung tituliert und weigert sich der Schuldner, auf Verlangen der zentralen Behörde Auskunft über sein Einkommen und Vermögen zu erteilen, oder ist bei einer Vollstreckung in die vom Schuldner angegebenen Vermögensgegenstände eine vollständige Befriedigung des Gläubigers nicht zu erwarten, stehen der zentralen Behörde zum Zweck der Anerkennung, Vollstreckbarerklärung und Vollstreckung eines Titels die in § 16 geregelten Auskunftsrechte zu. ²Die zentrale Behörde darf nach vorheriger Androhung außerdem

1. von den Trägern der gesetzlichen Rentenversicherung den Namen, die Vornamen, die Firma sowie die Anschriften der derzeitigen Arbeitgeber der versicherungspflichtigen Beschäftigungsverhältnisse des Schuldners erheben;
2. bei dem zuständigen Träger der Grundsicherung für Arbeitsuchende einen Leistungsbezug nach dem Zweiten Buch Sozialgesetzbuch – Grundsicherung für Arbeitsuchende – abfragen;
3. das Bundeszentralamt für Steuern ersuchen, bei den Kreditinstituten die in § 93 b Absatz 1 der Abgabenordnung bezeichneten Daten des Schuldners abzurufen (§ 93 Absatz 8 der Abgabenordnung);
4. vom Kraftfahrt-Bundesamt die Fahrzeug- und Halterdaten nach § 33 Absatz 1 des Straßenverkehrsgesetzes zu einem Fahrzeug, als dessen Halter der Schuldner eingetragen ist, erheben.

(2) Daten über das Vermögen des Schuldners darf die zentrale Behörde nur erheben, wenn dies für die Vollstreckung erforderlich ist.

§ 18 Benachrichtigung über die Datenerhebung

(1) Die zentrale Behörde benachrichtigt den Antragsteller grundsätzlich nur darüber, ob ein Auskunftsersuchen nach den §§ 16 und 17 erfolgreich war.

(2) ¹Die zentrale Behörde hat den Betroffenen unverzüglich über die Erhebung von Daten nach den §§ 16 und 17 zu benachrichtigen, es sei denn, die Vollstreckung des Titels würde dadurch vereitelt oder wesentlich erschwert werden. ²Ungeachtet des Satzes 1 hat die Benachrichtigung spätestens 90 Tage nach Erhalt der Auskunft zu erfolgen.

§ 19 Übermittlung und Löschung von Daten

(1) ¹Die zentrale Behörde darf personenbezogene Daten an andere öffentliche und nichtöffentliche Stellen übermitteln, wenn dies zur Erfüllung der ihr nach § 5 obliegenden Aufgaben erforderlich ist. ²Die Daten dürfen nur für den Zweck verwendet werden, für den sie übermittelt worden sind.

(2) ¹Daten, die zum Zweck der Anerkennung, Vollstreckbarerklärung oder Vollstreckung nicht oder nicht mehr erforderlich sind, hat die zentrale Behörde unverzüglich zu löschen. ²Die Löschung ist zu protokollieren. § 35 Absatz 3 des Bundesdatenschutzgesetzes bleibt unberührt.

I. Datenerhebung durch die zentrale Behörde

§§ 16 und 17 regeln die **Auskunftsbefugnisse** der zentralen Behörde, §§ 18 und 19 die Benachrichtigung über die Datenerhebung sowie die Übermittlung und Löschung von Daten. Der Anwendungsbereich dieser Vorschriften ist zeitlich nach vorne verlagert und gilt auch für vor dem Inkrafttreten des Gesetzes bereits anhängige Ersuchen (s. § 77 Rn 4).

II. Auskunftsrecht der zentralen Behörde (§§ 16, 17)

2 1. **Zum Zweck der Herbeiführung oder Änderung eines Titels (§ 16).** § 16 betrifft *alle* eingehenden Ersuchen. Im Hinblick auf die EuUntVO ist es aber die Norm, die der **Anwendung von Art. 61 EuUntVO** dient und die die innerstaatlichen Behörden oder Verwaltungen bestimmt, die der zentralen Behörde (Bundesamt für Justiz) Informationen zur Verfügung stellen.[1] Es geht um die Aktivität der Behörde, wenn bei ihr ein Antrag auf Herbeiführung oder Änderung einer Entscheidung eingeht (Art. 56 Abs. 1 Buchst. c–f, Abs. 2 Buchst. b und c, Art. 53 Abs. 1 iVm Art. 51 Abs. 2 Buchst. b EuUntVO; s. jeweils dort) und sie die ihr nach § 5 zugewiesenen Aufgaben erfüllen muss.[2]

3 Entscheidend geht es bei § 16 um die Ermittlung des Aufenthaltsorts. Bei unbekanntem Aufenthaltsort des Berechtigten oder Verpflichteten dürfen Daten in einem ersten Schritt bei der zuständigen Meldebehörde erhoben werden. Führt dies nicht zur Ermittlung des Aufenthaltsorts, kann die zentrale Behörde beim Träger der gesetzlichen Rentenversicherung, beim Kraftfahrt-Bundesamt und bei der zuständigen Behörde der Truppe ausländischer in Deutschland stationierter Streitkräfte anfragen.

4 2. **Zum Zweck der Anerkennung, Vollstreckbarerklärung und Vollstreckung eines Titels (§ 17).** Es geht um die Aktivität der zentralen Behörde im Falle einer **im Ausland titulierten Unterhaltsforderung, die in Deutschland vollstreckt werden soll.** Die zentrale Behörde muss zunächst den Schuldner auffordern, Auskunft zu geben. Verweigert der Schuldner die Auskunft auf Verlangen der zentralen Behörde, hat diese die Datenerhebungs- und Auskunftsrechte des § 16. Sie kann *außerdem* Arbeitgeberdaten bei den Trägern der gesetzlichen Rentenversicherung abrufen, bei den Sozialhilfeträgern nach Leistungen nach dem SGB II fragen und Abfragen bei Kreditinstituten über das Bundeszentralamt für Steuern tätigen. Auch Fahrzeugdaten können beim Kraftfahrt-Bundesamt erhoben werden. Ermittelt werden dadurch die Einkommens- und Vermögensverhältnisse von Unterhaltsberechtigtem und -verpflichtetem.

III. Benachrichtigung über die Datenerhebung (§ 18); Übermittlung und Löschung der Daten (§ 19)

5 Der Antragsteller wird nur über den Erfolg des Auskunftsersuchens unterrichtet, der Betroffene muss hingegen über die Datenerhebung informiert werden. Die Daten werden, soweit sie personenbezogen sind, an andere Stellen nur übermittelt, wenn dies erforderlich ist, und dürfen dort nur zweckentsprechend verwandt werden. Sie müssen fristgemäß gelöscht werden.

Abschnitt 5
Verfahrenskostenhilfe

§ 20 Voraussetzungen für die Bewilligung von Verfahrenskostenhilfe

Auf die Bewilligung von Verfahrenskostenhilfe ist § 113 Absatz 1 des Gesetzes über das Verfahren in Familiensachen und in den Angelegenheiten der freiwilli-

---

1 *Andrae*, NJW 2011, 2545, 2550.
2 Ausführlich BT-Drucks. 17/4884, S. 38.

gen Gerichtsbarkeit in Verbindung mit den §§ 114 bis 127 der Zivilprozessordnung entsprechend anzuwenden, soweit in diesem Gesetz nichts anderes bestimmt ist.

§ 21 Zuständigkeit für Anträge auf Verfahrenskostenhilfe nach der Richtlinie 2003/8/EG

(1) ¹Abweichend von § 1077 Absatz 1 Satz 1 der Zivilprozessordnung erfolgt in Unterhaltssachen die Entgegennahme und Übermittlung von Anträgen natürlicher Personen auf grenzüberschreitende Verfahrenskostenhilfe nach § 1076 der Zivilprozessordnung durch das für den Sitz des Oberlandesgerichts, in dessen Bezirk der Antragsteller seinen gewöhnlichen Aufenthalt hat, zuständige Amtsgericht. ²Für den Bezirk des Kammergerichts entscheidet das Amtsgericht Pankow-Weißensee.

(2) Für eingehende Ersuchen gilt § 1078 Absatz 1 Satz 1 der Zivilprozessordnung.

§ 22 Verfahrenskostenhilfe nach Artikel 46 der Verordnung (EG) Nr. 4/2009 und den Artikeln 14 bis 17 des Haager Übereinkommens vom 23. November 2007 über die internationale Geltendmachung der Unterhaltsansprüche von Kindern und anderen Familienangehörigen

(1) ¹Eine Person, die das 21. Lebensjahr noch nicht vollendet hat, erhält unabhängig von ihren wirtschaftlichen Verhältnissen Verfahrenskostenhilfe für Anträge
1. nach Artikel 56 der Verordnung (EG) Nr. 4/2009 gemäß Artikel 46 dieser Verordnung und
2. nach Kapitel III des Haager Übereinkommens vom 23. November 2007 über die internationale Geltendmachung der Unterhaltsansprüche von Kindern und anderen Familienangehörigen gemäß Artikel 15 dieses Übereinkommens.

²Durch die Bewilligung von Verfahrenskostenhilfe wird sie endgültig von der Zahlung der in § 122 Absatz 1 der Zivilprozessordnung genannten Kosten befreit. ³Absatz 3 bleibt unberührt.

(2) ¹Die Bewilligung von Verfahrenskostenhilfe kann nur abgelehnt werden, wenn der Antrag mutwillig oder offensichtlich unbegründet ist. ²In den Fällen des Artikels 56 Absatz 1 Buchstabe a und b der Verordnung (EG) Nr. 4/2009 und des Artikels 10 Absatz 1 Buchstabe a und b des Haager Übereinkommens vom 23. November 2007 über die internationale Geltendmachung der Unterhaltsansprüche von Kindern und anderen Familienangehörigen und in Bezug auf die von Artikel 20 Absatz 4 dieses Übereinkommens erfassten Fälle werden die Erfolgsaussichten nicht geprüft.

(3) Unterliegt der Antragsteller in einem gerichtlichen Verfahren, kann das Gericht gemäß Artikel 67 der Verordnung (EG) Nr. 4/2009 und gemäß Artikel 43 des Haager Übereinkommens vom 23. November 2007 über die internationale Geltendmachung der Unterhaltsansprüche von Kindern und anderen Familienangehörigen eine Erstattung der im Wege der Verfahrenskostenhilfe verauslagten Kosten verlangen, wenn dies unter Berücksichtigung der finanziellen Verhältnisse des Antragstellers der Billigkeit entspricht.

§ 23 Verfahrenskostenhilfe für die Anerkennung, Vollstreckbarerklärung und Vollstreckung von unterhaltsrechtlichen Titeln

[1]Hat der Antragsteller im Ursprungsstaat für das Erkenntnisverfahren ganz oder teilweise Verfahrenskostenhilfe erhalten, ist ihm für das Verfahren der Anerkennung, Vollstreckbarerklärung und Vollstreckung der Entscheidung Verfahrenskostenhilfe zu bewilligen. [2]Durch die Bewilligung von Verfahrenskostenhilfe wird der Antragsteller endgültig von der Zahlung der in § 122 Absatz 1 der Zivilprozessordnung genannten Kosten befreit. [3]Dies gilt nicht, wenn die Bewilligung nach § 124 Absatz 1 Nummer 1 der Zivilprozessordnung aufgehoben wird.

§ 24 Verfahrenskostenhilfe für Verfahren mit förmlicher Gegenseitigkeit

[1]Bietet in Verfahren gemäß § 1 Absatz 1 Satz 1 Nummer 3 die beabsichtigte Rechtsverfolgung eingehender Ersuchen hinreichende Aussicht auf Erfolg und erscheint sie nicht mutwillig, so ist dem Berechtigten auch ohne ausdrücklichen Antrag Verfahrenskostenhilfe zu bewilligen. [2]In diesem Fall hat er weder Monatsraten noch aus dem Vermögen zu zahlende Beträge zu leisten. [3]Durch die Bewilligung von Verfahrenskostenhilfe wird der Berechtigte endgültig von der Zahlung der in § 122 Absatz 1 der Zivilprozessordnung genannten Kosten befreit, sofern die Bewilligung nicht nach § 124 Absatz 1 Nummer 1 der Zivilprozessordnung aufgehoben wird.

I. Verfahrenskostenhilfe

1 §§ 20–24 fassen die sich aus der EuUntVO und den Übereinkommen ergebenden Konsequenzen für die Gewährung von Verfahrenskostenhilfe für inländische Verfahren zusammen.[1] Nach den Art. 14–17 HUÜ 2007 besteht eine Verpflichtung zur Eröffnung eines kostenlosen Zugangs zum Recht nach Haager Unterhaltsübereinkommen 2007.[2]

II. Voraussetzungen (§ 20)

2 Es finden die **innerstaatlichen Vorschriften** (§ 113 FamFG, §§ 114–127 ZPO) Anwendung, wenn nicht das AUG als spezielles Gesetz vorgeht. Eine **spezielle Regelung** ist hier in § 23 (s. Rn 5). Anwendung finden auch die §§ 1077 ff ZPO im Rechtsverkehr zwischen Mitgliedstaaten (außer Dänemark), da sie die **Prozesskostenhilferichtlinie** (2003/8/EG) umsetzen. Soweit die EuUntVO Beratungskostenhilfe vorsieht, erfolgt die Durchführung entsprechend dem **Beratungshilfegesetz**.[3]

III. Zuständigkeit für grenzüberschreitende Verfahrenskostenhilfe nach der Prozesskostenhilferichtlinie abweichend von § 1077 Abs. 1 S. 1 ZPO (§ 21)

3 Die Norm sieht eine Verfahrenskonzentration für die Entgegennahme und Übermittlung von Anträgen vor. Für eingehende Ersuchen bleibt es bei der Zuständigkeit nach § 1078 ZPO, wobei aber auch § 27 als Notzuständigkeit gilt.[4]

---

1 *Andrae*, NJW 2011, 2545, 2550; *Heger/Selg*, FamRZ 2011, 1101, 1104.
2 BT-Drucks. 311/12, S. 1.
3 BT-Drucks. 17/4887, S. 40.
4 BT-Drucks. 17/4887, S. 40.

IV. Verfahrenskostenhilfe nach der EuUntVO abweichend von § 115 ZPO (§ 22)

Die Norm führt Art. 46 EuUntVO und Art. 15 HUÜ 2007 aus, wonach für alle Anträge in Bezug auf Kindesunterhalt von unter 21-Jährigen unentgeltliche Prozesskostenhilfe geleistet wird.[5] Die insoweit bestehende Ausnahme nach Art. 67 EuUntVO und Art. 43 HUÜ 2007 (verlorene Verfahren) greift § 22 Abs. 3 auf. Für die Billigkeitsentscheidung ist dabei der Rechtspfleger zuständig (§ 20 Abs. 1 Nr. 6 a RPflG). Betroffen sind nur eingehende Ersuchen.[6]

V. Verfahrenskostenhilfe für die Anerkennung, Vollstreckbarerklärung und Vollstreckung (§ 23)

Wenn der Antragsteller im Ursprungsstaat des Titels Verfahrenskostenhilfe erhalten hat, ist sie auch für das Verfahren der Anerkennung, Vollstreckbarerklärung und Vollstreckung des Titels im Inland zu gewähren. Das entspricht Art. 47 Abs. 2 EuUntVO.[7]

VI. Verfahrenskostenhilfe für Verfahren mit förmlicher Gegenseitigkeit (§ 24)

Verfahrenskostenhilfe wird hier unabhängig von der wirtschaftlichen Situation geleistet, wenn die Rechtsverfolgung hinreichende Erfolgsaussicht hat und nicht mutwillig erscheint.

Abschnitt 6
Ergänzende Zuständigkeitsregelungen; Zuständigkeitskonzentration

§ 25 Internationale Zuständigkeit nach Artikel 3 Buchstabe c der Verordnung (EG) Nr. 4/2009

(1) Die deutschen Gerichte sind in Unterhaltssachen nach Artikel 3 Buchstabe c der Verordnung (EG) Nr. 4/2009 zuständig, wenn
1. Unterhalt im Scheidungs- oder Aufhebungsverbund geltend gemacht wird und die deutschen Gerichte für die Ehe- oder die Lebenspartnerschaftssache nach den folgenden Bestimmungen zuständig sind:
   a) im Anwendungsbereich der Verordnung (EG) Nr. 2201/2003 des Rates vom 27. November 2003 über die Zuständigkeit und die Anerkennung von Entscheidungen in Ehesachen und in Verfahren betreffend die elterliche Verantwortung und zur Aufhebung der Verordnung (EG) Nr. 1347/2000 (ABl. L 338 vom 23.12.2003, S. 1) nach Artikel 3 Absatz 1 dieser Verordnung,
   b) nach § 98 Absatz 1 des Gesetzes über das Verfahren in Familiensachen und in den Angelegenheiten der freiwilligen Gerichtsbarkeit oder
   c) nach § 103 Absatz 1 des Gesetzes über das Verfahren in Familiensachen und in den Angelegenheiten der freiwilligen Gerichtsbarkeit;

---

5 Kritisch zur Erforderlichkeit und zum Inhalt der Regelung: *Andrae*, NJW 2011, 2545, 2550.
6 BT-Drucks. 17/4887, S. 40.
7 Kritisch zur Erforderlichkeit der Norm: *Andrae*, NJW 2011, 2545, 2551.

2. Unterhalt in einem Verfahren auf Feststellung der Vaterschaft eines Kindes geltend gemacht wird und die deutschen Gerichte für das Verfahren auf Feststellung der Vaterschaft international zuständig sind nach
   a) § 100 Nummer 1 des Gesetzes über das Verfahren in Familiensachen und in den Angelegenheiten der freiwilligen Gerichtsbarkeit und sowohl der Berechtigte als auch der Verpflichtete Deutsche sind,
   b) § 100 Nummer 2 des Gesetzes über das Verfahren in Familiensachen und in den Angelegenheiten der freiwilligen Gerichtsbarkeit.

(2) Absatz 1 Nummer 1 Buchstabe b und c ist nicht anzuwenden, wenn deutsche Gerichte auf Grund der deutschen Staatsangehörigkeit nur eines der Beteiligten zuständig sind.

§ 26 Örtliche Zuständigkeit

(1) ¹Örtlich zuständig nach Artikel 3 Buchstabe c der Verordnung (EG) Nr. 4/2009 ist das Amtsgericht,
1. bei dem die Ehe- oder Lebenspartnerschaftssache im ersten Rechtszug anhängig ist oder war, solange die Ehe- oder Lebenspartnerschaftssache anhängig ist;
2. bei dem das Verfahren auf Feststellung der Vaterschaft im ersten Rechtszug anhängig ist, wenn Kindesunterhalt im Rahmen eines Abstammungsverfahrens geltend gemacht wird.

²In den Fällen des Satzes 1 Nummer 2 gilt für den Erlass einer einstweiligen Anordnung § 248 Absatz 2 des Gesetzes über das Verfahren in Familiensachen und in den Angelegenheiten der freiwilligen Gerichtsbarkeit.

(2) § 233 des Gesetzes über das Verfahren in Familiensachen und in den Angelegenheiten der freiwilligen Gerichtsbarkeit bleibt unberührt.

§ 27 Örtliche Zuständigkeit für die Auffang- und Notzuständigkeit

Sind die deutschen Gerichte nach den Artikeln 6 oder 7 der Verordnung (EG) Nr. 4/2009 international zuständig, ist ausschließlich das Amtsgericht Pankow-Weißensee in Berlin örtlich zuständig.

§ 28 Zuständigkeitskonzentration; Verordnungsermächtigung

(1) ¹Wenn ein Beteiligter seinen gewöhnlichen Aufenthalt nicht im Inland hat, entscheidet über Anträge in Unterhaltssachen in den Fällen des Artikels 3 Buchstabe a und b der Verordnung (EG) Nr. 4/2009 ausschließlich das für den Sitz des Oberlandesgerichts, in dessen Bezirk der Antragsgegner oder der Berechtigte seinen gewöhnlichen Aufenthalt hat, zuständige Amtsgericht. ²Für den Bezirk des Kammergerichts ist das Amtsgericht Pankow-Weißensee zuständig.

(2) ¹Die Landesregierungen werden ermächtigt, diese Zuständigkeit durch Rechtsverordnung einem anderen Amtsgericht des Oberlandesgerichtsbezirks oder, wenn in einem Land mehrere Oberlandesgerichte errichtet sind, einem Amtsgericht für die Bezirke aller oder mehrerer Oberlandesgerichte zuzuweisen. ²Die Landesregierungen können diese Ermächtigung durch Rechtsverordnung auf die Landesjustizverwaltungen übertragen.

§ 29 Zuständigkeit im Anwendungsbereich der Verordnung (EG) Nr. 1896/2006

In Bezug auf die Zuständigkeit im Anwendungsbereich der Verordnung (EG) Nr. 1896/2006 des Europäischen Parlaments und des Rates vom 12. Dezember 2006 zur Einführung eines Europäischen Mahnverfahrens (ABl. L 399 vom 30.12.2006, S. 1) bleibt § 1087 der Zivilprozessordnung unberührt.

Die Zuständigkeitsvorschriften der vom AUG erfassten Verordnungen, Abkommen und Verträge sollen durch die Regelungen der §§ 25–29 ergänzt werden. Es geht also nicht um originär vollstreckungsrechtliche Fragen. § 25 regelt die internationale Zuständigkeit für die Fälle der Nebensache im Verbund mit einer Statussache.[1] §§ 26–28 regeln die örtliche Zuständigkeit nur für die EuUntVO[2] und zwar deren Art. 3 (§§ 26, 28) und deren Art. 6 und 7 (§ 27). Da die EuUntVO nicht nur die internationale, sondern auch die örtliche Zuständigkeit regelt, sind § 26 Abs. 2 und § 28 europarechtswidrig.[3] Der EuGH hat dies inzwischen ebenso gesehen, aber dennoch den Gerichten eine Entscheidungskompetenz im Einzelfall eröffnet, denn die Rechtswidrigkeit entfällt, wenn die Regelung der Verwirklichung des Ziels einer ordnungsgemäßen Rechtspflege und einer effektiven Rechtsdurchsetzung dient.[4] Der deutsche Gesetzgeber scheint demnächst eine abstrakte Klarstellung in der Hinsicht anzustreben, dass der Inhalt des § 28 Abs. 1 S. 1 generell bestätigt wird. Jedenfalls verdrängt die Regelung in ihrem Anwendungsbereich die Zuständigkeitsregelungen der §§ 105 und 232 FamFG,[5] so dass es nicht zur doppelfunktionalen Anwendung letzterer Regel des nationalen Rechts zur örtlichen Zuständigkeit kommt.[6]

Kapitel 2 Anerkennung und Vollstreckung von Entscheidungen

Abschnitt 1
Verfahren ohne Exequatur nach der Verordnung (EG) Nr. 4/2009

§ 30 Verzicht auf Vollstreckungsklausel; Unterlagen

(1) Liegen die Voraussetzungen der Artikel 17 oder 48 der Verordnung (EG) Nr. 4/2009 vor, findet die Vollstreckung aus dem ausländischen Titel statt, ohne dass es einer Vollstreckungsklausel bedarf.

---

1 Kritisch im Hinblick auf die Sinnhaftigkeit einer solchen „Anreicherung": *Andrae*, NJW 2011, 2545, 2546.
2 Für eine Erweiterung des Anwendungsbereichs auf das LugÜ 2007 plädiert Prütting/Helms/*Hau*, FamFG, Anhang 2 zu § 110 FamFG Rn 35.
3 OLG Düsseldorf FamRZ 2014, 583; *Vlassopoulou*, NZFam 2014, 815; *Hau*, FamRBint 2012, 19, 20; *Andrae*, NJW 2011, 2545, 2546; Prütting/Helms/*Hau*, FamFG, Anhang 3 zu § 110 FamFG Rn 44; aA *Frank*, FamRZ 2014, 1311; *Heger*, FPR 2013, 4; Vorlageentscheidung des AG Karlsruhe FamRZ 2014, 1310 und AG Düsseldorf NJW 2013, 720; der Gesetzgeber ging von einer zulässigen rein gerichtsorganisatorischen Maßnahme aus (BT-Drucks. 17/4884, S. 42); krit. auch OLG Frankfurt JAmt 2012, 43 (ohne die Europarechtmäßigkeit in Frage zu stellen).
4 EuGH 18.12.2014 – C 400/13, C 408/13.
5 OLG Frankfurt JAmt 2012, 42; *Hau*, FamRBint 2012, 19, 20.
6 BT-Drucks. 17/4887, S. 41.

(2) Das Formblatt, das dem Vollstreckungsorgan nach Artikel 20 Absatz 1 Buchstabe b oder Artikel 48 Absatz 3 der Verordnung (EG) Nr. 4/2009 vorzulegen ist, soll mit dem zu vollstreckenden Titel untrennbar verbunden sein.

(3) Hat der Gläubiger nach Artikel 20 Absatz 1 Buchstabe d der Verordnung (EG) Nr. 4/2009 eine Übersetzung oder ein Transkript vorzulegen, so sind diese Unterlagen von einer Person, die in einem der Mitgliedstaaten hierzu befugt ist, in die deutsche Sprache zu übersetzen.

I. Keine innerstaatliche Vollstreckungsklausel (Abs. 1)

1 **1. Kein Exequatur und keine Vollstreckungsklausel.** Ein Exequatur ist im Anwendungsbereich der EuUntVO für Titel aus den Staaten, die an das Haager Protokoll 2007 gebunden sind, nicht notwendig (s. Vor §§ 1 ff Rn 2). Das und damit der 1. Abschnitt (§§ 30–34) gilt für alle Mitgliedstaaten außer Dänemark und Vereinigtes Königreich (s. Vor §§ 1 ff Rn 2). Notwendig für die Vollstreckung ist aber der nach Art. 20 Abs. 1 Buchst. b bzw Art. 48 Abs. 3 EuUntVO vorzulegende Auszug aus der Entscheidung bzw Urkunde auf dem Formblatt nach Anhang I[1] der EuUntVO.

2 § 30 zeigt, dass der nationale Gesetzgeber darüber hinaus bei deutschen Titeln auf das **Erfordernis einer nationalen Vollstreckungsklausel verzichtet** hat.[2] Der Auszug aus der Entscheidung übernimmt die Funktion der nationalen Vollstreckungsklausel.[3] Zur Erteilung des Auszugs s. § 71 Rn 4 ff. Zum *Recht* auf Erteilung einer Klausel s. § 71 Rn 7. Im Übrigen gelten die nationalen Voraussetzungen, auch §§ 750 und 751 Abs. 2 ZPO.[4]

3 Wegen der Übergangsregelung des Art. 75 Abs. 2 Buchst. a und b EuUntVO bedürfen für eine Übergangszeit auch Titel aus Mitgliedstaaten, die an das Haager Protokoll 2007 gebunden sind, eines Exequaturs.[5]

4 **2. Voraussetzungen der Vollstreckbarkeit.** Jedenfalls müssen die **Voraussetzungen des Art. 17 oder Art. 48 EuUntVO** gegeben sein. Der Titel muss also in den sachlichen, räumlichen und zeitlichen Anwendungsbereich der EuUntVO fallen und im Ursprungsstaat vollstreckbar sein.[6] Liegen diese Voraussetzungen nicht vor, fehlt es auch an der Vollstreckbarkeit im Vollstreckungsstaat. Eine dennoch erfolgte Vollstreckungsmaßnahme ist nichtig.[7] Ein Rechtsbehelf gegen die angeblich rechtswidrige Ablehnung oder Durchführung der Vollstreckung ist in der EuUntVO nicht geregelt, so dass vertreten wird, es sei analog auf das nationale Recht der Klauselerteilungsklage nach § 731 ZPO bzw der Klauselgegenklage nach § 768 ZPO zurückzugreifen.[8] Dafür spricht, dass sich der Gesetzgeber des AUG zwar gegen das Erfordernis einer nationalen Klausel ausgesprochen hat, dem notwendigen Auszug nach Art. 20 Abs. 1 Buchst. b aber die Funktion der Dokumentation der Vollstreckbarkeit wie durch eine Vollstreckungsklausel iSd § 724 ZPO gibt.[9] Die Zuständigkeit für solche „Klauselklagen" folgt aus § 35.

5 **3. (Sonstige) Rechtsbehelfe.** Der Vollstreckungsschuldner kann gegen den Titel im Ursprungsstaat Rechtsbehelfe einlegen (s. auch Art. 19, 21 Abs. 3 EuUntVO)

---

1 Krit. zum Charakter des Formblatts *Hess/Spancken*, FPR 2013, 27, 28.
2 BT-Drucks. 17/4887, S. 43. Zu den Vor- und Nachteilen dieser Entscheidung Rauscher/*Andrae*, EuZPR/EuIPR, Art. 41 EGUntVO Rn 2–7.
3 BT-Drucks. 17/4887, S. 43; *Heger/Selg*, FamRZ 2011, 1101, 1106.
4 BT-Drucks. 17/4887, S. 43.
5 BT-Drucks. 17/4887, S. 46; *Botur*, FamRZ 2010, 1860, 1869.
6 *Andrae*, NJW 2011, 2545, 2547.
7 *Andrae*, NJW 2011, 2545, 2547.
8 *Andrae*, NJW 2011, 2545, 2548.
9 BT-Drucks. 17/4887, S. 41.

mit der Folge des § 33 bzw § 67 (s. jew. dort). Außerdem stehen ihm nach Art. 21 Abs. 1 EuUntVO die vollstreckungsrechtlichen Rechtsbehelfe im Vollstreckungsstaat zur Verfügung (s. § 31 Rn 2, § 66 Rn 1). Außerdem kann die Vollstreckung eingestellt werden nach § 32. Schließlich sieht das AUG in § 31 (s. dort) den Rechtsbehelf eigener Art des Art. 21 Abs. 2 EuUntVO wegen Vollstreckungsverjährung und wegen Titelkollision vor.

II. Notwendige Unterlagen und Übersetzung (Abs. 2 und 3)

Die Vollstreckung bedarf nur des Auszugs unter Verwendung des Formblatts nach Art. 21 Abs. 1 Buchst. b bzw Art. 48 Abs. 3 EuUntVO (s. jew. dort). Die untrennbare Verbindung ist nur eine Sollvorgabe und ihr Fehlen verhindert die Vollstreckung nicht.[10] Art. 20 Abs. 1 Buchst. b EuUntVO ermöglicht, dass die Mitgliedstaaten weitere Sprachen für das Ausfüllen des Formblatts zulassen, was durch Abs. 3 ausgeschlossen wird.

6

III. Titelübertragende Klauseln

Das AUG enthält bei Titeln, die keines Exequaturs benötigen, für den Fall der Rechtsnachfolge auf Schuldner- oder Gläubigerseite keine Regelung. Die Umschreibung oder Ergänzung muss also im Ursprungsmitgliedstaat erfolgen.[11]

7

§ 31 Anträge auf Verweigerung, Beschränkung oder Aussetzung der Vollstreckung nach Artikel 21 der Verordnung (EG) Nr. 4/2009

(1) ¹Für Anträge auf Verweigerung, Beschränkung oder Aussetzung der Vollstreckung nach Artikel 21 der Verordnung (EG) Nr. 4/2009 ist das Amtsgericht als Vollstreckungsgericht zuständig. ²Örtlich zuständig ist das in § 764 Absatz 2 der Zivilprozessordnung benannte Gericht.

(2) ¹Die Entscheidung über den Antrag auf Verweigerung der Vollstreckung (Artikel 21 Absatz 2 der Verordnung (EG) Nr. 4/2009) ergeht durch Beschluss. ²§ 770 der Zivilprozessordnung ist entsprechend anzuwenden. ³Der Beschluss unterliegt der sofortigen Beschwerde nach § 793 der Zivilprozessordnung. ⁴Bis zur Entscheidung nach Satz 1 kann das Gericht Anordnungen nach § 769 Absatz 1 und 3 der Zivilprozessordnung treffen.

(3) ¹Über den Antrag auf Aussetzung oder Beschränkung der Zwangsvollstreckung (Artikel 21 Absatz 3 der Verordnung (EG) Nr. 4/2009) entscheidet das Gericht durch einstweilige Anordnung. ²Die Entscheidung ist unanfechtbar.

I. Einwendungen des Schuldners nach Art. 21 EuUntVO

Es geht vor allem um den **Rechtsbehelf wegen Vollstreckungsverjährung** nach Art. 21 Abs. 2 EuUntVO. § 31 begründet zwar in **Abs. 1 S. 1** die sachliche und funktionelle Zuständigkeit des Amtsgerichts als Vollstreckungsgericht für alle Einwendungen nach Art. 21 EuUntVO; örtlich zuständig ist das Gericht, in dessen Bezirk das Vollstreckungsverfahren beheimatet ist (**Abs. 1 S. 2** iVm § 764 Abs. 2 ZPO). Die Zuständigkeitsregel des AUG bezieht sich jedoch nur auf die Anträge, die Art. 21 EuUntVO selbst regelt, also diejenigen nach dessen Abs. 2 und 3,[1] die damit beim Vollstreckungsgericht zu stellen sind.

1

---

10 *Andrae*, NJW 2011, 2545, 2547.
11 *Andrae*, NJW 2011, 2545, 2548 mwN; BT-Drucks. 17/4887, S. 43.
1 Vgl BT-Drucks. 17/4884, S. 43.

2 Art. 21 Abs. 1 EuUntVO verweist im Hinblick auf Gründe für die Verweigerung oder Aussetzung der Vollstreckung zusätzlich auf das Recht des Vollstreckungsmitgliedstaates. Eröffnet sind also – jeweils soweit einschlägig – **Vollstreckungsschutzanträge** nach § 765 a ZPO, die **Erinnerung** nach § 766 ZPO, die **Vollstreckungsabwehrklage** nach § 767 ZPO[2] (s. auch §§ 66, 35), die Möglichkeiten zur Einstellung und Aufhebung nach §§ 775, 776 ZPO (s. § 32) sowie die **sofortige Beschwerde** nach § 793 ZPO.[3] Soweit für nationale Rechtsbehelfe das Prozessgericht (s. auch § 66) oder das Beschwerdegericht zuständig ist, bleibt es bei der nationalen Systematik.

II. Einwendungen wegen Titelverjährung (Abs. 2)

3 Art. 21 Abs. 2 S. 1 EuUntVO eröffnet einen Antrag auf Verweigerung der Vollstreckung wegen Vollstreckungsverjährung. Gemeint ist die Verjährung des Titels, nicht diejenige des eingeklagten materiell-rechtlichen Anspruchs. Art. 21 Abs. 2 EuUntVO modifiziert insoweit die nach Art. 21 Abs. 1 EuUntVO iVm § 767 ZPO (s. § 66 Rn 1) mögliche Vollstreckungsabwehrklage, als sich der Schuldner bei der Vollstreckungsverjährung des **vereinfachten Verfahrens** nach Art. 21 Abs. 2 EuUntVO bedienen kann.[4]

4 Zuständig ist das Amtsgericht als Vollstreckungsgericht am Ort der Vollstreckungsmaßnahme (Abs. 1) und es entscheidet durch Beschluss, gegen den die sofortige Beschwerde (§ 793 ZPO) statthaft ist. Bis zur Entscheidung kann das Gericht Maßnahmen nach § 769 ZPO treffen, die (isoliert) nicht anfechtbar sind.[5] Vor allem für künftig fällig werdende Unterhaltsansprüche kann diese Regel Bedeutung entfalten, da hier keine dreißig-, sondern eine dreijährige Verjährungsfrist besteht (§ 197 Abs. 2 BGB).[6]

III. Einwendungen wegen „Titelkollision" (Abs. 2)

5 Art. 21 Abs. 2 S. 2 EuUntVO verdrängt das nationale Recht auch für den Fall, dass die zu vollstreckende Entscheidung mit einer im Vollstreckungsstaat anerkennbaren Entscheidung **unvereinbar** ist. Dabei spielt es keine Rolle, welche Entscheidung früher ergangen ist.[7] Für das Verfahren gilt dasselbe wie im Fall der Titelverjährung (s. Rn 4). Zuständig ist ebenfalls das Amtsgericht als Vollstreckungsgericht.

§ 32 Einstellung der Zwangsvollstreckung

¹Die Zwangsvollstreckung ist entsprechend § 775 Nummer 1 und 2 und § 776 der Zivilprozessordnung auch dann einzustellen oder zu beschränken, wenn der Schuldner eine Entscheidung eines Gerichts des Ursprungsstaats über die Nichtvollstreckbarkeit oder über die Beschränkung der Vollstreckbarkeit vorlegt. ²Auf Verlangen ist eine Übersetzung der Entscheidung vorzulegen. ³In diesem Fall ist die Entscheidung von einer Person, die in einem Mitgliedstaat hierzu befugt ist, in die deutsche Sprache zu übersetzen.

---

2 *Meller-Hannich*, GPR 2012, 153; *Heger/Selg*, FamRZ 2011, 1101, 1108.
3 Rauscher/*Andrae/Schirmick*, EuZPR/EuIPR, Art. 21 EGUntVO Rn 6 ff.
4 BT-Drucks. 17/4884, S. 44; *Heger/Selg*, FamRZ 2011, 1101, 1107.
5 BT-Drucks. 17/4884, S. 44.
6 *Motzer*, FamRBint 2011, 56, 59.
7 Rauscher/*Andrae/Schirmrick*, EuZPR/EuIPR, Art. 21 EGUntVO Rn 18.

Die Vollstreckbarkeit im Ursprungsstaat ist Voraussetzung für die Vollstreckbarkeit im Vollstreckungsstaat (s. § 30 Rn 4). Letztere entfällt also mit dem Wegfall Ersterer. § 775 Nr. 1 und 2 und § 776 ZPO finden entsprechende Anwendung, nicht aber die anderen Tatbestände des § 775 ZPO. Eine Übersetzung ist erforderlich.

§ 33 Einstweilige Einstellung bei Wiedereinsetzung, Rechtsmittel und Einspruch

(1) Hat der Schuldner im Ursprungsstaat Wiedereinsetzung beantragt oder gegen die zu vollstreckende Entscheidung einen Rechtsbehelf oder ein Rechtsmittel eingelegt, gelten die §§ 707, 719 Absatz 1 der Zivilprozessordnung und § 120 Absatz 2 Satz 2 und 3 des Gesetzes über das Verfahren in Familiensachen und in den Angelegenheiten der freiwilligen Gerichtsbarkeit.

(2) Zuständig ist das in § 35 Absatz 1 und 2 bestimmte Gericht.

I. Einstweilige Einstellung bei Rechtsmittel und Einspruch im Ursprungsstaat

Legt der Schuldner im Ursprungsstaat ein Rechtsmittel ein oder beantragt Wiedereinsetzung, wird die Vollstreckung im Vollstreckungsstaat einstweilen eingestellt. Wenn die Vollstreckbarkeit im Ursprungsstaat (bereits) ausgesetzt ist, kann zudem Aussetzung nach Art. 21 Abs. 3 S. 2 EuUntVO (s. dort) erreicht werden.

II. Verfahren und Zuständigkeit

Es gelten die §§ 707, 719 Abs. 1 ZPO und § 120 Abs. 2 S. 2 und 3 FamFG. Im Hinblick auf die einstweilige Einstellung der inländischen Zwangsvollstreckung kommt es aufgrund des Verweises in Abs. 2 zur Zuständigkeitskonzentration nach § 35.

§ 34 Bestimmung des vollstreckungsfähigen Inhalts eines ausländischen Titels

(1) [1]Lehnt das Vollstreckungsorgan die Zwangsvollstreckung aus einem ausländischen Titel, der keiner Vollstreckungsklausel bedarf, mangels hinreichender Bestimmtheit ab, kann der Gläubiger die Bestimmung des vollstreckungsfähigen Inhalts (Konkretisierung) des Titels beantragen. [2]Zuständig ist das in § 35 Absatz 1 und 2 bestimmte Gericht.

(2) [1]Der Antrag kann bei dem Gericht schriftlich gestellt oder zu Protokoll der Geschäftsstelle erklärt werden. [2]Das Gericht kann über den Antrag ohne mündliche Verhandlung entscheiden. [3]Vor der Entscheidung, die durch Beschluss ergeht, wird der Schuldner angehört. [4]Der Beschluss ist zu begründen.

(3) [1]Konkretisiert das Gericht den ausländischen Titel, findet die Vollstreckung aus diesem Beschluss statt, ohne dass es einer Vollstreckungsklausel bedarf. [2]Der Beschluss ist untrennbar mit dem ausländischen Titel zu verbinden und dem Schuldner zuzustellen.

(4) [1]Gegen die Entscheidung ist die Beschwerde nach dem Gesetz über das Verfahren in Familiensachen und in den Angelegenheiten der freiwilligen Gerichtsbarkeit statthaft. [2]§ 61 des Gesetzes über das Verfahren in Familiensachen und in den Angelegenheiten der freiwilligen Gerichtsbarkeit ist nicht anzuwenden.

1 Bei der Vollstreckung ausländischer Titel gelten grds. dieselben Vorgaben wie nach dem **Bestimmtheitsgebot** für deutsche Titel (vgl § 704 ZPO Rn 21). Bei Unbestimmtheit kann das Vollstreckungsorgan die Vollstreckung ablehnen. Der Gläubiger kann dann die **Konkretisierung des Titels** beantragen (**Abs. 1**). Die Zuständigkeit folgt wegen Abs. 1 S. 2 aus § 35, das Verfahren richtet sich nach **Abs. 2**. Anwaltliche Vertretung ist nicht notwendig.[1]

2 In Betracht kommt die notwendige Konkretisierung vor allem in Fällen sog. systembedingt offener Auslandstitel (vgl § 4 AVAG Rn 4). Eine Grenze findet die Konkretisierungsbefugnis aber im Verbot der révision au fond. Notwendig ist insofern immer eine feste, allgemein zugängliche Bezugsquelle, anhand derer zu konkretisieren ist (Index, gesetzliche Zinsen u.Ä.);[2] andernfalls ist der Antrag auf den Beschluss zur Konkretisierung abzulehnen.

3 Da es um Titel geht, die weder eines Exequaturs noch einer inländischen Vollstreckungsklausel bedürfen (s. § 30 Rn 1 f), findet die Vollstreckung aus dem konkretisierenden Beschluss statt, der mit dem Titel untrennbar zu verbinden und dem Schuldner zuzustellen ist (**Abs. 3**). Gegen den Beschluss ist die Beschwerde nach dem FamFG statthaft (**Abs. 4**).

Abschnitt 2
Gerichtliche Zuständigkeit für Verfahren zur Anerkennung und Vollstreckbarerklärung ausländischer Entscheidungen

§ 35 Gerichtliche Zuständigkeit; Zuständigkeitskonzentration; Verordnungsermächtigung

(1) ¹Über einen Antrag auf Feststellung der Anerkennung oder über einen Antrag auf Vollstreckbarerklärung eines ausländischen Titels nach den Abschnitten 3 bis 5 entscheidet ausschließlich das Amtsgericht, das für den Sitz des Oberlandesgerichts zuständig ist, in dessen Zuständigkeitsbezirk
1. sich die Person, gegen die sich der Titel richtet, gewöhnlich aufhält oder
2. die Vollstreckung durchgeführt werden soll.

²Für den Bezirk des Kammergerichts entscheidet das Amtsgericht Pankow-Weißensee.

(2) ¹Die Landesregierungen werden ermächtigt, diese Zuständigkeit durch Rechtsverordnung einem anderen Amtsgericht des Oberlandesgerichtsbezirks oder, wenn in einem Land mehrere Oberlandesgerichte errichtet sind, einem Amtsgericht für die Bezirke aller oder mehrerer Oberlandesgerichte zuzuweisen. ²Die Landesregierungen können diese Ermächtigung durch Rechtsverordnung auf die Landesjustizverwaltungen übertragen.

(3) ¹In einem Verfahren, das die Vollstreckbarerklärung einer notariellen Urkunde zum Gegenstand hat, kann diese Urkunde auch von einem Notar für vollstreckbar erklärt werden im Anwendungsbereich
1. der Verordnung (EG) Nr. 4/2009 oder
2. des Übereinkommens vom 30. Oktober 2007 über die gerichtliche Zuständigkeit und die Anerkennung und Vollstreckung von Entscheidungen in Zivil- und Handelssachen.

---

1 BT-Drucks. 17/4887, S. 45.
2 BT-Drucks. 17/4887, S. 45; *Heger/Selg*, FamRZ 2011, 1101, 1108.

²Die Vorschriften für das Verfahren der Vollstreckbarerklärung durch ein Gericht gelten sinngemäß.

I. Sachliche, örtliche und funktionale Zuständigkeit (Abs. 1)

Es geht um Verfahren zur Feststellung der Anerkennungsfähigkeit und zur Vollstreckbarerklärung ausländischer Entscheidungen. Betroffen sind Titel, die für die inländische Vollstreckbarkeit ein **Exequatur** brauchen (§§ 36 ff). Örtlich zuständig ist nach Abs. 1 das Amtsgericht am Sitz des Oberlandesgerichts, in dessen Bezirk der Unterhaltsschuldner seinen gewöhnlichen Aufenthalt hat. Es kommt also zu einer Zuständigkeitskonzentration bei den zentralisierten Familiengerichten am Sitz der Oberlandesgerichte. Aus § 23 b GVG, § 111 Nr. 8 FamFG ergibt sich die funktionale Zuständigkeit des Familiengerichts.

II. (Weitere) Zuständigkeitskonzentration (Abs. 2)

Die Zuständigkeit kann durch Rechtsverordnung einem anderen Amtsgericht zugewiesen werden.

III. Vollstreckbarerklärung durch den Notar (Abs. 3)

Art. 27 Abs. 1 EuUntVO und Art. 39 LugÜ 2007 (nicht aber HUVÜ 1973 und LugÜ 1988) lassen die Vollstreckbarerklärung durch Notare zu.

IV. Entsprechende Anwendung bei der Vollstreckungsabwehrklage, der einstweiligen Einstellung und der Titelkonkretisierung

§ 66 Abs. 3 S. 2 verweist für die Vollstreckungsabwehrklage (s. auch § 31 Rn 2) auf § 35, so dass auch hier eine **Zuständigkeitskonzentration** gegeben ist. Dasselbe gilt für die einstweilige Einstellung der inländischen Zwangsvollstreckung nach § 33 Abs. 2. Die Zuständigkeitskonzentration gilt also für alle nationalen Vollstreckungsrechtsbehelfe, die beim Prozessgericht vorzubringen sind.[1] Außerdem ist nach § 34 Abs. 1 S. 2 eine konzentrierte Zuständigkeit für die Bestimmung des vollstreckungsfähigen Inhalts eines ausländischen Titels vorgesehen.

Abschnitt 3
Verfahren mit Exequatur nach der Verordnung (EG) Nr. 4/2009 und den Abkommen der Europäischen Union

Unterabschnitt 1 Zulassung der Zwangsvollstreckung aus ausländischen Titeln

§ 36 Antragstellung

(1) Der in einem anderen Staat vollstreckbare Titel wird dadurch zur Zwangsvollstreckung zugelassen, dass er auf Antrag mit der Vollstreckungsklausel versehen wird.

(2) Der Antrag auf Erteilung der Vollstreckungsklausel kann bei dem zuständigen Gericht schriftlich eingereicht oder mündlich zu Protokoll der Geschäftsstelle erklärt werden.

(3) Ist der Antrag entgegen § 184 des Gerichtsverfassungsgesetzes nicht in deutscher Sprache abgefasst, so kann das Gericht von dem Antragsteller eine Über-

---

1 *Andrae*, NJW 2011, 2545, 2548.

setzung verlangen, deren Richtigkeit von einer Person bestätigt worden ist, die in einem der folgenden Staaten hierzu befugt ist:
1. in einem Mitgliedstaat oder in einem anderen Vertragsstaat des Abkommens über den Europäischen Wirtschaftsraum oder
2. in einem Vertragsstaat des jeweils auszuführenden völkerrechtlichen Vertrages.

(4) Der Ausfertigung des Titels, der mit der Vollstreckungsklausel versehen werden soll, und seiner Übersetzung, soweit eine solche vorgelegt wird, sollen je zwei Abschriften beigefügt werden.

1 Im 3. Abschnitt des 2. Kapitels ist die Anerkennung und Vollstreckung von Unterhaltstiteln, die nach der EuUntVO, dem Abkommen mit Dänemark oder nach dem LugÜ 2007 eines Exequaturs (zur Legaldefinition s. § 3 Rn 7) bedürfen (s. § 1 Rn 2–4), geregelt. Das AUG orientiert sich hier weitgehend am AVAG.
2 § 36 entspricht inhaltlich § 4 AVAG (s. dort).

§ 37 Zustellungsempfänger

(1) Hat der Antragsteller in dem Antrag keinen Zustellungsbevollmächtigten im Sinne des § 184 Absatz 1 Satz 1 der Zivilprozessordnung benannt, so können bis zur nachträglichen Benennung alle Zustellungen an ihn durch Aufgabe zur Post (§ 184 Absatz 1 Satz 2 und Absatz 2 der Zivilprozessordnung) bewirkt werden.

(2) Absatz 1 gilt nicht, wenn der Antragsteller einen Verfahrensbevollmächtigten für das Verfahren benannt hat, an den im Inland zugestellt werden kann.

(3) Die Absätze 1 und 2 sind auf Verfahren nach der Verordnung (EG) Nr. 4/2009 nicht anzuwenden.

1 § 37 entspricht § 5 AVAG (s. dort).
2 Sonderregeln für Titel aus dem Anwendungsbereich der EuUntVO (Abs. 3): Wegen Art. 41 Abs. 2 EuUntVO darf vom Antragsteller die Bestellung eines Zustellungsbevollmächtigten nicht verlangt werden. Deshalb finden Abs. 1 und 2 keine Anwendung.

§ 38 Verfahren

(1) [1]Die Entscheidung ergeht ohne mündliche Verhandlung. [2]Jedoch kann eine mündliche Erörterung mit dem Antragsteller oder seinem Bevollmächtigten stattfinden, wenn der Antragsteller oder der Bevollmächtigte hiermit einverstanden ist und die Erörterung der Beschleunigung dient.

(2) Im ersten Rechtszug ist die Vertretung durch einen Rechtsanwalt nicht erforderlich.

1 § 38 entspricht § 6 Abs. 2 und 3 AVAG (s. dort).
2 Der Verpflichtete ist wegen Art. 30 EuUntVO bzw Art. 34 Abs. 1 LugÜ 2007 nicht anzuhören.

§ 39 Vollstreckbarkeit ausländischer Titel in Sonderfällen

(1) ¹Hängt die Zwangsvollstreckung nach dem Inhalt des Titels von einer dem Gläubiger obliegenden Sicherheitsleistung, dem Ablauf einer Frist oder dem Eintritt einer anderen Tatsache ab oder wird die Vollstreckungsklausel zugunsten eines anderen als des in dem Titel bezeichneten Gläubigers oder gegen einen anderen als den darin bezeichneten Schuldner beantragt, so ist die Frage, inwieweit die Zulassung der Zwangsvollstreckung von dem Nachweis besonderer Voraussetzungen abhängig oder ob der Titel für oder gegen den anderen vollstreckbar ist, nach dem Recht des Staates zu entscheiden, in dem der Titel errichtet ist. ²Der Nachweis ist durch Urkunden zu führen, es sei denn, dass die Tatsachen bei dem Gericht offenkundig sind.

(2) ¹Kann der Nachweis durch Urkunden nicht geführt werden, so ist auf Antrag des Antragstellers der Antragsgegner zu hören. ²In diesem Fall sind alle Beweismittel zulässig. Das Gericht kann auch die mündliche Verhandlung anordnen.

I. Besondere Voraussetzungen für die Vollstreckbarkeit

§ 39 entspricht inhaltlich § 7 AVAG (s. dort). Der Antragsteller kann die Vollstreckbarkeit im Ursprungsstaat (Abs. 1 S. 1) nur mit Urkunden (Abs. 1 S. 2) nachweisen. 1

II. Anhörung und mündliche Verhandlung bei fehlenden Urkunden

Die Ausweitung des Verfahrens zu einem kontradiktorischen ist mit Art. 30 EuUntVO nicht vereinbar.[1] Der Gläubiger muss also die Beschwerde (§ 43) einlegen, um andere Beweismittel anbringen zu können. 2

§ 40 Entscheidung

(1) ¹Ist die Zwangsvollstreckung aus dem Titel zuzulassen, so beschließt das Gericht, dass der Titel mit der Vollstreckungsklausel zu versehen ist. ²In dem Beschluss ist die zu vollstreckende Verpflichtung in deutscher Sprache wiederzugeben. ³Zur Begründung des Beschlusses genügt in der Regel die Bezugnahme auf die Verordnung (EG) Nr. 4/2009 oder auf den jeweils auszuführenden völkerrechtlichen Vertrag sowie auf von dem Antragsteller vorgelegte Urkunden. ⁴Auf die Kosten des Verfahrens ist § 788 der Zivilprozessordnung entsprechend anzuwenden.

(2) ¹Ist der Antrag nicht zulässig oder nicht begründet, so lehnt ihn das Gericht durch mit Gründen versehenen Beschluss ab. ²Die Kosten sind dem Antragsteller aufzuerlegen.

(3) Der Beschluss wird mit Bekanntgabe an die Beteiligten wirksam.

Abs. 1 und 2 entsprechen inhaltlich § 8 AVAG (s. dort). Wegen der entsprechenden Anwendung von § 788 ZPO ist darauf abzustellen, ob der Gläubiger ein Vollstreckbarerklärungsverfahren mit der von ihm gewählten Antragstellung objektiv für erforderlich halten durfte.[1] 1

Der Beschluss wird – abweichend von § 116 Abs. 3 S. 1 FamFG – bereits mit Bekanntgabe wirksam. 2

---

1 *Eichel*, GPR 2011, 193, 195; aA wohl BT-Drucks. 17/4887, S. 46.
1 OLG Stuttgart 1.12.2014 – 17 UF 150/14.

§ 41 Vollstreckungsklausel

(1) ¹Auf Grund des Beschlusses nach § 40 Absatz 1 erteilt der Urkundsbeamte der Geschäftsstelle die Vollstreckungsklausel in folgender Form:

„Vollstreckungsklausel nach § 36 des Auslandsunterhaltsgesetzes vom 23. Mai 2011 (BGBl. I S. 898). Gemäß dem Beschluss des .... (Bezeichnung des Gerichts und des Beschlusses) ist die Zwangsvollstreckung aus .... (Bezeichnung des Titels) zugunsten .... (Bezeichnung des Gläubigers) gegen .... (Bezeichnung des Schuldners) zulässig.

Die zu vollstreckende Verpflichtung lautet: .... (Angabe der dem Schuldner aus dem ausländischen Titel obliegenden Verpflichtung in deutscher Sprache; aus dem Beschluss nach § 40 Absatz 1 zu übernehmen).

Die Zwangsvollstreckung darf über Maßregeln zur Sicherung nicht hinausgehen, bis der Gläubiger eine gerichtliche Anordnung oder ein Zeugnis vorlegt, dass die Zwangsvollstreckung unbeschränkt stattfinden darf."

²Lautet der Titel auf Leistung von Geld, so ist der Vollstreckungsklausel folgender Zusatz anzufügen:

„Solange die Zwangsvollstreckung über Maßregeln zur Sicherung nicht hinausgehen darf, kann der Schuldner die Zwangsvollstreckung durch Leistung einer Sicherheit in Höhe von .... (Angabe des Betrages, wegen dessen der Gläubiger vollstrecken darf) abwenden."

(2) Wird die Zwangsvollstreckung nur für einen oder mehrere der durch die ausländische Entscheidung zuerkannten oder in einem anderen ausländischen Titel niedergelegten Ansprüche oder nur für einen Teil des Gegenstands der Verpflichtung zugelassen, so ist die Vollstreckungsklausel als „Teil-Vollstreckungsklausel nach § 36 des Auslandsunterhaltsgesetzes vom 23. Mai 2011 (BGBl. I S. 898)" zu bezeichnen.

(3) ¹Die Vollstreckungsklausel ist von dem Urkundsbeamten der Geschäftsstelle zu unterschreiben und mit dem Gerichtssiegel zu versehen. ²Sie ist entweder auf die Ausfertigung des Titels oder auf ein damit zu verbindendes Blatt zu setzen. ³Falls eine Übersetzung des Titels vorliegt, ist sie mit der Ausfertigung zu verbinden.

1 § 41 entspricht § 9 AVAG (s. dort).

§ 42 Bekanntgabe der Entscheidung

(1) ¹Lässt das Gericht die Zwangsvollstreckung zu (§ 40 Absatz 1), sind dem Antragsgegner eine beglaubigte Abschrift des Beschlusses, eine beglaubigte Abschrift des mit der Vollstreckungsklausel versehenen Titels und gegebenenfalls seiner Übersetzung sowie der gemäß § 40 Absatz 1 Satz 3 in Bezug genommenen Urkunden von Amts wegen zuzustellen. ²Dem Antragsteller sind eine beglaubigte Abschrift des Beschlusses, die mit der Vollstreckungsklausel versehene Ausfertigung des Titels sowie eine Bescheinigung über die bewirkte Zustellung zu übersenden.

(2) Lehnt das Gericht den Antrag auf Erteilung der Vollstreckungsklausel ab (§ 40 Absatz 2), ist der Beschluss dem Antragsteller zuzustellen.

1 Abs. 1 entspricht § 10 Abs. 1 und Abs. 3 S. 1 AVAG (s. dort). Nach Art. 31 Abs. 2 EuUntVO ist allerdings die Entscheidung dem Antragsteller unverzüglich mitzuteilen, wohingegen Abs. 1 S. 2 besagt, dass dem Gläubiger eine Bescheinigung

über die Zustellung an den Schuldner zu übermitteln ist, was impliziert, dass diese zeitlich früher liegt. Die zeitliche Abfolge bezieht sich allerdings nur auf die Zustellung der Bescheinigung, nicht auf diejenige des Beschlusses. Dieser kann also durchaus zuerst dem Gläubiger zugestellt werden und die Zustellung der Bescheinigung kann nachfolgen.[1] Auch eine Zustellung zuerst an den Schuldner, der die gemeinsame Zustellung von Beschluss und Bescheinigung an den Gläubiger nachfolgt, schließt die „Unverzüglichkeit" der Zustellung an den Gläubiger nicht automatisch aus.[2] Deshalb wird man Abs. 1 S. 2 nicht als europarechtswidrig anzusehen haben;[3] bei der Vornahme der Zustellung ist aber die Auslegung und Anwendung am Gebot der unverzüglichen Zustellung an den Gläubiger zu orientieren.

Unterabschnitt 2 Beschwerde, Rechtsbeschwerde

§ 43 Beschwerdegericht; Einlegung der Beschwerde; Beschwerdefrist

(1) Beschwerdegericht ist das Oberlandesgericht.

(2) ¹Die Beschwerde gegen die im ersten Rechtszug ergangene Entscheidung über den Antrag auf Erteilung der Vollstreckungsklausel wird bei dem Gericht, dessen Beschluss angefochten wird, durch Einreichen einer Beschwerdeschrift oder durch Erklärung zu Protokoll der Geschäftsstelle eingelegt. ²Der Beschwerdeschrift soll die für ihre Zustellung erforderliche Zahl von Abschriften beigefügt werden.

(3) § 61 des Gesetzes über das Verfahren in Familiensachen und in den Angelegenheiten der freiwilligen Gerichtsbarkeit ist nicht anzuwenden.

(4) ¹Die Beschwerde des Antragsgegners gegen die Zulassung der Zwangsvollstreckung ist einzulegen
1. im Anwendungsbereich der Verordnung (EG) Nr. 4/2009 und des Abkommens vom 19. Oktober 2005 zwischen der Europäischen Gemeinschaft und dem Königreich Dänemark über die gerichtliche Zuständigkeit und die Anerkennung und Vollstreckung von Entscheidungen in Zivil- und Handelssachen innerhalb der Frist des Artikels 32 Absatz 5 der Verordnung (EG) Nr. 4/2009,
2. im Anwendungsbereich des Übereinkommens vom 30. Oktober 2007 über die gerichtliche Zuständigkeit und die Anerkennung und Vollstreckung von Entscheidungen in Zivil- und Handelssachen
   a) innerhalb eines Monats nach Zustellung, wenn der Antragsgegner seinen Wohnsitz im Inland hat, oder
   b) innerhalb von zwei Monaten nach Zustellung, wenn der Antragsgegner seinen Wohnsitz im Ausland hat.

²Die Frist beginnt mit dem Tag, an dem die Vollstreckbarerklärung dem Antragsgegner entweder persönlich oder in seiner Wohnung zugestellt worden ist. ³Eine Verlängerung dieser Frist wegen weiter Entfernung ist ausgeschlossen.

(5) Die Beschwerde ist dem Beschwerdegegner von Amts wegen zuzustellen.

Die Norm entspricht im Wesentlichen § 11 AVAG (s. dort). 1

---

1 *Meller-Hannich*, GPR 2012, 90, 92.
2 Rauscher/*Mankowski*, EuZPR/EuIPR, Band 1 (2011), Art. 42 Brüssel I-VO Rn 3 (zur entsprechenden Regelung der Brüssel I-VO).
3 AA wohl *Eichel*, GPR 2011, 193, 196.

2 Gegen einen ablehnenden Beschluss kann der Antragsteller gem. § 58 Abs. 1 FamFG Beschwerde einlegen. Die Beschwerdefrist für den Antragsteller richtet sich nach § 63 Abs. 1 FamFG (ein Monat).[1] Es gilt im Falle der Auslandszustellung oder Zustellung durch öffentliche Bekanntmachung die Frist des Art. 32 Abs. 5 EuUntVO bzw des Art. 43 Abs. 5 S. 2 LugÜ 2007 und des Art. 36 Abs. 2 LugÜ 1988. Siehe insoweit § 63; § 43 findet direkt keine Anwendung (s. §§ 57–60 Rn 1).

3 Die Beschränkung des Zustellungsmodus auch für die Inlandszustellung (persönlich oder in seiner Wohnung, dh ohne öffentliche Zustellung) in Abs. 4 S. 2 dürfte im Hinblick auf Art. 32 Abs. 5 EuUntVO europarechtswidrig sein,[2] da Art. 32 Abs. 5 EuUntVO auch eine öffentliche Zustellung erlaubt und nur für den Fall der Auslandszustellung an den Antragsgegner (Schuldner) auf die persönliche Zustellung bzw die in der Schuldnerwohnung abstellt.

§ 44 (weggefallen)

1 § 44 entsprach im Wesentlichen § 12 AVAG; die Norm ist als Konsequenz aus der **Prism-Investment-Entscheidung** des EuGH[1] mit Wirkung vom 26.2.2013 weggefallen. Einwendungen gegen einen titulierten Anspruch sind nicht mehr im Exequaturverfahren geltend zu machen, sondern mit der Vollstreckungsabwehrklage nach § 767 ZPO.[2]

§ 45 Verfahren und Entscheidung über die Beschwerde

(1) [1]Das Beschwerdegericht entscheidet durch Beschluss, der mit Gründen zu versehen ist und ohne mündliche Verhandlung ergehen kann. [2]Der Beschwerdegegner ist vor der Entscheidung zu hören.

(2) [1]Solange eine mündliche Verhandlung nicht angeordnet ist, können zu Protokoll der Geschäftsstelle Anträge gestellt und Erklärungen abgegeben werden. [2]Wird die mündliche Verhandlung angeordnet, so gilt für die Ladung § 215 der Zivilprozessordnung.

(3) Eine vollständige Ausfertigung des Beschlusses ist dem Antragsteller und dem Antragsgegner auch dann von Amts wegen zuzustellen, wenn der Beschluss verkündet worden ist.

(4) [1]Soweit nach dem Beschluss des Beschwerdegerichts die Zwangsvollstreckung aus dem Titel erstmals zuzulassen ist, erteilt der Urkundsbeamte der Geschäftsstelle des Beschwerdegerichts die Vollstreckungsklausel. [2]§ 40 Absatz 1 Satz 2 und 4, §§ 41 und 42 Absatz 1 sind entsprechend anzuwenden. [3]Ein Zusatz, dass die Zwangsvollstreckung über Maßregeln zur Sicherung nicht hinausgehen darf, ist nur aufzunehmen, wenn das Beschwerdegericht eine Anordnung nach § 52 Absatz 2 erlassen hat. [4]Der Inhalt des Zusatzes bestimmt sich nach dem Inhalt der Anordnung.

1 § 45 entspricht § 13 AVAG (s. dort).

---

1 BT-Drucks. 17/4887, S. 46, 47; krit. und für eine Fristungebundenheit: *Eichel*, GPR 2011, 193, 197.
2 *Eichel*, GPR 2011, 193, 197.
1 EuGH 13.10.2011 – C-139/10, NJW 2011, 3506 = EuZW 2011, 869.
2 BT-Drucks. 17/10492, S. 12.

§ 46 Statthaftigkeit und Frist der Rechtsbeschwerde

(1) Gegen den Beschluss des Beschwerdegerichts findet die Rechtsbeschwerde statt.

(2) Die Rechtsbeschwerde ist innerhalb eines Monats einzulegen.

(3) Die Rechtsbeschwerdefrist beginnt mit der Zustellung des Beschlusses (§ 45 Absatz 3).

(4) § 75 des Gesetzes über das Verfahren in Familiensachen und in den Angelegenheiten der freiwilligen Gerichtsbarkeit ist nicht anzuwenden.

§ 47 Einlegung und Begründung der Rechtsbeschwerde

(1) Die Rechtsbeschwerde wird durch Einreichen der Beschwerdeschrift beim Bundesgerichtshof eingelegt.

(2) [1]Die Rechtsbeschwerde ist zu begründen. [2]§ 71 Absatz 1 Satz 1 des Gesetzes über das Verfahren in Familiensachen und in den Angelegenheiten der freiwilligen Gerichtsbarkeit ist nicht anzuwenden. [3]Soweit die Rechtsbeschwerde darauf gestützt wird, dass das Beschwerdegericht von einer Entscheidung des Gerichtshofs der Europäischen Union abgewichen sei, muss die Entscheidung, von der der angefochtene Beschluss abweicht, bezeichnet werden.

§ 48 Verfahren und Entscheidung über die Rechtsbeschwerde

(1) Der Bundesgerichtshof kann nur überprüfen, ob der Beschluss auf einer Verletzung des Rechts der Europäischen Union, eines einschlägigen völkerrechtlichen Vertrages oder sonstigen Bundesrechts oder einer anderen Vorschrift beruht, deren Geltungsbereich sich über den Bezirk eines Oberlandesgerichts hinaus erstreckt.

(2) [1]Der Bundesgerichtshof kann über die Rechtsbeschwerde ohne mündliche Verhandlung entscheiden. [2]Auf das Verfahren über die Rechtsbeschwerde sind die §§ 73 und 74 des Gesetzes über das Verfahren in Familiensachen und in den Angelegenheiten der freiwilligen Gerichtsbarkeit entsprechend anzuwenden.

(3) [1]Soweit die Zwangsvollstreckung aus dem Titel erstmals durch den Bundesgerichtshof zugelassen wird, erteilt der Urkundsbeamte der Geschäftsstelle dieses Gerichts die Vollstreckungsklausel. [2]§ 40 Absatz 1 Satz 2 und 4, §§ 41 und 42 Absatz 1 gelten entsprechend. [3]Ein Zusatz über die Beschränkung der Zwangsvollstreckung entfällt.

I. Zulässigkeit und Verfahren der Rechtsbeschwerde (§§ 46, 47)

Die Beschwerde ist statthaft gegen den Beschluss des Beschwerdegerichts (§ 46 Abs. 1). Das Verfahren richtet sich nach dem FamFG. Die Frist ergibt sich aus § 46 Abs. 2 und beginnt mit Zustellung des Beschlusses (§ 46 Abs. 3). Aus § 46 Abs. 4 ergibt sich, dass eine Sprungrechtsbeschwerde nicht statthaft ist.[1] § 47 entspricht § 16 AVAG (s. dort). Im Übrigen richtet sich das Verfahren nach dem FamFG.

---

1 BT-Drucks. 17/4887, S. 47.

II. Gegenstand und Entscheidung der Rechtsbeschwerde (§ 48)

2   § 48 entspricht § 17 AVAG (s. dort). Die Norm verweist klarstellend auf §§ 73 und 74 FamFG.

Unterabschnitt 3 Beschränkung der Zwangsvollstreckung auf Sicherungsmaßregeln und unbeschränkte Fortsetzung der Zwangsvollstreckung

§ 49 Prüfung der Beschränkung

Einwendungen des Schuldners, dass bei der Zwangsvollstreckung die Beschränkung auf Sicherungsmaßregeln nach der Verordnung (EG) Nr. 4/2009 oder dem auszuführenden völkerrechtlichen Vertrag oder auf Grund einer auf diesem Gesetz beruhenden Anordnung (§ 52 Absatz 2) nicht eingehalten werde, oder Einwendungen des Gläubigers, dass eine bestimmte Maßnahme der Zwangsvollstreckung mit dieser Beschränkung vereinbar sei, sind im Wege der Erinnerung nach § 766 der Zivilprozessordnung bei dem Vollstreckungsgericht (§ 764 der Zivilprozessordnung) geltend zu machen.

§ 50 Sicherheitsleistung durch den Schuldner

(1) Solange die Zwangsvollstreckung aus einem Titel, der auf Leistung von Geld lautet, nicht über Maßregeln der Sicherung hinausgehen darf, ist der Schuldner befugt, die Zwangsvollstreckung durch Leistung einer Sicherheit in Höhe des Betrages abzuwenden, wegen dessen der Gläubiger vollstrecken darf.

(2) Die Zwangsvollstreckung ist einzustellen und bereits getroffene Vollstreckungsmaßregeln sind aufzuheben, wenn der Schuldner durch eine öffentliche Urkunde die zur Abwendung der Zwangsvollstreckung erforderliche Sicherheitsleistung nachweist.

§ 51 Versteigerung beweglicher Sachen

Ist eine bewegliche Sache gepfändet und darf die Zwangsvollstreckung nicht über Maßregeln zur Sicherung hinausgehen, so kann das Vollstreckungsgericht auf Antrag anordnen, dass die Sache versteigert und der Erlös hinterlegt werde, wenn sie der Gefahr einer beträchtlichen Wertminderung ausgesetzt ist oder wenn ihre Aufbewahrung unverhältnismäßige Kosten verursachen würde.

§ 52 Unbeschränkte Fortsetzung der Zwangsvollstreckung; besondere gerichtliche Anordnungen

(1) Weist das Beschwerdegericht die Beschwerde des Schuldners gegen die Zulassung der Zwangsvollstreckung zurück oder lässt es auf die Beschwerde des Gläubigers die Zwangsvollstreckung aus dem Titel zu, so kann die Zwangsvollstreckung über Maßregeln zur Sicherung hinaus fortgesetzt werden.

(2) [1]Auf Antrag des Schuldners kann das Beschwerdegericht anordnen, dass bis zum Ablauf der Frist zur Einlegung der Rechtsbeschwerde oder bis zur Entscheidung über diese Beschwerde die Zwangsvollstreckung nicht oder nur gegen Si-

cherheitsleistung über Maßregeln zur Sicherung hinausgehen darf. ²Die Anordnung darf nur erlassen werden, wenn glaubhaft gemacht wird, dass die weiter gehende Vollstreckung dem Schuldner einen nicht zu ersetzenden Nachteil bringen würde. ³§ 713 der Zivilprozessordnung ist entsprechend anzuwenden.

(3) ¹Wird Rechtsbeschwerde eingelegt, so kann der Bundesgerichtshof auf Antrag des Schuldners eine Anordnung nach Absatz 2 erlassen. ²Der Bundesgerichtshof kann auf Antrag des Gläubigers eine nach Absatz 2 erlassene Anordnung des Beschwerdegerichts abändern oder aufheben.

§ 53 Unbeschränkte Fortsetzung der durch das Gericht des ersten Rechtszuges zugelassenen Zwangsvollstreckung

(1) Die Zwangsvollstreckung aus dem Titel, den der Urkundsbeamte der Geschäftsstelle des Gerichts des ersten Rechtszuges mit der Vollstreckungsklausel versehen hat, ist auf Antrag des Gläubigers über Maßregeln zur Sicherung hinaus fortzusetzen, wenn das Zeugnis des Urkundsbeamten der Geschäftsstelle dieses Gerichts vorgelegt wird, dass die Zwangsvollstreckung unbeschränkt stattfinden darf.

(2) Das Zeugnis ist dem Gläubiger auf seinen Antrag zu erteilen,
1. wenn der Schuldner bis zum Ablauf der Beschwerdefrist keine Beschwerdeschrift eingereicht hat,
2. wenn das Beschwerdegericht die Beschwerde des Schuldners zurückgewiesen und keine Anordnung nach § 52 Absatz 2 erlassen hat,
3. wenn der Bundesgerichtshof die Anordnung des Beschwerdegerichts nach § 52 Absatz 2 aufgehoben hat (§ 52 Absatz 3 Satz 2) oder
4. wenn der Bundesgerichtshof den Titel zur Zwangsvollstreckung zugelassen hat.

(3) Aus dem Titel darf die Zwangsvollstreckung, selbst wenn sie auf Maßregeln der Sicherung beschränkt ist, nicht mehr stattfinden, sobald ein Beschluss des Beschwerdegerichts, dass der Titel zur Zwangsvollstreckung nicht zugelassen werde, verkündet oder zugestellt ist.

§ 54 Unbeschränkte Fortsetzung der durch das Beschwerdegericht zugelassenen Zwangsvollstreckung

(1) Die Zwangsvollstreckung aus dem Titel, zu dem der Urkundsbeamte der Geschäftsstelle des Beschwerdegerichts die Vollstreckungsklausel mit dem Zusatz erteilt hat, dass die Zwangsvollstreckung auf Grund der Anordnung des Gerichts nicht über Maßregeln zur Sicherung hinausgehen darf (§ 45 Absatz 4 Satz 3), ist auf Antrag des Gläubigers über Maßregeln zur Sicherung hinaus fortzusetzen, wenn das Zeugnis des Urkundsbeamten der Geschäftsstelle dieses Gerichts vorgelegt wird, dass die Zwangsvollstreckung unbeschränkt stattfinden darf.

(2) Das Zeugnis ist dem Gläubiger auf seinen Antrag zu erteilen,
1. wenn der Schuldner bis zum Ablauf der Frist zur Einlegung der Rechtsbeschwerde (§ 46 Absatz 2) keine Beschwerdeschrift eingereicht hat,
2. wenn der Bundesgerichtshof die Anordnung des Beschwerdegerichts nach § 52 Absatz 2 aufgehoben hat (§ 52 Absatz 3 Satz 2) oder

3. wenn der Bundesgerichtshof die Rechtsbeschwerde des Schuldners zurückgewiesen hat.

I. Beschränkung der Vollstreckung und Rechtsbehelf (§ 49)

1 Die Zwangsvollstreckung ist auf Sicherungsmaßnahmen beschränkt (Art. 36 Abs. 3 EuUntVO, Art. 47 Abs. 3 LugÜ 2007). § 49 entspricht inhaltlich § 19 AVAG (s. § 19 AVAG Rn 6): Einwendungen können im Wege der Erinnerung geltend gemacht werden.

II. Inhalt der möglichen Sicherungsmaßregeln (§ 51)

2 Die Norm entspricht inhaltlich § 21 AVAG (s. dort). Es gilt § 20 Abs. 1 Nr. 16 a RPflG.

III. Abwendungsbefugnis durch den Schuldner (§ 50)

3 Die Norm entspricht inhaltlich § 20 AVAG (s. dort).

IV. Unbeschränkte Fortsetzung der Vollstreckung (§§ 52–54)

4 Die Normen entsprechen inhaltlich §§ 22–24 AVAG (s. jew. dort).

Unterabschnitt 4 Feststellung der Anerkennung einer ausländischen Entscheidung

§ 55 Verfahren

(1) Auf das Verfahren, das die Feststellung zum Gegenstand hat, ob eine Entscheidung aus einem anderen Staat anzuerkennen ist, sind die §§ 36 bis 38, 40 Absatz 2, die §§ 42 bis 45 Absatz 1 bis 3, die §§ 46, 47 sowie 48 Absatz 1 und 2 entsprechend anzuwenden.

(2) Ist der Antrag auf Feststellung begründet, so beschließt das Gericht, die Entscheidung anzuerkennen.

§ 56 Kostenentscheidung

[1]In den Fällen des § 55 Absatz 2 sind die Kosten dem Antragsgegner aufzuerlegen. [2]Dieser kann die Beschwerde (§ 43) auf die Entscheidung über den Kostenpunkt beschränken. [3]In diesem Fall sind die Kosten dem Antragsteller aufzuerlegen, wenn der Antragsgegner durch sein Verhalten keine Veranlassung zu dem Antrag auf Feststellung gegeben hat.

1 Es geht um das Verfahren zur gerichtlichen Bestätigung der Anerkennungsfähigkeit einer Entscheidung. Die Vorschriften zur Vollstreckbarerklärung finden entsprechende Anwendung. §§ 55 und 56 entsprechen inhaltlich §§ 25 und 26 AVAG (s. dort).

Abschnitt 4
Anerkennung und Vollstreckung von Unterhaltstiteln nach völkerrechtlichen Verträgen

Unterabschnitt 1 Allgemeines

§ 57 Anwendung von Vorschriften

Auf die Anerkennung und Vollstreckbarerklärung von ausländischen Unterhaltstiteln nach den in § 1 Absatz 1 Satz 1 Nummer 2 bezeichneten völkerrechtlichen Verträgen sind die Vorschriften der §§ 36 bis 56 entsprechend anzuwenden, soweit in diesem Abschnitt nichts anderes bestimmt ist.

§ 58 Anhörung

Das Gericht entscheidet in dem Verfahren nach § 36 ohne Anhörung des Antragsgegners.

§ 59 Beschwerdefrist

(1) Die Beschwerde gegen die im ersten Rechtszug ergangene Entscheidung über den Antrag auf Erteilung der Vollstreckungsklausel ist innerhalb eines Monats nach Zustellung einzulegen.

(2) ¹Muss die Zustellung an den Antragsgegner im Ausland oder durch öffentliche Bekanntmachung erfolgen und hält das Gericht die Beschwerdefrist nach Absatz 1 nicht für ausreichend, so bestimmt es in dem Beschluss nach § 40 oder nachträglich durch besonderen Beschluss, der ohne mündliche Verhandlung ergeht, eine längere Beschwerdefrist. ²Die nach Satz 1 festgesetzte Frist für die Einlegung der Beschwerde ist auf der Bescheinigung über die bewirkte Zustellung (§ 42 Absatz 1 Satz 2) zu vermerken. ³Die Bestimmungen über den Beginn der Beschwerdefrist bleiben auch im Fall der nachträglichen Festsetzung unberührt.

§ 59 a Einwendungen gegen den zu vollstreckenden Anspruch im Beschwerdeverfahren

(1) Der Schuldner kann mit der Beschwerde, die sich gegen die Zulassung der Zwangsvollstreckung aus einer Entscheidung richtet, auch Einwendungen gegen den Anspruch selbst insoweit geltend machen, als die Gründe, auf denen sie beruhen, erst nach dem Erlass der Entscheidung entstanden sind.

(2) Mit der Beschwerde, die sich gegen die Zulassung der Zwangsvollstreckung aus einem gerichtlichen Vergleich oder einer öffentlichen Urkunde richtet, kann der Schuldner die Einwendungen gegen den Anspruch selbst ungeachtet der in Absatz 1 enthaltenen Beschränkung geltend machen.

§ 60 Beschränkung der Zwangsvollstreckung kraft Gesetzes

Die Zwangsvollstreckung ist auf Sicherungsmaßregeln beschränkt, solange die Frist zur Einlegung der Beschwerde noch läuft und solange über die Beschwerde noch nicht entschieden ist.

I. Ausführung der vom AUG umfassten sonstigen völkerrechtlichen Verträge

1 Nachdem der 2. und 3. Abschnitt Anerkennung und Vollstreckung von Titeln nach der EuUntVO, dem LugÜ 2007 und dem Abkommen der EU mit Dänemark behandeln (§ 1 Abs. 1), enthält der 4. Abschnitt des AUG Regelungen für alle (sonstigen) völkerrechtlichen Verträge, die in den Anwendungsbereich des AUG fallen (§ 1 Abs. 2). Es geht also um die Durchführung des **HUVÜ 1973**, des **LugÜ 1988**, des **UNUÜ** und des **HUÜ 2007** (s. jew. § 1 Rn 5–7).

II. Geltung Allgemeiner Vorschriften (§ 57)

2 Verwiesen wird auf die Vorschriften der §§ 36–56. Es bedarf also eines **Exequaturverfahrens**, dessen Einzelheiten in diesen Vorschriften geregelt werden, die wiederum denjenigen des AVAG entsprechen. Ergänzt werden die Regelungen für alle Verträge durch §§ 58–60. Im 2. Unterabschnitt werden schließlich Abweichungen für das HUVÜ 1973 (§§ 61, 62) und das LugÜ 1988 (§ 63) geregelt.

III. Anhörung (§ 58)

3 Die Regelung entspricht inhaltlich § 6 Abs. 1 AVAG.

IV. Beschwerdefrist (§ 59)

4 Die Regelung entspricht § 43 AUG bzw § 10 Abs. 2 AVAG (s. jew. dort).

V. Einwendungen in Beschwerdeverfahren (§ 59 a)

5 Die Regelung entspricht inhaltlich § 12 AVAG (s. dort).

VI. Beschränkung der Zwangsvollstreckung (§ 60)

6 Die Regelung entspricht inhaltlich § 18 AVAG (s. dort).

Unterabschnitt 2 Anerkennung und Vollstreckung von Unterhaltstiteln nach dem Haager Übereinkommen vom 23. November 2007 über die internationale Geltendmachung der Unterhaltsansprüche von Kindern und anderen Familienangehörigen

§ 60 a Beschwerdeverfahren im Bereich des Haager Übereinkommens

Abweichend von § 59 gelten für das Beschwerdeverfahren die Fristen des Artikels 23 Absatz 6 des Haager Übereinkommens.

1 Abweichend von § 59 gelten für das Beschwerdeverfahren nach HUÜ 2007 die Fristen des Art. 23 Abs. 6 HUÜ 2007. Die Beschwerdefrist beträgt demnach 30 Tage bzw, wenn der Beschwerdeführer seinen Wohnsitz im Ausland hat, 60 Tage.

Unterabschnitt 3 Anerkennung und Vollstreckung von Unterhaltstiteln nach dem Haager Übereinkommen vom 2. Oktober 1973 über die Anerkennung und Vollstreckung von Unterhaltsentscheidungen

§ 61 Einschränkung der Anerkennung und Vollstreckung

(1) Öffentliche Urkunden aus einem anderen Vertragsstaat werden nur anerkannt und vollstreckt, wenn dieser Staat die Erklärung nach Artikel 25 des Übereinkommens abgegeben hat.

(2) Die Anerkennung und Vollstreckung von Entscheidungen aus einem anderen Vertragsstaat über Unterhaltsansprüche zwischen Verwandten in der Seitenlinie und zwischen Verschwägerten ist auf Verlangen des Antragsgegners zu versagen, wenn

1. nach den Sachvorschriften des Rechts desjenigen Staates, dem der Verpflichtete und der Berechtigte angehören, eine Unterhaltspflicht nicht besteht oder
2. der Verpflichtete und der Berechtigte nicht die gleiche Staatsangehörigkeit haben und keine Unterhaltspflicht nach dem am gewöhnlichen Aufenthaltsort des Verpflichteten geltenden Recht besteht.

§ 62 Beschwerdeverfahren im Anwendungsbereich des Haager Übereinkommens

(1) Abweichend von § 59 Absatz 2 Satz 1 beträgt die Frist für die Beschwerde des Schuldners gegen die Zulassung der Zwangsvollstreckung zwei Monate, wenn die Zustellung an den Schuldner im Ausland erfolgen muss.

(2) ¹Das Oberlandesgericht kann seine Entscheidung über die Beschwerde gegen die Zulassung der Zwangsvollstreckung auf Antrag des Schuldners aussetzen, wenn gegen die Entscheidung im Ursprungsstaat ein ordentliches Rechtsmittel eingelegt wurde oder die Frist hierfür noch nicht verstrichen ist. ²Im letzteren Fall kann das Oberlandesgericht eine Frist bestimmen, innerhalb der das Rechtsmittel einzulegen ist. ³Das Gericht kann die Zwangsvollstreckung auch von einer Sicherheitsleistung abhängig machen.

(3) Absatz 2 ist in Verfahren auf Feststellung der Anerkennung einer Entscheidung entsprechend anwendbar.

I. Sonderregelungen für das Haager Unterhaltsübereinkommen 1973

Vorgesehen sind Sonderregeln zur Anerkennung und Vollstreckung von öffentlichen Urkunden (§ 61 Abs. 1), zur Anerkennung und Vollstreckung im Falle der Verwandtschaft in der Seitenlinie und zwischen Verschwägerten (§ 61 Abs. 2) und zum Beschwerdeverfahren sowie zum Verfahren auf Feststellung der Anerkennung einer Entscheidung (§ 62).

II. Das Mahnverfahren

Bislang gab es im Anwendungsbereich des HUVÜ 1973 kein Mahnverfahren, da das AVAG Anwendung fand und § 39 AVAG aF das Mahnverfahren insoweit ausschloss. Diese Regelung wurde nicht übernommen, so dass ein Mahnverfahren nunmehr auch im Anwendungsbereich des HUVÜ 1973 eröffnet ist.[1]

---

1 *Eichel*, FamRZ 2011, 1441.

Unterabschnitt 4 Übereinkommen über die gerichtliche Zuständigkeit und die Vollstreckung gerichtlicher Entscheidungen in Zivil- und Handelssachen vom 16. September 1988

§ 63 Sonderregelungen für das Beschwerdeverfahren

(1) ¹Die Frist für die Beschwerde des Antragsgegners gegen die Entscheidung über die Zulassung der Zwangsvollstreckung beträgt zwei Monate und beginnt von dem Tage an zu laufen, an dem die Entscheidung dem Antragsgegner entweder in Person oder in seiner Wohnung zugestellt worden ist, wenn der Antragsgegner seinen Wohnsitz oder seinen Sitz in einem anderen Vertragsstaat dieses Übereinkommens hat. ²Eine Verlängerung dieser Frist wegen weiter Entfernung ist ausgeschlossen. ³§ 59 Absatz 2 ist nicht anzuwenden.

(2) § 62 Absatz 2 und 3 ist entsprechend anzuwenden.

1 Vorgesehen ist eine Sonderregel für das LugÜ 1988 im Hinblick auf die Beschwerdefrist (Abs. 1) und das Beschwerdeverfahren sowie für das Verfahren auf Feststellung der Anerkennung einer Entscheidung (Abs. 2 iVm § 62 Abs. 2 und 3).

Abschnitt 5
Verfahren bei förmlicher Gegenseitigkeit

§ 64 Vollstreckbarkeit ausländischer Titel

(1) ¹Die Vollstreckbarkeit ausländischer Titel in Verfahren mit förmlicher Gegenseitigkeit nach § 1 Absatz 1 Satz 1 Nummer 3 richtet sich nach § 110 Absatz 1 und 2 des Gesetzes über das Verfahren in Familiensachen und in den Angelegenheiten der freiwilligen Gerichtsbarkeit. ²Die Rechtskraft der Entscheidung ist für die Vollstreckbarerklärung nicht erforderlich.

(2) ¹Ist der ausländische Titel für vollstreckbar zu erklären, so kann das Gericht auf Antrag einer Partei in seinem Vollstreckungsbeschluss den in dem ausländischen Titel festgesetzten Unterhaltsbetrag hinsichtlich Höhe und Dauer der zu leistenden Zahlungen abändern. ²Ist die ausländische Entscheidung rechtskräftig, so ist eine Abänderung nur nach Maßgabe des § 238 des Gesetzes über das Verfahren in Familiensachen und in den Angelegenheiten der freiwilligen Gerichtsbarkeit zulässig.

I. Allgemeines

1 Es geht um Verfahren mit ausländischen Staaten, mit denen keine internationalen Übereinkommen bestehen, sondern die förmliche Gegenseitigkeit verbürgt ist. Die Erklärung der Gegenseitigkeit bewirkt auch ohne völkerrechtlichen Vertrag, dass über die zentralen Behörden wechselseitig Anträge auf Anerkennung und Vollstreckbarerklärung vorhandener Unterhaltstitel gestellt und durchgesetzt werden können.¹ Das betrifft die meisten Bundesstaaten der USA sowie Kanadas, die beide dem UNUÜ nicht beigetreten sind, und die Republik Südafrika. Eine

---

1 *Veith*, in: Schmidt (Hrsg.), Internationale Unterhaltsrealisierung, § 12 Rn 35.

Bekanntmachung über die Staatenliste erfolgte zuletzt im Jahr 2011.[2] Sie wird auch auf der Internetseite des Bundesamts für Justiz[3] präsentiert.

II. Verfahren

Es gelten die Regelungen des FamFG, § 110 Abs. 1 und 2 und ansonsten über Familienstreitsachen.[4] Abs. 1 führt dazu, dass die Vollstreckbarkeit den Vorschriften des FamFG angepasst wird. Rechtskraft ist nicht erforderlich. Ist die ausländische Entscheidung noch nicht rechtskräftig, kann sie auf Antrag einer Partei im Hinblick auf Dauer und Höhe des Unterhaltsbetrags abgeändert werden (Abs. 2 iVm § 238 FamFG).[5]

Kapitel 3 Vollstreckung, Vollstreckungsabwehrantrag, besonderes Verfahren; Schadensersatz

Abschnitt 1 Vollstreckung, Vollstreckungsabwehrantrag, besonderes Verfahren

§ 65 Vollstreckung

Für die Vollstreckung von ausländischen Unterhaltstiteln gilt § 120 Absatz 1 des Gesetzes über das Verfahren in Familiensachen und in den Angelegenheiten der freiwilligen Gerichtsbarkeit, soweit in der Verordnung (EG) Nr. 4/2009 und in diesem Gesetz nichts anderes bestimmt ist.

Die Vollstreckung richtet sich als hoheitliche Gewaltausübung nach dem nationalen Recht des Vollstreckungsstaates (vgl. Art. 41 EuUntVO). Es gelten die gleichen Bedingungen wie für deutsche Titel. Die Vollstreckung richtet sich deshalb nach § 120 FamFG.

§ 66 Vollstreckungsabwehrantrag

(1) ¹Ist ein ausländischer Titel nach der Verordnung (EG) Nr. 4/2009 ohne Exequaturverfahren vollstreckbar oder nach dieser Verordnung oder einem der in § 1 Absatz 1 Satz 1 Nummer 1 genannten Abkommen für vollstreckbar erklärt, so kann der Schuldner Einwendungen, die sich gegen den Anspruch selbst richten, in einem Verfahren nach § 120 Absatz 1 des Gesetzes über das Verfahren in Familiensachen und in den Angelegenheiten der freiwilligen Gerichtsbarkeit in Verbindung mit § 767 der Zivilprozessordnung geltend machen. ²Handelt es sich bei dem Titel um eine gerichtliche Entscheidung, so gilt dies nur, soweit die Gründe, auf denen die Einwendungen beruhen, erst nach dem Erlass der Entscheidung entstanden sind.

(2) Ist die Zwangsvollstreckung aus einem Titel nach einem der in § 1 Absatz 1 Satz 1 Nummer 2 genannten Übereinkommen zugelassen, so kann der Schuldner Einwendungen gegen den Anspruch selbst in einem Verfahren nach § 120 Ab-

---

2 BGBl. I S. 1109.
3 S. https://www.bundesjustizamt.de/DE/Themen/Buergerdienste/AU/AUG/Vertragsstaaten/Staatenliste_node.html (zuletzt abgerufen am 8.5.2015).
4 BT-Drucks. 17/4887, S. 48.
5 BT-Drucks. 17/4887, S. 48.

satz 1 des Gesetzes über das Verfahren in Familiensachen und in den Angelegenheiten der freiwilligen Gerichtsbarkeit in Verbindung mit § 767 der Zivilprozessordnung nur geltend machen, wenn die Gründe, auf denen seine Einwendungen beruhen, erst entstanden sind:
1. nach Ablauf der Frist, innerhalb derer er die Beschwerde hätte einlegen können, oder
2. falls die Beschwerde eingelegt worden ist, nach Beendigung dieses Verfahrens.

(3) ¹Der Antrag nach § 120 Absatz 1 des Gesetzes über das Verfahren in Familiensachen und in den Angelegenheiten der freiwilligen Gerichtsbarkeit in Verbindung mit § 767 der Zivilprozessordnung ist bei dem Gericht zu stellen, das über den Antrag auf Erteilung der Vollstreckungsklausel entschieden hat. ²In den Fällen des Absatzes 1 richtet sich die Zuständigkeit nach § 35 Absatz 1 und 2.

I. Vollstreckungsabwehrantrag gegen ausländische Titel

1 Die Norm eröffnet die Vollstreckungsabwehrklage gegen einen ausländischen Titel, was nach Art. 21 Abs. 1 EuUntVO möglich ist (s. schon § 31 Rn 2),¹ und differenziert zwischen Titeln aus Staaten, bei denen ein Exequaturverfahren notwendig ist, und solchen, bei denen dies nicht der Fall ist. Da das FamFG-Verfahren gilt, wird von einem Vollstreckungsabwehr*antrag* und nicht von einer Vollstreckungsabwehr*klage* gesprochen. Über § 120 FamFG findet § 767 ZPO auch in Familienstreitsachen Anwendung.

II. Internationale Zuständigkeit nach Art. 22 Nr. 5 Brüssel I-VO

2 Die internationale Zuständigkeit für die Vollstreckungsabwehrklage ergibt sich aus Art. 22 Nr. 5 Brüssel I-VO (vgl auch Art. 68 Abs. 1 EuUntVO).

III. Präklusion (Abs. 1 und 2)

3 Bei Titeln, bei denen kein Exequatur notwendig ist, können alle Einwendungen geltend gemacht werden, die nach Erlass des Titels entstanden sind und dort nicht mehr durch ein Rechtsmittel oder einen Rechtsbehelf geltend gemacht werden können (**Abs. 1**). Ist ein Exequaturverfahren notwendig, wird die Präklusionsregel verschoben in Anlehnung an die Beschwerdefrist (**Abs. 2**). Dies gilt jedoch nur, soweit es um die Vollstreckung gerichtlicher Entscheidungen geht, denn nur dann wurde die Berechtigung des zugrunde liegenden Anspruchs bereits gerichtlich geprüft.² Die Präklusionsfrist beginnt mit dem Erlass der gerichtlichen Entscheidung.³ Auf welchen Zeitpunkt es für die unterschiedlichen Arten von Einwendungen (insb. bei Gestaltungsrechten) ankommt, richtet sich nach dem Recht des Ursprungsstaates.⁴

---

1 Vgl *Meller-Hannich*, GPR 2012, 153, 156 (für die entsprechende Regel des § 14 AVAG); ableitbar auch aus EuGH NJW 2011, 3506 („Prism Investment"). AA *Hess*, in: Schmidt (Hrsg.), Internationale Unterhaltsrealisierung, § 1 Rn 22.
2 BR-Drucks. 311/1/12, S. 2; in diese Richtung auch schon *Hess/Spancken*, FPR 2013, 27, 29 (§ 767 Abs. 2 ZPO schützt materielle Rechtskraft, die bei Vergleichen und Urkunden nicht gegeben ist).
3 *Meller-Hannich*, GPR 2012, 153, 156 (für die entsprechende Regel des § 14 AVAG); *Eichel*, GPR 2011, 193, 194; *Wagner*, IPRax 2012, 326, 333.
4 *Meller-Hannich*, GPR 2012, 153, 155.

IV. Zuständigkeit (Abs. 3)

Die örtliche, sachliche und funktionale Zuständigkeit folgt aus Abs. 3. Im Übrigen gilt Entsprechendes wie bei § 14 AVAG (s. dort). 4

§ 67 Verfahren nach Aufhebung oder Änderung eines für vollstreckbar erklärten ausländischen Titels im Ursprungsstaat

(1) Wird der Titel in dem Staat, in dem er errichtet worden ist, aufgehoben oder geändert und kann der Schuldner diese Tatsache in dem Verfahren zur Zulassung der Zwangsvollstreckung nicht mehr geltend machen, so kann er die Aufhebung oder Änderung der Zulassung in einem besonderen Verfahren beantragen.

(2) Für die Entscheidung über den Antrag ist das Gericht ausschließlich zuständig, das im ersten Rechtszug über den Antrag auf Erteilung der Vollstreckungsklausel entschieden hat.

(3) ¹Der Antrag kann bei dem Gericht schriftlich oder zu Protokoll der Geschäftsstelle gestellt werden. ²Über den Antrag kann ohne mündliche Verhandlung entschieden werden. ³Vor der Entscheidung, die durch Beschluss ergeht, ist der Gläubiger zu hören. ⁴§ 45 Absatz 2 und 3 gilt entsprechend.

(4) ¹Der Beschluss unterliegt der Beschwerde. ²Die Frist für die Einlegung der Beschwerde beträgt einen Monat. ³Im Übrigen sind die §§ 58 bis 60, 62, 63 Absatz 3 und die §§ 65 bis 74 des Gesetzes über das Verfahren in Familiensachen und in den Angelegenheiten der freiwilligen Gerichtsbarkeit entsprechend anzuwenden.

(5) ¹Für die Einstellung der Zwangsvollstreckung und die Aufhebung bereits getroffener Vollstreckungsmaßregeln sind die §§ 769 und 770 der Zivilprozessordnung entsprechend anzuwenden. ²Die Aufhebung einer Vollstreckungsmaßregel ist auch ohne Sicherheitsleistung zulässig.

§ 68 Aufhebung oder Änderung ausländischer Entscheidungen, deren Anerkennung festgestellt ist

Wird die Entscheidung in dem Staat, in dem sie ergangen ist, aufgehoben oder abgeändert und kann die davon begünstigte Partei diese Tatsache nicht mehr in dem Verfahren über den Antrag auf Feststellung der Anerkennung geltend machen, so ist § 67 Absatz 1 bis 4 entsprechend anzuwenden.

Es geht um zum Vollstreckbarerklärungs- bzw Anerkennungsfeststellungsverfahren subsidiäre Verfahren, durch die der Schuldner die Aufhebung oder Änderung des Titels im Ursprungsstaat geltend machen kann. § 67 entspricht § 27 AVAG, § 68 entspricht § 29 AVAG (s. jew. dort). 1

Abschnitt 2
Schadensersatz wegen ungerechtfertigter Vollstreckung

§ 69 Schadensersatz wegen ungerechtfertigter Vollstreckung

(1) Wird die Zulassung der Zwangsvollstreckung auf die Beschwerde (§ 43) oder die Rechtsbeschwerde (§ 46) aufgehoben oder abgeändert, so ist der Gläubiger

zum Ersatz des Schadens verpflichtet, der dem Schuldner durch die Vollstreckung des Titels oder durch eine Leistung zur Abwendung der Vollstreckung entstanden ist.

(2) Das Gleiche gilt, wenn
1. die Zulassung der Zwangsvollstreckung nach § 67 aufgehoben oder abgeändert wird, sofern die zur Zwangsvollstreckung zugelassene Entscheidung zum Zeitpunkt der Zulassung nach dem Recht des Staates, in dem sie ergangen ist, noch mit einem ordentlichen Rechtsmittel angefochten werden konnte oder
2. ein nach Artikel 17 der Verordnung (EG) Nr. 4/2009 ohne Exequaturverfahren vollstreckbarer Titel im Ursprungsstaat aufgehoben wurde und der Titel zum Zeitpunkt der Zwangsvollstreckungsmaßnahme noch mit einem ordentlichen Rechtsmittel hätte angefochten werden können.

(3) [1]Für die Geltendmachung des Anspruchs ist das Gericht ausschließlich zuständig, das im ersten Rechtszug über den Antrag, den Titel mit der Vollstreckungsklausel zu versehen, entschieden hat. [2]In den Fällen des Absatzes 2 Nummer 2 richtet sich die Zuständigkeit nach § 35 Absatz 1 und 2.

1 Abs. 1 entspricht § 28 Abs. 1 AVAG (s. dort Rn 2). Abs. 2 Nr. 2 sieht einen Schadensersatzanspruch auch in Fällen vor, in denen kein Exequaturverfahren notwendig ist. Die Zuständigkeit richtet sich nach Abs. 3 und § 35.

Kapitel 4 Entscheidungen deutscher Gerichte; Mahnverfahren

§ 70 Antrag des Schuldners nach Artikel 19 der Verordnung (EG) Nr. 4/2009

(1) [1]Der Antrag des Schuldners auf Nachprüfung der Entscheidung gemäß Artikel 19 der Verordnung (EG) Nr. 4/2009 ist bei dem Gericht zu stellen, das die Entscheidung erlassen hat. [2]§ 719 Absatz 1 der Zivilprozessordnung ist entsprechend anwendbar.

(2) [1]Hat der Schuldner den Antrag nicht innerhalb der Frist des Artikels 19 Absatz 2 der Verordnung (EG) Nr. 4/2009 eingereicht oder liegen die Voraussetzungen des Artikels 19 Absatz 1 der Verordnung (EG) Nr. 4/2009 nicht vor, weist das Gericht den Antrag durch Beschluss zurück. [2]Der Beschluss kann ohne mündliche Verhandlung ergehen.

(3) [1]Liegen die Voraussetzungen des Artikels 19 der Verordnung (EG) Nr. 4/2009 vor, so wird das Verfahren fortgeführt. [2]Es wird in die Lage zurückversetzt, in der es sich vor Eintritt der Versäumnis befand. [3]Die §§ 343 bis 346 der Zivilprozessordnung werden entsprechend angewendet. [4]Auf Antrag des Schuldners ist die Zwangsvollstreckung auch ohne Sicherheitsleistung einzustellen.

§ 71 Bescheinigungen zu inländischen Titeln

(1) Die Gerichte, Behörden oder Notare, denen die Erteilung einer vollstreckbaren Ausfertigung obliegt, sind zuständig für die Ausstellung
1. des Formblatts nach Artikel 20 Absatz 1 Buchstabe b, Artikel 28 Absatz 1 Buchstabe b, Artikel 40 Absatz 2 und Artikel 48 Absatz 3 der Verordnung (EG) Nr. 4/2009,

2. der Bescheinigungen nach den Artikeln 54, 57 und 58 des Übereinkommens vom 30. Oktober 2007 über die gerichtliche Zuständigkeit und die Anerkennung und Vollstreckung von Entscheidungen in Zivil- und Handelssachen.

(2) [1]Soweit nach Absatz 1 die Gerichte für die Ausstellung des Formblatts oder der Bescheinigungen zuständig sind, werden diese Unterlagen von dem Gericht des ersten Rechtszuges ausgestellt oder, wenn das Verfahren bei einem höheren Gericht anhängig ist, von diesem. [2]Funktionell zuständig ist die Stelle, der die Erteilung einer vollstreckbaren Ausfertigung obliegt. [3]Für die Anfechtbarkeit der Entscheidung über die Ausstellung des Formblatts oder der Bescheinigung gelten die Vorschriften über die Anfechtbarkeit der Entscheidung über die Erteilung der Vollstreckungsklausel entsprechend.

(3) Die Ausstellung des Formblatts nach Artikel 20 Absatz 1 Buchstabe b und Artikel 48 Absatz 3 der Verordnung (EG) Nr. 4/2009 schließt das Recht auf Erteilung einer Klausel nach § 724 der Zivilprozessordnung nicht aus.

§ 72 Bezifferung dynamisierter Unterhaltstitel zur Zwangsvollstreckung im Ausland

Soll ein Unterhaltstitel, der den Unterhalt nach § 1612 a des Bürgerlichen Gesetzbuchs als Prozentsatz des Mindestunterhalts festsetzt, im Ausland vollstreckt werden, gilt § 245 des Gesetzes über das Verfahren in Familiensachen und in den Angelegenheiten der freiwilligen Gerichtsbarkeit.

§ 73 Vervollständigung inländischer Entscheidungen zur Verwendung im Ausland

(1) [1]Will ein Beteiligter einen Versäumnis- oder Anerkenntnisbeschluss, der nach § 38 Absatz 4 des Gesetzes über das Verfahren in Familiensachen und in den Angelegenheiten der freiwilligen Gerichtsbarkeit in verkürzter Form abgefasst worden ist, in einem anderen Vertrags- oder Mitgliedstaat geltend machen, so ist der Beschluss auf Antrag dieses Beteiligten zu vervollständigen. [2]Der Antrag kann bei dem Gericht, das den Beschluss erlassen hat, schriftlich gestellt oder zu Protokoll der Geschäftsstelle erklärt werden. [3]Über den Antrag wird ohne mündliche Verhandlung entschieden.

(2) Zur Vervollständigung des Beschlusses sind die Gründe nachträglich abzufassen, von den Richtern gesondert zu unterschreiben und der Geschäftsstelle zu übergeben; die Gründe können auch von Richtern unterschrieben werden, die bei dem Beschluss nicht mitgewirkt haben.

(3) [1]Für die Berichtigung der Sachverhaltsdarstellung in den nachträglich abgefassten Gründen gelten § 113 Absatz 1 Satz 2 des Gesetzes über das Verfahren in Familiensachen und in den Angelegenheiten der freiwilligen Gerichtsbarkeit und § 320 der Zivilprozessordnung. [2]Jedoch können bei der Entscheidung über einen Antrag auf Berichtigung auch solche Richter mitwirken, die bei dem Beschluss oder der nachträglichen Abfassung der Gründe nicht mitgewirkt haben.

(4) Die vorstehenden Absätze gelten entsprechend für die Vervollständigung von Arrestbefehlen und einstweiligen Anordnungen, die in einem anderen Vertrags- oder Mitgliedstaat geltend gemacht werden sollen und nicht mit einer Begründung versehen sind.

§ 74 Vollstreckungsklausel zur Verwendung im Ausland

Vollstreckungsbescheide, Arrestbefehle und einstweilige Anordnungen, deren Zwangsvollstreckung in einem anderen Vertrags- oder Mitgliedstaat betrieben werden soll, sind auch dann mit der Vollstreckungsklausel zu versehen, wenn dies für eine Zwangsvollstreckung im Inland nach § 796 Absatz 1, § 929 Absatz 1 der Zivilprozessordnung und nach § 53 Absatz 1 und § 119 des Gesetzes über das Verfahren in Familiensachen und in den Angelegenheiten der freiwilligen Gerichtsbarkeit nicht erforderlich wäre.

§ 75 Mahnverfahren mit Zustellung im Ausland

(1) ¹Das Mahnverfahren findet auch statt, wenn die Zustellung des Mahnbescheids in einem anderen Vertrags- oder Mitgliedstaat erfolgen muss. ²In diesem Fall kann der Anspruch auch die Zahlung einer bestimmten Geldsumme in ausländischer Währung zum Gegenstand haben.

(2) Macht der Antragsteller geltend, dass das angerufene Gericht auf Grund einer Gerichtsstandsvereinbarung zuständig sei, so hat er dem Mahnantrag die erforderlichen Schriftstücke über die Vereinbarung beizufügen.

(3) Die Widerspruchsfrist (§ 692 Absatz 1 Nummer 3 der Zivilprozessordnung) beträgt einen Monat.

I. Allgemeines

1   Das 4. Kapitel (§§ 70–75) enthält Vorschriften für inländische Unterhaltstitel, wenn diese in einem anderen Mitglieds- oder Vertragsstaat vollstreckt werden sollen.

II. Deutsche Versäumnisurteile (§ 70)

2   Es geht um die Nachprüfung einer deutschen Entscheidung nach Art. 19 EuUntVO, regelmäßig also einer **Versäumnisentscheidung**. Art. 19 EuUntVO sieht hier einen außerordentlichen Rechtsbehelf auf Nachprüfung der Entscheidung vor. Dieser kommt allerdings nur in Betracht, wenn der Schuldner ohne eigenes Verschulden keinen Einspruch (§ 338 ZPO) eingelegt, keinen Wiedereinsetzungsantrag (§ 233 ZPO) gestellt oder keine Beschwerde (§ 345 ZPO) gegen eine zweite Versäumnisentscheidung eingelegt hat.[1] Es handelt sich also um einen **subsidiären Rechtsbehelf**. § 70 gestaltet insoweit das Verfahren aus.

3   Zuständig ist das Gericht, das die Entscheidung getroffen hat (§ 70 Abs. 1 S. 1). Ist der Nachprüfungsantrag eingereicht, kann bis zur Entscheidung über ihn die **Aussetzung der Vollstreckung** nach Art. 21 Abs. 3 (1) EuUntVO beantragt werden. In Deutschland ist dies der Antrag auf einstweilige Einstellung gem. §§ 707, 719 ZPO (§ 70 **Abs. 1 S. 2**), was wegen Art. 21 Abs. 2 (2) EuUntVO auch zur Aussetzung im Vollstreckungsstaat führt. Ein nicht den Anforderungen des Art. 19 EuUntVO entsprechender Antrag wird durch **Beschluss ohne mündliche Verhandlung** zurückgewiesen (§ 70 **Abs. 2**). Gegen die Zurückweisung des Antrags auf Nachprüfung gibt es keinen Rechtsbehelf. Im Erfolgsfalle kommt es zur **Zurückversetzung in den Zustand vor Säumnis** (§ 70 **Abs. 3 S. 1**), obwohl Art. 19 Abs. 3 EuUntVO eine Nichtigerklärung vorsieht. Das weitere Verfahren richtet sich nach §§ 343 ff ZPO (§ 70 **Abs. 3 S. 2**). Die Zwangsvollstreckung ist auf An-

---

1 BT-Drucks. 17/4887, S. 49.

trag ohne Sicherheitsleistung einzustellen (§ 70 Abs. 3 S. 3), woraufhin der Schuldner die Einstellung nach Art. 21 Abs. 3 (2) EuUntVO beantragen kann.

III. Bescheinigungen zu deutschen Vollstreckungstiteln (§ 71)

Abs. 1 und 2 des § 71 regeln die Zuständigkeit für die Anfertigung der Formblätter bzw Bescheinigungen, die für die Vollstreckung eines deutschen Titels im Ausland vorgelegt werden müssen. Welche Unterlagen vorgelegt werden müssen, ergibt sich im **Anwendungsbereich der EuUntVO aus deren in Abs. 1 Nr. 1** genannten Normen (s. dazu Rn 5), im Anwendungsbereich des **LugÜ 2007 aus dessen in Abs. 1 Nr. 2** genannten Normen. Betroffen sind Entscheidungen, Vergleiche und öffentliche Urkunden. Auf Titel nach den anderen in § 1 genannten Verordnungen, Abkommen und Verträgen findet § 71 keine Anwendung.

Hervorzuheben sind insb. die Bescheinigungen nach **Art. 20 Abs. 1 Buchst. b und Art. 48 Abs. 3 EuUntVO** (Ausfertigung des Auszugs aus der Entscheidung bzw dem Vergleich, der öffentlichen Urkunde). Bei **Art. 40 Abs. 2 EuUntVO** geht es um die einzureichenden Unterlagen bei der Durchsetzung einer anerkannten inländischen Entscheidung, und zwar in anderer Weise als durch Vollstreckung, also durch Beachtung in einem anderen Verfahren, etwa entgegenstehende Rechtskraft, Abänderungsverfahren, Prozessaufrechnung. Überflüssig ist die Erwähnung von **Art. 28 EuUntVO**, denn dort geht es um Entscheidungen, die in einem Mitgliedstaat ergangen sind, der nicht durch das Haager Protokoll 2007 gebunden ist, was bei Deutschland nicht der Fall ist. (Auch) wenn ein deutscher Vollstreckungstitel in einem nicht durch das Haager Protokoll 2007 gebundenen Mitgliedstaat vollstreckt werden soll, greift allein Art. 20 EuUntVO, nicht aber Art. 28 EuUntVO. Inhaltlich entsprechen allerdings die Anforderungen des Art. 20 und Art. 28 EuUntVO einander.

Die **Zuständigkeit** für die Ausstellung des Formblatts liegt bei dem **Gericht bzw Notar bzw der Behörde** (insb. Jugendamt), das bzw der die Entscheidung getroffen hat, den Vergleich aufgesetzt oder die öffentliche Urkunde errichtet hat (§ 71 Abs. 1 und 2).[2] Bei gerichtlichen Titeln ist dies im Regelfall der Urkundsbeamte der Geschäftsstelle. Die Zuständigkeit richtet sich allerdings bei gerichtlichen Titeln nach § 71 Abs. 2 EuUntVO nach § 71 Abs. 1 Nr. 1, Abs. 2 iVm § 20 Abs. 1 Nr. 10 RPflG. Zuständig ist also der **Rechtspfleger**. Obliegt die Erteilung einer vollstreckbaren Ausfertigung einer Behörde oder einem Notar (§ 797 ZPO), sind diese auch für die Ausstellung des Auszugs zuständig. Für Rechtsbehelfe wird auf diejenigen gegen die Erteilung einer Vollstreckungsklausel verwiesen (§ 71 Abs. 2 S. 3), so dass die **Klauselerinnerung** (§ 732 ZPO) einschlägig ist.

Die Ausstellung des Auszugs nach Art. 20 und 48 EuUntVO lässt nach § 71 Abs. 3 das Recht auf **Erteilung einer Klausel** gem. § 724 ZPO (durch den Urkundsbeamten der Geschäftsstelle) unberührt, was vor allem für die (ggf parallele) inländische Vollstreckung von Bedeutung ist.

IV. Bezifferung dynamisierter Unterhaltstitel (§ 72)

Verwiesen wird auf § 245 FamFG (Bezifferung des geschuldeten Unterhalts), wodurch Vollstreckungsproblemen durch eine Unsicherheit dynamischer Titel vorgebeugt werden soll. Zuständig ist beim Familiengericht der Rechtspfleger (§ 25 Nr. 2 b RPflG), bei vollstreckbaren Urkunden das Jugendamt oder der Notar. Die Bezifferung erfolgt nur auf Antrag. Dem Unterhaltsgläubiger steht gegen die (nicht oder zu niedrig) erfolgte Bezifferung die sofortige Beschwerde (§ 567

---

2 *Andrae*, NJW 2011, 2545, 2548.

ZPO), dem Unterhaltsschuldner die Klauselerinnerung (§ 732 ZPO) zur Verfügung.

V. Urteile in verkürzter Form (§ 73)

9 Die Norm entspricht § 30 AVAG (s. dort).

VI. Titel ohne inländische Klausel (§ 74)

10 Die Norm entspricht § 31 AVAG (s. dort).

VII. Grenzüberschreitende Mahnverfahren (§ 75)

11 Die Norm entspricht § 32 AVAG (s. dort). Ein Mahnverfahren ist inzwischen auch im Anwendungsbereich des HUVÜ 1973 möglich (s. § 62 Rn 2).

Kapitel 5 Kosten; Übergangsvorschriften

Abschnitt 1
Kosten

§ 76 Übersetzungen

Die Höhe der Vergütung für die von der zentralen Behörde veranlassten Übersetzungen richtet sich nach dem Justizvergütungs- und Entschädigungsgesetz.

1 Im Einzelnen richtet sich die Höhe der Vergütung nach §§ 8 ff JVEG. Etwaige Rechtsbehelfe richten sich aber nach §§ 23 ff EGGVG[1] (vgl § 4 Abs. 2).

Abschnitt 2
Übergangsvorschriften

§ 77 Übergangsvorschriften

(1) Die Anerkennung und Vollstreckbarerklärung eines ausländischen Unterhaltstitels richtet sich für die am 18. Juni 2011 bereits eingeleiteten Verfahren nach dem Anerkennungs- und Vollstreckungsausführungsgesetz in der Fassung vom 3. Dezember 2009 (BGBl. I S. 3830) im Anwendungsbereich

1. der Verordnung (EG) Nr. 44/2001 des Rates vom 22. Dezember 2000 über die gerichtliche Zuständigkeit und die Anerkennung und Vollstreckung von Entscheidungen in Zivil- und Handelssachen (ABl. L 12 vom 16.1.2001, S. 1),
2. des Abkommens vom 19. Oktober 2005 zwischen der Europäischen Gemeinschaft und dem Königreich Dänemark über die gerichtliche Zuständigkeit und die Anerkennung und Vollstreckung von Entscheidungen in Zivil- und Handelssachen (ABl. L 299 vom 16.11.2005, S. 62),
3. des Übereinkommens vom 30. Oktober 2007 über die gerichtliche Zuständigkeit und die Anerkennung und Vollstreckung von Entscheidungen in Zivil- und Handelssachen (ABl. L 339 vom 21.12.2007, S. 3),

---

1 BT-Drucks. 17/4887, S. 50.

4. des Übereinkommens vom 16. September 1988 über die gerichtliche Zuständigkeit und die Vollstreckung gerichtlicher Entscheidungen in Zivil- und Handelssachen (BGBl. 1994 II S. 2658) und
5. des Haager Übereinkommens vom 2. Oktober 1973 über die Anerkennung und Vollstreckung von Unterhaltsentscheidungen (BGBl. 1986 II S. 826).

(2) Die Anerkennung und Vollstreckbarerklärung eines ausländischen Titels richtet sich für Verfahren mit förmlicher Gegenseitigkeit (§ 1 Absatz 1 Satz 1 Nummer 3), die am 18. Juni 2011 bereits eingeleitet sind, nach dem Auslandsunterhaltsgesetz vom 19. Dezember 1986 (BGBl. I S. 2563), das zuletzt durch Artikel 4 Absatz 10 des Gesetzes vom 17. Dezember 2006 (BGBl. I S. 3171) geändert worden ist.

(3) Die gerichtliche Zuständigkeit für am 18. Juni 2011 noch nicht abgeschlossene Unterhaltssachen und anhängige Verfahren auf Gewährung von Verfahrenskostenhilfe bleibt unberührt.

(4) Die §§ 30 bis 34 sind nur auf Titel anwendbar, die auf der Grundlage des Haager Protokolls vom 23. November 2007 über das anwendbare Recht (ABl. L 331 vom 16.12.2009, S. 19) ergangen sind.

(5) Die §§ 16 bis 19 sind auch auf Ersuchen anzuwenden, die bei der zentralen Behörde am 18. Juni 2011 bereits anhängig sind.

I. Rechtslage für am 18.6.2011 bereits eingeleitete Verfahren (Abs. 1 und 2)

Es bleibt bei der alten Rechtslage (AVAG oder AUG 1986). Es kommt für das Datum weder auf den Zeitpunkt des Titelerlasses, noch auf das Datum des Antrags, sondern auf den Eingang des Antrags bei Gericht an. Wurde fälschlicherweise am 18.6.2011 ein Verfahren nach der Brüssel I-VO eingeleitet, kann die fehlende Zuständigkeit nicht im Beschwerdeverfahren gerügt werden, das Beschwerdegericht entscheidet aber nach Maßgabe der EuUntVO.[1]

II. Zuständigkeitskonzentration nur für ab dem 18.6.2011 eingeleitete Verfahren (Abs. 3)

Die gerichtliche Zuständigkeit lässt anhängige Verfahren unberührt.

III. Wegfall des Exequaturverfahrens nur für Titel, die auf der Grundlage des Haager Protokolls 2007 ergangen sind (Abs. 4)

Es spielt hier keine Rolle, ob der Titel vor oder nach dem 18.6.2011 ergangen ist.

IV. Datenerhebung durch die zentrale Behörde auch für bereits anhängige Ersuchen (Abs. 5)

Anders als es Art. 75 Abs. 3 EuUntVO vorsieht, werden die Vorschriften über die Datenerhebung durch die zentrale Behörde auch auf bereits anhängige Ersuchen angewendet.

---

1 OLG Karlsruhe NJW-RR 2012, 331.

Rechtspflegergesetz (RPflG)

In der Fassung der Bekanntmachung vom 14. April 2013
(BGBl. I S. 778; 2014 I S. 46)

zuletzt geändert durch Art. 4 des Gesetzes zum Internationalen Erbrecht und zur Änderung von Vorschriften zum Erbschein sowie zur Änderung sonstiger Vorschriften vom 29. Juni 2015 (BGBl. I S. 1042, 1051)

– Auszug –

Erster Abschnitt
Aufgaben und Stellung des Rechtspflegers

§ 1 Allgemeine Stellung des Rechtspflegers

Der Rechtspfleger nimmt die ihm durch dieses Gesetz übertragenen Aufgaben wahr.

I. Stellung des Rechtspflegers

Im Bereich der Justiz besteht ein differenziertes System von Organen, denen nach den jeweiligen Verfahrensrechten unterschiedliche Aufgaben übertragen sind. Zu nennen sind hier der Urkundsbeamte der Geschäftsstelle, der Gerichtsvollzieher, der Rechtspfleger und der Richter. Neben dem Richter hat sich der Rechtspfleger wegen seiner besonderen Qualifikation als zweite Säule der dritten Gewalt etabliert. Der **Rechtspfleger** ist nach dem Willen des Gesetzgebers ein **selbständiges und sachlich unabhängiges Organ der Rechtspflege** (vgl § 9). Trotz seiner dienstrechtlichen Stellung als Beamter des gehobenen Justizdienstes ist der Rechtspfleger bei der Wahrnehmung der ehemals richterlichen Aufgaben **nicht weisungsgebunden** (s. § 9). Seine Entscheidungen sind Akte der öffentlichen Gewalt, die in tatsächlicher und rechtlicher Hinsicht jedoch richterlicher Kontrolle unterliegen.[1] Die ihm durch das RPflG übertragenen Aufgaben sind solche der **ordentlichen Gerichtsbarkeit**. Das RPflG regelt **abschließend**, welche Aufgaben dies im Einzelnen sind. 1

II. Aufgaben im Bereich der Zwangsvollstreckung

Dem Rechtspfleger sind in großem Umfang Aufgaben in der Zwangsvollstreckung übertragen, die vormals der Richter zu erledigen hatte. Hierzu gehört neben den Geschäften im Klauselerteilungsverfahren im Wesentlichen die Tätigkeit des Vollstreckungsgerichts (s. § 20 Abs. 1 Nr. 17 S. 1). Dem Richter sind jedoch insoweit die Entscheidungen über Vollstreckungserinnerungen nach § 766 ZPO vorbehalten (§ 20 Abs. 1 Nr. 17 S. 2). Zu den vom Rechtspfleger als Vollstreckungsgericht ausgeübten Geschäften zählt im Bereich der Mobiliarvollstreckung die Zwangsvollstreckung in Forderungen und andere Vermögensrechte (§§ 828 ff ZPO) sowie bei der Immobiliarvollstreckung nach dem ZVG die Zwangsversteigerung und Zwangsverwaltung (s. § 3 Nr. 1 Buchst. i). Die Zwangsvollstreckung durch Eintragung einer Zwangshypothek ist gleichfalls eine dem Rechtspfleger als Grundbuchbeamten übertragene Aufgabe (s. § 3 Nr. 1 Buchst. h). 2

§ 2 (nicht abgedruckt)

---

1 BVerfG Rpfleger 2000, 205.

§ 3 Übertragene Geschäfte

Dem Rechtspfleger werden folgende Geschäfte übertragen:
1. in vollem Umfange die nach den gesetzlichen Vorschriften vom Richter wahrzunehmenden Geschäfte des Amtsgerichts in
   a) Vereinssachen nach den §§ 29, 37, 55 bis 79 des Bürgerlichen Gesetzbuchs sowie nach Buch 5 des Gesetzes über das Verfahren in Familiensachen und in den Angelegenheiten der freiwilligen Gerichtsbarkeit,
   b) den weiteren Angelegenheiten der freiwilligen Gerichtsbarkeit nach § 410 des Gesetzes über das Verfahren in Familiensachen und in den Angelegenheiten der freiwilligen Gerichtsbarkeit sowie den Verfahren nach § 84 Absatz 2, § 189 des Versicherungsvertragsgesetzes,
   c) Aufgebotsverfahren nach Buch 8 des Gesetzes über das Verfahren in Familiensachen und in den Angelegenheiten der freiwilligen Gerichtsbarkeit,
   d) Pachtkreditsachen im Sinne des Pachtkreditgesetzes,
   e) Güterrechtsregistersachen nach den §§ 1558 bis 1563 des Bürgerlichen Gesetzbuchs sowie nach Buch 5 des Gesetzes über das Verfahren in Familiensachen und in den Angelegenheiten der freiwilligen Gerichtsbarkeit, auch in Verbindung mit § 7 des Lebenspartnerschaftsgesetzes,
   f) Urkundssachen einschließlich der Entgegennahme der Erklärung,
   g) Verschollenheitssachen,
   h) Grundbuchsachen, Schiffsregister- und Schiffsbauregistersachen sowie Sachen des Registers für Pfandrechte an Luftfahrzeugen,
   i) Verfahren nach dem Gesetz über die Zwangsversteigerung und die Zwangsverwaltung,
   k) Verteilungsverfahren, die außerhalb der Zwangsvollstreckung nach den Vorschriften der Zivilprozessordnung über das Verteilungsverfahren durchzuführen sind,
   l) Verteilungsverfahren, die außerhalb der Zwangsversteigerung nach den für die Verteilung des Erlöses im Falle der Zwangsversteigerung geltenden Vorschriften durchzuführen sind,
   m) Verteilungsverfahren nach § 75 Absatz 2 des Flurbereinigungsgesetzes, § 54 Absatz 3 des Landbeschaffungsgesetzes, § 119 Absatz 3 des Baugesetzbuchs und § 94 Absatz 4 des Bundesberggesetzes;
2. vorbehaltlich der in den §§ 14 bis 19 b dieses Gesetzes aufgeführten Ausnahmen die nach den gesetzlichen Vorschriften vom Richter wahrzunehmenden Geschäfte des Amtsgerichts in
   a) Kindschaftssachen und Adoptionssachen sowie entsprechenden Lebenspartnerschaftssachen nach den §§ 151, 186 und 269 des Gesetzes über das Verfahren in Familiensachen und in den Angelegenheiten der freiwilligen Gerichtsbarkeit,
   b) Betreuungssachen sowie betreuungsgerichtlichen Zuweisungssachen nach den §§ 271 und 340 des Gesetzes über das Verfahren in Familiensachen und in den Angelegenheiten der freiwilligen Gerichtsbarkeit,
   c) Nachlass- und Teilungssachen nach § 342 Absatz 1 und 2 Nummer 2 des Gesetzes über das Verfahren in Familiensachen und in den Angelegenheiten der freiwilligen Gerichtsbarkeit,

d) Handels-, Genossenschafts- und Partnerschaftsregistersachen sowie unternehmensrechtlichen Verfahren nach den §§ 374 und 375 des Gesetzes über das Verfahren in Familiensachen und in den Angelegenheiten der freiwilligen Gerichtsbarkeit,

e) Verfahren nach der Insolvenzordnung,

f) (weggefallen)

g) Verfahren nach der Verordnung (EG) Nr. 1346/2000 des Rates vom 29. Mai 2000 über Insolvenzverfahren (ABl. EG Nr. L 160 S. 1) und nach Artikel 102 des Einführungsgesetzes zur Insolvenzordnung sowie Verfahren nach dem Ausführungsgesetz zum deutsch-österreichischen Konkursvertrag vom 8. März 1985 (BGBl. I S. 535),

h) Verfahren nach der Schifffahrtsrechtlichen Verteilungsordnung,

i) Verfahren nach § 33 des Internationalen Erbrechtsverfahrensgesetzes vom 29. Juni 2015 (BGBl. I S. 1042) über die Ausstellung, Berichtigung, Änderung oder den Widerruf eines Europäischen Nachlasszeugnisses, über die Erteilung einer beglaubigten Abschrift eines Europäischen Nachlasszeugnisses oder die Verlängerung der Gültigkeitsfrist einer beglaubigten Abschrift sowie über die Aussetzung der Wirkungen eines Europäischen Nachlasszeugnisses;

3. die in den §§ 20 bis 24 a, 25 und 25 a dieses Gesetzes einzeln aufgeführten Geschäfte

   a) in Verfahren nach der Zivilprozessordnung,
   b) in Festsetzungsverfahren,
   c) des Gerichts in Straf- und Bußgeldverfahren,
   d) in Verfahren vor dem Patentgericht,
   e) auf dem Gebiet der Aufnahme von Erklärungen,
   f) auf dem Gebiet der Beratungshilfe,
   g) auf dem Gebiet der Familiensachen,
   h) in Verfahren über die Verfahrenskostenhilfe nach dem Gesetz über das Verfahren in Familiensachen und in den Angelegenheiten der freiwilligen Gerichtsbarkeit;

4. die in den §§ 29 und 31 dieses Gesetzes einzeln aufgeführten Geschäfte

   a) im internationalen Rechtsverkehr,
   b) (weggefallen)
   c) der Staatsanwaltschaft im Strafverfahren und der Vollstreckung in Straf- und Bußgeldsachen sowie von Ordnungs- und Zwangsmitteln.

I. Regelungsgehalt und Normzweck

Die Norm des § 3 benennt die vormals vom Richter wahrgenommenen Geschäfte des Amtsgerichts, die dem Rechtspfleger zur eigenverantwortlichen Tätigkeit übertragen wurden. Hierbei wird differenziert nach der Qualität der Übertragung: Unter **Nr. 1** sind Geschäfte aufgeführt, die im Wege der Vollübertragung ohne Vorbehalt vom Rechtspfleger ausgeübt werden. In **Nr. 2** sind Sachgebiete aufgeführt, die, vorbehaltlich einzelner Tätigkeiten durch den Richter, im Wesentlichen dem Rechtspfleger übertragen sind. Schließlich werden in **Nr. 3 und 4** einzelne Geschäfte übertragen, die ansonsten in vollem Umfang weiterhin richterlicher Tätigkeitsbereich sind. Die unterschiedliche Qualität der Übertragung hat jedoch keine Bedeutung für die Art und Weise der Ausübung der übertragenen

1

Geschäfte durch den Rechtspfleger (s. § 4). Aus dem Katalog der Aufgaben sind für den Bereich des Zwangsvollstreckungsverfahrens folgende Geschäfte näher zu betrachten:

II. Eidesstattliche Versicherung (Nr. 1 Buchst. b)

2 Bei der dem Rechtspfleger übertragenen Aufgabe der Abnahme der eidesstattlichen Versicherung nach § 410 Nr. 1 FamFG handelt es sich nicht um eine solche der Zwangsvollstreckung, denn der Anwendungsbereich dieser Norm gilt nur, solange die eidesstattliche Versicherung in den Fällen der §§ 259, 260, 2028 und 2057 BGB freiwillig abgegeben wird. Soweit der Schuldner allerdings zur Abgabe der eidesstattlichen Versicherung vollstreckbar verurteilt wurde oder ein sonstiger Titel gerichtet hierauf vorliegt, handelt es sich um eine Zwangsvollstreckungssache nach § 889 ZPO, für die das Vollstreckungsgericht zuständig ist, es sei denn, Gläubiger und Schuldner erklären einvernehmlich, dass das Verfahren nach § 410 Nr. 1 FamFG durchgeführt werden soll.

III. Grundbuchsachen (Nr. 1 Buchst. h)

3 Dem Rechtspfleger sind sämtliche Geschäfte des Grundbuchamtes übertragen. Der nach Nr. 1 Buchst. h als Grundbuchbeamte tätige Rechtspfleger ist im Bereich der Zwangsvollstreckung somit zuständig für die Anordnung von Eintragungen einer Zwangshypothek (§§ 866, 867 ZPO), der Pfändung einer Buchhypothekenforderung (§ 830 Abs. 1 S. 3 ZPO) sowie in bestimmten Fällen ihrer Überweisung an Zahlung statt (§ 837 Abs. 1 S. 2 ZPO). Der Gesetzgeber hat es vermieden, die Zuständigkeit für die notwendigen Eintragungen dem Grundbuchbereich zu entziehen und dem Vollstreckungsgericht zuzuschlagen. Daraus folgt, dass der **Grundbuchrechtspfleger** nach hM in einer **doppelten Funktion** tätig wird, nämlich sowohl als Organ der freiwilligen Gerichtsbarkeit als auch als funktionell zuständiges Vollstreckungsorgan. Eine Eintragung kann der Rechtspfleger daher nur verfügen, wenn einerseits die Vollstreckungsvoraussetzungen vorliegen und andererseits die Voraussetzungen der GBO erfüllt sind und der Gläubiger sie ihm ordnungsgemäß nachgewiesen hat.[1] Relevant wird dies im Hinblick auf die Rechtsbehelfe, die Gläubiger, Schuldner oder ein Dritter gegen Eintragungsverfügungen zustehen.[2] Insoweit gehen die Rechtsbehelfe der Grundbuchordnung (§§ 71 ff GBO) als Spezialregelung denjenigen des Vollstreckungsrechts vor.

IV. Zwangsversteigerungs- und Zwangsverwaltungssachen (Nr. 1 Buchst. i)

4 Dem Rechtspfleger obliegen aufgrund der Vollübertragung die wesentlichen Geschäfte nach dem ZVG. Hierzu gehört die vollständige Leitung des Zwangsversteigerungs- oder des Zwangsverwaltungsverfahrens von der Anordnung des Verfahrens über die Durchführung des Versteigerungstermins und der Erteilung des Zuschlags bis hin zur Verteilung des Gebots. Aus dem vom Rechtspfleger erlassenen Zuschlagsbeschluss nach § 93 ZVG ist ohne weitere richterliche Prüfung oder Entscheidung die Räumungsvollstreckung zulässig.[3] Der Gesetzgeber hat dem Rechtspfleger insoweit auch die Zuständigkeit für die Entscheidungen über Vollstreckungsschutzanträge nach § 765 a ZPO und Anträgen nach §§ 30 a ff ZVG übertragen.[4] Nur im Wege eines Rechtsbehelfs werden die Maßnahmen und Entscheidungen des Rechtspflegers des Vollstreckungsgerichts richterlicher

---

1 BayObLG Rpfleger 1982, 466.
2 Vgl hierzu Hk-ZPO/*Kindl*, § 867 Rn 11–13.
3 Zöller/*Stöber*, § 758 a ZPO Rn 33.
4 Bassenge/Roth/*Roth*, FamFG/RPflG, § 3 RPflG Rn 22.

Prüfung unterzogen. Dem Richter ausdrücklich nach § 20 Abs. 1 Nr. 2 vorbehalten sind die Wahrnehmung des Aufgebotstermins sowie das Aufgebotsurteil im Verfahren nach § 140 ZVG, da es sich um ein selbständiges Verfahren handelt.

V. Einzelübertragungen (Nr. 3 und 4)

Aus den in Nr. 3 und 4 aufgeführten Geschäften sind für den Bereich der Zwangsvollstreckung v.a. die Geschäfte in Verfahren nach der ZPO (Nr. 3 Buchst. a) zu nennen. Nr. 3 Buchst. a verweist insoweit auf die §§ 20 ff, wo die einzelnen Geschäfte aus diesem Bereich näher aufgeführt sind (s. dazu § 20 Abs. 1 Nr. 17).

5

§ 4 Umfang der Übertragung

(1) Der Rechtspfleger trifft alle Maßnahmen, die zur Erledigung der ihm übertragenen Geschäfte erforderlich sind.

(2) Der Rechtspfleger ist nicht befugt,
1. eine Beeidigung anzuordnen oder einen Eid abzunehmen,
2. Freiheitsentziehungen anzudrohen oder anzuordnen, sofern es sich nicht um Maßnahmen zur Vollstreckung
   a) einer Freiheitsstrafe nach § 457 der Strafprozessordnung oder einer Ordnungshaft nach § 890 der Zivilprozessordnung,
   b) einer Maßregel der Besserung und Sicherung nach § 463 der Strafprozessordnung oder
   c) der Erzwingungshaft nach § 97 des Gesetzes über Ordnungswidrigkeiten
handelt.

(3) Hält der Rechtspfleger Maßnahmen für geboten, zu denen er nach Absatz 2 Nummer 1 und 2 nicht befugt ist, so legt er deswegen die Sache dem Richter zur Entscheidung vor.

I. Regelungsgehalt und Normzweck

Verfassungsrechtlich ist eine schrankenlose Übertragung ehemals richterlicher Geschäfte auf den Rechtspfleger nicht zulässig. § 4 nennt deshalb bestimmte Maßnahmen, die ausschließlich durch einen Richter getroffen werden dürfen. Die Vorschrift regelt zunächst in **Abs. 1** die verfahrensrechtlichen Befugnisse des Rechtspflegers im Bereich der ihm übertragenen Geschäfte. Dem Rechtspfleger stehen im Wesentlichen die gesetzlichen Befugnisse zu, die auch zuvor Grundlage richterlicher Tätigkeit und Entscheidung waren. Ausdrücklich werden dann in **Abs. 2** einzelne Anordnungen aufgeführt, die ausschließlich durch einen Richter getroffen werden können. **Abs. 3** stellt klar, dass der Rechtspfleger zur Vorlage der Akte an den Richter verpflichtet ist, wenn er Maßnahmen nach Abs. 2 für sachlich und verfahrensrechtlich geboten hält.

1

II. Verfahrensrechtliche Pflichten und Befugnisse (Abs. 1)

1. Umfang. Mit der Regelung in Abs. 1 ist sowohl eine Befugnis als auch eine Verpflichtung zur ordnungsgemäßen Führung der Geschäfte verbunden. Auf der einen Seite stellt die Regelung klar, dass der Rechtspfleger sämtliche Maßnahmen treffen darf, die auch ein Richter zur Erledigung des jeweiligen Geschäfts anordnen könnte. Dies gilt sowohl für die Verfahrenseinleitung als auch für die zu treffenden Haupt- und Nebenentscheidungen. Andererseits wird der Rechtspfleger

2

aber auch verpflichtet, alle erforderlichen Maßnahmen zur zügigen und sachdienlichen Erledigung des Geschäfts anzuordnen. Kommt der Rechtspfleger diesem Gebot nicht nach, können Beteiligte uU eine Untätigkeitserinnerung erheben.

2. Anhörungspflicht. Der Rechtspfleger hat unter Berücksichtigung des sich aus Art. 103 Abs. 1 GG ergebenden verfassungsrechtlichen Gebots des rechtlichen Gehörs grds. immer die Beteiligten bzw die jeweilige Verfahrens in der von der Verfahrensordnung vorgesehenen Art und Weise **anzuhören**. Mit der Übertragung der Geschäfte auf den Rechtspfleger soll nach dem Willen des Gesetzgebers keine Verringerung der verfassungsrechtlichen Rechte der Verfahrensbeteiligten verbunden sein. Für die Forderungspfändung schreibt § 834 ZPO dem Rechtspfleger dagegen vor, den Schuldner vor der Pfändung nicht anzuhören. Aus Gründen des Gläubigerschutzes und im Interesse eines wirksamen Vollstreckungszugriffs wird zur Vermeidung der Gefahr der Vollstreckungsvereitelung in diesem einseitigen Antragsverfahren dem Schuldner erst nachträglich rechtliches Gehör im Rahmen des Erinnerungsverfahrens nach § 766 ZPO gewährt. Bei einer vom Gläubiger beantragten Pfändung von Forderungen nach § 850 Abs. 1 ZPO ist nach § 850 Abs. 3 ZPO dagegen der Schuldner immer vor Erlass eines Pfändungsbeschlusses anzuhören.

3. Aufklärungs- und Ermittlungspflicht. Der Rechtspfleger ist verpflichtet, den Sachverhalt nach Maßgabe der anzuwendenden Verfahrensordnung von Amts wegen aufzuklären oder zu ermitteln (§ 26 FamFG; § 139 ZPO). Er ist daher befugt, auch Beweiserhebungen durchzuführen. Es stehen ihm alle Beweismittel zur Verfügung, die auch ein Richter heranziehen könnte. Damit kann und muss der Rechtspfleger, wenn es das Verfahren erfordert, Zeugen vernehmen und Sachverständige mit der Erstattung von Gutachten beauftragen. Dem Richter vorbehalten ist aber die Beeidigung von Zeugen und Sachverständigen.[1] Förmliche Beweisaufnahmen in den dem Rechtspfleger übertragenen Zwangsvollstreckungsverfahren sind im Hinblick auf den Grundsatz der Formalisierung der Zwangsvollstreckung allerdings selten.

Für die dem Rechtspfleger übertragenen Geschäfte im Bereich der Forderungspfändung ist die Prüfung des Bestehens der zu pfändenden Forderung nicht Voraussetzung für den Erlass eines Pfändungs- und Überweisungsbeschlusses. Daher hat durch ihn bei der Entscheidung eines Antrags auf Erlass eines **Pfändungs- und/oder Überweisungsbeschlusses keine Prüfung der materiellen Rechtslage** zu erfolgen. Ein durch den Rechtspfleger gleichwohl wegen angenommenen Nichtbestehens der zu pfändenden Forderung erlassener abweisender Beschluss kann vom Gläubiger im Wege der sofortigen Beschwerde richterlicher Prüfung zugeführt werden.

4. Bewilligung von Prozesskosten- bzw Verfahrenskostenhilfe. Zu den Maßnahmen nach Abs. 1 zählt auch die Bewilligung von Prozesskosten- bzw Verfahrenskostenhilfe. Damit ist der Rechtspfleger als Vollstreckungsgericht auch zuständig für die Prüfung und Bescheidung von Anträgen auf Prozesskostenhilfe im Rahmen von Vollstreckungsverfahren. Dies ist über § 3 Nr. 3 ausdrücklich in § 20 Abs. 1 Nr. 5 geregelt. Ihm obliegt daher die Prüfung der gesetzlichen Voraussetzungen über die Bewilligung von Prozesskostenhilfe nach §§ 114 ff ZPO bzw von Verfahrenskostenhilfe nach §§ 76 ff FamFG.

III. Einschränkungen der Befugnisse (Abs. 2)

Die Einschränkung der Befugnisse des Rechtspflegers durch Abs. 2 Nr. 2 Buchst. a stellt klar, dass über die Zulässigkeit und Fortdauer freiheitsentziehen-

---

[1] Bassenge/Roth/*Roth*, FamFG/RPflG, § 4 RPflG Rn 3.

der Maßnahmen im Hinblick auf Art. 104 Abs. 2 GG immer ein richterlicher Beschluss vorliegen muss. Deswegen ist für den Antrag eines Gläubigers auf Erlass eines Haftbefehls nach § 901 ZPO funktionell der Richter zuständig. Dagegen ist die Vollstreckung einer Ordnungshaft, die im Rahmen einer Handlungsvollstreckung angeordnet wurde, eine Aufgabe des Rechtspflegers des Prozessgerichts. Diese Aufgabenübertragung steht mit dem GG in Einklang, weil in diesen Fällen Grundlage für die Maßnahme einer Freiheitsentziehung eine vorherige richterliche Entscheidung über die Anordnung von Ordnungshaft ist.

IV. Vorlagepflicht (Abs. 3)

Die Vorlagepflicht nach Abs. 3 ist anders ausgestaltet als diejenige nach § 5. Sie führt nicht zur Vorlage des gesamten Verfahrens an den Richter, sondern ist beschränkt auf die Vorlage zur richterlichen Entscheidung über eine der in Abs. 2 genannten konkreten Anordnungen. Der Rechtspfleger hat in diesen Fällen die Akte dem Richter vorzulegen, verbunden mit dem Vorschlag einer konkreten Maßnahme nach Abs. 2, die er nach eigener Prüfung für geboten erachtet. Die Vorlageverfügung des Rechtspflegers hat zweckmäßigerweise eine entsprechende **Begründung** zu enthalten, auch wenn dies gesetzlich ausdrücklich nicht vorgeschrieben ist. Die Begründungspflicht ergibt sich aber mittelbar aus der vom Gesetzgeber gewollten Kooperation der Justizorgane Rechtspfleger und Richter in ein und demselben Verfahren. 8

Die Vorlage hat für den Richter keine bindende Wirkung. Er hat nach eigener Prüfung des Sachverhalts die vom Rechtspfleger vorgeschlagene Maßnahme selbst anzuordnen, wenn auch er sie für geboten erachtet, und gibt die Sache danach zur weiteren Bearbeitung an den Rechtspfleger zurück. Die Rücksendung der Akte, verbunden mit der zustimmenden Mitteilung des Richters zur vorgeschlagenen Maßnahme, genügt insoweit nicht. Aufgabe des Richters ist es insoweit nicht nur, die beabsichtigte Vorgehensweise des Rechtspflegers zu kontrollieren, sondern seiner richterlichen und aus Verfassungsgründen ausschließlich ihm zugewiesenen Aufgabe der Prüfung und ggf Anordnung freiheitsentziehender Maßnahmen gerecht zu werden. 9

Gelangt der Richter dagegen zu der Auffassung, dass die konkrete vorgeschlagene Maßnahme nicht geboten ist, teilt der Richter dies unter Rückgabe der Akte dem Rechtspfleger mit. Auch den Richter trifft insoweit eine im Gesetz nicht näher geregelte Begründungspflicht. An die Rechtsauffassung des Richters ist der Rechtspfleger gebunden. § 5 Abs. 3 S. 1 findet im Hinblick auf die beschränkte Vorlage keine Anwendung. 10

Verstößt der Rechtspfleger gegen die Pflicht zur Vorlage aus Abs. 3 und entscheidet über die Maßnahme selbst, ist diese Entscheidung nicht nur unwirksam, sondern nichtig. 11

§ 5 Vorlage an den Richter

(1) Der Rechtspfleger hat ihm übertragene Geschäfte dem Richter vorzulegen, wenn

1. sich bei der Bearbeitung der Sache ergibt, dass eine Entscheidung des Bundesverfassungsgerichts oder eines für Verfassungsstreitigkeiten zuständigen Gerichts eines Landes nach Artikel 100 des Grundgesetzes einzuholen ist;
2. zwischen dem übertragenen Geschäft und einem vom Richter wahrzunehmenden Geschäft ein so enger Zusammenhang besteht, dass eine getrennte Behandlung nicht sachdienlich ist.

(2) Der Rechtspfleger kann ihm übertragene Geschäfte dem Richter vorlegen, wenn die Anwendung ausländischen Rechts in Betracht kommt.

(3) ¹Die vorgelegten Sachen bearbeitet der Richter, solange er es für erforderlich hält. ²Er kann die Sachen dem Rechtspfleger zurückgeben. ³Gibt der Richter eine Sache an den Rechtspfleger zurück, so ist dieser an eine von dem Richter mitgeteilte Rechtsauffassung gebunden.

I. Regelungsgehalt und Normzweck

1   Die Norm regelt Vorlagepflicht (Abs. 1 Nr. 1 und 2) und Vorlagerecht (Abs. 2) bei Geschäften, die dem Rechtspfleger übertragen wurden. Im Gegensatz zur Vorlagepflicht aus § 4 Abs. 3 wird die Angelegenheit nicht nur wegen der Anordnung einzelner Maßnahmen, sondern **insgesamt zur weiteren Bearbeitung** dem Richter vorgelegt. Sie schränkt die ansonsten bestehende umfassende Befugnis des Rechtspflegers zur eigenständigen und sachlich unabhängigen Bearbeitung des Geschäfts ein. § 5 soll aus Gründen der Verfahrensökonomie eine sachgemäße Kooperation und Koordination zwischen Rechtspfleger und Richter gewährleisten.[1] Im Hinblick auf § 9 ist eine Weisung des Richters oder des Dienstvorgesetzten zur Vorlage einer Sache unzulässig. Es besteht für den Richter grds. auch nicht die Möglichkeit, die Sache ohne entsprechende Vorlageverfügung des Rechtspflegers eigenmächtig zur weiteren Bearbeitung an sich zu ziehen. Entscheidungen, die der Richter gleichwohl in der Sache trifft, sind wegen § 8 Abs. 1 gleichwohl wirksam.

2   Wird eine Sache entgegen § 5 nicht dem Richter vorgelegt, sind Entscheidungen des Rechtspflegers nach überwiegender Auffassung nicht alleine wegen dieses **Verstoßes** nichtig oder anfechtbar.[2] Wegen eines solchen Verstoßes können aber uU im Wege der Dienstaufsicht Maßnahmen ergriffen werden.

II. Vorlagepflichten (Abs. 1)

3   **1. Vorlagepflicht nach Nr. 1.** Vor dem Hintergrund, dass die Anrufung des Verfassungsgerichts zur Überprüfung der Verfassungsmäßigkeit einer Norm zu den Aufgaben gehört, die nach Art. 92 GG Richtern anvertraut ist, muss der Rechtspfleger in Fällen der Vorlagepflicht nach Art. 100 Abs. 1 GG die Sache dem Richter zur weiteren Bearbeitung und abschließenden Prüfung vorlegen. Dabei ist anerkannt, dass bloße Zweifel an der Verfassungsmäßigkeit der anzuwenden Norm eine Vorlage durch den Rechtspfleger nicht erfordern. Vielmehr muss er nach eigener Prüfung von der Verfassungswidrigkeit der Norm ausgehen. Dabei hat er zuvor zu prüfen, ob dem nicht durch eine verfassungskonforme Auslegung des Gesetzes zu begegnen ist.[3]

4   **2. Vorlagepflicht nach Nr. 2.** Aus Gründen der Verfahrensökonomie soll nach Nr. 2 bei einem **engen sachlichen Zusammenhang** zwischen einem Geschäft des Rechtspflegers und eines des Richters die Angelegenheit insgesamt durch den Richter bearbeitet werden. Dies ist entsprechend in § 6 für alle anderen Tätigkeitsbereiche des Rechtspflegers gleich lautend geregelt. Im Bereich des Zwangsvollstreckungsrechts wird eine solche Vorgehensweise kaum zur Anwendung kommen.

---

1   Bassenge/Roth/*Roth*, FamFG/RPflG, § 5 RPflG Rn 2.
2   Bassenge/Roth/*Roth*, FamFG/RPflG, § 5 RPflG Rn 3.
3   *Bischof*, Rpfleger 1994, 154.

III. Vorlagerecht (Abs. 2)

Wegen der besonderen rechtlichen Schwierigkeiten, die sich bei der **Anwendung ausländischen Rechts** ergeben können, wird dem Rechtspfleger die Möglichkeit eröffnet, die Sache dem Richter vorzulegen. Hierbei hat der Rechtspfleger einen eigenen Ermessensspielraum. Der Anwendungsbereich dieser Norm ist beschränkt auf die Anwendung ausländischer Rechtsnormen, so dass alleine ein Bezug des Geschäfts zum Ausland nicht ausreicht, um eine Vorlage an den Richter zu begründen. Dies bedeutet in Zwangsvollstreckungsverfahren, dass der Rechtspfleger nicht alleine deswegen die Sache dem Richter vorlegen darf, weil Gläubiger, Schuldner und ggf der Drittschuldner eine ausländische Staatsangehörigkeit haben oder deren Sitz sich im Ausland befindet.

Es besteht keine Vorlagemöglichkeit, wenn bei der Bearbeitung der Sache internationale Abkommen, die nach Art. 59 Abs. 2 GG innerstaatliches Recht geworden sind, oder Verordnungen der EG zur Anwendung kommen.[4] Für den Bereich der Zwangsvollstreckung sind hier zB das Anerkennungs- und Vollstreckungsausführungsgesetz (AVAG)[5] und das Gesetz zur Verbesserung der grenzüberschreitenden Forderungsdurchsetzung und Zustellung[6] zu nennen.

IV. Bearbeitung vorgelegter Sachen durch den Richter (Abs. 4)

Das Gesetz lässt dem Richter einen weiten Gestaltungsspielraum bei der Bearbeitung ihm nach § 5 Abs. 1 und 2 vorgelegter Sachen (vgl Abs. 3 S. 1). Er kann die Angelegenheit vollständig bearbeiten, sie aber auch unter Bekanntgabe seiner Rechtsauffassung dem Rechtspfleger wieder zurückreichen (Abs. 3 S. 2). In diesem Fall ist der Rechtspfleger nicht befugt, seiner weiteren eigenständigen Bearbeitung eine andere abweichende Rechtsauffassung zugrunde zu legen (Abs. 3 S. 3). Seine Entscheidungen wären zwar nicht nichtig. Die auf abweichenden rechtlichen Auffassungen beruhenden Entscheidungen des Rechtspflegers sind jedoch im Wege richterlicher Überprüfung wieder aufzuheben. Dies gilt jedoch nach dem Wortlaut des Gesetzes ausschließlich für die Rechtsauffassung des Richters. Im Bereich der tatsächlichen Würdigung des Sachverhalts ist der Rechtspfleger dagegen frei und nicht an eine Beweiswürdigung des Richters gebunden.

§ 6 Bearbeitung übertragener Sachen durch den Richter

Steht ein übertragenes Geschäft mit einem vom Richter wahrzunehmenden Geschäft in einem so engen Zusammenhang, dass eine getrennte Bearbeitung nicht sachdienlich wäre, so soll der Richter die gesamte Angelegenheit bearbeiten.

§ 7 Bestimmung des zuständigen Organs der Rechtspflege

¹Bei Streit oder Ungewissheit darüber, ob ein Geschäft von dem Richter oder dem Rechtspfleger zu bearbeiten ist, entscheidet der Richter über die Zuständigkeit durch Beschluss. ²Der Beschluss ist unanfechtbar.

---

4 Bassenge/Roth/*Roth*, FamFG/RPflG, § 5 RPflG Rn 7.
5 Vom 19.2.2001 (BGBl. I S. 288, 436).
6 Vom 30.10.2008 (BGBl. I S. 2122).

§ 8 Gültigkeit von Geschäften

(1) Hat der Richter ein Geschäft wahrgenommen, das dem Rechtspfleger übertragen ist, so wird die Wirksamkeit des Geschäfts hierdurch nicht berührt.

(2) Hat der Rechtspfleger ein Geschäft wahrgenommen, das ihm der Richter nach diesem Gesetz übertragen kann, so ist das Geschäft nicht deshalb unwirksam, weil die Übertragung unterblieben ist oder die Voraussetzungen für die Übertragung im Einzelfalle nicht gegeben waren.

(3) Ein Geschäft ist nicht deshalb unwirksam, weil es der Rechtspfleger entgegen § 5 Absatz 1 dem Richter nicht vorgelegt hat.

(4) ¹Hat der Rechtspfleger ein Geschäft des Richters wahrgenommen, das ihm nach diesem Gesetz weder übertragen ist noch übertragen werden kann, so ist das Geschäft unwirksam. ²Das gilt nicht, wenn das Geschäft dem Rechtspfleger durch eine Entscheidung nach § 7 zugewiesen worden war.

(5) Hat der Rechtspfleger ein Geschäft des Urkundsbeamten der Geschäftsstelle wahrgenommen, so wird die Wirksamkeit des Geschäfts hierdurch nicht berührt.

I. Regelungsgehalt und Normzweck

1 Vor dem Hintergrund der gerichtsinternen Aufteilung der Geschäfte auf funktionell unterschiedlich zuständige Bearbeiter (Richter – Rechtspfleger – Urkundsbeamter der Geschäftsstelle) hat der Gesetzgeber mit der Norm des § 8 konkret festgelegt, welche Geschäfte Gültigkeit beanspruchen dürfen. Vom **Grundsatz** her führt der **Verstoß gegen die funktionelle Zuständigkeit** mindestens zur **Anfechtbarkeit** des Geschäfts. Als **Ausnahme** hiervon regeln **Abs. 1 und 5** die **Gültigkeit** von Geschäften, die der Richter anstelle des Rechtspflegers bzw der Rechtspfleger anstelle des Urkundsbeamten der Geschäftsstelle wahrgenommen hat. Gültigkeit haben auch Geschäfte, die der Richter anstelle des Urkundsbeamten der Geschäftsstelle durchgeführt hat. Dies ergibt sich nicht unmittelbar aus dem Gesetz, ist aber in analoger Anwendung von Abs. 1 anzunehmen.

2 Geregelt ist alleine die **gesetzliche Aufteilung** der Geschäfte, nicht jedoch die gerichtsinterne Aufteilung der Geschäfte der Rechtspfleger durch die seitens der Gerichtsverwaltung aufzustellenden Verteilungspläne. Somit kann ein Geschäft nicht mit der Begründung, der nach dem Geschäftsverteilungsplan unzuständige Rechtspfleger habe gehandelt, unter Hinweis auf § 8 erfolgreich angefochten werden.[1]

3 Die aus **Abs. 4 S. 1** folgende Unwirksamkeit des Geschäfts ist unabhängig davon, ob die vom Rechtspfleger getroffene Entscheidung sachlich korrekt ist.[2] Die Feststellung der sachlichen Richtigkeit obliegt in diesen Fällen nicht dem Rechtspfleger, sondern dem Richter. Nur dem Richterspruch kann daher die Wirkung zukommen, die Sach- und Rechtslage durch die Feststellung der sachlichen Richtigkeit zu klären. **Unwirksamkeit** iSv Abs. 4 S. 1 ist gleichbedeutend mit **Nichtigkeit**. Gleichwohl sind solche unwirksamen Entscheidungen existent und daher im Wege des Rechtsbehelfs aufzuheben.

II. Einzelfälle der Unwirksamkeit

4 Die Befugnis des Rechtspflegers zur Abhilfe nach eingelegter Erinnerung gegen einen vom ihm erlassenen Pfändungs- und Überweisungsbeschluss führt bei einer teilweisen Abhilfe nicht dazu, dass der Rechtspfleger auch im Übrigen über die

---

1 BGH MDR 2010, 341; Bassenge/Roth/*Roth*, FamFG/RPflG, § 8 RPflG Rn 1.
2 BGH Rpfleger 2005, 520; BayObLG Rpfleger 2001, 418.

Erinnerung entscheiden darf. Eine gleichwohl vom Rechtspfleger getroffene Entscheidung ist gem. Abs. 4 S. 1 unwirksam.[3]

Dies gilt auch für die Entscheidung über einen Antrag auf Bewilligung von Prozesskostenhilfe für ein Rechtsbehelfsverfahren. Insoweit ist ausschließlich das Rechtsmittelgericht und nicht der Rechtspfleger der ersten Instanz zuständig. Die unter Verstoß gegen diese Zuständigkeit erfolgte Bewilligung von Prozesskostenhilfe durch den Rechtspfleger ist unwirksam.[4]

Entscheidet der Rechtspfleger über eine sofortige Beschwerde gegen einen von ihm als Vollstreckungsorgan erlassenen Beschluss ohne Vorlage an das Rechtsmittelgericht, so ist diese gleichfalls unwirksam.[5] Der Rechtspfleger hat nicht die richterliche Befugnis eines Beschwerdegerichts. Eine gleichwohl ergangene Entscheidung ist anfechtbar.[6] Für den Beschwerdeführer ist insoweit nicht die Rechtsbeschwerde eröffnet, sondern er hat erneut die sofortige Beschwerde zum Beschwerdegericht zu erheben.[7] Das Beschwerdegericht entscheidet dann auch über die über eine Abhilfeentscheidung hinausgehende vermeintliche Endentscheidung des Rechtspflegers.

Erteilt der Urkundsbeamte der Geschäftsstelle an die Stelle des gem. § 20 Abs. 1 Nr. 12 zuständigen Rechtspflegers eine Vollstreckungsklausel in einem Fall des § 726 Abs. 1 ZPO, ist diese zwar fehlerhaft und anfechtbar, jedoch nicht unwirksam. Die Vollstreckung aufgrund einer solchen fehlerhaften Klausel ist nach Ansicht des BGH[8] solange rechtmäßig, bis die Klausel beseitigt wurde.

§ 9 Weisungsfreiheit des Rechtspflegers

Der Rechtspfleger ist sachlich unabhängig und nur an Recht und Gesetz gebunden.

I. Sachliche Unabhängigkeit

Die sachliche Unabhängigkeit des Rechtspflegers unterscheidet ihn von allen übrigen Beamten, bei denen eine Weisungsgebundenheit und Gehorsamspflicht (§ 35 BeamtStG) besteht. Hierzu musste der Gesetzgeber die sachliche Unabhängigkeit ausdrücklich festschreiben, denn die verfassungsmäßig in Art. 97 Abs. 1 GG statuierte Unabhängigkeit der Richter ist nicht auf den Rechtspfleger übertragbar.[1]

Die sachliche Unabhängigkeit bedeutet nicht, dass der Rechtspfleger der allgemeinen **Dienstaufsicht** entzogen ist. Er unterliegt daher der Aufsicht durch den jeweiligen Behördenleiter, der allerdings hierbei die sachliche Unabhängigkeit des Rechtspflegers zu beachten hat und diese durch Maßnahmen der Dienstaufsicht nicht beeinträchtigen darf. Daher steht es zB Beteiligten eines Zwangsvollstreckungsverfahrens frei, sich im Wege einer Dienstaufsichtsbeschwerde bei nicht ordnungsgemäßer oder unverhältnismäßig verzögerter Erledigung der Angelegenheit an den entsprechenden Behördenleiter zu wenden. Der Rechtspfleger ist jedoch nicht befugt, das Richterdienstgericht (§ 62 Abs. 1 DRiG iVm den jeweiligen Landesrichtergesetzen) wegen einer Maßnahme der Dienstaufsicht anzuru-

---

3 Köln OLGR 2006, 740.
4 LG Osnabrück NdsRpfl 2006, 373.
5 BGH Rpfleger 2009, 221.
6 BGH NJW-RR 2006, 565.
7 BGH Rpfleger 2009, 221.
8 BGH Rpfleger 2012, 638.
1 BVerfG Rpfleger 2000, 205.

fen, denn die sachliche Unabhängigkeit aus § 9 alleine rechtfertigt nicht die Anwendung des Richtergesetzes auf den Rechtspfleger.[2]

3 Bei der Ausübung seiner Geschäfte darf den Rechtspfleger weder eine Weisung im Einzelfall noch eine allgemeine Dienstvorschrift einschränken.[3] Im Gegensatz zur Unabhängigkeit des Richters ist der Rechtspfleger jedoch nicht persönlich unabhängig, was zur Folge hat, dass er zB an **Dienststunden** gebunden ist.[4]

4 Als weitere Folge der sachlichen Unabhängigkeit besteht eine **zivilrechtliche Haftung** für die Tätigkeit des Rechtspflegers in Zwangsvollstreckungsverfahren nur bei Vorsatz und grober Fahrlässigkeit.[5] Insoweit gelten die gleichen Grundsätze wie bei richterlicher Tätigkeit, die nicht dem „Spruchrichterprivileg" unterliegen.[6]

II. Bindung an Recht und Gesetz

5 Grundlage der Maßnahmen und Entscheidungen des Rechtspflegers sind Recht und Gesetz und damit die Gesamtheit der in den jeweiligen Verfahren zu beachtenden Rechtsnormen. Dies gilt jedoch nur für gültige Normen, so dass der Rechtspfleger nach eigener Prüfung bei verfassungswidrigen Normen die Angelegenheit nach § 5 dem Richter vorlegen muss.

6 Der Rechtspfleger unterliegt in strafrechtlicher Sicht teilweise den für einen Richter geltenden Normen. Aus diesem Grund kann er sich wegen Rechtsbeugung (§ 336 StGB) strafbar machen, denn er gilt als Amtsträger iSd § 11 Abs. 1 Nr. 2 StGB. Dagegen scheidet eine verschärfte Strafbarkeit aus, da er nicht als Richter nach § 11 Abs. 1 Nr. 3 StGB zu qualifizieren ist.

§ 10 Ausschließung und Ablehnung des Rechtspflegers

¹Für die Ausschließung und Ablehnung des Rechtspflegers sind die für den Richter geltenden Vorschriften entsprechend anzuwenden. ²Über die Ablehnung des Rechtspflegers entscheidet der Richter.

I. Regelungsgehalt und Normzweck

1 Hinsichtlich der gesetzlich eröffneten Möglichkeit der Ausschließung und Ablehnung werden Rechtspfleger und Richter gleich behandelt. Die eigenständige Regelung im RPflG ist im Hinblick auf die Ausgestaltung des Rechtspflegers als selbständiges Justizorgan erforderlich.[1] Sinn und Zweck der Ausschließung und Ablehnung eines Rechtspflegers ist es, das Ansehen der Justiz zu gewährleisten, die bereits durch den bloßen Anschein parteiischen Handelns Schaden nehmen würde.

II. Ausschließung des Rechtspflegers

2 In den gesetzlich geregelten Fällen der Ausschließung (§ 41 ZPO; § 6 FamFG) hat der Rechtspfleger sich, ohne dass es eines Antrags eines Beteiligten bedarf, jeglicher Tätigkeit zu enthalten. Der nach dem Geschäftsverteilungsplan zuständige Vertreter hat sodann die Sache weiterzubearbeiten. Hierzu hat ihm der ausge-

---

2 BGH Dienstgericht des Bundes MDR 2009, 216.
3 BVerwGE 125, 365.
4 BVerwGE 125, 365.
5 OLG Frankfurt MDR 2005, 1051.
6 BGHZ 155, 306.
1 Bassenge/Roth/*Roth*, FamFG/RPflG, § 10 RPflG Rn 1.

schlossene Rechtspfleger die Sache mit einer zu begründenden Verfügung zuzuleiten. Einem kraft Gesetzes ausgeschlossenen Rechtspfleger steht nicht das Recht zu, in dieser Sache Amtshandlungen vorzunehmen. Dies gilt auch für unaufschiebbare Handlungen. Die Übernahme durch den Vertreter sollte aus Gründen der Rechtsklarheit und Transparenz den Verfahrensbeteiligten mitgeteilt werden.

III. Ablehnung des Rechtspflegers

Bei der Ablehnung wegen der Besorgnis der Befangenheit (§§ 42 ff ZPO; § 6 FamFG) ist zu unterscheiden, ob diese ein Verfahrensbeteiligter oder der Rechtspfleger in der Form einer zulässigen sog. Selbstablehnung (§ 48 ZPO) geltend macht. **Befangenheit** meint hier eine innere Einstellung des Rechtspflegers zu den Beteiligten oder zum Gegenstand des konkreten Verfahrens.[2] Sie liegt immer dann vor, wenn Umstände vorliegen, die berechtigte Zweifel an der Unparteilichkeit oder Unabhängigkeit aufkommen lassen, wie dies in § 1036 ZPO in Bezug auf die Ablehnung eines Schiedsrichters ausdrücklich geregelt ist. Die **Kasuistik** hierzu ist weit verzweigt. Anerkannt ist, dass nur objektive Gründe, die vom Standpunkt des Ablehnenden aus bei vernünftiger Betrachtung die Befürchtung wecken können, der Richter bzw Rechtspfleger stehe der Sache nicht unvoreingenommen und damit nicht unparteiisch gegenüber, hierzu geeignet sind. Rein subjektive, unvernünftige Vorstellungen des Ablehnenden scheiden somit aus.[3]

Sowohl bei einer Selbstablehnung als auch bei einer Ablehnung durch einen Verfahrensbeteiligten hat hierüber der **Richter** zu entscheiden. Dem Rechtspfleger steht jedoch das Recht zu, über ein missbräuchlich gestelltes Befangenheitsgesuch selbst zu entscheiden.[4] Im Übrigen hat der abgelehnte Rechtspfleger die Akte, verbunden mit einer dienstlichen Äußerung zu dem seitens des Ablehnenden vorgetragenen Sachverhalt, dem nach § 28 zuständigen Richter zuzuleiten. Der Rechtspfleger ist jedoch im Gegensatz zu einem Ausschluss bei Vorliegen eines Ablehnungsgesuchs nach § 47 Abs. 1 ZPO verpflichtet, zuvor unaufschiebbare Amtshandlungen selbst vorzunehmen.

Wird dem Ablehnungsgesuch durch den Richter stattgegeben, findet ein **Rechtsmittel** nach § 46 Abs. 2 ZPO gegen diesen Beschluss nicht statt. Der Richter leitet die Akte sodann dem geschäftsplanmäßigen Vertreter des Rechtspflegers zu. Wird das Ablehnungsgesuch dagegen für unbegründet erklärt, kann hiergegen sofortige Beschwerde erhoben werden. Der abgelehnte Rechtspfleger ist erst dann befugt, Amtshandlungen in der Sache vorzunehmen, wenn auch das Beschwerdeverfahren beendet ist.

IV. Handeln des ausgeschlossenen oder abgelehnten Rechtspflegers

Nimmt der Rechtspfleger Amtshandlungen vor, obwohl ein Ausschließungsgrund bzw ein noch nicht rechtskräftig abgelehntes Ablehnungsgesuch gegen ihn vorliegt, sind diese nicht nichtig, sondern im Wege eines Rechtsbehelfs anzufechten.[5]

§ 11 Rechtsbehelfe

(1) Gegen die Entscheidungen des Rechtspflegers ist das Rechtsmittel gegeben, das nach den allgemeinen verfahrensrechtlichen Vorschriften zulässig ist.

---

2 Zöller/*Vollkommer*, § 42 ZPO Rn 8.
3 BGH NJW-RR 2003, 1220; Zöller/*Vollkommer*, § 42 ZPO Rn 9.
4 BGH Rpfleger 2005, 415.
5 Bassenge/Roth/*Roth*, FamFG/RPflG, § 10 RPflG Rn 4.

(2) ¹Kann gegen die Entscheidung nach den allgemeinen verfahrensrechtlichen Vorschriften ein Rechtsmittel nicht eingelegt werden, so findet die Erinnerung statt, die innerhalb einer Frist von zwei Wochen einzulegen ist. ²Hat der Erinnerungsführer die Frist ohne sein Verschulden nicht eingehalten, ist ihm auf Antrag Wiedereinsetzung in den vorigen Stand zu gewähren, wenn er die Erinnerung binnen zwei Wochen nach der Beseitigung des Hindernisses einlegt und die Tatsachen, welche die Wiedereinsetzung begründen, glaubhaft macht. ³Ein Fehlen des Verschuldens wird vermutet, wenn eine Rechtsbehelfsbelehrung unterblieben oder fehlerhaft ist. ⁴Die Wiedereinsetzung kann nach Ablauf eines Jahres, von dem Ende der versäumten Frist an gerechnet, nicht mehr beantragt werden. ⁵Der Rechtspfleger kann der Erinnerung abhelfen. ⁶Erinnerungen, denen er nicht abhilft, legt er dem Richter zur Entscheidung vor. ⁷Auf die Erinnerung sind im Übrigen die Vorschriften der Zivilprozessordnung über die sofortige Beschwerde sinngemäß anzuwenden.

(3) ¹Gerichtliche Verfügungen, Beschlüsse oder Zeugnisse, die nach den Vorschriften der Grundbuchordnung, der Schiffsregisterordnung oder des Gesetzes über das Verfahren in Familiensachen und in den Angelegenheiten der freiwilligen Gerichtsbarkeit wirksam geworden sind und nicht mehr geändert werden können, sind mit der Erinnerung nicht anfechtbar. ²Die Erinnerung ist ferner in den Fällen der §§ 694, 700 der Zivilprozessordnung und gegen die Entscheidungen über die Gewährung eines Stimmrechts (§ 77 der Insolvenzordnung) ausgeschlossen.

(4) Das Erinnerungsverfahren ist gerichtsgebührenfrei.

I. Regelungsgehalt und Anwendungsbereich

1 Mit der gesetzlichen Einführung des Rechtspflegers als eigenständiges Justizorgan war die Normierung von Rechtsmitteln gegen Amtshandlungen des Rechtspflegers verbunden. Aus verfassungsrechtlichen Gründen (Art. 19 Abs. 4 GG) war eine richterliche Überprüfung von Entscheidungen des Rechtspflegers geboten. Gleichzeitig musste der eigenständigen Rolle des Rechtspflegers als Justizorgan Rechnung getragen werden.[1] Die vom Gesetzgeber hierzu vorgesehenen Möglichkeiten der Überprüfung der Entscheidungen des Rechtspflegers haben sich im Laufe der Zeit gewandelt. Seit dem 3. RPflGÄndG vom 6.8.1998[2] gilt nunmehr, dass nach **Abs. 1** der Norm das Rechtsmittel gegen Entscheidungen des Rechtspflegers gegeben ist, das nach den allgemeinen Verfahrensvorschriften zulässig ist. Im Bereich des Zwangsvollstreckungsrechts sind über § 793 ZPO alle die Entscheidungen, die ohne mündliche Verhandlung ergehen können, im Wege der sofortigen Beschwerde überprüfbar. Damit sind alle wesentlichen Entscheidungen des Rechtspflegers, die er als Vollstreckungsgericht nach § 20 Abs. 1 Nr. 17 trifft, beschwerdefähig. Ist für eine richterliche Entscheidung in den Verfahrensordnungen kein Rechtsmittel eröffnet, ist aufgrund der Neuregelung des **Abs. 2** seit dem 1.1.2014 für eine entsprechende Entscheidung des Rechtspflegers die Erinnerung der statthafte Rechtsbehelf, für die nunmehr eine einheitliche Frist von zwei Wochen besteht. Dies gilt wiederum nicht für die in **Abs. 3** ausdrücklich genannten unanfechtbaren Entscheidungen. Schließlich regelt **Abs. 4**, dass das Erinnerungsverfahren gerichtsgebührenfrei ist.

II. Rechtsbehelf nach Abs. 1

2 **1. Vorliegen einer Entscheidung.** Zu den nach Abs. 1 erforderlichen Entscheidungen des Rechtspflegers gehören alle **Beschlüsse, Verfügungen oder Anordnun-**

---

1 BT-Drucks. 13/10244, S. 6.
2 BGBl. I S. 2030.

gen, durch die der Rechtspfleger eine für die Beteiligten bindende Sachentscheidung trifft. Dies gilt auch für Entscheidungen im Prüfungsverfahren der Prozesskostenhilfe nach § 120 a ZPO.[3] Anzumerken ist insoweit, dass aufgrund des Gesetzes zur Einführung einer Rechtsbehelfsbelehrung im Zivilprozess und zur Änderung anderer Vorschriften vom 5.12.2012[4] seit dem 1.1.2014 eine grundsätzliche Pflicht zur **Rechtsbehelfsbelehrung** bei anfechtbaren Entscheidungen auch in bürgerlichen Rechtsstreitigkeiten besteht, wie sie bereits zuvor für Verfahren nach dem FamFG gesetzlich angeordnet wurde.

Abzugrenzen sind **Entscheidungen** von bloßen **verfahrensleitenden Verfügungen**. Hierzu gehören Beweisanordnungen, Terminsanordnungen oder rechtliche Hinweise an die Beteiligten.[5] Werden in einem vom Rechtspfleger geführten Verfahren keine rechtsmittelfähigen Entscheidungen getroffen, obwohl sie geboten wären, muss sich ein Verfahrensbeteiligter bei unverhältnismäßig verzögerter Behandlung der Sache entweder mit der Dienstaufsichtsbeschwerde an den Behördenleiter oder mit einer sog. Untätigkeitserinnerung, die nach Abs. 2 statthaft ist, an den Richter wenden.[6]

Gegen Anträge, Einwendungen und Erinnerungen, welche Vollstreckungsmaßnahmen des als Vollstreckungsgericht tätigen Rechtspflegers betreffen, ist § 766 ZPO als **spezialgesetzliche Regelung** unmittelbar anwendbar. Der Verweisung über Abs. 1 bedarf es insoweit nicht.[7] Eine Vollstreckungsmaßnahme ist von einer Vollstreckungsentscheidung des Rechtspflegers nach hM danach abzugrenzen, ob dem betreffenden Verfahrensbeteiligten, der die Amtsausübung überprüft haben will, zuvor rechtliches Gehör gewährt worden ist.[8] Auch Einwendungen des Schuldners, welche die Zulässigkeit einer vom Rechtspfleger (§ 20 Abs. 1 Nr. 12, 13) erteilten qualifizierten Vollstreckungsklausel betreffen, sind unmittelbar mit der Klauselerinnerung nach § 732 Abs. 1 ZPO zu überprüfen.[9] 3

2. Tätigkeit als Rechtspfleger. Die Regelung des § 11 gilt nur, soweit der Rechtspfleger auch in seiner Funktion als Rechtspfleger eine Entscheidung getroffen hat. In den Fällen, in denen er kraft gerichtsinterner Aufgabenzuweisung zB Geschäfte des Urkundsbeamten der Geschäftsstelle wahrnimmt, ist daher der für den Urkundsbeamten der Geschäftsstelle geltende Rechtsbehelf einzulegen.[10] So gilt für den Schuldner, der sich gegen die Erteilung einer vollstreckbaren Ausfertigung nach § 724 ZPO wehren möchte, nicht § 11, sondern er hat unmittelbar die Klauselerinnerung nach § 732 ZPO einzulegen. 4

3. Rechtsmittel. Die nach Abs. 1 gemeinten allgemeinen verfahrensrechtlichen Vorschriften sind im Wesentlichen in Zwangsvollstreckungsangelegenheiten für den Bereich der ZPO die **sofortigen Beschwerden nach § 567 ZPO und § 793 ZPO**. Hinsichtlich des vom Beschwerdeführer zu beachtenden Verfahrens bei der Einlegung einer über § 11 statthaften Beschwerde gelten damit die nach den allgemeinen Vorschriften festgelegten Voraussetzungen der §§ 567 ff ZPO. 5

Insbesondere ist hierbei die nach § 572 Abs. 1 ZPO eröffnete **Abhilfebefugnis** zu nennen. Der Rechtspfleger hat aufgrund der eingelegten Beschwerde in eigener Zuständigkeit immer zu prüfen, ob er seine Entscheidung ganz oder teilweise im Hinblick auf die mit der Beschwerde vorgebrachten Gründe abändert.[11] Im Rah- 6

---

3 OLG Köln Rpfleger 1999, 382.
4 BGBl. I S. 2418.
5 Bassenge/Roth/*Roth*, FamFG/RPflG, § 11 RPflG Rn 9 mwN.
6 OLG Karlsruhe OLGZ 1984, 98.
7 Bassenge/Roth/*Roth*, FamFG/RPflG, § 11 RPflG Rn 17.
8 Zöller/*Stöber*, § 766 ZPO Rn 2 f; Hk-ZPO/*Kindl*, § 766 Rn 6 mwN.
9 Zöller/*Stöber*, § 732 ZPO Rn 4.
10 BayObLG Rpfleger 1997, 101; Bassenge/Roth/*Roth*, FamFG/RPflG, § 11 RPflG Rn 10.
11 OLG Naumburg Rpfleger 2002, 526.

men dieses Abhilfeverfahrens hat der Rechtspfleger die Beschwerde den weiteren Verfahrensbeteiligten zum Zwecke der Gewährung rechtlichen Gehörs und der Möglichkeit der Anschließung (§ 567 Abs. 3 ZPO) bekannt zu geben. Der Rechtspfleger hat sowohl die Zulässigkeit als auch die Begründetheit der Beschwerde zu prüfen. Im Falle der Verfristung einer Beschwerde (§ 569 Abs. 1 ZPO) besteht für den Beschwerdeführer die Möglichkeit des Antrags auf **Wiedereinsetzung in den vorigen Stand nach §§ 233 ff ZPO**. Eine Abhilfemöglichkeit besteht in diesem Fall nur dann, wenn er dieses Wiedereinsetzungsgesuch für zulässig und begründet erachtet, andernfalls hat der Rechtspfleger die Sache dem Beschwerdegericht vorzulegen. Dem Rechtspfleger steht keine negative Entscheidungsbefugnis über einen solchen Antrag zu.[12]

7 Gelangt der Rechtspfleger zu dem Ergebnis, dass die Beschwerde insgesamt unzulässig oder unbegründet ist, hat er die Sache nach § 572 Abs. 1 S. 1 Hs 2 ZPO unmittelbar und unverzüglich dem Beschwerdegericht vorzulegen. Einer vorherigen Zuleitung der Akte an den Richter des erstinstanzlichen Gerichts bedarf es nicht. Der Rechtspfleger hat die Akte mit einer zu **begründenden Nichtabhilfeentscheidung**, die in Beschlussform zu ergehen hat, vorzulegen, damit das Beschwerdegericht die durchgeführte Abhilfeprüfung nachvollziehen kann.[13] **Tenor:**

▶ Der sofortigen Beschwerde des ... vom ... gegen die Entscheidung vom ... wird nicht abgeholfen und die Sache zur Entscheidung über die Beschwerde dem Beschwerdegericht vorgelegt. ◀

8 Bei der Abfassung des Beschlusses darf der Rechtspfleger auf die Gründe der angefochtenen Entscheidung Bezug nehmen, wenn das Beschwerdevorbringen keine neuen relevanten tatsächlichen und/oder rechtlichen Gesichtspunkte enthält.[14]

9 In den Fällen, bei denen nur teilweise der Beschwerde abzuhelfen ist, hat der Rechtspfleger die Sache nach **Teilabhilfe** dem Beschwerdegericht zur Entscheidung über die Beschwerde vorzulegen. Ihm steht nicht die Befugnis zu, die Beschwerde im Übrigen zurückzuweisen. Eine solche Entscheidung ist unwirksam.[15] **Tenor:**

▶ Auf die sofortige Beschwerde des ... vom ... gegen die Entscheidung wird der Beschluss vom ... teilweise abgeändert und wie folgt neu gefasst: ... Im Übrigen wird die Sache zur Entscheidung über die Beschwerde dem Beschwerdegericht vorgelegt. ◀

III. Rechtsbehelf nach Abs. 2

10 **1. Anwendungsbereich.** Der Anwendungsbereich der **befristeten Rechtspflegererinnerung** gegen Entscheidungen, die nach den allgemeinen Vorschriften nicht rechtsmittelfähig sind (**Abs. 2 S. 1**), ist im Hinblick auf die Rechtsschutzgarantie des Art. 19 Abs. 4 GG weit auszulegen.[16] Zu den Entscheidungen, die unter Abs. 2 fallen, gehören für den Bereich des Zwangsvollstreckungsrechts insb. solche aus dem Bereich der InsO. Die InsO sieht nur gegen bestimmte Entscheidungen die sofortige Beschwerde vor (s. § 18). Ferner zählt hierzu die Entscheidung des Rechtspflegers, der die Geschäfte einer Rechtsantragstelle wahrnimmt, Erklärungen und Anträge nicht aufzunehmen.[17] Erlässt der Rechtspfleger im Rahmen

---

12 OLG Koblenz NJW-RR 2002, 1219.
13 OLG Zweibrücken Rpfleger 2000, 537; OLG Hamm Rpfleger 1996, 99.
14 OLG Bamberg JurBüro 1987, 569.
15 BGH Rpfleger 2009, 221.
16 KG, Beschl. v. 9.2.2009 – 11 W 1/09.
17 KG, Beschl. v. 9.2.2009 – 11 W 1/09.

seiner Abhilfebefugnis im Verfahren nach § 732 ZPO eine einstweilige Anordnung, steht hiergegen die befristete Erinnerung zu.[18] Auch gegen die Entscheidung des Rechtspflegers, die Bestätigung als Europäischer Vollstreckungstitel nicht zu widerrufen (§§ 1081 Abs. 3, 319 Abs. 3 ZPO), findet die befristete Erinnerung statt.[19]

2. Wiedereinsetzungsverfahren, Abhilfeverfahren und Erinnerungsentscheidung. Zunächst regelt **Abs. 2 S. 2–4** ausdrücklich, dass in Bezug auf die befristete Erinnerung bei unverschuldeter Versäumung der Frist die Möglichkeit der **Wiedereinsetzung in den vorigen Stand** besteht. Hinsichtlich der Voraussetzungen hierzu kann auf die zu § 233 ZPO ergangene Rspr verwiesen werden. Im Übrigen verweist **Abs. 2 S. 7** auf die sinngemäße Anwendung der Vorschriften der §§ 567–572 ZPO. Wird eine Erinnerung eingelegt, hat der Rechtspfleger daher zunächst ein **Abhilfeverfahren** durchzuführen (**Abs. 2 S. 5**). Gelangt der Rechtspfleger nach Anhörung der anderen Verfahrensbeteiligten zu der Auffassung, dass die Erinnerung unzulässig oder unbegründet ist, hat er sie dem nach § 28 berufenen Richter vorzulegen (**Abs. 2 S. 6**). Der Nichtabhilfebeschluss ist zu begründen. Ohne einen entsprechenden Beschluss ist es dem Richter versagt, die Sache an sich zu ziehen und über die Erinnerung zu entscheiden.[20] **Tenor:**

▶ Der sofortigen Erinnerung des ... vom ... gegen die Entscheidung vom ... wird nicht abgeholfen und dem zuständigen Richter zur Entscheidung über die Erinnerung vorgelegt. ◀

Nach Vorlage der Akte an den Richter hat dieser den Verfahrensbeteiligten rechtliches Gehör zu gewähren, sollte dies im Rahmen des Abhilfeverfahrens durch den Rechtspfleger noch nicht geschehen sein.[21] Der Richter entscheidet über die Erinnerung durch zu begründenden Beschluss, gegen den kein weiteres Rechtsmittel möglich ist.[22] Er kann die Erinnerung als unzulässig verwerfen oder als unbegründet zurückweisen. Ist die Erinnerung zulässig und begründet, kann der Richter die Entscheidung des Rechtspflegers aufheben und in der Sache selbst entscheiden. Seine Entscheidung ist im Hinblick auf § 8 Abs. 1 wirksam. Der Richter kann die Sache jedoch auch dem Rechtspfleger zur Entscheidung in dessen Zuständigkeit zurückverweisen, wobei der Rechtspfleger dann an die in dem Beschluss geäußerte Rechtsauffassung des Richters gebunden ist. Der richterliche Beschluss hat in allen Fällen eine Kostenentscheidung zu enthalten, da im Erinnerungsverfahren zwar keine Gerichtsgebühren anfallen, jedoch außergerichtliche Kosten entstanden sein können. Maßstab für die Kostenentscheidung ist insoweit in entsprechender Anwendung § 97 ZPO. **Tenor:**

▶ Auf die sofortige Erinnerung des ... vom ... wird die Entscheidung des Rechtspflegers abgeändert und wie folgt neu gefasst: ... ◀

Oder:

▶ Auf die sofortige Erinnerung des ... vom ... wird die Entscheidung des Rechtspflegers vom ... aufgehoben und die Sache zur erneuten Entscheidung nach Maßgabe der Gründe dieses Beschlusses dem Rechtspfleger zurückverwiesen. ◀

---

18 OLG Köln Rpfleger 1996, 324.
19 OLG Zweibrücken, Beschl. v. 16.12.2008 – 3 W 228/08.
20 BayObLG Rpfleger 1991, 6.
21 Bassenge/Roth/*Roth*, FamFG/RPflG, § 11 RPflG Rn 37.
22 BayObLG Rpfleger 2003, 19.

§ 12 Bezeichnung des Rechtspflegers

Im Schriftverkehr und bei der Aufnahme von Urkunden in übertragenen Angelegenheiten hat der Rechtspfleger seiner Unterschrift das Wort „Rechtspfleger" beizufügen.

§ 13 Ausschluss des Anwaltszwangs

§ 78 Absatz 1 der Zivilprozessordnung und § 114 Absatz 1 des Gesetzes über das Verfahren in Familiensachen und in den Angelegenheiten der freiwilligen Gerichtsbarkeit sind auf Verfahren vor dem Rechtspfleger nicht anzuwenden.

1 Die Vorschrift des § 13 stellt klar, dass in den Verfahren vor dem Rechtspfleger die Verfahrensbeteiligten **postulationsfähig** sind. Relevant wird diese Regelung für Aufgaben des Rechtspflegers im Zwangsvollstreckungsrecht, die bei einem Landgericht oder einem höheren Gericht angesiedelt sind. Hier sind die Tätigkeiten nach § 20 Abs. 1 Nr. 12–15 zu nennen. Damit können zB Anträge auf qualifizierte Klauseln (§§ 726 ff ZPO) für ein erstinstanzliches landgerichtliches Urteil seitens des Gläubigers selbst gestellt werden. Der ansonsten wegen § 78 Abs. 1 ZPO geltende Anwaltszwang besteht nicht. Eine Zurückweisung eines durch eine Partei selbst gestellten Antrags unter Hinweis auf fehlende Postulationsfähigkeit ist im Wege der sofortigen Beschwerde angreifbar und aufzuheben.

Zweiter Abschnitt
Dem Richter vorbehaltene Geschäfte in Familiensachen und auf dem Gebiet der freiwilligen Gerichtsbarkeit sowie in Insolvenzverfahren und schiffahrtsrechtlichen Verteilungsverfahren

§§ 14–17 (nicht abgedruckt)

§ 18 Insolvenzverfahren

(1) In Verfahren nach der Insolvenzordnung bleiben dem Richter vorbehalten:
1. das Verfahren bis zur Entscheidung über den Eröffnungsantrag unter Einschluss dieser Entscheidung und der Ernennung des Insolvenzverwalters sowie des Verfahrens über einen Schuldenbereinigungsplan nach den §§ 305 bis 310 der Insolvenzordnung,
2. das Verfahren über einen Insolvenzplan nach den §§ 217 bis 256 und den §§ 258 bis 269 der Insolvenzordnung,
3. bei einem Antrag des Schuldners auf Erteilung der Restschuldbefreiung die Entscheidungen nach den §§ 287 a, 290, 296 bis 297 a und 300 der Insolvenzordnung, wenn ein Insolvenzgläubiger die Versagung der Restschuldbefreiung beantragt, sowie die Entscheidung über den Widerruf der Restschuldbefreiung nach § 303 der Insolvenzordnung,
4. Entscheidungen nach den §§ 344 bis 346 der Insolvenzordnung.

(2) ¹Der Richter kann sich das Insolvenzverfahren ganz oder teilweise vorbehalten, wenn er dies für geboten erachtet. ²Hält er den Vorbehalt nicht mehr für erforderlich, kann er das Verfahren dem Rechtspfleger übertragen. ³Auch nach der

Übertragung kann er das Verfahren wieder an sich ziehen, wenn und solange er dies für erforderlich hält.

(3) Hat sich die Entscheidung des Rechtspflegers über die Gewährung des Stimmrechts nach § 77 der Insolvenzordnung auf das Ergebnis einer Abstimmung ausgewirkt, so kann der Richter auf Antrag eines Gläubigers oder des Insolvenzverwalters das Stimmrecht neu festsetzen und die Wiederholung der Abstimmung anordnen; der Antrag kann nur bis zum Schluss des Termins gestellt werden, in dem die Abstimmung stattfindet.

(4) ¹Ein Beamter auf Probe darf im ersten Jahr nach seiner Ernennung Geschäfte des Rechtspflegers in Insolvenzsachen nicht wahrnehmen. ²Rechtspfleger in Insolvenzsachen sollen über belegbare Kenntnisse des Insolvenzrechts und Grundkenntnisse des Handels- und Gesellschaftsrechts und der für das Insolvenzverfahren notwendigen Teile des Arbeits-, Sozial- und Steuerrechts und des Rechnungswesens verfügen. ³Einem Rechtspfleger, dessen Kenntnisse auf diesen Gebieten nicht belegt sind, dürfen die Aufgaben eines Rechtspflegers in Insolvenzsachen nur zugewiesen werden, wenn der Erwerb der Kenntnisse alsbald zu erwarten ist.

Für den Bereich der Einzelzwangsvollstreckung hat die Vorschrift des § 18 insoweit Bedeutung, als sich im Umkehrschluss aus **Abs. 4** ergibt, dass Rechtspfleger, die Tätigkeiten außerhalb des Insolvenzverfahrens wahrnehmen, zB als Vollstreckungsgericht nach § 20 Abs. 1 Nr. 17, auch Beamte auf Probe sein dürfen, die noch nicht ein Jahr ernannt sind. Grund der Beschränkung des Einsatzes von „**Rechtspflegern auf Probe**" im Insolvenzverfahren ist trotz der hochqualifizierten Ausbildung die geringe Erfahrung von Berufsanfängern. 1

Das in **Abs. 2** geregelte **Vorbehalts- und Evokationsrecht des Richters** ist gleichfalls beschränkt auf die in Abs. 1 genannten Vorschriften der InsO. Das bedeutet, dass im Übrigen eine Vermutung für die Zuständigkeit des Rechtspflegers spricht, der damit namentlich für die Festsetzung der Vergütung und der Auslagen des Insolvenzverwalters und der Gläubigerausschussmitglieder und für die Prüfung der Schlussrechnung vor der Aufhebung des Insolvenzverfahrens zuständig ist. Im Bereich der Einzelzwangsvollstreckung darf dagegen der Richter das Verfahren nicht ganz oder teilweise sich vorbehalten, selbst wenn er dies für geboten erachten würde. Ein Verstoß hiergegen lässt aber die richterliche Entscheidung wegen § 8 Abs. 1 nicht unwirksam werden. 2

§§ 19–19 b (nicht abgedruckt)

Dritter Abschnitt
Dem Rechtspfleger nach § 3 Nr. 3 übertragene Geschäfte

§ 20 Bürgerliche Rechtsstreitigkeiten

(1) Folgende Geschäfte im Verfahren nach der Zivilprozessordnung werden dem Rechtspfleger übertragen:
1. das Mahnverfahren im Sinne des Siebenten Buchs der Zivilprozessordnung einschließlich der Bestimmung der Einspruchsfrist nach § 700 Absatz 1 in Verbindung mit § 339 Absatz 2 der Zivilprozessordnung sowie der Abgabe an das für das streitige Verfahren als zuständig bezeichnete Gericht, auch soweit das Mahnverfahren maschinell bearbeitet wird; jedoch bleibt das Streitverfahren dem Richter vorbehalten;
2. (weggefallen)

3. die nach den §§ 109, 715 der Zivilprozessordnung zu treffenden Entscheidungen bei der Rückerstattung von Sicherheiten;
4. im Verfahren über die Prozesskostenhilfe
   a) die in § 118 Absatz 2 der Zivilprozessordnung bezeichneten Maßnahmen einschließlich der Beurkundung von Vergleichen nach § 118 Absatz 1 Satz 3 zweiter Halbsatz, wenn der Vorsitzende den Rechtspfleger damit beauftragt;
   b) die Bestimmung des Zeitpunktes für die Einstellung und eine Wiederaufnahme der Zahlungen nach § 120 Absatz 3 der Zivilprozessordnung;
   c) die Änderung und die Aufhebung der Bewilligung der Prozesskostenhilfe nach § 120 a, § 124 Absatz 1 Nummer 2 bis 5 der Zivilprozessordnung;
5. das Verfahren über die Bewilligung der Prozesskostenhilfe in den Fällen, in denen außerhalb oder nach Abschluss eines gerichtlichen Verfahrens die Bewilligung der Prozesskostenhilfe lediglich für die Zwangsvollstreckung beantragt wird; jedoch bleibt dem Richter das Verfahren über die Bewilligung der Prozesskostenhilfe in den Fällen vorbehalten, in welchen dem Prozessgericht die Vollstreckung obliegt oder in welchen die Prozesskostenhilfe für eine Rechtsverfolgung oder Rechtsverteidigung beantragt wird, die eine sonstige richterliche Handlung erfordert;
6. im Verfahren über die grenzüberschreitende Prozesskostenhilfe innerhalb der Europäischen Union die in § 1077 der Zivilprozessordnung bezeichneten Maßnahmen sowie die dem Vollstreckungsgericht nach § 1078 der Zivilprozessordnung obliegenden Entscheidungen; wird Prozesskostenhilfe für eine Rechtsverfolgung oder Rechtsverteidigung beantragt, die eine richterliche Handlung erfordert, bleibt die Entscheidung nach § 1078 der Zivilprozessordnung dem Richter vorbehalten;
6a. die Entscheidungen nach § 22 Absatz 3 des Auslandsunterhaltsgesetzes vom 23. Mai 2011 (BGBl. I S. 898);
7. das Europäische Mahnverfahren im Sinne des Abschnitts 5 des Elften Buchs der Zivilprozessordnung einschließlich der Abgabe an das für das streitige Verfahren als zuständig bezeichnete Gericht, auch soweit das Europäische Mahnverfahren maschinell bearbeitet wird; jedoch bleiben die Überprüfung des Europäischen Zahlungsbefehls und das Streitverfahren dem Richter vorbehalten,
8. (weggefallen)[1]
9. (weggefallen)
10. die Anfertigung eines Auszugs nach Artikel 20 Absatz 1 Buchstabe b der Verordnung (EG) Nr. 4/2009 des Rates vom 18. Dezember 2008 über die

---

[1] Geplante Fassung: „8. *die Ausstellung von Bescheinigungen nach Artikel 13 Absatz 1 Buchstabe e und Absatz 3 des Haager Übereinkommens vom 30. Juni 2005 über Gerichtsstandsvereinbarungen;*". – Siehe Art. 2 Nr. 1 des Gesetzes zur Durchführung des Haager Übereinkommens vom 30. Juni 2005 über Gerichtsstandsvereinbarungen sowie zur Änderung des Rechtspflegergesetzes, des Gerichts- und Notarkostengesetzes, des Altersteilzeitgesetzes und des Dritten Buches Sozialgesetzbuch vom 10.12.2014 (BGBl. I S. 2082). – Inkrafttreten der vorgenannten Änderung: an demselben Tag, an dem das Haager Übereinkommen vom 30. Juni 2005 über Gerichtsstandsvereinbarungen nach seinem Artikel 31 Absatz 1 für die Europäische Union mit Ausnahme Dänemarks in Kraft tritt (s. Art. 8 Abs. 1 S. 1 ÄndG).

Zuständigkeit, das anwendbare Recht, die Anerkennung und Vollstreckung von Entscheidungen und die Zusammenarbeit in Unterhaltssachen;

11. die Ausstellung, die Berichtigung und der Widerruf einer Bestätigung nach den §§ 1079 bis 1081 der Zivilprozessordnung, die Ausstellung der Bestätigung nach § 1106 der Zivilprozessordnung sowie die Ausstellung der Bescheinigung nach § 1110 der Zivilprozessordnung;
12. die Erteilung der vollstreckbaren Ausfertigungen in den Fällen des § 726 Absatz 1, der §§ 727 bis 729, 733, 738, 742, 744, 745 Absatz 2 sowie des § 749 der Zivilprozessordnung;
13. die Erteilung von weiteren vollstreckbaren Ausfertigungen gerichtlicher Urkunden und die Entscheidung über den Antrag auf Erteilung weiterer vollstreckbarer Ausfertigungen notarieller Urkunden nach § 797 Absatz 3 der Zivilprozessordnung und § 60 Satz 3 Nummer 2 des Achten Buches Sozialgesetzbuch;
14. die Anordnung, dass die Partei, welche einen Arrestbefehl oder eine einstweilige Verfügung erwirkt hat, binnen einer zu bestimmenden Frist Klage zu erheben habe (§ 926 Absatz 1, § 936 der Zivilprozessordnung);
15. die Entscheidung über Anträge auf Aufhebung eines vollzogenen Arrestes gegen Hinterlegung des in dem Arrestbefehl festgelegten Geldbetrages (§ 934 Absatz 1 der Zivilprozessordnung);
16. die Pfändung von Forderungen sowie die Anordnung der Pfändung von eingetragenen Schiffen oder Schiffsbauwerken aus einem Arrestbefehl, soweit der Arrestbefehl nicht zugleich den Pfändungsbeschluss oder die Anordnung der Pfändung enthält;
16a. die Anordnung, dass die Sache versteigert und der Erlös hinterlegt werde, nach § 21 des Anerkennungs- und Vollstreckungsausführungsgesetzes vom 19. Februar 2001 (BGBl. I S. 288, 436), nach § 51 des Auslandsunterhaltsgesetzes vom 23. Mai 2011 (BGBl. I S. 898) und nach § 17 des Internationalen Erbrechtsverfahrensgesetzes;
17. die Geschäfte im Zwangsvollstreckungsverfahren nach dem Achten Buch der Zivilprozessordnung, soweit sie von dem Vollstreckungsgericht, einem von diesem ersuchten Gericht oder in den Fällen der §§ 848, 854, 855 der Zivilprozessordnung von einem anderen Amtsgericht oder dem Verteilungsgericht (§ 873 der Zivilprozessordnung) zu erledigen sind. Jedoch bleiben dem Richter die Entscheidungen nach § 766 der Zivilprozessordnung vorbehalten.

(2) ¹Die Landesregierungen werden ermächtigt, durch Rechtsverordnung zu bestimmen, dass die Prüfung der persönlichen und wirtschaftlichen Verhältnisse nach den §§ 114 bis 116 der Zivilprozessordnung einschließlich der in § 118 Absatz 2 der Zivilprozessordnung bezeichneten Maßnahmen, der Beurkundung von Vergleichen nach § 118 Absatz 1 Satz 3 der Zivilprozessordnung und der Entscheidungen nach § 118 Absatz 2 Satz 4 der Zivilprozessordnung durch den Rechtspfleger vorzunehmen ist, wenn der Vorsitzende das Verfahren dem Rechtspfleger insoweit überträgt. ²In diesem Fall ist § 5 Absatz 1 Nummer 2 nicht anzuwenden. ³Liegen die Voraussetzungen für die Bewilligung der Prozesskostenhilfe hiernach nicht vor, erlässt der Rechtspfleger die den Antrag ablehnende Entscheidung; anderenfalls vermerkt der Rechtspfleger in den Prozessakten, dass dem Antragsteller nach seinen persönlichen und wirtschaftlichen Verhältnissen Prozesskostenhilfe gewährt werden kann und in welcher Höhe gegebenenfalls Monatsraten oder Beträge aus dem Vermögen zu zahlen sind.

(3) Die Landesregierungen können die Ermächtigung nach Absatz 2 auf die Landesjustizverwaltungen übertragen.

I. Regelungsgehalt und Anwendungsbereich 1	8. Zwangsvollstreckungssachen nach dem 8. Buch der ZPO (Nr. 17) 15
II. Ausgewählte Aufgaben des Rechtspflegers nach Abs. 1 2	a) Allgemeines 15
1. Prozesskostenhilfe (Nr. 5) ... 2	b) Zuständigkeit des Rechtspflegers als Vollstreckungsgericht 16
2. Grenzüberschreitende Prozesskostenhilfe (Nr. 6) 6	
3. Klauselverfahren (Nr. 12 und 13) 7	c) Verfahren auf Abgabe der eidesstattlichen Versicherung und Haft nach den bis zum 31.12.2012 geltenden §§ 899 ff ZPO 17
4. Anordnung nach §§ 926 Abs. 1, 936 ZPO (Nr. 14) ... 11	
5. Entscheidungen nach § 934 Abs. 1 ZPO (Nr. 15) 12	
6. Pfändungsmaßnahmen im Arrestverfahren (Nr. 16) 13	d) Vollstreckungserinnerung gem. § 766 ZPO (Nr. 17 S. 2) 18
7. Anordnung der Versteigerung (Nr. 16 a) 14	

I. Regelungsgehalt und Anwendungsbereich

1 Abs. 1 füllt zusammen mit den §§ 21–24 a die in § 3 Nr. 3 Buchst. a allgemein formulierte Übertragung von Geschäften im Bereich der ZPO aus. Das Erkenntnisverfahren ist die Domäne des Richters. Dagegen sind die Geschäfte nach dem 8. Buch der ZPO im Wesentlichen auf den Rechtspfleger übertragen. Abs. 1 regelt somit die **Aufteilung der funktionellen Zuständigkeit** der einzelnen Aufgaben der Zwangsvollstreckung zwischen Richter und Rechtspfleger.

II. Ausgewählte Aufgaben des Rechtspflegers nach Abs. 1

2 **1. Prozesskostenhilfe (Nr. 5).** Nach Nr. 5 ist der Rechtspfleger grds. für die Bewilligung von Prozesskostenhilfe außerhalb oder nach Abschluss des Erkenntnisverfahrens **funktionell zuständig**, es sei denn, die Vollstreckung erfordert eine richterliche Maßnahme, dann ist auch der Richter für das Prozesskostenhilfeverfahren zuständig. Die Bewilligung für das Zwangsvollstreckungsverfahren hat auch dann gesondert zu erfolgen, wenn der Partei bereits im Erkenntnisverfahren Prozesskostenhilfe bewilligt wurde, denn diese erstreckt sich nach § 119 ZPO nicht auch auf das nachfolgende Vollstreckungsverfahren. Sofern eine Partei bereits im Erkenntnisverfahren einen Antrag auf Bewilligung von Prozesskostenhilfe für eine beabsichtigte Zwangsvollstreckung gestellt hat, hat das Prozessgericht die Akte, sofern es sich nicht um eine Vollstreckungsmaßnahme handelt, für das es selbst zuständig ist, dem Vollstreckungsgericht zuzuleiten.

3 Hinsichtlich der **sachlichen und örtlichen Zuständigkeit** für die Bewilligung von Prozesskostenhilfe im Bereich der Einzelzwangsvollstreckung ist zu differenzieren: Für den Bereich der Zwangsvollstreckung wegen einer Geldforderung in eine bewegliche Sache ist sachlich und örtlich ausschließlich das Amtsgericht als Vollstreckungsgericht für die Entscheidung über ein Prozesskostenhilfegesuch für die Durchführung der Zwangsvollstreckung zuständig, in dessen Bezirk das Vollstreckungsverfahren stattfindet (§ 117 Abs. 1 S. 3 ZPO iVm §§ 764 Abs. 1, 2, 802 ZPO). Für die Bewilligung von Prozesskostenhilfe für die Forderungspfändung ist das Vollstreckungsgericht zuständig, bei dem der Schuldner seinen allgemeinen Gerichtsstand hat (§ 117 Abs. 1 S. 3 ZPO iVm §§ 764 Abs. 1, 828 Abs. 2, 802 ZPO). Betrifft die Zwangsvollstreckung die Immobiliarvollstreckung, ist für die Eintragung einer Zwangshypothek das Grundbuchamt des Amtsgerichts

sachlich und örtlich zuständig, in dessen Bezirk das Grundstück belegen ist.² Für das Verfahren, gerichtet auf Zwangsverwaltung oder Zwangsversteigerung eines Grundstücks, bewilligt der Rechtspfleger des Vollstreckungsgerichts Prozesskostenhilfe, in dessen Bezirk das Grundstück belegen ist (§ 1 Abs. 1 ZVG iVm §§ 764 Abs. 1, 2, 802 ZPO).

Der Rechtspfleger hat sowohl die **Bedürftigkeit** als auch die **Erfolgsaussicht** für den gestellten Antrag zu prüfen und festzustellen, dass **keine Mutwilligkeit** vorliegt (§ 114 ZPO). Hierbei ist grds. dem Gegner nach § 118 Abs. 1 S. 1 ZPO **rechtliches Gehör** zu gewähren. Im Bereich der Zwangsvollstreckung sind dagegen Anträge des Gläubigers auf Bewilligung von Prozesskostenhilfe dem Schuldner grds. nicht vorab zur Kenntnis zu geben, damit der Vollstreckungserfolg nicht gefährdet wird (s. § 4 Rn 3).³ Die Erfolgsaussicht für eine beabsichtigte Zwangsvollstreckung ist dann abzulehnen, wenn wegen Vermögenslosigkeit des Schuldners feststeht, dass nicht erfolgreich gegen ihn vollstreckt werden kann,⁴ eine Vollstreckung im Ausland durchzuführen wäre, diese aber aussichtslos ist,⁵ oder zB der Gläubiger aus einem Zug-um-Zug-Titel vollstrecken will, selber aber nicht die Gegenleistung wird erbringen können.⁶ 4

Die nach Vorliegen der Voraussetzungen zu bewilligende Prozesskostenhilfe erstreckt sich dabei nicht auf einzelne Vollstreckungsmaßnahmen, sondern jedes im Umfang seiner Zuständigkeit angerufene Gericht prüft und bewilligt pauschal für die beabsichtigte Zwangsvollstreckung.⁷ **Tenor:** 5

▶ Dem Gläubiger wird für die mit Schriftsatz vom ... beantragte Vollstreckungsmaßnahme Prozesskostenhilfe bewilligt. ◀

2. Grenzüberschreitende Prozesskostenhilfe (Nr. 6). Für eingehende Gesuche von Unionsbürgern der Europäischen Union auf Bewilligung von Prozesskostenhilfe für Zwangsvollstreckungsmaßnahmen im Inland nach den §§ 1076, 1078 ZPO ist der Rechtspfleger des Vollstreckungsgerichts nach Nr. 6 funktionell zuständig, soweit nicht eine richterliche Handlung für die Vollstreckung erforderlich ist. Der Rechtspfleger hat hierbei die Voraussetzungen der §§ 114–127 a ZPO insgesamt zu beachten.⁸ 6

3. Klauselverfahren (Nr. 12 und 13). Über Nr. 12 und 13 sind die Erteilung der titelergänzenden und titelübertragenden Vollstreckungsklauseln (§§ 726 ff ZPO) sowie die Erteilung einer weiteren vollstreckbaren Ausfertigung (§§ 733, 797 Abs. 3 ZPO, § 60 S. 3 Nr. 2 SGB VIII) auf den Rechtspfleger übertragen. Er wird bei der Erteilung der qualifizierten Klauseln als Prozessgericht tätig. Seine funktionelle Zuständigkeit ist von der des Urkundsbeamten der Geschäftsstelle abzugrenzen, der für die Erteilung der einfachen Klausel nach § 724 ZPO zuständig ist. 7

Bei **Prozessvergleichen** sind Klauseln, die der Urkundsbeamte der Geschäftsstelle anstelle des zuständigen Rechtspflegers erteilt, unwirksam.⁹ Hier gibt es in Einzelfällen Abgrenzungsschwierigkeiten: Der Rechtspfleger ist dann zuständig, wenn die Verpflichtung des Schuldners von der Rechtskraft eines Scheidungsurteils abhängt, denn es handelt sich dann um eine Klausel, die nach § 726 ZPO zu 8

---

2 *Behr/Hantke*, Rpfleger 1981, 266.
3 Hk-ZPO/*Kießling*, § 118 Rn 3; Zöller/*Geimer*, § 118 ZPO Rn 3.
4 OLG Köln JurBüro 1991, 275; Zöller/*Geimer*, § 114 ZPO Rn 29.
5 OLG Dresden OLG-NL 2004, 57.
6 Hk-ZPO/*Kießling*, § 114 Rn 37.
7 Zöller/*Geimer*, § 119 ZPO Rn 33.
8 Hk-ZPO/*Pukall*, § 1078 Rn 2.
9 OLG Frankfurt aM Rpfleger 1991, 12; Bassenge/Roth/*Roth*, FamFG/RPflG, § 8 RPflG Rn 6.

erteilen ist.[10] Dies gilt auch in den Fällen, bei denen im Vergleich ein Widerrufsrecht für eine oder beide Parteien vereinbart wurde.[11]

9 Der Urkundsbeamte der Geschäftsstelle ist dagegen funktionell zuständig, wenn über einen Antrag auf Erteilung einer vollstreckbaren Ausfertigung aufgrund eines Urteils über eine Klauselklage nach § 731 ZPO zu befinden ist, denn insoweit ist kraft richterlicher Entscheidung von dem Vorliegen der Voraussetzungen der §§ 726 ff ZPO auszugehen.[12]

10 Die Prüfung und Erteilung einer **weiteren vollstreckbaren Ausfertigung notarieller Urkunden nach § 797 Abs. 3 ZPO** ist nicht dem Notar zugewiesen, sondern dem Gericht und hier über Nr. 13 dem Rechtspfleger. Lehnt der Rechtspfleger den Antrag des Gläubigers auf Erteilung einer weiteren vollstreckbaren Ausfertigung ab, so ist hiergegen das Rechtsmittel der Beschwerde nach § 54 Abs. 1 BeurkG statthaft.[13] Der beurkundende Notar selbst ist nicht befugt, in eigenem Namen Erinnerung einzulegen.[14] Er kann jedoch als Vertreter des Gläubigers in dessen Namen Beschwerde einlegen. Für den Schuldner dagegen gelten die Rechtsbehelfe der §§ 732, 768 ZPO.

11 **4. Anordnung nach §§ 926 Abs. 1, 936 ZPO (Nr. 14).** Im Arrest- und einstweiligen Verfügungsverfahren ist dem Rechtspfleger die Entscheidung über Anträge auf Bestimmung einer Frist zur Klageerhebung zugewiesen. Zuständig ist der Rechtspfleger des Arrestgerichts. Die Entscheidung ergeht nach der ausdrücklichen Anordnung in § 926 Abs. 1 ZPO ohne mündliche Verhandlung, jedoch hat der Rechtspfleger den Antrag der Gegenseite zum Zwecke der Gewährung rechtlichen Gehörs zuzuleiten.[15] Die Entscheidung ergeht durch Beschluss, in dem die Frist genau zu bestimmen und auf die Folgen der Fristversäumung hinzuweisen ist. **Tenor:**

▶ Dem Antragsteller wird aufgegeben, bis zum ... Klage zu erheben, andernfalls wird auf Antrag die Aufhebung des Arrestbeschlusses vom ... durch Endurteil ausgesprochen. ◀

12 **5. Entscheidungen nach § 934 Abs. 1 ZPO (Nr. 15).** Für das Arrestverfahren ist der Richter funktionell zuständig mit Ausnahme der **Aufhebung der Arrestvollziehung** nach § 934 Abs. 1 ZPO. Die Entscheidung ergeht durch Beschluss, ohne dass es einer mündlichen Verhandlung bedarf.

13 **6. Pfändungsmaßnahmen im Arrestverfahren (Nr. 16).** Nach § 930 Abs. 1 ZPO wird die Vollziehung des Arrestes in das bewegliche Vermögen durch Pfändung bewirkt. Sachlich zuständig ist nach § 930 Abs. 1 S. 3 ZPO das Arrestgericht als Vollstreckungsgericht. Nr. 16 weist die funktionelle Zuständigkeit für die Pfändung von Forderungen sowie die Anordnung von Pfändungen von eingetragenen Schiffen oder Schiffsbauwerken aus einem Arrestbefehl dem Rechtspfleger zu, soweit sie nicht bereits durch den Richter im Arrestbeschluss selbst ausgesprochen wurde.

14 **7. Anordnung der Versteigerung (Nr. 16 a).** Nach Nr. 16 a ist dem Rechtspfleger ausdrücklich die nach § 21 AVAG durch das Vollstreckungsgericht auf Antrag anzuordnende Versteigerung der gepfändeten Sache übertragen. Diese Anord-

---

10 KG NJWE-FER 2000, 297.
11 BGH NJW 2006, 776.
12 Str; wie hier Bassenge/Roth/*Roth*, FamFG/RPflG, § 20 RPflG Rn 28; Thomas/Putzo/*Putzo*, § 731 ZPO Rn 9; aA LG Stuttgart Rpfleger 2000, 537; Hk-ZPO/*Kindl*, § 731 Rn 9.
13 BayObLG Rpfleger 2000, 74; Hk-ZPO/*Kindl*, § 797 Rn 7.
14 OLG Rostock OLG-NL 2001, 216.
15 Hk-ZPO/*Kemper*, § 926 Rn 6.

nung ergeht dann, wenn die Gefahr einer beträchtlichen Wertminderung besteht oder die Aufbewahrung ungewöhnlich hohe Kosten verursachen würde. In analoger Anwendung ist nach Nr. 16 a der Rechtspfleger des Arrestgerichts auch für die Entscheidung nach § 930 Abs. 3 ZPO funktionell zuständig.[16]

8. Zwangsvollstreckungssachen nach dem 8. Buch der ZPO (Nr. 17). a) Allgemeines. Für die Einzelzwangsvollstreckung nach dem 8. Buch der ZPO weist Nr. 17 S. 1 die wesentlichen Aufgaben des Vollstreckungsgerichts dem Rechtspfleger an Stelle des Richters zu. Nach der Systematik der Regelungen zur Zwangsvollstreckung ist auf der einen Seite der Gerichtsvollzieher nach § 753 Abs. 1 ZPO zur Durchführung der Zwangsvollstreckung berufen, soweit sie auf der anderen Seite nicht den Gerichten zugewiesen ist. Neben dem Vollstreckungsgericht nach § 764 Abs. 1 ZPO ist hier im Rahmen der Handlungs- und Duldungsvollstreckung das Prozessgericht zu nennen. Mit der Übertragung der Aufgaben des Vollstreckungsgerichts sind damit nicht die Vollstreckungsaufgaben des Prozessgerichts verbunden. Für diese ist der Richter funktionell zuständig. Zu diesen Aufgaben gehört zB auch die Bewilligung von Räumungsfristen nach §§ 721 Abs. 2–6, 794 a ZPO, die Aufgabe des Prozessgerichts ist.[17] 15

b) Zuständigkeit des Rechtspflegers als Vollstreckungsgericht. Der Rechtspfleger als Vollstreckungsgericht ist somit zuständig für Vollstreckungsschutzanträge nach § 765 a Abs. 1 ZPO, die Zwangsvollstreckung in Forderungen und andere Vermögensrechte nach §§ 828 ff ZPO, die Zwangsvollstreckung in das unbewegliche Vermögen nach §§ 864 ff ZPO, wobei bereits nach § 3 Nr. 1 Buchst. i das Verfahren nach dem ZVG vorbehaltlos dem Rechtspfleger übertragen wurde, und auch das Verteilungsverfahren nach § 872 ff ZPO. 16

c) Verfahren auf Abgabe der eidesstattlichen Versicherung und Haft nach den bis zum 31.12.2012 geltenden §§ 899 ff ZPO. Der Rechtspfleger bleibt in den Verfahren auf Abnahme der eidesstattlichen Versicherung nach den §§ 899 ff ZPO, bei denen der Antrag vor dem 1.1.2013 bei Gericht eingegangen ist, im Hinblick auf die Übergangsregelung aus Art. 5 des Gesetzes zur Reform der Sachaufklärung in der Zwangsvollstreckung[18] weiterhin zuständig für die Abgabe an das zuständige Gericht nach § 899 Abs. 2 ZPO und die Entscheidung über den Widerspruch des Schuldners zur Pflicht zur Abgabe der Versicherung nach § 900 Abs. 3 ZPO. 17

d) Vollstreckungserinnerung gem. § 766 ZPO (Nr. 17 S. 2). Dem Richter als Vollstreckungsgericht ausdrücklich nach Nr. 17 S. 2 vorbehalten sind die Entscheidung über eine Vollstreckungserinnerung nach § 766 ZPO. Für die Zuständigkeit des Richters ist es dabei nicht entscheidend, ob die angefochtene Maßnahme durch den Gerichtsvollzieher, den Rechtspfleger oder den Richter selbst veranlasst wurde.[19] Richtet sich die Vollstreckungserinnerung gegen eine Maßnahme des Rechtspflegers, ist dieser im Rahmen des auch im Verfahren über die Vollstreckungserinnerung durchzuführenden Abhilfeverfahrens aus Gründen des effektiven Schuldnerschutzes befugt, einstweilige Anordnungen nach § 732 Abs. 2 ZPO zu erlassen.[20] Diese **Annexbefugnis** zur Aufgabenzuweisung der einzelnen Vollstreckungsaufgabe an den Rechtspfleger endet erst mit Vorlage der Sache an den zur Entscheidung über die Vollstreckungserinnerung zuständigen Richter. Gegen eine Anordnung des Rechtspflegers nach §§ 766 Abs. 1 S. 2, 732 18

---

16 Bassenge/Roth/*Roth*, FamFG/RPflG, § 20 RPflG Rn 34.
17 LG Essen Rpfleger 1971, 323.
18 BGBl. I 2009, S. 2258, 2272.
19 Bassenge/Roth/ *Roth*, FamFG/RPflG, § 20 RPflG Rn 40.
20 OLG Koblenz Rpfleger 1978, 227.

Abs. 2 ZPO ist die befristete Erinnerung nach § 11 Abs. 2 statthaft, da gegen eine entsprechende richterliche Entscheidung kein Rechtsmittel gegeben ist.[21]

§§ 21–23 (nicht abgedruckt)

§ 24 Aufnahme von Erklärungen

(1) Folgende Geschäfte der Geschäftsstelle werden dem Rechtspfleger übertragen:
1. die Aufnahme von Erklärungen über die Einlegung und Begründung
   a) der Rechtsbeschwerde und der weiteren Beschwerde,
   b) der Revision in Strafsachen;
2. die Aufnahme eines Antrags auf Wiederaufnahme des Verfahrens (§ 366 Absatz 2 der Strafprozessordnung, § 85 des Gesetzes über Ordnungswidrigkeiten).

(2) Ferner soll der Rechtspfleger aufnehmen:
1. sonstige Rechtsbehelfe, soweit sie gleichzeitig begründet werden;
2. Klagen und Klageerwiderungen;
3. andere Anträge und Erklärungen, die zur Niederschrift der Geschäftsstelle abgegeben werden können, soweit sie nach Schwierigkeit und Bedeutung den in den Nummern 1 und 2 genannten Geschäften vergleichbar sind.

(3) § 5 ist nicht anzuwenden.

I. Regelungsgehalt

1 Der Rechtspfleger ist nach dieser Vorschrift zuständig für die Aufnahme von rechtlich schwierigen Erklärungen. Es handelt sich bei dieser Tätigkeit, gerichtet auf Beurkundung, um eine eigenständige Aufgabe des Rechtspflegers.[1]

II. Aufnahme von Erklärungen nach Abs. 1 Nr. 1

2 Der Rechtspfleger ist nach Abs. 1 Nr. 1 funktionell zuständig für die Aufnahme von Erklärungen über die **Einlegung und Begründung der Rechtsbeschwerde und der weiteren Beschwerde**. Dies gilt aber nur in den Fällen, in denen eine solche Beschwerde auch zu **Protokoll der Geschäftsstelle** erklärt werden kann.

3 Für die Rechtsbeschwerde nach § 574 Abs. 1 ZPO, die ein Beschwerdegericht bei einer Entscheidung über eine Beschwerde nach § 567 ZPO oder § 793 ZPO im Zwangsvollstreckungsverfahren ausdrücklich zugelassen hat, gilt jedoch § 575 Abs. 1 ZPO. Sie ist mittels einer durch einen beim BGH zugelassenen Rechtsanwalt zu fertigenden Beschwerdeschrift beim BGH einzulegen. Eine Einlegung zu Protokoll der Geschäftsstelle, wie sie in § 569 Abs. 3 ZPO bei der Einreichung der Beschwerde zugelassen ist, ist bei der Rechtsbeschwerde nicht zulässig.

4 Im Rahmen eines Beschwerdeverfahrens nach § 71 GBO gegen die Entscheidung des Grundbuchrechtspflegers bei der Eintragung einer Zwangshypothek ist nach § 78 GBO die weitere Beschwerde wegen der Verletzung des Rechts statthaft. Nach § 80 GBO kann die weitere Beschwerde zu Protokoll der Geschäftsstelle erklärt werden. Für die Aufnahme ist der Rechtspfleger zuständig.

5 Nimmt an Stelle des Rechtspflegers der **Urkundsbeamte der Geschäftsstelle** die Erklärung und den Antrag nach Abs. 1 Nr. 1 entgegen, fehlt es wegen der **funk-**

---

21 OLG Köln NJW-RR 2001, 69.
1 *Roth*, FamRZ 2006, 1138.

III. Aufnahme von Erklärungen nach Abs. 2 Nr. 1

Eine sofortige Beschwerde gegen Entscheidungen im Zwangsvollstreckungsverfahren kann auch zu Protokoll der Geschäftsstelle erklärt werden (s. Rn 2), sofern der Rechtsstreit in erster Instanz nicht als Anwaltsprozess zu führen war (§ 569 Abs. 3 Nr. 1 ZPO). Dies gilt wegen § 13 für alle anzufechtenden Entscheidungen des Rechtspflegers als Vollstreckungsgericht. Für die Aufnahme dieser Rechtsbehelfe ist nach Abs. 2 Nr. 1 der Rechtspfleger funktionell zuständig. Dies gilt jedoch nur, soweit sie gleichzeitig begründet werden. 6

Wegen der Ausgestaltung der Norm als Soll-Vorschrift ist es im Hinblick auf die Wirksamkeit der Einlegung der Beschwerde unschädlich, wenn an Stelle des Rechtspflegers der Urkundsbeamte der Geschäftsstelle die Erklärung aufgenommen hat.[4] 7

§ 24 a Beratungshilfe

(1) Folgende Geschäfte werden dem Rechtspfleger übertragen:
1. die Entscheidung über Anträge auf Gewährung und Aufhebung von Beratungshilfe einschließlich der grenzüberschreitenden Beratungshilfe nach § 10 Abs. 4 des Beratungshilfegesetzes;
2. die dem Amtsgericht nach § 3 Abs. 2 des Beratungshilfegesetzes zugewiesenen Geschäfte.

(2) § 11 Absatz 2 Satz 1 bis 4 und Absatz 3 ist nicht anzuwenden.

Dem Rechtspfleger sind nach **Abs. 1** als echte Rechtspflegeraufgabe die **Entscheidungen über Anträge von Beratungshilfe** übertragen worden.[1] Auch für die Beratung in Zwangsvollstreckungsangelegenheiten ist nach § 2 Abs. 2 S. 1 BerHG die Bewilligung von Beratungshilfe möglich. § 24 a hat trotz der durch Entscheidung des BVerfG vom 14.10.2008[2] festgestellten Verfassungswidrigkeit vorerst weiter Geltung. 1

Der Rechtspfleger hat bei Vorliegen der Voraussetzungen dem Antragsteller einen Berechtigungsschein für die Beratung durch einen Rechtsanwalt auszustellen, sofern er nicht im Rahmen der Prüfung festgestellt hat, dass dem Begehren des Antragstellers nicht durch eine sofortige Auskunft oder eine andere Beratungsmöglichkeit entsprochen werden kann (§ 3 Abs. 2 BerHG). Im Falle der Ablehnung entscheidet der Rechtspfleger durch Beschluss, der nach § 11 Abs. 2 der Rechtspflegererinnerung unterliegt. Nach **Abs. 2** unterliegt diese Erinnerung nicht der Zwei-Wochen-Frist des § 11 Abs. 2 S. 1. 2

§§ 24 b, 25 (nicht abgedruckt)

---

2 OLG Köln Rpfleger 2006, 222.
3 OLG Köln Rpfleger 2006, 222.
4 Bassenge/Roth/*Roth*, FamFG/RPflG, § 24 RPflG Rn 2.
1 Bassenge/Roth/*Roth*, FamFG/RPflG, § 24 a RPflG Rn 1.
2 BVerfG NJW 2009, 209.

§ 25 a Verfahrenskostenhilfe

¹In Verfahren über die Verfahrenskostenhilfe werden dem Rechtspfleger die dem § 20 Absatz 1 Nummer 4 und 5 entsprechenden Geschäfte übertragen. ²§ 20 Absatz 2 und 3 gilt entsprechend.

Vierter Abschnitt
Sonstige Vorschriften auf dem Gebiet der Gerichtsverfassung

§§ 26, 27 (nicht abgedruckt)

§ 28 Zuständiger Richter

Soweit mit Angelegenheiten, die dem Rechtspfleger zur selbständigen Wahrnehmung übertragen sind, nach diesem Gesetz der Richter befasst wird, ist hierfür das nach den allgemeinen Verfahrensvorschriften zu bestimmende Gericht in der für die jeweilige Amtshandlung vorgeschriebenen Besetzung zuständig.

1 Im Hinblick auf den Dualismus der beiden Justizorgane des Rechtspflegers und des Richters ergibt sich aus Gründen der Rechtsklarheit und der gebotenen Kooperation, dass dem bei einem Gericht tätigen Rechtspfleger ein bestimmter Richter zugeordnet werden muss. Der nach den allgemeinen Vorschriften in der für die jeweilige Amtshandlung vorgeschriebene Richter ist der nach dem durch das Präsidium aufgestellten Geschäftsverteilungsplan zuständige Richter. Dies wird regelmäßig ein bestimmter Abteilungsrichter des Amtsgerichts sein. Diesem Richter sind in den nach dem RPflG vorgesehenen Fällen die Akten zur Bearbeitung vorzulegen.

Fünfter Abschnitt
Dem Rechtspfleger übertragene Geschäfte in anderen Bereichen

§ 29 Geschäfte im internationalen Geschäftsverkehr

Dem Rechtspfleger werden folgende Aufgaben übertragen:
1. die der Geschäftsstelle des Amtsgerichts gesetzlich zugewiesene Ausführung ausländischer Zustellungsanträge;
2. die Entgegennahme von Anträgen auf Unterstützung in Unterhaltssachen nach § 7 des Auslandsunterhaltsgesetzes vom 23. Mai 2011 (BGBl. I S. 898) sowie die Entscheidung über Anträge nach § 10 Absatz 3 des Auslandsunterhaltsgesetzes;
3. die Entgegennahme von Anträgen nach § 42 Absatz 1 und die Entscheidung über Anträge nach § 5 Absatz 2 des Internationalen Familienrechtsverfahrensgesetzes vom 26. Januar 2005 (BGBl. I S. 162).

§§ 30–32 (nicht abgedruckt)

Sechster Abschnitt
Schlussvorschriften

§§ 33–36 a (nicht abgedruckt)

§ 36 b Übertragung von Rechtspflegeraufgaben auf den Urkundsbeamten der Geschäftsstelle

(1) [1]Die Landesregierungen werden ermächtigt, durch Rechtsverordnung folgende nach diesem Gesetz vom Rechtspfleger wahrzunehmende Geschäfte ganz oder teilweise dem Urkundsbeamten der Geschäftsstelle zu übertragen:
1. die Geschäfte bei der Annahme von Testamenten und Erbverträgen zur amtlichen Verwahrung nach den §§ 346, 347 des Gesetzes über das Verfahren in Familiensachen und in den Angelegenheiten der freiwilligen Gerichtsbarkeit (§ 3 Nummer 2 Buchstabe c);
2. das Mahnverfahren im Sinne des Siebenten Buchs der Zivilprozessordnung einschließlich der Bestimmung der Einspruchsfrist nach § 700 Absatz 1 in Verbindung mit § 339 Absatz 2 der Zivilprozessordnung sowie der Abgabe an das für das streitige Verfahren als zuständig bezeichnete Gericht, auch soweit das Mahnverfahren maschinell bearbeitet wird (§ 20 Nummer 1);
3. die Erteilung einer weiteren vollstreckbaren Ausfertigung in den Fällen des § 733 der Zivilprozessordnung (§ 20 Nummer 12);
4. die Erteilung von weiteren vollstreckbaren Ausfertigungen gerichtlicher Urkunden nach § 797 Absatz 3 der Zivilprozessordnung (§ 20 Nummer 13);
5. die der Staatsanwaltschaft als Vollstreckungsbehörde in Straf- und Bußgeldsachen obliegenden Geschäfte bei der Vollstreckung von Geldstrafen und Geldbußen (§ 31 Absatz 2); hierzu gehört nicht die Vollstreckung von Ersatzfreiheitsstrafen.

[2]Die Landesregierungen können die Ermächtigung auf die Landesjustizverwaltungen übertragen.

(2) [1]Der Urkundsbeamte der Geschäftsstelle trifft alle Maßnahmen, die zur Erledigung der ihm übertragenen Geschäfte erforderlich sind. [2]Die Vorschriften über die Vorlage einzelner Geschäfte durch den Rechtspfleger an den Richter oder Staatsanwalt (§§ 5, 28, 31 Absatz 2 a und 2 b) gelten entsprechend.

(3) Bei der Wahrnehmung von Geschäften nach Absatz 1 Satz 1 Nummer 2 kann in den Fällen der §§ 694, 696 Absatz 1, § 700 Absatz 3 der Zivilprozessordnung eine Entscheidung des Prozessgerichts zur Änderung einer Entscheidung des Urkundsbeamten der Geschäftsstelle (§ 573 der Zivilprozessordnung) nicht nachgesucht werden.

(4) [1]Bei der Wahrnehmung von Geschäften nach Absatz 1 Satz 1 Nummer 5 entscheidet über Einwendungen gegen Maßnahmen des Urkundsbeamten der Geschäftsstelle der Rechtspfleger, an dessen Stelle der Urkundsbeamte tätig geworden ist. [2]Er kann dem Urkundsbeamten Weisungen erteilen. [3]Die Befugnisse des Behördenleiters aus den §§ 145, 146 des Gerichtsverfassungsgesetzes bleiben unberührt.

I. Allgemeines

1 Durch das Gesetz zur Übertragung von Rechtspflegeraufgaben auf den Urkundsbeamten der Geschäftsstelle vom 16.6.2002[1] wurde die Vorschrift des § 36 b eingeführt. Sie ermöglicht den Ländern, Aufgaben, die nach dem RPflG eigentlich dem Rechtspfleger zugewiesen sind, auf den Urkundsbeamten der Geschäftsstelle als Beamten des mittleren Dienstes zu übertragen.[2] § 36 b stellt einen **Katalog** verschiedenster Aufgaben auf, von denen der Bundesgesetzgeber der Auffassung war, diese könnten auch von dem **Urkundsbeamten der Geschäftsstelle in eigener Zuständigkeit** ausgeführt werden. Für die genannten Aufgaben ist jeweils zusätzlich zu prüfen, ob durch entsprechende Länderregelungen an Stelle des Rechtspflegers der Urkundsbeamte der Geschäftsstelle zuständig ist. Soweit in Verkennung solcher Regeln der Rechtspfleger die dem Urkundsbeamten der Geschäftsstelle übertragene Aufgabe wahrnimmt, ist diese jedoch nach § 8 Abs. 5 wirksam.

2 Der Urkundsbeamte der Geschäftsstelle hat im Falle einer Übertragung die Aufgabe nach **Abs. 2 S. 1** in eigenständiger Art und Weise auszuüben. Seine Befugnisse entsprechen denen des Rechtspflegers (s. § 4). Im Bereich der ihm durch Rechtsverordnung übertragenen Rechtspflegeraufgaben unterliegt er nicht den Weisungen des Behördenleiters.

II. Anwendung im Bereich der Zwangsvollstreckung

3 Von den zu übertragenden Aufgaben ist für den Bereich nach dem 8. Buch der ZPO zum einen die Erteilung einer weiteren vollstreckbaren Ausfertigung in den Fällen des § 733 ZPO zu nennen, für die der Rechtspfleger nach § 20 Abs. 1 Nr. 12 zuständig ist. Entscheidet der insoweit nach **Abs. 1 Nr. 3** bestimmte Urkundsbeamte der Geschäftsstelle über die Erteilung einer weiteren vollstreckbaren Ausfertigung, ist hiergegen die Klauselerinnerung nach § 573 ZPO statthaft.[3] Der Urkundsbeamte der Geschäftsstelle hat die Möglichkeit der Abhilfe. Zum anderen nennt **Abs. 1 Nr. 4** die nach § 20 Abs. 1 Nr. 13 dem Rechtspfleger übertragene Erteilung einer weiteren vollstreckbaren Ausfertigung einer gerichtlichen Urkunde nach § 797 Abs. 3 ZPO als Aufgabe, die auf den Urkundsbeamten der Geschäftsstelle übertragen werden kann.

§§ 37–40 (nicht abgedruckt)

---

1 BGBl. I S. 1810.
2 Hierzu *Wiedemann*, NJW 2002, 3448.
3 Bassenge/Roth/*Roth*, FamFG/RPflG, § 36 b RPflG Rn 5.

Gesetz über Kosten der Gerichtsvollzieher (Gerichtsvollzieherkostengesetz – GvKostG)

Vom 19. April 2001 (BGBl. I S. 623)[1] (BGBl. III 362-2)
zuletzt geändert durch Art. 6 des 2. Kostenrechtsmodernisierungsgesetzes vom 23. Juli 2013 (BGBl. I S. 2586, 2677)

Vorbemerkung zu §§ 1 ff

I. GvKostG

1. Stellung des Gerichtsvollziehers und Entwicklungen im GvKostG. Im Rahmen des gerichtlichen Gefüges nimmt der **Gerichtsvollzieher** eine Sonderstellung ein. Er ist in erster Linie **Vollstreckungsorgan**, aber auch **Kostenbeamter**, der für seine Tätigkeit Kosten (Gebühren und Auslagen, § 1 Abs. 1) für die Landeskasse (Nr. 1 DB-GvKostG) erhebt. Die Gerichtsvollzieher berechnen Kosten nach dem „Gesetz über Kosten der Gerichtsvollzieher (Gerichtsvollzieherkostengesetz – GvKostG)". Um die Anwendung des Justizkostenrechts so weit wie möglich zu vereinfachen, sollen die Kostengesetze in ihrem Aufbau einander weitgehend angeglichen werden. Der Aufbau des GvKostG ist deshalb eng an den des Gerichtskostengesetzes (GKG) angelehnt. Das Kostenrecht der Gerichtsvollzieher wurde daher durch das „Gesetz zur Neuordnung des Gerichtsvollzieherkostenrechts (GvKostRNeuOG)" vom 19.4.2001[1] völlig neu gefasst. Dieses Gesetz warf in der praktischen Arbeit viele streitige Fragen auf, die in der Rechtsprechung kontrovers beantwortet wurden, und bedurfte daher alsbald der Korrektur.[2] Auch das „Gesetz zur Reform der Sachaufklärung in der Zwangsvollstreckung" vom 29.7.2009[3] hat die Arbeit mit dem GvKostG nicht vereinfacht. Es zeigt sich die Schwierigkeit, neues Verfahrensrecht auf altes Kostenrecht „aufzupfropfen", was dazu führt, dass das Kostenrecht (Folgerecht) unübersichtlicher ist als das Verfahrensrecht. Insbesondere bei Anzahl und Inhalt der Aufträge ergeben sich erhebliche Probleme.

2. Aufbau des GvKostG. Das GvKostG beinhaltet in einem **Paragrafenteil** zunächst in fünf Abschnitten einen Allgemeinen Teil. Diese allgemeinen Bestimmungen der §§ 1–19 regeln grundsätzliche Tatsachen, zB den Begriff des Auftrags (§ 3), die Zuständigkeit für den Kostenansatz (§ 5 Abs. 1), die Rechtsmittelverfahren gegen den Kostenansatz (§ 5 Abs. 2 und 3), den Abgeltungsbereich der Gebühren (§ 10), den Kostenschuldner (§ 13) oder die Fälligkeit (§ 14), also Tatsachen, die für alle Gebühren- und Auslagentatbestände in gleicher Weise gelten.

Die Gebühren und Auslagentatbestände sind sodann in einem **Kostenverzeichnis** (KV GvKostG) geregelt, das als Anlage zu § 9 beigefügt ist. Das Kostenverzeichnis ist in seinem Aufbau dem Kostenverzeichnis des GKG nachgebildet und enthält in sieben Abschnitten die einzelnen vom Gerichtsvollzieher zu erhebenden Beträge. Die **Abschnitte** teilen sich wie folgt auf:

---

1 Verkündet als Art. 1 des Gesetzes zur Neuordnung des Gerichtsvollzieherkostenrechts (GvKostRNeuOG) vom 19.4.2001 (BGBl. I S. 623). In Kraft getreten am 1.5.2001.
1 BGBl. I S. 623. In Kraft getreten am 1.5.2001.
2 Durch Gesetz zur Änderung des Rechts der Vertretung durch Rechtsanwälte vor den Oberlandesgerichten (OLG-Vertretungsänderungsgesetz – OLGVertrÄndG) vom 23.7.2002. In Kraft getreten am 1.8.2002.
3 BGBl. I S. 2258. In Kraft getreten am 1.1.2013.

1. Abschnitt:	Gebührentatbestände zur Zustellung	Nr. 100–102
2. Abschnitt:	Gebührentatbestände für Vollstreckungsmaßnahmen	Nr. 200–270
3. Abschnitt:	Gebührentatbestände zur Verwertung	Nr. 300–310
4. Abschnitt:	Gebührentatbestände für besondere Geschäfte	Nr. 400–440
5. Abschnitt:	Zeitzuschlag	Nr. 500
6. Abschnitt:	Gebühren für nicht erledigte Amtshandlungen	Nr. 600–604
7. Abschnitt:	Auslagen	Nr. 700–716

4   Die bei der Kostenberechnung zu beachtenden Besonderheiten sind entweder einem Abschnitt als **Vorbemerkungen** vorangestellt oder als **Anmerkung** zu einem einzelnen Gebühren- oder Auslagentatbestand diesem nachgestellt.

5   Das Kostenverzeichnis enthält ausschließlich **Festgebühren**. Die Gebühren haben also **Pauschcharakter**. Sie gelten damit auch Vorbereitungsmaßnahmen und Nebentätigkeiten mit ab. Lediglich für die Gebühren für Siegelungen und Entsiegelungen, für die Aufnahme von Vermögensverzeichnissen sowie für Proteste und ähnliche Geschäfte wird auf die Bestimmungen des Gerichts- und Notarkostengesetzes (GNotKG) verwiesen (§ 12).

6   Das GvKostG kennt – zur Vereinfachung der Kostenberechnung – nur noch zwei Gebührenformen: zum einen für die **erledigte Amtshandlung** (Abschnitte 1–4 KV), zum anderen für die **nicht erledigte Amtshandlung** (Abschnitt 6 KV). Dabei ergibt sich aus dem Kostenverzeichnis nur die Art oder das Ergebnis der Erledigung.[4]

7   Rechtswirksame Änderungen des GvKostG ergaben sich in letzter Zeit durch:
- Art. 3 des Gesetzes über die Internetversteigerung in der Zwangsvollstreckung und zur Änderung anderer Gesetze v. 30.7.2009[5] (mWv 5.8.2009);
- Art. 47 Abs. 3 des Gesetzes zur Reform des Verfahrens in Familiensachen und in den Angelegenheiten der freiwilligen Gerichtsbarkeit (FGG-Reformgesetz – FGG-RG) v. 17.12.2008[6] (mWv 1.9.2009);
- Art. 3 Abs. 3 des Gesetzes zur Reform der Sachaufklärung in der Zwangsvollstreckung v. 29.7.2009[7] (mWv 1.1.2013);
- Art. 7 des Gesetzes über die energetische Modernisierung von vermietetem Wohnraum und über die vereinfachte Durchsetzung von Räumungstiteln (Mietrechtsänderungsgesetz – MietRÄndG) v. 11.3.2013 (mWv 1.5.2013);[8]
- Art. 6 des Zweiten Gesetzes zur Modernisierung des Kostenrechts (2. Kostenrechtsmodernisierungsgesetz – 2. KostRMoG) v. 23.7.2013[9] (mWv 1.8.2013) (s. dazu näher Rn 9 ff);
- Art. 11 des Gesetzes zur Einführung einer Rechtsbehelfsbelehrung im Zivilprozess und zur Änderung anderer Vorschriften v. 5.12.2012[10] (mWv 1.1.2014).

---

4   BT-Drucks. 14/3432, S. 29.
5   BGBl. I S. 2474, 2475.
6   BGBl. I S. 2586, 2715.
7   BGBl. I S. 2258, 2268.
8   BGBl. I S. 434, 439.
9   BGBl. I S. 2586, 2677.
10 BGBl. I S. 2418, 2423.

II. DB-GvKostG

Ergänzt wird das GvKostG durch die „**Durchführungsbestimmungen zum Ge-** **richtsvollzieherkostengesetz (DB-GvKostG)**". Die DB-GvKostG beinhalten Bestimmungen, die das GvKostG – und zwar sowohl die Vorschriften des Paragrafenteils als auch das Kostenverzeichnis – kommentieren, Auslegungsschwierigkeiten beseitigen oder aber auch im GvKostG nicht enthaltene, ergänzende Regelungen treffen. Es handelt sich um Durchführungsbestimmungen der Länder,[11] die jedoch bundeseinheitlich beschlossen werden, aber in einzelnen Bestimmungen voneinander abweichen können. Somit sind die DB-GvKostG **landesrechtliche Verwaltungsbestimmungen**, die für Gerichtsvollzieher, Dienstaufsicht und Bezirksrevisor **bindend** sind.[12] Für die Gerichte sind sie **nicht bindend**, können aber als ergänzende Durchführungsbestimmungen zur Auslegung des GvKostG herangezogen werden und zeigen auf, was der Gesetzgeber bei der Fassung der Bestimmungen des GvKostG zum Ausdruck bringen wollte.[13]

8

III. Strukturelle Änderungen des GvKostG und Gebührenerhöhungen durch das 2. KostRMoG

Mit dem 2. KostRMoG[14] wurden zum 1.8.2013 grundlegende Änderungen im GvKostG vorgenommen u.a. deshalb, weil die Kostendeckungsquoten in der Justiz seit Jahren rückläufig sind. Die Gebühren der Gerichte sowie der Gerichtsvollzieher bedurften daher der Überprüfung. Die Vergütungen und Gebühren in den Justizkostengesetzen, also auch im GvKostG, wurden angehoben. Darüber hinaus sind einzelne strukturelle Änderungen und notwendige Korrekturen vorgenommen worden.[15] Allgemeine Änderungen ergeben sich im Wesentlichen im Kostenverzeichnis durch Gebührenanpassungen und durch Änderungen, die das Kostenverzeichnis an die Verzeichnisse anderer Kostengesetze und an das Vergütungsverzeichnis des RVG anpassen.

9

Die **Gebühren** wurden um **ca. 30 % erhöht**. Die Erhöhung dient der Anpassung an die wirtschaftliche Entwicklung und trägt darüber hinaus zu einer Verbesserung der Kostendeckung im Bereich der Zwangsvollstreckung bei.[16] Die Gebühren nach dem GvKostG wurden seit dem Inkrafttreten des Gesetzes zur Neuordnung des Gerichtsvollzieherkostenrechts vom 19.4.2001[17] am 1.5.2001 nicht mehr angepasst.

10

Zur Angleichung an die Kostenverzeichnisse der anderen Kostengesetze wurden im **Kostenverzeichnis** folgende **Anpassungen** vorgenommen:

11

- Dem Kostenverzeichnis wurde – wie auch in den anderen Kostengesetzen – eine **Gliederung** vorangestellt, die die Abschnitte 1–7 des Kostenverzeichnisses ausweist.

- Statt des Begriffs „Gebührenbetrag" in der Kopfzeile der Tabelle wird der Begriff „**Gebühr**" verwendet. Der Begriff der Gebühr ist präziser, weil nicht

---

11 Vgl zB in Nordrhein-Westfalen: AV d. JM vom 25.5.2001 (5653 - I B. 7), JMBl. NRW S. 149, zul. geänd. d. AV d. JM vom 20.12.2013 (5653 - Z. 7), JMBl. NRW 2014 S. 12. – Diese Fassung, in Kraft getreten am **1.1.2014**, liegt dem nachfolgenden **Abdruck der DB-GvKostG** zugrunde.
12 *Köhler*, DGVZ 1981, 177.
13 LG Frankenthal DGVZ 2004, 187; BayVGH DGVZ 2004, 25; LG Koblenz DGVZ 1982, 76; LG Wiesbaden NJW 1961, 2025; *Hartmann*, KostG, Grdz. vor § 1 GvKostG Rn 12.
14 Art. 6 des 2. KostRMoG (BGBl. I S. 2586, 2677).
15 BT-Drucks. 17/11471 (neu), S. 2, 144.
16 BT-Drucks. 17/11471 (neu), S. 144.
17 BGBl. I S. 623.

immer ein Betrag angegeben ist, sondern die Höhe der Gebühr auch auf andere Weise beschrieben wird. Im Übrigen entspricht die neue Formulierung der Formulierung in anderen Kostengesetzen.

- Die Änderung der **Abschnittsüberschriften** (zB in „Abschnitt 1") dient der Anpassung an die Kostenverzeichnisse der übrigen Kostengesetze und an das Vergütungsverzeichnis des RVG.
- Wie in den Kosten- und Vergütungsverzeichnissen der übrigen Kostengesetze werden die **Vorbemerkungen** grds. mit Nummern versehen, die sich an der Gliederungseinheit orientieren, zu der sie gehören. Dies dient einer verbesserten Zitierfähigkeit.

Abschnitt 1
Allgemeine Vorschriften

§ 1 Geltungsbereich

(1) Für die Tätigkeit des Gerichtsvollziehers, für die er nach Bundes- oder Landesrecht sachlich zuständig ist, werden Kosten (Gebühren und Auslagen) nur nach diesem Gesetz erhoben.

(2) Landesrechtliche Vorschriften über die Kosten der Vollstreckung im Verwaltungszwangsverfahren bleiben unberührt.

DB-GvKostG (Zu § 1) Nr. 1

Die Gerichtsvollzieherkosten (GV-Kosten) werden für die Landeskasse erhoben.

1 Für die Tätigkeit des Gerichtsvollziehers, für die er nach Bundes- oder Landesrecht zuständig ist, werden Kosten erhoben. Eine bundeseinheitliche allgemeine Regelung der Zuständigkeit des Gerichtsvollziehers gibt es nicht. Abgesehen von der Tätigkeit des Gerichtsvollziehers im Rahmen der Zwangsvollstreckung, die sich aus § 753 ZPO ergibt, wurde vielfach von der Ermächtigung des § 154 GVG durch die Landesjustizverwaltungen Gebrauch gemacht und die Zuständigkeit der Gerichtsvollzieher für weitere Tätigkeiten auf Landesebene geregelt.

2 Wird der Gerichtsvollzieher nicht als solcher tätig, wie zB bei einer Bestellung zum **Sequester** (§ 154 Abs. 1 GVGA), findet das GvKostG keine Anwendung.[1] Soweit der Gerichtsvollzieher bei einer Tätigkeit als Sequester auch als Vollstreckungsorgan tätig wird (§ 154 Abs. 2 GVGA), gilt wiederum das GvKostG.

3 Der Begriff „Kosten" ist in **Abs. 1** gesetzlich definiert und umfasst **Gebühren** und **Auslagen**. Die Definition ist in allen Justizkostengesetzen einheitlich (vgl § 1 Abs. 1 S. 1 GKG, § 1 Abs. 1 S. 1 FamGKG, § 1 Abs. 1 S. 1 GNotKG).

4 Die Gerichtsvollzieherkosten werden für die **Landeskasse** erhoben (Nr. 1 DB-GvKostG). Gerichtsvollzieher sind keine „Gebührenbeamten",[2] insb. sind also auch die Auslagen, die dem Gerichtsvollzieher zur Abgeltung seiner baren Auslagen überlassen werden (§ 7 Abs. 2 GVO), zunächst für das Land zu erheben.[3] Das GvKostG regelt ausschließlich die Rechtsbeziehungen zwischen dem **jeweiligen Kostenschuldner und der Staatskasse**, nicht jedoch zum Gerichtsvollzieher.[4]

---

1 OLG Bremen JurBüro 1999, 327.
2 BGH DGVZ 2001, 75; OLG Hamm DGVZ 1994, 27; LG Frankfurt DGVZ 1993, 74; LG Wiesbaden DGVZ 1991, 59; OVG Berlin DGVZ 1981, 138.
3 OLG Köln NJW 1988, 503.
4 OLG Köln NJW 1988, 503; BVerwG DGVZ 1982, 151.

§ 2 Kostenfreiheit

(1) ¹Von der Zahlung der Kosten sind befreit der Bund, die Länder und die nach dem Haushaltsplan des Bundes oder eines Landes für Rechnung des Bundes oder eines Landes verwalteten öffentlichen Körperschaften oder Anstalten, bei einer Zwangsvollstreckung nach § 885 der Zivilprozessordnung wegen der Auslagen jedoch nur, soweit diese einen Betrag von 5.000 Euro nicht übersteigen. ²Bei der Vollstreckung wegen öffentlich-rechtlicher Geldforderungen ist maßgebend, wer ohne Berücksichtigung des § 252 der Abgabenordnung oder entsprechender Vorschriften Gläubiger der Forderung ist.

(2) ¹Bei der Durchführung des Zwölften Buches Sozialgesetzbuch sind die Träger der Sozialhilfe, bei der Durchführung des Zweiten Buches Sozialgesetzbuch die nach diesem Buch zuständigen Träger der Leistungen, bei der Durchführung des Achten Buches Sozialgesetzbuch die Träger der öffentlichen Jugendhilfe und bei der Durchführung der ihnen obliegenden Aufgaben nach dem Bundesversorgungsgesetz die Träger der Kriegsopferfürsorge von den Gebühren befreit. ²Sonstige Vorschriften, die eine sachliche oder persönliche Befreiung von Kosten gewähren, gelten für Gerichtsvollzieherkosten nur insoweit, als sie ausdrücklich auch diese Kosten umfassen.

(3) Landesrechtliche Vorschriften, die in weiteren Fällen eine sachliche oder persönliche Befreiung von Gerichtsvollzieherkosten gewähren, bleiben unberührt.

(4) Die Befreiung von der Zahlung der Kosten oder der Gebühren steht der Entnahme der Kosten aus dem Erlös (§ 15) nicht entgegen.

DB-GvKostG (Zu § 2): keine Regelung

I. Anwendungsbereich

Das Gerichtsvollzieherkostenrecht kennt nur Fälle einer sachlichen Kosten- oder Gebührenbefreiung. Es **entsteht** zwar grds. ein Kosten- oder Gebührenanspruch, doch können entstandene Kosten bzw Gebühren von einzelnen Personen, Personengruppen und Institutionen nicht erhoben werden.[1] Im Bereich des Gerichtsvollzieherkostenrechts gilt dies jedoch nur, soweit ein Kosten- bzw Gebührenbefreiter als **Antragsteller/Gläubiger** haftet. Als **Vollstreckungsschuldner** und Verpflichteter haftet auch der Kosten- bzw Gebührenbefreite nach § 13 Abs. 1 Nr. 2 und 3 für die nach dem GvKostG entstandenen Kosten im Rahmen des § 788 ZPO.[2]

II. Kostenbefreiung (Abs. 1)

1. Bund/Länder. Kostenbefreit sind der Bund, die Länder sowie die dem Bund und den Ländern nachgeordneten Mittel- und Unterbehörden (Abs. 1 S. 1).

2. Öffentliche Anstalten und Körperschaften. Ebenfalls kostenbefreit sind die nach den Haushaltsplänen des Bundes oder eines Landes für Rechnung des Bundes oder eines Landes verwalteten öffentlichen Anstalten und Körperschaften (Abs. 1 S. 1). Es handelt sich um Einrichtungen mit eigener Rechtspersönlichkeit, die unmittelbar der Erfüllung öffentlicher Aufgaben des Bundes oder eines Landes dienen. Von der Zahlung der Kosten sind nur solche öffentlichen Anstalten befreit, deren Einnahmen und Ausgaben in den Haushaltsplan des Bundes oder eines Landes aufzunehmen sind.[3] Nicht ausreichend ist, dass die wirtschaftlichen Ergebnisse der öffentlichen Anstalt oder Körperschaft irgendwie im Haushalt er-

---

1 LG Köln DGVZ 1990, 159.
2 AG Hannover MDR 1963, 146; aA *Winterstein/Richter/Zuhn*, GvKostR, § 2 Rn 6.
3 BGH DGVZ 1997, 87; BGH MDR 1978, 1016; BGH WM 1956, 195.

scheinen oder dass aus dem Bundes- oder Landeshaushalt Zuschüsse gezahlt werden.[4]

4 **3. Räumungsvollstreckung.** Die Kostenbefreiung für Bund, Länder und die nach den Haushaltsplänen des Bundes oder eines Landes für Rechnung des Bundes oder eines Landes verwalteten öffentlichen Anstalten oder Körperschaften erfährt bei der Vollstreckung nach § 885 ZPO eine Einschränkung. Hinsichtlich der Auslagen besteht keine Befreiung, soweit die Auslagen 5.000 € übersteigen (Abs. 1 S. 1 aE). Übersteigen die Auslagen diesen Betrag, besteht für die übersteigenden Beträge eine Zahlungsverpflichtung.

5 **4. Vollstreckung wegen öffentlich-rechtlicher Forderungen.** Bei der Vollstreckung öffentlich-rechtlicher Forderungen von Sozialversicherungsträgern, Berufsgenossenschaften usw, die nicht kostenbefreit sind, tritt die Kostenbefreiung nicht dadurch ein, dass sich die Gläubiger zur Vollstreckung zB einer Bundesbehörde bedienen (vgl Abs. 1 S. 2). Maßgebend ist, ob dem im Vollstreckungstitel bezeichneten Gläubiger Kostenfreiheit zusteht.[5] Umgekehrt bedeutet dies jedoch auch, dass die durch einen zB nur Gebührenbefreiten für eine kostenbefreite Partei durchgeführte Vollstreckung der Kostenbefreiung unterliegt.[6]

III. Gebührenbefreiung (Abs. 2)

6 **1. Gebührenfreiheit.** Von den Gebühren für Tätigkeiten des Gerichtsvollziehers, die infolge bestimmter Tätigkeiten nach den Sozialgesetzbüchern erfolgen, sind die insoweit **zuständigen Träger** befreit (vgl Abs. 2 S. 1). Die Befreiung bezieht sich allein auf die Gebühren. Auslagen nach dem 7. Abschnitt des Kostenverzeichnisses sind daher zu erheben.[7]

7 **2. Sonstige Kostenbefreiungen.** Kostenbefreiungsvorschriften anderer Gesetze können für die Kostenberechnung der Gerichtsvollzieher nicht herangezogen werden (Abs. 2 S. 2). Eine Kostenfreiheit gilt bezüglich der Gerichtsvollziehertätigkeit nur dann, wenn dies ausdrücklich festgelegt worden ist.[8]

IV. Landesrecht (Abs. 3)

8 Abs. 3 verweist auf die landesrechtlichen Bestimmungen, die eine Kosten- oder Gebührenbefreiung für Gerichtsvollzieher enthalten. Landesrechtliche Bestimmungen erstrecken sich nur auf das Land, für welches sie erlassen sind. Eine Gebietskörperschaft – wie eben ein Land – kann Kostenregelungen allenfalls für die von ihr unterhaltenen Einrichtungen treffen. Ein Landesgesetz gilt nur in dem Bereich, in welchem dem Bundesland die Gesetzgebungskompetenz zusteht.[9]

V. Wirtschaftliche Unternehmen

9 Weder von den Kosten noch den Gebühren befreit sind wirtschaftliche Unternehmen des Bundes, der Länder, Kreise, Städte und Gemeinden. „**Wirtschaftliches Unternehmen**" wird **definiert** als eine Einrichtung, die aus der allgemeinen Verwaltung ausgegliedert ist und in bestimmtem Rahmen eine eigene Verwaltung und Wirtschaftsführung erfordert. Unerheblich ist, ob ein solches Unternehmen auf Gewinnerzielung gerichtet ist oder nicht. In Betracht kommen u.a. Einrich-

---

4 BGH DGVZ 2009, 116; KG JurBüro 1997, 149; KG JurBüro 1996, 42; BGH Rpfleger 1956, 97.
5 AG Mönchengladbach-Rheydt DGVZ 2003, 159.
6 LG Osnabrück DGVZ 2007, 40; AG Meppen DGVZ 2007, 40; LG Leipzig DGVZ 2005, 27.
7 LG Mönchengladbach JurBüro 2009, 657.
8 AG Wittenberg DGVZ 2009, 19.
9 AG Bonn DGVZ 2007, 95, LG Ulm DGVZ 2005, 28; BGH NJW-RR 1998, 1222.

tungen, die – einem privaten Wirtschaftsunternehmen vergleichbar – als selbständige Rechtspersönlichkeiten des bürgerlichen Rechts, zB als GmbH oder AG, oder nach den Bestimmungen des Haushaltsrechts als Eigenbetriebe geführt werden.[10] Dies gilt selbst dann, wenn dieses Wirtschaftsunternehmen ausschließlich im Eigentum des Bundes oder eines Landes steht.[11]

VI. Entnahme von Kosten aus dem Erlös (Abs. 4)

Die einem Gläubiger zustehende Kostenbefreiung steht der Entnahme der Kosten aus einem Erlös (§ 15) nicht entgegen. Die Entnahme aus dem Erlös ist nach Abs. 4 bei Kosten- oder Gebührenbefreiung ausdrücklich zugelassen. Der Gerichtsvollzieher ist demnach berechtigt, die bei der Zwangsvollstreckung entstandenen Kosten vorweg dem Vollstreckungserlös oder einer Zahlung zu entnehmen.

10

VII. Zweifelsfragen

Die Befreiungen von Kosten oder Gebühren sind zahlreich und unübersichtlich. Auch ergeben sich Zweifelsfragen, wenn zB das **Hauptzollamt** als Unterbehörde des Bundes kostenbefreit ist (§ 2 Abs. 1 S. 1), während es bei Vollstreckungen für Dritte nicht befreit ist (§ 2 Abs. 1 S. 2).[12] Ebenso sind bestimmte Institutionen selbst nicht kostenbefreit (zB Bau- und Liegenschaftsbetrieb NRW);[13] treten sie jedoch wiederum als Vertreter eines kostenbefreiten Landes auf, besteht Kostenfreiheit (§ 2 Abs. 1 S. 2).[14] Oft wird eine Befreiung angenommen, die zB in einem anderen Bundesland nicht gegeben ist, oder eine Befreiung vorgetragen, die für Gerichtsvollzieherkosten nicht gilt. In derartigen Fällen sollte der Bezirksrevisor beteiligt werden.[15]

11

§ 3 Auftrag

(1) ¹Ein Auftrag umfasst alle Amtshandlungen, die zu seiner Durchführung erforderlich sind; einem Vollstreckungsauftrag können mehrere Vollstreckungstitel zugrunde liegen. ²Werden bei der Durchführung eines Auftrags mehrere Amtshandlungen durch verschiedene Gerichtsvollzieher erledigt, die ihren Amtssitz in verschiedenen Amtsgerichtsbezirken haben, gilt die Tätigkeit jedes Gerichtsvollziehers als Durchführung eines besonderen Auftrags. ³Jeweils verschiedene Aufträge sind die Zustellung auf Betreiben der Parteien, die Vollstreckung einschließlich der Verwertung und besondere Geschäfte nach Abschnitt 4 des Kostenverzeichnisses, soweit sie nicht Nebengeschäft sind. ⁴Die Vollziehung eines Haftbefehls ist ein besonderer Auftrag.

(2) ¹Es handelt sich jedoch um denselben Auftrag, wenn der Gerichtsvollzieher gleichzeitig beauftragt wird,

1. einen oder mehrere Vollstreckungstitel zuzustellen und hieraus gegen den Zustellungsempfänger zu vollstrecken,
2. mehrere Zustellungen an denselben Zustellungsempfänger oder an Gesamtschuldner zu bewirken oder

---

10 OLG Köln NVwZ-RR 1998, 469.
11 BGH Rpfleger 1982, 81.
12 Schröder-Kay/*Gerlach*, § 2 GvKostG Rn 18.
13 OLG Köln OLGR 2005, 90.
14 OLG Köln 12.7.2010 – 2 Wx 74/10.
15 Schröder-Kay/*Gerlach*, § 2 GvKostG Rn 36.

3. mehrere Vollstreckungshandlungen gegen denselben Vollstreckungsschuldner oder Verpflichteten (Schuldner) oder Vollstreckungshandlungen gegen Gesamtschuldner auszuführen; der Gerichtsvollzieher gilt als gleichzeitig beauftragt, wenn der Auftrag zur Abnahme der Vermögensauskunft mit einem Vollstreckungsauftrag verbunden ist (§ 807 Abs. 1 der Zivilprozessordnung), es sei denn, der Gerichtsvollzieher nimmt die Vermögensauskunft nur deshalb nicht ab, weil der Schuldner nicht anwesend ist.

²Bei allen Amtshandlungen nach § 845 Abs. 1 der Zivilprozessordnung handelt es sich um denselben Auftrag. ³Absatz 1 Satz 2 bleibt unberührt.

(3) ¹Ein Auftrag ist erteilt, wenn er dem Gerichtsvollzieher oder der Geschäftsstelle des Gerichts, deren Vermittlung oder Mitwirkung in Anspruch genommen wird, zugegangen ist. ²Wird der Auftrag zur Abnahme der Vermögensauskunft mit einem Vollstreckungsauftrag verbunden (§ 807 Abs. 1 der Zivilprozessordnung), gilt der Auftrag zur Abnahme der Vermögensauskunft als erteilt, sobald die Voraussetzungen nach § 807 Abs. 1 der Zivilprozessordnung vorliegen.

(4) ¹Ein Auftrag gilt als durchgeführt, wenn er zurückgenommen worden ist oder seiner Durchführung oder weiteren Durchführung Hinderungsgründe entgegenstehen. ²Dies gilt nicht, wenn der Auftraggeber zur Fortführung des Auftrags eine richterliche Anordnung nach § 758 a der Zivilprozessordnung beibringen muss und diese Anordnung dem Gerichtsvollzieher innerhalb eines Zeitraumes von drei Monaten zugeht, der mit dem ersten Tag des auf die Absendung einer entsprechenden Anforderung an den Auftraggeber folgenden Kalendermonats beginnt. ³Satz 2 ist entsprechend anzuwenden, wenn der Schuldner zu dem Termin zur Abnahme der Vermögensauskunft nicht erscheint oder die Abgabe der Vermögensauskunft ohne Grund verweigert und der Gläubiger innerhalb des in Satz 2 genannten Zeitraums einen Auftrag zur Vollziehung eines Haftbefehls erteilt. ⁴Der Zurücknahme steht es gleich, wenn der Gerichtsvollzieher dem Auftraggeber mitteilt, dass er den Auftrag als zurückgenommen betrachtet, weil damit zu rechnen ist, die Zwangsvollstreckung werde fruchtlos verlaufen, und wenn der Auftraggeber nicht bis zum Ablauf des auf die Absendung der Mitteilung folgenden Kalendermonats widerspricht. ⁵Der Zurücknahme steht es auch gleich, wenn im Falle des § 4 Abs. 1 Satz 1 und 2 der geforderte Vorschuss nicht bis zum Ablauf des auf die Absendung der Vorschussanforderung folgenden Kalendermonats beim Gerichtsvollzieher eingegangen ist.

DB-GvKostG (Zu § 3) Nr. 2

(1) Gibt die Gerichtsvollzieherin oder der Gerichtsvollzieher einen unvollständigen oder fehlerhaften Auftrag zurück, so ist der Auftraggeber darauf hinzuweisen, dass der Auftrag als abgelehnt zu betrachten ist, wenn er nicht bis zum Ablauf des auf die Rücksendung folgenden Monats ergänzt oder berichtigt zurückgereicht wird. Wird der Mangel innerhalb der Frist behoben, so liegt kostenrechtlich kein neuer Auftrag vor. Die Sätze 1 und 2 gelten nicht, wenn der Auftrag zurückgegeben wird, weil die Anschrift des Schuldners unzutreffend und die zutreffende Anschrift der Gerichtsvollzieherin oder dem Gerichtsvollzieher nicht bekannt ist und auch nicht ermittelt werden konnte.

(2) Bei bedingt erteilten Aufträgen gilt der Auftrag mit Eintritt der Bedingung als erteilt. § 3 Abs. 2 Nr. 3 GvKostG bleibt unberührt.

(3) Es handelt sich grundsätzlich um denselben Auftrag, wenn die Gerichtsvollzieherin oder der Gerichtsvollzieher gleichzeitig beauftragt wird, einen oder mehrere Vollstreckungstitel zuzustellen, aufgrund der Titel Vollstreckungshandlungen

gegen den Schuldner auszuführen und beim Vorliegen der Voraussetzungen nach § 807 Abs. 1 ZPO die Vermögensauskunft abzunehmen.

(4) Verbindet der Gläubiger den Vollstreckungsauftrag mit dem Auftrag zur Abnahme der Vermögensauskunft (§ 807 Abs. 1 ZPO), so liegt kostenrechtlich derselbe Auftrag auch dann vor, wenn der Schuldner der sofortigen Abnahme der Vermögensauskunft widerspricht. Scheitert die sofortige Abnahme nur deshalb, weil der Schuldner abwesend ist, handelt es sich um zwei Aufträge.

(5) Bei der Zustellung eines Pfändungs- und Überweisungsbeschlusses an mehrere Drittschuldner handelt es sich um mehrere Aufträge. Die Zustellungen an Schuldner und Drittschuldner sind ein Auftrag.

(6) Mehrere Aufträge liegen vor, wenn der Auftraggeber lediglich als Vertreter (z.B. als Inkassounternehmen, Hauptzollamt, Rechtsanwältin oder Rechtsanwalt) für mehrere Gläubiger tätig wird; maßgebend ist die Zahl der Gläubiger. Es handelt sich jedoch um denselben Auftrag, wenn mehrere Gläubiger, denen die Forderung gemeinschaftlich zusteht (z.B. Gesamtgläubiger – § 428 BGB –, Mitgläubiger – § 432 BGB –, Gesamthandsgemeinschaften) auf Grund eines gemeinschaftlich erwirkten Titels die Vollstreckung oder die Zustellung des Titels beantragen.

(7) Nebengeschäfte im Sinne des § 3 Abs. 1 Satz 3 GvKostG sind insbesondere

a) die Entgegennahme einer Zahlung im Zusammenhang mit einem Vollstreckungsauftrag oder einem sonstigen selbständigen Auftrag; dies gilt auch dann, wenn im Zeitpunkt der Entgegennahme der Zahlung das Hauptgeschäft bereits abschließend erledigt ist,

b) die Einholung von Auskünften bei einer der in den §§ 755, 802 l ZPO genannten Stellen,

c) das Verfahren zur gütlichen Erledigung der Sache (§ 802 b ZPO), es sei denn, der Gerichtsvollzieher wurde isoliert mit dem Versuch der gütlichen Erledigung der Sache beauftragt (§ 802 a Abs. 2 Satz 2 ZPO).

(8) Stellt die Gerichtsvollzieherin oder der Gerichtsvollzieher fest, dass der Schuldner in einen anderen Amtsgerichtsbezirk verzogen ist, sind die bis zum Zeitpunkt der Auftragsabgabe fällig gewordenen Gebühren und Auslagen anzusetzen. Ist der Schuldner innerhalb des Amtsgerichtsbezirks verzogen, sind die entstandenen Gebühren und Auslagen der übernehmenden Gerichtsvollzieherin oder dem übernehmenden Gerichtsvollzieher zum Zweck des späteren Kostenansatzes (§ 5 Abs. 1 Satz 1 GvKostG) mitzuteilen. Satz 3 der Vorbemerkung zum 6. Abschnitt des Kostenverzeichnisses bleibt unberührt. Hat die abgebende Gerichtsvollzieherin oder der abgebende Gerichtsvollzieher einen Vorschuss gemäß § 4 GvKostG erhoben, sind die durch Abrechnung des Vorschusses bereits eingezogenen Gebühren und Auslagen der übernehmenden Gerichtsvollzieherin oder dem übernehmenden Gerichtsvollzieher mitzuteilen.

I. Auftrag 1	3. Zusammenfassung von Aufträgen (Abs. 2) 16
1. Grundlegendes 1	4. Bedingte Aufträge 19
2. Amtshandlung 4	a) Allgemeines 19
3. Mehrere Gerichtsvollzieher 5	b) Spezialregelung „Kombi-Auftrag",
4. Mehrere Vollstreckungstitel 11	§ 807 Abs. 1 ZPO 21
5. Abgrenzung: ein Auftrag/ mehrere Aufträge 12	c) Sonstige bedingte Aufträge 22
II. Besondere Regelungen 14	5. Räumungsvollstreckung 24
1. Verhaftungsauftrag 14	III. Gleichzeitigkeit 25
2. Pfändungs- und Verhaftungsauftrag 15	

IV. Der kombinierte Auftrag zur Vollstreckung und Abnahme der Vermögensauskunft („Kombi-Auftrag") (Abs. 2 S. 1 Nr. 3)		V. Vorpfändung (Abs. 2 S. 2)	42
		VI. Pfändungs- und Überweisungsbeschluss	44
	28	VII. Auftragserteilung (Abs. 3)	45
1. Allgemeines	28	1. Entstehung von Gebühren	45
2. Widerspruch des Schuldners	31	2. Auftragserweiterung	46
3. Abwesender Schuldner	32	VIII. Auftragsdurchführung (Abs. 4)	47
4. Sonstige verbundene Aufträge	34	1. Durchgeführter Auftrag	47
5. Weitere Auftragsfragen	36	2. Nicht durchgeführter Auftrag (Abs. 4 S. 1)	48
a) Anschriftenermittlung	36	3. Fristen bei der Durchführung von Aufträgen (Abs. 4 S. 2–5)	49
b) Vermögensauskunft und ggf Pfändung	37		
c) Wiederholtes Nichtantreffen des Schuldners	39	4. Erhebung von Kosten bei Fristen	53
d) Antrag auf Auskunft nach § 802 l ZPO	40	IX. Fehlerhafte/unvollständige Aufträge	54

I. Auftrag

1. Grundlegendes. Da die Kosten des Gerichtsvollziehers sich am erteilten Auftrag orientieren, ist § 3, der den Auftrag regelt, eine Kernvorschrift des Gerichtsvollzieherkostenrechts. Es wird unterschieden zwischen der „Durchführung" des Auftrags (vgl Abs. 3 und § 14) und der „Erledigung" der Amtshandlung (vgl Abs. 1 S. 2).

Durch das Gesetz zur Reform der Sachaufklärung in der Zwangsvollstreckung vom 29.7.2009[1] wurde der Begriff „eidesstattliche Versicherung" durch „Vermögensauskunft" ersetzt. Es handelt sich um reine Folgeänderungen;[2] rechtliche Änderungen oder Neuregelungen im Rahmen des Auftrags sind damit nicht verbunden.[3] Gerade dies führt jedoch bei nach der Reform der Sachaufklärung gestellten Anträgen (in Kraft getreten am 1.1.2013) zu Schwierigkeiten bei der Frage, ob ein Auftrag oder mehrere Aufträge vorliegen, da die neuen Auftragsmöglichkeiten nicht ohne Probleme in die Systematik des § 3 eingepasst werden können.

Durch das 2. KostRMoG wurden in Abs. 1 S. 3 die Wörter „dem 4. Abschnitt" durch die Angabe „Abschnitt 4" ersetzt. Auch damit sind Änderungen im Inhalt der Bestimmung und neue Auftragskonstellationen nicht verbunden. Die Änderung ist lediglich eine Folge der geänderten Abschnittsbezeichnung.

2. Amtshandlung. Abs. 1 stellt klar, dass der einem Gerichtsvollzieher erteilte Auftrag auf Erledigung einer, aber auch mehrerer Amtshandlungen gerichtet sein kann. Dies bedeutet, dass nicht die einzelne Amtshandlung (Zustellung, Vollstreckung, Verwertung usw) den Auftrag bestimmt, sondern dass die Gesamtheit der notwendigen Amtshandlungen für den Auftrag maßgebend ist.

3. Mehrere Gerichtsvollzieher. Werden bei der Durchführung eines Auftrags Gerichtsvollzieher aus **verschiedenen Amtsgerichtsbezirken** tätig (zB Vollstreckung gegen Gesamtschuldner mit Wohnsitz in verschiedenen Amtsgerichtsbezirken), wird die Durchführung des Auftrags bei jedem Gerichtsvollzieher kostenrechtlich als besonderer Auftrag behandelt (**Abs. 1 S. 2**).

Die Tätigkeit mehrerer Gerichtsvollzieher **desselben Amtsgerichtsbezirks** erfolgt im Rahmen desselben Auftrags.

---

[1] BGBl. I S. 2258.
[2] BT-Drucks. 16/10069, S. 48.
[3] Vgl BT-Drucks. 16/10069, S. 48.

Die Kostenberechnung bei einer Tätigkeit mehrerer Gerichtsvollzieher in demselben Amtsgerichtsbezirk führt im Rahmen der **Ermittlungen nach § 755 ZPO** zu Problemen. Wenn mehrere Gerichtsvollzieher eines Amtsgerichtsbezirks tätig werden, muss einheitlich so abgerechnet werden, als ob nur ein Gerichtsvollzieher tätig geworden wäre. Nach § 5 Abs. 1 S. 1 ist für die Kostenerhebung derjenige Gerichtsvollzieher zuständig, der als Letzter mit der Sache befasst wird. Somit darf der zunächst beauftragte Gerichtsvollzieher Kosten gem. § 5 Abs. 1 S. 1 nicht erheben. Dies gilt sowohl für die Gebühr Nr. 440 KV GvKostG und die Gebühr Nr. 604 KV GvKostG (s. auch Vorbem. 6 KV GvKostG sowie Nr. 2 Abs. 8 DB-GvKostG) als auch für die Auslagen nach Nr. 708 KV GvKostG.

7

Das kann aus Sicht des abgebenden Gerichtsvollziehers zu einem unbilligen und kaum nachvollziehbaren Ergebnis führen, wenn er Ermittlungen nach § 755 ZPO vorgenommen hat und hierfür weder vorgelegte Auslagen (Nr. 708 KV GvKostG) ansetzen kann.[4] Im Grundsatz sollte davon ausgegangen werden, dass die Fälle der Bevorzugung und Benachteiligung sich langfristig ausgleichen.[5] Derartige Fallgestaltungen kamen auch bisher bereits vor (zB Durchsuchungsverweigerung und Erledigung des Auftrags durch einen anderen Gerichtsvollzieher), jedoch nicht mit den kostenrechtlichen Folgen, wie sie heute eintreten, wenn dem ersten Gerichtsvollzieher hinsichtlich der Auskunftsanträge bereits erhebliche Auslagen entstanden sind (Nr. 708 KV GvKostG) und auch die Gebühren (Nr. 440 und Nr. 604 KV GvKostG) nicht erhoben werden können.

8

In der Literatur werden **zwei Lösungswege** in Betracht gezogen:[6]

9

- Lösungsweg 1: Die beteiligten Gerichtsvollzieher teilen sich die Kosten. – Eine derartige Teilung ist nach den geltenden Bestimmungen zwar nicht vorgeschrieben, aber auch nicht verboten oder nicht unmöglich. Der Gerichtsvollzieher, der den Auftrag endgültig erledigt, überweist dem zunächst tätigen Gerichtsvollzieher die bei diesem entstandenen Gebühren und Auslagen. Allerdings ergeben sich dabei jedoch bereits weitere Probleme, da dies ggf eine Aufteilung der nur einmal entstehenden Auslagenpauschale und des im Regelfall nur einmal entstehenden Wegegeldes erfordert.

- Lösungsweg 2: Der abgebende Gerichtsvollzieher erhebt einen Vorschuss. – Bei den Auslagen ist eine Verrechnung mit dem Vorschuss schon deshalb ohne weiteres möglich, weil Auslagen sofort nach ihrer Entstehung fällig werden (§ 14 S. 2). Eine Vorschusserhebung stellt auch noch keinen Kostenansatz dar, so dass auch § 5 Abs. 1 S. 1 der Erhebung nicht entgegensteht.[7] Eine Verrechnung mit bereits entstandenen Gebühren erscheint ebenfalls möglich, wenn dem übernehmenden Gerichtsvollzieher die Verrechnung für den bei ihm erfolgenden Kostenansatz mitgeteilt wird. Eine entsprechende Regelung in der DB-GvKostG wird derzeit erarbeitet. Die Erhebung eines Vorschusses dürfte dabei wegen des damit verbundenen Aufwands und der Verzögerung zu Beginn der Vollstreckung nicht zu einer Beschleunigung der Vollstreckung führen.

Eine Lösung dieser Problemkonstellation könnte nur durch eine Änderung des Abs. 1 S. 2 erreicht werden, indem die Tätigkeit jedes Gerichtsvollziehers auch dann als Durchführung eines besonderen Auftrags anzusehen ist, wenn die Gerichtsvollzieher ihren Amtssitz **im gleichen Amtsgerichtsbezirk** haben.[8] Dies würde bedeuten, dass Wegegeld und Auslagenpauschale gesondert entstehen. Ob die

10

---

4 Schröder-Kay/*Gerlach*, § 3 GvKostG Rn 19, § 5 GvKostG Rn 3.
5 Schröder-Kay/*Gerlach*, § 3 GvKostG Rn 20, § 5 GvKostG Rn 3.
6 Schröder-Kay/*Gerlach*, § 3 GvKostG Rn 20, § 5 GvKostG Rn 3.
7 Schröder-Kay/*Gerlach*, § 3 GvKostG Rn 20, § 5 GvKostG Rn 3.
8 Schröder-Kay/*Gerlach*, § 3 GvKostG Rn 20, § 5 GvKostG Rn 4.

Zuständigkeit eines weiteren Gerichtsvollziehers in demselben Amtsgerichtsbezirk zu einer weiteren Belastung der Kostenschuldner führen darf, erscheint zweifelhaft. Bis zu einer Regelung wird von den Justizverwaltungen auf die mögliche Erhebung eines Vorschusses verwiesen.

11   4. **Mehrere Vollstreckungstitel.** Einem Vollstreckungsauftrag können mehrere Vollstreckungstitel zugrunde liegen (**Abs. 1 S. 1 Hs 2**). Dabei muss es sich um Titel desselben Gläubigers handeln. Diese insoweit aus dem Gesetz nicht ersichtliche Voraussetzung folgt aus Nr. 2 Abs. 2 S. 2 DB-GvKostG. Danach liegen mehrere Aufträge vor, wenn der Auftraggeber lediglich als Vertreter (zB als Inkassounternehmen, Hauptzollamt, Rechtsanwalt) für mehrere Gläubiger tätig wird; maßgebend ist die Zahl der Gläubiger.

12   5. **Abgrenzung: ein Auftrag/mehrere Aufträge.** In **Abs. 1 S. 3** wird ausdrücklich geregelt, nach welchen Kriterien verschiedene Aufträge voneinander abgegrenzt werden. In **Abs. 2** werden dann bestimmte Fälle genannt, die in Abweichung von diesem Grundsatz – kostenrechtlich – nur einen Auftrag darstellen. Mit dem Wort „jedoch" wird deutlich gemacht, dass es sich bei den in der Folge aufgezählten Fällen um Ausnahmen zu der Definition des Auftrags in Abs. 1 handelt, die zwar danach grds. mehrere Aufträge darstellen würden, aber eben kraft gesetzlicher Bestimmung – kostenrechtlich – nur als ein Auftrag anzusehen sind.

13   In welchen Fällen ein einheitlicher Auftrag vorliegt, ist insb. für die Frage von Bedeutung, ob die Gebühren oder bestimmte Auslagen nur einmal oder mehrmals zu erheben sind. Nach § 10 kann der Gerichtsvollzieher zB gleichartige Gebühren bei Durchführung desselben Auftrags grds. nur einmal fordern. Die Regelung ist aber auch für die Frage von Bedeutung, zu welchem Zeitpunkt ein Auftrag durchgeführt ist. Dieser Zeitpunkt ist im Hinblick auf die Bestimmungen, die an die Durchführung anknüpfen sollen, zB die Vorschriften über die Nachforderung (§ 6) und die Verjährung (§ 8), von Bedeutung.

II. Besondere Regelungen

14   1. **Verhaftungsauftrag.** Mit **Abs. 1 S. 4** wird klargestellt, dass der auf die Vollziehung eines Haftbefehls gerichtete Auftrag immer ein besonderer Auftrag ist, auch wenn der Antrag auf Erlass eines Haftbefehls mit dem Auftrag zur Abnahme der Vermögensauskunft verbunden wird und der Auftrag zur Vollziehung des Haftbefehls zugleich mit dem Auftrag zur Abnahme der Vermögensauskunft erteilt worden ist. Der Auftrag wird in diesem Fall bedingt erteilt und erst mit Eintritt der Bedingung wirksam. Damit wird die Vollziehung eines Haftbefehls von dem Verfahren zur Abnahme der Vermögensauskunft abgegrenzt. Die Klarstellung ist auch erforderlich, da ansonsten Abs. 2 S. 1 Nr. 3 (mehrere Vollstreckungshandlungen gegen denselben Schuldner) greifen würde.

15   2. **Pfändungs- und Verhaftungsauftrag.** Aus der Bestimmung des Abs. 1 S. 4 ergibt sich aber auch noch eine weitere Folge: Auch bei dem Auftrag zur Pfändung und Verhaftung handelt es sich um zwei Aufträge, mit der Folge, dass der Auftrag zur Verhaftung als erteilt gilt (Nr. 2 Abs. 2 DB-GvKostG), sobald die Voraussetzungen für den Haftauftrag eingetreten sind.

16   3. **Zusammenfassung von Aufträgen (Abs. 2).** Als ein **Auftrag** sind nach **Abs. 2** anzusehen:

- die Zustellung eines oder mehrerer Titel und Vollstreckung aus einem oder mehreren Titeln gegen einen Schuldner (Nr. 1);

- mehrere Zustellungen an denselben Zustellungsempfänger oder an Gesamtschuldner (Nr. 2);

- mehrere Vollstreckungshandlungen gegen denselben Vollstreckungsschuldner oder denselben Verpflichteten (Nr. 3 Hs 1 Alt. 1);
- mehrere Vollstreckungshandlungen gegen Gesamtschuldner (Nr. 3 Hs 1 Alt. 2);
- der Auftrag zur Mobiliarvollstreckung und der damit verbundene bedingte Auftrag zur Abnahme der eidesstattlichen Versicherung nach § 900 Abs. 2 S. 1 ZPO (Nr. 3 Hs 2).

Diese Zusammenfassung bestimmter Maßnahmen des Gerichtsvollziehers war notwendig, da sich nach dem Willen des Gesetzgebers der kostenrechtliche Begriff des Auftrags nicht mit dem Begriff des Auftrags in § 753 ZPO decken muss.[9]

Abs. 2 S. 1 nennt in Nr. 3 neben dem Vollstreckungsschuldner auch den „**Verpflichteten**". Das Gesetz über das Verfahren in Familiensachen und in den Angelegenheiten der freiwilligen Gerichtsbarkeit (**FamFG**) kennt den Begriff „Vollstreckungsschuldner" nicht, sondern verwendet den Begriff „Verpflichteter" (§§ 92 Abs. 1, 95 Abs. 3, 96 Abs. 1 FamFG).[10] Um im GvKostG nicht wiederholt beide Begriffe nebeneinander verwenden zu müssen, werden beide Begriffe unter dem Begriff „Schuldner" zusammengefasst.[11] Der Begriff des Schuldners umfasst damit also sowohl den Vollstreckungsschuldner als auch den Verpflichteten. In Vollstreckungsverfahren nach dem FamFG gelten damit auch die kostenrechtlichen Regelungen des GvKostG.

4. Bedingte Aufträge. a) Allgemeines. Das GvKostG regelt nur einen Fall des bedingten Auftrags, nämlich dass der Auftrag zur Abnahme der Vermögensauskunft mit einem Vollstreckungsauftrag verbunden wird (§ 807 Abs. 1 ZPO). Über die dort geregelten Fälle hinaus kennt die Praxis jedoch weitere Fälle bedingter Aufträge, zB

- Vollstreckungs- und Verhaftungsauftrag, wobei der Verhaftungsauftrag unter der Bedingung steht, dass die Vollstreckung fruchtlos verläuft;
- Vollstreckungsauftrag und Auftrag zum Erlass einer Vorpfändungsbenachrichtigung, wobei der Auftrag zum Erlass der Vorpfändungsbenachrichtigung unter der Bedingung steht, dass Forderungen gegen Dritte ermittelt werden.

Für diese Fälle wurde daher eine ergänzende Regelung in **Nr. 2 Abs. 2 S. 1 DB-GvKostG** dahin gehend getroffen, dass diese bedingten Aufträge kostenrechtlich erst dann als erteilt gelten, wenn die Bedingungen eingetreten sind.

b) Spezialregelung „Kombi-Auftrag", § 807 Abs. 1 ZPO. Eine **Ausnahme** dazu ist die Kostenberechnung bei einem „**Kombi-Auftrag**" (§ 807 Abs. 1 ZPO). Der Auftrag auf Abnahme der Vermögensauskunft gilt erst als erteilt, sobald die Voraussetzungen nach § 807 Abs. 1 ZPO vorliegen. Trotzdem handelt es sich bei dem Kombi-Auftrag nur um **einen Auftrag** (Abs. 2 S. 1 Nr. 3), es sei denn, der Gerichtsvollzieher nimmt die Vermögensauskunft nur deshalb nicht ab, weil der Schuldner nicht anwesend ist. Diese Ausnahmeregelung ergibt sich aus Abs. 2 S. 1 Nr. 3, der durch die Regelungen zum bedingten Auftrag **unberührt** bleiben soll (Nr. 2 Abs. 2 S. 2 DB-GvKostG).

c) Sonstige bedingte Aufträge. Aus der Tatsache, dass dem Gläubiger seit der Reform der Sachaufklärung in der Zwangsvollstreckung seit dem 1.1.2013 freisteht, welche Vollstreckungsmaßnahme nach § 802 a Abs. 2 S. 1 ZPO er beantragen will, ergeben sich neue Fragen zum bedingten Auftrag. Die **Reihenfolge der**

---
9 *Winterstein/Richter/Zuhn*, GvKostR, § 3 Rn 2 b).
10 Art. 47 des FGG-Reformgesetzes vom 17.12.2008 (BGBl. I S. 2586) mWv 1.9.2009.
11 BT-Drucks. 16/6308, S. 338.

Anträge nach § 802 a Abs. 2 S. 1 Nr. 1–5 ZPO steht in seinem Ermessen. Der Gläubiger muss nicht mehr vor der Vermögensauskunft (§ 802 c ZPO) die Pfändung und Verwertung körperlicher Sachen betreiben. Er kann Anträge nach § 802 a Abs. 2 S. 1 Nr. 1–5 ZPO auch kombinieren. Die vom Gläubiger begehrten Maßnahmen sind jedoch im Vollstreckungsauftrag zu bezeichnen (§ 802 a Abs. 2 S. 2 ZPO). Bei der **Verbindung von Aufträgen** stellt sich die Frage, ob von einem oder von mehreren (bedingten) Aufträgen auszugehen ist.

23 Ist eine isoliert gütliche Erledigung (§ 802 a Abs. 2 S. 1 Nr. 1 ZPO) und für den Fall des Scheiterns der gütlichen Erledigung bedingt die Vollstreckung und/oder Vermögensauskunft beantragt, wird – mE zutreffend – die Ansicht vertreten, dass es sich um **zwei Aufträge** handelt, mit der Folge, dass neben weiteren Gebühren auch ein weiteres Wegegeld sowie eine weitere Auslagenpauschale anfallen können. Es handelt sich dann bei dem Auftrag zur Vollstreckung/Vermögensauskunft um einen bedingten Auftrag, der für den Fall gestellt wird, dass die gütliche Erledigung scheitert. Bei bedingt erteilten Aufträgen gilt der Auftrag mit Eintritt der Bedingung als erteilt (Nr. 2 Abs. 2 S. 1 DB-GvKostG), so dass die Aufträge zur Vollstreckung/Vermögensauskunft nur für den Fall gestellt sind, dass der Versuch der gütlichen Erledigung scheitert.[12] In diesem Fall sind die Aufträge nicht als „gleichzeitig" gestellt iSv Abs. 2 S. 1 Nr. 3 anzusehen, so dass von mehreren Aufträgen ausgegangen werden kann. Voraussetzung dabei ist, dass der Gerichtsvollzieher die Anträge auch entsprechend behandelt und nicht gleichzeitig erledigt. Diese Ansicht ist jedoch nicht unstreitig. Es wird auch vertreten, dass eine Gebühr Nr. 207 KV GvKostG nur dann anfällt, wenn der Auftrag zum Versuch einer gütlichen Erledigung (§ 802 a Abs. 2 S. 1 Nr. 1 ZPO) als **einziger Auftrag** isoliert erteilt und daneben keine weitere Vollstreckungsmaßnahme beantragt wird. Dies soll auch dann gelten, wenn die weiteren Vollstreckungsmaßnahmen nur bedingt für den Fall beantragt sind, dass der Versuch der zunächst beantragten gütlichen Erledigung scheitert. Soweit eine bestimmte Reihenfolge durch den Gläubiger vorgeschrieben worden ist und nur für den Fall des Scheiterns der gütlichen Erledigung weitere Anträge gestellt werden, sei von einer „Gleichzeitigkeit" der Aufträge iSv Nr. 207 KV GvKostG auszugehen, weil sie eben gleichzeitig in einem Antragsschreiben genannt und dem Gerichtsvollzieher gleichzeitig zugegangen sind.[13] Zur „Gleichzeitigkeit" s. weiter Rn 25 ff.

24 **5. Räumungsvollstreckung.** Bei dem gleichzeitigen Räumungsauftrag gegen mehrere Personen in einer Wohnung/Haus liegt nur **ein Auftrag** vor (Abs. 2 S. 1 Nr. 3), weil auch hier von einem gleichzeitigen Antrag zu Vollstreckungshandlungen gegen Gesamtschuldner auszugehen ist. Bei Räumungs- und Herausgabepflicht mehrerer Personen ist eine Gesamtschuld zu bejahen.[14] Die engen Zusammenhänge im Rahmen einer gesamtschuldnerischen Haftung mehrerer Personen prägen deren Verpflichtung stärker als der Umstand, dass jede Person die Herausgabe als selbständige Leistung zu erbringen hat.[15]

---

12 AG Bretten DGVZ 2013, 164; AG Pforzheim DGVZ 2013, 219; AG München DGVZ 2013, 247; AG Kerpen DGVZ 2014, 25; AG Freiburg DGVZ 2014, 25; AG Calw 2104, 46; AG Stuttgart DGVZ 2104, 47; AG Augsburg DGVZ 2013, 188; AG München DGVZ 2013, 247; *Rauch*, DGVZ 2014, 7; *Richter*, DGVZ 2013, 169; *Mroß*, DGVZ 2012, 178; *ders*., DGVZ 2013, 69; Schröder-Kay/*Gerlach*, § 3 GvKostG Rn 11; *Winterstein/Richter/Zuhn*, GvKostR, § 3 Rn 2 f).
13 LG Dresden DGVZ 2013, 163; AG Leipzig DGVZ 2013, 189; LG Freiburg DGVZ 2014, 106; OLG Köln DGVZ 2014, 199; *Seip*, DGVZ 2014, 71; *Mroß*, DGVZ 2015, 55.
14 OLG Brandenburg 13.12.2007 – 5 U 39/05, juris; BGH Rpfleger 2006, 99.
15 BGH Rpfleger 2006, 99.

III. Gleichzeitigkeit

Die vorgenannten Amtshandlungen sind jedoch nur dann als ein Auftrag anzusehen, wenn der Gerichtsvollzieher **gleichzeitig** beauftragt wird (Abs. 2 S. 1 Einleitungssatz). Das GvKostG definiert den Begriff der Gleichzeitigkeit selbst nicht und auch in der Literatur zum GvKostG findet sich keine Definition. Bereits aus dem Begriff der Gleichzeitigkeit folgt, dass der zeitliche Ablauf eines Auftragseingangs hier von entscheidender Bedeutung ist. „**Gleichzeitigkeit**" wird sprachlich definiert mit den Begriffen „zum selben Zeitpunkt", „etwas findet in demselben Moment statt", „zur gleichen Zeit". Damit ist eine „Gleichzeitigkeit" nach Abs. 2 ausgeschlossen, wenn die **Auftragserteilung zu unterschiedlichen Zeiten bzw Zeitpunkten** erfolgt. Damit stellt sich die Frage einer „Gleichzeitigkeit" aus Abs. 2 bei getrennter Auftragserteilung bereits nicht. Unterschiedliche Zeiten bzw Zeitpunkte liegen aber auch vor, wenn Anträge bei dem Gerichtsvollzieher eingehen, die in keiner Weise verbunden sind, sondern mit einzelnen, gesonderten Anschreiben versehen sind, dass nur die zum selben Zeitpunkt bei dem Gerichtsvollzieher eingehenden Aufträge als gleichzeitige Aufträge zu behandeln sind. Dies liegt im Regelfall nur dann vor, wenn die Aufträge als zusammengehörig verbunden sind und sie damit gleichzeitig bei dem Gerichtsvollzieher eingehen. Eine „Gleichzeitigkeit" nach Abs. 2 ist ausgeschlossen, wenn die Auftragserteilung zu unterschiedlichen Zeiten, Zeitpunkten oder mit mehreren Auftragsschreiben erfolgt.[16]

25

Werden gleichzeitig **unbedingt mehrere Vollstreckungsmaßnahmen nach § 802 a Abs. 2 ZPO** beantragt, liegt nach Abs. 2 S. 1 Nr. 3 nur **ein Auftrag** vor, da es sich um denselben Auftrag handelt, wenn der Gerichtsvollzieher **gleichzeitig** beauftragt wird, mehrere Vollstreckungshandlungen gegen denselben Vollstreckungsschuldner auszuführen. Ein derartiger Fall liegt zB vor, wenn beantragt wird,

26

- eine Vermögensauskunft des Schuldners (§ 802 c ZPO) einzuholen,
- Auskünfte Dritter über das Vermögen des Schuldners (§ 802 l ZPO) einzuholen,
- die Pfändung und Verwertung körperlicher Sachen zu betreiben,
- eine Vorpfändung (§ 845 ZPO) durchzuführen.

Im vorgenannten Beispiel ist der (**eine**) Auftrag mit Eingang bei dem Gerichtsvollzieher erteilt (Abs. 3 S. 1). Erfolgt nun zB Zahlung im Rahmen der beantragten Vermögensauskunft, entsteht die Gebühr **Nr. 604/260 KV GvKostG**. Es ist aber auch eine Gebühr **Nr. 604/205 KV GvKostG** entstanden, da auch diese Vollstreckungsmaßnahme beantragt war. In Abschnitt 6 des Kostenverzeichnisses werden alle Gebührentatbestände zusammengefasst, die eine **nicht erledigte Amtshandlung** betreffen. Hierunter fallen die Gebühren, die zu erheben sind, wenn ein Auftrag vor seiner Durchführung zurückgenommen wurde oder wenn die Amtshandlung aus Rechtsgründen oder infolge von Umständen, die weder in der Person des Gerichtsvollziehers liegen noch von seiner Entschließung abhängig sind, nicht erledigt wurde.[17] Auch der Auftrag zur Vollstreckung war im Beispiel erteilt, da er dem Gerichtsvollzieher ohne Bedingungen zugegangen war, so dass eine Gebühr nach Abschnitt 6 des Kostenverzeichnisses gerechtfertigt ist.

27

---

16 AG Wuppertal DGVZ 2007, 158; *Kessel*, DGVZ 2007, 66; *Lappe*, NJW 2008, 485.
17 BT-Drucks. 14/3432, S. 32.

IV. Der kombinierte Auftrag zur Vollstreckung und Abnahme der Vermögensauskunft („Kombi-Auftrag") (Abs. 2 S. 1 Nr. 3)

28 **1. Allgemeines.** Abs. 2 S. 1 Nr. 3 schafft besondere Regelungen für den Fall des Auftrags zur Vollstreckung und Abnahme der Vermögensauskunft (**Kombi-Auftrag, § 807 Abs. 1 ZPO**).

29 Auch weiterhin ist ein Kombi-Auftrag in der bisher bekannten Form (Vollstreckung und anschließende Abnahme der Vermögensauskunft) möglich. Nach Abs. 2 S. 1 Nr. 3 handelt es sich in diesem Fall ausdrücklich nur um **einen Auftrag**. Anders ist dies nur (zwei Aufträge), wenn der Gerichtsvollzieher die Vermögensauskunft nur deshalb nicht abnimmt, weil **der Schuldner nicht anwesend** ist (Abs. 2 S. 1 Nr. 3 aE). Vollstreckt also der Gerichtsvollzieher zB in Anwesenheit eines Dritten fruchtlos und ist der Schuldner selbst nicht anwesend, splittet sich der zunächst einheitliche Kombi-Auftrag in zwei Aufträge.

30 Obwohl ein **wiederholtes Nichtantreffen** des Schuldners in § 807 Abs. 1 ZPO als Voraussetzung für das Verfahren zur Abnahme der sofortigen Vermögensauskunft nicht mehr genannt ist, kann es auch bei wiederholtem Nichtantreffen zu einem weiteren Auftrag kommen. Liegt ein kombinierter Auftrag gem. § 807 Abs. 1 ZPO vor, stimmt der Gerichtsvollzieher nach § 61 Abs. 6 S. 2 GVGA im Falle des wiederholten Nichtantreffens des Schuldners das weitere Vorgehen mit dem Gläubiger ab, sofern der Auftrag nicht bereits für diesen Fall bestimmte Vorgaben enthält. Hat der Gläubiger auch bereits die Vermögensauskunft nach § 802 c ZPO beantragt, wird der Gerichtsvollzieher nach der Feststellung, dass der Schuldner die Vermögensauskunft noch nicht abgegeben hat (§ 135 GVGA), zur Abnahme der Vermögensauskunft laden. Auch in diesem Fall unterbleibt die beantragte Sofortabnahme, weil der Schuldner nicht anwesend ist. Damit ist auch in diesem Fall die in Abs. 2 S. 1 Nr. 3 bestimmte Voraussetzung für einen weiteren Auftrag erfüllt.

31 **2. Widerspruch des Schuldners.** Widerspricht der **Schuldner** der Sofortabnahme der Vermögensauskunft, liegt derselbe Auftrag vor (Nr. 2 Abs. 4 S. 1 DB-GvKostG). Nur noch der Schuldner kann einer sofortigen Abnahme widersprechen (§ 807 Abs. 2 S. 1 ZPO). Hat der Gläubiger einen Kombi-Auftrag erteilt, ist er auch an diesen Auftrag gebunden und kann nicht mehr widersprechen. Das Widerspruchsrecht des **Gläubigers** (§ 900 Abs. 2 S. 2 ZPO aF) wurde nicht übernommen. Der Gläubiger, der einen kombinierten Auftrag erteilt, muss mit einer Sofortabnahme der Vermögensauskunft, an der er aus zeitlichen Gründen nicht teilnehmen kann, rechnen.[18]

32 **3. Abwesender Schuldner.** Der einheitliche Kombi-Auftrag (§ 807 Abs. 1 ZPO) splittet sich in zwei Aufträge, wenn der Gerichtsvollzieher die Vermögensauskunft nur deshalb nicht sofort abnimmt, weil der Schuldner nicht anwesend ist. Der besondere Auftrag auf Abnahme der Vermögensauskunft beginnt, sobald die Voraussetzungen dafür vorliegen (Nr. 2 Abs. 4 S. 2 DB-GvKostG).

33 Keine Auftragssplittung tritt hingegen ein, wenn der Schuldner zwar nicht angetroffen wurde, die Vermögensauskunft jedoch bereits abgegeben war. Das Wort „nur" in Abs. 2 S. 1 Nr. 3 Hs 2 und in Nr. 2 Abs. 4 S. 2 DB-GvKostG steht der Annahme, es lägen zwei Aufträge vor, entgegen. Die sofortige Abnahme der Vermögensauskunft scheitert nicht nur an der Abwesenheit des Schuldners, sondern sie wäre – wegen der Sperrwirkung des § 802 d Abs. 1 S. 1 ZPO – auch nicht möglich, wenn der Schuldner angetroffen wird. Die bereits abgegebene Vermögensauskunft ist eine feststehende Tatsache und damit auch die Sperrwirkung des § 802 d Abs. 1 S. 1 ZPO. Die Sperrwirkung besteht bereits zum Zeitpunkt des

---

18 BT-Drucks. 16/10069, S. 34.

Eintritts der Voraussetzungen für die Sofortabnahme nach § 807 Abs. 1 S. 1 ZPO. Dies bedeutet, dass die Abnahme der Vermögensauskunft nicht alleine an der Abwesenheit des Schuldners scheitert.[19]

4. Sonstige verbundene Aufträge. Neben dem Kombi-Auftrag (§ 807 Abs. 1 ZPO) sind seit der Reform der Sachaufklärung in der Zwangsvollstreckung weitere Auftragsverbindungen möglich. Es steht dem Gläubiger frei, welche Vollstreckungsmaßnahme nach § 802 a Abs. 2 ZPO er beantragen will. Auch die Reihenfolge steht in seinem Ermessen. Der Gläubiger muss vor der Vermögensauskunft zB keinen Vollstreckungsversuch durchführen. Er kann einen Auftrag zur Anschriftenermittlung (§ 755 ZPO) mit dem Vollstreckungsauftrag verbinden. Werden Maßnahmen nach § 802 a Abs. 2 ZPO ohne jede Bedingung **gleichzeitig** beantragt, erfolgen diese im Rahmen desselben Auftrags, da mehrere Vollstreckungshandlungen gegen denselben Vollstreckungsschuldner beantragt werden (Abs. 2 S. 1 Nr. 3). 34

Insbesondere handelt es sich dann nicht um bedingte Aufträge iSv Nr. 2 Abs. 2 S. 1 DB-GvKostG. Dass die verschiedenen Maßnahmen nach § 802 a Abs. 2 ZPO uU nach den für sie einschlägigen Vorschriften besondere weitere Voraussetzungen haben, ist keine Bedingung im kostenrechtlichen Sinne. Wird zB der Ermittlungsauftrag mit einem Vollstreckungsauftrag erteilt (§ 755 Abs. 1 S. 1 ZPO), soll auch vollstreckt werden. Dass dies nur erfolgen kann, wenn eine Anschrift festgestellt wird, bedarf keiner Erörterung. Neben der (bzw mehreren Gebühren) Nr. 440 KV GvKostG, vgl § 10 Abs. 2) entsteht daher mindestens eine Gebühr Nr. 604 (205) KV GvKostG). Wird Vermögensauskunft und Pfändung beantragt, ist auch der Vollstreckungsauftrag erteilt. Dass die Pfändung nur dann erfolgen kann, wenn sich Pfändbares ergibt, ist grundsätzliche Voraussetzung dieser beantragten Zwangsvollstreckungsmaßnahme. 35

5. Weitere Auftragsfragen. a) Anschriftenermittlung. Nach einer vertretenen Ansicht soll die **Ermittlung einer Anschrift** (zB § 755 Abs. 1 ZPO) gegenüber dem Vollstreckungsauftrag einen eigenen Auftrag darstellen.[20] Dieser Ansicht ist nicht zu folgen. Die Ermittlung der Anschrift ist nicht als eigene besondere Vollstreckungsmaßnahme in § 802 a Abs. 2 ZPO qualifiziert. Auch darf der Gerichtsvollzieher nur aufgrund des Vollstreckungsauftrags die Anschrift ermitteln (§ 755 Abs. 1 ZPO). Eigene oder isolierte Ermittlungsaufträge sind nicht möglich.[21] Soll der Gerichtsvollzieher mit einer Adressenermittlung beauftragt werden, so ist daneben ein Vollstreckungsauftrag zu erteilen, der eine konkrete Vollstreckungsmaßnahme bezeichnet.[22] Bei der Anschriftenermittlung handelt es sich um ein Nebengeschäft iSd Abs. 1 S. 3. Daran ändert auch nicht, dass die Einholung einer Auskunft eine kostenpflichtige Amtshandlung darstellt, da ein Auftrag mehrere Amtshandlungen beinhalten kann (Abs. 2 S. 1). Dementsprechend bestimmt Nr. 2 Abs. 7 Buchst. b) DB-GvKostG, dass Nebengeschäfte iSd § 3 Abs. 1 S. 3 GvKostG die Einholung von Auskünften bei einer der in §§ 755, 802 l ZPO genannten Stellen sind. 36

b) Vermögensauskunft und ggf Pfändung. Beantragt der Gläubiger zB die **Vermögensauskunft** und für den Fall, dass sich pfändbare Habe ergibt, die **Vollstreckung** in diese, wird die Auffassung vertreten, dass mehrere Aufträge vorliegen, da der Auftrag zur Pfändung bedingt sei. Der Gläubiger will, dass **nach der Ab-** 37

---

[19] AG Meißen JurBüro 2004, 669; LG Dresden DGVZ 2009, 154; Schröder-Kay/*Gerlach*, § 3 GvKostG Rn 39. AA AG Leipzig DGVZ 2009, 118; AG Neuwied DGVZ 2004, 386; AG Goslar DGVZ 2010, 18; *Winterstein/Richter/Zuhn*, GvKostR, § 3 Rn 2 c).
[20] *Puppe*, DGVZ 2013, 73; *Seip*, DGVZ 2013, 74.
[21] *Harnacke*, DGVZ 2012, 198.
[22] AG Leipzig DGVZ 2013, 245; AG Wiesloch DGVZ 2014, 20; LG Heidelberg DGVZ 2014, 93; BGH DGVZ 2014, 257.

nahme der **Vermögensauskunft** die Vollstreckungsmöglichkeiten geprüft werden. Er stellt also den Vollstreckungsauftrag unter die Bedingung der Abnahme der Vermögensauskunft und sich daraus ergebender Vollstreckungsmöglichkeiten. Nach Nr. 2 Abs. 2 S. 1 DB-GvKostG gilt bei bedingt erteilten Aufträgen der (bedingte) Auftrag mit Eintritt der Bedingung als erteilt. Mit Abnahme der Vermögensauskunft gilt damit der Auftrag zur Vollstreckung als erteilt, der damit nicht „gleichzeitig" iSv Abs. 2 S. 1 Nr. 3 erteilt ist, so dass **zwei Aufträge** vorliegen, da der Gerichtsvollzieher nicht als gleichzeitig beauftragt gilt.[23] Liegen aber zwei Aufträge vor, werden die Gebühren nach dem Umkehrschluss aus § 10 Abs. 1 für jeden Auftrag gesondert erhoben. Dies bedeutet, dass die Vollstreckung in Vermögensgegenstände einen besonderen Auftrag darstellt. Ein ggf anfallendes Wegegeld (Nr. 711 KV GvKostG) und die Auslagenpauschale (Nr. 716 KV GvKostG) sind für jeden Auftrag gesondert zu erheben (§ 17 S. 2).

Eine andere Ansicht geht davon aus, dass ein Pfändungsauftrag des Gläubigers, welcher unter der aufschiebenden Bedingung gestellt wird, dass eine Pfändung nur nach Abgabe der Vermögensauskunft erfolgen soll und auch nur dann, soweit sich hieraus pfändbare Gegenstände ergeben sollten, erst dann als gestellt gilt, wenn die Bedingung „Vorhandensein pfändbarer Gegenstände" eingetreten ist.[24] Sofern diese Bedingung nicht eintritt, entsteht auch keine Gebühr, insb. auch nicht nach Nr. 604 iVm Nr. 205 KV GvKostG für eine nicht erledigte Amtshandlung. Bereits im Rahmen des Vermögensauskunftsverfahrens gehört es zu den Amtspflichten des Gerichtsvollziehers zu prüfen, ob pfändbare Gegenstände vorhanden sind.[25]

Die zuletzt genannte Ansicht überzeugt nicht. Es gibt keinen Auftrag, nur zu vollstrecken, wenn pfändbare Gegenstände ersichtlich sind, sondern es kann nur die Vollstreckung als solche beantragt werden, die ggf in eine Pfändung mündet. Im Übrigen bedeutet das Vorhandensein grundsätzlich pfändbarer Gegenstände nicht unbedingt deren Pfändung, da ggf bestehende Pfändungshindernisse (zB § 811 ZPO) zu prüfen sind, welche nicht (mehr) im Verfahren der Vermögensauskunft geprüft werden.

38 Es stellt sich dann jedoch die Frage, ob ein besonderer Auftrag auch vorliegt, wenn eine **Vollstreckung unterbleibt**. Der Gläubiger will, dass **nach der Abnahme der Vermögensauskunft** die Vollstreckungsmöglichkeiten geprüft werden. Auch für den Fall, dass sich aus dem Vermögensverzeichnis keine pfändbaren Gegenstände ergeben, wird nach Abnahme der Vermögensauskunft der (bedingte) Auftrag zur Vollstreckung wirksam und gilt als erteilt. Damit ist auch die Gebühr Nr. 604/205 KV GvKostG entstanden, wenn der Gerichtsvollzieher nach Prüfung der Vollstreckungsmöglichkeiten aus dem Vermögensverzeichnis von einer Pfändung absieht. Die Prüfung, ob sich aus dem Vermögensverzeichnis eine Vollstreckungsmöglichkeit ergibt und ob diese Vollstreckungsmöglichkeit ausgeschöpft wird oder nicht (zB wenn Vollstreckungshindernisse vorliegen), erfolgt nicht mehr im Verfahren der Vermögensauskunft, sondern in dem beantragten Vollstreckungsverfahren. Der Auftrag galt mit Eintritt der Bedingung Vermögensauskunft als erteilt. In diesem Moment ist eine Gebühr Nr. 604/205 KV GvKostG entstanden, die auch nicht mehr wegfällt. In Abschnitt 6 des Kostenverzeichnisses werden alle Gebührentatbestände zusammengefasst, die eine **nicht erledigte Amtshandlung** betreffen. Hierunter fallen die Gebühren, die zu erheben sind, wenn ein Auftrag vor seiner Durchführung zurückgenommen wurde oder wenn die Amtshandlung aus Rechtsgründen oder infolge von Umständen, die weder in

---

23 AG Limburg an der Lahn DGVZ 2014, 71; AG Bingen DGVZ 2014, 107; AG Linz DGVZ 2014, 177.
24 Schröder-Kay/*Gerlach*, § 3 GvKostG Rn 14; *Harnacke*, DGVZ 2012, 198.
25 LG Koblenz DGVZ 2014, 175.

der Person des Gerichtsvollziehers liegen noch von seiner Entschließung abhängig sind, nicht erledigt wurde (vgl Vorbem. 6 S. 1 KV GvKostG). Hier unterbleibt die Pfändung mangels pfändbarer Gegenstände. In all diesen Fällen hat der Gerichtsvollzieher idR bereits einen Aufwand erbracht (hier zB Prüfung der Vollstreckungsmöglichkeiten).[26] Der Ansicht wird zT mit der Argumentation widersprochen, die Prüfung der Vollstreckungsmöglichkeiten erfolge im Rahmen des § 882 c ZPO, da der Gerichtsvollzieher zu entscheiden habe, welche Prognose sich aus der abgegebenen Vermögensauskunft ergibt, denn davon hängt es ab, wann er die Eintragungsanordnung erlässt bzw ob er sie überhaupt erlässt (§ 882 c Abs. 1 Nr. 2 ZPO). Also erfolge die Prüfung, ob sich Anhaltspunkte für eine pfändbare Habe ergeben, noch vor Erlass der Eintragungsanordnung und somit eindeutig innerhalb des Auftrags zur Abgabe der Vermögensauskunft. ME ist jedoch zu berücksichtigen, dass es eine Gebühr nur für einen erledigten Auftrag nach dem GvKostG nicht gibt. Soweit Abschnitt 6 des Kostenverzeichnisses eine Gebühr für die Nichterledigung eines Auftrags vorsieht (hier Nr. 604/205 KV GvKostG), muss diese Gebühr auch anfallen können. Dies ist mE der Fall, wenn der Gerichtsvollzieher im Rahmen des ihm erteilten Auftrags von einer Pfändung absieht.

c) Wiederholtes Nichtantreffen des Schuldners. Obwohl ein wiederholtes Nichtantreffen des Schuldners in § 807 Abs. 1 ZPO als Voraussetzung für das Verfahren zur Abnahme der Vermögensauskunft nicht mehr genannt ist, kann es auch in diesem Fall zu einem weiteren Auftrag kommen. Liegt ein kombinierter Auftrag gem. § 807 Abs. 1ZPO vor, stimmt der Gerichtsvollzieher nach § 61 Abs. 6 S. 2 GVGA im Falle des wiederholten Nichtantreffens des Schuldners das weitere Vorgehen mit dem Gläubiger ab, sofern der Auftrag nicht bereits für diesen Fall bestimmte Vorgaben enthält. Hat der Gläubiger auch bereits die Vermögensauskunft beantragt, wird der Gerichtsvollzieher nach der Feststellung, dass der Schuldner die Vermögensauskunft noch nicht abgegeben hat (§ 135 S. 1 GVGA), den Schuldner zur Abnahme der Vermögensauskunft laden. Auch in diesem Fall unterbleibt die beantragte Sofortabnahme, weil der Schuldner nicht anwesend ist. Damit ist auch in diesem Fall die in Abs. 2 S. 1 Nr. 3 bestimmte Voraussetzung für einen weiteren Auftrag erfüllt.[27] 39

d) Antrag auf Auskunft nach § 802 l ZPO. Unterschiedliche Ansichten werden zu der Frage vertreten, ob ein Gläubiger **nach Übersendung einer Vermögensauskunft** oder ein Drittgläubiger **nach Übermittlung einer bereits abgegebenen Vermögensauskunft** die **Einholung von Auskünften nach § 802 l ZPO** beantragen kann (§ 802 a Abs. 2 S. 1 Nr. 3 ZPO). 40

ME kann sich der Gläubiger auch erst nach Erhalt einer Vermögensauskunft für die Stellung eines Antrags nach § 802 l ZPO entscheiden. Aus der ZPO ergibt sich kein Verbot eines derartigen nachträglichen Antrags. Da dieser Antrag nach § 802 a Abs. 2 S. 1 Nr. 3 ZPO sogar eine eigenständige Vollstreckungsmaßnahme ist, muss ein derartiger Auftrag möglich sein. Dies gilt auch für einen Drittgläubiger. Auf **Antrag** soll es dem Gläubiger möglich sein, die Vermögenssituation des Schuldners anhand objektiver Informationsquellen zu überprüfen, um geeignete Vollstreckungsobjekte aufzufinden.[28] Kostenrechtlich kann jedoch nicht von einem besonderen eigenen Auftrag ausgegangen werden. Zu berücksichtigen ist Nr. 2 Abs. 7 Buchst. b) DB-GvKostG, wonach die Einholung von Auskünften bei einer der in §§ 755, 802 l ZPO genannten Stellen **Nebengeschäft** iSd Abs. 1 S. 3 aE ist. Kostenrechtlich würde dies dazu führen, dass die Einholung von Auskünften nach § 802 l ZPO kostenrechtlich **immer zusammen** mit dem Auftrag zur Ab- 41

---

26 BT-Drucks. 14/3432, S. 32.
27 Schröder-Kay/*Gerlach*, § 3 GvKostG Rn 41 f.
28 BT-Drucks. 16/10069, S. 32.

nahme der Vermögensauskunft zu sehen ist und **keinen** besonderen Auftrag darstellt. Dies erscheint auch vertretbar, wenn davon ausgegangen wird, dass die Einholung von Auskünften bei den in § 802 l ZPO genannten Stellen untrennbar mit dem Verfahren auf Abgabe der Vermögensauskunft verknüpft ist und nur in Verbindung mit einem solchen Verfahren diese Drittstellenauskünfte zulässig sind. Dies folgt mE daraus, dass § 802 l ZPO eine Einholung von Auskünften normiert, wenn u.a. eine Vollstreckung in die in der Vermögensauskunft aufgeführten Vermögensgegenstände eine vollständige Befriedigung des Gläubigers voraussichtlich nicht erwarten lässt. Dies bedingt, dass für den die Auskünfte beantragenden Gläubiger die Vermögensauskunft abgenommen (§ 802 c ZPO) oder ihm eine Vermögensauskunft übersandt wurde (§ 802 d Abs. 1 S. 2 ZPO).

V. Vorpfändung (Abs. 2 S. 2)

42 Besonders geregelt ist die Vorpfändungsbenachrichtigung (§ 845 Abs. 1 ZPO). Nach Abs. 2 S. 2 handelt es sich bei allen Amtshandlungen nach § 845 Abs. 1 ZPO um denselben Auftrag. Dies bedeutet, dass Herstellung der Vorpfändungsbenachrichtigung, Zustellung an den/die Drittschuldner und Zustellung an den/die Schuldner einen Auftrag darstellen. Insbesondere ist für die Frage der Anzahl der Aufträge – anders als bei einem Pfändungs- und Überweisungsbeschluss (Nr. 2 Abs. 5 DB-GvKostG) – die Anzahl der Drittschuldner nicht maßgebend.

43 Wird der Auftrag zur Vorpfändung **mit einem Vollstreckungsauftrag verbunden**, handelt es sich um **einen Auftrag** iSv Abs. 2 S. 1 Nr. 3. Der Auftrag zum Erlass der Vorpfändungsbenachrichtigung kann mit dem Vollstreckungsauftrag oder jedem anderen Auftrag verbunden werden. Der Auftrag zur Vollstreckung und zum Erlass einer Vorpfändungsbenachrichtigung wird vom Gläubiger gleichzeitig erteilt, so dass die Voraussetzungen des Abs. 2 S. 1 Nr. 3 auch gegeben sind. Insbesondere handelt es sich auch bei der Vorpfändung nach wohl hM um eine „Vollstreckungsmaßnahme" mit öffentlich-rechtlicher Wirkung, obwohl es sich letztlich um eine „private Benachrichtigung" über die bevorstehende Pfändung an den Drittschuldner handelt. Die Wirkungen der Vorpfändung stehen denen der Pfändung nach § 829 ZPO gleich. Der Annahme eines Auftrags steht auch Nr. 2 Abs. 2 S. 1 DB-GvKostG nicht entgegen, wie sich aus Nr. 2 Abs. 2 S. 2 DB-GvKostG ergibt, wonach Abs. 2 S. 1 Nr. 3 unberührt bleibt. Dass die gleichzeitig mit der Vollstreckung beantragte Vorpfändung erst erlassen werden kann, wenn eine Forderung gegen Dritte festgestellt wurde, ist Grundvoraussetzung für ihren Erlass, ändert jedoch nichts daran, dass sie gleichzeitig mit der Vollstreckung beantragt war. Dass der Auftrag zur Vorpfändung nach Nr. 2 Abs. 2 DB-GvKostG erst als gestellt gilt, wenn der Gerichtsvollzieher pfändbare Ansprüche gegen Dritte feststellt, bedeutet, dass eine Gebühr für die beantragte Vorpfändung (Nr. 200 KV GvKostG) erst entstehen kann, wenn die Voraussetzungen für die Vorpfändung eingetreten sind und der Gerichtsvollzieher die Vorpfändungsbenachrichtigung erlassen hat. Diese Folge ergibt sich auch aus der Kostenberechnung beim Kombi-Auftrag (Abs. 2 S. 1 Nr. 3). Der Auftrag auf Abnahme der Vermögensauskunft gilt als erteilt, sobald die Voraussetzungen nach § 807 Abs. 1 ZPO vorliegen. Trotzdem handelt es sich bei dem Kombi-Auftrag doch nur um einen Auftrag.

VI. Pfändungs- und Überweisungsbeschluss

44 Keine ausdrückliche Regelung besteht für den Pfändungs- und Überweisungsbeschluss. Abs. 1 S. 1 ist jedoch hinsichtlich des Pfändungs- und Überweisungsbeschlusses so zu verstehen, dass der Auftrag zur Zustellung eines Pfändungs- und Überweisungsbeschlusses die notwendigen Amtshandlungen „Zustellung an

Drittschuldner" und „Zustellung an Schuldner" umfasst. Klargestellt wird dies ausdrücklich auch noch in Nr. 2 Abs. 5 S. 2 DB-GvKostG, wonach die Zustellungen an Drittschuldner und Schuldner ein Auftrag sind. Bei mehreren Drittschuldnern dagegen liegen mehrere Aufträge vor. Nach Abs. 1 S. 3 handelt sich bei der Zustellung auf Betreiben der Parteien um einen Auftrag. Es handelt sich – als Ausnahme zu Abs. 1 – nach Abs. 2 S. 1 Nr. 2 auch dann um einen Auftrag, wenn der Gerichtsvollzieher mehrere Zustellungen an „denselben" Zustellungsempfänger bewirkt. Da es sich bei mehreren Drittschuldnern aber nicht um „denselben" Zustellungsempfänger handelt, bleibt es bei dem Grundsatz des Abs. 1 S. 3, dass die Zustellung auf Betreiben der Partei an mehrere Drittschuldner jeweils einen besonderen Auftrag darstellt. Die im GvKostG selbst fehlende ausdrückliche Regelung ist in **Nr. 2 Abs. 5 S. 1 DB-GvKostG** enthalten, wonach bei der Zustellung eines Pfändungs- und Überweisungsbeschlusses an mehrere Drittschuldner **mehrere Aufträge** vorliegen.

VII. Auftragserteilung (Abs. 3)

1. Entstehung von Gebühren. Ein Auftrag ist erteilt, wenn er dem Gerichtsvollzieher oder der Geschäftsstelle des Gerichts, deren Vermittlung oder Mitwirkung in Anspruch genommen wird, zugegangen ist (**Abs. 3 S. 1**). Die mündliche oder schriftliche Erteilung des Auftrags bei der Gerichtsvollzieher-Verteilerstelle nebst der Aushändigung der erforderlichen Schriftstücke steht der unmittelbaren Auftragserteilung an den zuständigen Gerichtsvollzieher gleich (§ 24 Abs. 1 S. 1 GVO). Mit der Erteilung des Auftrags entsteht eine Gebühr, da der Gerichtsvollzieher idR bereits einen Aufwand erbracht oder noch zu erbringen hat (zB Rücksendung des Titels). Dies rechtfertigt grds. den Ansatz einer Gebühr. 45

2. Auftragserweiterung. Aus der Regelung des Abs. 3 S. 1 folgt damit aber auch, dass es im Gerichtsvollzieherkostenrecht eine Auftragserweiterung **nicht** gibt. Wird ein Auftrag hinsichtlich eines weiteren Titels „erweitert" (zB nach Auftrag zur Vollstreckung aus dem Urteil der Auftrag zur Vollstreckung aus dem später ergangene Kostenfestsetzungsbeschluss), handelt es sich um einen weiteren Auftrag. 46

VIII. Auftragsdurchführung (Abs. 4)

1. Durchgeführter Auftrag. Die entstandenen Gebühren werden fällig, wenn der Auftrag durchgeführt ist (vgl § 14 S. 1). Wurde die Vollstreckung – unabhängig von ihrem Ausgang – durchgeführt, können Gebühren erhoben werden. 47

2. Nicht durchgeführter Auftrag (Abs. 4 S. 1). In zahlreichen Fällen kommt es jedoch nicht zur Durchführung der Vollstreckung. Nach **Abs. 4 S. 1 gilt** ein Auftrag, der tatsächlich nicht durchgeführt konnte, weil er zurückgenommen wurde oder seiner Durchführung oder weiteren Durchführung Hinderungsgründe entgegenstehen (zB Schuldner unbekannt verzogen, verstorben, nicht zu ermitteln), trotzdem als durchgeführt. Eine solche Regelung ist im Hinblick auf die Bestimmungen, die an die Durchführung anknüpfen sollen (zB Zuständigkeit für den Kostenansatz, § 5 Abs. 1 S. 1; Fälligkeit der Kosten, § 14 S. 1) erforderlich. 48

3. Fristen bei der Durchführung von Aufträgen (Abs. 4 S. 2–5). Abs. 4 S. 2–5 enthält Ausnahmeregelungen zu Abs. 4 S. 1. Ein Auftrag gilt nicht als durchgeführt, wenn zur Fortsetzung eines Vollstreckungsauftrags eine richterliche Durchsuchungsanordnung oder eine Anordnung zur Vollstreckung zur Nachtzeit oder an Sonn- und Feiertagen (§ 758a ZPO) beizubringen ist und diese Anordnung oder Erlaubnis dem Gerichtsvollzieher innerhalb eines Zeitraumes von drei Monaten zugeht (**Abs. 4 S. 2**). Die Frist beginnt mit dem ersten Tag des auf die Absendung einer entsprechenden Anforderung an den Auftraggeber folgenden Kalendermo- 49 nats (Abs. 4 S. 2 aE). Tatsächlich handelt es sich in einem solchen Fall um eine **Unterbrechung der Amtstätigkeit** des Gerichtsvollziehers, deren Fortsetzung grds. keine neuen Gebühren auslöst. Mit der zeitlichen Befristung soll aber verhindert werden, dass die Angelegenheit kostenrechtlich auf unbestimmte Zeit in der Schwebe bleibt. Der Auftrag gilt in diesen Fällen nach fruchtlosem Fristablauf als durchgeführt. Wird die Vollstreckung nach Fristablauf fortgesetzt, handelt es sich kostenrechtlich um einen neuen Auftrag.

50 Eine in der Praxis nicht seltene Art der Erledigung eines Auftrags ist die **Rückgabe der Vollstreckungsunterlagen** an den Auftraggeber mit dem Hinweis, dass der Auftrag zur Vermeidung von Kosten als zurückgenommen betrachtet wird, weil der Gerichtsvollzieher begründeten Anhalt dafür hat, dass die Zwangsvollstreckung fruchtlos verlaufen wird (§ 32 Abs. 1 GVGA). Diese unterstellte Zurücknahme wird wirksam, wenn der Auftraggeber der Mitteilung des Gerichtsvollziehers nicht bis zum Ablauf des auf die Absendung der Mitteilung folgenden Kalendermonats widerspricht (**Abs. 4 S. 4**).

51 Ebenfalls als zurückgenommen gilt ein Auftrag, wenn **Vorschüsse nicht rechtzeitig gezahlt** werden. Nach § 4 Abs. 1 S. 1 ist der Auftraggeber zur Zahlung eines Vorschusses verpflichtet, der die voraussichtlich entstehenden Kosten deckt. Die Durchführung des Auftrags kann von der Zahlung des Vorschusses abhängig gemacht werden (§ 4 Abs. 1 S. 2). Einer Zurücknahme des Auftrags steht es gleich, wenn der geforderte Vorschuss nicht binnen einer Frist von einem Monat bei dem Gerichtsvollzieher eingeht (**Abs. 4 S. 5**). Auch hier beginnt die Frist mit dem ersten Tag des Monats, der auf den Tag folgt, an dem dem Gläubiger mitgeteilt wurde, dass ein Vorschuss zur Durchführung des Auftrags erforderlich ist.

52 **Erscheint** der Schuldner zu dem Termin zur **Abnahme der Vermögensauskunft nicht** oder verweigert er ohne Grund die Abgabe der Vermögensauskunft, gilt der Auftrag ebenfalls als durchgeführt, wenn nicht binnen drei Monaten ein Verhaftungsauftrag erteilt wird (**Abs. 4 S. 3**). Die Frist beginnt mit dem ersten Tag des Monats, der auf den Tag folgt, an welchem dem Gläubiger mitgeteilt wurde, dass eine Verhaftung notwendig wird. Es liegt damit ein neuer Auftrag zur Abnahme der Vermögensauskunft vor, wenn ein Verhaftungsauftrag erst nach Ablauf der Frist erteilt wird, der insoweit gesonderte Gebühren und Auslagen entstehen lässt.

53 **4. Erhebung von Kosten bei Fristen.** Der Gerichtsvollzieher kann es vermeiden, in Verfahren, in denen die Fälligkeit nach Abs. 4 S. 2–5 befristet ist, einen bzw. drei Monate mit der Kostenberechnung bis zum Eintritt der Fälligkeit zu warten. Er kann die Kosten mit der Absendung der entsprechenden Nachricht **vorschussweise** erheben. Die Möglichkeit dazu bietet § 4 Abs. 3. Die Bestimmung sieht in den Fällen des Abs. 4 S. 2–5 eine Fortdauer der Vorschusspflicht vor. Grundsätzlich ist bereits begrifflich ein *Vor*schuss für Handlungen des Gerichtsvollziehers, die bereits erfolgt sind (unterstellte Rücknahme nach § 32 Abs. 1 S. 2 GVGA/ Anforderung der Anordnung nach § 758 a ZPO), nicht möglich. § 4 Abs. 3 erweitert aber die Möglichkeit der Vorschusserhebung in diesen Fällen bis zur Fälligkeit der Gebühren.

IX. Fehlerhafte/unvollständige Aufträge

54 Wird ein unvollständiger oder fehlerhafter Auftrag zurückgegeben, so ist der Auftraggeber darauf hinzuweisen, dass der Auftrag als abgelehnt zu betrachten ist, wenn er nicht bis zum Ablauf des auf die Rücksendung folgenden Monats ergänzt oder berichtigt zurückgereicht wird (Nr. 2 Abs. 1 S. 1 DB-GvKostG). Wird der Mangel innerhalb der Frist behoben, so liegt kostenrechtlich kein neuer Auftrag vor (Nr. 2 Abs. 1 S. 2 DB-GvKostG).

Kein Fall eines unvollständigen Auftrags liegt vor, wenn die **Anschrift des Schuld-** 55
ners unzutreffend und die zutreffende Anschrift dem Gerichtsvollzieher nicht bekannt ist und der Auftrag deshalb zurückgegeben wird (Nr. 2 Abs. 1 S. 3 DB-GvKostG). Der weiteren Durchführung des Auftrags stehen Hinderungsgründe entgegen; er gilt als durchgeführt (Abs. 4 S. 1).[29]

§ 3 a Rechtsbehelfsbelehrung

Jede Kostenrechnung und jede anfechtbare Entscheidung hat eine Belehrung über den statthaften Rechtsbehelf sowie über die Stelle, bei der dieser Rechtsbehelf einzulegen ist, über deren Sitz und über die einzuhaltende Form zu enthalten.

Die Vorschrift des § 3 a ist durch das Gesetz zur Einführung einer Rechtsbehelfs- 1
belehrung im Zivilprozess und zur Änderung anderer Gesetze[1] mit Inkrafttreten zum 1.1.2014 in das GvKostG eingefügt worden. Vergleichbare Bestimmungen sind auch in die anderen Kostengesetze aufgenommen worden (§ 5 b GKG, § 8 a FamGKG, § 4 c JVEG, § 12 c RVG).

Im Zivilprozess einschließlich des Zwangsvollstreckungsverfahrens waren 2
Rechtsbehelfsbelehrungen früher nicht vorgeschrieben. Das Fehlen einer Rechtsbehelfsbelehrung erschwerte den Bürgerinnen und Bürgern die Orientierung im gerichtlichen Instanzenzug und erhöhte die Gefahr unzulässiger Rechtsbehelfe, weil sich Form, Frist und zuständiges Gericht für den Rechtsbehelf nicht aus der Entscheidung entnehmen ließen.[2] Im Kostenrecht – also auch beim GvKostG – wurde eine **generelle Rechtsbehelfsbelehrungspflicht** eingeführt, ohne danach zu unterscheiden, ob eine anwaltliche Vertretung obligatorisch ist oder nicht, da in Kostenentscheidungen die Interessen des Anwalts und seines Mandanten auseinanderfallen können.[3] Die Belehrungspflicht über die Rechtsschutzmöglichkeiten in Kostensachen soll den Rechtsschutz für den Beteiligten noch wirkungsvoller gestalten. Dazu soll die Belehrungspflicht umfassend für Kostenrechnungen und jede anfechtbare kostenrechtliche Entscheidung gelten, unabhängig davon, ob sie als gerichtliche Entscheidung im Beschlusswege oder in sonstiger Weise erfolgt.[4]

Mit der Formulierung „Stelle" soll klargestellt werden, dass auch der Gerichts- 3
vollzieher als Stelle für die zulässige Einlegung eines Rechtsbehelfs in der Belehrung anzugeben ist.[5]

§ 4 Vorschuss

(1) ¹Der Auftraggeber ist zur Zahlung eines Vorschusses verpflichtet, der die voraussichtlich entstehenden Kosten deckt. ²Die Durchführung des Auftrags kann von der Zahlung des Vorschusses abhängig gemacht werden. ³Die Sätze 1 und 2 gelten nicht, wenn der Auftrag vom Gericht erteilt wird oder dem Auftraggeber Prozess- oder Verfahrenskostenhilfe bewilligt ist. ⁴Sie gelten ferner nicht für die Erhebung von Gebührenvorschüssen, wenn aus einer Entscheidung eines Gerichts

---

29 AG Wiesbaden DGVZ 2006, 127; AG Augsburg DGVZ 2006, 30; AG Leipzig DGVZ 2004, 46; AG Hamburg DGVZ 2002, 47; *Kessel*, JurBüro 2004, 65.
1 Art. 11 G vom 5.12.2012 (BGBl. I S. 2418, 2423).
2 Vgl BT-Drucks. 17/10490, S. 1.
3 Vgl BT-Drucks. 17/10490, S. 11.
4 BT-Drucks. 17/10490, S. 22.
5 BT-Drucks. 17/10490, S. 22.

für Arbeitssachen oder aus einem vor diesem Gericht abgeschlossenen Vergleich zu vollstrecken ist.

(2) ¹Reicht ein Vorschuss nicht aus, um die zur Aufrechterhaltung einer Vollstreckungsmaßnahme voraussichtlich erforderlichen Auslagen zu decken, gilt Absatz 1 entsprechend. ²In diesem Fall ist der Auftraggeber zur Leistung eines weiteren Vorschusses innerhalb einer Frist von mindestens zwei Wochen aufzufordern. ³Nach Ablauf der Frist kann der Gerichtsvollzieher die Vollstreckungsmaßnahme aufheben, wenn die Aufforderung verbunden mit einem Hinweis auf die Folgen der Nichtzahlung nach den Vorschriften der Zivilprozessordnung zugestellt worden ist und die geforderte Zahlung nicht bei dem Gerichtsvollzieher eingegangen ist.

(3) In den Fällen des § 3 Abs. 4 Satz 2 bis 5 bleibt die Verpflichtung zur Zahlung der vorzuschießenden Beträge bestehen.

DB-GvKostG (Zu § 4) Nr. 3

(1) Ein Vorschuss soll regelmäßig nicht erhoben werden bei
a) Aufträgen von Behörden oder von Körperschaften, Anstalten oder Stiftungen des öffentlichen Rechts, auch soweit ihnen keine Kostenfreiheit zusteht,
b) Aufträgen, deren Verzögerung dem Auftraggeber einen unersetzlichen Nachteil bringen würde,
c) Aufträgen zur Erhebung von Wechsel- oder Scheckprotesten.

(2) Bei der Einforderung des Vorschusses ist der Auftraggeber darauf hinzuweisen, dass der Auftrag erst durchgeführt wird, wenn der Vorschuss gezahlt ist und dass der Auftrag als zurückgenommen gilt, wenn der Vorschuss nicht bis zum Ablauf des auf die Absendung der Vorschussanforderung folgenden Kalendermonats bei der Gerichtsvollzieherin oder dem Gerichtsvollzieher eingegangen ist.

(3) Für die Einhaltung der Fristen nach § 3 Abs. 4 Satz 5 und § 4 Abs. 2 Satz 2 GvKostG ist bei einer Überweisung der Tag der Gutschrift auf dem Dienstkonto und bei der Übersendung eines Schecks der Tag des Eingangs des Schecks unter der Voraussetzung der Einlösung maßgebend.

(4) Die Rückgabe der von dem Auftraggeber eingereichten Schriftstücke darf nicht von der vorherigen Zahlung der Kosten abhängig gemacht werden.

(5) Bei länger dauernden Verfahren (z.B. Ratenzahlung, Ruhen des Verfahrens) können die Gebühren bereits vor ihrer Fälligkeit (§ 14 GvKostG) vorschussweise erhoben oder den vom Schuldner gezahlten Beträgen (§ 15 Abs. 2 GvKostG) entnommen werden.

I. Anwendungsbereich	1	2. Rechtsprechung	11
II. Bemessung des Vorschusses	3	V. Nachforderung von Vorschuss (Abs. 2)	14
III. Ausschluss eines Vorschusses (Abs. 1 S. 3 und 4)	5	VI. Fortdauer der Vorschusspflicht (Abs. 3)	16
IV. Absehen von Vorschusserhebung	9	VII. Rechtsmittel	17
1. DB-GvKostG	9	VIII. Vorschuss aus der Landeskasse	18

I. Anwendungsbereich

1   Durch Abs. 1 und 2 wird die Möglichkeit geschaffen, eine Amtshandlung oder deren Fortsetzung von der Zahlung eines Vorschusses abhängig zu machen. Abs. 1 bestimmt eine ausdrückliche **Vorschusspflicht des Auftraggebers**. Eine Verpflichtung des Gerichtsvollziehers zur Erhebung eines Vorschusses ergibt sich

hieraus nicht. Die **Vorschusserhebung** steht in seinem **Ermessen**. Er ist bei der Ausübung seines Ermessens an die Durchführungsbestimmungen gebunden, dh, er soll regelmäßig einen Vorschuss einfordern, wenn kein Ausnahmetatbestand vorliegt.[1]

Zahlt der Vorschusspflichtige den angeforderten Vorschuss innerhalb des auf die Absendung der Vorschussanforderung folgenden Kalendermonats, ist der Auftrag durchzuführen bzw er gilt nach § 3 Abs. 4 S. 5 noch nicht als durchgeführt und ist damit fortzusetzen. Die Fortsetzung erfolgt im Rahmen **desselben Auftrags**. Erfolgt die Zahlung des Vorschusses nicht bis zum Ablauf des auf die Absendung der Vorschussanforderung folgenden Kalendermonats, gilt der Auftrag als zurückgenommen (Nr. 3 Abs. 2 DB-GvKostG). 2

II. Bemessung des Vorschusses

Der Vorschuss ist so zu bemessen, dass er die **voraussichtlich entstehenden Kosten deckt**. Der Gerichtsvollzieher ist also nicht verpflichtet, zunächst die entstehenden Kosten zu beziffern und dann den Vorschuss anzufordern. Daher ist im Allgemeinen die Bemessung des Vorschusses, v.a. hinsichtlich der Auslagen, der Erfahrung und dem Ermessen des Gerichtsvollziehers überlassen.[2] Nicht der Gläubiger bestimmt, welcher Vorschuss angemessen ist, sondern der Gerichtsvollzieher.[3] Die Höhe eines angeforderten Vorschusses ist nur dann nicht gerechtfertigt, wenn die Bestimmung ermessensfehlerhaft oder rechtsmissbräuchlich war.[4] Der Gerichtsvollzieher hat die Vorschriften des § 4 zu beachten und grds. vor der Erledigung eines Auftrags zu prüfen, ob die Anforderung eines Vorschusses angebracht ist.[5] Sein Ermessen hat der Gerichtsvollzieher dahin gehend auszuüben, dass er grds. verpflichtet ist, einen Vorschuss einzufordern, wenn kein Ausnahmetatbestand vorliegt.[6] 3

Beauftragt der Gläubiger den Gerichtsvollzieher mit den gesamten Vollstreckungsmaßnahmen des § 802 a Abs. 2 ZPO, die in dem Vollstreckungsauftrag einzeln zu bezeichnen sind, muss er auch hinnehmen, dass für alle durch diesen Auftrag möglicherweise entstehenden Kosten ein Vorschuss erhoben wird. Der Gerichtsvollzieher kann einen Vorschuss erheben, der alle **voraussichtlich** entstehenden Kosten (also Gebühren und Auslagen) des erteilten gesamten Auftrags deckt. Es sind damit alle **beantragten Amtshandlungen** zu berücksichtigen und nicht nur die Kosten, die durch die zunächst vorzunehmende Amtshandlung entstehen.[7] 4

III. Ausschluss eines Vorschusses (Abs. 1 S. 3 und 4)

Ausgeschlossen ist die Erhebung eines Vorschusses bei Aufträgen des Gerichts (Abs. 1 S. 3 Alt. 1), bei Bewilligung von Prozesskostenhilfe (Abs. 1 S. 3 Alt. 2) und bei Bewilligung von Verfahrenskostenhilfe (Abs. 1 S. 3 Alt. 2). 5

Die Erhebung von Gebührenvorschüssen ist im Übrigen bei einer Vollstreckung aus einer Entscheidung eines Gerichts für Arbeitssachen oder aus einem dort abgeschlossenen Vergleich ausgeschlossen (Abs. 1 S. 4). 6

---

1 LG Konstanz DGVZ 2001, 45.
2 AG Coburg DGVZ 1995, 14.
3 *Winterstein/Richter/Zuhn*, GvKostR, § 4 Rn 1, 3.
4 LG Konstanz DGVZ 2001, 45; AG Villingen-Schwenningen DGVZ 2000, 15.
5 *Gilleßen/Kernenbach*, DGVZ 1999, 17.
6 LG Konstanz DGVZ 2001, 45; LG Frankenthal DGVZ 2004, 187.
7 AG Saarbrücken 22.10.2014 – 108 M 3329/14; Schröder-Kay/*Gerlach*, § 4 GvKostG Rn 15 f; *Hartmann*, KostG, § 4 GvKostG Rn 9.

7 In den im FamFG geregelten Verfahren wird keine Prozesskostenhilfe bewilligt, sondern „Verfahrenskostenhilfe" (§§ 76 ff FamFG), da Regelungsgegenstand des FamFG-Verfahrens keine Prozesse sind.[8] In ihren Wirkungen entspricht die „Verfahrenskostenhilfe" der Prozesskostenhilfe, mit der Folge, dass auch von den Personen, denen Verfahrenskostenhilfe bewilligt ist, ein Kostenvorschuss nicht erhoben werden kann.

8 Eine Vorschusserhebung ist auch nicht möglich, wenn einem Auftraggeber **Kostenfreiheit** nach § 2 zusteht. Gegenstand der Vorschusserhebung sind die Kosten, die voraussichtlich entstehen würden, wenn der Gerichtsvollzieher einen Auftrag unter Beachtung der gesetzlichen Vorschriften und der Verwaltungsbestimmungen erledigen würde. Da derartige Kosten aber in der Person eines kostenbefreiten Auftraggebers nicht entstehen können, kommt insoweit auch eine Vorschusserhebung nicht in Betracht.

IV. Absehen von Vorschusserhebung

9 **1. DB-GvKostG.** Ein Vorschuss **soll** nach Nr. 3 Abs. 1 DB-GvKostG regelmäßig nicht erhoben werden bei

- Aufträgen von Behörden oder von Körperschaften, Anstalten oder Stiftungen des öffentlichen Rechts, auch soweit ihnen keine Kostenfreiheit zusteht (Buchst. a),
- Aufträgen, deren Verzögerung dem Auftraggeber einen unersetzlichen Nachteil bringen würde (Buchst. b),
- Aufträgen zur Erhebung von Wechsel- oder Scheckprotesten (Buchst. c).

10 Dabei stellt Nr. 3 Abs. 1 DB-GvKostG **kein Verbot** einer Vorschusserhebung dar. Bei den genannten Auftraggebern geht der Gesetzgeber von einer besonderen Zuverlässigkeit aus, so dass damit gerechnet werden kann, dass die Kosten gezahlt werden. Im **Einzelfall** kann durchaus ein Vorschuss erhoben werden, auch wenn einer der in Nr. 3 Abs. 1 DB-GvKostG genannten Fälle vorliegt. Dies gilt zB auch dann, wenn es sich bei dem Kostenschuldner um eine Stadt, Behörde oder ähnliche Institution handelt.[9]

11 **2. Rechtsprechung.** Auch aus der Rechtsprechung können sich Ausnahmen ergeben, die eine Entnahme von Kosten aus einem Vorschuss verbieten.

12 Der Gläubiger kann die Zwangsvollstreckung nach § 885 ZPO auf eine Herausgabe beschränken, wenn er an sämtlichen in den Räumen befindlichen Gegenständen ein Vermieterpfandrecht geltend macht. Der Gerichtsvollzieher hat **keine** Räumung nach § 885 Abs. 2–4 ZPO vorzunehmen.[10] Die Vollstreckung kann nicht von der Zahlung eines Kostenvorschusses für Transport- und Lagerkosten abhängig gemacht werden. Der Vorschuss ist also um die **Transport- und Lagerkosten** zu reduzieren.

13 Im Falle der **Räumung** dürfen die für eine ggf notwendige Einlagerung von Geschäftsunterlagen des Schuldners entstehenden Kosten, soweit diese nach Ablauf der Frist des § 885 Abs. 4 S. 1 ZPO anfallen, nicht mehr dem von dem Gläubiger gezahlten Kostenvorschuss entnommen werden.[11] Die Aufbewahrungspflichten nach § 257 HGB, § 147 AO treffen nicht den Gläubiger, sondern allein den Vollstreckungsschuldner.

---

8 BT-Drucks. 16/6308, S. 212.
9 AG Braunschweig DGVZ 1998, 46; *Winterstein/Richter/Zuhn*, GvKostR, § 4 Rn 2 e).
10 BGH DGVZ 2006, 178; BGH Rpfleger 2006, 143.
11 BGH DGVZ 2008, 139.

V. Nachforderung von Vorschuss (Abs. 2)

Nach Abs. 2 kann die **Fortsetzung der Amtstätigkeit** des Gerichtsvollziehers von der Zahlung eines weiteren Vorschusses abhängig gemacht werden, wenn der ursprünglich kalkulierte Vorschussbetrag nicht ausreicht, um die gesamten **Auslagen** zu decken. Die fehlenden Beträge können uU sehr hoch sein (zB Kosten für die Unterbringung von Tieren oder die Einlagerung von Pfand- oder Räumungsgut). Mit der Verweisung in Abs. 2 S. 1 auf die entsprechende Anwendung von Abs. 1 wird erreicht, dass die dort in S. 3 und 4 genannten Ausnahmen von der Abhängigmachung (Auftrag des Gerichts, Prozesskosten- und Verfahrenskostenhilfe, Urteile und Vergleiche der Arbeitsgerichte) auch bei der Nachforderung zu beachten sind. 14

Der Gerichtsvollzieher kann nach Abs. 2 S. 1 androhen, dass er die getroffenen Vollstreckungsmaßnahmen aufhebt, wenn der Vorschuss nicht fristgerecht gezahlt wird. Die Aufhebung einer Vollstreckungsmaßnahme durch den Gerichtsvollzieher ist nur nach vorheriger **Fristsetzung** und **Zustellung** einer entsprechenden Aufforderung unter Hinweis auf die Folgen der Nichtzahlung zulässig (Abs. 2 S. 3). 15

VI. Fortdauer der Vorschusspflicht (Abs. 3)

Nach § 3 Abs. 4 S. 1 gilt ein Auftrag unter bestimmten Voraussetzungen **sofort** als durchgeführt. In den Fällen des § 3 Abs. 4 S. 2–5 gilt er jedoch erst nach Ablauf bestimmter **Fristen** als durchgeführt. Die Fälligkeit der Gebühren, die von der Durchführung des Auftrags abhängt (§ 14 S. 1), tritt erst später ein. Abs. 3 bestimmt für diese Fälle, dass die Vorschusspflicht des Gläubigers bis zum Eintritt der Fälligkeit bestehen bleibt. Dies bedeutet, dass der Gerichtsvollzieher bis zum Eintritt der Fälligkeit Vorschuss erheben kann. In diesen Fällen stehen die Gebühren, die bei Ablauf der Frist entstehen, bereits fest. Abs. 3 erlaubt nun dem Gerichtsvollzieher, diese Gebühren noch als Vorschuss zu erheben. Abs. 3 korrespondiert mit Nr. 2 Abs. 5 DB-GvKostG, wonach bei länger dauernden Verfahren die Gebühren bereits vor ihrer Fälligkeit vorschussweise erhoben werden können. 16

VII. Rechtsmittel

Gegen die Anordnung des Gerichtsvollziehers, die Durchführung des Auftrags oder die Aufrechterhaltung einer Vollstreckungsmaßnahme von der Zahlung eines Vorschusses abhängig zu machen, sind die Bestimmungen über die Erinnerung und die Beschwerde (§ 5 Abs. 2) entsprechend anzuwenden (vgl § 5 Abs. 3). Eine unmittelbare Anwendung kommt nicht in Betracht, da eine Vorschussanforderung selbst noch kein Kostenansatz ist.[12] 17

VIII. Vorschuss aus der Landeskasse

Bei Aufträgen, in denen der Gerichtsvollzieher keinen Vorschuss erheben kann (Abs. 1 S. 3, 4) oder von einer Vorschusserhebung absehen soll, aber höhere Auslagen anfallen, kann die **Dienstbehörde** einen angemessenen Vorschuss/Abschlag gewähren.[13] Nach § 8 S. 1 GVO kann die Dienstbehörde dem Gerichtsvollzieher nur auf die in den Spalten 12 und 13 des Kassenbuchs II einzustellenden Auslagen einen angemessenen Vorschuss/Abschlag gewähren. Hierunter fallen jedoch nur die Auslagen, die nach § 7 Abs. 3 GVO aus der Landeskasse erstattet wer- 18

---

12 *Hartmann*, KostG, § 5 GvKostG Rn 1; Schröder-Kay/*Gerlach*, § 3 GvKostG Rn 20, § 5 GvKostG Rn 3.
13 *Gilleßen/Polzius*, DGVZ 2001, 5.

den, also u.a. Auslagen, die bei der Ausführung von Aufträgen von gem. § 2 kostenbefreiten Gläubigern entstehen. Auf Aufträge von gebühren-, aber nicht auslagenbefreiten Gläubigern ist diese Vorschrift nicht anzuwenden.[14] Dieser Vorschuss wird ihm von der Landeskasse zur Verfügung gestellt, um erforderliche Auslagen zahlen zu können, die er als bevollmächtigter Vertreter des Justizfiskus verursacht hat.[15] Ein Vorschuss/Abschlag soll in der einzelnen Sache nur dann gewährt werden, wenn die Durchführung eines Auftrags voraussichtlich mehr als 10,00 € Auslagen erfordert (§ 8 S. 3 GVO). Die Zahlung hat auf sein Dienstkonto zu erfolgen und ist nach Erledigung des Auftrags mit der Landeskasse abzurechnen.[16]

§ 5 Kostenansatz, Erinnerung, Beschwerde, Gehörsrüge

(1) ¹Die Kosten werden von dem Gerichtsvollzieher angesetzt, der den Auftrag durchgeführt hat. ²Der Kostenansatz kann im Verwaltungswege berichtigt werden, solange nicht eine gerichtliche Entscheidung getroffen ist.

(2) ¹Über die Erinnerung des Kostenschuldners und der Staatskasse gegen den Kostenansatz entscheidet, soweit nicht nach § 766 Abs. 2 der Zivilprozessordnung das Vollstreckungsgericht zuständig ist, das Amtsgericht, in dessen Bezirk der Gerichtsvollzieher seinen Amtssitz hat. ²Auf die Erinnerung und die Beschwerde ist § 66 Absatz 2 bis 8 des Gerichtskostengesetzes, auf die Rüge wegen Verletzung des Anspruchs auf rechtliches Gehör ist § 69 a des Gerichtskostengesetzes entsprechend anzuwenden.

(3) Auf die Erinnerung des Kostenschuldners gegen die Anordnung des Gerichtsvollziehers, die Durchführung des Auftrags oder die Aufrechterhaltung einer Vollstreckungsmaßnahme von der Zahlung eines Vorschusses abhängig zu machen, und auf die Beschwerde ist Absatz 2 entsprechend anzuwenden.

(4) Für Verfahren nach den Absätzen 1 bis 3 sind die Vorschriften der Zivilprozessordnung über die elektronische Akte und über das elektronische Dokument anzuwenden.

DB-GvKostG (Zu § 5) Nr. 4

(1) Solange eine gerichtliche Entscheidung oder eine Anordnung im Dienstaufsichtswege nicht ergangen ist, hat die Gerichtsvollzieherin oder der Gerichtsvollzieher auf Erinnerung oder auch von Amts wegen unrichtige Kostenansätze richtigzustellen (vgl. Nr. 7 Abs. 4). Soweit einer Erinnerung abgeholfen wird, wird sie gegenstandslos.

(2) Hilft die Gerichtsvollzieherin oder der Gerichtsvollzieher einer Erinnerung des Kostenschuldners nicht oder nicht in vollem Umfang ab, so ist sie mit den Vorgängen der Bezirksrevisorin oder dem Bezirksrevisor vorzulegen. Dort wird geprüft, ob der Kostenansatz im Verwaltungsweg zu ändern ist oder ob Anlass besteht, für die Landeskasse ebenfalls Erinnerung einzulegen. Soweit der Erinnerung nicht abgeholfen wird, veranlasst die Bezirksrevisorin oder der Bezirksrevisor, dass die Erinnerung mit den Vorgängen unverzüglich dem Gericht vorgelegt wird.

(3) Alle gerichtlichen Entscheidungen über Kostenfragen hat die Gerichtsvollzieherin oder der Gerichtsvollzieher der zuständigen Bezirksrevisorin oder dem zu-

---

14 VGH Baden-Württemberg 15.6.1993 – 4 S 2505/91.
15 BGH DGVZ 1999, 167.
16 *Winterstein*, DGVZ 1999, 166.

ständigen Bezirksrevisor mitzuteilen, sofern diese nicht nach Absatz 2 an dem Verfahren beteiligt waren.

I. Zuständigkeit 1	5. Rechtliches Gehör 20
1. Allgemeines 1	6. Entscheidung 21
2. Verfahrensweise bei Unzuständigkeit – Fallkonstellationen 3	7. Beschwerde 22
	8. Beteiligung des Gerichtsvollziehers im Beschwerdeverfahren 24
3. Abgabe an einen Gerichtsvollzieher desselben Amtsgerichtsbezirks nach Ermittlungen nach § 755 ZPO 9	9. Weitere Beschwerde 25
	10. Rechtsbeschwerde 26
	III. Rechtsmittel gegen den Kostenansatz in sonstigen Angelegenheiten 27
4. Abnahme der Vermögensauskunft durch den Gerichtsvollzieher des Haftortes (§ 802 i ZPO) 12	1. Erinnerung 27
	2. Entscheidung 28
5. Rechtshilfe (§ 137 Abs. 2 GVGA) 13	3. Rechtsmittel 29
	IV. Rechtsmittel gegen die Erhebung eines Vorschusses (Abs. 3) 30
II. Rechtsmittel gegen den Kostenansatz in Vollstreckungsangelegenheiten 14	V. Anhörungsrüge 31
	VI. Unzulässige Rechtsmittel 34
1. Erinnerung 14	VII. Kosten 35
2. Beteiligte 15	VIII. Elektronische Akte, elektronisches Dokument (Abs. 4) 36
3. Abhilfe 18	
4. Verfahren 19	

I. Zuständigkeit

1. Allgemeines. Die Kosten werden von dem Gerichtsvollzieher erhoben, der den Auftrag durchgeführt hat (Abs. 1 S. 1). Müssen mehrere Gerichtsvollzieher eines Amtsgerichtsbezirks tätig werden, ist derjenige für die Kostenerhebung zuständig, der den Auftrag abschließend bearbeitet. Werden jedoch mehrere Gerichtsvollzieher in verschiedenen Amtsgerichtsbezirken mit einem Auftrag befasst, gilt die Tätigkeit jedes Gerichtsvollziehers als Durchführung eines besonderen Auftrags (§ 3 Abs. 1 S. 2).

Die Abgabe an einen anderen Gerichtsvollzieher nach Ermittlung einer neuen Anschrift nach entsprechendem Auftrag nach § 755 ZPO erfolgt **von Amts wegen** (§§ 20 Abs. 2 S. 1 Nr. 1, 17 Abs. 2 GVO).[1] Es liegt insb. kein Fall des § 802 e Abs. 2 ZPO vor, bei dem eine Abgabe nur auf Antrag des Gläubigers erfolgt, da bei Antragseingang – vor Ermittlung der neuen Anschrift – der zunächst beauftragte Gerichtsvollzieher zuständig war. § 802 e Abs. 2 ZPO betrifft also ausschließlich den Fall, dass der angegangene Gerichtsvollzieher *von vornherein* nicht zuständig ist.

2. Verfahrensweise bei Unzuständigkeit – Fallkonstellationen. a) Schuldner an eine bekannte Anschrift in demselben Amtsgerichtsbezirk verzogen (§§ 20 Abs. 2 S. 1 Nr. 1, 21 GVO). Ist der Gerichtsvollzieher für einen ihm schriftlich erteilten Auftrag nach Annahme des Auftrags nicht zuständig, so gibt er ihn nach Eintragung in das Dienstregister, falls der Auftrag im eigenen Amtsgerichtsbezirk oder in einem zugeschlagenen Bezirk des Amtsgerichts zu erledigen ist, unverzüglich an den zuständigen Gerichtsvollzieher ab, der den Auftraggeber umgehend von der Übernahme des Auftrags zu benachrichtigen hat. Die Kosten sind durch den Gerichtsvollzieher zu berechnen, der den Auftrag abschließend durchgeführt hat

---

1 BT-Drucks. 16/10069, S. 23.

(Abs. 1 S. 1). Diesem sind die beim ersten Gerichtsvollzieher entstandenen Kosten zum Zweck des Einzugs mitzuteilen (Nr. 2 Abs. 8 S. 2 DB-GvKostG).

4 b) **Schuldner an eine bekannte Anschrift eines anderen Amtsgerichtsbezirks verzogen (§§ 20 Abs. 2 S. 1 Nr. 2, 21 GVO).** Ist der Gerichtsvollzieher für einen ihm schriftlich erteilten Auftrag nach Annahme des Auftrags nicht zuständig, so gibt er ihn nach Eintragung in das Dienstregister, falls der Auftrag in einem anderen Amtsgerichtsbezirk zu erledigen ist, unter Benachrichtigung des Auftraggebers an das zuständige Amtsgericht weiter; ist dies nicht angängig oder zweckmäßig, so ist der Auftrag dem Auftraggeber mit entsprechender Mitteilung zurückzusenden. – Die Tätigkeit jedes Gerichtsvollziehers gilt als Durchführung eines besonderen Auftrags (§ 3 Abs. 1 S. 2). Von jedem Gerichtsvollzieher können die in seiner Person angefallenen Gebühren und Auslagen erhoben werden (Nr. 2 Abs. 8 S. 1 DB-GvKostG). Beim abgebenden Gerichtsvollzieher darf eine Gebühr nach Abschnitt 6 des Kostenverzeichnisses jedoch nicht erhoben werden (Vorbem. 6 S. 3 KV GvKostG), da der Auftrag abgegeben wird bzw hätte abgegeben werden können.

5 c) **Ladung zur Vermögensauskunft durch die Post. Es erfolgt Rückbrief mit neuer Anschrift in demselben Amtsgerichtsbezirk (§ 137 Abs. 1 S. 1, 3 GVGA).** Der Gerichtsvollzieher kann mangels anderer Anhaltspunkte regelmäßig davon ausgehen, dass der Schuldner bereits bei Auftragseingang an den anderen Ort verzogen war. Der Fall wird damit nicht als Fall der Rechtshilfe (§ 137 Abs. 2 GVGA) behandelt. Ist der Schuldner innerhalb des Amtsgerichtsbezirks in den Bezirk eines anderen Gerichtsvollziehers umgezogen, so gibt er den Auftrag unverzüglich an den zuständigen Gerichtsvollzieher ab. Es handelt sich weiter um den Fall, dass nur der Gerichtsvollzieher, der den Auftrag erledigt, die Kosten berechnen kann (Abs. 1 S. 1). Diesem Gerichtsvollzieher sind die entstandenen Gebühren und Auslagen zum Einzug mitzuteilen (Nr. 2 Abs. 8 S. 2 DB-GvKostG).

6 d) **Ladung zur Vermögensauskunft durch die Post. Es erfolgt Rückbrief mit neuer Anschrift in einem anderen Amtsgerichtsbezirk (§ 137 Abs. 1 S. 1, 4 GVGA).** Die Tätigkeit jedes Gerichtsvollziehers gilt als Durchführung eines besonderen Auftrags (§ 3 Abs. 1 S. 2), wobei von dem abgebenden Gerichtsvollzieher keine Gebühr nach Abschnitt 6 des Kostenverzeichnisses erhoben werden kann (Vorbem. 6 S. 3 KV GvKostG), da der Auftrag abgegeben wird bzw hätte abgegeben werden können.

7 e) **Ladung zur Vermögensauskunft durch die Post. Es erfolgt Rückbrief mit neuer Anschrift in einem anderen Amtsgerichtsbezirk (§ 137 Abs. 1 S. 5 GVGA).** Ist der Wohnsitz oder gewöhnliche Aufenthaltsort nach der Rückbriefadresse unbekannt und hat der Gläubiger für diesen Fall den Gerichtsvollzieher mit der Ermittlung des Aufenthaltsorts des Schuldners beauftragt, führt der Gerichtsvollzieher zunächst diesen Auftrag aus.

8 f) **Ladung zur Vermögensauskunft durch die Post. Rückbrief ohne neue Anschrift. Kein Auftrag nach § 755 ZPO bzw Auftrag nach § 755 ZPO ohne Ergebnis (§ 137 Abs. 1 S. 5 GVGA).** Ist ein Auftrag nach § 755 ZPO nicht erteilt oder bleibt die Aufenthaltsermittlung erfolglos, so ist der Auftrag dem Gläubiger mit entsprechender Mitteilung zurückzusenden (§ 20 Abs. 2 S. 1 Nr. 2 GVO). Der Auftrag gilt als durchgeführt, weil seiner weiteren Erledigung Hinderungsgründe entgegenstehen (§ 3 Abs. 4 S. 1). Der Gerichtsvollzieher rechnet die bis dahin entstandenen Kosten ab.

9 **3. Abgabe an einen Gerichtsvollzieher desselben Amtsgerichtsbezirks nach Ermittlungen nach § 755 ZPO.** Die Kostenberechnung durch den Gerichtsvollzieher, der den Auftrag abschließend erledigt, ist bei Fallgestaltungen, die aus dem Gesetz zur Reform der Sachaufklärung in der Zwangsvollstreckung folgen, unbe-

friedigend. Ist der Gerichtsvollzieher auch mit Ermittlungen beauftragt (§ 755 ZPO) und ermittelt eine Anschrift im Bezirk desselben Amtsgerichtsbezirks, ist der Auftrag an den anderen Gerichtsvollzieher abzugeben (§§ 20 Abs. 2 S. 1 Nr. 1, 17 Abs. 2 GVO). Wenn mehrere Gerichtsvollzieher eines Amtsgerichtsbezirks tätig werden, muss einheitlich so abgerechnet werden, als ob nur ein Gerichtsvollzieher tätig geworden wäre. Denn bei der Tätigkeit mehrerer Gerichtsvollzieher eines Amtsgerichtsbezirks dürfen keine höheren Kosten entstehen, als wenn nur einer tätig wäre. Das kann aus Sicht des abgebenden Gerichtsvollziehers zu einem unbilligen Ergebnis führen, wenn er Auskünfte eingeholt hat und hierfür weder Gebühren noch Auslagen ansetzen kann.

Derzeit ist für diese Praxiskonstellation die bestehende Regelung eindeutig: Die Kosten werden von dem Gerichtsvollzieher angesetzt, der den Auftrag durchgeführt hat (Abs. 1 S. 1). Ist der Schuldner innerhalb des Amtsgerichtsbezirks verzogen, so sind die entstandenen Auslagen dem übernehmenden Gerichtsvollzieher zum Zweck des späteren Kostenansatzes (Abs. 1 S. 1) mitzuteilen (Nr. 16 S. 2 DB-GvKostG). In der Literatur werden zwei Lösungswege erörtert: 10

(1) Die beteiligten Gerichtsvollzieher teilen sich die Kosten. – Eine derartige Teilung ist nach den geltenden Bestimmungen nicht vorgeschrieben, aber auch nicht verboten oder unmöglich.

(2) Der Gerichtsvollzieher, der den Auftrag endgültig erledigt, überweist dem zunächst tätigen Gerichtsvollzieher die bei diesem entstandenen Gebühren und Auslagen. – Diese Verfahrensweise ist jedoch kompliziert und unübersichtlich, insb. wenn mehrere Gerichtsvollzieher beteiligt sind. Der abgebende Gerichtsvollzieher erhebt einen Vorschuss. Bei den Auslagen ist eine Verrechnung mit dem Vorschuss schon deshalb ohne Weiteres möglich, weil Auslagen sofort nach ihrer Entstehung fällig werden (§ 14 S. 2). Eine Verrechnung mit bereits entstandenen Gebühren erscheint ebenfalls möglich (Nr. 3 Abs. 5 DB-GvKostG), wenn dem übernehmenden Gerichtsvollzieher die Verrechnung für den bei ihm erfolgenden Kostenansatz mitgeteilt wird. Dies erscheint jedoch wenig praktikabel, da eine Verzögerung des Verfahrens durch die Vorschusserhebung und die wohl häufige Anforderung von Vorschüssen zu erwarten wären.

Dringend erforderlich ist letztlich eine Regelung in Verwaltungsvorschriften, wie der die Kosten einziehende Gerichtsvollzieher die auf den früher mit dem Auftrag befassten Gerichtsvollzieher entfallenden Kosten an diesen abführt und wie bei der Gebührenanteilen zu verfahren ist. Bis zum Erlass einer solchen Regelung werden die Gerichtsvollzieher auf den Weg des **Vorschusses** (§ 4; Nr. 2 Abs. 8 S. 4 DB-GvKostG) verwiesen. Bei den Auslagen ist eine Verrechnung mit dem Vorschuss ohne weiteres möglich, weil Auslagen sofort fällig werden (§ 14 S. 2). Eine Vorschusserhebung stellt auch noch keinen Kostenansatz dar, so dass auch § 5 Abs. 1 S. 1 der Erhebung nicht entgegensteht.[2] Eine Verrechnung mit bereits entstandenen Gebühren erscheint ebenfalls möglich, wenn dem übernehmenden Gerichtsvollzieher die Verrechnung für den bei ihm erfolgenden Kostenansatz mitgeteilt wird. Die Erhebung eines Vorschusses dürfte dabei wegen des damit verbundenen Aufwands und der Verzögerung zu Beginn der Vollstreckung nicht zu einer Beschleunigung der Vollstreckung führen, die u.a. mit dem Gesetz zur Reform der Sachaufklärung herbeigeführt werden sollte. Auch führt die Erhebung von Kosten aus einem Vorschuss auch weiterhin zu unglücklichen Ergebnissen. Der abgebende Gerichtsvollzieher muss *alle* bei ihm entstandenen Gebühren und Auslagen entnehmen. Er kann seine Entnahme nicht auf bestimmte Gebühren und Auslagen beschränken, er wird daher neben der Gebühr Nr. 440 KV GvKostG und den Auslagen nach Nr. 708 KV GvKostG auch ein angefallenes 11

---

2 Schröder-Kay/*Gerlach*, § 3 GvKostG Rn 20, § 5 GvKostG Rn 3.

Wegegeld (Nr. 711 KV GvKostG) und die Auslagenpauschale (Nr. 716 KV GvKostG) erheben müssen. Damit erhält aber der übernehmende Gerichtsvollzieher kein Wegegeld und nur eine anteilige Auslagenpauschale, obwohl auch ihm Aufwendungen entstanden sind.

12 **4. Abnahme der Vermögensauskunft durch den Gerichtsvollzieher des Haftortes (§ 802 i ZPO).** Eine weitere Problematik der Zuständigkeit für den Kostenansatz folgt aus einer Änderung des § 802 i ZPO. Die Abnahme der Vermögensauskunft durch den Gerichtsvollzieher des Haftortes in einem anderen Amtsgerichtsbezirk wurde bis zum Inkrafttreten der Reform der Sachaufklärung in der Zwangsvollstreckung (also bis 31.12.2012) als Fall der Rechtshilfe angesehen. Dem entsprach auch § 187 Abs. 5 GVGA aF, der bestimmte, dass der Gerichtsvollzieher des Haftortes die Urschriften des Protokolls und des Vermögensverzeichnisses zusammen mit den Vollstreckungsunterlagen unverzüglich dem beauftragten Gerichtsvollzieher übersendet. Dieser hinterlegt beides unverzüglich bei dem Vollstreckungsgericht und leitet Abschriften dem Gläubiger zu. Insoweit sieht seit dem 1.1.2013 jedoch § 802 i ZPO eine andere Verfahrensweise vor:

Der Gerichtsvollzieher des Haftortes hat das Protokoll und die Niederschrift über die Vermögensauskunft nicht mehr dem Gerichtsvollzieher des Wohnortes zu übersenden, vielmehr erklärt § 802 i Abs. 2 S. 2 ZPO die Vorschrift des § 802 f Abs. 5 und 6 ZPO für entsprechend anwendbar. Der Gerichtsvollzieher des Haftortes hat somit das Vermögensverzeichnis in elektronischer Form dem nach § 802 k ZPO zuständigen Gericht zu übermitteln und dem Gläubiger eine Abschrift zuzuleiten (vgl auch § 145 Abs. 5 S. 4 GVGA). Da sich Abs. 2 auf den nach Abs. 1 zuständigen Gerichtsvollzieher bezieht, erfolgt bei Erledigung des Auftrags zur Vermögensauskunft durch den Gerichtsvollzieher des Haftortes. Die Kosten der Vermögensauskunft werden von dem Gerichtsvollzieher angesetzt, der den Auftrag abschließend durchgeführt hat (Abs. 1 S. 1). Dies ist jetzt der Gerichtsvollzieher des Haftortes. Dieser kann damit nunmehr die Gebühr für die Abnahme der Vermögensauskunft ansetzen, da er den Auftrag abschließend erledigt. Dabei sind natürlich vom Gerichtsvollzieher des Wohn- bzw Aufenthaltsortes ggf vorschussweise erhobene Kosten (Nr. 3 Abs. 5 DB-GvKostG) anzurechnen. Zweifel können sich insoweit daraus ergeben, dass für das Eintragungsanordnungsverfahren aber wiederum der Gerichtsvollzieher zuständig ist, der den Schuldner verhaftet hat (§ 145 Abs. 7 S. 1 GVGA). Jedoch ist zu berücksichtigen, dass der Gerichtsvollzieher des Haftortes den eigentlichen Auftrag, die Abnahme der Vermögensauskunft einschließlich der Übermittlung Vermögensauskunft an das Vollstreckungsgericht und Gläubiger, abschließend erledigt hat.

13 **5. Rechtshilfe (§ 137 Abs. 2 GVGA).** Ist der Schuldner nach Eingang des Auftrags zur Abnahme der Vermögensauskunft zur Kenntnis des Gerichtsvollziehers an einen Ort außerhalb des Amtsgerichtsbezirks verzogen, ersucht der Gerichtsvollzieher den für den jetzigen Wohnort oder Aufenthaltsort zuständigen Gerichtsvollzieher, den Schuldner im Wege der Rechtshilfe dort zur Abgabe der Vermögensauskunft bei ihm zu laden (§ 137 Abs. 2 GVGA). Gegenstand der Rechtshilfe sind Amtshandlungen, die der ersuchende Gerichtsvollzieher selbst vornehmen könnte, die er aber aus Zweckmäßigkeitsgründen oder um nicht außerhalb seines Bezirks tätig zu werden, einem anderen Gerichtsvollzieher überträgt.[3] Nach Abnahme der Vermögensauskunft hat der ersuchte Gerichtsvollzieher die Urschrift des Protokolls und das elektronisch errichtete Vermögensverzeichnis an den ersuchenden Gerichtsvollzieher zu senden. Dieser Gerichtsvollzieher hinterlegt das Vermögensverzeichnis bei dem zentralen Vollstreckungsgericht und leitet dem Gläubiger unverzüglich einen Ausdruck des Vermögensverzeich-

---

3 BGH NJW 1990, 2936.

nisses zu (§ 137 Abs. 3 GVGA). Die Erhebung der Kosten kann nach Abs. 1 S. 1 nur durch den ersuchenden Gerichtsvollzieher erfolgen, da nur dieser für die Durchführung des Auftrags zuständig bleibt und den Auftrag abschließend erledigt hat. Es handelt sich auch nicht um einen Fall des § 3 Abs. 1 S. 2, da es an „mehreren Amtshandlungen" fehlt.

II. Rechtsmittel gegen den Kostenansatz in Vollstreckungsangelegenheiten

1. Erinnerung. Die Erinnerung nach Abs. 2, § 766 Abs. 2 ZPO richtet sich gegen solche Kosten, die der Gerichtsvollzieher für Maßnahmen der **Zwangsvollstreckung** erhebt, bzw gegen die Inanspruchnahme als Kostenschuldner für Kosten von Zwangsvollstreckungsmaßnahmen. Abs. 2 S. 1 verweist insoweit auf § 766 Abs. 2 ZPO. Dieser ist auch dann maßgebend, wenn Erinnerung gegen den Kostenansatz eines Gerichtsvollziehers erhoben wird. Die Erinnerung ist weder an eine Form noch an eine Frist gebunden.[4] Sie ist auch nach Erledigung des Vollstreckungsauftrags zulässig.[5] 14

2. Beteiligte. Das Rechtsmittel der Erinnerung kann vom Kostenschuldner und der Landeskasse eingelegt werden (vgl Abs. 2 S. 1). Die Landeskasse wird dabei durch den Bezirksrevisor vertreten.[6] Der Gerichtsvollzieher ist an dem Erinnerungsverfahren nicht beteiligt.[7] 15

Die Landeskasse hat zwar auch die Möglichkeit, eine Abänderung des Kostenansatzes im Verwaltungsweg zu erreichen (vgl Abs. 1 S. 2), eine Erinnerung kann aber trotzdem anzuraten sein (zB zur Klärung grundsätzlicher Fragen kostenrechtlicher Art). Die Erinnerung der Staatskasse gegen den Kostenansatz des Gerichtsvollziehers ist zum einen möglich, wenn schon ein Erinnerungsverfahren auf Antrag des Kostenschuldners mit dem Ziel der Herabsetzung der Kosten anhängig ist und die Staatskasse eine Erhöhung des Kostenansatzes erreichen will (Nr. 4 Abs. 2 DB-GvKostG), aber auch dann, wenn sie **zu Gunsten des Kostenschuldners** eine **Herabsetzung oder Nichterhebung der Gerichtsvollzieherkosten** erreichen will. Die Erinnerungsbefugnis der Staatskasse zu Gunsten eines Kostenschuldners leitet sich daraus her, dass sie, um Ansprüche gegen die Staatskasse auf Rückforderungen falsch berechneter Kosten zu vermeiden, auf einen zutreffenden Kostenansatz achten muss.[8] 16

Der Gerichtsvollzieher ist an dem Erinnerungsverfahren nur insoweit beteiligt, als er – wie jeder Kostenbeamte in den Justizkostengesetzen – der Erinnerung abhelfen kann.[9] In dem Verfahren geht es ausschließlich um das **Verhältnis zwischen Staatskasse und Bürger**. Die Staatskasse ist alleiniger Gläubiger des Kostenanspruchs.[10] Der Gerichtsvollzieher ist Organ der Zwangsvollstreckung und kann deshalb idR nicht Partei der Rechtsbehelfsverfahren in Zwangsvollstreckungssachen sein.[11] 17

3. Abhilfe. Solange eine gerichtliche Entscheidung oder eine Anordnung im Verwaltungswege nicht vorliegt, kann der Gerichtsvollzieher auf Erinnerung selbst unrichtige Kostenansätze richtigstellen (Nr. 4 Abs. 1 S. 1 DB-GvKostG). Durch die Abhilfe wird eine Erinnerung **gegenstandslos** (Nr. 4 Abs. 1 S. 2 DB-GvKostG). 18

---

4 BT-Drucks. 15/1971, S. 157.
5 OLG Hamm InVo 2001, 307.
6 LG Frankfurt DGVZ 1993, 74; LG Lüneburg DGVZ 1981, 125.
7 BT-Drucks. 14/3432, S. 26.
8 Schröder-Kay/*Gerlach*, § 5 GvKostG Rn 14; *Hartmann*, KostG, § 5 GvKostG Rn 8; KG Rpfleger 1977, 227; LG Gießen JurBüro 1990, 113.
9 *Hartmann*, KostG, § 5 GvKostG Rn 8; LG Wiesbaden DGVZ 1991, 59; OLG Düsseldorf NJW-RR 1993, 1280; *Polzius/Kessel*, DGVZ 2002, 35.
10 BT-Drucks. 14/3432, S. 26.
11 AG Verden JurBüro 2008, 441; BGH NJW 2004, 2979.

19 **4. Verfahren.** Hilft der Gerichtsvollzieher daher einer Erinnerung des Kostenschuldners nicht oder nicht in vollem Umfang ab, so ist das Rechtsmittel dem Bezirksrevisor vorzulegen (Nr. 4 Abs. 2 S. 1 DB-GvKostG). Der Bezirksrevisor kann den angefochtenen Kostenansatz im Verwaltungswege ändern (Nr. 4 Abs. 2 S. 2 DB-GvKostG).[12] Hält auch der Bezirksrevisor die Erinnerung für nicht begründet, veranlasst er die Vorlage an das Gericht zur **Entscheidung** über das Rechtsmittel (Nr. 4 Abs. 2 S. 3 DB-GvKostG).

20 **5. Rechtliches Gehör.** Der Bezirksrevisor ist als Vertreter der Staatskasse, die in jedem Fall Betroffene des Verfahrens ist, immer zu hören (Art. 103 Abs. 1 GG; vgl Abs. 2).[13] Dies gilt insb. auch, wenn ein Rechtsmittel unmittelbar bei Gericht eingelegt wird.[14] Ist eine Anhörung der Landeskasse unterblieben, kann die **Anhörungsrüge** nach Abs. 2 S. 2 iVm § 69 a GKG erhoben werden.[15]

21 **6. Entscheidung.** Dem Vollstreckungsgericht ist die Entscheidung übertragen, wenn wegen der vom Gerichtsvollzieher in Ansatz gebrachten Kosten im Rahmen der Vollstreckung Erinnerung erhoben wird (§ 766 Abs. 2 ZPO; Abs. 2). Vollstreckungsgericht ist regelmäßig das Amtsgericht, in dessen Bezirk die Zwangsvollstreckung stattfinden soll oder stattgefunden hat (§ 764 Abs. 2 ZPO). Das Gericht entscheidet, ob die vom Gerichtsvollzieher angesetzten Kosten zutreffend berechnet sind oder ob die Inanspruchnahme des Kostenschuldners zu Recht erfolgt ist. Eine ggf erforderliche Rückzahlung hat der Gerichtsvollzieher zu veranlassen (Nr. 7 Abs. 4 DB-GvKostG).

22 **7. Beschwerde.** Gegen die Entscheidung über die Erinnerung durch das Vollstreckungsgericht findet die **(unbefristete) Beschwerde** statt, wenn der Wert des Beschwerdegegenstands **200 €** übersteigt (Abs. 2 S. 2 iVm § 66 Abs. 2 S. 1 GKG). Beschwerdegericht ist das nächsthöhere Gericht. Damit ergibt sich in Angelegenheiten, die den Kostenansatz der Gerichtsvollzieher betreffen, immer das **Landgericht als Beschwerdegericht**.[16] Insbesondere findet auch in Erinnerungsverfahren, die sich auf **Vollstreckungskosten** beziehen, § 66 Abs. 3 S. 3 GKG entsprechende Anwendung, der eine Beschwerde an einen obersten Gerichtshof des Bundes nicht zulässt.[17]

23 Die Verweisung in Abs. 2 S. 1 regelt alleine die **Zuständigkeit** und verweist im Übrigen auf § 66 Abs. 2–8 GKG. Der Rechtsmittelweg des § 766 ZPO mit sofortiger Beschwerde zum Landgericht (§§ 567 Abs. 1 Nr. 1, 793 ZPO) und die Rechtsbeschwerde zum Bundesgerichtshof (§ 574 Abs. 1 Nr. 2, Abs. 3 S. 1 ZPO) sind nicht anwendbar. Soweit einer Entscheidung des BGH[18] etwas anderes entnommen werden könnte, hält der BGH daran nicht mehr fest.[19]

24 **8. Beteiligung des Gerichtsvollziehers im Beschwerdeverfahren.** Eine Beteiligung des Gerichtsvollziehers am Beschwerdeverfahren wird in Literatur und Recht-

---

12 AG Deggendorf DGVZ 2001, 190.
13 LG Wiesbaden DGVZ 1991, 59; *Geißler*, DGVZ 1990, 105; LG Lüneburg DGVZ 1981, 125.
14 *Hartmann*, KostG, § 5 GvKostG Rn 8.
15 Schröder-Kay/*Gerlach*, § 5 GvKostG Rn 27.
16 Schröder-Kay/*Gerlach*, § 5 GvKostG Rn 21.
17 BGH DGVZ 2008, 187; aA LG Gießen JurBüro 1990, 113; *Gerlach*, DGVZ 2003, 74; Schröder-Kay/*Gerlach*, § 5 GvKostG Rn 20.
18 BGH DGVZ 2005, 23.
19 BGH DGVZ 2008, 187.

sprechung uneinheitlich beurteilt. Die hM schließt eine Beteiligung aus.[20] Der Ausschluss eines Beschwerderechts überzeugt, da es nicht Aufgabe des Gerichtsvollziehers als Vollstreckungsorgan sein kann, Rechtsmittel gegenüber dem Vollstreckungsgericht einzulegen. Bejaht wird ein Beschwerderecht des Gerichtsvollziehers allerdings dann, wenn er durch eine Entscheidung des Vollstreckungsgerichts selbst betroffen ist, sich also aus der Erinnerungsentscheidung **persönliche und wirtschaftliche Nachteile** ergeben.[21] Es kann grds. davon ausgegangen werden, dass der Gerichtsvollzieher nur dann beschwert ist, wenn er wie jeder andere Dritte in seinen persönlichen Interessen berührt wird. Ein derartiger Fall liegt immer dann vor, wenn einem Gerichtsvollzieher zB die Kosten des Erinnerungsverfahrens auferlegt werden.[22] Der Gerichtsvollzieher ist Organ der Zwangsvollstreckung und kann deshalb idR nicht Kostenschuldner der Rechtsbehelfsverfahren in Zwangsvollstreckungssachen sein.[23] Ein persönlicher Nachteil liegt nicht darin, dass durch eine Änderung der Kostenberechnung ggf die dem Gerichtsvollzieher überlassenen Gebührenanteile und Auslagen gemindert werden können (§ 7 Abs. 1 und 2 GVO). Die Kosten, also Gebühren und Auslagen (§ 1 Abs. 1), werden für die Landeskasse erhoben (Nr. 1 DB-GvKostG).[24] Gerichtsvollzieher sind keine „Gebührenbeamte".[25] Eine Abänderung des Kostenansatzes durch ein Rechtsmittel betrifft den Gerichtsvollzieher nicht unmittelbar.[26]

9. Weitere Beschwerde. Gegen Entscheidungen des Vollstreckungsgerichts ist nach Abs. 2 S. 2 iVm § 66 Abs. 4 S. 1 GKG die weitere Beschwerde zum Oberlandesgericht zulässig, wenn das Landgericht sie wegen der grundsätzlichen Bedeutung der zur Entscheidung stehenden Frage in dem Beschluss zugelassen hat.[27] Die Beschwerde kann durch den Kostenschuldner und die Staatskasse eingelegt werden. Eine Beschwerde an einen obersten Gerichtshof des Bundes findet nicht statt.[28]

10. Rechtsbeschwerde. Da eine Beschwerde an einen obersten Gerichtshof des Bundes nicht stattfindet, ist auch eine Rechtsbeschwerde an den BGH ausgeschlossen.[29] Dies gilt auch für Gerichtsvollzieherkosten als Vollstreckungskos-

---

20 OLG Stuttgart DGVZ-Newsletter 25, S. 36; LG Mannheim JurBüro 2014, 665; LG Konstanz DGVZ 2002, 139; LG Wiesbaden DGVZ 1991, 59; LG Frankfurt DGVZ 1992, 74; LG Wuppertal DGVZ 1993, 59; LG Osnabrück DGVZ 1980, 124; Schröder-Kay/*Gerlach*, § 5 GvKostG Rn 31; Schuschke/Walker/*Walker*, § 766 ZPO Rn 17, § 793 ZPO Rn 3; *Zimmermann*, § 766 ZPO Rn 17; *Brox/Walker*, Zwangsvollstreckungsrecht, Rn 1258; *Hintzen/Wolf*, Handbuch der Mobiliarvollstreckung, § 766 ZPO Rn 35; aA LG Nürnberg DGVZ 1981, 120; *Polzius/Kessel*, DGVZ 2002, 35.
21 LG Konstanz DGVZ 2002, 139; OLG Düsseldorf NJW-RR 1993, 1280; LG Hamburg DGVZ 1977, 139; LG Siegen DGVZ 1975, 28; *Zimmermann*, § 766 ZPO Rn 17; Schuschke/Walker/*Walker*, § 793 ZPO Rn 3; *Brox/Walker*, Zwangsvollstreckungsrecht, Rn 1258.
22 LG Wetzlar DGVZ 1995, 127; OLG Hamm DGVZ 1994, 27; LG Wuppertal DGVZ 1993, 59; *Geißler*, DGVZ 1990, 105.
23 BGH NJW 2004, 2979.
24 LG Wiesbaden DGVZ 1991, 59; LG Frankfurt DGVZ 1993, 74; OVG Berlin DGVZ 1981, 138; OLG Hamm DGVZ 1994, 27; LG Konstanz DGVZ 2002, 139; VG München DGVZ 2003, 27; VG Freiburg NVwZ-RR 2005, 597.
25 BGH DGVZ 2001, 75.
26 Schröder-Kay/*Gerlach*, § 5 GvKostG Rn 31.
27 BGH DGVZ 2008, 187; aA LG Gießen JurBüro 1990, 113; *Gerlach*, DGVZ 2003, 74; Schröder-Kay/*Gerlach*, § 5 GvKostG Rn 25.
28 BGH DGVZ 2014, 257.
29 BGH 18.4.2013 – ZB 77/12, juris.

ten.[30] Die Rechtsbeschwerde wegen Gerichtsvollzieherkosten ist unzulässig, selbst wenn das Beschwerdegericht sie zugelassen hat.[31]

III. Rechtsmittel gegen den Kostenansatz in sonstigen Angelegenheiten

27 1. **Erinnerung.** Die weiter geregelte Erinnerung gegen den Kostenansatz (Abs. 2 S. 2 iVm § 66 Abs. 2–8 GKG) betrifft den Ansatz in solchen Verfahren, die keine Zwangsvollstreckungsverfahren sind, für die der Gerichtsvollzieher jedoch ebenfalls zuständig ist.[32] Abs. 2 verweist hinsichtlich der Einzelheiten dieses Rechtsmittels auf § 66 Abs. 2–8 GKG. Hinsichtlich Form, Frist, Beteiligte des Rechtsmittelverfahrens, Verfahren und Vertretung der Landeskasse kann auf die Erinnerung in Verfahren, die Vollstreckungsmaßnahmen betreffen, Bezug genommen werden (s. daher Rn 14 ff).

28 2. **Entscheidung.** Wird der Kostenansatz in einer anderen Angelegenheit, die nicht Vollstreckungstätigkeit ist, angegriffen, kann § 766 Abs. 2 ZPO keine Anwendung finden. Zuständig für die Entscheidung über diese Erinnerung ist das Amtsgericht, bei dem der Gerichtsvollzieher seinen Amtssitz hat.[33]

29 3. **Rechtsmittel.** Gegen die Entscheidung über die Erinnerung durch das Vollstreckungsgericht findet die **Beschwerde** statt, wenn der Wert des Beschwerdegegenstands 200 € übersteigt (Abs. 2 S. 2 iVm § 66 Abs. 2 S. 1 GKG). Beschwerdegericht ist das nächsthöhere Gericht. Damit ergibt sich in Angelegenheiten, die den Kostenansatz der Gerichtsvollzieher betreffen, immer das Landgericht als Beschwerdegericht.[34] Gegen Entscheidungen des Vollstreckungsgerichts ist nach Abs. 2 S. 2 iVm § 66 Abs. 4 GKG die weitere Beschwerde zum Oberlandesgericht zulässig, wenn das Landgericht sie wegen der grundsätzlichen Bedeutung der zur Entscheidung stehenden Frage in dem Beschluss zugelassen hat.[35]

IV. Rechtsmittel gegen die Erhebung eines Vorschusses (Abs. 3)

30 Ebenfalls geregelt ist in § 5 die Erinnerung des Kostenschuldners gegen die Abhängigmachung von der Zahlung eines Vorschusses. Durch die Verweisung in Abs. 3 auf die entsprechende Anwendung von Abs. 2 sind die Regelungen für das Erinnerungs- und Beschwerdeverfahren maßgebend (§ 766 Abs. 2 ZPO; Abs. 2). Insoweit kann uneingeschränkt auf die Ausführungen zur Erinnerung, Beschwerde und weiteren Beschwerde gegen den Kostenansatz Bezug genommen werden (s. Rn 14 ff, 22 f und 25). Eine evtl gerichtliche Entscheidung erfolgt in Vollstreckungsangelegenheiten durch das Vollstreckungsgericht, ansonsten durch das Amtsgericht.

V. Anhörungsrüge

31 Um auch im GvKostG die Gehörsrüge zu ermöglichen, verweist Abs. 2 S. 2 auf § 69 a GKG. Abs. 2 S. 2 iVm § 69 a Abs. 2 GKG regelt Frist, Form und Inhalt der Anhörungsrüge. Die Anhörungsrüge ist innerhalb einer **Notfrist von zwei Wochen** zu erheben (§ 69 a Abs. 2 S. 1 GKG). Die Frist beginnt in dem Zeitpunkt, in dem der Betroffene von der Verletzung des rechtlichen Gehörs Kenntnis erlangt. Der Betroffene muss glaubhaft machen, wann er von der Verletzung des rechtli-

---

30 BGH DGVZ 2014, 257.
31 BGH DGVZ 2008, 189; BGH DGVZ 2003, 74.
32 Vgl die Aufzählung bei Schröder-Kay/*Gerlach*, § 4 GvKostG Rn 70.
33 Schröder-Kay/*Gerlach*, § 5 GvKostG Rn 11; *Winterstein/Richter/Zuhn*, GvKostR, § 5 Rn 1 b).
34 Schröder-Kay/*Gerlach*, § 5 GvKostG Rn 20.
35 BGH DGVZ 2008, 187; aA LG Gießen JurBüro 1990, 113; *Gerlach*, DGVZ 2003, 74; Schröder-Kay/*Gerlach*, § 5 GvKostG Rn 26.

chen Gehörs Kenntnis erlangt hat. Im Interesse der Rechtssicherheit sieht § 69 a Abs. 2 S. 2 GKG eine **Ausschlussfrist von einem Jahr** seit Bekanntgabe der angegriffenen Entscheidung vor. Die Frist ist als materielle Ausschlussfrist der Wiedereinsetzung nicht zugänglich.

Die Anhörungsrüge ist bei dem Gericht zu erheben, dessen Entscheidung angegriffen wird (§ 69 a Abs. 2 S. 4 GKG). Aus der Rügeschrift muss hervorgehen, welche Entscheidung mit der Rüge angegriffen wird und aus welchen Umständen sich eine entscheidungserhebliche Verletzung des Anspruchs auf rechtliches Gehör ergibt (§ 69 a Abs. 2 S. 5 iVm Abs. 1 Nr. 2 GKG). 32

Der in § 69 a Abs. 6 GKG geregelte Ausschluss der Kostenerstattung entspricht dem Grundsatz in allen kostenrechtlichen Verfahren. 33

VI. Unzulässige Rechtsmittel

Gegebenenfalls unzulässige Rechtsmittel müssen ausgedeutet werden.[36] So kann durchaus ein gestellter Antrag, aufgrund § 7 Gerichtskosten nicht zu erheben, nach Zugang der Kostenrechnung als Erinnerung gegen den Kostenansatz nach § 5 oder umgekehrt umzudeuten sein. 34

VII. Kosten

Durch die Verweisung in Abs. 2 S. 2 auf § 66 Abs. 8 GKG wird klargestellt, dass Erinnerungs- und Beschwerdeverfahren gebührenfrei sind und eine Kostenerstattung nicht stattfindet.[37] 35

VIII. Elektronische Akte, elektronisches Dokument (Abs. 4)

Die Regelung des Abs. 4 ist durch das 2. KostRMoG neu aufgenommen worden. Die Ergänzung ist dem Zweck geschuldet, dass alle kostenrechtlichen Regelungen zur elektronischen Akte und zum elektronischen Dokument durch eine allgemeine Verweisung auf die jeweiligen verfahrensrechtlichen Regelungen für das zugrunde liegende Verfahren ersetzt werden. Damit ist sichergestellt, dass für die kostenrechtlichen Verfahren die gleichen Grundsätze wie für das Verfahren zur Hauptsache gelten.[38] Abs. 4 verweist damit auf die Regelungen der §§ 130 a, 298 a ZPO. 36

§ 6 Nachforderung

Wegen unrichtigen Ansatzes dürfen Kosten nur nachgefordert werden, wenn der berichtigte Ansatz vor Ablauf des nächsten Kalenderjahres nach Durchführung des Auftrags dem Zahlungspflichtigen mitgeteilt worden ist.

DB-GvKostG (Zu § 6): keine Regelung

Die Vorschrift des § 6, der in der Praxis eine geringe Bedeutung hat, beschränkt die Möglichkeit, Kosten wegen eines unrichtigen Ansatzes nachzufordern. Ein **unrichtiger Ansatz** liegt zB vor, wenn der Gerichtsvollzieher eine Gebühr falsch abgelesen oder eine Gebühr vergessen hat. Die Nachforderung darf nur im Jahr der Erledigung und im darauf folgenden Kalenderjahr erfolgen. Für den Beginn der Frist ist die Auftragserledigung maßgebend. Maßgebend ist nicht die Beendi- 1

---

36 BGH NJW-RR 1997, 831.
37 OLG Hamm DGVZ 1994, 27.
38 BT-Drucks. 17/11471 (neu), S. 254 iVm S. 156.

gung einzelner Amtshandlungen, da ein Auftrag mehrere Amtshandlungen beinhalten kann (§ 3 Abs. 1 S. 1), sondern die **Erledigung des gesamten Auftrags**. Werden grds. besondere Aufträge erteilt, die jedoch wegen der gleichzeitigen Auftragserteilung als **ein Auftrag** gelten (§ 3 Abs. 2), ist für den Fristbeginn insoweit entscheidend, dass alle beantragten Amtshandlungen dieses Auftrags durchgeführt wurden oder als durchgeführt gelten (§ 3 Abs. 4). Nach Ablauf des folgenden Kalenderjahres ist von Amts wegen keine Nachforderung mehr möglich. Erhebt der Gerichtsvollzieher trotz Fristablaufs Kosten nach, so kann der Kostenschuldner hiergegen Erinnerung nach § 5 einlegen.[1]

§ 7 Nichterhebung von Kosten wegen unrichtiger Sachbehandlung

(1) Kosten, die bei richtiger Behandlung der Sache nicht entstanden wären, werden nicht erhoben.

(2) [1]Die Entscheidung trifft der Gerichtsvollzieher. [2]§ 5 Abs. 2 ist entsprechend anzuwenden. [3]Solange nicht das Gericht entschieden hat, kann eine Anordnung nach Absatz 1 im Verwaltungsweg erlassen werden. [4]Eine im Verwaltungsweg getroffene Anordnung kann nur im Verwaltungsweg geändert werden.

DB-GvKostG (Zu § 7) Nr. 5

Hilft die Gerichtsvollzieherin oder der Gerichtsvollzieher einem Antrag des Kostenschuldners auf Nichterhebung von GV-Kosten wegen unrichtiger Sachbehandlung nicht oder nicht in vollem Umfang ab, so ist die Entscheidung dem Kostenschuldner mitzuteilen. Erhebt dieser gegen die Entscheidung Einwendungen, so legt die Gerichtsvollzieherin oder der Gerichtsvollzieher die Vorgänge unverzüglich mit einer dienstlichen Äußerung der unmittelbaren Dienstvorgesetzten oder dem unmittelbaren Dienstvorgesetzten (§ 1 Satz 3 GVO) vor. Von dort wird die Bezirksrevisorin oder der Bezirksrevisor beteiligt; die Nichterhebung der Kosten nach § 7 Abs. 2 Satz 3 GvKostG im Verwaltungsweg wird angeordnet, wenn die Voraussetzungen hierfür erfüllt sind. Anderenfalls wird zunächst geprüft, ob der Kostenschuldner eine Entscheidung im Verwaltungswege oder eine gerichtliche Entscheidung begehrt. Nach dem Ergebnis der Prüfung entscheidet die Dienstvorgesetzte oder der Dienstvorgesetzte entweder selbst oder legt die Vorgänge mit der Äußerung der Gerichtsvollzieherin oder des Gerichtsvollziehers dem Amtsgericht (§ 7 Abs. 2 i.V.m. § 5 Abs. 2 GvKostG) zur Entscheidung vor.

I. Anwendungsbereich

1 Die Vorschrift des § 7 normiert den Einwand der **unrichtigen Sachbehandlung**. Geregelt wird also die Befreiung des Kostenschuldners von Kosten infolge fehlerhaften Verhaltens des Gerichtsvollziehers. „**Fehler**" in diesem Sinne bedeutet, dass nur ein offen zutage tretender Verstoß gegen eindeutige Gesetzesbestimmungen oder ein **offensichtliches Versehen** eine unrichtige Sachbehandlung darstellt.[1] Von dem Begriff „Gesetzesbestimmungen" werden zum einen gesetzliche Bestimmungen, aber auch Verwaltungsbestimmungen, wie etwa GVGA oder DB-GvKostG, umfasst.[2] Keine unrichtige Sachbehandlung liegt vor, wenn eine im Ermessen des Gerichtsvollziehers liegende vertretbare Handlung gegeben war; ein Ermessen führt erst bei seiner Überschreitung zur Unrichtigkeit.[3] Auch eine nur

---

1 Schröder-Kay/*Gerlach*, § 6 GvKostG Rn 16; *Hartmann*, KostG, § 6 GvKostG Rn 9.
1 OLG Köln NJW 1988, 503; LG Mainz NJW-RR 1998, 1294.
2 LG Berlin JurBüro 2000, 376 und 549.
3 AG Darmstadt DGVZ 2003, 159.

unsachgemäße Behandlung einer Sache durch den Gerichtsvollzieher reicht nicht aus, um von einer unrichtigen Sachbehandlung auszugehen.[4] Zwar können mangelnde Kenntnis der Rechtslage und entscheidungserhebliche Unkenntnis der aktuellen Rechtsprechung der Rechtsmittelgerichte eine unrichtige Sachbehandlung darstellen. Soweit jedoch eine Streitfrage in der Rechtsprechung der Instanzgerichte unterschiedlich beantwortet wird und in der obergerichtlichen Rechtsprechung nicht geklärt ist, kann eine Entscheidung des Gerichtsvollziehers nicht als offensichtlicher und schwerer Fehler angesehen werden und deshalb keine unrichtige Sachbehandlung sein.[5]

Das Rechtsmittel der unrichtigen Sachbehandlung orientiert sich zwar an der Erinnerung gegen den Kostenansatz, es handelt sich jedoch um ein besonderes eigenständiges Rechtsmittel.[6]   1a

II. Anzuwendende Vorschriften

Durch die Verweisung des Abs. 2 S. 2 auf die entsprechende Anwendung von § 5 Abs. 2 ergibt sich, dass für das Verfahren und die Entscheidung die Bestimmungen für das Erinnerungs- und Beschwerdeverfahren maßgebend sind. Daraus folgt, dass in dem Fall, in dem sich der Einwand der unrichtigen Sachbehandlung gegen die Verfahrensweise des Gerichtsvollziehers in einer **Vollstreckungsangelegenheit** richtet, wiederum das **Vollstreckungsgericht** zu entscheiden hat, während in sonstigen Angelegenheiten die Entscheidung durch das Amtsgericht getroffen wird.   2

III. Unrichtige Sachbehandlung

1. Mehrkosten. Nur die Kosten werden nicht erhoben, die durch die unrichtige Sachbehandlung entstanden sind. Die Kosten, die bei richtiger Sachbehandlung entstanden wären, sollen auch weiterhin erhoben werden (vgl **Abs. 1**). Damit umfasst § 7 ausdrücklich nur Mehrkosten, dh Kosten, die durch die unrichtige Sachbehandlung zusätzlich entstanden sind.[7] Die Kosten, die bei richtiger Sachbehandlung entstanden wären, sind den durch die tatsächliche – unrichtige – Sachbehandlung entstandenen Kosten gegenüberzustellen.[8]   3

2. Fehler anderer Justizorgane. Die unrichtige Sachbehandlung braucht nicht zwingend durch den Gerichtsvollzieher erfolgt sein. Es reicht hier aus, dass Mehrkosten dadurch entstanden sind, dass andere Gerichtsorgane eine unrichtige Sachbehandlung begangen haben.[9] Nicht anzuwenden ist § 7, wenn Fehler außerhalb der Justiz vorliegen, die zu weiteren Gerichtsvollzieherkosten führen (zB Abnahme der eidesstattlichen Versicherung durch das Finanzamt[10] oder bei Zustellungsfehlern der Post).   4

IV. Verfahren (Abs. 2)

Der Gerichtsvollzieher trifft die Entscheidung, ob eine unrichtige Sachbehandlung vorliegt (Abs. 2 S. 1). Liegt nach seiner Ansicht **keine unrichtige Sachbehandlung** vor und erhebt der Rechtsmittelführer gegen diese Entscheidung des Gerichtsvollziehers Einwendungen, legt der Gerichtsvollzieher die Vorgänge un-   5

---

4 OLG Düsseldorf DGVZ 2014, 264.
5 OLG Düsseldorf DGVZ 2014, 264.
6 LG Düsseldorf JurBüro 2000, 666.
7 LG Düsseldorf JurBüro 2000, 666.
8 LG Berlin DGVZ 1991, 140.
9 LG Berlin DGVZ 1975, 42; LG Mannheim DGVZ 1991, 140; AG Erfurt DGVZ 2000, 158.
10 AG Wuppertal DGVZ 2007, 77.

verzüglich mit einer dienstlichen Äußerung dem unmittelbaren Dienstvorgesetzten (§ 1 S. 3 GVO) vor (Nr. 5 S. 2 DB-GvKostG). Der Dienstvorgesetzte beteiligt den Bezirksrevisor (Nr. 5 S. 3 DB-GvKostG). Hält der Dienstvorgesetzte den Einwand der unrichtigen Sachbehandlung für **begründet**, ordnet er die Nichterhebung der Kosten im Verwaltungswege an (Abs. 2 S. 3). Hält der Dienstvorgesetzte den Einwand der unrichtigen Sachbehandlung für **nicht begründet**, hat der Rechtsmittelführer ein Wahlrecht, ob eine Entscheidung im Verwaltungswege (durch den Dienstvorgesetzten des Gerichtsvollziehers) oder eine gerichtliche Entscheidung (durch das Gericht) angestrebt wird. Nach Äußerung des Rechtsmittelführers entscheidet der Dienstvorgesetzte entweder selbst oder legt die Vorgänge mit der Stellungnahme des Gerichtsvollziehers zur Entscheidung vor (Abs. 2 S. 2 iVm § 5 Abs. 2; Nr. 5 S. 5 DB-GvKostG). Liegt eine unrichtige Sachbehandlung vor, ordnet das Gericht zwingend die Nichterhebung der Kosten an, die bei richtiger Sachbehandlung nicht entstanden wären.

V. Rechtsmittel

6 Gegen die Entscheidung des Gerichts ist nach Abs. 2 S. 2 iVm § 5 Abs. 2 S. 2 iVm § 66 Abs. 2–8 GKG die **Beschwerde** zum Landgericht zulässig.[11] Der Wert des Beschwerdegegenstandes muss 200 € übersteigen. Insbesondere findet auch in Verfahren wegen unrichtiger Sachbehandlung im Rahmen der **Zwangsvollstreckung** § 66 Abs. 2 S. 3 GKG Anwendung, der eine Beschwerde an einen obersten Gerichtshof des Bundes nicht zulässt.[12]

7 Gegen Entscheidungen des Vollstreckungsgerichts ist nach Abs. 2 S. 2 iVm § 5 Abs. 2 S. 2 iVm § 66 Abs. 4 GKG die **weitere Beschwerde** zum Oberlandesgericht zulässig, wenn das Landgericht sie wegen der grundsätzlichen Bedeutung der zur Entscheidung stehenden Frage in dem Beschluss zugelassen hat.[13]

VI. Einzelfälle

8 **1. Mehrere Ausfertigungen.** Eine Nichterhebung der Kosten ist gerechtfertigt, wenn dem Gerichtsvollzieher durch die Geschäftsstelle **mehrere Ausfertigungen** desselben Pfändungs- und Überweisungsbeschlusses übersandt werden, die durch den Gerichtsvollzieher mehrfach zugestellt werden, da durch die nicht erforderliche mehrfache Zustellung Mehrkosten angefallen sind, die bei richtiger Sachbehandlung nicht entstanden wären. Auch wenn der Gerichtsvollzieher die mehrfache Übersendung und damit den Fehler nicht zu vertreten hat, sind auch seine Kosten niederzuschlagen.

9 **2. Nachbesserung einer Vermögensauskunft.** Eine Nichterhebung von Kosten kann in Betracht kommen, wenn ein Gläubiger die **Nachbesserung** (§ 142 GVGA) einer Vermögensauskunft (§ 802 c ZPO) beantragt. Hier ist jedoch nach dem **Grund** der Nachbesserung zu unterscheiden:

10 Hat der Gerichtsvollzieher die Nachbesserung verschuldet, weil zB Forderungen nach Grund und Höhe nicht ausreichend bezeichnet sind, kommt eine erneute Erhebung von Kosten nicht in Betracht. Eine erneute Gebühr für die Abnahme der Vermögensauskunft entsteht bereits nicht, da das Verfahren auf Gesuch des früheren Gläubigers oder eines anderen Gläubigers zur Ergänzung oder Nachbesserung des Vermögensverzeichnisses fortzusetzen ist. Die Nachbesserung erfolgt nicht in einem neuen oder gesonderten Verfahren, sondern ist **Fortsetzung des al-**

---

11 BGH DGVZ 2008, 187.
12 BGH DGVZ 2008, 187; aA LG Gießen JurBüro 1990, 113; *Gerlach*, DGVZ 2003, 74; Schröder-Kay/*Gerlach*, § 5 GvKostG Rn 26.
13 BGH DGVZ 2008, 187; aA LG Gießen JurBüro 1990, 113; *Gerlach*, DGVZ 2003, 74; Schröder-Kay/*Gerlach*, § 5 GvKostG Rn 26.

ten Verfahrens, weil der Schuldner die ihm dort obliegende Offenbarungspflicht noch nicht vollständig erfüllt hat.[14] Auch wenn der Gerichtsvollzieher dem Schuldner die Vermögensauskunft bzgl der nachbessernden bzw ergänzenden Angaben nochmals abnimmt, fällt keine neue Gebühr Nr. 260 KV GvKostG an. Dies verhindert § 10 Abs. 1 S. 1, wonach bei Durchführung desselben Auftrags eine Gebühr nach derselben Nummer des Kostenverzeichnisses nur einmal erhoben wird. In diesem Fall wegen unrichtiger Sachbehandlung aber nicht zu erheben sind die weiteren zusätzlichen Kosten, zB für die **Ladung zum Termin** zur Nachbesserung (§ 802 f Abs. 4 ZPO) oder auch für ein notwendiges **Verhaftungsverfahren** (§ 802 g ZPO), weil diese zusätzlich jetzt entstandenen Kosten auf die unrichtige Sachbehandlung durch den Gerichtsvollzieher zurückzuführen sind.

Ist dem Gerichtsvollzieher jedoch **keine** unrichtige Sachbehandlung unterlaufen, beruht die notwendige Nachbesserung vielmehr auf anderen Gründen, kommt auch eine Niederschlagung von Kosten nicht in Betracht. Dies ist zB der Fall, wenn ein **Drittgläubiger Zusatzfragen zum Vermögensverzeichnis** stellt. Eine Nachbesserung bzw Ergänzung des alten Vermögensverzeichnisses ist nämlich auch vorzunehmen, wenn Zusatz-/(Ergänzungs-)Fragen gestellt werden, die bis zu diesem Zeitpunkt noch nicht gestellt wurden.[15] In diesem Fall entsteht zwar auch keine Gebühr Nr. 260 KV GvKostG, weil auch hier eine Fortführung des Ursprungsverfahrens vorliegt, jedoch können die Kosten für eine erneute Ladung des Schuldners zum Nachbesserungstermin und die ggf anfallenden Kosten für eine Verhaftung erhoben werden, da diese nicht auf einer unrichtigen Sachbehandlung des Gerichtsvollziehers beruhen. 11

§ 8 Verjährung, Verzinsung

(1) Ansprüche auf Zahlung von Kosten verjähren in vier Jahren nach Ablauf des Kalenderjahres, in dem die Kosten fällig geworden sind.

(2) [1]Ansprüche auf Rückerstattung von Kosten verjähren in vier Jahren nach Ablauf des Kalenderjahres, in dem die Zahlung erfolgt ist. [2]Die Verjährung beginnt jedoch nicht vor dem in Absatz 1 bezeichneten Zeitpunkt. [3]Durch die Einlegung eines Rechtsbehelfs mit dem Ziel der Rückerstattung wird die Verjährung wie durch Klageerhebung gehemmt.

(3) [1]Auf die Verjährung sind die Vorschriften des Bürgerlichen Gesetzbuchs anzuwenden; die Verjährung wird nicht von Amts wegen berücksichtigt. [2]Die Verjährung der Ansprüche auf Zahlung von Kosten beginnt auch durch die Aufforderung zur Zahlung oder durch eine dem Kostenschuldner mitgeteilte Stundung erneut. [3]Ist der Aufenthalt des Kostenschuldners unbekannt, so genügt die Zustellung durch Aufgabe zur Post unter seiner letzten bekannten Anschrift. [4]Bei Kostenbeträgen unter 25 Euro beginnt die Verjährung weder erneut noch wird sie oder ihr Ablauf gehemmt.

(4) Ansprüche auf Zahlung und Rückerstattung von Kosten werden nicht verzinst.

DB-GvKostG (Zu § 8): keine Regelung

---

14 Noch zur eidesstattlichen Versicherung vgl BGH DGVZ 2008, 124.
15 LG Freiburg DGVZ 1994, 118; LG Mannheim DGVZ 1994, 118; LG Göttingen DGVZ 1994, 29; LG Stuttgart DGVZ 1996, 121; LG Kiel JurBüro 1997, 271; LG Deggendorf JurBüro 2003, 159.

I. Verjährung (Abs. 1–3)

1 Die Bestimmung regelt die Verjährung sowohl hinsichtlich des Zahlungsanspruchs der Staatskasse (Abs. 1) als auch hinsichtlich des Rückerstattungsanspruchs des Kostenschuldners (Abs. 2).

2 Die Verjährung ist nicht von Amts wegen zu beachten (Abs. 3 S. 1 Hs 2).

3 Hinsichtlich beider Ansprüche verjähren diese in **vier Jahren** nach Ablauf des Kalenderjahres, in dem der Auftrag erledigt wurde. Für den Rückerstattungsanspruch des Kostenschuldners ist daneben maßgebend der Zeitpunkt des Entstehens des Anspruchs. Entscheidend ist der spätere Zeitpunkt. Entstanden ist der Anspruch dann, wenn die zu erhebenden Kosten zu Unrecht bezahlt werden, nicht bereits dann, wenn die Kostenrechnung erstellt wird. Bei einem Rückerstattungsanspruch nach § 7 (unrichtige Sachbehandlung) ist der Zeitpunkt der ergangenen Entscheidung maßgebend.

4 Die Fristen berechnen sich gem. Abs. 3 S. 1 Hs 1 nach den Vorschriften des BGB (§§ 194 ff BGB). Es gelten die üblichen Vorschriften über Hemmung (§ 209 BGB) und Neubeginn (§ 212 BGB) der Verjährung.

5 Die Einlegung von Rechtsbehelfen stellt eine gerichtliche Geltendmachung dar und ist in Abs. 2 S. 3 der Klageerhebung ausdrücklich gleichgestellt (§ 204 BGB). Es wird damit klargestellt, dass jeder Rechtsbehelf mit dem Ziel der Rückerstattung von Kosten die Verjährung hemmt.

6 Der Neubeginn der Verjährung (§ 212 BGB) kann erfolgen durch weitere Vollstreckungsmaßnahmen, Abschlagzahlungen oder durch Zahlungsaufforderung oder Stundung (Abs. 3 S. 2).

7 Zum Neubeginn der Verjährung genügt die formlose Mitteilung der Stundung oder der Zahlungsaufforderung an den Kostenschuldner. Ist der Kostenschuldner unbekannten Aufenthalts, genügt es, wenn die Zustellung der Zahlungsaufforderung oder Stundung durch Aufgabe zur Post (§ 175 ZPO) unter seiner letzten bekannten Adresse erfolgt (Abs. 3 S. 3). Bei Kostenbeträgen unter 25 € tritt kein Neubeginn der Verjährung ein (Abs. 3 S. 4).

8 Ist Verjährung eingetreten, kann der Kostenschuldner bzw im umgekehrten Fall die Staatskasse die Zahlung verweigern. Erfolgt trotzdem die Zahlung, kann die Zahlung nicht zurückgefordert werden (§ 214 Abs. 2 BGB).

II. Verzinsung (Abs. 4)

9 Mit Abs. 4 soll eine Verzinsungspflicht für Ansprüche auf Zahlung und Rückerstattung von Gerichtsvollzieherkosten grds. ausgeschlossen werden.

§ 9 Höhe der Kosten

Kosten werden nach dem Kostenverzeichnis der Anlage zu diesem Gesetz erhoben, soweit nichts anderes bestimmt ist.

DB-GvKostG (Zu § 9): keine Regelung

1 Da die allgemeinen Bestimmungen der §§ 1–19 keine Aussage enthalten, welche Kosten (Gebühren und Auslagen, § 1 Abs. 1) im Einzelfall erhoben werden, verweist § 9 auf das **Kostenverzeichnis** des GvKostG (**KV GvKostG**). Aus dem Kostenverzeichnis ergibt sich, für welchen Vorgang welche Gebühr oder welche Auslagen zu erheben sind. Das Kostenverzeichnis zum GvKostG kennt nur **Festgebühren**. Damit soll die Gebührenberechnung vereinfacht werden. Eine Ausnahme

sieht lediglich § 12 vor; dort bestimmen sich die **Gebühren** nach den für Notare geltenden Regelungen des GNotKG.

Abschnitt 2
Gebührenvorschriften

§ 10 Abgeltungsbereich der Gebühren

(1) ¹Bei Durchführung desselben Auftrags wird eine Gebühr nach derselben Nummer des Kostenverzeichnisses nur einmal erhoben. ²Dies gilt nicht für die nach Abschnitt 6 des Kostenverzeichnisses zu erhebenden Gebühren, wenn für die Erledigung mehrerer Amtshandlungen Gebühren nach verschiedenen Nummern des Kostenverzeichnisses zu erheben wären. ³Eine Gebühr nach dem genannten Abschnitt wird nicht neben der entsprechenden Gebühr für die Erledigung der Amtshandlung erhoben.

(2) ¹Ist der Gerichtsvollzieher beauftragt, die gleiche Vollstreckungshandlung wiederholt vorzunehmen, sind die Gebühren für jede Vollstreckungshandlung gesondert zu erheben. ²Dasselbe gilt, wenn der Gerichtsvollzieher auch ohne ausdrückliche Weisung des Auftraggebers die weitere Vollstreckung betreibt, weil nach dem Ergebnis der Verwertung der Pfandstücke die Vollstreckung nicht zur vollen Befriedigung des Auftraggebers führt oder Pfandstücke bei dem Schuldner abhanden gekommen oder beschädigt worden sind. ³Gesondert zu erheben sind
1. eine Gebühr nach Abschnitt 1 des Kostenverzeichnisses für jede Zustellung,
2. eine Gebühr nach Nummer 430 des Kostenverzeichnisses für jede Zahlung,
3. eine Gebühr nach Nummer 440 des Kostenverzeichnisses für die *Einholung jeder Auskunft*[1] und
4. eine Gebühr nach Nummer 600 des Kostenverzeichnisses für jede nicht erledigte Zustellung.

(3) ¹Ist der Gerichtsvollzieher gleichzeitig beauftragt, Vollstreckungshandlungen gegen Gesamtschuldner auszuführen, sind die Gebühren nach den Nummern 200, 205, 260, 261, 262 und 270 des Kostenverzeichnisses für jeden Gesamtschuldner gesondert zu erheben. ²Das Gleiche gilt für die in Abschnitt 6 des Kostenverzeichnisses bestimmten Gebühren, wenn Amtshandlungen der in den Nummern 205, 260, 261, 262 und 270 des Kostenverzeichnisses genannten Art nicht erledigt worden sind.

DB-GvKostG (Zu § 10): keine Regelung

I. Grundsatz (Abs. 1 S. 1) 1	III. Teilerledigung (Abs. 1 S. 3) 4
1. Einmaliger Gebührenansatz je Auftrag (Abs. 1 S. 1) 1	IV. Mehrfacher Gebührenansatz in demselben Auftrag (Abs. 2) 5
2. Mehrmaliger Gebührenansatz bei mehreren Aufträgen 2	1. Wiederholung von Vollstreckungshandlungen
II. Ausnahmen (Abs. 1 S. 2) 3	(Abs. 2 S. 1) 5

---

1 *Kursive Hervorhebung*: Derzeitige Fassung. – Geplante Änderung durch Art. 8 Nr. 1 des RefE des BMJV vom 9.12.2014 zum „Entwurf eines Gesetzes zur Durchführung der Verordnung (EU) Nr. 655/2014 sowie zur Änderung sonstiger zivilprozessualer Vorschriften (EuKoPfVODG)" wie folgt: Die Wörter „Einholung jeder Auskunft" sollen durch die Wörter „Erhebung von Daten bei jeder der in den §§ 755 und 802 l der Zivilprozessordnung genannten Stellen" ersetzt werden. – Geplantes Inkrafttreten dieser Änderung: 18.6.2017 (Art. 10 Abs. 1 des RefE).

2. Nach- und Ausfallpfändung (Abs. 2 S. 2) 6
3. Wegegeld, Nr. 711 KV GvKostG 7
4. Zustellungs- und Hebegebühren (Abs. 2 S. 3 Nr. 1, 2 und 4) .. 8
5. Einholung von Auskünften (Abs. 2 S. 3 Nr. 3) 11

V. Gesamtschuldner (Abs. 3) 13
1. Mehrere Gebühren (Abs. 3 S. 1 und 2) 13
2. Zeitzuschlag, Nr. 500 KV GvKostG 14
3. Räumungsvollstreckung (Nr. 240, 241 KV GvKostG) 15

I. Grundsatz (Abs. 1 S. 1)

1. Einmaliger Gebührenansatz je Auftrag (Abs. 1 S. 1). Grundsätzlich ist davon auszugehen, dass bei der Durchführung desselben Auftrags eine Gebühr nach derselben Nummer des Kostenverzeichnisses nur einmal erhoben wird (Abs. 1 S. 1). Der Auftrag kann, wie sich aus § 3 Abs. 1 ergibt, auf die Erledigung einer oder mehrerer Amtshandlungen gerichtet sein. Innerhalb dieses Auftrags kann daher zB nur einmal die Gebühr Nr. 205 KV GvKostG erhoben werden, selbst wenn zur Durchführung des Auftrags dieselbe Amtshandlung mehrfach zu erledigen ist.

2. Mehrmaliger Gebührenansatz bei mehreren Aufträgen. Im Umkehrschluss ergibt sich aus Abs. 1 S. 1 jedoch auch der Grundsatz, dass die Gebühren für mehrere Aufträge jeweils gesondert zu erheben sind. Eine Aufteilung von Gebühren – auch bei gleichzeitiger Erledigung – mehrerer Aufträge findet daher nicht statt.

II. Ausnahmen (Abs. 1 S. 2)

Die Vorschrift des Abs. 1 S. 2 enthält eine Ausnahme zu dem Grundsatz, dass bei der Erledigung eines Auftrags jede Gebühr nur einmal anfällt. Diese Ausnahme betrifft die in Abschnitt 6 des Kostenverzeichnisses geregelten Gebühren für die Nichterledigung von Amtshandlungen (Nr. 600–604 KV GvKostG). Abs. 1 S. 2 erlaubt, bei mehreren nicht erledigten Amtshandlungen die Gebühren nach Abschnitt 6 des Kostenverzeichnisses mehrfach zu erheben, wenn für die Erledigung der verschiedenen Amtshandlungen unterschiedliche Gebühren angefallen wären.

III. Teilerledigung (Abs. 1 S. 3)

Nach Abs. 1 S. 3 kann eine Gebühr nach Abschnitt 6 des Kostenverzeichnisses für die Nichterledigung nicht neben einer Gebühr für die Erledigung erhoben werden, wenn die Amtshandlung hinsichtlich eines Teils des Auftrags erledigt und die gleiche Amtshandlung für einen anderen Teil nicht erledigt wird. Es kann nur die Gebühr für die Erledigung der Amtshandlung erhoben werden. Soweit für die nicht erledigte Amtshandlung ein eigener Gebührentatbestand vorgesehen ist, liegt diese Gebühr regelmäßig unter der Gebühr für die Erledigung oder ist gleich hoch. Diese Gebühr soll nicht neben der Gebühr für die Erledigung erhoben werden, weil sonst die Teilerledigung teurer als die vollständige Erledigung würde.

IV. Mehrfacher Gebührenansatz in demselben Auftrag (Abs. 2)

1. Wiederholung von Vollstreckungshandlungen (Abs. 2 S. 1). Ist der Auftrag darauf gerichtet, Vollstreckungshandlungen zu wiederholen (zB mehrfache Kassenpfändungen), können die Gebühren für jede Vollstreckungshandlung gesondert erhoben werden (Abs. 2 S. 1).

2. Nach- und Ausfallpfändung (Abs. 2 S. 2). Das Gleiche gilt für den Fall, dass der Gerichtsvollzieher auch ohne ausdrückliche Weisung des Auftraggebers die weitere Vollstreckung betreibt, weil nach dem Ergebnis der Verwertung der Pfandstücke die volle Befriedigung des Gläubigers nicht erreicht wurde oder weil Pfandstücke, die im Gewahrsam des Schuldners belassen wurden, abhanden gekommen oder beschädigt worden sind (Abs. 2 S. 2).

3. **Wegegeld, Nr. 711 KV GvKostG.** Abweichend von dem Grundsatz, dass ein Wegegeld nur einmal je Auftrag entsteht (Nr. 711 KV GvKostG), kann bei der Wiederholung von Vollstreckungshandlungen (vgl Abs. 2 S. 1) und bei Nach- und Ausfallpfändung (vgl Abs. 2 S. 2) nach Abs. 4 S. 1 der Anmerkung zu Nr. 711 KV GvKostG das Wegegeld in den Fällen des § 10 Abs. 2 S. 1 und 2 für jede Vollstreckungshandlung gesondert erhoben werden. 7

4. **Zustellungs- und Hebegebühren (Abs. 2 S. 3 Nr. 1, 2 und 4).** Abs. 2 enthält in S. 3 weitere Besonderheiten für Zustellungs- (Nr. 1, 4) und Hebegebühren (Nr. 2): 8

Gebühren nach Abschnitt 1 des Kostenverzeichnisses sind für jede **Zustellung** im Rahmen eines Auftrags gesondert zu erheben (Abs. 2 S. 3 **Nr. 1**). Das Gleiche gilt für die Gebühr nach Nr. 600 KV GvKostG, wenn eine Zustellung nicht erledigt wird (Abs. 2 S. 3 **Nr. 4**). 9

Ebenso ist die Gebühr für die **Entgegennahme einer Zahlung** (Nr. 430 KV GvKostG) für jede Zahlung gesondert zu erheben (Abs. 2 S. 3 **Nr. 2**). Dies gilt sowohl für mehrere Zahlungen im Rahmen desselben Auftrags (zB Ratenzahlungen nach § 802 b ZPO) als auch für den Fall, dass gleichzeitig Zahlungen für mehrere Aufträge entgegengenommen werden. 10

5. **Einholung von Auskünften (Abs. 2 S. 3 Nr. 3).** Für die Einholung von Auskünften bei einer der in den §§ 755, 802 l ZPO genannten Stellen erhält der Gerichtsvollzieher nach Nr. 440 KV GvKostG eine Gebühr. Gemäß Abs. 2 S. 3 **Nr. 3** ist diese Gebühr für jede Auskunftseinholung gesondert zu erheben, wenn der Gläubiger den Gerichtsvollzieher im Rahmen der Durchführung eines Vollstreckungsauftrags mit der Einholung mehrerer Auskünfte beauftragt. 11

Es muss für die Einholung der Auskünfte ein ausdrücklicher Auftrag des Gläubigers vorliegen. Dies ergibt sich zwar nicht aus dem Wortlaut des § 755 ZPO, die Gesetzesbegründung zu § 755 ZPO ist jedoch insoweit eindeutig. Die Befugnis (nach § 755 Abs. 1 ZPO) steht dem Gerichtsvollzieher nicht von Amts wegen zu, sondern nur aufgrund eines entsprechenden Antrags des Gläubigers; ein Ermessen ist ihm nicht eröffnet.[2] Amtliche Begründungen sind zwar weder zur bindenden Auslegung noch zur Ausfüllung einer Gesetzesbestimmung geeignet, lassen aber erkennen, was der Gesetzgeber regeln wollte. Das Erfordernis eines ausdrücklichen Antrags ist auch durchaus sinnvoll, da es Fälle geben wird, bei denen der Gläubiger Auskünfte kostengünstiger (zB ohne Gebühr des Gerichtsvollziehers) erlangen kann. 12

V. Gesamtschuldner (Abs. 3)

1. **Mehrere Gebühren (Abs. 3 S. 1 und 2).** Nach § 3 Abs. 2 S. 1 Nr. 2 und 3 handelt es sich bei der Zustellung und Vollstreckung gegen Gesamtschuldner um denselben Auftrag, wenn dieser gleichzeitig erteilt worden ist. Nach dem Grundsatz des Abs. 1 S. 1 könnten die Gebühren nach derselben Nummer des Kostenverzeichnisses nur einmal anfallen. Hiervon werden bestimmte Fälle ausgenommen: Bei den in **Abs. 3 S. 1** ausdrücklich genannten Amtshandlungen – **Nr. 200, 205, 260, 261, 262 KV GvKostG** – können die Gebühren hinsichtlich jeden Gesamtschuldners gesondert angesetzt werden. **Abs. 3 S. 2** dehnt dies auf die Fälle aus, in denen die vorgenannten Aufträge nicht erledigt werden, mit der Folge, dass jeweils eine besondere Gebühr Nr. 604 KV GvKostG entsteht. Aus der Fas- 13

---

2 BT-Drucks. 16/10069, S. 23.

sung des Abs. 3 S. 1 ergibt sich darüber hinaus, dass andere Amtshandlungen gegen Gesamtschuldner jeweils nur eine Gebühr nach der jeweiligen Nummer des Kostenverzeichnisses auslösen können. Dies gilt auch für die Gebühr **Nr. 207 KV GvKostG**, die bei einem Versuch der gütlichen Erledigung eines Auftrags gegen Gesamtschuldnern nur **einmal** entsteht, da Nr. 207 KV GvKostG in Abs. 3 nicht in Bezug genommen ist.

14   2. **Zeitzuschlag, Nr. 500 KV GvKostG.** Ist bei einer Gebühr ein Zeitzuschlag vorgesehen, kann bei einem mehrfachen Ansatz einer Gebühr im Rahmen des Abs. 3 auch der **Zeitzuschlag mehrfach** erhoben werden. Die jeweilige Gebühr ist also für jeden Gesamtschuldner um den Zeitzuschlag zu erhöhen, kann also mehrfach zugebilligt werden, wenn in der Person des Gesamtschuldners ein erhöhter Zeitaufwand angefallen ist. Es ist unerheblich, dass die Nr. 500 KV GvKostG in Abs. 3 nicht erwähnt ist. Denn der Zeitzuschlag ist keine eigenständige Gebühr, er kann für sich alleine nicht entstehen, sondern ist immer vom Ansatz einer Gebühr abhängig, bei der ein Zeitzuschlag möglich ist. Der Zeitzuschlag erhöht die jeweilige Gebühr.

15   3. **Räumungsvollstreckung (Nr. 240, 241 KV GvKostG).** Nr. 240, 241 KV GvKostG sind in Abs. 3 nicht bezogen. Daraus folgt, dass auch bei Entsetzung mehrerer Personen aus dem Besitz aufgrund eines Auftrags nur eine Gebühr Nr. 240 bzw Nr. 241 KV GvKostG erhoben werden kann. Die gleichzeitig beantragte Entsetzung mehrerer Personen aus dem Besitz erfolgt auch im Rahmen desselben Auftrags, da davon ausgegangen wird, dass bei Räumungs- und Herausgabepflicht mehrerer Personen eine Gesamtschuld zu bejahen ist.[3] Die engen Zusammenhänge im Rahmen einer gesamtschuldnerischen Haftung mehrerer Personen prägen deren Verpflichtung stärker als der Umstand, dass jede Person eine sie selbständig betreffende Leistung zu erbringen hat.[4] Damit liegt bei dem gleichzeitigen Räumungsauftrag gegen mehrere Personen wiederum nur ein Auftrag vor (§ 3 Abs. 2 S. 1 Nr. 3). Im Rahmen desselben Auftrags entsteht eine Gebühr nach derselben Nummer des Kostenverzeichnisses nur einmal.

§ 11 Tätigkeit zur Nachtzeit, an Sonnabenden, Sonn- und Feiertagen

Wird der Gerichtsvollzieher auf Verlangen zur Nachtzeit (§ 758 a Abs. 4 Satz 2 der Zivilprozessordnung) oder an einem Sonnabend, Sonntag oder Feiertag tätig, so werden die doppelten Gebühren erhoben.

DB-GvKostG (Zu § 11): keine Regelung

1   Wird der Gerichtsvollzieher auf Verlangen zur Nachtzeit (§ 758 a Abs. 4 S. 2 ZPO), an einem Samstag oder an einem Sonn- oder Feiertag tätig, so werden die **doppelten Gebühren** erhoben. § 11 betrifft alle Gebühren, die das GvKostG vorsieht oder auf die das GvKostG verweist (zB in § 12 auf die Gebühren des GNotKG). Eine Verdoppelung der sonstigen Kosten (Auslagen) findet nicht statt.

2   Der Ansatz der doppelten Gebühren ist an bestimmte Voraussetzungen geknüpft:
- Der Gerichtsvollzieher muss persönlich zur Nachtzeit, am Samstag oder an Sonn- und Feiertagen tätig geworden sein. Eine Tätigkeit von Büro- oder Schreibkräften oder sonstigen Arbeitshilfen reicht nicht aus.
- Die Tätigkeit muss zur Nachtzeit, an einem Samstag oder an einem Sonn- oder Feiertag erfolgen.

---

3   OLG Brandenburg 13.12.2007 – 5 U 39/05, juris; BGH Rpfleger 2006, 99.
4   BGH Rpfleger 2006, 99.

- Es muss sich um das gebührenpflichtige Hauptgeschäft der Amtshandlung handeln. Ein gebührenfreies Nebengeschäft der Amtshandlung (zB Übersendung von Benachrichtigungen o.Ä.) löst die Verdoppelung nicht aus.
- Es muss ein besonderes Verlangen eines Beteiligten auf Durchführung der Amtshandlung zu diesem Zeitpunkt vorliegen. Hierzu ist kein förmlicher Antrag erforderlich, es genügt die schlüssige Handlung (zB Schuldner erscheint am Sonntag zur Zahlung).

Das **Verlangen** ist insb. nicht auf den Gläubiger beschränkt, sondern kann auch vom Schuldner ausgehen.[1] Der Gesetzeswortlaut ist hier eindeutig und beschränkt das „Verlangen" nicht nur auf ein ausschließliches Verlangen des Gläubigers. 3

Streitig diskutiert wird die Frage, was unter „tätig" zu verstehen ist, dh ob jede Tätigkeit, die im Rahmen eines Auftrags zur Nachtzeit oder an einem Samstag, Sonn- oder Feiertag erfolgt, eine doppelte Gebühr aus § 11 auslöst, zB wenn der Schuldner zur Nachtzeit mit entsprechender Ermächtigung (§ 758 a Abs. 4 ZPO) aufgesucht, aber nicht angetroffen wird und dann der Auftrag zu anderen Zeiten und Tagen außerhalb des § 11 endgültig erledigt wird. Der Gerichtsvollzieher hat in der Nachtzeit versucht, den Auftrag zu erledigen, ist also „tätig" geworden. Nach § 11 entsteht die doppelte Gebühr, sobald der Gerichtsvollzieher zu den in § 11 genannten Zeiten tätig geworden ist. Eine Erledigung des Auftrags oder die Fälligkeit der Gebühren zu diesem Zeitpunkt ist nicht Voraussetzung der Anwendung des § 11. Es wird daher zutreffend auch für diese Fälle von einer Verdopplung der Gebühren ausgegangen.[2] 4

Auch der **Zeitzuschlag** (Nr. 500 KV GvKostG) kann verdoppelt werden, wenn er durch eine Tätigkeit zur Nachtzeit oder an einem Sonnabend, Sonn- oder Feiertag entsteht. Sind die Voraussetzungen des § 11 nur für einen Teil des Zeitzuschlags erfüllt, wird der Zeitzuschlag nur für die Stunden, die ganz oder zum Teil in die Nachtzeit fallen, verdoppelt.[3] 5

§ 12 Siegelungen, Vermögensverzeichnisse, Proteste und ähnliche Geschäfte

Die Gebühren für Wechsel- und Scheckproteste, für Siegelungen und Entsiegelungen, für die Aufnahme von Vermögensverzeichnissen sowie für die Mitwirkung als Urkundsperson bei der Aufnahme von Vermögensverzeichnissen bestimmen sich nach den für Notare geltenden Regelungen des Gerichts- und Notarkostengesetzes.

DB-GvKostG (Zu § 12): keine Regelung

I. Verweisung auf das GNotKG

§ 12 behandelt die Gebühren für Tätigkeiten, die dem Gerichtsvollzieher aufgrund Landesrechts zugewiesen wurden, nämlich die Aufnahme von Scheck- und Wechselprotesten, die Siegelung und Entsiegelung, die Aufnahme von Vermögensverzeichnissen und die Mitwirkung als Urkundsperson bei der Aufnahme von Vermögensverzeichnissen. Die Gebühren richten sich für diese Tätigkeiten nach den Vorschriften des **GNotKG**. Für die übrigen Kosten (Wegegeld, Ausla- 1

---

1 LG Aachen JurBüro 2003, 212.
2 *Winterstein/Richter/Zuhn*, GvKostR, § 11 Rn 4 a).
3 Schröder-Kay/*Gerlach*, § 11 GvKostG Rn 26.

gen) gelten aber weiterhin die Vorschriften des GvKostG. Die Verweisung auf die einschlägigen Vorschriften des GNotKG ist damit zu erklären, dass die Tätigkeiten, die in § 12 genannt sind, auch durch die Notare durchgeführt werden können. Die Verweisung auf das GNotKG führt daher zu den gleichen Kosten, wie dies bei einer Tätigkeit der Notare der Fall wäre. Unterschiedlich hohe Gebühren für die gleiche Tätigkeit verschiedener Rechtspflegeorgane lassen sich sachlich nicht rechtfertigen.

2 Nach § 12 werden nur die **Gebühren** nach den Bestimmungen des **GNotKG** berechnet. Im Übrigen, dh hinsichtlich der Fälligkeit usw und hinsichtlich der zu erhebenden Auslagen, finden die Bestimmungen des GvKostG Anwendung. Dies bedeutet insb. auch, dass Nr. 711 KV GvKostG (Wegegeld) und Nr. 716 KV GvKostG (Auslagenpauschale) Anwendung finden. Da das GNotKG keine Wegegebühr mehr vorsieht, entfällt die früher in Abs. 1 S. 2 enthaltene Anrechnungsvorschrift.

3 Das GNotKG sieht die nachstehenden Gebühren vor:

II. Wechsel- und Scheckprotest

4

Nr.	Gebührentatbestand	Gebühr oder Satz der Gebühr nach § 34 GNotKG – Tabelle B
Abschnitt 4 Wechsel- und Scheckprotest		
Vorbemerkung 2.3.4: Neben den Gebühren dieses Abschnitts werden die Gebühren 25300 und 26002 nicht erhoben.		
23400	Verfahren über die Aufnahme eines Wechsel- und Scheckprotests .... Die Gebühr fällt auch dann an, wenn ohne Aufnahme des Protestes an den Notar gezahlt oder ihm die Zahlung nachgewiesen wird.	0,5
23401	Verfahren über die Aufnahme eines jeden Protests wegen Verweigerung der Ehrenannahme oder wegen unterbliebener Ehrenzahlung, wenn der Wechsel Notadressen enthält	0,3

5 Eine **Hebegebühr** beim Wechsel- und Scheckprotest sieht das GNotKG nicht vor, so dass eine solche auch beim Gerichtsvollzieher nicht entstehen kann. Insbesondere kann auch keine Gebühr Nr. 430 KV GvKostG erhoben werden, da § 12 hinsichtlich der **Gebühren** auf das GNotKG verweist. Nur hinsichtlich der **Auslagen** sind die Bestimmungen des GvKostG anzuwenden. Dies wird insb. auch durch die Anmerkung S. 2 zu Nr. 430 KV GvKostG deutlich gemacht, wonach die Gebühr bei Wechsel- oder Scheckprotesten für die Entgegennahme der Wechsel- oder Schecksumme (Art. 84 Wechselgesetz, Art. 55 Abs. 3 Scheckgesetz) nicht erhoben wird.

III. Siegelung und Entsiegelung

Nr.	Gebührentatbestand	Gebühr oder Satz der Gebühr nach § 34 GNotKG – Tabelle B
	Abschnitt 5 Vermögensverzeichnis und Siegelung *Vorbemerkung 2.3.5:* Neben den Gebühren dieses Abschnitts wird die Gebühr 26002 nicht erhoben.	
23500	Verfahren über die Aufnahme eines Vermögensverzeichnisses einschließlich der Siegelung	2,0
	Die Gebühr entsteht nicht, wenn die Aufnahme des Vermögensverzeichnisses Teil eines beurkundeten Vertrags ist.	
23501	Vorzeitige Beendigung des Verfahrens: Die Gebühr 23500 ermäßigt sich auf	0,5
23502	Mitwirkung als Urkundsperson bei der Aufnahme eines Vermögensverzeichnisses einschließlich der Siegelung...	1,0
23503	Siegelung, die nicht mit den Gebühren 23500 oder 23502 abgegolten ist, und Entsiegelung.....	0,5

§ 115 GNotKG Vermögensverzeichnis, Siegelung
Der Geschäftswert für die Aufnahme von Vermögensverzeichnissen sowie für Siegelungen und Entsiegelungen ist der Wert der verzeichneten oder versiegelten Gegenstände. Dies gilt auch für die Mitwirkung als Urkundsperson bei der Aufnahme von Vermögensverzeichnissen.

Eine zeitliche Komponente, wie sie sich für Sieglung/Entsieglung in der KostO fand, ist im GNotKG nicht mehr enthalten. Der Wert für die Sieglung/Entsieglung ergibt sich aus § 115 GNotKG und richtet sich nach dem Wert der verzeichneten oder versiegelten Gegenstände.

Abschnitt 3
Auslagenvorschriften

§ 12a Erhöhtes Wegegeld

(1) Die Landesregierungen werden ermächtigt, durch Rechtsverordnung eine höhere Stufe nach Nummer 711 des Kostenverzeichnisses für Wege festzusetzen, die von bestimmten Gerichtsvollziehern in bestimmte Regionen des Bezirks eines Amtsgerichts zurückzulegen sind, wenn die kürzeste öffentlich benutzbare Wegstrecke erheblich von der nach der Luftlinie bemessenen Entfernung abweicht, weil ein nicht nur vorübergehendes Hindernis besteht.

(2) Eine erhebliche Abweichung nach Absatz 1 liegt vor, wenn die kürzeste öffentlich nutzbare Wegstrecke sowohl vom Amtsgericht als auch vom Geschäfts-

zimmer des Gerichtsvollziehers mindestens doppelt so weit ist wie die nach der Luftlinie bemessene Entfernung.

(3) In der Rechtsverordnung ist die niedrigste Stufe festzusetzen, bei der eine erhebliche Abweichung nach Absatz 2 nicht mehr vorliegt.

(4) Die Landesregierungen können die Ermächtigung durch Rechtsverordnung auf die Landesjustizverwaltung übertragen.

1 Die Vorschrift des § 12 a ist durch das 2. KostRMoG eingefügt worden. Gleichzeitig ist damit auch der Abschnitt 3 neu eingefügt worden.

2 Die Höhe des Wegegelds richtet sich nach der Entfernung zwischen dem Amtsgericht oder, wenn diese Entfernung geringer ist, zwischen dem Geschäftszimmer des Gerichtsvollziehers und dem Ort der Amtshandlung. Maßgebend ist die **Luftlinie**. Diese Regelung dient der Vereinfachung der Berechnung der Wegegelder.

3 Die Regelung der Berechnung der Wegegelder nach der Luftlinie führt allerdings dann zu nicht sachgerechten Ergebnissen, wenn der Gerichtsvollzieher zu bestimmten Teilen seines Bezirks wegen eines (meist natürlichen) Hindernisses ständig einen erheblichen Umweg in Kauf nehmen muss, wie zB einen See, einen Berg oder einen Fluss bis zur nächsten Brücke. Eine Änderung der Wegegeldstufe nach eigenen Berechnungen des Gerichtsvollziehers könnte zu Auseinandersetzungen über die Berechnungsweise führen. Es wurde daher eine **Verordnungsermächtigung** für die Landesregierungen eingeführt, in der diese die betroffenen Gerichtsvollzieherbezirke in einer Rechtsverordnung festlegen und bestimmen, dass das Wegegeld nach einer höheren Stufe zu erheben ist, wenn die kürzeste öffentlich nutzbare Strecke mindestens doppelt so weit ist wie die Entfernung nach der Luftlinie (Abs. 2). Die Verordnungsermächtigung ist durch Rechtsverordnung auf die Landesjustizverwaltung übertragbar (Abs. 4).[1] Ob sich diese doch sehr aufwendige Lösung, die für jeden Einzelfall eine gesonderte Entscheidung verlangt, in der Praxis bewährt, wird abzuwarten bleiben. Obwohl in der Praxis immer wieder von derartigen Fällen die Rede ist, ist bisher der Erlass einer entsprechenden Rechtsverordnung nicht bekannt geworden.

Abschnitt 4
Kostenzahlung

§ 13 Kostenschuldner

(1) [1]Kostenschuldner sind
1. der Auftraggeber,
2. der Vollstreckungsschuldner für die notwendigen Kosten der Zwangsvollstreckung und
3. der Verpflichtete für die notwendigen Kosten der Vollstreckung.

[2]Schuldner der Auslagen nach den Nummern 714 und 715 des Kostenverzeichnisses ist nur der Ersteher.

(2) Mehrere Kostenschuldner haften als Gesamtschuldner.

(3) Wird der Auftrag vom Gericht erteilt, so gelten die Kosten als Auslagen des gerichtlichen Verfahrens.

---

1 BT-Drucks. 17/11471 (neu), S. 254.

DB-GvKostG (Zu § 13) Nr. 6

(1) Von Prozess- oder Verfahrensbevollmächtigten oder sonstigen Vertretern des Auftraggebers sollen Kosten nur eingefordert werden, wenn sie sich zur Zahlung bereit erklärt haben.

(2) Können die GV-Kosten wegen Bewilligung von Prozess- oder Verfahrenskostenhilfe auch vom Auftraggeber nicht erhoben werden, so teilt die Gerichtsvollzieherin oder der Gerichtsvollzieher die nicht bezahlten Kosten ohne Rücksicht auf die aus der Landeskasse ersetzten Beträge dem Gericht mit, das die Sache bearbeitet hat (vgl. § 57 GVO). Das gleiche gilt bei gerichtlichen Aufträgen.

(3) Genießt der Auftraggeber Kostenfreiheit, so sind die nicht bezahlten Kosten nach Absatz 2 der zuständigen Gerichtskasse oder der an Stelle der Gerichtskasse zuständigen Vollstreckungsbehörde mitzuteilen; diese hat die Einziehung der Kosten zu veranlassen. Die in einem Verfahren nach der Einforderungs- und Beitreibungsanordnung entstandenen Kosten sind jedoch nicht den Sachakten mitzuteilen. Bei Gebührenfreiheit des Auftraggebers sind etwaige Auslagen von diesem einzufordern.

(4) Mitteilungen nach den Absätzen 2 oder 3 können unterbleiben, wenn die Kosten voraussichtlich auch später nicht eingezogen werden können.

(5) In den Sonderakten oder – bei Zustellungs- und Protestaufträgen – in Spalte 8 des Dienstregisters I ist zu vermerken, dass die Kostenmitteilung abgesandt oder ihre Absendung gemäß Absatz 4 unterblieben ist.

I. Kostenhaftung von Auftraggeber, Vollstreckungsschuldner und Verpflichteten (Abs. 1 S. 1)

1. Kostenschuldner nach Abs. 1 S. 1 Nr. 1–3. Die Vorschrift des § 13 regelt alle Fälle der Auftragserteilung an den Gerichtsvollzieher und der daraus folgenden Kostenschuldnerschaft. Der Regelfall dabei ist die Kostenhaftung von **Auftraggeber, Vollstreckungsschuldner und Verpflichteten (Abs. 1 S. 1 Nr. 1–3)**. Auftraggeber ist derjenige, der die gebührenpflichtige Amtshandlung veranlasst hat. Der Verpflichtete, der nach den Vollstreckungsvorschriften des FamFG bei der Vollstreckung an die Stelle des Vollstreckungsschuldners in der Zwangsvollstreckung nach der ZPO tritt (§§ 92 Abs. 1, 95 Abs. 3, 96 Abs. 1 FamFG), wird als Kostenschuldner ausdrücklich neben dem Vollstreckungsschuldner genannt.

2. Bevollmächtigte. In der Praxis wird der Auftrag nur in den seltensten Fällen unmittelbar vom Gläubiger erteilt, sondern idR von einem Rechtsanwalt. Dieser Prozessbevollmächtigte oder sonstige Vertreter haften nicht für die Kosten, sondern nur der Vertretene, es sei denn, der Vertreter hat sich ausdrücklich zur Zahlung bereit erklärt. Der Prozessbevollmächtigte, der den Auftrag zur Zwangsvollstreckung idR erteilt hat, haftet damit nur dann für die Kosten, wenn er sich ausdrücklich für die Zahlung der **Kosten stark gesagt** hat (Nr. 6 Abs. 1 DB-GvKostG).

3. Notwendige Kosten der Vollstreckung. Eine Haftung des Vollstreckungsschuldners (Abs. 1 S. 1 Nr. 2) und des Verpflichteten (Abs. 1 S. 1 Nr. 3) besteht nur für die Kosten, die **notwendige Kosten** der Zwangsvollstreckung (§§ 788, 91 ZPO) sind. Damit soll vermieden werden, dass der Schuldner und der Verpflichtete für Kosten in Anspruch genommen werden können, die zur Rechtsverfolgung nicht notwendig waren. Maßgebend dafür, ob die Kosten notwendig waren, ist, ob der Gläubiger die entsprechende Vollstreckungsmaßnahme im Zeitpunkt ihrer Vornahme objektiv für erforderlich halten durfte.[1] Ob die Zwangsvollstreckung letztlich dann doch erfolglos verlaufen ist, spielt keine Rolle.[2]

4 **4. Gesamtschuldnerische Haftung (Abs. 2).** Auftraggeber, Vollstreckungsschuldner und Verpflichteter haften als Gesamtschuldner (Abs. 2). In erster Linie wird der Vollstreckungsschuldner in Anspruch genommen, sofern die Kosten zugleich mit dem Hauptsacheanspruch eingezogen werden können. Erst wenn eine Einziehung der Kosten beim Vollstreckungsschuldner nicht möglich ist, ist der Auftraggeber in Anspruch zu nehmen, soweit diesem nicht Kostenfreiheit zusteht oder Prozesskostenhilfe bewilligt wurde.

5 **5. Antragstellerhaftung.** Die Kostenschuldnerschaft des Abs. 1 S. 1 **Nr. 1** bleibt auch dann bestehen, wenn der Schuldner im Rahmen eines Vollstreckungsauftrags Auslagen verursachende Anträge stellt (zB Abschriften). Es haftet auch weiterhin der Auftraggeber (Antragsteller) der Vollstreckung.[3]

II. Kostenhaftung des Erstehers (Abs. 1 S. 2)

6 S. 2 wurde durch das 2. KostRMoG in Abs. 1 eingefügt. Nachdem eine öffentliche Versteigerung nach Wahl des Gerichtsvollziehers – neben der Präsenzversteigerung (§ 814 Abs. 1 Nr. 1 ZPO) – auch als allgemein zugängliche Versteigerung im Internet über eine Versteigerungsplattform erfolgen kann (§ 814 Abs. 1 Nr. 2 ZPO), können bei den Gerichtsvollziehern Auslagen für Verpackung und Transportversicherung entstehen. Dafür wurden ebenfalls mit dem 2. KostRMoG die neuen Auslagentatbestände der **Nr. 714 und 715 KV GvKostG** geschaffen. Für die nach diesen Auslagentatbeständen zu erhebenden Kosten des **Versands oder Transports** von im Rahmen der Verwertung erstandenen Tieren oder Sachen, für eine **Transportversicherung** und für die **Verpackung** soll nach Abs. 1 S. 2 ausschließlich der **Ersteher** haften. Denn nur der Ersteher hat Einfluss auf die Höhe dieser Kosten, zB weil er eine Transportversicherung wünscht oder weil die Gegenstände wegen des vom Ersteher gewünschten Versands verpackt werden müssen.[4]

III. Aufträge des Gerichts (Abs. 3)

7 Eine Sonderregelung trifft Abs. 3 für Aufträge des Gerichts. Der Gerichtsvollzieher erhebt die Kosten hier nicht selbst, sondern sie gelten als **Auslagen des gerichtlichen Verfahrens** und werden dementsprechend nach Mitteilung zu den Verfahrensakten des Gerichts als Auslagen nach den Bestimmungen des gerichtlichen Verfahrens, also zB des GKG oder des GNotKG, eingezogen, indem sie zum Soll gestellt werden (vgl § 19 KostVfg). Bei Eingang dieser Kosten werden sie vom Gericht als durchlaufende Gelder behandelt und an den Gerichtsvollzieher weitergeleitet.

§ 14 Fälligkeit

[1]Gebühren werden fällig, wenn der Auftrag durchgeführt ist oder länger als zwölf Kalendermonate ruht. [2]Auslagen werden sofort nach ihrer Entstehung fällig.

---

1 OLG Zweibrücken DGVZ 1998, 8; BGH NJW-RR 2003, 1581; BGH DGVZ 2004, 24; OLG Brandenburg 28.6.2007 – 10 UF 14/07, juris.
2 OLG Brandenburg 28.6.2007 – 10 UF 14/07, juris; Hk-ZPO/*Saenger*, § 788 Rn 26; *Stöber*, Forderungspfändung, Rn 829.
3 AG Neuwied DGVZ 1992, 174.
4 BT-Drucks. 17/11471 (neu), S. 254.

DB-GvKostG (Zu § 14) Nr. 7

(1) Die Gerichtsvollzieherin oder der Gerichtsvollzieher stellt über jeden kostenpflichtigen Auftrag alsbald nach Fälligkeit der Kosten in den Akten eine Kostenrechnung auf. Darin sind die Kostenvorschriften, eine kurze Bezeichnung des jeweiligen Gebührentatbestands, die Bezeichnung der Auslagen, die Beträge der angesetzten Gebühren und Auslagen sowie etwa empfangene Vorschüsse anzugeben. Sofern die Höhe der Kosten davon abhängt, sind auch der Wert des Gegenstandes (§ 12 GvKostG) und die Zeitdauer des Dienstgeschäfts, beim Wegegeld und bei Reisekosten gemäß Nr. 712 KV auch die nach Nr. 18 Abs. 1 maßgebenden Entfernungen anzugeben. Die Urschrift der Kostenrechnung ist unter Angabe von Ort, Tag und Amtsbezeichnung eigenhändig zu unterschreiben. Die dem Kostenschuldner zuzuleitende Reinschrift der Kostenrechnung ist mit der Unterschrift oder dem Dienststempel zu versehen, die auch maschinell erzeugt sein können. Die Reinschrift der Kostenrechnung ist dem Kostenschuldner unter Beifügung der gemäß § 3 a GvKostG vorgeschriebenen Rechtsbehelfsbelehrung zu übermitteln.

(2) Ist über die Amtshandlung eine Urkunde aufzunehmen, so ist die Kostenrechnung auf die Urkunde zu setzen und auf alle Abschriften zu übertragen. Bei der Zustellung eines Pfändungs- und Überweisungsbeschlusses an einen Drittschuldner ist die Abschrift der Kostenrechnung entweder auf die beglaubigte Abschrift des Pfändungs- und Überweisungsbeschlusses oder auf die mit dieser zu verbindenden Abschrift der Zustellungsurkunde zu setzen.

(3) Wird dem Kostenschuldner weder die Urschrift noch die Abschrift einer Urkunde ausgehändigt, so muss die Kostenrechnung außer den in Absatz 1 genannten Angaben auch die Geschäftsnummer und eine kurze Bezeichnung der Sache enthalten; eine Abschrift der Kostenrechnung, gegebenenfalls mit Zahlungsaufforderung, ist dem Kostenschuldner umgehend mitzuteilen.

(4) Bei unrichtigem Kostenansatz stellt die Gerichtsvollzieherin oder der Gerichtsvollzieher eine berichtigte Kostenrechnung auf und zahlt den etwa überzahlten Betrag zurück. Dieser Betrag wird in den laufenden Geschäftsbüchern unter besonderer Nummer als Minusbuchung von den Kosten abgesetzt.

(5) Bei der Nachforderung von Kosten ist § 6 GvKostG, bei der Zurückzahlung von Kleinbeträgen § 59 GVO zu beachten.

DB-GvKostG (Zu § 14) Nr. 8

(1) Kosten im Betrag von weniger als 2,50 Euro sollen nicht für sich allein eingefordert, sondern vielmehr gelegentlich kostenfrei oder zusammen mit anderen Forderungen eingezogen werden. Kleinbeträge, die hiernach nicht eingezogen werden können, sind durch einen Vermerk bei der Kostenrechnung in den Sonderakten zu löschen. Die der Gerichtsvollzieherin oder dem Gerichtsvollzieher nach den geltenden Bestimmungen (§ 7 Abs. 3 GVO) aus der Landeskasse zu ersetzenden Beträge sind in die Spalten 12 und 13 des Kassenbuchs II einzutragen. Der Buchungsvorgang ist dort in Spalte 14 durch den Buchstaben K zu kennzeichnen. Bei im Dienstregister I verzeichneten Aufträgen sind dort in Spalte 5 die Kosten durch Minusbuchung zu löschen, die aus der Landeskasse zu ersetzenden Auslagen in Spalte 7 einzutragen und der Buchungsvorgang durch den Buchstaben K in Spalte 8 zu kennzeichnen. Auch wenn Beträge gelöscht sind, können sie später nach Satz 1 eingezogen werden.

(2) Die GV-Kosten können insbesondere erhoben werden
a) durch Einlösung eines übersandten oder übergebenen Schecks;
b) durch Einziehung im Lastschriftverfahren;

c) durch Aufforderung an den Kostenschuldner, die Kosten innerhalb einer Frist, die regelmäßig zwei Wochen beträgt, unter Angabe der Geschäftsnummer an die Gerichtsvollzieherin oder den Gerichtsvollzieher zu zahlen;

d) ausnahmsweise durch Nachnahme, wenn dies zur Sicherung des Eingangs der Kosten angebracht erscheint.

DB-GvKostG (Zu § 14) Nr. 9

(1) Zahlt ein Kostenschuldner die angeforderten GV-Kosten nicht fristgemäß, so soll er gemahnt werden. Die Mahnung kann unterbleiben, wenn damit zu rechnen ist, dass der Kostenschuldner sie unbeachtet lässt. War die Einziehung der Kosten durch Nachnahme versucht, so ist nach Nr. 8 Abs. 2 Buchstabe c zu verfahren; einer Mahnung bedarf es in diesem Falle nicht.

(2) Die Gerichtsvollzieherin oder der Gerichtsvollzieher beantragt bei der für den Wohnsitz oder Sitz des Kostenschuldners zuständigen Gerichtskasse oder bei der an Stelle der Gerichtskasse zuständigen Vollstreckungsbehörde die zwangsweise Einziehung der rückständigen Kosten, falls eine Mahnung nicht erforderlich ist oder der Schuldner trotz Mahnung nicht gezahlt hat (vgl. § 57 GVO). Bei einem Rückstand von weniger als 25 Euro soll ein Antrag nach Satz 1 in der Regel nur gestellt werden, wenn Anhaltspunkte für die Annahme vorliegen, dass bei der Gerichtskasse oder Vollstreckungsbehörde noch weitere Forderungen gegen den Kostenschuldner bestehen; Nr. 8 Abs. 1 Satz 2 bis 6 gilt entsprechend. Der Kosteneinziehungsantrag ist mit dem Abdruck des Dienststempels zu versehen. In den Sonderakten oder – bei Zustellungs- und Protestaufträgen – in Spalte 8 des Dienstregisters I ist der Tag der Absendung des Antrags zu vermerken und anzugeben, warum kein Kostenvorschuss erhoben ist. Zahlt der Kostenschuldner nachträglich oder erledigt sich der Kosteneinziehungsantrag aus anderen Gründen ganz oder teilweise, so ist dies der Gerichtskasse oder Vollstreckungsbehörde unverzüglich mitzuteilen.

(3) Die eingegangenen Beträge sind in folgender Reihenfolge auf die offenstehenden Kosten anzurechnen, sofern sie zu ihrer Tilgung nicht ausreichen:

a) *Wegegelder und Reisekosten gemäß Nr. 712 KV,*

b) *Dokumentenpauschalen,*

c) *sonstige Auslagen,*

d) *Gebühren.*

(4) Die Gerichtsvollzieherin oder der Gerichtsvollzieher löscht die rückständigen Kosten, wenn

a) *die Kostenforderung nicht oder nicht in voller Höhe einziehbar ist, insbesondere die Gerichtskasse oder Vollstreckungsbehörde mitgeteilt hat, dass der Versuch der zwangsweisen Einziehung ganz oder zum Teil erfolglos verlaufen sei, und*

b) *nach der Mitteilung der Gerichtskasse oder Vollstreckungsbehörde oder der eigenen Kenntnis keine Anhaltspunkte dafür vorhanden sind, dass die Kosten in Zukunft einziehbar sein werden.*

Die Gerichtsvollzieherin oder der Gerichtsvollzieher löscht die Beträge durch Vermerk bei der Kostenrechnung in den Sonderakten und stellt gleichzeitig die zu erstattenden Auslagen in die Spalten 12 und 13 des Kassenbuchs II ein. Bei Zustellungs- und Protestaufträgen sind die Beträge durch Minusbuchung in Spalte 5 des Dienstregisters I zu löschen und die zu erstattenden Auslagen dort in Spalte 7 einzustellen.

I. Anwendungsbereich

1. Eintritt der Fälligkeit. § 14 regelt die Fälligkeit von Gebühren (S. 1) und Auslagen (S. 2). Zu unterscheiden ist zwischen dem Entstehen von Gebühren und deren Fälligkeit. **Entstanden** sind Gebühren bereits dann, wenn ein Auftrag erteilt (s. § 3 Abs. 3) und ein Gebührentatbestand erfüllt ist. Bereits mit Erteilung des Auftrags ist damit im Regelfall eine Gebühr für die nicht erledigte Amtshandlung entstanden. **Fällig** werden **Gebühren** nach S. 1, wenn ein Auftrag durchgeführt ist oder als durchgeführt gilt (s. § 3 Abs. 4). 1

Auslagen werden nach S. 2 sofort nach ihrer Entstehung **fällig**, also mit der Zahlung anfallender Beträge an Dritte oder der Erfüllung eines Auslagentatbestandes (zB Dokumentenpauschale Nr. 700 KV GvKostG; Wegegeld Nr. 711 KV GvKostG; Auslagenpauschale Nr. 716 KV GvKostG). 2

Mit dem in S. 1 bestimmten Fälligkeitszeitpunkt wird erreicht, dass sämtliche Gebühren eines Auftrags, der mehrere Amtshandlungen umfassen kann, zum gleichen Zeitpunkt fällig werden und damit auch gleichzeitig verjähren, weil die Kosten erst nach Erledigung sämtlicher Amtshandlungen fällig werden. Nicht durch den Vorschuss gedeckte Beträge sollen nach Durchführung des Auftrags in einer einheitlichen Schlusskostenrechnung abgerechnet werden. Die Bestimmung des § 14 steht in einem unmittelbaren Zusammenhang mit § 3. Wie sich aus § 3 Abs. 1 S. 1 ergibt, ist der Auftrag auf die Erledigung einer oder mehrerer Amtshandlungen gerichtet. Damit ist jetzt festgeschrieben, was grds. bereits immer **Definition des Auftrags** war, dass nämlich der Auftrag entweder eine konkrete Amtshandlung beinhaltet (zB Verhaftung) oder aber auch auf die Durchführung mehrerer Amtshandlungen (Pfändung, Verwertung) gerichtet sein kann. Der Auftrag, wegen einer Forderung zu vollstrecken, beinhaltet damit den Auftrag zur Vollstreckung und zu allen weiteren Amtshandlungen bis zur Befriedigung des Gläubigers. 3

2. Fälligkeit bei Nichterledigung. Nicht jeder Auftrag endet jedoch mit der Durchführung der beantragten Amtshandlung. Nach § 3 Abs. 4 S. 1 soll ein Auftrag, der tatsächlich nicht durchgeführt worden ist, unter bestimmten Voraussetzungen als durchgeführt gelten. Eine solche Regelung ist im Hinblick auf die Fälligkeit, die an die Durchführung anknüpft, erforderlich. Ein Auftrag gilt danach als durchgeführt, wenn er zurückgenommen worden ist oder seiner Durchführung oder weiteren Durchführung Hinderungsgründe entgegenstehen (zB Schuldner ist verstorben, unbekannt verzogen, nicht zu ermitteln). Ebenfalls hier einzuordnen ist die Insolvenzeröffnung gegen einen Schuldner. 4

Dabei kommt es nicht darauf an, ob diese Tatsachen bei Eingang des Auftrags bereits bekannt waren (der Durchführung stehen Hinderungsgründe entgegen) oder im Verlauf der Vollstreckung bekannt werden (der weiteren Durchführung stehen Hinderungsgründe entgegen). In all diesen Fällen hat der Gerichtsvollzieher idR bereits einen Aufwand erbracht oder noch zu erbringen (zB Rücksendung des Titels). Dies rechtfertigt grds. den Ansatz einer Gebühr. Diese Gebühr wird mit Feststellung der entsprechenden Tatsachen fällig, weil dann der Auftrag iSd §§ 3 Abs. 4 S. 1, 14 durchgeführt ist. 5

II. Ruhende Aufträge

Aufträge können zum Ruhen gebracht werden (§ 27 Abs. 1 GVO; § 64 Abs. 3 Nr. 2 GVGA). Für diese Fälle bestimmt S. 1, dass die Gebühren fällig werden, wenn der Auftrag **länger als zwölf Kalendermonate** ruht. Da ein längeres Ruhen der Durchführung gleichgestellt ist, muss ein nach Ablauf von zwölf Monaten fortgesetzter Auftrag kostenrechtlich als neuer Auftrag behandelt werden. 6

III. Erhebung von Kosten vor Fälligkeit

7 Kosten können aber auch bereits vor ihrer Fälligkeit, also letztlich, bevor ein Auftrag durchgeführt ist oder länger als zwölf Monate ruht, **vorschussweise erhoben** oder aus den vom Schuldner gezahlten Beträgen (§ 15 Abs. 2) **entnommen** werden. Nr. 3 Abs. 5 DB-GvKostG nennt insoweit zunächst das Ruhen des Verfahrens und die Ratenzahlung. Da diese Aufzählung jedoch nur beispielhaft ist („z.B."), kann diese vorschussweise Kostenerhebung in allen Verfahren angewandt werden, in denen es bis zur Durchführung des Auftrags und damit bis zum Eintritt der Fälligkeit längere Zeit dauern kann.

§ 15 Entnahmerecht

(1) ¹Kosten, die im Zusammenhang mit der Versteigerung oder dem Verkauf von beweglichen Sachen, von Früchten, die vom Boden noch nicht getrennt sind, sowie von Forderungen oder anderen Vermögensrechten, ferner bei der öffentlichen Verpachtung an den Meistbietenden und bei der Mitwirkung bei einer Versteigerung durch einen Dritten (§ 825 Abs. 2 der Zivilprozessordnung) entstehen, können dem Erlös vorweg entnommen werden. ²Dies gilt auch für die Kosten der Entfernung von Pfandstücken aus dem Gewahrsam des Schuldners, des Gläubigers oder eines Dritten, ferner für die Kosten des Transports und der Lagerung.

(2) Andere als die in Absatz 1 genannten Kosten oder ein hierauf zu zahlender Vorschuss können bei der Ablieferung von Geld an den Auftraggeber oder bei der Hinterlegung von Geld für den Auftraggeber entnommen werden.

(3) ¹Die Absätze 1 und 2 gelten nicht, soweit § 459 b der Strafprozessordnung oder § 94 des Gesetzes über Ordnungswidrigkeiten entgegensteht. ²Sie gelten ferner nicht, wenn dem Auftraggeber Prozess- oder Verfahrenskostenhilfe bewilligt ist. ³Bei mehreren Auftraggebern stehen die Sätze 1 und 2 einer Vorwegentnahme aus dem Erlös (Absatz 1) nicht entgegen, wenn deren Voraussetzungen nicht für alle Auftraggeber vorliegen. ⁴Die Sätze 1 und 2 stehen einer Entnahme aus dem Erlös auch nicht entgegen, wenn der Erlös höher ist als die Summe der Forderungen aller Auftraggeber.

DB-GvKostG (Zu § 15): keine Regelung

I. Anwendungsbereich

1 **1. Allgemeines.** Die Vorschrift des § 15 enthält das Recht und die Pflicht des Gerichtsvollziehers, bestimmte **Kosten** (Gebühren und Auslagen, § 1 Abs. 1) aus einem Erlös zu entnehmen (Abs. 1 und 2). Aus der **Entnahmebefugnis** ergibt sich eine Pflicht des Gerichtsvollziehers zu einer Entnahme, wenn die Möglichkeit nach § 15 gegeben ist.[1]

2 **2. Entnahme von Verwertungs-, Lager- und Transportkosten (Abs. 1).** Es dürfen **vorweg** entnommen werden Kosten, die im Zusammenhang mit der Versteigerung, dem Verkauf, der öffentlichen Verpachtung oder der Mitwirkung bei einer Versteigerung durch einen Dritten entstanden sind (Abs. 1 S. 1), einschließlich der Kosten für die Entfernung von Pfandstücken aus dem Gewahrsam des Schuldners und aller damit verbundenen Transport- und Lagerkosten (Abs. 1 S. 2). Es handelt sich um die Kosten, hinsichtlich derer auch bei mehreren Auftraggebern eine **gemeinsame Haftung** der Auftraggeber besteht. Eine Erstreckung des Entnahmerechts auf alle anfallenden Kosten ist nicht möglich, weil bei meh-

---

[1] OLG Frankfurt Rpfleger 1975, 325.

reren Aufträgen für Kosten, die nicht im Zusammenhang mit der Verwertung (zB Pfändung) stehen, keine gemeinsame Haftung der Auftraggeber besteht.

3. Entnahme sonstiger Kosten (Abs. 2). Abs. 2 legt den **Zeitpunkt** fest, an dem andere als die in Abs. 1 genannten Kosten entnommen werden können. Andere als die in Abs. 1 genannten Kosten können immer dann entnommen werden, wenn Geld an den Auftraggeber abzuführen ist, auch wenn es sich dabei nicht um Erlös handelt. Bei der **Ablieferung von Geld** an den Auftraggeber können sonstige Kosten entnommen werden, und zwar ohne Rücksicht darauf, ob sie fällig sind oder nicht, was sich daraus ergibt, dass ein Vorschuss auf zu zahlende Gerichtsvollzieherkosten entnommen werden kann (zB bei Ratenzahlung), wenn der Auftrag insgesamt aber noch nicht durchgeführt ist (Nr. 3 Abs. 5 DB-GvKostG), auch wenn die Fälligkeit der Gebühren (§ 14 S. 1) noch nicht eingetreten ist. Als „Ablieferung an den Auftraggeber" iSv Abs. 2 gilt auch die Auszahlung an einen Bevollmächtigten des Auftraggebers (zB Prozessbevollmächtigen), die Auszahlung auf Weisung des Auftraggebers an einen Dritten oder die Auszahlung an Dritten bei Abtretung oder Pfändung.

Im Zuge des 2. KostRMoG wurden die Wörter „oder bei der Hinterlegung von Geld für den Auftraggeber" eingefügt. Mit dieser Ergänzung wird klargestellt, dass das **Entnahmerecht** auch bei der **Hinterlegung** besteht.[2] Wenn eine Entnahme nunmehr ausdrücklich auch bei der Hinterlegung von Geld **für den Auftraggeber** (zB § 155 S. 2 Nr. 6 GVGA) zugelassen wird, wurde dies auch bereits ohne ausdrückliche Regelung als möglich angesehen. Das Entnahmerecht wird aber nicht ausgeübt, wenn strittig ist, wem der Erlös zusteht,[3] weil die Empfangsberechtigung des Auftraggebers nicht sicher ist.[4]

4. Mehrere Gläubiger. Von besonderer Bedeutung ist die Entnahme nach § 15, wenn eine Verwertung für mehrere Gläubiger vorzunehmen ist, da eine Entnahme der Kosten aus Abs. 2 erst erfolgt, wenn eine Ablieferung von Geld an den Gläubiger vorzunehmen ist. Es ist also zunächst notwendig zu ermitteln, welche Beträge an die einzelnen Gläubiger abzuliefern sind. Daher muss eine Verteilung durch den Gerichtsvollzieher nach § 117 Abs. 5 GVGA erfolgen. Dem Schuldner steht in der Zwangsvollstreckung hinsichtlich des Versteigerungserlöses ein Tilgungsbestimmungsrecht nach § 366 Abs. 1 BGB nicht zu.[5]

II. Entnahmeverbot (Abs. 3 S. 1 und 2)

1. Prozesskostenhilfe/Verfahrenskostenhilfe (Abs. 3 S. 2). Die Entnahme von Kosten ist ausgeschlossen, wenn dem Gläubiger **Prozesskostenhilfe** oder **Verfahrenskostenhilfe** bewilligt ist. Die Regelung des Abs. 3 S. 2 bezieht den im FamFG verwendeten Begriff der Verfahrenskostenhilfe in das Entnahmerecht ein und schließt damit ebenfalls eine Erhebung der Gerichtsvollzieherkosten aus, wenn Verfahrenskostenhilfe bewilligt ist. Die Bewilligung der Prozesskostenhilfe bewirkt, dass die Landeskasse die rückständigen und die entstehenden Gerichtsvollzieherkosten nur nach den Bestimmungen, die das Gericht trifft (Prozesskostenhilfe mit oder ohne Raten), gegen die Partei geltend machen kann (§ 122 Abs. 1 Nr. 1 Buchst. a ZPO). Dies würde umgangen, wenn auch in diesen Fällen Kosten entnommen werden könnten.

2. § 459 b StPO und § 94 OWiG (Abs. 3 S. 1). Das Entnahmerecht der Abs. 1 und 2 ist ebenfalls ausgeschlossen, wenn beigetriebene oder als Erlös erzielte Beträge auf **Geldstrafen** oder **Geldbußen** zu verrechnen sind. In Abs. 3 S. 1 wird

---
2 BT-Drucks. 17/11471 (neu), S. 254.
3 *Winterstein/Richter/Zuhn*, GvKostR, § 15 Rn 1.
4 Schröder-Kay/*Gerlach*, § 15 GvKostG Rn 20; *Hartmann*, KostG, § 15 GvKostG Rn 6.
5 BGH DGVZ 1999, 134.

klargestellt, dass die Regelungen in § 459 b StPO und § 94 OWiG grds. **Vorrang** haben. Nach diesen Vorschriften sind Teilzahlungen zunächst auf die Strafe bzw Geldbuße, dann auf angeordnete Nebenfolgen, die zu einer Geldzahlung verpflichten, und zuletzt auf die Kosten anzurechnen. Der wegen einer Straftat oder Ordnungswidrigkeit Verurteilte soll bei zwangsweiser Beitreibung nicht schlechter gestellt sein als bei freiwilliger Zahlung. Würden Beträge zunächst auf Gerichtsvollzieherkosten verrechnet, bleiben ggf die Forderung oder Forderungsteile ungedeckt, was dazu führt, dass uU Freiheitsstrafen, Ersatzfreiheitsstrafen oder Erzwingungshaft vollstreckt würden.

8 Bei **Verwertungsaufträgen** der Staatsanwaltschaften (§§ 979, 983 BGB) können die Gerichtsvollzieherkosten dem Erlös entnommen werden (§ 981 Abs. 3 BGB; §§ 189 Abs. 6, 198 Abs. 4 S. 3, 195 Abs. 2 S. 1 GVGA).

III. Ausnahme zum Entnahmeverbot (Abs. 3 S. 3 und 4)

9 Die Ausnahmen vom Entnahmerecht gelten jedoch wiederum nicht, wenn bei Vollstreckung für mehrere Auftraggeber die Voraussetzungen nicht für alle Auftraggeber vorliegen (**Abs. 3 S. 3**). Trotz Prozesskostenhilfe oder trotz Zahlung auf Geldstrafe oder Geldbuße ist dann eine Entnahme aus dem Erlös erlaubt, wenn **mehrere Aufträge unterschiedlicher Gläubiger** vorliegen, von denen nicht alle die Vollstreckung einer Geldstrafe/Geldbuße betreffen bzw in denen nicht allen Gläubigern Prozess- oder Verfahrenskostenhilfe bewilligt ist. Zu beachten ist, dass Abs. 3 S. 3 ausschließlich auf Abs. 1 verweist. Bei Prozesskostenhilfe, Verfahrenskostenhilfe, Geldstrafen und Geldbußen ist somit nur die Vorwegentnahme aus dem Erlös möglich. Ausgeschlossen ist also auch weiterhin die Entnahme bei Ablieferung von Geld an den Auftraggeber nach Abs. 2.

10 Eine Entnahme aus dem Erlös ist trotz Prozess- oder Verfahrenskostenhilfe oder Zahlungen auf Geldbuße/Geldstrafe immer möglich, wenn der **Erlös höher ist als die Summe der Forderungen aller Auftraggeber** (Abs. 3 S. 4).

IV. Kosten- und Gebührenbefreiung

11 Die Befreiung von der Zahlung der Kosten oder der Gebühren steht der Entnahme der Kosten aus dem Erlös nicht entgegen (§ 2 Abs. 4). Deshalb ist auch bei der Zwangsvollstreckung im Auftrag eines kosten- oder gebührenbefreiten Gläubigers von der Möglichkeit der Entnahme aus dem Erlös Gebrauch zu machen.

§ 16 Verteilung der Verwertungskosten

Reicht der Erlös einer Verwertung nicht aus, um die in § 15 Abs. 1 bezeichneten Kosten zu decken, oder wird ein Erlös nicht erzielt, sind diese Kosten im Verhältnis der Forderungen zu verteilen.

DB-GvKostG (Zu § 16): keine Regelung

1 Kosten (Gebühren und Auslagen, § 1 Abs. 1), die zu den in § 15 Abs. 1 genannten Kosten gehören –
- Gebühren der Verwertung (Nr. 300, 301, 302, 310 KV GvKostG sowie Nr. 604 KV GvKostG, wenn eine der vorstehenden Amtshandlungen nicht erledigt wird),
- Gebühren der Entfernung aus dem Gewahrsam (Nr. 220 KV GvKostG),
- Auslagen einer Verwertung (zB Arbeitshilfen oder anteilige Auslagenpauschale) –,

aber nicht durch den Erlös gedeckt sind, sind im Verhältnis der Forderungen auf die einzelnen Aufträge zu verteilen. Damit wird erreicht, dass jeder Auftraggeber nur für den auf ihn entfallenden Teil dieser Kosten haftet.[1] Die Buchung dieser Kosten erfolgt unter Berücksichtigung von Nr. 9 Abs. 3 DB-GvKostG auf Auslagen und Gebühren.

§ 17 Verteilung der Auslagen bei der Durchführung mehrerer Aufträge

[1]Auslagen, die in anderen als den in § 15 Abs. 1 genannten Fällen bei der gleichzeitigen Durchführung mehrerer Aufträge entstehen, sind nach der Zahl der Aufträge zu verteilen, soweit die Auslagen nicht ausschließlich bei der Durchführung eines Auftrags entstanden sind. [2]Das Wegegeld (Nummer 711 des Kostenverzeichnisses) und die Auslagenpauschale (Nummer 716 des Kostenverzeichnisses) sind für jeden Auftrag gesondert zu erheben.

DB-GvKostG (Zu § 17): keine Regelung

I. Anwendungsbereich

Auslagen, die bei der Durchführung mehrerer Aufträge **gemeinsam** entstehen, aber keine Auslagen der Verwertung darstellen (zB Kosten einer Türöffnung), sollen nach der Zahl der Aufträge verteilt werden (**S. 1**). Kosten, die bei der Durchführung eines einzelnen Auftrags entstanden sind, sollen auch nur diesem Auftrag zugerechnet werden. Jeder Auftraggeber haftet danach für die nur auf seine Aufträge entfallenden Kosten alleine. 1

Wegegelder (Nr. 711 KV GvKostG) und die Auslagenpauschale (Nr. 716 KV GvKostG) werden für jeden Auftrag gesondert erhoben (**S. 2**). Eine Verteilung dieser Auslagen scheidet daher aus. 2

II. Mehrere Aufträge und Wegegeld

1. Erledigung mehrerer Aufträge gleichzeitig auf einem Weg. Das Wegegeld kann auch mehrfach erhoben werden, wenn mehrere Aufträge gleichzeitig auf einem Weg erledigt werden, weil mit dem Wegegeld die Aufwendungen des Gerichtsvollziehers, die mit seinen dienstlichen Fahrten verbunden sind, abgegolten werden sollen. Da diese Aufwendungen nach Nr. 711 KV GvKostG **pauschal je Auftrag** abgegolten werden, ist bei mehreren Aufträgen der mehrfache Ansatz der Wegegeldpauschale gerechtfertigt.[1] Das Aufkommen aus der Gesamtheit dieser Pauschalen je Auftrag soll den gesamten Aufwand (u.a. Treibstoff, Versicherung, Kfz-Steuer, Anschaffungskosten, aber auch Maut-, Fähr-, Brückengebühren usw)[2] abgelten, der durch Fahrten, Wege und Gänge entsteht, die im Rahmen der Erledigung von Amtshandlungen durch den Gerichtsvollzieher erforderlich werden. Dabei ist nicht entscheidend, dass für jeden Auftrag ein eigener besonderer Weg unternommen wird, sondern maßgeblich und ausreichend ist, dass auf einem tatsächlich unternommenen Weg mehrere Aufträge erledigt werden. Im Rahmen des 2. KostRMoG weist der Gesetzgeber nochmals auf diesen Grundsatz hin und führt aus, dass das Wegegeld bei der Erledigung **mehrerer Aufträge auf derselben Dienstreise** für jeden Auftrag gesondert anfällt.[3] 3

---

1 *Winterstein/Richter/Zuhn*, GvKostR, § 16.
1 *Kessel*, DGVZ 2003, 86.
2 *Meyer*, GvKostG, „Auslagen" Rn 32.
3 BT-Drucks. 17/11471 (neu), S. 257.

4 **2. Pfändungs- und Verhaftungsauftrag.** Damit löst auch der durchgeführte Pfändungs- und Verhaftungsauftrag jeweils gesonderte Wegegelder aus, da der Verhaftungsauftrag einen besonderen Auftrag darstellt (§ 3 Abs. 1 S. 4), auch gegenüber dem Pfändungsauftrag.[4]

5 **3. Kombi-Auftrag, § 807 Abs. 1 ZPO.** Ebenfalls gesonderte Wegegelder löst der zunächst als gleichzeitig erteilt geltende **kombinierte Auftrag** (Kombi-Auftrag) zur Vollstreckung und Abnahme der Vermögensauskunft (**§ 807 Abs. 1 ZPO**) aus, der, weil der Schuldner nicht angetroffen wird, hinsichtlich der Abnahme der Vermögensauskunft zu einem besonderen weiteren Auftrag wird (§ 3 Abs. 2 S. 1 Nr. 3). Trifft der Gerichtsvollzieher einen Dritten in der Schuldnerwohnung an, vollstreckt dann in Abwesenheit des Schuldners fruchtlos und stellt gleichzeitig eine Ladung zum Termin zur Abnahme der Vermögensauskunft im Wege der Ersatzzustellung zu, erfolgt die Ladung zum Termin zur Abnahme der Vermögensauskunft im Rahmen des nunmehr vorliegenden **besonderen** Auftrags zur Abnahme der Vermögensauskunft.[5] Die gegenteilige Ansicht überzeugt nicht, da es nicht auf mehrere unternommene Wege ankommt, sondern alleine darauf, dass **auf derselben Dienstreise** mehrere Aufträge erledigt werden.[6] Mit dem Wegegeld sollen **pauschal je Auftrag** die mit der Fahrt anfallenden Kosten (Kraftstoff, Versicherung, Anschaffung usw) abgegolten werden. Diese Kosten sind aber auch bzgl des besonderen Auftrags zur Abnahme der Vermögensauskunft angefallen. Nach Nr. 711 KV GvKostG entsteht ein Wegegeld grds. „je Auftrag", es sei denn, es sind besondere Regelungen getroffen, die einen mehrfachen Ansatz im Rahmen von Wegegeldern im Rahmen eines Auftrags erlauben. Ein zweites Wegegeld für die Zustellung der Ladung zum Termin zur Abnahme der Vermögensauskunft ist damit angefallen und seine Erhebung berechtigt. Der Fall ist nicht anders zu beurteilen, als wenn dem Gerichtsvollzieher mehrere Aufträge unterschiedlicher Gläubiger gegen denselben Schuldner vorliegen. Auch in diesem Fall entstehen mehrere Wegegelder, wenn der Gerichtsvollzieher diese Aufträge gleichzeitig erledigt. Teils werden für einen mehrfachen Wegegeldansatz „Mehraufwendungen" des Gerichtsvollziehers verlangt. Gerade der Fall mehrerer unterschiedlicher Gläubiger gegen denselben Schuldner zeigt, dass dies gerade nicht erfordert wird. Bei Erledigung mehrerer Aufträge auf einem Weg entstehen hinsichtlich der Aufwendungen, die durch den Weg verursacht werden, keine Mehraufwendungen. Trotzdem kann nach S. 2 das **Wegegeld mehrfach** erhoben werden.

6 Nicht systemgerecht ist die Diskussion, ob durch den **Rückweg** das zusätzliche Wegegeld angefallen ist. Darauf kommt es bei der pauschalen Wegegeldbestimmung nicht mehr an. Maßgebend ist allein, dass tatsächlich gefahren wurde. Die Aufwendungen, die dem Gerichtsvollzieher durch diese Fahrt entstehen, werden pauschal auf den bzw die Aufträge umgelegt. Das Wegegeld ist eine stark pauschalierte Form des Aufwendungsersatzes und hat mit den tatsächlichen Kosten im Einzelfall nichts zu tun.[7]

7 Praxisfremd ist die Ansicht, dass ein Wegegeld nur angesetzt werden kann, wenn die Zustellung mit neuem Weg an einem **Folgetag** erfolgt. Für diese Ansicht bieten die Bestimmungen des S. 2 und der Nr. 711 KV GvKostG keinerlei Anhaltspunkte.

---

4 *Winterstein/Richter/Zuhn*, GvKostR, Nr. 711 KV GvKostG Rn 2 e).
5 AA *Winterstein/Richter/Zuhn*, GvKostR, Nr. 711 KV GvKostG Rn 2 c).
6 BT-Drucks. 17/11471 (neu), S. 257.
7 BT-Drucks. 17/11471 (neu), S. 257.

Abschnitt 5
Übergangs- und Schlussvorschriften

§ 18 Übergangsvorschrift

(1) ¹Die Kosten sind nach bisherigem Recht zu erheben, wenn der Auftrag vor dem Inkrafttreten einer Gesetzesänderung erteilt worden ist, Kosten der in § 15 Abs. 1 genannten Art jedoch nur, wenn sie vor dem Inkrafttreten einer Gesetzesänderung entstanden sind. ²Wenn der Auftrag zur Abnahme der Vermögensauskunft mit einem Vollstreckungsauftrag verbunden ist, ist der Zeitpunkt maßgebend, zu dem der Vollstreckungsauftrag erteilt ist.

(2) Absatz 1 gilt auch, wenn Vorschriften geändert werden, auf die dieses Gesetz verweist.

DB-GvKostG (Zu § 18): keine Regelung

I. Auftragserteilung ist maßgeblich (Abs. 1 S. 1 Hs 1)

Es handelt sich um eine allgemeine Übergangsbestimmung auch für zukünftige Änderungen des GvKostG. Beim Zusammentreffen mehrerer Aufträge ist die Kostenberechnung weitgehend unproblematisch, weil die Gebühren für jeden Auftrag gesondert zu erheben sind. Die Kostenberechnung richtet sich also danach, ob der Auftrag vor oder nach Inkrafttreten einer Gesetzesänderung erteilt ist (Abs. 1 S. 1 Hs 1). Ein **Auftrag** ist **erteilt**, wenn er dem Gerichtsvollzieher oder der Gerichtsvollzieher-Verteilerstelle **zugegangen** ist (§ 3 Abs. 3 S. 1). Ist der Auftrag mithin vor Inkrafttreten einer Änderung des GvKostG erteilt, findet altes Recht Anwendung. Ist er nach diesem Zeitpunkt erteilt, findet neues Recht Anwendung.

1

II. Entstehung der Kosten ist maßgeblich (Abs. 1 S. 1 Hs 2)

Für die Gebühren und Auslagen der Verwertung (§ 15 Abs. 1), die auch dann nur einmal entstehen, wenn mehrere Aufträge zugrunde liegen, soll einheitlich das zur Zeit der **Entstehung der Kosten** geltende Recht maßgebend sein (vgl Abs. 1 S. 1 Hs 2). Erfolgt die Verwertung also nach dem Zeitpunkt des Inkrafttretens der Änderung des GvKostG, sind die in § 15 Abs. 1 bezeichneten Kosten nach neuem Recht zu berechnen.[1]

2

III. Vollstreckungsauftrag ist maßgeblich (Abs. 1 S. 2)

Ist der Auftrag zur Abnahme der **Vermögensauskunft** mit dem Auftrag zur Vollstreckung **verbunden** (Kombi-Auftrag, § 807 Abs. 1 ZPO), soll unabhängig von dem Zeitpunkt, der für die Abnahme der Vermögensauskunft als Zeitpunkt der Auftragserteilung gilt, der Zeitpunkt maßgebend sein, zu dem der Vollstreckungsauftrag erteilt worden ist (Abs. 1 S. 2), damit der gesamte Auftrag einheitlich nach der zu einer bestimmten Zeit geltenden Regelung abgerechnet werden kann. Ist der Vollstreckungsauftrag damit vor Inkrafttreten einer Änderung des GvKostG erteilt worden, werden auch die Kosten der Abnahme der Vermögensauskunft nach altem GvKostG berechnet, unabhängig von dem Zeitpunkt, wann die Vermögensauskunft abgeändert abgenommen wird.[2]

3

---

1 BT-Drucks. 14/3432, S. 28; Schröder-Kay/*Gerlach*, § 18 GvKostG Rn 7.
2 BT-Drucks. 14/3432, S. 29; *Hartmann*, KostG, § 18 GvKostG Rn 6.

IV. Bedingte Aufträge

4   Wird ein **bedingter Auftrag** erteilt, gilt der weitere Auftrag mit Eintritt der Bedingung als erteilt (Nr. 2 Abs. 2 DB-GvKostG). Würde also mit dem Auftrag zur Vollstreckung ein Auftrag zur Vorpfändung verbunden, wäre für den Vollstreckungsauftrag, wenn er vor dem Inkrafttreten der Änderungen des GvKostG erteilt wäre, altes Recht maßgebend, während für den Auftrag zur Vorpfändung (§ 845 ZPO), der nach Inkrafttreten der Änderungen wirksam würde, wenn Forderungen gegen Dritte festgestellt werden, neues Kostenrecht gelten würde.[3] Bedingte Aufträge können sich auch bei Auftragskonstellationen nach dem Gesetz zur Reform der Sachaufklärung in der Zwangsvollstreckung ergeben.

V. Änderung anderer Vorschriften (Abs. 2)

5   Der Zeitpunkt einer Auftragserteilung an den Gerichtsvollzieher ist auch dann maßgebend, wenn sich Bestimmungen ändern, auf die das GvKostG nur verweist. Dies ist in § 12 der Fall, wo auf das GNotKG verwiesen wird.

VI. Übergangsvorschriften des Gesetzes zur Reform der Sachaufklärung in der Zwangsvollstreckung[4]

6   Für einen längeren Zeitraum wird das bis zum 31.12.2012 geltende Recht auch weiterhin für bestimmte Fälle anzuwenden sein. Dabei ist auch hinsichtlich der Anwendung des Kostenrechts **nicht** § 18 maßgeblich, sondern **allein** die ebenfalls durch das Gesetz zur Reform der Sachaufklärung in der Zwangsvollstreckung neu eingeführte Bestimmung des § 39 EGZPO.[5] Die Bestimmungen des § 39 EGZPO gelten nicht nur für die Änderungen der ZPO, sondern für alle Bestandteile des Gesetzes zur Sachaufklärung in der Zwangsvollstreckung, also auch für die dort enthaltenen Änderungen des GvKostG.[6]

7   Ergibt sich aus § 39 Abs. 1 und 2 EGZPO das anzuwendende Recht, folgen aus § 39 Abs. 4 EGZPO die kostenrechtlichen Folgen. Dabei betrifft § 39 Abs. 4 EGZPO zB auch die (weitere) Anwendung des GKG, die sich aus § 18 GvKostG nicht ergeben kann.

8   Die maßgebliche Übergangsregelung in § 39 EGZPO lautet:

§ 39 EGZPO

Für das Gesetz zur Reform der Sachaufklärung in der Zwangsvollstreckung vom 29. Juli 2009 (BGBl. I S. 2258) gelten folgende Übergangsvorschriften:

1. Für Vollstreckungsaufträge, die vor dem 1. Januar 2013 beim Gerichtsvollzieher eingegangen sind, sind anstelle der §§ 754, 755, 758 a Abs. 2, von § 788 Abs. 4, der §§ 802 a bis 802 l, 807, 836 Abs. 3, der §§ 851 b, 882 b bis 882 h, 883 Abs. 2 und von § 933 Satz 1 der Zivilprozessordnung die §§ 754, 806 b, 807, 813 a, 813 b, 836 Abs. 3, der § 845 Abs. 1 Satz 3, die §§ 851 b, 883 Abs. 2 und 4, der § 888 Abs. 1 Satz 3, die §§ 899 bis 915 h und § 933 Satz 1 der Zivilprozessordnung in der bis zum 31. Dezember 2012 geltenden Fassung weiter anzuwenden.

2. Für Vollstreckungsaufträge, die vor dem 1. Januar 2013 beim Vollziehungsbeamten eingegangen sind, sind die §§ 6 und 7 der Justizbeitreibungsordnung und die darin genannten Bestimmungen der Zivilprozessordnung in der bis zum 31. Dezember 2012 geltenden Fassung weiter anzuwenden.

---

3 Schröder-Kay/*Gerlach*, § 18 GvKostG Rn 11.
4 Vom 29.7.2009 (BGBl. I S. 2258).
5 Art. 5 G vom 29.7.2012 (BGBl. I S. 2258, 2272).
6 BT-Drucks. 16/10069, S. 52.

3. § 16 Abs. 3 des Verwaltungs-Vollstreckungsgesetzes, § 15 Satz 1 des Ausführungsgesetzes zum deutsch-österreichischen Konkursvertrag, § 98 Abs. 3 der Insolvenzordnung, § 463 b Abs. 3 der Strafprozessordnung, § 35 Abs. 3, § 89 Abs. 3, § 91 Abs. 2 und § 94 des Gesetzes über das Verfahren in Familiensachen und in den Angelegenheiten der freiwilligen Gerichtsbarkeit, § 90 Abs. 3 des Gesetzes über Ordnungswidrigkeiten, §§ 284, 326 Abs. 3, § 334 Abs. 3 der Abgabenordnung und § 25 Abs. 4 des Straßenverkehrsgesetzes sowie die darin genannten Bestimmungen der Zivilprozessordnung sind in der bis zum 31. Dezember 2012 geltenden Fassung weiter anzuwenden, wenn die Auskunftserteilung oder die Haft vor dem 1. Januar 2013 angeordnet worden ist.

4. Im Rahmen des § 802 d Abs. 1 Satz 1 der Zivilprozessordnung und des § 284 Abs. 4 Satz 1 der Abgabenordnung steht die Abgabe einer eidesstattlichen Versicherung nach § 807 der Zivilprozessordnung oder nach § 284 der Abgabenordnung in der bis zum 31. Dezember 2012 geltenden Fassung der Abgabe einer Vermögensauskunft nach § 802 c der Zivilprozessordnung oder nach § 284 der Abgabenordnung in der ab dem 1. Januar 2013 geltenden Fassung gleich. Kann ein Gläubiger aus diesem Grund keine Vermögensauskunft verlangen, ist er nach Maßgabe des § 299 Abs. 1 der Zivilprozessordnung dazu befugt, das beim Vollstreckungsgericht verwahrte Vermögensverzeichnis einzusehen, das der eidesstattlichen Versicherung zu Grunde liegt, und sich aus ihm Abschriften erteilen zu lassen. Insoweit sind die bis zum 31. Dezember 2012 geltenden Vorschriften des Gerichtskostengesetzes über die Erteilung einer Ablichtung oder eines Ausdrucks des mit eidesstattlicher Versicherung abgegebenen Vermögensverzeichnisses oder den Antrag auf Gewährung der Einsicht in dieses Vermögensverzeichnis weiter anzuwenden.

5. Das Schuldnerverzeichnis nach § 915 der Zivilprozessordnung in der bis zum 31. Dezember 2012 geltenden Fassung wird hinsichtlich der Eintragungen fortgeführt, die vor dem 1. Januar 2013 vorzunehmen waren oder die nach den Nummern 1 bis 3 nach dem 31. Dezember 2012 vorzunehmen sind. Die §§ 915 bis 915 h der Zivilprozessordnung sowie § 26 Absatz 2 der Insolvenzordnung jeweils in der bis zum 31. Dezember 2012 geltenden Fassung sind insoweit weiter anzuwenden. Unbeschadet des § 915 a Abs. 2 der Zivilprozessordnung in der bis zum 31. Dezember 2012 geltenden Fassung ist eine Eintragung in dem nach Satz 1 fortgeführten Schuldnerverzeichnis vorzeitig zu löschen, wenn der Schuldner in das Schuldnerverzeichnis nach § 882 b der Zivilprozessordnung in der ab dem 1. Januar 2013 geltenden Fassung eingetragen wird.

6. Soweit eine gesetzliche Bestimmung die Eintragung in das Schuldnerverzeichnis nach § 882 b der Zivilprozessordnung in der ab dem 1. Januar 2013 geltenden Fassung voraussetzt, steht dem die Eintragung in das nach Nummer 5 fortgeführte Schuldnerverzeichnis gleich.

VII. Übergangsvorschriften aus Anlass des 2. KostRMoG

Maßgebend ist zunächst Art. 50 des 2. KostRMoG, wonach dieses Gesetz (= 2. KostRMoG) am ersten Tag des auf die Verkündung folgenden Kalendermonats in Kraft tritt. Aus dieser Übergangsbestimmung ergeben sich jedoch keine Erkenntnisse für den einzelnen Auftrag des Gerichtsvollziehers. Insbesondere sind auch im Rahmen der Änderungen des GvKostG keine besonderen Regelungen zum Übergangsrecht getroffen worden. Dazu besteht auch keine Notwendigkeit, da diese Regelungen bereits für zukünftige Änderungen des GvKostG in § 18 getroffen wurden.[7]

9

---

7 BT-Drucks. 14/3432, S. 28.

§ 19 Übergangsvorschrift aus Anlass des Inkrafttretens dieses Gesetzes

(1) ¹Die Kosten sind vorbehaltlich des Absatzes 2 nach dem Gesetz über Kosten der Gerichtsvollzieher in der im Bundesgesetzblatt Teil III, Gliederungsnummer 362-1, veröffentlichten bereinigten Fassung, zuletzt geändert durch Artikel 2 Abs. 5 des Gesetzes vom 17. Dezember 1997 (BGBl. I S. 3039), zu erheben, wenn der Auftrag vor dem Inkrafttreten dieses Gesetzes erteilt worden ist; § 3 Abs. 3 Satz 1 und § 18 Abs. 1 Satz 2 sind anzuwenden. ²Werden solche Aufträge und Aufträge, die nach dem Inkrafttreten dieses Gesetzes erteilt worden sind, durch dieselbe Amtshandlung erledigt, sind die Gebühren insoweit gesondert zu erheben.

(2) Kosten der in § 15 Abs. 1 genannten Art sind nach neuem Recht zu erheben, soweit sie nach dem Inkrafttreten dieses Gesetzes entstanden sind.

DB-GvKostG (Zu § 19): keine Regelung

1 Es handelt sich um eine besondere Übergangsbestimmung, die nur aus Anlass des Erlasses des GvKostG gelten sollte.

§ 20 (aufgehoben)

Anlage
(zu § 9)

Kostenverzeichnis

Gliederung

Abschnitt 1	Zustellung auf Betreiben der Parteien (§ 191 ZPO)	Nr. 100–102
Abschnitt 2	Vollstreckung	Nr. 200–270
Abschnitt 3	Verwertung	Nr. 300–310
Abschnitt 4	Besondere Geschäfte	Nr. 400–440
Abschnitt 5	Zeitzuschlag	Nr. 500
Abschnitt 6	Nicht erledigte Amtshandlung	Nr. 600–604
Abschnitt 7	Auslagen	Nr. 700–716

Abschnitt 1
Zustellung auf Betreiben der Parteien (§ 191 ZPO)

Nr.	Gebührentatbestand	Gebühr
\multicolumn{3}{l}{*Vorbemerkung 1:*}		
	(1) Die Zustellung an den Zustellungsbevollmächtigten mehrerer Beteiligter gilt als eine Zustellung. (2) Die Gebühr nach Nummer 100 oder 101 wird auch erhoben, wenn der Gerichtsvollzieher die Ladung zum Termin zur Abnahme der Vermögensauskunft (§ 802 f ZPO) oder den Pfändungs- und Überweisungsbeschluss an den Schuldner (§ 829 Abs. 2 Satz 2, auch i.V.m. § 835 Abs. 3 Satz 1 ZPO) zustellt.	
100	Persönliche Zustellung durch den Gerichtsvollzieher	10,00 €
101	Sonstige Zustellung	3,00 €
102	Beglaubigung eines Schriftstückes, das dem Gerichtsvollzieher zum Zwecke der Zustellung übergeben wurde (§ 192 Abs. 2 ZPO) je Seite .... Eine angefangene Seite wird voll berechnet.	Gebühr in Höhe der Dokumentenpauschale

DB-GvKostG (Zu Nrn. 100, 101 KV) Nr. 10

Für Zustellungen von Amts wegen wird keine Zustellungsgebühr erhoben.

DB-GvKostG (Zu Nr. 102 KV) Nr. 10 a

Für die Beglaubigung der von der Gerichtsvollzieherin oder dem Gerichtsvollzieher selbst gefertigten Abschriften wird keine Beglaubigungsgebühr erhoben.

I. Zustellung auf Betreiben der Parteien, § 191 ZPO (Abschnitt 1) 1
   1. Zustellung im Parteibetrieb   1
   2. Ausnahmen: Zustellungsgebühren bei Amtszustellung .. 3
   3. Speziell: Zustellung der Eintragungsanordnung, § 882 c Abs. 2 S. 2 ZPO 4
      a) Amtszustellung oder Zustellung im Parteibetrieb? 4
      b) Auslagen 11
      c) Zustellungsart 13
II. Persönliche Zustellung durch den Gerichtsvollzieher (Nr. 100 KV GvKostG); sonstige Zustellung (Nr. 101 KV GvKostG) 15
III. Beglaubigungsgebühr (Nr. 102 KV GvKostG) 19
IV. Speziell: Übergabe des Haftbefehls bei der Verhaftung, § 802 g Abs. 2 S. 2 ZPO 21

I. Zustellung auf Betreiben der Parteien, § 191 ZPO (Abschnitt 1)

1. Zustellung im Parteibetrieb. Mit der Überschrift von Abschnitt 1 – „Zustellung auf Betreiben der Parteien (§ 191 ZPO)" – wird klargestellt, dass Gebühren nur für **Zustellungen im Parteibetrieb** zu erheben sind. **Zustellungen von Amts wegen** lösen keine Gebühren aus, weil der Gerichtsvollzieher dann nicht als gerichtliches Zustellungsorgan, sondern als Beamter der Justizverwaltung handelt.[1] Durch das 2. KostRMoG wurde die Überschrift des Gliederungsabschnitts 1 durch den klarstellenden Verweis auf § 191 ZPO ergänzt, womit die immer wieder diskutierte Frage, ob es sich bei der Zustellung der Benachrichtigung über den festgesetzten Räumungstermin um eine Zustellung von Amts wegen oder um eine Zustellung im Parteibetrieb handelt,[2] geklärt wurde. In der Lit. wird die Zustellung der Mitteilung des Räumungstermins jedoch immer noch als Parteizustellung angesehen.[3]

2 Aus § 191 ZPO ergibt sich, wann eine **Zustellung auf Betreiben der Parteien** vorliegt. Eine Zustellung auf Betreiben der Parteien ist dann gegeben, wenn diese **zugelassen** oder **vorgeschrieben** ist. Beide Voraussetzungen treffen auf die Zustellung der Benachrichtigung über den festgesetzten Räumungstermin (§ 128 Abs. 2 S. 2 GVGA) nicht zu, so dass – entgegen einer zT vertretenen Ansicht[4] – keine Zustellungsgebühr zu erheben ist. Durch die Verweisung auf § 191 ZPO wird nunmehr ausdrücklich klargestellt, dass eine Zustellung des Räumungstermins an den Schuldner eine Zustellungsgebühr nicht auslöst.[5] Die dabei entstehenden Auslagen der Post können jedoch in Ansatz gebracht werden.

3 **2. Ausnahmen: Zustellungsgebühren bei Amtszustellung.** In zwei Fällen der **Amtszustellung** erlaubt jedoch **Vorbem. 1 Abs. 2 KV GvKostG** die Erhebung von Zustellungsgebühren: Die Gebühr nach Nr. 100 oder 101 KV GvKostG wird auch erhoben, wenn der Gerichtsvollzieher

- die **Ladung zum Termin** zur Abnahme der Vermögensauskunft (§ 802 f ZPO) oder
- den Pfändungs- und Überweisungsbeschluss an den **Schuldner** (§ 829 Abs. 2 S. 2 ZPO, auch iVm § 835 Abs. 3 S. 1 ZPO)

zustellt.

4 **3. Speziell: Zustellung der Eintragungsanordnung, § 882 c Abs. 2 S. 2 ZPO.** a) **Amtszustellung oder Zustellung im Parteibetrieb?** Hinsichtlich der nunmehr zusätzlich durch den Gerichtsvollzieher vorzunehmenden Zustellung der **Eintragungsanordnung** (§ 882 c Abs. 2 S. 2 ZPO) wurde keine Ausnahmeregelung geschaffen. Da der Gerichtsvollzieher sie bei Abwesenheit des Schuldners auch ohne Antrag des Gläubigers zwingend vorzunehmen hat, liegt eine **Amtszustellung** (§ 9 Abs. 2 GVGA) vor, so dass eine Zustellungsgebühr nicht zu erheben ist.[6]

5 Mit der Begründung, dass die Zustellung der Eintragungsanordnung auf dem Antrag des Gläubigers auf Abnahme der Vermögensauskunft beruht, wird jedoch

---

1 Schröder-Kay/*Winter*, Nr. 100–102 KV GvKostG Rn 1.
2 BT-Drucks. 17/11471 (neu), S. 255.
3 Schröder-Kay/*Winter*, Nr. 100–102 KV GvKostG Rn 18–22; *Tenner*, DGVZ 2015, 31.
4 *Tenner*, DGVZ 2015, 31; AG Köln DGVZ 2004, 175; *Heinze*, DGVZ 2004, 164.
5 BT-Drucks. 17/11471 (neu), S. 255.
6 OLG Düsseldorf DGVZ-Newsletter 25, S. 22; AG Stuttgart DGVZ 2015, 64; AG Pinneberg DGVZ 2015, 27; AG Mannheim DGVZ 2014, 152; AG Siegburg 10.2.2014 – 34 a M 2687/13; AG Saarburg 15.8.2014 – 7 M 532/14; AG Oberndorf am Necker 17.11.2014 – 3 M 1345/14; *Schlaak*, DGVZ 2014, 154; *Volpert*, Neuerungen im Kostenrecht durch das Gesetz zur Reform der Sachaufklärung in der Zwangsvollstreckung, in: Seibel u.a., Zwangsvollstreckungsrecht aktuell, 2. Aufl. 2013, § 2 Rn 105.

in Literatur und Rechtsprechung eine Parteizustellung gesehen.[7] Diese Ansicht überzeugt nicht. Eine Parteizustellung liegt nur dann vor, wenn die Zustellung dem Gläubiger ausdrücklich übertragen oder ermöglicht ist.[8] Diese Ansicht wird insb. auch durch § 191 ZPO bestätigt. Durch diese Bestimmung wird der Tatsache Rechnung getragen, dass die Amtszustellung zum Regelfall geworden ist.[9] § 191 ZPO definiert, wann eine Parteizustellung vorliegt, nämlich dann, wenn eine Zustellung auf Betreiben der Parteien **zugelassen** oder **vorgeschrieben** ist.[10] Bemerkenswert ist dazu auch die Begründung zum Zustellungsreformgesetz,[11] die eine Aufzählung enthält, wann eine Parteizustellung heute noch gegeben ist. Ein praktisches Bedürfnis besteht für die Zustellung auf Betreiben der Parteien insb. für die Zustellung von

- Willenserklärungen nach § 132 BGB;
- Schuldtiteln, die ausschließlich im Parteibetrieb zuzustellen sind (vgl vollstreckbare Urkunden, Urkunden zur Einleitung der Zwangsvollstreckung gem. § 750 Abs. 2, § 751 Abs. 2, §§ 756, 765, 795 ZPO);
- Arresten und einstweiligen Verfügungen, wenn diese durch Beschluss angeordnet sind (§ 922 Abs. 2, § 936 ZPO);
- Pfändungs- und Überweisungsbeschlüssen (§ 829 Abs. 2, § 835 Abs. 3, § 846, § 857 Abs. 1, § 858 Abs. 3 ZPO);
- Benachrichtigungen (§ 845 ZPO);
- Verzichten der Gläubiger auf die Rechte aus der Pfändung und Überweisung (§ 843 ZPO);
- Vollstreckungsbescheiden, die das Gericht dem Antragsteller zur Zustellung im Parteibetrieb übergeben hat (§ 699 Abs. 4 S. 2 und 3 ZPO).

Im 2. KostRMoG verwendet der Gesetzgeber diese Definition der Parteizustellung erneut und verweist zur Definition der Parteizustellung auf § 191 ZPO ergibt.[12] Die Zustellung der Eintragungsanordnung nach § 882 c Abs. 2 S. 2 ZPO wird insb. auch nicht zu einer Parteizustellung, weil der Gläubiger das Verfahren auf Abnahme der Vermögensauskunft durch seinen Antrag eingeleitet hat. Zwar ist das Verfahren von einem Antrag des Gläubigers abhängig, jedoch folgt die Durchführung des Verfahrens – und damit auch die Zustellung der Eintragungsanordnung – unabhängig von der Parteiherrschaft gesetzlichen Regeln. Im Übrigen kommt es nicht auf das eingeleitete Verfahren an, vielmehr stellt § 191 ZPO auf die **einzelne** konkret vorzunehmende Zustellung ab. In einem Verfahren können daher durchaus Partei- und Amtszustellungen nebeneinander vorliegen. Der Ansicht, dass es sich bei der Zustellung der Eintragungsanordnung um eine Amtszustellung handelt, wird entgegengehalten, dass der Gerichtsvollzieher für eine Amtszustellung nur zuständig ist, wenn er durch richterliche Anordnung damit beauftragt wird.[13] Dem steht der eindeutige Wortlaut des § 9 **Abs. 2** GVGA entgegen. Dass der Gerichtsvollzieher für Amtszustellungen „*nur*" im Fall des

6

---

7 AG Darmstadt DGVZ 2015, 73; AG Burgwedel 12.5.2014 – 11 M 115/14; AG Geldern DGVZ 2015, 27; AG Stuttgart-Bad Cannstatt DGVZ 2015, 25; AG Koblenz DGVZ 2015, 27; AG Gernsbach DGVZ 2015, 27; AG Köln 14.10.2014 – 288 M 965/14; AG Villingen-Schwenningen DGVZ 2015, 27; AG Kleve DGVZ 2015, 27; LG Verden DGVZ 2015, 61; AG Albstadt 26.1.2015 – 5 M 1770/14; *Tenner*, DGVZ 2015, 32; *Theis/Rutz*, DGVZ 2014, 154.
8 *Steder*, JurBüro 1998, 575; *Hornung*, Rpfleger 2002, 493.
9 *Coenen*, DGVZ 2002, 5 mwN.
10 Vgl zB nur §§ 750, 845 ZPO.
11 BT-Drucks. 14/4554, S. 25.
12 BT-Drucks. 17/11471 (neu), S. 255.
13 *Winterstein/Richter/Zuhn*, GvKostR, Nr. 100–102 KV GvKostG Rn 1.

§ 168 Abs. 2 ZPO (Beauftragung mit der Ausführung der Zustellung durch den Vorsitzenden des Prozessgerichts oder ein von ihm bestimmtes Mitglied) zuständig sein soll, ist nach dem eindeutigen Wortlaut des § 9 Abs. 2 GVGA nicht zutreffend. § 9 Abs. 2 GVGA entspricht dem früheren § 11 Abs. 2 GVGA. Die Bestimmung § 11 Abs. 2 GVGA wurde 2001 infolge des Zustellungsreformgesetzes geändert, als damals neu *zusätzlich* die Möglichkeit aufgenommen wurde, dass der Gerichtsvollzieher gem. § 168 Abs. 2 ZPO beauftragt werden kann. Danach ist der Gerichtsvollzieher zuständig für Amtszustellungen, die ihm durch **Gesetz, Rechtsverordnung** oder **Verwaltungsanordnung** übertragen sind oder **durch das Gericht übertragen** werden. Genau diese Übertragung ist durch § 882 c ZPO erfolgt. Bereits daraus ergibt sich, dass die Zustellung der Eintragungsanordnung nicht der Parteimaxime unterliegen kann, da eine Weisung des Gläubigers insoweit ausgeschlossen ist, weil § 882 c ZPO die Zustellung der Eintragungsanordnung dem Gerichtsvollzieher als Amtspflicht aufgibt, sie also nicht von einem entsprechenden Auftrag (Antrag) des Gläubigers abhängig ist. Der Gerichtsvollzieher allein entscheidet, ob zuzustellen ist. Ist der Schuldner bei Anordnung der Eintragung anwesend (im Fall der Abgabeverweigerung vor Ort gem. § 882 c Abs. 1 Nr. 1 ZPO oder nach Abgabe der Vermögensauskunft gem. § 882 Abs. 1 Nr. 2 ZPO), so kann ihm der Gerichtsvollzieher die Anordnung mündlich bekannt geben und sie nach § 763 Abs. 1 ZPO ins Vollstreckungsprotokoll aufnehmen (vgl § 882 c Abs. 1 S. 2 ZPO). In allen anderen Fällen ist gem. § 882 c Abs. 2 S. 2 ZPO die Anordnung dem Schuldner zuzustellen.[14] Die Zustellung ist dem Gläubiger weder übertragen noch überlassen (§ 191 ZPO).

7 Dass es bei einer Zustellung nicht auf den Vollstreckungsauftrag des Gläubigers ankommt, wird auch hinsichtlich der Frage, ob der **Haftbefehl zuzustellen** ist, vom Gesetzgeber eindeutig klargestellt. In der Begründung zur geplanten Änderung des § 802 g ZPO[15] wird ausgeführt:

„Die Änderung in Absatz 2 dient der Klärung der in der Praxis streitigen und kostenrechtlich relevanten Frage, ob die Übergabe des Haftbefehls bei der Verhaftung als Parteizustellung zu behandeln ist. Die Verhaftung des Schuldners geschieht zwar infolge eines Vollstreckungsauftrags des Gläubigers. Einer förmlichen Zustellung des Haftbefehls vor seiner Vollziehung bedarf es aber nach Absatz 1 Satz 3 nicht. Die Aushändigung des Haftbefehls an den Schuldner bei der Verhaftung ist zudem aus rechtsstaatlichen Gründen zwingend erforderlich und steht nicht zur Disposition des Gläubigers. Sie hat mithin von Amts wegen zu erfolgen und stellt keine Parteizustellung dar."[16]

8 Hinsichtlich der Heranziehung des § 9 Abs. 2 GVGA wird argumentiert, dass es sich gegenüber der ZPO um eine untergeordnete Verwaltungsbestimmung handelt. Dabei wird übersehen, dass § 154 GVG bestimmt, dass die Dienst- und Geschäftsverhältnisse der mit den Zustellungen, Ladungen und Vollstreckungen zu betrauenden Beamten (Gerichtsvollzieher) bei den Landesgerichten durch die **Landesjustizverwaltung** bestimmt werden. Die Regelung der Dienst- und Ge-

---

14 BT-Drucks. 16/10069, S. 38 (re. Sp.).
15 Art. 1 Nr. 9 des RefE des BMJV vom 9.12.2014 zum „Entwurf eines Gesetzes zur Durchführung der Verordnung (EU) Nr. 655/2014 sowie zur Änderung sonstiger zivilprozessualer Vorschriften (EuKoPfVODG)", S. 5. – Die Vorschrift des § 802 g Abs. 2 S. 2 ZPO soll wie folgt gefasst werden: „Der Gerichtsvollzieher händigt dem Schuldner von Amts wegen bei der Verhaftung eine beglaubigte Abschrift des Haftbefehls aus." – Geplantes Inkrafttreten dieser Änderung: am Tag nach der Verkündung (Art. 10 Abs. 2 des RefE).
16 RefE des BMJV vom 9.12.2014 zum „Entwurf eines Gesetzes zur Durchführung der Verordnung (EU) Nr. 655/2014 sowie zur Änderung sonstiger zivilprozessualer Vorschriften (EuKoPfVODG)", S. 24 f.

schäftsverhältnisse findet sich in der GVO und der GVGA.[17] Die Bestimmung des § 9 Abs. 2 GVGA fußt daher unmittelbar auf § 154 GVG. Ebenso wird übersehen, dass Zustellungen, für die der Gerichtsvollzieher zuständig ist, sich nicht nur aus der ZPO ergeben. Wie auch aus § 9 Abs. 2 GVGA folgt, werden Zustellungen nicht zwingend durch ein Gesetz geregelt, sondern können sich auch aus **Verwaltungsanordnungen** (GVO, GVGA) ergeben, wie dies zB bei der Zustellung der Mitteilung über den Räumungstermin der Fall ist. Die Zuständigkeit des Gerichtsvollziehers für diese Zustellung ist ausschließlich in § 128 Abs. 2 S. 2 GVGA geregelt.

Soweit vertreten wird, dass es sich bei der Zustellung der Eintragungsanordnung nach § 882 c Abs. 2 S. 2 ZPO um eine Parteizustellung handelt, die der Gerichtsvollzieher ohne besonderen (Gläubiger-)Auftrag (weil im Gesetz vorgesehen) vornimmt,[18] überzeugt dies nicht, denn wenn eine Parteizustellung dann vorliegt, wenn sie dem Gläubiger übertragen oder überlassen ist, schließt dies aus, dass auch dann eine Parteizustellung vorliegt, wenn der Gerichtsvollzieher **ohne besonderen Parteiauftrag** eine Zustellung vorzunehmen hat. 9

Fazit: Insgesamt muss davon ausgegangen werden, dass trotz der gegenteiligen Ansicht in Rechtsprechung und Literatur die Zustellung der Eintragungsanordnung nach § 882 c Abs. 2 S. 2 ZPO eine **Amtszustellung** ist. 10

b) **Auslagen.** Wenn davon ausgegangen wird, dass die Zustellung der Eintragungsanordnung gem. § 882 c Abs. 2 S. 2 ZPO eine Amtszustellung darstellt (s. Rn 10), ist der Gerichtsvollzieher trotzdem berechtigt, **Auslagen** für die von ihm vorgenommene Zustellung zu erheben.[19] Erfolgt die Zustellung durch die Post, sind daher die **Zustellungsauslagen** (Nr. 701 KV GvKostG) anzusetzen. Nr. 701 KV GvKostG bestimmt uneingeschränkt die Erhebung der Auslagen für Entgelte für Zustellungen mit Zustellungsurkunde vom Kostenschuldner, unabhängig davon, ob die Auslagen durch Zustellung im Parteibetrieb oder durch Zustellung von Amts wegen erfolgen.[20] 11

Stellt der Gerichtsvollzieher also die Eintragungsanordnung persönlich zu, kann auch ein **Wegegeld** erhoben werden.[21] Ein Wegegeld entsteht, wenn ein Weg zur Erledigung einer **Amtshandlung** zurückgelegt wird.[22] Die Eintragungsanordnung ist dem Schuldner zuzustellen, wenn sie ihm nicht mündlich bekannt gegeben werden kann (§ 882 c Abs. 2 S. 2 ZPO), so dass es sich bei (persönlichen) Zustellung der Ladung um einen Weg zur Durchführung einer Amtshandlung handelt. Ein Verbot der Erhebung eines Wegegeldes ergibt sich für diesen Fall der Zustellung weder aus dem GvKostG noch auch der ZPO, der GVO und der GVGA. Insbesondere § 882 c Abs. 2 S. 2 ZPO normiert lediglich, dass zuzustellen ist. Wie dies zu erfolgen hat, entscheidet der Gerichtsvollzieher. Zur Art der Zustellung s. Rn 13 f. 12

c) **Zustellungsart.** Zwischen der **persönlichen Zustellung** und der **Zustellung durch die Post** hat der Gerichtsvollzieher nach pflichtgemäßem **Ermessen** die **Wahl** (§ 15 Abs. 2 S. 1 GVGA). Dabei wird grds. sogar der persönlichen Zustel- 13

---

17 Baumbach/*Hartmann*, § 154 GVG Rn 1.
18 *Tenner*, DGVZ 2015, 31.
19 AG Bretten DGVZ 2014, 153; aA AG Stuttgart DGVZ 2015, 65 (ohne nähere Begründung zu den Zustellungsauslagen).
20 OLG Stuttgart DGVZ-Newsletter 25, S. 23; OLG Nürnberg DGVZ-Newsletter 25, S. 24; AG Schöneberg DGVZ 2015, 62.
21 AG Darmstadt DGVZ 2014, 73; AG Bretten DGVZ 2014, 153; AG Solingen DGVZ 2014, 178; *Schlaak*, DGVZ 2014, 154; *Wasserl*, DGVZ 2013, 90; aA AG Mannheim DGVZ 2014, 152.
22 *Hartmann*, KostG, Nr. 711 KV GvKostG Rn 5; *Winterstein/Richter/Zuhn*, GvKostR, Nr. 711 KV GvKostG Rn 1.

lung der Vorzug gegeben (§ 15 Abs. 2 S. 2 GVGA). Dies gilt sowohl für den Fall, dass von einer Parteizustellung ausgegangen wird, als auch bei Annahme einer Amtszustellung. Die Bestimmung über die **Wahl der Zustellungsart** ist in den allgemeinen Bestimmungen über die Zustellung (§§ 9 ff GVGA) enthalten und nicht bei den speziellen Bestimmungen über die Parteizustellung (§§ 16 ff GVGA). Die persönliche Zustellung ist damit grds. auch im Rahmen der Zustellung der Eintragungsanordnung nach § 882 c Abs. 2 S. 2 ZPO möglich. Insbesondere kann der Gläubiger dem Gerichtsvollzieher nicht vorschreiben, ob eine Zustellung persönlich oder durch Weiterbeauftragung der Post erfolgt.[23]

14 Soweit die Wahl der Zustellungsart in das Ermessen des Gerichtsvollziehers gestellt ist, kann dieses Ermessen nicht im Hinblick auf die Kosten eingeschränkt werden.[24] Wenn dem Gerichtsvollzieher jedoch die Entscheidung über die Wahl der Zustellungsart überlassen bleibt, sind auch die jeweils damit verbundenen Kosten als notwendig anzusehen. Dem kann auch nicht mit Hinweis auf § 802 a Abs. 1 ZPO begegnet werden, wonach der Gerichtsvollzieher auf eine zügige, vollständige und kostensparende Beitreibung von Geldforderungen hinzuwirken hat. Der Anwendung dieser Bestimmung auf den Ansatz des Wegegeldes steht bereits die amtliche Begründung zu § 802 a Abs. 1 ZPO entgegen, wonach sich die Regelung als allgemeine Leitlinie versteht. Konkrete Rechtsfolgen sind aus ihr allein jedoch nicht abzuleiten.[25] Es wird zT eine Protokollierung der maßgeblichen Gründe vorgeschlagen,[26] während auch vertreten wird, dass die Ermessensausübung auch mit Erwägungen begründet werden kann, die für eine Mehrzahl von Fällen gelten. Im Interesse einer zügigen und effektiven Erledigung der Vollstreckungsaufträge dürfen die Anforderungen an die Darlegung der maßgebenden Gründe nicht überspannt werden.[27]

II. Persönliche Zustellung durch den Gerichtsvollzieher (Nr. 100 KV GvKostG); sonstige Zustellung (Nr. 101 KV GvKostG)

15 Umfasst sind die persönliche Zustellung durch den Gerichtsvollzieher (§§ 192, 193 ZPO) und die Zustellung durch die Post bzw entsprechende Dienstleistungsunternehmen (§ 194 ZPO). Umfasst werden aber auch zB Zustellungen durch Aufgabe zur Post (§ 184 ZPO, § 15 Abs. 1 GVGA), wie sich aus „Sonstige Zu-

---

23 AG Leipzig DGVZ-Newsletter 25, S. 25; OLG Stuttgart DGVZ-Newsletter 25, S. 23; OLG Nürnberg DGVZ-Newsletter 25, S. 24; AG Homburg DGVZ 2015, 25; AG Schöneberg DGVZ 2015, 62; AG Neunkirchen DGVZ 2014, 130; AG Königswinter 13.7.2014 – 6 M 273/14; AG Pirmasens 20.8.2014 – 1 M 1166/14; AG Saarlouis DGVZ 2014, 259; AG Neustadt a.d.W. 25.8.2014 – 1 M 766/14; AG Grünstadt 22.9.2014 – M 436/14; AG Bremen-Blumenthal 25.11.2014 – 22 M 1311/14; AG Homburg 16.10.2014 – 15 M 628/14; AG St. Ingbert 3.12.2014 – 5 M 446/14; AG Viersen 19.11.2014 – 15 M 2240/14; AG Krefeld 26.11.2014 – 112 M 781/14; AG Ludwigsburg 12.12.2014 – 1 M 4468/14; AG Mönchengladbach-Rhydt 15.7.2014 – 32 M 1665/14; AG Grevenbroich 22.12.2014 – 30 M 2918/14; AG Leipzig 28.1.2015 – 431 M 23908/14; AG Backnang 8.1.2015 – 3 M 1548/14; LG Ellwangen 12.1.2015 – 1 T 224/15; AG Ellwangen 31.10.2014 – 2 M 1072/14; AG Limburg a.d. Lahn DGVZ 2014, 204; AG Lichtenberg DGVZ 2014, 205; AG Wetzlar 9.10.2014 – 81 M 2026/14; AG Groß-Gerau DGVZ 2014, 259; AG Waldbröl DGVZ 2014, 259; AG Freudenstadt DGVZ 2014, 259; AG Lahr DGVZ 2014, 259; AG Bremerhaven DGVZ 2014, 259; AG Gernsbach DGVZ 2014, 259; LG Offenburg DGVZ 2014, 259; AG Köln 14.10.2014 – 286 M 0798/14; LG Köln 7.11.2014 – 34 T 116/14; LG Bochum DGVZ 2014, 260.
24 AA Schröder-Kay/*Winter*, Nr. 100–102 KV GvKostG Rn 54.
25 BT-Drucks. 16/10069, S. 24.
26 Schröder-Kay/*Winter*, Nr. 100–102 KV GvKostG Rn 57.
27 LG Bochum DGVZ 2014, 260; LG Offenburg DGVZ 2014, 259; AG Homburg DGVZ 2015, 25.

stellungen" (Nr. 101 KV GvKostG) ergibt.[28] Die Wahl der Zustellungsart (persönliche Zustellung oder Zustellung durch die Post) liegt im Regelfall im Ermessen des Gerichtsvollziehers (§ 15 Abs. 2 S. 1 GVGA).[29] Die Zustellung durch Aufgabe zur Post ist nur in den gesetzlich bestimmten Fällen zulässig. Zustellungsgebühren können für jede Zustellung gesondert erhoben werden, können also im Rahmen eines Auftrags auch mehrfach anfallen. Bei der Zustellung durch Aufgabe zur Post und bei der Zustellung durch die Post ist der Gebührentatbestand der „Zustellung" bereits mit Übergabe an die Post erfüllt (zB Einwurf in den Briefkasten). Wird ein Brief als unzustellbar zurückgegeben, entsteht daher die Gebühr Nr. 101 KV GvKostG (nicht Nr. 600/101 KV GvKostG).[30]

Die Zustellung **mehrerer Schriftstücke** an einen Beteiligten regelt § 12 GVGA. 16
Sind **verschiedene Rechtsangelegenheiten** betroffen, so stellt der Gerichtsvollzieher jedes Schriftstück besonders zu (§ 12 Abs. 1 GVGA), mit der Folge, dass auch die Zustellungsgebühren jeweils gesondert anfallen (§ 10 Abs. 2 S. 3). Betreffen die Schriftstücke **dieselbe Rechtsangelegenheit**, so erledigt der Gerichtsvollzieher den Auftrag durch eine einheitliche Zustellung, wenn die Schriftstücke durch äußere Verbindung zusammengehörig gekennzeichnet sind oder wenn der Auftraggeber eine gemeinsame Zustellung beantragt hat (§ 12 Abs. 2 GVGA). Es entsteht in diesem Fall nur eine Zustellungsgebühr.

Eine Zustellung **an mehrere Beteiligte** ist an jeden einzelnen Beteiligten zu bewirken (§ 12 Abs. 1 GVGA). Dies gilt auch dann, wenn die Zustellungsadressaten in häuslicher Gemeinschaft leben (zB Ehegatten, Lebenspartner, Eltern, Kinder). Entsprechend fallen mehrere Zustellungsgebühren an. 17

Bei der Zustellung **an den Vertreter** mehrerer Beteiligter (zB gesetzliche Vertreter, Prozessbevollmächtigter) erfolgt nur eine Zustellung. Gleiches gilt für die Zustellung an den **Zustellungsbevollmächtigten** mehrerer Beteiligter, die als eine Zustellung gilt (**Vorbem. Abs. 1 KV GvKostG**). 18

III. Beglaubigungsgebühr (Nr. 102 KV GvKostG)

Beglaubigungsgebühren entstehen in Höhe der Dokumentenpauschale. Dabei entstehen Dokumentenpauschale und Beglaubigungsgebühr hinsichtlich eines Schriftstücks nicht nebeneinander. Die Beglaubigungsgebühr fällt nach Nr. 102 KV GvKostG nur dann an, wenn ein Schriftstück beglaubigt wird, das dem Gerichtsvollzieher zum Zwecke der Zustellung übergeben wurde. Wenn dieses Schriftstück aber dem Gerichtsvollzieher übergeben wurde, ist die Dokumentenpauschale ausgeschlossen, weil keine Abschrift zu fertigen ist. Muss der Gerichtsvollzieher Abschriften fertigen, handelt es sich wiederum nicht um ein „übergebenes" Schriftstück, so dass in diesem Fall keine Beglaubigungsgebühr entstehen kann.[31] 19

Im Rahmen desselben Auftrags können dagegen durchaus Dokumentenpauschale und Beglaubigungsgebühren nebeneinander entstehen, etwa wenn nicht ausreichend (zu beglaubigende) Abschriften eingereicht wurden, mit der Folge, dass Beglaubigungsgebühren anfallen und zusätzlich (weitere) Abschriften zu fertigen sind, die wiederum die Dokumentenpauschale auslösen. 20

---

28 Schröder-Kay/*Winter*, Nr. 100–102 KV GvKostG Rn 76.
29 AG Bonn DGVZ 2004, 44; *Kessel*, DGVZ 2004, 45.
30 Schröder-Kay/*Winter*, Nr. 100–102 KV GvKostG Rn 77.
31 *Meyer*, JurBüro 2003, 295; *Hundertmark*, JurBüro 2003, 461.

IV. Speziell: Übergabe des Haftbefehls bei der Verhaftung, § 802 g Abs. 2 S. 2 ZPO

21 In der Praxis wird zT die Übergabe des Haftbefehls bei der Verhaftung (§ 802 g Abs. 2 S. 2 ZPO) als Parteizustellung angesehen[32] und eine Zustellungsgebühr (Nr. 100 KV GvKostG) erhoben. Es handelt sich jedoch nicht um eine Zustellung, da es nach § 802 g Abs. 1 S. 3 ZPO einer Zustellung des Haftbefehls vor seiner Vollziehung nicht bedarf. Wenn dazu die Ansicht vertreten wird, dass es sich eine um eine besondere Form der Zustellung handelt (persönliche Übergabe), widerspricht dies § 802 g Abs. 1 S. 3 ZPO. Insbesondere liegt auch keine Parteizustellung vor, da die Übergabe dem Gerichtsvollzieher als Amtspflicht obliegt und diese Übergabe dem Gläubiger weder überlassen noch vorgeschrieben ist (§ 191 ZPO).[33] Auch wenn die Übergabe des Haftbefehls eine Rechtsmittelfrist gegen den Erlass des Haftbefehls in Gang setzt, bedarf es keiner förmlichen Zustellung, da der Gerichtsvollzieher die Übergabe des Haftbefehls zu protokolieren hat und damit der Fristbeginn bestimmt ist. Das Gerichtsvollzieherprotokoll ist eine öffentliche Urkunde mit entsprechender Beweiskraft.[34] Das Protokoll begründet vollen Beweis der darin bezeugten Tatsachen.[35]

22 Es ist beabsichtigt, die Streitfrage durch eine Änderung des § 802 g Abs. 2 S. 2 ZPO zu klären. Die Regelung soll hiernach wie folgt gefasst werden: „Der Gerichtsvollzieher händigt dem Schuldner von Amts wegen bei der Verhaftung eine beglaubigte Abschrift des Haftbefehls aus."[36] Zur Begründung wird darauf verwiesen, dass die Verhaftung des Schuldners zwar infolge eines Vollstreckungsauftrags des Gläubigers geschieht, es aber nach § 802 g Abs. 1 S. 3 ZPO einer förmlichen Zustellung des Haftbefehls vor seiner Vollziehung nicht bedarf. Die Aushändigung des Haftbefehls an den Schuldner bei der Verhaftung sei zudem aus rechtsstaatlichen Gründen zwingend erforderlich und stehe nicht zur Disposition des Gläubigers. Sie hat mithin von Amts wegen zu erfolgen und stellt keine Parteizustellung dar.[37] Insbesondere ergibt sich daraus aber auch, dass mit § 802 g Abs. 1 S. 3 ZPO nicht nur eine Zustellung durch das Vollstreckungsgericht ausgeschlossen wird,[38] sondern – da es der Zustellung des Haftbefehls vor seiner Vollziehung nicht bedarf – auch keine Zustellung durch den Gerichtsvollzieher erfolgt.

---

32 AG Northeim DGVZ 2003, 14; *Mroß*, DGVZ 2015, 65; *Hansen*, JurBüro 2004, 125; *Blaskowitz*, DGVZ 2004, 55; *Schwörer*, DGVZ 2003, 152; *Winter*, DGVZ 2003, 137; Schröder-Kay/*Winter*, Nr. 100–102 KV GvKostG Rn 8–12.
33 AG Stuttgart DGVZ 2015, 64; AG Westerburg DGVZ 2003, 142; *Winterstein*, DGVZ 2004, 54; *Kessel*, DGVZ 2004, 51.
34 KG Rpfleger 1994, 309; OLG Köln NJW-RR 1991, 383; OLG Köln Rpfleger 1986, 393.
35 OLG Köln Rpfleger 1986, 393.
36 Art. 1 Nr. 9 des RefE des BMJV vom 9.12.2014 zum „Entwurf eines Gesetzes zur Durchführung der Verordnung (EU) Nr. 655/2014 sowie zur Änderung sonstiger zivilprozessualer Vorschriften (EuKoPfVODG)", S. 5. – Geplantes Inkrafttreten dieser Änderung: am Tag nach der Verkündung (Art. 10 Abs. 2 des RefE).
37 RefE des BMJV vom 9.12.2014 zum „Entwurf eines Gesetzes zur Durchführung der Verordnung (EU) Nr. 655/2014 sowie zur Änderung sonstiger zivilprozessualer Vorschriften (EuKoPfVODG)", S. 24 f.
38 Schröder-Kay/*Winter*, Nr. 100–102 KV GvKostG Rn 10.

Abschnitt 2
Vollstreckung

Nr.	Gebührentatbestand	Gebühr
200	Amtshandlung nach § 845 Abs. 1 Satz 2 ZPO (Vorpfändung)..................................	16,00 €

Wird der Gerichtsvollzieher isoliert oder im Zusammenhang mit einer Vollstreckungsmaßnahme nicht nur mit der Zustellung, sondern auch mit der **Herstellung einer Benachrichtigung und Aufforderung** beauftragt (§ 845 Abs. 1 S. 2 ZPO, **Vorpfändung**), entsteht dafür eine besondere Gebühr, mit der auch die zur Zustellung herzustellenden Abschriften abgegolten sind.[1] 1

Eine Besonderheit besteht hinsichtlich **nicht erledigter** Vorpfändungen: In Nr. 604 KV GvKostG ist die Nr. 200 nicht bezogen, so dass bei Nichterledigung keine Gebühr entsteht. 2

Nr.	Gebührentatbestand	Gebühr
205	Bewirkung einer Pfändung (§ 808 Abs. 1, 2 Satz 2, §§ 809, 826 oder § 831 ZPO) .... Neben dieser Gebühr wird gegebenenfalls ein Zeitzuschlag nach Nummer 500 erhoben.	26,00 €

DB-GvKostG (Zu Nr. 205 KV) Nr. 11

(1) Für eine Anschlusspfändung wird dieselbe Gebühr erhoben wie für eine Erstpfändung. Durch die Gebühr wird auch die Zustellung des Pfändungsprotokolls durch die nachpfändende Gerichtsvollzieherin oder den nachpfändenden Gerichtsvollzieher an die erstpfändende Gerichtsvollzieherin oder den erstpfändenden Gerichtsvollzieher (§ 826 Abs. 2 ZPO, § 116 Abs. 2 GVGA) abgegolten.

(2) Für die Hilfspfändung (§ 106 GVGA) wird die Gebühr nicht erhoben.

Die Gebühr Nr. 205 KV GvKostG entsteht für die **tatsächlich vorgenommene Pfändung** in den im Gebührentatbestand aufgeführten Verfahren (§ 808 Abs. 1, Abs. 2 S. 2, §§ 809, 826 und § 831 ZPO). Werden **Nach- oder Ausfallpfändungen** notwendig, entsteht die Gebühr erneut (§ 10 Abs. 2 S. 2). Wird der Auftrag erteilt, sowohl in der Wohnung als auch im Geschäft des Schuldners in demselben Amtsgerichtsbezirk zu pfänden, entsteht die Pfändungsgebühr nur einmal, da es sich zwar um eine gleichartige, aber nicht um die Wiederholung der gleichen Vollstreckungsmaßnahme handelt. Ein Fall von § 10 Abs. 2 liegt nicht vor. 1

Die **Austauschpfändung** (§ 811 a ZPO, § 74 GVGA) lässt die Gebühr Nr. 205 KV GvKostG nur einmal entstehen. Die mit dem Austausch verbundene Tätigkeit löst keine besondere Gebühr aus. 2

Mehrfach kann die Gebühr jedoch anfallen, wenn der Gerichtsvollzieher mehrfach in derselben Angelegenheit zu unterschiedlichen Terminen pfändet (zB Kas- 3

---

[1] BT-Drucks. 14/3432, S. 33.

senpfändung), da in diesem Fall die Vollstreckungshandlung wiederholt vorgenommen wird (§ 10 Abs. 2 S. 1).

4 Neben der Gebühr Nr. 205 KV GvKostG kann, wenn die Voraussetzung der Nr. 500 KV GvKostG vorliegen, auch ein **Zeitzuschlag** erhoben werden, da dieser bei der Gebühr Nr. 205 KV GvKostG nach der **Anmerkung** ausdrücklich zugelassen wird.

Nr.	Gebührentatbestand	Gebühr
206	Übernahme beweglicher Sachen zum Zwecke der Verwertung in den Fällen der §§ 847 und 854 ZPO	16,00 €

1 Die Bestimmung der Nr. 206 KV GvKostG trifft nur die im Gebührentatbestand aufgeführten Fälle (§§ 847 und 854 ZPO, § 124 GVGA). Da in diesen Fällen keine Gebühr Nr. 205 KV GvKostG bei dem Gerichtsvollzieher anfällt, soll der Aufwand, der durch die **Übernahme beweglicher Sachen zum Zwecke der Verwertung** entsteht, durch eine besondere Gebühr abgegolten werden.

Nr.	Gebührentatbestand	Gebühr
207	Versuch einer gütlichen Erledigung der Sache (§ 802 b ZPO) .... Die Gebühr entsteht auch im Fall der gütlichen Erledigung. Sie entsteht nicht, wenn der Gerichtsvollzieher gleichzeitig mit einer auf eine Maßnahme nach § 802 a Abs. 2 Satz 1 Nr. 2 und 4 ZPO gerichteten Amtshandlung beauftragt ist.	16,00 €

I. Entstehen der Gebühr 1
II. Kein Entstehen der Gebühr (Anm. S. 2) 4
III. Streitfragen in der Abrechnungspraxis 5
   1. Isolierte Auftragserteilung? 6
   2. Auslegung von Anm. S. 2 ... 9
   3. Geplante Gesetzesänderungen 11
IV. Weitere Abrechnungskonstellationen 14

I. Entstehen der Gebühr

1 In § 802 b ZPO werden seit Inkrafttreten der Reform der Sachaufklärung in der Zwangsvollstreckung (1.1.2013)[1] die früheren Regelungen der §§ 806 b, 813 a und 900 Abs. 3 ZPO aF (Ratengewährung durch den Gerichtsvollzieher) unter dem Begriff „**Gütliche Erledigung**" zusammengeführt. Nach § 802 a Abs. 2 S. 1 Nr. 1 ZPO kann der Gläubiger den Gerichtsvollzieher auch **isoliert** mit dem **Versuch** einer gütlichen Erledigung der Sache beauftragen.[2] In derartigen Fällen soll der Gerichtsvollzieher eine Gebühr erheben können, um den mit dem Versuch einer gütlichen Erledigung verbundenen Aufwand abzugelten. Ohne diesen Ge-

---

[1] Gesetz zur Reform der Sachaufklärung in der Zwangsvollstreckung vom 29.7.2009 (BGBl. I S. 2258).
[2] BT-Drucks. 16/10069, S. 48.

bührentatbestand würde der Gerichtsvollzieher bei einem erfolglosen Güteversuch für seine Tätigkeit keinerlei Gebühren erhalten.[3]

Die Gebühr **entsteht** für den „Versuch" der gütlichen Erledigung. Unter „**Versuch**" ist jedes tatsächliche Handeln des Gerichtsvollziehers zu verstehen, eine gütliche Erledigung herbeizuführen. Dass der Schuldner zwingend aufgesucht werden müsste, lässt sich dem Gebührentatbestand nicht entnehmen. In geeigneten Fällen reicht also auch ein schriftlicher oder telefonischer Versuch aus, die Gebühr auszulösen. Erforderlich ist dann jedoch eine ordnungsgemäße Protokollierung des Versuchs (§ 39 Abs. 2 GVO). Auch aus der amtlichen Begründung ergibt sich, dass der Aufwand des Gerichtsvollziehers für den Versuch einer gütlichen Erledigung abgegolten werden soll.[4] Zwar wird insb. das Aufsuchen des Schuldners als Aufwand genannt.[5] Aus der Formulierung „insbesondere" folgt, dass dies nicht den gesamten mit dem Versuch verbundenen Aufwand darstellt. – Zum „Versuch" einer gütlichen Erledigung s. ferner Rn 15.

Aus **Anm. S. 1** zu Nr. 207 KV GvKostG ergibt sich ausdrücklich, dass die Gebühr auch im Fall der **erfolgreichen** gütlichen Erledigung entsteht, also nicht nur – wie dem Gebührentatbestand entnommen werden könnte – im Falle eines „Versuchs" einer gütlichen Einigung.

II. Kein Entstehen der Gebühr (Anm. S. 2)

Nach **Anm. S. 2** zu Nr. 207 KV GvKostG entsteht die Gebühr jedoch **nicht**, wenn der Gerichtsvollzieher **gleichzeitig mit einer auf eine Maßnahme nach § 802 a Abs. 2 S. 1 Nr. 2 und 4 ZPO gerichteten Amtshandlung** beauftragt wird (Einholung einer Vermögensauskunft des Schuldners und Pfändung und Verwertung körperlicher Sachen). In diesen Fällen wird der Aufwand für den Versuch der gütlichen Erledigung, insb. das Aufsuchen des Schuldners, durch die Gebühren für die Einholung der Vermögensauskunft und für die Pfändung mit abgegolten.[6] Kostenrechtlich interessant für den Gerichtsvollzieher ist damit nur der Fall der **isoliert** beantragten Herbeiführung einer gütlichen Einigung. Bei einem Auftrag zur gütlichen Einigung in Verbindung mit einem Vollstreckungsauftrag, einem Auftrag zur Vermögensauskunft oder einem Kombi-Auftrag kann damit die Gebühr Nr. 207 KV GvKostG dagegen nicht entstehen. Dies gilt insb. dann, wenn der Auftrag zur gütlichen Erledigung unbedingt mit sonstigen Aufträgen verbunden wird.[7] Zu weiteren Auslegungsfragen der Anm. S. 2 s. Rn 9 ff.

III. Streitfragen in der Abrechnungspraxis

Die Einführung der Nr. 207 KV GvKostG hat zu zahlreichen Streitfragen geführt und sorgt für erhebliche Unsicherheit bei der Abrechnung der erteilten Aufträge in der täglichen Praxis der Gerichtsvollzieher.[8]

1. Isolierte Auftragserteilung? Es wird zunächst vertreten, dass eine Gebühr Nr. 207 KV GvKostG nur dann anfällt, wenn der Auftrag zum Versuch einer gütlichen Erledigung (§ 802 a Abs. 2 S. 1 Nr. 1 ZPO) als **einziger Auftrag** isoliert erteilt und daneben keine weitere Vollstreckungsmaßnahme beantragt wird. Dies gilt auch dann, wenn die weiteren Vollstreckungsmaßnahmen nur bedingt für den Fall beantragt sind, dass der Versuch der zunächst beantragten gütlichen Erledigung scheitert. Soweit eine **bestimmte Reihenfolge** durch den Gläubiger vor-

---

3 BT-Drucks. 16/10069, S. 48.
4 BT-Drucks. 16/10069, S. 48.
5 BT-Drucks. 16/10069, S. 48.
6 BT-Drucks. 16/10069, S. 48.
7 *Richter*, DGVZ 2013, 172.
8 *Mroß*, DGVZ 2015, 55.

geschrieben worden ist und nur für den Fall des Scheiterns der gütlichen Erledigung weitere Anträge gestellt werden, sei von einer „Gleichzeitigkeit" der Aufträge iSv Nr. 207 KV GvKostG auszugehen, weil sie eben gleichzeitig in einem Antragsschreiben genannt und dem Gerichtsvollzieher gleichzeitig zugegangen sind und diesen in die Lage versetzt haben, seine Tätigkeit mit bereits im Hinblick auf die zweite (bedingte) Stufe des Vollstreckungsauftrags auszurichten. Damit könne für den Versuch der gütlichen Erledigung keine Gebühr Nr. 207 KV GvKostG angesetzt werden.[9] Der Anfall einer Gebühr Nr. 207 KV GvKostG würde dabei nur auf wenige Fälle beschränkt.[10]

7 Demgegenüber wird jedoch auch die Ansicht vertreten, dass eine isolierte Auftragserteilung zur gütlichen Einigung nicht nur vorliegt, wenn ausschließlich die Durchführung der gütlichen Einigung beantragt wird, sondern auch, wenn sich aus dem Antrag eindeutig ergibt, dass der Gerichtsvollzieher die gütliche Einigung vor allen anderen Aufträgen versuchen soll und die anderen Aufträge erst nach Scheitern des Versuchs der gütlichen Einigung durchgeführt werden sollen, also wenn eine feste Reihenfolge der Aufträge vorgegeben ist.[11]

8 Erörtert wird derzeit eine Änderung des GvKostG dahin gehend, dass eine Gebühr Nr. 207 KV GvKostG nur entstehen soll, wenn **ausschließlich** ein **isolierter Auftrag** zur gütlichen Erledigung vorliegt, nie aber bei Verbindung mit anderen Aufträgen. Dies soll auch für eine bedingte Antragstellung gelten.[12] Der Anfall einer Gebühr Nr. 207 KV GvKostG würde dabei allerdings wohl nur auf wenige Fälle beschränkt.[13] Die Verfahrensweise wäre wenig effektiv, überflüssiger und vergeblicher Vollstreckungsaufwand würde entgegen dem Ziel der Reform der Sachaufklärung[14] nicht vermieden und die Förderung der gütlichen Einigung verfehlt.[15]

9 **2. Auslegung von Anm. S. 2.** Ebenfalls zu Auslegungsfragen hat **Anm. S. 2** zu Nr. 207 KV GvKostG geführt, wonach die Gebühr nicht entsteht, wenn der Gerichtsvollzieher gleichzeitig mit einer auf eine Maßnahme nach § 802 a Abs. 2 S. 1 Nr. 2 und 4 ZPO gerichteten Amtshandlung beauftragt ist. Insoweit wird die Ansicht vertreten, dass nach dem Wortlaut der Anmerkung die Gebühr nur dann nicht erhoben werden kann, wenn eine Beauftragung mit einer Maßnahme nach § 802 a Abs. 2 S. 1 Nr. **2 und** 4 ZPO vorliegt, wenn also der Gerichtsvollzieher neben dem Versuch der gütlichen Einigung gleichzeitig auch mit Vermögensauskunft und Pfändung und Verwertung beauftragt ist.[16] Ist der Auftrag zur gütlichen Erledigung dagegen nur mit **einer** der Maßnahmen nach § 802 a Abs. 2 S. 1 Nr. 2 oder 4 ZPO verbunden, entsteht die Gebühr Nr. 207 KV GvKostG für den Versuch einer gütlichen Erledigung unabhängig von einem ausdrücklichen Auftrag des Gläubigers.[17] Unter Berücksichtigung auch der Motive des Gesetzge-

---

9 OLG Stuttgart DGVZ-Newsletter 25, S. 37; OLG Köln DGVZ 2014, 199; LG Dresden DGVZ 2013, 163; AG Leipzig DGVZ 2013, 189; LG Freiburg DGVZ 2014, 106; *Seip*, DGVZ 2014, 71; *Mroß*, DGVZ 2015, 55.
10 *Mroß*, DGVZ 2015, 55.
11 AG Bretten DGVZ 2013, 164; AG Pforzheim DGVZ 2013, 219; AG München DGVZ 2013, 247; AG Kerpen DGVZ 2014, 25; AG Freiburg DGVZ 2014, 25; AG Calw DGVZ 2014, 46; AG Stuttgart DGVZ 2104, 47; *Richter*, DGVZ 2013, 169.
12 BMJ-Schreiben vom 15.5.2014, R B 5 - 5652 - R3 288/2014; *Mroß*, DGVZ 2015, 55.
13 *Mroß*, DGVZ 2015, 55.
14 BT-Drucks. 16/10069, S. 20.
15 BT-Drucks. 16/10069, S. 21.
16 LG Stendal DGVZ-Newsletter 25, S. 33; LG Mönchengladbach DGVZ 2015, 60; AG Achern DGVZ 2014, 270; OLG Düsseldorf DGVZ 2014, 152; LG Kleve DGVZ 2014, 134; *Richter*, DGVZ 2013, 169; *Rauch*, DGVZ 2014, 7; *Mroß*, DGVZ 2015, 55.
17 LG Mönchengladbach DGVZ 2015, 60; *Mroß*, DGVZ 2015, 55.

bers[18] erscheint die vorstehende Ansicht jedoch bedenklich. Nach früherem Recht war es dem Gerichtsvollzieher ausschließlich möglich, im Rahmen eines Zwangsvollstreckungsauftrags eine gütliche Einigung herbeizuführen. Auch heute soll der Gerichtsvollzieher in jeder Lage des Verfahrens auf eine gütliche Erledigung bedacht sein (§ 802 b Abs. 1 ZPO), so dass auch weiterhin eine gütliche Erledigung im Rahmen eines bereits erteilten Zwangsvollstreckungsauftrags möglich ist. Zusätzlich wurde jedoch mit § 802 a Abs. 2 S. 1 Nr. 1, S. 2 ZPO die Möglichkeit geschaffen, den Gerichtsvollzieher auch **ohne Zwangsvollstreckungsauftrag** mit dem Versuch einer gütlichen Erledigung zu beauftragen. Der Gebührentatbestand Nr. 207 KV GvKostG wurde durch das Gesetz zur Reform der Sachaufklärung in der Zwangsvollstreckung[19] eingeführt, weil nunmehr die Möglichkeit besteht, den Versuch der gütlichen Einigung **isoliert** zu beantragen. Nur dann soll der Gerichtsvollzieher eine Gebühr erheben können, um den mit dem Versuch einer gütlichen Erledigung verbundenen Aufwand (insb. das Aufsuchen des Schuldners) abzugelten.[20] Der Aufwand, der mit dem Versuch einer gütlichen Erledigung verbunden ist, wird – wenn der Einigungsversuch mit einem sonstigen Auftrag verbunden ist – durch die dann anfallenden Gebühren für diesen Auftrag mit abgedeckt. Aus der Gesetzesbegründung ergibt sich, dass der Gerichtsvollzieher eine Gebühr erheben kann, um den mit dem **isolierten Versuch einer gütlichen Erledigung** verbundenen Aufwand abzugelten. Ohne diesen Gebührentatbestand würde der Gerichtsvollzieher bei einem isolierten erfolglosen Güteversuch für seine Tätigkeit keinerlei Gebühren erhalten.[21]

Die Gegenansicht lässt die Gebühr Nr. 207 KV GvKostG bereits dann entfallen, wenn eine gleichzeitige Beauftragung mit **einer** der genannten Maßnahmen erfolgt ist und es nicht darauf ankommt, dass Maßnahmen sowohl nach Nr. 2 als auch nach Nr. 4 des § 802 a Abs. 2 S. 1 ZPO von dem Auftrag umfasst werden. Bereits aus dem Wortlaut der Anmerkung ließe sich ableiten, dass eine Gebühr für die gütliche Erledigung dann nicht in Ansatz gebracht werden kann, wenn der Gerichtsvollzieher neben der gütlichen Erledigung mit der Pfändung oder der Abnahme der Vermögensauskunft beauftragt wird.[22] 10

3. Geplante Gesetzesänderungen. Die zahlreichen Streitfragen, die in der Praxis mit der Einführung der Gebühr Nr. 207 KV GvKostG entstanden sind, sollen durch eine Neufassung der Bestimmung geklärt werden. 11

In der Diskussion befindet sich eine Änderung des § 3 Abs. 2 S. 1 Nr. 3 dahingehend, dass der Gerichtsvollzieher auch dann als **gleichzeitig beauftragt gilt**, wenn der Auftrag, eine gütliche Erledigung zu versuchen, in der Weise mit einem Auftrag auf Vornahme einer Amtshandlung nach § 802 a Abs. 2 S. 1 Nr. 2 oder 4 ZPO verbunden ist, dass diese Amtshandlung nur im Fall des Scheiterns der gütlichen Erledigung vorgenommen werden soll.[23] Damit wäre auch bei bedingt erteilten Aufträgen der Auftrag zur gütlichen Erledigung nicht isoliert erteilt, sondern bereits mit einem Auftrag, eine Vermögensauskunft des Schuldners (§ 802 c ZPO) einzuholen oder die Pfändung und Verwertung körperlicher Sachen zu betreiben, verbunden. Eine Gebühr Nr. 207 KV GvKostG würde in diesen Fällen nicht entstehen. 12

Des Weiteren wird eine Neufassung der **Anm. S. 2 zu Nr. 207 KV GvKostG** erörtert, dass die Gebühr nicht entsteht, wenn der Gerichtsvollzieher gleichzeitig mit der Vornahme **mindestens** einer der in § 802 a Abs. 2 S. 1 Nr. 2 und 4 ZPO be- 13

---

18 *Richter*, DGVZ 2013, 171.
19 Art. 3 Nr. 4 Buchst. b des Gesetzes vom 29.7.2009 (BGBl. I S. 2258, 2268).
20 BT-Drucks. 16/10069, S. 48.
21 BT-Drucks. 16/10069, S. 48.
22 OLG Köln DGVZ 2014, 199; *Richter*, DGVZ 2013, 169.
23 BMJ-Schreiben vom 15.5.2014, R B 5 - 5652 - R3 288/2014.

zeichneten Amtshandlungen beauftragt ist.[24] Eine Gebühr Nr. 207 KV GvKostG würde dann nicht entstehen, wenn eine Gebühr für eine Vermögensauskunft des Schuldners (§ 802 c ZPO) **oder** die Pfändung und Verwertung körperlicher Sachen anfällt.

IV. Weitere Abrechnungskonstellationen

14 Auch ein **nicht erledigter Auftrag** zur gütlichen Einigung ist denkbar. Dementsprechend ist Nr. 207 KV GvKostG auch in der Aufzählung der Nr. 604 KV GvKostG enthalten („Nummern 205 bis 221"). Eine Gebühr entsteht dann ggf in derselben Höhe wie die Gebühr Nr. 207 KV GvKostG selbst. Es sind jedoch auch Fallgestaltungen denkbar, in denen die Gebühr Nr. 604 KV GvKostG (zu Nr. 207 KV GvKostG) anfällt, wenn der Auftrag zwar bei dem Gerichtsvollzieher eingegangen und damit erteilt ist (§ 3 Abs. 3 S. 1), aber es nicht zu einem Versuch der gütlichen Einigung kommt (zB Rücknahme nach Eingang vor Versuch). Auch in diesem Fall sind die Voraussetzungen erfüllt, mit denen der Gesetzgeber die Gebühr Nr. 604 KV GvKostG begründet hat, dass die Amtshandlung aus Rechtsgründen oder infolge von Umständen, die weder in der Person des Gerichtsvollziehers liegen noch von seiner Entschließung abhängig sind, nicht erledigt wurde. In diesen Fällen hat der Gerichtsvollzieher idR bereits einen Aufwand erbracht oder noch zu erbringen (zB Rücksendung des Titels).

15 Es stellt sich die Frage, ob bereits ein **Versuch** vorliegt, wenn der Gerichtsvollzieher den Schuldner mit einem Auftrag zur gütlichen Erledigung aufsucht und dieser **unbekannt verzogen** oder **verstorben** ist oder er einen **Rückbrief** mit entsprechenden Angaben enthält. Insoweit wird vertreten, dass es sich noch nicht um eine Vollstreckungshandlung handelt, wenn versucht wird, den Schuldner vergeblich zu erreichen, so dass auch noch nicht vom Versuch einer gütlichen Erledigung ausgegangen werden kann. Eine andere Ansicht hält den Versuch der gütlichen Erledigung für gescheitert, wenn eine **Kontaktaufnahme zum Schuldner erfolglos** geblieben ist, der Schuldner freiwillige Zahlungen verweigert oder sich hierzu nicht in der Lage sieht.[25] Dies würde bedeuten, dass das versuchte Aufsuchen des Schuldners bereits im Rahmen des „Versuchs der gütlichen Erledigung" erfolgt, so dass die Gebühr Nr. 207 KV GvKostG anzusetzen wäre. Die zuletzt dargestellte Ansicht erscheint jedoch bedenklich, da es zur Erfüllung eines Gebührentatbestands des „Versuchs" konkreter Handlungen bedarf (zB Schreiben, Telefonat, Gespräch mit Schuldner). Ein vergeblicher Versuch der Kontaktaufnahme stellt daher eher einen „nicht erledigten Versuch" dar (Nr. 604/207 KV GvKostG).

16 Ist ein Auftrag zur gütlichen Erledigung ausdrücklich erteilt, muss der Gerichtsvollzieher einen entsprechenden Versuch unternehmen. Dies gilt insb. auch dann, wenn begründeter Anhalt dafür besteht, dass eine Zwangsvollstreckung fruchtlos verlaufen würde. Insbesondere findet § 32 Abs. 1 GVGA keine Anwendung. § 32 GVGA ist nur anzuwenden, wenn der Gerichtsvollzieher mit einer **Pfändung** beauftragt wurde (§ 803 ZPO) und er begründeten Anhalt dafür hat, dass die Zwangsvollstreckung fruchtlos verlaufen werde. Bei einem isolierten Auftrag zur gütlichen Erledigung ist der Gläubiger nicht mit der Pfändung beauftragt.

---

24 BMJ-Schreiben vom 15.5.2014, R B 5 - 5652 - R3 288/2014.
25 *Mroß*, AnwBl 2013, 16.

Nr.	Gebührentatbestand	Gebühr
210	Übernahme des Vollstreckungsauftrags von einem anderen Gerichtsvollzieher, wenn der Schuldner unter Mitnahme der Pfandstücke in einen anderen Amtsgerichtsbezirk verzogen ist	16,00 €

Ist der Schuldner unter Mitnahme von Pfandstücken in einen **anderen Amtsgerichtsbezirk verzogen**, hat der nunmehr zuständige Gerichtsvollzieher den Gegenstand zu verwerten. Da in diesem Fall keine Gebühr Nr. 205 KV GvKostG bei dem nunmehr zuständigen Gerichtsvollzieher entstanden ist, soll der Aufwand des übernehmenden Gerichtsvollziehers durch eine besondere Gebühr abgegolten werden. Eine Übernahme durch einen anderen Gerichtsvollzieher desselben Amtsgerichtsbezirks oder eine Übernahme wegen Wechsels von Gerichtsvollzieherbezirken lässt die Gebühr nicht entstehen. 1

Nr.	Gebührentatbestand	Gebühr
220	Entfernung von Pfandstücken, die im Gewahrsam des Schuldners, des Gläubigers oder eines Dritten belassen waren .... Die Gebühr wird auch dann nur einmal erhoben, wenn die Pfandstücke aufgrund mehrerer Aufträge entfernt werden. Neben dieser Gebühr wird gegebenenfalls ein Zeitzuschlag nach Nummer 500 erhoben.	16,00 €

DB-GvKostG (Zu Nr. 220 KV) Nr. 12

(1) Die Gebühr wird ohne Rücksicht auf die Zahl der entfernten Sachen und die Zahl der Aufträge erhoben.

(2) Bei der Berechnung der Zeitdauer (vgl. Nr. 15) ist auch die Zeit zu berücksichtigen, die erforderlich ist, um die Sachen von dem bisherigen an den neuen Standort zu schaffen.

(3) Werden Arbeitshilfen hinzugezogen, so genügt es, wenn die Gerichtsvollzieherin oder der Gerichtsvollzieher ihnen an Ort und Stelle die nötigen Weisungen gibt und ihnen die weitere Durchführung überlässt. Dabei rechnet nur die Zeit, während welcher die Gerichtsvollzieherin oder der Gerichtsvollzieher zugegen ist.

Eine Gebühr ist auch für den Fall der **Entfernung von Pfandstücken** aus dem Gewahrsam des **Gläubigers** oder eines zur Herausgabe bereiten **Dritten** vorgesehen. Die **Anm. S. 1** zu Nr. 220 KV GvKostG enthält darüber hinaus eine Ausnahme von dem allgemeinen Grundsatz, dass die Gebühren für jeden Auftrag gesondert erhoben werden. Hierdurch soll der Tatsache Rechnung getragen werden, dass die Entfernung von Pfandstücken, auch wenn sie für mehrere Gläubiger erfolgt, immer nur ein **einheitlicher Vorgang** sein kann. 1

Die Gebühr fällt nur an, wenn gepfändete Gegenstände zunächst im Gewahrsam des Schuldners, des Gläubigers oder eines Dritten belassen waren und nunmehr in einer besonderen Amtshandlung entfernt werden. Werden Gegenstände zugleich mit der Pfändung entfernt, entsteht die Gebühr nicht. 2

Nr.	Gebührentatbestand	Gebühr
221	Wegnahme oder Entgegennahme beweglicher Sachen durch den zur Vollstreckung erschienenen Gerichtsvollzieher .... Neben dieser Gebühr wird gegebenenfalls ein Zeitzuschlag nach Nummer 500 erhoben.	26,00 €
230	Wegnahme oder Entgegennahme einer Person durch den zur Vollstreckung erschienenen Gerichtsvollzieher .... Neben dieser Gebühr wird gegebenenfalls ein Zeitzuschlag nach Nummer 500 erhoben. Sind mehrere Personen wegzunehmen, werden die Gebühren für jede Person gesondert erhoben.	52,00 €

DB-GvKostG (Zu Nr. 221 KV) Nr. 13

Im Fall der Hilfspfändung (§ 106 GVGA) wird die Gebühr nur erhoben, wenn der Gläubiger den Pfändungsbeschluss über die dem Papier zugrunde liegende Forderung vorlegt, bevor die Gerichtsvollzieherin oder der Gerichtsvollzieher das Papier an den Schuldner zurückgegeben hat. Sonst werden nur die Auslagen erhoben.

1 Die Gebühr Nr. 221 KV GvKostG fällt an, unabhängig davon, ob der Gerichtsvollzieher die bewegliche Sache **wegnimmt** oder ob der Schuldner sie ihm an Ort und Stelle **freiwillig aushändigt.** Übergibt der Schuldner dem Gerichtsvollzieher die Sache allerdings an einer anderen Stelle, bringt er sie zB in sein Büro, so fällt nur eine Gebühr nach Nr. 604 KV GvKostG an. Nr. 221 KV GvKostG spricht ausdrücklich nur von der Wegnahme oder Entgegennahme durch den „zur Vollstreckung erschienenen" Gerichtsvollzieher.

Nr.	Gebührentatbestand	Gebühr
240	Entsetzung aus dem Besitz unbeweglicher Sachen oder eingetragener Schiffe oder Schiffsbauwerke und die Einweisung in den Besitz (§ 885 ZPO) .... Neben dieser Gebühr wird gegebenenfalls ein Zeitzuschlag nach Nummer 500 erhoben.	98,00 €
241	In dem Protokoll sind die frei ersichtlichen beweglichen Sachen zu dokumentieren und der Gerichtsvollzieher bedient sich elektronischer Bildaufzeichnungsmittel (§ 885 a Abs. 2 ZPO): Die Gebühr 240 erhöht sich auf	108,00 €
242	Wegnahme ausländischer Schiffe, die in das Schiffsregister eingetragen werden müssten, wenn sie deutsche Schiffe wären, und ihre Übergabe an den Gläubiger	130,00 €

Nr.	Gebührentatbestand	Gebühr
243	Neben dieser Gebühr wird gegebenenfalls ein Zeitzuschlag nach Nummer 500 erhoben. Übergabe unbeweglicher Sachen an den Verwalter im Falle der Zwangsversteigerung oder Zwangsverwaltung .... Neben dieser Gebühr wird gegebenenfalls ein Zeitzuschlag nach Nummer 500 erhoben.	98,00 €

Nr. 240 KV GvKostG: Drei Vorgänge zeichnen sich bei der **Räumung einer Wohnung** ab: (1) die Entsetzung des Schuldners aus dem Besitz, (2) die Inbesitznahme durch den Gerichtsvollzieher sowie (3) die Einweisung des Gläubigers in den Besitz durch den Gerichtsvollzieher. Die Gebühr **Nr. 240 KV GvKostG** ist entstanden, wenn alle Vorgänge abgeschlossen sind.[1] Soweit in der Zustellung der Mitteilung des Räumungstermins ein weiterer besonderer Auftrag gesehen wird,[2] vermag dies nicht zu überzeugen. Durch die Verweisung auf § 191 ZPO („Zustellung auf Betreiben der Parteien") in der Gliederung des Kostenverzeichnisses wurde ausdrücklich klargestellt, dass eine Zustellung des Räumungstermins an den Schuldner eine Zustellungsgebühr nicht auslöst.[3] Im Übrigen umfasst ein Auftrag alle Amtshandlungen, die zu seiner Durchführung erforderlich sind (§ 3 Abs. 1 S. 1). Die nach § 128 Abs. 2 S. 2 ZPO vorzunehmende Zustellung ist aber eine Amtshandlung des Gerichtsvollziehers im Rahmen des Herausgabeauftrags. 1

Nr. 241 KV GvKostG: Der Gebührentatbestand der Nr. 241 KV GvKostG ist durch das Mietrechtsänderungsgesetz (MietRÄndG) vom 11.3.2013[4] eingefügt worden und am 1.5.2013 in Kraft getreten. Mit dem Gebührentatbestand wird der neuen Befugnis des Gerichtsvollziehers Rechnung getragen, sich im Rahmen der **vereinfachten Räumung** zum Zwecke der Dokumentation der frei ersichtlichen beweglichen Habe des Schuldners elektronischer Bildaufzeichnungsmittel zu bedienen (§ 885 a Abs. 2 ZPO). Die dem Gerichtsvollzieher anvertraute Tatsachenfeststellung muss nicht die Anforderungen an eine vollständige Inventarisierung erfüllen. Sie hat lediglich einen zuverlässigen Überblick über den zur Zeit der Räumung vorhandenen wesentlichen Bestand und Zustand der beweglichen Sachen des Schuldners zu bieten. Aus diesem Grund beschränkt sich die Dokumentation auf die frei ersichtlichen beweglichen Sachen (§ 129 Abs. 2 S. 1 GVGA). Eine Pflicht zur weitergehenden Dokumentation, die unter Umständen mit aufwändigen Feststellungen über den Zustand der in den Räumlichkeiten befindlichen beweglichen Sachen verbunden sein kann, trifft den Gerichtsvollzieher nicht.[5] Bei umfangreichen Räumungen soll so ermöglicht werden, dass der Gerichtsvollzieher durch digitale Fotos schnell und ohne großen Aufwand die wesentlichen Tatsachen über Bestand und Zustand der vom Schuldner in die Räume eingebrachten Gegenstände sichert. Es steht hierbei im pflichtgemäßen Ermessen des Gerichtsvollziehers zu entscheiden, ob und gegebenenfalls in welcher Form die Herstellung von Bildaufzeichnungen sachgerecht ist.[6] Dies soll für ihn den 2

---

1 Schröder-Kay/Winter, Nr. 240 KV GvKostG Rn 6 f; Winterstein/Richter/Zuhn, GvKostR, Nr. 240 KV GvKostG Rn 2.
2 Schröder-Kay/Winter, Nr. 240 KV GvKostG Rn 11, 15.
3 BT-Drucks. 17/11471 (neu), S. 255.
4 BGBl. I S. 434.
5 BT-Drucks. 17/10485, S. 31.
6 BT-Drucks. 17/10485, S. 32.

Aufwand bei der Protokollierung erleichtern. Hierdurch wird die Dauer der Räumung verkürzt, was auch dem Gläubiger und dem Schuldner entgegenkommt, weil hierdurch tendenziell weniger Zeitzuschläge nach Nr. 500 KV GvKostG anfallen. Allerdings wird sich die Zeit für die Erstellung des Protokolls erhöhen, weil die Bilder in geeigneter Weise in das Protokoll eingearbeitet werden müssen. Ferner muss der Gerichtsvollzieher zB einen Fotoapparat bereithalten und idR die Protokolle in Farbe ausdrucken. Die Bilder bzw das Protokoll mit den Bildern müssen elektronisch archiviert werden. Mit Nr. 241 KV GvKostG soll der entstehende Mehraufwand durch eine Erhöhung der Gebühr Nr. 240 KV GvKostG um 10 € abgegolten werden.

3 Keine Gebühr Nr. 241 KV GvKostG kann erhoben werden, wenn der Gerichtsvollzieher sich eines **Dritten** für die Fertigung der Bilder bedient, da der Gebührentatbestand darauf abstellt, dass „der Gerichtsvollzieher" sich der Bildaufzeichnungsmittel bedient. Ob die Kosten Dritter als Auslagen geltend gemacht werden können, ist danach zu beurteilen, ob dies notwendig war; s. dazu Nr. 709 KV GvKostG Rn 2.

4 **Nr. 242, 243 KV GvKostG:** Die Gebühren Nr. 242 und 243 KV GvKostG (= Nr. 241 und 242 KV GvKostG aF) sind Folge der Einfügung der neuen Nr. 241 KV GvKostG in das Kostenverzeichnis durch das Mietrechtsänderungsgesetz zum 1.5.2013 (s. Rn 2).

Nr.	Gebührentatbestand	Gebühr
250	Zuziehung zur Beseitigung des Widerstandes (§ 892 ZPO) oder zur Beseitigung einer andauernden Zuwiderhandlung gegen eine Anordnung nach § 1 GewSchG (§ 96 Abs. 1 FamFG) sowie Anwendung von unmittelbarem Zwang auf Anordnung des Gerichts im Fall des § 90 FamFG ..... Neben dieser Gebühr wird gegebenenfalls ein Zeitzuschlag nach Nummer 500 erhoben.	52,00 €

1 Nach § 892 ZPO kann der Gläubiger zur Beseitigung des Widerstands einen Gerichtsvollzieher zuziehen, wenn der Schuldner Widerstand gegen die Vornahme einer Handlung leistet, die er nach den Vorschriften der §§ 887, 890 ZPO zu dulden hat. Der Gerichtsvollzieher kann dabei Gewalt anwenden und zu diesem Zwecke die Unterstützung der polizeilichen Vollzugsorgane in Anspruch nehmen (§ 892 iVm § 758 Abs. 3 ZPO).

2 **Tatsächlicher Widerstand** durch den Schuldner ist nicht erforderlich. Die Gebühr entsteht mit der **Zuziehung** durch den Gläubiger. Damit wird durch Nr. 250 KV GvKostG nicht die Beseitigung bzw Brechung des Widerstandes mit einer Gebühr belegt, sondern bereits die **Zuziehung** des Gerichtsvollziehers, also dessen Anwesenheit bei der Vornahme der Handlung.[1] Die Gebühr entsteht aber auch, wenn der Gerichtsvollzieher sich an Ort und Stelle begeben hatte. Findet die beabsichtigte Handlung nicht statt, war der Gerichtsvollzieher trotzdem bereits „zugezogen".[2]

---

1 Schröder-Kay/*Winter*, Nr. 250 KV GvKostG Rn 9; *Winterstein/Richter/Zuhn*, GvKostR, Nr. 250 KV GvKostG.
2 Schröder-Kay/*Winter*, Nr. 250 KV GvKostG Rn 9.

Die Zuziehung zur Beseitigung von Zuwiderhandlungen gegen die Verpflichtung, eine Handlung zu **unterlassen** (§ 1 GewSchG, § 96 Abs. 1 FamFG), lässt ebenfalls die Gebühr Nr. 250 KV GvKostG entstehen. 3

Wird durch das Gericht die **Anwendung unmittelbaren Zwangs** zur Durchsetzung von Herausgabe- und/oder Umgangsregelungen angeordnet (§ 90 Abs. 1 FamFG), ist mit dieser Ermächtigung des Gerichtsvollziehers (§ 156 Abs. 2 GVGA) ebenfalls der Gebührentatbestand Nr. 250 KV GvKostG erfüllt. Die Gebühr ist neben der Gebühr Nr. 230 KV GvKostG anzusetzen. Diese Kosten gelten nach § 13 Abs. 3 als Auslagen des gerichtlichen Verfahrens. Sie werden demnach nicht vom Gerichtsvollzieher, sondern vom Gericht angesetzt und ggf mit den Kosten des gerichtlichen Verfahrens erhoben. 4

Nr.	Gebührentatbestand	Gebühr
260	Abnahme der Vermögensauskunft nach den §§ 802 c, 802 d Abs. 1 oder nach § 807 ZPO	33,00 €

Eine Gebühr nach Nr. 260 KV GvKostG entsteht für 1
- die Abnahme der Vermögensauskunft des Schuldners (§ 802 c ZPO),
- die Abnahme der erneuten Vermögensauskunft aufgrund wesentlicher Veränderung der Vermögensverhältnisse des Schuldners (§ 802 d Abs. 1 ZPO) und
- die Sofortabnahme der Vermögensauskunft nach Pfändungsversuch (§ 807 ZPO).

Nr.	Gebührentatbestand	Gebühr
261	Übermittlung eines mit eidesstattlicher Versicherung abgegebenen Vermögensverzeichnisses an einen Drittgläubiger (§ 802 d Abs. 1 Satz 2, Abs. 2 ZPO)	33,00 €

I. Geltungsbereich

1. Allgemeines. Die **Übermittlung von Ausdrucken** der Vermögensverzeichnisse **an Drittgläubiger** ist dem Gerichtsvollzieher übertragen (§ 802 d Abs. 1 S. 2, Abs. 2 ZPO). Hierfür ist eine Gebühr bestimmt, die sowohl bei der Übermittlung als Papierausdruck wie als elektronisches Dokument (§ 802 d Abs. 2 ZPO) erhoben wird. Die Gebühren Nr. 260 und 261 KV GvKostG werden in gleicher Höhe in Ansatz gebracht. Der Drittgläubiger, der eine Abschrift der Vermögensauskunft nach § 802 d ZPO erhält, wird damit genauso in Anspruch genommen wie der Gläubiger, für den die Vermögensauskunft ursprünglich erteilt wurde. 1

Nr. 260 und 261 KV GvKostG können in der Person desselben Schuldners nicht nebeneinander entstehen. Ist die Vermögensauskunft noch nicht abgegeben und wird sie durch den Gerichtsvollzieher abgenommen (§ 802 c ZPO), entsteht die Gebühr Nr. 260 KV GvKostG. Diese Gebühr fällt ebenfalls an, wenn der Fall einer erneuten Vermögensauskunft (§ 802 d Abs. 1 S. 1 ZPO) vorliegt. Liegen diese Fälle nicht vor, leitet der Gerichtsvollzieher dem Gläubiger einen Ausdruck des letzten abgegebenen Vermögensverzeichnisses zu, wodurch die Gebühr Nr. 261 KV GvKostG entsteht. 2

3 **2. Praxiskonstellation: Gebührenanrechnung?** Unterschiedlich wird in der Praxis der folgende Fall gehandhabt: Der Gerichtsvollzieher wird beauftragt, eine Vermögensauskunft einzuholen. Der Schuldner erscheint nach ordnungsgemäßer Ladung nicht zum Termin. Vor der Abgabe der Sache an das Vollstreckungsgericht zum Erlass eines Haftbefehls erhebt der Gerichtsvollzieher seine bis dahin angefallenen Kosten (insb. Nr. 604/260 KV GvKostG) vorschussweise (Nr. 3 Abs. 5 DB-GvKostG). Nach Abgabe an das Vollstreckungsgericht zum Erlass eines Haftbefehls gibt der Schuldner in anderer Sache bei demselben Gerichtsvollzieher die Vermögensauskunft ab. Das erste Verfahren kann nunmehr nur noch insoweit erledigt werden, als dem Gläubiger gem. § 802 d Abs. 1 S. 2 ZPO eine Abschrift der in anderer Sache abgegebenen Vermögensauskunft zugeleitet wird, mit der Kostenfolge der Gebühr Nr. 261 KV GvKostG. Es stellt sich die **Frage**, ob die **Gebühr Nr. 604/260 KV GvKostG auf die Gebühr Nr. 261 KV GvKostG anzurechnen** ist.

4 § 10 Abs. 1 S. 3 steht der Erhebung beider Gebühren **ohne Anrechnung** grds. **nicht** entgegen. Es kann nur dann eine Gebühr Nr. 604 KV GvKostG nicht neben einer Gebühr für die Erledigung der Amtshandlung erhoben werden, wenn es sich um eine Nichterledigung neben einer Erledigung derselben Amtshandlung handeln würde. Eine Anrechnung der Gebühren ist im Kostenverzeichnis nicht vorgesehen und würde sich auch nicht aus § 10 Abs. 1 S. 1 verbieten. Der Fall ist im GvKostG selbst nicht geregelt. Die Gebühr Nr. 604/260 KV GvKostG ist zunächst zwar entstanden, aber sie wird nicht fällig (§§ 3 Abs. 4, 14), da der Auftrag zur Vermögensauskunft nicht mehr zur Durchführung gelangt und es damit letztlich zunächst weder zu einer Erledigung noch zu einer Nichterledigung des Auftrags zur Vermögensabnahme kommt und damit eine Fälligkeit der Gebühr Nr. 604/260 KV GvKostG erst unter den Voraussetzungen des § 3 Abs. 4 S. 3 eintritt. Die Fälligkeit wäre aber Voraussetzung für eine Erhebung der bisher nur „vorschussweise" erhobenen Gebühr Nr. 604/260 KV GvKostG. Stattdessen erfolgt die Übersendung des Vermögensverzeichnisses mit der Kostenfolge der Gebühr Nr. 261 KV GvKostG. Dies würde letztlich dazu führen, dass die Gebühr Nr. 604/260 KV GvKostG zu erstatten wäre und die Gebühr Nr. 261 KV GvKostG zu erheben wäre. In der Praxis sollte jedoch eine Anrechnung erfolgen, da keinem Gläubiger verständlich zu machen ist, dass zunächst eine Rückzahlung und sodann eine Neuerhebung erfolgt.

5 Diese „Anrechnung" ist jedoch nur dann vorzunehmen, wenn die Übersendung der Vermögensauskunft binnen drei Monaten erfolgt (§ 3 Abs. 4 S. 3), da dann Fälligkeit eintritt. Erfolgt die Übersendung später als X Tage und drei Monate, war die Fälligkeit der Gebühr Nr. 604/260 KV GvKostG eingetreten und die Übersendung würde im Rahmen eines weiteren Auftrags erfolgen.

II. Ausschluss der Übermittlung des Vermögensverzeichnisses an Drittgläubiger

6 Der Gerichtsvollzieher leitet auch ohne ausdrücklichen Antrag des Gläubigers diesem einen Ausdruck des letzten abgegebenen Vermögensverzeichnisses zu, wie sich aus der Formulierung in § 802 d Abs. 1 S. 2 ZPO ergibt. In der Praxis wird die Übersendung in Vollstreckungsanträgen zT ausdrücklich **ausgeschlossen**, unter Bedingungen ausgeschlossen oder der entsprechende Antrag für bestimmte Fälle zurückgenommen/widerrufen. Es stellt sich die Frage, ob ein derartiger Ausschluss möglich ist.

7 Dazu wird die Ansicht vertreten, dass die ZPO nur noch den Antrag auf Vermögensauskunft oder für den Fall der bereits abgegebenen Vermögensauskunft die „zwingende" Erteilung einer Abschrift vorsieht, um die „von Amts wegen" vorzunehmende Eintragung in das Schuldnerverzeichnis nach § 882 c Abs. 1 Nr. 2

ZPO vorzubereiten.[1] Dieser Ansicht folgend wäre eine Übersendung der Vermögensauskunft und eine Erhebung der Gebühr Nr. 261 KV GvKostG vorzunehmen.[2] Vertreten wird in zunehmendem Maß jedoch auch die Ansicht, dass die Vollstreckung der **Parteiherrschaft** unterliegt. Der Gläubiger kann hiernach einen Auftrag ganz oder zum Teil zurücknehmen, die Vollstreckung von Teilforderungen beantragen usw. Der Gläubiger kann also auch die Übermittlung eines Vermögensverzeichnisses ausschließen.[3] Wünscht der Gläubiger die Übermittlung nicht, ist die Übersendung ausdrücklich auszuschließen. Dieser Ausschluss ist wiederum für den Gerichtsvollzieher beachtlich, da er Weisungen des Gläubigers insoweit zu berücksichtigen hat, als sie mit den Gesetzen oder der Geschäftsanweisung nicht in Widerspruch stehen, da er Herr des Verfahrens ist. Es entsteht dann keine Gebühr Nr. 604 KV GvKostG (zu Nr. 261 KV GvKostG), weil es nicht zur Amtshandlung „nicht erledigte Übermittlung" kommt.[4] Eine anderslautenden Entscheidung,[5] wonach für den nicht erledigten Antrag durch den Gerichtsvollzieher eine Gebühr Nr. 604 KV GvKostG angesetzt werden kann, übersieht, dass Gebühren nach Abschnitt 6 des Kostenverzeichnisses nur für nicht erledigte Amtshandlungen anfallen können. Hat der Gläubiger aber von vornherein eine Übermittlung ausgeschlossen, kommt es nicht zu einer nichterledigten Übersendung. Eine Gebühr Nr. 604 KV GvKostG (zu Nr. 260 KV GvKostG) entsteht ebenfalls nicht, da die Vermögensauskunft innerhalb der letzten zwei Jahre bereits abgegeben war (Anm. zu Nr. 604 KV GvKostG). In der Rspr werden nach wie vor beide Ansichten vertreten.

Wird von einer Dispositionsbefugnis[6] ausgegangen und hat der Gläubiger die Übersendung jedoch **unter Bedingungen ausgeschlossen**, muss der Gerichtsvollzieher prüfen, ob die Bedingung, unter die die Übersendung gestellt wird, erfüllt ist. Für diese Tätigkeit entsteht die Gebühr Nr. 604/261 KV GvKostG. **8**

Gleiches gilt, wenn der Auftrag zur Übersendung **widerrufen** oder **zurückgenommen** wird. Es soll keine unzulässige Bedingung vorliegen, wenn der Gläubiger einen Auftrag zur Abnahme der Vermögensauskunft zurücknimmt, wenn der Schuldner bereits eine Vermögensauskunft abgegeben hat. Es entstehen dann keine Kosten für die Erteilung einer Abschrift des Vermögensverzeichnisses (Nr. 260 KV GvKostG).[7] Ein Auftrag ist erteilt, wenn er dem Gerichtsvollzieher zugegangen ist (§ 3 Abs. 3 S. 1). Er gilt als durchgeführt, wenn der Auftrag zurückgenom- **9**

---

1 AG Bochum 2.5.2013 – 51 M 1177/13; AG Siegburg 30.7.2013 – 34 M 795/13; AG Heidelberg DGVZ 2013, 166; AG Heidelberg 5.12.2014 – 1 M 25/14; AG Mühldorf am Inn DGVZ 2013, 193; AG Lünen 30.9.2013 – 15 M 845/13; AG Peine 28.5.2013 – 8 M 592/13; AG Dortmund DGVZ 2014, 72; AG Bergisch Gladbach 28.3.2014 – 37 M 1308/13; AG Hagen 13.3.2014 – 48 M 82/14; AG Siegburg 25.6.2014 – 34 a M 322/14; LG Münster DGVZ 2014, 201; LG Kiel DGVZ 2014, 220; LG Nürnberg 4.8.2014 – 5 M 8242/14; AG Saarbrücken 6.10.2014 – 108 M 3610/14; AG Öhringen 12.12.2014 – M 1403/14; LG Mosbach 9.1.2015 – 5 T 108/14.
2 AG Bochum 2.5.2013 – 51 M 1177/13; AG Siegburg 30.7.2013 – 34 M 795/13; AG Heidelberg DGVZ 2013, 166.
3 Schleswig-Holsteinisches OLG DGVZ-Newsletter 25, S. 16; OLG Hamm 10.2.2015 – I-25 W 277/14; LG Essen DGVZ 2014, 220; OLG Hamm 10.2.2015 – I-25 W 306/14; LG Arnsberg DGVZ 2014, 18; LG Bochum DGVZ 2014, 261; AG Dortmund 25.3.2013 – 242 M 300/13; *Kessel*, DGVZ 2012, 213.
4 AG Dortmund 25.3.2013 – 242 M 300/13.
5 AG Erkelenz 16.7.2013 – 17 M 1021/13.
6 Schleswig-Holsteinisches OLG DGVZ-Newsletter 25, S. 16; OLG Hamm 10.2.2015 – I-25 W 277/14; LG Essen DGVZ 2014, 220; OLG Hamm 10.2.2015 – I-25 W 306/14; LG Arnsberg DGVZ 2014, 18; LG Bochum DGVZ 2014, 261; AG Dortmund 25.3.2013 – 242 M 300/13; *Kessel*, DGVZ 2012, 213.
7 LG Neubrandenburg DGVZ 2014, 219; LG Itzehoe DGVZ 2014, 220; LG Bochum DGVZ 2014, 261.

men wird (§ 3 Abs. 4 S. 1). In diesen Fällen hat der Gerichtsvollzieher bereits einen Aufwand erbracht oder noch zu erbringen (zB Rücksendung des Titels). Dies rechtfertigt grds. den Ansatz einer Gebühr,[8] so dass in diesem Fall aber die Gebühr Nr. 604/261 KV GvKostG entsteht.

10 Um die vorstehend dargestellte Streitfrage zu klären, ist beabsichtigt, § 802 d Abs. 1 S. 2 ZPO zu ändern.[9] Die Bestimmung soll wie folgt gefasst werden: „Andernfalls leitet der Gerichtsvollzieher dem Gläubiger einen Ausdruck des letzten abgegebenen Vermögensverzeichnisses zu; ein Verzicht des Gläubigers auf die Zuleitung ist unbeachtlich." – Daraus folgt, dass der Gesetzgeber davon ausgeht, dass dem Gläubiger in jedem Fall ein Ausdruck der letzten abgegebenen Vermögensauskunft zuzuleiten ist. Dementsprechend wird in der Begründung zur Änderung des § 802 d Abs. 1 S. 2 ZPO ausgeführt, dass die Änderung der Klärung der in der Praxis streitigen Frage dient, ob der Gläubiger auf die Zuleitung des letzten abgegebenen Vermögensverzeichnisses verzichten kann. Gemäß § 882 c Abs. 1 Nr. 3 ZPO ist die Zuleitung des Vermögensverzeichnisses an den Gläubiger Voraussetzung dafür, dass der Schuldner in das Schuldnerverzeichnis eingetragen werden kann. Der Gläubiger soll vor diesem Hintergrund nicht auf die Zuleitung des Vermögensverzeichnisses verzichten können, da andernfalls der Zweck des neuen Schuldnerverzeichnisses, Auskunft über die Kreditunwürdigkeit einer Person zu geben, nicht erreicht werden könnte.[10] Wenn dem Gläubiger jedoch in jedem Fall ein Ausdruck des letzten abgegebenen Vermögensverzeichnisses zuzuleiten ist, entsteht zwingend auch immer eine Gebühr Nr. 261 KV GvKostG. Auch bei einem Verzicht des Gläubigers unter bestimmten Bedingungen oder einem Widerruf bzw einer Rücknahme des Antrags würde nicht nur die Gebühr Nr. 604/261 KV GvKostG entstehen, sondern auch in diesen Fällen wäre ein Ausdruck des letzten abgegebenen Vermögensverzeichnisses zuzuleiten mit der Folge des Entstehens einer Gebühr Nr. 261 KV GvKostG. Der Änderung des § 802 d Abs. 2 S. 1 ZPO wird mit der Argumentation entgegengetreten, dass eine Beschränkung des Dispositionsrechts der Gläubiger nicht zu rechtfertigen ist. Hier werden die weitere Erörterung des Entwurfs und das parlamentarische Verfahren abzuwarten sein.

Nr.	Gebührentatbestand	Gebühr
262	Abnahme der eidesstattlichen Versicherung nach § 836 Abs. 3 oder § 883 Abs. 2 ZPO	38,00 €

1 Bei der Neufassung der Nr. 260 KV GvKostG durch das Gesetz zur Reform der Sachaufklärung in der Zwangsvollstreckung[1] ist seinerzeit übersehen worden, dass der frühere Gebührentatbestand auch für die Abnahme der **eidesstattlichen Versicherung nach § 836 Abs. 3 oder § 883 Abs. 2 ZPO** gegolten hat. Für diese beiden Fälle der Abnahme der eidesstattlichen Versicherung durch den Gerichtsvollzieher soll aber auch weiterhin eine Gebühr erhoben werden können. Es ist

---

8 BT-Drucks. 14/3432, S. 32.
9 Art. 1 Nr. 7 des RefE des BMJV vom 9.12.2014 zum „Entwurf eines Gesetzes zur Durchführung der Verordnung (EU) Nr. 655/2014 sowie zur Änderung sonstiger zivilprozessualer Vorschriften (EuKoPfVODG)", S. 5. – Geplantes Inkrafttreten dieser Änderung: am Tag nach der Verkündung (Art. 10 Abs. 2 des RefE).
10 RefE des BMJV vom 9.12.2014 zum „Entwurf eines Gesetzes zur Durchführung der Verordnung (EU) Nr. 655/2014 sowie zur Änderung sonstiger zivilprozessualer Vorschriften (EuKoPfVODG)", S. 24.
1 Gesetz vom 29.7.2009 (BGBl. I S. 2258).

daher im Zuge des 2. KostRMoG ein eigener Gebührentatbestand Nr. 262 KV GvKostG für Abnahme der eidesstattlichen Versicherungen nach § 836 Abs. 3 und § 883 Abs. 2 ZPO geschaffen worden.[2]

Nr.	Gebührentatbestand	Gebühr
270	Verhaftung, Nachverhaftung, zwangsweise Vorführung..	39,00 €

Sowohl **Verhaftung** und **Nachverhaftung** als auch **zwangsweise Vorführung** lösen jeweils eine Gebühr in derselben Höhe aus. Gebührentatbestand ist dabei nur die **durchgeführte Verhaftung**. 1

Der Gerichtsvollzieher kann die Gebühr Nr. 270 KV GvKostG nicht erheben, wenn er keine Verhaftung vornimmt oder vornehmen kann. Der reine **Versuch** einer Verhaftung löst nur die Gebühr Nr. 604 KV GvKostG aus.[1] 2

Für die Ansicht, dass die Gebühr Nr. 270 KV GvKostG beim Gerichtsvollzieher bereits dann entsteht, wenn der Schuldner sich freiwillig im Büro des Gerichtsvollziehers eingefunden hat, findet sich im GvKostG keine Stütze.[2] Beim **freiwilligen Erscheinen des Schuldners** beim Gerichtsvollzieher mit der Bereitschaft, die Vermögensauskunft abzugeben, ist die Verhaftung nicht erforderlich.[3] 3

Nach § 144 Abs. 3 GVGA unterbleibt die Verhaftung, wenn der Schuldner die **Leistung bewirkt**, die ihm nach dem Schuldtitel obliegt. Der Gerichtsvollzieher würde also seine Amtspflichten verletzen (§ 144 Abs. 3 S. 1 iVm § 1 S. 4 GVGA), wenn er einen Schuldner verhaften würde, der bei bestehendem Haftbefehl bei ihm erscheint, um seine Schuld zu tilgen. Das Zwangsmittel der Haft hat den Zweck, die Abgabe der Vermögensauskunft herbeizuführen. Vor der Vollziehung eines Haftbefehls ist damit immer zu klären, ob der Schuldner zur freiwilligen Abgabe der Vermögensauskunft bereit ist.[4] Die fehlende Verhaftung kann auch nicht dadurch ersetzt werden, dass der Gerichtsvollzieher den Schuldner schriftlich aufgefordert hat, in sein Büro zu kommen. Diese schriftliche Aufforderung ersetzt die Verhaftung nicht.[5] 4

---

2 BT-Drucks. 17/11471 (neu), S. 255.
1 AG Hildesheim DGVZ 2005, 30; *Hartmann*, KostG, Nr. 270 KVGv Rn 6; *Winterstein/Richter/Zuhn*, GvKostR, Nr. 270 KV GvKostG Rn 2; *Schröder-Kay/Winter*, Nr. 270 KV GvKostG Rn 12; *Wiedemann*, DGVZ 2004, 129.
2 AG Bremen JurBüro 2007, 158; AG Augsburg DGVZ 2003, 191; aA *Seip*, DGVZ 2004, 184.
3 *Wiedemann*, DGVZ 2004, 129.
4 *Wiedemann*, DGVZ 2004, 129.
5 *Wiedemann*, DGVZ 2004, 129.

Abschnitt 3
Verwertung

Nr.	Gebührentatbestand	Gebühr

Vorbemerkung 3:
Die Gebühren werden bei jeder Verwertung nur einmal erhoben. Dieselbe Verwertung liegt auch vor, wenn der Gesamterlös aus der Versteigerung oder dem Verkauf mehrerer Gegenstände einheitlich zu verteilen ist oder zu verteilen wäre und wenn im Falle der Versteigerung oder des Verkaufs die Verwertung in einem Termin, bei einer Versteigerung im Internet in einem Ausgebot, erfolgt.

Nr.	Gebührentatbestand	Gebühr
300	Versteigerung, Verkauf oder Verwertung in anderer Weise nach § 825 Abs. 1 ZPO von – beweglichen Sachen, – Früchten, die noch nicht vom Boden getrennt sind, – Forderungen oder anderen Vermögensrechten .... Neben dieser Gebühr wird gegebenenfalls ein Zeitzuschlag nach Nummer 500 erhoben. Dies gilt nicht bei einer Versteigerung im Internet.	52,00 €
301	Öffentliche Verpachtung an den Meistbietenden .... Neben dieser Gebühr wird gegebenenfalls ein Zeitzuschlag nach Nummer 500 erhoben.	52,00 €
302	Anberaumung eines neuen Versteigerungs- oder Verpachtungstermins oder das nochmalige Ausgebot bei einer Versteigerung im Internet .... (1) Die Gebühr wird für die Anberaumung eines neuen Versteigerungs- oder Verpachtungstermins nur erhoben, wenn der vorherige Termin auf Antrag des Gläubigers oder des Antragstellers oder nach den Vorschriften der §§ 765 a, 775, 802 b ZPO nicht stattgefunden hat oder wenn der Termin infolge des Ausbleibens von Bietern oder wegen ungenügender Gebote erfolglos geblieben ist. (2) Die Gebühr wird für das nochmalige Ausgebot bei einer Versteigerung im Internet nur erhoben, wenn das vorherige Ausgebot auf Antrag des Gläubigers oder des Antragstellers oder nach den Vorschriften der §§ 765 a, 775, 802 b ZPO abgebrochen worden ist oder wenn das Ausgebot infolge des Ausbleibens von Geboten oder wegen ungenügender Gebote erfolglos geblieben ist.	10,00 €

Nr.	Gebührentatbestand	Gebühr
310	Mitwirkung bei der Versteigerung durch einen Dritten (§ 825 Abs. 2 ZPO) .... Neben dieser Gebühr wird gegebenenfalls ein Zeitzuschlag nach Nummer 500 erhoben.	16,00 €

I. Grundsatz der einmaligen Gebührenerhebung bei Verwertung (Vorbem. 3)

Vorbem. 3 S. 1 KV GvKostG, wonach die Gebühren bei jeder Verwertung nur einmal erhoben werden, stellt eine Abweichung von § 10 Abs. 1 dar. Danach sollen die Gebühren bei Durchführung desselben Auftrags grds. nur einmal erhoben werden. Daraus folgt, dass bei mehreren Aufträgen die Gebühren grds. gesondert erhoben werden sollen. Verwertungsgebühren sollen jedoch unabhängig von der Zahl der Aufträge nur einmal erhoben werden. Ist zB ein Gegenstand für mehrere Gläubiger gepfändet und wird dieser Gegenstand für alle Gläubiger **einheitlich** (im gleichen Rang) verwertet, entsteht nur **eine Gebühr** für die Verwertung. Sind verschiedene Gläubiger an gepfändeten Gegenständen in verschiedenen Rängen beteiligt, fehlt es an der Möglichkeit der einheitlichen Verteilung des Gesamterlöses, so dass mehrere Verwertungen vorliegen. Mehrere Verwertungen liegen auch vor, wenn einzelne Gegenstände für verschiedene Gläubiger getrennt gepfändet wurden.[1] Mehrere Verwertungsgebühren entstehen auch dann, wenn auf einzelne Gegenstände keine Gebote abgegeben werden, so dass sie erneut versteigert werden müssen.[2]

1

Die nach § 814 Abs. 2 Nr. 2 ZPO mögliche **Internetversteigerung** unterliegt den gleichen Gebühren- und Auslagenvorschriften wie die Präsenzversteigerung nach § 814 Abs. 1 Nr. 1 ZPO. Auch eine Versteigerung im Internet lässt die Gebühren von Abschnitt 3 des Kostenverzeichnisses entstehen.[3]

2

II. Versteigerung, Verkauf oder Verwertung in anderer Weise nach § 825 Abs. 1 ZPO (Nr. 300 KV GvKostG)

Die Gebühr Nr. 300 KV GvKostG entsteht für alle Versteigerungen und Verkäufe im Rahmen der Zuständigkeit der Gerichtsvollzieher (§§ 814, 821, 824, 825 Abs. 1, 847 Abs. 2, 885 Abs. 4, 930 Abs. 3 ZPO). Auch die Versteigerung im Internet ist umfasst. Dabei kann jedoch kein Zeitzuschlag nach Nr. 500 KV GvKostG für eine laufende Versteigerung im Internet erhoben werden (S. 2 der Anm.). Durch das 2. KostRMoG wurde der Gebührentatbestand explizit um die anderweitige Verwertung nach § 825 Abs. 1 ZPO ergänzt. Diese Form der Verwertung wird somit der Versteigerung und dem Verkauf gleichgestellt.

3

III. Anberaumung eines neuen Versteigerungstermins (Nr. 301 KV GvKostG)

Bei der Gebühr Nr. 302 KV GvKostG für die Anberaumung eines neuen Versteigerungstermins rechtfertigen nur bestimmte Gründe den Ansatz der Gebühr, insb. darf die Terminsaufhebung nicht in der Person des Gerichtsvollziehers begründet sein (vgl Anm. Abs. 1). Die Gebühr entsteht auch für ein nochmaliges Ausgebot im Internet (vgl Anm. Abs. 2).

4

---

1 *Winterstein/Richter/Zuhn*, GvKostR, Nr. 300 KV GvKostG Rn 1; aA Schröder-Kay/Winter, Nr. 300 KV GvKostG Rn 15–17.
2 *Winterstein/Richter/Zuhn*, GvKostR, Nr. 300 KV GvKostG Rn 1.
3 BT-Drucks. 16/12811, S. 11.

Abschnitt 4
Besondere Geschäfte

Nr.	Gebührentatbestand	Gebühr
400	Bewachung und Verwahrung eines Schiffes, eines Schiffsbauwerks oder eines Luftfahrzeugs (§§ 165, 170, 170 a, 171, 171 c, 171 g, 171 h ZVG, § 99 Abs. 2, § 106 Abs. 1 Nr. 1 des Gesetzes über Rechte an Luftfahrzeugen) .... Neben dieser Gebühr wird gegebenenfalls ein Zeitzuschlag nach Nummer 500 erhoben.	98,00 €
401	Feststellung der Mieter oder Pächter von Grundstücken im Auftrag des Gerichts je festgestellte Person .... Die Gebühr wird auch erhoben, wenn die Ermittlungen nicht zur Feststellung eines Mieters oder Pächters führen.	7,00 €
410	Tatsächliches Angebot einer Leistung (§§ 293, 294 BGB) außerhalb der Zwangsvollstreckung	16,00 €
411	Beurkundung eines Leistungsangebots .... Die Gebühr entfällt, wenn die Gebühr nach Nummer 410 zu erheben ist.	7,00 €
420	Entfernung von Gegenständen aus dem Gewahrsam des Inhabers zum Zwecke der Versteigerung oder Verwahrung außerhalb der Zwangsvollstreckung	16,00 €
430	Entgegennahme einer Zahlung, wenn diese nicht ausschließlich auf Kosten nach diesem Gesetz entfällt, die bei der Durchführung des Auftrags entstanden sind .... Die Gebühr wird auch erhoben, wenn der Gerichtsvollzieher einen entgegengenommenen Scheck selbst einzieht oder einen Scheck aufgrund eines entsprechenden Auftrags des Auftraggebers an diesen weiterleitet. Die Gebühr wird nicht bei Wechsel- oder Scheckprotesten für die Entgegennahme der Wechsel- oder Schecksumme (Artikel 84 des Wechselgesetzes, Artikel 55 Abs. 3 des Scheckgesetzes) erhoben.	4,00 €
440	Einholung einer Auskunft bei einer der in den §§ 755, 802 l ZPO genannten Stellen .... Die Gebühr entsteht nicht, wenn die Auskunft nach § 882 c Abs. 3 Satz 2 ZPO eingeholt wird.	13,00 €

DB-GvKostG (Zu Nrn. 410, 411 KV) Nr. 14

(1) Die in den Nrn. 410, 411 KV bestimmten Gebühren werden nur erhoben, wenn die Gerichtsvollzieherin oder der Gerichtsvollzieher mit dem Angebot der Leistung oder der Beurkundung des Leistungsangebots außerhalb eines Auftrags zur Zwangsvollstreckung besonders beauftragt war. Ein Leistungsangebot im Rahmen eines Vollstreckungsauftrags nach § 756 ZPO oder die Beurkundung eines solchen Angebots ist Nebengeschäft der Vollstreckungstätigkeit (vgl. § 45 Abs. 4 GVGA).

(2) Gebühren werden nicht erhoben, wenn die Gerichtsvollzieherin oder der Gerichtsvollzieher nach Landesrecht für die Amtshandlung sachlich nicht zuständig ist.

I. Hebegebühr (Nr. 430 KV GvKostG).......... 1	2. Auskunftsrechte des Gerichtsvollziehers, § 802 I ZPO................. 9
II. Einholung einer Auskunft bei einer der in §§ 755, 802 I ZPO genannten Stellen (Nr. 440 KV GvKostG).......... 4	3. Geplante Änderung der Nr. 440 KV GvKostG....... 15
1. Ermittlung des Aufenthaltsorts des Schuldners, § 755 ZPO.................. 4	

I. Hebegebühr (Nr. 430 KV GvKostG)

Die Gebühr Nr. 430 KV GvKostG gilt für die Entgegennahme einer Zahlung, wenn diese nicht ausschließlich auf Kosten nach dem GvKostG entfällt, die bei der Durchführung des Auftrags entstanden sind (**Hebegebühr**). Keine Gebühr nach Nr. 430 KV GvKostG kann somit erhoben werden, wenn eine Zahlung ausschließlich auf Kosten nach dem GvKostG erfolgt oder Zahlungen auf Gerichtsvollzieherkosten verrechnet werden. 1

Die Gebührenvorschrift gilt nach **S. 1 der Anmerkung** auch für die **Einziehung eines entgegengenommenen Schecks** durch den Gerichtsvollzieher oder für dessen **auftragsgemäße Weiterleitung** an den Auftraggeber. Für die Weiterleitung an den Auftraggeber fällt die Gebühr nur an, wenn der Auftraggeber (Gläubiger) die Weiterleitung ausdrücklich erbeten hat. In diesem Fall soll es nicht darauf ankommen, ob der Scheck zur Einlösung gelangt. Die Bitte des Schuldners hingegen, den Scheck an den Auftraggeber weiterzuleiten, löst keine Hebegebühr aus. 2

Eine Hebegebühr ist bei Wechsel- oder Scheckprotesten für die **Entgegennahme der Wechsel- oder Schecksumme** seit dem Inkrafttreten des 2. KostRMoG nicht mehr vorgesehen, so dass eine solche auch beim Gerichtsvollzieher nicht entstehen kann. Insbesondere kann auch keine Gebühr Nr. 430 KV GvKostG erhoben werden, da § 12 hinsichtlich der **Gebühren** auf das GNotKG verweist. Die Nichterhebung einer Hebegebühr in diesen Fällen wird insb. auch durch **S. 2 der Anmerkung** deutlich gemacht. 3

II. Einholung einer Auskunft bei einer der in §§ 755, 802 I ZPO genannten Stellen (Nr. 440 KV GvKostG)

1. Ermittlung des Aufenthaltsorts des Schuldners, § 755 ZPO

§ 755 ZPO Ermittlung des Aufenthaltsorts des Schuldners 4

(1) Ist der Wohnsitz oder gewöhnliche Aufenthaltsort des Schuldners nicht bekannt, darf der Gerichtsvollzieher auf Grund des Vollstreckungsauftrags und der Übergabe der vollstreckbaren Ausfertigung zur Ermittlung des Aufenthaltsorts des Schuldners bei der Mel-

debehörde die gegenwärtigen Anschriften sowie Angaben zur Haupt- und Nebenwohnung des Schuldners erheben.

(2) Soweit der Aufenthaltsort des Schuldners nach Absatz 1 nicht zu ermitteln ist, darf der Gerichtsvollzieher

1. zunächst beim Ausländerzentralregister die Angaben zur aktenführenden Ausländerbehörde sowie zum Zuzug oder Fortzug des Schuldners und anschließend bei der gemäß der Auskunft aus dem Ausländerzentralregister aktenführenden Ausländerbehörde den Aufenthaltsort des Schuldners,

2. bei den Trägern der gesetzlichen Rentenversicherung die dort bekannte derzeitige Anschrift, den derzeitigen oder zukünftigen Aufenthaltsort des Schuldners sowie

3. bei dem Kraftfahrt-Bundesamt die Halterdaten nach § 33 Abs. 1 Satz 1 Nr. 2 des Straßenverkehrsgesetzes

erheben. Ist der Schuldner Unionsbürger, darf der Gerichtsvollzieher die Daten nach Satz 1 Nummer 1 nur erheben, wenn ihm tatsächliche Anhaltspunkte für die Vermutung der Feststellung des Nichtbestehens oder des Verlusts des Freizügigkeitsrechts vorliegen. Eine Übermittlung der Daten nach Satz 1 Nummer 1 an den Gerichtsvollzieher ist ausgeschlossen, wenn der Schuldner Unionsbürger ist, für den eine Feststellung des Nichtbestehens oder des Verlusts des Freizügigkeitsrechts nicht vorliegt. Die Daten nach Satz 1 Nr. 2 und 3 darf der Gerichtsvollzieher nur erheben, wenn die zu vollstreckenden Ansprüche mindestens 500 Euro betragen; Kosten der Zwangsvollstreckung und Nebenforderungen sind bei der Berechnung nur zu berücksichtigen, wenn sie allein Gegenstand des Vollstreckungsauftrags sind.

5 Das Gesetz zur Reform der Sachaufklärung in der Zwangsvollstreckung[1] weist den Gerichtsvollziehern mit der **Ermittlung des Aufenthaltsorts des Schuldners** (§ 755 ZPO) bei der Meldebehörde sowie – ggf – beim Ausländerzentralregister, bei der aktenführenden Ausländerbehörde, bei den Trägern der gesetzlichen Rentenversicherung sowie beim Kraftfahrt-Bundesamt neue Aufgaben zu. – Zur geplanten Änderung des § 755 ZPO durch Art. 1 Nr. 6 des Referentenentwurfs des BMJV vom 9.12.2014 zum „Entwurf eines Gesetzes zur Durchführung der Verordnung (EU) Nr. 655/2014 sowie zur Änderung sonstiger zivilprozessualer Vorschriften (EuKoPfVODG)" s. die Erl. bei § 755 ZPO.

6 Die Ermittlungen nach § 755 ZPO sind nur im Rahmen eines Vollstreckungsauftrags, **nicht** jedoch „**isoliert**" zulässig. Dies ergibt sich eindeutig aus der Formulierung in § 755 Abs. 1 ZPO, wonach der Gerichtsvollzieher „**auf Grund des Vollstreckungsauftrags**" und unter „**Übergabe der vollstreckbaren Ausfertigung**" Ermittlungen des Aufenthaltsorts des Schuldners vornehmen darf, was bislang Sache des Gläubigers war. Die Notwendigkeit eines „ausdrücklichen" Auftrags zur Ermittlung ergibt sich nicht aus dem Gesetzestext, sondern „nur" aus der Gesetzesbegründung.[2] Im Hinblick auf die erheblichen Kostenfolgen (Nr. 440 KV GvKostG – ggf mehrfach (§ 10 Abs. 2 GvKostG zzgl. Auslagen) – sollte ein **ausdrücklicher Auftrag** verlangt werden.

7 Für diese zusätzlichen Tätigkeiten wird nach der Gebührenvorschrift Nr. 440 KV GvKostG eine Gebühr erhoben.[3] Diese ist insb. in Verbindung mit der Änderung des § 10 Abs. 2 von Bedeutung. Nach dem neu gefassten § 10 Abs. 2 S. 3 ist diese Gebühr für **jede** Auskunftseinholung **gesondert** zu erheben, wenn der Gläubiger den Gerichtsvollzieher im Rahmen der Durchführung eines Auftrags mit der Einholung mehrerer Auskünfte beauftragt (s. § 10 Rn 11 f).[4] Dabei ist ein isolierter

---

[1] Vom 29.7.2001 (BGBl. I S. 2258).
[2] BT-Drucks. 16/10069, S. 23.
[3] BT-Drucks. 16/10069, S. 49.
[4] BT-Drucks. 16/10069, S. 48.

Antrag auf Aufenthaltsermittlung des Schuldners nicht zulässig. Daneben ist immer ein Vollstreckungsauftrag zu erteilen, der eine konkrete Vollstreckungsmaßnahme bezeichnet.[5] Wird ein isolierter Auftrag erteilt, entsteht bei Ablehnung des Antrags keine Gebühr, da eine Nichterledigungsgebühr zu Nr. 440 KV GvKostG nicht vorgesehen ist. Bei Zurückweisung des Auftrags ist aber die Mindestauslagenpauschale (Nr. 716 KV GvKostG) in Ansatz zu bringen.

Bei den Ermittlungen betreffend den Aufenthaltsort des Schuldners zunächst beim Ausländerzentralregister nach den Angaben zur aktenführenden Ausländerbehörde und anschließend bei der gemäß der Auskunft aus dem Ausländerzentralregister aktenführenden Ausländerbehörde (§ 755 Abs. 2 S. 1 Nr. 1 ZPO) handelt es sich um eine Auskunft iSd Nr. 440 KV GvKostG iVm § 10 Abs. 2. In der Gesetzesbegründung wird festgestellt, dass „die Auskunft" nach § 755 Abs. 2 S. 1 Nr. 1 ZPO in **zwei Schritten** eingeholt werden muss,[6] iE aber kostenrechtlich nur **eine Auskunft** vorliegt.   8

2. Auskunftsrechte des Gerichtsvollziehers, § 802 l ZPO

§ 802 l ZPO Auskunftsrechte des Gerichtsvollziehers   9

(1) Kommt der Schuldner seiner Pflicht zur Abgabe der Vermögensauskunft nicht nach oder ist bei einer Vollstreckung in die dort aufgeführten Vermögensgegenstände eine vollständige Befriedigung des Gläubigers voraussichtlich nicht zu erwarten, so darf der Gerichtsvollzieher

1. bei den Trägern der gesetzlichen Rentenversicherung den Namen, die Vornamen oder die Firma sowie die Anschriften der derzeitigen Arbeitgeber eines versicherungspflichtigen Beschäftigungsverhältnisses des Schuldners erheben;

2. das Bundeszentralamt für Steuern ersuchen, bei den Kreditinstituten die in § 93 b Abs. 1 der Abgabenordnung bezeichneten Daten abzurufen (§ 93 Abs. 8 Abgabenordnung);

3. beim Kraftfahrt-Bundesamt die Fahrzeug- und Halterdaten nach § 33 Abs. 1 des Straßenverkehrsgesetzes zu einem Fahrzeug, als dessen Halter der Schuldner eingetragen ist, erheben.

Die Erhebung oder das Ersuchen ist nur zulässig, soweit dies zur Vollstreckung erforderlich ist und die zu vollstreckenden Ansprüche mindestens 500 Euro betragen; Kosten der Zwangsvollstreckung und Nebenforderungen sind bei der Berechnung nur zu berücksichtigen, wenn sie allein Gegenstand des Vollstreckungsauftrags sind.

(2) Daten, die für die Zwecke der Vollstreckung nicht erforderlich sind, hat der Gerichtsvollzieher unverzüglich zu löschen oder zu sperren. Die Löschung ist zu protokollieren.

(3) Über das Ergebnis einer Erhebung oder eines Ersuchens nach Absatz 1 setzt der Gerichtsvollzieher den Gläubiger unter Beachtung des Absatzes 2 unverzüglich und den Schuldner innerhalb von vier Wochen nach Erhalt in Kenntnis. § 802 d Abs. 1 Satz 3 und Abs. 2 gilt entsprechend.

Weitere neue Pflichten ergeben sich für den Gerichtsvollzieher aus § 802 l Abs. 1 ZPO, wenn der Schuldner seiner Pflicht zur Abgabe der Vermögensauskunft nicht nachkommt oder bei einer Vollstreckung in die in der Vermögensauskunft aufgeführten Vermögensgegenstände eine vollständige Befriedigung des Gläubigers voraussichtlich nicht zu erwarten ist. Der Gerichtsvollzieher darf, wenn die in § 802 l Abs. 1 ZPO genannten Voraussetzungen vorliegen, die Angaben des Schuldners überprüfen bzw wenn eine Vermögensauskunft nicht abgegeben wur-   10

---

5 BGH DGVZ 2014, 257; LG Heidelberg DGVZ 2014, 93; AG Wiesloch DGVZ 2014, 20; AG Leipzig DGVZ 2013, 245; *Kessel*, DGVZ 2012, 214.
6 BT-Drucks. 16/10069, S. 23.

de, Fremdauskünfte bei den Trägern der gesetzlichen Rentenversicherung, dem Bundeszentralamt für Steuern sowie dem Kraftfahrt-Bundesamt einholen. Es soll dem Gläubiger möglich sein, die Vermögenssituation des Schuldners anhand objektiver Informationsquellen zu überprüfen, um geeignete Vollstreckungsobjekte aufzufinden.[7] – Zur geplanten Änderung des § 802 l ZPO durch Art. 1 Nr. 10 des Referentenentwurfs des BMJV vom 9.12.2014 zum „Entwurf eines Gesetzes zur Durchführung der Verordnung (EU) Nr. 655/2014 sowie zur Änderung sonstiger zivilprozessualer Vorschriften (EuKoPfVODG)" s. die Erl. bei § 802 l ZPO.

11 Auch für die **Einholung von Fremdauskünften** nach § 802 l Abs. 1 S. 1 Nr. 1–3 ZPO wird nach Nr. 440 KV GvKostG eine Gebühr erhoben.[8] Im Fall der Einholung mehrerer Fremdauskünfte kann diese Gebühr für **jede** Fremdauskunft **gesondert** erhoben werden, wenn der Gläubiger den Gerichtsvollzieher im Rahmen der Durchführung eines Auftrags mit der Einholung der Auskünfte beauftragt hat (§ 10 Abs. 2 S. 3).[9]

12 Der zuständige Gerichtsvollzieher ordnet nach § 882 c ZPO unter bestimmten Voraussetzungen von Amts wegen die Eintragung des Schuldners in das Schuldnerverzeichnis an. Dabei sind ggf bestimmte Auskünfte einzuholen, die im Schuldnerverzeichnis einzutragen sind (§ 882 b Abs. 2 Nr. 1–3 ZPO). Da die Einholung von Auskünften in diesem Fall nicht auf Antrag des Gläubigers, sondern von Amts wegen erfolgt, wird durch die **Anmerkung zu Nr. 440 KV GvKostG** insofern die Erhebung einer Gebühr ausgeschlossen.

13 Allerdings kann für die Ermittlung von Daten für die Anordnung der Eintragung (§ 882 c Abs. 3 S. 2 ZPO) nur die Gebühr Nr. 440 KV GvKostG nicht erhoben werden. Die Erhebung der Kosten der Auskunftsstellen ist dagegen nicht ausgeschlossen. Der Auslagentatbestand Nr. 708 KV GvKostG enthält keine entsprechende Einschränkung. Unter Nr. 708 KV GvKostG fallende Beträge sind daher anzusetzen und dem Kostenschuldner in Rechnung zu stellen.

14 Nach Nr. 2 Abs. 7 Buchst. b) DB-GvKostG handelt es sich bei der Einholung von Auskünften bei einer der in § 802 l ZPO genannten Stellen um Nebengeschäfte iSd § 3 Abs. 1 S. 3. Damit liegt kein besonderer Auftrag vor und die mit der Einholung verbundenen Auslagen (zB Nr. 440, 708, 716 KV GvKostG) sind im Rahmen des Hauptgeschäfts (zB Abnahme der Vermögensauskunft) mit zu berücksichtigen. Für den Fall, dass ein Drittgläubiger Auskünfte zu einem ihm übersandten Vermögensverzeichnis (§ 802 d Abs. 1 S. 2 ZPO) beantragt, wird jedoch die Auffassung vertreten, dass es sich kostenrechtlich um kein Nebengeschäft handelt.[10] Die Ansicht überzeugt nicht, da auch in diesem Fall ein Hauptgeschäft vorgelegen hat. Es wurde ein Antrag auf Abnahme der Vermögensauskunft gestellt, der durch Übersendung der bereits abgegebenen Vermögensauskunft erledigt wurde. Es kann jedoch kein Nebengeschäft vorliegen, wenn ein Auftrag auf Einholung von Auskünften **isoliert** erteilt wird. Es wird zwar vertreten, dass Aufträge auf Auskunft, die ohne gleichzeitigen Antrag auf Vollstreckung gestellt werden, unzulässig sind.[11] Vertreten wird aber auch, dass isolierte Aufträge möglich bzw unter bestimmten Voraussetzungen möglich sind.[12] Wird der zuletzt dargestellten Ansicht gefolgt, kann es sich nicht um ein Nebengeschäft handeln, da daneben kein weiterer Auftrag vorliegt. Es kann sich dann nur um einen besonderen Auftrag handeln.

---

7 BT-Drucks. 16/10069, S. 31 f.
8 BT-Drucks. 16/10069, S. 49.
9 BT-Drucks. 16/10069, S. 48.
10 Schröder-Kay/*Gerlach*, § 3 GvKostG Rn 8.
11 AG Esslingen 16.5.2013 – 5 M 445/13; AG Fürth 20.6.2014 – 701 M 2556/14.
12 AG Euskirchen DGVZ-Newsletter 25, S. 9; LG Bonn 6.3.2015 – 4 T 44/15; AG Bonn 31.1.2014 – 24 M 352/14; LG Oldenburg 14.6.2014 – 6 T 489/14.

3. **Geplante Änderung der Nr. 440 KV GvKostG.** Der Referentenentwurf des BMJV vom 9.12.2014 zum „Entwurf eines Gesetzes zur Durchführung der Verordnung (EU) Nr. 655/2014 sowie zur Änderung sonstiger zivilprozessualer Vorschriften (EuKoPfVODG)" beabsichtigt durch Art. 8 Nr. 2, den Gebührentatbestand der Nr. 440 KV GvKostG durch die folgenden Nr. 440 und 441 KV GvKostG zu ersetzen:

Nr.	Gebührentatbestand	Gebühr
440	Erhebung von Daten in den in den §§ 755, 802 l ZPO genannten Fällen	13,00 €
	Die Gebühr entsteht nicht, wenn die Auskunft nach § 882 c Abs. 3 Satz 2 ZPO eingeholt wird.	
441	Die Erhebung von Daten in den in Nummer 440 genannten Fällen erfolgt durch elektronischen Abruf:	
	Die Gebühr 440 beträgt	5,00 €

Zur Begründung wird angeführt:[13] „Derzeit erhält der Gerichtsvollzieher die Gebühr 440 des Kostenverzeichnisses zum Gerichtsvollzieherkostengesetz (KV GvKostG) in Höhe von 13 Euro für die Einholung einer Auskunft bei einer der in den §§ 755, 802 l ZPO genannten Stellen. Mit dieser Gebühr wird insbesondere der Aufwand abgegolten, der dem Gerichtsvollzieher dadurch entsteht, dass er sich mit einem Auskunftsersuchen an die registerführende Stelle wenden, den Rücklauf der Antwort dieser Stelle überwachen, die Auskunft entgegennehmen und dem betroffenen Vorgang zuordnen muss. Für den Fall, dass der Gerichtsvollzieher die Daten mittels eines von ihm selbst durchzuführenden elektronischen Abrufs aus einem Register erhebt, hat der Gesetzgeber bisher keine Gebühr vorgesehen. Nunmehr wird vorgeschlagen, dem Gerichtsvollzieher in den in den §§ 755, 802 l ZPO genannten Fällen auch dann eine Gebühr zuzubilligen, wenn die Datenerhebung im Abrufverfahren erfolgt. Wegen des im Vergleich zum oben beschriebenen Auskunftsverfahren deutlich niedrigeren Aufwands soll die Gebühr hier jedoch nur 5 Euro betragen." Seitens der Praxis der Gerichtsvollzieher wird bezweifelt, dass bei Datenerhebung im Abrufverfahren einschließlich der Information des Gläubigers ein niedriger Aufwand entsteht. Diese Änderungen sollen zum 18.7.2017 in Kraft treten. Da es sich zunächst noch um einen Referentenentwurf handelt, wird das parlamentarische Verfahren abzuwarten sein.

---

[13] RefE des BMJV vom 9.12.2014 zum „Entwurf eines Gesetzes zur Durchführung der Verordnung (EU) Nr. 655/2014 sowie zur Änderung sonstiger zivilprozessualer Vorschriften (EuKoPfVODG)", S. 36 f.

Abschnitt 5
Zeitzuschlag

Nr.	Gebührentatbestand	Gebühr
500	Zeitzuschlag, sofern dieser bei der Gebühr vorgesehen ist, wenn die Erledigung der Amtshandlung nach dem Inhalt des Protokolls mehr als 3 Stunden in Anspruch nimmt, für jede weitere angefangene Stunde .... Maßgebend ist die Dauer der Amtshandlung vor Ort.	20,00 €

DB-GvKostG (Zu Nr. 500 KV) Nr. 15

(1) Bei der Berechnung des Zeitaufwandes für eine Amtshandlung ist auch die Zeit für die Aufnahme des Protokolls, für die Zuziehung von weiteren Personen oder für die Herbeiholung polizeilicher Unterstützung mit einzurechnen. Dagegen darf weder die Zeit für Hin- und Rückweg noch die Zeit, die vor der Amtshandlung zur Herbeischaffung von Transportmitteln verwendet worden ist, in die Dauer der Amtshandlung eingerechnet werden (vgl. auch Nr. 12 Abs. 2 und 3).

(2) Bei der Wegnahme von Personen oder beweglichen Sachen rechnet die für die Übergabe erforderliche Zeit mit. Nr. 12 Abs. 2 und 3 gilt entsprechend.

1 Ein **Zeitzuschlag** entsteht nur dann, wenn die längere Zeitdauer bei Gebührentatbeständen, die einen Zeitzuschlag vorsehen, anfallen. Voraussetzung ist, dass die Amtstätigkeit des Gerichtsvollziehers **mehr als drei Stunden** dauert. Weitere Voraussetzung ist, dass sich die Zeitdauer aus dem **Protokoll** ergibt. Der Zeitzuschlag kann angesetzt werden, wenn er bei einer **Gebühr** vorgesehen ist. Er kann also im Rahmen eines Auftrags durchaus mehrfach anfallen. Der Zeitzuschlag ist keine „eigene" Gebühr, sondern ein Zuschlag auf die Gebühren, bei denen er vorgesehen ist.[1] Ein Zeitzuschlag entsteht **nicht** bei **nicht erledigten Amtshandlungen** des Abschnitts 6.

---

1 Schröder-Kay/*Winter*, Nr. 500 KV GvKostG Rn 5; *Winterstein/Richter/Zuhn*, GvKostR, Nr. 500 KV GvKostG Rn 1.

Abschnitt 6
Nicht erledigte Amtshandlung

Nr.	Gebührentatbestand	Gebühr
Vorbemerkung 6: Gebühren nach diesem Abschnitt werden erhoben, wenn eine Amtshandlung, mit deren Erledigung der Gerichtsvollzieher beauftragt worden ist, aus Rechtsgründen oder infolge von Umständen, die weder in der Person des Gerichtsvollziehers liegen noch von seiner Entschließung abhängig sind, nicht erledigt wird. Dies gilt insbesondere auch, wenn nach dem Inhalt des Protokolls pfändbare Gegenstände nicht vorhanden sind oder die Pfändung nach § 803 Abs. 2, §§ 812, 851 b Abs. 4 Satz 3 ZPO zu unterbleiben hat. Eine Gebühr wird nicht erhoben, wenn der Auftrag an einen anderen Gerichtsvollzieher abgegeben wird oder hätte abgegeben werden können.		
	Nicht erledigte	
600	– Zustellung (Nummern 100 und 101)	3,00 €
601	– Wegnahme einer Person (Nummer 230)	26,00 €
602	– Entsetzung aus dem Besitz (Nummer 240), Wegnahme ausländischer Schiffe (Nummer 242) oder Übergabe an den Verwalter (Nummer 243)	32,00 €
603	– Beurkundung eines Leistungsangebots (Nummer 411)	6,00 €
604	– Amtshandlung der in den Nummern 205 bis 221, 250 bis 301, 310, 400, 410 und 420 genannten Art...........................	15,00 €
Die Gebühr für die nicht abgenommene Vermögensauskunft wird nicht erhoben, wenn diese deshalb nicht abgenommen wird, weil der Schuldner sie innerhalb der letzten zwei Jahre bereits abgegeben hat (§ 802 d Abs. 1 Satz 1 ZPO).		

I. Nicht erledigte Amtshandlungen (Vorbem. 6)

In Abschnitt 6 des Kostenverzeichnisses werden alle Gebührentatbestände zusammengefasst, die eine **nicht erledigte Amtshandlung** betreffen. Hierunter fallen die Gebühren, die zu erheben sind, wenn ein Auftrag vor seiner Durchführung zurückgenommen wurde oder wenn die Amtshandlung aus Rechtsgründen oder infolge von Umständen, die weder in der Person des Gerichtsvollziehers liegen noch von seiner Entschließung abhängig sind, nicht erledigt wurde (**Vorbem. 6 S. 1**). In all diesen Fällen hat der Gerichtsvollzieher idR bereits einen Aufwand erbracht oder noch zu erbringen (zB Rücksendung der Vollstreckungsunterlagen). Dies rechtfertigt grds. den Ansatz einer Gebühr. Die insoweit früher maßgebende Regelung in § 851 Abs. 2 S. 2 ZPO findet sich inhaltliche Änderung in § 851 Abs. 4 S. 3 ZPO. Bei der durch das Gesetz zur Reform der Sachaufklärung in der Zwangsvollstreckung erfolgten Änderung handelt es sich daher lediglich um eine Folgeänderung.

2 Ausgenommen wird der Fall, dass der Gerichtsvollzieher örtlich nicht zuständig ist und deshalb den Auftrag an den zuständigen Gerichtsvollzieher weiterleitet (**Vorbem. 6 S. 3**). Dies entspricht dem auch im GKG geltenden Grundsatz, dass bei der Verweisung an das zuständige Gericht die Gebühren nicht doppelt anfallen. Schon die **Möglichkeit der Abgabe** schließt das Entstehen der Gebühr aus.

3 Ist ein Schuldner **unbekannt verzogen**, können die Gebühren des Abschnitts 6 erhoben werden. Es kann also insoweit nicht von einer Unzuständigkeit iSd Vorbem. 6 S. 3 ausgegangen werden. Ermittelt der Gläubiger in einem derartigen Fall eine neue Anschrift und beauftragt den Gerichtsvollzieher (denselben oder auch einen anderen Gerichtsvollzieher desselben Amtsgerichtsbezirks), liegt ein **neuer Auftrag** vor, weil es sich nicht um die Fortsetzung eines Auftrags handelt, wenn die Anschrift des Schuldners unzutreffend und die zutreffende nicht bekannt ist und der Auftrag deshalb zurückgegeben wird (Nr. 2 Abs. 1 S. 3 DB-GvKostG).

II. Nicht erledigte Zustellung (Nr. 600 KV GvKostG); speziell: Nicht erledigte Zustellung der Ladung zur Abnahme der Vermögensauskunft; nicht erledigte Zustellung des Pfändungs- und Überweisungsbeschlusses

4 Es stellt sich die Frage, ob für die

- nicht erledigte **Zustellung der Ladung** zum Termin zur Abnahme der Vermögensauskunft (§ 802 f ZPO) oder
- nicht erledigte **Zustellung des Pfändungs- und Überweisungsbeschlusses** an den Schuldner (§ 829 Abs. 2 S. 2, auch iVm § 835 Abs. 3 S. 1 ZPO)

eine Gebühr nach Abschnitt 6 des Kostenverzeichnisses erhoben werden kann.

5 Es wird zT davon ausgegangen, dass es sich bei diesen Zustellungen um **Amtszustellungen** handelt.[1] Dies soll auch im Rahmen der Sachaufklärung noch gelten, da die Ausnahmeregelung in der Vorbem. 1 Abs. 2 KV GvKostG auch für die Ladung zum Termin zur Abnahme der Vermögensauskunft (§ 802 f ZPO) gilt.[2] Der Anfall einer Gebühr nach Abschnitt 6 KV GvKostG bei Nichterledigung wird bei Amtszustellungen zT bezweifelt. Dies wird damit begründet, dass eine Gebühr nach Nr. 600 KV GvKostG nicht entstehen kann, wenn eine **gebührenpflichtige Zustellung von Amts wegen** nicht erledigt wird.[3] Es wird davon ausgegangen, dass Gebühren nach Abschnitt 6 KV GvKostG nur anfallen können, wenn es sich um eine Parteizustellung handelt, weil nur in diesem Fall der Gerichtsvollzieher mit der Zustellung „beauftragt" ist. Wird jedoch die Ansicht vertreten, dass es sich um eine Parteizustellung handelt,[4] stellt sich die Streitfrage nicht.

6 Die zur Amtszustellung vertretene Auffassung überzeugt nicht. Eine Gebühr Nr. 600 KV GvKostG entsteht für eine „Nicht erledigte Zustellung (Nummern 100 und 101)". Dies bedeutet, dass immer dann, wenn die Möglichkeit des Anfalls einer Gebühr Nr. 100 bzw Nr. 101 KV GvKostG besteht, gegebenenfalls (!) auch eine Gebühr Nr. 600 KV GvKostG anfallen kann. Der Gesetzgeber verweist nicht auf die Nichterledigung von Parteizustellungen, sondern ausdrücklich auf Nr. 100 bzw 101 KV GvKostG. Hätte der Gesetzgeber bestimmte Zustellungsfälle hinsichtlich der Gebühr für die Nichterledigung ausschließen wollen, hätte dies konkret zum Ausdruck gebracht werden müssen, wie dies zB auch für die nicht erledigte Vorpfändung geschehen ist, die im Rahmen der Änderung des

---

1 *Tenner*, DGVZ 2015, 31; *Otto*, JurBüro 2001, 70; *Kessel*, DGVZ 2004, 51.
2 BT-Drucks. 16/10069, S. 15, 48.
3 *Winterstein/Richter/Zuhn*, GvKostR, Nr. 100–102 KV GvKostG Rn 5.
4 *Tenner*, DGVZ 2015, 32.

GvKostG[5] aus dem Katalog der Fälle, die eine Nichterledigungsgebühr auslösen, herausgenommen wurde.[6] Anhaltspunkte dafür, dass die – gebührenauslösenden – Zustellungen der Ladung zum Termin zur Abnahme der Vermögensauskunft oder des Pfändungs- und Überweisungsbeschluss an den Schuldner im Falle einer Nichterledigung kostenrechtlich anders behandelt werden sollten als die übrigen Zustellungen, ergeben sich nicht.[7] Es ist auch nicht zu begründen, dass zB eine versuchte persönliche Zustellung der Ladung zum Termin zur Abnahme der eidesstattlichen Versicherung oder eine versuchte persönliche Zustellung des Pfändungs- und Überweisungsbeschlusses an den Schuldner, die nicht erledigt werden können, weil der Schuldner zB unbekannt verzogen, verstorben oder nicht zu ermitteln ist, keine Gebühr auslösen sollten, da dem Gerichtsvollzieher auch in diesen Fällen ein tatsächlicher Aufwand entstanden ist (zB Vorbereitung der Ladung oder der zuzustellenden Schriftstücke), der durch die Gebühren abgegolten wird.

III. Bestimmte nicht erledigte Amtshandlungen (Nr. 604 KV GvKostG)

1. Nicht abgenommene Vermögensauskunft (Anm. zu Nr. 604 KV GvKostG). Einen Ausnahmefall zur Nichterledigung einer Amtshandlung und einer damit verbundenen Gebühr für die Nichterledigung normiert die **Anmerkung** zu Nr. 604 KV GvKostG. Danach wird die Gebühr für die **nicht abgenommene Vermögensauskunft** nicht erhoben, wenn diese deshalb nicht abgenommen wird, weil der Schuldner sie innerhalb der letzten zwei Jahre bereits abgegeben hat (§ 802 d Abs. 1 S. 1 ZPO). Dabei ist es ohne Belang, ob der Gerichtsvollzieher dies nach § 135 GVGA feststellt oder ob ihm dies bekannt ist, da sich die Anmerkung zu Nr. 604 KV GvKostG ausdrücklich auf die „Abgabe" der Vermögensauskunft bezieht.[8]

2. Nicht erledigter Versuch der gütlichen Erledigung. Von der Aufzählung der KV-Nummern im Gebührentatbestand Nr. 604 KV GvKostG (u.a. „Nummern 205 bis 221") wird auch die Nr. 207 KV GvKostG umfasst, die dann ggf in derselben Höhe anfällt wie die Gebühr Nr. 207 KV GvKostG selbst. Es sind jedoch auch Fallgestaltungen denkbar, in denen die Gebühr Nr. 604 KV GvKostG (zu Nr. 207 KV GvKostG) anfällt, wenn der Auftrag zwar bei dem Gerichtsvollzieher eingegangen und damit erteilt ist (§ 3 Abs. 3 S. 1), es aber **nicht zu einem Versuch der gütlichen Einigung kommt** (Rücknahme nach Eingang vor Versuch). Auch in diesem Fall sind die Voraussetzungen erfüllt, mit denen der Gesetzgeber die Gebühr Nr. 604 KV GvKostG begründet hat, nämlich dass die Amtshandlung aus Rechtsgründen oder infolge von Umständen, die weder in der Person des Gerichtsvollziehers liegen noch von seiner Entschließung abhängig sind, **nicht erledigt** wurde. In diesen Fällen hat der Gerichtsvollzieher idR bereits einen Aufwand erbracht oder hat ihn noch zu erbringen (zB Rücksendung des Titels).

In der Praxis diskutiert wird der Fall, dass der Gerichtsvollzieher bei einem isolierten Auftrag zur gütlichen Erledigung (§ 802 a Abs. 2 S. 1 Nr. 1 ZPO) feststellt, dass der Schuldner **verstorben** oder **unbekannt verzogen** ist oder er einen **Rückbrief** mit entsprechenden Angaben enthält. Dazu wird vertreten, dass der Versuch einer gütlichen Erledigung mangels Kontakt mit dem Schuldner gar nicht erfolgen konnte, mit der Folge, dass lediglich die Gebühr Nr. 604 (207) KV GvKostG angesetzt werden kann. Es wird aber auch vertreten, dass der Versuch

---

5 Durch Art. 19 Nr. 3 Buchst. f) des Gesetzes zur Änderung des Rechts der Vertretung durch Rechtsanwälte vor den Oberlandesgerichten (OLG-Vertretungsänderungsgesetz – OLGVertrÄndG) vom 23.7.2002. In Kraft getreten am 1.8.2002.
6 Nr. 604 KV GvKostG nennt die Vorpfändungsbenachrichtigung (Nr. 200 KV GvKostG) nicht.
7 AG Wuppertal DGVZ 2007, 174.
8 AG Magdeburg DGVZ 2002, 79.

der gütlichen Erledigung gescheitert ist, wenn eine **Kontaktaufnahme zum Schuldner erfolglos** geblieben ist, der Schuldner freiwillige Zahlungen verweigert oder sich hierzu nicht in der Lage sieht.[9] Dies würde bedeuten, dass das versuchte Aufsuchen des Schuldners bereits im Rahmen des „Versuchs der gütlichen Erledigung" erfolgt, so dass die Gebühr Nr. 207 KV GvKostG anzusetzen wäre. Die zuletzt dargestellte Ansicht erscheint jedoch bedenklich, da es zur Erfüllung des Gebührentatbestands des „Versuchs" konkreter Handlungen bedarf (zB Schreiben, Telefonat, Gespräch mit Schuldner). Ein vergeblicher Versuch der Kontaktaufnahme stellt daher eher einen „nicht erledigten Versuch" dar (Nr. 604/207 KV GvKostG) dar.

9 **3. Nicht erledigte Vorpfändungsbenachrichtigung.** Keine Gebühr nach Abschnitt 6 entsteht, wenn ein Auftrag zur Herstellung einer Vorpfändungsbenachrichtigung nicht erledigt wird, denn Nr. 200 KV GvKostG (Amtshandlung nach § 845 Abs. 1 S. 2 ZPO) ist in Nr. 604 KV GvKostG nicht genannt.

10 **4. Nicht erledigtes Nachbesserungsverfahren zur Vermögensauskunft.** Keine Gebühr Nr. 604 KV GvKostG entsteht für ein nicht erledigtes Nachbesserungsverfahren zur Vermögensauskunft. Das Nachbesserungsverfahren ist Teil des alten Auftrags und setzt das ursprüngliche Verfahren zur Abnahme der Vermögensauskunft fort.[10] Es wird nicht zwischen begründetem und unbegründetem Nachbesserungsverfahren unterschieden. Wenn aber der Nachbesserungsantrag keinen neuen Auftrag darstellt, kann auch im Falle der Abweisung eines unberechtigten Nachbesserungsantrags keine Gebühr Nr. 604 KV GvKostG anfallen, denn die Abweisung des Antrags erfolgt im Rahmen des – gebührenfreien – Nachbesserungsverfahrens. Weist der Gerichtsvollzieher einen Antrag des Gläubigers auf Nachbesserung einer Vermögensauskunft als unbegründet zurück, so entsteht hierdurch kein neuer Gebührentatbestand; ein solcher kann insb. nicht auf Nr. 604 KV GvKostG (Nichterledigung aus Rechtsgründen) gestützt werden.[11] Eine Gebühr Nr. 604 KV GvKostG für die Ablehnung des (unbegründeten) Antrags beim Gerichtsvollzieher wird vereinzelt damit begründet, dass dieser unbegründete Antrag zusätzliche Arbeit und Auslagen verursacht.[12] Dies kann für sich alleine jedoch noch keinen Gebührenansatz begründen. Auch durch einen zu Unrecht gestellten Nachbesserungsantrag wird kein neuer Gebührentatbestand geschaffen. In Nr. 604 KV GvKostG ist das Nachbesserungsverfahren in den dort aufgezählten Amtshandlungen nicht enthalten.[13] Für das Nachbesserungsverfahren – mit welchem Ausgang auch immer – ist eine Gebühr nicht vorgesehen. Daher kann auch für das unbegründete Nachbesserungsverfahren eine Gebühr Nr. 604 KV GvKostG nicht erhoben werden.[14]

---

9 *Mroß*, AnwBl 2013, 16.
10 Noch zur eidesstattlichen Versicherung vgl BGH DGVZ 2008, 124.
11 LG Verden JurBüro 2003, 543.
12 AG Hamburg-Harburg DGVZ 2003, 126; AG Frankfurt DGVZ 2003, 13; AG Münster DGVZ 2004, 63; AG Lindau DGVZ 2004, 157; AG Gütersloh DGVZ 2004, 94.
13 *Winterstein*, DGVZ 2004, 119; *Seip*, DGVZ 2001, 70; *Winterstein/Richter/Zuhn*, GvKostR, § 7 Rn 1.
14 LG Verden JurBüro 2003, 544; AG Bremen JurBüro 2002, 432; LG Frankfurt/Oder JurBüro 2004, 216; AG Ahlfeld JurBüro 2003, 39; AG Öhringen JurBüro 2003, 105; AG Bremen JurBüro 2004, 159; AG Berlin-Tiergarten DGVZ 2002, 77; AG Unna NJW-RR 2004, 1727; AG Bottrop DGVZ 2004, 94; AG Cloppenburg JurBüro 2005, 607; AG Hannover DGVZ 2006, 142; LG Dresden JurBüro 2005, 609; AG Bremen JurBüro 2005, 608; AG Syke JurBüro 2006, 495; AG Darmstadt JurBüro 2006, 331; AG Rahden JurBüro 2006, 269; AG Saarbrücken JurBüro 2006, 496; *Winterstein*, DGVZ 2004, 119; Schröder-Kay/*Winter*, Nr. 260 KV GvKostG Rn 54–56; *Hartmann*, KostG, Nr. 260 KVGv Rn 4; *Drumann*, JurBüro 2003, 544; *Sturm*, JurBüro 2004, 62.

5. Nicht erledigter Ermittlungsauftrag nach §§ 755, 802 l ZPO. Eine Nichterledigungsgebühr zu Nr. 440 KV GvKostG ist nicht vorgesehen. Wird also ein Ermittlungsauftrag (§§ 755, 802 l ZPO) nicht erledigt, entsteht keine Gebühr. Wurde unzulässigerweise ein Auftrag nach § 755 ZPO ohne Vollstreckungsauftrag erteilt,[15] ist bei Zurückweisung des Auftrags aber die Mindestauslagenpauschale (Nr. 716 KV GvKostG) in Ansatz zu bringen.

11

Abschnitt 7
Auslagen

Nr.	Auslagentatbestand	Höhe
700	Pauschale für die Herstellung und Überlassung von Dokumenten:	

	1. Kopien und Ausdrucke,
	     a) die auf Antrag angefertigt oder per Telefax übermittelt werden,
	     b) die angefertigt werden, weil der Auftraggeber es unterlassen hat, die erforderliche Zahl von Mehrfertigungen beizufügen:	

	für die ersten 50 Seiten je Seite	0,50 €
	für jede weitere Seite	0,15 €
	für die ersten 50 Seiten in Farbe je Seite	1,00 €
	für jede weitere Seite in Farbe	0,30 €
	2. Überlassung von elektronisch gespeicherten Dateien oder deren Bereitstellung zum Abruf anstelle der in Nummer 1 genannten Kopien und Ausdrucke:	
	je Datei	1,50 €
	für die in einem Arbeitsgang überlassenen, bereitgestellten oder in einem Arbeitsgang auf denselben Datenträger übertragenen Dokumente insgesamt höchstens	5,00 €
	(1) Die Höhe der Dokumentenpauschale nach Nummer 1 ist bei Durchführung eines jeden Auftrags und für jeden Kostenschuldner nach § 13 Abs. 1 Nr. 1 GvKostG gesondert zu berechnen; Gesamtschuldner gelten als ein Schuldner.	
	(2) Werden zum Zweck der Überlassung von elektronisch gespeicherten Dateien Dokumente zuvor auf Antrag von der Papierform in die elektronische Form übertragen, beträgt die Dokumentenpauschale nach Nummer 2 nicht weniger, als die Dokumentenpauschale im Fall der Nummer 1 betragen würde.	
	(3) § 191 a Abs. 1 Satz 2 GVG bleibt unberührt.	

---

15 BGH DGVZ 2014, 257; LG Heidelberg DGVZ 2014, 93; AG Wiesloch DGVZ 2014, 20; AG Leipzig DGVZ 2013, 245.

Nr.	Auslagentatbestand	Höhe
	(4) Eine Dokumentenpauschale für die erste Kopie oder den ersten Ausdruck des Vermögensverzeichnisses und der Niederschrift über die Abgabe der Vermögensauskunft wird von demjenigen Kostenschuldner nicht erhoben, von dem die Gebühr 260 oder 261 zu erheben ist. Entsprechendes gilt, wenn anstelle der in Satz 1 genannten Kopien oder Ausdrucke elektronisch gespeicherte Dateien überlassen werden (§ 802 d Abs. 2 ZPO).	

I. Allgemeines

1 Eine Dokumentenpauschale nach Nr. 700 Nr. 1 KV GvKostG wird nur für die Fertigung von „Kopien " und „Ausdrucken" erhoben. Durch den Begriff „**Ausdrucke**" neben den der Kopien wird klargestellt, dass nicht nur Kopien, sondern auch weitere Ausdrucke, die der Gerichtsvollzieher herstellt, dokumentenpauschalenpflichtig sind.[1] Da zwischenzeitlich auch die Überlassung von Dokumenten in elektronischer Form, insb. per E-Mail, von der Regelung umfasst wird (s. Nr. 700 Nr. 2 KV GvKostG), wurde der frühere Begriff „Schreibauslagen" durch den Begriff „**Dokumentenpauschale**" ersetzt.

2 Für ein **Ermessen** des Gerichtsvollziehers bei der Erhebung der Dokumentenpauschale ist **kein** Raum.[2] Der Gerichtsvollzieher kann damit nur in den in Nr. 700 KV GvKostG genannten Fällen Dokumentenpauschalen ansetzen.

II. Dokumentenpauschale nach Nr. 700 Nr. 1 KV GvKostG

3 Der bislang verwendete Begriff „**Ablichtung**" wurde im Zuge des 2. KostRMoG durch „Kopie" ersetzt. Grund für die Begriffsänderung ist – neben der Einführung einer heute gebräuchlicheren Bezeichnung – die Vermeidung von Missverständnissen bei der Erstellung von elektronischen Dokumenten (Scans). Da nämlich auch beim Scannen idR das Papierdokument „abgelichtet" wird, wird zT unter dem Begriff „Ablichtung" auch ein eingescanntes Dokument verstanden. Durch den Begriff der Kopie soll klargestellt werden, dass es sich bei Scans nicht um Kopien iSd GvKostG handelt. **Kopie iSd Kostenrechts** ist die Reproduktion einer Vorlage auf einem körperlichen Gegenstand, zB Papier, Karton oder Folie.[3]

4 Unterschieden wird zwischen **Schwarz-Weiß-Kopien** und -Ausdrucken und Kopien und Ausdrucken **in Farbe**. Der Gerichtsvollzieher ist befugt, sich im Rahmen der vereinfachten Räumung (§ 885 a Abs. 2 ZPO) zum Zwecke der Dokumentation der vorgefundenen beweglichen Habe des Schuldners elektronischer Bildaufzeichnungsmittel zu bedienen (§ 885 a Abs. 2 S. 2 ZPO). Das Protokoll über eine Räumung kann (§ 762 ZPO) daher Lichtbilder enthalten, die als Farbausdruck wiederzugeben sind.[4] Ebenso werden häufig bei der Zustellung einstweiliger Verfügungen Kopien von farbigen Anlagen notwendig. Für Farbkopien sind die doppelten Sätze der Schwarz-Weiß-Kopien vorgesehen.

5 Entsprechend der Regelung bei der früheren eidesstattlichen Versicherung wird auch weiterhin neben der Gebühr für die **Abnahme der Vermögensauskunft** (Nr. 260 KV GvKostG) eine Dokumentenpauschale nicht erhoben. Dies ergibt sich aus **Anm. Abs. 4 S. 1** zu Nr. 700 KV GvKostG. Es entsteht also auch dann

---

1 *Winterstein/Richter/Zuhn*, GvKostR, Nr. 700 KV GvKostG Rn 2.
2 BVerwG NJW 1983, 896.
3 BT-Drucks. 17/11471 (neu), S. 156, 257.
4 BT-Drucks. 17/10485, S. 35.

keine Dokumentenpauschale, wenn einem Drittgläubiger durch den Gerichtsvollzieher eine Abschrift einer bereits abgenommenen Vermögensauskunft erteilt wird (§ 802 d Abs. 1 S. 2, Abs. 2 ZPO). Es kann auch dann keine Dokumentenpauschale erhoben werden, wenn anstelle der in Nr. 700 Nr. 1 KV GvKostG genannten Kopien oder Ausdrucke elektronisch gespeicherte Dateien überlassen werden (§ 802 d Abs. 2 ZPO), wie **Anm. Abs. 4 S. 2** zu Nr. 700 KV GvKostG ausdrücklich bestimmt.

Dem **(verhafteten) Schuldner** ist auf Verlangen nach Erstellung einer Vermögensauskunft als elektronisches Dokument ein **Ausdruck** zu erteilen (§ 802 i Abs. 2 S. 2 iVm § 802 f Abs. 5 S. 3 ZPO). Auch dieser Ausdruck ist nach **Anm. Abs. 4 S. 1** zu Nr. 700 KV GvKostG frei von einer Dokumentenpauschale. Es handelt sich um die „**erste Abschrift**" der abgegebenen Vermögensauskunft für den Schuldner, der auch nach § 13 Abs. 1 S. 1 Nr. 2 und 3 auch als Vollstreckungsschuldner/Verpflichteter auch für die Gebühr Nr. 260 KV GvKostG haftet. Nach der Formulierung in Nr. 700 KV GvKostG ist der Begriff „erste Abschrift" auf den **jeweiligen** Kostenschuldner (also Gläubiger *und* Schuldner) bezogen.[5] Es lässt sich dem Wortlaut von Nr. 700 Abs. 3 KV GvKostG gerade nicht entnehmen, dass die Dokumentenpauschale nur von demjenigen Kostenschuldner nicht erhoben wird, von dem die Kosten letztlich beglichen werden, sondern von demjenigen, von dem die Gebühr 260, 261 „zu erheben ist". Dies trifft jedoch auf Gläubiger und Schuldner gleichermaßen zu.[6] Dies entspricht auch dem Grundsatz in anderen Kostengesetzen, dass jeweils der erste Ausdruck einer Niederschrift über eine Sitzung für jeden Beteiligten frei von der Dokumentenpauschale ist. Eine andere Ansicht geht davon aus, dass es sich um eine **weitere (kostenpflichtige) Abschrift** handelt, für die der Gläubiger als Auftraggeber gegenüber dem Gerichtsvollzieher haftet.[7]

Soweit **keine Protokollabschrift beantragt** ist, kann eine Dokumentenpauschale für eine Information des Gläubigers über die vorgenommenen Ermittlungen nach dem Aufenthaltsort des Schuldners (§ 755 ZPO) und Fremdauskünfte (§ 802 l Abs. 1 ZPO) nicht erhoben werden, da der Gläubiger über den Ausgang des Auftrags zu unterrichten ist (§ 34 GVGA). Eine solche Benachrichtigung ist Teil der Pflichten, die der Gerichtsvollzieher von Amts wegen zu erfüllen hat.[8]

Über das Ergebnis einer Erhebung oder eines Ersuchens über Auskünfte nach § 802 l Abs. 1 ZPO setzt der Gerichtsvollzieher den Gläubiger unter Beachtung des § 802 l Abs. 2 ZPO unverzüglich und den Schuldner innerhalb von vier Wochen nach Erhalt in Kenntnis. Erfolgt diese Unterrichtung durch Kopien der eingeholten Auskünfte, kann für die Abschriften der Auskünfte eine Dokumentenpauschale nicht erhoben werden. Eine Dokumentenpauschale entsteht nur noch für Abschriften, die auf Antrag angefertigt oder per Telefax übermittelt werden, und für Abschriften, die angefertigt worden sind, weil der Auftraggeber es unterlassen hat, einem Schriftstück die erforderliche Zahl von Abschriften beizufügen. Für ein Ermessen des Gerichtsvollziehers bei der Erhebung von Dokumentenpauschalen ist kein Raum. Die abschließende gesetzliche Regelung der Nr. 700 KV GvKostG lässt für ein Ermessen keinen Spielraum.[9] Bereits in der Begründung zur Einführung des GvKostG ist dazu ausgeführt, dass sonstiger Aufwand des

---

5 Vgl *Volpert*, Neuerungen im Kostenrecht durch das Gesetz zur Reform der Sachaufklärung in der Zwangsvollstreckung, in: Seibel u.a., Zwangsvollstreckungsrecht aktuell, 2. Aufl. 2013, § 2 Rn 58 ff.
6 AG Mönchengladbach-Rheydt 26.6.2013 – 32 M 1380/13.
7 LG Mönchengladbach DGVZ 2014, 23.
8 BGH DGVZ 2004, 61.
9 BVerwG 29.4.1982 – 2 C 33/80, NJW 1983, 896; Schröder-Kay/*Winter*, Nr. 700 KV GvKostG Rn 5.

Gerichtsvollziehers grds. zu den Gemeinkosten gehört, die durch die Gebühren abgegolten werden. Dies gilt insb. für Abschriften, die von Amts wegen angefertigt oder per Telefax übermittelt werden.[10] Aus der Formulierung „insbesondere" ergibt sich, dass die Aufzählung in der gesetzlichen Begründung nicht abschließend ist. Außerdem wird klargestellt, dass alle Abschriften, die **„von Amts wegen"** angefertigt werden, keine Dokumentenpauschale auslösen. Die Einholung von Auskünften nach § 802 l ZPO ist – wie sich aus der Aufstellung der möglichen Vollstreckungsmaßnahmen in § 802 a Abs. 2 S. 1 Nr. 3 ZPO ausdrücklich ergibt – eine Vollstreckungsmaßnahme. Die Unterrichtung des Gläubigers und des Schuldners über den Ausgang dieser Vollstreckung ist eine Amtspflicht des Gerichtsvollziehers (§§ 1 S. 4, 34 S. 1 GVGA).[11] Beim Schuldner ist auch zu berücksichtigen, dass die Einholung von Auskünften zunächst ohne seine Information erfolgt.

9 Dokumentenpauschalen fallen insb. auch dann nicht an, wenn die ermittelten Informationen nicht in einem besonderen Schreiben, sondern durch eine **Protokollabschrift** mitgeteilt werden.

10 Eine Dokumentenpauschale kann allerdings erhoben werden, wenn Kopien angefertigt worden sind, weil der Auftraggeber es unterlassen hat, die **erforderliche Zahl von Mehrfertigungen** beizufügen (Nr. 700 Nr. 1 Buchst. b KV GvKostG). Damit können zB fehlende Abschriften von Antrag und Forderungsaufstellung, die der Ladung zur Abnahme der Vermögensauskunft beizufügen sind (§ 136 Abs. 1 GVGA), unter Ansatz der Dokumentenpauschale gefertigt werden. Der Gerichtsvollzieher darf die Vollstreckung nicht einstellen, jedoch auf Kosten des Gläubigers die Abschriften selbst fertigen.[12]

III. Überlassung von elektronisch gespeicherten Dateien (Nr. 700 Nr. 2 KV GvKostG)

11 Übermittelt der Gerichtsvollzieher **elektronisch gespeicherte Dateien** anstelle von Ausdrucken und Kopien, kann eine pauschale Auslage von 1,50 € je Datei erhoben werden (**Nr. 700 Nr. 2 KV GvKostG**). Diese Auslagenhöhe wurde im Zuge des 2. KostRMoG gegenüber der früheren Fassung des GvKostG (2,50 €) gesenkt. Auf diese Weise soll ein Anreiz geschaffen werden, verstärkt von der Möglichkeit Gebrauch zu machen, die elektronische Versendung von Dokumenten zu beantragen. Der Betrag entspricht demjenigen für den elektronischen Abruf von Dokumenten, die zu einem Register eingereicht worden sind.

12 Werden **mehrere** elektronisch gespeicherte Dokumente übermittelt, besteht für die elektronische Überlassung eine Höchstgrenze von 5,00 €, wenn Dokumente in einem Arbeitsgang überlassen oder auf einem Datenträger gespeichert werden. Dieser Betrag entspricht dem Betrag, der derzeit als Auslage für die elektronische Übermittlung einer elektronisch geführten Akte in der streitigen Gerichtsbarkeit und vom Familiengericht erhoben wird.[13]

13 Müssen zur Überlassung von elektronisch gespeicherten Dateien die Dokumente **zuvor** auf Antrag **von der Papierform in die elektronische Form übertragen** werden, gilt die besondere Regelung in **Anm. Abs. 2 zu Nr. 700 KV GvKostG**. Diese Bestimmung betrifft die Fälle, in denen die Übermittlung als elektronische Datei ausdrücklich beantragt wird, das Dokument aber nur in Papierform vorliegt. In

---

10 Drucks. 14/3432, S. 33.
11 BGH DGVZ 2004, 61.
12 BGH DGVZ 2012, 46.
13 BT-Drucks. 17/11471 (neu), S. 235.

diesem Fall wird für das Einscannen mindestens der Betrag erhoben, der auch bei der Fertigung einer Kopie oder bei der Übermittlung per Fax angefallen wäre.[14]

Nr.	Auslagentatbestand	Höhe
701	Entgelte für Zustellungen mit Zustellungsurkunde	in voller Höhe

Die Fassung dieses Auslagentatbestands berücksichtigt, dass inzwischen neben der Deutschen Post AG weitere Unternehmen Zustellungen mit Zustellungsurkunde durchführen. 1

Nr.	Auslagentatbestand	Höhe
702	Auslagen für öffentliche Bekanntmachungen und Einstellung eines Ausgebots auf einer Versteigerungsplattform zur Versteigerung im Internet .... Auslagen werden nicht erhoben für die Bekanntmachung oder Einstellung in einem elektronischen Informations- und Kommunikationssystem, wenn das Entgelt nicht für den Einzelfall oder nicht für ein einzelnes Verfahren berechnet wird.	in voller Höhe

Neben den **Veröffentlichungskosten in Printmedien** regelt der Auslagentatbestand auch, dass Auslagen für die **Einstellung eines Ausgebots auf einer Versteigerungsplattform** dann nicht angesetzt werden können, wenn ein Entgelt nicht zu zahlen ist oder das Entgelt nicht für den Einzelfall oder ein einzelnes Verfahren berechnet wird (**Anm.**).[1] 1

Auslagentatbestand ist die **Einstellung eines Ausgebots**. Werden im Rahmen einer Verwertung mehrere Gegenstände **einzeln** ausgeboten, handelt es sich um mehrere Ausgebote, so dass Nr. 702 KV GvKostG mehrfach erhoben werden kann. 2

Nr.	Auslagentatbestand	Höhe
703	Nach dem JVEG an Zeugen, Sachverständige, Dolmetscher und Übersetzer zu zahlende Beträge .... (1) Die Beträge werden auch erhoben, wenn aus Gründen der Gegenseitigkeit, der Verwaltungsvereinfachung oder aus vergleichbaren Gründen keine Zahlungen zu leisten sind. (2) Auslagen für Gebärdensprachdolmetscher (§ 186 Abs. 1 GVG) und für Übersetzer, die zur Erfüllung der Rechte blinder oder sehbehinderter Personen herangezogen werden (§ 191 a Abs. 1 GVG), werden nicht erhoben.	in voller Höhe

---

14 BT-Drucks. 17/11471 (neu), S. 235.
1 BT-Drucks. 17/11471 (neu), S. 257 iVm S. 235.

1 Die Entschädigung bzw Vergütung von **Zeugen, Sachverständigen, Dolmetschern und Übersetzern** richtet sich auch bei der Heranziehung durch den Gerichtsvollzieher ausdrücklich nach dem JVEG (§ 1 Abs. 1 S. 1 Nr. 1 JVEG). Der Gerichtsvollzieher ist jedoch wie das Vollstreckungsgericht ein Vollstreckungsorgan, so dass es sachgerecht erscheint, die Vergütung bzw Entschädigung der von ihm herangezogenen Personen den gleichen Regelungen zu unterwerfen, wie sie für eine Heranziehung durch das Gericht gelten.

Nr.	Auslagentatbestand	Höhe
704	An die zum Öffnen von Türen und Behältnissen sowie an die zur Durchsuchung von Schuldnern zugezogenen Personen zu zahlende Beträge	in voller Höhe

I. Öffnung von Türen und Behältnissen

1 Der Gerichtsvollzieher ist befugt, die Wohnung und die Behältnisse des Schuldners zu durchsuchen, soweit der Zweck der Vollstreckung dies erfordert (§ 758 Abs. 1 ZPO, § 61 GVGA). Bei der Zwangsvollstreckung wahrt der Gerichtsvollzieher neben dem Interesse des Gläubigers auch das des Schuldners, soweit dies ohne Gefährdung des Erfolgs der Zwangsvollstreckung geschehen kann. Er vermeidet u.a. jede unnötige Schädigung des Schuldners (§ 58 Abs. 1 S. 1, 2 GVGA). Die Durchsuchung muss daher so **schonend und sachgerecht** wie möglich vorgenommen werden.

2 Der Gerichtsvollzieher ist befugt, die verschlossenen Haustüren, Zimmertüren und Behältnisse öffnen zu lassen (§ 758 Abs. 2 ZPO). Er wird daher ggf fachkundige Personen (zB **Schlosser, Schlüsseldienste**) mit der Öffnung von Türen und Behältnissen beauftragen. Die Kosten, die die zugezogenen Personen gegenüber dem Gerichtsvollzieher geltend machen, können als Auslagen des Gerichtsvollziehers vom Kostenschuldner (§ 13 Abs. 1 Nr. 1–3, Abs. 2) wieder eingezogen werden. Da der Gerichtsvollzieher bedacht sein muss, dass nur die unbedingt notwendigen Kosten und Aufwendungen entstehen (§ 58 Abs. 1 S. 2 GVGA), können nur die **ortsüblichen Kosten** für die in Anspruch genommene Dienstleistung als Auslagen in Rechnung gestellt werden.[1]

II. Durchsuchung von Personen

3 Der Gerichtsvollzieher darf auch die Kleider und Taschen des Schuldners durchsuchen (§ 61 Abs. 10 S. 1 GVGA). Die Durchsuchung einer weiblichen Person lässt der Gerichtsvollzieher durch eine zuverlässige weibliche Hilfsperson durchführen. Die Durchsuchung einer männlichen Person ist durch eine zuverlässige männliche Hilfskraft durchzuführen, wenn eine Gerichtsvollzieherin vollstreckt (§ 61 Abs. 10 S. 4, 5 GVGA). Für diese Tätigkeit kann der Gerichtsvollzieher den Hilfspersonen eine Vergütung zahlen, die als Auslagen des Gerichtsvollziehers dem Kostenschuldner (§ 13 Abs. 1 Nr. 1–3, Abs. 2) in Rechnung gestellt werden. Die Höhe der Vergütung ist nicht festgelegt. Sie liegt daher im Ermessen des Gerichtsvollziehers und soll nach den ortsüblichen Sätzen erfolgen.[2] Bei dem in etwa vergleichbaren Fall der Zuziehung von Dritten als Zeugen (§ 759 ZPO) wird auf die Bestimmungen des JVEG verwiesen (§ 62 Abs. 2 S. 5 GVGA), das auch

---

1 Winterstein/Richter/Zuhn, GvKostR, Nr. 701–710 KV GvKostG Buchst. f).
2 Schröder-Kay/Winter, Nr. 704 KV GvKostG Rn 6.

bei der Zuziehung zur Durchsuchung Anwendung finden soll.[3] Ob jemand bereit ist, eine derartige Durchsuchung zu den Sätzen des JVEG vorzunehmen, insb. wenn kein Fall eines Verdienstausfalls vorliegt (derzeit 4,00 €/Std.), muss bezweifelt werden.

Nr.	Auslagentatbestand	Höhe
705	Kosten für die Umschreibung eines auf den Namen lautenden Wertpapiers oder für die Wiederinkurssetzung eines Inhaberpapiers..................................	in voller Höhe

Lautet ein Wertpapier auf Namen, so kann der Gerichtsvollzieher durch das Vollstreckungsgericht ermächtigt werden, die Umschreibung auf den Namen des Käufers zu erwirken und die hierzu erforderlichen Erklärungen an Stelle des Schuldners abzugeben (§§ 821, 822 ZPO, § 105 GVGA). Ebenso so kann der Gerichtsvollzieher durch das Vollstreckungsgericht ermächtigt werden, die Wiederinkurssetzung zu erwirken und die hierzu erforderlichen Erklärungen an Stelle des Schuldners abzugeben, wenn ein Inhaberpapier durch Einschreibung auf den Namen oder in anderer Weise außer Kurs gesetzt ist (§§ 821, 823 ZPO, § 105 GVGA). Gebühren entstehen für die Tätigkeit des Gerichtsvollziehers nicht, da es sich bei den Tätigkeiten des Gerichtsvollziehers um ein gebührenfreies Nebengeschäft der Verwertung handelt.[1] Fallen jedoch Auslagen (zB Bankgebühren) an, sind diese Kosten als Auslagen des Gerichtsvollziehers vom Kostenschuldner (§ 13 Abs. 1 Nr. 1–3, Abs. 2) zu erheben. 1

Nr.	Auslagentatbestand	Höhe
706	Kosten, die von einem Kreditinstitut erhoben werden, weil ein Scheck des Schuldners nicht eingelöst wird	in voller Höhe

Wird ein **Scheck** des Vollstreckungsschuldners nicht eingelöst, können die Kosten konkret einem Auftrag oder mehreren Aufträgen zugeordnet und daher von dem Auftraggeber oder dem Schuldner auch erhoben werden. Da sie ganz gezielt einem Auftrag zugerechnet werden können, gehören derartige Kosten nicht zu den Gemeinkosten eines Gerichtsvollziehers, wie zB allgemeine Kontoführungskosten. Schuldner ist nach der Legaldefinition in § 3 Abs. 2 S. 1 Nr. 3 der Vollstreckungsschuldner und auch der Verpflichtete des FamFG. 1

---

3 *Winterstein/Richter/Zuhn*, GvKostR, Nr. 701–710 KV GvKostG Buchst. f).
1 *Schröder-Kay/Winter*, Nr. 705 KV GvKostG; *Hartmann*, KostG, Nr. 705 KVGv Rn 3.

Nr.	Auslagentatbestand	Höhe
707	An Dritte zu zahlende Beträge für die Beförderung von Personen, Tieren und Sachen, das Verwahren von Tieren und Sachen, das Füttern von Tieren, die Beaufsichtigung von Sachen sowie das Abernten von Früchten .... Diese Vorschrift ist nicht anzuwenden bei dem Transport von Sachen oder Tieren an den Ersteher oder an einen von diesem benannten Dritten im Rahmen der Verwertung.	in voller Höhe

1 Durch das 2. KostRMoG wurde die **Anmerkung** angefügt, mit der der Auslagentatbestand Nr. 707 KV GvKostG von dem ebenfalls im Zuge des 2. KostRMoG neu eingefügten Auslagentatbestand Nr. 714 KV GvKostG abgegrenzt wird, so dass ein gleichzeitiger Ansatz von Nr. 707 und Nr. 714 KV GvKostG nicht in Betracht kommt und bei Transport im Rahmen der Verwertung ausschließlich Nr. 714 KV GvKostG maßgebend ist. S. dazu ergänzend die Erl. zu Nr. 714 KV GvKostG.

Nr.	Auslagentatbestand	Höhe
708	An deutsche Behörden für die Erfüllung von deren eigenen Aufgaben zu zahlende Gebühren sowie diejenigen Auslagen, die diesen Behörden, öffentlichen Einrichtungen oder deren Bediensteten als Ersatz für Auslagen der in den Nummern 700 und 701 bezeichneten Art zustehen	in voller Höhe

1 Regelungen über die Erhebung von **Gebühren für Auskünfte** gehören zum Recht des Verfahrens der jeweiligen Behörde. Im Rahmen der für die Gerichtsvollzieher geltenden Vorschriften wird daher insoweit nur angeordnet, dass Zahlungen, die eventuell für die Erteilung der Auskünfte geleistet werden müssen, von den Kostenschuldner als Auslagen erhoben werden können.[1] Die Vorschrift Nr. 708 KV GvKostG wurde durch das 2. KostRMoG neu gefasst. Die Änderung soll eine Weitergabe von vom Gerichtsvollzieher verauslagten Gebühren und bestimmten Auslagen, die an andere Behörden zu zahlen sind, an die Parteien ermöglichen.[2] Muss der Gerichtsvollzieher zB im Rahmen der Ermittlung des Aufenthaltsorts des Schuldners (§ 755 Abs. 1 ZPO) an die Meldebehörde oder für Auskünfte der Rentenversicherungsträger oder des Kraftfahrt-Bundesamtes (§ 755 Abs. 2 ZPO) Gebühren entrichten, werden diese wiederum bei ihm als Auslagen erhoben. Der Auslagentatbestand ist unabhängig davon, ob im Einzelfall tatsächlich Gebühren für Auskünfte gezahlt werden.

2 Das GvKostG kann die **Höhe** der an die Behörden zu zahlenden Gebühren nicht regeln. Regelungen über die Erhebung von Gebühren gehören zum Recht des Verfahrens der jeweiligen Behörde,[3] so dass entsprechende Gebührenregelungen

---
1 Stellungnahme der BReg zum Gesetzentwurf des Bundesrates (Anlage 2 der BT-Drucks. 16/10069, S. 57).
2 BT-Drucks. 17/11471 (neu), S. 257.
3 BT-Drucks. 16/13432, S. 49.

bei den zur Auskunft verpflichteten Behörden maßgebend sind und daher nicht im GvKostG zu regeln sind. Im Rahmen des GvKostG kann daher nur ein allgemeiner Auslagentatbestand bestimmt werden.[4]

Auch bei einer späteren Einführung von Gebühren für Auskünfte können diese unmittelbar vom Kostenschuldner eingezogen werden, da Nr. 708 KV GvKostG bestimmt, dass „zu zahlende Gebühren" in voller Höhe als Auslagen in Rechnung gestellt werden können.

Festgelegt wurden die Auskunftskosten bei den **Trägern der Rentenversicherung**. Diese betragen nach §§ 64 Abs. 1 S. 2, 74 a Abs. 2 S. 1 SGB X derzeit 10,20 €. Bei Auskünften des **Kraftfahrt-Bundesamtes** fallen Gebühren nach der Gebührenordnung für Maßnahmen im Straßenverkehr (GebOSt) an. Die Auskunft aus dem **Ausländerzentralregister** erfolgt im Wege der Amtshilfe ohne Gebühren.[5] Für die Auskünfte der jeweiligen zuständigen **Ausländerbehörden** können die Städte und Gemeinden wiederum Gebühren festlegen. Kontenabrufe (§ 802 l Abs. 1 Nr. 2 ZPO) beim **Bundeszentralamt für Steuern** sind für den Gerichtsvollzieher gebührenfrei.[6]

Bei den Kosten der **Meldebehörden** sind die Bestimmungen der einzelnen Bundesländer maßgebend. Im Regelfall ist das Land von Verwaltungsgebühren **befreit**, so dass die Gerichtsvollzieher als Landesbeamte grds. von den Gebühren des **Einwohnermeldeamts** befreit wären. Die Befreiung tritt jedoch nicht ein, soweit das Land (dh der Gerichtsvollzieher) berechtigt ist, zu zahlende Verwaltungsgebühren Dritten aufzuerlegen, oder wenn sonst Dritte mit dem betreffenden Betrag belastet werden können. Gleiches gilt für die Gebühren des **Kraftfahrt-Bundesamtes**. Nach § 8 Abs. 2 des Bundesgebührengesetzes (BGebG) ist den Ländern eine persönliche Gebührenfreiheit eingeräumt worden. Dies gilt nach § 8 Abs. 3 BGebG allerdings nicht in den Fällen, in denen die Gebühren Dritten auferlegt werden können,[7] wie dies bei den Gerichtsvollziehern der Fall ist, die diese Gebühren als Auslagen (Nr. 708 KV GvKostG) gegenüber den Kostenschuldnern (§ 13 Abs. 1 Nr. 1–3) erheben können. Die Gebühren an Auskunftstellen nach §§ 755, 802 l ZPO sind auch dann an diese zu zahlen, wenn dem Gläubiger Kostenfreiheit zusteht oder Prozesskostenhilfe bzw Verfahrenskostenhilfe bewilligt ist, da neben dem Auftraggeber als Kostenschuldner (§ 13 Abs. 1 Nr. 1) auch der Vollstreckungsschuldner bzw der Verpflichtete haftet (§ 13 Abs. 1 Nr. 2 und 3). Sind die Auslagen auch vom Vollstreckungsschuldner nicht beizutreiben, können sie gegenüber der Landeskasse geltend gemacht werden (§ 7 Abs. 2, 3 GVO) und sind dem Gericht bzw der zuständigen Gerichtskasse oder der an Stelle der Gerichtskasse zuständigen Vollstreckungsbehörde mitzuteilen (§ 57 Abs. 2 GVO, Nr. 6 Abs. 2 und 3 DB-GvKostG).

Auch dann, wenn der Gerichtsvollzieher Auskünfte zur Anfertigung der Eintragungsanordnung einholt (§ 882 c Abs. 3 S. 2 ZPO), sind vom Gerichtsvollzieher zu zahlende Auslagen den Kostenschuldnern (§ 13 Abs. 1 S. 1 Nr. 1–3) in Rechnung zu stellen. Nur die Erhebung der Gebühr Nr. 440 KV GvKostG ist ausgeschlossen, nicht jedoch die Erhebung von Auslagen nach Nr. 708 KV GvKostG. Der Auslagentatbestand enthält keine entsprechende Einschränkung.

---

4 BT-Drucks. 16/13432, S. 49.
5 BT-Drucks. 16/13432, S. 49.
6 BT-Drucks. 16/13432, S. 49.
7 BT-Drucks. 16/13432, S. 49.

Nr.	Auslagentatbestand	Höhe
709	Kosten für Arbeitshilfen	in voller Höhe

1 Eine **Arbeitshilfe** kann im Rahmen einer Amtshandlung nach dem pflichtgemäßen Ermessen des Gerichtsvollziehers hinzugezogen werden. Die Hinzuziehung muss notwendig gewesen sein, da nur notwendige Kosten in Ansatz gebracht werden dürfen (§ 802 a Abs. 1 ZPO, § 58 Abs. 1 S. 3 GVGA). Eine **Notwendigkeit** ist dann gegeben, wenn der Umfang einer Amtshandlung die Zuziehung von Arbeitshilfen rechtfertigt oder eine Arbeit vom Gerichtsvollzieher nicht selbst erledigt werden kann (zB Schlüsseldienst, Schlosser).

2 Nach der Einführung der Möglichkeit der **Bilddokumentation bei der Räumung** (**§ 885 a ZPO**) stellt sich die Frage, ob der Gerichtsvollzieher **Dritte** mit der Bilddokumentation beauftragen und die Kosten als Auslagen erheben kann. Der Gesetzgeber geht davon aus, dass der Gerichtsvollzieher selbst die Bilddokumentation fertigt (vgl Nr. 241, 713 KV GvKostG). Diese hat im Regelfall auch keinen derartig großen Umfang, dass sie nicht durch den Gerichtsvollzieher selbst erledigt werden könnte. Es handelt sich auch nicht um eine Tätigkeit, die der Gerichtsvollzieher nicht selbst erledigen könnte. Unter Berücksichtigung, dass nur die unbedingt notwendigen Kosten und Aufwendungen entstehen dürfen (§ 58 Abs. 1 S. 3 GVGA), dürften Kosten Dritter für eine Bilddokumentation nicht notwendig sein. Da die Bilddokumentation im Übrigen auch eine ausführliche Protokollierung ersetzen und die Dokumentation vereinfachen soll, dürfte der Dritte einer Schreibkraft ähnlicher sein als einer Arbeitshilfe. Wenn eine solche Schreibhilfe zur Entlastung des Gerichtsvollziehers zugezogen wird, können Auslagen nicht angesetzt werden.[1]

Nr.	Auslagentatbestand	Höhe
710	Pauschale für die Benutzung von eigenen Beförderungsmitteln des Gerichtsvollziehers zur Beförderung von Personen und Sachen je Fahrt	6,00 €

DB-GvKostG (Zu Nr. 710 KV) Nr. 17

(1) Die Pauschale nach Nr. 710 KV wird nur erhoben, wenn die Beförderung der Erledigung einer Amtshandlung dient und durch die Benutzung des eigenen Beförderungsmittels die ansonsten erforderliche Benutzung eines fremden Beförderungsmittels vermieden wird.

(2) Der Name einer mitgenommenen Person und der Grund für die Beförderung durch die Gerichtsvollzieherin oder den Gerichtsvollzieher sind in den Akten zu vermerken.

1 Anstelle der tatsächlichen Kosten für die Benutzung von eigenen **Beförderungsmitteln** des Gerichtsvollziehers zur Beförderung von Personen und Sachen kann aus Gründen der Vereinfachung eine **Pauschale je Fahrt** erhoben werden. Die Pauschale ist nur dann anzusetzen, wenn durch die Benutzung des eigenen Fahrzeugs des Gerichtsvollziehers die ansonsten erforderliche Benutzung eines frem-

---

[1] Schröder-Kay/*Winter*, Nr. 709 KV GvKostG Rn 3.

den Fahrzeugs vermieden wird. Damit kann die Pauschale dann nicht erhoben werden, wenn im Regelfall kein Dritter mit dem Transport beauftragt würde.

Nr.	Auslagentatbestand	Höhe
711	Wegegeld je Auftrag für zurückgelegte Wegstrecken, wenn sich aus einer Rechtsverordnung nach § 12 a GvKostG nichts anderes ergibt,	
	– Stufe 1: bis zu 10 Kilometer	3,25 €
	– Stufe 2: von mehr als 10 Kilometern bis 20 Kilometer	6,50 €
	– Stufe 3: von mehr als 20 Kilometern bis 30 Kilometer	9,75 €
	– Stufe 4: von mehr als 30 Kilometern bis 40 Kilometer	13,00 €
	– Stufe 5: von mehr als 40 Kilometern	16,25 €
	(1) Das Wegegeld wird erhoben, wenn der Gerichtsvollzieher zur Durchführung des Auftrags Wegstrecken innerhalb des Bezirks des Amtsgerichts, dem der Gerichtsvollzieher zugewiesen ist, oder innerhalb des dem Gerichtsvollzieher zugewiesenen Bezirks eines anderen Amtsgerichts zurückgelegt hat. (2) Maßgebend ist die Entfernung von dem Amtsgericht, dem der Gerichtsvollzieher zugewiesen ist, zum Ort der Amtshandlung, wenn nicht die Entfernung vom Geschäftszimmer des Gerichtsvollziehers geringer ist. Werden mehrere Wege zurückgelegt, ist der Weg mit der weitesten Entfernung maßgebend. Die Entfernung ist nach der Luftlinie zu messen. (3) Wegegeld wird nicht erhoben für 1. die sonstige Zustellung (Nummer 101), 2. die Versteigerung von Pfandstücken, die sich in der Pfandkammer befinden, und 3. im Rahmen des allgemeinen Geschäftsbetriebes zurückzulegende Wege, insbesondere zur Post und zum Amtsgericht. (4) In den Fällen des § 10 Abs. 2 Satz 1 und 2 GvKostG wird das Wegegeld für jede Vollstreckungshandlung, im Falle der Vorpfändung für jede Zustellung an einen Drittschuldner gesondert erhoben. Zieht der Gerichtsvollzieher Teilbeträge ein (§ 802 b ZPO), wird das Wegegeld für den Einzug des zweiten und sodann jedes weiteren Teilbetrages je einmal gesondert erhoben. Das Wegegeld für den Einzug einer Rate entsteht bereits mit dem ersten Versuch, die Rate einzuziehen.	

Nr.	Auslagentatbestand	Höhe
712	Bei Geschäften außerhalb des Bezirks des Amtsgerichts, dem der Gerichtsvollzieher zugewiesen ist, oder außerhalb des dem Gerichtsvollzieher zugewiesenen Bezirks eines anderen Amtsgerichts, Reisekosten nach den für den Gerichtsvollzieher geltenden beamtenrechtlichen Vorschriften	in voller Höhe

DB-GvKostG (Zu Nrn. 711, 712 KV) Nr. 18

(1) Die Höhe des Wegegeldes nach Nr. 711 KV hängt davon ab, in welcher Entfernungszone der Ort der am weitesten entfernt stattfindenden Amtshandlung liegt, sofern sich aus einer Rechtsverordnung nach § 12 a GvKostG nichts anderes ergibt. Für jede Amtshandlung kommen zwei Entfernungszonen in Betracht. Mittelpunkt der ersten Entfernungszone ist das Hauptgebäude des Amtsgerichts und zwar auch dann, wenn sich die Verteilungsstelle (§ 22 GVO) in einer Nebenstelle oder Zweigstelle des Amtsgerichts befindet. Mittelpunkt der zweiten Entfernungszone ist das Geschäftszimmer der Gerichtsvollzieherin oder des Gerichtsvollziehers. Maßgebend ist in beiden Fällen die (einfache) nach der Luftlinie zu messende Entfernung vom Mittelpunkt zum Ort der Amtshandlung. Die kürzere Entfernung ist entscheidend.

(2) Neben dem Wegegeld werden andere durch die auswärtige Tätigkeit bedingte Auslagen, insbesondere Fähr- und Brückengelder sowie Aufwendungen für eine Übernachtung oder einen Mietkraftwagen nicht angesetzt.

(3) Wird eine Amtshandlung von der Vertretungskraft der Gerichtsvollzieherin oder des Gerichtsvollziehers vorgenommen, so gilt folgendes:

a) Sind die Gerichtsvollzieherin oder der Gerichtsvollzieher und die Vertretungskraft demselben Amtsgericht zugewiesen, so ist für die Berechnung des Wegegeldes in den Fällen der Nr. 711 KV das Geschäftszimmer der Vertretungskraft maßgebend.

b) Sind die Gerichtsvollzieherin oder der Gerichtsvollzieher und die Vertretungskraft nicht demselben Amtsgericht zugewiesen, so liegt bei Amtshandlungen der Vertretungskraft im Bezirk der Gerichtsvollzieherin oder des Gerichtsvollziehers ein Fall der Nr. 712 KV nicht vor. Für die Berechnung des Wegegeldes ist in diesem Fall das Amtsgericht maßgebend, dem die vertretene Gerichtsvollzieherin oder der vertretene Gerichtsvollzieher zugewiesen ist. Unterhält die Vertretungskraft im Bezirk dieses Amtsgerichts ein Geschäftszimmer, so ist für die Vergleichsberechnung nach Absatz 1 von diesem auszugehen.

I. Wegegeld (Nr. 711 KV GvKostG) 1
   1. Allgemeines 1
   2. Berechnung des Wegegeldes 2
   3. Kein Ansatz von Wegegeld (Anm. Abs. 3) 8

4. Ausnahmeregelungen (Anm. Abs. 4) 13
5. Speziell: Vertretungen, Nr. 18 Abs. 3 DB-GvKostG 17

II. Bestimmte Reisekosten (Nr. 712 KV GvKostG) 20

I. Wegegeld (Nr. 711 KV GvKostG)

1. Allgemeines. Für zurückgelegte Fahrten erhält der Gerichtsvollzieher ein Wegegeld in pauschalierter Form. Das Wegegeld hat mit den tatsächlichen Kosten im Einzelfall nichts zu tun.[1] Das Aufkommen aus der Gesamtheit dieser Pauschalen je Auftrag soll den gesamten Aufwand abgelten, der durch Fahrten, Wege und Gänge entsteht, die im Rahmen der Erledigung von Amtshandlungen durch den Gerichtsvollzieher erforderlich werden. Selbst wenn im Einzelfall ein höherer Aufwand anfällt (zB bei notwendiger Benutzung eines Taxis), werden diese Kosten ohne Rücksicht auf ihre tatsächliche Höhe in diesem Einzelfall durch das pauschalierte Wegegeld entschädigt. Durch das Wegegeld wird der gesamte Aufwand abgegolten, der dem Gerichtsvollzieher entsteht. Neben der Pauschale können daher gesonderte Kosten, wie zB Maut-, Fähr- und Brückengebühren, nicht mehr erhoben werden.[2] Dies wird in Nr. 18 Abs. 2 DB-GvKostG auch noch einmal ausdrücklich zum Ausdruck gebracht.

2. Berechnung des Wegegeldes. Im Einleitungssatz wird die Abweichungsmöglichkeit durch Rechtsverordnung nach § 12 a vorbehalten. Durch Rechtsverordnung (§ 12 a) kann festgelegt werden, dass das Wegegeld nach einer höheren Wegegeldstufe zu erheben ist, wenn die kürzeste öffentlich nutzbare Strecke mindestens doppelt so weit ist wie die Entfernung nach der Luftlinie (s. auch § 12 a Rn 3).[3] 2

Außerdem erhielten die Wegegeldstufen eine Nummerierung (Stufe 1–5), um sie insb. bei Erlass einer Rechtsverordnung nach § 12 a besser zitieren zu können. Eine weitere Wegegeldstufe (Stufe 5) ist angefügt worden, gleichzeitig wurde die frühere höchste Wegegeldstufe auf Entfernungen bis 40 Kilometer begrenzt. Die neue Stufe 5 gilt für Entfernungen über 40 Kilometer. Das Wegegeld ist somit nunmehr nach **fünf Entfernungszonen** gestaffelt. 3

Bei der Berechnung des Wegegeldes ist auch dann, wenn dem Gerichtsvollzieher ein Bezirk eines benachbarten Amtsgerichts zugeschlagen wird, für die Bestimmung der Entfernung immer von dem Amtsgericht auszugehen, dem der Gerichtsvollzieher zugewiesen ist (s. **Anm. Abs. 2 S. 1**), und zwar unabhängig davon, auf welche Weise der benachbarte Bezirk in verwaltungstechnischer Hinsicht übertragen wird.[4] Ist einem Gerichtsvollzieher neben seinem Bezirk noch ein weiterer Bezirk eines anderen Amtsgerichts zugewiesen (§ 12 GVO), ist ebenfalls Nr. 711 KV GvKostG und nicht Nr. 712 KV GvKostG maßgebend. **Anm. Abs. 1 zu Nr. 711 KV GvKostG** stellt insoweit klar, dass das Wegegeld erhoben wird, wenn der Gerichtsvollzieher zur Durchführung des Auftrags Wegstrecken innerhalb des Bezirks des Amtsgerichts, dem der Gerichtsvollzieher zugewiesen ist, oder innerhalb des dem Gerichtsvollzieher **zugewiesenen Bezirks eines anderen Amtsgerichts** zurückgelegt hat. Dies folgt aus der Anm. Abs. 2 S. 1 zu Nr. 711 KV GvKostG, der nur das Amtsgericht nennt, dem der Gerichtsvollzieher **zugewiesen ist**.[5] 4

Die Entfernung ist nach der **Luftlinie** zu messen (**Anm. Abs. 2 S. 3**). 5

Werden im Rahmen eines Auftrags mehrere Wege zurückgelegt, ist der Weg mit der weitesten Entfernung maßgebend (**Anm. Abs. 2 S. 2**). Das Wegegeld kann also bei der Durchführung eines Auftrags unabhängig von der Zahl der Wege grds. nur einmal nach der weitesten Entfernung erhoben werden. Der Begriff „Auftrag" ist wiederum in § 3 definiert. Andererseits entsteht das Wegegeld unabhängig von der Anzahl der tatsächlich zurückgelegten Wege für jeden Auftrag geson- 6

---

1 BT-Drucks. 17/11471 (neu), S. 257.
2 *Winterstein/Richter/Zuhn*, GvKostR, Nr. 240 KV GvKostG Rn 2; *Meyer*, GvKostG „Auslagen" Rn 32; OVG Niedersachsen JurBüro 2006, 496.
3 BT-Drucks. 17/11471 (neu), S. 254, 257.
4 BT-Drucks. 17/11471 (neu), S. 257.
5 BT-Drucks. 17/11471 (neu), S. 257; aA wohl *Winterstein/Richter/Zuhn*, GvKostR, Nr. 711 KV GvKostG Rn 5.

dert (§ 17 S. 2). Dies bedeutet, dass in Fällen, in denen nur **ein Auftrag** vorliegt, der gegebenenfalls an **unterschiedlichen Orten** mit **unterschiedlichen Entfernungszonen** zu erledigen ist (zB Auftrag zur Vollstreckung in Wohnung und Geschäftslokal; Auftrag zur Vollstreckung gegen Gesamtschuldner an unterschiedlichen Orten), zwar auch nur ein Wegegeld auslöst, jedoch das Wegegeld der weitesten Entfernungszone erhoben werden kann.

7 Ein Wegegeld wird nur dann erhoben, wenn zur Durchführung eines Auftrags tatsächlich ein Weg zurückgelegt worden ist (vgl **Anm. Abs. 1**). Aus der Formulierung „**zurückgelegte**" Wegstrecken folgt, dass ein Wegegeld nur dann erhoben werden kann, wenn zur Durchführung eines Auftrags tatsächlich ein Weg zurückgelegt worden ist.[6] Der Gerichtsvollzieher muss sein Büro verlassen haben.[7]

8 **3. Kein Ansatz von Wegegeld (Anm. Abs. 3). Anm. Abs. 3 Nr. 1:** Ausgeschlossen ist der Ansatz eines Wegegeldes bei einer **sonstigen Zustellung** (Nr. 101 KV GvKostG), somit also der Ansatz eines Wegegeldes für den Gang oder die Fahrt zum Briefkasten. Kommt es zu einer geplanten Änderung des § 882 c ZPO dahin gehend, dass über die Bewilligung der öffentlichen Zustellung der Gerichtsvollzieher entscheidet,[8] würde damit auch die **Fahrt zum öffentlichen Aushang** kein Wegegeld auslösen.

9 **Anm. Abs. 3 Nr. 2:** Gleichfalls ausgeschlossen ist der Ansatz eines Wegegeldes zur Versteigerung von Pfandstücken, die sich in der **Pfandkammer** befinden. Dem liegt der Grundsatz zugrunde, dass Fahrten zu Räumen, die zu den Geschäftsräumen des Gerichtsvollziehers gehören, kein Wegegeld auslösen. Die Frage eines Wegegeldes insoweit dürfte sich in der Praxis regelmäßig nicht stellen, da grds. nur ein Wegegeld je Auftrag entsteht. Da der Auftrag aber die Vollstreckung einschließlich der Verwertung umfasst, dürfte regelmäßig bereits der mögliche Wegegeldansatz ausgeschöpft sein, bevor es zu einer Fahrt zur Pfandkammer kommt.

10 **Anm. Abs. 3 Nr. 3:** Kein Wegegeld darf der Gerichtsvollzieher ferner für Wege ansetzen, die im Rahmen des **allgemeinen Bürobetriebes**[9] zurückgelegt werden, wobei **Wege zur Post und zum Amtsgericht** beispielhaft genannt sind (arg.: „insbesondere"). Ausgeschlossen sind damit u.a. Wege zur Schreibkraft oder zum Einkauf von Büromaterial.

11 In bestimmten Angelegenheiten, die dem Grunde nach ebenfalls dienstliche Angelegenheiten des Gerichtsvollziehers betreffen, kommt ein Ansatz von Wegegeld nicht in Betracht, weil der Gerichtsvollzieher nicht in seiner Eigenschaft als „Gerichtsvollzieher" tätig wird und nach § 1 Kosten (Gebühren und Auslagen) nur für Tätigkeiten des Gerichtsvollziehers erhoben werden, für die er nach Bundes- oder Landesrecht sachlich zuständig ist. Ausgeschlossen ist der Wegegeldansatz zB in Angelegenheiten, die die **persönlichen Dienstangelegenheiten** des Gerichtsvollziehers betreffen (zB Fahrten aus Anlass von Versetzungen, Dienstbesprechungen, Fortbildungen usw). Die Entschädigung richtet sich in diesem Fall nach allgemeinem Reisekostenrecht der Beamten.[10] Ausgeschlossen ist der Wegegeldansatz **als Zeuge oder Sachverständiger** bei Ladung durch Gericht oder Staatsanwaltschaft; die Entschädigung richtet sich in diesem Fall nach dem JVEG.

---

6 NK-GK/*Kessel*, GvKostG, Nr. 711 KV GvKostG Rn 1.
7 *Winterstein/Richter/Zuhn*, GvKostR, Nr. 711 KV GvKostG Rn 1.
8 Art. 1 Nr. 13 des RefE des BMJV vom 9.12.2014 zum „Entwurf eines Gesetzes zur Durchführung der Verordnung (EU) Nr. 655/2014 sowie zur Änderung sonstiger zivilprozessualer Vorschriften (EuKoPfVODG)", S. 6.
9 Schröder-Kay/*Winter*, Nr. 711 KV GvKostG Rn 4.
10 Schröder-Kay/*Winter*, Nr. 711 KV GvKostG Rn 4.

Ausgeschlossen ist der Wegegeldansatz aber auch, wenn der Gerichtsvollzieher **als Zustellungsorgan** tätig wird. Nach § 168 Abs. 1 S. 2 ZPO kann die Geschäftsstelle bei einer Zustellung von Amts wegen einen Justizbediensteten mit der Ausführung beauftragen. Der Gerichtsvollzieher ist in diesem Falle dann nicht als „Gerichtsvollzieher", sondern als „Justizbediensteter" beauftragt. Er erhält hier Reisekosten nach dem jeweiligen Reisekostengesetz. Anders ist es im Falle des § 168 Abs. 2 ZPO. Dort wird der Gerichtsvollzieher durch den Vorsitzenden des Prozessgerichts nach dem ausdrücklichen Wortlaut der Bestimmung in seiner Funktion als „Gerichtsvollzieher" mit der Amtszustellung beauftragt. Ausgeschlossen ist ein Wegegeldansatz auch, wenn der Gerichtsvollzieher **als „Sequester"** tätig wird.[11] 12

4. Ausnahmeregelungen (Anm. Abs. 4). Für bestimmte Fälle enthält Anm. Abs. 4 Ausnahmereglungen vom Grundsatz der einmaligen Erhebung des Wegegeldes je Auftrag. 13

So kann das Wegegeld bei jeder persönlichen Zustellung einer **Vorpfändungsbenachrichtigung** an einen Drittschuldner gesondert erhoben werden (Anm. Abs. 4 S. 1). Ein besonderes Wegegeld kann auch bei mehrfacher **Wiederholung der gleichen Vollstreckungshandlung** (§ 10 Abs. 2 S. 1 und 2) erhoben werden (Anm. Abs. 4 S. 1). 14

Ein mehrfacher Ansatz von Wegegeld kann auch beim **Einzug von Raten** erfolgen (**Anm. Abs. 4 S. 2 und 3**). Der Gerichtsvollzieher ist auch berechtigt, Raten beim Schuldner abzuholen (§ 68 Abs. 2 Nr. 3 GVGA). Dabei soll ein Wegegeld für die Abholung der ersten Rate nach dem Willen des Gesetzgebers nicht entstehen. Durch Anm. Abs. 4 S. 3 wird ausdrücklich klargestellt, dass für die Abholung der ersten Rate kein Wegegeld anfallen kann, sondern nur beim Einzug der **folgenden Raten**.[12] Die bisher zT vertretene Auffassung, dass ein Wegegeld auch für die Abholung der ersten Rate, wenn die erste Rate gesondert abgeholt und nicht im Rahmen der Vollstreckung gezahlt wird,[13] entsteht, kann somit nicht mehr aufrechterhalten werden. Zur Begründung wird darauf verwiesen, dass bereits nach der früheren Regelung der Nr. 711 KV GvKostG das Wegegeld bei der Erledigung desselben Auftrags nur einmal entsteht. Dabei gehört auch die Verwertung zum Auftrag (§ 3 Abs. 1). Selbst wenn der Gerichtsvollzieher auf seiner ersten Fahrt zum Schuldner dort eine Pfändung ausbringt und bei der zweiten Fahrt zur Abholung des Pfandstücks vom Schuldner die Forderung und die Kosten in einer Summe erhält, fällt das Wegegeld nur einmal an. Wenn nunmehr die Zahlung aus nur **einem Teilbetrag** besteht, soll dies kein zusätzliches Wegegeld auslösen.[14] Das Wegegeld fällt für jeden Rateneinzug unabhängig vom Erfolg und von der Anzahl der Einziehungsversuche nur einmal an. Es entsteht beim **ersten Einziehungsversuch**.[15] 15

Es wird zT bezweifelt, dass bei der persönlichen Zustellung der **Eintragungsanordnung** (§ 882 c ZPO) ein Wegegeld erhoben werden kann, auch wenn es sich bei dem Weg zur persönlichen Zustellung um den **einzigen Weg** im Rahmen des Auftrags handelt. Dies kann zB der Fall sein, wenn eine Vermögensauskunft bereits abgenommen und dem Gläubiger eine Abschrift zugeleitet wurde und sodann eine persönliche Zustellung der Eintragungsanordnung erfolgt. Zum Teil wird die Ansicht vertreten, dass es sich weder um einen besonderen Auftrag handele noch dass nach dem GvKostG der Ansatz eines Wegegeldes vorgesehen sei. Ein Wegegeld entsteht, wenn ein Weg zur Erledigung einer **Amtshandlung** zu- 16

---

11 Schröder-Kay/*Winter*, Nr. 711 KV GvKostG Rn 4.
12 BT-Drucks. 17/11471 (neu), S. 257.
13 *Winterstein/Richter/Zuhn*, GvKostR, Nr. 711 KV GvKostG Rn 2.
14 BT-Drucks. 17/11471 (neu), S. 257 f.
15 BT-Drucks. 17/11471 (neu), S. 257.

rückgelegt wurde.[16] Der zuständige Gerichtsvollzieher ordnet **von Amts wegen** die Eintragung des Schuldners in das Schuldnerverzeichnis an (§ 882 c Abs. 1 S. 1, Abs. 2 S. 2 ZPO), so dass es wohl kaum zweifelhaft ist, dass es sich bei der (persönlichen) Zustellung der Eintragungsanordnung um einen Weg zur Durchführung einer Amtshandlung handelt. Ein Verbot der Erhebung eines Wegegeldes ergibt sich für diesen Fall der Zustellung weder aus dem GvKostG noch auch der ZPO, der GVO oder der GVGA. Insbesondere § 882 c Abs. 2 S. 2 ZPO normiert lediglich, dass dem Schuldner die Eintragungsanordnung „zuzustellen" ist. Das Aufkommen aus der Erhebung der Wegegelder soll den gesamten Wegeaufwand decken, der mit der für die Erledigung von Amtshandlungen notwendigen dienstlichen Tätigkeit des Gerichtsvollziehers als **Zustellungs- und Vollstreckungsorgan** verbunden ist.[17] Die Nichterhebung ist insb. auch nicht damit zu begründen, dass es sich bei der Zustellung nach § 882 c Abs. 2 S. 2 ZPO um eine Amtszustellung handelt, für die der Gerichtsvollzieher zuständig ist, weil sie ihm durch Gesetz übertragen ist (§ 882 c Abs. 2 S. 2 ZPO, § 9 Abs. 2 GVGA). Es wird beim Wegegeld an keiner Stelle zwischen Amts- und Parteizustellung unterschieden. Vielmehr ist die Bestimmung über die **Wahl der Zustellungsart** in den allgemeinen Bestimmungen über die Zustellung (§§ 9 ff GVGA) enthalten und nicht in den Bestimmungen über die Parteizustellung (§§ 16 ff GVGA). Wenig überzeugend ist auch die Argumentation, dass es sich bei der Eintragungsanordnung nicht um einen besonderen Auftrag handeln würde. Die Eintragungsanordnung ist immer die Folge eines Vollstreckungsauftrags (§ 882 a Abs. 2 ZPO) und ist daher Nebengeschäft der Zwangsvollstreckungsaufträge. Zwischen der persönlichen Zustellung und der **Zustellung durch die Post** hat der Gerichtsvollzieher wiederum nach pflichtgemäßem **Ermessen** die Wahl (§ 15 Abs. 2 S. 1 GVGA). Dabei wird grds. sogar der persönlichen Zustellung der Vorzug gegeben (§ 15 Abs. 2 S. 2 GVGA). Eine Ausnahme für diesen Weg ist insb. auch in der Anm. Abs. 3 zu Nr. 711 KV GvKostG nicht enthalten.

17 **5. Speziell: Vertretungen, Nr. 18 Abs. 3 DB-GvKostG.** Vertretungsregelungen ergeben sich nicht aus dem GvKostG, sondern sind in Nr. 18 Abs. 3 DB-GvKostG geregelt. Dabei sind wiederum verschiedene Fälle zu unterscheiden.

18 a) **Der zu vertretende Gerichtsvollzieher und der vertretende Gerichtsvollzieher sind demselben Amtsgericht zugewiesen (Nr. 18 Abs. 3 Buchst. a) DB-GvKostG).** Für die Berechnung des Wegegeldes ist in den Fällen der Nr. 711 KV GvKostG das Geschäftszimmer der Vertretungskraft maßgebend. Dies bedeutet, dass grds. wieder der Vergleich zwischen Amtsgericht und Geschäftszimmer nach der Anm. Abs. 2 zu Nr. 711 KV GvKostG, Nr. 18 Abs. 1 DB-GvKostG vorzunehmen ist. Dabei ist im Vergleich die Entfernung vom Geschäftszimmer des vertretenden Gerichtsvollziehers zum Ort der Amtshandlung zugrunde zu legen.

19 b) **Der zu vertretende Gerichtsvollzieher und der vertretende Gerichtsvollzieher sind nicht demselben Amtsgericht zugewiesen (Nr. 18 Abs. 3 Buchst. b) DB-GvKostG).** Obwohl der vertretende Gerichtsvollzieher „ein Geschäft außerhalb des Bezirks des Amtsgerichts, dem er zugewiesen ist", vornimmt und damit grds. den Auslagentatbestand der Nr. 712 KV GvKostG erfüllt, bestimmt Nr. 18 Abs. 3 Buchst. b) S. 1 DB-GvKostG, dass ein Fall der Nr. 712 KV GvKostG nicht vorliegt. Für die Berechnung des Wegegeldes gilt dann, dass das Amtsgericht maßgebend ist, dem der vertretene Gerichtsvollzieher zugewiesen ist. Sollte der Vertreter in diesem Amtsgericht ein Geschäftszimmer unterhalten, muss dieses der Vergleichsberechnung nach § 18 Abs. 1 DB-GvKostG zugrunde gelegt werden.

---

16 *Hartmann*, KostG, Nr. 711 KVGv Rn 5; *Winterstein/Richter/Zuhn*, GvKostR, Nr. 711 KV GvKostG Rn 1.
17 Schröder-Kay/*Winter*, Nr. 711 KV GvKostG Rn 2.

II. Bestimmte Reisekosten (Nr. 712 KV GvKostG)

Nach Nr. 712 KV GvKostG werden bestimmte Reisekosten des Gerichtsvollziehers dem Kostenschuldner in Rechnung gestellt. Es handelt sich um die Auslagen (Reisekosten), die einem Gerichtsvollzieher entstehen, wenn er eine in seine Zuständigkeit fallende Amtshandlung 20

- außerhalb des Bezirks des Amtsgerichts, dem er zugewiesen ist, oder
- außerhalb des dem Gerichtsvollzieher zugewiesenen Bezirks eines anderen Amtsgerichts

erledigt. An Amtshandlungen, die der Gerichtsvollzieher außerhalb des Bezirks des Amtsgerichts, dem er zugewiesen ist, oder die außerhalb des dem Gerichtsvollzieher zugewiesenen Bezirks eines anderen Amtsgerichts zu erledigen sind, kommen u.a. die **Vorführung von Zeugen oder Parteien** (§ 149 GVGA) in Betracht. Das Gericht kann den Gerichtsvollzieher mit der zwangsweisen Vorführung einer Person, insb. eines Zeugen oder einer Partei, beauftragen (§ 149 S. 1 GVGA).

Es wird in diesen Fällen – anders als bei Nr. 711 KV GvKostG – kein fester Pauschsatz genannt, sondern der Gerichtsvollzieher kann Reisekosten nach den für ihn geltenden beamtenrechtlichen Regelungen abrechnen und dem Kostenschuldner über Nr. 712 KV GvKostG in Rechnung stellen. Es können Reisekosten nach den für den Gerichtsvollzieher geltenden beamtenrechtlichen Vorschriften des Bundesreisekostengesetzes und der Reisekosten der Länder erhoben werden. Damit können ggf neben den eigentlichen Entschädigungen für die gefahrenen Strecken auch Tagegeld, Übernachtungskosten und sonstige Nebenkosten anfallen. 21

Nr.	Auslagentatbestand	Höhe
713	Pauschale für die Dokumentation mittels geeigneter elektronischer Bildaufzeichnungsmittel (§ 885 a Abs. 2 Satz 2 ZPO) .... Mit der Pauschale sind insbesondere die Aufwendungen für die elektronische Datenaufbewahrung abgegolten.	5,00 €

Der Auslagentatbestand Nr. 713 KV GvKostG ist durch das Mietrechtsänderungsgesetz vom 11.3.2013[1] mit Wirkung zum 1.5.2013 neu in das Kostenverzeichnis aufgenommen worden. Der mit der Dokumentation nach § 885 a Abs. 2 S. 1 und 2 ZPO verbundene zusätzliche Zeitaufwand des Gerichtsvollziehers wird bereits durch den Zuschlag bei der Gebühr Nr. 241 KV GvKostG abgegolten. Wegen der mit der Verwendung digitaler Technik verbundenen baren Aufwendungen, insb. für die **Datenaufbewahrung** (**Archivierung**), ist mit diesem Auslagentatbestand neben der Gebühr Nr. 241 KV GvKostG eine besondere Auslagenpauschale im Rahmen der **vereinfachten Räumung** geschaffen worden. Der Umfang der im Rahmen der vereinfachten Räumung vorgefundenen beweglichen Habe des Schuldners kann sehr unterschiedlich sein. Im Einzelfall kann die Menge notwendiger digitaler Fotografien in einer kleinen Mietwohnung gering sein, in einem großen Gewerbeobjekt aber erheblich. Die Höhe der Pauschale ist so 1

---

[1] Gesetz über die energetische Modernisierung von vermietetem Wohnraum und über die vereinfachte Durchsetzung von Räumungstiteln (Mietrechtsänderungsgesetz – MietRÄndG) vom 11.3.2013 (BGBl. I S. 434).

bemessen, dass sie im Querschnitt der Fälle ein angemessenes Äquivalent für die Kosten der vorzuhaltenden Speicherkapazitäten darstellt. Mit der Pauschale sind ebenfalls die Aufwendungen für die Bereit- und Instandhaltung einer Digitalkamera abgegolten.[2]

Nr.	Auslagentatbestand	Höhe
714	An Dritte zu zahlende Beträge für den Versand oder den Transport von Sachen oder Tieren im Rahmen der Verwertung an den Ersteher oder an einen von diesem benannten Dritten und für eine von dem Ersteher beantragte Versicherung für den Versand oder den Transport	in voller Höhe
715	Kosten für die Verpackung im Fall der Nummer 714 ..	in voller Höhe – mindestens 3,00 €

I. Allgemeines

1 Die Auslagentatbestände Nr. 714 und 715 KV GvKostG wurden durch das 2. KostRMoG neu in das Kostenverzeichnis aufgenommen. Bei der Versteigerung von Gegenständen, die auf einer Versteigerungsplattform zur Versteigerung im Internet ausgeboten werden (§ 814 Abs. 1 Nr. 2 ZPO), ist der Ersteher – anders als bei der Präsenzversteigerung (§ 814 Abs. 1 Nr. 1 ZPO) – nicht persönlich anwesend. Die ersteigerten Gegenstände können dem Ersteher daher nicht unmittelbar an Ort und Stelle gegen Zahlung des Kaufgeldes ausgehändigt werden. Die Gegenstände müssen vielmehr in aller Regel **versandt** oder durch einen Spediteur **transportiert** werden. Hinzu kommen die Kosten für die **Verpackung** der zu versendenden Sachen. Die Kosten des Versands trägt der Ersteher aufgrund der ihm vorab bekanntgegebenen Versteigerungsbedingungen (§ 814 Abs. 3 S. 1 Nr. 5 ZPO iVm der entsprechenden landesrechtlichen Regelung).

II. Versand-, Transport- und Versicherungskosten (Nr. 714 KV GvKostG)

2 Mit dem Auslagentatbestand Nr. 714 KV GvKostG wird dem Gerichtsvollzieher die Möglichkeit gegeben, die für den Versand verwerteter Gegenstände anfallenden Kosten zu erheben. Der Auslagentatbestand ist nicht auf die Internetversteigerung beschränkt, sondern findet auch dann Anwendung, wenn ausnahmsweise bei der Präsenzversteigerung ein Transport oder Versand vom Gerichtsvollzieher organisiert wird.

3 Beantragt der Ersteher ausdrücklich den Abschluss einer besonderen **Versicherung** für den Versand oder Transport der Gegenstände, werden auch diese gesonderten Kosten erhoben.

4 Nach § 817 Abs. 2 ZPO darf eine zugeschlagene Sache nur abgeliefert werden, wenn der Kaufpreis und anfallende Versandkosten gezahlt worden sind oder bei Ablieferung gezahlt werden. Die besondere **Kostenpflicht des Erstehers**, der ausschließlich für diese Auslagen haftet, wird in § 13 Abs. 1 S. 2 bestimmt (s. § 13 Rn 6).

---

2 BT-Drucks. 17/10485, S. 35 f.

III. Verpackungskosten (Nr. 715 KV GvKostG)

Eventuell bei dem Gerichtsvollzieher anfallende Verpackungskosten können nunmehr ebenfalls erhoben werden. Sie können in voller Höhe geltend gemacht werden, mindestens aber fällt eine Pauschale von 3,00 € an. Die auch für diese Auslagen bestehende besondere Kostenpflicht des Erstehers wird ebenfalls in § 13 Abs. 1 S. 2 bestimmt (s. § 13 Rn 6).

Nr.	Auslagentatbestand	Höhe
716	Pauschale für sonstige bare Auslagen je Auftrag	20 % der zu erhebenden Gebühren – mindestens 3,00 €, höchstens 10,00 €

Die **Auslagenpauschale** tritt an die Stelle bestimmter Auslagen der Gerichtsvollzieher. Abgegolten werden Entgelte für Post- und Telekommunikationsdienstleistungen, ausgenommen Zustellungen mit Zustellungsurkunde (Nr. 701 KV GvKostG), Vordruckauslagen und Entgelte für Bankdienstleistungen. Hinsichtlich dieser Auslagen kann daher ein einzelner Auslagenansatz nicht erfolgen.[1]

Die Auslagenpauschale entsteht – unabhängig von der Höhe der im Einzelfall angefallenen Auslagen – in Höhe von **mindestens 3,00 €** bzw **20 % der zu erhebenden Gebühren** bis **höchstens 10,00 €**. Die Pauschale erhebt nicht den Anspruch, die genannten Auslagen in jedem Einzelfall vollständig zu decken.[2]

Es besteht keine Möglichkeit, zusätzliche **Portoauslagen** (zB für Mahnungen im Rahmen der Kosteneinziehung oder Strafporto) zu erheben, da im GvKostG dafür kein Auslagentatbestand vorgesehen ist.[3] Da Kosten (= Gebühren *und* Auslagen, § 1 Abs. 1) aber nur nach dem GvKostG erhoben werden dürfen (§ 1 Abs. 1), ist kein Auslagentatbestand für **Einzelporto** gegeben.

Die Auslagenpauschale entsteht auch, wenn keine Gebühr erhoben werden kann, aber tatsächlich Auslagen angefallen sind. Der Auslagentatbestand Nr. 713 KV GvKostG ist so zu lesen, dass Grundlage für die Berechnung der Auslagenpauschale die für den Auftrag zu erhebenden Gebühren sind, mindestens aber, also **unabhängig** von den Gebühren, eine Pauschale von 3,00 € zu erheben ist.[4]

Bei einer **Gebühren-/Kostenbefreiung** ist die Höhe der Pauschale nach der Höhe der zu berechnenden Gebühr (fiktiv) zu ermitteln.[5] Kosten- bzw Gebührenbefreiung bedeutet nicht, dass Gebühren bzw Kosten grds. nicht erhoben werden könnten.

---

1 AG Überlingen InVo 2002, 40.
2 BT-Drucks. 14/3432, S. 33.
3 *Winterstein/Richter/Zuhn*, GvKostR, Nr. 713 KV GvKostG Rn 1.
4 *Winterstein/Richter/Zuhn*, GvKostR, Nr. 713 KV GvKostG Rn 2; Schröder-Kay/*Winter*, Nr. 716 KV GvKostG Rn 5.
5 LG Wuppertal DGVZ 2007, 173; OLG Düsseldorf DGVZ 2006, 200.

Geschäftsanweisung für Gerichtsvollzieher (GVGA)

Bundeseinheitliche Neufassung, von den einzelnen Landesjustizverwaltungen beschlossen, zB in NRW durch AV d. JM vom 9. August 2013 (2344 – Z. 124.1) – JMBl. NRW S. 210 –, in Kraft getreten zum 1. September 2013[1]

Einleitung zur GVGA und GVO

Nach § 154 GVG werden die Dienst- und Geschäftsverhältnisse der Gerichtsvollzieher bei den Landesgerichten durch die **Landesjustizverwaltungen** bestimmt. Diese Ermächtigung ist die Grundlage bestimmter, seitens der Gerichtsvollzieher zu beachtender Verwaltungsbestimmungen. § 154 GVG überlässt es den Landesjustizverwaltungen, die Dienst- und Geschäftsverhältnisse der Gerichtsvollzieher bei den Gerichten der einzelnen Bundesländer zu regeln.[1] § 154 GVG bestimmt insoweit nur, wer die Dienst- und Geschäftsverhältnisse der Gerichtsvollzieher bestimmt, nicht aber, wie diese auszugestalten sind. Die Regelung der Dienst- und Geschäftsverhältnisse selbst erfolgt dementsprechend im Einzelnen durch Verwaltungsvorschriften der einzelnen Landesjustizverwaltungen durch die **Geschäftsanweisung für Gerichtsvollzieher (GVGA)**[2] sowie die **Gerichtsvollzieherordnung (GVO)**[3] in ihren jeweils aktuellen Fassungen, die in einer **bundeseinheitlichen Fassung durch die Landesjustizverwaltungen** in Kraft gesetzt wurden.[4] Neben den inhaltlich in allen Bundesländern übereinstimmenden Vorschriften wurden zum Teil durch einzelne Bundesländer zusätzlich abweichende Ergänzungs- und Sonderbestimmungen erlassen.[5] Zum Teil wurden auf der Grundlage des § 154 GVG noch besondere Regelungen über die Dienst- und Geschäftsverhältnisse der Gerichtsvollzieher erlassen, die dann auf die Verwaltungsanordnungen der obersten Landesjustizbehörde (GVO, GVGA) verweisen.[6] 1

GVGA: Das durch die Gerichtsvollzieher im Rahmen der Zustellung und Vollstreckung anzuwendende Recht ergibt sich zwar im Grundsatz aus der ZPO (§§ 166 f, §§ 704 f), aber es sind zB auch Bestimmungen des BGB, des HGB und seiner Nebengesetze, des Wechsel- und Scheckrechts, des GewSchG und zahlreicher anderer Gesetze sowie Verwaltungsbestimmungen zu beachten. Die wichtigsten vom Gerichtsvollzieher zu beachtenden Bestimmungen sind in der **Geschäftsanweisung für Gerichtsvollzieher (GVGA)** zusammengefasst und erläutert.[7] Diese Geschäftsanweisung soll dem Gerichtsvollzieher das Verständnis der gesetzlichen Vorschriften erleichtern (§ 1 S. 2 GVGA) sowie wirtschaftliche und soziale Zusammenhänge erläutern.[8] Zu diesem Zweck werden gesetzliche Vorschriften wiederholt, zu Übersichten zusammengefasst sowie einzelne, aus Lehre und Rechtsprechung sicher entwickelte Auslegungsregeln dokumentiert. Darüber hinaus werden aber auch Zuständigkeiten der Gerichtsvollzieher für bestimmte dienstliche Tätigkeiten festgelegt, die in den Gesetzen nicht geregelt sind.[9] Die GVGA ist also letztlich eine die gesetzlichen Aufgaben und Befugnisse des Gerichtsvollziehers sowie deren zweckmäßigste Anwendung erläuternde Verwaltungs- 2

---

1 Die bisherige Geschäftsanweisung für Gerichtsvollzieher (AV d. JM vom 19. Juli 2012 (2344 – Z. 124.1) – JMBl. NRW S. 180 – trat mit Ablauf des 31.8.2013 außer Kraft.
1 BVerwG NJW 1983, 896; BVerwG DGVZ 1982, 155.
2 LG Bonn DGVZ 1993, 41.
3 VG Kassel DGVZ 1982, 92.
4 *Schwörer*, DGVZ 2010, 73.
5 *Schwörer*, DGVZ 2010, 73.
6 ZB NRW: Verordnung über die Dienst- und Geschäftsverhältnisse der Gerichtsvollzieher und der Vollziehungsbeamten der Justiz vom 22. Oktober 1984 (2344 – I B. 12) – GV. NW. 1984 S. 658 – in der Fassung vom 16. Juni 2014 (GV.NRW. S. 347).
7 *Schwörer*, DGVZ 2010, 73.
8 *Christmann*, DGVZ 1985, 33.
9 ZB § 9 Abs. 2 S. 1 GVGA (Zuständigkeit für Zustellungen von Amts wegen); § 128 Abs. 2 S. 2 GVGA (Zustellung der Benachrichtigung der beabsichtigten Vollstreckung).

verordnung.[10] Dabei sind Gesetze und Rechtsprechung jedoch immer und in erster Linie zu beachten, da die GVGA keinen Anspruch auf Vollständigkeit erhebt und den Gerichtsvollzieher nicht von der Verpflichtung befreit, sich eine genaue Kenntnis der Bestimmungen aus dem Gesetz und den dazu ergangenen gerichtlichen Entscheidungen selbst anzueignen (§ 1 S. 3 GVGA). Insbesondere ist die GVGA kein Gesetz[11] und auch keine Rechtsverordnung,[12] sondern eine **Verwaltungsbestimmung**.[13]

3 Die Beachtung der Vorschriften der GVGA gehört zu den **Amtspflichten** des Gerichtsvollziehers (§ 1 S. 4 GVGA),[14] soweit sie mit den Gesetzen in Einklang steht.[15] Orientiert sich der Gerichtsvollzieher an der Geschäftsanweisung, kann ihm eine schuldhafte Amtspflichtverletzung nicht vorgeworfen werden.[16] **Nicht gebunden sind die Gerichte**, da die Geschäftsanweisung eine **interne dienstliche Weisung für das Vollstreckungsorgan** ist.[17] Sie kann jedoch insoweit auch für die Gerichte als **Orientierungsrichtlinie** angesehen werden.[18]

4 Die GVGA gliedert sich in zwei Teile. Der Erste Teil enthält Allgemeine Vorschriften (§§ 1–8 GVGA), die bei allen Tätigkeiten des Gerichtsvollziehers zu beachten sind. Der Zweite Teil (§§ 9–201 GVGA) beinhaltet in sieben Abschnitten sämtliche Tätigkeit, die in den Aufgabenbereich des Gerichtsvollziehers fallen. Von besonderer Bedeutung und entsprechend umfangreich sind diejenigen Bestimmungen des Zweiten Abschnitts (§§ 30–155 GVGA), die sich mit der Zwangsvollstreckung nach den Vorschriften der ZPO befassen.

5 **GVO**: Die **Gerichtsvollzieherordnung (GVO)** regelt im Einzelnen die **Dienstpflichten** des Gerichtsvollziehers, die sich aus dem allgemeinen Beamtenrecht ergeben, zB Fragen des Dienstverhältnisses (§§ 1 ff GVO), des Diensteinkommens (§§ 7–9 GVO), des **Gerichtsvollzieherbezirks** (§§ 10–13 GVO) oder der **örtlichen Zuständigkeit** des Gerichtsvollziehers, soweit diese in der ZPO nicht geregelt ist (§§ 14–18 GVO), Fragen des Auftrags (§§ 19–28 GVO), den inneren Geschäftsbetrieb (§§ 29 ff GVO) wie Geschäftsführung (§§ 30–37 GVO), Aktenführung (§§ 38–43 GVO), Buchführung (§§ 44–50 GVO) und Kassenführung (§§ 51–58 GVO) sowie die Dienstaufsicht über den Gerichtsvollzieher („Geschäftsprüfungen", §§ 72–79 GVO). Es handelt sich insoweit um Regelungen beamtenrechtlicher Angelegenheiten bzw um die einheitliche Organisation des Dienstbetriebs. Auch die GVO ist keine Rechtsverordnung, sondern nur eine **Verwaltungsvorschrift**.[19]

6 GVGA und GVO wurden dahin gehend geprüft, ob sie abgeschafft werden sollen, die Bestimmungen einer Deregulierung zugänglich sind oder in andere Regelungen (Gerichtsvollziehergesetz) eingebunden werden sollten.[20] Diese Überprüfung beruhte darauf, dass GVGA und GVO wegen ihrer Regelungsdichte in die Kritik geraten sind.[21] Es wird auch nicht als ausreichend angesehen, dass eine gesetzliche Absicherung der Verfahrensweise des Gerichtsvollziehers fehlt,[22] sondern diese nur durch Verwaltungsbestimmungen geregelt wird. Von einer Aufhebung der Regelungswerke insgesamt wurde zwischenzeitlich Abstand genommen. Vielmehr wurden zunächst in einem ers-

---

10 *Holzweg*, NJW 1955, 12.
11 LG Bonn DGVZ 1993, 41; LG Münster DGVZ 1984, 45; OLG Hamm DGVZ 1977, 40.
12 LG Bonn DGVZ 1993, 41; *Scholz*, DGVZ 2003, 97.
13 *Scholz*, DGVZ 2003, 97; *Wieser*, NJW 1988, 665.
14 LG Bochum DGVZ 1991, 172.
15 OLG Hamm DGVZ 1977, 40.
16 Wieczorek/Schütze/*Salzmann*, § 753 Rn 6.
17 OLG Köln DGVZ 2014, 199; LG Bonn DGVZ 1993, 41; LG Limburg NJW-RR 1988, 704; OLG Hamm DGVZ 1977, 40; MüKo-ZPO/*Wolf*, § 154 GVG Rn 3.
18 *Gaul/Schilken/Becker-Eberhard*, Zwangsvollstreckungsrecht, § 25 II.
19 VG Kassel DGVZ 1982, 92; VG Stuttgart DGVZ 1974, 8; *Schwörer*, DGVZ 2010, 73; *Scholz*, DGVZ 2003, 97; *Wieser*, NJW 1988, 665.
20 *Schwörer*, DGVZ 2010, 73; *Mroß*, DGVZ 2010, 76.
21 *Schwörer*, DGVZ 2010, 73.
22 *Mroß*, DGVZ 2010, 76; *Scholz*, DGVZ 2003, 97.

ten Schritt Bestimmungen gestrafft, reine Gesetzeswiederholungen gestrichen und Anpassungen an neue Gesetze (u.a. FamFG) und Begriffe (u.a. Verfahrenskostenhilfe) vorgenommen.

In einem zweiten Schritt wurden GVO und GVGA dann auch an die Bestimmungen des Gesetzes zur Sachaufklärung in der Zwangsvollstreckung,[23] insbesondere im Hinblick auf die Vermögensauskunft (§§ 135–151 GVGA), angepasst. Die Paragrafenreihenfolge sowohl in GVGA als auch in der GVO wurde neu durchnummeriert, alte aufgehobene Bestimmungen werden nicht mehr genannt. GVGA und GVO liegen nunmehr in der ab **1. September 2013** geltenden Fassung vor.

---

23 Vom 29.7.2009 (BGBl. I S. 2258).

Erster Teil
Allgemeine Vorschriften

§ 1 Zweck der Geschäftsanweisung
§ 2 Ausschließung von der dienstlichen Tätigkeit
§ 3 Amtshandlungen gegen Exterritoriale und die ihnen gleichgestellten Personen sowie gegen NATO-Angehörige
§ 4 Form des Auftrags
§ 5 Zeit der Erledigung des Auftrags
§ 6 Post
§ 7 Allgemeine Vorschriften über die Beurkundung
§ 8 Amtshandlungen gegenüber Personen, die der deutschen Sprache nicht mächtig sind

Zweiter Teil
Einzelne Geschäftszweige

Erster Abschnitt
Zustellung

A. Allgemeine Vorschriften

§ 9 Zuständigkeit im Allgemeinen
§ 10 Zustellungsaufträge mit Auslandsbezug
§ 11 Zustellung eines Schriftstücks an mehrere Beteiligte
§ 12 Zustellung mehrerer Schriftstücke an einen Beteiligten
§ 13 Vorbereitung der Zustellung
§ 14 Örtliche Zuständigkeit
§ 15 Wahl der Zustellungsart

B. Zustellung in bürgerlichen Rechtsstreitigkeiten

I. Zustellung auf Betreiben der Parteien
1. Allgemeines
§ 16 Empfangnahme und Beglaubigung der Schriftstücke
2. Die Zustellungsarten
a) Persönliche Zustellung
§ 17
§ 18 Gesetzlicher Vertreter, rechtsgeschäftlich bestellter Vertreter
§ 19 Ersatzzustellung
§ 20 Ersatzzustellung in der Wohnung, in Geschäftsräumen sowie Gemeinschaftseinrichtungen
§ 21 Ersatzzustellung durch Einlegen in den Briefkasten oder eine ähnliche Vorrichtung
§ 22 Besondere Vorschriften über die Ersatzzustellung
§ 23 Zustellung durch Niederlegung
§ 24 Zustellungsurkunde

b) Zustellung durch die Post
§ 25 Zustellungsauftrag
§ 26 Vordrucke nach der Zustellungsvordruckverordnung

II. Zustellung von Anwalt zu Anwalt
§ 27 Zustellung von Anwalt zu Anwalt

C. Besondere Zustellungen

§ 28 Zustellungen in Straf- und Bußgeldsachen
§ 29 Zustellung von Willenserklärungen

Zweiter Abschnitt
Zwangsvollstreckung nach den Vorschriften der ZPO

A. Allgemeine Vorschriften

I. Zuständigkeit

§ 30 Zuständigkeit des Gerichtsvollziehers

II. Der Auftrag und seine Behandlung

§ 31 Auftrag zur Zwangsvollstreckung
§ 32 Aufträge zur Vollstreckung gegen vermögenslose Schuldner
§ 33 Zeit der Zwangsvollstreckung
§ 34 Unterrichtung des Gläubigers

III. Voraussetzungen der Zwangsvollstreckung

1. Allgemeines

§ 35

2. Schuldtitel

§ 36 Schuldtitel nach der Zivilprozessordnung (ohne ausländische Schuldtitel)
§ 37 Schuldtitel nach dem Gesetz über das Verfahren in Familiensachen und in den Angelegenheiten der freiwilligen Gerichtsbarkeit (FamFG)
§ 38 Schuldtitel nach anderen Gesetzen
§ 39 Landesrechtliche Schuldtitel
§ 40 Ausländische Schuldtitel, die keiner besonderen Anerkennung bedürfen
§ 41 Sonstige ausländische Schuldtitel

3. Vollstreckungsklausel

§ 42 Prüfungspflicht des Gerichtsvollziehers
§ 43 Zuständigkeit für die Erteilung der Vollstreckungsklausel

4. Zustellung von Urkunden vor Beginn der Zwangsvollstreckung

§ 44 Allgemeines
§ 45 Die zuzustellenden Urkunden
§ 46 Zeit der Zustellung in besonderen Fällen

5. Außenwirtschaftsverkehr und Devisenverkehr

§ 47 Vollstreckungsbeschränkungen im Außenwirtschaftsverkehr

IV. Zwangsvollstreckung in besonderen Fällen

1. Fälle, in denen der Gerichtsvollzieher bestimmte besondere Voraussetzungen der Zwangsvollstreckung festzustellen hat

§ 48 Abhängigkeit der Zwangsvollstreckung von einer Sicherheitsleistung des Gläubigers
§ 49 Hinweis bei Sicherungsvollstreckung

2. Zwangsvollstreckung gegen juristische Personen des öffentlichen Rechts

§ 50 Zwangsvollstreckung gegen den Bund und die Länder sowie gegen Körperschaften, Anstalten und Stiftungen des öffentlichen Rechts

3. Zwangsvollstreckung während eines Insolvenzverfahrens

§ 51

4. Zwangsvollstreckung in einen Nachlass gegen den Erben

§ 52 Zwangsvollstreckung auf Grund eines Schuldtitels gegen den Erblasser, Erben, Nachlasspfleger, Nachlassverwalter oder Testamentsvollstrecker
§ 53 Vorbehalt der Beschränkung der Erbenhaftung

5. Zwangsvollstreckung in sonstige Vermögensmassen

§ 54 Zwangsvollstreckung in das Vermögen eines nicht rechtsfähigen Vereins

§ 55	Zwangsvollstreckung in das Gesellschaftsvermögen einer Gesellschaft bürgerlichen Rechts (GbR)
§ 56	Zwangsvollstreckung in das Gesellschaftsvermögen einer offenen Handelsgesellschaft (OHG) oder einer Kommanditgesellschaft (KG)
§ 57	Zwangsvollstreckung in ein Vermögen, an dem ein Nießbrauch besteht

V. Verhalten bei der Zwangsvollstreckung

§ 58	Allgemeines
§ 59	Leistungsaufforderung an den Schuldner
§ 60	Annahme und Ablieferung der Leistung
§ 61	Durchsuchung
§ 62	Widerstand gegen die Zwangsvollstreckung und Zuziehung von Zeugen

VI. Protokoll

§ 63

VII. Einstellung, Beschränkung, Aufhebung und Aufschub der Zwangsvollstreckung

§ 64	Einstellung, Beschränkung und Aufhebung der Zwangsvollstreckung in anderen Fällen
§ 65	Aufschub von Vollstreckungsmaßnahmen zur Erwirkung der Herausgabe von Sachen

VIII. Prüfungs- und Mitteilungspflichten bei der Wegnahme und Weitergabe von Waffen und Munition

§ 66

B. Zwangsvollstreckung wegen Geldforderungen

I. Allgemeine Vorschriften

§ 67	Begriff der Geldforderung
§ 68	Zügige und gütliche Erledigung des Zwangsvollstreckungsverfahrens; Einziehung von Teilbeträgen
§ 69	Zahlungsverkehr mit Personen in fremden Wirtschaftsgebieten

II. Zwangsvollstreckung in bewegliche körperliche Sachen

1. Pfändung

a) Gegenstand der Pfändung, Gewahrsam

§ 70	Allgemeines
§ 71	Rechte Dritter an den im Gewahrsam des Schuldners befindlichen Gegenständen

b) Pfändungsbeschränkungen

§ 72	Allgemeines
§ 73	Unpfändbare Sachen
§ 74	Austauschpfändung
§ 75	Vorläufige Austauschpfändung
§ 76	Pfändung von Gegenständen, deren Veräußerung unzulässig ist oder die dem Washingtoner Artenschutzübereinkommen unterliegen
§ 77	Pfändung von Barmitteln aus dem Verkauf landwirtschaftlicher Erzeugnisse und/oder aus Miet- und Pachtzahlungen
§ 78	Pfändung von Erzeugnissen, Bestandteilen und Zubehörstücken
§ 79	Pfändung urheberrechtlich geschützter Sachen

c) Verfahren bei der Pfändung

§ 80	Berechnung der Forderung des Gläubigers
§ 81	Aufsuchen und Auswahl der Pfandstücke
§ 82	Vollziehung der Pfändung
§ 83	Pfändung von Sachen in einem Zolllager
§ 84	Pfändung von Schiffen
§ 85	Pfändung von Luftfahrzeugen
§ 86	Besondere Vorschriften über das Pfändungsprotokoll

§ 87	Widerspruch eines Dritten
§ 88	Pfändung von Sachen, die sich im Gewahrsam des Gläubigers oder eines Dritten befinden

d) Unterbringung der Pfandstücke

§ 89	Unterbringung von Geld, Kostbarkeiten und Wertpapieren
§ 90	Unterbringung anderer Pfandstücke

2. Verwertung

a) Allgemeines

§ 91

b) Öffentliche Versteigerung nach § 814 Absatz 2 Nummer 1 ZPO (Präsenzversteigerung)

§ 92	Ort und Zeit der Versteigerung
§ 93	Öffentliche Bekanntmachung
§ 94	Bereitstellung der Pfandstücke
§ 95	Versteigerungstermin
§ 96	Versteigerungsprotokoll

c) Freihändiger Verkauf

§ 97	Zulässigkeit des freihändigen Verkaufs
§ 98	Verfahren beim freihändigen Verkauf
§ 99	Protokoll beim freihändigen Verkauf

3. Pfändung und Veräußerung in besonderen Fällen

a) Pfändung bei Personen, die Landwirtschaft betreiben

§ 100

b) Pfändung und Versteigerung von Früchten, die noch nicht vom Boden getrennt sind

§ 101	Zulässigkeit der Pfändung
§ 102	Verfahren bei der Pfändung
§ 103	Trennung der Früchte und Versteigerung

c) Pfändung und Veräußerung von Wertpapieren

§ 104	Pfändung von Wertpapieren
§ 105	Veräußerung von Wertpapieren
§ 106	Hilfspfändung

d) Pfändung und Veräußerung von Kraftfahrzeugen

§ 107	Entfernung des Kraftfahrzeugs aus dem Gewahrsam des Schuldners
§ 108	Zulassungsbescheinigung Teil I und Teil II
§ 109	Behandlung der Zulassungsbescheinigung Teil I
§ 110	Behandlung der Zulassungsbescheinigung Teil II
§ 111	Benachrichtigung der Zulassungsstelle, Versteigerung
§ 112	Wegfall oder Aussetzung der Benachrichtigung
§ 113	Behandlung der Zulassungsbescheinigung Teil II bei der Veräußerung des Kraftfahrzeugs
§ 114	Anzeige des Erwerbers an die Zulassungsstelle

e) Pfändung und Versteigerung von Ersatzteilen eines Luftfahrzeugs, die sich in einem Ersatzteillager befinden

§ 115

f) Pfändung bereits gepfändeter Sachen

§ 116

g) Gleichzeitige Pfändung für mehrere Gläubiger

§ 117

4. Auszahlung des Erlöses

§ 118 Berechnung der auszuzahlenden Beträge

§ 119 Verfahren bei der Auszahlung
5. Rückgabe von Pfandstücken
§ 120
III. Zwangsvollstreckung in Forderungen und andere Vermögensrechte
§ 121 Zustellung des Pfändungs- und Überweisungsbeschlusses
§ 122 Wegnahme von Urkunden über die gepfändete Forderung
§ 123 Pfändung von Forderungen aus Wechseln, Schecks und anderen Papieren, die durch Indossament übertragen werden können
§ 124 Zwangsvollstreckung in Ansprüche auf Herausgabe oder Leistung von beweglichen körperlichen Sachen
§ 125 Zwangsvollstreckung in Ansprüche auf Herausgabe oder Leistung von unbeweglichen Sachen und eingetragenen Schiffen, Schiffsbauwerken, Schwimmdocks, inländischen Luftfahrzeugen, die in der Luftfahrzeugrolle eingetragen sind, sowie ausländischen Luftfahrzeugen
§ 126 Zustellung der Benachrichtigung, dass die Pfändung einer Forderung oder eines Anspruchs bevorsteht (so genannte Vorpfändung)

C. Zwangsvollstreckung zur Erwirkung der Herausgabe von Sachen

§ 127 Bewegliche Sachen
§ 128 Unbewegliche Sachen sowie eingetragene Schiffe, Schiffsbauwerke und Schwimmdocks
§ 129 Beschränkter Vollstreckungsauftrag
§ 130 Besondere Vorschriften über die Räumung von Wohnungen
§ 131 Räumung eines zwangsweise versteigerten Grundstücks, Schiffes, Schiffsbauwerks oder Schwimmdocks oder eines unter Zwangsverwaltung gestellten Grundstücks
§ 132 Bewachung und Verwahrung eines Schiffes, Schiffsbauwerks, Schwimmdocks oder Luftfahrzeugs

D. Zwangsvollstreckung zur Beseitigung des Widerstands des Schuldners gegen Handlungen, die er nach den §§ 887, 890 ZPO zu dulden hat, oder zur Beseitigung von Zuwiderhandlungen des Schuldners gegen eine Unterlassungsverpflichtung aus einer Anordnung nach § 1 GewSchG
(§ 96 FamFG)

§ 133
§ 134

E. Zwangsvollstreckung durch Abnahme der Vermögensauskunft, der eidesstattlichen Versicherung gemäß § 836 Absatz 3 oder § 883 Absatz 2 ZPO oder § 94 FamFG und durch Haft; Vorführung von Parteien und Zeugen

§ 135 Vorbereitung des Termins zur Abgabe der Vermögensauskunft
§ 136 Behandlung des Auftrags, Ladung zum Termin
§ 137 Anschriftenänderung, Rechtshilfeersuchen, Erledigung des Rechtshilfeersuchens
§ 138 Durchführung des Termins
§ 139 Aufträge mehrerer Gläubiger
§ 140 Verfahren nach Abgabe der Vermögensauskunft
§ 141 Einholung der Auskünfte Dritter zu Vermögensgegenständen
§ 142 Wiederholung, Ergänzung oder Nachbesserung des Vermögensverzeichnisses
§ 143 Erzwingungshaft
§ 144 Zulässigkeit der Verhaftung
§ 145 Verfahren bei der Verhaftung
§ 146 Nachverhaftung
§ 147 Verhaftung im Insolvenzverfahren
§ 148 Vollziehung eines Haftbefehls gegen einen Zeugen
§ 149 Vorführung von Zeugen, Parteien und Beteiligten
§ 150 Verhaftung ausländischer Staatsangehöriger
§ 151 Verfahren zur Eintragung in das Schuldnerverzeichnis

F. Vollziehung von Arresten und einstweiligen Verfügungen

I. Allgemeines

§ 152

II. Verfahren bei der Vollziehung

§ 153 Dinglicher Arrest
§ 154 Einstweilige Verfügung, Sequestration, Verwahrung

G. Hinterlegung

§ 155

Dritter Abschnitt
Vollstreckung gerichtlicher Anordnungen nach dem Gesetz über das Verfahren in Familiensachen und in den Angelegenheiten der freiwilligen Gerichtsbarkeit

§ 156 Kindesherausgabe

Vierter Abschnitt
Wechsel- und Scheckprotest

A. Allgemeine Vorschriften

§ 157 Zuständigkeit
§ 158 Begriff und Bedeutung des Protestes
§ 159 Auftrag zur Protesterhebung
§ 160 Zeit der Protesterhebung
§ 161 Berechnung von Fristen

B. Wechselprotest

§ 162 Anzuwendende Vorschriften
§ 163 Arten des Wechselprotestes
§ 164 Protestfristen
§ 165 Protestgegner (Protestat)
§ 166 Protestort
§ 167 Proteststelle
§ 168 Verfahren bei der Protesterhebung
§ 169 Fremdwährungswechsel
§ 170 Wechsel in fremder Sprache
§ 171 Protesturkunde

C. Scheckprotest

§ 172 Anzuwendende Vorschriften
§ 173 Arten des Scheckprotestes
§ 174 Fälligkeit
§ 175 Protestfristen
§ 176 Protestgegner
§ 177 Protestort
§ 178 Proteststelle, Verfahren bei der Protesterhebung und Protesturkunde

D. Protestsammelakten

§ 179

Fünfter Abschnitt
Öffentliche Versteigerung und freihändiger Verkauf außerhalb der Zwangsvollstreckung

A. Allgemeine Vorschriften
§ 180

B. Pfandverkauf

I. Allgemeines
§ 181

II. Öffentliche Versteigerung
§ 182 Ort, Zeit und Bekanntmachung der Versteigerung
§ 183 Versteigerungstermin
§ 184 Versteigerungsprotokoll

III. Freihändiger Verkauf
§ 185

IV. Behandlung des Erlöses und der nicht versteigerten Gegenstände
§ 186

V. Pfandverkauf in besonderen Fällen
§ 187

VI. Befriedigung des Pfandgläubigers im Wege der Zwangsvollstreckung
§ 188

C. Sonstige Versteigerungen, die kraft gesetzlicher Ermächtigung für einen anderen erfolgen
§ 189

D. Freiwillige Versteigerungen für Rechnung des Auftraggebers

§ 190 Zuständigkeit und Verfahrensvorschriften
§ 191 Ablehnung des Auftrags
§ 192 Versteigerungsbedingungen
§ 193 Bekanntmachung der Versteigerung
§ 194 Versteigerungstermin
§ 195 Versteigerungsprotokoll und Abwicklung

Sechster Abschnitt
Besondere Vorschriften über die Beitreibung nach der Justizbeitreibungsordnung und im Verwaltungsvollstreckungsverfahren

§ 196 Zuständigkeit
§ 197 Vollstreckung für Stellen außerhalb der Justizverwaltung
§ 198 Vollstreckung von Entscheidungen in Straf- und Bußgeldverfahren über den Verfall, die Einziehung und die Unbrauchbarmachung von Sachen
§ 199 Beitreibung im Verwaltungsvollstreckungsverfahren

Siebenter Abschnitt
Übergangsregelungen

§ 200 Behandlung bis zum 31. Dezember 2012 eingegangener Vollstreckungsaufträge
§ 201 Einsichtnahme in das dezentral geführte Schuldnerverzeichnis

Erster Teil
Allgemeine Vorschriften

§ 1 Zweck der Geschäftsanweisung

Das Bundes- und Landesrecht bestimmt, welche Dienstverrichtungen dem Gerichtsvollzieher obliegen und welches Verfahren er dabei zu beachten hat. Diese Geschäftsanweisung soll dem Gerichtsvollzieher das Verständnis der gesetzlichen Vorschriften erleichtern. Sie erhebt keinen Anspruch auf Vollständigkeit und befreit den Gerichtsvollzieher nicht von der Verpflichtung, sich eine genaue Kenntnis der Bestimmungen aus dem Gesetz und den dazu ergangenen gerichtlichen Entscheidungen selbst anzueignen. Die Beachtung der Vorschriften dieser Geschäftsanweisung gehört zu den Amtspflichten des Gerichtsvollziehers.

§ 2 Ausschließung von der dienstlichen Tätigkeit

Der Gerichtsvollzieher ist von der Ausübung seines Amtes in den in § 155 des Gerichtsverfassungsgesetzes (GVG) genannten Fällen kraft Gesetzes ausgeschlossen.

§ 3 Amtshandlungen gegen Exterritoriale und die ihnen gleichgestellten Personen sowie gegen NATO-Angehörige

(1) Aufträge zur Vornahme von Amtshandlungen
1. auf exterritorialem Gebiet oder
2. gegen
    a) Mitglieder diplomatischer Missionen, ihre Familienmitglieder und privaten Hausangestellten sowie Mitglieder des Verwaltungs- und technischen Personals und des dienstlichen Hauspersonals der Mission (§ 18 GVG),
    b) Mitglieder konsularischer Vertretungen, Bedienstete des Verwaltungs- und technischen Personals der Vertretung, die im gemeinsamen Haushalt mit einem Mitglied der konsularischen Vertretung lebenden Familienangehörigen und die Mitglieder seines Privatpersonals (§ 19 GVG),
    c) sonstige Personen, die nach den allgemeinen Regeln des Völkerrechts, auf Grund völkerrechtlicher Vereinbarungen oder sonstiger Rechtsvorschriften von der deutschen Gerichtsbarkeit befreit sind, insbesondere Mitglieder von Sonderorganisationen der Vereinten Nationen sowie die Beamten und sonstigen Bediensteten der Europäischen Gemeinschaften (§ 20 GVG),

legt der Gerichtsvollzieher unerledigt seiner vorgesetzten Dienststelle vor und wartet deren Weisung ab. Er benachrichtigt hiervon den Auftraggeber.

(2) Hat der Gerichtsvollzieher Amtshandlungen gegen NATO-Angehörige innerhalb der Anlage einer Truppe durchzuführen, so muss er die besonderen Bestimmungen der Artikel 32, 34 und 36 des Zusatzabkommens zu dem Abkommen zwischen den Parteien des Nordatlantikvertrages über die Rechtsstellung ihrer Truppen hinsichtlich der in der Bundesrepublik Deutschland stationierten ausländischen Truppen vom 3. August 1959 (BGBl. 1961 II S. 1218) beachten.

§ 4 Form des Auftrags
(§ 161 GVG; §§ 167, 168, 753 Absatz 2 und 3, §§ 754, 802 a Absatz 2 ZPO)

Aufträge an den Gerichtsvollzieher bedürfen keiner Form, solange nicht durch Rechtsverordnung gemäß § 753 Absatz 3 der Zivilprozessordnung (ZPO) verbindliche Formulare für den Auftrag eingeführt sind. Nicht schriftlich erteilte Aufträge sind aktenkundig zu machen.

§ 5 Zeit der Erledigung des Auftrags

(1) Die Erledigung der Aufträge darf nicht verzögert werden. Erfolgt die erste Vollstreckungshandlung nicht innerhalb eines Monats, so ist der Grund der Verzögerung aktenkundig zu machen. Der Gerichtsvollzieher entscheidet nach pflichtgemäßem Ermessen, in welcher Reihenfolge die vorliegenden Aufträge nach ihrer Dringlichkeit zu erledigen sind. Er muss in jedem Fall besonders prüfen, ob es sich um eine Eilsache handelt oder nicht. Die Eilbedürftigkeit kann sich aus der Art der vorzunehmenden Amtshandlung ergeben; dies gilt insbesondere für die Vollziehung von Arresten oder einstweiligen Verfügungen, für Proteste, Benachrichtigungen des Drittschuldners nach § 845 ZPO und für Zustellungen, durch die eine Notfrist oder eine sonstige gesetzliche Frist gewahrt werden soll. Aufträge, deren eilige Ausführung von der Partei verlangt wird, müssen den für die besondere Beschleunigung maßgebenden Grund erkennen lassen.

(2) Der Gerichtsvollzieher führt die Zwangsvollstreckung schnell und nachdrücklich durch. Die Frist für die Bearbeitung eines Vollstreckungsauftrags ergibt sich aus der Sachlage im Einzelfall; so kann es angebracht sein, einen Pfändungsauftrag umgehend auszuführen, um den Rang des Pfändungsrechts zu sichern. Anträge zur Vollziehung von einstweiligen Verfügungen nach § 940 a ZPO oder zur Vollziehung von einstweiligen Anordnungen, die das Familiengericht nach den §§ 1 und 2 des Gewaltschutzgesetzes (GewSchG) erlassen hat, sind umgehend auszuführen, insbesondere, wenn die Vollziehung der einstweiligen Anordnung vor ihrer Zustellung an den Antragsgegner erfolgt (§ 214 Absatz 2 des Gesetzes über das Verfahren in Familiensachen und in den Angelegenheiten der freiwilligen Gerichtsbarkeit (FamFG)).

(3) Der Gerichtsvollzieher führt die Zustellung aus:
1. innerhalb von drei Tagen nach dem Empfang des Auftrags, möglichst jedoch schon am darauffolgenden Tag, wenn an seinem Amtssitz oder unter seiner Vermittlung durch die Post zuzustellen ist;
2. auf der ersten Reise, spätestens binnen einer Woche, wenn außerhalb seines Amtssitzes durch ihn selbst zuzustellen ist.

Die Fristen gelten nicht, wenn die Eilbedürftigkeit der Sache eine noch frühere Erledigung des Auftrags erfordert. Sonntage, allgemeine Feiertage und Sonnabende werden bei den Fristen nicht mitgerechnet.

(4) Absatz 3 findet keine Anwendung auf die Zustellung von Vollstreckungstiteln zur Einleitung der Zwangsvollstreckung gemäß § 750 Absatz 1 Satz 2 ZPO sowie von Urkunden, welche die rechtliche Grundlage für eine gleichzeitig vorzunehmende Zwangsvollstreckung bilden.

§ 6 Post

Post im Sinne dieser Bestimmungen ist jeder nach § 33 Absatz 1 des Postgesetzes (PostG) mit Zustellungsaufgaben beliehene Unternehmer.

§ 7 Allgemeine Vorschriften über die Beurkundung

(1) Bei der Aufnahme von Protokollen und anderen Urkunden hat der Gerichtsvollzieher neben den für einzelne Urkunden getroffenen besonderen Vorschriften folgende allgemeine Regeln zu beachten:
1. Jede Urkunde muss die Zeit und den Ort ihrer Abfassung enthalten und von dem Gerichtsvollzieher unter Beifügung seiner Amtseigenschaft und der Bezeichnung seines Amtssitzes unterschrieben werden. Zur Unterschriftleistung dürfen Faksimilestempel nicht verwendet werden.
2. Die Urkunden sind vollständig, deutlich und klar abzufassen. In Vordrucken sind die zur Ausfüllung bestimmten Zwischenräume, soweit sie durch die erforderlichen Eintragungen nicht ausgefüllt werden, durch Füllstriche zu weiteren Eintra-

gungen ungeeignet zu machen. Die Schrift muss haltbar sein; der Bleistift darf auch bei Abschriften nicht verwendet werden.

3. In dem Protokoll über ein Geschäft, das nach der aufgewendeten Zeit vergütet wird, ist die Zeitdauer unter Beachtung der für die Berechnung der Kosten maßgebenden Grundsätze nach den einzelnen Zeitabschnitten genau anzugeben.

4. Abschriften sind als solche zu bezeichnen. Die dem Gerichtsvollzieher obliegende Beglaubigung erfolgt durch den Vermerk „Beglaubigt" unter Beifügung der Unterschrift und des Abdrucks des Dienststempels. Bei mehreren selbständigen Abschriften muss, sofern nicht jede Abschrift besonders beglaubigt wird, aus ihrer äußeren Aufeinanderfolge oder aus dem Beglaubigungsvermerk erkennbar sein, welche Abschriften die Beglaubigung umfasst. Die Beglaubigung darf erst erfolgen, nachdem sich der Gerichtsvollzieher davon überzeugt hat, dass die Abschrift mit der Urschrift wörtlich übereinstimmt.

5. Auf den Urschriften und Abschriften der Urkunden hat der Gerichtsvollzieher eine Berechnung seiner Gebühren und Auslagen aufzustellen und die Geschäftsnummer anzugeben, die das beurkundete Geschäft bei ihm hat.

6. Besteht eine Urkunde aus mehreren Bogen oder einzelnen Blättern, so sind diese zusammenzuheften oder sonst in geeigneter Weise zu verbinden.

7. Radierungen sind untersagt. Nachträgliche Berichtigungen von Urkunden müssen in der Urkunde selbst oder – soweit dies nicht tunlich ist – in einer besonderen Anlage erfolgen. Sie müssen den Grund der Berichtigung erkennen lassen, sind mit Datum und Unterschrift zu versehen und nötigenfalls den Parteien zuzustellen.

(2) Der Gerichtsvollzieher muss sich beständig vergegenwärtigen, dass die von ihm aufgenommenen Urkunden öffentlichen Glauben haben; er soll sie daher mit größter Sorgfalt abfassen. Die Urkunde muss dem tatsächlichen Hergang in jedem einzelnen Punkt entsprechen.

§ 8 Amtshandlungen gegenüber Personen, die der deutschen Sprache nicht mächtig sind

(1) Ist derjenige, dem gegenüber der Gerichtsvollzieher eine Amtshandlung vorzunehmen hat, der deutschen Sprache nicht hinreichend mächtig, um Grund und Inhalt der Amtshandlung zu erfassen sowie etwaige Einwendungen dagegen vorzubringen, so zieht der Gerichtsvollzieher, sofern er die fremde Sprache nicht selbst genügend beherrscht, eine dieser Sprache kundige Person hinzu, die dazu bereit ist. Der Gerichtsvollzieher bedient sich dabei in erster Linie solcher Personen, die sofort erreichbar sind und den Umständen nach eine Vergütung nicht beanspruchen. Ist die Zuziehung eines Dolmetschers mit Kosten verbunden, so veranlasst der Gerichtsvollzieher sie erst nach vorheriger Verständigung mit dem Auftraggeber, es sei denn, dass es mit Rücksicht auf die Eilbedürftigkeit nicht tunlich erscheint oder die Kosten verhältnismäßig gering sind.

(2) Ist ein zur Abgabe der Vermögensauskunft oder der eidesstattlichen Versicherung gemäß § 836 Absatz 3, § 883 Absatz 2 ZPO oder § 94 FamFG verpflichteter Schuldner der deutschen Sprache nicht mächtig, so hat der Gerichtsvollzieher einen Dolmetscher zuzuziehen. Sind für die fremde Sprache Dolmetscher allgemein beeidigt, so sollen andere Personen nur zugezogen werden, wenn besondere Umstände es erfordern. § 185 Absatz 2 und § 186 GVG sind entsprechend anzuwenden. Absatz 1 Satz 3 ist zu beachten.

Zweiter Teil
Einzelne Geschäftszweige

Erster Abschnitt
Zustellung

A. Allgemeine Vorschriften

§ 9 Zuständigkeit im Allgemeinen

(1) Der Gerichtsvollzieher ist zuständig, im Auftrag eines Beteiligten Zustellungen in bürgerlichen Rechtsstreitigkeiten, in Strafsachen und in nichtgerichtlichen Angelegenheiten durchzuführen, soweit eine Zustellung auf Betreiben der Parteien zugelassen oder vorgeschrieben ist. Ferner hat er im Auftrag des Verhandlungsleiters Schiedssprüche nach dem Arbeitsgerichtsgesetz zuzustellen. Schiedssprüche nach der Zivilprozessordnung stellt der Gerichtsvollzieher zu, wenn er mit der Zustellung beauftragt wird.

(2) Für Zustellungen von Amts wegen ist der Gerichtsvollzieher zuständig, soweit ihm solche Zustellungen durch Gesetz, Rechtsverordnung oder Verwaltungsanordnung übertragen sind oder ihn der Vorsitzende des Prozessgerichts oder ein von diesem bestimmtes Mitglied des Prozessgerichts mit der Ausführung der Zustellung beauftragt. Er führt sie nach den dafür bestehenden besonderen Vorschriften aus.

§ 10 Zustellungsaufträge mit Auslandsbezug

(1) Gehen dem Gerichtsvollzieher Aufträge in einem Verfahren vor einer ausländischen (nichtdeutschen) Behörde unmittelbar von einer ausländischen Behörde, einem Beteiligten oder einem Beauftragten (zum Beispiel einem deutschen Rechtsanwalt oder Notar) zu, so legt er sie unerledigt seiner vorgesetzten Dienststelle vor und wartet ihre Weisungen ab (§ 126 der Rechtshilfeordnung für Zivilsachen (ZRHO)). Eine Vorlage ist nicht erforderlich, soweit

1. ausländische Schuldtitel zur Vollstreckung geeignet sind (§§ 40, 41),
2. gerichtliche oder außergerichtliche Schriftstücke nach Artikel 15 und 16 der Verordnung (EG) Nr. 1393/2007 des europäischen Parlaments und des Rates vom 13. November 2007 über die Zustellung gerichtlicher und außergerichtlicher Schriftstücke in Zivil- oder Handelssachen in den Mitgliedstaaten und zur Aufhebung der Verordnung (EG) Nr. 1348/2000 (ABl. L 324 vom 10.12.2007, S. 79) im Inland unmittelbar durch den Gerichtsvollzieher zugestellt werden können und dieser das hierbei zu beachtende Verfahren einhält,
3. auf der Grundlage des deutsch-britischen Rechtshilfeabkommens vom 20. März 1928 unmittelbare Zustellungen im Parteibetrieb erfolgen sollen.

(2) Aufträge zu Zustellungen nach Orten außerhalb des Bereichs deutscher Gerichtsbarkeit legt der Gerichtsvollzieher unerledigt seiner vorgesetzten Dienststelle vor und wartet ihre Weisung ab. Für Pfändungs- und Überweisungsbeschlüsse gelten die besonderen Bestimmungen nach § 15 Absatz 1 Satz 3.

§ 11 Zustellung eines Schriftstücks an mehrere Beteiligte

(1) Eine Zustellung an mehrere Beteiligte ist durch Übergabe einer Ausfertigung oder beglaubigten Abschrift an jeden einzelnen Beteiligten zu bewirken. Dies gilt auch, wenn die Zustellungsempfänger in häuslicher Gemeinschaft leben (zum Beispiel Ehegatten, Lebenspartner, Eltern, Kinder).

(2) Bei der Zustellung an den Vertreter mehrerer Beteiligter (zum Beispiel den gesetzlichen Vertreter oder Prozessbevollmächtigten) genügt es, wenn dem Vertreter nur eine Ausfertigung oder beglaubigte Abschrift übergeben wird. Einem bloßen Zustellungs-

bevollmächtigten mehrerer Beteiligter sind jedoch in einer einzigen Zustellung so viele Ausfertigungen oder Abschriften zu übergeben, wie Beteiligte vorhanden sind.

(3) Ist der Zustellungsadressat der Zustellung zugleich für seine eigene Person und als Vertreter beteiligt, so muss die Zustellung an ihn in seiner Eigenschaft als Vertreter besonders erfolgen.

§ 12 Zustellung mehrerer Schriftstücke an einen Beteiligten

(1) Sind einem Beteiligten mehrere Schriftstücke zuzustellen, die verschiedene Rechtsangelegenheiten betreffen, so stellt der Gerichtsvollzieher jedes Schriftstück besonders zu.

(2) Betreffen die Schriftstücke dieselbe Rechtsangelegenheit, so erledigt der Gerichtsvollzieher den Auftrag durch eine einheitliche Zustellung, wenn die Schriftstücke durch äußere Verbindung zusammengehörig gekennzeichnet sind oder wenn der Auftraggeber eine gemeinsame Zustellung beantragt hat.

§ 13 Vorbereitung der Zustellung

Die Zustellung ist mit Sorgfalt vorzubereiten. Der Gerichtsvollzieher prüft dabei auch, ob die Schriftstücke unterschrieben und ordnungsgemäß beglaubigte Abschriften in der erforderlichen Zahl vorhanden sind. Er sorgt dafür, dass Mängel auf dem kürzesten Wege abgestellt werden, möglichst sofort bei Entgegennahme des Auftrags. Soweit es angängig ist, beseitigt er die Mängel selbst.

§ 14 Örtliche Zuständigkeit

Persönliche Zustellungen darf der Gerichtsvollzieher nur in dem Bezirk ausführen, für den er örtlich zuständig ist. Bei gerichtlichen Pfändungsbeschlüssen mit mehreren Drittschuldnern kann im Fall des § 840 ZPO der für die Zustellung an den im Pfändungsbeschluss an erster Stelle genannten Drittschuldner zuständige Gerichtsvollzieher auch die Zustellung an die anderen in demselben Amtsgerichtsbezirk wohnenden Drittschuldner vornehmen.

§ 15 Wahl der Zustellungsart

(1) Die Zustellung durch Aufgabe zur Post ist nur in den gesetzlich bestimmten Fällen zulässig (zum Beispiel § 829 Absatz 2, § 835 Absatz 3 ZPO). Sie darf nur auf ausdrückliches Verlangen des Auftraggebers vorgenommen werden. Satz 2 gilt nicht für die Zustellung eines Pfändungs- und Überweisungsbeschlusses an einen Schuldner im Ausland (§ 829 Absatz 2 Satz 3, § 835 Absatz 3 ZPO); ist der Pfändungsbeschluss jedoch in einem anderen Schuldtitel, zum Beispiel in einem Arrestbefehl enthalten, so legt der Gerichtsvollzieher den Auftrag nach der Zustellung an den Drittschuldner im Inland seiner vorgesetzten Dienststelle vor und wartet ihre Weisung ab.

(2) Zwischen der persönlichen Zustellung und der Zustellung durch die Post hat der Gerichtsvollzieher unbeschadet der folgenden Bestimmungen nach pflichtgemäßem Ermessen die Wahl. Er hat insbesondere persönlich zuzustellen, sofern

1. die Sache eilbedürftig ist oder besondere Umstände es erfordern,
2. der Auftraggeber es beantragt hat oder bei der Zustellung durch die Post höhere Kosten entstehen würden; dies gilt nur, soweit die persönliche Zustellung mit der sonstigen Geschäftsbelastung des Gerichtsvollziehers vereinbar ist und die Zustellung sich nicht dadurch verzögert, dass der Gerichtsvollzieher sie selbst vornimmt.

(3) Lässt der Gerichtsvollzieher eilige Zustellungen durch die Post ausführen, so muss er ihre rechtzeitige Erledigung überwachen.

(4) Von der Zustellung durch die Post sind ausgeschlossen:
1. gerichtliche Pfändungsbeschlüsse im Fall des § 840 ZPO,
2. Zustellungen von Willenserklärungen, bei denen eine Urkunde vorzulegen ist.

(5) Während eines Insolvenzverfahrens behandelt die Post Sendungen an den Schuldner als unzustellbar, wenn das Gericht die Aushändigung der für den Schuldner bestimmten Briefe an den Insolvenzverwalter angeordnet hat (§ 99 der Insolvenzordnung (InsO)). Der Gerichtsvollzieher stellt daher Sendungen an den Schuldner nicht durch die Post zu, solange die Postsperre nicht aufgehoben ist.

B. Zustellung in bürgerlichen Rechtsstreitigkeiten

I. Zustellung auf Betreiben der Parteien

1. Allgemeines

§ 16 Empfangnahme und Beglaubigung der Schriftstücke

(§ 192 Absatz 2, § 193 Absatz 2 ZPO)

(1) Beim Empfang der zuzustellenden Schriftstücke vermerkt der Gerichtsvollzieher den Zeitpunkt der Übergabe auf den Urschriften, Ausfertigungen und allen Abschriften. Bei unmittelbar erteilten Aufträgen bescheinigt er der Partei auf Verlangen den Zeitpunkt der Übergabe.

(2) Der Rechtsanwalt, der eine Partei vertritt, hat dem Gerichtsvollzieher die zur Ausführung des Zustellungsauftrags erforderlichen Abschriften mit zu übergeben. Dies gilt auch für den Rechtsanwalt, der einer Partei im Wege der Prozess- oder Verfahrenskostenhilfe beigeordnet ist. Ist der Partei, der Prozess- oder Verfahrenskostenhilfe bewilligt ist, kein Rechtsanwalt beigeordnet, so hat die mit der Vermittlung der Zustellung beauftragte Geschäftsstelle die fehlenden Abschriften herstellen zu lassen. Wenn der Rechtsanwalt oder die Geschäftsstelle die erforderlichen Abschriften nicht übergeben hat, fordert der Gerichtsvollzieher sie nach. Er stellt sie selbst her,
1. wenn durch die Nachforderung die rechtzeitige Erledigung gefährdet würde oder
2. wenn eine Partei, die nicht durch einen Rechtsanwalt vertreten ist und der auch Prozess- oder Verfahrenskostenhilfe nicht bewilligt ist, dem Gerichtsvollzieher die erforderlichen Abschriften nicht mit übergeben hat.

Auch im Übrigen kann der Gerichtsvollzieher die Abschriften selbst herstellen, wenn der Partei dadurch nicht wesentlich höhere Kosten entstehen. Satz 1 bis 6 gilt entsprechend, wenn der Auftrag von einem Notar oder Rechtsbeistand erteilt wird.

(3) Besteht die Zustellung in der Übergabe einer beglaubigten Abschrift des zuzustellenden Schriftstücks, so achtet der Gerichtsvollzieher darauf, dass ein ordnungsgemäßer Beglaubigungsvermerk vorhanden ist. Die Beglaubigung geschieht
1. bei allen von der Partei unmittelbar oder durch Vermittlung der Geschäftsstelle erteilten Aufträgen durch den zustellenden Gerichtsvollzieher, soweit sie nicht schon durch einen Rechtsanwalt erfolgt ist,
2. bei den auf Betreiben von Rechtsanwälten oder in Anwaltsprozessen zuzustellenden Schriftstücken durch den betreibenden Anwalt (§§ 191, 169 Absatz 2 ZPO), soweit nicht etwa der Gerichtsvollzieher die Abschriften selbst hergestellt hat.

Für die Beglaubigung sind gemäß § 3 Absatz 1 Nummer 1 des Einführungsgesetzes zum Rechtsdienstleistungsgesetz (EGRDG) auch Erlaubnisinhaber, die nach § 209 der Bundesrechtsanwaltsordnung (BRAO) in eine Rechtsanwaltskammer aufgenommen sind (Kammerrechtsbeistände), zuständig.

(4) Bei der Zustellung eines Vollstreckungsbescheids hat der Gerichtsvollzieher eine beglaubigte Abschrift der Ausfertigung zu übergeben. Die Beglaubigung erfolgt auf der für den Antragsgegner bestimmten Ausfertigung des Vordrucksatzes nach der Anlage 1 der Verordnung zur Einführung von Vordrucken für das Mahnverfahren und

nach der Anlage 5 der Verordnung zur Einführung von Vordrucken für das Mahnverfahren bei Gerichten, die das Verfahren maschinell bearbeiten, wenn diese dem Gerichtsvollzieher vorliegt. In jedem Fall ist darauf zu achten, dass dem Antragsgegner zusammen mit der beglaubigten Abschrift der Ausfertigung des Vollstreckungsbescheids auch die dazugehörigen Hinweise des Gerichts ausgehändigt werden. Wenn diese Hinweise nicht bereits schon auf der für den Antragsgegner bestimmten Ausfertigung des Vordrucksatzes nach Satz 2 enthalten sind, händigt der Gerichtsvollzieher dem Antragsgegner ein Blatt mit den Hinweisen des Gerichts aus (vergleiche Anlage 5 zur Gerichtsvollzieherordnung (GVO)).

2. Die Zustellungsarten

a) Persönliche Zustellung

§ 17

Die persönliche Zustellung führt der Gerichtsvollzieher nach Maßgabe der §§ 191 bis 195 und §§ 166 bis 190 ZPO aus. § 58 Absatz 1 Satz 2 ist zu beachten.

§ 18 Gesetzlicher Vertreter, rechtsgeschäftlich bestellter Vertreter

(1) Ist im Schuldtitel oder im Auftrag eine bestimmte Person als gesetzlicher Vertreter bezeichnet, stellt der Gerichtsvollzieher an diese Person zu. Es besteht keine Prüfungspflicht, ob die bezeichnete Person tatsächlich gesetzlicher Vertreter ist. Fehlt die Angabe des gesetzlichen Vertreters und ergeben sich die gesetzlichen Vertretungsverhältnisse nicht anderweitig, veranlasst der Gerichtsvollzieher den Auftraggeber zu einer Ergänzung des Zustellungsauftrags.

(2) Ist der Zustellungsadressat keine natürliche Person (zum Beispiel Behörde, Gemeinde, Körperschaft, Stiftung, Verein, eingetragene Genossenschaft, Gesellschaft), erfolgt die Zustellung an den Leiter oder gesetzlichen Vertreter. Sind mehrere Leiter oder gesetzliche Vertreter vorhanden, so genügt die Zustellung an einen von ihnen.

(3) Die gesetzliche Vertretung richtet sich nach den materiell-rechtlichen Vorschriften. In den Fällen des § 246 Absatz 2 Satz 2, § 249 Absatz 1, § 250 Absatz 3, § 251 Absatz 3, § 253 Absatz 2, § 254 Absatz 2, § 255 Absatz 3, § 256 Absatz 7, § 257 Absatz 2 und des § 275 Absatz 4 des Aktiengesetzes (AktG) sowie des § 51 des Genossenschaftsgesetzes (GenG) hat die Zustellung sowohl an den Vorstand als auch an den Aufsichtsrat zu erfolgen; das gleiche gilt in den Fällen des § 75 des Gesetzes betreffend die Gesellschaften mit beschränkter Haftung (GmbHG) wenn ein Aufsichtsrat bestellt ist.

(4) Ist im Auftrag eine Person als rechtsgeschäftlich bestellter Vertreter mit den erforderlichen Angaben bezeichnet, so stellt der Gerichtsvollzieher nach Vorlage der schriftlichen Vollmacht an diese Person zu. Das gilt auch, wenn anlässlich der Zustellung ein anderer rechtsgeschäftlich bestellter Vertreter die Vertretung des Adressaten anzeigt. Es bedarf keiner Ermittlungen darüber, ob ein Dritter bevollmächtigt ist oder ob die ihm vorgelegte Vollmacht ordnungsgemäß ist. Die Zustellung unterbleibt, wenn der Gerichtsvollzieher Zweifel an der Echtheit und am Umfang der Vollmacht hat. Auf der Zustellungsurkunde (§ 24) ist zu vermerken, dass die Vollmachtsurkunde vorgelegen hat.

§ 19 Ersatzzustellung

(1) Kann die Zustellung nicht an den Adressaten oder seinen gesetzlichen oder rechtsgeschäftlich bestellten Vertreter in Person erfolgen, so bewirkt der Gerichtsvollzieher die Zustellung nach Maßgabe der §§ 191, 178 bis 181 ZPO und der nachfolgenden Bestimmungen.

(2) Bevor der Gerichtsvollzieher die Zustellung an einen Ersatzempfänger, durch Einlegung in den Briefkasten oder eine ähnliche Vorrichtung oder durch Niederlegung bewirkt, überzeugt er sich davon, dass

1. die Wohnung oder die Geschäftsräume, worin die Zustellung vorgenommen oder versucht wird, auch die Wohnung oder die Geschäftsräume des Adressaten sind;
2. die Gemeinschaftseinrichtung, in der die Zustellung vorgenommen oder versucht wird, die Einrichtung ist, in der der Zustellungsadressat wohnt;
3. die Personen, mit denen er verhandelt, auch diejenigen sind, für die sie sich ausgeben, und dass sie zu dem Adressaten in dem angegebenen Verhältnis stehen.

Bei Zustellungen an Gewerbetreibende, die ein offenes Geschäft haben oder eine Gaststätte betreiben, hat der Gerichtsvollzieher die Namen zu beachten, der zur Bezeichnung des Geschäftsinhabers an der Außenseite oder dem Eingang des Ladens oder der Wirtschaft angebracht ist. Bei Handelsfirmen hat er sich zu vergewissern, ob der Inhaber ein Einzelkaufmann oder eine Gesellschaft ist. Ist der Inhaber ein Einzelkaufmann, so gibt der Gerichtsvollzieher in der Zustellungsurkunde den bürgerlichen Namen (Vor- und Zunamen) des Firmeninhabers an.

(3) Eine Ersatzzustellung ist unzulässig, wenn der Zustellungsadressat verstorben ist.

(4) Hat der Gerichtsvollzieher den Adressaten an dem Ort, an dem er ihn zuerst aufgesucht hat, nicht angetroffen, so kann er statt der Ersatzzustellung auch den Versuch wiederholen, dem Adressaten in Person zuzustellen. Ob er dies tun will, hängt von seinem Ermessen ab; es darf jedoch nicht geschehen, wenn dadurch das Interesse des Auftraggebers an rascher Durchführung der Zustellung gefährdet oder die Besorgung anderer Geschäfte in nachteiliger Weise verzögert würde.

§ 20 Ersatzzustellung in der Wohnung, in Geschäftsräumen sowie Gemeinschaftseinrichtungen

(1) Zum Zweck der Zustellung begibt sich der Gerichtsvollzieher – vorbehaltlich von Absatz 2 und 3 – in der Regel in die Wohnung des Zustellungsadressaten. Trifft er den Adressaten dort nicht an, kann er die Zustellung in der Wohnung nach Maßgabe des § 178 ZPO bewirken.

(2) Hat der Gerichtsvollzieher an einen Zustellungsadressaten zuzustellen, der einen Geschäftsraum unterhält (zum Beispiel Gewerbetreibender, Rechtsanwalt, Notar, Kammerrechtsbeistand (§ 16 Absatz 3 Satz 3), Gerichtsvollzieher, gesetzlicher Vertreter oder Leiter einer Behörde, einer Gemeinde, einer Gesellschaft oder eines Vereins), so begibt sich der Gerichtsvollzieher in der Regel in die Geschäftsräume. Geschäftsraum ist regelmäßig der Raum, in dem der Kunden- oder Publikumsverkehr des Adressaten stattfindet und zu dem der Gerichtsvollzieher Zutritt hat. Trifft er den Adressaten dort nicht an, so kann er die Zustellung in den Geschäftsräumen an eine anwesende, bei dem Adressaten beschäftigte Person bewirken. Beschäftigte Personen können insbesondere ein Gewerbegehilfe, ein Gehilfe oder eine Büro- oder Schreibkraft eines Rechtsanwalts, Kammerrechtsbeistands, Notars oder Gerichtsvollziehers oder ein Beamter oder Bediensteter sein. Aus dem Umstand, dass der Geschäftsinhaber dieser Person das Geschäftslokal überlässt, kann der Gerichtsvollzieher schließen, dass der Geschäftsinhaber ihr auch das für Zustellungen notwendige Vertrauen entgegenbringt. Liegen die Geschäftsräume des Adressaten innerhalb seiner Wohnung, so kann die Ersatzzustellung sowohl an eine dort beschäftigte Person als auch an eine der in § 178 ZPO bezeichneten Personen erfolgen.

(3) Wohnt der Zustellungsadressat in einer Gemeinschaftseinrichtung (zum Beispiel einem Altenheim, Lehrlingsheim, Arbeiterwohnheim, Schwesternheim, einer Kaserne, einer Unterkunft für Asylbewerber oder einer ähnlichen Einrichtung) und trifft der Gerichtsvollzieher ihn dort nicht an, kann der Gerichtsvollzieher die Zustellung auch an den Leiter der Gemeinschaftseinrichtung oder einen dazu ermächtigten Vertreter bewirken.

(4) Dem Nichtantreffen des Zustellungsadressaten in der Wohnung, dem Geschäftsraum oder der Gemeinschaftseinrichtung steht es gleich, wenn der Adressat zwar anwesend, jedoch wegen Erkrankung, unabwendbarer Dienstgeschäfte oder vergleichbaren Gründen an der Entgegennahme verhindert ist. Dasselbe gilt, wenn bei der Zustel-

lung an Anstaltsinsassen, insbesondere an Pflegebefohlene, im Einzelfall eine Anordnung der Anstaltsleitung einer Zustellung an die verwahrte Person selbst entgegensteht.

(5) Der Grund, der eine Zustellung an einen Ersatzempfänger nach Absatz 1 bis 4 rechtfertigt, ist in der Zustellungsurkunde (§ 24) zu vermerken.

§ 21 Ersatzzustellung durch Einlegen in den Briefkasten oder eine ähnliche Vorrichtung

(§§ 191, 180 ZPO)

(1) Der Gerichtsvollzieher hat sich bei der Ersatzzustellung durch Einlegen in den Briefkasten davon zu überzeugen, dass dieser in einem ordnungsgemäßen Zustand ist. Ein ordnungsgemäßer Zustand liegt insbesondere nicht vor, wenn Anzeichen bestehen, dass dieser nicht regelmäßig geleert wird. In diesem Fall ist das Schriftstück durch Niederlegung zuzustellen.

(2) Ein Postfach ist eine ähnliche Vorrichtung im Sinne von § 180 Satz 1 ZPO, wenn eine Wohnanschrift der Person, der zugestellt werden soll, unbekannt oder nicht vorhanden ist.

(3) Der Gerichtsvollzieher vermerkt auf der Zustellungsurkunde (§ 24) den Grund, aus dem die Sendung in den Briefkasten oder eine ähnliche Vorrichtung einzulegen war, sowie den Zeitpunkt. Eine Ersatzzustellung durch Einlegen in den Briefkasten einer Gemeinschaftseinrichtung ist unzulässig.

§ 22 Besondere Vorschriften über die Ersatzzustellung

Bei jeder Zustellung, die durch Übergabe an einen Ersatzempfänger, durch Niederlegung oder durch Einlegen in den Briefkasten oder eine ähnliche Vorrichtung geschieht, verschließt der Gerichtsvollzieher das zu übergebende Schriftstück in einem Umschlag, nachdem er auf dem Umschlag das Datum, die Dienstregisternummer und gegebenenfalls die Uhrzeit der Zustellung vermerkt hat und den Vermerk unterschrieben hat. Das Schriftstück ist so zu verschließen, dass es ohne Öffnung nicht eingesehen werden kann. Die Außenseite des Briefumschlags ist mit dem Namen und der Amtsbezeichnung des Gerichtsvollziehers sowie mit dem Namen des Zustellungsadressaten zu versehen. Dies gilt nicht, wenn die Ersatzzustellung mit der Aufforderung zur Abgabe der Erklärung nach § 840 Absatz 1 ZPO verbunden und der Ersatzempfänger zur Abgabe der Erklärung bereit ist oder sich an die Zustellung sofort eine Vollstreckungshandlung anschließt. Der Gerichtsvollzieher weist den Ersatzempfänger darauf hin, dass er verpflichtet ist, die Schriftstücke dem Zustellungsadressaten alsbald auszuhändigen.

§ 23 Zustellung durch Niederlegung

(§ 181 ZPO)

(1) Das zu übergebende Schriftstück ist auf der Geschäftsstelle des Amtsgerichts niederzulegen, in dessen Bezirk der Ort der Zustellung liegt. Ist bei dem Amtsgericht ein Eildienst für Entscheidungen außerhalb der gewöhnlichen Geschäftszeiten eingerichtet, kann die Niederlegung und Abholung des Schriftstücks auch bei diesem erfolgen.

(2) Der Gerichtsvollzieher teilt dem Adressaten die Niederlegung schriftlich mit. Die Mitteilung erfolgt auf dem Vordruck nach Anlage 4 der Zustellungsvordruckverordnung (ZustVV) unter der Anschrift des Zustellungsadressaten durch Abgabe in der bei gewöhnlichen Briefen üblichen Weise, zum Beispiel durch Einwerfen in den Briefkasten oder in den Briefeinwurf an der Wohnungstür oder der Tür des Geschäftsraumes. Ist die Abgabe der Mitteilung ausnahmsweise auf diese Weise nicht durchführbar, so heftet der Gerichtsvollzieher die Mitteilung an die Tür der Wohnung, des Geschäftsraums oder der Gemeinschaftseinrichtung an. Dabei hat der Gerichtsvollzieher zu prüfen, ob die Anheftung der Mitteilung an die Zimmertür in einer Gemeinschaftsein-

richtung, insbesondere bei Einrichtungen wie Unterkünften für Asylbewerber, im Hinblick auf die Sicherheit des Zugangs der Mitteilung tunlich ist. In der Mitteilung ist anzugeben, wo das Schriftstück niedergelegt ist, ferner ist zu vermerken, dass das Schriftstück mit der Abgabe dieser schriftlichen Mitteilung als zugestellt gilt. Auf der Zustellungsurkunde (§ 24) ist zu vermerken, wie die Mitteilung über die Niederlegung abgegeben wurde.

§ 24 Zustellungsurkunde

(§§ 193, 182 ZPO)

(1) Der Gerichtsvollzieher nimmt über jede von ihm bewirkte Zustellung am Zustellungsort eine Urkunde auf, die den Bestimmungen des § 193 Absatz 1 und § 182 ZPO entsprechen muss.

(2) Hat der Auftraggeber die genaue Angabe der Zeit der Zustellung verlangt oder erscheint diese Angabe nach dem Ermessen des Gerichtsvollziehers im Einzelfall von Bedeutung, so ist die Zeit auch nach Stunden und Minuten zu bezeichnen. Dies gilt zum Beispiel bei der Zustellung eines Pfändungsbeschlusses an den Drittschuldner, bei der Benachrichtigung des Drittschuldners nach § 845 ZPO sowie dann, wenn durch die Zustellung eine nach Stunden berechnete Frist in Lauf gesetzt wird.

(3) Die Zustellungsurkunde ist auf die Urschrift des zuzustellenden Schriftstücks oder auf einen damit zu verbindenden Vordruck nach Anlage 1 der Zustellungsvordruckverordnung zu setzen. Auf der Zustellungsurkunde vermerkt der Gerichtsvollzieher die Person, in deren Auftrag er zugestellt hat.

(4) Eine durch den Gerichtsvollzieher beglaubigte Abschrift der Zustellungsurkunde ist auf das bei der Zustellung zu übergebende Schriftstück oder auf einen mit ihm zu verbindenden Bogen zu setzen. Die Übergabe einer Abschrift der Zustellungsurkunde kann dadurch ersetzt werden, dass der Gerichtsvollzieher den Tag der Zustellung auf dem zu übergebenden Schriftstück vermerkt. Jedoch soll der Gerichtsvollzieher von dieser Möglichkeit keinen Gebrauch machen, wenn der Zustellungsadressat ein anzuerkennendes Interesse daran hat, die Wirksamkeit der Zustellung an Hand einer Zustellungsurkunde nachzuprüfen.

(5) Ist die Zustellungsurkunde auf einem Vordruck oder die für den Empfänger beglaubigte Abschrift auf einem besonderen Bogen geschrieben, so ist besonders darauf zu achten, dass die herzustellende Verbindung mit dem Schriftstück haltbar ist. Auf der Urkunde ist in diesem Fall auch die Geschäftsnummer anzugeben, die das zuzustellende Schriftstück trägt.

(6) Die Zustellungsurkunde ist der Partei, für welche die Zustellung erfolgt, unverzüglich zu übergeben oder zu übersenden. War der Auftrag von mehreren Personen erteilt, so übermittelt der Gerichtsvollzieher beim Fehlen einer besonderen Anweisung die Urkunde an eine von ihnen, die er nach seinem Ermessen auswählt. Hatte die Geschäftsstelle den Auftrag vermittelt, so übermittelt der Gerichtsvollzieher die Zustellungsurkunde unmittelbar dem Auftraggeber, der die Vermittlung der Geschäftsstelle in Anspruch genommen hatte.

b) Zustellung durch die Post

§ 25 Zustellungsauftrag

(§§ 194, 191, 176 Absatz 1 ZPO)

Stellt der Gerichtsvollzieher durch die Post zu, so übergibt er der Post die Ausfertigung oder beglaubigte Abschrift des zuzustellenden Schriftstücks verschlossen in dem Umschlagvordruck nach Anlage 2 der ZustVV mit dem Auftrag, einen Postbediensteten des Bestimmungsorts mit der Zustellung zu beauftragen. Die Zustellung durch den Postbediensteten erfolgt sodann nach §§ 177 bis 182 ZPO. Im Übrigen beachtet der Gerichtsvollzieher die Bestimmungen der ZustVV und die jeweils geltenden Allgemeinen Geschäftsbedingungen der Post.

§ 26 Vordrucke nach der Zustellungsvordruckverordnung

(1) Der Gerichtsvollzieher gibt auf dem Umschlagvordruck nach Anlage 2 der ZustVV an:
1. seinen eigenen Namen nebst Amtssitz und Amtseigenschaft,
2. die Geschäftsnummer, die der Vorgang bei ihm hat,
3. die Anschrift des Zustellungsadressaten.

Hierbei achtet er darauf, dass Zustellungsadressat und Bestimmungsort genau bezeichnet sind. Insbesondere sorgt er bei häufig vorkommenden Familiennamen und gleich oder ähnlich lautenden Ortsnamen für eine hinreichend bestimmte Bezeichnung. Bei der Zustellung an Personenmehrheiten (§ 18 Absatz 2 und 3) gibt der Gerichtsvollzieher die Anschrift der Behörde, Gemeinde und so weiter an und fügt den Zusatz „zu Händen des Leiters (Vorstandes und so weiter)" bei.

(2) Auf dem Umschlagvordruck nach Absatz 1 Satz 1 hat der Gerichtsvollzieher auch anzugeben, wenn
1. die Zustellung mit Angabe der Uhrzeit erfolgen soll,
2. die Ersatzzustellung an eine Person oder durch Einlegen in den Briefkasten ausgeschlossen ist,
3. die Ersatzzustellung an eine bestimmte Person aufgrund des § 178 Absatz 2 ZPO unzulässig ist,
4. die Niederlegung des zuzustellenden Schriftstücks gemäß § 181 ZPO ausgeschlossen werden soll,
5. eine Weitersendung des Zustellungsauftrags innerhalb des Amtsgerichtsbezirks, des Landgerichtsbezirks oder des Inlands von dem Auftraggeber gewünscht ist.

Im Fall von Satz 1 Nummer 5 soll der Gerichtsvollzieher ein Postunternehmen auswählen, das die Zustellung in dem gewünschten Bereich ausführen kann.

II. Zustellung von Anwalt zu Anwalt

§ 27 Zustellung von Anwalt zu Anwalt

(1) Der Gerichtsvollzieher kann beauftragt werden, die Zustellung eines Rechtsanwalts oder Kammerrechtsbeistands (§ 16 Absatz 3 Satz 3) an den Gegenanwalt oder an dessen allgemeinen Vertreter oder Zustellungsbevollmächtigten nach § 195 ZPO zu vermitteln. Ein solcher Auftrag liegt in der Bestimmung, dass die Zustellung „von Anwalt zu Anwalt" erfolgen solle.

(2) Der Gerichtsvollzieher holt in diesem Fall lediglich ein mit Datum und Unterschrift zu versehendes Empfangsbekenntnis des Zustellungsadressaten ein und übermittelt es dem Auftraggeber. Der zustellende Anwalt hat dem anderen Anwalt auf Verlangen eine Bescheinigung über die Zustellung zu erteilen. Diese Bescheinigung hat der Gerichtsvollzieher dem anderen Anwalt, wenn er sie verlangt, Zug um Zug gegen Aushändigung des Empfangsbekenntnisses zu übergeben. Der Gerichtsvollzieher soll daher Aufträge zu derartigen Zustellungen in der Regel nur übernehmen, wenn ihm zugleich von dem zustellenden Anwalt eine Bescheinigung über die Zustellung – in der das Datum zur Ausfüllung durch den Gerichtsvollzieher offen gelassen sein kann – ausgehändigt wird. Eine Beurkundung des Vorgangs durch den Gerichtsvollzieher findet nicht statt. Eine Ersatzzustellung oder eine Niederlegung ist ausgeschlossen.

(3) Das schriftliche Empfangsbekenntnis kann auf die Urschrift des zuzustellenden Schriftstücks, die Bescheinigung auf die zu übergebende Abschrift gesetzt werden. Werden die Bescheinigungen besonders ausgestellt, so müssen sie das zugestellte Schriftstück genau bezeichnen.

(4) Wird die Ausstellung des Empfangsbekenntnisses verweigert oder ist es wegen Abwesenheit des Gegenanwalts oder aus einem sonstigen Grund nicht zu erlangen, so nimmt der Gerichtsvollzieher die Zustellung unter Aufnahme der gewöhnlichen Zu-

stellungsurkunde nach den allgemeinen Vorschriften vor, soweit nicht der Auftraggeber für diesen Fall etwas anderes bestimmt hat.

C. Besondere Zustellungen

§ 28 Zustellungen in Straf- und Bußgeldsachen

(§ 38 StPO)

(1) Soweit die an einem Strafverfahren oder einem Bußgeldverfahren Beteiligten nach den gesetzlichen Vorschriften befugt sind, Zeugen und Sachverständige unmittelbar zu laden, erfolgt dies durch Zustellung einer von dem Auftraggeber unterschriebenen Ladungsschrift. Die Vorschriften über Zustellung auf Betreiben der Parteien in bürgerlichen Rechtsstreitigkeiten sind entsprechend anzuwenden.

(2) Der unmittelbar geladene Zeuge oder Sachverständige ist nur zum Erscheinen verpflichtet, wenn ihm bei der Ladung die gesetzliche Entschädigung für Reisekosten und Versäumnis bar dargeboten oder wenn ihm nachgewiesen wird, dass die Entschädigung bei der Kasse oder Gerichtszahlstelle hinterlegt ist (§ 220 Absatz 2 der Strafprozessordnung (StPO)). Der Gerichtsvollzieher hat daher auf Verlangen des Auftraggebers

1. der geladenen Person die Entschädigung bei der Zustellung gegen Quittung zu übergeben, wenn ihm der Auftraggeber den Betrag in bar ausgehändigt hat, oder
2. die Bescheinigung der Kasse oder Gerichtszahlstelle über die Hinterlegung mit zuzustellen, wenn der Auftraggeber den Betrag hinterlegt hat.

Der Gerichtsvollzieher übermittelt dem Auftraggeber mit der Zustellungsurkunde die Quittung des Empfängers. Hat der Empfänger die Entschädigung zurückgewiesen, so gibt der Gerichtsvollzieher dem Auftraggeber den Betrag mit der Zustellungsurkunde wieder zurück.

(3) Auf der Zustellungsurkunde oder einem Nachtrag zu ihr muss der Gerichtsvollzieher ersichtlich machen:
1. das Anbieten der Entschädigung,
2. ihre Auszahlung oder Zurückweisung; im Fall der Zurückweisung ist der Grund zu vermerken, den der Empfänger hierfür angegeben hat,
3. die Mitzustellung der Bescheinigung der Kasse oder Gerichtszahlstelle, wenn der Auftraggeber den Betrag hinterlegt hat.

(4) Der Gerichtsvollzieher führt die Zustellung auch dann aus, wenn ihm der Auftraggeber die Entschädigung weder zur Auszahlung übergeben noch sie hinterlegt hat. In diesem Fall darf aber die Ladung keinen Hinweis auf die gesetzlichen Folgen des Ausbleibens enthalten. Dieser Sachverhalt ist in der Zustellungsurkunde ersichtlich zu machen; bei einer Zustellung durch die Post geschieht dies neben dem Vermerk, der auf das zu übergebende Schriftstück gesetzt wird.

§ 29 Zustellung von Willenserklärungen

(§ 132 Absatz 1 BGB)

(1) Der Gerichtsvollzieher ist zuständig, auch außerhalb einer anhängigen Rechtsangelegenheit die Zustellung von schriftlichen Willenserklärungen jeder Art zu bewirken, die ihm von einem Beteiligten aufgetragen wird.

(2) Die Zustellung von Schriftstücken mit unsittlichem, beleidigendem oder sonst strafbarem Inhalt sowie die Zustellung von verschlossenen Sendungen im Parteiauftrag lehnt der Gerichtsvollzieher ab.

(3) Die Zustellung erfolgt nach den Vorschriften der Zivilprozessordnung. Die Bestimmungen über die Zustellung auf Betreiben der Parteien in bürgerlichen Rechtsstreitigkeiten finden entsprechende Anwendung.

(4) Ist bei der Zustellung einer schriftlichen Willenserklärung dem Adressaten zugleich eine Urkunde vorzulegen (vergleiche zum Beispiel §§ 111, 174, 410, 1160, 1831 des Bürgerlichen Gesetzbuches (BGB)), so bewirkt der Gerichtsvollzieher auf Verlangen des Auftraggebers auch die Vorlegung. Die Zustellung durch die Post ist in diesem Fall ausgeschlossen. Trifft der Gerichtsvollzieher den Adressat nicht an, so legt er die Urkunde der Person vor, an die er ersatzweise zustellt. In der Zustellungsurkunde ist anzugeben, welcher Person die Urkunde vorgelegt worden ist. Ist die Vorlegung unterblieben, so sind die Gründe hierfür in der Zustellungsurkunde zu vermerken; außerdem ist ausdrücklich zu beurkunden, ob der Gerichtsvollzieher zur Vorlegung imstande und bereit gewesen ist. Die vorzulegende Urkunde wird nur zugestellt, wenn der Auftraggeber dies ausdrücklich verlangt.

Zweiter Abschnitt
Zwangsvollstreckung nach den Vorschriften der ZPO

A. Allgemeine Vorschriften

I. Zuständigkeit

§ 30 Zuständigkeit des Gerichtsvollziehers

(1) Der Gerichtsvollzieher führt die Zwangsvollstreckung durch, soweit sie nicht den Gerichten zugewiesen ist. Zum Aufgabenbereich des Gerichtsvollziehers gehören:

1. die Zwangsvollstreckung wegen Geldforderungen in bewegliche körperliche Sachen einschließlich der Wertpapiere und der noch nicht vom Boden getrennten Früchte (§§ 802 a, 803 bis 827 ZPO);
2. die Pfändung von Forderungen aus Wechseln und anderen Papieren, die durch Indossament übertragen werden können, durch Wegnahme dieser Papiere (§ 831 ZPO);
3. die Zwangsvollstreckung zur Erwirkung der Herausgabe von beweglichen Sachen sowie zur Erwirkung der Herausgabe, Überlassung und Räumung von unbeweglichen Sachen und eingetragenen Schiffen und Schiffsbauwerken (§§ 883 bis 885 ZPO);
4. die Zwangsvollstreckung zur Beseitigung des Widerstandes des Schuldners gegen Handlungen, die er nach den §§ 887 und 890 ZPO zu dulden hat (§ 892 ZPO); oder zur Beseitigung von Zuwiderhandlungen des Schuldners gegen eine Unterlassungsverpflichtung aus einer Anordnung nach § 1 GewSchG (§ 96 FamFG);
5. die Zwangsvollstreckung durch Abnahme der Vermögensauskunft und Haft (§§ 802 c bis 802 j ZPO);
6. die Vollziehung von Arrestbefehlen und einstweiligen Verfügungen in dem Umfang, in dem die Zwangsvollstreckung dem Gerichtsvollzieher zusteht (§§ 916 bis 945 ZPO);
7. die gütliche Erledigung durch Zahlungsvereinbarung (§ 802 b ZPO);
8. die auf Antrag (§ 755 ZPO) oder von Amts wegen (§ 882 c Absatz 3 ZPO) durchzuführenden Aufenthaltsermittlungen sowie die Einholung von Drittstellenauskünften (§ 802 l ZPO);
9. die Erwirkung der Auskunft nach § 836 Absatz 3, § 883 Absatz 2 ZPO oder § 94 FamFG durch Abnahme der eidesstattlichen Versicherung und Haft;
10. die Anordnung der Eintragung des Schuldners in das Schuldnerverzeichnis gemäß § 882 c ZPO in Verbindung mit der Schuldnerverzeichnisführungsverordnung (SchuFV).

(2) Außerdem hat der Gerichtsvollzieher mitzuwirken:
1. bei der Zwangsvollstreckung in Forderungen (siehe §§ 121 bis 126);
2. in bestimmten Einzelfällen bei der Zwangsvollstreckung in das unbewegliche Vermögen (vergleiche zum Beispiel §§ 57 b, 65, 93, 94 Absatz 2, § 150 Absatz 2, §§ 165, 171, 171 c Absatz 2 und 3 sowie § 171 h des Gesetzes über die Zwangsversteigerung und die Zwangsverwaltung (ZVG);
3. soweit weitere gesetzliche Vorschriften dies vorschreiben (vergleiche zum Beispiel § 372 a Absatz 2, § 380 Absatz 2, § 390 Absatz 2 ZPO, § 25 Absatz 4 des Straßenverkehrsgesetzes (StVG), § 98 Absatz 2, § 153 Absatz 2 Satz 2 InsO, § 284 Absatz 8, § 315 Absatz 2 Satz 4 der Abgabenordnung (AO)).

II. Der Auftrag und seine Behandlung

§ 31 Auftrag zur Zwangsvollstreckung

(§§ 753 bis 758 ZPO)

(1) Der Auftrag zur Zwangsvollstreckung wird dem Gerichtsvollzieher unmittelbar vom Gläubiger oder seinem Vertreter oder Bevollmächtigten erteilt. Der Auftraggeber darf die Vermittlung der Geschäftsstelle in Anspruch nehmen. Der durch Vermittlung der Geschäftsstelle beauftragte Gerichtsvollzieher wird unmittelbar für den Gläubiger tätig; er hat insbesondere auch die beigetriebenen Gelder und sonstigen Gegenstände dem Gläubiger unmittelbar abzuliefern. Ist eine einstweilige Anordnung nach dem Gewaltschutzgesetz ohne mündliche Verhandlung erlassen, so gelten der Auftrag zur Zustellung durch den Gerichtsvollzieher unter Vermittlung der Geschäftsstelle und der Auftrag zur Vollstreckung als im Antrag auf Erlass der einstweiligen Anordnung enthalten (§ 214 Absatz 2 FamFG).

(2) Weisungen des Gläubigers hat der Gerichtsvollzieher insoweit zu berücksichtigen, als sie mit den Gesetzen oder der Geschäftsanweisung nicht in Widerspruch stehen.

(3) Der Prozessbevollmächtigte des Gläubigers ist auf Grund seiner Prozessvollmacht befugt, den Gerichtsvollzieher mit der Zwangsvollstreckung zu beauftragen und den Gläubiger im Zwangsvollstreckungsverfahren zu vertreten. Der Gerichtsvollzieher hat den Mangel der Vollmacht grundsätzlich von Amts wegen zu berücksichtigen (zum Beispiel bei Inkassodienstleistern). Ist Auftraggeber jedoch ein Rechtsanwalt oder Kammerrechtsbeistand (§ 16 Absatz 3 Satz 3), hat er dessen Vollmacht nur auf ausdrückliche Rüge zu überprüfen. Zum Nachweis der Vollmacht genügt die Bezeichnung als Prozessbevollmächtigter im Schuldtitel. Jedoch ermächtigt die bloße Prozessvollmacht den Bevollmächtigten nicht, die beigetriebenen Gelder oder sonstigen Gegenstände in Empfang zu nehmen; eine Ausnahme besteht nur für die vom Gegner zu erstattenden Prozesskosten (§ 81 ZPO). Der Gerichtsvollzieher darf daher die beigetriebenen Gelder oder sonstigen Gegenstände nur dann an den Prozessbevollmächtigten abliefern, wenn dieser von dem Gläubiger zum Empfang besonders ermächtigt ist. Die Ermächtigung kann sich aus dem Inhalt der Vollmachtsurkunde ergeben. Der Gläubiger kann sie auch dem Gerichtsvollzieher gegenüber mündlich erklären.

(4) Aufgrund eines entsprechenden Auftrags hat der nach § 17 GVO zuständige Gerichtsvollzieher den Aufenthalt des Schuldners nach Maßgabe des § 755 ZPO zu ermitteln. Der Gläubiger kann dem Gerichtsvollzieher zum Nachweis, dass der Aufenthaltsort des Schuldners nicht zu ermitteln ist (§ 755 Absatz 2 Satz 2 ZPO), eine entsprechende Auskunft der Meldebehörde vorlegen, die der Gläubiger selbst bei dieser eingeholt hat. Die Negativauskunft sollte in der Regel bei der Auftragserteilung nach § 755 Absatz 2 Satz 1 ZPO nicht älter als ein Monat sein. Für die Anwendung des § 755 Absatz 2 Satz 4 ZPO sind die zu vollstreckenden Ansprüche desselben Gläubigers innerhalb eines Auftrags zusammenzurechnen, auch wenn sie in unterschiedlichen Urkunden tituliert sind.

(5) Die vollstreckbare Ausfertigung des Schuldtitels muss dem Gerichtsvollzieher übergeben werden. Der schriftliche oder mündliche Auftrag zur Zwangsvollstreckung in Verbindung mit der Übergabe der vollstreckbaren Ausfertigung ermächtigt und ver-

pflichtet den Gerichtsvollzieher – ohne dass es einer weiteren Erklärung des Auftraggebers bedarf –, die Zahlung oder die sonstigen Leistungen in Empfang zu nehmen, darüber wirksam zu quittieren und dem Schuldner die vollstreckbare Ausfertigung auszuliefern, wenn er seine Verbindlichkeit vollständig erfüllt hat. Der Besitz der vollstreckbaren Ausfertigung ist demnach für den Gerichtsvollzieher dem Schuldner und Dritten gegenüber der unerlässliche, aber auch ausreichende Ausweis zur Zwangsvollstreckung und zu allen für ihre Ausführung erforderlichen Handlungen. Der Gerichtsvollzieher trägt deshalb bei Vollstreckungshandlungen die vollstreckbare Ausfertigung stets bei sich und zeigt sie auf Verlangen vor (§ 754 ZPO). Hat der Schuldner nur gegen Aushändigung einer Urkunde zu leisten, zum Beispiel eines Wechsels, einer Anweisung oder eines Orderpapiers, so muss sich der Gerichtsvollzieher vor Beginn der Zwangsvollstreckung auch diese Urkunde aushändigen lassen.

(6) Bei der Zwangsvollstreckung aus einer Urteilsausfertigung, auf die ein Kostenfestsetzungsbeschluss gesetzt ist (§§ 105, 795 a ZPO), hat der Gläubiger zu bestimmen, ob aus beiden oder nur aus einem der beiden Schuldtitel vollstreckt werden soll. Hat der Gläubiger keine Bestimmung getroffen, so vollstreckt der Gerichtsvollzieher aus beiden Schuldtiteln.

(7) Verlangen der Gläubiger oder sein mit Vollmacht versehener Vertreter ihre Zuziehung zur Zwangsvollstreckung, so benachrichtigt der Gerichtsvollzieher sie rechtzeitig von dem Zeitpunkt der Vollstreckung. In ihrer Abwesenheit darf der Gerichtsvollzieher erst nach Ablauf der festgesetzten Zeit mit der Zwangsvollstreckung beginnen, es sei denn, dass gleichzeitig für einen anderen Gläubiger gegen den Schuldner vollstreckt werden soll. Der Gläubiger oder sein Vertreter sind in der Benachrichtigung hierauf hinzuweisen. Leistet der Schuldner gegen die Zuziehung des Gläubigers Widerstand oder verwehrt der Schuldner dem Gläubiger den Zutritt zur Wohnung, so gelten die §§ 61 und 62 entsprechend. Ein selbständiges Eingreifen des Gläubigers oder seines Bevollmächtigten in den Gang der Vollstreckungshandlung, zum Beispiel das Durchsuchen von Behältnissen, darf der Gerichtsvollzieher nicht dulden.

§ 32 Aufträge zur Vollstreckung gegen vermögenslose Schuldner

(1) Wurde der Gerichtsvollzieher mit einer Pfändung beauftragt (§ 803 ZPO) und hat er begründeten Anhalt dafür, dass die Zwangsvollstreckung fruchtlos verlaufen werde, so sendet er dem Gläubiger unverzüglich den Schuldtitel mit einer entsprechenden Bescheinigung zurück, wenn der Gläubiger nicht zugleich weitere Aufträge erteilt hat. Dabei teilt er dem Gläubiger mit, dass er den Auftrag zur Vermeidung unnötiger Kosten als zurückgenommen betrachtet. Der Zeitpunkt der Wirksamkeit der Rücknahme bestimmt sich nach § 3 Absatz 4 Satz 2 des Gerichtsvollzieherkostengesetzes (GvKostG). Die Erwartung, dass die Vollstreckung fruchtlos verlaufen werde, kann insbesondere begründet sein, wenn ein Pfändungsversuch gegen den Schuldner in den letzten drei Monaten fruchtlos verlaufen ist oder der Schuldner in den letzten drei Monaten die Vermögensauskunft abgegeben hat und sich daraus keine Anhaltspunkte ergeben, dass er über pfändbare Gegenstände verfügt. War der Gerichtsvollzieher auch beauftragt, dem Schuldner den Schuldtitel zuzustellen, so führt er diesen Auftrag aus.

(2) Die Bestimmungen nach Absatz 1 gelten nicht, wenn der Wunsch des Gläubigers auf Ausführung des Auftrags aus der Sachlage hervorgeht (zum Beispiel der Pfändungsauftrag zum Zwecke des Neubeginns der Verjährung erteilt ist) oder wenn das Gläubigerinteresse an der Ermittlung von Drittschuldnern ersichtlich oder zu unterstellen ist.

§ 33 Zeit der Zwangsvollstreckung

(§ 758 a Absatz 4 ZPO)

(1) An Sonntagen und allgemeinen Feiertagen sowie zur Nachtzeit darf der Gerichtsvollzieher außerhalb von Wohnungen (§ 61 Absatz 1 Satz 2) Zwangsvollstreckungs-

handlungen vornehmen, wenn dies weder für den Schuldner noch für die Mitgewahrsamsinhaber eine unbillige Härte darstellt und wenn der zu erwartende Erfolg in keinem Missverhältnis zu dem Eingriff steht. Zuvor soll der Gerichtsvollzieher in der Regel wenigstens einmal zur Tageszeit an einem gewöhnlichen Wochentag die Vollstreckung vergeblich versucht haben.

(2) In Wohnungen darf der Gerichtsvollzieher an Sonntagen und allgemeinen Feiertagen sowie zur Nachtzeit nur aufgrund einer besonderen richterlichen Anordnung vollstrecken. Dies gilt auch dann, wenn die Vollstreckungshandlung auf die Räumung oder Herausgabe von Räumen oder auf die Vollstreckung eines Haftbefehls nach § 901 ZPO gerichtet ist. Die Anordnung erteilt der Richter bei dem Amtsgericht, in dessen Bezirk die Vollstreckungshandlung vorgenommen werden soll. Es ist Sache des Gläubigers, die Anordnung zu erwirken. Die Anordnung ist bei der Zwangsvollstreckung vorzuzeigen, dies ist im Protokoll über die Zwangsvollstreckungshandlung zu vermerken. Die erteilte Anordnung gilt, soweit aus Ihrem Inhalt nichts anderes hervorgeht, nur für die einmalige Durchführung der Zwangsvollstreckung. Sie umfasst die Erlaubnis zur Durchsuchung der Wohnung, falls die Vollstreckungshandlung eine solche erfordert. Es besteht keine gesetzliche Bestimmung, die es dem Gerichtsvollzieher ausdrücklich gestattet, eine zur Tageszeit in einer Wohnung begonnene Vollstreckung nach Beginn der Nachtzeit weiterzuführen. Daher empfiehlt es sich, die Anordnung des Richters bei dem Amtsgericht vorsorglich einholen zu lassen, wenn zu erwarten ist, dass eine Vollstreckung nicht vor Beginn der Nachtzeit beendet werden kann.

(3) Bei Vollziehung von Aufträgen der Steuerbehörde zur Nachtzeit sowie an Sonntagen und allgemeinen Feiertagen ist gemäß § 289 Absatz 1 und 2 AO die schriftliche Erlaubnis der Vollstreckungsbehörde erforderlich. Absatz 2 Satz 5 gilt entsprechend.

§ 34 Unterrichtung des Gläubigers

Der Gerichtsvollzieher unterrichtet den Gläubiger über die Erledigung des Auftrages zur Zwangsvollstreckung. Soweit dafür Vordrucke amtlich festgestellt sind, hat der Gerichtsvollzieher sie zu benutzen.

III. Voraussetzungen der Zwangsvollstreckung
1. Allgemeines

§ 35

(1) Die Zwangsvollstreckung ist nur zulässig, wenn folgende Voraussetzungen erfüllt sind:
1. ein Schuldtitel zugrunde liegt (§§ 36 bis 41),
2. die Ausfertigung des Schuldtitels vorschriftsmäßig mit der Vollstreckungsklausel versehen ist (vollstreckbare Ausfertigung, §§ 42, 43),
3. vor Beginn der Zwangsvollstreckung sämtliche Urkunden zugestellt sind, welche die rechtliche Grundlage für die Zwangsvollstreckung bilden (§§ 44 bis 46).

(2) Vollstreckungstitel nach § 86 Absatz 1 Nummer 1 bis 3 FamFG bedürfen nur dann der Vollstreckungsklausel, wenn die Vollstreckung nicht durch das Gericht erfolgt, das den Titel erlassen hat (§ 86 Absatz 3 FamFG).

(3) Die nach § 801 ZPO zulässigen landesrechtlichen Schuldtitel bedürfen der Vollstreckungsklausel, sofern die Gesetze des Landes, in dem der Titel errichtet ist, nichts anderes bestimmen.

(4) Vollstreckungsbescheide, Arrestbefehle, einstweilige Anordnungen und einstweilige Verfügungen sind ohne Vollstreckungsklausel zur Zwangsvollstreckung geeignet. Eine besondere Klausel ist nur nötig, wenn die Zwangsvollstreckung für einen anderen als den ursprünglichen Gläubiger oder gegen einen anderen als den ursprünglichen Schuldner erfolgen soll (vergleiche §§ 796, 929, 936 ZPO, § 53 Absatz 1 FamFG).

Pfändungsbeschlüsse im Fall des § 830 Absatz 1 ZPO, Überweisungsbeschlüsse nach § 836 Absatz 3 ZPO und Haftbefehle nach § 901 ZPO bedürfen ebenfalls keiner Vollstreckungsklausel.

(5) Die Zwangsvollstreckung aus einem Kostenfestsetzungsbeschluss, der gemäß § 105 ZPO auf das Urteil gesetzt ist, erfolgt auf Grund der vollstreckbaren Ausfertigung des Urteils. Einer besonderen Vollstreckungsklausel für den Festsetzungsbeschluss bedarf es nicht (§ 795 a ZPO).

2. Schuldtitel

§ 36 Schuldtitel nach der Zivilprozessordnung (ohne ausländische Schuldtitel)

(1) Die Zwangsvollstreckung findet nach der ZPO insbesondere aus folgenden Schuldtiteln statt:
1. aus Endurteilen und Vorbehaltsurteilen deutscher Gerichte, die rechtskräftig oder für vorläufig vollstreckbar erklärt sind (§§ 704, 300, 301, § 302 Absatz 3, § 599 Absatz 3 ZPO),
2. aus Arresten und einstweiligen Verfügungen (§§ 922, 928, 936 ZPO),
3. aus den in § 794 ZPO bezeichneten Entscheidungen und vollstreckbaren Urkunden.

(2) Zu den im § 794 Absatz 1 Nummer 3 ZPO genannten Titeln gehören auch Entscheidungen, gegen welche die Beschwerde gegeben wäre, wenn sie von einem Gericht erster Instanz erlassen worden wären. Beispiele für beschwerdefähige Entscheidungen sind:
1. die Anordnung der Rückgabe einer Sicherheit (§ 109 Absatz 2, § 715 ZPO),
2. die Anordnung von Zwangsmaßnahmen nach den §§ 887 bis 891 ZPO,
3. das Zwischenurteil nach § 135 ZPO.

§ 37 Schuldtitel nach dem Gesetz über das Verfahren in Familiensachen und in den Angelegenheiten der freiwilligen Gerichtsbarkeit (FamFG)

(1) In Familiensachen und Angelegenheiten der freiwilligen Gerichtsbarkeit, soweit es sich nicht um Ehesachen und Familienstreitsachen handelt, findet die Zwangsvollstreckung aus folgenden Titeln statt:
1. Beschlüsse über Zwangsmittel nach § 35 FamFG;
2. aus wirksamen gerichtlichen Beschlüssen nach § 86 Absatz 1 Nummer 1 FamFG (auch einstweilige Anordnungen);
3. aus gerichtlich gebilligten Vergleichen nach § 86 Absatz 1 Nummer 2 FamFG;
4. aus Vollstreckungstiteln im Sinne des § 794 ZPO nach § 86 Absatz 1 Nummer 3 FamFG (Vollstreckungstitel im Sinne des § 794 ZPO sind insbesondere Prozessvergleiche (§ 36 FamFG) und bestimmte notarielle Urkunden, soweit die Beteiligten über den Gegenstand des Verfahrens verfügen können);
5. nach § 371 Absatz 2 FamFG aus rechtskräftig bestätigten Vereinbarungen über eine vorbereitende Maßnahme nach § 366 Absatz 1 FamFG und rechtskräftig bestätigten Auseinandersetzungen nach § 368 FamFG;
6. aus rechtskräftig bestätigten Dispachen (§ 409 Absatz 2 FamFG).

(2) In Familienstreitsachen findet die Zwangsvollstreckung aus wirksamen Beschlüssen (§ 120 Absatz 2 FamFG in Verbindung mit § 116 FamFG (auch einstweilige Anordnungen)) und Arresten (§ 119 FamFG) statt.

§ 38 Schuldtitel nach anderen Gesetzen

Die Zwangsvollstreckung findet insbesondere auch statt aus:
1. Vergütungsfestsetzungen nach § 35 Absatz 3, § 85 Absatz 3, § 104 Absatz 6, § 142 Absatz 6, § 147 Absatz 2, § 258 Absatz 5 und § 265 Absatz 4 AktG, § 26 Absatz 4 des Umwandlungsgesetzes (UmwG) und nach § 318 Absatz 5 des Handelsgesetzbuches (HGB);
2. Zuschlagsbeschlüssen im Zwangsversteigerungsverfahren (§§ 93, 118, 132 ZVG);
3. für vollstreckbar erklärten Vorschuss-, Zusatz- und Nachschussberechnungen (§§ 105 bis 115 d GenG);
4. Entscheidungen in Strafsachen, durch die der Verfall einer Sicherheit ausgesprochen ist (§ 124 StPO);
5. Entscheidungen über die Entschädigung des Verletzten im Strafverfahren (§§ 406, 406 b StPO);
6. Entscheidungen der Gerichte in Arbeitssachen (§§ 62, 64 Absatz 7, §§ 85, 87 Absatz 2, § 92 Absatz 2 des Arbeitsgerichtsgesetzes (ArbGG)) und der Gerichte der Sozialgerichtsbarkeit (§ 199 des Sozialgerichtsgesetzes (SGG));
7. gerichtlichen Vergleichen, Schiedssprüchen und Schiedsvergleichen in Arbeitsstreitigkeiten (§ 54 Absatz 2, §§ 62, 109 ArbGG) sowie Anerkenntnissen und gerichtlichen Vergleichen nach § 199 Absatz 1 Nummer 3 SGG;
8. Widerrufbescheiden der Entschädigungsbehörden, soweit die Entscheidungsformel die Verpflichtung zur Rückzahlung bestimmter Beträge enthält (§ 205 des Bundesentschädigungsgesetzes (BEG));
9. Verwaltungsakten nach dem Sozialgesetzbuch gemäß § 66 Absatz 4 des Zehnten Buches Sozialgesetzbuch – Sozialverwaltungsverfahren und Sozialdatenschutz – (SGB X);
10. Vergleichen vor den Einigungsstellen in Wettbewerbssachen (§ 27 a Absatz 7 des Gesetzes gegen den unlauteren Wettbewerb (UWG));
11. vom Präsidenten der Notarkammer ausgestellten, mit der Bescheinigung der Vollstreckbarkeit und dem Siegel der Notarkammer versehenen Zahlungsaufforderungen wegen rückständiger Beiträge (§ 73 Absatz 2 der Bundesnotarordnung (BNotO)) wegen der von der Notarkammer festgesetzten Zwangsgelder (§ 74 Absatz 2 BNotO) oder wegen der der Notarkammer zukommenden Beträge aus Notariatsverwaltungen (§ 59 Absatz 1 Satz 3 BNotO); ferner aus von dem Präsidenten der Notarkasse in München und dem Präsidenten der Ländernotarkasse in Leipzig ausgestellten, mit der Bescheinigung der Vollstreckbarkeit versehenen Zahlungsaufforderungen wegen rückständiger Abgaben (§ 113 Absatz 17 Satz 7 BNotO) und festgesetzter Zwangsgelder (§ 113 Absatz 18 BNotO);
12. vom Schatzmeister der Rechtsanwaltskammer erteilten, mit der Bescheinigung der Vollstreckbarkeit versehenen beglaubigten Abschriften der Bescheide des Vorstandes der Rechtsanwaltskammer über die Festsetzung eines Zwangsgeldes (§ 57 Absatz 4 BRAO) und vom Schatzmeister der Patentanwaltskammer erteilten, mit der Bescheinigung der Vollstreckbarkeit versehenen beglaubigten Abschriften der Bescheide des Vorstandes der Patentanwaltskammer über die Festsetzung eines Zwangsgeldes (§ 50 Absatz 4 der Patentanwaltsordnung (PAO));
13. vom Schatzmeister der Rechtsanwaltskammer ausgestellten, mit der Bescheinigung der Vollstreckbarkeit versehenen Zahlungsaufforderungen wegen rückständiger Beiträge (§ 84 Absatz 1 BRAO) und vom Schatzmeister der Patentanwaltskammer ausgestellten, mit der Bescheinigung der Vollstreckbarkeit versehenen Zahlungsaufforderungen wegen rückständiger Beiträge (§ 77 Absatz 1 PAO);

14. vom Vorsitzenden der Kammer des Anwaltsgerichts erteilten, mit der Bescheinigung der Rechtskraft versehenen beglaubigten Abschriften der Entscheidungsformel über die Verhängung einer Geldbuße und der Kostenfestsetzungsbeschlüsse in Verfahren vor dem Ehrengericht (§ 204 Absatz 3, § 205 Absatz 1 BRAO);
15. Kostenfestsetzungs- und Kostenerstattungsbeschlüssen im die Todeserklärungen betreffenden Verfahren (§ 38 des Verschollenheitsgesetzes);
16. Kostenfestsetzungsbeschlüssen in Strafsachen (§ 464 b StPO);
17. gerichtlichen Kostenfestsetzungsbeschlüssen in Bußgeldsachen (§ 46 Absatz 1 des Gesetzes über Ordnungswidrigkeiten (OWiG) in Verbindung mit § 464 b StPO);
18. Vergütungsfestsetzungsbeschlüssen nach § 11 des Rechtsanwaltsvergütungsgesetzes (RVG);
19. mit der Vollstreckungsklausel versehenen Ausfertigungen der Kostenberechnungen der Notare und Notariatsverwalter (§ 155 der Kostenordnung (KostO); § 58 Absatz 2 und 3 BNotO);
20. den von einer Urkundsperson des Jugendamtes beurkundeten Verpflichtungen zur Erfüllung von Unterhaltsansprüchen nach § 59 Absatz 1 Satz 1 Nummer 3 oder 4 des Achten Buches Sozialgesetzbuch – Kinder- und Jugendhilfe – (SGB VIII) in Verbindung mit § 60 SGB VIII;
21. mit der Vollstreckungsklausel versehenen Ausfertigungen von Niederschriften und Festsetzungsbescheiden einer Wasser- und Schifffahrtsdirektion (§ 38 des Bundeswasserstraßengesetzes (WaStrG));
22. Niederschriften über eine Einigung und Festsetzungsbescheiden über Entschädigungen und Ersatzleistungen nach § 52 des Bundesleistungsgesetzes;
23. Niederschriften über eine Einigung und Beschlüssen über Leistungen, Geldentschädigungen oder Ausgleichszahlungen nach § 122 des Baugesetzbuches (BauGB);
24. Niederschriften über eine Einigung und Entscheidungen über Entschädigungsleistungen oder sonstige Leistungen nach § 104 des Bundesberggesetzes (BBergG);
25. rechtskräftig bestätigten Insolvenzplänen in Verbindung mit der Eintragung in die Tabelle (§ 257 InsO);
26. Eintragungen in die Insolvenztabelle nach § 201 Absatz 2 InsO;
27. Beschlüssen über die Eröffnung des Insolvenzverfahrens (§§ 34, 148 InsO);
28. Auszügen aus dem Schuldenbereinigungsplan in Verbindung mit dem Feststellungsbeschluss des Insolvenzgerichts nach § 308 Absatz 1 InsO.

§ 39 Landesrechtliche Schuldtitel

(§ 801 ZPO)

Hat der Gerichtsvollzieher Zweifel, ob ein landesrechtlicher Schuldtitel nach § 801 ZPO vollstreckbar ist, so legt er ihn seiner vorgesetzten Dienststelle zur Prüfung der Vollstreckbarkeit vor.

§ 40 Ausländische Schuldtitel, die keiner besonderen Anerkennung bedürfen

(1) Schuldtitel nach den in § 1 Absatz 1 des Anerkennungs- und Vollstreckungsausführungsgesetzes (AVAG) genannten zwischenstaatlichen Verträgen und europarechtlichen Verordnungen bedürfen keiner besonderen Anerkennung; sie sind nach der Erteilung der Vollstreckungsklausel durch den Vorsitzenden einer Kammer beim Landgericht zur Zwangsvollstreckung geeignet. Solange die Rechtsbehelfsfrist nach Zustel-

lung der Entscheidung über die Zulassung der Zwangsvollstreckung noch nicht abgelaufen oder über einen Rechtsbehelf noch nicht entschieden ist, darf die Zwangsvollstreckung über Maßregeln der Sicherung nicht hinausgehen (§§ 18 folgende AVAG). Gepfändetes Geld ist zu hinterlegen. Der Gläubiger kann die Zwangsvollstreckung ohne Einschränkung fortsetzen, wenn dem Gerichtsvollzieher ein Zeugnis des Urkundsbeamten der Geschäftsstelle vorgelegt wird, wonach die Zwangsvollstreckung unbeschränkt stattfinden darf (§§ 23 folgende AVAG).

(2) Aus einem Titel, der in einem anderen Mitgliedstaat der Europäischen Union nach der Verordnung (EG) Nr. 805/2004 des Europäischen Parlaments und des Rates vom 21. April 2004 zur Einführung eines Europäischen Vollstreckungstitels für unbestrittene Forderungen (ABl. L 143 vom 30.4.2004, S. 15, ber. ABl. L 97 vom 15.4.2005, S. 64, ber. Abl. L 50 vom 23.2.2008, S. 71) bestätigt worden ist, findet die Zwangsvollstreckung statt, ohne dass es einer Vollstreckungsklausel bedarf (§ 1082 ZPO). Einer deutschen Übersetzung bedarf es nicht, wenn die Bestätigung ausschließlich aus dem nach der Verordnung zu verwendenden Formblatt besteht, welches ausgefüllt (nur durch die Eintragung von Namen, Zahlen und das Ankreuzen von Kästchen) und nicht mit weiteren Zusätzen versehen ist.

(3) Aus für vollstreckbar erklärten Europäischen Zahlungsbefehlen nach der Verordnung (EG) Nr. 1896/2006 des Europäischen Parlaments und des Rates vom 12. Dezember 2006 zur Einführung eines Europäischen Mahnverfahrens (ABl. L 399 vom 30.12.2006, S. 1, ber. ABl. L 46 vom 21.2.2008, S. 52, ber. ABl. L 333 vom 11.12.2008, S. 17), findet die Zwangsvollstreckung statt (§ 794 Absatz 1 Nummer 6 ZPO), ohne dass es einer Vollstreckungsklausel bedarf (§ 1093 ZPO). Einer deutschen Übersetzung bedarf es nicht, wenn die Bestätigung ausschließlich aus dem nach der Verordnung zu verwendenden Formblatt besteht, welches ausgefüllt (nur durch die Eintragung von Namen, Zahlen und das Ankreuzen von Kästchen) und nicht mit weiteren Zusätzen versehen ist.

(4) Aus einem Titel, der in einem Mitgliedsstaat der Europäischen Union nach der Verordnung (EG) Nr. 861/2007 des Europäischen Parlaments und des Rates vom 11. Juli 2007 zur Einführung eines europäischen Verfahrens für geringfügige Forderungen (ABl. L 199 vom 31.7.2007, S. 1) ergangen ist, findet die Zwangsvollstreckung im Inland statt, ohne dass es einer Vollstreckungsklausel bedarf (§ 1107 ZPO). Einer deutschen Übersetzung bedarf es nicht, wenn die Bestätigung ausschließlich aus dem nach der Verordnung zu verwendenden Formblatt besteht, welches ausgefüllt (nur durch die Eintragung von Namen, Zahlen und das Ankreuzen von Kästchen) und nicht mit weiteren Zusätzen versehen ist.

§ 41 Sonstige ausländische Schuldtitel

(1) Ausländische Schuldtitel sind zur Vollstreckung nur geeignet, wenn ihre Vollstreckbarkeit durch ein deutsches Gericht anerkannt ist. Die Anerkennung erfolgt durch Vollstreckungsurteil (§§ 722, 723 ZPO) oder durch Beschluss (§ 110 FamFG).

(2) Die Zwangsvollstreckung erfolgt allein auf Grund des mit der Vollstreckungsklausel versehenen deutschen Urteils oder Beschlusses, wenn diese den Inhalt des zu vollstreckenden Anspruchs wiedergeben, sonst auf Grund des deutschen Urteils oder Beschlusses in Verbindung mit dem ausländischen Titel.

(3) Aus einem ausländischen Schiedsspruch findet die Zwangsvollstreckung ebenfalls nur statt, wenn die vollstreckbare Ausfertigung einer Entscheidung des deutschen Gerichts vorgelegt wird, durch die der Schiedsspruch für vorläufig vollstreckbar erklärt worden ist.

(4) Diese Vorschriften gelten nicht, soweit Staatsverträge oder Rechtsakte der Europäischen Union etwas anderes bestimmen (vergleiche auch § 97 FamFG und § 40). Wird der Gerichtsvollzieher beauftragt, aus einem ausländischen Titel zu vollstrecken, der nicht den Erfordernissen der Absätze 1 bis 3 entspricht, und ist er im Zweifel, ob die Vollstreckung zulässig ist, so legt er den Vorgang seiner vorgesetzten Dienstbehörde vor und wartet ihre Weisungen ab.

(5) Entscheidungen außerdeutscher Rheinschifffahrtsgerichte und außerdeutscher Moselschifffahrtsgerichte werden auf Grund einer vom Rheinschifffahrtsobergericht Köln beziehungsweise einer vom Moselschifffahrtsobergericht mit der Vollstreckungsklausel versehenen Ausfertigung vollstreckt (§ 21 des Gesetzes über das gerichtliche Verfahren in Binnenschifffahrtssachen).

3. Vollstreckungsklausel

§ 42 Prüfungspflicht des Gerichtsvollziehers

(1) Der Gerichtsvollzieher prüft in jedem Falle die Notwendigkeit, das Vorhandensein, die Form und den Wortlaut der Vollstreckungsklausel. Soweit die Vollstreckung für oder gegen andere als im Schuldtitel oder der Vollstreckungsklausel bezeichnete Personen erfolgt, sind die Besonderheiten nach §§ 727 bis 730 ZPO zu beachten.

(2) Es ist nicht erforderlich, dass die Vollstreckungsklausel genau den vom Gesetz festgelegten Wortlaut hat (§ 725 ZPO). Sie muss aber inhaltlich der gesetzlichen Fassung entsprechen, insbesondere die Zwangsvollstreckung als Zweck hervorheben und den Gläubiger ausreichend bezeichnen.

(3) Das Zeugnis über die Rechtskraft (§ 706 ZPO) ersetzt die Vollstreckungsklausel nicht.

(4) Sind in dem Schuldtitel oder in der Vollstreckungsklausel Beschränkungen ausgesprochen, etwa hinsichtlich des Gegenstandes der Zwangsvollstreckung oder des beizutreibenden Betrags, so darf der Gerichtsvollzieher bei seiner Vollstreckungstätigkeit die Grenzen nicht überschreiten, die ihm hierdurch gezogen sind.

(5) Ein Schuldtitel, in dem als Gläubiger oder Schuldner ein Einzelkaufmann mit seiner Firma bezeichnet ist, ist nicht für oder gegen den jeweiligen Firmeninhaber vollstreckbar.

(6) Tritt auf Seiten des Gläubigers die Rechtsnachfolge erst nach Beginn der Zwangsvollstreckung ein, so darf die Zwangsvollstreckung für den Rechtsnachfolger erst fortgesetzt werden, wenn die Vollstreckungsklausel auf diesen umgeschrieben und dem Schuldner zugestellt ist.

§ 43 Zuständigkeit für die Erteilung der Vollstreckungsklausel

Die vollstreckbare Ausfertigung erteilt:
1. bei gerichtlichen Entscheidungen und Vergleichen grundsätzlich der Urkundsbeamte der Geschäftsstelle des Gerichts erster Instanz; ist der Rechtsstreit bei einem höheren Gericht anhängig, so ist der Urkundsbeamte der Geschäftsstelle dieses Gerichts zuständig (§§ 724, 725 ZPO); dies gilt auch für die Gerichte für Arbeitssachen und die Gerichte der Sozialgerichtsbarkeit;
2. in den Fällen nach § 726 Absatz 1, §§ 727 bis 729, 733, 738, 742, 744, 745 Absatz 2 und § 749 ZPO der Rechtspfleger (§ 20 Nummer 12 des Rechtspflegergesetzes (RPflG)); soweit die Zuständigkeit durch landesrechtliche Bestimmung übertragen wurde, kann auch der Urkundsbeamte der Geschäftsstelle die weitere vollstreckbare Ausfertigung nach § 733 ZPO erteilen (§ 36 b Absatz 1 Satz 1 Nummer 3 RPflG);
3. in den Fällen der §§ 9, 13 Absatz 4 und § 17 Absatz 3 AVAG der Urkundsbeamte der Geschäftsstelle;
4. bei Vergleichen vor Gütestellen nach § 794 Absatz 1 Nummer 1 ZPO der Urkundsbeamte der Geschäftsstelle des Amtsgerichts, in dessen Bezirk die Gütestelle ihren Sitz hat, soweit nicht nach landesrechtlicher Bestimmung der Vorsteher der Gütestelle zuständig ist (§ 797 a ZPO);
5. bei gerichtlichen Urkunden (§ 794 Absatz 1 Nummer 5 ZPO) der Urkundsbeamte der Geschäftsstelle des Gerichts, das die Urkunde verwahrt (§ 797 Absatz 1 ZPO); eine weitere vollstreckbare Ausfertigung erteilt der Rechtspfleger (§ 20 Num-

mer 13 RPflG); soweit die Zuständigkeit durch landesrechtliche Bestimmung übertragen wurde, kann auch der Urkundsbeamter der Geschäftsstelle die weitere vollstreckbare Ausfertigung erteilen (§ 36 b Absatz 1 Satz 1 Nummer 4 RPflG);
6. bei notariellen Urkunden der Notar oder die Behörde, welche die Urkunde verwahrt (§ 797 Absatz 2 ZPO).

4. Zustellung von Urkunden vor Beginn der Zwangsvollstreckung

§ 44 Allgemeines

(1) Vor Beginn der Zwangsvollstreckung prüft der Gerichtsvollzieher, ob dem Schuldner sämtliche Urkunden zugestellt sind, welche die rechtliche Grundlage für die Zwangsvollstreckung bilden. Nötigenfalls stellt der Gerichtsvollzieher diese Urkunden selbst zu.

(2) Die Zustellung auf Betreiben des Gläubigers ist entbehrlich, soweit die Urkunden zulässigerweise schon von Amts wegen zugestellt sind und die Zustellung dem Gerichtsvollzieher nachgewiesen wird.

(3) Die Vollstreckung vor Zustellung der Entscheidung an den Verpflichteten ist zulässig, wenn das Familiengericht dies angeordnet hat:
1. bei einstweiligen Anordnungen in Gewaltschutzsachen sowie in sonstigen Fällen, in denen hierfür ein besonderes Bedürfnis besteht (§ 53 Absatz 2 FamFG),
2. bei Entscheidungen in Ehewohnungssachen nach § 200 Absatz 1 Nummer 1 FamFG (§ 209 Absatz 3 FamFG),
3. bei Entscheidungen in Gewaltschutzsachen (§ 216 Absatz 2 FamFG).

§ 45 Die zuzustellenden Urkunden

(1) Der Schuldtitel muss dem Schuldner und den zur Duldung der Zwangsvollstreckung verurteilten Personen zugestellt sein. Dies gilt nicht in den Fällen des § 44 Absatz 3 und soweit in den §§ 126, 134 und 152 etwas anderes bestimmt ist. Die Vollstreckungsklausel braucht nur zugestellt zu werden, wenn
1. sie für oder gegen einen Rechtsnachfolger oder für oder gegen eine andere als die ursprüngliche Partei erteilt worden ist (zum Beispiel Erben, Nacherben, Testamentsvollstrecker, Übernehmer eines Vermögens oder eines Handelsgeschäfts, Nießbraucher, Ehegatten, Abkömmlinge),
2. es sich um ein Urteil handelt, dessen Vollstreckung von dem durch den Gläubiger zu beweisenden Eintritt einer anderen Tatsache als einer dem Gläubiger obliegenden Sicherheitsleistung abhängt, so dass die Vollstreckungsklausel erst erteilt werden konnte, nachdem dieser Nachweis geführt war (§ 726 Absatz 1 ZPO).

(2) Ist die Vollstreckungsklausel in den in Absatz 1 bezeichneten Fällen auf Grund öffentlicher oder öffentlich beglaubigter Urkunden erteilt worden, so müssen außer der Vollstreckungsklausel auch diese Urkunden zugestellt werden (§ 750 Absatz 2 ZPO). Jedoch bedarf es keiner Zustellung der das Rechtsnachfolgeverhältnis beweisenden öffentlichen oder öffentlich beglaubigten Urkunden, wenn der Eigentümer eines Grundstücks sich in einer Urkunde nach § 794 Absatz 1 Nummer 5 ZPO wegen einer auf dem Grundstück lastenden Hypothek, Grundschuld oder Rentenschuld der sofortigen Zwangsvollstreckung unterworfen hat und der Rechtsnachfolger des Gläubigers, dem auf Grund der Rechtsnachfolge eine vollstreckbare Ausfertigung der Urkunde erteilt ist, im Grundbuch als Gläubiger eingetragen ist. Dasselbe gilt, wenn sich der Eigentümer wegen der Hypothek, Grundschuld oder Rentenschuld der sofortigen Zwangsvollstreckung in der Weise unterworfen hat, dass die Zwangsvollstreckung gegen den jeweiligen Eigentümer des Grundstücks zulässig sein soll, sofern die Unterwerfung im Grundbuch vermerkt ist und der Rechtsnachfolger, gegen den die Vollstreckungsklausel erteilt ist, im Grundbuch als Eigentümer eingetragen ist (§§ 799, 800 ZPO).

(3) Hängt die Vollstreckung von einer Sicherheitsleistung des Gläubigers ab, so muss die öffentliche oder öffentlich beglaubigte Urkunde, aus der sich die Sicherheitsleistung ergibt, ebenfalls zugestellt werden (§ 751 Absatz 2 ZPO). Wird die Sicherheitsleistung durch Bankbürgschaft erbracht, ist dem Gegner das Original der Bürgschaftsurkunde zu übergeben.

(4) Hat der Schuldner Zug um Zug gegen eine von dem Gläubiger zu bewirkende Gegenleistung zu erfüllen, so müssen auch die öffentlichen oder öffentlich beglaubigten Urkunden zugestellt werden, aus denen sich ergibt, dass der Schuldner wegen der Gegenleistung befriedigt oder dass er im Annahmeverzug ist. Dies gilt nicht, wenn der Gerichtsvollzieher die Gegenleistung selbst anbietet (§ 756 ZPO).

§ 46 Zeit der Zustellung in besonderen Fällen

(1) Die Zwangsvollstreckung aus den folgenden Schuldtiteln darf nur beginnen, wenn der Titel mindestens zwei Wochen vorher zugestellt ist:
1. aus einem Kostenfestsetzungsbeschluss, der nicht auf das Urteil gesetzt ist, aus Beschlüssen nach § 794 Absatz 1 Nummer 4 b ZPO sowie aus den nach § 794 Absatz 1 Nummer 5 ZPO aufgenommenen Urkunden;
2. aus Kostenentscheidungen ausländischer Gerichte, die auf Grund zwischenstaatlicher Vereinbarungen und der Ausführungsgesetze hierzu für vollstreckbar erklärt wurden,
3. aus den mit der Vollstreckungsklausel des Notars oder Notariatsverwalters versehenen Ausfertigungen seiner Kostenberechnungen (§ 155 KostO, § 58 Absatz 2 und 3 BNotO);
4. aus der in § 68 Nummer 13 aufgeführten, vom Schatzmeister der Rechtsanwaltskammer bzw. Patentanwaltskammer ausgestellten vollstreckbaren Zahlungsaufforderung (§ 84 Absatz 2 BRAO, § 77 Absatz 2 PAO).

(2) Die Sicherungsvollstreckung nach § 720 a ZPO darf nur beginnen, wenn das Urteil mindestens zwei Wochen vorher zugestellt wurde. Im Falle des § 750 Absatz 2 ZPO gilt dies auch für die Vollstreckungsklausel und die Abschriften der öffentlichen oder öffentlich beglaubigten Urkunden, die der Vollstreckungsklausel zugrunde liegen (§ 750 Absatz 3 ZPO).

(3) Die Zwangsvollstreckung aus der Niederschrift über die Einigung nach § 38 des Bundeswasserstraßengesetzes findet statt, wenn die vollstreckbare Ausfertigung mindestens eine Woche vorher zugestellt ist.

5. Außenwirtschaftsverkehr und Devisenverkehr

§ 47 Vollstreckungsbeschränkungen im Außenwirtschaftsverkehr

(1) Der Gerichtsvollzieher hat die Vollstreckungsbeschränkungen zu beachten, die sich für den Außenwirtschaftsverkehr aus dem Außenwirtschaftsgesetz (AWG) und der Außenwirtschaftsverordnung (AWV) ergeben. Außenwirtschaftsverkehr ist:
1. der Waren-, Dienstleistungs-, Kapital-, Zahlungs- und sonstige Wirtschaftsverkehr mit fremden Wirtschaftsgebieten,
2. der Verkehr mit Auslandswerten und Gold zwischen Gebietsansässigen (§ 1 Absatz 1 Satz 1, § 4 Absatz 1 Nummer 1 und 5 AWG).

(2) Ist nach den in Absatz 1 Satz 1 genannten Vorschriften zur Leistung des Schuldners eine Genehmigung erforderlich, so ist die Zwangsvollstreckung nur zulässig, wenn und soweit diese Genehmigung erteilt ist. Soweit Vermögenswerte nur mit Genehmigung erworben oder veräußert werden dürfen, gilt dies auch für den Erwerb und die Veräußerung im Wege der Zwangsvollstreckung (§ 32 Absatz 2 AWG).

(3) Eine Genehmigung ist nicht erforderlich für die Vollziehung von Arresten und einstweiligen Verfügungen, die lediglich der Sicherung des zugrunde liegenden Anspruchs dienen (§ 32 Absatz 1 Satz 3 AWG).

(4) Der Gerichtsvollzieher braucht im Hinblick auf § 32 Absatz 1 Satz 1 und 2 AWG die Erteilung der Genehmigung vom Gläubiger vor der Vollstreckung nur nachweisen zu lassen, wenn vollstreckt werden soll

1. aus einer gerichtlichen Entscheidung, die ohne Vollstreckungsklausel zur Zwangsvollstreckung geeignet ist (vergleiche § 35 Absatz 3 bis 5) und den Vorbehalt enthält, dass die Leistung oder Zwangsvollstreckung erst erfolgen darf, wenn die dazu erforderliche Genehmigung erteilt ist, oder
2. aus einem Titel, der gemäß §§ 727 bis 729 ZPO auf einen Rechtsnachfolger des Gläubigers oder des Schuldners umgeschrieben ist, sofern der Rechtsnachfolger seinen Wohnsitz, seinen gewöhnlichen Aufenthalt, den Sitz oder den Ort der Leitung oder Verwaltung in einem fremden Wirtschaftsgebiet (vergleiche Absatz 1 Satz 2 Nummer 1) hat.

Hat der Gerichtsvollzieher begründete Zweifel, ob zur Zwangsvollstreckung eine Genehmigung nach den in Absatz 1 Satz 1 genannten Vorschriften erforderlich ist, so gibt er dem Gläubiger auf, eine solche Genehmigung oder eine Bescheinigung der Landeszentralbank, der obersten Wirtschaftsbehörde des Landes oder der sonst zuständigen Stelle beizubringen, wonach gegen die Zwangsvollstreckung keine außenwirtschaftsrechtlichen Bedenken bestehen. Die Vorlage einer solchen Bescheinigung gibt der Gerichtsvollzieher dem Gläubiger auch dann auf, wenn dieser geltend macht, dass ein im Titel enthaltener Genehmigungsvorbehalt inzwischen gegenstandslos geworden sei.

IV. Zwangsvollstreckung in besonderen Fällen

1. Fälle, in denen der Gerichtsvollzieher bestimmte besondere Voraussetzungen der Zwangsvollstreckung festzustellen hat

§ 48 Abhängigkeit der Zwangsvollstreckung von einer Sicherheitsleistung des Gläubigers

(§ 751 Absatz 2, § 752 ZPO)

(1) Ist die Zwangsvollstreckung von einer Sicherheitsleistung des Gläubigers abhängig und beabsichtigt dieser nur wegen eines bezifferten oder ohne weiteres bezifferbaren Teilbetrages einer Geldforderung zu vollstrecken, so hat er die entsprechende Teilsicherheitsleistung nachzuweisen. Der Gerichtsvollzieher prüft, ob die geleistete Teilsicherheit für die beantragte Teilvollstreckung ausreicht, andernfalls führt er die Teilvollstreckung nur in der Höhe aus, die der Teilsicherheit entspricht. Bei der Berechnung ist von der in dem Urteil angegebenen Gesamtsicherheit (auch bei weiteren Teilvollstreckungen) und von dem Gesamtbetrag der Vollstreckungsforderung zur Zeit der Auftragserteilung, der sich aus der von dem Gläubiger vorzulegenden Forderungsaufstellung ergibt, auszugehen. Der Gläubiger kann mehrfach Teilvollstreckung bei Nachweis weiterer Teilsicherheiten verlangen. Ist bei einer Verurteilung zu verschiedenartigen Leistungen die Gesamtsicherheit für die Geldleistung nicht gesondert ausgewiesen, kommt eine Teilvollstreckung gegen Teilsicherheitsleistung nicht in Betracht. Die Höhe des zulässigen Betrages für eine Teilvollstreckung errechnet sich wie folgt:

$$\frac{\text{Teilsicherheitsleistung} \times \text{Gesamtbetrag der zu vollstreckenden Forderung}}{\text{Gesamtsicherheitsleistung}}$$

Die Höhe einer Teilsicherheitsleistung kann wie folgt errechnet werden:

$$\frac{\text{Zu vollstreckender Teilbetrag} \times \text{Gesamtsicherheitsleistung}}{\text{Gesamtbetrag der zu vollstreckenden Forderung}}$$

Soweit der Gerichtsvollzieher die Teilvollstreckung durchführt, vermerkt er dies zusammen mit Art, Höhe und Datum der geleisteten Sicherheit und – bei der ersten Teilvollstreckung – mit dem Gesamtbetrag der zu vollstreckenden Forderung auf dem Titel. Eine Teilvollstreckung ist auch bei einer entsprechenden Gegensicherheitsleistung des Gläubigers im Falle des § 711 Satz 1 ZPO möglich.

(2) Von dem Nachweis der Sicherheitsleistung hat der Gerichtsvollzieher abzusehen:
1. wenn die Entscheidung rechtskräftig geworden ist und der Urkundsbeamte der Geschäftsstelle dies auf dem Schuldtitel bescheinigt hat,
2. wenn ihm ein vorläufig vollstreckbares Berufungsurteil gegen das Urteil erster Instanz vorgelegt wird (§ 708 Nummer 10 ZPO),
3. wenn ihm die Entscheidung eines Gerichts vorgelegt wird, durch die gemäß §§ 537, 558 und 718 ZPO die vorläufige Vollstreckbarkeit ohne Sicherheitsleistung angeordnet worden ist,
4. wenn die Sicherungsvollstreckung betrieben wird (§§ 720 a, 795 Satz 2 ZPO).

§ 49 Hinweis bei Sicherungsvollstreckung

(§§ 720 a, 795 Satz 2, § 930 ZPO)

Hat der Gläubiger aus einem nur gegen Sicherheitsleistung vorläufig vollstreckbaren Urteil gemäß § 720 a ZPO ohne Sicherheitsleistung pfänden lassen und erscheint ein Antrag auf Versteigerung erforderlich, weil die gepfändete Sache der Gefahr einer beträchtlichen Wertminderung ausgesetzt ist oder ihre Aufbewahrung unverhältnismäßig hohe Kosten verursachen würde, so soll der Gerichtsvollzieher die Beteiligten darauf hinweisen.

2. Zwangsvollstreckung gegen juristische Personen des öffentlichen Rechts

§ 50 Zwangsvollstreckung gegen den Bund und die Länder sowie gegen Körperschaften, Anstalten und Stiftungen des öffentlichen Rechts

(§ 882 a ZPO, § 15 Nummer 3 EGZPO)

(1) In den Fällen der Zwangsvollstreckung gegen den Bund und die Länder sowie gegen Körperschaften, Anstalten und Stiftungen des öffentlichen Rechts mit Ausnahme von Gemeinden und Gemeindeverbänden ist nur der Gerichtsvollzieher zuständig, der auf Antrag des Gläubigers vom Vollstreckungsgericht besonders dazu bestimmt worden ist. Er lässt sich vom Gläubiger die Erstattung der Anzeige nach § 882 a Absatz 1 Satz 1 ZPO und den Zeitpunkt ihres Eingangs bei der zuständigen Stelle nachweisen. Der Nachweis ist aktenkundig zu machen. Er wird in der Regel durch die Empfangsbescheinigung zu führen sein, die dem Gläubiger vom Schuldner auszustellen ist.

(2) Bei der Zwangsvollstreckung wegen einer Geldforderung gegen eine Gemeinde oder einen Gemeindeverband beachtet der Gerichtsvollzieher, soweit nicht dingliche Rechte verfolgt werden, die besonderen landesrechtlichen Bestimmungen (zum Beispiel die Gemeindeordnung oder die Kreisordnung).

3. Zwangsvollstreckung während eines Insolvenzverfahrens

§ 51

(1) Der Beschluss, durch den ein Insolvenzverfahren eröffnet wird, ist ein vollstreckbarer Titel zugunsten des Verwalters auf Herausgabe der Masse und auf Räumung der im Besitz des Schuldners befindlichen Räume.

(2) Eine Benennung der zur Masse gehörenden Gegenstände ist weder für den Eröffnungsbeschluss vorgesehen noch in der Vollstreckungsklausel nötig. Die mit der Vollstreckung zu erfassenden Gegenstände bezeichnet der Verwalter in seinem Auftrag an den Gerichtsvollzieher. Der Insolvenzverwalter kann zur Sicherung der Sachen, die zur Insolvenzmasse gehören, durch den Gerichtsvollzieher Siegel anbringen lassen (§ 150 Satz 1 InsO).

(3) Während der Dauer eines Insolvenzverfahrens finden Zwangsvollstreckungen und Arreste zugunsten einzelner Insolvenzgläubiger (§ 38 InsO) in die Insolvenzmasse und in das sonstige Vermögen des Schuldners (§ 89 Absatz 1 InsO) nicht statt. Einen Auftrag zu solchen Zwangsvollstreckungen lehnt der Gerichtsvollzieher ab. Hat ein Insolvenzgläubiger im letzten Monat vor dem Antrag auf Eröffnung des Insolvenzverfahrens oder nach diesem Antrag durch Zwangsvollstreckung eine Sicherung an dem zur Insolvenzmasse gehörenden Vermögen des Schuldners erlangt, so wird diese Sicherung mit der Eröffnung des Verfahrens unwirksam (§§ 88, 139 InsO). Wird ein Verbraucherinsolvenzverfahren auf Antrag des Schuldners eröffnet, so beträgt die Frist drei Monate (§ 312 Absatz 1 Satz 3 InsO). § 120 Absatz 2 ist zu beachten.

(4) Während des Insolvenzverfahrens ist die Zwangsvollstreckung zulässig:
1. wegen der Ansprüche gegen den Schuldner, die erst nach der Insolvenzeröffnung entstanden sind, in das bei Anwendung der §§ 35 bis 37 InsO nicht zur Insolvenzmasse gehörende Vermögen,
2. wegen der Ansprüche auf Herausgabe von Gegenständen, die dem Schuldner nicht gehören,
3. wegen der Forderungen, für die ein Recht auf abgesonderte Befriedigung besteht, in die zur abgesonderten Befriedigung dienenden Gegenstände (§§ 50, 51 InsO), wenn der Insolvenzverwalter sie nicht in Besitz hat sowie im vereinfachten Insolvenzverfahren (§ 313 Absatz 3 InsO),
4. wegen der Masseverbindlichkeiten in die Masse.

Abweichend von Satz 1 Nummer 4 sind für die Dauer von sechs Monaten seit der Eröffnung des Insolvenzverfahrens Zwangsvollstreckungsmaßnahmen wegen Masseverbindlichkeiten, die nicht durch eine Rechtshandlung des Insolvenzverwalters begründet sind, unzulässig (§ 90 Absatz 1 InsO). Die Vollstreckung wegen einer Masseverbindlichkeit im Sinne des § 209 Absatz 1 Nummer 3 InsO ist ebenfalls unzulässig, sobald der Insolvenzverwalter die Masseunzulänglichkeit angezeigt hat (§ 210 InsO). Eine Zwangsvollstreckung in die Masse wegen einer Sozialplanforderung ist unzulässig (§ 123 Absatz 3 Satz 2 InsO).

(5) Ist dem Gerichtsvollzieher die Eröffnung des Insolvenzverfahrens nicht nachgewiesen und auch nicht auf andere Weise, insbesondere über die öffentliche Bekanntmachung im Internet, bekannt geworden, so stellt er – soweit dies ohne Verzögerung der Zwangsvollstreckung möglich ist – durch Nachfrage bei dem zuständigen Gericht (§ 3 InsO) fest, ob das Verfahren eröffnet ist.

(6) Ein ausländisches Insolvenzverfahren erfasst auch das im Inland befindliche Vermögen des Schuldners (Artikel 102 des Einführungsgesetzes zur Insolvenzordnung (EGInsO), Artikel 17 der Verordnung (EG) Nr. 1346/2000 des Rates vom 29. Mai 2000 über Insolvenzverfahren – ABl. L 160 vom 30.6.2000, S. 1). Wird der Gerichtsvollzieher beauftragt, in das im Inland befindliche Vermögen des Schuldners zu vollstrecken, und ist ihm bekannt, dass im Ausland ein Insolvenzverfahren gegen den Schuldner eröffnet ist, so legt er die Akten seiner vorgesetzten Dienstbehörde vor und wartet ihre Weisungen ab. Die Bestimmungen des § 47 bleiben unberührt.

(7) Nach Ankündigung der Restschuldbefreiung durch das Insolvenzgericht (§ 291 InsO) ist die Zwangsvollstreckung zugunsten einzelner Insolvenzgläubiger in das Vermögen des Schuldners nicht zulässig, solange nicht die Restschuldbefreiung versagt worden ist (§ 294 Absatz 1, § 299 InsO).

4. Zwangsvollstreckung in einen Nachlass gegen den Erben

§ 52 Zwangsvollstreckung auf Grund eines Schuldtitels gegen den Erblasser, Erben, Nachlasspfleger, Nachlassverwalter oder Testamentsvollstrecker

(1) Eine Zwangsvollstreckung oder Arrestvollziehung, die zu Lebzeiten des Schuldners bereits begonnen hat, ist nach seinem Tode ohne Weiteres in den Nachlass fortzusetzen, und zwar sowohl vor als auch nach der Annahme der Erbschaft (§ 779 Absatz 1

ZPO). Die Vollstreckung ist nicht nur in die Gegenstände zulässig, in die sie bereits begonnen hat; sie kann vielmehr auf alle Gegenstände weiter ausgedehnt werden, die zum Nachlass gehören. Ist die Zuziehung des Schuldners zu einer Vollstreckungshandlung notwendig, so hat das Vollstreckungsgericht dem Erben auf Antrag des Gläubigers einen einstweiligen besonderen Vertreter zu bestellen, wenn der Erbe unbekannt ist oder wenn er die Erbschaft noch nicht angenommen hat oder wenn es ungewiss ist, ob er die Erbschaft angenommen hat (§ 779 Absatz 2 ZPO). In diesen Fällen darf der Gerichtsvollzieher die Zwangsvollstreckung erst fortsetzen, wenn ein solcher Vertreter bestellt ist.

(2) Hat die Zwangsvollstreckung oder Arrestvollziehung zu Lebzeiten des Schuldners noch nicht begonnen, so darf sie nur durchgeführt werden, wenn die Vollstreckungsklausel des Schuldtitels gegen den Erben, Nachlassverwalter, Nachlasspfleger oder Testamentsvollstrecker umgeschrieben ist.

1. Vor der Annahme der Erbschaft kann die Vollstreckungsklausel nicht gegen den Erben umgeschrieben werden, sondern nur gegen einen Nachlasspfleger, Nachlassverwalter oder Testamentsvollstrecker (§§ 1958, 1960 Absatz 3, §§ 1961, 1984, 2213 Absatz 2 BGB). Die Zwangsvollstreckung auf Grund einer solchen Vollstreckungsklausel ist nur in den Nachlass zulässig, nicht auch in das übrige Vermögen des Erben (§ 778 Absatz 1 ZPO). Ist die Klausel gegen einen Testamentsvollstrecker erteilt, so ist die Zwangsvollstreckung nur in die Nachlassgegenstände zulässig, die seiner Verwaltung unterliegen (§ 749 ZPO).

2. Nach der Annahme der Erbschaft kann die Vollstreckungsklausel auch gegen den Erben umgeschrieben werden. Auf Grund einer solchen vollstreckbaren Ausfertigung ist die Zwangsvollstreckung sowohl in den Nachlass als auch in das übrige Vermögen des Erben zulässig. Sind mehrere Erben vorhanden, so ist zur Zwangsvollstreckung in den Nachlass bis zu dessen Teilung eine gegen sämtliche Erben umgeschriebene Vollstreckungsklausel erforderlich (§ 747 ZPO). Wendet der Erbe ein, dass er für die Nachlassverbindlichkeiten nur beschränkt hafte, so ist er auf den Klageweg zu verweisen.

(3) Bei der Zwangsvollstreckung auf Grund eines Schuldtitels gegen den Erben, Nachlasspfleger, Nachlassverwalter oder Testamentsvollstrecker sind vor allem die §§ 747, 748, 778 und 794 Absatz 2 ZPO zu berücksichtigen.

§ 53 Vorbehalt der Beschränkung der Erbenhaftung

(§§ 780 bis 785 ZPO)

Sind Erben unter Vorbehalt der Beschränkung ihrer Haftung verurteilt, so kann der Schuldtitel ohne Rücksicht auf diese Beschränkung vollstreckt werden. Widerspricht der Schuldner der Pfändung unter Berufung auf den Vorbehalt der Beschränkung seiner Haftung, so führt der Gerichtsvollzieher die Pfändung ohne Rücksicht auf diesen Widerspruch durch und verweist den Schuldner mit seinen Einwendungen nach §§ 785 und 767 ZPO an das Gericht.

5. Zwangsvollstreckung in sonstige Vermögensmassen

§ 54 Zwangsvollstreckung in das Vermögen eines nicht rechtsfähigen Vereins

(§ 50 Absatz 2, §§ 735, 736 ZPO)

(1) Zur Zwangsvollstreckung in das Vermögen eines nicht rechtsfähigen Vereins genügt ein Schuldtitel gegen den Verein, vertreten durch den Vorstand. Aus einem solchen Schuldtitel findet jedoch die Zwangsvollstreckung in das in Gewahrsam der Vereinsmitglieder befindliche Vereinsvermögen nur statt, soweit sie den Gewahrsam als Organ des Vereins haben.

(2) Hat der Gläubiger wegen einer Vereinsschuld einen Schuldtitel gegen alle Vereinsmitglieder erwirkt, so erfolgt die Zwangsvollstreckung nach den Bestimmungen über die Vollstreckung gegen die Gesellschaft bürgerlichen Rechts (§ 55).

§ 55 Zwangsvollstreckung in das Gesellschaftsvermögen einer Gesellschaft bürgerlichen Rechts (GbR)

(§ 736 ZPO)

Zur Zwangsvollstreckung in das Gesellschaftsvermögen einer nach §§ 705 bis 740 BGB begründeten Gesellschaft bürgerlichen Rechts (GbR) ist entweder ein Schuldtitel gegen die Gesellschaft als solche oder gegen jeden einzelnen Gesellschafter erforderlich. Die Verurteilung aller einzelnen Gesellschafter muss nicht in einem einzigen Urteil erfolgen. Der Titel gegen die Gesellschaft als solche muss nicht die namentliche Bezeichnung aller Gesellschafter enthalten. Die Gesellschaft kann unter einem eigenen Namen verurteilt werden. Aus einem Schuldtitel, in dem nur die Gesellschaft unter ihrem eigenen Namen verurteilt worden ist, kann nicht in das Privatvermögen der Gesellschafter vollstreckt werden.

§ 56 Zwangsvollstreckung in das Gesellschaftsvermögen einer offenen Handelsgesellschaft (OHG) oder einer Kommanditgesellschaft (KG)

(§ 124 Absatz 2, § 129 Absatz 4, § 161 Absatz 2 HGB)

Zur Zwangsvollstreckung in das Gesellschaftsvermögen einer offenen Handelsgesellschaft (OHG) oder einer Kommanditgesellschaft (KG) ist ein Schuldtitel gegen die Gesellschaft erforderlich. Die Verurteilung sämtlicher Gesellschafter genügt nicht. Andererseits findet aus einem Schuldtitel gegen die Gesellschaft die Zwangsvollstreckung in das Privatvermögen der Gesellschafter nicht statt.

§ 57 Zwangsvollstreckung in ein Vermögen, an dem ein Nießbrauch besteht

(§§ 737, 738 ZPO)

(1) Bei dem Nießbrauch an einem Vermögen ist wegen der Verbindlichkeiten des Bestellers, die vor der Bestellung des Nießbrauchs entstanden sind, die Zwangsvollstreckung in die dem Nießbrauch unterliegenden Gegenstände ohne Rücksicht auf den Nießbrauch zulässig, wenn der Besteller zur Leistung und der Nießbraucher zur Duldung der Zwangsvollstreckung verurteilt ist. Dasselbe gilt bei dem Nießbrauch an einer Erbschaft für die Nachlassverbindlichkeiten (§ 737 ZPO). § 794 Absatz 2 ZPO ist zu berücksichtigen.

(2) Ist der Nießbrauch an einem Vermögen oder an einer Erbschaft bestellt worden, nachdem die Schuld des Bestellers oder des Erblassers rechtskräftig festgestellt war, so muss der Schuldtitel zum Zweck der Zwangsvollstreckung in die dem Nießbrauch unterworfenen Gegenstände auch mit der Vollstreckungsklausel gegen den Nießbraucher versehen sein (§ 738 ZPO).

V. Verhalten bei der Zwangsvollstreckung

§ 58 Allgemeines

(1) Bei der Zwangsvollstreckung wahrt der Gerichtsvollzieher neben dem Interesse des Gläubigers auch das des Schuldners, soweit dies ohne Gefährdung des Erfolgs der Zwangsvollstreckung geschehen kann. Er vermeidet jede unnötige Schädigung oder Ehrenkränkung des Schuldners und die Erregung überflüssigen Aufsehens. Er ist darauf bedacht, dass nur die unbedingt notwendigen Kosten und Aufwendungen entstehen.

(2) Auf etwaige Wünsche des Gläubigers oder des Schuldners hinsichtlich der Ausführung der Zwangsvollstreckung nimmt der Gerichtsvollzieher Rücksicht, soweit es ohne überflüssige Kosten und Schwierigkeiten und ohne Beeinträchtigung des Zwecks der Vollstreckung geschehen kann.

§ 59 Leistungsaufforderung an den Schuldner

(1) Vor Beginn der Zwangsvollstreckung setzt der Gerichtsvollzieher den Schuldner über die bevorstehende Zwangsvollstreckung nicht in Kenntnis. Die Vorschriften des § 802 f Absatz 1 Satz 1 ZPO, des § 128 Absatz 2 und § 145 Absatz 1 Satz 2 bleiben hiervon unberührt. Jedoch kann der Gerichtsvollzieher einen Schuldner vor der Vornahme einer Zwangsvollstreckung unter Hinweis auf die Kosten der Zwangsvollstreckung auffordern, binnen kurzer Frist zu leisten oder den Leistungsnachweis zu erbringen, wenn die Kosten der Zwangsvollstreckung in einem Missverhältnis zu dem Wert des Vollstreckungsgegenstandes stehen würden und der Gerichtsvollzieher mit gutem Grund annehmen kann, dass der Schuldner der Aufforderung entsprechen wird.

(2) Zu Beginn der Zwangsvollstreckung fordert der Gerichtsvollzieher den Schuldner zur freiwilligen Leistung auf, sofern er ihn antrifft. Trifft er nicht den Schuldner, aber eine erwachsene Person an, so weist er sich zunächst nur mit seinem Dienstausweis aus und befragt die Person, ob sie über das Geld des Schuldners verfügen darf oder aus eigenen Mitteln Zahlungen für den Schuldner bewirken möchte; bejaht die Person die Frage, fordert er sie zur freiwilligen Leistung auf.

§ 60 Annahme und Ablieferung der Leistung

(1) Der Gerichtsvollzieher ist verpflichtet, die ihm angebotene Leistung oder Teilleistung anzunehmen und den Empfang zu bescheinigen. Leistungen, die ihm unter einer Bedingung oder einem Vorbehalt angeboten werden, weist er zurück. Wird der Anspruch des Gläubigers aus dem Schuldtitel einschließlich aller Nebenforderungen und Kosten durch freiwillige oder zwangsweise Leistung an den Gerichtsvollzieher vollständig gedeckt, so übergibt der Gerichtsvollzieher dem Schuldner die vollstreckbare Ausfertigung nebst einer Quittung (§ 757 ZPO). Leistet der Schuldner durch Übergabe eines Bar- oder Verrechnungsschecks, ist Absatz 3 Satz 3 und Absatz 5 zu beachten. Bei einer teilweisen Leistung ist diese auf der vollstreckbaren Ausfertigung zu vermerken und dem Schuldner lediglich eine Quittung zu erteilen. Die empfangene Leistung oder den dem Gerichtsvollzieher-Dienstkonto gutgeschriebenen Gegenwert des Schecks liefert der Gerichtsvollzieher unverzüglich an den Gläubiger ab, sofern dieser nichts anderes bestimmt hat. Verlangt der als Gläubigervertreter tätige Prozessbevollmächtigte oder eine dritte Person die Herausgabe der Leistung, muss sie dem Gerichtsvollzieher eine Geldempfangsvollmacht vorlegen.

(2) Ist dem Schuldner im Schuldtitel nachgelassen, die Zwangsvollstreckung durch eine Ersatzleistung abzuwenden, so nimmt der Gerichtsvollzieher diese Leistung an. Im Übrigen darf er Ersatzleistungen, die ihm der Schuldner an Erfüllungs Statt oder erfüllungshalber anbietet, nur annehmen, wenn ihn der Gläubiger hierzu ermächtigt hat.

(3) Die Übergabe und die Person des Empfängers des Schuldtitels sind aktenkundig zu machen. Hat der Schuldner unmittelbar an den Gläubiger oder dessen Vertreter oder Prozessbevollmächtigten vollständig geleistet, so darf der Gerichtsvollzieher dem Schuldner die vollstreckbare Ausfertigung erst nach Zustimmung des Auftraggebers übergeben. Bei Entgegennahme von Schecks ist dem Schuldner die vollstreckbare Ausfertigung erst auszuhändigen, wenn der Scheckbetrag dem Dienstkonto des Gerichtsvollziehers gutgeschrieben ist oder wenn der Auftraggeber der Aushändigung zustimmt.

(4) Eine nur teilweise Leistung vermerkt der Gerichtsvollzieher auf dem Schuldtitel. In diesem Fall ist der Titel dem Schuldner nicht auszuhändigen. Wegen des Restbetrags ist die Zwangsvollstreckung fortzusetzen, sofern sich aus dem Auftrag nichts anderes ergibt.

(5) Bar- und Verrechnungsschecks darf der Gerichtsvollzieher auch ohne Ermächtigung des Gläubigers erfüllungshalber annehmen. In diesem Fall hat er die Vollstreckungsmaßnahmen in der Regel auftragsgemäß durchzuführen; die auf die Verwer-

tung gepfändeter Gegenstände gerichteten Maßnahmen sind jedoch in der Regel erst vorzunehmen, wenn feststeht, dass der Scheck nicht eingelöst wird. Der Gerichtsvollzieher erteilt dem Schuldner eine Quittung über die Entgegennahme des Schecks. Schecks hat der Gerichtsvollzieher, sofern der Gläubiger keine andere Weisung erteilt hat, unverzüglich dem Kreditinstitut, das sein Dienstkonto führt, einzureichen mit dem Ersuchen, den Gegenwert dem Dienstkonto gutzuschreiben. Verlangt der Schuldner ausdrücklich, dass der Gerichtsvollzieher den Scheck an den Gläubiger weitergibt, ist dies im Protokoll zu vermerken; der Scheck sowie der Titel sind – falls die Vollstreckung nicht fortgesetzt wird – dem Gläubiger zu übermitteln. Der Gerichtsvollzieher belehrt den Schuldner über dessen Anspruch auf Herausgabe des Titels bei vollständiger Befriedigung des Gläubigers sowie über die Gefahr weiterer Vollstreckungsmaßnahmen, die mit der Aushändigung des Titels an den Gläubiger verbunden ist. Belehrung und Weitergabe des Schecks an den Gläubiger sind aktenkundig zu machen.

§ 61 Durchsuchung

(§ 758 Absatz 1 und 2, § 758 a ZPO, § 91 FamFG)

(1) Der Gerichtsvollzieher ist befugt, die Wohnung und die Behältnisse des Schuldners zu durchsuchen, wenn dieser in die Durchsuchung einwilligt; dies ist im Protokoll zu vermerken. Zur Wohnung gehören alle Räumlichkeiten, die den häuslichen oder beruflichen Zwecken ihres Inhabers dienen, insbesondere die eigentliche Wohnung, ferner Arbeits-, Betriebs- und andere Geschäftsräume, dazugehörige Nebenräume sowie das angrenzende befriedete Besitztum (Hofraum, Hausgarten).

(2) Gestattet der Schuldner die Durchsuchung nicht, so ist er vom Gerichtsvollzieher nach den Gründen zu befragen, die er gegen eine Durchsuchung geltend machen will. Seine Erklärungen sind ihrem wesentlichen Inhalt nach im Protokoll festzuhalten. Der Gerichtsvollzieher belehrt den Schuldner zugleich, dass er aufgrund der Durchsuchungsverweigerung zur Abgabe der Vermögensauskunft nach § 807 Absatz 2 Nummer 1 ZPO verpflichtet ist, sofern ein entsprechender Antrag des Gläubigers vorliegt, dass er deren sofortiger Abnahme jedoch widersprechen kann. Die Belehrung vermerkt er im Protokoll.

(3) Es ist Sache des Gläubigers, die richterliche Durchsuchungsanordnung zu erwirken. Die Durchsuchungsanordnung erteilt der Richter bei dem Amtsgericht, in dessen Bezirk die Durchsuchung erfolgen soll. Der Gerichtsvollzieher übersendet dem Gläubiger die Vollstreckungsunterlagen und eine Abschrift des Protokolls; ein Antrag auf Übersendung des Protokolls ist zu unterstellen.

(4) Auch ohne eine richterliche Anordnung darf der Gerichtsvollzieher die Wohnung des Schuldners durchsuchen, wenn die Verzögerung, die mit der vorherigen Einholung einer solchen Anordnung verbunden ist, den Erfolg der Durchsuchung gefährden würde.

(5) Die Durchsuchungsanordnung ist bei der Zwangsvollstreckung vorzuzeigen und in dem Protokoll zu erwähnen.

(6) Trifft der Gerichtsvollzieher bei einem Vollstreckungsversuch keine Person in der Wohnung des Schuldners an, so vermerkt er dies in den Akten und verfährt im Übrigen, wenn er den Schuldner wiederholt nicht angetroffen hat, nach den Bestimmungen der Absätze 3 bis 4. Liegt ein kombinierter Auftrag gemäß § 807 ZPO vor, stimmt der Gerichtsvollzieher im Falle des wiederholten Nichtantreffens des Schuldners das weitere Vorgehen mit dem Gläubiger ab, sofern der Auftrag nicht bereits für diesen Fall bestimmte Vorgaben enthält. Er soll die Wohnung in der Regel erst dann gewaltsam öffnen, wenn er dies dem Schuldner schriftlich angekündigt hat. Die Ankündigung soll Hinweise auf § 758 ZPO und § 288 des Strafgesetzbuchs (StGB), auf die Durchsuchungsanordnung sowie eine Zahlungsaufforderung enthalten.

(7) Die Absätze 1 bis 6 gelten entsprechend, wenn die Wohnung wegen der Herausgabe beweglicher Sachen oder zur Vollstreckung von Anordnungen nach § 1 Absatz 1

Nummer 2 a der Justizbeitreibungsordnung (JBeitrO) einschließlich der Wegnahme des Führerscheins durchsucht werden soll.

(8) Dagegen ist eine richterliche Durchsuchungsanordnung für die Räumung einer Wohnung und die Verhaftung einer Person auf Grund eines richterlichen Haftbefehls nicht erforderlich; gleiches gilt für die spätere Abholung gepfändeter, im Gewahrsam des Schuldners belassener Sachen, wenn bereits für die Pfändung eine Durchsuchungsanordnung vorgelegen hatte.

(9) Liegt eine richterliche Durchsuchungsanordnung vor, können auch alle weiteren dem Gerichtsvollzieher vorliegenden Aufträge gleichzeitig vollstreckt werden, wenn die Vollstreckung wegen dieser Aufträge keine zusätzlichen weitergehenden Maßnahmen (Durchsuchung anderer Räume und Behältnisse) erfordert, die zwangsläufig zu einem längeren Verweilen des Gerichtsvollziehers in den Räumen des Schuldners führen. Anderenfalls bedarf es gesonderter richterlicher Durchsuchungsanordnungen.

(10) Die Kleider und Taschen des Schuldners darf der Gerichtsvollzieher durchsuchen. Einer besonderen Anordnung des Richters bedarf es nur dann, wenn die Durchsuchung in der Wohnung des Schuldners gegen dessen Willen erfolgen soll. Die Absätze 1 bis 5 finden entsprechende Anwendung. Die Durchsuchung einer weiblichen Person lässt der Gerichtsvollzieher durch eine zuverlässige weibliche Hilfsperson durchführen. Die Durchsuchung einer männlichen Person ist durch eine zuverlässige männliche Hilfskraft durchzuführen, wenn eine Gerichtsvollzieherin vollstreckt.

(11) Personen, die gemeinsam mit dem Schuldner die Wohnung bewohnen, haben die Durchsuchung zu dulden, wenn diese gegen den Schuldner zulässig ist. Trotz dieser grundsätzlichen Duldungspflicht hat der Gerichtsvollzieher besondere persönliche Umstände der Mitbewohner, wie zum Beispiel eine offensichtliche oder durch ärztliches Zeugnis nachgewiesene akute Erkrankung oder eine ernsthafte Gefährdung ihrer Gesundheit zur Vermeidung unbilliger Härten zu berücksichtigen und danach in Ausnahmefällen auch die Durchsuchung zu unterlassen.

(12) Für eine Durchsuchung zur Vollstreckung von Entscheidungen über die Herausgabe von Personen und die Regelung des Umgangs gilt § 156.

§ 62 Widerstand gegen die Zwangsvollstreckung und Zuziehung von Zeugen

(§ 758 Absatz 3, § 759 ZPO, § 90 FamFG)

(1) Findet der Gerichtsvollzieher Widerstand, so darf er unbeschadet der Regelung des § 61 Gewalt anwenden und zu diesem Zweck polizeiliche Unterstützung anfordern (§ 758 Absatz 3 ZPO).

(2) Der Gerichtsvollzieher muss zu einer Vollstreckungshandlung zwei erwachsene Personen oder einen Gemeinde- oder Polizeibeamten als Zeugen zuziehen (§ 759 ZPO), wenn
1. Widerstand geleistet wird,
2. bei einer Vollstreckungshandlung in der Wohnung des Schuldners weder der Schuldner selbst noch eine zur Familie gehörige oder in seiner Familie beschäftigte erwachsene Person gegenwärtig ist.

Als Zeugen sollen unbeteiligte und geeignet erscheinende Personen ausgewählt werden, die möglichst am Ort der Vollstreckung oder in dessen Nähe wohnen sollen. Die Zeugen haben das Protokoll mit zu unterschreiben (vergleiche § 63 Absatz 3). Den Zeugen ist auf Verlangen eine angemessene Entschädigung zu gewähren. Die Entschädigung richtet sich nach den Bestimmungen des Justizvergütungs- und -entschädigungsgesetzes (JVEG).

(3) Widerstand im Sinne dieser Bestimmungen ist jedes Verhalten, das geeignet ist, die Annahme zu begründen, die Zwangsvollstreckung werde sich nicht ohne Gewaltanwendung durchführen lassen.

(4) Für die Anwendung unmittelbaren Zwangs zur Vollstreckung von Entscheidungen über die Herausgabe von Personen und die Regelung des Umgangs gilt § 156.

VI. Protokoll

§ 63

(§§ 762, 763 ZPO)

(1) Der Gerichtsvollzieher muss über jede Vollstreckungshandlung ein Protokoll nach den Vorschriften der §§ 762 und 763 ZPO aufnehmen; dies gilt auch für versuchte Vollstreckungshandlungen und vorbereitende Tätigkeiten. Vollstreckungshandlungen sind alle Handlungen, die der Gerichtsvollzieher zum Zweck der Zwangsvollstreckung vornimmt, auch das Betreten der Wohnung des Schuldners und ihre Durchsuchung, die Aufforderung zur Zahlung (§ 59 Absatz 2) und die Annahme der Zahlung, die nachträgliche Wegschaffung der gepfändeten Sachen und ihre Verwertung. Das Protokoll muss den Gang der Vollstreckungshandlung unter Hervorhebung aller wesentlichen Vorgänge angeben. Die zur Vollstreckungshandlung gehörenden Aufforderungen und Mitteilungen des Gerichtsvollziehers und die Erklärungen des Schuldners oder eines anderen Beteiligten sind vollständig in das Protokoll aufzunehmen (zum Beispiel das Vorbringen des Schuldners zur glaubhaften Darlegung seiner Ratenzahlungsfähigkeit nach § 802 b ZPO). Ist die Zwangsvollstreckung von einer Zug um Zug zu bewirkenden Gegenleistung abhängig, beurkundet der Gerichtsvollzieher das Angebot und die Erklärung des Schuldners in dem Pfändungsprotokoll oder in einem besonderen Protokoll (§§ 756, 762, 763 ZPO).

(2) Der Schuldtitel, auf Grund dessen vollstreckt wird, ist genau zu bezeichnen. Bleibt die Vollstreckung ganz oder teilweise ohne Erfolg, so muss das Protokoll erkennen lassen, dass der Gerichtsvollzieher alle zulässigen Mittel versucht hat, dass aber kein anderes Ergebnis zu erreichen war. Bei dem erheblichen Interesse des Gläubigers an einem Erfolg der Zwangsvollstreckung darf der Gerichtsvollzieher die Vollstreckung nur nach sorgfältiger Prüfung ganz oder teilweise als erfolglos bezeichnen.

(3) Das Protokoll ist im unmittelbaren Anschluss an die Vollstreckungshandlungen und an Ort und Stelle aufzunehmen. Werden Abweichungen von dieser Regel notwendig, so sind die Gründe hierfür im Protokoll anzugeben. Das Protokoll ist auch von den nach § 759 ZPO zugezogenen Zeugen zu unterschreiben (§ 762 Nummer 3 und 4 ZPO). Nimmt das Geschäft mehrere Tage in Anspruch, so ist das Protokoll an jedem Tage abzuschließen und zu unterzeichnen.

(4) Im Übrigen sind die allgemeinen Bestimmungen über die Beurkundungen des Gerichtsvollziehers zu beachten (vergleiche § 7). Der Dienststempelabdruck braucht dem Protokoll nicht beigefügt zu werden.

(5) Kann der Gerichtsvollzieher die zur Vollstreckungshandlung gehörenden Aufforderungen und sonstigen Mitteilungen nicht mündlich ausführen, so übersendet er demjenigen, an den die Aufforderung oder Mitteilung zu richten ist, eine Abschrift des Protokolls durch gewöhnlichen Brief. Der Gerichtsvollzieher kann die Aufforderung oder Mitteilung auch unter entsprechender Anwendung der §§ 191 und 178 bis 181 ZPO zustellen. Er wählt die Zustellung jedoch nur, wenn andernfalls ein sicherer Zugang nicht wahrscheinlich ist. Die Befolgung dieser Vorschriften muss im Protokoll vermerkt sein. Bei der Übersendung durch die Post bedarf es keiner weiteren Beurkundung als dieses Vermerks. Eine öffentliche Zustellung findet nicht statt.

(6) Sofern nichts anderes vorgeschrieben ist, darf der Gerichtsvollzieher Abschriften von Protokollen nur auf ausdrücklichen Antrag erteilen.

VII. Einstellung, Beschränkung, Aufhebung und Aufschub der Zwangsvollstreckung

§ 64 Einstellung, Beschränkung und Aufhebung der Zwangsvollstreckung in anderen Fällen

(§§ 753, 775 bis 776 ZPO)

(1) Der Gerichtsvollzieher muss die getroffenen Zwangsvollstreckungsmaßnahmen aufheben oder die Zwangsvollstreckung einstellen oder beschränken, wenn ihn der Gläubiger hierzu anweist.

(2) Durch den Widerspruch des Schuldners oder dritter Personen darf er sich von der Durchführung der Zwangsvollstreckung nicht abhalten lassen (§ 61 bleibt hiervon unberührt). Nur in den Fällen der §§ 775 und 776 ZPO hat er die Zwangsvollstreckung von Amts wegen einzustellen oder zu beschränken. In den Fällen des § 775 Nummer 1 und 3 ZPO sind zugleich die bereits erfolgten Vollstreckungsmaßregeln aufzuheben.

(3) Der Gerichtsvollzieher hat hierbei Folgendes zu beachten:
1. Er hat die Vollstreckbarkeit der vorgelegten Entscheidung zu prüfen, wenn sie nicht schon in Form einer vollstreckbaren Ausfertigung vorgelegt wird. Vollstreckbar ist eine Entscheidung, wenn sie für vorläufig vollstreckbar erklärt oder wenn sie mit dem Zeugnis der Rechtskraft versehen ist (§ 706 ZPO); es ist nicht erforderlich, dass die Entscheidung mit der Vollstreckungsklausel versehen oder nach § 750 ZPO zugestellt ist. Urteile, die in der Revisionsinstanz erlassen sind, sind auch ohne Zeugnis als rechtskräftig anzusehen, es sei denn, dass es sich um Versäumnisurteile handelt. Eine in der Beschwerdeinstanz erlassene Entscheidung sowie eine Entscheidung, durch die ein vorläufig vollstreckbares Urteil oder dessen vorläufige Vollstreckbarkeit aufgehoben wird, ist in jedem Fall geeignet, die Einstellung der Zwangsvollstreckung zu begründen.
2. Im Fall der einstweiligen Einstellung der Vollstreckung ist es nicht erforderlich, dass die gerichtliche Entscheidung rechtskräftig oder vorläufig vollstreckbar ist. Bei einer Einstellung auf unbestimmte Zeit ist der Schuldtitel zurückzugeben und der Antrag des Gläubigers auf Fortsetzung der Vollstreckung abzuwarten, es sei denn, dass mit der alsbaldigen Fortsetzung der Zwangsvollstreckung zu rechnen ist.

(4) Die für Urteile getroffenen Bestimmungen finden auf die sonstigen Schuldtitel entsprechende Anwendung (§ 795 ZPO). Die Einstellung der Vollstreckung aus einem Titel hat von selbst auch dieselbe Wirkung für einen auf dem Titel beruhenden Kostenfestsetzungsbeschluss.

(5) Die Einstellung oder Beschränkung sowie gegebenenfalls die Aufhebung der Zwangsvollstreckung ist – sofern sie nicht bei der Vollstreckungshandlung erfolgt und in dem über die Vollstreckungshandlung aufzunehmenden Protokoll zu erwähnen ist – unter genauer Bezeichnung der zugrunde liegenden Schriftstücke zu den Vollstreckungsakten zu vermerken. Der Gläubiger ist von der Einstellung, Beschränkung oder Aufhebung von Vollstreckungsmaßregeln unverzüglich zu benachrichtigen. Besteht die Gefahr einer beträchtlichen Wertverringerung oder unverhältnismäßiger Kosten der Aufbewahrung der gepfändeten Sachen, so soll der Gerichtsvollzieher die Beteiligten darauf aufmerksam machen und dies in den Akten vermerken.

(6) Ohne die Voraussetzungen der §§ 775 und 776 ZPO darf der Gerichtsvollzieher nur dann die Zwangsvollstreckung einstellen oder durchgeführte Vollstreckungsmaßnahmen aufheben, wenn es im besonders bestimmt ist (vergleiche § 60 Absatz 2 und 5, §§ 75, 95 Absatz 4, § 103 Absatz 4). Ein Entscheidungsrecht darüber, ob er die Zwangsvollstreckung aufschieben darf, steht ihm nur in den gesetzlich bestimmten Fällen zu (vergleiche § 65). Der Gerichtsvollzieher weist deshalb einen Beteiligten, der den Aufschub, die Einstellung oder die Aufhebung der Zwangsvollstreckung begehrt, auf die zulässigen Rechtsbehelfe hin.

(7) Für die Akten- und Listenführung gelten die Vorschriften der Gerichtsvollzieherordnung über die Behandlung und Überwachung ruhender Vollstreckungsaufträge.

§ 65 Aufschub von Vollstreckungsmaßnahmen zur Erwirkung der Herausgabe von Sachen

(§ 765 a Absatz 2 ZPO)

(1) Der Gerichtsvollzieher kann eine Maßnahme zur Erwirkung der Herausgabe von Sachen (§§ 127 bis 132) gemäß § 765 a Absatz 2 ZPO aufschieben.

(2) Schiebt der Gerichtsvollzieher die Zwangsvollstreckung auf, so weist er den Schuldner darauf hin, dass die Vollstreckung nach Ablauf einer Woche durchgeführt wird, falls der Schuldner bis dahin keine Einstellung durch das Vollstreckungsgericht erwirkt hat. Er belehrt den Schuldner zugleich über die strafrechtlichen Folgen einer Vollstreckungsvereitelung (§ 288 StGB).

VIII. Prüfungs- und Mitteilungspflichten bei der Wegnahme und Weitergabe von Waffen und Munition

§ 66

(1) Hat der Gerichtsvollzieher Schusswaffen, Munition oder diesen gleichstehende Gegenstände in Besitz genommen und will er sie dem Gläubiger oder einem Dritten übergeben, so prüft er, ob der Erwerb erlaubnis- oder anmeldepflichtig ist. Ist dies zweifelhaft, überlässt er die Gegenstände erst dann, wenn die zuständige Verwaltungsbehörde dies für unbedenklich erklärt hat.

(2) Ist der Erwerb erlaubnis- oder anmeldepflichtig, so zeigt er die beabsichtigte Übergabe der zuständigen Verwaltungsbehörde unverzüglich an. In der Anzeige bezeichnet er:
1. den früheren Inhaber und den Empfänger der Schusswaffe, der Munition oder des gleichstehenden Gegenstandes mit Namen und Anschrift,
2. Art (gegebenenfalls Fabrikat und Nummer) und Kaliber der Waffe, der Munition oder des gleichstehenden Gegenstandes.

Die Waffe, Munition oder die ihnen gleichstehenden Gegenstände händigt er erst einen Monat nach dieser Anzeige an den Gläubiger oder Dritten aus; hierauf weist er in der Anzeige hin.

(3) Örtlich zuständig ist die Behörde, in deren Bezirk derjenige, dem der Gerichtsvollzieher den Gegenstand aushändigen will, seinen gewöhnlichen Aufenthalt oder bei Fehlen eines gewöhnlichen Aufenthalts seinen jeweiligen Aufenthalt hat.

B. Zwangsvollstreckung wegen Geldforderungen

I. Allgemeine Vorschriften

§ 67 Begriff der Geldforderung

(1) Geldforderung ist jede Forderung, die auf Leistung einer bestimmten Wertgröße in Geld gerichtet ist. Geldforderungen im Sinne des Vollstreckungsrechts sind auch die Haftungsansprüche für Geldleistungen, zum Beispiel die Ansprüche im Fall der Verurteilung zur Duldung der Zwangsvollstreckung.

(2) Sollen Stücke einer bestimmten Münzsorte oder bestimmte Wertzeichen geleistet werden (Geldsortenschuld), so erfolgt die Zwangsvollstreckung nach den Vorschriften über die Herausgabe beweglicher Sachen (§§ 884, 883 Absatz 1 ZPO).

§ 68 Zügige und gütliche Erledigung des Zwangsvollstreckungsverfahrens; Einziehung von Teilbeträgen

(§ 802 b ZPO)

(1) Der Gerichtsvollzieher soll in jeder Lage des Verfahrens auf eine gütliche Erledigung bedacht sein. Hat der Gläubiger seine Einwilligung zu der Einräumung einer Zahlungsfrist oder der Tilgung durch Teilleistungen (Ratenzahlung) von Bedingungen abhängig gemacht, ist der Gerichtsvollzieher daran gebunden. Setzt der Gerichtsvollzieher nach § 802 b Absatz 2 Satz 2 ZPO einen Ratenzahlungsplan fest, belehrt er den Schuldner darüber, dass der Plan hinfällig wird und der damit verbundene Vollstreckungsaufschub endet, sobald der Gläubiger widerspricht und der Gerichtsvollzieher den Schuldner, nachdem der Gläubiger widersprochen hat, über dessen Widerspruch unterrichtet hat oder sobald der Schuldner mit einer festgesetzten Zahlung ganz oder teilweise länger als zwei Wochen in Rückstand gerät (§ 802 b Absatz 3 Satz 2 und 3 ZPO). Die Tilgungsfrist soll in der Regel zwölf Monate nicht übersteigen; in Einzelfällen kann der Gerichtsvollzieher nach pflichtgemäßem Ermessen eine längere Frist bestimmen. Die Frist beginnt mit der Mitteilung des gewährten Aufschubs an den Schuldner.

(2) Bestimmt der Gerichtsvollzieher unter den Voraussetzungen des § 802 b Absatz 2 ZPO und des Absatzes 1 eine Zahlungsfrist oder setzt er einen Ratenzahlungsplan fest, hat er

1. die konkreten Zahlungstermine,
2. die Höhe der Zahlungen oder Teilzahlungen,
3. den Zahlungsweg,
4. die Gründe, die der Schuldner zur Glaubhaftmachung der Erfüllung der Vereinbarung vorbringt, sowie
5. die erfolgte Belehrung über die in § 802 b Absatz 3 Satz 2 und 3 ZPO getroffenen Regelungen

zu protokollieren. Der Gerichtsvollzieher hat die Gründe, aus denen er die Einräumung einer Zahlungsfrist oder die Einziehung von Raten ablehnt, ebenfalls zu protokollieren. Der Gerichtsvollzieher hat dem Gläubiger unverzüglich eine Abschrift des Zahlungsplans zu übermitteln und dabei auf den Vollstreckungsaufschub sowie auf die Möglichkeit des unverzüglichen Widerspruchs hinzuweisen.

(3) Widerspricht der Gläubiger unverzüglich dem Zahlungsplan, teilt der Gerichtsvollzieher dies dem Schuldner mit und setzt die Vollstreckung entsprechend den Anträgen des Gläubigers fort. Wendet sich der Gläubiger lediglich gegen die Ausgestaltung (zum Beispiel die Höhe, die Zahlungstermine) der durch den Gerichtsvollzieher festgesetzten Teilzahlungsbestimmungen, liegt kein Widerspruch vor. In diesem Fall ändert der Gerichtsvollzieher die Teilzahlungsbestimmungen nach den Auflagen des Gläubigers und unterrichtet den Schuldner.

(4) Hat der Gerichtsvollzieher mit dem Schuldner eine Ratenzahlungsvereinbarung getroffen oder eine Zahlungsfrist vereinbart und gehen in dem Zeitraum, innerhalb dessen die Forderung getilgt sein soll, Vollstreckungsaufträge weiterer Gläubiger ein, steht dies dem Abschluss weiterer Ratenzahlungsvereinbarungen oder der Einräumung von Zahlungsfristen nicht entgegen, sofern der Vorschlag des Schuldners die gesetzlichen Voraussetzungen für eine gütliche Erledigung in jeder einzelnen weiteren Vollstreckungsangelegenheit erfüllt. Der Schuldner hat in diesem Fall für jede Angelegenheit seine Leistungsfähigkeit und -bereitschaft glaubhaft darzulegen. Der Gerichtsvollzieher wägt dann die zumutbaren Möglichkeiten des Schuldners und das Interesse des Auftraggebers an einer auch teilweisen alsbaldigen Befriedigung ab. Kommt danach eine gütliche Erledigung nicht in Betracht, verfährt der Gerichtsvollzieher nach Absatz 3.

(5) Für jeden einzelnen Auftraggeber hat der Gerichtsvollzieher einen gesonderten Ratenzahlungsplan zu erstellen. Das gilt auch, wenn mehrere Vollstreckungsaufträge

gleichzeitig gegen einen Schuldner eingehen. Die Erstellung eines Gesamtratenzahlungsplans bei mehreren, gleichzeitig vorliegenden Aufträgen ist zulässig. § 802 b Absatz 3 ZPO gilt für jeden einzelnen Gläubiger.

§ 69 Zahlungsverkehr mit Personen in fremden Wirtschaftsgebieten

(1) Zahlungen zwischen dem Geltungsbereich des Außenwirtschaftsgesetzes und fremden Wirtschaftsgebieten (§ 4 Absatz 1 Nummer 2 AWG) unterliegen keinen Beschränkungen.

(2) Zahlungen, die der Gerichtsvollzieher an Gläubiger in fremden Wirtschaftsgebieten oder für deren Rechnung an Gebietsansässige (§ 4 Absatz 1 Nummer 5 AWG) leistet oder von Schuldnern aus fremden Wirtschaftsgebieten oder für deren Rechnung von Gebietsansässigen entgegennimmt, sind gemäß §§ 59 bis 63 AWV gegenüber der Deutschen Bundesbank meldepflichtig, es sei denn, dass die Zahlung die Meldefreigrenze von 12.500 Euro oder den entsprechenden Gegenwert in ausländischer Währung nicht übersteigt. Die Meldungen sind bei der örtlich zuständigen Landeszentralbank, Hauptstelle oder Zweigstelle, auf vorgeschriebenem Vordruck (§§ 60, 63 AWV) einzureichen. Meldungen über ausgehende Zahlungen, die über ein gebietsansässiges Geldinstitut oder eine Post im Wirtschaftsgebiet (§ 4 Absatz 1 Nummer 1 AWG) geleistet werden, übergibt der Gerichtsvollzieher dem beauftragten Geldinstitut oder der beauftragten Post zur Weiterleitung an die Deutsche Bundesbank (§ 63 Absatz 2 in Verbindung mit § 60 Absatz 1 der AWV). Der Gerichtsvollzieher hat die Meldefristen nach § 61 AWV zu beachten.

II. Zwangsvollstreckung in bewegliche körperliche Sachen

1. Pfändung

a) Gegenstand der Pfändung, Gewahrsam

§ 70 Allgemeines

(§§ 808, 809 ZPO; Artikel 13 GG)

(1) Der Pfändung unterliegen diejenigen beweglichen Sachen des Schuldners, die sich in seinem Gewahrsam befinden. Gewahrsam kann der Schuldner unter Umständen auch an Sachen haben, die sich in den Räumen eines Dritten befinden. Dies kann zum Beispiel der Fall sein, wenn der Untermieter einen Teil seiner Sachen, die er in dem ihm vermieteten Zimmer nicht unterbringen kann, in anderen Räumen des Untervermieters verwahrt. In solchen Fällen ist der Gerichtsvollzieher auch berechtigt, die Räume des Dritten zur Durchführung der Vollstreckung zu betreten. Sachen, die der gesetzliche Vertreter des Schuldners für diesen im Gewahrsam hat, sind wie solche im Gewahrsam des Schuldners zu behandeln.

(2) Sachen, die sich nicht im Gewahrsam des Schuldners befinden, können vom Gerichtsvollzieher gepfändet werden, wenn der Gewahrsamsinhaber zur Herausgabe der Sachen bereit oder wenn der Gläubiger selbst Gewahrsamsinhaber ist. Befindet sich eine Sache im gemeinsamen Gewahrsam des Schuldners und eines Dritten, so darf sie nur mit Zustimmung des Dritten gepfändet werden. Die Erklärungen des Dritten, dass er zur Herausgabe bereit sei oder der Pfändung zustimme, müssen unbedingt sein, sofern nicht die gestellten Bedingungen von allen Beteiligten angenommen werden; sie müssen auch ergeben, dass er mit der Verwertung der Sache einverstanden ist. Nach Durchführung der Pfändung können die Erklärungen nicht mehr widerrufen werden. Auf die Bereitschaft des Dritten zur Herausgabe oder seine Zustimmung kommt es nicht an, wenn er zur Duldung der Zwangsvollstreckung verurteilt ist oder wenn die Zwangsvollstreckung auf Grund des Urteils gegen den Schuldner auch gegen ihn zulässig ist.

(3) Personen, die nur Besitzdiener (§ 855 BGB) sind, zum Beispiel Hausangestellte, Gewerbegehilfen, Kellner, haben keinen Gewahrsam an Sachen, die ihnen vom Schuldner überlassen sind. Alleiniger Gewahrsamsinhaber bleibt der Schuldner. Der

Gerichtsvollzieher darf solche Sachen auch gegen den Willen des Besitzdieners pfänden; er kann den Widerstand des Besitzdieners mit Gewalt brechen (§ 758 Absatz 3 ZPO).

(4) Haftet der Schuldner nicht mit seinem eigenen, sondern nur mit fremdem Vermögen (zum Beispiel Testamentsvollstrecker, Insolvenzverwalter), so ist der Gewahrsam allein nicht genügend. Der Gerichtsvollzieher hat in diesem Fall vielmehr auch zu prüfen, ob die Sache zu dem Vermögen gehört, in das zu vollstrecken ist.

(5) In den Fällen der Absätze 1 und 3 ist § 61 anzuwenden.

§ 71 Rechte Dritter an den im Gewahrsam des Schuldners befindlichen Gegenständen

(1) Der Gerichtsvollzieher prüft im Allgemeinen nicht, ob die im Gewahrsam des Schuldners befindlichen Sachen zu dessen Vermögen gehören. Dies gilt sowohl dann, wenn zugunsten einer dritten Person ein die Veräußerung hinderndes Recht in Anspruch genommen wird, als auch dann, wenn der Schuldner behauptet, dass er die tatsächliche Gewalt über die Sachen nur für den Besitzer ausübe oder dass er sein Besitzrecht von einem anderen ableite. Für den Gerichtsvollzieher kommt es hiernach nur auf den äußeren Befund an. Für ihn gilt als Vermögen des Schuldners alles, was sich in dessen Gewahrsam befindet.

(2) Gegenstände, die offensichtlich zum Vermögen eines Dritten gehören, pfändet der Gerichtsvollzieher nicht, zum Beispiel dem Handwerker zur Reparatur, dem Frachtführer zum Transport und dem Pfandleiher zum Pfand übergebene Sachen, Klagewechsel in den Akten eines Rechtsanwalts. Dies gilt nicht, wenn der Dritte erklärt, dass er der Pfändung nicht widerspreche oder wenn der Gläubiger die Pfändung ausdrücklich verlangt.

b) Pfändungsbeschränkungen

§ 72 Allgemeines

(1) Soweit nach dem Gesetz Pfändungsbeschränkungen bestehen, entscheidet der Gerichtsvollzieher selbständig, welche Sachen des Schuldners von der Pfändung auszuschließen sind. Sachen, deren Pfändbarkeit zweifelhaft ist, pfändet er, sofern sonstige Pfandstücke nicht in ausreichendem Maß vorhanden sind.

(2) Hat der Gerichtsvollzieher eine Pfändung durchgeführt, so darf er sie nicht eigenmächtig wieder aufheben, auch wenn er sich von ihrer Unrechtmäßigkeit überzeugt hat. § 95 Absatz 4 bleibt unberührt. Die Pfändung ist auf Anweisung des Gläubigers, bei Verzicht des Gläubigers auf das Pfandrecht oder auf Anordnung des Vollstreckungsgerichts aufzuheben.

§ 73 Unpfändbare Sachen

(§§ 811, 811 c, 863 ZPO)

Die in § 811 Absatz 1 Nummer 1, 4, 5, 6 und 7 ZPO genannten Sachen kann der Gerichtsvollzieher nur dann pfänden, wenn

1. der Vorbehaltsverkäufer wegen der durch Eigentumsvorbehalt gesicherten Kaufpreisforderung aus dem Verkauf der zu pfändenden Sache vollstreckt und auf die Pfändbarkeit hinweist,

2. ein einfacher Eigentumsvorbehalt, der sich lediglich auf die verkaufte, unter Eigentumsvorbehalt übereignete Sache erstreckt und mit dem Eintritt der Bedingung der sofortigen Kaufpreiszahlung erlischt, oder ein weitergegebener einfacher Eigentumsvorbehalt gegeben ist, bei dem der Vorbehaltsverkäufer mit dem Käufer einen einfachen Eigentumsvorbehalt vereinbart hat, aber seinerseits die Sache von seinem Lieferanten ebenfalls nur unter einfachem Eigentumsvorbehalt erworben hatte, und

3. der Vorbehaltskäufer die Vereinbarung des Eigentumsvorbehalts durch Originalurkunden oder beglaubigte Ablichtungen derselben nachweist.

Wegen der an ihn abgetretenen Kaufpreisforderung kann auch der Lieferant des Verkäufers die Sache pfänden lassen. Soweit sich der Nachweis des einfachen oder weitergegebenen einfachen Eigentumsvorbehalts nicht aus dem zu vollstreckenden Titel ergibt, kommen als Nachweis auch andere Urkunden (§ 416 ZPO), insbesondere der Kaufvertrag, in Betracht.

§ 74 Austauschpfändung

(§ 811 a ZPO)

(1) Wird dem Gerichtsvollzieher ein Beschluss des Vollstreckungsgerichts nach § 811 a Absatz 2 ZPO vorgelegt, durch den die Austauschpfändung zugelassen wird, so führt er die Pfändung durch. Spätestens bei der Wegnahme der Sache übergibt er dem Schuldner gegen Quittung das Ersatzstück oder den von dem Vollstreckungsgericht festgesetzten Geldbetrag –sofern die Übergabe nicht schon vom Gläubiger vorgenommen worden ist – und vermerkt dies im Pfändungsprotokoll. Hat das Vollstreckungsgericht zugelassen, dass dem Schuldner der zur Ersatzbeschaffung notwendige Geldbetrag aus dem Vollstreckungserlös erstattet wird, so ist die Wegnahme der gepfändeten Sache erst nach Rechtskraft des Zulassungsbeschlusses zulässig.

(2) Der vom Vollstreckungsgericht festgesetzte Geldbetrag ist dem Gläubiger aus dem Vollstreckungserlös zu erstatten; er gehört zu den Kosten der Zwangsvollstreckung. Ist dem Schuldner der zur Ersatzbeschaffung notwendige Betrag aus dem Versteigerungserlös zu erstatten, so ist er vorweg aus dem Erlös zu entnehmen.

§ 75 Vorläufige Austauschpfändung

(§ 811 b ZPO)

Sachen, deren vorläufige Pfändung nach § 811 b ZPO zulässig ist, pfändet der Gerichtsvollzieher, wenn er im Gewahrsam des Schuldners keine pfändbaren Sachen vorfindet oder wenn die vorhandenen pfändbaren Sachen zur Befriedigung des Gläubigers nicht ausreichen. Er belässt die vorläufig gepfändeten Sachen jedoch im Gewahrsam des Schuldners. Im Pfändungsprotokoll vermerkt er, dass er die Pfändung als vorläufige Austauschpfändung durchgeführt hat. Sodann verfährt er wie folgt:

1. Er benachrichtigt den Gläubiger davon, dass er die Pfändung als vorläufige Austauschpfändung durchgeführt hat und weist ihn darauf hin, dass die Pfändung nach § 811 b Absatz 2 ZPO aufgehoben werden müsse, wenn der Gläubiger nicht binnen zwei Wochen nach Eingang der Nachricht die Zulassung der Austauschpfändung bei dem Vollstreckungsgericht beantragt habe. In der Benachrichtigung bezeichnet der Gerichtsvollzieher das Pfandstück, dessen gewöhnlichen Verkaufswert und den voraussichtlichen Erlös. Ferner gibt er an, welches Ersatzstück nach Art und besonderen Eigenschaften in Betracht kommt, um dem geschützten Verwendungszweck zu genügen, und weist darauf hin, dass er die Vollstreckung nach gerichtlicher Zulassung der Austauschpfändung nur auf Anweisung des Gläubigers fortsetzt.
2. Stellt der Gläubiger den Antrag auf Zulassung der Austauschpfändung nicht fristgemäß, so hebt der Gerichtsvollzieher die Pfändung auf. Wird der Antrag dagegen fristgemäß gestellt, so wartet der Gerichtsvollzieher die gerichtliche Entscheidung über ihn ab.
3. Weist das Gericht den Antrag rechtskräftig zurück, so hebt der Gerichtsvollzieher die Pfändung auf.
4. Lässt das Vollstreckungsgericht eine Austauschpfändung zu, so übergibt der Gerichtsvollzieher nach Anweisung des Gläubigers dem Schuldner gegen Quittung das Ersatzstück oder den zu seiner Beschaffung erforderlichen Geldbetrag und setzt die Zwangsvollstreckung sodann fort; er darf nunmehr dem Schuldner auch

das Pfandstück wegnehmen. Die Rechtskraft des Zulassungsbeschlusses braucht der Gerichtsvollzieher nicht abzuwarten.

5. Lässt das Vollstreckungsgericht die Austauschpfändung mit der Maßgabe zu, dass der zur Ersatzbeschaffung notwendige Geldbetrag dem Schuldner aus dem Vollstreckungserlös erstattet wird, so setzt der Gerichtsvollzieher die Zwangsvollstreckung fort, sofern ihn der Gläubiger hierzu anweist. Er darf jedoch in diesem Fall dem Schuldner das Pfandstück erst dann wegnehmen, wenn der Zulassungsbeschluss rechtskräftig geworden ist.
6. Erteilt der Gläubiger innerhalb von sechs Monaten seit dem Erlass des Zulassungsbeschlusses keine Anweisung zur Fortsetzung der Vollstreckung, so gelten die Vorschriften der Gerichtsvollzieherordnung über die Behandlung und Überwachung ruhender Vollstreckungsaufträge.

§ 76 Pfändung von Gegenständen, deren Veräußerung unzulässig ist oder die dem Washingtoner Artenschutzübereinkommen unterliegen

(1) Gegenstände, deren Veräußerung unzulässig ist, dürfen nicht gepfändet werden (zum Beispiel Lebensmittel, deren Verzehr die Gesundheit schädigen kann, – § 5 des Lebensmittel- und Futtermittelgesetzbuches (LFGB) – und Bildnisse, die nach § 22 des Gesetzes betreffend das Urheberrecht an Werken der bildenden Künste und der Photographie nicht verbreitet werden dürfen).

(2) Bei der Zwangsvollstreckung, die lebende Tiere betrifft oder in Pflanzen sowie Teile und Erzeugnisse von Exemplaren besonders geschützter Arten (siehe die Anhänge I und II des Washingtoner Artenschutzübereinkommens vom 3. März 1973 – BGBl. II 1975, S. 777, 799 –, die Verordnung (EG) Nr. 338/97 des Rates vom 9. Dezember 1996 über den Schutz von Exemplaren wildlebender Tier- und Pflanzenarten durch Überwachung des Handels (ABl. L 61 vom 3.3.1997, S. 1, ber. ABl. L 100 vom 17.4.1997, S. 72, ber. Abl. L 298 vom 1.11.1997, S. 70) und die durch die Bundesartenschutzverordnung (BArtSchV) besonders unter Schutz gestellten Arten) bestehen häufig Vermarktungsverbote. Der Gerichtsvollzieher hat sich vor der Versteigerung im Zweifel mit der zuständigen Naturschutzbehörde in Verbindung zu setzen. Dies gilt bei Arten, die dem Washingtoner Artenschutzübereinkommen unterliegen (etwa exotischen Tieren und Pflanzen) insbesondere dann, wenn der Schuldner keine CITES-Bescheinigung vorweisen kann.

§ 77 Pfändung von Barmitteln aus dem Verkauf landwirtschaftlicher Erzeugnisse und/oder aus Miet- und Pachtzahlungen

(§§ 851 a, 851 b ZPO)

Barmittel, die aus dem Verkauf landwirtschaftlicher Erzeugnisse herrühren, sollen nicht gepfändet werden, wenn offenkundig ist, dass sie der Schuldner zu seinem Unterhalt, dem seiner Familie, seiner Arbeitnehmer oder zur Aufrechterhaltung einer geordneten Wirtschaftsführung benötigt. Barmittel, die aus Miet- und Pachtzahlungen herrühren, sollen nicht gepfändet werden, wenn offenkundig ist, dass sie der Schuldner zur laufenden Unterhaltung des Grundstücks, zur Vornahme notwendiger Instandsetzungsarbeiten und zur Befriedigung von Ansprüchen braucht, welche bei der Zwangsvollstreckung in das Grundstück dem Anspruch des Gläubigers nach § 10 ZVG vorgehen würden. Sind diese Voraussetzungen nicht offenkundig, so führt der Gerichtsvollzieher die Pfändung durch, verweist den Schuldner an das Vollstreckungsgericht und belehrt ihn darüber, dass das Gericht einen verspäteten Antrag auf Aufhebung der Pfändung ohne sachliche Prüfung zurückweisen kann (§ 851 b Absatz 2 Satz 1, § 813 b Absatz 2 ZPO). Die Belehrung vermerkt er im Protokoll.

§ 78 Pfändung von Erzeugnissen, Bestandteilen und Zubehörstücken

(1) Bewegliche Sachen, auf die sich bei Grundstücken die Hypothek erstreckt und die daher der Zwangsvollstreckung in das unbewegliche Vermögen unterliegen, sind nur nach Maßgabe des § 865 ZPO pfändbar. Der Gerichtsvollzieher hat hierbei die Absätze 2 bis 5 zu beachten.

(2) Das Bürgerliche Gesetzbuch bestimmt in den §§ 1120 bis 1122, auf welche Gegenstände außer dem Grundstück nebst hängenden und stehenden Früchten sich die Hypothek erstreckt. Insbesondere gehören hierzu die vom Boden getrennten Erzeugnisse, die sonstigen Bestandteile sowie die Zubehörstücke eines Grundstücks, sofern diese Gegenstände in das Eigentum des Grundstückseigentümers gelangt und nicht wieder veräußert, auch nicht von dem Grundstück entfernt sind.

(3) Der Gerichtsvollzieher hat hinsichtlich dieser Gegenstände zu unterscheiden:
1. Zubehörstücke eines Grundstücks, die dem Grundstückseigentümer gehören, sind unpfändbar. Was Zubehör ist, bestimmen die §§ 97 und 98 BGB. Der Gerichtsvollzieher darf zum Beispiel bei der Zwangsvollstreckung gegen den Eigentümer eines landwirtschaftlichen Betriebes das Milch- und Zuchtvieh, bei der Zwangsvollstreckung gegen den Eigentümer einer Fabrik die zum Betrieb bestimmten Maschinen nicht pfänden.
2. Im Übrigen unterliegen die Gegenstände, auf die sich die Hypothek erstreckt (zum Beispiel Getreidevorräte auf einem landwirtschaftlichen Betrieb, die nicht zur Fortführung der Wirtschaft, sondern zum Verkauf bestimmt sind, § 98 BGB), der Pfändung, solange nicht ihre Beschlagnahme im Wege der Zwangsvollstreckung in das unbewegliche Vermögen erfolgt ist.

(4) Für die Zwangsvollstreckung in Früchte, die noch nicht vom Boden getrennt sind, gelten die besonderen Regelungen der §§ 101 bis 103.

(5) Die genannten Vorschriften finden entsprechende Anwendung auf die Zwangsvollstreckung in Erzeugnisse oder Zubehörteile einer Berechtigung, für welche die Vorschriften gelten, die sich auf Grundstücke beziehen.

(6) Die Schiffshypothek bei Schiffen, Schiffsbauwerken, im Bau befindlichen oder fertig gestellten Schwimmdocks sowie das Registerpfandrecht bei Luftfahrzeugen erstrecken sich auf das Zubehör des Schiffes, Schiffsbauwerks, Schwimmdocks (bei Schiffsbauwerken und im Bau befindlichen Schwimmdocks auch die auf der Bauwerft zum Einbau bestimmten und als solche gekennzeichneten Bauteile) oder des Luftfahrzeugs mit Ausnahme der Zubehörstücke oder der Bauteile, die nicht in das Eigentum des Eigentümers des Schiffes, Schiffsbauwerks, im Bau befindlichen oder fertig gestellten Schwimmdocks oder Luftfahrzeugs gelangt sind. Im Übrigen wird auf die §§ 31, 79 und 81 a des Gesetzes über Rechte an eingetragenen Schiffen und Schiffsbauwerken (SchRG) und § 31 des Gesetzes über Rechte an Luftfahrzeugen (LuftFzgG) verwiesen. Zubehör eines Seeschiffes sind auch die Schiffsboote. Wegen der Zwangsvollstreckung in Ersatzteile für Luftfahrzeuge, die sich in einem Ersatzteillager befinden, vergleiche § 115.

§ 79 Pfändung urheberrechtlich geschützter Sachen

(1) Ist der Schuldner Urheber oder dessen Rechtsnachfolger, so können nach den näheren Bestimmungen der §§ 114, 116 bis 118 des Urheberrechtsgesetzes (UrhG) die ihm gehörenden Originale
1. von Werken (§ 114 UrhG),
2. von wissenschaftlichen Ausgaben (§ 118 Nummer 1 UrhG),
3. von Lichtbildern sowie solchen Erzeugnissen, die ähnlich wie Lichtbilder hergestellt werden (§ 118 Nummer 2 UrhG),

nur mit seiner Einwilligung, im Falle des § 117 UrhG nur mit Einwilligung des Testamentsvollstreckers, gepfändet werden. Der Einwilligung bedarf es in den in § 114 Absatz 2 und § 116 Absatz 2 UrhG bezeichneten Fällen nicht.

(2) Vorrichtungen, die ausschließlich
1. zur Vervielfältigung oder Funksendung eines Werkes bestimmt sind, wie Formen, Platten, Steine, Druckstöcke, Matrizen und Negative (§ 119 Absatz 1 Satz 1 UrhG),
2. zur Vorführung eines Filmwerks bestimmt sind, wie Filmstreifen und dergleichen (§ 119 Absatz 2 UrhG),
3. entsprechend der Nummern 1 und 2 zur Vervielfältigung und Wiedergabe,
    a) der nach § 70 UrhG geschützten wissenschaftlichen Ausgaben urheberrechtlich nicht geschützter Werke oder Texte,
    b) der nach § 71 UrhG geschützten Ausgaben nachgelassener Werke,
    c) der nach § 72 UrhG geschützten Lichtbilder und ähnlicher Erzeugnisse,
    d) der nach § 75 Satz 2, §§ 85, 87, 94 und 95 UrhG geschützten Bild- und Tonträger

bestimmt sind (§ 119 Absatz 3 UrhG), sind nur pfändbar, soweit der Gläubiger zur Nutzung des Werkes oder sonstigen Gegenstandes des Urheberrechtsschutzes mittels dieser Vorrichtungen berechtigt ist.

c) Verfahren bei der Pfändung

§ 80 Berechnung der Forderung des Gläubigers

(1) Vor der Pfändung berechnet der Gerichtsvollzieher den Betrag der beizutreibenden Geldsumme oder prüft die vom Gläubiger aufgestellte Berechnung nach; Herabsetzungen, die sich aus der Nachprüfung ergeben, teilt er dem Gläubiger mit. Bei der Feststellung des Betrags kommen insbesondere in Betracht:
1. die im Schuldtitel bezeichnete Hauptforderung;
2. die Nebenforderungen, die dem Gläubiger im Schuldtitel zuerkannt sind. Hierbei sind Zinsen, die dem Gläubiger ohne Bestimmung des Endes des Zinsenlaufes zugesprochen sind, vorläufig bis zu dem Tage anzusetzen, an dem die Zwangsvollstreckung erfolgt. Die Berechnung erfolgt – für den Fall, dass der Schuldner an diesem Tag nicht zahlt – vorbehaltlich der Erhöhung um den Zinsenbetrag bis zu dem Tage, an dem der Erlös der gepfändeten Sachen voraussichtlich in die Hände des Gerichtsvollziehers gelangt (§ 819 ZPO);
3. die Prozesskosten. Diese sind jedoch nur insoweit zu berücksichtigen, als sich ihr Betrag aus einem auf die vollstreckbare Ausfertigung des Titels gesetzten oder aus dem vom Gläubiger in besonderer Ausfertigung zu überreichenden Festsetzungsbeschluss ergibt;
4. die Kosten der Zwangsvollstreckung.

(2) Bei der Berechnung nach Absatz 1 Satz 2 sind etwaige Abschlagszahlungen des Schuldners zu berücksichtigen. Die Verrechnung geschieht nach den §§ 366 und 367 BGB. Handelt es sich um eine Forderung auf Grund eines Verbraucherdarlehensvertrages (§ 491 BGB), so richtet sich die Verrechnung nach § 497 Absatz 3 BGB.

(3) Unter besonderen Umständen kann der Gerichtsvollzieher vom Gläubiger eine Berechnung der Forderung verlangen, insbesondere, wenn es wegen zahlreicher Posten mit verschiedenem Zinslauf und mit Abschlagszahlungen einer umfangreichen Berechnung bedarf.

(4) Ist die Geldforderung in einer ausländischen Währung ausgedrückt, so erfolgt die Umrechnung nach dem Kurswert, der zur Zeit der Zahlung für den Zahlungsort maßgebend ist (§ 244 Absatz 2 BGB). Bei der Berechnung des Betrags ist daher seine Erhöhung oder Herabsetzung entsprechend dem am Zahltage geltenden Kurs vorzubehalten.

(5) Sind nach dem Schuldtitel mehrere zur Zahlung verpflichtet, so schuldet im Zweifel jeder nur den gleichen Anteil (§ 420 BGB). Haften mehrere als Gesamtschuldner

(§ 421 BGB), so kann bei jedem von ihnen bis zur vollen Deckung der Forderung vollstreckt werden. Die Haftung als Gesamtschuldner muss sich aus dem vollstreckbaren Titel ergeben.

§ 81 Aufsuchen und Auswahl der Pfandstücke

(1) Bleibt die Aufforderung zur Leistung (§ 59 Absatz 2) ohne Erfolg, so fordert der Gerichtsvollzieher den Schuldner auf, ihm seine bewegliche Habe vorzuzeigen und – soweit der Zweck der Vollstreckung es erfordert – seine Zimmer, Keller, Böden und anderen Räume sowie die darin befindlichen Schränke, Kästen und anderen Behältnisse zu öffnen. Trifft der Gerichtsvollzieher den Schuldner nicht an, so richtet er eine entsprechende Aufforderung an eine zur Familie des Schuldners gehörige oder beim Schuldner beschäftigte erwachsene Person, die er in der Wohnung oder in den Geschäftsräumen antrifft. Werden die Behältnisse nicht freiwillig geöffnet oder trifft der Gerichtsvollzieher weder den Schuldner noch eine der vorstehend bezeichneten Personen an, so wendet er Gewalt an und verfährt dabei nach den §§ 61 und 62 (§§ 758, 759 ZPO).

(2) Bei der Auswahl der zu pfändenden Gegenstände achtet der Gerichtsvollzieher darauf, dass der Gläubiger auf dem kürzesten Wege befriedigt wird, ohne dass der Hausstand des Schuldners unnötig beeinträchtigt wird. Der Gerichtsvollzieher richtet daher die Pfändung in erster Linie auf Geld, Kostbarkeiten oder solche Wertpapiere, die den Vorschriften über die Zwangsvollstreckung in bewegliche körperliche Sachen unterliegen (vergleiche §§ 104 bis 106), sowie auf Sachen, die der Schuldner sonst am ehesten entbehren kann. Sachen, deren Aufbewahrung, Unterhaltung oder Fortschaffung unverhältnismäßig hohe Kosten verursachen oder deren Versteigerung nur mit großem Verlust oder mit großen Schwierigkeiten möglich sein würde, pfändet er nur, wenn keine anderen Pfandstücke in ausreichendem Maße vorhanden sind. Ist es zweifelhaft, ob die Pfändung eines im Besitz des Schuldners befindlichen Wertpapiers durch den Gerichtsvollzieher zulässig ist, und sind keine anderen geeigneten Pfandstücke vorhanden, so pfändet der Gerichtsvollzieher das Papier einstweilen und überlässt es dem Gläubiger, den notwendigen Gerichtsbeschluss herbeizuführen.

§ 82 Vollziehung der Pfändung

(§§ 803, 808, 813 ZPO)

(1) Werden die Pfandstücke im Gewahrsam des Schuldners belassen, so ist die Pfändung nur wirksam, wenn sie kenntlich gemacht ist. Dies gilt auch dann, wenn die Fortschaffung nur aufgeschoben wird. Die Pfändung ist so kenntlich zu machen, dass sie jedem Dritten, der die im Verkehr übliche Sorgfalt aufwendet, erkennbar ist. Der Gerichtsvollzieher versieht daher in der Regel jedes einzelne Pfandstück an einer in die Augen fallenden Stelle mit einer Siegelmarke oder einem sonst geeigneten Pfandzeichen. Das Pfandzeichen muss mit dem Pfandstück mechanisch verbunden sein. Es ist so anzubringen, dass die Sache dadurch nicht beschädigt wird. Das Dienstsiegel oder der Dienststempel ist zur Kennzeichnung gepfändeter Gegenstände nur dann zu verwenden, wenn die Anbringung von Siegelmarken oder anderen Pfandzeichen unmöglich oder unzweckmäßig ist. Für eine Mehrzahl von Pfandstücken – insbesondere eine Menge von Waren oder anderen vertretbaren Sachen, die sich in einem Behältnis oder in einer Umhüllung befinden oder mit Zustimmung des Schuldners in einem abgesonderten Raum untergebracht werden – genügt ein gemeinschaftliches Pfandzeichen, wenn es so angelegt wird, dass kein Stück aus dem Behältnis, der Umhüllung oder dem Raum entfernt werden kann, ohne dass das Pfandzeichen zerstört wird. Den Schlüssel zu versiegelten Behältnissen oder Räumen nimmt der Gerichtsvollzieher an sich.

(2) Die Pfändung kann auch durch eine Pfandanzeige erkennbar gemacht werden. Der Gerichtsvollzieher bringt in diesem Fall an dem Ort, an dem sich die Pfandstücke befinden (zum Beispiel dem Lagerboden, dem Speicher, dem Viehstall), ein Schriftstück an, das auf die Pfändung hinweist. Das Schriftstück ist so anzubringen, dass jeder-

mann davon Kenntnis nehmen kann. Es ist mit der Unterschrift und dem Abdruck des Dienststempels des Gerichtsvollziehers zu versehen und soll die Pfandstücke genau bezeichnen. Werden Vorräte gepfändet, so ist der dem Schuldner belassene Teil der Vorräte von dem gepfändeten Teil äußerlich zu trennen. Wenn die Umstände es erfordern, ist für die Pfandstücke ein Hüter zu bestellen.

(3) Belässt der Gerichtsvollzieher Tiere im Gewahrsam des Schuldners, so kann er mit dem Schuldner vereinbaren, dass dieser befugt sein soll, die gewöhnlichen Nutzungen der Tiere (zum Beispiel die Milch gepfändeter Kühe) als Entgelt für deren Fütterung und Pflege im Haushalt zu verbrauchen. Der Gerichtsvollzieher weist den Schuldner an, ihm eine Erkrankung der Tiere, insbesondere eine etwa erforderliche Notschlachtung, sofort anzuzeigen.

(4) Der Gerichtsvollzieher eröffnet dem Schuldner oder in dessen Abwesenheit den in § 81 Absatz 1 Satz 2 bezeichneten Personen, dass der Besitz der Pfandstücke auf ihn übergegangen sei. Er weist darauf hin,

1. dass der Schuldner und jeder andere jede Handlung zu unterlassen hat, die diesen Besitz beeinträchtigt, wie etwa die Veräußerung, die Wegschaffung oder den Verbrauch der gepfändeten Sachen,
2. dass jede Beschädigung oder Zerstörung der Pfandzeichen untersagt ist,
3. dass Zuwiderhandlungen gegen diese Bestimmungen strafbar sind.

(5) Nach den Vorschriften der Absätze 1 bis 4 verfährt der Gerichtsvollzieher auch, wenn er dem Schuldner Pfandstücke, die nicht in dessen Gewahrsam waren oder belassen sind, nachträglich unter Aufrechterhaltung der Pfändung herausgibt. Eine Herausgabe ohne Anbringung von Pfandzeichen bringt das Pfändungspfandrecht zum Erlöschen.

(6) Hinsichtlich der Überpfändung und der Schätzung sind die §§ 803 und 813 ZPO zu beachten. Erscheint dem Gerichtsvollzieher nach einer Neuschätzung die volle Befriedigung des Gläubigers nicht mehr gesichert, so führt er eine weitere Pfändung durch.

(7) Sind die Vorkehrungen, die dazu dienten, die Pfändung erkennbar zu machen, später beseitigt oder sind die angebrachten Siegelmarken abgefallen, so sorgt der Gerichtsvollzieher, sobald er davon Kenntnis erhält, für die Erneuerung. Er prüft dabei auch, ob die Befriedigung des Gläubigers gefährdet wird, wenn er die Pfandstücke weiter im Gewahrsam des Schuldners belässt; ist eine Gefährdung gegeben, so entfernt er die Pfandstücke nachträglich aus dem Gewahrsam des Schuldners.

(8) Bei Verstrickungsbruch und Siegelbruch (§ 136 StGB) und bei Vereiteln der Zwangsvollstreckung (§ 288 StGB) hat der Gerichtsvollzieher keine Anzeigepflicht, sofern nicht allgemein oder für den besonderen Fall etwas Abweichendes angeordnet ist; er hat jedoch in jedem Fall den Gläubiger zu benachrichtigen.

§ 83 Pfändung von Sachen in einem Zolllager

Sollen Waren gepfändet werden, die in einem unter Mitverschluss der Zollbehörde stehenden Zolllager niedergelegt sind, so benachrichtigt der Gerichtsvollzieher die zuständige Überwachungszollstelle von der beabsichtigten Pfändung. Er darf die Pfändung erst durchführen, wenn diese Zollstelle die Öffnung des Lagers zur Vornahme der Pfändung veranlasst hat.

§ 84 Pfändung von Schiffen

(§§ 870a, 931 ZPO)

(1) Die Pfändung von Schiffen, Schiffsbauwerken oder Schwimmdocks geschieht nach den Bestimmungen über die Zwangsvollstreckung in das bewegliche Vermögen, wenn
1. es sich um nicht eingetragene Schiffe, um ausländische Schiffe, die, wenn es deutsche Schiffe wären, nicht in das Schiffsregister eingetragen werden müssten, um

nicht eingetragene und nicht eintragungsfähige Schiffsbauwerke oder um nicht eingetragene oder nicht eintragungsfähige im Bau befindliche oder fertig gestellte Schwimmdocks handelt (wegen der eingetragenen Schiffe und so weiter vergleiche § 78 Absatz 6) oder
2. die Pfändung zur Vollziehung eines Arrestes erfolgt (vergleiche § 931 ZPO).

(2) Die Pfändung ist in der Regel in der Weise ersichtlich zu machen, dass dem Schiff, Schiffsbauwerk oder Schwimmdock eine mit Schloss und Siegel versehene Kette angelegt wird. Ist dies nicht angängig oder handelt es sich um ein kleineres Fahrzeug, so verfährt der Gerichtsvollzieher nach § 82 Absatz 1 und 2.

(3) Die zur Bewachung und Verwahrung des gepfändeten Schiffes, Schiffsbauwerkes oder Schwimmdocks erforderlichen Maßregeln veranlasst der Gerichtsvollzieher bei Gefahr im Verzug sofort nach der Pfändung und im Übrigen, sobald die durch die Maßregeln voraussichtlich entstehenden Kosten gesichert sind. Zur Vollstreckung und zur Bewachung des Schiffes, Schiffsbauwerks oder Schwimmdocks ist die Hafenbehörde um ihre Unterstützung zu ersuchen, soweit es erforderlich und zweckmäßig erscheint.

(4) Bei der Pfändung eines ausländischen Schiffes benachrichtigt der Gerichtsvollzieher die konsularische Vertretung des Flaggenstaates.

§ 85 Pfändung von Luftfahrzeugen

Inländische Luftfahrzeuge, die nicht in der Luftfahrzeugrolle oder im Register für Pfandrechte an Luftfahrzeugen eingetragen sind, werden nach den Bestimmungen über die Zwangsvollstreckung in das bewegliche Vermögen gepfändet. §§ 115 und 153 Absatz 5 bleiben unberührt.

§ 86 Besondere Vorschriften über das Pfändungsprotokoll

(§§ 762, 763 ZPO)

(1) Das Pfändungsprotokoll muss enthalten:
1. ein genaues Verzeichnis der Pfandstücke unter fortlaufender Nummer, geeignetenfalls mit Angabe der Zahl, des Maßes, des Gewichts, der besonderen Merkmale und Kennzeichen der gepfändeten Sachen (zum Beispiel Fabrikmarke, Baujahr, Typ, Fabriknummer und dergleichen) nebst den vom Gerichtsvollzieher oder einem Sachverständigen geschätzten gewöhnlichen Verkaufswerten;
2. eine Beschreibung der angelegten Pfandzeichen;
3. den wesentlichen Inhalt der Eröffnungen, die dem Schuldner oder den in § 81 Absatz 1 Satz 2 bezeichneten Personen gemacht sind.

Es soll ferner den Inhalt der angebrachten Pfandanzeigen sowie den Inhalt der Vereinbarungen wiedergeben, die mit einem Hüter (§ 82 Absatz 2) getroffen sind.

(2) Werden Pfandstücke aus dem Gewahrsam des Schuldners entfernt, so ist dies im Protokoll zu begründen. Auch ist anzugeben, welche Maßnahmen für die Verwahrung der Pfandstücke getroffen sind (vergleiche § 90 Absatz 2).

(3) Das Protokoll hat auch die Angaben der Zeit und des Ortes des Versteigerungstermins oder die Gründe zu enthalten, aus denen die sofortige Ansetzung des Versteigerungstermins unterblieben ist (vergleiche § 92).

(4) Sind dieselben Sachen gleichzeitig für denselben Gläubiger gegen denselben Schuldner auf Grund mehrerer Schuldtitel gepfändet, so ist nur ein Protokoll aufzunehmen. In diesem sind die einzelnen Schuldtitel genau zu bezeichnen.

(5) Eine Abschrift des Pfändungsprotokolls ist zu erteilen:
1. dem Gläubiger, wenn er es verlangt,
2. dem Schuldner, wenn er es verlangt oder wenn die Vollstreckung in seiner Abwesenheit stattgefunden hat.

Die Absendung ist auf dem Protokoll zu vermerken.

(6) Kann eine Pfändung überhaupt nicht oder nicht in Höhe der beizutreibenden Forderung erfolgen, weil der Schuldner nur Sachen besitzt, die nicht gepfändet werden dürfen oder nicht gepfändet werden sollen oder von deren Verwertung ein Überschuss über die Kosten der Zwangsvollstreckung nicht zu erwarten ist, so genügt im Protokoll der allgemeine Hinweis, dass eine Pfändung aus diesen Gründen unterblieben ist. Abweichend von Satz 1 sind im Protokoll zu verzeichnen:
1. Sachen, deren Pfändung vom Gläubiger ausdrücklich beantragt war, unter Angabe der Gründe, aus denen der Gerichtsvollzieher von einer Pfändung abgesehen hat,
2. die Art der Früchte, die vom Boden noch nicht getrennt sind, und die gewöhnliche Zeit der Reife, wenn eine Pfändung noch nicht erfolgen durfte (§ 810 Absatz 1 Satz 2 ZPO),
3. Art, Beschaffenheit und Wert der Sachen, wenn eine Austauschpfändung (§ 811 a ZPO) in Betracht kommt, unter Angabe der Gründe, aus denen der Gerichtsvollzieher von einer vorläufigen Austauschpfändung (§ 811 b ZPO) abgesehen hat,
4. Art und Wert eines Tieres, das im häuslichen Bereich und nicht zu Erwerbszwecken gehalten wird, wenn dessen Pfändung in Betracht kommt (§ 811 c Absatz 2 ZPO).

Sind bereits Entscheidungen des Vollstreckungsgerichts ergangen, durch die die Unpfändbarkeit vergleichbarer Sachen festgestellt wurde, so soll sie der Gerichtsvollzieher im Protokoll erwähnen, soweit sie für den Gläubiger von Belang sind.

§ 87 Widerspruch eines Dritten
(§§ 771 bis 774, 805, 815 ZPO)

(1) Wird ein Widerspruch dem Gerichtsvollzieher gegenüber von dem Dritten geltend gemacht oder von dem Schuldner angekündigt, so darf der Gerichtsvollzieher die Pfändung der Sachen, auf die sich der Widerspruch erstreckt, nur dann unterlassen, wenn die sonst vorhandene, von einem Widerspruch nicht betroffene bewegliche Habe des Schuldners zur Deckung der beizutreibenden Forderung ausreicht. Ist dies nicht der Fall, so führt der Gerichtsvollzieher die Pfändung ohne Rücksicht auf den Widerspruch durch und verweist die Beteiligten darauf, ihre Ansprüche bei dem Gläubiger und gegebenenfalls bei dem Gericht geltend zu machen. Da sich hierbei nicht im Voraus übersehen lässt, welcher Teil der Pfandstücke nach Durchführung des Widerspruchs zur Befriedigung des Gläubigers verwendbar bleiben wird, wird in diesem Fall die Pfändung auch über die in § 803 Absatz 1 Satz 2 ZPO bezeichnete Wertgrenze hinaus zu erstrecken sein. Dasselbe gilt, wenn ein Dritter ein Recht geltend macht, das ihn zur vorzugsweisen Befriedigung aus dem Erlös berechtigt (§ 805 ZPO), zum Beispiel der Vermieter sein gesetzliches Vermieterpfandrecht in Anspruch nimmt; denn solche Rechte schmälern bei erfolgreicher Geltendmachung den Erlös, der zur Befriedigung des Gläubigers verfügbar ist.

(2) Werden Sachen trotz des Widerspruchs des Dritten oder der Ankündigung eines derartigen Widerspruchs gepfändet, so beurkundet der Gerichtsvollzieher diese Erklärungen im Protokoll, möglichst unter näherer Angabe der Person des Berechtigten und des Rechtsgrundes seines Anspruchs, und benachrichtigt den Gläubiger unverzüglich von dem Widerspruch. Dem Dritten ist auf Verlangen eine Abschrift des Protokolls zu erteilen. Wenn der Dritte bei oder nach der Erstpfändung eines ihm gehörenden Gegenstandes gegenüber dem Gerichtsvollzieher ein die Veräußerung hinderndes Recht

geltend gemacht hat, muss der Gerichtsvollzieher ihn über die Anschlusspfändung (§ 116) desselben Gegenstands unverzüglich unterrichten.

(3) Gepfändetes Geld hinterlegt der Gerichtsvollzieher, wenn ihm vor der Ablieferung an den Gläubiger (zum Beispiel durch eine eidesstattliche Versicherung) glaubhaft gemacht wird, dass einem Dritten an dem Geld ein die Veräußerung hinderndes oder zur vorzugsweisen Befriedigung berechtigendes Recht zusteht. Wird ihm nicht binnen zwei Wochen seit dem Tage der Pfändung eine gerichtliche Entscheidung über die Einstellung der Zwangsvollstreckung vorgelegt, so veranlasst er die Rückgabe des Geldes zur Aushändigung an den Gläubiger (§§ 805, 815 Absatz 2 ZPO).

§ 88 Pfändung von Sachen, die sich im Gewahrsam des Gläubigers oder eines Dritten befinden

(§ 809 ZPO)

Die Pfändung von Sachen im Gewahrsam des Gläubigers oder eines Dritten (§ 70 Absatz 2) geschieht ebenso wie die Pfändung von Sachen im Gewahrsam des Schuldners. Der Sachverhalt, insbesondere die Erklärung des Dritten, ob er zur Herausgabe bereit sei oder nicht, ist im Protokoll zu vermerken. Verlangt der Gewahrsamsinhaber die Fortschaffung der Pfandstücke, so ist diesem Verlangen stattzugeben. Von einer Pfändung bei dem Gläubiger oder einem Dritten ist der Schuldner durch Übersendung einer Protokollabschrift zu benachrichtigen. Auf Antrag ist auch dem Dritten eine Protokollabschrift zu erteilen.

d) Unterbringung der Pfandstücke

§ 89 Unterbringung von Geld, Kostbarkeiten und Wertpapieren

(1) Gepfändetes oder ihm gezahltes Geld liefert der Gerichtsvollzieher nach Abzug der Vollstreckungskosten unverzüglich an den Gläubiger ab (§ 815 Absatz 1 ZPO) oder hinterlegt es, sofern die Hinterlegung erfolgen muss (§ 155). Ist dem Gläubiger Prozess- oder Verfahrenskostenhilfe bewilligt und reicht der gepfändete und gezahlte Geldbetrag nicht zur Tilgung der Forderung des Gläubigers und der Vollstreckungskosten aus, so beachtet der Gerichtsvollzieher die Bestimmungen des § 15 Absatz 3 Satz 2 bis 4 GvKostG.

(2) Gepfändete Kostbarkeiten und Wertpapiere sowie Geld bis zur Auszahlung oder Hinterlegung verwahrt der Gerichtsvollzieher unter sicherem Verschluss und getrennt von seinen eigenen Geldern und Wertgegenständen; nötigenfalls gibt er Kostbarkeiten und Wertpapiere bei einer sicheren Bank oder öffentlichen Sparkasse in Verwahrung oder trifft besondere Schutzmaßregeln. In letzterem Fall ist er berechtigt, die tatsächlichen Auslagen zu berechnen. Dasselbe gilt für Wechsel und andere indossable Papiere.

§ 90 Unterbringung anderer Pfandstücke

(1) Der Gerichtsvollzieher ist verpflichtet, für eine sichere Unterbringung und Verwahrung der Pfandstücke zu sorgen, die er nicht im Gewahrsam des Schuldners belässt. Er muss auch die notwendigen Maßnahmen zur Erhaltung der Pfandstücke treffen. Er hat hierbei besondere Sorgfalt anzuwenden, um Schadensersatzansprüche wegen Verlustes oder Beschädigung der Sachen zu vermeiden.

(2) Im Pfändungsprotokoll oder in einem Nachtrag darunter vermerkt der Gerichtsvollzieher, welche Maßnahmen er zur Unterbringung der Pfandstücke getroffen hat. Entfernt er die Pfandstücke erst nachträglich aus dem Gewahrsam des Schuldners, so nimmt er auch darüber ein Protokoll auf; jedoch genügt ein Vermerk im Versteigerungsprotokoll, wenn die Wegschaffung nur zum Zwecke der anschließenden sofortigen Versteigerung erfolgt.

(3) Die in der Pfandkammer verwahrten Sachen bezeichnet der Gerichtsvollzieher mit der Geschäftsnummer, die der Vorgang bei ihm hat. Er bewahrt sie getrennt von den Sachen auf, die zu anderen Zwangsvollstreckungen gehören. Der Gerichtsvollzieher

darf die Pfandkammer nicht zur Verwahrung benutzen, wenn die Versteigerung der Pfandstücke an einem anderen Ort notwendig oder zweckmäßig ist, wenn die Pfandstücke nach ihrer Beschaffenheit zur Verwahrung in der Pfandkammer nicht geeignet sind oder wenn die Beförderung zur Pfandkammer besondere Schwierigkeiten bereiten oder außergewöhnlich hohe Kosten verursachen würde.

(4) Pfandstücke, die der Gerichtsvollzieher nicht nach § 89 oder in einer Pfandkammer verwahren kann, übergibt er einem Verwahrer. Zum Verwahrer soll er möglichst nur eine zuverlässige, zahlungsfähige und am Ort der Vollstreckung ansässige Person wählen; bei ihrer Auswahl ist in Landgemeinden tunlichst die Mitwirkung des Hauptverwaltungsbeamten der Gemeinde zu erbitten, falls dieser die Verwahrung nicht selbst übernimmt. Die Bestellung des Gläubigers zum Verwahrer wird in der Regel nicht angebracht sein. Die Vergütung für die Verwahrung, Beaufsichtigung und gegebenenfalls auch für die Erhaltung der Sache vereinbart der Gerichtsvollzieher mit dem Verwahrer möglichst bei Übergabe. Der Verwahrungsvertrag soll schriftlich abgeschlossen werden. Der Verwahrer hat unter einem Verzeichnis der übergebenen Sachen ihren Empfang zu bescheinigen; eine Abschrift dieses Verzeichnisses nebst der Bescheinigung ist ihm auf Verlangen auszuhändigen. Der Gerichtsvollzieher vermerkt die Bestellung eines Verwahrers und die mit ihm getroffenen Vereinbarungen im Pfändungsprotokoll oder in einem Nachtrag darunter. Er verbindet die Bescheinigung des Verwahrers über den Empfang mit dem Protokoll, sofern sie nicht in das Protokoll selbst aufgenommen ist.

(5) Belässt der Gerichtsvollzieher gepfändete Tiere nicht im Gewahrsam des Schuldners, so ist er verpflichtet, die notwendigen Maßnahmen für die ordnungsgemäße Fütterung und Pflege der Tiere zu treffen. Werden ihm die hierzu nötigen Geldmittel nicht rechtzeitig zur Verfügung gestellt, so versteigert er die Tiere unverzüglich, selbst wenn er hierbei die Fristen für die Vornahme und die Bekanntmachung der Versteigerung nicht einhalten kann (§ 816 ZPO).

(6) Gepfändete oder zu verwertende Waffen sind entsprechend dem Waffengesetz (WaffG) und der Allgemeinen Waffengesetz-Verordnung (AWaffV) zu verwahren.

2. Verwertung

a) Allgemeines

§ 91

(§§ 814 bis 825 ZPO)

(1) Die Verwertung der Pfandstücke erfolgt in der Regel durch öffentliche Versteigerung in Form der Präsenzversteigerung (§§ 92 bis 96); soweit dies landesrechtlich vorgesehen ist, ist auch die allgemein zugängliche Versteigerung im Internet (§ 814 Absatz 2 Nummer 2 ZPO) möglich. Als Formen der anderweitigen Verwertung kommen insbesondere in Betracht:
1. freihändiger Verkauf durch den Gerichtsvollzieher (§§ 97 bis 99),
2. freihändiger Verkauf durch einen Dritten – gegebenenfalls unter Festsetzung eines Mindestpreises –,
3. Übereignung an den Gläubiger zu einem bestimmten Preis,
4. Versteigerung durch den Gerichtsvollzieher an einem anderen Ort als nach § 816 Absatz 2 ZPO vorgesehen.

Ist nach der Auffassung des Gerichtsvollziehers wegen der Art der gepfändeten Sachen bei einer Verwertung durch öffentliche Versteigerung kein angemessener Erlös zu erwarten, so soll er den Schuldner und den Gläubiger sofort auf die Möglichkeit der anderweitigen Verwertung (§ 825 Absatz 1 ZPO) aufmerksam machen. Beantragt eine der Parteien nach § 825 Absatz 1 ZPO eine Verwertung der Sache in anderer Weise oder an einem anderen Ort, unterrichtet der Gerichtsvollzieher den Antragsgegner über alle Einzelheiten der beabsichtigten anderweitigen Verwertung, insbesondere den Mindestpreis, und belehrt ihn, dass er die Sache ohne seine Zustimmung nicht vor

Ablauf von zwei Wochen nach Zustellung der Unterrichtung verwerten wird. Der Gerichtsvollzieher besorgt selbst die Zustellung der Unterrichtung. Nach der Zustimmung des Antragsgegners oder spätestens nach dem Ablauf der Frist, wenn eine Einstellungsanordnung des Vollstreckungsgerichts nicht ergangen ist, führt der Gerichtsvollzieher die anderweitige Verwertung durch. Er kann sie schon vor Fristablauf vorbereiten. Ist bei der beantragten anderweitigen Verwertung nach der Überzeugung des Gerichtsvollziehers kein höherer Erlös zu erwarten, teilt er dies dem Antragsteller unter Fortsetzung des Verwertungsverfahrens mit.

(2) Der Gerichtsvollzieher führt die Verwertung – ohne einen besonderen Auftrag des Gläubigers abzuwarten – nach den §§ 814 bis 825 ZPO durch. Die Verwertung ist auch dann vorzunehmen, wenn der Schuldner verstorben ist oder wenn das Insolvenzverfahren über sein Vermögen eröffnet worden ist. § 51 Absatz 3 und § 120 Absatz 2 Satz 2 sind zu beachten. Führt der Gerichtsvollzieher die allgemein zugängliche Versteigerung im Internet (§ 814 Absatz 2 Nummer 2 ZPO) durch, teilt er dies dem Schuldner und sämtlichen beteiligten Gläubigern mit und bezeichnet den von ihm bestimmten Zeitpunkt, zu dem die Versteigerung im Internet beginnen wird.

(3) Ein Aufschub der Verwertung ist nur zulässig, wenn eine Zahlungsvereinbarung gemäß § 802 b ZPO geschlossen wird. Dies ist in jeder Lage des Verfahrens, auch noch kurz vor einem bereits bestimmten Versteigerungstermin, möglich, es sei denn, der Gläubiger hat den Abschluss einer Zahlungsvereinbarung ausgeschlossen (§ 802 b Absatz 2 Satz 1 ZPO). Wenn der Gläubiger lediglich einen Vollstreckungsauftrag mit einem Auftrag zur Abnahme der Vermögensauskunft verbunden hat, hindert dies einen Verwertungsaufschub durch den Gerichtsvollzieher zunächst nicht. § 68 ist zu beachten.

(4) Zwischen dem Zahlungstermin und dem Verwertungstermin sollen wenigstens zwei Wochen liegen. Wird der Verwertungstermin verlegt, nachdem der Schuldner die Rate gezahlt hat, gehören die Kosten der öffentlichen Bekanntmachung der Terminsverlegung (§ 93) zu den notwendigen Kosten der Zwangsvollstreckung im Sinne des § 788 Absatz 1 ZPO. Bei der Bestimmung der Termine für die Verwertung soll der Gerichtsvollzieher im Einzelfall einerseits die Notwendigkeit, den Schuldner durch die Terminsbestimmung zur pünktlichen Zahlung zu veranlassen, und andererseits die Höhe der zusätzlichen Vollstreckungskosten, zum Beispiel für die öffentliche Bekanntmachung, berücksichtigen.

(5) Bei der Verwertung muss der Gerichtsvollzieher gesetzliche und behördliche Veräußerungs- oder Erwerbsbeschränkungen beachten (vergleiche zum Beispiel § 772 ZPO).

(6) Bei der Verwertung dürfen der Gerichtsvollzieher und die von ihm zugezogenen Gehilfen weder für sich (persönlich oder durch einen anderen) noch als Vertreter eines anderen kaufen (§§ 450, 451 BGB). Der Gerichtsvollzieher darf auch seinen Angehörigen und den bei ihm beschäftigten Personen das Mitbieten nicht gestatten.

(7) Auf Antrag des Gläubigers oder des Schuldners kann das Vollstreckungsgericht anordnen, dass eine gepfändete Sache durch eine andere Person als den Gerichtsvollzieher versteigert wird (§ 825 Absatz 2 ZPO).

b) Öffentliche Versteigerung nach § 814 Absatz 2 Nummer 1 ZPO (Präsenzversteigerung)

§ 92 Ort und Zeit der Versteigerung

(§§ 816 Absatz 1 und 2, § 825 Absatz 1 ZPO)

(1) Der Gerichtsvollzieher bestimmt den Termin zur öffentlichen Versteigerung in der Regel sogleich bei der Pfändung. Die Anberaumung des Termins ist nur dann einstweilen auszusetzen,

1. wenn die Parteien einverstanden sind, dass der Termin erst später bestimmt werden soll,

2. wenn die sofortige Terminbestimmung im Einzelfall nicht tunlich oder nicht zweckmäßig erscheint, zum Beispiel weil Früchte auf dem Halm gepfändet sind und der Eintritt der Reife der Früchte noch nicht mit Sicherheit übersehen werden kann oder weil das Vollstreckungsgericht voraussichtlich eine andere Art der Veräußerung oder die Versteigerung an einem anderen Ort anordnen wird.

(2) Die Pfandstücke werden in der Gemeinde versteigert, in der sie gepfändet worden sind, an einem anderen Ort im Bezirk des Vollstreckungsgerichts oder am Amtssitz des Gerichtsvollziehers, sofern nicht der Gläubiger und der Schuldner sich auf einen anderen Ort einigen oder der Gerichtsvollzieher auf Antrag des Gläubigers oder des Schuldners einen anderen Ort bestimmt hat (§ 816 Absatz 2, § 825 Absatz 1 ZPO). Liegt die Versteigerung an einem anderen Ort im Interesse der Parteien, so soll der Gerichtsvollzieher auf die Möglichkeit eines Antrags nach § 825 Absatz 1 ZPO hinweisen.

(3) Der erste Versteigerungstermin darf nicht vor Ablauf einer Woche seit dem Tage der Pfändung stattfinden. Ein früherer Termin darf nur bestimmt werden, wenn

1. der Gläubiger und der Schuldner sich über eine frühere Versteigerung einigen,
2. die frühere Versteigerung nach der pflichtgemäßen Überzeugung des Gerichtsvollziehers erforderlich ist, um die Gefahr einer beträchtlichen Wertminderung der Pfandstücke oder eines unverhältnismäßigen Kostenaufwands für längere Aufbewahrung abzuwenden.

Die Einigung der Parteien oder die sonstigen Gründe für die vorzeitige Versteigerung sind aktenkundig zu machen. In der Regel soll die Versteigerung nicht später als einen Monat nach der Pfändung stattfinden; wird sie weiter hinausgeschoben, so ist der Grund dafür in den Akten zu vermerken.

(4) Sämtliche beteiligten Gläubiger und der Schuldner sind von dem Versteigerungstermin besonders zu benachrichtigen, wenn ihnen der Termin nicht bereits anderweitig bekannt gegeben worden ist, etwa durch die übersandte Abschrift des Pfändungsprotokolls. Der Gerichtsvollzieher kann den Gläubiger hierbei auf die Bedeutung seiner persönlichen Teilnahme hinweisen.

§ 93 Öffentliche Bekanntmachung

(§ 816 Absatz 3 ZPO)

(1) Die Versteigerung muss öffentlich bekannt gemacht werden. Die Bekanntmachung muss rechtzeitig erfolgen, spätestens am Tag vor dem Versteigerungstermin. Eine Bekanntmachung am Tage der Versteigerung genügt nur, wenn die Pfandstücke alsbald versteigert werden müssen, etwa weil sie dem Verderb oder einer beträchtlichen Wertminderung ausgesetzt sind. Erfolgt die Bekanntmachung nicht spätestens am Tag vor der Versteigerung, so ist der Grund dafür aktenkundig zu machen.

(2) Die Bekanntmachung enthält
1. den Ort, den Tag und die Stunde der Versteigerung,
2. eine allgemeine Bezeichnung der Gegenstände, die zu versteigern sind; besonders wertvolle Sachen sind dabei hervorzuheben; zur allgemeinen Bezeichnung gehört auch die Fabrikmarke (zum Beispiel bei Motoren, Kraftwagen, Krafträdern, Fahrrädern, Büromaschinen und dergleichen); vielfach wird es sich empfehlen, auch die Herstellungsnummer anzugeben, da sie Interessenten die Feststellung des Herstellungsjahres ermöglicht.

Die Bekanntmachung soll ferner die Zeit und den Ort enthalten, an dem die Pfandstücke vor der Versteigerung besichtigt werden können. In der Bekanntmachung ist ersichtlich zu machen, dass es sich um eine Versteigerung im Wege der Zwangsvollstreckung handelt; die Namen des Gläubigers und des Schuldners sind wegzulassen. Die Bekanntmachung ist aktenkundig zu machen; die Belegblätter und Rechnungen sind zu den Sachakten zu nehmen, soweit nicht in Absatz 5 eine andere Aufbewahrung angeordnet ist.

(3) Über die Art der Bekanntmachung (Aushang, Veröffentlichung in Zeitungen) entscheidet der Gerichtsvollzieher nach pflichtgemäßem Ermessen unter besonderer Berücksichtigung des Einzelfalles, sofern nicht die Justizverwaltung bestimmte Weisungen erteilt hat. Die öffentliche Bekanntmachung hat das Ziel, die Personen, die im Einzelfall als Kaufinteressenten in Betracht kommen, möglichst umfassend auf die bevorstehende Versteigerung hinzuweisen und durch Heranziehung zahlreicher Bieter ein günstiges Versteigerungsergebnis zu erzielen. Die Kosten der Bekanntmachung müssen, soweit sie nicht vom Auftraggeber übernommen werden, in angemessenem Verhältnis zu dem Wert des Versteigerungsgutes und zu dem voraussichtlichen Erlös stehen. Die Beachtung dieser Richtlinien wird vielfach zu folgendem Verfahren führen:

1. Werden Gegenstände von geringem Wert versteigert, so kann eine öffentliche Bekanntmachung durch Anschlag genügen. Erfahrungsgemäß hat sich in diesem Fall, insbesondere bei Versteigerungen in ständig dafür bestimmten und daher allgemein bekannten Pfandkammern oder Versteigerungsräumen, ein Anschlag an einer Tafel oder in einem Kasten vor den Versteigerungsräumen als ausreichend erwiesen.

2. Haben die zur Versteigerung bestimmten Gegenstände einen hohen Wert, so wird die Bekanntmachung durch eine Zeitung in Betracht kommen. Bei der Auswahl der Zeitung wird zu beachten sein, dass in diesen Fällen neben den Händlern meist solche Kauflustige infrage kommen, die den Ort der Versteigerung ohne Aufwendung von Fahrkosten erreichen und das Versteigerungsgut ohne wesentliche Transportkosten wegschaffen können. Der Gerichtsvollzieher wird daher zu prüfen haben, ob eine mit mäßigen Kosten verbundene Anzeige in einer Ortszeitung oder – in größeren Städten – einer Bezirks- oder Vorortzeitung genügt.

3. Hat das Versteigerungsgut beträchtlichen Wert (zum Beispiel Kunstgegenstände, echte Teppiche, Luxusgegenstände), so muss die Bekanntmachung die Kreise umfassen, die für den Erwerb solcher Sachen Interesse haben und über die notwendigen Mittel dazu verfügen. Daher ist eine Zeitung zu wählen, die einen entsprechenden Leserkreis und ein entsprechendes Verbreitungsgebiet hat.

4. Sollen Gegenstände versteigert werden, deren Erwerb nur für bestimmte Berufsgruppen infrage kommt (zum Beispiel Rohstoffe, Maschinen, kaufmännische und gewerbliche Einrichtungen, Halbfabrikate), so wird vielfach die Bekanntmachung in einer Fachzeitschrift oder Fachzeitung zu bevorzugen sein.

5. Bei besonders umfangreichen Versteigerungen kann eine Bekanntmachung in mehreren Zeitungen in Betracht kommen, sofern die hierzu erforderlichen Kosten im angemessenen Verhältnis zum Wert des Versteigerungsgutes stehen.

(4) Zur Verminderung der Bekanntmachungskosten vereinigt der Gerichtsvollzieher mehrere Bekanntmachungen von Versteigerungsterminen, die an demselben Tage und an demselben Ort abgehalten werden sollen, zu einer Bekanntmachung. Er soll auch möglichst mehrere Bekanntmachungen von Versteigerungsterminen, die zu verschiedenen Zeiten und an verschiedenen Orten stattfinden, in einer Sammelbekanntmachung vereinigen. In diesen Fällen nimmt er das Belegblatt und die Rechnung zu einem der Handaktenstücke, berechnet dabei die Kosten, die auf die einzelnen Angelegenheiten abfallen, und vermerkt in den Akten über die anderen Angelegenheiten, wie hoch die anteiligen Kosten sind und wo sich Rechnung und Belegblatt befinden. Der Gerichtsvollzieher kann Rechnung und Belegblätter auch zu besonderen Sammelakten über Bekanntmachungen nehmen. Er vermerkt dann in den einzelnen Sonderakten die Höhe der anteiligen Kosten und verweist auf die Blattzahl der Sammelakte, wo sich Belegblatt, Rechnung und Berechnung der anteiligen Kosten befinden.

(5) Auch die Bekanntmachungen mehrerer Gerichtsvollzieher können aus Kostenersparnisgründen zu einer Sammelbekanntmachung vereinigt werden. In diesen Fällen muss jeder Gerichtsvollzieher ein Belegblatt zu seinen Akten nehmen und dabei die Kosten angeben, die auf seine Bekanntmachung entfallen. Im Übrigen ist entsprechend den Bestimmungen des Absatzes 4 zu verfahren.

(6) Wird der Versteigerungstermin aufgehoben, so sind Aushänge und Anschläge sofort zu entfernen. Die Aufhebung ist öffentlich bekannt zu machen, soweit dies noch tunlich ist. Eine Terminverlegung oder -aufhebung ist den Beteiligten unverzüglich mitzuteilen.

§ 94 Bereitstellung der Pfandstücke

(1) Vor Beginn des Termins sind die zu versteigernden Sachen zum Verkauf und zur Besichtigung durch Kaufinteressenten bereitzustellen; ihre Identität ist aus dem Pfändungsprotokoll festzustellen. War ein Verwahrer oder Hüter bestellt, so ist mit ihm über die Rückgabe der Sachen ein Protokoll aufzunehmen; auf Verlangen ist ihm eine Bescheinigung hierüber zu erteilen. Ergibt sich, dass Pfandstücke fehlen oder beschädigt sind, so ist dies im Protokoll oder zu den Akten zu vermerken und den Beteiligten bekannt zu geben.

(2) Die Pfandstücke sollen zur Erzielung eines ihrem Wert angemessenen Erlöses in sauberem und möglichst ansehnlichem Zustand zur Versteigerung gestellt werden. Die hierdurch entstehenden Kosten sind als Kosten der Zwangsvollstreckung zu behandeln. Solche Kosten dürfen jedoch nur aufgewendet werden, wenn sie in einem angemessenen Verhältnis zu dem zu erwartenden Mehrerlös stehen. Dagegen ist der Gerichtsvollzieher nicht berechtigt, gebrauchte oder beschädigte Pfandstücke ohne Einverständnis des Gläubigers und des Schuldners instand setzen zu lassen.

§ 95 Versteigerungstermin
(§ 816 Absatz 4, §§ 817, 817a, 818 ZPO)

(1) Bei der Eröffnung des Termins sind zunächst die Versteigerungsbedingungen bekannt zu machen. Abweichungen von den in § 817 ZPO bestimmten Versteigerungsbedingungen sind nur zulässig, wenn das Vollstreckungsgericht sie angeordnet hat oder der Gläubiger und der Schuldner sie vereinbart haben. Versteigert der Gerichtsvollzieher Gase, Flüssigkeiten oder andere Sachen, die sich in Behältnissen befinden, welche dem Schuldner zweifellos nicht gehören, so nimmt er in die Versteigerungsbedingungen die Bestimmung auf, dass
1. die Behältnisse alsbald nach der Entleerung, spätestens binnen einer festzusetzenden Frist, dem Eigentümer zu übergeben seien,
2. der Ersteher eine dem Betrag nach zu bestimmende Sicherheit außer dem Meistgebot an den Gerichtsvollzieher zu leisten habe.

Versteigert der Gerichtsvollzieher Schusswaffen, Munition oder diesen gleichstehende Gegenstände, deren Erwerb erlaubnis- oder anmeldepflichtig ist, so nimmt er in die Versteigerungsbedingungen die Bestimmung auf, dass sie nur von einem Berechtigten ersteigert werden können (vergleiche § 66).

(2) Der Gerichtsvollzieher fordert alsdann zum Bieten auf. Er bietet die Pfandstücke regelmäßig einzeln aus; jedoch kann er auch Gegenstände, die sich dazu eignen, zusammen anbieten, insbesondere Gegenstände gleicher Art. Die Pfandstücke sind tunlichst nach ihrer Reihenfolge im Pfändungsprotokoll aufzurufen, sofern nicht die Beteiligten andere Wünsche haben. Beim Ausbieten sind der gewöhnliche Verkaufswert der gepfändeten Sachen und das Mindestgebot bekannt zu geben, bei Gold- und Silbersachen auch der Gold- und Silberwert.

(3) Der Gläubiger und der Schuldner können bei der Versteigerung mitbieten; jedoch ist ein Gebot des Schuldners zurückzuweisen, wenn er nicht den Betrag sofort bar hinterlegt.

(4) Der Zuschlag ist zu versagen, wenn das Meistgebot nicht die Hälfte des gewöhnlichen Verkehrswertes erreicht (Mindestgebot; § 817a Absatz 1 Satz 1 ZPO). Der Gerichtsvollzieher hat dann auf Antrag des Gläubigers einen neuen Versteigerungstermin anzuberaumen oder es dem Gläubiger anheim zu geben, einen Antrag nach § 825 ZPO zu stellen. Bleibt auch der neue Termin oder der Versuch anderweitiger Verwer-

tung ohne Erfolg und ist auch von weiteren Verwertungsversuchen kein Erfolg zu erwarten, so kann der Gerichtsvollzieher die Pfändung aufheben. Vor der Aufhebung gibt er dem Gläubiger Gelegenheit zur Äußerung binnen einer angemessenen, von ihm zu bestimmenden Frist. Eine Versagung des Zuschlags kommt jedoch nicht in Betracht, wenn alle beteiligten Gläubiger und der Schuldner mit der Erteilung des Zuschlags zu einem Gebot einverstanden sind, welches das gesetzliche Mindestgebot nicht erreicht, oder wenn die sofortige Versteigerung erforderlich ist, um die Gefahr einer beträchtlichen Wertverringerung der zu versteigernden Sachen abzuwenden oder um unverhältnismäßige Kosten für eine längere Aufbewahrung zu vermeiden.

(5) Bei Gold- und Silbersachen ist der Zuschlag ferner zu versagen, wenn das Meistgebot den Gold- und Silberwert nicht erreicht. Der Gerichtsvollzieher kann diese Sachen dann durch freihändigen Verkauf verwerten (vergleiche § 97).

(6) Ist eine Austauschpfändung mit der Maßgabe zugelassen, dass dem Schuldner der zur Ersatzbeschaffung notwendige Geldbetrag aus dem Vollstreckungserlös zu erstatten ist (§ 74 Absatz 1 Satz 3), so ist der Zuschlag zu versagen, wenn das Meistgebot nicht den vom Vollstreckungsgericht zur Ersatzbeschaffung bestimmten Geldbetrag sowie die Kosten der Zwangsvollstreckung deckt.

(7) Erweist sich im Versteigerungstermin eine andere Schätzung des gewöhnlichen Verkaufswertes als notwendig, zum Beispiel wegen Veränderung der Marktlage (Mangel an ausreichenden Geboten genügt nicht), so ist das Ergebnis der Schätzung bekannt zu geben. Ist eine der Parteien im Termin nicht vertreten und wird der gewöhnliche Verkaufswert niedriger geschätzt als bisher, so wird ein neuer Versteigerungstermin anzuberaumen und den Parteien zunächst das Ergebnis der abweichenden Schätzung mitzuteilen sein. Dies gilt jedoch nicht, wenn die sofortige Versteigerung aus den in Absatz 4 genannten Gründen notwendig ist. Falls es erforderlich ist, muss der Gerichtsvollzieher zur Sicherung des Gläubigers eine weitere Pfändung durchführen.

(8) Beim Einzelausgebot von Gegenständen, die sich zum Gesamtausgebot eignen, kann der Gerichtsvollzieher den Zuschlag davon abhängig machen, dass beim darauf folgenden Gesamtausgebot kein höherer Erlös erzielt wird.

(9) Der Gerichtsvollzieher hat für den ordnungsmäßigen Ablauf der Versteigerung zu sorgen. Er hat insbesondere unzulässigen Einwirkungen der Händlerringe (Verkäuferringe, Zusammenschlüsse) entgegenzutreten. Weiß er oder muss er nach den Umständen annehmen, dass Verabredungen getroffen sind, auf Grund deren Andere vom Bieten abgehalten oder Sachen durch vorgeschobene Personen ersteigert werden sollen, um unter den Teilnehmern sodann zum gemeinsamen Vorteil veräußert zu werden, so hat er Personen, die an solchen Verabredungen beteiligt sind, zu entfernen, nötigenfalls mit polizeilicher Hilfe. Er kann die Versteigerung auch unterbrechen.

(10) Der Zuschlag ist dem Meistbietenden zu erteilen. Dem Zuschlag soll ein dreimaliger Aufruf vorausgehen. Dabei muss der Gerichtsvollzieher mit strenger Unparteilichkeit verfahren. Er darf insbesondere den Zuschlag nicht zugunsten eines Bieters übereilen. Die Verpflichtung eines jeden Bieters erlischt, wenn ein Übergebot abgegeben wird oder wenn die Versteigerung ohne Erteilung des Zuschlags geschlossen wird (§ 156 BGB, § 817 Absatz 1 ZPO).

(11) Die zugeschlagene Sache ist dem Ersteher zu übergeben, und zwar nur gegen bare Zahlung des Kaufpreises. Einen Scheck darf der Gerichtsvollzieher nur mit Zustimmung des Auftraggebers annehmen. Hat der Meistbietende nicht bis zu der in den Versteigerungsbedingungen bestimmten Zeit oder mangels einer solchen Bestimmung nicht vor dem Schluss des Versteigerungstermins die Ablieferung gegen Zahlung des Kaufgeldes verlangt, so ist die Sache anderweit zu versteigern. Bei der Wiederversteigerung wird der Meistbietende zu keinem weiteren Gebot zugelassen. Er haftet für den Ausfall; auf den Mehrerlös hat er keinen Anspruch (§ 817 Absatz 3 ZPO).

(12) Wird der Zuschlag dem Gläubiger erteilt, so ist dieser von der Verpflichtung zur Barzahlung insoweit befreit, als der Erlös zu seiner Befriedigung zu verwenden ist. Der Gläubiger hat mithin nur die Beträge bar zu zahlen, die zur Deckung der Zwangsvollstreckungskosten erforderlich sind oder sich nach seiner Befriedigung als Überschuss

ergeben. Sofern jedoch dem Schuldner nachgelassen ist, die Vollstreckung durch Sicherheitsleistung oder Hinterlegung abzuwenden, hat auch der Gläubiger den Preis für die von ihm erstandene Sache bar zu entrichten (§ 817 Absatz 4 ZPO). Dasselbe gilt, wenn und soweit der Gläubiger das Recht eines Dritten auf vorzugsweise Befriedigung (§ 805 ZPO) anerkannt hat, ein vorrangiges Pfändungspfandrecht eines anderen Gläubigers (§ 804 Absatz 3 ZPO) besteht, der Erlös auf Grund einer gerichtlichen Anordnung zu hinterlegen ist oder dem Schuldner im Rahmen einer Austauschpfändung gemäß § 811 a Absatz 1 Halbsatz 2 ZPO der zur Ersatzbeschaffung erforderliche Geldbetrag aus dem Vollstreckungserlös zu überlassen ist.

(13) Die Versteigerung ist einzustellen, sobald der Erlös zur Befriedigung des Gläubigers und zur Deckung der Kosten der Zwangsvollstreckung hinreicht (§ 818 ZPO). Um die Versteigerung nicht zu weit auszudehnen, hat der Gerichtsvollzieher die bereits erzielten Erlöse von Zeit zu Zeit zusammenzurechnen. Der Erlös darf an den Gläubiger erst abgeführt werden, wenn die Übergabe der verkauften Sachen stattgefunden hat.

(14) Hat nach dem Ergebnis der Verwertung der Pfandstücke die Vollstreckung nicht zur vollen Befriedigung des Gläubigers geführt oder sind Pfandstücke abhanden gekommen oder beschädigt worden, so muss der Gerichtsvollzieher auch ohne ausdrückliche Weisung des Gläubigers alsbald die weitere Vollstreckung betreiben, wenn nach seinem pflichtgemäßen Ermessen eine erneute Pfändung zur weiteren Befriedigung des Gläubigers führen kann.

§ 96 Versteigerungsprotokoll

(1) Das Protokoll über die Versteigerung hat insbesondere zu enthalten:
1. die betreibenden Gläubiger nach ihrer Rangfolge;
2. die Beträge der beizutreibenden Forderungen und der Zwangsvollstreckungskosten;
3. den Hinweis auf die gesetzlichen Versteigerungsbedingungen oder den Wortlaut der Versteigerungsbedingungen, soweit von den gesetzlichen abweichende oder ergänzende Bestimmungen getroffen sind;
4. die Bezeichnung der ausgebotenen Sachen sowie ihre Nummern nach dem Pfändungsprotokoll und die abgegebenen Meistgebote;
5. die Namen der Bieter, denen der Zuschlag erteilt ist; bei Geboten über 100 Euro auch deren Anschriften; der Gerichtsvollzieher kann verlangen, dass ihm der Erwerber einen amtlichen Ausweis über seine Person vorlegt;
6. die Angabe, dass der Kaufpreis bezahlt und die Sache abgeliefert ist oder dass Zahlung und Ablieferung unterblieben sind.

(2) Die ausgebotenen Sachen sind sogleich beim Ausgebot im Versteigerungsprotokoll zu verzeichnen. Neben jeder Sache sind alsbald nach dem Zuschlag das Meistgebot und der Ersteher zu vermerken. Dasselbe gilt von der Zahlung des Kaufgeldes, sobald sie erfolgt. Die dem Meistgebot vorangegangenen Gebote und deren Bieter, die den Zuschlag nicht erhalten haben, sind nicht zu verzeichnen. Ein zurückgewiesenes Gebot ist im Protokoll zu vermerken, jedoch nicht in der Spalte, die für das Meistgebot bestimmt ist. Bei Gold- und Silbersachen ist zutreffendenfalls zu beurkunden, dass trotz des wiederholten Aufrufs kein Gebot abgegeben worden ist, das den Gold- und Silberwert deckt. Ein entsprechender Vermerk ist zu machen, wenn bei anderen Sachen nach § 95 Absatz 2 bis 8 ein Zuschlag nicht erteilt ist. Am Schluss des Verzeichnisses ist die Summe des erzielten Erlöses festzustellen.

(3) Das Protokoll braucht nicht im Ganzen vorgelesen zu werden. Von den Bietern brauchen nur diejenigen in oder unter dem Protokoll zu unterzeichnen, die den Zuschlag erhalten haben oder – falls der Zuschlag im Termin nicht erteilt ist – an ihr Gebot gebunden bleiben. Unterbleibt die Unterzeichnung, etwa weil ein Beteiligter sich

entfernt hat oder die Unterschrift verweigert, so ist der Grund dafür im Protokoll aufzunehmen.

c) Freihändiger Verkauf

§ 97 Zulässigkeit des freihändigen Verkaufs
(§§ 817 a, 821, 825 ZPO)

Die Veräußerung erfolgt durch freihändigen Verkauf
1. bei Gold- und Silbersachen, wenn bei der Versteigerung kein Gebot abgegeben worden ist, das den Gold- und Silberwert erreicht (§ 817 a ZPO),
2. bei Wertpapieren, die einen Börsen- oder Marktpreis haben (§ 821 ZPO),
3. im Einzelfall auf Antrag des Gläubigers oder des Schuldners (§ 825 Absatz 1 ZPO).

§ 98 Verfahren beim freihändigen Verkauf

(1) Für den freihändigen Verkauf gilt die in § 92 Absatz 3 Satz 1 bezeichnete Frist nicht. Der Gerichtsvollzieher führt den Verkauf – gegebenenfalls unter Beachtung von § 825 Absatz 1 ZPO (§ 91 Absatz 1 Satz 4 bis 7) – unverzüglich durch, falls das Vollstreckungsgericht nichts anderes angeordnet hat oder die Beteiligten nichts anderes vereinbart haben. Er ist darauf bedacht, einen möglichst hohen Preis zu erzielen.

(2) Die Bestimmungen des § 95 Absatz 4 über das Mindestgebot finden beim freihändigen Verkauf entsprechende Anwendung (§ 817 a ZPO). Gold- und Silbersachen darf der Gerichtsvollzieher nicht unter ihrem Gold- und Silberwert und nicht unter der Hälfte des gewöhnlichen Verkaufswerts, Wertpapiere nicht unter dem Tageskurs verkaufen, der für den Ort des Verkaufs maßgebend ist.

(3) Die Sache darf dem Käufer nur gegen bare Zahlung des Kaufpreises oder, falls der Auftraggeber dem zustimmt, gegen Übergabe eines über den Kaufpreis ausgestellten Schecks übergeben werden, soweit das Vollstreckungsgericht nichts anderes angeordnet hat oder alle Beteiligten einer anderen Regelung zustimmen.

(4) Der Verkauf kann auch an den Gläubiger erfolgen. § 95 Absatz 12 ist in diesem Fall entsprechend anzuwenden.

(5) Bei dem Verkauf von Wertpapieren bleibt es dem Ermessen des Gerichtsvollziehers überlassen, ob er den Verkauf selbst besorgen oder sich der Vermittlung eines Bankgeschäfts bedienen will.

(6) Hat das Vollstreckungsgericht den Verkauf angeordnet, so beachtet der Gerichtsvollzieher die etwaigen besonderen Anordnungen des Gerichts. Ist eine Sache durch Beschluss des Vollstreckungsgerichts dem Gläubiger oder einem Dritten übereignet, so hat der Gerichtsvollzieher die Sache zu übergeben.

§ 99 Protokoll beim freihändigen Verkauf

Das Protokoll über den freihändigen Verkauf hat insbesondere zu enthalten:
1. den Grund des freihändigen Verkaufs,
2. die genaue Bezeichnung des verkauften Gegenstandes mit Angabe des geschätzten Gold- und Silberwerts, des Tageskurses oder des vom Vollstreckungsgericht bestimmten Preises,
3. die mit Käufern getroffenen Abreden, den Nachweis der Preiszahlung und die Erfüllung des Geschäfts.

§ 96 Absatz 1 Nummer 5 gilt entsprechend. Verkauft der Gerichtsvollzieher ein Wertpapier durch Vermittlung eines Bankgeschäfts, so wird das Protokoll durch die Abrechnung ersetzt, die das Bankgeschäft über den Verkauf erteilt. Die Abrechnung ist zu den Akten zu nehmen.

3. Pfändung und Veräußerung in besonderen Fällen
a) Pfändung bei Personen, die Landwirtschaft betreiben

§ 100

(§ 813 Absatz 3 ZPO)

(1) Ist der Gerichtsvollzieher mit der Pfändung bei einer Person beauftragt, die Landwirtschaft betreibt, und werden voraussichtlich Gegenstände der im § 811 Absatz 1 Nummer 4 ZPO bezeichneten Art zu pfänden sein, so zieht der Gerichtsvollzieher einen landwirtschaftlichen Sachverständigen hinzu, wenn anzunehmen ist, dass der Wert der zu pfändenden Gegenstände den Betrag von 500 Euro übersteigt. Bei einem geringeren Wert soll ein Sachverständiger zugezogen werden, wenn der Schuldner es verlangt und wenn dadurch die Zwangsvollstreckung weder verzögert wird noch unverhältnismäßige Kosten entstehen.

(2) Der Sachverständige hat zu begutachten, ob die zu pfändenden Sachen zu denen gehören, die im § 811 Absatz 1 Nummer 4 ZPO bezeichnet sind oder auf die sich die Hypothek und so weiter erstreckt (vergleiche § 78). Das Gutachten des Sachverständigen ist für den Gerichtsvollzieher nicht bindend; jedoch soll er nur aus besonderen und gewichtigen Gründen von ihm abweichen.

(3) Das Ergebnis des Gutachtens ist, sofern der Sachverständige es nicht sofort schriftlich oder in einer Anlage zum Pfändungsprotokoll niedergelegt, nebst den wesentlichen Gründen in dieses Protokoll aufzunehmen. Ist der Gerichtsvollzieher dem Gutachten bei der Pfändung nicht gefolgt, so sind die Gründe dafür im Protokoll anzugeben.

(4) Dem Sachverständigen ist eine Vergütung nach dem ortsüblichen Preis seiner Leistung zu gewähren. Der Gerichtsvollzieher zahlt die Vergütung sofort bei der Pfändung gegen Empfangsbescheinigung aus. Soweit nicht ein anderer ortsüblicher Preis feststeht, sind für die Bemessung die Sätze des JVEG maßgebend. Die Vergütung umfasst sowohl den Wert der Leistung als auch die Aufwandsentschädigung. An Reisekosten sind dem Sachverständigen nur die tatsächlichen Auslagen zu erstatten. Ist der Sachverständige mit der Bemessung seiner Entschädigung nicht einverstanden, so verweist ihn der Gerichtsvollzieher mit seinen Einwendungen gemäß § 766 ZPO an das Vollstreckungsgericht.

b) Pfändung und Versteigerung von Früchten, die noch nicht vom Boden getrennt sind

§ 101 Zulässigkeit der Pfändung

(§ 810 ZPO)

(1) Früchte, die noch nicht vom Boden getrennt sind, können gepfändet werden, solange nicht ihre Beschlagnahme im Wege der Zwangsvollstreckung in das unbewegliche Vermögen erfolgt ist, und soweit sie nicht nach § 811 Absatz 1 Nummer 4 ZPO unpfändbar sind. Diese Früchte werden jedoch von der Beschlagnahme dann nicht umfasst, wenn das Grundstück verpachtet ist (§ 21 Absatz 3 ZVG). Gegen den Pächter ist daher die Pfändung trotz der Beschlagnahme des Grundstücks zulässig, soweit ihr nicht § 811 Absatz 1 Nummer 4 ZPO entgegensteht. Früchte im Sinne dieser Bestimmung sind nur die wiederkehrend geernteten Früchte (zum Beispiel Getreide, Hackfrüchte, Obst; dagegen nicht Holz auf dem Stamm, Torf, Kohle, Steine und Mineralien).

(2) Die Pfändung darf nicht früher als einen Monat vor der gewöhnlichen Reife der Früchte erfolgen. Auf den bevorstehenden Eintritt der Reife achtet der Gerichtsvollzieher besonders, damit er den Versteigerungstermin so rechtzeitig ansetzen kann, dass nicht durch Überreife der Früchte Verluste entstehen können. Der Gerichtsvollzieher verpflichtet den Hauptverwaltungsbeamten der Gemeinde oder den etwa bestellten Hüter, ihm rechtzeitig von der herannahenden Ernte Kenntnis zu geben.

§ 102 Verfahren bei der Pfändung

(§ 813 Absatz 3 ZPO)

(1) Die Pfändung von Früchten, die vom Boden noch nicht getrennt sind, erfolgt nach den Vorschriften über die Pfändung beweglicher Sachen. Insbesondere dürfen die Früchte nur gepfändet werden, wenn sie sich im Alleingewahrsam des Schuldners oder eines zur Herausgabe bereiten Dritten befinden. Ist zum Beispiel ein Grundstück verpachtet oder ist ein Nießbrauch daran bestellt, so ist die Pfändung der Früchte im Rahmen der Zwangsvollstreckung gegen den Pächter oder Nießbraucher als Schuldner ohne Weiteres zulässig; richtet sich die Zwangsvollstreckung dagegen gegen den Grundstückseigentümer, den Verpächter oder den Besteller des Nießbrauchs, so dürfen die Früchte nur mit Zustimmung des Pächters oder des Nießbrauchers gepfändet werden.

(2) Die Pfändung ist in geeigneter Weise für jedermann kenntlich zu machen. Dies geschieht durch Aufstellung von Pfandtafeln oder Pfandwischen (Pfandzeichen) mit einer vom Gerichtsvollzieher unterschriebenen Pfandanzeige oder durch andere zwecksprechende Vorrichtungen, tunlichst unter Verwendung des Dienstsiegels (Dienststempels). In geeigneten Fällen bestellt der Gerichtsvollzieher einen Hüter.

(3) Werden bei der Zwangsvollstreckung gegen eine Person, die Landwirtschaft betreibt, voraussichtlich Früchte zu pfänden sein, die noch nicht vom Boden getrennt sind, so zieht der Gerichtsvollzieher einen landwirtschaftlichen Sachverständigen zu, wenn anzunehmen ist, dass der Wert der zu pfändenden Gegenstände 500 Euro übersteigt. Der Sachverständige hat zu begutachten, ob die gewöhnliche Zeit der Reife binnen einem Monat zu erwarten ist (§ 101 Absatz 2) und ob die Früchte ganz oder zum Teil zur Fortführung der Wirtschaft bis zu der Zeit erforderlich sind, zu der voraussichtlich gleiche oder ähnliche Erzeugnisse gewonnen werden (§ 811 Absatz 1 Nummer 4 ZPO). Im Übrigen gelten für die Zuziehung des Sachverständigen die Bestimmungen des § 100 Absatz 2 bis 4. Auch wenn der Wert der zu pfändenden Gegenstände unter 500 Euro liegt, soll der Gerichtsvollzieher einen Sachverständigen zuziehen,
1. wenn nach seinem pflichtgemäßen Ermessen mit Rücksicht auf die Art und den Umfang des landwirtschaftlichen Betriebes eine sachgemäße Entscheidung der vorstehend bezeichneten Fragen nur auf Grund des Gutachtens eines Sachverständigen erfolgen kann,
2. wenn der Schuldner die Zuziehung verlangt und hierdurch die Zwangsvollstreckung weder verzögert wird noch unverhältnismäßige Kosten entstehen.

(4) Das Pfändungsprotokoll hat insbesondere zu enthalten:
1. die Bezeichnung des Grundstücks nach Lage und ungefährem Flächeninhalt und die Bezeichnung der Fruchtart, die darauf steht,
2. die Angabe, welcher Erlös aus der Verwertung der gepfändeten Früchte voraussichtlich zu erwarten ist,
3. die Angabe, in welcher Weise die Pfändung äußerlich erkennbar gemacht und wer als Hüter bestellt ist oder aus welchen Gründen die Bestellung eines Hüters unterblieben ist,
4. die Angabe, wann der Eintritt der Ernte zu erwarten ist,
5. die in Absatz 3 Satz 1 bis 3 bezeichneten Angaben, wenn ein landwirtschaftlicher Sachverständiger zugezogen ist.

§ 103 Trennung der Früchte und Versteigerung

(§ 824 ZPO)

(1) Die Früchte dürfen vor der Reife nicht vom Boden getrennt werden. Ihre Versteigerung ist erst nach der Reife zulässig. Sie kann vor oder nach der Trennung der Früchte erfolgen. Hierüber entscheidet der Gerichtsvollzieher – gegebenenfalls nach Anhörung eines Sachverständigen – insbesondere mit Rücksicht darauf, auf welche

Weise voraussichtlich ein höherer Erlös zu erzielen ist. Nach diesem Gesichtspunkt entscheidet er auch, ob die Versteigerung im Ganzen oder in einzelnen Teilen geschehen soll.

(2) Sollen die reifen Früchte vor ihrer Aberntung versteigert werden, so hält der Gerichtsvollzieher den Termin in der Regel an Ort und Stelle ab. Sollen die Früchte nach der Trennung versteigert werden, so lässt sie der Gerichtsvollzieher durch eine zuverlässige Person abernten. Es ist nicht unbedingt ausgeschlossen, dass er hierfür auch den Schuldner wählt. Die Vergütung für die Aberntung vereinbart der Gerichtsvollzieher im Voraus. Er beaufsichtigt die Aberntung, soweit es erforderlich ist, um den Ertrag der Ernte mit Sicherheit festzustellen. Er sorgt auch dafür, dass die Ernte bis zur Versteigerung sicher untergebracht und verwahrt wird.

(3) In den Versteigerungsbedingungen ist zu bestimmen, innerhalb welcher Zeit der Käufer die Früchte von dem Grund und Boden wegzuschaffen hat. Der Erlös darf erst ausgezahlt werden, wenn die Früchte weggeschafft sind oder die für ihre Fortschaffung bestimmte Frist verstrichen ist.

(4) Wird dem Gerichtsvollzieher ein Gerichtsbeschluss vorgelegt, durch den die Zwangsvollstreckung in das Grundstück angeordnet ist, so stellt er die Zwangsvollstreckung einstweilen ein; er unterlässt also die Pfändung, die Aberntung und die Versteigerung der Früchte sowie – falls der Käufer die Früchte noch nicht an sich genommen hat – die Auszahlung des Erlöses. Wird die Zwangsversteigerung des Grundstücks angeordnet, so ist die Zwangsvollstreckung einzustellen, wenn der Beschlagnahme (§§ 20 bis 26 ZVG) erfolgt, solange die Früchte noch nicht vom Boden getrennt sind. Hat die Trennung schon stattgefunden, so ist die Vollstreckung trotz der Beschlagnahme fortzusetzen. Von der Einstellung der Zwangsvollstreckung ist der Gläubiger unverzüglich zu benachrichtigen.

c) Pfändung und Veräußerung von Wertpapieren

§ 104 Pfändung von Wertpapieren

(1) Bei der Zwangsvollstreckung wegen Geldforderungen werden Wertpapiere wie bewegliche körperliche Sachen behandelt. Sie werden dadurch gepfändet, dass der Gerichtsvollzieher sie in Besitz nimmt.

(2) Zu den Wertpapieren nach Absatz 1 gehören alle Inhaberpapiere, auch wenn sie auf den Namen eines bestimmten Berechtigten umgeschrieben sind, sowie alle Aktien, auch wenn sie auf den Namen eines bestimmten Berechtigten lauten. Dagegen gehören Legitimationspapiere nicht dazu (zum Beispiel Sparbücher, Pfandscheine, Lebensversicherungspolicen).

(3) Für die Pfändung von Forderungen aus Wechseln und anderen auf den Namen lautenden, aber durch Indossament übertragbaren Forderungspapieren gelten die Bestimmungen des § 123.

(4) Inländische Banknoten sind bei der Zwangsvollstreckung nicht als Wertpapiere, sondern als bares Geld zu behandeln.

§ 105 Veräußerung von Wertpapieren
(§§ 821 bis 823 ZPO)

(1) Die Veräußerung von Wertpapieren erfolgt, wenn sie einen Börsen- oder Marktpreis haben, durch freihändigen Verkauf, sonst durch öffentliche Versteigerung (§ 821 ZPO).

(2) Bei der Veräußerung von Inhaberpapieren genügt die Übergabe des veräußerten Papiers an den Erwerber, um das im Papier verbriefte Recht auf ihn zu übertragen. Dagegen sind Papiere, die durch Indossament übertragen werden können, jedoch nicht Forderungspapiere sind, zum Zweck der Übertragung mit dem Indossament zu versehen (zum Beispiel Namensaktien). Andere Papiere, die auf den Namen lauten, sind mit der Abtretungserklärung zu versehen. Dies gilt auch für auf den Namen um-

geschriebene Inhaberpapiere, sofern nicht ihre Rückverwandlung (Absatz 3) beantragt wird.

(3) Die Abtretungserklärung oder das Indossament stellt der Gerichtsvollzieher anstelle des Schuldners aus, nachdem ihn das Vollstreckungsgericht dazu ermächtigt hat (§ 822 ZPO). Ebenso bedarf der Gerichtsvollzieher der Ermächtigung des Vollstreckungsgerichts, wenn er anstelle des Schuldners die Erklärungen abgeben soll, die zur Rückverwandlung einer auf den Namen umgeschriebenen Schuldverschreibung in eine Inhaberschuldverschreibung erforderlich sind (§ 823 ZPO). Der Gerichtsvollzieher fügt dem Antrag, durch den er die Ermächtigung erbittet, den Schuldtitel und das Pfändungsprotokoll bei.

§ 106 Hilfspfändung

Papiere, die nur eine Forderung beweisen, aber nicht Träger des Rechts sind (zum Beispiel Sparbücher, Pfandscheine, Versicherungsscheine und Depotscheine, ferner Hypotheken- und solche Grundschuld- und Rentenschuldbriefe, die nicht auf den Inhaber lauten), sind nicht Wertpapiere im Sinne des § 104. Sie können deshalb auch nicht nach den Vorschriften über die Zwangsvollstreckung in bewegliche körperliche Sachen gepfändet werden. Der Gerichtsvollzieher kann aber diese Papiere vorläufig in Besitz nehmen (Hilfspfändung). Er teilt dem Gläubiger die vorläufige Wegnahme unverzüglich mit und bezeichnet die Forderungen, auf die sich die Legitimationspapiere beziehen. Die Papiere sind jedoch dem Schuldner zurückzugeben, wenn der Gläubiger nicht alsbald, spätestens innerhalb eines Monats, den Pfändungsbeschluss über die Forderung vorlegt, die dem Papier zugrunde liegt. Die in Besitz genommenen Papiere sind im Pfändungsprotokoll genau zu bezeichnen. Grund- und Rentenschuldbriefe, die auf den Inhaber lauten, werden nach § 104 gepfändet.

d) Pfändung und Veräußerung von Kraftfahrzeugen

§ 107 Entfernung des Kraftfahrzeugs aus dem Gewahrsam des Schuldners

(1) Bei der Pfändung eines Kraftfahrzeugs wird in der Regel davon auszugehen sein, dass die Befriedigung des Gläubigers gefährdet wird, wenn das Fahrzeug im Gewahrsam des Schuldners verbleibt (vergleiche § 808 ZPO). Der Gerichtsvollzieher nimmt das gepfändete Fahrzeug daher in Besitz, sofern nicht der Gläubiger damit einverstanden ist, dass es im Gewahrsam des Schuldners bleibt, oder eine Wegnahme aus sonstigen Gründen ausnahmsweise nicht erforderlich erscheint.

(2) Kann der Gerichtsvollzieher – obwohl die gesetzlichen Voraussetzungen hierfür gegeben sind – das Fahrzeug nicht in Besitz nehmen (zum Beispiel wegen fehlender Unterbringungsmöglichkeiten) und erscheint die Wegnahme der Kraftfahrzeugpapiere (§§ 108 bis 110) nicht ausreichend, um eine missbräuchliche Benutzung des Kraftfahrzeugs zu verhindern, so muss der Gerichtsvollzieher weitere geeignete Sicherungsmaßnahmen treffen (zum Beispiel die Abnahme und Verwahrung des amtlichen Kennzeichens).

§ 108 Zulassungsbescheinigung Teil I und Teil II

(1) Der Gerichtsvollzieher muss bei der Zwangsvollstreckung in Kraftfahrzeuge die Bedeutung der Zulassungsbescheinigung Teil I (früher: Fahrzeugschein) und Teil II (früher: Fahrzeugbrief) beachten.

(2) Die Bestimmungen für Kraftfahrzeuge, amtliche Kennzeichen und Zulassungsbescheinigungen Teil I und Teil II gelten entsprechend für Anhänger.

§ 109 Behandlung der Zulassungsbescheinigung Teil I

(1) Pfändet der Gerichtsvollzieher ein Kraftfahrzeug, so nimmt er die über das Kraftfahrzeug ausgestellte und im Gewahrsam des Schuldners befindliche Zulassungsbescheinigung Teil I in Besitz, sofern das Fahrzeug nicht gemäß § 107 Absatz 1 im Ge-

wahrsam des Schuldners belassen wird. Findet der Gerichtsvollzieher die Zulassungsbescheinigung Teil I nicht, vermerkt er dies im Protokoll.

(2) Der Gerichtsvollzieher händigt die in seinem Besitz befindliche Zulassungsbescheinigung Teil I dem Erwerber bei der Übergabe des Kraftfahrzeugs gegen Empfangsbestätigung aus.

§ 110 Behandlung der Zulassungsbescheinigung Teil II

(1) Bei der Pfändung eines Kraftfahrzeugs nimmt der Gerichtsvollzieher auch die über das Fahrzeug ausgestellte Zulassungsbescheinigung Teil II in Besitz, wenn er sie im Gewahrsam des Schuldners findet.

(2) Findet der Gerichtsvollzieher die Zulassungsbescheinigung Teil II nicht, so forscht er durch Befragen des Schuldners oder der bei der Vollstreckung anwesenden Personen (Familienangehörige, beim Schuldner Beschäftigte) nach dem Verbleib der Bescheinigung; das Ergebnis vermerkt er im Protokoll. Befindet sich die Zulassungsbescheinigung Teil II hiernach angeblich in der Hand eines Dritten, so teilt der Gerichtsvollzieher dem Gläubiger den Namen und die Wohnung des Dritten mit; er gibt möglichst auch an, weshalb sich die Bescheinigung in der Hand des Dritten befindet.

(3) Hat der Gerichtsvollzieher die Zulassungsbescheinigung Teil II nicht in Besitz nehmen können, so kann er in geeigneten Fällen den Schuldner darauf hinweisen, dass die Pfändung voraussichtlich nach § 111 der Zulassungsstelle mitgeteilt werden wird.

§ 111 Benachrichtigung der Zulassungsstelle, Versteigerung

(1) Hat der Gerichtsvollzieher die Zulassungsbescheinigung Teil II nicht in Besitz nehmen können, so teilt er dies unverzüglich der für das Fahrzeug zuständigen Zulassungsstelle mit, soweit nicht § 112 etwas anderes bestimmt. Kennt die Zulassungsstelle den Verbleib der Bescheinigung, so verständigt sie den Gerichtsvollzieher; die Zwangsvollstreckung setzt der Gerichtsvollzieher trotzdem fort.

(2) Die Mitteilung soll folgende Angaben enthalten:
1. Namen und Wohnung des Gläubigers;
2. Namen, Dienststelle und Geschäftsnummer des Gerichtsvollziehers;
3. Bezeichnung des Fahrzeugs unter Angabe der Fabrikmarke;
4. amtliches Kennzeichen;
5. den aus der Zulassungsbescheinigung Teil I ersichtlichen Namen und die Wohnung dessen, für den das Kraftfahrzeug zugelassen ist;
6. Nummer des Fahrgestells;
7. Tag der Pfändung und Versteigerung;
8. Namen und Wohnung des angeblichen Briefbesitzers.

(3) Der Gerichtsvollzieher vermerkt die Absendung der Mitteilung unter Angabe des Tages in seinen Akten.

(4) Die Versteigerung soll nicht vor Ablauf von vier Wochen seit der Pfändung stattfinden. Der Gerichtsvollzieher braucht jedoch die Mitteilung der Zulassungsstelle nicht abzuwarten. Vor der Aufforderung zum Bieten weist der Gerichtsvollzieher darauf hin, dass er die Zulassungsbescheinigung Teil II nicht in Besitz hat und dass es Sache des Erwerbers ist, sich diese für die Zulassung zu beschaffen oder eine Ersatzbescheinigung ausstellen zu lassen; die Belehrung ist im Versteigerungsprotokoll zu vermerken.

§ 112 Wegfall oder Aussetzung der Benachrichtigung

(1) Von der Nachricht an die Zulassungsstelle ist abzusehen, wenn
1. der gewöhnliche Verkaufswert eines Kraftwagens den Betrag von 400 Euro und der eines Kraftrades den Betrag von 200 Euro nicht übersteigt,
2. besondere Umstände die baldige Verwertung erfordern, zum Beispiel die Kosten der Verwahrung im Verhältnis zum voraussichtlichen Erlös zu hoch sind.

(2) Von der Nachricht an die Zulassungsstelle kann einstweilen abgesehen werden, wenn
1. ein sicherer Anhalt für die gütliche Erledigung der Vollstreckung besteht,
2. der Versteigerungstermin von vornherein mit einer Frist von mehr als sechs Wochen angesetzt wird.

Sobald jedoch feststeht, dass das Fahrzeug im Wege der Zwangsvollstreckung veräußert werden wird, ist die Zulassungsstelle spätestens vier Wochen vor dem Termin zu benachrichtigen.

§ 113 Behandlung der Zulassungsbescheinigung Teil II bei der Veräußerung des Kraftfahrzeugs

(1) Besitzt der Gerichtsvollzieher die Zulassungsbescheinigung Teil II, so händigt er sie dem Erwerber bei der Übergabe des Fahrzeugs gegen Empfangsbestätigung aus.

(2) Besitzt der Gerichtsvollzieher die Zulassungsbescheinigung Teil II nicht, so gibt er dem Erwerber eine mit seiner Unterschrift und dem Dienststempelabdruck versehene Bescheinigung dahin, dass der Erwerber das nach § 111 Absatz 2 Nummer 3, 4 und 6 näher bezeichnete Kraftfahrzeug in der Zwangsvollstreckung erworben hat und dass die Zulassungsbescheinigung Teil II bei der Pfändung nicht gefunden worden ist.

§ 114 Anzeige des Erwerbers an die Zulassungsstelle

Geht ein zugelassenes und nicht endgültig abgemeldetes Kraftfahrzeug im Wege der Zwangsvollstreckung auf einen neuen Eigentümer über, so zeigt der Gerichtsvollzieher den Namen und die Anschrift des Erwerbers unter Bezeichnung des Fahrzeugs nach § 111 Absatz 2 Nummer 3, 4 und 6 unverzüglich der für das Kraftfahrzeug zuständigen Zulassungsstelle an und fügt die etwaigen Empfangsbestätigungen nach § 109 Absatz 2 und § 113 Absatz 1 bei.

e) Pfändung und Versteigerung von Ersatzteilen eines Luftfahrzeugs, die sich in einem Ersatzteillager befinden

§ 115

Das Registerpfandrecht an einem inländischen oder ein Recht an einem ausländischen Luftfahrzeug kann sich auf Ersatzteile erstrecken, die an einer bestimmten Stelle (Ersatzteillager) lagern oder von ihr entfernt werden, nachdem sie in Beschlag genommen worden sind (vergleiche hierzu §§ 68, 69, 71, 105, 106 Absatz 1 Nummer 2 LuftFzgG). Soll wegen einer Geldforderung die Zwangsvollstreckung in solche Ersatzteile betrieben werden, so sind die besonderen Vorschriften des § 100 LuftFzgG zu beachten.

f) Pfändung bereits gepfändeter Sachen

§ 116

(§§ 826, 827 ZPO)

(1) Die Pfändung bereits gepfändeter Sachen muss in derselben Form wie eine Erstpfändung erfolgen, wenn sie sich gegen einen anderen Schuldner als den der Erstpfändung richtet (so genannte Doppelpfändung). Der Gerichtsvollzieher vermerkt in die-

sem Fall in den Akten über beide Pfändungen, dass und wann er die Sache auch gegen den anderen Schuldner gepfändet hat.

(2) Die Pfändung bereits gepfändeter Sachen ist, wenn sie sich gegen denselben Schuldner richtet, ebenfalls als Erstpfändung zulässig. Der Gerichtsvollzieher soll aber in diesen Fällen regelmäßig durch Anschlusspfändung (§ 826 ZPO) und nicht in der Form einer Erstpfändung pfänden, es sei denn, dass die Rechtsgültigkeit oder das Fortbestehen der vorangegangenen Pfändung zweifelhaft oder die Wirksamkeit einer durch bloße Erklärung bewirkten Anschlusspfändung aus sonstigen Gründen fraglich erscheint (Absatz 3). Zur Bewirkung der Anschlusspfändung genügt die mit Zeitangabe in das Pfändungsprotokoll aufzunehmende Erklärung des Gerichtsvollziehers, dass er die Sache für seinen Auftraggeber gleichfalls pfände. War die Erstpfändung von einem anderen Gerichtsvollzieher bewirkt, so ist diesem eine Abschrift des Pfändungsprotokolls zuzustellen. Der Gerichtsvollzieher muss sicherstellen, dass bei der weiteren Bearbeitung, insbesondere bei der Versteigerung, keine der Pfändungen übersehen wird, insbesondere, dass Pfändungspfandrechte ruhender Vollstreckungen nicht gefährdet werden.

(3) Die Anschlusspfändung setzt zu ihrer Wirksamkeit das Bestehen einer staatlichen Verstrickung voraus. Der Gerichtsvollzieher vergewissert sich deshalb, dass die erste Pfändung eine wirksame Verstrickung herbeigeführt hat und dass diese noch besteht. Er sieht in der Regel das Protokoll ein, das über die erste Pfändung aufgenommen ist. Bei Pfandstücken, die sich im Gewahrsam des Schuldners oder eines anderen befinden, sieht der Gerichtsvollzieher grundsätzlich an Ort und Stelle nach, ob die Pfandstücke noch vorhanden sind und ob die Pfändung noch ersichtlich ist. Unterbleibt die Nachschau, weil der Angetroffene dem Gerichtsvollzieher die Durchsuchung der Wohnung des Schuldners nicht gestattet oder weil der Gerichtsvollzieher an Ort und Stelle niemand angetroffen hat, so hat der Gerichtsvollzieher dies im Protokoll über die Anschlusspfändung festzuhalten, den Gläubiger durch Übersendung einer Protokollabschrift zu unterrichten und auf die Möglichkeit des § 758 a ZPO zur Überprüfung des Pfandrechts hinzuweisen; ein Antrag auf Übersendung des Protokolls ist erforderlichenfalls zu unterstellen. Eine Anschlusspfändung darf nicht deshalb unterbleiben, weil eine Nachschau nicht möglich ist. Bei der Anschlusspfändung von Sachen im Gewahrsam eines Dritten ist dessen Herausgabebereitschaft (vergleiche § 70 Absatz 2) erneut festzustellen. Den Wert der Pfandstücke prüft der Gerichtsvollzieher nach. Hat sich der Wert verändert, so gibt er den Wert zum Zeitpunkt der Anschlusspfändung an.

(4) Die Pfändung bereits gepfändeter Gegenstände ist ohne Rücksicht darauf vorzunehmen, ob sich nach Befriedigung der Ansprüche des Gläubigers der Erstpfändung und der Kosten der ersten Vollstreckung noch ein Überschuss erwarten lässt. Eine solche Pfändung soll jedoch nur erfolgen, wenn die Befriedigung des Gläubigers aus anderen Pfandstücken nicht erlangt werden kann oder wenn sie entweder vom Gläubiger ausdrücklich verlangt wird oder aus besonderen Gründen zweckentsprechender erscheint als die Pfändung anderer, noch nicht gepfändeter Sachen.

(5) Der Auftrag des Gläubigers, für den eine Anschlusspfändung bewirkt ist, geht kraft Gesetzes auf den Gerichtsvollzieher über, der die Erstpfändung durchgeführt hat (§ 827 Absatz 1 ZPO). Daher ist dem Gerichtsvollzieher, der die Erstpfändung durchgeführt hat, der Schuldtitel nebst den sonstigen für die Vollstreckung erforderlichen Urkunden auszuhändigen, sofern nicht das Vollstreckungsgericht die Verrichtungen dieses Gerichtsvollziehers einem anderen überträgt (§ 827 Absatz 1 ZPO). Dem Auftraggeber und dem Schuldner ist hiervon Kenntnis zu geben. Der Gerichtsvollzieher, dem die Fortsetzung der Vollstreckung obliegt, hat sich als von allen Gläubigern beauftragt zu betrachten.

(6) Die Versteigerung erfolgt durch den hiernach zuständigen Gerichtsvollzieher für alle beteiligten Gläubiger. Reicht der Erlös zur Deckung sämtlicher Forderungen nicht aus, so ist er nach der Reihenfolge der Pfändungen zu verteilen. Verlangt ein Gläubiger ohne Zustimmung der übrigen Gläubiger eine andere Art der Verteilung, so ist gemäß § 827 Absatz 2 ZPO zu verfahren.

(7) Die Stundung seitens eines der Gläubiger oder die Einstellung des Verfahrens gegenüber einem der Gläubiger hat auf die Fortsetzung der Vollstreckung für die anderen Gläubiger keinen Einfluss. Wird die Vollstreckung fortgesetzt, so ist der Gläubiger, der gestundet hat oder demgegenüber die Vollstreckung eingestellt ist, zur Wahrung seiner Interessen ohne Verzug zu benachrichtigen. Der auf diesen Gläubiger entfallende Betrag ist zu hinterlegen, und zwar im Fall der Einstellung unter Vorbehalt einer anderweitigen Überweisung, falls der Anspruch des Gläubigers ganz oder teilweise wegfallen sollte. Im Fall der Stundung bedarf es beim Einverständnis des Schuldners mit der Zahlung nicht der Hinterlegung, sofern sie nicht aus anderen Gründen zu erfolgen hat.

(8) Wenn ein anderer Gerichtsvollzieher als derjenige, der die Erstpfändung vorgenommen hat, bei der weiteren Pfändung noch pfandfreie Gegenstände pfändet, so hat er geeignetenfalls bei seinem Auftraggeber nachzufragen, ob dieser mit der Erledigung des ganzen Vollstreckungsauftrags – also auch wegen der neu gepfändeten Sachen – durch den Gerichtsvollzieher einverstanden ist, dem die Versteigerung der früher gepfändeten Sachen zusteht. Wird dieses Einverständnis erteilt, so ist der Auftrag wegen der neu gepfändeten Sachen an den anderen Gerichtsvollzieher abzugeben.

(9) Ist derselbe Gegenstand in Verwaltungsvollstreckungsverfahren oder zur Beitreibung von Abgaben und durch Gerichtsvollzieher für andere Auftraggeber gepfändet, so sind die besonderen Bestimmungen zu beachten, die hierfür in Betracht kommen (§ 6 JBeitrO, die noch anzuwendenden landesrechtlichen Vorschriften, §§ 307, 308 AO). Ist die erste Pfändung im Wege der Verwaltungsvollstreckung erfolgt, so hat der Gerichtsvollzieher bei einer folgenden Vollstreckung nach der Zivilprozessordnung die Form der Erstpfändung (§ 808 ZPO) zu wählen.

g) Gleichzeitige Pfändung für mehrere Gläubiger

§ 117

(§ 827 Absatz 3 ZPO)

(1) Ein Gerichtsvollzieher, der vor Ausführung einer ihm aufgetragenen Pfändung von den anderen Gläubigern mit der Pfändung gegen denselben Schuldner beauftragt wird, muss alle Aufträge als gleichzeitige behandeln und deshalb die Pfändung für alle beteiligten Gläubiger zugleich bewirken. Auf die Reihenfolge, in der die Vollstreckungsaufträge an den Gerichtsvollzieher gelangt sind, kommt es nicht an, sofern nicht die Pfändung auf Grund eines früheren Auftrags schon vollzogen ist; denn der Eingang des Vollstreckungsauftrags für sich allein begründet kein Vorzugsrecht des Gläubigers vor anderen Gläubigern. Steht der Vollziehung eines oder einzelner Aufträge ein Hindernis entgegen, so darf die Erledigung der anderen Aufträge deshalb nicht verzögert werden.

(2) Will der Schuldner vor der Pfändung einen Geldbetrag freiwillig leisten, der die Forderungen sämtlicher Gläubiger nicht deckt, so darf der Gerichtsvollzieher diesen Betrag nur dann als Zahlung annehmen, wenn der Schuldner damit einverstanden ist, dass der Betrag unter allen Gläubigern nach dem Verhältnis der beizutreibenden Forderungen (Absatz 5 Satz 2) verteilt wird. Willigt der Schuldner hierin nicht ein, so ist das Geld für sämtliche Gläubiger zu pfänden.

(3) Über die gleichzeitige Pfändung für mehrere Gläubiger ist nur ein Pfändungsprotokoll aufzunehmen; dieses muss die beteiligten Gläubiger und ihre Schuldtitel bezeichnen und die Erklärung enthalten, dass die Pfändung gleichzeitig für alle bewirkt ist. Bei erfolgloser Vollstreckung gilt Satz 1 Halbsatz 1 entsprechend. § 86 Absatz 5 Satz 1 ist mit der Maßgabe anzuwenden, dass ein Gläubiger auf Grund eines allgemein gehaltenen Antrags auf Abschrift eines Pfändungsprotokolls nur eine Teilabschrift mit den ihn betreffenden Daten erhält; eine vollständige Protokollabschrift mit den Namen und Forderungen aller beteiligten Gläubiger ist nur auf ausdrücklichen Antrag zu erteilen.

(4) Alle zu pfändenden Sachen sind für alle beteiligten Gläubiger zu pfänden, sofern nicht ein Gläubiger bestimmte Sachen ausgeschlossen hat.

(5) Die Versteigerung erfolgt für alle beteiligten Gläubiger. Der Erlös ist nach dem Verhältnis der beizutreibenden Forderungen zu verteilen, wenn er zur Deckung der Forderungen aller Gläubiger nicht ausreicht. Verlangt ein Gläubiger ohne Zustimmung der übrigen Gläubiger eine andere Art der Verteilung, so ist nach § 827 Absatz 2 ZPO zu verfahren. Im Übrigen gilt § 116 Absatz 7 entsprechend.

(6) Hat der Gerichtsvollzieher für einen Gläubiger ganz oder teilweise erfolglos vollstreckt und findet er bei der Erledigung des Auftrags eines anderen Gläubigers weitere pfändbare Sachen vor, so verfährt er nach den Bestimmungen der Absätze 1 bis 5, sofern der Auftrag des ersten Gläubigers noch besteht und er den Schuldtitel dieses Gläubigers noch besitzt.

(7) Hat der Gerichtsvollzieher eine Pfändung im Verwaltungsvollstreckungsverfahren und im Auftrag eines anderen Gläubigers durchzuführen, so finden die Absätze 1 bis 6 entsprechende Anwendung.

4. Auszahlung des Erlöses

§ 118 Berechnung der auszuzahlenden Beträge

(1) Der Gerichtsvollzieher muss in seinen Akten eine Abrechnung über die Geldbeträge aufstellen, die infolge der Zwangsvollstreckung in seine Hände gelangt sind.

(2) Aus dem Erlös sind vorweg ein etwa dem Schuldner zu erstattender Ersatzbetrag (§§ 74, 75) sowie die Kosten gemäß § 15 Absatz 1 GvKostG zu entnehmen. Darauf ist der Betrag, der dem Gläubiger zusteht, einschließlich der Zinsen und Kosten anzusetzen und der Überschuss festzustellen, der dem Schuldner etwa verbleibt. Reicht der Erlös zur Deckung der Forderung des Gläubigers nicht aus, so ist er zunächst auf die Kosten der Zwangsvollstreckung, sodann auf die übrigen Kosten des Gläubigers, weiter auf die Zinsen der beizutreibenden Forderung und schließlich auf die Hauptleistung zu verrechnen (§ 367 BGB), es sei denn, dass die Anrechnung der Teilleistung nach § 497 Absatz 3 BGB vorzunehmen ist. Wird der Gläubiger nicht voll befriedigt, so muss die Berechnung ergeben, welche von diesen Forderungsarten ungetilgt bleiben. Reicht im Fall der Bewilligung von Prozess- oder Verfahrenskostenhilfe der Erlös nicht zur Befriedigung des Gläubigers aus, so beachtet der Gerichtsvollzieher die Bestimmungen des § 15 Absatz 3 Satz 3 bis 4 GvKostG.

(3) Sind mehrere Gläubiger an dem Erlös beteiligt und reicht dieser nicht zur Deckung aller Forderungen aus, so sind – vorbehaltlich des § 15 Absatz 3 Satz 3 bis 4 GvKostG – zunächst die Kosten des § 15 Absatz 1 GvKostG aus dem Erlös zu entnehmen. Der Resterlös wird sodann nach § 116 Absatz 6 und § 117 Absatz 5 verteilt.

(4) Dem Schuldner ist eine Abschrift der Abrechnung zu erteilen, falls deren wesentlicher Inhalt nicht bereits in die ihm ausgestellte Quittung (§ 757 ZPO) aufgenommen ist.

§ 119 Verfahren bei der Auszahlung

(1) Bei Ablieferung von Geld an den Gläubiger sind – vorbehaltlich des § 15 Absatz 3 Satz 3 bis 4 GvKostG – die gesamten Gerichtsvollzieherkosten, für die der Gläubiger haftet, einzubehalten, soweit sie nicht bereits nach § 118 Absatz 2 Satz 1 dem Erlös vorweg entnommen sind; das gilt auch, wenn Geld an einen Bevollmächtigten des Gläubigers abzuführen ist (vergleiche § 31 Absatz 2).

(2) Der Gerichtsvollzieher führt die Beträge, die auf die Gläubiger entfallen, sowie den etwa für den Schuldner verbleibenden Überschuss unverzüglich an die Empfangsberechtigten ab, soweit die Gelder nicht zu hinterlegen sind. Macht ein Dritter dem Gerichtsvollzieher glaubhaft, dass die alsbaldige Auszahlung seine Rechte auf den Erlös gefährden würde (vergleiche §§ 771, 781, 786, 805 ZPO) und dass deshalb in Kürze ein Einstellungsbeschluss des Gerichts zu erwarten sei, so muss der Gerichtsvollzieher

mit der Auszahlung eine angemessene Frist warten. Diese Frist soll regelmäßig nicht mehr als zwei Wochen betragen.

(3) Die Auszahlung ist grundsätzlich über das Gerichtsvollzieher-Dienstkonto abzuwickeln (§ 52 Absatz 7 GVO). Ist im Einzelfall nur eine Barauszahlung möglich, ist diese durch Quittung zu belegen. Die Gründe für die Barauszahlung sind aktenkundig zu machen.

(4) Macht ein Dritter auf Grund eines Pfand- oder Vorzugsrechts seinen Anspruch auf vorzugsweise Befriedigung aus dem Erlös geltend (§ 805 ZPO), so darf ihm der Gerichtsvollzieher den beanspruchten Betrag nur dann auszahlen, wenn sämtliche Beteiligten einwilligen oder wenn ein rechtskräftiges Urteil gegen den nicht zustimmenden Gläubiger oder Schuldner vorgelegt wird. Die Einwilligung ist aktenkundig zu machen.

(5) Wird durch den Widerspruch eines Gläubigers gegen die in Aussicht genommene Verteilung eine gerichtliche Verteilung notwendig, so hinterlegt der Gerichtsvollzieher den Erlös, der nach Abzug der zu entnehmenden Kosten (§ 118 Absatz 3) verbleibt. Er zeigt die Sachlage dem Vollstreckungsgericht an und fügt die Schriftstücke bei, die sich auf das Verfahren beziehen.

5. Rückgabe von Pfandstücken

§ 120

(1) Pfandstücke, deren Veräußerung nicht erforderlich gewesen ist oder die entweder auf Anweisung des Gläubigers oder auf Grund einer gerichtlichen Entscheidung freigegeben sind, stellt der Gerichtsvollzieher ohne Verzug dem Empfangsberechtigten zur Verfügung und gibt sie gegen Empfangsbescheinigung heraus, wenn sie aus dem Gewahrsam des Schuldners oder eines Dritten entfernt waren. War die Pfändung zu Recht erfolgt, hat der Schuldner die Kosten der Zurückschaffung zu tragen, war sie zu Unrecht erfolgt, hat der Gläubiger die Kosten zu tragen. Bei der Bekanntmachung der Freigabe ist der Schuldner ausdrücklich zur Entfernung der Pfandzeichen zu ermächtigen. Ein etwa bestellter Hüter ist von dem Ende der Vollstreckung zu benachrichtigen.

(2) Empfangsberechtigt ist grundsätzlich derjenige, aus dessen Gewahrsam die Sachen genommen worden sind. Ist über das Vermögen des Schuldners das Insolvenzverfahren eröffnet, so stellt der Gerichtsvollzieher die zurückzugebenden Gegenstände dem Insolvenzverwalter bzw. Treuhänder zur Verfügung, soweit sie zur Masse gehören.

(3) Befinden sich die Pfandstücke im Gewahrsam des Gerichtsvollziehers oder eines Verwahrers und verweigert oder unterlässt der Empfangsberechtigte innerhalb einer ihm gestellten angemessenen Frist die Abholung der Pfandstücke oder ist der Aufenthalt des Empfangsberechtigten nicht zu ermitteln, so kann der Gerichtsvollzieher die Pfandstücke hinterlegen (§ 372 BGB) oder nach § 383 BGB verfahren, sofern dessen Voraussetzungen vorliegen. Bei der Fristsetzung ist der Empfangsberechtigte hierauf hinzuweisen. Gegenstände, die sich in der Pfandkammer befinden, können auch nach § 983 BGB versteigert werden, wenn sich der Empfangsberechtigte oder sein Aufenthalt nicht ermitteln lässt. Die Gründe, aus denen zu einer dieser Maßregeln geschritten wird, sind aktenkundig zu machen; auch ist zu vermerken, welche Versuche zur Ermittlung des Empfangsberechtigten unternommen worden sind. Das Verfahren nach den §§ 383 oder 983 BGB darf der Gerichtsvollzieher nur auf Anordnung seiner vorgesetzten Dienststelle einleiten. Der Gerichtsvollzieher legt dieser die Akten vor.

III. Zwangsvollstreckung in Forderungen und andere Vermögensrechte

§ 121 Zustellung des Pfändungs- und Überweisungsbeschlusses

(§§ 829, 835, 840, 857 ZPO)

(1) Die Pfändung einer Forderung ist mit der Zustellung des Pfändungsbeschlusses an den Drittschuldner als bewirkt anzusehen (§ 829 Absatz 3 ZPO). Die Zustellung an den Drittschuldner ist daher regelmäßig vor der Zustellung an den Schuldner durch-

zuführen, wenn nicht der Auftraggeber ausdrücklich etwas anderes verlangt (vergleiche Absatz 3). Diese Zustellung ist zu beschleunigen; in der Zustellungsurkunde ist der Zeitpunkt der Zustellung nach Stunde und Minute anzugeben. Bei Zustellung durch die Post ist nach § 26 Absatz 2 Satz 1 Nummer 1 zu verfahren. Ist der Gerichtsvollzieher mit der Zustellung mehrerer Pfändungsbeschlüsse an denselben Drittschuldner beauftragt, so stellt er sie alle in dem gleichen Zeitpunkt zu und vermerkt in den einzelnen Zustellungsurkunden, welche Beschlüsse er gleichzeitig zugestellt hat. Lässt ein Gläubiger eine Forderung pfänden, die dem Schuldner gegen ihn selbst zusteht, so ist der Pfändungsbeschluss dem Gläubiger wie einem Drittschuldner zuzustellen.

(2) Auf Verlangen des Gläubigers fordert der Gerichtsvollzieher den Drittschuldner bei der Zustellung des Pfändungsbeschlusses auf, binnen zwei Wochen, von der Zustellung an gerechnet, dem Gläubiger die in § 840 Absatz 1 Nummer 1 bis 5 ZPO aufgeführten Erklärungen zu machen, deren Wortlaut in der Aufforderung wiederzugeben ist. Die Aufforderung zur Abgabe dieser Erklärungen muss in die Zustellungsurkunde aufgenommen werden (§ 840 ZPO). Die Zustellung an den Drittschuldner kann in solchen Fällen nur im Wege der persönlichen Zustellung bewirkt werden. Eine Erklärung, die der Drittschuldner bei der Zustellung abgibt, ist in die Zustellungsurkunde aufzunehmen und von dem Drittschuldner nach Durchsicht oder nach Vorlesung zu unterschreiben. Gibt der Drittschuldner keine Erklärung ab oder verweigert er die Unterschrift, so ist dies in der Zustellungsurkunde zu vermerken. Eine Erklärung, die der Drittschuldner später dem Gerichtsvollzieher gegenüber abgibt, ist ohne Verzug dem Gläubiger zu übermitteln und, soweit sie mündlich erfolgt, zu diesem Zweck durch ein Protokoll festzustellen. Sollen mehrere Drittschuldner, die in verschiedenen Amtsgerichtsbezirken wohnen, aber in einem Pfändungsbeschluss genannt sind, zur Abgabe der Erklärungen aufgefordert werden, so führt zunächst der für den zuerst genannten Drittschuldner zuständige Gerichtsvollzieher die Zustellung an die in seinem Amtsgerichtsbezirk wohnenden Drittschuldner aus. Hiernach gibt er den Pfändungsbeschluss an den Gerichtsvollzieher ab, der für die Zustellung an die im nächsten Amtsgerichtsbezirk wohnenden Drittschuldner zuständig ist. Dieser verfährt ebenso, bis an sämtliche Drittschuldner zugestellt ist. Die Zustellung an den Schuldner (vergleiche Absatz 3) nimmt der zuletzt tätig gewesene Gerichtsvollzieher vor.

(3) Nach der Zustellung an den Drittschuldner stellt der Gerichtsvollzieher den Pfändungsbeschluss mit einer beglaubigten Abschrift der Urkunde über die Zustellung an den Drittschuldner – im Fall der Zustellung durch die Post mit einer beglaubigten Abschrift der Postzustellungsurkunde – auch ohne besonderen Auftrag sofort dem Schuldner zu. Muss diese Zustellung im Ausland bewirkt werden, so geschieht sie durch Aufgabe zur Post. Die Zustellung an den Schuldner unterbleibt, wenn eine öffentliche Zustellung erforderlich sein würde. Ist auf Verlangen des Gläubigers die Zustellung an den Schuldner erfolgt, bevor die Zustellung an den Drittschuldner stattgefunden hat oder die Postzustellungsurkunde dem Gerichtsvollzieher zugegangen ist, so stellt der Gerichtsvollzieher dem Schuldner die Abschrift der Zustellungsurkunde nachträglich zu. Ist ein Drittschuldner nicht vorhanden (zum Beispiel bei Pfändung von Urheber- und Patentrechten), so ist die Pfändung mit der Zustellung des Pfändungsbeschlusses an den Schuldner erfolgt (§ 857 ZPO).

(4) Wird neben dem Pfändungsbeschluss ein besonderer Überweisungsbeschluss erlassen, so ist dieser ebenfalls dem Drittschuldner und sodann unter entsprechender Anwendung von Absatz 3 dem Schuldner zuzustellen (§ 835 Absatz 3 ZPO).

(5) Hat der Gerichtsvollzieher die Zustellung im Fall des Absatzes 1 durch die Post bewirken lassen, so überprüft er die Zustellungsurkunde an den Drittschuldner nach ihrem Eingang und achtet darauf, ob die Zustellung richtig durchgeführt und mit genauer Zeitangabe beurkundet ist. Ist die Zustellung durch die Post fehlerhaft, so stellt er umgehend erneut zu. Sofern es die Umstände erfordern, wählt er dabei die persönliche Zustellung.

§ 122 Wegnahme von Urkunden über die gepfändete Forderung
(§§ 830, 836, 837 ZPO)

(1) Hat der Gläubiger die Pfändung einer Forderung, für die eine Hypothek besteht, oder die Pfändung einer Grundschuld oder Rentenschuld erwirkt, so ist der Schuldner verpflichtet, den etwa bestehenden Hypotheken-, Grundschuld- oder Rentenschuldbrief an den Gläubiger herauszugeben (§§ 830, 857 Absatz 6 ZPO). Dasselbe gilt für andere über eine Forderung vorhandene Urkunden (zum Beispiel Schuldschein, Sparbuch, Pfandschein, Versicherungspolice), wenn außer der Pfändung auch schon die Überweisung zugunsten des Gläubigers erfolgt ist (§ 836 ZPO).

(2) Verweigert der Schuldner die Herausgabe der Urkunden, so nimmt der Gerichtsvollzieher sie ihm weg. Die Wegnahme ist im Wege der Zwangsvollstreckung zu bewirken (§§ 127 bis 132). Der Gerichtsvollzieher wird dazu durch den Besitz des Schuldtitels und einer Ausfertigung des Pfändungsbeschlusses (bei Wegnahme eines Hypotheken-, Grundschuld- oder Rentenschuldbriefes) oder des Überweisungsbeschlusses (bei Wegnahme anderer Urkunden) ermächtigt. Der Pfändungs- oder Überweisungsbeschluss ist dem Schuldner spätestens bis zum Beginn der Vollstreckungstätigkeit zuzustellen, welche die Wegnahme der Urkunde zum Ziel hat.

(3) Sind die wegzunehmenden Urkunden in dem Pfändungs- oder Überweisungsbeschluss nicht so genau bezeichnet, dass sie der Gerichtsvollzieher nach dieser Bezeichnung bei dem Schuldner aufsuchen kann, so überlässt er es dem Gläubiger, eine Vervollständigung des Beschlusses bei dem Gericht zu beantragen.

§ 123 Pfändung von Forderungen aus Wechseln, Schecks und anderen Papieren, die durch Indossament übertragen werden können
(§ 831 ZPO)

(1) Die Zwangsvollstreckung in Forderungen aus Wechseln, Schecks und anderen Wertpapieren, die durch Indossament übertragen werden können, zum Beispiel aus kaufmännischen Anweisungen und Verpflichtungsscheinen, Konnossementen, Ladescheinen, Lagerscheinen, die an Order gestellt sind (vergleiche § 363 HGB), erfolgt durch ein Zusammenwirken des Gerichtsvollziehers und Vollstreckungsgerichts. Der Gerichtsvollzieher pfändet die Forderungen dadurch, dass er die bezeichneten Papiere in Besitz nimmt. Ein Pfändungsbeschluss ist nicht erforderlich. Die weitere Durchführung der Vollstreckung erfolgt sodann auf Antrag des Gläubigers durch das Vollstreckungsgericht.

(2) Forderungen aus Wechseln und ähnlichen Papieren sind Vermögensstücke von ungewissem Wert, wenn die Zahlungsfähigkeit des Drittschuldners nicht unzweifelhaft feststeht. Der Gerichtsvollzieher soll diese Forderungen nur pfänden, wenn ihn der Gläubiger ausdrücklich dazu angewiesen hat oder wenn andere Pfandstücke entweder nicht vorhanden sind oder zur Befriedigung des Gläubigers nicht ausreichen.

(3) In dem Pfändungsprotokoll ist die weggenommene Urkunde nach Art, Gegenstand und Betrag der Forderung, nach dem Namen des Gläubigers und des Schuldners, dem Tag der Ausstellung und eventuell mit der Nummer genau zu bezeichnen. Auch der Fälligkeitstag der Forderung ist nach Möglichkeit anzugeben. Von der Pfändung ist der Gläubiger unter genauer Bezeichnung der gepfändeten Urkunden und eventuell auch des Fälligkeitstages unverzüglich zu benachrichtigen. Der Schuldtitel ist dem Gläubiger zurückzugeben; dieser benötigt ihn zur Erwirkung des Überweisungsbeschlusses.

(4) Der Gerichtsvollzieher verwahrt die weggenommene Urkunde so lange, bis das Gericht sie einfordert oder bis ein Beschluss des Vollstreckungsgerichts vorgelegt wird, durch den die Überweisung der Forderung an den Gläubiger ausgesprochen oder eine andere Art der Verwertung der Forderung angeordnet wird, zum Beispiel die Veräußerung oder die Herausgabe der den Gegenstand der Forderung bildenden körperlichen Sachen an einen Gerichtsvollzieher.

(5) Werden gepfändete Schecks oder Wechsel zahlbar, bevor eine gerichtliche Entscheidung über ihre Verwertung ergangen ist, so sorgt der Gerichtsvollzieher in Vertretung des Gläubigers für die rechtzeitige Vorlegung, eventuell auch für die Protesterhebung. Wird der Wechsel oder der Scheck bezahlt, so hinterlegt der Gerichtsvollzieher den gezahlten Betrag und benachrichtigt den Gläubiger und den Schuldner hiervon.

(6) Der Gerichtsvollzieher darf die Urkunde über die gepfändete Forderung nur gegen Empfangsbescheinigung des Gläubigers oder – wenn die Forderung freigegeben wird – des Schuldners herausgeben.

§ 124 Zwangsvollstreckung in Ansprüche auf Herausgabe oder Leistung von beweglichen körperlichen Sachen

(§§ 846 bis 849, 854 ZPO)

(1) Bei der Zwangsvollstreckung in Ansprüche des Schuldners, auf Grund deren der Drittschuldner bewegliche körperliche Sachen herauszugeben oder zu leisten hat, erfolgt die Pfändung nach den Vorschriften über die Pfändung von Geldforderungen, also regelmäßig durch die Zustellung eines gerichtlichen Pfändungsbeschlusses. Eine Ausnahme gilt, wenn die Forderung in einem indossablen Papier verbrieft ist (zum Beispiel bei kaufmännischen Anweisungen über die Leistung von Wertpapieren oder anderen vertretbaren Sachen, bei Lagerscheinen, Ladescheinen und Konnossementen); in diesen Fällen geschieht die Pfändung dadurch, dass der Gerichtsvollzieher das Papier in Besitz nimmt. In dem gerichtlichen Pfändungsbeschluss oder im Fall des § 123 durch einen besonderen Beschluss wird angeordnet, dass die geschuldeten Sachen an einen von dem Gläubiger zu beauftragenden Gerichtsvollzieher herauszugeben sind (§ 847 ZPO).

(2) Der Pfändungsbeschluss als solcher ermächtigt jedoch den Gerichtsvollzieher nicht, die Herausgabe der Sachen gegen den Willen des Drittschuldners zu erzwingen. Verweigert der Drittschuldner die Herausgabe, so muss sich der Gläubiger den Anspruch zur Einziehung überweisen lassen und dann Klage gegen den Drittschuldner erheben. Der Gerichtsvollzieher beurkundet deshalb in diesem Fall die Weigerung des Drittschuldners und überlässt das Weitere dem Gläubiger.

(3) Ist dagegen der Drittschuldner zur Herausgabe oder zur Leistung bereit, so nimmt der Gerichtsvollzieher, dessen Ermächtigung durch den Besitz des Schuldtitels und einer Ausfertigung des Beschlusses dargetan wird, die Sache beim Drittschuldner gegen Quittung oder gegen Herausgabe des indossablen Papiers in Empfang. In dem aufzunehmenden Protokoll bezeichnet er die Sache. Das weitere Verfahren wegen Unterbringung und Verwertung der übernommenen Sache richtet sich nach den Vorschriften, die für die Verwertung gepfändeter Sachen gelten (§ 847 Absatz 2 ZPO). Durch die Herausgabe des Gegenstands seitens des Drittschuldners geht das Pfandrecht, das durch die Pfändung des Anspruchs begründet worden ist, ohne neue Pfändung in ein Pfandrecht an der Sache selbst über.

(4) Von der Übernahme und von dem anberaumten Versteigerungstermin sind der Schuldner und der Gläubiger zu benachrichtigen.

(5) Hat der Gläubiger gegen den Drittschuldner einen vollstreckbaren Titel erlangt, nach dessen Inhalt der Drittschuldner die Sache zum Zweck der Zwangsvollstreckung an einen Gerichtsvollzieher herauszugeben hat, so nimmt der Gerichtsvollzieher die Sache dem Drittschuldner auf Grund dieses Titels nach den Vorschriften über die Zwangsvollstreckung zur Erwirkung der Herausgabe von Sachen weg und verwertet sie.

(6) Das Verfahren bei einer Pfändung desselben Anspruchs für mehrere Gläubiger ist in § 854 ZPO näher geregelt. Für die Reihenfolge der Pfändungen ist die Zeit entscheidend, zu der die einzelnen Pfändungsbeschlüsse dem Drittschuldner zugestellt sind.

(7) Liegt der Antrag eines anderen Gläubigers zur Pfändung der an den Gerichtsvollzieher herauszugebenden Sachen vor, so sind die Sachen bei der Übernahme gleichzeitig zu pfänden.

§ 125 Zwangsvollstreckung in Ansprüche auf Herausgabe oder Leistung von unbeweglichen Sachen und eingetragenen Schiffen, Schiffsbauwerken, Schwimmdocks, inländischen Luftfahrzeugen, die in der Luftfahrzeugrolle eingetragen sind, sowie ausländischen Luftfahrzeugen

(§§ 846, 847 a, 848 ZPO; § 99 Absatz 1, § 106 Absatz 1 Nummer 1 LuftFzgG)

Die Zwangsvollstreckung in Ansprüche auf Herausgabe oder Leistung folgender Gegenstände:
1. unbewegliche Sachen,
2. eingetragene Schiffe,
3. eingetragene und eintragungsfähige Schiffsbauwerke und im Bau befindliche oder fertig gestellte Schwimmdocks,
4. inländische Luftfahrzeuge, die in der Luftfahrzeugrolle oder im Register für Pfandrechte an Luftfahrzeugen eingetragen sind,
5. ausländische Luftfahrzeuge,

erfolgt gleichfalls durch Zustellung eines gerichtlichen Pfändungsbeschlusses. Für die Zustellung gelten die Bestimmungen in § 121 entsprechend (§ 846 ZPO). Die unbewegliche Sache wird an einen von dem Amtsgericht der belegenen Sache zu bestellenden Sequester, das Schiff, Schiffsbauwerk, im Bau befindliche oder fertig gestellte Schwimmdock oder Luftfahrzeug an einen vom Vollstreckungsgericht zu bestellenden Treuhänder herausgegeben (§ 847 a ZPO in Verbindung mit Artikel 3 des Gesetzes zur Änderung des Gesetzes über Rechte an eingetragenen Schiffen und Schiffsbauwerken, der Schiffsregisterordnung und des Gesetzes über die Zwangsversteigerung und die Zwangsverwaltung (SchRGÄndG), §§ 848, 855, 855 a ZPO; § 99 Absatz 1, § 106 Absatz 1 Nummer 1 LuftFzgG).

§ 126 Zustellung der Benachrichtigung, dass die Pfändung einer Forderung oder eines Anspruchs bevorsteht (so genannte Vorpfändung)

(1) Der Gläubiger kann dem Drittschuldner und dem Schuldner schon vor der Pfändung einer Forderung oder eines Anspruchs die Benachrichtigung, dass die Pfändung bevorsteht, mit den in § 845 ZPO näher bezeichneten Aufforderungen zustellen lassen. Die Benachrichtigung an den Drittschuldner hat zugunsten des Gläubigers die Wirkung eines Arrestes, sofern innerhalb eines Monats seit ihrer Zustellung die angekündigte Pfändung erfolgt.

(2) Der Gerichtsvollzieher muss deshalb die Zustellung dieser Benachrichtigung an den Drittschuldner besonders beschleunigen und den Zustellungszeitpunkt (Tag, Stunde, Minute) beurkunden oder veranlassen, dass dies durch den Postbediensteten erfolgt. Auf die Zustellung finden die Vorschriften des § 121 Absatz 1 und 3 bis 5 entsprechende Anwendung. Der Gerichtsvollzieher hat nicht zu prüfen, ob dem Gläubiger eine vollstreckbare Ausfertigung erteilt und ob der Schuldtitel bereits zugestellt ist.

(3) Der Gerichtsvollzieher hat die Benachrichtigung mit den Aufforderungen selbst anzufertigen, wenn er von dem Gläubiger hierzu ausdrücklich beauftragt worden ist. Dies gilt nicht für die Vorpfändung von Vermögensrechten im Sinne des § 857 ZPO (vergleiche § 857 Absatz 7 ZPO). In diesem Fall hat der Gerichtsvollzieher zu prüfen, ob der Gläubiger einen vollstreckbaren Schuldtitel erwirkt hat und ob die Voraussetzungen der §§ 711, 712, 720 a, 751, 752, 756, 795, 930 ZPO vorliegen. Der Gerichtsvollzieher hat die vorzupfändende Forderung nach Gläubiger, Schuldner und Rechtsgrund in der Benachrichtigung möglichst so genau zu bezeichnen, dass über die Identität der Forderung kein Zweifel bestehen kann.

(4) Stellt der Gerichtsvollzieher lediglich eine vom Gläubiger selbst angefertigte Benachrichtigung zu, so obliegt ihm nicht die Prüfungspflicht nach Absatz 3 Satz 3. In diesem Fall wirkt er bei der Vorpfändung nur als Zustellungsorgan mit.

C. Zwangsvollstreckung zur Erwirkung der Herausgabe von Sachen

§ 127 Bewegliche Sachen

(§§ 883, 884, 897 ZPO)

(1) Hat der Schuldner nach dem Schuldtitel eine bestimmte bewegliche Sache oder eine gewisse Menge von bestimmten beweglichen Sachen herauszugeben, so wird die Zwangsvollstreckung dadurch bewirkt, dass der Gerichtsvollzieher die Sache dem Schuldner wegnimmt und sie dem Gläubiger übergibt. Hat der Schuldner eine Menge von vertretbaren Sachen (§ 91 BGB) oder von Wertpapieren zu leisten, so ist in derselben Weise zu verfahren, sofern der Gerichtsvollzieher Sachen der geschuldeten Gattung im Gewahrsam des Schuldners vorfindet. Befindet sich die herauszugebende Sache im Gewahrsam eines Dritten, so darf sie der Gerichtsvollzieher nur wegnehmen, wenn der Dritte zur Herausgabe bereit ist (§ 70 Absatz 2) oder wenn die Zwangsvollstreckung auch in das in seinem Gewahrsam befindliche Vermögen zulässig ist. In den übrigen Fällen überlässt es der Gerichtsvollzieher dem Gläubiger, bei dem Vollstreckungsgericht die Überweisung des Anspruches des Schuldners auf Herausgabe der Sache zu erwirken (§ 886 ZPO).

(2) Der Gerichtsvollzieher händigt die weggenommenen Sachen dem Gläubiger unverzüglich gegen Empfangsbescheinigung aus oder sendet sie an ihn ab. Die Sachen sollen dem Gläubiger tunlichst an Ort und Stelle ausgehändigt werden. Der Gerichtsvollzieher zeigt dem Gläubiger den Tag und die Stunde der beabsichtigten Vollstreckung rechtzeitig an, damit sich dieser zur Empfangnahme der Sachen an dem Ort der Vollstreckung einfinden oder einen Vertreter entsenden und die notwendigen Maßnahmen zur Fortschaffung der Sachen treffen kann.

(3) Macht ein Dritter bei der Vollstreckung ein Recht an dem wegzunehmenden Gegenstand geltend, das ihn zur Erhebung der Widerspruchsklage (§ 771 ZPO) berechtigt, so verweist ihn der Gerichtsvollzieher an das Gericht.

(4) Trifft mit dem Auftrag des Gläubigers auf Wegnahme einer Sache ein Pfändungsbeschluss nach § 124 zusammen, so nimmt der Gerichtsvollzieher die Sache in Besitz und überlässt es den Beteiligten, eine Einigung oder eine gerichtliche Entscheidung über ihre Rechte herbeizuführen.

(5) Trifft mit dem Auftrag eines Gläubigers auf die Wegnahme einer Sache der Auftrag eines anderen Gläubigers auf Pfändung zusammen, so verfährt der Gerichtsvollzieher – sofern nicht die Sachlage oder der Inhalt der Aufträge eine andere Erledigung erfordern – wie folgt. Er führt zunächst die Pfändung durch. Hierbei pfändet er die herauszugebenden Sachen nur dann ganz oder teilweise, wenn andere Pfandstücke nicht oder nicht in ausreichendem Umfang vorhanden sind. Pfändet er zugunsten des einen Gläubigers Sachen, die der Schuldner an den anderen Gläubiger herauszugeben hat, so nimmt er sie dem Schuldner auf Verlangen des Gläubigers, der die Herausgabe verlangen kann, für diesen Gläubiger weg. Er darf sie jedoch dem Gläubiger nicht herausgeben, sondern muss sie in seinem Besitz behalten. Die Zwangsvollstreckung in diese Sachen darf er erst fortsetzen, sobald sie der eine Gläubiger von dem Recht des anderen befreit hat. Soweit die herauszugebenden Sachen nicht gepfändet sind, nimmt der Gerichtsvollzieher sie dem Schuldner weg und übergibt sie dem Gläubiger.

(6) In dem Protokoll über die Vollstreckungshandlung sind die weggenommenen Sachen genau zu bezeichnen. Bei vertretbaren Sachen sind Maß, Zahl und Gewicht anzugeben, bei Wertpapieren der Nennwert, die Nummer oder die sonstigen Unterscheidungsmerkmale sowie die bei dem Stammpapier vorgefundenen Zins- oder Gewinnanteil- oder Erneuerungsscheine. Das Protokoll muss ferner ergeben, ob die Sachen dem Gläubiger ausgehändigt, an ihn abgesandt oder in welcher anderen Weise sie un-

tergebracht sind. Findet der Gerichtsvollzieher die geschuldeten Sachen nicht oder nur zum Teil vor, so macht er dies im Protokoll ersichtlich; ebenso vermerkt er es im Protokoll, wenn der Schuldner bestreitet, dass die weggenommenen Sachen die geschuldeten sind, oder wenn ein Dritter Rechte auf den Besitz der Sachen geltend macht.

(7) Ist der Schuldner zur Übertragung des Eigentums oder zur Bestellung eines Rechts an einer beweglichen Sache, auf Grund dessen der Gläubiger die Besitzeinräumung verlangen kann, verurteilt, so nimmt der Gerichtsvollzieher die Sache dem Schuldner unter Beachtung der vorstehenden Vorschriften weg und händigt sie dem Gläubiger aus. Dasselbe gilt für den Hypotheken-, Grundschuld- oder Rentenschuldbrief, wenn der Schuldner zur Bestellung, zur Abtretung oder zur Belastung der durch diese Urkunde verbrieften Hypothek, Grundschuld oder Rentenschuld verurteilt ist (§ 897 ZPO).

§ 128 Unbewegliche Sachen sowie eingetragene Schiffe, Schiffsbauwerke und Schwimmdocks

(§ 765 a Absatz 3, § 885 ZPO)

(1) Hat der Schuldner nach dem Schuldtitel ein Grundstück, einen Teil eines Grundstücks, Wohnräume oder sonstige Räume oder ein eingetragenes Schiff, Schiffsbauwerk oder im Bau befindliches oder fertig gestelltes Schwimmdock herauszugeben, so wird die Zwangsvollstreckung dadurch vollzogen, dass der Gerichtsvollzieher den Schuldner aus dem Besitz setzt und den Gläubiger in den Besitz einweist. Der Gerichtsvollzieher hat den Schuldner aufzufordern, eine Anschrift zum Zweck von Zustellungen oder einen Zustellungsbevollmächtigten zu benennen.

(2) Der Gerichtsvollzieher teilt dem Gläubiger und dem Schuldner Tag und Stunde der beabsichtigten Vollstreckung rechtzeitig vor dem Vollstreckungstermin mit. Die Benachrichtigung ist dem Schuldner zuzustellen. Der Gerichtsvollzieher benachrichtigt den Schuldner zusätzlich durch einfachen Brief von dem Vollstreckungstermin, wenn zu besorgen ist, dass die zuzustellende Benachrichtigung den Schuldner nicht erreicht. Dies gilt nicht, wenn der Gerichtsvollzieher eine Entscheidung des Familiengerichts in einer Gewaltschutz- oder Ehewohnungssache (§§ 210, 200 Absatz 1 FamFG) vor der Zustellung vollziehen darf, weil das Gericht dies gemäß § 53 Absatz 2 Satz 1, § 209 Absatz 3 Satz 1 oder § 216 Absatz 2 Satz 1 FamFG als zulässig angeordnet hat, oder die Zustellung auf Verlangen des Antragstellers gegenüber dem Gerichtsvollzieher gemäß § 214 Absatz 2 Halbsatz 2 FamFG nicht vor der Vollstreckung erfolgen darf. Zwischen dem Tag der Zustellung und dem Tag des Vollstreckungstermins müssen wenigstens drei Wochen liegen. Die Zustellung kann unterbleiben, wenn der Schuldner unbekannt verzogen oder sein Aufenthalt unbekannt ist. Eine öffentliche Zustellung soll nicht erfolgen. Die Herausgabe der Räume kann auch in Abwesenheit des Gläubigers bewirkt werden, wenn der Gläubiger durch die von dem Gerichtsvollzieher getroffenen Maßregeln (zum Beispiel Übergabe der Schlüssel, Bestellung des Hüters) in die Lage versetzt wird, die tatsächliche Gewalt über das Grundstück oder die Räume auszuüben. Auch die Anwesenheit des Schuldners ist nicht notwendig.

(3) Das bewegliche Zubehör (§§ 97, 98 BGB) ist Gegenstand der Vollstreckung in das Grundstück, auch wenn es im Schuldtitel nicht ausdrücklich erwähnt ist. Es ist dem Räumungsgläubiger herauszugeben oder auf dem Grundstück zu belassen.

(4) Bewegliche Sachen, die weder mit herauszugeben noch wegen einer gleichzeitig beizutreibenden Forderung oder wegen der Kosten zu pfänden sind, entfernt der Gerichtsvollzieher von dem Grundstück, Schiff (Schiffsbauwerk, im Bau befindlichen oder fertig gestellten Schwimmdock) oder aus den Räumen, falls nicht der Gläubiger der Entfernung wegen eines Pfand- oder Zurückbehaltungsrechts widerspricht, das er an diesen Sachen in Anspruch nimmt. Macht der Gläubiger sein Vermieter- oder Verpächterpfandrecht an allen in den Räumen befindlichen Sachen geltend, darf der Gerichtsvollzieher die Existenz eines solchen Rechts nicht prüfen, und zwar auch nicht im Hinblick auf § 811 ZPO. Er belässt die Sachen in den Räumen und weist den Gläubiger in den Besitz der Räume ein. Damit ist die Räumung beendet und der Räu-

mungstitel verbraucht. In den Fällen, in denen die Überlassung der Wohnung an den Gläubiger (verletzte Person) gemäß § 2 Absatz 2 GewSchG befristet ist, kommt die Entfernung der beweglichen Sachen des Schuldners (Täter) aus der Wohnung gegen seinen Willen nicht in Betracht. Die Sachen sind dem Schuldner außerhalb des zu räumenden Objekts zu übergeben oder zur Verfügung zu stellen. Ist der Schuldner abwesend, so tritt an seine Stelle sein Bevollmächtigter oder eine erwachsene Person, die zu seiner Familie gehört oder in seiner Familie beschäftigt ist, oder ein erwachsener ständiger Mitbewohner. Der Gerichtsvollzieher ist nicht verpflichtet, die herauszugebenden Sachen in ein anderes (zum Beispiel neu angemietetes) Objekt des Schuldners zu schaffen. Er ist jedoch befugt, dies auf Antrag des Schuldners dann zu tun, wenn die hierdurch entstehenden Kosten nicht höher als diejenigen sind, die durch den Transport des Räumungsguts in die Pfandkammer und durch dessen Lagerung entstehen würden.

(5) Ist weder der Schuldner noch eine der in Absatz 4 Satz 7 bezeichneten Personen anwesend oder wird die Entgegennahme verweigert, so schafft der Gerichtsvollzieher die in Absatz 4 Satz 1 bezeichneten Sachen auf Kosten des Schuldners in die Pfandkammer oder trägt sonst für ihre Verwahrung Sorge. Unpfändbare Sachen und solche Sachen, bei denen nach seinem pflichtgemäßen Ermessen ein Verwertungserlös nicht zu erwarten ist, hat er bis zu ihrer Veräußerung oder ihrer Vernichtung jederzeit, das heißt zu den üblichen Geschäftszeiten des Gerichtsvollziehers, ohne Weiteres, insbesondere ohne irgendwelche Kostenzahlungen des Schuldners auf dessen Verlangen herauszugeben. Bewegliche Sachen, an denen Aufbewahrung auch bei Anlegung eines engen Maßstabs an die Erfüllung der Voraussetzungen und unter Berücksichtigung der Betrachtung der weiteren Verwendung durch einen unvoreingenommenen Dritten offensichtlich kein Interesse seitens des Schuldners besteht, sollen unverzüglich vernichtet werden. Ein offensichtlich fehlendes Interesse an der Aufbewahrung kann der Gerichtsvollzieher in der Regel bei gewöhnlichem Abfall und Unrat annehmen, die durch Verwertung oder Beseitigung unter Beachtung der einschlägigen abfallrechtlichen Bestimmungen zu vernichten sind. Allerdings umfasst der Vollstreckungsauftrag nicht die unmittelbare Beseitigung durch den Gerichtsvollzieher in solchen Fällen, die eine aufwändige und kostenintensive Entsorgung von sehr großen Mengen Mülls, die auf dem herauszugebenden Grundstück lagern, oder von Altlasten erforderlich machen. Für die entstehenden Kosten der Räumung einschließlich der Kosten der ersten Einlagerung ist der Gläubiger dem Gerichtsvollzieher gemäß § 4 GvKostG vorschusspflichtig.

(6) Der Gerichtsvollzieher benachrichtigt den Schuldner, dass er die verwertbaren Sachen, auch soweit sie unpfändbar sind, verkaufen und den Erlös nach Abzug der Unkosten hinterlegen und die unverwertbaren Sachen vernichten wird, wenn der Schuldner die Sachen nicht innerhalb einer Frist von einem Monat nach der Räumung herausverlangt oder sie zwar innerhalb dieser Frist herausverlangt, aber die aufgelaufenen Kosten nicht innerhalb einer weiteren Frist von einem Monat, das heißt in diesem Fall nicht binnen einer Frist von zwei Monaten nach der Räumung, bezahlt. Die Mitteilung soll zugleich die Höhe der zu erstattenden Kosten und den Hinweis enthalten, dass unpfändbare Sachen und Sachen, für die ein Verwertungserlös nicht zu erwarten ist, jederzeit und ohne irgendwelche Kostenzahlungen an den Schuldner herausgegeben werden. Der Gerichtsvollzieher kann die Mitteilung schon in die Benachrichtigung über den Vollstreckungstermin aufnehmen (Absatz 2). In diesem Fall ist der Schuldner darauf hinzuweisen, dass dieser die Höhe der zu erstattenden Kosten bei ihm erfragen kann.

(7) Die Veräußerung der verwertbaren Sachen erfolgt nach den Vorschriften über die Pfandversteigerung (§§ 806, 814 und 817 ZPO). Die Schutzvorschriften, die bei der Pfändung von Sachen gelten (§§ 803 Absatz 2, 811, 811 c, 812, 816, 817 a ZPO), finden keine Anwendung. Der Gerichtsvollzieher darf aus dem Erlös, bevor er diesen hinterlegt, seine noch offenen, durch den Vorschuss des Gläubigers nicht gedeckten Kosten für Räumung, Einlagerung und Verkauf (Versteigerung) unmittelbar abziehen. Über die Hinterlegung unterrichtet er den Gläubiger, der einen Vorschuss geleistet hat.

(8) Nach Ablauf der in Absatz 6 Satz 1 genannten Frist entscheidet der Gerichtsvollzieher nach pflichtgemäßem Ermessen über die Vernichtung des wertlosen oder nach seiner Einschätzung unverwertbaren Räumungsgutes. Eines vorangehenden erfolglosen Verwertungsversuches bedarf es nicht.

(9) In dem Protokoll über die Vollstreckungshandlung ist das zu räumende Objekt genau zu bezeichnen. Das Protokoll muss ferner ergeben, welche Personen der Vollstreckungshandlung beigewohnt haben, welche Maßregeln getroffen worden sind, um den Schuldner aus dem Besitz zu setzen und den Gläubiger in den Besitz einzuweisen, und welche Zubehörstücke dem Gläubiger mit übergeben worden sind. Nimmt der Gerichtsvollzieher Sachen des Schuldners in Verwahrung, so gibt er die Sachen, den Grund und die Art der Verwahrung im Protokoll an.

§ 129 Beschränkter Vollstreckungsauftrag

(§ 885 a ZPO)

(1) Der Vollstreckungsauftrag kann auf die Maßnahmen nach § 128 Absatz 1 beschränkt werden.

(2) Der Gerichtsvollzieher hat in seinem Protokoll die frei ersichtlichen beweglichen Sachen zu dokumentieren, die er bei der Vornahme der Vollstreckungshandlung vorfindet. Die Dokumentation muss nicht den Anforderungen an eine vollständige Inventarisierung erfüllen. Sie beschränkt sich auf die in Räumen frei einsehbaren beweglichen Sachen. Behältnisse muss der Gerichtsvollzieher für die Dokumentation nicht öffnen. Insbesondere muss er weder Schranktüren öffnen noch Schubladen herausziehen und den Inhalt von Schränken und Schubladen weder vollständig noch zum Teil herausnehmen. Eine Pflicht zur weitergehenden Dokumentation, die unter Umständen mit aufwändigen Feststellungen über den Zustand aller in den Räumlichkeiten befindlichen Sachen verbunden sein kann, trifft den Gerichtsvollzieher nicht. Er kann nach seinem Ermessen bei der Dokumentation Bildaufnahmen in elektronischer oder in analoger Form herstellen. Die elektronischen Bilder sind im Gerichtsvollzieherbüro unter Verwendung geeigneter, den üblichen Standards der Datensicherheit und des Datenschutzes entsprechender elektronischer Speichermedien zu verwahren.

(3) In den Fällen des Absatzes 1 weist der Gerichtsvollzieher zusammen mit der Mitteilung des Räumungstermins sowohl den Schuldner als auch den Gläubiger ausdrücklich schriftlich auf die Bestimmungen des § 885 a Absatz 2 bis 5 ZPO hin.

§ 130 Besondere Vorschriften über die Räumung von Wohnungen

(1) Die Anberaumung des Räumungstermins ist schon vor Ablauf der Räumungsfrist zulässig.

(2) Während der Geltungsdauer einer einstweiligen Anordnung in Gewaltschutzsachen, soweit Gegenstand des Verfahrens Regelungen aus dem Bereich der Ehewohnungssachen sind, und in Ehewohnungssachen kann der Gerichtsvollzieher den Schuldner mehrfach aus dem Besitz der Wohnung setzen und den Gläubiger in den Besitz der Wohnung einweisen, ohne dass es weiterer Anordnungen oder einer erneuten Zustellung an den inzwischen wieder in die Wohnung eingezogenen Schuldner bedarf (§ 96 Absatz 2 FamFG). Nach jeder Erledigung eines Auftrags ist der Vollstreckungstitel innerhalb seiner Geltungsdauer jeweils dem Gläubiger zurückzugeben, der dem Gerichtsvollzieher durch die erneute Übergabe des Titels einen neuen Auftrag erteilen kann. Im Übrigen ist bei der Vollziehung von Entscheidungen des Familiengerichts in Verfahren nach § 2 GewSchG zur Überlassung einer von Gläubiger (verletzte Person) und Schuldner (Täter) gemeinsam genutzten Wohnung und der in solchen Verfahren erlassenen einstweiligen Anordnungen entsprechend § 134 zu verfahren.

(3) Ist zu erwarten, dass der Räumungsschuldner durch Vollstreckung des Räumungstitels obdachlos werden wird, so benachrichtigt der Gerichtsvollzieher unverzüglich die für die Unterbringung von Obdachlosen zuständige Verwaltungsbehörde. Die Be-

fugnis des Gerichtsvollziehers, die Zwangsvollstreckung aufzuschieben, richtet sich nach § 65.

(4) Nimmt die für die Unterbringung von Obdachlosen zuständige Behörde die bisherigen Räume des Schuldners ganz oder teilweise für dessen vorläufige Unterbringung auf ihre Kosten in Anspruch, so unterlässt der Gerichtsvollzieher die Zwangsvollstreckung hinsichtlich der in Anspruch genommenen Räume.

§ 131 Räumung eines zwangsweise versteigerten Grundstücks, Schiffes, Schiffsbauwerks oder Schwimmdocks oder eines unter Zwangsverwaltung gestellten Grundstücks

(1) Im Fall des § 93 ZVG erfolgt die Räumung im Auftrag des Erstehers nach den Vorschriften der §§ 128 bis 130. Im Hypothekenhaftungsverband befindliche und im Rahmen der Zwangsverwaltung oder Zwangsversteigerung beschlagnahmte Sachen, insbesondere Zubehör gemäß §§ 97 und 98 BGB, sind auf dem Grundstück zu belassen und dem Ersteher zu übergeben. Diese Vorschriften finden im Fall der Räumung eines versteigerten eingetragenen Schiffes, Schiffsbauwerks oder (im Bau befindlichen oder fertig gestellten) Schwimmdocks entsprechende Anwendung.

(2) In den Fällen der § 94 Absatz 2 und § 150 Absatz 2 ZVG kann der Gerichtsvollzieher von dem Vollstreckungsgericht beauftragt werden, ein Grundstück dem Zwangsverwalter zu übergeben. Der Gerichtsvollzieher setzt in diesem Fall den Schuldner aus dem Besitz und weist den Zwangsverwalter in den Besitz ein. Er wird zur Vornahme dieser Handlung durch den gerichtlichen Auftrag oder den Auftrag des Zwangsverwalters ermächtigt. Einer Klausel und einer (erneuten) Zustellung dieser Urkunden bedarf es nicht. Der Auftrag ist dem Schuldner oder der an Stelle des Schuldners angetroffenen Person vorzuzeigen und auf Verlangen in Abschrift mitzuteilen. Wohnt der Schuldner auf dem Grundstück, so sind ihm die für seinen Hausstand unentbehrlichen Räume zu belassen, sofern das Vollstreckungsgericht nichts anderes bestimmt hat (§ 149 ZVG).

§ 132 Bewachung und Verwahrung eines Schiffes, Schiffsbauwerks, Schwimmdocks oder Luftfahrzeugs

Werden Schiffe, Schiffsbauwerke, im Bau befindliche oder fertig gestellte Schwimmdocks oder Luftfahrzeuge zwangsversteigert, so kann das Vollstreckungsgericht in den Fällen der §§ 165, 170, 171c Absatz 2 und 3 sowie § 171g ZVG den Gerichtsvollzieher mit ihrer Bewachung und Verwahrung beauftragen. In diesem Fall beschränkt sich die Tätigkeit des Gerichtsvollziehers, soweit das Vollstreckungsgericht keine besonderen Anweisungen erteilt, in der Regel darauf, sie anzuketten, die Beschlagnahme kenntlich zu machen, das Inventar aufzunehmen, die vorhandenen Schiffs- oder Bordpapiere wegzunehmen sowie einen Wachtposten (Hüter, Bewachungsunternehmen) zu bestellen und zu überwachen. Die Bestellung des Wachtpostens und die dadurch entstehenden Kosten teilt der Gerichtsvollzieher dem Vollstreckungsgericht unverzüglich mit. Ohne Weisung des Vollstreckungsgerichts darf der Gerichtsvollzieher von der Bestellung eines Wachtpostens nur absehen, wenn die Sicherheit des Schiffes (Schiffsbauwerks, Schwimmdocks) oder Luftfahrzeugs anderweit gewährleistet erscheint. Für die Bewachung ist der Gerichtsvollzieher nicht verantwortlich, wenn er nur mit der Übergabe zur Bewachung und Verwahrung an eine ihm bezeichnete Person beauftragt ist.

D. Zwangsvollstreckung zur Beseitigung des Widerstands des Schuldners gegen Handlungen, die er nach den §§ 887, 890 ZPO zu dulden hat, oder zur Beseitigung von Zuwiderhandlungen des Schuldners gegen eine Unterlassungsverpflichtung aus einer Anordnung nach § 1 GewSchG (§ 96 FamFG)

§ 133

Einen unberechtigten Widerstand des Schuldners muss der Gerichtsvollzieher unter Beachtung der §§ 758 und 759 ZPO – nötigenfalls mit Gewalt, jedoch unter Vermeidung jeder unnötigen Härte – überwinden. Die Zwangsmaßnahmen dürfen nicht über das zur Beseitigung des Widerstandes notwendige Maß hinausgehen.

§ 134

(§§ 96, 214, 216 FamFG, § 1 GewSchG)

(1) Die gerichtliche Anordnung gemäß § 1 GewSchG ist ein vollstreckbarer Schuldtitel; er muss daher insbesondere auch dem Schuldner vor Beginn der Tätigkeit des Gerichtsvollziehers zugestellt werden, die auf Beseitigung des Widerstandes gerichtet ist. Abweichend von der Regel der §§ 44 und 45 ist die Vollstreckung einer Anordnung des Familiengerichts nach § 1 GewSchG gemäß § 216 Absatz 2 Satz 1 FamFG oder die Vollziehung einer einstweiligen Anordnung des Familiengerichts nach § 214 Absatz 1 Satz 1 FamFG gemäß § 53 Absatz 2 Satz 1 FamFG auch zulässig, bevor die Entscheidung dem Antragsgegner, das heißt dem Schuldner, zugestellt ist, wenn das Gericht dies ausdrücklich angeordnet hat. Der Antrag auf Erlass einer einstweiligen Anordnung gemäß § 214 Absatz 1 Satz 1 FamFG gilt zugleich als Auftrag zur Zustellung durch den Gerichtsvollzieher unter Vermittlung der Geschäftsstelle und zur Vollstreckung, wenn die einstweilige Anordnung ohne mündliche Erörterung erlassen wurde. Verlangt der Antragsteller in diesem Fall von dem Gerichtsvollzieher, die Zustellung nicht vor der Vollstreckung durchzuführen, so ist der Gerichtsvollzieher an dieses Verlangen gebunden.

(2) Der Gerichtsvollzieher wird zur Beseitigung der Zuwiderhandlung durch den Besitz einer Ausfertigung der gerichtlichen Entscheidung ermächtigt. Er prüft nach deren Inhalt selbstständig, ob und wieweit das Verlangen des Gläubigers gerechtfertigt erscheint. Zuwiderhandlungen des Schuldners muss der Gerichtsvollzieher unter Beachtung des § 758 Absatz 3 und des § 759 ZPO, nötigenfalls mit Gewalt, jedoch unter Vermeidung jeder unnötigen Härte, überwinden.

E. Zwangsvollstreckung durch Abnahme der Vermögensauskunft, der eidesstattlichen Versicherung gemäß § 836 Absatz 3 oder § 883 Absatz 2 ZPO oder § 94 FamFG und durch Haft; Vorführung von Parteien und Zeugen

§ 135 Vorbereitung des Termins zur Abgabe der Vermögensauskunft

Bevor der Gerichtsvollzieher einen Termin zur Abgabe der Vermögensauskunft bestimmt, holt er eine Auskunft aus dem Vermögensverzeichnisregister ein. Daneben kann er das Schuldnerverzeichnis einsehen und den Schuldner befragen, ob dieser innerhalb der letzten zwei Jahre eine Vermögensauskunft abgegeben hat.

§ 136 Behandlung des Auftrags, Ladung zum Termin

(1) Der Ladung an den Schuldner fügt der Gerichtsvollzieher den Text der nach § 802 f Absatz 3 ZPO erforderlichen Belehrungen, je ein Überstück des Auftrags und der Forderungsaufstellung sowie einen Ausdruck der Vorlage für die abzugebende Vermögensauskunft oder ein entsprechendes Merkblatt bei. Soweit dafür amtliche Vordrucke eingeführt sind, verwendet der Gerichtsvollzieher diese. Hat der Gläubiger

mit dem Auftrag schriftlich Fragen eingereicht, die der Schuldner bei der Abnahme der Vermögensauskunft beantworten soll, fügt der Gerichtsvollzieher auch diesen Fragenkatalog der Ladung bei. Reicht der Gläubiger nach Auftragserteilung einen solchen Fragenkatalog ein, so übersendet der Gerichtsvollzieher dem Schuldner eine Ablichtung des Fragenkatalogs nachträglich formlos durch die Post unter Hinweis auf den Termin.

(2) Den Prozessbevollmächtigten des Schuldners muss der Gerichtsvollzieher von dem Termin nicht unterrichten. Dem Gläubiger oder dessen Verfahrensbevollmächtigten teilt er die Terminbestimmung formlos mit.

(3) Hat der Schuldner im Falle des § 807 Absatz 1 ZPO der sofortigen Abnahme der Vermögensauskunft widersprochen (§ 807 Absatz 2 Satz 1 ZPO), bedarf es der Setzung einer Zahlungsfrist nicht. Zwischen dem Terminstag und dem Tag der Zustellung der Ladung (§ 802 f Absatz 4 Satz 1 ZPO) müssen wenigstens drei Tage liegen (§ 217 ZPO).

§ 137 Anschriftenänderung, Rechthilfeersuchen, Erledigung des Rechtshilfeersuchens

(1) Ist der Schuldner nach der Rückbriefadresse an einen Ort außerhalb des Bezirkes des Gerichtsvollziehers verzogen, kann der Gerichtsvollzieher mangels anderer Anhaltspunkte regelmäßig davon ausgehen, dass der Schuldner bereits bei Auftragseingang an den anderen Ort verzogen war. In diesem Fall hebt er den Termin auf. Ist der Schuldner innerhalb des Amtsgerichtsbezirks in den Bezirk eines anderen Gerichtsvollziehers umgezogen, so gibt er den Auftrag unverzüglich an den zuständigen Gerichtsvollzieher ab. Ist der Schuldner außerhalb des Amtsgerichtsbezirks verzogen, leitet der Gerichtsvollzieher den Auftrag auf Antrag des Gläubigers an das zuständige Amtsgericht weiter und benachrichtigt unverzüglich den Gläubiger. Ist der Wohnsitz oder gewöhnliche Aufenthaltsort nach der Rückbriefadresse unbekannt und hat der Gläubiger für diesen Fall den Gerichtsvollzieher mit der Ermittlung des Aufenthaltsortes des Schuldners beauftragt, führt er zunächst diesen Auftrag aus. Ist ein Auftrag nach § 755 ZPO nicht erteilt oder bleibt die Aufenthaltsermittlung erfolglos, so ist der Auftrag dem Gläubiger mit entsprechender Mitteilung zurückzusenden (§ 20 Absatz 2 Satz 1 Nummer 2 GVO).

(2) Ist der Schuldner nach Eingang des Auftrags zur Abnahme der Vermögensauskunft nach Kenntnis des Gerichtsvollziehers an einen Ort außerhalb des Amtsgerichtsbezirks verzogen, ersucht der Gerichtsvollzieher den für den jetzigen Wohnort oder Aufenthaltsort zuständigen Gerichtsvollzieher, den Schuldner im Wege der Rechtshilfe dort zur Abgabe der Vermögensauskunft bei ihm zu laden. Der Gerichtsvollzieher benachrichtigt den Gläubiger formlos von seinem Rechtshilfeersuchen.

(3) Nach Abnahme der Vermögensauskunft hat der ersuchte Gerichtsvollzieher die Urschrift des Protokolls und das elektronisch errichtete Vermögensverzeichnis an den ersuchenden Gerichtsvollzieher zu senden. Das Vermögensverzeichnis ist dabei als elektronisches Dokument unter Nutzung des OSCI-Transportprotokolls (zum Beispiel über das Elektronische Gerichts- und Verwaltungspostfach (EGVP)) zu übermitteln. Der Gerichtsvollzieher hinterlegt das Vermögensverzeichnis bei dem zentralen Vollstreckungsgericht und leitet dem Gläubiger unverzüglich nach Eingang der Information des zentralen Vollstreckungsgerichts über die erfolgte Eintragung in das Vermögensregister einen mit einem Übereinstimmungsvermerk versehenen Ausdruck des Vermögensverzeichnisses zu. Er kann auf Antrag des Gläubigers auch nach § 802 d Absatz 2 ZPO verfahren.

(4) Soweit dem Gerichtsvollzieher nach Ladung und vor dem Termin zur Abnahme der Vermögensauskunft im Einzelfall Mängel in den von Amts wegen zu beachtenden Voraussetzungen bekannt werden, hebt er stets den Termin unter Benachrichtigung von Gläubiger und Schuldner endgültig oder einstweilen auf.

§ 138 Durchführung des Termins

(1) Der Termin ist nicht öffentlich. Der Gerichtsvollzieher achtet darauf, dass Dritte vom Inhalt der Sitzung keine Kenntnisse erlangen. Nur der Gläubiger, sein Vertreter und die Personen, denen der Schuldner die Anwesenheit gestattet oder die vom Gerichtsvollzieher zu seiner Unterstützung zugezogen werden, dürfen an dem Termin teilnehmen. Nimmt der Gläubiger am Termin teil, kann er den Schuldner innerhalb der diesem nach § 802 c ZPO obliegenden Auskunftspflicht befragen und Vorhalte machen. Er kann den Gerichtsvollzieher zum Termin auch schriftlich auf Vermögenswerte des Schuldners, zu denen er fehlende oder unrichtige Angaben des Schuldners befürchtet, hinweisen, damit dieser dem Schuldner bei Abwesenheit des Gläubigers im Termin den Vorhalt macht. Der Grundsatz der gütlichen Erledigung des Zwangsvollstreckungsverfahrens (§ 802 b ZPO) ist auch in dem Termin vorrangig zu beachten (vergleiche § 68).

(2) Zu Beginn des Termins belehrt der Gerichtsvollzieher den Schuldner nach § 802 f Absatz 3 ZPO eingehend über die Bedeutung einer eidesstattlichen Versicherung und weist auf die Strafvorschriften der §§ 156 und 161 StGB hin. Der Gerichtsvollzieher errichtet gemäß § 802 f Absatz 5 ZPO selbst eine Aufstellung mit den nach § 802 c Absatz 1 und 2 ZPO erforderlichen Angaben als elektronisches Dokument (Vermögensverzeichnis). Dem Schuldner nicht verständliche Begriffe, die dem zu erstellenden Vermögensverzeichnis zugrunde liegen, erläutert er. Der Gerichtsvollzieher hat auf Vollständigkeit der Angaben unter Beachtung der vom Gläubiger im Termin oder zuvor schriftlich gestellten Fragen zu dringen. Auf ein erkennbar unvollständiges Vermögensverzeichnis darf die eidesstattliche Versicherung nicht abgenommen werden, es sei denn, der Schuldner erklärt glaubhaft, genauere und vollständigere Angaben insoweit nicht machen zu können. Der Schuldner hat an Eides statt zu versichern, dass er die verlangten Angaben nach bestem Wissen und Gewissen richtig und vollständig gemacht hat. Über den Ablauf des Termins erstellt der Gerichtsvollzieher in entsprechender Anwendung der §§ 159 bis 163 ZPO ein Protokoll. Zu den in das Protokoll aufzunehmenden rechtserheblichen Erklärungen des Schuldners zählen auch die von ihm vorgebrachten Gründe, aus denen er die eidesstattliche Versicherung nicht abgeben will. Soweit ein amtlicher Protokollvordruck eingeführt ist, hat sich der Gerichtsvollzieher desselben zu bedienen.

§ 139 Aufträge mehrerer Gläubiger

Hat der Gerichtsvollzieher Aufträge mehrerer Gläubiger zur Abnahme der Vermögensauskunft erhalten, so bestimmt er den Termin zur Abgabe in diesen Verfahren auf dieselbe Zeit am selben Ort, soweit er die Ladungsfrist jeweils einhalten kann. Gibt der Schuldner die Vermögensauskunft ab, so nimmt der Gerichtsvollzieher für alle Gläubiger in allen Verfahren zusammen nur ein Protokoll und ein Vermögensverzeichnis auf.

§ 140 Verfahren nach Abgabe der Vermögensauskunft

(1) Der Gerichtsvollzieher hinterlegt das Vermögensverzeichnis nach Maßgabe der Vermögensverzeichnisverordnung (VermVV) spätestens nach drei Werktagen als elektronisches Dokument bei dem zentralen Vollstreckungsgericht. Die elektronische Kommunikation mit dem zentralen Vollstreckungsgericht richtet sich nach den dazu ergangenen landesrechtlichen Bestimmungen.

(2) Der Gerichtsvollzieher speichert die durch das zentrale Vollstreckungsgericht nach § 5 Absatz 2 Satz 2 VermVV übersandte Eintragungsmitteilung in elektronischer Form. Sodann erstellt er den für die Übermittlung an den Gläubiger bestimmten Ausdruck oder das für die Übermittlung an den Gläubiger bestimmte elektronische Dokument.

(3) Der Gerichtsvollzieher leitet dem Gläubiger unverzüglich nach Eingang der Information des zentralen Vollstreckungsgerichts über die erfolgte Eintragung in das Ver-

mögensverzeichnisregister einen mit einem Übereinstimmungsvermerk versehenen Ausdruck des Vermögensverzeichnisses zu. Er kann auf Antrag des Gläubigers auch nach § 802 d Absatz 2 ZPO verfahren. Der Vermerk, mit dem der Gerichtsvollzieher bescheinigt, dass der an den Gläubiger übermittelte Ausdruck mit dem Inhalt des Vermögensverzeichnisses übereinstimmt, enthält die Formulierung „Dieser Ausdruck stimmt mit dem Inhalt des Vermögensverzeichnisses überein." sowie Datum, Unterschrift, Name und Dienstbezeichnung des Gerichtsvollziehers. Der Vermerk, mit dem der Gerichtsvollzieher bescheinigt, dass das an den Gläubiger übermittelte elektronische Dokument mit dem Inhalt des Vermögensverzeichnisses übereinstimmt, enthält die Formulierung „Dieses elektronische Dokument stimmt mit dem Inhalt des Vermögensverzeichnisses überein." sowie Datum, Unterschrift, Name und Dienstbezeichnung des Gerichtsvollziehers.

§ 141 Einholung der Auskünfte Dritter zu Vermögensgegenständen

(§ 802 l ZPO)

(1) Der Gläubiger kann den Gerichtsvollzieher beauftragen, gemäß § 802 l ZPO bei Dritten Auskünfte zu Vermögensgegenständen des Schuldners einzuholen, wenn

1. der Schuldner seiner Pflicht zur Abgabe der Vermögensauskunft nicht nachkommt, oder

2. eine vollständige Befriedigung des Gläubigers bei Vollstreckung in die im Vermögensverzeichnis aufgeführten Gegenstände nach pflichtgemäßem Ermessen des Gerichtsvollziehers nicht zu erwarten ist.

Der Gerichtsvollzieher darf diese Auskünfte nur einholen, soweit dies zur Vollstreckung erforderlich ist und die zu vollstreckenden Ansprüche wenigstens 500 Euro betragen; Kosten der Zwangsvollstreckung und Nebenforderungen sind allerdings bei der Berechnung nur zu berücksichtigen, wenn sie allein Gegenstand des Vollstreckungsauftrags sind. Auch Folgegläubiger können ihren Antrag auf Einholung der Auskünfte Dritter auf Satz 1 Nummer 2 stützen. Der Gerichtsvollzieher sieht zur Prüfung der Zulässigkeit der Einholung einer solchen Auskunft Dritter das bei dem zentralen Vollstreckungsgericht hinterlegte Vermögensverzeichnis ein.

(2) Werden dem Gerichtsvollzieher von den in § 802 l Absatz 1 Satz 1 ZPO genannten Stellen Daten übermittelt, die für die Zwecke der Zwangsvollstreckung nicht erforderlich sind, so hat er sie unverzüglich zu löschen oder zu sperren. Die Löschung ist aktenkundig zu machen.

(3) Über die zur Vollstreckung notwendigen Auskünfte nach Absatz 1 unterrichtet der Gerichtsvollzieher den Gläubiger unverzüglich; den Schuldner unterrichtet er innerhalb von vier Wochen nach Erhalt des Ergebnisses. Er weist den Gläubiger darauf hin, dass dieser die erlangten Daten nur zu Vollstreckungszwecken nutzen darf und sie nach Zweckerreichung zu löschen hat.

§ 142 Wiederholung, Ergänzung oder Nachbesserung des Vermögensverzeichnisses

In den Fällen der Wiederholung, Ergänzung oder Nachbesserung des Vermögensverzeichnisses ist immer ein vollständiges Vermögensverzeichnis zu errichten. Der Gerichtsvollzieher dokumentiert in dem neu erstellten Vermögensverzeichnis, an welchem Tag die Versicherung an Eides statt für das Vermögensverzeichnis erstmals erfolgt ist (§ 3 Absatz 2 Nummer 3 VermVV).

§ 143 Erzwingungshaft

(1) Beantragt der Gläubiger gemäß § 802 g Absatz 1 ZPO den Erlass eines Haftbefehls, so leitet der Gerichtsvollzieher den Antrag nach Vollzug der Eintragungsanordnung nach § 882 c Absatz 1 Nummer 1, § 882 d ZPO zusammen mit seiner Akte an das nach § 764 Absatz 2 ZPO zuständige Vollstreckungsgericht weiter. Ist der Schuldner unentschuldigt dem Termin zur Abgabe der Vermögensauskunft ferngeblieben,

übersendet der Gerichtsvollzieher die Unterlagen nach Satz 1 dem Vollstreckungsgericht erst dann zum Erlass des Haftbefehls, wenn das zentrale Vollstreckungsgericht ihn über den Vollzug der Eintragungsanordnung unterrichtet hat (§ 882 c Absatz 1 Nummer 1 ZPO, § 882 d ZPO, § 3 Absatz 2 Satz 2 SchuFV).

(2) Das Verfahren richtet sich nach § 145. Der Zweck des Haftbefehls entfällt, wenn der Schuldner die Verpflichtung, deren Befriedigung durch die Abgabe der Vermögensauskunft vorbereitet werden soll, vollständig erfüllt. § 68 findet Anwendung.

§ 144 Zulässigkeit der Verhaftung
(§§ 802 c, 802 g, 836, 883, 888, 889 ZPO; § 94 FamFG; § 153 Absatz 2 InsO)

(1) Auf Antrag des Gläubigers kann das Gericht gegen den Schuldner einen Haftbefehl erlassen, um von ihm

1. die Abgabe der in § 802 c ZPO bezeichneten Vermögensauskunft oder
2. die Abgabe der in §§ 836, 883 ZPO, § 94 FamFG und § 153 InsO bezeichneten eidesstattlichen Versicherung oder
3. die Abgabe der ihm nach bürgerlichen Recht obliegenden eidesstattlichen Versicherung oder die Vornahme einer sonstigen Handlung, zu welcher der Schuldner verurteilt worden ist und die ein anderer nicht vornehmen kann (zum Beispiel die Erteilung einer Auskunft; vergleiche §§ 802 g, 888, 889 ZPO) zu erzwingen.

Eine Zwangsvollstreckung auf Grund des § 888 ZPO ist jedoch ausgeschlossen, wenn im Fall der Verurteilung zur Vornahme einer Handlung der Beklagte für den Fall, dass die Handlung nicht binnen einer zu bestimmenden Frist vorgenommen wird, zur Zahlung einer Entschädigung verurteilt ist (§§ 510 b, 888 a ZPO).

(2) Der Gerichtsvollzieher hat vor einer Verhaftung § 802 h ZPO zu beachten. Er soll eine Verhaftung auch erst durchführen, wenn die Besorgnis ausgeschlossen erscheint, dass dadurch eine Gefährdung der öffentlichen Sicherheit und Ordnung entstehen kann.

(3) Die Verhaftung unterbleibt, wenn der Schuldner die Leistung bewirkt, die ihm nach dem Schuldtitel obliegt, die Vermögensauskunft oder die eidesstattliche Versicherung freiwillig abgibt. § 802 b ZPO findet Anwendung.

§ 145 Verfahren bei der Verhaftung

(1) Der Gerichtsvollzieher vermeidet bei der Verhaftung unnötiges Aufsehen und jede durch den Zweck der Vollstreckung nicht gebotene Härte. In geeigneten Fällen kann er den Schuldner schriftlich zur Zahlung und zum Erscheinen an der Gerichtsstelle auffordern. Dies hat jedoch zu unterbleiben, wenn zu befürchten ist, der Schuldner werde sich der Verhaftung entziehen oder Vermögenswerte beiseiteschaffen. Bei Widerstand wendet der Gerichtsvollzieher Gewalt an und beachtet dabei die §§ 758 und 759 ZPO. Der Gerichtsvollzieher befragt den Verhafteten, ob er jemanden von seiner Verhaftung zu benachrichtigen wünsche, und gibt ihm Gelegenheit zur Benachrichtigung seiner Angehörigen und anderer nach Lage des Falles in Betracht kommender Personen, soweit es erforderlich ist und ohne Gefährdung der Inhaftnahme geschehen kann. Der Gerichtsvollzieher kann die Benachrichtigung auch selbst ausführen. Der Gerichtsvollzieher, der den Schuldner verhaftet hat, liefert ihn in die nächste zur Aufnahme von Zivilhäftlingen bestimmte Justizvollzugsanstalt ein. Der Haftbefehl ist dem zuständigen Vollzugsbediensteten zu übergeben. Ist das Amtsgericht des Haftorts nicht die Dienstbehörde des einliefernden Gerichtsvollziehers, so weist er den Vollzugsbediensteten außerdem darauf hin, dass der verhaftete Schuldner zu jeder Zeit verlangen kann, bei dem zuständigen Gerichtsvollzieher des Amtsgerichts des Haftorts die Vermögensauskunft oder die eidesstattliche Versicherung (vergleiche § 144 Absatz 1 Satz 1, § 147) abzugeben. Er weist ihn ferner darauf hin, den Schuldner sogleich zu unterrichten, zu welchen Zeiten Gründe der Sicherheit der Justizvollzugsanstalt

einer Abnahme entgegenstehen. Außerdem übergibt er dem Vollzugsbediensteten die Vollstreckungsunterlagen, der sie dem bei Abgabebereitschaft des Schuldners herbeigerufenen Gerichtsvollzieher des Amtsgerichts des Haftorts aushändigt. Eines besonderen Annahmebefehls bedarf es nicht. Einer Einlieferung in die Justizvollzugsanstalt steht nicht entgegen, dass der Schuldner sofortige Beschwerde gegen den Haftbefehl eingelegt hat oder seine Absicht dazu erklärt. Im Einzelfall kann der Gerichtsvollzieher den Haftbefehl jedoch aussetzen, damit der Schuldner sofortige Beschwerde einlegen und die Aussetzung der Vollziehung gemäß § 570 Absatz 3 ZPO beantragen kann.

(2) Das Protokoll muss die genaue Bezeichnung des Haftbefehls und die Bemerkung enthalten, dass dem Schuldner eine beglaubigte Abschrift desselben übergeben worden ist; es muss ferner ergeben, ob und zu welcher Zeit der Schuldner verhaftet worden oder aus welchem Grund die Verhaftung unterblieben ist. Die Einlieferung des Schuldners in die Justizvollzugsanstalt ist von dem zuständigen Vollzugsbediensteten unter dem Protokoll zu bescheinigen; dabei ist die Stunde der Einlieferung anzugeben.

(3) Für die Verhaftung des Vollstreckungsschuldners in Steuersachen ist der Gerichtsvollzieher zuständig. Die Vollstreckungsbehörde (Finanzamt/Hauptzollamt) teilt dem Gerichtsvollzieher den geschuldeten Betrag sowie den Schuldgrund mit und ermächtigt ihn, den geschuldeten Betrag anzunehmen und über den Empfang Quittung zu erteilen. Ist der verhaftete Vollstreckungsschuldner vor Einlieferung in die Justizvollzugsanstalt zur Abgabe der Vermögensauskunft bereit, hat ihn der Gerichtsvollzieher grundsätzlich der Vollstreckungsbehörde vorzuführen. Abweichend hiervon kann der Gerichtsvollzieher des Amtsgerichts des Haftortes die Vermögensauskunft abnehmen, wenn sich der Sitz der in § 284 Absatz 5 AO bezeichneten Vollstreckungsbehörde nicht im Bezirk dieses Amtsgerichts befindet oder wenn die Abnahme der Vermögensauskunft durch die Vollstreckungsbehörde nicht möglich ist, weil die Verhaftung zu einer Zeit stattfindet, zu der der zuständige Beamte der Vollstreckungsbehörde nicht erreichbar ist. In diesem Fall hinterlegt der Gerichtsvollzieher das Vermögensverzeichnis beim zentralen Vollstreckungsgericht und benachrichtigt die Vollstreckungsbehörde unter Angabe der Verfahrensnummer und Übersendung des Vermögensverzeichnisses von der Hinterlegung. Über die Anordnung der Eintragung des Schuldners in das Schuldnerverzeichnis entscheidet die Vollstreckungsbehörde. Hat die Vollstreckungsbehörde Weisungen für die Durchführung der Verhaftung getroffen, zum Beispiel die Einziehung von Raten ausgeschlossen, ist der Gerichtsvollzieher daran gebunden. Im Übrigen kann der Gerichtsvollzieher nur unter den gleichen Voraussetzungen wie die Vollstreckungsbehörde von der Abnahme der Vermögensauskunft absehen. Diese soll nach Abschnitt 52 Absatz 2 der Vollstreckungsanweisung vom 13. März 1980 (BStBl. I S. 112), zuletzt geändert durch Artikel 1 der Allgemeinen Verwaltungsvorschrift vom 10. März 2011 (BStBl. I S. 238), von der Abnahme der Vermögensauskunft Abstand nehmen, wenn nach ihrer Überzeugung feststeht, dass das vom Vollstreckungsschuldner vorgelegte Vermögensverzeichnis vollständig und wahrheitsgemäß erstellt wurde.

(4) Ist die Vollstreckung des Haftbefehls nicht möglich, weil der Schuldner nicht aufzufinden oder nicht anzutreffen ist, so vermerkt der Gerichtsvollzieher dies zu den Akten und benachrichtigt unverzüglich den Gläubiger. Nach wiederholtem fruchtlosen Verhaftungsversuch binnen drei Monaten nach Auftragseingang in einer Wohnung (§ 61 Absatz 1 Satz 2), der mindestens einmal unmittelbar vor Beginn oder nach Beendigung der Nachtzeit erfolgt sein muss, hat der Gerichtsvollzieher dem Gläubiger anheimzugeben, einen Beschluss des zuständigen Richters bei dem Amtsgericht darüber herbeizuführen, dass die Verhaftung auch an Sonntagen und allgemeinen Feiertagen sowie zur Nachtzeit in den bezeichneten Wohnungen erfolgen kann.

(5) Der Gerichtsvollzieher des Amtsgerichts des Haftorts ist zuständig, das Vermögensverzeichnis (§ 802 f Absatz 5 ZPO) zu errichten. Er entlässt den Schuldner nach Abgabe der Vermögensauskunft oder Bewirkung der geschuldeten Leistung aus der Haft. Der Haftbefehl ist damit verbraucht. Der Gerichtsvollzieher des Amtsgerichts des Haftorts übermittelt dem zentralen Vollstreckungsgericht das Vermögensverzeich-

nis in elektronischer Form und leitet dem Gläubiger unverzüglich nach Eingang der Information des zentralen Vollstreckungsgerichts über die erfolgte Eintragung in das Vermögensregister einen mit dem Übereinstimmungsvermerk versehenen Ausdruck zu (§ 802 f Absatz 6 ZPO).

(6) Die Vollziehung des persönlichen Sicherheitsarrestes richtet sich nach den Vorschriften über die Haft im Zwangsvollstreckungsverfahren (§§ 802 g, 802 h bis 802 j Absatz 1 und 2, § 933 ZPO). Absatz 1 bis 5 findet entsprechende Anwendung.

(7) Der Gerichtsvollzieher, der den Schuldner verhaftet hat (Absatz 1 Satz 7), ist für das Eintragungsanordnungsverfahren zuständig. Dazu unterrichtet ihn der Gerichtsvollzieher des Amtsgerichts des Haftorts unverzüglich über die Entlassung des Schuldners aus der Haft und den Entlassungsgrund.

§ 146 Nachverhaftung

(1) Ist der Schuldner bereits nach den §§ 144 und 145 in Erzwingungshaft genommen, so ist ein weiterer Haftbefehl gegen ihn dadurch zu vollstrecken, dass der Gerichtsvollzieher sich in die Justizvollzugsanstalt zu dem Schuldner begibt und ihn durch persönliche Eröffnung unter Übergabe einer beglaubigten Abschrift des Haftbefehls für nachverhaftet erklärt. Der Haftbefehl ist dem zuständigen Vollzugsbediensteten mit dem Ersuchen auszuhändigen, an dem Schuldner die fernere Haft nach Beendigung der zuerst verhängten Haft zu vollstrecken.

(2) Das Protokoll muss die Bezeichnung des Haftbefehls und die vom Gerichtsvollzieher abgegebenen Erklärungen enthalten. Die Aushändigung des Haftbefehls ist von dem Vollzugsbediensteten unter dem Protokoll zu bescheinigen. Im Übrigen findet § 145 entsprechende Anwendung.

(3) Gegen einen Schuldner, der sich in Untersuchungshaft oder in Strafhaft befindet, kann die Erzwingungshaft erst nach Beendigung der Untersuchungshaft oder der Strafhaft vollzogen werden. Der Gerichtsvollzieher erfragt bei dem Vollzugsbediensteten, bis zu welchem Tag gegen den Schuldner voraussichtlich noch Untersuchungshaft oder Strafhaft vollstreckt wird. Liegt dieser Tag vor dem Tag, von dem an die Vollziehung des Haftbefehls unstatthaft ist, weil seit seinem Erlass zwei Jahre vergangen sind (§ 802 h Absatz 1 ZPO), verfährt der Gerichtsvollzieher entsprechend Absatz 1 und 2. Andernfalls gibt der Gerichtsvollzieher den Auftrag unerledigt an den Gläubiger zurück. Es bleibt dem Gläubiger überlassen, sich nötigenfalls mit dem Gericht, der Staatsanwaltschaft oder dem Anstaltsleiter in Verbindung zu setzen, um die Beendigung der Untersuchungshaft oder Strafhaft zu erfahren. Sodann kann er den Gerichtsvollzieher erneut mit der Verhaftung beauftragen.

(4) Absatz 1 bis 3 findet bei der Vollziehung des persönlichen Sicherheitsarrests entsprechende Anwendung (§ 145 Absatz 6).

§ 147 Verhaftung im Insolvenzverfahren

(§§ 21, 98 InsO)

Für die Verhaftung des Schuldners nach § 21 InsO und nach § 98 InsO gelten die Vorschriften der Zivilprozessordnung über die Zwangsvollstreckung durch Haft entsprechend (§ 98 Absatz 3 InsO). Die Verhaftung erfolgt jedoch auf Anordnung des Gerichts.

§ 148 Vollziehung eines Haftbefehls gegen einen Zeugen

(§ 390 ZPO)

(1) Ist gegen einen Zeugen zur Erzwingung des Zeugnisses die Haft angeordnet (§ 390 Absatz 2 ZPO), so finden die Vorschriften über die Erzwingungshaft im Zwangsvollstreckungsverfahren (§§ 144, 145) entsprechende Anwendung. Den Auftrag zur Verhaftung des Zeugen erteilt die Partei, die den Antrag auf Erlass des Haftbefehls ge-

stellt hat. Der Gerichtsvollzieher wird zur Verhaftung durch den Besitz des gerichtlichen Haftbefehls ermächtigt.

(2) Ist gegen den Zeugen oder Beteiligten wegen unentschuldigten Ausbleibens oder unberechtigter Verweigerung des Zeugnisses für den Fall, dass das gegen ihn festgesetzte Ordnungsgeld nicht beigetrieben werden kann, Ordnungshaft festgesetzt (§ 380 Absatz 1, § 390 Absatz 1 ZPO), so wird die Entscheidung von Amts wegen nach den Vorschriften vollstreckt, die für Strafsachen gelten. Das vollstreckende Gericht kann mit der Verhaftung auch einen Gerichtsvollzieher beauftragen.

(3) Dasselbe gilt für die Vollstreckung einer Ordnungshaft, die nach § 178 GVG festgesetzt wird.

§ 149 Vorführung von Zeugen, Parteien und Beteiligten

(§ 372 a Absatz 2, § 380 Absatz 2 ZPO, § 33 Absatz 3, § 96 a Absatz 2, § 128 Absatz 4, § 178 Absatz 2 FamFG; § 98 InsO)

Das Gericht kann den Gerichtsvollzieher mit der zwangsweisen Vorführung einer Person, insbesondere eines Zeugen oder einer Partei, beauftragen. Der Gerichtsvollzieher führt den Auftrag nach den Anordnungen des Gerichts aus. Der Auftrag ist schriftlich zu erteilen; das Schriftstück ist dem Betroffenen vor der Ausführung des Auftrages vorzuzeigen. Im Übrigen findet § 145 entsprechende Anwendung. Die in § 145 Absatz 4 Satz 1 vorgesehene unverzügliche Benachrichtigung erfolgt durch den Gerichtsvollzieher fernmündlich gegenüber der zuständigen Geschäftsstelle des Gerichts, wenn nur auf diese Weise gewährleistet ist, dass der Termin noch rechtzeitig aufgehoben werden kann.

§ 150 Verhaftung ausländischer Staatsangehöriger

Bei der Verhaftung ausländischer Staatsangehöriger gelten Artikel 36 Absatz 1 Buchstabe b des Wiener Übereinkommens über konsularische Beziehungen vom 24. April 1963 (BGBl. 1969 II S. 1585, 1587) und die dazu ergangenen besonderen landesspezifischen Regelungen. Die Belehrungs- und Benachrichtigungspflicht obliegt dem Gerichtsvollzieher in den Fällen der §§ 145 bis 149.

§ 151 Verfahren zur Eintragung in das Schuldnerverzeichnis

(§§ 882 b bis 882 h ZPO)

Die Übermittlung der Eintragungsanordnung an das zentrale Vollstreckungsgericht erfolgt nach Maßgabe der Schuldnerverzeichnisführungsverordnung. Erhält der Gerichtsvollzieher von dem zentralen Vollstreckungsgericht nach § 3 Absatz 3 Satz 1 SchuFV die Mitteilung, dass seine elektronische Übermittlung die Anforderungen nicht erfüllt, veranlasst er unverzüglich nach § 3 Absatz 3 Satz 1 SchuFV eine erneute elektronische Übermittlung der Eintragungsanordnung, die dann den Anforderungen entspricht. Die elektronische Kommunikation mit dem zentralen Vollstreckungsgericht richtet sich nach den landesrechtlichen Bestimmungen.

F. Vollziehung von Arresten und einstweiligen Verfügungen

I. Allgemeines

§ 152

(§§ 916 bis 945 ZPO)

(1) Arrestbefehle und einstweilige Verfügungen sind Schuldtitel, die nicht eine Befriedigung des Gläubigers, sondern nur eine Sicherung seines Anspruchs oder die einstweilige Regelung eines rechtlichen Zustandes bezwecken. Der dingliche Arrest wird durch Beschlagnahme des gesamten Vermögens des Schuldners oder eines in dem Be-

fehl näher bezeichneten Teiles hiervon, der persönliche Sicherheitsarrest je nach dem Inhalt des Befehls durch Verhaftung des Schuldners oder eine sonstige Beschränkung seiner persönlichen Freiheit vollzogen. Bei der einstweiligen Verfügung trifft das Gericht in dem Befehl die zur Erreichung des Zwecks erforderlichen Anordnungen, die zum Beispiel darin bestehen können, dass dem Schuldner eine Handlung geboten oder verboten, unter Umständen auch eine Leistung an den Gläubiger oder die Herausgabe einer beweglichen Sache oder eines Grundstücks aufgegeben wird.

(2) Arrestbefehle und einstweilige Verfügungen ergehen in Form eines Urteils oder eines Beschlusses. Sie werden dem Gläubiger von dem Gericht durch Verkündung oder durch Zustellung von Amts wegen bekannt gemacht, dem Schuldner dagegen auf Betreiben und im Auftrag des Gläubigers durch einen Gerichtsvollzieher zugestellt, sofern der Arrest oder die einstweilige Verfügung durch Beschluss angeordnet worden ist (vergleiche § 922 Absatz 2 ZPO). Ist über das Gesuch durch Urteil entschieden worden, kann eine Zustellung an den Schuldner von Amts wegen nach § 317 Absatz 1 Satz 1 ZPO oder zum Zwecke der Einleitung der Vollziehung im Parteibetrieb nach § 750 Absatz 1 Satz 2 Halbsatz 1, § 795 ZPO erfolgen. In Familienstreitsachen kann das Gericht gemäß § 119 Absatz 2 Satz 1 FamFG den Arrest anordnen. Satz 2 und 3 finden entsprechende Anwendung.

(3) Die Vollziehung des Arrestes ist nur innerhalb einer Ausschlussfrist von einem Monat zulässig. Die Frist beginnt mit der Verkündung des Arrestbefehls oder dessen Zustellung an den Gläubiger (§ 929 Absatz 2 ZPO). Dasselbe gilt für die Vollziehung einer einstweiligen Verfügung, soweit sich nicht aus den darin getroffenen Anordnungen etwas anderes ergibt (§ 936 ZPO). Der Gerichtsvollzieher prüft selbstständig, ob die Ausschlussfrist abgelaufen ist. Er beachtet dabei, dass der Arrestbefehl dem Gläubiger auch dann zugestellt ist, wenn er ihm an der Amtsstelle ausgehändigt worden ist (§ 173 ZPO). Die Monatsfrist ist schon dadurch gewahrt, dass der Antrag des Gläubigers auf Vornahme der Vollstreckungshandlung vor ihrem Ablauf bei dem Gerichtsvollzieher eingeht. Soweit die Vollziehung nicht mehr statthaft ist, lehnt er den Auftrag ab.

(4) Eine Vollstreckungsklausel ist auf Arrestbefehlen und einstweiligen Verfügungen nur dann erforderlich, wenn die Vollziehung für einen anderen als den im Befehl bezeichneten Gläubiger oder gegen einen anderen als den im Befehl bezeichneten Schuldner erfolgen soll (§ 929 Absatz 1 ZPO).

(5) Abweichend von der Regel der §§ 44 und 45 ist die Vollziehung eines Arrestes oder einer einstweiligen Verfügung auch zulässig, bevor die Entscheidung oder – falls eine Vollstreckungsklausel erteilt ist – bevor die Klausel und die in ihr erwähnten, die Rechtsnachfolge beweisenden Urkunden dem Schuldner zugestellt sind. Die Wirksamkeit der Vollziehung ist dadurch bedingt, dass die Zustellung innerhalb einer Woche nach der Vollziehung und zugleich vor Ablauf der Ausschlussfrist von einem Monat nachgeholt wird (§ 929 Absatz 3 ZPO; vergleiche auch § 167 ZPO). Der mit der Vollziehung beauftragte Gerichtsvollzieher hat auch ohne ausdrückliche Anweisung des Gläubigers für die rechtzeitige Zustellung der Entscheidung zu sorgen.

II. Verfahren bei der Vollziehung

§ 153 Dinglicher Arrest

(1) Bei der Vollziehung des dinglichen Arrestes wirkt der Gerichtsvollzieher in gleicher Weise mit wie bei der sonstigen Zwangsvollstreckung.

(2) In bewegliche körperliche Sachen wird der Arrest durch Pfändung nach den Vorschriften vollzogen, die für die Zwangsvollstreckung gelten (§§ 928, 929 ZPO). Zu den beweglichen Sachen rechnen in diesem Fall auch die in das Schiffsregister eingetragenen Schiffe, Schiffsbauwerke und im Bau befindlichen oder fertiggestellten Schwimmdocks (§ 931 Absatz 1 ZPO in Verbindung mit Artikel 3 SchRG); dies gilt nicht nur für deutsche, sondern auch für alle ausländischen Schiffe. Wegen der Benachrichtigung der konsularischen Vertretung bei der Pfändung von ausländischen Schiffen vergleiche § 84 Absatz 4.

(3) Die Pfandstücke dürfen auf Grund des Arrestbefehls nicht veräußert werden. Das Vollstreckungsgericht kann jedoch die Versteigerung und die Hinterlegung des Erlöses anordnen, wenn eine im Arrestwege gepfändete Sache der Gefahr einer beträchtlichen Wertverringerung ausgesetzt ist oder wenn ihre Aufbewahrung unverhältnismäßig hohe Kosten verursachen würde (§ 930 ZPO); erscheint die Stellung eines Antrags auf Versteigerung erforderlich, so soll der Gerichtsvollzieher die Beteiligten darauf aufmerksam machen. Die Pfändung auf Grund eines Arrestbefehls steht der Veräußerung der Pfandstücke für einen anderen Gläubiger nicht entgegen. Der Teil des Erlöses, der auf die durch das Arrestpfandrecht gesicherte Forderung entfällt, ist zu hinterlegen.

(4) Bei der Vollziehung des Arrestes in ein Schiff, Schiffsbauwerk oder Schwimmdock sorgt der Gerichtsvollzieher durch geeignete Maßnahmen für die Bewachung und Verwahrung des Schiffes, Schiffsbauwerks oder Schwimmdocks. Die Vollziehung des Arrestes in das Schiff ist nicht zulässig, wenn sich das Schiff auf der Reise befindet und nicht in einem Hafen liegt (§ 482 HGB). Ist zur Zeit der Arrestvollziehung die Zwangsversteigerung des Schiffes, Schiffsbauwerks oder Schwimmdocks eingeleitet, so reicht der Gerichtsvollzieher eine Abschrift des Pfändungsprotokolls beim Vollstreckungsgericht ein (§ 931 Absatz 5 ZPO).

(5) In inländische Luftfahrzeuge, die in der Luftfahrzeugrolle oder im Register für Pfandrechte an Luftfahrzeugen eingetragen sind, wird der Arrest dadurch vollzogen, dass der Gerichtsvollzieher das Luftfahrzeug in Bewachung und Verwahrung nimmt und ein Registerpfandrecht für die Forderung eingetragen wird (§ 99 Absatz 2 LuftFzgG). In ausländische Luftfahrzeuge wird der Arrest dadurch vollzogen, dass der Gerichtsvollzieher das Luftfahrzeug in Bewachung und Verwahrung nimmt und nach den Vorschriften über die Zwangsvollstreckung pfändet (§ 106 Absatz 3 LuftFzgG). Die Bewachung und Verwahrung sowie die Pfändung des Luftfahrzeugs unterbleiben, soweit nach den Vorschriften des Gesetzes über die Unzulässigkeit der Sicherungsbeschlagnahme von Luftfahrzeugen eine Pfändung unzulässig ist.

(6) Soll ein Arrestbefehl vor oder bei der Zustellung vollzogen werden (§ 929 Absatz 3, § 750 Absatz 1 ZPO) und übergibt der Schuldner dem Gerichtsvollzieher die im Arrestbefehl bestimmte Lösungssumme (§ 923 ZPO), so darf der Gerichtsvollzieher die Summe in Empfang nehmen und von der Vollstreckung absehen, vorausgesetzt, der Schuldner entrichtet auch die erwachsenen Gerichtsvollzieherkosten. Der Gerichtsvollzieher handelt in diesem Fall in amtlicher Eigenschaft und hat die ihm übergebene Lösungssumme unverzüglich zu hinterlegen.

(7) Erwirkt der Gläubiger demnächst wegen der Arrestforderung einen vollstreckbaren Titel und liegen im Übrigen die Voraussetzungen der Zwangsvollstreckung vor, so bedarf es zur Durchführung der Vollstreckung keiner nochmaligen Pfändung, es sei denn, die Arrestpfändung ist unwirksam oder aufgehoben (§ 934 ZPO). Das Arrestpfandrecht geht ohne Weiteres in ein Vollstreckungspfandrecht über; der Gläubiger kann daher die Auszahlung des hinterlegten Geldes verlangen. Dem Schuldner steht das Recht nicht mehr zu, die Versteigerung oder sonstige Durchführung des Verfahrens durch Hinterlegung gemäß § 923 ZPO abzuwenden.

(8) Bei der Vollziehung des dinglichen Arrestes in eine Forderung, die dem Schuldner gegen eine dritte Person (den Drittschuldner) zusteht, oder in andere zum beweglichen Vermögen gehörende Vermögensrechte des Schuldners erfolgt die Pfändung durch das Arrestgericht. Die Mitwirkung des Gerichtsvollziehers regelt sich nach §§ 121 bis 126. Der mit der Zustellung des Pfändungsbeschlusses beauftragte Gerichtsvollzieher achtet darauf, dass die Zustellung dieses Beschlusses an den Drittschuldner innerhalb der Ausschlussfrist von einem Monat (§ 152 Absatz 3) geschieht. Er stellt dem Schuldner innerhalb derselben Frist und zugleich vor Ablauf einer Woche nach der Zustellung an den Drittschuldner den Arrestbefehl zu, sofern dessen Zustellung nicht schon vorher erfolgt war. Für die Zustellung des Pfändungsbeschlusses an den Schuldner gilt § 121 Absatz 3.

§ 154 Einstweilige Verfügung, Sequestration, Verwahrung

(1) Nach § 938 ZPO kann die einstweilige Verfügung auch in einer Sequestration bestehen, das heißt in der Verwahrung und Verwaltung durch eine Vertrauensperson. Der Gerichtsvollzieher wird bei der Vollziehung einer solchen Verfügung nur insoweit tätig, als es sich darum handelt, dem Sequester durch eine Zwangsmaßnahme die Durchführung der Sequestration zu ermöglichen, zum Beispiel durch die Wegnahme einer beweglichen Sache oder die Räumung eines Grundstücks und die Übergabe an den Sequester. Der Gerichtsvollzieher ist nicht verpflichtet, das Amt eines Sequesters zu übernehmen.

(2) Erfordert die in einer einstweiligen Verfügung angeordnete Sicherstellung einer Sache nur eine Verwahrung (ohne Verwaltung), so liegt keine Sequestration vor. Der Gerichtsvollzieher muss die Verwahrung mit übernehmen, da sie noch eine Vollstreckungshandlung darstellt. Die Kosten einer solchen Verwahrung sind Vollstreckungskosten. Die Sicherstellung einer beweglichen Sache bedeutet in der Regel keine Sequestration, da sie keine selbständige Verwaltung notwendig macht.

(3) Ist in der einstweiligen Verfügung die Sequestration angeordnet, so kann der Gerichtsvollzieher im Zweifel davon ausgehen, dass es sich um die Anordnung einer Verwaltung handelt; er kann in diesen Fällen nach Absatz 1 verfahren.

G. Hinterlegung

§ 155

(§§ 711, 712, 720, 720 a, 827, 854, 930 ZPO; § 100 LuftFzgG)

Der Gerichtsvollzieher darf gepfändetes Geld oder den durch Verwertung der Pfandstücke erzielten Erlös in den Fällen nicht auszahlen, in denen die Hinterlegung erfolgen muss. Dies gilt insbesondere,

1. wenn dem Schuldner im Urteil nachgelassen ist, die Zwangsvollstreckung durch Sicherheitsleistung oder durch Hinterlegung abzuwenden (§ 711 Satz 1, § 712 Absatz 1 Satz 1, § 720 ZPO in Verbindung mit § 817 Absatz 4, §§ 819, 847 Absatz 2 ZPO);
2. wenn gegen den Schuldner nur die Sicherungsvollstreckung nach § 720 a ZPO betrieben wird oder nach § 712 Absatz 1 Satz 2 ZPO im Urteil die Vollstreckung auf die in § 720 a Absatz 1 und 2 ZPO bezeichneten Maßregeln beschränkt ist;
3. wenn ein gerichtliches Verteilungsverfahren erforderlich wird (§ 827 Absatz 2 und 3, § 854 Absatz 2 und 3, § 872 ZPO; vergleiche auch § 119 Absatz 5);
4. wenn dem Gerichtsvollzieher glaubhaft gemacht wird, dass an dem gepfändeten Geld ein die Veräußerung hinderndes oder zur vorzugsweisen Befriedigung berechtigendes Recht eines Dritten besteht (§§ 805, 815 Absatz 2 ZPO; vergleiche auch § 87 Absatz 3);
5. wenn auf Grund eines Arrestbefehls Geld vom Gerichtsvollzieher gepfändet oder als Lösungssumme gemäß § 923 ZPO an ihn geleistet wird oder wenn in einem anhängig gewordenen Verteilungsverfahren auf den Arrestgläubiger ein Betrag von dem Erlös der Pfandstücke entfallen ist (§ 930 Absatz 2 ZPO);
6. wenn das Gericht die Hinterlegung angeordnet hat (vergleiche § 805 Absatz 4, § 885 Absatz 4 ZPO);
7. wenn die Auszahlung aus Gründen, die in der Person des Empfangsberechtigten liegen, nicht bewirkt werden kann;
8. wenn im Verfahren zum Zweck der Zwangsversteigerung eines Grundstücks eine Forderung oder eine bewegliche Sache besonders versteigert oder in anderer Weise verwertet worden ist (§ 65 ZVG);
9. wenn Ersatzteile eines Luftfahrzeugs verwertet sind, auf die sich ein Sicherungsrecht erstreckt (vergleiche § 115).

Die Hinterlegung ist unverzüglich bei der zuständigen Hinterlegungsstelle nach Maßgabe der landesrechtlichen Regelungen zu bewirken.

Dritter Abschnitt
Vollstreckung gerichtlicher Anordnungen nach dem Gesetz über das Verfahren in Familiensachen und in den Angelegenheiten der freiwilligen Gerichtsbarkeit

§ 156 Kindesherausgabe

(§§ 88 bis 94 FamFG)

(1) Das Familiengericht (nicht der Herausgabeberechtigte) ersucht den Gerichtsvollzieher um die Vollstreckung. Über die Erledigung des Ersuchens hat der Gerichtsvollzieher dem Gericht schriftlich zu berichten. Der Gerichtsvollzieher ist befugt, die Vollstreckung in sinngemäßer Anwendung und im Rahmen des § 65 aufzuschieben.

(2) Unmittelbaren Zwang darf der Gerichtsvollzieher nur anwenden, wenn er hierzu von dem Gericht durch eine besondere Anordnung ermächtigt worden ist (§ 90 Absatz 1 FamFG). Die gerichtliche Anordnung berechtigt den Gerichtsvollzieher, den Widerstand des Herausgabepflichtigen zu überwinden. Die Wohnung des Herausgabepflichtigen darf ohne dessen Einwilligung nur aufgrund eines richterlichen Beschlusses durchsucht werden (§ 91 Absatz 1 FamFG). Die gerichtlichen Entscheidungen sind der Person vorzuzeigen, die von der Amtshandlung betroffen ist; auf Verlangen ist ihr eine Abschrift zu erteilen.

(3) Der Gerichtsvollzieher ist befugt, erforderlichenfalls die Unterstützung der polizeilichen Vollzugsorgane in Anspruch zu nehmen. Soweit er die Hilfe der polizeilichen Vollzugsorgane nicht in Anspruch nimmt, sollte der Gerichtsvollzieher zu seiner eigenen Absicherung Zeugen hinzuziehen (§ 759 ZPO).

(4) Bevor der Termin zur Wegnahme bestimmt wird, weist der Gerichtsvollzieher den Herausgabeberechtigten darauf hin, dass die Vollstreckung nur durchgeführt werden kann, wenn der Berechtigte das Kind an Ort und Stelle übernimmt.

(5) Der Gerichtsvollzieher vergewissert sich vor Beginn der Vollstreckung durch Besprechung mit dem Herausgabeberechtigten und gegebenenfalls mit dem Jugendamt und dem Familiengericht, ob zur Vermeidung und notfalls Überwindung eines Kindeswiderstandes von vornherein ein Vertreter des Jugendamts zur Unterstützung des Herausgabeberechtigten zuzuziehen ist.

(6) Der Gerichtsvollzieher darf Sachen, die für den persönlichen Gebrauch des Kindes bestimmt sind und im Zeitpunkt der Herausgabe nicht dringend vom Kind benötigt werden, gegen den Willen des Herausgabepflichtigen nur dann wegnehmen, wenn er durch einen entsprechenden Vollstreckungstitel dazu legitimiert ist (zum Beispiel einstweilige Anordnung nach § 49 FamFG). Sachen, die das Kind sofort benötigt, wie zum Beispiel angemessene Kleidung für eine Reise sowie Schulsachen, können gleichzeitig weggenommen werden.

(7) Die vorstehenden Bestimmungen gelten entsprechend für die Vollstreckung von Anordnungen
1. über den Umgang mit dem Kind;
2. über die Herausgabe von erwachsenen Personen.

Vierter Abschnitt
Wechsel- und Scheckprotest

A. Allgemeine Vorschriften

§ 157 Zuständigkeit

(1) Wechsel- und Scheckproteste werden durch einen Notar oder einen Gerichtsbeamten aufgenommen (Artikel 79 des Wechselgesetzes (WG); Artikel 55 Absatz 3 des Scheckgesetzes (ScheckG)).

(2) Zu den Gerichtsbeamten, die für die Aufnahme von Protesten zuständig sind, gehört auch der Gerichtsvollzieher.

§ 158 Begriff und Bedeutung des Protestes

(1) Hat ein Wechselbeteiligter eine wechselrechtliche Leistung unterlassen – zum Beispiel die Zahlung oder die Annahme –, so hängt die weitere Geltendmachung und Durchführung der wechselrechtlichen Ansprüche des Wechselgläubigers in der Regel davon ab, dass er

1. den Wechselbeteiligten durch einen der im § 157 bezeichneten Beamten unter Vorlegung des Wechsels, gegebenenfalls einer Ausfertigung oder Abschrift davon, zur Leistung auffordern lässt und,
2. falls die Leistung nicht erfolgt, durch den Beamten in urkundlicher Form feststellen lässt, dass die Aufforderung zu der wechselrechtlichen Leistung oder Handlung ohne Erfolg geblieben ist.

Den Vorgang der Vorlegung, der Aufforderung zur Leistung und der Beurkundung durch den Beamten bezeichnet man als Protesterhebung, die Urkunde als Protest oder Protesturkunde.

(2) Wird ein Scheck nicht bezahlt, so muss dies ebenfalls durch einen Protest festgestellt werden (Artikel 40 Nummer 1 ScheckG). Jedoch genügen an Stelle des Protestes auch die in Artikel 40 Nummer 2 und 3 ScheckG bezeichneten schriftlichen Erklärungen des Bezogenen oder der Abrechnungsstelle.

(3) Der Protest liefert den urkundlichen, unter Umständen ausschließlichen Beweis für die Tatsachen, die zur Erhaltung und Geltendmachung der Rechte aus dem Wechsel oder Scheck erheblich sind, insbesondere für den Rückgriff des Inhabers gegen seine Vormänner. Für die Protesterhebung sind kurze Fristen maßgebend; auch muss der Inhaber des Wechsels oder Schecks nach den Bestimmungen des Artikels 45 WG und des Artikels 42 ScheckG seinen unmittelbaren Vormann und den Aussteller innerhalb kurzer Frist davon benachrichtigen, dass die Annahme oder die Zahlung unterblieben ist. Der Gerichtsvollzieher muss daher bei der Protesterhebung besondere Sorgfalt anwenden. Jeder Verstoß gegen die Formvorschriften und jede Verzögerung bei der Aufnahme des Protestes oder der Rückgabe des protestierten Wechsels oder Schecks können zu Rechtsnachteilen für den Auftraggeber führen und das Land und den Gerichtsvollzieher zum Schadenersatz verpflichten.

§ 159 Auftrag zur Protesterhebung

(1) Der Auftrag zur Protesterhebung wird dem Gerichtsvollzieher von dem Berechtigten oder dessen Vertreter unmittelbar erteilt. Ob ihm die Protesterhebung auch durch das Amtsgericht übertragen werden kann, bei dem der Berechtigte die Erhebung des Protestes beantragt hat, richtet sich nach den landesrechtlichen Bestimmungen.

(2) Der Auftrag zur Protesterhebung verpflichtet den Gerichtsvollzieher, alle im Einzelfall erforderlichen Handlungen vorzunehmen, insbesondere den Wechselverpflichteten zu der wechselmäßigen Leistung aufzufordern, wegen deren Nichterfüllung Protest erhoben werden soll, und diese Leistung anzunehmen. Die Befugnis des Gerichts-

vollziehers zur Annahme der Zahlung kann nicht ausgeschlossen werden (Artikel 84 WG, Artikel 55 Absatz 3 ScheckG). Ein Auftrag, der allgemein auf Protesterhebung lautet, verpflichtet den Gerichtsvollzieher im Zweifel auch, den von dem Bezogenen nicht eingelösten Wechsel bei dem am Zahlungsort wohnenden Notadressaten oder Ehrenannehmer vorzulegen und, falls dieser nicht leistet, zu protestieren (Artikel 60 WG).

(3) Der Gerichtsvollzieher darf den Auftrag zur Protesterhebung auch dann nicht ablehnen, wenn er der Meinung ist, der Protest sei nicht notwendig oder die Protestfrist sei versäumt oder wenn er weiß, dass keine Zahlung erfolgen wird, weil der Schuldner zahlungsunfähig ist.

§ 160 Zeit der Protesterhebung

(Artikel 72 Absatz 1, Artikel 86 WG, Artikel 55 ScheckG)

(1) Die Protesterhebung darf nur an einem Werktag, jedoch nicht an einem Sonnabend, stattfinden.

(2) Die Proteste sollen in der Zeit von 9 bis 18 Uhr erhoben werden (Proteststunden); die Protesturkunde braucht jedoch nicht innerhalb dieser Zeit errichtet zu werden. Bei der Protesterhebung in den Geschäftsräumen des Protestgegners (vergleiche § 167) ist tunlichst auf die übliche Geschäftszeit Rücksicht zu nehmen. Außerhalb der Proteststunden soll die Protesterhebung nur erfolgen, wenn der Protestgegner ausdrücklich einwilligt.

§ 161 Berechnung von Fristen

(Artikel 72 Absatz 2, Artikel 73 WG, Artikel 55, 56 ScheckG)

Bei der Berechnung der gesetzlichen oder im Wechsel bestimmten Fristen wird der Tag, an dem sie zu laufen beginnen, nicht mitgezählt. Fällt der letzte Tag einer Frist, innerhalb deren eine wechsel- oder scheckrechtliche Handlung vorgenommen werden muss, auf einen Sonntag, einen sonstigen gesetzlichen Feiertag oder einen Sonnabend, so wird die Frist bis zum nächsten Werktag verlängert. Feiertage, die in den Lauf der Frist fallen, werden bei der Berechnung der Frist mitgezählt.

B. Wechselprotest

§ 162 Anzuwendende Vorschriften

(1) Der Gerichtsvollzieher führt die Aufnahme von Wechselprotesten nach den Artikeln 79 bis 87 WG und den folgenden §§ 163 bis 171 durch.

§ 163 Arten des Wechselprotestes

Das Wechselgesetz kennt folgende Arten des Protestes:
1. den Protest mangels Zahlung, wenn der Bezogene, der Annehmer, der am Zahlungsort wohnende Notadressat oder Ehrenannehmer sowie – beim eigenen Wechsel – der Aussteller den Wechsel nicht bezahlt hat (Artikel 44, 56, 60, 77 WG);
2. den Protest mangels Annahme,
    a) wenn der Bezogene oder der am Zahlungsort wohnende Notadressat die Annahme des Wechsels ganz oder teilweise verweigert hat oder wenn die Annahme wegen einer anderen Abweichung von den Bestimmungen des Wechsels als verweigert gilt (Artikel 44, 56, 26 Absatz 2 WG),
    b) wenn in den besonderen Fällen des Artikels 25 Absatz 2 WG (Nachsichtwechsel, Wechsel mit Annahmefrist) die Annahmeerklärung den Tag der Annahme oder Vorlegung nicht bezeichnet;

3. den Protest mangels Sichtbestätigung, wenn der Aussteller eines eigenen Nachsichtwechsels die Sichtbestätigung oder ihre Datierung verweigert hat (Artikel 78 Absatz 2 WG);
4. den Protest mangels Aushändigung
   a) einer zur Annahme versandten Ausfertigung, wenn der Verwahrer der Ausfertigung dem rechtmäßigen Inhaber einer anderen Ausfertigung die Aushändigung verweigert hat und die Annahme oder Zahlung auch nicht auf eine andere Ausfertigung zu erlangen war (Artikel 66 WG);
   b) der Urschrift, wenn der Verwahrer der Urschrift dem rechtmäßigen Inhaber der Abschrift die Aushändigung verweigert hat (Artikel 68, 77 WG).

§ 164 Protestfristen

(1) Der Protest mangels Annahme muss innerhalb der Frist erhoben werden, die für die Vorlegung zur Annahme gilt. Die Vorlegung kann nur bis zum Verfall erfolgen. Die Frist zur Vorlegung kann im Wechsel näher bestimmt sein. Nachsichtwechsel müssen spätestens binnen einem Jahr nach dem Tag der Ausstellung zur Annahme vorgelegt werden, falls nicht der Aussteller eine kürzere oder längere Frist bestimmt hat oder die Indossanten die Vorlegungsfrist abgekürzt haben (Artikel 44 Absatz 2, Artikel 21 bis 23 WG). Der Bezogene kann verlangen, dass ihm der Wechsel am Tag nach der ersten Vorlegung nochmals vorgelegt wird (Artikel 24 Absatz 1 WG). Ist in diesem Fall der Wechsel am letzten Tage der Frist zum ersten Mal vorgelegt worden, so kann der Protest noch am folgenden Tag erhoben werden (Artikel 44 Absatz 2 WG). Wegen des Verfahrens des Gerichtsvollziehers vergleiche § 168 Absatz 4.

(2) Der Protest mangels Zahlung muss bei einem Wechsel, der an einem bestimmten Tag oder bestimmte Zeit nach der Ausstellung oder nach Sicht zahlbar ist, an einem der beiden auf den Zahlungstag folgenden Werktage erhoben werden. Der Auftrag, einen Wechsel mangels Zahlung zu protestieren, darf auch dann nicht abgelehnt werden, wenn der Protest erst an einem Tag erhoben werden kann, welcher – ohne den dem Zahlungstag folgenden Sonnabend mitzuzählen – der zweite Werktag nach dem Zahlungstag ist. Bei einem Sichtwechsel muss der Protest mangels Zahlung in den Fristen erhoben werden, die für den Protest mangels Annahme vorgesehen sind (Absatz 1). Der Inhaber eines Sichtwechsels ist daher nicht genötigt, stets nach der ersten Vorlegung Protest erheben zu lassen. Er kann die Vorlegung innerhalb der hierfür bestimmten Frist beliebig wiederholen (Artikel 44 Absatz 3 WG). Der Protest wegen unterbliebener Ehrenzahlung ist spätestens am Tag nach Ablauf der Frist für die Erhebung des Protestes mangels Zahlung, in der Regel also am dritten Werktag nach dem Zahlungstag, zu erheben (Artikel 60 WG). Zahlungstag ist in der Regel der Verfalltag (vergleiche Artikel 33 bis 37 WG). Verfällt jedoch der Wechsel an einem Sonntag, einem sonstigen gesetzlichen Feiertag oder einem Sonnabend, so kann die Zahlung erst am nächsten Werktag verlangt werden.

(3) Der Protest mangels Sichtbestätigung muss in der Frist für die Vorlegung zur Sicht erhoben werden (Artikel 78 Absatz 2, Artikel 23, 44 Absatz 2 WG). Dem Aussteller steht die Überlegungsfrist nach Artikel 24 Absatz 1 WG nicht zu.

(4) Für die Erhebung des Protestes mangels Aushändigung gegen den Verwahrer einer zur Annahme versandten Ausfertigung (Ausfolgungsprotest nach Artikel 66 Absatz 2 Nummer 1 WG) gilt dieselbe Frist wie für den Hauptprotest mangels Annahme oder Zahlung (Artikel 66 Absatz 2 Nummer 2 WG). Die Frist für den Protest mangels Aushändigung der Urschrift (Ausfolgungsprotest nach Artikel 68 Absatz 2 WG) richtet sich nach den Fristen für den Protest mangels Zahlung.

(5) Die in den Absätzen 1 bis 4 bezeichneten Fristen sind gesetzliche Ausschlussfristen. Steht jedoch der rechtzeitigen Vorlegung des Wechsels oder der rechtzeitigen Protesterhebung ein unüberwindliches Hindernis entgegen, so werden die für diese Handlungen bestimmten Fristen verlängert. Der Gerichtsvollzieher gibt in diesem Fall dem Auftraggeber den Wechsel unverzüglich zurück und teilt ihm die Gründe mit, die der

rechtzeitigen Erledigung des Auftrags entgegenstehen. Ein unüberwindliches Hindernis kann durch die gesetzliche Vorschrift eines Staates (zum Beispiel ein Moratorium) oder durch einen anderen Fall höherer Gewalt (zum Beispiel Kriegsereignisse, Überschwemmungen, Erdbeben) gegeben sein (vergleiche Artikel 54 Absatz 1 WG). Jedoch gelten solche Tatsachen nicht als Fälle höherer Gewalt, die rein persönlich den mit der Vorlegung oder Protesterhebung beauftragten Gerichtsvollzieher betreffen (Artikel 54 Absatz 6 WG). Der Gerichtsvollzieher sorgt daher bei persönlicher Verhinderung für die beschleunigte Weitergabe des Auftrags an seinen Vertreter; gegebenenfalls unterrichtet er unter Vorlegung des Auftrags den aufsichtführenden Richter.

§ 165 Protestgegner (Protestat)

(1) Der Protest mangels Zahlung muss in jedem Fall
1. beim gezogenen Wechsel gegen den Bezogenen (nicht etwa gegen den Annehmer),
2. beim eigenen Wechsel gegen den Aussteller erhoben werden.

Dies gilt insbesondere auch dann, wenn der Wechsel bei einem Dritten am Wohnort des Bezogenen (beim eigenen Wechsel am Wohnort des Ausstellers) oder an einem anderen Ort zahlbar gestellt ist (Artikel 4, 27, 77 Absatz 2 WG). Die Angabe eines Dritten im Wechsel selbst oder in der Annahmeerklärung, bei dem Zahlung geleistet werden soll, oder die Angabe eines vom Wohnort des Bezogenen (beim eigenen Wechsel vom Wohnort des Ausstellers) verschiedenen Zahlungsorts oder einer am Zahlungsort befindlichen Stelle, wo Zahlung geleistet werden soll, ist somit nur entscheidend für den Ort, an dem der Protest zu erheben ist, nicht aber für die Person des Protestgegners. Befindet sich auf dem Wechsel eine Notadresse oder Ehrenannahme von Personen, die ihren Wohnsitz am Zahlungsort haben, so ist gegebenenfalls auch gegen diese Person Protest wegen unterbliebener Ehrenzahlung zu erheben (Artikel 60, 77 Absatz 1 WG). Ist Protest mangels Annahme erhoben worden, so bedarf es weder der Vorlegung zur Zahlung noch des Protestes mangels Zahlung (Artikel 44 Absatz 4 WG).

(2) Der Protest mangels Annahme muss gegen den Bezogenen erhoben werden (Artikel 21 WG). Befindet sich auf dem Wechsel eine auf den Zahlungsort lautende Notadresse, so erfolgt gegebenenfalls die Protesterhebung auch gegen den Notadressaten (Artikel 56 Absatz 2 WG).

(3) Der Protest mangels Sichtbestätigung muss gegen den Aussteller erhoben werden.

(4) Der Protest mangels Aushändigung einer zur Annahme versandten Ausfertigung (Artikel 66 Absatz 2 Nummer 1 WG) oder mangels Aushändigung der Urschrift des Wechsels (Artikel 68 Absatz 2 WG) muss gegen den Verwahrer der Ausfertigung oder der Urschrift erhoben werden.

(5) Ist über das Vermögen des Protestgegners (Absatz 1 bis 4) das Insolvenzverfahren eröffnet worden, so ist der Protest gleichwohl gegen ihn selbst und nicht etwa gegen den Insolvenzverwalter zu erheben. Der Gerichtsvollzieher muss in diesem Fall einen ihm aufgetragenen Protest auch dann erheben, wenn ausnahmsweise die Protesterhebung zur Ausübung des Rückgriffsrechts nicht erforderlich ist (vergleiche Artikel 44 Absatz 6 WG).

(6) Ist der Protestgegner gestorben, so ist in seinen letzten Geschäftsräumen oder in seiner letzten Wohnung ein Protest des Inhalts aufzunehmen, dass der Protestgegner nach Angabe einer mit Namen, Stand und Wohnort zu bezeichnenden Auskunftsperson verstorben sei (vergleiche auch § 171 Absatz 3).

§ 166 Protestort

(1) Der Protest muss – mit Ausnahme der in Absatz 2 Satz 2 und 3 bezeichneten Fälle – an dem Protestort erhoben werden. Protestort ist

1. beim Protest mangels Zahlung der Zahlungsort,
2. beim Protest mangels Annahme der Wohnort des Bezogenen, beim eigenen Wechsel der Wohnort des Ausstellers,
3. beim Protest mangels Sichtbestätigung der Wohnort des Ausstellers,
4. beim Protest mangels Aushändigung der Wohnort des Verwahrers der Ausfertigung oder der Urschrift.

(2) Dabei gilt beim Fehlen einer besonderen Angabe der bei dem Namen (Firma) des Bezogenen angegebene Ort als Zahlungsort und zugleich als Wohnort des Bezogenen, beim eigenen Wechsel der Ausstellungsort als Zahlungsort und zugleich als Wohnort des Ausstellers (Artikel 2 Absatz 3, Artikel 76 Absatz 3 WG). Der Ort, der gesetzlich als Zahlungsort oder Wohnort gilt, bleibt für die Protesterhebung auch dann maßgebend, wenn der Beteiligte während des Wechselumlaufs nach einem anderen Ort verzieht. Der Protest mangels Zahlung muss daher zum Beispiel auch dann an dem Wohnort erhoben werden, den der Bezogene nach dem Inhalt des Wechsels zur Zeit der Wechselausstellung hatte, wenn der Gerichtsvollzieher weiß, dass der Bezogene inzwischen seinen Wohnort gewechselt hat.

§ 167 Proteststelle

(1) Innerhalb des Protestorts muss der Protest an der gesetzlich vorgeschriebenen Proteststelle erhoben werden. An einer anderen Stelle, zum Beispiel an der Börse, kann dies nur mit beiderseitigem Einverständnis geschehen (Artikel 87 Absatz 1 WG).

(2) Proteststelle sind die Geschäftsräume des Protestgegners, im Fall der Bezeichnung eines Dritten, bei dem die Zahlung erfolgen soll, die Geschäftsräume dieses Dritten. Geschäftsräume sind zum Beispiel Büros, Kontore und Verkaufsräume, dagegen nicht bloße Lagerräume. Lassen sich die Geschäftsräume des Protestgegners (des Dritten) nicht ermitteln, so muss der Protest in dessen Wohnung erhoben werden. Ist im Wechsel eine bestimmte Stelle als Zahlstelle bezeichnet, so ist diese Proteststelle. Für den Fall, dass der Bezogene seine Zahlungen eingestellt hat oder gegen ihn fruchtlos vollstreckt worden ist, ferner auf ausdrücklichen Antrag des Inhabers des Wechsels auch bei eröffnetem Insolvenzverfahren gegen den Bezogenen, kann der Inhaber auch schon vor Verfall des Wechsels Protest erheben lassen (vergleiche Artikel 43 Absatz 2 Nummer 2 WG). Der Wechsel ist in diesen Fällen trotz Angabe einer Zahlstelle stets beim Bezogenen vorzulegen und zu protestieren.

(3) Ist im Wechsel eine Zahlstelle angegeben oder sind darin Geschäftsräume vermerkt oder ergibt sich aus seinem Inhalt, dass der Protestgegner zu den Personen gehört, die in der Regel Geschäftsräume haben, so stellt der Gerichtsvollzieher nach den Geschäftsräumen oder der Zahlstelle geeignete Ermittlungen an. Findet der Gerichtsvollzieher den Protestgegner in den Geschäftsräumen nicht vor oder kann er die Geschäftsräume nicht betreten, etwa weil sie vorübergehend geschlossen sind oder weil ihm der Zutritt verweigert wird, so braucht er sich nicht in die Wohnung des Protestgegners zu begeben. Er erhebt dann Protest nach § 168 Absatz 6. Ermittelt der Gerichtsvollzieher die Geschäftsräume nicht, so begibt er sich in die Wohnung des Protestgegners und erhebt dort Protest (Artikel 87 Absatz 1 WG). Nötigenfalls stellt er geeignete Ermittlungen nach der Wohnung an; ist eine Nachfrage bei der Polizeibehörde des Ortes ohne Erfolg geblieben, so ist der Gerichtsvollzieher zu weiteren Nachforschungen nicht verpflichtet (Artikel 87 Absatz 3 WG).

§ 168 Verfahren bei der Protesterhebung

(1) An der Proteststelle erkundigt sich der Gerichtsvollzieher nach dem Protestgegner und, falls die Zahlung bei einem Dritten erfolgen soll, nach diesem. Trifft er den Protestgegner oder den Dritten an, so legt er ihm den Wechsel je nach dem Inhalt seines Auftrags zur Zahlung, Annahme, Datierung und so weiter vor und nimmt seine Erklärungen entgegen.

(2) Trifft der Gerichtsvollzieher nicht den Protestgegner, aber dessen Vertreter an, so erfragt er Namen und Beruf des Vertreters und richtet an ihn unter Vorlegung des Wechsels die erforderlichen Aufforderungen. Vertreter im Sinne dieser Bestimmung ist nur der gesetzliche Vertreter oder der Bevollmächtigte; Gewerbegehilfen, Lehrlinge, Hausdiener und so weiter sind ohne Vollmacht nicht ermächtigt, die Aufforderung des Gerichtsvollziehers entgegenzunehmen.

(3) Bietet der Protestgegner oder ein anderer für ihn die Zahlung des Wechsels oder die andere wechselrechtliche Leistung tatsächlich an, so nimmt der Gerichtsvollzieher sie entgegen. Ist die Wechselsumme in Buchstaben und in Ziffern angegeben, so gilt bei Abweichungen die in Buchstaben angegebene Summe. Ist die Wechselsumme mehrmals in Buchstaben oder mehrmals in Ziffern angegeben, so gilt bei Abweichungen die geringste Summe (Artikel 6 WG). Gegen Vollzahlung, das heißt gegen Zahlung der Wechselsumme und der etwa entstandenen Zinsen und Protestkosten, quittiert der Gerichtsvollzieher auf dem Wechsel, sofern dieser noch nicht vom Gläubiger quittiert ist; er händigt den Wechsel demjenigen aus, der ihn eingelöst hat. Zahlt der Notadressat oder Ehrenannehmer die Wechselsumme, so ist in der Quittung und auf dem Wechsel anzugeben, für wen gezahlt worden ist (Artikel 62 WG). Eine Teilzahlung darf der Gerichtsvollzieher nicht zurückweisen. Er erhebt in diesem Fall wegen des Restes Protest. Die Teilzahlung vermerkt er im Protest; der Bezogene kann verlangen, dass sie auch auf dem Wechsel vermerkt wird und dass ihm eine besondere Quittung erteilt wird (Artikel 39 WG). Das gezahlte Geld führt der Gerichtsvollzieher nach Abzug der Gerichtsvollzieherkosten unverzüglich an den Berechtigten ab. Bei teilweiser Annahme ist wegen des Restes Protest zu erheben, desgleichen auch, wenn die Annahmeerklärung irgendeine andere Abweichung von den Bestimmungen des Wechsels enthält.

(4) Verlangt der Bezogene bei der Vorlegung zur Annahme, dass ihm der Wechsel nach der ersten Vorlegung nochmals vorgelegt wird, so ist diesem Verlangen zu entsprechen. Der Gerichtsvollzieher nimmt über die Vorlegung und das Verlangen des Bezogenen einen urkundlichen Vermerk auf, legt den Wechsel dem Bezogenen am nächsten Tag nochmals vor und erhebt dann Protest, wenn die Annahme verweigert wird. In dem Protest vermerkt er auch, dass der Bezogene die nochmalige Vorlegung des Wechsels verlangt hat. Dasselbe gilt, wenn der Bezogene bei der Protesterhebung erneut die nochmalige Vorlegung verlangt. Ohne Zustimmung des Wechselinhabers darf der Gerichtsvollzieher den zur Annahme vorgelegten Wechsel während der Überlegungsfrist nicht in der Hand des Bezogenen lassen (Artikel 23, 44 Absatz 2 WG).

(5) Wird der Auftrag ohne Protesterhebung erledigt, so muss der Gerichtsvollzieher dies urkundlich vermerken und den Vermerk zu den Protestsammelakten (§ 179) nehmen.

(6) Trifft der Gerichtsvollzieher weder den Protestgegner (Dritten) noch seinen Vertreter an der Proteststelle an oder findet er die Proteststelle vorübergehend verschlossen vor oder wird er an dem Zutritt zu der Proteststelle aus einem nicht in seiner Person liegenden Grund gehindert oder kann er die Proteststelle oder den Protestort nicht ermitteln, so erhebt er durch Feststellung dieser Tatsachen Protest.

(7) Eine Protesterhebung ist auch dann erforderlich, wenn derjenige, für den protestiert wird (Protestnehmer), und der Dritte, bei dem der Wechsel zahlbar gestellt ist (vergleiche § 165 Absatz 1), ein und dieselbe Person ist.

(8) Über die Erledigung des Auftrags zur Protesterhebung macht der Gerichtsvollzieher dem Auftraggeber unverzüglich Mitteilung. War ihm die Protesterhebung durch das Amtsgericht übertragen (§ 159 Absatz 1), so richtet er die Mitteilung an das Amtsgericht und fügt alle entstandenen Schriftstücke bei. Wegen des Wechsels und der Protesturkunde vergleiche jedoch § 171 Absatz 8.

§ 169 Fremdwährungswechsel

(Artikel 41 WG)

(1) Lautet der Wechsel auf eine fremde, am Zahlungsort nicht geltende Währung, so kann die Wechselsumme in der Landeswährung nach dem Wert bezahlt werden, den sie am Verfalltag besitzt. Verzögert der Schuldner die Zahlung, so kann der Inhaber wählen, ob die Wechselsumme nach dem Kurs des Verfalltages oder nach dem Kurs des Zahlungstages in die Landeswährung umgerechnet werden soll. Für den Gerichtsvollzieher ist insoweit die nähere Bestimmung durch den Auftraggeber maßgebend.

(2) Der Wert der fremden Währung bestimmt sich nach den Handelsbräuchen des Zahlungsorts. Der Aussteller kann jedoch im Wechsel für die zu zahlende Summe einen Umrechnungskurs bestimmen. Hat der Gerichtsvollzieher hinsichtlich der Umrechnung Zweifel, so kann er den Auftraggeber um die Umrechnung ersuchen, falls dies im Hinblick auf die Protestfrist angängig ist.

(3) Die Vorschriften in Absatz 1 und 2 gelten nicht, wenn der Aussteller die Zahlung in einer bestimmten Währung vorgeschrieben hat (Effektivvermerk).

§ 170 Wechsel in fremder Sprache

Erhält der Gerichtsvollzieher den Auftrag, einen Wechsel in fremder Sprache zu protestieren, so soll er von dem Auftraggeber die Aushändigung einer Übersetzung des Wechsels verlangen. Ist dies wegen der Kürze der Protestfrist nicht möglich, so lässt er den Wechsel durch einen Gerichtsdolmetscher oder einen gerichtlich beeidigten Dolmetscher übersetzen. Die Übersetzung kann er an Stelle des in § 179 Absatz 2 vorgeschriebenen Vermerks zu den Protestsammelakten nehmen.

§ 171 Protesturkunde

(Artikel 80 bis 83, 85 Absatz 1 WG)

(1) Über den Verlauf der Protesterhebung ist eine Urkunde (Protest) aufzunehmen.

(2) Der Protest muss enthalten:

1. den Namen (Firma) des Protestnehmers; Wechsel, die von den Kreditinstituten nach dem Wechseleinzugsabkommen eingezogen werden, sind an dem Inkassostempel mit dem Inhalt „Vollmacht gemäß Wechseleinzugsabkommen" zu erkennen. Protesturkunden über derartige Wertpapiere müssen stets die erste Inkassostelle als Protestnehmerin ausweisen und dürfen die letzte Inkassostelle allenfalls in der Funktion als Vertreterin der ersten Inkassostelle erwähnen;

2. den Namen (Firma) des Protestgegners, zum Beispiel des Bezogenen, Notadressaten, Ehrennehmers, Ausstellers oder Verwahrers; ferner den Namen des Dritten, wenn die Zahlung bei einem Dritten bewirkt werden soll, und die Bezeichnung eines etwa angetroffenen Vertreters, falls der Protestgegner oder der Dritte nicht angetroffen worden ist;

3. die Angabe, dass der Protestgegner (der Dritte) oder sein Vertreter ohne Erfolg zur Vornahme der wechselrechtlichen Leistung aufgefordert worden oder nicht anzutreffen gewesen ist oder dass seine Geschäftsräume oder seine Wohnung sich nicht haben ermitteln lassen. Ist eine Nachfrage bei der Polizeibehörde des Ortes ohne Erfolg geblieben, so ist dies im Protest zu vermerken. Wegen des Inhalts der Protesturkunde in besonderen Fällen vergleiche § 168 Absatz 4 und 6;

4. den Ort und den Tag, an dem die Aufforderung geschehen oder ohne Erfolg versucht worden ist;

5. die Unterschrift des Gerichtsvollziehers unter Beifügung eines Abdrucks des Dienstsiegels oder Dienststempels.

(3) Erfährt der Gerichtsvollzieher, dass der Protestgegner verstorben ist oder dass über sein Vermögen das Insolvenzverfahren eröffnet ist, so vermerkt er dies nachrichtlich

im Protest. Um klarzustellen, dass keine Gewähr für die Richtigkeit der mitgeteilten Tatsache übernommen wird, fasst er den Vermerk wie folgt:

„NN. (Protestgegner) s o l l verstorben sein."

oder

„Über das Vermögen des NN. s o l l das Insolvenzverfahren eröffnet worden sein."

(4) Wird der Protest mit Einverständnis des Protestgegners außerhalb der Proteststunden (§ 160 Absatz 2) oder außerhalb der Proteststelle (§ 167) erhoben, so ist in dem Protest auch zu beurkunden,

1. dass der Protestgegner einverstanden gewesen ist,
2. ob der Gerichtsvollzieher ihn gekannt hat oder wie er seine Persönlichkeit festgestellt hat.

(5) Muss eine wechselrechtliche Leistung von mehreren Personen oder von derselben Person mehrfach verlangt werden, so ist über die mehrfache Aufforderung nur eine Protesturkunde erforderlich. Dagegen können Proteste, die auf Grund mehrerer Wechsel erhoben werden, nicht in einer Urkunde aufgenommen werden.

(6) Für die äußere Form des Protestes gelten folgende Vorschriften:

1. Der Protest ist auf den Wechsel oder ein damit zu verbindendes Blatt zu setzen.
2. Der Protest soll unmittelbar hinter den letzten auf der Rückseite des Wechsels befindlichen Vermerk, beim Fehlen eines solchen unmittelbar an den Rand der Rückseite gesetzt werden.
3. Wird der Protest auf ein Blatt gesetzt, das mit dem Wechsel verbunden wird, so soll die Verbindungsstelle mit dem Abdruck des Dienstsiegels oder Dienststempels des Gerichtsvollziehers versehen werden. Ist dies geschehen, so braucht der Unterschrift des Gerichtsvollziehers kein Abdruck des Siegels oder Stempels beigefügt werden.
4. Wird der Protest unter Vorlegung mehrerer Ausfertigungen desselben Wechsels oder unter Vorlegung der Urschrift und einer Abschrift erhoben, so genügt die Beurkundung auf einer der Ausfertigungen oder auf der Urschrift. Auf den anderen Ausfertigungen oder auf der Abschrift ist zu vermerken, auf welche Ausfertigung der Protest gesetzt ist oder dass er sich auf der Urschrift befindet. Für diesen Vermerk gelten die Vorschriften in Nummer 2 und 3 Satz 1 entsprechend. Der Gerichtsvollzieher muss den Vermerk unterschreiben.
5. Der Protest wegen Verweigerung der Aushändigung der Urschrift ist auf die Abschrift oder ein damit zu verbindendes Blatt zu setzen. Die Vorschriften in Nummer 2 und 3 finden entsprechende Anwendung.
6. Wird Protest erhoben, weil die Annahme auf einen Teil der Wechselsumme beschränkt worden ist, so ist eine Abschrift des Wechsels anzufertigen und der Protest auf diese Abschrift oder ein damit zu verbindendes Blatt zu setzen. Die Abschrift hat auch die Indossamente und anderen Vermerke zu enthalten, die sich auf dem Wechsel befinden. Die Bestimmungen in Nummer 2 und 3 gelten entsprechend. Die Abschrift nebst Protest ist im Fall des Rückgriffs für den Rückgriffsschuldner bestimmt, der den nicht angenommenen Teil der Wechselsumme gezahlt hat (Artikel 51 WG).

(7) Die Urkunde soll möglichst im unmittelbaren Anschluss an den zu beurkundenden Vorgang aufgenommen werden. Sie ist noch vor Ablauf der gesetzlichen Protestfrist fertig zu stellen. Schreibfehler, Auslassungen und sonstige Mängel der Protesturkunde kann der Gerichtsvollzieher bis zur Aushändigung der Urkunde an den Protestnehmer berichtigen. Die Berichtigung ist als solche unter Beifügung der Unterschrift kenntlich zu machen.

(8) Der Protest ist dem Auftraggeber mit dem Wechsel in Urschrift auszuhändigen oder durch eingeschriebenen Brief zu übersenden. Hatte das Amtsgericht dem Ge-

richtsvollzieher die Protestaufnahme übertragen, so ist der Protest dem Berechtigten gleichfalls unmittelbar auszuhändigen, sofern sich nicht das Gericht die Vermittlung der Aushändigung vorbehalten hat.

(9) Eine abhanden gekommene oder vernichtete Protesturkunde kann durch ein Zeugnis über die Protesterhebung ersetzt werden. Das Zeugnis ist von der Stelle zu erteilen, welche die beglaubigte Abschrift der Urkunde verwahrt (§ 179), in der Regel also von dem Gerichtsvollzieher oder dem Amtsgericht. In dem Zeugnis muss der Inhalt des Protestes und des gemäß § 179 Absatz 2 aufgenommenen Vermerks angegeben sein (Artikel 90 Absatz 2 WG).

C. Scheckprotest

§ 172 Anzuwendende Vorschriften

Die Aufnahme von Scheckprotesten führt der Gerichtsvollzieher nach den Vorschriften des Scheckgesetzes, den dort in Artikel 55 Absatz 3 bezeichneten Vorschriften des Wechselgesetzes und den folgenden §§ 173 bis 178 durch.

§ 173 Arten des Scheckprotestes

(Artikel 40 ScheckG)

Das Scheckgesetz kennt lediglich den Protest mangels Zahlung. Er dient zum Nachweis dafür, dass der Scheck rechtzeitig zur Zahlung vorgelegt und nicht eingelöst oder dass die Vorlegung vergeblich versucht worden ist. Die Protesterhebung ist auch beim Verrechnungsscheck erforderlich.

§ 174 Fälligkeit

(Artikel 28 ScheckG)

Der Scheck ist bei Sicht zahlbar. Jede gegenteilige Angabe gilt als nicht geschrieben. Ein Scheck, der vor Eintritt des auf ihm angegebenen Ausstellungstages zur Zahlung vorgelegt wird, ist am Tag der Vorlegung zahlbar.

§ 175 Protestfristen

(Artikel 29, 41 ScheckG)

(1) Der Protest muss vor Ablauf der Vorlegungsfrist erhoben werden.

(2) Die Vorlegungsfristen sind in Artikel 29 ScheckG festgelegt. Danach sind in Deutschland zahlbare Schecks vorzulegen
1. wenn sie in Deutschland ausgestellt sind, binnen acht Tagen,
2. wenn sie in einem anderen europäischen oder in einem an das Mittelmeer angrenzenden Land ausgestellt sind, binnen 20 Tagen,
3. wenn sie in einem anderen Erdteil ausgestellt sind, binnen 70 Tagen.

Diese Fristen beginnen an dem Tag zu laufen, der im Scheck als Ausstellungstag angegeben ist.

(3) Ist die Vorlegung am letzten Tag der Frist erfolgt, so kann der Protest auch noch an dem folgenden Werktag erhoben werden.

§ 176 Protestgegner

Protestgegner ist der Bezogene, und zwar auch dann, wenn der Scheck bei einem Dritten zahlbar gestellt ist. Bezogener kann nur ein Bankier (Geldinstitut) im Sinne der Artikel 3, 54 ScheckG sein. Der Scheck kann nicht angenommen werden (Artikel 4 ScheckG).

§ 177 Protestort

(1) Protestort ist der Zahlungsort. Fehlt eine besondere Angabe, so gilt der bei dem Namen des Bezogenen angegebene Ort als Zahlungsort. Sind mehrere Orte bei dem Namen des Bezogenen angegeben, so ist der Scheck an dem Ort zahlbar, der an erster Stelle genannt ist. Fehlt jede Angabe, so ist der Scheck an dem Ort zahlbar, an dem der Bezogene seine Hauptniederlassung hat (Artikel 2 Absatz 2 und 3 ScheckG).

(2) Der Scheck kann bei einem Dritten, am Wohnort des Bezogenen oder an einem anderen Ort zahlbar gestellt werden, sofern der Dritte Bankier ist (Artikel 8 ScheckG).

§ 178 Proteststelle, Verfahren bei der Protesterhebung und Protesturkunde

(1) Die Vorschriften des § 167 über die Proteststelle, des § 168 über das Verfahren bei der Protesterhebung und des § 171 über die Protesturkunde finden für den Scheckprotest sinngemäße Anwendung.

(2) Für die Protesterhebung beim Verrechnungsscheck gelten folgende besondere Bestimmungen:
1. Der Scheckinhaber hat dem Gerichtsvollzieher Weisung zu erteilen, wie die Verrechnung vorgenommen werden soll, zum Beispiel durch Gutschrift auf seinem bei dem Bezogenen bereits vorhandenen oder einzurichtenden Konto. Der Bezogene kann jedoch jede andere Art einer rechtlich zulässigen Verrechnung wählen.
2. Ist der Bezogene zur Verrechnung bereit, so darf der Gerichtsvollzieher den Scheck erst aushändigen, wenn er von dem Bezogenen eine Gutschriftsanzeige oder eine sonstige verbindliche Erklärung über die Verrechnung erhalten hat.
3. Bietet der Bezogene dem Gerichtsvollzieher bei der Vorlegung eines Verrechnungsschecks Barzahlung an, so ist der Gerichtsvollzieher trotz des Verrechnungsvermerks berechtigt und verpflichtet, die Zahlung anzunehmen. Ferner ist er verpflichtet, angebotene Teilzahlungen anzunehmen (Artikel 34 Absatz 2 ScheckG).

D. Protestsammelakten

§ 179

(Artikel 85 Absatz 2 WG, Artikel 55 Absatz 3 ScheckG)

(1) Von jedem Wechsel- oder Scheckprotest ist eine beglaubigte Abschrift zurückzubehalten.

(2) Über den Inhalt des Wechsels, der Wechselabschrift oder des Schecks ist ein Vermerk aufzunehmen, der enthalten muss:
1. den Betrag des Wechsels oder des Schecks;
2. die Verfallzeit;
3. den Ort und den Tag der Ausstellung;
4. den Namen des Ausstellers, den Namen dessen, an den oder an dessen Order gezahlt werden soll, und den Namen des Bezogenen;
5. falls eine vom Bezogenen (oder beim eigenen Wechsel vom Aussteller) verschiedene Person angegeben ist, bei der die Zahlung bewirkt werden soll, den Namen dieser Person;
6. die Namen der etwaigen Notadressaten und Ehrenannehmer.

Wegen des Vermerks bei Wechseln in fremder Sprache vergleiche § 170.

(3) Der Vermerk über den Inhalt des Wechsels, der Wechselabschrift oder des Schecks sowie die Protestabschrift sind tunlichst auf dasselbe Blatt zu schreiben.

(4) Die Protestabschriften und die Vermerke sind nach der zeitlichen Reihenfolge in Protestsammelakten einzuheften. Die Protestabschriften erhalten innerhalb eines jeden

Bandes laufende Nummern. Enthält ein Band 200 Nummern, so ist ein neuer Band anzulegen.

Fünfter Abschnitt
Öffentliche Versteigerung und freihändiger Verkauf außerhalb der Zwangsvollstreckung

A. Allgemeine Vorschriften

§ 180

(1) Außerhalb der Zwangsvollstreckung ist der Gerichtsvollzieher zuständig,
1. die öffentliche Versteigerung oder den freihändigen Verkauf in allen Fällen durchzuführen, in denen das Gesetz einen Berechtigten ermächtigt, bewegliche Sachen oder Wertpapiere zum Zweck seiner Befriedigung oder sonst für Rechnung eines anderen öffentlich versteigern oder durch eine zu öffentlichen Versteigerungen befugte Person aus freier Hand verkaufen zu lassen,
2. freiwillige Versteigerungen für Rechnung des Auftraggebers durchzuführen.

(2) Die Versteigerung oder der freihändige Verkauf erfolgt auf Betreiben des Berechtigten. Eines Schuldtitels oder einer gerichtlichen Ermächtigung bedarf es nicht.

(3) Dem Gerichtsvollzieher ist es nicht gestattet,
1. Sachen zu versteigern, die ihm, seinen Angehörigen oder seinen anlässlich der Versteigerung zugezogenen Gehilfen gehören,
2. selbst, durch einen anderen oder für einen anderen zu bieten oder zu kaufen,
3. seinen Angehörigen oder seinen Gehilfen das Bieten oder das Kaufen zu gestatten,
4. eine Gewähr für den Eingang der Kaufgelder (Kaufgeldergewähr) oder für eine bestimmte Höhe des Versteigerungserlöses (Ausbietungsgewähr) zu übernehmen,
5. eine Beteiligung an einem Überpreis oder eine besondere Vergütung für den Empfang des Erlöses und seiner Ablieferung zu vereinbaren,
6. die zu versteigernden Gegenstände anzupreisen.

(4) In Gastwirtschaften sollen Versteigerungen nur stattfinden, wenn keine anderen geeigneten Räume vorhanden sind und wenn während der Versteigerung keine alkoholischen Getränke ausgeschenkt werden. Betrunkene sind zum Bieten nicht zuzulassen und aus den Versteigerungsräumen zu entfernen.

(5) Der Gerichtsvollzieher muss die Versteigerung unterbrechen oder abbrechen, wenn er weiß oder nach den Umständen annehmen muss, dass
1. Personen Verabredungen getroffen haben, nach denen andere vom Mitbieten oder Weiterbieten abgehalten werden sollen,
2. Sachen durch vorgeschobene Personen ersteigert werden sollen, um von den Beteiligten zum gemeinsamen Vorteil veräußert oder unter ihnen verteilt zu werden,
3. Personen mitbieten, die gewerbsmäßig das Mitbieten für andere übernehmen oder sich dazu erbieten.

Der Gerichtsvollzieher kann die in Satz 1 Nummer 1 bis 3 bezeichneten Personen nötigenfalls mit polizeilicher Hilfe entfernen lassen.

B. Pfandverkauf

I. Allgemeines

§ 181

(1) Aus einem Pfand, das aus beweglichen Sachen oder Inhaberpapieren (§§ 1293, 1296 BGB) besteht, kann sich der Pfandgläubiger ohne gerichtliches Verfahren nach den §§ 1228 bis 1248 BGB im Wege des Pfandverkaufs befriedigen; es macht keinen Unterschied, ob das Pfandrecht durch Rechtsgeschäft bestellt oder kraft Gesetzes entstanden war (§ 1257 BGB). Ein gesetzliches Pfandrecht haben insbesondere

1. der aus einer Hinterlegung Berechtigte (§ 233 BGB),
2. der Vermieter (§§ 562 bis 562 d BGB),
3. der Verpächter (§ 581 Absatz 2, § 592 BGB),
4. der Pächter (§ 583 BGB),
5. der Unternehmer eines Werkes (§ 647 BGB),
6. der Gastwirt (§ 704 BGB),
7. der Kommissionär, Spediteur, Lagerhalter und Frachtführer (§§ 397, 398, 410, 421, 440 HGB).

(2) Der Verkauf des Pfandes ist – vorbehaltlich der in § 188 bezeichneten Befugnis des Pfandgläubigers – nach den §§ 1234 bis 1240 BGB durchzuführen. Der Auftraggeber ist gegenüber dem Eigentümer des Pfandes dafür verantwortlich, dass das Pfand unter den gesetzlichen Voraussetzungen und in der gesetzlichen Form veräußert wird. Der Gerichtsvollzieher muss sich an die Weisungen des Auftraggebers halten. Er soll jedoch den Auftraggeber auf die Folgen (§ 1243 BGB) aufmerksam machen, wenn dieser einen Pfandverkauf unter einer anderen als der gesetzlichen Form ohne die erforderliche Einwilligung des Eigentümers und der Personen, denen sonstige Rechte an dem Pfand zustehen (§ 1245 BGB) oder ohne die erforderliche Anordnung des Gerichts (§ 1246 BGB) verlangt. Den Auftrag zu einem offenbar unzulässigen Pfandverkauf lehnt der Gerichtsvollzieher ab.

(3) Der Verkauf darf – vorbehaltlich der Abweichung nach § 187 Absatz 2 – nicht vor dem Ablauf eines Monats nach der Androhung (§ 1234 BGB) oder, wenn die Androhung unterblieben ist, nach dem Eintritt der Verkaufsberechtigung erfolgen. Die Androhung ist Sache des Pfandgläubigers; er kann den Gerichtsvollzieher beauftragen, die Androhung in seinem Namen vorzunehmen (vergleiche § 180 Absatz 2). Der Verkauf ist durch öffentliche Versteigerung oder, wenn das Pfand einen Börsen- oder Marktpreis hat, aus freier Hand zum laufenden Preis zu bewirken (§§ 1235, 1221 BGB). Bei der Versteigerung oder bei dem freihändigen Verkauf ist der zu veräußernde Gegenstand ausdrücklich als Pfand zu bezeichnen.

(4) Der Gerichtsvollzieher trägt die zum Verkauf gestellten Gegenstände unter fortlaufender Nummer in ein Verzeichnis ein. Dabei sind die Gegenstände so genau wie möglich zu bezeichnen. Fabrikmarken und Herstellungsnummern sind anzugeben; falls erforderlich, müssen mehrere Nummern angegeben werden, zum Beispiel Fahrgestell- und Motoren-Nummern bei Kraftfahrzeugen. Das Verzeichnis ist dem Auftraggeber zur Anerkennung vorzulegen und von diesem zu unterzeichnen. Hat der Auftraggeber ein solches Verzeichnis bereits übergeben, so prüft der Gerichtsvollzieher die Vollständigkeit und bestätigt dies schriftlich. Nimmt der Gerichtsvollzieher auf Verlangen die Pfandgegenstände bis zum Versteigerungstermin in Verwahrung, so nimmt er über die Übernahme ein Protokoll auf und verbindet es mit dem Verzeichnis. Schätzpreise sind nur auf besonderes Verlangen in das Verzeichnis aufzunehmen; bei Gold- und Silbersachen muss das Verzeichnis den Gold- und Silberwert, erforderlichenfalls nach der Schätzung eines Sachverständigen, ergeben. Der Sachverständige braucht nicht vereidigt zu sein.

II. Öffentliche Versteigerung

§ 182 Ort, Zeit und Bekanntmachung der Versteigerung

(1) Die Versteigerung erfolgt an dem Ort, an dem das Pfand aufbewahrt wird oder an einem anderen geeigneten Ort (§ 1236 BGB). Die Bestimmung des Ortes ist Sache des Auftraggebers. Zeit und Ort der Versteigerung werden unter allgemeiner Bezeichnung des Pfandes öffentlich bekanntgemacht. Bei der Wahl der Art der Bekanntmachung (zum Beispiel durch Veröffentlichung in Zeitungen) ist der Wert des Gegenstandes zu berücksichtigen (vergleiche § 93 Absatz 3). Es ist ersichtlich zu machen, dass es sich um einen Pfandverkauf handelt. Die Namen des Pfandgläubigers und des Verpfänders sind nicht bekanntzumachen. Die Bekanntmachung ist aktenkundig zu machen; war sie in öffentliche Blätter eingerückt, so ist ein Belegblatt zu den Akten zu nehmen.

(2) Der Eigentümer des Pfandes und die von dem Pfandgläubiger etwa bezeichneten dritten Personen, denen Rechte an dem Pfand zustehen, sind von dem Versteigerungstermin zu benachrichtigen (§ 1237 BGB). Die Benachrichtigung des Eigentümers kann mit der Androhung des Pfandverkaufs verbunden werden. Die Benachrichtigungen erfolgen durch Einschreiben, sofern der Auftraggeber nichts anderes bestimmt.

(3) Die Aufhebung eines Versteigerungstermins ist öffentlich bekanntzumachen. Die nach Absatz 2 benachrichtigten Personen sind von der Aufhebung des Termins zu verständigen.

§ 183 Versteigerungstermin

(1) Vor dem Beginn des Versteigerungstermins sind die zu versteigernden Sachen bereitzustellen und mit dem Verzeichnis zu vergleichen. Fehlende oder beschädigte Gegenstände sind in dem Verzeichnis zu vermerken. § 94 Absatz 1 gilt entsprechend.

(2) Die Versteigerungsbedingungen müssen § 1238 BGB entsprechen. Insbesondere ist aufzunehmen, dass der Käufer den Kaufpreis sofort bar zu entrichten hat und andernfalls seine Rechte verliert (§ 1238 Absatz 1 BGB). Verlangt der Pfandgläubiger die Versteigerung unter anderen Bedingungen (vergleiche § 1238 Absatz 2 BGB), so soll er darauf hingewiesen werden, dass er für den Schaden haftet, der daraus für den Eigentümer des Pfandes entsteht.

(3) Im Termin sind die Kaufbedingungen bekanntzumachen. Sodann ist zum Bieten aufzufordern. Die Gegenstände sind regelmäßig einzeln und in der Reihenfolge des Verzeichnisses aufzurufen und zur Besichtigung vorzuzeigen. Gegenstände, die sich dazu eignen, insbesondere eine Anzahl von Gegenständen derselben Art, können auch zusammen ausgeboten werden. Der Auftraggeber und der Eigentümer des Pfandes können bei der Versteigerung mitbieten (§ 1239 Absatz 1 BGB). Das Gebot des Eigentümers und – wenn das Pfand für eine fremde Schuld haftet – das Gebot des Schuldners ist zurückzuweisen, wenn nicht der gebotene Betrag sogleich bar vorgelegt wird (§ 1239 Absatz 2 BGB). Dies gilt nicht, wenn der Auftraggeber etwas anderes bestimmt. Dem Zuschlag an den Meistbietenden soll ein dreimaliger Aufruf vorausgehen. Gold- und Silbersachen dürfen nicht unter dem Gold- und Silberwert zugeschlagen werden (§ 1240 Absatz 1 BGB). Die Verpflichtung eines Bieters erlischt, sobald ein Übergebot abgegeben wird oder wenn die Versteigerung ohne Erteilung des Zuschlags geschlossen wird (§ 156 BGB).

(4) Wenn die Versteigerungsbedingungen nichts anderes ergeben oder der Auftraggeber nichts anderes bestimmt (vergleiche Absatz 2), hat der Ersteher den zugeschlagenen Gegenstand gegen Zahlung des Kaufpreises unverzüglich in Empfang zu nehmen. Unterbleibt die Zahlung bis zu der in den Versteigerungsbedingungen bestimmten Zeit oder beim Fehlen einer solchen Bestimmung bis zum Schluss des Termins, so kann die Wiederversteigerung zu Lasten des Erstehers sofort vorgenommen werden.

(5) Wird der Zuschlag dem Auftraggeber erteilt, so ist dieser von der Verpflichtung zur baren Zahlung insoweit befreit, als der Erlös nach Abzug der Kosten an ihn abzuführen wäre; der Gerichtsvollzieher ist zur Herausgabe der Sache an ihn nur verpflichtet, wenn die Gerichtsvollzieherkosten bar gezahlt werden.

(6) Die Versteigerung ist einzustellen, sobald der Erlös zur Befriedigung des Auftraggebers und zur Deckung der Kosten ausreicht. Der Gerichtsvollzieher rechnet deshalb die bereits erzielten Erlöse von Zeit zu Zeit zusammen.

§ 184 Versteigerungsprotokoll

(1) Das Protokoll über die Versteigerung muss insbesondere enthalten:
1. den Namen des Pfandgläubigers und des Eigentümers der Pfandgegenstände; wenn das Pfand für eine fremde Schuld haftet, auch den Namen des Schuldners,
2. den Betrag der Forderung und der Kosten, derentwegen der Gläubiger seine Befriedigung aus dem Pfand sucht,
3. den Hinweis auf die gesetzlichen Versteigerungsbedingungen und den Wortlaut der Versteigerungsbedingungen, soweit sie von den gesetzlichen Bestimmungen abweichen; ferner die Bemerkung, dass die Gegenstände als Pfand verkauft werden,
4. die Bezeichnung der angebotenen Gegenstände, die abgegebenen Meistgebote und die Namen der Bieter, denen der Zuschlag erteilt ist,
5. die Angabe, dass der Kaufpreis bezahlt oder dass die Zahlung und die Übergabe der Sachen unterblieben ist.

Die Gegenstände werden in dem Versteigerungsprotokoll sogleich bei dem Ausgebot verzeichnet. Zu jedem Gegenstand ist nach dem Zuschlag das Meistgebot und der Name des Meistbietenden anzugeben, bei Geboten über 100 Euro auch dessen Anschrift. Ebenso ist die Zahlung des Kaufpreises alsbald zu vermerken. Die dem Meistgebot vorangegangenen Gebote und deren Bieter, die den Zuschlag nicht erhalten haben, sind nicht zu verzeichnen. Jedoch ist ein zurückgewiesenes Gebot im Protokoll zu vermerken, aber nicht in der Spalte, die für das Meistgebot bestimmt ist. Bei Gold- und Silbersachen ist es zudem zu protokollieren, falls trotz des wiederholten Aufrufs kein genügendes Gebot abgegeben worden ist.

(2) Das Protokoll braucht nicht im Ganzen vorgelesen zu werden. Von den Bietern brauchen nur diejenigen in oder unter dem Protokoll zu unterzeichnen, die den Zuschlag erhalten haben oder – falls der Zuschlag in dem Termin nicht erteilt ist – an ihr Gebot gebunden bleiben. Unterbleibt die Unterzeichnung, etwa weil ein Beteiligter sich entfernt hat oder die Unterschrift verweigert, so ist der Grund dafür im Protokoll zu vermerken.

III. Freihändiger Verkauf

§ 185

Ein freihändiger Verkauf findet statt:
1. bei Wertpapieren, Waren und anderen Pfändern, die einen Börsen- oder Marktpreis haben (§ 1235 Absatz 2, § 1295 BGB),
2. bei Gold- und Silbersachen, deren Versteigerung fruchtlos versucht worden ist (§ 1240 Absatz 2 BGB),
3. auf Anordnung des Gerichts (§ 1246 Absatz 2 BGB, § 411 Absatz 4 FamFG).

Der Verkauf ist unter entsprechender Anwendung der Vorschriften der §§ 98 und 99 durchzuführen. Die Bestimmungen über das Mindestgebot (vergleiche § 98) gelten jedoch nicht. Beim Verkauf ist die Sache als Pfand zu bezeichnen. Die in Satz 1 Nummer 1 genannten Sachen sind nur zum laufenden Preis, die in Satz 1 Nummer 2 genannten Sachen nur zu einem den Gold- und Silberwert erreichenden Preis zu verkaufen. Unter dem laufenden Preis ist der Börsen- oder Marktpreis zu verstehen, der am Tage des Verkaufs für den Verkaufsort gilt. Der Pfandgläubiger kann solche Pfandgegenstände, die einen Börsen- oder Marktpreis haben, statt durch freihändigen Verkauf auch durch Versteigerung veräußern lassen, sofern es sich nicht um die im § 1295 BGB bezeichneten indossablen Papiere handelt.

IV. Behandlung des Erlöses und der nicht versteigerten Gegenstände

§ 186

(1) Der Gerichtsvollzieher führt den Erlös der Versteigerung oder des freihändigen Verkaufs nach Abzug der Gerichtsvollzieherkosten unverzüglich an den Auftraggeber ab. Dies gilt auch dann, wenn der Erlös den Betrag der Forderung und der Kosten übersteigt, es sei denn, dass der Gläubiger den Gerichtsvollzieher beauftragt hat, den Überschuss an den Eigentümer des Pfandes abzuführen oder für diesen zu hinterlegen. In gleicher Weise ist mit Gegenständen zu verfahren, die gemäß § 183 Absatz 6 nicht versteigert worden sind.

(2) Die Benachrichtigung des Eigentümers über das Ergebnis des Pfandverkaufs ist dem Pfandgläubiger zu überlassen (§ 1241 BGB).

V. Pfandverkauf in besonderen Fällen

§ 187

(1) Die Vorschriften über den Pfandverkauf finden auch Anwendung auf eine Versteigerung,
1. die zwecks Auseinandersetzung unter den Teilhabern einer Gemeinschaft (§ 753 BGB), unter den Mitgliedern einer Gesellschaft (§ 731 BGB in Verbindung mit § 753 BGB), unter Ehegatten bei Auflösung der Gütergemeinschaft (§ 1477 BGB), unter den Beteiligten bei Aufhebung der fortgesetzten Gütergemeinschaft (§ 1498 BGB) oder unter Miterben (§ 2042 in Verbindung mit § 753 BGB) vorgenommen wird,
2. die der Besitzer einer beweglichen Sache veranlasst, um sich wegen seiner Verwendungen aus der Sache zu befriedigen (§§ 1003, 2022 BGB).

(2) Steht einem Kaufmann ein Zurückbehaltungsrecht auf Grund des § 369 HGB zu, so darf er sich aus den zurückbehaltenen Gegenständen für seine Forderungen im Wege des Pfandverkaufs befriedigen, vorausgesetzt, dass er einen vollstreckbaren Titel über sein Recht zur Befriedigung aus den Gegenständen besitzt (§ 371 Absatz 3 HGB). Bei einem Pfandverkauf, der auf Grund eines kaufmännischen Zurückbehaltungsrechts oder auf Grund eines Pfandrechts vorgenommen wird, dessen Bestellung auf Seiten des Pfandgläubigers und des Verpfänders ein Handelsgeschäft war, verkürzt sich die in § 181 Absatz 3 genannte Frist auf eine Woche. Dies gilt entsprechend auch für das gesetzliche Pfandrecht des Kommissionärs, des Spediteurs, des Lagerhalters und des Frachtführers, für das Pfandrecht des Spediteurs und des Frachtführers auch dann, wenn der Speditions- oder Frachtvertrag nur auf ihrer Seite ein Handelsgeschäft ist (§ 368 HGB). Bei einem Pfandverkauf im Auftrag eines Frachtführers oder Verfrachters sind die Androhung und die Benachrichtigung an den Empfänger des Gutes zu richten; ist dieser nicht zu ermitteln oder verweigert er die Annahme des Gutes, so hat die Androhung und Benachrichtigung gegenüber dem Absender zu erfolgen (§§ 440, 623 HGB). Der Kommissionär kann auch solches Kommissionsgut, dessen Eigentümer er ist, im Wege des Pfandverkaufs veräußern lassen; der Verkauf erfolgt dann für Rechnung des Kommittenten (§ 398 HGB).

VI. Befriedigung des Pfandgläubigers im Wege der Zwangsvollstreckung

§ 188

Im Fall von § 1233 Absatz 2 BGB hat der Pfandgläubiger das Pfand und den vollstreckbaren Titel an den Gerichtsvollzieher herauszugeben, den er mit der Veräußerung beauftragt. In dem Übernahmeprotokoll sind die einzelnen Stücke in der Weise aufzuführen, die für das Pfändungsprotokoll vorgeschrieben ist. Die Zustellung des Schuldtitels, die Unterbringung und Verwertung der Gegenstände sowie die Verrechnung und Abführung des Erlöses erfolgt nach den Bestimmungen für das Zwangsvollstreckungsverfahren.

C. Sonstige Versteigerungen, die kraft gesetzlicher Ermächtigung für einen anderen erfolgen

§ 189

(1) Die Bestimmungen über den Pfandverkauf finden keine Anwendung, wenn der Auftraggeber seine gesetzliche Ermächtigung zur Versteigerung auf andere als die in den §§ 181 bis 188 bezeichneten Vorschriften gründet. In diesem Fall richtet sich das Verfahren des Gerichtsvollziehers nach den folgenden Absätzen 2 bis 8. Dies gilt insbesondere für die Versteigerung

1. von Fundsachen, deren Verderb zu besorgen oder deren Aufbewahrung mit unverhältnismäßigen Kosten verbunden ist (§ 966 BGB), oder von Sachen, die in den Geschäftsräumen oder Beförderungsmitteln einer öffentlichen Behörde oder einer dem öffentlichen Verkehr dienenden Anstalt gefunden worden sind (§ 979 BGB),
2. von verpfändeten oder anderen Sachen wegen drohenden Verderbs oder wegen der Besorgnis wesentlicher Wertminderung (§ 1219 BGB; §§ 379, 388, 391, 437 HGB),
3. von Sachen, die zur Hinterlegung nicht geeignet sind, im Fall des Verzugs des Gläubigers (§ 383 Absatz 1 BGB),
4. von Waren wegen Verzugs des Käufers mit der Annahme der Ware gemäß § 373 HGB,
5. von Sachen wegen des Erfüllungsverzugs beim Fixgeschäft gemäß § 376 HGB.

(2) Die nach den gesetzlichen Vorschriften erforderliche Androhung des Verkaufs und die im Fall des § 966 BGB erforderliche Anzeige bei der zuständigen Behörde obliegt dem Auftraggeber.

(3) Die zum Verkauf gestellten Sachen sind in ein Verzeichnis einzutragen, das den Bestimmungen des § 181 Absatz 4 entspricht. Die Versteigerungsbedingungen, die Zeit und den Ort der Versteigerung sowie die Art der Bekanntmachung hat der Auftraggeber zu bestimmen. Der Gerichtsvollzieher soll den Auftraggeber nötigenfalls darauf hinweisen, dass der Gegner den Verkauf nicht als für sie auf seine Rechnung geschehen anzuerkennen brauche, wenn er zu ungewöhnlichen oder den Umständen des Falles nicht angemessenen Bedingungen vorgenommen worden ist, zum Beispiel unter Ausschluss der Gewährleistung. Bleibt die Bestimmung dem Gerichtsvollzieher überlassen, so erfolgt die Versteigerung ohne besondere Bedingungen nach den Vorschriften des Bürgerlichen Gesetzbuchs, die für den Kauf gelten. Die Bekanntmachung erfolgt nach den Grundsätzen des § 93 Absatz 3, soweit sie erforderlich und ohne Gefährdung des Versteigerungszwecks ausführbar ist.

(4) Von dem Versteigerungstermin sind der Auftraggeber und nach dessen Bestimmungen auch die Personen, für deren Rechnung der Verkauf erfolgt, zu benachrichtigen. Die Benachrichtigung geschieht durch eingeschriebenen Brief, sofern der Auftraggeber nichts anderes angeordnet hat. Gold- und Silbersachen dürfen – vorbehaltlich einer anderen Bestimmung des Auftraggebers – auch unter dem Gold- und Silberwert zugeschlagen werden. Für die Versteigerung gelten im Übrigen die Bestimmungen des § 183 Absatz 3 entsprechend. Die Versteigerung ist solange fortzusetzen, bis alle zum Verkauf stehenden Sachen angeboten sind, wenn nicht der Auftraggeber den früheren Schluss verlangt.

(5) Das Protokoll muss den gesetzlichen Grund der Versteigerung angeben. Die Vorschriften des § 184 Absatz 1 finden entsprechende Anwendung. Die Bemerkung, dass die Sachen als Pfand angeboten werden, ist nur aufzunehmen, wenn der Fall des § 1219 BGB vorliegt.

(6) Der Erlös ist nach Abzug der Gerichtsvollzieherkosten ohne Verzug an den Auftraggeber abzuführen oder auf sein Verlangen für die von ihm bestimmten Personen zu hinterlegen.

(7) Wird der Gerichtsvollzieher beauftragt, Sachen, die einen Börsen- oder Marktpreis haben, aus freier Hand zu veräußern (vergleiche §§ 385,1221 BGB; § 373 Absatz 2 HGB), so ist der Verkauf unter entsprechender Anwendung der §§ 98 und 99 vorzunehmen. Die Sachen sind jedoch zum laufenden Preis zu verkaufen, sofern der Auftraggeber nichts anderes bestimmt hat.

(8) Nach den vorstehenden Bestimmungen ist auch die Veräußerung einer Aktie oder eines Anteilrechts im Auftrag einer Aktiengesellschaft in den Fällen der §§ 65 und 226 Absatz 3 AktG sowie eines Geschäftsanteils in den Fällen der §§ 23 und 27 GmbHG durchzuführen.

D. Freiwillige Versteigerungen für Rechnung des Auftraggebers

§ 190 Zuständigkeit und Verfahrensvorschriften

(1) Der Gerichtsvollzieher darf außerhalb der Zwangsvollstreckung freiwillige Versteigerungen von
1. beweglichen Sachen,
2. Früchten, die vom Boden noch nicht getrennt sind (zum Beispiel Früchte auf dem Halm, Holz auf dem Stamm),

für Rechnung des Auftraggebers ausführen. Die nachfolgenden Vorschriften finden auf die Versteigerung von Früchten, die vom Boden noch nicht getrennt sind, entsprechende Anwendung.

(2) Dem Gerichtsvollzieher ist es nicht gestattet, um Aufträge zu freiwilligen Versteigerungen nachzusuchen. Der Auftrag zu einer freiwilligen Versteigerung ist schriftlich zu erteilen. Ihm ist eine vollständige Liste der zur Versteigerung bestimmten Sachen beizufügen. Sollen Waren versteigert werden, die in offenen Verkaufsstellen angeboten werden und die ungebraucht sind oder deren bestimmungsgemäßer Gebrauch in ihrem Verbrauch besteht, so ist dem Auftrag ferner eine Bescheinigung der nach § 155 Absatz 2 der Gewerbeordnung (GewO) zuständigen Behörde darüber beizufügen, dass der Versteigerung unter den Gesichtspunkten des § 34 b Absatz 6 Nummer 5 Buchstabe b GewO und des § 6 der Versteigererverordnung (VerstV) keine Bedenken entgegenstehen.

(3) Der Gerichtsvollzieher muss die zur Versteigerung bestimmten Sachen auf Verlangen des Auftraggebers durch Sachverständige schätzen oder begutachten lassen. Das gilt auch für den Wert von Gold- und Silbersachen, sofern nicht der Auftraggeber schriftlich hierauf verzichtet oder schriftlich erklärt, dass er mit der Erteilung des Zuschlags unter dem Gold- und Silberwert einverstanden ist.

§ 191 Ablehnung des Auftrags

(1) Der Gerichtsvollzieher kann den Auftrag ohne Angabe von Gründen ablehnen.

(2) Der Gerichtsvollzieher muss den Auftrag oder seine Durchführung ablehnen, wenn er weiß oder den Umständen nach annehmen muss, dass
1. der Auftraggeber nicht über die Sache verfügen darf,
2. eine Umgehung des § 34 b GewO oder der Versteigererverordnung beabsichtigt ist,
3. die Allgemeinheit über die Herkunft, den Wert, die Beschaffenheit und so weiter der Sachen getäuscht werden soll, zum Beispiel durch unrichtige Herkunftsbezeichnungen, durch Beseitigung oder Veränderung von Firmenzeichen und Schutzmarken, durch gemeinschaftliche Versteigerung einer Nachlass-, Insolvenz- oder Liquidationsmasse sowie von Wohnungs- und Geschäftseinrichtungen mit anderen Sachen,
4. nach der Beschaffenheit der Sachen die Versteigerung nur gewählt wird, um Mängel der Sachen zu verheimlichen,

5. die Sachen lediglich für die Versteigerung angefertigt oder beschafft sind,
6. durch Ausführung des Auftrags sonstige gesetzliche oder polizeiliche Bestimmungen verletzt werden.

(3) Der Gerichtsvollzieher muss den Auftrag ferner ablehnen, wenn der Auftraggeber die Möglichkeit hat, mit der Versteigerung einen zugelassenen Versteigerer zu beauftragen und der aufsichtführende Richter diese Möglichkeit für den Bezirk des Amtsgerichts festgestellt hat. Der Gerichtsvollzieher kann den Auftrag annehmen, wenn ihm die Nebentätigkeit als freiwilliger Versteigerer, nachdem er sie angezeigt hat, nicht nach landesrechtlichen Bestimmungen untersagt wurde.

(4) Hat der Auftraggeber einen Mindestpreis festgesetzt, so darf der Gerichtsvollzieher den Auftrag nur annehmen, falls er unwiderruflich ermächtigt wird, den Zuschlag zu erteilen, wenn das Meistgebot den Mindestpreis erreicht oder überschreitet.

§ 192 Versteigerungsbedingungen

(1) Der Auftraggeber soll die Versteigerungsbestimmungen bestimmen.

(2) Bleibt die Bestimmung dem Gerichtsvollzieher überlassen, so erfolgt die Versteigerung nach den Vorschriften des Bürgerlichen Gesetzbuchs über den Kauf. Dabei ist in die Versteigerungsbedingungen aufzunehmen, dass
1. das Los entscheidet, wenn zwei oder mehrere Personen gleichzeitig ein und dasselbe Gebot abgeben und die Aufforderung zur Abgabe eines höheren Gebots erfolglos bleibt,
2. die Übergabe der zugeschlagenen Sachen gegen sofortige Barzahlung erfolgt,
3. der Meistbietende, wenn er nicht vor Schluss der Versteigerung oder der sonst etwa bestimmten Zeit die Übergabe gegen Barzahlung verlangt, seine Rechte aus dem Zuschlag verliert und bei der weiteren Versteigerung der Sache nicht als Bieter zugelassen wird, jedoch für den Ausfall haftet.

§ 193 Bekanntmachung der Versteigerung

(1) Die Art der Bekanntmachung bestimmt der Auftraggeber. Unterlässt dieser die Bestimmung, so verfährt der Gerichtsvollzieher nach § 93 Absatz 3.

(2) Neben den allgemeinen Bestimmungen über die Bekanntmachung nach § 93 Absatz 3 muss die Bekanntmachung die Bezeichnung als freiwillige Versteigerung und den Anlass der Versteigerung enthalten. Eine freiwillige Versteigerung darf nicht in Verbindung mit einer Versteigerung anderer Art bekanntgemacht werden.

(3) Der Auftraggeber ist von der Zeit und dem Ort der Versteigerung rechtzeitig zu benachrichtigen, falls er nicht selbst die Zeit und den Ort der Versteigerung bestimmt hat.

§ 194 Versteigerungstermin

(1) Eine freiwillige Versteigerung darf nicht in Verbindung mit einer Versteigerung anderer Art durchgeführt werden.

(2) Vor der Aufforderung zum Bieten verliest der Gerichtsvollzieher die Versteigerungsbedingungen. Während der Versteigerung sind die Versteigerungsbedingungen an einer den Beteiligten zugänglichen Stelle auszuhängen.

(3) Die zu versteigernden Sachen müssen in der Reihenfolge der Liste oder Verzeichnisse (Kataloge) ausgeboten werden. Beim Ausbieten sind die Bezeichnung der Sachen und die Nummer, die sie in der Liste oder im Verzeichnis haben, zu verkünden. Das Zurückstellen von Sachen ist bekanntzugeben; es ist nur zulässig, wenn ein besonderer Grund dafür vorliegt, insbesondere wenn anzunehmen ist, dass für eine Sache später ein höherer Preis erzielt werden kann. Der Gerichtsvollzieher darf eine Sache erst ausbieten, wenn er die vorher ausgebotenen Sachen zugeschlagen oder von

der Versteigerung zurückgezogen hat oder wenn er erklärt hat, dass der Zuschlag vorbehalten ist.

(4) Den Zuschlag darf der Gerichtsvollzieher erst erteilen, wenn nach dreimaligem Wiederholen des Höchstgebotes kein Übergebot abgegeben wird.

(5) Der Auftraggeber kann sich den Zuschlag vorbehalten; der Gerichtsvollzieher hat dies nach dreimaligem Wiederholen des Höchstgebots zu erklären. Der Meistbietende ist in diesem Fall nur bis zum Schluss der Versteigerung an sein Gebot gebunden.

(6) Wird eine Sache dem Eigentümer oder dem Auftraggeber zugeschlagen, so gibt der Gerichtsvollzieher dies bei Erteilung des Zuschlags bekannt. Hat der Auftraggeber einen Mindestpreis festgesetzt, so muss der Gerichtsvollzieher den Zuschlag erteilen, wenn das Meistgebot den Mindestpreis erreicht oder überschreitet.

(7) Gold- und Silbersachen dürfen nicht unter dem Gold- und Silberwert, Wertpapiere, die einen Börsen- oder Marktpreis haben, nicht unter dem Tageskurs zugeschlagen werden; dies gilt nicht, wenn sich der Auftraggeber schriftlich mit der Versteigerung zu einem geringeren Preis einverstanden erklärt hat. Der Gerichtsvollzieher kann in der Versteigerung nicht verkaufte Gold- und Silbersachen oder Wertpapiere, die nach Satz 1 nicht zugeschlagen worden sind, nach Schluss der Versteigerung aus freier Hand zu einem Preis verkaufen, der dem zulässigen Gebot entspricht; dies gilt nicht, wenn der Auftraggeber etwas anderes bestimmt hat.

(8) Der Gerichtsvollzieher kann verlangen, dass ihm der Erwerber einen amtlichen Ausweis über seine Person vorlegt.

§ 195 Versteigerungsprotokoll und Abwicklung

(1) Das Protokoll über die freiwillige Versteigerung muss neben dem Ort und der Zeit der Versteigerung, dem Namen des Auftraggebers und der Bezeichnung der zu versteigernden Sachen enthalten:
1. die Versteigerungsbedingungen, soweit sie von den Vorschriften des Bürgerlichen Gesetzbuchs über den Kauf abweichen;
2. das Gebot und den Namen des Erstehers oder des Bieters, der an sein Gebot gebunden bleibt, wenn der Zuschlag nicht in der Versteigerung erteilt wird; bei Geboten über 100 Euro auch die Anschriften;
3. einen Vermerk, wenn ein Gebot zurückgewiesen oder ein ungenügendes Gebot abgegeben wird;
4. Angaben über die Versagung des Zuschlags, die Übergabe und die Zahlung;
5. die Maßnahmen, die beim Ausbleiben der Zahlung getroffen worden sind.

(2) Wenn der Auftraggeber nichts anderes bestimmt hat, händigt der Gerichtsvollzieher den Versteigerungserlös dem Auftraggeber nach Abzug der Kosten unverzüglich nach Beendigung der Versteigerung aus. Die versteigerten Sachen händigt der Gerichtsvollzieher dem Käufer oder seinem Bevollmächtigten gegen Empfang des Kaufgeldes aus.

Sechster Abschnitt
Besondere Vorschriften über die Beitreibung nach der Justizbeitreibungsordnung und im Verwaltungsvollstreckungsverfahren

§ 196 Zuständigkeit

(1) Der Gerichtsvollzieher ist zuständig, als Vollziehungsbeamter nach der Justizbeitreibungsordnung für die nach dieser Vorschrift beizutreibenden Ansprüche mitzuwir-

ken. Dies gilt nicht, soweit Beitreibungen nach den bestehenden Verwaltungsanordnungen den Vollziehungsbeamten der Justiz übertragen sind.

(2) Zwangsgelder, die gegen den Schuldner im Zwangsvollstreckungsverfahren zur Erzwingung einer Handlung festgesetzt sind (§ 888 Absatz 1 ZPO), werden nach der Zivilprozessordnung auf Antrag des Gläubigers vollstreckt. Sie stehen der Landeskasse zu. Daneben sind die Gerichtsvollzieherkosten gesondert zu vollstrecken.

(3) Vollstreckungsbehörden sind die in § 2 Absatz 1 und 2 JBeitrO bezeichneten Behörden. Dies ist in den Fällen, auf die die Strafvollstreckungsordnung anzuwenden ist, die darin bezeichnete Behörde; im Übrigen diejenige Behörde, die auf die Verpflichtung zur Zahlung des Geldbetrages erkannt hat. In den übrigen Fällen ist Vollstreckungsbehörde die durch Landesrecht bestimmte Behörde.

(4) Der Gerichtsvollzieher wird zu Vollstreckungshandlungen durch einen schriftlichen Auftrag der Vollstreckungsbehörde ermächtigt. Er prüft dabei nicht, ob die sonstigen Voraussetzungen für die Beitreibung erfüllt sind.

(5) Der Gerichtsvollzieher wendet bei der Vollstreckung die Bestimmungen an, die für eine Vollstreckung in bürgerlichen Rechtsstreitigkeiten maßgebend sind. Werden ihm gegenüber Einwendungen gegen die Vollstreckung erhoben, denen er nicht selbst abhelfen kann, so verweist er die Beteiligten an die Stelle, die über die Einwendungen zu entscheiden hat (vergleiche §§ 6 und 8 JBeitrO); kann er diese Stelle nicht selbst feststellen, so verweist er die Beteiligten an die Vollstreckungsbehörde.

§ 197 Vollstreckung für Stellen außerhalb der Justizverwaltung

Die Zuständigkeit des Gerichtsvollziehers für die Vollstreckung von Geldbußen, Nebenfolgen, Zwangs- und Ordnungsgeldern, die nicht von der Justiz verhängt worden sind, richtet sich nach den dafür geltenden besonderen Bestimmungen. Will der Gerichtsvollzieher einen solchen Vollstreckungsauftrag wegen Unzuständigkeit ablehnen, so legt er den Vorgang unverzüglich dem aufsichtführenden Richter vor. Für die Ablieferung der eingezogenen Beträge (Geldbußen, Zwangs- und Ordnungsgelder sowie Nebenkosten) sind die Weisungen des Auftraggebers maßgebend.

§ 198 Vollstreckung von Entscheidungen in Straf- und Bußgeldverfahren über den Verfall, die Einziehung und die Unbrauchbarmachung von Sachen

(1) Mit der Rechtskraft der Entscheidung geht das Eigentum an verfallenen oder eingezogenen Sachen auf das Land (Justizfiskus) über, dessen Gericht im ersten Rechtszug entschieden hat. Dies gilt auch dann, wenn im ersten Rechtszug in Ausübung der Gerichtsbarkeit des Bundes entschieden worden ist. Hat jedoch das Gericht den Verfall oder die Einziehung zu Gunsten des Bundes angeordnet, so wird die Bundesrepublik Deutschland (Justizfiskus) Eigentümer. Die verfallenen oder eingezogenen Sachen werden durch die Vollstreckungsbehörde verwertet, soweit nichts anderes bestimmt ist.

(2) Mit der Wegnahme von Sachen, auf deren Verfall, Einziehung oder Unbrauchbarmachung erkannt ist, kann die Vollstreckungsbehörde den Gerichtsvollzieher beauftragen.

(3) Die Wegnahme (§ 459 g Absatz 1 StPO) richtet sich nach den Bestimmungen der Justizbeitreibungsordnung. Der Gerichtsvollzieher wird zur Wegnahme durch einen schriftlichen Auftrag der Vollstreckungsbehörde ermächtigt. Der Gerichtsvollzieher zeigt der Vollstreckungsbehörde den Tag und die Stunde der beabsichtigten Vollstreckung an, wenn sie darum ersucht hat. Für die Übergabe oder Verwahrung der weggenommenen Gegenstände sind etwaige Weisungen der Vollstreckungsbehörde maßgebend.

(4) Die Vollstreckungsbehörde kann den Gerichtsvollzieher aufgrund eines schriftlichen Auftrags mit der öffentlichen Versteigerung und in der Regel auch mit dem freihändigen Verkauf verfallener oder eingezogener Sachen beauftragen. Der Auftrag

kann nähere Weisungen hinsichtlich der Veräußerung enthalten; er soll die Personen bezeichnen, an welche die Sache nicht veräußert werden darf. Die Versteigerung erfolgt nach den Bestimmungen für freiwillige Versteigerungen und der freihändige Verkauf nach den Bestimmungen für freihändige Verkäufe.

(5) Der Versteigerungstermin ist der Vollstreckungsbehörde mitzuteilen. Die verfallenen oder eingezogenen Sachen dürfen an Täter und Teilnehmer der Straftat oder Beteiligte an der Ordnungswidrigkeit nur mit Einwilligung der obersten Justizbehörde veräußert werden. Der freihändige Verkauf an Richter, Beamte, Angestellte oder Arbeiter der Justizverwaltung oder an Ermittlungspersonen der Staatsanwaltschaft (§ 152 GVG) ist nicht zulässig.

§ 199 Beitreibung im Verwaltungsvollstreckungsverfahren

Nach bundesrechtlichen und landesrechtlichen Vorschriften können die Gerichtsvollzieher durch die Behörden anderer Verwaltungen um die Erledigung von Vollstreckungen im Verwaltungsvollstreckungsverfahren ersucht werden. Auch kann die Justizverwaltung nach landesrechtlichen Vorschriften die Gerichtsvollzieher anderer Dienststellen allgemein für die Durchführung von Vollstreckungen im Verwaltungsvollstreckungsverfahren zur Verfügung stellen. Solche Aufträge führt der Gerichtsvollzieher nach den dafür geltenden bundes- oder landesrechtlichen Vorschriften aus. Der Gerichtsvollzieher hat in diesen Verfahren die Stellung eines Vollziehungsbeamten.

Siebenter Abschnitt
Übergangsregelungen

§ 200 Behandlung bis zum 31. Dezember 2012 eingegangener Vollstreckungsaufträge

Auf die Bearbeitung von Vollstreckungsaufträgen, die vor dem 1. Januar 2013 eingegangen sind, sind die Vorschriften der Geschäftsanweisung für Gerichtsvollzieher in der am 31. Dezember 2012 geltenden Fassung anzuwenden.

§ 201 Einsichtnahme in das dezentral geführte Schuldnerverzeichnis

Bis zum 31. Dezember 2017 sieht der Gerichtsvollzieher, bevor er einen Termin zur Abgabe der Vermögensauskunft bestimmt, neben dem Vermögensverzeichnisregister auch das bei dem für den Wohnsitz des Schuldners zuständigen Amtsgericht geführte Schuldnerverzeichnis ein. Ist dem Gerichtsvollzieher bekannt, dass hinsichtlich des Schuldners eine gemäß § 915 ZPO in der bis zum 31. Dezember 2012 geltenden Fassung vorgenommene Eintragung in das Schuldnerverzeichnis besteht, übermittelt er einen Abdruck der durch das zentrale Vollstreckungsgericht übermittelten Eintragungsmitteilung an das Vollstreckungsgericht, bei dem die frühere Eintragung besteht.

Gerichtsvollzieherordnung (GVO)

Bundeseinheitliche Neufassung, von den einzelnen Landesjustizverwaltungen beschlossen, zB in NRW durch AV d. JM vom 9. August 2013 (2344 – Z. 124.2) – JMBl. NRW S. 211 –, in Kraft getreten zum 1. September 2013[1]

Einleitung zur GVGA und GVO

Siehe hierzu bei GVGA.

Erster Abschnitt
Dienstverhältnis

A. Allgemeine Vorschriften

§ 1	Dienstaufsicht
§ 2	Amtssitz
§ 3	Persönliche Amtsausübung
§ 4	Dienstsiegel
§ 5	Dienstausweis
§ 6	Maßnahmen bei Beendigung und Unterbrechung der Beschäftigung

B. Diensteinkommen

§ 7	Entschädigung und Vergütungen
§ 8	Auslagenvorschuss/Auslagenabschlag
§ 9	Reisekostenzuschuss

Zweiter Abschnitt
Zuständigkeit

A. Gerichtsvollzieherbezirk

§ 10	Geschäftsverteilung
§ 11	Amtsgerichte mit einem Gerichtsvollzieher
§ 12	Amtsgerichte ohne Gerichtsvollzieher
§ 13	Zuteilung eines zugeschlagenen Bezirks in Sonderfällen

B. Örtliche Zuständigkeit

§ 14	Allgemeines
§ 15	Freiwillige Versteigerungen
§ 16	Zustellungen durch die Post
§ 17	Ermittlung des Aufenthaltsortes
§ 18	In mehreren Gerichtsvollzieherbezirken zu erledigende Aufträge

Dritter Abschnitt
Aufträge

A. Ablehnung und Abgabe von Aufträgen

§ 19	Rechtliche oder tatsächliche Verhinderung
§ 20	Örtliche Unzuständigkeit bei Erteilung des Auftrags
§ 21	Eintritt der örtlichen Unzuständigkeit nach Auftragserteilung

B. Vermittlung von Aufträgen durch die Verteilungsstelle

§ 22	Aufgabe; Zuständigkeit
§ 23	Geschäftszeit; Geschäftszimmer
§ 24	Entgegennahme der Aufträge

---

[1] Die bisherige Gerichtsvollzieherordnung (AV d. JM vom 19. Juli 2012 (2344 – Z. 124.2) – JMBl. NRW S. 180 –, trat mit Ablauf des 31. August 2013 außer Kraft.

| § 25 | Verteilung der Aufträge |
| § 26 | Erledigung von Eilaufträgen |

C. Behandlung und Überwachung ruhender Vollstreckungsaufträge

| § 27 | Ruhen von Vollstreckungsaufträgen |
| § 28 | Überwachung ruhender Aufträge |

Vierter Abschnitt
Geschäftsbetrieb

§ 29	Allgemeines
§ 30	Geschäftszimmer
§ 31	Gehaltsvorschuss zur Einrichtung eines Geschäftszimmers
§ 32	Pfandkammer
§ 33	Büroangestellte
§ 34	Einstellung, Beschäftigung und Entlassung von Büroangestellten und Beschäftigung anderer Personen
§ 35	Unfallversicherung der Beschäftigten und der Arbeitshilfen
§ 36	Geschäftsbedarf
§ 37	Schriftverkehr

Fünfter Abschnitt
Aktenführung

§ 38	Generalakten
§ 39	Sonderakten und Verzeichnisse
§ 40	Sammelakten
§ 41	Rückgabe von Schriftstücken
§ 42	Recht auf Einsichtnahme
§ 43	Aufbewahrung; Vernichtung

Sechster Abschnitt
Buchführung

§ 44	Arten der Geschäftsbücher
§ 45	Äußere Form der Geschäftsbücher
§ 46	Führung, Aufbewahrung, Vernichtung der Geschäftsbücher
§ 47	Dienstregister
§ 48	Namenverzeichnis
§ 49	Kassenbücher; Abrechnungsschein
§ 50	Reisetagebuch

Siebenter Abschnitt
Kassenführung

§ 51	Aufbewahrung von Geld, Wertsachen und Kostbarkeiten
§ 52	Zahlungsverkehr
§ 53	Quittung
§ 54	Abrechnung mit der nach Landesrecht zuständigen Stelle; Ablieferung
§ 55	Abschluss der Geschäftsbücher, Kosteneinziehung und Abrechnung in besonderen Fällen
§ 56	Festsetzung der Entschädigung und Kassenanordnung
§ 57	Kostenvermerke; Antrag auf Beitreibung rückständiger Kosten
§ 58	Abführung von Kosten an den Gerichtsvollzieher

Achter Abschnitt
Auszahlung von Kleinbeträgen; Bewilligung von Prozess- oder Verfahrenskostenhilfe

§ 59	Auszahlung von Kleinbeträgen
§ 60	Bewilligung von Prozesskostenhilfe nach der ZPO und Verfahrenskostenhilfe nach dem FamFG
§ 61	Behandlung der Anwaltskosten bei Bewilligung von Prozesskostenhilfe oder Verfahrenskostenhilfe

Neunter Abschnitt
Pflichten zur Sicherung des Aufkommens aus Steuern und Abgaben

§ 62 Steuerabzug vom Arbeitslohn
§ 63 Umsatzsteuer
§ 64 Einkommensteuer und Körperschaftssteuer
§ 65 Einfuhrabgaben
§ 66 Verbrauchssteuern (Tabak-, Branntwein-, Mineralöl-, Kaffee-, Bier-, Schaumweinsteuer)
§ 67 Amtshilfe
§ 68 Anzeigepflicht bei Steuerstraftaten
§ 69 Aktenvermerk; Auslagen

Zehnter Abschnitt
Übersichten über Diensteinnahmen und Geschäftätigkeit

§ 70 Übersicht über die Diensteinnahmen
§ 71 Übersicht über die Geschäftstätigkeit

Elfter Abschnitt
Geschäftsprüfungen

§ 72 Ordentliche Geschäftsprüfung
§ 73 Beschränkung der Zahl der Geschäftsprüfungen
§ 74 Unterlagen für die Geschäftsprüfung
§ 75 Zweck und Durchführung der Geschäftsprüfung
§ 76 Niederschrift über die Geschäftsprüfung
§ 77 Maßnahmen der Dienstaufsicht
§ 78 Nachträgliche Prüfung
§ 79 Außerordentliche Geschäftsprüfung

Zwölfter Abschnitt
Vordrucke

§ 80 Einführung von Vordrucken

Dreizehnter Abschnitt
Hilfsbeamte des Gerichtsvollziehers

§ 81 Hilfsbeamte

Erster Abschnitt
Dienstverhältnis

A. Allgemeine Vorschriften

§ 1 Dienstaufsicht

Bei der ihm zugewiesenen Zwangsvollstreckung handelt der Gerichtsvollzieher selbständig. Er unterliegt hierbei zwar der Aufsicht, aber nicht der unmittelbaren Leitung des Gerichts. Unmittelbarer Dienstvorgesetzter des Gerichtsvollziehers ist der aufsichtführende Richter des Amtsgerichts.

§ 2 Amtssitz

Amtssitz des Gerichtsvollziehers ist der Sitz seiner Dienstbehörde. Hat das Amtsgericht seinen Sitz an einem Ort mit mehr als 100.000 Einwohnern, so kann der Präsident des Landgerichts (Amtsgerichts) den Amtssitz auf einen Teil des Ortes beschränken. Der Präsident des Landgerichts (Amtsgerichts) kann ferner einen anderen Ort des Gerichtsvollzieherbezirks zum Amtssitz des Gerichtsvollziehers bestimmen. Diese Anordnung ist durch dauernden Aushang an der Gerichtstafel, erforderlichenfalls auch in sonst geeigneter Weise, bekanntzumachen.

§ 3 Persönliche Amtsausübung

Der Gerichtsvollzieher übt sein Amt persönlich aus. Er darf die Ausführung eines Dienstgeschäfts keiner anderen Person übertragen, soweit nicht ausdrücklich etwas anderes bestimmt ist.

§ 4 Dienstsiegel

(1) Der Gerichtsvollzieher führt für dienstliche Zwecke ein Dienstsiegel (Dienststempel) nach den hierfür geltenden Bestimmungen. Die Umschrift des Dienstsiegels lautet: „Gerichtsvollzieher bei dem Amtsgericht ... (Ort)".

(2) Dienstsiegel werden auf Kosten der Landeskasse beschafft.

(3) Dienstsiegel sind so zu verwahren, dass jeder Missbrauch ausgeschlossen ist.

(4) Bei maschineller Erstellung des Schriftstücks ist es zulässig, das Siegel mit auszudrucken.

§ 5 Dienstausweis

(1) Der Gerichtsvollzieher erhält einen Dienstausweis nach den landesrechtlichen Bestimmungen.

(2) Dieser trägt ein Lichtbild des Inhabers (ohne Kopfbedeckung).

(3) Die Dienstausweise werden auf Kosten der Landeskasse beschafft.

(4) Der Gerichtsvollzieher führt den Dienstausweis bei Amtshandlungen stets bei sich und zeigt ihn den Beteiligten bei Vollstreckungshandlungen unaufgefordert, bei sonstigen Amtshandlungen auf Verlangen vor.

§ 6 Maßnahmen bei Beendigung und Unterbrechung der Beschäftigung

(1) Endet die Beschäftigung des Gerichtsvollziehers bei der Dienstbehörde durch Tod, Versetzung, Eintritt in den Ruhestand, Ablauf des Dienstleistungsauftrags, vorläufige Dienstenthebung, Entlassung und so weiter, so veranlasst die Dienstbehörde, dass

1. die im Besitz des Gerichtsvollziehers befindlichen Dienstgegenstände (zum Beispiel Dienstsiegel (Dienststempel), Geschäftsbücher und Akten) an sie abgeliefert werden,
2. die aus dienstlichem Anlass der Verfügung des Gerichtsvollziehers unterliegenden Gegenstände (zum Beispiel Geld, Giroguthaben, Pfandstücke, Schriftstücke) sichergestellt werden,
3. ihr eine vollständige Datensicherung des vom Gerichtsvollzieher dienstlich genutzten IT-Systems (insbesondere bestehend aus Dienstregistern und Kassenbüchern) zur Verfügung gestellt wird und sämtliche elektronisch gespeicherten Daten des Gerichtsvollziehers gelöscht werden,
4. das Ende der Beschäftigung unmittelbar dem zentralen Vollstreckungsgericht nach § 882 h der Zivilprozessordnung (ZPO) mitgeteilt wird.

(2) Wird die Beschäftigung des Gerichtsvollziehers vorübergehend unterbrochen, zum Beispiel durch Urlaub oder Krankheit, so trifft die Dienstbehörde die erforderlichen Anordnungen unter entsprechender Anwendung der Vorschriften in Absatz 1. Sie befindet insbesondere darüber, ob und inwieweit dem verhinderten Gerichtsvollzieher noch die Abwicklung laufender Dienstgeschäfte zu überlassen ist.

B. Diensteinkommen

§ 7 Entschädigung und Vergütungen

(1) Der Gerichtsvollzieher hat die ihm zustehenden Gebührenanteile bei den Abrechnungen mit der für ihn nach Landesrecht zuständigen Stelle (zum Beispiel Kasse) vorläufig zu errechnen und einzubehalten. Er darf über diese erst nach Ablieferung der Gebühren verfügen, die der Landeskasse verbleiben (§ 54 Absatz 2 Satz 2).

(2) Als Entschädigung für den Aufwand bei der Erledigung der Aufträge werden dem Gerichtsvollzieher die von ihm vereinnahmten Auslagen gemäß Nummer 701 bis 714 des Kostenverzeichnisses zum Gesetz über Kosten der Gerichtsvollzieher (KV-GvKostG) überlassen.

(3) Können die Auslagen nach Absatz 2 ohne Verschulden des Gerichtsvollziehers nicht eingezogen werden, so sind sie ihm mit Ausnahme der Wegegelder (Nummer 711 KV-GvKostG) und der Reisekosten (Nummer 712 KV-GvKostG) aus der Landeskasse zu ersetzen. Dies gilt auch für die Ausbuchung von Kleinbeträgen und bei einem Erlass der Gerichtsvollzieherkosten. Wenn Prozess- oder Verfahrenskostenhilfe bewilligt ist, und bei Aufträgen des Gerichts werden darüber hinaus die sonst bei den Kostenschuldnern zu erhebenden Wegegelder und Reisekosten

1. in den Fällen der Nummer 712 KV-GvKostG in voller Höhe,
2. in den übrigen Fällen zur Hälfte

ersetzt, und zwar ohne Rücksicht darauf, ob ein Gericht des eigenen oder ein Gericht eines anderen Landes die Prozess- oder Verfahrenskostenhilfe bewilligt oder den Auftrag erteilt hat. Aufträge der Strafvollstreckungsbehörden und der Gerichtskassen sind nicht als Aufträge des Gerichts anzusehen.

(4) Die Gebührenanteile und Entschädigungen sowie die aus der Landeskasse zu ersetzenden Beträge werden nach § 56 festgesetzt.

(5) Landesrechtliche Bestimmungen über die Abfindung der Gerichtsvollzieher bei Dienstreisen und Dienstgängen in Vollstreckungsangelegenheiten sowie über die Festsetzung von Gebühren und Entschädigung im Sinne der Absätze 1 bis 3 bleiben unberührt.

§ 8 Auslagenvorschuss/Auslagenabschlag

Die Dienstbehörde ist ermächtigt, dem Gerichtsvollzieher auf die in den Spalten 12 und 13 des Kassenbuchs II einzustellenden Auslagen einen angemessenen Vorschuss/Abschlag zu gewähren. Für die Bemessung des Vorschusses/Abschlages bieten die Durchschnittsbeträge der vorangegangenen beiden Vierteljahre einen Anhalt, sofern nicht im Einzelfall durch nachweislich besonders hohe Auslagen ein höherer Betrag gerechtfertigt ist. Für eine Einzelsache soll ein Vorschuss/Abschlag nur dann gewährt werden, wenn die Durchführung eines Auftrages voraussichtlich mehr als 10 Euro Auslagen erfordert.

§ 9 Reisekostenzuschuss

(1) Dem Gerichtsvollzieher kann auf Antrag aus der Landeskasse ein Reisekostenzuschuss gewährt werden, wenn die im Laufe eines Quartals vereinnahmten Wegegelder und Reisekosten die tatsächlichen Aufwendungen für sämtliche notwendigen Dienstreisen und Wege im Sinne der Nummern 711 und 712 KV-GvKostG nicht decken. Über die Gewährung des Reisekostenzuschusses entscheidet die Dienstbehörde; um ein einheitliches Verfahren sicherzustellen, bedarf die Gewährung der Zustimmung des Präsidenten des Landgerichts (Amtsgerichts). Die Festsetzung richtet sich nach § 56.

(2) Die Gewährung eines Reisekostenzuschusses setzt voraus, dass der Gerichtsvollzieher ein Reisetagebuch führt. Anhand des Reisetagebuchs und der Dienstregister ist zu prüfen, ob der Gerichtsvollzieher die für die Gewährung des Zuschusses maßgeben-

den Grundsätze beachtet hat, insbesondere ob er die einzelnen Reisen und Wege nach den zu erledigenden Dienstgeschäften zweckmäßig eingerichtet, ob er die Zahl der Reisen und Wege möglichst eingeschränkt und darauf geachtet hat, Reisen zur Erledigung von Aufträgen nach der Justizbeitreibungsordnung mit Reisen in anderen Angelegenheiten zu verbinden oder ob der Ansatz einer Pauschentschädigung für die Verwendung des eigenen Kraftwagens gerechtfertigt war.

(3) Die Höhe des Reisekostenzuschusses richtet sich nach dem Quartalsergebnis des Reisetagebuchs. Ergibt ein Vergleich der Summe der im Quartal vereinnahmten Wegegelder und Reisekosten, einschließlich der aus der Landeskasse in Prozess- oder Verfahrenskostenhilfeangelegenheiten und bei Aufträgen des Gerichts zu gewährenden Entschädigung (Spalte 8, 9 und 12 des Kassenbuchs II) mit dem Quartalsergebnis des Reisetagebuchs (Spalte 6 e) einen Minderbetrag, so ist dieser als Zuschuss aus der Landeskasse zu gewähren.

(4) Die Dienstbehörde ist ermächtigt, dem Gerichtsvollzieher einen angemessenen Abschlag auf einen Reisekostenzuschuss zu gewähren, der im Laufe des Vierteljahres voraussichtlich erforderlich wird. Für die Bemessung des Vorschusses sind die Durchschnittsbeträge der vorangegangenen beiden Quartale zugrunde zu legen, sofern nicht im Einzelfall durch nachgewiesene und notwendige Aufwendungen ein höherer Betrag gerechtfertigt ist.

Zweiter Abschnitt
Zuständigkeit

A. Gerichtsvollzieherbezirk

§ 10 Geschäftsverteilung

(1) Der aufsichtführende Richter weist jedem im Amtsgericht beschäftigten Gerichtsvollzieher einen örtlich begrenzten Bezirk (Gerichtsvollzieherbezirk) zu. Bei der Einteilung der Bezirke nimmt er auf eine gleichmäßige Verteilung der Geschäfte und auf die Möglichkeit einer zweckmäßigen Gestaltung der Reisen der Vollstreckungsbeamten Rücksicht. Für jeden Beamten bestellt er im Voraus einen oder, falls es die örtlichen Verhältnisse erfordern, mehrere Gerichtsvollzieher als ständige Vertreter. Mit Genehmigung des Präsidenten des Landgerichts (Amtsgerichts) können die Geschäfte anders als nach örtlichen Bezirken verteilt werden.

(2) Von der Geschäftsverteilung bleiben Eilaufträge (§ 26) unberührt. Der aufsichtführende Richter regelt die Zuständigkeit für die Aufträge. Zur Erledigung dieser Aufträge ist jeder Gerichtsvollzieher des Amtsgerichts ohne örtliche Beschränkung berechtigt und verpflichtet. Der nach Absatz 1 zuständige Gerichtsvollzieher ist von Pfändungen – unbeschadet der Vorschrift des § 826 Absatz 2 ZPO – in jedem Fall zur Wahrung früherer Pfändungen und zur Berücksichtigung bei Anschlusspfändungen durch Übersendung einer Abschrift der Pfändungsniederschrift zu benachrichtigen.

(3) Die Geschäftsverteilung ist in geeigneter Weise bekanntzumachen.

(4) Die Gültigkeit einer Amtshandlung wird dadurch nicht berührt, dass sie von einem anderen als dem nach der Geschäftsverteilung zuständigen Gerichtsvollzieher vorgenommen worden ist.

§ 11 Amtsgerichte mit einem Gerichtsvollzieher

(1) Ist bei einem Amtsgericht nur ein Gerichtsvollzieher beschäftigt, so ist der Amtsgerichtsbezirk der Gerichtsvollzieherbezirk.

(2) Der Präsident des Landgerichts (Amtsgerichts) bestellt im Voraus einen Gerichtsvollzieher eines benachbarten Amtsgerichts als ständigen Vertreter, wenn auch das benachbarte Amtsgericht seiner Dienstaufsicht untersteht; in allen übrigen Fällen wird der ständige Vertreter von dem Präsidenten des Oberlandesgerichts bestimmt. Falls es

die örtlichen Verhältnisse erfordern, können auch mehrere Gerichtsvollzieher je für einen bestimmten Teil des Bezirks als ständige Vertreter bestellt werden. In Eilfällen ist der aufsichtführende Richter des Amtsgerichts oder bei seiner Verhinderung der Geschäftsleiter ermächtigt, die Vertretung durch andere Beamte nach Maßgabe der Notwendigkeit zu regeln und diesen Beamten die für die Erledigung des einzelnen Dienstgeschäfts erforderlichen Weisungen zu erteilen.

§ 12 Amtsgerichte ohne Gerichtsvollzieher

(1) Ist bei einem Amtsgericht kein Gerichtsvollzieher beschäftigt, so teilt, soweit landesrechtlich nichts anderes bestimmt ist, der Präsident des Oberlandesgerichts den Amtsgerichtsbezirk dem Bezirk eines, ausnahmsweise unter zweckmäßiger Aufteilung auch den Bezirken mehrerer Gerichtsvollzieher benachbarter Amtsgerichte zu (zugeschlagener Bezirk).

(2) Eigener Gerichtsvollzieherbezirk und zugeschlagener Bezirk bilden den Gesamtbezirk des Gerichtsvollziehers.

(3) Name, Bezirk und Amtssitz des zuständigen Gerichtsvollziehers sind im Gebäude des Amtsgerichts des zugeschlagenen Bezirks durch ständigen Aushang oder in sonst geeigneter Weise mit dem Hinweis bekanntzumachen, dass Aufträge, Anfragen und Mitteilungen nach Möglichkeit unmittelbar an den Gerichtsvollzieher zu richten sind, aber auch in der Geschäftsstelle des Amtsgerichts zur Übermittlung an den Gerichtsvollzieher angebracht werden können.

(4) Die Geschäftsstelle des Amtsgerichts des zugeschlagenen Bezirks leitet die bei ihr eingehenden, für den Gerichtsvollzieher bestimmten Schriftstücke täglich an diesen weiter. Dies gilt nicht, wenn mit Sicherheit zu erwarten ist, dass der Gerichtsvollzieher an dem betreffenden Tage auf der Geschäftsstelle anwesend sein wird.

(5) Ist der Gerichtsvollzieher am Sitz des Amtsgerichts des zugeschlagenen Bezirks anwesend, so hat er sich stets in der Geschäftsstelle zur Entgegennahme seiner Eingänge und zu etwa erforderlichen Dienstbesprechungen einzufinden. Von der Einrichtung bestimmter Sprechtage ist regelmäßig abzusehen.

(6) Für Eilaufträge, die im zugeschlagenen Bezirk zu erledigen sind, bestellt der aufsichtführende Richter des Amtsgerichts des zugeschlagenen Bezirks im Voraus einen oder, falls es erforderlich ist, mehrere geeignete Beamte des Amtsgerichts als ständige Vertreter des Gerichtsvollziehers für die Wahrnehmung einzelner Gerichtsvollziehergeschäfte. Die Bestimmungen über die Regelung der ständigen Vertretung des Gerichtsvollziehers (§§ 10, 11) werden hierdurch nicht berührt. Macht ein eiliger Auftrag eine weitere nicht mehr dringliche Amtshandlung erforderlich, so sind die Vorgänge nach Erledigung des dringlichen Teils an den zuständigen Gerichtsvollzieher abzugeben.

§ 13 Zuteilung eines zugeschlagenen Bezirks in Sonderfällen

Soweit landesrechtlich nichts anderes bestimmt ist, kann der Präsident des Oberlandesgerichts den Gerichtsvollzieherdienst eines Amtsgerichtsbezirks oder eines Bezirksteils auch in anderen als den in § 12 Absatz 1 bezeichneten Fällen einem Gerichtsvollzieher eines benachbarten Amtsgerichts übertragen. Die Bestimmungen in § 12 Absatz 2 bis 6 gelten in diesem Fall entsprechend.

B. Örtliche Zuständigkeit

§ 14 Allgemeines

(1) Die örtliche Zuständigkeit des Gerichtsvollziehers beschränkt sich, soweit nichts anderes bestimmt ist, auf den ihm zugewiesenen Gerichtsvollzieherbezirk.

(2) Eine Amtshandlung ist nicht aus dem Grund unwirksam, weil der Gerichtsvollzieher sie außerhalb seines Gerichtsvollzieherbezirks vorgenommen hat.

§ 15 Freiwillige Versteigerungen

Für freiwillige Versteigerungen ist der Gerichtsvollzieher zuständig, in dessen Bezirk sich die zu versteigernde Sache befindet. Die Weitergabe des Auftrags an einen zur Übernahme bereiten Gerichtsvollzieher ist möglich. § 191 der Geschäftsanweisung für Gerichtsvollzieher (GVGA) bleibt unberührt.

§ 16 Zustellungen durch die Post

Für Zustellungen durch die Post ist der Gerichtsvollzieher zuständig, in dessen Gerichtsvollzieherbezirk der Auftraggeber (Partei, Prozessbevollmächtigter) oder ein Zustellungsempfänger seinen Wohnsitz, Geschäftssitz, Amtssitz, Sitz der Niederlassung oder Aufenthaltsort hat. Eilige Zustellungen durch die Post von Vorpfändungsbenachrichtigungen nach § 126 GVGA darf jeder Gerichtsvollzieher ausführen.

§ 17 Ermittlung des Aufenthaltsortes

(1) Die Ermittlung des Aufenthaltsortes des Schuldners nach § 755 ZPO obliegt dem für die letzte bekannte Anschrift des Schuldners zuständigen Gerichtsvollzieher. Ist keine solche Anschrift bekannt, obliegt die Ermittlung dem für den Wohnsitz des Gläubigers zuständigen Gerichtsvollzieher.

(2) Ist aufgrund des Ergebnisses der Ermittlung ein anderer Gerichtsvollzieher zuständig, gibt der Gerichtsvollzieher den Vollstreckungsvorgang von Amts wegen an diesen ab.

§ 18 In mehreren Gerichtsvollzieherbezirken zu erledigende Aufträge

(1) Für die Erledigung eines Auftrags, der eine Tätigkeit in mehreren Gerichtsvollzieherbezirken des gemeinsamen Landgerichtsbezirks erfordert, ist der Gerichtsvollzieher eines jeden der beteiligten Gerichtsvollzieherbezirke zuständig.

(2) Die Zuständigkeit ist auch gegeben, wenn der Gerichtsvollzieher zur Durchführung der in seinem Gerichtsvollzieherbezirk begonnenen Amtshandlung die Grenze dieses Bezirks (auch über die Landesgrenze hinaus) überschreiten muss.

Dritter Abschnitt
Aufträge

A. Ablehnung und Abgabe von Aufträgen

§ 19 Rechtliche oder tatsächliche Verhinderung

Ist der Gerichtsvollzieher von der Ausübung seines Amts kraft Gesetzes ausgeschlossen, so gibt er den Auftrag unter Angabe des Grundes seiner Verhinderung an seinen ständigen Vertreter ab. Ist auch der ständige Vertreter verhindert, so zeigt dieser die Sachlage unverzüglich der Dienstbehörde an. Die Dienstbehörde sorgt für die Bestellung eines besonderen Vertreters zur Durchführung des Dienstgeschäfts. Der übernehmende Beamte (Satz 1 und 3) teilt dem Auftraggeber die Übernahme des Auftrags unverzüglich mit. Die Mitteilung kann unterbleiben, wenn sie bei dem Auftraggeber nicht früher als die Nachricht über das Ergebnis der Amtshandlung eingehen würde. Ist der Gerichtsvollzieher an der Erledigung eines Auftrags tatsächlich verhindert, so gelten die Bestimmungen in den Sätzen 1 bis 5 entsprechend.

§ 20 Örtliche Unzuständigkeit bei Erteilung des Auftrags

(1) Ist der Gerichtsvollzieher für die Erledigung eines mündlich erteilten Auftrags örtlich unzuständig, so verweist er den Auftraggeber an den zuständigen Gerichtsvollzieher.

(2) Ist der Gerichtsvollzieher für einen ihm schriftlich erteilten Auftrag nicht zuständig, so gibt er ihn nach Eintragung in das Dienstregister
1. falls der Auftrag im eigenen Amtsgerichtsbezirk oder in einem zugeschlagenen Bezirk des Amtsgerichts zu erledigen ist, unverzüglich an den zuständigen Gerichtsvollzieher ab, der den Auftraggeber umgehend von der Übernahme des Auftrags zu benachrichtigen hat;
2. falls der Auftrag in einem anderen Amtsgerichtsbezirk zu erledigen ist, unter Benachrichtigung des Auftraggebers an das zuständige Amtsgericht weiter; ist dies nicht angängig oder zweckmäßig, so ist der Auftrag dem Auftraggeber mit entsprechender Mitteilung zurückzusenden; § 802 e ZPO bleibt unberührt.

Der Verbleib des Auftrags ist im Dienstregister unter Angabe des Tages der Abgabe und der vollen Anschrift des Empfängers zu vermerken.

§ 21 Eintritt der örtlichen Unzuständigkeit nach Auftragserteilung

Tritt die örtliche Unzuständigkeit infolge Veränderung der tatsächlichen Verhältnisse nach Annahme des Auftrags ein, so verfährt der Gerichtsvollzieher nach § 20 Absatz 2, auch wenn der Auftrag durch die Verteilungsstelle vermittelt ist.

B. Vermittlung von Aufträgen durch die Verteilungsstelle

§ 22 Aufgabe; Zuständigkeit

(1) Bei jedem Amtsgericht ist eine Verteilungsstelle einzurichten.

(2) Aufgabe der Verteilungsstelle ist es, Aufträge, auch wenn sie durch Vermittlung der Geschäftsstelle gestellt werden, und sonstige für die Gerichtsvollzieher bestimmte Eingänge entgegenzunehmen und an den zuständigen Gerichtsvollzieher weiterzuleiten. Das Recht, dem Gerichtsvollzieher Aufträge unmittelbar zu erteilen, bleibt unberührt.

(3) Die Dienstaufsicht ist befugt, einen Zwangsvollstreckungsauftrag aus besonderen Gründen einem anderen als dem zuständigen Gerichtsvollzieher oder seinem ständigen Vertreter zur Erledigung zuzuteilen. Die Zuteilung muss schriftlich erfolgen.

(4) Aufträge zur Erhebung von Wechsel- und Scheckprotesten sind grundsätzlich dem Gerichtsvollzieher zuzuteilen, zu dessen Bezirk die Örtlichkeit gehört, an welcher der Protest oder die erste von mehreren Protesthandlungen vorzunehmen ist.

(5) Aufträge zur Abnahme der Vermögensauskunft nach § 802 c ZPO und der eidesstattlichen Versicherung in den Fällen der §§ 836, 883 ZPO und § 94 FamFG sind dem Gerichtsvollzieher zuzuteilen, in dessen Bezirk der Schuldner nach den in dem Auftrag enthaltenen Angaben seinen Wohnsitz oder Aufenthaltsort hat. Dies gilt auch für nachträgliche Aufträge nach § 802 I ZPO.

(6) Die Verteilungsstelle darf Kosten, Vorschüsse oder sonstige Geldbeträge für den Gerichtsvollzieher nicht annehmen.

§ 23 Geschäftszeit; Geschäftszimmer

(1) Die Verteilungsstelle muss während der allgemeinen Dienststunden des Amtsgerichts für den Verkehr mit der Bevölkerung geöffnet sein. Soweit eine besondere Regelung der Dienststunden für den Verkehr mit dem Gerichtsvollzieher erforderlich ist, trifft sie der aufsichtführende Richter.

(2) Im Geschäftszimmer der Verteilungsstelle sind die Dienststunden der Verteilungsstelle, die Namen und Anschriften der Gerichtsvollzieher und ihrer ständigen Vertreter, die Bezirkseinteilung sowie sonstige Anordnungen zur Verteilung der Geschäfte unter die Gerichtsvollzieher durch Aushang oder in sonst geeigneter Weise bekanntzumachen.

§ 24 Entgegennahme der Aufträge

(1) Die Erteilung des Auftrags bei der Verteilungsstelle nebst der Aushändigung der erforderlichen Schriftstücke steht der unmittelbaren Auftragserteilung an den zuständigen Gerichtsvollzieher gleich. Die Verteilungsstelle hat den Zeitpunkt der Übergabe auf den Schriftstücken zu vermerken. Ein offensichtlich unvollständiger Auftrag ist dem Auftraggeber zur Vervollständigung zurückzugeben, sofern der festgestellte Mangel nicht durch mündliche oder fernmündliche Rücksprache mit ihm behoben werden kann.

(2) Besondere Weisungen des Auftraggebers über Art und Umfang der Erledigung vermerkt die Verteilungsstelle nötigenfalls auf den übergebenen Schriftstücken oder einem besonderen Umschlag. Der erschienene Auftraggeber ist an den zuständigen Gerichtsvollzieher selbst zu verweisen, wenn ein Vermerk nicht genügen würde, um den Gerichtsvollzieher über die Sachlage hinreichend zu unterrichten, oder wenn der Auftraggeber eine beschleunigte Erledigung verlangt.

§ 25 Verteilung der Aufträge

(1) Für jeden Gerichtsvollzieher wird bei der Verteilungsstelle ein Abholfach eingerichtet, in das die für ihn bestimmten Eingänge gelegt werden.

(2) Der Gerichtsvollzieher hat die Eingänge täglich abzuholen oder auf eigene Verantwortung durch eine zuverlässige, der Verteilungsstelle zu bezeichnende erwachsene Person abholen zu lassen.

(3) Hat der zuständige Gerichtsvollzieher seinen Amtssitz nicht am Sitz des Amtsgerichts, so leitet ihm die Verteilungsstelle die für ihn bestimmten Eingänge täglich zu, sofern nicht mit Sicherheit zu erwarten ist, dass er an dem betreffenden Tag auf der Verteilungsstelle anwesend sein wird.

(4) Eingehende besonders eilbedürftige Aufträge sind dem Gerichtsvollzieher schnellstens zuzuleiten.

(5) Die Verteilungsstelle hat dem Auftraggeber auf Verlangen den Gerichtsvollzieher zu benennen, dem der Auftrag zugeleitet wird, sofern dieses Verlangen im Auftrag augenfällig gekennzeichnet ist; sie hat ihn dann darauf hinzuweisen, dass weitere Anfragen oder Aufträge in der Angelegenheit unmittelbar an den Gerichtsvollzieher zu richten sind.

(6) Aufzeichnungen über den Eingang und die Verteilung der Aufträge bei der Verteilungsstelle sind im Allgemeinen nicht erforderlich. Der Präsident des Landgerichts (Amtsgerichts) kann anordnen, dass hierüber Listen in einfacher Form geführt werden, sofern es ausnahmsweise notwendig erscheint.

§ 26 Erledigung von Eilaufträgen

(1) Bei Amtsgerichten mit großem Geschäftsumfang kann der aufsichtführende Richter anordnen, dass sich ein oder mehrere Gerichtsvollzieher an den einzelnen Wochentagen abwechselnd in einer im Voraus festgelegten Reihenfolge in ihrem Geschäftszimmer oder in der Verteilungsstelle zur Durchführung von Aufträgen bereithalten, die sofort erledigt werden müssen.

(2) Ob eine Sache eilbedürftig ist, ist unter Berücksichtigung aller ersichtlichen Umstände nach Lage des Einzelfalles zu entscheiden. Die Bezeichnung eines Auftrags als Eilsache genügt für sich allein nicht, um die Eilbedürftigkeit zu begründen. Aufträge zur Vollziehung von Arresten, einstweiligen Verfügungen und einstweiligen Anordnungen nach dem Gewaltschutzgesetz sowie Aufträge zur Erhebung von Protesten sind stets als Eilaufträge zu behandeln.

(3) Der aufsichtführende Richter kann allgemein anordnen, dass die dem Eilgerichtsvollzieher übergebenen Aufträge unverzüglich an den zuständigen Gerichtsvollzieher zur weiteren Erledigung abzugeben sind, sobald sie nicht mehr eilbedürftig sind. Etwa

erforderliche Bestimmungen über die geschäftliche Behandlung dieser Aufträge durch die beteiligten Gerichtsvollzieher trifft der aufsichtführende Richter.

C. Behandlung und Überwachung ruhender Vollstreckungsaufträge

§ 27 Ruhen von Vollstreckungsaufträgen

(§ 64 Absatz 3 Nummer 2 GVGA)

(1) Gewährt der Gläubiger oder der Gerichtsvollzieher dem Schuldner eine Frist von unbestimmter Dauer oder von mehr als zwölf Monaten oder mehrere aufeinander folgende Fristen von zusammen mehr als zwölf Monaten, so bleiben die getroffenen Vollstreckungsmaßnahmen zwar bestehen, für die Akten- und Buchführung des Gerichtsvollziehers gilt der Auftrag als büromäßig erledigt (Ruhen des Vollstreckungsauftrags). Der Gerichtsvollzieher gibt dem Gläubiger den Schuldtitel und die sonstigen ihm übergebenen Urkunden zurück. Er setzt die Vollstreckung nur auf besonderen Antrag des Gläubigers fort. Sind die Pfandstücke nicht im Gewahrsam des Schuldners belassen worden, so ruht der Auftrag erst dann, wenn ihre weitere Aufbewahrung durch eine Einigung der Beteiligten oder durch eine gerichtliche Anordnung geregelt ist.

(2) Wird die Zwangsvollstreckung bis zur Entscheidung in der Hauptsache über die Klage, den Einspruch, die Berufung oder die Revision eingestellt (§§ 707, 719, 769, 771, 785, 805, 924 ZPO) oder eine Maßnahme der Zwangsvollstreckung nach § 765 a ZPO einstweilen eingestellt, so ruht der Auftrag ebenfalls. Das weitere Verfahren des Gerichtsvollziehers richtet sich nach Absatz 1.

(3) Wird die Zwangsvollstreckung nur kurzfristig einstweilen eingestellt, so gilt der Auftrag als fortbestehend (zum Beispiel bei Einstellung bis zur Entscheidung über die Erinnerung oder die Beschwerde – §§ 570, 766 ZPO – oder über Einwendungen gegen die Zulässigkeit der Vollstreckungsklausel – § 732 ZPO). Der Gerichtsvollzieher setzt die Zwangsvollstreckung fort, sobald die für die einstweilige Einstellung maßgebliche Frist abgelaufen ist. Sind jedoch seit der einstweiligen Einstellung mehr als drei Monate verstrichen und ist nach dem pflichtgemäßen Ermessen des Gerichtsvollziehers mit einer baldigen Entscheidung nicht zu rechnen, so verfährt er auch in diesen Fällen nach den Bestimmungen in Absatz 1.

(4) Gibt der Gerichtsvollzieher seinem Auftraggeber anheim, einen richterlichen Durchsuchungsbeschluss oder einen Beschluss nach § 758 a Absatz 4 ZPO einzuholen, gilt der Auftrag als büromäßig erledigt. Legt der Auftraggeber den Beschluss vor, setzt der Gerichtsvollzieher die Zwangsvollstreckung unter der alten Nummer fort.

(5) Das Ruhen des Vollstreckungsauftrags ist bei noch nicht vorgenommenen Vollstreckungsmaßnahmen auf höchstens sechs Monate, in allen anderen Fällen auf 24 Monate beschränkt.

§ 28 Überwachung ruhender Aufträge

(1) Der Gerichtsvollzieher vermerkt bei den nach § 27 ruhenden Aufträgen in Spalte 5 des Dienstregisters II unter Hinzufügung des Datums „Ruht seit …". Bei einer späteren Übertragung in das neue Dienstregister II ist dieser Vermerk zu übernehmen. Das Ruhen ist auf dem Umschlag der Sonderakten zu vermerken. Die Sonderakten sind nach dem Namen der Schuldner alphabetisch geordnet und getrennt von anderen Akten aufzubewahren. Im Fall des § 27 Absatz 4 enthält der Vermerk in Spalte 5 den Klammerzusatz „(§ 27 Absatz 4 GVO)". Einer Überwachung dieser Aufträge bedarf es nur, wenn Pfandstücke im Gewahrsam des Schuldners belassen worden sind.

(2) Wird die Zwangsvollstreckung fortgesetzt oder erledigt sie sich (zum Beispiel durch Zahlung, durch Freigabe oder durch Rücknahme des Auftrags), so vermerkt der Gerichtsvollzieher in Spalte 5 des Dienstregisters II „Fortgesetzt" oder „Erledigt". Als Fortsetzung gilt nur die tatsächliche Fortsetzung des Verfahrens, zum Beispiel die

Anberaumung eines Versteigerungstermins oder eine weitere Pfändung, jedoch nicht die Erklärung des Gläubigers, dass die Sache noch nicht erledigt sei.

(3) Ist in dem Vollstreckungsverfahren eine Vollstreckungsmaßnahme nicht vorgenommen oder sind vor dem Ruhen lediglich Raten entgegengenommen worden und sind seit dem Ruhen ohne einen Fortsetzungsantrag sechs Monate vergangen, so ist der Vorgang als erledigt anzusehen. Der Gerichtsvollzieher vermerkt in Spalte 5 des Dienstregisters II „Erledigt aufgrund des Ablaufs der Ruhensfrist (sechs Monate)". Sind Vollstreckungsmaßnahmen, insbesondere Pfändungen, vorgenommen worden und seit dem Abschluss der Eintragung zwei Jahre verstrichen, so teilt der Gerichtsvollzieher dem Gläubiger durch zuzustellenden Brief Folgendes mit: „Nachdem die Zwangsvollstreckung gegen ... zwei Jahre geruht hat, bitte ich um Mitteilung innerhalb von zwei Wochen nach der Zustellung, ob die Angelegenheit erledigt ist oder ob Sie die Fortsetzung des Verfahrens beantragen". Teilt der Gläubiger mit, dass die Sache erledigt sei oder äußert er sich nicht, so vermerkt der Gerichtsvollzieher in Spalte 5 des Dienstregisters II „Erledigt". Beantragt der Gläubiger die Fortsetzung der Zwangsvollstreckung, so vermerkt der Gerichtsvollzieher in Spalte 5 des Dienstregisters II unter Hinzufügung des Datums „Fortgesetzt am ...".

Vierter Abschnitt
Geschäftsbetrieb

§ 29 Allgemeines

Der Gerichtsvollzieher regelt seinen Geschäftsbetrieb nach eigenem pflichtgemäßen Ermessen, soweit hierüber keine besonderen Bestimmungen bestehen.

§ 30 Geschäftszimmer

(1) Der Gerichtsvollzieher muss an seinem Amtssitz ein Geschäftszimmer auf eigene Kosten halten. Der Präsident des Landgerichts (Amtsgerichts) kann dem Gerichtsvollzieher gestatten, das Geschäftszimmer an einem anderen Ort als dem Amtssitzes zu unterhalten, wenn das Geschäftszimmer verkehrsgünstig in der Nähe des Amtssitzes eingerichtet wird, eine Internetanbindung gewährleistet ist und die ordnungsmäßige Erledigung der Dienstgeschäfte und die Belange der Parteien nicht beeinträchtigt werden, insbesondere dem Land und den Parteien keine Mehrkosten entstehen. Mehrere Gerichtsvollzieher können sich zu einer Bürogemeinschaft zusammenschließen.

(2) Der Gerichtsvollzieher ist verpflichtet, das Geschäftszimmer durch ein an der Außenseite des Hauses in der Nähe des Hauseingangs anzubringendes Schild kenntlich zu machen, das den Namen des Gerichtsvollziehers enthalten und die Aufschrift „Gerichtsvollzieher" enthalten muss. Das Schild beschafft der Gerichtsvollzieher auf eigene Kosten. Das Schild einer Bürogemeinschaft muss neben der Aufschrift „Gerichtsvollzieher" die Namen sämtlicher Gerichtsvollzieher, die Mitglieder der Bürogemeinschaft sind, enthalten. Am Eingang zum Geschäftszimmer muss sich ein Briefeinwurf oder Briefkasten befinden. Der Gerichtsvollzieher hat ein elektronisches Gerichts- und Verwaltungspostfach (EGVP) zu unterhalten.

(3) Das Geschäftszimmer des Gerichtsvollziehers muss für den Publikumsverkehr geeignet sein. Dementsprechend muss es mit einer für die ordentliche und schnelle Geschäftsführung erforderlichen Büroeinrichtung, insbesondere einer zweckmäßigen IT-Ausstattung, und den einschlägigen Gesetzen und Dienstvorschriften ausgestattet sein. Näheres kann durch besondere landesrechtliche Bestimmungen geregelt werden. Der Gerichtsvollzieher hat durch Einsatz geeigneter elektronischer Kommunikationsmittel sicherzustellen, dass er während der Dienstzeiten des Amtsgerichts für die Verteilungsstelle und die Dienstaufsicht erreichbar ist. Ein von einem Gerichtsvollzieher verwendetes Kopiergerät muss Ablichtungen herstellen, die das Schriftstück in Originalgröße oder nur gering verkleinert wiedergeben und hinreichend fälschungssicher sind.

(4) Der Gerichtsvollzieher hat Vorsorge zu treffen, dass eilige Aufträge unverzüglich an seinen Vertreter oder die Dienstbehörde gelangen können, falls er vom Geschäftszimmer abwesend oder sonst an der Erledigung der Aufträge verhindert ist.

(5) Der Gerichtsvollzieher hat mindestens zweimal in der Woche Sprechstunden abzuhalten, während derer er sich in seinem Geschäftszimmer aufhalten muss. Die Sprechstunden sind nach § 2 Satz 4 bekannt zu machen.

(6) Akten, Register, Kassenbücher und sonstige dienstliche Unterlagen hat der Gerichtsvollzieher ebenso im Geschäftszimmer aufzubewahren wie für dienstliche Zwecke genutzte IT-Anlagen und Datenträger. Entsprechendes gilt für Unterlagen, die nach Landesrecht für die Geschäftsprüfung vorzuhalten sind; sonstige private Unterlagen dürfen in dem Geschäftszimmer nicht aufbewahrt werden. Der Gerichtsvollzieher oder im Fall seiner Verhinderung sein Vertreter hat dafür Sorge zu tragen, dass zu Zwecken der Dienstaufsicht der Zugang zu dem Geschäftszimmer gewährleistet wird.

§ 31 Gehaltsvorschuss zur Einrichtung eines Geschäftszimmers

Dem Gerichtsvollzieher kann im Bedarfsfall auf Antrag ein Gehaltsvorschuss zur Einrichtung eines Geschäftszimmers und zu dessen Ausstattung mit Büro- und Informationstechnik gewährt werden. Die näheren Einzelheiten richten sich nach den von den Landesjustizverwaltungen für die Bewilligung von Vorschüssen getroffenen Bestimmungen.

§ 32 Pfandkammer

Der Gerichtsvollzieher unterhält, sofern es erforderlich ist, eine Pfandkammer auf eigene Kosten. Mit Genehmigung der Dienstbehörde können mehrere Gerichtsvollzieher dann eine gemeinsame Pfandkammer unterhalten, wenn die Pfandgegenstände von den Gerichtsvollziehern gegen einen Verlust ausreichend versichert sind. Eine behördeneigene Pfandkammer überlässt die Dienstbehörde dem Gerichtsvollzieher gegen Entgelt. Die Dienstbehörde kann dem Gerichtsvollzieher die Benutzung einer bestimmten Pfandkammer vorschreiben.

§ 33 Büroangestellte

(1) Der Gerichtsvollzieher ist verpflichtet, Büroangestellte auf eigene Kosten zu beschäftigen, soweit es der Geschäftsbetrieb erfordert. Für ihre Tätigkeit ist er verantwortlich.

(2) Die Büroangestellten dürfen die ihnen übertragenen Arbeiten nur im Geschäftszimmer des Gerichtsvollziehers erledigen, soweit sie nicht von dem Gerichtsvollzieher bei Dienstgeschäften zugezogen werden, die außerhalb des Geschäftszimmers zu erledigen sind. Sie dürfen nur mit Büro- und Schreibarbeiten und, soweit es die Dienstbehörde im Einzelfall zugelassen hat, mit der Buchführung und beim Zahlungsverkehr beschäftigt werden. Die Vornahme von Amtshandlungen darf ihnen der Gerichtsvollzieher nicht übertragen.

§ 34 Einstellung, Beschäftigung und Entlassung von Büroangestellten und Beschäftigung anderer Personen

(1) Die Büroangestellten des Gerichtsvollziehers müssen volljährig, gewissenhaft, zuverlässig und mit den Aufgaben, die sie zu erledigen haben, völlig vertraut sein. Ihre wirtschaftlichen Verhältnisse müssen geordnet sein.

(2) Der Gerichtsvollzieher hat die Eignung von Büroangestellten sorgfältig zu prüfen. Dazu hat er sich die Zeugnisse der früheren Arbeits- und Dienststellen vorlegen zu lassen.

(3) Der Gerichtsvollzieher hat die von ihm beschäftigten Personen bei der Einstellung oder der Auftragserteilung nach § 1 des Verpflichtungsgesetzes förmlich zu verpflich-

ten. Der Gerichtsvollzieher hat die Niederschrift über die Verpflichtung der bei ihm beschäftigten Personen bei den Generalakten aufzubewahren. Die Verpflichtung hat auch zu erfolgen, wenn zwischen denselben Personen bereits früher ein Beschäftigungsverhältnis bestanden hat oder Beschäftigte eines anderen Gerichtsvollziehers übernommen worden sind.

(4) Der Gerichtsvollzieher ist ferner verpflichtet, die Tätigkeit der Büroangestellten ständig sorgfältig zu überwachen und sofort einzugreifen, wenn sich gegen ihre Weiterbeschäftigung begründete Bedenken ergeben.

(5) Die Einstellung und die Entlassung eines Büroangestellten sind der Dienstbehörde unverzüglich anzuzeigen. In der Anzeige über die Einstellung sind folgende Angaben über den Büroangestellten zu machen:

1. Name, Vorname, Wohnanschrift,
2. Geburtsdatum, Geburtsort, gegebenenfalls Geburtsname,
3. frühere Beschäftigung,
4. Tag der Einstellung,
5. Vergütung und Vergütung für Überstunden,
6. Kündigungsfrist,
7. werktägliche Arbeitszeit und Sonntagsarbeit.

Die Pflicht zur Anzeige erstreckt sich auch auf die Beschäftigung von Angehörigen des Gerichtsvollziehers, die zu seinem Haushalt gehören.

(6) Die Dienstbehörde hat die Anzeige nach den Richtlinien in Absatz 1 zu prüfen und darauf zu achten, dass die Vereinbarungen des Gerichtsvollziehers mit den Büroangestellten unbedenklich sind. Ermittlungen über die Zuverlässigkeit eines Büroangestellten sind in der Regel nur dann einzuleiten, wenn besondere Umstände dazu Anlass geben.

§ 35 Unfallversicherung der Beschäftigten und der Arbeitshilfen

(1) Die Beschäftigten des Gerichtsvollziehers, insbesondere die Büroangestellten, sind kraft Gesetzes unfallversichert. Der Gerichtsvollzieher ist insoweit als Unternehmer Mitglied der Verwaltungs-Berufsgenossenschaft und hat die sich daraus ergebenden Verpflichtungen zu erfüllen. Hierzu gehören unter anderem Pflichten zu Anzeigen an die Berufsgenossenschaft und die Leistung von Beiträgen.

(2) Soweit der Gerichtsvollzieher zur Durchführung von Amtshandlungen Privatpersonen als Arbeitshilfen oder in sonstiger Weise heranzieht, hat er für deren gesetzliche Unfallversicherung nicht einzustehen.

§ 36 Geschäftsbedarf

(1) Den Geschäftsbedarf beschafft der Gerichtsvollzieher auf eigene Kosten.

(2) Die zur Kennzeichnung gepfändeter Gegenstände erforderlichen Pfandsiegelmarken und Pfandanzeigen sowie Quittungsblöcke werden auf Kosten der Landeskasse beschafft.

(3) Die Pfandsiegelmarken haben die Form eines Rechtecks in der Größe von 3,5 x 5 cm. Sie sind in roter Farbe auf weißem Grund gehalten. Ihre Beschriftung ergibt sich aus der Anlage 1. Der Gerichtsvollzieher hat bei der Verwendung der Pfandsiegelmarken seinen Namen und sein Geschäftszeichen nebst abgekürzter Jahreszahl deutlich einzutragen. Name und Ortsangabe können durch Stempelaufdruck angebracht werden.

(4) Die Pfandanzeigen sind in der Regel in der Größe von 14,8 x 21 cm zu halten. Ihre Beschriftung ergibt sich aus der Anlage 2. Die Vordrucke sind in Blockform herzustellen. Die Vordruckblätter sind abwechselnd in roter und weißer Farbe zu halten und derart mit durchlaufenden Zahlen zu versehen, dass je ein Rotzettel die gleiche Zahl

trägt wie der folgende Weißzettel. Die Weißzettel tragen die Überschrift: „Anlage zum Protokoll vom ... DR II Nummer ...". Die Rotzettel sind an dem Ort anzubringen, an dem sich die Pfandstücke befinden (vergleiche § 82 Absatz 2, § 102 Absatz 2 GVGA). Die Weißzettel, auf denen eine Abschrift der Pfandanzeige anzubringen ist, sind als Anlage zum Pfändungsprotokoll zu nehmen. Die Abschrift kann im Durchschreibeverfahren hergestellt werden.

(5) Die Dienstbehörde ermittelt im Monat Juni jeden Jahres den voraussichtlichen Jahresbedarf ihrer Gerichtsvollzieher an Pfandsiegelmarken und Pfandanzeigen und bestellt ihn bis zum 1. Juli unmittelbar bei der Herstellerfirma. Aus diesem Bestand gibt sie den laufenden Bedarf an die Gerichtsvollzieher ab.

(6) Die Quittungsblöcke beschafft die Dienstbehörde; sie werden dem Gerichtsvollzieher in der Regel nach dem Bedarf für ein halbes Jahr überlassen. Der Gerichtsvollzieher bestätigt der Dienstbehörde den Empfang unter Bezeichnung der Nummern der Quittungsblöcke. Die Amtsgerichte melden ihren Jahresbedarf an Quittungsblöcken dem Präsidenten des Oberlandesgerichts bis zum 15. September jeden Jahres.

§ 37 Schriftverkehr

Der Gerichtsvollzieher führt den Schriftverkehr unter eigenem Namen mit Amtsbezeichnung.

Fünfter Abschnitt
Aktenführung

§ 38 Generalakten

(1) Über die Verwaltungsbestimmungen, die den Gerichtsvollzieherdienst betreffen, sind Generalakten zu führen. Sie sind wie folgt aufzugliedern:
1. Gerichtsvollzieherdienst im Allgemeinen,
2. Kostenwesen,
3. Zustellungen,
4. Zwangsvollstreckungen,
5. Wechsel- und Scheckproteste,
6. öffentliche Versteigerungen,
7. Einziehung von Gerichtskosten und Geldbeträgen nach § 1 Absatz 1 der Einforderungs- und Beitreibungsanordnung (EBAO),
8. Elektronische Datenverarbeitung.

(2) Die Generalakten sind entsprechend zu beschriften.

§ 39 Sonderakten und Verzeichnisse

(1) Über jeden in das Dienstregister II einzutragenden Auftrag sind Sonderakten zu führen; dies gilt nicht für die in § 20 Absatz 1 bezeichneten Aufträge, wenn für sie keine Kosten entstehen.

(2) Aus den Sonderakten muss sich der Stand der Angelegenheit jederzeit vollständig ergeben. Über die im Einzelnen vorgeschriebenen Protokolle oder Aktenvermerke hinaus ist alles festzuhalten, was zum Verständnis und zur rechtlichen Wertung der Amtshandlungen des Gerichtsvollziehers, zur Begründung des Kostenansatzes, zur Überprüfung der Dauer der einzelnen Verrichtungen und zum Nachweis des Verbleibs von Urkunden und sonstigen Schriftstücken erforderlich ist.

(3) In den Sonderakten sind alle in dem Verfahren entstandenen Schriftstücke der Zeitfolge nach zu ordnen und fortlaufend zu nummerieren. Sonderakten mit mehr als

15 Blättern sind mit einem Umschlag zu versehen. Wird ein zu den Akten gehöriges Schriftstück dauernd oder vorübergehend herausgegeben, so ist dies in den Akten zu vermerken; von Anfragen und ähnlichen Schriftstücken, die urschriftlich zurückgesandt werden, ist eine Ablichtung zu den Akten zu nehmen. Die Herausgabe von Sonderakten ist im Dienstregister, die endgültige Erledigung auf dem Aktendeckel zu vermerken. Wegen der in den Sonderakten zu erstellenden Kostenrechnungen wird auf Nummer 7 DB-GvKostG und § 49 Absatz 5 verwiesen. Die im Zwangsvollstreckungsverfahren mittels Informationstechnik erstellten Schriftstücke sowie die auf elektronischem Wege bei dem Gerichtsvollzieher eingegangenen Dokumente und Unterlagen sind zur Sonderakte zu nehmen. Die elektronische Speicherung reicht nicht aus.

(4) Nimmt der Gerichtsvollzieher, der die Erstpfändung durchgeführt hat, eine Anschlusspfändung vor, so trägt er diese und alle folgenden Anschlusspfändungen in ein Verzeichnis der gegen den Schuldner vorgenommenen Anschlusspfändungen ein. Das Verzeichnis enthält folgende Spalten:

1. Laufende Nummern,
2. Dienstregisternummer,
3. Name des Gläubigers,
4. Höhe der beizutreibenden Forderung,
5. Pfändungstag,
6. Versteigerungstermine,
7. Angabe über Fristen, Freigabe und Erledigung,
8. Besondere Bemerkungen.

In der Spalte 8 sind auch die Pfandstücke zu bezeichnen, soweit es erforderlich ist. Bei jeder weiteren Bearbeitung der einzelnen Pfändungen zieht der Gerichtsvollzieher das Verzeichnis heran, um sicherzustellen, dass keine Pfändung übersehen werden kann. Die Anlegung des Verzeichnisses ist auf dem Umschlag der Sonderakten über die Erstpfändung zu vermerken. Die Verzeichnisse sind nach Namen der Schuldner alphabetisch geordnet aufzubewahren. Erledigte Pfändungen sind in Spalte 8 zu vermerken; die entsprechenden Eintragungen können gerötet werden. Nach der Erledigung sämtlicher Anschlusspfändungen gegen einen Schuldner ist das Verzeichnis gesondert unter „Erledigte Verzeichnisse über Anschlusspfändungen" abzulegen.

(5) Abgeschlossene Sonderakten sind gesondert und nach der Folge der Geschäftsnummern geordnet aufzubewahren.

(6) Der Gerichtsvollzieher hat über die in der Pfandkammer oder anderweitig eingelagerten Gegenstände (Pfandstücke, Räumungsgut etc.) eine jahrgangsweise Liste mit folgendem Inhalt zu führen:

1. Bezeichnung der Parteien und der DR II-Nummer,
2. Ort der eingelagerten Gegenstände,
3. Bezeichnung der eingelagerten Gegenstände und
4. Datum der Einlagerung und deren Beendigung.

§ 40 Sammelakten

(1) Sonstige Schriftstücke, die weder zu Generalakten noch zu Sonderakten gehören, sind nach Abschluss des Verfahrens jahrgangsweise und nach der Folge der Dienstregisternummern geordnet in Sammelakten aufzubewahren.

(2) Die Abschriften von Wechsel- und Scheckprotesten nebst Wechsel- und Scheckvermerken sind nach § 179 GVGA zu besonderen Protestsammelakten zu vereinigen.

(3) Die Behandlungen der Rechnungen und Belegblätter bei Sammelbekanntmachungen richtet sich nach § 93 Absatz 4 und 5 GVGA.

(4) Belege über Kosten für Hilfeleistung, Transport und die Verwahrung eingelagerter Gegenstände sind, soweit sie mehrere Sachen betreffen, zu besonderen Sammelakten zu nehmen. Im Übrigen ist § 93 Absatz 4 und 5 GVGA entsprechend anzuwenden.

(5) Belege über den Eingang und die Weiterleitung von Geldbeträgen, die dem Gerichtsvollzieher nicht gebühren oder die auf das Dienstkonto des Gerichtsvollziehers eingezahlt werden, obwohl sie dem Gerichtsvollzieher persönlich zustehen (§ 49 Absatz 4), sind zu besonderen Sammelakten zu nehmen; auf diesen Belegen ist die Kassenbuchnummer anzugeben.

§ 41 Rückgabe von Schriftstücken

(1) Nach Abschluss des Verfahrens gibt der Gerichtsvollzieher die ihm überlassenen Schriftstücke an den Auftraggeber zurück, soweit sie nicht dem Schuldner auszuhändigen sind. Den Tag der Rückgabe vermerkt er in den Akten.

(2) Der Schuldtitel ist zu den Sonderakten zu nehmen, wenn der Schuldner auf die Aushändigung verzichtet oder wenn sich mehrere Gesamtschuldner, von denen jeder einen Teil des Anspruchs des Gläubigers getilgt hat, über seinen Verbleib nicht einigen; er bleibt von der Vernichtung ausgeschlossen.

§ 42 Recht auf Einsichtnahme

(1) Ein Recht auf Einsichtnahme in die Akten des Gerichtsvollziehers steht nur den Beteiligten zu. Auf Verlangen sind diesen Personen auch kostenpflichtige Abschriften einzelner Schriftstücke zu erteilen. Die Einsichtnahme muss in Anwesenheit des Gerichtsvollziehers, dessen Vertreters oder der Dienstaufsicht geschehen.

(2) Der Dienstbehörde und den Prüfungsdienststellen sind die Akten jederzeit, auf Anforderung auch außerhalb des Geschäftszimmers, vorzulegen.

(3) Dem Finanzamt ist auf Verlangen Einsicht in die Akten zu gewähren.

(4) Den Gerichten sind angeforderte Akten über die Dienstbehörde zu übersenden. Sonstigen Behörden und Dienststellen dürfen Akten nur mit Genehmigung der Dienstbehörde auf kurze Zeit gegen Empfangsbescheinigung überlassen werden.

§ 43 Aufbewahrung; Vernichtung

(1) Der Gerichtsvollzieher hat die Akten nach Jahrgängen geordnet und so aufzubewahren, dass jeder Missbrauch, insbesondere eine Einsichtnahme durch Unberechtigte, ausgeschlossen ist.

(2) Sonder- und Sammelakten sind von dem Gerichtsvollzieher fünf Jahre nach Erledigung des letzten in ihnen enthaltenen Vorgangs zu vernichten oder zur Vernichtung zu verkaufen. Die Vorschriften über die Vernichtung oder den Verkauf des ausgesonderten Schriftgutes bei den Justizbehörden gelten entsprechend.

(3) In der Regel soll der Gerichtsvollzieher seine vernichtungsreifen Sonder- und Sammelakten der Dienstbehörde zur gleichzeitigen Vernichtung mit den gerichtlichen Akten überlassen.

Sechster Abschnitt
Buchführung

§ 44 Arten der Geschäftsbücher

(1) Der Gerichtsvollzieher führt, soweit nachstehend keine Ausnahmen zugelassen sind und landesrechtlich nichts anderes bestimmt ist:
1. Dienstregister I (DR I),
2. Dienstregister II (DR II),

3. Namenverzeichnis,
4. Kassenbuch I (KB I),
5. Kassenbuch II (KB II),
6. Reisetagebuch (RTB).

(2) Jeder Gerichtsvollzieher führt seine eigenen Bücher. Für Dienstgeschäfte aus einem zugeschlagenen Bezirk oder aus einem anderen Gerichtsvollzieherbezirk werden keine besonderen Geschäftsbücher geführt. Bei Versetzungen oder Abordnungen an eine andere Dienstbehörde hat der Gerichtsvollzieher neue Bücher anzulegen; die bisher geführten Bücher verbleiben bei der bisherigen Dienstbehörde (vergleiche auch § 6).

§ 45 Äußere Form der Geschäftsbücher

Die Geschäftsbücher sind in gebundener Form in Heften oder in Lose-Blatt-Form zu führen. Die Dienstregister I und II und die Kassenbücher I und II müssen mit laufenden Blattzahlen versehen sein.

§ 46 Führung, Aufbewahrung, Vernichtung der Geschäftsbücher

(1) Die Geschäftsbücher sind nach den folgenden Bestimmungen und den auf der Aufschriftseite der einzelnen Vordruckmuster enthaltenen Anleitungen zu führen. Die Eintragungen sind fortlaufend (ohne Leerzeilen) in leserlicher Schrift mit dunkler, urkundenechter Tinte vorzunehmen. Radieren, Überkleben und Überschreiben ist nicht gestattet. Streichungen sind so vorzunehmen, dass die ursprüngliche Fassung lesbar bleibt.

(2) Beträge, die in den Geldspalten abzusetzen sind, sind dort mit roter, urkundenechter Tinte zu buchen. Bei der Aufrechnung der Spalten sind die rotgebuchten Beträge von der Summe der übrigen Beträge abzuziehen. Der Restbetrag stellt die Spaltensumme dar. Sind Beträge an der Stelle, an der sie gebucht sind, in voller Höhe abzusetzen, so genügt es, sie rot zu unterstreichen. Sie sind dann bei der Spaltenaufrechnung unberücksichtigt zu lassen.

(3) Für die Einsichtnahme in die Geschäftsbücher durch Privatpersonen, Behörden und Dienststellen gelten die Bestimmungen in § 42 entsprechend.

(4) Abgeschlossene Geschäftsbücher sind der Zeitfolge nach geordnet aufzubewahren. Sie sind nach fünfjähriger Aufbewahrung, jedoch nicht vor der Vernichtung sämtlicher in den Büchern behandelter Akten, zu vernichten. § 43 Absatz 2 und 3 gilt entsprechend.

§ 47 Dienstregister

(1) Das Dienstregister I wird nach dem Vordruck GV 1 für reine Zustellungsaufträge und Protestaufträge, das Dienstregister II nach dem Vordruck GV 2 für alle sonstigen Aufträge geführt. Bewirkt der Gerichtsvollzieher nur die Zustellung einer Vorpfändungsbenachrichtigung, so ist diese im Dienstregister I einzutragen. Hat ihm dagegen der Gläubiger den Auftrag erteilt, die Benachrichtigung mit den Aufforderungen selbst anzufertigen, ist dieser Auftrag in dem Dienstregister II einzutragen. Stellt der Gläubiger mit einem anderen Auftrag auf Vollstreckung zugleich einen Antrag nach § 845 Absatz 1 Satz 2 ZPO, so vermerkt ihn der Gerichtsvollzieher in dem Dienstregister II unter der Dienstregisternummer des anderen Vollstreckungsauftrags, sobald er die Vorpfändungsbenachrichtigungen zugestellt hat.

(2) Die Dienstregister werden in Jahresheften geführt. Bei Bedarf können Fortsetzungshefte angelegt werden.

(3) Die Aufträge sind am Tag des Eingangs und nach der Zeit des Eingangs hintereinander einzutragen. Die Dienstregisternummer nebst Jahreszahl bildet die Geschäftsnummer (zum Beispiel DR I 405/11 oder DR II 320/11). Der Tag des Eingangs sowie die Geschäftsnummer sind auf den Aufträgen, die Geschäftsnummer ist auch auf den

Anlagen zu vermerken. Bei Zustellungsaufträgen muss der Eingangsvermerk gegebenenfalls auch die Zeit der Übergabe enthalten.

(4) Bei Vertretungsfällen kann die Dienstbehörde zulassen, dass eingehende Aufträge, die der Vertretene nicht mehr bis zum Beginn der Vertretung erledigen kann, bis längstens sieben Tage vor Beginn der Vertretung dem Vertreter zur Eintragung in dessen Dienstregister zugeleitet werden. Entsprechend können die Aufträge behandelt werden, die längstens bis zu sieben Tage vor Beendigung der Vertretung eingehen. Eilsachen (§ 5 GVGA) sind von dieser Regelung ausgenommen.

(5) Der Gerichtsvollzieher hat die Dienstregister persönlich zu führen. Er kann die Führung einem Büroangestellten übertragen. Unter der Aufsicht und in Verantwortung des Gerichtsvollziehers kann ein ihm zur Ausbildung überwiesener Anwärter das Dienstregister führen.

(6) Übernimmt ein Gerichtsvollzieher Dienstgeschäfte aus einem anderen Gerichtsvollzieherbezirk, so sind ihm die Akten über die noch nicht vollständig erledigten Aufträge unverzüglich zu übergeben. Der übernehmende Gerichtsvollzieher hat alle noch nicht vollständig erledigten Aufträge in seine Dienstregister zu übernehmen. In den Dienstregistern beider Gerichtsvollzieher sind in den Vermerkspalten entsprechende Hinweise zu fertigen. Bei einer kurzfristigen Vertretung kann die Dienstbehörde den Vertreter von der Übernahme solcher Aufträge in seine Dienstregister befreien, die durch den Vertreter nicht bearbeitet zu werden brauchen. Nimmt ein Gerichtsvollzieher Dienstgeschäfte in mehreren Gerichtsvollzieherbezirken wahr, so kann der Präsident des Oberlandesgerichts die Führung getrennter Dienstregister oder die bezirksweise Kenntlichmachung der Aufträge in den Dienstregistern anordnen.

§ 48 Namenverzeichnis

(1) In dem Namenverzeichnis sind alle dem Gerichtsvollzieher zugegangenen, im Dienstregister II nachgewiesenen Zwangsvollstreckungsaufträge nach dem Namen der Schuldner in der Buchstabenfolge geordnet unter Hinweis auf die Eintragung im Dienstregister II anzuführen.

(2) Die Dienstbehörde kann anordnen, dass die Führung des Namenverzeichnisses unterbleibt, wenn hiervon keine Unzuträglichkeiten zu besorgen sind.

§ 49 Kassenbücher; Abrechnungsschein

(1) Das Kassenbuch I wird nach dem Vordruck GV 3 für Einnahmen, die nicht sofort verwendet werden können, in Jahresheften, das Kassenbuch II nach dem Vordruck GV 4 für verwendete Einnahmen in Vierteljahresheften geführt.

(2) Die Kassenbücher dienen zum Nachweis des Eingangs und der Verwendung aller Einnahmen, die bei der Erledigung der in den Dienstregistern verzeichneten Aufträge erwachsen sind. In das Kassenbuch I sind alle Einnahmen einzutragen, die nicht binnen drei Tagen verwendet werden können, zum Beispiel Vorschüsse, Versteigerungserlöse, die nicht sofort abgerechnet werden können und Zahlungen, die sich infolge fehlerhafter oder unvollständiger Angaben nicht sofort verwenden lassen. In das Kassenbuch II sind alle Einnahmen einzutragen, die binnen drei Tagen verwendet werden können. Vorschüsse nach § 4 Absatz 3 in Verbindung mit § 3 Absatz 4 Satz 2 und 3 GvKostG werden abweichend von Satz 2 in das Kassenbuch II eingetragen.

(3) Beträge, die aufgrund eines Auftrags einer Justizbehörde eingezogen wurden, sind über das Kassenbuch II abzuwickeln. Bei der Einziehung einer Kostenforderung aufgrund eines Vollstreckungsauftrags einer für den Amtssitz des Gerichtsvollziehers nicht zuständigen Kasse führt der Gerichtsvollzieher die in dem Auftrag aufgeführten Beträge einschließlich der Nebenkosten unmittelbar an diese Kasse ab. Die hiernach an die empfangsberechtigte Kasse abgeführten Beträge sind in Spalte 11 des Kassenbuches II einzutragen. Die Aufträge sind im Dienstregister II und im Kassenbuch II in der jeweiligen Vermerkspalte durch Eintragung des Buchstabens J zu kennzeichnen und in den Fällen einer fruchtlosen Pfändung oder einer Einstellung an die Auftrag ge-

bende Justizbehörde zurückzusenden, im Übrigen zu den Sonderakten zu nehmen. Der Gerichtsvollzieher hat die den Auftrag gebende Justizbehörde wie einen Privatgläubiger zu benachrichtigen; dabei hat er sich des gegebenenfalls bereits von der Justizbehörde beigefügten amtlichen Vordrucks zu bedienen. Über die Kosten der Vollstreckung ist stets mit der für den Gerichtsvollzieher zuständigen Kasse zusammen mit den Kosten der sonstigen Vollstreckungsaufträge unter Verwendung des Abrechnungsscheins abzurechnen.

(4) In den Kassenbüchern sind auch der Eingang und die Verwendung von Beträgen nachzuweisen, die dem Gerichtsvollzieher in amtlicher Eigenschaft zugehen, ihm aber nicht gebühren oder die auf das Dienstkonto des Gerichtsvollziehers eingezahlt werden, obwohl sie dem Gerichtsvollzieher persönlich zustehen.

(5) Die laufende Nummer der Eintragung in den Kassenbüchern ist bei der Kostenrechnung oder, wenn eine Kostenrechnung nicht zu erstellen ist, auf dem der Eintragung zugrundeliegenden Schriftstück zu vermerken; dies gilt auch für Kostenrechnungen in den Fällen des § 57 Absatz 1.

(6) Die Eintragungen in den Spalten 5 und 6 des Kassenbuchs II bilden die Grundlage für die Abrechnung mit der Kasse über die in diesen Spalten nachgewiesenen Kosten des Gerichtsvollziehers. Die Spalten sind nach der Anleitung 9 zum Kassenbuch II aufzurechnen. Die Schlusssummen der Spalten 5 und 6 sind in den Abrechnungsschein zu übernehmen; sie sind nach Abzug der dem Gerichtsvollzieher zustehenden Gebührenanteile auf Grund des Abrechnungsscheins am Abrechnungstag an die Kasse, gegebenenfalls durch Vermittlung der Gerichtszahlstelle, abzuliefern. Den Abrechnungsschein hat der Gerichtsvollzieher zu unterschreiben und dabei Ort und Tag der Ausstellung anzugeben. Gleichzeitig muss der Gerichtsvollzieher der Kasse eine für die Erteilung der Empfangsbescheinigung bestimmte Durchschrift des Abrechnungsscheins vorlegen. Die Durchschrift mit den Buchungsvermerken der Kasse ist als Abrechnungsbeleg im Kassenbuch II hinter der letzten Seite einzukleben. Die Urschrift des Abrechnungsscheins bleibt bei der Kasse. Liefert der Gerichtsvollzieher durch Vermittlung der Gerichtszahlstelle ab, so dient die Quittung der Gerichtszahlstelle bis zum Eingang der Durchschrift des Abrechnungsscheins als vorläufiger Beleg zum Kassenbuch.

(7) Der Gerichtsvollzieher muss die Kassenbücher persönlich führen. Unter der Aufsicht des Gerichtsvollziehers kann auch ein ihm zur Ausbildung überwiesener Anwärter die Kassenbücher führen. Er kann die Führung der Spalten 5 bis 14 des Kassenbuchs II oder die Führung der gesamten Kassenbücher nach § 33 Absatz 2 Satz 2 einem geeigneten Büroangestellten übertragen. Der Gerichtsvollzieher bleibt für die Führung verantwortlich.

(8) Der jeweilige Kassensollbestand des Gerichtsvollziehers ergibt sich

1. aus der Gegenüberstellung der Beträge im Kassenbuch I Spalte 4 und 5 bis 8,
2. aus den Beträgen des Kassenbuchs II Spalte 4, soweit sie noch nicht in die Spalten 5 bis 11 eingestellt sind (vergleiche auch Anleitung 4 zum Kassenbuch II),
3. aus den Spalten 5 und 6 des Kassenbuchs II, soweit die Beträge noch nicht an die Kasse abgeliefert sind (vergleiche Absatz 6 Satz 3),
4. aus den in Spalte 5 a und 5 b des Dienstregisters I verzeichneten Beträgen, soweit sie eingegangen, aber noch nicht in das Kassenbuch II übernommen sind (vergleiche auch Anleitung 9 zum Dienstregister I),
5. aus den sonst eingezogenen Beträgen, die noch nicht in die Kassenbücher eingetragen oder im Dienstregister I Spalte 6 als eingegangen vermerkt sind,
6. aus den in Spalte 10 a und 11 des Kassenbuchs II eingestellten Beträgen, soweit sie noch nicht bar ausgezahlt sind oder nach dem zuletzt vorgelegten Kontoauszug vom Dienstkonto noch nicht überwiesen worden sind.

§ 50 Reisetagebuch

(1) Das Reisetagebuch bildet die Grundlage für die Prüfung, ob dem Gerichtsvollzieher ein Reisekostenzuschuss gewährt werden kann (vergleiche § 9 Absatz 1 Satz 1).

(2) Das Reisetagebuch wird in Vierteljahresheften nach dem Vordruck GV 6 geführt.

(3) Das Reisetagebuch ist nicht zu führen, wenn der Gerichtsvollzieher auf einen Reisekostenzuschuss im Voraus allgemein schriftlich verzichtet.

Siebenter Abschnitt
Kassenführung

§ 51 Aufbewahrung von Geld, Wertsachen und Kostbarkeiten

Der Gerichtsvollzieher hat fremde Geldbeträge, Wertpapiere und Kostbarkeiten getrennt von seinen eigenen unter sicherem Verschluss (zum Beispiel in einem einbruchsicheren Behältnis) aufzubewahren.

§ 52 Zahlungsverkehr

(1) Der Gerichtsvollzieher ist verpflichtet, für den dienstlichen Zahlungsverkehr ein Konto bei einer öffentlichen Sparkasse, einem privaten Kreditinstitut, das dem Einlagensicherungsfonds des Bundesverbandes Deutscher Banken e. V. angehört, oder bei einer Genossenschaftsbank, die der Sicherungseinrichtung des Bundesverbandes der Deutschen Volksbanken und Raiffeisenbanken e. V. angehört, (Kreditinstitut) zu unterhalten; die Einrichtung des Kontos kommt nur bei einem Kreditinstitut in Betracht, das eine Niederlassung innerhalb des Bezirks des Amtsgerichts, bei dem der Gerichtsvollzieher beschäftigt ist, oder innerhalb des zugeschlagenen Bezirks eingerichtet hat. Das Nähere regeln die zur Kontoführung von den Landesjustizverwaltungen jeweils erlassenen besonderen Bestimmungen. Hat der Präsident des Landgerichts (Amtsgerichts) dem Gerichtsvollzieher gemäß § 30 Absatz 1 Satz 2 gestattet, das Geschäftszimmer an einem anderen Ort als dem des Amtssitzes zu unterhalten, kann er sein Dienstkonto auch bei einem Kreditinstitut unterhalten, das eine Niederlassung an dem anderen Ort eingerichtet hat. Der Präsident des Landgerichts (Amtsgerichts) kann in anderen Fällen dem Gerichtsvollzieher gestatten, sein Dienstkonto bei einem Kreditinstitut zu unterhalten, das eine Niederlassung außerhalb der vorgenannten Bereiche eingerichtet hat, wenn besondere Gründe dies rechtfertigen und Belange der Dienstaufsicht dem nicht entgegenstehen. Einzugsermächtigungen für Abbuchungen vom Gerichtsvollzieher-Dienstkonto dürfen nicht erteilt werden.

(2) Das für den dienstlichen Zahlungsverkehr bestimmte Konto wird mit dem Zusatz „Gerichtsvollzieher-Dienstkonto" geführt. Demgemäß muss der Antrag auf Eröffnung eines Kontos ausdrücklich auf die Eröffnung eines „Gerichtsvollzieher-Dienstkontos" gerichtet werden.

(3) Das Dienstkonto darf nur für den dienstlichen Zahlungsverkehr des Gerichtsvollziehers benutzt und nicht überzogen werden. Dazu gehören zum Beispiel nicht die Zahlungen von Dienstbezügen durch die gehaltszahlende Stelle.

(4) Der Gerichtsvollzieher ist verpflichtet, in seinem Schriftverkehr die in Klammern zu setzende Bankleitzahl (BLZ ...), die IBAN, den SWIFT-BIC und die Nummer seines Kontos mit dem Zusatz „Dienstkonto" anzugeben und den Zahlungspflichtigen zu empfehlen, außer der Bankleitzahl und der Kontonummer auch den Zusatz „Dienstkonto" anzugeben. Dagegen darf er sein privates Konto im dienstlichen Schriftverkehr nicht angeben.

(5) Die Gutbuchung der Beträge auf dem Dienstkonto wird in den automatisierten Buchungsverfahren grundsätzlich nach der Kontonummer ausgeführt. Sollte eine für das Gerichtsvollzieher-Dienstkonto bestimmte Zahlung auf dem Privatkonto des Gerichtsvollziehers eingegangen sein, so ist der Gerichtsvollzieher verpflichtet, den Be-

trag unverzüglich auf das Dienstkonto zu überweisen. Auf dem Dienstkonto eingegangene Zahlungen, die für das Privatkonto bestimmt sind, kann der Gerichtsvollzieher auf sein Privatkonto überweisen. Entnahmen der dem Gerichtsvollzieher zustehenden Gelder (Gebührenanteile und Auslagen) sind entweder durch Überweisung vom Konto des Gerichtsvollziehers unter ausdrücklicher Bezeichnung des Entnahmegrundes oder nach Erstellung eines aufzubewahrenden Kassensturzes, auf welchem Datum und Betrag der Entnahme zu vermerken sind und der zu unterschreiben ist, zulässig. Die Landesjustizverwaltungen können abweichende oder ergänzende Bestimmungen treffen.

(6) Über das Guthaben auf dem Dienstkonto darf nur der Gerichtsvollzieher und, falls er verhindert ist (Urlaub, Erkrankung, Dienstunfall, Amtsenthebung, Tod und so weiter), die Dienstbehörde verfügen. Der Gerichtsvollzieher ist verpflichtet, für den Verhinderungsfall bis zu drei von seinem unmittelbaren Dienstvorgesetzten zu bestimmende Beamte des gehobenen Justizdienstes in der Weise zur Verfügung über sein Dienstkonto zu bevollmächtigen, dass ein Widerruf der Vollmacht nur im Einvernehmen mit dem unmittelbaren Dienstvorgesetzten möglich ist. Der Gerichtsvollzieher ist nicht befugt, seine Büroangestellten oder andere Personen hierzu zu bevollmächtigen und deren Unterschriftsproben beim Kreditinstitut zu hinterlegen.

(7) Der dienstliche Zahlungsverkehr ist über das Gerichtsvollzieher-Dienstkonto abzuwickeln. Auszahlungen durch Übergabe von Zahlungsmitteln dürfen nur geleistet werden, wenn der Empfänger kein Girokonto bei einem Kreditinstitut hat.

(8) Aufträge für mehrere Empfänger in Sammelaufträgen (mit Überweisungen, Zahlungsanweisungen oder Zahlungsanweisungen zur Verrechnung) sind zulässig, wenn das beauftragte Kreditinstitut schriftlich bestätigt, dass es den Überweisungsauftrag jedenfalls in seinem Geschäftsbereich ausgeführt hat (Ausführungsbestätigung). Die Ausführungsbestätigung muss allein oder in Verbindung mit anderen bankbestätigten Belegen den Inhalt der Sammelaufträge (Einzelbeträge und Einzelempfänger mit Empfängerkonto) vollständig und zweifelsfrei erkennen lassen. Von den Landesjustizverwaltungen können abweichende oder ergänzende Bestimmungen getroffen werden.

(9) Die zum Kontoauszug gehörenden Belege sind entsprechend der Regelung des § 53 Absatz 5 unterzubringen.

(10) Die Kontoauszüge sind nach Zeitfolge und Jahrgängen in einem Schnellhefter zu sammeln und nach Ablauf des Jahres noch fünf Jahre aufzubewahren. Auf den Kontoauszügen ist neben den einzelnen Buchungsposten die Nummer des Kassenbuches oder des Dienstregisters I anzugeben. Nach Ablauf der Aufbewahrungsfrist sind die Kontoauszüge zu vernichten; § 43 Absatz 2 und 3 gilt entsprechend.

(11) Vom Kreditinstitut erhobene Vordruckkosten trägt der Gerichtsvollzieher.

§ 53 Quittung

(1) Über alle Barzahlungen und gepfändeten Beträge hat der Gerichtsvollzieher dem Einzahler unaufgefordert eine Quittung zu erteilen. Bei Versteigerungen kann der Gerichtsvollzieher nach pflichtgemäßem Ermessen von einer Quittungserteilung absehen, wenn im Einzelfall der Ersteher bei einem Zuschlag auf ein Gebot unter 50 Euro die Erteilung einer Quittung nicht verlangt. Der Gerichtsvollzieher lässt sich in diesem Fall die Höhe der Zahlung durch Gegenzeichnung des Einzahlers im Protokoll bestätigen. In der dem Meistbietenden zu erteilenden Quittung ist der Raum für die Bezeichnung des Gläubigers und des Schuldners zu durchstreichen. Die Annahme von Schecks ist ebenfalls zu quittieren, es sei denn, ein vom Auftraggeber ausgestellter Scheck wird zur Begleichung von Gerichtsvollzieherkosten angenommen. Die Verpflichtung zur Erteilung einer Quittung trifft auch jede andere Person, die für den Gerichtsvollzieher eine Zahlung oder einen Scheck annimmt. Ermächtigt der Gerichtsvollzieher einen Büroangestellten oder eine andere Person zur Annahme von Einzahlungen oder Schecks, so bleibt er für den Betrag der Zahlung oder den Scheck verantwortlich.

(2) Für die Quittung sind durchlaufend nummerierte Durchschreibequittungsblöcke nach dem Vordruck GV 7 zu benutzen. Auf dem Umschlag der Blöcke ist der Zeitraum anzugeben, für den sie verwendet werden. Die Urschrift der Quittung ist dem Einzahler oder demjenigen auszuhändigen, der den Scheck übergeben hat. Die erste Durchschrift ist zu den Akten oder sonstigen Vorgängen zu nehmen, die weitere Durchschrift verbleibt im Quittungsblock. Auf den Durchschriften ist die laufende Nummer des Kassenbuchs zu vermerken, unter der die Einzahlung oder der Betrag des eingelösten Schecks gebucht ist. Ungültige Quittungen sind unter Angabe des Grundes zu bezeichnen und im Block zu belassen. Die Quittungsblöcke mit den Durchschriften bewahrt der Gerichtsvollzieher nach der Zeitfolge geordnet auf. Sie sind fünf Jahre nach der Erledigung, jedoch nicht vor der Vernichtung der dazugehörigen Sonderakten und Geschäftsbücher, zu vernichten. § 43 Absatz 2 und 3 gilt entsprechend.

(3) Auszahlungen durch Übergabe von Zahlungsmitteln darf der Gerichtsvollzieher nur gegen Quittung leisten. Für diese Quittung ist kein Muster vorgeschrieben. Die Quittungen und sonstigen Zahlungsbeweise (Belege für den Auftraggeber bei Überweisungsaufträgen, Einlieferungsbescheinigungen und so weiter) sind mit der Nummer des Kassenbuchs II zu versehen und zu den Akten oder sonstigen Vorgängen zu nehmen.

(4) Quittungen sind mit Tintenstift oder Kugelschreiber mit dunkler, urkundenechter Tinte auszustellen.

(5) Alle sonstigen Belege über Ein- und Auszahlungen im Geschäftsverkehr des Gerichtsvollziehers (zum Kontoauszug gehörige Belege, Bestätigungen von Banken und so weiter) sind, sofern besondere Akten geführt werden, zu diesen, sonst zu Sammelakten zu nehmen. Betrifft ein Beleg mehrere Akten, so ist er in den Vorgängen über den zuerst eingegangenen Auftrag unterzubringen; in den anderen Akten ist zu vermerken, wo sich der Beleg befindet.

§ 54 Abrechnung mit der nach Landesrecht zuständigen Stelle; Ablieferung

(1) Der Gerichtsvollzieher liefert die der Landeskasse zustehenden Geldbeträge, sobald sie den Betrag von 500 Euro oder die von der Dienstbehörde etwa festgesetzten niedrigeren Beträge übersteigen, schon vor der Abrechnung an die nach Landesrecht zuständige Stelle (zum Beispiel Kasse) ab.

(2) Die nach Absatz 1 abgelieferten Beträge sind in dem Kassenbuch II nicht als Ablieferung zu buchen. Bis zur Abrechnung mit der nach Landesrecht zuständigen Stelle (zum Beispiel Kasse) gelten die Empfangsbescheinigungen oder sonstigen Zahlungsnachweise (Posteinlieferungsschein, Lastschriftzettel, Kontoauszug) für den Gerichtsvollzieher als bares Geld und sind von ihm als solches zu behandeln.

(3) Der Gerichtsvollzieher rechnet an den von der nach Landesrecht zuständigen Stelle (zum Beispiel Kasse) allgemein bestimmten Abrechnungstagen aufgrund des Abrechnungsscheins mit der Stelle ab. Den Geldbetrag, der nach der Abrechnung der Landeskasse zusteht, liefert er an die Stelle unbar ab. Die Beträge gelten als abgeliefert, wenn der Abrechnungsschein ausgeschrieben und der Überweisungsauftrag erteilt und in dem über die Überweisung zu führenden Übersendungsnachweis eingetragen ist.

§ 55 Abschluss der Geschäftsbücher, Kosteneinziehung und Abrechnung in besonderen Fällen

(1) Endet die Beschäftigung eines Gerichtsvollziehers durch Tod, Entlassung, vorläufige Dienstenthebung, Versetzung, Erkrankung, Beurlaubung, Ablauf des Dienstleistungsauftrags oder aus ähnlichen Gründen, so sind seine Geschäftsbücher unverzüglich abzuschließen. Der Abschluss obliegt in der Regel dem Gerichtsvollzieher selbst, wird aber in besonderen Fällen, zum Beispiel bei Tod, Entlassung, vorläufiger Dienstenthebung, Erkrankung und so weiter von der Dienstbehörde einem anderen hierfür geeigneten Beamten übertragen.

(2) Auf den Abschluss finden die Bestimmungen über den regelmäßigen Abschluss der Geschäftsbücher (Vierteljahres- oder Jahresabschluss) entsprechende Anwendung. Soweit nach diesen Bestimmungen Aufträge oder Geldbeträge in Geschäftsbücher für das neue Vierteljahr oder das neue Haushaltsjahr zu übertragen sind, sind sie in die entsprechenden Geschäftsbücher des Dienstnachfolgers oder Vertreters zu übertragen. Dabei sind die Geldbeträge im Dienstregister I besonders zu kennzeichnen. Das Kennzeichen ist auf der Titelseite des Dienstregisters I zu erläutern.

(3) Die Geldbeträge, die nach dem Abschluss des Kassenbuchs II Spalte 5 und 6 der nach Landesrecht bestimmten Stelle (zum Beispiel Kasse) zustehen, sind unverzüglich an die Stelle abzuliefern.

(4) Der nach dem Abschluss des Kassenbuchs I Spalte 9 verbleibende Kassenbestand, die etwa für auswärtige nach Landesrecht bestimmten Stellen (zum Beispiel Kasse), Gerichtsvollzieher oder andere Dienststellen eingezogenen, diesen aber noch nicht übersandten Kosten, die im Besitz des ausgeschiedenen Gerichtsvollziehers befindlichen Wertsachen und Kostbarkeiten sowie die Akten und sonstigen Geschäftspapiere über die in die Geschäftsbücher des Dienstnachfolgers oder Vertreters übertragenen Aufträge sind gegen Empfangsbestätigung zu übergeben.

(5) Der Dienstnachfolger oder Vertreter des ausgeschiedenen Gerichtsvollziehers führt die noch nicht vollständig erledigten Aufträge weiter aus, wickelt die von ihm übernommenen, noch nicht verwendeten Einzahlungen und so weiter ab und zieht die rückständigen Kosten ein. Die durch die Tätigkeit des ausgeschiedenen Beamten entstandenen Gebühren und Auslagen sind bei der Buchung im Kassenbuch II besonders zu kennzeichnen.

(6) Für die Abrechnung mit der nach Landesrecht bestimmten Stelle (zum Beispiel Kasse) und die Ablieferung der eingezogenen Kostenrückstände an diese Stelle gelten im Übrigen die allgemeinen Bestimmungen. Bei der Aufrechnung des Kassenbuchs II Spalte 5 und 6 sind jedoch die besonders gekennzeichneten Beträge (Absatz 5 Satz 2) auch für sich zusammen zu rechnen und von den Schlusssummen der Spalten abzuziehen.

(7) Soweit die eingezogenen Kosten bei ihrem Eingang dem ausgeschiedenen Gerichtsvollzieher zustehen, sind sie an ihn zu zahlen, falls die Dienstbehörde nichts anderes bestimmt. Dasselbe gilt für die Gebührenanteile, die bei den Ablieferungen an die nach Landesrecht bestimmte Stelle (zum Beispiel Kasse) zurückbehalten wurden. Die Art der Abrechnung im Einzelnen bleibt dem Einvernehmen der beteiligten Beamten überlassen.

(8) Beim Abschluss des Dienstregisters I und des Kassenbuchs II des Dienstnachfolgers oder Vertreters sind die besonders gekennzeichneten Beträge und die Beträge der Abrechnungsscheine für den ausgeschiedenen Beamten auch für sich allein aufzurechnen und von den entsprechenden Abschlusssummen abzuziehen.

(9) Soweit beim Abschluss des Dienstregisters I besonders gekennzeichnete Beträge noch ganz oder zum Teil ausstehen und deshalb in das Dienstregister I des neuen Jahres oder im Fall des Absatzes 1 des Dienstnachfolgers oder Vertreters übertragen werden müssen, sind sie auch dort in der bisherigen Weise und unter Beachtung von Absatz 2 Satz 3 kenntlich zu machen. Im Fall des Absatzes 1 gilt dies nicht, wenn der Dienstnachfolger oder Vertreter der Beamte ist, für dessen frühere dienstliche Tätigkeit die Kosten entstanden sind.

(10) Die vorstehenden Bestimmungen sind nicht anzuwenden, wenn der Gerichtsvollzieher nur vorübergehend kurze Zeit an der Ausübung seines Dienstes gehindert ist und deshalb für ihn ein Vertreter nicht bestellt wird. Die Dienstbehörde bestimmt, ob und inwieweit bei Erkrankung oder Beurlaubung des Gerichtsvollziehers von der Befolgung der Bestimmungen in den Absätzen 1, 3 und 4 sowie von der Einziehung der rückständigen Kosten durch den Vertreter abgesehen werden kann, wenn der Beamte seine Dienstgeschäfte bis zum Vierteljahresabschluss voraussichtlich wieder aufnehmen wird.

§ 56 Festsetzung der Entschädigung und Kassenanordnung

(1) Gebührenanteile, Dokumentenpauschale, Wegegelder, sonstige Auslagen und Reisekostenzuschüsse – letztere mit Zustimmung des Präsidenten des Landgerichts (Amtsgerichts) – setzt die Dienstbehörde nach Ablauf eines jeden Kalendervierteljahres fest oder im Laufe des Kalendervierteljahres, wenn die Beschäftigung des Gerichtsvollziehers bei der Dienstbehörde endet.

(2) Der Gerichtsvollzieher überreicht der Dienstbehörde das abgeschlossene Kassenbuch II nebst Durchschriften der Abrechnungsscheine alsbald nach der letzten Ablieferung der in den Spalten 5 und 6 gebuchten Kosten sowie ein etwa geführtes Reisetagebuch. Der Geschäftsleiter oder der hierfür bestimmte Beamte prüft die Aufrechnungen und die Schlusszusammenstellung und bescheinigt nach Aufklärung etwaiger Unstimmigkeiten ihre Richtigkeit. Er überzeugt sich auch davon, dass die Durchschriften der Abrechnungsscheine die vorgeschriebenen Buchungsvermerke der nach Landesrecht zuständigen Stelle (zum Beispiel Kasse) tragen und die einzelnen Abrechnungsscheine richtig in die Schlusszusammenstellung des Kassenbuchs II übernommen worden sind.

(3) Über die Entschädigung des Gerichtsvollziehers wird eine Auszahlungsanordnung nach dem von der Landesjustizverwaltung festgestellten Vordruck erlassen. Die Grundlage für die Festsetzung bilden die in der Anleitung zu dem Vordruck bezeichneten Geschäftsbücher. Festsetzung und Kassenanordnung sollen regelmäßig alsbald nach Eingang der dazu erforderlichen Unterlagen vollzogen werden.

(4) Alsbald nach dem Jahresabschluss überreicht der Gerichtsvollzieher der Dienstbehörde ferner das Kassenbuch I, das Dienstregister I und die Kassenbücher II der ersten drei Vierteljahre. Der Geschäftsleiter oder der hierfür bestimmte Beamte prüft die Aufrechnungen im Kassenbuch I und im Dienstregister I, die richtige Übertragung der Seitensummen des Dienstregisters I in das Kassenbuch II und die richtige Übertragung der in Spalte 9 des Kassenbuchs I eingestellten Beträge in das Kassenbuch I des neuen Jahres. Nach Aufklärung etwaiger Unstimmigkeiten bescheinigt er die Richtigkeit. Zur Prüfung der richtigen Übertragung legt der Gerichtsvollzieher auch das Kassenbuch I für das neue Jahr vor, das ihm sofort zurückzugeben ist.

§ 57 Kostenvermerke; Antrag auf Beitreibung rückständiger Kosten

(1) Soweit Auslagen nach § 7 Absatz 3 aus der Landeskasse zu erstatten sind, sind die nach dem GvKostG entstandenen Kosten in voller Höhe in den Sonderakten zu vermerken. Dort sind auch die Vermerke nach Nummer 6 Absatz 5 DB-GvKostG zu fertigen. Bei Aufträgen, die im Dienstregister I eingetragen werden, sind diese Vermerke in Spalte 8 des Dienstregisters I zu machen (vergleiche auch Anleitung 8 zum Kassenbuch II und Anleitung 7 zum Dienstregister I).

(2) Für die Mitteilung der Gerichtsvollzieherkosten nach Nummer 6 Absatz 2 und 3 DB-GvKostG ist der Vordruck GV 10, für den Antrag auf Einziehung rückständiger Kosten nach Nummer 9 Absatz 2 DB-GvKostG der Vordruck GV 9 zu verwenden.

§ 58 Abführung von Kosten an den Gerichtsvollzieher

In den Fällen der Nummer 6 Absatz 2 Satz 2 und Absatz 3 sowie Nummer 9 Absatz 2 DB-GvKostG werden die durch die Kasse oder eine andere landesrechtlich dafür bestimmte Stelle eingezogenen Gerichtsvollzieherkosten an den Gerichtsvollzieher abgeführt. Er behandelt sie so, als ob er sie selbst eingezogen hätte. Im Falle der Bewilligung von Prozess- oder Verfahrenskostenhilfe (Nummer 6 Absatz 2 Satz 1 DB-GvKostG) verbleiben die nachträglich von der Kasse oder einer anderen landesrechtlich dafür bestimmten Stelle eingezogenen Gerichtsvollzieherkosten in voller Höhe der Landeskasse.

Achter Abschnitt
Auszahlung von Kleinbeträgen; Bewilligung von Prozess- oder Verfahrenskostenhilfe

§ 59 Auszahlung von Kleinbeträgen

(1) Kleinbeträge bis zu 3,00 Euro sind nicht auszuzahlen, sofern die Auszahlung nicht ohne besondere Kosten geschehen kann; sie sind im Dienstregister I Spalte 5 b oder im Kassenbuch II Spalte 6 gesondert einzutragen und im Dienstregister I in Spalte 8, im Kassenbuch II in Spalte 14 durch den Buchstaben K als Kleinbetrag zu kennzeichnen.

(2) Kleinbeträge von weniger als 5,00 Euro, die aus Gründen, die in der Person des Empfangsberechtigten liegen, nicht ausgezahlt werden können, sind im Dienstregister I Spalte 5 b oder im Kassenbuch II Spalte 6 gesondert einzutragen und im Dienstregister I in Spalte 8, im Kassenbuch II in Spalte 14 durch den Buchstaben M als Mehrbetrag zu bezeichnen.

(3) Kleinbeträge nach den Absätzen 1 und 2 sind auf Verlangen des Empfangsberechtigten auszuzahlen. Ist der Betrag bereits an die Kasse abgeliefert, so ist die Sache erneut in das laufende Dienstregister I oder Kassenbuch II einzutragen und der Betrag in Spalte 5 b des Dienstregisters I oder in Spalte 6 des Kassenbuchs II mit roter, urkundenechter Tinte (vergleiche § 46 Absatz 2) zu buchen.

(4) Die Behandlung von Kleinbeträgen bei der Kosteneinziehung richtet sich nach Nummer 8 Absatz 1 DB-GvKostG.

§ 60 Bewilligung von Prozesskostenhilfe nach der ZPO und Verfahrenskostenhilfe nach dem FamFG

(1) Die einer Partei für ein Erkenntnisverfahren bewilligte Prozesskostenhilfe oder Verfahrenskostenhilfe erstreckt sich auch auf die Zustellung eines in dem Verfahren erwirkten Titels an die Gegenpartei, jedoch nicht auf die Zwangsvollstreckung. Ist der Partei auch für die Zwangsvollstreckung Prozess- oder Verfahrenskostenhilfe bewilligt, so darf der Gerichtsvollzieher von der Partei für seine Tätigkeit Kosten nicht erheben (§ 122 Absatz 1 Nummer 1 Buchstabe 3 a ZPO, § 76 des Gesetzes über das Verfahren in Familiensachen und in den Angelegenheiten der freiwilligen Gerichtsbarkeit (FamFG)).

(2) Der Gerichtsvollzieher kann verlangen, dass ihm die Bewilligung von Prozess- oder Verfahrenskostenhilfe durch Vorlegung der darüber ergangenen gerichtlichen Entscheidung nachgewiesen wird.

(3) Auch wenn der Partei Prozess- oder Verfahrenskostenhilfe noch nicht bewilligt ist, muss der Gerichtsvollzieher Zustellungsaufträge, die von einem Rechtsanwalt oder Kammerrechtsbeistand (§ 16 Absatz 3 Satz 3 GVGA) erteilt werden, auf Verlangen vorläufig unentgeltlich erledigen, wenn der Rechtsanwalt oder Kammerrechtsbeistand sich bereit erklärt, die Kosten aus eigenen Mitteln zu zahlen, falls die Prozess- oder Verfahrenskostenhilfe nicht mit rückwirkender Kraft bewilligt werden sollte.

§ 61 Behandlung der Anwaltskosten bei Bewilligung von Prozesskostenhilfe oder Verfahrenskostenhilfe

Zahlt der erstattungspflichtige Gegner einer Partei, der Prozess- oder Verfahrenskostenhilfe bewilligt ist, bei der Vollstreckung aus dem Kostenfestsetzungsbeschluss freiwillig auch die in dem Kostenfestsetzungsbeschluss abgesetzte oder ihm von dem Urkundsbeamten der Geschäftsstelle mitgeteilte Vergütung, die der Anwalt der Partei, der Prozess- oder Verfahrenskostenhilfe bewilligt ist, aus der Staatskasse erhalten hat, so hat der Gerichtsvollzieher sie anzunehmen und an die Kasse abzuführen. Zieht der Gerichtsvollzieher nur den nach Abzug dieser Vergütung verbleibenden Restbetrag ein, so hat er dies zu den Gerichtsakten mitzuteilen, damit der auf die Staatskasse übergegangene Betrag eingezogen werden kann.

Neunter Abschnitt
Pflichten zur Sicherung des Aufkommens aus Steuern und Abgaben

§ 62 Steuerabzug vom Arbeitslohn

(1) Läßt die Bezeichnung des Streitgegenstandes in einem Urteil oder der sonstige Inhalt eines vollstreckbaren Titels erkennen, dass es sich um die Beitreibung einer Arbeitslohnforderung handelt, so benachrichtigt der Gerichtsvollzieher das für den Vollstreckungsort zuständige Finanzamt nach dem als Anlage 3 beigefügten Muster, wenn der an den Gläubiger abzuführende Betrag höher als 40,00 Euro ist.

(2) Gleichzeitig benachrichtigt der Gerichtsvollzieher den zuständigen Sozialversicherungsträger des Gläubigers nach dem als Anlage 4 beigefügten Muster, wenn er diesen von dem Schuldner erfährt. Andernfalls erfragt er bei dem Gläubiger den zuständigen Sozialversicherungsträger. Erst wenn ihm dieser bekannt ist, führt er den beigetriebenen Betrag an den Gläubiger ab und benachrichtigt zugleich den Sozialversicherungsträger.

(3) Von den Benachrichtigungen nach Absatz 1 und (oder) 2 kann der Gerichtsvollzieher absehen, wenn ihm nachgewiesen wird, dass die zu benachrichtigenden Stellen bereits Kenntnis von der Beitreibung der Arbeitslohnforderung haben.

§ 63 Umsatzsteuer

Werden im Wege der Zwangsvollstreckung Sachen öffentlich versteigert oder freihändig verkauft und fällt die Veräußerung beim Schuldner in den Rahmen seines Unternehmens (§ 2 Absatz 1 Satz 2 Umsatzsteuergesetz (UStG); zum Beispiel weil die Sache zum Unternehmensvermögen gehört), so unterliegt die Veräußerung beim Schuldner gemäß § 1 Absatz 1 Nummer 1 UStG der Umsatzsteuer. Das gleiche gilt für den Auftraggeber bei freiwilligen Versteigerungen, Pfandverkäufen und Versteigerungen auf Grund gesetzlicher Ermächtigung, wenn im Wege einer Versteigerung oder eines Pfandverkaufs Sachen abgesetzt werden und die Veräußerung in den Rahmen des Unternehmens des Auftraggebers fällt. Der Gerichtsvollzieher weist in den Fällen des Satzes 1 den Schuldner und in den Fällen des Satzes 2 den Auftraggeber darauf hin, dass die Veräußerungen der Umsatzsteuer unterliegen und dass die Umsätze in den Umsatzsteuervoranmeldungen und Jahreserklärungen anzugeben sind.

§ 64 Einkommensteuer und Körperschaftssteuer

Verwertet der Gerichtsvollzieher Anteile an einer Kapitalgesellschaft (zum Beispiel durch Versteigerung), weist er den Schuldner darauf hin, dass die daraus resultierenden Einkünfte der Einkommen- oder Körperschaftsteuer unterliegen können und gegebenenfalls in der entsprechenden Steuererklärung anzugeben sind. Anteile an einer Kapitalgesellschaft sind Aktien, Anteile an einer Gesellschaft mit beschränkter Haftung, Genussscheine oder ähnliche Beteiligungen und Anwartschaften auf solche Beteiligungen. Der Gerichtsvollzieher übersendet dem in § 19 oder § 20 der Abgabenordnung (AO) bezeichneten Finanzamt (Wohnsitzfinanzamt des Schuldners, wenn der Schuldner eine natürliche Person ist; wenn der Schuldner eine Körperschaft, Personenvereinigung oder Vermögensmasse ist, dem Finanzamt, in dessen Bezirk sich die Geschäftsleitung befindet) alsbald, spätestens aber binnen zwei Wochen vom Tage der Verwertung ab gerechnet, eine beglaubigte Abschrift des Protokolls über die Art der Verwertung. Sie soll mit der Steuernummer gekennzeichnet sein, unter welcher der Schuldner, der die verwerteten Anteile an der Kapitalgesellschaft innehatte, steuerlich geführt wird. Die Übersendung einer Abschrift des Protokolls kann unterbleiben, wenn die Übertragung der Anteile der notariellen Form bedarf. Der Gerichtsvollzieher ist berechtigt und verpflichtet, den Vollstreckungsauftrag ohne Rücksicht auf das Steuerfestsetzungsverfahren nach den für ihn geltenden Dienstvorschriften abzuwickeln.

§ 65 Einfuhrabgaben

Will der Gerichtsvollzieher Waren versteigern oder freihändig verkaufen, die der zollamtlichen Überwachung unterliegen, zum Beispiel im Falle
1. einer vorübergehenden Verwahrung (Artikel 50 bis 53 Zollkodex),
2. eines zollrechtlichen freien Verkehrs zur besonderen Verwendung (Artikel 82 Zollkodex, gegebenenfalls in Verbindung mit § 1 Truppenzollgesetz, Artikel I und XI NATO-Truppenstatut),
3. eines Versandverfahrens (Artikel 91 bis 97, 163 Zollkodex, Übereinkommen über ein gemeinsames Versandverfahren vom 20. Mai 1987),
4. eines Zolllagerverfahrens (Artikel 98 bis 113 Zollkodex),
5. einer aktiven Veredelung (Artikel 114 bis 129 Zollkodex),
6. einer vorübergehenden Verwendung (Artikel 137 bis 144 Zollkodex),

so zeigt er dies der zuständigen Zollstelle rechtzeitig an. Im Fall von Satz 1 Nummer 5 ist die Anzeige nur erforderlich, wenn die eingeführten Waren selbst verwertet werden sollen. Die Zollstelle veranlasst das Erforderliche wegen der Erhebung der Einfuhrabgaben. Der Gerichtsvollzieher darf die Waren nur mit Einverständnis der Zollstelle wegschaffen und veräußern. Kann im Einzelfall das Einverständnis der Zollstelle vor der Wegschaffung nicht eingeholt werden, ohne dass die Zwangsvollstreckung gefährdet würde, so hat der Gerichtsvollzieher die Waren einstweilen im Betrieb des Schuldners, bei Waren, die sich in einem Zolllager befinden, innerhalb des Zolllagers, zu sichern, zum Beispiel durch Verbringen in einen von ihm zu verschließenden Raum oder durch Bestellung eines Hüters. Ist dies nicht möglich, so können die Waren ohne vorheriges Einverständnis der Zollstelle weggeschafft werden. Die Zollstelle ist in diesem Fall unverzüglich über den Verbleib der Waren zu unterrichten. Kommen die Waren zur Versteigerung oder freihändigen Veräußerung, so hat der Gerichtsvollzieher auf Ersuchen der Zollstelle in die Versteigerungs- oder Veräußerungsbedingungen aufzunehmen, dass die Waren für einen von der Zollstelle dem Gerichtsvollzieher anzugebenden Einfuhrabgabenbetrag haften und der Erwerber über die Waren erst verfügen darf, wenn die darauf ruhenden Abgaben entrichtet sind oder die Zollstelle sich mit der Verfügung einverstanden erklärt hat.

§ 66 Verbrauchssteuern (Tabak-, Branntwein-, Mineralöl-, Kaffee-, Bier-, Schaumweinsteuer)

(1) Will der Gerichtsvollzieher
1. Tabakwaren (Zigaretten, Zigarren, Zigarillos, Rauchtabak),
2. Branntwein (Branntwein und branntweinhaltige Erzeugnisse),
3. Mineralöle (zum Beispiel Benzin, Kerosin, Petroleum, Dieselkraftstoff, Heizöle, rohes Erdöl, Flüssiggas, Erdgas),
4. Kaffee (Röstkaffee, löslicher Kaffee, kaffeehaltige Waren),
5. Bier, Schaumwein und Zwischenerzeugnisse

versteigern oder freihändig veräußern, so hat er die Anberaumung des Versteigerungstermins oder die Veräußerungsabsicht dem Hauptzollamt, in dessen Bezirk die Ware lagert, rechtzeitig anzuzeigen. Wird, nachdem eine solche Anzeige erfolgt ist, der Versteigerungstermin aufgehoben oder die Veräußerungsabsicht aufgegeben, so hat er hiervon ebenfalls dem Hauptzollamt Nachricht zu geben. In der Anzeige ist die Ware ihrer Menge nach (Kilogramm, Stück, Liter, Flaschen) und, soweit möglich, auch ihrer Beschaffenheit nach näher zu bezeichnen. Bei Branntwein und Trinkbranntweinerzeugnissen ist auch der Alkoholgehalt in Raumhundertteilen (% Vol) anzugeben, falls sich dieser aus der Rechnung oder sonstigen Unterlagen oder bei Flaschen aus dem Etikett ersehen lässt. Gegebenenfalls ist das Hauptzollamt um Feststellung des Alkoholgehalts zu ersuchen.

(2) Befinden sich die genannten Waren in einem Steueraussetzungsverfahren (Steuerlager, Versand unter Steueraussetzung) oder im Besitz eines Inhabers einer Erlaubnis zur steuerbegünstigten Verwendung, so ist die Wegschaffung dem Gerichtsvollzieher verboten. Ist dadurch im Einzelfall die Zwangsvollstreckung gefährdet, so hat der Gerichtsvollzieher die Waren einstweilen innerhalb der betreffenden Betriebs- oder Lagerstätte zu sichern, zum Beispiel durch Verbringung in einen von ihm zu verschließenden Raum oder durch Bestellung eines Hüters.

(3) Kommen die Waren zur Versteigerung oder freihändigen Veräußerung, so hat der Gerichtsvollzieher auf Ersuchen des Hauptzollamts in die Versteigerungs- oder Veräußerungsbedingungen aufzunehmen, dass die Ware für einen vom Hauptzollamt dem Gerichtsvollzieher anzugebenden Steuer- oder Abgabenbetrag haftet und der Erwerber über die Ware erst verfügen darf, wenn die auf der Ware ruhende Steuer oder Abgabe entrichtet ist oder das Hauptzollamt sich mit der Verfügung einverstanden erklärt hat.

(4) Nach § 106 des Gesetzes über das Branntweinmonopol (BranntwMonG) darf Branntwein zu Trinkzwecken und Trinkbranntwein nicht zu einem Preis angeboten, gehandelt oder erworben werden, der niedriger ist als der Regelsatz nach § 131 Absatz 1 BranntwMonG, der am Tage des Angebots, Handels oder Erwerbs gilt. Den im Einzelfall maßgeblichen Mindestpreis kann der Gerichtsvollzieher selbst berechnen, indem er je Behältnis oder Partie zuerst die Alkoholmenge errechnet und dann diese mit dem vollen Steuersatz je Liter Alkohol vervielfältigt. Für die Alkoholmenge gilt die Formel

$$\text{Alkoholmenge} = \frac{\text{Raummenge in Liter} \times \text{Alkoholgehalt in \% Vol}}{100}$$

Bei einer 0,7-l-Flasche Likör mit einem Alkoholgehalt von 30 % Vol würde sich die Alkoholmenge auf

$$\frac{0,7 \times 30}{100} = 0,21 \text{ Liter Alkohol}$$

errechnen, aus dem derzeitigen vollen Steuersatz von 13,03 Euro/Liter Alkohol ergibt sich dann der Mindestpreis von 0,21 [l] x 13,03 [Euro/l] = 2,74 Euro. Dieser Preis ist ein Nettopreis, das heißt er enthält keine Umsatzsteuer. Die Besteuerung alkoholischer Getränke nach Volumen-Prozenten des Alkoholgehalts ist nur zulässig, sofern sie in Fertigpackungen (Behältnissen) bis zu 10 Litern abgefüllt sind. Bestehen wegen der Berechnung des Mindestpreises Bedenken, so hat sich der Gerichtsvollzieher an das zuständige Hauptzollamt zu wenden. Ist eine Verwertung zum vorgeschriebenen Mindestpreis nicht möglich (zum Beispiel wegen Minderwertigkeit), so ist bei der Bundesmonopolverwaltung für Branntwein über das zuständige Hauptzollamt die Einwilligung nachzusuchen, den Branntwein unter dem vorgeschriebenen Mindestpreis zu verwerten. Im Übrigen bleiben die Vorschriften über das Mindestgebot bei der Versteigerung gepfändeter Sachen (§ 817a ZPO) unberührt.

(5) Tabakwaren, deren Packungen mit vorschriftsmäßigen Steuerzeichen versehen sind, dürfen nach § 26 Tabaksteuergesetz (TabStG) nicht unter dem auf dem Steuerzeichen angegebenen Packungspreis oder dem sich daraus ergebenden Kleinverkaufspreis abgegeben werden. Die Abgabe von Tabakwaren in einem höheren als dem auf dem Steuerzeichen angegebenen Preis ist nach § 28 TabStG unzulässig. Der Preis darf gemäß § 27 TabStG unterschritten werden, sofern die Verwertung sonst nicht möglich oder der Wert der Tabakwaren gemindert ist, wenn die Preisermäßigung bis zu einem Gesamtsteuerwert von 2.556 Euro vom zuständigen Hauptzollamt, sonst von der zuständigen Oberfinanzdirektion genehmigt worden ist.

(6) Sind Brennvorrichtungen, die zur Erzeugung oder Reinigung von Branntwein geeignet sind, versteigert oder freihändig veräußert worden, so hat der Gerichtsvollzieher dem örtlich zuständigen Hauptzollamt Namen, Wohnort und Wohnung des Erwerbers unverzüglich anzuzeigen.

(7) Rohes Erdöl darf nur an angemeldete Mineralölherstellungsbetriebe, an den Erdölbevorratungsverband oder an Verwender, die eine vom Hauptzollamt ausgestellte Bescheinigung vorlegen, abgegeben werden.

§ 67 Amtshilfe

Die Gerichtsvollzieher sind den Finanzämtern und Hauptzollämtern gegenüber gemäß §§ 6, 93, 97 und 111 AO zur Auskunft und zur Amtshilfe verpflichtet.

§ 68 Anzeigepflicht bei Steuerstraftaten

Der Gerichtsvollzieher ist verpflichtet, alle ihm dienstlich bekannt gewordenen Tatsachen, die den Verdacht einer Steuerstraftat begründen, dem Finanzamt mitzuteilen (§ 116 AO).

§ 69 Aktenvermerk; Auslagen

(1) Der Gerichtsvollzieher muss die Einhaltung der Pflichten, die ihm nach den vorstehenden Bestimmungen obliegen, aktenkundig machen.

(2) Eine Dokumentenpauschale und Entgelte für Postdienstleistungen mit Ausnahme der Entgelte nach Nummer 701 KV-GvKostG (Zustellung) dürfen für die in diesem Abschnitt genannten Benachrichtigungen und Abschriften nicht berechnet werden.

Zehnter Abschnitt
Übersichten über Diensteinnahmen und Geschäftstätigkeit

§ 70 Übersicht über die Diensteinnahmen

(1) Die Dienstbehörde führt eine Jahresübersicht nach Vordruck GV 11 über die Diensteinnahmen aller Beamten, die bei ihr als Gerichtsvollzieher beschäftigt gewesen sind. Die Übersicht ist zu Beginn des Haushaltsjahres anzulegen. Die Einnahmen sind im Anschluss an die Festsetzung der Entschädigungen, in der Regel also vierteljährlich, in die Übersicht zu übernehmen.

(2) Nach Ablauf des Haushaltsjahres sind die Spalten 5 bis 16 der Übersicht aufzurechnen, sobald die Entschädigungen der Beamten für das letzte Vierteljahr des Haushaltsjahres festgesetzt sind. Eine besondere Darstellung der Schlusssummen für jeden einzelnen Gerichtsvollzieher ist nicht erforderlich.

(3) Die Dienstbehörde teilt dem Präsidenten des Landgerichts das Jahresergebnis der einzelnen Spalten bis zum 25. Februar mit; sie verwendet hierbei den Vordruck für die Übersicht.

(4) Die Jahresergebnisse der Amtsgerichte werden beim Landgericht zusammengestellt und aufgerechnet.

(5) Der Präsident des Landgerichts reicht die Zusammenstellung bis zum 5. März dem Präsidenten des Oberlandesgerichts ein; dieser überreicht sie mit einer aufgerechneten Zusammenstellung der Schlussergebnisse der einzelnen Landgerichtsbezirke bis zum 20. März der obersten Landesjustizbehörde.

(6) Die Richtigkeit der Zusammenstellung und Aufrechnungen (Absätze 2, 4 und 5) ist von dem zuständigen Beamten zu bescheinigen.

§ 71 Übersicht über die Geschäftstätigkeit

(1) Der Gerichtsvollzieher führt eine Jahresübersicht über seine Geschäftstätigkeit nach dem Vordruck GV 12.

(2) Nach Ablauf des Haushaltsjahres reicht der Gerichtsvollzieher die abgeschlossene Übersicht bis zum 25. Januar der Dienstbehörde ein. Die Dienstbehörde kann die Aufstellung der Geschäftsübersicht auch für kürzere Zeiträume anordnen.

(3) Die Schlusszahlen der Übersichten der Gerichtsvollzieher werden bei dem Amtsgericht zusammengestellt. Vorher sind die einzelnen Übersichten von dem Geschäftsleiter des Amtsgerichts oder von dem hierzu bestimmten Beamten rechnerisch und nach Stichproben auch sachlich anhand der Geschäftsbücher zu prüfen. Die rechnerische Feststellung hat der Beamte unter den Aufrechnungen zu bescheinigen.

(4) Die Schlusszahlen der Zusammenstellung sind in der Form der Übersicht bis zum 25. Februar dem Präsidenten des Landgerichts anzuzeigen.

(5) Die Übersichten der Amtsgerichte überreicht der Präsident des Landgerichts mit einer Zusammenstellung der Geschäftszahlen der einzelnen Amtsgerichte für den Landgerichtsbezirk bis zum 5. März dem Präsidenten des Oberlandesgerichts; dieser leitet sie mit den Zusammenstellungen für die Landgerichtsbezirke und einer Zusammenstellung der Schlussergebnisse der Landgerichtsbezirke für den Oberlandesgerichtsbezirk bis zum 20. März an die oberste Landesjustizbehörde weiter.

(6) Die Zusammenstellungen sind aufzurechnen und nach der Buchstabenfolge der Gerichtsbezirke zu ordnen.

(7) Die Präsidenten der Land- und Oberlandesgerichte können für ihre Zwecke die Einreichung von weiteren Stücken der Übersichten anordnen.

Elfter Abschnitt
Geschäftsprüfungen

§ 72 Ordentliche Geschäftsprüfung

(1) Der aufsichtführende Richter des Amtsgerichts oder ein besonders bestimmter Beamter des gehobenen Justizdienstes überprüft die Geschäftsführung des Gerichtsvollziehers vierteljährlich. Die Prüfungen, die auch ohne Ankündigung zulässig sind, können bei allen oder bei einzelnen Gerichtsvollziehern auch in kürzeren Zeitabständen durchgeführt werden.

(2) Die ordentliche Geschäftsprüfung kann unterbleiben, wenn in dem maßgebenden Zeitraum (Absatz 1) eine außerordentliche Prüfung (§ 79 Absatz 1) stattfindet.

§ 73 Beschränkung der Zahl der Geschäftsprüfungen

Der Präsident des Landgerichts (Amtsgerichts) kann die Zahl der ordentlichen Geschäftsprüfungen für bestimmt bezeichnete Gerichtsvollzieher widerruflich bis auf eine Prüfung jährlich beschränken. Die Anordnung ist rückgängig zu machen, wenn sie im Einzelfall zu Unzuträglichkeiten führt.

§ 74 Unterlagen für die Geschäftsprüfung

(1) Der Gerichtsvollzieher legt dem Prüfungsbeamten zur Prüfung vor:
1. die Dienstregister, die noch nicht erledigte oder nicht übertragene Aufträge enthalten, mit den dazugehörigen und einem Verzeichnis der fehlenden Sonderakten,
2. die Kassenbücher mit den Durchschriften der Abrechnungsscheine zum Kassenbuch II,
3. die überlassenen Quittungsblöcke, soweit sie nicht schon bei früheren Geschäftsprüfungen vorgelegen haben und keine unbenutzten Vordrucke mehr enthielten,

4. die zugehörigen Kontoauszüge über das Dienstkonto,
5. das Reisetagebuch, falls es geführt wird,
6. die Sonderakten, die bei der letzten Geschäftsprüfung gefehlt haben, sowie das Dienstregister und die Quittungsblöcke hierzu,
7. die Kassenstürze nach § 52 Absatz 5.

(2) Bei den Geschäftsprüfungen sind auch die Sonderakten und Dienstregister über die Geschäfte vorzulegen, die bei den vorangegangenen Geschäftsprüfungen noch nicht erledigt waren.

(3) Bei zwei von der Dienstbehörde bestimmten ordentlichen Geschäftsprüfungen in jedem Jahr sind auch die Protestsammelakten vorzulegen. Die Vorlegung dieser Akten kann auch zu jeder Geschäftsprüfung angeordnet werden.

(4) Die Unterlagen für die Geschäftsprüfung sind dem Gerichtsvollzieher nach Beendigung der Prüfung unverzüglich zurückzugeben, soweit sie nicht für die nach dem Ergebnis der Prüfung erforderlichen Maßnahmen benötigt werden.

§ 75 Zweck und Durchführung der Geschäftsprüfung

(1) Die Prüfung soll feststellen, ob der Gerichtsvollzieher seine Dienstgeschäfte während des Prüfungszeitraums ordnungsgemäß erledigt hat. Sie umfasst daher den gesamten Inhalt der Geschäftsbücher und Akten. Bei der Prüfung ist besonders darauf zu achten, ob

1. die Aufträge vollzählig in die Dienstregister eingetragen und die geleisteten Vorschüsse richtig gebucht sind,
2. die Aufträge rechtzeitig erledigt sind,
3. die Kosten richtig angesetzt und eingetragen sind,
4. die eingezogenen Geldbeträge richtig und rechtzeitig an die Auftraggeber und sonstigen Empfangsberechtigten ausgezahlt oder an die Kasse abgeliefert sind,
5. die im Dienstregister I Spalte 8 und im Dienstregister II Spalte 5 eingetragenen Vermerke zutreffen,
6. die Eintragungen in den Sonderakten, den Dienstregistern, den Kassenbüchern, dem Reisetagebuch, den Quittungsblöcken und den Kontoauszügen des Kreditinstituts miteinander übereinstimmen,
7. die Kassenbücher richtig und sauber geführt und die Geldspalten richtig aufgerechnet sind,
8. die Sonderakten ordentlich geführt sind und die Belege über die Auslagen enthalten,
9. unverhältnismäßig viele Vollstreckungsverfahren erfolglos geblieben sind,
10. die Vollstreckungskosten in auffallendem Missverhältnis zu dem Ergebnis der Vollstreckung stehen.

(2) Die Geschäftsprüfung beginnt mit der Prüfung des Kassenbestandes. Sodann ist festzustellen, ob die in § 74 bezeichneten Prüfungsunterlagen vorhanden sind; bei den Sonderakten genügt diese Feststellung für eine ausreichende Anzahl in lückenloser Reihenfolge. Ferner ist durch eine ausreichende Anzahl von Stichproben zu prüfen, ob die dem Gerichtsvollzieher nach § 36 Absatz 6 überlassenen Quittungsblöcke ordnungsgemäß verwendet worden sind und die noch nicht in Gebrauch genommenen Quittungsblöcke vollständig vorhanden sind. Fehlen Sonderakten, Quittungsblöcke oder einzelne Quittungsvordrucke, so sind die Gründe hierfür festzustellen. Haben bei der vorhergehenden Geschäftsprüfung Sonderakten gefehlt, so ist festzustellen, ob sie jetzt zur Prüfung vorliegen. Sodann ist eine ausreichende Zahl von Sonderakten, von Eintragungen in den Geschäftsbüchern, von Durchschriften des Quittungsblocks und von Posten in den Kontoauszügen zu prüfen und zu vergleichen. Dabei sind die Richtlinien in Absatz 1 zu beachten. Die im Dienstregister I Spalte 7 und im Kassenbuch II Spal-

te 12 und 13 eingestellten Auslagen sind ausnahmslos zu prüfen und nach Stichproben mit dem Inhalt der Sonderakten zu vergleichen. Die richtige Aufrechnung der Geldspalten im Kassenbuch ist nach Stichproben zu prüfen. Schließlich ist, um einen genauen Einblick in die Arbeitsweise des Gerichtsvollziehers zu erhalten, bei jeder Geschäftsprüfung eine ausreichende Zahl von Sonderakten eingehend daraufhin zu überprüfen, ob der Gerichtsvollzieher das Verfahren nach den bestehenden Bestimmungen sachgemäß durchgeführt hat, insbesondere, ob er die einschlägigen Verfahrensvorschriften und die Geschäftsanweisung für Gerichtsvollzieher beachtet hat.

(3) Die Prüfung umfasst in der Regel auch dann nur die Geschäftsführung des vorangegangenen Vierteljahres, wenn die Zahl der Geschäftsprüfungen nach § 73 beschränkt worden ist. Der Prüfungsbeamte muss jedoch die im Dienstregister I Spalte 5 b oder im Kassenbuch II Spalte 6 ausgebuchten Kleinbeträge (vergleiche Nummer 8 Absatz 1 DB-GvKostG) und alle im Dienstregister I Spalte 7 und im Kassenbuch II Spalte 12 und 13 gebuchten Auslagen für die Zeit seit der letzten Geschäftsprüfung überprüfen und nach Stichproben mit dem Inhalt der Sonderakten vergleichen. Es bleibt ihm ferner unbenommen, auch die übrige Geschäftsführung seit der letzten Prüfung zu überprüfen.

(4) Die Prüfung erstreckt sich auf die zweckmäßige Einrichtung des Geschäftsbetriebs und auf die Beschäftigung von Büroangestellten im erforderlichen Umfang (§ 33 Absatz 1 Satz 1).

(5) Nach Abschluss der Prüfung trägt der Prüfungsbeamte in die Dienstregister, die Kassenbücher, das Reisetagebuch und die geprüften Sonderakten einen Prüfungsvermerk ein.

(6) Zwischen dem Prüfungsbeamten und dem Gerichtsvollzieher soll eine Schlussbesprechung stattfinden, bei der dem Gerichtsvollzieher Gelegenheit zu geben ist, sich zu etwa festgestellten Mängeln zu äußern oder etwaige Unstimmigkeiten aufzuklären.

§ 76 Niederschrift über die Geschäftsprüfung

(1) Der Prüfungsbeamte legt die Ergebnisse der Prüfung in einer Niederschrift nach Vordruck GV 13 nieder. In der Niederschrift müssen auch die Geschäftsnummern der
1. bei der Prüfung fehlenden Sonderakten,
2. für die Akten- und Registerführung als nicht erledigt geltenden Sachen,
3. nach § 75 Absatz 2 eingehend geprüften Sonderakten angegeben werden.

(2) Hat der aufsichtführende Richter des Amtsgerichts die Prüfung nicht selbst vorgenommen, so ist ihm die Niederschrift unverzüglich vorzulegen. Er versieht sie mit einem Sichtvermerk.

§ 77 Maßnahmen der Dienstaufsicht

Gibt eine Geschäftsprüfung Anlass zu Beanstandungen oder Bedenken hinsichtlich der Geschäftsführung, so trifft die Dienstbehörde die erforderlichen Maßnahmen. Es empfiehlt sich, die bei den Geschäftsprüfungen gewonnenen Erfahrungen auch zu Hinweisen an die anderen Gerichtsvollzieher zu verwerten.

§ 78 Nachträgliche Prüfung

Bei den Geschäftsprüfungen sind die Sonderakten, die bei der Geschäftsprüfung für das vorangegangene Kalendervierteljahr in der Niederschrift als nicht erledigt bezeichnet worden sind, nachträglich zu prüfen und mit den Eintragungen in den Geschäftsbüchern zu vergleichen. Ist die Zahl der Geschäftsprüfungen nach § 73 beschränkt, so findet diese Nachprüfung bei der nächsten Geschäftsprüfung statt.

§ 79 Außerordentliche Geschäftsprüfung

(1) Mindestens einmal im Haushaltsjahr muss der aufsichtführende Richter des Amtsgerichts unvermutet eine außerordentliche Geschäftsprüfung im Geschäftszimmer des Gerichtsvollziehers durchführen oder durch einen Beamten des gehobenen Justizdienstes durchführen lassen. Der Zeitpunkt hierfür ist unter Berücksichtigung der örtlichen und persönlichen Verhältnisse zu wählen. Die Prüfung soll möglichst nicht über 19 Uhr ausgedehnt werden. Eine Geschäftsprüfung in späteren Abendstunden oder an Sonntagen und allgemeinen Feiertagen ist nur zulässig, wenn besondere Umstände es rechtfertigen. Ist die Zahl der ordentlichen Geschäftsprüfungen nach § 73 beschränkt worden, so ist für die außerordentliche Geschäftsprüfung ein Monat zu wählen, in dem keine ordentliche Geschäftsprüfung stattfindet.

(2) Die Prüfung beginnt mit der Feststellung des Kassenbestandes. Anschließend ist die Geschäftsführung des Gerichtsvollziehers seit der letzten außerordentlichen Geschäftsprüfung nach Stichproben zu überprüfen. Dabei sind die Richtlinien in den §§ 74 bis 77 zu beachten. Es ist auch darauf zu achten, ob der Gerichtsvollzieher etwa überlastet ist. Ferner ist festzustellen,

1. ob das vorgeschriebene Schild angebracht ist und ob das Geschäftszimmer für seinen Zweck geeignet und ausreichend eingerichtet ist,
2. wie das Dienstsiegel (Dienststempel) und der amtliche Kassenbestand aufbewahrt werden,
3. ob zur Ausübung einer ordnungsgemäßen Geschäftstätigkeit ausreichende Kommunikationsmittel und Büroausstattung vorhanden sind,
4. ob die Generalakten ordnungsgemäß geführt werden,
5. ob die Sonderakten geordnet aufbewahrt werden,
6. ob die erforderlichen Gesetze und Dienstvorschriften vorhanden sind,
7. ob Büroangestellte beschäftigt sind.

(3) Die Niederschrift über die außerordentliche Geschäftsprüfung ist nach Vordruck GV 13 zu fertigen.

(4) Ob gelegentlich des Abschlusses der Geschäftsbücher bei Tod, Entlassung oder vorläufiger Diensthebung des Gerichtsvollziehers oder in anderen Fällen auch eine außerordentliche Geschäftsprüfung vorzunehmen ist, bestimmt die Dienstbehörde. Wird eine außerordentliche Geschäftsprüfung nach dem Tod eines Gerichtsvollziehers angeordnet, so soll einem Vertreter seiner Erben Gelegenheit gegeben werden, hierbei anwesend zu sein.

(5) Die vorstehenden Bestimmungen sind bei den Geschäftsprüfungen entsprechend anzuwenden, die nach besonderen Vorschriften von dem Bezirksrevisor oder einem sonst zuständigen Beamten durchgeführt werden.

Zwölfter Abschnitt
Vordrucke

§ 80 Einführung von Vordrucken

Die verbindliche Einführung von Vordrucken, die durch die Gerichtsvollzieher zu verwenden sind, sowie deren Ausgestaltung ist der obersten Landesjustizbehörde vorbehalten, soweit sie dies nicht einer anderen Stelle übertragen hat.

Dreizehnter Abschnitt
Hilfsbeamte des Gerichtsvollziehers

§ 81 Hilfsbeamte

(1) Zur Aushilfe im Gerichtsvollzieherdienst, und zwar als Vertreter oder als Verwalter von Plan- oder Hilfsstellen, sind vorwiegend Beamte zu verwenden, die die Gerichtsvollzieherprüfung bestanden haben.

(2) Beamte, die sich in der Ausbildung für die Gerichtsvollzieherlaufbahn befinden oder sie bereits erfolgreich abgeschlossen haben, und Beamte, die die Befähigung für das Rechtspflegeramt haben, dürfen zur Aushilfe im Gerichtsvollzieherdienst herangezogen werden, soweit sie sich in geordneten wirtschaftlichen Verhältnissen befinden.

(3) Den Dienstleistungsauftrag für den Hilfsbeamten erteilt der Präsident des Oberlandesgerichts.

(4) Der Hilfsbeamte führt seine bisherige Amtsbezeichnung mit dem Zusatz „als Gerichtsvollzieher".

(5) Für Hilfsbeamte, die nur befristet beschäftigt werden, können Ausnahmeregelungen vom unmittelbaren Dienstvorgesetzten getroffen werden. Ein Arbeitsplatz im Amtsgericht kann gegen Zahlung einer angemessenen Entschädigung zur Verfügung gestellt werden.

(6) Im Übrigen gelten die Vorschriften des ersten bis elften Abschnitts entsprechend.

[Vom Abdruck der Anlagen und Muster wurde abgesehen]

Stichwortverzeichnis

Die fetten Zahlen ohne Gesetzesangabe verweisen auf die Paragrafen der ZPO, anderenfalls steht vor der fetten Zahl die Abkürzung des in Bezug genommenen Gesetzes. Die mageren Zahlen beziehen sich auf die Randnummern. Der jeweilige Schwerpunktbeitrag ist mit einer fetten Zahl ausgewiesen (Beispiel: **1. 28** = Schwerpunktbeitrag 1. Betreuung Rn 28).

13. Monatsgehalt
- Pfändbarkeit 850a 23

5/10-Grenze
- Zuschlagsversagungsantrag ZVG **85a** 2 ff

7/10-Grenze
- Befriedigungsfiktion ZVG **114a** 1 ff
- Grundsatz der Einmaligkeit der Antragstellung ZVG **74a** 25 ff
- Insolvenzverwalterversteigerung ZVG **74a** 4, 11
- Nachlassversteigerung ZVG **74a** 4, 11
- Teilungsversteigerung ZVG **74a** 3, 10
- Verkehrswertermittlung ZVG **74a** 29 ff
- Verkehrswertfestsetzung ZVG **74a** 36
- Zuschlagsversagung, Ausnahme ZVG **74b** 2 ff
- Zuschlagsversagungsantrag ZVG **74a** 2 ff

Abänderungsklagen nach §§ 323, 323a ZPO
- Verhältnis zur Vollstreckungsabwehrklage **767** 16

Abdruck
- Begriff **882g** 1

Abdrucke aus Schuldnerverzeichnis
- siehe Schuldnerverzeichnis, Erteilung von Abdrucken

Abfall
- siehe Müll

Abfindungsanspruch
- Pfändbarkeit **850** 49, **850i** 7
- Pfändung **804** 13, **829** 19

Abgabe an zuständiges Gericht **828** 24 ff

Abgetrennte Versteigerung
- siehe Versteigerung, abgetrennte

Abkommen
- bilaterale **723** 64 ff
- multilaterale **723** 63

Abkömmling
- Haftungsbeschränkung **786** 5

Ablieferung der zugeschlagenen Sache
- Eigentumsübergang **817** 7 ff
- Internetversteigerung **817** 8

Ablieferung von gepfändetem Geld
- Ablieferung **815** 3 f
- freiwillige Zahlung **815** 16
- Geld iSv § 815 ZPO **815** 2
- Kosten **815** 17
- Rechtsbehelfe **815** 4
- vorläufige Hinterlegung **815** 5 ff
- Zahlungsfiktion **815** 12 ff

Abquittierung ZVG **127** 4

Abschlagszahlung auf Arbeitseinkommen
- Pfändbarkeit **850** 6

Abstammungssachen
- Vollstreckung in A./Probeentnahme FamFG **212** f

Abtretung
- und Pfändung **829** 36 f
- Vollstreckungsklausel **727** 6
- Zuschlagserteilung bei Abtretung des Meistgebots ZVG **81** 7 ff, **114a** 7 f

Abtretungsanzeige
- Vollstreckungskosten **788** 35

Abtretungsgläubiger
- Stellung im Verteilungsverfahren **876** 15, **878** 32

Abtretungsverbot
- Einfluss auf Pfändbarkeit **851** 1 ff

Abweichungen/Abänderungen des geringsten Gebots/der Versteigerungsbedingungen
- Antragstellung ZVG **59** 5 ff
- Behandlung von Abänderungsanträgen durch Versteigerungsgericht ZVG **59** 12 ff
- Gründe für Abweichungen (Abweichungsfälle) ZVG **59** 8 f
- in der Teilungsversteigerung ZVG **181** 24
- Missbrauchsfälle ZVG **59** 10 f
- Zustimmung zum Fortbestehen eines Rechts ZVG **59** 21 ff

Abwendungsbefugnis
- siehe auch Sicherheitsleistung

Stichwortverzeichnis

- Abgrenzung zur Sicherungsvollstreckung 711 14
- Antrag 711 13
- Antragstellung 714 1 ff
- Erfüllungs- und Verzögerungsschaden 711 6a
- Geldforderung 711 5
- Hinterlegung 711 3, 720 1 f
- keine Sicherheitsleistung auf Antrag des Gläubigers (Schutzantrag) 711 7
- laufende Zahlungen 711 6
- Sicherheitsleistung des Schuldners 711 4
- und Überweisung 835 27, 839 1 ff
- Unterbleiben von Schutzanordnungen 713 1 ff
- Vollstreckung mit beiderseitiger Sicherheitsleistung 711 12
- Vollstreckung mit Sicherheitsleistung des Gläubigers 711 5, 10
- Vollstreckung mit Sicherheitsleistung des Schuldners 711 5, 11, 712 7 f
- Vollstreckung ohne Sicherheitsleistung 711 9, 720 1
- vorläufige Vollstreckbarkeit mit A. 708 14 ff, 711 1 ff
- vorläufige Vollstreckbarkeit ohne A. 708 8 ff

Abzinsung
- Hoffman'sche Methode ZVG 111 4

Acte-clair-Doktrin
  Brüssel I-VO Vor 32 ff 6;
  EuVTVO Vor 5

Aktendoppel ZVG 95 4 f

Akteneinsichtsrecht
- siehe Einsichtsrecht in Versteigerungsakten

Aktien
- Herausgabevollstreckung 886 4

Aktiengesellschaft
- Anteilspfändung 4. 24
- Bezugsrecht auf neue Aktien 4. 27
- Gewinnanteil des Aktionärs 4. 26
- Pfändung von Wandel- und Gewinnschuldverschreibungen 4. 25

Akzessorietät
- Gläubigeranfechtung AnfG Vor 1 ff 7

Allgemeine Geschäftsbedingungen
- Unterwerfungserklärung 794 58 f

Allgemeine Verfahrensvoraussetzungen 704 5; FamFG 97 ff, 217 ff

Allgemeine Vollstreckungsverfahrensvoraussetzungen 766 15

Allgemeine Vollstreckungsvoraussetzungen 704 3, 724 1, 750 1 ff, 753 17, 766 16, 775 7, 803 5; FamFG 114 ff, 228 ff; ZVG 15 2 ff

Altenteil
- Abweichungsantrag ZVG 59 9
- bestehenbleibendes Recht ZVG 52 12 ff
- geringstes Gebot ZVG 44 17
- Pfändbarkeit 850b 19
- rangwahrende Berücksichtigung auch ohne Anmeldung ZVG 37 17
- Zuschlagswirkung ZVG 91 2
- Zuzahlungspflicht des Erstehers ZVG 51 8

Alter
- Vollstreckungsschutz 765a 50 f

Alternativpfändung 829 79

Altersrente
- siehe Rente/ähnliche Einkünfte

Altersteilzeitentgelt
- Pfändbarkeit 850 18

Altersversicherung
- Pfändung 829 19

Altersvorsorgevermögen, steuerlich gefördertes
- siehe Riester-/Rürup-Rente

Amtshaftung
- Gutachtenbeauftragung ZVG 74a 31

Amtshaftungsanspruch
- Einstellung der Versteigerung 818 4
- Gewährleistungsausschluss 806 3
- Mindestgebot 817a 2
- Schätzung 813 9
- Sicherungsvollstreckung 720a 16
- Terminsbestimmung ZVG 37 3
- verfahrensfehlerhafte Vollstreckung 9. 19 ff
- Zeit und Ort der Versteigerung 816 6

Amtshilfe 789 1 ff

Andere Vermögensrechte
- Einzelfälle 857 8 ff
- nicht selbständig pfändbare (Beispiele) 857 4
- Pfändungsverfahren 857 6
- selbständig pfändbare (Beispiele) 857 3
- unselbständige Nebenrechte (Beispiele) 857 5
- Verwertung 857 7
- Vorpfändung 857 65

Andere Verwertungsart bei beweglichen Sachen
- Antrag 825 3

- Erwerb durch eine bestimmte Person 825 7
- freihändige Veräußerung 825 6
- Kosten 825 13 f
- Rechtsbehelfe 825 4, 12
- Unterrichtung 825 4
- Versteigerung zu abweichenden Versteigerungsbedingungen 825 5
- Vollstreckungskosten 788 36
- Wartefrist 825 4

Andere Verwertungsart bei Geldforderungen
- Gründe 844 1
- Inhalt der Anordnung 844 6
- Kosten 844 8
- Rechtsbehelf 844 7
- Vollstreckungskosten 788 36
- Zulässigkeit 844 3
- Zuständigkeit 844 2

Anderkonto
- Begriff 771 22a
- Pfändung 829 38, 134, 851 19
- Sicherheitsleistung 709 9
- veräußerungshinderndes Recht/Drittwiderspruchsklage 771 22a

Änderungsklage
- keine Rechtsbehelfsbelehrung ZVG 159 6
- Teilungsplan ZVG 159 1 ff

Anderweitige Versteigerung 817 11

Androhung der Zwangsvollstreckung
- Vollstreckungskosten 788 37

Androhung von Ordnungsmitteln
- Erzwingung von Unterlassungen und Duldungen 890 22, 34

Androhung von Zwangsmitteln
- bei Vollstreckung zur Vornahme einer vertretbaren oder unvertretbaren Handlung (§ 95 Abs. 1 Nr. 3 FamFG) *FamFG* 204
- FamFG *FamFG* 16, 18, 148
- Hinweis auf Folgen der Zuwiderhandlung *FamFG* 137 f

Anerkenntnis
- Arrest **Vor 916–945b** 52 ff
- einstweilige Verfügung **Vor 916–945b** 52 ff
- Europäischer Vollstreckungstitel für unbestrittene Forderungen *EuVTVO* 3 7

Anerkenntnisurteil
- als Endurteil 704 6
- vorläufige Vollstreckbarkeit 708 9

Anerkenntnisvertrag 852 8

Anerkennung ausländischer Urteile
- siehe Ausländisches Urteil, Anerkennung

Anerkennung, Brüssel I-VO
- Anerkennung *Brüssel I-VO* 33 2 f
- Aussetzung des Verfahrens *Brüssel I-VO* 37 3 ff
- Grundprinzipien *Brüssel I-VO* Vor 32 ff 7 f
- Inzidentanerkennung *Brüssel I-VO* 33 1, 13 f
- ipso iure-Anerkennung *Brüssel I-VO* 33 1, 13 f
- Nachprüfung der Zuständigkeit des Erstgerichts *Brüssel I-VO* 35 3 ff
- selbständiges Anerkennungsverfahren *Brüssel I-VO* 33 15 ff
- Teilanerkennung *Brüssel I-VO* 33 3
- unselbständiges Anerkennungsverfahren *Brüssel I-VO* 33 20
- Unvereinbarkeit mit einer Entscheidung aus dem Anerkennungsstaat *Brüssel I-VO* 34 35 ff
- Unvereinbarkeit mit einer Entscheidung aus einem Drittstaat *Brüssel I-VO* 34 41 ff
- Verbot der révision au fond *Brüssel I-VO* 36 1 ff, 45 1
- Versagungsgründe für Anerkennung *Brüssel I-VO* 34 3 ff, 35 1 ff
- Verstoß gegen ordre public *Brüssel I-VO* 34 3 ff
- Verstoß gegen rechtliches Gehör bei Verfahrenseinleitung *Brüssel I-VO* 34 19 ff
- Wirkung der Anerkennung *Brüssel I-VO* 33 4 ff

Anerkennung, Brüssel Ia-VO
- Anerkennungshindernisse *Brüssel Ia-VO* 45 1 ff
- Anerkennungsversagungsverfahren 1115 1 ff; *Brüssel Ia-VO* 45 4
- Aussetzung des Verfahrens *Brüssel Ia-VO* 38 1 f
- Ausstellung der Bescheinigung 1110 1, 1111 1 f; *Brüssel Ia-VO* 53 1 f
- Folgen der Nichtvorlage notwendiger Dokumente *Brüssel Ia-VO* 37 7
- Geltendmachung (Begriff) *Brüssel Ia-VO* 37 1
- Grundprinzipien *Brüssel Ia-VO* 36 1 f
- Nachprüfung der Zuständigkeit des Erstgerichts *Brüssel Ia-VO* 45 3
- Übersetzung/Transliteration 1113 1 f; *Brüssel Ia-VO* 37 4 ff

- Verbot der révision au fond
  Brüssel Ia-VO 52 1
- vorzulegende Dokumente
  Brüssel Ia-VO 37 3 ff

Anerkennung von Ehesachen/elterlicher Verantwortung
- *siehe* Ehesachen/elterliche Verantwortung, Anerkennung
- *siehe auch* Brüssel IIa-VO

Anerkennung von Unterhaltsansprüchen
- *siehe* Unterhaltsanspruch, Anerkennung
- *siehe auch* AUG
- *siehe auch* Unterhaltsanspruch, Geltendmachung im Verkehr mit ausländischen Staaten

Anfechtbarer Vollstreckungsakt 9. 3 f

Anfechtung
- Gebot *ZVG* 71 3 ff
- Sicherungshypothek 867 40 f
- Testament *FamFG* 231
- Zuschlag *ZVG* 56 19

Anfechtung gegenüber Rechtsnachfolger, AnfG
- Anfechtungsankündigung
  AnfG 15 19
- Beweislast *AnfG* 15 18
- Gesamtrechtsnachfolger
  AnfG 15 2 ff
- Singularsukzession *AnfG* 15 8 ff
- Verhältnis zwischen Einzelrechtsnachfolger und Rechtsvorgänger
  AnfG 15 17

Anfechtungsankündigung, AnfG
- Form *AnfG* 7 19 f
- gegenüber Rechtsnachfolger
  AnfG 15 19
- Inhalt *AnfG* 7 19
- Rechtsnatur *AnfG* 7 19
- Verteidigungsmöglichkeiten des Anfechtungsgegners
  AnfG 7 24
- Voraussetzungen *AnfG* 7 21 f
- Wirkung *AnfG* 7 23

Anfechtungsanspruch
- *siehe* Gläubigeranfechtung

Anfechtungsanspruch, Geltendmachung im Wege der Klage
- Klageantrag (mit Einzelfällen)
  AnfG 13 7 ff
- Rechtsweg *AnfG* 13 15
- statthafte Klageart *AnfG* 13 2 ff
- Zuständigkeit *AnfG* 13 16 f

Anfechtungsberechtigung, AnfG
- Beweislast *AnfG* 2 23 f
- fruchtlose Vollstreckung
  AnfG 2 16 ff

- Hauptforderung *AnfG* 2 10 ff
- maßgeblicher Zeitpunkt *AnfG* 2 25
- Rechtsschutzbedürfnis *AnfG* 2 1
- vollstreckbarer Schuldtitel
  AnfG 2 4 ff
- Voraussetzungen *AnfG* 2 3 ff

Anfechtungseinrede/-gegeneinrede, AnfG
- als prozessuales Verteidigungsmittel
  AnfG 9 2
- Anwendungsfälle *AnfG* 9 3 ff
- Geltendmachung *AnfG* 9 7
- Präklusion *AnfG* 9 8
- richterliche Nachfrist *AnfG* 9 12 ff
- vorübergehende Befreiung vom Titelerfordernis *AnfG* 9 9 ff

Anfechtungsfristen, AnfG
- Anfechtungsankündigung
  AnfG 7 18 ff
- bei Beendigung des Insolvenzverfahrens *AnfG* 18 12 f
- Fristberechnung *AnfG* 7 13 ff
- gerichtliche Geltendmachung
  AnfG 7 4 ff
- Hemmung *AnfG* 7 16
- Maßnahmen nach dem KWG
  AnfG 7 25
- Neubeginn *AnfG* 7 16
- Rechtsfolgen bei Fristversäumung
  AnfG 7 17
- Rechtsnatur *AnfG* 7 3

Anfechtungsgegner
- Haftung des A. als Geldforderung iSd Vollstreckungsrechts **Vor** 803 ff 3

Anfechtungsgegner, Ansprüche des
- Anspruchsrichtung *AnfG* 12 8
- Ersatz von Verwendungen und Aufwendungen *AnfG* 12 9
- Erstattung einer Gegenleistung
  AnfG 12 3 f
- Wiederaufleben erloschener Forderungen *AnfG* 12 5 ff

Anfechtungsgesetz (AnfG)
- *siehe auch* Anfechtungsberechtigung, AnfG
- *siehe auch* Anfechtungsfristen, AnfG
- *siehe auch* Gläubigeranfechtung
- *siehe auch* Gläubigerbenachteiligung
- *siehe auch* Rechtshandlungen des Schuldners, AnfG
- internationales Anfechtungsrecht
  AnfG 19 1 ff
- Regelungsgegenstand
  AnfG **Vor** 1 ff 2
- Übergangsrecht *AnfG* 20 1 ff

Stichwortverzeichnis

Anfechtungsprozess
- Aufhebung des Titels des Gläubigers im ordentlichen Rechtsbehelfsverfahren *AnfG* 14 16
- Aufhebung des Titels des Gläubigers infolge Wiederaufnahme *AnfG* 14 17
- Aussetzung bei Vorgreiflichkeit *AnfG* 14 8 ff
- rechtskräftiger Titel des Gläubigers *AnfG* 14 15
- und einstweiliger Rechtsschutz *AnfG* 14 18
- Vollstreckungsaufschub *AnfG* 14 3 ff
- vorbehaltloser Titel des Gläubigers *AnfG* 14 15

Angelegenheit
- Rechtsanwaltsvergütung 704 38 ff, 788 38 ff

Anhörung
- Anhörungspflicht des Rechtspflegers *RPflG* 4 3
- richterliche Durchsuchungsanordnung 758a 12
- Vollstreckung wegen unvertretbarer Handlung 888 19
- Vollstreckung wegen vertretbarer Handlung 887 36
- vor Erteilung der vollstreckbaren Ausfertigung 730 2 ff, 6
- vor Pfändung von Geldforderungen 834 1 ff
- weitere vollstreckbare Ausfertigung 733 9
- zur Frage der Einstellung bei ausreichendem Einzelausgebot *ZVG* 76 9
- zur Zuschlagsentscheidung *ZVG* 74 2 ff, 79 3

Anhörungsrüge
- Begründetheit *ZVG* Vor 95–104 54
- einstweilige Einstellung der Zwangsvollstreckung 707 2
- einstweiliger Rechtsschutz *ZVG* Vor 95–104 55
- Eintritt der Rechtskraft 705 5
- Gegenstand *ZVG* Vor 95–104 52
- in Verfahren nach GvKostG *GvKostG* 5 31 ff
- Kosten *ZVG* Vor 95–104 56
- Rügefrist *ZVG* Vor 95–104 53
- Subsidiarität *ZVG* Vor 95–104 52
- Zuständigkeit *ZVG* Vor 95–104 53

Anlagen
- zum Antrag auf Zwangsversteigerung von Grundstücken *ZVG* 16 9 ff

Anlassforderung 850a 12, 26, 850b 29, 851 22

Anlieferungs-Referenzmenge
- Pfändung 857 3

Anmeldung
- der Kündigung einer Hypothek, Grund- oder Rentenschuld *ZVG* 54 2 ff
- Hinweis auf Anmeldungsausschluss im Versteigerungstermin *ZVG* 66 21 f
- verspätete *ZVG* 10 51 f

Anmeldung von Rechten bei Zwangsversteigerung
- *siehe auch* Rangklassen
- anmeldebedürftige Rechte und Ansprüche *ZVG* 110 2 f
- Berücksichtigung im geringsten Gebot *ZVG* 45 5
- Beteiligter in der Immobiliarvollstreckung aufgrund Anmeldung *ZVG* 9 13 ff
- Form *ZVG* 9 13, 110 4
- Glaubhaftmachung *ZVG* 9 15 f, 110 7 f
- kein Anmeldeerfordernis für Berücksichtigung im geringsten Gebot *ZVG* 45 7
- Minderanmeldung *ZVG* 110 5
- Rechte mit Anmeldeerfordernis (Beispiele) *ZVG* 45 5
- verspätete Anmeldung *ZVG* 9 13, 110 9
- verspätete Glaubhaftmachung *ZVG* 110 10
- Zeitpunkt *ZVG* 9 13, 110 6
- Zeitpunkt der A. für Berücksichtigung im geringsten Gebot *ZVG* 45 8

Anmeldung von Tatsachen *ZVG* 54 6 ff

Anordnung der sofortigen Wirksamkeit, FamFG
- Vollstreckung von Endentscheidungen in Ehesachen und Familienstreitsachen *FamFG* 62 ff

Anordnung der Zwangsverwaltung *ZVG* 146 8

Anordnungsantrag, Zwangsversteigerung von Grundstücken
- Anlagen *ZVG* 16 9 ff
- Ausnahmen vom Eintragungsgebot ins Grundbuch *ZVG* 17 5 ff
- Eigentumsverzicht *ZVG* 17 9
- Erbfall *ZVG* 17 5 ff
- Form *ZVG* 16 2
- Formulierungsbeispiel *ZVG* 16 8
- Inhalt *ZVG* 16 3 ff
- Nachweis der Eigentümereintragung im Grundbuch *ZVG* 17 2 ff, 10 ff
- Wiederversteigerung *ZVG* 17 8

Anordnungsbeschluss
- Teilungsversteigerung ZVG 181 14 ff
- Zustellung ZVG 8 1
- Zustellung an Schuldner mit unbekanntem Aufenthalt ZVG 6 8

Anordnungsbeschluss, Zwangsversteigerung von Grundstücken
- Belehrung ZVG 15 43
- Beschlagnahme ZVG 20 2 ff, 23 2 ff
- Ersuchen um Eintragung des ZV-Vermerks ZVG 19 2 ff
- Inhalt ZVG 15 40 f
- Kosten ZVG 15 45 ff
- mehrere Grundstücke ZVG 15 42
- Rechtsmittel ZVG 15 44
- Zustellung ZVG 15 43

Anordnungsbeschluss, Zwangsverwaltung von Grundstücken
- Umfang der Beschlagnahme ZVG 148 3 ff
- Voraussetzungen ZVG 146 6 ff
- Wirksamwerden der Beschlagnahme ZVG 151 2 ff
- Wirkung des Beschlusses ZVG 148 1

Anordnungsgläubiger
- Wirksamwerden für Beitrittsgläubiger ZVG 22 7

Anscheinsbeweis
- Zuwiderhandlung des Schuldners gegen Unterlassungsgebot 890 51

Anschluss- und Erschließungsbeitrag
- Rang ZVG 10 35 f

Anschlusspfändung
- siehe auch Mehrfache Pfändung
- Anwendungsbereich 826 2
- Kosten 826 9
- Rang des Pfändungspfandrechts 826 7
- Rechtsbehelfe 826 8
- Verfahren 826 5 f, 829 128
- Voraussetzungen 826 3 f
- Wirkungen 826 7
- Zweck 826 1

Anschrift der Partei 750 5

Anschriftenermittlung
- Vollstreckungskosten 788 42
- Wiederholung des Vollstreckungsauftrags 788 104

Anschriftenmitteilung
- Räumung 885 43

Anspruch
- auf Zuschlag 857 38
- von unbestimmtem Betrag, Feststellung des B. ZVG 14 1 ff

Ansprüche
- veräußerungshinderndes Recht/Drittwiderspruchsklage 771 22 ff

Anteilspfändung
- Aktiengesellschaft 851 6; 4. 24
- Auskunftsanspruch als Nebenrecht 829 97
- ausländische Gesellschaft 4. 34
- BGB-Gesellschaft 859 4 ff; 4. 10
- EWIV 4. 15
- GmbH 829 97; 4. 18 ff
- Kommanditgesellschaft 4. 14
- Kommanditgesellschaft auf Aktien 4. 28
- oHG 4. 12
- Partnerschaftsgesellschaft 4. 16
- Pfändbarkeit 851 6
- Stille Gesellschaft 4. 17

Antrag auf Anordnung der Zwangsversteigerung von Grundstücken
- siehe Anordnungsantrag, Zwangsversteigerung von Grundstücken

Antragsformular
- siehe Zwangsvollstreckungsformular-Verordnung (ZVFV)

Antragsgrundsatz ZVG 29 1

Antragsrücknahme, Aufhebung der Zwangsversteigerung von Grundstücken
- siehe Rücknahme des Antrags, Aufhebung der Zwangsversteigerung von Grundstücken

Anwaltsvergleich, vollstreckbar erklärter
- als Europäischer Vollstreckungstitel EuVTVO 24 1

Anwaltsvergleich, Vollstreckbarerklärung
- siehe Vollstreckbarerklärung von Anwaltsvergleichen

Anwaltszwang
- kein A. in Verfahren vor dem Rechtspfleger RPflG 13 1
- sofortige Beschwerde FamFG 45
- Vollstreckung nach FamFG FamFG 113, 226

Anwartschaftsrecht
- an beweglichen Sachen 857 8 ff
- des Auflassungsempfängers 857 16 ff
- Enthaftung 865 10
- Gegenstand der Immobiliarvollstreckung 864 6
- Hypothekenhaftungsverband 865 6
- Pfändbarkeit 851c 9
- Pfändung 808 2, 829 26, 848 21, 857 3
- Pfändungsschutz 851c 17 f
- Pfändungstheorien 857 9 ff

- veräußerungshinderndes Recht/Drittwiderspruchsklage 771 19 f

Anwesenheit des Gläubigers
- Vollstreckungskosten 788 43

Anzeige
- bei Verteilungsverfahren 872 5, 873 1
- der Vollstreckungsabsicht gegenüber juristischen Personen des öffentlichen Rechts wegen Geldforderungen 882a 5 f

Apothekeneinrichtung
- Pfändungsverbot 811 27

Arbeitgeber
- Ermittlung durch Einholung von Fremdauskunft 802l 16 f

Arbeitnehmersparzulage
- Pfändbarkeit 850 48

Arbeits- und Dienstlohn
- Pfändungsschutz 850 42

Arbeitseinkommen
- abgetretenes 850 20
- Abschlagszahlung 850 6
- Antrag des Gläubigers 850 24
- Antrag des Schuldners 850 23
- Arbeits- und Dienstlohn 850 42
- Barauszahlung 850 5
- bedingt pfändbares 850b 1 ff
- Begriff 850 36 ff, 850i 1 ff
- Beispiele/Einkommensarten 850 40 ff
- beschränkt pfändbares 850c 1 ff
- Bestimmtheitsgrundsatz 850 18
- Blankettbeschluss 850b 35, 850c 16
- Brutto/Netto 850 7, 850e 3 ff
- Dienst- und Versorgungsbezüge der Beamten 850 41 ff
- einheitliche Pfändung 850 15 ff, 60
- Einziehungsprozess 850 28 ff, 850a 33
- freie Mitarbeiter 850 42
- Heimarbeiter 850 42
- Hinterbliebenenbezüge 850 53
- Insolvenzmassezugehörigkeit 850 33, 850a 35, 850b 41, 850c 27, 850d 38, 850g 17, 850h 38, 850i 25
- Kontoüberweisung 850 5
- Lohnverschiebung 850h 4 ff
- Lohnverschleierung 850h 15 ff
- Mehrarbeitsentgelt 850a 4 ff
- Naturalleistungen 850 4, 850e 23 ff
- Nebeneinkommen 850 42, 55
- Nebenforderungen 850 19
- persönliche Arbeitsleistung 850 39
- Pfändbarkeit 850 1 ff
- Pfändungsgrenzen 850c 1 ff
- Pfändungsschutzanträge 850 23 ff
- Pfändungsschutzverfahren 850 21 ff, 850a 30 ff, 850b 34 ff, 850c 29, 850d 33 ff
- Pfändungsumfang bei Änderung des Arbeitsverhältnisses 833 1 ff, 850 19
- Pfändungsverbot 811 26
- Pfändungsverfahren 850 14 ff
- rückständiges 850 16
- Selbstständige 850a 4
- Steuererstattung infolge Einkommensteuererklärung 850 7, 49
- Steuerklasse 850h 34 ff
- Strafgefangener 850 45
- Teilzeiteinkommen 850 42
- unpfändbares 850a 1 ff, 850e 7 ff
- Verfügung über 850 32 ff
- verschleiertes 850h 15 ff
- verschobenes 850h 4 ff
- Versorgungsrenten 850 58 ff
- Verstoß gegen Pfändungsschutz 850 27 ff, 850a 30 ff
- Vollstreckungsschutz nach § 765a ZPO 850 34
- Vorschusszahlung 850 6
- Wettbewerbsentschädigungen 850 57
- zukünftiges 850 17 f
- Zulagen 850a 13 ff
- zuständiges Gericht für Anträge von Gläubiger bzw Schuldner 850 26

Arbeitseinkommen, Änderung der Unpfändbarkeitsvoraussetzungen
- Abtretung 850g 18
- Änderung der Bemessungsgrundlage 850g 4 ff
- Antrag 850g 7 ff
- Beschluss 850g 13
- Erfüllungswirkungen 850g 15
- Insolvenz 850g 17
- Konkurrenzen/Rechtsbehelfe 850g 14, 16
- Kosten 850g 19 f
- Zeitpunkt 850g 3

Arbeitseinkommen, Änderung des unpfändbaren Betrages
- Abgrenzung des Änderungsantrags zur Erinnerung nach § 766 ZPO 850f 22
- Abwägung mit Gläubigerinteressen 850f 9
- Darlegungs- und Beweislast 850f 22
- Erhöhung wegen besonderer Bedürfnisse des Schuldners 850f 6 f
- Erhöhung wegen des besonderen Umfangs der gesetzlichen Unterhaltspflichten 850f 8
- Erhöhung wegen des notwendigen Lebensunterhalts des Schuldners oder

seiner Unterhaltsberechtigten
850f 4 f
- Herabsetzung bei gehobenem Einkommen des Schuldners 850f 19
- Herabsetzung bei Vollstreckung wegen vorsätzlicher unerlaubter Handlung 850f 13 ff
- Insolvenzmassezugehörigkeit 850f 26 ff
- Kosten 850f 30 ff
- Umfang der Herabsetzung 850f 17
- Verfahren 850f 22 ff

Arbeitseinkommen, Berechnung des pfändbaren Betrages
- abzuziehende Beträge 850e 3 ff, 28
- Insolvenzmassezugehörigkeit 850e 32 ff
- Rechtsbehelfe 850e 31
- Steuerklasse 850e 5
- Verfahren 850e 28 ff
- Zusammenrechnung mehrerer Arbeitseinkommen 850e 15 ff, 29
- Zusammenrechnung mit Naturalleistungen 850e 23 ff, 29
- Zusammenrechnung mit Sozialleistungen 850e 21, 29
- Zusammentreffen mehrerer Gläubiger 850e 26 f, 29 f

Arbeitseinkommen, Pfändbarkeit bei Unterhaltsansprüchen
- Erhöhung des unpfändbaren Betrages 850f 10
- Festsetzung des Pfändungsfreibetrages bei P-Konto durch Vollstreckungsgericht 850k 36
- Insolvenzmassezugehörigkeit 850d 38
- Pfändung wegen Unterhaltsansprüchen 850d 3 ff
- Pfändungsschutzverfahren 850d 33 ff
- Rangfolge der Unterhaltsberechtigten 850d 24 ff
- Vorauspfändung 850d 32
- Vorpfändung 850d 32
- Vorratspfändung 850d 30 f, 40

Arbeitsentgelt
- *siehe* Arbeitseinkommen

Arbeitsgerichtsverfahren
- einstweilige Einstellung der Zwangsvollstreckung 707 5
- vorläufige Vollstreckbarkeit 704 13, 708 1

Arbeitshilfekosten *GvKostG* **Nr.** 709 1

Arbeitslosengeld I
- Pfändbarkeit 3. 26, 32

Arbeitslosengeld II
- Erhöhung des Pfändungsfreibetrages 850f 5
- Erhöhung des Pfändungsfreibetrages bei P-Konto 850k 30
- Pfändbarkeit 3. 37
- Pfändung wegen Unterhaltsansprüchen 850d 17

Arbeitslosenhilfe
- Pfändung des Stammrechts 829 149

Arrest
- *siehe auch* Risikohaftung aus prozessualer Veranlassung
- Abgrenzung zur einstweiligen Verfügung Vor 916–945b 8
- Alleinentscheidung des Vorsitzenden 944 1 ff
- Anerkenntnis Vor 916–945b 52 ff
- Anordnung von Sicherheitsleistung 921 6 ff
- Antrag Vor 916–945b 30
- Anwaltszwang Vor 916–945b 50
- Arrestarten Vor 916–945b 10 f
- Aussetzung Vor 916–945b 65
- Beteiligung Dritter Vor 916–945b 48 ff
- Ehesachen *FamFG* 53
- einstweilige Einstellung der Zwangsvollstreckung 707 6, 719 5
- Einzelgläubigeranfechtung *AnfG* Vor 1 ff 10
- Erledigung Vor 916–945b 55 f
- Ermessensentscheidung 921 2 ff
- Familienstreitsachen *FamFG* 53
- Gericht der Hauptsache 943 2
- Glaubhaftmachung 920 14 ff, 921 2 ff
- Hemmung der Verjährung Vor 916–945b 36 ff
- Meistbegünstigung 922 18
- mündliche Verhandlung (mit/ohne) 922 1 ff
- Parteien Vor 916–945b 44 ff
- perpetuatio fori Vor 916–945b 35
- praktische Bedeutung Vor 916–945b 5
- Rechtsbehelfe 922 15 ff
- Rechtsbehelfsbelehrung 922 11
- Rechtshängigkeit Vor 916–945b 32 ff
- Regelungsgegenstand Vor 916–945b 1, 7
- Regelungszweck Vor 916–945b 4
- Rückgabe der Sicherheit 943 3 ff
- Rücknahme Vor 916–945b 51
- Schadensersatz 945 1 ff
- Schutzschrift Vor 916–945b 61 ff

Stichwortverzeichnis

- Sondervorschriften Vor 916–945b 27
- sonstige Angelegenheiten des FamFG FamFG 191
- Streitgegenstand Vor 916–945b 31
- Übergang in Verfügungsverfahren Vor 916–945b 9
- Verfahren Vor 916–945b 29 ff
- Vergleich Vor 916–945b 57 ff
- Verhältnis zu einstweiligen Anordnungen Vor 916–945b 20 ff
- Verhältnis zum Hauptsacheverfahren Vor 916–945b 13 ff
- Verhältnis zum Insolvenzverfahren Vor 916–945b 26
- Verhältnis zum selbständigen Beweisverfahren Vor 916–945b 25
- Verhältnis zur vorläufigen Vollstreckbarkeit Vor 916–945b 24
- Verzicht Vor 916–945b 52 ff
- Vorlage Vor 916–945b 66
- vorläufige Vollstreckbarkeit 704 11, 708 6, 17
- Vorwegnahmeverbot Vor 916–945b 68
- Zustellung der Entscheidung 922 12 ff

Arrest, Anordnung der Klageerhebung
- Antrag 926 4
- Aufhebung des Arrests 926 20 ff
- Entscheidung 926 12
- Feststellungs- und Unterlassungsklage des Arrestschuldners 926 3
- Hauptsacheklage 926 15 ff
- Konkurrenzen 926 2
- Kosten 926 30 ff
- Rechtsbehelfe 926 13 f
- Rechtsschutzinteresse 926 9 ff
- Zuständigkeit 926 5 f
- Zweck 926 1

Arrest, Aufhebung
- Antrag 707 6, 927 8 f
- Aufhebungsverfahren 927 8 ff
- Aussetzung 927 13
- bei nicht rechtzeitiger Klageerhebung trotz Anordnung 926 20 ff
- Entscheidung 927 14 ff
- Erbieten zur Sicherheitsleistung 927 7
- Kosten 927 17 f
- Rechtsschutzinteresse 927 12
- Verweisung 927 13
- wegen Erledigung des Arrestgrundes 927 6
- wegen veränderter Umstände 927 3 f
- wegen Veränderungen des Arrestanspruchs 927 5
- Zuständigkeit 927 11

Arrest, Vollziehung
- anwendbare Vorschriften 928 2 ff
- Arresthypothek 932 1 ff
- Arrestpfand 930 4 ff
- Aufhebungsgründe 934 2 f
- Aufhebungsverfahren 934 4 f
- Auslandsvollziehung 928 7
- Drittschuldnererklärung 930 5
- Fristbeginn 929 16 ff
- Fristberechnung 929 19
- Fristversäumung 929 20 ff
- Hinterlegung 930 9 ff
- Hinterlegung der Lösungssumme 934 2
- in bewegliche Sachen 930 2
- in ein eingetragenes Schiff oder Schiffsbauwerk 931 1 ff
- in ein nicht eingetragenes Schiff 930 13
- in Forderungen und andere Vermögensrechte 930 3
- Kosten 930 14 ff
- neuerlicher Arrest 929 22
- Pfändungswirkungen 930 4 ff
- Versteigerung 930 9 ff
- Verwertung 930 9 ff
- Verwertungspfandrecht 930 7
- Verzögerungen 929 5 ff
- Vollstreckungsklausel 929 2
- Vollstreckungspfandrecht 930 7
- Vollziehungsfrist 929 3 ff
- Vorschuss 934 3
- Zustellung 929 23 ff

Arrest, Widerspruch gegen
- einstweilige Einstellung der Zwangsvollstreckung 707 3, 924 14
- Form 924 6
- Frist 924 8
- Kosten 924 16
- Rechtsmittel 925 8
- Rechtsschutzbegehren 924 4
- Rücknahme 924 12
- Verhältnis zu anderen Rechtsbehelfen 924 3
- Verwirkung 924 11
- Verzicht 924 9 f
- Widerspruchsberechtigung 924 5
- Widerspruchsurteil 925 2 ff
- Wirkungen 924 13 ff
- Zuständigkeit 924 7

Arrestanspruch
- Anspruch, der in Geldforderung übergehen kann 916 7 f
- bedingte Ansprüche 916 11
- betagte Ansprüche 916 10
- Geldforderung 916 4 ff
- Kosten 916 14 ff

- künftige Ansprüche 916 12 f
- Statthaftigkeit 916 3 ff

Arrestatorium 829 80, 96, 105; **2.** 36 f; **5.** 34 ff

Arrestbefehl
- Zuständigkeit für Vollstreckung 828 5

Arrestgericht
- Amtsgericht 919 15 f
- Einzelheiten 919 14
- Gericht der Hauptsache 919 6 ff
- internationale Zuständigkeit 919 5
- rügelose Einlassung 919 2
- Umfang der Zuständigkeit 919 1
- Verweisung 919 4

Arrestgesuch
- Form 920 2
- Glaubhaftmachungslast 920 13
- Inhalt 920 3 ff
- Rücknahme 920 11
- Schlüssigkeit 920 12

Arrestgrund bei dinglichem Arrest
- Abwendungsbefugnis des Schuldners 923 1
- anderweitige Gläubigersicherung 917 14 f
- Auslandsvollstreckung 917 10 ff
- Besorgnis der Vereitelung oder Erschwerung 917 2 ff
- grenzüberschreitender Kontenarrest 917 11
- Leistung der Lösungssumme 923 1 ff
- Schiff 917 1, 16 f
- Schuldnerverhalten (Beispiele) 917 5 ff
- Umstände außerhalb des Einflussbereichs des Schuldners (Beispiele) 917 8 f
- vorläufige Kontenpfändung im Ausland 917 11

Arrestgrund bei persönlichem Arrest
- Arrestgrund 918 5 f
- Arrestschuldner 918 4
- Verhältnis zum dinglichen Arrest 918 1

Arresthaftbefehl 933 5 ff

Arresthypothek
- Antrag 932 2
- Eintragung 932 2 ff
- Eintragungshindernisse 932 4
- Erwerb durch den Eigentümer 932 13
- Frist 932 3
- Gesandtschaftsgrundstücke 932 8
- Inhalt 932 10 ff
- Kosten 932 15 f

- Mindestbetrag 932 7
- Rechtsbehelfe 932 14
- Sicherheit 932 6
- Teilungsplan ZVG 114 11
- Umwandlung und Rangwahrung 932 12
- Verwertungsfunktion 932 11
- Vollstreckungstitel ZVG 15 23
- Zustellung 932 5

Arrestpfand 930 4 ff

Arresturteil
- Rechtsbehelf 922 16
- Zustellung 922 12

Arzt
- Pfändungsverbot 811 25

Arztkosten
- Vollstreckungskosten 788 44

Aufenthaltsort des Schuldners, Ermittlung
- siehe auch Fremdeinkünfte, Einholung von
- siehe auch Unbekannter Aufenthalt
- bei Ausländerzentralregister 755 6
- bei Kraftfahrt-Bundesamt 755 7 ff
- bei Meldebehörde 755 4 ff
- bei Rentenversicherungsträger 755 7 ff
- Ermittlung durch Gerichtsvollzieher 755 1 ff
- Kosten 755 10 f; GvKostG Nr. 400–440 4 ff
- Nichterledigung GvKostG Nr. 600–604 11
- und Betreuung **1.** 19

Aufforderung zur freiwilligen Leistung
- vor Pfändung 803 4

Aufforderungen und Mitteilungen des Gerichtsvollziehers 763 1 ff

Aufgebotsverfahren zum Ausschluss des unbekannten Berechtigten
- Antragsermächtigung ZVG 138 3, 140 1, 5
- Aufgebotsfrist ZVG 140 10
- Ausführung des Teilungsplans nach Ausschließungsbeschluss ZVG 141 1 ff
- Ausschließungsbeschluss ZVG 140 12
- Beispiele ZVG 140 2 f
- Inhalt ZVG 140 7
- Kosten ZVG 140 13
- öffentliche Bekanntmachung ZVG 140 9
- Verfahrensregelungen ZVG 140 4
- Zuständigkeit ZVG 140 6
- Zustellung ZVG 140 8

Aufhebung der einstweiligen Einstellung bei Insolvenzverfahren
- *siehe* Einstweilige Einstellung der Zwangsversteigerung bei Insolvenzverfahren, Aufhebung der

Aufhebung der gerichtlichen Verwaltung ZVG 94 22 ff

Aufhebung der Pfändung 803 9

Aufhebung der Vollstreckungsmaßregeln 776 3 f

Aufhebung der Zwangsmittel, FamFG FamFG 46

Aufhebung der Zwangsversteigerung von Grundstücken
- Antragsrücknahme ZVG 29 3 ff
- Löschung des Versteigerungsvermerks ZVG 34 2 ff
- verfahrenshindernde Rechte ZVG 28 5 ff, 32 ff
- Versagung des Zuschlags ZVG 33 3 ff
- Zustellung des Aufhebungsbeschlusses ZVG 32 2 ff

Aufhebung der Zwangsversteigerung von Grundstücken, verfahrenshindernde Rechte
- Auflassungsvormerkung ZVG 28 8
- Beschluss ZVG 28 36 f
- Dritteigentum ZVG 28 6 f
- Rechtsbehelfe ZVG 28 38
- verfahrenshindernde Rechte ZVG 28 5 ff, 9 ff, 14 ff
- vorrangige Einstellung ZVG 28 32 f
- Wirkung der Entscheidung ZVG 28 34

Aufhebung der Zwangsverwaltung
- Abrechnung der Betriebskostenvorauszahlung ZVG 161 12
- durch Antragsrücknahme eines (betreibenden) Gläubigers ZVG 161 7 ff
- durch Eigentumsübergang durch Zuschlag ZVG 161 11 ff
- Rechtsfolgen ZVG 161 3 ff
- wegen Gläubigerbefriedigung ZVG 161 16

Aufhebung der Zwangsvollstreckung
- Begriff „Aufhebung" 775 6
- Unterhaltsanspruch, Geltendmachung im Verkehr mit ausländischen Staaten AUG 31 2

Aufhebung des Versteigerungstermins ZVG 43 8

Aufhebung des Zuschlagsbeschlusses ZVG 57 17, 89 7 ff

Aufhebung einer Gemeinschaft
- *siehe* Teilungsversteigerung

Aufhebung von Vollstreckungsmaßnahmen
- Vollstreckungsschutz 765a 79 ff

Aufhebung/Abänderung des Urteils
- Bereicherungsanspruch 717 19
- Schadensersatzanspruch 717 8 ff, 15 ff

Aufhebungsbeschluss
- Versagung des Zuschlags ZVG 33 3 ff
- verspäteter Fortsetzungsantrag ZVG 31 20 f
- Zustellung ZVG 32 2 ff

Aufhebungsversteigerung
- *siehe* Teilungsversteigerung

Auflagen
- einstweilige Einstellung der Zwangsversteigerung auf Antrag des Schuldners ZVG 30a 17 ff
- Vollstreckungsschutz 765a 76

Auflagen zur einstweiligen Einstellung
- auf Antrag des Schuldners ZVG 30a 22 f
- mehrere Gläubiger ZVG 30e 10
- Rechtsbehelf ZVG 30e 11
- Schornsteinhypothek ZVG 30e 9
- voraussichtlich ausfallender Gläubiger ZVG 30e 9
- Wertverlustausgleich ZVG 30e 6 ff
- Zinszahlungsauflage ZVG 30e 2 ff

Auflassungsempfänger
- Pfändung der Anwartschaft 857 16 ff

Auflassungsvormerkung
- Berücksichtigung im geringsten Gebot ZVG 48 10
- Veräußerung des Grundstücks nach Beschlagnahme ZVG 26 2
- verfahrenshinderndes Recht ZVG 28 8
- Zuzahlungspflicht des Erstehers ZVG 51 6

Aufrechnung
- Pfändung von Geldforderungen 829 114 ff

Aufrechnungsverbot
- P-Konto 850k 52 ff

Aufschub von Vollstreckungsmaßnahmen
- durch Gerichtsvollzieher 765a 86 ff

Aufsichtsperson für Schuldnerverwalter ZVG 150c 2 ff

Auftrag an Gerichtsvollzieher
- *siehe* Gerichtsvollzieherkosten

Stichwortverzeichnis

- *siehe* Vollstreckungsauftrag an Gerichtsvollzieher
- **Auftragsausführung, Anspruch auf**
- Pfändbarkeit 851 6
- **Aufwandsentschädigungen**
- Pfändbarkeit 850a 13 ff
- **AUG**
- *siehe auch* EuUntVO
- *siehe auch* Zentrale Behörde
- Anwendungsbereich 10. 12; AUG 1 1 ff
- ausgehende Ersuchen um Unterstützung AUG 7–12 1 ff
- Begriffsbestimmungen AUG 3 1 ff
- Behandlung einer vorläufigen Entscheidung AUG 13–15 3
- Bestimmung des vollstreckungsfähigen Inhalts eines ausländischen Titels AUG 34 1 ff
- Durchführung EuUntVO AUG **Vor 1 ff** 1, 1 2; *EuUntVO* **Vor 11**
- eingehende Ersuchen um Unterstützung AUG 13–15 1 ff
- Einstellung der Zwangsvollstreckung AUG 32 1
- Einwendungen gegen Unterhaltsanspruch AUG 31 1 ff; *EuUntVO* 21 14 ff
- Exequatur, Legaldefinition AUG 3 7
- Exequatur, Verfahren mit E. AUG 36 1
- Exequatur, Verfahren ohne E. AUG 30 1 ff
- Exequaturverfahren AUG **Vor 1 ff** 2, 3 7
- familiengerichtliches Verfahren AUG **Vor 1 ff** 5, 2 1
- förmliche Gegenseitigkeit AUG 1 8, 64 1 f
- nachträgliche Einwendungen AUG 44 1
- Regelungsgegenstand AUG **Vor 1 ff** 1 ff, 2 f
- Übergangsregelungen AUG 77 1 ff
- Unterhalts-Begriff AUG 1 2
- Verfahrenskostenhilfe AUG **Vor 1 ff** 3, 20–24 1 ff
- Verhältnis zu §§ 108–110 FamFG 10. 13; AUG 1 9
- Verhältnis zum AVAG AVAG 1 9
- Verhältnis zum HUÜ 1973 AUG 1 5a, 57–60 1
- Verhältnis zum HUÜ 2007 AUG 1 5, 57–60 1
- Verhältnis zum LugÜ 1988 AUG 1 6, 57–60 1
- Verhältnis zum LugÜ 2007 AUG 1 4
- Verhältnis zum New Yorker UN-Übereinkommen über die Geltendmachung von Unterhaltsansprüchen im Ausland AUG 1 7, 57–60 1
- völkerrechtliche Verträge AUG 1 5 ff, 57–60 1 ff
- Vollstreckung mit Exequatur AUG 36 1
- Vollstreckung ohne Exequatur AUG 30 1
- Wiederholungs- und Widerspruchsverbot AUG **Vor 1 ff** 4
- Zentrale Behörde, Aufgaben und Befugnisse AUG 5 1 ff; *EuUntVO* 49–63 1
- Zentrale Behörde, Bundesamt für Justiz AUG 4 1
- Zusammenarbeit der Zentralen Behörden AUG **Vor 1 ff** 3
- Zuständigkeit des Familiengerichts AUG **Vor 1 ff** 5, 2 1
- Zuständigkeitsregelungen/Zuständigkeitskonzentration AUG 25–29 1, 35 1 ff, 77 2; *EuUntVO* 27 4

AUG, Vollstreckung mit Exequatur
- *siehe auch* Unterhaltsanspruch, Vollstreckbarerklärung
- Antragstellung AUG 36 2; *EuUntVO* 26 3
- beizufügende Schriftstücke *EuUntVO* 28 1 ff
- Bekanntgabe der Entscheidung AUG 42 1
- Beschränkung der Zwangsvollstreckung auf Sicherungsmaßregeln und unbeschränkte Fortsetzung der Zwangsvollstreckung AUG 49–54 1 ff
- Beschwerde (Einlegung) AUG 43 2 f
- Beschwerde (Verfahren und Entscheidung) AUG 45 1
- Entscheidung AUG 40 1 f
- Feststellung der Anerkennung einer ausländischen Entscheidung AUG 55–56 1
- Rechtsbeschwerde (Verfahren und Gegenstand) AUG 46–48 1 f
- Schadensersatz wegen ungerechtfertigter Vollstreckung AUG 69 1
- Verfahren AUG 38 1 f; *EuUntVO* 26 5 f
- Vollstreckbarkeit ausländischer Titel in Sonderfällen AUG 39 1 f
- Vollstreckungsklausel AUG 41 1; *EuUntVO* 37 1
- Zustellungsempfänger AUG 37 1 f; *EuUntVO* 26 4

AUG, Vollstreckung ohne Exequatur
- Bestimmung des vollstreckungsfähigen Inhalts eines ausländischen Titels *AUG* 34 1 ff
- Einstellung der Zwangsvollstreckung *AUG* 32 1
- einstweilige Einstellung bei Rechtsmittel und Einspruch im Ursprungsstaat *AUG* 33 1 f
- Einwendungen nach Art. 21 EuUntVO *AUG* 31 1 f
- Einwendungen wegen „Titelkollision" *AUG* 31 5
- Einwendungen wegen Titelverjährung *AUG* 31 3 f
- keine Exequatur und innerstaatliche Vollstreckungsklausel *AUG* 30 1 ff
- notwendige Unterlagen und Übersetzung *AUG* 30 6
- Schadensersatz wegen ungerechtfertigter Vollstreckung *AUG* 69 1
- titelübertragende Klauseln *AUG* 30 7

Auktionator 825 9

Ausbietungsgarantie *ZVG* 71 17

Ausbildungsvergütung
- Unterhaltsberechtigter mit eigenen Einkünften 850c 21

Auseinandersetzungen betreffend den Nachlass sowie die Gütergemeinschaft *FamFG* 216, 220

Auseinandersetzungsversteigerung
- siehe Teilungsversteigerung

Ausfallzwangshypothek 867 47

Ausforschungspfändung 829 78

Ausgebotsformen
- Arten *ZVG* 63 7 ff
- Auswirkungen der Verteilung des vorrangigen Gesamtrechts auf A. *ZVG* 64 10
- Sicherheitsleistung bei mehreren A. *ZVG* 67 5
- Zuschlagsentscheidung *ZVG* 63 16 ff, 74a 16 ff
- Zuschlagsversagungsgrund *ZVG* 83 8

Ausgleichsanspruch
- Pfändungspfandrecht 804 16

Ausgleichszahlung in Ehewohnungs- und Haushaltssachen *FamFG* 194

Auskehransprüche 829 30 f

Auskunft
- siehe auch Fremdauskünfte, Einholung von
- Auskunftspflicht des Schuldners 806a 7
- Gerichtsvollzieherkosten bei Einholung der A. nach §§ 755, 802l ZPO 802l 26 ff
- Gerichtsvollzieherkosten bei Einholung der A. nach §§ 755, 802l ZPO *GvKostG* 10 11 f, **Nr.** 400–440 4 ff, **Nr.** 708 4 f
- Kosten der Einholung 882c 19
- Vollstreckungskosten 788 45 f
- Zentrale Behörde *AUG* 16–19 2 ff

Auskunfteien
- Auskunft über P-Konto 850k 11, 64

Auskunftsanspruch
- Einzelgläubigeranfechtung *AnfG* **Vor 1** ff 13
- Pfändbarkeit 829 97, 851 7, 9

Auskunftserteilung
- Handlungsvollstreckung 888 5

Auskunftsrecht, Vollstreckung
- Herausgabe einer Person und Regelung des Umgangs *FamFG* 95

Auslagen
- Begriff *GvKostG* 1 3
- Dokumentenpauschale *GvKostG* **Nr.** 700 3 ff

Auslagenvorschuss
- Bestimmung des Versteigerungstermins *ZVG* 36 10 f

Ausland, Geltendmachung von Unterhaltsanspruch
- siehe AUG
- siehe Unterhaltsanspruch, Geltendmachung im Verkehr mit ausländischen Staaten

Ausländerzentralregister
- Auskünfte zur sicheren Identifizierung des Schuldners 882c 12
- Ermittlung des Aufenthaltsorts des Schuldners 755 6, 10 f; *GvKostG* **Nr.** 400–440 4 ff

Ausländische Gesellschaft
- Anteilspfändung 4. 34
- Parteifähigkeit *ZVG* 15 5

Ausländische Währung
- Grundpfandrechte *ZVG* 145a 1 f, 158a 1

Ausländischer Anwalt
- Vollstreckungskosten 788 47

Ausländisches Geld 815 2

Ausländisches Recht
- Vorlagerecht des Rechtspflegers *RPflG* 5 5 f

Ausländisches Urteil, Anerkennung
- anerkennungsfähiges Urteil 723 20 f
- Anerkennungshindernisse 723 23 ff
- Beurteilungszeitpunkt 723 18 f
- Beweislast 723 16 f
- entgegenstehende Rechtskraft oder Rechtshängigkeit 723 37 ff
- fehlende Gegenseitigkeit 723 54 ff
- fehlerhafte Zustellung 723 31 ff
- internationale Unzuständigkeit 723 24 ff
- Prüfungsrahmen 723 8 f
- Untersuchungsgrundsatz 723 10 ff
- Verbot der révision au fond 723 14 f
- verspätete Zustellung 723 35 ff
- Wirkung der Anerkennung 723 58 ff

Ausländisches Urteil, Vollstreckbarerklärung
- Anerkennungshindernisse 723 23 ff
- Anerkennungsvoraussetzungen 723 10 ff
- Anwendungsbereich 722 3 ff
- Begründetheit der Vollstreckungsklage 722 14 ff
- Einwendungen 723 3
- Entscheidungsform und -inhalt 722 18
- Erbrecht 722 6
- Exequaturverfahren 722 1
- Familienrecht 722 6
- formelle Rechtskraft der zu vollstreckenden Entscheidung 723 4
- freiwillige Gerichtsbarkeit 722 6
- Kernpunkttheorie 723 37
- Klageantrag 722 11
- Kosten 722 20
- Kostenentscheidungen 722 5
- Ordre-public-Kontrolle 723 41 ff
- Rechtsmittel gegen Vollstreckungsurteil 722 19
- Sprache 723 33
- Streitgegenstand der Vollstreckungsklage 722 12
- Verbot der Doppelexequatur 722 17
- Verbot der révision au fond 723 2
- Verhältnis zu EU-Verordnungen etc. 722 3 ff
- Vollstreckbarerklärungsverfahren 722 9 ff
- Vollstreckungsurteil 722 1, 723 1 ff; 10. 1
- Zivil- und Handelssachen 722 4
- Zulässigkeit der Vollstreckungsklage 722 10 f
- Zustellung 723 31 ff

Auslandsbezug
- Erzwingung von Unterlassungen und Duldungen (Ordnungsmittel) 890 65
- Fiktion der Abgabe einer Willenserklärung 894 3 f
- Gläubigeranfechtungsrecht *AnfG* 19 1
- Handlungsvollstreckung 887 47, 888 30
- Pfändung 829 157 ff
- Vollstreckungskosten 788 48

Auslandsunterhaltsgesetz (AUG)
- *siehe* AUG
- *siehe* Unterhaltsanspruch, Geltendmachung im Verkehr mit ausländischen Staaten
- *siehe auch* EuUntVO

Auslandsvollstreckung
- Arrestgrund 917 10 ff

Auslandszuschlag
- Pfändbarkeit 850a 14

Auslegung
- Bestimmtheit des Urteils 704 22
- Brüssel I-VO
  Brüssel I-VO Vor 32 ff 4 ff
- Brüssel Ia-VO
  Brüssel Ia-VO Vor 36 ff 4
- Brüssel IIa-VO
  Brüssel IIa-VO Vor 21 ff 2
- EuUntVO *EuUntVO* Vor 6 f
- EuVTVO *EuVTVO* Vor 4 f
- Parteibezeichnung 750 9
- Prozessvergleich 794 12
- Versteigerungsprotokoll ZVG 80 4
- Vollstreckungstitel 704 22
- Zuschlagsbeschluss ZVG 82 6

Auslegungsmonopol *EuVTVO* Vor 5

Auslösungsgelder
- Pfändbarkeit 850a 19

Ausschließliche Zuständigkeit 802 1 ff

Ausschluss der Vollstreckung, FamFG *FamFG* 89

Ausschüttungen ZVG 146 13

Außerkurssetzung von Inhaberpapieren 823 1

Außerordentliche Beschwerde ZVG Vor 95–104 57

Aussetzung
- Arrest Vor 916–945b 65
- Ausführung des Teilungsplans ZVG 116 1 ff
- einstweilige Verfügung Vor 916–945b 65

Aussichtslose Vollstreckung
- Rechtsschutzbedürfnis ZVG 15 37

Austauschpfändung
- Angemessenheit 811a 5
- Durchführung 811a 8 ff
- Ersatzleistung 811a 3 f
- gerichtliche Zulassung 811a 6 f
- Gerichtsvollziehergebühr *GvKostG* Nr. 205 2
- Kfz 811a 3
- Kosten 811a 14 f
- Rechtsbehelfe 811a 13
- Voraussetzungen 811a 2 ff
- vorläufige 811b 1 ff
- Zweck 811a 1

Auswahl der zu pfändenden Gegenstände 803 4

Auszugsanspruch
- Pfändbarkeit 850b 19

Autonome Auslegung
Brüssel I-VO Vor 32 ff 4 ff;
Brüssel Ia-VO Vor 36 ff 4;
Brüssel IIa-VO Vor 21 ff 2;
EuUntVO Vor 6 f; *EuVTVO* Vor 4

AVAG
- siehe auch Vollstreckbarerklärung, AVAG
- Anwendungsbereich AVAG 1 1 ff
- Aufhebung oder Änderung der Beschlüsse über die Zulassung zur Vollstreckung oder die Anerkennung AVAG 27–29 1 f
- Begriff „Titel" iSd AVAG AVAG 2 2
- Europäische Union, Abweichungen vom AVAG AVAG 55 1
- Feststellung der Anerkennung einer ausländischen Entscheidung AVAG 25, 26 1
- grenzüberschreitendes Mahnverfahren AVAG 30–32 1
- Israel, Vertrag mit AVAG 45–49
- Konzentrationsermächtigung AVAG 34 1
- Norwegen, Vertrag mit AVAG 40–44
- Regelungsinhalt AVAG Vor 1 ff 2
- Schadensersatz wegen ungerechtfertigter Vollstreckung AVAG 27–29 2
- Sonderregelungen AVAG Vor 35–57 1
- Titel ohne inländische Klausel AVAG 30–32 3
- Urteile in verkürzter Form AVAG 30–32 2
- Verhältnis zu §§ 722 ff ZPO 10. 3
- Verhältnis zum AUG AVAG 1 9
- Verhältnis zur Brüssel I-VO AVAG 1 7

- Vorrang von EU-Verordnungen, Abkommen und zwischenstaatlichen Verträgen AVAG 1 7

Avalzinsen 709 3, 710 5

BAföG-Ansprüche 727 12, 850a 27, 850c 21, 850d 8

Bagatellforderungen 788 66, 829 8, 866 3; *ZVG* 15 37

Bank- und Kreditinstitute
- Zwangsvollstreckung gegen - wegen Geldforderungen 882a 4

Bankbürgschaft
- Art der Lösungssumme 923 3
- Sicherheitsleistung 720a 13, 939 3; *ZVG* 69 6 f, 118 5
- Vollstreckungskosten 788 95; *Brüssel I-VO* 46 13

Bankkonto
- siehe Kontopfändung

Bankschließfach
- Gewahrsamsinhaber 808 10

Bankverbindung
- Einholung von Fremdauskünften über Bestehen von B. 802l 18 f

Bares Meistgebot
- Begriff *ZVG* 44 5

Bargebot
- Begriff *ZVG* 44 4, 49 1 f
- Verzinsung *ZVG* 49 4 ff, 59 9, 19
- Zahlung *ZVG* 49 9 ff

Bargeld
- Eigentums- und Gewahrsamsvermutung 739 3
- Erinnerung bei genügender Sicherung des Gläubigers 777 4

Barzahlung
- Abschaffung des Bargeldes im Versteigerungstermin *ZVG* 49 2, 9, 69 12
- Erfüllung der Zahlungspflicht des Erstehers *ZVG* 107 17
- Sicherheitsleistung *ZVG* 68 12, 69 12 f, 70 6, 72 15 ff

Bauhandwerkersicherung
- vertretbare Handlung 887 17

Baukostenzuschuss
- Mietvorauszahlungen in Form eines B. *ZVG* 57b 10 ff, 152 35

Beamtenpension
- Pfändbarkeit 851c 4, 9

Bedarfsgemeinschaft
- Erhöhung des Pfändungsfreibetrages bei P-Konto 850k 20

Stichwortverzeichnis

Bedienstete
- Räumung 885 22

Bedingte Leistung
- vollstreckbare Ausfertigung 726 7 ff

Bedingtes Recht
- Beispiele ZVG 119 2 ff
- Berücksichtigung im geringsten Gebot ZVG 48 2 ff
- Hilfsverteilung ZVG 119 6 ff
- Hinterlegung ZVG 120 3
- Zuzahlungspflicht des Erstehers ZVG 50 11 f

Befangenheit
- Rechtspfleger RPflG 10 3 ff; ZVG 66 7 f
- Vollstreckbarerklärung von Anwaltsvergleich durch Anwaltsnotar 796c 8

Beförderungskosten
GvKostG Nr. 707 1

Beförderungspauschale
GvKostG Nr. 710 1

Befragungsrecht des Gerichtsvollziehers
- des Schuldners 806a 7
- von Dritten 806a 11

Befriedigung, außergerichtliche
- Einstellung der Zwangsvollstreckung 775 16 ff
- Gerichtsgebühr ZVG 144 3
- in der Zwangsverwaltung ZVG 160 1
- Kontrollteilungsplan ZVG 144 6 ff
- Mitteilung an alle Beteiligte ZVG 144 13
- Nachweis der Befriedigungserklärungen ZVG 144 10 ff
- Rechtsbehelf ZVG 144 14
- weiteres Verfahren ZVG 145 1 ff

Befriedigungsfiktion ZVG 114a 1 ff

Befriedigungsverfügung
- siehe auch Einstweilige Verfügung
- Anspruchsziele (Beispiele) 935 38 ff
- Regelungsgegenstand 935 4 f, 938 9
- Voraussetzungen 935 35 ff
- Zulässigkeit 935 34

Befristete Beschwerde nach dem FamFG
- Einstellung der Vollstreckung FamFG 169 ff
- Statthaftigkeit FamFG 43, 83, 244
- Zuständigkeit FamFG 86

Befristete Rechtspflegererinnerung
- siehe Rechtspflegererinnerung

Befristung
- Schutzanordnung nach § 1 GewSchG 7. 47
- Wohnungsüberlassung nach § 2 GewSchG 7. 25 ff

Befristung des der Vollstreckung zugrunde liegenden Grundpfandrechts
- kein verfahrenshinderndes Recht ZVG 28 15

Beglaubigung von Dokumenten
- Schriftstück, das dem GV zum Zwecke der Zustellung übergeben wurde (§ 192 Abs. 2 ZPO) GvKostG Nr. 100–102 19 f

Beglaubigungsvermerk
- Zustellung ZVG 3 10 ff

Behinderter Mensch
- Pfändbarkeit von Sozialleistungen 3. 19

Behörde
- Vertretung ZVG 15 15, 66 4

Beihilfe
- Pfändbarkeit 850 41, 850a 26 ff

Beiordnung eines Rechtsanwalts
- Zwangsversteigerung von Grundstücken ZVG 15 50

Beischreibung 727 40 ff

Beistand
- im Versteigerungstermin ZVG 15 20 f

Beitrittsbeschluss
- Antrag eines weiteren Gläubigers ZVG 27 3 ff
- Beschlagnahme für Beitrittsgläubiger ZVG 27 6 ff
- Verfahrensgang nach Beitritt ZVG 27 9
- Zustellung ZVG 8 2
- Zustellung an Schuldner mit unbekanntem Aufenthalt ZVG 6 8

Beitrittsgläubiger
- Beschlagnahme in der Zwangsverwaltung ZVG 151 5 f

Bekanntgabe, FamFG
- durch Zustellung FamFG 15, 126, 236
- einstweilige Anordnung FamFG 237
- Hinweis auf Folgen der Zuwiderhandlung FamFG 16
- Wirkung FamFG 15, 125, 235

Bekanntmachung der Terminsbestimmung
- Bekanntmachungsfrist ZVG 43 2 f
- Gerichtstafel ZVG 40 2 f
- Inhalt der Veröffentlichung ZVG 39 4
- Internet/Bundesportal ZVG 38 10 f, 39 2

- Tageszeitung ZVG 40 4, 83 8
- Terminsverlegung ZVG 39 5
- Veröffentlichungsblatt ZVG 39 3
- Verzicht ZVG 39 6
- weitere Veröffentlichungen ZVG 40 4 ff, 83 8
- Zuschlagsversagungsgrund ZVG 83 2

Bekanntmachung der Veröffentlichungen der Versteigerungsgerichte
- Internet/Bundesportal ZVG 38 10 f, 39 2, 83 8

Bekanntmachungskosten
- Versteigerung 814 8

Belastung des Grundstücks
- Verfügung ZVG 23 5

Belege
- Bestimmtheit des Herausgabetitels 704 27

Belehrung
- Abnahme der Vermögensauskunft 802f 10 ff
- Anordnungsbeschluss ZVG 15 43
- Antrag des Schuldners auf einstweilige Einstellung der Zwangsversteigerung ZVG 30b 8 f
- Eintragung in Schuldnerverzeichnis 882c 14, 882d 18
- Fortsetzungsantrag ZVG 31 12, 22, 86 6
- Mieter/Pächter über Bedeutung der Beschlagnahme ZVG 57b 5
- Rechtsbehelfsbelehrung ZVG Vor 95–104 60

Beleuchtungsmittel
- Pfändungsverbot 811 13

Benennung des Kindesvaters
- gegenüber Scheinvater als Familiensache FamFG 205

Benutzung des Grundstücks
- siehe Verwaltung und Benutzung des Grundstücks

Beratungshilfe
- Rechtspfleger RPflG 24a 1 f

Berechtigter FamFG 6

Bereicherungsklage
- Pfändungspfandrecht 804 17
- Verhältnis zur Vollstreckungsabwehrklage 767 26
- Verteilungsverfahren 878 18, 23, 31, 33 f, 879 1, 7, 880 2, 881 2

Bereitstellungskosten
- Vollstreckungskosten 788 69

Bergwerkseigentum 864 8

Berichtigung
- Berichtigungsbeschluss 750 4
- Parteibezeichnung 750 9 ff
- Protokoll über Vollstreckungshandlungen 762 13

Berliner Modell
- Behandlung verbliebener Sachen 885a 9 ff
- beschränkter Vollstreckungsauftrag 885a 3
- Dokumentation durch digitale Fotografie 885a 7 f; GvKostG Nr. 240–243 2, Nr. 709 2, Nr. 713 1
- Haftung des Vermieters 885a 12
- Hausbesetzung 885a 2
- Hinweispflicht des Gerichtsvollziehers 885a 21
- Kostenerstattung 885 76, 885a 22
- Muster (Antrag) 885a 4a
- Protokollierungspflicht 885a 5 f
- Rechtsgrundlage 885a 1
- schuldnerfremde Sachen 885a 17
- Verhältnis zwischen Vermieterpfandrecht und Verwertungsbefugnis 885a 20
- Vernichtung nicht verwertbarer Sachen 885a 19
- Vernichtung von Unrat/Müll 885a 11
- Verwahrungspflicht 885a 10
- Verwertung aufgrund Räumung 885a 16 f
- Verwertung aufgrund Vermieterpfandrecht 885a 15
- Voraussetzungen und Anwendungsbereich 885 26, 885a 2; 6. 34; ZVG 93 12, 149 16, 152 36

Berufsunfähigkeitsrente
- Pfändbarkeit 850 59, 851c 8
- Pfändungsschutz 851c 13

Berufung
- einstweilige Einstellung der Zwangsvollstreckung 707 3, 719 4 ff
- Verhältnis zur Vollstreckungsabwehrklage 767 12

Berufungsurteil
- Bereicherungsanspruch bei Aufhebung/Änderung 717 19
- Unterbleiben von Schutzanordnungen 713 4
- vorläufige Vollstreckbarkeit 708 23

Beschäftigung
- Handlungsvollstreckung 888 5

Beschlagnahme bei Teilungsversteigerung
- Rechtswirkungen ZVG 181 20 ff

Beschlagnahme des Grundstücks bei Zwangsversteigerung
- Ausnahmen von der Beschlagnahme ZVG 21 3 ff
- Beitrittsgläubiger ZVG 151 5 f
- Einbauküche ZVG 55 6
- erste Beschlagnahme ZVG 13 7 ff, 22 8 ff
- Fremdzubehör ZVG 55 8 ff
- Gaststätteninventar ZVG 55 6
- gutgläubiger Erwerb ZVG 23 9, 26 1 ff
- Rechtswirkungen ZVG 20 2 ff, 23 2 f, 151 2
- relatives Veräußerungsverbot ZVG 20 4, 23 2 f
- typische Problemfälle ZVG 55 6
- Umfang/Hypothekenhaftungsverband 829 42; ZVG 20 6 ff, 21 3 ff, 55 2 ff
- wiederkehrende Leistungen ZVG 21 6, 22 8 ff
- Wirksamwerden ZVG 151 3 f
- Wirksamwerden für Anordnungsgläubiger ZVG 22 2 ff
- Zahlungsverbot für Drittschuldner ZVG 22 12
- Zeitpunkt ZVG 55 5 f, 151 3 f

Beschlagnahme des Grundstücks bei Zwangsverwaltung
- Entzug der Verwaltung und Benutzung ZVG 148 14
- Rechtswirkungen ZVG 148 1, 14
- relatives Veräußerungsverbot ZVG 148 1, 151 2
- Umfang/Hypothekenhaftungsverband ZVG 148 3 ff
- Versicherungen ZVG 148 11

Beschlagnahme des Luftfahrzeugs bei Zwangsversteigerung ZVG 171a–171n 6

Beschlagnahme des Schiffs bei Zwangsversteigerung ZVG 162–171 8

Beschlagnahme für Beitrittsgläubiger ZVG 27 6 ff

Beschränkt dingliches Recht
- veräußerungshinderndes Recht/Drittwiderspruchsklage 771 28 ff

Beschränkt pfändbare Forderungen
- Pfändbarkeit 852 1 ff
- Verwertungsbeschränkung 852 16 f

Beschränkte persönliche Dienstbarkeit
- Pfändbarkeit 851 6
- Pfändung 857 3, 46

Beschränkung der Vollstreckung FamFG 80, 88

Beschränkung der Zwangsvollstreckung
- Begriff „Beschränkung" 775 5

Beschwerde, befristete nach FamFG
- *siehe* Befristete Beschwerde nach dem FamFG

Beschwerde gegen Vollstreckbarerklärung, Ehesachen/elterliche Verantwortung
- *siehe* Ehesachen/elterliche Verantwortung, Beschwerde gegen Vollstreckbarerklärung

Beschwerde, sofortige
- *siehe* Sofortige Beschwerde, § 793 ZPO

Beschwerdefähige Entscheidung
- als Vollstreckungstitel 794 28 ff

Besitz
- veräußerungshinderndes Recht/Drittwiderspruchsklage 771 32

Besitzdiener 808 6, 809 4, 885 14, 22

Besitzpfandrecht
- Klage auf vorzugsweise Befriedigung 805 5

Besitzschutzanspruch
- vorläufige Vollstreckbarkeit 708 22

Besondere Vollstreckungsvoraussetzungen
- Anordnung der Versteigerung ZVG 15 34 ff
- Eintritt eines bestimmten Kalendertages 704 4, 751 2 ff; *FamFG* 135, 239
- Prüfung 704 4, 724 11, 726 4, 14, 751 1, 753 17, 867 9
- Sicherheitsleistung 704 4, 751 8 ff
- Verzicht 751 1
- Vollstreckung in den sonstigen Angelegenheiten des FamFG *FamFG* 239
- Vollstreckung über die Herausgabe von Personen und die Regelung des Umgangs *FamFG* 135 ff
- Vollstreckungserinnerung 766 17
- Voraussetzungen für fehlerfreie Pfändung 803 5
- Zug-um-Zug-Verurteilung 704 4, 726 14

Besonderer Vertreter
- Vollstreckungskosten 788 50

Bestallungsurkunde
- Zwangsverwalter ZVG 150 16 ff

Bestandteil
- Umfang der Beschlagnahme ZVG 55 3 ff

Bestattungsgegenstände
- Pfändungsverbot 811 31

Bestehenbleibende Rechte
- Ablösung bestehen gebliebener Grundschuld ZVG 52 5

- Ausnahmen von der Regel des Nichtbestehenbleibens ZVG 52 11 ff
- Besonderheiten ZVG 52 6 ff
- Grundsatz ZVG 52 2 ff
- Teilungsplan ZVG 114 6
- Zustimmung zum Fortbestehen eines Rechts ZVG 59 21 ff

Bestimmtheit des Urteils
- Auslegung 704 22
- Ehrenschutzverfahren 704 32
- Herausgabetitel 704 26 f
- Titel auf Vornahme von Handlungen 704 28 ff
- Titel in Unterhaltsverfahren 704 24
- Unterlassungstitel 704 31 f
- Zahlungstitel 704 23 f
- Zug-um-Zug-Verurteilung 704 21

Bestimmtheitsgrundsatz
- Bedeutung 829 75
- Bruttolohntitel 704 23
- Herausgabetitel 704 26 f
- Klageantrag des Gläubigers 722 11
- Pfändung von Immaterialgüterrechten 5. 32
- Pfändung von Rückübertragungsansprüchen von Sicherheiten 829 156
- Pfändung von Sozialleistungen 829 149; 3. 39
- Pfändung von Steuererstattungsansprüchen 829 155
- Teilpfändung 830 21
- Unterhaltstitel 704 24

Bestrangig betreibender Gläubiger ZVG 44 9 ff

Betagtes Recht
- Erlösverteilung ZVG 111 1 ff
- keine Zuzahlungspflicht des Erstehers ZVG 50 13

Beteiligtenfähigkeit FamFG 110, 225

Beteiligter
- bei Vergleich gem. § 156 Abs. 2 FamFG FamFG 120

Beteiligter, Immobiliarvollstreckung
- aufgrund Anmeldung ZVG 9 13 ff
- aufgrund Grundbucheintragung ZVG 9 5 ff
- Eigentumsvorbehalt ZVG 9 17
- Erbbaurechtsausgeber ZVG 9 11
- Gläubiger ZVG 9 2
- Inhaber von bevorrechtigten Zahlungsansprüchen ZVG 9 20
- Inhaber von der Zwangsvollstreckung entgegenstehenden Rechte ZVG 9 17
- Inhaber von Rechten am Grundstück oder an einem Grundstücksrecht ZVG 9 18 f
- Inhaber von Verfügungsverboten ZVG 9 17
- Insolvenzgericht ZVG 9 12
- Insolvenzverwalter ZVG 9 12
- Mieter ZVG 9 21
- Miteigentümer ZVG 9 9
- Mitteilungen in Zivilsachen (MiZi) ZVG 9 22 f
- Nacherbe ZVG 9 17
- Pächter ZVG 9 21
- rechtsgeschäftliche Vertretung ZVG 9 24
- Schuldner ZVG 9 3 f
- Teilungsversteigerung ZVG 181 19
- Wohnungseigentümer ZVG 9 10
- Wohnungseigentümergemeinschaft ZVG 9 10
- Wohnungsverwalter ZVG 9 10

Betreten der Wohnung
- Antrag bei Handlungsvollstreckung 887 29

Betreuung
- Aufforderung zur Leistung gem. § 59 Abs. 2 S. 1 GVGA 1. 20 ff
- Berechtigung des Betreuers zur Gebotsabgabe ZVG 71 8
- Einwilligung zur Durchsuchung 1. 24 ff
- Ermittlung des Aufenthaltsorts des Schuldners 1. 19
- Festsetzung von Vorschuss, Aufwendungsersatz, Aufwandsentschädigung, Vergütung etc. FamFG 194
- Notwendigkeit 1. 6 ff
- Prozessfähigkeit 1. 5 ff
- Stellung/Aufgaben im Prozess 1. 12
- Stellung/Aufgaben in der Zwangsvollstreckung 1. 13 ff
- Teilungsversteigerung ZVG 181 13
- Vermögensauskunft 1. 30 ff
- Zustellungen 1. 18

Betreuungsgeld
- Berechnung des pfändbaren Arbeitseinkommens 850e 21
- Pfändbarkeit 850a 27, 850c 21

Betreuungsverfügung
- Herausgabe FamFG 12, 33, 197

Betriebliche Altersversorgung
- Pfändbarkeit 850 50, 851 3, 6, 15, 851c 3, 9

Betriebskostenabrechnung
- Aufhebung der Zwangsverwaltung ZVG 161 12
- Handlungsvollstreckung 887 15, 888 5

Betriebsprämie
- Pfändbarkeit 851 22, 851a 4

Betriebsrente
- Pfändbarkeit 850 50, 851c 3

Bewegliches Vermögen
- Pfändung 803 1, 3

Beweisrecht
- anwendbare Vorschriften aus ZPO für ZVG   ZVG Vor 95–104 3

Bewilligung der einstweiligen Einstellung
- Auslegung   ZVG 30 6
- Bewilligungsvoraussetzungen   ZVG 30 3 ff
- mehrfache   ZVG 30 22 ff
- Rechtsbehelfe   ZVG 30 25
- Rechtsmissbrauch   ZVG 30 18, 24
- Rücknahme   ZVG 30 12
- Teilbewilligung   ZVG 30 21
- Umdeutung   ZVG 30 6
- Verhältnis zu anderen Einstellungsvorschriften   ZVG 30 26 ff
- Wirkung des Einstellungsbeschlusses   ZVG 30 13 ff

BGB-Gesellschaft
- siehe Gesellschaft bürgerlichen Rechts (GbR)

Bietabkommen, negatives   ZVG 71 16

Bieter
- Vertretung im Zwangsversteigerungs- und Zwangsverwaltungsverfahren   ZVG 15 11, 66 4

Bietergemeinschaft
- Gebotsabgabe   ZVG 71 9
- Zuschlagskosten   ZVG 58 6

Bietvollmacht   ZVG 66 4, 71 9, 72 10

Bietzeit   ZVG 73 2 ff, 83 8

Bilanzerstellung
- Handlungsvollstreckung   888 5

Bilanzselbstmord
- Vollstreckungsschutz   765a 53

Bilaterale Abkommen   723 64 ff

Bilddokumentation
- bei vereinfachter Räumung (§ 885a ZPO)   GvKostG Nr. 240–243 2, Nr. 709 2, Nr. 713 1

Blankettbeschluss   850 14a, 850b 35, 850c 16 ff, 850g 2, 850h 32; 3. 42

Blankowechsel
- Pfändung   831 7

Blindenzulage
- Pfändbarkeit   850a 29

Blutprobe   FamFG 212 f

Brandversicherungssumme   ZVG 76 11

Briefherausgabeanspruch
- Pfändbarkeit   857 5

Briefhypothek
- Pfändung   830 14 ff
- Überweisung   837 2

Briefvorlage
- Ersuchen an das Grundbuchamt   ZVG 131 1
- Zuteilung   ZVG 126 2 ff

Bruchteil
- Vollstreckung in einen   864 11 ff

Bruchteilsgemeinschaft
- Antragsrecht Teilungsversteigerung   ZVG 181 12
- Pfändung   857 34 ff
- Pfändung von gemeinschaftlicher Forderung   829 39
- Teilungsversteigerung   ZVG 180 7 f

Brüssel I-VO
- siehe auch Anerkennung, Brüssel I-VO
- siehe auch Vollstreckbarerklärung, Brüssel I-VO
- Acte-clair-Doktrin   Brüssel I-VO Vor 32 ff 6
- Anerkennung und Exequaturverfahren nach AVAG   10. 2 f
- Aufhebung durch Brüssel Ia-VO   Brüssel I-VO Vor 32 ff 1; Brüssel Ia-VO Vor 36 ff 1, 80 1
- Auslegung   Brüssel I-VO Vor 32 ff 4 ff
- Begriff „Entscheidung"   Brüssel I-VO 32 2 ff
- Begriff „Gericht"   Brüssel I-VO 32 11
- Bescheinigung des Erstgerichts   Brüssel I-VO 53 8
- Entscheidungen aus Gibraltar   Brüssel I-VO 53 9
- Fehlen der Bescheinigung   Brüssel I-VO 55 2 ff
- Formblatt für Bescheinigung   Brüssel I-VO 54 1 ff
- Gericht des Mitgliedstaates   Brüssel I-VO 53 12
- geschichtliche Entwicklung   Brüssel I-VO Vor 32 ff 1
- Grundprinzipien der Anerkennung und Vollstreckung   Brüssel I-VO Vor 32 ff 7 f
- keine Legalisation   Brüssel I-VO 56 1 ff
- Mitgliedstaaten   Brüssel I-VO 32 13
- Rechtsgrundlage   Brüssel I-VO Vor 32 ff 2
- Reform   Brüssel I-VO Vor 32 ff 1

- Regelungsinhalt
  Brüssel I-VO **Vor 32 ff** 3
- Übersetzung *Brüssel I-VO* **55** 8 ff
- Urteilsausfertigung
  Brüssel I-VO **53** 4 ff
- Verhältnis zu sonstigen multi- und bilateralen Staatsverträgen
  Brüssel I-VO **Vor 32 ff** 37
- Verhältnis zum AVAG *AVAG* **1** 7
- Verhältnis zum EuGVÜ
  Brüssel I-VO **Vor 32 ff** 32
- Verhältnis zum Lugano-Übereinkommen *Brüssel I-VO* **Vor 32 ff** 33 ff
- Verhältnis zum nationalen Recht
  Brüssel I-VO **Vor 32 ff** 27 f
- Verhältnis zur Brüssel Ia-VO
  Brüssel I-VO **Vor 32 ff** 28a
- Verhältnis zur Brüssel IIa-VO
  Brüssel I-VO **Vor 32 ff** 29
- Verhältnis zur EuMahnVO
  Brüssel I-VO **Vor 32 ff** 31
- Verhältnis zur EuUntVO
  Brüssel I-VO **Vor 32 ff** 29;
  EuUntVO **Vor 10**
- Verhältnis zur EuVTVO
  Brüssel I-VO **Vor 32 ff** 30;
  EuVTVO **Vor 6, 27** 1 ff
- Vollstreckbarkeit ausländischer Urteile **722** 4
- Vorabentscheidungsverfahren
  Brüssel I-VO **Vor 32 ff** 6
- Wegfall des Exequaturs
  Brüssel I-VO **Vor 32 ff** 1, 8
- Zivil- und Handelssachen
  Brüssel I-VO **Vor 32 ff** 11 f

Brüssel I-VO, Anwendungsbereich
- räumlicher
  Brüssel I-VO **Vor 32 ff** 9 f
- sachlicher
  Brüssel I-VO **Vor 32 ff** 11 ff
- zeitlicher *Brüssel I-VO* **Vor 32 ff** 1, 21 ff

Brüssel Ia-VO
- *siehe auch* Anerkennung, Brüssel Ia-VO
- *siehe auch* Vollstreckung, Brüssel Ia-VO
- Anerkennung, Grundprinzipien
  Brüssel Ia-VO **36** 1 f
- Anpassung einer unbekannten Maßnahme **1114** 1; *Brüssel Ia-VO* **54** 1 ff
- Auslegung *Brüssel Ia-VO* **Vor 36 ff** 4
- Begriff „Entscheidung"
  Brüssel Ia-VO **2** 2
- Begriff „Gericht" *Brüssel Ia-VO* **2** 1
- Begriff „gerichtlicher Vergleich"
  Brüssel Ia-VO **2** 3, **59** 2

- Begriff „öffentliche Urkunde"
  Brüssel Ia-VO **2** 4, **58** 1
- Bescheinigung über öffentliche Urkunde **1110** 1, **1111** 1 f;
  Brüssel Ia-VO **60** 1 f
- deutsche Ausführungsvorschriften
  Vor 1110 ff 1 ff;
  Brüssel Ia-VO **Vor 36 ff** 3
- Entbehrlichkeit der Vollstreckungsklausel **1112** 1 ff
- gerichtlicher Vergleich (Anerkennung und Vollstreckung)
  Brüssel Ia-VO **59** 1 ff
- geschichtliche Entwicklung
  Brüssel Ia-VO **Vor 36 ff** 1 ff
- Inkrafttreten *Brüssel Ia-VO* **81**
- kein Exequaturverfahren **10.** 8
- keine Legalisation
  Brüssel Ia-VO **61** 1
- öffentliche Urkunde (Anerkennung und Vollstreckung)
  Brüssel Ia-VO **58** 3 ff
- Rechtsgrundlage
  Brüssel Ia-VO **Vor 36 ff** 4
- Transliteration **1113** 1 f;
  Brüssel Ia-VO **57** 1
- Übergangsregelung **Vor 1110 ff** 2;
  Brüssel Ia-VO **66** 1
- Übersetzung **1113** 1 f;
  Brüssel Ia-VO **57** 1 f
- Verbot der Ausländersicherheit
  Brüssel Ia-VO **56** 1
- Verhältnis zu anderen Rechtsakten der EU *Brüssel Ia-VO* **Vor 36 ff** 9, 67–73 1
- Verhältnis zum nationalen Recht
  Brüssel Ia-VO **Vor 36 ff** 9
- Verhältnis zur Brüssel IIa-VO
  Brüssel IIa-VO **Vor 21 ff** 14
- Verhältnis zur EuUntVO
  EuUntVO **Vor 10**
- Verhältnis zur EuVTVO
  EuVTVO **1** 4, **27** 1 ff
- Vollstreckbarkeit ausländischer Urteile **722** 4
- Wegfall des Exequaturverfahrens
  Vor 1110 ff 2;
  Brüssel Ia-VO **Vor 36 ff** 1 f, **39** 1, **Vor 58 ff** 1
- Zwangsgeld *Brüssel Ia-VO* **55** 1

Brüssel Ia-VO, Anwendungsbereich
- räumlicher **Vor 1110 ff** 1;
  Brüssel Ia-VO **Vor 36 ff** 1
- sachlicher *Brüssel Ia-VO* **1** 1, **Vor 36 ff** 6
- zeitlicher **Vor 1110 ff** 2;
  Brüssel Ia-VO **Vor 36 ff** 7 f, **66** 1

Brüssel IIa-VO
- *siehe auch* Ehesachen/elterliche Verantwortung, Anerkennung
- *siehe auch* Ehesachen/elterliche Verantwortung, Vollstreckbarerklärung
- Anerkennung und Vollstreckbarerklärungsverfahren 10. 11
- Anerkennungsversagungsgründe
  Brüssel IIa-VO 22–23 2 ff, 24–26 1 f
- Anwendungsvorrang
  Brüssel IIa-VO **Vor 21 ff** 12
- Auslegung
  Brüssel IIa-VO **Vor 21 ff** 2
- Begriff *Brüssel IIa-VO* **Vor 21 ff** 1
- Begriff „Anerkennung"
  Brüssel IIa-VO 21 7 f
- Begriff „Entscheidung"
  Brüssel IIa-VO 21 2
- Bescheinigung bei Entscheidungen
  Brüssel IIa-VO 39 1 ff, 43 1 f, 44 1
- Ehesachen
  Brüssel IIa-VO **Vor 21 ff** 7, 21 1
- Eilmaßnahmen
  Brüssel IIa-VO 21 4 f
- elterliche Verantwortung
  Brüssel IIa-VO **Vor 21 ff** 8, 21 1
- Entwicklungsgeschichte
  Brüssel IIa-VO **Vor 21 ff** 1
- gerichtlicher Vergleich
  Brüssel IIa-VO 46 1 f
- Grundprinzipien der Anerkennung und Vollstreckung
  Brüssel IIa-VO **Vor 21 ff** 4
- Günstigkeitsprinzip
  Brüssel IIa-VO **Vor 21 ff** 12
- Inhalt *Brüssel IIa-VO* **Vor 21 ff** 3
- Kostenfestsetzung
  Brüssel IIa-VO 49 1
- Legalisation *Brüssel IIa-VO* 52 1
- Minderjährigkeit des Kindes
  Brüssel IIa-VO **Vor 21 ff** 8
- Namensrecht
  Brüssel IIa-VO **Vor 21 ff** 8
- öffentliche Urkunde
  Brüssel IIa-VO 46 1 f
- Parteivereinbarungen
  Brüssel IIa-VO 46 1 f
- räumlicher Anwendungsbereich
  Brüssel IIa-VO **Vor 21 ff** 5 f
- Rechtsgrundlage
  Brüssel IIa-VO **Vor 21 ff** 2
- Rückgabe des Kindes
  Brüssel IIa-VO 40 1 ff, 42 1 ff
- sachlicher Anwendungsbereich
  Brüssel IIa-VO **Vor 21 ff** 1, 7 ff
- Sicherheitsleistung
  Brüssel IIa-VO 51 1
- Statusfragen
  Brüssel IIa-VO **Vor 21 ff** 8
- Umgangsrecht
  Brüssel IIa-VO 40 1 ff, 41 1 ff
- Verbot der révision au fond
  Brüssel IIa-VO 24–26 1 f, 31 4
- Verhältnis zu den autonomen deutschen Anerkennungs- und Vollstreckungsvorschriften
  Brüssel IIa-VO **Vor 21 ff** 12
- Verhältnis zum Europäischen Sorgerechtsübereinkommen
  Brüssel IIa-VO **Vor 21 ff** 16;
  FamFG 96
- Verhältnis zum Haager Kinderschutzübereinkommen
  Brüssel IIa-VO **Vor 21 ff** 15;
  FamFG 96
- Verhältnis zum Haager Kindesentführungsübereinkommen 1980
  Brüssel IIa-VO **Vor 21 ff** 16;
  FamFG 96
- Verhältnis zur Brüssel I-VO
  Brüssel I-VO **Vor 32 ff** 13, 29
- Verhältnis zur Brüssel Ia-VO
  Brüssel IIa-VO **Vor 21 ff** 14
- Verhältnis zur EuUntVO
  Brüssel IIa-VO **Vor 21 ff** 10, 14
- Verhältnis zur EuVTVO
  EuVTVO **Vor** 12
- Vollstreckbarkeit ausländischer Urteile 722 6, 723 62
- Vollstreckung von Zuwiderhandlungen
  FamFG 96
- Vollstreckung von Zuwiderhandlungen gegen Titel nach Brüssel IIa-VO
  FamFG 96
- Vollstreckungsverfahren
  Brüssel IIa-VO 47 1 ff
- zeitlicher Anwendungsbereich
  Brüssel IIa-VO **Vor 21 ff** 11

Brutto/Netto, Arbeitseinkommen
- Pfändbarkeit 850 7, 850e 3 ff

Bruttolohntitel
- Bestimmtheit 704 23

Buchauszug
- Handlungsvollstreckung 887 15, 39, 46

Bücher (Schule, Kirche etc.)
- Pfändungsverbot 811 28

Buchhypothek
- Pfändung 830 26 f
- Überweisung 837 3 f

Bundesagentur für Arbeit
- Zwangsvollstreckung gegen BA wegen Geldforderungen 882a 3

Bundesbankscheck
- Sicherheitsleistung *ZVG* 69 2 ff
- Verzinsung des Bargebots *ZVG* 49 6

Bundesportal
- Bekanntmachung der Veröffentlichungen der Versteigerungsgerichte *ZVG* 38 10 f, 39 2, 40 7, 43 2, 83 8

Bundeszentralamt für Steuern
- Auskünfte zur Ermittlung von Konten 802l 18 f

Bürgschaft
- abweichende Versteigerungsbedingung *ZVG* 49 11
- Art der Sicherheitsleistung 709 13 f
- Nachweis der Sicherheitsleistung 751 11
- Pfändbarkeit 857 5

Computer
- *siehe* Datenträger
- *siehe* Domain
- *siehe* Hardware
- *siehe* Software
- Pfändungsverbot 811 11

Daseinsvorsorge
- Sperren von Leistungen (Wasser, Strom, Gas) 883 20, 935 40, 49

Datenaufbewahrung (Archivierung)
- bei vereinfachter Räumung (§ 885a ZPO) *GvKostG* **Nr. 240–243** 2, **Nr. 713** 1

Datenerhebung durch Zentrale Behörde
- Aufgaben und Befugnisse *AUG* 5 2, 16–19 1 ff
- Übergangsrecht *AUG* 77 4

Datenschutz
- Antrag eines anderen Gläubigers auf Abnahme der Vermögensauskunft 802d 13 ff
- Einholung von Fremdauskünften 802l 4
- Schuldnerverzeichnis 882g 5, 12

Datenträger 857 30, 883 14 f; **2.** 4, 8, 10 f, 15 ff

Dauerpfändung 751 7, 829 56 ff, 850d 32, 40

Dauerwohnrecht nach WEG
- Abweichungsantrag *ZVG* 59 9
- Entschädigung durch einmalige Kapitalabfindung *ZVG* 92 7 ff
- Pfändung 857 3, 37

DB-GvKostG
- Regelungsinhalt und Rechtscharakter *GvKostG* **Vor §§ 1 ff** 8

Debet-Konto 850k 13, 56

Deckungsgrundsatz *ZVG* 44 1, 48 1, 64 20
- Verfahren der Erlösaufteilung *ZVG* 112 10

Deckungskapital *ZVG* 92 11, 121 1 ff

Dereliktion
- kein Nachweis der Eigentümereintragung im Grundbuch *ZVG* 17 9
- verfahrenshinderndes Recht *ZVG* 28 10

Designrecht
- Pfändung 857 24

Detektivkosten
- Vollstreckungskosten 788 51

Dienstaufsichtsbeschwerde 766 9

Dienstausweis des Gerichtsvollziehers
- persönliche Legitimation 754 7

Dienstbarkeiten
- Anmeldung der Kündigung des Gläubigers *ZVG* 54 2 f
- Aufnahme im geringsten Gebot *ZVG* 52 18 f
- Beteiligter aufgrund Grundbucheintragung *ZVG* 9 6
- estehen bleibendes Recht *ZVG* 52 18 f
- geringstes Gebot *ZVG* 44 20
- Rang *ZVG* 10 41
- rangwahrende Berücksichtigung auch ohne Anmeldung *ZVG* 37 16
- veräußerungshinderndes Recht/Drittwiderspruchsklage 771 30

Dienstbezüge der Beamten
- Pfändbarkeit 850 41

Dienstkleidung/Dienstausrüstung
- Pfändungsverbot 811 25

Dienstleistung, Anspruch auf
- Pfändbarkeit 851 6 f

Dienstsiegel 725 9 f, 797a 6

Dienstvertrag
- Handlungsvollstreckung 888 3

Dingliche Rechte
- bestrangig betreibender Gläubiger/geringstes Gebot *ZVG* 44 12 ff
- Rang *ZVG* 10 41 ff

Dinglicher Arrest
- Arrestvollziehung 928 8 f
- Begriff **Vor 916–945b** 10

Direktversicherung
- Pfändbarkeit von Einzahlungen 850 48

Diskriminierungsverbot
- Vollstreckungsverfahren *EuMahnVO* 21 10; *EuUntVO* 41 2

Dispache
- Herausgabe von Unterlagen *FamFG* 12, 33, 197
- Zahlung *FamFG* 194

Dispositionskredit
- Pfändbarkeit 851 21 ff

Dokumentationshandlung
- Handlungsvollstreckung 888 5

Dokumente
- Herausgabevollstreckung 883 9

Dokumentenpauschale
- Kopien *GvKostG* Nr. 700 3 ff
- Überlassung elektronisch gespeicherter Dateien *GvKostG* Nr. 700 11 ff
- Vermögensauskunft *GvKostG* Nr. 700 5

Domain
- als „anderes Vermögensrecht" 857 31; 2. 26
- Herausgabevollstreckung 2. 40
- Konnektierungsanspruch 2. 29 f
- Namens- und Kennzeichenfunktion 2. 33
- Pfändungsverbote 2. 31 ff
- Rechtsnatur 2. 24
- Überweisung an Zahlungs statt zum Schätzwert 2. 25, 38
- Vergabestelle als Drittschuldner 2. 36
- Verwertungsarten 844 1, 6, 857 32; 2. 38 f
- Vollstreckung wegen Geldforderungen 2. 25 ff
- Vollstreckungsgegenstand 2. 27 ff

Doppelausgebot *ZVG* 52 14, 57a 13, 59 12 ff, 87 7

Doppelpfändung
- Begriff 808 18, 829 79
- Pfändung eines Anwartschaftsrechts 848 21, 857 9, 11 f, 15
- Pfändung eines Und-Kontos 829 136
- Zwangsvollstreckung gegen Lizenznehmer von Software 2. 15

Doppelvermietung
- Verfügungsgrund 935 20

Drittauskünfte
- *siehe* Fremdauskünfte, Einholung von

Dritteigentum
- Berliner Räumung 885a 17
- Eigentumsübergang durch Ablieferung 817 10, 13, 15
- evidentes 766 10, 40, 808 4
- verfahrenshinderndes Recht *ZVG* 28 6 f

- Vollstreckung in schuldnerfremde Sachen 9. 14 ff

Dritter
- iSd Drittwiderspruchsklage 771 10
- iSv § 809 ZPO (Pfändung bei herausgabebereiten Dritten) 809 3
- kein Duldungstitel bei vollstreckbarer Urkunde 794 36, 63

Drittschuldner
- Vollstreckungskosten 788 52

Drittschuldnererklärung
- als Inhalt des Pfändungsantrags 829 71 f
- Arrestvollziehung 930 5
- Ergänzungen 840 20
- Erklärungsempfänger 840 18
- Form 840 18
- Frist 840 19
- Kosten 840 21, 27 ff
- Obliegenheit 840 3
- Passivlegitimation 840 15
- Umfang 840 8 ff
- Verhältnis zu anderen Auskunftsansprüchen 840 26
- Verhältnis zu Verschwiegenheitspflichten 840 16 f
- Verletzung 840 22 ff
- Voraussetzungen 840 4 ff
- Vorpfändung 840 6

Drittschuldnerklage
- Pfändung von Geldforderungen 829 118
- Titelumschreibung 856 8

Drittschuldnerprozess
- Vollstreckungskosten 788 53

Drittwiderspruchsantrag *FamFG* 6, 253

Drittwiderspruchsklage
- Abgrenzung zu anderen Rechtsbehelfen 771 5 ff
- Anwendungsbereich 771 2 ff
- Dritter 771 10
- einstweilige Anordnungen 771 40
- Einwendungen 771 35 ff
- Höhe der Sicherheitsleistung 709 5
- Klageantrag (Muster) 771 13
- Kosten 771 42
- Mitverklagung des Schuldners 771 39
- Rechtsschutzbedürfnis 771 15
- richtiger Beklagter 771 11
- Statthaftigkeit 771 10
- Streitgegenstand 771 14
- veräußerungshinderndes Recht (wichtige Anwendungsfälle) 771 16 ff
- Vollstreckungsfähigkeit 704 20
- Zuständigkeit 771 12

Stichwortverzeichnis

Drittwiderspruchsklage bei Veräußerungsverbot
- Anwendungsbereich 772 2 f
- Kosten 772 11
- Rechtsfolgen 772 4 f
- Unzulässigkeitserklärung des Dritten 772 6 ff

Drittwiderspruchsklage des Ehegatten 774 1 ff

Drittwiderspruchsklage des Nacherben
- Anwendungsbereich 773 2
- Kosten 773 6
- Rechtsfolgen 773 3
- Unzulässigkeitserklärung bei Veräußerung 773 4 f

Droschkennummernrecht
- Pfändung 857 3

Duldungen
- Erzwingung von 890 20; FamFG 208 ff

Duldungstitel
- Arresthypothek 932 11; ZVG 15 23
- bei erforderlicher Mitwirkung Dritter 887 42
- bei Vollstreckung in mit Nießbrauch belastete Gegenstände 737 1 ff
- bei Zwangsverwaltung eines mit Nießbrauch belasteten Grundstücks ZVG 146 10, 150 33
- Eigentümergrundschuld ZVG 15 39
- Entbehrlichkeit bei vollstreckbarer Urkunde 794 36, 63
- Teilungsversteigerung ZVG 181 2, 12
- und verfahrenshinderndes Recht ZVG 28 11, 13
- Vollstreckung bei Eigentums- und Vermögensgemeinschaft 744a 3, 5
- Vollstreckung bei fortgesetzter Gütergemeinschaft 745 4
- Vollstreckung bei Gütergemeinschaft 740 10, 743 3, 744 2
- Vollstreckung bei Testamentsvollstrecker 748 3 ff
- Zwangssicherungshypothek 867 51 f; ZVG 15 23
- Zwangsversteigerung von Grundstücken ZVG 15 22 ff
- Zwangsverwaltung gegen Eigenbesitzer ZVG 147 7 f

Duldungsverfügung
- Vollziehung 938 19

Durchsuchung
- Begriff 758 5

Durchsuchung von Personen GvKostG Nr. 704 3

Durchsuchungsanordnung, richterliche
- Anhörung 758a 12
- Antrag 758a 9 ff
- Einwilligung bei Betreuung 1. 24 ff
- Einwilligung des Schuldners 758a 5
- Entbehrlichkeit 758a 2 ff
- Erforderlichkeit 758a 1
- Formular, amtliches 758a 11
- Gefahr in Verzug 758a 6
- Räumungsvollstreckung 758a 7
- Rechtsbehelf 758a 15
- Rechtsbehelfsbelehrung 758a 15
- Rechtsmittel 766 21
- Verhältnismäßigkeit 758a 13
- Vollstreckung 758a 16 ff
- Wirkung gegenüber Mitbewohnern 758a 19 ff
- Zuständigkeit 758a 8

Durchsuchungsbefugnis des Gerichtsvollziehers
- Durchsuchung 758 5 ff, 758a 4, 883 21
- Gewaltanwendung bei Widerstand 758 13, 758a 18
- Hinzuziehung von Zeugen 759 1 ff
- Kosten 758 15
- Pkw 758a 3
- richterliche Durchsuchungsanordnung 758a 1 ff
- verschlossene Räume/Behältnisse 758 9 ff
- Wirkung gegenüber Mitbewohnern 758a 19 ff
- Wohnraum 758 3 ff, 758a 2

Durchsuchungsbeschluss
- Rechtsbehelfe FamFG FamFG 185
- Schutzanordnung nach § 1 GewSchG 7. 46
- Vollstreckung in den sonstigen Angelegenheiten des FamFG FamFG 239
- Vollstreckung über die Herausgabe von Personen und die Regelung des Umgangs FamFG 157 ff, 161, 181
- vorsorgliche Durchsuchungsanordnung FamFG 161
- Wohnungsüberlassung nach § 2 GewSchG 7. 29

Durchsuchungsverweigerung
- eidesstattliche Versicherung nach § 94 FamFG FamFG 162
- sofortige Vermögensauskunft 802c 15, 807 1, 6
- und Betreuung 1. 38
- verzögerte Durchführung rechtzeitig beantragter Durchsuchung 929 6

EC-Karte 836 14

Edelmetallwert 817a 5
Effektive Vollstreckung, Grundsatz 802a 1 ff
Ehe
- Eingehung nicht vollstreckbar *FamFG* 89

EheEuGVVO
- *siehe* Brüssel IIa-VO

Ehegatten
- Drittwiderspruchsklage 774 1 ff
- Verfügungsbeschränkung unter E., kein verfahrenshinderndes Recht *ZVG* 28 17

Ehegatten, Vollstreckung gegen
- *siehe auch* Eigentums- und Vermögensgemeinschaft
- *siehe auch* Gütergemeinschaft
- Eigentums- und Gewahrsamsvermutung 739 3 ff
- Güterstand 739 2
- Pfändung von Gesamtgutanteilen 860 2 ff
- Rechtsbehelfe 739 11 ff
- Verfahren 739 8 ff

Eherechtliches Verhältnis *EuUntVO* 1 21 ff, 22 1 ff

Ehesachen, Brüssel IIa-VO
- Auslandsvollstreckung *Brüssel IIa-VO* Vor 21 ff 7, 21 1
- Kostenfestsetzung *Brüssel IIa-VO* 49 1
- Prozesskostenhilfe *Brüssel IIa-VO* 50 1
- Sicherheitsleistung *Brüssel IIa-VO* 51 1
- Vollstreckungsverfahren *Brüssel IIa-VO* 47 1 ff

Ehesachen, FamFG
- Anordnung der sofortigen Wirksamkeit *FamFG* 62 ff
- Arrest *FamFG* 53
- Begriff *FamFG* 48
- Beschränkung der Vollstreckung *FamFG* 72 ff, 80
- Einstellung der Vollstreckung *FamFG* 72 ff, 79
- einstweilige Verfügung *FamFG* 53
- Folgesachen *FamFG* 59
- isolierte Verfahren *FamFG* 60
- Vollstreckung *FamFG* 47 ff
- Vollstreckungsschutzantrag des Schuldners („nicht zu ersetzender Nachteil") *FamFG* 72 ff
- Wirksamkeit von Endentscheidungen *FamFG* 50, 57 f

Ehesachen/elterliche Verantwortung, Anerkennung
- *siehe auch* Brüssel IIa-VO
- Anerkennungsversagungsgründe *Brüssel IIa-VO* 22–23 2 ff, 24–26 1 f
- Aussetzung des Verfahrens *Brüssel IIa-VO* 27 1
- Begriff „Anerkennung" *Brüssel IIa-VO* 21 7
- Bescheinigung *Brüssel IIa-VO* 39 1 ff
- Fehlen von Urkunden *Brüssel IIa-VO* 38 1 ff
- Inzidentanerkennung *Brüssel IIa-VO* 21 9
- ipso iure-Anerkennung *Brüssel IIa-VO* 21 9
- Nichtanerkennung *Brüssel IIa-VO* 21 11
- selbständiges Anerkennungsverfahren *Brüssel IIa-VO* 21 9
- Teilanerkennung *Brüssel IIa-VO* 21 8
- Theorie der Wirkungserstreckung *Brüssel IIa-VO* 21 7
- Übersetzung von Urkunden *Brüssel IIa-VO* 37 4
- Urteilsausfertigung *Brüssel IIa-VO* 37 5 f
- Verbot der révision au fond *Brüssel IIa-VO* 24–26 1 f
- vorzulegende Unterlagen *Brüssel IIa-VO* 37 5 ff

Ehesachen/elterliche Verantwortung, Beschwerde gegen Vollstreckbarerklärung
- Adressat *Brüssel IIa-VO* 33 3
- Anwaltszwang *Brüssel IIa-VO* 33 4
- Aussetzung des Verfahrens *Brüssel IIa-VO* 35 1 f
- Beschwerde des Antragsgegners *Brüssel IIa-VO* 33 9 ff
- Beschwerde des Antragstellers *Brüssel IIa-VO* 33 7 f
- Beschwerdeberechtigung *Brüssel IIa-VO* 33 6
- Entscheidung *Brüssel IIa-VO* 33 12 ff
- Form *Brüssel IIa-VO* 33 3
- Frist *Brüssel IIa-VO* 33 4, 9 ff
- Kosten *Brüssel IIa-VO* 33 14
- mündliche Verhandlung *Brüssel IIa-VO* 33 4
- Rechtsbeschwerde gegen Beschwerdeentscheidung *Brüssel IIa-VO* 34 1 ff
- Statthaftigkeit der Beschwerde *Brüssel IIa-VO* 33 2
- Teilvollstreckung *Brüssel IIa-VO* 36 1

- Zustellung *Brüssel IIa-VO* 33 5
Ehesachen/elterliche Verantwortung, Vollstreckbarerklärung
- Anhörung *Brüssel IIa-VO* 31 5
- Antragstellung *Brüssel IIa-VO* 30 1
- Beifügung von Urkunden *Brüssel IIa-VO* 30 3
- Bescheinigung *Brüssel IIa-VO* 39 1 ff
- Fehlen von Urkunden *Brüssel IIa-VO* 38 1 ff
- Mitteilung der Entscheidung an Antragsgegner *Brüssel IIa-VO* 32 2 f
- Mitteilung der Entscheidung an Antragsteller *Brüssel IIa-VO* 32 4 f
- Mitteilung der Entscheidung an weitere Personen *Brüssel IIa-VO* 32 6 f
- örtliche Zuständigkeit *Brüssel IIa-VO* 29 1 f
- Prüfungsumfang *Brüssel IIa-VO* 31 2
- Schutzschrift *Brüssel IIa-VO* 31 6
- Übersetzung von Urkunden *Brüssel IIa-VO* 37 4
- unverzügliche Entscheidung des Gerichts *Brüssel IIa-VO* 31 1, 7 ff
- Urteilsausfertigung *Brüssel IIa-VO* 37 5 f
- Verbot der révision au fond *Brüssel IIa-VO* 31 4
- Verfahren *Brüssel IIa-VO* 28 2 f
- Vollstreckungsklausel *Brüssel IIa-VO* 31 10
- vorherige Zustellung des ausländischen Titels *Brüssel IIa-VO* 28 4
- vorzulegende Unterlagen *Brüssel IIa-VO* 37 5 ff
- Zustellungsbevollmächtigter *Brüssel IIa-VO* 30 2

Ehesachen/elterliche Verantwortung, Vollstreckung
- *siehe auch* Brüssel IIa-VO
- Vollstreckbarerklärung *Brüssel IIa-VO* 21 12

Ehestörungssachen
- Anordnung der sofortigen Wirksamkeit *FamFG* 64

Ehewohnungssachen
- Ausgleichszahlung *FamFG* 194
- Herausgabe von Haushaltsgegenständen *FamFG* 196, 220, 231, 237
- Räumung *FamFG* 196, 199, 220, 237
- Vollstreckungsschutz 765a 22

Ehrenamtliche Tätigkeit
- Pfändbarkeit von Entschädigungen 850a 14, 17

Ehrenschutzverfahren 704 32
Ehrensold
- ehrenamtlicher Bürgermeister 851 18

Eidesstattliche Versicherung
- Herausgabevollstreckung 883 40 ff
- Lebensgefahr 765a 48

Eidesstattliche Versicherung, FamFG
- funktionelle Zuständigkeit des Rechtspflegers *RPflG* 3 2
- Herausgabevollstreckung *FamFG* 36, 162 ff

Eidesstattliche Versicherung nach bürgerlichem Recht
- Abgabepflicht 889 1
- Antrag 889 6 f
- Berichtigung 889 16
- Beschluss 891 1
- Erfüllung 889 10
- freiwillige Abgabe 889 2
- Kosten 889 3, 18 ff
- Kostengrundentscheidung 891 3
- Nichterscheinen 889 12
- rechtliches Gehör 891 2
- Rechtsbehelfe 889 17
- Terminsnachricht 889 8
- Verfahren 891 2
- Vollstreckung 889 11 ff
- Zuständigkeit 889 5, 13

Eidesstattliche Versicherung nach § 836 Abs. 3 oder § 883 Abs. 2 ZPO
- Gerichtsvollziehergebühr *GvKostG* Nr. 262 1

Eidesstattliche Versicherung, Vermögensauskunft
- Angaben für Vermögensverzeichnis 802c 44 f
- funktionelle Zuständigkeit 802e 2 f
- Gerichtsvollzieherkosten 802c 49 ff, 802e 12
- internationale Zuständigkeit 802e 8
- örtliche Zuständigkeit 802e 4 ff
- Unzuständigkeit 802e 9 f

Eigenbedarf
- Aufteilung in Wohnungseigentum *ZVG* 57 13
- Kündigungsschutz *ZVG* 57a 16
- Räumung von Wohnraum 940a 1

Eigengebot *ZVG* 71 14, 78 14, 85a 9
Eigentum
- veräußerungshinderndes Recht/Drittwiderspruchsklage 771 17

Eigentümergemeinschaft, Aufhebung
- *siehe* Teilungsversteigerung

Eigentümergrundschuld
- Antragsberechtigung auf Zuschlagsversagung ZVG 74a 8
- Arresthypothek 932 13
- Aufhebung der Arrestvollziehung 934 5
- Aufnahme in Teilungsplan ZVG 114 9, 18
- Erwerb 868 2 ff
- Erwerber 868 7
- Grundbuchberichtigung 868 6
- gutgläubiger Erwerb 868 7
- Inhalt der Terminsbestimmung ZVG 37 18
- künftige 857 58
- Pfändung 857 55 ff
- rangwahrende Berücksichtigung auch ohne Anmeldung ZVG 37 18
- Rechtsfolgen 868 8 f
- Rückschlagsperre 868 5
- Schadensersatzpflicht 799a 6
- Teilgrundschuld 857 56
- unerlaubte Handlung 9. 35
- Unterwerfungserklärung 800 5
- verdeckte 857 57
- Vollstreckungshindernis ZVG 15 39
- vorläufige 857 59
- Zustellung des Pfändungsbeschlusses 857 40
- Zuzahlungspflicht des Erstehers ZVG 50 5

Eigentümerhypothek
- Pfändung 857 61
- Schiffshypothek 870a 5

Eigentümerrecht
- Antragsberechtigter von Sicherheitsleistung ZVG 67 4
- bestehenbleibendes Recht ZVG 52 9
- Beteiligter aufgrund Grundbucheintragung ZVG 9 6
- rangwahrende Berücksichtigung auch ohne Anmeldung ZVG 37 18

Eigentums- und Gewahrsamsvermutung 739 3 ff

Eigentums- und Vermögensgemeinschaft
- Pfändung von Gesamtgutanteilen 860 5
- Vollstreckung 744a 1 ff

Eigentumsübergang
- bei Zwangsversteigerung von beweglichen Sachen 817 7 ff
- in der Immobiliarvollstreckung ZVG 90 2 ff
- Internetversteigerung 817 8

Eigentumsumschreibung
- Ersuchen an das Grundbuchamt ZVG 130 2 ff

Eigentumsverschaffungsanspruch
- Pfändung 848 14 f

Eigentumsverzicht
- siehe Dereliktion

Eigentumsvorbehalt
- siehe auch Anwartschaftsrecht
- Beteiligter in der Immobiliarvollstreckung aufgrund Anmeldung ZVG 9 17
- Hypothekenhaftungsverband 865 6
- Pfändung 811 32 ff
- Umfang der Beschlagnahme ZVG 55 10
- veräußerungshinderndes Recht/Drittwiderspruchsklage 771 17 f

Eigenvermögen des Erben
- Haftungsmasse 778 1
- Vollstreckung wegen Eigenverbindlichkeit des Erben 778 5 f

Einbauküche
- Umfang der Beschlagnahme ZVG 55 6

Ein-Euro-Job-Entgelt
- Pfändbarkeit 850a 18

Eingetragene Genossenschaft
- Pfändung des Geschäftsanteils 4. 29 ff

Einheitswert
- Vollstreckung wegen Hausgeldansprüchen ZVG 10 26 f, 15 36

Einholung von Auskünften
- Kosten 882c 19

Einigungsstellenvergleich
- Anwendungsbereich 797a 1

Einkommensteuer
- gemeinsame Veranlagung FamFG 64

Einkommensteuererklärung
- Pfändbarkeit von Ansprüchen auf Steuererstattung infolge E. 850 7, 49

Einlagerungskosten
- Vollstreckungskosten 788 69, 71, 814 8, 885 78 ff, 85; 6. 32

Einmalige Leistungen
- Begriff und Beispiele ZVG 13 6

Einreden
- des Erben gegen Nachlassgläubiger 782 3 ff
- des Erben gegen persönliche Gläubiger 783 2 ff
- Vollstreckungsabwehrklage des Erben 785 1 ff

Stichwortverzeichnis

Einrichtungsgegenstände
- Pfändungsverbot 811 11

Einrücken-wie-Beschluss 750 4

Einschreiten von Behörden 789 1 ff

Einsicht in Handelsregister
- Einsichtsrecht des Gerichtsvollziehers 882c 13
- Kosten 882c 19

Einsicht in Schuldnerverzeichnis
- *siehe* Schuldnerverzeichnis, Einsicht

Einsicht in Vermögensverzeichnis
- durch Gerichtsvollzieher 802k 11 ff
- Gerichtsvollzieherkosten 802k 22

Einsichtsrecht in Versteigerungsakten
- Aushändigung ZVG 42 4
- Berechtigte 760 2; ZVG 42 2 f
- Beschränkung des Einsichtsrechts Dritter ZVG 42 5
- in Urkunden über Sicherheitsleistung ZVG 42 6
- kein Einsichtsrecht ZVG 42 6 f
- Kopien 760 4
- Kosten 760 6
- Ort ZVG 42 4
- Schwärzungen bei Erteilung von Abschriften 760 5
- Umfang ZVG 42 3

Einspruch gegen Europäischen Zahlungsbefehl
- *siehe* Europäischer Zahlungsbefehl, Einspruch gegen

Einspruch gegen Versäumnisurteil
- einstweilige Einstellung der Zwangsvollstreckung 707 3, 11, 18
- Sicherheitsleistung 709 16
- Verhältnis zur Vollstreckungsabwehrklage 767 14
- vorläufige Vollstreckbarkeit 708 13

Einspruch gegen Vollstreckungsbescheid
- einstweilige Einstellung der Zwangsvollstreckung 707 3

Einstellung der Versteigerung
- Gläubigerbefriedigung im Termin 818 1 ff

Einstellung der Vollstreckung, FamFG
- *siehe auch* Einstweilige Einstellung der Vollstreckung, FamFG
- befristete Beschwerde nach FamFG *FamFG* 169 ff
- Beschluss *FamFG* 176
- Ehesachen *FamFG* 72 ff
- Familienstreitsachen *FamFG* 72 ff
- Folgen *FamFG* 174

- Herausgabe von Personen und Regelung des Umgangs (Fallgruppen) *FamFG* 165 ff
- Rechtsmittel *FamFG* 177 ff
- Zuständigkeit *FamFG* 175

Einstellung der Zwangsversteigerung von Grundstücken
- *siehe* Einstweilige Einstellung der Zwangsversteigerung von Grundstücken

Einstellung der Zwangsvollstreckung
- *siehe auch* Einstweilige Einstellung der Zwangsvollstreckung
- Anwendungsbereich 775 3
- Anwendungsfälle 775 8 ff
- Aufhebung der Vollstreckungsmaßregeln 776 3 f
- Begriff „Einstellung" 775 4
- Beschluss 775 20
- einstweiliger Fortbestand von Vollstreckungsmaßnahmen 776 5 f
- Kosten 775 26 f
- Unterhaltsanspruch, Geltendmachung im Verkehr mit ausländischen Staaten *AUG* 31 2, 32 1, 33 1 f
- Verfahren 775 20 ff
- Verhältnis zu anderen Regeln 775 7
- Verteilungsverfahren 876 18

Einstellung des Verfahrens
- Gläubigerbefriedigung im Termin ZVG 75 2 ff, 11 ff

Einstellungsbeschluss
- Versagung des Zuschlags ZVG 33 3 ff
- Zustellung ZVG 32 2 ff

Einstellungsbewilligung
- *siehe* Bewilligung der einstweiligen Einstellung

Einstweilige Anordnung
- als Entscheidung iSd EuVTVO *EuVTVO* 4 3
- als Vollstreckungstitel 794 31 f
- anhängiges Hauptsacheverfahren 769 15 f
- Antrag 769 12
- Anwendungsbereich 769 2 ff
- Entbehrlichkeit der Sicherheitsleistung wegen anderweitiger Absicherung 769 23
- Entscheidung des Vollstreckungsgerichts in dringenden Fällen 769 41 ff
- Entscheidung durch Prozessgericht 769 30 ff
- Erfolgsaussichten der Klage 769 19 ff
- Ermessen 769 18

- fehlende Möglichkeit zur Erbringung von Sicherheiten 769 22
- Glaubhaftmachung 769 27
- im Urteil 770 1 ff
- Inhalt der Anordnung 769 24 ff
- Kosten 769 51
- rechtliches Gehör 769 28 f
- Rechtsbehelfe 769 45 ff
- Rechtsschutzbedürfnis 769 17
- Tenor (Muster) 769 37 ff
- ungerechtfertigte Einstellung und Schadensersatz 769 50
- Verteilungstermin 876 17
- Vollstreckungserinnerung 766 59
- Zulässigkeit 769 12 ff
- Zuständigkeit 769 13

Einstweilige Anordnung, FamFG
- als Vollstreckungstitel *FamFG* 117
- Aussetzung oder Beschränkung der Vollstreckung aus einstweiligen Anordnungen *FamFG* 88
- Herausgabe von Personen und Regelung des Umgangs *FamFG* 117, 127, 130, 165
- in Gewaltschutzsachen 7. 18; *FamFG* 103, 199 ff, 222
- in sonstigen Angelegenheiten des FamFG *FamFG* 199 ff, 228, 237, 240
- in Wohnungszuweisungssachen *FamFG* 199 ff
- Maßgaben der Vollstreckung *FamFG* 53
- sonstige Angelegenheiten des FamFG *FamFG* 191
- Unterhaltsleistung *FamFG* 67
- Wirksamkeit mit Bekanntgabe *FamFG* 237

Einstweilige Einstellung bei ausreichendem Einzelausgebot
- bei Versteigerung mehrerer Grundstücke *ZVG* 76 2 ff

Einstweilige Einstellung bei fehlendem wirksamen Gebot
- fehlendes wirksames Gebot *ZVG* 77 2 ff
- Überleitung in Zwangsverwaltung *ZVG* 77 14 ff
- Verfahrensaufhebung nach zweitem ergebnislosen Termin *ZVG* 77 8 ff

Einstweilige Einstellung der Vollstreckung, FamFG
- Familienstreitsachen *FamFG* 84 ff
- Herausgabe von Personen und Regelung des Umgangs *FamFG* 174 f
- Rechtsbehelfe *FamFG* 177 f

- sonstige Angelegenheiten des FamFG *FamFG* 240 ff, 242 ff

Einstweilige Einstellung der Zwangsversteigerung auf Antrag des Schuldners
- Anhörung *ZVG* 30b 15
- Antrag *ZVG* 30a 4 f, 30b 4 ff
- Antragsberechtigung *ZVG* 30b 4
- Antragsfrist *ZVG* 30b 8
- Auflagen *ZVG* 30a 17 ff
- Bekanntgabe des Versteigerungstermins *ZVG* 30b 22
- Belehrung des Schuldners *ZVG* 30b 8 f
- Darlegungs- und Beweislast *ZVG* 30b 13 f
- Einstellungsbeschluss *ZVG* 30a 16
- Einstellungsdauer *ZVG* 30a 16
- Einstellungsfrist *ZVG* 30a 16
- Einstellungsvoraussetzungen *ZVG* 30a 4 ff
- Ermessen *ZVG* 30a 17
- erneute Einstellung auf Antrag *ZVG* 30c 2 ff
- Form des Antrags *ZVG* 30b 5
- Glaubhaftmachung *ZVG* 30b 14
- Inhalt des Antrags *ZVG* 30b 7
- mündliche Verhandlung *ZVG* 30b 16
- Nichterfüllung von Auflagen *ZVG* 30a 22 f
- Rechtsbehelfe *ZVG* 30a 25, 30b 21
- Rücknahme des Antrags *ZVG* 30b 10
- Sanierungsfähigkeit *ZVG* 30a 6 ff
- Schutzwürdigkeit des Schuldners *ZVG* 30a 9 ff
- Verfahren *ZVG* 30b 12 ff
- Verhältnis zu anderen Einstellungsvorschriften *ZVG* 30a 27 f
- Verzicht auf Schuldnerschutz *ZVG* 30a 24
- Vollstreckungsverschleppung *ZVG* 30a 26
- Wiederholung von Anträgen *ZVG* 30b 11
- Wirkung des Einstellungsbeschlusses *ZVG* 30b 17 ff
- Zumutbarkeit für den Gläubiger *ZVG* 30a 13 ff

Einstweilige Einstellung der Zwangsversteigerung auf erneuten Antrag des Schuldners
- Einstellungsvoraussetzungen *ZVG* 30c 6 ff
- erneuter Antrag *ZVG* 30c 2 ff
- Rechtsbehelfe *ZVG* 30c 11
- Verfahren *ZVG* 30c 10

- Wirkung des Einstellungsbeschlusses
  ZVG 30c 11
- **Einstweilige Einstellung der Zwangsversteigerung bei Insolvenzverfahren**
  - Antragsberechtigung ZVG 30d 3
  - Antragsfrist ZVG 30d 5
  - Einstellungsgrund ZVG 30d 6
  - Form des Antrags ZVG 30d 4
  - Glaubhaftmachung ZVG 30d 10
  - Schuldnerschutz ZVG 30d 12
  - Verfahren ZVG 30d 9
  - Verhältnis zu anderen Vorschriften
    ZVG 30d 11
  - Zumutbarkeit für den Gläubiger
    ZVG 30d 7
- **Einstweilige Einstellung der Zwangsversteigerung bei Insolvenzverfahren, Aufhebung der**
  - Anhörung ZVG 30f 9
  - Aufhebungsantrag ZVG 30f 2 f
  - Aufhebungsgründe ZVG 30f 4 ff
  - Darlegungs- und Beweislast
    ZVG 30f 10
  - Glaubhaftmachung ZVG 30f 10
  - Rechtsbehelfe ZVG 30f 13
  - Verfahren ZVG 30f 9 f
  - Wirkung des Aufhebungsbeschlusses
    ZVG 30f 11 f
- **Einstweilige Einstellung der Zwangsversteigerung bei verfahrenshindernden Rechten**
  - Auflassungsvormerkung ZVG 28 8
  - Beschluss ZVG 28 36 f
  - Dritteigentum ZVG 28 6 f
  - Fortsetzung des Verfahrens nach Einstellung ZVG 28 35
  - Rechtsbehelfe ZVG 28 38
  - verfahrenshindernde Rechte
    ZVG 28 5 ff, 9 ff, 14 ff
  - vorrangige Einstellung ZVG 28 32 f
  - Wirkung der Entscheidung
    ZVG 28 34
- **Einstweilige Einstellung der Zwangsversteigerung von Grundstücken**
  - Antragsrücknahme ZVG 29 3 ff
  - auf Antrag des Schuldners
    ZVG 30a 4 ff
  - auf erneuten Antrag des Schuldners
    ZVG 30c 2 ff
  - Aufhebung der einstweiligen Einstellung bei Insolvenzverfahren
    ZVG 30f 2 ff
  - Auflagen ZVG 30e 2 ff
  - bei Insolvenzverfahren ZVG 30d 3 ff
  - bei verfahrenshindernden Rechten
    ZVG 28 5 ff
- Fortsetzung des eingestellten Verfahrens ZVG 31 4 ff
- mit Bewilligung des Gläubigers
  ZVG 30 3 ff
- Versagung des Zuschlags
  ZVG 33 3 ff
- Zustellung des Einstellungsbeschlusses
  ZVG 32 2 ff
- **Einstweilige Einstellung der Zwangsverwaltung**
  - Antrag des Insolvenzverwalters
    ZVG 153b 1 ff
  - Aufhebung ZVG 153c 1
- **Einstweilige Einstellung der Zwangsvollstreckung**
  - *siehe auch* Einstellung der Zwangsvollstreckung
  - Änderung/Aufhebung des Beschlusses
    707 21
  - Antrag 707 16 f
  - Anwendungsbereich 707 2 ff, 719 1 ff
  - Arresturteil 719 5
  - Aufhebung der Vollstreckungsmaßregeln 707 32
  - Beendigung der Vollstreckung
    707 15
  - Begründung des Beschlusses 707 20
  - bei vorläufiger Vollstreckbarkeit
    707 13
  - Berufung 719 4 ff
  - Einstellungskriterien 707 22 ff
  - einstweilige Verfügung, Urteil 719 5
  - Einzelfälle 707 24 ff
  - Ermessen 707 22
  - gegen Sicherheitsleistung des Gläubigers 707 31
  - gegen Sicherheitsleistung des Schuldners 707 28
  - Kosten 707 38, 719 16
  - Leistung zur Abwendung der Vollstreckbarkeit 707 15
  - Muster 707 34
  - Nichtzulassungsbeschwerde
    719 11 ff
  - ohne Sicherheitsleistung 707 29 ff
  - Prozesskostenhilfeantrag 719 4
  - rechtliches Gehör 707 19
  - Rechtsbehelf 707 35
  - Rechtsschutzbedürfnis 707 12 ff
  - Revision 719 11 ff
  - Schuldnerschutz 707 1
  - Verfahren 707 19 ff
  - Verhältnis zum Vollstreckungsschutz
    nach § 765a ZPO 765a 16
  - Versäumnisurteil 719 7 ff, 15
  - Vollstreckungsschutz 765a 77

- Voraussetzungen 707 10 ff
- vorläufig vollstreckbares Urteil 707 27
- wichtige Anwendungsfälle 775 13
- Wirkung 707 33 ff
- Zuständigkeit 707 18
- Zustellung des Beschlusses 707 21

Einstweilige Verfügung
- *siehe auch* Befriedigungsverfügung
- *siehe auch* Regelungsverfügung
- *siehe auch* Risikohaftung aus prozessualer Veranlassung
- *siehe auch* Sicherungsverfügung
- *siehe auch* Verfügungsprozess
- Abgrenzung zum Arrest Vor 916–945b 8
- Alleinentscheidung des Vorsitzenden 944 1 ff
- Anerkenntnis Vor 916–945b 52 ff
- Anordnungsinhalte 938 6 ff
- Antrag Vor 916–945b 30
- Anwaltszwang Vor 916–945b 50
- Anwendung der Arrestvorschriften 936 2 ff
- Arten Vor 916–945b 12, Vor 935–945b 1, 935 3
- Aufhebung 707 6
- Aussetzung Vor 916–945b 65
- Beteiligung Dritter Vor 916–945b 48 ff
- Ehesachen *FamFG* 53
- einstweilige Einstellung der Zwangsvollstreckung 707 6, 25, 719 5
- Einzelgläubigeranfechtung *AnfG* Vor 1 ff 10
- Erforderlichkeit 938 3
- Erledigung Vor 916–945b 55 f
- Ermessen 938 2 ff
- Ersuchen um Eintragung im Grundbuch 941 1 ff
- Familienstreitsachen *FamFG* 53
- Gericht der Hauptsache 943 2
- Hemmung der Verjährung Vor 916–945b 36 ff
- mündliche Verhandlung 937 6 ff
- Notzuständigkeit 942 2 ff
- Parteien Vor 916–945b 44 ff
- perpetuatio fori Vor 916–945b 35
- praktische Bedeutung Vor 916–945b 5
- Räumung von Wohnraum 940a 4 ff; 6. 6 ff
- Rechtfertigungsverfahren 942 15 ff
- Rechtshängigkeit Vor 916–945b 32 ff
- Regelungsgegenstand Vor 916–945b 1, 7, Vor 935–945b 1
- Regelungszweck Vor 916–945b 4

- Rückgabe der Sicherheit 943 3 ff
- Rücknahme Vor 916–945b 51
- Schadensersatz 945 1 ff
- Schutzschrift Vor 916–945b 61 ff
- Sondervorschriften Vor 916–945b 28, Vor 935–945b 8
- Statthaftigkeit Vor 935–945b 3 ff
- Streitgegenstand Vor 916–945b 31, Vor 935–945b 9
- Übergang in Arrestverfahren Vor 916–945b 9
- Veräußerungsverbot, verfahrenshinderndes Recht *ZVG* 28 11
- Verfahren Vor 916–945b 29 ff
- Verfügungsgrund 938 2
- Verfügungsprozess Vor 935–945b 9 ff
- Vergleich Vor 916–945b 57 ff
- Verhältnis zum Hauptsacheverfahren Vor 916–945b 13 ff
- Verhältnis zum Insolvenzverfahren Vor 916–945b 26
- Verhältnis zum selbständigen Beweisverfahren Vor 916–945b 25
- Verhältnis zur einstweiligen Anordnung Vor 916–945b 20 ff
- Verhältnis zur vorläufigen Vollstreckbarkeit Vor 916–945b 24
- Verzicht Vor 916–945b 52 ff
- Vollzug gegenüber juristischen Personen des öffentlichen Rechts 882a 10
- Vorlage Vor 916–945b 66
- vorläufige Vollstreckbarkeit 704 11, 708 6, 17
- Vorwegnahmeverbot Vor 916–945b 68, 935 33
- Zuständigkeit bei besonderer Dringlichkeit 942 2 ff
- Zuständigkeit bei Eintragung von Vormerkung oder Widerspruch 942 8 ff
- Zuständigkeit für Erlass 937 2 ff
- Zuständigkeit für Vollstreckung 828 6

Einstweilige Verfügung, Vollziehung
- Abgabe einer Willenserklärung 938 26 f
- anwendbare Vorschriften 928 11 ff
- Aufhebung gegen Sicherheitsleistung 939 1 ff
- Bestimmtheitserfordernis 938 8
- Duldung 938 19
- Erwerbsverbot 938 22
- Geldzahlung 938 9 f
- Haft 938 28
- Herausgabe an den Gerichtsvollzieher 938 12
- Herausgabe an den Gläubiger 938 11

- rechtsgestaltende Verfügungen im Gesellschaftsrecht 938 29 ff
- Rechtshängigkeitsvermerk 938 23
- Sequestration 938 14 ff
- Unterlassung 938 18 f
- Veräußerungs- und Verfügungsverbote 938 20 f
- Vollziehungsfrist 938 7
- Vornahme einer Handlung 938 24 f
- Zustellungsfrist 938 7
- Zwangsverwaltung 938 17

Einstweiliger besonderer Vertreter 779 6 ff, 787 2

Einstweiliger Fortbestand von Vollstreckungsmaßnahmen 776 5 f

Einstweiliger Rechtsschutz
- *siehe* Arrest
- *siehe* Einstweilige Verfügung
- Gläubigeranfechtung AnfG 14 18

Eintritt in Gesellschaft
- Vollstreckungsklausel 729 4

Einwohnermeldeamt
- *siehe* Meldebehörde

Einzahlungs- oder Überweisungsnachweis
- Einstellung der Zwangsvollstreckung 775 19

Einzelausgebot
- einstweilige Einstellung bei ausreichendem E. ZVG 76 2 ff
- Inhalt ZVG 63 7
- Rechtsmissbrauch ZVG 76 12 f
- Zuschlagsentscheidung ZVG 63 16 ff
- Zuschlagskosten ZVG 58 6
- Zuschlagsversagungsgrund ZVG 83 3

Einzelgläubigeranfechtung
- *siehe* Gläubigeranfechtung
- Verhältnis zur Insolvenzanfechtung AnfG 16 1 ff

Einzelversteigerung
- Grundsatz ZVG 63 2 ff

Einziehungsermächtigung
- Vereinbarungen zum Pfändungsumfang 832 10
- Vollstreckungsabwehrklage 767 40

Einziehungsprozess
- Arbeitseinkommen 850a 33
- Herausgabevollstreckung 886 6
- Pfändung von Geldforderungen 829 118, 835 12 f

Einzugsermächtigung
- Pfändbarkeit 857 4

Eisenbahnen
- landesrechtlicher Vorbehalt 871 1 f

Elektronische Akte
- in Verfahren nach GvKostG GvKostG 5 36

Elektronisches Dokument
- in Verfahren nach GvKostG GvKostG 5 36
- Zustellung ZVG 3 11

Elektronisches Grundbuch ZVG 17 12

Elterliche Verantwortung, Brüssel IIa-VO
- Auslandsvollstreckung Brüssel IIa-VO Vor 21 ff 8, 21 1
- Kostenfestsetzung Brüssel IIa-VO 49 1
- Prozesskostenhilfe Brüssel IIa-VO 50 1
- Sicherheitsleistung Brüssel IIa-VO 51 1
- Vollstreckungsverfahren Brüssel IIa-VO 47 1 ff

Elterngeld
- Berechnung des pfändbaren Arbeitseinkommens 850e 21
- Pfändbarkeit 850a 27, 850c 21; 3. 16

EMRK ZVG Vor 95–104 59

Ende des Vollstreckungsverfahrens
- Erlösauskehr 804 16, 819 2

Endentscheidungen
- Abgrenzung zu verfahrensleitenden Entscheidungen FamFG 12
- als Beschluss FamFG 6
- Anordnung der sofortigen Wirksamkeit FamFG 62 ff
- Begriff FamFG 3, 56
- Vollstreckungsschutzantrag des Schuldners („nicht zu ersetzender Nachteil") FamFG 72 ff
- Wirksamkeit von E. in Ehesachen FamFG 50, 57 f

Endentscheidungen, Vollstreckung
- in den sonstigen Angelegenheiten des FamFG FamFG 190 ff
- in Ehesachen und Familienstreitsachen FamFG 47 ff
- über die Herausgabe von Personen und die Regelung des Umgangs FamFG 90 ff

Endentscheidungen, Wirksamkeit
- Ehesachen FamFG 57 ff
- Familienstreitsachen FamFG 57 ff, 72 ff
- Folgesachen FamFG 58 f
- Herausgabe von Personen und Regelung des Umgangs FamFG 124, 170
- sonstige Angelegenheiten des FamFG FamFG 234, 237

Endurteil
- als Vollstreckungstitel 704 6

Energieausweis ZVG 150 36, 152 2, 5, 161 4

Entbindung
- Entbindungskosten 850d 6
- Vollstreckungsschutz 765a 59

Enteignung
- Gefahrübergang ZVG 56 5
- Haftung 9. 25
- kein verfahrenshinderndes Recht ZVG 28 14

Entgegenstehendes Recht
- *siehe* Verfahrenshinderndes Recht

Entgeltliche Verträge mit nahestehenden Personen
- Gläubigeranfechtung AnfG 3 23 ff

Entgeltumwandlung
- Pfändungsschutz 851c 24

Entnahmerecht des Gerichtsvollziehers GvKostG 15 1 ff

Entrümpelungskosten
- Vollstreckungskosten 788 71

Entschädigung von Zeugen, Sachverständigen, Dolmetschern und Übersetzern 759 4, 788 62, 105; GvKostG Nr. 703 1

Entschädigungspflicht
- Ausschluss der Handlungsvollstreckung 888a 1

Entscheidung
- Abgrenzungskriterium für statthaften Rechtsbehelf 766 19 ff; ZVG Vor 95–104 8 f

Entsorgungskosten
- Vollstreckungskosten 788 69, 71
- Zwangsverwaltungskosten ZVG 155 3

Entstrickung 765a 83, 776 3, 803 9 f, 804 9, 830 24; 8. 44

Erbbaurecht
- Abweichungsantrag ZVG 59 9, 18
- besonderer Verkündungstermin ZVG 87 7
- bestehen bleibendes Recht ZVG 52 6
- Beteiligter in der Immobiliarvollstreckung ZVG 9 6, 9 f
- Eintragung einer Sicherungshypothek 867 16
- Gegenstand der Immobiliarvollstreckung 864 8
- geringstes Gebot ZVG 44 18
- Grundbuchbezeichnung ZVG 38 2
- Herausgabeanspruch auf eine unbewegliche Sache 848 5
- kein verfahrenshinderndes Recht ZVG 28 18
- Ungewissheit über Zeitpunkt der Zuschlagserteilung ZVG 47 5
- Unterwerfungserklärung 800 2
- veräußerungshinderndes Recht/Drittwiderspruchsklage 771 30
- Versagung des Zuschlags ZVG 83 7
- Zustimmung bei Veräußerung ZVG 81 15
- Zuzahlungspflicht des Erstehers ZVG 51 5, 7

Erbbaurechtsausgeber
- Beteiligter in der Immobiliarvollstreckung ZVG 9 11

Erbbauzins
- geringstes Gebot ZVG 44 19
- Unterwerfungserklärung 800 4

Erbbauzinsreallast
- Abweichungsantrag ZVG 59 9
- bestehenbleibendes Recht ZVG 52 7, 16 f
- rangwahrende Berücksichtigung auch ohne Anmeldung ZVG 37 15
- wiederkehrende Leistung ZVG 13 5, 21 6
- Zuzahlungspflicht des Erstehers ZVG 51 13

Erbe
- *siehe auch* Nacherbe
- Bestellung eines einstweiligen besonderen Vertreters 779 6 ff
- Einreden gegen Nachlassgläubiger 782 3 ff
- Einreden gegen persönliche Gläubiger 783 2 ff
- Erbenbesitz 808 6
- Firmenfortführung durch E. 729 4
- Fortsetzung der Vollstreckung nach dem Tod des Schuldners 779 2 ff
- Gläubigeranfechtung AnfG 15 3 ff
- Haftungsbeschränkung 780 2 ff, 781 2 ff
- Vollstreckung bei Nachlassinsolvenz 784 1 ff
- Vollstreckung bei Nachlassverwaltung 784 1 ff
- Vollstreckung vor Erbschaftsannahme 778 2 ff
- Vollstreckungsabwehrklage des E. 785 1 ff
- Vollstreckungsklausel 727 7
- Zwangsversteigerung auf Antrag des E. ZVG 175–179 1 ff

Erbengemeinschaft
- Antragsrecht Teilungsversteigerung ZVG 181 12

Erbengemeinschaft, ungeteilte
- Abgrenzung zu anderen Formen der Vollstreckung 747 1
- Rechtsbehelfe 747 9
- Teilungsversteigerung ZVG 180 9
- Titel gegen 750 6
- Titel oder Klausel gegen alle Erben 747 3 ff
- Vollstreckung in ungeteilten Nachlass 747 6 ff

Erbengewahrsam
- bei Vollstreckung in den Nachlass 748 4

Erbfall
- kein Nachweis der Eigentümereintragung im Grundbuch ZVG 17 5 ff

Erbrechtliche Entscheidungen (ausländische)
- Vollstreckung 10. 16 ff

Erbsachen
- Unanwendbarkeit EuUntVO *EuUntVO* 1 7 ff

Erbschaftskauf
- Gläubigeranfechtung *AnfG* 15 7
- Vollstreckungsklausel 729 2

Erbschaftskäufer
- Haftungsbeschränkung 780 2 ff
- Legitimation ZVG 181 7

Erbschaftsnießbrauch 737 5, 738 1 ff

Erbschaftsnutzungen
- Pfändungsbeschränkungen 863 1 ff

Erbschaftsteuer
- Pflichtteilsanspruch 852 24

Erbschein
- Erteilung an Gläubiger 792 1 ff
- Herausgabe *FamFG* 196, 218, 231
- Nacherbschaft 728 2
- Nachweis für Klauselerteilung für und gegen Rechtsnachfolger 727 7, 38
- Vollstreckungskosten 788 55

Erbteilskauf
- Vollstreckungsklausel 729 2

Erinnerung (Rechtspflegererinnerung)
- Anwendungsbereich *RPflG* 11 10 ff

Erinnerung bei genügender Sicherung des Gläubigers
- Antrag 777 13
- Anwendungsbereich 777 2
- Einwand der erweiterten Haftung 777 11
- Verfahren 777 12 ff
- Verhältnis zu anderen Rechtsbehelfen 777 15
- Voraussetzungen 777 3 ff

Erinnerung gegen Art und Weise der Zwangsvollstreckung
- *siehe* Vollstreckungserinnerung

Erinnerung gegen Erteilung der Vollstreckungsklausel
- *siehe* Klauselerinnerung

Erkrankung
- Durchsuchungsanordnung 758a 13, 21
- Erhöhung des unpfändbaren Betrages 850f 6 ff
- Vollstreckung zur Unzeit 758a 23
- Vollstreckungsschutz 765a 39, 50 ff

Erledigungserklärung
- Vollstreckungskosten 788 56

Erlösanspruch
- Pfändung 857 39 ff

Erlösauskehr
- Anwendungsbereich 819 1
- dingliche Surrogation 819 2
- Ende des Vollstreckungsverfahrens 804 16, 819 2
- Gefahrübergang 819 1
- Rechtsnatur 819 4
- Verteilung 819 3
- Wirkung 819 1

Erlöschen von Rechten
- Wertersatz für erloschene Rechte ZVG 92 2 ff, 121 1 ff
- Zuschlagswirkung ZVG 91 2 ff

Erlösüberschuss ZVG 109 10, 113 18, 114 19

Erlösverteilung
- *siehe auch* Teilungsplan
- *siehe auch* Verteilungstermin
- außergerichtliche Befriedigung ZVG 144 5 ff, 160 1
- außergerichtliche Einigung ZVG 143 1
- bei Gesamtausgebot ZVG 112 2 ff
- Beschwerdebefugnis des Erlösempfängers ZVG 102 4 ff
- Folgen der Aufhebung des Zuschlags für die Erlösverteilung ZVG 102 7
- Kontrollteilungsplan ZVG 144 6 ff
- Kosten ZVG 105 12 f
- Verfahrenskosten ZVG 109 2 ff
- Verteilung des Überschusses ZVG 109 10, 114 19
- Zeitpunkt ZVG 105 5 f

Ermittlung des Aufenthaltsorts des Schuldners
- *siehe* Aufenthaltsort des Schuldners, Ermittlung

Ermittlungsvertreter
- Aufgaben ZVG 137 1
- Bestellung ZVG 135 2 f
- Vergütung und Aufwendungsersatz ZVG 135 5

Ersatzbestätigung 1079 4, 1080 1; EuVTVO 3 3 f, 6 13 ff, 9 3

Ersatzordnungsgeld FamFG 148

Ersatzvornahme
- siehe Vertretbare Handlung, Vollstreckung wegen

Ersatzzustellung
- Anerkennung ausländischer Urteile 723 32
- Nachweis über Zustellungsvorgang EuVTVO 14 14
- Überprüfung EuBagatellVO 18 6
- Überprüfung der Entscheidung in Ausnahmefällen EuVTVO 19 5
- Zustellungsformen EuVTVO 14 3 ff

Ersatzzwangshaft, FamFG FamFG 27

Ersichtlichmachung 808 15 f

Erste Abschrift
- Dokumentenpauschale GvKostG Nr. 700 6

Erste Beschlagnahme ZVG 13 7 ff, 22 8 ff

Ersuchen an das Grundbuchamt
- BGB-Gesellschaft ZVG 130 8
- Briefvorlage ZVG 131 1
- Eintragung des ZV-Vermerks ZVG 19 2 ff
- Grundbuchberichtigung/Eigentumsumschreibung ZVG 130 2 ff
- Kosten ZVG 130 10
- Löschungsvormerkung ZVG 130a 1 ff

Ersuchen um Eintragung im Grundbuch
- einstweilige Verfügung 941 1 ff

Ertragswert ZVG 74a 35

Erwerb der streitbefangenen Sache
- Vollstreckungsklausel 727 8

Erwerbsgeminderter Mensch
- Pfändbarkeit von Sozialleistungen 3. 19

Erwerbsgeschäft
- Definition 741 2
- Vollstreckung bei Gütergemeinschaft 741 4 ff

Erwerbstätigkeit
- Pfändungsverbot für die Fortsetzung dieser E. erforderliche Gegenstände 811 18 ff

Erwerbsverbot
- Vollziehung 938 22

Erzeugnisse
- Ausnahme von der Beschlagnahme ZVG 21 3 f
- Umfang der Beschlagnahme ZVG 55 5, 148 5 ff, 11
- Umfang der Immobiliarvollstreckung 865 3 f, 14

Erziehungsbeihilfe
- Pfändbarkeit 850 44

Erziehungsgeld
- Pfändbarkeit 3. 15

Erzwingung von Unterlassungen und Duldungen
- Androhungsbeschluss 890 35 f
- Androhungsinhalt 890 29 f
- Antrag 890 6 ff
- Antragsbindung 890 31
- Antragsrücknahme 890 9
- Anwendungsbereich 890 3
- Auslandsbezug 890 65
- Beschluss 890 5, 891 1
- Beseitigungspflichten 890 15 f
- Beweislast 890 51 f
- Duldung 890 20
- Erfüllungsarten 890 18
- Handlungs- und Unterlassungspflichten 890 19
- Handlungspflichten 890 10 ff
- Handlungszurechnung 890 40
- Kerntheorie 890 47
- Kosten 890 76 ff
- Kostengrundentscheidung 891 3
- mehrfacher Verstoß 890 50
- Ordnungsmittelandrohung 890 22
- Ordnungsmittelbeschluss 890 59 ff; EuVTVO 2 2a
- Ordnungsmittelvollzug 890 64 ff
- Pflichtenkollision 890 49
- rechtliches Gehör 891 2
- Rechtsmittel 890 73 ff
- Rechtsschutzbedürfnis, Androhung 890 33
- Rechtsschutzbedürfnis, maßgebender Zeitpunkt 890 21
- Schaden 890 53
- Sicherheitsleistung 890 44, 72
- Statthaftigkeit 890 10 ff
- Titelbestand 890 46
- Umdeutung 890 32
- Unterlassungspflichten 890 13 ff
- Verfahren 891 2
- Verfolgungsverjährung 890 58
- Verletzungshandlung 890 47 ff
- Verschulden 890 54 ff
- Vollstreckungsschuldner 890 23 ff

- Vollstreckungsverjährung 890 71
- Vollstreckungsvoraussetzungen 890 4 ff
- wiederholte Verhängung von Ordnungsmitteln 890 34
- wiederholte Verstöße 890 63
- Zeitraum der Verpflichtung 890 42 ff
- Zuständigkeit 890 5
- Zuwiderhandlung gegen Unterlassungsgebot 890 37 ff

Erzwingungshaft
- *siehe* Haftbefehl (Abnahme der Vermögensauskunft)

EuBagatellVO
- *siehe auch* Europäisches Verfahren für geringfügige Forderungen, EuBagatellVO
- Bereichsausnahmen *EuBagatellVO* 2 5 ff
- Gegenstand *EuBagatellVO* 1 1 f
- grenzüberschreitende Rechtssache *EuBagatellVO* 3 2 ff
- persönlicher Anwendungsbereich *EuBagatellVO* 3 2 ff
- räumlicher Anwendungsbereich *EuBagatellVO* **Vor** 4, 2 12
- sachlicher Anwendungsbereich *EuBagatellVO* **Vor** 4, 2 3 ff
- Streitwert *EuBagatellVO* 2 4
- Verhältnis zur EuVTVO *EuVTVO* **Vor** 9, 3 6
- Zivil- und Handelssachen *EuBagatellVO* 2 3

EuEheVO
- *siehe* Brüssel IIa-VO
- Begriff *Brüssel IIa-VO* **Vor** 21 ff 1

EuErbVO
- Vollstreckbarerklärung 10. 18
- Vollstreckbarkeit ausländischer Urteile 722 6, 723 62

EuGVÜ *Brüssel I-VO* **Vor** 32 ff 1, 32

EuGVVO
- *siehe* Brüssel I-VO
- *siehe* Brüssel Ia-VO

EuMahnVO
- *siehe auch* Europäischer Zahlungsbefehl
- *siehe auch* Europäisches Mahnverfahren, EuMahnVO
- Abschaffung von Exequaturverfahren *EuMahnVO* **Vor** 9, 19 1 f
- Anwaltszwang *EuMahnVO* 24 2 ff
- Anwendungsbereich *EuMahnVO* **Vor** 4 f
- Begriffsbestimmungen *EuMahnVO* 5
- Bereichsausnahmen *EuMahnVO* 2 5 ff
- Diskriminierungsverbot *EuMahnVO* 21 10
- Europäischer Gerichtsatlas *EuMahnVO* **Vor** 6, 29 1
- fakultative Geltung *EuMahnVO* 1 3
- Formblätter 1087 2; *EuMahnVO* **Vor** 6, 30 1
- grenzüberschreitende Rechtssache *EuMahnVO* 3 3 ff
- räumlicher Anwendungsbereich *EuMahnVO* 2 12 f
- Regelungsziele *EuMahnVO* **Vor** 1 ff, 1 2
- sachlicher Anwendungsbereich *EuMahnVO* 2 2 ff
- Verfahrensablauf (Schaubild) *EuMahnVO* **Vor** 6
- Verhältnis zum nationalen Prozessrecht *EuMahnVO* 26 1 f
- Verhältnis zur Brüssel I-VO *Brüssel I-VO* **Vor** 32 ff 31
- Verhältnis zur EuVTVO *EuVTVO* **Vor** 8, 3 6
- Verhältnis zur EuZVO *EuMahnVO* 27 1
- Wahlrecht des Gläubigers *EuMahnVO* 1 4
- Widerspruchsverbot *EuMahnVO* 26 2
- Zivil- und Handelssachen *EuMahnVO* 2 3 f
- Zuständigkeit *EuMahnVO* 6 1 ff

Europäische Kontenpfändungsverordnung (EuKoPfVO) 917 11

Europäische Zustellungsverordnung (EuZustVO)
- Verhältnis zur EuVTVO *EuVTVO* **Vor** 7, 28 1

Europäischer Gerichtsatlas
EuBagatellVO **Vor** 7, 24 1, 25 1; *EuMahnVO* **Vor** 6, 29 1; *EuVTVO* 29 1, 30 1

Europäischer Vollstreckungstitel für unbestrittene Forderungen, EuVTVO
- *siehe auch* EuVTVO
- Abschaffung des Exequaturs 1079 1; *EuVTVO* **Vor** 1, 2, 5 1 ff, 24 2
- Anerkenntnis *EuVTVO* 3 7
- Antrag *EuVTVO* 6 2 ff
- anwendbare vollstreckungsrechtliche Rechtsbehelfe des nationalen Rechts *EuVTVO* 20 4
- Aussetzung der Vollstreckung 1084 7; *EuVTVO* 23 9

- Ausstellung der Bestätigung 1080 1 ff; *EuVTVO* 9 1 ff
- Begriff „Entscheidung" *EuVTVO* 4 2 ff
- Begriff „Forderung" *EuVTVO* 4 6 ff
- Begriff „öffentliche Urkunde" *EuVTVO* 4 11
- Berichtigung der Bestätigung 1080 3, 1081 1 ff; *EuVTVO* 10 4 f
- Beschränkung der Vollstreckung 1084 7; *EuVTVO* 23 7 f
- Bestätigung der Nichtvollstreckbarkeit 1085 1 f; *EuVTVO* 6 11 f
- Bestätigung der Vollstreckbarkeit *EuVTVO* 6 1 ff
- Bestätigungsverfahren *EuVTVO* 9 1 ff
- Bestreitensanforderungen *EuVTVO* 17 4
- Diskriminierungsverbot *EuVTVO* 20 9
- Einstellung der Vollstreckung 1085 1 f
- einstweilige Anordnungen als Entscheidung iSd EuVTVO *EuVTVO* 4 3
- Empfangsbestätigung *EuVTVO* 14 14
- erfasste Titel *EuVTVO* 3 1
- erneuter Antrag 1080 6
- Ersatzbestätigung *EuVTVO* 6 13 ff
- Ersatzzustellung *EuVTVO* 14 3 ff
- Ersatzzustellung, Überprüfung der Entscheidung in Ausnahmefällen *EuVTVO* 19 5
- Europäischer Gerichtsatlas *EuVTVO* 29 1, 30 1
- Evidenzkontrolle *EuVTVO* 5 3, 21 9
- Forderung, „aktiv unbestritten" *EuVTVO* 3 7 f
- Forderung, „nur anfänglich bestrittene" *EuVTVO* 3 10
- Forderung, „passiv unbestrittene" *EuVTVO* 3 9 f
- Formblätter 1079 3; *EuVTVO* 9 3 f
- Geldforderung als Forderung iSd *EuVTVO* 1079 4; *EuVTVO* 4 6 ff
- gerichtlich bestätigter Vergleich als Entscheidung iSd EuVTVO *EuVTVO* 4 4, 24 1
- gerichtlicher Vergleich *EuVTVO* 3 7
- gerichtlicher Vergleich als EuVT *EuVTVO* 24 1 ff
- Heilung von Verfahrensmängeln *EuVTVO* 18 3 ff
- Heilung von Zustellungsmängeln *EuVTVO* 18 9
- höhere Gewalt, Überprüfung der Entscheidung in Ausnahmefällen *EuVTVO* 19 7
- im Vollstreckungsverfahren anwendbares Recht *EuVTVO* 20 1 ff
- individuelle Eintragungen im Formblatt 1083 2; *EuVTVO* 9 5, 20 7
- isolierter Kostenfestsetzungsbeschluss *EuVTVO* 7 3, 17 1, 6
- isolierter Kostenfestsetzungsbeschluss als Entscheidung iSd EuVTVO *EuVTVO* 4 5
- keine Anhörung des Schuldners 1080 1; *EuVTVO* 9 1
- keine weiteren Rechtsbehelfe gegen die Bestätigung 1080 3; *EuVTVO* 10 8
- Klage auf Titelherausgabe nach § 826 BGB 1086 2; *EuVTVO* 20 4
- Kostenentscheidung als Teil der Hauptsacheentscheidung *EuVTVO* 4 5, 7 1 ff
- Ladung zu Gerichtsverhandlung *EuVTVO* 13 8
- Mindestvorschriften *EuVTVO* 18 3 ff
- Mindestvorschriften als „Beurteilungsregeln" *EuVTVO* 12 7 ff, 19 1
- Mindestvorschriften, Anwendungsbereich *EuVTVO* 12 10 f
- Mindestvorschriften, Systematik *EuVTVO* 12 3 ff
- Mindestvorschriften über die Zuständigkeit *EuVTVO* 6 6
- Nichtbestreiten *EuVTVO* 17 5
- Nichterscheinen *EuVTVO* 17 5
- öffentliche Urkunde *EuVTVO* 3 8
- öffentliche Urkunde als EuVT *EuVTVO* 25 1 f
- Ordre-public-Kontrolle *EuVTVO* 5 5 ff, 21 1
- Präklusion 1086 4 f
- Prozessvergleich als Entscheidung iSd EuVTVO *EuVTVO* 4 4
- Rechtsbehelf gegen als EuVT bestätigten Titel *EuVTVO* 3 2 ff
- Rechtsbehelfe des Gläubigers gegen Versagung der Bestätigung *EuVTVO* 9 2
- Rechtsbehelfe des Schuldners gegen Ausstellung der Bestätigung *EuVTVO* 9 2
- Rechtsbehelfe im Ursprungsmitgliedstaat *EuVTVO* 23 3 ff
- Rechtsbehelfsbelehrung *EuVTVO* 17 1 ff
- Residualkontrolle 1079 1; *EuVTVO* 5 2, 21 8
- rügelose Einlassung *EuVTVO* 6 10a

- Sicherheitsleistung *EuVTVO* 23 8
- Sicherungsmaßnahmen *EuVTVO* 23 7
- Sprachproblematik *EuVTVO* 9 5
- Teilbarkeit der Bestätigung *EuVTVO* 8 2 ff
- Titelverjährung *EuVTVO* 6 2
- Transkription der Bestätigung 1083 1; *EuVTVO* 20 7
- Übermittlung der Bestätigung 1080 2; *EuVTVO* 9 1
- Überprüfung der Entscheidung in Ausnahmefällen *EuVTVO* 19 3 ff
- Übersetzung der Bestätigung 1083 1; *EuVTVO* 20 7
- Übersetzung des Formblatts *EuVTVO* 9 5
- Unterrichtung des Schuldners über die Forderung (Mindestinformation) *EuVTVO* 16 2 ff
- Unterrichtung des Schuldners über die Verfahrensschritte zum Bestreiten der Forderung *EuVTVO* 17 1 ff
- Unvereinbarkeit mit früherer Entscheidung *EuVTVO* 21 2 ff
- Verbot der révision au fond *EuVTVO* 21 8 f
- Verbraucher *EuVTVO* 6 8 ff
- Versäumnisurteil *EuVTVO* 3 10
- Verweigerung der Vollstreckung 1084 5 f; *EuVTVO* 21 2 ff
- Vollstreckung aus ausländischem EuVT im Inland 1082 1 ff
- Vollstreckungsabwehrklage 1086 1 ff; *EuVTVO* 20 4
- Vollstreckungsbescheid *EuVTVO* 3 10
- Voraussetzungen für die Bestätigung als EuVT *EuVTVO* 6 1 ff
- vorläufige Vollstreckbarkeit der Entscheidung im Ursprungsstaat *EuVTVO* 6 5
- Widerruf der Bestätigung 1080 3, 1081 1 ff; *EuVTVO* 10 6 f
- Wirkung der Bestätigung *EuVTVO* 11 1 f
- Zug-um-Zug-Leistung *EuVTVO* 4 10
- Zurückweisung des Antrags 1080 4 ff
- Zuständigkeit für die Bestätigung 1079 4 ff; *EuVTVO* 6 4
- Zustellung an Vertreter des Schuldners *EuVTVO* 15 1 f
- Zustellung mit Empfangsbestätigung durch Schuldner *EuVTVO* 13 3 ff
- Zustellung mit Empfangsbestätigung durch Zustellperson *EuVTVO* 13 6 f
- Zustellungsbescheinigung *EuVTVO* 14 14

Europäischer Zahlungsbefehl
- *siehe auch* EuMahnVO
- *siehe auch* Europäisches Mahnverfahren, EuMahnVO
- als Vollstreckungstitel 794 61
- anwendbare Vorschriften 795 3
- funktionelle Zuständigkeit *EuMahnVO* 8 6
- internationale Zuständigkeit in Verbrauchersachen *EuMahnVO* 6 5 ff
- internationale Zuständigkeit nach der Brüssel I-VO/Brüssel Ia-VO 1087 1; *EuMahnVO* 6 3 f
- internationale Zuständigkeit nach der Brüssel Ia-VO *EuMahnVO* Vor 7
- sachliche und örtliche Zuständigkeit 1087 1, 3; *EuMahnVO* 6 2

Europäischer Zahlungsbefehl, Antrag
- Ablehnung der Überleitung in ein ordentliches Verfahren *EuMahnVO* 7 17 f
- Ablehnung des Änderungsvorschlags *EuMahnVO* 10 6 f
- Änderung *EuMahnVO* 10 2 ff
- Berichtigung *EuMahnVO* 9 2 ff
- Erklärung nach bestem Wissen und Gewissen *EuMahnVO* 7 16
- Falschangaben *EuMahnVO* 8 5
- Form *EuMahnVO* 7 19
- funktionelle Zuständigkeit *EuMahnVO* 8 6
- kein Anwaltszwang *EuMahnVO* 24 2
- maschinelle Bearbeitung 1088 2
- Pflichtangaben *EuMahnVO* 7 5 ff
- Plausibilitätsprüfung *EuMahnVO* Vor 7, 8 4
- Prüfungsumfang (Zulässigkeit und Begründetheit) *EuMahnVO* 8 2 ff
- Prüfungsverfahren *EuMahnVO* 8 6
- Unterzeichnung *EuMahnVO* 7 20 1
- Vervollständigung *EuMahnVO* 9 2 ff
- Verwendung des Formblatts A *EuMahnVO* 7 3 f
- Voraussetzungen *EuMahnVO* 7 1 ff
- Zurückweisung, Gründe *EuMahnVO* 11 2 f
- Zurückweisung, kein Rechtsbehelf *EuMahnVO* 11 4
- Zurückweisung und neuer Antrag *EuMahnVO* 11 5

Europäischer Zahlungsbefehl, Einspruch gegen
- Abgabe des Verfahrens an das vom Antragsteller bezeichnete Gericht 1090 6 f
- Form *EuMahnVO* 16 4 ff
- Frist *EuMahnVO* 16 7 ff
- kein Anwaltszwang *EuMahnVO* 24 2
- keine Begründung *EuMahnVO* 16 10
- keine Rücknahme 1091 1
- Kosten 1090 9
- Kostenvorschuss 1090 3
- maschinelle Bearbeitung 1088 2
- Verfahren nach Einspruch 1090 2 ff
- Wirkung *EuMahnVO* 17 2 ff
- Zuständigkeit *EuMahnVO* 16 3

Europäischer Zahlungsbefehl, Erlass
- Form *EuMahnVO* 12 3
- Frist *EuMahnVO* 12 2
- Inhalt *EuMahnVO* 12 4
- Zustellung *EuMahnVO* 12 5 ff

Europäischer Zahlungsbefehl, Überprüfung in Ausnahmefällen
- Antrag 1092 3; *EuMahnVO* 20 10 f
- Anwendungsbereich 1092 2
- außerordentliche Umstände 1092 4; *EuMahnVO* 20 8
- Form der Entscheidung 1092 5
- Frist *EuMahnVO* 20 12
- Glaubhaftmachung 1092 4
- höhere Gewalt 1092 4; *EuMahnVO* 20 7
- Inhalt der Entscheidung 1092 6 ff
- kein Anwaltszwang 1092 3
- keine Wiedereinsetzung in den vorigen Stand 1092 10
- Kosten 1092 9
- Rechtsfolge *EuMahnVO* 20 13 ff
- Vollstreckungsschutz 1095 3 ff
- Voraussetzungen *EuMahnVO* 20 5 ff
- Zuständigkeit *EuMahnVO* 20 4

Europäischer Zahlungsbefehl, Vollstreckung
- Aussetzung 1096 2; *EuMahnVO* 23 2 ff
- Bereitstellung von Informationen *EuMahnVO* 28 1
- Beschränkung 1096 2; *EuMahnVO* 23 2 ff
- Diskriminierungsverbot *EuMahnVO* 21 10
- Einleitung *EuMahnVO* 21 3 ff
- Erfüllungseinwand 1095 7, 1096 3; *EuMahnVO* 22 10 f
- Grundsätze *EuMahnVO* 21 2
- Übersetzung 1094 1 f; *EuMahnVO* 21 6
- Verbot der révision au fond *EuMahnVO* 22 2, 12
- Verweigerung 1096 2; *EuMahnVO* 22 5 ff
- Vollstreckbarerklärung 1093 2, 5; *EuMahnVO* 18 2 ff
- Vollstreckungsabwehrklage 1095 6 ff, 1096 3 ff
- Vollstreckungsklausel 1093 3; *EuMahnVO* 19 2
- Voraussetzungen 1093 2 ff

Europäischer Zahlungsbefehl, Zustellung
- an Vertreter *EuMahnVO* 15 1 f
- im Ausland 1089 4
- im Inland 1089 2 f
- mit Nachweis des Empfangs durch Antragsgegner *EuMahnVO* 13 3 ff
- ohne Nachweis des Empfangs durch Antragsgegner *EuMahnVO* 14 2 ff
- Rechtshängigkeit 1090 10

Europäisches Mahnverfahren, EuMahnVO
- *siehe auch* EuMahnVO
- *siehe auch* Europäischer Zahlungsbefehl
- Abschaffung von Exequaturverfahren *EuMahnVO* Vor 9, 19 1 f
- Antragsprüfung *EuMahnVO* 8 2 ff
- Antragsvoraussetzungen *EuMahnVO* 7 3 ff
- Anwaltszwang *EuMahnVO* 24 2 ff
- automatisiertes Verfahren 1088 1 ff
- bezifferte Geldforderung *EuMahnVO* 4 2 f
- Diskriminierungsverbot *EuMahnVO* 21 10
- Einspruch gegen Europäischen Zahlungsbefehl *EuMahnVO* 16 3 ff, 17 2 ff
- Erlass des Europäischen Zahlungsbefehls *EuMahnVO* 12 2 ff
- fällige Geldforderung *EuMahnVO* 4 4
- Formblätter 1088 1
- funktionelle Zuständigkeit 1087 4 f; *EuMahnVO* 8 6
- Gerichtsgebühren 1090 9; *EuMahnVO* 25 2 ff
- grenzüberschreitende Rechtssache *EuMahnVO* 3 3 ff
- Informationen zu Zustellungskosten und zur Vollstreckung *EuMahnVO* 28 1
- internationale Zuständigkeit in Verbrauchersachen *EuMahnVO* 6 5 ff

- internationale Zuständigkeit nach der Brüssel I-VO/Brüssel Ia-VO 1087 1; *EuMahnVO* 6 3 f
- internationale Zuständigkeit nach der Brüssel Ia-VO *EuMahnVO* **Vor 7**
- Kosten 1090 8
- Plausibilitätsprüfung *EuMahnVO* **Vor 7**, 8 4
- sachliche und örtliche Zuständigkeit 1087 3; *EuMahnVO* 6 2
- Vollstreckbarerklärung des Europäischen Zahlungsbefehls 1093 2, 5; *EuMahnVO* 18 2 ff
- Wahlrecht des Gläubigers *EuMahnVO* 1 4

Europäisches Sorgerechtsübereinkommen
- Verhältnis zur Brüssel IIa-VO *Brüssel IIa-VO* **Vor 21 ff** 16; *FamFG* 96
- Vollstreckbarkeit ausländischer Urteile 722 6

Europäisches Verfahren für geringfügige Forderungen, EuBagatellVO
- *siehe auch* EuBagatellVO
- Ablehnung der Vollstreckung 1109 1; *EuBagatellVO* 22 1 ff
- Abschaffung des Exequaturs 1107 1; *EuBagatellVO* **Vor 9 ff**, 20 2
- Abschluss des Verfahrens *EuBagatellVO* 7 2 ff
- Annahmeverweigerungsrecht 1098 1 ff; *EuBagatellVO* 6 3 ff
- Anordnung der Beweisaufnahme *EuBagatellVO* 9 3 f
- Antwort an den Beklagten *EuBagatellVO* 5 5
- anwendbares Verfahrensrecht *EuBagatellVO* 19 1 f
- Aufforderung zur Berichtigung *EuBagatellVO* 4 9 ff
- Aufgaben des Gerichts *EuBagatellVO* 12 1 ff
- Aufrechnung *EuBagatellVO* 5 10
- ausländischer Vollstreckungstitel 1107 1 f
- Aussetzung der Vollstreckung 1105 4 f, 1109 1; *EuBagatellVO* 23 2 ff
- Belehrung über Säumnisfolgen *EuBagatellVO* 14 2
- Beschränkung der Vollstreckung 1105 4 f, 1109 1; *EuBagatellVO* 23 2 ff
- Bestätigung als EuVT 1106 2 ff; *EuBagatellVO* 20 3 ff
- Beweismittel, Rangfolge *EuBagatellVO* 9 5 ff
- Beweisrecht 1101 2 ff; *EuBagatellVO* **Vor 8**, 9 2 ff
- Diskriminierungsverbot *EuBagatellVO* 21 12
- Durchführung des Verfahrens *EuBagatellVO* 5 3 ff
- Erkenntnisverfahren *EuBagatellVO* **Vor 2**
- Europäischer Gerichtsatlas *EuBagatellVO* **Vor 7**, 24 1, 25 1
- Formblätter *EuBagatellVO* **Vor 6**
- Fortführung der Klage 1097 3
- Freibeweis 1101 2; *EuBagatellVO* 9 2
- Fristen *EuBagatellVO* 14 1 ff
- Fristverlängerung *EuBagatellVO* 14 3
- Grundsatz der Schriftlichkeit *EuBagatellVO* 5 2 ff
- Hilfestellung für die Parteien 1097 2; *EuBagatellVO* 11 1
- höhere Gewalt *EuBagatellVO* 18 8
- Informationspflicht der Mitgliedstaaten *EuBagatellVO* 25 1
- kein Gerichtskostenvorschuss *EuBagatellVO* 4 7
- Klageänderung *EuBagatellVO* 4 8
- Klageerhebung 1097 2; *EuBagatellVO* 4 2 ff
- Klageerwiderung *EuBagatellVO* 5 6 ff
- Klageformblatt 1097 2; *EuBagatellVO* 4 2
- Klagerücknahme *EuBagatellVO* 4 8, 11
- Kostenlast *EuBagatellVO* 16 2 ff
- mehrere Kläger/Beklagte *EuBagatellVO* 4 3
- Mindeststandards für Überprüfung des Urteils 1104 1 ff; *EuBagatellVO* 18 1 ff
- mündliche Verhandlung 1100 2 f; *EuBagatellVO* 5 3 f, 8 1 f
- offensichtliche Unzulässigkeit oder Unbegründetheit der Klage *EuBagatellVO* 4 13 ff
- Ordre-public-Kontrolle *EuBagatellVO* **Vor 9 ff**, 20 2
- Rechtshängigkeit, Eintritt *EuBagatellVO* 4 2
- Rechtsmittel *EuBagatellVO* 17 1
- Regelungsziel *EuBagatellVO* **Vor 1**
- sprachliche Fassung *EuBagatellVO* 4 4, 6 2
- Übermittlung der Klage an das Gericht *EuBagatellVO* 4 5
- Übersetzung 1108 1; *EuBagatellVO* 4 4, 6 2, 21 8 ff

- unverschuldete Säumnis des Beklagten 1104 1 ff; *EuBagatellVO* 18 5 ff
- Urteil bei Säumnis der Parteien 1103 2 f; *EuBagatellVO* 7 10 ff
- Urteil im streitigen Verfahren 1102 1 f; *EuBagatellVO* 7 2 ff
- Urteilstenor *EuBagatellVO* 7 8
- Verbot der révision au fond *EuBagatellVO* **Vor** 11, 22 5
- Verfahrenscharakter *EuBagatellVO* **Vor** 5 ff
- Verfahrenseinleitung 1097 2; *EuBagatellVO* 4 1 ff
- Verletzung rechtlichen Gehörs *EuBagatellVO* 18 5 ff
- Versäumnis durch das Gericht *EuBagatellVO* 14 5
- Vertretung der Parteien *EuBagatellVO* 10 1
- Video-Konferenz 1100 2, 1101 3 f; *EuBagatellVO* 8 2, 9 7
- Vollstreckbarkeit des Urteils 1105 2; *EuBagatellVO* 15 2 f
- Vollstreckungsschutz 1105 3 ff
- Vollstreckungsschutz gegen inländische Titel *EuBagatellVO* 15 4 f
- Vollstreckungsverfahren *EuBagatellVO* 21 2 ff
- Widerklage 1099 2 ff; *EuBagatellVO* 5 1, 10 ff
- Zuständigkeit des Gerichts *EuBagatellVO* 4 6
- Zustellung des Urteils 1102 1 f; *EuBagatellVO* 7 9
- Zustellung von Unterlagen *EuBagatellVO* **Vor** 8, 13 2 ff, 18 6 f

European Account Preservation Order (EAPO) 917 11

EuUntVO
- *siehe auch* AUG
- *siehe auch* Unterhaltsanspruch, Anerkennung
- *siehe auch* Unterhaltsanspruch, Geltendmachung im Verkehr mit ausländischen Staaten
- *siehe auch* Unterhaltsanspruch, Vollstreckung
- Anerkennung von Entscheidungen in Unterhaltssachen *EuUntVO* 17 3 ff
- Anwaltszwang *EuUntVO* 41 12
- anwendbares Recht *EuUntVO* 15
- Auslegung *EuUntVO* **Vor** 6 f
- Begriffsbestimmungen *EuUntVO* 2
- Diskriminierungsverbot *EuUntVO* 41 2
- Durchführung im deutschen Recht (AUG) *AUG* **Vor** 1 ff 1, 1 2; *EuUntVO* **Vor** 11
- Durchsetzung einer anerkannten Entscheidung *EuUntVO* 40 1 ff
- eherechtliches Verhältnis *EuUntVO* 1 21 ff, 22 1 ff
- Entscheidungen aus einem Mitgliedstaat *EuUntVO* 16 12 ff
- Entstehungsgeschichte *EuUntVO* **Vor** 1 f
- Erbsachen *EuUntVO* 1 7 ff
- Exequaturverfahren 10. 14; *EuUntVO* 16 1 ff, 17 1 ff, 26 1 ff
- Familienverhältnis *EuUntVO* 1 28 ff, 22 1 ff
- gerichtlicher Vergleich *EuUntVO* 48 3 ff
- grenzüberschreitender Bezug *EuUntVO* 16 15 ff
- Güterrechtssachen *EuUntVO* 1 7 ff
- homosexuelle Personen *EuUntVO* 1 24, 33
- kein Vorrang der Eintreibung von Kosten *EuUntVO* 43 1
- Nachprüfungsrecht des Antragsgegners *EuUntVO* 19 18 ff
- Normenrangordnung *EuUntVO* 41 3
- öffentliche Urkunde *EuUntVO* 48 6 ff
- persönlicher Anwendungsbereich *EuUntVO* 16 10
- räumlicher Anwendungsbereich *EuUntVO* 1 42 ff; *EuVTVO* **Vor** 11
- Rechtsnatur *EuUntVO* **Vor** 9
- Regelungsziel *EuUntVO* **Vor** 3 ff
- registrierte Partnerschaft *EuUntVO* 1 24, 33
- sachlicher Anwendungsbereich *EuUntVO* 1 2 ff, 7 ff, 37 f
- Schwägerschaft *EuUntVO* 1 27, 22 1 ff
- Sicherungsmaßnahmen *EuUntVO* 18 3 ff, 6 ff
- Unterhalts-Begriff *EuUntVO* 1 11 ff
- Unterhaltsregressanspruch *EuUntVO* 1 6, 39 ff
- Verbot der révision au fond *EuUntVO* 42 1 f
- Verhältnis zur Brüssel I-VO 10. 15; *Brüssel I-VO* **Vor** 32 ff 29
- Verhältnis zur Brüssel I-VO/Brüssel Ia-VO *EuUntVO* **Vor** 10
- Verhältnis zur Brüssel IIa-VO *Brüssel IIa-VO* **Vor** 21 ff 10, 14

- Verhältnis zur EuVTVO
  EuUntVO **Vor 10**; *EuVTVO* **Vor 10 f,
  2 5 f**
- Verwandtschaftsverhältnis
  EuUntVO **1 18 ff, 22 1 ff**
- Vollstreckbarerklärung
  EuUntVO **26 1 ff**
- Vollstreckbarkeit ausländischer Urteile
  722 6
- Vollstreckung von Entscheidungen in
  Unterhaltssachen *EuUntVO* **17 8 ff**
- Vollstreckungsklausel
  EuUntVO **41 4 ff**
- Vollstreckungsverfahren/Maßgeblichkeit des Rechts des Vollstreckungsmitgliedstaats *EuUntVO* **41 1 ff**
- Vorabentscheidungsverfahren
  EuUntVO **Vor 8**
- vorläufige Vollstreckbarkeit der Entscheidung *EuUntVO* **39 2 ff**
- Zivilsachen *EuUntVO* **1 3 ff**
- Zustellung an die Parteien im Vollstreckungsverfahren *EuUntVO* **41 8 ff**
- Zwei-Korridor-System
  EuUntVO **16 2 ff, 5 ff**

EuVTVO
- *siehe auch* Europäischer Vollstreckungstitel für unbestrittene Forderungen, EuVTVO
- Abschaffung des Exequaturs
  EuVTVO **1 2**
- Acte-clair-Doktrin *EuVTVO* **Vor 5**
- Auslegung *EuVTVO* **Vor 4 f**
- Begriffsbestimmungen
  EuVTVO **4 1 ff**
- erhöhte Prozessführungslast für
  Schuldner *EuVTVO* **1 6**
- Gerichtsbarkeit *EuVTVO* **2 3**
- Gesetzgebungsgeschichte
  EuVTVO **Vor 3**
- Mindestvorgaben *EuVTVO* **1 5**
- Mitregelung der Anerkennung?
  EuVTVO **5 9 ff**
- nicht erfasste Rechtsgebiete
  EuVTVO **2 7 ff**
- praktische Bedeutung *EuVTVO* **1 7**
- räumlicher Anwendungsbereich
  EuVTVO **2 11**
- Rechtsgrundlage *EuVTVO* **Vor 2**
- Rechtsschutz *EuVTVO* **1 3**
- Regelungsziel *EuVTVO* **1 1 ff, 5 9**
- sachlicher Anwendungsbereich
  EuVTVO **2 1 ff**
- schnellere und einfachere Vollstreckbarkeit für Gläubiger *EuVTVO* **1 5**
- Übergangsregelung *EuVTVO* **26 1 f**
- und Drittländer *EuVTVO* **22 1**
- Unterhaltssachen *EuVTVO* **2 4 f**

- Verhältnis zu anderen EG-Verordnungen *Brüssel I-VO* **Vor 32 ff 30**
- Verhältnis zu anderen EU-Verordnungen *EuVTVO* **Vor 6 ff, 27 1 f, 28 1**
- Verhältnis zum nationalen Recht
  EuVTVO **Vor 13**
- Verhältnis zur Brüssel I-VO bzw Brüssel Ia-VO *EuVTVO* **27 1 ff**
- Verhältnis zur EuUntVO
  EuUntVO **Vor 10**
- Vorabentscheidungsverfahren
  EuVTVO **Vor 5**
- zeitlicher Anwendungsbereich
  EuVTVO **2 12**
- Zivil- und Handelssachen
  EuVTVO **2 2 ff**

Eventualzuteilung
- *siehe* Hilfszuteilung

Evidentes Dritteigentum, Verletzung
- Rechtsbehelf **766 10, 40**

EWIV
- Anteilspfändung **4. 15**
- Vollstreckungsgegenstand **4. 4**

Exequaturverfahren
- Abschaffung für Europäische Vollstreckungstitel **1079 1; 10. 5;**
  EuVTVO **Vor 1, 1 2, 5 1 ff, 24 2, 25 1**
- Abschaffung für Europäischen Zahlungsbefehl **10. 6;**
  EuMahnVO **Vor 9, 19 1 f**
- Abschaffung für geringfügige Forderungen **1107 1; 10. 7;**
  EuBagatellVO **Vor 9 ff, 20 2**
- Abschaffung unter Brüssel Ia-VO
  10. 8
- Geltendmachung von Unterhaltsansprüchen im Verkehr mit ausländischen Staaten (AUG) *AUG* **Vor 1 ff 2**
- Legaldefinition *AUG* **3 7**
- Vollstreckbarkeit ausländischer Urteile
  722 1
- Vollstreckbarkeit von Unterhaltsansprüchen **10. 14;** *EuUntVO* **16 1 ff,
  17 1 ff, 26 1 ff**
- Wegfall unter Brüssel I-VO
  Brüssel I-VO **Vor 32 ff 1, 8**
- Wegfall unter Brüssel Ia-VO
  Vor 1110 ff 2;
  Brüssel Ia-VO **Vor 36 ff 1 f, 39 1,
  Vor 58 ff 1**

Existenzminimum
- Pfändung von Sozialleistungen **3. 35**
- und Selbstbehalt **850 1**

Fahrtkostenpauschale
  GvKostG **Nr. 710 1**

Fahrzeug
- Ermittlung durch Einholung von Fremdauskunft 802l 20

Fälligkeit
- Gerichtsvollziehergebühren 754 20

Fälligkeit der Auslagen
- Gerichtsvollzieherauslagen *GvKostG* 14 2

Fälligkeit der Gebühren
- Gerichtsvollziehergebühren *GvKostG* 14 1 ff

FamFG
- Amtsverfahren *FamFG* 23, 31 f, 36, 63, 97 ff, 217 ff, 230
- Antragsverfahren *FamFG* 97, 99, 143, 217 ff, 231
- Berechtigter *FamFG* 6
- Eingehung der Ehe nicht vollstreckbar *FamFG* 89
- Geltungsbereich *FamFG* 1
- gemischte Verfahren *FamFG* 100, 221, 231
- gerichtliche Anordnungen *FamFG* 14
- Mitwirkungspflichten *FamFG* 7
- Sicherheitsleistung im FamFG *FamFG* 61, 67, 79 f
- sofortige Wirksamkeit von Endentscheidungen in Familienstreitsachen *FamFG* 62 ff
- Terminologie *FamFG* 6, 192
- Übergangsregelungen *FamFG* 254 ff
- Verhältnis der §§ 108–110 FamFG zum AUG 10. 13; *AUG* 1 9
- Verpflichteter *FamFG* 6
- Vollstreckung, anwendbare Vorschriften *FamFG* 2 ff
- Vollstreckung in den sonstigen Angelegenheiten des FamFG *FamFG* 190 ff
- Vollstreckung in Ehesachen *FamFG* 47 ff
- Vollstreckung in Familienstreitsachen *FamFG* 47 ff
- Vollstreckung über die Herausgabe von Personen und die Regelung des Umgangs *FamFG* 90 ff
- Vollstreckung von Endentscheidungen *FamFG* 47 ff
- Vollstreckung von verfahrensleitenden Entscheidungen *FamFG* 7 ff
- Vollstreckungs-ABC *FamFG* 5, 258
- Vollstreckungstitel *FamFG* 114 ff, 228 ff
- vorläufige Vollstreckbarkeit 704 14 ff

Familien- und Kinderzulagen
- Pfändbarkeit 850 44

Familienangehörige etc., Mitarbeit
- Lohnverschleierung 850h 21 ff

Familienpapiere
- Pfändungsverbot 811 29

Familiensachen
- Vollstreckung in den sonstigen Angelegenheiten des FamFG *FamFG* 190 ff
- Vollstreckung über die Herausgabe von Personen und die Regelung des Umgangs *FamFG* 90 ff
- vorläufige Vollstreckbarkeit 704 14 ff

Familienstreitsachen
- Anordnung der sofortigen Wirksamkeit von Endentscheidungen *FamFG* 62 ff
- Arrest *FamFG* 53
- Begriff *FamFG* 51
- Beschränkung der Vollstreckung *FamFG* 72 ff, 80
- Einstellung der Vollstreckung *FamFG* 72 ff, 79
- einstweilige Einstellung der Vollstreckung *FamFG* 84 ff
- einstweilige Verfügung *FamFG* 53
- Vollstreckung *FamFG* 47 ff
- Vollstreckungsreife 724 9
- Vollstreckungsschutzantrag des Schuldners („nicht zu ersetzender Nachteil") *FamFG* 72 ff
- Vollstreckungstitel *FamFG* 56 ff
- vorläufige Vollstreckbarkeit 704 15; *FamFG* 56 ff
- Wirksamwerden von Endentscheidungen *FamFG* 57 ff, 60, 62, 66, 72 ff

Familienverhältnis *EuUntVO* 1 28 ff, 22 1 ff

Farbfernsehgerät
- Pfändungsverbot 811 11, 811a 3

Faustpfand 838 1 ff

Festplatte 2. 8

Feststellungsklage
- Verhältnis zur Vollstreckungsabwehrklage 767 23

Feststellungskosten
- geringstes Gebot *ZVG* 45 5
- Rang *ZVG* 10 10
- verspätete Anmeldung oder Glaubhaftmachung *ZVG* 110 9 ff

Feuerungsmittel
- Pfändungsverbot 811 13

Feuerversicherung *ZVG* 55 7
- in der Zwangsverwaltung *ZVG* 148 12 f

Fiktiver Teilungsplan
- siehe Teilungsplan, fiktiver

Firma
- Titel gegen   750 7

Firma, Namensänderung
- Vollstreckungsklausel   727 9

Firmenfortführung durch Erben
- Vollstreckungsklausel   729 4

Firmenübernahme
- Vollstreckungsklausel   729 3

Fiskusprivileg   882a 1

Flurbereinigungsverfahren
- kein verfahrenshinderndes Recht   ZVG 28 19

Folgesachen
- Begriff   *FamFG* 59
- Wirksamkeit von Endentscheidungen   *FamFG* 58 ff

Fondsanteil
- Pfändung   857 3

Forderungen
- geringfügige   788 66, 829 8, 866 3; ZVG 15 37
- veräußerungshinderndes Recht/Drittwiderspruchsklage   771 22 ff

Forderungen, höchstpersönliche
- Pfändbarkeit   851 16

Forderungen, treuhänderischer Charakter
- Pfändbarkeit   851 19 f

Forderungen, unpfändbare
- Einfluss des Abtretungsverbots auf Pfändbarkeit   851 1 ff
- Insolvenzmassezugehörigkeit   851 33
- Rechtsfolgen bei Unpfändbarkeit   851 30 ff

Forderungen, zweckgebundene
- Pfändbarkeit   851 17 f

Forderungsaufstellung
- Verteilungsverfahren   873 3 ff
- Vollstreckungskosten   788 22

Forderungspfändung
- Vollstreckungskosten   788 59

Forderungsübergang
- Vollstreckungsklausel   727 11 f

Forderungsübertragung
- bei aufschiebend bedingtem Anspruch   ZVG 120 4
- bei Nichtzahlung   ZVG 118 3 ff, 132 1
- bei Zuzahlungspflichten   ZVG 118 16
- Wirkung   ZVG 118 11 ff

Formblätter   1087 2, 1097 2; *EuBagatell*VO Vor 6, 4 2 f;

*EuMahn*VO Vor 6, 30 1;
*EuUnt*VO 20 11 ff, 15; *Eu*VTVO 9 3 f

Formulare
- siehe Zwangsvollstreckungsformular-Verordnung (ZVFV)
- Gerichtsvollzieherformular-Verordnung (GVFV)   753 18

Formularzwang
- Gerichtsvollzieherformular-Verordnung (GVFV)   753 18
- Vollstreckungsauftrag an Gerichtsvollzieher   753 18
- Zwangsvollstreckungsformular-Verordnung (ZVFV)   829 66

Fortgesetzte Gütergemeinschaft
- Haftungsbeschränkung/Vollstreckungsabwehrklage nach § 781 ZPO   786 2 f
- Pfändung von Gesamtgutanteilen   860 2 ff
- Teilungsversteigerung   ZVG 180 11
- Vollstreckung   745 1 ff
- Vollstreckungsabwehrklage bei beschränkter Haftung   786 2 ff

Fortlaufende Bezüge, Pfändungsumfang
- Abtretung   832 9
- Arbeits- und Diensteinkommen   833 1 ff
- Beispiele   832 3 f
- Insolvenz   832 11 ff
- mehrfache Pfändung   832 10
- Pfändungsbeginn   832 7
- Umfang   832 5, 8 f
- Voraussetzungen   832 3 ff

Fortsetzung des eingestellten Verfahrens
- Anhörung   ZVG 31 14, 23
- Antragsberechtigung   ZVG 31 4
- Antragsfrist   ZVG 31 8 ff
- Antragsinhalt   ZVG 31 5
- Antragszeitpunkt   ZVG 31 6
- Aufhebungsbeschluss   ZVG 31 20 f
- Belehrung   ZVG 31 12, 22
- beschränkter Antrag   ZVG 31 19
- Darlegungs- und Beweislast   ZVG 31 15
- Form des Antrags   ZVG 31 5
- Rechtsbehelfe   ZVG 31 22 f
- Rücknahme des Antrags   ZVG 31 7
- Verfahren   ZVG 31 14 ff
- verspäteter Antrag   ZVG 31 20 f
- Versteigerung mehrerer Grundstücke bei ausreichendem Einzelausgebot   ZVG 76 14 f
- Wirkung des Fortsetzungsbeschlusses   ZVG 31 17 f

Fortsetzungszusammenhang
- Ordnungsmittel *FamFG* 151

Forum-Shopping 935 27

Frankfurter Modell 885 26

Freiberufler/ähnliche Berufsgruppen
- Pfändbarkeit von Einkünften 850 54, 850i 1 ff
- Pfändungsverbot 811 25

Freie Mitarbeiter
- Pfändbarkeit von Einkommen 850 42

Freigabeerklärung des Gläubigers
- Entstrickung 803 9, 804 9

Freihändige Veräußerung
- als andere Verwertung durch den Gerichtsvollzieher 825 6
- einstweilige Einstellung der Zwangsversteigerung auf Antrag des Schuldners *ZVG* 30a 7

Freistellung
- Zwangsvollstreckung Vor 803 ff 5

Freiwillige Gerichtsbarkeit
- *siehe* FamFG

Freiwillige Leistung
- Aufforderung vor Pfändung 803 4
- Wirkung der Aushändigung an Gerichtsvollzieher 815 16

Fremdauskünfte, Einholung von
- Antrag des Gläubigers 802l 8
- Auskünfte zur Ermittlung des Arbeitgebers 802l 16 f
- Auskünfte zur Ermittlung von Fahrzeugen 802l 20
- Auskünfte zur Ermittlung von Konten 802l 18 f
- Ermittlung des Aufenthaltsorts des Schuldners 802l 3
- Form der Einholung 802l 15
- Gebühren 802l 26 ff; *GvKostG* Nr. 400–440 11
- Informationen an Gläubiger und Schuldner 802l 22 f
- Löschung der nicht benötigten Daten 802l 21
- Rechtsbehelfe 802l 25
- Verhältnis zur Selbstauskunft 802l 2, 5
- Voraussetzungen 802l 6 ff

Fremdgrundschuld
- Pfändung 857 52 ff

Fremdwährungsrechte *ZVG* 14 4, 145a 1 f, 158a 1

Fremdwährungsschulden
- als Geldforderungen iSd Vollstreckungsrechts 829 1, 162

- Bestimmtheit Vor 803 ff 2
- Umrechnung Vor 803 ff 2
- Vollstreckbarerklärung *Brüssel I-VO* 38 15

Fremdzubehör
- Umfang der Beschlagnahme *ZVG* 55 8 ff

Fristberechnung im AnfG
- *siehe* Anfechtungsfristen, AnfG

Früchte auf dem Halm, Pfändung
- Durchführung 810 6
- Kosten 810 10
- Monatsfrist 810 5
- Rechte der Realgläubiger 810 8
- Schätzung 813 7
- Verstöße/Rechtsbehelfe 810 9
- Verwertung 824 2 ff
- Voraussetzungen 810 2 ff
- Widerspruchsrecht 810 8
- Wirkung der Pfändung 810 7

Fruchtlosigkeitsbescheinigung 850b 27

Fruchtpfändung 810 1 ff

Fünf-Prozent-Kappungsgrenze
- Hausgeldanspruch *ZVG* 10 20

Gaststätteninventar
- Umfang der Beschlagnahme *ZVG* 55 6

Gebäudeeigentum 864 9

Gebot
- als Prozesshandlung 817 4
- Aufforderung zur Abgabe von Geboten im Versteigerungstermin *ZVG* 66 22
- Aufhebungsbewilligung nach Schluss der Versteigerung *ZVG* 72 13 f
- Ausgebotsformen *ZVG* 63 7 ff
- Begriffsbezeichnungen *ZVG* 44 2 ff
- Berechtigung zur Gebotsabgabe *ZVG* 71 8
- Bietzeit *ZVG* 73 2 ff, 83 8
- Einstellungsbewilligung nach Schluss der Versteigerung *ZVG* 72 13 f
- einstweilige Einstellung bei fehlendem wirksamen Gebot *ZVG* 77 2 ff
- erhöhte Sicherheitsleistung *ZVG* 72 15 f
- Erlöschen 817 4; *ZVG* 72 1 ff
- Formalien bei der Gebotsabgabe *ZVG* 71 9
- Grundsätze *ZVG* 71 2
- im verbundenen Verfahren *ZVG* 72 20 ff
- Irrtumsanfechtung *ZVG* 71 3 ff
- Nachweis aus Handelsregister *ZVG* 71 10

- Prüfungsumfang durch das Vollstreckungsgericht ZVG 71 9, 79 6
- Rechtsmissbrauch ZVG 63 24 ff
- Rechtsmissbrauch/Sittenwidrigkeit ZVG 71 14 ff
- Reihenfolge ZVG 63 14 f
- Terminsaufhebung ZVG 72 11 f
- Übergebot ZVG 72 2 ff
- und Zuschlagsentscheidung ZVG 79 6, 10
- unwirksames Gebot ZVG 71 12 ff
- Verfahrenseinstellung ZVG 72 11 f
- verspätete Abgabe ZVG 79 10
- Vollmachten ZVG 71 8
- Zurückweisung bei Unwirksamkeit ZVG 71 12 ff, 72 8 ff
- Zuschlagsentscheidung ZVG 63 16 ff, 74a 16 ff
- Zustimmungen ZVG 71 8, 11

Gebot der effektiven Vollstreckung 802a 1 ff

Gebot der kostensparenden Vollstreckung 802a 11

Gebrauchsmusterrecht
- Pfändung 857 24; 5. 18 ff
- Verwertung 5. 51 ff

Gebühren
- *siehe auch* Gerichtsvollzieherkosten
- *siehe auch* GvKostG
- Begriff GvKostG 1 3
- Kostenverzeichnis GvKostG 9 1

Gebührenbefreiung GvKostG 2 6 f

Geburtsbeihilfe
- Pfändbarkeit 850a 26

Gefahrübergang
- Erlösempfang 819 1
- Wegnahme des Geldes durch Gerichtsvollzieher 815 12 f
- Zuschlag ZVG 56 2 ff, 90 7

Gegendarstellung
- Handlungsvollstreckung 888 5

Gegendarstellungsanspruch, presserechtlicher Vor 935–945b 8

Gegenvormund
- Festsetzung von Vorschuss, Aufwendungsersatz, Aufwandsentschädigung, Vergütung etc. FamFG 194

Gegenvorstellung
- Auslegung 769 45
- Statthaftigkeit ZVG Vor 95–104 57
- Versteigerungsprotokoll ZVG 78 8

Gehalt
- *siehe* Arbeitseinkommen

Gehörsrüge
- *siehe* Anhörungsrüge

Geistige Leistung
- Handlungsvollstreckung 888 5

Geld
- Pfändungsverbot 811 23
- Wegschaffung 808 13

Geld, gepfändetes
- *siehe* Ablieferung von gepfändetem Geld

Geldempfangsvollmacht ZVG 117 4

Geldforderung
- *siehe auch* Pfändung von Geldforderungen
- Arrestanspruch 916 4 ff
- einstweilige Einstellung bei Vollstreckung wegen G. FamFG 242 ff
- Europäischer Vollstreckungstitel für unbestrittene Geldforderungen 1079 4; EuVTVO 4 6 ff
- mehrfache Pfändung 853 1 ff
- Rechtsnatur 829 29
- Zwangsvollstreckung gegen juristische Personen des öffentlichen Rechts wegen G. 882a 2
- Zwangsvollstreckung in G. 829 9
- Zwangsvollstreckung wegen G. Vor 803 ff 2; FamFG 194 f

Geldrentenzahlung
- Wertersatz für erloschene Rechte ZVG 92 10 f, 121 1 ff

Geldschuld Vor 803 ff 5

Geldsortenschuld Vor 803 ff 5

Geldstrafe/Geldbuße
- Vollstreckung durch Gerichtsvollzieher 754 14

Gelegenheitsgeschenke geringen Wertes
- Gläubigeranfechtung AnfG 4 18 f

Gemeinden/Gemeindeverbände
- Zwangsvollstreckung gegen G. wegen Geldforderungen 882a 4

Gemeinsame Veranlagung zur Einkommensteuer
- Anordnung der sofortigen Wirksamkeit FamFG 64

Gemeinschaft
- Pfändung des Anspruchs auf Aufhebung 857 35

Gemischt privat-öffentlich-rechtliche Theorie
- Rechtsnatur des Pfändungspfandrechts 804 2

Genehmigung des Beeinträchtigten ZVG 84 2 ff

Genossenschaftsanteil
- Vollstreckungsschutz 765a 40

Stichwortverzeichnis

Geographische Herkunftsangaben
- Pfändung 857 25

Gepfändete Geldforderung
- Verwertung 835 1 f

Gepfändete Hypothekenforderung
- Überweisung 837 1 ff

Gepfändete Wertpapiere
- Verwertung 821 1 ff

Gepfändetes Geld
- siehe Ablieferung von gepfändetem Geld

Gerichtlich bestätigter Vergleich
- als Entscheidung iSd EuVTVO EuVTVO 4 4, 24 1

Gerichtlich gebilligter Vergleich iSv § 156 Abs. 2 FamFG
- Vollstreckungstitel FamFG 118 ff, 123

Gerichtliche Verwaltung
- Abwicklung des Verfahrens ZVG 94 10 ff
- Antragsberechtigung ZVG 94 4 f
- Antragszeitpunkt ZVG 94 6
- Aufhebung ZVG 94 22 ff
- Entscheidung ZVG 94 7 ff
- Gründe ZVG 94 2
- Kosten ZVG 94 24 f
- Rechtsmittel ZVG 94 26
- Verhältnis zur Zwangsverwaltung ZVG 94 14 ff

Gerichtlicher Beschluss
- Vollstreckungstitel FamFG 116 f

Gerichtlicher Vergleich
- siehe Prozessvergleich

Gerichtskosten
- Rang ZVG 10 2 ff
- Verfahrenskosten iSd § 109 ZVG ZVG 109 3 ff

Gerichtsstand
- ausschließlicher 802 1 ff

Gerichtstafel
- Bekanntmachung der Terminsbestimmung ZVG 40 2 f, 105 9
- Bekanntmachung des Aufgebots zum Ausschluss des unbekannten Berechtigten ZVG 140 9
- Bekanntmachung des Verkündungstermins ZVG 87 14, 17

Gerichtsvollzieher
- siehe auch GvKostG
- siehe auch Pfändung von beweglichen Sachen
- siehe auch Vollstreckungsauftrag an Gerichtsvollzieher
- Akteneinsicht 760 1 ff, 5

- Angebot der Gegenleistung (bei Zug-um-Zug-Verurteilung) 756 2 ff, 765 1
- Aufforderung zur freiwilligen Leistung vor Pfändung 803 4
- Aufgaben 753 6 f
- Aufschub von Vollstreckungsmaßnahmen 765a 86 ff
- Auskunftsrecht 802l 6 ff
- Auswahl der zu pfändenden Gegenstände 803 4
- Befragung des Schuldners 806a 7
- Befragung von Dritten 806a 11
- Befugnisse (Regel-) 802a 4 ff
- Befugnisse zur Abwendung der Vollstreckung 754 9 ff
- Bestimmung der Art und Weise der Vollstreckung gegenüber juristischen Personen des öffentlichen Rechts wegen Geldforderungen 882a 11
- Bewirken der Pfändung 808 12 ff
- Dienstausweis 754 7
- Dokumenteneinsicht 806a 7
- Durchführung der Pfändung 803 3 f
- Durchsuchungsbefugnis 758 2 ff, 883 2 ff
- Entfernung von Pfandstücken aus Gewahrsam des Schuldners, des Gläubigers oder eines Dritten GvKostG Nr. 220 1 f
- Ermittlung des Aufenthaltsorts des Schuldners 755 4 ff, 11; GvKostG Nr. 400–440 4 ff
- erteilter Auftrag 754 19, 803 17; GvKostG 3 45
- Fremdauskünfte, Einholung von 802l 6 ff
- funktionelle Zuständigkeit 753 5 ff
- Gewaltanwendung bei Widerstand 758 13, 758a 18, 892 4 f; GvKostG Nr. 250 1 ff
- gütliche Erledigung 754 9, 802b 2 f; GvKostG Nr. 207 1 ff
- Hinzuziehung von Zeugen 759 1 ff, 892 6
- keine Auskunftspflicht des Schuldners 806a 7
- Legitimation 754 5 ff, 802a 5
- Mitteilungen an Gläubiger 806a 3 ff, 10 ff
- mittelbare Beauftragung 753 12 ff
- örtliche Zuständigkeit 753 12, 755 1 ff
- Protokoll über Vollstreckungshandlungen 762 2 ff
- Protokollabschrift 762 15 f
- Protokollierung von Aufforderungen und Mitteilungen 763 1 ff

Stichwortverzeichnis

- Prüfungsumfang des Vollstreckungsverfahrens 753 16 f
- Quittung 757 1
- Rechtsbehelf des Gläubigers bei fehlerhafter/verzögerter Ausführung 753 19, 766 22
- Rechtsstellung 753 4, 8 ff; *GvKostG* Vor §§ 1 ff 1, 1 4
- richterliche Durchsuchungsanordnung 758a 1 ff
- Standardbefugnisse 802a 4 ff
- teilweise Erfüllung des Vollstreckungsanspruchs 757 3
- Teilzahlungen 754 11
- Titelherausgabe an Schuldner 757 1 ff
- Titelvermerk 757 3
- Übernahme des Vollstreckungsauftrags von einem anderen GV bei Schuldnerumzug in anderen AG-Bezirk unter Mitnahme der Pfandstücke *GvKostG* Nr. 210 1
- Versteigerung 814 4, 825 8 ff
- vollständige Erfüllung des Vollstreckungsanspruchs 757 1 f
- Vollstreckung zur Unzeit 758a 22 f, 27; *FamFG* 160; *GvKostG* 11 1 ff
- Vollstreckungsaufschub bei Zahlungsvereinbarung 754 15 ff, 802b 4 ff, 14 ff
- Vollstreckungsauftrag 754 1 ff, 802a 5 ff
- Vollstreckungsaufträge mehrerer Gläubiger 802b 21 ff
- Wegnahme oder Entgegennahme beweglicher Sachen *GvKostG* Nr. 221 1
- Weisungen des Gläubigers 753 8
- Zahlungsannahme 754 10 ff
- Zahlungsvereinbarung 754 15 ff, 802b 4 ff

Gerichtsvollzieherformular-Verordnung (GVFV) 753 18

Gerichtsvollzieherkosten
- *siehe auch* GvKostG
- *siehe auch* Vollstreckungsauftrag an Gerichtsvollzieher
- Abgeltungsbereich *GvKostG* 10 1 ff
- Abnahme der eidesstattlichen Versicherung nach § 836 Abs. 3 oder § 883 Abs. 2 ZPO *GvKostG* Nr. 262 1
- Arbeitshilfekosten *GvKostG* Nr. 709 1
- Auskunftskosten *GvKostG* Nr. 708 1 ff
- Auskunftsrechte des GV (§ 802l ZPO) *GvKostG* Nr. 400–440 9 ff, Nr. 600–604 11
- Austauschpfändung *GvKostG* Nr. 205 2
- bare Auslagen *GvKostG* Nr. 716 1 ff
- Beaufsichtigungskosten *GvKostG* Nr. 707 1
- Beförderungskosten *GvKostG* Nr. 707 1
- Beförderungspauschale *GvKostG* Nr. 710 1
- Beglaubigungsgebühr *GvKostG* Nr. 100–102 19 f
- Begriff „Kosten" *GvKostG* 1 3
- Dokumentenpauschale *GvKostG* Nr. 700 3 ff
- Durchsuchung von Personen *GvKostG* Nr. 704 3
- eidesstattliche Versicherung 802c 49 ff
- Einholung von Auskünften *GvKostG* 10 11 f, Nr. 708 1 ff
- Einholung von Auskünften (§ 802l ZPO) *GvKostG* Nr. 400–440 9 ff
- Einholung von Auskünften (§ 802l ZPO) *GvKostG* Nr. 600–604 11
- Einstellung eines Ausgebots auf Versteigerungsplattform *GvKostG* Nr. 702 1 f
- elektronische Akte bzw Dokument *GvKostG* 5 36
- Entfernung von Pfandstücken aus Gewahrsam des Schuldners, des Gläubigers oder eines Dritten *GvKostG* Nr. 220 1 f
- Entgelt für Zustellung mit Zustellungsurkunde *GvKostG* Nr. 701 1
- Entnahme von Kosten aus dem Erlös *GvKostG* 2 11
- Entnahmerecht aus Erlös *GvKostG* 15 1 ff
- Entnahmerecht trotz Kostenbefreiung *GvKostG* 2 10, 15 11
- Entnahmeverbot *GvKostG* 15 6 ff
- Erhebung für Landeskasse *GvKostG* 1 4
- Erhebung von Kosten bei Fristen *GvKostG* 3 53
- Erledigung mehrerer Aufträge gleichzeitig auf einem Weg *GvKostG* 17 3
- Ermittlung des Aufenthaltsorts des Schuldners (§ 755 ZPO) *GvKostG* Nr. 400–440 4 ff, Nr. 600–604 11
- erteilter Auftrag 754 19, **803** 17

Stichwortverzeichnis

- Fälligkeit der Auslagen
  GvKostG **14** 2
- Fälligkeit der Gebühren 754 20;
  GvKostG **14** 1 ff
- Festgebühren *GvKostG* **9** 1
- Gebührenbefreiung *GvKostG* **2** 6 f
- Gesamtschuldner *GvKostG* **10** 13 ff
- Grundsatz der einmaligen Erhebung
  sowie Ausnahmen *GvKostG* **10** 1 ff
- gütliche Erledigung 802b 29 ff
- gütliche Erledigung (§ 802b ZPO)
  GvKostG **Nr. 207** 1 ff, **Nr. 600–604** 8
- GvKostG/DB-GvKostG 753 20 f,
  802a 9 ff, 803 17
- Hebegebühr *GvKostG* **10** 10,
  Nr. 400–440 1 ff
- Höhe *GvKostG* **9** 1
- Internetversteigerung
  GvKostG **Nr. 300–310** 2
- Kombi-Auftrag *GvKostG* **3** 21
- Kopien *GvKostG* **Nr. 700** 3 ff
- Kosten eines Kreditinstituts wegen
  Nichteinlösung eines Schecks
  GvKostG **Nr. 706** 1
- Kostenansatz, Zuständigkeit für
  GvKostG **5** 1 ff
- Kostenbefreiung *GvKostG* **2** 2 ff
- kostensparende Vollstreckung
  802a 11
- Kostenverzeichnis *GvKostG* **9** 1
- mehrere Ausfertigungen desselben
  PfÜb als unrichtige Sachbehandlung
  GvKostG **7** 8
- nach JVEG an Zeugen, Sachverständige, Dolmetscher und Übersetzer zu
  zahlende Beträge
  GvKostG **Nr. 703** 1
- Nach- und Ausfallpfändung
  GvKostG **10** 6 f, **Nr. 205** 1
- Nachbesserung der Vermögensauskunft als unrichtige Sachbehandlung
  GvKostG **7** 9 ff
- Nachtzeit, Sonnabend, Sonn- und Feiertage *GvKostG* **11** 1 ff
- Nachverhaftung
  GvKostG **Nr. 270** 1 ff
- nicht erledigte Amtshandlungen
  GvKostG **Nr. 600–604** 1 ff
- Nichterhebung wegen unrichtiger
  Sachbehandlung *GvKostG* **7** 1 ff
- öffentliche Bekanntmachung
  GvKostG **Nr. 702** 1 f
- Öffnung von Türen und Behältnissen
  GvKostG **Nr. 704** 1 f
- Pfändung *GvKostG* **Nr. 205** 1 ff
- Pfändungs- und Überweisungsbeschluss *GvKostG* **3** 44
- Räumungsvollstreckung
  GvKostG **2** 4, **3** 24, **Nr. 240–243** 1 f,
  Nr. 713 1
- Rechtsbehelfsbelehrung
  GvKostG **3a** 1 ff
- Reisekosten
  GvKostG **Nr. 711–712** 20 f
- Teilerledigung *GvKostG* **10** 4
- Transportkosten
  GvKostG **Nr. 714–715** 2 ff
- Übergangsrecht *GvKostG* **18** 1 ff,
  19 1
- Überlassung elektronisch gespeicherter
  Dateien *GvKostG* **Nr. 700** 11 ff
- Übermittlung eines mit eidesstattlicher
  Versicherung abgegebenen Vermögensverzeichnisses an Drittgläubiger
  GvKostG **Nr. 261** 1 ff
- Übernahme beweglicher Sachen zum
  Zwecke der Verwertung
  GvKostG **Nr. 206** 1
- Umschreibung eines auf den Namen
  lautenden Wertpapiers
  GvKostG **Nr. 705** 1
- Umzug des Schuldners in anderen
  Amtsgerichtsbezirk unter Mitnahme
  der Pfandstücke *GvKostG* **Nr. 210** 1
- unrichtige Sachbehandlung
  GvKostG **7** 1 ff
- unrichtige Sachbehandlung (Einzelfälle
  A–Z/Beispiele) *GvKostG* **7** 8 ff
- Verbindung von Aufträgen
  GvKostG **3** 22 f, 34 f
- Verhaftung *GvKostG* **Nr. 270** 1 ff
- Verjährung *GvKostG* **8** 1 ff
- Vermögensauskunft
  GvKostG **Nr. 260** 1, **Nr. 600–604** 7
- Vermögensauskunft, erneute Abnahme
  802d 27
- Vermögensauskunft, erstmalige
  Abnahme 802c 49
- Vermögensauskunft, Vervollständigung
  802d 29 ff
- Verpackungskosten
  GvKostG **Nr. 714–715** 5
- Versandkosten
  GvKostG **Nr. 714–715** 2 ff
- Versicherungskosten
  GvKostG **Nr. 714–715** 2 ff
- Versuch einer gütlichen Erledigung
  (§ 802b ZPO)
  GvKostG **Nr. 207** 1 ff, **Nr. 600–604** 8
- Verteilung der Auslagen bei Durchführungen mehrerer Aufträge
  GvKostG **17** 1 ff
- Verteilung der Verwertungskosten
  GvKostG **16** 1

- Verwahrungskosten *GvKostG* **Nr. 707** 1
- Verwertung *GvKostG* **Nr. 300–310** 1 ff
- Verzinsung *GvKostG* 8 9
- Vollstreckung wegen öffentlich-rechtlicher Forderungen *GvKostG* 2 5
- Vollstreckungserinnerung gegen Kostenansatz 766 23
- Vollstreckungskosten 788 60 ff
- Vorpfändung *GvKostG* **Nr. 200** 1 f, **Nr. 600–604** 6
- Vorschuss *GvKostG* 4 1 ff
- Wegegeld *GvKostG* 10 7, **Nr. 711–712** 1 ff
- Wegegeld, erhöhtes *GvKostG* **12a** 1 ff
- Wegnahme oder Entgegennahme beweglicher Sachen durch zur Vollstreckung erschienenen GV *GvKostG* **Nr. 221** 1
- Wiederholung von Vollstreckungshandlungen *GvKostG* 10 5
- wirtschaftliches Unternehmen *GvKostG* 2 9
- Zahlungsvereinbarung 754 22
- Zeitzuschlag *GvKostG* 10 14, **Nr. 500** 1
- Zuleitung des letzten abgegebenen Vermögensverzeichnisses 802d 32 f
- Zustellungsgebühr *GvKostG* 10 9
- Zuziehung zur Beseitigung des Widerstands *GvKostG* **Nr. 250** 1 ff
- zwangsweise Vorführung *GvKostG* **Nr. 270** 1 ff

Gerichtsvollzieherkosten, Auftrag
- Abgrenzung ein Auftrag/mehrere Aufträge *GvKostG* 3 12 f
- Amtshandlung *GvKostG* 3 4
- Anschriftenermittlung *GvKostG* 3 36
- Antrag auf Auskunft nach § 802l ZPO *GvKostG* 3 40 f
- Auftragsdurchführung *GvKostG* 3 47 ff
- Auftragsdurchführung und Fristen *GvKostG* 3 49 ff
- Auftragserteilung *GvKostG* 3 45
- Auftragserweiterung *GvKostG* 3 46
- bedingter Auftrag *GvKostG* 3 19 ff, 22 f, **18** 4
- durchgeführter Auftrag *GvKostG* 3 47
- ein Auftrag/mehrere Aufträge *GvKostG* 3 12 f
- einmaliger Gebührenansatz je Auftrag *GvKostG* 10 1
- Erledigung mehrerer Aufträge gleichzeitig auf einem Weg *GvKostG* 17 3
- erteilter Auftrag *GvKostG* 3 45
- fehlerhafter Auftrag *GvKostG* 3 54
- Gleichzeitigkeit der Auftragserteilung *GvKostG* 3 25 ff
- Kombi-Auftrag *GvKostG* 3 21, 28 ff, 17 5 ff, **18** 3
- mehrere Gerichtsvollzieher (verschiedene/derselbe Amtsgerichtsbezirk) *GvKostG* 3 5 ff
- mehrere Vollstreckungstitel *GvKostG* 3 11
- mehrmaliger Gebührenansatz bei mehreren Aufträgen *GvKostG* 10 2
- mehrmaliger Gebührenansatz in demselben Auftrag *GvKostG* 10 5 ff
- nicht durchgeführter Auftrag *GvKostG* 3 48
- nicht rechtzeitige Zahlung des Vorschusses *GvKostG* 3 51
- Nichterscheinen des Schuldners zum Termin zur Abnahme der Vermögensauskunft *GvKostG* 3 52
- Pfändungs- und Überweisungsbeschluss *GvKostG* 3 44
- Pfändungs- und Verhaftungsauftrag *GvKostG* 3 15, 17 4
- Räumungsvollstreckung *GvKostG* 3 24
- Rückgabe der Vollstreckungsunterlagen *GvKostG* 3 50
- Übergangsrecht *GvKostG* 18 1
- Unterbrechung der Amtstätigkeit *GvKostG* 3 49
- unvollständiger Auftrag *GvKostG* 3 54
- unzutreffende Anschrift des Schuldners *GvKostG* 3 55
- Verbindung von Aufträgen *GvKostG* 3 22 f, 34 f
- Verhaftungsauftrag *GvKostG* 3 14
- Vermögensauskunft und ggf Pfändung *GvKostG* 3 37 f
- Verteilung der Auslagen bei Durchführungen mehrerer Aufträge *GvKostG* 17 1 ff
- Vorpfändung *GvKostG* 3 42 f
- wiederholtes Nichtantreffen des Schuldners *GvKostG* 3 30, 39
- Zusammenfassung von Aufträgen (als ein Auftrag) *GvKostG* 3 16 ff

Gerichtsvollzieherkosten, Fälligkeit
- Auslagen *GvKostG* 14 2
- Erhebung vor Fälligkeit *GvKostG* 14 7
- Gebühren *GvKostG* 14 1
- nichterledigte Aufträge *GvKostG* 14 4 f
- ruhende Aufträge *GvKostG* 14 6

Gerichtsvollzieherkosten, Kostenansatz
- Abgabe an GV desselben Amtsgerichtsbezirks nach Ermittlungen nach § 755 ZPO   *GvKostG* 5 9 ff
- Abnahme der Vermögensauskunft durch GV des Haftortes (§ 802i ZPO)   *GvKostG* 5 12
- Beteiligung des GV im Beschwerdeverfahren   *GvKostG* 5 24
- Nachforderung wegen unrichtigen Kostenansatzes   *GvKostG* 6 1
- Rechtshilfe (§ 137 Abs. 2 GVGA)   *GvKostG* 5 13
- Rechtsmittel gegen Kostenansatz in sonstigen Angelegenheiten   *GvKostG* 5 27 ff
- Rechtsmittel gegen Kostenansatz in Vollstreckungsangelegenheiten   *GvKostG* 5 14 ff
- unrichtiger Kostenansatz   *GvKostG* 6 1
- Verfahrensweise bei Unzuständigkeit (div. Fallkonstellationen)   *GvKostG* 5 3 ff
- Zuständigkeit   *GvKostG* 5 1 ff

Gerichtsvollzieherkosten, Kostenhaftung
- Antragstellerhaftung   *GvKostG* 13 5
- Aufträge des Gerichts   *GvKostG* 13 7
- Auftraggeber   *GvKostG* 13 1
- Ersteher   *GvKostG* 13 6
- gesamtschuldnerische Haftung   *GvKostG* 13 4
- Kostenschuldner   *GvKostG* 13 1 ff
- Vollstreckungsschuldner/Verpflichteter für notwendige Kosten der (Zwangs-)Vollstreckung   *GvKostG* 13 3

Gerichtsvollzieherkosten, Vorschuss
- Absehen von Vorschusserhebung   *GvKostG* 4 9 f
- Ausschluss   *GvKostG* 4 5 ff
- Bemessung   *GvKostG* 4 3 f
- Ermessen der Vorschusserhebung   *GvKostG* 4 1
- Fortdauer   *GvKostG* 4 16
- Nachforderung   *GvKostG* 4 14 f
- Räumungsvollstreckung   *GvKostG* 4 13
- Rechtsmittel   *GvKostG* 4 17, 5 30
- Vorschuss aus Landeskasse   *GvKostG* 4 18
- Vorschusspflicht des Auftraggebers   *GvKostG* 4 1

Gerichtsvollzieherkosten, Zustellungsgebühr
- Amtszustellung   *GvKostG* Nr. 100–102 3
- Eintragungsanordnung (§ 882c Abs. 2 S. 2 ZPO)   *GvKostG* Nr. 100–102 4 ff
- Entgelt für Zustellung mit Zustellungsurkunde   *GvKostG* Nr. 701 1
- Nichterledigung   *GvKostG* Nr. 600–604 4 ff
- persönliche Zustellung durch GV   *GvKostG* Nr. 100–102 15 ff
- sonstige Zustellung   *GvKostG* Nr. 100–102 15 ff
- Übergabe des Haftbefehls bei Verhaftung   *GvKostG* Nr. 100–102 21 f
- Zustellung auf Betreiben der Parteien   *GvKostG* Nr. 100–102 1 ff

Gerichtsvollzieherordnung (GVO)
- Rechtsbehelf bei Verstoß   766 4
- Rechtsnatur   *GVGA/GVO* Einl. 5
- Regelungsinhalt   753 3; *GVGA/GVO* Einl. 5

Geringfügige Forderungen
- *siehe* Bagatellforderungen
- *siehe* EuBagatellVO
- *siehe* Europäisches Verfahren für geringfügige Forderungen, EuBagatellVO

Geringstes Bargebot
- Begriff   ZVG 44 3, 49 2

Geringstes Gebot
- Abänderungen/Abweichungen   ZVG 59 2 ff
- Ansprüche mit Anmeldeerfordernis (Beispiele)   ZVG 45 5 ff
- Ansprüche von Anordnungsgläubigern   ZVG 45 6
- Ansprüche von Beitrittsgläubigern   ZVG 45 6
- Aufstellung   ZVG 44 23
- bedingtes Recht   ZVG 48 2 ff, 50 11 ff
- Begriff   ZVG 44 2
- Berücksichtigungszeiten für wiederkehrende Leistungen   ZVG 47 6 ff
- bestehenbleibende Rechte   ZVG 52 2 ff
- bestrangig betreibender Gläubiger   ZVG 44 9 ff
- Deckungsgrundsatz   ZVG 44 1, 48 1
- durch Vormerkung gesichertes Recht   ZVG 48 8 ff
- durch Widerspruch gesichertes Recht   ZVG 48 12 ff
- erloschene Rechte   ZVG 45 9
- Erörterung im Versteigerungstermin   ZVG 66 13 ff
- Gesamtrecht   ZVG 50 14 f, 52 10

- Glaubhaftmachung der Hausgeldansprüche ZVG 45 10
- Grundsätze ZVG 44 8
- Heilung von Mängeln ZVG 44 24
- mehrere betreibende Gläubiger ZVG 44 22
- Minderanmeldung ZVG 45 3
- nicht bestehende andere Rechte als Grundpfandrechte ZVG 51 5 ff
- nicht bestehende Grundpfandrechte ZVG 50 2 ff
- nichtige Rechte ZVG 45 9
- persönlicher Gläubiger ZVG 47 8 ff
- Schuldübernahme durch Ersteher ZVG 53 2 ff
- Sonderfälle ZVG 44 17 ff
- Teilungsversteigerung ZVG 182 2 ff
- Vortermin ZVG 44 23, 62 2 ff
- wiederkehrende Naturalleistungen ZVG 46 2 ff
- Zeitpunkt der Anmeldung ZVG 45 8
- zu berücksichtigende Ansprüche ZVG 45 2 ff
- Zuschlagsversagungsgrund ZVG 83 2
- Zuzahlungspflicht des Erstehers für nicht bestehende Rechte ZVG 50 2 ff, 51 2 ff
- Zwangshypothek ZVG 45 9

Gesamtansprüche
- Erlöszuteilung ZVG 122 2 ff

Gesamtausgebot
- Erlösverteilung ZVG 112 2 ff
- Inhalt ZVG 63 12 f
- Zuschlagsentscheidung ZVG 63 16 f
- Zuschlagsversagungsgrund ZVG 83 3

Gesamtgrundschuld
- Verfahrensverbindung ZVG 18 6
- verteilungsfähiges Gesamtrecht ZVG 64 3
- Vollstreckung in einen Bruchteil 864 13

Gesamtgut, Vollstreckung in das
- Drittwiderspruchsklage des Ehegatten 774 1 ff
- Gütergemeinschaft 740 2 ff
- Rechtsbehelfe 740 12
- Vollstreckung 740 6 ff

Gesamtgutanteil
- Pfändung 860 1 ff

Gesamthandanteil
- Vollstreckung 864 11

Gesamthandsgemeinschaft
- Pfändung in 829 89

- Teilungsversteigerung ZVG 180 7 ff

Gesamthypothek
- Verbot der Doppelsicherung 867 4, 38, 47 f
- verteilungsfähiges Gesamtrecht ZVG 64 3

Gesamtreallast
- kein verteilungsfähiges Gesamtrecht ZVG 64 3

Gesamtrecht
- bestehenbleibendes Recht ZVG 52 10
- Verteilung des vorrangigen G. ZVG 64 2 ff, 83 4
- Zuzahlungspflicht des Erstehers ZVG 50 14 f

Gesamtrentenschuld
- verteilungsfähiges Gesamtrecht ZVG 64 3

Gesamtschuldner
- Gerichtsvollzieherkosten GvKostG 10 13 ff

Geschäftliche Bezeichnungen
- Pfändung 857 25

Geschäftsanweisung für Gerichtsvollzieher (GVGA)
- Bindungswirkung GVGA/GVO Einl. 3
- Rechtsbehelf bei Verstoß 766 4
- Rechtsnatur GVGA/GVO Einl. 2 f
- Regelungsinhalt 753 3; GVGA/GVO Einl. 1 ff

Geschäftsbücher
- Pfändungsverbot 811 29

Geschäftsräume
- Gewahrsamsinhaber 808 10
- Herausgabevollstreckung 885 1
- richterliche Durchsuchungsanordnung 758 3, 5, 758a 2, 5

Gesellschaft
- Pfändung von gemeinschaftlicher Forderung 829 39, 89

Gesellschaft, Änderung der Gesellschaftsform
- Vollstreckungsklausel 727 10

Gesellschaft bürgerlichen Rechts (GbR)
- Anteilspfändung 859 4 ff; 4. 10
- Antragsberechtigung bei Teilungsversteigerung eines Grundstücks einer gekündigten GbR ZVG 180 12
- Berechtigung zur Gebotsabgabe ZVG 71 8
- Entstehen ZVG 180 12
- Grundbuchersuchen ZVG 130 8
- Grundbuchfähigkeit 867 25

- Haftungsbeschränkung 786 7
- Klage gegen 736 11
- Parteifähigkeit 736 1; ZVG 15 4
- Pfändbarkeit von Ansprüchen aus dem Gesellschaftsverhältnis 851 6
- Pfändung des Anspruchs auf den Gewinn 859 18
- Pfändung des Anspruchs aus der Geschäftsführung 859 18
- Pfändung des Auseinandersetzungsguthabens 859 18
- Pfändung von Geldforderungen 829 89
- Räumungsvollstreckung 6. 22
- Rechtsbehelfe gegen Vollstreckung 736 9
- Rechtsfähigkeit ZVG 180 12
- Teilungsversteigerung ZVG 180 12
- veräußerungshinderndes Recht/Drittwiderspruchsklage 771 17
- Vermutungswirkung des § 899a BGB ZVG 15 31
- Vollstreckung gegen Gesellschafter 736 8
- Vollstreckung in das Gesellschaftsvermögen 736 7
- Vollstreckung mit Titel gegen alle Gesellschafter 736 6
- Vollstreckung mit Titel gegen die Gesellschaft 736 2 ff
- Vollstreckungstitel ZVG 15 32
- Wohnrecht bei Zwangsverwaltung ZVG 149 5
- Zustellung 750 20; ZVG 6 6

Gesellschafterdarlehen, AnfG
- Anfechtungsfristen AnfG 6 14
- Anfechtungsvoraussetzungen AnfG 6 7 ff
- Berechnung der Anfechtungsfristen bei Beendigung des Insolvenzverfahrens AnfG 18 12 f
- Kleinbeteiligungsprivileg AnfG 6 11
- Nachrang AnfG 6 6
- Rechtsfolgen der Anfechtung AnfG 11 17
- Sanierungsprivileg AnfG 6 10

Gesellschaftsanteil
- siehe Anteilspfändung
- Pfändbarkeit 851 6

Gesellschaftsgewahrsam
- Abgrenzung zum Eigengewahrsam des Organs 808 11

Gesellschaftsrecht
- rechtsgestaltende Verfügungen im 938 29 ff

Gesicherte Darlehen, AnfG
- Anfechtungsfristen AnfG 6a 6

- Anfechtungsgegner AnfG 6a 4
- Anfechtungsvoraussetzungen AnfG 6a 2 ff
- Kleinbeteiligungsprivileg AnfG 6a 4
- Sanierungsprivileg AnfG 6a 4

Gestaltungsrechte
- Pfändbarkeit 851 9

Gestaltungsurteil 704 19 f

Gesundheits- und Körperschäden
- Pfändbarkeit von Geldleistungen, die Mehraufwand ausgleichen 3. 18

Gesundheitsbeeinträchtigung
- Vollstreckungsschutz 765a 24, 52, 54, 56 ff, 66

Gewährleistungsausschluss 806 1 ff, 817 3; ZVG 56 16

Gewahrsam
- Begriff 808 6
- typische Einzelfälle 808 7 ff

Gewahrsam des Schuldners
- Alleingewahrsam (Einzelfälle) 808 7 ff
- als Pfändungsvoraussetzung 808 3 ff
- offensichtliches Dritteigentum 808 4
- Prüfungsumfang durch Gerichtsvollzieher 808 3, 5

Gewahrsamsvermutung 739 3 ff

Gewaltanwendung
- Gerichtsvollzieher 758 13, 758a 18, 892 4 f; GvKostG Nr. 250 1 ff

Gewaltschutz
- Alkohol 7. 9
- Befristung der Anordnungen 7. 9, 25 ff, 47
- Durchsuchungsbeschluss 7. 29, 46
- einstweilige Anordnung 7. 18; FamFG 103, 199 ff, 222
- Gebühren GvKostG Nr. 250 3
- gerichtlicher Vergleich FamFG 231
- Hinzuziehung des Gerichtsvollziehers 7. 48 f
- Mehrfachvollstreckung 885 44 f; 7. 36, 50
- Näherungsverbot FamFG 210
- Räumung FamFG 196
- Räumungsfrist 7. 29
- Rechtsmissbrauch 7. 36, 50
- Schutzanordnung nach § 1 GewSchG 7. 7 ff, 40 ff
- Wirksamwerden der Endentscheidung FamFG 237
- Wohnungsüberlassung nach § 2 GewSchG 7. 10 f, 13 ff
- Zuständigkeit des Familiengerichts 7. 6, 12

Gewerberaum
- Räumungsverfügung gegen mitbesitzenden Dritten   940a 16

Gewöhnlicher Aufenthalt
- Begriff   FamFG 108

Girokonto
- als P-Konto von vornherein   850k 55
- Änderungskündigung   850k 58
- kein „Girokonto für jedermann"   850k 11, 58
- Pfändung   829 131 ff
- Pfändungsumfang bei Kontoguthaben   833a 2 ff
- Umstellung auf P-Konto   850k 55
- Umstellung auf P-Konto nach Pfändung   850k 20, 59

Girovertragskündigung
- Vollstreckungsschutz   765a 43

Glaubhaftmachung
- Antrag des Schuldners auf einstweilige Einstellung der Zwangsversteigerung   ZVG 30b 14
- Arrest   920 13 ff, 921 2 ff
- Aufhebung der einstweiligen Einstellung bei Insolvenzverfahren   ZVG 30f 10
- einstweilige Einstellung der Zwangsversteigerung bei Insolvenzverfahren   ZVG 30d 10
- Hausgeldansprüche der Wohnungseigentümer   ZVG 45 10
- Sicherungsverfügung   935 30 f
- vorläufige Vollstreckbarkeit   714 6

Gläubiger
- als Drittschuldner   829 40
- im ZVG   ZVG 9 2
- Vollstreckungszugriff auf schuldnerfremde Gegenstände   AnfG Vor 1 ff 1

Gläubigeranfechtung
- siehe auch Anfechtungsberechtigung, AnfG
- siehe auch Anfechtungsfristen, AnfG
- siehe auch Gesellschafterdarlehen, AnfG
- siehe auch Gläubigerbenachteiligung
- siehe auch Rechtshandlungen des Erben, AnfG
- siehe auch Rechtshandlungen des Schuldners, AnfG
- Akzessorietät   AnfG Vor 1 ff 7
- Anfechtungsberechtigter   AnfG Vor 1 ff 4, 2 3 ff
- Anfechtungsgegner   AnfG Vor 1 ff 4
- Anfechtungsziel   AnfG Vor 1 ff 3
- Arrest   AnfG Vor 1 ff 10

- Aufschub der Vollstreckbarkeit   AnfG 14 3 ff
- Auskunftsanspruch   AnfG Vor 1 ff 13
- Auslandsbezug   AnfG 19 1 ff
- Dogmatik/Theorien   AnfG Vor 1 ff 5
- einstweilige Verfügung   AnfG Vor 1 ff 10
- einstweiliger Rechtsschutz   AnfG 14 18
- Einzelgläubigeranfechtung   AnfG Vor 1 ff 2 ff, 1 35 ff
- entgeltliche Verträge mit nahestehenden Personen   AnfG 3 23 ff
- Entstehung des Anfechtungsanspruchs   AnfG Vor 1 ff 6
- Ermittlung anfechtbaren Erwerbs   AnfG Vor 1 ff 12
- Geltendmachung des Anfechtungsrechts durch Einrede   AnfG Vor 1 ff 8, 9 1 ff
- Geltendmachung des Anfechtungsrechts durch Klage   AnfG Vor 1 ff 8, 13 1 ff
- Insolvenzanfechtung   AnfG Vor 1 ff 2 ff, 1 35 ff
- Konkurrenzen   AnfG Vor 1 ff 21 ff
- Präklusion   AnfG 2 26
- Rechtsfolgen   AnfG 11 1 ff
- Rechtsnatur   AnfG Vor 1 ff 3
- Rechtsschutzbedürfnis   AnfG 2 1
- Sicherung des Anfechtungsanspruchs   AnfG Vor 1 ff 10
- Teilanfechtung   AnfG Vor 1 ff 11
- unentgeltliche Leistungen des Schuldners   AnfG 4 4 ff, 11 11
- Verhältnis zum Bereicherungsrecht   AnfG Vor 1 ff 25
- Verhältnis zum Recht der unerlaubten Handlung   AnfG Vor 1 ff 26 f
- Verhältnis zum Scheingeschäft, § 117 BGB   AnfG Vor 1 ff 24
- Verhältnis zur Anfechtung einer Willenserklärung   AnfG Vor 1 ff 21
- Verhältnis zur Nichtigkeit nach §§ 134, 138 BGB   AnfG Vor 1 ff 22 f
- Verteidigungsmöglichkeiten des Anfechtungsgegners   AnfG 2 26 ff
- Voraussetzungen   AnfG Vor 1 ff 14 ff
- Vorsatzanfechtung   AnfG 3 5 ff
- Wirkung   AnfG Vor 1 ff 3
- wirtschaftliche Betrachtungsweise   AnfG Vor 1 ff 9

Gläubigeranfechtung, Rechtsfolgen
- Ansprüche des Anfechtungsgegners   AnfG 12 3 ff
- bösgläubiger Empfänger einer unentgeltlichen Leistung   AnfG 11 14 ff

Stichwortverzeichnis

- gutgläubiger Empfänger einer unentgeltlichen Leistung *AnfG* **11** 11 ff
- Primäranspruch *AnfG* **11** 3 ff
- Sekundäranspruch *AnfG* **11** 8 ff

Gläubigeranfechtung und Beendigung des Insolvenzverfahrens
- Berechnung der Anfechtungsfristen *AnfG* **18** 12 f
- Einreden *AnfG* **18** 10 f
- Übergang der Anfechtungsbefugnis auf die Einzelgläubiger *AnfG* **18** 4 ff

Gläubigeranfechtung und Eröffnung des Insolvenzverfahrens
- Ablehnung der Aufnahme des Rechtsstreits über Anfechtungsanspruch *AnfG* **17** 11 f
- Änderung des Klageantrags *AnfG* **17** 8 ff
- Aufnahme des Rechtsstreits über Anfechtungsanspruch *AnfG* **17** 6 f
- noch rechtshängiger Rechtsstreit des Einzelgläubigers gegen Anfechtungsgegner *AnfG* **17** 1
- Sicherung oder Befriedigung des Anfechtungsgläubigers *AnfG* **16** 10 ff
- Übergang der Anfechtungsbefugnis auf Insolvenzverwalter *AnfG* **16** 2 ff
- Unterbrechung des Rechtsstreits über Anfechtungsanspruch *AnfG* **17** 2 ff
- Verhältnis von Einzelgläubigeranfechtung und Insolvenzanfechtung *AnfG* **16** 1
- Vorwegbefriedigung des Anfechtungsgläubigers hins. der Kosten *AnfG* **16** 9

Gläubigerbefriedigung im Termin
- Verfahrenseinstellung durch Zuschlagsversagung *ZVG* **75** 11 ff
- Zahlung an Gläubiger/Zahlungsnachweis *ZVG* **75** 2 ff

Gläubigerbenachteiligung
- Benachteiligungsvorsatz *AnfG* **3** 9 ff
- Beweislast *AnfG* **1** 27
- hypothetische Kausalität *AnfG* **1** 34
- Kausalität *AnfG* **1** 28 ff
- mittelbare Benachteiligung *AnfG* **1** 32 f
- objektive *AnfG* **1** 21 ff
- unmittelbare Benachteiligung *AnfG* **1** 29 ff

Gleichzeitige Pfändung
- Verfahrensablauf **827** 6
- Wirkung **804** 13, **808** 18

GmbH
- Anteilspfändung **4.** 18 ff
- Bestellung eines Zustellungsvertreters bei im Handelsregister gelöschter GmbH *ZVG* **6** 5
- Parteifähigkeit *ZVG* **6** 5
- Pfändung von Einzelansprüchen **4.** 23
- rechtsgestaltende Verfügungen **938** 29 ff

Gold- und Silbersachen
- Bekanntgabe des Edelmetallwertes vor Ausbieten **817a** 5

Grenzüberschreitende Rechtssache
- Definition *EuBagatellVO* **3** 2 ff

Grundbesitzabgaben
- als wiederkehrende Leistung *ZVG* **13** 5
- Anordnung der Zwangsverwaltung wegen G. *ZVG* **146** 11 f
- in der Zwangsverwaltung *ZVG* **156** 6
- Rang *ZVG* **10** 37

Grundbuchamt
- Ersuchen des Vollstreckungsgerichts um Eigentumsumschreibung *ZVG* **130** 2 ff
- Ersuchen des Vollstreckungsgerichts um Eintragung der Anordnung der Zwangsversteigerung *ZVG* **19** 2 ff
- Kostenfestsetzung, Tätigkeit des G. als Vollstreckungsorgan **788** 108 f
- Mitteilungen an Vollstreckungsgericht *ZVG* **19** 12 ff
- Prüfungsumfang bei Eintragung einer Sicherungshypothek **867** 9, 12, 14
- weitere Benachrichtigungspflicht *ZVG* **19** 17

Grundbuchausdruck *ZVG* **17** 13 f

Grundbuchberichtigung
- Ersuchen an das Grundbuchamt um Eigentumsumschreibung *ZVG* **130** 2 ff

Grundbuchberichtigungsanspruch
- Pfändbarkeit **857** 5

Grundbuchbezeichnung
- Inhalt der Terminsbestimmung *ZVG* **38** 2

Grundbuchblatt
- Mitteilung an Vollstreckungsgericht über Eintragung von ZV-Vermerk *ZVG* **19** 12 ff

Grundbucheintragung
- Beteiligter in der Immobiliarvollstreckung aufgrund G. *ZVG* **9** 5 ff
- Ersuchen um Eintragung bei einstweiliger Verfügung **941** 1 ff

Grundbuchersichtlichkeit
- geringstes Gebot ZVG **45** 2 f
- verfahrenshinderndes Recht ZVG **28** 26

Grundbuchersuchen
- *siehe* Ersuchen an das Grundbuchamt

Grundbuchfähigkeit
- GbR **867** 25
- Wohnungseigentümergemeinschaft **867** 26

Grundbuchrechtspfleger RPflG **3** 3

Grundbuchsperre
- für vom Ersteher bewilligte Eintragungen bis zum Vollzug der Eigentumsumschreibung ZVG **130** 9
- keine G. durch ZV-Vermerk ZVG **19** 17

Grunddienstbarkeit
- bestehenbleibendes Recht ZVG **52** 18
- Gegenstand der Immobiliarvollstreckung **864** 6
- Zuzahlungspflicht des Erstehers ZVG **51** 10

Grundpfandrecht
- ausländische Währung ZVG **145a** 1 f, **158a** 1
- Befristung, kein verfahrenshinderndes Recht ZVG **28** 15
- Unterwerfungserklärung **800** 4 ff
- veräußerungshinderndes Recht/Drittwiderspruchsklage **771** 29
- vollstreckbare Urkunde bei Rechtsnachfolge **799** 1 ff

Grundschuld
- Ablösung bestehen gebliebener Grundschuld ZVG **52** 5
- Anmeldepflicht bzgl der Kündigung des Gläubigers ZVG **54** 2 ff
- bestrangig betreibender Gläubiger/geringstes Gebot ZVG **44** 12
- keine Sicherheitsleistung ZVG **67** 8 ff
- Kündigung und besondere Vollstreckungsvoraussetzungen ZVG **15** 35
- Pfändung **830** 9, **857** 52 ff
- Rang ZVG **10** 41
- Schuldübernahme durch Ersteher ZVG **53** 9 ff
- Teilungsplan ZVG **114** 12 ff
- Zuzahlungspflicht des Erstehers ZVG **50** 2 ff

Grundschuldbestellungsurkunde
- Unterwerfungserklärung **794** 58

Grundschuldbrief
- Kraftloserklärung ZVG **136** 1 ff

- Unbrauchbarmachen ZVG **127** 2 f
- Zuständigkeit und Vollstreckungsverfahren **829** 50

Grundsteuer
- Haftung des Erstehers ZVG **56** 12

Grundsteuern
- als wiederkehrende Leistung ZVG **13** 5
- bestrangig betreibender Gläubiger/geringstes Gebot ZVG **44** 11
- geringstes Gebot ZVG **45** 5
- in der Zwangsverwaltung ZVG **156** 7
- Rang ZVG **10** 38, **11** 2
- Vollstreckung nach Verwaltungsvollstreckungsrecht ZVG **15** 26

Grundstück
- *siehe auch* Immobiliarvollstreckung
- *siehe auch* Räumung
- *siehe auch* Zubehör
- *siehe auch* Zwangsversteigerung von Grundstücken
- *siehe auch* Zwangsverwaltung von Grundstücken
- Begriff **864** 3
- Eigentumsaufgabe ZVG **15** 33

Grundstücke, mehrere
- *siehe* Mehrere Grundstücke

Grundstücksgleiche Rechte
- Beispiele **864** 8
- Gegenstand der Immobiliarvollstreckung **870** 1

Grundstücksgröße
- Inhalt der Terminsbestimmung ZVG **38** 3

Grundstückslasten, öffentliche
- Anmeldung der Rangklasse 3 ZVG **10** 30 f, **155** 9, **156** 5 ff
- Begriff ZVG **10** 30
- Beispiele ZVG **10** 34 ff
- in der Zwangsverwaltung ZVG **155** 9, **156** 5 ff
- verspätete Anmeldung oder Glaubhaftmachung ZVG **110** 9 ff
- zeitliche Begrenzung ZVG **10** 32

Grundstückszubehör
- *siehe* Zubehör

Gründungsgesellschaft
- Vollstreckung in Gesellschaftsvermögen **735** 2

Grundurteil **704** 6, 19

Gruppenausgebot
- Inhalt ZVG **63** 8 ff
- Zuschlagsentscheidung ZVG **63** 16 ff

Stichwortverzeichnis

Gutachtenbeauftragung
- keine Amtshaftung des Gerichts ZVG 74a 31

Gütergemeinschaft
- Auseinandersetzung *FamFG* 194, 216, 220
- beendete 743 1
- Gläubigeranfechtung *AnfG* 15 7
- nach ausländischem Recht 740 13
- Pfändung von Gesamtgutanteilen 860 2 ff
- Prozessführung 740 5
- Teilungsversteigerung *ZVG* 180 10
- Verwaltungsbefugnis 740 3 f
- vollstreckbare Ausfertigung bei beendeter G. 744 2 ff
- vollstreckbare Ausfertigung bei G. nach Rechtshängigkeit 742 2 ff
- Vollstreckung in das Gesamtgut 740 6 ff
- Vollstreckung in das Gesamtgut bei Erwerbsgeschäft 741 1 ff, 774 1 ff
- Vollstreckung nach Auseinandersetzung 743 4
- Vollstreckung nach Beendigung 743 2 f
- Vollstreckungsklausel 727 14

Gütergemeinschaft, fortgesetzte
- *siehe* Fortgesetzte Gütergemeinschaft

Güterrechtssachen
- Unanwendbarkeit EuUntVO *EuUntVO* 1 7 ff

Gütestellenvergleich
- als Vollstreckungstitel 794 3
- Kosten 797a 9 ff
- Rechtsmittel 797a 4 f
- Verfahren der Klauselerteilung 797a 2 f
- Vorsteher von Gütestellen 797a 6 ff

Güteversuch
- *siehe* Gütliche Erledigung

Gutgläubiger Erwerb
- durch Zuschlag *ZVG* 89 5
- Eigentümergrundschuld 868 7
- Verfügungen über das Grundstück nach Beschlagnahme *ZVG* 23 9, 26 1 ff
- Willenserklärung 898 1 ff
- Zuschlagswirkung *ZVG* 90 4

Guthaben
- Begriff/P-Konto 850k 13
- Pfändungsumfang bei Kontoguthaben 833a 2 ff

Gütliche Erledigung
- Befugnis des Gerichtsvollziehers 754 9, 802b 2 f
- Formulierungsbeispiele 802b 25 ff

Gütliche Erledigung, Gebühren
- erfolglose (Versuch) *GvKostG* Nr. 207 1 f, 15
- erfolgreiche *GvKostG* **Nr. 207** 3
- Gerichtsvollzieherkosten 802b 29 ff
- gleichzeitige Beauftragung mit einer auf eine Maßnahme nach § 802a Abs. 2 S. 1 Nr. 2 und 4 ZPO gerichteten Amtshandlung *GvKostG* **Nr. 207** 9 ff
- isolierte Auftragserteilung *GvKostG* **Nr. 207** 6 ff
- isolierter Versuch *GvKostG* **Nr. 207** 1
- nichterledigter Auftrag *GvKostG* **Nr. 207** 14, **Nr. 600–604** 5, 8 f
- Rechtsanwaltsvergütung 802b 34 ff
- Schuldner unbekannt verzogen/verstorben *GvKostG* **Nr. 207** 15, **Nr. 600–604** 8a

GVGA
- *siehe* Geschäftsanweisung für Gerichtsvollzieher (GVGA)

GvKostG
- *siehe auch* Gerichtsvollzieherkosten
- Anhörungsrüge *GvKostG* 5 31 ff
- Aufbau *GvKostG* **Vor §§ 1 ff** 2 ff
- Begriff „Kosten" *GvKostG* 1 3
- DB-GvKostG *GvKostG* **Vor §§ 1 ff** 8
- elektronische Akte bzw Dokument *GvKostG* 5 36
- Geltungsbereich *GvKostG* 1 1 ff
- Kostenverzeichnis *GvKostG* 9 1
- Rechtsbehelfsbelehrung *GvKostG* 3a 1 ff

GvKostG, Übergangsrecht
- 2. KostRMoG *GvKostG* 18 9
- aus Anlass des Inkrafttretens des GvKostG *GvKostG* 19 1
- bedingter Auftrag *GvKostG* 18 4
- Maßgeblichkeit der Auftragserteilung *GvKostG* 18 1
- Maßgeblichkeit der Kostenentstehung *GvKostG* 18 2
- Maßgeblichkeit des Vollstreckungsauftrags *GvKostG* 18 3
- Reform der Sachaufklärung *GvKostG* 18 6 ff

GVO
- *siehe* Gerichtsvollzieherordnung (GVO)

Haager Kinderschutzübereinkommen
- Verhältnis zur Brüssel IIa-VO
  Brüssel IIa-VO **Vor 21 ff** 16;
  FamFG 96
- Vollstreckbarkeit ausländischer Urteile
  722 6

Haager Kindesentführungsübereinkommen
- Verhältnis zur Brüssel IIa-VO
  Brüssel IIa-VO **Vor 21 ff** 16;
  FamFG 96
- Vollstreckbarkeit ausländischer Urteile
  722 6

Haager Unterhaltsübereinkommen 1973 (HUÜ 1973)
- Anerkennung und Vollstreckung von Unterhaltstiteln *AUG* 57–60 1
- Mahnverfahren *AUG* 61–62 2
- Sonderregelungen *AUG* 61–62 1
- Verfahrenskostenhilfe *AUG* 20–24 1
- Verhältnis zum AUG *AUG* 1 5a

Haager Unterhaltsübereinkommen 2007 (HUÜ 2007)
- Anerkennung und Vollstreckung von Unterhaltstiteln *AUG* 57–60 1
- Aufgaben der Zentralen Behörde *AUG* 5 4
- Beschwerdefrist *AUG* 60a 1
- Inhalt des Antrags *AUG* 7–12 3, 13–15 2
- Verhältnis zum AUG *AUG* 1 5

Haft
- als Sicherungsmittel einer einstweiligen Verfügung 938 28
- Vollziehung des persönlichen Arrestes 933 5 ff

Haftaufschub bei Gesundheitsgefährdung
- Rechtsbehelfe 802h 13
- Verfahren 802h 8 ff
- Voraussetzungen 802h 5 ff

Haftbefehl 933 5, 938 28
- Zustellungsgebühr
  GvKostG **Nr. 100–102** 21 f

Haftbefehl (Abnahme der Vermögensauskunft)
- *siehe auch* Verhaftung
- *siehe auch* Vermögensauskunft, Abnahme
- Anhörung des Schuldners 802g 14
- Antrag auf Erlass 802g 4 f, 36, 38
- Antragsrücknahme 802g 5
- Anwendungsbereich 802g 1 ff
- Aufhebung 802g 30 f, 35
- Bekanntmachung des Haftbefehls mit Verhaftung 802g 18
- Entscheidung über Haftbefehlsantrag 802g 14
- gegen Exterritoriale 802g 40
- gegen Mitglieder der alliierten Streitkräfte 802g 40
- Haftaufschub bei Gesundheitsgefährdung 802h 5 ff
- Haftfähigkeit 802g 10
- Haftunfähigkeit 802h 5 ff
- Inhalt 802g 15 ff
- keine Antragstellung 802g 5
- Kosten 802g 41 ff
- maßgebender Zeitpunkt 802g 9
- Rechtsbehelfe 802g 32 ff
- unentschuldigtes Fernbleiben vom Termin zur Abgabe der Vermögensauskunft 802g 7
- unverzügliche Vorlage des Haftbefehlsantrags bei Gericht 802g 12
- Verhaftung Nachtzeit/Sonn- und Feiertage 802g 17, 37
- Verhältnismäßigkeitsgrundsatz 802g 13
- Verweigerung der Abgabe der Vermögensauskunft ohne Grund 802g 8
- Verweigerung der Vervollständigung des Vermögensverzeichnisses 802g 6
- Voraussetzungen 802g 6 ff
- zeitliche Grenze 802h 4
- Zuständigkeit 802g 11
- Zustellung 802g 18

Haftbefehl, Übergabe bei Verhaftung
- Zustellungsgebühr
  GvKostG **Nr. 100–102** 21 f

Haftdauer
- aufgrund desselben Haftbefehls 802j 3
- aufgrund einer Mehrheit von Haftbefehlen 802j 3

Haftentlassung
- ohne Veranlassung des Gläubigers 802j 4
- ohne Zutun des Schuldners 802j 4 f

Haftopfer
- Pfändbarkeit von Zuwendungen (Rehabilitierung wegen Haft in der ehem. DDR) 850 45

Haftunfähigkeit 802h 5 ff

Haftung der Vollstreckungsorgane
- *siehe auch* Amtshaftungsanspruch
- anfechtbarer Vollstreckungsakt 9. 3 f
- des Rechtspflegers *RPflG* 9 4
- nichtiger Vollstreckungsakt 9. 3 f
- statthafter Rechtsbehelf bei fehlerhaftem Vollstreckungsakt 9. 5

Stichwortverzeichnis

Haftung des Vollstreckungsgläubigers
- Berliner Modell 885a 12
- gegenüber dem Vollstreckungsschuldner 9. 29 ff
- gegenüber Dritten 9. 37

Haftungsbeschränkung
- auf Gesellschaftsvermögen bei GbR 786 7
- bei fortgesetzter Gütergemeinschaft 786 2
- beschränkte Erbenhaftung als Geldforderungen iSd Vollstreckungsrechts Vor 803 ff 3
- des Erben/Miterben/Nacherben 780 1 ff
- für Abkömmling 786 5
- für Ehegatten vor Berichtigung der Gesamtgutverbindlichkeiten 786 4
- für Hauptvermächtnisnehmer 786 5
- für Minderjährigen 786 6
- Geltendmachung 781 1 ff
- haftungsbeschränkende Regelungen des BGB 780 5
- Präklusion 780 1
- See- und Binnenschifffahrt 786a 1 ff
- Vollstreckungsabwehrklage des Erben 785 1 ff
- Vorbehalt 780 2 ff, 11

Haftungsverband 803 1

Haftvollzug 933 6, 938 28

Hamburger Modell 885 26, 56

Handelsgesellschaft
- *siehe* Kommanditgesellschaft
- *siehe* Offene Handelsgesellschaft

Handelsregister
- Einsichtsrecht des Gerichtsvollziehers 882c 13, 19
- Erteilung von Urkunden an Gläubiger 896 2
- Nachweis aus H., Prüfung der Gebotsabgabe ZVG 71 10
- Nachweis der Firmenfortführung 729 3
- Vollstreckung in das Gesamtgut bei Erwerbsgeschäft 741 5

Handlungen, Titel auf Vornahme von
- Bestimmtheit 704 28 ff

Handlungsvollstreckung
- *siehe* Unvertretbare Handlung, Vollstreckung wegen
- *siehe* Vertretbare Handlung, Vollstreckung wegen

Hardware
- Herausgabevollstreckung 2. 9
- Pfändungsverbote 811 11, 23, 25; 2. 7
- Vollstreckung wegen Geldforderungen 2. 5 ff

Härteklausel
- *siehe* Vollstreckungsschutz nach § 765a ZPO

Hartz IV
- Pfändung wegen Unterhaltsansprüchen 850d 17

Hauptvermächtnisnehmer
- Haftungsbeschränkung 786 5

Hausbesetzer
- bestimmte Parteibezeichnung bei Räumung von Wohnraum durch einstweilige Verfügung 940a 8
- Räumung 885 23, 885a 2; 6. 20
- Titel gegen Unbekannt 750 6

Hausgeld
- als wiederkehrende Leistung ZVG 13 5
- Anordnung der Zwangsverwaltung wegen H. ZVG 146 11 f
- Begriff ZVG 10 11
- Rang ZVG 10 11 ff

Hausgeldanspruch
- 5-Prozent-Kappungsgrenze ZVG 10 20
- Anmeldung in der Rangklasse 2 ZVG 10 12 ff, 45 10
- Anspruchsberechtigter ZVG 10 15
- Befriedigungsreihenfolge ZVG 10 21
- Beitrittsbeschluss ZVG 10 28
- bestehenbleibendes Recht ZVG 52 18
- bestrangig betreibender Gläubiger/geringstes Gebot ZVG 44 10
- Fälligkeit ZVG 10 17
- geringstes Gebot ZVG 45 5
- Glaubhaftmachung ZVG 10 13, 45 10
- in der Zwangsverwaltung ZVG 155 9, 156 2 ff
- Nachweis des Einheitswertes ZVG 10 26 f, 15 36
- Nebenansprüche ZVG 10 18
- Rechtsnatur ZVG 10 16
- verspätete Anmeldung oder Glaubhaftmachung ZVG 110 9 ff
- Vollstreckung ZVG 10 23 ff
- Vorrang, mehrfache Ausnutzung ZVG 10 29
- Widerspruch ZVG 10 22
- zeitliche Begrenzung ZVG 10 19

Haushalt, gemeinsamer
- Gewahrsamsinhaber 808 9

Haushaltsgegenstände
- Pfändung 812 1 ff

- Pfändungsverbot 811 10

Haushaltsgeld
- Pfändbarkeit 850b 12

Haushaltssachen
- Ausgleichszahlung FamFG 194
- Bestimmtheit des Herausgabetitels 704 27
- Herausgabe von Haushaltsgegenständen FamFG 196, 231, 237

Haustiere
- Unpfändbarkeit 811c 2 ff
- Zulassung der Pfändung 811c 5 ff

Hebegebühr GvKostG 10 10, Nr. 400–440 1 ff

Hebungsverzicht
- Teilungsplan ZVG 114 15

Heimarbeiter
- Pfändbarkeit von Einkommen 850 42

Heimarbeitsentgelt
- Pfändbarkeit 850i 14

Heimbewohner
- Räumung 885 24

Heiratsbeihilfe
- Pfändbarkeit 850a 26

Heizungs- und Unterkunftskosten (SGB II)
- Pfändbarkeit 3. 17

Herausgabe
- siehe auch Pfändung von Herausgabeansprüchen
- Betreuungsverfügung FamFG 12, 33, 197
- Erbschein FamFG 196, 218, 231
- Haushaltsgegenstände FamFG 196, 231, 237
- Nachlassgegenstände FamFG 196
- Sachen für den persönlichen Gebrauch FamFG 93 f, 196
- Testament FamFG 12, 33, 197
- Testamentsvollstreckerzeugnis FamFG 196, 218
- Vorpfändung 886 8
- Vorsorgevollmacht FamFG 12, 33, 197

Herausgabe des Kindes, Auslandsvollstreckung
- siehe Rückgabe des Kindes, Auslandsvollstreckung

Herausgabe von Personen und Regelung des Umgangs, Vollstreckung
- allgemeine Verfahrensvoraussetzungen FamFG 97 ff
- allgemeine Voraussetzungen der Zwangsvollstreckung FamFG 114 ff
- Amtsverfahren FamFG 98
- Anspruchsgrundlagen FamFG 92 ff
- Antrag FamFG 104
- Antragsverfahren FamFG 101 ff
- Anwaltszwang FamFG 113
- anwendbare Vorschriften FamFG 90 f
- Auskunftsrecht FamFG 95
- besondere Vollstreckungsvoraussetzungen FamFG 135 f
- Beteiligtenfähigkeit FamFG 110
- Durchsuchungsbeschluss FamFG 157 ff, 161, 181
- eidesstattliche Versicherung FamFG 162 f
- Einleitung der Vollstreckung FamFG 109
- Einstellung der Vollstreckung (Fallgruppen) FamFG 166 ff
- einstweilige Anordnung FamFG 117, 127, 130, 165
- einstweilige Anordnung in Gewaltschutzsachen FamFG 103
- einstweilige Einstellung der Vollstreckung FamFG 174 f
- gemischtes Verfahren FamFG 102
- gerichtlich gebilligter Vergleich iSv § 156 Abs. 2 FamFG FamFG 118 ff
- gewöhnlicher Aufenthalt FamFG 108
- Herausgabe einer Person FamFG 92, 94
- Hinweis auf Folgen der Zuwiderhandlung gegen Vollstreckungstitel FamFG 137 ff
- Jugendamt FamFG 142
- Ordnungsmittel FamFG 137 ff, 147 ff
- Rechtsbeschwerde FamFG 189
- Rechtsmittel FamFG 177 f, 183 ff
- Sachen für den persönlichen Gebrauch FamFG 93 f
- Umgangsvorschriften FamFG 95
- unmittelbarer Zwang FamFG 153 ff
- Verfahrensfähigkeit FamFG 111 f, 133
- Vollstreckung zur Unzeit FamFG 160
- vollstreckungsfähiger Inhalt FamFG 115
- Vollstreckungshindernisse FamFG 136, 165 ff
- Vollstreckungsklausel FamFG 128 ff
- Vollstreckungskosten FamFG 179 ff
- Vollstreckungstitel FamFG 114 ff
- vorläufige Vollstreckbarkeit FamFG 124 f
- Zuständigkeit FamFG 105 ff

- Zustellung *FamFG* 132 ff
Herausgabebereiter Dritter, Pfändung bei 809 3 ff
Herausgabetitel
- Bestimmtheit 704 26 f
- Höhe der Sicherheitsleistung 709 4

Herausgabevollstreckung
- *siehe auch* Räumung
- Aktien 886 4
- Antrag 883 18 f
- Ausbau 883 28
- bestimmte Menge vertretbarer Sachen 884 1 ff
- bewegliche Sachen 883 4 ff
- Dokumente 883 9
- eidesstattliche Versicherung 883 40 ff
- Gattungsschulden 883 10
- gegen juristische Personen des öffentlichen Rechts 883 3
- Grundstücke 883 1
- Handlungsvollstreckung 883 27 ff
- Herausgabe 883 23
- Herausgabe noch herzustellender Sachen 883 32 ff
- Herausgabe zur Einsicht 883 36
- Herausgabegegenstand 883 9
- Kosten 883 47 ff
- Personen und deren Sachen 883 16
- Pfändungsschutz 883 22
- Rechtsbehelfe 883 46
- Sachgesamtheiten 883 7
- Software 883 14 f
- Titelauslegung 883 5
- Titelinhalt 883 4
- Übergabe 883 25 f
- Übergabeort 883 26
- und gleichzeitiger Pfändungsauftrag 883 39
- unvertretbare Sachen 883 13
- Verfahren 883 17 ff
- Versendung 883 28
- vertretbare Sachen 883 12
- Wahlschulden 883 11
- Wegnahme 883 24
- Wirkung der Herausgabe 883 37
- Wohnungsbetretung 883 21
- Wohnungsdurchsuchung 883 20
- Zuständigkeit 883 17, 20
- Zwangsvollstreckung gegen juristische Personen des öffentlichen Rechts wegen H. 882a 2

Herausgabevollstreckung gegen Dritte
- Einziehungsprozess 886 6
- Herausgabe 886 2
- Kosten 886 10 f
- Pfändung und Überweisung des Herausgabeanspruchs 886 3 ff
- Rechtsbehelf 886 9

Herrenloses Grundstück 787 1 ff; *ZVG* 15 33

Herstellung des ehelichen Lebens
- nicht vollstreckbar *FamFG* 89

Hilfspfändung
- Hypotheken-, Grundschuld-, Rentenschuldbrief 829 50, 847 1
- Legitimationspapiere 808 2, 829 51, 130, 847 1
- unselbständige Nebenrechte 857 5

Hilfsvollstreckung 829 73, 130

Hilfsweise Pfändung 829 130

Hilfszuteilung
- bei unbekanntem Berechtigten *ZVG* 126 1 ff
- bei Widerspruch gegen Teilungsplan/ keine Einigung *ZVG* 115 14, 124 2 ff

Hinterbliebenenrente
- Pfändbarkeit 850 53; 3. 32

Hinterlegung
- Abgrenzung der Hinterlegungsarten 872 17 f
- Abwendung der Verzinsung des Bargebots *ZVG* 49 5
- Abwendungsbefugnis 720 1 f
- als Geldforderungen iSd Vollstreckungsrechts Vor 803 ff 4
- Art der Sicherheitsleistung 709 11 f
- Ausführung des Teilungsplans *ZVG* 117 5
- bei aufschiebend bedingtem Anspruch *ZVG* 120 3
- bei mehrfacher Pfändung des Anspruchs auf Herausgabe oder Leistung einer beweglichen Sache 872 9
- bei mehrfacher Pfändung einer beweglichen Sache 872 7 f
- bei mehrfacher Pfändung einer Geldforderung 872 10 ff
- bei Widerspruch gegen Teilungsplan/ keine Einigung *ZVG* 115 14, 124 4 ff
- einstweilige Hinterlegung des Erlöses bei Vorzugsklage 805 14 ff
- Interventionsstreit 872 19
- mehrfache Pfändung einer Geldforderung 853 7 ff
- nach BGB 872 13 ff
- nach § 853 ZPO 872 16
- Nachweis der Sicherheitsleistung 751 10, 775 15
- Schiffspart 858 6

- Teilungsmasse   ZVG 107 6 f
- Vermögensverzeichnis   802k 5 ff
- Zahlung des Bargebots   ZVG 49 10

Hinterlegungsschein   709 11, 751 10

Hinterlegungszinsen
- Teilungsmasse   ZVG 107 10 f

Hinweis auf Folgen der Zuwiderhandlung
FamFG 16 ff, 27, 29, 35, 44, 137 ff, 143, 148

Höchstbetragshypothek   ZVG 14 4
- Pfändung   857 60
- Teilungsplan   ZVG 114 11
- Überweisung   837 7 ff
- unbedingtes Recht   ZVG 48 6, 119 5

Höchstbetragssicherungshypothek
932 10

Hoffman'sche Methode   ZVG 111 4

Höhere Gewalt
- Europäischer Zahlungsbefehl 1092 4; EuMahnVO 20 7
- geringfügige Forderungen EuBagatellVO 18 8
- Überprüfung der Entscheidung in Ausnahmefällen   EuVTVO 19 7
- Unterhaltsanspruch   EuUntVO 19 24

Homosexuelle Personen
EuUntVO 1 24, 33

Hypothek
- Anmeldepflicht bzgl der Kündigung des Gläubigers   ZVG 54 2 ff
- bestrangig betreibender Gläubiger/ geringstes Gebot   ZVG 44 12
- keine Sicherheitsleistung ZVG 67 8 ff
- Rang   ZVG 10 41
- Schuldübernahme durch Ersteher ZVG 53 6 ff
- Zuzahlungspflicht des Erstehers ZVG 50 2 ff

Hypothekenbrief
- Entstrickung   830 24
- Herausgabeklage   830 16
- Kraftloserklärung   ZVG 136 1 ff
- Pfändung von Hypothekenforderung bei Briefhypothek   830 14 ff
- Rang   830 20
- Überweisung   837 2
- Unbrauchbarmachen   ZVG 127 2 f
- verlorengegangener   830 18 f
- Zuständigkeit und Vollstreckungsverfahren   829 50

Hypothekenforderung, Pfändung
- Akzessorietät   830 1, 3
- allgemeine Vollstreckungsvoraussetzungen   830 12 ff

- als Nebenrecht   830 5 f
- Bestimmtheit   830 12
- Grundbuchberichtigung   830 25
- Gutglaubenserwerb   830 11
- Kosten   830 35 ff
- Nebenleistungen   830 10
- Pfändung und Überweisung   830 30
- Pfändungsfiktion   830 32 f
- Rechtsbehelfe   830 34
- Teilpfändung   830 21 ff
- Verfahren bei Briefhypothek 830 14 ff
- Verfahren bei Buchhypothek 830 26 f
- Verwertung   830 29 f
- Vollstreckungsende   830 24
- Vorpfändung   830 31, 845 2
- Wirksamkeit der Pfändung   830 28
- Zeitpunkt des Bestehens der Hypothek 830 4 ff

Hypothekenforderung, Überweisung
- Briefhypothek   837 2
- Buchhypothek   837 3 ff
- Nebenleistungen   837 6
- Quittung   837 10 f

Hypothekenhaftungsverband
- Beschlagnahme   865 4
- Entfernung   865 4
- Erzeugnisse   865 3 ff
- Forderungen   829 42
- Miet- oder Pachtzinsforderungen 851b 19
- sonstige Bestandteile   865 3 ff
- Umfang der Beschlagnahme ZVG 20 6 ff, 21 3 ff, 55 2 ff
- Veräußerung   865 4
- Zubehör   865 6 ff

Identitätsprüfung des Schuldners
- durch Gerichtsvollzieher   750 12
- Verhaftung des Schuldners   802g 23

Immaterialgüterrechte
- siehe Schutzrechte

Immobiliarvollstreckung
- Arten der Vollstreckung   866 1
- Beteiligte   ZVG 9 2 ff
- Gegenstand   864 3 ff; ZVG Vor 1 ff 2
- Verhältnis zur Mobiliarvollstreckung 865 1 ff
- Wahlrecht des Gläubigers zwischen den Arten der Vollstreckung   866 2 f

Indossable Papiere
- Kosten   831 16
- Pfändung   831 1 f, 8 ff
- Rechtsmittel   831 15
- Verwertung   831 2, 12 ff

Information des Gläubigers über Geldforderungen des Schuldners gegen Dritte 806a 3 ff, 10 ff

Informationsbeschaffung
- *siehe* Fremdauskünfte, Einholung von
- Reform der Sachaufklärung Vor 802a–802l 4 ff

Informationsdienste
- Vollstreckungskosten 788 51

Inhaberpapiere
- Außerkurssetzung 823 1
- Verwertung 821 2
- Zuständigkeit und Vollstreckungsverfahren 829 48

Inhibitorium 829 80, 96, 101 f

Inkassokosten
- Vollstreckungskosten 788 63 ff

Innengesellschaft
- Pfändung 859 20

Insolvenz
- Handlungsvollstreckung 888 31
- Pfändung in der Insolvenz des Schuldners 829 121 ff
- Pfändungspfandrecht 804 15
- Pfändungsumfang bei fortlaufenden Bezügen 832 11 ff
- Räumung 885 40
- Schadensersatzanspruch nach Vollstreckung 717 18
- Unterwerfungserklärung 794 40, 800 12
- Vollstreckungsschutz 765a 21, 25 f
- Vorpfändung 845 20 f

Insolvenzanfechtung
- Anfechtungsziel *AnfG* Vor 1 ff 3
- Gesellschafterdarlehen *AnfG* 6 7 ff
- Verhältnis zur Einzelgläubigeranfechtung 850 33; *AnfG* 16 1 ff
- Voraussetzungen 8. 63 ff

Insolvenzeröffnungsverfahren
- einstweilige Einstellung der Zwangsversteigerung von Grundstücken ZVG 30d 8
- kein verfahrenshinderndes Recht ZVG 28 20

Insolvenzgeld
- Pfändung 829 19, 145 ff; 3. 36

Insolvenzgericht
- Beteiligter in der Immobiliarvollstreckung ZVG 9 12
- Zuständigkeit 850 26, 33

Insolvenzmassezugehörigkeit
- Altersrenten 851c 25 f

- Änderung der Unpfändbarkeitsvoraussetzungen bei Arbeitseinkommen 850g 17
- Antrag auf Änderung des unpfändbaren Betrages bei Arbeitseinkommen 850f 26 ff
- Berechnung des pfändbaren Arbeitseinkommens 850e 32 ff
- Miet- oder Pachtzinsforderungen 851b 19
- Pfändung von Arbeitseinkommen wegen Unterhaltsansprüchen 850d 38
- Pfändungsschutz für sonstige Einkünfte 850i 25
- Pflichtteilsanspruch 852 23
- Pflichtteilsergänzungsanspruch 852 23
- Pflichtteilsrestanspruch 852 23
- P-Konto 850k 67 f
- Riester-/Rürup-Rente 851d 9
- unpfändbare Forderungen 851 33
- verschleiertes/verschobenes Arbeitseinkommen 850h 38
- Zugewinnausgleichsanspruch 852 23

Insolvenzverfahren
- *siehe auch* Gläubigeranfechtung und Eröffnung des Insolvenzverfahrens
- einstweilige Einstellung der Zwangsversteigerung von Grundstücken ZVG 30d 3 ff
- Gläubigeranfechtung innerhalb bzw außerhalb des Insolvenzverfahrens *AnfG* Vor 1 ff 2 f
- kein verfahrenshinderndes Recht ZVG 28 20
- Rechtspfleger *RPflG* 18 1 f

Insolvenzverfahren, Auswirkungen auf Einzelzwangsvollstreckung
- erweitertes Verbot der Einzelzwangsvollstreckung für künftige Forderungen während der Dauer des Insolvenzverfahrens 8. 26 ff
- Grundsatz der Gleichbehandlung aller Insolvenzgläubiger 8. 3 f
- Insolvenzanfechtung 8. 61 ff
- Restschuldbefreiung 8. 5
- Rückwirkung des eröffneten Insolvenzverfahrens auf Einzelzwangsvollstreckung 8. 6
- Untersagung/Einstellung von Vollstreckungsmaßnahmen durch das Insolvenzgericht 8. 52 ff
- Unwirksamkeit der vor Insolvenzeröffnung durch Zwangsvollstreckung erlangten Sicherung 8. 31 ff

Stichwortverzeichnis

- Verbot der Einzelzwangsvollstreckung für fällige Forderungen während der Dauer des Insolvenzverfahrens 8. 7 ff, 18 ff

Insolvenzvermerk
- Teilungsversteigerung ZVG 181 13

Insolvenzverwalter
- Beteiligter in der Immobiliarvollstreckung ZVG 9 12
- Einstellungsantrag bzgl Zwangsverwaltung ZVG 153b 1 ff
- Übergang der Anfechtungsbefugnis auf I. bei Eröffnung des Insolvenzverfahrens AnfG 16 2 ff
- Vollstreckungsklausel 727 15, 29
- Zwangsversteigerung auf Antrag des I. ZVG 172–174a 1 ff
- Zwangsverwaltung auf Antrag des I. ZVG 172–174a 8

Insolvenzverwalterversteigerung
- 7/10-Grenze ZVG 74a 4, 11
- sachliche Zuständigkeit ZVG 1 1

Institutsverwalter
- Entscheidung über Vorschlag ZVG 150a 8 ff
- Rechtsmissbrauch ZVG 150a 7
- Stellung ZVG 150a 14 ff
- Treuhandkonto ZVG 154 4
- Verhältnis zum Schuldnerverwalter ZVG 150b 12
- Vorschlagsrecht ZVG 150a 3 ff

Interessenabwägung
- Vollstreckungsschutz 765a 39 ff

Internet
- Bekanntmachung der Veröffentlichungen der Versteigerungsgerichte ZVG 38 10 f, 39 2, 40 7, 43 2

Internet-Domain
- siehe Domain

Internetversteigerung
- Ablieferung und Eigentumsübergang 817 8
- Auslagen GvKostG Nr. 702 1 f
- Bewirken der Ablieferung 817 8
- Gebühren GvKostG Nr. 300–310 2
- Mitbieten 816 5
- ordnungsgemäße Verpackung 817 8
- Verfahrensablauf 814 6
- Verhältnis zur Präsenzversteigerung 814 2
- Versteigerungsbedingungen 817 3
- Versteigerungsplattform 814 6
- Versteigerungstermin 816 2
- Wahl der Versteigerungsform 814 4
- Zuschlag 817 1, 5 f

Internetversteigerungsverordnungen 814 2, 6

Interventionsklage
- siehe Drittwiderspruchsklage

Interventionsstreit
- Hinterlegung 872 19

IntFamRVG
Brüssel IIa-VO Vor 21 ff 13

Invaliditätsrente
- Pfändbarkeit 851c 8

Irrtumsanfechtung
- Gebot ZVG 71 3 ff
- Zuschlag ZVG 56 19

IT-System 2. 4

Jahresendbezug
- Pfändbarkeit 850a 23

Jugendamt
- Entscheidung des J. als vollstreckbarer Schuldtitel 794 37
- Unterstützung FamFG 142
- Unterstützung der Zentralen Behörde AUG 6 1
- Zuständigkeit für Klauselerteilung 724 5, 797 7, 17
- Zustimmung zum Vergleich iSv § 156 Abs. 2 FamFG FamFG 120
- Zustimmungserteilung Brüssel IIa-VO 22–23 7

Juristische Personen
- Gewahrsamsinhaber 808 11
- Räumung 885 14; 6. 22
- Vollstreckungsschutz 765a 23

Juristische Personen des öffentlichen Rechts, Zwangsvollstreckung gegen jPöR wegen Geldforderungen
- Anwendungsbereich 882a 1 ff
- Anzeige der Vollstreckungsabsicht 882a 5 f
- Bestimmung der Art und Weise der Vollstreckung durch Gerichtsvollzieher 882a 11
- Kirchen 882a 3, 14
- Kosten 882a 17 ff
- Rechtsbehelfe 882a 15
- Rentenversicherungsträger 882a 3
- unpfändbare Sachen 882a 12 ff
- Vollstreckungsvoraussetzungen 882a 8
- Vollzug der einstweiligen Verfügung 882a 10
- Wartefrist 882a 9

Justizbeitreibungsordnung (JBeitrO)
FamFG 31, 152, 181, 187, 194 f, 207, 214

Justizielle Zusammenarbeit
- Anerkennung und Vollstreckung von Entscheidungen in Zivil- und Handelssachen *Brüssel I-VO* **Vor 32 ff** 2, 6, 10
- Europäischer Vollstreckungstitel *EuVTVO* **Vor 1** f, **29** 1
- Europäisches Verfahren für geringfügige Forderungen *EuBagatellVO* **Vor 1, 24** 1
- Vollstreckbarkeit ausländischer Urteile **722** 3

Justizportal
- *siehe* Bundesportal

Kahlpfändung 811 1, 850 1

Kalendertag
- Ablauf **751** 5
- im FamFG *FamFG* **135, 239**
- Vollstreckungsbeginn **751** 3

Kanalanschlussgebühr
- als einmalige Leistung *ZVG* **13** 6
- Haftung des Erstehers *ZVG* **56** 13

Kanzleiabwickler
- Vollstreckungsklausel **727** 16

Kapitalabfindung
- Wertersatz für erloschene Rechte *ZVG* **92** 7 ff

Kapitalisierte Zinsforderung 866 6

Kapitalzahlungstermin *ZVG* **158 1** ff

Kaufkraftausgleich
- Pfändbarkeit **850a** 14

Kausalität
- sofortige Beschwerde, § 95 ZVG *ZVG* **100** 11

Kaution
- *siehe* Mietkaution

Kerntheorie 890 47

Kfz
- Austauschpfändung **811a** 3
- Ermittlung durch Einholung von Fremdauskunft **802l** 20
- Gewahrsamsinhaber **808** 4, 7
- Pfändungsverbot **811** 11, 23
- Wegschaffung **808** 13

Kfz-Brief
- *siehe* Zulassungsbescheinigung Teil II

Kinder
- beschränkte Pfändbarkeit von Geldleistungen für K. **3. 27** ff
- Pfändbarkeit gesetzlicher Unterhaltsansprüche **3. 29**
- Vollstreckungsschutz **765a** 58

Kindergeld
- Erhöhung des Pfändungsfreibetrages bei P-Konto **850k** 32
- Festsetzung des Pfändungsfreibetrages bei P-Konto durch Vollstreckungsgericht **850k** 38 ff
- Pfändbarkeit **850** 41, **850a** 27, **850b** 16, **850c** 21
- Pfändungsverbot **811** 26; **3. 28**

Kinderzulage/-zuschuss
- Pfändungsverbot **3. 28**

Kindesvater, Benennung
- gegenüber Scheinvater als Familiensache *FamFG* **205**

Kindesvermögen
- Sicherheitsleistung *FamFG* **10**

Kirche
- Zwangsvollstreckung gegen K. wegen Geldforderungen **882a** 3, 14

Klage auf Erteilung der Vollstreckungsklausel
- *siehe* Vollstreckungsklausel, Klage auf Erteilung

Klage auf Herausgabe des Titels 794 2

Klage auf Leistung des Interesses 893 1 ff

Klage auf vorzugsweise Befriedigung
- Abgrenzung **805** 6
- als prozessuale Gestaltungsklage **805** 1
- Antrag **805** 8
- Anwendungsbereich **805** 2
- Begründetheit **805** 11
- besitzender Pfandgläubiger **805** 5
- Beweislast **805** 12
- einstweilige Hinterlegung des Erlöses **805** 14 ff
- Kosten **805** 17
- Passivlegitimation **805** 10
- Pfand- und Vorzugsrechte **805** 3 f
- Rechtsmittel **805** 13
- Rechtsnatur **805** 1
- Rechtsschutzbedürfnis **805** 9
- Tenor **805** 13
- vorrangige Befriedigung aus Vollstreckungserlös **805** 1
- Zulässigkeit **805** 7 ff
- Zuständigkeit **805** 7

Klage gegen Vollstreckungsklausel
- *siehe* Klauselgegenklage

Klausel
- *siehe* Vollstreckungsklausel

Klauselerinnerung
- Abgrenzung zu anderen Rechtsbehelfen **732** 3 f, **768** 3

- Antrag 732 5
- einstweilige Anordnung 732 13 ff
- Entscheidung durch Beschluss 732 10
- Frist 732 5
- im FamFG *FamFG* 188
- Kosten 732 16 ff
- Kostenentscheidung 732 11
- Rechtsbehelfe 732 12
- Rechtsschutzbedürfnis 732 6
- Verfahren 732 7 ff
- Verhältnis zur Vollstreckungsabwehrklage 767 17 f
- zulässige Einwendungen 732 2
- Zuständigkeit 732 7 f

Klauselgegenklage
- Abgrenzung zur Klauselerinnerung 732 3, 768 3
- Abgrenzung zur Vollstreckungsabwehrklage 768 5 f
- Aktivlegitimation 768 11
- als prozessuale Gestaltungsklage 768 1
- Anwendungsbereich 768 2 ff
- Begründetheit 768 14 f
- Beweislast 768 16
- einstweilige Anordnung 769 2
- entgegenstehende Rechtskraft 768 13
- Entscheidung 768 17
- Folgeansprüche 768 19 f
- Kosten 768 21
- Passivlegitimation 768 11
- Rechtsnatur 768 1
- Rechtsschutzbedürfnis 768 12
- Statthaftigkeit 768 9 f
- Streitgegenstand 768 1
- Tenor 768 17 f
- Zulässigkeit 768 8 ff
- Zuständigkeit 768 8

Klauselverfahren
- *siehe auch* Vollstreckungsklausel
- eigenständiges Verfahren 724 4
- Prüfungsumfang 724 8 ff
- Rechtsbehelfe 724 13 ff
- weitere vollstreckbare Ausfertigung 733 8 ff

Kleinbeteiligungsprivileg *AnfG* 6 11, 6a 4

Kleinforderungen
- *siehe* Bagatellforderungen

Kombi-Auftrag (§ 807 Abs. 1 ZPO)
- abwesender Schuldner *GvKostG* 3 32 f
- als ein Auftrag *GvKostG* 3 21, 28 ff
- Anschriftenermittlung *GvKostG* 3 36
- Auftragserteilung *GvKostG* 3 21

- Gerichtsvollzieherkosten 802b 30, 807 14 f
- Inhalt 788 39, 807 2
- mehrere Aufträge und Wegegeld *GvKostG* 17 5 ff
- Rechtsanwaltsvergütung 788 39, 79, 807 23 f
- Übergangsrecht *GvKostG* 18 3
- und Versuch einer gütlichen Erledigung (§ 802b ZPO) *GvKostG* Nr. 207 4
- Vermögensauskunft und ggf Pfändung *GvKostG* 3 37 f
- Widerspruch des Schuldners *GvKostG* 3 31
- wiederholtes Nichtantreffen des Schuldners *GvKostG* 3 30, 39

Kommanditgesellschaft
- Anteilspfändung 4. 14
- Antragsberechtigung bei Teilungsversteigerung eines Grundstücks einer gekündigten KG *ZVG* 180 13
- Berechtigung zur Gebotsabgabe *ZVG* 71 8
- Partei- und Prozessfähigkeit *ZVG* 6 7
- Teilungsversteigerung *ZVG* 180 13
- Vollstreckung gegen 736 10
- Zustellung *ZVG* 6 7

Kommanditgesellschaft auf Aktien
- Anteilspfändung 4. 28

Kontenarrest, grenzüberschreitender 917 11

Kontenpfändung, vorläufige 917 11

Kontenpfändungsverordnung (EuKoPfVO) 917 11

Konto
- Ermittlung des Bestehens durch Einholung von Fremdauskünften 802l 18 f

Kontoführungsgebühren
- P-Konto 850k 53, 60
- Vollstreckungskosten 788 67

Kontoguthaben
- *siehe* Guthaben
- *siehe* P-Konto, Anordnung der Unpfändbarkeit von Kontoguthaben

Kontopfändung
- *siehe auch* P-Konto
- *siehe auch* Sozialleistungen, Kontopfändungsschutz
- Arbeitseinkommen 850 5
- Debet-Konto 850k 13
- Konto im „Soll" 850k 13
- Pfändung von Bankkonten 829 131 ff
- Pfändungsschutz 850k 1 ff

- Pfändungsumfang 833a 2 ff
- Vollstreckungsschutz 765a 46, 48

Kontopfändungsschutz
- siehe P-Konto, Anordnung der Unpfändbarkeit von Kontoguthaben
- Miet- oder Pachtzinsforderungen 851b 13
- Riester-/Rürup-Rente 851d 9

Kontrollteilungsplan ZVG 144 6 ff

Körper- und Gesundheitsschaden
- Pfändbarkeit von Geldleistungen, die Mehraufwand ausgleichen 3. 18
- Pfändungsverbot bzgl Hilfsmittel wegen körperlicher Gebrechen 811 30

Kostbarkeiten
- Schätzung 813 5
- Wegschaffung 808 13

Kosten
- abgetrennte Versteigerung ZVG 65 15
- Ablieferung von gepfändetem Geld 815 17
- Anhörungsrüge ZVG Vor 95–104 56
- Austauschpfändung 811a 14 f
- Begriff GvKostG 1 3
- Drittwiderspruchsklage 771 42
- Drittwiderspruchsklage bei Veräußerungsverbot 772 11
- Drittwiderspruchsklage des Nacherben 773 6
- Einstellung der Zwangsvollstreckung 775 26 f
- gerichtliche Verwaltung ZVG 94 24 f
- Kündigung ZVG 10 53 ff
- Pfändung 808 24 f, 829 181 ff
- Rechtsbeschwerde ZVG Vor 95–104 50 f
- Rechtspflegererinnerung ZVG Vor 95–104 26 f
- Schätzung 813 10
- sofortige Beschwerde 793 20 ff; ZVG Vor 95–104 42 f, 99 9
- Teilungsversteigerung ZVG 180 32 ff
- Versteigerung 814 7
- Vollstreckungsabwehrklage des Erben 785 11
- Vollstreckungserinnerung 766 57, 68 ff; ZVG Vor 95–104 18 f
- vorläufige Austauschpfändung 811b 7 ff
- Zuschlagserteilung ZVG 58 2 ff, 90 7
- Zwangsversteigerung von Grundstücken 869 2 f
- Zwangsverwaltung von Grundstücken 869 2 f

Kosten der dinglichen Rechtsverfolgung
- Anmeldebedürftigkeit ZVG 10 53 ff, 110 2
- verspätete Anmeldung oder Glaubhaftmachung ZVG 110 9 ff

Kosten der Gerichtsvollzieher
- siehe Gerichtsvollzieherkosten

Kosten der Zwangsvollstreckung
- Anwendungsbereich 788 4 ff
- Begriff 788 9
- Billigkeitshaftung des Gläubigers 788 115 ff
- Durchführungskosten 788 11
- Entscheidung 788 24
- Erstattungsanspruch des Schuldners 788 111 ff
- Erstattungsfähigkeit (Einzelfälle A–Z) 788 33 ff
- Forderungsaufstellung 788 22
- Gesamtschuldner 788 25 ff
- Glaubhaftmachung des Kostenansatzes 788 21
- Kostenfestsetzung 788 107 ff
- Kostentragung durch den Schuldner 788 7 ff
- Kostentragungspflicht 788 1 ff
- nach dem FamFG FamFG 38 ff, 54, 68, 179 ff
- Notwendigkeit der Kosten 788 12 f
- Prüfungspflicht 788 19 f
- Rechtsanwaltsvergütung 788 73 ff
- Rechtsbehelfe 788 28 ff
- Verrechnung 788 23
- Vollstreckung ohne Titulierung 788 14 ff
- Vollstreckung über die Herausgabe von Personen und die Regelung des Umgangs FamFG 179 ff
- Vorbereitungskosten 788 10

Kostenansatz
- Gerichtsvollzieherkosten GvKostG 5 1 ff

Kostenbefreiung GvKostG 2 2 ff

Kostenerstattungsanspruch
- Pfändung 829 19

Kostenfestsetzung 788 107 ff

Kostenfestsetzungsbeschluss
- Akzessorietät 794 21
- als Vollstreckungstitel 794 21 ff
- anwendbare Vorschriften 795 2
- im FamFG FamFG 38 f
- Parteibezeichnung 794 24
- Rechtskraftzeugnis 706 14
- Vollstreckungsabwehrklage 794 21
- Vollstreckungsklausel 795a 1 f
- Wartefrist 794 22, 798 1 ff

Kostenfestsetzungsbeschluss, isolierter
- Entscheidung iSd EuVTVO
  EuVTVO 4 5, 7 3
- Ersatzbestätigung *EuVTVO* 6 15
- Rechtsbehelfsbelehrung
  EuVTVO 17 1, 6, 18 7

Kostengrundentscheidung 891 3; *FamFG* 38 f, 179, 247

Kostenschuldner
- Gerichtsvollzieherkosten
  GvKostG 13 1 ff

Kostensparende Vollstreckung, Grundsatz 802a 11

Kostenvorauszahlung
- Antrag auf Verurteilung zur
  887 54 ff

Kostenvorschuss
- Pfändung von Geldforderungen
  829 83
- Rang *ZVG* 10 3
- Verfahrenskosten iSd § 109 ZVG
  ZVG 109 8

Kraftfahrt-Bundesamt
- an K. zu zahlende Beträge für Auskunft *GvKostG* Nr. 708 4
- Auskunft zur Ermittlung von Fahrzeugen 802l 20
- Ermittlung des Aufenthaltsorts des Schuldners 755 7 ff, 10 f; *GvKostG* Nr. 400–440 4 ff

Kraftloserklärung von Grundpfandrechtsbriefen *ZVG* 136 1 ff

Krankengeld
- Pfändbarkeit 850 44; 3. 32

Krankenversicherung
- Pfändbarkeit 850b 24, 851 18

Krankheit
- *siehe* Erkrankung

Kreditlinie
- Pfändung 829 139

Kreditschaden 945 20

Kundenstamm
- Pfändbarkeit 857 4

Kündigung des Miet- oder Pachtverhältnisses durch Ersteher
- Abänderung der Versteigerungsbedingungen *ZVG* 57a 12 ff, 59 9, 181 24
- Abänderung des Kündigungsrechts
  ZVG 57a 12 ff
- bei gerichtlicher Verwaltung
  ZVG 57a 9
- bei Zwangsverwaltung *ZVG* 57a 8
- berechtigtes Interesse *ZVG* 57a 15 ff
- Form *ZVG* 57a 10
- Frist zur Ausübung des Kündigungsrechts *ZVG* 57a 11
- in der Teilungsversteigerung
  ZVG 181 24
- Kündigungsberechtigter *ZVG* 57a 6
- Kündigungsfrist *ZVG* 57a 10
- Übergangsrecht *ZVG* 57a 18
- Voraussetzungen *ZVG* 57a 5 ff

Kündigung einer Hypothek, Grund- oder Rentenschuld
- Anmeldepflicht *ZVG* 54 2 ff

Kunsthändler 825 9

Künstlername 750 5

Ladung
- Abnahme der Vermögensauskunft
  802f 6, 8 f
- Verteilungstermin 875 3 f
- Zustellung *EuVTVO* 13 8

Lagerkosten
- *siehe* Einlagerungskosten

Land- und fortwirtschaftliche Erzeugnisse
- Ausnahmen von der Beschlagnahme in der Zwangsversteigerung 865 14; *ZVG* 21 3 f, 7

Landwirt
- Pfändung von Zahlungsansprüchen des Landwirts nach VO (EG) Nr. 1782/2003 857 3
- Pfändungsschutz 850i 9, 851a 1 ff

Landwirtschaft
- Pfändungsverbot 811 15 ff
- Schätzung 813 7

Landwirtschaftlicher Betrieb
- Schuldnerverwalter *ZVG* 150b 1 ff
- Unterhaltsanspruch des Schuldners
  ZVG 150 23

Landwirtschaftlicher Sachverständiger 813 7

Landwirtschaftliches Zuweisungsverfahren *ZVG* 185 1 ff

Landwirtschaftssachen *FamFG* 194, 231, 241

Laptop
- Pfändungsverbot 811 11

Lasten
- Begriff *ZVG* 56 11

Laufende Leistungen
- *siehe auch* Wiederkehrende Leistungen
- Bestimmung *ZVG* 13 7 ff

Leasinggeber
- Drittwiderspruchsklage 771 21
- Pfändungsschutz 851b 5

Leasingnehmer
- Pfändung des Nutzungsrechts 857 3, 47

Lebensgefahr
- Vollstreckungsschutz 765a 48, 51

Lebenshaltungsindex ZVG 14 4

Lebenspartner
- Pfändung von Gesamtgutanteilen 860 5
- Vollstreckung 739 14

Lebenspartnerschaftssachen
- Begriff *FamFG* 49
- Wirksamkeit von Endentscheidungen *FamFG* 50

Lebensversicherung
- mit Bezugsrechten Dritter *AnfG* 1 14
- Pfändbarkeit 850 59
- Pfändung 829 43 f, 97
- Umwandlung in pfändungsgeschützte 851c 27 ff

Legalisation *Brüssel IIa-VO* 52 1

Legitimationspapiere
- Hilfspfändung 808 2, 829 130
- Zuständigkeit und Vollstreckungsverfahren 829 51

Leistung des Interesses, Klage auf 893 1 ff

Leistungsanspruch
- *siehe* Pfändung von Herausgabeansprüchen

Leistungsklage
- Verhältnis zur Vollstreckungsabwehrklage 767 23

Leistungsurteil
- Vollstreckungsfähigkeit 704 18

Leistungsverfügung
- *siehe* Befriedigungsverfügung

Liegenbelassungsvereinbarung ZVG 91 7 ff, 11 ff

Lissaboner Vertrag *Brüssel I-VO* Vor 32 ff 6

Lizenz
- Drittwiderspruchsklage 771 30
- Pfändung 857 3; 5. 26 ff
- Verwertung 5. 51 ff

Lohn
- *siehe* Arbeitseinkommen

Lohnpfändungstabellen 850c 30

Lohnsteuerjahresausgleich 829 151 f, 850h 34

Lohnsteuerkarte 836 15, 850c 17

Lohnverschiebung 850h 4 ff

Lohnverschleierung 850h 15 ff

Lokus-Prinzip ZVG 11 3

Löschung
- Vermögensverzeichnis 802k 8 ff

Löschung des Versteigerungsvermerks bei Verfahrensaufhebung ZVG 34 2 ff

Löschung, Schuldnerverzeichnis
- *siehe* Schuldnerverzeichnis, Löschung

Löschungsanspruch
- Teilungsplan ZVG 114 18a ff
- Zuschlagswirkung ZVG 91 14 ff

Löschungsbewilligung 837 10

Löschungsvormerkung
- Ersuchen an das Grundbuchamt ZVG 130a 1 ff

Luftfahrzeuge
- einzutragende Luftfahrzeuge ZVG **171a–171n** 3 f
- Gegenstand der Immobiliarvollstreckung 864 10
- örtliche Zuständigkeit ZVG 1 5, **171a–171n** 5
- Pfändung von Herausgabeansprüchen 847a 1
- Registerpfandrecht 830a 2
- sachliche Zuständigkeit ZVG 1 1
- Überweisung 837a 1
- Verfahren ZVG **171a–171n** 1 ff
- Vollstreckungsarten ZVG **171a–171n** 1

Luftfahrzeugrolle ZVG **171a–171n** 1

LuftFzgG ZVG **171a–171n** 1

Luganer Übereinkommen 1988 (LugÜ 1988)
- Anerkennung und Vollstreckung von Unterhaltstiteln *AUG* 57–60 1
- Inhalt *Brüssel I-VO* Vor 32 ff 33
- Sonderregelungen *AUG* 63 1
- Verhältnis zum AUG *AUG* 1 6

Luganer Übereinkommen 2007 (LugÜ 2007) *AUG* 1 4; *Brüssel I-VO* Vor 32 ff 34 f

Luxusgegenstand 812 2

Mahnverfahren
- im Anwendungsbereich des HUÜ 1973 *AUG* 61–62 2

Mahnverfahren, europäisches (EuMahnVO)
- *siehe* Europäisches Mahnverfahren, EuMahnVO

Makler
- Vertretung im Zwangsversteigerungs- und Zwangsverwaltungsverfahren ZVG 15 9

Mangelhafter Vollstreckungsakt 9. 3 ff

Markenrecht
- Pfändung 857 25; 5. 22 ff
- Verwertung 5. 51 ff

Maschinen
- Pfändungsverbot 811 23

Maßnahme
- Abgrenzungskriterium für statthaften Rechtsbehelf 766 19 ff; *ZVG* Vor 95–104 8 f

Materialvorräte
- Pfändungsverbot 811 23

Mediationsvereinbarung
- als Vollstreckungstitel 794 35a

Mehrarbeitsentgelt
- Pfändbarkeit 850a 4 ff

Mehrere Gläubiger
- *siehe auch* Beitrittsbeschluss, Zwangsversteigerung von Grundstücken
- Auflagen *ZVG* 30e 10
- geringstes Gebot *ZVG* 44 22
- Versagung des Zuschlags bei Aufhebungs- und Einstellungsgründen *ZVG* 33 5 ff
- Zwangsverwaltung *ZVG* 146 9

Mehrere Grundstücke
- Anordnungsbeschluss *ZVG* 15 42
- einstweilige Einstellung bei ausreichendem Einzelausgebot *ZVG* 76 2 ff
- Erlösverteilung bei Gesamtausgebot *ZVG* 112 2 ff
- Erlöszuteilung *ZVG* 122 2 ff
- Gesamthypothek/Verbot der Doppelsicherung 867 4, 47
- gleichzeitige Terminsdurchführung *ZVG* 66 5
- Hilfszuteilung bei Forderungsübertragung auf ein Gesamtrecht *ZVG* 123 3 ff
- Verfahren der Erlösaufteilung *ZVG* 112 5 ff
- Verfahrenstrennung *ZVG* 18 16
- Verfahrensverbindung *ZVG* 18 4 ff, 63 3, 146 16 ff
- zeitgleiche Durchführung mehrerer Zwangsversteigerungen *ZVG* 18 18
- Zuschlagsversagung 5/10-Grenze *ZVG* 85a 10 ff
- Zuschlagsversagung 7/10-Grenze *ZVG* 74a 16 ff
- Zuschlagsversagungsgrund *ZVG* 83 7

Mehrere Schuldner
- Pfändung 828 15 ff

Mehrfache Pfändung
- *siehe auch* Anschlusspfändung
- Anwendungsfall 808 18, 827 1
- einer Geldforderung 853 1 ff
- eines Anspruchs auf bewegliche Sachen 854 1 ff
- eines Anspruchs auf ein Schiff 855a 1
- eines Anspruchs auf eine unbewegliche Sache 855 1 ff
- gleichzeitige Pfändung für mehrere Gläubiger 827 6
- Klageverfahren 856 1 ff
- Kosten 827 8 ff
- Rechtsbehelfe 827 7
- von zukünftigen Forderungen 829 23 ff
- zeitlich aufeinander folgend 827 4 f
- Zuständigkeit 827 2 f

Mehrgebot
- Begriff *ZVG* 49 2

Meistgebot
- Abtretung *ZVG* 81 7 ff
- Abtretung des M. und Befriedigungsfiktion des § 114a *ZVG* 114a 7 f
- Aufteilung *ZVG* 49 2 ff
- Begriff *ZVG* 44 6
- Recht aus dem M., Pfändbarkeit 857 3
- Teilungsmasse *ZVG* 107 4
- Zuschlagserteilung *ZVG* 81 3 ff

Meldebehörde
- an M. zu zahlende Beträge für Auskunft *GvKostG* Nr. 708 5
- Auskünfte zur sicheren Identifizierung des Schuldners 882c 12
- Ermittlung des Aufenthaltsorts des Schuldners 755 10 f; *GvKostG* Nr. 400–440 4 f
- Ermittlung des Aufenthaltsorts des Schuldners durch Gerichtsvollzieher 755 4 ff

Melderegister
- Vollstreckungskosten 788 45

Miet- oder Pachtverhältnis
- *siehe auch* Kündigung des Miet- oder Pachtverhältnisses durch Ersteher
- Aufhebung des Zuschlags *ZVG* 57 17
- Aufhebung des Zuschlagsbeschlusses *ZVG* 89 12
- Aufrechnungsbefugnis des Mieters *ZVG* 57b 9, 152 35
- Baukostenzuschuss *ZVG* 57b 10 ff, 152 35
- Gewahrsamsinhaber 808 8
- in der Teilungsversteigerung *ZVG* 183 1 ff

- in der Zwangsversteigerung
  ZVG 57 4 ff
- in der Zwangsverwaltung
  ZVG 152 3 ff
- Kündigungsrecht des Erstehers
  ZVG 57 2 ff, 181 24
- Mietkaution ZVG 57 14 f, 152 9 ff
- Pfändung des Nutzungsrechts 857 47
- Pfändungsumfang bei fortlaufenden Bezügen 832 3
- Schutz vor Räumung und Herausgabe bei Recht zum Besitz ZVG 57 9 ff
- Übergang der Nutzungen mit Wirksamwerden des Zuschlags
  ZVG 56 10, 57b 6 ff
- vollstreckbare Ausfertigung des Zuschlagsbeschlusses ZVG 57 9 ff
- Vorausverfügungen ZVG 57b 2 ff, 152 34 f

Miet- oder Pachtzinsforderungen
- Ausnahmen von der Beschlagnahme in der Zwangsversteigerung ZVG 21 5
- Gegenstand der Immobiliarvollstreckung 865 12
- Hypothekenhaftungsverband
  851b 19
- Insolvenzmassezugehörigkeit
  851b 19
- Konkurrenz der Gläubiger 6. 37 f
- Kontopfändungsschutz 851b 13
- Pfändbarkeit 851b 2
- Pfändungsschutz 850i 10, 851b 2 ff
- Pfändungsschutz des Vermieters
  6. 41 f
- Pfändungsverfahren 6. 36
- Risiken des Mieters 6. 43 ff

Mieter
- Beteiligter in der Immobiliarvollstreckung aufgrund Anmeldung
  ZVG 9 21
- Räumung 885 13 ff
- Zustellung an ZVG 57b 5

Mietkaution
- Zwangsversteigerung ZVG 57 14 f
- Zwangsverwaltung ZVG 152 9 ff

Mietkostenzuschuss
- Pfändbarkeit 850 44

Mietstreitigkeiten
- vorläufige Vollstreckbarkeit 708 18

Mietvorauszahlung
- in Form eines Baukostenzuschusses
  ZVG 57b 10 ff, 152 35

Minderanmeldung ZVG 45 3, 110 5

Minderjähriger
- gewöhnlicher Aufenthalt
  FamFG 108

- Haftungsbeschränkung 786 6
- Räumung 885 18; 6. 19
- Zustellung 750 19

Minderjährigkeit des Kindes
  Brüssel IIa-VO Vor 21 ff 8

Mindestgebot
- 5/10-Grenze ZVG 85a 2 ff
- 7/10-Grenze ZVG 74a 2 ff
- 7/10-Grenze, Ausnahme
  ZVG 74b 2 ff
- Antragsberechtigung ZVG 74a 5 ff
- Begriff 817a 2; ZVG 44 7
- Bekanntgabe vor Ausbieten 817a 3
- Schätzung des gewöhnlichen Verkaufswertes 813 1
- unwirksames Gebot ZVG 71 12

Mitarbeit in Familie etc.
- Lohnverschleierung 850h 21 ff

Mitbieten 816 5

Miteigentum, Pfändung
- an beweglicher Sacher 857 34
- an Grundstücken 857 35

Miteigentümer
- Beteiligter in der Immobiliarvollstreckung ZVG 9 9

Miteigentumsanteil
- Pfändung 808 2
- Vollstreckung 864 11

Miterbe
- Haftungsbeschränkung 780 2 ff
- Pfändung von gemeinschaftlicher Forderung 829 39

Miterbenanteil
- Pfändung 859 21 ff

Mitgliedstaaten Brüssel I-VO 32 13

Mitteilung über die Betreibenden und ihre Ansprüche ZVG 41 5 ff

Mitteilungen an Gläubiger 806a 3 ff, 10 ff

Mitteilungen in Zivilsachen (MiZi)
  ZVG 9 22 f, 41 9

Mitwirkungspflichten, FamFG
  FamFG 7

MoMiG
- siehe Gesellschafterdarlehen, AnfG

Monatsanfangsproblematik
- P-Konto 835 31, 850k 16 ff

Müll 885 36, 52, 58, 885a 11; 6. 29

Multilaterale Abkommen 723 63

Mutterschaftsgeld
- Pfändbarkeit 3. 16a

Mutterschutz
- Vollstreckungsschutz 765a 59

Mutwilligkeit
- Versteigerbarkeit und Gebotsabgabe ZVG 180 35

Nach- bzw Ausfallpfändung GvKostG Nr. 205 1
- mehrmaliger Gebührenansatz in demselben Auftrag GvKostG 10 6
- Wegegeld GvKostG 10 7

Nachbesserung der Vermögensauskunft
- siehe Vermögensauskunft, Vervollständigung

Nacherbe
- Anteilspfändung 859 21
- Beteiligter in der Immobiliarvollstreckung aufgrund Anmeldung ZVG 9 17
- Drittwiderspruchsklage 773 1 ff
- Haftungsbeschränkung 780 2 ff

Nacherbenrecht
- Pfändung 857 3
- verfahrenshinderndes Recht ZVG 28 12, 37 9

Nacherbenvermerk
- verfahrenshinderndes Recht ZVG 28 12

Nacherbschaft
- Vollstreckungsklausel 728 2

Nachlass
- Fortsetzung der Vollstreckung nach dem Tod des Schuldners 779 2 ff
- Haftungsmasse 778 1
- Vollstreckung wegen Nachlassverbindlichkeit 778 3 f

Nachlassbetreuer
- Teilungsversteigerung ZVG 181 13

Nachlassgegenstand
- Herausgabe FamFG 196
- Pfändung 859 30

Nachlassinsolvenz
- Aufhebung von Vollstreckungsmaßnahmen 784 1 ff

Nachlasspfleger
- Fortsetzung der Vollstreckung nach dem Tod des Schuldners 779 6
- Teilungsversteigerung ZVG 181 13
- Vollstreckungsklausel 727 17

Nachlassversteigerung
- 7/10-Grenze ZVG 74a 4, 11
- sachliche Zuständigkeit ZVG 1 1
- Verfahren ZVG 175–179 1 ff
- Zuschlagsversagungsantrag 7/10-Grenze ZVG 74a 4, 11

Nachlassverwalter
- Vollstreckungsklausel 727 18

Nachlassverwaltung
- Aufhebung von Vollstreckungsmaßnahmen 784 1 ff
- kein verfahrenshinderndes Recht ZVG 28 21
- veräußerungshinderndes Recht/Drittwiderspruchsklage 771 33

Nachlassverzeichniserstellung
- Handlungsvollstreckung 888 5

Nachprüfung von Unterhaltsansprüchen
- siehe Unterhaltsanspruch, Nachprüfung

Nachschätzung 813 8

Nachsendeantrag ZVG 6 10

Nachstellungen 7. 2 f

Nachteil, nicht zu ersetzender
- siehe Nicht zu ersetzender Nachteil

Nachverhaftung
- Gerichtsvollziehergebühr GvKostG Nr. 270 1 ff

Nachzahlung iRv Jahresabrechnung (WEG)
- als einmalige Leistung ZVG 13 6

Nahe Angehörige
- Beeinträchtigung/Vollstreckungsschutz 765a 24

Näherungsverbot FamFG 210

Nahestehende Personen (§ 138 InsO), Definition
- Schuldner ist juristische Person oder Gesellschaft ohne Rechtsverbindlichkeit AnfG 3 36 ff
- Schuldner ist natürliche Person AnfG 3 30 ff

Nahrungsmittel
- Pfändungsverbot 811 13

Namensänderung, Parteien
- Vollstreckungsklausel 727 19

Namenspapiere
- Pfändung 829 6
- Umschreibung 822 1 ff
- Verwertung 821 2
- Zuständigkeit und Vollstreckungsverfahren 829 49

Namensrecht
Brüssel IIa-VO Vor 21 ff 8

NATO-Angehörige
- Pfändung 829 157, 160

Naturalleistungen
- Berechnung des pfändbaren Arbeitseinkommens 850e 23 ff, 29
- geringstes Gebot bei wiederkehrenden N. ZVG 46 2 ff
- Pfändbarkeit 850 4

Nebeneinkommen
- Pfändbarkeit 850 42, 55

Nebenentscheidungen
- *siehe auch* Verfahrensleitende Entscheidungen
- Begriff FamFG 3
- Vollstreckung nach FamFG FamFG 7 ff

Nebenforderungen
- Berechnung der Wertgrenze bei Sicherungshypothek 866 6

Neubestimmung des Versteigerungstermins ZVG 43 12

New Yorker UN-Übereinkommen über die Geltendmachung von Unterhaltsansprüchen im Ausland
- Anerkennung und Vollstreckung von Unterhaltstiteln AUG 57–60 1
- Verhältnis zum AUG AUG 1 7

Nicht erledigte Amtshandlung GvKostG Nr. 600–604 1 ff

Nicht rechtsfähiger Verein
- Parteifähigkeit 735 1
- Vollstreckung gegen Mitglieder 735 7
- Vollstreckung in Vereinsvermögen 735 3 ff

Nicht übertragbare Forderungen
- Einfluss des Abtretungsverbots auf Pfändbarkeit 851 1 ff

Nicht zu ersetzender Nachteil FamFG 243
- Anordnung der sofortigen Wirksamkeit FamFG 63, 69 f
- Vollstreckungsschutzantrag des Schuldners (§ 120 Abs. 2 S. 2 FamFG) FamFG 73 ff

Nichtbestehendes Recht, Zuzahlungspflicht des Erstehers
- andere Rechte als Grundpfandrechte ZVG 51 2 ff
- Grundpfandrechte ZVG 50 2 ff

Nichteheliche Lebensgemeinschaft
- Erhöhung des Pfändungsfreibetrages bei P-Konto 850k 30
- Pfändung von Gesamtgutanteilen 860 5
- Räumung 885 21; 6. 18
- Vollstreckung 739 15

Nichtiger Vollstreckungsakt 9. 3 f

Nichtigkeit
- Sicherungshypothek 867 38 f

Nichtigkeits- bzw Restitutionsklage
- Eintritt der Rechtskraft 705 5

Nichtigkeitsbeschwerde ZVG 96 4 f

Nichtzulassungsbeschwerde
- einstweilige Einstellung der Zwangsvollstreckung 719 11 ff

Nießbrauch
- an Erbschaft 737 5, 738 1 ff
- Besitz des Zwangsverwalters ZVG 146 10, 150 32 f
- kein verfahrenshinderndes Recht ZVG 28 22
- Klauselumschreibung 738 1 ff
- Pfändbarkeit 851 6
- Pfändung 857 44 f
- Rechtsbehelfe gegen Vollstreckung 737 6
- Teilungsversteigerung ZVG 181 13
- Unterwerfungserklärung 800 4
- veräußerungshinderndes Recht/Drittwiderspruchsklage 771 30
- vollstreckbare Ausfertigung 738 1 ff
- Vollstreckung 737 1 ff
- Vollstreckungsklausel 727 20
- Zuzahlungspflicht des Erstehers ZVG 51 11
- Zwangsverwaltung ZVG 146 10, 150 32 f

Notar 825 9

Notarielle Urkunde
- *siehe auch* Vollstreckbare Urkunde
- als Vollstreckungstitel FamFG 229

Notebook
- Pfändungsverbot 811 11

Notfristzeugnis (Notfristattest)
- Begriff/Rechtsnatur/Zweck 706 4
- bei Teilanfechtung 706 18
- Kosten 706 21
- Rechtsbehelf 706 20
- Zuständigkeit 706 16

Notwegerecht
- Gegenstand der Immobiliarvollstreckung 864 6

Notwegrente
- als wiederkehrende Leistung ZVG 21 6
- bestehenbleibendes Recht ZVG 52 11
- geringstes Gebot ZVG 45 5
- rangwahrende Berücksichtigung auch ohne Anmeldung ZVG 37 15

Nutzungen
- Begriff ZVG 56 10

Nutzungsrecht des Mieters/Pächters
- *siehe auch* Miet- oder Pachtverhältnis
- Pfändung 857 47

Obdachlosigkeit 765a 40, 850f 18, 885 45; 7. 16
- Räumung 885 41 f
- Räumung von Wohnraum durch einstweilige Verfügung 940a 6

Oder-Konto
- Pfändung 771 26, 829 135

Offenbarungspflicht
- *siehe* Eidesstattliche Versicherung

Offene Handelsgesellschaft
- Anteilspfändung 4. 12
- Antragsberechtigung bei Teilungsversteigerung eines Grundstücks einer gekündigten oHG ZVG 180 13
- Berechtigung zur Gebotsabgabe ZVG 71 8
- Partei- und Prozessfähigkeit ZVG 6 7
- Teilungsversteigerung ZVG 180 13
- Vollstreckung gegen 736 10
- Zustellung ZVG 6 7

Öffentliche Urkunde
- als Europäischer Vollstreckungstitel *EuVTVO* 25 1 f
- Anerkennung und Vollstreckung in Ehesachen/im Bereich elterlicher Verantwortung *Brüssel IIa-VO* 46 1 f
- Anerkennung und Vollstreckung von Unterhaltsansprüchen *EuUntVO* 48 6 ff, 9 ff
- Europäischer Vollstreckungstitel für unbestrittene Forderungen *EuVTVO* 3 8
- iSd EuVTVO *EuVTVO* 4 11

Öffentliche Versteigerung
- *siehe* Versteigerung

Öffentliche Zustellung ZVG 3 8

Öffentlich-rechtliche (prozessuale) Theorie
- Rechtsnatur des Pfändungspfandrechts 804 3

Öffnung von Türen und Behältnissen *GvKostG* Nr. 704 1 f

Orden/Ehrenzeichen
- Pfändungsverbot 811 29

Orderpapiere
- Pfändung 831 5
- Zuständigkeit und Vollstreckungsverfahren 829 48

Ordnungsgeld, FamFG
- Anordnung *FamFG* 138 f
- Auswahl *FamFG* 149
- Falschbezeichnung *FamFG* 18
- Höhe *FamFG* 148
- Rechtsbehelf *FamFG* 187
- Vollstreckung *FamFG* 152, 187, 195, 214
- Vollstreckungskosten *FamFG* 181

Ordnungsgemäße Wirtschaft
- Inhalt ZVG 24 3
- Sicherungsmaßnahmen bei Überschreiten der Grenze ZVG 25 3 ff

Ordnungshaft, FamFG
- Anordnung *FamFG* 138 f
- Auswahl *FamFG* 149
- Dauer *FamFG* 148
- Falschbezeichnung *FamFG* 18
- Vollstreckung *FamFG* 152, 214
- Vollstreckungskosten *FamFG* 181

Ordnungsmittel
- *siehe* Erzwingung von Unterlassungen und Duldungen

Ordnungsmittel, FamFG
- Arten *FamFG* 148
- Auswahl *FamFG* 149 f
- Herausgabe von Personen und Regelung des Umgangs *FamFG* 137 ff, 147 ff, 148 ff
- sonstige Angelegenheiten des FamFG *FamFG* 208
- Verhältnis zum unmittelbaren Zwang *FamFG* 153 ff
- Verschulden *FamFG* 143 ff, 150
- Vollstreckungskosten *FamFG* 179, 181 ff
- wiederholte Verstöße *FamFG* 151

Ordnungsmittelbeschluss nach § 890 ZPO
- als Zivil- und Handelssachen *EuVTVO* 2 2a
- Antragsberechtigung bei Vollstreckung *EuVTVO* 6 2a
- Inhalt 890 61 ff
- namentliche Benennung 890 59 f

Ordre-public-Kontrolle 723 41 ff; *Brüssel I-VO* 34 3 ff; *EuBagatellVO* Vor 9 ff, 20 2; *EuVTVO* 5 5 ff, 21 1

Pächter
- Beteiligter in der Immobiliarvollstreckung aufgrund Anmeldung ZVG 9 21
- Zustellung an ZVG 57b 5

Pachtforderungen
- Ausnahmen von der Beschlagnahme in der Zwangsversteigerung ZVG 21 5

Pachtstreitigkeiten
- vorläufige Vollstreckbarkeit 708 18

Pachtverhältnis
- *siehe* Miet- oder Pachtverhältnis

Parallelpfändung 829 129
Partei kraft Amtes
- Vollstreckungsklausel 727 21

Parteibezeichnung
- Berichtigung 750 9 ff
- im Erkenntnisverfahren 750 24

Parteifähigkeit
- ausländische Gesellschaft ZVG 15 5
- Begriff und Beispiele ZVG 15 2 ff
- BGB-Gesellschaft 736 1, 859 3, 7; ZVG 15 4
- gelöschte Gesellschaften ZVG 6 5 ff
- nicht rechtsfähiger Verein 735 1
- Wohnungseigentümergemeinschaft ZVG 15 3

Parteiidentität 750 4 ff

Parteiunfähigkeit
- Zuschlagsversagungsgrund ZVG 83 7

Partnerschaftsgesellschaft
- Anteilspfändung 859 1; 4. 4, 16
- Antragsberechtigung bei Teilungsversteigerung eines Grundstücks einer gekündigten P. ZVG 180 14
- Berechtigung zur Gebotsabgabe ZVG 71 8
- Teilungsversteigerung ZVG 180 14
- Vollstreckung gegen 736 10

Patent
- Erzwingung von Unterlassungen 890 3
- Pfändung 857 19 ff; 5. 14 ff
- Verwertung 5. 51 ff

Perpetuatio fori 828 12, Vor 916–945b 35

Personenentfernung
- Handlungsvollstreckung 888 5

Personengesellschaften
- Berechtigung zur Gebotsabgabe ZVG 71 8
- Vollstreckungsschutz 765a 23

Personenmehrheit
- Zustellung 750 18

Persönliche Gebrauchsgegenstände
- Pfändungsverbot 811 10 f

Persönlicher Arrest (Sicherheitsarrest)
- Arrestgrund 918 5
- Arrestschuldner 918 4
- Begriff Vor 916–945b 10
- Entscheidung 918 8
- Subsidiarität Vor 916–945b 11
- Verfahren 918 7
- Verhältnis zum dinglichen Arrest 918 1

Persönlicher Arrest (Sicherheitsarrest), Vollziehung
- Arresthaft und Straf-/Untersuchungshaft 933 10 f
- durch andere Freiheitsbeschränkung als Haft 933 3 f
- durch Haft 933 5 ff
- Haftbefehl und Verhaftung 933 5
- Haftvollzug und Entlassung 933 6
- Kosten 933 15 f
- mehrere Arreste und Arresthaftbefehle 933 7 ff
- Rechtsbehelfe 933 12 ff

Persönlichkeitsrechte
- Pfändbarkeit 857 4

Persönlichkeitsrechtsverletzung 935 42, 938 18

Pfandanzeige 808 16

Pfandrecht
- als Geldforderungen iSd Vollstreckungsrechts Vor 803 ff 3
- Erinnerung nach § 777 ZPO 777 7 f
- verfahrenshinderndes Recht ZVG 28 13

Pfandschein
- Hilfspfändung 808 2, 829 130
- Zuständigkeit und Vollstreckungsverfahren 829 51

Pfandsiegel
- Abfallen/Entfernen 803 9, 808 15
- Ersichtlichmachung der Pfändung 808 16

Pfändung
- Anspruch auf Abgabe von Übereignungserklärungen 886 7
- gemeinschaftliche Forderung 828 16
- Gerichtsvollziehergebühr *GvKostG* Nr. 205 1 ff
- Gutglaubensschutz 829 108 ff
- Nach- und Ausfallpfändung *GvKostG* Nr. 205 1
- Sicherungsvollstreckung 720a 7
- Soldatenbezüge 828 11
- Teilpfändung 829 63
- Vermögensrechte 857 1 ff
- von beweglichem Vermögen (Sachpfändung) 803 1, 3
- von Rechten/Forderungen (Rechtspfändung) 803 1, 3

Pfändung bei einem herausgabebereiten Dritten
- Durchführung 809 7
- Herausgabebereitschaft 809 5
- Kosten 809 10
- Prüfungsumfang des Gerichtsvollziehers 809 6

- Scheingewahrsam 809 4
- Verstöße/Rechtsbehelfe 809 9
- Voraussetzungen 809 3 ff
- Wirkungen 809 8

Pfändung von anderen Vermögenswerten
- anwendbare Vorschriften 829 2

Pfändung von Arbeitseinkommen
- *siehe* Arbeitseinkommen

Pfändung von beweglichen Sachen
- *siehe auch* Gerichtsvollzieher
- *siehe auch* Gewahrsam des Schuldners
- *siehe auch* Mehrfache Pfändung
- *siehe auch* Unpfändbare Sachen (Pfändungsverbot)
- als Hoheitsakt 803 2
- Anfechtbarkeit 803 6
- Aufhebung 803 9
- Auswahl der zu pfändenden Gegenstände 803 4
- Begriff 803 2
- bei herausgabebereiten Dritten 809 3 ff
- beim Gläubiger 809 2
- beim Schuldner 808 1 ff
- Benachrichtigung des Schuldners 808 17
- Besitzverhältnisse 808 21 f
- Bewirken 808 12 ff
- Ersichtlichmachung 808 15 f
- gleichzeitige 804 13, 808 18, 827 6
- Inbesitznahme durch Gerichtsvollzieher 808 12
- Kosten 803 17, 808 24 f; *GvKostG* **Nr. 205** 1
- Nichtigkeit 803 6
- Pfandanzeige 808 16
- Pfändungspfandrecht 803 8, 804 1 ff, 808 19
- Rechtsbehelfe 808 23
- Schätzung 813 3 ff
- Siegelung 808 16
- Überpfändungsverbot 803 11 ff
- Verfahren des Gerichtsvollziehers 803 3 f
- Verstöße 808 23
- Verstrickung 803 7, 808 19
- von Vorbehaltseigentum 811 32 ff
- Voraussetzungen 803 5
- vorherige Aufforderung zur freiwilligen Leistung 803 4
- Wegschaffung 808 13 f
- Wegschaffung zur Verwertung 808 20 f
- Wirkungen 803 7 ff, 808 19 ff
- zwecklose 803 14 ff

Pfändung von Geldforderungen
- *siehe auch* Pfändungsbeschluss

- *siehe auch* Überweisungsbeschluss
- Anhörung des Schuldners 834 1 ff
- Antrag 829 5, 64 ff
- arrestatorium 829 80, 96, 105
- Aufhebung 829 163 ff
- Aufrechnung 829 114 ff
- Auskehransprüche 829 30 f
- Auslandsbezug 829 157 ff
- Bestimmbarkeit der Forderung 829 60
- Bestimmtheit künftiger Forderungen (mit typischen Einzelfällen) 829 19
- Bestimmtheitsgrundsatz 829 75 ff
- betagte und bedingte Forderung 829 12
- Beteiligtenbezeichnung 829 76
- Drittschuldnererklärung 829 71 f
- Drittschuldnerklage 829 118
- eigene Forderung des Gläubigers 829 41
- Einzelfälle 829 131 ff
- Einziehungsprozess 829 118, 835 9
- Fälligkeit der Forderung 829 55 ff
- fehlgeschlagene 829 14, 20, 120
- Forderungsbezeichnung 829 64, 77
- Forderungsmehrheit 829 28
- fortlaufende Bezüge 832 1 ff
- Fremdwährungsschulden 829 1, 162
- gegen NATO-Angehörige 829 157, 160
- Gegenrechte des Drittschuldners 829 52
- gegenwärtige Forderung 829 10
- Geldforderung 829 9 ff, 29
- gemeinschaftliche Forderung 829 39, 89
- gesicherter Forderungen 829 4
- Gläubiger als Drittschuldner 829 40
- Haftungsmasse 829 35
- Hypothekenhaftungsverband 829 42
- inhibitorium 829 80, 96, 101 f
- Insolvenz des Schuldners 829 121 ff
- Kosten 829 181 ff
- Kostenvorschuss 829 83
- künftige Forderung 829 16 ff, 21
- Lebensversicherung 829 43 f
- maßgebender Zeitpunkt 829 31
- mehrfache Pfändung 853 1 ff
- Naturalobligationen 829 15
- Nebenrechte 829 97
- öffentlich-rechtliche Forderung 829 29, 90
- ohne Überweisung 829 3, 835 3
- Pfändungs- und Überweisungsbeschluss 835 3, 843 6
- Pfändungsbeschluss 829 84 ff
- Pfändungserstreckung auf Sekundäransprüche und Surrogate 829 18

- Pfändungspfandrecht 829 95
- Prozesswirkungen 829 103 f, 113
- Rang 829 23 ff
- Rechtsbehelfe 829 164 ff
- Rechtsmissbrauch 829 8
- Rechtsschutzbedürfnis 829 82
- Rechtsstellung des Drittschuldners 829 105 ff
- Rechtsstellung des Schuldners 829 100 ff
- Restforderung 829 61 f
- Schlüssigkeitsprüfung 829 6, 78
- Teilbetrag 829 62
- Teilpfändung 829 63
- Treu und Glauben 829 8
- Überweisung 835 1 f
- Überweisungsbeschluss 835 3 f
- Umfang der Pfändung 829 97 ff, 172
- und Abtretung 829 22, 36 f
- unpfändbare Forderungen 829 32 ff
- Verfahren 829 54 ff
- Verstrickung 829 94 ff
- Verwertung 835 1 f
- Vollstreckungsbeginn 829 85
- Vollstreckungsvoraussetzungen 829 5
- Wahrheitspflicht 829 7
- Wirkung 829 94 ff

Pfändung von Herausgabeansprüchen
- anwendbare Vorschriften 829 2
- auf bewegliche Sache 847 1 ff
- auf ein Schiff 847a 1 f
- auf Luftfahrzeuge 847a 1
- auf unbewegliche Sache 848 5 ff
- Drittschuldner 847 6 f
- Durchführung 847 2
- Kosten 847 3, 12 ff
- Muster 847 5
- Pfändungsdurchsetzung bei unbeweglichen Sachen 848 12 ff
- Rechtsbehelfe 847 11
- Sequesterbestellung 848 10
- Überweisung bei unbeweglichen Sachen 848 20
- unteilbare Sache 847 4
- Verwertung 847 10
- Wirkung 847 8 f

Pfändung von Hypothekenforderung
- siehe Hypothekenforderung, Pfändung

Pfändungs- und Überweisungsbeschluss
- Antrag (Muster) 829 69 ff, 87
- Antrag auf Rücknahme 843 6
- Dokumentenpauschale 829 183
- ein/mehrere Aufträge und Zustellung 829 186; GvKostG 3 44
- Gerichtskosten 829 181 ff
- Gerichtsvollziehergebühren 829 186
- keine Vollstreckungsklausel 724 3
- Kostenvorschuss 829 83
- mehrere Ausfertigungen desselben PfÜb als unrichtige Sachbehandlung GvKostG 7 8
- Pfändungsumfang bei fortlaufenden Bezügen 832 8
- Rechtsanwaltsgebühren 829 184 f
- Rechtsbehelf/maßgebender Zeitpunkt 829 179
- Vollstreckung durch ausländische Gerichte 829 161b
- Wirksamkeit 829 30, 34, 835 3

Pfändungs- und Verhaftungsauftrag
- Gerichtsvollzieherkosten GvKostG 3 15
- Wegegeld GvKostG 17 4

Pfändungsbeschluss
- Begründungserfordernis 829 85
- fehlerhafter 850 27 ff, 850a 30
- Muster 829 87
- Rechtsbehelfe 829 164 ff, 850 28, 850a 30 ff
- Zuständigkeit 829 84
- Zustellung 829 88 f

Pfändungsgläubiger
- Erbengemeinschaft ZVG 180 17
- geringstes Gebot ZVG 182 8
- Teilungsversteigerung ZVG 181 11

Pfändungsgrenzen für Arbeitseinkommen 850c 1 ff

Pfändungspfandrecht
- Akzessorietät 804 6
- Anschlusspfändung 826 7
- Ausgleichsanspruch 804 16
- Entstehung 803 8, 804 5 ff, 808 19, 829 95
- Erlösauskehr 804 16
- Erlöschen 804 9 f
- Gegenstand/Umfang 804 11
- gemischt privat-öffentlich-rechtliche Theorie 804 2
- Heilung 804 8
- Inhalt 804 12 ff
- Insolvenz 804 15
- konkurrierende Gläubiger 804 17
- mangelhafte Pfändung 804 8
- öffentlich-rechtliche (prozessuale) Theorie 804 3
- Prioritäts-/Präventionsprinzip 804 13
- Rang 804 13
- Rangänderung 804 14
- Rechtsnatur 804 2 ff
- schuldnerfremde Sache 804 7
- Wirkungen 804 16 f

Pfändungsschutz
- Rechtsfolgen von Verstößen 850 27 ff
- Verzicht auf Unpfändbarkeit 850 30

Pfändungsschutzkonto
- *siehe* P-Konto

Pfändungstheorien 857 9 ff

Pfändungsverbot
- *siehe auch* Unpfändbare Sachen (Pfändungsverbot)
- Kahlpfändung 811 1
- Rechtsnatur 811 2

Pfandveräußerung
- Gewährleistungsausschluss 806 1 ff, 817 3

Pfandverkauf
- Vollstreckungsschutz 765a 20

Pfleger
- Festsetzung von Vorschuss, Aufwendungsersatz, Aufwandsentschädigung, Vergütung etc. *FamFG* 194
- Teilungsversteigerung *ZVG* 181 13

Pflichtteilsanspruch
- Erbschaftsteuer 852 24
- Insolvenzmassezugehörigkeit 852 23
- Pfändbarkeit 850i 13, 851 8, 852 2
- Pfändung 829 25, 33
- Vollstreckung wegen P. bei Testamentsvollstreckung 748 6

Pflichtteilsergänzungsanspruch
- Insolvenzmassezugehörigkeit 852 23
- Pfändbarkeit 852 2

Pflichtteilsrestanspruch
- Insolvenzmassezugehörigkeit 852 23
- Pfändbarkeit 852 2

P-Konto
- *siehe auch* Kontopfändung
- Anspruch des Kunden auf 850k 55
- Anzahl der P-Konten 850k 62, 65 f
- Aufrechnungs- und Verrechnungsverbot 850k 52 ff
- Aufstockung des Sockelbetrages 850k 27 ff
- Auskunftsmöglichkeiten bei Auskunfteien 850k 11, 64
- Auszahlungspflicht an Schuldner 850k 44 f
- Beispielrechnung 850k 28
- Beispielrechnungen 850k 23 ff
- Berechnung 850k 21 ff
- Bescheinigungen (Nachweise) 850k 46 ff
- Debet-Konto 850k 13, 56
- Erhöhung des Pfändungsfreibetrages 850k 27 ff
- Freibetrag im Kalendermonat 850k 14 f
- Guthaben-Begriff 850k 13, 15
- Inhaber 850k 63
- Insolvenz 850k 67 f
- Konto im „Soll" 850k 13
- Leistungen aus privater Altersversorgung 851c 22
- Miet- oder Pachtzinsforderungen 851b 13
- Monatsanfangsproblematik 835 31, 850k 16 ff
- „Moratorium" des § 835 Abs. 4 ZPO 850k 18, 20
- Musterbescheinigung 850k 48
- Pfändungsschutz 850k 1 ff
- Riester-/Rürup-Rente 851d 9
- SCHUFA-Anfrage 850k 64
- Umstellung eines Girokontos auf ein P-Konto nach Pfändung 850k 20, 59
- Umstellungsfrist 850k 59
- unpfändbarer Sockelbetrag 850k 14
- Vereinbarung 850k 55 ff
- Verfügungsbefugnis 850k 63
- Wegfall der Führung eines Kontos als P-Konto 850k 65 f

P-Konto, Anordnung der Unpfändbarkeit von Kontoguthaben
- Antragsberechtigung 850l 17
- Antragsfrist 850l 18 f
- Aufhebung der Anordnung der Unpfändbarkeit auf Antrag des Gläubigers 850l 27 f
- Darlegung und Glaubhaftmachung 850l 16
- Ermessensentscheidung des Vollstreckungsgerichts 850l 22
- Gläubigerbelange 850l 20 f
- Nachweis/Beweismittel 850l 11 f
- Prognose 850l 13 ff
- Rechtsbehelfe 850l 29
- Rechtsfolgen 850l 23 ff
- Voraussetzungen 850l 5 ff

P-Konto, Anordnungen des Vollstreckungsgerichts
- Bestimmung der Beträge 850k 42 f
- Ersetzung des Sockelbetrages bei Pfändung wegen Unterhaltsansprüchen 850k 36 f
- Ersetzung des Sockelbetrages nach Maßgabe der §§ 850 ff in Bezug auf Sozialleistungen und Kindergeld 850k 38 ff

P-Konto, Erhöhung des Pfändungsfreibetrages
- Bedarfsgemeinschaft 850k 30

- Erfüllung gesetzlicher Unterhaltspflichten 850k 29
- Kindergeld/ähnliche Geldleistungen 850k 32
- nichteheliche Lebensgemeinschaft 850k 30
- Rechtsfolge 850k 34
- Sozialhilfe 850k 30
- Sozialleistungen 850k 31
- Übertragbarkeit des aufgestockten Sockelbetrages auf den Folgemonat 850k 33

P-Konto, Gebühren
- für Bearbeitung der Pfändung 850k 61
- für Einrichtung als P-Konto 850k 60
- Kontoführungsgebühren 850k 53, 60

Pkw
- *siehe* Kfz

Platzverweis
- Wohnungsüberlassung nach § 2 GewSchG 7. 37 ff

Postfachadresse ZVG 6 11

Präklusion
- Anfechtungseinrede/-gegeneinrede AnfG 9 8
- Einwendungen gegen Vollstreckungsbescheid 796 5
- Gläubigeranfechtung AnfG 2 26
- Haftungsbeschränkung des Erben 780 1
- im Beschwerdeverfahren nach AVAG AVAG 12 1 f
- prozessuale Gestaltungsklage analog § 767 ZPO 767 58
- Vollstreckungsabwehrklage 767 48 ff, 57
- Vollstreckungsschutzantrag 765a 11

Präsenzversteigerung 814 2, 4, 5

Präventionsprinzip
- Pfändungspfandrecht 804 13

Prioritätsprinzip
- Pfändungspfandrecht 804 13

Prism-Investment-Entscheidung 1086 1; AUG 44 1

Probeentnahme, Abstammungssachen FamFG 212 f

Protestgebühr GvKostG 12 4

Protokoll
- *siehe* Versteigerungsprotokoll

Protokoll über Vollstreckungshandlungen
- Aufforderungen und Mitteilungen des Gerichtsvollziehers 763 1 ff
- Berichtigung 762 13
- Berliner Modell 885a 5 f
- Beweiskraft 762 13
- Form 762 11 f
- Hamburger Modell 885 56
- Inhalt 762 3 ff
- Kosten 762 14 ff

Protokollabschrift 762 15 f
- Dokumentenpauschale GvKostG Nr. 700 7 ff

Provision
- Pfändbarkeit 850 44

Provisionsanspruch
- Pfändung 829 19, 832 4

Prozessbevollmächtigter
- Zustellung 750 18

Prozessfähigkeit
- Begriff 1. 2 ff
- Prüfung durch Vollstreckungsgericht ZVG 15 6
- Prüfung durch Vollstreckungsorgan 704 5, 750 8, 753 16; ZVG 66 4
- und Betreuung 1. 5 ff

Prozessführungsbefugnis
- natürliche Person ZVG 15 7
- Testamentsvollstrecker 748 1
- Zwangsverwalter ZVG 152 29 ff

Prozesskostenhilfe
- Anerkennung und Vollstreckung in Ehesachen/im Bereich elterlicher Verantwortung Brüssel IIa-VO 50 1
- bei Pfändung einer Geldforderung 829 74
- Bewilligung durch Rechtspfleger RPflG 4 6
- Eintritt der Rechtskraft 705 6
- Entnahmeverbot GvKostG 15 6
- Rechtspfleger RPflG 20 2 ff, 6
- Vollstreckbarerklärungsverfahren Brüssel I-VO 50 2 ff
- Zwangsversteigerung von Grundstücken ZVG 15 49

Prozesskostenhilfeantrag
- einstweilige Einstellung der Zwangsvollstreckung 719 4

Prozesskostenvorschuss
- Pfändbarkeit 851 18

Prozessstandschaft
- Vollstreckungsklausel 727 22

Prozessuale Gestaltungsklage analog
- Präklusion 767 58

Prozessuale Gestaltungsklage analog § 767 ZPO
- Statthaftigkeit 767 19 ff

Prozessunfähigkeit
- Zuschlagsversagungsgrund ZVG 83 7

Prozessvergleich
- *siehe auch* Widerrufsvergleich
- als Europäischer Vollstreckungstitel *EuVTVO* 24 1
- als Vollstreckungstitel 794 3 ff
- Anerkennung und Vollstreckung in Ehesachen/im Bereich elterlicher Verantwortung *Brüssel IIa-VO* 46 1 f
- Anerkennung und Vollstreckung von Unterhaltsansprüchen *EuUntVO* 48 3 ff, 9 ff
- Auslegung 794 12
- Bestimmtheit 794 11 f
- Doppelnatur 794 6
- einstweilige Einstellung der Zwangsvollstreckung 707 7
- Entscheidung iSd EuVTVO *EuVTVO* 4 4
- Europäischer Vollstreckungstitel für unbestrittene Forderungen *EuVTVO* 3 7
- Protokollierung 794 13
- Prozesshandlung 794 10
- Rechtsnatur 794 6
- Unwirksamkeit 794 15
- Verhältnis zur Vollstreckungsabwehrklage bei Einwendungen 767 22
- Vollstreckbarerklärung 795b 1 ff; *Brüssel I-VO* 58 1 ff
- Vollstreckungsklausel 726 9
- Voraussetzungen 794 3 ff
- zuständige Stelle 794 3

Prozessverschleppung
- Arrestgrund 917 6

Querulatorische Eingaben bei Gericht *ZVG* 95 4

Quittung 754 10, 757 1, 837 10

Rangfolge
- Änderung der Befriedigungsreihenfolge *ZVG* 12 2
- innerhalb einer Rangklasse *ZVG* 11 1 ff
- innerhalb eines Rechts *ZVG* 12 3 ff
- Lokus-Prinzip *ZVG* 11 3
- mehrfache Pfändung künftiger Forderungen 829 23 ff
- Rangänderung *ZVG* 11 8 ff

Rangklassen
- ältere Ansprüche der Rangklasse 3 *ZVG* 10 49
- ältere Ansprüche der Rangklasse 4 *ZVG* 10 50
- bestrangig betreibender Gläubiger *ZVG* 44 9 ff
- dingliche Rechte *ZVG* 10 41 ff, 44 12 ff

- Feststellungskosten *ZVG* 10 10, 45 5, 110 2
- Gerichts- und Verfahrenskosten *ZVG* 10 2 ff, 109 1 ff
- Hausgeldanspruch *ZVG* 10 11 ff, 45 5, 10, 110 2, 155 9, 156 2 ff
- in der Zwangsverwaltung *ZVG* 155 8 ff
- Kosten der dinglichen Rechtsverfolgung *ZVG* 10 53 ff
- Kosten der Kündigung *ZVG* 10 53 ff
- Kostenvorschuss *ZVG* 10 3, 109 8
- öffentliche Grundstückslasten *ZVG* 10 30 ff, 110 2, 155 9, 156 5 ff
- relativer Nachrang *ZVG* 10 48
- sonstige Vollstreckungsansprüche *ZVG* 10 45 ff
- verspätete Anmeldung *ZVG* 10 51 f
- Verwaltungskostenvorschuss *ZVG* 10 5 ff, 45 5, 110 2
- Vormerkung *ZVG* 10 41
- zwangsweise Veräußerung des Wohnungseigentums *ZVG* 10 57 ff

Rangvorbehalt
- bestehenbleibendes Recht *ZVG* 52 8
- geringstes Gebot *ZVG* 44 21

Ratenzahlungsvereinbarung
- Dauer 802b 5
- Einverständnis des Gläubigers 802b 9 ff
- Festsetzung von Zahlungsplan 802b 7
- Formulierungsbeispiele 802b 25 ff
- kein Ausschluss durch Gläubiger 802b 9 ff
- Kosten 802b 29 ff
- Rechtsbehelf 766 12 f
- Rechtsbehelfe 802b 24
- Verhaftung 802g 29
- Vollstreckungsaufschub 754 16, 802b 14 ff
- Vollstreckungsaufträge mehrerer Gläubiger 802b 21 ff
- Voraussetzungen 802b 5, 9 ff
- Widerspruch des Gläubigers 802b 17 ff, 26 ff
- Zeitpunkt des Abschlusses 802b 6

Räume
- Versiegelung 808 16

Räume, Streitigkeiten über
- vorläufige Vollstreckbarkeit 708 18

Räumung
- *siehe auch* Berliner Modell
- *siehe auch* Herausgabevollstreckung
- Anschriftenmitteilung 885 43
- Antrag 885 26 ff
- Antragsrücknahme 885 27

- Auslagen *GvKostG* **Nr.** 713 1
- Berliner Modell 885 26, 885a 2; 6. 34
- beschränkter Vollstreckungsauftrag 885a 3 f; *GvKostG* **Nr.** 240–243 2, **Nr.** 709 2, **Nr.** 713 1
- Beseitigung von beweglichen Sachen 885 49 ff
- Besitzbeseitigung 885 36
- Besitzeinräumung 885 46
- BGB-Gesellschaft 6. 22
- Drittbetroffenheit 6. 14 ff
- Durchführung 6. 28 ff
- Durchsuchungsanordnung 885 32
- Ehegatte 6. 16 ff
- Ehewohnungssachen *FamFG* 196, 199, 220, 237
- Eigenleistungen des Gläubigers 885 35
- ein Auftrag/mehrere Aufträge *GvKostG* 3 24
- einstweilige Verfügung 940a 4 ff; 6. 6 ff
- Entfernung von Gegenständen 885 36
- Familienangehörige 6. 16 ff
- Frankfurter Modell 885 26
- freiwillige 885 25
- Gebühren *GvKostG* **Nr.** 240–243 1 f
- gemischtes Mietverhältnis 6. 12
- gleichzeitige Pfändung beweglicher Sachen 885 29
- gleichzeitige Pfändung zugunsten anderer Gläubiger 885 75
- Grundstücksherausgabe 885 34
- Hamburger Modell 885 26, 56
- Hausbesetzer 885 23, 885a 2; 6. 20
- Herausgabe an Dritte 885 61 ff
- Herausgabeanspruch des Schuldners 885 59 f
- Hinterlegung des Restbetrags 885 72
- Kosten 885 84 ff
- Kostenbefreiung *GvKostG* 2 4
- Kostenhaftung 885 76 ff
- mehrfacher Vollzug des Titels 885 44
- Müll 885 36, 52, 58
- Obdachlosigkeit des Schuldners 885 41 f
- prozessuale Voraussetzungen 885 26 ff
- Räumungsfrist 885 31; 6. 23 ff; *ZVG* 93 18
- Räumungsklage wegen Zahlungsverzugs 6. 22b
- Räumungstermin 885 30
- Räumungstitel 885 5
- Rechtsbehelfe 885 82
- Scheinbestandteile 885 2
- Schiffe 885 2
- Schlüsselübergabe 885 37
- Schuldnerinsolvenz 885 40
- Spedition 885 54
- Suizidgefahr 6. 26; *ZVG* 94 18
- Tiere 885 57
- Titelverbrauch 885 45
- Titulierung (Besonderheiten) 6. 5 ff
- unbekannter Mitbesitzer der Mietsache 6. 22a
- unbewegliche Sache 885 1 ff
- Unterwerfungssperre 6. 10 ff
- unverwertbare Sachen 885 69 f
- vereinfachte *GvKostG* **Nr.** 240–243 2, **Nr.** 709 2, **Nr.** 713 1
- Verkauf der nicht abgeholten Sachen 885 64 ff
- Vermieterpfandrecht 885 26, 73 f; 6. 34
- Verwahrung 885 55
- Verwirkung des Titels 885 27
- vollstreckbare Urkunde 6. 9 ff
- Vollstreckungskosten 788 69 ff, 72a; 6. 32
- Vollstreckungsschutz nach § 765a ZPO 6. 26 f
- Vorschuss 885 35; *GvKostG* 4 13
- Vorschuss des Gläubigers 885 59, 77, 88
- Wartefrist für Verkauf der nicht abgeholten Sachen 885 67
- Wegtransport durch Gläubiger 885 54
- Weisung des Gläubigers 885 54
- Wohnung *FamFG* 196, 199 ff
- zur R. verpflichtete Personen 885 10 ff

Räumung, Beseitigung von beweglichen Sachen
- Abwesenheit des Schuldners 885 51
- Beauftragung von Spedition 885 54
- Empfangsberechtigte 885 50
- Hamburger Modell 885 56
- Herausgabe an anwesenden Schuldner 885 50
- Kostenhaftung 885 76 ff
- Müll/Unrat 885 52, 58
- Tiere 885 57
- unbeschränkter Vollstreckungsauftrag 885 49
- unverwertbare Sachen 885 69 f
- Vernichtung 885 52
- Versendung an neue Adresse des Schuldners 885 53
- Verwahrung 885 54
- Verweigerung der Entgegennahme 885 51

- Wegtransport durch Gläubiger 885 54
- Weisung des Gläubigers 885 54

Räumung des Schuldners bei Gefährdung
- Zwangsverwaltung ZVG 149 11 ff

Räumungsanspruch
- Unterwerfungserklärung (Muster) 794 44

Räumungsbeschluss
- Rechtsnatur ZVG 149 18

Räumungsfrist
- Antrag 721 6 ff
- Anwendungsbereich 721 2 ff
- bei Räumungsvergleich 794a 2 ff
- bei Räumungsvollstreckung ZVG 93 18 f
- Berechnung 751 4
- Ermessen 721 11
- Fristbeginn 721 11 f
- Kriterien (Einzelfälle) 721 13 ff
- Räumung bzw künftige Räumung 721 4
- Verfahren 721 10
- Vollstreckungsschutz 721 1
- von Amts wegen 721 6
- Wirkung 721 18
- Wohnraum 721 2 f
- Wohnungsüberlassung nach § 2 GewSchG 7. 29
- Zuschlagsbeschluss 721 4
- Zuständigkeit 721 9

Räumungsschutz
- Antragsfrist bei Vollstreckungsschutz nach § 765a ZPO 765a 66 f
- Kosten 721 24 ff
- Rechtsbehelfe 721 19 ff
- Verhältnis zum Vollstreckungsschutz 721 22 f, 765a 17; ZVG 93 18 f

Räumungstermin 885 30

Räumungsverfügung
- Anhörung des Gegners 940a 20
- Gefahr für Leib oder Leben 940a 9
- gegen mitbesitzenden Dritten 940a 10 ff
- Gewerberaum 940a 16
- verbotene Eigenmacht 940a 5 ff
- wegen Widersetzlichkeit gegen Sicherungsanordnung im Hauptsacheverfahren (Räumungsklage wegen Zahlungsverzugs) 940a 17 ff
- Wohnraum 940a 4

Räumungsvergleich
- ausgenommene Mietverhältnisse 794a 10
- Fristdauer 794a 9
- Fristgewährung 794a 2 ff
- Kosten für Entscheidung über Fristgewährung 794a 11 ff

Räumungsvollstreckung
- Besitzübertragung an einen Dritten zur Vereitelung der R. 829 8
- gegen Mieter bei Zwangsverwaltung ZVG 152 36
- keine richterliche Durchsuchungsanordnung 758a 7
- Vollstreckungsschutz 765a 49 ff

Räumungsvollstreckung und Herausgabe
- Beginn ZVG 93 10 ff
- Einschränkung der Ersteherrechte ZVG 93 14 ff
- mitversteigerte bewegliche Sachen ZVG 93 13
- Räumungsfrist ZVG 93 18 ff
- Suizidgefahr ZVG 93 19
- vollstreckbare Ausfertigung des Zuschlagsbeschlusses ZVG 57 9 ff
- Zuschlagsbeschluss als Vollstreckungstitel auf ZVG 93 2 ff
- Zwangsverwaltung ZVG 152 36

Realgewerbeberechtigung 864 8

Reallast
- keine Schuldübernahme durch Ersteher ZVG 53 16
- Pfändung 830 9, 857 64
- Rang ZVG 10 41
- Übergang der Lasten mit Wirksamwerden des Zuschlags ZVG 56 14
- Unterwerfungserklärung 800 4
- wiederkehrende Leistung ZVG 13 5, 21 6
- Zuzahlungspflicht des Erstehers ZVG 51 12

Rechnungslegung
- Handlungsvollstreckung 888 5

Rechte, mit Eigentum am Grundstück verbunden 864 6

Rechte/Forderungen
- nicht selbständig pfändbare Rechte (Beispiele) 857 4
- Pfändung 803 1, 3
- selbständig pfändbare Rechte (Beispiele) 857 3
- unselbständige Nebenrechte (Beispiele) 857 5

Rechtfertigungsverfahren 942 15 ff

Rechtsanwalt
- *siehe auch* Anwaltszwang
- keine Berechtigung zur Gebotsabgabe ZVG 71 8
- Pfändungsverbot 811 25
- Vertretung ZVG 15 12, 66 4

Stichwortverzeichnis

Rechtsanwaltsvergütung
- Abnahme der Vermögensauskunft 788 92a ff
- Angelegenheit 704 38 ff, 788 77 ff
- FamFG *FamFG* 42, 182, 250
- Vollstreckungskosten 788 73 ff

Rechtsbehelf
- Maßnahme und Entscheidung als Abgrenzungskriterien für statthaften R. 766 19 ff; *ZVG* **Vor 95–104** 8 f

Rechtsbehelfsbelehrung
- Arrestbeschluss 922 11
- Erforderlichkeit *FamFG* 55; *ZVG* **Vor 95–104** 60, 159 6
- falsche/fehlende *ZVG* **Vor 95–104** 60, 98 3
- Festsetzung von Zwangsmitteln *FamFG* 26
- Gebotsabgabe im Versteigerungstermin von Grundstücken *ZVG* 70 14 ff
- in Verfahren nach GvKostG *GvKostG* **3a** 1 ff
- isolierter Kostenfestsetzungsbeschluss *EuVTVO* 17 1
- Rechtsbehelfe gegen Teilungsplan *ZVG* 115 25 ff
- richterliche Durchsuchungsanordnung 758a 15
- Sprache *EuVTVO* **17** 3
- Verkehrswertfestsetzung *ZVG* 74a 39
- Vollstreckungserinnerung 766 49
- Zuschlagsbeschwerde *ZVG* **Vor 95–104** 60

Rechtsbehelfskosten
- Vollstreckungskosten 788 93

Rechtsbeschwerde
- Anwaltszwang *ZVG* **Vor 95–104** 47
- Begründetheit *ZVG* **Vor 95–104** 48
- einstweilige Anordnung *ZVG* **Vor 95–104** 49
- Frist *ZVG* **Vor 95–104** 47
- gegen Beschwerdeentscheidung über Vollstreckbarerklärung (Ehesachen/elterliche Verantwortung) *Brüssel IIa-VO* 34 1 ff
- Kosten *ZVG* **Vor 95–104** 50 f
- Statthaftigkeit 793 19; *ZVG* **Vor 95–104** 45 f
- und FamFG *FamFG* 113, 171, 189
- Zuständigkeit *ZVG* **Vor 95–104** 44

Rechtsbeschwerdeverfahren
- neuer Antrag 765a 31

Rechtsfähigkeit
- GbR *ZVG* 180 12

Rechtshandlungen des Erben, AnfG
- Anfechtungsberechtigung *AnfG* 5 3, 8
- Konkurrenzverhältnis *AnfG* 5 10
- Rechtsfolgen *AnfG* 5 9
- Voraussetzungen *AnfG* 5 4 ff

Rechtshandlungen des Schuldners, AnfG
- Arbeitskraft des Schuldners *AnfG* 1 18 f
- Aufwendungen des Schuldners (mit Beispielen) *AnfG* 1 15 f
- Begriff *AnfG* 1 3 ff
- Benachteiligungsvorsatz *AnfG* 3 9 ff
- entgeltliche Verträge mit nahestehenden Personen *AnfG* 3 23 ff
- gebräuchliche Gelegenheitsgeschenke geringen Wertes *AnfG* 4 18 f
- Geltendmachung des Anfechtungsanspruchs durch Einrede *AnfG* 9 3 ff
- Geltendmachung des Anfechtungsanspruchs durch Gegeneinrede *AnfG* 9 5
- Geltendmachung des Anfechtungsanspruchs durch Klage *AnfG* 13 1 ff
- Gesamtvorgang *AnfG* 1 7
- höchstpersönliche Rechtshandlungen *AnfG* 1 17 ff
- Lebensversicherungen mit Bezugsrechten Dritter *AnfG* 1 14
- mittelbare Zuwendungen (mit Fallgruppen) *AnfG* 1 12 ff
- Stellvertretung *AnfG* 1 11
- unentgeltliche Leistungen des Schuldners *AnfG* 4 4 ff, 11 11
- Unterlassen *AnfG* 1 5 f
- Veräußerung des Unternehmens (asset deal) *AnfG* 1 20
- Vollstreckungshandlungen konkurrierender Gläubiger *AnfG* 1 9 f
- Vornahme der R. aufgrund eines vollstreckbaren Schuldtitels *AnfG* 10 2 ff
- Vornahme der R. aufgrund Zwangsvollstreckung *AnfG* 10 6
- Vornahme durch den Schuldner *AnfG* 1 8 ff
- Vorsatzanfechtung *AnfG* 3 5 ff
- Zeitpunkt bei bedingten Rechtshandlungen *AnfG* 8 13 ff
- Zeitpunkt bei befristeten Rechtshandlungen *AnfG* 8 16
- Zeitpunkt bei mehraktigen Rechtshandlungen *AnfG* 8 7 f
- Zeitpunkt bei Rechtshandlungen *AnfG* 8 4 f
- Zeitpunkt bei Registergeschäften *AnfG* 8 9 ff
- Zeitpunkt bei Unterlassen *AnfG* 8 6

Rechtshängigkeit der Forderung 852 9
Rechtshängigkeitsvermerk 938 23
Rechtskraft
- bei Anschlussberufung 705 10
- bei Anschlussrevision 705 10
- Eintritt 705 3 ff
- formelle 704 7, 705 1, 706 1
- Hemmung 705 9 ff
- materielle 705 1, 706 1
- rechtskraftfähige Entscheidungen 705 2
- Teilrechtskraft 705 10 ff, 706 13
- Vollstreckungserinnerung 766 58
- Wirkung 705 14

Rechtskraftzeugnis
- Antrag 706 5
- Eintritt der formellen Rechtskraft 704 7, 706 1, 8
- Kosten 706 21
- Kostenfestsetzungsbeschluss 706 14
- Muster 706 11 f
- nach Rechtsmittelrücknahme 706 9 f
- nach Rechtsmittelverzicht 706 9 f
- Rechtsbehelf 706 20
- Rechtsnatur 706 2
- Rückgabe der Sicherheit des Gläubigers 715 4
- Sicherheitsleistung 706 3
- Sprungsrevision 706 9
- Zuständigkeit 706 6 f

Rechtsmissbrauch
- Ablehnung des Rechtspflegers bei Terminsdurchführung ZVG 66 8
- Bewilligung der einstweiligen Einstellung ZVG 30 18, 24
- Einzelausgebot ZVG 76 12 f
- Gebot ZVG 71 14 ff
- Gebote/Anträge ZVG 63 24 ff, 64 22
- Institutsverwalter ZVG 150a 7
- Schutzanordnung nach § 1 GewSchG, Mehrfachvollstreckung 7. 50
- Vollstreckungsverfahren 829 8
- Wohnungsüberlassung nach § 2 GewSchG, Mehrfachvollstreckung 7. 36

Rechtsmittel
- Fristen 705 4
- Statthaftigkeit 705 3

Rechtsmittelbelehrung
- siehe Rechtsbehelfsbelehrung

Rechtsmittelklarheit ZVG Vor 95-104 57

Rechtsmittelverzicht
- Eintritt der Rechtskraft 705 7 f
- Rechtskraftzeugnis 706 9 f

Rechtsnachfolge
- siehe auch Vollstreckungsklausel bei Rechtsnachfolge
- Gefahr der Doppelvollstreckung 733 7
- keine Zustellung bei Eintragung der Rechtsnachfolge im Grundbuch 799 1 ff
- Schuldner, R. während des Verfahrens ZVG 9 4
- vollstreckbare Ausfertigung 727 4 ff
- Vollstreckungsklausel ZVG 15 28, 30
- Zustellung ZVG 15 28, 30

Rechtspfändung 803 1, 3

Rechtspfleger
- Abhilfebefugnis RPflG 11 6 ff
- Ablehnung RPflG 10 3
- Anhörungspflicht RPflG 4 3
- Aufgaben im Bereich der Zwangsvollstreckung RPflG 1 2
- Aufklärungs- und Ermittlungspflicht RPflG 4 4 f
- Ausschließung RPflG 10 2
- Befangenheit RPflG 10 3 ff; ZVG 66 7 f
- befristete Rechtspflegererinnerung RPflG 11 10 ff
- Beweiserhebung RPflG 4 4
- Bindung an Recht und Gesetz RPflG 9 5 f
- dem R. übertragene Geschäfte (funktionelle Zuständigkeit) RPflG 13 1 ff
- dem Rechtspfleger übertragene Geschäfte (funktionelle Zuständigkeit) RPflG 3 1 ff
- Dienstaufsicht RPflG 9 2
- Dienststunden RPflG 9 3
- Entscheidungen des R. in Abgrenzung zu bloßen verfahrensleitenden Verfügungen RPflG 11 2
- freiheitsentziehende Maßnahmen RPflG 4 7
- funktionelle Zuständigkeit 764 6
- Gültigkeit von Geschäften bei Verstoß gegen funktionelle Zuständigkeit RPflG 8 1 ff
- Haftung RPflG 9 4
- Insolvenzverfahren RPflG 18 1 f
- kein Anwaltszwang in Verfahren vor dem Rechtspfleger RPflG 13 1
- keine Berechtigung zur Gebotabgabe ZVG 71 8
- Leitung des Versteigerungstermins ZVG 66 6 f
- PKH-Bewilligung RPflG 4 5

- Rechtsbehelfe gegen Entscheidungen des Rechtspflegers RPflG 11 2 f
- Rechtsbehelfe gegen Tätigkeiten in seiner Funktion als Rechtspfleger RPflG 11 4
- Rechtsmittel RPflG 11 5 f
- sachliche Unabhängigkeit RPflG 9 1 ff
- sofortige Beschwerde RPflG 11 5
- Stellung RPflG 1 1, 9 1 ff
- Teilabhilfe RPflG 11 9
- Übertragung auf Urkundsbeamten der Geschäftsstelle RPflG 36b 1 ff
- Umfang der Übertragung RPflG 4 2 ff
- verfahrensrechtliche Pflichten und Befugnisse RPflG 4 2 ff
- Weisungsfreiheit RPflG 1 1, 9 1

Rechtspfleger, Vorlagepflicht
- des gesamten Verfahrens zur weiteren Bearbeitung durch den Richter RPflG 5 1, 3 f, 7
- einer konkret vorgeschlagenen Maßnahme RPflG 4 8 ff
- zuständiger Richter RPflG 28 1

Rechtspfleger, Vorlagerecht
- ausländisches Recht RPflG 5 5 f
- zuständiger Richter RPflG 28 1

Rechtspfleger, Zuständigkeit
- Anordnung der Versteigerung RPflG 20 14
- Aufhebung der Arrestvollziehung RPflG 20 12
- Aufnahme von Erklärungen RPflG 24 2 ff
- Beratungshilfe RPflG 24a 1 f
- eidesstattliche Versicherung RPflG 3 2, 20 17
- Entscheidung über Anträge auf Bestimmung einer Frist zur Klageerhebung RPflG 20 11
- grenzüberschreitende Prozesskostenhilfe RPflG 20 6
- Grundbuchsachen RPflG 3 3
- Haft RPflG 20 17
- Klauselverfahren RPflG 20 7 ff
- Pfändungsmaßnahmen im Arrestverfahren RPflG 20 13
- Prozesskostenhilfe RPflG 20 2 ff
- Verstoß gegen funktionelle Zuständigkeit RPflG 8 1 ff
- Vollstreckungserinnerung RPflG 20 18
- Zwangsversteigerungs- und Zwangsverwaltungssachen RPflG 3 4
- Zwangsvollstreckungssachen nach dem 8. Buch der ZPO RPflG 20 15 ff

Rechtspflegererinnerung
- Abhilfeverfahren RPflG 11 11
- Anwendungsbereich RPflG 11 10
- Erinnerungsentscheidung RPflG 11 12
- Wiedereinsetzung in den vorigen Stand RPflG 11 11

Rechtspflegererinnerung, sofortige
- anwendbare Vorschriften ZVG Vor 95–104 22 ff
- Anwendungsbereich ZVG Vor 95–104 20
- Frist ZVG Vor 95–104 23
- Gegenstand ZVG Vor 95–104 21
- kein Anwaltszwang ZVG Vor 95–104 22
- Kosten ZVG Vor 95–104 26 f
- Nichtabhilfevermerk ZVG Vor 95–104 24
- Rechtsnatur ZVG Vor 95–104 25
- Verfahren ZVG Vor 95–104 22 ff

Rechtspflegergesetz (RPflG)
- Regelungsinhalt RPflG 1 1

Rechtsschutzbedürfnis
- Antrag auf Abnahme der Vermögensauskunft 802c 13
- Antrag auf Vervollständigung einer abgegebenen Vermögensauskunft 802d 18
- Drittwiderspruchsklage 771 15
- einstweilige Anordnung 769 17
- Gläubigeranfechtung AnfG 2 1
- Klage auf vorzugsweise Befriedigung 805 9
- Klauselerinnerung 732 6
- Klauselgegenklage 768 12
- Pfändung von Geldforderungen 829 82
- sofortige Beschwerde 793 12
- Vollstreckungsabwehrklage 767 32 f
- Vollstreckungsabwehrklage des Erben 785 5
- Vollstreckungserinnerung 766 30 ff; ZVG Vor 95–104 11
- Vollstreckungsschutz 765a 27 f
- Zwangsversteigerung von Grundstücken ZVG 15 37

Rechtsschutzinteresse, FamFG
- sonstige Angelegenheiten des FamFG FamFG 227
- Wohnungsräumung FamFG 200

Referendar
- Vertretung ZVG 15 12

Reform der Sachaufklärung in der Zwangsvollstreckung
- Informationsbeschaffung
  Vor 802a–802l 4 ff
- Übergangsregelung
  Vor 802a–802l 9 ff
- Verfahrensablauf (Übersicht)
  Vor 802a–802l 15
- Ziel und Neuregelungen zum 1.1.2013
  Vor 802a–802l 1 ff

Regelungsverfügung
- *siehe auch* Einstweilige Verfügung
- Regelungsgegenstand 935 4 f
- streitiges Rechtsverhältnis 940 2 f
- Verfügungsanspruch 940 1
- Verfügungsgrund 940 4

Registrierte Partnerschaft
  EuUntVO 1 24, 33

Regressanspruch, Unterhalt
- Anwendbarkeit EuUntVO
  EuUntVO 1 6, 39 ff

Reisekosten GvKostG Nr. 711–712 20 f

Rektapapiere
- *siehe* Namenspapiere

Relativer Nachrang ZVG 10 48

Rente
- Pfändbarkeit 3. 32

Rente/ähnliche Einkünfte
- Berechnung des pfändbaren Arbeitseinkommens 850e 20
- Entgeltumwandlung 851c 24
- Insolvenzmassezugehörigkeit
  851c 25 f
- Pfändbarkeit 850 50 ff, 850b 6 ff, 850i 11 f, 851c 2 ff, 9
- Pfändungsschutz 851c 10 ff
- P-Konto 851c 22

Rentenanspruch
- vorläufige Vollstreckbarkeit 708 19

Rentenschuld
- Anmeldepflicht bzgl der Kündigung des Gläubigers ZVG 54 2 ff
- keine Sicherheitsleistung
  ZVG 67 8 ff
- Pfändung 830 9, 857 63
- Schuldübernahme durch Ersteher
  ZVG 53 9 ff
- Zuzahlungspflicht des Erstehers
  ZVG 50 2 ff

Rentenschuldbrief
- Hilfspfändung 808 2, 829 130
- Verwertung 821 2 f
- Zuständigkeit und Vollstreckungsverfahren 829 50

Rentenversicherungsträger
- an R. zu zahlende Beträge für Auskunft GvKostG **Nr. 708** 4
- Einholung von Auskünften zur Ermittlung des Arbeitgebers 802l 16
- Ermittlung des Aufenthaltsorts des Schuldners 755 7 ff, 10 f;
  GvKostG **Nr. 400–440** 4 ff
- Zwangsvollstreckung gegen R. wegen Geldforderungen 882a 3

Revision
- einstweilige Einstellung der Zwangsvollstreckung 719 11 ff
- Verhältnis zur Vollstreckungsabwehrklage 767 13

Richter und ähnliche Berufsgruppen
- Pfändungsverbot 811 25

Riester-/Rürup-Rente
- Insolvenzmassezugehörigkeit 851d 9
- Kontopfändungsschutz 851d 9
- Pfändbarkeit 850i 12, 851 6, 851c 5, 9
- Pfändungsschutz 851d 1 ff

Risikobegrenzungsgesetz 799a 1 f

Risikohaftung aus prozessualer Veranlassung
- Anspruchsvoraussetzungen 945 4 ff
- entsprechende Anwendung 945 34 ff
- Geltendmachung 945 33
- Kreditschaden 945 20
- Mitverschulden 945 23 ff
- Verjährung 945 32
- Vollziehungs- und Abwendungsschaden 945 16 ff

Rückbürgschaft
- Vollstreckungskosten 788 95

Rückforderungsanspruch, verarmter Schenker
- Pfändbarkeit 852 5

Rückgabe der Sicherheit des Gläubigers
- Anwendungsbereich 715 3
- Beschluss (Muster) 715 4
- Kosten 715 8
- Voraussetzungen 715 2
- Vorlage eines Rechtskraftzeugnisses
  715 4

Rückgabe des Kindes, Auslandsvollstreckung
- Antragsberechtigung
  Brüssel IIa-VO 40 2
- Behandlung widersprechender Entscheidungen Brüssel IIa-VO 42 6
- Bescheinigung über Vollstreckbarkeit
  Brüssel IIa-VO 42 4 f, 43 1 f, 44 1
- Voraussetzungen
  Brüssel IIa-VO 42 2 ff

- vorzulegende Unterlagen
  Brüssel IIa-VO 45 1 ff
Rücknahme des Antrags auf Pfändung und Überweisung 843 6
Rücknahme des Antrags, Aufhebung der Zwangsversteigerung von Grundstücken
- Rechtsbehelfe *ZVG* 29 13
- Rücknahme *ZVG* 29 3 ff
- Teilrücknahme *ZVG* 29 11
- Wirkung des Aufhebungsbeschlusses *ZVG* 29 8 ff
Rücknahmerecht des Hinterlegers
- Pfändbarkeit 851 3
Rückschlagsperre 829 124 f, 845 20, 868 5, 941 8; 8. 47; *ZVG* 28 20
Rücktrittsfiktion bei Teilzahlungsgeschäften 817 14
Ruhegelder/ähnliche Einkünfte
- Pfändbarkeit 850 50 ff
Ruhen der Zwangsvollstreckung 775 4
Rürup-Rente
- *siehe* Riester-/Rürup-Rente
Sachaufklärung
- Rechtsanwaltsvergütung 788 92a ff
Sachaufklärung in der Zwangsvollstreckung
- *siehe* Reform der Sachaufklärung in der Zwangsvollstreckung
Sachpfändung 803 1, 3
Sachverständiger
- keine Amtshaftung des Gerichts bei Gutachtenbeauftragung *ZVG* 74a 31
- keine Berechtigung zur Gebotsabgabe *ZVG* 71 8
- Schätzung der gepfändeten Sachen 813 6 f
- Verkehrswertermittlung *ZVG* 74a 29 ff
Sachwalter, vorläufiger
- Antragsberechtigung zur einstweiligen Einstellung der Zwangsversteigerung bei Insolvenzverfahren *ZVG* 30d 3
Sachwert *ZVG* 74a 35
Saldopfändung 829 138
Sammelverfahren *ZVG* 146 9
Sanierungsfähigkeit
- einstweilige Einstellung der Zwangsversteigerung auf Antrag des Schuldners *ZVG* 30a 6 ff
Sanierungsprivileg *AnfG* 6 10, 6a 4

Säumnis
- Verteilungsverfahren 874 10, 877 2 ff
Säumniszinsen
- als wiederkehrende Leistung *ZVG* 13 8
- Teilungsplan *ZVG* 114 10
Säumniszuschlag
- als wiederkehrende Leistung *ZVG* 13 5
- Rang *ZVG* 10 40
Schadensersatz
- Drittschuldnererklärung 840 22 ff
- verzögerte Beitreibung 842 1 f
- Vollstreckung nach FamFG (§ 717 Abs. 2 ZPO analog) *FamFG* 71
Schadensersatzanspruch
- des Arrest- oder Verfügungsschuldners 945 1 ff
- Vollstreckung durch andere Gläubiger bei Unterwerfungserklärung 799a 3 ff
Schadensersatzanspruch des Erstehers
- Eigentumsbeschädigung vor Zuschlag *ZVG* 56 17
Schadensersatzanspruch nach Vollstreckung
- Anwendungsbereich 717 5 ff
- Bereicherungsanspruch 717 19
- Einwendungen des Gläubigers 717 13
- Entstehung 717 15
- Erlöschen 717 17
- Geltendmachung 717 14
- Insolvenz 717 18
- Verjährung 717 16
- Vollstreckungsschaden 717 10 ff
- Voraussetzungen 717 8 ff
Schadensersatzklage nach § 826 BGB
- Verhältnis zur Vollstreckungsabwehrklage 767 24
Schätzung der gepfändeten Sachen
- Anwendungsbereich 813 2
- Gegenstand 813 3
- Kosten 813 10
- Nachholen 813 8
- Nachschätzung 813 8
- Protokollierung 813 8
- Sachverständiger 813 6
- Verstöße/Rechtsbehelfe 813 9
- Zuständigkeit 813 4 ff
Scheck
- Erfüllung des Vollstreckungsanspruchs 754 10, 757 5

- Kosten eines Kreditinstituts wegen Nichteinlösung eines S. *GvKostG* Nr. 706 1
- Pfändung 831 5
- Sicherheitsleistung *ZVG* 69 2 ff
- Verzinsung des Bargebots *ZVG* 49 6

Scheinbestandteil
- als bewegliches Vermögen 803 1
- Begriff (mit Beispielen) 864 5
- Räumung 885 2
- Umfang der Beschlagnahme *ZVG* 55 3 ff

Schenkung
- Pfändbarkeit des Rückforderungsanspruchs des verarmten Schenkers 852 5

Schiedsspruch
- Vollstreckungsklausel 727 23

Schiedsspruch, Vollstreckbarerklärung
- als Vollstreckungstitel 794 34; *FamFG* 233
- ausländischer 10. 10

Schiffe
- Arrest 917 1, 16 f
- Beschlagnahme 870a 4
- Gegenstand der Immobiliarvollstreckung 864 10, 870a 3
- Kosten 870a 6 ff
- örtliche Zuständigkeit *ZVG* 1 5, 162–171 5 f, 8
- Pfändung von Herausgabeansprüchen 847a 1 f
- Räumung 885 3
- sachliche Zuständigkeit *ZVG* 1 1
- Verfahren *ZVG* 162–171 8 ff

Schiffsbauwerk
- Begriff 870a 3
- Beschlagnahme 870a 4
- sachliche Zuständigkeit *ZVG* 1 1

Schiffshypothek 870a 5
- Unterwerfungserklärung 800a 1 f

Schiffshypothekenforderung
- Pfändung 830a 1
- Überweisung 837a 1 1

Schiffspart
- Hinterlegung des Erlöses 858 6
- Pfändung 858 4
- Verwertung 858 5

Schiffsregister *ZVG* 162–171 2 f
Schikaneverbot 765a 33
Schlüsseldienst 758 11, 15
Schlüsseldienst/Schlosser etc.
- an S. zu zahlende Beträge *GvKostG* Nr. 704 1 f

Schlüsselübergabe 885 37, 46
- Hamburger Modell 885 56

Schornsteinfegergebühren
- Rang *ZVG* 11 2

Schornsteinhypothek *ZVG* 30e 9

SchRG *ZVG* 162–171 1

SCHUFA
- *siehe auch* Auskunfteien
- Auskunft über P-Konto 850k 64

Schuldbeitritt
- Vollstreckungsklausel 727 24, 729 1 ff

Schuldenmasse *ZVG* 113 13 ff

Schuldner
- im FamFG *FamFG* 6
- im ZVG *ZVG* 9 3 f

Schuldnerfremde Sachen
- *siehe* Dritteigentum

Schuldnergewahrsam
- *siehe* Gewahrsam des Schuldners

Schuldnerkartei, Auskunft aus
- Vollstreckungskosten 788 45

Schuldnerverwalter
- Aufsichtsperson für S. *ZVG* 150c 2 ff
- keine Vergütung *ZVG* 150e 1 ff
- landwirtschaftlicher Betrieb *ZVG* 150b 3 ff
- Verfahren *ZVG* 150b 8 ff
- Verfügungsbeschränkungen *ZVG* 150d 1 ff
- Verhältnis zum Institutsverwalter *ZVG* 150b 12

Schuldnerverzeichnis
- Änderung der Eintragung 882e 18
- Begriff 882b 1
- Datenschutz 882g 5, 12
- Eintragungsgründe 882b 2, 882c 2 ff
- fehlerhafte Eintragung 882e 15, 18
- gerichtliche Überprüfbarkeit der Eintragung bzw Ablehnung 882b 3, 12
- Inhalt der Eintragung 882b 6 ff
- Korrektur der Eintragung 882e 15
- Kosten der Eintragung 882b 14
- Mehrfacheintragungen 882c 2a
- Rechtsbehelf 882b 3, 12
- Schuldnerverzeichnisführungsverordnung (SchFV) 882h 5
- Überblick Vor 803 ff 4
- Übergangsregelung Vor 882b–882h 5 ff
- Zuständigkeit 882b 3, 882h 2

Schuldnerverzeichnis, Einsicht
- Antrag 882f 6
- berechtigter Personenkreis 882f 3

- Einsichtszwecke 882f 3
- Internet 882f 5
- Kosten 882f 11 f
- Rechtsmittel 882f 10
- Registrierung 882f 7
- Verfahren 882f 5 ff
- Verwendungsbeschränkung 882f 4

Schuldnerverzeichnis, Eintragungsanordnung
- Aufhebung/Aussetzung 882e 14
- Begründung 882c 11
- Bekanntgabe 882c 14
- Belehrung 882c 14
- Daten zur Identifizierung des Schuldners 882c 12 f
- einstweilige Aussetzung der Eintragung auf Antrag des Schuldners 882d 9
- Eintragungsanordnung der Verwaltungsbehörde 882c 16
- Eintragungsanordnung des Insolvenzgerichts 882c 16
- Kosten Einholung von Auskünften 882c 19
- Kosten Einsichtnahme ins Handelsregister 882c 19
- Kosten Zustellung der E. 882c 18
- Rechtsbehelfe 882c 17
- Wegegeld GvKostG Nr. 100–102 12
- Zuständigkeit 882c 10
- Zustellungsart GvKostG Nr. 100–102 13 f
- Zustellungsauslagen GvKostG Nr. 100–102 11
- Zustellungsgebühr GvKostG Nr. 100–102 4 ff

Schuldnerverzeichnis, Eintragungsgründe
- unvollständige Befriedigung des Gläubigers innerhalb eines Monats 882c 7 ff
- unzureichendes Vermögen zur vollständigen Befriedigung des Gläubigers 882c 6
- Verhältnis der Eintragungsründe zueinander 882c 2a
- Verletzung der Pflicht zur Abgabe der Vermögensauskunft 882c 4 f

Schuldnerverzeichnis, Erteilung von Abdrucken
- Abdruck 882g 1
- berechtigtes Interesse 882g 4
- Bewilligung 882g 2
- Datenschutz 882g 5, 12
- Erteilung von Auskünften 882g 9
- Kosten 882g 15
- Kreis der Bezieher 882g 3 f
- Löschung 882g 10 f
- Rechtsmittel 882g 14
- Schuldnerverzeichnisabdruckverordnung (SchuVAbdrV) 882g 13, 16
- Weitergabe der Informationen 882g 6 f
- Weitergabe der Listen 882g 8

Schuldnerverzeichnis, Löschung
- Aufhebung oder Aussetzung der Eintragungsanordnung 882e 14
- fehlerhafte Eintragung 882e 15, 18
- Kosten 882e 21
- Löschungsfrist 882e 2
- rechtliches Gehör des Gläubigers 882e 8
- Rechtsbehelfe 882e 16 ff
- vollständige Befriedigung 882e 9 ff
- von Amts wegen 882e 5, 8, 19 f
- vorzeitige Löschung 882e 6 ff, 19 f
- wegen Fristablaufs 882e 2 ff
- Wegfall des Eintragungsgrundes 882e 12 f
- Zuständigkeit 882e 5, 8

Schuldnerverzeichnis, Widerspruch des Schuldners
- Belehrungspflicht 882d 18
- einstweilige Aussetzung der Eintragung auf Antrag des Schuldners 882d 9
- Entscheidung über den Widerspruch 882d 10 ff
- Form 882d 7, 20
- Frist 882d 6
- keine aufschiebende Wirkung 882d 7
- Kosten 882d 21
- Rechtsmittel 882d 19
- Stattgabe des Widerspruchs 882d 16 f
- Verwerfung/Zurückweisung des Widerspruchs 882d 13 ff
- Widerspruchsberechtigter 882d 2 f
- Widerspruchsrecht 882d 2 f, 20
- Widerspruchsverzicht 882d 5
- Zuständigkeit 882d 10

Schuldnerverzeichnisabdruckverordnung (SchuVAbdrV)
- Text 882g 16
- Verordnungsermächtigung 882g 13

Schuldnerverzeichnisführungsverordnung (SchFV)
- Text 882h 6
- Verordnungsermächtigung 882h 5

Schuldübernahme
- Vollstreckungsklausel 727 25

Schuldübernahme durch Ersteher
- bei Grundschuld ZVG 53 9 ff
- bei Hypothek ZVG 53 6 ff
- bei Rentenschuld ZVG 53 9 ff
- Gründe ZVG 53 2 ff

- keine persönliche Haftung des Schuldners *ZVG 53* 15 ff
Schuldverzeichnisverordnung (SchuVVO)
- Außerkrafttreten **Vor 882b–882h** 3

Schutzantrag des Schuldners
- Antragstellung **714** 1 ff
- Anwendungsbereich **712** 2
- nicht zu ersetzender Nachteil des Schuldners **712** 3
- Schutzanordnungen (Anordnungsmöglichkeiten) **712** 7 ff
- Teilvollstreckung **752** 6
- überwiegendes Gläubigerinteresse **712** 4 f
- Umfang der Vollstreckung **712** 13 ff
- Unterbleiben von Schutzanordnungen **713** 1 ff
- Verfahren **712** 6

Schutzrechte
- Pfändung **857** 19 ff; **5.** 2 ff
- Verfahren der Pfändung **5.** 31 ff
- Verwertung **5.** 51 ff
- Vorpfändung **5.** 68
- Wirkung der Pfändung **5.** 45 ff

Schutzschrift
- Begriff und Einreichung **Vor 916–945b** 61 ff, **945a** 1
- Vollstreckbarerklärungsverfahren *Brüssel IIa-VO* **31** 6

Schutzschriftenregister
- Einreichung von Schutzschriften **Vor 916–945b** 61b, **945a** 1
- Verordnungsermächtigung **945b** 1

Schwägerschaft *EuUntVO* **1** 27, **22** 1 ff

Schwarzarbeitentgelt
- Pfändbarkeit **850** 43

Schwärzungen
- Erteilung von Abschriften **760** 5

Schweigepflichtige Berufe
- Pfändbarkeit Honorare **851** 13

Schwimmdocks **870a** 3

See- und Binnenschifffahrt
- Haftungsbeschränkung **786a** 1 ff

Selbständiger
- Pfändbarkeit von Einkünften **850** 56, **850i** 1 ff

Selbständiger, Altersvorsorge
- Insolvenz **851c** 25 f
- Pfändbarkeit **851c** 7
- Pfändungsschutz **851c** 10 ff

Selbstbehalt
- und Existenzminimum **850** 1

Selbstpfändung **835** 9

Selbstwiderlegung **935** 24 f

Sequesterbestellung **848** 10, 23

Sequestration **938** 14 ff

Sequestrationskosten
- Vollstreckungskosten **788** 94

Server **2.** 8

Sicherheit des Gläubigers, Beschaffung
- Vollstreckungskosten **788** 95

Sicherheit des Schuldners, Beschaffung
- Vollstreckungskosten **788** 96

Sicherheitsarrest
- *siehe* Persönlicher Arrest (Sicherheitsarrest)

Sicherheitsleistung
- *siehe auch* Abwendungsbefugnis
- Abgabe einer Willenserklärung **709** 4
- Abwendungsbefugnis **711** 4 ff, **720** 1
- Anerkennung und Vollstreckung in Ehesachen/im Bereich elterlicher Verantwortung *Brüssel IIa-VO* **51** 1
- Anfechtungsberechtigung iSd AnfG *AnfG* **2** 9
- Anordnung im Arrestverfahren **921** 6 ff
- Antragstellung **714** 1 ff
- Art **709** 9 ff
- Aufrechterhaltung von Versäumnisurteil **709** 16
- Ausnahmen **710** 2 ff
- Bestimmung durch das Gericht **709** 9
- Bürgschaft **709** 13 f, **751** 10
- Entbehrlichkeit **709** 15
- Hinterlegung **720** 1 f
- Hinterlegung von Geld **709** 11, **751** 10
- Hinterlegung von Wertpapieren **709** 12, **751** 10
- Höhe **709** 2, 4 ff
- im FamFG *FamFG* **61**, **67**, **79** f
- kein Einsichtsrecht für Beteiligte und Dritte *ZVG* **42** 6
- keine S. auf Antrag des Gläubigers (Schutzantrag) **710** 2 ff, **711** 7
- Kosten **709** 3, 17
- Nachweis **751** 9 ff, 10, **775** 15
- nichtvermögensrechtliche Streitigkeiten **709** 6
- Parteivereinbarung **709** 9
- Pfandrecht **709** 11
- Rechtskraftzeugnis **706** 3
- Rückgabe bei Sicherungsvollstreckung **720a** 13
- Rückgabe der Sicherheit des Gläubigers **715** 1 ff
- Schwierigkeiten für Gläubiger **710** 5
- Teilungsversteigerung *ZVG* **181** 28, **184** 1 ff

Stichwortverzeichnis

- Teilvollstreckung 709 8, 752 2 ff
- Verfahren 709 2
- vermögensrechtliche Streitigkeiten 709 4
- Vollstreckungsbeginn 751 8 ff
- wichtige Anwendungsfälle der Fortsetzung nur gegen Sicherheitsleistung 775 14
- Zahlungstitel 709 7
- Zwangsvollstreckung Vor 803 ff 5

Sicherheitsleistung bei Zwangsversteigerung von Grundstücken
- andere akzeptierte Arten der S. ZVG 69 14 f
- Anordnung ZVG 67 6 f
- Antrag ZVG 67 2
- Bankbürgschaft ZVG 69 6 f
- Befreiung ZVG 67 12
- bei mehreren Ausgebotsformen ZVG 67 5
- Bundesbankscheck ZVG 69 2 ff
- des neuen Eigentümers ZVG 68 10
- des Schuldners ZVG 68 10 f
- Einschränkung des Sicherheitsverlangens ZVG 67 8 ff
- erhöhte ZVG 68 8 f, 72 15 ff, 83 9
- fiktiver Teilungsplan ZVG 67 6 f
- Höhe ZVG 68 2 ff
- keine Barzahlung ZVG 68 12, 69 12 f, 72 15 ff
- nachträglich zu erbringende S. ZVG 68 12
- nicht mehr benötigte S. ZVG 70 11 ff
- Rechtsbehelf ZVG 70 14 ff
- Rechtsbehelfsbelehrung ZVG 70 14 ff
- Rückzahlung/Rückgabe ZVG 70 11 ff
- sofortige Entscheidung über S. ZVG 70 2 ff
- sofortige Leistung ZVG 70 5 ff
- Sparbuch ZVG 69 15
- Überweisung ZVG 69 8 ff
- Verrechnungsscheck ZVG 69 2 ff
- Voraussetzungen für Anordnung ZVG 67 2
- ZahlVGJG ZVG 69 11
- Zeitpunkt des Antrags ZVG 67 2
- Zulassung des Gebots ohne S. ZVG 70 10

Sicherheitsleistung durch Scheck
- Teilungsmasse ZVG 107 8
- Verzinsung des Bargebots ZVG 49 6
- Voraussetzungen ZVG 69 2 ff

Sicherungsanordnung
- Mietprozess Vor 916–945b 20

- Räumungsverfügung wegen Widersetzlichkeit gegen S. im Hauptsacheverfahren (Räumungsklage wegen Zahlungsverzugs) 940a 17 ff

Sicherungsgrundschuld
- Befriedigungsfiktion des § 114a ZVG ZVG 114a 11
- Einwendung im Klauselerinnerungsverfahren 732 2
- Kündigung und besondere Vollstreckungsvoraussetzungen ZVG 15 35
- Pfändung 857 53
- Teilungsplan ZVG 114 12 ff
- Unterwerfungserklärung 794 59
- Vollstreckungsklausel 727 24a

Sicherungshypothek
- siehe auch Zwangshypothek
- Duldungstitel 867 51 f
- Entstehung 848 16
- Kosten 866 8 f
- Rang 848 17 f
- Rangverlust ZVG 129 2 ff
- Sicherungsvollstreckung 720a 9
- Überweisung 837 6
- Verbot der Doppelsicherung/Gesamthypothek 867 4, 47
- Wertgrenze 866 4 ff
- zur Absicherung der übertragenen Forderung, Eintragung ZVG 128 2 ff

Sicherungshypothek, Eintragung
- andere Nebenleistungen 867 32 f
- Antrag 867 6 ff
- Doppelnatur 867 1
- fehlerhafte Eintragung 867 37 ff
- Inhalt der Eintragung 867 21 ff
- Kosten 867 53 ff
- Mangel 867 18 ff
- Prüfungsumfang des Grundbuchamtes 867 9, 12, 14
- Rechtsbehelfe 867 42 ff
- Verfahrenskostenhilfe 867 56
- Wirkung der Eintragung 867 34 ff
- Zinsen 867 30 f
- Zuständigkeit 867 17

Sicherungsmaßnahmen bei Überschreiten der Grenze ordnungsgemäßer Wirtschaft
- Verfahren ZVG 25 4 ff
- Verhalten des Schuldners ZVG 25 3
- Zwangsverwaltung als alternative Maßnahme ZVG 25 7

Sicherungstreuhand
- Erinnerung nach § 777 ZPO 777 8

Sicherungsübereignung
- Erinnerung nach § 777 ZPO 777 5

- veräußerungshinderndes Recht/Drittwiderspruchsklage 771 20

Sicherungsverfügung
- *siehe auch* Einstweilige Verfügung
- Aktualitätsgrenze 935 26
- Antrag 935 6 ff
- Bestimmtheitsgrundsatz 935 7, 938 5
- Bindung des Gerichts 935 8, 938 5
- Doppelvermietung 935 20
- Dringlichkeit 935 19, 23 ff
- Forum-Shopping 935 27
- Glaubhaftmachung 935 30 f
- Rechtsschutzinteresse 935 14
- Regelungsgegenstand 935 4 f
- Selbstwiderlegung 935 24 f
- Statthaftigkeit 935 9
- Unterlassungsanspruch und Wiederholungsgefahr 935 21
- Unverzüglichkeitsgebot 935 26
- Verfügungsanspruch 935 15 ff
- Verfügungsgrund (Einzelfälle) 935 20 ff
- Vornahme einer Handlung und Vereitelungsgefahr 935 22
- Zuständigkeit 935 13

Sicherungsvollstreckung
- Abgrenzung Abwendungsbefugnis 711 14
- Abwendung 720a 11
- Antrag 720a 6
- Anwendungsbereich 720a 2
- Befriedigung des Gläubigers 720a 10
- Befugnis 720a 5
- Beschränkung auf 712 9 ff
- Kosten 720a 17
- Pfändung 720a 7
- Rückgabe der Sicherheit 720a 13
- Sicherungshypothek 720a 9
- Umfang 720a 7 ff
- Vermögensauskunft 720a 8
- Versteigerung 720a 7
- Voraussetzungen 720a 3 f
- Vorpfändung 720a 8
- Wartefrist 720a 4, 750 23
- Wirkung der Sicherheitsleistung 720a 12
- Zweck 720a 1

Siegelabdruck ZVG 3 12
Siegelung 808 16, 938 21
- Auslagen GvKostG 12 2
- Gebühr GvKostG 12 6 f

Sittenwidrige Härte
- *siehe* Vollstreckungsschutz nach § 765a ZPO

Sittenwidrigkeit
- Gebot ZVG 71 14 ff

- Vollstreckung „an sich" 765a 6
- Vollstreckungstitel 765a 6

Sofortige Beschwerde
- gegen Vollstreckungsentscheidungen im FamFG FamFG 45 f, 183 ff, 219, 251

Sofortige Beschwerde gegen Teilungsplan
- *siehe* Teilungsplan, sofortige Beschwerde

Sofortige Beschwerde, § 793 ZPO
- Abhilfe 793 14; ZVG Vor 95–104 35
- Adressat der Beschwerdeschrift 793 8; ZVG Vor 95–104 33
- Anhörung 793 13
- Anwaltszwang 793 9; ZVG Vor 95–104 30
- anwendbare Vorschriften 793 1; ZVG Vor 95–104 29 ff
- Beschluss 793 16; ZVG Vor 95–104 33
- Beschwerdebefugnis 793 10 f
- einstweiliger Rechtsschutz 793 18; ZVG Vor 95–104 36
- Entscheidung durch das Rechtsmittelgericht 793 15 ff; ZVG Vor 95–104 40
- Frist 793 8; ZVG Vor 95–104 32
- Gerichtsbesetzung ZVG Vor 95–104 34
- Kosten 793 20 ff; ZVG Vor 95–104 42 f
- neues Vorbringen 793 16; ZVG Vor 95–104 35
- Rechtsnatur 793 1; ZVG Vor 95–104 36
- Rechtsschutzbedürfnis 793 12
- Statthaftigkeit 793 2 ff, 6; ZVG Vor 95–104 28
- Unterhaltsanspruch, Geltendmachung im Verkehr mit ausländischen Staaten AUG 31 2
- Verfahren 793 13; ZVG Vor 95–104 29 ff
- Zuständigkeit 793 7

Sofortige Beschwerde, § 95 ZVG
- Abgrenzung zur Verzögerungsrüge ZVG 95 9
- Amtsprüfung ZVG 100 19
- anwendbare Vorschriften ZVG 96 2 f, 6
- Anwendungsbereich ZVG 95 1
- aufschiebende Wirkung ZVG 101 3
- Begründung ZVG 100 3
- Beschwerdeberechtigung bei Zuschlagserteilung ZVG 97 4 ff
- Beschwerdeberechtigung bei Zuschlagsversagung ZVG 97 8 ff

- Beschwerdefrist bei Zuschlagserteilung ZVG 98 5 ff
- Beschwerdefrist bei Zuschlagsversagung ZVG 98 4
- Beschwerdegründe ZVG 100 1, 5 ff
- eigene Rechte ZVG 100 17 f
- Entscheidung bei begründeter Beschwerde ZVG 101 5 f
- Entscheidung bei begründeter Rechtsbeschwerde ZVG 101 7 ff
- Inhalt der Rechtsmittelschrift ZVG 100 16
- Kausalität ZVG 100 11
- Kosten ZVG 99 9
- neue Tatsachen und Beweise ZVG 100 1, 12 ff
- nicht selbständig anfechtbare Entscheidungen ZVG 95 11
- Rechtskraft ZVG 96 7
- selbständig anfechtbare Entscheidungen ZVG 95 7 ff
- Statthaftigkeit ZVG 95 2 ff, 6
- Verbindung mehrerer Beschwerden ZVG 99 13 f
- Verfahren ZVG 95 5
- Verzicht ZVG 96 8
- Wiedereinsetzung in den vorigen Stand ZVG 98 2
- Zustellung des Beschwerdebeschlusses ZVG 103 1 ff
- Zuziehung des Beschwerdegegners ZVG 99 4 ff

Sofortige Wirksamkeit
- *siehe* Endentscheidungen, Wirksamkeit

Software
- Austauschpfändung 2. 21
- Bestimmtheit des Herausgabetitels 704 27
- Herausgabevollstreckung 883 14 f; 2. 23 ff
- Pfändung 857 30
- Pfändungsverbote 2. 20 f
- Vollstreckung gegen Nutzungsberechtigten (Lizenznehmer) 2. 15 ff
- Vollstreckung gegen Urheber 2. 12 ff
- Vollstreckung wegen Geldforderungen 2. 12 ff
- vorrangige Regelungen 2. 12 f

Soldatenbezüge
- Pfändung 828 11

SOLUM ZVG 17 12

Sondernutzungsrecht
- Pfändung 857 48

Sonderumlage (WEG)
- als einmalige Leistung ZVG 13 6

Sonstige Angelegenheiten des FamFG, Vollstreckung in den
- Amtsverfahren *FamFG* 217 ff
- Antragsverfahren *FamFG* 220
- Anwaltszwang *FamFG* 226
- anwendbare Vorschriften *FamFG* 190 ff
- Arrest *FamFG* 191
- besondere Vollstreckungsvoraussetzungen *FamFG* 239
- Beteiligtenfähigkeit *FamFG* 225
- Durchsuchungsbeschluss *FamFG* 239
- einstweilige Anordnung *FamFG* 191, 199 ff, 228, 237, 240
- einstweilige Einstellung der Vollstreckung *FamFG* 240 ff
- einzelne Vollstreckungsarten *FamFG* 193 ff
- gemischtes Verfahren *FamFG* 221
- Ordnungsmittel *FamFG* 208
- Rechtsmittel/Rechtsbehelfe *FamFG* 251
- Rechtsschutzinteresse *FamFG* 227
- Verfahrensfähigkeit *FamFG* 225
- Vollstreckung zur Unzeit *FamFG* 239
- Vollstreckungsklausel *FamFG* 238
- Vollstreckungskosten (§ 87 Abs. 5 FamFG) *FamFG* 247 ff
- Vollstreckungstitel *FamFG* 228 ff
- vorläufige Vollstreckbarkeit *FamFG* 234 ff
- wegen Geldforderung (§ 95 Abs. 1 Nr. 1 FamFG) (Einzelfälle) *FamFG* 194 ff
- zur Abgabe einer Willenserklärung (§ 95 Abs. 1 Nr. 5 FamFG) *FamFG* 215 f
- zur Erzwingung von Duldungen und Unterlassungen (§ 95 Abs. 1 Nr. 4 FamFG) *FamFG* 208 ff
- zur Herausgabe einer beweglichen oder unbeweglichen Sache (§ 95 Abs. 1 Nr. 2 FamFG) *FamFG* 196 ff
- zur Vornahme einer vertretbaren oder unvertretbaren Handlung (§ 95 Abs. 1 Nr. 3 FamFG) *FamFG* 202 ff
- Zuständigkeit *FamFG* 224
- Zustellung *FamFG* 238

Sonstige Bestandteile 865 3 f
Sonstige Einkünfte
- Pfändungsschutz 850i 6 ff

Sorgerecht Brüssel IIa-VO Vor 21 ff 8
Sozialhilfe
- Erhöhung des Pfändungsfreibetrages bei P-Konto 850k 30

- Festsetzung des Pfändungsfreibetrages bei P-Konto durch Vollstreckungsgericht 850k 38 ff
- Pfändung wegen Unterhaltsansprüchen 850d 17
- und Pfändungsverbote 811 1, 6
- Vollstreckungsschutz 765a 40, 44, 46

Sozialhilfeanspruch
- Pfändbarkeit 3. 37

Sozialleistungen
- Begriff 3. 4
- Berechnung des pfändbaren Arbeitseinkommens 850e 21, 29
- Bestimmtheitsgrundsatz 3. 39
- Bestimmung der jeweils zu pfändenden Sozialleistung 3. 11
- Billigkeitsprüfung bei Pfändung einmaliger Geldleistungen 3. 23 ff
- Blankettbeschluss 3. 42
- DA-FamEStG 3. 31
- einmalige Geldleistungen 3. 20 ff
- Erhöhung des Pfändungsfreibetrages bei P-Konto 850k 31
- Existenzminimum 3. 35
- Festsetzung des Pfändungsfreibetrages bei P-Konto durch Vollstreckungsgericht 850k 38 ff
- Geldleistungen für Kinder 3. 27 ff
- generell unpfändbare Geldleistungen 3. 14 ff
- gesetzliche Unterhaltsansprüche von Kindern 3. 29
- künftige Sozialleistungen 3. 33
- laufende Geldleistungen 3. 32 ff, 40
- Pfändung 829 34, 91, 149; 3. 3 ff
- Pfändungsfreigrenzen 3. 34
- Pfändungsschutz 811 26, 850i 15
- Pfändungsverfahren 3. 38 ff
- Sonderregelungen 3. 36 ff
- Unpfändbarkeit von Dienst- und Sachleistungen 3. 12 f
- Zählkinder 3. 30
- zu Unrecht ausgezahlte Sozialleistungen 3. 37
- Zusammentreffen von zwei laufenden pfändbaren Sozialleistungen 3. 41

Sozialversicherungsanspruch
- Pfändung 829 19, 148

Sparbuch
- Hilfspfändung 808 2, 847 1
- Sicherheitsleistung ZVG 69 15
- Zuständigkeit und Vollstreckungsverfahren 829 51

Sparkasse
- Befreiung von Sicherheitsleistung ZVG 67 12

- Vertretung ZVG 15 15

Spedition
- Räumung 885 54

Speditionskosten
- Vollstreckungskosten 6. 32

Speichelprobe *FamFG* 212 f

Sperren von Wasser/Gas/Strom 883 20, 935 40, 49

Spruchrichterprivileg 922 20

Sprungsrevision
- Notfristzeugnis (Notfristattest) 706 16
- Rechtskraftzeugnis 706 9

Staatshaftung 9. 19 ff

Staatsverträge 723 62 ff

Städtebauliche Sanierungs- und Entwicklungsmaßnahmen
- kein verfahrenshinderndes Recht ZVG 28 14

Stalking 7. 2

Stehende Früchte
- Pfändung 803 1

Sterbegeld
- Pfändbarkeit 850a 28, 850b 25

Steuerberatungskosten
- Vollstreckungskosten 788 97

Steuererklärung
- Handlungsvollstreckung 888 5

Steuererstattungsanspruch
- Pfändung 829 150 ff, 850 7

Steuerklasse 840 11, 850e 5

Steuerklassenmanipulation 850h 34 ff

Steuerlich geförderte Altersvorsorge
- *siehe* Riester-/Rürup-Rente

Stille Gesellschaft
- Anteilspfändung 4. 17

Strafgefangenenentgelt
- Pfändbarkeit 850 45, 851 8

Streikgeld
- Pfändbarkeit 850 47

Streitverkündung 841 1 ff

Streitwert
- Bereicherungsklage 879 6
- EuBagatellVO *EuBagatellVO* 2 4
- Widerspruchsklage 879 6
- Zuschlagsbeschwerde ZVG 96 9

Strohmann ZVG 71 18, 81 12
- Befriedigungsfiktion des § 114a ZVG ZVG 114a 9 f

Stromversorgung
- Vollstreckungsschutz bei Einstellung der S. 765a 40

Studienbeihilfen
- Pfändbarkeit 850a 27

Stundung
- Einstellung der Zwangsvollstreckung 775 16 f
- Rechtsbehelf 766 12 f

Suchpfändung 829 78

Suizid
- Räumungsvollstreckung ZVG 149 20

Suizidgefahr
- Antrag auf Zuschlagsversagung ZVG 74 13
- Räumungsvollstreckung 6. 26
- Vollstreckungsschutz 765a 47, 53 ff; ZVG 93 19
- Zuschlagsbeschwerde 765a 30; ZVG 81 19 f, Vor 95–104 35
- Zuschlagsversagungsgrund ZVG 83 7

Surrogat
- Teilungsversteigerung ZVG 180 4

Surrogation
- Zuschlagswirkung ZVG 90 9, 91 6

Taschengeld
- Pfändbarkeit 851 18

Taschengeldanspruch
- Pfändbarkeit 850b 13 ff

Taschenpfändung
- Entbehrlichkeit der Durchsuchungsanordnung 758a 3
- Gewahrsamsinhaber 808 7, 10

Technische Geräte
- Pfändungsverbot 811 11, 23

Teilanfechtung *AnfG* Vor 1 ff 11

Teilbetrag
- zulässige Teilzahlungen (Ratenzahlung) 802b 7 f

Teileigentumsrecht
- Gegenstand der Immobiliarvollstreckung 864 7
- Zuschlagswirkung ZVG 91 3
- Zustimmung bei Versteigerung ZVG 81 16

Teilerbbaurecht
- Gegenstand der Immobiliarvollstreckung 864 7

Teilgrundschuld
- Pfändung 857 56

Teilklausel 725 1 f

Teilpfändung 830 21

Teilrechtskraft 705 10 ff, 706 13

Teilsicherheit
- Höhe 752 3

Teilungsmasse
- Erlös aus besonderer Verwertung ZVG 107 12
- Feststellung ZVG 107 2 ff, 113 10 ff
- Hinterlegung ZVG 107 6
- Hinterlegungszinsen ZVG 107 10 f
- Meistgebot ZVG 107 4
- Minderung der T. ZVG 107 15
- Rechtsbehelf ZVG 107 19
- Sicherheitsleistung durch Scheck ZVG 107 8
- Zinsen auf das Meistgebot ZVG 107 5
- Zusammensetzung ZVG 107 3
- Zuzahlungspflicht des Erstehers ZVG 107 13

Teilungsplan
- *siehe auch* Verteilungstermin
- Abwendung durch Sicherheitsleistung oder Hinterlegung ZVG 115 28
- Aufbau ZVG 113 8 ff
- Ausführung durch Forderungsübertragung ZVG 118 1 ff, 120 4
- Ausführung durch Hinterlegung ZVG 117 5
- Ausführung durch Zahlung/Überweisung ZVG 117 3 f
- Berücksichtigung von Ansprüchen ZVG 114 2 ff, 6 ff
- Erlösüberschuss ZVG 113 18
- Kapitalzahlungstermin ZVG 158 1 ff
- Löschungsanspruch ZVG 114 18a ff
- Rechtsbehelf gegen formell-rechtliche Einwendungen ZVG 115 18 ff
- Rechtsbehelf gegen materiell-rechtliche Einwendungen ZVG 115 4 ff
- Rechtsbehelfe ZVG 113 19 f, 115 1 ff, 156 15 ff
- Schuldenmasse ZVG 113 13 ff
- Teilungsmasse ZVG 113 10 ff
- Zuleitung ZVG 113 16 ff
- Zuteilung des Zuzahlungsbetrages ZVG 125 4 ff

Teilungsplan, Aussetzung der Ausführung
- Alternativen ZVG 116 10 f
- Normzweck ZVG 116 1
- Verfahren ZVG 116 2 ff

Teilungsplan, fiktiver
- Entscheidung über Zuschlagsversagungsantrag 7/10-Grenze ZVG 74a 23
- gerichtliche Verwaltung ZVG 94 4
- Sicherheitsleistung ZVG 67 6 f

Teilungsplan, sofortige Beschwerde
- Abhilfebefugnis des Vollstreckungsgerichts   ZVG 115 24
- Frist   ZVG 115 23
- Rechtsbehelfsbelehrung   ZVG 115 25 ff
- Statthaftigkeit   ZVG 115 2, 22, 156 18

Teilungsplan, sofortige Rechtspflegererinnerung
- Abhilfebefugnis des Vollstreckungsgerichts   ZVG 115 24
- Frist   ZVG 115 23
- Rechtsbehelfsbelehrung   ZVG 115 25 ff
- Statthaftigkeit   ZVG 115 2, 21, 156 17

Teilungsplan, Verteilungsverfahren
- Abzug der Kosten   874 9
- Bedeutung   874 1
- Erstellung   874 2
- Folgen der Versäumung der Frist zur Vorlage der Berechnung   874 10 f
- Inhalt   874 3 ff
- Umfang der Prüfungsberechtigung   874 7
- Widerspruch gegen   876 4 ff

Teilungsplan, vorläufiger   ZVG 106 1 ff

Teilungsplan, Widerspruch gegen
- Berechtigung   ZVG 115 5 ff
- Einigung   ZVG 115 13
- Einwendungen, formell-rechtliche   ZVG 115 18 ff
- Einwendungen, materiell-rechtliche   ZVG 115 4
- Form   ZVG 115 10
- Frist   ZVG 115 10
- keine Einigung/Hilfszuteilung   ZVG 115 14, 124 2 ff
- Rechtsbehelfsbelehrung   ZVG 115 25 ff
- Rügegegenstand   ZVG 115 1, 4, 156 15
- statthafter Rechtsbehelf   ZVG 115 4, 18
- Widerspruchsklage   ZVG 115 15 ff
- Zulässigkeitsprüfung   ZVG 115 11

Teilungsplan, Zwangsverwaltung
- Änderungsklage   ZVG 159 1 ff
- Aufstellung   ZVG 156 9 ff
- Ausführung   ZVG 157 1
- Ergänzung   ZVG 157 2 ff
- Hausgeldanspruch   ZVG 156 2 ff
- laufende wiederkehrende Leistungen   ZVG 155 11 ff
- Mangel   ZVG 157 5
- Rangfolge/Befriedigungsreihenfolge   ZVG 155 5 ff
- Verteilungstermin   ZVG 156 9 ff

Teilungsvereinbarungen betreffend den Nachlass sowie die Gütergemeinschaft   FamFG 194, 216, 220

Teilungsversteigerung
- 7/10-Grenze   ZVG 74a 3, 10
- Anordnungsbeschluss   ZVG 181 14 ff
- Anordnungsvoraussetzungen   ZVG 181 2 f
- Antragsberechtigung bei T. eines Grundstücks einer gekündigten GbR   ZVR 180 12
- Antragsvoraussetzungen   ZVG 181 4 ff
- Ausgleichsbetrag   ZVG 182 10 ff
- Begriff   ZVG 180 1
- Beitritt des Antragsgegners   ZVG 181 17
- Beschlagnahme   ZVG 181 20 ff
- Besonderheiten gegenüber Vollstreckungsversteigerung   ZVG 181 22 ff
- Beteiligte   ZVG 181 19
- Dogmatik/Vollstreckung   864 11
- Einstellung   ZVG 180 22 ff
- Erteilung von Urkunden an Gläubiger   792 3
- Gebote der Miteigentümer   ZVG 184 3 ff
- Gegenstände   ZVG 180 5
- Gemeinschaftsarten   ZVG 180 7 ff
- geringstes Gebot   ZVG 182 2 ff
- großes/kleines Antragsrecht   ZVG 181 6
- Insolvenzvermerk   ZVG 181 13
- Kosten   ZVG 180 32 ff
- landwirtschaftliches Zuweisungsverfahren   ZVG 185 1 ff
- mehrere Grundstücke   ZVG 180 19
- Miet- oder Pachtverhältnis   ZVG 183 1 ff
- Pfändungsgläubiger   ZVG 181 11
- Rechtsbehelf   ZVG 180 28 ff
- sachliche Zuständigkeit   ZVG 1 1
- Sicherheitsleistung   ZVG 181 28, 184 1 ff
- Surrogat   ZVG 180 4
- ungleiche Belastung   ZVG 182 4 ff
- Verhältnis zur Vollstreckungsversteigerung   ZVG 180 20
- Vollstreckungsschutz   765a 20; ZVG 180 23
- weiteres Verfahren   ZVG 181 14 ff
- Zubehör   ZVG 181 21
- Zuschlagskosten   ZVG 58 5

- Zuschlagsversagungsantrag 7/10-Grenze ZVG 74a 3, 10
Teilurteil 704 6
Teilvollstreckung
- Abwendung 752 6
- Sicherheitsleistung 709 8, 752 2 ff

Teilzahlungen
- Annahme durch Gerichtsvollzieher 754 11

Teilzahlungsgeschäft
- Rücktrittsfiktion 817 14

Teilzahlungsgut
- Verwertung 825 11

Teilzeiteinkommen
- Pfändbarkeit 850 42

Telefon
- Pfändungsverbot 811 11

Telefonterror 7. 2, 8

Terminsbestimmung
- Verteilungsverfahren 875 2

Terminsbestimmung, Inhalt
- *siehe auch* Bekanntmachung der Terminsbestimmung
- *siehe auch* Versteigerungstermin
- Amtshaftungsanspruch ZVG 37 3
- Angabe einer früheren Zuschlagsversagung ZVG 38 8 f
- Art der Versteigerung ZVG 37 5
- Aufforderung zur Anmeldung von Rechten ZVG 37 6 ff, 110 1
- Aufforderung zur Geltendmachung entgegenstehender Rechte ZVG 37 9 ff
- fehlerhafte Angaben ZVG 37 2
- Grundbuchbezeichnung ZVG 38 2
- Grundstücksbezeichnung ZVG 37 2 ff
- Grundstücksgröße ZVG 38 3
- Irreführung des Bieterkreises ZVG 37 3
- Muss-Inhalt ZVG 37 1
- Ort des Versteigerungstermins ZVG 37 4
- rangwahrende Berücksichtigung auch ohne Anmeldung ZVG 37 15 ff
- Verkehrswert ZVG 38 4 ff
- Zeit des Versteigerungstermins ZVG 37 4
- Zuschlagsversagungsgrund ZVG 83 2

Terminsbestimmung, Zustellung
- Adressanten ZVG 41 2
- Rechtsnachfolge ZVG 41 4
- Zustellungsfehler ZVG 83 2
- Zustellungsfrist ZVG 41 2 ff, 43 5

Testament
- Anfechtung FamFG 231
- Herausgabe FamFG 12, 33, 197

Testamentsvollstrecker
- Prozessführungsbefugnis 748 1
- Teilungsversteigerung ZVG 181 13
- Vollstreckung aus Titeln für und gegen den Erblasser 749 1
- Vollstreckungsklausel 727 26, 728 3, 749 2 ff

Testamentsvollstreckerzeugnis
- Herausgabe FamFG 196, 218

Testamentsvollstreckung
- kein verfahrenshinderndes Recht ZVG 28 23
- Rechtsbehelfe des Erben 748 8
- Rechtsbehelfe des Testamentsvollstreckers 748 7
- und Vollstreckung in den gesamten Nachlass 748 3 f
- veräußerungshinderndes Recht/Drittwiderspruchsklage 771 33
- Verwaltung einzelner Nachlassgegenstände 748 5
- Vollstreckung wegen Pflichtteilsanspruchs 748 6
- Zwei-Titel-Theorie 748 5

Theorie der Rechtspfändung 857 12 ff

Tiere
- Pfändungsverbot 811 14
- Räumung 885 57
- Unpfändbarkeit von Haustieren 811c 2 ff

Tierschutz 765a 37 f

Tilgung der Schuld in Teilbeträgen
- *siehe* Ratenzahlung

Titel
- *siehe* Vollstreckungstitel

Titelergänzende Klausel 726 2

Titelgegenklage
- Begriff 767 20

Titelherausgabeklage analog § 371 BGB
- Verhältnis zur Vollstreckungsabwehrklage 767 25

Titelverjährung
- Einwendungen gegen Unterhaltsanspruch AUG 31 3 f; EuUntVO 21 12 f

Titelvermerk 757 3

Todesfallversicherung
- *siehe auch* Lebensversicherung
- *siehe auch* Rente/ähnliche Einkünfte
- Pfändbarkeit 850b 21 ff

Transkription 1083 1; *EuUntVO* 20 16; *EuVTVO* 20 7
Transportkosten
- Gerichtsvollzieherkosten 885 85
- Kostenhaftung 885 78 ff
- Versteigerung 814 8
- Vollstreckungskosten 788 69, 71; 6. 32

Trauringe
- Pfändungsverbot 811 29

Treu und Glauben 829 8
Treuhand
- Pfändung 829 38

Treuhandkonto ZVG 154 2
- Pfändung 829 133

Tricktäter ZVG 59 10, 74 15
Trinkgeld
- Pfändbarkeit 850 46

Überbaurecht
- Gegenstand der Immobiliarvollstreckung 864 6

Überbaurente
- als wiederkehrende Leistung ZVG 21 6
- bestehenbleibendes Recht ZVG 52 11
- geringstes Gebot ZVG 45 5
- rangwahrende Berücksichtigung auch ohne Anmeldung ZVG 37 15

Übererlös
- *siehe* Erlösüberschuss

Übergang der Nutzungen und Lasten
- Zuschlag ZVG 56 9 ff, 57b 6, 90 7

Übergangsgelder
- Pfändbarkeit 850 44

Übergangsregelung *AnfG* 20 1 ff; *Brüssel I-VO* 66 1; *EuVTVO* 26 1 f; *FamFG* 254 ff
- Brüssel Ia-VO Vor 1110 ff 2; *Brüssel Ia-VO* 66 1
- Reform der Sachaufklärung Vor 802a–802l 9 ff
- Schuldnerverzeichnis Vor 882b–882h 5 ff

Übergebot 817 4; ZVG 70 16, 72 2 ff
Überleitung in Zwangsverwaltung
- einstweilige Einstellung bei fehlendem wirksamen Gebot ZVG 77 14 ff
- Überleitungsantrag ZVG 77 14 ff

Überpfändungsverbot
- als Schutzgesetz iSv § 823 Abs. 2 BGB 803 13
- Anwendungsbereich 803 11

- Ermittlung der Überpfändung 803 12
- Verstoß/Rechtsschutz 803 13

Übersetzung
- Anerkennung bzw Vollstreckbarerklärung in Ehesachen/im Bereich elterlicher Verantwortung *Brüssel IIa-VO* 37 4
- Ausfertigung der Bestätigung 1083 1, 1108 1; *EuBagatellVO* 21 8 ff; *EuVTVO* 20 7
- der Entscheidung in Unterhaltssachen *EuUntVO* 20 7 ff
- der Klage *EuBagatellVO* 4 4, 6 2
- Europäischer Zahlungsbefehl, Vollstreckung 1094 1 f; *EuMahnVO* 21 6
- Formblätter *EuVTVO* 9 5
- Vollstreckbarerklärung von Unterhaltsansprüchen *EuUntVO* 28 3
- von Entscheidungsausfertigung und Bescheinigung *Brüssel Ia-VO* 37 4 ff, 42 3
- von Urkunden 1113 1 f; *Brüssel I-VO* 55 8 ff; *Brüssel Ia-VO* 57 1 f

Übersetzungskosten
- Ersuchen der Zentralen Behörde um Unterstützung in Unterhaltssachen *AUG* 7–12 4, 76 1
- von Entscheidungsausfertigung und Bescheinigung *Brüssel Ia-VO* 37 5

Überstundenentgelt
- Pfändbarkeit 850a 4 ff

Überweisung
- Auskunftspflicht des Schuldners 836 11 f
- Erhalt von Gegenrechten 835 18
- Ersetzung von Erklärungen 836 2
- Faustpfand 838 1 ff
- Gutglaubensschutz 836 3 ff
- Herausgabeanordnung 836 16
- Herausgabepflicht des Schuldners 836 13 ff
- Hilfsvollstreckung 836 21
- Kosten 836 26
- Leistungssperre 835 29
- Offenbarungspflicht des Schuldners 836 17
- Pfändung durch mehrere Gläubiger/ Rang 835 32
- Rechtsbehelfe 836 25
- Sicherheitsleistung ZVG 69 8 ff
- und Abwendungsbefugnis 835 27, 839 1 ff
- Verfahren 835 24 ff
- Vollstreckung der Schuldnerpflichten 836 18 ff

- von gepfändeter Geldforderung 835 1 ff, 836 1 ff
- von gepfändeter Hypothekenforderung 837 1 ff
- Wirkungen 836 1 ff

Überweisung an Zahlungs statt 835 22 f, 849 1

Überweisung zur Einziehung
- Aufrechnung 835 17
- Einziehungsbefugnis 835 9
- Gutglaubensschutz 835 16
- prozessuale Wirkungen 835 12 f
- Rechtsstellung des Dritten 835 14 ff
- Rechtsstellung des Gläubigers 835 9 ff
- Rechtsstellung des Schuldners 835 8
- Schadensersatz bei verzögerter Beitreibung 842 1 f
- Umfang 835 19
- Vollstreckungsende 835 20

Überweisung/Zahlung
- Ausführung des Teilungsplans ZVG 117 3 f

Überweisungsbeschluss
- Aufhebung 835 33
- Kosten 835 34 f
- Wirksamkeit 835 3 ff
- Zustellung 835 28

Umgangsrecht, Auslandsvollstreckung
- Abänderung Brüssel IIa-VO 41 11
- Antragsberechtigung Brüssel IIa-VO 40 2
- Ausübung des Umgangsrechts Brüssel IIa-VO 48 1
- Behandlung widersprechender Entscheidungen Brüssel IIa-VO 41 12
- Bescheinigung über Vollstreckbarkeit Brüssel IIa-VO 41 3, 43 1 f, 44 1
- Einflussnahmemöglichkeiten des Vollstreckungsstaats Brüssel IIa-VO 41 8 ff
- Entscheidungen zum Umgangsrecht, Begriff Brüssel IIa-VO 41 1 f
- ordre public-Prüfung Brüssel IIa-VO 41 10
- vorzulegende Unterlagen Brüssel IIa-VO 45 1 ff

Umgangsrecht, Vollstreckung
- siehe auch Herausgabe von Personen und Regelung des Umgangs, Vollstreckung
- begleiteter Umgang FamFG 115
- Erfüllung des Umgangs FamFG 91, 95 f
- gemischte Verfahren FamFG 102
- Schwierigkeiten in der Praxis FamFG 144
- Untersagung des Umgangs FamFG 211
- vollstreckungsfähiger Inhalt FamFG 115

Umlegungsverfahren
- kein verfahrenshinderndes Recht ZVG 28 14

Umrechnung
- Fremdwährungsschulden Vor 803 ff 2

Umsatzsteuer
- freihändige Veräußerung 825 6
- Versteigerung 817 6

Umschreibung eines auf den Namen lautenden Wertpapiers GvKostG Nr. 705 1

Umschuldung
- einstweilige Einstellung der Zwangsversteigerung auf Antrag des Schuldners ZVG 30a 7

Umwandlung
- Vollstreckungsklausel 727 27, 736 10

Umzug des Schuldners
- Vollstreckungskosten 788 104

Unbedenklichkeitsbescheinigung des Finanzamts ZVG 130 3

Unbekannt
- Titel gegen 750 6

Unbekannter Aufenthalt
- siehe auch Aufenthalt des Schuldners, Ermittlung
- siehe auch Fremdauskünfte, Einholung von
- Bestellung eines Zustellungsvertreters ZVG 6 1 ff, 10
- Gebühren bei „Unbekannt verzogen" GvKostG Nr. 600–604 3, 8a
- örtlich zuständiges Vollstreckungsgericht 828 14

Unbekannter Berechtigter
- Aufgebotsverfahren zum Ausschluss des ZVG 138 1 ff, 140 1 ff, 141 1 ff
- Bestellung eines Ermittlungsvertreters ZVG 135 2 f, 137 1
- Terminsbestimmung bei nachträglicher Ermittlung ZVG 139 1 ff
- Zuteilung ZVG 126 2 ff, 157 7

Unberechtigte Zwangsvollstreckung
- Haftung der Vollstreckungsorgane 9. 3 ff
- Haftung des Vollstreckungsgläubigers 9. 29 ff, 37

Stichwortverzeichnis

- Rechtsmittel 794 60
- Vollstreckung durch andere Gläubiger bei Unterwerfungserklärung 799a 3 ff

Unbestimmte Ansprüche
- Feststellung des Betrages ZVG 14 1 ff

Unbestrittene Forderungen, EuVTVO
- *siehe* Europäischer Vollstreckungstitel für unbestrittene Forderungen, EuVTVO
- *siehe* EuVTVO

Unbewegliches Vermögen
- *siehe* Immobiliarvollstreckung
- *siehe* Zwangsversteigerung von Grundstücken
- *siehe* Zwangsverwaltung von Grundstücken

Und-Konto
- Pfändung 829 39, 136
- Vollstreckungstitel 771 26

Unentgeltliche Leistungen des Schuldners
- Gläubigeranfechtung AnfG 4 4 ff

Unerlaubte Handlung
- Ende der vorläufigen Vollstreckbarkeit 717 4

Unfallrente
- Pfändbarkeit 851c 8

Ungeteilter Nachlass
- *siehe* Erbengemeinschaft, ungeteilte

Ungetrennte Früchte 810 1 ff

Unmittelbarer Zwang
- Gebühren GvKostG Nr. 250 4
- Verhältnis zu den Ordnungsmitteln FamFG 153 ff

Unpfändbare Bezüge (Pfändungsverbot) 850a 4 ff

Unpfändbare Forderungen (Pfändungsverbot)
- Beispiele 829 32 ff

Unpfändbare Sachen (Pfändungsverbot)
- *siehe auch* Austauschpfändung
- Anwendungsbereich 811 3 ff
- bei Zwangsvollstreckung gegen juristische Personen des öffentlichen Rechts wegen Geldforderungen 882a 12 ff
- Eigentumsvorbehalt 811 32 ff
- kein Verzicht 811 7
- nachträgliche Unpfändbarkeit 811 8
- Pfändungsverbote im Einzelnen 811 9 ff
- Verfahren 811 36
- verfassungskonforme Auslegung 811 6
- Verstoß/Rechtsbehelfe 811 36

- weitere unpfändbare Gegenstände 811 35
- Zeitpunkt 811 8

Unrat
- *siehe* Müll

Unselbständige Rechte
- Pfändbarkeit 851 9

Unterbrechung
- Versteigerungstermin ZVG 43 11, 66 17 f

Untergang des Grundstücks
- Gefahrübergang ZVG 56 5 ff, 90 7
- teilweiser ZVG 56 6

Unterhalt des Schuldners
- Zwangsverwaltung ZVG 149 22 ff

Unterhaltsanspruch
- *siehe auch* Arbeitseinkommen, Pfändbarkeit bei Unterhaltsansprüchen
- Diskriminierungsverbot EuUntVO 41 2
- Durchsetzung einer anerkannten Entscheidung EuUntVO 40 1 ff
- Erhöhung des Pfändungsfreibetrages (P-Konto) bei Erfüllung der Unterhaltspflicht 850k 29
- Erhöhung des unpfändbaren Betrages wegen besonderer Bedürfnisse des Schuldners 850f 10
- Festsetzung des Pfändungsfreibetrages bei P-Konto durch Vollstreckungsgericht 850k 36 f
- gerichtlicher Vergleich/Anerkennung und Vollstreckung EuUntVO 48 3 ff
- öffentliche Urkunde/Anerkennung und Vollstreckung EuUntVO 48 6 ff
- Pfändbarkeit 850b 9 ff
- Pfändungsschutzverfahren bei Arbeitseinkommen 850d 33 ff
- Vollstreckungsverfahren/Maßgeblichkeit des Rechts des Vollstreckungsmitgliedstaats EuUntVO 41 1 ff
- vorläufige Vollstreckbarkeit 708 20
- vorläufige Vollstreckbarkeit der Entscheidung EuUntVO 39 2 ff

Unterhaltsanspruch, Anerkennung
- Anerkennungsversagungsgründe EuUntVO 17 5 f, 24 1 ff
- Aussetzung des Anerkennungsverfahrens EuUntVO 25 1 ff
- Durchsetzung einer anerkannten Entscheidung EuUntVO 40 1 ff
- Exequaturverfahren EuUntVO 23 2
- keine Auswirkungen auf das Bestehen eines Familienverhältnisses EuUntVO 22 1 ff

- selbständiges Anerkennungsverfahren
  EuUntVO 17 7, 23 7
- Verbot der révision au fond
  EuUntVO 24 3
- Wirkung der Anerkennung
  EuUntVO 17 4, 23 5 f

Unterhaltsanspruch, Geltendmachung im Verkehr mit ausländischen Staaten
- *siehe auch* AUG, Vollstreckung mit Exequatur
- *siehe auch* AUG, Vollstreckung ohne Exequatur
- *siehe auch* EuUntVO
- Aufhebung der Zwangsvollstreckung
  AUG 31 2
- ausgehende Ersuchen um Unterstützung   *AUG* 7–12 1 ff
- Behandlung einer vorläufigen Entscheidung   *AUG* 13–15 3
- Bestimmung des vollstreckungsfähigen Inhalts eines ausländischen Titels
  AUG 34 1 ff
- eingehende Ersuchen um Unterstützung   *AUG* 13–15 1 ff
- Einstellung der Zwangsvollstreckung
  AUG 31 2, 32 1, 33 1 f
- Einwendungen des Schuldners nach Art. 21 EuUntVO   *AUG* 31 1 f
- Einwendungen wegen „Titelkollision"
  AUG 31 5; *EuUntVO* 21 14 ff
- Einwendungen wegen Titelverjährung
  AUG 31 3 f; *EuUntVO* 21 12 f
- familiengerichtliches Verfahren
  AUG **Vor 1 ff** 5, 2 1
- kein Vorrang der Eintreibung von Kosten   *EuUntVO* 43 1
- sofortige Beschwerde nach § 793 ZPO
  AUG 31 2
- Übersetzungskosten   *AUG* 7–12 4, 76 1
- Unterhalts-Begriff   *AUG* 1 2; *EuUntVO* 1 11 ff
- Verbot der révision au fond
  EuUntVO 42 1 f
- Verfahrenskostenhilfe
  AUG **Vor 1 ff** 3, 20–24 1 ff
- Vollstreckung mit Exequatur
  AUG 36 1
- Vollstreckung ohne Exequatur und innerstaatlicher Vollstreckungsklausel
  AUG 30 1
- Vollstreckungsabwehrklage
  AUG 31 2
- Vollstreckungserinnerung   *AUG* 31 2
- Vollstreckungsschutz nach § 765a ZPO   *AUG* 31 2
- Vorprüfung durch das Amtsgericht
  AUG 7–12 2, 5
- Zentrale Behörde als Empfangs- und Übermittlungsstelle   *AUG* 5 1
- Zuständigkeit des Familiengerichts
  AUG **Vor 1 ff** 5, 2 1
- Zuständigkeitsregelungen/Zuständigkeitskonzentration   *AUG* 25–29 1, 35 1 ff; *EuUntVO* 27 4

Unterhaltsanspruch, Nachprüfung
- Antrag   *EuUntVO* 19 7
- außergewöhnliche Umstände
  EuUntVO 19 25
- Aussetzung der Vollstreckung
  EuUntVO 21 25 ff
- entschuldigte Nichterhebung eines Einspruchs gegen die Forderung
  EuUntVO 19 23 ff
- Frist   *EuUntVO* 19 13 ff
- höhere Gewalt   *EuUntVO* 19 24
- kein grenzüberschreitender Bezug erforderlich   *EuUntVO* 19 31
- Nachprüfungsgründe
  EuUntVO 19 18 ff
- Nichteinlassung des Schuldners
  EuUntVO 19 28
- Rechtsfolgen   *EuUntVO* 19 32 ff
- Verhältnis zu den Rechtsbehelfen des innerstaatlichen Rechts der Mitgliedstaaten   *EuUntVO* 19 5 f
- Wahrnehmung der nach innerstaatlichen Recht der Mitgliedstaaten bestehenden Rechtsbehelfsmöglichkeiten
  EuUntVO 19 29 f
- Zuständigkeit   *EuUntVO* 19 8 ff
- Zustellmängel   *EuUntVO* 19 19 ff

Unterhaltsanspruch, Sicherungsmaßnahmen
- Art der Sicherungsmaßnahme
  EuUntVO 18 3 ff, 36 4
- Rechtsbehelfe des Gläubigers
  EuUntVO 18 11
- Rechtsbehelfe des Schuldners
  EuUntVO 18 9 f
- Voraussetzungen   *EuUntVO* 18 6 ff, 36 1 ff

Unterhaltsanspruch, Vollstreckbarerklärung
- *siehe auch* AUG, Vollstreckung mit Exequatur
- Antragstellung   *AUG* 36 2; *EuUntVO* 26 3
- Aufhebung der V.   *EuUntVO* 34 1 ff
- außergewöhnliche Umstände
  EuUntVO 30 2
- Aussetzung des Verfahrens
  EuUntVO 35 1 ff
- beizufügende Schriftstücke
  EuUntVO 28 1 ff

- Bestimmtheit des ausländischen Titels
  EuUntVO 26 2
- Entscheidungen aus Staaten, die nicht durch das HUÜ gebunden sind
  EuUntVO 26 1
- kein Vorrang der Eintreibung von Kosten *EuUntVO* 43 1
- keine anwaltliche Vertretung
  EuUntVO 26 4
- Mitteilung der Entscheidung über den Antrag auf Vollstreckbarerklärung
  EuUntVO 31 1
- Nichtvorlage des Auszugs
  EuUntVO 29 1 f
- Rechtsbehelf gegen Entscheidung über den Antrag auf V. *EuUntVO* 32 1 ff
- Rechtsmittel gegen die Entscheidung über den Rechtsbehelf
  EuUntVO 33 1 f
- Stempelabgaben/Gebühren
  EuUntVO 38 1
- Teilvollstreckbarkeit *EuUntVO* 37 1
- Übersetzung *EuUntVO* 28 3
- Verfahren *AUG* 38 1 f;
  EuUntVO 26 5 f
- Versagung der V. *EuUntVO* 34 1 ff
- Vollstreckbarerklärung
  EuUntVO 30 1 ff
- Zuständigkeit *EuUntVO* 27 1 ff
- Zustellung an die Parteien
  EuUntVO 41 10
- Zustellungsempfänger *AUG* 37 1 f;
  EuUntVO 26 4

Unterhaltsanspruch, Vollstreckung
- Aussetzung wegen der im Ursprungsmitgliedstaat erfolgten Aussetzung der Vollstreckbarkeit *EuUntVO* 21 29 ff
- Aussetzung wegen Nachprüfungsantrags nach Art. 19 EuUntVO
  EuUntVO 21 25 ff
- Einwendungen wegen „Titelkollision"
  AUG 31 5; *EuUntVO* 21 14 ff
- Einwendungen wegen Titelverjährung
  AUG 31 3 f; *EuUntVO* 21 12 f
- Formblätter *EuUntVO* 20 11 ff, 15
- kein Vorrang der Eintreibung von Kosten *EuUntVO* 43 1
- keine Auswirkungen auf das Bestehen eines Familienverhältnisses
  EuUntVO 22 1 ff
- Rechtsschutz des Vollstreckungsschuldners im Ursprungsmitgliedstaat
  EuUntVO 17 10
- Rechtsschutz des Vollstreckungsschuldners im Vollstreckungsmitgliedstaat *EuUntVO* 17 11
- Transkription *EuUntVO* 20 16
- Überprüfung im Vollstreckungsmitgliedstaat *EuUntVO* 17 9
- Übersetzung *EuUntVO* 20 7 ff
- Verweigerung der Vollstreckung
  EuUntVO 21 6 ff
- vorzulegende Unterlagen
  EuUntVO 20 2 ff

Unterhaltsbeschluss
- als Vollstreckungstitel 794 26 f

Unterhaltsleistung
- einstweilige Anordnung *FamFG* 67
- sofortige Wirksamkeit der Endentscheidung *FamFG* 66 f

Unterhaltspflicht
- Begriff *AUG* 1 2; *EuUntVO* 1 11 ff
- Rechtsgrund *EuUntVO* 1 34 ff

Unterhaltsregressanspruch
- Anwendbarkeit EuUntVO
  EuUntVO 1 6, 39 ff

Unterhaltsrente 850b 17

Unterhaltssachen
- *siehe* AUG
- *siehe* EuUntVO
- Verhältnis von EuUntVO zur EuVTVO
  EuVTVO 2 5 f

Unterhaltstitel
- Bestimmtheit 704 24
- Vollstreckung trotz weggefallener Minderjährigkeit 798a 1

Unterhaltstitel (ausländischer)
- Schadensersatz wegen ungerechtfertigter Vollstreckung *AUG* 69 1
- Verfahren zur Geltendmachung von Aufhebung oder Änderung des ausländischen Titels im Ursprungsstaat
  AUG 67–68 1
- Vollstreckung 10. 15; *AUG* 65 1
- Vollstreckungsabwehrantrag
  AUG 66 1 ff

Unterhaltstitel (inländischer), Vollstreckung in Mitglieds- oder Vertragsstaat
- Bescheinigungen zu deutschen Vollstreckungstiteln *AUG* 70–75 4 ff
- Bezifferung dynamisierter Unterhaltstitel *AUG* 70–75 8
- deutsche Versäumnisurteile
  AUG 70–75 2 f
- grenzüberschreitende Mahnverfahren
  AUG 70–75 11
- Titel ohne inländische Klausel
  AUG 70–75 10
- Urteile in verkürzter Form
  AUG 70–75 9

Unterhaltsvergleich
- Voraussetzungen 795b 4

- Zuständigkeit für Erteilung der Vollstreckungsklausel 795b 1 ff

Unterkunfts- und Heizungskosten (SGB II)
- Pfändbarkeit 3. 17

Unterlassungen
- einstweilige Einstellung der Zwangsvollstreckung 707 26
- Erzwingung von 890 37 ff
- nach FamFG FamFG 208 ff

Unterlassungstitel
- Bestimmtheit 704 31 f

Unterlassungsverfügung
- Vollziehung 938 18 f

Unterlassungsvollstreckung
- siehe Vertretbare Handlung, Vollstreckung wegen

Untermieter
- in der Zwangsversteigerung ZVG 57 8
- kein Beteiligter ZVG 9 21
- Vollstreckungstitel 6. 15

Untersagung von Vollstreckungsmaßnahmen
- Vollstreckungsschutz 765a 78

Unterwerfungserklärung
- Anrechnungsklausel 794 51
- Bestimmtheit (typische Einzelfälle) 794 47 ff
- des künftigen Eigentümers 794 47, 800 3
- durch Vertreter 794 55 ff
- Eintritt in den Sicherungsvertrag 794 59a
- für künftigen Anspruch 800 3
- gegen „den jeweiligen Grundstückseigentümer" 800 2 ff
- Gegenstand 794 43 f
- Grundschuldbestellungsurkunde 794 58
- in dingliche Rechte 800 2, 4 f
- Insolvenz 794 40, 800 12
- Leistungszeitpunkt 794 45
- Nachweisurkunden 800 13 ff
- Nießbrauch 800 4
- Prozesshandlung 794 38 f
- Risikobegrenzungsgesetz 799a 1 f
- Schadensersatzpflicht bei Vollstreckung durch andere Gläubiger 799a 3 ff
- Schiffshypothek 800a 1 f
- Sicherungsgrundschuld 794 59
- und Allgemeine Geschäftsbedingungen 794 58 f
- Vormerkung 800 11
- Wertsicherungsklausel 794 49
- Wirksamkeit 794 41 f
- Zustimmung 794 39

Unterwerfungssperre 6. 10 ff

Unveräußerliche Rechte
- Pfändung 857 43 ff

Unvertretbare Handlung, Vollstreckung wegen
- siehe auch Willenserklärung, Erzwingung zur Abgabe (Fiktion)
- Antrag 888 14 f
- Antragsrücknahme 888 18
- Antragsumdeutung 888 16
- Auslandsbezug 888 30
- Begriff 888 4
- Beschluss 888 32, 891 1
- Beschlussadressat 888 33 ff
- Beschlussvollstreckung 888 37 ff
- Dienstvertrag 888 3
- einstweilige Verfügung 888 8
- Einwendungen des Schuldners 888 21
- Einzelfälle 888 5
- im FamFG (und Beispiele) FamFG 33, 91, 204 ff
- Insolvenz 888 31
- Kosten 888 45
- Kostengrundentscheidung 891 3
- Mitteilungspflicht 888 27
- Mitwirkung Dritter 888 26
- rechtliches Gehör 888 19, 891 2
- Rechtsbehelfe 888 43
- Schuldnermehrheit 888 28
- Verfahren 891 2
- Verschulden 888 29
- Vollstreckungsverjährung 888 42
- Vollstreckungsvoraussetzungen 888 7 ff, 20 ff
- Zumutbarkeit 888 25
- Zuständigkeit 888 7 ff
- Zwangsgeld 888 38 f
- Zwangshaft 888 40 f

Unzeit, Vollstreckung zur
- siehe Vollstreckung zur Unzeit

Urheberrecht
- Erzwingung von Unterlassungen 890 3
- Pfändung 857 26 ff; 5. 2 ff
- Verwertung 5. 51 ff

Urkunde
- siehe auch Vollstreckbare Urkunde
- Erteilung an Gläubiger 792 1 ff
- Herausgabe an Gläubiger 896 1 ff
- öffentliche Urkunde als Europäischer Vollstreckungstitel EuVTVO 25 1 f
- Vollstreckbarerklärung Brüssel I-VO 57 4 ff

- Vollstreckungskosten 788 55, 98
Urkundenprozess
- einstweilige Einstellung der Zwangsvollstreckung 707 24
- vorläufige Vollstreckbarkeit 708 15

Urkundsbeamter der Geschäftsstelle
- Übertragung von Rechtspflegeraufgaben auf *RPflG* 36b 1 ff

Urlaubsabgeltungsanspruch
- Pfändbarkeit 851 7

Urlaubsentgelt
- Pfändbarkeit 850 44, 850a 8 f

Urlaubsgeld
- Pfändbarkeit 850 44, 850a 8 f

Urteil nach Lage der Akten
- vorläufige Vollstreckbarkeit 708 11

Urteilsergänzung
- bei übergangenem Vollstreckungsschutzantrag 716 2
- bei unterbliebener Entscheidung zur vorläufigen Vollstreckbarkeit 716 2
- bei unvollständiger Entscheidung zur vorläufigen Vollstreckbarkeit 716 2
- Kosten 716 6 f
- Verfahren 716 4

Urteilsfreizügigkeit *EuVTVO* Vor 1, 1 2

Veränderungen im Bestand des Grundstücks
- Verfügung *ZVG* 23 6

Veräußerung der Pfandsache
- Gewährleistungsausschluss 806 1 ff, 817 3

Veräußerung des Grundstücks
- nach Beschlagnahme *ZVG* 26 1 ff
- Verfügung *ZVG* 23 4

Veräußerungs- und Verfügungsverbote
- Vollziehung 938 20 f

Veräußerungshinderndes Recht
- *siehe auch* Drittwiderspruchsklage
- vorläufige Hinterlegung von gepfändetem Geld 815 5 ff
- wichtige Anwendungsfälle 771 16 ff

Veräußerungsverbot
- Drittwiderspruchsklage 772 1 ff
- verfahrenshinderndes Recht *ZVG* 28 11, 37 9
- Wirkung der Beschlagnahme des Grundstücks bei Zwangsversteigerung *ZVG* 20 4, 23 2 ff
- Wirkung der Beschlagnahme des Grundstücks bei Zwangsverwaltung *ZVG* 148 1, 151 2

Verbindung mehrerer Beschwerden nach § 95 ZVG *ZVG* 99 13 f

Verbot der Doppelexequatur 722 17
Verbot der Doppelsicherung 867 4, 47
Verbot der révision au fond 723 2; *AVAG* 4 3; *Brüssel I-VO* 36 1 ff, 45 1; *Brüssel Ia-VO* 52 1; *Brüssel IIa-VO* 24–26 1 f, 31 4; *EuBagatellVO* 22 5; *EuMahnVO* 22 2, 12; *EuUntVO* 42 1 f; *EuVTVO* 21 8 f

Verbotene Eigenmacht
- Räumung von Wohnraum durch einstweilige Verfügung 940a 5 ff

Verbundenes Unternehmen
- Vertretung *ZVG* 15 14, 66 4

Verdachtspfändung 829 20
Verdunkelung 918 5

Verein
- Berechtigung zur Gebotsabgabe *ZVG* 71 8
- Pfändbarkeit Mitgliedsanteil 851 6; 4. 32 f

Vereinfachtes Antragsverfahren bei Vollstreckungsbescheiden
- *Siehe* Vollstreckungsbescheid, vereinfachter Vollstreckungsantrag

Verfahrensfähigkeit *FamFG* 111 f, 133, 225

Verfahrenshinderndes Recht
- Auflassungsvormerkung *ZVG* 28 8
- Dritteigentum *ZVG* 28 6 f
- Grundbuchersichtlichkeit *ZVG* 28 26
- kein verfahrenshinderndes Recht *ZVG* 28 14 ff
- Rechtswirkungen *ZVG* 28 27 ff
- Veräußerungsverbot *ZVG* 37 9
- weitere Rechte *ZVG* 28 9 ff, 37 5 ff

Verfahrenskosten
- in der Zwangsverwaltung *ZVG* 155 2 ff
- iSd § 109 ZVG, Definition *ZVG* 109 2
- iSd § 109 ZVG, Einzelheiten *ZVG* 109 3 ff
- Rang *ZVG* 10 2 ff

Verfahrenskostenhilfe
- Eintragung einer Sicherungshypothek 867 56
- Entnahmeverbot *GvKostG* 15 6
- Geltendmachung von Unterhaltsansprüchen im Verkehr mit ausländischen Staaten (AUG) *AUG* Vor 1 ff 3, 20–24 1 ff

Verfahrensleitende Entscheidungen
- Abgrenzung (mit Beispielen) zu Endentscheidungen *FamFG* 12

- gerichtliche Anordnung
  FamFG 14 ff, 33 ff
- Kosten *FamFG* 38 ff
- Rechtsbehelfe *FamFG* 43 ff
- Vollstreckung *FamFG* 7 ff
- Wirksamkeit *FamFG* 15
- Zwangsmittel *FamFG* 12, 16 f, 23 ff

Verfahrenstrennung, Zwangsversteigerung mehrerer Grundstücke
- Rechtsbehelf *ZVG* 18 17
- Zweckmäßigkeit *ZVG* 18 16

Verfahrensverbindung, Zwangsversteigerung mehrerer Grundstücke
- Entscheidung des Gerichts
  ZVG 18 9 ff, 63 3
- Erlöschen von Geboten
  ZVG 72 20 ff
- Fallkonstellationen *ZVG* 18 4 ff
- Folgen *ZVG* 18 15, 63 3 ff
- Gründe *ZVG* 18 13 f
- Kosten *ZVG* 18 19 ff
- Rechtsbehelf *ZVG* 18 17
- Verfahrenseinstellung und verschiedene Ausgebotsformen *ZVG* 72 20 ff
- Wirkung *ZVG* 18 15
- Zuschlagsversagungsgrund
  ZVG 83 7
- Zweckmäßigkeit *ZVG* 18 13 f

Verfahrensverbindung, Zwangsverwaltung mehrerer Grundstücke
- wirtschaftliche Einheit *ZVG* 146 17

Verfahrensvertreter
- Bestellung nach § 57 ZPO
  ZVG 15 19, 66 4

Verfahrensvoraussetzungen, allgemeine
  753 16

Verfassungsbeschwerde
  ZVG Vor 95–104 58

Verfügungen über das Grundstück
- Belastung *ZVG* 23 5
- gutgläubiger Erwerb *ZVG* 23 9, 26 1 ff
- Veränderungen *ZVG* 23 6
- Veräußerung des Grundstücks
  ZVG 23 4, 26 1 ff
- Verfügungen über bewegliche Gegenstände *ZVG* 23 8

Verfügungen über das Vermögen im Ganzen
- veräußerungshinderndes Recht/Drittwiderspruchsklage 771 35

Verfügungsberechtigung
- Pfändung 829 137

Verfügungsbeschränkung unter Ehegatten
- kein verfahrenshinderndes Recht
  ZVG 28 17

Verfügungsprozess
- *siehe auch* Einstweilige Verfügung
- Rechtshängigkeit und Rechtskraft
  Vor 935–945b 11
- summarisches Erkenntnisverfahren
  Vor 935–945b 9
- Verfahren **Vor 935–945b** 10
- Verfahrensgrundsätze
  Vor 935–945b 12 ff

Verfügungsverbot
- Beteiligter in der Immobiliarvollstreckung aufgrund Anmeldung
  ZVG 9 17

Verfügungsverbot, relatives
- Verstrickung 803 7, 829 96

Vergleich
- *siehe auch* Prozessvergleich
- als Vollstreckungstitel nach FamFG
  iVm § 794 Abs. 1 Nr. 1 ZPO
  FamFG 229 ff
- Arrest **Vor 916–945b** 57 ff
- außergerichtlicher 794 16
- einstweilige Verfügung
  Vor 916–945b 57 ff
- gerichtlich gebilligter Vergleich iSv
  § 156 Abs. 2 FamFG *FamFG* 118 ff
- gerichtlicher Vergleich als Europäischer Vollstreckungstitel
  EuVTVO 24 1
- iRd Widerspruchsklage im Verteilungsverfahren 882 4

Vergleich vor Gütestellen
- *siehe* Gütestellenvergleich

Vergleichswert *ZVG* 74a 35

Vergütung
- Zustellungsvertreter *ZVG* 7 4 ff

Verhaftung
- *siehe auch* Haftbefehl (Abnahme der Vermögensauskunft)
- *siehe auch* Vermögensauskunft, verhafteter Schuldner
- Ablauf 802g 23 f
- Anzeigepflicht vor Verhaftung
  802g 25 f
- Aufsuchen des Schuldners 802g 20 f
- Aushändigung von beglaubigter Abschrift des Haftbefehls 802g 24 f
- Durchführung 802g 18 ff
- Haftanordnung im Arrestbefehl
  933 5, 938 28
- Haftaufschub bei Gesundheitsgefährdung 802h 5 ff
- Haftdauer 802j 3

Stichwortverzeichnis

- Haftunfähigkeit 802h 5 ff
- keine Zustellung des Haftbefehls an Schuldner 802g 18
- Kosten 802g 41 ff; GvKostG Nr. 270 1 ff
- Nachtzeit/Sonn- und Feiertage 802g 17, 37
- Teilbeiträge 802g 28 f
- Übergabe des Haftbefehls bei V., Zustellungsgebühr GvKostG Nr. 100–102 21 f
- Unterbleiben der Verhaftung 802g 27
- Unzulässigkeit 802h 3
- widersprechender Schuldner 802g 22
- wiederholter fruchtloser Verhaftungsversuch 802g 21
- Zahlungsvereinbarung 802g 29
- zeitliche Grenze 802h 4

Verhaftung, wiederholte
- Anwendungsbereich 802j 6
- Ausnahme von der Schonfrist 802j 13
- Frist 802j 10 f
- Haftkosten 802j 14
- Rechtsbehelfe 802j 12
- Voraussetzungen 802j 7 ff

Verhaftungsauftrag
- als besonderer Auftrag GvKostG 3 14
- Vollstreckungskosten 788 99 f

Verhältnismäßigkeit
- Haftbefehl 802g 13
- Vollstreckungsschutz nach § 765a ZPO 765a 34, 46

Verjährung
- Erlöschen der Rechte auf hinterlegte Beträge ZVG 142 1 ff
- Gerichtsvollzieherkosten GvKostG 8 1 ff
- Rückerstattungsanspruch des Kostenschuldners GvKostG 8 1 ff
- Schadensersatzanspruch des Arrest- oder Verfügungsschuldners (Risikohaftung aus prozessualer Veranlassung) 945 32
- Schadensersatzanspruch nach Vollstreckung 717 16
- Zahlungsanspruch der Staatskasse GvKostG 8 1 ff

Verkehrswert
- Inhalt der Terminsbestimmung ZVG 38 4 ff

Verkehrswertfestsetzung
- Ablauf der Wertermittlung ZVG 74a 29 ff
- Rechtsbehelfsbelehrung ZVG 74a 39
- Rechtsmittel ZVG 95 2
- sofortige Beschwerde ZVG 74a 38 ff
- Wertfestsetzung durch das Gericht ZVG 74a 36
- Wirkung des Wertfestsetzungsbeschlusses ZVG 74a 37
- Zuschlagsversagungsgrund ZVG 83 6

Verkündung des Zuschlags
- siehe Zuschlagsverkündung

Verlagsrecht
- Pfändung 5. 10 ff
- Verwertung 5. 51 ff

Verlängerte Vollstreckungsabwehrklage 767 26

Verlegung des Versteigerungstermins
- Bekanntmachung ZVG 39 5
- Ermessen ZVG 43 9

Verletztenrente
- Pfändbarkeit 850b 6

Vermerk über Erteilung der vollstreckbaren Ausfertigung
- auf der Urteilsurschrift 734 1 f

Vermieterpfandrecht
- Klage auf vorzugsweise Befriedigung 771 28, 805 3
- Räumung 885 26, 73 f, 885a 2, 4, 15, 20; 6. 34; ZVG 93 12
- Zwangsverwaltung ZVG 152 36

Vermögensauskunft
- bewusste Falschangaben 802d 21
- bewusstes Verschweigen 802d 21
- Dokumentenpauschale GvKostG Nr. 700 5
- Gebühren GvKostG Nr. 260 1, Nr. 600–604 4 ff
- Nachbesserung der V. als unrichtige Sachbehandlung GvKostG 7 9 ff
- nicht erledigtes Nachbesserungsverfahren GvKostG Nr. 600–604 10
- Nichterledigung GvKostG Nr. 600–604 7
- Nichterscheinen des Schuldners zum Termin zur Abnahme GvKostG 3 52
- Sicherungsvollstreckung 720a 8
- und Betreuung 1. 30 ff
- versehentlich unzutreffende Angabe 802d 21
- Vervollständigung 802d 20
- wesentliche Veränderung der Vermögensverhältnisse 802d 4 ff
- Zuständigkeit 802e 2 ff

Vermögensauskunft, Abnahme
- siehe auch Haftbefehl (Abnahme der Vermögensauskunft)

- *siehe auch* Verhaftung
- (Mindestladungs-)Frist 802f 6
- Abgabe durch Schuldner/gesetzl. Vertreter 802f 21
- Anhörung des Schuldners 802e 10
- Antragstellung 802f 32
- Anwesenheitsrecht des Gläubigers im Termin 802f 24
- Ausdruck des Vermögensverzeichnisses für Schuldner 802f 25
- Belehrung über Bedeutung des Eides 802f 23
- Belehrungen 802f 10
- Durchführung der Verhaftung 802g 18 ff
- Einräumung einer Zahlungsfrist 802f 6
- elektronisches Dokument 802f 21
- Erlass des Haftbefehls 802g 4 ff
- Erzwingungshaft 802g 6 ff
- Genehmigung der Aufzeichnung durch Schuldner 802f 23a
- Gerichtsvollzieherkosten 802c 49 ff, 802e 12
- in den Geschäftsräumen des Gerichtsvollziehers 802f 19
- in der Wohnung des Schuldners 802f 16 ff
- Kombi-Auftrag 802e 7
- Kosten 802f 33
- mehrere Gläubigeranträge 802f 7
- Mitteilungen an Gläubiger 802f 15
- nicht öffentlicher Termin 802f 19
- Protokoll 802f 25
- Rechtsanwaltsvergütung 788 92a ff, 802c 53 f
- Rechtsbehelfe 802c 46, 802f 31
- Terminsbestimmung zur Abnahme 802f 6
- unentschuldigtes Fernbleiben 802f 26, 802g 7
- Verfahren bei Erlass des Haftbefehls 802g 11 ff
- Vertagung aus wichtigen Gründen 802f 27 f
- Verweigerung des Schuldners ohne Grund 802f 26, 802g 8
- Vorlesen und Wiedergabe der Angaben auf Bildschirm 802f 23
- wiederholte Verhaftung 802j 6 ff
- Zustellung der Ladung 802f 8 f

Vermögensauskunft, Antrag
- Antragsadressat 802c 5
- Antragsberechtigung 802c 6
- Antragsinhalt 802c 7
- Antragsrücknahme 802c 10
- Antragstellung 802c 4, 47, 802f 32
- dem Antrag beizufügende Vollstreckungsunterlagen 802c 8 f
- Geltungsbereich (ZV wegen Geldforderungen) 802c 3
- Rechtsschutzbedürfnis des Gläubigers 802c 13
- Umfang der Prüfungspflicht des Gerichtsvollziehers 802c 11 ff

Vermögensauskunft, Auskunftspflicht
- Gesellschaft in Liquidation 802c 22
- in Titel/Klausel aufgeführte Schuldner 802c 17
- juristische Personen 802c 19
- mehrere gesetzliche Vertreter 802c 20 f
- natürliche Personen 802c 18

Vermögensauskunft, erneute Abgabe (wesentliche Veränderung der Vermögensverhältnisse)
- Abgabe vor Ablauf der Sperrfrist 802d 4 ff
- als neues Verfahren 802d 11
- Antrag eines anderen Gläubigers 802d 13 ff
- Antragstellung 802d 23
- Anwendungsbereich 802d 2
- Datenschutz 802d 14
- erneute Abgabe 802d 3
- Glaubhaftmachung 802d 9 f
- Kosten 802d 26 f; *GvKostG* Nr. 260 1
- Rechtsbehelfe 802d 12
- Sperrfrist 802d 3
- Übermittlung des Vermögensverzeichnisses als elektronisches Dokument 802d 15
- Verfahren 802d 9 ff
- wesentliche Veränderung der Vermögensverhältnisse 802d 4 ff

Vermögensauskunft, sofortige Abnahme (nach Pfändungsversuch)
- Antrag des Gläubigers 807 2
- fehlende vollständige Befriedigung des Gläubigers 807 8
- Gerichtsvollzieherkosten 807 14 ff; *GvKostG* Nr. 260 1
- Kombi-Auftrag 807 2, 14 f
- Rechtsanwaltsvergütung 807 22 f
- Sperrfrist 807 3
- Verfahren 807 9 ff
- Verweigerung der Durchsuchung 807 6 f
- Voraussetzungen 807 2 ff
- Widerspruch des Schuldners 807 12 f

Vermögensauskunft, Verfahren nach Abnahme
- Anforderungen an elektronische Übermittlung des Vermögensverzeichnisses 802f 29a
- Hinterlegung des Vermögensverzeichnisses 802f 29
- Übermittlung des Vermögensverzeichnisses an verfahrensbetreibenden Gläubiger in elektronischer Form 802f 30a
- Zuleitung eines Ausdrucks an verfahrensbetreibenden Gläubiger 802f 30

Vermögensauskunft, verhafteter Schuldner
- Abgabe der Vermögensauskunft 802i 4 ff
- Antrag des Schuldners 802i 4
- Anwendungsbereich 802i 1
- Aussetzung der Vollziehung/neuer Termin 802i 10 f
- Errichtung von Vermögensverzeichnis 802i 5
- Haftentlassung 802i 8 f
- Kosten 802i 15 f
- Rechtsbehelfe 802i 13
- Teilnahmerecht des Gläubigers an Abgabetermin 802i 6 f
- verhafteter Schuldner 802i 3

Vermögensauskunft, Vervollständigung
- als Fortsetzung des noch nicht beendeten Abnahmeverfahrens 802d 16
- Antragsberechtigung 802d 17
- Antragstellung 802d 25
- Einzelfälle 802d 20
- Kosten 802d 28 ff
- Rechtsbehelfe 802d 22
- Rechtsschutzbedürfnis des Gläubigers 802d 18
- versehentlich unzutreffende Angabe 802d 21
- Verweigerung des Schuldners 802g 6
- Zuständigkeit 802d 19

Vermögensauskunft, Zuständigkeit
- funktionelle 802e 2 f
- internationale 802e 8
- Kosten 802e 12
- örtliche 802e 4 ff
- Unzuständigkeit 802e 9 f

Vermögensnießbrauch 737 2 ff, 738 1 ff

Vermögensrechte, andere
- siehe Andere Vermögensrechte

Vermögensübernahme
- Vollstreckungsklausel 729 2

Vermögensverschleuderung
- Arrestgrund 917 5

- Vollstreckungsschutz 765a 15, 45; ZVG 81 21

Vermögensverzeichnis
- Einsichtsrecht 802k 11 ff
- Hinterlegung bei zentralem Vollstreckungsgericht 802k 5 ff
- Löschung 802k 8 ff
- Überblick Vor 803 ff 4
- Übermittlung eines mit eidesstattlicher Versicherung abgegebenen V. an Drittgläubiger GvKostG Nr. 261 1 ff
- Vermögensverzeichnisverordnung (VermVV) 802k 19
- Verwaltung durch zentrales Vollstreckungsgericht 802k 2 ff
- Vollstreckung der Erstellung FamFG 206
- Vollstreckungskosten 788 45

Vermögensverzeichnis, Aufnahme
- Auslagen GvKostG 12 2
- Gebühr GvKostG 12 1 ff, 6 f
- Mitwirkung des GV als Urkundsperson GvKostG 12 1 ff, 6 f

Vermögensverzeichnis, Ausdruck des letzten abgegebenen
- Datenschutz 802d 14
- Gerichtsvollzieherkosten 802d 32 f
- Zuleitung an anderen Gläubiger 802d 13 ff

Vermögensverzeichnis, Inhalt
- Behandlung von Anlagen 802c 27
- bewegliches Vermögen 802c 28 f
- dem Schuldner gehörende Vermögensgegenstände 802c 24 f
- eidesstattliche Versicherung 802c 44 f
- eindeutige, vollständige und aussagekräftige Angaben 802c 26
- Einkünfte aus unselbständiger und selbständiger Tätigkeit 802c 33
- entgeltliche Veräußerungen an nahestehende Personen 802c 41 f
- Forderungen und vermögenswerte Rechte 802c 31 ff
- kein Unterschriftserfordernis 802f 23
- Konto- und Sparguthaben 802c 36
- Renten und Pensionszahlungen 802c 34
- sonstige Rechte 802c 38
- unbewegliches Vermögen 802c 30
- unentgeltliche Leistungen in den letzten vier Jahren 802c 43
- Unterhaltsleistungen 802c 35
- unvollständige Angaben 802c 26, 48
- Vermögensverzeichnisverordnung (VermVV) 802f 22

- vermögenswirksame Leistungen 802c 37
- Verschwiegenheitspflicht 802c 33
- Versicherungsleistungen 802c 37

Vermögensverzeichnis, Zuleitung an anderen Gläubiger
- Datenschutz 802d 14
- Gerichtsvollzieherkosten 802d 32 f
- Voraussetzungen 802d 13 ff

Vermögensverzeichnisverordnung (VermVV)
- Form des Vermögensverzeichnisses 802f 22
- Text 802k 23
- Verordnungsermächtigung 802k 19

Vermögenswirksame Leistungen
- Pfändbarkeit 850 48

Vernichtung
- Unrat/Müll bei Räumung 885a 11

Vernichtungskosten
- Gerichtsvollzieherkosten 885 85
- Vollstreckungskosten 788 69, 885 81

Veröffentlichungen der Versteigerungsgerichte
- Bundesportal ZVG 38 10 f, 39 2, 83 8

Veröffentlichungskosten in Printmedien GvKostG Nr. 702 1 f

Verpflichteter FamFG 6

Verrechnungsabrede AnfG Vor 1 ff 11

Verrechnungsscheck
- Sicherheitsleistung ZVG 69 2 ff
- Teilungsmasse ZVG 107 8
- Verzinsung des Bargebots ZVG 49 6

Versagung des Zuschlags
- siehe Zuschlagsversagung

Versäumnisurteil
- als Endurteil iSv § 704 ZPO 704 6
- Aufrechterhaltung 709 16
- einstweilige Einstellung der Zwangsvollstreckung 719 7 ff, 15
- Eintritt der Rechtskraft 705 2 ff
- Europäischer Vollstreckungstitel EuVTVO 3 10
- vorläufige Vollstreckbarkeit 708 10
- Widerspruchsklage im Verteilungsverfahren 881 1 f

Verschlechterung des Grundstücks
- Gefahrübergang ZVG 56 7

Verschleiertes Arbeitseinkommen
- Pfändbarkeit 850h 15 ff

Verschleierung
- Arrestgrund 917 6

Verschleppung der Vollstreckung ZVG 30a 26

Verschleuderung des Vermögens
- siehe Vermögensverschleuderung

Verschobenes Arbeitseinkommen
- Pfändbarkeit 850h 4 ff

Verschulden
- Ordnungsmittel FamFG 143 ff, 150
- Zwangsmittel FamFG 25

Versicherungsforderungen
- Gegenstand der Immobiliarvollstreckung 865 12

Versicherungsschein
- Hilfspfändung 808 2
- Zuständigkeit und Vollstreckungsverfahren 829 51

Versiegelung von Räumen 808 16

Versöhnungsversuch FamFG 201

Versorgungsanwartschaft
- Pfändbarkeit 851 6

Versorgungsausgleich, Vergleich
- Vollstreckbarerklärung 796a 6

Versorgungsausgleichsanspruch
- Pfändbarkeit 851 18

Versorgungsausgleichssachen
- Auskunftspflicht FamFG 12 ff, 205
- Wirksamwerden FamFG 237
- Zahlung FamFG 194

Versorgungsbezüge der Beamten
- Pfändbarkeit 850 41

Versorgungsrenten
- siehe auch Rente/ähnliche Einkünfte
- Pfändbarkeit 850 58 ff

Versorgungswerk, Ansprüche gegen
- Pfändbarkeit 850 59, 851 12, 851c 6, 9

Versteigerung
- siehe auch Beschlagnahme des Grundstücks bei Zwangsversteigerung
- Ablauf 817 3
- Ablieferung der zugeschlagenen Sache 817 7 ff
- als Hoheitsakt 814 4
- als Internetversteigerung 814 2, 4, 6
- als Präsenzversteigerung 814 2, 4, 5
- Anhörung zur Zuschlagsentscheidung ZVG 74 2 ff, 79 3
- Bekanntmachungskosten 814 8
- Bietvollmacht ZVG 66 4
- Bietzeit ZVG 73 2 ff, 83 8
- dreimaliger Aufruf 817 5
- durch andere Person als Gerichtsvollzieher 825 8 ff
- Eigentumsübergang 817 7 ff

- Einstellung 818 1 ff
- Gebot 817 4
- Gebühren *GvKostG* **Nr.** 300–310 3 f
- Gewährleistungsausschluss 806 1 ff
- Gläubigerbefriedigung im Termin ZVG 75 2 ff, 11 ff
- gleichzeitige V. mehrerer Grundstücke ZVG 66 5
- Kosten 814 7
- Lagerkosten 814 8
- Mindestgebot 817a 1 ff
- Mitbieten 816 5
- öffentliche Bekanntmachung 816 4
- Öffentlichkeit 814 5
- Prozessfähigkeit ZVG 66 4
- Rechtsbehelfe 816 6, 817 15
- Rücktrittsfiktion bei Teilzahlungsgeschäften 817 14
- Schluss ZVG 73 7
- Sicherungsvollstreckung 720a 7
- Transportkosten 814 8
- Umfang ZVG 55 1 ff
- Umsatzsteuer 817 6
- Verfahrensvertreter ZVG 66 4
- Versteigerungsbedingungen 817 3
- Vollmacht ZVG 66 4
- Voraussetzungen 814 3
- Wartefrist 816 2
- Zubehör ZVG 37 10, 55 6 ff, 90 7
- Zuschlag 817 5 f
- Zuständigkeit 814 4, 825 8 ff; ZVG 35 1 ff

Versteigerung, abgetrennte
- andere Art der Verwertung oder Versteigerung ZVG 65 11 f
- Entscheidung des Vollstreckungsgerichts ZVG 65 7 ff
- Kosten ZVG 65 15
- Teilungsmasse ZVG 107 12
- Voraussetzungen ZVG 65 2 ff
- Zubehör ZVG 37 10, 65 1 ff

Versteigerungsakten
- Akteneinsichtsrecht 760 1 ff

Versteigerungsbedingungen
- Abänderungen/Abweichungen 825 5; ZVG 59 2 ff, 181 24
- Erörterung im Versteigerungstermin ZVG 66 13 ff
- Inhalt 817 3
- Zuschlagsversagungsgrund ZVG 83 2

Versteigerungserlös
- siehe Erlösverteilung

Versteigerungsort
- Ortsbestimmung 816 3; ZVG 36 7 f, 37 4
- Rechtsmittel ZVG 36 9

Versteigerungsplattform
- bei Internetversteigerung 814 6

Versteigerungsprotokoll
- Auslegung ZVG 80 4
- Berichtigung ZVG 78 5 ff
- Rechtsmittel ZVG 78 8 f
- und Zuschlagsentscheidung ZVG 80 1
- Versteigerungstermin ZVG 66 3, 78 2 ff
- zu protokollierende Vorgänge ZVG 80 2

Versteigerungstermin
- *siehe auch* Bekanntmachung der Terminsbestimmung
- *siehe auch* Terminsbestimmung, Inhalt
- Aufforderung zur Abgabe von Geboten ZVG 66 22
- Aufhebung ZVG 43 8
- Befangenheit des Rechtspflegers ZVG 66 7 f
- Beginn ZVG 66 2
- Beistand ZVG 15 20 f
- Bekanntmachungen im Termin ZVG 66 9 ff
- Bekanntmachungsfrist ZVG 43 2 f
- Beschlusszustellungsfrist ZVG 43 4
- einstweilige Einstellung bei fehlendem wirksamen Gebot ZVG 77 2 ff
- ergebnisloser ZVG 77 2 ff
- Ermessen ZVG 36 1
- Erörterung des geringsten Gebots und der Versteigerungsbedingungen ZVG 66 13 ff
- frühester Zeitpunkt 816 2; ZVG 36 2 f
- funktionelle Zuständigkeit ZVG 35 3
- Gebühren für erneute Anberaumung *GvKostG* **Nr.** 300–310 4
- gerichtliche Aufklärungspflicht ZVG 66 19 f
- Hinweis auf Anmeldungsausschluss ZVG 66 21 f
- Inhalt der Terminsbestimmung ZVG 37 2 ff, 38 1 ff
- Leitung durch Rechtspfleger ZVG 66 6 f
- Mitteilung über die Betreibenden und ihre Ansprüche ZVG 41 5 ff
- Neubestimmung ZVG 43 12
- Protokoll ZVG 66 3, 78 2 ff
- Rechtsbehelfsbelehrung iRd Gebotsabgabe im V. ZVG 70 14 ff
- Terminszustellungsfrist ZVG 43 5 f

- Überleitung in Zwangsverwaltung bei zweitem ergebnislosen Termin ZVG 77 14 ff
- Unterbrechung ZVG 43 11, 66 17 f
- Verlegung ZVG 39 5, 43 9
- Vertagung ZVG 43 10
- Vollmacht/Vertretungsberechtigung ZVG 66 4
- Vorschuss ZVG 36 10 f
- Zeitraum zwischen Terminsbestimmung und Termin ZVG 36 4 ff
- Zustellung der Terminsbestimmung ZVG 41 2 ff, 43 5 f, 83 2

Versteigerungstermin, Bekanntgabe
- Antrag des Schuldners auf einstweilige Einstellung der Zwangsversteigerung ZVG 30b 22

Versteigerungsvermerk
- Löschung bei Aufhebung des Verfahrens ZVG 34 2 ff

Verstrickung
- Beendigung 803 9 f, 804 9
- Begriff 803 7, 829 94 ff
- Gegenstand 803 7
- relatives Verfügungsverbot 803 7, 829 96

Verstrickungsbruch 803 7

Vertagung
- Versteigerungstermin ZVG 43 10

Verteilung des vorrangigen Gesamtrechts
- Antrag ZVG 64 4 ff
- Auswirkungen auf Ausgebotsformen ZVG 64 10
- Erhöhungen des Gesamtausgebots ZVG 64 12
- Rechte des betroffenen Gesamtgläubigers ZVG 64 14 ff
- Rechtsmissbrauch ZVG 64 22
- Verlust der Gesamthaftung ZVG 64 13
- Verteilung ZVG 64 11
- verteilungsfähige Gesamtrechte ZVG 64 3
- Zuschlagsentscheidung ZVG 64 19 ff
- Zuschlagsversagungsgrund ZVG 83 4

Verteilungsgericht 873 2

Verteilungsplan
- Kosten 874 8

Verteilungsstelle
- Vollstreckungsauftrag an Gerichtsvollzieher 753 13 ff, 754 2

Verteilungstermin
- *siehe auch* Erlösverteilung

- Aufgebot des Grundpfandrechtsbriefs ZVG 136 2 f
- Aufstellung des Teilungsplans ZVG 105 1, 113 2 ff
- bedingte Zuteilung und Hilfszuteilung ZVG 119 6 ff
- Bekanntmachung ZVG 105 8 f
- Briefvorlage ZVG 126 2 ff
- Erfüllung der Zahlungspflicht ZVG 107 16 ff, 117 3 ff
- Forderungsübertragung ZVG 118 1 ff, 120 4
- Gesamtansprüche ZVG 122 2 ff, 123 3 ff
- Hebungsverzicht ZVG 114 15
- Hinterlegung bei aufschiebend bedingtem Anspruch ZVG 120 3
- in der Zwangsverwaltung ZVG 156 9 ff, 157 1 ff
- Inhalt der Terminsbestimmung ZVG 105 10 f
- Kosten ZVG 105 12 f
- Nachweis über Eingang des Geldes bei Justizkasse ZVG 105 7
- Nichtöffentlichkeit ZVG 113 2
- Rangverlust der Sicherungshypothek ZVG 129 2 ff
- Sicherungshypothek für übertragene Forderung ZVG 128 2 ff
- Teilungsmasse ZVG 107 2 ff, 113 10 ff
- Teilungsplan ZVG 114 2 ff
- Überweisung/Einzahlung ZVG 107 16 ff, 117 3 ff
- unbekannter Berechtigter ZVG 126 2 ff, 135 1 ff, 137 1, 157 7
- Verfahren zur Terminsbestimmung ZVG 105 7 ff
- Verfahrensablauf ZVG 113 2 ff
- Verjährung ZVG 142 1 ff
- Verzicht des Gläubigers ZVG 114 15
- vorläufiger Teilungsplan ZVG 106 1 ff
- weitere Ausführung ZVG 137 1 ff, 139 1 ff, 141 1 ff
- Zeitpunkt der Terminsbestimmung ZVG 105 2
- Zustellung ZVG 105 8
- Zuteilung des Zuzahlungsbetrages ZVG 125 4 ff

Verteilungstermin, Verteilungsverfahren
- einstweilige Anordnung 876 17
- kein Widerspruch 876 2 f
- mit Widerspruch 876 4 ff
- Rechtsbehelfe und ihre Folgen 876 14 ff
- Säumnis 877 2 ff

Stichwortverzeichnis

Verteilungsverfahren
- *siehe auch* Teilungsplan, Verteilungsverfahren
- *siehe auch* Widerspruchsklage, Verteilungsverfahren
- Abschluss durch Erlösauskehr 872 29
- Anmeldefrist 873 4
- Anwendungsbereich 872 4
- Anzeige 872 5, 873 1
- Aufforderung des Verteilungsgerichts zur Forderungsaufstellung 873 3 ff
- Bereicherungsklage 878 18, 23, 31, 33 f, 879 1, 7, 880 2, 881 2
- beteiligte Gläubiger 872 23
- fehlende Einigung über Verteilung 872 24
- Folgen 872 25 ff
- gemeinschaftliche Kosten 872 35
- Hinterlegung bei mehrfacher Pfändung des Anspruchs auf Herausgabe oder Leistung einer beweglichen Sache 872 9
- Hinterlegung bei mehrfacher Pfändung einer beweglichen Sache 872 7 f
- Hinterlegung bei mehrfacher Pfändung einer Geldforderung 872 10 ff
- Hinterlegung eines Geldbetrages 872 6 ff
- Kosten 872 35 ff, 877 6
- Ladung 875 3 f
- Rechtsbehelfe 872 30 ff
- Stellung des Abtretungsgläubigers 876 15, 878 32
- Terminsbestimmung 875 2
- unzureichende Hinterlegungsmasse 872 21 f
- Verfahrensfortgang nach Widerspruchsklage 882 1 ff
- Verhältnis zu anderen Verfahren und Rechtsbehelfen 872 3, 27
- Verteilungstermin/kein Widerspruch 876 2 f
- Verteilungstermin/mit Widerspruch 876 4 ff
- Voraussetzungen 872 5 ff
- Widerspruch im Verteilungstermin 876 4 ff
- Zuständigkeit des Verteilungsgerichts 873 2
- Zweck 872 2

Vertretbare Handlung, Vollstreckung wegen
- Antrag 887 27 ff
- Antragsrücknahme 887 35
- Antragsumdeutung 887 33
- Antragswiederholung 887 53
- Auslandsbezug 887 47
- Beauftragung Dritter 887 51 f
- Begriff 887 8 f
- Beschluss 887 48 f, 891 1
- Beseitigungspflichten 887 7
- Dauerverpflichtung 887 4 ff
- einstweilige Verfügung 887 21
- Einwendungen des Schuldners 887 38 ff
- Einzelfälle 887 10 ff
- Erfolgsherbeiführung 887 49
- Ermächtigung 887 50
- genehmigungsbedürftige 887 45
- im FamFG *FamFG* 33, 91, 202
- Klage auf Interesse 887 46
- Kosten 887 57 ff, 61 ff
- Kostengrundentscheidung 891 3
- Kostenvorauszahlung 887 54 ff
- Mitwirkung Dritter 887 42 f
- rechtliches Gehör 887 36, 891 2
- Rechtsbehelfe 887 60
- Unterlassung 887 7
- Unzumutbarkeit 887 40
- verbotene Handlungen 887 44 f
- Verfahren 891 2
- Vollstreckungskosten 788 58
- Vollstreckungsvoraussetzungen 887 20 ff, 37 ff
- Zuständigkeit 887 20 ff

Vertreter
- Angabe im Titel 750 8
- Gewahrsamsinhaber 808 11
- Unterwerfungserklärung 794 55 ff
- Vollstreckungsklausel bei Wechsel/Wegfall des gesetzlichen Vertreters 727 13

Vertretung
- Behörde *ZVG* 15 15, 66 4
- Bieter *ZVG* 15 11, 66 4
- Bürovorsteher *ZVG* 15 9
- freier Mitarbeiter *ZVG* 15 9
- im Versteigerungstermin *ZVG* 66 4
- im Zwangsversteigerungs- und Zwangsverwaltungsverfahren *ZVG* 15 8 ff
- juristische Person *ZVG* 15 14
- Makler *ZVG* 15 9
- Personenhandelsgesellschaften *ZVG* 15 14
- Rechtsanwalt *ZVG* 15 12, 66 4
- Rechtsfolgen bei unwirksamer Vertretung *ZVG* 15 18
- Rechtshandlungen des Schuldners nach dem AnfG *AnfG* 1 11
- Referendar *ZVG* 15 12
- Sparkasse *ZVG* 15 15
- verbundenes Unternehmen *ZVG* 15 14, 66 4

- Verfahrensvertreter ZVG 15 19, 66 4
- Verwertungsgesellschaft ZVG 15 14, 66 4
- Zuschlagserteilung bei verdeckter Vertretung ZVG 81 12 ff

Verwahrgeld ZVG 117 3

Verwahrkosten
- Vollstreckungskosten 885 78 ff

Verwahrlosung des Grundstücks in der Zwangsversteigerung ZVG 24 12

Verwahrung
- Räumung 885 55, 885a 10

Verwaltung, gerichtliche
- siehe Gerichtliche Verwaltung

Verwaltung und Benutzung des Grundstücks in der Zwangsversteigerung
- Benutzung ZVG 24 4 ff
- ordnungsgemäße Wirtschaft ZVG 24 3
- Sicherungsmaßnahmen bei Überschreiten der Grenze ordnungsgemäßer Wirtschaft ZVG 25 3 ff
- vermietetes Grundstück ZVG 24 7
- Verwahrlosung ZVG 24 12
- Verwaltung ZVG 24 8 ff
- Zutrittsverweigerung ZVG 24 5

Verwaltungsausgaben
- in der Zwangsverwaltung ZVG 155 2 ff

Verwaltungskostenvorschuss
- geringstes Gebot ZVG 45 5
- Rang ZVG 10 5 ff
- verspätete Anmeldung oder Glaubhaftmachung ZVG 110 9 ff

Verwandtschaftsverhältnis EuUntVO 1 18 ff, 22 1 ff

Verwendungsersatz ZVG 93 21

Verwertung
- als Beendigung der Verstrickung 803 9 f
- Berliner Räumung 885a 13 ff
- der gepfändeten Forderung 835 1 f
- Gerichtsvollziehergebühren GvKostG Nr. 300–310 1 ff
- Rechtsnatur 817 2
- Teilzahlungsgut 825 11
- Vermögensrechte 857 7

Verwertung von gepfändeten Wertpapieren
- Anwendungsbereich 821 2 f
- Kosten 821 6
- Verwertung 821 4 f

Verwertungsarten
- Ablieferung von gepfändetem Geld 814 1, 815 1
- Anordnung von „anderer Art der Verwertung" 814 1, 825 5 ff
- freihändige Veräußerung 814 1, 825 6
- öffentliche Versteigerung 814 1

Verwertungsbeschränkung
- beschränkt pfändbare Forderungen 852 16 f

Verwertungsgesellschaft
- Vertretung ZVG 15 14, 66 4

Verzicht
- Arrest Vor 916–945b 52 ff
- auf Pfändungsschutz 850 30
- des Gläubigers im Verteilungstermin ZVG 114 15
- des Pfandgläubigers 843 1 ff
- einstweilige Verfügung Vor 916–945b 52 ff
- Vollstreckungsschutz 765a 36

Verzichtsurteil
- als Endurteil iSv § 704 ZPO 704 6
- vorläufige Vollstreckbarkeit 708 9

Verzinsung
- Gerichtsvollzieherkosten GvKostG 8 9
- Rückerstattungsanspruch des Kostenschuldners GvKostG 8 9
- Zahlungsanspruch der Staatskasse GvKostG 8 9

Verzinsung des Bargebots
- Abänderungsantrag ZVG 59 9, 19
- Höhe ZVG 49 4 ff
- Teilungsmasse ZVG 107 5 f

Verzögerungsrüge
- Abgrenzung zur sofortigen Beschwerde ZVG 95 9
- Statthaftigkeit ZVG Vor 95–104 28

Video-Konferenz 1100 2, 1101 3 f; EuBagatellVO 8 2, 9 7

Vieh ZVG 153a 1

Vollmacht
- Gebotsabgabe ZVG 71 8
- Pfändbarkeit 857 4
- Versteigerungstermin ZVG 66 4
- Vertretung im Zwangsversteigerungs- und Zwangsverwaltungsverfahren ZVG 15 8 ff

Vollstreckbare Ausfertigung
- siehe auch Vollstreckungsklausel
- Anfechtungsberechtigung iSd AnfG AnfG 2 9
- Anhörung des Gläubigers 730 6
- Anhörung des Schuldners 730 2 ff
- bei bedingter Leistung 726 3 ff, 7 ff

- bei Rechtsnachfolge nach Rechtshängigkeit 727 4 ff
- bei Zug-um-Zug-Leistung 726 14 ff
- gegen Nießbraucher 738 1 ff
- Klage auf Herausgabe 794 2
- Klauselverfahren 724 4 ff
- Kosten 724 19 f
- Legitimation des Gerichtsvollziehers 754 5 ff
- Rechtsnatur/Funktion 724 1, 725 4
- Testamentsvollstrecker (für/gegen) 749 2 ff
- Verlust 733 5
- Vermerk über Erteilung auf der Urteilsurschrift 734 1 f
- vollstreckbare Urkunde 797 4 ff
- Zuschlagsbeschluss ZVG 132 2 ff

Vollstreckbare Ausfertigung des Zuschlagsbeschlusses
- zum Zwecke der Räumung und Herausgabe im Miet-/Pachtverhältnis ZVG 57 9 ff

Vollstreckbare Urkunde
- *siehe auch* Unterwerfungserklärung
- als Vollstreckungstitel 794 36 ff
- Entbehrlichkeit von Duldungstitel 794 36, 63
- formelle Einwendungen 797 16 f
- Gesamtschuldner 797 24
- Jugendamt 797 7, 21
- keine Zustellung bei Eintragung der Rechtsnachfolge im Grundbuch 799 1 ff
- Kosten 797 33 ff
- materielle Aspekte 797 12
- materielle Einwendungen 797 25
- notarielle Kostenrechnung 797 10
- Rechtsbehelfe 797 26 ff
- Rechtsnachfolge 797 14
- Rückgabe der ersten Ausfertigung 797 22
- Teilausfertigung 797 23
- Unterwerfungserklärung 794 38 ff
- Wartefrist 798 1 ff
- weitere vollstreckbare Ausfertigungen 797 18 ff
- Zuständigkeit für Errichtung 794 37
- Zuständigkeit für Erteilung der vollstreckbaren Ausfertigung 797 4 ff
- Zuständigkeit für Klagen 797 26 ff
- Zuständigkeit für sonstige Maßnahmen 797 29 ff

Vollstreckbarerklärung
- *siehe* Ausländisches Urteil, Vollstreckbarerklärung
- Prozessvergleich 795b 1 ff

Vollstreckbarerklärung, AVAG
- als Erkenntnisverfahren AVAG 6 2
- Antragstellung AVAG 4 1 ff
- Begriff „Titel" AVAG 2 2
- Bekanntgabe der Entscheidung AVAG 8 2, 10 1 ff
- Beschlussverfahren AVAG 6 1
- Beschwerde als statthafter Rechtsbehelf AVAG 11 1
- Beschwerdeverfahren, Ablauf AVAG 13 1 ff
- Bestimmtheit des Titels AVAG 4 4
- Einwendungen AVAG 12 1 f, 14 1
- Entscheidung durch Beschluss AVAG 8 1
- Präklusion AVAG 12 1 f
- Prüfungsumfang der Beschwerde AVAG 11 2
- Rechtsbehelf gegen Entscheidung AVAG 8 2
- Rechtsbeschwerde AVAG 15–17 1 ff
- Sicherungsmaßregeln AVAG 18–24 1 ff
- Titel mit besonderen Vollstreckungsvoraussetzungen AVAG 7 1
- Übersendung an den Gläubiger AVAG 10 2
- unbeschränkte Fortsetzung der Vollstreckung AVAG 18–24 7
- Verbot der révision au fond AVAG 4 3
- Vollstreckungsabwehrklage AVAG 14 1 f, 56 1
- Vollstreckungsklausel AVAG 9 1 ff
- Zuständigkeit AVAG 3 1 ff
- Zustellung an den Schuldner AVAG 10 1
- Zustellungsempfänger AVAG 5 1

Vollstreckbarerklärung, Brüssel I-VO
- Antrag auf teilweise Vollstreckbarerklärung Brüssel I-VO 48 5 f
- Antragstellung Brüssel I-VO 40 2 ff
- Aussetzung des Verfahrens bei Rechtsbehelf im Ursprungsstaat Brüssel I-VO 46 4
- befristete Beschwerde des Antragsgegners Brüssel I-VO 43 13 ff
- einseitiges Verfahren ohne Schuldneranhörung oder -benachrichtigung Brüssel I-VO 41 3 ff
- einstweilige Maßnahmen nach Vollstreckbarerklärung Brüssel I-VO 47 8 ff
- einstweilige Maßnahmen vor Vollstreckbarerklärung Brüssel I-VO 47 2 ff
- funktionelle Zuständigkeit Brüssel I-VO 39 4

- gerichtlicher Vergleich
  Brüssel I-VO 58 1 ff
- Grundprinzipien
  Brüssel I-VO **Vor** 32 ff 7 f
- Irland *Brüssel I-VO* 46 6
- Kosten des Rechtsbehelfs
  Brüssel I-VO 43 20
- materielle Einwendungen des Schuldners *Brüssel I-VO* 45 4
- Mitteilung der Entscheidung
  Brüssel I-VO 42 1 ff
- negative Feststellungsklage des Schuldners *Brüssel I-VO* 38 8
- öffentliche Urkunde
  Brüssel I-VO 57 4 ff
- örtliche Zuständigkeit
  Brüssel I-VO 39 5 ff
- Prozesskostenhilfe
  Brüssel I-VO 50 2 ff
- Prüfungsumfang des Rechtsmittelgerichts *Brüssel I-VO* 45 2 ff
- Prüfungsumfang in erster Instanz
  Brüssel I-VO 41 2
- Rechtsbehelfe *Brüssel I-VO* 43 1 ff
- Rechtsbeschwerde
  Brüssel I-VO 44 1 ff
- sachliche Zuständigkeit
  Brüssel I-VO 39 4
- Sicherheitsleistung des Gläubigers
  Brüssel I-VO 46 12 ff
- Sicherungsmaßnahmen
  Brüssel I-VO 47 11 ff
- Sperrwirkung des Vollstreckbarerklärungsverfahrens *Brüssel I-VO* 38 7
- Teilvollstreckbarerklärung
  Brüssel I-VO 48 1 ff
- Übergangsregelung
  Brüssel I-VO 66 1
- unbefristete Beschwerde des Antragstellers *Brüssel I-VO* 43 10 ff
- unverzügliche Entscheidung
  Brüssel I-VO 41 6 f
- Verbot der Ausländersicherheit
  Brüssel I-VO 51 1 ff
- Vereinigtes Königreich
  Brüssel I-VO 38 24, 46 6
- Verfahren *Brüssel I-VO* 38 16 ff
- Verfahrenskosten
  Brüssel I-VO 38 23
- vollstreckbare Entscheidungen
  Brüssel I-VO 38 1 ff
- vollstreckungsbeschränkende Vereinbarungen *Brüssel I-VO* 45 5
- Voraussetzungen
  Brüssel I-VO 38 9 ff
- Zustellung der Entscheidung
  Brüssel I-VO 42 4 f
- Zwangsgeldentscheidungen
  Brüssel I-VO 49 1 ff

Vollstreckbarerklärung, Ehesachen/elterliche Verantwortung
- *siehe* Ehesachen/elterliche Verantwortung, Vollstreckbarerklärung

Vollstreckbarerklärung, Europäischer Zahlungsbefehl
- Form 1093 2; *EuMahnVO* 18 7
- funktionelle Zuständigkeit
  EuMahnVO 18 2
- Mitteilung der V. *EuMahnVO* 18 8
- Voraussetzungen 1093 2;
  EuMahnVO 18 2 ff

Vollstreckbarerklärung, EuUntVO
- *siehe* Unterhaltsanspruch, Vollstreckbarerklärung

Vollstreckbarerklärung von Anwaltsvergleichen
- Ablehnung der Inverwahrungnahme 796c 5 f
- Ablehnung der Vollstreckbarerklärung 796c 12 ff
- Ablehnungsgründe 796a 11 f
- als Vollstreckungstitel 794 35; *FamFG* 233
- Befangenheit 796c 8
- durch Notar 796c 3 ff
- durch Prozessgericht 796b 1 ff
- Geltungsbereich 796a 10
- Inhalt und Voraussetzungen 796a 4 ff
- Kosten 796a 13 ff, 796b 10, 796c 14 f
- materielle Einwendungen 796b 5
- Rechtsanwalt mit Vollmacht 796a 7 f
- Schriftform 796a 6
- Vergleich über Versorgungsausgleich 796a 6
- Vollstreckbarerklärung 794 35
- Wartefrist 798 1 ff

Vollstreckbarerklärung von Schiedssprüchen
- als Vollstreckungstitel 794 34; *FamFG* 233

Vollstreckbarerklärungsverfahren
- *siehe* Exequaturverfahren

Vollstreckbarerklärungsverfahren, ausländisches Urteil
- Aktiv-/Passivlegitimation 722 15
- Begründetheit 722 14 ff
- Entscheidungsform und -inhalt 722 18
- Klageantrag 722 11
- Kosten 722 20
- Prozessuales 722 13

- Rechtscharakter 722 9
- Rechtsmittel gegen Vollstreckungsurteil 722 19
- Streitgegenstand 722 12
- Zulässigkeit 722 10 f

Vollstreckbarkeit
- Bestimmtheit des Herausgabetitels 704 26 f
- Bezugnahme auf andere Quellen 704 25
- Mangelbeseitigung 704 28
- Titel auf Vornahme von Handlungen 704 28 ff
- Unterhalt 704 24
- Unterlassungstitel 704 31 f
- Vorlage von Belegen 704 27, 30
- Zahlungstitel 704 23 f

Vollstreckung
- außerhalb der ZPO 828 7 f
- effektive 802a 1 ff
- kostensparende 802a 11
- nach Aufhebung des Urteils 717 4

Vollstreckung bei Zug-um-Zug-Verurteilung
- Gerichtsvollzieher 756 2 ff
- Vollstreckungsgericht 765 1 ff

Vollstreckung, Brüssel Ia-VO
- Anspruch des Schuldners auf Übersetzung *Brüssel Ia-VO* 43 3 ff
- Aussetzung des laufenden inländischen Vollstreckungsverfahren 1116 1 ff; *Brüssel Ia-VO* 44 6 f
- Aussetzung des Verfahrens bei Rechtsbehelf im Ursprungsstaat *Brüssel Ia-VO* 51 1
- Ausstellung der Bescheinigung 1110 1, 1111 1 f; *Brüssel Ia-VO* 53 1 ff
- Belehrungserfordernis *Brüssel Ia-VO* 43 4
- Frist vor Einleitung der Vollstreckung *Brüssel Ia-VO* 43 2, 5
- materielle Einwendungen gegen titulierten Anspruch *Brüssel Ia-VO* 46 3
- Prüfungsumfang *Brüssel Ia-VO* 39 3 f
- Recht des Verfahrens der Vollstreckung (lex fori) *Brüssel Ia-VO* 41 1
- rechtliches Gehör des Schuldners *Brüssel Ia-VO* 43 1, 7
- Rechtsbehelf *Brüssel Ia-VO* 44 5
- Rechtsbehelf gegen Entscheidung, die über Rechtsbehelf ergangen ist (Rechtsbeschwerde) *Brüssel Ia-VO* 50 1
- Rechtsbehelf gegen Entscheidung über Antrag auf Versagung (sofortige Beschwerde) *Brüssel Ia-VO* 49 1
- Sicherungsmaßnahmen *Brüssel Ia-VO* 40 1 f
- Übersetzung/Transliteration 1113 1 f; *Brüssel Ia-VO* 42 3
- unverzügliche Entscheidung über Antrag auf Versagung der Vollstreckung *Brüssel Ia-VO* 48 1
- Verfahren *Brüssel Ia-VO* 43 1 ff
- Vollstreckungsabwehrklage 1117 1 ff
- Vollstreckungsschutzanträge *Brüssel Ia-VO* 44 3
- Vollstreckungsversagungsgründe *Brüssel Ia-VO* 46 2
- Vollstreckungsversagungsverfahren 1115 1 ff; *Brüssel Ia-VO* 46 4, 47 1 ff
- vorzulegende Dokumente *Brüssel Ia-VO* 42 1 ff
- Wegfall des Exequaturverfahrens *Brüssel Ia-VO* 39 1
- Wegfall oder Beschränkung der Vollstreckbarkeit im Ursprungsmitgliedstaat 1116 1 ff
- Zustellung *Brüssel Ia-VO* 41 2
- Zustellung der Bescheinigung *Brüssel Ia-VO* 39 5, 43 1 ff

Vollstreckung in den sonstigen Angelegenheiten des FamFG
- siehe Sonstige Angelegenheiten des FamFG, Vollstreckung in den

Vollstreckung in kurzem Abstand
- Vollstreckungskosten 788 101

Vollstreckung in schuldnerfremde Sachen
- siehe Dritteigentum

Vollstreckung nach dem FamFG
- siehe FamFG

Vollstreckung wegen öffentlich-rechtlicher Forderungen
- Gerichtsvollzieherkosten *GvKostG* 2 5

Vollstreckung zur Unzeit 758a 22 f, 27; *FamFG* 160; *GvKostG* 11 1 ff
- Vollstreckung in den sonstigen Angelegenheiten des FamFG *FamFG* 239

Vollstreckungsabsicht
- Anzeige gegenüber juristischen Personen des öffentlichen Rechts bei Zwangsvollstreckung wegen Geldforderungen 882a 5 f

Vollstreckungsabwehrantrag *FamFG* 6, 253

Vollstreckungsabwehrklage
- Abgrenzung zu anderen Klagen und Rechtsmitteln 767 12 ff

- Abgrenzung zur Klauselerinnerung 732 4
- Aktivlegitimation 767 34
- Antrag 767 27
- Anwendungsbereich 767 4 ff
- Begründetheit 767 34 ff
- Beweislast 767 47
- einstweilige Anordnung 769 2
- Entscheidung 767 60 f
- gerichtliche Entscheidung aus EU-Mitgliedstaat (Brüssel Ia-VO) 1117 1 ff
- Gesetzes- und Rechtsprechungsänderungen 767 43 ff
- Höhe der Sicherheitsleistung 709 5
- im Vollstreckbarerklärungsverfahren nach AVAG AVAG 14 1 f, 56 1
- Kosten 767 67
- Passivlegitimation 767 35
- Präklusion 767 48 ff, 57 f
- Prozessvollmacht 767 28
- rechtshemmende Einwendungen 767 41
- Rechtsnatur 767 1
- Rechtsschutzbedürfnis 767 32 f
- rechtsvernichtende Einwendungen 767 37 ff
- Schadensersatz 767 65 f
- Streitgegenstand 767 2
- Tenor 767 60
- unbeachtliche Einwendungen 767 42
- und Europäischer Vollstreckungstitel für unbestrittene Forderungen 1086 1 ff; *EuVTVO* 20 4
- und Europäisches Mahnverfahren 1095 6 ff, 1096 3 ff
- und Europäisches Verfahren für geringfügige Forderungen 1109 1
- Unterhaltsanspruch, Geltendmachung im Verkehr mit ausländischen Staaten *AUG* 31 2
- Urteilswirkungen 767 63 f
- Verfahren 767 59
- verlängerte 767 26
- Vollstreckungsfähigkeit 704 20
- Zulässigkeit 767 27 ff
- Zuständigkeit 767 29 ff

Vollstreckungsabwehrklage des Erben
- Begründetheit 785 6 ff
- einstweilige Anordnungen 785 10
- Kosten 785 11
- Rechtsschutzbedürfnis 785 5
- Zulässigkeit 785 2 ff

Vollstreckungsanspruch
Vor 916–945b 2

Vollstreckungsaufschub
- Gläubigeranfechtung *AnfG* 14 3 ff
- Zahlungsvereinbarung 802b 14 ff

Vollstreckungsauftrag an Gerichtsvollzieher
- *siehe auch* Gerichtsvollzieherkosten
- Antragsinhalte (Auflistung) 802a 8a
- Auftragsinhalt/Bestimmtheit 754 3
- Form der Auftragserteilung 754 2
- Formularzwang 753 18
- Kombiauftrag 802a 6a
- konkrete Bezeichnung von Maßnahmen und Reihenfolge 802a 6 ff
- Rechtsbehelf des Gläubigers bei fehlerhafter/verzögerter Ausführung 753 19, 766 22
- Verteilungsstelle 753 13 f, 754 2
- Verweigerung der Durchführung 766 22
- Vollstreckungsaufträge mehrerer Gläubiger 802b 21 ff

Vollstreckungsbeginn
- bei Pfändung von Geldforderungen 829 85
- Eintritt eines Kalendertages 751 3
- Nachweis der Sicherheitsleistung 751 8 ff

Vollstreckungsbescheid
- als Vollstreckungstitel 794 33; *FamFG* 233
- Einwendungen 796 5
- Europäischer Vollstreckungstitel *EuVTVO* 3 10
- im Ausland 796 2
- Kosten 796 7 f
- Präklusion 796 5
- Vollstreckungsabwehrklage 796 6
- Vollstreckungsklausel 796 3 f
- Zuständigkeit für Klagen 796 6

Vollstreckungsbescheid, vereinfachter Vollstreckungsantrag
- Ausschluss bei Zweifeln des Gerichts 829a 9
- Kosten 829a 11
- Rechtsverordnung 829a 10
- Voraussetzungen 829a 2 ff

Vollstreckungsende
- Befriedigung des Gläubigers 771 15
- mit Auskehr des Erlöses 804 16, 805 9, 819 2
- mit Leistung des Drittschuldners 835 20

Vollstreckungserinnerung
- Abgrenzung von Maßnahme und Entscheidung 766 19 ff
- Abgrenzung zu anderen Rechtsbehelfen 766 6 ff; *ZVG* Vor 95–104 8
- anwendbare Vorschriften *ZVG* Vor 95–104 10 ff
- Anwendungsbereich 766 2 ff

- bei Verweigerung der Übernahme des Vollstreckungsauftrags/auftragsgemäßer Durchführung 766 22
- Beibringungsgrundsatz 766 48; ZVG **Vor 95–104** 15
- Beschluss 766 49; ZVG **Vor 95–104** 16
- Beweisrecht 766 48; ZVG **Vor 95–104** 15
- Einlegung/Form 766 25
- einstweiliger Rechtsschutz 766 59; ZVG **Vor 95–104** 17
- Erinnerungsbefugnis/Beschwer 766 36 ff
- evidentes Dritteigentum, Verletzung 766 10, 40
- FamFG *FamFG* 185, 186, 251 f
- Frist 766 25; ZVG **Vor 95–104** 11
- funktionelle Zuständigkeit 766 29; ZVG **Vor 95–104** 12
- gegen Art und Weise der Zwangsvollstreckung 766 14 ff
- gegen Kostenansatz 766 23
- Gegenstand ZVG **Vor 95–104** 7
- Kosten 766 68 f; ZVG **Vor 95–104** 18 f
- Kosten(grund)entscheidung 766 57
- materielle Einwendungen 766 10 f
- Muster 766 63 ff
- neue Tatsachen und Beweise 766 47; ZVG **Vor 95–104** 14
- Ratenzahlung 766 12 f
- rechtliches Gehör 766 50
- Rechtsbehelf gegen Beschluss über V. 766 60 ff
- Rechtsbehelfsbelehrung 766 49
- Rechtskraft 766 58
- Rechtsnatur/kein Devolutiveffekt ZVG **Vor 95–104** 13
- Rechtsschutzbedürfnis 766 30 ff; ZVG **Vor 95–104** 11
- sofortige Beschwerde als statthafter Rechtsbehelf ZVG **Vor 95–104** 13
- sofortige Beschwerde als statthafter Rechtsbehelf gegen Beschluss über V. 766 60 ff
- Statthaftigkeit 766 2 ff
- Stundung 766 12 f
- Tenor 766 51 ff
- Unterhaltsanspruch, Geltendmachung im Verkehr mit ausländischen Staaten *AUG* 31 2
- Verfahren 766 43 ff; ZVG **Vor 95–104** 10 ff
- Verhältnis zur Vollstreckungsabwehrklage 767 17 f
- Vollstreckungsvereinbarung 766 12 f
- Zuständigkeit 766 26 ff
- Zustellung 766 58

Vollstreckungsfähigkeit
- Drittwiderspruchsklage 704 20
- Gestaltungsurteil 704 19
- Grundurteil 704 19
- Leistungsurteil 704 18
- Vollstreckungsabwehrklage 704 20
- Zwischenurteil 704 19

Vollstreckungsgegenklage
- siehe Vollstreckungsabwehrklage

Vollstreckungsgericht, Anordnungen bei P-Konto
- siehe P-Konto, Anordnungen des Vollstreckungsgerichts

Vollstreckungsgericht, Zuständigkeit
- Abgabe 828 24 ff
- Abgrenzung zur Zuständigkeit des Insolvenzgerichts 850 26
- ausschließliche Zuständigkeit 828 20
- Bestimmung des örtlich zuständigen Vollstreckungsgerichts durch gerichtliche Entscheidung ZVG 2 1 ff
- funktionelle Zuständigkeit 764 6, 828 9, 22
- für Durchführung der Versteigerung ZVG 35 1 ff
- internationale Zuständigkeit 828 18
- örtliche Zuständigkeit 764 5, 828 10 ff, 23
- Rechtsmittel gegen Entscheidungen 764 7 f
- Rechtsmittel gegen Maßnahmen 764 9
- Rechtsmittelinstanz 828 19
- sachliche Zuständigkeit 764 2 ff, 828 9, 23
- Verfahren 764 7 ff
- Vollstreckung wegen Geldforderungen in Forderungen und andere Vermögensrechte 828 2 ff
- Zuständigkeitsverstoß 828 20 ff
- Zwangsversteigerung von Grundstücken ZVG 1 1 ff, 2 1 ff
- Zwangsverwaltung von Grundstücken ZVG 1 1 ff, 2 1 ff

Vollstreckungshindernde Entscheidung
- Einstellung der Zwangsvollstreckung 775 8 ff

Vollstreckungshindernisse 766 18; ZVG 15 38 f

Vollstreckungsinteresse, fehlendes
- Vollstreckungsschutz 765a 43 f

Vollstreckungsklage
- Aktiv-/Passivlegitimation 722 15
- Begründetheit 722 14 f
- Entscheidung durch Urteil 722 18

- Prozessuales 722 13
- Rechtsmittel 722 19
- Vollstreckungsurteil 723 1 ff
- Zulässigkeit 722 10 f

Vollstreckungsklausel
- *siehe auch* Klauselerinnerung
- *siehe auch* Klauselgegenklage
- *siehe auch* Klauselverfahren
- *siehe auch* Vollstreckbare Ausfertigung
- Abtretung 727 6
- Änderung der Gesellschaftsform 727 10
- Anfechtungsberechtigung iSd AnfG *AnfG* 2 9
- Anhörung des Gläubigers vor Erteilung 730 6
- Anhörung des Schuldners vor Erteilung 730 2 ff
- Antrag 724 6
- Arrest 929 2
- Ausnahmen 724 3
- beendete Gütergemeinschaft 744 2 ff
- bei mehreren Urteilen 725 6 ff
- Dienstsiegel 725 9 f, 797a 6
- Ehesachen/elterliche Verantwortung *Brüssel IIa-VO* 31 10
- einfache 724 8 ff, 726 5
- Eintritt in Gesellschaft 729 4
- Erbe 727 7
- Erbschaftskauf 729 2
- Erbteilskauf 729 2
- Erforderlichkeit 724 2
- erläuternde 727 40 ff
- Erwerb der streitbefangenen Sache 727 8
- Europäischer Zahlungsbefehl 1093 3; *EuMahnVO* 19 2
- FamFG *FamFG* 188, 238
- Firmenfortführung durch Erben 729 4
- Firmenübernahme 729 3
- gesetzlicher Forderungsübergang 727 11 f
- Gütergemeinschaft 727 14
- Gütergemeinschaft nach Rechtshängigkeit 742 2 ff
- Insolvenzverwalter 727 15, 29
- Kanzleiabwickler 727 16
- Klauselverfahren 724 4 ff
- Kosten 725 11
- Kostenfestsetzungsbeschluss 795a 1 f
- nach AVAG *AVAG* 9 1 ff
- Nachlasspfleger 727 17
- Nachlassverwalter 727 18
- Namensänderung der Firma 727 9
- Namensänderung der Parteien 727 19
- Nießbrauch 727 20

- Partei kraft Amtes 727 21
- Prozessstandschaft 727 22
- Prüfungspflicht der Vollstreckungsorgane 724 16 f
- qualifizierte 726 1, 5
- Rechtsbehelfe 724 13 ff
- Rechtsnachfolge *ZVG* 15 28, 30
- Rechtsnachfolger, weiterer 727 31
- Schiedsspruch 727 23
- Schuldbeitritt 727 24, 729 1 ff
- Schuldübernahme 727 25
- Schutzanordnung nach § 1 GewSchG 7. 41
- Sicherungsgrundschuld 727 24a, 732 2
- Teilklausel 725 1 f
- Testamentsvollstrecker 727 26, 728 3, 749 2 ff
- titelergänzende 726 2
- Überweisung der Forderung 727 34
- Umschreibung/Rechtsnachfolge 727 4 ff
- Umwandlung 727 27, 736 10
- Unterhaltsansprüche *EuUntVO* 41 4 ff
- Unterschrift 725 9 f
- Verfahren 724 12
- Vermögensübernahme 729 2
- vollstreckbare Urkunde 797 4 ff
- Vollstreckungsbescheid 796 3 f
- Vollstreckungsstandschaft 727 28
- Wechsel 727 30
- Wechsel/Wegfall des gesetzlichen Vertreters 727 13
- Widerrufsvergleich 726 9, 794 20, 795b 1 ff
- Wohnungsüberlassung nach § 2 GewSchG 7. 23
- Wohnungsverwalter 727 32
- Wortlaut 725 2 ff
- Zuständigkeit 724 5
- Zustellung 750 22
- Zwangsversteigerung von Grundstücken *ZVG* 15 27 ff
- Zwangsverwaltung 727 33
- Zweck 724 4

Vollstreckungsklausel bei bedingter Leistung
- bedingte Leistung 726 3 f
- Fallgruppen 726 7 ff
- Kosten 726 19 ff
- Rechtsbehelfe 726 13
- urkundlicher Nachweis der Voraussetzungen 726 10 f
- Verfahren 726 12
- Widerrufsvergleich 726 9, 794 20
- Zuständigkeit 726 12, 795b 1 ff

Vollstreckungsklausel bei Nacherbschaft 728 2

Vollstreckungsklausel bei Nießbrauch 738 1 ff

Vollstreckungsklausel bei Rechtsnachfolge
- Antrag 727 37
- einstweilige Anordnung 727 4
- Fallgruppen 727 6 ff
- klarstellender Zusatz zur Klausel („Beischreibung") 727 40 ff
- Kosten 727 43 f
- Muster 727 38
- Nachweis der Rechtsnachfolge 727 5
- Rechtsbehelfe 727 39
- Rechtsnachfolge nach Rechtshängigkeit 727 4
- Rechtsnachfolge vor Rechtshängigkeit 727 4
- Verfahren 727 35 ff
- Zuständigkeit 727 35

Vollstreckungsklausel bei Testamentsvollstreckung 728 3

Vollstreckungsklausel bei Zug-um-Zug-Leistung 726 14 ff

Vollstreckungsklausel, Erinnerung gegen Erteilung
- *siehe* Klauselerinnerung

Vollstreckungsklausel, FamFG
- Herausgabe von Personen und Regelung des Umgangs *FamFG* 128 ff

Vollstreckungsklausel, Klage auf Erteilung
- Anwendungsbereich 731 2, 6
- Begründetheit 731 10 ff
- Einwendungen des Beklagten 731 11
- Klageantrag 731 5
- Klageart 731 3
- Klageerhebung 731 4 ff
- Kosten 731 15
- und neue Leistungsklage/Rechtsschutzbedürfnis 731 3
- Urteil 731 13
- Wirkungen des Urteils 731 14
- Zulässigkeit 731 7 ff
- Zuständigkeit 731 9

Vollstreckungskosten
- *siehe* Kosten der Zwangsvollstreckung

Vollstreckungsprotokoll
- *siehe* Protokoll über Vollstreckungshandlungen

Vollstreckungsreife 724 9

Vollstreckungsschaden
- *siehe auch* Schadensersatzanspruch nach Vollstreckung
- Aktiv-/Passivlegitimation 717 11

- Einwendungen des Gläubigers 717 13
- Kausalität 717 10
- Umfang 717 12

Vollstreckungsschuldner
- unbekannter Aufenthalt 828 14

Vollstreckungsschutz nach § 765a ZPO
- Antragsfrist 765a 65 ff
- Antragsrücknahme 765a 36, 63
- Antragstellung 765a 60 ff
- Antragswiederholung 765a 64
- Arbeitseinkommen 850 34
- Aufschub durch Gerichtsvollzieher 765a 86 ff
- Ausnahmecharakter 765a 35
- Beeinträchtigung Dritter 765a 24
- Beschlussänderung 765a 93
- Darlegungs- und Beweislast 765a 74
- einstweilige Anordnung der aufschiebenden Wirkung durch Rechtspfleger 765a 84
- Entscheidung/Inhalt 765a 76 ff
- Generalklausel des Vollstreckungsschutzes 765a 1
- Interessenabwägung (Einzelfälle) 765a 39 ff
- Kosten 765a 100 ff
- Kostengrundentscheidung 765a 85
- persönlicher Anwendungsbereich 765a 23
- Präklusion 765a 11
- Prozessfähigkeit 765a 60
- Rechtsmittel 765a 95 ff
- Rechtsschutzbedürfnis 765a 27 f
- sachlicher Anwendungsbereich (Einzelfälle) 765a 19 ff
- sittenwidrige Härte 765a 33
- Tierschutz 765a 37 f
- Unterhaltsanspruch, Geltendmachung im Verkehr mit ausländischen Staaten *AUG* 31 2
- Verfahrensablauf 765a 74
- Verhältnis zu anderen Schuldnerschutzvorschriften 765a 7 ff, 13 ff
- Verhältnis zur einstweiligen Einstellung nach §§ 707, 719 ZPO 765a 16
- Verhältnismäßigkeit 765a 34, 46
- Verschulden des Schuldners 765a 11
- Verzicht 765a 36
- Voraussetzungen 765a 32 ff
- zeitlicher Anwendungsbereich 765a 27 ff
- Zuständigkeit 765a 69

Vollstreckungsschutzantrag des Schuldners, FamFG
- Beschränkung der Vollstreckung *FamFG* 80

Stichwortverzeichnis

- Einstellung der Vollstreckung *FamFG* 79
- nicht zu ersetzender Nachteil *FamFG* 72 ff
- Rechtsmittel *FamFG* 83
- Zuständigkeit *FamFG* 82

Vollstreckungsstandschaft
- Vollstreckungsklausel 727 28

Vollstreckungstitel
- Anfechtungsberechtigung iSd AnfG *AnfG* 2 4 ff
- Angabe des gesetzlichen Vertreters 750 8
- aus anderen Mitgliedstaaten 794 61, 795 3
- Auslegung 704 22
- beschwerdefähige Entscheidung 794 28 ff
- Bestimmtheit (mit Beispielen) 704 21 ff
- BGB-Gesellschaft *ZVG* 15 32
- Duldungstitel *ZVG* 15 22 ff
- einstweilige Anordnung 794 31 f
- Endurteil 704 6
- Europäischer Zahlungsbefehl 794 61
- Familienstreitsachen (§§ 120 ff FamFG) *FamFG* 56 ff
- fehlende oder geminderte Wirksamkeit/prozessuale Gestaltungsklage analog § 767 ZPO 767 19 ff
- Gütestellenvergleich 794 3
- Herausgabe durch Gerichtsvollzieher an Schuldner 757 1 ff
- Herausgabe von Personen und Regelung des Umgangs (§§ 88 ff FamFG) *FamFG* 114 ff
- im FamFG 704 2; *FamFG* 114 ff, 228 ff
- Klage auf Herausgabe 794 2
- Kostenfestsetzungsbeschluss 794 21 ff
- landesrechtliche Schuldtitel 801 1
- Mediationsvereinbarung 794 35a
- namentliche Bezeichnung 750 5 ff
- Prozessvergleich 794 3 ff
- rechtskräftig 704 7
- Sittenwidrigkeit 765a 6
- sonstige Angelegenheiten des FamFG *FamFG* 228 ff
- Unterhaltsbeschluss 794 26 f
- verfahrensleitende Anordnung (§ 35 FamFG) *FamFG* 12 ff
- Verweisung auf die ZPO 704 1
- vollstreckbar erklärter Anwaltsvergleich 794 35
- vollstreckbare Urkunden 794 36 ff
- Vollstreckbarerklärung von Schiedssprüchen 794 34; *FamFG* 233
- Vollstreckungsbescheid 794 33
- vollstreckungsfähiger Inhalt *FamFG* 115
- vorläufig vollstreckbar 704 8
- weitere Schuldtitel 794 62
- Zuschlagsbeschluss *ZVG* 93 2 ff, 132 3 ff
- Zustellung 750 13 ff
- Zwangsversteigerung von Grundstücken *ZVG* 15 22 ff

Vollstreckungsunterwerfung
- siehe Unterwerfungserklärung

Vollstreckungsurteil
- als prozessuales Gestaltungsurteil 722 1

Vollstreckungsvereinbarung
- Rechtsbehelf 766 12 f

Vollstreckungsverjährung
- Einwendungen gegen Unterhaltsanspruch *AUG* 31 1 f

Vollstreckungsversuch, erneuter
- Vollstreckungskosten 788 34, 57

Vollstreckungsvertrag 9. 13

Vollstreckungsvoraussetzungen
- *siehe auch* Allgemeine Vollstreckungsvoraussetzungen
- *siehe auch* Besondere Vollstreckungsvoraussetzungen
- *siehe auch* Vollstreckungshindernisse
- Parteiidentität 750 4 ff
- Vollstreckungsmängel 766 14 ff; *ZVG* 28 31

Vollstreckungswirkung auf Dritte 727 1

Vorabentscheidung über vorläufige Vollstreckbarkeit
- Antragsberechtigung 718 3
- Anwendungsbereich 718 1, 5
- Entscheidung durch Teilurteil 718 6
- Kosten 718 7
- Voraussetzungen 718 3 ff
- Zuständigkeit 718 6

Vorabentscheidungsverfahren *Brüssel I-VO* Vor 32 ff 6; *EuVTVO* Vor 5
- EuUntVO *EuUntVO* Vor 8

Vorauspfändung 751 7, 829 56 ff, 850d 32, 40

Vorausverfügungen im Miet- oder Pachtverhältnis
- Aufrechnungsbefugnis des Mieters *ZVG* 57b 9, 152 35
- Auswirkungen *ZVG* 57b 6 ff
- Belehrung *ZVG* 57b 5

- Zeitpunkt der Beschlagnahme
  ZVG 57b 2 ff, 152 34
- Zustellung an Mieter/Pächter
  ZVG 57b 5

Vorauswahlliste
- Zwangsverwalterbestellung
  ZVG 150 3

Vorbehalt der Haftungsbeschränkung
- siehe Haftungsbeschränkung

Vorbehaltsanerkenntnisurteil
- vorläufige Vollstreckbarkeit 708 6

Vorbehaltseigentum
- siehe Eigentumsvorbehalt

Vorbehaltsurteil 704 6
- einstweilige Einstellung der Zwangsvollstreckung 707 2
- vorläufige Vollstreckbarkeit 717 3

Vorerbe
- Anteilspfändung 859 21
- Teilungsversteigerung ZVG 181 13

Vorgesellschaft
- Vollstreckung in Gesellschaftsvermögen 735 2

Vorkaufsrecht
- kein verfahrenshinderndes Recht
  ZVG 28 24
- Zuschlagserteilung ZVG 81 17

Vorlage
- Arrest Vor 916–945b 66
- einstweilige Verfügung
  Vor 916–945b 66

Vorlagepflicht des Rechtspflegers
- siehe Rechtspfleger, Vorlagepflicht

Vorläufige Hinterlegung
- veräußerungshinderndes Recht am gepfändeten Geld 815 5 ff

Vorläufige Kontenpfändung im Ausland,
  EuKoPfVO 917 11

Vorläufige Vollstreckbarkeit
- siehe auch Abwendungsbefugnis
- siehe auch Schutzantrag des Schuldners
- siehe auch Sicherheitsleistung
- Anordnung von Amts wegen 708 5
- Antragstellung 714 2 ff
- Arbeitsgerichtsverfahren 704 13, 708 1
- Arrest 704 11, 708 6
- Arrest, Aufhebung 708 17
- Ehesachen und Familienstreitsachen 704 15; FamFG 54 f, 60, 67 ff
- einstweilige Verfügung 704 11, 708 6
- einstweilige Verfügung, Aufhebung 708 17

- Ende 717 2 ff
- Fallgruppen 708 9 ff, 15 ff
- Familiensachen 704 14 ff
- freiwillige Gerichtsbarkeit 704 17
- gegen Sicherheitsleistung 709 2 ff, 710 1 ff
- Glaubhaftmachung 714 6
- Grundsätze 708 1 ff
- Herausgabe von Personen und Regelung des Umgangs FamFG 124 ff
- Interessenabwägung 708 4
- mit Abwendungsbefugnis 708 14 ff, 711 1 ff
- Nachholen des Antrags 714 4
- ohne Abwendungsbefugnis 708 8 ff
- ohne Abwendungsbefugnis bei Berufungsurteil 713 4
- ohne Sicherheitsleistung bei nicht rechtsmittelfähigen Urteilen 713 2 f
- Rückgabe der Sicherheit des Gläubigers 715 1 ff
- sonstige Angelegenheiten des FamFG
  FamFG 234 ff
- unerlaubte Handlung 717 4
- Urteilsergänzung 704 8, 716 2 ff
- Urteilstenor 704 12
- Vorabentscheidung 718 1 ff
- Voraussetzungen 708 5 ff
- Vorbehaltsanerkenntnisurteil 708 6
- Wertgrenzen 708 24 ff
- Wirkungen 708 7

Vorläufiger Sachwalter
- Antragsberechtigung zur einstweiligen Einstellung der Zwangsversteigerung bei Insolvenzverfahren ZVG 30d 3

Vorläufiger Teilungsplan ZVG 106 1 ff

Vormerkung
- Pfändbarkeit 857 5
- Rang ZVG 10 41
- Unterwerfungserklärung 800 11
- Vollstreckungskosten 788 102
- Zuständigkeit bei Eintragung von V. aufgrund einstweiliger Verfügung 942 8 ff

Vormerkung, durch V. gesichertes Recht
- Berücksichtigung im geringsten Gebot
  ZVG 48 8 ff
- Beteiligter aufgrund Grundbucheintragung ZVG 9 6

Vormund
- Berechtigung zur Gebotsabgabe
  ZVG 71 8
- Festsetzung von Vorschuss, Aufwendungsersatz, Aufwandsentschädigung, Vergütung etc. FamFG 194
- Teilungsversteigerung ZVG 181 13

Vorpfändung
- andere Vermögensrechte 857 65
- Anwendungsbereich 845 2
- Auftrag des Gerichtsvollziehers *GvKostG* 3 42 f
- Benachrichtigung 845 12 ff
- Bestimmtheitsgrundsatz 845 8
- Drittschuldnererklärung 840 6
- Erklärungsinhalt 845 13
- Gerichtsvollziehergebühr *GvKostG* Nr. 200 1, Nr. 600–604 6
- Herausgabeanspruch 886 8
- Insolvenz 845 20 f
- keine Wartefrist 798 4
- Kosten 845 23 ff
- künftige Forderungen 845 9
- Muster 845 14, 17
- nachfolgende Pfändung 845 19
- Nichterledigung *GvKostG* Nr. 200 2, Nr. 600–604 6, 9
- Pfändbarkeit 845 10
- Pfändungsgrenzen 845 11
- Rechtsbehelfe 845 22
- Rechtscharakter 845 1
- Schutzrechte 5. 68
- Sicherungsvollstreckung 720a 8
- Verfahren 845 3 ff
- Vollstreckungskosten 788 103
- Zuständigkeit 845 7
- Zustellung 845 18

Vorratspfändung 751 6, 829 55, 850d 30 f, 40

Vorsatzanfechtung
- Gläubigeranfechtung *AnfG* 3 5 ff

Vorsätzliche unerlaubte Handlung
- Erweiterung der Pfändung von Arbeitseinkommen 850f 13 ff

Vorschuss
- *siehe auch* Gerichtsvollzieherkosten, Vorschuss
- Anberaumung eines Räumungstermins 885 35
- Bestimmung des Versteigerungstermins *ZVG* 36 10 f
- in der Zwangsverwaltung *ZVG* 161 17 f

Vorschusszahlung auf Arbeitseinkommen
- Pfändbarkeit 850 6

Vorsorgekapital
- Pfändbarkeit 851c 9
- Pfändungsschutz 851c 17 f

Vorsorgevollmacht
- Herausgabe *FamFG* 12, 33, 197

Vortermin
- Ermessen *ZVG* 62 4
- Missbrauchsfälle *ZVG* 44 23, 62 8

- Mitteilung an Beteiligte *ZVG* 62 5

Vorwegpfändung 811d 1 ff

Vorzugsantrag *FamFG* 6, 253

Vorzugsklage
- siehe Klage auf vorzugsweise Befriedigung

Wahlrecht
- mehrere örtlich zuständige Vollstreckungsgerichte 828 13

Wahrheitspflicht 829 7

Wandel- und Gewinnschuldverschreibungen 4. 25

Waren/Warenvorräte
- Pfändungsverbot 811 23

Wartefrist
- andere Verwertungsart 825 4
- Berechnung 751 4
- Friständerung 798 6
- Fristberechnung 798 5
- Geltungsbereich 798 1
- Rechtsbehelfe 798 7
- Sicherungsvollstreckung 720a 4, 750 23
- Versteigerungstermin 816 2
- wiederkehrende Leistungen 798 8
- Zwangsversteigerung von Grundstücken *ZVG* 15 34
- Zwangsvollstreckung gegen juristische Personen des öffentlichen Rechts wegen Geldforderungen 882a 9

Wasserversorgung
- Vollstreckungsschutz bei Einstellung der W. 765a 40

Wechsel
- Pfändung 803 1, 831 5
- Vollstreckungsklausel 727 30

Wechsel- oder Scheckprozess
- vorläufige Vollstreckbarkeit 708 15

Wechsel- und Scheckprotest
- Aufnahme, Protestgebühr *GvKostG* 12 4
- Auslagen *GvKostG* 12 2, 5

Wegegeld
- Berechnung *GvKostG* Nr. 711–712 2 ff
- erhöhtes W., Verordnungsermächtigung *GvKostG* 12a 1 ff
- Erledigung mehrerer Aufträge gleichzeitig auf einem Weg *GvKostG* 17 3
- kein Ansatz von W. *GvKostG* Nr. 711–712 8 ff
- Kombi-Auftrag *GvKostG* 17 5 ff
- mehrfacher Ansatz *GvKostG* Nr. 711–712 13 ff

- Nach- bzw Ausfallpfändung
  GvKostG **10** 7
- Pfändungs- und Verhaftungsauftrag
  GvKostG **17** 4
- Vertretungen (Nr. 18 Abs. 3 DB-GvKostG)
  GvKostG **Nr. 711–712** 17 ff
- Wiederholung von Vollstreckungshandlungen *GvKostG* **10** 7
- Zustellung der Eintragungsanordnung (§ 882c Abs. 2 S. 2 ZPO)
  GvKostG **Nr. 100–102** 12

Wegschaffung 808 13

Weihnachtsgeld
- Pfändbarkeit 850a 23 ff

Weitere Beschwerde, § 102 ZVG
- Beschwerdebefugnis des Erlösempfängers *ZVG* **102** 4 ff

Weitere vollstreckbare Ausfertigung
- Anhörung 733 9
- Antrag 733 8
- Begriff 733 2
- Gläubiger- und Schuldnermehrheit 733 3 f
- Kosten 733 11 ff
- Rechtsbehelfe 733 10
- Schutz vor Doppelvollstreckung 733 1
- typische Fallkonstellationen 733 5 ff
- Verfahren 733 8 ff
- Zuständigkeit 733 8

Werkzeug
- Pfändungsverbot 811 23

Wertersatz für erloschene Rechte
- Berücksichtigung der Ansprüche im Teilungsplan *ZVG* **92** 12 ff, **121** 1 ff
- Entschädigung durch einmalige Kapitalabfindung *ZVG* **92** 7 ff
- Entschädigung durch Geldrente *ZVG* **92** 10 f, **121** 1 ff
- Erlöschenstatbestände *ZVG* **92** 2 ff

Wertfestsetzung
- siehe Verkehrswertfestsetzung

Wertguthaben aus Zeitwertkonten
- Pfändbarkeit 850 18

Wertpapier, Umschreibung
GvKostG **Nr. 705** 1

Wertpapiere
- *siehe auch* Inhaberpapiere
- *siehe auch* Namenspapiere
- Begriff 829 45
- in Sammelverwahrung 808 2
- iSd § 821 ZPO 821 2 f
- Pfändung 803 1, 808 2, 821 2

- Systematik der Zwangsvollstreckung 829 47 ff
- Verwertung 821 4 ff
- Wegschaffung 808 13

Wertpapierhypothek 830 10

Wertsicherungsklausel 794 49

Wertverlustausgleich
- als Auflage zur einstweiligen Einstellung *ZVG* **30e** 6 ff

Wesentlicher Bestandteil
- Begriff (mit Beispielen) 864 4

Wettbewerbsentschädigungen
- Pfändbarkeit 850 57

Wettbewerbsrecht
- Erzwingung von Unterlassungen 890 3

Widerruf
- Handlungsvollstreckung 888 5

Widerrufsvergleich
- Begriff/Inhalt 794 17 f
- Vollstreckungsklausel 726 9, 794 20
- Voraussetzungen 795b 3 f
- Zuständigkeit für Erteilung der Vollstreckungsklausel 795b 1 ff

Widerspruch
- des Gläubigers gegen Zahlungsvereinbarung 802b 17 ff, 26 ff
- Zuständigkeit bei Eintragung von W. aufgrund einstweiliger Verfügung 942 8 ff

Widerspruch, durch W. gesichertes Recht
- Berücksichtigung im geringsten Gebot *ZVG* **48** 12 ff

Widerspruch gegen Arrestbeschluss
- *siehe* Arrest, Widerspruch gegen

Widerspruch gegen Eintragung in Schuldnerverzeichnis
- *siehe* Schuldnerverzeichnis, Widerspruch des Schuldners

Widerspruch gegen Richtigkeit des Grundbuchs
- Beteiligter aufgrund Grundbucheintragung *ZVG* **9** 6
- kein verfahrenshinderndes Recht *ZVG* **28** 24

Widerspruch gegen Teilungsplan
- *siehe* Teilungsplan, Widerspruch gegen

Widerspruch gegen Verteilungsplan 876 4 ff

Widerspruch gegen Zuschlagsversagungsantrag 7/10-Grenze *ZVG* **74a** 20 f

Widerspruchsklage
- im Verteilungstermin nicht erledigter Widerspruch gegen Teilungsplan *ZVG* **115** 15 ff

Widerspruchsklage, Verteilungsverfahren
- Aktivlegitimation **878** 12
- als prozessuale Gestaltungsklage **878** 10
- Begründetheit **878** 17 ff
- Darlegungs- und Beweislast **878** 19
- Entscheidung **878** 30
- Folgen des nicht rechtzeitigen Widerspruchs bzw Klagenachweises **878** 31 ff
- Folgen des rechtzeitigen Widerspruchs bzw Klagenachweises **878** 4 f
- Klageantrag **878** 10, 16
- Klageziel **878** 10
- Kosten **878** 34
- Passivlegitimation **878** 13
- Rechtsschutzinteresse **878** 14
- Streitwert **879** 6
- Umstellung des Klageantrags **878** 29
- Urteilsinhalt **880** 2 ff
- Verfahrensfortgang nach Beendigung der Klage **882** 1 ff
- Vergleich **882** 4
- Versäumnisurteil **881** 1 f
- Verteidigung des Beklagten **878** 28
- Zulässigkeit **878** 9
- Zuständigkeit **879** 1 ff

Widerstand des Schuldners
- Anwendungsbereich **892** 2
- Begriff **892** 1
- Gewaltanwendung durch Gerichtsvollzieher **892** 4 ff
- Kosten **892** 8; *GvKostG* **Nr. 250** 1 ff
- Rechtsmittel **892** 7
- Vollstreckungskosten **788** 49
- Wahlrecht des Gläubigers **892** 3

Wiederaufnahme des Verfahrens
- Einstellung der Vollstreckung *FamFG* 168
- einstweilige Einstellung der Zwangsvollstreckung **707** 2; *FamFG* 84

Wiederaufnahmeklage
- Verhältnis zur Vollstreckungsabwehrklage **767** 15

Wiedereinsetzung in den vorigen Stand
- bei sofortiger Beschwerde (§ 95 ZVG) *ZVG* **98** 2
- einstweilige Einstellung der Zwangsvollstreckung **707** 2; *FamFG* 84, 167
- Eintritt der Rechtskraft **705** 5
- Rechtspflegererinnerung *RPflG* **11** 11

Wiederkaufsrecht
- kein verfahrenshinderndes Recht *ZVG* **28** 24
- Pfändung **857** 3

Wiederkehrende Leistungen
- Abgrenzung von den einmaligen Leistungen *ZVG* **13** 2 f
- Abgrenzung zu den „einmaligen Leistungen" *ZVG* **13** 6
- Ausnahmen von der Beschlagnahme in der Zwangsversteigerung *ZVG* **21** 6
- Begriff und Beispiele *ZVG* **13** 4 ff, **21** 6
- Berücksichtigungszeiten im geringsten Gebot *ZVG* **47** 6 ff
- Bestimmung *ZVG* **13** 7 ff
- Tag der „ersten Beschlagnahme" *ZVG* **13** 7 ff, **22** 8 ff
- verspätete Anmeldung oder Glaubhaftmachung *ZVG* **110** 9 ff
- vorläufige Vollstreckbarkeit **708** 21
- Wartefrist **798** 8

Wiederkehrende Naturalleistungen
- Beispiele *ZVG* **46** 2
- Festsetzung des Geldbetrages zur Berücksichtigung im geringsten Gebot *ZVG* **46** 3 ff

Wiederversteigerung
- Begriff *ZVG* **133** 3
- kein Nachweis der Eigentümereintragung im Grundbuch *ZVG* **17** 8
- selbständiges Verfahren *ZVG* **133** 8
- Vollstreckungserleichterungen *ZVG* **133** 5 ff

Willenserklärung, Befriedigungsverfügung **938** 26 f

Willenserklärung, Erzwingung der Abgabe (Fiktion)
- Anwendungsbereich **894** 2 ff
- Auslandsbezug **894** 3 f
- Begriff **894** 10 f
- Beispiele *FamFG* 215 f
- Fiktionsreichweite **894** 12 ff
- Fiktionszeitpunkt **894** 16
- Gegenleistung **894** 17
- Genehmigungserfordernisse **894** 13
- Kosten **894** 19 f
- Rechtsbehelfe gegen Fiktion **894** 18
- unvertretbare Handlung **894** 5

Willenserklärung, gutgläubiger Erwerb **898** 1 ff

Willenserklärung, Übergabefiktion **897** 1 ff

Willenserklärung, Urkundenherausgabe an Gläubiger **896** 1 ff

Willenserklärung zwecks Eintragung in das Grundbuch
- Anwendungsbereich 895 3 f
- Fiktionssicherung 895 2
- für Vormerkung 895 1
- für Widerspruch 895 1
- Kosten 895 12 f
- Rechtsmittel 895 11
- Urteilsaufhebung 895 10
- Voraussetzungen 895 5 ff

Wirksamkeit, FamFG
- Endentscheidungen betr. Herausgabe von Personen und Regelung des Umgangs *FamFG* 124, 170
- Endentscheidungen in Ehesachen *FamFG* 57 ff
- Endentscheidungen in Familienstreitsachen *FamFG* 57 ff, 72 ff
- Endentscheidungen in Folgesachen *FamFG* 58 f
- Endentscheidungen in sonstigen Angelegenheiten des FamFG *FamFG* 234, 237
- verfahrensleitende Entscheidungen *FamFG* 15

Wirtschaftliche Einheit
- Zwangsverwaltung mehrerer Grundstücke/Verfahrensverbindung *ZVG* 146 17

Wirtschaftliches Unternehmen *GvKostG* 2 9

Wohngeld
- Pfändbarkeit 3. 17

Wohngemeinschaft
- Gewahrsamsinhaber 808 9
- Räumung 885 13; 6. 15
- Vollstreckung 739 15

Wohnrecht
- rangwahrende Berücksichtigung auch ohne Anmeldung *ZVG* 37 17

Wohnrecht des Schuldners
- Zwangsverwaltung *ZVG* 149 1 ff

Wohnung
- *siehe auch* Räumung
- Durchsuchung 758 3 ff, 758a 2 ff, 883 20 f
- Gewahrsamsinhaber 808 7
- Räumung von Wohnraum durch einstweilige Verfügung 940a 4 ff

Wohnungsdurchsuchung
- *siehe* Durchsuchung

Wohnungseigentum, zwangsweise Veräußerung
- Rang/Verfahren *ZVG* 10 57 ff
- sachliche Zuständigkeit *ZVG* 1 1

Wohnungseigentümer
- Beteiligter in der Immobiliarvollstreckung *ZVG* 9 10

Wohnungseigentümergemeinschaft
- Anspruchsberechtigter zur Anmeldung von Hausgeldansprüchen *ZVG* 10 15, 45 10
- Beteiligte in der Immobiliarvollstreckung *ZVG* 9 10
- Grundbuchfähigkeit 867 26
- Nachzahlung iRv Jahresabrechnung als einmalige Leistung *ZVG* 13 6
- namentliche Bezeichnung 750 6
- Parteifähigkeit *ZVG* 15 3
- Sonderumlage als einmalige Leistung *ZVG* 13 6
- Vollstreckung wegen Hausgeldansprüchen und Nachweis des Einheitswertes *ZVG* 15 36

Wohnungseigentumsrecht
- *siehe auch* Hausgeldanspruch
- Gegenstand der Immobiliarvollstreckung 864 7
- kein verfahrenshinderndes Recht *ZVG* 28 25
- Übergang der Lasten mit Wirksamwerden des Zuschlags *ZVG* 56 15
- Zuschlagswirkung *ZVG* 91 3
- Zustimmung bei Versteigerung *ZVG* 81 16

Wohnungserbbaurecht
- Gegenstand der Immobiliarvollstreckung 864 7

Wohnungsgeld
- Pfändbarkeit 850 44

Wohnungsräumung
- *siehe* Räumung

Wohnungsrecht
- Zuzahlungspflicht des Erstehers *ZVG* 51 9

Wohnungsüberlassung nach § 2 GewSchG
- anwendbare Vorschriften 7. 14 ff
- befristete Wohnungsüberlassung 7. 25 ff
- Durchsuchungsbeschluss 7. 29
- Kollision mit Polizeirecht 7. 37 ff
- Mehrfachvollstreckung 7. 35
- Räumungsfrist 7. 29
- Rechtsmissbrauch 7. 36
- Regelungsinhalt 7. 10 f
- Vollstreckungsvoraussetzungen 7. 17 ff

Wohnungsverwalter
- Beteiligter in der Immobiliarvollstreckung *ZVG* 9 10
- gesetzlicher Vertreter *ZVG* 15 3

Stichwortverzeichnis

- Vollstreckungsklausel 727 32

Wohnungsverweisung 7. 3

Wohnungswechsel
- Vollstreckungskosten 788 104

Wohnwagen
- Pfändungsverbot 811 12

Wohnzwecken dienende Einrichtungen
- Pfändungsverbot 811 12

Zählkinder 3. 30

Zahlung an Gläubiger/Zahlungsnachweis
- Gläubigerbefriedigung im Termin ZVG 75 2 ff
- Verfahrenseinstellung durch Zuschlagsversagung ZVG 75 11 ff

Zahlung/Überweisung
- Ausführung des Teilungsplans ZVG 117 3 f

Zahlungsannahme
- Gerichtsvollzieher 754 10 ff

Zahlungsanspruch
- Bestimmtheit 794 48

Zahlungsfiktion
- Ablieferung von gepfändetem Geld 815 12 ff

Zahlungsfrist, Einräumung durch Gerichtsvollzieher
- Dauer 802b 5
- Einverständnis des Gläubigers 802b 9 ff
- Festsetzung von Zahlungsplan 802b 7
- kein Ausschluss durch Gläubiger 802b 9 ff
- Kosten 802b 29 ff
- Rechtsbehelfe 802b 24
- Verhaftung 802g 29
- Verlängerung 802b 5
- Vollstreckungsaufschub 754 16, 802b 14 ff
- Vollstreckungsaufträge mehrerer Gläubiger 802b 21 ff
- Voraussetzungen 802b 5, 9 ff
- Widerspruch des Gläubigers 802b 17 ff, 26 ff
- Zeitpunkt des Abschlusses 802b 6

Zahlungsplan
- Festsetzung/Inhalt 802b 7
- Vollstreckungsaufschub 802b 14 ff
- Widerspruch des Gläubigers 802b 17 ff, 26 ff

Zahlungstitel
- Bestimmtheit 704 23 f
- Höhe der Sicherheitsleistung 709 7

Zahlungsverbot
- Zwangsversteigerung ZVG 22 12
- Zwangsverwaltung ZVG 151 7

Zahlungsvereinbarung
- Bedeutung 802b 6
- Einverständnis des Gläubigers 802b 9 ff
- Festsetzung von Zahlungsplan 802b 7
- Formulierungsbeispiele 802b 25 ff
- Gerichtsvollzieherkosten 754 22
- Gewährung von Zahlungsfrist 754 15 ff, 802b 4 ff
- kein Ausschluss durch Gläubiger 802b 9 ff
- Kosten 802b 29 ff
- Ratenzahlungsvereinbarung 754 15 ff, 802b 4 ff
- Rechtsbehelfe 802b 24
- Rechtsnatur 802b 6
- teilweiser Schuldenerlass 802b 4
- Verhaftung 802g 29
- Verzugszinsen 802b 6
- Vollstreckungsaufschub 802b 14 ff
- Vollstreckungsaufträge mehrerer Gläubiger 802b 21 ff
- Voraussetzungen 802b 5, 9 ff
- Widerspruch des Gläubigers 802b 17 ff
- Zeitpunkt des Abschlusses 802b 6

ZahlVGJG ZVG 69 11

Zeitwertkonten
- Pfändbarkeit des Wertguthabens 850 18

Zeitzuschlag *GvKostG* 10 14, Nr. 500 1

Zentrale Behörde
- *siehe auch* AUG
- *siehe auch* EuUntVO
- *siehe auch* Unterhaltsanspruch, Geltendmachung im Verkehr mit ausländischen Staaten
- Abwicklung des Zahlungsverkehrs AUG 5 6
- als Empfangs- und Übermittlungsstelle für die Geltendmachung von Unterhaltsansprüchen AUG 5 1
- Aufgaben und Befugnisse AUG 4 3, 5 3 f; *EuUntVO* 49–63 1
- ausgehende Ersuchen um Unterstützung AUG 7–12 1 ff
- Auskunftsrecht AUG 16–19 2 ff
- Behandlung einer vorläufigen Entscheidung AUG 13–15 3
- Bindung an die inhaltliche Vorprüfung durch das Amtsgericht AUG 7–12 5
- Bundesamt für Justiz AUG 4 1

- Datenerhebung AUG 5 2, 16–19 1 ff, 77 4
- eingehende Ersuchen um Unterstützung AUG 13–15 1 ff
- Justizverwaltungsverfahren AUG 4 3
- Übertragung von Aufgaben AUG 4 4
- Unterstützung durch das Jugendamt AUG 6 1
- verstärkte Zusammenarbeit AUG Vor 1 ff 3
- Vollmacht AUG 5 5
- Vorprüfung durch das Amtsgericht AUG 7–12 2
- Weiterleitung des Gesuchs AUG 7–12 5
- Zustimmungserteilung Brüssel IIa-VO 22–23 6

Zentrales Schuldnerverzeichnis
- siehe Schuldnerverzeichnis

Zentrales Vollstreckungsgericht
- Adressen 802k 3, 882h 3
- Hinterlegung der Vermögensverzeichnisse 802k 5 ff
- Übertragung der Datenverarbeitung auf andere Stellen 802k 4
- Verwaltung des Schuldnerverzeichnisses 882b 3, 882h 2
- Verwaltung des Vermögensverzeichnisses 802k 2

Zertifizierung von Altersvorsorge- und Basisrentenverträgen (AltZertG)
- Pfändungsschutz 851d 2

Zeugen
- Hinzuziehung bei Vollstreckungshandlung 759 1 ff

Zeugenentschädigung
- siehe Entschädigung von Zeugen, Sachverständigen, Dolmetschern und Übersetzern

Zeugniserstellung
- Handlungsvollstreckung 888 5

Zinsberechnung
- Teilungsmasse ZVG 107 5

Zinsen
- Berechnung der Wertgrenze bei Sicherungshypothek 866 6
- Pfändung 829 99, 832 4
- Überweisung 837 6
- Verzinsung des Bargebots ZVG 49 4 ff

Zinsen auf Ansprüche nach AO
- Rang ZVG 10 40

Zinszahlungsauflage
- als Auflage zur einstweiligen Einstellung ZVG 30e 2 ff

Zivil- und Handelssachen
- Brüssel I-VO Brüssel I-VO Vor 32 ff 11 f
- Brüssel Ia-VO 722 4
- EuBagatellVO EuBagatellVO 2 3
- EuMahnVO EuMahnVO 2 3 f
- EuVTVO EuVTVO 2 2 ff

Zivilsachen
- EuUntVO EuUntVO 1 3 ff

Zubehör
- abgetrennte Versteigerung ZVG 37 10, 65 1 ff, 107 12
- Aufhebung der Zubehöreigenschaft 865 8 f
- Aufhebungsantrag des Zubehöreigentümers ZVG 37 10, 55 11 ff
- Begriff 865 6
- Behandlung nach Einstellung ZVG 65 13 f
- Beispiele 865 11
- Einstellungsantrag des Zubehöreigentümers ZVG 37 10, 55 11 ff
- Enthaftung 865 8 ff
- Feststellungskosten ZVG 10 10
- Fremdzubehör ZVG 55 8 ff
- Immobiliarvollstreckung 803 1
- Pfändungsverbot 865 13
- Teilungsversteigerung ZVG 181 21
- Umfang der Beschlagnahme ZVG 55 2 ff, 148 8
- veräußerungshinderndes Recht/Drittwiderspruchsklage 771 29
- Versteigerung ZVG 37 10, 55 6 ff, 90 7
- Verstoß gegen Pfändungsverbot 865 15
- Vieh ZVG 153a 1
- Zuschlagserteilung ZVG 81 4

Zugewinnausgleichsanspruch
- Insolvenzmassezugehörigkeit 852 23
- Pfändbarkeit 850i 13, 852 3 f

Zug-um-Zug-Verurteilung
- Anfechtungsberechtigung iSd AnfG AnfG 2 15
- Europäischer Vollstreckungstitel EuVTVO 4 10
- vollstreckbare Ausfertigung 726 14 ff
- Vollstreckung durch Gerichtsvollzieher (Angebot der Gegenleistung) 756 2 ff, 765 1
- Vollstreckung durch Vollstreckungsgericht 765 1 ff
- Vollstreckungskosten 788 106

Zulagen
- Pfändbarkeit 850a 13 ff, 21

Zulassungsbescheinigung Teil II 804 11, 808 4, 13

Zurückbehaltungsrecht
- Erinnerung nach § 777 ZPO   777 9
- veräußerungshinderndes Recht/Drittwiderspruchsklage   771 31
- Vorzugsrecht iSv § 805 ZPO   805 4

Zusatzversicherungen, private
- Pfändbarkeit   850b 24

Zuschlag
- an Gläubiger   817 12 f
- Aufhebung   ZVG 57 17, 89 7 ff
- Befriedigungsfiktion   ZVG 114a 1 ff
- Beschluss   ZVG 93 2 ff
- Erlöschen von Rechten   ZVG 91 2 ff
- Gefahrübergang   ZVG 56 3 ff, 90 7
- gutgläubiger Erwerb   ZVG 89 5
- Internetversteigerung   817 1, 5
- Irrtumsanfechtung   ZVG 56 19
- originärer Eigentumserwerb   ZVG 57 16, 90 2 ff, 7 ff
- Präsenzversteigerung   817 5
- Rechtsbehelf   ZVG 89 6
- Rechtsbehelfe   817 15
- Rechtsnatur   817 6; ZVG 89 5
- Surrogation   ZVG 90 9, 91 6
- Übergang der Nutzungen und Lasten   ZVG 56 9 ff, 90 7
- Verweigerung   817a 4
- Verwendungsersatz   ZVG 93 21
- Wirksamwerden   ZVG 89 2 ff
- Wirkungen bei Zwangsversteigerung von beweglichen Sachen   817 7, 11
- Wirkungen bei Zwangsversteigerung von Grundstücken   ZVG 90 2 ff, 91 2 ff

Zuschlagsanspruch
- Pfändung   857 38

Zuschlagsbeschluss
- als Vollstreckungstitel auf Räumung und Herausgabe   ZVG 93 2 ff
- Auslegung   ZVG 82 6
- Begründung   ZVG 82 3 f
- Berichtigung   ZVG 82 5
- Inhalt   ZVG 82 2 ff
- Rechtsbehelf   ZVG 89 6
- Rechtsmittel   ZVG 82 7
- Vollstreckbarkeit   ZVG 132 3 ff
- Zustellung   ZVG 88 2 ff
- Zustellungsauslagen   ZVG 58 7 ff

Zuschlagsbeschluss des Beschwerdegerichts
- Wirksamwerden   ZVG 104 1 ff

Zuschlagsbeschwerde
- Rechtsbehelfsbelehrung   ZVG Vor 95–104 60, 98 3
- Statthaftigkeit und Rechtsfolgen   ZVG 96 4 f
- Streitwert   ZVG 96 9
- Suizidgefahr   765a 30; ZVG 81 19 f, Vor 95–104 35

Zuschlagsentscheidung
- (keine) Bindungswirkung   ZVG 79 3 ff
- Abänderung der Entscheidung   ZVG 79 5
- Anhörung der Beteiligten   ZVG 74 2 ff, 79 3
- Ausgebotsformen   ZVG 63 16 ff, 74a 16 ff
- Beachtung der 5/10- bzw 7/10-Grenze   ZVG 63 20, 74a 16 ff
- Beschluss   ZVG 79 2, 82 2 ff
- Gebotsabgabe   ZVG 79 6, 10
- Rechtsbehelf   ZVG 89 6
- Suizidgefahr   ZVG 81 19 f
- typische Anträge der Beteiligten   ZVG 74 10 ff
- Verkündung   ZVG 87 2 ff
- Vermögensverschleuderung   ZVG 81 21
- Verteilung des vorrangigen Gesamtrechts   ZVG 64 19 ff
- Zuständigkeit   ZVG 79 2

Zuschlagserteilung/Empfänger
- allgemeine Voraussetzungen   ZVG 81 2
- an Meistbietenden   ZVG 81 3 ff
- bei Abtretung des Meistgebots   ZVG 81 7 ff
- bei verdeckter Vertretung   ZVG 81 12 ff
- Strohmann   ZVG 81 12
- Vorkaufsrecht   ZVG 81 17
- Zubehör   ZVG 81 4
- Zustimmungen   ZVG 81 15 f

Zuschlagskosten
- Bietergemeinschaft   ZVG 58 6
- Einzelausgebote   ZVG 58 6
- Höhe   ZVG 58 4
- Kostentragung   ZVG 58 2 ff, 90 7
- Teilungsversteigerung   ZVG 58 5
- Zustellungsauslagen als Verfahrenskosten   ZVG 58 7 ff

Zuschlagsverkündung   ZVG 87 2 ff

Zuschlagsverkündungstermin
- besonderer   ZVG 87 7 ff, 12 ff
- Durchführung   ZVG 87 15 f
- im Versteigerungstermin   ZVG 87 6
- Vertagung   ZVG 87 17

Zuschlagsversagung
- Angabe einer früheren Zuschlagsversagung als Inhalt der Terminsbestimmung *ZVG* 38 8 f
- bei Aufhebungs- und Einstellungsgründen *ZVG* 33 1 ff
- Gläubigerbefriedigung im Termin *ZVG* 75 2 ff, 11 ff
- mehrere betreibende Gläubiger *ZVG* 3 5 ff
- Rechtsbehelfe *ZVG* 33 12
- Versagungsbeschluss *ZVG* 33 10

Zuschlagsversagung, 5/10-Grenze
- 5/10-Grenze *ZVG* 85a 2 ff
- Beschluss *ZVG* 85a 13
- besondere Fallkonstellationen *ZVG* 85a 17 ff
- mehrere Grundstücke *ZVG* 85a 10 ff
- neuer Versteigerungstermin *ZVG* 85a 14 ff

Zuschlagsversagung, 7/10-Grenze
- 7/10-Grenze *ZVG* 74a 2 ff
- Antragsberechtigung *ZVG* 74a 5 ff
- Antragsfrist *ZVG* 74a 12 ff
- Entscheidung durch das Versteigerungsgericht *ZVG* 74a 22 ff
- fiktiver Teilungsplan *ZVG* 74a 23
- Grundsatz der Einmaligkeit der Antragstellung *ZVG* 74a 25 ff
- Insolvenzverwalterversteigerung *ZVG* 74a 4, 11
- mehrere Grundstücke *ZVG* 74a 16 ff
- Nachlassversteigerung *ZVG* 74a 4, 11
- neuer Versteigerungstermin *ZVG* 74a 24
- Teilungsversteigerung *ZVG* 74a 3, 10
- Widerspruch *ZVG* 74a 20 f

Zuschlagsversagung, Gründe
- Beeinträchtigung des Beteiligten *ZVG* 84 2 ff
- Genehmigung des Beeinträchtigten *ZVG* 84 8 ff
- heilbare/unheilbare Mängel *ZVG* 83 10 f, 84 2 ff
- Versagungsgründe im Einzelnen (Auflistung) *ZVG* 83 2 ff

Zuschlagsversagung unter Schadensersatz
- Verfahren *ZVG* 85 7 ff
- Voraussetzungen *ZVG* 85 2 ff

Zuschlagsversagung, Wirkung
- bei unzulässiger Fortsetzung des Verfahrens *ZVG* 86 3
- bei zulässiger Fortsetzung des Verfahrens *ZVG* 86 4 f, 6 ff

Zuständigkeit
- Arrestbefehl, Vollstreckung 828 5
- ausschließliche 802 1 ff
- Drittwiderspruchsklage 771 12
- Durchführung der Versteigerung *ZVG* 35 1 ff
- einstweilige Einstellung der Zwangsvollstreckung 707 18
- einstweilige Verfügung, Vollstreckung 828 6
- Erlass des Haftbefehls 802g 11
- Europäischer Zahlungsbefehl 1087 1; *EuMahnVO* Vor 7, 6 3 ff, 8 6
- Gültigkeit von Geschäften bei Verstoß gegen funktionelle Zuständigkeit *RPflG* 8 1 ff
- Herausgabevollstreckung 883 17
- internationale 828 18
- Klage auf Erteilung der Vollstreckungsklausel 731 9
- Klage auf vorzugsweise Befriedigung 805 7
- Klauselerinnerung 732 7 f
- Kostenansatz der Gerichtsvollzieherkosten *GvKostG* 5 1 ff
- Notfristzeugnis (Notfristattest) 706 16
- qualifizierte Vollstreckungsklausel 726 12, 727 35
- Räumungsfrist 721 9
- Rechtskraftzeugnis 706 6 f
- Rechtsmittelinstanz 828 19
- richterliche Durchsuchungsanordnung 758a 8
- Versteigerung 814 4, 825 8 ff
- Vollstreckung wegen Geldforderungen in Forderungen und andere Vermögensrechte 828 2 ff
- Vollstreckungserinnerung 766 26 ff
- Vollstreckungsklausel 724 5
- Vollstreckungsschutz nach § 765a ZPO 765a 69 ff
- Vorabentscheidung über vorläufige Vollstreckbarkeit 718 6
- weitere vollstreckbare Ausfertigung 733 8
- Widerspruch des Schuldners gegen Eintragung in Schuldnerverzeichnis 882d 10

Zuständigkeit, FamFG
- Durchsuchungsbeschluss *FamFG* 158
- Einleitung der Vollstreckung *FamFG* 109
- Einstellung der Vollstreckung *FamFG* 175
- verfahrensleitende Maßnahmen *FamFG* 35

Stichwortverzeichnis

- Vollstreckung in den sonstigen Angelegenheiten des FamFG   FamFG 224

Zuständigkeit Gerichtsvollzieher
- funktionell   753 5 ff
- örtlich   753 12, 755 1 ff

Zuständigkeit Insolvenzgericht   850 26, 33

Zuständigkeit Rechtspfleger
- siehe Rechtspfleger, Zuständigkeit

Zuständigkeit Verteilungsgericht   873 2

Zuständigkeit Vollstreckungsgericht
- siehe Vollstreckungsgericht, Zuständigkeit

Zuständigkeit Zustellungsverfahren   ZVG 3 13 f

Zustellung
- siehe auch Gerichtsvollzieherkosten, Zustellungsgebühr
- Adressat   750 18 ff
- allgemein im ZVG   ZVG 3 1 ff
- als Vollstreckungsvoraussetzung   750 13 ff
- an Beschäftigten in den Geschäftsräumen des Schuldners   EuVTVO 14 7
- an Person in der Wohnung des Schuldners   EuVTVO 14 4 ff
- an Vertreter des Schuldners   EuVTVO 15 1 f
- Anordnungsbeschluss   ZVG 8 1, 15 43
- Arrestvollziehung   929 23 ff
- Aufhebungsbeschluss   ZVG 32 2 ff
- Ausnahmen/Zustellungserleichterungen   ZVG 8 1 f
- Beglaubigungsvermerk   ZVG 3 10 ff
- Beitrittsbeschluss   ZVG 8 2
- Beschwerdebeschluss   ZVG 103 1 f
- Bestellung eines Zustellungsbevollmächtigten   ZVG 5 1 f
- Bestellung eines Zustellungsvertreters   ZVG 6 1 ff
- BGB-Gesellschaft   ZVG 6 6
- durch Aufgabe zur Post mit Einschreiben   ZVG 4 1 ff
- durch Aushändigung des Schriftstücks an der Amtsstelle   ZVG 3 2
- durch Ersuchen um Zustellung im Ausland   ZVG 3 9
- durch öffentliche Bekanntmachung   ZVG 3 8
- Einschreiben mit Rückschein   ZVG 3 4
- Einstellungsbeschluss   707 21; ZVG 32 2 ff
- elektronische Zustellung   EuVTVO 14 13
- Europäischer Zahlungsbefehl   1089 2 ff; EuMahnVO 12 5 ff
- Form des zuzustellenden Schriftstücks   ZVG 3 10 ff
- Gebühren   GvKostG 10 9, Nr. 100–102 1 ff
- gegen Empfangsbekenntnis   ZVG 3 3
- gerichtliches elektronisches Dokument   ZVG 3 11
- Haftbefehl   802g 18
- Heilung von Zustellungsmängeln   EuVTVO 18 9
- Hinterlegung beim Postamt oder der zuständigen Behörde   EuVTVO 14 9 f
- Hinterlegung im Briefkasten des Schuldners   EuVTVO 14 8
- im Europäischen Verfahren für geringfügige Forderungen   EuBagatellVO 13 2 ff, 18 6 f
- im Handelsregister gelöschte GmbH   ZVG 6 5
- im Handelsregister gelöschte KG   ZVG 6 7
- im Handelsregister gelöschte oHG   ZVG 6 7
- im Parteibetrieb   750 16
- im Vollstreckbarerklärungsverfahren   723 31 ff
- im Vollstreckbarerklärungsverfahren nach AVAG   AVAG 10 1 ff
- keine Z. bei Eintragung der Rechtsnachfolge im Grundbuch   799 1 ff
- Kosten   750 25 ff
- Ladung zur Abnahme der Vermögensauskunft   802f 8 f; GvKostG Nr. 600–604 4 ff
- Mangel   750 21
- Mieter/Pächter   ZVG 57b 5
- mit Empfangsbestätigung durch Schuldner   EuVTVO 13 3 ff
- mit Empfangsbestätigung durch Zustellperson   EuVTVO 13 6 f
- Nachweis   750 21
- Pfändungs- und Überweisungsbeschlusses   GvKostG Nr. 600–604 4 ff
- Pfändungsbeschluss   829 88 f
- postalische Zustellung ohne Empfangsnachweis   EuVTVO 14 11 f
- Postfach   ZVG 6 11
- Rechtsnachfolge   ZVG 15 28, 30
- Schutzanordnung nach § 1 GewSchG   7. 42 ff
- Terminsbestimmung   ZVG 41 2 ff, 43 5 f, 83 2
- Überweisungsbeschluss   835 28
- und Betreuung   1. 18

- Unterhaltssachen/an die Parteien im Vollstreckungsverfahren *EuUntVO* 41 8 ff
- Verteilungstermin ZVG 105 8
- Vollstreckung in den sonstigen Angelegenheiten des FamFG *FamFG* 238
- Vollstreckung über die Herausgabe von Personen und die Regelung des Umgangs *FamFG* 132 ff
- Vollstreckungserinnerung 766 58
- Vollstreckungsklausel 750 22
- Vollstreckungstitel 750 13 ff
- von Amts wegen 750 16
- von Urkunden 750 22
- Vorpfändung 845 18
- Wohnungsüberlassung nach § 2 GewSchG 7. 24
- Zuschlagsbeschluss ZVG 88 2 ff
- Zuständigkeit für Zustellungsverfahren ZVG 3 13 f
- Zustellungsauftrag an Post oder Lizenznehmer ZVG 3 5 f
- Zwangsversteigerung von Grundstücken ZVG 15 29

Zustellungsauslagen
- Zuschlagsbeschluss ZVG 58 7 ff

Zustellungsbevollmächtigter
- Bestellung ZVG 5 1 f

Zustellungsurkunde
- Rechtsnatur ZVG 4 3

Zustellungsverfahren
- Zuständigkeit ZVG 3 13 f

Zustellungsvermerk 750 21

Zustellungsvertreter
- Anwendungsbereich ZVG 6 1 ff
- Aufgaben ZVG 7 1 ff
- Bestellungsverfahren ZVG 6 4
- gerichtliche Bestellung ZVG 6 1 ff
- gescheiterter Zustellungsversuch ZVG 4 3 6
- Praxiskonstellationen ZVG 6 5 ff
- Vergütung ZVG 7 4 ff

Zustimmung
- bei Versteigerung von Wohnungs- und Teileigentum ZVG 81 16
- Gebotsabgabe ZVG 71 8
- zum Zuschlag bei Veräußerung eines Erbbaurechts ZVG 81 15

Zustimmung zum Fortbestehen eines Rechts
- Abänderungsantrag ZVG 59 21 ff

Zutrittsgewährung
- Handlungsvollstreckung 888 5

Zutrittsverweigerung
- in der Zwangsversteigerung ZVG 24 5

Zuwiderhandlung
- *siehe* Hinweis auf Folgen der Zuwiderhandlung

Zuzahlungspflicht des Erstehers
- Auflassungsvormerkung ZVG 51 6
- bedingte Rechte ZVG 50 11 ff
- Bestimmung des Zuzahlungsbetrages ZVG 51 16 ff
- Fälle mit Zuzahlungspflicht ZVG 125 2
- Gesamtrecht ZVG 50 14 f
- Grundschuld ZVG 50 2 ff
- Höhe des Zuzahlungsbetrages ZVG 50 16, 51 14 f
- Hypothek ZVG 50 2 ff
- keine Zuzahlungspflicht bei persönlicher Haftung ZVG 50 17
- Rentenschuld ZVG 50 2 ff
- Teilungsmasse ZVG 107 13
- Zeitpunkt des Nichtbestehens ZVG 50 3, 51 2
- Zuteilung des Zuzahlungsbetrages ZVG 125 4 ff

Zuziehung des Beschwerdegegners ZVG 99 4 ff

ZVG
- anzuwendende Vorschriften aus ZPO ZVG Vor 95–104 2 ff
- Beweisrecht ZVG Vor 95–104 3
- Regelungsinhalt 869 1; ZVG Vor 1 ff 1
- Verhältnis zur ZPO ZVG Vor 95–104 1, 4

Zwangsgeld, FamFG
- *siehe auch* Zwangsmittel, FamFG
- Höhe *FamFG* 28
- Vollstreckung *FamFG* 31, 195, 207
- wiederholte Festsetzung *FamFG* 29

Zwangshaft, FamFG
- *siehe auch* Zwangsmittel, FamFG
- Dauer *FamFG* 28
- Ersatzzwangshaft *FamFG* 27
- Vollstreckung *FamFG* 207
- Vollzug *FamFG* 32
- wiederholte Festsetzung *FamFG* 29

Zwangshypothek
- *siehe auch* Sicherungshypothek
- keine Berücksichtigung im geringsten Gebot ZVG 45 9

Zwangsmittel, FamFG
- Aufhebung *FamFG* 46

Stichwortverzeichnis

- bei Vollstreckung in den sonstigen Angelegenheiten des FamFG *FamFG* 198, 203, 207
- Bekanntmachung des Beschlusses *FamFG* 30
- Beschluss *FamFG* 35
- Festsetzung *FamFG* 23 ff
- Hinweis auf Folgen der Zuwiderhandlung *FamFG* 16 f, 27
- Kosten *FamFG* 38 ff
- pflichtgemäßes Ermessen bei Auswahl *FamFG* 26 ff
- Rechtsbehelfe *FamFG* 43 ff
- Verhältnismäßigkeitsgrundsatz *FamFG* 34
- Verschulden *FamFG* 25
- Voraussetzungen der Verhängung *FamFG* 12 ff
- wiederholte Festsetzung *FamFG* 29
- zusätzliche Möglichkeiten bei Verpflichtungen zur Herausgabe, Vorlage oder Vornahme *FamFG* 33 ff, 45

Zwangsräumung
- Androhung von Suizid *ZVG* 149 20
- Ermessen *ZVG* 149 15
- keine richterliche Durchsuchungsanordnung 758a 7; *ZVG* 149 19
- Räumung des Schuldners bei Gefährdung *ZVG* 149 11 ff
- Räumungsbeschluss *ZVG* 149 18

Zwangssicherungshypothek
- Anhörung des Schuldners 834 2
- keine Sicherheitsleistung *ZVG* 67 8 ff
- Teilungsplan *ZVG* 114 10
- Verfahrenskostenhilfe 867 56
- Vollstreckungskosten 788 54, 68
- Vollstreckungstitel *ZVG* 15 23
- wiederkehrende Leistung *ZVG* 13 8

Zwangsversteigerung von Grundstücken
- allgemeine Vollstreckungsvoraussetzungen *ZVG* 15 2 ff
- Anordnungsbeschluss *ZVG* 15 40 ff
- Beiordnung eines Rechtsanwalts *ZVG* 15 50
- besondere Vollstreckungsvoraussetzungen *ZVG* 15 34 ff
- Bestimmung des örtlich zuständigen Vollstreckungsgerichts durch gerichtliche Entscheidung *ZVG* 2 1 ff
- bestrangig betreibender Gläubiger *ZVG* 44 9 ff
- funktionelle Zuständigkeit *ZVG* 1 6
- Kosten 866 8, 869 2 f; *ZVG* 15 45 ff
- mehrere Grundstücke/Verfahrensverbindung *ZVG* 18 4 ff
- örtliche Zuständigkeit *ZVG* 2 1 ff
- Parteifähigkeit *ZVG* 15 2 ff
- Prozessfähigkeit *ZVG* 15 6
- Prozessführungsbefugnis *ZVG* 15 7
- Prozesskostenhilfe *ZVG* 15 49
- Rangklassen *ZVG* 10 1 ff
- Rechtsschutzbedürfnis *ZVG* 15 37
- Regelungen des ZVG 869 1
- sachliche Zuständigkeit *ZVG* 1 1
- Verfahrensbeteiligte *ZVG* 9 1 ff
- Verfahrenstrennung *ZVG* 18 16
- Verfahrensverbindung *ZVG* 18 4 ff
- Vertretung *ZVG* 15 8 ff
- Verwaltung und Benutzung des Grundstücks durch Schuldner *ZVG* 24 4 ff
- Vollstreckungshindernisse *ZVG* 15 38 f
- Vollstreckungsklausel *ZVG* 15 27 ff
- Vollstreckungstitel *ZVG* 15 22 ff
- Wartefrist *ZVG* 15 34
- zeitgleiche Durchführung mehrerer Zwangsversteigerungen *ZVG* 18 18
- Zustellung *ZVG* 15 29
- ZV-Vermerk *ZVG* 19 2 ff

Zwangsversteigerungsgerichte
- Übersicht *ZVG* 1 4

Zwangsversteigerungsvermerk
- Eingang beim Grundbuchamt *ZVG* 19 5
- Eintragung der Anordnung *ZVG* 19 6 ff
- Ersuchen des Vollstreckungsgerichts an Grundbuchamt *ZVG* 19 2 ff
- keine Grundbuchsperre *ZVG* 19 17
- Mitteilungen des Grundbuchamtes *ZVG* 19 12 ff
- Rechtsfolgen *ZVG* 19 9 ff

Zwangsverwalter
- Aufsichtsrecht des Gerichts *ZVG* 153 5 ff
- Auslagen *ZVG* 152a 26 ff
- Auswahlkriterien für Bestellung *ZVG* 150 2 ff
- Bericht über den Besitzübergang *ZVG* 150 34 ff
- Besitzübergang auf Z. *ZVG* 150 20 ff
- Bestallungsurkunde *ZVG* 150 16 ff
- Bestellung *ZVG* 150 2 ff
- Entlassung *ZVG* 153 23
- Haftung *ZVG* 154 16
- Mitteilungen an betroffene Personen *ZVG* 150 45 ff
- Nießbrauch *ZVG* 146 10, 150 32 f
- persönliche Amtsführung bzw Delegation *ZVG* 150 11 ff
- Prozessführungsbefugnis *ZVG* 152 29 ff

- Rechte und Pflichten ZVG 152 2 ff
- Sicherheitsleistung ZVG 153 27
- Stellung ZVG 150 8 ff
- Treuepflicht ZVG 150 8
- Vergütung ZVG 152a 2 ff, 153 28 ff
- Vermögensschadenshaftpflichtversicherung ZVG 150 14
- Vorauswahlliste ZVG 150 3
- Weisungsbefugnis des Gerichts ZVG 153 8 ff
- Zustimmungsvorbehalte des Gerichts ZVG 153 12 ff
- Zwangsgeld ZVG 153 20 ff

Zwangsverwalterverordnung (ZwVwV) ZVG 152a 1

Zwangsverwaltung
- Überleitung in Z. bei zweitem ergebnislosen Termin ZVG 77 14 ff
- Verhältnis zur gerichtlichen Verwaltung ZVG 94 14 ff
- Vollstreckungsklausel 727 33

Zwangsverwaltung von Grundstücken
- *siehe auch* Teilungsplan, Zwangsverwaltung
- Anordnung ZVG 146 8
- Anordnung wegen Grundbesitzabgaben ZVG 146 11 f
- Anordnung wegen Hausgelder ZVG 146 11 f
- Anordnungsbeschluss ZVG 151 2
- anwendbare Vorschriften der ZPO ZVG 146 3 ff
- Aufhebung ZVG 161 3 ff
- Aufsichtsperson für Schuldnerverwalter ZVG 150c 2 ff
- Aufsichtsrecht des Gerichts ZVG 153 5 ff
- Ausschüttungen ZVG 146 15
- Beitritt ZVG 146 9
- Benachrichtigung der Beteiligten durch das Vollstreckungsgericht ZVG 146 20 ff
- Beschlagnahme ZVG 146 13, 148 3 ff
- Besonderheiten ZVG 146 6 ff
- Bestimmung des örtlich zuständigen Vollstreckungsgerichts durch gerichtliche Entscheidung ZVG 2 1 ff
- bestrangig betreibender Gläubiger ZVG 44 9 ff
- Beteiligte ZVG 146 14
- Buchführung ZVG 154 5
- Eigenbesitz des Schuldners ZVG 146 6 f, 147 2 ff
- Fortführung des Geschäftsbetriebs ZVG 152 22 ff
- funktionelle Zuständigkeit ZVG 1 6
- Gegenstand ZVG 146 13
- Herausgabevollstreckung gegen Schuldner ZVG 150 23 ff, 152 36
- Institutsverwalter ZVG 150a 1 ff
- Kosten 866 8, 869 2 f; ZVG 146 23 ff
- Masseverwaltung ZVG 154 2 ff
- mehrere Grundstücke/Verfahrensverbindung ZVG 146 16 ff
- Miet- und Pachtverhältnis ZVG 152 3 ff
- Mietkaution ZVG 152 9 ff
- Mitteilung des Zwangsverwalters an betroffene Personen ZVG 150 45 ff
- Nießbrauch ZVG 146 10, 150 32 f
- Nutzungsänderung ZVG 152 26 ff
- örtliche Zuständigkeit ZVG 2 1 ff
- Rangfolge ZVG 146 15
- Rangfolge/Befriedigungsreihenfolge ZVG 155 5 ff
- Rangklassen ZVG 10 1 ff, 155 8 ff
- Räumung des Schuldners bei Gefährdung ZVG 149 11 ff
- Räumungsvollstreckung gegen Mieter ZVG 152 36
- Rechnungslegung ZVG 154 7 ff, 15
- Regelungen des ZVG 869 1
- sachliche Zuständigkeit ZVG 1 1
- Sammelverfahren ZVG 146 9
- Schuldnerverwalter ZVG 150b 1 ff
- Teilungsplan ZVG 155 5 ff, 11 ff, 157 1 ff
- Treuhandkonto ZVG 154 2
- Unterhalt des Schuldners ZVG 149 22 ff
- Verfahrensbeteiligte ZVG 9 1 ff
- Verfahrenskosten ZVG 155 2 ff
- Vermieterpfandrecht ZVG 152 36
- Verträge mit dem Schuldner ZVG 152 7
- Verwaltungsausgaben ZVG 155 2 ff
- Verwaltungsrecht des Zwangsverwalters ZVG 152 2
- vorrangige Ansprüche ZVG 155 9 ff
- Vorschuss des (betreibenden) Gläubigers ZVG 161 17 f
- Weisungsbefugnis des Gerichts ZVG 153 8 ff
- Wohnrecht des Schuldners ZVG 149 1 ff
- Zustimmungsvorbehalte des Gerichts ZVG 153 12 ff
- ZV-Vermerk ZVG 146 20

Zwangsverwaltungsvermerk
- Eintragung der Anordnung ZVG 146 20

Zwangsvollstreckung
- durch Eintragung einer Zwangshypothek 803 1
- durch Pfändung 803 1
- durch Zwangsversteigerung 803 1
- durch Zwangsverwaltung 803 1
- in andere Vermögensrechte 857 2 ff
- in das bewegliche Vermögen 803 1
- in das unbewegliche Vermögen 803 1
- in Herausgabeansprüche 846 1 ff

Zwangsvollstreckung gegen juristische Personen des öffentlichen Rechts wegen Geldforderungen
- *siehe* Juristische Personen des öffentlichen Rechts, Zwangsvollstreckung gegen jPöR wegen Geldforderungen

Zwangsvollstreckungsformular-Verordnung (ZVFV) 829 66
- Formularzwang 829 66
- gewöhnliche Geldforderungen 850 14, 850c 24
- richterliche Durchsuchungsanordnung 758a 11
- Unterhaltsforderungen 850 14, 850d 33

Zwangsweise Veräußerung von Wohnungseigentum
- *siehe* Wohnungseigentum, zwangsweise Veräußerung

Zwangsweise Vorführung
- Gerichtsvollziehergebühr *GvKostG* Nr. 270 1 ff

Zweckgebundene Ansprüche
- Pfändbarkeit 851 17 ff

Zwecklose Pfändung, Verbot
- als Schutzgesetz iSv § 823 Abs. 2 BGB 803 16
- Anwendungsbereich 803 14
- Immobiliarvollstreckung 866 3
- Verstoß/Rechtsschutz 803 16
- Voraussetzungen 803 15

Zwei-Korridor-System
EuUntVO 16 2 ff, 5 ff

Zwei-Titel-Theorie 748 5

Zwischenentscheidungen
- *siehe auch* Verfahrensleitende Entscheidungen
- Begriff *FamFG* 3
- Vollstreckung nach FamFG *FamFG* 7 ff

Zwischenrecht *ZVG* 44 21

Zwischenurteil 704 6 f, 19

Zwischenverfügung 867 18 f

Zwischenvergleich
- einstweilige Einstellung der Zwangsvollstreckung 707 7